DICTIONNAIRE FRANÇOIS,
AUGMENTÉ
PAR
PIERRE RICHELET.

DICTIONNAIRE FRANÇOIS,

CONTENANT GENERALEMENT TOUS LES MOTS TANT VIEUX QUE NOUVEUAX;

Et plusieurs Remarques sur la Langue Françoise;

SES EXPRESSIONS PROPRES, FIGUREES ET BURLESQUES, LA Prononciation des Mots les plus dificiles, le Genre des Noms, la Conjugaison des Verbes, leur régime, celui des Adjectifs & des Prépositions. Avec les Termes les plus connus des Arts & des Sciences.

LE TOUT TIRE DE L'USAGE DES BONS AUTEURS Par PIERRE RICHELET.

Exactement revu, corrigé & augmenté d'un tres-grand nombre de mots & de phrases; & enrichi de plusieurs nouvelles Observations, tant sur la Langue, que sur les Arts & sur les Sciences.

NOUVELLE EDITION.

aux Capucins de Saint Honoré

A AMSTERDAM,
Chez JEAN ELZEVIR.

M. DCCVI.
AVEC PRIVILEGE.

AVERTISSEMENT.

J'AI fait un Dictionaire François afin de rendre quelque service aux honnêtes gens qui aiment notre Langue. Pour cela j'ai lu nos plus excellens Auteurs, & tous ceux qui ont écrit des Arts avec réputation. J'ai composé mon livre de leurs mots les plus reçus, aussi bien que de leurs expressions les plus belles. Je marque les diférens endroits d'où je prens ces mots, & ces expressions, à moins que les termes & les manières de parler que j'emploie, ne soient si fort en usage qu'on n'en doute point.

En faveur des Etrangers, on a ajouté aux mots, & aux phrases des bons Ecrivains le genre de chaque nom avec la terminaison féminine des adjectifs, & l'on en a donné des exemples. On a expliqué les diverses significations d'un même mot, découvert le sens des dictions dificiles, ou équivoques, mis le régime des verbes, & des adjectifs, & même, quand les verbes sont irréguliers, ou mal-aisés à conjuguer, on en a marqué la prémière personne du prétérit, du futur, & de l'imperatif.

Pour rendre l'ouvrage encore plus utile, on y fait entrer les termes ordinaires des Arts, & presque toutes les remarques, qui jusques ici ont été faites sur la Langue. On montre le diférent usage des mots, leur explication dans les divers stiles ; & la manière dont on les doit prononcer, lorsqu'ils ne se prononcent pas comme ils s'écrivent.

A l'égard de chaque mot, on a observé cet ordre. On a commencé par le sens propre avec les façons de parler qui se raportent à ce sens. On y a joint le figuré avec ses phrases. On a acompagné cela de quelques proverbes, au cas que sur le mot il y en ait eu de raisonnables, & on a marqué, si le mot est un terme d'art, s'il est vrai qu'il en soit un.

Touchant l'Ortographe, on a gardé un milieu entre l'ancienne, & celle qui est tout à fait moderne, & qui défigure la Langue. On a seulement retranché de plusieurs mots les lettres qui ne rendent pas les mots méconnoissables quand elles en sont ôtées, & qui ne se prononçant point, embarassent les Etrangers, & la plu-part des Provinciaux. On a écrit avocat, batistére, batême, colére, mélancolie, plu, reçu, revuë, tisanne, trésor, & non pas advocat, baptistere, batesme, cholere, mélancholie, pleu, receu, ptisane, thresor.

Dans la même vuë, on retranche l's, qui se trouve après un é clair, & qui ne se prononce point, & on met un accent aigu sur l'é clair qui acompagnoit cette s : si bien que présentement on écrit dédain, détruire, répondre, & non pas desdain, destruire, respondre.

On retranche aussi l's qui fait la silabe longue, & qui ne se prononce point, soit que cette s se rencontre avec un é ouvert, ou avec quelque autre lettre, & on marque cet é ou cette autre lettre d'un circonflexe qui montre que la silabe est longue. On écrit Apôtre, jeûne, tempête, & non pas Apostre, jeusne, tempeste. Cette derniére façon d'ortographier est contestée. Néanmoins parce qu'elle empêche qu'on ne se trompe à la prononciation, & qu'elle est autorisée par d'habiles gens, j'ai trou-

á iij

vé à propos de la fuivre, fi ce n'eſt à l'égard de certains mots qui ſont ſi nuds lorſqu'on en a ôté quelque lettre qu'on ne les reconnoit pas.

A l'imitation de l'illuſtre Monſieur d'Ablancourt, *Preface de Tucidide*, *Apophtegmes des Anciens*, *Marmol*, *&c.* & de quelques Auteurs célébres, on change preſque toûjours l'*y* grec en *i* ſimple. On retranche la plû-part des lettres doubles & inutiles qui ne défigurent pas les mots lorſquelles en ſont retranchées. On écrit afaire, ataquer, ateindre, dificulté, & non pas affaire, attaquer, difficulté, &c.

Chacun ſe conduira là-deſſus comme il le trouvera à propos. Je ne prétens preſcrire de loix à perſonne. Je raporte ſeulement ce que j'ai vû pratiquer par d'habiles gens, & ce que j'ai apris de feu Monſieur d'Ablancourt l'un des plus excellens Eſprits & des meilleurs Ecrivains de ſon ſiécle. Comme il me faiſoit l'honneur de m'aimer avec tendreſſe, il m'a découvert une partie des miſteres de nôtre Langue, & dans la créance où il étoit que j'avois profité des heureux momens de ſon entretien, il me confirma à ſa mort ſon affection par l'ordre qu'il me donna de revoir ſes derniers ouvrages. J'ai auſſi tiré pour mon travail beaucoup de lumiéres du judicieux Monſieur *Patru* qui ſait à fonds ce que nôtre Langue a de plus fin, & de plus délicat, & qui dans l'éloquence du Barreau a trouvé une route nouvelle & pleine de charmes. Il m'a éclairci mes doutes avec une bonté ſinguliére; & c'eſt par ſes avis que j'ai rendu mon travail plus ſuportable. Mais parce que dans un ouvrage laſſant & long, l'eſprit s'abat & s'endort quelquefois, il eſt preſque impoſſible qu'il ne s'y ſoit gliſſé des fautes.

Un homme ſeul ne ſauroit tout voir. Un Dictionnaire eſt l'Ouvrage de tout le Monde. Il ne ſe peut même faire que peu à peu, & qu'avec bien du tems. Des perſonnes illuſtres dans les lettres travaillent depuis près de 43. ans à un Ouvrage de cette nature, & toutefois ils n'en ſont pas encore venus à bout. En attendant que leur travail paroiſſe, & vienne heureuſement remplir les vœux du public, on met en lumiére ce Dictionnaire qui eſt une eſpéce d'aventurier qu'on rendra plus digne de voir le jour, ſi les honnêtes gens, qui ſont éclairez, nous font la grace de marquer les choſes en quoi on leur aura pû déplaire. On corrigera on retranchera, on ajoûtera ce qu'ils trouveront à propos. Le public leur ſera obligé, & on les remerciera des bontez qu'ils auront euës.

Avertiſſement ſur cette Nouvelle & derniere Edition.

CE Dictionnaire a été ſi bien reçu du public tant en France que dans les Païs Etrangers, qu'on en a fait & débité diverſes Editions, ſans y avoir rien changé. On a tâché d'éxécuter à préſent, ce qu'on avoit promis à la fin de l'Avertiſſement précédent. On a revû le prémier Ouvrage avec quelque exactitude, on l'a corrigé en quelques endroits & on y a ajoûté une tres-grande quantité de mots, de phraſes & de nouvelles Obſervations que l'on a jugé néceſſaires, tant ſur la Langue que ſur les Arts & les Sciences, outre les anciennes Remarques qu'on a inſérées dans le corps de l'ouvrage. On s'eſt éforcé de faciliter, autant qu'on a pû, la prononciation des mots qui ne ſe peut pourtant jamais bien aprendre qu'on ne les entende prononcer de vive voix. Et parce que l'une des principales dificultez conſiſte dans la diférente prononciation de la lettre E, on a pris ſoin de la faire remarquer dans les endroits les plus conſidérables par la diférence des accens qu'on a mis ſur cette lettre. Surquoi le Lecteur eſt prié de conſulter d'abord la remarque qu'on a miſe ſur la lettre E, dans les pages 252. 253. 295. & 296. de ce Dictionnaire, que l'on a ſuivie dans tout le cours du Livre. Mais ſi l'on rencontre quelques mots où cela n'ait pas été obſervé, on reconnoitra aiſément que ce ſont des fautes d'impreſſion, qu'on n'a pu éviter, quelque ſoin qu'on ait pris de les corriger.

TABLE

TABLE
ALPHABETIQUE
DE LA PLUPART DES AUTEURS ET DES
Livres citez dans ce Dictionnaire.

D'Ablancourt de l'Academie Françoise.	Minutius Felix, in 12. imprimé chez Joli.
	Arrian des guerres d'Alex. in 8. chez Camusat 1646.
	Retraite des dix mile in 8. chez la Veuve Camusat 1648.
	Tacite, trois volumes in 12 chez Joli 1670.
	Commentaires de Cesar in 12. chez Joli 1670.
	Lucien, trois volumes in 12. chez Joli 1671.
	Apophtegmes des Anciens in 12. chez Bilaine & Joli 1664.
	Stratagèmes de Frontin in 12. chez Bilaine, & Joli 1664.
	Tucidide, 3. volumes in 12. chez Joli 1671.
	Marmol, 3. volumes in 4. chez Bilaine & Joli 1667.
Arnaud Docteur.	Fréquente Communion.
d'Aucour.	Cleante. Factum pour le Brun & autres ouvrages.
Arnaud d'Andilli.	Confessions de Saint Augustin chez Petit in 12. sixieme edition.
	Vies des Peres Hermites, chez Petit in 4. premiere edition.
	Oeuvres Chretiennes, chez Petit, deuxiéme edition.
	Joseph in folio, chez Petit, premiere edition.
Bacon Chancelier.	Morale.
Balzac de l'Academie Françoise.	Lettres choisies, in 12. à Leiden. 1651.
	Lettres à Monsieur Conrart, chez Courbé 1652.
	Lettre à Monsieur Chapelain chez Courbé 1659.
	Ariste, in 12. chez Courbé.
	Socrate Crétien, in 12. chez Courbé.
	Entretiens, in 12. chez Courbé.
	Le Prince, in 12. chez Courbé.
	Oeuvres diverses, chez Courbé.
Bartolin.	Anatomie.
Bélon.	Histoire des oiseaux, in folio.
Benserade.	Poësies.
	Balet de la Nuit.
	Rondeaux.
Bernier.	Abregé de la Philosophie de Gassendi.
Boileau de l'Academie Françoise.	Traduction d'Epictete, chez de Luine, in 12.
	Avis à Monsieur Menage sur son egloque intitulé Christine troisieme edition, 12. chez de Luine.
	Réponse à Monsieur Costar chez de Luine, in 4.
Bois-Robert de l'Academie Françoise.	Epitres en Vers in 4. chez Besogne.
	Epitres en Vers 2. volumes in 12. chez Courbé.
Bossuet.	Histoire universelle.
Bouhours Jésuïte.	Remarques sur la Langue Françoise. Entretiens.
Bourdalouë.	Oraison funebre de Louis 2. Prince de Condé.
Bouteroüe.	Traité des Monoies.
Borel.	Recherches Gauloises.
Brebeuf.	Pharsale.
Briot.	Histoire de l'Empire Ottoman.
Caron.	Traité des Bois.
La Chambre.	Caractère des passions.
Chapelain de l'Academie Françoise.	Ode au Cardinal de Richelieu.
	Ode a Monsieur le Prince.
	Ode sur la naissance du Comte de Dunois.
La Chapelle.	Relation de Rocroi.
	Voyage.
Charas.	Pharmacopée.
La Chétardie.	Instruction pour un Prince.
Choisi, Abbé.	Vies du Roi Jean & autres.
Citri.	Triumvirat.
Colombiere.	Sience Heroïque in folio.
Colomiez.	Opuscules.
	Lettres.

ã iiij

Costar.	Défence des ouvrages de Voiture, in 4. 2. Edition.
La Croix.	Empire Ottoman.
Corneille.	Tragedies.
	Notes sur les remarques de Vaugelas.
Cousin.	Histoire Romaine.
Dalechamp.	Histoire des plantes in folio 2. volumes.
Davelour.	Traité de l'Artillerie.
Degori.	Dictionnaire des mots de Medecine, chez Rocolet.
Denis.	Histoire de l'Amerique.
Dépreaux.	Satires.
	Lutrin.
	Longin, du Sublime.
Madame Deshoulieres.	Poësies.
Desmarais de l'Academie Françoise.	Visionnaires, Comedie.
	Clovis.
Desroches.	Dictionnaire de Marine.
Du Rier de l'Academie Françoise.	Traduction de Tite-Live, in folio.
	Histoire des Guerres de Flandre 2. volumes in folio.
Eveillon.	Traité de l'Excommunication & du Monitoire, in 4.
S. Evremont.	Oeuvres mêlées.
Le Faucheur.	Traité de l'Action de l'Orateur.
Février.	Traité de l'abus.
Fléchier.	Vie du Cardinal Commendon.
La Fontaine.	Nouvelles, & Fables.
Fournier.	Hidrographie, in folio.
Glaser.	Traité de Chimie, in 8.
Giri de l'Academie Françoise.	Dialogue des illustres Orateurs de Ciceron.
	Apologetique de Tertulien.
Godeau de l'Academie Françoise.	Oeuvres Cretiennes, 2. vol. in 12. chez Petit, trois. édition
	Discours sur les ordres sacrez, in 12.
Gomberville de l'Academie Françoise.	Polexandre, in 8.
	Doctrine des moeurs, in folio.
Gombaud de l'Academie Françoise.	Poësies, in 4. chez Courbé.
	Epigrammes in 12. chez Courbé.
Guillet.	Arts de l'homme d'épée.
	Guerre civile sur la Langue Francoise.
Habert de l'Academie Françoise.	Temple de la mort.
Heis.	Histoire d'Alemagne.
	Histoire des Bramines.
	Journal de Henri troisieme.
La Chambre de l'Academie Françoise.	Caractére des passions, in 4.
	Traité de Chiromance.
	Du raisonnement des Animaux.
	De la lumiére, & autres ouvrages de Philosophie
Liancour.	Maitre d'armes.
Lignére.	Poësies.
Loiseau.	Oeuvres de Loiseau.
Loret.	Lettres.
Le Maître.	Plaidoiez.
La Mote le Vaier de l'Academie Françoise.	Oeuvres de la Mote le Vaier.
Malebranche.	Recherche de la Verité.
Maleville.	Poësies.
Malherbe.	Poësies de l'impression de Chapelain, in 4.
Mainard de l'Academie Françoise.	Poësies de l'impression de Courbé, in 4.
Maucroix.	Schisme d'Angleterre.
	Homelies de S. Crisostome.
	Vie du Cardinal Polus.
Mauriceau.	Traité des femmes grosses.
Ménage.	Poësies & autres ouvrages.
Chevalier de Méré.	Conversation, &c.
Mersenne.	Harmonie du Monde, 2. volumes, in folio, chez Cramoisy.
Mézerai.	Histoire de France.
Moliere.	Comedies de Moliere en plusieurs petits volumes.
du Moulin.	Coûtume de Paris.
Nicole.	Essais de Morale.
Olearius.	Histoire
Opera.	Ordonnance de Louis 14.
Ozanam.	Dictionnaire Mathematique.
Frà Paolo.	Traité des Benefices.
Patru.	Plaidoiez.
	Harangue à la Reine Christine.
Pascal.	Lettres provinciales, in 4.
	Pensées de Pascal.
	Pelisson.

Pelisson.	Histoire de l'Academie Françoise.
	Recueil de pieces galantes.
Le Pelletier.	Instruction pour les Beneficiers.
	Traité des Expeditions.
Perefixe.	Histoire de Henri 4.
Perraut.	Abregé de Vitruve.
	Essai de Phisique.
Perroniana.	
Port-Roial.	Ecriture sainte.
	Nouveau Testament.
	Logique.
	Elemens de Geometrie.
	Saint Prosper.
	Terence. &c.
Pluvinel.	Ecuier François.
De Prade.	Histoire d'Alemagne.
La Quintinie.	Jardins fruitiers.
Racan de l'Academie Françoise.	Pseaumes.
	Bergeries.
Racine.	Tragedies.
Richard.	Traité des Donations.
Simon Richard.	Critique sur l'Ancien Testament.
Regnier.	Satires.
Nic. Richelet.	Notes sur Ronsard.
	Floride.
Robbe.	De la Navigation.
la Rochefoucaut.	Memoires.
	De la guerre de Paris.
Rohaut.	Phisique.
Rondelet.	Histoire des poissons.
Ronel.	Mercure Indien.
La Roque.	Origine des Noms.
la Sabliére.	Poësies.
Salot.	Journaux des Savans.
Sanson.	Traitez de Geographie.
Savari.	Parfait negotiant.
Savot.	Architecture Françoise avec les notes de Monsieur Blondel.
Suze.	Madame de la Suze, poësies.
Saint Amant de l'Academie Françoise.	Oeuvres poëtiques, in 4.
Saint Ciran.	Teologie familiére.
	Maximes Crétiennes.
	Lettres spirituelles.
Salnove.	Venerie Roiale.
Sarasin.	Oeuvres in 4. chez Joli.
Scaron.	Oeuvres de Scaron corrigées & augm. in 12. chez de Luine.
	Roman Comique, 2. Volumes.
	Dernieres œuvres de Scaron.
Soleisel.	Parfait maréchal.
Spanheim.	Césars de l'Empereur Julien.
Spon.	Traité des Fiévres.
Tachard.	Voiage de Siam.
Taleman.	Vies de Plutarque.
	Nani, histoire de Venise.
Tavernier.	Voiages.
Teophile.	Oeuvres poëtiques.
Terlon, Chevalier.	Memoires.
Tevenin.	Chirurgie, in folio, chez Rocolet.
Tevenot.	Voiages.
Thiers.	Des superstitions.
	Des perruques, &c.
du Tillet.	Memoires.
Vaugelas de l'Academie Françoise.	Remarques, in 4.
	Quinte Curce, in 4.
du Vernay.	Traité de l'ouïe.
Visé.	Mercure galant.
Voiture.	Oeuvres de Voiture, in 4. quatriéme édition.

Outre ces Auteurs on s'est servi pour composer ce Livre des œuvres de quelques autres Ecrivains, parce qu'on y a trouvé des façons de parler toutes nouvelles. Néanmoins comme ce n'est qu'en passant qu'on s'est ataché a leurs écrits, on n'a pas mis leur nom dans le Catalogue Alphabetique de ceux qu'on a pris à tâche de citer en ce Dictionnaire. On s'est contenté de les nommer dans le corps de l'Ouvrage à mesure qu'on a pris d'eux quelque chose.

EXPLICATION DES MARQUES QU'ON A
mises aux mots & des accens dont on les a marquez.

L'ETOILE * qu'on met à côté d'un mot, ou d'une phrase montre que le mot, ou la phrase sont au figuré, & lorsqu'il n'y a nule marque au côté du mot, ou de la phrase, c'est à dire que le mot, ou la phrase sont dans le sens propre.

La croix † qui est vis à vis du mot, ou de la façon de parler, veut dire que le mot ou la façon de parler, n'ont proprement leur usage que dans le stile simple, dans le comique, le burlesque, ou le satirique. Mais lors qu'on trouve à côté du mot, ou de la phrase une étoile & une croix, ou une croix & une étoile, * †, ou † *, cela signifie que le mot ou la façon de parler se prennent figurément, mais qu'ils n'ont cours que dans le stile le plus simple, comme dans les vaudevilles, les rondeaux, les épigrammes, & les ouvrages comiques.

L'accent circonflexe ^ montre que la silabe sur laquelle il est, se doit prononcer longue.

L'accent grave ` marque qu'en prononçant la silabe sur laquelle il se rencontre, on abaisse un peu la voix.

L'accent aigu ´ se met d'ordinaire sur l'é masculin final, ou sur l'e clair qui étoit joint avec une s qu'on a retranchée.

Lorsque l'e n'a point d'accent c'est pour l'ordinaire une marque qu'il est obscur & qu'on ne le doit faire sentir que foiblement dans la prononciation. Ainsi peloton se prononce comme s'il étoit écrit peuloton.

> Les ennemis pensant nous tailler des croupiéres
> Firent deux pelotons de leurs gens à cheval.
> *Moliére, Amphitrion. Acte* 1. s. 1.

Force gens supriment tout-à-fait cet *e* obscur lorsqu'ils parlent, ou qu'ils lisent, mais les hommes savans dans la langue condannent cette prononciation, & sur tout lorsqu'on lit de la poësie.

TABLE

TABLE ALPHABETIQUE
DES ABREVIATIONS DE CE DICTIONNAIRE.

Abl.	signifie	Blancourt.
Abl. Mi.		Ablancourt, Minutius Felix.
Abl. ar. l. c. 1.		Ablancourt, arrian, livre, chapitre 1. 2. 3. &c.
Abl. Tac. an. l. c. 1. 2.		Ablancourt, Tacite, annales, livre, chapitre 1. &c.
Abl. Tac. hist. l. c. 1. 2.		Ablancourt, Tacite, histoire, livre, chapitre 1. 2. 3.
Abl. Tac. agr. c. 1. 2.		Ablancourt, Tacite, Agricola, chapitre 1. 2. 3. 4. &c.
Abl. Tac. Ger. c. 1.		Ablancourt, Tacite, Germanie, chapitre 1. 2. 3.
Abl. Com.		Ablancourt, Commentaire de Cesar, livre, chapitre 1. 2. 3 &c.
Abl. Luc. tom. 1. 2. 3.		Ablancourt, Lucien, tome premier, 2. 3.
Abl. l. c. 1. 2. 3.		Ablancourt, Tucidide, l. c. 1. 2. 3. &c.
Abl. apo.		Ablancourt, Apophtegmes.
Abl. Mar. tom. 1. c.		Ablancourt, Marmol, tome 1. 2. 3. chapitre 1. 2. &c.
adj.	signifie	adjectif.
adv.		adverbe.
Arn.		Arnaud.
Arn. conf.		Arnaud, Confessions de S. Augustin.
Arn. vies		Arnaud, vies des Peres Hermites.
Arn. œu.		Arnaud, Oeuvres Crétiennes.
Arn. Jos.		Arnaud, Joseph.
Bal.	signifie	Balzac.
Bel.		Belon.
Boi. épi.		Boileau, Epitecte.
Boi. avis		Boileau, avis à menage.
Boi. epi.		Boirobert, épitres.
Chap.		Chapelain, odes.
Col.		Colombiére, science héroïque.
Dal:		Dalechamp, histoire des plantes.
Dav.		Davelour, traité de l'Artillerie.
Deg.		Degori Dictionnaire des termes de Médecine.
Dem. vis. a. s.		Demaires, visionnaires, acte, scene.
Dem. clo.		Demarais, Clovis.
Dur.	signifie	Durier.
Eve.		Eveillon, traité de l'excommunication.
Four.		Fournier, Hidrographie.
Gir.		Giri.
Gla.		Glaser, traité de Chimie.
Gom. Pol.		Gomberville, Polexandre.
Gon. poë.		Gonbaud, poësies.
Gon. epi. l.		Gonbaud, Epigrammes, l. 1. 2.
Hab.	signifie	Habert, temple de la mort.
Int.		Interjection.
La Cham.		La Chambre.
Le Mai.		Le Maître, plaidoiez.
Mai. poë.		Mainard, poësies.
Mal. poë. l. 1. 2.		Malherbe, poësies, l. 1. 2. 3. 4. &c.
Mer.		Mersenne, harmonie du monde.
Mol.		Moliere.
Mot.		La Mote le Vaier.
Par.	signifie	Participe.
Pas. l. 1. 2. 3. 4. 5.		Pascal, lettres provinciales, lettre 1. 2. 3. 4. &c.
Pas. Pen.		Pascal, pensées.
Pre.		Préposition.
Pro.		Proverbe.
Rac. Pse.	signifie	Racan, Pseaumes.
Rac. ber.		Racan, bergeries.
Reg. Sat. 1. 2. 3.		Regnier, Satire premiere, 2. 3. 4. &c.
Rob. phi.		Rohaut, phisique.
Ron.		Rondellet, histoire des poissons.
S. Am.		Saint Amant, œuvres poëtiques.

Sca. poë.		Scaron poëſies.
Sca. Rom.		Scaron, Roman Comique.
S. Cir.		Saint Ciran.
Sal.		Salnove, venerie roiale.
Salo.		Salot, journaux des Savans.
San.		Sanſon, traitez de Geographie.
Sar. poë.		Saraſin, poëſies
Sar. pro.		Saraſin, proſe.
Sav. arc.		Savot, Architecture.
ſ. m.	ſignifie	Nom ſubſtantif maſculin.
ſ. f.		Nom ſubſtantif feminin.
Téo. poë.		Téophile, poëſies.
Tev.		Tevenin, traité de Chirurgie.
Vau. Rem.	ſignifie	Vaugelas, Remarques.
Vau. Qui l. c.		Vaugelas, Quinte Curſe, livre, 1. 2. 3. &c. chapitre, 1. 2. 3. 4. &c.
v. a.	ſignifie	Un verbe actif, par ces mots on entend un Verbe qui régit ou peut régir un acuſatif exprimé, ou ſous entendu.
v. n.	ſignifie	Un verbe neutre. On entend par ces mots un verbe qui ne gouverne point d'acuſatif, Babiller ſera un verbe neutre : car dans le diſcours on ne lui donne point d'acuſatif pour ſon régime.
v. n. & a.	ſignifie	Un verbe neutre & actif. C'eſt un verbe qui en un ſens régit un acuſatif, & en un autre n'en régit point. Le verbe marcher dans la ſignification d'aler eſt neutre parce qu'il ne gouverne rien. Mais lorſqu'il ſignifie fouler avec les piez, rouler, ou manier avec les mains il eſt actif, à cauſe qu'il régit un acuſatif ; Les Potiers diſent, marcher la terre, & les Chapelliers, marcher une capade.
v. n. & paſ.	ſignifie	Un verbe neutre paſſif. On nomme ainſi le Verbe qui ne régit point d'acuſatif exprimé, ni ſous-entendu & qui en ſes tems compoſez ſe conjugue par le moien du Verbe auxiliaire je ſuis, Tomber eſt un Verbe neutre paſſif. On dit, je ſuis tombé, j'étois tombé. Je ſois tombé, je fuſſe tombé, je ſerois tombé, quand je ſerai tombé.
v. r.	ſignifie	Un verbe reciproque. On appelle Verbe reciproque celui qui refléchit l'action ſignifiée par le verbe ſur la perſonne même qui fait l'action, & qui dans ſes compoſez ſe conjugue avec le verbe auxiliaire je ſuis. Se brouiller eſt un verbe reciproque. On dit, je me brouille, tu te brouilles, &c. je me brouillai, je me ſuis brouillé. Je m'étois brouillé, que je me ſois brouillé, je me fuſſe brouillé, je me ſerois brouillé. Se brouiller. S'être brouillé, ſe brouillant, s'étant brouillé.
Voi. l. 1. 2. 3. &c.	ſignifie	Voiture, lettre premiere, 2. 3. &c.
Voi. l. Am. 1. 2. 3.		Voitures, lettres Amoureuſes, première, ſeconde, &c.
Voi. alc.		Voiture, hiſtoire d'Alcidalis.
Voi. poë.		Voiture, poëſies.

DICTIONNAIRE FRANCOIS,
TIRE' DE L'USAGE, ET DES BONS AUTEURS
DE LA LANGUE.

A.

A.

La lettre *A* garde toujours sa même prononciation, & il n'y a qu'un petit nombre de dictions où cette regle ne s'observe point ; comme dans ces mots, *païs*, *païsan* ; *païsanne*, *dépaïser*, *païsage*. Car encore que ces mots s'écrivent avec un *a*, ils se prononcent *peïs*, *peïsan*, *peïsage* ; De même que s'ils étoient écrits par un E. *Voiez la colomne Aï.*

L'*a* se doit prononcer quelquefois long, & quelquefois bref. On a donné quelques regles pour cela : mais sans s'embarasser de toutes ces regles, il suffit d'avertir ici que dans ce Dictionnaire on marque l'*A* qui est long, d'un accent circonflexe, & qu'on ne met aucun accent sur l'*A* qui est bref.

A, *s. m.* La première lettre de l'Alphabet, & la première des cinq voïelles. Un *A*, il se prononce long.

  Ci dessous gît Monsieur l'Abé,
  Qui ne savoit ni A, ni B,
  Dieu nous ne doint bien-tôt un autre,
  Qui sache au moins sa Patenôtre.
  Ménage, poësies Françoises.

Il n'en a pas fait une panse d'*A*. Façon de parler proverbiale, qui veut dire, il n'y a point travaillé, il n'en a rien fait, il n'a pas touché à l'ouvrage dont il est question.

A, cette particule se met pour *quand*, ou pour *lors que*.
  Corneille Polieucte, a.1. sc.3.

Il y a de l'inconvenient par tout ; *A* ne prévoir rien, on est surpris, & à prévoir trop, on est miserable. *S. Evremont, Oeuvres mêlées, tom.6.* *A* voir le C. D. B. avec sa mine sombre, morne & malignement obscure, il n'y a personne qui ne dise de lui ce qu'on a dit un habile phisionomiste, que c'est un homme de bien, de qui l'on doit se garder de tous côtez.

A, cette particule signifie *qui a*. C'est à present un homme à carosse, & il y a quelque tems, ce n'étoit qu'un miserable.

A, cette particule se met pour, *que l'on doit*, c'est une chose à dire ; à faire, à taire ; c'est à dire, qu'on doit dire, qu'on doit faire, ou qu'on doit taire.

A, cette particule marque la maniere dont le corps est situé. Etre à genoux, *Godeau, prieres.* Etre à mains jointes, *Sacy, Estie.* A reculons.

A, cette particule jointe au verbe *laisser*, avec un autre, se met au lieu de *par*. Il y a beaucoup de personnes qui ne se laissent point emporter à l'ambition, *Academie Françoise, Sentimens sur le Cid.* Laissez-vous, mon Dieu, fléchir à mes prieres. *Godeau, Oeuvres Chrétiennes, I. partie, page 215.*

A, cette particule marque la situation des choses, ou des personnes. Il est à droit, il est à gauche. *Abl. Luc. t.3.*

A, particule qui désigne le tems. Il sera demain à huit heures au Licée. *Abl. Luc. A jour préfix.*

A, particule, qui marque la distance du lieu. Il est à cent ans, il est à dix lieuës. *Abl. Arrian.* Et celle du tems. A cent ans d'ici.

A, particule qui sert à marquer à quoi une chose est propre. Moulin à papier.

A, particule, qui signifie *après*, poil à poil, c'est comme si l'on disoit poil après poil.

A, particule, qui étant jointe à ces mots *ce que* signifie *selon*. (Vous vous portez bien à ce que je vois. *Mol. Scapin. a 1. sc.4.*) On dit aussi à mon avis, à vôtre compte.

A, article, qui marque le datif singulier, ou pluriel ; cet à article, aussi bien qu'*a* particule, ou préposition, doit être marqué d'un accent grave, pourveu qu'il ne commence pas un vers, ou une periode. (La terre & tout ce qu'elle contient est à Dieu. *Pseaumes de David.* Le Seigneur découvre ses secrets à ceux qui le craignent. *Pseaumes de David.*)

A, préposition, qui désigne quelque repos, ou quelque mouvement local. *A* la maison. (S. Augustin a tenu école de Rétorique à Cartage. S. Augustin après sa conversion, se retira à la campagne. *Patru plaidoié 15.*)

A, particule, qui se met devant les noms, & devant les infinitifs des verbes. (C'est à vous, mon Dieu, à juger les peuples *Pseaumes de David.*)

A, particule, qui se met au lieu de la préposition *avec*. (Peindre à huile. C'est à dire avec de l'huile. A grand' peine. A regret. A petit bruit. Chapeau à grands bords.)

A, particule, qui se met avec un nom, au lieu de la préposition *pour*. Un pot à l'eau. C'est à dire, pour mettre de l'eau. Prendre à témoin, à garant.

A, particule, qui se met devant un infinitif, au lieu de *pour*, ou *d'afin*. (Maitre à danser : C'est à dire, pour aprendre à danser. A vous dire la verité, il y a peu de choses qui me soient impossibles. *Moliere, Scapin. a.1. sc.1.* Je suis homme à ne contraindre personne. *Moliere, mar. forcé, sc.8.* Je suis homme à traiter les choses dans la douceur. *Sc.9.*)

A, particule, qui étant mise devant un adjectif, signifie maniere, façon. (Vétu à la Françoise. A voiles déploiées. A la hâte.)

A, particule, qui se met au lieu de la préposition *par*. (Qu'on fasse déchirer ce sacrilege à la chimere. *Abl. Luc. tom.1.*)

A, particule qui se met au lieu *d'environ*. (Ils marchoient dans la neige haute de cinq à six piez. *Abl. Rét. l.4.*)

A, troisième personne du verbe *avoir*. Cet *a* ne se marque d'aucun accent, afin de le distinguer des *à* qui sont articles, particules, ou prépositions.

A B A.

ABAÏE ; *s. f. Prononcez*, abaïe, en latin *Abbatia*. C'est un lieu érigé en Prélature, où vivent des Religieux, ou des Religieuses sous l'autorité d'un Abé, ou d'une Abesse, & qui a du revenu pour les faire subsister, sans songer à autre chose qu'à leur salut, & à chanter les loüanges de Dieu. (Une bonne Abaïe, une riche Abaïe, une grande Abaïe, une petite Abaïe, une belle Abaïe, une Abaïe considerable.) Les plus puissantes Abaïes sont en Alemagne. Le Roi de France, depuis le Concordat, nomme à presque toutes les Abaïes en commande, & toutes les bonnes Abaïes de France sont en commande. Autrefois les Maires du Palais donnoient toutes les Abaïes du Roïaume. (Avoir une Abaïe, obtenir une Abaïe, conferer une Abaïe. *Vol. Fra. Paolo, traité des benefices, chap.10.*)

A B A Ï E R. *Voiez* abaïer.

A B A I S S E. Terme de Patissier. Pâte qui fait le dessous de la piece de patisserie. (Faire une abaisse.)

A B A I S S E R, *v. a. prononcez* abessé. Mettre plus bas une chose qui étoit plus haut, (Abaisser un pont levis. *Abl.*)

Abaisser, ôter de la hauteur. (Abaisser une muraille de deux piez.)

* *Abaisser*. Ravaler, humilier. * (Dieu abaise l'un & éleve l'autre. Abaisser les ennemis de l'Eglise. *Arn.* * Abaisser l'orgueil de Cartage. *Vais. Quin. l.x.*)

A

S'ABAISSER, *v. r. Devenir plus bas, être plus bas.* Je m'abaisse, je me suis abaissé, je m'abaissai, je m'abaisserai. Le païs est rempli de montagnes qui s'abaissent peu à peu. *Abl. Tac. Ger. c.2.* La riviere s'abaisse.

* *S'abaisser.* Se ravaler. L'humilité n'est souvent qu'un artifice de l'orgueil qui s'abaisse pour s'élever. *Reflexions morales.*

* *S'abaisser.* C'est à dire, s'humilier, s'incliner avec respect. L'homme s'abaissera devant celui qui l'a créé, & il ne s'abaissera plus devant les autels qu'il avoit faits de ses mains. *Saci, Isaïe, c. 7.*

Abaissement, *f. m.* Ce mot a un usage fort borné au propre: C'est la maniere d'être d'une chose qui est plus basse qu'elle n'étoit. La confidence est l'abaissement des choses qui sont apuiées les unes sur les autres, *Pervant, Essais de Phisique, T. 3.* L'abaissement de ce mur a donné du jour à cette maison.

* *Abaissement.* Humiliation, prosternation, action d'une personne qui s'abaisse pour suplier, ou pour donner quelques marques de ses respects. * L'orgueil humain est bien aise de jouir de la grandeur par l'abaissement des autres. *Port Roial.* Ce triste abaissement convient à ma fortune. *Racine Iphigenie, a. 2. sc. 5.*

* *Abaissement.* Diminution de crédit, ou d'honneur, sorte de disgrace. Il déchire la reputation des grands hommes, comme si leur abaissement contribuoit quelque chose à sa gloire. *Abl. Luc. tom.1.* * Dans son abaissement il vit sans esperance. *Main. poës.*

ABANDON, *f. m.* Ce mot vient de l'italien *Abbandono*, ou des mots *ad bandum* de la basse latinité, qui signifie *à la volonté* : & il signifie *abandonnement, délaissement* : mais abandon ainsi pris n'est plus guere usité. Dans un tel abandon leur sombre inquietude, ne voit d'autre recours que le métier de prude. *Mol. Tart. a.1. sc.1.*

A l'abandon, *adv.* Au pillage, à l'abandonnement. Laisser tout à l'abandon. *Abl. Luc.* Mettre tout à l'abandon. *Abl. Ar.* Tout étoit au pillage & à l'abandon. *Vau. Quin. l.3.*

Abandonnement, *f. m.* Acte de la personne qui abandonne. Faire un abandonnement de tous ses biens. *Le Mai.*

* *Abandonnement.* Desordre, dereglement, débauche, prostitution. Etre dans le dernier abandonnement.

ABANDONNER, *v. a.* Ce mot vient de l'italien *abbandonnare*; c'est *laisser*, c'est *quiter entierement*. Henri quatriéme voiant un Medecin huguenot qui abandonnoit sa Religion, dit à un Seigneur huguenot, mon ami, ta Religion est bien malade, puis que les Medecins l'abandonnent. *Perefixe, histoire de Henri IV.* Abandonner les armes. *Abl. Tac.* Abandonner l'étude. *Port Royal. Bartolemi, des Martirs.*

Abandonner, *v. a.* Laisser entierement à la disposition d'un autre. Nous la renonçons & l'abandonnons à vôtre colere. *Mol. George Dandin.* Est-ce aimer une maitresse que de l'abandonner à toute la monde. *Abl. Luc.*

Abandonner, *v. a.* C'est laisser à la merci de quelqu'un. Abandonner ses biens à ses creanciers. Abandonner un Eclesiastique au bras seculier.

Abandonner, *v. a.* Laisser en proie. Abandonner une ville au pillage *Abl Tac.*

S'abandonner, *v. r.* Je m'abando ne, je me suis abandonné, je m'abandonnai. Se donner entierement à quelque chose, se donner comme esclave de la chose à laquelle on s'abandonne, se donner entierement & aveuglément, se prostituer. (S'abandonner à toutes sortes de vices. *Abl. Luc. tom.1.* S'abandonner au desespoir, à la haine, à la colere. *Abl. Tac.* S'abandonner à faire l'amour. *Monsieur de la Rochefoucaut.*

S'abandonner, Ce mot qui marque ordinairement un transport honteux, se prend aussi quelquefois en bonne part.
{ S'abandonner à la joie.
L'esprit plein de contentement.
S'abandonne au ravissement. *Voit. Poës.* }

Abandonné, abandonnée, part. (Païs abandonné, ville abandonnée, *Abl.* Une cause abandonnée, personne n'est assez abandonné de Dieu pour cela *Abl.*

Abandonné, abandonnée, adj. Ce mot signifie celui, ou celle, qui est tellement abandonné à quelque chose, qu'il en est comme esclave, qui s'est donné entierement, & livré tout à fait à quelque chose, & qui s'est comme prostitué. (Abandonné à ses desirs, à ses passions, à ses plaisirs, au vice, au libertinage.)

Il signifie aussi celui qui se porte dans l'excès, qui ne garde plus de mesure, & ne suit que sa passion.
[il faut que vous passiez pour les plus abandonnez calomniateurs qui furent jamais. *Pas. l.16.*]

Abandonnée, *s.f.* Fille ou femme de mauvaise vie.
{ Je ne veux point bruler pour une abandonnée. *Mol.* }

ABASSIS, *f. m.* C'est une sorte de monnoie d'argent, qui est ronde, qui a cours en Perse, & qui vaut dix-huit sous six deniers. (Paier en Abassis.)

ABATAGE, *f. m.* Mot usité parmi les marchans de bois; il signifie la peine d'abatre & de couper les bois qui sont sur pié.
(Faire l'abatage des bois. L'abatage des bois monte à cinq cens francs. *Caron. Traité des bois, preface.*)

ABATANT. Voiez abatre.

ABATARDIR, *v. a.* Faire degenerer, corrompre, alterer le naturel d'une personne. Abatardir vient de l'espagnol *bastardear.* (La servitude abatardit le courage. *Abl. Tac.* L'oisiveté abatardit les gens. *Abl. Luc.*)

S'abatardir, *v. r.* Je m'abatardis, je me suis abatardi, je m'abatardis. C'est dégenerer de ce qu'on étoit, & se relacher, se corrompre.
[Venant peu à peu s'abatardir, ils parloient un langage corrompu. *Vau. Quin. l.7.*]

Abatardissement, *f. m.* C'est l'alteration qui se fait dans une personne à cause de quelque vice, ou d'autre chose de cette nature. [Un honteux abatardissement, un étrange abatardissement, un horrible, un épouvantable, un éfroiable, un détestable abatardissement. Ils sont tombez dans un honteux abatardissement. *Nicole, essais de Morale.*

ABATEMENT, *f. m.* Ce mot au propre ne semble pas bien usité, & en sa place, on dit *abatu* ou *abatage.*

Abatement, *f. m.* Ce mot au figuré signifie acablement, langueur. [Elle a besoin de mille autres soutiens, par la soustration desquels elle tombe dans l'abatement. *Nicole, essais de Morale.* Cette nouvelle le met dans l'abatement. *Voit. l.74.* Etre dans l'abatement & dans le trouble. *Port-Royal. Pseaumes.* Reduire l'homme à l'abatement & au desespoir. *Nicole essais, t.1.*]

Abateur, *f. m.* Celui qui abat. (Ce bucheron est un grand abateur de bois. C'est un grand abateur de quilles.)

* *C'est un grand abateur de bois.* Façon de parler proverbiale, qui veut dire que celui dont on parle se vante de faire beaucoup de choses qui sont au dessus de ses forces.

ABATIAL, ABATIALE, *adj.* Qui apartient à l'Abé, qui regarde l'Abé, qui touche l'Abé. (François de Bourbon, Prince de Conti, mourut en 1614. à l'Hôtel Abatial de S. Germain des prez. *Sainte Marte, Genealogie.* La maison Abatiale est belle & bien bâtie)

Je tiens ton ouvrage parfait
Et ta demeure Abatiale,
Est une maison sans egale.
Boisrobert. Epit. t.1. ep.22.

ABATIS, *f. m.* Ce mot devant une consone se prononce *abati.* Plusieurs choses abatuës, comme arbres, bois, plusieurs choses démolies, démolition. Abatis d'arbres, de maison, de muraille, &c.

Abatis. Terme de chasse, petits chemins que font les jeunes loups, en abatant l'herbe à force d'aler aux lieux où ils sont nourris. *Sal. c. 2.*
[Trouver l'abatis des jeunes loups. *Sal.*]

Abatis, Terme de chasse, bêtes tuées par les vieux loups. [Quand le loup & la louve chassent ensemble, ils font, un plus grand abatis de bestiaux. *Sal. chasse du Loup. c.4*]

Abatis. Terme de boucher, cuirs, graisses, tripes, & autres petites choses des bêtes qu'on a tuées.

Abatis, *f. m.* Terme de rotisseur. Ce sont les ailes, le cou, les piez, le gesier, & le foie de quelque oie, ou de quelque poulet d'inde. Ce que les rotisseurs apellent Abatis, ils l'apellent aussi *petite oie*, & ce sont les mots les plus ordinaires. Cependant ils disent tous les jours entre eux, voila un bon abatis, voila un excellent abatis.

Abatis, *f. m.* Terme de rotisseur. Ce mot se dit encore parlant d'Agneau. Ce sont la tête, les piez, le foie & le mou de l'agneau. Ils nomment aussi cette sorte d'abatis, *issuë*, mais le bourgeois de Paris dit toûjours abatis. (Bien-heureux qui peut avoir en Carême un bon abatis d'agneau dans son pot.)

Abatis. Terme de gens qui travaillent aux carrieres, pierres que les carriers ont détachées, & qu'ils ont fait tomber.

ABATRE, *v. a.* Ce mot vient de l'italien *abattere*, & se conjugue ainsi j'abas, j'abatois, j'ai abatu, j'abatis, j'abatrai. Il signifie *jetter par terre, jetter bas.* (Abatre une forest, abatre des arbres.)

Abatre, *v. a.* Il signifie aussi, faire tomber par le moien de quelque hache, de quelque épée, ou de quelque autre instrument. (Il abatit l'oreille d'un Tribun. *Abl. Tac.* Il lui abatit l'épaule d'un coup de hache. *Abl. Ret. l.c.15.*)

Abatre, *v. a.* Ce mot se dit de la pluïe & du vent; & il signifie *faire tomber.* (La pluïe abat le vent. Petite pluïe abat grand vent, façon de parler proverbiale, pour dire que peu à peu on calme les troubles.)

Abatre, *v. a.* Démolir, ruiner. (Abatre les fortifications d'une Place, *Abl. Tac.* Abatre un Palais. *Vaug. Quin.*)

* *Abatre*, *v. a.* Ce mot au figuré signifie acabler, vaincre, ruiner: (La vieillesse abat le corps, les malheurs abatent le courage. *Ablanc. Tac.* Se laisser abatre à la douleur. *Port-Royal. Pseaumes.*)

Abatre, *v. a.* Terme de mer. C'est s'écarter de l'aire du vent qui doit regler le cours du Vaisseau. C'est changer la droite route du Vaisseau. [Les courans, les marées, les erreurs du pointage, & le mauvais gouvernement du timonier, font abatre un Vaisseau. On dit aussi abatre le Vaisseau d'un quart de vent, ou d'un demi-rumb, c'est à dire, virer le Vaisseau, & lui changer sa course en droiture d'un quart de rumb, ou d'un demi-rumb.]

Abatre, *v. a.* Terme de mer. C'est obeïr au vent pour arriver plus aisément. (Le Navire abat.)

Abatre, *v. a.* Terme de mer. C'est mettre un Vaisseau sur le côté, lors que l'on veut travailler à la carenne, ou à quelque partie

ABC

qui n'est pas hors de l'eau. (Abatre un Vaisseau. *Desroches, Dictionnaire de Marine.*)

Abatre, v. a. Terme d'*oculiste*. C'est ôter avec des instrumens une chose qui nuit à la vûë. (Abatre la cataracte.)

Abatre, v. a. Terme de *boucher*. C'est enlever le cuir de dessus une bête avec le couteau. (Abatre le cuir d'un beuf, d'une vache.)

S'abatre, v. r. *Je m'abas, je me suis abatu, je m'abatis*. Ce mot signifie s'abaisser, se laisser tomber. (L'oiseau s'abat. Cheval qui s'abat sous l'homme, *Sca. Rom.*)

S'abatre. Perdre courage, se laisser accabler. (Se laisser abatre à la moindre affliction. *Arn. conf.*)

[*Abatant participe*. Qui veut dire *qui abat*.]

Abatant, s. m. Terme de *marchand de drap*, maniere de dessus de table élevé au fond d'une boutique, & à l'un & à l'autre bout des magazins, on s'élevant, selon le jour qu'on veut donner au lieu où est la marchandise. (Baisser encore l'abatant. Lever l'abatant.)

Abatu, abatuë, adj. Coupé, demoli. (Bois abatu, tour abatuë.)

abatu, abatuë, adj. Acablé, ruiné, vaincu, terrassé. (Le parti des ennemis est abatu. *Abl. Tac.* On me porta à mon logis fort abatu. *Voit. l. 6.* On voit l'orgueil à ses piez abatu. *Gon. Poë.*)

Abatures, s. f. pl. Terme de *Vénerie*. Foulures, broussailles, &c. que le Cerf abat du bas de son ventre en passant. (On connoît le Cerf par ses abatures.)

ABC.

A, B, C, s. m. On prononce *abéé*. C'est la Croix de par Dieu, ce sont les 24. lettres de l'alphabet.

[Un bel a, b, c, connoître les letres de l'a, b, c, savoir l'a, b, c, commencer son a, b, c, aprendre son a, b, c, *Renvoier quelcun à l'a, b, c*, façon de parler proverbiale, pour dire *traiter quelcun d'ignorant*.]

A, b, c. Fondement de quelque art, ou de quelque sience, principe de quelque art, de quelque sience, ou de quelque doctrine.

[* La doctrine des opinions probables est le fondement de l'*a, b, c*, de toute nôtre morale. *Pas. l. 5.*]

Abcés, s. m. Ce mot vient du latin *abcessus*. C'est une tumeur où il y a des humeurs enflées, ou supurées. (Un dangereux abcés, un facheux abcés. Panser quelcun d'un abcés. On dit aussi panser un abcés, guerir quelcun d'un abcés. On lui a guéri un abcés qu'il avoit.)

ABD.

Abdication, s. f. Prononcez *abdicacion*, mot qui vient du latin *abdicatio*. C'est l'action de celui qui se défait de quelque grande dignité, renoncement à quelque dignité considérable. [L'abdication de Charles-quint est fameuse. *Entretiens d'Ariste, devises.* L'abdication que Casimir fit du Roiaume de Pologne, est connuë par tout le monde.]

Abdiquer, v. a. Mot qui décend en droite ligne du latin *abdicare*, & qui ne se dit que dans les discours graves, & même il se dit rarement. On se servira en sa place, du mot *quiter, abandonner*, ou *renoncer*. C'est se dépouiller d'une grande dignité. Du Rier, *histoire de Strada*, dit que Charles-quint *abdiqua l'Empire*.

ABE.

Abé, s. m. Le mot d'*Abé* signifie *Pére* : & l'on croit qu'il tire son origine du Syriaque. Voi le Dictionnaire Eclesiastique de Frére Jean Bernard. Il y a des gens qui assurent que l'Abé est un homme qui vit de l'autel, & n'en aproche point. Ces gens sont des railleurs. Mr. Pinson, Auteur grave & habile, dit dans son traité des Bénéfices, que l'*Abé* est le chef de quelque abaie, & celui qui possede la septieme dignité de l'Eglise, & celle qui est immédiatement au dessous de la dignité d'Evêque. Les latins le nomment *abbas*. Le Berni a fait leur panegirique, & on le peut voir pag. 39. Les Abez furent d'abord faits par les Moines & confirmez par les Evêques, ensuite par les Maires du Palais, & depuis par les Rois, ce qui subsiste toûjours. *Voi Fra Paolo, traité des Bénéfices, chap. 2. & chap. x. & xi.* (On dit un Abé régulier, un Abé seculier, un Abé commendataire, un Abé électif, un Abé crossé & mitré, un bon, un généreux, un sage, un savant, un pieux, un vertueux, un faint Abé. Ces dernieres qualitez sont assez rares : mais celles-ci sont, par malheur, plus ordinaires. Abé fénéant, mou, ignorant, délicat, voluptueux, galant, éveillé, gaillard, amoureux, &c. Il n'y a point de jeune-homme un peu bien fait, & qui ait l'air d'Eclésiastique, qui par un abus insuportable, ne se fasse donner du Monsieur l'Abé. On honore même sotement d'un si beau nom le moindre petit grimaut à manteau court, à petit colet, & à petite perruque. La Cour & la Vile fourmillent d'Abez, mais les Abez de Cour font propres, lestes, & les Rois des autres. (On dit faire un Abé, bénit un Abé, les Abez sont les passe-volans de la galanterie ; & il n'y a rien de plus à la mode qu'un Abé.

ABE

C'est un sur-tout de bagatelles,
Un tissu de chansons nouvelles,
Un petit coquet tout plaisant,
Qui sçait du coin de l'ongle ouvrir sa tabatiére,
Caresser son petit colet,
Tourner son castor de maniere
Qu'il fasse toûjours le godet.

C'est un *Abé de sainte esperance*, c'est à dire, que celui dont on parle n'a ni bénefices ni abaies, la France est pleine d'Abez de sainte esperance. *Pour un Moine on ne laisse pas de faire un Abé*, c'est à dire, que dans l'afaire dont il s'agit, on ne, laissera pas de passer outre, quoi qu'il y ait quelcun qui y manque, ou qui s'y opose. On l'*atend comme les Moines font l'Abé*, c'est à dire, qu'on ne l'atend point du tout. Car dés que le dîné ou le soupé est sonné, Mrs les Moines se mettent à table, & n'atendent pas Mr. leur Abé.

Abecedaire, adj. Qui n'en est encore qu'à l'a, b, c. [Un vieillard abécédaire.]

Abeille, s. f. Insecte qui vole, & qui fait la cire & le miel. [Une petite abeille, une grosse abeille. L'abeille merite d'être admirée. *Abl. Luc.* On trouve des abeilles blanches vers le Pont Euxin. *Tevenot voiages, tom. I. pag. 51.* Les abeilles de l'Abissinie ont cela de particulier, qu'elles n'ont point d'éguillon pour se défendre ; elles font leurs ruches sous terre, où il y a quelque petit trou fort étroit. *Ludolf, histoire d'Etiopie, c. 8.* L'abeille bourdonne.]

Abel, s. m. Nom d'homme, qui signifie rien ou vanité, & l'on donna ce nom à Abel, parce qu'il ne laissa point d'enfans, dit *la Roquet, origine des noms, c. 2.*

Abequer, *abecher*, v. a. Terme d'*oiseleur*. Le mot d'usage est *abéquer*, l'autre est vieux. C'est nourrir un petit oiseau qui ne peut pas encore manger tout seul, & cela en lui mettant dans le bec de la mangeaille avec un bâton fait exprés. (Abéquer un merle, abéquer un perroquet.)

Abesse, s. f. Religieuse qui possede une abaie, & qui en vertu de sa dignité, a pouvoir sur ses Religieuses, & sur les seculiers qui servent dans son Convent, & qui desservent des chapelles qui en relevent. *Pinson.*

Abetir, abestir, v. n. L'un & l'autre s'écrit, mais on ne prononce point la letre *s*. & l'on fait seulement longue la seconde silabe du mot *abétir*. Il signifie devenir bête, devenir plus sot, plus innocent que l'on n'étoit. Les Espagnols apellent cela *abestialisar*. C'est un enfant qui abétit tous les jours. Il commence d'abétir de plus en plus.

Abétir ou *abestir*, v. a. Ce mot est aussi actif, & en ce sens il veut dire *ôter l'esprit, faire devenir bête, faire devenir sot & innocent*. (Le vin abétit les gens.)

ABH.

* AB HOC & AB HAC. Mots latins qui sont devenus françois & qui signifient *sans ordre & sans raison, à tort & à travers.* (Discourir *ab hoc & ab hac*, parler *ab hoc & ab hac*.)
Ici gît Monsieur de Clezac
Qui baisoit *ab hoc & ab hac.*
Ménage, poesies.

Abhorrer, v. a. Ce mot vient du latin *abhorrere*, & se prononce *aborré*. Il signifie avoir en horreur, en aversion, détester. (Les Loix abhorrent le vice, & embrassent la vertu. *Patru, plaidié 9.* Ceux qui abhorrent le mariage, ont le cœur plus dur que les autres. Les femmes abhorrent les maris jaloux. *Bacon, politiques & murales.*)

S'abhorrer, v. a. Avoir de l'horreur de soi-même, avoir de l'aversion pour soi-même.

(Objet infortuné des vengeances célestes
Je m'abhorre encore plus que tu ne me détestes.
Racine, Phédre, a. 2. sc. 5.]

ABJ. ABI.

Abject, abjecte, adj. Mot qui vient du latin *abjectus*, & qui signifie, vil, bas, méprisable. On ne se sert ordinaire du mot d'*abject*, qu'en l'accompagnant du mot *bas* qui le précede, & qui aide à le mieux faire passer. (Néron n'avoit tiré de l'amour d'une servante, que des sentimens bas & abjects. *Ablanc. Tac. an. I, 13. et 16.* Le commencement des arts est bas & abject : mais celui du parasite est illustre, & commence par l'amitié, *Abl. Luc. Tom. 2. Parasite.* La gloire qui s'aquiert sur des ennemis vils & abjects, perd bien-tôt son lustre. *Vaug. Quin. l. 9.* Volsei étoit d'une naissance basse & abjecte. *Maucroix, Schisme, l. I.*]

Abjection, s. f. Ce mot signifie *abaissement*, & il se dit dans les matières de piété. [Jesus-Christ a vécu dans la derniere abjection.]

Abime, *abisme*, s. m. L'un & l'autre s'écrit : mais l's ne se prononce point, & l'on fait seulement un peu longue la seconde silabe du mot *abime*. Il vient du grec, & en latin on dit *abyssus*, en italien *abisso*, & en espagnol *abismo*. C'est une profondeur qui n'a point de fond. [Un abime, profond, un éfroiable abime, un horrible abime, un abime immense. L'Ocean étoit jaloux de voir sonder ses abimes. *Abl. Tac.* Il y a des abimes profonds dans ces eaux.]

ABI

Abime, *f. m.* Terme de Blazon. C'est le milieu de l'Ecu, & de toute piece qui est au milieu, l'on dit qu'elle est mise en abime. (Il porte une fleur de lis en abime. *La Colombiere, sience heroique.*)

* *Abime.* Enfer. (Ils ont à combatre toutes les puissances de l'abime. *Patru*, 3. *Plaidoié.* Aprés avoir enseigné aux autres le chemin du ciel, il craint d'être precipité dans l'abime. *Maucroix*, *Homelie* 1.)

* *Abime.* Fond immense & infini. (La raison humaine est un abime où l'on se perd. *Abl. Luc.* Précipiter du faîte de la gloire dans l'abime du neant. *Abl. Luc.*)

Abimer, abismer, v. a. La lettre *s.* ne se prononce point, & l'on fait un peu longue la seconde silabe *d'abimer.* Ce verbe est actif, quand il signifie precipiter dans des abimes, dans des goufres profons, faire perir. (Abimer les coupables, les uns par des tremblemens de terre, & les autres par des déluges. *Abl. Luc.* Il ne faut qu'un moment pour abimer toutes vos richesses. *Maucroix S. Chrisostome, hom.* 1.)

Abimer, v. n. Ce mot est neutre quand il signifie tomber dans un abime, perir. (Cette vile abimera un jour. C'est un homme qui va abimer dans peu.)

* *Abimer, v. n.* Pêrir.
Je le veux croire,
Et m'embarquer dessus la même mer,
Où j'ai pensé tant de fois abimer.
Voit. 2. *Elegie.*

* *Abimer, v. a.* Faire périr, ruiner, perdre entierement. (On tâche de l'abimer entierement. Il abima dans cette profusion, toute l'opulence de Rome. *Abl. Cés.*)

S'abimer, v. n. Je m'abime, je me suis abimé, je m'abimai. Se précipiter. (Il s'abima dans les enfers, aprés avoir frapé du pié. *Abl. Luc. tom.* 3.)

* *S'abimer.* Se jetter dans quelque chose de facheux comme dans un abime. [Si tu savois dans quels maux mon cœur s'est abîmé, toi-même tu voudrois qu'il n'eût jamais aimé. *Mol.*]

* *S'abimer.* S'apliquer profondement à quelque chose à force de contemplation. (S'abimer dans la méditation.)

bimé, abimée, adj. Precipité dans des abimes, peri, ruiné, perdu, * qui est entierement en quelque chose. (Que tous les peuples qui ont oublié Dieu, soient abimez. *Pseaumes de David.* Ils prétendoient que tout si grand travail seroit bien-tôt abimé. *Vaug. Quin.* l. 4.)

* C'est un homme abimé. *C'est à dire qui a perdu tout son bien, qui est sans ressource.* [* Abimé dans la douleur. *Arn.*]

ABJURER, *v. a.* Ce mot vient du latin *abjurare.* C'est renoncer publiquement & dans les formes à quelque erreur. (Abjurer une heresie.)

* *Abjurer, v. a.* Quiter, laisser, abandonner tout à fait. (Les Poëtes ont abjuré la poësie. *Scaron*, *Roman Comique.* Elle a abjuré tout sentiment de pudeur & de vertu. *Patru*, *plaidoié* 9.)

Abjuration, f. f. Prononcez *abjuracion.* Ce mot vient du latin *abjuratio*, & se dit en matiere de Religion. C'est une action qui se fait en public, & dans un lieu destiné à cela, par laquelle on proteste de renoncer à quelque erreur. (Abjuration solennelle, abjuration publique, abjuration sage, abjuration judicieuse, abjuration bien faite. Faire abjuration de quelque erreur.)

Abjuration, f. f. C'est aussi un acte par lequel on témoigne qu'une personne a abjuré son erreur dans le lieu qu'elle devoit. L'abjuration est en forme quand elle est signée par l'Eclesiastique entre les mains de qui elle a été faite.

ABL

ABLATIF, *f. m.* Terme de *Grammaire.* Le sixiéme cas de quelque nom. (Ablatif absolu.)

ABLE, *f. m.* Poisson de riviere qui est de la grandeur d'un doigt, & quelquefois un peu davantage, qui a le dos verd, & le ventre blanc. (Un petit able.)

ABLUTION, *f. f.* Terme *d'Eglise.* Prononcez *ablucion.* L'ablution se fait lorsqu'aprés la communion le Prêtre lave ses doigts dans le Calice avec le vin, ou avec l'eau & le vin. C'est aussi le vin & l'eau qui ont servi à laver les doigts du Prêtre. (La premiere ablution. Faire l'ablution. Prendre l'ablution.)

ABO

ABOYER, *Abaier, v. a.* Ces mots au propre se disent des chiens, mais il n'y a qu'*aboier* qui soit bien d'usage, *abaier* n'est pas du peuple. L'un & l'autre signifie *japer*, en Italien *abbaiare.* (Aboier les passans, on dit aussi aboier aprés les passans.

Pour aboier un huguenot
On m'a mis en ce pitieux être,
L'autre jour je mordis un Prêtre
Et personne ne m'en dit mot.
Poëte anonime.

† * *Abayer.* Médire, crier aprés quelcun, reprendre, ataquer quelcun. (Il y a de certaines gens qui aboient tout le monde. *Abl. Luc.* Il ne fait rien que crier & aboier tout le monde. *Abl. Tac.* 2. Il faut avoir du mépris pour eux, & les laisser aboier. *Sen. poes.*)

† * *Aboier.* Aspirer avidement aprés quelque chose, l'atendre avec passion. (* Il y a des gens autour de lui qui aboient aprés sa succession. *Abl. Luc.*)

† * *Aboier à la lune, Pro.* Faire des éforts inutiles contre des gens qui sont au dessus de nos ateintes.

Abois, f. m. Le cri naturel du chien. (Au premier aboi que fait le limier, le loup sort de son liteau. *Sal.* Ouir l'aboi d'un chien. *Abl. Luc.*)

Abois, f. m. Moment où la bête expire. Etat, ou foiblesse de la bête quand elle expire. (Cheval qui rend les abois. *Vaug. Q. l.* 6. *c.* 13. Tenir les abois. *Sal.*)

Abois. Ce mot se dit des personnes, & veut dire agonie, combat de la chaleur naturelle avec la maladie. (Etre aux abois.)

† *Abois.* Moment où une chose est prête à perir, moment où l'on est prêt à sucomber. (Mettre ses ennemis aux abois. *Voit. poés.* Mettre la pudeur aux abois. *Benserade.* On y voit tous les jours l'innocent aux abois. *Dépr. Sat.* 1.)

Aboiement, aboiement, f. m. L'un & l'autre s'écrit ; mais on prononce *aboiman*, en alongeant un peu la seconde silabe. L'aboiment est le cri naturel du chien quand il ataque, qu'il se défend, ou qu'il craint. (Aboiments afreux, fâcheux, étonnants, horrible, épouvantable, ennieux.)

ABOLIR, *v. a.* Casser, annuller, mettre hors d'usage, éfacer & ôter entierement. (Abolir une coutume, des impôts, une superstition, la memoire & le souvenir de quelque belle action. *Ablancourt.*)

Abolition, f. f. Mot qui vient du latin *abolitio*, & qui se prononce *abolicion.* C'est une grace que le Prince fait en pardonnant un crime, voulant qu'il soit aboli, & que la peine portée par la Loi soit entierement remise. (Acorder, obtenir, avoir des lettres d'abolition. C'est en la grande Chancelerie où l'on expedie les lettres d'abolition, la personne qui les obtient, se doit mettre en état, les lettres que les Gentils-hommes impetrent, s'adressent aux Parlemens, & celle des roturiers aux Juges subalternes.

Abolition, f. f. C'est l'aneantissement de quelque impôt, ou d'autre pareille chose. (Demander l'abolition de quelque gabelle, Obtenir l'abolition de quelque impôt, acorder l'abolition, refuser l'abolition d'une taxe. Vous voiez dans ce livre, tantôt l'abolition des vieilles Loix, & tantôt l'établissement des nouvelles. *Saint Evremont, T.* 7. *des Historiens Français.*)

ABOMINABLE, *adj.* Ce mot semble venir du latin *abominandus*, & signifie qu'on doit détester, & qui est horrible ; (Un reproche abominable. Une action abominable. *Pascal, lettre* 16. Un lieu abominable. Tous les animaux qui se remuent & qui vivent dans les eaux, sans avoir en des nageoires, ni d'écailles vous seront abominables. *Saci, Levitique, chap.* 11. *Balzac rolation à Menandre*, 1. *partie*, dit que son ami Philarque l'apelle, execrable, détestable, abominable, & lui donne pour épitéres quatre ou cinq de ces vilaines rimes, N'est-ce pas une chose abominable qu'il consente à cette opinion. *Pascal, lettre* 34. On dit aussi, c'est une chose abominable que de faire cela.)

Abominablement, adv. D'une maniere detestable, d'une façon horrible. (Vivre abominablement.)

Abomination, f. f. Prononcez *abominacion.* Il vient du latin *abominatio.* C'est l'horreur qu'on a de quelque chose que ce soit. (Une vraie, une juste, une sainte *abomination.* Etre en abomination à tous les peuples. *Ablancourt. Tac.* Le Seigneur a en abomination les sanguinaires. *Port-Royal, Proverbes de Salomon.* Tout ce qui vole & qui marche sur quatre piez vous sera en abomination. *Port-Royal, Levitique, c.* 11. Tous les trompeurs sont en abomination au Seigneur. *Port.Royal, Proverbes, chap.* 3.

ABONDER, *v. n.* Ce mot vient du latin *abundare.* C'est avoir abondance, avoir en quantité. Toutes sortes de delices abondent en ce lieu. *Voit. lett.* 86.

Paris est sans comparaison,
Il n'est plaisir dont il n'abonde.
Mai. Poës.

* *Il abonde en son sens.* C'est à dire, qu'il est ataché avec opiniatreté à son sentiment.

Abondant, abondante, adj. ce mot vient du latin *abundans.* c'est à dire, qui a en quantité, en abondance, qui est fertile. (L'Alemagne est abondante en troupeaux. *Ablancourt. Tac. Ger.* La Perse étoit alors paisible & abondante en toutes choses. *Vau. Quint.* l. 9. *c.* 10.)

† *D'abondant*, sorte d'adverbe, qui signifie *de plus*, & qui n'est pas en usage parmi ceux qui parlent bien.

Abondamment, adv. Avec abondance, en quantité, avec fertilité, (Le Parasite ne seme, ni ne moissonne, & trouve tout abondamment. *Ablancourt. Luc.* 1. 1. Le Seigneur rend abondamment aux superbes ce qu'ils meritent. *Port-Royal, Pseaume* 30. L'Angleterre, l'Alemagne, la Holande & la France donnent abondamment ce qu'il faut à ceux qui en cultivent la terre.)

Abondance, f. f. Mot qui vient du latin *abundantia.* c'est à dire, grand' quantité de quelque chose. (Etre dans une heu-

ABO.

reufe abondance de toutes chofes. *Patru*, *plaidoiez*. Ils fe repoferent dans une abondance de toutes chofes. *Ablanc. Ret. l.4.* On fe laffe des plaifirs, & l'abondance engendre le dégout *Abl. Luc. Saturnales*, *t.3.* Tu époufetas, mon bon Monfieur, une famille gentille qui fera venir l'abondance chez toi. *Mol. Mariage forcé, fc.6.* Varillas & Chapelain, ce font les Auteurs de mon tems, qui ont trouvé la neceffité dans l'abondance.

De l'abondance du cœur la bouche parle. Sorte de Proverbe.

† * *Abondance*, *f. f.* Terme d'*academie* & *de colege*. Vin où il y a beaucoup d'eau que les gens du colege & ceux d'academie donnent à leurs penfionnaires. (*Faire de l'abondance*, c'eft faire de l'eau rougie, & mettre avec un peu de gros vin rouge prefque la moitié d'eau. Donner de l'abondance aux penfionnaires. Tant qu'on boit de l'abondance, on ne fe brule pas le foie, & charitablement on doit croire que c'eft dans cette vuë que Monfieur Gratien & certains gens qui tiennent penfion, font boire de l'abondance à leurs penfionnaires grands & petits.)

ABONNER, *v. a.* Traiter avec un fermier public de ce qu'on doit donner à caufe des chofes qu'on veut vendre durant un tems, fur lefquelles ce fermier a pouvoir de lever un certain droit pour le Roi. S'acorder de ce qu'on doit donner pour une certaine chofe. (Abonner un village à une certaine fomme d'argent.)

S'abonner, *v. a.* Je m'abonne, je m'abonnai, je me fuis abonné, je m'abonnerai. C'eft convenir avec une perfone, de lui donner un certain prix pour une chofe qu'on aura pouvoir de vendre, & fur laquelle cette perfonne a quelque droit. (Il y a des cabaretiers qui s'abonnent avec les fermiers.)

Abonnement, *f. m.* Traité qu'on fait avec un fermier public par lequel on convient de donner une certaine fomme d'argent pour la vente de certaines chofes durant un tems.

ABONNIR, *v. a.* C'eft rendre meilleur. (Les caves fraiches abonniffent le vin.)

Abonnir, *v. n.* Ce mot fe dit auffi des chofes & des perfonnes, & il fignifie devenir meilleur. (Il n'abonnira jamais.)

S'abonnir, *v. r.* Je m'abonnis, tu t'abonnis, je me fuis abonni, je m'abonnirai. C'eft devenir meilleur. (Il s'abonnit de jour à autre. Le fruit s'abonnit de plus en plus.)

Abonnir, *v. a.* Terme de potier. Faire fecher à demi, & rendre en état de rebatre. (Abonni le carreau.)

ABORD, *f. m.* Ce mot fe dit des perfonnes & des chofes, & fignifie *aproche*. (Un abord civil, un abord galand, agreable, honnête. Avoir l'abord galand, éviter l'abord des mignons. Preparez-vous à foutenir avec fermeté l'abord de vôtre pere. *Mol. Scapin, a.1. fc.3.* L'abord de mon pere me fait trembler. *Mol. Scapin, a.1. fc.3.* ah! que mal à propos
Son abord importun vient troubler mon repos.
Corneille, menteur, a.4. fc.4.

Abord, *f. m.* Ce mot fe dit en parlant de lieu & de place & veut dire *arrivée*. (A nôtre abord dans l'Ile nous fumes ataquez. *Abl. Marmol.* Nôtre abord dans le païs fut remarquable par les prifonniers que nous y fimes. *Richelet. Floride.*)

D'abord, *adv.* Incontinent ; auffitôt, la premiere fois & avant toutes chofes. Premierement. (Ataquer l'ennemi d'abord. *Abl. Ret.* Accepter les prefens qu'on avoit refufez d'abord. *Abl. Ret. l.5.* On lui demanda d'abord ce qu'il vouloit donner. *Abl. Luc. tom.2.*)

Abordage, *f. m.* Terme de mer. Ce mot fe difant des vaiffeaux ennemis, c'eft *l'aproche* & *le choq* des vaiffeaux ennemis qui fe joignent & s'atochent par des grapins & des amares pour difputer à qui le bord demeurera. (Venir à l'abordage, craindre l'abordage, éviter l'abordage. Nôtre flute eft de dificile abordage. Aller à l'abordage.)

Abordage, *f. m.* Terme de mer. Le mot d'abordage fe difant des vaiffeaux d'un même parti, fignifie le choq des vaiffeaux que la force du vent fait dériver les uns fur les autres, quand ils vont de flote, ou qu'ils font dans un même mouillage. (L'abordage fait quelquefois perir les vaiffeaux. L'abordage eft quelquefois dangereux, & s'il eft poffible, il le faut éviter.)

Aborder, *v. a.* Ce mot peut venir de l'efpagnol *abordar*, & fignifie arriver au bord, arriver en un lieu, ou en un païs, prendre terre dans un païs, entrer dans un endroit. *J'aborde*, *j'abordai*, *je fuis abordé*, *j'abordarai*. (Il ne put aborder à caufe que la rive étoit efcarpée. *Abl. Luc.* Aborder en des païs inconnus. *Vaug. Quint. l.4.* Les prefens abordoient chez moi de toutes parts. *Abl. Luc. t.1.*)

Aborder, *v. a.* Aprocher. (Ils abordent le Roi avec une infolence. *Vaug. Quin. l.14.* Voici la Princeffe, prenons nôte tems pour l'aborder. *Moliere, amans magnifiques, a.1. fcene 4.* J'abordai Homere, & le priai de me dire d'où il étoit. *Abl. Luc. tom.1. Hift.veritable, t.2.* Les efclaves aborderent cette côte, fe trouvent libres. *Voi. l.4.*)

Aborder, *v. a.* Terme de mer. C'eft tomber fur un vaiffeau ennemi. (La fregate qui nous avoit *abordez*, aiant veu nôtre refiftance, fit tous fes efforts pour *fe déborder*.)

ABOUCHER, *v.a.* Faire parler une perfonne tête à tête, avec une autre. (On les a abouchez à Florence.)

S'aboucher, *v. r.* Je m'abouche, je me fuis abouché, je m'abouchai.
‡ Parler tête à tête avec quelqun. (Il fouhaita de s'aboucher avec Tifaphernes. *Abl. Ret. l.1. c.3.* Ils demanderent à s'aboucher avec les ôtages. *Vaug. Quin. l.9. t.1.*

ABO ABR

S'aboucher. Ce mot fe dit en termes d'anatomie, & il veut dire, fe rencontrer, & s'unir. (Les rameaux de la grande artere s'abouchent avec ceux de la veine cave.)

Abouchement, *f. m.* Entretien qu'on a tête à tête avec quelcun. (L'abouchement de Charles-Quint avec François premier.)

* *Abouchement*. Ce mot fe dit en parlant d'anatomie, & veut dire rencontre & union. (L'abouchement des veines & des artéres dans la matrice.)

ABOUT, *adv.* Voi bout, lettre B.

ABOUTIR, *v. n.* Toucher d'un bout à une chofe, s'y aler rendre (Aboutir au rivage. *Abl.* Les principales artéres aboutiffent à la bafe du cœur.)

Aboutir. Finir, fe terminer. [Aboutir en pointe. *Vau. Q. l.7 c.3.*]

† *Aboutir*. Tendre, fe terminer. [Cela n'aboutit qu'à me faire de nouvelles faveurs. *Abl. Luc. T.3.* * Les murmures aloient aboutir à une fédition. *Vau. Qu. l.4. c.10.*]

Aboutir, *v. n.* Ce mot fe dit des abcés, des cloux, & des apoftumes. C'eft fupurer. (Son abcés commence d'aboutir. On ne croit pas que fon clou aboutiffe.)

Aboutiffant. Participe qui veut dire, qui aboutit.

Aboutiffant, *f. m.* C'eft le bout par lequel une chofe tient à une autre. [Voir les tenans, & les aboutiffans.]

ABR.

ABRAHAM, *f. m.* Nom propre qui veut dire, *Pére d'une grande multitude*. Le premier & le plus fameux de tous ceux qui ont eu ce beau nom, c'eft le Patriarche Abraham. On le nomme le *Pére des croyans* & il nâquit 292. ans aprés le Déluge *Philon le Juif*.

ABREGER, *v. a.* Ce mot vient du latin *abbreviare*, C'eft acourcir, rendre plus court, faire plus court, faire plus fuccint, refferrer ce qui eft difus, & étendu. [Le fameux Monfieur Teffier a heureufement abregé l'hiftoire de Monfieur de Thou, en donnant au Public les éloges des favans hommes, dont parle cette charmante hiftoire. La débauche abrége les jours. *Abl. Luc.* La folie & la méchanceté abregent la vie de bien des gens.]

Abregé, *abregée*, *adj.* Acourci, fait plus court, rendu plus fuccint. [Difcours abregé. Vie abregée.]

Abregé, *f. m.* Sommaire, racourci. [Un abregé bien-fait, curieux, favant, un bel abregé, un ingenieux abregé. Un abregé mal-fait, un ennuieux abregé. L'amour eft la plenitude, & l'abregé de toute la Loi, *Port-Royal*, *Nouveau Teftament, Préface, 1. partie.* Voici l'abregé de toute la fageffe & de la folie. *Abl. Luc.* Compofer un abregé. Faire un abregé. Avant que de lire une grande hiftoire, il eft bon aparavant d'en voir l'abregé.

Abregé, *f. m.* Abreviation. [Les abregez qui font dans les bulles & les fignatures de la Cour de Rome, font mal-aifez à lire, il faut aprendre à conoitre les abregez des bules. Déchifrer les abregez des bules. *Voi. Pelletier, inftructions pour les benefices.*]

En abregé, *adj.* En peu de mots, en peu de paroles, fans un long circuit de paroles. [Declarer une chofe en abregé. *Arn. lett.* Raporter une chofe en abregé. *Abl. Luc.* Faire voir quelque chofe en abregé. *Abl. Luc.*]

Abrégement, *f. m.* Mot condamné par l'auteur des doutes, neanmoins il femble fi commode qu'on penfe qu'il a été judicieufement renouvelé. (Ceux qui ont voulu introduire les tables ont été trompez par l'abrégement des paroles. *Education du Prince.*)

Abreviation, *f. f.* Ce mot vient du latin *abbreviatio*. Prononcez *abreviacion*. C'eft le retranchement qui fe fait de quelques lettres d'un mot. C'eft un trait qu'on met fur un mot, ou tour à la fin d'un mot pour faire voir qu'on en a retranché une ou plufieurs lettres. (Abrevation aifée, malaifée, dificile, abreviation bien faite, mal faite, Faire une abreviation. Conoitre les abreviations, aprendre les abreviations, expliquer les abreviations, entendre les abreviations. Spannochio Gentilhomme Siennois écrivoit fans aucune abreviation fur un morceau de velin grand comme l'ongle tout *l'inprincipio* de St. Jean. *Colomefii opufcula page 73*.

Abreviateur, *f. m.* Celui qui racourcit, celui qui abrége quelque ouvrage. (C'eft un bon abréviateur. C'eft un judicieux abréviateur. Il faut avoir de l'efprit pour être un excellent abreviateur.

ABREUVER, *abruver*, *v. n.* Le petit peuple de Paris dit abruver, mais les gens du beau monde prononcent & écrivent *abreuver*. C'eft mener à l'abreuvoir, faire boire quelque animal. (Abreuver un cheval. *Abl. Cef.* Abreuver une mule, abreuver un ane. Vicqueforc dit qu'il a veu des feaux de vermeil doré, dont on fe fervoit pour abreuver des chevaux. *Olearius. Tome 1. l.4. page 90.*)

* *Abreuver*. Tremper & mouiller de telle forte que l'eau penetre. (Abreuver la terre.)

† * *Abreuver*. Informer & faire favoir. (C'eft affez qu'il le fache, il ne manquera pas d'abreuver toute la ville.)

* *Abreuver*. Terme de vermiffeur, faire boire. (La premiere couche de vernis n'eft pas pour abreuver le bois.

S'abreuver, *v. r.* Je me fuis abreuvé, je m'abreuvai, boire. * Si tôt que du Nectar la troupe eft abreuvée, *Dépreaux*, *Lutrin*.

A 3

ABR ABS

Chant. 1. Souvenez-vous de ces immortelles sources où vous vous êtes abreuvez des saintes eaux de la sagesse. *Patru, plaidoié 4.*)

Abreuvoir, *s. m.* Lieu où l'on mene boire les chevaux, les mules & mulets, & plusieurs autres bêtes. (Un petit abreuvoir, un grand abreuvoir, un bel abreuvoir, mener à l'abreuvoir.

† * *Abreuvoir à mouches.* Blessure sanglante à la tête. (Il lui a jetté une coupe à la tête & lui a fait un grand abreuvoir à mouches. *Abl. Luc.*)

Abreuvoir. Terme de *maçon*, *& de tailleur de pierre*. Ouverture qu'on laisse entre les joints des pierres de taille pour y couler du mortier. Ce mot *d'abreuvoir* se dit en ce sens, mais il n'est pas si usité que celui de *godet*, qui est le mot d'usage.

Abri, *s. m.* Lieu où l'on se met à couvert du mauvais tems. (Un bon abri, un abri commode, un favorable, un heureux abri, un méchant abri, être à l'abri du vent, ce lieu nous servira d'abri contre le vent, chercher un abri, rencontrer un abri, trouver un favorable abri. Se mettre à l'abri, cet abri est tres-commode, & il y faut demeurer jusqu'à ce que le mauvais tems soit passé.)

Abri. *s. m.* Sureté, couvert. [Leur amitié me servira d'abri contre la nécessité. *Abl. Luc.*]

Je veux une coifure en dépit de la mode,
Sous qui toute ma tête ait un *abri* commode
La nécessité.
Mol. école des maris. a.1. sc.1.)

A l'abri, adv. A couvert de la pluïe, du vent, en un mot, du mauvais tems. (Se mettre à l'abri, demeurer à l'abri, être à l'abri.)

A l'abri, adv. Ce mot au figuré signifie à couvert du malheur, en sureté contre tout ce qui peut arriver de facheux, à couvert de quelque chose de nuisible. Se mettre à l'abri de la nécessité. *Abl. Luc. T.3.*

Je ne saurois trouver un favorable port
Où me mettre *à l'abri* des tempêtes du sort.
Racan Bergeries, a.5. sc.1.

Tout son métier
Est de courir le jour de quartier en quartier
Et d'aler *à l'abri* d'une perruque blonde
De ses froides douceurs fatiguer tout le monde.
Boil. Sat. 4.)

Abrier, *v. a.* Terme de *Jardinier.* C'est mettre à couvert du mauvais tems. (Abrier une planche.)

* **Abrier**, *v. a.* Il se dit aussi au figuré, mais ce n'est qu'en riant. Il signifie protéger, mettre à couvert, mettre à l'abri de quelque chose de facheux. Enfin, le bon Dieu nous *abrie*, courage, voici les convois de la Beauffe & de la Brie. *St. Amant, poës. 3. partie, p.92.*)

Abricot, *s. m.* Fruit, qui étant meur, est jaune avec quelque peu de rouge d'un côté.

Abricotier, *s. m.* Arbre assez haut qui porte des fleurs blanches, & qui ressemble au pécher, excepté qu'il a les feüilles aiguës, & dentelées à l'entour. *Dal.*

Abroger, *v. a.* Ce mot vient du latin *abrogare* & c'est un terme de Palais. Il signifie détruire, casser, annuler. (Abroger un édit. *Le Mait. pl. 15.* Il abrogea tous les privileges. *Patru, pl. 15.* Abroger la puissance du Pape. *Maue. schisme d'Angleterre, s.1.*)

Abrogation, *s. f.* Prononcez *abrogacion.* Ce mot vient du latin *abrogatio* & c'est un terme de Palais. C'est un acte par lequel on casse & annule quelque chose. (On fit plusieurs opositions à l'abrogation de la pragmatique.

Abrotonne, *s. f.* Herbe, ou plante fibreuse & odoriferante, qui craint le froid, & qui aime une terre maigre, & seche. (Abrotonne mâle, Abrotonne femelle, *Morin*, *Traité des fleurs.*)

Abrutir, *v. a.* Faire devenir stupide, & rendre comme bête. (La solitude acheve de leur abrutir l'esprit. *Vau. Quin. l.9. c10.*)

Abrutissement, *s. m.* Prononcez *abrutisseman.* C'est une stupidité grossiere. Etat d'une personne abrutie. (Un abrutissement épouvantable, un abrutissement étonnant. Il est tombé dans un furieux abrutissement. C'est une chose étonnante de voir comment un homme peut être reduit à un si grand abrutissement. *Nicole essais de morale, T. 1. chap. 43.*)

A B S.

S'Absenter, *v. r.* Je m'absente Je me suis absenté, je m'absentai. S'éloigner d'un lieu, ou d'une personne. (S'absenter de la Cour, *Abl. Tac.*)

Absence, *s. f.* Ce mot vient du latin *absentia.* Eloignement d'un lieu, ou d'une personne. (Une absence cruelle, longue & ennuïeuse, son absence de la Cour a fait son mal-heur. Soufrir les maux de l'absence. *Rac.*

Adoucir les maux de l'absence. *Segr. Eglogue 3. l'absence*

Est un pretexte à l'inconstance
Plutôt qu'un remede à l'amour.
Quand l'amour resiste à l'*absence*,
Il est à l'épreuve de tout. *La Suze Poës.*

* **Absence**. Egarement d'esprit qui vient faute d'aplication, maniere de distraction sensible.
(* Avoir des absences d'esprit.)

Absent, *absente, adj.* Qui est éloigné, qui n'est present. (Mé-

priser les dangers absens. *Abl. Tac.* Absent de vos beaux yeux je languis, je soupire. *Sea.*)

Absent, *s. m.* Qui n'est pas present, qui est éloigné.
(Je me passe aisément des absens. *Voit. l.84.*
Les letres sont la seule consolation des absens

Qui ne sçait que tout change dans l'Empire amoureux.
Et qui peut être absent, & s'estimer heureux?
Segrais, Eglogue 3.

Absinte, *absinthe.* Ce mot n'a point de pluriel & s'écrit de l'une & de l'autre sorte. Il vient du latin *absinthium.* Quelquesuns font *absinte* masculin en françois: mais la plupart le croient feminin. L'absinte est une herbe odoriferante, amére, & toujours verte: qui est chaude, astringente, & corroborative. (Absinte Romaine, absinte amere. Cueüillir de l'absinte.)

* **Absinte**, *s. f.* Déplaisir, aigreur, amertume. (Il adoucit toutes nos absintes. *Corneille,* notes sur les remarques de *Vaugelas t.2. p.961.*)

Absolu, *absolue, adj.* Independant. Souverain. (Roi absolu, monarchie absoluë.)

Absolu, *absolue, adj.* Imperieux, qui tient du maitre. (Parler d'un ton absolu.)

Absolu, *absolue, adj.* Terme de *Grammaire.* Qui n'est régi de rien. (Ablatif absolu.)

Absolument, *adv.* Souverainement, indépendemment, impérieusement. (Commander absolument. Il parle bien absolument.)

Absolument, *adv.* Entierement, tout à fait. (Il est impossible que quelque chose se fasse absolument de rien.)

Absolument, *adv.* Sans restriction. (J'ai trouvé à propos de mettre la chose absolument. *Abl.*)

Absolution, *s. f.* Terme de *Palais.* Sentence, ou jugement par lequel une personne est declarée innocente d'un crime dont elle étoit acusée. (Le parquet a conclu à l'absolution.)

Absolution. Terme *d'Eglise.* Signe de croix avec quelques paroles, par le moien de quoi le Prêtre remet les pechez à un penitent. (Donner l'absolution. Il a reçu l'absolution de tous ses pechez.)

Absorber, *v. a.* Engloutir, atirer. (Les eaux absorbent presque toute la lumiere qu'elles reçoivent du Soleil. *Roh. Phi.* Les plaisirs de Henri huitiéme absorberent tout. *Maucroix, Schisme, l.1.*)

Absorbé, *absorbée, adj.* Ce mot vient du latin *absorptus.* Perdu, abimé. (Ils sont absorbez dans le vin, & ils chancellent comme étant ivres. *Port-Royal. Isaïe, Chap.28.*)

Absoudre, *v. a.* Ce mot vient du latin *absolvere,* & est en françois un verbe irregulier. C'est déclarer innocent de quelque crime. *Absoudre* régit l'acusatif de la personne, & le genitif de la chose dont on absout. *J'absous, tu absous, il absout, nous absolvons, vous absolvez, ils absolvent. J'absolvois. J'ai absous. J'absoudrai, absous, qu'il absolve, que j'absolve. J'absoudrois. J'absouffe ou 2. imparfait, est inusité, que j'aie absous.* Absoudre. Absolvant. Ce participe est hors d'usage. *Absens,* (obligez les Juges d'acuser les criminels qui ont une opinion probable. *Pasc. let.6.* Que peux-tu dire quand je t'absoudrois du serment de fidelité que tu as juré? *Abl. Luc. T.2. Dialogue de l'amitié.* La Sorbonne déclara le peuple de Paris absous du serment de fidelité qu'il devoit au Roi Henri III. *Voi le journal de la vie de ce Roi. p.128.*

Absoudre, Terme *d'Eglise.* Donner l'absolution. (Absoudre quelcun de l'excommunication. *God.* Absous absoute, adj. Qui est declaré innocent de quelque crime. (On l'a déclaré absous d'une voix. *Abl. Luc.*

Absous, *absoute, adj.* Qui a reçu l'absolution. (Penitent absous, elle est absoute de ses pechez.)

Absoute, *s. f.* ce mot se dit de la ceremonie du Jeudi saint, où l'Evêque donne l'absolution au peuple, le mot *d'absoute* signifie *absolution.* (Donner l'absoute au peuple. Refuser l'absoute.)

S'Abstenir, *v. r.* ce mot vient du latin *abstinere.* c'est se contenir à l'égard de quelque chose, s'empécher de quelque chose. *Je m'abstiens, je m'abstenois, je m'abstins, je me suis abstenu, je m'abstiendrai, abstiens toi, qu'il s'abstienne, je m'abstiendrois, je m'abstinsse, que je me sois abstenu, &c.* (Ils disoient qu'Auguste s'étoit abstenu de la qualité de Dictateur. *Abl. Tac.*) S'abstenir régit le nom qui le suit au genitif, ou le verbe qui le suit à l'infinitif avec la particule *de.* (Ils sentent à chaque peché qu'ils commettent un avertissement interieur de s'en abstenir. *Pasc. let.4.* Ils doivent s'abstenir de pecher. *Pasc. let.4.* S'abstenir du crime. S'abstenir du vin pendant la fievre.)

Abstinence, *s. f.* Vertu qui sert à nous moderer à l'égard du boire & du manger. (Faire, garder, rompre l'abstinence. *S. Cir.*)

Abstraire, *v. a.* On prononce *abstrère,* c'est un terme de *Philosophie,* lequel vient du latin *abstrahere.* *J'abstrais, tu abstrais, il abstrait,* les autres personnes de ce tems sont hors d'usage. L'imparfait, & le preterit simple ne sont pas usitez. Mais on dit *j'ai abstrait. J'avois abstrait, j'eus abstrait, j'abstrairai, à* l'imperatif *abstrais* les autres personnes de ce tems sont hors d'usage, le present du subjonctif n'est point reçu. On peut dire *j'abstrairois.* Le preterit de l'autre imparfait, mais on dit *que j'aie abstrait, &c. abstraire. abstrait.* Ce verbe n'est pas bien usité au participe, *abstrayant.* C'est par le moien de l'esprit separer quelque chose de la matiere, ou d'un autre sujet. (Abstraire une chose de la matiere. *Bernier, Philosophie de Gassendi.*

ABS ABU   ACA

Au reste en la place des tems inusitez, on se sert de la periphrase & l'on dit *nous faisons abstraction, &c.*

Abstrait, abstraite, adj. Ce mot vient du latin *abstractus* & signifie qui est separé de quelque chose par le moien de l'esprit. (Ce sont des idées pures & abstraites de la matiere, *Recherche de la verité*, l 6. c.6.

Abstrait, abstraite, adj. Qui est détaché des choses sensibles, mal aisé à penetrer, vague. (Discours abstrait. *Pasc.Pensées.* Preuve abstraite, & Métaphysique. Ces idées sont fort abstraites & ne tombent point sous l'imagination. *Malebranche, Recherche de la verité*, l.1. C'est une Philosophie abstraite & chimerique. *Port Royal Logique*, 1. partie.)

Abstrait, abstraite, adj. Qui ne s'atache à rien, ou aussi qui est contemplatif. (Avoir l'esprit abstrait.)

Abstraction, s.f. Prononcez *abstraccion.* Mot qui vient du latin *abstractio.* C'est une separation qui se fait par le moien de l'esprit. (Faire abstraction de tout tems. *Pasc. let.* La presence intime de l'idée vague de l'Etre en general , est la cause de toutes les abstractions dereglées de l'esprit. *Malebranche, Recherche de la verité*, l.3. c.8.)

Abstrus, abstruse, adj. Mot qui vient du latin *abstrusus.* C'est à dire, caché, malaisé à penetrer. (Sens *abstrus.* *Abl Luc.* Tout ce qu'il dit là dessus, me paroit fort abstrus. *Spon,recherches de l'antiquité, dissertation* 29 La Phisique est une sience abstruse. *Reflexion sur la Phisique.*)

Absurde, adj. Ce mot vient du latin *absurdus.* Il signifie sot, ridicule, impertinent, un fat, & se dit des choses & des actions. (Un raisonnement absurde , un discours absurde , un entretien absurde , une proposition absurde , une opinion absurde. Le mot *d'absurde* se dit aussi des personnes.(Le Seigneur Abé Maumener est si fier & si vain qu'il en est absurde.)

Absurdité, s.f. Mot qui découd du latin *absurditas* & qui signifie sotise, impertinence, extravagance. (C'est une vraie absurdité. C'est une absurdité manifeste. C'est une opinion pleine d'absurditez. *Abl. Luc.*)

ABU.

Abuser, v. n. Ce mot vient du latin *abuti*, c'est en user mal , se servir mal de quelque avantage , ou de quelque pouvoir qu'on a. Le mot *d'abuser* regit l'Ablatif. (Alexandre tua Clitus qui avoit abusé de sa patience. *Vau. Quin.* l.18. Abuser de sa charge , l.10. Un Prince abuse de son pouvoir quand il s'en sert pour optimer ses peuples. *Fevret,* l.1.

Vous rendez le sceptre & usez de ce jour ;
Mais si j'ose abuser de cet excez d'amour
Je vous conjure.... *Corneille Pompée a. sc.3.*)

Abuser, v. n. Jouïr d'une femme , en avoir les dernieres faveurs. (Etoit-il juste d'emprunter mon nom & ma ressemblance pour abuser de ma maitresse. *Abl. Luc.* Quand un Confesseur a abusé de sa penitente, son benefice vaque, *le Pelletier, instructions, ch.*16. *page* 86.)

Abuser, v. n. Ce mot se dit des jeunes gens ; & signifie les corrompre honteusement. (On dit que Neron avoit abusé plusieurs fois de Britannicus. *Abl. Tac. Annales* l.13. c.5.)

Abuser, v. a. tromper. (Comme l'on conduisoit au suplice Mongommeri, qui étoit huguenot, le Prêtre qui l'assistoit, étoit un Cordelier, & il lui dit , pour le faire changer , qu'on l'avoit abusé. Comment abusé , reprit Mongommeri. Si j'ai été abusé, c'est pour ceux de vôtre Ordre , le premier qui m'a donné la Bible en françois ç'a été un Cordelier. *Voi. Columesii opuscula.*)

S'abuser, v. r. Je m'abuse, je m'abusai, je me suis abusé, je m'abuserai. Se tromper, donner dans l'erreur. (Le dépit veut qu'on s'engage sous de nouvelles loix, lors qu'on s'abuse au premier choix. *Poëte anonime.*)

Abus, s. m. Ce mot vient du latin *abusus.* C'est le mauvais usage qu'on fait d'une chose. (C'est un grand abus , c'est un abus considerable , commettre un abus , soufrir un abus , reformer, empêcher , corriger les abus.)

Abus, s. m. Terme de *Palais.* C'est une entreprise injuste d'une puissance , ou d'une jurisdiction sur les droits d'une autre. (Abus clair , abus notoire. L'abus ne sauroit être couvert quand il a été formé. *Fevret* a traité favamment de l'abus. On dit apeler comme *d'abus* d'une sentence de quelque Juge. Convertir un apel comme *d'abus* en apel simple , faire droit au principal de l'apel, & prononcer sur *l'abus*, recevoir un apel comme *d'abus.* Les moiens d'abus sont lors qu'il y a contravention aux Conciles, & aux anciens Canons, qu'on a entrepris contre les libertez de l'Eglise Gallicane , les interêts du Roiaume, le Concordat & sur quelque juridiction. *Fevret, traité de l'abus.* On interjette un apel comme d'abus lors qu'un Oficial a jugé contre l'intention de l'ordonnance de la Cour, contre les saints décrets, les libertez de l'Eglise Gallicane , & que les Juges Ecclesiastiques entreprennent sur la juridiction Roiale. On interjette aussi un apel comme d'abus lors que les Juges Roiaux ont entrepris la juridiction Eclesiastique, & les privileges du Clergé de France. Les apels comme d'abus se relevent au Parlement, à la grand' Chambre pour le civil, & à la Tournelle pour le criminel. Les apels comme d'abus ne commencerent d'être en usage qu'en 1329. *memoires du Tillet.*)

Abusif, abusive, adj. Mot qui vient du latin *abusivus,* & qui veut dire, pris improprement. (Terme abusif, diction abusive.)

Abusif, abusive, adj. Terme de Palais. Il signifie , qui est fait sans pouvoir , & au delà de la juridiction ordinaire & naturelle de celui qui a excedé les bornes de sa puissance. (Jugement abusif , procedure abusive , entreprise abusive. Toutes les usurpations sur la juridiction Eclesiastique sur la temporelle, sont abusives. *Fevret, traité de l'abus* l.1. c.1. & 3.

Abusivement, adv. prononcé *abusiveman.* Ce mot est en usage parmi les gens de Grammaire & veut dire *improprement.* (Ce mot est pris abusivement.)

Abusivement, adv. Terme de Palais. C'est à tort, mal, & sans cause. (Il a été nullement & abusivement prononcé. Il a été mal, nullement, & abusivement décreté. *Fevret traité de l'abus* l.1. Juger abusivement le Maitre. *Plaid.* 10.)

Abuter, v. n. Terme de *jouëurs de quilles.* C'est poser une boule à trente , ou quarante pas du quiller , & jetter les quilles auprés de la boule , pour voir, la quille qui en sera le plus prés, & celui qui jouëra le premier. On abute pour savoir qui jouëra le premier, celui dont la quille est la plus prés de la boule joue le premier. On abute avant que de jouer aux quilles. On a abuté , je le suis le premier.)

ACA.

Acabit, s. m. Ce mot se dit de la qualité des viandes , parmi les Rotisseurs de Paris. (Piece de bon ou de méchant acabit.)

Acabler, v. a. Abatre à force de trop charger , abatre à force de coups. (Il ne faut pas acabler la nature en la surchargeant. *Abl Luc.* On l'acabla de traits après qu'il se fut signalé dans le combat.)

* *Acabler.* Abatre à force de maux, d'afaires, & d'embaras. (La fortune acheva de l'acabler par ce dernier coup. *Vau. Quin.* l.3. La tristesse m'acable au milieu des plaisirs. *Gon. Poe.* Acabler de visites. *Sca. Let.*)

* *Acabler.* Combler de faveurs , de graces. Faire force choses obligeantes à une personne. (Acabler un homme de caresses. *Mol. Mes.* Ce sont des bontez qui m'acablent *Mol. Geo.*)

Acablement, s. m. Langueur, abatement causé par quelque accident , surcroît d'afliction, multitude de choses qui arrivent à une personne. (Je n'ai pas ces heures de chagrin & d'acablement , qui empoisonnent jusques à l'ame. *Voi.* l.40. Ce lui fut un nouvel acablement d'aprendre la mort de son ami ; acablement de visites , d'afaires.)

Acablement de poux, Terme de medecine. Dereglement de poux, lorsque l'accez commence; ou redouble. *Deg.*

Acacia, s. m. Aibre qui vient assez haut , qui porte une fleur jolie , qui est comme la fleur d'orange, & qui sert à embelir les alées des jardins : & à faire des avenuës & des bosquets.

Acacia. Suc épaissi, composé de prunelles sauvages. (Acacia commun.)

Academie, s.f. Mot qui vient du Grec. C'étoit proprement un lieu public planté d'arbres à Athenes, ainsi nommé d'un certain *Academe*, qui le donna. *Port-Royal , Racines Greques.* Les Latins apellent cet endroit *Academia* & il signifie parmi les François , un lieu où s'assemblent des personnes qui font profession de quelqun des arts liberaux, comme de Musique, de sculpture & d'architecture. Il y a dans Paris une Academie de peinture , de sculpture & d'architecture , où l'on trouve d'habiles gens.

Academie, s.f. Endroit où s'assemblent des personnes de lettres de quelque air illustre pour y parler des belles lettres, ou de leur art. (Aller à l'academie.)

Academie françoise. Assemblée de quarante personnes de lettres; établie par Edit du Roi en l'année 1635. pour polir la langue, faire un dictionnaire, une grammaire , une retorique, & une poëtique. Cette compagnie a 3. oficiers , un directeur, un chancelier, un secretaire & outre cela un libraire. Le directeur , & le chancelier se changent de deux mois en deux mois : mais le secretaire est perpetuel & le libraire aussi. Au commencement , l'academie s'assembloit toutes les semaines , le lundi après midi à l'hotel de Seguier : mais à présent que le Roi est le protecteur de cette Compagnie , il lui a donné une sale au vieux Louvre,où les abademiciens se trouvent trois fois chaque semaine , la plupart ne manquent gueres à cela , aparemment parce que sa Majesté fait distribuer à chaque academicien present , un beau jeton d'argent ; & ce qui est de bon , les présens profitent des jetons des absens. Cette academie depuis son établissement jusqu'à cette année 1692. n'a encore fait en corps que les observations sur le Cid du celebre Corneille. Mais on espere que bien-tôt elle recompensera le tems perdu par un chef d'œuvre , par ce dictionnaire tant vanté , qui fait saisir ou déchirer tous les autres.

Academie françoise. Sale où s'assemblent la plupart des academiciens toutes les semaines ; Il n'y a dans l'academie françoise que le portrait du Roi, celui du Cardinal , & celui de Cristine Reine de Suede. Et même ces peintures ne sont point belles, & n'embellissent pas beaucoup l'academie, l'excelent Monsieur Pelisson a composé l'histoire de l'academie françoise , & la vie de plusieurs academiciens.

Academie roiale de peinture & de sculpture. Compagnie d'habiles peintres & d'habiles sculpteurs que le Roi établit à Paris le 27. Janvier 1648. pour y exercer avec honneur la peinture & la sculpture. Il leur a donné , afin de s'assembler & de se perfectionner dans ces arts, un logement au Palais Roial avec six mille livres de rente, quand il leur en eut donné davantage, il n'eut que bien fait : car il auroit fait mentir le proverbe, *gueux comme un peintre*. Cette Academie est de quarante hommes, tant peintres que sculpteurs, qui tous les ans donnent aux étudians un prix, qui a pour sujet quelque belle action du Roi. Il y a entre ces Academiciens quatre Recteurs perpetuels nommez par sa Majesté, un Directeur, un Chancelier, un Secretaire, un Tresorier, des Ajoints, douze Professeurs & six Conseillers. Personne n'est de l'Academie qu'il ne soit reconnu capable, & ne lui ait presenté un ouvrage de sculpture, ou de peinture de sa façon. Ensuite devant l'oficier qui préside, il jure de garder les status, & est interrogé sur la conduite qu'il a tenuë dans son ouvrage. Les Academiciens de peinture & de sculpture ont droit de committimus, & sont exems de guet, de garde, de tutele, de taille, & de lettres de maîtrise.

Academie royale de peinture & de sculpture signifie aussi le lieu où s'assemblent les peintres & les sculpteurs pour se rendre plus habiles dans leur art ; l'Academie de peinture & de sculpture est ouverte tous les jours de la semaine, excepté les Dimanches & les fêtes. Les jeunes gens qui tachent à se rendre habiles peintres ou habiles sculpteurs, y entrent pour dessiner deux heures & profiter des leçons que l'on y fait sur les modeles. Voiez les reglemens de cette Academie imprimez par Petit.

Academie, s. f. Assemblée de gens de lettres qui se trouvent reglément toutes les semaines en un certain endroit pour y parler des belles lettres. (Consulter l'Academie. Recevoir un bel esprit dans l'Academie. L'Academie de la Crusca est fameuse, l'Academie françoise est renommée aussi ; & dans quelques années, elle regalera les honnêtes gens de son Dictionnaire que le public atend, comme les Juifs, le Messie. A l'exemple de l'Academie de Paris, des personnes de lettres & de merite ont établi quelques Academies en France. Il y en a une à Arles, à Ville Franche, à Nismes, à Soissons, à Blois, à Angers, à Caen.)

Academie, s. f. Lieu où la jeune Noblesse aprend à monter à cheval, à faire des armes & tous les exercices que doit sçavoir un Gentilhomme. (Entrer à l'Academie, demeurer à l'Academie, être pensionnaire à l'Academie, c'est faire penitence & aprendre à ne pas valoir grand' chose.)

Academie, s. f. C'est une maison où l'on donne à jouer aux dez, aux cartes, & autres jeux où jouënt d'honnêtes gens. (Tenir Academie, hanter les academies, frequenter les academies, perdre son bien à l'academie, se ruiner aux academies.)

Academie de danse, s. f. Assemblée de treize des plus habiles maîtres à danser en un lieu particulier de Paris pour s'y exercer dans la danse, la corriger, & la polir. Les Maîtres à danser de cette Academie ont droit de Committimus, sont exems de taille, de guet, de garde, de tutelle & de toute lettre de Maîtrise. Tel fut le plaisir du Roi, qui l'an 1661. établit une Academie Roiale de danse. Voiez les lettres de cet établissement.

Academie de Danse, s. f. C'est le lieu où les 13. maîtres à danser se trouvent pour les exercices qui regardent leur profession. Ils s'y assemblent une fois le mois & deux de ces Academistes, tour à tour se trouvent tous les samedis à l'Academie, afin de montrer les anciennes & les nouvelles danses à ceux qui veulent les aprendre, & les enseigner. Tout maître à danser peut aspirer à être reçu Academiste à la pluralité des voix des 13. anciens, aprés avoir dansé en leur presence. Le nouveau Academiste étant fils de maître, paie à sa reception cent cinquante livres, & s'il ne l'est pas, trois cens. Ensuite il jure de garder les status de l'Academie. Voiez les lettres de l'établissement de l'academie roiale de la danse.

Academicien, s. m. Ce mot vient du latin *Academicus*. C'est celui qui est d'une academie de personnes qui font profession de quelque bel art, comme de sculpture, de peinture, d'architecture, ou qui est d'une academie de gens de lettres. [Academicien honoraire. Academicien habile, fameux, celebre, illustre, renommé, être academicien. On doit honorer de cette qualité, les Messieurs de l'academie françoise. On est reçu academicien françois par Balotes, & il faut être vingt pour en recevoir un. L'aspirant pour être admis, rend visite à tous les academiciens, & les suplie de lui être favorables à la premiere assemblée, où l'on parlera de sa reception. Si ces Messieurs lui donnent leur agrément par leurs Balotes, on le fait avertir de la grace qu'on lui a faite, & on lui marque le jour qu'il doit être reçu, ce qui se fait publiquement. Au jour designé, il se trouve à l'Academie, où les academiciens sont autour de leur bureau ; le nouveau reçu à l'un des bouts, le directeur de l'academie à l'autre. Le nouveau reçu lui fait son remerciement & le directeur lui répond. Ensuite l'academicien, qui a composé quelque chose, le lit, s'il veut, aux autres oui lui aplaudissent & batent des mains. Tout academicien françois est exemt de guet, de garde, de tutelle, de curatelle, & a droit de committimus. Ces Messieurs ont eu & ont encore leurs ennemis, l'Abé de saint Germain les a raillez : mais c'est peu de chose. St. Evremont a composé contre eux une Comedie, où il y a de plaisans endroits. Furetiere, qui étoit academicien, en a fait de sanglantes railleries : mais mal à propos. Il les avoit volez, & ils l'avoient chassé de leur corps. Le savant

& agreable Monsieur Ménage les a joüez avec esprit dans sa requête des Dictionnaires & elle merite d'être luë. On donne aussi le nom d'academicien à celui qui est de l'academie roiale de peinture & de sculpture. Comme les honnêtes gens de cette compagnie ont plusieurs belles connoissances, ils meritent, à ce qu'on croit, autant le nom d'academicien que ceux de l'academie françoise. C'est donc cette pensée qui fait que les reglemens de l'academie de peinture & de sculpture donnent à Messieurs les peintres & à Messieurs les sculpteurs, qui la composent, le titre *d'academicien* & non pas celui *d'academiste*. Voiez ces reglemens page 27. 1. reglement.

Academicienne, s. f. Mot nouveau fait au sujet de Madame Des-Houlieres. Il signifie la personne du beau sexe qu'on a reçuë dans une academie de gens de lettres. L'academie roiale d'Arles a envoié à la spirituelle Madame Des-Houlieres, des lettres d'academicienne: & elle est la premiere qui ait reçu des femmes. Cette celebre Compagnie est aussi tres-galante, & ne sauroit être assez louée d'une si glorieuse conduite en faveur du beau sexe. Voi ce qu'en dit le fameux Monsieur de Visé, Mercure galant du mois de Mai de l'année 1689.

Academique, adj. C'est ce qui regarde une academie de gens de lettres. [C'est un ouvrage academique à quoi l'on ne sauroit trop penser. Faire des conferences academiques sur d'agreables matieres.]

Academiste, s. m. C'est celui qui est d'une academie où l'on monte à cheval, où l'on danse, où l'on fait des armes, & d'autres honnêtes exercices dignes d'un gentilhomme. (C'est le plus diligent de tous les academistes, qui fait le mieux son devoir. C'est l'academiste qui paie le mieux. C'est l'academiste le mieux fait, & le plus sage. On apelle aussi academiste celui qui est de l'academie roiale de danse. Les reglemens de cette academie lui donnent ce nom. Chaque academiste, disent-ils, aura droit de committimus, & sera exemt de taille, de tutele, de garde, de lettres de Maitrise. Mais ce que ces reglemens ne disent point, & qui vaut mieux que tout le reste, chaque academiste lors qu'il est un peu habile, a tôt ou tard cinq ou six mille livres de rente, tandis que le pauvre Amelot la Houssaye ne gagne que des poux à faire traduction sur traduction. O siecle ! Pour réussir faut-il être de ces bien-heureux academistes.

Poëta

Exierat, venies dum Citharædus eris.

S'ACAGNARDER, *v. r.* Je m'acagnarde, je m'acagnarrai, je me suis acagnardé, je m'acagnarderai. S'acagnarder signifie avoir un atachement qui ait quelque chose de bas, & de honteux, & cela pour un sujet qui souvent ne le merite point.

Il s'acagnarde au cabaret.
Entre le blanc & le clairet.
Mainard priapées.

Je m'acagnarde dans Paris,
Parmi les amours & les ris.
Bois-Robert Epitres.

Acante, s. f. Plante qui a les feüilles fort larges, & qui fleurit en Juillet.

Acante, Terme d'Architecture. Ornement qui a la figure de l'acante qu'on met dans les chapiteaux des colonnes, & dont on embellit la plupart des membres d'architecture. (Chapiteau taillé à feüilles d'acante.)

† ACARIATRE, *adj.* Fantasque, bourru, bizarre. Ses heritiers sont gens acariatres, & qui n'aiment point la Poësie. Sca. On dit que les *Acariatres* doivent faire une neuvaine à saint Acaire. *Le Vayer, hexameron, 6. journée.*

Acatique, Aquatique, adj. L'un & l'autre se dit, mais le premier est plus doux & plus en usage. Qui est dans les eaux. Lieu acatique. Les oiseaux acatiques ont les jambes courtes, & les piez larges. *Bel. des oiseaux, l. 3. c. 4.*

A CAUSE DE. Preposition qui regit le Genitif. (Cassandre est pauvre *à cause* de son maudit panchant pour les lettres.)

A cause que. Conjonction qui demande l'Indicatif & qui signifie, *parceque.* (On écrivit cette lettre en gros caracteres à Antigonus *à cause* qu'il étoit borgne, & un aveugle, dit-il, y mordroit. *Abl. Apophtegmes des anciens.*)

A C C.

ACCASTILLAGE, *s. m. Terme de Mer.* C'est le chateau de l'avant, & le chateau de l'arriere du vaisseau. (Faire quelque changement aux accastillages.)

Accastillé, accastillée, adj. Terme de mer. C'est à dire, qui est acompagné d'un chateau d'avant, & d'un chateau d'arriere. (Le vaisseau est fort bien accastillé.)

ACCELERATION, *s. f.* Mot qui vient du latin, & qui se prononce *acceleracion*, & qui n'est pas encore bien rétabli. Il signifie augmentation & acroissement de vitesse dans le mouvement des corps ; & ne se dit que dans des matieres de Phisique. (Galilée est le premier qui est trouvé la proportion de l'acceleration du mouvement. *Voi les reflexions sur la Phisique.*) On dit aussi *mouvement aceleré.*

ACCENTUER, *v. a.* Marquer une silabe d'un accent.

Accent, s. m. Certaine inflexion de voix. Avoir bon, ou mauvais accent.

Accents, cri. Pousser de funebres accens. *Abl. Luc. tom. 3.*

Accent, s. m. Terme de Grammaire. Petite note introduite pour regler

ACC

gler la prononciation du discours. (Accent aigu, grave, ou circonflexe.)

ACCEPTANT, *s. m. Terme de pratique.* C'est celui qui reçoit. [Un tel est l'acceptant.]

Acceptante, s. f. Terme de pratique. C'est celle qui reçoit & qui agrée. (Elle est l'acceptante.)

Acceptation, s. f. Mot usité dans la pratique, il vient du Latin *acceptatio*, & se prononce *acceptacion*. C'est l'acte de celui qui agrée, & reçoit quelque chose. [L'aceptation est nécessaire pour la validité d'une donation.]

Acceptation, s. f. Ce mot se dit aussi dans les discours ordinaires & qui ne sont point de pratique. C'est l'action de celui qui accepte, qui reçoit & qui témoigne qu'une chose lui est agréable. *L'acceptation* du duel consiste dans l'intention expresse de se battre. *Pasc. lett. 7.* Nous ne pouvons exercer la soumission que nous devons à la volonté de Dieu que par une acceptation générale de tous les ordres, & de toutes ses volontez. *Nicole, essais. T. 1.*

† On dit aussi *acceptable, adj*. Et il signifie ce que l'on peut accepter, & qu'on ne doit pas raisonnablement refuser. (Ces ofres sont acceptables.)

Accepter, v. a. Ce mot vient du Latin *acceptare*. C'est recevoir ce qu'on ofre & l'avoir pour agréable. (Accepter le combat. *Pasc. let. 15.* Accepter l'aliance de quelque personne. *Abl. Tac.* C'est un homme que je n'épouse point par amour. Sa seule richesse me fait résoudre à l'accepter. *Mol. Mariage forcé, sc. 7.*

Elle venoit, Seigneur, fuïant vôtre courroux,
A la face des Dieux l'accepter pour Epoux.
Racine Phédre, a. 5. sc. 6.)

Accepter, v. a. Ce mot semble aussi venir de l'Italien *accettare*. Il signifie agréer une chose, & la recevoir. (Il a fort civilement accepté le present qu'on lui a fait.)

Accepteur, s. m. ce mot vient du latin *acceptor*, & signifie celui qui accepte une chose, & qui l'agrée.

Accepteur, un mot de peu d'usage, & qui n'entre que dans le discours simple & familier. (Mr. passe pour l'accepteur. Il aime mieux être l'accepteur que le donneur.)

Accés, s. m. Abord, entrée dans un lieu, ou auprés d'une personne. (Avoir accés dans la maison de quelcun. ce maudit jaloux me fermera toute accés auprés de ma belle. *Mol.*)

Accés. Retour de fiévre, nouvelle irritation de la maladie, qui après quelque relache, redouble sa force. (Avoir un accés de fiévre fort violent.)

Accessible, adj. ce mot se dit des choses & des personnes, & signifie *que l'on peut aprocher*. (c'est un lieu accessible. c'est une roche qui n'est point accessible. c'est un homme qui n'est pas accessible. C'est une personne accessible à toutes les heures du jour.)

Accession, s. f. Mot qui vient du latin *accessio*. C'est la jonction d'une chose à une autre. [S'aproprier une chose par droit d'accession. *Courtin, droit de la guerre, de Grotius.*]

Accessoire, s. m. C'est ce qui est hors de la chose principale, & qui lui arrive comme par surcroit. [Je contracte une dette, je donne caution, & cette caution est comme un *accessoire* à mon obligation. *Courtin de jure belli & pacis*. L'accessoire suit le principal, parceque l'accessoire est une dépendance du principal.]

Accessoire, adj. ce qu'on ajoûte, & qui arrive comme par surcroît à la chose principale. (Cela est accessoire. La chose n'est qu'accessoire.)

ACCIDENT, *s. m.* Malheur, ce qui peut arriver de facheux. (Il n'y a point d'accidens si malheureux, dont les habiles gens ne tirent quelque avantage. *M. de la Rochefoucaut.*)

Accident. Terme de Medecine, simptome, ce qui arrive de dangereux à un malade durant le cours de sa maladie. (Le remede le travailla de telle sorte que les accidens qui s'ensuivirent fortifierent l'acusation. *Vau. Quin.*)

Accident. Terme de Philosophie, proprieté accidentelle d'un sujet, ce que l'on conçoit être indiferent à un sujet, ou qui lui convient en telle sorte qu'il pourroit bien ne lui pas convenir, sans qu'il cessât d'être ce qu'il est. [La noirceur dans un triangle est un accident.]

Par accident. Par malheur. (chose arivée par accident.)

Par accident. Termes dont on se sert en Philosophie. Ils veulent dire *par hazard.* (cela est vrai par accident.)

Accidentel, accidentelle, adj. Qui arrive par accident. (Le mouvement & le repos sont accidentels à la matiere. convulsion naturelle, ou accidentelle. *La Cham.*)

Accidentellement adv. Par accident, par hazard. [La chose est arrivée accidentellement, cela s'est fait accidentellement. Le mot *accidentellement*, n'est pas si en usage, que *par accident.* Il y a des mots qu'on écrit quelquefois par *acc.* que vous trouverez dans la suite écrits par un seul *c*, comme *aclamation, acom, moder*, &c.

ACE.

† ACA FAIRE. EN CE FAISANT. Façons de parler qui ne se peuvent plus soufrir que dans la pratique. *Vaug. rem...* (En ce faisant vous obligerez vôtre ami ; Ce seroit parler plus poliment que de dire, si vous faites cela, vous obligerez vôtre ami.)

ACE

A *cela prés*, c'est à dire, il ne s'en faut que cela, il n'y a que cela à dire, (à cela prés il a raison, à cent écus prés, nous sommes d'accord. *Vau. rem.*)

A *peu prés*, façon de parler qui signifie, il y a peu à dire. (Je vous ai raporté à peu prés la substance de sa harangue. *Vau. rem.*)

A *celle fin de*, Conjonction hors d'usage, & qui régit l'infinitif. En sa place on dit *afin de*, pour, avec l'infinitif, ou *afin que* avec le subjonctif. (Un honnête homme travaille, à celle fin d'aquerir de la gloire. On diroit aujourd'hui, un honnête homme ne travaille que pour aquerir de la gloire, ou qu'afin d'avoir de la gloire. Il travaille afin que ses enfans ayent du bien.

A *ce que.* Sorte de Conjonction hors d'usage & en sa place on dit, *pour* ou *afin de* avec l'infinitif, ou *afin que* avec le subjonctif. (Il faut prier Dieu de tous côtés, à ce qu'il lui plaise d'apaiser sa colère, on doit dire, il faut prier Dieu de tous côtés *afin* qu'il lui plaise d'apaiser sa colère. *Vau. Rem.* On dira aussi. Il faut prier Dieu de tous côtez pour l'obliger d'apaiser sa colère.)

ACERER, *v. a. Terme de coutelier* & *de taillandier*, c'est mettre de l'acier avec du fer par le moyen du feu & de quelque instrument, afin de rendre ce fer propre à couper. (Acerer une serpe, acerer une hache.) Il signifie aussi, mettre les outils de fer, & d'acier en état de couper en les passant sur les meules. (On ne se peut servir de cette serpe à moins qu'on ne l'acere.)

Aceré, acerée, adj. Terme de Taillandier. Ce mot se dit des instrumens de fer, & il veut dire, qui est accommodé de telle sorte avec de l'acier, qu'il est en état de bien couper & de bien servir. (Hache bien acerée, serpe bien acerée.)

* *Aceré, acerée, adj.* Ce mot au figuré est beau & noble, & veut dire qui coupe bien, qui taille bien. (La pauvreté est un glaive bien aceré. *Mau. Homelies de S. Chrysostome.*)

ACH

ACHALANDER, *v. a.* Donner des chalans à quelque marchand, (achalander un marchand, une boutique.)

S'achalander, v. r. Je m'achalande, je me suis achalandé, je m'achalandai, commencer d'avoir des chalans. (Il s'achalande, & il s'enrichira bien-tôt.)

S'ACHARNER, *v. r. Je m'acharne, je me suis acharné, je m'acharnai.* S'attacher avec colere à la chair, s'attacher cruellement l'un contre l'autre. [L'Ours s'acharne peu souvent sur un cadavre. *La Fontaine.*]

* *S'acharner.* Ce mot se dit des personnes, & il signifie s'attacher opiniâtrément un contre l'autre pour se faire quelque outrage, en vouloir opiniâtrément à quelcun. (C'est tout ce qu'ont pu faire tant de docteurs acharnez contre un seul. *Pas. l. 3.* Il s'est acharné sur moi long-tems après que je ne lui faisois plus de mal. *Sca. Rom.*)

* *S'acharner.* Ce mot se dit aussi des choses & des personnes, s'attacher avec ardeur pour nuire à quelque chose, ou à quelque personne. [Il s'acharne sur les pieces nouvelles. *Boi. Epi.* Elles étoient si acharnées au combat qu'elles ne vouloient pas obeïr. *Abl. Luc.*]

Acharnement, s. m. C'est un atachement à la chair avec passion, atachement cruel pour se nuire.

* *Acharnement.* Ce mot au figuré se dit des personnes., atachement cruel afin de se nuire, sorte de persecution cruëlle, & opiniâtre. [Jamais contre un pêcheur ils n'ont d'acharnement. *Mol. Tar. a. 1. s. 5.* Témoigner de l'acharnement contre quelcun. *Voi le livre intitulé Ablancourt vangé.*]

ACHAT. *Chose achetée.* [Un bon achat. Un méchant achat, un malheureux achat. Voila tout mon achat, faire un bon achat, céder son achat, quitter son achat à un autre.]

Achat, s. m. C'est une convention par laquelle on achete, & celui qui vend, livre, ou promet de livrer une chose pour un certain prix. † *Achat passe loüage.* Proverbe du Palais, pour dire que quand l'immeuble n'est point afecté à la garantie du bail, l'aqueur peut deposseder le Locataire, sauf son recours contre le Bailleur. *Voi le Dictionaire civil.*

ACHE, *s. f.* Herbe medicinale, & bonne à manger, qui devient haute, & qui fleurit blanc la seconde année qu'elle est plantée.

Ache royale. Plante qui fleurit tous les ans, & qui au bout de sa tige produit une fleur jaune, ou blanche.

S'ACHEMINER. *Je m'achemine, je me suis acheminé, je m'acheminai.* Aller, marcher (Pour obeïr aux ordres du Prince nous nous acheminâmes au lieu où il étoit. *Abl. Luc.* Il s'achemina vers la Capadoce *Vau. Quin. l. 3.* Il prit le devant & s'achemina du côté qu'il crut trouver à loger. *D. Quichote, traduction nouvelle, T. 1 C. 18.*)

Acheminer, v. a. Ce mot se dit figurément, pour dire mettre les affaires & les desseins en état d'être executez (Acheminer bien une afaire, c'est la mettre en état de reüssir.)

S'acheminer, v. a. S'avancer, être en train de se faire. (L'œuvre de Dieu s'achemine, *Bossuet. Histoire universelle.* Il n'a point fait de conquêtes qu'il n'ait meditées long-tems auparavant, & où il ne se soit acheminé comme par dégrés. *Eloge historique de Louis 14.*

Depuis ce coup fatal le pouvoir d'Agripine
Vers sa chute à grand pas chaque jour s'achemine.
Racine, Brit. a. 1. sc. 1. Faites place à la nuit la plus belle du monde, qui dessus l'horison, s'achemine à grand pas. *Bens. ballet de la nuit.*)

Acheminé, acheminée adj. Terme de Manège. Il se dit des chevaux, & signifie que le cheval dont on parle est dégourdi, & presque dressé. (De la maniere que vôtre cheval manie, il fait voir qu'il est bien acheminé. Cette cavale est tout à fait acheminée.)

† *Acheminement, s. m.* Ce mot est vieux & peu en usage dans le propre, action de celui qui s'achemine.

* *Acheminement.* Moien pour arriver à quelque chose. (C'est un acheminement à une plus grande fortune. Les Peres ont dit que la Penitence étoit un acheminement à l'Eucharistie. *Arnaud, freq. comm. Ch. 7.*)

Acheter, v. a. Avoir à prix d'argent, le peuple de Paris prononce *ajeter*, mais mal. (Acheter à la main, à la livre, à la piéce.)

* *Acheter.* Couter, avoir avec peine, peril, ou autre moien, (Acheter bien chérement un petit plaisir par beaucoup de chagrins. *Abl. Luc.*)

Acheteur, s. m. Celui qui achete. (Trouver des acheteurs. *Abl. Luc.*)

Achever, v. a. Finir, terminer, (Achever un palais. Que n'atens-tu que j'aie achevé de domter mes ennemis? *Abl. Luc.*)

* *Achever.* Donner la derniere main à un ouvrage, le porter à sa perfection. (La plupart des auteurs ne se donnent pas le tems d'achever leurs ouvrages.)

S'achever, v. r. Je m'acheve, je m'achevai, je me suis achevé, je m'acheverai. C'est se finir, se terminer, s'acomplir. (Nous voions la folie toute formée dans nous-mêmes, sans que nous sachions à quoi il tient qu'elle ne s'acheve par un entier renversement de nôtre esprit. *Nicole, essais de Morale, T. 1.*)

Achevé, achevée, adj. Fini. [Travail achevé. Peine achevée.]

* *Achevé, achevée.* Ce mot se dit des choses, & des personnes, quand il se dit des choses, il signifie *acompli, excellent,* mais quand il se dit des personnes, il se prend en bonne, & en mauvaise part, *exemples.* C'est un ouvrage achevé, c'est un fou achevé, c'est un auteur achevé. *Balzac, œuvres diverses.*

Ce que Delorme fait, ce malheureux Rimeur,
Montre que sa bizare humeur
Est une folie achevée.

Achevé, achevée, adj. Ce mot en termes de *manège* signifie dressé. (Ce cheval n'est que commencé, mais celui-là est achevé. Cette cavale est entierement achevée, car elle est bien dans la main & dans les talons.)

Achevement, s. m. Maniere dont une chose est achevée, perfection qu'on a donnée à une chose, à force de travail. (Dans les ouvrages d'esprit c'est le travail, & l'achevement qu'on considere. *Depreaux.*)

Achopement, s. m. Prononcez *achopeman.* Ce mot au propre n'est, ce semble, point usité.

* *Achopement, s. m.* Ce mot au figuré est fort en usage, & il veut dire écueil, obstacle, cause de malheur, de desordre. (Ce sera une pierre d'achopement & de scandale pour la maison d'Israël. *Port. Royal, Isaïe c. 8.* Il est de vôtre sagesse d'arracher de la terre des fleurs de lis, ces maudites pierres d'achopement, de scandale. *Patru plaid. 7.* Ceux qui de particuliers, deviennent Princes par bonheur, ne trouvent point d'achopement en leur chemin. *Amelot Prince de Machiavel c. 7.* Si Monsieur Amelot eut daigné parler comme les autres, il se fut expliqué ainsi, ceux qui de particuliers, deviennent Princes, ne trouvent point de pierre d'achopement dans leur chemin. Le mot d'*achopement* est d'ordinaire precedé de celui de *pierre.*)

A C I.

Acide, adj. Ce mot vient du latin *acidus,* & signifie qui a quelque saveur qui tire sur l'aigre. (Un suc acide, les choses acides rafraîchissent. Les liqueurs acides sont agreables. Il y a autant de diferens sels acides qu'il y a de diferens corps dans la nature. *Voi le traité de l'acide.*)

Acide, s. m. Mot qui proprement signifie *aigre,* mais en matiere de science, il a un sens un peu plus étendu. Car l'*acide* signifie *saveur,* il signifie aussi le premier des sels simples. (L'acide, ou le sel acide, est toujours en liqueur. L'acide est composé de petites parties poinruës, qui s'insinuent dans les pores des corps qu'elles rencontrent, & font la dissusion, ou la coagulation des parties. Les acides dissolvent l'argent & les autres métaux, hormis l'or. Les acides coagulent les corps mols & fluides, tels que sont le lait & le sang. *Voi le traité de l'acide.*)

Acidité, s. f. Ce mot vient du latin *aciditas,* & est un mot de Medecin & de Chimiste. C'est la qualité acide qui se rencontre dans quelque sujet. (L'acidité de l'oseille a quelque chose d'agreable. Les capres reveillent l'apetit à cause de leur acidité. Les choses qui par leur acidité produisent la fermentation, causent la fievre. *Spon. traité des fievres.* Les limons rafraîchissent à cause de leur agreable acidité. L'orange a une charmante acidité. Augmenter l'acidité de l'oseille; corriger l'acidité, diminuer l'acidité des citrons.)

Acier, s. m. Ce mot peut venir du Grec, & du mot Latin *acies:* C'est du fer rafiné & celui de tous les métaux qui est susceptible de plus de dureté. (Cet acier, est bon, excellent, ou méchant, Les François ont donné l'usage de l'acier aux Indiens de la nouvelle France.)

* *Acier.* Ce mot au figuré est noble, & plus de la Poësie que de la Prose. Il signifie *fer, épée.*

Qu'un tranchant acier s'aprête
A faire tomber sa tête,
Rien ne le peut émouvoir.
Deshoulieres. Ode, à Mr. l. D. page 205.

A C L.

Aclamation, s. f. Prononcez *aclamation.* Ce mot vient du latin *acclamatio.* C'est un cri qui marque une réjouissance publique, ou quelque autre mouvement. (Recevoir les benedictions & les aclamations du peuple. *Abl. Ces.* Les soldats ne purent retenir les pleurs, ni les aclamations dont une multitude de exprime ses mouvemens. *Vaug. Quint. l. 7. c. 2.* Tout retentit de cris de joie & d'aclamations. *Abl. Tac.* Ils faisoient par tout des aclamations. *Abl. Prieres.*]

A C O.

† *Acointance, s. f.* Ce mot est vieux, & n'est usité qu'en riant. On dit en sa place *familiarité, commerce, ou habitude.* (Je ne veux point d'acointance avec la plupart des hommes; parce que la plupart sont des fourbes & des coquins. On diroit à cette heure, je ne veux point de commerce avec la plupart des hommes. Mais comme je l'ai marqué, *acointance* trouve encore quelquefois sa place dans le comique.

Le bel esprit au siècle de Marot
Des Grands Seigneurs vous donnoit l'acointance;
Deshoulieres Poësies.

Acolade. Ce mot vient du mot de *col.* Embrassemens de part & d'autre qui se fait en mettant les bras sur le cou. (De grandes acolades. Se donner plusieurs acolades.)

Acolade, s. f. Embrassement. On donne l'acolade au Gentilhomme qu'on fait Chevalier.

Acolade, s. f. Terme de rotisseur. Ce sont deux lapreaux joints & accommodez ensemble, qui sont prêts à rôtir. (Vendre, ou acheter une acolade de lapreaux, donner une bonne acolade de lapreaux, manger ensemble une acolade de lapreaux.)

† *Acoler, v. a.* Embrasser. Le mot d'acoler se dit souvent en riant, acoler la cuisse.

Elle le baise, elle l'acole,
Elle fait tout à fait la folle. *Loret, lettre 15.*

† * *Acoler, v. a.* Ce mot en parlant de filles & de femmes se dit en riant, & signifie embrasser, baiser, & avoir la derniere faveur d'une fille, ou d'une femme. (Elle donnera la chancre & la verole au premier qui l'acolera. *Auteur anonime.*)

Acoler, v. a. Terme de rotisseur. Joindre deux lapreaux pour les faire rôtir. (Qu'on m'acole ces lapreaux & qu'on me les fasse vite rôtir.)

Acolite, s. m. Ce mot vient du grec & c'est un terme d'Eglise. C'est le plus bas des Ordres mineurs de l'Eglise. C'est celui qui acompagne l'Evêque, & qui a droit de servir à l'Autel. (Recevoir l'Ordre d'Acolite. Il sert à l'Autel en qualité d'Acolite.)

Acommodable, adj. Qui se peut acorder. Qui se peut ajuster, qu'on peut pacifier, qu'il est facile d'apaiser. (Leur procez est acommodable. La querelle n'est pas tout à fait acommodable. L'afaire n'est acommodable que par ce seul moïen.)

Acommodage, s. m. C'est l'aprêt des viandes que les cuisiniers & les rotisseurs acommodent. (On lui fait paier l'acommodage des viandes. Il demande un écu pour l'acommodage de toutes les viandes.)

Acommodant. Ce mot est participe, actif & alors il est indéclinable. Il signifie conformant, ajustant,.... (Il parloit aux soldats, *acommodant* son discours à l'humeur des Nations. *Vau. Quin. l. 3.*)

Acommodant, acommodante, adj. S'ajustant, se conformant. (C'étoit un esprit acommodant. *Abl. Luc. T. 1.* C'est par cette conduite obligeante, & acommodante que ces peres tendent les bras à tout le monde. *Pasc. lett. 5.* Vôtre humeur s'égale, si sociable & si acommodante, me charme. *Costar. lettres. T. 1.*)

Acommodé, acommodée, adj. Ajusté, propre. (cabinet bien acommodé. L'air est acommodé aux paroles. *Mol.* Sa maison est bien acommodée. *Abl. Luc. T. 3.*)

Acommodé, acommodée, adj. Riche, qui a tout ce qu'il lui faut, qui est à son aise. (S'ils pouvoient rentrer ici dans leurs biens, ils seroient mieux acommodez qu'à Brusselles. *Voit. lett. 43.* On ne voit guere de bons auteurs bien acommodez, à moins qu'ils ne le soient de naissance, ou que quelques Grands ne se mêlent de leur pauvre petite fortune.)

Acommodement, s. m. Ce mot vient de l'italien *acommodamento.* Ajustement qu'on fait en quelque lieu pour sa commodité. (Ma maison est bien plus loüable depuis l'acommodement que j'y ai fait faire.)

Acommodement, s. m. Acord & traité qu'on fait pour terminer les

ACO

diferens qui sont entre deux partis ou entre des personnes. [Le Fort fut remis aux Anglois par acommodement. Conclure un acommodement, Signer un acommodement.]

* Acommodement, s. m. Reconciliation. Moien de pacifier, maniere d'ajuster, & d'acommoder les choses. (J'ai fait son acommodement. Abl. Luc. Être homme d'acommodement. Mol. Proposer un acommodement à quelcun. Abl. Luc. Il a trouvé un acommodement raisonnable. Il y auroit, si l'on vouloit, un acommodement dans cette afaire. Ils courent fortune de la vie, parce que le soldat ne voulut point ouïr parler d'acommodement. Abl. Tac. histoire l.3. c.13.)

* Acommodement, s. m. adoucissement, ajustement.
Le Ciel défend de vrai, certains contentemens,
Mais on trouve avec lui des acommodemens.
Mol. imposteur, a.4. sc.5.

Acommoder, v. a. Ce mot semble venir de l'Italien acommodar. Prononcez acommodé. Il signifie habiller, ajuster. (Acommoder quelcun à la françoise. Abl. Luc. t.3.)

Acommoder, v. a. Être propre à quelcun, être le fait de quelcun, être à la bien-séance de quelcun. [Cette maison acommode fort un de mes amis. Cette charge l'acommodera. Il faut l'acommoder de ce benefice.]

Acommoder, v. a. Conformer, faire quadrer, faire convenir, ajuster. [Acommoder sa voix à la nature des choses qu'on récite. Le Faucheur, traité de l'Orateur. Acommoder un sujet au téatre. Corneille, réflexions sur les tragedies. Vous songez à acommoder les consonnes qui se choquent. Voit. l.87.)

Acommoder, v. a. Terminer, apaiser, acorder. (On vient d'acommoder leur querelle. Mol. Comtesse. Scene derniere. Acommoder un diferent. Abl. Luc. Acommoder une afaire pour de l'argent. Abl. Tac.)

Acommoder, v. a. Terme de cuisinier. Assaisonner. Mettre en ragout [Acommoder du poisson, de la viande, acommoder des œufs.]

* Acommoder, v. a. Rétablir, mettre en meilleur état, mettre en meilleur ordre. (Cela sert à acommoder ses afaires. La petite Chapelle qu'on a donnée au Seigneur Maumet acommode fort ses petites afaires, car sans cela son Pégase le meneroit en poste à l'hopital.)

Acommoder, v. a. Maltraiter quelcun de paroles, ou de coups, en agir mal envers quelcun. (Si j'étois Roi , je te ferois acommoder comme tu le mérites. Port-Royal, Terences Adelphes, a.2. sc.1. Je m'en vais t'acommoder de toutes pieces. Abl. Luc. J'ai en moi dequoi vous faire voir comme vôtre fille m'acommode. Mol. George Dandin.)

S'acommoder, v. r. Je m'acommode, je m'acommodai, je me suis acommodé, je m'acommoderai. C'est s'ajuster. (S'acommoder pour aller en visite. Il s'acommoda bien-tôt pour aller au bal. Il a falu qu'il se soit acommodé de bon air pour paroitre devant le monde.)

‡ S'acommoder, v. r. Se conformer. (Un esprit sage s'acommode aux vices de son siecle. Mol. Dom Juan. a.5. sc.2. S'acommoder au tems pour le bien de ses afaires. Vau. Quin. l.4. Est-ce ainsi qu'à mes vœux il fait s'acommoder ? Racine, Bajazet, a.4. sc.1. Ne s'avez-vous pas que nous nous acommodons à toutes sortes de personnes. Pasc lett.9.)

S'acommoder, v. r. Se servir de quelque chose. [Si vous pouviez vous acommoder de cela, je vous l'ofrirois. Voit. l.78. Il ne sauroit s'acommoder de l'homme qu'on lui a donné. Elle ne s'acommodera jamais de l'humeur de son galant, parce qu'il est vilain.)

S'acommoder, v. r. S'acorder. Convenir. (Je voudrois bien que vous pussiez vous acommoder avec cet ennemi du genre humain. Voit. lett.145. Elle s'acommodera fort bien avec lui. Abl. Luc. t.1.)

S'acommoder, v. r. Se finir paisiblement, se terminer en repos. [Il ne tient pas à lui que les afaires ne s'acommodent. Vau. Quin. l.x. C.8. On croit que leur diferent s'acommodera au gré de l'un & de l'autre.)

S'acommoder, v. r. Se plaire dans un lieu, se plaire avec quelcun. (Il s'acommode mieux que jamais à Paris. Un jeune François ne sauroit guére bien s'acommoder en Italie ni en Espagne, parce qu'un jeune François n'est pas ordinairement fort sage.)

S'acommoder, v. r. Se trouver bien de quelque chose, ou de quelque personne, en être content. S'en trouver satisfait. [Le moïen qu'on pût s'acommoder de leurs personnes. Mol. précieuses. Je voudrois bien que quelcun de vos amis voulût s'acommoder de ces esclaves. Mol.)

S'acommoder, v. r. Se servir de quelque chose en se l'apropriant , s'en servir comme du sien. (On trouva beaucoup de nerfs , dont les frondeurs s'acommoderent. Abl. Ret. l. 3. C.3. Ils s'acommoderent de tout ce qu'ils trouverent à leur bien-séance.)

ACOMPAGNER, v. a. Prononcez acompagné. Ce mot vient de l'Italien acompagnare. Il se dit des personnes ; & signifie, faire compagnie à quelcun, aller de compagnie avec quelcun. [Les meres acompagnent leurs enfans en exil. Abl. Tac. Une Demoiselle acompagne sa maîtresse. Scaron, Roman Comiq. t.1.)

* Acompagner, v. a. Ce mot se dit des choses, & signifie être joint avec une autre chose. (L'éloquence du corps acompagnoit celle de l'esprit. Balzac , entretiens. Il faut éviter le grand jeu ; car la colere, l'emportement , & les querelles s'acompagnent d'ordinaire. St. Evremont, Oeuvres mélées. T.6.)

Acompagnement, s. m. Prononcez acompagneman. Tout ce qui est joint à quelque chose, ce qui acompagne quelque sujet, ce qui acompagne une personne. (Un bel acompagnement. Un charmant, un agreable, un divertissant , un galant acompagnement. L'harmonie dans les pieces de Téatre, ne doit être qu'un simple acompagnement. S. Evremont, reflexions sur l'Opera, in 4. pag.498. Vous avez , non pas un grand acompagnement de chevaux. Mais probité, generosité, &c. Voit. lett.145. On a chanté un prologue avec d'agreables acompagnemens. St. Evremont 5. partie.

ACOMPLIR, v. a. Prononcé acompli. J'acomplis, j'acomplis, j'ai acompli, j'acomplirai. En latin complere. En Espagnol cumplir. Achever tout à fait quelque chose , faire entierement une chose. (Tous les justes ont le pouvoir d'acomplir les commandemens de Dieu ; neanmoins pour les bien acomplir ils ont besoin d'une grace eficace. Pasc. l 1.)

Acompli, acomplie, adj. Il signifie achevé, fini, & il se dit en bonne & en mauvaise patt. (Son vœu est acompli. Abl. Luc. Leurs nôces nous donnent l'image d'une impudicité acomplie. St. Evremont, Oeuvres mêlées. t.5. page 46.

Acompli, acomplie, adj. Ce mot se prend aussi toujours en bonne part , quand il signifie excellent , parfait. (C'est un homme acompli. C'est une beauté acomplie. Abl. Luc.)

Acomplissement, s. m. Prononcez acomplisseman. C'est un achevement entier & parfait. (Tu trouveras en lui l'acomplissement de ton dessein. Abl. Luc. C'est une erreur de condamner generalement toutes les communions qui précedent l'acomplissement de la pénitence. Arnauld fréquente communion , 2. partie Chap.15. Toutes les instructions de l'Eglise tendent à porter les fideles à l'acomplissement de la Loi de Dieu. Port-Royal explication des ceremonies de l'Eglise.

ACONIT, s.m. Mot qui vient du Grec. C'est une sorte d'herbe qui croît sur des rochers dépouillés de toutes choses, & qui fait promtement mourir les personnes & les animaux qui en mangent. Plusieurs Auteurs Grecs & Latins disent que l'aconit vient de la region du Pont, & qu'il y en a de plusieurs especes. Dalechamp, histoire des plantes. t.2.l.17. c.9. Fait de longues & de curieuses descriptions de divers effets de l'aconit, & on les peut voir.

† ACOQUINER, v. a. Ce mot ne se dit que dans le stile bas & satirique. C'est acoutumer à quelque chose d'indigne, & qui mérite du blâme. (Nous verrions les femmes nous courir aprés sans tous ces respects où nous les acoquinons. Mol.)

† S'acoquiner, v. r. Je m'acoquine, je m'acoquinai , je me suis acoquiné, je m'acoquinerai. Ce mot ne se dit que dans le stile bas & comique. C'est acoutumer de telle sorte à un lieu, à une chose, ou à quelque sujet que ce soit qu'on ait peine à quitter ce lieu, cette chose, ou ce sujet. (S'acoquiner à Paris. Quand on est une fois acoquiné dans la Province , on ne la sauroit quiter. Mon Dieu ! qu'a tes apas je suis acoquiné. Mol.)

S'acoquiner, v. r. On doit regissant un autre Verbe veut la particule à & le verbe qu'il regit à l'infinitif. [Quand on est une fois acoquiné à faire des vers, on ne veut presque plus s'apliquer à autre chose,)

ACORDER, v. a. Ce mot semble venir de l'Italien acordare, ou de l'Espagnol acordar. C'est donner, céder. (Acorder une grace, acorder une faveur. Je vous acorde cela & soions bons amis. Abl. Luc. t.3.)

Acorder. v. a. Ce mot se dit en parlant de Mariage , & signifie promettre de donner. [Acorder une fille en mariage. Les Armeniens acordent leurs enfans , quoi qu'ils n'aient que trois; ou quatre ans, & même quand deux femmes amies se trouvent enceintes, elles acordent leurs enfans , au cas que l'une ait un garçon, & l'autre une fille. Tavernier , voyage de Perse, l.4. Chap.12.)

Acorder, v. a. Acomoder. (On vous emploie à acorder les Imperiaux. Voit. lett. 187. Acorder les contradictions. Pasc. lett.8. Acorder les principes de chaque Secte. Abl. Luc.)

Acorder, v.a. Mettre ensemble, joindre. (Il acorde deux choses incompatibles , un maitre , & la liberté. Abl. Tac. Dans toutes vos afaires acordez toujours Dieu & le monde , & vous remplirez les devoirs d'un honnête homme. La Chétardie, instructions pour un Seigneur, 2. partie)

Acorder, v. a. Ce verbe signifie quelquefois consentir, & veut le subjonctif quand il est suivi d'un que. (Exemple. Puisque vous le voulez, j'acorde qu'il le fasse. Corneille, Cid.a. 5. sc.5.)

Acorder, v.a. Terme de joüeur d'instrumens de musique. C'est mettre un instrument dans une juste & agreable conformité de sons. (Acorder une Angelique, acorder un Lut, acorder un Tuorbe, &c.)

Acorder, v. a. Terme de Grammaire, faire convenir selon les regles de la Grammaire (Acorder l'adjectif avec le substantif.)

S'acorder, v. r. Je m'acorde; je m'acordai, Je me suis acordé. C'est se conformer, c'est convenir , être d'acord, & en bonne intelligence. (Mon amour s'acorde avec ma raison. Gom. Poës. Ils ne s'acordent ni de la fin, ni des principes. Abl. Luc. Les Provinces s'acordent à cette sorte de Gouvernement. Abl. Tac. Tous les peuples se sont acordez en ce point , qu'il y a un

Dieu. *St. Ciran, Teologie familiere, leçon premiere*, s'acorder en quelque chose. *Abl. Ar. l.1.* On dit aussi s'acorder sur quelque chose, & s'acorder touchant quelque chose. Ce mot *s'acorder* se joint à un infinitif avec la particule *à*. Ils s'acordent *à fraper* ensemble. *Abl. Luc. T.1.*

† * S'acorder comme chiens & chats. Façon de parler proverbiale, pour dire être mal d'acord, être mal ensemble.

Acordé, acordée, adj. Accommodé, pacifié. (Leur diferent est acordé. Leur procez est acordé. L'afaire est acordée, la querele des Jansenistes & des Jesuites touchant la grace n'est point acordée.)

Acordé, s. m. Celui qui a promis en presence de monde foi de mariage, & qui l'a reçuë reciproquement. (L'acordé est bien fait, l'acordé est galant, & a mille belles qualitez. L'acordé est un peu vieux, & il a l'air d'augmenter bien-tôt la grande confrairie.)

Acordée, s. f. Celle qui a promis, & à qui l'on a aussi promis foi de mariage. (Une jolie acordée, une acordée fort belle. L'acordée est riche & sage. L'acordée est gaie, l'acordée paroit gaillarde, & de bon apetit.)

Acord. s. m. Prononcez *acor*. Ce mot vient de l'Italien *accordo*. Consentement de plusieurs personnes sur une chose. (Ils renoncent d'un commun acord à la servitude. *Abl. Luc.* Demeurer d'acord d'une chose, tomber d'acord d'une chose ; c'est à dire, être du même sentiment qu'un autre sur une chose. On dit aussi proverbialement. *Etre de tous bons acords*, c'est à dire, consentir à ce que les autres veulent, vouloir ce qu'on veut. Une bonne soupe fait que le gros C. est toujours de tous bons acords.)

Acord, s. m. Accommodement, (faire un acord avec quelcun. Ils ont rompu l'acord qu'ils avoient fait. Tenir l'acord qu'on a fait. N'entendre à aucun acord.)

Acord, s. m. Union d'avis ; & de sentimens. (Pour entendre l'acord de nos opinions avec les décisions des Papes, il faudroit avoir plus de loisir. *Pasc. let 5.* Les Philosophes ne sont pas d'acord de ce que tu veux savoir. *Abl. Luc.*)

Acord, s. m. Intelligence & union pour quelque chose. (Ils sont d'acord là-dessus. Mettre les gens d'acord, *Sca. Roman. Tom.1.*)

Acord, s. m. Terme de Musicien & de joüeur d'instrumens de musique. C'est une juste & agreable conformité de sons ou de voix. (Charmans acords, de doux acords, de bons acords, d'aimables, de ravissans acords, de mechans acords, des acords desagreables, de faux acords, trouver les acords, remarquer la justesse des acords. *S. Evremont t.1.*)

Tous d'un acord, adv. Tout d'un consentement, tout d'un même avis, tout d'un même sentiment, de même intelligence. (Les Moines sont tout d'un acord en plusieurs choses. Presque toutes les femmes de Paris sont tout d'un acord à avoir des galans & à faire leurs pauvres maris cocus.)

Acordailles, s. f. Ce mot n'a point de singulier, ce sont les articles de mariages acordez & signez par les gens qui se marient & par ceux qui y ont interêt. (Les acordailles sont faites. Signer les acordailles. Faire les acordailles. Se réjouir aux acordailles.)

Acordoir, s. m. Prononcez *acordoi*. Terme d'Organiste. C'est un instrument de cuivre dont on se sert pour acorder l'orgue. (Acordoir fort bon : cet acordoir est bien propre & bien fait.)

† **Acort, acorte, adj.** Ce mot a commencé à vieillir, & il ne peut entrer que dans le stile bas & familier, il signifie complaisant, civil, & honnête. (Il est sage & acort. Avoir des manieres acortes.)

Elle est charmante, elle est acorte,
Et tout ce que la belle porte
Lui sied bien, hormis son mari. *Main. poës.*

† **Acort'é, s. f.** Ce mot est suranné. Il signifie civilité & complaisance qu'on a pour les gens.

(Tu vas user de ta franchise
De ton adresse & de ton acortise.
Boisr. epi. T.1. ep. 17.)

† **Acostable, adj.** Ce mot n'est bien venu que dans les discours familiers, & il veut dire qui reçoit avec civilité ceux qui l'aprochent, & qu'on aproche sans peine pour lui parler. (Il est acostable à tout le monde.)

Il est civil & acostable
Doux, benin, courtois & asable.
Menage poësie.

Il vous a vu, doux, civil, acostable
Dans le passage, à la chambre, à la table.
Boisr. epitre 2. livre 4. ep. 2.

Ce sont des personnes peu acostables. *Voit. let 40.*)

† **Acoster, v. a.** Ce mot n'entre que dans les discours familiers & signifie aprocher quelcun pour lui parler. (Que si quelcun tremble en vous acostant
Il vous benit en vous quitant.
Boisr. epit. T.2. l.4. ep.2.

Au milieu de quantité de Cupidons déchainez, trois dames masquées acosterent Dom Carlos, *Scaron Roman comique T.1. C.9.*)

Acoster, v. a. terme de mer. C'est aprocher une chose d'une autre. Acoster une manœuvre, *Desroches, Dictionnaire de marine.*

† **S'acoster, v. r. Ie m'acoste, Ie me suis acosté, Iem'acostai.** Ce mot s'aprocher de quelcun pour lui parler. (Les hommes s'acostent des femmes, & les femmes des hommes. *Auteur anonime, histoire comique.* Ils se défioient de telle sorte les uns des autres qu'on n'eût osé s'être acosté de personne. *Vau. Quin. l. X. c.3.* On diroit à cette heure plutôt, qu'on n'eût osé s'aprocher de personne pour lui parler.)

† **Acoter, v. a.** Ce mot dans les discours polis, n'est plus d'usage ; & en sa place on se sert *d'apuier*. (Acotez-vous un peu sur mon épaule, & vous en macherez avec moins de peine. Dites, apuiez-vous un peu sur mon épaule.)

Acoter, v. a. Ce mot signifie *apuier*, & est usité parmi les maçons, les charpentiers, & autres gens de métier ; mais cela ne rire point à consequence pour le beau langage. Ils disent, *acoter une cloison*.

Acotoir, s. m. Prononcez *acotoi*. C'est un morceau de bois plat qu'on atache dans les confessionnaux & dans les chaises des porteurs pour apuier le confesseur, & celui qui se fait porter en chaise. (Un acotoir bien-fait, un acotoir mal fait. Mettre un acotoir, atacher un acotoir, embourrer un acotoir.)

Acoucher. Ce verbe est neutre ; & se dit proprement des femmes, & n'veut dire, mettre un enfant au monde. Acoucher regit l'ablatif. (Anne d'Autriche Reine de France épouse de Loüis XIII. *acoucha* en 1638. le 5. Septembre, de Loüis XIV. & deux ans après, elle *acoucha* de Monsieur. Voi l'histoire de France. La nuit qu'Olimpias acoucha, le Temple d'Ephese fut reduit en cendres. *Du Rier, suplement de Quinte Curce l.1, c.1.*)

Acoucher, v. n. Ce mot se dit de Jupiter en riant ; & signifie produire un enfant au monde. (Jupiter acoucha de Minerve par la tête. *Abl. Luc. T.1.*)

Acoucher. Ce verbe est aussi actif, & veut l'acusatif, quand il signifie *aider à mettre un enfant au monde*, & par raport aux services que les acoucheurs, ou les sages-femmes rendent aux femmes qui sont en travail d'enfans. (Ce n'est pas aujourd'hui les sages-femmes qui acouchent à Paris les Princesses, ni les femmes de qualité, mais les acoucheurs: Les femmes de bons bourgeois imitent les grandes Dames : car elles se font acoucher par des acoucheurs. Vulcain n'acouchera pas si heureusement Jupiter qu'une sage femme. *Abl. Luc. T.1.*)

* **Acoucher.** Ce verbe se prend figurément, & est neutre. Il signifie produire quelque ouvrage d'esprit, faire quelque chose d'ingenieux. (Les Poëtes acouchent par le bout des doigts. *Abl. Luc.*

Le sort de ce Sonnet a droit de vous toucher
Et c'est dans vôtre cour que j'en viens *d'acoucher*.
Mol. Femmes savantes a.5. sc.2.)

Acouchée, s. f. Femme qui est dans ses couches, & qui vient de mettre au monde un enfant. (L'acouchée est gaie, l'acouchée est gaillarde. La nouvelle acouchée doit être traitée dans les premiers jours de sa couche, presque comme si elle avoit la fievre. Une acouchée ne doit être nourrie, que de bons boüillons au veau ou de boüillons où il y ait de bonne volaille. Une acouchée se doit vivre que d'œufs frais, & de gelée. La nouvelle acouchée se doit tenir en repos dans son lit, & sur son dos ordinairement. *Mauriceau, maladies des femmes grosses l. 3.*)

Acouchement, s. m. C'est la sortie, ou l'extraction de l'enfant à terme hors de la matrice. (Acouchement naturel, acouchement contrenaturel, acouchement fascheux, penible, malheureux, laborieux, acouchement vrai, veritable, acouchement faux. Il étoit present à l'acouchement de sa femme. Sentir les douleurs de l'acouchement. Les femmes agées soufrent plus que les autres dans leur premier acouchement. On s'étonne comment l'enfant qui estoit gros, passe au tems de l'acouchement par l'ouverture de la matrice, qui est si petite. (Medecin qui a fait plusieurs acouchemens. On doit faire prendre aux femmes incontinent après leur acouchement une once d'huile d'amendes douces ; mais il faut que cette huile soit tirée sans feu. Lors que l'enfant est au passage presque toutes les femmes se plaignent dans leur premier acouchement que la sage femme les pique. *Mauriceau, maladies des femmes grosses, l.3.*)

Acoucheur, s. m. Prononcez *acoucheu*. C'est un Chirurgien qui acouche les femmes. (Un habile acoucheur, un acoucheur connu, un acoucheur employé. L'un des plus renommez acoucheurs de mon tems, c'est Clement, qui est riche, parce qu'il lui est afluë de bonnes aubaines.)

Acoucheuse, s. f. C'est celle qu'on apelle ordinairement *Sage-femme*, & qui acouche & délivre les femmes qui sont en travail d'enfant. (Une habile acoucheuse. Une acoucheuse fort connuë. Aler querir une acoucheuse. *Port Royal. Terence. Andrienne, a.1. sc.5.*)

† **S'acouder, v. r. Ie m'acoude, je m'acoudai, je me suis acoudé, je m'acouderai.** Ce mot commence un peu à se passer, & ne peut trouver place que dans les discours familiers, & d'un stile simple, il signifie apuier le coude s'apuier.

(Assis sur un fagot, une pipe à la main,
Tristement *acoudé* contre une cheminée

ACO

Je songe aux cruautez de mon sort inhumain
S. *Amant poësies* 1. *partie*
La paix dessus lui *s'acouda*
Comme sur l'un de ses pivôs. *Voit poëf.*)

Acoudoir. f. m. Ce mot se prononce *acoudoi*, & ne se dit que dans le discours familier. C'est ce qu'on met sous les coudes pour s'apuïer dessus. (Un bon acoudoir, un acoudoir fort propre. Donnez un acoudoir à Monsieur, il en a besoin.)

Acoudoir f. m. Ce mot est un terme d'Architecture, & signifie *un apui.* (Il faut mettre un acoudoir dans cet endroit. Faire des acoudoirs entre les pieds d'estaux. *Pervant Vitruve.*)

ACOUPLER. *v. a.* Joindre ensemble. Mettre deux à deux (acoupler des bateaux, acoupler le linge, acoupler des servietes, acoupler des mouchoirs, & en un mot tout le menu linge.)

* *Acoupler v. a.* Joindre pour la génération. (Faire acoupler deux papillons. Le mot d'acoupler dans cet exemple est serieux : mais au même sens il est un peu Comique, lors qu'il se dit des hommes. On en va juger par ces façons de parler : (*Ses soins ont acouplé nos Dieux malgré la jalousie de nos Deesses*, Auteur anonime. C'est un Mercure de profession, qui tache par le moien de quelques Louis d'or, d'acoupler les galans avec les belles qui ne sont pas inhumaines.)

s' Acoupler. v. r. Je m'acouple, je m'acouplai, je me suis acouplé, je m'acouplerai. Ce mot se dit des choses inanimées, & signifie se joindre ensemble. (Les principales qualitez tactiles peuvent s'acoupler de plusieurs façons, *Robaut, Physique*.)

s' Acoupler, v. r. Ce mot se dit de quelques animaux, & signifie se joindre pour la génération. (La mouche vole en l'air acouplée avec son mâle. *Abl. Luc.* Les animaux de diferente espece qui s'acouplent en Afrique, font des monstres, *Perraut histoire des animaux.* Lors que la femelle du Castor a mis bas, elle chasse de son logement tous les pecis de l'année precedente qui alors s'acouplent & vont chercher quelque maison, *Denis Hist. de l'Amerique Tom.* 1. *c.* 18. La femme peut prendre les plaisirs de la chair, quand il lui plait : mais ils n'en est pas ainsi des animaux qui ne s'acouplent qu'en de certaines saisons. *Mauriceau, tr. des femmes grosses.*)

Acouplement. f. m. prononcez *acouplement.* Ce mot se dit des bêtes qui se joignent pour la génération. (Le Dragon naît de l'acouplement d'une aigle avec une louve. *Abl. Marmol. Tom.* 3. *c.* 33.

Acouplement. f. m. C'est l'union de l'homme & de la femme afin de produire leur semblable. Mais dans ce sens on ne se sert du mot acouplement qu'en l'adoucissant, ou le relevant par quelque épitete, & même il est plus de la poesie que de la prose. (Un acouplement divin, un acouplement celeste, acouplement fatal, acouplement heureux, acouplement malheureux.

Tu menois le blond himenée
Qui devoit solemnellement
De ce fatal *acouplement*
Célébrer l'heureuse journée.
Malb. poesies l. 4. *Ode.*)

ACOURCIR. *v. a. J'acourcis, J'acourcis, J'ai acourci, j'acourcirai.* C'est rendre une chose plus courte qu'elle n'est : c'est abréger une chose qui est trop longue. (Il ne faut point alonger ce qu'on peut acourcir. *Van. rem.* Les histoires de Varillas sont trop longues, & pour empêcher qu'elles ne fassent bâiller, il les faudroit acourcir.

Acourcissement. f. m. prononcez *acourcissemân*, c'est à dire *abrégement.* c'est l'action par laquelle on a rendu une chose plus courte qu'elle n'étoit. [*Eldit gentilâtre de la Prusse Roïale* est difforme par l'*acourcissement* de ses doigts, & infame par la bassesse de sa conduite.]

ACOURIR. *verbe neutre passif.* Ce mot semble venir du Latin *accurrere. J'acours. J'acourus. Je suis acouru, j'acourrai, que j'acoure, j'acourois, j'acourusse.* Se rendre vice versa quelcun, aller promptement en quelque lieu. Se rendre à la hâte en quelque lieu ou auprés de quelcun. [*acourir au secours d'une personne. Abl. Ret.* acourit en hâte à la vile. *Van. Quint.* On acourt de tous côtez vers le pauvre Cas. pour l'empêcher d'aller come Chaumer, ou du Verdier à l'hopital. Ils devoient tous perir, si des Magistrats ne fussent acourus à la rumeur. *Scaron rom. T.* 1. *c.* 3.]

* *Acourir.* Verbe neutre passif, qui est quelquefois pris figurément, & qui se disant des personnes, signifie autant que courir tête baissée. Aller come si l'on voloit. [acourit à la vengeance. *Abl. Tac.* On n'acourt à l'immortalité que par le travail & les grandes actions.]

Acourir. Ce mot est quelquefois un *terme de chasse*, & alors il est actif & signifie plier le trait tout à fait, ou à demi, pour retenir le limier. [Il faut acourir le trait de ce limier. *Salnove, traité de la chasse du Sanglier.*]

† ACOUTRER. *v. a.* Ce mot signifie *habiller, ajuster, parer*, & ne peut bien entrer que dans le stile familier, ou plaisant, parce qu'il est un peu vieux. [Il y avoit des singes qu'on avoit acoutrez en charlatans. *Abl. Luc.* Un gros & gras Auteur acoutré d'un air si mesquin son laquais & son cocher qu'il fait rire tout le monde.]

ACO

* *Acoutrer. v. a.* Mot comique figuré, pour dire *mal-traiter*. (Qui vous a ainsi acoutrez, mes amis *Abl. Luc.* Il s'apella putain & rusée, & la menaça de l'acoutrer en femme de sa qualité. *Journal de Henri.* 3. *p.* 42.)

† *Acoutrement. f. m. prononcez acoutreman.* C'est à dire *ajustement, habillement.* Ce mot d'acoutrement n'a vieilli, & ne peut bien trouver sa place que dans le stile bas, ou comique.

[Cinq ou six fois cette nuit en dormant
Je vous ai vu dans un acoutrement
Au prix duquel rien ne me sauroit plaire.
Voit poësies.]

Il y avoit des acoutremens qui coutoient dix mille écus. Changer d'acoutrement. Avoir de magnifiques, de superbes & de beaux acoutremens. *Journal de Henri* 3. *p.* 46.]

ACOUTUMANCE. *f. sf.* Coutume, habitude. Le mot d'*acoutumance*, qui avoit vieilli, commence à rentrer en usage, & mème il y a des lieux où il vaut mieux que coutume, & qu'habitude. (La jeunesse change ses gout par l'ardeur du sang, & la vieillesse conserve ses liens par l'acoutumance. *La Rochefoucaut, reflexions*. Un esprit abatu & come dompté par l'acoutumance au joug, n'oseroit plus s'enhardir à rien. *Dépreaux, Longin.* L'amour d'acoutumaner est une affection contractée avec une personne à force de la voir. *Corneille, notes sur Vaugelas T. 1.* Quelques-uns preferent dans tous ces exemples habitude à acoutumance & ils aiment mieux dire il fait cela par une mauvaise habitude que de dire il fait cela par une mauvaise acoutumance. *Tomas Corneille, notes sur Vaugelas T. 1.* En ce dernier exemple Monsieur Corneille a raison ; mais dans les autres, acoutumance est tres-bon & tres-usité.)

Acoutumer. v. a. Avoir de coutume, faire souvent, pratiquer souvent, donner ou faire prendre l'habitude de quelque chose. Ce verbe acoutumer dans un sens actif demande que le Verbe qui le suit soit à l'infinitif & que l'infinitif soit precédé de la particule *de*. (Les ignorans ont acoutumé de s'en fier aux personnes habiles. *Abl. Luc.* Il y a plus d'entousiasme qu'ils n'ont acoutumé en avoir. *Voit. let.* 131. Cependant ce verbe *acoutumer* pris activement veut quelquesois la particule *a* au lieu de la particule *de*. Il faut moderer la legereté de sa langue dans les choses évidentes pour l'acoutumer à ne se point précipiter dans les choses douteuses & obscures. *Nicole, essais de morale, Tom.* 1. *traité* 5. Si cette façon de parler est reçuë, Monsieur Corneille se corrigera la première fois qu'on imprimera ses notes sur Vaugelas.)

s' Acoutumer. v. r. Je m'acoutume, je m'acoutumai, je me suis acoutumé, je m'acoutumerai. C'est prendre l'habitude d'une chose. Acoutumer pris reciproquement veut que le verbe qui il régit & qui le suit immediatement soit à l'infinitif précedé de la particule *a*. (Il faut s'acoutumer à se nourrir de la parole de Dieu. *Port-Roial, Testament Preface* 1. *partie.* On doit s'acoutumer à aller moins vite dans les jugemens & à prendre plus de soin pour considerer les choses. *M. Nicole, essais de morale, T.* 1. *traité* 5. On ne peut retablir qu'avec beaucoup de tems un vieux corps d'Oficiers & de soldats acoutumez à combatre ensemble, & à soufrir les fatigues de la guerre *Relation de Rocroi page* 48.)

Acoutumer. Ce verbe pris dans un sens actif, passif, ou reflexif, & suivi du nom qu'il regit, veut ce nom au datif. (Les oficiers acoutumez à la discipline succedoient sans trouble les uns aux autres. *Sarazin, siege de Dun erque* in 12. *pag.* 40. Acoutumer le soldat au travail. *Abl. Tac. T.* 3.]

ACQUERIR. Voilà colonne *acquerir.*

ACR

ACRE. *f. m.* Terme de quelques Coutumes de France. Il vient de l'Allemand, & signifie *un arpent de terre.* On apelle dans quelques provinces les mesures de terre, *arpens*, & dans d'autres on le nomme *acres.* Voi *l'école des arpenteurs pag.* 183. (Un acre de terre bien cultivé. Labourer un acre de terre. Semer un acre de terre.]

Acre adj. Ce mot semble venir du Latin *acris*, & veut dire, qui a de l'*acrimonie.* (Urine acre & mordante. Chaleur acre & piquante. Humeur acre, gout acre.)

ACREDITER. *v. a.* Ce mot semble venir de l'Espagnol *acreditar.* C'est donner du crédit à quelcun. C'est mettre en crédit une personne. (Les belles cures que Monsieur Helvetius a faites dans Paris, l'y ont glorieusement *acredité* à la barbe de messieurs les Medecins qui en enragent.)

s' Acrediter. v. r. Je m'acredite, je m'acreditai, je me suis acredité, je m'acrediterai. C'est s'aquerir du crédit, se donner du crédit. (Ce n'est qu'en préferant le devoir au plaisir qu'on *s'acredite* dans le monde. *La Chetardie, instruction pour un jeune Seigneur,* 2. *partie.* Le pauvre Tomas de Lormes Avocat de ses causes perduës se tourmente pour s'acrediter sur le Parnasse, mais en vain, son destin n'y fera pas plus glorieux que celui de la Serre, ou de Neuf-Germain.)

Acreté, f. f. Ce mot vient du Latin *acritas*, & veut dire qualité mordicante, & piquante : (Ainsi l'on dit, l'acreté de la bile est fâcheuse, l'acreté du sel ne plait pas.)

Acrimonie, *f. f.* Ce mot vient du latin *acrimonia*. C'eſt une qualité qui eſt atachée à l'humeur, & qui fait que cette humeur pique les parties, où elle ſe rencontre. [L'acrimonie des humeurs a ulceré le conduit de l'urine. *Digori*, termes de medecine.]

Acroc, *ſ. m.* Prononcez *acro*. C'eſt une rupture qu'on ſe fait de quelque maniere, à un habit, ou à quelque autre choſe. (Un petit acroc, un grand, un fâcheux, un malheureux acroc. C'eſt un acroc que je me ſuis fait. Se faire un acroc à ſa veſte.)

Acrochement, *ſ. m.* Prononcez *acrocheman*. C'eſt l'action de la perſonne qui acroche. Ce mot d'acrochement n'eſt pas de grand uſage; & en ſa place on ſe ſert plûtôt de quelque tems du verbe *acrocher*. [Après l'acrochement des navires, le combat ſe ralluma plus fort qu'auparavant. On aimeroit mieux s'exprimer ainſi. *Après que les navires ſe furent acrochez, le combat ſe raluma plus fort qu'auparavant.*]

Asrocher, *v. a.* Atacher à un croc, ou à quelque choſe de ſemblable, mettre au croc. (Acrocher de la viande, acrocher un aloiau, une éclanche.)

Asrocher, *v. n.* Joindre un vaiſſeau ennemi pour entrer dedans, & s'y batre. La Réale acrocha une galere. *Vaug. Quin. l. 4. c. 4.*

† *Acrocher*, *v. a.* Atrapet par adreſſe, gagner par fineſſe. (François Herard de la Grange à force de fourberies *acroche* toujours quelques piſtoles des honnêtes gens qui le ſoufrent; & en cela il marche ſur les traces de ſon pere.

Dans l'ame elle eſt du monde, & ſes ſoins tentent tout,
Pour *acrocher* quelcun, ſans en venir à bout.
Mol. Miſantrop. a. 3. ſ. 3.)

* *Acrocher*, *v. a.* Retarder une choſe, aporter quelque retardement à une afaire, être cauſe qu'une afaire ne ſe termine pas. (Il faut que je lui diſe que je trouverai moien *d'acrocher* cette afaire pour quelque tems. *Port-Royal, comedies de Terence, Andrienne. a. 3. ſ. 5.*)

* S'*Acrocher*, *v. r.* Je m'acroche, je m'acrochai, je me ſuis acroché, je m'acrocherai. Ce mot ſignifie ſe prendre avec les mains à quelque choſe. Se tenir avec les mains à quelque choſe. Se prendre au colet pour ſe batre. Se prendre à quelque choſe. Se joindre pour ſe batre. (Ils *s'acrocherent aux arbres de la forêt*. *Abl. Luc. T. 2.*

Nos braves s'acrochant ſe prennent aux cheveux.
Dep. Sat. 3.

Son diadême s'acrocha à un roſeau. *Abl. Luc. l. 7.* après que les Galeres ſe furent batuës, elles s'acrocherent. *Abl. Luc.*)

Acroire, *v. n.* Prononcez *acraire*. Ce mot emporte que celui de qui on le dit a deſſein de tromper. Il ſe dit auſſi des choſes fauſſes qu'on veut faire paſſer pour vraies. Ce mot d'acroire eſt toûjours emploié avec le verbe *faire*, & l'on ne s'en ſert qu'à l'infinitif. Je ſçai tout, ne penſe pas m'en faire acroire. *Abl. Luc.* Vous *faites acroire* à une infinité de gens que ces points ne ſont pas eſſentiels à la foi. *Paſc. let. 7.* Il veut *faire acroire* qu'il eſt gentilhomme; mais ſa conduite le dément, c'eſt ce qu'il ne fera jamais acroire qu'à des ſots.)

S'en faire acroire, *v. r.* Je m'en fais acroire, je m'en fis acroire, je m'en ſuis fait acroire. Je m'en étois fait acroire. Je m'en ferai acroire. C'eſt s'en orgueillir, avoir meilleure opinion de ſoi qu'on ne devroit. (Un galant homme ne s'en fait point acroire, parce qu'il ne ſe pique de rien. *Paſcal, penſées.* C'eſt un fat qui s'en fait beaucoup acroire. *Corn. notes ſur Vaugelas, pag. 440.*

Acroissement, *ſ. m.* Prononcez *acroiſſeman*. Ce mot ſemble venir de l'italien *acreſcimento*. C'eſt l'augmentation ſenſible d'un corps en ſa propre ſubſtance. (On reconnoît qu'il y a de l'acroiſſement au tronc d'un arbre, quand on remarque qu'il eſt plus gros qu'il n'étoit.)

Acroiſſement, *ſ. m.* Terme de Poëſie Latine. C'eſt une augmentation de ſilabes. Il y a divers acroiſſemens, il y a un acroiſſement des Verbes, & un acroiſſement des noms. Cet acroiſſement ſoit des noms ou des Verbes, eſt quelquefois long, & quelquefois bref. (Ainſi l'on dit abréger l'acroiſſement, alonger l'acroiſſement, ou faire long l'acroiſſement. La quantité latine explique les acroiſſemens, & on peut voir là-deſſus *la metode Latine de Port Royal.*)

* *Acroiſſement*, *ſ. m.* Ce mot eſt fort en uſage au figuré, & il ſe dit d'ordinaire de la bonne fortune des Souverains, de leurs Etats & de celle de toute autre perſonne. Il ſignifie proſperité, augmentation heureuſe & fortunée. (Faire des vœux pour l'acroiſſement de l'Empire. *Vau. Quin. l. 9.* Prier Apollon pour l'acroiſſement du domaine de Meſſieurs du Parnaſſe.)

Acroitre, ou *acroiſtre*, *v. a.* Ce mot paroît dériver du latin *acroſcere*, & on l'écrit en françois avec é, ou ſans S mais quoi qu'on l'écrive avec une S, on ſe prononce pourtant ſans S à l'infinitif, & l'on prononce *acroitre*. Il ſignifie augmenter, & ſe dit des choſes qui peuvent recevoir quelque augmentation vi-

ſible, ou inviſible. J'acrois, tu acrois, il acroit, nous acroiſſons, vous acroiſſez, ils acroiſſent. J'acrus. J'ai acru. J'acroitrai. Acroi, qu'il acroiſſe. (Les richeſſes ſe font tout qu'acroitre ſa ſoif. *Vau. Quins. l. 7.* Il faut boire la raillerie de peur de l'acroitre en ſe défendant. *Abl. Luc.* Acroitre ſa maladie. *Arn. conf. l. 6.* Acroitre ſon petit domaine. *Paſ. œuvres diverſes.*

Ce terme limité que l'on veut leur preſcrire,
Acroit leur violence en bornant leur empire.
Rac. Tebaide, a. 1. ſ. 9.

S'*acroitre*, en *s'acroiſtre*, *v. r.* Je m'acrois. Je m'acrus. Je me ſuis acru. Je m'acroitrai S'augmenter. (Rome s'acroiſſoit foiblement. *Boſſuet, hiſtoire univerſelle.* La France s'acroit tous les ans, de quelque choſe de conſiderable. *Viſé, Mercure.* Il tache par toutes ſortes de moiens imaginables à s'acroitre en biens de fortune. S'acroitre en honneur, s'acroitre en richeſſes. *Abl. Tac. T. 3.*)

Acrostiche, *ſ. m.* C'eſt un mot Grec, & en Latin on dit *acroſtichis*. C'eſt mot que font toutes enſemble chaque premiére lettre ou chaque autre lettre de chaque vers, ou de chaque ligne de quelque petite piece. [Un bel acroſtiche. Un heureux acroſtiche. Faire un acroſtiche.)

Acrotere, *ſ. m.* Ce mot eſt *d'Architecture* & déçend du grec. C'eſt un petit pié-d'eſtal ſur le front d'une ordonnance. (Cet acrotére eſt bien fait. Cet acrotére paroît bien proportionné.)

† S'*acroupir*, Je m'acroupis, je m'acroupis, je me ſuis acroupi, je m'acroupirai. C'eſt ſe baiſſer ſur le derriere, ſe courber ſur le derriere, afin de s'y repoſer. S'acroupir n'entre que dans les diſcours familiers, ou dans les ouvrages ſimples & plaiſans.

On ne vous verra plus dans le cercle *acroupie*
En poſture de pié,
Au grand plaiſir de tous, & de vôtre jaret.
Scaron. Poëſies Burleſques.

ACT.

Acte, *ſ. m.* Ce mot vient du latin *actus*. C'eſt tout ce qui ſe fait, ou qui s'eſt fait. (Acte glorieux, acte illuſtre, celebre, fameux, vertueux.)

Acte, *ſ. m.* Action. (Les actes merveilleux des Saints. *Maue, Homelie* 1. Ce n'eſt pas tant ici un préſent qu'un *acte* de reconnoiſſance. *Abl. Luc. Epitre dédicatoire.* Repenſez mûrement à vos *actes* tragiques. *God. poeſ.*)

Acte, *ſ. m.* Ce qui a été ordonné par une autorité publique, ſoit de Prince, de Parlement, ou de République. (Caſſer les actes, infirmer les actes, aprouver les actes du Sénat, de la République, &c.)

Actes, *ſ. m.* Terme conſacré, pour dire l'hiſtoire des Apôtres. (Le livre des actes des Apôtres eſt un tréſor ſpirituel, & il n'eſt pas moins utile que l'Evangile: & comme on peut apeller l'Evangile, les actes de Jeſus-Chriſt, on apelle auſſi le Livre des actes, l'Evangile, du Saint Eſprit, *Port Royal, préface ſur les actes des Apôtres.*)

Acte de contrition, *ſ. m.* Terme d'Egliſe. C'eſt une douleur de ſes pechez, acompagnée d'un veritable amour de Dieu. (Un vrai ou veritable acte de contrition. Un acte de contrition ſincere. Faiſe un acte de contrition. *Paſ. l. 6.*) —

Acte, *ſ. m.* Terme de *pratique*. C'eſt tout ce qui ſe fait en juſtice. Ces actes ſont apellez actes judiciaires, & l'on donne ce nom aux arrêts, aux ſentences, aux preuves, aux confeſſions faites devant les Juges. Tous ces actes ſont valables.

Acte, *ſ. m.* Terme de *pratique*. C'eſt un écrit fait au grefe, ou devant un notaire. (Cet acte eſt bon. Cet acte eſt dans les formes. Paſſer un acte au grefe, paſſer un acte devant un notaire.)

Actes, *ſ. m.* C'eſt ce qui ſe fait ſous ſeing privé, & qui porte promeſſe de paier quelque ſomme à quelcun. On apelle actes les promeſſes, les cedules & les billets où l'on s'engage de paier. Ces actes s'apellent ſous ſeing privé & les actes par devant les notaires, ſe nomment actes autentiques.

Acte, *ſ. m.* Terme de *pratique*. C'eſt l'action que fait quelcun à l'égard de quelque afaire. (Faire acte d'heritier.)

Acte, *ſ. m.* Terme de *Poëſie dramatique.* C'eſt une partie de l'action du poëme dramatique. Toute l'action de ce Poëme eſt réguliérement diviſée en cinq actes: & le premier eſt le fondement de tout le Poëme. L'acte ne doit être ni trop court, ni trop long; & chaque acte de la Tragedie, ou de la Comedie ne doit avoir que trois cens vers, ou un peu plus. Les Grecs n'ont point connu le mot d'acte en ce ſens, & ce ſont les Latins qui en ont les premiers parlé. L'autre finit quand le Téatre demeure ſans action, & il commence lorſque l'action commence. On diviſe chaque acte en ſcenes, qui doivent toutes être ingenieuſement liées enſemble. *Pratique de Téatre l. 3.*

Acte, *ſ. m.* Terme d'école de Téologie, de droit Canon, de Philoſophie ou de Médecine. C'eſt une action publique qui ſe fait dans une ſale parée pour cela, & où un Téologien, un Juriſconſulte, un Medecin, ou un Philoſophe répond ſur de certai-

ACT

nes matieres qu'il a fait imprimer dans des Theses, répond dis-je, à tous ceux qui l'honneur de difputer contre lui, & tâche à refoudre avec efprit les difficultez qu'ils lui propofent. (Un bel acte, un acte célébre, un acte fameux, faire un acte. Soutenir un acte, Commencer un acte. Ouvrir un acte, finir un acte, terminer un acte.)

Acteur, f. m. Ce mot vient du latin *actor*. C'eſt celui qui dans quelque piéce de teatre exprime avec efprit, par fes geſtes & par fes difcours, les mœurs & la paffion du perfonnage qu'il réprefente. Il faut pour être bon acteur, être favant dans l'hiſtoire, & principalement dans la fable; avoir le corps & les mains parlantes, & être judicieux pour ne rien faire ni ne rien dire qui ne peigne agréablement les mœurs & le caractére du perfonnage qu'il fait. L'acteur, pour réuffir, doit avoir auffi tres-bon air, & être fort bien fait de fa perfonne, fans être ni trop grand, ni trop petit, trop maigre, ni trop gras. (On dit un bon acteur, un habile acteur, un excellent acteur, un fameux, un célébre, un illuſtre, un admirable acteur, un merveilleux acteur. Nous avons dans ce fiécle d'auffi excellens acteurs que les anciens en ont eu, & il y en a qui ne cédent point à Rofcius.)

Acteur, f. m. Ce mot fe dit auffi quelquefois au figuré, & fe prend toujours en bonne part. C'eſt celui qui a part à quelque afaire mêlée d'intrigues & d'embaras. C'eſt la perſonne qui conduit avec efprit l'intrigue de quelque afaire. (Il a été un grand acteur dans cette afaire. *B. l. Remarques fur la langue.*)

Actif, active, adj. Ce mot vient du latin *activus* & au propre il veut dire *agiſſant*. (Feu actif. Principe actif, vie active)

* *Actif, active, adj.* Ce mot au figuré fignifie, *vif, plein de feu*, (Les necefitez de la vie préfente apefantiffent l'efprit, quelque actif & pénétrant qu'il foit. *Nicol. effais de morale. T. 1.* L'efprit d'une femme de Cour eſt plus vif & plus actif que celui d'une païfane. *Meré difcours de l'efprit.*)

Actif, active, adj. Terme de Palais. Il fignifie qui eſt éfectif, qui eſt réel, qui eſt veritablement dû. Les éfets actifs montent à mille ou douze cens livres. Il y a pour cent piſtoles de dettes actives, & pour autant de dettes paffives.

Actif, active, Terme de *Grammaire*, ce qui marque quelque action. Il y a parmi les Grammairiens des Verbes qu'on apelle *actifs*, & d'autres *paffifs*. ceux qu'on nomme actifs defignent quelque action, & régiſſent l'acufatif, courre, chanter, danfer, font des verbes actifs, parce qu'on dit courre la pofte, chanter une chanfon, & danfer une courante. On dit auffi, ce verbe a une fignification active, c'eſt à dire qu'il a un fens actif & qui marque une action.

Actif, f. m. ce mot parmi les Grammairiens eſt auffi fubſtantif, & fignifie *un verbe actif.* (Ils difent conjuguer l'actif & le paffif. L'actif régit d'ordinaire l'acufatif. Savoir bien diſtinguer l'actif du paffif.)

Activement, adv. Prononcez *activeman*, terme de *Grammaire*, lequel fe dit de certains verbes. Il fignifie, qui eſt confideré d'une maniere active, qui eſt regardé dans un fens actif, & qui marque une action. (ce verbe eſt pris activement, & cet autre paffivement.)

Action, f. f. Prononcez *acion*. Ce mot vient du latin *actio.* ce mot generalement parlant, veut dire le mouvement de quelque partie, ou de quelque chofe que ce foit qui agit, & qui produit quelque éfet. On dit en ce fens, une action vive, une action ardente & pleine de feu; une action foible, une action languiffante, une action morte.)

Action, f. f. Ce mot venant à fe particularizer, & fe difant feulement des perfonnes, (c'eſt une belle action, une grande action, une glorieufe, une fameufe, une illuſtre, une célébre action, une action memorable, renommée, courageufe, hardie, éclatante, brillante, furprenante, admirable, merveilleufe, étonnante, immortelle, fage, vertueufe, prudente, judicieufe, réglée, bien-conduite : Mais parce que tous les hommes ne, font pas toujours fort fages, on dit auffi une action déreglée, une action folle, infenſée, extravagante, une action afreufe, une action noire, infame, horrible, éfroiable, haïffable, méchante, mauvaife, abominable, honteufe, déteſtable. Il n'y a que les coquins & les gens qui n'ont ni cœur, ni honneur, qui faffent de méchantes actions. *Port-Roial, Pfeaumes.* Vous ferez une action de juſtice & je ferai obligé d'être avec refpect vôtre tres-humble ferviteur. *Voit. lettre 9.* Immortalifer une action, éternifer une action. *Abl. Luc. Tom. 2. dialogue de l'amitié.* Il eſt d'un honnête homme de bien régler fes actions. *Meré. let. T.1.*

Action, f. f. Maniere de la perfonne qui fait quelque chofe avec chaleur. (Les Gafcons qui font ordinairement pleins de feu, ne font rien que d'action.)

Action, f. f. Ce font les geſtes de l'Orateur quand il prononce un difcours, ou ceux de la perfonne qui récite en public. (L'éloquence dépend des chofes, des paroles, & de l'action de l'Orateur. *Voi le faucheur,* traité de l'action de l'Orateur. C'eſt un comedien qui a l'action belle, C'eſt un comedienne qui a l'action charme, & on ne fauroit l'entendre réciter fans être touché.)

Action, f. f. Difcours prononcé par un Orateur. [Les actions publiques du Prédicateur Ogier ne font pas exactement écrites;

néanmoins elles lui ont donné beaucoup de reputation, parce qu'il avoit l'action belle, lors qu'il prêchoit.]

Action, f. f. Ce mot fe dit en parlant de *poëſie dramatique.* C'eſt tout ce qui fe paſſe fur le teatre & qui regarde la piéce qui s'y réprefente. Il faut donner de la chaleur à l'action Teatrale. *P. Corneille, reflections fur le poëme dramatique.*

Action, f. f. Terme de Palais. C'eſt le droit de pourfuivre en juſtice ce qui nous eſt dû. C'eſt une pourfuite qu'on intente en juſtice ordinairement contre une perfonne, & quelquefois contre une chofe. Il y a des actions perfonnelles, des réelles, des mixtes, des petitoires, des poffeſſoires, des hipotecaires. On dit avoir action contre quelcun, intenter action contre quelcun. L'*Oifeau* a traité en favant homme, de l'action. *Voiez fes œuvres.*

Action de bouche, f. f. Terme de *Manége.* C'eſt une agitation de la langue & de la machoire du cheval qui à force de mâcher fon mords, fe tient la bouche fraiche. (On connoit par l'action de la bouche de cheval qu'il a du feu. Ce cheval a une belle action de bouche, & cela marque fon feu & fa vigueur.)

Actions de graces. Remerciment, compliment par lequel on remercie une perfonne des obligations qu'on lui a. ces mots *d'actions de graces* ne fe difent point au fingulier. [De belles actions de graces, d'ingenieufes actions de graces, des actions de graces fort judicieufes & fort à propos. Rendre mille actions de graces à quelcun. *Vaug.* Rendre d'immortelles actions de graces à une perfonne. *Abl. Luc. T.2.*]

Actionner, v. a. Terme de *Palais.* C'eſt intenter une action contre quelcun, & lui faire un procez. François Herard de Vitri eſt un coquin que l'avarice oblige tous les jours d'actionner fes meilleurs amis.

Activement, adv. Voi plus haut le mot *d'actif.*

Activité, f. f. Ce mot femble venir de l'Italien *attività*, c'eſt la force & la vigueur qui eſt dans quelque fujet que ce foit. (Une grande activité, une merveilleufe activité, une admirable activité. Le feu a fouvent une activité furprenante. Les corps naturels redoublent leur activité à mefure qu'ils aprochent de leur centre. *Patru plai. 12.*)

* *Activité, f. f.* Ce mot au figuré fe dit d'ordinaire de l'efprit, & fignifie le feu & la vigueur de l'efprit. (Les François ont une grande activité d'efprit, mais du refte je n'en dis mot. Au même tems que l'Ecriture fainte nous découvre l'activité naturelle de l'efprit, elle nous fait voir auffi le miferable état où il eſt réduit, Il y a plus de bien réel dans une ſtupidité fimple que dans une activité pleine de déguifement & d'artifice. *Nicole, effais de morale. T.1.*)

Actrice, f. f. c'eſt celle qui dans quelque piece de teatre exprime agréablement par fes geſtes & par fes difcours le perfonnage qu'elle reprefente. [Une bonne actrice, une excellente actrice, une belle actrice, une actrice de bon air fait fouvent tout le prix d'une piece. Une fameufe actrice. L'actrice doit être belle, bien faite, & bien ajuftée pour donner dans la vuë des fpectateurs, & judicieufe pour ne faire aucun gefte fans raifon, & exprimer avec efprit le caractere du perfonnage qu'elle reprefente. Un Poëte dramatique doit gagner les bonnes graces d'une actrice qui a ces qualitez: & l'on connoit un de ces enfans d'Apollon au grand colier, qui doit une partie de fa fortune à une conduite fi fage, & fi galante.]

Actuel, actuelle, adj. Qui eſt en éfet, qui eſt veritablement. Ce mot *d'actuel* n'eſt pas fort ufité dans les difcours ordinaires. (Ce font des plaifirs actuels, des contentemens actuels, des réjouiſſances actuelles, des joies actuelles.)

Actuel, actuelle. Adj. Ce mot eſt bien plus ufité dans les matieres où l'on parle de religion, & fur tout de la grace. C'eſt tous ce qui produit quelque mouvement dans la volonté, ou quelque lumiere dans l'entendement. (La grace actuelle nous empêche de tomber dans le peché. Bien-heureux celui à qui Dieu donne une grace actuelle.)

Actuellement, adv. Prononcez *actuelleman.* Ce mot fignifie en éfet, vraiment, véritablement, réellement. (Ils ont déchargé les hommes de l'obligation d'aimer Dieu actuellement. *Pafcal, provinciale 10.* Il n'y a que Dieu qui mérite d'être actuellement fervi, car prefque tous les hommes font des ingrats.)

ACU.

Acueillir, v. a. Ce mot femble venir de l'Italien *accogliere.* Faites trois filabes de l'infinitif *acueillir,* & prononcez-le comme s'il étoit écrit *aqueu lli.* J'acueille, tu acueilles, il acueille; nous acueillons, vous acueillez, ils acueillent. J'acueillis, j'ai acueilli. J'acueillerai, acueille, qu'il acueille, J'acueillerois, que j'acueilliffe. Ce mot *d'acueillir* fignifie recevoir, & n'eſt pas beaucoup prés fi ufité qu'autrefois. On emploie en fa place recevoir: Mais quand on fe fert d'*acueillir*, on en fe plus ordinairement en bonne part qu'en mauvaife part. Mahomet acueillit favorablement les ambaſſadeurs de Conſtantin. *Coufin, Hiſtoire de Conſtantinople.*

Sa maudite grimace eſt par tout bien venuë,
On l'acueille, on lui rit, par tout il s'infinuë.
Moliere, Mifantrope, a. 1. f. 1.

Etre acueilli. Ce verbe au propre & au figuré trouve encore des partisans; mais au figuré principalement. Il signifie au propre être reçu, & l'on peut dire, il a été obligeamment acueilli de son Altesse. Personne ne fut jamais acueilli si favorablement que lui. La plupart cependant disent, personne ne fut jamais reçu si favorablement que lui, & il a été reçu tres-obligeamment.

* *Etre acueilli.* Ces mots au figuré rencontrent aussi des gens qui les défendent. Ils disent & écrivent, il a été acueilli de la tempête. Les autres qui sont en plus grand nombre, disent, il a été batu de la tempête. Les premiers soutiennent qu'on peut dire, il a été acueilli de toutes sortes de malheurs, & les derniers, qui sont les plus forts, croient t qu'il est mieux de dire, il a été acablé de toutes sortes de malheurs. Je prendrois volontiers le parti de ces Messieurs, sans oser pourtant condamner les autres.

Acueil, s. m. Ne faites que deux silabes de ce mot, & prononcez *a queil*. Il signifie la *reception* que l'on fait à une personne qui arrive ou qui nous aborde.

Acueil se dit en bonne & en mauvaise part, & principalement en bonne : & il n'y a d'ordinaire que l'épitete qu'on lui donne qui le détermine. Un doux acueil, un 'acueil obligeant, honnête, favorable. Un bon acueil, un acueil civil & galant, un acueil desobligeant, un méchant acueil. Elle m'honora d'un charmant acueil. S. *Amant, poësies 3. partie.* Il lui fit un acueil le plus obligeant du monde. *Abl. Luc.* Il a l'acueil honnête, il a l'acueil engageant. *Scar. Roman comique.*

Je suis ravi de l'aspect de ton maitre
Dont le seul *acueil* obligeant
Oblige plus que son argent.
Boisrobert. Epitre. Tome I. Ep. 12.)

Acueil, s. m. Ce mot se dit quelquefois sans épitete, & alors il se prend toujours en bonne part. Il signifie la maniere honnête & civile dont on reçoit ceux qui nous aprochent. *Faire acueil à tout le monde. Abl. Luc. 3. T.* c'est recevoir honnêtement ceux qui nous abordent. On dit aussi, *Son acueil gagne tous les cœurs.* c'est à dire, que la maniere dont il reçoit les gens, les charme.

Aculer, v. a. Pousser & serrer dans un coin : faire ranger en quelque lieu pour s'y défendre. On voit aux combats des taureaux que les dogues les aculent souvent contre quelque chose. Ces dogues aculent aussi les taureaux en des endroits où ils se batent avec plus de vigueur.

* *Aculer, v. a.* Pousser, en un endroit d'où l'on ne puisse aler plus loin pour s'échaper. [Aculer l'ennemi. *Abl. Ar.* l. 5.]

Aculer, v. a. Terme de Manége. C'est ne point pousser assez en avant, un cheval à chacun de ses tems, ou de ses mouvemens, de sorte que ses épaules n'embrassent pas assez de terrein, & que sa croupe s'aproche trop du centre de la volte. Les Italiens aculent leurs chevaux en faisant le repolon. *Art de l'homme d'épée I. p.*

S'aculer, v. r. Je m'*acule*, je m'*aculai*, je me suis *aculé.* Ce mot se dit proprement des animaux. C'est se mettre le derriere contre quelque chose pour se défendre. [Le taureau s'acule lors qu'il est ataqué de quelque dogue, ou de quelque autre animal à craindre.]

S'aculer, v. r. Terme de *Manége.* C'est en maniant sur les voltes, n'aler pas assez en avant à chacun des tems , ou des mouvemens, si bien que les épaules du cheval n'embrassent point assez de terrein, & que sa croupe aproche trop du centre de la volte. [Prenez garde que vôtre cheval ne s'acule.]

Acumulation, s. f. Il se prononce *acumulacion*, & vient du Latin *accumulatio.* C'est un amas de plusieurs choses. *Acumulation* a un usage tres borné & même force gens le rejetent. Cependant il semble qu'on le puisse soufrir en cette façon de parler & autres pareilles. [Une acumulation prodigieuse de toutes sortes de biens.]

Acumuler, v. a. Il vient du Latin *accumulare.* C'est mettre en monceau, mettre en tas. [Il semble qu'on ait voulu faire un fonds de quelque importance en acumulant les arrerages de plusieurs années. *Patru, plaid. 3.* Chapelain de l'Academie Françoise ne s'est toute sa vie apliqué qu'à acumuler des richesses, & il a dans le monde Poëtique plusieurs braves & genereux confreres qui marchent sur ses pas & qui font glorieusement revivre sa memoire.]

Acusateur, s. m. Ce mot vient du latin *accusator.* C'est celui qui acuse quelcun. [Un facheux acusateur, un dangereux acusateur, un acusateur à craindre, un acusateur redoutable, un méchant acusateur, un fin acusateur. Se rendre acusateur de quelcun. *Abl. Tac.* Se porter acusateur contre quelcun. *Pat. plai.* 16. En quelque lieu qu'un parricide se trouve, il rencontre un acusateur, un juge & un bourreau. *Le Maitre, plai.* 28. p. 523.]

Acusacion, s. f. Prononcez *acuzacion.* Ce mot vient du latin *accusatio.* C'est une plainte qu'on fait du crime, ou de la faute d'une personne. (Une acusation redoutable, facheuse, dangereuse, terrible. Une acusation juste, une acusation injuste, & mal fondée. Intenter une acusation contre quelcun.

Patr, plaid. 16. Poursuivre une acusation. *Abl. Tac.* (Prevenir toutes sortes d'acusations. *Abl. Tac.*)

Acusatif, s. m. Terme de *Grammaire.* Il vient du latin *accusativus*, c'est le quatriéme cas de quelque nom. (Tout verbe actif régit l'acusatif. L'acusatif en François est semblable au nominatif de son nom substantif.

Acusatrice, s. f. Ce mot vient du latin *acusatrix.* C'est celle qui acuse une personne, (Elle s'est déclarée l'acusatrice de son amie. C'est une dangereuse acusatrice. C'est une acusatrice à craindre. C'est une facheuse acusatrice. Se rendre acusatrice de quelcun.

Acuser, v. a. prononcez *acuzé.* Ce mot vient du latin *accusare*, C'est découvrir le crime, ou la faute de quelque personne à celle qui a droit d'en connoître. Ce mot *acuser* , suivi immediatement d'un verbe , veut ce verbe à l'infinitif, & cet infinitif doit être précedé de la particule *de*. (On l'acuse d'avoir conspiré contre l'Etat. *Rochefoucaut, guerres de Paris.* On l'acusoit d'avoir eu des correspondances avec les ennemis du Roiaume. *Perefix, histoire de Henri IV.* Mais lors qu'*acuser* est suivi d'un nom qu'il régit, il veut ce nom au genitif précedé de l'article *de. Acuser quelcun de vol.* On acusa la Brainvillier de *poison*, & parce qu'on la convainquit, on la brula à Paris en place de Gréve.)

Acuser, v. a. Charger quelcun de quelque petite faute. (On l'acuse de paresse. *Abl. Luc.* T. 1. On acuse les François de legereté & d'imprudence ; les Italiens de fourberie ; les Espagnols de trop de gravité ; les Alemans , de trop de franchise & de promptitude.)

Acuser, v. a. Ce mot se dit en parlant d'actes de Notaires & de Justice. C'est blamer de quelque défaut, c'est dire , qu'il y a des défauts dans quelque acte de pratique. (Acuser un Testament de suggestion. *Patru, plai.* 1.)

† *Acuser, v. a.* Ce mot se dit encore quelquefois entre Marchands qui s'écrivent, & signifie donner avis qu'on a reçu, mais en ce sens *acuser* est un peu suranné. J'acuse, Monsieur, la reception de la vôtre.

S'acuser, v. r. Je m'acuse, je m'acusai, je me suis acusé, je m'acuserai. Ce mot se dit en parlant de confession. C'est déclarer ses pechez à son confesseur. (Mr... N... se confessant l'autre jour, s'acusa d'avoir tiré de grosses sommes de son Libraire pour des livres qui ne se vendent point, & aprés s'être acusé, le Confesseur l'obligea à restitution.)

Acusé, acusée, adj. Ce mot vient du latin *acusatus.* C'est la personne dont on a découvert la faute , personne de qui l'on a découvert le crime à celui qui a droit d'en connoître. (Il est acusé de vol. Elle est acusée de recelé. *Patru plaid.* 11.)

Acusé, s. m. Celui qui est déferé en justice. Celui que l'on croit coupable de quelque crime, & qui pour cela a été découvert. (C'est un celebre acusé. *Abl. Tac.* La bastille est pleine d'acusez & parmi ces gens il y en a d'illustres.)

A D A

Adage, s. m. Mot qui vient du latin *adagium.* C'est une façon de parler, courte, vive , & commune qui renferme d'ordinaire quelque chose de vrai, & d'utile. Le mot *d'adage* a vieilli en nôtre langue , & n'est intelligible qu'aux gens de lettres ; en sa place on se sert de *proverbe.* Adage n'a cours qu'en vers & dans le comique, ou qu'en parlant du recueil qu'Erasme a fait des proverbes latins & grecs. (On dit en ce sens les Adages *d'Erasme* sont beaux & savans. Son burlesque n'a rien d'éveillé. Il est plein de vieux mots & de vieux adages , qui sont mal au cœur.)

Adam, s. m. Nom propre d'homme, qui signifie rouge. Adam fut le premier homme , créé de la propre main de Dieu , & mis au Paradis terrestre. Il lui donna pour femme Eve ; mais

Elle aima mieux pour s'en faire conter
Prêter l'oreille aux fleurettes du diable
Que d'être femme & ne pas coqueter.
Sarazin, poësies.

Adapter, v. a. Ce mot vient du latin *adaptare*, & n'est pas extrémement en usage. Il signifie apliquer , ajuster , faire quadrer. (On lui a ingenieusement *adapté* ce quolibet. Il faut mieux adapter cela.)

A D D.

Addition, s. f. Ce mot vient du latin *additio*, prononcez en françois *adicion.* C'est à dire, augmentation, suplément , en un mot tout ce qu'on ajoute à quelque ouvrage d'esprit. (Une addition considerable, une belle addition , une agreable addition, c'est une addition utile , necessaire , importante, c'est une addition ingenieuse, addition superfluë, inutile. Faire des additions ; retrancher les additions qu'on avoit faites.)

Addition, s. f. Terme *d'aritmetique.* C'est l'art d'assembler plusieurs sommes , ou plusieurs nombres pour trouver la somme totale. (Addition mal-faite , addition bien faite , faire des additions.)

Additionner,

ADH

Add**itionner**, *v. a.* Terme d'Aritmetique. Prononcez *additionné.* C'est de plusieurs sommes n'en faire qu'une. (Il faut additionner toutes ces sommes. *Irson Aritmetique.*)

ADH.

ADHERENCE, *s. f.* Prononcez *adérance.* Ce mot qui vient du Latin *adhærentia*, n'est pas dans l'usage ordinaire, néanmoins on ne le sauroit condamner tout à fait, & il y a des endroits où il passe. Il signifie atachement. (Son poumon est adhérent aux côtes, & cette adhérence lui causera la mort.)

Adhérent, adhérente, adj. Prononcez *adéran*, c'est à dire, qui tient fort, qui est ataché à quelque chose. (Poumon adhérent aux côtes, pierre adhérente à la vessie.)

* *Adhérent, adhérente, adj.* Terme *de Palais*, qui consent, qui acorde. (Apeller en adhérent. *Le Mai. plaid. 20.*)

* *Adhérent, s. m.* Qui est ataché à quelque erreur, sectateur de quelque heresie. (C'est un adhérent à craindre, adhérent puissant, considerable, celebre, fameux. Les Lutheriens étoient considerables par la puissance de leurs adhérens. *Du Rier, Histoire de Flandre, T. 1. l. 4.*)

Adhérer, v. n. Prononcez *adéré*. Il signifie être ataché contre quelque chose. (Son poumon adhère aux côtes.)

‡ *Adhérer, v. n.* Ce mot au figuré veut dire consentir, s'acorder. Il adhere tout à fait à son sentiment. [Il ne faut point adhérer aux malades en des choses contraires à leur santé.]

ADJ. ADI.

‡ ADJACENT, *adjacente. Adj.* Prononcez *adjassan*. Ce mot décend du latin *adjacens*. Le mot d'*adjacent* est plus dans la bouche des gens de pratique que dans celle des autres. Il signifie qui est au prés, qui est tout proche. (Pré adjacent. Terre adjacente.)

Adjectif, s. m. Diction qui vient du latin *adjectivum*, & qui est un terme de *Grammaire*. C'est un mot qui se joint à un substantif, & qui marque toujours la qualité de la chose avec laquelle il est. [L'*adjectif* s'acorde en genre, en nombre & en cas avec son substantif. Les Rois doivent être doux, genereux, & pleins de pitié. Il y a des *adjectifs* qui se mettent, d'ordinaire aprés leurs substantifs, & d'autres, aprés ou devant. On peut voir là-dessus l'auteur de la guerre civile des François sur la langue.

Adieu. Sorte d'adverbe, qui semble venir du mot Italien *adio*. On se sert de ce terme pour se saluër, lors qu'on se quite.

   Adieu, vous qui me faites rire,
   Vous gladiateurs du bon tire,
   Qui sur un pré de papier blanc
   Versez de l'ancre au lieu de sang.
      Saint Amant, poësies.

   Iris, lors qu'il me faut retirer de chez vous
   Plus de vingt fois en un quart d'heure,
   Je dis *adieu*, puis je demeure.
      La Sablière, poësies.

Adieu, adv. Ce mot se met quelquefois à la fin des billets & des lettres. (Adieu, faites fond sur mon amitié & croïez que je suis tout à vous.)

Adieu, adv. Ce mot marque qu'on se sépare quelquefois d'un lieu, ou d'une personne avec quelque ressentiment.

   (Adieu Paris, adieu pour la derniere fois,
   Je suis las d'encenser l'autel de la fortune.
      Mai. poësies.

Vous êtes un fat, & un brutal, *adieu*, & qu'on ne vous revoie jamais ici.)

Adieu, adv. Ce mot marque quelque regret de perdre une chose qu'on tenoit chere.

   Adieu tous mes plaisirs,
   La grace qu'on m'a faite est pire que la mort.
      Gon. poësies.

Adieu, s. m. Terme par lequel on fait connoître à quelcun de la civilité, & de la tendresse avec quelque regret de le quiter. (Dire un dernier adieu à quelcun.)

   De tout ce que l'on dit dans l'Empire d'amour
   L'*adieu*, belle Philis coute le plus à dire
      Sar. poës.

   Je sors à regret de ce lieu
   Et lui fais en vers mon adieu.
      Boisrobert Epi. T. 1. Epit. 10.)

ADIMMAIN, *s. m.* C'est un animal qui naît en Libie, qui est fort privé, qui ressemble au mouton; mais qui est aussi grand qu'un moïen veau. L'adimmain a les oreilles longues & pendantes, & il n'y a que la femelle de cet animal qui ait des cornes. La laine de l'adimmain est courte : mais elle est tres-fine. L'adimmain fournit de beurre & de fromage aux habitans de Libie. Là, il se laisse monter aux enfans & les porte sur son dos. L'adimmain se montre par rareté en Numidie & en Barbarie, parce qu'il n'y en a point en ces pais & qu'on n'en trouve qu'aux deserts de Libie. *Abl. Marmol. Tome. 1. livre. 1. Chap. v. 3.*

† ADIRÉ, *adirée, adj.* Ce mot est vieux seulement usité dans la Chambre des Comptes. Il signifie perdu, égaré. (C'est un papier adiré. C'est une chose adirée, & il faut tâcher à la retrouver.)

ADJONCTION, *s. f.* Terme *de Palais.* On demande l'adjonction du Procureur du Roi, c'est à dire, que le Procureur du Roi y soit joint.

ADJUDICATAIRE, *s. m. & f.* Terme *de Palais.* C'est une personne à qui l'on a ajugé quelque bien dans les formes de justice. Adjudicataire est masculin, quand on parle d'un homme, & feminin, quand on parle d'une femme. Il est adjudicataire de tous les biens de Furetiere qui sont montez à deux pistoles. Elle s'est renduë adjudicataire d'une ferme, *Patru, plaidoié. 6.* Se déclarer adjudicataire. Etre reçu adjudicataire. Admettre dans les fermes les Catholiques Romains comme adjudicataires; ou interessez. Voi un réglement de Loüis 14. de l'an 1680. *Adjudicataire general des fermes.* C'est celui à qui le Conseil du Roy a ajugé le bail des fermes à la charge de donner caution, & que ceux qui seront sa caution feront leurs soûmissions au Grefe du Conseil, & s'obligeront de paier pour lui. Les personnes qui cautionnent s'apellent les interessez au bail des fermes. L'adjudication s'en fait au Conseil, à un Avocat qui a ordre d'un particulier d'en offrir une certaine somme, & lors qu'on lui laisse à l'oste qu'il en fait, il déclare le particulier, qui convient de tout & c'est ce particulier qu'on nomme *adjudicataire general des fermes.* Comme il y a plusieurs fermes, il y a aussi plusieurs adjudicataires Generaux. On dit être adjudicataire général des fermes, se rendre adjudicataire général des fermes.

Adjudication, s. f. Ce mot se prononce *adjudicacion*, & vient du Latin *adjudicatio.* C'est un terme de *Palais.* Acte par lequel on ajuge à une personne quelque bien vendu dans les formes de justice. (On dit une adjudication par décret, une adjudication à la barre, une adjudication pure & simple d'une maison. Faire une adjudication. Poursuivre une adjudication.)

Adjuger, v. a. Ce mot se prononce & même s'écrit sans d. C'est un terme de *Palais*, & vient du Latin *adjudicare.* C'est donner quelque chose à quelcun dans les formes de justice. (Adjuger une terre. On a adjugé par décret, tous les meubles de Mau.....à dix sous à un pauvre gargotier de la rüe St. Jaques. Adjuger un Philosophe au plus ofrant & dernier encherisseur. *Abl. Luc. T. 1.*)

ADIVE, *s. f.* Animal qui naît en Afrique, qui est un peu plus grand qu'un renard & de même poil qui heurle comme un chien, & qui est fort haï du Lion. Les adives suivent le Lion pour manger ses restes & ne l'aprochent point qu'il ne soit soû, ou qu'il n'ait abandonné sa proie : & cela montre que les adives sont rusées, car elles savent que le Lion les dévore quand il les rencontre & qu'il a faim. *Ablancourt ; Marmol. T. 1. Livre. 1. C. 23.*

ADM.

ADMETTRE, *v. a.* Ce mot vient du Latin *admittere* & se prononce, comme il s'écrit ; l'admets, j'admis, j'ai admis, j'admettrai. Admets, qu'il admette. C'est Recevoir. C'est un homme de bonne compagnie, car sans cela je ne l'aurois point *admis* à ma table. *Abl. Luc.* On n'*admet* que deux Principes des êtres naturels, la matiere & la forme. *Bernier, Philosophie de Gassendi.*

Admettre, v. a. Ce mot se dit parlant de *beneficiers* & signifie recevoir, avoir pour agreable. Il n'y a que le Pape qui le puisse admettre, les resignations *in favorem.* Néanmoins le Roi admet ces sortes de resignations pour les benefices vacans sujets à la régale, le siège vacant. *Le Pelletier, traité des expeditions.*

Admettre, v. a. Aprouver, trouver raisonnable. Et en ce sens c'est un terme de la Chambre des comptes, qui se dit en parlant de recette. (Admettre la recette d'un compte.)

Admettre, v. a. Ce mot se dit parmi les praticiens. Il signifie recevoir & agréer. Et lors qu'il est suivi d'un verbe qui le regit, il veut se verbe à l'infinitif & cet infinitif doit être précedé de la particule *A* (La Cour l'a admis à faire preuve de ses faits, *le Mai. plai. 30.*)

ADMINICULE, *s. m.* Mot qui dérive du Latin *adminiculum*, & qui n'est que *de pratique.* C'est tout ce qui aide à faire preuve. (C'est un grand adminicule, c'est un puissant adminicule, il n'y a point de preuves formelles, il n'y a que des adminicules.)

ADMINISTRATEUR, *s. m.* Il vient du Latin *administrator*, mot general pour dire, celui qui gouverne avec zéle & qui regarde le salut, la conscience & la religion. (C'est par l'ordre de Dieu que les Anges sont établis pour être des esprits administrateurs, & concourir à l'œuvre de nôtre salut *Bossuet doctrine*

C

Crétienne. C. 4. C'est un saint administrateur, & pour lequel on ne sçauroit avoir assez de vénération.)

Administrateur, *s. m.* Ce mot se dit en parlant d'hôpital, d'hôtel-Dieu, de quelque pauvre maison religieuse ou de quelque communauté de religieux. C'est un laïque qui a soin du fonds de quelque hôtel-Dieu, de quelque hôpital, ou de quelque autre maison, & dont les fonctions regardent l'interêt public. Cet administrateur ou plutot ce directeur s'appelle administrateur temporel ou directeur temporel. Il y a encore un administrateur spirituel ou plutot un directeur spirituel. C'est un Ecclesiastique qui a l'œil sur la conscience des gens qui sont dans les hopitaux & qui voit si Dieu & les pauvres gens sont servis avec zéle. Messieurs de Nôtre-Dame sont les Administrateurs ou les directeurs de l'hôtel-Dieu de Paris : mais entre eux Messieurs le doien, le chantre, & quelques-uns des plus anciens de leur corps se chargent d'un soin si glorieux. Un sage administrateur, un administrateur bien intentionné, & bien zélé. Un administrateur soigneux, ardent, vigilant, un saint administrateur, un fidéle, un passionné, un vertueux administrateur. Etre administrateur de quelque hôtel-Dieu, ou de quelque maison religieuse. Les administrateurs des hopitaux sont proprement les Tuteurs des pauvres, mais pour cela il faut que ces administrateurs soient veritablement honnêtes gens.

Administrateur, *s. m.* Ce mot signifie aussi celui qui a le soin & la conduite de la personne & des biens de quelcun. (Ainsi l'on dit qu'un pére est le légitime tuteur & *Administrateur* de ses enfans. Celui qu'on nomme ailleurs un Régent, se nomme *Administrateur* dans le Duché de Virtemberg, & le Prince qui est le Tuteur du Duc & le Régent de ses Etats, se nomme le *Prince Administrateur*.)

Administration, *s. f.* Ce mot vient du Latin *administratio* & se prononce en François *administracion*. C'est le manîment, ou la conduite de quelque bien ou de quelque afaire temporelle, ou spirituelle. (Administration sage, judicieuse, bien réglée. Administration temporelle, administration spirituelle. On lui a ôté l'administration temporelle de l'hopital, parce que cette administration l'enrichissoit trop visiblement & faisoit aller l'éminent personnage en carosse, lui qui auparavant alloit de son pié gaillardement. Alexandre donna à Porus l'administration d'un Etat considerable. *Abl. Ar. l. 3.*)

Administration, *s. f.* Ce mot en matiere de choses spirituelles, signifie aussi quelquefois le soin de distribuër, le soin de donner & d'administrer. (Interdire à quelcun l'administration des Sactemens. *God. Prieres.*)

Administratrice, *s. f.* C'est celle qui a soin de quelque chose qui regarde les interêts d'une maison religieuse ou d'une maison de filles qui vivent en communauté. (La sœur Anne est administratrice de la maison. On ne pouvoit choisir une administratrice plus sage ni plus vigilante que la sœur Térése.)

Administrer, *v. a.* Mot qui décend du Latin *administrare*, & qui veut dire gouverner. (L'illustre Fouquet, le Pére des gens de lettres administra long-tems les finances de Louïs XIV. Il administre sagement les revenus de la République. *Abl. Ann. l. 4. C. 14.* Dans ces exemples & autres pareils plusieurs préferent *gouverner*, à *administrer*.

Administrer, *v. a.* Ce mot en matiere de justice veut dire, rendre à chacun ce qui lui est dû. Distribuër ce qui est juste à ceux qui demandent justice. (Il est d'un grand homme & d'un homme vertueux d'administrer à tout le monde la justice sans être porté, ni d'interêt, ni de passion.)

ADMIRABLE, *adj.* Mot qui vient du Latin *admirabilis*, & qui veut dire, qui merite d'être admiré, qui est digne d'admiration. (Petrone est admirable dans la pureté de son stile, & la délicatesse de ses sentimens. *St. Evremont œuvres mêlées, T 5.* La sagesse de Dieu est admirable Arnaud, *frequente communion.* Ce sont des subtilitez admirables, & propres à nôtre compagnie. *Pas.l.10,*]

Admirable, *adj.* Ce mot se dit quelquefois en raillant & avec un ton de voix qui marque qu'on desaprouve quelcun, ou quelque chose.(*Le détour est fort bon & l'excuse admirable. Mol. Comedies.* Vraiment vous êtes admirable *Pas. l. 8.*)

Admirable, *adj.* Ce mot se dit dans les discours familiers, & veut dire excellent, bon, beau. [Ce vin est admirable. Il est plus délicat que celui de Beaune ; il nous a fait manger d'un ragoût admirable. Ce bouilli est admirable. Plus je mange de ce potage & plus je le trouve admirable. C'est une fille qui a le teint admirable.]

Admirable, *adj.* Ce mot étant suivi d'un *que*, demande le sujonctif, & suivi d'un verbe, l'infinitif avec la particule *de*. (Il est admirable que vous qui n'êtes qu'un petit fat, soyez toujours le premier à trouver à dire à tout. Je vous trouve admirable, petit Provincial, de vouloir l'emporter en matiere d'esprit sur ceux qui toute leur vie ont étudié & vu le beau monde.)

Admirablement, *adv.* Prononcez admirableman, C'est avec admiration, excellemmenr, fort bien. [D. Ablancourt traduisoit admirablement. Pascal pensoit & écrivoit admirablement. Cette sontange couleur de feu vous sied admirablement, cela rime admirablement. *Voit. Poes.*]

Admirateur, *s. m.* Ce mot se prononce comme il est écrit, & vient du Latin *admirator.* C'est celui qui admire. C'est celui qui a de l'admiration pour quelque personne, ou pour quelque chose. (Un admirateur perpetuel, un admirateur passionné, je suis son admirateur tres-zélé, *Costar. let. T. 2. l. 19.* Les grans admirateurs sont la plupart de sottes gens. *St. Evremont, œuvres mêlées T. 1.* On ne sauroit plaire à bien des gens, à moins que d'être leurs admirateurs, *Rochefoucaut. Reflexions.* C'est peu de chose que la fortune qui n'a point d'admirateurs. *Abl. Luc. T. 3. Saturnales.*

Ainsi qu'en sots auteurs,
Nôtre siécle est fertile en sots admirateurs.
Dép. Poet. C. 1.

Il me dit en faussét, & faisant un souris
Je suis l'admirateur de vos divins écris.
Scr. Epit. chagrine.)

Admiratrice, *s. f.* Ce mot peut décendre du Latin *Miratrix.* C'est celle qui a de l'admiration pour quelque chose, ou pour quelque personne. (C'est la perpetuelle admiratrice de Mr. N. c'est une sincere admiratrice. C'est une ardente, & passionnée admiratrice. Elle s'est déclarée devant tout le monde l'admiratrice des vers du crasseux Chapelain Beaunois, & tout le monde s'est moqué d'elle.)

Admiration, *s. f.* Mot qui vient du Latin *admiratio*, & qu'on prononce *admiracion.* C'est l'action de l'esprit qui admire à cause de l'excellence qu'il trouve dans quelque sujet. (Une admiration juste & bien fondée. Admiration inouïe, grande, particuliére, singuliére admiration, vraïe, sincere trompeuse, fausse, continuelle, profonde. Ravir tout le monde en admiration. *Abl. Luc, T. 1.* L'admiration gâte & corrompt le cœur. *Malebranche, Philosophie, l. 5. C. 8.* 1. J'ai attiré l'admiration de tout le monde. *Abl. Tac. T. 1.* L'admiration est la marque d'un petit esprit. *St. Evremont, œuvres mêlées T.1.* Avoir de l'admiration pour la vertu. *Patru, plai. 16.* J'ai de l'admiration de vôtre courage & de vôtre bon esprit. *Voit. let. 13.* Bien des gens aimeroient mieux dire, j'ai de l'admiration pour vôtre courage.)

Admirer, *v. a.* Ce mot vient du Latin *Admirari.* Avoir de l'admiration pour quelque chose. S'étonner, & être surpris des admirables qualitez de quelque personne, être en admiration pour tout ce qu'on trouve d'excellent dans quelque sujet. (On n'admire pas les Centaures pour leur beauté, mais pour leur extravagance. *Abl. Luc.*

Un sot trouve toûjours un plus sot qui l'admire.
Dép. Poet. C. 1.)

Admirer, *v. a.* Ce mot se prend quelquefois en mauvaise part, & signifie être surpris, être étonné. (On admire les foiblesses d'esprit du Seigneur Feri, de vouloir grossir le nombre éfroyable des Barbouilleurs pour des Livres de sa façon. Je vous admire de penser que nous soyons opposez à l'Ecriture. *Pas. l. 5.*

Admirer, Ce verbe signifiant être surpris, être étonné & étant immediatement suivi d'un *que* demande le subjonctif ; & lors qu'il n'est point suivi d'un *que*, mais d'un verbe qu'il régit, il veut ce verbe à l'infinitif, & cet infinitif doit être précedé de la particule *de.* (J'admire *que vous osiez* mesurer vos armes avec celles d'un brave à trois poils. Je vous admire d'oser traduire un ouvrage traduit par un homme dont les traductions charment tout le monde. Prenez garde à vôtre jugement, & faites pour lui quelque neuvaine à Monsieur saint Maturin.)

*S'admirer,v.r. je m'admire, je m'admirai, je me suis admiré.*C'est avoir de l'admiration pour soi. (Le pauvre bon-homme Thomas de Lormes de Grenoble s'admire dans ses ouvrages, & pretend se vanger par là du cruël mépris que le public en fait. *Auteur anonyme.*)

ADMISSIBLE, *adj.* Mot qui est *de Palais*, & qui signifie recevable, qu'on peut recevoir, qu'on peut admettre.(Les moïens de faux donnez contre la piéce sont déclarez admissibles. La Cour a déclaré que toutes les preuves étoient admissibles.)

Admission, *s. f.* Terme de *Palais*, qui vient du Latin *admissio* & qui signifie réception. (Son admission est glorieuse. Il y a de l'honneur dans cette admission.)

ADMONÉTER, *v. a.* Terme de *Palais.* qui vient du Latin *admonere.* C'est faire venir à la chambre de l'Audience, & ordinairement à huis clos, une personne, la faire tenir debout, & si c'est un homme, tête nuë. Mais si c'est une femme on la fait tenir debout aussi, sans masque, ni gans, & alors celui qui préside fait devant tous les Juges qui sont à ses côtez, une reprimande à cet homme, ou à cette femme, & les avertit qu'ils aient à changer de vie, de peur d'être un jour exposez aux peines que la Justice ordonne contre ceux qui vivent mal. Cette sorte de reprimande ne note pas comme fait le blâme. Quand on admonéte, on ne condamne point à l'amande, mais on y condamne toujours ceux qu'on blâme.

Admonéter, *v. a.* On se sert de ce mot dans le comique ou le satirique, & il signifie *avertir.* (On a admonété les Philosophes de ne plus parler de ce qu'ils n'entendent pas. *Abl. Luc. T. 3, pag. 252.* On a admonété en plein Parnasse le Sieur Thomas de Lormes Daufinois de ne se plus distiller la cervelle à

ADO

rimailles fur peine d'être foüetté par les Satires, & renfermé au Palais de Monfieur Saint Maturin, où on l'atend depuis vingt ans qu'il fe mêle de barbouiller.]

Admonition, *f. f.* Ce mot vient du latin *admonitio*. Il fe prononce en François *admonicion* : & fe dit en terme d'Eglife. Il fignifie avertiffement. [Il a contracté Mariage par un acentat contraire à nos admonitions. *Mau. Schifme page* 117.]

ADO.

† **Adolecence**, *adolefcence, f. f.* Ce mot s'écrit de l'une & de l'autre façon & vient du latin *adolefcentia* ; mais on prononce *adolécence*. C'eft le premier âge après l'enfance. (Une belle adolécence, une charmante, agréable, aimable, heureufe adolécence. Une facheufe & malheureufe adolécence. Etre dans l'adolécence. Commencer fon adolécence, paffer fon adolécence avec plaifir, achever fon adolécence, finir fon adolécence parmi les jeux & les ris. Le mot d'*adolécence* dans tous fes exemples ne fe dit ordinairement qu'en riant, & en fa place on fe fert du mot de *jeuneffe*.

※ **Adolécence**, *f. f.* Ce mot fe prend quelquefois figurément, & en parlant du monde, mais en ce fens il ne fe dit pas beaucoup, à moins que ce ne foit dans un difcours grave & élevé, hors de là on fe fervira d'enfance, ou de quelque façon de parler qui marquera qu'il n'y avoit pas long-tems que le monde étoit créé. Adolécence en difcourant du monde, c'eft l'efpace de tems qui fuivit immediatement le commencement du monde. La vertu regnoit veritablement dans le monde, lors que le monde étoit encore dans fon adolécence ; mais cette heureufe adolécence ne dura pas long-tems.

† **Adolécent**, *adolefcent, f. m.* Ce mot vient du latin *adolefcens* & fe prononce *adolécent* : mais il s'écrit adolefcent, ou adolécent, & il ne fe dit qu'en plaifantant. En fa place & quand on parle ferieufement, on fe fert du mot *jeune* fans l'acompagner du mot d'adolécent. (Ce n'eft encore qu'un jeune adolécent, on parle de le marier. Pourquoi ne feroit-il pas l'amour ce n'eft encore qu'un jeune adolécent d'environ foixante ans. Si l'on parloit ferieufement, on diroit, il eft encore trop jeune pour parler de le marier. Pourquoi faire l'amour quand on n'eft plus jeune ; à foixante ans, adieu bon-tems.)

Adolphe, *f. m.* Nom d'homme. Adolphe de Naffau fut Empereur d'Alemagne en 1292. Il perdit la Couronne auprès de Spire, & Albert d'Autriche contre qui il combatoit, lui ôta la vie. *Deprade hiftoire d'Alemagne.*

Adonc, *adv.* Ce mot eft vieux, on dit *alors*.

S'adonner, *v. n.* Je m'adonne. Je m'adonnai, je me fuis adonné. Je m'adonnerai. S'atacher avec foin à quelque chofe, s'apliquer avec paffion à quelque chofe. [S'adonner aux exercices du corps. *Vau. Quint. l.* 3. S'adonner à l'étude des belles lettres. *Abl. Apophtegmes des Anciens*. Caffandre s'eft toute fa vie adonné aux belles lettres, & les belles lettres n'auroient pas empêché qu'il ne fût mort à l'hôpital fans la generofité de Madame de la Sabliére, & l'obligeat Monfieur de la Fontaine.)

Adopter, *v. a.* Ce mot vient du latin *adoptare* & eft un terme de droit. C'eft prendre dans les formes prefcrites par les loix, quelque perfonne pour fils, ou pour fille. (La fille de Pharaon adopta l'enfant pour fon fils, & l'apela Moife. *Port-Royal, Exode Chap.* 1. Augufte fit adopter Germanicus par Tibere ; mais Augufte avoit auparavant adopté Tibere & l'avoit Aſſocié à l'Empire. *Abl. Tac. Annales* 1. *partie. l.* 1. c. 1.)

※ **Adopter**, *v. a.* Ce mot au figuré veut dire confiderer quelque ouvrage & le regarder comme fien, du confentement de celui qui l'a fait ; le mot d'*adopter*, en ce fens, eft favorable, & l'on dira fort bien. Monfieur Menage a adopté plufieurs petits Poëtes de fes amis & en a compofé un livre qu'il apelle livre adoptif.

Adopter, *v. a.* Ce mot fe dit auffi dans un fens injurieux & fignifie apropier mal à propos quelque ouvrage fans le confentement du veritable auteur. Boileau dans fon avis à Monfieur Menage, a écrit page 17. in douze.

> Menage ce pauvre Poëte
> Dit qu'il a fait mon epitete
> Ce n'eft pas chofe étrange en lui
> D'*adopter* les œuvres d'autrui.

Adoptif, *adoptive, adj.* Ce mot vient du latin *adoptivus* & fignifie qui eft adopté. [Tibere fut fils adoptif d'Augufte. *Abl. Tac. Annales* l.1, c.1. C'eft fa fille adoptive.]

Adoption, *f. f.* Ce mot vient du latin *adoptio* & fe prononce *adopcion*. C'eft une acte legitime par lequel ceux qui n'ont point d'enfans prennent pour fils, ou pour fille des enfans qui ne leur font rien, ou qui leur font quelque chofe, comme quand un grand pere adopte fon petit fils. (Adoption glorieufe, memorable, illuftre, adoption vraie, jufte, legitime, adoption fauffe, feinte, frauduleufe. L'Empereur Galba fit l'adoption de Pifon au Camp pour gagner l'afection des foldats. *Abl. Tac. Annales* 3. *partie. l.*1. c.5. L'adoption n'eft point reçuë dans les Païs coutumiers. *Du Moulin coutume de Paris.*)

Adorable, *adj.* Ce mot fignifie qui merite d'être adoré, qui eft digne d'être adoré. (Dieu eft adorable. *Arn. fréquente communion* 2. *partie*. (Les paroles de l'Ecriture, font faintes & adorables. *Port Royal, Nouveau Teftament Préface*. L'Euchariftie eft un miftere adorable. *Arn. fréquente Communion.* 1. p. c. 5.)

※ **Adorable**, *adj.* Ce mot au figuré fe dit des perfonnes & des chofes excellemment belles ; & il fignifie qui merite d'être aimé d'un amour plein de refpect

> Les yeux me fauroient voir rien de plus adorable,
> Si quelque objet mortel fe pouvoit adorer.
> *Gom. Poëf.*

Adorateur, *f. m.* Ce mot vient du latin *adorator*. C'eft celui qui revere par des actions de devotion ce qui eft veritablement adorable. (Un vrai adorateur, un adorateur vraiment zélé, Un faint adorateur. On apelle les Païens les adorateurs des faux Dieux. *Lambert traduction de St. Ciprien*.)

Adorateur, *f. m.* Ce mot fe dit au figuré en amour, & fignifie celui qui aime une femme d'une paffion tendre & refpectueufe. [Adorateur conftant, paffionné, ardent, fincere. Adorateur volage, leger, diffimulé.

> Oui, Prince, je langui, je brule pour Téſée
> Je l'aime, non point tel que l'ont vu les enfers;
> *Volage adorateur de mille objets divers.*
> *Rac. Phèdre, a.* 2. *fc.* 5.)

Adoration, *f. f.* Ce mot vient du latin *adoratio*, & l'on prononce *adoracion*. C'eft l'action de la perfonne qui revere par une humilité, & une devotion vraiment Chrétienne. (Adoration vraie, veritable, fincere, profonde, adoration exterieure, adoration interieure. C'eft à Dieu que nous devons de l'adoration. *Arn. fréquente communion.* 1. p. L'adoration interieure que nous rendons à Dieu en efprit & en verité à fes marques exterieures dans le facrifice. *Boffuet, doctrine Catolique, Chap.* 5. Ils cachent fous leur habit l'image de J. Chrift, à laquelle ils raportent mentalement les adorations publiques qu'ils rendent à l'idole Chacinchoan. *Paſc. lett.* 5.)

※ **Adoration**, *f. f.* Ce mot au figuré fe dit principalement en amour. C'eft un profond refpect & une foumiffion pleine d'eftime, & d'ardeur que l'on a pour une perfonne que l'on aime veritablement. (Adoration particuliere & finguliere, vraie, feinte, fauffe. Monfieur, qui fe tient debout, fouffre les fauffes adorations. *Abl. Luc.* Avoir une adoration particuliere pour une perfonne, *Monfieur de la Rochefoucaut, memoires*.)

Adoration, *f. f.* Ce mot fe dit en parlant du Pape nouvellement créé & des Cardinaux qui le vont adorer. C'eft l'hommage que les Cardinaux vont rendre à un Pape qui eft élu depuis peu, & qui eft mis fur l'autel. (On dit, les Cardinaux vont à l'adoration. Les Cardinaux font à l'adoration, les Cardinaux viennent de l'adoration. Cette ceremonie de l'adoration eft décrite par *Guichardin Hiftoire d'Italie livre premier*. Toute l'adoration que les cardinaux rendent au Pape c'eft de lui baifer les piez, & lui eft fur l'autel.)

Adorer, *v. a.* C'eft reverer par des actions d'humilité, & de devotion veritablement crétienne. Un favant homme penfe que le mot d'*adorer* vient des Perfes ces peuples, dit-il, adorant autrefois le foleil, fe proſternoient à terre, & portoient avec refpect la main à la bouche, c'eft de là, que les latins ont tiré le mot d'*adorare* qui fignifie autant que fi l'on difoit *Ad os manum applicare*, porter la main à la bouche & du mot d'*adorare*. Les François ont fait *adorer*. (Venez adorer le Seigneur dans fon Sanctuaire. *Port-Royal, Pfeaumes*. Les Bramines adorent le diable pour ne point recevoir de mal de lui, ni de fes ferviteurs. *Hiftoire des Bramines* 2. *p.* c. 16.)

※ **Adorer**, *v. a.* ce mot au figuré fe dit en amour, & en parlant des gens qui aiment. c'eft cherir d'un amour violent & refpectueux.

> [Philis, que ne puis-je fans crime
> Adorer vos beautez. *Gom. Poëf.*

> J'adore fans efpoir une charmante Brune,
> Au plaifir de la voir je borne ma fortune;
> *Bouillon, Poefies*.

> Je l'ai juré, Fulvie, & je le jure encore
> Quoi que j'aime Cinna, & que mon cœur l'adore,
> S'il me veut poffeder, Augufte doit périr.
> *Corn. Cinna, a.* 1. *ſ.*2.]

※ **Adorer**, *v. a.* Ce mot au figuré fe dit des perfonnes qu'on revere & qu'on aime feulement d'amitié. C'eft reverer & honorer d'une maniere pleine de refpect, d'afection & d'eftime. Louïs fecond de Condé fe feroit fait adorer de tout le monde, s'il fe fût un peu plus menagé. *La Rochefoucaut Memoires.*]

† **Adorer**, *v. a.* ce mot fe dit du Pape qu'on vient de créer & qui eft fur l'autel. c'eft lui baifer les piez avec refpect & lui rendre l'hommage que l'Eglife Romaine veut qu'on lui rende. Il n'y a que les cardinaux qui adorent le Pape

ADO

lors qu'il eſt ſur l'autel. (Le Cardinal Polus eût été élu Pape s'il eût voulu ſouffrir que les Cardinaux de ſon parti l'euſſent adoré. Maucroix, vie du Cardinal Polus page 42. & 43. Il étoit cinq heures de nuit, lors qu'on deſcendit ſur la chapelle pour adorer le nouveau Pontife. Maucrois, vie du C. Polus, p. 45.]

S'Adosser, v.r. Je m'adoſſe. Je m'adoſſai, je me ſuis adoſſé, je m'adoſſerai. Ce mot vient de l'Italien adoſſarſi, Dictionaire de la Crusca. C'eſt ſe mettre le dos contre quelque choſe, ou contre quelque perſonne. (Il s'adoſſa contre le Mur. Abl. Arr. l. 6. C. 2. Il avertit les oficiers de s'adoſſer peu à peu contre la legion. Abl. Céſar, l. 1. C. 3.]

Adoſſé, adoſſée, adj. Terme de Blaſon. Ce mot ſe dit des figures & des animaux qui ſont mis dos contre dos.]) Il porte d'azur à deux bars adoſſez, deux Lions adoſſez &c.)

Adouber, v. a. Terme de jeu d'échecs, de dames & de trictrac. Redreſſer, ajuſter une piéce, ou une dame, ſans la vouloir jouer; & alors on dit j'adoube.

Adoucir, v. a. Rendre plus doux, rendre moins amer, rendre moins ſalé, ôter ce qu'il y a de plus ſalé, ou une partie de ce qu'il y a de ſalé dans quelque choſe de liquide, ou dans quelque autre ſujet. (L'illuſtre Monſieur Boile a fait voir la maniere dont il faloit adoucir l'eau de la Mer.

Adoucir, v. a. Rendre moins rude. La ſavonette adoucit le poil, l'eau où il y a de l'écume de ſavon adoucit un peu.

* **Adoucir**, v. a. Ce mot a un ſens étendu au figuré. Il ſignifie apaiſer, empêcher que les choſes s'aigriſſent. (Mes malheurs ne vous peuvent adoucir. Voit. let. 19. Il eſt bon d'adoucir les choſes. Mol. avare.)

* **Adoucir**, v. a. Rendre moins dificile à ſuporter, rendre moins rude, rendre plus doux. Soulager. [Le tems adoucit les aigreurs. Abl. Luc. Adoucir ſes ennemis. Voit. let. vôtre Majeſté adoucit mon malheur, par la maniere obligeante dont elle s'eſt expliquée. Mol. Tartufe, placet 1. au Roi. Pour excuſer bien des péchez, il a été néceſſaire d'adoucir les dificultez de la Confeſſion. Paſc. l. 10. Tous ces artifices de dévotion ne ſeroient rien, ſi l'on n'avoit adouci la pénitence Paſc. let. 10. Adoucir l'obligation de quitter les ocaſions prochaines Paſc. l.10.]

* **Adoucir**, v. a. Ce mot ſe dit en parlant de certains inſtrumens de muſique; & veut dire, en rendre le ſon moins rude & moins éclatant. (Adoucir le ſon de la trompette. Adoucir le ſon du ſerpent, Merſenne, harmonie du monde,)

* **Adoucir**, v. a. Terme de peinture. C'eſt mêler tendrement les couleurs, & rendre les traits moins ſenſibles. [Adoucir les traits d'un viſage Il faut adoucir ces teintes.]

* **Adoucir**, v. a. Terme de gens qui travaillent aux glaces des miroirs. C'eſt froter avec adreſſe la glace d'un miroir avec de l'émeri, de l'eau, un morceau de ſerge ou de vieux chapeau. (On ne polit les glaces qu'après les avoir adoucies. Les lunetiers adouciſſent leurs verres & leurs glaces avec du grez caſſé & ſaſſé, & de l'eau.)

S'adoucir, v. a. Je m'adoucis. Je m'adouciſſois. Je m'adoucis. Je me ſuis adouci. Je m'adoucirai. C'eſt devenir plus doux, ſe rendre plus doux. [L'eau s'adoucit par le mélange des autres eaux. Vau. Quin. Le tems commence à s'adoucir. Abl. Luc. Tome. 3.]

* **S'adoucir**, v. r. Ce mot au figuré ſe dit des perſonnes, & il ſignifie s'apaiſer, ſe moderer, n'être plus ſi fort en colere, avoir moins de cruauté, être plus humain. [Vous faites ces ſouhaits après vous être de beaucoup adoucies. Voit. let. 50. Quand quelquefois il veut s'adoucir & aporter du temperament à la violence de ſon eſprit, il eſt plus ſot que je ne ſuis un ſot, & un ignorant. Balz. œuvres diverſes, diſcours 9.]

* **s'adoucir**, v. r. Ce mot au figuré ſe dit auſſi des choſes, & ſignifie être moins violent, être moins rude, (Les grans maux s'adouciſſent par le tems. Nicole, eſſais de morale, T. 1. Son chagrin ne ſçauroit s'adoucir. Abl. Tac. T. 1.)

Adouciſſement, ſ.m. prononcez adouciſſeman. L'action par laquelle on adoucit, & l'état de la choſe adoucie, tout ce qui adoucit, tout ce qui rend plus doux. (Un merveilleux adouciſſement, un heureux adouciſſement, un fâcheux adouciſſement. Cela fait un agréable adouciſſement. Cela cauſe un adouciſſement qui chatouille le goût. Il s'eſt imaginé un adouciſſement qui plaît. Cela eſt trop amer, & a beſoin de quelque adouciſſement.)

* **Adouciſſement**, ſ. m. Ce qui tempere les dificultez, ce qui rend les choſes rudes & pénibles plus ſuportables. (Si ce n'eſt un remède à mes maux, c'eſt au moins l'adouciſſement de mon chagrin. Balzac entretiens. Les adouciſſemens de la confeſſion ſont les meilleurs moiens que ces Péres aient trouvé pour atirer tout le monde. Paſc. lett. 10.)

* **Adouciſſement**, ſ.m. Correctif, tout ce qui ſert à corriger & à adoucir quelque choſe, tout ce qui ſert le mieux faire paſſer, & à le rendre plus ſuportable. (Il faut aporter quelque adouciſſement aux mots qui ne ſont pas bien établis. Balzac œuvres diverſes. J'ai mis des adouciſſemens en pluſieurs endroits de la piéce. Mol. Tartufe placet 2.)

Adouciſſement, ſ. m. Terme de Peinture. Il conſiſte à marquer moins les traits, & à mêler tendrement les couleurs. [L'adouciſſement des couleurs plaît aux yeux. L'adouciſſement des couleurs rend la peinture plus fine.]

Adouciſſement, douciſſeur. ſ.m. Terme de gens qui travaillent aux glaces de miroir. Quelques-uns diſent douciſſeur: mais le plus grand nombre & le bon ſens ſont pour adouciſſeur. C'eſt un ouvrier qui prend de l'émeri, de l'eau, un morceau de ſerge ou de chapeau & qui frote la glace d'un miroir pour la rendre plus luiſante. (C'eſt un adouciſſeur fort habile.)

ADR.

Adresser, v.a. Faire tenir quelque choſe à quelcun, envoier quelque choſe ou quelque perſonne à quelcun, faire qu'une perſonne en rencontre une autre, Adreſſer une lettre à un ami. Balz. let. premiére, l. 2. Adreſſer un paquet, de lettres à quelcun, Coſ. let. T. 2.

Sous quel aſtre, bon Dieu ! faut-il que je ſois né ?
Pour être des fâcheux toujours aſſaſiné.
Il ſemble que par tout le ſort me les adreſſe
Et j'en vois chaque jour quelque nouvelle eſpéce.
Mol. facheux, a. 1. ſ. 1.

Adreſſer, v. a. Avoir recours à quelcun pour le ſuplier de nous rendre de bons ofices à nous, ou à un autre. (Ce n'eſt pas à Saturne ſeul que les pauvres adreſſent leurs plaintes. Abl. Luc. T. 3.)

Adreſſer, v. a. Dédier, faire hommage de quelque ouvrage à quelcun par la dédicace qu'on lui en fait. Dans la lettre où il adreſſe à Diana ſa Theologie, il dit que ce grand homme a rendu pluſieurs opinions probables qui n'étoient point auparavant. Paſc. let. 6, Quand la Serre adreſſoit un livre à quelcun, il lui diſoit hardiment, cadedi, Monſieur, je vous immortaliſe & cela mérite quelque reconnoiſſance.)

S'adreſſer, v. r. Je m'adreſſe. Je m'adreſſai, je me ſuis adreſſé, je m'adreſſerai. C'eſt être envoié à quelcun ou en quelque lieu. Je crois que cette lettre ſera aſſez heureuſe pour ne ſe point perdre, puiſque c'eſt à vous qu'elle s'adreſſe. Voit. let. 22. Il y avoit près de la une fontaine où Poliſtrate fut adreſſé. Vau. Quin. l. 5. C. 13.)

S'adreſſer, v. r. Aler voir, aler trouver une perſonne pour quelque afaire (Il leur donnoit ſa parole pour les empêcher de s'adreſſer à Monſieur N. memoires de la Roche-foucaut.)

S'adreſſer, v. r. Choiſir particulierement quelcun pour lui parler. [Il ne me dit rien, mais en s'adreſſant au pére, il lui demanda en quoi les Jacobins étoient conformes aux Jéſuites. *Paſc. l. 2.*]

S'adreſſer, v. r. Avoir directement recours à quelcun pour en obtenir quelque grace ; avoir recours à quelque puiſſant pour en être ſecouru. (Il faut que dans tous nos beſoins, nous nous adreſſions à Dieu. *Arnaud Confeſſions de St. Auguſtin.*) Cela n'eſt pas en mon pouvoir, mon ami, il te faut adreſſer à Jupiter, lors que ce ſera ſon tour de regner. Abl. Luc. T. 3. Saturn.)

S'adreſſer, v. r. C'eſt attaquer une perſonne de gayeté de cœur ou par haine, ou pour quelque interêt, ce qui peut tourner à l'avantage, ou deſavantage de celui qui attaque, ou qui eſt ataqué. Si Furetiere ne ſe fût jamais adreſſé à l'Academie l'Academie ne l'auroit jamais chaſſé. Menage & Cotin ſe ſont par plaiſir adreſſez à Moliere, & Moliere qui étoit ſenſible, & qui d'ailleurs étoit ſollicité par Deſpreaux, les a bernez dans la Comedie des femmes ſavantes, Ménage ſous le nom de Vadius, & Cotin, ſous celui de Triſſotin. Deſeſperé de pouvoir entrer dans le Cabinet du Roi, s'adreſſant aux graces à qui toutes les portes des cabinets ſont ouvertes. Balz. entretiens, ent. 27. Vous ne pouviez vous adreſſer qu'à lui, car c'eſt le plus merveilleux homme du monde. Mol. Medecin malgré lui, a. 1. ſ. 4.]

Adreſſe, ſ. m. C'eſt le deſſus de la lettre, ou du paquet qu'on envoie à une perſonne & où l'on met le nom de la perſonne à qui l'on envoie la lettre, ou le paquet. (Adreſſe bien écrite, adreſſe mal écrite. Cette adreſſe n'eſt pas liſible. Mettre l'adreſſe d'un paquet, écrire l'adreſſe d'une lettre, pour porter les lettres, il en faut ſavoir bien lire toutes les adreſſes.)

Adreſſe, ſ.m. Lieu où l'on adreſſe les lettres. (Quiconque voudra écrire au Chapelain de B. ſon adreſſe eſt chez Monſieur Simon, gargotier, rue St. Jaques, proche le Colége de Clermont.)

Adreſſe, ſ. f. moien qu'on donne à une perſonne pour aler en quelque lieu, ou pour trouver quelcun. (On lui avoit donné l'adreſſe pour aler au Parnaſſe, mais le ſat ne s'en eſt pas ſervi & s'eſt égaré. Dés qu'il ſera à Vitri, il trouvera François Herrard à l'adreſſe qu'on lui en a donnée : Il n'a qu'à demander le plus ingrat, je ſuis ſûr qu'on lui dira vôtre adreſſe eſt là. Il trouvera, car je lui ai fort bien donné l'adreſſe.)

Adreſſe, ſ. f. Maniére dont on fait une choſe, ou dont il faut prendre pour faire une choſe, ou pour venir à bout d'une choſe. Il ſioulait faire voir ſon adreſſe à tirer de l'arc. Vau. Quin. l. 7. Vous ſerez plus ſur en aprenant cela d'eux-mêmes, qu'en vous en donnerai les adreſſes. Paſc. l.1. in 4. page 5.

Adreſſe, ſ. f. Prudence, prévoiance. (On admire l'adreſſe dont Salomon ſe ſervit pour découvrir la vraie mére. Port-Roial, a. 4.

Lui-même peut prévoir & tromper mon adresse
D'ailleurs l'ordre me presse.
Racine, Bajazet, a.4. s.4.

Adresse, s.f. Maniere honnête ou douce de dire ou de faire quelque chose. (Vôtre *adresse* à obliger est admirable. *Bal. lettres premieres, livre 4.* On admire son *adresse* à parler éloquemment de tout. *D'Ancourt sentimens sur les entretiens d'Ariste 2. partie.* Son adresse en matiere de critique surprend tout le monde. *Moré 1.p.*)

Adresse, s.f. Finesse, ruse, subtilité, fourbe maligne. (J'admire l'adresse de ma carogne de femme pour se donner toûjours raison. *Mol. George Dandin.* En amour il faut quelquefois joüer d'adresse d'*Alibra,* poësies.)

Apren que l'on deteste,
Tous ceux qui comme toi par de lâches adresses,
Des Princes malheureux nourrissent les foiblesses.

ADRIEN, *s.m.* Ce mot vient du latin *adrianus* qui est un nom d'homme. (Le Pape Adrien premier fut persecuté par Didier Roi de Lombardie & heureusement secouru par Charlemagne. Adrien est le premier des Cesars qui ait porté une grande barbe. *Sphanheim, Cesars de Julien, p 10. in quarto.*)

Adrienne, s.f. Ce mot vient du latin *adriana,* & est un nom de femme. (Adrienne est belle & sage. Adrienne est vertueuse, & genereuse, courageuse & merite par tant de qualitez d'être respectée.)

ADROIT, *adroite, adj.* Qui a de l'adresse, qui a de l'habileté, qui a de l'esprit pour faire quelque chose , ou pour venir à bout de quelque chose. Ce mot *adroit* suivi d'un verbe veut ce verbe à l'infinitif precedé de la particule *à* ; mais quand *adroit* est suivi d'un nom, il veut la preposition *en* ou *dans* selon que l'oreille , ou la raison le juge à propos. (*Tibere* étoit adroit à cacher ses vices, & à faire paroître ses vertus. *Abl.Tac.Annales l.5. c.28.* Les Tartuffes sont adroits à couper la bourse aux veritables devots. La Cour de Rome est adroite à trouver des moiens pour s'enrichir. *Amelot , traité des benefices de Fra Paolo.* Il est adroit en tout ce qu'il fait. *Abl.Luc. t.1.* Elle est adroite dans son travail.)

Adroitement, adv. Prononcez *adroitman.* Avec adresse , avec esprit, avec prudence, avec finesse. (Conduire adroitement une afaire. *Abl.Tac. Annales, L2.* Se tirer adroitement d'une afaire. Il travaille adroitement. Elle sait adroitement gagner l'esprit de son maître.)

A D V.

ADVERBE, *adv.* Terme de Grammaire. Il vient du latin *adverbium.* C'est une partie du discours qui veut être auprès d'un verbe soit devant , ou aprés. (Adverbe bien placé , ou mal placé. Il ne faut pas mettre l'adverbe loin de son verbe. *Jamais, souvent, d'ordinaire & ordinairement,* sont les adverbes qui se peuvent le plus éloigner de leurs verbes, & qui se placent quelquefois au commencement de la periode. Souvent ceux qui croient tromper les autres, sont trompez eux mêmes. Jamais on ne se doit fier ni à hipocrite, ni à douceureux: car il n'y a que ces gens là qui trompent.)

Adverbial, adverbiale, adj. Ce mot vient du latin *adverbialis,* & signifie qui a quelque chose de l'adverbe , qui vient de l'adverbe. (C'est une façon de parler adverbiale. C'est une expression qui a quelque chose d'adverbial.)

Adverbialement, adv. Ce mot vient du latin *adverbialiter,* se prononce *adverbialeman.* C'est à la maniere d'un adverbe. (C'est un mot pris adverbialement. C'est un terme consideré adverbialement.)

ADVERSAIRE, *aversaire, s.m.* Ce mot décend du latin *adversarius.* Quelques uns prononcent *aversaire.* Mais la plupart font sentir le *d.* & disent *adversaire.* C'est celui qui est oposé à un autre. (Un rude adversaire ; un brave , un dangereux, un courageux adversaire , un redoutable , un foible , un miserable adversaire. Nos adversaires bien vû que de simples figures, & de simples signes ne nous contenteroient pas. *Bossuet doctrine des moeurs. C.12.* Les gens de lettres en ont souvent d'autres pour adversaires. Téophile a eu le Pere Garasse ; Balzac, le Pére Goulu & Teophile; Pascal a eu les Jesuites, d'Ablancour, l'Abé de Maroles & Amelot de la Houssaïe ; Voiture, Girac ; Costar , Girac , & Boileau ; Ménage , Boileau ; Cotin , Dépreaux & Moliére, Dépreaux, Des marests & Pradon ; Le Pere Bouhours , d'Aucour ; le pauvre de Lormes, le bon sens.)

Adversaire, s.f. Prononcez *adversere* ou *aversere.* Ce mot est féminin quand on parle d'une femme, & veut dire, celle qui est oposée à une autre personne. Une noble, une courageuse , une dangereuse adversaire, une foible adversaire. L'Abé Cotin a une celebre adversaire , c'est l'illustre demoiselle de Scuderi ; mais par malheur pour lui , elle l'a traité comme on fait le Chapelain Maumenet , elle l'a méprisé.)

Adversative, s.f. Terme de Grammaire. Conjonction qui montre que dans le sujet dont on parle il y a quelque chose qui contrebalance ce qu'on a dit. Ces conjonctions sont *, mais,*

toutefois, neanmoins , pourtant, cependant , &c. (Le Comte de ... qui est Polonnois , & Catholique Romain, est devot jusqu'à entendre 7. ou 8. Messes par jour ; mais du reste je n'en dis mot.)

Adverse, averse, adj. Ce mot est un terme *de Palais*, & il se dit en matiere de procés. Il signifie *contraire,* & oposé , & par une bizarrerie de l'usage , on prononce *averse* & non point *adverse.* Ce mot décend du latin *adversus.* C'est sa partie adverse, dites , c'est sa *partie averse.*

Adversité, s.f. On fait sentir le *d.* dans la prononciation de ce mot qui vient du latin *adversitas.* C'est à dire, malheur, disgrace. (Adversité dure, cruelle, grande , extrême , incroiable, fâcheuse. Etre dans l'adversité , suporter avec courage l'adversité , soufrir avec coeur l'adversité. La grandeur d'ame re. leve l'adversité & lui donne du lustre. L'adversité n'est jamais sans esperance & sans quelque sorte de consolation. *Voiez la morale du Chancelier Bacon.*)

† *Advertance, s.f.* Ce mot vieilli. Il signifie attention à quelque chose , reflexion sur quelque chose. (Il a fait cela sans aucune advertance.)

ADULATEUR, *s.m.* Mot introduit depuis peu dans la langue, lequel vient du latin *adulator.* Il n'est pas reçu generalement, & l'on a peine à croire que son destin soit de longue durée. *Voi l'Auteur de la guerre civile sur la Langue Françoise,* Au lieu d'*adulateur* on dit d'ordinaire, Flateur.

(Il brise le Sejan la statuë adorée
Soit qu'il fasse au conseil courir les Senateurs
Du tiran soupçonneux pâles *adulateurs.*
Despreaux, Chan.2.)

C'est un adulateur fade & qui n'a point d'esprit. Les Daufinois & les Normans passent pour être un peu adulateurs)

Adulation, s.f. Mot nouveau qu'on a pris du latin *adulatio,* & qui n'est pas encore bien établi. En sa place on se sert du mot *flaterie,* qui est reçu & entendu de tout le monde. Cependant des Auteurs de merite aprouvent *adulation,* mais aparemment ils ne seront pas long tems suivis. (La plupart des femmes doivent plus à nos adulations qu'à leur merite. *S. Evremont oeuvres mêlées*, chapitre de l'idée de la femme qui ne se trouve point, page 210. in 4. Le foible des Grands est d'aimer avec plaisir l'*adulation* & le mensonge, *Bourdaloüé , Oraison funebre de Lonys 2. Prince de Condé.*)

ADULTE, *adj.* Ce mot vient du latin *adultus.* Il se dit seulement des jeunes gens. Il veut dire qui est venu à l'âge de discrecion. Adulte a un usage assez borné. Il n'a cours que dans quelques matieres de Theologie , de Droit , & de Medecine. (On dit, il est adulte , elle est adulte.)

Adulte. Ce mot est souvent substantif. Il signifie qui a passé l'âge de l'enfance & qui est assez grand pour avoir du jugement. Adulte pris substantivement est masculin , quand on parle d'un garçon , & est feminin quand on parle d'une fille. (Il y a trois *adultes* qui ont été batifez aujourd'hui. Cela est bien dit pour marquer trois jeunes garçons & l'on parlera correctement lors qu'en marquant des filles on dira ; on porta hier à l'Eglise deux *adultes* qui furent batisées.)

Adulte. Ce mot signifie qui est en age d'avoir de la discretion. Ce mot *adulte* se disant generalement & en parlant des garçons & des filles, est masculin. [Les adultes sont plus aisez à guerir de ce mal que les enfans. *Spon traité des fevres.* Les replis du Cartilage de l'oreille sont plus marquez dans les adultes. *Duvernet, traité de l'oüie page 1.*]

ADULTERE, *s.m.* Ce mot vient du latin *adulterium.* C'est un commerce illegitime avec une personne mariée. [L'adultere est odieux , l'adultere est en horreur , l'adultere est condannable ; l'adultere étoit bien autrefois plus rigoureusement puni qu'à cette heure qu'il est en quelque façon soufert , & que l'on chante

Ah ! qu'il est doux de *faire un adultere*
Et quelquefois son cher ami Cornu.
C'est un peché, que veux-tu ?
Il se faut bien quelquefois satisfaire
Ah ! qu'il est doux de *faire un adultere.*

Mars & Venus ont été surpris en adultere & tous les Dieux en ont ri , *Abl. Luc. T.1.* Par la Loi de Romulus il étoit permis au mari de faire mourir sa femme lors qu'elle étoit convaincuë d'adultere. Justinien veut que la femme ateinte d'adultere soit foüettée & enfermée dans un Couvent. Par la Loi de Dieu l'homme & la femme qui ont commis un adultere , doivent être punis de mort. Au Roiaume de Tunquin, quand une femme est tombée en adultere , on la porte sur un éléfant qui l'eleve avec sa trompe , & qui jette qu'elle tombe à terre, la foule aux piez jusqu'à ce qu'il sente qu'elle n'ait plus de vie. *Tavernier , Relation du Roiaume de Tunquin, c.7.* Le bruit de l'adultere d'Olimpias se répandit par toutes les nations qu'Alexandre subjuga. *Du Rier. Quinte Curse. Freinshemius, l.1. c.1.*)

Adultere, s.m. Ce mot du latin *adulter,* & signifie celui qui commet un adultere. [Un adultere devroit être puni, il est condanné comme un adultere. L'adultere est souvent le

AER

meilleur ami du mari ; & avec justice, car il fait sa besogne.)

Adultere, *s. f.* Ce mot vient du latin *adultera*, & se disant d'une femme, c'est celle qui fait son pauvre mari cornu & qui le met de la plus grande confrairie qui soit en France, & sur tout à Paris. [Une agreable adultere, une belle adultere. Ce ne fut pas sans sujet qu'on parla de la mere d'Alexandre ainsi que d'une adultere, *Du Rier*, *Freinshemius*, *Quinte Curse*, l.1. c.1.]

Adultere, *adj.* Qui a fait un homme adultere, c'est une femme adultere. La femme adultere parmi les Turcs est encerrée vive à demi corps, & lapidée. *Voi. la Croix, Empire Ottoman, mémoires* l.5. Si quelcun commet adultere avec la femme de son prochain, que l'homme adultere, & la femme adultere meurent tous deux. *Port-Royal*, *Levitique* ch. 20. Quiconque quite sa femme, si ce n'est en cas d'adultere, la fait devenir adultere. *Port Royal*, *Nouveau Testament*, S. *Mathieu*, c.5. Solon croioit que la plus grande peine qu'on put ordonner contre les femmes adulteres, c'etoit la honte publique. *Le Maitre*, *plai.* 5.)

Adulterin, *adulterine*, *adj.* Ce mot vient du latin *adulterinus*, qui est né d'adultere. Ce mot *adulterin* n'est proprement d'usage qu'au *Barreau*, où l'on dit, les enfans adulterins sont plus odieux que ceux qui sont nez de gens libres.]

Adust, *adj.* Mot qui vient du latin *adustus*, & qui est un terme de *Medecine*. Il signifie *brulé*. (C'est un sang adusté, un temperament adusté, une humeur adusté. *Spon*, *Traité des fievres*.)

AER.

Aërien, *aërienne*, *adj.* Ce mot vient du latin *aërius*, & veut dire qui tient de l'air, qui est de la nature de l'air. (C'est un corps aërien, c'est une substance aërienne.)

† **Aërier**, *v. a.* C'est purifier l'air de quelque lieu, y bruler des senteurs pour en rendre l'air plus pur, ou pour en faire sortir le mauvais air. Ce mot *aerier* ne se dit que tres rarement, & en sa place on se sert d'un tour qui signifie la même chose. Il y a je ne sçai quoi qui ne sent pas bon dans cette chambre, & il la faut un peu aerier; On diroit, il y a je ne sai quoi qui ne sent pas bon dans cette chambre, il y faut bruler quelque pastille pour en chasser le mauvais air.

Aerer, *v. a.* Ce mot n'a pas grand cours & en sa place on dit mettre en bel-air, (Il faloit mieux aerer cette maison. On diroit, il faloit mettre cette maison en plus bel air, ou il faloit que cette maison fut en plus bel air, ou il faloit donner plus d'air à cette maison.

Aëré, *aërée*, *adj.* Mot qui vieillit fort, en sa place on se sert de periphrafe, & l'on dit, *qui est en bel air*. (A Meudon, vilage auprès de Paris, il y a un chateau qui est en tres bel air. On trouve autour de Paris des maisons de plaisance bien aërées, dites, on trouve des maisons de plaisance qui sont en tres bel air.)

Aeromantie, *s. f.* Ce mot vient du Grec, & l'on prononce *airomantie*. C'est l'art de deviner par le moien de l'air, (Il y a plusieurs sortes d'aeromantie dont Bodin ne traite point, dans le livre des sorciers. [L'aeromantie est curieuse, belle, & agreable], mais elle est vaine, & peu veritable. Etudier, savoir l'aeromantie, s'atacher avec passion à l'aëromantie. Les Païens croient à l'aeromantie : mais les vrais Crétiens la regardent comme une vision.]

AFA.

Afabilité, *s. f.* Mot qui vient du latin *affabilitas*. C'est une maniere douce & honnête de parler aux gens. Ce mot *afabilité* n'est pas si usité qu'il étoit il y a environ 40. ou 50. ans. (Une grande afabilité, une afabilité particuliere, une afabilité charmante, & engageante. Son afabilité, & sa bonté sont des qualitez qui ne se trouvent nulle part. *Voi.* l.39. Si Voiture vivoit, il diroit peut-être! *Son extreme bonté & ses manieres honnêtes & engageantes sont des qualitez qui ne se trouvent nulle part*. Moliere a dit dans ses amans magnifiques, *acte* 1. *s.* 5. avoir de l'afabilité. Mais Moliere est excusable, c'est une Comédie, & tout passe en ces sortes de poësies. Un auteur anonime a écrit, *ce grand homme étoit considerable par son afabilité*. Cet auteur auroit peut-être mieux parlé s'il eût dit *Ce grand homme étoit considerable par son extrême honnêteté, par son obligeante civilité, ou par ses manieres douces & honnêtes*.)

Afable, *adj.* Ce mot descend du latin *affabilis*, c'est à dire, qui parle aux gens, d'une maniere civile, & honnête, qui est civil & engageant lors qu'il s'entretient avec les personnes. Ce mot *afable* a un peu vieilli, neanmoins des gens de merite s'en servent, & croient lui redonner cours. On croit que ce ne sera pas sans peine; & que civil, ou, honnête valent bien *afable*. Philipe de Valois étoit doux, *afable*, & liberal. *Monsieur l'Abé de Choisi*, *histoire de Philipe de Valois*, l.3. ch. 13.

Non, je ne hai rien tant que les contorsions
De tous ces grands faiseurs de protestations,
Ces *afables* donneurs d'embrassades frivoles

AFA.

Ces obligeans diseurs d'inutiles paroles.
Moliere, *Misantrope*, a.1. s.1.

Il est civil, *afable*.
Doux, benin, courtois, *afable*.
Ménage, *poësie*, l.5.)

Afablement, *adv.* Prononcez *afableman* : C'est à dire, d'une maniere civile & honnête. *Afablement* semble être pris de l'Espagnol *afablemente*. Mais qu'il soit pris d'où les Etimologistes voudront, il est vieux & il des gens aimeroient mieux dire; civilement, ou honnêtement qu'*afablement*. Un Auteur moderne a dit dans un discours de morale & d'instruction. Il est d'un galant homme, & d'un honnête homme de parler *afablement* aux gens. On trouve que cet Auteur auroit aussi bien fait de dire, *il est d'un galant homme & d'un honnête homme de parler civilement aux gens*.)

Afadir, *v. a.* Rendre fade, donner du dégoût, ôter toute sorte de saveur. [La tarte à la crème m'*afadit* le cœur, & j'ai pensé vomir au potage. *Moliere*, *Critique de l'école des femmes*, *scene* 3. Les choses trop douces afadissent le cœur.]

AFAIRE, *s. f.* Prononcez *afére*. Ce mot semble venir de l'Italien *affare*, & generalement il signifie *chose*. [Le mariage est une étrange *afaire*.

Sages gens en qui je me fie
M'ont dit que c'est fait prudemment
Que d'y songer toute ma vie.
Maucrois, *recueil de Poësies de Sercy*.

Le mariage est une *afaire* trop serieuse pour lui. Une demoiselle est une étrange *afaire*. *Mol. George Dandin*. J'viens d'aprendre de belles afaires. On ne vient de dire d'étranges afaires.)

Afaire, *s. f.* Chose qu'il faut terminer, chose qu'il faut achever, chose qu'il faut faire. (Il s'est chargé d'une afaire importante. *Le Mait.* plai. 15. Etre acablé d'afaires. *Abl. Tac.* t.3. Prendre conoissance d'une afaire, conduire bien une afaire, mal conduire une afaire, s'instruire d'une afaire, instruire une afaire, se reposer sur un Avocat d'une afaire.)

† *Avoir des afaires par dessus la tête*, façon de parler familiere, pour dire avoir beaucoup d'afaires. Les afaires font les hommes, sorte de façon de parler proverbiale, pour marquer que les hommes ne se font habiles que dans la conduite des afaires. Etrangler une afaire, façon de parler proverbiale, pour dire, la mal juger en la finissant trop tôt, & sans l'avoir bien examinée.)

Afaire, *s. f.* Chose dont il est question. (Il a poussé l'afaire d'une assez vigoureuse maniere. *Mol. misantrope*. Entreprendre vertement une afaire, commencer courageusement une afaire. Finir, achever, terminer une afaire esprit & avec cœur.)

Afaire, *s. f.* Empêchement. (Il est en afaire & on ne lui sauroit parler. Le matin il n'a point d'afaire & on le peut voir aisément.)

Afaire, *s. f.* Querelle, diferend, embarras. Ne nous faites point d'afaire avec cet homme là, il a la mine de vous malmener. *Scarron*, *roman.* 2.p. Se tirer d'afaire. Il s'est démelé avec esprit de l'afaire qu'on lui avoit faite.

Afaire, *s. f.* Ce qu'il apartient à une personne de faire & ce qu'elle fera mieux que qui que ce soit. [C'étoit l'afaire de Lucien qui étoit un peu athée, & qui avoit l'esprit enjoüé, de se moquer du Ciel & de la Terre. C'étoit aussi l'afaire de Moliere qui connoissoit les caracteres des hommes, de joüer les bigots & les Medecins.]

† **Afaire**, *s. f.* Ce qui est le fait d'une personne, ce qui accommode de bien une personne. Le mot d'*afaire* en ce sens est bas & comique. [Reposez-vous sur moi, j'ai vôtre afaire. *Mol. Bourg.*

Si feu mon pauvre Pére
Etoit encor vivant, c'étoit bien son afaire
Rac. Pl. a.1. s.5.]

Afaire, *s. f.* Besoin. [On a afaire de tout le monde. Un homme un peu Philosophe n'a pas afaire de beaucoup de bien pour vivre doucement.]

Afaire, *s. f.* Chose qui demande du soin, & de la peine pour être terminée. (Cette une afaire que cela & il n'en sauroit venir à bout. Ce n'est pas une afaire pour lui, & il la terminera avec honneur.)

* **Amoureuse Afaire.** Mots plaisans pour dire, le service galant qu'on rend aux dames dans le tems qu'on en a les dernieres faveurs.

Il fait joüir, & discret fait se taire,
Et trente six ivrognes comme vous
Ne valent pas en l'*amoureuse afaire*
Un buveur d'eau. *Vois. Poës.*

† * **Afaire**, *s. f.* Ce mot, sans ajouter celui d'*amoureuse* & quand on parle de galanterie, signifie aussi le plaisir qu'un amant prend & donne à une dame dont il a les dernieres faveurs.

AFA.

Le moien de la satisfaire,
C'est de faire
Cette petite afaire
Que vous savez bien
Recueil de Vaudevilles, 2. p.

Vous vous trouvez en état bien contraire
Mais à propos comment va cette afaire ?
Avez-vous bien été tout doucement
Cinq ou six fois
Voit. Poës.

† * Afaire, *s. f.* Ce mot signifie aussi les parties naturelles de l'homme ou de la femme, & dans ce sens il est comique. (Fi, le vilain il montre son afaire. Cachez, ma mie, votre petite afaire, il est honteux de la laisser voir.)

Afaire, *s. f.* Ce mot signifie chose qui s'est passée, & on dit je sçai l'afaire : mais quand on parle de ce qui est arrivé de son tems, ou de son siecle, le mot *afaire* se dit ordinairement au pluriel. (Ecrire des afaires de son tems. Abl. Tac. T. 3. S'instruire des afaires de son tems. Pénetrer dans le secret des afaires de son siècle. Voir clair dans les afaires de son tems. Savoir bien les afaires de son tems. Il est toûjours dangereux d'écrire des afaires de son tems quand on afecte trop d'en dire la verité.)

Afaire, *s. f.* Ce mot en parlant de la conduite des afaires d'un Etat, se dit toujours au pluriel & signifie le maniment de tout ce qui regarde l'Etat. Entrer dans le maniment des afaires. Exclure quelcun du maniment des afaires. *Memoires de la Rochefoucaut.*

Afaire, *s. f.* Ce mot ne se dit qu'au pluriel, quand il signifie ce qui regarde les interêts d'une, ou de plusieurs personnes. (On doit se mêler seulement de ses afaires, & ne point s'embarrasser l'esprit de celles d'autrui. Le service que vous voulez que je vous rende ruîne mes afaires & n'acomode pas les vôtres, St. Evremont, *œuvres mêlées*, page 442.

Afaire, *s. f.* Embarras domestique qui vient du peu de soin qu'on a, ou que l'on a eu de son bien. *Afaire*, en ce sens, n'est en usage qu'au pluriel. [Malherbe étoit mal dans ses afaires, car Gombaud dit qu'il est mort pauvre, & que lui vit comme Malherbe est mort , l'excellent Monsieur Patru étoit mal dans ses afaires lors qu'il est mort. Chapelain étoit bien dans ses afaires, puisqu'il a laissé en mourant plus de cinquante mille écus. Tous les comediens, & tous les danseurs sont bien dans leurs afaires, parce qu'ils gagnent ce qu'ils veulent & qu'ils ont pour la plûpart de belles & de bonnes pensions.)

† * Afaire, *s. f.* Necessitez naturelles. Ce mot dans ce sens, veut toûjours un pluriel.

Depuis n'a gueres
J'ai vu le Roi dans ses afaires
Voit. Poësies.

Il est constipé & il ne sauroit faire ses afaires.

† Afairé, afairée, *adj.* Mot bas pour dire qui a bien des afaires, qui est acablé d'afaires. (Il fait l'afairé. Elle paroît toûjours afairée.)

AFAISSEMENT, *s. m.* Prononcez *afaisseman.* C'est l'abaissement de quelque chose, causé par sa propre pesanteur. (L'afaissement de la terre en cet endroit, est considerable.)

S'afaisser, *v. r.* C'est s'abaisser par sa propre pesanteur. *S'afaisser* se dit de la terre, & des batimens. (Mur qui commence de s'afaisser. La terre en cet endroit s'afaissa extraordinairement.)

AFAITEMENT, *s. m.* Terme de plombier. Voiez *enfaitement.*

AFALÉ, *afalée, adj.* Terme de mer. Ce mot se dit des bâtimens qui sont sur mer, & signifie forcé par le vent de se tenir prés de terre, ce qui cause quelquefois leur perte. (Leur vaisseau est afalé. *Des-Roches Dictionnaire de marine.*

Afaler, *v. a.* Terme de mer. C'est faire baisser. (Afaler une poulie, afaler une manœuvre. *Des-Roches Dictionnaire de Marine.*)

AFAMER, *v. a.* Faire soufrir la faim. Causer une faim qu'on ait peine à suporter, ou que l'on ne puisse endurer. (Afamer l'ennemi. Le moien de prendre des villes imprenables, c'est de les afamer.)

Afamé, afamée, *adj.* Qui est pressé par la faim, qui est acablé de faim. (L'ennemi est afamé, & il perira bien-tôt, la ville est afamée, & il faut qu'elle se rende promtement.)

* Afamé, afamée, *adj.* Ce mot au figuré est beau. Il signifie la personne qui désire ardemment quelque chose, qui a une ardente passion d'avoir quelque chose. (Il est afamé de gloire. Abl. Luc. t. 3. Pensez-vous que ce soit un homme afamé de femmes. *Mol. Pourceaugnac a. 2.*)

De loüange & d'honneur vainement *afamée*
Vous ne pouvez aimer & voulez être aimée.
Voit. Poës.

AFE.

* Afamé, afamée, *adj.* Mot de tailleur & de couturiere. Ce mot se dit des habits auxquels on n'a pas mis autant d'étofe qu'il en faloit pour les faire raisonnables. Le mot *afamé*, en ce sens, est figuré. [On dit, ce juste au corps est afamé. Cette veste est afamée. Cette jupe est un peu afamée, & cela fait qu'elle n'a pas tout à fait bon air.]

AFE.

AFECTATION, *s. f.* Ce mot vient du Latin *affectatio*, & on le prononce en François *afectacion*. C'est un atachement particulier qu'on a plûtot pour une chose que pour une autre. (Afectation sote, ridicule, impertinente, grossiere, insuportable. Afectation loüable, suportable, tolerable, particuliere. Avoir de l'afectation pour le bleu, elle fait paroitre trop d'afectation pour cela. Tout le monde blâme son afectation à cet égard. On condamne son afectation en cela.)

Afectation, *s. f.* C'est un soin particulier & trop plein d'art. Le mot *d'afectation*, en ce sens, se dit en matière de langage & de choses d'esprit. (Une afectation basse, puerile, ridicule, indigne, fade, impertinente. Tomber dans l'afectation. *All. Luc.* Le Tasse donne quelquefois dans l'afectation, lors que son sujet l'en éloigne, *Manière de bien penser*, dialogue 2. L'afectation vient de trop d'esprit, & si cela est vrai, il ne faut pas s'étonner, si les Poëtes Italiens, & les Poëtes Espagnols en ont, car ils ont de l'esprit. Croit-il réjoüir les honnêtes gens par quantité de basses afectations, qu'il trouvera condamnées par tous les bons Auteurs. *Racine Iphigenie préface.*)

Afecter, *v. a.* Il vient du latin *affectare.* C'est tacher avec soin particulier d'avoir. C'est tacher avec un atachement visible, & remarquable d'être ou de faire paroitre. (Chacun dans toutes les professions *afecte* une mine, & un exterieur pour paroitre ce qu'il veut qu'on le croie. Nicole, *essai de morale.* Il afecte de paroitre ce qu'il n'est pas. Abl. Luc. Ce mot *afecter* régissant un nom, veut *l'acusatif*, & régissant un verbe, il a *l'insinitif*, précedé de la particule *de*. Quoi que gueux, il afecte *un air grave*, & fier, qui fait rire tout le monde. Menet afecte de faire voir qu'il est tout ce qu'il n'est pas, honnête, sincere, reconnoissant & vertueux. Les plus habiles afectent de blamer les finesses pour s'en servir en quelque grande ocasion. *Maximes de Monsieur de la Rochefoucaut.* On n'est jamais si ridicule par les qualitez que l'on a que par celles que l'on afecte d'avoir. *La Rochefoucaut. Maximes.* 1. partie.

Afecter, *v. a.* Atacher, joindre. (On a afecté ce droit à la charge.)

* Afecter, *v. a.* Destiner quelque chose pour un usage particulier. (On a afecté tous ces biens pour nourrir les pauvres soldats estropiez.)

Afecter, *v. a.* Terme de Palais. C'est à dire, hipotequer, obliger, engager. (Cela n'empêche pas que la dette ne demeure, qu'elle ne subsiste & n'*afecte* tout le bien. *Patru 3. plaidoié.*

Afecté, afectée, *adj.* Qui a de l'afectation, qui paroit recherché & étudié avec trop de soin, & trop d'art. (Il a un air afecté, & cela ne sied pas bien à un galant homme. Je ne saurois soufrir vos rigueurs afectées. *Gom. sonn.* Cette simplicité afectée est une imposture delicate. *La Rochefoucaut, maximes morales.* Le livre du P. B. est d'un stile afecté, fisté, peint, de nul usage, un pur artifice. *D'Aucour, sentimens de Cleante l. 8. T. 12.*

† Afecté, afectée, *adj.* Qui est joint, qui est ataché. (Le nom de Taxile étoit afecté à ceux qui succedoient au Royaume. *Vau. Quin. l. 8. c. 12.*)

Afecté, afectée, *adj.* Terme de Palais, c'est à dire, engagé, & obligé. La maison est afectée & hipotequé à cette dette. La maison est afectée & hipotequé à cela.)

† Afectif, afective, *adj.* Ce mot vieillit fort, & signifie qui excite, qui touche. (Son discours est afectif. Ses manieres de prononcer, & de parler sont afectives, on dit plûtot, ses manieres de parler sont touchantes. Ses manieres de prononcer & de parler touchent, & vont au cœur.)

AFECTION, *s. f.* Prononcez *afecsion.* Ce mot semble venir du Latin *affectio*, c'est à dire, bienveillance, amitié qu'on a pour une personne. (Afection grande, violente, ardente, durable, extrême, sincere, précieuse, veritable, particuliere, importante; afection fausse, afection aparente. Afection foible, puerile, basse. Le mot d'*afection* se dit des Grands à l'égard des personnes qui sont beaucoup au dessous d'eux. Son Altesse Serenissime le Prince de B. **, a de l'afection pour ses sujets. Il témoigne une particuliere afection aux personnes qui le servent fidélement. Il porte de l'afection aux honnêtes gens. Alexandre prenoit en afection les merite. Abl. Ar. Le mot d'*afection* se dit aussi des égaux les uns à l'égard des autres. Une afection parfaite vaut mieux que toutes choses. *Voit. lett. 30.* D'Ablancourt avoit beaucoup d'afection pour Patru, & Patru en avoit une incroiable pour d'Ablancourt. L'afection des jeunes femmes n'est pas fort ardente pour leurs vieux maris à moins que ces pauvres *bons hommes* n'aient une aveugle complaisance pour leurs cheres moitiez, & pour toutes leurs petites manieres.]

Afection, *s. f.* Signifie auſſi amour, tendreſſe, & il ſe dit proprement des amans, des peres & des meres à l'égard des enfans, & des enfans à l'égard des peres & des meres. (Il a une ardente afection pour ſes enfans, & ſes enfans en ont auſſi une toute particuliere pour lui. Son afection eſt remarquable pour ſa famille. L'afection qu'il fait paroître pour ſa mere, eſt digne d'eſtime. Il me reſte, Mademoiſelle, beaucoup d'années à vous aimer, & mon afection étant ſi grande, & ſi parfaite, je m'imagine qu'il n'eſt pas poſſible que je ceſſe ſi-tôt d'être vôtre tres-humble ſerviteur. *Voiture lett.* 30.

Afection, *s. f.* Ce mot veut dire ſouvent un attachement ardent & un zele paſſionné qu'on ſent, & alors il ſe dit des inferieurs à l'égard des ſuperieurs, & il ſe dit auſſi des choſes pour leſquelles on a un grand penchant & une atache particuliere. (Vous direz, s'il vous plait, aux deux belles Princeſſes, auprés de qui vous êtes, que j'ai une afection ſans pareille pour leur tres-humble ſervice, & que cette paſſion durera aprés ma mort. *Voit. lett.* 110. On ſe fait honneur de faire comprendre à des perſonnes ſuperieures l'extrême afection qui nous atache à elles. *Voi le livre de la guerre civile des François ſur leur langue, queſtion* 18. *page* 69. Il eſt d'un honnête homme de ſe porter avec afection à tout ce qui regarde ſon devoir. *Meré diſcours de l'eſprit.*)

Afection, *s. f.* Ce mot ſe dit quelquefois dans les matieres de Philoſophie, & il ſignifie les differentes qualitez & les diferens changemens qui ſurviennent à quelques corps, & dont on dit qu'il eſt afecté, c'eſt à dire changé & revetu. (On a trouvé l'art d'obſerver toutes les diferentes afections de l'air par le Termomêtre. *Voi reflexions ſur la Phiſique.*)

Afectionner, *v. a.* Ce mot ſemble venir de l'Italien *affectionare,* ſignifie, aimer, avoir de l'inclination, ſentir du penchant pour quelcun : mais il ne ſe dit dans l'uſage ordinaire, qu'en faveur des gens au deſſus deſquels on eſt. L'on dira bien le Roi afectionne ceux qui le ſervent fidélement, mais on n'oſeroit dire, Peliſſon, Dépreaux & Racine qui ſont des hiſtoriens François de Loüis XIV. l'afectionnent veritablement. Au lieu d'afectionner, en ce dernier exemple, on dira, ils ont un veritable zele, & un profond reſpect.

* **Afectionner,** *v. a.* Ce verbe au figuré ſe dit des choſes, & ſignifie avoir une atache particuliere pour une choſe, y prendre un veritable interêt. (C'eſt une afaire qu'il afectionne particulierement. C'eſt une choſe qu'il afectionnoit d'une maniere ſinguliere.)

† **Afectionner,** *v. a.* Ce mot au figuré ſe dit auſſi des perſonnes & ſignifie atacher par quelque choſe qui engage, & qui donne du plaiſir. (Les faiſeurs de comedies & de nouvelles hiſtoires doivent afectionner les ſpectateurs à leurs principaux perſonnages. *Nouvelles remarques ſur la Langue Françoiſe, p.* 30. Cette nouvelle hiſtorique eſt froide, & languiſſante, l'auteur n'afectionne à rien. *Nouvelles remarques.*)

S'afectionner, *v. r.* Je m'afectionne, je me ſuis afectionné, je m'afectionnai. C'eſt s'atacher avec beaucoup de ſoin, c'eſt s'apliquer avec une ardente paſſion. C'eſt aimer avec ardeur. (S'afectionner veut au datif le nom qu'il régit. On s'afectionne à ſon métier pour y reüſſir. Il s'afectionna d'exactitude certains endroits de leurs diſcours auſquels ils s'afectionnent. *Voi reflexions ſur l'éloquence.* Il s'afectionna tellement *à la ſolitude* qu'il cherchoit le ſilence des forêts. *Vie de S. Ignace.*)

Afectionné, afectionnée, *adj.* Aimé, cheri pour qui l'on a de l'afection, de l'amour, de l'amitié, de l'inclination, ou du penchant. *Afectionné,* en ce ſens, ſe dit des perſonnes, & en matiere de complimens, & de civilité, il ſe dit par la perſonne ſuperieure en faveur de celle qui lui eſt de beaucoup inferieure. Le Seigneur Antoine Furetiere n'eſt pas de ce ſentiment : car à la fin de l'Epitre dédicatoire de l'eſſai du Dictionnaire de Monſieur Marganne, qu'il s'attribuë hardiment, il donne au Roi, lui il ofte cet ouvrage, du tres-humble & tres-afectionné ſerviteur. Les gens du monde qui ont vû cela aſſurent qui pour faire une faute ſi groſſiere il faut être auſſi ſot en François que le bon Tomas de Lormes amoureux charlatan de la plupart des femmes acomodées de Grenoble.

Afectionné, afectionnée, *adj.* Ataché avec ardeur, & avec amour. (Il eſt afectionné à ſon parti. Les Ecoſſois ont été de tout tems fort afectionnez à la France. *Nouvelles obſervations ſur la Langue, p.* 69. C'eſt une fille qui a du merite & de la pieté & qui eſt particulierement afectionnée à ſon Ordre.)

† **Afectueux, afectueuſe,** *adj.* Ce mot ſemble venir de l'italien *afettuoſo,* & il veut dire, qui marque de l'afection, qui témoigne de l'amour. *Afectueux* ne ſe dit que des choſes, & eſt vieux. (Diſcours afectueux, paroles afectueuſes.)

† **Afectueuſement,** *adv.* Ce mot vient de l'italien *affettuoſamente,* Il eſt ſuranné. C'eſt à dire, d'un air qui marque de l'afection, (Parler afectueuſement.)

Afeamer, *v. a.* Ce mot ſe dit des terres, & des biens qu'on a à la campagne. C'eſt loüer à quelcun les biens & les terres qu'on a hors des villes. C'eſt les donner à ferme. [Afeamer une terre. Afeamer un fief. Afeamer des heritages.]

Afermir, *v. a.* J'afermi, ou j'afermis, j'afermiſſois, j'afermis, j'ai afermi, j'afermirai. Ce mot vient du latin *affirmare.* C'eſt rendre plus ferme, & plus ſtable. (Les pieux qui afermiſſent cela en terre ne s'arrachent jamais. *Port-Royal, Traduction de l'Ecriture Sainte. Iſaie ch.* 33.)

† **Afermir,** *v. r.* C'eſt rendre plus fort & plus vigoureux. (Le froid afermit le corps. La bonne chere, veritablement ſage & délicate afermit la ſanté.)

Afermir, *v. a.* Rendre plus ferme, aſſurer, raſſurer. [Cela n'a ſervi qu'à afermir nôtre amitié. *Abl. Luc.* La nouvelle de cette victoire afermit l'Aſie qui branloit. *Vaug. Quint cap.* 9. L'aprobation afermit & fortifie les hommes dans l'idée qu'ils ont de leur propre excellence. *Nicole Eſſais. T.* 1. On tire de l'Ecriture Sainte une conſolation qui afermit l'eſperance des biens à venir. *Port-Royal, Nouveau Teſtament, préface,* 1. *partie.*]

S'afermir, *v. r.* Je m'afermis, ou, je m'afermi, je m'afermiſſois, je m'afermis, je me ſuis afermi, je m'afermirai. C'eſt devenir plus ferme, c'eſt devenir plus ſtable, & plus fixe. (La terre commence de s'afermir en cet endroit.)

† **S'afermir,** *v. r.* Ce mot pris figurément veut dire ſe rendre plus aſſuré, ſe rendre plus ferme, s'aſſurer. (Aimer à s'afermir l'ame. *Voi. lett.* 37. S'afermir dans ſes connoiſſances. *Abl. Luc.* Il s'afermit dans la mauvaiſe voie. *Port-Royal, Pſeaume* 35.)

Mon repos, mon bon-heur ſembloit être afermi,
Atenes me montra mon ſuperbe ennemi.
Racine, Phédre a. 1. *ſ.* 3.)

Afermiſſement, *ſ. m.* Prononcez *afermiſſeman.* Ce mot, au propre, ſignifie tout ce qui afermit, tout ce qui rend plus fort & plus ferme quelque choſe. (L'afermiſſement des bandages eſt neceſſaire. Il faut ſonger à l'afermiſſement de tout le corps. *Dogori mots de Medecine.*)

† **Afermiſſement,** *ſ. m.* Ce mot au figuré ſignifie, établiſſement aſſuré, ſureté, apui, aſſurance. (C'eſt vôtre puiſſante & adroite main qui travaille avec tant de bonheur à l'afermiſſement de nôtre repos. *Coſtar. T.* 2. *let.* 29. Mon Dieu, vous êtes le ſeul ſoutien, & le ſeul afermiſſement des ames. *Arnaud, confeſſion de S. Auguſtin l.* 2. *c.* 10.)

Afété, afétée, *adj.* Ce mot décend de l'Italien *aſettato,* & ſignifie qui a de l'afeterie, qui a quelque choſe de trop recherché. *Afeté* ſe dit des perſonnes & du langage. (La plus petite eſt la plus afétée. *Voi. lett.* Le P. B. eſt un cavalier fort afeté, *D'Ancourt, Cleante. T.* 2.

Je laiſſe aux douçereux ce langage *afété*
Où s'endort un eſprit de moleſſe hebeté.
Dep. Sat. 9.

Ce marbre avec ſa nudité
Me paroiſſoit trop afété.
S. Amant, Rome ridicule.)

Afeterie, *s. f.* Soin viſible & plein d'art, dans les choſes qu'on dit, ou qu'on fait. Manieres afétées & engageantes dont on ſe ſert pour venir à bout de quelque choſe. (Afeterie pure, afeterie ſote, ridicule, dégoutante, ennuieuſe, Il y a trop d'afeterie en cela. L'afeterie eſt viſible. On remarque de l'afeterie dans toutes ſes paroles, & cela ne ſauroit plaire. Ses actions ſont pleines d'afeterie. Poppée la plus belle & la plus ſpirituelle Dame de ſon tems prit d'abord Néron par ſes afeteries & par ſes careſſes. *Abl. Tac. ann. l.* 13. *c.* 16.)

AFI.

Afiches, *s. f.* Papier qui eſt ordinairement imprimé, & qu'on afiche aux carefours des ruës paſſantes, aux portes des Egliſes, & auprés des Palais pour avertir le public, des choſes qui regardent ſes interêts. (Une petite, une grande afiche, une afiche bien, ou mal écrite. Afiche imprimée en gros caracteres. Les aficheurs des comédiens vendent les afiches aux épiciers, aux chaircutiers & aux beurriers. C'eſt dans la boutique de ces gens-là qu'on dit qu'on trouve les œuvres du pauvre Monſieur Vaumoriére. Parlant d'afiches, dites, mettre une afiche, ôter une afiche. Dés qu'on voit le nom du Seigneur Tomas Delormes afiché, on en déchire auſſi-tôt l'afiche, & cependant c'eſt la fleur des beaux eſprits du Daufiné.)

Afiche, *s. f.* Terme *de Pratique.* C'eſt un exploit de Sergent ataché à la porte d'un particulier, à celle d'une Egliſe, ou auprés d'un Palais pour faire ſavoir qu'un bien eſt ſaiſi dans les formes preſcrites par la Juſtice. (Apoſer une afiche.)

Afiche, *s. f.* Terme d'écolier de Jeſuites. Papier embéli ordinairement de quelque cartouche, au dedans duquel il y a du Grec, de la proſe Latine, des vers Latins, ou quelque énigme. Une belle afiche, une jolie afiche, faire une afiche, atacher une afiche, expliquer une afiche. Ces afiches ſont bien imaginées, elles donnent de l'émulation aux jeunes gens qui ont du cœur.)

Afichett

AFI.

Afiches, *s. f.* Terme d'écolier de Jésuites. Tems pendant lequel on fait & on explique les afiches dans les classes d'humanité des Jésuites. *Afiches* en parlant de ce tems, ne se dit qu'au pluriel. (Les afiches sont dans quinze jours. On fait les afiches un peu avant les vacances. Durant les afiches on distribuë les prix aux écoliers qui ont le mieux écrit en prose ou en vers, & l'on explique en Latin & devant tout le monde une énigme sur un Teatre bien paré. Il n'y a point de clase aux Jésuites pendant les afiches. Les afiches durent quelques jours. Il y a tous les ans des afiches aux Colléges des Jésuites. Les afiches réjouïssent les écoliers, & les portent à l'étude. L'université de Paris ne fait point de ces sortes d'afiches & tant pis pour elle.)

Aficher, *v. a.* Mettre des afiches aux coins des ruës, aux portes des particuliers, ou aux Eglises. (On afiche pour avertir le public de ce qui regarde son plaisir, ou ses interêts. Le Lieutenant de police fait aficher ses ordonnances. Les Libraires font aficher les livres qu'ils ont nouvellement imprimez, mais ils ont beau aficher les ouvrages du Seigneur Amelot la Houssaie, personne ne va les leur demander & son Tacite est mille fois plus dur que les œuvres de nôtre ami Monsieur Charpantier le Coriphée de l'Académie Françoise.)

† *Aficher*, *v. a.* Terme de cordonier. C'est couper les extremitez du cuir lors qu'il est sur la forme. (Aficher une paire de semelles, aficher un paire d'empeignes.)

Aficheur, *s. m.* Celui qui pour l'interêt du public & des particuliers met des afiches aux carefours & aux coins des ruës passantes, (Un bon aficheur. Pour être aficheur on ne fait ni aprentissage, ni maîtrise. Un aficheur gagne tous les jours sa piéce de trente sols. Les Comédiens ont 3. aficheurs : l'un afiche un jour & l'autre un autre.)

Afidé, *afidée*, *adj.* Il vient de l'Italien *afidato*. C'est la personne en qui l'on se fie ; Celui ou celle dont la fidélité est assurée. Il étoit afidé à Alexandre. *Vau. Quin. l.* 7. Elle étoit son afidée.)

S'afier, *v. r. Je m'afie, je me suis afié, je m'afiai, je m'aferai*. C'est faire fonds sur la fidélité de quelcun, conter sur la bonne foi d'une personne. *S'afier* est vieux & en sa place on dira *se fier*, *se confier*, s'assurer sur la fidélité d'une personne.

Afiler, *v. a.* Terme de tireur d'argue. C'est mettre le lingot d'or ou d'argent dans la filiére, mettre la verge d'or ou d'argent dans la filiére. (Afiler un lingot, afiler une verge d'or, afiler une verge d'argent.)

Afiler, *v. a.* Terme de coutelier. Il vient de l'Italien *afilare*. C'est donner le fil sur la pierre. (Afiler un rasoir, afiler un canif, on n'afile qu'après avoir émoulu & poli. Les Jadiniers afilent leur serpettes.)

† * *Avoir le bec bien afilé*. Façon de parler proverbiale & figurée, qui se dit des personnes. C'est bien causer, c'est avoir beaucoup de caquet, c'est bien babiller.

(Il lui fit seulement le bec
Quoi qu'il l'eût *afilé* comme fine alumelle.
St. Jussans. billets. p. 222.)

Elles ont le bec bien gelé
Et le caquet mal afilé. *Poete anonime*.
(C'est à dire qu'elles ne causent pas bien.)

Afiler, *v. a.* Terme de Religieux. On prononce presque *afilié*. C'est faire participer de tout le mistére, & de tout ce qu'il y a de saint & de considérable dans un Ordre. (Les Cordeliers ont afilié la maison de Mr. N. à leur Ordre.)

Afiliation, *s. f.* Terme de Religieux. On prononce *afiliacion*. Communication qu'un Ordre Religieux fait à quelque maison particuliére de tout ce que l'Ordre a de plus-saint & de plus-précieux. [Aprés l'afiliation de la maison de N. à l'Ordre des Péres Récolets, cette maison a fait à ces bons Péres un présent de conséquence ; car rien pour rien, point de present, point d'afiliation.)

Afin de, Conjonction qu'on rend en Latin par *ut* & qui demande en François le verbe qu'elle régit à l'infinitif. (Faites, Seigneur, que nous connoîtrions la breveté de nos jours *afin* d'aquerir la sagesse du cœur. *Port-Roïal*. Elle veut qu'on l'oblige retenir *afin* de pouvoir être ingrate. *Gom. Poes.* Cette conjonction *afin* se veut dans une même période deux constructions, à la premiere, l'infinitif, & à la seconde, le subjonctif, avec la particule *que*..... J'ai tenu cette conduite afin de faire voir mon innocence à mes Juges & que l'imposture ne triomphe point de la verité. *Vau..... rem.* Mr. de Corneille dans ses notes sur les remarques de Vaugelas n'est pas tout à fait pour cette derniere façon de parler. Mais Mr. de Corneille est trop sage pour vouloir qu'on le croie infaillible. J'ai un patient un peu troublé d'esprit, que je veux vous donner chez vous *afin* de le guerir avec plus de commodité, & qu'il soit vû de moins de monde. *Moliére, Pourceaugnac, a. 1. sc. 6.*

Afin que, Conjonction qui régit le subjonctif, & dont on sousentend la premiére partie au second membre de la période. Car si ce n'est par figure & en maniere d'éloquence, on ne répéte dans le membre second de la période que la particule *que*.

AFI.

[*Afin* que vous ne vous plaigniez point de moi & *que vous* soïez content de mes petites reflexions je vous ferai voir qu'il y a quelque chose de vrai dans la Chiromance. *La Chambre traité de la Chiromance*. Ils livreront le fils de l'homme aux Gentils afin qu'ils le traitent avec outrage & qu'ils le foüettent & le crucifient. *Port-Roïal S. Mathieu. Chap.* 20. Au reste *afin que*, & *afin de* ne sont pas si en usage que *pour* avec l'infinitif.

Afinage, *s. m.* Terme de gens qui travaillent à la monoie, ou à quelque metal. C'est le secret d'afiner. C'est l'art de rendre fin quelque metal. *Afinage* signifie aussi la peine qu'on prend ou qu'on a prise d'afiner quelque métal. [Chercher l'afinage de l'or, trouver l'afinage de l'argent. Faire l'afinage de l'étain. Les afinages aiant été trouvez, l'or, & l'argent ont changé de Titre, tant à la monoie qu'à l'orfévrerie. *Voi. Touset. Traité des essais l. 2.*)

Afinage, *s. m.* Ce mot se dit aussi de quelques autres choses que des metaux, & signifie l'adresse qu'on a euë de rendre plus fin. L'afinage du ciment que nous apelons roïal, est variable, & incertain. *Traité de l'afinage*.

Afinement, *s. m.* Ce mot signifie l'action d'afiner les métaux, &c.

Afiner, *v. a.* Ce mot se dit du ciment. C'est le rendre plus fin, plus délié, & presque en poudre impalpable. [afiner le Ciment.]

Afiner, *v. a.* Ce mot se dit des métaux. Rendre le métal plus fin, le rendre moins grossier, le rendre meilleur. [Afiner l'or, l'argent, l'étain, le cuivre, &c.]

Afiner, Ce mot, en terme *de marine*, se prend dans un sens neutre. Il se dit du tems, & veut dire s'eclaircir, devenir plus-beau. (Le tems commence d'afiner, le tems afiné. *Des-roches, dictionaire de Marine.*

Afiner, *v. a.* Terme de Relieur. C'est renforcer. (Il faut afiner ce carton.)

Afiner, *v. a.* Terme de Cordier. C'est passer le Chanvre, ou le lin par l'afinoir pour le rendre meilleur & plus fin. (Afiner le lin, afiner le chanvre.)

Afiner, *v. a.* Terme de fruitiers & de gens qui font & vendent du fromage. C'est rendre le fromage jaune & gras. (Mettre afiner du fromage, faire afiner du fromage, afiner le fromage pour le rendre meilleur. (

Afinerie, *s. f.* Terme de gens qui travaillent aux forges. C'est une espece de petite forge où l'on tire le fer en fil d'archal. (Porter le fer à l'afinerie.)

Afinerie, *s. f.* Il signifie aussi un fer rafiné & mis en rouleaux pour faire divers ouvrages. (vendre un millier d'afinerie. *Voïés* forge.

Afineur, *s. m.* Terme *de gens qui travaillent à l'or & à l'argent*. C'est l'ouvrier qui rend l'or & l'argent plus fins, & qui leur donne le degré de bonté qu'ils doivent avoir. (Un bon afineur. Un habile afineur. Etre afineur.)

Afineur, *s. m.* Terme de gens qui travaillent aux forges de fer. C'est l'ouvrier qui afine le fer dans l'afinerie. (C'est un bon afineur.)

Afinité, *s. f.* Ce mot vient du Latin *afinitas*. C'est une sorte d'alliance, & de parenté que l'on contracte avec une, ou plusieurs personnes. (Une afinité honnête, glorieuse, illustre ; une afinité honteuse & infamante. Cette derniere espece d'afinité vient lorsqu'on a eu un commerce honteux avec des personnes. Il y a aussi une *afinité* spirituelle qui dans l'Eglise Romaine se contracte ou par le Batême ou par la Confirmation. Quand on a été Parrain, ou Marraine de quelques enfans on contracte une afinité avec le pére & la mere de cet enfant. L'afinité est quelquefois double, elle s'est lors qu'on rient l'enfant de celui qui a tenu le nôtre. (On dit, ils ont afinité ensemble. Avoir afinité avec quelcun, contracter une afinité avec une personne, obtenir dispense pour une afinité spirituelle. *Traité de l'afinité. C.* 35.)

† *Afinité* *s. f.* Ce mot au figuré signifie liaison, connexion, & il se dit des choses. (Notre ame a comme une espece de liaison & d'afinité avec ces choses. *Dép. Long. C.* 32. Ces choses n'ont aucune afinité entre-elles. *Abl. Luc. T. 3.*

Je vous sçai fort bon gré de m'avoir suplanté
Coquetes & cocus ont une grande afinité.
Sca. Japhet. a. 6.)

Afinoir, *s. m.* Terme de cordier. Prononcez *afinoé*. C'est un sêran dont les broches sont petites & prés-à-prés au travers desquelles on fait passer le lin, ou le chanvre pour les afiner : (Un bon afinoir, un méchant afinoir, prenés cet afinoir & afinez ce chanvre,)

Afiquet, *s. m.* ce mot selon Mr. de Nicod vient de Picardie, & il ne se dit d'ordinaire qu'au pluriel, & même il n'a le plus souvent cours que dans le stile bas, le comique, ou le satirique. Ce font toutes les petites choses qui servent à parer les femmes & à en relever la beauté. (Les femmes n'aportent rien en mariage avec les Allemans : au contraire elles reçoivent d'eux, non pas des parures, ni des afiquets, mais une couple de beufs, un cheval enharnaché, le bouclier avec la lance & l'épée. *Abl. Tac. Germ.. Chap.* 1. si l'excelent D'Ablancout vivoit il diroit, elles en reçoivent au contraire, non point des parures, ni de *vains ajustemens*, mais une couple de bœuf, &c.

AFIRMER, v. a. Ce mot vient du latin *afirmare* Terme de *pratique*. C'est lever la main devant un Juge en état d'ouir les parties, & faire serment de la verité des choses sur lesquelles on est interrogé. (Seymord Anglois de nation afirma en malhonnête homme qu'il ne devoit rien à Julien qui l'avoit pensé de la verole, ni à tous les autres qui lui avoient fait l'honneur de l'obliger. Ce galant Seymord afirma cela, lors que Milord Preston étoit envoié vers Louïs 14.)

Afirmer, v. a. Terme usité dans les matieres de Phisique. C'est asurer, c'est dire afirmativement quelque chose. (il afirme positivement que le chaud nuit plus aux corps que le froid. L'esprit en concevant deux choses, afirme de l'une qu'elle est l'autre , ou au contraire. *Roh. Phis.*

Afirmatif, *afirmative*. adj. Plein d'assurance, assuré qui assure & ne doute point de ce qui est avancé. (Parler d'un ton afirmatif. Dire une chose d'un ton afirmatif. C'est une proposition afirmative. *Port-Roïal , Logique, 2. partie C. 13.*)

Afirmative, *s. f.* Proposition qui afirme, sentiment qui afirme une chose. L'afirmative, & la négative se la plûpart des opinions ont chacune leur probabilité. *Pasc. let. 6.* Etre pour l'afirmative. *Roh. Physique.* L'afirmative paroit la plus probable. *Roh. Phisique.*)

Afirmativement, adv. Prononcez *afirmativeman,* C'est-à-dire, d'un ton afirmatif, d'un ton qui afirme, qui asure qu'une chose est positivement. [Je n'ai pas acoutumé de parler afirmativement des choses qui dépendent du fait d'autrui. *Soreau, lettres de Ciceron & de Brutus, let. xi.* Je n'ai jamais été afirmativement que l'infaillible Heinsius ait manqué contre son art. *Balzac entr. 35.* Je lui déclarai afirmativement qu'il avoit asses de force pour faire son voiage. *Pasc. l. 2.*)

Afirmation, *s. f.* Mot qui vient du Latin, *afirmatio,* & qui se prononce *Afirmacion* Terme de *Logique.* C'est une proposition qui afirme & qui dit d'une chose qu'elle est. Il est de la nature de l'afirmation de porter l'esprit à cela. *Port-Royal, Logique 2. partie.*

Afirmation, *s. f.* Terme *de pratique* c'est l'asurance qu'on donne de la verité d'une chose. [Il est alé au gréfe des afirmations, asurer qu'il a fait son voïage exprés & le gréfier lui en a délivré un acte d'afirmation.)

Afirmation, *s. f.* Terme *de pratique.* Iurement décisoire déferé par le juge, ou par la partie. Il a juré devant Apollon qu'il avoit fait les vers qui ont remporté le prix d'Angers, & il a été cru à son afirmation. Le mot d'afirmation en ce sens, n'est pas si usité que celui de *serment.*]

A F L

AFLICTIF, *afliktive. adj.* Ce mot est *de pratique* , & vient avec quelque changement du Latin *afliktus,* & semble n'avoir bien cours qu'au *feminin.* Il signifie punissante & infamante , qui cause un déplaisir sensible acompagné de mal & d'infamie. (Il n'y a que le Pape qui puisse rehabiliter un séculier , ou régulier qui a été condamné à une peine aflictive. *Le Peletier, Traité des expeditions.*)

Afliction, *s. f.* Prononcés *afliccion.* Mot qui vient du Latin *afliktio.* C'est une douleur causée par quelque accident , ou par quelque chose de fâcheux qui nous est arrivé à nous , ou aux personnes que nous aimons ou que nous honorons. [Une afliction sensible , une grande afliction , une extrême afliction , une afliction cruelle , amere , mortelle , une afliction légère. Il reçut une sensible afliction de la mort de son ami. *Abl. Tac.* Aussi-tôt qu'elle le vit , son afliction reprit de nouvelles forces, *nouvelle adultere.* Ie trouverai la paix dans mon afliction la plus amere. *Port-Royal, C. 38.* Il n'y a qu'une afliction qui dure, c'est celle qui vient de la perte des biens *Teophraste. Mœurs du siecle p. 164.* L'afliction de la plûpart des hommes d'aujourd'hui n'est que pure comédie.)

Afligeant, *afligeante. adj.* Qui aflige, qui cause de la douleur, qui touche de douleur de l'afliction. (Un vrai ami est une chose tres rare , & son trépas en est d'autant plus afligeant. Si c'est une chose afligeante que la perte de sa reputation, le pauvre T. est à plaindre.)

Afliger, v. a. Ce mot vient du Latin *afligere.* C'est donner de l'afliction, c'est causer de la douleur à une personne. C'est fâcher une personne. Le pere aflige, & aigrit les maux *Teophraste , mœurs du siécle.* Rien n'aflige tant un honnête homme que l'ingratitude. Les mauvaises nouvelles afligent les uns & réjoüissent les autres.

Il nous a fait passer nôtre tems en récits
Capables d'afliger les moins sombres esprits.
La font....& Mau. T.1.)

Afliger, v. a. C'est maltraiter par des austerités & faire soufrir son corps : C'est le mortifier. (Afliger son corps par des austeritès. *Port-Royal Bartelemi des Martirs.* Les saints ont afligé leurs corps par le jeune & les disciplines; & ceux qui les devroient imiter, tiennent helas ! une conduite toute contraire.)

* Afliger, v. a. C'est ruiner, désoler par toute sorte de maniere. (La guerre aflige l'Etat *Mai. Poe.* La peste , & la famine afligent cruellement le Païs. Les grandes levées afligent un Royaume.]

Afligé, *afligée. adj.* Ce mot vient du Latin *aflictus.* Qui a du chagrin , qui a de la douleur, qui resent de la tristesse de ce qui lui est arrivé de fâcheux à lui, ou à une personne qu'il aime , ou qu'il estime. (Trente Cupidons faisoient beaucoup plus les afligez que leurs compagnons. *Sar. œuvres.* Il feint d'être afligé de la perte que son ami vient de faire. Elle paroit afligée ; mais elle ne l'est que par interêt seulement pour sauver ses apparences d'honnête femme.)

Afligé, *s. m.* Qui est touché de douleur ; qui a de l'afliction. (Le temple de la justice est l'inviolable refuge des afligez. *Pat. pl. 3.* Il est genereux de se ranger du côté des afligez. *Mol. critique l. 6.* Les afligez sont quelque chose de sacré.)

Afligée, *s. f.* Celle qui a de l'afliction. (Les veritables afligées sont rares ; & on ne les sauroit asses estimer. Ie partage la douleur de ces pauvres afligées. C'est meriter que de consoler les afligées. Ie tâcherai d'adoucir la douleur de cette charmante afligée. *Mol. scapin. a. 1. s. 2.* Une afligée de caractére est touchante.)

AFLUENCE, *s. f.* Ce mot vient du Latin *afluentia,* & se prononce *afluance.* C'est une abondance de toutes choses. Une quantité de choses. (Une afluence de paroles , qui toutes ne disent pas grand' chose. Quand Menet est une fois sur ses loüanges ; il a un babil & une *afluence* de mots, qui ne tarit point.)

Afluence, *s. m.* Concours de peuple, concours de personnes ou d'autres choses qui se vont rendre en un certain lieu. (On celebre les jeux avec un concours & une afluence incroiable de peuple. *Vau. Quin. l. 4. C. 5.* Le chemin étoit rompu par l'afluence des ruisseaux. *Vau. Quin. l. 3. C. 4.*)

Afluer, Ce mot vient du Latin *afluere,* on prononce *aflué,* & il se prend en François dans un sens neutre. Il signifie se rendre en foule en quelque lieu. Se rendre en quantité , concourir. Ce mot *afluer* n'est pas trop au gré de bien des gens: mais ces gens-là ont tort. Un fameux academicien s'en est servi , & c'est assez pour le trouver bon. On doit humblement croire que tout ce que disent ces Messieurs , est excellent. Voici l'autorité. Les peuples afluoient de tous côtez en ce lieu pour voir cette relique, *Mezerai, histoire de France T. 2. vie de Robert.*

A F O.

AFOIBLIR, v. a. Prononcez *afôbli.* C'est rendre plus foible, rendre moins vigoureux & moins robuste, abatre la force. (Le trop grand chaud afoiblit le corps. La frequente débauche afoiblit l'estomac & la source de bien des maladies qui afligent le corps.]

Afoiblir, v. a. Ce mot au figuré a un sens étendu. C'est rendre moins vif, ôter la vivacité, ôter la force, & alors il se dit de l'esprit , de la memoire , des pensées & des raisons. (La trop grande étude afoiblit le corps & l'esprit. La vieillesse afoiblit la memoire & fortifie le jugement. L'afectation en matiere de langage afoiblit la pensée. *D'ancour, entretiens d'Ariste. tom. 2. let. 7. & 8.* Il n'y a rien qui afoiblisse cette preuve. *Bessuet, doctrine de l'Eglise. C. 15.*]

* Afoiblir, v. a. Ce mot au figuré signifie généralement aussi diminuer, amoindrir , abatre la force. (Afoiblir le courage de ses ennemis. *Abl. Tac. T. 2.* Afoiblir le contraire au bien des ames que ce qui peut diminuer le respect , ni qui soit plus capable de l'afoiblir qu'une si grande disproportion. *Port-Royal Nouveau Testament Pref. 1. partie.* Le tems afoiblit l'amour. *Pelisson, recueil de Poësies.* La longue absence afoiblit l'amitié de bien des gens. Les disgraces afoiblissent l'amitié des personnes sans cœur.)

Afoiblir, v. a. Terme de *monoie.* Rendre de moindre valeur. (Il n'est point permis aux particuliers d'afoiblir la monoie. Les loix de chaque Etat & de chaque Roïaume défendent d'afoiblir la monoie sur peine de la vie.)

S'afoiblir, v. r. Les deux premieres silabes de tous les tems de ces verbes afoiblir, & s'afoiblir se prononcent *afé.* On dit je m'afoiblis, je m'afoiblirai. C'est devenir plus foible. Perdre de ses forces, c'est n'avoir plus tant de vigueur. (Les genoux des vieilles gens s'afoiblissent. Le corps aprés un certain tems, s'afoiblit tous les jours.)

* S'afoiblir, v. n. Ce mot au figuré a un sens étendu, & veut dire n'avoir plus tant de force d'esprit , ou de memoire. S'afoiblir se dit aussi en matiere de gens qui font ensemble quelque corps. (Le parti s'afoiblit. *Abl. Tac.* Son esprit s'est tellement afoibli qu'il fait pitié. Sa memoire s'est fort afoiblie depuis la derniere maladie qu'il a eüe.)

Afoiblissement, *s. m.* Prononcez *afoiblisseman,* sans faire entendre le T, si ce n'est dans une voïelle. C'est une diminution de forces, c'est une diminution de vigueur. (Le mot d'*afoiblissement* a son sens propre , & le figuré. (Un afoiblissement géneral , un grand afoiblissement , un extrême afoiblissement, un afoiblissement , considerable. C'est l'afoiblissement de toutes les forces. La vigueur de son corps tombera dans l'afoiblissement & dans la maigreur. *Port-Royal, Isaïe C. 7.* La fleur de l'âge se passe , & la vigueur de la jeunesse a des afoiblissemens. *Port Royal , Ecriture sainte , Isaïe C. 40.* On a pitié du pauvre petit M...... à cause de l'afoiblissement de son peu de sens commun, & sa conduite dans le monde marque cet afoiblissement.)

† Afoler, v. a. Ce mot signifie, blesser, & au propre il est vieux; & n'est plus en usage qu'en riant & même dans le mieux parler, il n'y est plus. Il a reçu un coup qui l'afole sensiblement. On diroit à cette heure, il a reçu un coup qui le blesse sensiblement.

* Afoler, v. a. Ce mot au figuré ne se dit que dans le bas stile, dans le comique, ou le satirique. Afoler n'est en usage qu'en parlant de quelque mouvement de l'ame, de quelque violente passion. C'est toucher si sensiblement une personne qu'elle en soit en quelque façon troublée.

(Clovis que l'amour *afola*
Aime les galans de la Cour.
Gom. Epig.)

Quoi que chetif fils d'un miserable Procureur d'un Presidial de Province, il a des visions de noblesse qui *l'afolent* à faire crever de rire.)

* Afolé, afolée, adj. Ce mot au figuré ne se dit que dans le comique ou le satirique, & il signifie, qui est touché de quelque passion presque jusqu'à la folie.

(C'est un magistrat de Province
Afolé de sa propre amour;
Il demanderoit du retour
Pour se troquer avec un Prince.
Main. Poës. page 221.

Toute la ville de Grenoble connoit le merite chimérique de N. Avocat Rimailleur, & tit de tout son cœur de l'en voir pourtant si eperdûment *afolé*.)

† Afolé, afolée, adj. Terme de mer. Ce mot se dit en parlant d'éguille ou de boussole, & signifie défectueux, touché d'un aimant qui ne donne pas la veritable direction. (Boussole afolée, aiguille afolée. St. George. Arts de l'homme d'epée.)

Afourcher, v. n. Terme de mer. C'est jetter à la mer une ancre qui soit oposée à celle qu'on y aura déja jettée. (Il faut afourcher. On a afourché, il est tems d'afourcher.)

AFR.

Afranchir, v. a. Exemter, délivrer, tirer d'une sujetion facheuse & contraire à la liberté naturelle. (La Reine Blanche mere de Louis neuviéme afranchit plusieurs personnes & abolit le droit de servage en plusieurs endroits de France. Le mai. Plai. 10 pag. 347. Il est d'une ame grande & genereuse d'afranchir les peuples d'une cruelle servitude. Vau. Quin. l. 6. c. 3.) S'afranchir, v. r. Je m'afranchis, je m'afranchissois. Je m'afranchis, je me suis afranchi, je m'afranchirai. S'exemter, se délivrer de quelque chose de rude & de fâcheux. Se tirer de quelque joug dur & fâcheux. (On ne cherche qu'à s'afranchir de la domination des souverains. Abl. Tac. an. l. 3. Descartes vivroit autant que ses divins ouvrages, si le Sage pouvoit s'afranchir de la mort. Auteur anonime. Philique.) S'afranchir, v. r. Ce mot au figuré se dit en parlant d'amour. C'est se délivrer de la tirannie de l'amour. Heureux qui s'afranchit du pouvoir de l'amour. Cor. Cinna.

S'il songe à s'afranchir, il sent qu'il ne le peut
Il combat, il se rend & ne fait ce qu'il veut.
La Suze Poësies.)

Afranchi, s. m. Terme de Droit Romain. Celui qui dans les formes prescrites par le Droit Romain a été délivré de servitude. (Phedre, de qui l'on a cinq livres de tres jolies fables en vers Latins, étoit un afranchi d'Auguste. Port Royal, traduction de Phedre. Les afranchis reveroient *comme des Dieux*, les personnes qui les avoient delivrez de la servitude. Le mai. Plai. 27. page 496.

Afranchi, s. f. Terme de Droit Romain. C'est celle qui a reçu la liberté dans les formes prescrites par le droit. (Une jolie afranchie, une belle afranchie, c'est une afranchie qui mérite d'être aimée, parce qu'elle a mille belles qualitez.)

Afranchi, Afranchie, adj. Mot qui vient du verbe *être afranchi*. C'est à dire exemt, délivré de servitude, ou de quelque autre chose de rude & fâcheux. (Il a été afranchi d'une glorieuse maniere. On est bien-heureux quand on est afranchi des miseres de cette vie. Ari. lettres.)

Afranchissement, s. m. Prononcez *afranchisseman*. C'est une grace du Souverain en faveur de laquelle on jouit de la liberté. (Un afranchissement general, universel, particulier, considérable, favorable, glorieux. Du tems de Louïs 9. Roi de France on fit en 1248. un afranchissement en faveur de certains vilages qui dépendoient de l'Abaïe de St. Germain des prez. Le mai. Plai. 10. page 347.)

Afreux, afreuse, adj. Mot qui vient du Grec. C'est ce qui épouvante, qui donne de l'éfroi & inspire de la crainte. Ce mot *afreux* suivi d'un nom veut le datif, & d'un verbe, l'in-

finitif précédé de la particule *A*. (La mort est quelque chose d'afreux *à tout* le monde & plus encore *aux* méchans qu'à tous les autres. S. Ciran. lettres. La misere du pauvre Cas, est afreuse à tout le monde, mais ce qui le rend ridicule c'est qu'il est fier, & orgueilleux dans cette derniere misere. Tout n'est qu'or & que pourpre dans vôtre armée, celle des Macedoniens au contraire est afreuse à voir. Vau. Quin. l. 3. i. 2. Sa conduite est afreuse à dire, & on ne la peut entendre sans horreur.)

Afreux, afreuse, adj. Ce mot pour dire *épouvantable* se met aussi sans régime. (Il a le regard afreux. Abl. Marmol. l. 1. Sa mine est afreuse. Arn. Joseph. Sa fin fut afreuse. Bossuet, histoire universelle. Sa vie est afreuse.)

Afreusement, adv. Prononcez afreuseman. D'une maniere afreuse, d'une façon horrible. Le mot d'*afreusement*, dans ce sens, a un usage tres-borné. (Ils ont afreusement massacré ce qu'ils ont rencontré. Quelques gens d'esprit ne desapprouvent pas cette expression ; Cependant ils aiment mieux ce tout, ont massacré d'une horrible maniere ce qu'ils ont rencontré.)

Afreusement, adv. Ce mot dans le discours bas & ordinaire signifie autant que *tres, fort, beaucoup, grandement ou extremement*. Monsieur N. est un bel esprit, mais en recompense il est afreusement laid. Elle est riche, mais elle est afreusement laide. Au lieu de *afreusement*, on se sert le plus souvent du mot *horriblement*, & l'on dit plutôt, il est *horriblement* gros & laid, qu'*afreusement* gros & laid.

Afriander, v. a. Mot bas. Il n'entre pas que dans les discours ordinaires ou Comiques. C'est rendre friand, rendre une personne plus délicate en lui donnant quelque chose d'extrêmement bon à boire, ou à manger. (Vous m'afriandez à vôtre vin. Vous m'afriandez à vôtre bonne chère, dit Vau. & j'entagerai quand je serai chez moi de ne manger qu'un peu de bœuf à la daube mal aprêté avec un demi-setier de gros vin d'Orleans. C'est commencer de bonne heure à perdre les enfans de que commencer à les afriander.)

Afront, s. m. C'est un mépris qui consiste à fâcher, ou à nuire de gaieté de cœur à une personne en des choses qui lui font de la honte, ou lui causent du deshonneur. (Un afront outrageux, un afront sensible, touchant, cruel, sanglant, cuisant, mortel. Un petit afront, un leger afront. Faire un sanglant afront à quelqu'un. Scar. Rem. endurer un afront. Abl. Luc. T. 1. Il est d'une ame veritablement Crétienne de soufrir les afrons pour l'amour de Jesus-Christ. Morale Crétienne.

A de pareils afrons pourquoi les exposer ?
Pourquoi contre vous-même allez vous déposer ?
Rac. Phedre, c. 3. s. 3.)

Afronter, v. a. Ce mot vient de l'Espagnol *afrontar*. C'est ataquer tête baissée, & avec hardiesse. Il se dit des personnes. (Afronter l'ennemi. Vau. Quin. l. 9. Afronter le camp, afronter l'armée, afronter un bataillon, afronter un escadron. Abl. Frontin.)

Afronter, v. a. Ce mot pris figurément veut dire s'exposer avec hardiesse, s'exposer avec un courage intrepide, & alors il se dit des choses. (On est le soldat qui n'afronte pas le danger en presence de son Prince. Abl. Minutius felix. Les Martirs ont afronté la mort pour l'amour de Jesus-Christ. Port-Royal, Barthelemi des martirs.)

* Afronter, v. a. C'est tromper par une adresse basse, rusée & maligne. Afronter, en ce sens, se dit seulement des personnes. (Afronter quelcun de dix pistoles, Abl. Luc. T. 1. H. de la G... est maitre en cet bel art d'afronter les gens & sur ce chapitre il dame le pion à son illustre Pere.)

Afronter, v. a. Terme de Palais. Il se dit seulement dans les matieres criminelles. C'est montrer aux témoins la personne acusée pour voir si dans l'incertitude où l'on est, si cette personne a commis le crime dont il s'agit, ils la reconnoîtront, ou non. (Afronter un acusé aux témoins. On a ce matin afronté l'acusée aux témoins, & les témoins ne l'ont point reconnuë. L'acusé a été reconnu par le dernier témoin auquel on l'a afronté.)

Afronteur, s. m. C'est un trompeur lache & malin qui n'a ni foi ni honneur. (Un veritable afronteur. Un lâche afronteur. Le scelerat qui soufrit la verole à Paris est un infame afronteur, est un coquin d'afronteur. Il y a bien des P. qui passent pour insignes afronteurs : Le grand E... qui a le bout de l'un des doigts de la main coupé, est un bel exemple de cette verité.)

Afronteuse, s. f. C'est celle qui trompe d'une maniere lâche, maligne & adroite. (Une franche afronteuse. Elle est reconnuë pour une insigne afronteuse. On la regarde comme une veritable afronteuse.)

AFT.

Aftomate. Ce mot s'écrit *automate*. Ainsi voïez la Colonne AUT.

AFU.

† Afubler, v. a. Ce mot est hors d'usage pour dire se couvrir la tête. On ne dit plus afublez-vous, mais *afubler* pour dise se

D 2

vétir, & se couvrir a cours dans le comique ou le satirique. L'excellent Mainard a dit dans ses lettres. (On l'a afublé d'un froc. Quand une maison est chargée d'enfans le Pere ne sauroit mieux faire que d'afubler d'un froc ou d'une soutane les plus sots.)

† *Etre afublé.* Verbe passif qui ne trouve bien sa place que dans le stile comique ou mordant. Il signifie être vêtu, être couvert. M....a fort bien fait de s'être afublé d'une soutane, comme il est fourbe & tartufe, elle servira au moins à cacher ses défauts à bien des gens.

> Le moindre de leurs valets
> Est *afublé* d'écarlate,
> Leurs maisons font des palais
> Où l'or & l'azur éclate.
> *Mai. Poësies, page* 285.

> O qu'il est indignement
> Afublé d'une soutane
> C'est l'oprobre & l'excrement
> De l'Eglise Gallicane.
> *Mai. Poës. p.*230.

Afut, s. m. Terme de guerre. C'est le logement d'une piece d'artillerie, composé de deux grosses pieces de bois d'orme, & de quatre entretoises. (Un bon afut , un méchant afut. Faire un afut, monter un canon de son afut. François premier à la bataille de Marignan reposa tout armé, une partie de la nuit sur l'afut d'un canon. *Mez. l'histoire de France.*)

Afut de bord. Terme de mer. C'est un afut de canon dont on se sert sur les Vaisseaux quand on est en mer. (Avoir des afuts de bord autant qu'il en faut. *Desroches , Terme de marine.*)

Afut, s. m. Terme de chasseur. C'est le lieu où l'on se cache pour atendre le lievre, le renard ou quelque autre animal, & le titer quand il paroit. (Etre à l'afut, demeurer une heure à l'afut, aler à l'afut.)

Afutage, s. m. Terme de menuisier. Tous les outils necessaires pour travailler. (Un bon afutage, un afutage tout neuf. Acheter un afutage. Avoir tout son afutage.)

Afuter, v. a. Terme de menuisier. C'est à dire, éguiser. (Afuter une varlope. Afuter une fermoire.)

Afuté, afutée, adj. Terme de menuisier, c'est à dire, éguisé, (outils bien afutez, demi varlope afutée.)

Afuté, afutée, adj. Terme de menuisier, c'est à dire , qui a tout l'afutage qu'il lui faut pour travailler. (C'est l'un des menuisiers de Paris le mieux afuté. Sa boutique est tres-bien afutée, c'est à dire que le menuisier a les outils necessaires pour son métier.)

A G A.

† *Aga.* Mot qui vient du Grec, & qui est une sorte d'interjection. Il se dit pour marquer quelque étonnement ou quelque indignation : mais il est vieux & ne se dit d'ordinaire que par le petit peuple, ou dans des pieces comiques par quelque valet, ou quelque servante. (Aga donc ! Qu'est ce que cela ? Aga ! le plaisant fat que M. de s'imaginer l'emporter sur tous les honnêtes gens de lettres de Paris.)

† *Agacer, v. a.* Mot qui vient du grec. Il n'entre que dans les discours familiers, plaisans, ou satiriques, & sur tout quand il se dit des personnes. c'est irriter, ataquer, provoquer par de petites ataques à quelque ressentiment.

> Cher Tirsis , je me sens piquer
> De vingt sonnets dont tu m'*agaces*
> Et de vingt dont tu me menaces;
> *Pallieur.*

Le petit M. a un caractère d'esprit Provincial qui l'oblige d'agacer sotement tout le monde , parce qu'il croit tout seul que personne ne le vaut. *Auteur anonime.* Caf... qui a maintenant de quoi rouler doucement , passe toute la journée à chercher les puces à son chat, & à agacer son moineau.

Agacer, v. a ce mot se dit des dents. c'est imprimer aux dents une certaine qualité qui empêche quelques momens , de bien mordre. (Les choses vertes & acides agacent les dents. Le citron rafraîchit , mais il agace les dents.)

S'agacer, v. r. Signifie s'ataquer, s'irriter , & n'est pas usité dans tous les tems lors qu'il est pris reciproquement.

> [Des laquais s'agaçans
> Font aboier les chiens & jurer les passans.
> *Dép. sat.*6.

Ils s'agacent les uns les autres comme des coquins.]

Agacement, s. m. c'est l'éfet des choses trop vertes ou trop acides sur les dents, lequel les empêche de manger d'une maniere libre & hardie. [L'agacement des dents seroit fâcheux s'il duroit.]

Agape, s. f. Mot qui vient du Grec, & qui signifie charité. Monsieur Teissier si recommandable par sa vertu & par son érudition m'a communiqué bien des choses sur le mot d'Agape. C'étoit un repas que les premiers crétiens faisoient en commun pour se témoigner l'amour qu'ils avoient les uns pour les autres. Ils mangeoient tous à une même table comme enfans d'une même famille , & prenoient tous d'une maniere honnête & pleine d'amitié , des viandes & des fruits que chacun d'eux avoit porté à ce repas. Ils en usoient de la sorte pour montrer qu'en particulier ils n'avoient rien dont l'usage ne leur apartint à tous. Il y avoit trois especes d'agapes; Les unes se celebroient les jours des nôces, les autres les jours des fêtes des martirs , & les dernieres, les jours des funerailles. Comme les agapes ne se faisoient que pour se marquer l'amour qu'on se portoit les uns aux autres , les premiers crétiens recevoient le corps de Jesus-Christ après ces repas, & ils confirmoient par là les assurances qu'ils s'étoient données de leur amitié reciproque. Les agapes ont duré long-tems & Tertulien les a décrites dans son Apologétique. Les Conciles de Laodicée, & de Cartage les ont defenduës, parce qu'il s'y commettoit des desordres.

Agaric, s. m. Mot qui vient du Grec, en Latin *agaricum*. Sorte de boulet blanc qui croit sur les sapins , les meleses , & sur la plupart des arbres à gland. L'agaric sent bon , & reluit la nuit sur ces arbres. Il y a un agaric mâle, & un agaric femelle. L'agaric mâle a plus de force que l'agaric femelle. *Dal. plantes,* t. 2. l. 15. c. 31. Cependant selon Ghâras *traité de la Teriaque* c. 12. L'agaric est le meilleur pour plusieurs remedes & sur tout pour la teriaque. Il y a dans le Dauphiné des montagnes où il se trouve des arbres qui produisent de fort bon agaric. Il faut seulement le savoir bien choisir.

Agaric, s. m. Sorte de drogue qu'on trouve dans les boutiques des Apotiquaires, & à laquelle Messieurs les Medecins atribuent plusieurs éfets. (L'agaric selon quelques-uns, purge le flegme, & selon d'autres il est chaud & astringent.

Agate, s. f. Mot qui vient du grec, en latin *achates* pierre precieuse qui est d'ordinaire de couleur rouge , & qui fut tres recherchée parmi les anciens. [Il y a diverses sortes d'agates, L'une s'apelle Agate Serdoine , ou simplement la Serdoine, l'Agate Onix , ou l'Onix , l'Agate calcedoine , ou la calcedoine, l'Agate Romaine , & l'Agate d'Alemagne. Toutes ces Agates sont diferentes en couleur , & éstimées diferemment. Mitridates avoit dans son cabinet quatre mile tasses d'Agate-Onix, Pompée & Neron aimerent particulierement les Agates calcedoines. Les Agates Romaines sont diversifiées d'une infinité de couleurs, & celles d'Alemagne ont aussi leur agrément particulier. Voyez le *Mercure Indien,* l. 3. *Chap.* 1. 2. & 3. L'Agate Orientale est polie, luisante, & l'on y grave en relief mille jolies choses. Pirrus en portoit une , où les neuf Muses étoient gravées en relief avec Apollon qui tenoit sa lire, *Voi Berquen.* C. 12. L'agate préserve de la morsure des bêtes venimeuses. Elle desaltere un fébricitant , s'il la tient dans sa bouche, & cause du bon-heur à celui qui la porte. Il faut de la foi pour croire tout cela.)

Agate, s. f. Terme de tireur d'or. c'est un instrument au milieu duquel il y a une agate qui sert à rebrunir l'or. (Prenez vôtre agate , & travaillez.)

Agate, s. f. Mot de femme. (Agate est belle, charmante, & sage; & cette qualité vaut mieux que toutes les autres.)

A G E.

Age, s. m. La premiere silabe du mot âge se prononce longue, & se marque d'un accent circonflexe, quand il ne commence pas une periode , & qu'il s'écrit par un petit â, en latin *aras*. [Le mot d'âge en parlant de la creation fabuleuse du monde, veut dire un espace de tems, & il fut divisé en âge d'or, en âge d'argent , en âge d'airain , & en âge de fer. L'âge d'or , & l'âge d'argent furent les âges où les hommes étoient les plus heureux ; mais dans l'âge de fer, & d'airain ils commencerent à se plaindre, à soufrir & à travailler.]

Age, s. m. Siecle, espace de cent ans. [Monsieur d'Ablancourt a été l'un des ornemens de son âge. Seigneur, ferez vous durer vôtre colere dans la suite de tous les âges, *Port-Royal , Pseaumes.*

> Ami dans cet âge brutal
> Pégase est sur un cheval qui porte
> Les grands hommes à l'hopital.
> *Mai. Epigramme.*

c'est à dire, que les excellens Poëtes sont d'ordinaire pauvres , & si cela est , maître T. de L. ne doit rien craindre de ce côté.]

Age, s. m. c'est un un certain tems de la vie. (La vie de l'homme est partagée en divers âges, en enfance , en jeunesse , en âge viril , en vieillesse & en âge décrepit. Age tendre , âge florissant , âge fait, âge mûr. Le bel âge , le bon âge , l'âge de discretion , âge de consistence , âge caduc. Etre à la fleur de son âge. *Abl. Tac.* Etre à la premiere fleur de son âge. *Ras. Iphigenie pref.* Etre sur l'âge, c'est à dire, être déja vieux. Etre sur le retour de l'âge. *Abl. Tac.* c'est à dire fort avancé en âge. Se dispenser de l'âge prescrit par les Loix, *Ras. Britannicus pref.* Les sages Indiens tiennent qu'ils ont la honte d'atendre la mort à un age caduc. *Vau. Quin. l. 8. c. 9.* La femme de Darius qui étoit prisonniere tenoit entre ses bras, son fils, qui n'avoit pas encore ateint l'âge de six ans. *Vau. Quin. l. 3. c. 11.* On ne peut par la coutume vendre son bien qu'on ne soit en âge. *Le Mai. Plaid.* L'âge s'écoule, l'âge se passe insensiblement.]

Age, s. m. Ce mot parlant des personnes, & se disant absolument, signifie vieillesse. Monsieur Patru étoit d'*âge* quand il mourut Monsieur Pascal ce savant & agréable Auteur *des lettres Provinciales* n'étoit d'*âge* qu'entre deux *âges* lors qu'il rendit l'esprit, c'est-à-dire, qu'il n'étoit ni jeune ni vieux.

* *Age, s. m.* Ce mot se dit au figuré des chevaux ; & signifie le tems qui s'est passé depuis que le cheval est né. [L'age des chevaux se connoit à leurs dens, elles ont chacune leur nom & l'on ne peut bien parler de l'âge d'un cheval sans en connoitre les principales dens. En parlant proverbialement on dit, *L'âge est fait pour les chevaux*, c'est-à-dire, qu'il n'importe pas quel âge on ait pourveu qu'on soit vigoureux & qu'on fasse encore avec ardeur ce que font les jeunes gens. Les vieillards alléguéront & expliqueront tant qu'il leur plaira ce proverbe en leur faveur ; mais il est sûr qu'en matière de vigueur, il en est d'eux comme des chevaux : les jeunes valent incomparablement mieux que les vieux. Si les Dames sont les juges de ces diférens, elles donneront toûjours leur voix aux jeunes.

Age, s. m. Il se dit au figuré du lait des nourrices. C'est le tems qui s'est écoulé depuis que la nourrice a été en couches (quel âge a vôtre lait, nourrice, a-t-il plus de 3. ou 4. mois. On ne doit point faire de dificulté de donner deux nourrices à un enfant, pourveu que l'âge des laits & des personnes ait quelque raport. *Martin dissertation sur les dens. chap. 3.*)

* *Age, s. m.* Ce mot au figuré se dit en parlant des bois. C'est le tems qui s'est écoulé depuis que le bois est sur pié. (Le bois aiant passé un certain âge, ne fait plus que dépérir. Pour savoir quel âge peut avoir un bois, on n'a qu'à le faire couper, & par le pié de l'abatage on voit combien il a de cercles, qui sont autant de croissance que chaque année a produite. *Caron traité des bois, page 59*)

Age, s. m. Terme d'*Astronomie, L'âge de la Lune.* C'est le nombre des jours qui se sont écoulez depuis sa conjonction avec le Soleil.

Agé, âgée. adj. Ce mot se dit d'une personne qui a un certain âge. (Alexandre âgé de vingt ans succeda à l'Empire. *Abl. Ar. l. 1.* François premier âgé de vingt ans & 4. ou 5. mois fut sacré Roi de France à Reims le 25. de Janvier 1515. *Du Belai, Memoires.*)

Agé, âgée. adj. Ce mot se disant absolument & sans rien marquer veut dire, qui est déja vieux, qui a de l'âge, (Le 14. de Mai de l'année 1610. Henri IV. fut assassiné au milieu de Paris, & en ce tems-là il étoit âgé. Caterine de Médicis mourut de déplaisir à Blois le 5. Janvier 1589. & alors elle étoit âgée.)

AGENCER, *v. a.* Ce mot au propre & pour dire parer, aproprier, vieillit, & n'a bien cours que dans le stile bas, ou le comique. On prononce *ajancé.* (Si l'on veut qu'une femme plaise, Il la faut bien *agencer* : une partie de son mérite & de ses agrémens est dans la façon d'*agencer* ses habits.)

Agencer, v. a. Ce mot au figuré signifie mettre en bon ordre, ranger, & est plus usité qu'au propre. (Agencer les choses à nôtre air. *Abl. Luc. Dédicace.* Je lui promets de fournir le soin d'*agencer* ses lauriers, & l'art d'en faire des couronnes. *Voi. l. 56.*)

S'Agencer, v. r. S'aproprier, s'ajuster, se parer. Le mot de s'*agencer* dans cette derniére signification n'est pas tout-à-fait du bel usage, & il semble avoir plus de cours dans le stile plaisant que dans le beau & le noble.

[On a beau s'agencer & faire les doux yeux
Quand on est bien parée, on en est toûjours mieux.
Regnier Satire 13.]

D'honnêtes gens conseillant un jour Varillas de s'agencer un peu mieux qu'il ne faisoit, il répondit qu'il n'étoit pas une femme, & qu'à l'exemple de Chapelain, il ne songeoit qu'à se bien agencer dans la bourse.]

* *S'Agencer,* Ce mot pris figurément est plus usité qu'au propre. C'est se mettre d'une certaine façon, s'accommoder, se ranger d'une certaine maniére. [Catanus paré de ses magnifiques habits se coucha tout de son long sur le bucher, *s'agençant* le plus honnêtement qu'il lui fut possible. *Vau. Quin. l. 10. c. 1.*]

Agencement, s. m. Prononcez *ajansseman.* C'est la disposition dont les choses se trouvent rangées. C'est l'ordre & la maniére dont les choses sont disposées. [Parler de l'agence- ment des os, L'agencement des os est merveilleux. L'agencement des os à quelque chose de surprenant. *Voyez Degori, termes de Medecine.*)

Agencement, s. m. Ce mot au figuré signifie l'ordre dont les choses sont rangées. L'agencement des mots est difficile. L'agencement des mots donne de la beauté à un discours Agencement dans ce sens figuré, vieillit.

† AGENCE, *s. f.* Prononcez *ajance.* C'est la charge & la jonction d'Agent. Ce mot d'agence se dit par bien des gens, mais charge d'agent vaut mieux, & est plus intelligible. (Il prétend à l'agence du Clergé ou plûtot à la charge d'agent du Clergé.)

† *Agenda, s. m.* Ce mot est latin. Ce sont des tablettes où l'on écrit des choses dont on veut se ressouvenir, & qu'on veut faire. Le mot *agenda* n'entre que dans les discours familiers, ou dans les entretiens de raillerie. (Un bel agenda, un joli agenda. J'ai mis sur mon agenda une petite partie des sotises de Maitre T. tout agenda en est rempli.)

† AGENOÜILLER, *v. a.* Mettre à genoux. (agenouillez cet enfant, & le faites prier Dieu. Mettez cet enfant à genoux, vaut mieux qu'agenouillez cet enfant.)

S'agenoüiller, v. r. Je m'agenoüille, je m'agenouillai, je *me suis agenouillé*, C'est se mettre à genoux.

Il court son tombeau, de ses pleurs il le mouille.
Et ne l'osant toucher, en terre il s'agenouille.
Godeau poësies, Assomption, l. 3.

On doit s'agenouiller lors qu'on prie Dieu. Quelle impieté de s'agenouiller devant des Dieux qu'on traine captifs en triomphe. *Ablanc. Minutius Felix.*)

† *S'agenoüiller, v. r.* Ce mot se dit aussi par metaphore des chameaux & des élefans. C'est plier les jambes de devant & se reposer dessus. (Les chameaux, & les élefans s'agenouillent.)

AGENT, *s. m.* Prononcez *ajan.* Terme de *Philosophie* lequel vient du latin & signifie qui agit, qui produit quelque effet. (Les Philosophes parlent de l'agent, & du patient.)

Agent, s. m. C'est celui qui a embrasé les afaires d'un particulier de considération, qui solicite & agit pour les interests de quelque communauté, de quelque corps, ou de quelque Etat. (C'est un agent habile, fidele, passionné & ardent. Etre agent general du Clergé.)

AGI.

AGILE, *adj.* Mot qui vient du latin *agilis*, qui a de l'agilité, qui est dispos, qui se remue d'une maniere souple & legere. (L'Espagnol est agile, & le Basque aussi. Il y a des bêtes tres-agiles. *Abl. Marmol. l. 1.*)

Agilement, adv. Prononcez *agileman.* Ce mot décend du Latin *agiliter.* C'est à dire, d'une maniere agile, d'un air souple & dispos, avec agilité. (Marcher agilement.)

Agilité, s. f. Mot qui vient du Latin *agilitas.* Souplesse de corps, disposition du corps à se remuer. [Une grande agilité. Une agilité surprenante. Une agilité étonnante. Avoir beaucoup d'agilité.]

Agir, v. n. Mot qui vient du Latin *agere. J'agi*, ou *j'agis, j'agissois, j'agis n'ai agi.* Ce mot generalement parlant, veut dire, *faire*, (Le nom du poëme dramatique vient d'un mot Grec, qui signifie *agir*, pour montrer que la nature de ce Poëme consiste dans l'action. *Mol. critique, scene* 6.)

Agir, v. n. Ce mot se dit des choses naturelles, & signifie produire quelque effet, faire effet. (Le feu agit sans cesse. Le chaud & le froid agissent diféremment sur les corps. *Bernier Phisique T. 2.* La beauté agit puissamment sur les cœurs.)

Agir, v. n. Ce mot se dit en parlant de certaines matieres de *Teologie*, *& principalement de la grace.* C'est faire impression sur la volonté & la porter à quelque chose. (Il y a deux graces, l'une qu'on apelle sufisante , parce qu'elle sufit pour agir, & l'autre eficace qui est absolument necessaire pour agir, & que tout le monde n'a pas. *Pas. l. 2.*]

Agir, v. n. Ce mot se dit en parlant des choses qui regardent la Medecine & veut dire *operer*, [Le remede agit puissamment. Nous ferons agir d'autres remédes pour la guerir. *Mol. amour Méd. a. 3. s. 6.*)

Agir, v. n. Ce mot se dit en termes de pratique. C'est poursuivre quelcun en Justice. (On agit criminellement contre les rebelles, contre les traitres, en un mot contre les méchans.)

Agir, v. n. Ce mot se dit des personnes, & signifie se conduire d'une certaine maniere, ou user d'un certain air avec les gens. Se gouverner d'une façon particuliére envers ceux avec qui l'on a à faire ne vous contraignez pas, tant que nous agirons de concert, on ne remarquera rien dans ma conduite qui puisse faire penetrer le secret de mon cœur. *Madame Gomes de Vasconcellas. Mari jaloux.* Agir en ami, en galant homme. *Abl. Luc.* (Agir en homme d'honneur, en homme de cœur, & ne faites pas ce qu'on ne doit point atendre du sieur F. H.)

S'agir Ne verbe n'est point usité dans tous ses tems en qualité de verbe réciproque ; mais seulement en qualité de verbe impersonnel. (On dit, il ne s'agit point de peu de chose, c'est à dire, il n'est pas question de peu de chose. *Abl. Luc. T. 1.* Le livre dont il s'agit, est tout plein de fautes contre le bon sens. *D'Ancour sentimens de Cleante T. 2. let. 9.* C'est à dire, quand il est besoin de juger, ou qu'il est question de décider, on doit dire son sentiment d'un air sage & modeste.)

Agissant. Participe du verbe *agir*. Ce mot pris comme participe, est indéclinable. (*Agissant*, de cette sorte, vous serez, Madame, respectée de tout le monde. *Agissant* de cette maniere vous gagnerez. Messieurs, l'afection de tous les honnêtes gens.)

Agissant, agissante. Ce mot se considere aussi comme un adjectif, & alors il est déclinable. Il signifie qui est vif, qui a du feu. (C'est un homme *agissant*. Rien ne marque plus combien la foi est éteinte ou peu *agissante* dans les Crétiens que le dépit qu'ils ont contre ceux qui font pas pour eux de la reconnoissance. *Nicole, essais de morale T.1.*)

AGITER, v.a. Ce mot vient du latin *agitare*. c'est exciter, mouvoir, remuer. (Le vent *agite* la mer. *Abl. Luc.* Le bruit que le zéphire excite parmi les feüilles des bocages, *agitoit* doucement la forêt. *Sarazin œuvres, lettre à Madame de Montausier.* L'esprit impur l'*agita* avec de grandes convulsions. *Port-Royal, Nouveau Testament.* Agiter l'air doucement: *Abl. Luc.*)

Agiter, v.a. Ce mot au figuré signifie inquieter l'esprit, tourmenter l'ame. (L'horreur de son crime l'*agitoit*. *Vau. Quin. l.8.* La peur de la mort l'*agite*. *Téo. Poeʃ.*)

Agiter, v. a. Disputer, examiner, débatre, faire reflexion sur une chose. (*Agiter* une question, *agiter* une afaire, *agiter* une chose en soi-même.)

Agiter, v. a. Jetter dans le trouble, & dans la confusion, broüiller, mettre en guerre. (On verra les choses les plus remarquables qui ont *agité* l'Italie. *Talemant, histoire de Navi, l.4.* La guerre *agite* une partie de l'Europe. *Vifs afaires du tems.*)

S'agiter, v. r. Ce verbe pris reciproquement ne se dit d'ordinaire qu'au figuré, & signifie se tourmenter, s'inquieter, se troubler. (L'on se souleve, & l'on s'*agite* tant qu'on peut dans cette vie. *Nicole, essais de morale.* T.1. Il s'*agite* de mille visions qu'il a dans l'esprit.)

Agitation, f. f. Mot qui vient du latin *agitatio*, & qui se prononce *agitacion*. Il signifie mouvement, la peine qu'on a ou qu'on a eüe de marcher. (L'*agitation* de la mer est remarquable. *Bernier. Phisique.* Le travail & l'*agitation* du chemin m'ont mis hors de crainte, &c. *Voit. l. 41.*)

Agitation, f. f. Ce mot au figuré se dit de l'esprit, de l'ame, ou du cœur, & veut dire soins, occupations, inquietudes de l'ame, mouvemens & troubles du cœur. [Le nombre des gens qui ne sont occupez que des necessitez de la vie presente est si grand, que celui dont l'esprit a un peu plus d'*agitation* & de mouvemens, n'est presque rien en comparaison de cette foule de stupides. Les emplois d'esprit entretiennent l'ame dans une *agitation* agreable. *Nicole essais de Morale T.1.* & 2. Elle est dans une *agitation* d'esprit qui la met hors d'elle-même. *Rac. Phédre, Pref* C'est en vous, Seigneur, qu'on trouve une vie exempte d'*agitation*, & de trouble. *Arn. Conf. l.2. C.10.* La constance des sages n'est que l'art de renfermer leurs *agitations* dans leur cœur. *La Rochefaucaut, réflexions.*)

AGN.

AGNEAU, *f. m.* Ce mot vient du Grec, en Latin *agnus*, prononcez *anô*. C'est le petit d'une brebis, lequel ne passe pas encore un an. (Un *agneau aîné*, un *agneau* femelle, un bon *agneau*, un excellent *agneau*, un méchant *agneau*. L'*agneau* rôti est délicat & sain. L'*agneau* est bon aprés Noël & aprés Pâques. Les toüilleurs disent saigner un *agneau*, dépoüiller un *agneau*, boufer un *agneau*, vuider un *agneau*, & parer un *agneau*.)

Agneau Pascal. C'est l'*agneau* que mangeoient les Juifs à Pâques en memoire de la délivrance du peuple de Dieu. (Dieu a institué la ceremonie de l'*agneau* Pascal. Les Juifs celebroient tous les ans la fête de l'*agneau* Pascal. Le Seigneur dit à Moïse, parlez à toute l'assemblée, & qu'au dixiéme jour chacun prenne un *agneau* pour sa famille. Cet *agneau* sera sans tache & sera un *agneau* mâle. *Port Royal, Exodus. C.12.*

† *Agneau.* Ce mot au figuré se dit des personnes, & veut dire que celui dont on parle est tres-doux, & cela parce qu'on prend l'*agneau* pour le simbole de la douceur. (*Cet enfant est un agneau.* Cette expression & autres pareilles n'ont d'ordinaire cours que dans le discours familier.)

* *Agneau sans tache.* Ces mots signifient Jesus Christ, & ne se disent que par les Predicateurs & par ceux qui instruisent de la Religion. (C'est Jesus-Christ qui est l'*agneau* sans tache, & c'est lui que nous devons adorer.

Agnel, f. m. On prononce *aniel* de deux silabes. Ce mot vient du latin *agnus*. L'*agnel*, ou mouton d'or, étoit une ancienne monoie Françoise, qui étoit d'or fin & qui pesoit 3. deniers 5. grains. Cette monoie valoit sous dix Patiſis, ou douze sous six deniers Tournois, & elle avoit d'un côté un *agneau* avec une banderole, & de l'autre une croix. L'*agnel* fut fabriqué du tems de la guerre des Albigeois, pour paier les Croisez. La plupart sont de cet avis. Cependant Monsieur le Blanc, *traité historique des monoies* pense que l'*agnel* ne fut fait qu'au tems de Louïs IX.

Agneler, v. n. Mot de berger & de tous ceux qui sont parmi les brebis. Prononcez presque *anielé* en trois silabes. C'est faire un *agneau*. C'est une brebis qui est prête d'*agneler*. Brebis qui *agnele*. Les brebis n'*agnelent* ordinairement qu'une fois l'année. Elles *agnelent* depuis la Toussains jusqu'au mois d'Avril.)

Agnes, f. f. Nom de femme, prononcez *a-nies*. (Agnes Soreau Demoiselle de Touraine étoit belle & genereuse, & sut la plus forte inclination de Charles VII. Roi de France.)

AGNUS *Castus.* Prononcez *a-nius*. C'est un arbrisseau qui jette plusieurs branches souples & malaisées à rompre; & qui a les feüilles cinq à cinq, longues & étroites. L'*agnus* Castus porte des fleurs qui sont quelquefois rougeatres, & quelquefois mêlées de blanc.

Agnus, f. m. Prononcez *anius*, faisant ce mot de deux silabes. C'est un petit morceau de cire benite sur laquelle est d'ordinaire imprimée la figure d'un *agneau*, & qu'on couvre d'un morceau d'étofe brodée, ou enjolivée. Un bel *agnus*, un joli *agnus*. On donne des *agnus* aux enfans.

AGO.

AGONIE, *f. f.* Ce mot est Grec, & signifie au propre, l'état d'un malade qui est à l'extremité, combat de la chaleur naturelle contre la maladie où la nature fait son dernier effort contre le mal.

* *Agonie, f. f.* Ce mot au figuré signifie une soufrance cruelle, un mortel tourment, (La vie des pauvres esclaves est une longue mort, ou une *agonie* continuelle. *Pasc. pl.3.* Ils alerent avec Jesus-Christ à la montagne des Oliviers, où aprés qu'il eut soufert une rude *agonie*, il fut pris pour être exposé à tous les oprobres. *Monsieur Alix, traité de la Cene, chap.1.*)

† * *Agonie, f. f.* ce mot se dit au figuré en parlant d'amour ; mais souvent dans ce sens le mot d'*agonie* est plus rejoüï que grave. (Philis me met à l'*agonie*, c'est à dire, me fait mourir, Iris, dés que je vous vois je suis à l'*agonie*, c'est à dire, je me meurs d'amour si-tôt que je vous aperçoi.)

Agoniser, v n Etre à l'*agonie*. [Il *agonise*.]

Agonisant, part. Qui rend l'esprit, qui *agonise*. [Je l'ai vu *agonisant*.]

Agonisant, s. m. Qui *agonise*. [Priez pour les *agonisans*.]

AGR.

AGRAFER, *v. a.* Joindre par le moien de quelque agrafe. Atacher avec des agrafes. (*Agrafer* un juste au corps.)

Agrafe, f. f. Petit instrument de métal qui sert à atacher de certains habits qu'on a sur le corps. (*Agrafe* blanche, ou noire.)

Agrafe. Terme de vanier. Osier tortillé qui tient le bord de la hotte.

AGRANDIR, *v. a.* Faire plus grand, rendre plus grand, donner plus d'étenduë. *Agrandir* un jardin, *agrandir* une cour, les citoiens incorporez à la ville victorieuse, l'*agrandirent*, & la fortifierent. *Bossuet, histoire universelle.* Charlequint *agrandit* l'Empire. *Mez. histoire de France.*)

* *Agrandir, v. a.* ce mot pris figurément signifie élever dans le monde à une fortune meilleure, à un état, plus considerable. (De l'air qu'il s'y prend, il *agrandira* bien-tôt toute sa maison. Dans le poste où il est, il a beau moien d'*agrandir* les personnes qu'il voudra.)

* *S'agrandir, v. r.* Je m'*agrandis*, je m'*agrandissois* ou je m'*agrandis*, je me suis *agrandi*, je m'étois *agrandi*. C'est s'élever à une fortune plus considerable, c'est monter à un état plus grand, & plus élevé que celui où l'on étoit. *Agrandir* & s'*agrandir* pris figurément ne se disent que des personnes qui sont déja bien avec la fortune, & l'on ne dira jamais du Sr. T. de L. ni du Sr. V. qui ne sont que de misérables héres, L, & V, s'*agrandissent*. Mais on dira Mr. N. qui est déja si riche & si considéré s'*agrandit* tous les jours, & l'on en a de la joie. Dans les belles ocasions de s'*agrandir*; il n'est presque point de fidelité qui ne soit à l'épreuve. *Pas. Plaid.7.* [Les Evêques à force de s'*agrandir*, obligerent peu de tems Paul V. qui se poussé, & ne s'*agrandit* dans le monde que pour augmenter l'idée que chacun se forme de soi. *Nicole, Morale, T.1.*

Loin de trembler pour elle, il lui faut aplaudir,
Puisqu'elle va combatre elle va s'*agrandir*.
Corn. Hor. a.1.

Agrandissement, f. m. Prononcez *agrandissesman*. Plus grande étenduë. L'*agrandissement* de Paris est considerable.

* *Agrandissement.* Elévation à une meilleure fortune. Songer à son *agrandissement*. *Abl.*

AGRAVER, *f. f. Terme d'Eglise.* Excommunication agravante, excommunication qui augmente par dégrez les peines de l'excommunié, à cause qu'il persiste dans sa désobéissance.

Agraver, v. a. Augmenter. (Circonstances qui *agravent* le peché. *Pas. l.x.*)

Agravé, agravée, adj. Augmenté, fait plus grand qu'il n'étoit. (Son crime est *agravé*, sa faute est *agravée*.)

* *Agravé, agravée, adj.* Ce mot se trouve dans les ouvrages burlesques, pour dire *apesanti*. Là dessus achevant son sommeil, & les yeux encore *agravez*, il trouva que le bon homme avoit le doigt où vous savez. *la Fon. nouvelles*, 8. *partie*.

AGR

S'agraver, *v. r.* Ce verbe pris reciproquement n'est pas bien usité dans toutes les personnes de ses tems, & il signifie s'augmenter. (Son crime s'agrave par la déposition des témoins. *Pasq. pl.* Sa faute s'est agravée par sa conduite.)

AGREABLE, *adj.* Qui plait, qui agrée. (Etre agreable à tout le monde.)

Agreable, *f. m.* Tout ce qui plait, tout ce qui agrée. [Moliere a quité pour le boufon, l'agreable & le fin. *Depreaux*.]

Agréablement, *adv.* Avec plaisir, d'une maniere agreable, avec esprit. [Passer agréablement la vie. *abl.* Tourner les choses le plus agréablement du monde. *Mol. Prét*.]

Agréer. Ce verbe est neutre, pour dire, avoir l'agrément, plaire. (Il faut avoir du merite pour avoir le bonheur d'agréer aux honnêtes gens; & même il est bon que ce merite brille. Agréer au Prince, sa conduite agrée à son maitre.)

Agréer, *v. a.* Ce verbe est actif, pour dire consentir, avoir pour agreable, trouver bon. (Agréer un mariage, & l'on dit aussi au passif. Ce mariage a été agréé du Roi. *Patru plai. 2.*]

Agréer, *v. a.* Terme de mer. C'est équiper un vaisseau de toutes les choses necessaires, & de voiles, de canons, de boulets & mêches. (Agréer un vaisseau.)

S'agréer. Terme de mer. S'équiper de tout pour un voiage de long cours. (Ils se sont agréez en fort peu de tems.)

Agréeur, *f. m.* Terme de mer. C'est celui qui équipe un Vaisseau de cordages, de voiles, & de tout autre chose necessaire pour un voiage de long cours. Il faut savoir de l'agréeur de nôtre bord, si toutes choses sont en état.

AGREGER, *v. a.* Ce mot se dit en parlant des particuliers qui tous ensemble font un corps; & signifie recevoir quelqu'un dans ce corps, le considerer comme une partie de ce corps.

Agregation, *s. f.* Réception au nombre de ceux qui composent un corps. (Etre d'un corps par agségation. *Patru Plaidoié 15*.)

Agrégez, *s. m.* Ce sont les Docteurs en Droit, qui sont du corps de la Faculté & qu'on a établis pour le soulagement des Professeurs. (Il est des agrégez. (Ce mot se dit aussi des Docteurs en Médecine, qui sont reçus au Colége des Medecins de quelque vile.

AGREIL. Voiez *agrez*.

Agrément, *s. m.* Prononcez *agréman*. C'est à dire, bonne grace, air qui plait dans une personne, manieres qui agréent en quelcun. Un agrément singulier, particulier, grand, inexprimable, un agrément charmant, touchant. Elle a dans toute sa personne un agrément qui enchante. *Scar. rom.* Rien n'aproche de son agrément. *St. Evremont, opera.* Dire les choses avec le dernier agrément. *Madame Gomes Vasconcelle, mari jaloux.* Donner un agrément humain à des paroles toutes divines. On fut touché des agrémens qui paroissent en toute sa personne. *Vasconcellos, Ariofte, T. 1*.)

Agrémens, *s. m.* Inclination, penchant, bonnes graces. (Il a un air qu'il lui gagne l'agrément de ceux qui le voient. *Civilité Françoise, C.1.* Sa conduite lui a donné l'agrément du Prince.

Agrément, *s. m.* C'est un raport charmant des traits avec l'air d'une personne, ou de quelque chose qu'on a peint. (Les agrémens naissent de la régularité. *S, Evremont*.)

Agrément, *s. m.* Terme d'organiste. C'est une sorte de petite cadence ou de pincement qui se fait sur l'orgue. (Faire un agrément.)

Agrement, *s. m.* Terme de brodeur, & de boutonnier. Petit ouvrage de broderie qui sert à relever la besogne. Petite chose jolie qu'on met sur le bouton pour lui donner plus d'air. (Il faut mettre là un petit agrément. Voilà un agrément qui me plait fort. C'est un joli agrément, & qui vient bien là.)

Agrément, *s. m.* Terme de perruquier. Ce sont les cheveux bouclez qui acompagnent les temples & qui sont apellez agrément à cause qu'il donnent un air plus agréable au visage. (Un agrément bien tracé. Faire un agrément, tracer un agrément.)

Agrément, *s. m.* Consentement. (Avoir l'agrément du Roi pour une charge. Demander l'agrément du Prince pour quelque chose. Obtenir l'agrément du Prince pour quelque ofice considerable, le Roi a refusé son agrément à cette personne.)

Agrément, *s. m.* Mot plaisant usité parmi les femmes pour dire un lavement. (Elle prend un agrément, Madame n'est pas visible, on lui vient de donner un agrément.)

AGRESSEUR, *s. m.* C'est celui qui ataque le premier. (Il est l'agresseur. Le valet qui étoit colere se jetta sur l'agresseur. *Scarron, Roman, t.1. c.3*.

On a tué mon Pere, il étoit l'agresseur.
Corn. Cid. a.4. s.5.

† AGRESTE, *adj.* Ce mot vient du Latin *agrestis*, & se prononce comme il est écrit. Il veut dire *rustique, sauvage, champêtre*, & il se dit proprement des lieux & des choses; mais il n'est d'ordinaire que dans la bouche des savans, & même dans le discours : car les dames polies, ni le peuple n'entendent pas ce que c'est qu'un pais agreste, une région agreste & barbare.

Agreste, *adj.* Ce mot se dit des personnes & signifie peu poli, peu civil. [L'abé Sang..., est d'une humeur agreste & bizarre, lui qui paroissoit si doux, si honnête & si afable avant que de se metamorphoser en médecin.)

Agrez, *agrés*, *ou agréil*, *f. m.* Terme de mer. Ce sont tous les cordages necessaires pour un Vaisseau. (Porter les agrez ou les agreils au vaisseau, le vaisseau a tous ses agrez.]

agriper, agrouper, voiez le vieux Lictionnaire Universel in quatro.

AGRICULTURE, *s. f.* L'art de cultiver la terre. (S'adonner à l'agriculture. *Abl.*)

† AGRIPER, *v. a.* Prendre. (Elle agripe tout ce qu'elle voit.)

AGROUPER, *grouper*, *v. a.* Terme de peinture. L'un & l'autre se dit. Mettre plusieurs corps à un peloton, acoupler, & ramasser plusieurs corps ensemble. (Il faut que les membres soient agroupez de même que les figures. *Art de peinture*.)

A G U.

AGUERRIR, *v. a.* Rendre propre à la guerre. (Aguerrir les peuples. *Abl.* Il aguerrit ses troupes par de continuels exercices. *Eloge Historique de Louis 14.*

S'aguerrir, *v. n.* Devenir plus brave, plus vaillant & plus propre à faire la guerre. Je *m'aguerris*, je *m'aguerrissois*, je *m'aguerris*, je *me suis aguerri*. Les Alemans & tous les peuples Septentrionaux sont courageux & ils s'aguerrissent dans ces nouveaux troubles.

Aguet, *s. m.* Ce mot vieillit un peu & ne trouve bien sa place que dans le Satirique ; ou comique, & quelquefois dans le stile grave & crétien, dont on se sert, tors qu'on piêche: Il signifie embûches, ruses & finesses de la personne qui épie, & il ne se dit qu'au pluriel. (Eviter les aguets des méchans.

Il ne se trouble point d'aucun soupçon jaloux
Se moque des *aguets* d'un impuissant époux.
Téophile, poësies, Satire.

Sans guide il a laissé cette bonté de mœurs
Exposée aux *aguets* des rusés séducteurs.
Mol. Ecole des femmes. a.2. s.5.

A H

AH ! Interjection qui sert à marquer l'amour, la joie, le plaisir la colere, l'inclination, ou quelque autre mouvement de l'ame. (Ah, que d'amour. Quand après l'absence, on revoit ce qu'on aime. *G. Dandin*.

Ah ! qu'il est dangereux quand on a bien aimé
De revoir les beaux yeux qui nous avoient charmé.
La Comtesse de la Suze, Poësies.

Ah, ah ! chien, ah ! double chien, matine de cervelle
Ta persecution sera-t-elle éternelle ?
Moliere étourdi, a.5. s.1.

Ah ! que vous êtes prompts
La mouche tout d'un coup à la tête vous monte.
Mol. étourdi. a.1. s.8.

Ah ha ! si jeune encor vous joüiez de ces tours.
Mol. école, a.5. s.4.

Ah, ah, ah, ah, ah ! O traitre, ô bourreau d'homme ?
Mol. étourdi, a.2. s.7.

Te voila pafé de ta raillerie, ah ! ah ! ah ! ah ! ah !
Mol. prét.

A H A.

* AHAN, *s. m.* Vieux mot Champenois & Picard qui s'est dit autrefois des terres qui étoient en labour ? mais à présent dans ce sens là il est tout à fait hors d'usage.

* Ahan, *s. m.* Mot qui veut dire grand peine, grand travail de corps, grand éfort. Le mot d'ahan, en ce sens est figuré, & n'est en usage que dans le stile plaisant & comique. [Faire une chose avec ahan. On voit leurs nerfs, leurs muscles & leurs veines, s'enfler d'ahan. *Scarron, roman comique.* Suër d'ahan. *St. Amans poësies*.]

Fait en suant presque d'Ahan
Le lendemain de la saint Jean.
Laurét, muse historique.

* Ahanable, *adj.* Mot vieux & qui ne se dit plus que parmi quelques laboureurs de Champagne & de Picardie. Il se dit des terres, & signifie *labourable*, qui se peut cultiver, que l'on peut labourer. Il a cinquante arpens de terres ahanables.]

† Ahaner, *v. a.* Mot hors d'usage pour dire cultiver quelque terre, labourer. [On ahane tous les ans les Terres.)

AHE

* † *Aheurter, v. n.* Ce mot se prend quelquefois au figuré, mais seulement dans le stile plaisant & satirique, car il est vieux. C'est travailler avec peine pour faire quelque chose. Avoir de la peine pour faire quelque chose. Suer à force de travailler à quelque ouvrage. [Le bon homme chapalain a bien ahaené pour faire son poëme de la Pucelle, mais aussi il en a été recompensé comme d'une bonne chose.]

AHE.

† *Aheurtement, s. m.* Prononcez *aheurteman.* ce mot vieillit & se dit des personnes. Il n'est usité que dans le stile bas, dans le comique, le mordant, ou le satirique. Il signifie opiniâtreté, atachement ferme que l'on a pour quelque chose. (Il n'a pas été de l'avis des autres par un pur *aheurtement* qu'il avoit à son opinion. Son aheurtement est condamnable. C'est un maudit aheurtement qui lui fait tort dans l'esprit de toutes les dames qu'il a l'honneur de frequenter.]

Aheurté, aheurtée, adj. Ce mot se dit des personnes, & signifie opiniâtre, qui est attaché à un sentiment dont il ne veut point démordre. [Il est aheurté à cela. Elle est aheurtée à cette opinion, & elle n'en démordra jamais.]

S'aheurter, v. r. Je m'aheurte. Je m'aheurtai, je me suis aheurté. Ce mot ne se peut dire que des personnes ; & il signifie s'opiniâtrer, s'atacher avec opiniâtreté à quelque opinion, & la soutenir opiniâtrement. [Il est d'un esprit fort & orgueilleux de *s'aheurter* trop à son sentiment. Il y en a quelquefois qui dans les compagnies *s'aheurtent* brutalement à ce qu'ils veulent, & ils font rire des autres.]

AHI.

Ahi. Quelques rafinants en matiere d'ortographe, écrivent ce mot *ahi* sans *h*. Mais comme le nombre de ces Messieurs n'est ni fort grand, ni fort considérable, il est bon d'atendre ce que les plus fameux Auteurs feront à cet égard. *Ahi* est une sorte d'interjection inventée pour marquer le mouvement naturel d'une personne qui sent qu'on lui cause quelque douleur, ou qu'on lui fait quelque mal en le traitant outrageusement. (Ahi, ahi, ahi, doucement, Dieu me danne, c'est fort mal en user. *Mol. pref.* s. 9. Ahi, ahi à quel aheurtre, au secours, on m'assomme. *Mol. étourdi. a. 2. s. 7.* Ahi, ahi, ahi, vous ne m'avez pas dit que les coups en feroient. *Mol. Prof. Sc. 13.*)

Ahi. C'est aussi une interjection qui sert à marquer quelque dégout ou quelque mépris. (Ahi ! laissons cela, il n'est pas question de causer.)

AID.

Aide, s. f. Prononcez *ède*. En Espagnol *aiude.* Secours, assistance. Le mot d'aide ne se sens n'a de pluriel, qu'en Poësie. (Apeller ses voisins à son aide. *Abl. Luc.* C'est le dernier des maux d'implorer l'aide d'un traitre. *Abl. Tac.* S'il ne tient qu'à vous prier bien-fort pour obtenir vôtre aide, je vous conjure de prendre la conduite de nôtre barque. *Mol. Scapin. a. 1.* Je ne suis pas assez heureux pour en venir à bout sans vôtre aide, ne me la refusez pas. *Cost. lett. T. 2. lett. 121.*

Lors que chacun me fuit tu défens ma querelle
Je me suis obligé d'une aide si fidéle.
Godeau, poë. 2. part. Pseaume 26.

Que ses maux obtinrent par ton aide il surmonte
Mais leur extrémité se contente pas
Que cette aide soit forte, il faut qu'elle soit promte.
Godeau, poës. 2. par. Pseaume 30.

Enfin il n'est rien tel, Madame, & croiez-moi
Que d'avoir un mari la nuit auprès de soi
Ne fut ce que pour l'heur d'avoir oüi vous salüé
D'un Dieu vous soit en aide alors qu'on éternué.
Mol. cocu f. 2.

Aide, s. f. Terme de Religion. Aide en ce sens a un pluriel, & signifie la Religieuse qui aide celle qui est en charge. [Donner une aide à une oficiere, refuser une aide à une oficiere. Elle a plusieurs aides.]

Aides, s. f. Ce mot en parlant de gabelles n'a point de singulier, & il a pris son nom du mot *d'aider*, parce qu'au commencement les *aides* étoient plusieurs petits droits qu'on le voir sur toutes sortes de marchandises pour favoriser les entreprises du Roi à cause que les finances de son Domaine n'y pouvoient sufire, & alors les *aides* ne duroient qu'un tems, mais aujourd'hui elles sont perpetuelles. Les uns croient qu'elles ont été établies sous le regne du Roi Jean, & les autres qu'elles l'ont été auparavant. Voiez là dessus le *Guidon des finances & les divers traitez des aides.* Quoi qu'il en soit, on apelle aujourd'hui *aides* tous les impôts que paient le vin, la biére, le cidre, & toutes les boissons qui se consument sur les lieux, ou qui sortent, & qui entrent par les bureaux des fermes établies pour cela. Ces impôts sont le droit de vingtiéme, de dixiéme, de douziéme, de quatriéme, de huitiéme, ou le droit réglé, le gros des vins, des cidres, des poirez, eaux de vie, & autres boissons. Voiez le Bail des aides de France imprimé en 1677. Affermer les aides. Les aides sont ajugées.

Aides, s. f. Terme de manége. Ce sont les mouvemens des cuisses, des jambes, du son de la langue, & les effets doux & moderez, de la bride, de l'éperon, du caveçon, de la gaule, de l'action des jambes pour faire obéir les chevaux qu'on monte & les faire travailler. Le mot d'aide ne se sens ne se dit point au singulier. (Il faut pour bien travailler donner les aides bien à propos, faire sentir doucement les *aides* à un cheval. Quand un cheval n'obéit point aux aides du gras des jambes, on fait venir l'éperon au secours. Se servir des aides avec adresse. Cheval qui s'endort aux aides. Cheval qui a les aides fines, donner les aides fines, donner les aides délicates. Donner les aides douces, donner les aides trop rudes. Cheval qui connoit les aides. Cheval qui répond aux aides. Cheval qui prend finement les aides. Se servir des aides de la gaule, se servir des aides du caveçon.)

Aide des ceremonies, s. m. C'est un Oficier qui aide le grand Maitre des ceremonies aux Sacres des Rois, aux Batêmes, aux Mariages, aux Pompes funebres des Rois & des Reines & des Princesses. Quand l'aide des ceremonies est dans l'exercice de sa charge, il tient à la main un baton qui est couvert de velours rouge, qui a le pommeau d'ivoire. L'aide des ceremonies prête le serment de fidelité entre les mains du grand Maitre de la maison. Le Roi se sert quelquefois du grand Maitre, du Maitre des ceremonies, ou de l'aide des ceremonies pour porter ses ordres aux Parlemens ; & alors le grand Maitre, ou l'aide des ceremonies prend place, l'épée au côté, au rang de Messieurs les Conseillers. Le grand Maitre a un Conseiller après lui : mais le Maitre, & l'aide des ceremonies sont les derniers au rang des Conseillers, & ils ont le baton de ceremonies à la main. Le Maitre des ceremonies, & l'aide des ceremonies se doivent trouver l'un, ou l'autre aux premieres & aux dernieres audiences des Ambassadeurs extraordinaires ; Le grand Maitre des ceremonies, le Maitre ou l'aide des ceremonies marche un peu devant l'Ambassadeur & à la droite de l'Ambassadeur ; & cela depuis le bas de l'escalier jusqu'à la sale des gardes, pour avertir le Roi que l'Ambassadeur monte & qu'il est près d'entrer.

Aide à Maçon, s. m. C'est un manœuvre qui sert les maçons, lors qu'ils travaillent. (Un aide à maçon a bien de la peine & gagne très peu, les aides à maçon sont presque aussi miserables que Tomas de Losmes & autres pauvres & malheureux rimailleurs.

Oüi, n'alliez-vous jamais, pour finir ma chanson,
Dedans les mains de quelque aide à maçon.
Sar. Poës.

Aide de Camp, s. m. C'est un Oficier qui est auprès du Lieutenant general, ou du Maréchal de Camp, & qui reçoit & porte les ordres de l'un ou de l'autre aux endroits & aux personnes qu'on lui marque. Il y a aussi des *aides-de Camp du Roi,* ce sont ceux que le Roi choisit pour porter ses ordres, quand il est au Camp. [Etre aide de camp du Lieutenant general. L'aide de camp du Roi. L'aide de camp doit être sage, fidele, & vigilant.

Aide Major, s. m. c'est un oficier qui aide le Major & qui fait la charge de Major quand le Major n'y est pas. (chaque regiment de cavalerie n'a qu'un *aide Major*, & chaque régiment d'infanterie en a deux, à la reserve du régiment des gardes qui en a quatre. Chaque place de guerre n'a qu'un Major qui a plus, ou moins *d'aides-Majors* selon que la place est petite, ou grande. Il est *aide Major* au régiment de.)

Aide de cuisine. Oficier de cuisine dans une maison opulente, lequel aide le cuisinier.

Aide à mouleur de bois, s. m. Oficier qui est obligé sur le port, & dans les chantiers, de mettre le bois par le milieu dans les membrures, & de l'y arranger de sorte que la mesure s'y trouve bonne. *Ordonnances nouvelles de Paris.*

A l'aide, adv. Au secours. [crier à l'aide. *Abl.*]

A l'aide. A la faveur. (La sédition fut étouffée à l'aide des troupes. *Abl. Tac.*)

Aider, v. a. Prononcez *édé*, en Latin *juvare*. En Espagnol *ayuder.* c'est être utile, servir, contribuer. Le verbe aider suivi immediatement d'un verbe, veut l'infinitif précédé de la particule A. Je te prie de m'aider à découvrir l'imposture. *Abl. Luc. T. 2.* Cela aide à le tirer d'afaires. *Nicole essais de Morale, T. 3.*

Aider, v. a. ce mot se disant des personnes, veut le nom de la personne à l'acusatif, & celui de la chose à l'ablatif, il signifie favoriser, apuier quelcun. (Aider quelcun de son credit. *Abl. Tac. annales, l. 4.*)

Aider, v. n. Ce mot se disant des choses, veut le datif & signifie, servir, supléer. (Apollon aide à la naissance des beaux esprits. *Gom. Poës.* Aider à la fortune de quelcun. *Vau. Quin. l. 3.* Aider à la lettre, c'est supléer à ce qui n'est pas assez exprimé.)

Aider,

AIG   AIG

Aider, v. a. Terme de manège. C'eſt ſoutenir un cheval & faire en ſorte qu'il travaille lors qu'il le faut, & qu'il marque bien tous ſes tems. (Aidez vôtre cheval de la langue, aidez le du gras des jambes. Aider ſon cheval, de la gaule.)

S'aider, v. r. Je m'aide, je me ſuis aidé, je m'aidai. Se ſecourir, ſe ſervir, s'être utile à ſoi-même. (S'aider de ſes mains. Vau. Quin. l.7. S'aider des armes de la foi. Com. Poë. Il ne s'aide point, il demeure les bras croiſez. Abl. Luc. T 3. Aide-toi & Dieu t'aidera. Sorte de proverbe pour dire qu'il faut travailler, & que Dieu benira nôtre travail.)

Aïeul, ſ. m. Ce mot eſt maſculin, & fait au pluriel aïeux. C'eſt le pere du pere, ou de la mere. [Aïeul paternel, ou maternel.

Aïeul. En Latin avus, en Italien avole, en Eſpagnol abuelo. Le mot d'aïeul fait au pluriel aïeux, & ſignifie le pere du pere, ou de la mere. (Son aïeul étoit brave, ſon aïeul étoit courageux, genereux, ſon aïeul étoit ſavant, docte. Son aïeul étoit un habile homme.)

Aïeux, ſ. m. Ce ſont les patens qui nous ont precedé, & qui ſont morts. (Ses aïeux ont été tous de grands hommes. Ses aïeux ſont eſtimez, parce qu'ils ont été gens de merite. Ses aïeux ſont illuſtres dans l'hiſtoire, ils ſont celebres par la grandeur de leurs actions.)

Ce long amas d'aïeux que vous diſamez tous
Sont autant de témoins qui parlent contre vous.
Dépr. ſat. 5.

Aïeule, ſ. f. La mere du pere ou de la mere. [Aïeule paternelle, ou maternelle, ſon aïeule maternelle Madame N. étoit ce qu'on apelle une femme forte.)

AIG.

Aigle, ſ. m. & f. Oiſeau de rapine fauve, ou noir ; qui a les jambes courtes, & jaunes ; le bec noir, long, & crochu, & la queuë courte. [L'aigle nourrit ſes petits juſques à ce qu'ils ſachent voler, & alors elle les chaſſe de ſon aire. Bel. l. 2. c. 25. Aigle mâle, aigle femelle, un aigle noir. L'aigle fauve, qu'on apele Royale, eſt bonne ; mais la meilleure de cette ſorte d'aigle a des marques blanches ſur le dos & ſur la tête. L'aigle noire eſt plus petite, que la Roïale. L'aigle fait ſon aire ſur quelque haut rocher des Païs d'Occident. L'aigle ſe nourrit de la chair des oiſeaux, ou des lievres qu'elle prend. Elle vit fort long-tems & ne meurt ordinairement que parce qu'elle ne ſauroit plus manger. L'aigle a la vuë tres-perçante, & auſſi pour dire qu'une perſonne a bonne vuë, on dit qu'il a des yeux d'aigle. Tardif, fauconnerie. l. Par. c. l. L'aigle hait le Roitelet, & en a peur.

Aigle, ſ. f. C'eſt l'enſeigne des Legions des anciens Romains ; qu'on apella aigle, parce qu'il y avoit à leur enſeigne la figure d'une aigle. Le mot d'aigle, en ce ſens eſt toujours feminin. Une aigle bien faite, une aigle bien brodée. Porter l'aigle. Il aima mieux mourir que de ſe laiſſer arracher l'aigle. Ils virent briller les aigles & les enſeignes des Legions. *Ablancourt.*

* **Aigle**. Ce mot au figuré eſt feminin, & ſignifie armée des anciens Romains, troupes des anciens Romains. (C'eſt vôtre ſageſſe ſeule qui a donné de la terreur à l'aigle Romaine. *Patru.*

Guerre plus que civile, où la fureur d'un homme
Fit voir aigle contre aigle, & Rome contre Rome.
Brebeuf, Pharſale, l. I.

* **Aigle**. Ce mot eſt maſculin, auſſi feminin lors qu'il ſignifie les troupes, & les armées du ſeul Empereur qui ſoit aujourd'hui en Europe. On ne ſauroit parler, ni de l'aigle étonnée, ni du luſtre des lis. *Gom. Poëſ.*

* **Aigle**, ſ. m. Ce mot ſignifie auſſi l'Empire d'Alemagne, & l'Alemagne même. (L'Aigle étonnée a triompher. Le Turc étonna l'aigle ; mais à ſon tour l'aigle a épouvanté le Turc.)

† **Aigle**. Ce mot ſe dit de l'eſprit, & il veut dire, grand, penetrant, élevé. Le mot d'aigle eſt aſſez ſouvent maſculin, ou feminin, maſculin d'ordinaire, ſi on parle d'un homme, & ſi c'eſt d'une femme, feminin. C'eſt une aigle dont je ne puis ſuivre le vol. *Peliſſon, hiſtoire.*

Aiglon, ſ. m. Prononcez églon. C'eſt le petit de l'aigle. (Un joli aiglon Un bel aiglon. Je vous ai porté comme l'aigle porte ſes aiglons. *Port-Roial, Exod. c. 9.* Le renard mit le feu à l'arbre, & les aiglons tomberent. *Port-Roial, fables de Phedre.* Les aigles éprouvent leurs aiglons en les expoſant aux raions du ſoleil ; & les aiglons paſſent pour être de la race de l'aigle, lors qu'ils peuvent ſuporter l'éclat de cet aſtre ſans ſiller les yeux. *Voi le livre des courſes des têtes, de l'imprimerie Roïale de l'an 1670. p. 28.*)

Aigre, ſ. m. Qui a quelque aigreur. (Je n'aime point l'aigre. Sentir l'aigre. L'aigre déplaît à bien des gens.)

Aigre, adj. Qui a de l'aigreur. [Liqueur aigre. Devenir aigre.)

* **Aigre**. Piquant, choquant, mordant, rebarbatif. (Tibere étoit aigre dans ſes réprehenſions. *Abl. Tac.* Il ſe plaignoit de l'humeur aigre, & incompatible d'Olimpias. *Vau. Quin. l. x.*)

* **Aigrement**, adv. Prononcez égreman, avec des paroles ofenſantes, pleines d'aigreur & de colere. (Tibere reprit les Juges aigrement. *Abl. Tac.* Le monde eſt en poſſeſſion de parler librement des défauts des autres en leur abſence, les uns le font aigrement & malignement, & les autres d'une maniere plus douce. *Nicole, eſſais. T. 1.*)

Aigre de cédre, ſ. m. C'eſt une ſorte de liqueur d'un gout fort agreable. (L'aigre de cedre eſt tres-bon.)

Aigret, aigrette, adj. Qui a peu d'aigreur, en Latin ſubacidus. (Fruit aigret, pomme aigrette.)

Aigrette, ſ. f. Prononcez égrette eſpece de petit heron blanc qui a une voix, aigre, & qui frequente le bord des rivieres. (L'aigrette a le bec long, droit, & pointu ; les jambes longues, de couleur cendrée, les piez noirs & grands, le cou long & courbé, & ſur le dos & à côté des ailes, elle a des plumes blanches, fines & déliées, qui ſont cheres. Sa chair eſt tendre, & délicate. *Bel. l 4. c. 6.*)

* **Aigrette**, ſ. f. Terme de joüalier & d'orſevre. C'eſt un ornement compoſé de pluſieurs petites pointes de vermeil doré en forme d'éguille relevée de pluſieurs pendeloques de pierres précieuſes fines de diverſes couleurs, qu'on met ſur le bonnet, ſur le chapeau, ou ſur quelque turban & dont les Dames ſe parent auſſi le ſein. (Une jolie aigrette, une belle aigrette.)

* **Aigrette**, ſ. f. Terme de plumaſſier. Pluſieurs brins d'aigrette au milieu d'un bouquet de plumes de lit. [Aigrette fine, ou fauſſe. Monter une aigrette.)

Aigrette. Crin peint & fait en forme de broſſe qu'on met ſur la tête des chevaux de caroſſe.

Aigreur, ſ. f. Ce mot ſe dit des liqueurs, & autres choſes qui s'aigriſſent, & il ſignifie la qualité aigre de quelque liqueur. (L'aigreur de ce fruit eſt agreable.)

* **Aigreur**. Haine, averſion. Paroles piquantes. (N'aïez point d'aigreur contre celui à qui tout ſuccede heureuſement. *Pſeaumes de David.* Toute l'aigreur tomba ſur lui. *M. de la Rochefoucaut.*

* **Aigreur**. Amertume, & déplaiſir. (Pour adoucir l'aigreur des peines que j'endure, je me plains aux rochers. *Mai. Poë.*)

Aigrir, v. a. Ce mot ſe dit des choſes liquides & ſignifie faire devenir aigre, gâter. (Le tonnerre aigrit le vin, on dit encore, le tonnerre & la chaleur font aigrir le boüillon, & alors aigrir ſe dit un ſens neutre.

* **Aigrir**, v. a. Ce mot ſe dit auſſi des perſonnes, & veut dire irriter, mettre en colere, exciter à quelque reſſentiment à cauſe de quelque tort qu'on a reçu. (Aigrir les eſprits. *Abl. Tac.*) En contrediſant de certaines opinions qui ne regardent que des choſes humaines, nous choquons pluſieurs perſonnes, & nous les aigriſſons. *Nicole, eſſai de morale, T. 1.* Les remedes aigriſſent le mal au lieu de le ſoulager. *Coſtar, lettres, T. 1. let. 145.*)

S'aigrir, on je m'aigris, on je m'aigri. Je m'aigriſſois, je m'aigris, je me ſuis aigri. Je m'aigrirai. Ce verbe au propre n'eſt bien en uſage qu'à la troiſiéme perſonne de chacun de ces tems, il ſe dit des liqueurs, & veut dire devenir aigre, & perdre ſon goût naturel. (Le vin commence à s'aigrir. Le boüillon s'aigrit.)

S'aigrir, v. r. Ce mot au figuré veut dire s'irriter. [Sans ſujet voulez vous, vous aigrir contre moi ? *Mol. Fac.*]

Aigu, aiguë, adj. (Pointu. Pointe aiguë. Fer aigu.)

* **Aigu, aiguë**, adj. Qui eſt ſubtil, ingenieux, qui a de la pointe. Ce mot ſe dit des penſées, & des petites pieces de poëſies. Les Madrigaux du Guarin, & du Taſſe ſont aigus. Les Sonnets du Petrarque paroiſſent beaux & aigus. Les Epigrammes de Catulle ſont jolies, mais elles ne ſont pas ſi aiguës que celles de Martial. •

* **Aigu, aiguë**, adj, Ce mot ſe dit des maladies, & des paſſions. Il ſignifie violent ; mais qui dure peu. (Les maladies aiguës ſont plus aiſées à guerir que les croniques : mais elles ſont plus dangereuſes. Le mal eſt aigu, la fievre eſt aigue. Ce qui rend les douleurs de la honte & de la jalouſie ſi aiguës, c'eſt que la vanité ne peut ſervir à les ſuporter. *Maximes morales 2. partie max. 34.*)

† **Aigu, aiguë**, adj. Ce mot ſe dit de la voix ; & ſignifie perçant, aigre, grêle. (Les enfans ont la voix plus aiguë que les perſonnes agées. *La chamb.*)

Aigu, Terme de Grammaire Greque & autres, les accens ſont des marques des relevemens, ou des rabaiſſemens de la voix. Il y a 3. accens. L'aigu, le grave, le circonflexe. L'aigu a été inventé pour reveler la voix. *Métode Gréque du Port-Roial.*

Aiguade, ſ. f. Terme de mer. Prononcez égade. Deſtroches diſent qu'on ne ſe ſert du mot d'aiguade qu'en Levant ; c'eſt l'eau douce, & fraîche dont on fait ſa proviſion pour s'en ſervir dans les Vaiſſeaux.

Aiguade, ſ. f. Terme de mer. C'eſt auſſi le lieu où l'on envoie faire proviſion d'eau douce. Faire de l'eau à l'aiguade de la Tramontanne, faire de l'eau à l'aiguade du Ponant.

† **Aigail**, ſ. m. Mot qui n'eſt guere en uſage, & qui ſignifie la Roſée qui eſt ſur les feuilles des herbes, & des bois taillis. (L'aigail ôte le ſentiment aux chiens.)

Aigue marine, ſ. f. Pierre precieuſe qui eſt de la couleur de l'eau de la mer, qui naît le long de ſes côtés, & reçoit la couleur de ſon flux & de ſon refus. (Aigue marine Orientale. Il s'en

E

rencontre dans quelques Provinces de l'Europe : mais parce qu'elles n'ont ni la dureté, ni le poliment des aigues marines Orientales, on en fait fort peu d'état. *Ronel*, *Mercure Indien. l. 2.*)

Aigniére, *aiguille*. Voi. la colonne *Egu. sous la lettre* E.

AIL

AIL , *s. m.* Vient du Latin *allium* & est une sorte de petit oignon sec & chaud. (L'ail cuit est chaud, il provoque l'urine, & est un preservatif contre le venin : mais l'ail crû est venteux , il desseche l'estomach , il est nuisible à la veuë, & corrompt l'haleine. Ce mot d'*ail* faisoit il y a quelque tems son pluriel en *aulx* , mais aujourd'hui il se termine d'ordinaire en *ails*, & même il est plus en usage au singulier qu'au pluriel. L'*ail* est la tériaque des païsans. *Briot, histoire naturelle d'Angleterre.*

Tu peux choisir, ou de manger trente *aulx*
J'entens sans boire , ou sans prendre repos
Ou de souffrir trente bons coups de gaules
Bien apliqués sur les larges épaules.
La Fontaine , contes T. 1.

Il mange de l'ail, il aime l'ail, il mange deux têtes d'ail & non pas deux têtes d'*aulx*.

Aile , *s. f.* Mot qui décend du Latin *ala*. C'est la partie dont l'oiseau se sert pour voler. (Une grande , grosse aile , une petite jolie aile , une aile forte , une aile rompuë , une aile refaite , une aile déliée. Déplier les ailes , étendre les ailes , rompre les ailes , ramasser ses ailes , battre des ailes , voler à tire-d'ailes. Quand les pigeons sont en colere les uns contre les autres , ils se batent à coups d'ailes , & à coups de bec.)

† Aile , Ce mot entre dans les façons de parler d'armée en bataille , & veut dire les troupes à droite & à gauche.) Commander l'aile droite , commander l'aile gauche. Avoir la pointe de l'aile gauche. Mener l'aile droite. Donner sur l'aile droite. Ataquer l'aile gauche , batre , defaire l'aile gauche.)

† Aile , *s. f.* Ce mot se dit aussi en parlant de bataillon & d'escadron , & ce sont les côtez droits & les côtez gauches du bataillon. Défaire l'aile d'un escadron. Rompre l'aile d'un bataillon , faire plier l'aile d'un bataillon.)

Aile , *s. f.* Terme de *fortification* Ce sont les côtez de certains ouvrages de fortifications. [On dit les ailes des ouvrages à corne , les ailes des tenailles , les ailes des ouvrages couronnez. Ataquer l'aile droite d'un ouvrage à corne. Insulter l'aile gauche d'un ouvrage couronné.)

† Aile , *s. f.* Terme d'*architecture*. C'est le côté de quelque ouvrage d'Architecture. (Les ailes de pont , les ailes de se Téatre sont bien faites , bien proportionnées , & bien reguliéres.)

∗ Aile , *s. f.* Terme d'*Architecture*. C'est un rang de colonnes , ajoûté aux côtez d'un temple , d'un vestibule , ou d'une basilique, soit en dedans ou en dehors. (Pour embélir cette Eglise, on y bâtira deux ailes nouvelles.)

† Aile , Terme d'*architecte*. Ce sont les corps de logis qui sont aux côtez de quelque beau bâtiment. Les ailes du Palais de Luxembourg sont belles.)

∗ Aile , *s. f.* C'est ce qui fait tourner le moulin à vent par le moïen du vent & de la toile dont il est habillé. Les meuniers n'apellent pas cela *aile*, mais *volant* : & ils diront, il faut habiller ces volans , & jamais , il faut habiller ces ailes. Cependant les gens qui ne sont pas meuniers & qui écrivent bien , disent les ailes d'un moulin à vent. On ne fera point mal de parler comme eux, mais on ne fera pas mal aussi de parler comme les gens du métier. Le mot de *volant* a quelque chose d'agreable.

∗ Aile , *s. f.* Ce mot au figuré signifie promptitude à courre , vitesse pour fuir. (Si la peur vous donne des *ailes* pour vous sauver , l'espérance lui en donne de plus fortes pour vous ateindre. *Vaug. Quin. l.* 7. *c.* 4.)

∗ Aile , *s. f.* Ce mot au figuré se dit encore de l'amour , des vens, du tems, de la renommée. Mais en ce sens, le mot d'*aile* n'est d'ordinaire bien usité qu'en poësie , ou dans des ouvrages qui en ont quelque chose. (*Porté sur les ailes du vent*. Les ailes d'Amour. *Voi. Poësie.*)

∗ Aile , *s. f.* Ce mot au figuré entre dans plusieurs façons de parler figurées & proverbiales. (On dit , *Il ne bat que d'une aile*. C'est à dire , qu'il n'a plus tant de vigueur , ou de credit. *En avoir dans l'aile* , c'est n'avoir plus le pouvoir qu'on avoir. Scaron dans ses Poësies a dit en riant.

Mon cher ami , j'en ai dans l'aile ,
Je suis perdu , j'ai regardé Cloris.

C'est-à-dire, je suis amoureux , & j'ai perdu ma liberté. St. Amant a écrit, *Si vous en avez dans l'aile, plaignez-vous adroitement*. C'est-à-dire , si vous êtes pris de quelque belle, plai-

gnez-vous à elle avec adresse , & elle aura pitié de vous. Il *vient voler sans ailes*, c'est-à-dire , qu'il veut faire des choses qu'il n'a pas moïen de faire. *Tirer pié ou aile d'une chose*, c'est à dire , en tirer quelque partie. Le fils aîné de E.H. a escamoté en sceleré des pistoles à tout le monde & personne n'en sauroit tirer ni pié , ni aile , parce qu'H. le pére en matiere de cœur & d'esprit , est aussi miserable que son fils. *On lui a rogné les ailes*, c'est-à-dire, qu'on lui a ôté de son credit, de son pouvoir , ou de son bien. *Elle n'a pris sous l'aile de sa mere , qu'une basse habitude*, c'est-à-dire, qu'elle n'a contracté qu'une habitude grossiére sous la conduite de sa mére. Il *veut voler avant que d'avoir des ailes*, c'est-à-dire ; qu'il veut agir avant que d'avoir le pouvoir.)

∗ Aile, *s. f.* Terme de *faiseur de lardoires* , & d'éguilliers. On dit ailes de la lardoire , les parties de la lardoire où l'on met le lardon , lorsqu'on veut larder , ou piquer.) Les ailes de cette lardoire d'argent sont tres-bien faites, & tres-jolies.)

∗ Ailes , *s. f.* Ce mot se dit par les *Horlogers*, parlant des pignons des montres. *On apelle aile de pignon* la partie du pignon qui est à l'égard du pignon ce que la dent est à l'égard de la rouë. (On dit, cette montre ne va point parce qu'il y a une aile de pignon rompuë.)

∗ Aile , *s. f.* Terme de *vitrier*. C'est le plomb qui entre un peu sur la losange , & qui tient le verre. On dit cette aile est trop foible. Cette aile est assez forte. Monsieur Félibien apelle cela *aileron* dans son Dictionaire des quatre arts. Les vitriers rient, quand ils entendent ce mot ils ont pourtant tort, car Monsieur Félibien est habile homme ,

Mais il n'est cheval si superbe
Qui ne bronche dit le proverbe.

Aile, *s. f.* Mot qui vient de l'Anglois *ale*, & qui est en usage à Paris. On prononce un peu longue la premiére silabe du mot *aile*. C'est une sorte de biére Angloise , qui se fait sans houblon & qui est plus forte & plus chargée que la biére ordinaire. (L'aile est bonne, l'aile est forte , l'aile est petite.)

Ailé , ailée. *adj.* Qui a des ailes , à qui l'on a donné des ailes (Il se disoit fort dada ailé. *Voi. poesies*. Pégaze est le cheval ailé des Poëtes. *Abl. Luc.*

Aileron , *s. m.* Ce mot est usité quelquefois en parlant de poisson , & il signifie ce qu'on apelle ordinairement la nageoire du poisson : mais ce n'est en sens je ne trouve le mot d'*aileron* que dans l'illustre ami d'Ablancourt. C'est un poisson , dit-il, qu'on voit le dos apuié contre sa coquille , qui lui sert comme de proïe , sa tête qu'il éleve lui tient lieu de voile , & ses ailerons sont ses rames. *Abl. Lucien Tome* 3. *suplément de l'histoire véritable, livre* 3.*page.* 363.On diroit plûtôt ses nageoires sont ses rames.

Ailerons , *s. m.* Petits corps cartilagineux situez aux deux cotez du bout du nez. *Dégori terme de Médecine.*

Ailette , *s. f.* Terme de *cordonnier*. C'est une petite piéce de cuir qu'on met par dedans le long du soulier , & qui prend depuis le pâton jusqu'aux quartiers. L'ailette de soulier est bien cousuë.

AILLEURS , *adv.* Prononcez presque *a lieurs* en deux silabes. C'est à dire , *en un autre lieu , d'un autre côté*. Il est ailleurs. On me mande d'aller par ailleurs. *Voi.* 37. L'esprit de la Fontaine & son corps ne sont presque jamais ensemble , quand l'un est en un endroit , l'autre est souvent ailleurs.)

d'Ailleurs , *adv.* D'un autre lieu. (Ce bigot ne vient point de l'Eglise , mais *d'ailleurs*, de chez quelque belle dame , peut-être.)

† d'Ailleurs , *adv.* D'un autre cause. [Cela ne vient pas d'où vous croiez , il procede d'ailleurs.]

∗ d'Ailleurs , *adv.* Outre cela , de plus. [La plupart des riches qui n'ont point de naissance, sont fiers , insolens , & brutaux d'ailleurs.)

AIM

AIMER , *v. a.* Il vient du Latin *amare*. C'est désirer qu'il arrive à quelcun ce qu'on croit lui devoir être avantageux , non point à cause de soi-même mais à la seule consideration de la personne à qui l'on veut du bien. C'est avoir de la passion pour quelque chose que l'on en croie digne. (Vous qui aimez le Seigneur , haïssez le mal. *Port-Royal, Pseautmes*. Nous aimons ceux qui nous font du bien & les amis de nos amis. Il est d'un galant homme d'aimer la gloire & l'honneur, & de chercher de toute sa force l'un & l'autre.

Je t'aime cher Daphnis , & t'aimerai toûjours,
Ma vie , & mon amour n'auront qu'un même cours.
La Comtesse de la Suse.)

Aimer , *v. a.* Ce mot signifiant se plaire à quelque chose, ou prendre plaisir, veut le verbe qu'il régit , à l'infinitif, precédé de la particule A , l'on n'aime point à loüer , & l'on se loüe jamais sans interêt. *La Rochefoucaut. Reflexions.*

AIM

Il l'épouse, & je sai pourquoi.
C'est qu'il aime comme les Princes
A nourrir des monstres chez soi.
Mainard, poesies.

Aimez, Seigneur, aimez à vivre,
Et faites que de vos beaux jours,
Le long & le fortuné cours
De toute crainte nous délivre.
Voit. poesies.

Le mensonge est tellement connu pour un vice, que ceux qui aiment le plus *à* mentir, le condamnent. *Pelisson, & la Suze, recueil.* Les vieillards aiment à donner de bons préceptes pour se consoler de n'être plus en état de donner de mauvais exemples. *La Rochefoucaut, reflexions 1. partie, pag. 34.* Voïez *aimer,* plus bas.

Aimer mieux. Ces mots veulent être souvent suivis d'un verbe à l'infinitif, & cet infinitif, veut être immediatement suivi des particules *que & de* qui en régissent un autre. (Ils aimerent mieux le prendre vif que de le tuër. *Van. Quin. 14.* Il aime mieux *dire* du mal de soi *que de* n'en point parler. *Rochefoucaut, reflexions.* Elle aima *mieux* mourir que de rendre un lavement qu'elle avoit pris. *Scarron poesies.*

Aimer mieux. Ces mots signifient *preferer,* & ils se disent des choses dont on prefere les unes aux autres. Il aime mieux une fortune basse & tranquile qu'une fortune élevée, & tumultueuse.

Aimer mieux. Ces mots se disent aussi des personnes, quand il ne s'agit point d'amitié, mais d'une simple preference. On aime mieux un valet mal fait & sage, qu'un valet bien fait & fripon. *Nouvelles remarques.*

C'est l'homme du monde que j'aime le mieux. On ne trouve pas bonne cette façon de parler. Comme il s'agit d'amitié & non point de preference, on doit dire ; c'est l'homme du monde que j'aime le plus, ou c'est l'homme du monde pour qui j'ai le plus d'amitié. *Nouvelles remarques.*

Aimer mieux. Ces mots suivis immediatement d'un *que* veulent le verbe qui suit leur *que* au subjonctif.

J'aimerois mieux qu'il déclinat son nom.
Et dit je suis Oreste, ou bien Agamemnon.
Dép. poet. c. 3.

Aimer. Ce verbe est quelquefois *neutre* quand il signifie vouloir, souhaiter, desirer, être bien aise, & alors il veut être suivi d'un que, & d'un subjonctif.

(Aimez qu'on vous conseille, & non pas qu'on vous loue. *Dép. poet. c. 1.*

J'aime qu'on prenne de la peine quand il s'agit d'honneur & de vertu.

Aimable, adj. Digne d'être aimé. [Dificilement on s'empêche d'aimer ce que les Dieux ont fait de plus aimable. *Gom. Poesies.*
Le tems ne bannira jamais de mon ame, ni ces aimables lieux,
ni cette belle flame. *Sar. poe.*]

Aimé, aimée, adj. Objet qu'on aime, pour lequel on a de l'amour, de l'amitié. [Il est aimé des grands, il est cheri des belles.]

AIMÉ, *s. f.* Nom de femme. (Aimée est jolie.)

AIMAN, *s. m.* Pierre qui atire le fer & qui lui communique ses proprietez. (On donne plus de force à la pierre d'aiman lors qu'on l'arme. Voila un aiman bien armé, & il faut que ce soit de la façon du sieur …)

Aimantin. aimantine, adj. Qui a la qualité de l'aiman. C'est un fer qui a une vertu aimantine, c'est à dire, la force d'atirer le fer.

Aimanté, aimantée, adj. Touché avec l'aiman. Eguille aimantée.

AIMORAGIE, *s. f.* Prononcez *émoragie.* Terme de Médecin. Ce mot vient du Grec, & signifie écoulement de sang par le nez. Provoquer une aimoragie, arrêter l'aimoragie.

AIN.

AINE, *ainne, s. f.* On l'écrit de l'une & de l'autre façon, mais on prononce *aine,* & l'on ne prononce aussi point l'*s.* dans *aisné* ni *aisnée,* & même il est libre de ne point écrire ces mots avec cette premiere *s.*

L'aine est la partie du corps où la cuisse & la hanche s'assemblent. (Avoir l'aine enflée.)

Ainé, aisné, s. m. Le premier né des enfans mâles dans une maison, il est l'aîné de la famille.

Ainée, aisnée, s. f. La premiere née des filles d'une maison. L'ainée est la plus belle.

Ainesse, s. f. Ce mot *d'ainesse* ne se dit pas seul, & il est d'ordinaire acompagné du mot de *droit.* C'est l'avantage qu'on a d'être le premier né dans une famille. (Le droit d'ainesse est con-

AIN

siderable, & en France il n'y a point de coûtume où il ne soit avantageux. On l'y a étendu, car aprés la mort du premier né, le puisné succede au droit d'ainesse. Esaü vendit son droit d'ainesse à Jacob. *arn.*

† AINS. Conjonction qui veut dire mais, & qu'en ce sens n'est plus en usage. Ains *au contraire.* Ces mots se disent encore, mais en riant seulement.

Point ne se repentit de son feint personnage
Ains au contraire, il en fut tres-content.
Nouvelles remarques de Vaugelas.

AINSI, *conjonctive.* De la sorte, de cette sorte. C'est pourquoi, tout de même. (Il parla ainsi à ses soldats. *Abl.* Je me rioïs de mon aveuglement, ainsi mon ame crut pour jamais être desenchantée. *Voi. poe.* Comme un pere a de la tendresse pour ses enfans ainsi le Seigneur a de la tendresse pour nous. *Port-Roial.*

AIO & AJO.

AIO, *s. m.* Les bouquetieres de Paris apellent de ce nom une sorte de fleur jaune qui vient en Janvier, qui dure presque jusqu'à Pâque, & qui est une maniere de petite tulipe. Ces *aios* sont fort jolis, l'on s'en sert pour mettre sur les autels.

AJOINT, *s. m.* Terme de Palais. Celui qu'on prend pour assister à une procedure, ou à un jugement.

AJOINT. Oficier de Librairie qui aide le Sindic.

Ajoints, s. m. Terme de Rétorique. Circonstances d'une chose. On s'en sert des ajoints pour amplifier.

Ajourné, s. m. Terme de Pratique. Celui à qui on a donné un ajournement, c'est à dire, une assignation de comparoitre à un certain jour & à une certaine heure devant le Juge. (Les ajournemens pourront être faits devant tous Juges, encore que les ajournez aient leur domicile, ailleurs. *Ordonnance de Louis XIV. a. 10.* On a obtenu un défaut contre l'ajourné.)

Ajournement, s. m. Terme de Pratique. Qui se dit en matieres civiles & criminelles, mais d'ordinaire en matieres criminelles. On s'en sert dans les matieres purement civiles, comme on le peut voir à l'Ordonnance de Louis XIV. titre 2. & titre 3. Mais son usage le plus frequent est dans les matieres criminelles. L'ajournement en matiere civile, est un écrit fait par un Huissier, ou Sergent sur du papier timbré, qui doit contenir les conclusions du demandeur, de la demanderesse, il doit se donner à domicile en presence de deux témoins qui sachent écrire & déclarer lui jour où il se défendera , ou la défenderesse doivent comparoitre pour répondre aux fins de la demande portée par l'ajournement. Mais en matieres criminelles, c'est un écrit qu'un huissier donne à une personne acusée, pour comparoitre dans un certain jour devant un tel juge en propre personne afin de répondre aux fins portées par l'ajournement. [On lui a donné un ajournement personnel. L'ajournement personnel doit être libellé. Il faut donner un ajournement à domicile. Voïez là-dessus le *Code civil & criminel.*)

Ajourner, v. a. Ce mot se dit en matieres civiles & ordinairement en matieres criminelles. C'est en parlant de matieres civiles, donner une assignation à quelqu'un pour comparoitre en personne, ou par procureur, & répondre aux fins de la demande portée par l'exploit ; mais en matieres criminelles, c'est donner un ajournement à un acusé, ou à une acusée, pour comparoître en propre personne, afin de répondre dans un tel jour aux conclusions de l'ajournement. (Ceux qui ont droit de *committimus* ne pourront faire ajourner aux requêtes de nôtre Hôtel ou du Palais, qu'en vertu de lettres de *committimus.* Voïez l'Ordonnance de Louis XIV. *article 11.* Ajourner personnellement un acusé. Voïez le *Code criminel de Louis XIV.*)

AJOUTER, *v. a.* Joindre à quelque chose ; mettre avec d'autres choses. (Si on ajoute un Province à un Roïaume, la Province prend au moment de l'union toutes les loix & tous les priviléges du Roïaume. *Patru 4. plaidoié.*)

AIR.

AIR, *s. m.* Un des quatre Elémens Toute cette matiere liquide & transparante où nous vivons, & qui est répandue de tous côtez autour du globe composé de la terre & de l'eau. (Air, clair, pur, subtil, serain, grossier, doux, agreable, sain, mal sain, épais, impur, chaud, humide, froid, sec, corrompu, natal. Prendre l'air, respirer l'air natal, l'air sain subtilize les humeurs, purifie le sang, réveille la chaleur, facilite la coction, rejouit le cœur, & le fortifie. L'air épais & impur ofense & corrompt les humeurs. L'air chaud ouvre les pores, il excite la soif, afoiblit la coction : L'air trop froid condense les humeurs, les épaissit, resserre la peau, & empêche la transpiration ; L'air trop humide cause des fievres ; l'air trop sec consume les humeurs, les desseche, & engendre des fumées aigues. Prendre l'air, changer d'air, donner de l'air ; mettre ou exposer à l'air)

AIR, *s. m.* Ce mot signifiant un des quatre elemens ne se dit d'ordinaire au pluriel qu'en poesie, ou qu'en des discours

AIR

de profe qui ont quelque chofe de la grandeur de la poëfie.

(Des portes du matin l'amante de Céphale
Ses rofes épandoit dans le milieu *des airs*.
Voit. poëfies.)

Eaux qui êtes au deſſus *des airs*, beniſſez le Seigneur.
Port-Roial, Pſeaumes.

Air, f. m. Chanfon notée, chanfon. Les airs de Boiſſet charmerent autrefois toute la Cour. Les connoiſſeurs admirent les airs de Boiſſet. *St. Evremont, Tom. 1.* Adorez Dieu & chantez des airs ſacrez en ſon honneur. *Port-Roial.* Savoir les airs de Cour, aprendre l'air d'une chanſon, joüer un air, danſer un air.]

* *Air*, f. m. On ſe ſert quelquefois du mot d'*air* pour marquer le peu de ſolidité & de fondement qu'il y a dans ce qu'on dit, ou qu'on fait. [Donner des preceptes en l'air. *Abl. Luc.* Diſcourir en l'air. *Scar. Rom.* Tous les perſonnages qu'il repréſente, ſont des perſonnages en l'air. *Mol. inpromptu, ſ. 4.* Cette injure *eſt en l'air*, c'eſt à dire, ne *touche perſonne*. Il y a quelque choſe *en l'air*, c'eſt à dire, il y a quelque bruit, quelques nouvelles, quelque querelle. Il pretend m'amuſer par des contes en l'air. *Mol. Scapin a. 1. ſ. 4.*]

* *Air*, f. m. Phiſionomie, mine. [Avoir un air de qualité. Avoir l'air grand & noble. Avoir l'air gai. Avoir l'air enjoüé. Avoir l'air chagrin. Avoir l'air triſte.]

* *Air*, f. m. Maniere, façon, ſorte. [*Avoir l'air grand.* C'eſt vivre à la maniere du grand monde. Je vis d'un air à ne rien craindre. Vous verrez de quel air la nature a deſſiné ſa perſonne. *Mol. Pourc.* Les Egiptiens n'étoient pas fachez des airs de familiarité d'Antoine. *Citri, triumvirat, 3. partie.* Elles ſe donnent des airs qui achevent de les perdre. Avoir l'air empeſé. L'air grand atire l'eſtime & le reſpect, mais l'air doux & favorable ne fait pas de moins bons effets. *S. Evremont, Tom. 6.* Donner un air de nouveauté à un ſujet rebatu. *Abl. Luc.* Humer l'air précieux. *Mol. préc.* C'eſt prendre des manieres agreables & un peu ſinguliéres.]

Air, f. m. Feu. (L'air du feu eſt bon en tout tems. Aprocher l'air du feu. Prendre l'air du feu.)

Air de vent, ou , aire de vent. Terme de mer. Quelques-uns écrivent *air de vent*, mais la plupart ſont pour *aire de vent*. C'eſt la 32. partie de la roſe du compas. Ce vaiſſeau court ſur le même air de vent ou la même aire de vent.

* *Air*, f. m. Terme *de peinture*. Harmonie des parties qui rend le viſage agreable. Donner de beaux airs de tête à ſes figures.

* *Air*, f. m. Terme *de Manége*. Action que fait un cheval de menage, laquelle a été apellée *air*, à cauſe que faiſant cette action, le cheval s'éleve en l'air. Ainſi la capriole eſt un air. Il y a auſſi un air terre à terre , & un air relevé. Cheval qui prend un bel air, rencontrer l'air d'un cheval. Il faut donner un air à ce cheval, parce qu'il n'en a point de naturel. Aſſurer un cheval ſur l'air qu'il a pris. Cheval qui a des commencemens d'airs relevez, *c'eſt à dire*, qui s'éleve plus haut que terre à terre, qui manie à courbettes & à balotades, à capriotes, &c.

A1RAIN, f. m. Prononcez *érein*. Ce mot vient du Latin *as, aris*. C'eſt un cuivre mélangé , mais plus ſolide & plus malléable que le plomb, l'étain, ni le fer. On dit que Tubalcain fut le premier qui mit en uſage l'airain , & le fer, & que la premiere monoie qui fut batue, étoit d'airain.

* *Le Ciel eſt d'airain*, *Patru plaid. 9.* C'eſt à dire, que le Ciel ne répand point ſes graces.

* *Avoir un front d'airain.* C'eſt avoir l'impudence ſur le front & être impudent au dernier degré. On dit auſſi *le ſiecle d'airain* , pour marquer le troiſiéme âge du Monde : *V. âge.*

A1RE, f. f. C'eſt la place où dans la grange on bat le grain, (Une aire bien nette , une aire tres-propre, nettéjer l'aire de la grange, balaier l'aire de la grange. Ils mégeront les grains que vous aurez vannez dans l'aire. *Port-Roial. Iſaïe, cha. 25.* Il a le vent à la main, & il nettéiera parfaitement l'aire de la grange. *Port-Roial. N. Teſtam. S. Matth. c. 3.*)

Aire, f. f. C'eſt un nid d'oiſeau de proie, ou d'autre pareil oiſeau. (L'aire de l'aigrette , de la grüe, ou du heron eſt abatuë. L'aigle fait ſon aire ſur quelque haute roche aux païs Septentrionaux. Pour bien dreſſer l'aigle, on la doit prendre dans ſon aire. L'aigle ne change point ſon aire, & elle y retourne tous les ans. *Fauconnerie*, B page 105. Le faucon fait ſon aire au mois de Mai : & alors il cherche un nid de corbeau, de milan , ou de buſe, il les en chaſſe & y pond 3, ou 4. œufs gros preſque comme ceux d'une poule.

Une aigle au ſortir de ſon aire
Fond deſſus les oiſeaux d'une aile moins légere.
God. poéſ. 1. partie.)

Aire, f. f. Terme *de Geometrie.* C'eſt la grandeur , ou la capacité intérieure d'une figure. Meſurer l'aire d'un triangle. Trouve l'aire d'un cercle donné. *Pardies, Geometrie.* Multiplier l'aire d'un cercle par, &c. On appelle *aire de plancher*, l'étenduë de la chambre.)

Aire de vent, f. m. Terme de mer. C'eſt le rumb de vent, un quart de vent. C'eſt la trente deuxiéme partie de la roſe du compas, ou bouſſole de mer. La fregate courut toujours ſur le même aire de vent. *Deſroches termes de marine.*

Airet, f. f. Terme de Maréchal. ce mot ne s'écrit plus de la ſorte. Voiez *ars*.

Airer, v. n. Ce mot ſe dit en parlant d'oiſeau de proie. C'eſt faire ſon aire. (Les gerfauts airent ſur des rochers. Les faucons airent dans les roches ſur la terre & dans les bois de haute futaie. *Franchiere, fauconnerie.*)

† *Airier*, v. a. Ou plutôt *aerier*. Mettre en bel air. (Il faut bien airier cette maiſon. On aime à demeurer dans des endroits qu'on ait bien airiez. Voi *aerier.*

Airomantie, aëromantie, f. f. Mot qui vient du Grec & qui ſe prononce étromantie, mais qui s'écrit plus ordinairement aëromantie. C'eſt la ſcience de deviner par le moien de l'air. L'airomantie eſt curieuſe : L'airomantie eſt belle. Savoir l'airomantie.

AIS.

AIS , f. m. Mot qui ſemble venir du Latin *aſſis* , & qui ſignifie une planche. [Un petit ais , un grand ais , un ais fort , un bon ais , un ais foible. Les ais de chêne ſont les meilleurs. Faire des ais. Sier des ais.]

AIS , f. m. Terme de relieur. Petite planche planée, rabotée , & unie, avec de lai peau de chien marin de laquelle un relieur ſe ſert pour foüetter ſes livres. Un ais in douze , un ais in octavo , un ais in quarto , un ais in folio. Vite qu'on me déſoüete ce livre & qu'on me mette les ficelles ſur les ais.

† AISANCE , f. m. Ce mot ſe dit des perſonnes , & commence de vieillir. C'eſt une certaine facilité qu'ont les perſonnes, dans les choſes. [Une agreable aiſance , une charmante aiſance , une aimable aiſance. [Vous avez dans vos vers une *aiſance* qu'on ne peut aſſez eſtimer. *Balz. ac lettres à Conrart, livre 1. let. 7.*]

On trouve dans mes vers une certaine *aiſance*
Qu'on peut loüer ſans trop de complaiſance.
Boisrobert epitre. 1. vol. epit. 38.

Aiſe, f. m. Contentement, plaiſir, joie, ſatisfaction , repos. (La guerre trouble l'aiſe de nos jours. *Mai. poëſie.* Il n'eſt pas défendu de chercher ſes aiſes. C'eſt un homme qui aime ſes aiſes. C'eſt un gros & gras Chanoine qui prend ſes aiſes. Cirus ne ſe laiſſa point tranſporter à l'aiſe de la victoire. *Abl. ret.*)

D'où vient que tu me veux ravir
L'aiſe que j'ai de la ſervir.
Malh. poeſ. liv. 4.

Ton pouvoir abſolu pour conſerver nôtre *aiſe*
Conſervera celui qui nous l'aura cauſé.
Malh. poeſ. l. 2.

Ah ! que vous m'obligez, je ne me ſens pas d'*aiſe.*
Rac. plai. a 1. ſ. 7.

Etre bien à ſon aiſe. Vous en parlez bien à vôtre aiſe, ils en diſcourent à leur aiſe.

Alidor aſſis dans ſa chaiſe
Médit du Ciel tout à ſon aiſe.
Dep. poeſ.)

* *Etre à ſon aiſe.* Avoir du bien médiocrement. C'eſt un homme à ſon aiſe qui ne dépenſe pas même ſon revenu. *Maucroix, verrine de Ciceron.* Les Moines ſont trop à leur aiſe , & cependant ſont ceux qui font tant d'abus du ſiecle , on leur donne tous les jours.

Aiſé, adj. Qui eſt content, qui a de la joie, qui a du plaiſir, qui a de la ſatisfaction. Le mot *aiſé* en ce ſens veut quelquefois l'infinitif & c'eſt infinitif doit être précedé de la particule *de*. (J'euſſe été bien *aiſé* de voir ce que l'on eut répondu. *Voit. Zelide.* On n'eſt pas bien aiſé d'avoir un étranger pour Maitre *Vau. Quin. l. 7.* Mais quand *aiſé* eſt ſuivi d'un *que* , il veut au ſubjonctif le verbe qui ſuit le *que.* Vous ne ſerez pas bien *aiſé* que *je vous diſe* la verité. *Vang. Quin l. 3. c. 2.* Aiſe en ce ſens, étant ſuivi d'un nom veut le génitif. N'êtes vous pas bien aiſe *de ce mariage. Mol.*)

Aiſé, aiſée, adj. Facile. Le mot *aiſé* demande à , lors qu'il eſt dans une façon de parler perſonnelle , & *de* étant joint avec le verbe être pris imperſonnellement. Il eſt fort aiſé à aprivoiſer. *Voit. let. 30.* Les oreilles des Princes ſont délicates & bien aiſées à bleſſer. *Coſ. let. T. 1. let. c. x. l.* Il eſt aiſé de voir que cela part d'un eſprit ſerein. *Voit. l. 198.* C'eſt abſolument & ſans regime, avoir l'eſprit aiſé. C'eſt une poëſie aiſée.

Aiſé, f. m. Qui eſt riche, qui eſt à ſon aiſe. On l'a taxé comme aiſé. Taxer les aiſez.

A l'aise, adv. Aisément, commodément, & sans peine. (Quatre chevaux de front y passent à l'aise. Vau. Quin. l.5. On est assis à l'aise au Sermon de Cotin. Dép. sat.9. On est aussi fort à l'aise à ceux de l'Abé Sanguin , l'Hipocrate de son tems.)

Aisément , adv. Prononcer aiséman , facilement , avec facilité d'une maniere aisée, d'un air facile. [Les Philosophes triomphent aisément des maux passez. Alexandre se laissoit gagner aisément à la flaterie. Vau. Quin.]

† Aisément, s. m. Ce mot signifie les lieux d'une maison. Il est un peu vieux & en sa place on dit les lieux. L'aisément du logis est net, couvrir l'aisément. On trouve d'ordinaire à l'aisément les ouvrages du bon T… & ceux de V… SS.

Aiselle, s.f. Mot qui vient du Latin, axilla. L'aisselle est un creux sous le bras de l'homme, & qui dans un certain âge est plein de poils. Aisselle puante.

Aissette, s.f. C'est une sorte de petite hache dont les vinaigriers & les tonneliers se servent pour couper les fausfets, & mettre, & ôter les bondons. (Une bonne aissette, une méchante aissette.]

Aisseu, s. m. En latin, axis. C'est un morceau de bois ou de fer , arrondi, qui passe au travers des deux roües, & qui est arrêté par deux morceaux de fer, lesquels on apelle des esses. [Un bon , un méchant , un petit aisseu. Ferrer un aisseu.]

A I T.

Aitiologie, s.f. Il vient du grec, & est un terme de Medecin, on prononce étiologie. C'est la partie de la Medecine où l'on traite des diferentes causes des maladies. (Fernel a fait un beau traité de l'aitiologie. Lire l'aitiologie. Répondre de l'aitiologie.)

A J U.

Ajuger, v. a. Ce mot vient du latin adjudicare. C'est donner à quelcun une chose [dans les formes prescrites par la justice. La donation porte une clause qui nous ajuge les arrerages. Pat. plaid.3.

Ajuster, v. a. Ce mot se prononce comme il est écrit , hormis qu'on ne fait pas sentir la lettre R à l'infinitif, le mot ajuster semble décendre de l'espagnol ajustar, c'est à dire , rendre juste & égal. Acommoder, apoprier. (Ajuster ses cheveux, ajuster les étriers , ajuster les renes dans la main. Ajuster les balances.

Ajuster, v. a. Terme de maitre d'armes. Porter justement son coup où l'on veut donner, (Il fait bien ajuster son coup.)

† Ajuster, v. a. ce mot se dit au figuré , & veut dire , faire quadrer, acommoder. [Il est difficile d'ajuster ensemble le plaisir, & le devoir.

Ils savent ajuster leur zele avec leurs vices
Sont prompts, vindicatifs, sans foi, pleins de malices.
Mol. Tartufe, a 1.s.5.

† * Ajuster, v. a. Ce mot signifie quelquefois maltraiter , mais dans ce sens il est bas. Moliere a ajusté de toutes pieces Messieurs les Medecins, en un mot tous les finots, &c.

S'ajuster, v. r. Je m'ajuste, je me suis ajusté, je m'ajustai. S'acomoder proprement, se parer. (Pitagore s'est fardé, & ajusté pour plaire aux hommes. Abl. Luc.

† S'ajuster, v. r. Se conformer , s'acommoder. Convenir , quadrer. Il faut que vôtre volonté s'ajuste à la sienne. Bal.let. choisies. liv.2. Cela s'ajuste assez mal au dessein que vous avez. Abl. apophtegmes des anciens. On ne sauroit bien ajuster Dieu & le monde. Arn. cons.]

Ajusté, ajustée, adj. Orné, paré. (C'est un jeune âge poudré, frisé & ajusté d'un air qui montre assez qu'il ne songe qu'à faire quelque conquête aux Tuilleries. Elle va tous les Dimanches à la belle Messe , ajustée comme la plus grand' Dame de la Cour, elle n'est qu'une simple bourgeoise.)

† Ajusté, ajustée, adj. Ce mot se dit des choses d'esprit, & signifie fait comme il faut , bien fait, travaillé avec tres grand soin. Le discours de Mr. de Balzac paroit fort ajusté, & cela est cause qu'il n'est pas estimé si naturel que celui de Monsieur de Voiture, qui est un peu moins ajusté.

Je suis dedans l'onziéme,
Et si je crois que je fais le douzième ;
En voilà treize ajustez au niveau,
Ma foi , c'est fait.
Voit. Poësies.)

Ajustement, s.m. Prononcez ajusteman. Habit, parure. (Un ajustement tres-propre, & tres-galant , un ajustement superbe, magnifique ; un ajustement tres-bien fait, fort joli. Agreable, autant qu'il le sauroit être. Vos actions & vôtre ajustement ont un air de qualité qui enchante. Mol. critique de l'école des femmes, scene 3.

Quelques riches ajustemens,
Et quelque éclat qui l'environne,
Cette incomparable personne,
N'a point de plus grands ornemens
Que ceux que sa beauté lui donne.
Scarron, œuvres, t.2.)

A L A.

A LA FIN, adv. En latin tandem, & en françois après tout enfin. Ce mot à la fin est plus de la Poësie que de la prose & principalement au milieu du vers.

On me dit qu'à la fin toute chose se change.
Mal. Poë.

Mes flames à la fin me vont reduire en cendres.
Gom. Poës.

A la fin l'amour couronne
Les parfaits amans,
Et les prix qu'il donne
Sont doux & charmans.)

† Alaigre, adj. En latin agilis, c'est à dire qui est gaillard, agile & dispos. Prononcez , & même si vous voulez , écrivez alégre. Le mot d'alaigre, & celui d'alaigrement ne se disent point dans le beau stile , mais en riant & en parlant familierement. Le basque est alaigre. Pour s'échaper de nous, Dieu sait, s'il est alaigre. Rac. plai. a.1. s.1.

Alaigrement, ou alégrement, adv. Prononcez alégreman , c'est d'une maniere agile , d'un air dispos , d'une façon alaigre. (Le François marche alaigrement & l'Espagnol gravement, Les soldats le suivirent alaigrement , lors qu'ils le virent à pié marcher à leur tête. Abl. Ret. l.7. c.4. On diroit plutôt les soldats le suivirent avec joie & avec ardeur, lors qu'ils le virent; &c.)

Alaigresse, s. f. Prononcez. & même écrivez si vous voulez , alégresse. Il vient de l'italien alegrezza; & signifie joie , mais il il n'est pas si usité que le mot de joie. Alegresse, n'a ce semble , point de pluriel qu'en cette façon de parler consacrée. Les sept alaigresses de la Vierge. Ces alaigresses sont les prieres qu'on fait à la Vierge par lesquelles on la prie de se réjoïir de ce qui lui est arrivé d'heureux. Ces alégresses sont l'Annonciation de l'Ange, la visite de sainte Elizabeth, la naissance de Jesus-Christ, l'adoration des Mages, la resurrection de Jesus-Christ & l'Assomption. Hors de là alaigresse ne se trouve qu'au singulier. [Une grande alaigresse, une alaigresse particuliere , une incroiable alaigresse , une extrême alaigresse. Combien d'alaigresse. Abl. Ret. Louons le Seigneur avec alaigresse. Port-Roial, pseaumes. On entendoit l'armée pousser en l'air des cris d'alaigresse, & de victoire. Vau. Quin. l.7. chap.11.

Alaise, élaise, s.f. Quelques-uns disent élaise ; mais les gens qui parlent bien, prononcent alése, & écrivent alaise. C'est une maniere de petit drap qu'on met dans le lit sous les femmes en couche, ou sous les personnes malades, de peur qu'elle ne gâtent les matelas. (Une alaise blanche , une alaise sale , une alaise neuve, une vieille alaise, une alaise fine , mettre une alaise. Changer d'alaise, faire une alaise, ourler une alaise. Blanchir une alaise.)

Alaiter, v.a. Prononcez alété. Ce mot vient du latin lactare. Il se dit des femelles à l'égard de leurs petits , & signifie nourrir de son lait son petit, ou ses petits. (La louve a tant de soin d'alaiter ses petits qu'elle oublie à se nourrir. Sal. i.4. La brebis alaire son agneau 7. ou 8. semaines ; & quelquefois plus selon qu'on le lui veut laisser. Leucotohé fut la premiere qui alaita le petit Bacus. Spon recherches d'antiquitez, dissertation 29.)

Alambic , s. m. C'est un vaisseau pour distiler. Port-Roial racines Gréques dérive le mot d'alambic du Grec, & Covarruvias le fait venir de l'Arabe. Voiez son dictionnaire sur le mot alambic. (On dit un bel alambic , un alambic fort beau, un bon alambic. Faire passer par l'alambic. Cela a passé par l'alambic.)

* Alambiquer. v.a. Au propre il n'est plus usité, & en sa place, on dit distiler , faire passer par l'alambic. (Elle alambiquoit de l'eau de cire pour son visage. Divorce satirique, page 222. On diroit à présent , elle faisoit distiler de l'eau de cire pout se farder.)

† * Alambiquer , v. a. Il se dit des personnes & signifie les épuiser, en latin exhaurire , mais en ce sens il ne se trouve guere que dans nos vieux auteurs. (Ces extroqueurs sont fort à blâmer d'aler ainsi alambiquer & tirer toute la substance de ces pauvres diableaux. Brantome Dames galantes, t.1.)

* Alambiquer, v. a. Au figuré il signifie aussi troubler l'esprit de quelcun , le gêner, & en ce sens il a cours dans le stile bas & dans le comique. (La Poësie a un peu alambiqué l'esprit de T. de L. car souvent il ne sait ni ce qu'il dit, ni ce qu'il fait.)

E 3

ALA

Alambiquer, *v. a.* Ce mot pris reciproquement ne se dit qu'au figuré & n'a cours que dans le stile bas & comique. Je m'alambique. Je m'alambiquai, je me suis alambiqué, c'est s'épuiser l'esprit à force de reflexions, s'embarasser l'esprit. (Il prend plaisir à s'alambiquer l'esprit de mille chimeres. *Scar. Rom.* T. I.)

Alantir, ou *alentir*, *v. a.* Prononcez *alanti*. C'est rendre plus lent. C'est rendre moins ardent, moins vif. [Alantir le courage, alentir l'ardeur du soldat. On diroit plutôt *ralentir le courage*, & ralantir l'ardeur du soldat.]

Alarguer, *v. n.* Terme de mer. Se mettre au large ; s'éloigner de la côte, ou de quelque vaisseau. (Le navire aïant reçu plusieurs canonades fut contraint d'alarguer de l'ennemi pour se radouber. *Gui homme d'épée.*]

Alarme, *s. f.* Toxin, certain son de cloche qui oblige un vilage ou une ville à courre aux armes. Certain son de trompette, certain batement de tambour qui excite le soldat à prendre les armes. Sonner l'alarme. Batre l'alarme.

* **Alarme**, *s. f.* Au figuré il signifie épouvante, crainte, trouble. [Donner l'alarme à quelcun ; prendre l'alarme ; jetter l'alarme par tout le camp. *Abl. Cef.* Voir finir ses alarmes. Tenir la pudeur en alarme. *Mol. Cri.* Etre en alarme. *Abl. Luc.*]

Alarmer, *v. a.* Donner l'alarme à quelque lieu, ou à quelque personne, l'épouvanter, jetter dans la crainte. Faire prendre l'épouvante. [Alarmer une ville, alarmer le camp, alarmer l'armée. *Abl. Frontin, Vau. Quin.*]

* **Alarmer**, *v. a.* Ce mot au figuré se dit des sens, de la raison, de l'amour, de l'amitié.... & veut dire jetter dans l'épouvante.

Il trouble ma raison, alarme ma tendresse.
La suze, Elegies. Une si facheuse nouvelle
Alarma son amour.
Sca. Roman. T. I.)

S'alarmer *v. r.* Je m'alarme, je m'alarmai, je me suis alarmé. C'est s'épouvanter, c'est prendre l'alarme. La ville s'alarma à la vûe des troupes. C'est bien là dequoi tant s'alarmer. *Mol. Four.* Elle s'est alarmée de ce spectacle afreux.)

Alaterne, *s. m.* C'est un arbrisseau toujours verd, propre à composer quelque bosquet. (Un bel alaterne. Cet alaterne est beau. Un agreable alaterne.)

ALB.

Albatre, *albastre*, *s. m.* On l'écrit, de l'une, ou de l'autre façon : mais la lettre S dans albastre ne se prononce point. (Albâtre vient du Grec. C'est une sorte de marbre plus blanc, plus luisant & moins dur que le marbre ordinaire. (Du bel albâtre, de l'albâtre tres-fin. De l'albâtre fort beau.)

* **Albâtre**, ou *albastre*, *s. m.* Mot poëtique & un peu vieux au figuré, pour dire, la blancheur du teint ou de la chair de quelque belle.

[Oüi, les lis & les roses
Faisoient sur chaque joüe un mélange parfait
De cinabre, d'albâtre, & de sang & de lait.
Rampale, idile premiere.

O sein, pour qui je meurs, unique & digne autel,
Double mont animé par un divin albâtre,
Dont un amant est idolâtre,
Rampale, idile 4.]

Alberge, *s. f.* C'est une sorte de pêche jaune & ferme. Bonne alberge, petite alberge, grosse alberge. Les alberges de Provence sont d'excellentes alberges. Ouvrir une alberge, casser le noïau d'une alberge, la pelure de l'alberge n'est pas mauvaise. Peler une alberge. On fait de tres bonnes marmelades d'alberges & les alberges d'Italie valent incomparablement plus que toutes celles de Provence qui l'emportent sur toutes les alberges de France. On nomme *albergier*, l'arbre qui porte les alberges.

Albert, *s. m.* Nom propre d'homme, qui vient du Latin *albertus*. [Deux Empereurs d'Alemagne ont porté le nom d'Albert. On surnomma Albert premier, Albert le borgne & le victorieux. On l'assassina en 1308. & son corps fut porté à Spire où il est enterré. Albert d'Autriche, second du nom, regnoit en 1439. & en six mois il eut trois couronnes, celle de Hongrie, de Boheme, & de l'Empire. *De Prade, histoire d'Alemagne 2. par.* C. I.]

Albornoz, *bornofo*. Quelques-uns disent bornose, mais mal. On dit *albornoz*. Il vient de l'Espagnol, & est masculin, c'est une sorte de manteau à capuce, qui est fait de poils de chevre & tout d'une piece, duquel se servent les Maures, les Turcs, & les Chevaliers de Malte, lors qu'ils vont au camp, & que le tems est mauvais. (Un bon albornoz, un méchant albornoz. Mettre son albornoz. Se couvrir de son albornoz.)

ALC

ALC.

Alcali, ou *alkali*, *s. m.* Terme de Chimie. C'est une sorte de sel simple. (Alcali simple, Alcali volatil. L'alcali est toujours en corps. Le sel alcali fixe ne s'élève jamais par l'action du feu : mais l'alcali volatil s'élève à la moindre chaleur du feu & se tire principalement des animaux. L'alcali est extrémement poreux. Voi *l'entretien sur l'acide & l'alcali.*

Alchimie, *s. f.* Prononce *alkimie* mot composé d'Arabe, & de Grec, qui signifie la Chimie la plus sublime comme celle qui enseigne la transmutation des métaux. [L'alchimie est belle & curieuse. Aprendre l'alchimie, étudier l'alchimie. Savoir l'alchimie. Voi *l'Emeri cours de chimie.*]

Alchimiste, *s. m.* Prononcez *alkimiste*. Il tire son origine de l'Arabe & du Grec & veut dire celui qui fait la transmutation des métaux. C'est un alchimiste fameux, celebre, savant. C'est un alchimiste qui par les illusions de son art, entretient les esperances trompeuses d'un curieux. *St. Evremont, discours de la Comedie Angloise 489.*)]

Alcion, *s. m.* Il vient du Grec. C'est un oiseau de Mer lequel fait son nid parmi les roseaux. Il a le corps de couleur rousse, & enfumée, le bec tranchant, avec les jambes & les piez cendrez. *Bel.* l. 4. [On dit que la mer est toujours calme lors que l'alcion y fait son nid. *Port-Royal, racines Greques.* On voioit quantité de hérons & d'alcions qui avoient faits leurs nids. *Abl. Luc.* T. 2. *histoire veritable.*)

Alcoliser, *v. a.* Terme de chimie. C'est subtiliser, & pulveriser quelque mixte jusqu'à ce que la poudre en soit impalpable. (Alcoliser un mixte.)

Alcoran, *s. m.* Il décend de l'Arabe & signifie un recueil de la Loi de Mahomet. L'alcoran est divisé en plusieurs livres, & chaque livre en plusieurs chapitres. L'aléoran est écrit en Arabe & traduit en Latin &c. Mahomet y a pour but de combatre la Divinité de Jesus-Christ & la verité de son Evangile.)

Alcove. Il est m. & f. mais le plus souvent féminin. Il vient de l'Espagnol *alcoba*. C'est l'endroit de la chambre, dans lequel le lit est placé. (Une jolie alcove, une belle alcove. Une charmante alcove, une alcove bien dorée, une agréable alcove. On dit aussi un bel alcove, un grand alcove.

Pas un plus hardiment
Ne donne dans le fort *des alcoves dorez.*
Benf. balet de la nuit. 1. *part.*

Dans le reduit obscur d'une *alcove enfoncée*
S'éleve un lit de plume à grands frais amassée.
Dép. Lut. Chant. 1.

Un homme n'est point heureux s'il a la goute dans une magnifique alcove. *Bal. Entretiens. Entr.* 28.)

ALE

Ale. Mot Anglois. Voiez *aile*.

† **Alechement**, *s. m.* Mot un peu vieux, pour dire atrait, apas, en Latin *illecebra*. Resister aux alechemens de la volupté. *Abl. Luc.* Les alechemens des voluptez n'ont pas été si grands, tandis que nôtre Empire ne s'est pas étendu au delà de l'Italie. *Abl. Tac.*

† **Alécher**, *v. a.* Mot qui vieillit fort & qu'on ne peut emploïer que dans le stile plaisant. C'est atirer doucement, c'est gagner par le moïen du plaisir. (La volupté ou le gain aléche les Dames. Il y en a peu qui ne se laissent alécher à une bourse pleine de louïs, & il y en a peu aussi qui ne se laissent alécher aux plaisirs, aux douceurs, aux charmes, aux galanteries & aux magnifiques repas.)

† **Aléché**, *aléchée*, *adj.* Ce mot vient du latin *allectus*. Il est un peu vieux, & ne trouve bien sa place que dans le comique, le simple & le plaisant, il signifie atiré, & gagné agréablement.

Maitre corbeau sur un aibre perché
Tenoit en son bec un fromage,
Maitre Renard par l'odeur *aléché*
Lui tint à peu prés ce langage.
La Font. fab. l. 1. *fab.* 2.

Alée, *s. f.* En latin *itio*. C'est la peine qu'on prend, ou qu'on a prise d'aler ou d'avoir été. Le mot d'*alée* ne se sens a un usage fort borné, & même il ne se dit guere sans être acompagné du mot *venuë*. (Leurs alées, & leurs venues sont ici frequentes. Voila bien des alées, & des venues, façon de parler proverbiale, pour dire voila bien des pas & de la peine qu'on a prise d'aler & de venir. Enfin après plusieurs alées & plusieurs venues nous en sommes venus à bout. *Ablancour. Lucien, ..* C'est à dire après avoir bien couru, & nous être bien fatiguez, nous avons réüssi. † * Il lui a donné l'alée, l'aler, & le venir, maniere de proverbe pour dire; il lui a donné un soufflet sur l'une & sur l'autre joüe. Tien, fat, voila l'alée & le venir. *Sca. Rom.* C'est à dire te voilà, sot que tu es, soufleté sur les deux joües.

ALÉE, s. f. Passage pour entrer dans un corps de logis. [Une alée bien claire, bien nette, bien jolie. Alée un peu obscure. Entrer dans l'alée. Passer par l'alée. Sortir de l'alée, balier l'alée.]

ALÉE, s. f. Il se dit parlant de jardin de plaisance. C'est une sorte de chemin large, beau, uni, & bordé ordinairement de boüis & d'arbres, dans lequel on se promene. [Une belle alée. Une agreable, une charmante alée. Une grande, une vaste alée. Une alée couverte, une alée découverte. Border une alée, bien tirer une alée, rateler, repasser une alée, batre une alée. Une alée à perte de vuë. C'est à dire, si longue que la vuë ne peut aler jusqu'au bout. C'est un plaisir que de se promener dans les alées de Versailles, de Chantili & de Liancourt.

ALÉE, s. f. Ce mot en parlant de jardin ordinaire, signifie un sentier, ou un petit chemin large de trois ou quatre piez au milieu d'un jardin. [Une jolie alée. Faire une alée, unir une alée, raboter une alée.]

ALÉGATION, s. f. Prononcez alégasion, & même écrivez, si vous voulez allegation, parce qu'il vient du latin allegatio. Citation de quelque passage d'Auteur. Passage qu'on alegue de quelque auteur. [Une alegation utile, necessaire, considerable, importante, savante, docte, belle, ingenieuse, diferente, diverse, sote, importune, ennuieuse, ridicule. Ces apophtegmes sont ailleurs ; mais seulement par alégation. Ablancourt apophtemes in 12. page 486. Ce traité ne se peut traduire à cause des diverses allegations qui sont renfermées dans la proprieté des mots Grecs. Ablancourt Lucien, tome 1. in 12, page 274. Pauquet fournissoit à Costar toutes les alegations dont il avoit besoin. Girac, replique à Costar imprimée à Leiden page 51. Je ne vois point ce que vous prétendez prouver par vôtre alegation de St. Paul. Arnaud frequente communion 2. partie c. 1.]

ALÉGER, v. a. En Latin allevare. C'est soulager un vaisseau en diminuant le poids de sa charge. (On allega le vaisseau de huit canons, & de tous ses agrez. Pour aléger le vaisseau qui aloit échoüer on jetta en mer plusieurs canons. Desroches, St Georges, Dictionnaires de Marine.]

* Aleger, v. a. Au figuré, il veut dire, adoucir, soulager. Aporter quelque soulagement aux maux qu'on soufre. Diminuer le mal, rendre la douleur plus aisée à suporter. (Il promet tent d'aléger ma peine. Téo. poës. Son retour alégeoit les plus vives douleurs. Racan. Bergeries.)

Aleger, v. a. Il se dit sur mer. C'est soulever & pousser en avant. (Aleger une chose, aleger la tourne-vire. C'est à dire faire tourer cette grosse corde qu'on apelle tourne-vire.)

Aleger, v. a. C'est faire servir quelque cordage, c'est à dire, en langage marin, faire parer quelque maneuvre. (Il faut vite aléger ses manœuvres. Desroches, terme de mer.)

Alégerir, v. a. Terme de manége. C'est rendre un cheval plus léger du devant que du derriére.) Vôtre cheval est trop pesant des épaules & il le faut alegerir du devant.)

† Alegement, s. m. Ce mot dans l'usage ordinaire commence à vieillir, & en sa place on dit soulagement.

(Mon ame auroit trouvé dans le bien de te voir
L'unique alegement qu'elle eût pu recevoir.
Cor. Cid. a. 3. s. 4.

Pour nôtre alegement
Un favorable traitement
Change nos épines en roses.
Maleville poësies.)

† Alégence, ou allégence. s. f. Prononcez alégence. Il commence à vieillir, & signifie soulagememens. (Une vraie, une veritable alégence, une legere, une foible alégence.

Poëre à ses déplaisirs cette foible alegence
Et lui dis que je cours achever sa vangeance,
Cor. Pompée, a. 1. s. 1.)

ALÉGORIE, s. f. Il vient du Grec, & est un terme de Rétorique. C'est une figure par laquelle exprimant une chose, on en fait adroitement entendre une autre. (Une belle & ingenieuse alégorie. L'alégorie doit être continuée avec esprit, expliquer une alégorie. Faire une alégorie. Se servir d'alégorie.)

Alegorique, adj. Il vient du Grec & veut dire qui renferme une alégorie, ou à quelque chose qui tient de l'alégorie. (Expliquer avec esprit le sens alégorique des passages de l'Ecriture Sainte, Saci, Notes sur la traduction des Proverbes de Salomon.)

Alegoriquement, adv. D'une façon qui tient de l'alégorie, d'une maniere alégorique. (Feu Monsieur de Saci a traduit alégoriquement plusieurs passages de l'Ecriture, & il en a ensuite expliqué tres-doctement & tres-poliment le sens alégorique.)

Alégoriser, v. a. Il dérive du Grec, & veut dire expliquer selon le sens alégorique. (Alégoriser le vieux Testament.)

Alégoriste, s. m. Il descend du Grec. C'est celui qui tire le sens alegoriste des passages de l'Ecriture, ou de quelque autre ouvrage. (Origene passe pour un fameux alegoriste. Origene est un celeore, un savant, un docte alegoriste.

ALEGRE, Voi alaigre.
Alégrement. Voi alaigrement.
Alégresse. Voi alaigresse.

ALEGATEUR, s. m. Celui qui alégue, qui cite. [C'est un perpetuel alegateur. C'est un ennuieux, un facheux alegateur.]

Aléguer, v. a. Il vient du Latin allegare, & signifie citer, aporter une chose pour preuve. (Je suis assuré qu'il n'agit point de bonne foi, & qu'il falsifie les passages qu'il alégue. Bal. entretien 21. Vous vous contentez de nommer beaucoup de Péres, sans aleguer aucune de leurs paroles. Arnaud, frequente comm. 2. part. c 2. Seneque alegue de tres agreables choses. St. Evremont, jugement sur Seneque, Tome 5. Pourquoi aleguer des marques de la valeur des uns & des autres. Abl. Luc. T. 2. parashe. Je parlerai d'une maniere nouvelle sans aléguer Homere ni Licophron. Bal. entretien 29)

ALÉLUIA, ou alleluia, s. m. Terme d'Eglise. Le mot d'aleluia vient de l'Hebreu, & est indéclinable. Il signifie Loüez le Seigneur, ou sauvez-moi Seigneur. Voiez le Dictionaire Ecclesiastique de Jean Bernard, Sav. [On dit, un bel aleluia. Chanter un aleluia.]

ALEMAND, s. m. Langage alemand (Parler alemand. C'est à dire, que vous n'y entendez que le haut alemand, C'est à dire, que vous n'y entendez rien. Vous me prenez pour vous, c'est à dire, vous n'y comprenez rien. Vous me prenez pour un alemand. C'est à dire, pour un homme sincere, de bonne foi qui croit ce qu'on lui dit.

ALENCONTRE. Préposition qui regit le genitif, & qui n'est plus d'usage que dans les actes de Justice, ou d'Eglise. Elle signifie contre, & l'on s'en sert ainsi. S'ils ne viennent à revelation, on procédera à l'encontre d'eux par censures Ecclesiastiques. Ils ont leur recours à l'encontre de lui. Mais si l'on parle de choses qui ne soient ni d'Eglise, ni de Palais, ou qui doivent être plus poliment écrites qu'à l'ordinaire, on se sert de contre au lieu d'alencontre ; & l'on dit, On a procedé au Parnasse contre l'atrabilaire & misantrope Amelot la Houssaie, à cause de quelques originaux Latins, Italiens, ou Espagnols qu'il a dépoüillez de toutes leurs graces, en les habillant d'un François dur & hors de mode.

ALÉNE, ou alesne, s. f. On écrit de l'une ou de l'autre façon : mais l's ne se prononce point. Il vient de l'Espagnol alesna. C'est un petit instrument dont le cordonnier, le savetier & le bourelier se servent pour percer le cuir qu'ils mettent en besogne. (L'aléne est composée d'un fer, d'une virole, & d'un manche Une petite aléne, une grande aléne, une moïenne aléne, une grosse aléne. Les cordonniers, les coffretiers, les selliers, les savetiers & les bourreliers se servent d'alénes : & les bonnes alénes se font au Forêt, & au Languedoc.)

Aléner, aleiner, s. m. On écrit de l'une, ou de l'autre façon : mais l's ne se prononce point. C'est celui qui fait & vend des alénes & des éguilles. (c'est le meilleur aléner de Paris.)

ALENTIR, v. a. Prononcez alanti. C'est diminuer la force de quelque chose qui est mû. Afoiblir ce qui a trop de feu & de violence. Cette ruse alentit la fougue du soldat. On croit qu'alentir vieillit, & que ralentir dans cet exemple seroit plus d'usage.

S'alentir, v. n. Je m'alentis, je m'alentissois. Je m'alentis. Je me suis alenti, je m'alentirai. C'est n'avoir plus tant d'ardeur, n'avoir plus tant de feu ni de violence. S'alentir vieillit, & se ralentir est plus usité. (L'ardeur des soldats commence un peu à s'alentir, ou plutôt à se ralentir.)

ALENTOUR. Ce mot est adverbe, il signifie aux environs, & il n'est bien en usage que lors qu'il est consideré de cette sorte là.

(Deux flambeaux incomparables
Plus brillans que le Soleil
Par un éclat sans pareil
Et des raïons favorables
Rendent les lieux d'alentour
Pleins de lumiere & d'amour.
Voi. poësies.

Tous les champs d'alentour ne font que cimetieres
Mille sources de sang y font milles rivieres.
Habert, temple de la mort.

L'autre jour les Satires traïnoient par la criniere T. L. au Parnasse, où cet animal à grandes oreilles fut condamné d'être foüeté tout alentour, pour avoir assassiné le public de ses ouvrages.)

† Alentour. Ce mot est aussi une preposition qui régit le genitif, & signifie autour. En ce sens il vieillit, & en sa place on dit autour.

(Ses fils à *l'entour de* fa table
Font une couronne agreable.
God. poë. 2. partie.

Pradon a mis au jour un livre contre nous
Et chez le chapelier au coin de nôtre place
A *l'entour* d'un Castor j'en ai veu la preface.
Dép. Epitres.

ALENVI, *adv.* Voi *Envi, lettre E.*
ALER. Ce verbe est neutre passif, & le seul irrégulier de la premiére conjugaison. Il se dit du lieu où l'on est à celui où l'on n'est point, & où l'on va. Il signifie marcher, faire le chemin de quelque lieu. *Je vais*, ou *je vas.* Ce dernier n'est pas si regulier, ni si usité que l'autre. Du reste on dit, *tu vas, il va, nous alons, vous alez, ils vont. J'alois, nous alions. J'alai, tu alas, il ala. Nous alames, vous alâtes, ils alerent, je fus.* (Bien des gens se servent de ce mot pour dire j'alai, mais mal, on le doit laisser au peuple. Le preterit composé du verbe aler c'est *j'ai été, je suis alé.* Le plus que parfait, 1. *j'étois alé.* Le 2. *je fus alé,* le 3. *j'avois été,* le 4. *j'eus été.* Le futur, *j'irai.* L'imperatif, *va, qu'il aille, alons alez, qu'ils aillent.* Le subjonctif présent, c'est *que j'aille, que tu ailles, qu'ils aillent.* Imparfait premier, *J'irois*, imparfait 2. *j'alasse*, 1. préterit du subjonctif *que je sois alé.* 2. préter. que *j'aie été.* 1. plus que parfait. *Je serois alé.* 2. plus que parfait. *Je fusse alé.* 3. plus que parfait *j'aurois été.* 4. plus que parfait. *J'eusse été.* Futur 1. du subjonctif. *Je serai alé.* Futur 2. *l'aurai été.* Infinitif *Aler.* Parfait 1. *être alé.* 2. parfait *avoir été.* Gerondif, *alant, étant alé.* Je vais où mon destin m'apelle. *Corn. Pom.* J'alai hier à Versailles & non point je fus hier à Versailles. On diroit bien *je fus hier à Versailles*, pour dire, je demeurai hier à Versailles; mais alors le sens du mot *je fus* est changé, & dans ce sens personne n'en conteste l'usage. J'ai été me promener aujourd'hui. Une femme sortant de chez elle pour aler à la Messe, dira fort bien, si l'on me vient demander, qu'on dise que *je suis alée* à la Messe. (Elle parlera bien de la sorte, parce qu'elle est à la Messe en effet en ce tems-là, mais quand elle en est de retour elle doit dire, *j'ai été à la Messe*, & non point je suis alée à la Messe. *Men. remarques* T.1. *J'étois alé* à la promenade lors qu'il est venu ce matin chez moi. Dés que *je fus hier alé* voir Madame N. il vint au logis. *J'avois déja été* au Louvre à sept heures au matin. Aussi-tôt que *j'eus hier été* un moment au Palais, je m'en revins chez moi. *Va où tu crois que le Ciel te favorisera le plus. Abl. Luc.* Qu'il *aille* où son étoile l'apelle. *Abl. Luc.* Il faut *qu'il aille* aquerir de la gloire à l'armée. S'il étoit plus jeune, *il iroit* voïager. Il faudroit *qu'il alât* par ses belles actions meriter l'estime de son Prince. Il faut *qu'il soit alé* devant. Il dit qu'il faut necessairement qu'il *ait été* en Italie puis qu'il parle si bien Italien. Sans mon indisposition. *Je serois alé* à l'armée, ou, je fusse alé à l'armée. *J'aurois été* en voïage, ou *j'eusse été* en voïage sans la mort de mon frere. Mes afaires iront mal quand *je serai alé* à la guerre. Quand *j'aurai été à Rome*, je n'en deviendrai ni plus saint ni plus honnête homme. Sans *avoir été* à la guerre, j'ai versé une bonne partie de mon sang. Sans *être alé* en voïage il connoit le monde. On dit, aler à pié, à cheval, en chaise, en litiere, en carosse. Aler par le coche, par le messager. Aler par terre, aler par eau.

Aler au devant. Cette façon de parler veut le genitif & marque du respect & de la deference. (Toute la vile ala au *devant* du Prince. Tous les bourgeois alerent en armes au devant du gouverneur de la place.

Aler à la rencontre. Façon de parler qui régit le genitif, qui ne marque aucune deference, & même qui vieillit un peu. (Il a été à la rencontre de son ennemi. Il semble qu'on diroit mieux. Il a été tête baissée droit à son ennemi. On dit aussi on a été à rencontre, ou plutôt on a été droit à lui.

† *Aler.* Ce verbe acompagné d'un gerondif n'est presque plus en usage, soit qu'il marque un mouvement visible, ou non. [Il *va s'imaginant* milles chimeres. Cette façon de parler & autres semblables qui ne designent aucun mouvement visible, sont tout à fait bannies de la prose & de la Poësie. On ne les trouve que dans les rimes de l'incomparable T. L. Mais aler étant avec un gérondif, & marquant quelque mouvement sensible, se soufre un peu davantage. Il les *aloit chassant* comme des troupeaux de moutons. *Vau. Quin.* Elles *vont autant & dançant. Abl. Luc.* On diroit, ce semble, mieux, il les chassoit comme des troupeaux de moutons, elles dancent & sautent comme des jeunes moutons.]

Aler. Ce verbe signifiant marcher, veut le verbe qu'il régit à l'infinitif sans particule.

(Un clerc pour quinze sous sans craindre le hola,
Peut aler au parterre ataquer Attila. *Dep. Sat.9.*

Aler. Ce verbe signifiant marcher, est quelquefois actif; mais ce n'est qu'en de certaines manieres de parler. (L'âne aloit son pas doucement. *Port-Rolal. Phedre. l.1. fab.15.* Il va doucement son train. *Abl. Luc. Tome 2.*]

* *Aler.* ce mot est souvent figuré & pris dans un sens neutre. Il signifie mener, conduire, & veut au datif le nom qu'il régit. Ce chemin va au camp. *Abl. ar.* Ce chemin va à la vile, va au château.

* *Aler, v.n.* Avoir pour but, tendre, aboutir. Le verbe *aler*, dans l'un ou l'autre de ces sens, régit le datif, quand il est suivi d'un nom, & l'infinitif avec la particule à lors qu'il est suivi d'un verbe qu'il gouverne. (Je n'ai rien qui *aille* à vous. *Mol. Poure;* Il vouloit aler à la gloire par le chemin de la vertu. *Abl. Ret.* Nous vous demandons que vous ne preniez point de conseils qui *aillent* à vôtre perte. *Abl. Tac. l.1. C.2.* Son avis *aloit* à fuir. *Abl. Ar. l.2.* Cela *va* le rendre heureux. *Teissier Eloge des hommes savans.* T.1. Il parut que leur intention *aloit* à favoriser la retraite de l'infanterie. *Sar. siege de Dunkerque.*

* *Aler, v.n.* Se comporter, se gouverner, s'y prendre d'une certaine maniere.

(Est-ce donc là médire, ou parler franchement
Non, non, la médisance y *va* plus doucement.
Dép. sat.9.)

* *Aler, v.n.* Ce mot joint au verbe *se laisser* signifie emporter. Abandonner. (Ils se sont laissez aler à des plaisirs défendus. *Abl. Luc. T.2. amours.* Se laisser aler à la tendresse de ses sentimens. Il s'est laissé aler aux choses qui le flatoient. *St. Evremont œuvres mêlées. t.1. & 5.*)

Aler, v.n. Ce mot à l'imperatif, signifie quelquefois, ne se mettre point en peine, être en repos. (Alez, je veux m'emploier pour vous. *Mol. Scapin. a.1. s.3.*)

* *Aler, v.n.* S'oposer. Résister. (N'alez point contre deux vertus qui vous sont si naturelles. *Voit. let.17.* N'alez point contre vôtre devoir. *Abl. Tac.* N'allez pas contre vôtre foi. *Abl. Tac.*

* *Aler, v.n.* S'étendre loin, se porter loin. (Je n'eusse jamais cru que le luxe & la vanité dussent aler jusques-là. *Boileau avis à Menage.*)

* *Aler, v.n.* Avancer. (Les hommes sont capables d'aler assez loin dans les sciences. *Nicole, essai de Morale* T.1.)

* *Aler, v.n.* Réussir bien, ou mal. (Tout aloit bien de ce côté-là. *Abl. Ret. l.4. C.2.* Qu'on ait soin que tout aille comme il faut. *Mol.* Le parasite qui croit que tout va bien, & qu'il ne sauroit mieux aler, boit, mange & se réjouit. *Abl. Luc. T.2. parasite.*

* *Aler, v.n.* S'agir. Le mot aler, dans ce sens, régit le nom qui le suit au genitif; & le verbe qu'il gouverne à l'infinitif avec la particule A. (Il y va de vôtre réputation. *Mol.* Il y aloit de sa gloire. *Abl. Marmol.* T.1. Il y va autant de ton honneur que *du sien* & le laisser dans cette erreur. *Abl. Minutius Felix.*

Aler, v.n. Il signifie, qui sied bien, qui est bien séant, qui a bon air. Aler en ce sens, se dit ordinairement des personnes. Aler dans ce sens régit le nom au datif. (Une fontange bleuë lui va bien. Le ruban rouge lui aloit tres-bien.)

* *Aler, v.n.* Ce mot signifie couper, & se dit des rasoirs, des ciseaux, des couteaux & d'autres pareilles choses. (Vôtre rasoir, Monsieur le barbier, va fort mal, & vous m'écorchez. Ces ciseaux vont tres-bien, ce couteau va bien, & il ne sauroit mieux aler.)

* *Aler, v.n.* Ce mot veut dire, avoir ou n'avoir pas cours, se débiter, ou ne se débiter point, & il se dit du commerce, & de la besogne, & des marchandises. (La besogne ne va pas comme les autres années. Le commerce va mieux aujourd'hui qu'il n'aloit autrefois. La guerre fait que rien ne va.

* *Aler, v.n.* Demeurer, ou être & dans ce sens *aler* est d'ordinaire avec une negation. [Les extravagans ne vont guere loin sans ennuïer. *Mol.* C'est à dire, ne sont pas long-tems sans donner de l'ennui.

* *Aler, v.n.* Il se dit en parlant du corps, lors qu'il est incommodé. (*Il va par bas* c'est à dire, son corps se décharge de ses excremens par le conduit naturel. *Il va par haut*, c'est à dire, qu'il rejette par la bouche les choses qu'il a avalées. *Il va par haut & par bas*, c'est rejetter par la bouche ce qu'on a dans l'estomac, & vuider par le conduit d'en bas les excremens.)

* *Aler.* Il s'emploie quelquefois seulement par élégance. (Voïez où j'en serois si elle *aloit* croire cela. *Mol.* Si l'orgueilleux libraire au grand nez, vous va mettre dans son Dictionnaire, vous êtes perdu de reputation.]

Cela va & vient. Façon de parler proverbiale des marchans de Paris, & qui se dit de leur gain, & de leur trafic. Elle signifie que le trafic ou le gain dont on parle n'est pas bien reglé, & que tantôt il y en a plus, tantôt moins.

S'en aler, v.n. Je m'en vais, tu t'en vas, il s'en va, nous nous en alons, vous vous en alez, ils s'en vont. Je m'en alois. Je m'en alai. Je m'en suis alé, nous nous en sommes alez, vous vous en êtes alez, ils s'en sont alez, je m'en irai, c'est quiter un lieu. C'est prendre le chemin d'un autre lieu, c'est se transporter en un lieu. Faire le chemin d'un certain endroit. [Il faut s'en aler voir l'Italie, parce que c'est le païs des beaux bâtimens & de la belle peinture.]

S'aler,

ALE   ALI

S'aler. On se sert aussi de ce mot, sans qu'on l'acompagne de la particule *en.* (Il est bon de s'aler un peu promener après souper. Il s'aloit tous les jours baigner durant les grandes chaleurs.)

Alerion, s. m. Terme de blason. C'est une petite aigle qui n'a ni bec, ni piez, & qui a été apellée, alerion, parce qu'elle n'a rien d'entier que les ailes qu'on lui fait étendre dans les armes. (L'alerion est assez commun dans les armoiries françoises. On dit, il porte de gueules à trois alérions d'or. *Col. Sience heroïque C.* 31. C'est à dire, il portoit de rouge à trois petites aigles, qui n'ont ni bec ni griffes. Godefroi de Boüillon porte d'or à la bande de gueules chargée de trois alerions d'argent ; c'est à dire, qu'il porte jaune avec une bande rouge où sont trois petites aigles qui n'ont ni bec ni piez.)

Alerte, adj. Ce mot vient de l'Espagnol *alerta,* & ne sauroit bien trouver sa place que dans le stile simple enjoüé. Il signifie qui est vif, gai, dispos, éveillé, & toujours en l'air.

(Il est *alerte* & fringant comme un barbe
Soir & matin, il se joüe à sa barbe,
Poëte anonime.)

Alerte, adj. Il signifie aussi qui est éveillé & atentif à tout de peur de surprise, ou pour ses petits interêts. (Le libraire de Paris qui est le plus alerte, c'est le Seigneur Barbin. Elle est alerte autant qu'on le sauroit être.)

Alerte. Il semble aussi être quelquefois une maniere *d'adverbe,* & il signifie d'un air vif, éveillé & atentif, qui montre qu'on prend garde à tout. [Il faut être alerte à la Cour & à la guerre.)

Alerte. On s'en sert pour avertir qu'on se tienne promptement prêt, ou sur ses gardes. (Alerte, l'ennemi aproche.)

Etre alerte. Façon de parler proverbiale, qui signifie être au guet, être aux écoutes, être sur ses gardes. (Toutes les troupes sont alerte.)

Aleu. Voi franc-aleu.

Aleure. Voi *alure.*

Alexandre, s. m. Il vient du Grec, & est ordinairement un nom propre. Il veut dire, homme de cœur, protecteur, & défenseur. (Alexandre fils de Philipe & d'Olimpias étoit un grand capitaine. Plusieurs Papes se sont faits apeller Alexandre. On donne quelquefois à des filles le nom d'Alexandre. La Reine Cristine se fit apeller Cristine Alexandre & on dit Cristine Alexandre mourut à Rome en 1689.)

Alexandrin, adj. Terme de Poësie Françoise. On apelle *vers alexandrins,* les vers François de *douze* silabes : & on les nomma de la sorte à cause qu'ils furent inventez par Alexandre Paris vieux poëte françois. Voi la versification de Richelet. Les vers Alexandrins servent à faire des Poëmes heroïques & des dramatiques, des élegies, des satiriques, des épitres, des éclogues, des idiles, &c.

Alezan, Alzan, ou Alsan, s. m. Ce mot semble venir de l'Espagnol *alazan.* Il se dit du poil de certains chevaux. C'est un bai tirant sur le roux. (Il y a plusieurs sortes d'alezans, alezan brûlé, alezan clair, alezan poil de vache. L'alezan brûlé est le meilleur de tous les alezans, & l'on dit aussi *alezan brûlé, plutôt mort que lassé.* L'alezan est tres-vigoureux & l'on ne le sauroit jamais mettre à bout.)

Alezan, alezanne, ou alzan, alzanne, adj. Il se dit des chevaux qui sont d'un poil bai tirant sur le roux. (Il étoit monté sur un cheval alezan. C'est une cavale alezanne, ou de poil alezan qui travaille du manége que l'on veut.)

A L F.

† *Alfier,* s. m. Il vient de l'Italien *alfiere.* Alfier se dit dans des discours familiers ou de raillerie. C'est soldat qui porte l'enseigne. Pour moi, dit le second, je me tiendrois fort fier si j'étois seulement alfier. *Baraton Poësies.*

A L G.

† *Algarade,* s. f. Ce mot vient de l'Espagnol *algarada.* Il n'a cours que dans le stile bas & comique. C'est une insulte qu'on fait à quelcun. Outrage insolent & plein de mépris fait à une personne. (Une algarade sensible, outrageuse, insolente. Une algarade indigne, & qui merite du ressentiment. Faire une algarade à quelcun. On lui fait une algarade dont il se ressentira. Soufrir une algarade. Suporter une algarade. Se revancher d'une algarade. Endurer lâchement une algarade.)

Algebre, s. f. De l'Espagnol *algebra.* Aritmetique qui emploie quelquefois les lettres pour les nombres, & qui sert à faciliter les calculs, & à resoudre des propositions matématiques. [L'algebre est pleine de dificultez. L'algebre est belle & curieuse. Enseigner ou aprendre l'algebre. Entendre & savoir l'algebre.]

Algebraïque, adj. Qui apartient à l'algebre. (Caractere algebraïque. Calcul algebraïque.)

Algebriste, s. m. Celui qui fait l'algebre, & qui en a la connoissance à fond. (Un savant algebriste, un docte, un fameux, un celebre, un renommé algebriste. Etre algebriste, passer pour illustre algebriste.)

Alguasil, s. m. Il vient de l'Espagnol *alguazil.* Il se prononce comme il est écrit. Les Espagnols, à ce qu'assure Covarruvias, l'ont pris de l'Hebreu. Ils l'auront pris d'où ils auront voulu, mais nous l'avons tiré d'eux, & il n'a point d'usage en françois que dans le satirique & le comique. Il signifie un sergent. (Menot est de race d'Alguasil ; & cependant il est fier comme un Ecossois.)

Algus, s. f. Herbe qui croit au bord de la mer. Ce mot vient du latin *alga.*

A L I.

Aliage, s. m. Terme de monoie & d'orfévrerie. C'est un mélange de métal fait comme il faut, & de la maniere que les Loix le prescrivent. (Aliage bon, aliage juste, aliage bien fait, aliage mal fait. Faire l'aliage des métaux. Il y a, en matiere d'espèces, un certain aliage qui est permis ; & cet aliage est dificile. Il est mal aisé de faire l'aliage aussi juste qu'il doit être.)

* *Aliage,* s. m. Au figuré il se dit dans des matieres Phisiques & signifie mélange, union. [Les élemens sont des êtres simples qui naissent du premier aliage des principes. *Rob. Phil...*)

Aliance, s. f. Parenté & liaison qui nait entre des personnes par le mariage. (Une veritable aliance, une vraie aliance, une solide aliance, aliance sainte, sacrée, glorieuse. Ils ont fait aliance.)

Aliance, s. f. Union qui se fait entre des personnes par le moien du batême. Cette aliance s'apelle *aliance spirituelle.* Le parain & la maraine contractent aliance.

Aliance, s. f. Union de peuples pour leurs interêts particuliers. (Une aliance durable, ferme ; solide. Une fameuse aliance, une vieille, ou nouvelle aliance, faire aliance, jurer aliance. *l'Abl. Luc.* Accepter l'aliance de quelque peuple. Prendre l'aliance d'une Republique. *Abl. Tac. l. 1. c. 2.* Refuser l'aliance d'une nation. *Abl. ret.* Quiter l'aliance d'un peuple. Rompre l'aliance qu'on a faite avec un état. *Abl. Tac.* Les Ateniens changeant d'avis, reçurent les Corciréens dans leur aliance. *Ablanc. Luc. l. c2.* On dit aussi les Gorciréens reçurent l'aliance des Atheniens. *Abl. Tac* l 1.

Aliance, s. f. Union, & mélange de diverses choses. Ils font une aliance des maximes de l'Evangile avec celles du monde. *Pas. let* 9.

* *Aliance,* s. f. Terme d'orfévre. C'est une maniere de bague ou d'anneau où il y a un fil d'or, & un fil d'argent. Une belle ou jolie aliance, une aliance bien faite. Acheter une aliance, mettre une aliance, porter une aliance, avoir une aliance au doigt.

Alibi, s. m. Terme de Palais, qui est Latin, qui signifie *ailleurs,* & qui se dit en parlant d'acusé. L'acusé a proposé un *alibi.* C'est à dire qu'il s'est ofert de justifier, que lors que le crime a été commis en un lieu, il étoit en un autre. C'est on dit aussi, faire voir un alibi, prouver un alibi. C'est montrer que lors que le crime dont on est acusé, a été commis en un endroit, on étoit certainement en un autre.

Alier, v. a. Ce mot en general veut dire, joindre, mêler. Si l'eau forte péchoit, il faudroit l'alier d'une moitié d'eau douce.

Alier, v. a. Mot de faiseur de monoie. C'est fondre, & mêler ensemble les métaux. (Il faut alier ces métaux.)

Alier, v. a. Terme d'Emailleur. C'est mêler du verre tres fin avec de l'émail pour en faire diverses petites gentillesses. [Alier l'émail.]

* *Alier,* v. a. Il se dit au figuré des personnes. C'est faire l'aliance d'une personne avec une autre par le mariage. C'est unir, & joindre les gens par le mariage. [Il a alié son fils à une des meilleures familles de la Robe. Il faut tâcher à vous alier avec quelque personne de la Robe.]

* *Alier,* v. a. Ce mot au figuré se dit aussi des choses, il signifie, joindre, & mêler. [Vous aliez les Loix humaines avec les divines. *Pas. l.* 7.]

* *S'alier,* v. r. Je m'alie, je m'aliois, je m'aliai, je me suis alié, je m'alierai. Au figuré il se dit des personnes. C'est s'unir par le mariage, ou pour quelque intérêt. (Il s'est alié à l'une des plus glorieuses maisons de France. Les Alemans se sont enfin courageusement aliez pour faire tête à leurs ennemis.)

* *S'alier,* v. r. Ce mot se dit figurément aussi de certaines choses. [La misericorde & la verité s'alieront heureusement. *Port-Royal, Ecriture Sainte.*]

Alié, aliée, adj. Au propre il se dit des métaux & d'autres choses, & veut dire mélé, joint. (argent alié, or alié, émail alié, eau forte aliée.)

Alié, aliée, adj. Au figuré, il veut dire joint par quelque aliance, uni, d'interêts. (Il est considerable par les gens qui lui sont aliez. Implorer le secours des Princes aliez de la Couronne. *Memoires de le R. F.* Ce sont des nations qui sont aliées. Ceux qui implorent le secours d'un autre sans lui être aliez doivent montrer que ce qu'ils demandent, lui est avantageux. *Abl. Tac. l.1. c.2.*)

F

Alié, *f. m.* Sorte de parent. Celui qui est uni d'alience avec un autre, c'est mon alié, c'est son alié. Il a du credit par le moien de ses aliez. Servir ses aliez. Apuier, soutenir, favoriser ses aliez.

Aliez, *f. m.* Ce sont des gens unis d'interêts. Ce sont des peuples confederez & qui se sont joints par de particulieres considerations. (Les aliez furent rangez à l'aile gauche. *Abl. Tac.* Les Ateniens secouroient leurs aliez, lors qu'ils avoient du pire. *Abl. Tac. l.1. c.2.*)

ALIENATION, *f. f.* Prononcez *alienacion*. Il vient du Latin *alienatio*, & il est fort usité *au Palais*. C'est la vente qu'on fait dans les formes de quelques biens, ou de quelques charges qui apartiennent à celui qui les vend. (Alienation pure & simple, alienation vraie. Alienation bien faite, alienation fausse, suposée, impossible. Justinien permit l'alienation des biens de l'Eglise, pour nourrir les pauvres seulement. *Fra Paolo des benefices chap.* 36. On ne soufre aujourd'hui aucune alienation des biens Ecclesiastiques, si ce n'est pour une utilité entierement évidente. L'alienation de toutes les dignitez est defenduë *Pat. plaid.* 7. L'Empereur Leon en 470. défendit toute sorte d'alienation à l'Eglise de Constantinople. *Fra Paolo, des benefices c.* 30. Les alienations se défendoient à l'Eglise pour l'obliger de conserver ses biens temporels. *Fra Paolo, des benefices*.)

* *Aliénation*, *f. f.* Aversion, haine, grande froideur qu'on a pour une personne. (Une alienation horrible, mortelle, cruelle, terrible ; une grande alienation. Leur alienation avoit pris son origine de l'étroite communication qu'ils avoient euë ensemble. *La Rochefoucaut memoires.*)

* *Alienation*, *f. f.* Egarement qui vient de la foiblesse de l'esprit. (Une fâcheuse alienation. Une afreuse, une violente, une épouvantable alienation. Une alienation qui fait pitié, une alienation qui fait trembler. La fureur est une forte & vehemente alienation d'esprit sans fievre. J'ai veu en elle de l'alienation d'esprit. *Mol.*)

Aliener, *v. a.* Du Latin *alienare*. Il est plus du Palais que de l'usage ordinaire. C'est vendre dans les formes ; mettre un bien dans la possession d'autrui. (Justinien en 535. fit un Edit pour toutes les Eglises d'Orient & d'Occident, où il défendoit aux Eglises d'aliener, si ce n'étoit pour nourrir les pauvres. *Amelot, benefices, de Fra Paolo, c.* 36. La vraie possession d'un bien consiste dans la puissance de l'aliener. *Le Mai.plaid.* 7. Les enfans emancipez peuvent aliener leurs biens. *Le Mai.* plaid. 17. Qui ne peut aliener, ne peut obliger, façon de parler proverbiale, *au Palais* : C'est à dire, que quiconque ne peut vendre les biens, ne les peut hipotequer. Un mari qui ne peut aliener les biens de sa femme, ne les peut aussi engager sans son consentement.)

* *Aliener*, *v. a.* Se prend figurément. C'est faire perdre l'afection qu'on a pour le parti de quelcun. Empêcher l'atachement qu'on a pour le parti d'une personne, ou d'un Etat. (Cela lui alienoit les esprits de la Province. *Abl. Ces.* Sa conduite lui aliene l'esprit de tous ses parens. Sa dureté ne sert qu'à lui aliener l'afection de tous ceux qui ont à faire à lui.)

S'aliener, *v. r.* Au figuré il se dit des personnes & c'est quiter le parti & les interêts des gens. (Etant à nous, non seulement ils s'en sont alienez de tout tems, mais ils nous ont fait la guerre. *Abl. Tac. l.1. c.2.*)

ALIEURS. Voi *ailleurs*.

ALIGNER, *v. a.* Terme de maçon & de jardinier, prononcez *alinié*, c'est tendre les lignes pour prendre les proportions de quelque lieu, ou de quelque chose. (Aligner des colonnes. Aligner des piquets sur la fondation. Voi *architecture militaire*.)

Alignement, *f. m.* Terme de maçon & de jardinier. C'est l'action de celui qui aligne. (Prendre les alignemens des ruës. Donner les alignemens d'une place. Dresser les alignemens d'une place. Planter des piquets d'alignement. Retrouver ses alignemens, *architecture militaire*. Prendre les alignemens necessaires pour faire un jardin.)

Aliment, *f. m.* Prononcez *aliman* : il décend du Latin *alimentum*. C'est tout ce qui entretient, qui nourrit, & conserve le corps. Aliment bon, succulent, excellent, mauvais, méchant. Aliment chaud, sec, humide & solide. Les alimens les plus simples sont les meilleurs. L'excés des alimens est nuisible. Ceux qui croissent, ont besoin de plus d'alimens que les autres, parce qu'ils ont plus de chaleur naturelle. Pour se conserver les dens, & vivre longues années, il faut être sobre & bien mâcher les alimens. Si l'on ne se met point à table sans apetit, l'estomac digerera mieux les alimens. Les alimens se corrompent, s'alterent dans l'estomac, quand il est plein d'ordures. Le sang se fait des alimens. Ne prendre aucun aliment. Ne recevoir aucun aliment. Rejetter tous les alimens.)

* *Aliment*, *f. m.* Au figuré il se dit des arbres, & des plantes. Suc qui fait croitre & conserve les arbres & les plantes. (Les arbres & les plantes tirent leur aliment de la terre.)

Alimentaire, *adj.* Il se dit souvent en *pratique* & vient du latin *alimentarius*. Il se prononce *alimentére*, & veut dire qui regarde les alimens. (Le Juge a ordonné une provision alimentaire à celui qui est blessé. Donner une pension alimentaire.)

Alimenter, *v. a.* Il semble venir de l'Espagnol *alimentar*, & est plus d'usage *au Palais*, que dans le commerce ordinaire. C'est nourrir, c'est donner des alimens. (Chercher des moiens honnêtes d'alimenter sa famille. On diroit plutôt des moiens honnêtes de donner des alimens à sa famille, ou de nourrir sa famille.)

Alimus, *f. m.* Arbrisseau toûjours vert, qui fleurit comme le muguet. (L'alimus est fort joli. L'alimus est agreable.)

Alisier, ou *Alizier*, *f. m.* Prononcez *alisié*. Arbre qui a les feuilles grandes, & larges, pleines de veines découpées par les bords, vertes par dessus & blanches par dessous. (L'alizier croit sur les plus hautes montagnes, & son fruit est rouge & bon contre la toux, *Dal.*

Je grave son beau nom au bord de nos ruisseaux
Sur tous nos *alisiers*, & sur tous nos ormeaux.
God. poës. 2. *partie églogue* 2.

S'ALITER, *v. r.* Je m'alite, je m'alitai, je me suis alité, je m'aliterai. C'est se mettre au lit à cause de quelque maladie. (Il n'est alité que depuis huit jours. S'il s'alite une fois il a la mine de n'en relever jamais.)

† *Alison*, ou *alizon*, *f. f.* Nom de mépris qu'on donne aux femmes. Il sert dans le stile simple, dans le comique , ou le satirique. Taisez-vous Alison, vous n'êtes qu'une sote. *Scar.*

Un feu secret, jeune *Alizon*
Vous a changé outre mesure
L'amour a brulé sa maison
Et n'en a fait qu'une masure.
Gom. epi. l.1.

Alix, *f. f.* Nom de femme & qui n'a maintenant cours que dans le comique ou le satirique, & même ordinairement en poësie. (Alix n'est plus jolie, Alix n'est plus si belle qu'elle étoit.

Alix n'a plus rien qui me touche,
J'ai fait banqueroute à ses loix.
L'ébeine qui branle en sa bouche
Branle au vent même de sa voix.
Mai... Epigrammes.

ALL.

ALLOBROGES, *f. m.* Mot qui vient du Grec, & dont on apeloit ceux que nous nommons aujourd'hui Savoiards. (Les Allobroges ont toujours été de pauvres peuples.)

Allobroge, *f. m.* Il se prend satiriquement & signifie un grossier, un rustre, un animal, un homme qui n'a ni sens, ni esprit, ou au moins qui en a tres-peu. (Ah ! tu me traites d'Allobroge. Le Seigneur T. de L. qui se croit tout seul l'honneur du Parlement de G. parle François comme un Allobroge, & pense comme un Ostrogot. C'est à dire, que le pauvre T. parle & pense comme un franc animal, tel que tout le D. le reconnoit ; & qu'il fut reconnu dés qu'il eut fait imprimer ses folies.)

Allusion, ou *alluzion*, *f. f.* Du Latin *allusio*. C'est une figure de Rétorique, qui consiste dans un jeu de mots. Les allusions sont froides à moins qu'elles ne soient heureuses. *Vau, rem. Faire une allusion*, c'est ; faire une figure qui soit toute dans un jeu de mots, comme , la fortune *fait* , & *défait* les Monarques. *Faire allusion à quelque chose*. C'est dire quelque chose qui ait raport à des paroles qu'on a dans l'esprit, & qui sont connuës.

ALM.

ALMANAC, *f. m.* Il vient selon quelques-uns de l'Hebreu, ou de l'Arabe, & selon d'autres, du Grec. Prononcez *almana*. Petit livre imprimé, qui marque les mois, leurs jours, les fêtes, les lunes, les changemens de tems, & ce qui peut arriver de remarquable dans une année. (Un bon ou méchant almanac. Almanac pour l'année mile six cens quatre vingts & onze. Almanac ordinaire, extraordinaire, almanac general , universel. *Almanac du Palais*, c'est un imprimé d'environ une feuille qui se met au lieu de l'almanac ordinaire, & qui marque ce qui se passe de plus considérable dans la ville & au Palais de Paris. *Almanac perpetuel*. Ce sont des tables imprimées, qui montrent à perpetuité les jours des mois, où se feront les nouvelles & les pleines lunes, la Paque & autres fêtes mobiles & les jours de Dimanche. Le Chevalier Morland a fait avec honneur l'Almanac perpetuel, & Questier l'Almanac ordinaire.)

† *On ne prend point de ses almanacs*. Façon de parler comique. C'est à dire, on n'ajoute point de foi à ce qu'il dit. Ablancourt

ALO

a écrit dans Lucien au même sens. *J'ai beau dire la verité, l'on ne prend plus de mes almanacs. Il signifie, j'ai beau dire vrai, j'ai le malheur de n'être plus crû.*)

ALMANDINE, *s. f.* Pierre précieuse qui tire sa couleur du Grenat, & qui est une espece de rubis d'Orient, mais plus tendre & plus legere que le rubis Oriental. (Une belle almandine, une jolie almandine.)

ALO.

ALOÉ, *s. m.* Il vient du Grec. C'est une plante qui aime les lieux maritimes, qui porte une fleur blanche, qui a une odeur tres amere, & des feuilles grosses, rondes, recourbées, fort vertes, un peu larges, & bordées de côté & d'autre, de petites pointes. (Le meilleur aloé vient de Indes, ou d'Alexandrie.)

ALOI, *s. m. Terme de monnoie.* Certain dégré de bonté, lequel résulte du mélange de plusieurs métaux qui ont quelque conformité entr'eux. (Piece de bon ou de mauvais aloi. *Abl. Luc.*)

* Aloi, *s. m.* Au figuré il signifie, qui est reçu dans l'usage ordinaire, qui est de mise, qui est aprouvé, & accepté. (Si vous jugez ces connoissances de bon aloi, je ne doute point qu'elles n'agréent aussi aux honnêtes gens. *La Chambre, art de connoitre les hommes, let. 1.*)

ALOIAU, Prononcez *aloio*, piéce de bœuf qu'on lève sur la hanche du bœuf, qu'on rotit d'ordinaire, ou qu'on met en ragoût. [Un gros ou petit aloiau, un excellent aloiau, un aloiau gras, tendre, dur, un méchant aloiau, mariner un aloiau. Faire rotir un aloiau, mettre un aloiau en ragoût.

Tu parois à nos yeux plus qu'un riche joiau,
On n'aime plus que toi, gros & gras *aloiau*,
Aloiau mon amour, aloiau mon souci,
Tu viens du plus beau bœuf, qu'on ait vû dans Poissi.
Ligniére, mariage de l'éclanche & de l'aloiau.]

ALONGE, *s. f. Terme de tailleur.* Morceau d'étofe pour alonger. (Mettre une alonge à une jupe.)

Alonge, Terme de boucher. Nerf de bœuf tortillé, au bout duquel il y a un crocher de fer où est attaché la viande.

Alongément, s. m. Agrandissement. (De quoi ai-je profité que d'un alongement de nom ? *Mol. Geo. a.1, s. 4.*)

Alonger, v. a. Etendre, faire plus long. [Il ne faut pas alonger, ce qu'on peut acourcir, *Vau. Rem.*]

Alonger. Potter en alongeant. (Alonger une bote, un coup. Alonger la pique.]

S'alonger, v. r. Je m'alonge, je m'alongerai, je me suis alongé C'est s'étendre & devenir plus long. Il a une queuë qui s'alonge. *Abl. Mar.* Son corps se couvrit de plumes, son nez se courba en bec, & ses bras s'alongerent en ailes. *Abl.Luc.T.1. nouvelle de l'âne.*]

ALORS. Cet adverbe ne doit pas être immediatement suivi d'un *que*. [Quand vous aurez accompli vôtre promesse, alors je verrai ce que j'aurai à faire. *Vau. Rem.*]

ALOSE, *s. f.* Poisson de mer qui au Printems & en Eté entre aux rivieres d'eau douce, où il s'engraisse. Les aloses de mer sont séches & sans suc. *Rem.*

† ALOIIER, *v. a. Terme de pratique.* Acorder. (Aloüer les frais d'un compte.]

Alouable, adj. *Terme de pratique.* C'est à dire, qui se peut acorder, & qui se dit en matiere de frais, de comptes & de depense. (Les frais de son compte sont aloüables. La dépense de ce compte n'est point alouable.)

ALOÜETTE, *s. f.* Petit oiseau gris, qui chante agréablement, qui couve trois fois l'année, en Mai, Juillet & Aout, qui éleve ses petits en moins de 15. jours, & qui vit 9. ou 10. an Olina *histoire des oiseaux qui chantent*. Aloüette mâle, alouette femelle, alouette commune, alouette hupée.

Alouette de mer. Oiseau de mer qui ressemble à l'aloüette de terre, sinon qu'il est un peu plus gros, plus brun par dessus le corps, & plus blanc par dessous le ventre. *Bel.*

ALOUVI, alouvie, adj. Ce mot se dit des enfans nouveaux nez & qu'on ne peut jamais rassasier. (C'est un enfant alouvi. C'est à dire, afamé comme un loup, & dont on ne peut apaiser la faim.)

ALP.

ALPES, *s. f.* Montagnes qui séparent la France de l'Italie. Les alpes sont hautes.

† * Prétendez vous en belle taille avec les alpes sur le dos, c'est à dire, *étant bossu.*

ALPHA, *s. m.* On prononce *alfa*. C'est la premiere lettre de l'alphabet Grec, & qui veut dire un a. [Un alpha bien fait, ou mal fait.]

* *Alpha & Omega.* Façon de parler figurée, pour dire, le commencement & la fin, laquelle se trouve en l'Apocalipse de S. Jean.

ALP

Alphabet, s. m. Prononcez *alphabé*. Ce mot est Grec. C'est la croix de par Dieu, & les 24. lettres qui composent les mots françois, & ceux de quelque autre langue que ce soit. Voiez les diferens alphabets du R. P. Mabillon. (Aprendre son alphabet. Savoir l'alphabet, montrer l'alphabet.)

* *Alphabet.* Petit livre où est l'alphabet qu'on donne aux enfans à qui on commence d'aprendre à lire.

Alphabet. Terme de doreur sur cuir. Petits fers qui servent à écrire le titre du livre en lettres d'or sur le dos du livre.

Alphabetique, adj. Rangé selon l'ordre de l'alphabet. [Reduira par ordre alphabetique.

ALPHONSE. Prononcez *alfonce*. Nom d'homme introduit en Espagne par les Gots. *Covarruvias Dictionnaire*. Onze Rois en Espagne ont porté le nom d'alphonse. *Mariana, hist. d'Espagne.* Alphonse fils de Ferdinand troisieme fut Roi de Castille, & de Leon. Il accepta l'Empire par ambition: mais il y renonça par prudence, & consentit à l'éléction de Rodolphe premier. Alphonse n'entra jamais en Alemagne & mourut à Seville, de regret d'avoir perdu son fils ainé, & la couronne d'Espagne. *Deprade, hist. d'Alemagne.*

Alpiste, s. f. Graine pâle qui tire sur la couleur Isabelle. [L'alpiste est bonne à plusieurs choses.]

ALT.

ALTE, ou Halte. Mot alemand, il s'écrit avec une *h* en ce laugage, en françois ordinairement sans *h*. C'est un terme de guerre par lequel on commande aux soldats de s'arrêter. On leur dit *alte*; c'est à dire, demeurez.

Alte, s. f. Ce mot se prend aussi quelquefois substantivement. C'est la demeure que les troupes font pendant leur marche. (Les troupes firent alte de tems en tems. *Abl. retraite. l. 2. c. 3.* L'armée fit cette marche malgré *toutes ces altes. Gazette de Holande de l'an 1686. du 29. Juillet.*)

ALTERATION, *s. f.* Il se prononce *altéracion*; & vient du Latin de Philosophie, *alteratio*. C'est un changement qui arrive à un corps, & qui ne le fait point entierement meconnoitre. Il n'y a point d'alteration sans mouvement.

Alteration, s. f. En general veut dire changement qui arrive en quelque sujet. (Alteration visible, manifeste. Les vertus établies une fois chez nous, interessent l'amour propre comme nôtre vrai Maître, & on ne sauroit y aporter la moindre alteration sans nous faire sentir ce changement. *St. Evremond œuvres mélées, T.1.*)

Alteration, s. f. Soif. (Une grande alteration, une violente, cruelle, sensible alteration. Le chaud cause de l'alteration. *Abl. Tac.l.5.* La chaleur venant à croitre, l'alteration se ralume. *Van. Quin. l.7. C.8.*)

† ALTERCAS, *s. m.* Il est suranné. C'est un débat, une contestation entre des personnes. (Il s'émut de grands *altercas* entre eux.

Il ne dit pas qu'on peut tuer un homme
Qui sans raison vous tient en *atterras*
Mais qu'on le peut pour quatre ou cinq ducats.
Poëte anonime.

† *Altercation, s. f.* On prononce *altertacion*. Il décend en droite ligne, du Latin *altercatio*, & il a vieilli. Il veut dire débat, dispute. (Il y a eu de l'altercation entre eux ; mais elle a été bien-tôt apaisée.)

ALTERER, *v. a.* Il vient du latin *alterare* & il signifie changer, corrompre, falsifier. (Nous raportons les choses comme nous les avons reçues, sans y rien alterer. *Van. Quin. l.7. C.8.* Ils ont alteré & falsifié quelques endroits de l'Ecriture pour seduire les peuples. *Port-Royal. Nouveau Testament. Pref. s.par.* Je me contente de raporter la chose naivement sans rien alterer de la verité. *Abl. Luc. T.2. dialogue de l'amitié.* Il est défendu sur peine de la vie d'alterer la monoie.

La rougeur de la honte altere son visage,
Et ce n'est qu'en tremblant qu'elle dit son servage.
La Suze poe.

* *Alterer, v. a.* Nuire, faire tort. Pourquoi condamnes tu ma façon de vivre, puis qu'elle n'altere point mon corps. *Abl. Luc. T.3.* Rien n'altere plus la santé que la grande débauche. *Reglet de la santé.*

Alterer, v. a. Causer de la soif. (Le chaud altere, le salé altere & nuit à la santé. *Regles de la santé.*)

S'alterer, v. r. Je m'altere, je m'alterai, je me suis alteré. Se changer, se diminuer, se corrompre. La santé du Prince commence de s'alterer. *Abl. Tac t.1.* Les arbres qu'on aporte de loin s'alterent. *Maniere de cultiver les arbres.*

S'alterer, v. r. C'est se causer de la soif, c'est être cause qu'on air soif soi-même. [Je me suis alteré à force de marcher. On s'altere en travaillant & en courant.)

Alteré, alterée, adj. Mot qui vient du latin *alteratus*, & qui veut dire, changé, corrompu, falsifié. [Passage de l'Ecriture alteré. Verité alterée. Monoie alterée.]

F 2

Alteré, alterée, adj. Qui a reçu quelque tort, quelque dommage. (Corps alteré, santé alterée. *Vau. Quin. l.x.*)

Alteré, alterée, adj. Troublé, emu, à qui il est survenu quelque chose qui le trouble & qui le change. (Caſ...il a'it tout alteré ; & il paroit avoir quelque chose qui lui brouille la cervelle.

Un tel discours n'a rien dont je sois alteré
A tout évenement le sage est préparé.
Mol. femmes savantes. a.5. s.1.)

Alteré, alterée, adj. Qui a soif, qui a envie de boire, & d'apaiser sa soif. (Ligniere est toujours alteré, & il ne se désaltere point, qu'il n'ait trinqué à l'alemande & ne soit tombé sous la table.)

* *Alteré, alterée*, adj. Au figuré il se dit des personnes & signifie qui désire avec ardeur, qui souhaite avec passion. (Monstre alteré de sang. *Cor. Heraclius.* C'est à dire, méchant qui ne désire que de faire mourir les personnes. Je sai des oficiers de Justice fort alterez, *Mol. Scapin.* Cela signifie, je sai des gens de pratique, Avocats, Procureurs, Notaires & autres animaux ravissans qui ne souhaitent rien au monde plus ardemment que de couper la bourse aux miserables qui tombent sous leurs grifes.)

Alteré, s. m. Ce mot se prend quelquefois substantivement & veut dire celui qui a soif, celui qui désire de boire à cause de sa soif.

Un *alteré*, plutôt que d'y courir,
Prés de ses bords se laisseroit mourir.
St. Amant, Poësies 4. partie.

* *Alteré*, s. m. Ce mot se prend & pris substantivement, se dit toujours en mauvaise part, & dans le stile comique, ou satirique. Il signifie celui qui désire avec passion. (Les Commissaires de Paris sont des alterez, & ils ne se cédent en cela ni aux Gréfiers, ni aux Procureurs.)

* *Alteré*, s. f. Il a veilli, & ne se trouve que rarement dans nos auteurs modernes. Il signifie *trouble & inquietude d'esprit, peine & chagrin qui vient de l'esprit, ou du cœur*. [Je ne vous saurois dire la peine, & l'*altere* où elle fut l'espace d'un quart d'heure, *Brantome, Dames galantes*, T.1.

Je sens au profond de mon ame
Brûler une nouvelle flame,
Et laissant les autres amours
Qui tenoient mon ame en altere,
J'aime un garçon depuis trois jours
Plus beau que celui de Cithere.
Voi. Poës.

† On disoit aussi *alteres* au pluriel. (L'aproche de l'ennemi a mis le Roiaume en de grandes *alteres*.)

ALTERNATIF, *alternative*, adj. Il vient du Latin *alternus*, & signifie tour à tour. (Ordre alternatif, ofice alternatif. C'étoit une chapelle alternative entre l'Eglise & les heritiers du fondateur. *Charlateau, matieres beneficiales, Pelletier traité des expeditions*.

Alternativement, adv. Tour à tour, l'un aprés l'autre. Faire une chose alternativement. Commander alternativement.

Alternative, s. f. C'est le pouvoir de choisir l'un ou l'autre, c'est le droit de faire tour à tour, ou l'un aprés l'autre. (François premier Roi de France demanda en mariage pour lui, ou pour le Duc d'Orleans son second fils, Marie, fille de Henri huitiéme, mais cette alternative ne plut point au Roi d'Angleterre. *Distoure d'Henri 8. chap.1.* Avoir l'alternative. Le Pape a acordé aux Ordinaires de Bretagne un induit ; & lors qu'ils l'ont obtenu. Ils ont l'alternative avec lui ; c'est à dire, que le Pape conserve les benefices vaquans par mort, en mois, & l'ordinaire l'autre, le Pape par exemple au mois de Janvier, & l'ordinaire au mois de Février. *Pelletier traité des expeditions*. Donner l'alternative, acorder l'alternative, refuser l'alternative. L'alternative ne lui plaît pas, l'alternative le choque.)

ALTESSE, s. f. Il vient de l'italien *altezza*, en latin *celsitudo*. C'est une qualité qu'on done aux Princes & aux Princesses qui ne sont, ni Rois, ni Electeurs, ni Reines, ni Electrices. On traite un Roi de Sire, & de vôtre Majesté, une Reine, de Madame, & de vôtre Majesté, un Electeur, de Monseigneur & de vôtre Serenité Electorale. On donne aux autres Princes d'Alemagne le titre de Monseigneur, & d'altesse Serenissime. A ceux de France, & des autres païs on donne aussi le titre de Monseigneur & de Serenissime ; Mais en France, quand ils touchent de prés le Roi, on les apelle Monseigneur & altesse Roiale, hormis le frere unique du Roi qu'on nomme Monseigneur & altesse Roiale. On donne aussi le titre d'altesse Roiale au Duc de Savoïe. On dira peut-être un jour dans un autre lieu ce qui reste à dire sur ce chapitre.

ALTIER, *altiére*, adj. Il vient de l'italien *altiero*, & signifie qui a de la fierté, qui a de l'orgueil ; qui est fier & superbe à cause de quelques qualitez qu'a, ou qu'il croit avoir.
Il a le cœur un peu trop altier. M. avec son art de cuisine & de bigot, est *altier* jusqu'à ne pouvoir être soufert, tant il est folement entêté de ses rimes. Les honnêtes femmes sont ordinairement *altieres* à cause de la bonne opinion qu'elles ont de leur vertu. Le mot *d'altier* suivi d'un nom substantif, régit l'ablatif.

Souvent l'auteur altier de quelque chansonnette
Au même instant prend droit de se faire Poëte.
Dep. poë. c.1.]

ALU.

ALVEOLE, s. f. Terme de chirurgien, & de medecin. Il pourroit bien venir du latin *alveola*. C'est une petite cavité où est la dent lors qu'elle est dans la machoire. Les premieres dens des enfans demeurent dans leurs emboïtures que nous apellons alveoles, demeurent, dis-je, jusqu'à l'age de 6. ou 7. ans, & quelquefois jusqu'à neuf ou dix ans. Les dents étroites ne sont pas les meilleures, parce que leurs alveoles sont petites. Les dents qui sont separées les unes des autres, sont plus long-tems à s'ébranler à cause, que leurs alveoles sont plus fortes. Les dents qui sont pressées, ont leurs alveoles foibles & petites & s'ébranlent plus aisément. Les dents qui sont emboïtées dans leurs alveoles durent plus long-tems que les autres. Afermir les dents dans leurs aveoles, empêcher que les dents ne branlent dans leurs alveoles, *Voiez Martin, dissertation sur les dents, chap.6. 7. 8.*

ALUINE, s. f. Voïez absinthe.

ALUINER, v. a. Remplir un étang de poissons propres à multiplier. aluiner un étang.

ALUIN, s. m. Poisson propre à multiplier.

Alun, s. m. Il vient du latin, *alumen*. Mineral, dont plusieurs artisans se servent dans leur travail. Alun blanc, rouge, gras &c.

ALUMELLE, s. f. Il se dit des couteaux, des canifs, des ciseaux, & des rasoirs, & signifie tout le fer des couteaux & des canifs, des ciseaux, ou des rasoirs, qui sert à couper : mais en ce sens, il a un peu vieilli & il n'est pas si usité que le mot de *lame*. Pour un coutellier, ou un honnête homme qui dira alumelle de couteau, de ciseaux, de canif, ou de rasoir, il y en aura cent qui diront *lame* de couteaux, de ciseaux, de canifs, ou de rasoirs.

† * *Alumelle*, s. f. Dans le comique ou le satirique il se prend quelquefois pour les parties naturelles de l'homme.

Ci gît le Seigneur Maumenas
Lequel de sa propre *alumelle*,
Se tua prenant les ébats
Sur le corps d'une Demoiselle.

ALUMER, v. a. Faire éclairer, exciter le feu, de la flame. Faire prendre le feu à quelque chose. (Alumer le feu, la chandelle, la lampe, &c.)

* *Alumer*, v. a. Au figuré il signifie exciter, enflamer, embraser. La discorde alume la guerre. *Abl. Tac. l.1.* Ce n'est pas peu de chose à vous d'avoir pu alumer le cœur d'un homme aussi froid que je suis. *Voi. let.*41. La loi de Dieu excite, & alume en nous ton amour de plus en plus. *Port-Roial, nouveau Testament, Preface* 1. partie.

Oui, comme tous mes feux n'avoient rien que de sain
L'honneur des aluma, le devoir les éteint.
Cor. Heraclius, a.3. s. l.

Alumette, s. f. Petit morceau de bois ou, &t sousté par les deux bouts pour le rendre susceptible de feu. (Une bonne alumette, une méchante alumette. Alumette féche, alumette qui prend bien, alumette qui ne vaut rien & ne prend pas. Faire des alumettes, soufrer des alumettes.)

ALUMINEUX, *alumineuse*, adj. Il vient du Latin *aluminosus*, & veut dire, qui tient de la qualité d'alun, où il y a de l'alun. Alumineux a un usage tres-borné. On dit, cela est alumineux. Cette pierre est alumineuse.

Alure, aleure, s. f. On l'écrit de l'une & de l'autre façon, mais la maniere la plus ordinaire, c'est *alure*, & alors on le prononce comme il s'écrit. Il s'entend des cerfs, des biches, des dains, des chevreuils. C'est le pas d'une de ces bêtes. (Il faut quand on veut chasser le cerf, la biche ou autre bête fauve s'étudier à bien connoître l'alure, la connoissance de leurs *alures* est tres-utile au chasseur. Parler des alures de la bête fauve, juger bien des alures du cerf, les alures des cerfs sont réglées, mais celles des biches ne le sont pas. *Salnove, vénerie Roiale*, C.38. L'alure de l'éléfant est un peu rude ; mais sure. *M. de Choisy, journal de Siam in 4. page 268.*]

Alure, s. f. Terme de manege. C'est le train, ou la démarche d'un cheval. (Cheval qui a les alures tres-belles. L'alure de ce cheval n'a rien d'agreable. Cheval qui a les alures froides & les mouvemens trop prés de terre.)

* *Alure*, s. f. Se dit des personnes ; mais en riant. C'est la maniere de marcher d'une personne. (L'ami Rosimont contrefaisoit plaisamment l'alure pédantesque du Seigneur Varillas.)

AMA.

A L Z.

Alzan. Voiez Alezan dans la colonne Ale.

A M A.

Amadis, *s. m.* Roman autrefois fameux. Mais aujourd'hui ce sont des bouts de manche atachez par dedans à la manche (il a de beaux amadis, de jolis amadis, des amadis galonnez, des amadis brodez d'or les mieux faits du monde.)

Amadote, *s. m.* Sorte de poirier qui porte les poires qu'on apelle amadotes.

Amadote. *s. f.* Sorte de poire trouvée premierement en Bourgogne, & apelée amadote par abreviation & par corruption, pour dire poire de Dame Oudote du nom d'une femme de ce païs-là, qui les aimoit. *Ferand traité des espaliers.* (Les amadotes sont bonnes. Les amadotes sont excellentes.)

Amadoüer, *v. a.* Il se dit proprement des chats, & c'est le caresser, & leur passer doucement la main sur le dos pour les rendre plus doux. Cas... passe toute la journée à amadoüer son chat, & à chercher les puces de sa babiche.

† Amadoüer *v. a.* Mot bas & comique lors qu'il se dit des personnes. C'est les flater & leur dire des douceurs pour gagner leur afection. (L'homme n'est né que pour amadoüiter la femme, animal qui n'est fait que pour être caressé.

Amaigrir, *v. a.* Faire devenir maigre, faire perdre l'embonpoint qu'on avoit. (Le Carême amaigrit les gens. La peine que du P... s'est donnée à faire des vers, l'a si fort amaigri qu'il n'a plus que la peau & les os. Il est sec comme une alumette.)

Amaigrir, *v. n.* Il se prend aussi dans un sens neutre. C'est devenir plus maigre, & plus sec qu'on n'étoit. (Le parasite Tuberau amaigrit tous les jours ; & Cas... n'a plus que la peau & les os.)

Amaigrissement, *s. m.* Prononcez *amégrisseman.* C'est une diminution d'embonpoint. (Elle est dans un amaigrissement à faire peur. L'amaigrissement où elle est, fait deserter tous ses galans.)

Amalgamation, *s. f.* Terme de Chimie voiez *amalgame.*

Amalgame, *s. m.* amalgamation, *s. f.* Amalgame est le mot d'usage ; & c'est un terme de Chimie. C'est un composé de Mercure & de metal fondu. L'or & le mercure bien mêlez font un amalgame, ou un composé en maniere de pâte mole, ou d'onguent blanc. L'amalgame de l'or sert aux doreurs. Cet amalgame bon, & bien lavé s'étendra fort mince sur l'ouvrage des doreurs. *Traité des essais l. 3.* On dit aussi amalgamation, mais non pas si souvent qu'amalgame. Personne ne doute de la liaison êtroite qui se fait de l'or avec le mercure, & c'est ce qu'on apelle amalgamation. *Voiez le Journal des savans de l'année 1676. page 89.*

Amalgamer, *v. a.* Terme de Chimie. C'est mêler du mercure avec du métal fondu. Cette operation sert à rendre le metal propre à être étendu sur quelque ouvrage ou à être reduit en poudre subtile. (On n'amalgame ni le cuivre ni le fer.)

S'amalgamer, *v. r.* Il se dit de la plupart des métaux,& signifie se calciner par le moien du vif argent ou mercure. Tous les métaux s'amalgament hormis le cuivre & le fer. Emeri, *discours de la Chimie en general p. 48. édition troisiéme.*

Amande, *s. f.* Fruit d'amandier. Il tient de la figure du cœur & à deux couvertures, dont la derniere desquelles on trouve un noiau âpre & dur. *Dal. l. 3. c. 10.*

Amande. Chair de noiau d'amande (amande douce, amande amére. Les amandes douces sont mediocrement chaudes & font bonnes pour les poumons & pour les reins. Les amandes améres purgent les humeurs grossieres, & empêchent l'ivrognerie. Ceux qui aiment Ligniere, lui devroient faire manger de ces sortes de fruits.)

Amande *ou* amende. Peine pecuniaire à quoi le juge condamne [Paier une grosse amande.]

Amande honorable. Reparation publique que fait un criminel pour avoir commis quelque faute qui ne merite ni l'exil, ni le foüet, ni la mort. Le criminel qui fait amande honorable est en chemise, une torche ardente à la main, la corde au cou, accompagné du Bourreau, de ses supôts & de la Justice. En cet état il demande pardon de son crime à Dieu, à la Justice & au public. *Columesius, mélanges historiques p. 66. & 67.*

† * *Faire amande honorable au bon sens.* Façon de parler qui se dit en riant, c'est confesser publiquement qu'on a eu tort d'avoir fait ce qu'on a fait. Le petit Amelot de la houssaie devroit être condamné au Parnasse à faire amande honorable au bon sens pour avoir eu la temerité de traduire Tacite aprés l'excellent d'Ablancout.

Amande. Terme de faiseur de lustres. Petit morceau de cristal en forme d'amande, dont sont composez les Lustres.

Amandement, *s. m.* Fumier ou autre pareille chose qu'on met sur la terre pour l'engraisser. [Donner de l'amandement aux arbres, à la terre, &c.

* Amandement. Changement, correction, [Remettre de jour en jour l'amandement de sa vie. *Abl. Luc*

† * Amandement. Meilleur état de malade. (Il n'y a point encore d'amandement.)

AMA. 45

Amander. Engraisser la terre (amander la terre.)

† * *Amander.* Rabaisser de prix. Le mot d'*amander* ne se dit plus guere en ce sens, en la place on dit *ramander.* (L'abondance aiant été universelle le blé étoit amandé. *Sca. Rom. 1. partie c. 13.*)

† * *Amander.* Se porter un peu mieux. (Ce malade n'amande point.)

* *S'amander,v.r.* Je m'amande, je me suis amandé; je m'amandai. Se corriger, s'avancer dans la vertu. (Je ne sens qu'une tres-foible resolution de m'amander. *God. Poe.*

Amandier, *s. m.* Arbre qui porte les amandes & qui ressemble fort au pécher.

Amant, *s. m.* Il vient du Latin *amans.* C'est celui qui aime une Dame, & qui en est aimé. (Un vrai amant, un veritable amant, un parfait amant, un ardent, un sincere, un fidéle amant, un constant amant, Un amant sage, discret, indiscret, volage, inconstant, leger, heureux, malheureux, infortuné.

Cher Tirsis, il n'est plus qu'aux Païs des Romans,
De fideles amis & de parfaits amans.
S. Evremont aux œuvres mêlées.

Un amant obtient tout quand il est liberal.
Cor menteur a. 4. s. 1.

L'amour ne fait point de tort à la reputation des Dames, le peu de merite des amans les deshonore. *S. Evremont in 4. pag. 528.*

D'un nouvel amant qui soupire
D'abord on se trouve fort bien :
Mais le meilleur ne vaut plus rien
Dés qu'il a tout ce qu'il desire.

Amante, *s. f.* Celle qui aime & qui est aimée. (Une jolie amante, une amante de tres-bon air, une belle amante, une agreable, une adorable amante. La belle Gabrielle d'Estrées fut une des amantes de Henri quatre, [Un amant qui a du merite se fait aisément des amantes.

Déja parmi nos bois mille jeunes amantes.
Ont pour vous dans le cœur, des flames tres-ardentes.
God. Poës. Egl. 8.

Amarante, *s. f.* Fleur d'un rouge tres-vif, en maniere de coq qui fleurit en Aout, Septembre & Octobre, On l'apelle aussi passe-velours, ou fleur d'amour.

Amarante tricolor, s. f. Plante qui ne flêtrit point, & dont toute la beauté consiste dans les feüilles.

Amarante. Nom que les Poëtes donnent à leurs maitresses, lots qu'ils leur adressent des vers. (La divine Amarante s'en est alée. *Gon. Poë.*

Amarantine, *s. f.* Sorte d'anémone dont les grandes feüilles sont d'un rouge blafard ; & la pluche d'un amarante brun. *Morin traité des fleurs.*

Amarrage, *s. m.* Terme de mer. C'est un endroit où deux grosses cordes sont liées par une petite, c'est un endroit où une corde mise en double est liée par une petite. (Il faut considerer dans l'amarrage la force des courans.)

Amarre, s. f. Terme de mer. C'est un cable dont on se sert pour atacher quelque chose (couper une amarre.)

Amarrer, v. a. Terme de mer, C'est atacher & lier fortement quelque chose. (Amarrer un cable à un ancre, amarrer un Vaisseau, amarrer une chaloupe.)

Amas, *s. m.* C'est un assemblage de plusieurs choses. [Un petit amas, un gros amas. Faire un amas de pierreries. *Abl. Ar.* Les nations Orientales surpassent celles de l'Europe dans l'amas des titres. *Nicole, essais de Morale. T. 1.* La plus grande partie de la Philosophie humaine n'est qu'un amas d'obscuritez, d'incertitudes, ou même de faussetez. *Nicole Morale T. 1.*

La vie n'est qu'un amas de craintes, de douleurs, de travaux de soucis, de peines, *Deshoulieres Poësies. Idile. 1.*

Si le Seigneur n'en est l'apui
Bien-tôt ce riche amas d'or, de marbre & de pierres
A peine laissera quelque trace de lui.
God. Poës. 2. partie.

Amasser, *v. a.* Acumuler. (Pourquoi, sou que vous êtes ; amassez-vous talent sur talent ? *Abl. Luc.*)

Amasser. Recueillir ce qui est tombé à terre. Amasser en ce sens ne se dit guere, en sa place on use de *ramasser.* (Amassez mes gands, ou plutôt ramassez mes gands.)

S'amasser, v. r. S'assembler. (Elles s'étoient amassées en grand nombre, *Voi l. 9.*

Amasser, s. f. Terme de gantier & de peintre. Morceau de bois, on de cuir pour amasser les couleurs broiées.

Amateloter, *v. a.* Terme de mer. C'est mettre les matelôs deux à deux pour s'aider l'un l'autre. (On a amateloté tout l'équipage.]

F 3

AMATEUR, *s. m.* Celui qui aime (Le peuple est grand amateur des voluptez. *Abl. Tac.*)

AMATER, *v. a.* Terme d'orfèvre. Amatir se dit de l'argent. C'est prendre de la brique bien pilée & bien broiée avec de la ponce recuite au feu, toute rouge & bien broiée & en froter avec un linge la vaisselle qui sort du marteau jusqu'à ce qu'elle soit agreablement blanche. [Il faut vite amatir cette vaisselle.] Ce mot amatir se dit aussi de l'or. C'est rendre l'or net, & lui ôter le poli.

Amatiste. Voiez ametiste.

AMAZONES, *s. f.* Femmes genereuses qui se brûloient la mamelle gauche pour mieux tirer, & dont la Reine vint voir Alexandre le grand.

* Amazone. Femme guerriere, femme courageuse. [Vous êtes l'une & l'autre deux franches Amazones. *Sca. let.* La pucelle d'Orleans a passé pour une Amazone.

A M B.

AMBASSADE, *s. f.* Commission dont un Prince, ou un état Souverain charge une personne d'experience, ordinairement de qualité, en lui donnant des lettres de creance pour executer dans la Cour où on l'envoie et qui lui a été ordonné. (Ambassade glorieuse, importante, illustre, solennelle, celebre. Aller en Ambassade. Envoier une ambassade.)

Ambassade. Charge d'Ambassadeur. Fonction d'ambassadeur. (S'aquiter glorieusement de son ambassade.)

Ambassade. Gens envoiez en Ambassade. (Il arriva une Ambassade des Scices. *Vau. Quin. l. 7.*

† * *Ambassade.* Message (Elle a reçu une ambassade de la part de son galant, *Mol. Geo.*)

AMBASSADEUR, *s. m.* Celui qui est envoié en ambassade. On apelle de ce nom tous les Ministres qu'un Prince ou un Etat Souverain envoie à quelque Cour étrangere pour y faire les afaires en vertu de ses lettres de creance sous la foi publique établie par le droit des gens. Voiez *les Memoires touchant les Ambassadeurs, par L. M. P.* (Ambassadeur ordinaire, & ambassadeur extraordinaire. Envoier un Ambassadeur à un Prince Souverain. Etre Ambassadeur en France pour sa Majesté Suedoise. On traite d'Excellence les Ambassadeurs étrangers. Les Ambassadeurs doivent jouir d'une sûreté inviolable.)

† * *Ambassadeur.* Celui à qui on donne charge de faire quelque message. (Il a bien choisi son monde que de te prendre pour son ambassadeur. *Mol. Geo.* C'est un ambassadeur d'amour.)

Ambassadrice, s. f. Femme d'Ambassadeur.

† *Ambassadrice.* Celle qui fait quelque message. Celle qui porte quelque nouvelle. (Je suis une ambassadrice de joie. *Mol.*)

AMBIDEXTRE *adj.* Il se dit des personnes. En Latin *ambidexter* c'est à dire qui se sert également des deux mains. (Il est ambidextre, elle est ambidextre.)

AMBIGU, *ambiguë. adj.* Qui a deux sens. Qu'on peut prendre à double sens. (Mot ambigu. Parole ambiguë. *Pas. l. 16.* Il vient du Latin *ambiguus*.

* *Ambigu, s. m.* Festin où la viande & le fruit sont ensemble. *Abl. Tac.*

† * *Ambigu.* Mélange. (C'est un ambigu de precieuses & de coquettes que leur personne. *Mol. Pre S. 1.*)

Ambiguëment, adv. D'une maniere obscure, & à double sens. (Il écrivit ambiguëment aux Generaux, *Abl. Tac.*)

Ambiguité, s. f. Paroles qui ont un double sens. (Une fâcheuse ambiguité.)

AMBITIEUX, *ambitieuse, adj.* Prononcez *ambicieux*. Il vient du Latin *ambitiosus*, & signifie qui a de l'ambition. (Esprit ambitieux. Les grans & les riches sont ambitieux. Les femmes sont d'ordinaire ambitieuses, & l'ambition est leur grand foible.)

Ambitieux, s. m. Qui a de l'ambition [Seneque étoit un ambitieux, qui pretendoit à l'Empire, S. Evremont T. 5.]

Ambitieuse, s. f. Celle qui a de l'ambition (Caterine de Médicis étoit une ambitieuse, qui n'aspiroit qu'à regner souverainement.)

Ambitieusement, adv. Avec ambition (Ce n'étoit point un esprit de superiorité qui cherchât à s'élever ambitieusement au dessus des autres, S. Evremont, *discours du peuple Romain.* C. 2.

* *Ambitieusement. adv.* au figuré), il se dit du stile, & veut dire pompeusement, avec enflure, & d'une maniere trop sublime. (Il a retenu son stile dans une juste mediocrité, sans lui permettre de s'élever trop ambitieusement. Pelisson, *discours sur les œuvres de Sarrazin art. 2.*

Ambition, s. f. Il vient du Latin *ambitio*, & l'on prononce *ambicion*. Désir d'avoir quelque chose de grand & de considerable. (Ambition grande violente arrêter, regler ; fixer, moderer, borner son ambition, assouvir, satisfaire son ambition.)

Ambition. Ce mot se prend en bonne part, lors qu'il est accompagné de quelque epitete favorable epitete. On dit une noble ambition. Une belle, une ingenieuse ambition.

Ambitionner. v. a. Ce verbe est fait du mot *ambition* : & signifie, desirer avec ambition, se faire une gloire de vouloir venir à bout de ce qu'on desire. Vangelas condamne *ambitionner*, & pense qu'au lieu d'*ambitionner*, on doit dire *souhaiter avec ambition*. Le sentiment de cet habile homme n'est point aprouvé de tout le monde. On peut bien dire, la gloire de vous servir, Mademoiselle, est une des choses que j'ambitionne le plus. *T. Corneille. Notes sur Vaugelas T 2.*

Ambitionné, y, ambitionnée. adj. Souhaité avec ambition. (Servir son païs est un honneur ambitionné de tout le monde. *T. Corneille notes sur Vangelas T. 2.* La belle gloire est ambitionnée de tous les honnêtes gens.)

AMBLE, *s. m.* Terme de manége, peut-être il vient du grec, ou plûtot du Latin *ambulare* & il n'a point de pluriel. Maniere d'aller d'un cheval qui remuë au même tems les jambes qui sont d'un même côté, & ensuite celle de l'autre & qui continuë à ce train jusqu'à ce qu'il cesse d'aler. (Un amble doux, un amble commode, parfait, rude, fâcheux, ce cheval va un amble si doux, que celui qui est dessus peut porter un verre de vin sans en verser une seule goute. *Dom Quichote 4. Tome C. 30.* Mettre un cheval à l'amble. C'est un cheval qui a un amble le plus commode du monde. L'amble est banni des manéges, La premiere alure des petits poulains est l'amble ; mais ils le quittent quand ils sont forts.

Amble, s. m. Cheval qui va l'amble. Dans ce sens, il n'est pas bien reçu. Le dernier Traducteur de Dom Quichote n'est point à imiter en cela. Il a pris amble en ce sens, *Voici l'endroit.* Vive mon grison pour aler doucement, lors qu'il ne va point dans l'air, mais sur terre, par ma foi j'en deffierois tous les ambles du monde. *Dom Quichote 4. C. 40.*

Ambler, v. n. Se dit des haquenées, & vieillit. C'est, aler l'amble. (C'est une haquenée qui amble agréablement ; On dira plûtôt, qui va agreablement l'amble.)

Ambleur, s. m. Officier de la petite écurie du Roi.

AMBRE, *s. m.* Suc gras de terre endurci dans la salure de la mer, lequel a la vertu d'atirer la paille. (L'ambre couleur de citron est le plus estimé. Pêcher l'ambre,)

Ambre gris. Espece de bitume poussé sur le rivage de la mer par les flots, qui s'endurcit dans l'air, & se forme en ce qu'on apelle ambre gris.

* *Ambre.* Senteur agreable & douce. (Son haleine a perdu son ambre.)

AMBONCCLASTE, *s. m.* Ce mot est Grec & veut dire celui qui brise les jubez des Eglises. Ce mot est du savant Mr Thiers & n'est pas encore bien établi : mais on espere bien de sa fortune.

Ambrer, v. a. Terme de Confisseur. C'est donner une odeur d'ambre à des noix confites, ou à quelque autre confiture (ambrer des noix confites ambrer des pastilles.

Ambré, ambrée, adj. Qui a une odeur d'ambre, qui est d'une odeur agreable. (Le tabac ambré est meilleur que l'autre. Ces pastilles sont bien ambrées, & il est impossible qu'on ne les aime.

AMBRETTE, *s. f.* Plante fibreuse qui fleurit en Juillet & en aout. On l'apelle aussi fleur du grand Seigneur.

AMBROISE *s. m.* Nom d'homme, il vient du Grec, & signifie immortel.

* *Ambroise, s. f.* Nom de femme.

AMBROISIE, *s. f.* Le manger des Dieux. (Se souler d'ambroisie. *Abl. Luc.*

Ambrosie. Petite plante fort branchuë qui a l'odeur du vin, & qui porte de petits boutons en forme de grape de raisin, qui ne fleurissent point. (Ambrosie mâle, ambrosie femelle. *Dal.*)

AMBULANT, *ambulante, adj.* Il vient du Latin *ambulans*. Qui n'est pas fixe en un lieu. Qui va d'un lieu à un autre. (Commis ambulant. Troupe de Comediens ambulante.)

Ambulatoire, adj. Il vient du Latin & se dit des siéges de Justice. Il signifie qui ne demeurent pas toujours stables en un lieu (Le grand conseil est ambulatoire. *Histoire du grand Conseil.* La Chambre Imperiale de Spire étoit au commencement ambulatoire, & elle ne fut sedentaire en cette ville-là qu'en 1527. Heis, *Histoire d'Alemagne.*)

A M E.

AME, *amée, adj.* Il vient du Latin, & signifie aimé. *Amé* est d'un grand usage dans les lettres qui s'adressent aux gens de Justice, aux Cours souveraines aux Prédidiaux, aux Prevôtez, aux corps de ville, ou de métier. A nos amez & feaux les Conseillers de nôtre bonne ville de Paris, faisons sçavoir que ce que nos chers & bien-amez, les maitres Jurez & anciens Bacheliers de la communauté des vitriers de Paris, nous ont fait remonter que ... Nous ordonnons que ... Voiez les statuts des Vitriers. Nos cheres &, bien aimées les jurées de la communauté des maitresses bouquetieres nous aiant fait remontrer, faisons sçavoir que ... Lettres patentes du Roi pour les bouquetieres.

AME, *s. f.* Ce mot vient du Latin *anima*, & il signifie generalement ce qui est le principe de la vie. (Ame vegetative, ame sensitive, ame raisonnable.)

Ame, s. f. Ce mot se dit en particulier de l'ame raisonnable, qui est une substance qui pense, que l'on connoit avant toute autre chose & en laquelle on ne connoit aucune étenduë.

AME

Esprit capable de penser à l'ocasion d'un corps. L'ame d'un homme. L'ame suit le temperament du corps. *Roh. Phis. 1. 2.*]

Ci git Menage, il rendit l'ame
Pour avoir fait une épigrame.

* AME. *s. f.* Il signifie quelquefois une personne. [Son Livre ne tend qu'à détourner les ames de la voie étroite de l'Evangile. *Arnaud, frequente communion. Préface.* [Vous venez de sauver un milion d'ames. *Voi. l. 68.* Ces ames si pures fuient les choses qui peuvent déplaire à Dieu. *Pas. l. 4.* Je vous le garantis *ame damnée,* phrase burlesque pour dire *malheureux, miserable, qui soufre beaucoup.*]
* AME. Conscience. (Avoir l'ame bonne. N'avoir point d'ame. Sur mon ame cela est.)
* AME. Tout ce qui anime, tout ce qui fait agir, qui fait mouvoir quelque chose. (La charité est l'ame des vertus Crétiennes. *Pas. l. 5.*)
* AME. Cœur, courage, force acompagnée d'amour & de passion. (Vos charmes donteroient l'ame la plus farouche, *Voi. Poë.* Avoir l'ame fort basse. *Mol.* Loüer Dieu de toute son ame. *Arn.*)
* AME. Esprit. (Ame vénale, ame mercenaire. *Abl.* c'est là la seule chose qui trouble mon ame. *Dépreaux.*)
* AME. Terme *de caresse.* Objet qu'on cherit autant que soi-même. (Si quelque amant vous croit paier en vous nommant son ame, vous n'entendrez pas des termes si courtois, *Voi, Poë.*)
† AME. Ce mot se dit en parlant de fagot. Le bois qui est au milieu du fagot. (Bruler l'ame d'un fagot.)
* AME. Ce mot se dit des devises. Paroles de devise. (L'ame d'une devise.)
* AME. *Terme de lutier.* Petit morceau de bois droit, qu'on met dans le corps de l'instrument de musique directement sous le chevalet, pour fortifier le son. (Ame de poche, de viole, & de violon.)
AME. Terme *de Sculpteur.* La premiere forme des figures de stuc, lorsqu'on les ébauche grossièrement avec du platre, ou de la chaux & du sable, ou des tuilots cassez.
AME. Ce mot se dit aussi des Canons. *L'ame d'un Canon,* c'est le creux & l'ouverture du canon, dans laquelle on met la poudre & la bale.
* AME, *s. f.* Terme *de machiniste.* Piece de bois cannelée des deux côtez avec une poulie au bout d'embas, & équipée d'une corde, le tout dans une caisse sous le téatre pour en faire sortir quelque machine. (Voiez si l'*ame* de vôtre machine est équipée de cordes & de poulies ; voiez si elle est en état.)

AMEÇON. Voi *ameçon.*
AMEISTER, *s. m.* Mot alemand devenu François. C'est à dire Bourguemestre de Strasbourg. Les ameisters, sont ceux qui gouvernent la ville avec les Statmeisters, & qu'on apelle en France *Echevins.* (Les ameisters sont puissans à Strasbourg.)
AMELETTE. Voi *omelette.*
† AMELIORATION, *s. f.* Prononcez *amelioracion.* Ce mot vient du latin & est *du Palais.* Il n'est point du beau stile ; & ne se dit ordinairement qu'au pluriel, Ce sont toutes les réparations qui servent à rendre meilleur un heritage. (Il y a des ameliorations utiles & necessaires, d'autres qui ne regardent seulement que le plaisir de celui qui possede. Faire des ameliorations.)
† A MÈME, à *mesme, adv.* La lettre S ne se prononce point dans ce mot ; mais la seconde silabe en est un peu longue. Il signifie au pouvoir, en état, & en liberté de faire ce qu'on veut. (Monsieur vous êtes à même, prenez s'il vous plait.)
AMENER, *v. a.* C'est mener au lieu où est celui qui parle, ou de qui l'on parle. (Alexandre s'avança vers le Tanaïs, où l'on amena Bessus lié & tout nud, *Van. Quin. l. 7. c. 5.* Scaron étant chez lui, a fort bien dit quand vous me ferez l'honneur de me venir voir, ne m'amenez point de mauvais plaisans.)
Amener, v. a. Terme de mer. C'est abaisser, c'est décendre quelque chose qui est élevé. (Leur navire nous contraignit d'amener le pavillon par respect. Amener les huniers & amener les perroquets qui sont de fortes voiles.)
AMENITÉ, *s. f.* Il vient du latin *amenitas* & signifie agrément. *Amenité* n'est pas encore établi. Mais on dit quelquefois parlant de prose, ou de vers. Il n'y a ni agrément ni amenité dans les rimes de....., Il est dur, sec, & plein de bourre. Le gros M. Charpentier est consideré comme le pere d'*amenité.* Voiez la *guerre civile des François sur la langue.* Ainsi *amenité* est un mot un peu precieux & qu'on ne s'en doit servir qu'avec retenue & parmi les savans.)
AMENUISER, *v. a.* Ce mot vieillit un peu. C'est faire plus menu. Rendre plus menu. (Amenuiser un morceau de bois.)
AMER, *amère, adj.* Il vient du latin *amarus.* Qui a de l'amertume. [Fruit amer. Amande amere.)
Amer, amere, adj. En Poësie il se dit des eaux de la Mer, & veut dire, salé.

Le Dieu, brulant ses cheveux blancs
Tout dégoutant de l'onde amere

Taisez-vous, dit-il, insolens.
Bachaumont, voiage.

Amer, s. m. Ce mot se dit quelquefois au lieu de celui de *fel* (]L'amer est crevé, ôtez l'amer, mais prenez garde de le crever. Un amer de carpe, un amer de mouton. Les enlumineurs broient la laque avec de l'amer de beuf pour la rendre plus vive, & pour mieux faire couler les couleurs qu'ils emploient dans les ouvrages qu'ils enluminent.)
* *Amer, amére. adj.* Au figuré il signifie fâcheux, triste.

(L'amour pressé d'une douleur amere
Eteint son flambeau, rompt ses traits.
Deshoulieres. Poësies.

Souvenir amer, douleur amere. *Voi. l. am.*)

* *Amérement, adv.* Fort, beaucoup. (Alexandre voiant le corps de Darius, pleura amérement. *Van. Quin. l. 5.*)
Amertume, s. f. Saveur amere, & qui rend la langue âpre & rude.
* *Amertume.* Déplaisir. Haine. (Adoucit des amertumes. *Voi. l. 4.* Ma joie n'étoit point sans quelque amertume. *Patru.* Ce mariage lui a inspiré toute l'amertume d'une marâtre, *Patru, plaidoié* 2.)
† AMESSE, *ameßée, adj.* Est bas, & ne sert guere qu'en parlant. Il signifie qui a ouï la messe. Je suis amessé. Si vous êtes amessée, Mademoiselle, déjeunons.)
AMETISTE, *amaïste, s. f.* L'un & l'autre se dit ; mais *amétiste* est le plus doux, & le plus usité. C'est une pierre précieuse fort agreable, qui est de couleur de pourpre, & qui aproche de celle du vin rouge où l'on a mis de l'eau. Il y en a une amétiste Orientale qui est la plus dure, & la plus estimée, une amétiste Cartagene, & une amétiste d'Alemagne. La Cartagene est de couleur de la fleur qu'on apelle pensée, & celle d'Alemagne est de couleur de violette. Une belle, agreable, charmante amétiste. On dit que l'amétiste empéche l'ivresse & rend la personne qui la porte, aimable & ingénieuse, Ligniere en devroit porter une)
AMEUBLEMENT, *s. m.* Les meubles qui garnissent une chámbre, les meubles necessaires pour garnir & parer un logement, ou une maison. (Un joli, un beau ameublement, un riche, un magnifique, un superbe ameublement, un cherif, un pauvre, un miserable ameublement tel que celui du rimailleur M. qu'on peut apeller un ameublement vraiment poëtique. Avoir un bel ameublement, acheter un joli ameublement.

Il faut quiter l'ameublement
Qui nous cache pompeusement
Sous de la toile d'or le plâtre de ta chambre.
Mai. poës.)

† *Ameubler, v. a.* Mot non usité. C'est mettre dans une chambre tous les meubles qu'il faut pour la parer, & l'embélir comme elle le doit être. En la place d'*ameubler* on se sert de *meubler.* Pour bien ameubler la chambre de L. Il la faut ameubler de brocs & de flacons de bon vin. On diroit pour bien meubler le bouge de L. Il le faut parer d'une quantité de brocs & de flacons de bon vin.
AMEUBLIR, *v. a.* Terme de jardinier. Il se dit d'une terre dont la superficie est devenuë dure. C'est la rendre meuble & y donner entrée aux eaux par de petits labours. Il faut ameublir la terre de ces caisses. *Quin. Jardin,* I. partie page 68.)
Ameublir, v. a. Terme de *pratique.* Rendre mobiliaire, & mettre en communauté une partie de la dote d'une femme.
Ameublissement, s. m. Tout ce qu'on a ameubli. (L'ameublissement montoit à dix mile écus.)
AMEUTER, *v. a.* Terme de *chasse.* C'est mettre les chiens en meure, les assembler pour chasser. (Il faut vite ameuter ces chiens.)

AMI.

AMI, *s. m.* Il vient du latin *amicus.* C'est celui qui aime & qui est aimé par celui qu'il aime. (Un bon ami est rare, ami sincere, fidele, constant, desinteressé. Ami courageux, genereux, ardent. On ne trouve guere de vrais amis. Un ami veritable merite d'être adoré. La plupart des amis de siecle sont lâches, infideles, faux, & leur amitié n'est que pure comedie. Le Seigneur F. H. de V. est un bel exemple de cela. Se faire des amis, s'aquerir des amis. Conserver ses amis, menager ses amis, épargner ses amis. Considerer ses amis, favoriser ses amis, aimer tendrement ses amis. Obliger en ami, servir en ami, *traiter en ami.* C'est à dire sans façon. Etre ami jusqu'à *l'autel.* C'est à dire, qu'on sera ami d'un homme quoi qu'il fasse, pourveu qu'il n'y aille point de l'interêt de Dieu. Il n'y a rien de tel que les vieux écus, & les vieux amis. C'est à dire, que les vieilles pistoles & les vieux amis valent mieux que les autres. Trois amis sont utiles, l'ami sincere, l'ami fidéle, & l'ami qui ne dit mot. Trois amis sont dangereux, l'ami hipocrite, l'ami causeur & l'ami flateur. Ainsi c'est faire sagement que de se garder du petit M. de tous cotez.]

Ami. Il se dit quelquefois à une personne qui est beaucoup au dessous de celle qui lui parle, & sert pour marquer quelque afection & quelque sensibilité à cette personne inferieure. Je te suis obligé, *mon ami* & je te rens graces de ton bon avis, Mol. *Dom. Juan.* a.2.

Ami. Il se dit aussi quelquefois d'un ton de superieur; & d'un air fier & insultant. (Mon petit ami, vous leur direz qu'ils sont foux. *Abl. Luc.* D'où vient, mon ami, que tu as été donté par la mort. *Abl. Luc.*)

Ami. Il se dit du chien, & signifie *qui aime.* (Le chien est ami de l'homme.)

Ami. Il veut dire qui est utile, qui aide, qui favorise. (Le vin est *ami* du cœur & le citron aussi.)

Ami, c'est à dire *favorable.* Ami Lecteur, aiez pitié, l'on vous en conjure, des vers du pauvre T. de L. Ils sont miserables, il est vrai, mais c'est par penitence qu'il rimaille, & sa penitence est rude, car il n'a point de genie.)

† *Amiable*, adj. Ce mot est usé. Il signifie qui a de la bonté, de la douceur, & de l'honnêteté. (Il est amiable, elle est amiable.)

† *Amiablement*, adv. Ce mot est aussi un peu suranné. Il signifie, d'un air doux, bon, & honnête. (Parler amiablement.)

A l'*amiable*, adv. Il n'a pas le destin d'amiable, ni d'amiablement ; il se dit & se trouve dans de bons auteurs. Il signifie en ami & d'une maniere honnête & paisible. (Terminer les diferens à l'amiable. *Abl. Tac.* Sortir d'une afaire à l'amiable. *Pat. pl.* 6.

Ami. C'est à dire, au milieu, à la moitié. (Il se trouva un grand retranchement à mi-chemin. *Abl. Ret.* l. 1. l. 8.)

AMIDON, *s. m.* Farine qui est faite sans meule, & dont on fait l'empois qui sert à rendre le linge plus ferme & plus beau. Quelques-uns croient qu'amidon vient du Grec, & d'autres de l'Italien *amido.* On l'apelle en latin *amilum.* (Amidon fort beau. Voila de bel amidon. Amidon tres-blanc, faire de l'amidon.)

Amidonnier, *s. m.* Prononcez *amidonnié.* D'amidon s'est fait amidonnier. C'est celui qui fait & vend l'amidon. (Un bon amidonnier.)

Amie, *s. f.* Celle qui a de l'amitié pour une personne & pour qui l'on en a aussi. Amie vient du latin *amica.* (Une bonne, une genereuse, une vraie amie, une sincere, une fidele, une constante amie, les veritables amies sont tres rares. Se faire des amies, se conserver ses amies. Plutôt mourir que de rompre avec une vraie amie. Servir ses amies avec cœur.)

Amie, adj. *s. f.* Il se dit des herbes, des fleurs de prairie, & veut dire, qui aide, qui fait croitre. (La pluie est amie des fleurs, des herbes & de tous les biens qui croissent sur la terre.)

† M'amie. Voiez amie.

Amigdales, *s. f.* Il vient du Grec. En latin *amygdala. Bartolin. anatomie,* l.1. *Chap.* xt. (Les amigdales sont deux glandes, proche la racine de la langue. Les amigdales sont spongieuses. Elles reçoivent l'humidité du cerveau elles la changent en salive, & humectent le gosier & la langue. Les amigdales s'enflent quelquefois, & alors on fait ce qu'on peut pour les desensier.)

* AMIGNARDER, *amignoter*, v. a. Ils ne se disent que parmi le petit peuple & même bien plus dans la Province qu'à Paris. C'est caresser, flater, gagner par des caresses. On amignote les petits enfans.)

AMIRAL, *s. m.* Il vient du Grec & selon quelques-uns de l'Arabe, en Latin, *maris præfectus*, & en Italien *ammiraglio*, Ce mot viendra d'où voudront Messieurs de Port-Roial & Mr. Ménage. Mais selon toutes les aparences, nous l'avons pris de l'Italien *amiraglio.* Il y a des gens qui écrivent & prononcent *admiral* ; mais les personnes les plus habiles que j'ai consultées là-dessus, sont pour *amiral.* (L'amiral est le chef & le general des armées navales de quelque Roiaume, ou de quelque Etat. L'amiral de France est l'un des grands Oficiers de la Couronne. Il a sa juridiction à la table de marbre de Paris, & porte pour marque de sa dignité dans ses armes, deux ancres en sautoir. L'amiral doit être savant dans la Geographie, la Sphere & l'Astrologie. Michel Ruiter fut un tres-brave, & tres-fameux Amiral. Holandois. Il fut blessé d'un coup de canon auprés d'Augusta, & rendit l'esprit le 29. d'Avril 1676. son corps fut embaumé, & porté à Amsterdam capitale de Holande. *Voi sa vie.* Monsieur le Comte de Toulouse fils naturel de Loüis 14. est amiral de France, & il. fut pourvû de cette charge en 1683.)

Amiral, *s. f.* C'est le premier vaisseau d'une flote, & celui qui porte le pavillon amiral. Le vaisseau d'aprés s'apelle vice-amiral. (L'amiral a été pris & le vice-amiral coulé à fond.)

Amiral, adj. Qui apartient à l'amiral. (Vaisseau amiral, pavillon amiral, galére amirale.)

Amirale, *s. f.* Galere que monte l'amiral. (L'amirale est bien équipée. L'amiral a batu les ennemis. Ils lui firent presene de l'amirale qu'ils avoient remontée dans la riviere. *Abl. Tac.*)

Amirale, *s. f.* L'Epouse de l'Amiral. On apelle l'Amiral, Monseigneur, & son épouse Madame. (Madame l'amirale est genereuse, elle est bien faisante.)

Amirauté, *s. f.* Juridiction de l'Amiral, exercée par les Lieutenans particuliers, & où l'on connoit des crimes qui se font sur mer, & de tous les diferens qui regardent la marine. (Etre oficier de l'Amirauté, faire juger une afaire à l'Amirauté, l'Amirauté connoit des prises qui se font sur mer, & des contrats d'assurance qui se passent entre les marchands. *Miraumont, memoires.*)

Amirauté, *s. f.* C'est aussi la charge d'Amiral. Celui qui possede l'Amirauté de France est un grand Seigneur, de donne l'Amirauté d'Angleterre à un brave Capitaine, & celle de Holande à un grand homme aussi. Etre pourvû de l'Amirauté. Avoir les droits de l'Amirauté.)

Amit, *s. m.* Semble venir du Latin *amiculum.* C'est un linge qui couvre la tête & les épaules du Prêtre, & dont il se revêt lorsqu'il s'habille pour dire la Messe. (Un amit très blanc. Un amit fort fin. Les Prêtres & les Diacres portent des amits sur leurs têtes en certains Dioceses depuis la Toussainte jusqu'à Pâques. Neanmoins selon les Canons, on ne se peut servir d'amit sans une cause considerable. On dit, porter l'amit. Mettre l'amit sur sa tête. Se couvrir la tête de l'amit. Se servir de l'amit. Abatre l'amit sur son cou. *Thiers, histoires, des perruques* C. 8.

AMITIÉ, *s. f.* Il vient du latin *amicitia.* Il signifie afection réciproque qu'on se témoigne pour de particulieres considerations. Le mot d'amitié, n'a ordinairement point de pluriel. [Une sincere, une ardente, une constante amitié. Ce qui peut faire naitre l'amitié, c'est d'obliger, & de faire du bien. Elle a des sentimens d'amitié qui ne sont pas imaginables. *Mol.* Cultiver entretenir, & ménager l'amitié. *Abl.*

Amitié. Inclination, pente pour quelque chose. (Prendre de l'amitié pour un mot.)

Amitié. Grace, faveur, plaisir. (Faites moi un amitié. *Mo. Pre.* s. 9.)

Amitié. Ce mot au pluriel signifie honnêteté, caresse, civilité obligeante. [Il m'a fait mille amitiez.]

Amitié. Nouveaux amis. (Vous ferez-là des amitiez nouvelles. *Boi. epi.*]

* *Amitié. Terme de peinture.* Convenance de couleur, ainsi on dit, *l'amitié des couleurs.*

A M N.

AMNISTIE, *s. f.* Il vient du Grec. En Latin *amnistia*, *abolitio*, & en françois amnistie. La raison voudroit qu'on dit amnestie, mais l'usage est le plus fort. Il veut qu'on dise amnistie, c'est une loi par laquelle le Souverain desire que ce qui s'est passé contre lui, soit en oubli, l'amnistie est un oubli que le Souverain acorde à tous ceux qui sont criminels à son égard. Les principaux articles de la paix étoient qu'il y auroit une amnistie pour tout le parti. *Memoires de la Rochefoucaut, page 8. impression de Cologne de l'an 1674.* Acorder une amnistie, donner une amnistie, esperer une amnistie, refuser une amnistie. Jouir de l'amnistie.

A M O.

† AMODIER, v. a. Terme de coutume. En sa place on dit afermer, ou donner à ferme. Amodier une terre en grain ou en argent.

Amodiateur, *s. m.* C'est celui qui prend à ferme. Amodiateur n'est usité que dans quelques Provinces ; & en sa place on dit fermier. (Il est amodiateur d'une terre. Se rendre amodiateur.)

Amodiation, *s. f.* Prononcez *amodiacion.* C'est la convention par laquelle on donne une terre à ferme en grain ou en argent. (Faire l'amodiation d'un bien.)

AMOINDRIR, v. a. C'est diminuer, rendre moindre. La clarté du jour amoindrit l'horreur que la nuit donne. *Van. Quin.* l.5. c.4. La charité étoufe la source des querelles qui ne naissent que des fausses idées qui grossissent tout ce qui nous touche & amoindrissent ce qui touche les autres. *Nicole essais de morale,* t. 1. traité 4. c.11.

Ils devoient amoindrir les maux de ce berger
Mais las ! ils n'y viennent qu'afin de l'afliger.
Segrais, Eglogue 6.

Amoindrissement, *s. m.* Diminution. L'amoindrissement de plusieurs choses est presque insensible. L'amoindrissement est considerable, depuis quelque tems.

A MOINS QUE DE. Ces mots signifient si l'on ne, & demandent l'infinitif. A moins que de bien étudier & de frequenter le beau monde, on ne peut en matiere de lettres avoir un autre dessein que celui de T. de L. C'est d'écrire pour les épiciers. Ils ne sauroient changer à moins que de renaitre. *Gom. Pas.* A moins que de prouver ce qu'on avance, on est ridicule. *T. Cor. notes sur Vaugelas,* 1.2.

A *moins de.* Ces mots signifient si l'on ne, & ils ne se mettent pas avec un infinitif. A moins de faire cela, on ne fera rien. On dira amoins que de faire cela, on ne fera rien. *Van. rem. T. Cor. rem.*

A *moins de.* Ces mots demandent le genitif, quand ils sont suivis d'un nom. [A moins de vingt pistoles, ils ne sauroit avoir une bonne pendule.]

A moins

Amoins que. Conjonction qui regit le subjonctif. (N'atendez rien des grans, à moins que vous ne rampiez honteusement sous eux, & ne les adoriez servilement : & cela est impossible à moins qu'on n'ait l'ame d'un malheureux esclave.)

AMOLIR, *v. a.* Il vient du Latin *mollire*, & veut dire *rendre mou*. Le feu amolit le metal. Amolir une dureté, Le Soleil amolit la cire.)

* *Amolir*. Adoucir, Rendre moins vigoureux. (On ne peut amolir cette fiere beauté. *Gon. Poë.* Il amolit leur courage par les delices de la paix. *Abl. Tac.*)

S'amolir, *v. r.* Devenir mou. Il y a des corps qui s'amolissent avant que de se fondre, & d'autres qui se fondent sans s'amolir.

† *S'amolir*. Devenir moins vigoureux, devenir mou & effeminé. (Son courage s'amolit. *Abl.*

Amolissement, s. m. L'action qui rend une chose molle. (L'amolissement de la cire se fait en la maniant & en l'échaufant.)

AMONCELER, *v. a.* Mettre en monceaux. Amasser. (Amonceler du blé.)

AMONT, *adv.* Terme de Batelier. En remontant.

AMORCER, *v. a.* Mettre de la poudre fine dans le bassinet d'une arme à feu, ou au tout de la lumiere de quelque piéce de canon (Amorcer un pistolet, un fusil.)

Amorcer, ploter. Terme de pêcheur. L'un & l'autre se dit, mais *ploter*, est plus en usage. C'est jetter sur l'eau de petites plotes de mangeailles pour atirer le poisson. (Amorcer le poisson.)

† * *Amorcer*. Atirer adroitement, gagner l'esprit d'une maniere fine, & caressante. (Il lui faut donner quelque chose pour l'amorcer. *Abl.*)

Amorcer. Terme de Serrurier. Oter quelque chose fort avant que le percer tout à fait.

Amorce, s. f. Poudre fine qu'on met dans le bassinet d'une arme à feu, ou autour de la lumiere d'une piéce d'artillerie. (L'amorce est mouillée.)

Amorce, s. f. Terme de pêcheur. Ce qu'on met au bout de la ligne pour attraper le poisson. Les bons auteurs se servent du mot d'amorce en ce sens, mais les pêcheurs d'autour de Paris emploient le mot d'êche au lieu de celui d'amorce. Ils disent aussi écher une ligne, & jamais amorcer une ligne. (C'est assez, aussi-bien nôtre amorce est trop précieuse. *Abl. Luc. tom.* 1. *Dialogue le pêcheur, ou la vengeance, page* 232.

* *Amorce, s. f.* Ce mot est beau & d'un grand usage au figuré. Il signifie charme, apas, plaisir, délices, engagement. (L'amorce d'un si doux plaisir m'arrête. *Voi. Poe.* Craignez d'un doux plaisir les amorces trompeuses. *Dep. Poet.*)

Toutes vos amorces sont vaines
Pour le retenir dans vos chaînes.
Bens. Balet de la nuit 2. partie.

Plus j'y vois de hazard, plus j'y trouve d'amorce
Où le danger est grand, c'est là que je m'éforce.
Math. Poes. l. 5.

Alexandre, dés son enfance, ne manqua ni d'exemples, ni d'amorces pour atizer à la gloire. *Du Rier, Freinshemius, lib.* 1. *C.* 1.

Non, au lieu de goûter ces grossieres amorces
Sa vertu combatue a redoublé ses forces.
P. Cor. Cinna a. 5. *s.* 3.

Certes d'un si beau lits les secrettes amorces
Pour charmer les douleurs avoient assez de forces.
Segrais, Eglogue 6.

Amorçoir. s. m. Sorte de terriére dont le charron se sert pour commencer les trous.

AMORTIR, *v. a.* Terme de pratique, Eteindre. (Amortir une rente.)

Amortir, v. a. Ce mot en parlant de gens d'Eglise & autres personnes de main-morte, signifie permettre aux gens de main morte de posseder perpetuellement un heritage, sans qu'on les puisse contraindre de l'aliener, ni de le mettre hors de leurs mains. Il n'y a en France que le Roi qui puisse amortir un fief, un heritage, &c. Voiez *Baquet amortissement, c.* 4.

* *Amortir, diminuer*. (Le tems amortit les afflictions. *Pas. Pens.*) Son buste plié ne peut amortir le coup de la bale. *Memoires de M. de la Rochefoucaut.* Amortir le son des cordes d'un instrument de musique. *Mer.*

Amortissement, s. m. Terme de pratique, C'est une permission que le Roi donne aux gens de main-morte, c'est à dire aux Ecclesiastiques, aux Hopitaux, aux Colèges, Maladeries, Leproseries, & confraries de posseder en France des heritages, sans qu'ils puissent être contraints d'en vuider leurs mains. Il y a 3. sortes d'amortissemens : un amortissement general accordé par le Roi à un pais, à toute une Province ou à tout un Diocese ; un amortissement particulier, & un amortissement mixte. [Dresser des lettres d'amortissement. Pour obtenir des lettres d'amortissement, on donne au Roi la valeur de la troisiéme partie de l'heritage. Les amortissemens doivent être verifiez à la Chambre des Comptes, & en la Cour de Parlement. La somme que les gens de main-morte donnent au Roi pour posseder un heritage, s'apelle droit d'amortissement, & ce qu'on paie au Seigneur Censier, ou Féodal dont l'heritage étoit tenu, se nomme droit d'indemnité. Baquet est l'un des Jurisconsultes François qui a le mieux traité de l'amortissement.]

Amortissement. Terme d'Architecte & de menuisier. Tout ce qui finit quelque ouvrage d'architecture ou de menuiserie.

AMOVIBLE, *adj.* Mot qui vient du Latin barbare, & qui ne se dit guere En sa place on diroit revocable à volonté. Il signifie, qui peut être revoqué, quand il plaît à la personne superieure. [C'est une superiorité amovible. *Patru plai.* 17.]

AMOUR, *s. m.* Dieu qu'on peint avec des ailes, un caiquois, des seches, & un bandeau sur les yeux. [Cruel amour.]

Amour, s. m. & *f.* Mais le plus souvent masculin. Mouvemens de l'ame par le moien duquel elle s'unit aux objets qui lui paroissent beaux & bons. Passion amoureuse. Afection, inclination. Amour divin, & jamais amour divine, amour sacré, & non pas sacrée. L'amour de Dieu doit être gravé dans nos cœurs, & non pas gravée. Hors de ces exemples qui regardent Dieu, le mot d'amour est masculin, ou feminin. Tu fait quiter Philis, Amarante & Silvie, à qui ta folle amour éleve des autels. *Mai. Poe.* Ce sont ses folles amours. *Abl.* Avoir de l'amour pour la vertu. *Pas. l.* 4. Se marier par amour. Qui se marie par amour a de bonnes & de mauvais jours. *Proverbe.*]

Amour. Objet de l'afection des gens. (Iris l'amour de la terre & de l'onde. *Voi, Poë.*)

Amour. Témoignage de passion amoureuse qu'on explique tendrement & galamment. Douceurs amoureuses qu'on dit à quelque belle. (Il entretint une de mes compagnes avant que de me faire l'amour, *Abl. Luc.*)

Amour. Ce mot signifiant une maîtresse est toûjours feminin. Il est même presque toûjours pluriel. Ce sont mes premieres amours, c'est à dire la premiere fille que j'aie aimée. Ce sont mes folles amours, c'est à dire, c'est la premiere & la plus ardente passion que j'aie eué étant jeune, pour une fille. On n'aime fortement que ses premieres amours. C'est à dire on n'a de fortes attaches que pour sa premiere maîtresse. Il est enfermé avec ses nouvelles amours. *Abl. Luc.* Il n'y a point de laides amours. C'est à dire, que quand on aime une fille, on la trouve toujours belle.

Celui qui n'aime & ne voit ses amours
Est malheureux ; mais encore plus maudit
Qui les voiant, & hantant tous les jours
Est d'un baiser de leur bouche éconduit.
Hugues Salel, poësies.)

Amours, s. f. Ce mot au pluriel veut dire les jeux & les ris qu'on fait compagnons de Venus. [Les amours naissent sous ses pas. *Voit. Poes.* Nous devons aux amours les plus beaux de nos jours.]

Amouracher. v. r. Je m'amourache, je me suis amouraché, je m'amourachai. Devenir amoureux. (S'amouracher de quelque belle. Les femmes s'amourachent quelquefois les unes des autres.) Ce mot commence un peu à vieillir.

Amourette, s. f. Mot enjoué pour dire quelque maîtresse. (Avoir quelque amourette en ville. *Abl. Luc.* Il a fait quelque amourette en son voisinage. *Comart lettres, let.* 21.)

Amourette, s. f. Atachement coquet, passion qu'on a pour quelque belle. Avoir quelque amourette en tête. Ceux qui sont engagez dans des amourettes ont peine à soufrir qu'on les marie. *Port-Roial, Terence, Andrienne, a.* 1. *s.* 2.

Mes ardeurs les plus parfaites
Ne sauroient durer qu'un jour :
J'ai toûjours des amourettes,
Mais je n'ai jamais d'amour.
Opera de Flore a 1. *s.* 2.

Amoureux, s. m. Celui, qui aime, qui a de la pente à aimer. Qui a de la passion pour les Dames. [C'est un amoureux à la mode. C'est un amoureux transi.

Amoureux, amoureuse, adj. Qui aime qui est porté à l'amour. [Etre éperdument amoureux ; être amoureux de la gloire. *Abl.*]

Amoureusement ; adv. Avec amour. [Baiser amoureusement. *Abl.*

A M P.

AMPHIBIE, *adj.* Prononcez *anfibie.* Mot qui vient du Grec c'est à dire, qui vit dans l'eau & sur la terre. [Le Castor est un animal amphibie, les grenoüilles, les tortues & les veaux marins sont amphibies. *Childrei histoire d'Angleterre.*]

Amphibie, s. m. Il est aussi quelquefois substantif, & signifie un animal qui vit dans l'eau & fur terre (ils l'envoierent recevoir par de petits poissons suivis d'amphibies. *Abl. Luc. T. 3. Suplément de l'histoire veritable page* 361.

Amphibologie, *s. f.* On prononce *anfibologie*. Il vient du Grec & signifie *qui a double sens*. C'est une amphibologie Faire une amphibologie. On doit éviter avec soin les amphibologies : tout le monde les condamne & on ne les peut souffrir que dans les rimes de T. de L. & autres miserables gâteurs de papier.

Amphibologique, *adj.* Prononcez *anfibologique*. Il vient du Grec & se dit du discours. C'est à dire, qui a double sens. [Mot amphibologique. Façon de parler amphibologique.]

Amphibologiquement, *adv.* Prononcez *anfibologiqueman*. Il vient du Grec, il se dit du discours & signifie d'une maniere obscure, & à double sens. (Les oracles s'expliquoient amphibologiquement. *Abl. Luc.*

Amphiciens, ou *Amphisciens. Amphiscieni*. Il vient du Grec. C'est un terme de Geographie. Ce sont des habitans de la Zone torride que les anciens ont apellez *amphiciens*, parce que ces peuples ont deux sortes d'ombre à Midi en diverses saisons : mais il y a certains jours de l'année, savoir où le soleil passe par le Zenith de quelques-uns de ces peuples, qu'ils n'ont point d'ombre à Midi, & pour ce sujet on les nomme Asciens, c'est à dire sans ombre. Voiez *Asciens*.

Amphiteatre, *s. m.* Il vient du Grec. Un lieu élevé par degrez pour asseoir les spectateurs, & voir les jeux des Comédiens. Lieu élevé & environné d'échafauts. En Latin *amphitheatrum*. Prononcez *anfisêtre*. (Un bel amphitéatre , un amphitéatre fort beau. Un magnifique, un superbe, un grand, ou un petit amphitéatre. Faire un amphitéatre, dresser un amphitéatre.

Ample, *adj.* Prononcez *anple*. Il vient du Latin, *amplus*, il signifie qui a de la largeur, & il se dit des étofes, des habits & de tout ce qui se mesure à l'aune. (Manteau fort ample, robe trop ample.).

* **Ample**. Il se prend au figuré, & veut dire , qui a de l'étenduë. Ample en ce sens se dit des ouvrages d'esprit. Les discours de la Ménardiére sur le poëme dramatique sont amples, savans & ennuieux. (La seconde édition des livres est ordinairement plus ample que la premiere.)

* **Amplement**, *adv.* Prononcez *anpleman*. C'est d'une maniere étenduë. Amplement ne se prend d'ordinaire qu'au figuré. (On a amplement traité cette matiere. Petrone parle amplement des débauches de Neron. On parlera amplement de sa vie. *Abl. Luc.*

† **Ampliatif**, *ampliative*, *adj.* Il vient du Latin, & ne se dit qu'en parlant d'afaires. Il signifie qui étend, qui augmente. (Touchant l'induit de Messieurs du Parlement, on doit consulter le bref ampliatif de Clement neuviéme. *Définitions du Droit canon chap. de l'induit.*

Ampliation, *s. f.* Du Latin *ampliatio*. Prononcez *ampliacion*. Il est d'usage dans les matieres beneficiales, il veut dire extension, augmentation. (Obtenir des lettres d'ampliation , avoir des lettres d'ampliation.)

Ampliation, *s. f.* Terme de la Chambre des Comptes. C'est la copie d'une quitance d'un comtable, & qu'il raporte sur la recette de son compte. (Il raporte ampliation.)

Amplificateur, *s. m.* Terme de Retorique. Il vient du Latin *amplificator*. C'est celui qui amplifie & qui écrit quelque discours.]. Démosthene n'étoit pas un si grand amplificateur que Ciceron, & aujourd'hui dans le Barreau l'on suit plus Demosthene que Ciceron, qui étoit un amplificateur touchant, & ingénieux , mais qui n'étoit pas si serré que l'autre.)

† * **Amplificateur**, *s. m.* Il se dit au figuré. C'est celui qui étend & qui augmente quelques droits ou quelques autres choses de cette Nature. Monsieur N. est le grand amplificateur des droits de la Couronne.)

Amplification, *s. f.* Prononcez *amplificacion*. Il vient du Latin *amplificatio*, & c'est un terme de Rétorique. C'est un acroissement de paroles qu'on tire des circonstances particulieres des choses , des lieux de Rétorique, & qui remplit & fortifie le discours en apuiant ingénieusement sur un mot ou une déja dit. (L'amplification ne sert qu'à étendre & à exagerer. L'amplification est bonne pour confirmer, pour meitre en son jour un fait , ou pour manier une passion. La belle amplification doit avoir du grand , du sublime , si ce n'est lors qu'on cherche à émouvoir la pitié , ou à ravaler le prix de quelque chose. Par tout ailleurs, l'on ôte à l'amplification ce qu'elle a de grand, on lui arrache, pour ainsi dire, l'ame du corps. *Dep. Longin. traité du sublime chap.* 9. & 10. Une amplification parfaite, une amplification bien faite, judicieuse, ingenieuse , touchante, agréable. Une amplification froide, languissante , & sans esprit. Faire une amplification bien à propos. *D'Ableur, sentimens de Cleante* 4. *partie let* 8.

Amplifier, *v. a.* Terme de Rétorique. Il vient du Latin *amplificare*, & l'on prononce *amplifié*. C'est agrandir, c'est exagerer avec esprit. (Amplifier un fait par toutes les circonstances qui le peuvent agrandir. Amplifier avec force, amplifier avec jugement. Quand on amplifie, on doit enlever l'esprit ou toucher le cœur, & faire d'une autre façon c'est mal amplifier.

Ampoule, *s. f.* Il vient du Latin *ampulla*. Sorte de petite phiole pleine d'une sainte huile qu'une colombe , à ce qu'on dit, aporta du Ciel pour sacrer Clovis à son Batême. Cette ampoule se garde precieusement à Reims, & de la Sainte huile qu'elle renferme , l'on en a sacré presque tous les Rois de la 2. & de la troisiéme race : mais on ne voit point que les Rois de la premiere, hormis Clovis en aient été sacrez. *Mezerai, histoire de France , Maroles abregé de l'histoire de France de Clovis.*

Ampoule, *s. f.* Elevure sur la peau. (Petite ampoule. Il m'est venu de grosses ampoules aux mains.)

Ampoulé, *ampoulée*, *adj.* Ce mot se dit au figuré du stile , & veut dire enflé. (Discours empoulé. La maniere d'écrite de Balzac est un peu ampoulée, mais elle est belle & ingenieuse.)

A M U.

Amusement, *s. m.* Tout ce qui sert à ocuper, & à retenir quelcun. Prononcez *amuzeman*. Cette adresse servit d'amusement aux ennemis. *Abl. Frontin l.* 1.

Amusement, *s. m.* Ocupation legere , & de peu d'importance. (Amusement vain, pernicieux, ridicule; amusement condamnable, blamable. Amusement dangereux , amusement agreable, aimable, charmant, plaisant. La Comedie est l'un des plus agreables & des plus innocens amusemens. Allez vous cacher, vilaines, & vous qui étes cause de leurs folies, pernicieux amusemens des esprits oisifs, romans, vers , chansons , puissiez vous être à tous les diables. *Mol. pret. scene* 17. On aime l'imprudence, & les amusemens des enfans , & l'on se détourne de la sagesse. *Port Roial, proverbes de Salomon.* Les Holandoises sont assez sociables pour faire l'amusement d'un honnête homme, *St. Evremont œuvres in quarto pag.* 105. Tout le plus grand fruit qu'on puisse tirer des œuvres des Philosophes , est d'aprendre que la Philosophie est un vain amusement. *Nicole essais de morale, t.* 2.)

Amuser, *v. a.* Ocuper, arrêter par quelque petite chose, par quelque adresse, ou par quelque ruse. (Amuser l'ennemi. *Abl. Ret.* Le General laissa quelques troupes à l'avenuë du passage & amusa l'ennemi. *Ablanc, Frontin l.* 1. *c.* 4. On est emporté par les ocupations qui nous amusent. *Nicole essais de morale, t.* 1.)

* **Amuser**, *v. a.* Au figuré , il se dit des maux & des passions. C'est faire en sorte que le mal, ou la passion n'ait plus tant de violence, par tout ce qu'on fait , ou qu'on lui donne pour l'afoiblir. (On doit , dans l'état où il est , faire ce qu'on peut pour amuser sa douleur. Amuser son amour. *All. Luc.*

* **Amuser**, *v. a.* C'est ocuper & tromper d'une maniere fine & adroite. Se servir d'amusemens auprès de quelcun pour l'atraper. Amuser quelcun de paroles. *Abl. Luc.* t. 3. Ils prétendoient nous amuser par des contes en l'air. *Moliere, Scapin, a.* 1. *sc.* 4.

S'amusir, *v. r.* Je m'amuse, je me suis amusé, je m'amusai, je m'amuserai. C'est ocuper, s'apliquer , passer son tems. S'amuser suivi d'un nom, veut un datif, & d'un verbe, l'infinitif precedé de la particule *a*. (A quoi bon s'amuser à des sotises. *Abl. Luc. t.* 1. S'amuse à la poesie. Ne nous amusons point à chercher dans ces vaines phantaisies , des preuves de nôtre foiblesse. *Nicole, Morale t.* 1. S'amuser à expliquer une fable. *Vau. Quin. l.* 4. D'où vient que laissant impunis tant de scelerats, tu t'amuses à foudroier des chênes. *Abl. Luc. t.* 2.

† **Amusette**, *s. f.* Il ne se dit qu'en riant & dans le comique, C'est à dire, bagatelles, petites choses qui amusent. Il se dit au singulier, mais il est plus souvent au pluriel.

Oui, c'est trop vous tenir avec ces amusettes
Laissons la langue des poetes.
St. Ussans, billets en vers, pag. 157.

† **Amuseur**, *s. m.* Celui qui amuse. C'est un amuseur.
† **Amusoir**, *s. m.* Il n'est en usage que dans le stile bas , le comique, ou le satirique, & mêmes , il ne se dit guere. Il signifie , chose qui amuse & qui ocupe.

Colonnes en vain magnifiques,
Amusoirs des foux curieux,
Faut-il que vous soiez debout.
St. Amant, Rome ridicule, stance 12.

A N.

An, *s. m.* Il vient du latin *annus*, & signifie le tems que le Soleil met à parcourir les signes du Zodiaque. L'an solaire comprend 365. jours, & un peu moins de six heures. Nouvel an, c'est aujourd'hui nouvel an, c'est à dire. C'est aujourd'hui le premier jour de l'année. Bon jour & bon an. Sorte de souhait qu'on fait le premier jour de l'an aux personnes que l'on estime, ou que l'on aime.

Ne prenez à mauvais augure
De voir aujourd'hui ma figure

AN

Bon jour, bon an, Monsieur Esprit. *Voit. poesie.*) Voiez année.

An, *s. m.* Ce mot se dit aussi du tems pendant lequel se font douze lunaisons. L'an lunaire, comprend 354. jours.

An, *s. m.* On se sert de ce mot, parlant de l'âge determiné d'une personne. Louis XIV. a cette année cinquante trois ans : il est né en 1638. & nous sommes en 1691. Sa mere Anne d'Autriche mourut en 1666. âgée de soixante quatre ans. *Le pere Anselme, maison Roiale de France.* Tibere mourut à soixante & dix-huit ans, & fut étoufé à force de couvertures par le commandement de Macron. *Abl. Tac. annales liv. 6. chap. 28.* C'est un lourd fardeau que soixante ans sur la tête. Monsieur le Dauphin fils de Louis XIV. & de Marie Terese d'Autriche commencera bien-tôt trente & un an. Jesus-Christ vécu trente trois ans accomplis. *St. Ciran Téologie. l. 5.*

An, *s. m.* Il se dit d'un certain nombre d'années. C'est une étoile qui fait son cours en un an. Tous les ans mon gros & nouvel ami Cha...' donne quelque chose au public, & le public ne daigne pas regarder le present qu'il lui fait. Il y a tantôt 50. ans que l'academie travaille a un Dictionaire dont elle acoucheta dans 7. ou 8. ans au plus tard, & Dieu veuille qu'elle ne ressemble point à cette fameuse montagne, qui n'acoucha qu'un rat.

An, *s. m.* On se sert aussi de ce mot par une espece d'hiperbole pour dire un long-tems, (L'ami Patru fut un an à traduire l'oraison de Ciceron pour Atchias.)

An, *s. m.* C'est aussi l'espace de douze mois. C'est un veau d'un an ; c'est un poulain d'un an.

An, *s. m.* Il est usité aussi parlant de fleurs d'arbres & de bois. On dit, c'est un bois qui n'a pas plus de trois ou quatre ans. C'est un taillis d'un an. Il y a une grande diférence entre un anémone à grain qui n'a que trois ou quatre ans, & une anemone qui en a dix ou douze. *Connoissance des fleurs 2. partie c. 2. de l'anemone, pag. 61.*

ANA.

Anabatiste, *s. m.* Ce mot est grec. Heretique qui croit que le batême des petits enfans est nul, & qu'il faut les rebatiser lors qu'ils sont grands.

Anabatiste, *s. f.* Ce mot en parlant de fille, ou de femme, est feminin. C'est une anabatiste fort jolie.

Anacorette, *s. m.* Ce mot est grec. Celui qui s'est retiré du commerce des hommes pour ne songer qu'en Dieu. Sorte d'hermite. Un saint anacorete. *syn.*

Anacronisme, *s. m.* Ce mot est grec. Faute contre la Cronologie, qui consiste à faire vivre une personne long-tems avant qu'elle ait été au monde.

Anagogique, *adj.* Ce mot est grec. Mistique. Sens anagogique.

Anagramme, *s. f.* Il vient du grec. En latin *anagramma*. C'est le nom propre d'une personne retourné avec esprit, & dont on a si ingenieusement changé de place les lettres, qu'elles font un sens obligeant, ou satirique. (Il n'est pas permis de changer plus d'une lettre dans l'anagramme. L'anagramme est heureuse quand il n'y a aucune lettre de changée. Une heureuse anagramme, Une belle anagramme, une ingenieuse anagramme. Faire une anagramme.)

Anagramatiste, *s. m.* Il vient du grec. En latin *anagrammatista*; C'est celui qui fait des anagrammes. (Tomas Billon gentilhomme Provençal est un fameux anagrammatiste. Il eut de Louis XIII. une pension de 12. cens livres & ce fut un heureux anagrammatiste.)

Anales, *s. f.* Mot qui n'a point de singulier & qui vient du latin *annales*. C'est l'Histoire de ce qui s'est passé chaque année. Anales bien écrites.

Analiste, *s. m.* Il décend du Grec. C'est celui qui écrit l'Histoire de ce qui s'est fait chaque année. (Un analiste fameux, renommé, celebre, illustre, fidéle. Plusieurs se sont déchainez contre le grand *analiste* Baronius.)

Analise, *s. f.* Il décend du Grec. En latin *analisis*, il signifie métode de resolution. C'est le dévelopement qu'on fait d'une chose qui n'étant connuë qu'en gros, a besoin qu'on en sépare les parties pour les considerer à part & voir plus précisément la nature du tout. Ainsi faire refléxion sur un discours, en résoudre & examiner exactement les parties, & en voir l'artifice, c'est en faire l'analise. *Port-Royal, Logique. 4. partie, c. 2.*

Analogie, *s. f.* Ce mot vient du grec, & se dit du langage. C'est une conformité qui se trouve aux choses déja établies, sur laquelle on se fonde comme sur un modele pour faire des mots ou des phrases semblables aux mots, ou aux phrases déja établies. *Vau. Rem.* (L'analogie éclaircit les doutes de la langue. *Vau. Rem.*)

Analogique, *adj.* Qui a du raport. La métaphore doit être analogique.

Anarchie, *s. f.* Ce mot vient du Grec, & se dit lors qu'il n'y a personne qui commande absolument, lorsqu'il n'y a point de Magistrat pour gouverner.

ANA.

Anarchique, *adj.* Vient du grec, & veut dire qui apartient à l'anarchie, qui regarde l'anarchie. (Un trouble anarchique, un desordre anarchique, une confusion anarchique.)

Anastase, *s. m.* Il décend du grec, & c'est un nom propre d'homme qui signifie *ressuscité*, (Plusieurs Saints ont porté le nom d'anastase.)

Anastase, *s. m.* Ce mot se prend pour le livre qui contient un Recueil de la vie de quelques Papes fait par leur Bibliotequaire & qu'on apelle du nom de son auteur. (Il lui envoia la vie de la Papesse Jeanne qu'il avoit tirée d'un Anastase manuscrit de la bibliotèque du Roi. *Columesius, melanges historiques page 56.* Les Anastases qu'il avoit feüilletez étoient tous défectueux dans l'endroit où devoit être la vie de la Papesse Jeanne. *Columesius, melanges historique page 56. & 57.*)

Anastomose, *s. f.* Terme d'anatomie. Ce mot est grec, & signifie l'endroit où une veine se joint avec une autre veine, ou avec une artere.

Anate, ou *annate*, *s. f. Terme de droit Canon*, qui est dérivé du latin *annate*, c'est un droit que le Pape prend sur tous les grands benefices consistoriaux, ou de la valeur de 24. ducats de revenu. Ce droit se paie ordinairement selon la taxe qui en a été faite à Rome dans les livres de la Chambre Apostolique. Cette taxe est le plus souvent le revenu d'une année du benefice, quelquefois elle va plus bas. Les annates selon quelques-uns ont été instituées en 1160. & selon d'autres, elles tirent leur origine du Pape Jean vingt-deuxième qui tenoit le Siege en 1316. Mais la plus commune opinion est qu'elles ont été établies en 1384. par le Pape Boniface neuvième. Le Concile de Bâle & l'Assemblée de Bourges ont abregé les anates par un esprit de religion, parce que les *anates* s'exigeant lorsqu'on donne les provisions des grands benefices, on croit qu'il y a en cela quelque chose qui sent la Simonie, ou que c'est en quelque façon acheter une chose spirituelle que d'en paier l'anate à Rome. Voiez *le Recueil des matieres beneficiales chez Serci, & le Sieur Froimont Abé Commandataire.*

Anate, *s. f.* Le revenu d'un an d'un benefice vaquant ; que le Pape pretend lui apartenir. (De bonnes anates.)

Anatematiser, *v. a.* Ce mot vient du grec. Excommunier. Separer du corps des fideles. (Anatematizer quelqu'un.)

* **Anatematizer**. Maudire. (Combien de fois m'a-t-il pris envie d'anatematizer vignes & vendanges. *Patru, lettre 2. à Olinde.*)

Anatème, *s. m.* Ce mot vient du grec. Excommunication fulminée avec solennité, & agravation. *Eve.* (Anatème perpetuel. Fraper d'anatème. *Pas. l. 3.* Prononcer un anatème contre quelqu'un. *Eve.*)

Anatème, *s. m.* Ce mot vient du grec. Celui qui est en horreur à tout le monde, & avec lequel il n'est pas permis de communiquer. Il est anatème.

Anatomie, *s. f.* Ce mot est grec. Dissection du corps avec ordre & par l'operation de la main. [L'anatomie est belle & curieuse.]

Anatomique, *adj.* Qui regarde l'anatomie. Qui est d'anatomie. (Discours anatomique. Operation anatomique. *La chambre*.)

Anatomiquement, *adv.* Il veut dire d'une façon anatomique, à la maniere d'un anatomiste, & qui fasse voir toutes les parties d'une chose & les apelle chacune par leur nom. [Le bon homme Monsieur de la Mote le Vaier a dans son Examéron rustique explique gaillardement & anatomiquement l'autre des Nimphes.]

Anatomiser, *v. a.* Il dérive du grec. Il se dit rarement au propre, & signifie faire l'anatomie d'un corps. [Il faut anatomiser ce corps.]

* **Anatomiser**, *v. a.* Au figuré il se dit en riant & est plus usité qu'au propre. C'est examiner, voir avec soin toutes les parties d'un discours, d'un Poëme, ou de quelque autre chose de caractere. (On anatomisa l'autre jour les pieces de prose, & de vers du sieur T. de L. & l'on n'y trouva ni françois, ni bon sens.)

Anatomiste, *s. m.* Il vient du grec. C'est celui qui dissèque ; & qui raisonne sur les parties dont il fait l'anatomie. (Un fameux, un celebre anatomiste, un docte, un savant, un habile anatomiste. Un anatomiste experimenté. Etre anatomiste, Monsieur du Vernai est l'un des plus renommez anatomistes de nôtre tems.)

Voiez la colonne *num.*

ANC.

Ance; *s. f.* Voiez la colomne *ans.*

Ancetres, *s. m.* Ce mot se se dit point au singulier & même il ne se dit dans l'usage ordinaire que des personnes de qualité, d'épée, ou de robe. On apelle *ancêtres* les personnes de qui on décend. (Ancetres fameux, glorieux, renommez, celebres, illustres, augustes. (Cette action redonne aux Rois vos ancêtres, autant de lustre qu'ils vous en avez reçu d'eux. *Voit. l. 41.* Le nom de ces glorieux *ancetres* vivra à jamais dans vos annales. *Patru plaid. 7.*

ANC

Ancêtres, f. m. Il se dit aussi pour marquer les gens qui nous ont precedé, & qui ont vécu avant nous. Nos ancêtres étoient plus sages que nous, & pour cela ils étoient plus heureux.

Anche, s. f. Terme de meunier. Conduit de bois par où tombe la farine dans la huche.

Anche. Terme de faiseur de musettes & de flutes. Petite partie d'instrument de musique à vent, faite pour l'ordinaire de deux pieces de canes jointes de si prés qu'il n'y ait entre deux qu'une petite sente pour passer le vent. Anche de haut bois, de corne, muse, & de musette. *Mers.*

Anchois, anchoie. Quelques-uns font ce mot feminin, & l'écrivent avec une e final, mais il ne les faut pas imiter. Anchois s'écrit avec une s, ou un x, & est masculin. C'est un poisson de la longueur d'un doigt, sans écailles, aiant le museau pointu, la bouche grande & sans dents, avec les machoires rudes comme une scie. *Ron.* Anchois bien salé.

Ancien, ancienne, adj. Qui a été long-tems auparavant. Ce qui s'est passé avant nous, qui a été autrefois, qui est depuis long-tems. (Aristote est plus ancien que Ciceron. Les anciens Peres de l'Eglise. *Pas. l.4.* Savoir l'histoire ancienne & moderne. Donner quelque chose à l'ancienne amitié. *Abl.*)

Ancien, ancienne, adj. Qui est auparavant. Il est mon ancien dans le Parlement.

Ancien, ancienne, adj. Considerable par son antiquité. Maison ancienne. *Vau. Quin.*

Anciens, f. m. Les vieux auteurs Grecs & Latins. (Il ne faut pas décider legerement sur les ouvrages des anciens. *Racine.*)

Anciens, f. m. Il se dit aussi en parlant de peuple & de religion. C'étoient les hommes les plus considerables par leur âge, & par leurs mœurs. Moïse fit assembler les anciens du peuple, & leur exposa ce que le Seigneur lui avoit commandé. *Port-Roial, exode, c 18.* Vous irez vous & les anciens vers le Roi d'Egipte. *Port.Roial, exode ch.3. v.18.*

Anciens, f. m. C'étoient des personnes d'une probité reconnuë que Messieurs de la Religion du tems qu'ils demeuroient librement en France, choisissoient entre eux pour prendre garde aux interets de leur Religion, & faire observer la discipline par tous ceux de leur parti. Le nombre des anciens étoit reglé Le Roi défendoit aux anciens des Consistoires de souffrir aucun Catolique Romain dans leurs Temples. Voi l'Edit de Louis XIV. de 1680.

Anciennes, f. f. Religieuses qui sont depuis long-tems au Couvent, & dont on prend les sufrages pour les choses qui regardent le bien de la maison.

Anciennement, adv. Autrefois. Anciennement on vivoit dans le monde avec plus de franchise.

Ancienneté, f. f. Le long tems qu'une chose a subsisté. L'ancienneté des maisons est une marque de leur noblesse.

Ancienneté. Tems qu'une personne est reçuë dans une charge, ou dans une compagnie. L'ancienneté regle les rangs.

Ancolie, f. f. Fleur bleuë, blanche, panachée, ou qui tire sur la couleur de chair, & qui fleurit en Mai. Ancolie panachée.

Ancrage, f. m. Endroit de la mer propre à jetter l'ancre. L'ancrage est bon.

Ancre, f. f. Composé noir & liquide dont on se sert pour écrire. Ancre luisante.

Ancre pour imprimer. Composition de noir d'Alemagne, de térebentine & d'huile de noix.

Ancre pour imprimer les tailles douces. Composé de noir & d'huile claire & forte.

✱ *Ecrire de bonne ancre.* C'est à dire, de bonne façon, fortement.

Ancre. Terme de mer. Instrument de fer qu'on jette au fond de l'eau pour arrêter les navires. Jetter l'ancre. Etre à l'ancre. Lever l'ancre.

Ancre. Terme de serrurier. Barre de fer, droite, ou faite en S. qui tient les encoignures des grands murs, & qui sert à afermir les murailles.

✱ *Ancre.* Recours. La paroisse n'est que comme une derniere ancre. *Pat. plaid.8.*

Ancrer, v. n. Terme de mer. Ce mot est toujours neutre, & est peu usité. On dit en sa place jetter l'ancre, mouiller l'ancre, ou amouiller. On dit aussi laisser tomber l'ancre, mettre le vaisseau sur le fer, &c. Nous encrames en cet endroit-là.

Ancrer, v. a. Terme d'Imprimeur en taille douce. C'est faire entrer le noir avec le tampon sur la planche qui est gravée. Ancrer une planche.

Ancrer, v. a. Terme d'Imprimeur en lettres. C'est prendre de l'ancre sur les bales, & en toucher la forme. Ancrer une forme. Ancrer, en ce sens, a vieilli, & on dit, toucher une forme. Voiez toucher.

Ancrer, v. a. Terme d'Imprimeur en lettres. Ce mot d'ancrer se dit des lettres, & signifie prendre bien l'ancre. Voila une lettre qui ancre bien. Cette lettre n'ancre pas comme il faut.

✱ *S'ancrer, v. r.* Je m'ancre, je me suis ancré, je m'ancrerai. S'établir. Il est bien ancré dans la maison.

Ancrier, f. m. Verre qu'on met dans le cornet de certaines écritoires dans lequel on met l'ancre & le coton.

AND

Ancrier. Terme d'Imprimeur. Morceau de pierre, ou de bois qui est sur le derriere de la Presse, & qui est médiocrement large où l'on met l'ancre pour toucher les formes.

AND.

Andouille, f. f. Quatre ou cinq boiaux de cochon en double, acomodez avec du sel & du poivre, & couverts d'un gros boiau qu'on apelle la robe de l'andouille. (Andouille tendre & délicate.)

Andouillers, f. m. Chevilles qui sortent des perches, ou du marrain, du cerf, du daim, & du chevreuil. [Andouillers gros, longs & bien tournez. *Sal.*]

Andouillettes, f. f. Chair de veau hachée & roulée ordinairement en ovale. [De bonnes andouillettes.]

André, f. m. Nom propre d'homme, il vient du grec, & signifie *courageux.* (Saint André est le Patron d'Ecosse, & le jour de sa fête la plupart des gentils-hommes du Païs portent une croix bleuë, & blanche sur leur chapeau, & cette croix est de ruban. André Alciat étoit de Milan, illustre dans les belles letres & dans le droit qu'il enseigna à Bourges. Il vivoit du tems de François premier & de l'Empereur Charles-Quint desquels il fut considéré. *Monsieur Teissier, éloges des hommes savans, 1.p.*)

ANE.

Ane, ou asne, f. m. On écrit comme l'on veut : mais la lettre S. ne se prononce pas, en latin *asinus.* Animal ordinairement de poil gris, lent, patient, avec de longues oreilles & de grosses babines, & qui ne sert qu'à porter. (L'ane vit environ trente ans. *Jonston...* Il n'y a point d'anes en Suede, en Danemarc, en Norvége, en Laponie, ni en Pologne, parce qu'il fait trop froid. Il est méchant comme une ane rouge, cela signifie que celui dont on parle, est méchant comme un diable. Il y a comme un ane debaté, c'est à dire, qu'il marche tres-vite, & va du pié comme un basque : car il n'a ni bas ni fardeau vi ancre legerement. A laver la tête d'un ane, on y perd sa lessive, c'est se tuer inutilement à instruire un sot, ou une sote, & l'on y perd son tems & son tems. †✱ Il y a plus d'un ane à la foire, qui s'apelle martin; cela signifie qu'il y a plus d'une personne qui porte le même nom.

Ane sauvage, f. m. Quelques-uns disent qu'il est blanc & d'autres marqueté de blanc & souvent de toutes couleurs, bleuë, jaune, verre, noire & blanche. *Tachard voiage de Siam, l.1. page 91.* Il y a bien des anes sauvages dans les deserts d'Afrique. L'ane sauvage se nourrit d'herbes, de choux. Sa moïle est souveraine; on croit qu'elle guerit de la goute. L'ane sauvage est si vite qu'il n'y a que les barbes qui le puissent atraper. *Opian, traité de la chasse, l.3.* Assure que l'ane sauvage est extraordinairement jaloux. Le male aime à être suivi de plusieurs femelles. Quand l'anesse met bas, si c'est une femelle, l'ane caresse cette petite. Si c'est un male, il se jette sur ce pauvre petit, & lui coupe les parties naturelles avec les dents. *p.14.*

✱ *Ane, f. m.* Ce mot au figuré se dit des personnes, & veut dire ignorant, qui ne sait rien. (Il y a bien des anes de qualité. Tout est plein d'anes de bonne maison. Un Prince qui n'est point letré est un ane couronné. *Mezerai histoire de France, t.2. Louis quatriéme.*)

✱ *Ane, f. m.* Terme de Relieur. Espece de cofre où tombent les rognures des livres, ane en ce sens est figuré. De- relieurs qui rafinent, sont scrupule d'apeler ce cofre *un ane*, & ils le nomment un *porte presse*, parce qu'il porte la presse. A cela que direz; mais le gros des relieurs de Paris, apelle ce porte-presse, un ane; & ils disent. Il y a trop de rognures dans cet ane, Il le faut vuider, ôtez les rognures de cet ane. Mettez la table sur l'ane avec la pierre à parer & achevez ces livres.

Aneantir, v. a. Détruire, ruiner, perdre, consumer entierement. Ils tachent d'aneantir la morale Crétienne. *Pas. l.17.* Le Seigneur aneantit ceux qui recherchent avec tant de soin les secrets de la nature. *Port-Roial, Isaïe Chap. 40.* Son fouflé vient perdre & aneantir la nation. *Port Royal Isaïe. t.25.* Les arcs ne sauroient aneantir l'impression generale de la Divinité que la vuë du monde forme naturellement dans tous les hommes. *Nicole essais de morale, T.2.* On ne sauroit aneantir une substance. *Roh. Ph.* C'est en vain qu'on s'éforce de prouver que nous aneantissons le sacrifice de la Croix. *Bossuet, doctrine de l'Eglise. Chap.15.*)

S'aneantir, v. r. Je m'aneantis, je m'aneantissois. Je m'aneantis. Je me suis aneanti. C'est se détruire, c'est se consumer entierement, c'est se ruiner. (Tout à la fin s'aneantit. *Mai. Poës.*)

✱ *S'aneantir, v. r.* C'est s'humilier avec un profond respect, c'est rentrer dans son néant. [Les Saints s'aneantissent continuellement en la présence de Dieu. *Nicole, essais de morale, T.3.*

Aneantissement, f. m. Abolition, perte, destruction totale, ruine entiere. (Un afreux, un horrible, un entier aneantissement. Aprés avoir distingué la nature des deux sexes, Dieu y a établi des bornes éternelles qui ne peuvent être violées sans la ruine de l'Univers & *l'aneantissement* du genre humain. *Abl. Luc.*

ANE

v. 2. amours. Les Anciens regardoient la mort comme un aneantissement qui les delivroit de tous leurs maux. *Fleuri, mœurs des Chrétiens, chap. 3.*

Aneau. Voiez anneau.

Anée ou añée ; mais l'*n* ne se prononce pas, *s. f.* On fait la premiere silabe de ce mot longue. Terme de gens qui viennent vendre à Paris des fruits & d'autres choses, & qui en chargent leurs ânes. Anée est la charge d'un âne. (Une bonne añée, une petite ânée. Acheter une anée de pêches, une ânée de pommes coûte trop. Vendre une ânée de choux, d'herbes, &c.)

Anée. Il signifie an, mais en ce sens, la premiere silabe du mot anée est breve & l'on écrit année. *Voi année.*

Anelé. Voi annelé.

Anemone, *s. f.* Ce mot vient du mot Grec *anemos* qui signifie vent. Les Grecs apellent *anemones* les fleurs qui durent peu & que le vent emporte sans peine. L'anemone est une fleur blanche, bleuë ou rouge, qui fleurit en Decembre, en Janvier, Février, Mars, Avril & Mai. L'anemone est venuë des Indes aux François, & elle leur fut, il y a environ 40. ou 45. ans aportée par Monsieur Bachelier fameux fleuriste. Anemone simple, double, anemone commune, extraordinaire, rare grosse, anemone bien garnie, anemone brune, bizarre, anemone lustrée, nuancée, panachée, pommée : L'anemone terne n'est point estimée. Anemone qui a un coloris brillant. Anemone qui a un charmant coloris. On dit la fanne de l'anemone, la peluche de l'anemone, le vase d'une anemone, ou le calice d'une anemone, le cordon de l'anemone, la culote de l'anemone, la tige de l'anemone. Plus l'anemone est belle & plus elle demande de soin. L'anemone doit être plantée dans une terre particuliere. On plante l'anemone à la mi-Octobre, ou a la mi-Septembre. Cultiver, élever, gouverner des anemones. Voiez *la connoissance des anemones C. 1. 2. 3. 4. & 5.* L'anemone est parfaitement belle, lorsque le calice, ou le vase, le cordon & la peluche sont de diferente couleur.)

* Anerie, *s. f.* Il est toujours figuré. C'est une ignorance crasse, une ignorance grossiere. (Une ânerie condamnée de tout le monde. C'est une grande ânerie que de faire de si lourdes fautes. He bien, coquin, voilà de tes âneries, *Mol. Comtesse s. 3.* On est déchaîné à Grenoble contre les âneries du pauvre bon homme Tomas de Lormes, on les sifle, & on le berne.)

Anesse, *s. f.* C'est la femelle de l'âne. Une jolie ânesse, une bonne ânesse. Lorsque l'ânesse a été couverte de l'âne & qu'elle est pleine, elle est treize mois avant que d'annoner.

* Anesse, *s. f.* Au figuré il se dit de la femme, & veut dire qui ne sait rien, qui est ignorante. (C'est une petite ânesse, c'est une grande ânesse.

Aneurisme *s. m.* Terme de Chirurgien. Tumeur qui vient de ce qu'en saignant on a piqué une artere. (Traiter l'aneurisme. Guerir l'aneurisme, empêcher qu'il ne se fasse un aneurisme. *Voiez l'art de saigner. C. xx.*

Anexe, *s. f.* Ce mot vient du Latin *annexus.* Ce qu'on ajoute à une chose. (Les anexes qu'un testateur fait de son vivant à l'heritage qu'il a legué, sont comprises dans les legs. *Patru, plaidoié 4.*)

Anexe, *s. f.* Ce mot se dit d'une Eglise qui est uniée à quelque paroisse. Une bonne anexe, c'est une anexe qui augmente de beaucoup le revenu de la Cure.

Anexer, ou annexer, *v. a.* Il semble venir du Latin *annectere.* C'est unir, c'est joindre une chose à une autre. (Le Roi Charles 8. anexa en 1486. la Provence à la Couronne.)

ANG

Angar, *s. m.* C'est une sorte de toit qui prend un peu au dessous de l'entablement de quelque édifice, & qui est soutenu au dessous de l'entablement de quelque édifice, & qui est soutenu par quelques poteaux sous lesquels on met du vin ou autres choses. (Il y a divers angars dans les hales au vin de Paris. Les angars sont aussi appellez apantis.

Ange, *s. m.* Il vient du Grec, en Latin *Angelus*, esprit créé qui n'a nul raport au corps. Esprit celeste qui annonce les ordres de Dieu. Joseph aiant resolu de quiter Marie, un Ange du Seigneur lui aparut en songe. *Port Roial S. Mat. chap. 1.*

Le bon Ange, ou Ange gardien. C'est celui qu'on croit que chacun a durant sa vie pour le garder & le preserver de mal. Il n'y a personne qui n'ait son bon ange, il n'y a personne qui n'ait son ange gardien.

Mauvais ange. Démon qui tâche toûjours à faire rechercher la personne qui vit dans la veritable crainte de Dieu. (On ne doit point écouter le mauvais ange, il tente & porte au mal, & ne songe qu'à la perte du fidele qu'il tente.)

Ange de tenebres. On apelle aussi de ce nom le mauvais Ange & celui qui nous sollicite au mal pour nous perdre. (Nôtre premier Pere écoutant le conseil superbe que lui donna l'ange des tenebres, viola la loi que lui avoit été donnée. *Port-Roial. Poeme de S. Prosper chap. 27.*

* Ange, *s. m.* Au figuré, il se dit par excellence, des hommes qui ont des qualitez extraordinaires. (Saint Tomas est l'Ange de l'école. *Pas. l. 2.* C'est une societé d'hommes ou plutôt d'Anges. *Pas. let. 5.*

* Ange, *s. m.* Nom dont les Poëtes amoureux, ou les amans galans apellent leur maîtresse. Je vous adore, mon bel ange, & plutôt mourir que d'avoir le malheur de vous déplaire.

A la fin mes vœux sont contens
Amour a ramené mon ange.
Theophile Poësies.

On me dit qu'à la fin toute chose se change
Et qu'avecque le tems les beaux yeux de mon ange
Reviendront m'éclairer.
Malh. Poi. l. 5.)

Angeographie, *s. f.* Il vient du Grec. C'est la description des poids, des vases, des mesures & des instrumens pour l'agriculture..... L'angeographie est vaste, étenduë, & épineuse. Ferrari, Albert Rubens, Vormius & Sonetius ont écrit de l'angeographie, Voiez *Spon, voiage de Grece.*

Angelique, *adj.* Il vient du latin *angelicus*, & signifie qui apartient à l'ange, qui regarde l'ange. Etat angelique, nature angelique.

* Angelique, *adj.* Au figuré il veut dire excellent, rare par excellence & par ses grandes qualitez. C'est un esprit angelique.

Angelique, *s. f.* Nom de femme. (L'Angelique de l'Arioste est fameuse par sa beauté.)

Angelique, *s. f.* Instrument de Musique à seize cordes, qui s'acorde par sons continus, à la maniere du clavessin. (Une bonne angelique, une angesique bien faite. Acorder l'angelique, monter l'angelique. Les parties de l'angelique, ce sont la Table, la Rose, le chevalet, le bouton, les barres, le corps, les côtes, le manche, la grand' tête, la petite tête. Le filet, les cordes, les touches, la poulie. Vignon excellent joüeur d'instrumens est l'un des premiers qui ait joüé de l'angelique à Paris, & qui lui ait donné cours en France.)

Angelique, *s. f.* Plante qui a une tige haute de trois coudées, ou environ. Elle a les feüilles larges & dentelées, les fleurs jaunes, & la graine ronde, plate, & odoriferante. *Dal.*

Angelique, *s. f.* Sorte d'anemone blanche à peluche de gris de lin.

† Angeliquement, *adv.* Il n'est usité qu'au figuré & même il ne l'est guere. Il veut dire d'une maniere qui tient de l'ange à cause de son excellence. Vivre angeliquement, ou plutôt, mener une vie angelique.

Angelot, *s. m.* Petit fromage afiné qu'on apelle angelot à cause de son excellence, & qui veut presque autant dire que si l'on disoit petit ange en comparaison des autres fromages, parce que bien des gens le croient le meilleur de tous. L'angelot est bon, & n'est pas cher.

Angelus, *s. m.* Tintement qui consiste à neuf coups de batant de cloche frapez trois à trois l'un apres l'autre, & trois petits intervales. L'angelus sonne il faut dire ses prieres. L'angelus va sonner. L'angelus vient de sonner.

Angelus, *s. m.* Priere qu'on fait à six heures le matin, à midi, & le soir sur les six heures au tintement de la cloche de quelque Eglise. (Dire l'angelus.)

† Anger, *v. a.* Il n'est d'usage qu'en parlant familierement, qu'en raillant, ou en témoignant quelque colere. Il signifie embaraser, incommoder, vôtre pere se moque-t-il de vouloir vous anger de l'Avocat, &c. *Mol. pource. a 1. s. 1.*)

Angle, *s. m.* Il vient du Latin *Angelus.* Terme de Matematiques. L'espace enfermé entre le concours indirect de deux lignes se joignant en un point. (Un petit angle, un grand angle, angle droit obtus ou aigu, angle fait par des lignes courbes, angle saillant, angle rentrant, angle emporté, coupé, incliné. Angle solide, angle composé, angle rectiligne, angle flanqué. Les angles d'un angle donné, diviser l'angle donné, faire un angle, former un angle.)

Angle, *s. m.* Terme de guerre. C'est en parlant de bataillon, l'un des coins du bataillon. (Il y a plusieurs angles dans un bataillon. Les angles de la tête & ceux de la queuë. Garnir un angle, dégarnir un angle d'un bataillon, défendre l'angle d'un bataillon émousser les angles d'un bataillon.)

Anglicane, anglicane, *adj.* Il semble seulement usité au feminin. Il se dit de l'Eglise des Anglois, & veut dire qui regarde l'Angleterre. (Défendre l'Eglise Anglicane. On tache à détruire la religion anglicane, mais en vain. Plusieurs ont traité des libertez de l'Eglise Anglicane, & de l'Eglise gallicane.)

Anglicisme, *s. m.* Façon de parler Angloise. Les Anglois, & ceux qui savent bien l'Anglois, sont sujets à faire des anglicismes lors qu'ils écrivent, ou qu'ils parlent François. (Ce qu'il écrit en François est plein d'*anglicismes.* C'est un pur anglicisme. Tomber dans les anglicismes.)

Anglois, *s. m.* Langage dont se servent les Anglois pour exprimer leurs pensées : le fond de l'anglois est saxon & françois, & c'est une tres belle langue. On y trouve toutes sortes de mots pour s'exprimer avec beaucoup d'énergie. [Aprendre l'anglois, entendre l'anglois, parler anglois, savoir l'anglois. Montrer l'anglois.]

Angoisse, *s. f.* Mot un peu vieux pour dire une douleur amere. [Les songes le faisoient rire dans les angoisses de la mort.

Voi. l'am. Voilà un vilain dans de furieuses angoisses. *Mol. Four.* Leur falut est en danger dans cette terre de tribulation & d'angoisse. *Patru, 5. Plaidoié.*]

ANGUICHURE, *f. f.* Terme de chasseur. Bande de cuir qui est atachée par un bout au pavillon du Cor, & par l'autre à une boucle du corps du cor, & que celui qui veut porter le cor, se met en forme de baudrier. [Une anguichure trop longue, trop courte, trop étroite. Couper une anguichure. Atacher l'anguichure. Mettre l'anguichure. *Reg. Sat. 8.*]

† ANGUILLADE, *f. f.* Foüer avec des peaux d'anguille. [Donner l'anguillade. *Reg. Sat. 8.*]

ANGUILLE, *f. f.* Poisson d'eau douce, qui a la chair gluante, visqueuse, & mauvaise, qui est long, glissant, sans écailles, qui est couvert de peau, qui a la bouche assez grande, & garnie de petites dents avec deux nageoirs auprès des ouies. Rond.

ANGULAIRE, *adj.* Qui est à angles. Côté angulaire. Il vient du latin *angularis.*

* PIERRE ANGULAIRE. Ces mots au figuré marquent Jesus-Christ. Ils rejettent cette pierre angulaire, cette pierre choisie que les Juifs ont rejettée. *Port-Roial, St. Prosper, chap. 37.* Je m'en vais mettre pour fondement de Sion une pierre angulaire. *Port-Roial, Isaie c. 28.*

ANI.

ANIER, ou *asnier, f. m.* On l'écrit de l'une ou de l'autre façon; mais on ne prononce point la lettre S. C'est celui qui garde des anes, & qui en a soin. C'est aussi celui qui a des anes, qui les nourrit, qui les conduit au marché, chargez de marchandises, qui les loue à ceux qui en ont besoin & qui fait son profit du lait des anesses qui lui apartiennent. Un rude anier, un méchant anier.

Un anier son sceptre à la main
Menoit en Empereur Romain
Deux coursiers à longues oreilles.
La Font. fable l. 2.

ANIMAL, *f. m.* Ce mot est tout latin. C'est un Etre qui a du sentiment, & qui est capable d'exercer les fonctions de la vie par le moien d'un principe qu'on apelle ame. L'animal se divise en raisonnable, & irraisonnable.

La femme est, comme on dit, mon maître,
Un certain animal dificile à conoître,
Et de qui la nature est fort encline au mal
Et comme un animal est toujours animal
Et ne sera jamais qu'animal en sa vie
La femme est toujours femme, &c.
Mol. dépit amoureux, a. 4. s. 2.

* *Animal, f. m.* Il se prend figurément & veut dire une personne qui n'a, ni esprit, ni sens commun. Si j'en disois davantage, je définirois T. de L. Que pourroit-on faire d'un si malotru animal, si l'on n'en faisoit un fossoieur? *Abl. Luc. t. 1.* Arrêtez, animal, laissez le monter. *Mol. Critique, s. 2.*

Menez n'est rien qu'on anime.
Tout ce qu'il fait, il le fait mal
Il ofense quand il veut plaire.
Richelet.

Elle aime le plus sot animal, qui jamais eut la forme d'homme. *Gomb. epit. l. 1.*

Animal, animale, adj. Il vient du latin *animalis,* & signifie, qui est d'animal, ce qui est oposé au bon sens & à la raison. Esprit animal, sentiment animal, partie animale. Leurs conoissances ne changent point cette maniere animale de ne concevoir les choses que par les sens. *Nicole, essais de morale t. 1.*

ANIMER, *v. a.* Il vient du latin *animare.* Donner l'ame & la vie. Dieu anima l'homme d'un soufle de vie. *Am.*

* *Animer.* Rendre plus vif, échaufer, donner de la force, du feu & de la vigueur. (Animer une passion, un discours. *Abl.*)

Les jeux & les amours qui voloient autour d'elle.
Animoient ses apas & la rendoient plus belle.

* *Animer, v. a.* Rendre sensible. Je pourrois de ma plainte animer une souche. *Gom. Poë.*
* *Animer, v. a.* Terme de sculpteur. Donner un air de vie. Animer le marbre.
* *Animer, v. a.* Il se dit parmi les maîtres à danser parlant du pas, & signifie prendre un air plus vif en s'élevant sur la pointe du pié. Alons, Monsieur, courage, animez vôtre pas.
* *Animer, v. a.* Encourager. Animer quelcun à la vengeance. *Vau. Quin. l. 8.* Animer, suivi d'un verbe, veut l'infinitif avec la particule à. Animer un Prince à faire la guerre.
* *S'animer, v. r.* Je m'anime, je me suis animé, je m'animai. Prendre courage de plus en plus. Faire paraitre une nouvelle vigueur.

Etre en colere. (C'est un cheval qui s'anime de plus en plus. Etre animé contre quelcun. *Abl. Ret.*)

* *S'animer.* Prendre un nouvel éclat. (Elle étoit animée d'une beauté capable d'être aimée. *Voi. Poë.*)

ANIMOSITÉ, *f. f.* Haine, aversion. Leur animosité étoit grande contre le Roi. *Vau. Quin. l. 8.*

ANIS, *f. m.* Il vient du Grec. Plante qui fleurit jaune, & fait une tige ronde, un peu canelée & creuse, avec plusieurs branches. (Anis qui commence à croitre.)

Anis. Graine d'anis, blanche, un peu ronde, de fort bon goût, & qui est seche & chaude. (L'anis crud, ou confit pris après le repas, abaisse les vapeurs, cuit les cruditez & rend l'aleine agreable. Semer de l'anis.)

ANIVERSAIRE, *adj.* Terme *d'Eglise.* Du Latin *aniversarius.* Qui se fait d'année en année au même jour. (C'est une fête aniversaire. Faire une procession aniversaire.)

Aniversaire, f. m. Terme *d'Eglise.* Service qu'on fait tous les ans pour un mort. (Celebrer l'aniversaire d'une personne. On donnoit autrefois tout son bien à l'Eglise pour se faire dire des aniversaires. *Fra Paolo des bénéfices. Chap. 5.*)

ANN.

ANNALES. Voiez anales.

ANNE, *f. f.* du Latin *anna.* Nom propre de femme. Les noms qui viennent du mot *anne* ce sont annette, nanette, nanon, & ninon. Anne de Bolen maîtresse de Henri huitième Roi d'Angleterre, étoit belle, enjouée & brilloit de mille qualitez. *Voi le divorce de Henri huitième C. 1.* Neanmoins quoique charmante, son amant lui fit couper la tête, & il eut tort.

Anne, f. m. Il vient de quelquefois un nom d'homme. [Anne de Montmorenci étoit Connétable de France.

ANNEAU, *f m.* Petite bague, d'or, d'argent, ou d'autre métal, qui est unie, & qu'on se met au doigt.

Anneau. Tout ce qui est rond, & en forme de bague. (Anneau de fer, de léton, anneau de clef.)

Anneau astronomique, ou anneau universel. C'est une maniere de sphere composée d'un Equateur & de deux colures, ou meridiens, d'argent ou de cuivre, laquelle est propre à faire voir l'heure qu'il est en quelque partie du monde que l'on soit. (Se servir de l'anneau astronomique, pour voir l'heure qu'il est.)

ANNÉE, *f. f.* Tems que le Soleil met à parcourir les signes du Zodiaque, qui est de 365. jours, 5. heures, 49. minutes. (Année astronomique, civile, gregorique. Je le comblerai de jours & d'années. *Arn.*

ANNELÉ, *annelée, adj.* Ce mot se dit des cheveux & veut dire *bouclé,* mais il semble un peu vieux. [Elle avoit les cheveux annelez. *Buss.*

Beaux cheveux annelez, écueil de ma franchise
Adorables filets où mon ame s'est prise
Riche douce prison, dédale tournoiant
Combien meritez vous avec plus de justice
D'être placez au ciel que ceux de Berenice.
Rampale, idile 4.

ANNELET, *f. m.* Petit anneau. (Ces annelets sont trop petits.)

Annelets. Terme *d'Architecture.* Petits membres quarrez qu'on met au chapitau dorique au dessous du quart de rond. On les apelle aussi *filets* ou *listeaux.*

ANNETTE, *f. f.* Nom de fille qui veut dire *petite anne,* & dont le grand usage n'est que dans les chansons de berger & de bergere, & dans des chansons à danser. (Annette est belle, annette, & jolie.

Le berger Tirsis
Loin de sa chere Annette
Chantoit sur sa musette
Ah ! petite brunette,
Ah ! tu me fais mourir.
Le recueil des chansons.)

ANNOTATEUR, *f. m.* Du Latin *annotator,* il n'est pas encor bien établi, & même il a l'air de ne l'être que parmi de certains savans qui ne sont point de loi dans le monde poli. Annotateur est celui qui fait des notes sur quelque ouvrage d'esprit, & de reputation. (On pouroit dire parlant de Ronsard, de Malherbe, & de ceux qui ont fait des notes sur ces fameux Poëtes François, Nicolas Richelet, Muret, & Menage font les *annotateurs* de Ronsard & de Malherbe ; & leurs remarques sur ces auteurs sont agréables & savantes.)

Annotation, f. f. Prononcez annotacion. Du latin *annotatio.* C'est à dire, note, remarque, observation. *Annotation* est un mot plus usité qu'*annotateur,* & il a la mine d'être bien plûtôt introduit qu'annotateur. [Les annotations de Monsieur Menage sur l'aminte du Tasse ne sont pas moins ennuïeuses que savantes. Jaques Ziegler a fait des annotations sur quelques passages choisis de l'Ecriture sainte, *Teissier eloges des hommes savans.*

ANN.

Annoter, v. a. Du latin, *annotare*. C'est remarquer, observer, & examiner quelque ouvrage d'esprit & de reputation. Annoter ne se dit d'ordinaire que parmi les savans ; & même ils ne s'en servent pas souvent. (Castelvetro a annoté de belles choses sur la poëtique d'Aristote.)

Annuel, *annuelle*, adj. Il vient du latin *annuus*. C'est à dire, qui vient tous les ans. (Droit annuel. Paier le droit annuel. C'est une vente annuelle.)

Annuel, *annuelle*, adj. Qui dure un an. Le Consulat à Rome étoit annuel. La charge de Prevôt des marchands à Paris n'est pas annuelle : mais celle d'Echevin l'est.

Annuel, s. m. Terme d'Eglise. Messe qu'on dit durant un an pour un mort. Fonder un annuel, dire un annuel.

Annuel, s. m. Terme de cabaretier. Ce sont huit francs quelques deniers que chaque cabaretier donne pour la permission de mettre le bouchon. On paie au Roi l'annuel tous les ans le premier Mars.

Annuellement, adv. Par chaque année. Il tire annuellement quinze cens livres de rente.

Annuler, v. a. Ce terme est ordinairement de Palais, & semble venir de l'Italien, ou de l'Espagnol. Les Italiens disent *annulare*, & les Espagnols *annular*. C'est, casser, abolir, rendre nul & sans aucun effet. (Annuler un testament. *Pat. plai.* 3. Annuler une procedure. *Le Mai. plai.*) Voiez la colonne *an*.

ANO.

Anoblir, v. a. Faire noble. Anoblir une personne.

* **Anoblir**. Ce mot se dit du langage. Rendre plus beau, plus vif, plus mâle. Anoblir son stile. *Abl.*

Anoblissement, s. m. Lettres par le moien desquelles le Roi anoblit un roturier, avec tous ses enfans, nez & à naitre. Avoir des lettres d'anoblissement.

† **Anodin**, *anodine*, adj. Terme de medecine. Il vient du Grec, & il signifie adoucissant. Remede anodin, injection anodine.

Anomal, *anomale*, adj. Il vient du Grec. En latin *anomalum*. Terme de Grammaire. Il se dit des Verbes, & veut dire irregulier, qui ne se conjugue pas selon les regles ordinaires des autres verbes. La premiere conjugaison françoise n'a qu'un verbe anomal, qui est aler. Savoir les conjugaisons anomales.

Anomalie, s. f. Il vient du Grec. C'est à dire irregularité. C'est une anomalie visible. C'est une étrange anomalie. Faire une anomalie.

Anon, s. m. C'est le petit de l'anesse. (Un joli anon. Un petit anon qui saute toujours. Un petit anon bien éveillé. Nos Taureaux, & nos anons mangeront de toute sorte de grains. *Port-Roial, Isaïe, chap.* 30.

Depuis quinze, ou vingt mois en ça
Au travers de mon pré certain anon passa
Je fais saisir l'anon.
Rac. plaideurs, a. 1. s. 7.)

Anonce, s. f. Messieurs de la Religion apellent anonce ce que les Catoliques Romains nomment ban, qui est une proclamation de mariage en face d'Eglise. On publie ordinairement trois anonces.

Anonce, s. f. Terme de comedien. Avertissement de la piece qu'on doit joüer, lequel se fait par le teatre par un comedien, la piece finie & un moment avant qu'on sorte. Celui qui fait l'anonce doit être l'un des plus polis de la troupe, parce qu'il doit faire avec esprit & en beaux termes l'éloge du Poëte dont on joüera la piece & celui de la piece même.

Anoncer, v. a. Du latin *annunciare*. C'est publier. (Seigneur les Cieux annonceront vos loüanges. *Port-Roial, ps.* Seigneur, si je veux anoncer vos merveilles, elles se trouvent infiniment au dessus de mes paroles. *Porc-Roial, ps.* 39. Chantez des himnes au Seigneur & anoncez sa grandeur par toute la terre, parce qu'il a fait des choses magnifiques. *Saci, Isaïe, chap.* 12.

Anoncer, v. a. Avertir, dire. (Il lui parla d'une voix qui anonçoit ce qu'il aloit faire. *Vau. Quin. l.* 8. *c.* 1. Commentanoncer à Madame de si méchantes nouvelles. *Mol. mal.* Anoncer la mort d'une personne. *Sar. poësies*.

J'ai tendu vôtre lettre & j'ai pris sa réponce
Madame, vous verrez ce qu'elle vous anonce.
Rac. Bajazet. a. 4. *s.* 1.)

Anoncer, v. a. Terme de comedien. Dire aux spectateurs la piece qu'on joüera la premiere fois. On anonça hier une plaisante piece, c'est T. de L. ou Marsias écorché par les Muses.

Anonciade, s. f. Ordre du colier de Savoie institué par Amé le rouge Comte de ce païs, & composé de lacs d'amour ausquels le Duc Charles, ajouta 15. roses blanches, & en 1518. ce Duc changea le nom de l'Ordre en celui de l'anonciade pour honorer la sainte Vierge. *Mezeraï histoire de France, de Charles* 6.

ANO.

Anonciade, s. f. C'est la fête de l'anonciation. *Anonciade* ne se dit que de cette fête que l'on celebre avec magnificence en Savoie ; Les Chevaliers de l'Ordre de l'anonciade, chacun paré du colier de l'Ordre, solennisent magnifiquement cette glorieuse fête qu'ils apellent *l'anonciade*.)

Anonciation, s. f. Il vient du Latin *annunciatio*. Prononcez *anunciacion*. Fête que celebre tous les ans l'Eglise en l'honneur de la Vierge, à qui un ange envoié de Dieu anonça qu'elle mettroit au monde un Fils à qui elle donneroit le nom de Jesus, qu'on apelleroit le Fils du tres-haut, & dont le regne n'auroit point de fin. *Nouveau Testament S Luc Evangile, Ch.* 1. (L'anonciation se celebre tous les ans le 25. de Mars. Fêter l'anonciation avec beaucoup de pieté & de respect.)

Filles de l'anonciation, Voiez **Filles**.

Anonciation, s. f. Estampe qui represente le mistere de l'Anonciation. Une belle anonciation, une anonciation bien faite. Acheter une anonciation Enluminer une anonciation. *Embordurer une anonciation*. C'est la mettre dans un quadre,)

Anonime, adj. Il vient du Grec. C'est à dire qui est sans nom. *Anonime* se dit des auteurs & signifie auteur qui n'a pas mis son nom à la tête de son ouvrage, & que l'on ne connoit point à cause de cela. Il y a plusieurs auteurs anonimes qu'on ne connoit pas éfectivement ; mais il y en a aussi d'anonimes reconnus. Pascal est un auteur anonime, qui néanmoins est fort illustre. Un habile homme fait l'histoire des auteurs anonimes & un tel livre plaira.

Anoner, v. n. se dit des anesses. C'est faire un anon. L'anesse porte 13. mois avant que d'*anoner*. Nôtre anesse a anonné.)

† * **Anonner**. Lire mal. (Il ne fait qu'anonner.)

Anotation. Voi, annotation.

ANS.

Anse, s. f. Ce qui est d'ordinaire en forme de demi cercle, & qu'on tient avec la main lorsqu'on prend un pot, un panier, un seau, ou quelque autre chose à anse. (L'anse du panier est rompuë.)

Anse, Terme de Fondeur. Partie par où l'on pend la cloche.

Anse, s. f. Terme de mer. Il n'est pas si usité que celui de baie, ou de golfe. L'anse est une espece de golfe ou de baie qui n'a pas beaucoup de profondeur, & qu'on apelle *anse*, parce qu'elle a en quelque façon la figure. (Il y a de ce côté là une *anse* dont la passe est étroite.)

Anse, ou *hanse*. Il vient de l'alemand, il signifie *aliance*, & s'écrit ordinairement par une *h*. On dira mieux Lubeck est la premiere des villes de la Hanse, que Lubeck est la premiere des villes de l'anse.

Anseatique, ou *Hanseatique*, adj. Quoi qu'il semble qu'en ce sens on écrive plûtôt *Hanse* qu'anse, l'usage pourtant plus fort que la raison, veut qu'on prononce & qu'on écrive plûtôt *anseatique*, que *Hanseatique*. Anseatique vient de l'alemand & se dit de certaines villes d'Alemagne, maritimes, qui sont sur des rivieres navigables ; qui se sont communiqué leurs privilèges avec leur droit de bourgeoisie , qui ont fait & juré entre elles ligue ofensive & défensive, & qui en 1254. s'associerent pour le commerce, de sorte que disant, Lubeck est la plus considerable ville anseatique, on veut dire qu'elle est la premiere ville de cette aliance qu'on fait un certain nombre de villes d'Alemagne : on conte jusqu'à 76. villes anseatiques. *Voiez les Vs. & coutumes de la mer imprimez à Bordeaux chez Mongiron* 1661. *page* 186. *& suivantes*. L'aliance anseatique ne fut faite que dans la vuë de la sureté du commerce & pour le défendre des Pirates. Les villes anseatiques s'assemblent ordinairement de trois ans en trois ans, & extraordinairement toutes les fois que la necessité le demande. Voiez **Limneus**.

Ansette, s. f. Petite anse. Les Orfevres apellent ansette l'anse d'une tasse. (Ansette rompuë, ansette unie. Je veux que les ansettes de ma tasse soient façonnées. Quand on boit, on prend la tasse par les ansettes.)

Ansettes, s. f. Terme de mer. Bouts de corde qui conservent d'ourlet aux voiles & dans lesquelles on passe d'autres cordes. (Les plus longues ansettes des voiles n'ont pas un bon pié & demi.)

Anselme, s. m. Du Latin *anselmus*, qui est un nom propre d'homme. L'Eglise de Tournaï eut pour premier Evêque, anselme, qui étoit Abé de S. Vincent de Laon. *Mezeraï, histoire de France, vie de Philipe* 2.

Anspegade, s. m. C'est le soldat qui aide le caporal, & qui en fait toutes les fonctions, lors que le caporal est malade, ou absent. On prononce *anspegade*. (C'est un bon anspegade. Il est aimé de son Capitaine.)

ANT.

Antagoniste, s. Il vient du Grec. Se disant des hommes, il est *masculin*, & des femmes *feminin*. C'est la personne qui est oposée à une autre, qui est son ennemie. (C'est un redoutable antagoniste. C'est un brave, un courageux antagoniste. C'est un miserable, un foible antagoniste. Défaire son antagoniste. *Abl. stratagemes.* Terrasser son antagoniste. *Spanheim, Cesars de Julien.*]

ANTARTIQUE, *adj.* Terme de Geographie. Qui est oposé à l'artique. Qui est oposé au Septentrion Meridional. Pole artique. Pole antarctique. *San.*

ANTECEDENT, *s. m.* Terme de Logique, qui signifie, qui precede. Et c'est la premiere de deux propositions dont la seconde s'apelle le consequent.

ANTE, *s. f.* Terme de Jardinier. L'arbre qui est anté de quelque grefe. Une belle ante.

Ante. Terme de Meunier. Piece de bois atachée avec des liens de fer aux volans des moulins à vent. Les quatre antes des volans.

ANTÉCIENS, *s. m.* Terme de Geographie. Contre habitans en une même moitié de Méridien, & en divers paralleles éloignez également de l'Equateur. *San.*

ANTECHRIST, *s. m.* Contraire à Jesus-Christ.

ANTE. Voiez ente & entez lettre E.

ANTER, *v. a.* Terme de Jardinier. Gréfer.

ANTERIEUR, *anterieure, adj.* Il vient du latin *anterior.* Qui est du devant. Partie anterieure.

Antenne, *s. f.* Terme de mer. Il vient du latin *antenna.* C'est le long bois qui est ataché de travers au haut d'un mast, & qui sert à soutenir le voile par le moien d'une poulie. Antenne n'est pas le mot d'usage ordinaire, on dit vergue. [L'antenne est bien plus grosse par le milieu que par les bouts.]

† *Anterieur, anterieure, adj.* Qui precede en matiere de tems. Anterieur a un usage assez borné, & ne se dit guere que par des gens de pratique ou par de miserables auteurs comme le petit Amelot de la Houssaie, qui n'a aucun soin du langage. [Un mariage est anterieur. La dette est anterieure.]

† *Anterieurement, adv.* Prononcez *anterieureman.* Ce mot ne se dit que parmi les gens de pratique, & signifie auparavant. [C'est une dette, contractée anterieurement.]

† *Anteriorité, s. f.* Mot purement de Palais. C'est une priorité de tems. C'est une anteriorité d'hipoteque.

ANTI-CATON, *s. m.* Mot grec & latin, qui veut dire, contre-Caton. On apelle anti-Caton deux livres que Jules Cesar composa contre Caton. Vivés assure qu'il a vû les anti-Catons dans une ancienne bibliotéque.

ANTICHAMBRE, *s. f.* Mot à moitié Grec, c'est un avant-chambre. Une petite chambre auprès d'une grande. Une jolie antichambre, une belle antichambre, une antichambre fort propre & fort commode.

Anticipation, s. f. Du latin *anticipatio.* Il est d'ordinaire du Palais. C'est une sorte de prévention. Prevenir l'apelant par lettres roiaux d'anticipation prises à la Chancelerie. *Feriere introduction à la pratique.*

Anticiper, v. a. Du latin *anticipare.* Il signifie prevenir, & dans ce sens il n'est d'ordinaire usité qu'en pratique. Anticiper l'apelant. Anticiper le tems.

Anticiper, v. a. Usurper par avance. C'est se saisir par avance. Il a anticipé sur les droits de son ami ce qu'il a pû, & cela est mal honnête.

ANTIDATE, *s. f.* Date faite d'un jour qui précede celui qu'on écrit, ou qu'on passe quelque acte. [L'antidate est prouvée.]

Antidater, v. a. Dater d'un jour qui précede celui qu'on écrit, ou qu'on passe quelque acte. [Antidater une procuration.]

ANTIDOTE, *s. m.* Il vient du Grec & il signifie *contrepoison,* preservatif contre le venin. Le mot d'*antidote* vient du Latin *antidotum.* [Un antidote éprouvé, un antidote experimenté, un antidote seur, bon, un excellent antidote. User d'antidote, se servir d'antidote, emploier l'antidote pour se garantir du poison. La Tériaque est un excellent antidote contre le venin. *Charas, traité de la Tériaque, c. 75.*]

ANTIENNE, *s. f.* Terme d'Eglise. Chant qui se faisoit autrefois dans l'Eglise Gréque à deux chœurs qui se répondoient alternativement. Ce chant fut introduit depuis dans l'Eglise Latine par S. Ambroise. C'est ordinairement un passage de l'Ecriture sainte, ou de quelque Auteur considérable dans l'Eglise. [L'antienne est commencée.]

ANTIMOINE, *s. m.* Corps minéral composé de soufre, & de météure. Mineral dont on se sert pour purifier l'or. Mineral qu'on prépare pour purger le corps. Antimoine préparé. *Voi.* l. 4.

ANTINOMIE, *s. f.* Il vient du Grec. C'est une contradiction vraie, ou aparente qui se rencontre entre deux Lois. (On ne parle d'antinomie que parmi les Jurisconsultes, encore y en a t'il qui n'entendent non plus ce que c'est qu'une antinomie, qu'ils n'entendent le haut alemand.)

ANTIPAPE, *s. m.* Il vient du Grec & Latin *antipapa.* C'est un Pape oposé à un autre, & qui n'est pas élu dans les formes. (Benoit 13. est un fameux Antipape.)

ANTIPATIE, *s. f.* Il vient du Grec. C'est une répugnance secrete & naturelle qui se trouve entre deux animaux. (Une horrible, une furieuse, une incroiable antipatie. Il y a une anti-

patie naturelle entre le loup & la brebis. Dom Carlos avoit de l'antipatie pour son pere Philipe second. L'antipatie qui fut entre Jacob & Esau dés le ventre de leur mere ne peut avoir, été plus grande que celle qui se trouva entre le Comte & moi. *Scu. rom. 1. par. c. 13.*)

Antipatique, adj. Il dérive du Grec, & il signifie contraire & oposé naturellement. (Leurs humeurs sont antipatiques.)

ANTIPERISTASE, *s. f.* C'est un mot Grec. C'est un terme de Philosophie. Combat qui se fait entre deux choses, où celle qui a moins de force céde à l'autre. (Il se fait l'hiver une antiperistase entre le chaud & le froid, où le froid l'emporte sur le chaud.)

ANTIPHONAIRE, *s. m.* Prononcez *antisonaire.* Il vient du Grec, & c'est un terme d'Eglise. Il s'apelle en Latin d'Eglise *antiphonarium,* livre qui contient les antienes qu'on chante dans l'Eglise. Quelques-uns disent *antiphonnier:* mais le grand & le bel usage est pour *antiphonaire.* (Un antiphonaire relié proprement. Composer un antiphonaire.)

ANTIPODES, *s. m.* Ce mot est Grec & est un terme de Geographie. Ceux qui marchent sous l'hémisphere qui nous est oposé diamétralement.

* † *Antipode.* Contraire. Oposé. (C'est l'antipode de la raison. *Mol. Pre.* On le passe pour l'antipode des esprits doux & rafinez. *Mai. Poës.* Elle est l'antipode des prudes. *Benserade.*

ANTIQUAILLE, *s. f.* Prononcez *anticaille.* Ouvrage d'architecture, ou de sculpture qui est ruiné, & qui a quelque chose de vieux & d'antique.

Antiquaire, s. m. Prononcez *anticaire.* Celui qui a la connoissance des médailles, & autres choses curieuses.

Antique, adj. Ce mot est plus de la poësie que de la prose. Il signifie *ancien. Vieux.* (Rome n'a rien de son antique orgueil. *Mai. Poes.*

On vit au tems antique
Medor joint avec Angelique.
Voi. Poës.)

Antique, s. f. Figure de sculpture, ou de peinture, faite depuis Alexandre le Grand jusques au regne de Phocas. (Une belle antique.)

Antique, s. m. Ce mot se dit en general des ouvrages de peinture, & de sculpture faits depuis Alexandre le Grand jusques à l'Empereur Phocas, sous le regne duquel les beaux arts furent éteints. (S'atacher à l'antique. Discerner les beautez de l'antique.)

A *l'antique, adv.* A la maniere ancienne. [Une lire à l'antique. *Abl. Luc.*]

Antiquer. Terme de relieur. Prononcez *antiké.* Enjoliver la tranche d'un livre de petites figures de diverse couleur & relevées d'or. (Antiquer sur tranche.)

Antiquité, s. f. Prononcez *antikité.* Il vient du Latin *antiquitas.* Les siecles passez. Les ouvrages des siecles passez. Les personnes des siecles passez. (Les heros de l'antiquité étoient veritablement de grands heros. *Abl.* On peut oposer les deux Scaligers à la plus savante antiquité. *Bal.* Ville fameuse pour son antiquité. *Vau. Quin. l. 4.*)

La belle antiquité fut toujours venerable,
Mais je ne crûs jamais qu'elle fut adorable.
Perrault, poesies.)

Antiquité, s. f. Ancienneté. C'est une ville fameuse par son antiquité. *Vau. Quin. l. 4.* C'est une figure considerable pour son antiquité. *Abl. Luc.*

ANTISALE, *s. f.* Terme d'architecture. Lieu qu'on trouve avant la sale. Une belle antisale.

ANTITESSE, *s. f.* Il vient du Grec & est un terme de Rétorique. Figure qui consiste à oposer ingenieusement les mots dans une même periode. (Une belle antitese, une antitese judicieuse. Faire un antitéte. On n'en fait pas de si brillante que celle de Ciceron, parce qu'elles paroitroient un peu afectées. Les antitéses ne plaisent pas à moins qu'elles ne soient tres fines & tres ingenieuses.)

ANTOINE, *s. m.* Nom propre d'homme qu'on a pris du Latin *Antonius,* & dont le diminutif est Toinon, qui ne se dit que d'un petit garçon qui a nom Antoine, & qu'en parlant familierement. Antoine Conte, né à Noion, cousin germain de Calvin, & fameux Jurisconsulte François, mourut à soixante ans à Bourges, où il avoit enseigné le Droit. Voiez *les hommes illustres du savant Antoine Teissier.*

Antoinette, s. f. Nom de femme dont le diminutif est, Toinette, qui ne se dit que des petites filles. (Antoinette N. est morte en reputation de sainteté.)

ANTOISER, *v. a.* Terme de *Jardinier.* Il se dit des tas de fumier & veut dire empiler, mettre en pile. (Antoiser un tas de fumier. *Quin. des jardin. T. 1. pag. 67.*)

ANTOLOGIE, *s. f.* C'est un mot Grec. C'est un recueil qui est comme la fleur de ce qu'il y a de plus beau en matiere de discours. (Toute l'antologie a été traduite en vers par Grotius. *Voi Columesii opuscula p. 140.*)

ANTO-

ANTONINS, *antonistes*. Religieux de Saint Antoine ; Chanoines reguliers de Saint Augustin de la congregation de Saint Antoine de Viennois. *Antonins*, ni *antonistes* ne sont presque point d'usage à Paris, on ne se sert que de ces mots, *Religieux de Saint Antoine*. Car pour ces autres, *Chanoines reguliers de St. Augustin de la congregation de St. Antoine de Viennois*, ils ne peuvent servir que dans quelque histoire, ou quelques traitez particuliers. Les Religieux de St. Antoine sont Chanoines reguliers de la congregation de St. Antoine de Vennois. Ils ont une robe noire avec un manteau de même couleur, aiant sur cette robe & sur ce manteau une marque bleuë en forme d'une lettre Gréque qu'on nomme T. & qu'ils apellent la croix de St. Antoine. Ils portent à l'Eglise l'aumusse & le surplis, & à cela prés qu'ils vivent en commun, ce sont de veritables Chanoines. Le chef de leur Ordre, est en Dauphiné, & l'on croit qu'ils ont été établis dans l'onziéme siécle. Voiez *Aimard de Falco, histoire antaniennne*.

ANTONOMASIE, *antonomasie*, *s.f.* L'un & l'autre se dit : mais le premier est le plus usité. ils viennent du Grec. C'est une figure de Rétorique, qui consiste à apliquer le nom propre d'une personne à plusieurs autres ; ou à donner un nom commun à une personne particuliere. Sardanapale étoit un Roi voluptueux, & c'est une *antonomasie* que de dire d'un Roi que c'est *un Sardanapale*. Le mot d'*Orateur* convient à tous ceux qui parlent en public, & cependant par *antonomasie*, on dit, l'Orateur donne ce précepte pour dire, Ciceron donne ce précepte.

ANTOUSIASME, *s.m.* Voiez *Entousiasme*.

ANTRACTE, *s.m.* Terme *de poësie*. Voiez *Entracte*.

ANTRE ; *s.m.* Il vient du Grec, en Latin *antrum*. L'antre est une caverne qui a quelque chose qui paroit un peu afreux. (Un antre noir, obscur, profond, afreux, horrible. Les pais montagneux, & pleins d'antres, étoient les plus abondans en oracles. *histoire des Oracles, ch.12.*

ANTROPOLOGIE, *s.f.* Il vient du Grec, expression figurée dont l'Ecriture Sainte se sert pour s'acomoder à l'esprit des hommes. [C'est une antropologie, par laquelle il est parlé de Dieu comme s'il étoit semblable à un homme.)

ANTROPOPHAGE, *s.m. & f.* Il vient du Grec, & se prononce *antropofage*. Il signifie, qui mange les hommes. *Strus tome 3. de son voiage, pag.* 369. dit qu'il y a des antropophages qui ne vivent que de chair humaine. Ils mangent la chair de leurs morts. Ils assomment les personnes malades, & c'est la seule charité qu'ils aient les uns pour les autres. Il ajoute que ces antropophages ont le regard afreux , la démarche fiere, & dans l'air quelque chose de terrible. On conte mille choses de la cruauté des antropophages. *Abl. Luc. T.1.*

A N U.

S'ANUITER, *v.r. Je suis anuité*. Ce mot est un peu vieux, & en sa place on dit ordinairement. Etre surpris de la nuit. Se laisser surprendre de la nuit.

ANULER, *s.m.* Il s'écrit d'ordinaire avec deux *n*. Voiez *annuller*.

ANUS, *s.m.* Mot purement Latin, & devenu françois parmi les Chirurgiens & les Médecins. L'endroit par où coulent les excremens qui sortent du corps. [C'est une mature qui coule des fistules de l'*anus*. On l'a traité d'une fistule qu'il avoit à l'*anus*. On l'a guéri d'une dangereuse fistule qui lui étoit venuë à l'anus.)

A N X.

† ANXIETÉ, Mot écorché du Latin *anxietas*. Travail & peine d'esprit, tourment d'esprit, grande inquietude. *Anxiété* ne paroit pas encore fort établi, & l'on ne le trouve dans aucun auteur bien fameux. Il y a des prophetes en matiere de langue, qui augurent assez favorablement d'*anxieté*. Pour moi je n'en ose rien dire ; mais le ferois quelque scrupule de m'en servir. Des gens moins scrupuleux disent. Il est dans une grande anxieté d'esprit.

A O R.

AORISTE ; *s.m.* Il vient du Grec. Terme de grammaire gréque. Prononcez *oriste*. Il marque un tems indéterminé, & qui est un préterit. Les Grecs ont deux *aoristes* dans leurs conjugaisons. L'aoriste premier & le second. *Nouvelle metode pour aprendre le Grec, l.3. c.1.*

AORTE, *s.f.* Terme d'anatomie. Il vient du grec & signifie *vase, cofre*. On apele *aorte* la grosse artère qui sort du ventricule gauche du cœur pour porter le sang de tout le corps. *Bartolus anatomie, l. 2.*

A O U.

AOUT, ou *Aoust*, *s.m.* Il s'écrit de l'une, ou de l'autre façon, mais on prononce *Aprester*, sans faire sentir le T. C'est le nom du dernier mois de l'été, & le huitième de l'année. L'*Aout* a trente & un jour. L'Empereur Auguste voulut que ce mois fût apelé de son nom, parce que ce mois là il avoit été premierement Consul, & qu'il avoit emporté de fameuses victoires. *Suetone vie d'Auguste. c.3.* Le mois d'aout semble donc venir du Latin *Augustus*, duquel peu à peu & par corruption s'est fait *aoust*. Henri troisième Roi de France fut assassiné en 1589. le premier jour d'aout par Jaques Clément Jacobin à S^t. Clou, bourg à une bonne lieuë de Paris. *Mezerai vie de Henri 3.*

La mi-aout, s.f. C'est le milieu du mois d'aout. (Il arrivera environ la mi-aout.)

† *Aout, s.m.* C'est la moisson qui se fait durant le mois d'aout. (L'*aout* n'est pas encore commencé. L'aout est fait.

Je vous paierai, dit la cigale,
Avant *l'aout* foi d'animal,
Interêt & principal.
La Font. fables l.1.)

A P A.

APAISER, *v. a.* Faire taire celui qui crie. [Apaiser un enfant.]

* *Apaiser*. Empêcher qu'on ne se fâche, qu'on ne gronde. Vôtre pere étoit en une étrange colere contre vous, mais j'ai tant fait que je l'ai apaisé.

* *Apaiser*. Moderer. Arrêter. Ils le suplierent de vouloir apaiser sa colere contre leurs citoiens. *Abl. Ar.* Apaiser sa soif. *Vau. Quin. l.7.* Apaiser une sedition, des troubles. *Abl.*

* *Apaiser*. Remettre de quelque trouble, de quelque émotion. (Aprés avoir apaisé le bon Pere, il reprit son discours. *Psal. l.7.*)

S'*apaiser*, *v.r. Ie m'apaise, je me suis apaisé ; je m'apaisai*. Commencer à ne plus crier. S'il se fache, on ne s'apaise. *Voi. poës.*

* *S'apaiser*. Commencer à n'être plus en colere. S'adoucir, se moderer. Ils vouloient mourir si le Prince ne s'apaisoit. *Vau. Quin. l.10.* Mes maux ont été apaisez dés que j'ai lu ce que vous m'avez fait l'honneur de m'écrire. *Voi. l.19.*

APANAGE, *s. m.* Ce mot se dit proprement des fils puinez des Rois de France. Les uns disent que le mot d'*apanage* vient de *panis*, & les autres de *panagium*. Ragueau , *Droits Roiaux*, croit avoir fait quelque nouvelle découverte sur l'étimologie du mot *apanage*, il vient aux gros mots contre ceux qui pensent qu'*apanage* est dérivé de *panis* ou de *panagium*, & il prétend lui, que le mot d'*apanage* vient de l'alemand : J'ai consulté là-dessus d'habiles alemans qui ne sont pas du sentiment de Ragueau. (L'apanage n'a été établi en France que depuis le commencement de la troisiéme race de nos Rois. *Ragueau, droits Roiaux*. L'apanage se donnoit autrefois en une pension d'une certaine somme d'argent , mais aujourd'hui ce sont des fonds de terre qu'on donne aux fils puinez de France pour les faire subsister conformément à leur haute naissance. L'apanage retourne à la Couronne au cas que l'apanageur meure sans enfans mâles. Voiez *Chopin traité du Domaine, l.2.* Philipes le Bel ordonna le premier que l'apanage retournerait à la Couronne, faute d'enfans mâles, *voiez du Fillet, Recueil des Rois de France, leur couronne & maison*. L'apanage ne peut être aliené. Les collateraux ne succedent point à l'apanage. Il n'y a que le fils ainé de l'apanager qui succede à l'apanage, & à son défaut, le Roi ; mais le fils ainé doit donner à son puiné de quoi s'entretenir honorablement. L'apanage est éteint lorsqu'il n'y a point d'heritiers mâles. Les femmes sont incapables de tenir l'apanage , & elles ne peuvent succeder à l'apanage des mâles. *Chopin, traité du Domaine, l.2. & 3.*)

Apanagé, ou *apanager*, *s. m.* C'est le fils puiné de France qui a quelque apanage. C'est celui à qui on a donné quelque terre, ou quelque Seigneurie en apanage. (Les aquêts faits par l'apanager du Domaine n'apartiennent point au Roi , ce sont de reversion. Tous les apanagez sont obligez de prêter foi & serment au Roi. *Chopin, l.2. tit.9.*

† * *Apanage*, *s.m.* Mot comique c'est la dépense, qu'on fait pour se bien mettre, ou pour faire bonne chere.

Il faudra rogner l'apanage
Adieu la trufe au potage.

† * *Apanage*, *s. m.* Mot plaisant. C'est un joli ornement , un bel avantage , un beau bien & qui fait bien paroitre celui qui le posséde. (C'est un joli apanage qu'une paire de cornes , il y a quantité d'honnêtes bourgeois à Paris qui jouïssent paisiblement d'un si galant apanage.)

APARAT, *s.m.* Il vient du latin *apparatus*. Preparation. Plaider avec aparat.

Aparat. Livre de classe contenant un recueil de phrases de Ciceron.

APAREILLER, *v. a.* Assortir. Il faut apareiller ces choses.

Apareiller. Terme de menuisier. Aprêter. Apareiller des bas.

Apareiller, *v.n.* Terme de mer. Se preparer à la voile. On apareilloit, lorsqu'il s'éleva une tempête. *Vau. Rem.*

H

APA **APA**

S'apareiller, v. r. Terme d'oiselier. Se joindre avec un pareil à soi. Quand la tourterelle a perdu sa compagne, elle ne s'apareille jamais avec une autre.

Apareil, s. m. Preparatif. Faire de grands apareils. *arn.* Tout cet apareil étoit contre les Arabes. *abl. ar.*

Apareil. Terme de Chirurgien. Linges & médicamens necessaires pour penser une plaie. Elle fit mettre le premier apareil à sa place. *abl. Tac.* Lever l'apareil. *Tev.*

Apareil. Terme de tailleur de pierre. Hauteur de pierre. Epaisseur de pierre entre deux lits. Mettre des pierres de même apareil, c'est à dire, de même hauteur. Une pierre de grand apareil, c'est à dire qui a de l'épaisseur.

Apareilleur, s. m. Terme de bonnetier. Celui qui aprête les bas, les bonnets & autre besogne.

Apareilleur. Celui qui a soin de tracer les pierres, & de les marquer avant qu'on y travaille.

Aparence, s. f. Tout ce qui aparoit. Signe exterieur par où l'on peut juger des choses. Sorte d'indice. Il n'y a en cela aucune aparence de verité. *abl.* Donner tout aux aparences. Sauver les aparences. *abl.* Toutes les aparences sont contre lui. *Patru plaidoié 11.*

Aparence. Phenomène. Expliquer les aparences de Mercure, & de Venus.

Aparent, aparente, adj. Qui paroit. Visible. Bonheur aparent. Il y a une infinité de défauts dans les vertus aparentes des hommes. *M. de la R. F.*

Aparemment, adv. Selon les aparences. Cela est aparemment vrai.

Aparenté, aparentée, adj. Alié. Qui a des parens. Il est bien aparenté. Elle est aparentée.

Aparesser, v. a. Mot nouveau qui fait une maniere de guerre civile entre les gens d'esprit. Si mon sentiment étoit de quelque consideration parmi le monde spirituel, je me rangerois du parti de ceux qui favorisent aparesser. Ce mot semble plus beau & plus expressif que mille autres qu'on écorche tous les jours du Latin, & ausquels on donne cours. Aparesser, signifie apésantir l'esprit, le rendre paresseux. La facilité qu'il y a de dire des grossieretez mal honorees aparesse l'esprit. *De la Chetardie, Instruction pour un jeune Seigneur, 2. partie, pag. 10.*

Aparier, v. a. Mettre ensemble des choses qui sont en quelque maniere égales, & qui ont bien du raport les unes avec les autres. Aparier deux chevaux.

S'aparier, v. r. Je m'aparie, je m'apariai, je me suis aparié. Il signifie s'acoupler, & se dit des oiseaux qui sont en amour. (Les oiseaux s'aparient quand ils sont en amour. *Tardif, fauconnerie, p. 55.* Les oiselliers que j'ai vûs sur le mot s'aparier, aiment mieux celui de cocher qui est presque general pour tous les oiseaux, hormis pour les perdrix. Quelques-uns à l'égard de ces derniers se servent du mot s'aparier, mais pour les autres, ils disent, le coq coche la poule, le moineau coche sa femelle plusieurs fois, sans reprendre haleine. Si les hommes avoient un destin à l'égard des femmes, ils en seroient adorez.

Aparition, s. f. Vision. Aparition personnelle. Aparition qui se fait par le moien d'un corps emprunté. Il n'y a rien de certain touchant la durée de l'aparition des cometes. (Aparition de nôtre Seigneur. Taille douce, qui represente l'aparition de Jesus-Christ.

Aparoitre, v. n. J'aparoi, j'ai aparu, j'aparus. Se faire voir. Se montrer. Se rendre visible. Les spectres aparoissent aux hommes. *abl.*

Aparoitre, v. n. Il vient du latin *apparere.* J'aparoi ou j'aparois, j'aparoissois, j'ai aparu. J'aparus, j'avois aparu, j'eus aparu, j'aparoitrai. Aparoi, j'aparoisse, j'aparoitrois, j'aparusse. Il signifie, se faire voir, se montrer, se rendre visible. Les spectres aparoissent aux hommes. *abl. Luc. 1. 3.* Un phantome lui aparut pendant la nuit. *Bal. œuvres diverses.*

† *Aparoitre.* Ce mot est aussi quelquefois un verbe impersonnel, & veut dire, sembler, s'imaginer, croire. Il m'aparoit que vous êtes là, & que je vous parle. *Mol. mariage forcé s. 5.* C'est à dire, il me semble, ou je m'imagine que vous êtes là.

S'aparoitre. Je m'aparois. Je m'aparoissois. Je m'aparus, je me suis aparu, je m'aparoitrai. Ce verbe est reciproque & quelquefois neutre passif. C'est se faire voir, se montrer. (Une de mes statuës s'aparoit à eux toutes les nuits. *abl. Luc.* Le Seigneur s'aparut à Moïse dans une flame de feu qui sortoit d'un buisson. *Port-Roial, exode c. 3.* Le Seigneur le Dieu de nos peres, m'est aparu. *Port-Roial, exode chap. 3.* Il m'est aparu de jour n'étant crasseux, ni chargé de chaines. *abl. Luc. 1. 3.* Il lui étoit aparu en songe. *Fléchier, histoire de Teodose.* Il crut que c'étoit la Dame du bal qui lui étoit aparuë masquée. *Seg. Reman. t. 1. c. 9.*

Apartenir, v. n. Etre à quelcun. C'est à faire à &c. la maison lui apartient. C'est un laquais qui apartient à un de mes amis. La vangeance apartient à Dieu.

Apartement, s. m. Chambre. Antichambre & cabinet. Sale, chambre & cabinet. Etre logé au premier apartement.

† *Apartenances, s. f.* Il est vieux, & signifie tout le droit qui apartient à quelcun. Apartenance, en ce sens il semble n'avoir point de singulier. Quiconque sera veritablement Electeur, & paisible possesseur d'une Principauté Electorale, joüira du droit d'élire l'Empereur, & de toutes ses apartenances qui concernent l'Electorat. *Voi la bule d'or traduite par Heiss. c 20.*

Apas, s. m. Charmes puissans. Grands atraits. Beauté. Agrément. Plaisir. (Ses apas sont trop foibles pour être dangereux. *Mol.* La campagne est pleine d'apas, *Rac.* Son langage un peu libre a pour moi des apas. *Benserade.*)

* *Apas, s. m.* Amorce. Charme. Ce qu'on employe pour gagner, ou pour atraper quelcun. (Ils sément un subtil apas par où l'ame se pout instruire au vice qu'elle ne fait pas. *Tev.*)

Apast, s. m. Il est grec d'origine. Prononcez *apâ* sans faire sentir la lettre S. mais la fin du mot se prononce longue. Apast est un peu vieux, & en sa place on dit, pastée sans prononcer la lettre S. mais on fait un peu longue la premiere silabe du mot. L'apât, ou plutôt la pâtée n'est autre chose que des recoupes de son que l'on petrit avec de l'eau, & dont on engraisse la volaille. (Faire de l'apât, ou plutôt de la pâte. Donner de l'apâs, ou plutôt de la pâte aux chapons.)

† *Apaster, ou apâter. v. a.* Les uns font venir ce mot du Grec & les autres du Latin. De quelque langue qu'il vienne, il a vieilli, & l'on ne prononce point la lettre S. dans le mot apaster. Mais la seconde silabe du mot se doit prononcer longue. Il signifie donner de la pâtée aux poules & aux chapons pour les engraisser. Le mot d'apaster est françois, mais il semble plus de la province de Paris ou, au lieu de dire, il faut apâter ces chapons, on dit donner de la pâte à ces chapons, ou plutôt employant le mot general, donner à manger à ces chapons.

† *Apasteler, ou apâteler, v. a.* L'un & l'autre s'écrit, mais la lettre S. ne se prononce point. Apâteler est plus vieux qu'apaster & il signifie donner de la pastée. (Il faut apâteler des chapons pour ce Carême, ou plutôt, il faut donner de la pâtée à des chapons pour en avoir de bons & de gras ce Carême.)

Apatie, s. f. Il décend du grec, & ne se dit qu'en Philosophie dans les matieres de morale & en parlant des passions. C'est une insensibilité qu'on a pour toutes sortes de choses.

Apatique, adj. Il vient du grec, & est d'usage dans les traitez de morale. Il signifie, qui est insensible pour toutes choses & que rien ne touche.

Apauvrir, v. a. J'apauvri, ou j'apauvris, j'apauvrissois, j'ai apauvri, j'apauvrirai. C'est rendre plus pauvre, c'est faire plus pauvre. (La guerre apauvrit les peuples.)

* *Apauvrir.* Ce mot au figuré se dit des ouvrages d'esprit. C'est rendre moins fertile.

Souvent trop d'abondance apauvrit la matiere.
Dép. poë.

Apauvrissement, s. m. Signifie le changement par laquelle une personne devient pauvre. (On ne sait pas bien d'où est venu l'apauvrissement de cette famille.)

APE.

Apeau, ou apelant, s. m. Terme d'oiselier. Oiseau qui fait venir les autres par son chant, & qui les oblige de donner dans les filets ou dans les autres pièges qu'on leur tend.) Pour aller à la pipée il faut avoir un *apeau*, ou un apelant. Le mot d'apelant est le plus usité en ce sens, que celui d'apeau.]

Apeau, s. m. Mot d'oiselier. Maniere de petite bourse au bout de laquelle il y a un siflet qui imite le chant des cailles, & dont on se sert pour aler à la chasse de ces oiseaux. (Un bon apeau, un méchant apeau.]

† *Apeau, s. m.* Terme d'horloger qui travaille en gros. C'est une maniere de petite cloche sur laquelle il y a un marteau. Cette petite cloche est autour de la cloche de l'horloge & sonne les quarts & les demi-heures. Apeau, en ce sens, n'est que dans la bouche des gens du métier. Les autres apellent ordinairement, timbre, ce que les horlogers nomment *apeau.* On croit qu'on feroit mieux de parler en cela comme les horlogers. Les apeaux viennent de sonner la demie, les apeaux vont sonner les trois quarts, voila les apeaux qui sonnent. Il y a d'ordinaire autour de la cloche de l'horloge que 2. 3. ou 4. apeaux. Car quand il y en a davantage, la sonnerie qu'ils font s'apelle *carillon*, & tous ensemble ils ont aussi le même nom. Mais separement on les nomme cloche, timbre ou apeau.

Apel, s. m. Mot usité par les gens qui travaillent aux grans ateliers. L'apel consiste à dire tout haut le nom de chaque ouvrier, pour obliger l'ouvrier à se montrer & à venir oüir ce qu'on lui veut. (Faire l'apel des ouvriers, c'est les nommer, chacun par leur nom pour le faire paroitre.

Apel, s. m. Terme de Palais. Acte qu'on fait à sa partie, quand on a perdu dans une justice inferieure, & par lequel on lui signifie qu'elle ait à comparoitre dans un certain tems devant un juge superieur, pour avoir raison du tort qu'on a reçu du juge inferieur. [L'apel s'interjette par un simple acte, qui est signé par l'apelant, & où il se déclare apelant à cause du tort qu'il a reçu. On doit relever l'apel dans un certain tems preserit par l'ordonnance. Il y a plusieurs apels. Il y a un apel à minima, & un apel comme d'abus, & on peut voir *la deſſus la pratique du Palais*. On dit auſſi, interjetter un apel.

Apel, *ſ. m.* Terme *de gens qui portent l'épée.* Ordre qu'on donne à ſon ennemi de ſe trouver à une certaine heure, & dans un lieu particulier pour vuider, l'épée à la main, la querelle qu'on a enſemble. C'eſt un défi pour ſe battre. (Faire un apel.)

Apel, *ſ. m.* Terme de *maitre d'armes.* Il conſiſte à pouſſer un coup de fleuret, ou d'épée pour obliger celui avec qui l'on fait des armes, ou avec qui l'on ſe bat, à porter, afin de voir par ſa fon foible, & ſon fort. Quelques-uns ſe ſervent de *tentement* au lieu d'apel. (Courage, Monſieur, faites-moi un apel. Cet apel n'eſt pas bien fait, & il le faut faire de la ſorte. *Liancourt,* exercice *de l'épée,* dit faire un tentement. Voiez *tenter.*

Apellant, apelante, *adj.* Prononcez apelan, apelante. Ce mot étant adjectif, eſt *de Palais,* & c'eſt la perſonne qui apelle d'une ſentence qu'on a renduë contre les interêts dans une Juſtice inférieure. (Monſieur eſt apellant, & Madame apellante.)

Apellant, *ſ. m.* Terme de Palais. C'eſt celui qui apelle d'une procedure renduë contre lui par un juge inférieur.

Apellante, *ſ. f.* Celle qui apelle d'une procedure qu'un Juge inférieur a renduë contre elle, & ſignifie à ſa partie qu'elle ait dans un certain tems à comparoître devant le Juge ſuperieur, pour voir la déciſion de leur afaire.

Apellant, *ſ. m.* Terme d'*oiſelier.* C'eſt un oiſeau qu'on met dans une cage, lors qu'on chaſſe, & qui par ſon cri en fait venir d'autres qui donnent dans les filets qu'on leur a tendus. (Sans un apellant on ne ſauroit rien faire à la chaſſe.)

Apellant, *ſ. m.* Terme de *rotiſſeur.* C'eſt un canard qui ne bouge des rivieres & des étangs, & qui par ſon cri fait venir les autres canards & eſt cauſe qu'on les prend dans les filets qu'on leur a tendus. [Il y a pluſieurs apellans ſur les rivieres & ſur les étangs, qu'on atrape avec les autres canards. Les rotiſſeurs de Paris vendent beaucoup de ces apellans. Ils diſent, ce canard eſt un apellant : mais gras & dodu comme il eſt, il vaut quelque autre canard ce ſoit.]

Apellation, *ſ. f.* Du Latin, *appellatio,* prononcez *apellacion.* Terme de *Palais.* Acte par lequel on ſignifie à ſa partie qu'elle ait dans un certain tems qu'on lui marque, à comparoître devant un Juge ſuperieur, parce qu'on a été leſé par le Juge inférieur. (Interjetter une apellation verbale. Une apellation bien fondée. Former une apellation. Recevoir une apellation. Les apellations, *omiſſo medio,* ne ſe font qu'en matiere criminelle. Les apellations des procez par écrit ſe portent aux Chambres du Palais qu'on apelle *Enquêtes.* Connoitre d'une apellation. Paſſer outre nonobſtant opoſition & apellation. La Cour a mis l'apelation au néant. Les apellations comme d'abus n'ont été introduites que ſous les Régnes de Louis 12. & de François premier, & on ne doit avoir recours à ces apellations que dans les afaires d'importance. *Feuret, de l'abus, l. 1. c. 2. & 3.*

Apeller, *v. a.* Du latin *apellare.* Prononcez *apelé,* c'eſt nommer. Donner ſon nom. (Alexandre ſe fit apeller fils de Jupiter. *Vau. Quin. l. 8.* Les Anglois apellent les François *Frenchdog,* c'eſt à dire, chien de François : Les Hollandois les nomment *franchemuge,* qui ſignifie moucheron, les Italiens *cervelli leggeri matti,* qui veulent dire legers cerveaux fous ; & les eſpagnols, *Gavaches* qui ſignifie miſerable canere. Il n'y a dans toute l'Europe que les Alemans qui ne nous diſent point d'injures & cependant par une injuſtice extrême, nous n'en diſons preſque qu'à ces genslà.)

Apeller, *v. a.* Envoier querir. Mander. (Ligniere s'en va d'ami en ami eſcroquer quelque diné ſans qu'aucun de ſes amis l'ait apellé, & lors qu'il eſt bien ſaoul, il dit mille groſſieres injures à celui qui l'a regalé.)

Apeller, *v. a.* Citer pour comparoître. (On apelle à Paris, une perſonne en Juſtice lorſque cette perſonne a jeté d'une fenêtre quelque choſe qui a gâté l'habit de celui, ou de celle qui paſſe dans la rue.)

Apeller, *v. a.* Faire un apel à quelcun pour ſe batre avec lui. (Les ordonnances de Louis 14. défendent d'apeller perſonne en duel dans ſon Roiaume.)

Apeller, *v. n.* Terme de Palais. Reclamer le ſecours d'un juge ſuperieur contre quelque procedure renduë par un juge inférieur. (On apelle du Châtelet au Parlement. Apeller d'une ſentence de la Prevôté au Baillage.

Apeller, *v. a.* Terme de Palais. Dire tout haut en pleine audience le nom & la qualité des parties qui ſont en procez, afin que l'Avocat qui eſt chargé de l'afaire & qui doit parler le premier commence à plaider. C'eſt l'huiſſier audiencier qui apelle les cauſes, & c'eſt le gréfier qui écrit les arrêts, où les ſentences que rendent les Juges.

*✳ **Apeller,** *v. a.* Ce mot parlant de religion, ſignifie inſpirer, porter à ſe faire Ecleſiaſtique ou Religieux. (Dieu apelle quelques perſonnes en Religion : mais la neceſſité y en apelle au moins autant que Dieu.)

Apeller, *v. a.* Il ſe dit auſſi parlant de gloire, d'honneur, d'inclination, & de penchant. C'eſt, exciter, émouvoir, atirer, porter. (Rien n'apelle tant à la guerre que le libertinage. Rien ne peut s'arrêter quand la gloire l'apelle. *Opera.*)

✳ **Apeller,** *v. a.* Ce mot au figuré, ſignifie. Faire montrer. Faire parvenir, faire arriver à quelque choſe de grand.

(Quoi ! Vous à qui Neron doit le jour qu'il reſpire
Qui l'avez apellé de ſi loin à l'Empire. . . . .
Rac. Britannicus. a. 1. ſ. 1.)

† **Apeller, épeler,** *v. a.* Terme de *maitre d'école,* C'eſt nommer les lettres d'un mot, afin de lire & de prononcer ce mot. Apeller en ce ſens eſt trés peu en uſage. Le mot dont ſe ſervent d'ordinaire les maitres d'école c'eſt épeller. Apeller une lettre, dites épeller une lettre.

S'apeller, *v. r.* Prononcez *s'apelé. Je m'apelle, je m'apelois, je m'apelai, je me ſuis apelé.* C'eſt avoir un tel nom. Il s'apelle Céſar. Il s'apelle Alexandre. Il y a quatorze Rois de France qui ſe ſont apellez Louis. Celui qui régne s'apelle Louis 14. & eſt âgé de 53. ans.

† **Apendice,** *ſ. f.* Mot qui n'eſt en uſage que parmi les ſavans. Il vient du Latin *appendix.* C'eſt ce qui tient ou qu'on ajoute à quelque choſe, & qui en eſt aucunement détaché. (Les polipes ont des bras qu'ils apliquent à ce qu'ils veulent; & ces bras s'y atachent par le moien de certaines parties qui leur tiennent lieu d'apendices. Ces parties ſont comme des apendices faites en maniere de boutons formez en façon de taſſe dont le bord eſt dentelé. *Perraut, eſſais. T. 3.*

Ce mot *apendice* ſe dit auſſi de quelques remarques que l'on ajoute aprés quelque traité.

Apendre, *v. a.* Du Latin *appendere. I'apens. I'apendis. I'ai apendu. I'apendrai,* C'eſt, atacher dans une Egliſe, ou dans un Temple quelque choſe.

(Vous voiez un homme qui a *apendu* ſes chaines au temple de la liberté. *Sar. Pro.* Il apendit à Neptune les depoüilles des ennemis. *Abl. Luc. T. 2.*)

Apentis. Voi *angar.*

Apescevoir, *v. a.* Découvrir. (Les Barbares l'apercevant, n'oſerent s'aprocher. *Abl. Ret.*)

S'apercevoir, *v. r. Ie m'aperçoi, je m'aperçus, je me ſuis aperçu,* Connoitre, Découvrir. (Je m'aperçus trop tard de ſon artifice. *Gon. Poë.*)

Aperitis, apéritive, *adj.* Qui fait uriner. [Le Citron eſt aperitif. La rave eſt apéritive.]

✳ **Apirtement,** *adv.* Du Latin *aperte.* C'eſt à dire clairement, *Apertement* ne ſe diroit pas bien dans un diſcours poli, (On voit *apertement* qu'Amelot traduit pour les grimauds, d'Abiancourt pour les gens d'eſprit.)

Apesantir, *v. a.* Rendre plus lourd, rendre plus peſant. [L'age eſt une lourde charge qui apeſantit le corps.]

✳ *Dieu apeſantit quelquefois ſa main ſur les pecheurs,* c'eſt à dire, il les punit.

Apeſantir, *v. a.* Au figuré il ſe dit de l'eſprit, c'eſt rendre moins vif. Rendre moins ſubtil, ôter une partie du feu, une partie de la vivacité. [Les neceſſitez de la vie apeſantiſſent l'eſprit, quelque actif, & pénétrant qu'il ſoit. *Nicole, eſſais de morale. T. I.*]

S'apeſantir, *v. r. Ie m'apeſantis, je m'apeſantiſſois. Ie me ſuis apeſanti.* C'eſt devenir lourd, devenir peſant. [On ſent quand on vieillit que le corps s'apeſantit tous les jours, ma tête commence à s'apeſantir.)

Apetisser, *v. a.* Prononcez *apetiſſé,* faire devenir plus petit, rendre plus petit. (Il n'avoit point de plus grand plaiſir que d'apetiſſer tout ce qu'il peignoit.)

Apetisser, *v. n.* Il eſt auſſi quelquefois *neutre,* & ſignifie, devenir plus petit, devenir moins grand qu'on n'étoit.

On lui preſente une ſauciſſe
On la lui met deſſus le gril
Mais auſſi-tôt, s'écria-t-il,
Maman, maman, *elle apetiſſe.*
Dalibrai, vers Satiriques *p. 44.*

C'eſt un goinfre devant qui tout apetiſſe. *Dalibrai œuvrages ſatiriques p. 86.*

† **Apetisser,** *v. a.* Il veut dire, deſirer, ſouhaiter pour manger. *Apetiſſer* ne ſemble point uſité en ce ſens ; & quiconque ſe piquera de parler comme les honnêtes gens ne dira pas cette perdrix rouge, & je l'*apetiſſe* tout ce qu'il fait : mais cette perdrix rouge me paroit rendre & j'en mangerois volontiers.

Apetisant, apetiſſante, *adj.* Prononcez ce mot comme il eſt écrit. Il eſt d'uſage, quoi qu'apetiſſer n'en ſoit pas. C'eſt à dire, qui donne de l'apetit, qui excite l'apetit, qui reveille l'apetit. (Ce pain eſt fort bon & fort apetiſſant. *Dalibrai, œuvrages ſatiriques p. 86.*)

✳ **Apetisant, apetiſſante,** *adj.* Au figuré il ſignifie deſirable, ſouhaitable. (Que ces petits tetons rondelets ſont apetiſſans : Que je voie un peu vos dents. Qu'elles ſont amoureuſes & vos lévres apêtiſſantes. *Mol. D. Juan. a. 2. ſ. 2.* Vous alez, ma belle, être à moi depuis la tête juſqu'aux pieſ, & je ſerai maitre de tout, de vos petits yeux éveillez, de vos lévres apêtiſſantes, de vos tetons rondelets, de vôtre &c. *Mol. Mariage forcé ſ. 2.*)

H 2

APETISSEMENT, f. m. Il ne se dit que dans de certains sujets particuliers, comme dans des matieres de Philosophie & d'autres siences. Prononcez *aperissemant*, c'est à dire, diminution. L'apetissement qui paroit dans les objets éloignez est une espece de Phénomene. *Perrant, essais de Phisique. t. 3. p. 352.*

APETIT, f. m. Du latin *appetitus*. On prononce un peu long l'E du mot apetit. Il signifie en termes de Philosophie, une puissance de raisonner, de souhaiter & de marquer quelque sentiment. Il y a un apetit raisonnable, un apetit sensitif, concupiscible, & irascible.

Apetit, f. m. C'est un desir de manger ; & de satisfaire aux besoins que la nature demande pour se conserver, & reparer ses forces. (Bon apetit, grand apetit. Avoir l'apetit ouvert, c'est avoir faim de bonne heure ; donner de l'apetit, exciter l'apetit, manger d'apetit, avoir bon apetit. N'avoir plus d'apetit. Les capres reveillent l'apetit. Retablir l'apetit. Perdre l'apetit, c'est un apetit dereglé , c'est un desir desordonné de manger de quelque chose. On dit aussi , c'est un apetit de femme grosse ; C'est une passion dereglée de manger des choses mal saines , & que d'autres ne mangeroient pas.)

† * Faire perdre l'apetit ; On dit au même sens , faire perdre le goût du pain. Ces expressions sont comiques. Elles signifient ; faire perdre la vie, sufoquer, étrangler, faire mourir.

† * *Apetit*, f. m. Les femmes qui revendent par les rües de Paris sur des paniers qu'on nomme inventaires , apellent apetit les harangs sorez , & les raves, en criant les raves, elles disent simplement, apetit & en criant les harangs sorez , elle crient apetit , craquelot apetit.

* *Apetit*, f. m. Au figuré, c'est une ardente passion de venir à bout de quelque chose ; un desir ardent de faire. Il y avoit en cela je ne sai quel apetit de vengeance. *Abl. Tac.*

A PEUPRÉS, adv. Presque tout , il y a peu à dire. (Il a raconté à peu prés comme la chose s'étoit passée. Je vous raporte à peu prés la substance de sa harangue. *Vau. Rem.*)

APH.

APHORISME , f. m. Il vient du Grec, c'est un terme de medecin. Sentence qui porte un grand sens en fort peu de mots. Un bel aphorisme. Un aphorisme veritable, un aphorisme seur, certain, assuré. Un aphorisme douteux , faux, incertain. Un aphorisme clair, net, un aphorisme obscur. Un habile medecin doit avoir lû & relû les Aphorismes d'Hipocrate, fameux medecin Grec. Les Aphorismes d'Hipocrate sont un peu obscurs quelquefois , mais ils sont savamment commentez par d'habiles Medecins. Les aphorismes d'Hipocrate sont des Pais inconnus à Messieurs les Medecins. *l'Abé , F. D. , Lom... & autres heureux assassins. (Car pour un que je veux, j'en trouve plus de mille.*

APL.

APLANER , v. a. *Terme de Couverturier*. Faire venir la laine à une couverture avec des chardons. (Aplaner une couverture.)

Aplaneur, f. m. Celui qui avec des chardons fait venir la laine à la couverture.

APLANIR , v. a. Mettre de niveau , unir , égaler. Rendre égal. (Aplanir un chemin, aplanir une montagne. *Abl. Luc. T. 3.*

Emparez de l'extravagance
De vôtre brutale arrogance
Vous surez d'*aplanir* les mons.
Mai. Poë. p. 303.)

* *Aplanir*, v. a. Il signifie au figuré , rendre plus aisé , ôter ce qu'il y a de rude, d'inégal & de difficile. Aplanir les dificultez d'une sience. *Abl. Luc.* Il n'y a point de plus excellente pratique de mortification que celle de suprimer ses humeurs & d'en aplanir les inegalitez. *Nicole essais de morale.*

Aplanissement, f. m. L'action de la personne qui a rendu égal, qui a uni, & qui a mis de niveau. Songer à l'aplanissement des chemins. Faire l'aplanissement d'une montagne.

APLATIR , v. a. Rendre plat. Aplatir une chose ronde.

S'*aplatir*, v. r. Devenir plat. Les joües s'aplatissent lorsqu'on baille.

APLAUDIR , v. n. Il vient du latin *applaudere*. Aprouver par quelques marques exterieures. Ils ne faisoient plus que lui aplaudir des yeux, & du visage. *Vau. Quin. L. 8. c. 4.* Ils ne faisoient qu'aplaudir à ses divertissemens. *Abl. Tac.*

S'*aplaudir*, v. r. *Je m'aplaudi , ou je m'aplaudis , je m'aplaudissois , je m'aplaudis , je me suis aplaudi. Il vient du latin applaudere sibi.* C'est se savoir bon gré de quelque chose, c'est se feliciter soi même de quelque chose qu'on a fait. Aprés que le Pere s'est aplaudi lui-même , il juge souverainement des autres. *D'ancour, sentimens de Cleante t. 2. p. 281.* On apelloit le Grammairien Aprion , le tambour de toute la terre , à cause du grand bruit qu'il faisoit en s'aplaudissant en tout & par tout. *D'ancour , Cleante, t. 2. lett. 9.* Quand j'ai fait quelque petites épigrammes qui montrent que T. de L. est en matiere de prose & de vers un animal achevé, je dis comme Depreaux.

Aussi-tôt je triomphe, & ma muse en secret
S'éstime & s'aplaudit du beau coup qu'elle a fait.
Sat. 7.

Aplaudissement, f. m. Action de la personne qui aplaudit. (Recevoir des aplaudissemens. Donner des aplaudissemens. *Abl.*)

APLICABLE, adj. Qui doit être apliqué. (amande aplicable, un tiers au Roi, & l'autre tiers à l'hopital.

Aplication. Voiez plus bas.

APLIQUE, f. f. *Terme de metteur en oeuvre*. Ornement de pierres précieuses qui s'aplique pour en embelir d'autres. [Une aplique bien dressée.

APLIQUER, v. a. Il vient du Latin *applicare*. C'est, aposer, mettre, (Apliquer le seau , apliquer le scellé. Les Chirurgiens disent , apliquer l'apareil, apliquer une compresse , ou une bande, v. *l'art de saigner.*)

Apliquer, v. a. Donner , (apliquer un souflet. *Abl. Luc.* Apliquer un bon coup de poing. *Sca. Roman Comique.*)

Apliquer, v. a. En matiere criminelle & parlant de la question, c'est faire soufrir, faire endurer. (Apliquer un criminel à la question , aplicuer la question à un criminel.

* *apliquer*, v. a. Dans les sujets de pieté , c'est donner , c'est conferer. (Les instrumens de la nouvelle Aliance sont des instrumens du Saint Esprit qui servent à nous apliquer la grace. *Bossuet , Doctrine de l'Eglise. C. 9.*)

apliquer, v. a. Il se dit parlant de l'esprit , & des facultez de l'ame. C'est atacher fortement son esprit, (apliquer son esprit à la recherche de la verité, *Port-Royal Logique 3. part.*)

† *apliquer*, v. a. C'est aproprier. Faire l'aplication d'une chose à une personne. Il se moquoit du pere N. & lui apliquoit ces paroles. *Pas. l. 4.*

Apliquer, v. a. *Terme de doreur*. C'est , mettre l'or, c'est coucher l'or. Il faut vite apliquer l'or sur la besogne.

S'*apliquer*, v. r. Il est usité parmi les Chirurgiens. C'est *se poser*, *se mettre*. *Je m'aplique. Je m'apliquai , je me suis apliqué* : Il faut tremper les bandes, car étant trempées , elles s'apliquent mieux.

S'*apliquer* , v. r. Il se dit au figuré , de l'esprit & des facultez de l'ame. C'est s'atacher avec aplication à quelque chose , se donner tout entier à quelque chose. *Apliquer* , en ce sens, régit le nom qui le suit au datif, ou l'infinitif avec la particule à. (S'apliquer à la lecture des bons livres. *Abl. Luc.* Ils s'apliquent serieusement à la recherche de la verité. *Male-branche, recherche de la verité. l. 5. C. 2.*

Il faut se résoudre à soufrir
S'apliquer à bien vivre afin de bien mourir.
Poëte anonime.

Aplication, f. f. Prononcez *aplicacion*. Il se dit au propre dans les matieres de chirurgie , & vient du Latin *aplicatio*. C'est, l'action du chirurgien qui met, qui pose une chose sur quelque partie du corps. (Aplication aisée , facile , commode, aplication bien faite , ou mal faite. Montrer l'aplication de l'apareil , enseigner l'aplication de l'apareil, aprendre l'aplication de l'apareil.)

* *Aplication*, f. f. Au figuré. C'est l'atachement de l'esprit , ou de quelqun des sens à quelque chose. (Une grande , une forte aplication , une mediocre aplication , une continuelle aplication. Une rigoureuse , une courageuse aplication. La trop grande aplication use l'esprit ; & principalement celui des vieillards. *Abl. apoph.* Cela détourne de l'aplication qu'on doit avoir. *Saci. Testament , Preface.* La Poësie demande une grande aplication. *God. discours sur Malherbe.*

* *Aplication*, f. f. Maniere dont une chose quadre avec une autre. [Aplication belle, agréable , galante , plaisante, spirituelle , ingenieuse. Aplication sote , ridicule. L'aplication de l'apologue de chene est fondamentalement dangereuse. *Voit. let. 91.* L'aplication est juste. *Abl. apophtegmes.*)

A plomb , adv. Voiez *Plomb.*

APO.

APOCALIPSE, f. f. Il vient du Grec, & veut dire *révelation*. [Le livre de l'Ecriture , qu'on apelle *apocalipse* , se nomme de la sorte , parce qu'il contient les misteres que Jesus-Christ a révelez à Saint Jean. L'apocalipse est aussi admirable qu'elle est peu connuë. *Port-Roial, nouveau Testament, t. 2.*)

† * *Apocalipse*, f. f. Il se dit au figuré du langage , mais en raillant. Il signifie obscurité , discours obscur , & qu'on n'entend pas, ou du moins qu'on n'entend avec peine.

(Ton Phebus s'explique si bien
Que ses volumes ne sont rien
Qu'une éternelle apocalipse.
Mai Poë.

Apocriphe , ou apocrife , adj. Il vient du grec. C'est à dire caché, secret, inconnu & dont on ne sai pas l'origine. En latin *Apocriphus* , il se dit dans l'Eglise, de quelques livres & l'on y

APO. APO. 61

apelle *apocriphes* les ouvrages dont les saints Peres n'ont pas
sçu l'origine, ni les personnes qui en étoient les Auteurs.
Apocriphe, adj. Il se dit aussi des livres gardez & lus secretement dans l'Eglise. *Port-Roial racines Grèques*. Il se dit aussi
des livres dont les Auteurs n'ont pas été divinement inspirez,
comme les Prophétes & les Apôtres.

* *Apocriphe*, adj. Il se dit encore des choses & des personnes.
Il veut dire, qui n'est pas autentique Qui n'est point aprouvé.
(Ce sentiment est apocriphe. T. d. L. est un auteur diablement apocriphe. Tacite, de la traduction d'Amelot, est un
ouvrage si apocriphe que le Libraire qui l'a imprimé enrage,
& donne tous les jours cent fois au diable un si maudit traducteur.

Apogée, s. m. Il décend du Grec; & c'est un terme d'Astronomie
Il se dit des astres & des planettes. C'est le point où l'astre,
& la planette sont les plus éloignez de la terre. (Planette qui
est dans son apogée. Astre qui est dans son apogée.)

† * *Apogée*, s. f. Au figuré, il est un peu suranné. Il se dit des
personnes & c'est le plus haut degré d'élévation, ou d'honneur, où une personne puisse monter. (Amelot croit sa gloire
dans son apogée, parce qu'il a traduit tacite en Gaulois)

APOINTER, v. a. Terme de Palais. Ce mot immédiatement
suivi d'un verbe veut l'infinitif avec la particule à, & il signifie regler, ordonner. (Apointer les parties à écrire; Apointer
les parties à produire. Apointer au Conseil. *Pat. plai.*)

Apointer, v. a. Terme de corroieur. C'est fouler en dernier
tout prêt pour mettre en suif. [Apointer un bœuf, apointer
une vache.]

Apointer, v. a. Terme de Tapissier. C'est plier un matelas en
deux, & y coudre vers chaque bout, deux ou trois points
pour l'arrêter. (Il faut vite apointer ces matelas, & les emporter.)

Apointé, s. m. Terme de guerre. Soldat qui a plus de paie que
le simple soldat, (Etre apointé. On a suprimé les apointez
des Régimens, hormis ceux du Regiment des gardes. *Voi les
Réglemens de la guerre.*)

† * *Ils sont apointez contraires*. Façon de parler proverbiale tirée
du palais. C'est à dire que les personnes à qui l'on aplique
ce proverbe, sont brouillées ensemble.

Apointement, s. m. Terme de Palais. Prononcez *apoîtman*.
C'est un reglement que le Juge donne à l'audience, (Les principaux apointemens sont les apointemens au Conseil, les
apointemens à ouïr droit, les apointemens en droit à écrire,
& à produire les apointemens à informer, les apointemens à
mettre. Signer un apointement, faire recevoir un apointement, faire passer un apointement par les parties, casser un
apointement, abroger un apointement.)

Apointement, s. m. Gage qu'un Prince, qu'une personne de qualité, ou qu'un riche donne à un serviteur qui est en quelque
consideration. Apointement en ce sens, est pour l'ordinaire
au pluriel. (De bons apointemens, de grans apointemens,
de considerables apointemens. Les Magistrats reçoivent des
apointemens du Prince. Les tributs qu'on paie aux Rois, ce
sont comme les apointemens de la Royauté. *Abl. Luc.* T. 1.
Diminuer, retrancher, augmenter les apointemens, paier les
apointemens. Refuser les apointemens. Le Roi François
premier doubla les apointemens d'Alciat, fameux Jurisconsulte. *Voi Teissier, hommes savans de Monsieur de Thou*, T. 7.

Apollon, s. m. C'est le souverain du Parnasse, & celui qui inspire
les Poëtes. Apollon n'a pas daigné regarder le pauvre T.

* *Apollon*. Ce mot au figuré signifie un grand Poëte.

L'Apollon de nos jours Malherbe ici repose.
Gomb. epigrammes.

APOLOGETIQUE, s. m. (Il vient du Grec. C'est le nom d'une piéce
d'éloquence que Tertullien a faite pour défendre les Crétiens. (Giti fut reçu à l'academie. Françoise à cause qu'il
avoit traduit de Latin en François l'Apologétique de Tertullien, & que sa traduction plut au C. de Richelieu.)

Apologétique, adj. Il vient du Grec, & veut dire qui contient
la défense de quelque personne. (On a fait un discours apologétique en faveur de l'ânerie de la plupart des Medecins de
Paris.)

Apologie, s. f. Il vient du Grec. C'est tout ce qu'on écrit pour sa
défense, ou pour celles des autres. (Une belle, une éloquente
apologie, composer une apologie. Faire une apologie. Ogier
a fait l'Apologie de Balsac, & Costar celle de Voiture, & ces
apologies sont fameuses.)

Apologique, adj. Il vient du Grec & se dit du discours. Il signifie qui defend, qui justifie. [Discours apologique. Ouvrage
apologique, Œuvre apologique.

Apologiste, s. m. Il décend du Grec. C'est celui qui justifie, c'est
celui qui défend une ou plusieurs personnes acusées. [Tertullien est l'un des plus célèbres Apologistes des Crétiens.
Giri, apologique de Tertulien, Préfaces. Le Pere & son apologiste font de grandes bevuës. *D'Aucour, Cléante*, T. 2.]

Apolgue, s. m. Il vient du Grec. C'est une fable morale. [Un
apologue plaisant, charmant, utile, necessaire, agréable, recréatif, ingenieux, spirituel, un bel apologue, un apologue
fort beau, & fort divertissant. Un joli apologue. Esope a

fait des apologues Grecs pleins d'esprit, & Baudoin les à
traduits en prose. Phedre a composé en tres-beaux vers Latins
les apologues d'Esope, Messieurs de Port-Roial ses ont mis
en un tres-agreable François, & la Fontaine en vers François
fort plaisans.

L'apologue est un don qui vient des immortels;
Ou si c'est un present des hommes
Quiconque nous l'a fait merite des autels;
La fontaine fables 3. partie. l. 1.]

APOPHISE, s. f. s. f. Il vient du Grec. Terme d'Anatomie. C'est ce
qui est né sur quelque autre chose, & qui est attaché à cette
chose comme une excroissance naturelle. On apelle en anatomie, *apophises*, les parties qui ont une saillie, soit dans les
os, comme celle qui est au coude, soit dans le cerveau comme celles qu'il a vers le nez, apellées *apophises mammillaires*,
parce qu'elles ressemblent à des mamelles, ou plutôt au pis
d'une vache.

APOPHTEGME, s. m. Il décend du Grec. C'est un sentiment vif,
& court sur quelque sujet, ou une réponse promte & subtile
qui cause le ris & l'admiration. (Un bel apophtegme, un
apophtegme grave, serieux plaisant, agréable, nouveau,
beau, admirable. Monsieur d'Ablancourt a fait un joli Recueil
des Apophtegmes des Anciens.)

APOPLECTIQUE, adj. Il vient du Grec, & signifie qui tient de
l'apoplexie. (Simptome apoplectique. Mouvement apoplectique. Il mourra apoplectique.)

Apoplexie, s. f. Il vient du Grec. C'est une obstruction du principe des nerfs qui tout d'un coup prive de mouvement & de
sentiment tout le corps. (L'apoplexie est dangereuse & à
moins que d'être bien secouru, on en meurt. Charles 8. Roi
de France tomba en apoplexie un jour qu'il regardoit joüer à
la paume, il en mourut quelques heures aprés à son Château
d'Amboise, le sixiéme d'Avril 1495. *Cordemoi histoire de France*.)

APORTER, v. a. Il vient du Latin *apportare*. C'est porter à une
personne dans le lieu où cette personne est. Si je suis chez un
homme de lettres de mes amis, je lui puis dire, je vous *aporterai* demain les factums du Seigneur Furetière contre l'academie Françoise, mais je suis seur que vous ne les lirez jamais
sans bâiller.

* *Aporter*, v. a. Aléguer, dire. (Aporter de bonnes raisons
pour se justifier. *Abl. Luc.* T. 3. Aporter de méchantes raisons
pour se défendre. *Abl. Luc.*)

Aporter, v. a. Etre cause, causer. Cette prise aporta de la honte
aux vainqueurs. *Abl. arr.* 16.

APOSEME, ou *apozéme*, s. m. Il vient du grec & est un terme d'apoticaire. C'est une decoction faite, & preparée avec des racines & d'autres simples pour la guerison de quelque malade. Un
aposeme laxatif, un aposeme purgatif, astringent, sudorifique, diuretique, un aposeme vulneraire & dans lequel on met
quelque remede.

APOSER, v. a. Il est *de pratique*, & vient du Latin *apponere*
C'est *mettre*. C'est apliquer, mettre. Si H... qui comme son
fourbe de pere est neïé de dettes, avoit ses biens échus, ses
creanciers & feroient bien-tôt aposer le féellé par le Juge de
Vitti le françois. Car dans la Province ce sont les juges, qui
aposent le féellé eux-mêmes. Le procureur du Roi peut faire
aposer le féellé sur les biens d'une personne morte pour la conservation des droits des enfans mineurs de cette personne. Les
creanciers d'un débiteur absent, ou d'un banqueroutier, peuvent
faire aposer le féellé.

Aposition, s. f. Prononcez *apoxicion*. Il vient du Latin *appositio*.
Terme qui se dit *entre marchands*. C'est l'action qui s'aplique
une chose sur une autre pour la marquer. Les Orfévres disent,
se trouver à l'*aposition du point*, pour marquer l'or & l'argent.
Cette aposition faite s'apelle la marque qui est un mot en
quelque façon, general, qui se dit de l'étain, du papier &
d'autres choses qu'on marque pour l'interêt du Roi & du
public.

APOSTASIER, v. n. Il vient du Grec. C'est abandonner la Religion que l'on avoit d'abord suivie, & en prendre une autre,
(C'est un scelerat qui a déja apostasié deux ou trois fois.)

Apostasie, s. f. Il vient du Grec. C'est un abandonnement de
la Religion que l'on avoit embrassée. (Julien à son Apostasie prés, fut le premier des Césars, *Spanheim, traduction
des Césars, préface*. Luter soutint constamment son apostasie
dans la Diete de Ratisbonne. *Fra Paolo Concile de Trente*.)

Apostat, s. m. Il décend du grec. Celui qui abandonne la religion qu'il avoit suivie, & en prend une autre. (Un franc
apostat, un vrai apostat, un méchant apostat, un celebre apostat. Luters'étant retiré dans la solitude d'Alstat y composa un
livre contre les vœux monastiques, qui fit une infinité d'apostats. *Vie d'Ignace de Loyola.*)

Apostate, s. f. Il vient du grec. C'est celle qui abandonne sa
religion pour en prendre une autre. (Une vraie apostate,
une franche apostate. Etre reconnuë pour apostate.

APOSTER, v. a. Se prend toûjours en mauvaise part, & signifie atirer, emploïer quelcun pour entreprendre & pour faire
quelque chose. (Je vous demande une chose, qui est, que

H 3

APO

vous ne vous imaginiez pas que j'aie aposté ce vieillard. *Port-Royal, Terence, Andrienne, a. 5. s. 3.*

Il pourroit méditer quelque indigne vengeance
M'imputer quelque crime, m'aposter des témoins.
Desmarais, a. 5. s. 1.

APOSTILLER, *v. a.* Faire de petites notes aux marges d'un livre pour se ressouvenir de ce qu'il y a de plus beau dans ce livre. (Apostiller un livre. Feu Patru apostilloit tous les livres qu'il lisoit.)

Apostille, s. f. Petite note qu'on fait pour se rafraichir la mémoire de ce qu'on a vû de remarquable dans quelques ouvrages. (De savantes apostilles, de jolies, de belles, de curieuses, d'agreables apostilles. Faire des apostilles sur quelques livres curieux.)

APOSTOLAT, *s. m.* Il vient du Grec. Dignité d'Apôtre. Ministere, & exercice d'Apôtre. Nous avons reçu par Jesus-Christ nôtre Seigneur, la grace & l'Apostolat que nous exerçons en son nom. *Port-Royal, Epitres de S. Paul. C.* 1. L'Apostolat est quelque chose de grand & de saint. *Godeau prières.* Montrez-nous lequel vous avez choisi, afin qu'il entre dans l'Apostolat. *Port-Royal actes des Apôtres, chap.* 1. Judas déchut de son Apostolat par son crime. *Port-Royal, Actes des Apôtres.*)

Apostolique, adj. Il est tiré du Grec, & veut dire, qui est d'Apôtre, qui tient de l'Apôtre. (Saint Paul n'a pas été éloquent à la maniere que le sont les hommes à qui l'on a donné ce nom, mais d'une éloquence Apostolique & toute divine. *Saci, Nouveau Testament poës. 2.* C'est un homme Apostolique. *Patr. plaid.* 16. C'est une maxime Apostolique. *God. prières.*)

Apostolique, adj. Terme de l'Eglise Romaine. Qui est du saint Siége, qui vient du Pape. (Obtenir un rescrit Apostolique.)

Apostoliquement, Prononcez *apostolikeman.* C'est à la maniere des Apôtres, saintement. (Vivre Apostoliquement. Prêcher apostoliquement.)

APOSTROPHE, *s. f.* Prononcez *apostrofe.* Il vient du Grec. Terme de Grammaire. Petite marque qui montre qu'on a retranché la derniere voïelle d'un monosilabe qui s'est rencontré devant la voïelle d'un mot qui le suivoit immediatement. (*que, je, me, te, se, le, la, ni l & si* devant *il,* soufrent apostrophe. Une apostrophe bien ou mal faite, une petite apostrophe. Faire une apostrophe. Il faut mettre là une apostrophe. Les Alemans, les Anglois, les Suédois, les Dannois, les Polonnois ni les Espagnols n'ont point d'apostrophes ; mais les François & les Italiens en sont pleins.)

Apostrophe, s. m. Terme de Rétorique. Figure qui consiste à s'adresser dans un discours oratoire à une personne, ou à une chose à laquelle on ne parloit point auparavant. (Une apostrophe ingenieuse, judicieuse, L'Apostrophe est touchante lors qu'elle est faite avec esprit.)

Apostropher, v. a. Terme de Grammaire. Il vient du Grec. C'est retrancher la derniere voïelle du monosilabe qui se rencontre immediatement devant la voïelle du mot qui le suit. (On n'apostrophe que les mots d'une silabe.)

Apostropher, v. a. Terme de Rétorique. C'est adresser son discours à une personne, ou à une chose à laquelle on ne parloit point auparavant. (Il a apostrophé le Prince au milieu du Panégirique, ou plutôt il a fait une apostrophe au Prince.)

† *Apostropher, v. a.* Apeller, qualifier, Apostropher en ce sens à quelque chose de satirique.

(Vous allez de vos biens revêtir un nigaud
Un pedant qu'à tout coups vôtre femme *apostrophe*
Du nom de bel esprit & de grand Philosophe.
Mol. femmes savantes, a. 2. s. 9.

APOSTUME, *s. f.* Il decend du Grec. Tumeur où il y a des humeurs suporées, ou assemblées. *Tet.* (Une fâcheuse apostume, une apostume dangereuse, une apostume incurable. Panser une apostume, guerir quelcun d'une apostume.)

† * *Il faut que l'apostume crève.* Façon de parler proverbiale, pour dire, il faut enfin que la chose éclate.

† *Apostumer, v. n.* Il vieillit, & en sa place on dit *superer,* ou venir à suparation. Abcés qui commence d'apostumer, ou plutôt qui commence de superer, ou de venir à suparation.

APOTEOSE ; ou *apotheose.* Il derive du Grec. Ce sont les jeux, & les ceremonies que les anciens faisoient lors qu'ils mettoient un homme ou quelqu'autre chose au rang des Dieux.

Admirez une belle chose
La surprenante apoteose.
De * *.*

APO

Faire l'apoteose d'une personne. *Jugement des Savans T.* 4. *page* 194.)

APOTICAIRE, *s. m.* Il vient du Grec. C'est un animal qui gagne extrémement, & qui fait bien ses parties. Cette definition est trop particuliere, celle-ci est plus generale. L'Apoticaire est celui qui sur l'ordonnance du Medecin, prépare les remedes pour les malades. (Un bon, un habile, un fameux, un excellent apoticaire, un riche apoticaire. Apoticaire charitable. C'est celui qui donne par charité des remedes. C'est aussi un Livre qui traite des remedes & de la Medecine. Riche apoticaire, vieux Medecin, & jeune Chirurgien. Apoticaire fantasque, & Medecin ivrogne. Faire de son corps une boutique d'Apoticaire, C'est prendre trop souvent des remedes & des medecines. Voi *lettres de Patin préface.*)

Apoticairerie, s. f. C'est le lieu du Couvent, ou d'une maison de quelques Prince, ou de quelque grand Seigneur où l'on met tout ce qui regarde la profession de l'apoticaire. (Une belle apoticairerie, une apoticairerie bien rangée, en bel ordre, bien ordonnée. L'apoticairerie des Capucins du faux-bourg S. Jaques de Paris, est tout-à-fait propre & bien entendue. Celle des Cordeliers de Paris est aussi fort jolie : mais l une des plus belles apoticaireries qui soit au monde, est celle de Lorette en Italie. Toutes les Chevrettes & les autres pots qui servent aux Apoticaires, en ont été peints par Urbin & par Raphael excellens peintres, & sont tous embelis de quelque figure de l'Ecriture sainte.

Apoticairesse, s. f. Religieuse qui prépare les remedes pour les malades de son Couvent ; & qui consulte le Medecin en leur faveur. (Une bonne, une charitable, une soigneuse, une vigilante apoticairesse. On a fait la Mere N... apoticairesse de la maison.)

Apoticairesse, s. f. Femme d'Apoticaire.

Apoticairesse. En ce sens, est bas & comique, & l'on dit simplement, femme d'Apoticaire. L'apoticairesse que l'honnête, l'agreable & le savant Monsieur VV. baisoit autrefois à Paris étoit jolie & bien faite.)

APÔTRE, ou *Apôstre, s. m.* S ne se prononce point dans ce mot. Il vient du Grec. C'est celui qui a été Disciple de Jesus-Christ. Jesus-Christ a eu douze Apôtres. Les premiers de l'Eglise, ce sont les Apôtres, & leur vie a servi & devroit encore servir de modelle à ceux qui ont embrassé l'état Ecclesiastique. Saint Pierre a été un tres-grand Apôtre, & Saint Paul un Apôtre tres zelé. Du tems du Pape Sergius, les Sarazins emporterent de Rome les corps des Apôtres Saint Pierre & Saint paul. *Columelius opuscula pag.* 137.)

† * *Apôtre, s. m.* Il est quelquefois comique, & alors il signifie gaillard, éveillé, un peu libertin & qui fait de petites malices. La plu-part des jeunes Abez sont de bons Apôtres.

Tout Picard que j'étois, j'étois un bon Apôtre.
Rac. plaideurs a. 1. s. 1.

APOZEME. Voi *aposéme.*

APR.

Apre, ou *aspre, adj.* L's ne se prononce point dans le mot *aspre,* & montre seulement que la premiere silabe en étant un peu longue, doit avoir un circonflexe. Apre vient du Latin *Asper.* Il signifie qui a de l'âpreté, qui possede une qualité âpre, & qui a quelque chose de rude. *Apre* ne se dit point des personnes. (Il y a en cela quelque chose de trop âpre.

Ni les âpres frimâts, ni les grandes chaleurs
N'y ternissent jamais le bel émail des fleurs.
Segrais, eglogue 6.)

* *Apre, adj.* Il ne se dit au figuré que des personnes, & signifie, ardent, avide, qui a une passion violente pour quelque chose. *âpre,* suivi d'un substantif veut le Datif. Mr le Grefier Gerardin est âpre à l'argent, mais étant suivi d'un verbe, il veut l'infinitif avec la particule *a.* Le vieux penard N. est âpre à prendre & lent à rendre.

Aprele, ou *apresle, s. f.* Herbe dont les feuilles sont fort rudes, & qui est propre à froter le bois & la vaisselle.

Aprement, adv. Fortement. Prononcez *apreman.* Il gele âprement.

* *Aprement.* Au figuré, il signifie violemment, rudement. (On arrêta l'autre jour au Parnasse qu'on reprimanderoit âprement le petit A. d'avoir osé traduire des ouvrages d'une langue qu'il n'entend qu'en grimant, en une autre où il ne s'exprime qu'à l'antique.

* *Aprement, adv.* Au figuré, il signifie aussi avec ardeur, ardemment. (Se prendre âprement au travail.)
Voiez *âpreté* en son rang.

APRÉCIER, *v. a.* Il vient de l'Italien *apprezzare.* C'est regler le prix de quelque chose qui s'achete. Apréciar une Terre, apréciar une maison. Les beutrieres de Lion ont aprécié à 2. petites pièces les ouvrages du pauvre T. & le Libraire les leur a abandonnez.

APR.

Aprèciation, s. f. Prononcez *aprèciation*. C'est le prix & la valeur qu'on a mis à quelque chose qui est à vendre. (Aprèciation juste, raisonnable. L'aprèciation est faite dans les formes.)

Aprèciateur, s. f. Celui qui regle, ou qui est établi pour regler le prix de quelque chose. (il a été ordonné que cette maison sera estimée par les aprèciateurs.)

APREHENDER, v. a. C'est craindre, avoir peur. On doit aprehender la pauvreté : car elle est horrible, & elle fait trembler dans la personne de Cas... de Vau... Si H. continuë sa vie, on aprehende pour lui, la corde, ou tout au moins les galéres.)

Aprehender v. a. Ce mot signifiant craindre & étant immediatement suivi d'un verbe, veut la particule *de* quand le verbe qui le suit est à la même personne que lui ; sinon, il veut la particule *que*, avec le subjonctif. Les gens aprehendent *de* mourir, parce qu'ils sont heureux sur la Terre. On aprehende *que* les méchans ne périssent pas. C'est à dire, qu'on souhaite qu'ils périssent. On aprehende que les gens de bien ne souffrent beaucoup, c'est à dire, qu'on voudroit qu'ils ne souffrissent point.)

Aprehender, v. a. C'est *se saisir* d'une personne Aprèhender dans ce sens vient du Latin *aprehendere*, & est purement du Palais. (Les creanciers du pauvre bon homme V. ont obtenu une prise de corps contre lui, & ils le feront aprèhender, à moins qu'il ne prenne vite une once de fuite purgative du côté de Provence.)

Aprehensif, *aprehensive*, adj. Qui craint, qui a peur. (Le lièvre est de tous les animaux, celui qui est le plus aprehensif. La plus part des femmes sont aprehensives)

Aprehensive, s. f. Crainte, peur. (Aprehension continuelle, perpetuelle, mortelle, grande, horrible, forte, particuliere, effroïable, furieuse, incroïable, terrible. Etre dans une perpetuelle aprehension. *Abl. Luc.* Etre agité d'aprehension, & de douleur. Etre tourmenté d'une continuelle aprehension. Les riches & les méchans ont une horrible aprehension de la mort. Il est bon de donner à de certaines gens, l'aprehension de l'avenir.)

APRENDRE, v. a. *j'aprens*, *j'aprenois*, *j'apris*, *j'ai apris*, *j'aprendrai*, *j'aprisse*. Il semble venir de l'Italien *apprendere*. C'est instruire, c'est enseigner, c'est donner à quelcun des connoissances qu'il n'avoit pas. C'est montrer, c'est faire connoître quelque chose à une personne. Aprendre en ce sens & étant suivi d'un verbe, veut ce verbe qui le suit à l'infinitif avec la particule *a*. (L'on n'aprend pas aux hommes à être honnêtes gens, & on leur aprend tout le reste, *Pascal*, *pensées*. Cela vous aprendra *a* vous fier à vos alliez. *Abl. Ret. l. 5.*)

Aprendre, v. a. Ce mot se dit aussi de celui qui est instruit & enseigne, & il signifie étudier & prendre du soin & de la peine pour aquerir quelque connoissance. (Il aprend la Philosophie ; il aprend à faire des armes, il a apris la Geometrie. Il veut aprendre un métier.)

Aprendre, v. a. C'est mettre une chose en sa memoire, & s'en ressouvenir. (Un Comedien doit bien aprendre son role avant que de paroître sur le teatre ; & un Predicateur son Sermon avant que de monter en chaire. Aprendre quelque chose par coeur. C'est à dire, avec ardeur, parce que c'est au coeur qu'est la passion de faire quelque chose. Et l'on se sert de ces mots aprendre par coeur, pour dire, aprendre en telle sorte qu'on puisse redire mot pour mot ce que l'on a apris. *Pasquier, recherches l. 8. c. 8.*)

Aprendre, v. a. C'est aquerir de nouvelles lumieres dans son esprit. (On n'aprend rien en aprenant la Philosophie vulgaire.)

Aprendre. Il signifie quelquefois s'instruire, & regit le verbe qui le suit à l'infinitif avec la particule. *a*. (En faisant bien, on aprend à faire mieux, & même quelquefois en faisant des fautes, on aprend à les éviter. *Cesar, lettres* T. 2, let. 119. On fait savoir à tous ceux qu'il apartiendra que quiconque veut aprendre à mal écrire, il n'a qu'à lire les ouvrages de N. C'est principalement auprès des femmes qu'on aprend à être agreable.

Aprendre. C'est savoir quelque chose par le raport d'autrui (Philis je ne vous vois plus, parce que j'ai apris de vos nouvelles. La gazette, le Journal des Savans, & le Mercure Galant nous aprennent souvent de jolies choses.)

Aprendre. Penetrer, connoitre, découvrir. Aprendre par les sacrifices le succez des afaires. *Vau. Quin. l. 7.* Plusieurs croient que par les figures de Geomance on peut aprendre le bon ou le mauvais succès d'une afaire, mais ces gens semblent de legére creance à bien du monde.)

Aprenti, s. m. C'est celui qui est sous un maitre, & qui le doit servir un certain tems reglé pour aprendre le métier dont ce maitre fait profession. (Tout aprenti est engagé par un brevet passé devant Notaire, & l'artisan qui prend l'aprenti & qui en a quelque argent, s'oblige aussi de lui bien montrer le métier qu'il veut savoir. (Un bon aprenti, un aprenti diligent, vigilant, laborieux, soigneux negligent, paresseux. Prendre un aprenti, obliger un aprenti. Avoir d'un aprenti.)

* *Aprenti*, s. m. Au figuré, c'est à dire, qui ne fait pas encore bien une chose, qui n'est pas adroit à faire quelque chose.

APR.

(Il n'étoit pas aprenti à manier les armes. *Vau. Quin. l. 4.* Le petit A. est un aprenti traducteur ; & quelque gêne qu'il donne à son esprit pour être maitre passé dans ce bel art, il a bien la mine de n'être toute sa vie qu'un tres chetif aprenti)

Aprentissage, s. m. C'est le tems qu'un aprenti ou qu'une aprentisse est à métier. [Un long & penible aprentissage. Un facheux aprentissage, un heureux aprentissage. Commencer son aprentissage. Etre en aprentissage, faire son aprentissage. Entrer en aprentissage, achever son aprentissage. L'aprentissage s'écoule vite, quand on a le coeur au métier.)

* *Aprentissage*, s. m. Au figuré, c'est le commencement auquel une personne s'exerce en quelque chose de considerable. (un glorieux aprentissage, un illustre, un fameux aprentissage. Il fait l'aprentissage du bel art de la guerre. Vous suffisez fait sur moi l'aprentissage d'une impitoïable vertu. *Voiture l. 22.*)

Aprentisse, s. f. Un savant de Province m'a fait la grace de m'écrire que le mot d'aprentisse étoit suranné, cela est peut être vrai dans la Province: mais à Paris, où je suis, il est fort usité. L'aprentisse est une jeune fille, qui en presence de quelques jurées, s'oblige devant un Notaire à une maîtresse du métier dont elle fait profession, & cela en lui donnant quelque argent & durant un certain nombre d'années reglé. La jolie, une agreable aprentisse, une aprentisse fort exacte, & fort soigneuse. L'aprentisse bouquetiére est obligée quatre ans. L'aprentisse lingére autant, l'aprentisse couturiere trois.)

Aprés. Proposition dont la derniere silabe est un peu longue & qui regit l'acusatif, elle signifie ensuite en Latin *post*. (Le Temple de Salomon fut commencé quatre cens quatre-vints ans après la sortie d'Egipte. *Port-Roïal, histoire de la Bible.* Je fus berné vendredi après diné, pource que je ne vous avois pas fait rire. *Voit. l. 9.*)

Aprés tout. C'est à dire, tout bien consideré. (après tout M. n'est qu'un petit sot plein de fourberie & d'une vanité insupportable.)

Aprés, adv. Prononcez la derniere silabe un peu longue, & manquez là d'un acent. Il veut dire ensuite. (Priez Dieu presentement ; & vous travaillerez après.)

Aprés. C'est entre dans quelques façons de parler communes. Si l'on demande, travaille-t-on ? on repond, on est après. C'est à dire, on y travaille. Je suis après à faire ce que vous voulez. C'est à dire, je fais ce que vous avez ordonné.

Aprés. Conjonctive; qui se met devant le preterit de l'infinitif, & qui se rend en Latin par *postquam* & en François *lors que*. Jeroboam mourut après avoir regné vingt-deux ans. *Port-Roïal, histoire de la Bible*. C'est comme si l'on disoit, lors qu'il eut regné 22 ans.

Aprés que. Conjonctive, en Latin *postquam*. Après que, se met quelquefois avec le subjonctif, & souvent avec l'indicatif, (Aprés que Salomon eut bati un palais pour lui. *Port-Roïal.* Aprés que j'eus diné, je me mis à étudier.)

Aprés-dinée, s. f. Espace de tems qui est depuis le diné jusqu'au soir. Une belle après dinée, une agreable, une charmante après dinée. Ne mettons point nôtre felicité dans une chose qui est ce matin à nous, & qui pourra être à nôtre énemi cette après-dinée. *Balz. entretien 22.*

Iris ; vous avez souhaité
De me voir avec liberté
Quelque jour, quelque après-dinée,
Mais vous en êtes détournée.
Gomb. Poës.

APRETADOR, s. m. Ce mot est purement Espagnol. Sarazin le voulut introduire dans nôtre langue, mais en vain. C'est un ornement qui est enrichi de pierreries, & que les Dames de qualité portent en Espagne. Un apretador fort riche. Un bel apretador. Un magnifique apretador. Ils portoient des marques de plusieurs victoires galantes, des bracelets de cheveux, des bracelets, & des apretadors. *Sar. Pompe de Voiture in douze*, page 359.

Aprêt, ou *apprêt*, s. m. Il s'écrit de l'une ou de l'autre façon mais il ne se prononce pas, & montre seulement que la derniere silabe d'un mot d'aprêt est un peu longue. Aprêt signifie aparail. (Les aprêts des repas d'Antoine & de Cleopatre étoient magnifiques. *Citri, Triumvirat 3. parties ch. 12.* Nous retournames du navire faire les aprêts necessaires. *Abl. Luc T. 2. histoire veritable.*

Vous verrai-je toûjours renonçant à la joie,
Faire de vôtre mort les funestes aprêts.
Rac. Phedre, a. 3. s. 3.

Aprêt, s. m. Terme de Chapelier. C'est de l'eau boüillie, où il a de la gomme, dont le chapelier se sert pour donner plus de corps & de lustre aux chapeaux. (C'est aprêt est bon, cét aprêt ne vaut rien. Faire de l'aprêt. Mettre de l'aprêt à un chapeau. Il n'y a point de chapeau où il n'y ait de l'aprêt aux uns plus, & aux autres moins.

Aprêt, f. m. Terme de Bonnetier. C'est une sorte de lustre qu'on met dans la marchandise pour la rendre plus belle & plus brillante. (Il n'y a point d'aprêt dans ces bas. Les bas qui font sans aprêt, ne sont pas les plus beaux, mais ce sont les meilleurs.)

Aprêt, f. m. Terme de Drapier. Eau gommée qui lustre le drap, & le rend plus ferme. (Bon aprêt, mechant aprêt. Il faut bien ménager l'aprêt dans le drap.)

Apreté, aspreté, f. f. Prononcez presque *âpreté*. Cependant ce mot en vers fait necessairement trois syllabes. Il semble venir du Latin *asperitas*. Il se dit de certains fruits. C'est une saveur & une qualité, apreté qui se rencontre dans le fruit. (L'apreté qui se trouve aux fruits, diminuë à mesure que les arbres vieillissent. *Maniere de cultiver les arbres, chap. 2. page 12.*

Apreté, f. f. Il se dit du froid & des hivers, & signifie violence. (la rigueur & l'apreté des hivers ne l'arrêtent point. *Patru discours sur le travail.*)

Apreté, f. f. Il se dit des chemins, des roches, & des montagnes, & signifie ce qu'ils ont de rude & de raboteux. (Vous rétablirez un chemin de sa hauteur, & son apreté rendent difficile. *Bossuet, Oraison funebre.*)

Apreté, f. f. Au figuré, il se dit des personnes, Maniere de ferocité, mâle & courageuse. Cette apreté de naturel qui ne se rendoit jamais aux difficultez. *S. Evremont, génie du peuple Romain, c. 2.*

Aprête, aprête, f. f. Il s'écrit de l'une ou de l'autre façon: mais la lettre *s.* ne se prononce pas, & montre seulement que la seconde syllabe est longue. Petit morceau de pain delié & coupé en tranche & en long, avec lequel on mange un œuf frais & moller. (Aprête trop petite, aprête trop grosse. Faire des aprêtes : voilà trop d'aprêtes pour un œuf. On prend le jaune d'œuf avec l'aprête, & on le mange.)

Aprêter, aprêter, v. a. La lettre *s.* ne se prononce point, mais on l'écrit sans *s.* ou avec *s.* & il semble venir de l'Italien, *aprestar.* C'est preparer, tenir prêt, faire tout l'aprêt, tout l'apareil ou toute la preparation qu'il faut pour une chose. (Aprêter le diné, aprêter le soupé, aprêter la colation.)

Aprêter, v. a. Etant instamment suivi d'un verbe, il veut la particule à & ce verbe qu'il regit, à l'infinitif. C'est faire tout ce qu'il faut pour quelque chose. Vous aprêtez à rire à ceux qui vous entendent. *Mol. Critiq. s. 5.*

* *Aprêter.* Au figuré, il se dit des loüanges qu'on donne aux gens, & il signifie ajuster, accommoder. (La délicatesse est fatiguée de beaucoup d'éloges qu'on a mal aprêtez. *Benserade.*)

Aprêter, v. a. Terme de Chapelier, c'est mettre de l'aprêt à un Chapeau, prendre de l'aprêt avec la main, & la passer sur le Chapeau, pour lui donner plus de force, & le rendre plus ferme. (Aprêter un Chapeau.)

Aprêter, v. a. Terme de Bonnetier. C'est rendre la marchandise plus ferme & plus belle, en y mettant de l'aprêt. (Il faut aprêter ces bas.)

S'aprêter, v. r. Se preparer, être en état de faire quelque chose. *Je m'aprête, je m'aprêtai, je me suis aprêté, je m'aprêterai.* Ce verbe suivi d'un autre, veut cet autre à l'infinitif, precedé de la particule à. (Une foule de mal-contens s'aprête à le tourmenter. *Ablancourt, Luc.* Mousquetaires aprêtez-vous.)

Aprêteur, aprêteur, s. m. On l'écrit de l'une ou de l'autre forte, mais l'*s.* ne se prononce pas, & montre seulement que la seconde syllabe du mot, est longue. On apelle Aprêteur, celui qui met la premiere couche sur le verre qu'on doit peindre. C'est un aprêteur qui est habile.

APRIVOISER, *v. a.* Rendre moins sauvage. Adoucir le naturel sauvage. (Aprivoiser une bête sauvage. *Vau. Quin. l. 8.* Aprivoiser une personne.)

S'aprivoiser, v. r. Je m'aprivoise, je me suis aprivoisé, je m'aprivoisai. Se rendre moins sauvage. (Loup qui s'aprivoise.)

* *S'aprivoiser.* Se rendre plus familier. S'acoutumer S'adoucir. (Il commence à s'aprivoiser. *Sca.* On s'est aprivoisé à ce mot. *Vau. Rem.* La perfidie s'aprivoise par les bien-faits.*Vau. Quin. l. 7.*)

APROBATEUR, *s. m.* Il se prononce comme il est écrit, & vient du Latin *approbator.* C'est celui qui aprouve une chose. C'est celui qui donne son aprobation à une chose, ou à une personne. Un glorieux, un fameux, un celebre, un illustre aprobateur. Je vous remets le soin de m'aquiter envers mes illustres aprobateurs. *Faf. l. 3.* Les aprobateurs sont autant de témoins qui nous persuadent que nous ne nous trompons point dans le jugement que nous faisons de nous-mêmes. *Nicole , essais , T. 7.*

Aprobation, s. f. Du Latin *aprobatio,* On prononce *aprobacion.* C'est le consentement qu'on donne à une chose, ou à une personne ; & par lequel on confesse qu'on la trouve bien. (Une glorieuse aprobation, une aprobation illustre, auentique, celebre, fameuse. Aprobation particuliere, generale, universelle : aprobation favorable : aprobation qu'on ne peut assez estimer : être dans une haute aprobation : avoir l'aprobation de tout le monde. *Abl. Luc. T. 3.* Mendier l'aprobation de ses amis pour quelque Ouvrage. *Sca. let.* Rechercher l'aprobation des gens d'esprit. Il merite l'aprobation de la Sorbonne. *Paf. let. 3.* Le public refuse son aprobation aux Lettres du Seigneur Milleran, & aux fatras du pauvre bon homme Vaumoriere.)

Aprobatrice, s. f. Celle qui loüe & qui aprouve quelque personne ou quelque chose. Aprobatrice, n'est pas encore reçu de tout le monde ; mais on croit qu'il le sera bien-tôt. (Une glorieuse aprobatrice : une favorable aprobatrice : une aprobatrice renommée : son aprobatrice est dans l'estime : il est heureux d'avoir une aprobatrice de tant de merite.)

APROCHER, *v. n.* Aller, avancer vers quelqu'un, vers quelque lieu, ou vers quelque chose : Il fit aprocher le frere de Darius. *Vau. Quin. l. 7.* Ils aprochent de la muraille, & ils donneront bien-tôt un assaut à la Ville.)

Aprocher, v. a. Etre prêt d'arriver. (L'hiver aproche : le printems aproche : la jeunesse se passe, & la mort aproche.)

Aprocher, v. a. Mettre proche. (Il faut aprocher le Canon des murailles pour les batre vite en ruïne.

Aprocher, v. a. Ateindre en quelque forte. (Gassendi & Descartes, ont plus aproché de la verité qu'Aristote, & que les autres anciens Philosophes.)

* *Aprocher, v. a.* Etre en faveur auprès d'une personne de qualité : avoir un libre accés auprés d'une personne de credit & de merite. (Il a l'honneur d'aprocher Monseigneur : elle a le bonheur d'aprocher Madame , & d'en obtenir beaucoup de graces. *Vau. Rem.*)

S'aprocher, v. r. Je m'aproche, je m'aprochai : je me suis aproché : je m'aprocherai. C'est s'avancer vers quelqu'un, vers quelque jeu, ou vers quelque chose.) Frere Clement Jacobin s'aprocha de Henri III. pour lui faire la reverence, & l'assassina au même tems. *Histoire de France, Henri III.* Ils s'aprocherent de la Riviere pour y faire un pont. *Abl. Ces.*

Aprochant, aprochante, adj. Qui est peu different d'une autre chose. [L'air de ce Prince est fort aprochant de celui de cet autre Prince : cette couleur est bien aprochante de celle-là. *Vau. Rem.*

Aproche, s. f. C'est l'action de celui qui s'avance vers un lieu, ou auprès d'une personne. (Rendre l'aproche des murs difficile, *Abl. Ces.* Ils craignoient l'aproche de l'Armée. *Vau Quin. l. 8.* Elle doit craindre l'aproche des Galans. *Mol. Ecole des Femmes.*)

Aproches, s. f. f. Terme de Fortification. Chemin creusé dans terre, & dont les deux côtez sont elevez afin d'aprocher d'une Place sans être aperçu de l'ennemi. (Faire les aproches, empécher les aproches , aprehender les aproches.)

Aproches. Au figuré, il est galant, & se dit en matiere d'amour & d'amitié : il veut dire accés qu'on fait dans le cœur d'une personne. (C'est par la complaisance que l'amour fait les aproches d'un cœur, *la Suze recueil de pieces galantes*. C'est à dire, qu'on a accés dans le cœur & qu'on le gagne. Un amant jeune, galant & liberal, n'est pas long-tems à faire les aproches du cœur de sa belle.

* *Aprofondir, v. a.* Il ne se dit guére qu'au figuré. C'est examiner à fond : tâcher de penetrer dans la connoissance de quelque chose de difficile. (Aprofondir une matiere, aprofondir une difficulté. Il ne faut pas toûjours aprofondir les choses. *Pas. let. 2.*)

* *Aprofondissement, f. m.* Il semble seulement usité au figuré ; c'est à dire, pénétration dans quelque chose de mal aisé à concevoir, à à découvrir. (L'aprofondissement de Descartes & de Gassendi, dans les choses naturelles, est surprenant.)

† *S'aproprier, v. a.* Ajuster, accommoder : aproprier, en ce sens, paroit bien vieux ; & en sa place on dit *ajuster*, ou, *accommoder proprement*. M. aproprie pitoyablement son petit bouge, & quand il ne seroit pas voir par sa conduite, & par son air, qu'il est Poëte, on jugeroit aisément par son taudis qu'il l'est, ou qu'il le veut être.

S'aproprier, v. r. Il se prend en bonne & en mauvaise part, mais le plus souvent en mauvaise : C'est prendre pour soi, s'atribuer à soi même quelque chose. *Je m'aproprie : je m'aproprierai : je me suis aproprié.* (Vous êtes un galant homme, & vous avez voulu vous aproprier les vers d'autrui. *Avis à Ménage.* Judas étoit un larron, qui s'aproprioit l'argent de Jesus-Christ & des Apôtres. *Fra. Paolo. Benefices.* Je m'aproprie de telle sorte vos joïes & vos déplaisirs , que je puis dire que ce sont les bonnes & les mauvaises nouvelles que je reçois de vous, qui font mes bons ou mes mauvais jours. *Bal. Lettres à Conrart. c 1. let. 1.*)

APROUVER, *v. a.* Vient du Latin *approbare,* donner son aprobation à une personne, ou à une chose : avoir pour agreable une chose, ou ce que tout une personne. Cas. c'est d'une humeur heteroclite, & je ne vois point d'honnête homme qui l'aprouve. Les gros charpentiers aprouvera tous les manuscrits qu'on voudra, quand on lui donnera de bons chapons gras, & de bon vin d'Avenai.)

APT.

Aptitude, f. f. Il pourroit être formé du Latin *aptus,* ou de l'Espagnol *aptitud.* C'est une disposition naturelle pour réussir en quelque chose. Une merveilleuse aptitude, une reuſe, une admirable aptitude; une aptitude qu'on ne peut aſſez eſtimer; vous avez une aptitude à toutes les bonnes, & les belles choſes. *Bal. Lettres a Conrart*, *l.* 1. Il a de l'aptitude pour tous les beaux Arts. On admire ſon aptitude.)

A P U.

APUI, *ſ. m.* Choſe ſur quoi l'on s'apuie : choſe qui apuie : choſe qui ſoutient. Un bon apui, un apui ferme, un apui ſolide, un foible apui : ma canne eſt mon ſeul apui, & je n'en veux point d'autre.)

* Apui, *ſ. m.* Ce mot au figuré ſignifie ſoutien, & ſe trouve dans les bons auteurs. (Il eſt étrange à combien de choſes l'ame s'atache, & combien il lui faut de petits apuis pour la tenir en repos. *Nicole, Eſſais de Morale*. T. 1.

Apui de fenétre, *ſ. f.* Terme d'Architecture. C'eſt la pierre qui couvre l'alege, & qui fait le bas du Tableau de la croiſée. (Cet apui eſt trop haut : cet apui eſt trop bas : voilà un apui qui eſt d'une belle hauteur : un apui d'une hauteur bien proportionnée, bien juſte, & fort raiſonnable.)

Apui, *ſ. m.* Terme d'Architecture. C'eſt la piece de bois, le fer, ou les pierres qui ſuivent la rampe d'un eſcalier. (On dit voilà un apui qui ſuit bien ſa rampe.)

Apui, *ſ. m.* Terme d'Architecture. C'eſt une pierre ou un morceau de bois qu'on met ſous les pinces, ou ſous les Leviers pour remuer quelque choſe. (Vite, qu'on aporte un apui, & qu'on le mette là-deſſous.)

Apui-main, *ſ. m.* Terme de peinture, maniere de petite baguette ſur laquelle on apuie la main lorſqu'on peint, & à l'un des bouts de laquelle, il y a un petit bouton. (Un apui-main fort joli : un apui-main tres-propre : un apui-main trop petit, ou trop grand : faire un apui-main; c'eſt ne ſe ſert pas toujours de l'apui-main.)

Apui, *ſ. m.* Terme de manége, il ſe dit de la bride du Cheval, & de la main du Cavalier. C'eſt un ſoutient adroit de la bride dans la main du Cavalier. Cheval qui a l'apui fin ; c'eſt à dire, qui obéit bien à la bride. Cheval qui a l'apui ſourd; c'eſt à dire, qui n'a pas un bon apui. Cheval qui force la main ; c'eſt à dire, Cheval qui a une méchante bouche. Cheval qui eſt ſans apui. Cheval qui n'a point d'apui ; c'eſt à dire, Cheval qui n'obéit qu'avec peine, parce qu'il ne peut ſouffrir que le mords apuie tant ſoit peu ſur ſa bouche ; c'eſt à dire qui s'abandonne trop ſur le mords : Donner de l'apui à un Cheval ; c'eſt le tenir bien dans la main.)

* apui, *ſ. m.* Au figuré, il ſe dit des perſonnes, & ſignifie Protecteur : celui qui de ſon credit favoriſe quelcun. (Un heureux un glorieux apui : Le Seigneur ſera mon apui. *Arnaud, Confeſſion de S. Ang.* Le Seigneur eſt mon ſeul apui : le Seigneur eſt mon unique apui. *Port-Royal, Pſeaumes.* Je ne veux point d'autre apui que le Seigneur. Tandis que Dieu daignera être mon apui, je ne craindrai point les piéges de mes ennemis. *Arn. Conf.*)

Apui, *ſ. m.* Il ſignifie auſſi au figuré protection. (Un favorable, un illuſtre, un celebre apui : Apui ferme ſtable, ſolide, fidéle : Je vous demande vôtre apui contre l'injuſtice de mes ennemis. *Abl. Luc.* T. 2. Rechercher l'apui des Alliez. *Vau. Quin.* Aprés la Bataille de Philipes, l'eſtime des Soldats qui étoient l'apui le plus ſolide de l'Empire, ſe tourna en faveur de Céſar & d'Antoine. *Citri triumvirat 3. partie, C.* 1.

Apuier, *v. a.* Fraier, affirmer une choſe, afin qu'elle ſoit plus ferme, & qu'elle ne tombe pas. (Apuier une colonne, apuier un mur, apuier un ſoliveau)

Apuier, *v. a.* Poſer quelque choſe lourdement, & d'un air groſſier ſur quelque autre choſe : J'apuiai ſi lourdement le ciſeau ſur la pierre qui étoit délicate, qu'elle ſe rompit. *Abl. Luc.* T. 1. *Songe.*

* Apuier, *v. a.* Au figuré, c'eſt défendre, ſoutenir proteger, favoriſer. Apuier, en ce ſens, ſe dit des perſonnes & des choſes. (Si vous avez la bonté de m'apuier, je ſuis ſeur du ſuccés de l'afaire. Loüis XIV. apuia avec paſſion Jaques Roi d'Angleterre : bien des gens ont apuié le parti des Janſeniſtes : apuier les pretentions ou le droit de quelcun.)

Apuier, *v. a.* Terme de manége. Il faut faire ſentir hardiment l'éperon à un Cheval. (Courage, Monſieur, apuiez les deux : apuiez le gauche.)

S'apuier, *v. r.* Je m'apuie, je m'apuierai, je me ſuis apuié. Se ſoutenir ſur quelque choſe : s'y repoſer. (S'apuier ſur le coude. *Vau. Quin.* l. 3. En marchant s'apuyoit de ſa béquille. *Bachaumont, voyage,* S'étant apuié contre un arbre, il expira. *Vau. Quin.* l. 8. c. 2.)

S'apuier, *v. r.* Au figuré, c'eſt faire fond ſur quelque choſe : s'aſſurer ſur une choſe qui a de la fermeté, & de la ſolidité. (Aiez confiance en Dieu de tout vôtre cœur, & ne vous apuiez point ſur vôtre prudence. *Port-Royal, Salomon, c.* 3. Il eſt étrange comment les hommes peuvent s'apuier ſur leur vie, comme ſur quelque choſe de ſolide. *Nicole, Morale. T.* 1.)

APUREMENT, *ſ. m.* Terme de pratique. C'eſt l'éclairciſſement & la reddition pure & nette de quelque compte. (Il paroit par l'apurement de quelque compte que Mr N. eſt reliquataire de quinze cens livres.

Apurer, *v. a.* Terme de Finance & de pratique. Il ſe dit des comptes : c'eſt éclaircir : c'eſt rendre un compte net, & finir quelque compte, en déchargeant de tout. (Apurer un compte.)

A Q U.

Aqueduc, ou *acqueduc*, *ſ. m.* On l'écrit de l'une ou de l'autre façon, mais il ſe prononce *Akeduc.* C'eſt un conduit pour mener les eaux. (Un aqueduc fameux : un aqueduc renommé : un aqueduc ſuperbe : un aqueduc magnifique. L'aqueduc d'Arcueil eſt tres-beau, & de ce Village les eaux viennent à Paris, & de Belgrade les eaux vont à Conſtantinople par d'incomparables acqueducs. Voiez la Croix du Maine, *Memoires de l'Empire Otoman Let.* 3. L'aqueduc de Maintenon ſera un jour fameux, & c'eſt par ſon moien que les eaux iront à Verſaille. Les parties de l'aqueduc ſont les arcades, ou les voutes ; les piles, les contreforts, le ſocle, l'impoſte les glacis, les pleintes ; le parapet, les banquettes.)

AQUEREUR, ou *acquereur*, *ſ. m.* On prononce *Akereur.* Ce mot eſt de Palais, & ſignifie celui qui fait quelque acquiſition, celui qui aquiert quelque bien. Un bon aquereur, un veritable aquereur, être aquereur de bonne-foi. *Pat. plai.* 8. pourſuivre l'aquereur. *Le mai.. plai... onzième.* La ventilation d'un heritage ſe doit faire par l'aquereur, & même aux dépens de l'aquereur. *Tronçon droit François Titre* 1.)

Aquereuſe, *aquereuſe*, *ſ. f.* L'uſage eſt pour aquereuſe. On prononce *akereuſe.* C'eſt un terme de Palais, & il veut dire celle qui fait aquiſition de quelque choſe. (Elle eſt aquereuſe de quinze cens livres de rente.)

Aquerir, ou *acquerir*, *v. a.* Il vient du Latin *acquirere*, & ſe prononce *akeri.* C'eſt faire quelque acquiſition, c'eſt amaſſer c'eſt ſe procurer à ſoi, ou à quelqu'autre, du bien, ou quelqu'autre choſe de remarquable. J'aquiers, tu aquiers, il aquiert nous aquerons, vous aquerez, ils aquierent,) j'aquerois, j'aquis, j'aquis, j'aquerrai, aquiers. Que j'aquiere, que nous aquerions, que vous aqueriez, qu'ils aquierent, j'aquerois, que j'aquiſſe, qu'il aquiſt, ou aquit, que nous aquiſſions. Tout ce qu'on peut dire des avares, c'eſt qu'ils ne ſont jamais las d'aquerir des richeſſes pour ceux qui ſouhaitent leur mort. *Gom. epi. l.* 1. *epi.* 2. Celui qui aura de l'intelligence aquerra l'art de gouverner, en liſant les paraboles de Salomon. *Port-Royal, Proverbes de Salomon, Chap.* 1. La reputation coûte & l'on a de la peine à l'aquerir, & à la conſerver, D'Ablancour a aquis beaucoup de gloire parmi les gens de Lettres, en matière de traductions. Un honnête homme ne doit ſonger dans ce monde qu'à aquerir une belle reputation.)

S'aquerir, ou *s'acquerir*, je m'aquiers, tu t'aquiers, il s'aquiert, nous nous aquerons, vous vous aquerez, ils s'aquierent, je m'aquerois je me ſuis aquis, je m'aquis, je m'aquerai. C'eſt ſe procurer quelque bien, ou quelque choſe de remarquable. S'aquerir des amis, s'aquerir de l'honneur. *Abl. Tac.* Recouvrer ſon honneur en s'aquerant de l'eſtime. *Paſ. Let.* 7. Il s'eſt aquis le Roiaume par un parricide. *Vau. Quin. l.* La gloire qui fuit le metier de la guerre, ne s'aquiert point à bon marché. S. *Evremont œuvres mélées, t.* 6. Si vous adreſſez vos corrections au Sage, vous l'aquerez pour ami. *Morale du Sage.*

Aquet, ou *aqueſt*, *ſ. m.* On prononce *aketé.* Ce ſont les biens qu'on aquiert ; c'eſt l'aquiſition qui ſe fait : le mot d'aquet eſt d'ordinaire dans la bouche des gens de Palais, & neanmoins il ne laiſſe pas de trouver quelquefois ſa place dans des Ouvrages qui n'ont rien qui ſente le ſtile de pratique (Faire de nouveaux aquêts : faire de grands aquêts, *Le Mai plai.*

Tous les ans ſes *aquêts* augmentent ſon Domaine.
Racan, Bergeries, *a.* 1. *ſ.* 3.

C'eſt gloire, & non point honte, dans cette douce peine,
Des aquêts licite & licite acroître ſon Domaine,
Reg. Sat. 13.)

Aquéter, ou *aquêter*, *v. a.* On prononce *aketé.* C'eſt aquerir quelque bien, faire l'acquiſition de quelque choſe. *Aquéter* eſt de Palais. (Il aquête tous les jours quelque choſe de façon ou d'autre : les Prêtres, les Moines, & les gens de Robe, ne ſongent qu'à aquêter : mais de quelle ſorte, je n'en dirai rien.)

AQueux, *aqueuſe*, *adj.* Il vient du Latin *aquoſus*, & eſt un terme de Medecine ; c'eſt à dire plein d'eau, ou qui en a la qualitez. [C'eſt une tumeur aqueuſe : de la ſemence qui eſt aqueuſe.

AQUIECEMENT, ou *acquieſcement*, *ſ. m.* L'un & l'autre s'écrivit, mais on prononce preſque *aſieſman*, ou *aticceman*; c'eſt à dire, conſentement. (Donner ſon aquiécement, refuſer ſon aquiécement : Il a l'aquiécement de tous les intereſſez : il a obtenu l'aquiécement du Roi pour la grace qu'il lui demandoit. Notre ſalut éternel dépend de nôtre aquiécement aux veritez de la Foi. Voiez *les memoires ſur la Foi.*)

Aquiécer, ou *acquieſcer*, *v. n.* Il s'écrit de l'une ou de l'autre façon, mais on prononce *akieſé*, c'eſt conſentir : c'eſt donner ſon aquiécement : c'eſt donner ſon agrément. [Aquiécer à la paix. *La Rochefoucant, memoires.* Il n'avoit aquiecé aux

AQU

prieres de la Reine que par civilité. *Maucroix Schifme d'Angleterre.* Les enfans de Dieu acquiécent au jugement de l'Eglife. *Boffuet Doctrine de l'Eglife, C. 19.* Les veritez de la Foi font fi évidentes, qu'elles n'ont nul befoin de preuves pour l'y aquiécer. *Memoires fur la Religion.*

AQUILIN, *aquiline*, *adj.* Il vient du Latin *aquilinus*, & ne fe dit proprement qu'au mafculin parlant du nez : il fignifie qui eft fait en forme de bec d'aigle. Elifabeth Reine d'Angleterre eut été tres-belle, fi elle n'eût eu le nez un peu aquilin. *Voi hiftoire de la Reine Elizabeth.*

AQUILON, *f. m.* Il vient du Latin, *Aquilo*, & eft tout à fait de Poëfie : il fignifie, vent du Nord (L'aquilon eft l'artifan des naufrages. *God. Poe.*)

Tirfis, tu vas revoir des Rochers & des bois,
Où jamais Aquilon ne fe laffe de bruire.
Maj. Poe. p. 17.

AQUIS, *f. m.* Prononcez *Aki*: Qualité qui en ce fens entre rarement dans le beau ftile ; & fon ufage ordinaire eft dans les difcours familiers. C'eft un homme qui a de l'aquis : elle n'a pas moins d'aquis que de naturel, & d'agrément. *S. Evremont, Oeuvres mêlées, page 511.*

Aquifition, ou *acquifition*, *f. f.* Il vient du Latin *acquifitio*, & il fe prononce *akizicion* : c'eft une forte de Palais, & il veut dire tout ce qu'on aquiert. (Une bonne aquifition ; une ancienne aquifition ; une nouvelle aquifition ; une aquifition jufte, & dans les formes, une aquifition confiderable ; faire une aquifition : On eft tourmenté de l'aquifition, & de la confervation des biens. *Abl. Luc. t. 1.* Ne penfer qu'à l'aquifition de quelque Terre. *Le Mai. plai.*)

AQUIT, ou *acquit*, *f. m.* Prononcez *aki*. C'eft une quitance, une decharge, un certificat qui fe donne par les Commis de quelque Bureau, qui témoignent que les Marchandifes qui font paffées par leur Bureau, ont paié les droits qu'elles doivent, & qu'il ne faut pas les empêcher d'aller plus loin. (Aller à l'aquit ; prendre un aquit ; avoir un aquit, être à l'aquit, faire un aquit ; delivrer un aquit ; expedier un aquit ; donner un aquit ; reformer un aquit ; caffer un aquit ; déchirer un aquit.

† *Aquit.* Ce mot entre en cette façon de parler proverbiale, on dit, par maniere d'aquit ; c'eft à dire, negligemment, nonchalamment. (Faire une chofe par maniere d'aquit)

Aquiter, *acquiter*, *v. a.* Prononcez, *akité.* Rendre quite de quelque chofe : payer, fatisfaire pour quelcun, ou pour quelque marchandife. (aquiter une perfonne envers fes creanciers: aquiter fes dettes ; aquiter de la marchandife.)

S'*aquiter*, *v. r.* Prononcez, *s'akiter.* Je m'aquite, je me fuis aquité, je m'aquitai. C'eft fe rendre quite. (S'aquiter de fes dertes. Il s'eft aquité envers tous fes creanciers, & c'eft beaucoup pour un Poete)

† S'*aquiter*, *v. r.* Faire en forte qu'on foit quite de quelque chofe qu'on eft obligé de faire. (Je ne vois point de charge plus penible quand on veut bien s'en aquiter. *Abl. Luc. T. 3.* Il eft d'un honnête homme de s'aquiter de fon devoir en toutes chofes. *Coft. let. T. 1.* Ce n'eft pas mon intention de m'aquiter envers une perfonne en qui je prens tant de plaifir d'être redevable. *Voi. let. 13.*

ARA.

ARABE, *adj.* Il vient du Latin. *Arabus.* C'eft à dire, *qui eft du Pays d'Arabie.* (Il eft Arabe. Les Medecins Arabes font plus renommez que les autres. Les femmes Arabes font fpirituelles.)

Arabe, *f. m.* Homme qui eft d'Arabie. (C'eft un Arabe tres-fçavant. Il y a des Arabes qui font fameux par leur fcience.)

Arabes, *f. m.* Les peuples d'Arabie. (Les Arabes font curieux & aiment à connoitre les chofes naturelles.)

Arabe, *f. m.* C'eft le langage des Arabes. (Entendre l'Arabe ; écrire en Arabe. *Abl. Luc.* Parler en Arabe. *Voi. Let.*)

Arabe, *adj.* Qui eft en langage Arabe, qui eft à la maniere des Arabes. (Ecrits Arabes : caracteres Arabes : Faire une Grammaire arabe.

† *Arabe*, *adj.* Au figuré, & au fatirique, il veut dire, vilain, fordide, ufurier & avare.

(Endurci-toi le cœur, fois arabe, corfaire.
Injufte, violent, fans foi, double fauffaire.
Dep. Sat. 8.)

Arabefque, *adj.* Qui eft à la maniere des Arabes. *Arabe.* (Ce font des caracteres arabefques : il fit en écriture arabefque une tres-belle Requête. *Columefius Mélanges hiftoriques, pag. 76. & 78.* La langue arabefque eft la langue favante des Orientaux. *Réponfe à la Critique fur le voiage de M. Spon, p.* 184. Ornemens arabefques. [On apelle *arabefques*, les peintures & les ornemenns, où il n'y a point de figures humaines.]

ARA

Arabique, *adj.* Qui eft du langage arabe. [Caractere arabique ; écriture arabique.]

Arabique, *adj.* Qui eft d'Arabie. On dit le Golfe arabique, Gomme arabique.

ARAIGNE'E, *f. f.* Prononcez *arégnée.* Il vient du Latin *aranea.* Infecte qui a huit piez ; qui vit de mouches, & d'autres petits animaux, & qui a une averfion naturelle pour les ferpens & les lezars. Une petite araignée, une groffe araignée : l'araignée file, & fait de la toile aux côtez des vitres : ôter de la toile d'araignée. Quelques-uns difent arignée, mais mal.

* *Araignée*, *f. f.* Terme d'Ingenieur. C'eft un travail par branches, ou par rameaux, qu'on fait fous terre, lors qu'on rencontre quelque chofe qui empêche de faire la chambre de la mine au lieu deftiné, & qu'on eft contraint de s'écarter par plufieurs branches, qui font terminées chacune par de petits fourneaux. On fait joüer tous ces fourneaux à la fois, & le feu y eft porté par des trainées de poudre.

ARB.

ARBALÊTE, *Arbalêtre*, *f. f.* Quelques-uns difent arbaleftre ; mais mal : il n'y a qu'arbalête du bel ufage. La penultiéme du mot arbalête eft un peu longue. C'eft une arme qui n'eft pas à feu & qui eft compofée d'un arc d'acier, d'un bois, qu'on apelle monture, d'une corde, & d'une fourchette. On fe fert de l'arbalête pour tirer des fléches, ou des bales. Il y a deux fortes d'arbalêtes, l'une à fléches, & l'autre à jalet. Une bonne, ou une méchante arbalête : Tirer de l'arbalête : fe batre avec des arbalêtes : les arbalêtiers ne daignant pas fe couvrir leurs arbalêtes, les mirent hors d'état de fervir. *Choif. Hiftoire de Philipe de Valois l. 3.* Il eft défendu aux Eccléfiaftiques de tirer de l'arc ou de l'arbalête. *Thiers, Traité des jeux c, 24.*)

* *Arbalête*, ou *arbalefte*, *f. f.* On écrit de l'une ou de l'autre façon ; mais la lettre *f.* ne fe prononçant pas, ne fert feulement qu'à montrer que la penultiéme du mot arbalête eft longue, & qu'elle fe doit marquer d'un circonflexe, lorfqu'on l'écrit fans la lettre *f.* L'arbalête eft un terme de mer, & c'eft une inftrument dont on fe fert pour prendre les hauteurs des Aftres, & déterminer combien on eft éloigné de la ligne Equinoctiale, dans le lieu où l'on prend la hauteur : Les parties de cette arbalête font les marteaux & la fléche.

Arbalêtrier, ou *arbaleftrier*, *f. m.* Prononcez *arbalétrié.* L'ufage, en parlant de l'ancienne milice, veut qu'on écrive arbaletrier, mais qu'on prononce *arbalétrié.* On apeloit de ce nom le Soldat qui portoit autrefois une arbalête, & qui s'en fervoit pour tirer & pour combatre. Les arbalêtriers étoient braves & hardis. Il alla l'épée à la main avec des paroles de mépris, faire fortir les arbalêtriers, d'un pofte honorable qu'on leur avoit donné. *L'Abé de Choifi, Hiftoire de Philipe L. 3.*)

Arbalétrier, *f. m.* Les aiquebufiers s'apellent auffi de ce nom dans leurs lettres de maitrife, parce que c'étoient les arquebufiers qui faifoient autrefois des arbalêtes. (Le grand pere de M. R. N. qui eft aujourdhui un fi grand Seigneur, n'étoit autrefois qu'un fimple arbalétrier.)

Arbaletriers, *f. m.* Prononcez *arbalétriez.* Terme d'architecte. Ce font des piéces de bois qui fervent à la charpente d'un batiment, & qui aident à en foutenir la couverture. Ces arbalêtriers font auffi apellez *petites-forces.* Quelques-uns difent & écrivent *arbaletiers* mais la plupart des architectes que j'ai veus, font pour arbalêtriers.

ARBITRAGE, *f. m.* Terme de Palais. Il vient du Latin *arbitratus.* C'eft la décifion de quelques perfonnes qu'on a choifies d'un commun acord pour terminer leur diferend à l'amiable. (*Mettre une chofe en arbitrage*, c'eft à dire, au jugement des juges arbitres. *Etre en arbitrage*, c'eft à dire, à la décifion des juges arbitres, travailler à un arbitrage, c'eft à dire travailler à terminer le diferent qu'ont des parties.

Arbitraire, *adj.* Prononcez *arbitrére.* Il vient du latin *arbitrarius.* C'eft à dire, qui dépend de la volonté, qui regarde la volonté & l'idée qu'on fe forme de certaines chofes. (Ces chofes font purement arbitraires. *Arn. frequente communion.* Les hommes vont affez loin dans la fience des mots, & des fignes, c'eft à dire, dans la connoiffance de la liaifon arbitraire qu'ils ont faite de certains fons avec de certaines idées. *Nicole, morale, t. 1.*)

Arbitral, *arbitrale*, *adj.* Du latin *arbitralis.* Qui eft d'arbitres. (Jugement arbitral. Sentence arbitrale, c'eft à dire, qui eft prononcée par les arbitres, ou par les juges choifis.)

Arbitralement, *adv.* C'eft à dire, par arbitres.

Arbitre, *f. m.* Du latin *arbiter.* Juge choifi du confentement des parties pour terminer leur diferend à l'amiable. (Arbitre fage, judicieux, definereffé, jufte, raifonnable, équitable. Choifir des arbitres, fe rendre en arbitres. Convenir d'arbitres. Etre en arbitres. Prenons un arbitre que vous ne puiffiez refufer. *Paf. let.* 14.)

Arbitre, *f. m.* Du latin *arbitrium*, c'eft à dire, volonté de la perfonne. Mais, en ce fens, il ne fe dit d'ordinaire qu'en ces fortes de façon de parler. Libre-arbitre, franc-arbitre, liberal-arbitre. Ces mots fignifient la liberté de faire, ou de ne pas faire. Les mots de libre-arbitre font les plus ufitez, ceux de franc-

arbitre après ; & pour ceux de *liberal-arbitre*, ils ne se disent presque plus, quoi qu'en dise l'auteur des observations sur la langue Françoise. On dit; la grace est soumise au libre-arbitre. *Paf. let.* 1. Acorder la grace avec le libre-arbitre. *Nouvelles remarques sur la langue.* Chacun par son libre-arbitre obéït à la voix de Dieu qui l'apelle. *Traduction du poëme de S. Prosper. Chap. x.*

* Arbitre, *s. m.* Ce mot au figuré signifie maitre souverain & absolu. (Il est devenu l'arbitre de la vie & de la mort des citoiens. *Vau. Quin.* l. 4. C'est l'arbitre de nôtre fortune; & il lui faut faire la cour.)

Arbitrer, *v. a.* Terme de Palais. Régler comme arbitre, déterminer de la maniere que feroit un arbitre. (Il faloit arbitrer les pensions des Religieux qui ne peuvent prendre la reforme. *Pat. plai.* 5.)

* Arborer, *v. a.* Il ne se dit qu'au figuré, Il est un usage parlant de la sainte croix. C'est planter la croix dans les Païs des infideles, la leur faire connoitre & la leur faire adorer. Il alla en Orient arborer la croix de Jesus-Christ sur le Calvaire. *Voi le panegirique de S. Louis.*

* Arborer, *v. a.* Terme de guerre. C'est élever & faire paroitre une enseigne, un étendard, ou autre semblable chose pour quelque dessein. On donna ordre d'arborer l'étendard, *Abl. Luc.* Ils arborérent l'étendard de France, & implorerent le secours du Roi. *Eloge historique de Louis 14.*

N'arboreront-ils point l'étendard de Pompée.
  Corneille, Sertorius.

Arboriser. Voi *herboriser*.
Arboriste. Voi *herboriste*.
Arbousier, *s. m.* Petit arbre dont les feuilles sont presque semblables à celle du laurier, & dont le fruit, qu'on nomme *arbouse*, ressemble à la fraise. (Planter, cultiver un arbousier.)

Arbre, *s. m.* Il vient du Latin *arbor*. C'est une plante qui pousse de grosses racines, une grosse tige, & de grosses branches. (Un petit arbre, un grand arbre, un arbre nain, un arbre fruitier. Un bon arbre, un méchant arbre. Planter, élever, cultiver, conserver, entretenir un arbre, avoir soin, prendre soin des arbres qu'on a plantez. Il ne croit point d'arbres dans les Iles Orcades quoi que la terre y porte de l'orge, & d'autres grains, mais point de froment. *Childrei histoire naturelle d'Angleterre page* 308.)

Arbre de la science du bien & du mal. C'étoit un arbre qui étoit au milieu du Paradis Terrestre, & auquel Dieu avoit défendu de toucher sur peine de mort.

Arbre de vie. C'étoit un arbre qui étoit au milieu du Paradis terrestre, & dont le fruit avoit la vertu de conserver la vie à l'homme, si l'homme eût conservé son innocence.

* *Arbre* l. m. Terme d'horloger. C'est un petit morceau d'acier qui passe au travers du barillet de la montre, & qui sert à en bander le ressor. (Voila un arbre de Barillet bien-fait. Faire l'arbre de Barillet.)

* *Arbre*, *s. m.* Parlant de certaines machines, il signifie une piece de bois, ou de fer qui tourne sur un pivot ou qui demeurant ferme, soutient d'autres pieces qui tournent dessus. (Voilà l'arbre tournant du moulin à vent.)

* *Arbre de meule.* C'est le fer qui passe au travers de quelque meule ou de quelque chose qui sert à la faire tourner. (L'arbre de cette meule est bon, est fort, ou ne vaut rien.

* *Arbre de généalogie.* Grande ligne au milieu de la Table généalogique, qui se divise en d'autres petites lignes qu'on nomme *branches*, & qui marquent tous les décendans de quelque famille. (Un bel arbre de généalogie. Faire l'arbre de généalogie de quelque personne illustre. On a trouvé par l'arbre de généalogie de la race du Seigneur N qu'il décendoit en droite ligne du patriarche Noé, le premier qui planta la vigne.

Arbre fourchu. Terme de Poësie Françoise. Sorte de vieux Poëme François, de trois ou de quatre couplets sur deux rimes ; & quelquefois d'une reprise à la grande chaque couplet. (Un petit arbre fourchu, un grand arbre fourchu. Les arbres fourchus, les lais, & les virelais étoient la Poësie Lirique des anciens Poëtes françois. Voi *Fauchet de la langue & Poësie Françoise.*)

Arbrisseau, *s. m.* Plante qui ne vient pas ordinairement à la hauteur de 10. ou 12. piez. (Un joli arbrisseau, un charmant arbrisseau, un agréable, un aimable, un bel arbrisseau. Planter, cultiver des arbrisseaux. Il croit dans la Province de Dorcet en Angleterre un arbrisseau sans feüilles & qui aprés qu'il est coupé, se durcit & devient noir. *Childrei histoire naturelle d'Angleterre.*

Arbuste, *s. m.* Du Latin *Arbustum.* Plante qui n'a pas 10 ou 12 piez de haut. Un bel arbuste, un arbuste tres-beau. Un arbuste qui agrée tout à fait. Vôtre compassion, lui répondit l'arbuste, part d'un bon naturel. *La font. fables, lib.* 2.)

ARC.

Arc, *s. m.* Ce mot vient du Latin *Arcus.* Prononcez toutes les lettres dans le mot Arc. C'est un instrument plié en demi-cercle, dont on se sert pour tirer des fléches. (Un arc de bois, de corne, d'acier, ou d'autre matiere qui fait ressort. Un bon arc, un méchant arc. Faire un arc. On representoit toujours Diane avec un arc, & Apollon n'alloit aussi jamais sans arc. Bander un arc. Tirer de l'arc. *Abl. Ret.*) * *Avoir plusieurs cordes à son arc*, proverbe, pour dire avoir plusieurs moiens pour se retirer d'afaire, ou de subsister, de sorte que si l'un manque, on aura recours à l'autre.

Arc, *s. m.* Il se dit des portes & des fenêtres. Haut de porte ou de fenêtre, cintré. (décrire un arc de porte, diviser un arc de fenêtre.)

Arc de carosse, *s. m.* Ce sont deux morceaux de fer pliez en demi-cercle qui portent d'un bout sur la fléche du carosse; & de l'autre sur le lisoir de devant. Cet arc de carosse ne vaut rien. Cet arc de carosse est bon. Faire un arc de carosse.)

Arc de triomphe, *s. m.* C'est un bâtiment où il y a 2. ou 3. arcades dressé dans un lieu public, & orné richement, sous lequel passoient ceux qui triomphoient anciennement, & sous lequel passent les Princes, & les Souverains qui font pour la premiere fois leurs entrées dans les villes. (Un bel arc de triomphe, un magnifique, un superbe arc de triomphe. Faire, dresser un arc de triomphe. Il y a dans la Chine mille cent cinquante-neufs arcs de triomphe. *Relation de la Chine, page* 56.)

Arc-en-ciel, *s. m.* Couleurs disposées en arc qui paroissent tout d'un coup dans un tems pluvieux dans la partie de l'air oposée au soleil, & qui disparoissent aussi quelquefois en un moment. (Arc-en ciel naturel, arc-en ciel artificiel. Voir plusieurs arc-en-ciels. *Vau. Rem.*)

Arc. Terme de Geometrie. Une partie de la circonference d'un cercle, moindre que la moitié. (On dit, un arc de cercle les angles se mesurent des arcs, ces deux arcs se coupent à un tel point.)

Arc. Terme d'Astronomie. Une partie de la circonference d'un cercle. (Arc diurne, arc nocturne du Soleil. L'elevation du pole se mesure par un arc pris sur le meridien.)

Arcade, *s. f.* C'est une ouverture cintrée. (Arcade basse, arcade haute. Faire une arcade.)

Arcade, *s. f.* Terme de Talonier. C'est le dessous d'un talon de bois coupé en arc. (Voilà une arcade de talon bien faite.)

Arcade, *s. f.* Terme de Lunetier. C'est la partie de la chasse de la Lunette, où l'on met le nez. (Cette arcade est trop large, l'arcade est trop petite. L'arcade de cette lunette me serre trop le nez.)

Arcange, *s. m.* Il vient du grec, en latin *archangelus* esprit au dessus de l'ange. Les anges & les arcanges chantent là-haut les loüanges de Dieu. *Godeau prieres.* St. Michel arcange.)

Arc-boutant, *s. m.* C'est tout ce qui apuie & qui soutient quelque chose. *Un arc-boutant de muraille*, ce sont les arcs, ou les demi arcs qui apuient un mur. *Arc-boutant de carosse*, ce sont les huit barres de fer qui soutiennent les moutons du carosse.

† * *Arc-boutant*, *s. m.* Il se dit encore quelquefois au figuré, mais il est vieux. C'est la personne qui en apûie d'autres dans quelque entreprise. (Il est l'arc-boutant de la sedition. C'étoit l'arc-boutant de la tiranie. *Abl. Luc*)

Arcenal, *arsenal*, ou *arcenas*, *s. m.* Il semble venir de l'Espagnol *arzenal*, ou de l'Italien *arsenale*. Les uns écrivent *arcenal*, ou *arsenal*, & les autres *arcenas*. Les premiers font sentir k, & les autres ne font point sentir le dernier c. Ceux qui écrivent *arcenal*, font *arcenaux* au pluriel, & les autres *arcenas*. S'il m'est permis de dire là-dessus, mon sentiment ; j'écrirois *arcenal*, ou *arsenal*, & je me contenterois seulement de ne point faire sentir *l* en parlant. L'arcenal est un lieu destiné pour mettre les poudres, les boulets, les bombes, l'artillerie, & les armes pour la guerre. (Un bel arcenal un grand arcenal. Un arcenal bien rempli.

Quand sera ce grand Cardinal,
Que la paix fera des marmites
De tout le fer de l'arcenal.
  Mal. poës.

Il y a environ quatre cens galeres en mer, où dans les arcenaux. *Abl. Ret.* S'il ne faloit conserver que le fort & le solide, rien ne subsisteroit que les arcenaux. *Balz. entretien* 25. Ils s'étoient saisis des arcenaux, & des magasins. *Mascaron, oraison funebre de la Reine d'Angleterre.*)

Archal. Voi *Fil-d'archal.*

Arche, *s. f.* C'est une grande voute qui sert pour un pont. C'est une ouverture cintrée entre les piliers du pont. (Une arche bien faite, une arche rompuë.)

Arche de Noé, *s. f.* Vaisseau, où Noé & toute la famille se sauverent du déluge. (L'arche où se sauverent les restes du genre humain a été fameuse. *Bossuet histoire universelle.*

Arche d'alliance, *s. f.* Espece de cofre de deux coudées & demie de long, d'une de large, & d'autant de haut. L'arche d'alliance étoit dorée par dedans, & couverte par dehors de lames d'or tres-pur avec des anneaux d'or aux quatre coins de l'arche, & à chaque bout, il y avoit deux cherubins d'or. C'étoit dans cette Arche qu'on mettoit les Tables de la Loi que Dieu avoit donnée. L'arche étoit au dessous du propitiatoire, & étoit tres-magnifique. Voyez l'*Ecriture Ste Exode.* c 25.

Archer, f. m. On prononce *arché*. Soldat qui étoit autrefois armé d'arc, & de flêches & qui s'en servoit pour combatre. (Un courageux, un brave, un vaillant archer.)

Archer du prevôt, f. m. Cavalier qui accompagne le Prevôt des Maréchaux lors qu'il va prendre quelcun. (Le Prevôt des Maréchaux avoit plusieurs archers lorsqu'il alla arrêter l'illustre Maréchal de Biron.

Archer du guet, f. m. Cavalier qui va la nuit par Paris, pour empêcher le desordre & les filoux. (Etre archer du guet. Les archers du guet sont payez réglément ; & ils dépendent du Lieutenant de police.)

Archer des pauvres, f. m. Soldat à pié qui a ordre de prendre les pauvres qui mendient par Paris, & de les mener à quelque hôpital. Le peuple en riant, apelle ces sortes de soldats, archers de l'écuelle. Les Archers des pauvres, prirent l'autre jour V.... dans les ruës de Paris, & ils l'eussent mené à l'hôpital sans quelques personnes qui leur dirent que le bon homme ne mendioit pas encore.)

Archet, f. m. On prononce *Arché*. Terme de lutier & de violon. Maniere de petit bâton poli, & plié en forme de demi-arc avec du crin au dessous, qui est à faire raisonner de certains instrumens à cordes, quand on les en touche. (Un joli archet de poche, de viole, ou de violon. Bon archet, un méchant archet. Montrer un archet. Tenir son archet de bonne grace, tirer son archet en bas ; pousser son archet en haut. Pousser doucement son archet, pousser son archet trop fort. Lever son archet, soutenir son archet, faire couler son archet. On dit aussi couler son archet. Titer l'archet. Donner un petit coup d'archet. Donner un grand coup d'archet. Apuier l'archet, poser bien l'archet. Nourrir bien un coup d'archet. L'archet s'engraisse & on le dégraisse avec de la colofane. Les parties de l'archet, ce sont le crin & la hausse.

Archet, f. m. Terme de serrurier & d'autres. Morceau de fer, ou d'acier qui plie en faisant ressort ; & aux deux bouts duquel il y a une corde atachée qui sert à percer. (Faire un archet. Se bien servir de l'archet.)

Archet, f. m. Terme de Maçon. Petite scie, faite seulement d'un fil de leton de laquelle on se sert pour scier les pierres dures & precieuses.

Archet de Berceau, f. m. Bâton en arc fiché sur le berceau du côté de la tête de l'enfant. (Mettre l'archet au Berceau. Oter l'archet du Berceau.)

* *Etre sous l'archet*. Façon de parler figurée & proverbiale. C'est suer la verole. On met ceux qu'on en guerit sur une maniere de petit bois de lit fait exprés sous eux on fourre force linges chauds ; on les couvre bien, leur mettant sur leur tête un archet qu'on garnit d'une bonne couverture, & avec tant de choses à leur côtez qu'on les fait suer.

Archevêché, f. m. Il vient du Grec. C'est une dignité Métropolitaine, & qui est au dessus de celle d'Evêque. Un bon Archevêché, un riche Archevêché. Le Roi a droit de nommer à tous les Archevêchez & Evêchez de son Royaume ; & les personnes qu'il y nomme, doivent avoir au moins vingt-sept ans, avant lettres de nomination du Prince. Il y a en France 17. Archevêchez.

Archevêché, f. m. C'est l'hôtel de l'Archevêque. (l'Archevêché est tres-propre. Il est beau, il est magnifique. Aller à l'archevêché. Demeurer à l'Archevêché.)

Archevêché, f. m. C'est l'étenduë du Païs sur lequel l'Archevêque a juridiction Ecclesiastique. (L'archevêché de Paris est grand. Sanson a fait des cartes fort exactes de tous les Archevêchez & Evêchez de France.)

Archevêque, f. m. Il vient du Grec & il veut dire celui qui est le premier entre les Evêques, & ce n'est que depuis le quatriéme siecle qu'on a traité d'Archevêque. Voi *du Pin, Ecclesiæ disciplina*, p. 5. & 6. On donne aujourd'hui ce glorieux nom au bien-heureux Ecclesiastique qui a des Evêques pour sufragans, qui en dépendent de lui, qui les consacre, & qui a le pouvoir de convoquer les principaux du Clergé de la Province pour tenir un Concile Provincial. (Un sage, un savant Archevêque. Un vertueux, un grand, un fameux, un illustre, un saint Archevêque. Voiez *Limneus enucleatus*, l. 2. C. x. & *de Prado histoire d'Alemagne*, 2. partie Ch. 4.

Archi-chambelan, f. m. Il veut dire grand Chambelan, & il ne se dit qu'en parlant de l'Electeur de Brandebourg qui porte le titre d'Archichambelan du S. Empire, parce que dans l'élection de l'Empereur & au festin Imperial qu'on lui fait aprés son couronnement, l'Electeur de Brandebourg fait les fonctions d'archi-Chambelan. Il prend le bassin, l'éguiére, & la serviette & donne à laver à l'Empereur. Voiez *Limneus enucleatus*, l. 2. C. x. & *de Prado histoire d'Alemagne*, 2. partie Ch. 4.

Archidiaconat, f. m. Il vient du Grec. En Latin *Archidiaconatus*. C'est la dignité la plus considerable d'une Eglise Cathedrale aprés la dignité de l'Evêque, ou de l'Archevêque. Le mot d'*Archidiaconé* n'est pas à beaucoup prés, si usité que celui d'Archidiaconat. Cependant quelques-uns disent. Il a un tresbon archidiaconat. A la faveur de ses amis il a obtenu un Archidiaconat.

Archidiaconé, f. m. Il signifie aussi la dignité & la charge d'Archidiacre. (Vous avez contre la défense expresse des Conciles, un Archidiaconé, une Chanoinie & deux Prieurez simples. S. B premiere partie. Vos deux derniers predecesseurs qui étoient sans comparaison de meilleur famille que vous, n'avoient chacun que leur archidiaconé, & leur chanoinie. S. R, I. partie.

Archidiaconé, f. m. C'est l'étenduë des paroisses sujettes à la visite de l'Archidiacre. (Son archidiaconé est grand. Un petit archidiaconé. Visiter son archidiaconé.)

Archidiacre, f. m. Mot qui vient du Grec, & qui veut dire le premier des Diacres. Acosta dans un traité qu'il a fait sur les matieres beneficiales, pense qu'on apeloit autrefois Archidiacre celui des Diacres qui étoit le plus sage & le meilleur menager. On l'élisoit à la pluralité des voix de ses confreres, & il avoit l'administration des biens de l'Eglise. L'Archidiacre aujourd'hui n'est pas cela. C'est un Oficier Ecclesiastique, qui est le Vicaire de l'Archevêque ou de l'Evêque, & qui va visiter les cures du Diocese où il est Archidiacre : Qui presente aux ordinations, les ordinans à l'Archevêque, ou à l'Evêque, & qui lui repond de leur capacité, & de leur merite. Il met presque par tout en possession les Titulaires des Eglises Paroissiales ; & il presente à l'Archevêque ou à l'Evêque, les Ecclesiastiques choisis par ceux qui ont droit de se presenter pour de certains benefices. Les fonctions des Archidiacres ne sont pas les mêmes dans tous les Dioceses. Ils sont en de certains lieux Curez de toutes les Eglises vacantes & litigieuses, & en d'autres ils partagent avec l'Archevêque, ou l'Evêque, le droit de desservir ou de faire desservir les Cures & d'en tirer les fruits ; ce qui s'apelle, Droit de départ. L'ofice des Archidiacres a toûjours été d'avoir l'œil sur le Clergé & sur tous les peuples des Dioceses, *Lemaire plaidoié* 21. L'Archidiacre tient le premier rang aprés l'Archevêque, ou l'Evêque, Voi *Fevret traité de l'abus. Tome* 1. l. 4. C. 3.

Le grand Archidiacre. C'est un Oficier Ecclesiastique qui a droit de visite & de correction par tout le Diocèse, où il a l'honneur d'être Archidiacre. En un mot, c'est le premier de tous les Archidiacres de quelque Diocese. (Le grand Archidiacre est savant & fameux, est habil.)

Archiduc, f. m. Il vient du Grec & du Latin, *archidux*. C'est le premier & le plus considerable des Ducs. L'Archiduc d'Autriche est Empereur. Maximilien premier fut l'inventeur de la qualité d'archiduc L'Archiduc d'autriche est le chef du Conseil de l'Empire. *De Prado histoire d'Alemagne* 2. partie C. 3.

Archiduchesse, f. f. C'est à dire premiere Duchesse, & l'on n'apelle du beau nom d'Archiduchesse que l'épouse de l'Archiduc d'Autriche.

Archiduché, f. m. Le Païs que possede l'Archiduc. L'Archiduché d'Autriche.

Archiepiscopal, archiepiscopale, adj. Il vient du Grec & se prononce *arkiepiscopal*. Qui regarde l'Archevêque, qui apartient à l'Archevêque. (Benefice Archiepiscopal. Mitre Archiepiscopale.)

Archiepiscopat, f. m. Il vient du Grec, en Latin *archiepiscopatus*. On prononce *arkiepiscopat*. C'est la dignité d'archevêque. Archevêché est incomparablement plus usité qu'Archiepiscopat, qui est vieux.

† *Archifou, archifole*, adj. Il est composé du Grec & du François. C'est à dire, qui est fou au suprême degré. (Cela est archifou. C'est une chose archifole.)

† *Archifou*, f. m. C'est un fou fiéfé, un fou achevé. (C'est un archifou & un archifourbe que le pauvre T. d. L. On voit cela dans sa vie.)

† *Archifole*, f. f. C'est une fote fiéfée. Une vraie fole. (C'est une veritable archi-fole.)

Archimandrite, f. m. *archimandrita*. Il vient du Grec, & veut dire le superieur de quelque Monastere, & celui qui regarde les Religieux, & toutes les personnes qui lui sont soumises, qui les regarde, dis-je, avec afection, & de la même sorte qu'un Berger, ses moutons. *Du Pin antiqua Ecclesiæ disciplina*, p. 5. (Monsieur l'Abé de la Trape est un veritable archimandrite.)

† *Archipedant*, f. m. Il vient du Grec, & signifie un franc & un fiéfé pedant. En Latin *Archipædagogus*, en Italien & en Espagnol *un pedante*. L'archipedant est un animal chargé de tout le bagage de l'antiquité, qui est sot & fier sans raison & qui afecte en ses manieres, & en son langage quelque chose de ridicule & de singulier. Caporali a fait *il pedante* & Balzac *le barbon*, qui est le portrait d'aprés nature, d'un veritable archipedant.

Archipel, f. m. C'est la partie de la Mer Méditerranée, qu'on nommoit autrefois la mer Egée, l'Archipel est rempli de tres-belles Isles.

Archipompe, f. f. Terme de mer. C'est un retranchement quarré qui est fait de planches & qui est à fond de cale pour conserver les pompes. On met quelquefois dans l'archipompe les boulets de canon. On dit visiter l'archipompe.

Archipresbiteral, archipresbiterale, adj. Il vient du Grec. C'est à dire, qui regarde l'Archiprêtre. Le mot d'archipresbiteral, ne se

ARC — ARC

dit guère. On ne peut pourtant pas tout à fait condamner ces façons de parler. C'est un devoir archipresbiteral, cela touche la dignité archipresbiterale.

Archipreſbiterat, ſ. m. Il vient du Grec, c'est la dignité de l'archiprêtre. C'est le benefice de celui qu'on apelle Archiprêtre, ou le premier des Prêtres. Le pere Lubin, dans son Mercure Geographique emploie indifferemment *Archiprêtré, Archipreveré, & Archipreſbiterat* : Mais à tort, Archiprêtré vaut mieux que les autres. Il a obtenu l'archipresbiterat. Il a eu l'archipresbiterat.

Archiprêtre, ſ. m. Il vient du Grec. C'est le premier des Prêtres. C'est celui qui par son merite & par sa conduite est le plus considerable des Curez ; & qui pour cela a droit d'avoir l'œil sur quelques-uns de ses confreres. En un mot l'archiprêtre est une maniere de Doien. Il y a des archiprêtres de ville, & des archiprêtres ruraux. Ceux de ville sont les Doiens des Curez des villes, & les ruraux, sont les Doiens des Curez de la campagne. C'est aux archiprêtres que s'adressent les mandemens des Archevêques & des Evêques, pour les faire tenir aux Eglises qui sont dans l'étendue de leur archiprêtré, Mr. le Curé de la Magdelaine, & celui de saint Severin sont les seuls archiprêtres de Paris. Les Paroisses des archiprêtres de Paris precedent toutes les Paroisses du Diocese. Les archiprêtres precedent les autres Curez ; mais comme cette préseance est contestée à Messieurs les Archiprêtres, Monsieur l'Archevêque a donné rang aux archiprêtres de Paris avec Messieurs les grands Vicaires & son Oficial dans toutes les assemblées.

Archiprêtré, archipreveré, archipresbiterat, ſ. m. Ces mots n'ont qu'un même sens : mais archiprêtré est le plus usité & le plus doux. Archipreveré semble insuportable, archiprêtré, c'est la dignité & la charge d'archiprêtre. C'est le benefice de l'archiprêtre. Archiprêtré vaquant. Un bon archiprêtré. Conferer un archiprêtré. *Pat. plaid. 14.*

Archi-prieuré, archi-prioré, ſ. m. L'un & l'autre se dit, mais le premier est infiniment plus usité que l'autre, qui a vieilli Archiprieuré, vient du grec & du latin. C'est le premier Prieuré. Obtenir un bon archiprieuré ; ou un archiprieuré tres-riche.

Architecte, ſ. m. Il vient du grec. Les latins disent *architectus*. C'est celui qui donne le dessein des ouvrages d'architecture. Architecte ancien, moderne ; fameux, renommé, illustre, connu, habile, expert, savant, intelligent, ingenieux. Vitruve est le plus celebre de tous les architectes. Il a vécu long-tems & est mort sous l'Empereur Auguste. L'architecte doit être fier en honnête homme, & ne point faire lâchement la Cour aux Grands. Il faut qu'il sache le dessein, la geometrie, l'optique, l'aritmetique, l'astrologie & l'histoire. Vasare a écrit en italien la vie des plus excellens architectes, des plus celebres peintres, & des plus celebres sculpteurs.

Architectonographie, ſ. f. Il vient du grec. C'est la description des bâtimens, des temples, des arcs de triomphe, des teatres, des piramides, des obelisques, des bains, des aqueducs, des ponts, des machines de guerre anciennes &c. Palladio, Piétro Bellori & Sandrat de Nuremberg ont traité de l'Architectonographie. Plusieurs Papes ont fait fleurir l'architectonographie.

Architrave, ſ. m. Il vient du Grec. C'est une grosse piece de bois apuiée sur deux colonnes. Cet architrave est soutenu par les bonnes colonnes. L'architrave n'est pas si saillant que le bas des colonnes. Voi. *Desgodets, édifices antiques de Rome.* L'architrave est posé sur un petit filet quarré. Voi *Desgodets, édifices antiques, pag. 308.*

† *Archivel, ſ. m.* Il vient du Grec : quelques-uns disent *archivol*, mais mal ; & en sa signification se sert ordinairement d'*archiviste* : c'est celui qui a soin des papiers & actes publics d'un lieu de consideration, d'un Empire, d'un Roiaume, d'une Republique, ou d'une Province : c'est l'un des archivels de l'Etat.

Archives, ſ. f. Il vient du Grec : C'est le lieu où l'on garde les papiers, les actes & écrits publics d'un lieu, ou d'un païs. (La déclaration que faisoit un pere parmi les anciens, qu'il lui étoit né un enfant, étoit gardée dans les archives publiques, & dans celles de sa maison. *Le Mai. plai. 22. p. 375.*)

Archives de France, ſ. f. Ce sont les chartres & autres papiers considerables qui concernent l'histoire de France, & qu'on garde dans la chambre des Comptes de Paris. Lire les archives françoises ; feuilleter les archives françoises.

Archiviste, ſ. m. Il vient du grec : c'est celui qui garde les archives ; c'est à dire les papiers & les actes publics, de quelque état ou de quelque lieu considerable. C'est l'un des archivistes de l'Empire. C'est l'un des archivistes de la Republique.

Arçon, ſ. m. Terme de Sellier. On prononce arsson, mais on ne fait sentir qu'une s. Morceau de bois plat & courbé qui soutient la selle du cheval. (Arçon de devant ; arçon de derriere. Les arçons sont netvez ; c'est à dire sont couverts de bons nerfs de bœuf-duits en filace, & colez autour des arçons, pour les rendre plus forts. Bandet les arçons, c'est les afermir avec des bandes de fer. Faire perdre les arçons. Termes d'hommes de cheval ; c'est désarçonner ; c'est jetter un cavalier hors de la selle.

† * *Arçon, ſ. m.* Il entre dans quelques façons de parler un peu gaillardes. Les grandes femmes vont d'un air plus haut que les autres, & font souvent perdre l'arçon à leurs galans.

Arçon, ſ. m. Terme de chapelier. Instrument en archet de violon grand de 4. ou 5. piez, dont on se sert pour acommoder la laine, & la mettre en état de servir. Un bon arçon, un méchant, un arçon rompu.

Arçonner, v. a. Terme de chapelier. C'est acommoder la laine & la faire voler avec l'arçon pour la mettre en état de servir. Qu'on prenne vite cet arçon, & que l'on arçonne cette laine.

ARCTIQUE, *adj.* Voiez antique.

ARCONTAT, *archontat, ſ. m.* Plusieurs écrivent *arhontat*, parce que le mot vient du Grec, mais tous prononcent *arcontat* & l'on ne feroit pas mal d'écrire comme on prononce. C'est la charge d'*arconte*. C'est le tems qu'un Magistrat d'Athenes gouvernoit cette fameuse Ville en qualité d'arconte. (Alexandre le Grand nâquit durant l'arcontat d'Elpines. Codrus aquit de l'honneur pendant son arcontat.)

Arconte, archonte, ſ. m. Il vient du grec. On écrit souvent *archonte*, mais on prononce toujours *arconte*. L'arconte ou l'*archonte* étoit un Magistrat d'Athenes, obligé de rendre compte de son administration. Il y eut dans cette celebre Ville des arcontes annuels, & des arcontes perpetuels. Medon fils de Codrus gouverna le premier en qualité d'arconte perpetuel, & lors que les Atheniens se choisirent des arcontes annuels ; Creon fut le premier. *Bossuet, histoire universelle.*

ARD.

ARDENT, *ardente, adj.* Il vient du latin *ardens* & se prononce *ardan*. Il signifie qui est en feu, alumé, brulant. (Mettre sur les charbons ardens ; prendre un tison ardent ; la flamme est toute ardente.)

* *Ardent, ardente, adj.* Au figuré, il veut dire violent, âpre, vehement, vif, passionné. Ardent, en ce sens, se dit des choses & des personnes ; & alors quand il régit un nom, il veut un datif, & quand il régit un verbe, il demande l'infinitif avec la particule à. L'honneur est la nourriture, & le plus ardent desir des ames bien nées. *Pat. plai.* La passion des françois est ardente.

Ils bavent, ils gincent les dents ;
Et plus leurs secousses sont vaines,
Plus à la prise ils sont ardens.
S. Amant, Rome ridicule.

Il est ardent à vous servir, & moi je le suis autant que lui. *Cost. let. T. 2.*

La Reine qui m'entend, peut me désavoüer,
Elle m'a vû toujours ardent à vous loüer.
Racan, Berg. a. 5. s. derniere.

Ardent, ardente, adj. Au figuré & signifiant vif & violent, il veut aussi la preposition, *dans*, ou *en*, lors qu'il est suivi d'un nom qu'il régit. (Il est ardent dans ses desirs. *Abl. Luc. T. 2.* Elle est ardente dans toutes ses passions. Il est ardent en cela.)

Ardent, ardente, adj. Ce mot se dit de certaines Chapelles, & veut dire où l'on brule de l'huile, où l'on brule de la cire. (Une Chapelle ardente ; faire une Chapelle ardente.)

Ardent, ardente adj. Il se dit quelquefois de certaine Justice qui juge les criminels, & veut dire, qui les condamne au feu, qui les fait bruler. (Etablir une Chambre ardente. La Chambre ardente sans remission pour les empoisonneurs & autres scelerats, & en cela elle est tres juste.)

Ardent, ardente, adj. Il se dit de certains miroirs, & signifie qui brule, étant exposé aux raions du Soleil. (Ce miroir ardent est tres beau & tres bon ; faire un miroir ardent.)

Ardent, ardente, adj. Il se dit de certains chevaux dont le poil tire sur la couleur de feu. (C'est un cheval qui a le poil ardent.)

Ardent, ſ. m. Feu sautelant autour des eaux ; feu sautelant autour des lieux marécageux. (On voioit des ardens autour des marais. On apelle aussi ces ardens, des *feux folets*.)

Ardens, ſ. m. On apelloit de ce nom ceux qui étoient ataquez d'une sorte de mal caduc qui les bruloit, & se consumoit presque entierement. (Il est tres dificile de guérir du mal des ardens. Il y a une Vierge à qui les Catoliques Romains ont recours, & qu'ils nomment *Sainte Cenevieve des ardens*. C'est à dire qui guerit le mal des ardens.)

Ardemment, adv. Prononcez *ardamman*. Il vient du Latin *ardenter*. C'est avec ardeur, avec feu, avec force, avec passion. (Disputer ardemment ; aimer ardemment. *Abl. Luc.* Nôtre ordre s'est oposé ardemment à la Doctrine de Molina. *Pas. Let. 2.*)

Ardeur, ſ. f. Il vient du Latin *ardor*. C'est l'action d'un corps ardent, plein de feu & de chaleur. (L'ardeur du Soleil est excessive. *Vau. Quin. l. 7.* Suporter l'ardeur du Soleil. *Abl. Mar. l. 1.* L'été en Espagne & en Italie, l'ardeur du Soleil est violente, & les gens qui n'y sont pas acoutumez, ne la soufrent qu'avec peine.)

Ardeur, *s. f.* Au figuré, il veut dire passion, amour, action vive & pleine de feu. (Une ardeur vive, fidéle, sincere, constante, vraie, veritable, ferme. Mon ardeur me tient lieu de merite. *Sar. Poë.* Avoir de l'ardeur pour les belles connoissances. *Abl. Tac. l. 1.*

C'est de tes jeunes yeux que mon ardeur est née.
Mai. Poë.

Ardillon, *s. m.* Terme d'Orfevre, *de Bourrelier & de Sellier*. Il se dit parlant de boucle ; c'est la petite pointe qui est au milieu de chaque boucle. Un bon ardillon, un méchant ardillon, l'ardillon de la boucle est rompu ; mettre des ardillons aux boucles ; faire des ardillons pour les boucles.)

Ardoise, *s. f.* Pierre tendre & brune, qui se leve par feuilles, & qui est propre pour la couverture des beaux bâtimens. (Bonne ardoise, méchante ardoise. Il y a six sortes d'ardoise, la quarrée, la taillette, la cosine, la grosse ardoise, & celle qu'on nomme le poil. L'ardoise quarrée est bonne, la cosine, tortiue ; la taillette, petite, & celle qu'on nomme le poil, la moins considerable. On tire l'ardoise avec des engins, & avec des chevaux ; & lors qu'elle est tirée, on la porte aux tailleurs d'ardoise, ils la fendent & la taillent. Il y a des perrieres d'ardoise en Anjou & en Bretagne ; L'ardoise est propre pour couvrir les beaux édifices ; Versailles en est tout couvert. On se sert aussi de l'ardoise pour dessiner. Il y a une ardoise noire en Irlande, tres bonne contre le flux de sang, & qui empêche que le sang ne se caille dans le corps après quelque chuite. *Hist. nat. d'Irlande.*

Ardoisé, ardoisée, *adj.* Il se dit de certains pigeons, & signifie, qui tire sur la couleur d'ardoise, & qui est d'ordinaire barré de jaune. (C'est un pigeon ardoisé, la femelle de ce pigeon est ardoisée. On dit aussi substantivement, c'est un joli ardoisé, c'est une tres belle ardoisée.

Ardoisiére, *s. f.* C'est une carriere d'ardoises. C'est un endroit de la terre où l'on tire l'ardoise & d'où l'on la tire avec des engins & des chevaux. [Les ardoisiéres ne sont pas communes. Il y a des ardoisiéres en Anjou.]

† **Ardre**. Ce verbe est quelquefois *actif*, & souvent *neutre*. Il vient du latin *ardere*, en espagnol, *arder*. Il n'est proprement en usage qu'au present du subjonctif lors qu'on fait des imprécations. Ainsi l'on dira que le feu de saint Antoine arde ces gros & miserables gens qui empêchent les bons Dictionnaires d'avoir cours. C'est de la sorte que Scarron a parlé. *Roman. comique chap. 2.* Que le feu saint Antoine les arde.

† **Ardu**, *arduë, adj.* Il vient du latin *arduus*. En françois il semble n'avoir point de masculin, & n'être usité qu'en quelques façons de parler, même ne se dit qu'en riant, il signifie dificile, malaisé, épineux. (C'est une des plus arduës questions que j'aie oui faire. *Voi. let. 56.*)

ARE.

Arene, *s. f.* Ce mot est d'ordinaire poëtique, & vient du latin *arena*. Il signifie sable. (Elles conduisent leur argent sur un lit d'arenes dorées. *God. poes.*

Oui, qui pourroit conter le nombre de mes peines
Pourroit aussi conter le nombre des arenes.
Mon. poes. idil. 1.

On conteroit plutôt les arenes volantes,
Que l'Afrique contient dans ses plaines brulantes
Que les dons infinis que tu fais aux humains.
God. poes. 1. partie p. 133.)

Aréne, *s. f.* Il se dit en prose lors qu'il signifie le lieu où combatoient les gladiateurs du tems de l'ancienne grece, & de l'ancienne Rome. Néron obligea les Chevaliers Romains à décendre dans l'aréne. *Abl. Tac.* Ils ont une aréne propre à s'exercer à la lute. C'est une aréne tres commode. *Voi. caractéres de Téophraste, caractere du complaisant.*

Jamais les arénes de Pise
N'en virent de plus obstiné.
St. Am. Rome ridicule.

Arénes, *s. f.* On apelle de ce nom un amphiteatre que les Romains bâtirent à Nimes, & qu'on voit presque encore tout entier. Les Gots l'an quatre cens vingt de nôtre salut fortifierent cet amphiteatre & y construisirent un château qu'on apelle le chateau des arénes. *Voi les antiquitez de Nimes de Mr. Deiron.*

Areopage, *s. m.* Il vient du Grec. C'étoit à Athenes, le lieu où les anciens Grecs rendoient leurs arrêts, & où l'on rendoit la justice sans aucune corruption. Les latins apellent ce fameux lieu, *areopagus*. (Ne craint point qu'on te fasse un procés criminel dans l'areopage. *Abl. Luc. T. 1.* [Il se prend aussi pour le Senat d'Athenes, qui rendoit la justice dans l'areopage. L'areopage est si ancien, qu'on croit qu'il avoit été établi pour juger entre Mars & Neptune, sur ce que Mars avoit tué un fils de Neptune qui avoit violé sa fille. *De St. Real, remarques sur les Epitres de Ciceron à Atticus, t. 1.*]

Areopagite, *s. m.* Il vient du grec, & se dit en latin *areopagita*. C'étoit un juge de l'areopage. (Solon établit le premier les areopagites. C'étoient des Juges incorruptibles, & ils étoient si severes, ces areopagites, qu'ils vouloient que dans les discours qu'on faisoit devant eux, on ne se servit ni d'exorde étudié, ni d'aucune figure qui les put émouvoir en faveur de la personne pour qui on leur parloit. On parle de S. Denis l'areopagite.

Arête, *arrête*, *s. f.* On l'écrit de l'une ou de l'autre façon : mais l's ne se prononce point, & montre seulement que la penultieme silabe du mot arête, est longue. C'est un os, en forme d'épine, qui arête & soutient la chair du poisson. Les grandes bêtes marines, au lieu d'arêtes, ont des os durs. *Rond.* (Une petite arête, une grosse arête ; quand on mange du poisson, il faut prendre garde aux arêtes.)

Arête, *s. f.* Terme de *Charpentier*. Côté angulaire de quelque corps. (Cette poutre est à *vives arêtes* ; c'est à dire, elle est bien équarrie.

* **Arête**, *s. f.* Il se dit des *enclumes*. C'est le bord de l'enclume.
† **Arête**, *s. f.* Terme d'Orfevre. Partie de la cuillier, élevée sur le cuilleron. Arête de cuillier bien-faite, ou mal-faite.)
* **Arête**, *s. f.* Terme de *Fourbisseur*. Partie élevée qui régne le long de la lame. (L'arête de cette lame n'est pas bien fourbie.)
* **Arête**, *s. f.* Ce mot se dit *des assietes & des plats*. C'est l'extremité du bord du plat, ou de l'assiette, du côté du fond. (Faire l'arête d'un plat, ou d'une assiette.)

* **Arêtes**, ou *arestes*, *s. f.* Il ne se dit qu'au pluriel. Terme de *Manége*. Ce sont des gales & tumeurs qui viennent sur les nerfs des jambes de derriere d'un cheval, entre le jarret & le pâturon. On apelle aussi *arêtes*, les queues de cheval dégarnies de poil, qu'on nomme aussi queues de rat.

Arêtier, *s. m.* Terme de *Charpentier*. C'est une piéce de bois bien équarrie, qui forme l'*arête*, ou le côté angulaire des couvertures, qui sont faites en pavillon.

ARG.

Arganeau, *s. m.* Terme de marine. C'est un gros anneau de fer, où l'on passe quelques cordages. Il y a des *arganeaux* aux platbords, aux bateries, aux ancres, &c.

Argent, *s. m.* Du Latin *argentum*. Prononcez *arjan*. C'est après l'or, le plus précieux des métaux. Bon argent, argent vrai, argent faux, argent bas, argent fin. L'argent d'Alemagne n'est pas si estimé que celui de France.

Argent, *s. m.* C'est la monnoie d'argent. (Amasser de l'argent. Avoir de l'argent : être riche en argent, avoir de l'argent comptant. L'argent est un esclave fugitif, vous avez beau le charger de fers, il s'enfuira avec ses chaînes, tenez le sous la clé & les verroux, donnez lui des gardes, & ils échaperont de compagnie. *Maucroix, homelies de S. Chrisostome hom. 2.* Il est indigne d'un homme de cœur de ne pas gagner de l'argent glorieusement.

L'argent fera bien-tôt l'afaire
Et quelle afaire ne fait pas ce bien-heureux metal ?
La Fontaine, nouvelles.

Oui, cet heureux metal fait tout,
Renverse murs, jette portes par terre,
N'entreprend rien dont il ne vienne à bout,
Fait taire chien, & quand il veut servantes,
Et quand il veut les rend plus éloquentes
Que Ciceron.
La Fontaine, nouvelles.

Argent, *s. m.* Biens & richesses. (Est-il quelque talent que l'argent ne lui donne ? *Dep. sat.*)

Argent. Ce mot entre en plusieurs façons de parler proverbiales. Qui a de l'argent, a des pirouettes, c'est à dire, que quiconque est riche en argent, a tout ce qu'il désire. *Argent comptant porte medecine. Abl. Luc.* C'est à dire, que celui qui a de l'argent, est gueri de tout ses maux. *Point d'argent, point de Suisse*. C'est à dire, que sans argent, on n'a point de serviteur. L'argent est court chez moi. C'est à dire, que ma bourse est vuide, & que j'ai fort peu d'argent.

Tu diras qu'aux cofres du Roi
L'argent est court, comme chez moi.
Boisrobert epi. T. 1. ep. 12.

Avoir de l'argent mignon, c'est à dire, avoir bien de l'argent, avoir de l'argent qui n'est point emploïé, & qui ne sert de rien. Avoir de l'argent frais. C'est de l'argent qu'on vient de gagner qu'on vient de recevoir. **Argent fait perdre les gens.** **Argent fait rage, amour, mariage, argent fait tout.** Il est chargé d'argent comme un crapaut de plumes. On dit ce Proverbe du Seigneur V. & il veut dire que le pauvre bon homme est toûjour à sec, & qu'il n'a ni sou ni maille, & que bien-tôt il ira finir chrétiennement & glorieusement ses jours à l'Hopital.

Argent bas, c'est à dire que l'on ne fait rien si l'on ne voit, ou reçoit de l'argent. Il en dit bien d'autres, dont il ne prend point d'argens, c'est à dire, il dit bien d'autres pareilles choses avec peu de fondement.

Argent trait. Terme de *Tireur d'or*. C'est de l'argent qu'on a fait passer par les filieres. (Avoir beaucoup d'argent trait. Les tireurs d'or vendent leur argent traité aux fourbisseurs, & à tous les ouvriers qui travaillent à des ouvrages où il entre de l'or & de l'argent.)

* *Argent*, *s. m.* Ce mot se dit de l'eau, & signifie clarté, & en ce sens, il est poëtique. (Les Muses ont quité les sieurs de leur montagne, & l'argent de leur onde. *Main. Poë.* Elles conduisent leur argent sur un lit d'arénes. *God. poes.* Les petits flots font luire dans la plaine l'argent de leurs ruisseaux. *Rac. poes.*)

* *Argent*, *s. m.* Il signifie blanc, & en ce sens il est poëtique.

Sous un voile d'argent la terre ensevelie.

C'est à dire, que la terre est toute couverte de neige & d'eau.

* *Argent*, *s. m.* Il se dit en termes de blason, & signifie blanc. Il est le simbole de la pureté & de la franchise. (Un Chevalier de la table ronde, qu'on apeloit le bon Chevalier sans peur, portoit d'argent simplement. *Col. Sience heroïque. t. 4.*)

Argenter, *v. a.* Couvrir de feuilles d'argent, apliquer l'argent sur le métal avec le brunissoir, & avec tous les instrumens necessaires. (On argenta le cuivre, le laiton, l'étain, &c. Argenter un plat, des fourchettes, &c.)

Argenté, argentée, adj. Qui est couvert de feuilles d'argent. Manche de couteau argenté.

Argenté, argentée, adj. Qui a quelque chose de la couleur de l'argent, & en ce sens, ce mot semble être un peu poëtique.

Nourrices des grandes Citez,
Rivieres, doux sang de la terre,
Loüez Dieu qui preside à vos flots argentez.
God. poes.

Argenterie, *s. f.* Toute sorte de besogne d'orfévre, grosse ou petite. Il y a dans le garde meuble de Loüis XIV. deux magasins d'argenterie; le magasin de la grosse & celui de la petite. On entend par la grosse argenterie, les tables, les cuvettes, les torchetes, les seaux d'argent; & l'on comprend sous le nom de petite argenterie, les tasses, les chandeliers, les bras, les plaques, & toute sorte de besogne commune qu'on apelle vaisselle d'argent. Une belle argenterie, une magnifique, une superbe argenterie. L'année 1689. au mois de Decembre, à l'exemple du Roi, les grands Seigneurs & les Bourgeois portérent toute leur argenterie à la monnoie; pour en faire des especes nouvelles.

† *Argenteux, argenteuse, adj.* Mot du petit peuple de Paris; c'est à dire, qui a beaucoup d'argent. Les Poetes, comme D. avocat de Pilate, & les faiseurs de romans, comme le pauvre bon homme V. ne sont pas fort argenteux.

Argentier, *s. m.* Tresorier de l'argenterie.

Argentin, argentine, adj. Vient de l'italien *argentino*, blanc de couleur d'argent; pareil à celui de l'argent clair; sonnant clair, Source argentine. *God. poes.*

Les cloches dans les airs de leurs voix argentines,
Apeloient à grand bruit les Chantres à Matines.
Dep. Lut. c. 4.

Argentine, *s. f.* C'est une plante qui fleurit en Mai, en Juin, & Juillet, & qui porte une fleur tres-blanche. L'argentine est belle.

Argile, *s. f.* Vient du latin *argilla*. C'est une terre grasse propre à faire des pots. L'argile ne sert pas seulement aux potiers, elle sert aussi aux jardiniers. Cette pensée est sole, & c'est comme si l'argile s'élevoit contre le potier. *Port-Roïal, Isaïe chap.* 29. On trouve en Irlande une espece d'argile tres-propre à faire de la brique, & toute sorte de poterie. *Histoire naturelle d'Irlande, pag.* 284.

Argileux, argileuse, adj. Qui est d'argile, qui tient de l'argile.

Tel qu'un potier expert à la roüe ocupé,
D'un limon argileux promptement détrempé.

Fait.... l'Abé Sorin, *traduction*, La marne est une matiere grasse & argileuse, qu'on peut apeller la graisse de la terre. *Boate, histoire naturelle d'Irlande, c. 12.*

Argot, *s. m.* Terme de Jardinier. C'est l'extremité d'une branche morte. Il faut ôter cette extremité, & quand on l'ôte on apelle cela ôter l'argot. *Quin. des Jardins. t. 1. p. 70.*

Argot, *s. m.* Terme de coupeur de bourse. Il peut venir du grec où il signifie sans travail, sans ouvrage: Mais dans la signification qu'on lui donne aujourd'hui, veut dire le langage de gueux, & des coupeurs de bourse, qui s'expliquent d'une maniere qui n'est intelligible qu'à ceux de leur cabale. Savoir l'argot; aprendre l'argot, entendre l'argot; parler l'argot.

Argot, *s. m.* Il se dit des coqs. Voi *ergot*.

Argoulets, *s. m.* Cavaliers François, qui ont subsisté depuis le Régne de Louis XI. jusqu'à celui de Henri second, ils étoient armez de Hausse-cou de Halecret, de Gantelets, d'avant-bras, de grandes épaulettes, & d'un cabasser dont ils se couvroient la tête. Leurs armes ofensives étoient l'épée, la masse à l'arçon, & une arquebuse de 2. piez & demi de long dans un fourreau de cuir boüilli.

On dit quelquefois en raillant; & pour mépriser une personne. C'est un pauvre argoulet.

Argousin ou *argouzin*. Il vient de l'italien, & il signifie celui qui prend garde que les Galeriens ne se dérobent, & qui méne faire aiguade les forçats qui servent volontairement dans les Galeres. L'argousin enchaine & déchaine celui les Galeriens; & rive le colier de fer qu'ils ont au cou. L'argousin gagne tous les jours huit ou neuf sous, & à sa portion comme un Galerien.

Argue, *s. f.* Lieu à Paris, où l'on tire, & où l'on dégrosse l'or & l'argent pour les Orfévres & les Tireurs d'or. (Argue Roïale: envoier à l'argue: aler à l'argue.)

Argue, *s. f.* Terme de *Tireur d'or*. Machine composée d'un gros pivot, & de barres de bois: autour de laquelle il y a un cable qu'on étend, & qu'on atache avec des tenailles courtes & grosses à une autre machine qu'on apelle la tête de l'argue, où l'on met une filiere, au travers de laquelle on tire les lingots d'or ou d'argent pour les dégrosser. Tirer l'argue. Ce mot d'argue vient du grec, parce que l'invention & la machine ont été aportées de Grece.

Arguer, *v. a.* Vient du latin *arguere*. Il se dit en termes de Palais: C'est acuser, reprendre: arguer une chose de faux.

Argument, *s. m.* Prononcez *arguman*, il vient du latin *argumentum*. C'est un raisonnement de 2. ou 3. propositions. Le mot d'argument en ce sens, est plus de l'école que du beau monde. (Un bon, un fort argument; un foible, un méchant argument; faire un argument, proposer, resoudre un argument, communiquer un argument, répondre avec esprit à un argument.)

Argument, *s. m.* Sujet de quelque Ouvrage d'esprit. Argument en ce sens, se dit; mais il n'est pas si usité que celui de sujet. (On joue depuis peu une petite farce assez plaisante, qui a pour argument, le provincial Visionnaire.)

Argumenter, *v. n.* Prononcez *argumanté*, vient du Latin *argumentari*. Il est de Colege, & signifie, faire les argumens, en sa place ou dit raisonner. Cependant dans les disputes de Philosophie on se sert de ces façons de parler, argumenter en forme; argumenter contre quelqun, argumenter sur la matiere premiere. Ce Philosophe L. ce grand visionnaire a fait voir en argumentant, que les ouvrages d'Aristote, de Descartes, & de Gassendi, étoient des païs inconnus pour lui.

On dit aussi argumentation, argumentateur, &c.

A R I.

Arianisme, *s. m.* C'est l'heresie d'Arius, c'est l'opinion d'Arius, habile Prêtre d'Alexandrie, qui soutenoit que le Pere le Fils, & le Saint Esprit, n'étoient pas de même nature. (Enseigner l'Arianisme, établir, combattre, détruire, ruiner l'arianisme. Jamais heresie n'a été plus generalement embrassée, ni soutenuë avec plus d'ardeur que l'arianisme. *L'Histoire des Oracles, chap.* 3. L'arianisme commença de se répandre dans le monde environ l'an 315. de nôtre salut. On apela ceux qui furent du sentiment d'Arius, *ariens*.

Aride, *adj.* Il vient du Latin *aridus*, & veut dire, sec. (Un sablon aride, une terre aride.)

* *Aride*, *adj.* Au figuré, il signifie *sterile*. (Sujet aride, matiere aride. Il vient des tems arides, des tems de secheresse, & de langueur, où l'on fait de facheuses réflexions. S. *Evremont. in* 4. *pag.* 133.)

* *Aride*, *adj.* Il se dit de l'esprit, & veut dire qui n'a point l'imagination belle, qui n'a rien de fleuri ni d'agreable. Il a l'esprit extrémement aride, je n'ai jamais vû d'imagination plus aride.

* *Aride*, *adj.* Il se dit aussi du stile. Il signifie, qui n'a rien d'aimable ni de charmant, qui n'a aucune beauté. (Les répetitions qu'il fait, rendent son stile afecté, sec & aride. D'*auteur*, *Cleante, tem. 2. let.7.*)

* *Aride*, *adj.* Il se dit de la liberalité d'une personne, & fait connoitre que celui dont on parle, est tres vilain, & n'est aucunement liberal. (Il n'y a rien de plus aride que ses bonnes graces. *Mol. avare.*]

Aridité, *s. f.* Vient du Latin *ariditas*; c'est à dire secheresse, & en ce sens, il se dit rarement. (L'aridité de la terre a été grande cette année.

* *Aridité*, *s. f. f.* Au figuré il se dit de l'esprit; & c'est le peu d'agrément, & le peu de beauté d'un homme en tout ce qu'il dit

ARI

ou qu'il fait. L'aridité de son discours est desagreable ; l'aridité de son esprit est dégoutante, & il ne sauroit plaire dans la conservation.

ARISTARQUE, *s. m.* Il vient du grec, où à la lettre il signifie bon Prince : Mais dans l'usage ordinaire parmi les savans, il veut dire un critique ; parce qu'il y a eu un Grammairien qu'on appelloit Aristarque, & qui étoit un si grand censeur, qu'il reprenoit plusieurs vers d'Homere, le plus fameux & le plus aprouvé des Poëtes Grecs. C'est un aristarque moderne.

ARISTOCRATIE, *s. f.* Il vient du grec, & se prononce *aristocracie*. C'est une forme de gouvernement, où commandent les plus honnêtes gens, & qui sont le mieux instruits des loix & des mœurs de l'État. Le gouvernement des Chinois est sans aucun mélange d'aristocratie. *Nouvelle relation de la Chine, pag. 257.*

Aristocratique, adj. Il vient du grec, & signifie qui est gouverné aristocratiquement, & d'une sorte de gouvernement où il n'y a que les plus honnêtes gens, & les plus habiles qui gouvernent. État aristocratique. L'Empire tient un milieu entre le gouvernement Monarchique & l'aristocratique.

Aristocratiquement, adv. D'une maniere aristocratique, & où il n'y a que les plus sages & les plus éclairés qui gouvernent. Les Suisses sont gouvernez aristocratiquement. *Heis, histoires d'Alemagne, liv. 6.*

ARITMETICIEN, *s. m.* Il vient du grec. C'est celui qui fait l'aritmetique, & qui peut bien faire toutes sortes de calculs. Un grand, un habile, un fameux aritmeticien ; un celebre, un renommé aritmeticien. Wallis étoit l'un des plus grands aritmeticiens du monde, & ce grand aritmeticien étoit anglois.

Aritmetique, s. f. Il dérive du grec. Sience qui aprend à bien faire les calculs. (Aritmetique universelle, speculative, pratique. L'aritmetique est necessaire à tous les gens qui sont dans le commerce du monde. Ison enseigne l'aritmetique, & s'est aquis de la reputation par les livres qu'il a faits. Montrer l'aritmetique ; savoir l'aritmetique ; une personne qui a un peu d'esprit peut aprendre l'aritmetique en deux ou trois mois,)

Aritmetique, adj. Il décend du grec ; il signifie qui regarde l'aritmetique, qui apartient à l'aritmetique, juste & égal, Nombre aritmetique ; figure aritmetique, proportion aritmetique, progression aritmetique ; diviser en parties aritmetiques.

Aritmétiquement, adv. Il tire son origine du grec. Prononcez aritmetikeman, & presque *aritmeticman*, c'est à dire d'une maniere aritmetique, égale & juste. C'est une quantité aritmetiquement proportionnelle.

ARM.

ARMAND, *s. m.* Nom d'homme. Armand de Richelieu grand politique, sous qui bien des gens de lettres ont été heureux. De son tems V. ni C. ne seroient pas morts de faim.

Armand, ou *armant, s. m.* Sorte de bouillie pour un cheval malade. L'armant est composé de plusieurs drogues qu'on peut voir dans le parfait maréchal de Solleisel : on donne de l'armant à un cheval pour le remettre en gout.

ARMATEUR, *s. m.* Terme de mer. Il semble venir du latin. C'est celui qui par la permission de quelque republique, ou de quelque Souverain : arme un ou plusieurs vaisseaux pour aller en course. Puissant armateur, armateur à craindre ; armateur redoutable. Les armateurs ennemis ont été batus.

Armes, s. f. Il vient du latin *arma*. On apelle de ce nom toutes les choses dont on se sert pour ataquer, pour se défendre, ou pour se mettre à couvert des coups. (De bonnes armes, de méchantes armes. Les armes particulieres des Soldats, ce sont des armes à lame, à fut, ou à hampes. Il y a des armes défensives, & des armes ofensives. Les défensives sont les casques, les cuirasses, les brassards, les rassettes, les boucliers, les gantelets, les hausse-cous, les cotes de maille. Les ofensives sont celles à la faveur desquelles on ataque, on frape, on blesse, & l'on tuë ; comme sont les épées, les pistolets, les fusils, les mousquets, &c. Monter une arme à feu ; se servir d'armes à feu, défendre, permettre les armes à feu ; être en armes ; demeurer sous les armes ; prendre les armes ; poser les armes ; mettre bas les armes ; rendre les armes.)

* *Armes, s. f.* Il se prend au figuré, & est toûjours au pluriel. Il signifie la guerre. L'exercice des armes, l'usage des armes. (Un homme qui a de l'honneur aime les armes. Porter les armes contre les barbares pour sa patrie. *Abl. Ret.*)

* *Armes, s. f.* La profession des armes. (Faire honneur aux armes, les armes font honneur à ceux qui les portent, ils n'est plus glorieux que les armes ; les armes ne sont pas heureuses pour tout le monde.)

* *Armes, s. f.* Courage, valeur. (Il n'y a point de lieu où vous n'aïez signalé vos armes. *Abl. Ces.* Vos armes sont celebres par tout.)

* *Armes, s. f.* Moien de se défendre, chose qui donne quelque pouvoir. (Voilà un habile homme, qui fournit des armes à son ennemi contre soi même. *Abl. Luc.* Je vous veux donner

ARM

des armes pour vous défendre, & pour vous mettre tous deux à couvert de la calomnie. *Abl. Luc. epi.*)

* *Armes, s. f.* Il se dira aussi au figuré en amour, il est toujours pluriel, & même il est ordinairement usité en poesie. Il signifie, *charmes, traits, atraits, pouvoir, puissance.*

Me dois-je rendre, amour, à de si douces armes ?
Gon. Poës.

Vous fiez vous encore à de si foibles armes ?
N'est-ce que par des pleurs que vous me secondez ?
Rac. Iph. a. 5. s. 2.

Armes, s. f. Terme de *Maitre d'armes.* On se sert toujours au pluriel, & il signifie épée, fleuret. (Pousser de tierce au dedans des armes, pousser de quarte sur les armes, & pousser de seconde sous les armes ; parer au dedans des armes. *Liancourt Maitre d'armes. C. 5. & c. 7.*

Armes, s. f. Il se dit en termes de Maitre d'armes, & signifie l'exercice du fleuret. [Faire bien des armes. C'est s'exercer avec le fleuret pour aprendre comme il faut faire un coup d'épée. On dit aussi, *il tire bien des armes* ; mais cette derniere façon n'est pas si usitée que la première, & quand on s'en veut servir, on dit simplement, ce Gentilhomme tire bien ; ce Gentilhomme tire juste, *Liancourt, Maitre d'armes.*)

Armes, s. f. S'emploie aussi en parlant de soldat criminel, & toujours au pluriel. *Passer un Soldat par les armes* : c'est le faire tuer à coups de mousquet par trois ou quatre soldats à la tête du Regiment qui est en bataille, & cela après qu'il a été condamné par le conseil de guerre.

* *Armes, s. f.* Armoiries de quelque Empire, de quelque Roiaume, d'un Etat, d'une Province, d'une Famille, ou d'un particulier. Armes anciennes, armes fameuses, illustres, honorables ; nouvelles ; armes rompues ; armes chargées ; armes de chargées ; armes brisées ; armes marquées d'infamie ; armes *pures & pleines*, ce sont les plus simples & les moins embrouillées. *Col. Sience héroïque, chap. 9. armes parlantes.* Ce sont celles dont le champ est une chose naturelle, & qui marque le nom de la personne qui le porte : ainsi en Espagne, la Maison de Prado a pour champ un Pré. On dit, en parlant des armes de quelque Etat, ou de quelques personnes, blasonner les armes, porter dans ses armes telle ou telle chose ; avoir dans ses armes telle chose. Déchifrer, décrire, connoitre les armes, graver les armes, &c.

Armée, s. f. Il semble venir de l'Italien *armata.* C'est une multitude d'hommes à cheval & à pié, divisez en plusieurs Regimens pour le service de quelque Prince, ou de quelque Etat, & commandez par un Général qui a plusieurs Officiers sous lui. Cela ne regarde que l'*armée de terre*, car l'*armée navale* est une quantité de Vaisseaux de guerre, équipez, où font monter plusieurs troupes pour le service d'un Prince, ou d'une République ; commandée par un Amiral, aidée de plusieurs Oficiers. (Une petite, une grosse armée : Une furieuse, une puissante armée. Une dangereuse, une redoutable, une terrible armée. Faire une armée. Assembler l'armée. Lever une armée, donner le rendez vous à l'armée. Faire marcher, faire partir, faire décamper l'armée. Batre une armée, ataquer une armée. Défaire une armée, afoiblir, désoler, afamer, ruiner, détruire, perdre une armée, rétablir, renforcer une armée.)

ARMELINES, *s. f.* On prononce presque *armeline.* C'est une peau tres fine & tres blanche, qui vient de Laponie. L'armeline est belle ; mais elle est chére, & l'on s'en sert pour faire d'agréables fourrures.

ARMEMENT, *s. m.* Il vient de l'Italien *armamento.* On prononce *armeman*. C'est tout ce qu'il faut à un soldat pour être en état de servir. L'armement d'un fantassin françois, c'est le mousquet, l'épée, la bandouliere, le baudrier, la bourse, les charges, & la mèche. L'armement d'un cavalier françois, c'est un colet de buste, un baudrier de buste, un sabre, une écharpe, un porte mousqueton de buste, pistolets d'arçon, mousqueton, botes, éperons, & dessus d'éperon.

Armement, s. m. C'est tout l'aparail qu'on fait pour se mettre en état de faire la guerre. Un grand armement, un puissant armement, un armement considerable. Armement surprenant, étonnant, formidable.

Armement, s. m. En termes de mer, c'est l'équipage d'un, ou de plusieurs vaisseaux de guerre, & la distribution des troupes qu'on embarque dans chaque vaisseau. (Il y a ordre pour un armement. On sonde à faire un armement important. Empêcher un armement, détruire un armement ; songer à un armement, servir à un armement. Le tems de l'armement aproche. Envoier un état de l'armement des vaisseaux, à la Cour.

† *Armement.* Au figuré, il se prend quelquefois pour tous les soldats qui sont des vaisseaux de guerre. L'armement est presque tout batu. (L'armement a été en partie batu.

ARMENIENNE, *s. f.* Pierre précieuse bleuë & tendre qui croit au Tirol, en Hongrie & en Transsilvanie. L'armenienne est semblable en quelque façon à la pierre pretieuse qu'on apelle *lapis*, & elle n'est ordinairement emploiée qu'en medecine. L'armenienne, quand elle est belle, vaut 4. ou 5. écus, la livre. *Mercure Indien livre 3. Chapitre 5. & livre 4. C. 4.*

ARMER,

ARM ARM

Armer, *v. a.* Il vient du Latin *armare*, équiper d'armes. Fournir à quelqu'un les choses qu'il lui faut pour se batre en soldat, lui donner les armes qui lui sont nécessaires pour faire la guerre. [Armer un soldat, armer quelcun jusqu'aux dents. Façon de parler un peu comique, pour dire, armer entierement. Armer une compagnie, un regiment.]

Armer, *v. a.* En termes de mer. C'est, mettre un vaisseau en état de faire la guerre, c'est l'équiper d'hommes d'armes, de tout ce qu'il faut pour combatre. (Armer un navire, armer un Vaisseau.)

Armer, *v. a.* Mettre sous les armes, obliger de prendre les armes. (On arma tout le Pais pour soutenir l'éfort des ennemis. *Abl. Luc. T. 2. Dialogue de l'amitié.*)

Armer, *v. a.* Il est quelquefois neutre, & sur tout lorsqu'il signifie, s'aprêter pour faire la guerre. Se mettre en état de faire où de soutenir la guerre. (L'année 1689. On arma de tous côtez en France, en Espagne, en Angleterre, en Holande, & en Alemagne.)

* **Armer**, *v. a.* Il est d'un grand usage au figuré. C'est révolter, liguer, soulever, faire prendre les armes. (On arma les mains des victorieux contre eux-mêmes. *Abl. Luc.*

On sera ridicule & je n'oserai rire !
Et qu'ont produit mes vers de si pernicieux
Pour *armer* contre moi tant d'auteurs furieux ?
Dép. Sat 9.)

* **Armer**, *v. a.* Munir, fortifier.

Ma fille, je vous voi rougir de cet outrage,
Il faut d'un noble orgueil *armer* vôtre courage.
Rac. Iph. a. 2. s. 4.

* **Armer**, *v. a.* Garnir. (Armer une poutre de bandes de fer.)

* **Armer**, *v. a.* Il dit parlant de la *pierre d'aimant*, & il est alors un peu figuré. C'est mettre les armures à une pierre d'aimant. C'est mettre deux plaques de fer aux deux poles de la pierre, & les lier avec une petite ceinture de fer, de cuivre, ou d'autre métal. On arme la pierre d'aimant pour en augmenter la force.

S'armer, *v. r.* Je m'arme, Je me suis armé. C'est prendre les armes, se mettre les armes sur le corps. Se saisir de quelque chose pour se défendre. (S'armer de toutes pieces. *Vasconcelle. Gomes. Ariostē, T. 1.* Tout le païs s'arma pour se défendre. Ils se sont armez pour soutenir l'éfort de leur ennemi, ils s'armérent de batons. *Vau. Quin. l. 4.*)

S'armer, *v. r.* Se munir de quelque chose. Prendre le parti de quelcun.

Prens garde à toi, mon cœur, arme-toi de constance.
Gom. Poës.

Les loix s'arment en nôtre faveur contre l'injustice.
Patru, plai. 9.

* **S'armer**, *v. r.* Se bander, se liguer. Le Ciel s'arme contre la Terre.

Mon courage irrité
S'arma contr'elle & cria liberté.
Voit. Poës.

* **S'armer**, *v. r.* Terme d'*académie*. Il se dit des chevaux de manege. C'est baisser la tête, & courber son encoulure jusqu'à apuier les branches de la bride contre son poitrail pour ne point obéir à l'embouchure, & défendre sa bouche qu'il veut soulager en se courbant trop le cou. [Vôtre cheval s'arme, parce qu'il a l'encoulure mal placée.]

* **S'armer**, *v. r.* Terme d'académiste. On s'en sert parlant des lévres des chevaux de manege. (Vôtre cheval a les lévres trop grosses & il s'arme des lévres, c'est à dire, qu'il couvre les barres de ses lévres, & rend l'apui de son mords trop ferme.)

Armet, *s. m.* C'est un *petit casque*. (Un bon, un méchant armet. Faire un armet. Forger un armet. Il n'y a point d'armet qui puisse résister à ses coups. *Voit. let. 68.* Cléopatre recompensa d'un armet, & d'une cuirasse d'or, le courage d'un cavalier de Marc-Antoine. *Citri, Triumvirat, Chap. 31.*)

* **Armet**, *s. m.* Au figuré, il signifie *tête, esprit, cervelle*. Apollon a broüillé l'armet du pauvre bon homme T.

M, en a un peu dans l'armet.
Quand l'humeur, ou le vin leur barboüillent l'arme ?
L'une se plaint des reins ; & l'autre d'un cautére.
Reg. Sat. x.

Armillaire, *adj.* Terme d'*astronome & de Geographe*. Ils nomment Sphére armillaire une Sphére composée de plusieurs cercles qu'on a coutume de décrire sur les Globes celeste & terrestre. V. *Sphére*.

Armistice, *s. m.* Se trouve dans des traitez de guerre & de paix & dans quelques gazettes. Une *suspension d'armes*, mais peu de gens l'aprouvent. Il y aura *un armistice*, on diroit, il y aura une suspension d'armes.

Armoire, *s. f.* Du Latin *armarium*, à cause qu'on y mettoit autrefois les armes, &c. C'est un ouvrage de menuisier, ou de tourneur, fait de bois de chêne, de noier, ou d'autre beau bois avec deux tiroirs, quatre guichets deux en haut, & autant en bas, & plusieurs ais de sapin, ou de chêne au dedans pour mettre des habits, du linge & autres choses. Il y a des armoires d'assemblage, & des armoires de placage. Les menuisiers font les premieres, & les tourneurs les autres. On les nomme de placage, parce que ce sont des feüilles de beau bois de noier qui vient de Grenoble, posées sur du sapin. On dit des armoires bien propres, & bien faites. De jolies armoires, de belles armoires. Des armoires travaillées fort proprement. Elle avoit pris une phiole pour l'autre, de ce qu'il y en avoit plusieurs dans l'armoire. *Abl. Luc. T. 2. histoire de l'âne.*)

Armoire à vaisselle, *s. f.* C'est un ouvrage de menuiserie qui sert à mettre de la vaisselle d'étain, & d'autres choses de cuisine. (De bonnes armoires.)

Armoiries, *s. f.* Il ne se dit qu'au pluriel. Ce sont des armes de famille peintes, & enluminées. (De belles armoiries. De curieuses armoiries. D'agreables armoiries.)

† * *Armoiries de Bourges.* Proverbe pour dire *un âne en chaire*, où sur une chaise. Je ne sai pas l'origine de ce quolibet. Car Bourges capitale du Berri porte d'azur à trois moutons & pour supôts un berger & une bergere, avec cette devise *summa Imperii penes Bituriges*. Son Université a pour armes trois fleurs de lis avec une main, qui sort d'une nuë & qui tient un livre.

Armoise, *s. f.* Il vient du grec. En latin *artemisia*. C'est une plante qui fleurit en Juin & Juillet, & qui est blanche, jaune ou panachée. Il y a diverses sortes d'armoise. Mais fort la commune, ou les autres, elles sont toutes chaudes au second degré. On en peut voir les vertus. *Tome 1, des plantes, l. 8. C. 51.*

Armoisin, *s. m.* C'est le nom qu'on donne à une sorte de tafetas.

Armoniac, *adj.* Terme *de Chimie*. Il semble n'être usité qu'au masculin, & se dire seulement de certains sels dont l'un s'apelle sel armoniac naturel & l'autre sel armoniac artificiel. Le naturel est quelque chose de volatile que le soleil fait sublimer de l'urine des animaux, de laquelle la terre est imbibée dans les Païs qui aprochent le plus de la zone torride. Le sel armoniac artificiel se fait & est un composé d'urine, de sel marin & de soie qu'on cuit ensemble & dont on fait sublimer un sel qui ressemble au sel armoniac naturel. Faire le sel armoniac. Purifier le sel armoniac. *Emeri cours de Chimie.*

Armons, *s. m.* Terme de charron. La partie du train de devant du carosse où est ataché le timon. (Faire les armons d'un carosse.)

Armorial, *s. m.* C'est un livre qui renferme les armes de plusieurs personnes de qualité. Livre où sont gravées les armes de plusieurs personnes considérables. (Armorial François, Armorial Espagnol. On a imprimé un armorial Anglois, Alemand, Suedois.)

Armorial, armoriale, *adj.* Qui traite d'armoiries, qui parle d'armoiries, & qui contient les armes de quelques personnes. (Le mercure armorial a été recherché en son tems.)

Armorier, *v. a.* Mettre des armoiries sur quelque chose. Peindre des armes de famille sur quelque chose. (Armorier une courte-pointe, armorier des couvertures de mulet.

Il fit *armorier* au dos de son carosse
Et sa mitre & sa crosse.
Dep. Lut.

Armorique, *adj.* Vieux mot bas breton qui signifie *maritime*. On apelle armorique toute la côte des Gaules depuis les Pirenées jusqu'au Rhin. *Men. origines de la langue françoise.*

Armure, *s. f.* En Latin *lorica*, en Italien & en Espagnol *armadura*, du Latin *armatura*. Casque qu'on porte pour se parer contre les coups d'épée, de fusil, & de mousquet. En un mot on apelle *armure* tout ce qui couvre un homme d'armes qui va au combat. Une bonne armure. Une armure à l'épreuve. Une armure enchantée. On voit l'armure de François premier & de Henri second son fils au garde-meuble Roial. On y voit aussi celle de Loüis 14. lorsqu'il marcha contre les Holandois & plusieurs belles armures Chinoises tres curieuses à voir.

Si vous aviez dans les combats
D'amadis l'armure enchantée,
Seigneur, je ne me plaindrois pas
De vôtre ardeur precipitée.
Voit. Poës.

Armure, *s. f.* Il se dit parlant de la *pierre d'aimant*, & il est un peu figuré. Ce sont deux petites plaques de fer qu'on met aux poles de la pierre d'aimant & qu'on lie avec une petite ceinture de fer, de cuivre, ou d'autre métal. L'armure qu'on met

K

à la pierre d'aimant qui sert à donner plus de force à cette admirable pierre.

* **Armuré,** *s. f.* Il se prend dans un sens plus figuré, & signifie tout ce qui resiste à quelque chose de fâcheux, & qui garantit de tout ce que cela peut produire de triste. La patience est une armure impenetrable. *Mauc. homelies, de St. Chrisostome, hom. 1.*

Armurier, heaumier, *s. m.* Prononcez *armurié, heaumié* en latin *armamentarius*, c'est celui qui fait & qui vend des brassars, des corselets, des casques, & de toutes sortes d'armures propres aux gens de guerre. Parlant dans le langage ordinaire, on dit seulement un bon armurier, un habile armurier. Les armuriers prennent pour leur fête la saint George, qui vient tous les ans le 23. d'Avril ; & leurs aprentis font cinq ans d'aprentissage : mais ils n'en prennent presque plus parce qu'ils travaillent trespeu, quoi qu'aujourd'hui la guerre soit alumée presque par toute l'Europe.

A R N.

Arnaud, *s. m.* On prononce *arné*. Nom d'homme, en latin *arnaldus.* (Arnaud fils naturel de Carloman Roi de Baviere fut proclamé Empereur par les Princes d'Alemagne à Francfort ; & couronné Empereur à Rome, par le Pape Formose premier. *Heis, histoire d'Alemagne,* 1. *par. l. . c 9.*)

Arnoud, *s. m.* En latin *arnolphus.* C'est un nom d'homme. (Il y eut un Empereur d'Alemagne qui porta le nom d'Arnoud. Il défit sur les bords de la Meuse une armée de quatre vingt dix mile Normans, qui vouloient s'établir en Lorraine. Du reste Arnoud fut un nonchalant, qui ne songea point à étouffer les factions des Princes qui déchiroient l'Alemagne. *Deprade histoire d'Alemagne, c. 4.*)

A R O.

Aromate, aromate, *s. m.* Il vient du grec, & est presque toujours pluriel. En latin *aromata*. Des auteurs écrivent aromat ; mais le bel usage, & le grand usage est pour aromate avec un E à la fin. C'est tout ce qui a une senteur agreable & odoriferante. (Un doux aromate, un bon aromate, un excellent, un charmant aromate. Les aromates viennent presque tous des pais chauds. C'étoient des parfums composez d'aromates tres-exquis. *Port-Roial, exode c.* 37. Vous recevrez d'eux de l'huile pour entretenir les lampes, & des aromates, pour en composer des parfums. *Port-Roial, exode c.* 25. Les aromates ne peuvent pas souffrir le feu, parce que leurs parties sont fort menuës & fort volatiles. *Charas, Pharmacopée* 1. *par. c.* 32.)

Aromatique, *adj.* Il vient du grec, en latin *aromaticus.* C'est à dire, qui est odoriferante, qui a quelque chose d'odoriferant. (Le clou de girofle est chaud, & aromatique. Le fenoüil de Florence a un gout agreable, & aromatique. Le nard a une odeur aromatique. Il y a des parfums aromatiques, des eaux & des poudres aromatiques qui recréent le cerveau.)

Aromatique, *s. m.* Il est aussi quelquefois substantif & presque toujours pluriel. C'est à dire, aromate, c'est tout ce qui a une senteur odoriferante. Les aromatiques font communs en Italie. Elle est pleine d'excellens aromatiques. *Voiez Richard Cassel, voiage d'Italie,* 1. *partie.* Aromatique en ce sens, n'est point du bel usage. Il faut au lieu d'aromatique, se servir d'aromates, & dire les aromates sont communs en Italie. Elle est pleine d'excellens aromates.

Aromatisation, *s. f.* On se sert quelquefois de ce mot dans les livres de Chimie & Pharmacie. C'est le mélange qu'on fait de quelques aromates avec d'autres choses pour leur donner une odeur agreable. L'aromatisation est autant en usage pour augmenter la vertu des medicamens, que pour les rendre plus agreables au gout, & à l'odeur. *Charas, Pharmacie,* 1. *partie c.* 32.

Aromatiser, *v. a.* Terme d'aporicaire & de chimiste. C'est mêler des aromates avec quelque chose. C'est se servir d'aromates pour rendre une chose de meilleure odeur. Aromatiser une tisane.

Aron, *s. m.* Nom d'homme qui signifie montagne. Aron étoit le frere de Moïse, & grand sacrificateur. Aron & ses fils sont fameux dans l'Exode & dans quelques autres livres de l'Ecriture sainte.

Aroniste, *s. m.* Prêtre Samaritain de la race d'Aron. Les Aronistes sont connus des savans.

† **Aronde,** *s. f.* Ce mot est un terme de charpenterie, qui n'est usité que dans cette façon de parler queuë d'aronde, qui signifient, une entaillure qui se fait à bois faite comme la queuë d'une hirondelle, plus large en dehors, qu'en dedans. On dit aussi en termes de fortification qu'un ouvrage à cornes est fait en queuë d'aronde, ou d'hirondelle, lors qu'il est plus étroit à la gorge que vers les faces. Et au contraire, quand il est plus large du côté de la gorge, on dit, qu'il est fait à contrequeuë d'aronde.

† **Arondelle.** *Voiez Hirondelle.*

A R P.

Arpent, *s. m.* Prononcez *arpan*. Ce sont cent perches de terre à raison de 18. piez par perche. L'arpent n'est pas égal par tout à cause que la perche n'est point également grande en tous lieux, & cela aporte du changement à la grandeur de l'arpent. Mesurer un arpent de terre. Distinguer les divers arpens d'une piece de terre. Voi l'école des arpenteurs.

Arpentage, *s. m.* Art qui sert à mesurer la superficie des terres. Enseigner l'arpentage, aprendre l'arpentage. Savoir l'arpentage. Pour être habile dans l'arpentage, on doit connoitre les principales regles de l'aritmetique. *Ecole des arpenteurs, pag.* 4. 5. 6. Lorsque l'arpentage étoit défectueux, l'arpenteur étoit tenu des dépens, dommages, & interets des parties qui l'avoient employé. L'édit de Henri I V. défend à toute personne de faire aucun arpentage, à moins que d'avoir été pourvû par lettres patentes de Sa Majesté.

Arpenter, *v. a.* C'est mesurer avec la perche. Il faut que l'arpenteur sache la grandeur de la perche du lieu où il est tenu qu'il veut arpenter. *Ecole de l'arpentage, pag.* 3. Arpenter des terres, des bois, des forêts & des iles. *Voiez l'école des arpenteurs.*

* **Arpenter,** *v. a.* Ce mot au figuré, est comique, & signifie marcher à grand pas.

Pié chaussé, l'autre nud, main au nez l'autre en poche,
J'arpente un vieux grenier.
S. Amant, poesie 1. *partie*

Arpenteur, *s. m.* C'est celui qui fait l'arpentage, & qui mesure avec la perche, ou la toise. (L'aritmetique est necessaire à un arpenteur. Il faut que l'arpenteur s'informe des Juges des lieux où il doit travailler, de la grandeur de la perche de ces lieux. Un bon arpenteur, un savant arpenteur, un habile arpenteur doit être bon aritmeticien & bon geometre. On n'a commencé en France à parler du grand arpenteur en titre d'ofice qu'en 1115. *Voiez l'école de l'arpenteur page* 179. Louis douze donna en 1311. à Guillume Carbonnais des provisions de grand-arpenteur des eaux & forêts de France. Henri second créa en titre d'ofice six arpenteurs en chaque bailliage, ou senechaussée de Bretagne, pour exercer leur charge sous le grand arpenteur. L'Edit de création des arpenteurs de Fevrier de l'année 1554. leur donne le pouvoir de mesurer, d'arpenter bois, buissons, forêts, garennes, terres, eaux, iles, de mettre des bornes, & de faire des partages. Il est permis aux Juges hauts justiciers de créer des arpenteurs pour leurs terres.)

A R Q.

Arquebusade, *s. f.* Il est un peu vieux, & en sa place on dit coup d'arquebuse, qui est ce qui signifie arquebusade. Il fut tué d'une arquebusade, ou plûtot d'un coup d'arquebuse.

Arquebuse, *s. f.* Arme à feu, & à roüet qui se bande avec une clé, (Une bonne arquebuse, une méchante arquebuse. Arquebuse raiée, arquebuse à croc, arquebuse butiére, arquebuse à mèche, arquebuse forcée, arquebuse à vent. On ne se sert presque plus d'arquebuse, & en leur place on a pris des fusils qui sont plus commodes que les arquebuses. Les parties de l'arquebuse sont le fut, la couche, la baguette, le canal de la baguette, le canon, le calibre, la culasse, le roüet, la clé, la platine, le chien, le bassinet, la lumiere & la détente.)

Arquebuser, *v. a.* Tirer à coups d'arquebuse. Arquebuser est vieux, & en sa place on dit, tirer un coup d'arquebuse à quelcun. Il est dangereux de passer par les bois qui sont du côté de la Lorraine, car les païsans y arquebusent les gens. On diroit, les païsans y tuent les passans à coups d'arquebuse, où ils tirent des coups d'arquebuse aux passans, où ils y tuent les passans à coups d'arquebuse.

Arquebuserie, *s. f.* Métier d'arquebusier. Tout ce qui regarde le métier d'arquebusier. (Il y a un petit livre des pieces d'arquebuserie, nouvellement inventées. L'arquebuserie n'est pas encore aujourd'hui si mauvaise que la plupart des autres métiers.)

Arquebusier, *s. m.* Celui qui tire de l'arquebuse. Soldat, qui porte une arquebuse & qui en tire. (Une compagnie d'arquebusiers. Il y avoit autrefois des arquebusiers, & il y a à present dans les armées des. mousquetaires & des fusiliers.)
Voiez Chevalier de l'arquebuse.

Arquebusier, *s. m.* On prononce arquebusié, & dans les lettres de maitrise il s'apelle arquebusier artificier, mais écrivant dans le langage ordinaire, on dit seulement arquebusier. C'est celui qui fait & vend des arbalètes, & de toutes sortes d'armes à feu portatives, comme pistolets, fusils, & mousquers (Un bon arquebusier, un habile arquebusier. L'aprenti arquebusier doit faire cinq ans d'aprentissage. Les arquebusiers prennent pour leur fête la Saint Eloi. Et

ARR

comme il y a deux jours de Saint Eloi, ils font deux fois leur fête le 25. Juin, & l'autre le 15. Decembre.)

ARQUER, v. n. On prononce Arké. Terme de mer. Il se dit d'un navire dont la quille fait arc, ce qui lui arrive lors qu'il pose sur un fonds inégal, ou lors qu'on le met à l'eau. (La quille du vaisseau est en danger d'arquer. On fera arquer la quille du vaisseau. Ce mot se dit par les charpentiers des poutres qui sont courbées à cause du grand poids qu'elles soutiennent.)

Arqué, arquée, adj. Terme de mer, plié en arc, courbé en arc. (La quille du vaisseau est arquée.)

Arqué, arquée, adj. Terme de manege. Plié en arc. (Cheval qui a les jambes arquées, parce qu'il les a ruinées d'avoir trop travaillé.)

ARR.

Les mots de cette colonne qui s'écrivent par une R double, se prononcent comme s'ils n'avoient qu'une seule R. Mais elle se prononce fortement.

† d'ARRACHEPIÉ, adv. Sans discontinuité, sans quiter son travail. (Le fameux d'Ablancour travailloit chaque jour dix heures d'arrache pié)

ARRACHER, v. a. Tirer par force une chose, ou une personne du lieu où elle est. (Il faut arracher de son cabinet, d'où il ne sort pas.

Un desordre éternel regne dans son esprit,
Un chagrin inquiet l'arrache de son lit.
Rac. ph. a. 1. s. 2.

Arracher un bouton, un fil, une épingle. Arrachez de ma queüe la plume qui me rend invisible. Abl. Luc. T. 2. Le coq. Arracher un arbre. Les Mahometans ont fait arracher la plupart des vignes de l'Asie. Arracher les mauvaises herbes d'un jardin. Arracher les cheveux.

Arracher, v. a. Il se dit parlant des dents. C'est ôter, & enlever par le moien de quelque fer. (Arracher une dent, arracher une racine de dent. On dit aussi, tirer une dent ; tirer une racine de dent.

* Arracher, v. a. Il est d'un grand usage au figuré. Avoir par quelque moien, arracher adroitement. (Arracher un secret à quelcun. Abl. Luc. Arracher le secret d'un ami. Cost. Let. T. 2.)

† Arracher, v. a. Avoir avec peine, avoir à force de travail.

(Je ne puis arracher du cœur de ma cervelle
Que des vers plus forcez que ceux de la Pucelle.
Dep. Sat. 7.)

* Arracher, v. a. Parlant d'amour, ou d'amitié, c'est se détacher du cœur, de l'esprit, ou du souvenir. (J'avois souffert qu'on éloignât la femme que j'entretenois ; mais je n'avois pû l'arracher de mon cœur. Arnaud ; confessions l. 6. C. 15. Je t'arracherai à tes delices, & t'enfermerai avec la pauvreté. Abl. Luc. T. 1. Philosophe, à l'encan.)

† * Il vaut mieux laisser son enfant morveux que de lui arracher le nez. Façon de parler proverbiale, dont on se sert dans le stile familier, pour dire qu'il faut tolerer un petit mal pour en éviter, ou de peur d'en faire un plus grand.

S'arracher, v. r. Je m'arrache, je me suis arraché, je m'arrachai. Se tirer. S'arracher du corps la flèche, s'arracher du bras le bout de l'épée qui y étoit demeuré.)

S'arracher, v. r. Se tirer de quelque lieu. (J'ai resolu de m'arracher de Paris. Voit. let. 15. Il s'est arraché de la compagnie où il étoit. Abl. Luc.)

Arrachement, s. m. Action de la personne qui arrache quelque chose. [L'arrachement des dents est sensible. L'arrachement des dents est quelquefois dificile ; mais à un habile arracheur des dents, il est d'ordinaire aisé. Teu.]

Arracheur de dents, s. m. C'est celui qui tire les dents, qui les nettoye, qui en remet d'autres aux personnes qui en ont perdu quelques-unes. [Un arracheur de dents fort adroit ; fort habile, tres-expert, & tres-renommé Ces Messieurs les arracheurs de dents s'apellent Operateurs pour les dents, & médecins pour la bouche. Mais on ne leur donne point ces qualitez, on les nomme simplement arracheurs de dents. Les instrumens de l'arracheur de dents sont de petits ferremens emmanchez d'ivoire ou d'argent. On les nomme le déchaussoir, le burin, la feüille de sauge, la langue de serpent, la rugine aigüe, la rugine plate, le triangle, & la sonde. Quand l'arracheur de dents parle dans les termes de son art, il dit, cette dent branle dans son alveole, & il y faut afermir, déchausser, déraciner, ôter, arracher, tirer, boucher, nectoier, blanchir les dents. Cette dent est cariée, c'est à dire pourrie. Il y a de la carie en cette dent, c'est à dire, de la pourriture. Il faut buriner, ou ruginer la carie de cette dent, c'est à dire, qu'il en faut ôter la carie avec une rugine. Sonder une dent, c'est découvrir avec la sonde si la dent est gâtée. Menteur comme un arracheur de dents, prov. C'est être grand menteur. Car les arracheurs de dents le sont. Ils ne tiennent point ce qu'ils promettent. Ils jurent de ne point faire de mal & ils en font.

Arracheur de cors aux piez, s. m. C'est celui qui arrache, coupe, ou fait tomber adroitement les cors des piez.

ARRANGEMENT, s. m. Ordre dans lequel on met les choses ; situation belle & naturelle où l'on range tout ce qu'on fait, ou ce qu'on dit. (Un bel arrangement, un arrangement agréable, un arrangement qui plait, qui charme, qui ravit, un arrangement tres-naturel. L'arrangement où sont les choses ne peut qu'il n'agrée. Mettre tout dans un bel arrangement. Lorsqu'on écrit, on doit avoir un grand soin de l'arrangement des paroles, car sans cela on ne sauroit plaire. Vau. Rem. On dit en terme de Phisique que la diversité des couleurs ne depend que de la situation & de l'arrangement des parties qui font reflechir la lumière.)

Arranger, v. a. Mettre en ordre, placer avec agrément, placer avec esprit. Mettre dans une situation naturelle. (Il faut bien arranger tout cela, on dit plus souvent il faut bien ranger tout cela. Vite qu'on arrange tout ces Tableaux. Vau. Rem. Ranger, dans ce dernier exemple ne semble pas si bon à bien des gens. Il faut ingenieusement arranger les mots dans le discours. Vau. Rem. Ranger, dans ce dernier exemple ne semble pas si bon à bien des gens.

† ARRENTER, v. a. Il signifie donner à rente ; mais à Paris il ne se dit pas. (Arrenter une maison. Ou plutôt donner une maison à rente ; Loüer une maison.

Arrentement, s. m. Bail à rente.

ARRERAGE, s. m. Il est presque toujours au pluriel & il signifie interêts, ou revenus d'une rente constituée, lesquels ont été retardez. (C'est un arrerage considerable. De gros arrerages, les arrerages sont échus du vivant du Donataire. Pat. pla. 3. Paier les arrerages. Le mai. pla. 17. Nier les arrerages, contester les arrerages, ajuger les arrerages, accumuler les arrerages. Devoir les arrerages. La donation porte une clause qui décharge les apelans des arrerages. Demander les arrerages qui sont dus, recevoir les arrerages, être quite des arrerages, disputer les arrerages. Pat. pla. 3.)

* Arrerages, s. m. Au figuré on ne se trouve qu'au pluriel, & il se dit dans les matieres galantes. Il signifie redoublement de plaisirs, ou de services galans & amoureux. (Elle recueille presentement les arrerages des plaisirs qu'elle n'osoit prendre. C'est à dire, elle a infiniment plus de plaisir qu'elle n'avoit. Coquillart qui étoit un Poete galant sous le regne de François Premier, dit que les arrerages sont personnels, & que si un mari s'abstient, il le doit à son retour ; païer en galant homme à sa chere moitié. Voiez les nouveaux droits de Coquillard. C'est à dire, que l'époux à son retour, doit redoubler les marques de sa veritable tendresse par de solides effets ; Monsieur le Duc de *** a la mine d'être un payeur d'arrerages, c'est à dire, qu'il a l'air de servir en galant homme une dame qu'il a aimé tendrement ; & de lui redoubler avec ardeur ses services, quand il a un peu cessé d'en donner des marques à la belle qu'il sert.

* ARRES, s. f. Il ne se dit d'ordinaire qu'au figuré, car au propre, on se sert du mot erres. Il vient du Latin arrha. Il signifie au propre, les gages qu'on donne à une personne pour l'assurer du marché qu'on fait avec elle, ou la parole qu'on lui a donnée ; mais au figuré il signifie assurance. Tant de graces temporelles & spirituelles sont comme les arres & les prémices des biens à venir. Port-Royal. La belle donne à son amant deux baisers pour arres de l'afection qu'elle lui porte. La Fontaine, nouvelles.)

ARRÊT, arrest, s. m. On l'écrit de l'une ou de l'autre façon ; mais l'n ne se prononce point, & marque seulement qu'on fait longue la derniere silabe du mot. Arrêt signifie ce qui arrête, ce qui retient. En ce sens le mot d'arrêt a un usage fort borné. Les Horlogers disent quelquefois, on a trouvé l'arrêt de cet Horloge ; & on y aportera remede.

Arrêt, s. m. Terme de Palais. Jugement souverain contre lequel il n'y a nul apel. (Rendre, prononcer, lever un arrêt ; executer un arrêt. Mettre un arrêt en execution. L'oüet est renommé par le recueil d'arrêts qu'il a fait.)

(Un Arrêt sous la cheminée. Voi. Cheminée.

Arrêt, s. m. Terme de pratique. Il consiste à se saisir de quelque chose. (On a été pour faire un arrêt sur les meubles du pauvre V. & l'on n'a trouvé dans sa chambre que deux méchantes chaises de paille.)

Arrêt, s. m. Il se dit encore parmi des gens de pratique & toujours des personnes. Il signifie prison. (Mettre une personne en arrêt.)

Arrêt, s. m. Terme de manege. C'est une pause, ou une discontinuation que le cheval fait de marcher. (Cheval qui forme son arrêt de mauvaise grace. Faire former à un cheval les tems de son arrêt.)

Arrêt, s. m. Terme de manege. Il se dit parlant des exercices de la lance. C'est l'air agréable dont on tient la lance, après en avoir fait le dernier mouvement, lors qu'on court les têtes. (Mettre de bonne grace sa lance en arrêt.) Ce mot d'arrêt de lance se disoit autrefois du fourreau de cuir qui servoit à arrêter la lance.

Arrêt, s. m. Promesse, parole donnée. (Défendez-moi, Seigneur, selon l'arrêt que vous avez prononcé. Port-Royal. Pseaumes.)

* *Arrêt*, *f. m.* Ce qui a été abſolument reſolu touchant une choſe ; derniére réſolution d'une perſonne. (Philis , je viens d'aprendre de vôtre belle bouche , l'arrêt de ma mort.)
* *Arrêt*, *f. m.* Fermeté , conſtance. (Il n'a point d'arrêts ; c'eſt à dire que c'eſt un homme ſur la *parole de qui l'on ne doit point faire de fond c'eſt un homme qui n'a de la legereté*.

Vous êtes *ſans arrêt*, foible , vaine , légère,
Inconſtante , bizarre , ingrate & menſongére.
Voit. Poëſ.

Ils n'ont aucun arrêt , ce ſont eſprits volages,
Qui ſouvent ſont tous gris avant que d'être ſages.
Racan. Bergeries. a. 1. ſ. 3

Arrêt, *f. m.* C'eſt auſſi un terme de *Couturier & de Lingere*.
Arrêter, *arreſter*, *v. a.* On l'écrit de l'une ou de l'autre façon, mais l'ſ ne ſe prononce point. Il vient de l'Italien *arreſtar*. C'eſt retenir , empêcher d'avancer , ou de dire. [Il ne rencontre perſonne qui ne l'arrête en chemin. *L'academie ſur le Cid. pag. 85.* Ne ſonges tu pas combien il y a qu'ils s'arrêtent ? *Vau. Quin. l. 10. c. 8.* Cela arrêta l'Armée. *Abl. ar.* Il arrêtoit les blez qui venoient à la Ville. *Vau. Quin. l. 10. c. 8.* Ne penſez pas m'arrêter un moment ; je ne ſaurois. *Voit. Poëſ.*

Elle en eût bien plus dit , cette Muſe irritée,
Si le ſage Apollon ne l'eût vite arrêtée.
Traité de la Chaſſe d'Opian. pag. 30.)

Arrêter, *v. a.* Faire demeurer , retenir tout à fait. [La fiévre l'arrête au lit. Une maladie l'arrête à la Maiſon. Le vent arrêta long-tems le Navire. Ces Villes ne meritoient pas d'être arrêtées , & de lui faire perdre le tems. *Suplément de Quinte-Curſe, l. 1. c. 10.*

Je ne connois que vous qui le puiſſe arrêter.
Cor. Nicomede v. 1. ſ. 1.

Arrêter, *v. a.* Empêcher de couler. (Il faut tacher d'arrêter le ſang. *Abl. Mar.* Il y a de certaines herbes qui arrêtent le flux de ſang. *Dal. T. 1.* Arrêter les eaux. *Abl. Ceſ. l. 3.*)
Arrêter, *v. a.* Empêcher le progrez de quelque mal. (Arrêter un cours de ventre ; arrêter une fluxion.)
Arrêter, *v. a.* Faire priſonnier. (Le 12. d'Octobre de l'an 1307. Philipe le Bel Roi de France fit arrêter par tout ſon Roiaume, les Templiers. *Mezeral, Hiſtoire de France.* Il avoit fait arrêter les gens qui lui étoient ſuſpects. *Vau. Quin. l. 7. c. 1.*)
Arrêter, *v. a.* Engager pour ſervir. (Arrêter un valet , arrêter une femme de Chambre pour Madame. *Sca. Roman.*)
* *Arrêter*, *v. a.* Conclurre , réſoudre. (Arrêter un marché. L'on arrêta qu'on députeroit vers le Duc.)
Arrêter, *v. a.* Il ſe dit des contes & des parties. C'eſt régler. (Il dit à un valet de calculer & d'arrêter les parties. *Caractères de Trophraſte. n. 84.*)
* *Arrêter*, *v. a.* Fixer , borner , empêcher la continuation de quelque choſe. (Arrêter ſon opinion. *Vau. Quin. l. 7.* Arrêter le cours de la cruauté. *Vau. Quin. l. 7.* Avec deux mots que vous daignaſtes prononcer , vous ſutes arrêter mes peines pour jamais. *Voit Poëſ.*)
* *Arrêter*, *v. a.* Marquer & déterminer poſitivement ; fixer. (Arrêter un lieu , un jour , ou une heure pour ſe voir. On arrêta hier au Conſeil le mois que les Troupes marcheroient.)
Arrêter, *v. a.* Engager , retenir avec adreſſe , ou par la force de quelques charmes , ou d'autres pareilles choſes qui arachent. (Les charmes , ni les engagemens de Paris , ne vous arrêteront pas. *Voit. l. 46.* Elle emploioit tous ſes charmes pour l'arrêter. *Vau. Quin. l. 8. c. 3.*)
Arrêter, *v. n.* Terme de Jardinier. Il ſe dit des melons & des concombres. C'eſt les tailler quand ils ont trop de branches , ou qu'ils les ont trop longues. On arrête ces melons ; il faut arrêter ces concombres. *Quin. des Jardins, T. 1.*)
S'arrêter, *v. r.* Je m'arrête , je m'arrêtois , je m'arrêtai , je me ſuis arrêté , je m'étois arrêté ; je m'arrêterai. Demeurer , ceſſer de marcher , n'aler pas plus loin. (Ils ne pouvoient marcher, ni s'arrêter. *Vau. Quin. l. 7.*)
S'arrêter, *v. r.* Demeurer , faire ſon ſéjour ; faire ſa demeure dans un endroit. (Il s'arrêta quelque tems dans le païs , parce qu'il le trouvoit beau.)
S'arrêter, *v. r.* Il ſe dit des montres & des horloges. Il ne point aler , ne pas mouvoir les reſſorts qui ſont néceſſaires pour marquer ou ſonner les heures. (La montre s'arrête tres-ſouvent. Cette pendule eſt bonne , elle ne s'arrête point.)
S'arrêter, *v. r.* Demeurer court lors qu'on parle. (Il s'arrête ſouvent tout court au milieu de ſon diſcours.)
S'arrêter, *v. r.* Demeurer long-tems quand on diſcourt d'une choſe. (Il s'eſt arrêté un peu trop à réfuter une bagatelle.)

S'arrêter, *v. r.* Il ſe dit d'une perſonne qui ne pourſuit pas ſa pointe , & s'amolit dans ce qu'il a entrepris. (Il *s'arrête en beau chemin* ; c'eſt à dire , qu'il demeure , & manque de courage , quand il en devroit avoir.)
S'arrêter, *v. r.* S'amuſer , ſe donner tout entier à quelque choſe , y employer ſon tems. *S'arrêter*, pris dans cette ſignification, demande un *à* , lors qu'il eſt ſuivi d'un verbe , & le datif, lors qu'il eſt ſuivi d'un nom. (Je m'étois arrêté à conſiderer des choſes extraordinaires. *Vaſconcelle. Ariaſte moderne. T. 1.* Un homme d'eſprit ne doit point s'arrêter à des bagatelles , ni un honnête homme , à des choſes qui le deshonorent.)
S'arrêter, *v. r.* Se contenir , & ceſſer de faire quelque choſe. (Il lui commande de s'arrêter. *Abl. Luc.* Et s'il ne ſe fût arrêté , on lui auroit donné mille coups. *Sca. Roman.*)
S'arrêter, *v. r.* Etre retenu par quelque conſideration. (Peu de gens s'arrêteront à cela , & ſur tout dans la colere. *Paſc. ſ. 7.*)
Arriere, *adv.* Il régit quelquefois le genitif , & ſignifie plus loin , loin du lieu où l'on eſt , ou de la perſonne à qui l'on parle. Un homme de Lettres dit un jour à M. Petit ſourbe, arriére de moi , je vous défens mon Logis.)
Arriére Il eſt joint quelquefois à l'acuſatif , & ſignifie *loin*.

[Arrière déformais tous ces conſeils timides,
Sui ta route , mon cœur,
Gom. poeſ.

Arrière ces deſirs de ces pompes ſuprèmes,
Il ſe faut élever , mais c'eſt contre nous mêmes.
Malovillo, poeſ. mêlées.]

Arriere. Il ſe dit par les chartiers à leurs chevaux , & veut dire , recule , va en reculant.
En arriere, *adv.* En derriere. (La tête en arriere , tenir la tête en arriere , porter de bonne grace la tête en arriere.)
En arriere, *adv.* En reculant. Deux pas en arriere , retourner en arriere , ſauter en arriere.
En arriere, *adv.* Il entre dans des façons de parler familieres. (On dit , ſes afaires ne vont ni en avant ni en arriere , c'eſt à dire , qu'elles n'avancent point , & qu'elles ſont toujours au même état. Demeurer en arriere : c'eſt ne pas paier le courant. Etre en arriere , c'eſt n'avoir point paié la ſomme échue. On dit , mettre une choſe en arriere , pour dire mettre une choſe en oubli , n'en faire aucun état.
† *Tout arriere*, *adv.* Tout à fait , entierement. La porte eſt tout arriere.)
Arriere, *ſ. m.* Terme de mer. Le derriere , ou la queüe du vaiſſeau , laquelle on nomme auſſi la poupe. En bel arriere de navire. De l'arriere du vaiſſeau l'on découvrir l'armée ennemie.
Arriere, *ſ. m.* Terme de mer. Ce ſont auſſi les départemens du vaiſſeau , qui regnent dans les hauts & dans les bas entre l'attimon & le gouvernail. [L'aumonier & l'équipage catolique , faiſoient dans nôtre bord la priére à l'arriere du vaiſſeau. *Guillet*, *Dictionnaire*.
Arriére. En termes de mer. C'eſt quelquefois une maniere d'adjectif. (C'eſt une benediction que d'avoir toujours le vent arriere. *Voiage de Siam. pag. 5.* C'eſt à dire le vent en poupe. *Faire vent arriere* ; c'eſt prendre le vent en poupe. Porter vent arriere ; aler vent arriere , venir vent arriere.)
ARRIERE BAN, *ſ. m.* Il vient de l'alemand , en bas latin *Heribannum*. La peine que devoit avoir le vaſſal n'avoit point obei à la proclamation qu'on lui avoit faite. *Arriére-ban* ne ſe prend plus en ce ſens : c'eſt la proclamation publique des grands vaſſaux , aux vaſſaux ſubalternes , ou de leurs arriere-fiefs , de ſe trouver au lieu qui leur eſt aſſigné , pour ſervir le Roi , par eux-mêmes , ou par des gens qui les repreſentent. [Publier l'arriere-ban , convoquer l'arriere-ban , aler à l'arriére-ban , ſe trouver à l'arriere-ban *De la Roque , Traité du ban & arriére-ban. Chap. 1.* Voïez Ban.
Arriére-Boutique, *ſ. f.* Boutique de plein-pié après la premiere boutique. (Une belle arriére-boutique , une arriere-boutique obſcure ; loüer une arriere-boutique.)
Arriére-corps, *ſ. m.* Il ſe dit en termes d'*architecture* , des parties d'un batiment , qui ont le moins de ſaillie ſur la face.
Arriére-faix, *ſ. m.* Il s'apelle auſſi *le délivre* , & *le placenta*. Ce dernier ne ſe dit que par les accoucheurs , & les chirurgiens. On nomme l'*arriére-faix* ainſi , parce que c'eſt comme un ſecond faix dont la femme ſe décharge. L'*arriére-faix* eſt une maſſe ronde , plate , & ſpongieuſe , pour recevoir & purifier le ſang de la mere , deſtiné à la nourriture de l'enfant. (Un gros arriére-faix ; un petit arriére-faix ; tirer l'arriére-faix ; il ne faut point qu'après la ſortie de l'enfant , l'arriére-faix demeure dans la matrice : c'eſt un corps étranger qui feroit mourir la mere. Il eſt dangereux qu'il reſte , dans la matrice la moindre choſe de l'arriére-faix ; on doit autant qu'il eſt poſſible tirer l'arriere-faix avec la main. Quand l'arriére faix eſt tout à fait décharge , & ſorti de la matrice , on doit ſe ſecourir l'enfant. Lors que l'arriere-faix ſe preſente le premier , il faut promptement ſecourir la femme , ſi on lui veut ſauver la vie. Si l'arriére-faix ne vient point , & qu'il ſoit fort ataché ,

ARR

on le tire adroitement avec la main. Examiner l'arriere-faix ; considerer l'arriere-faix ; le corps de l'arriere-faix, le cordon de l'arriere-faix ; couper, noüer le cordon de l'arriere-faix ; pousser, faire sortir l'arriere-faix ; être délivrée de l'arriere-faix ; la femme doit se décharger de l'arriere-faix, lors que l'enfant est sorti de son ventre ; vuider l'arriere-faix;l'arriere-faix est commun à plusieurs enfans , & quand la femme autoit dans le corps deux enfans , elle n'auroit qu'un arriere-faix. *Mauriceau , Maladies des femmes grosses, l. 2.*

Arriére-fermier s. m. C'est un Soû-fermier. (Un Arriére-fermier exact & fidele. Faire des arriere-fermiers.

Arriere-fief, s. m. C'est le Fief qui releve d'un Fief dominant. (Ceux qui ont des Arriere-fiefs sont obligez au Ban & Arriere-ban. *La Roque. Traité du ban & arriere ban. C. 1.*

Arriére garde, s. f. Terme de Guerre. Les derniéres Troupes d'une Armée. (Arriere-garde defaite , arriere-garde batuë. Commander, mener l'arriére-garde, conduire l'arriére-garde, charger l'arriére-garde ; mettre en déroute , tailler en piéces l'arriére-garde ; enfoncer l'arriére-garde.)

Arriere-main, s. m. C'est le revers de la main. *Arriere-main* n'est pas le mot le plus usité , & l'on dit ordinairement le *revers de la main.*Cependant il y a des endroits où *revers de la main* ne voudroit rien,& sur tout quand on parle du côté de la main oposé à celui qu'on apelle *revers* , ce qu'ont pû faire vos amis, c'est de mettre en doute s'il a reçu le soufflet de l'avant-main , ou de l'arriére main. *Lettres Provinciales, Let. 14. à la fin.*)

Arriere-neveu, s. m. Il se dit de quelque décendant d'un neveu.

Arriere-petit fils, s. m. C'est le fils du petit fils , ou de la petite fille. (Loüis XIV. est l'arriére-petit-fils d'Antoine de Bourbon Roi de Navarre , qui mourut d'un coup de mousquet au Siége de Roüen.)

Arriere-petite fille, s. f. C'est la fille du petit-fils , ou de la petite fille. (Marguerite de Valois, Reine de Navarre , & premiére épouse de Henri IV. étoit petite fille de Charles Comte d'Angoulême , pere du Roi François premier.)

Arriere-point, s m. Terme de Couturieres en linge. C'est un rang de points sur le poignet de la manche d'une chemise,ou sur celui d'une manchette. (Arriére-point bien-fait ; arriére-point mal-fait ; de jolis, d'agréables arriére-poins ; arriére-poins fort propres ; faire des arriére-poins.

† *Arriere-pointeuse,* s. f. Couturiere qui fait les arriere-poins des manchettes , des poignets , des cous de chemises. (C'est une des meilleures arriére-pointeuses de Paris. C'est une arriére pointeuse qui travaille proprement. Les arriere-pointeuses sont du corps des couturieres en linge , des lingeres & des marchands lingers. Cependant bien des gens, & même des lingeres , ne sont point arriere-pointeuses , elles disent, ouvrieres en linge , & en éfet ce dernier est plus beau , & ne se dira point autrement par une personne qui parlera bien, arriére-pointeuse n'est proprement que dans la bouche du petit peuple.)

Arriere-saison, s. f. C'est la fin de l'automne. (L'arriere-saison est plus dangereuse que les autres saisons, & il y a souvent plus de maladies dans l'arriere-saison que dans les autres tems. On doit menager sa santé dans l'arriere saison , & sur tout quand on commence à vieillir , quoique l'arriére-saison est belle, on se porte mieux. *Dialogue de la santé.*)

* *Arriere-saison,* s. f. Au figuré, c'est l'âge avancé d'une personne ; le commencement de la vieillesse , & la vieillesse même d'une personne. (L'arriere-saison des beaux est toujours belle. *Abl. Apo.* Il est plus galant dans son arriére-saison , qu'il ne l'étoit à la fleur de son âge.)

Arriere-vassal, s. m. C'est celui qui dépend d'un vassal. Etre arriere-vassal. Les arriere-vassaux sont sujets d'obeir aux ordres des vassaux superieurs. *La Roque. Traité du ban & arriere. ban.*

ARRIMAGE, s. m. Terme de mer. Quelques-uns disent arrumage. C'est l'arrangement des futailles qu'on met à fond de cale ; c'est à dire au fond du vaisseau. (Faire l'arrimage d'un vaisseau. Les futailles vuides d'un vaisseau ne se défoncent point, elles se remplissent ; & fervent à l'arrimage.)

Arrimer, ou *arrumer*, v. a. Terme de mer. C'est arranger des futailles , ou autres choses dans un vaisseau. (Il faut promptement arrimer cela.) Quelques-uns disent arrumer ; mais il ne semble pas si en usage qu'arrimer.

ARRISER, ou *arriser, v. a.* Terme de mer. On croit que le plus usité est *ariser* , il signifie abaisser , décendre ; & dans le même sens on dit *amener*. On doit vice arriser les huniers , c'est à dire les voiles qui se mettent aux mâts de la hune *arriser le Pavillon* , c'est l'amener & l'abaisser.]

ARRIVER, Verbe neutre-passif. *j'arrive* , *j'arrivai* , *je suis arrivé.*Il vient de l'Italien *arrivare*. C'est aborder, c'est se rendre en un lieu ; c'est faire quelque chemin , & aler d'un endroit à un autre, par eau ou par terre. Le vaisseau arriva heureusement au Port. *Abl. Marmol.T.2. l.5.* Dés qu'Alexandre fut arrivé, il envoïa reconnoître le païs. *Vau. Quin. l.6.*

Arriver, verbe neutre passif. Venir par accident, venir par hazard. (Cela ne leur étoit point encore arrivé. *Abl. Retraite. l.5.* Il lui est arrivé un malheur surprenant. *Coëf. Let.* L'extinction de la primatie de l'Eglise d'Arles arriva en 751. *Duport,*

ARR

Histoire de l'Eglise d'Arles, l.3. c.5. On dit proverbialement, qu'un malheur n'arrive guere sans l'autre.

Arriver. Il se met souvent par élegance seulement. (Comme j'étois à la chasse, il lui arriva de faire une insolence. *Vau.Quin. l.8. c.8.* C'est à dire , il fit une insolence. L'autre jour en presence des Muses , Apollon dit au pauvre bon homme T. de L. que s'il lui arrivoit jamais de barboüiller du papier , il le feroit fustiger autour du Parnasse par les Satires.)

Arriver. Terme de Mer. C'est obeïr au vent. Arriver sur un vaisseau ; c'est aler à ce vaisseau en obeïssant au vent. *Desroches, Termes de Marine.*)

Arrivée. s. f. C'est la venuë d'une , ou de plusieurs personnes en un lieu. (Arrivée fâcheuse , malheureuse, triste , aimable, agréable , heureuse , charmante , souhaitée , desirée. Celebrer l'arrivée d'une maitresse par mille divertissemens. Le peuple à l'arrivée de l'Empereur témoigna beaucoup de joie. *Abl. Tac.*)

† *Arrivages,* s. m. Il se dit quelquefois des marchandises dans un port.

ARROCHE, s. f. Herbe qui fleurit jaune , qui a les feüilles larges & longues, qui pousse en sort peu de tems , & nuit aux herbes qui sont auprés d'elle. (Il y a une arroche sauvage , & une arrache cultivée ; celle-ci a des fleurs d'un rouge brun. La graine de l'arroche est déterssive , & elle est bonne pour la jaunisse qui vient de l'opilation du foie. *Dal. histoire des plantes. t.1. l.5. c.3.*)

ARROGANCE, s. f. Il vient du latin *arrogantia* ; en françois , orgueil, fierté, superbe. Ce dernier n'est pas reçu de tout le monde en qualité de substantif. (Arrogance brutale, insuportable, impertinente , extravagante, ridicule, méprisable , condamnable , haïssable. L'arrogance ne sied à personne ; les gens de qualité ont d'ordinaire moins d'arrogance que les autres , parce qu'ils sont mieux élevez. L'arrogance marque un pedant, un petit esprit, ou une personne que la fortune a sotement élevée.)

Arrogant, arrogante, adj. Du latin *arrogans*, fier, superbe, orgueilleux, vain. C'est un pedant arrogant ; c'est un provincial fiérement arrogant , parce qu'il n'a pas vu le monde. Elle est arrogante, car elle est sole , & de la lie du peuple ; & ces sortes de personnes sont d'ordinaire de ce caractere.

Arrogant, s. m. Qui a de l'orgueil , qui a de la fierté. On hait toûjours un arrogant ; un arrogant pauvre est quelque chose de monstrueux. Si cela est , V. est bien haïssable.

Arrogamment, arrogantement, adv. Du latin *arroganter*. Avec fierté, avec orgueil, avec arrogance , fiérement , superbement, orgueilleusement. Il est d'un sot de répondre arrogamment , un honnête homme est toujours civil. Il parle arrogamment à tout le monde, & de cette maniere il marque sa naissance & sa grossièreté.

S'arroger, v. r. Je m'arroge, je me suis arrogé , je m'arrogeai, je m'arrogerai. Il vient du latin *arrogare.* C'est s'atribuer ; c'est vouloir avoir. Ils sont si insolens que de s'arroger les premiers honneurs. *Abl. Luc. t.3.* Henri VIII. s'étoit arrogé la qualité de souverain chef de l'Eglise Anglicane. *Maucroix , Schisme d'Angleterre.*

ARRONDIR, v. a. Faire rond quelque chose qui ne l'étoit pas. Les chapeliers disent arondir un chapeau ; & les couturieres, arondir une jupe, une robe. Les tourneurs disent arondir une boule , ou un globe , une colonne, &c.

Arrondir, v. a. Terme de sculpture & de peinture. C'est donner du relief & faire que tout soit bien juste , bien proportionné & bien rond. Arondir une figure.

Arrondir, v. a. Terme de manege. C'est faire porter à un cheval les épaules & les hanches uniment , & rondement dans un grand, ou un petit rond, sans qu'il se jette de côté. (Pour mieux arondir vôtre cheval servez vous d'une longe qu'on tiendra dans le centre, jusqu'à ce que vôtre cheval ait formé l'habitude de s'arondir. *Guillet, arts de l'homme d'épée.*

* *Arrondir, v. a.* Terme de Retorique. C'est ajuster , arranger, & tourner avec tant d'esprit les mots d'une phrase , ou d'une periode , qu'il y ait de la justesse & de l'harmonie. Balzac & Patru étoient les premiers hommes de France pour bien arronder une periode.

S'arrondir, v. r. Devenir rond. Les colonnes & les globes s'arrondissent sur le tour.

Arrondissement, s.m. Il est peu usité au propre, prononcez *arrondisseman.* Il consiste à rendre ronde , juste & proportionnée, une chose qui ne l'étoit pas. Faites l'arrondissement de cela. On dira plûtôt *arrondissez* cela.

* *Arrondissement, s. m.* Il est beau au figuré ; c'est l'harmonie qui vient de l'arrangement ingénieux des mots. (Un arrondissement de periode , agréable, charmant , touchant , aimable, plein d'esprit. Les Latins ont charmé l'oreille par l'arrondissement ingénieux des mots dans leurs périodes.)

† *Arrondisseur,* s. m. C'est celui qui ajuste & qui arrondit ; mais il n'est pas usité , & ne peut trouver sa place que dans quelque petit ouvrage burlesque. C'est un arrondisseur de périodes que Mr. T. Il l'est , il est vrai , quelques petites fautes mais on n'y regarde pas de si prés aux grands hommes.

ARROSER , v. a. Jetter de l'eau avec un arrosoir. (Arroser un jardin, si l'on n'arrose les tulipes à propos , on les perd. On

K 3

doit arrofer les fleurs dans le tems qu'il faut. *Culture des fleurs, c.5.*)

Arrofer, *v. a,* Il fe dit des Fleuves & des Riviéres. C'eſt couler & paſſer par quelque païs. Le Danube eſt le Fleuve de toute l'Europe qui arroſe le plus de païs. *Abl. ar. l.1.c.2.* Ce Fleuve arroſe à s'épandre dans la plaine, arroſe les campagnes voiſines. *Vau. Quin. l.3. c.1.*

    Fuïez ces lieux charmans qu'arroſe le Permeſſe,
    Ce n'eſt point ſur ſes bords qu'habite la richeſſe.
    Dep. Poet. c.4.)

Arroſement, *f. m.* C'eſt l'épanchement d'eau qu'on fait avec un arroſoir. (Un petit, un leger arroſement. Les arroſemens frais & gras, font du bien aux œillets, quand ils commencent à pouſſer leur dard. *Culture des fleurs, c.5.* Il faut donner à propos des arroſemens aux fleurs. Commencer ſes arroſemens, continuer ſes arroſemens. Arroſez vos anemomes au milieu, ou à la fin de Février, & recommencez vos arroſemens au bout de 3. ou 4. jours ſelon la ſéchereſſe, ou l'humidité de la ſaiſon. *Culture des fleurs. 2 partie, c.5.*)

* Arroſement, *f. m.* Il ſe prend au figuré, en termes de pieté, & veut dire la grace d'une pieté interieure qui penetre juſqu'au fond de l'ame. Craignez Dieu, & retirez-vous du mal ; ainſi vôtre chair ſera ſaine, & l'arroſement penetrera, juſques dans vos os. *Port-Royal, proverbes de Salomon, c.3. verſet.8.*

Arroſoir, *f. m.* Terme de *Jardinier.* On prononce *arroſoi.* C'eſt un inſtrument de cuivre, de fer blanc ou de terre, en forme de cruche, avec un goulot percé, dont duquel il y a une pomme de métal percée de pluſieurs petits trous, au travers deſquels paſſe doucement l'eau, quand on arroſe. (Un bon arroſoir, un méchant arroſoir, un arroſoir mal fait, un arroſoir qui ne vaut plus rien. A Paris les chaudronniers font les arroſoirs de cuivre, & les taillandiers en fer blanc, les autres. Les arroſoirs de cuivre rouge ſont les meilleurs. On dit le ventre de l'arroſoir, le cou, le goulet, la pomme & l'anſe de l'arroſoir, remplir l'arroſoir, quand on porte l'arroſoir, on le tient par l'anſe. Vuider l'arroſoir.)

ARRUMER, voiez arrimer, &c.

Arrumeurs, *f. m.* Ce ſont de petits Officiers établis ſur les ports, & ſur tout en Guienne, qui rangent les tonneaux & autres marchandiſes dans les vaiſſeaux.

A R S.

ARS, *f. m.* Quelques-uns diſent *aires :* mais les habiles écuiers & les habiles maréchaux font pour ars. Ce ſont les veines où l'on ſaigne le cheval, & il y en a une au bas de chaque épaule. Il faut faire ſaigner des ars, vôtre cheval. Il y a auſſi des ars aux cuiſſes.

ARSENAL, voiez arcenal.

ARSENIC, *f. m.* Mineral compoſé de beaucoup de ſoufre & de ſels cauſtiques. (Il y a trois ſortes d'arſenic, le blanc, le jaune, & le rouge : le blanc à proprement ne pouvoir d'arſenic : c'eſt le plus corroſif. Tout arſenic eſt un poiſon : & l'on n'en doit jamais avaler. L'arſenic ſere à pluſieurs remedes, mais il faut s'en ſervir avec eſprit : calciner l'arſenic : l'arſenic mange la chair. *L'Emeri, Chimie, c.10.* Ils nous donnent l'arſenic dans une taſſe de Rubis, *Coſtar, lettres, T.2. let.259.* Si tu t'ennuies de vivre, tu t'envoieras en l'autre monde avec un grain d'arſenic. *Abl. Luc. Philoſophes & l'encan.*)

A R T.

ART, *f. m.* Du Latin *ars*, recueil de preceptes qu'on pratique pour une fin utile. (Arts mécaniques, arts liberaux. Ceux-ci ſont la Logique, la Rétorique, la Grammaire, la Peinture, la Sculpture, les Matematiques, l'Aſtronomie, &c. Aprendre, enſeigner, ſavoir un art, poſſeder un art en perfection. *Abl. Luc. t.2.* Bien des gens montrent des arts qu'ils n'entendent pas. On ne peut aujourd'hui gagner ſa vie à travailler en quelque art que ce ſoit.

    Mertant leur Apollon aux gages d'un Libraire,
    Ils font d'un art divin un métier mercenaire.
    Dep. Poët. c.4.)

Maître és arts. Voiez *Maître.*

Art. Hermetique, *f. m.* C'eſt la Chimie. Elle a été apellée de ce nom à cauſe d'Hermes, que quelques-uns en croient l'inventeur, & qui pour cela l'apellent Triſmegiſte ; c'eſt à dire trois fois grand. L'Emeri a fait imprimer un art hermetique qu'on eſtime.

L'art de monter à cheval. C'eſt la maniere de faire travailler un cheval de bon air, qu'on apelle d'ordinaire manege. On trouve à Paris pluſieurs habiles Ecuiers qui aprennent cet art. Le fameux Soleiſel nous en a laiſſé un livre.

L'art de la guerre. C'eſt celui qui enſeigne à bien manier les armes & à faire la guerre en habile Capitaine. Gaïa a donné au public, un petit livre de l'art de la guerre, fort joli. Le bon homme Maillet a fait auſſi un art de la guerre, où il y a d'aſſez agréables eſtampes.

L'art de naviger. Il enſeigne à conduire ſurement un vaiſſeau à la faveur des vents, des voiles, du gouvernail, des rames , de l'éguille aimantée, des cartes marines & d'autres choſes. Guillet & Déroches ont fait chacun un petit Dictionnaire des termes de marine:

* Art, *f. m.* Adreſſe, ſubtilité, eſprit, maniére délicate, & ingenieuſe. (Il faut avoir beaucoup d'art & d'adreſſe pour la cajoler. *Abl. Luc. T.2.* ménager quelque choſe avec art. *Pat. Plaidoyez.*

    Un beau feu quelquefois échauſe par hazard,
    Un Poëte ſans art.
    Dep. Poët. c.3.

    Chacun peint avec art dans ce nouveau miroir,
    Se vit avec plaiſir.
    Dep. Poët. c.3.

    Soiez ſimple avec art.
    Il faut dans les chanſons du bon ſens & de l'art.
    Dep. Poët. c.2.)

ARTEYL, orteil, *f. m.* L'un & l'autre ſe dit. Ce mot vient du Latin *articulus,* & ſelon cette étimologie, il faudroit dire *arteil* ; mais cependant tout le monde dit *orteil.* Il ſignifie un doigt du pié. Les os des arteils ſe peuvent luxer de toute maniere. *Verduc, des fractures chap.49. page362.* Cette autorité ne tire point à conſequence. Orteil eſt dans la bouche de tout le monde ; & une hirondelle ne fait pas le Printems. *V. Orteil.*)

ARTÉRE, *f. f.* Il vient du Grec, en Latin *arteria.* Vaiſſeau contenant le ſang, qui eſt long & creux comme un tuïau, & compoſé d'une peau aſſez épaiſſe, & il n'aproche pas ſi fort de la ſuperficie que les veines. (La groſſe artére, l'artére veneuſe : l'âpre artére. Il eſt dangereux en ſaignant de piquer une artére. L'ouverture d'une artére, à moins qu'elle ne ſoit tres-petite, eſt toûjours ſuivie d'un écoulement de ſang, qu'on a peine à arrêter. C'eſt un malheur à un Chirurgien qui ſaigne que d'ouvrir une artére. *Art. de ſaigner, c.20.*)

Arteriel, artérial, adj. Il vient d'*arterialis.* Il fait à ſon féminin artérielle, ou arteriale, c'eſt à dire, qui eſt d'artére. Les Médecins Barbons diſent *arterial,* & les jeunes, *artériel.* Les gens de lettres polis étant de ce ſentiment, je ſuis pour arteriel, & c'eſt le plus doux : car l'a eſt plus rude que l'e. L'épanchement du ſang artériel produit de fâcheux effets. *Art. de ſaigner, c.20.* On dit auſſi *artérieux,* comme *la veine artérieuſe.*

ARTICHAUD, *f. m.* On prononce *artichô.* C'eſt une plante qui a la tige droite, au bout de laquelle s'aſſemblent pluſieurs feuilles qu'on fait cuire, & que l'on mange, avec ce qu'elles renferment, qu'on apelle *cu d'artichaud.* (L'artichaud eſt ſec & chaud : on le mange cru avec du ſel & du poivre, & cela s'apelle artichaud à la poivrade : cet artichaud eſt indigeſte : le frit ne vaut rien. L'artichaud au beurre & à la muſcade eſt meilleur : planter des artichauds : cultiver des artichauds : arroſer des artichauds.)

ARTICLE, *f. m.* On l'a pris du latin *articulus.* Terme de *Grammaire.* Petite particule qu'on met devant les ſubſtantifs, & qui ſert à en faire connoître le nombre, le genre & le cas. Ces particules ſont *le* & *la* au ſingulier : le maſculin c'eſt *le* & le feminin, *la.* Ils ont l'un & l'autre au pluriel, *les.* (Décliner l'article : ſe bien ſervir des articles, manquer à mettre l'article, oublier l'article.)

Article, f. m. Partie de chapitre de quelque livre. (Un petit article, un article fort court : un grand article : chapitre diviſé en pluſieurs articles, reduire en articles. Je n'en puis plus de la tête, pour avoir lû un article des hiſtoires de Varillas & des froides rapſodies de Vaumoriere.)

Article, f. m. Terme des Ordonnances, des comptes, des contrats & d'autres pareilles choſes. L'endroit de l'ordonnance ou du contrat qui enferme une afaire, ou une circonſtance particuliere. (Artérer les articles d'un compte. Mettre les choſes par articles. Dreſſer les articles de mariage. Débatre les articles. Diſputer un article. Acorder, aprouver les articles. Concilier les articles débatus. *Maucroix, vie de Campege p.195.* Rejetter un article. *Pat. plai.12.*

Articles, f. m. Il ſe dit parlant de la foi. C'eſt l'une des douze propoſitions de la creance Chrétienne. (C'eſt un article de foi. Je le, croi comme article de foi. C'eſt pour moi un article de foi.

    Je ris de ces diſcours frivoles,
    On fait fort bien que ſes paroles
    Ne ſont pas articles de foi.
    Dep... epit.)

* Article, *f. m.* C'eſt le tems où l'on eſt prêt de rendre l'ame. (Etre à l'article de la mort. Il ſe repentira à l'article de la mort.

ART

d'avoir lâchement abandonné 4. ou 5. maîtresses après avoir fait bonne chere de leur bien ; & le pauvre pleurera les tours de souplesse qu'il a fait pour vivre, & pour s'habiller aux dépens du tiers & du quart.)

Article. f. m. Terme d'Anatomie. C'est à dire, *jointure, liaison.* (Chaque partie dont le doigt est composé, est un article. *Deg. Article* en ce sens n'est pas si usité que *jointure* ? & l'on dira bien plûtot, il sent du mal aux jointures des doigts qu'aux articles des doigts.

Articulation. f. f. Terme d'Anatomie, prononcez *articulacion*. Il vient du Latin *Articulatio*. C'est une composition naturelle en laquelle les bouts des os s'entretouchent, ou pour mieux dire, on apelle articulations en general, les diverses liaisons que les os ont entre eux, pour faire tous les mouvemens du corps. (Il y a une grande & une petite articulation, & toutes ces articulations se soudivisent en plusieurs autres. On peut voir là-dessus Riolan, Degori & les divers traitez de Chirurgie qui parlent de differentes articulations. Les articulations sont égales dans tous les hommes. Il n'y a dans le front aucune articulation. La *Chambre, art. de connoître les hommes. lot.*

Articulation. f. f. C'est une prononciation distincte des mots (Une belle, une agréable, une aimable articulation. Son articulation plaît, son articulation agrée, & fait qu'on sent du panchant pour lui.

Articuler, v. a. Prononcer distinctement, & nettement ce qu'on dit. (Si l'on veut plaire & être écouté, il faut bien articuler ses mots. A peine eus-je la liberté d'articuler trois ou quatre miserables paroles. *Balz. entretien 14.*)

Articuler, v. a. Terme de palais. C'est donner quelque chose par articles. (Articuler ses demandes, *Mai. plai. 3.* articuler ses faits justificatifs. *Pat. plai.* 17.

S'articuler, v. r. Terme d'Anatomie. C'est se joindre. (La partie laterale de la tête de l'osselet qu'on appelle marteau à deux éminences & une cavité pour s'articuler avec un osselet qu'on nomme l'enclume, *du Vernai, traité de l'ouye, 1. partie p. 21.*

Artifice, f. m. Du Latin *artificium*. Il se prend en bonne part, & signifie adresse, art, maniere ingenieuse. (Artifice merveilleux. Le joug du chariot du pere de Midas, étoit composé de nœuds entrelacez avec tant d'artifice qu'on n'en eut sçu découvrir le commencement, ni la fin. *Vau. Quin. l. 3. c. 17.* J'enseignois avec simplicité, & sans artifice, les artifices de l'éloquence. *Arn. conf. l. 4. c. 2.* Il y avoit beaucoup d'artifice dans cette machine.) *Feux d'artifice. v. feu.*

Artifice, f. m. Il se prend aussi en mauvaise part. C'est à dire, finesse maligne, tours d'esprit pour suprendre, adresse méchante & dangereuse. Artifice malin, dangereux, méchant, haïssable, grossier, sot, ridicule. Le principal artifice de vôtre conduite, c'est de faire croire qu'il y a de tout dans une afaire qui n'est de rien. *Pascal. provinciale 18.* Ce sont des artifices de la Demoiselle que vous connoissez. *Voit. l. 46.*

...L'artifice est grossier,
Tu te feins criminel pour te justifier.
Racine Phædre. a. 4. s. 2.)

Artificiel, artificielle, adj. du Latin *artificialis*, qui est fait avec art, qui est travaillé avec adresse. Ce que l'art fait naître. (Avoir un œil artificiel. C'est une fontaine artificielle. Une drogue artificielle. On parle en Astronomie du jour naturel, & du jour artificiel. Voyez *Jour*.)

Artificiel, artificielle, adj. Terme de Rétorique. Il se dit des preuves dont se sert l'Orateur, & qui tire, qui n'ait de son esprit, qui vient de son industrie. (Les preuves artificielles, ce sont les définitions, les causes, les effets, les ajoins & autres ; & les preuves sans artifice, ce sont les loix, les autoritez, les citations, &c.)

Artificiellement, adv. On prononce presque *artificieleman*. C'est à dire avec art, avec industrie, c'est un corps qui se meut artificiellement : Cela est fait artificiellement. *Regis Philosophie*.)

Artificier, f. m. On prononce artificié. Ce mot en terme de guerre, signifie celui qui est du corps de l'Artillerie, ou qui compose toute sorte de feux d'artifice, pour jetter dans les places qu'on attaque, ou au bas de celle qu'on défend. Un bon, un habile Artificier.)

Artificier, f. m. C'est aussi celui qui compose tous les feux d'artifice d'une Ville. Il n'y a dans celle de Paris qu'un Artificier. Mais il y en a plusieurs qui se nomment Artificiers du Roi. L'Artificier de Paris est celui qui fait tous les feux d'artifice, que la Ville est obligée de faire, pour témoigner sa réjouïssance des divers bonheurs qui arrivent à sa Majesté, & cet Artificier est gagé de l'hôtel de Ville, & il a des lettres, qui sont les marques de sa charge. Les Artificiers du Roi sont tous les feux d'artifice que le Roi fait faire, & ces Artificiers n'ont point de lettres. Il n'y a entre eux aucune maîtrise, & quand le Roi ordonne un feu d'artifice, celui de ces Messieurs qui a le plus d'amis, l'emporte. Un de ces Artificiers, & l'Artificier parle de Roües de feu, de fusées, & de fusées volantes, de lances à feu, de saucissons, de pots à feu, de girandoles, de soleils, de boîtes à feu, de gerbes à feu & de pompes. Voicez ces mots dans le Dictionnaire.

Artificieux, artificieuse, adj. Du Latin *artificiosus*. Il se dit des choses & des personnes ; c'est à dire, fin, adroit, d'une maniere qui marque un peu de fourberie, & une adresse qui n'est pas tout à fait simple. (C'est un Normand Artificieux cela est bien artificieuse : plainte subtile & artificieuse, *Port-Royal, S. Prosper e. 3.* Ce discours est artificieux.)

Artificieusement, adv. D'une maniere artificieuse, avec ruse, avec adresse, avec finesse. (jamais la grace efficace ne fut plus artificieusement défendue. *Pas. l. 18.*)

Artillerie. f. f. C'est un Magazin de tous les Canons, de toutes les armes, & de tous les outils qui servent servir à la guerre. [On dit en ce sens ; toute l'Artillerie est sous le commandement de Mr le grand Maître, qui a sous lui des Lieutenans Generaux, des Commissaires, & plusieurs autres Oficiers.

Artillerie, f. f. Il signifie aussi toutes sortes de pieces de Canon. (L'Artillerie fut inventée en 1354. par un Allemand ; faire joüer l'artillerie : L'artillerie a fait un grand fracas. *D'Aveloürs, Traité de l'Artillerie*.)

Artique, ou *Arctique, adj.* Terme de Geographie, il vient du Grec. On donne le mot d'Artique au pole du monde, qui est du côté du Septentrion, & au petit cercle qu'on marque à l'entour. (Cercle artique, pole artique. *Sanson, introduction à la Geographie*. Son opposé est *Artique*.

Artisan, f. m. Semble venir de l'espagnol, *artesano*, en Latin *Artifex*. Celui qui fait profession de quelque métier, & qui, à la faveur de ce métier, gagne sa vie à force de travailler. (Un vil Artisan, un pauvre, un miserable Artisan, les Artisans sont presque tous malheureux, en ce tems-ci, parce qu'ils ne travaillent pas. Un habile artisan, un artisan expert. Antoine & Cleopatre alloient la nuit courir la Ville entrant dans les boutiques des artisans, & les attaquant par des railleries. *Citri, Triumvirat, 3. partie, c. 12.*

* *Artisan, f. m.* Au figuré, c'est à dire, qui est la cause, qui est l'auteur de quelque chose. (Dieu est le souverain Artisan du monde. Il donne du courage à tous les Artisans de sa gloire. *Balz. entretiens.*

Chacun est artisan de sa bonne fortune.
Reg. fat. 3.

C'est l'artisan de la volupté.
Abl. Luc.

Artisane, f. f. Il n'est pas en usage au propre, & en sa place on dit *femme d'Artisan.*

* *Artisanne, f. f.* Au figuré, il est beau. Il signifie celle qui est cause. (La sagesse est l'ouvriere, l'artisanne de toutes choses. *Cos. Let.*)

Artiste, f. m. Il vient de l'Italien, ou de l'Espagnol *artista*. Ouvrier qui travaille avec esprit & avec art. (Artiste fameux, artiste celebre, connu, glorieux, habile, intelligent, savant, en tout ce qu'il fait. L'artiste ingenieux a tant fait que sans fonte, il a trouvé le secret de faire compatir l'or avec le laiton, sur la superficie seulement, par le mélange du mercure. *Traité des essais c. 3. c.* Aucun artiste ne doute qu'il ne faille préparer la Tériaque au mois de Novembre, *Charas pharmacopée*. La Chimie fait connoître à l'artiste, les premiers principes des choses. *Vanelmont, sur la composition des remedes*.)

Artiste, adj. Qui travaille avec art, qui travaille adroitement ; & selon l'art. (C'est une main artiste.)

Artistement, adv. prononcez *artisteman*. Avec art, avec adresse ; avec esprit, selon les regles de l'art. (Un vase artistement travaillé. *Dep. Longin.*

Il vouloit que six vers *artistement rangez*,
Fussent en deux tercets, par le sens partagez.
Dep. Poët. c. 1.)

Artus, f. m. Nom d'homme. Il y a eu un Roi, qu'on apeloit Artus, qui a regné en Angleterre. Il a été brave, & vaillant & a été tué dans une bataille, par les Saxons. Ce glorieux Prince a établi les Chevaliers de la Table-Ronde. *Histoire d'Angleterre*.)

A R U.

Aruspice, f. m. Ce mot vient du Latin *aruspex*. Il signifioit chez les Romains, un Sacrificateur qui prédisoit l'avenir, en examinant la qualité des entrailles des Bêtes sacrifiées.

A R Z.

Arzel, arzelle, adj. Il se dit des chevaux : c'est à dire, qui a une marque de poil blanc, au pié de derriere, depuis le boulet, jusqu'au sabot. (On n'aime point les chevaux arzels. Cette cavale me plairoit assez, si elle n'étoit point arzelle. C'est une folie de croire que les chevaux arzels soient plus malheureux que les autres.)

A S. A S C.

As, *f. m.* Carte à joüer, ou face de dez, marquée d'un seul point. Un as de cœur, de carreau, de pique, de trefles. On dit tous les as, cinq & as, &c.

Ascendant. *adj.* Ce mot vient du latin *ascendens*, qui signifie montant. Il se dit en *astronomie* des astres, ou des signes qui montent sur l'horizon. Et en termes de *Genealogie*, on parle *de ligne ascendante*, & par les *ascendans*, on entend tous les parens qui sont au dessus de nous, comme pere, aieul, bisaieul, &c.

* *Ascendant, f. m.* Il a au figuré plusieurs sens. C'est une pente naturelle, humeur, inclination. *L'ascendant* est plus fort que tout. *Mol. amant. a.1. f.2.*

On ne peut reprimer cet *ascendant* malin,
Qui le force à rimer.
Dép. sat.

Les honneurs forcent *l'ascendant*,
Côme étoit civil, acostable,
Mais on l'a fait Sur-Intendant.
Gom. epi. l.1.

* *Ascendant, f. m.* Puissance, pouvoir, autorité. (Il prit sur ses neveux, le même *ascendant* que son frere avoit pris autrefois sur lui, *Flechier, Teodose. l. 2.*)

* *Ascendant, f. m.* Manière imperieuse de dire ses sentimens. (Il n'y a personne qui ne soit de cet *ascendant*, parce qu'il represente l'image d'une ame fiere & hautaine. *Nicole, mor. t.2.* L'ascendant n'est pas un si grand défaut, dans un homme de qualité, que dans une personne sans naissance. Avoir un ascendant incommode, est plein de fierté. *Nicole, morale. t.1.*)

Ascension, s. f. Il vient du Latin *ascensio*. La première *du* mot *ascension* ne se fait point sentir. C'est la Fête qui marque le jour où Jesus-Christ est monté au Ciel. L'Ascension est quarante jours après Pâques, & c'est l'une des plus glorieuses Fêtes de l'Eglise. Apres l'Ascension de Jesus-Christ, l'administration des biens Ecclesiastiques fut exercée par les Apôtres. *Fra-paolo, des beneficés, a 2.*

† A l' *Ascension*, blanche nape & grat mouton. Proverbe qui marque, que le bon mouton se mange à l'Ascension.

* *Ascension, s.f.* Terme d'*Imager*. Estampe qui represente le Mistére de l'Ascension. En ce sens, *ascension* a un pluriel, mais il n'en a point dans sa première signification. Un imager dira. J'ai de belles *ascensions*. J'ai aujourd'hui vendu une douzaine d'ascensions. Les plus belles ascensions, sont celles de Mr.

Ascension, s.f. Terme d'astronomie. C'est le degré ou l'arc de l'équateur montant sur l'orison avec un degré, ou un arc du Zodiaque. (Ascension droite, ascension oblique, &c. On dit aussi difference *ascensionelle*. Voiez les livres qui traitent de la Sphére.)

A S I.

† **Asine,** *s. f.* Bête asne. On se sert de ce mot au Palais pour designer *un âne*, & pour éviter de prononcer ce mot en public parce qu'il excite à quelque risée.

A S M E.

Asme ou Astme. On écrit & l'on prononce aussi ces mots des deux maniéres qu'ils sont écrits, avec un T. ou sans T. Voiez aussi *astme* en son rang.

Asme, f. m. Il vient du grec *asme*. C'est une dificulté de respirer, grande, frequente & pénible, & ordinairement sans fiévre. (Un asme fâcheux, dangereux, incommode, cruel, convulsif. L'asme vient le plus souvent, de ce que les poûmons reçoivent un air qui ne leur est pas propre, ou de ce qu'ils n'en reçoivent pas assez pour fournir à leurs fonctions. Avoir un asme, être ataqué d'un asme. On l'a guéri d'un asme. Il y a souvent des dispositions malignes dans la poitrine, qui peuvent causer l'asme. L'asme se forme quelquefois de la mauvaise conformation de la poitrine. On a atribué aussi l'asme à la mauvaise disposition de l'air. Etre travaillé, être tourmenté d'une asme tres dangereux. Il est malade d'un asme qui le tuë.)

Asmatique. Ce mot pris généralement, est un substantif masculin, il signifie, qui a de la peine à respirer. (La laituë ne vaut rien aux asmatiques. On doit saigner les asmatiques & leur tenir toûjours la tête un peu haute, lors qu'ils sont, couchez. Les vents froids sont contraires aux asmatiques. Il y a de certains sirops de pourpié tres bons aux asmatiques. *Pharmacopée de Charas.*

Asmatique, adj. Qui est malade d'un asme. Il est asmatique, elle est morte asmatique.

A S P.

Aspet, *f. m.* Il vient du Latin *aspectus*, c'est à dire vuë, regard, (A cette heure je pourrois être ravi de l'aspect de ton maitre, *Boil. epi. T.1. ep.2.*

Crois tu que mes chagrins doivent s'évanoüir,
A l'aspect d'un bonheur, dont je ne puis joüir.
Rac. Iphigenie, a.2. f.1.

Je le vis, son aspect n'avoit rien de farouche.
Rac. Iphigenie.

Aspect, f. m. Terme d'architecte. Objet de vuë, objet éloigné qui frape la vuë. (C'est une maison d'un bel aspect. Aspect d'édifice fort correct, prendre les alignemens des rües selon l'aspect du Ciel, le plus avantageux.)

Aspect, f. m. Terme d'astronomie & d'astrologie. Il se dit des planetes à l'égard de la diférente situation, qu'elles ont entre elles. (Aspect benin, aspect malin. Les aspects de Jupiter sont bien-faisans, regarder en trine aspect. Aspect quadrar, aspect sextril, aspect de conjonction ou d'oposition, &c.)

Asperge, *s. f.* Plante apéritive qui produit des tiges tendres, vertes, lisses, rondes, sans feuilles, & presque de la grosseur d'un doigt. Les asperges sont chaudes, excitent à l'amour, & levent l'obstruction des reins. Petite asperge. Grosse asperge. Faire vendre des botes d'asperges.

Aspergez, *f. m.* Ce mot vient du Latin *aspergere* arroser. On s'en sert plus en Province qu'à Paris, où l'on dit *goupillon* ou *aspersoir*. Voiez *aspersoir*.

Asperser, v. a. Il vient du Latin *aspergere*. C'est jetter de l'eau avec un aspersoir. Il ne se dit proprement qu'en parlant de choses saintes, & il n'est pas encore bien établi : Cependant des gens d'esprit le trouvent bon, & croient qu'il merite, aussi-bien d'avoir cours qu'*aspersion* & qu'*aspersoir*. (Vous aspergerez le haut de la porte, & les poteaux. *Port Royal Ecriture Sainte, Levitique c.12.* Ceux qui ne sont pas pout *asperser*, disent, vous *ferez l'aspersion* sur le haut de la porte & des poteaux.)

Aspersion, f. f. Il vient du Latin *aspersio*. Il ne se dit proprement qu'en parlant de choses saintes. C'est l'épanchement qu'on fait de l'eau benite ou d'autre chose considerable, avec le goupillon. On ne faisoit autrefois dans l'Eglise l'aspersion qu'avec une queue de renard, & pour cela on apelloit le goupillon *Vulpilio*. (Vous prendrez de l'huile de consécration, & vous en ferez l'aspersion sur les vétemens du Roi, *Port-Royal Ecriture Ste, Exode C.2. 9.* Sous l'Empereur Valentinien des personnes considerables firent des sacrifices nommez *Taurobolia*, c'est à dire, aspersion de sang de Taureau. *Histoire des oracles 2. partie, C.4.*)

* *Aspersion, f. f.* Il se dit aussi au figuré, dans les discours de pieté, parlant du cœur, de la conscience ou de l'ame. C'est un saint épanchement & un saint arrosement de la grace, sur le cœur, dans l'ame ou dans la conscience. (Avoir le cœur purifié des soüillures de la mauvaise conscience par une aspersion intérieure. *Port Royal.*)

Aspersoir, *f. m.* aspersoire, *s. f.* Il vient du Latin *Aspersorium*. Quelques-uns disent aspersoire, & le font feminin (l'écrivant avec un E final, mais la plupart sont pour *aspersoir*, & le font masculin , & ne le font sentir la lettre R à la fin. C'est une manière de bâton de métal fort propre, ou de bois fort leger, & proprement tourné, qui a un pié & demi, à l'un des bouts, duquel, on atache plusieurs brins de poil pour prendre de l'eau benite, & en faire l'aspersion. (Un aspersoir tres-propre, est des mieux fait, prendre de l'eau benite avec l'aspersoir, & en jetter sur le peuple.

Asphodel, *f. m.* Il vient du Grec, en Latin *Asphodelus*. C'est une sorte de plante que je ne trouve en François que chez l'ami d'Ablancourt. (Il n'y a parmi nous que de l'asphodel, & de la viande pour les morts. *Lucien. Tome 1. passage de la barque.*

Aspic, *f. m.* On prononce toutes les lettres du mot aspic. Il vient du Grec. Les François l'ont pris du Latin *aspis*. Serpens de couleur cendrée, long de 3. ou de 4. coudées, frequentes Afrique & aux Païs chauds, qui fife fort, qui a 4. dens, les yeux étincelans, la peau rude, & qui est tres-venimeux. *Marmol, voyage d'Afrique, & Jonston.* (Aspic mâle, aspic femelle. L'icneumon petit animal rusé qui hait l'aspic, & qui en est mortellement hai, parce qu'il lui donne la mort, &c, *Opian, traité de la chasse l.3.* Cleopatre mourut d'un aspic qui la piqua & son corps apres sa mort, fut mis auprès de celui d'Antoine son amant. *Citri, Triumvirat 3. partie. C.32.* L'aspic fait sa piquure presque imperceptible. Son venin d'abord cause une démangeaison agréable, par le moien de laquelle le cœur, & les entrailles se debatent & reçoivent un poison contre lequel il n'y a plus de remede. *Thiers, traité des jeux Chap.5.* D'autres disent que l'aspic envenime en mordant, & que sitôt qu'on en est mordu, les yeux se troublent, le visage pâlit,
&

& qu'on tombe en sincope. Ce sentiment semble assez probable. L'aspic va toujours avec sa femelle & si l'on en tüe l'un ou l'autre, celui qui survit, ne songe qu'à vanger la mort de l'autre.)

* Aspic, s. m. Ce mot au figuré est beau. C'est à dire, malin & méchant, méchant & dangereux. (C'est un aspic que cette femme là. Le Comte de Villa Mediana parlant dans un Sonnet, de la méchanceté des Dames, dit *es mas que un aspic arrogante y fiera.*

Ou du monstre Ecossois la doctrine insensée
A cette ame blessée,
Ou l'aspic de Capouë inspire dans son cœur
Cette insolente aigreur.
Port-Royal, Poëme de St. Prosper.

Ce vieillard si sage & si éclairé foule aux piez les aspics & les basilics. *Port-Royal, Poëme de St. Prosper en prose.*)

Aspic, s. m. Ce mot vient du Latin *Spica*. C'est une plante qui a les feuilles longues, pointuës, & odorantes. Il y a en Espagne & en Languedoc, des montagnes où fleurit l'aspic. On dit que l'aspic est odoriferant & agreable. *Dalechamp, histoire des plantes, T.1. l.8. C 20.* Morin dit que l'aspic est une plante qui craint le froid, & qu'elle est seche & chaude.

Aspiration, s. f. Prononcez *aspiracion*. Il vient du Latin *aspiratio*. Quelques-uns s'en servent dans le sens de *respiration* mais ces gens parlent comme le pauvre T. & le bon homme N. c'est à dire, tres-mal.

* Aspiration, s. f. Il se dit dans les discours de pieté. C'est un élancement du cœur à Dieu, ou vers le Ciel. De saintes aspirations, de ferventes, & de dévotes aspirations. Tout le tems de l'étude se passoit en aspirations devotes. *B. vie de S. Ignaces, l.1.*

Aspiration, s. f. Terme de Grammaire. C'est une prononciation aspirée, & qui marque qu'on doit prononcer la lettre h dans de certains mots & que la voïelle qui est devant cette h, ne se perd point : Par exemple, le mot de Holande se prononce avec une aspiration, car la voïelle qui la precede, ne se mange pas. On dit la holande; & non pas l'Holande est un heureux païs, parce qu'elle est riche & qu'elle joüit d'une adorable liberté.

Aspirer, v. a. Terme de Grammaire. Il se dit de certains mots qui commencent par une h, & il signifie que l'h de ces mots, est regardée comme une consonne & que la voïelle qui la precede ne se perd point devant elle. Le mot de heros aspire son h. *Vau. rem.*

* Aspirer, v. n. Il vient du latin *aspirare*. C'est prétendre, desirer, avoir dessein d'obtenir.

[C'est au repos d'esprit qu'il nous faut aspirer. *Dep.*

Daphnis, n'aspirons plus aux grandeurs de la terre.
Maleville, poësies mêlées.]

Aspirant, aspirante, adj. Terme de Grammaire, c'est à dire qui aspire. Si l'on ne faisoit point l'h aspirante dans heros, on seroit une fâcheuse équivoque. *Vau. rem.*

Aspirant, s. m. Terme general qui se dit entre gens de métier. C'est celui qui a achevé le tems de son aprentissage & qui aspire à se faire recevoir maitre, faisant son chef d'œuvre & autres choses acoutumées. Les Jurez donnent le chef-d'œuvre à l'aspirant. Un des anciens du métier presente l'aspirant aux Jurez & ils l'examinent. *Statuts des vitriers, article 7.*

Aspirante, s. f. Terme de Religion. Fille qui a fait son noviciat, qui aspire à être reçuë & à faire solennellement les vœux de Religion, c'est une aspirante fort-sage qui s'est bien aquitée de son devoir pendant son noviciat.

Aspirante, s. f. Terme de Bouquetiére & d'autres filles qui ont fait leur aprentissage & qui ne sont pas encore reçuës maitresses. C'est celle qui aprés avoir achevé son aprentissage se présente aux Jurées de son métier pour faire le chef-d'œuvre qu'elles lui donnerent. Sur l'aspirante le chef-d'œuvres qu'elle doit faire, s'enquierent de la vie de l'aspirante, & si elles trouvent qu'il n'y ait rien à dire, elles lui font prêter serment de fidélité devant le procureur du Roi du Chatelet & la reçoivent maitresse Bouquetiére. *Voïez leurs statuts.*

Aspre, &c. Voïez *apre, &c.*

A S S.

Assabler, v. a. Remplir de sable. Couvrir de sable. [On dit que la mer *assable* un port quand elle le remplit. La mer, avec le tems, a *assablé* le port d'Aiguemortes, où S. Louis s'embarqua. On dit qu'une riviere *assable* des prez, quand elle les couvre de sable]

S'assabler, v. r. Se remplir de sable. (Quand un ingenieur batit un port, il doit prendre soin d'empécher qu'il ne s'assable.)

S'assabler, v. r. Demeurer arrêté sur le sable. On s'assable souvent en décendant sur la Riviére de Loire. Les grands vaisseaux s'assablent sur les bancs, & y échouent.)

Assablé, assablée, part. Rempli de sable, arrêté sur le sable. Port assablé. Terres assablées. Vaisseau assablé, &c.

Assaillir, v. a. Mot qui signifie ataquer & qui vient du latin *assilire.* Il est un peu vieux. Cependant, comme les bons auteurs l'emploient, on s'en peut servir quelquefois, à leur exemple, & sur tout au figuré dans les discours de vers ou de prose. Le verbe assaillir, se conjugue ainsi. J'assaux, tu assaux, il assaut. Ces trois premieres personnes ne se trouvent point dans les bons auteurs. Mais on y trouve les autres, nous assaillions, vous assaillez, ils assaillent. J'assaillis. J'assaillirai. Que j'assaille. Que j'assaillisse. J'assaillirois.

(Lorsque l'on se voit assaillir
Par un secret venin qui tuë.
Vo. t. poëf.

J'étois dans les transports des premieres délices
Lorsqu'une ardente siévre assaillit la beauté
Qui dedans ses liens tenoit ma liberté.
Habert, temple de la mort.

Les défiances qui me venoient de quiter m'assaillirent.
Voiture, lettres amoureuses, lettre 33.

Ma foi, le combat sera chaud
Lorsqu'en l'amoureuse carriére
Robin assaillira Cataut.
Recueil de Poësies de Serci.)

Assaillant, s. m. Celui qui ataque, qui assiege. (Redoubler l'ardeur des assaillans. *Abl. Tac.*

Assaillant. Terme de tournois. Celui qui s'ofre de soutenir le contraire de ce que le tenant avance dans un defi.

† * Assaillant. Qui ataque de paroles ; qui entreprend de pousser quelqu'un. (Je n'ai déja que trop d'un si rude assaillant. *Mol.*)

Assaisonner, v. a. Acommoder avec des choses qui piquent & flatent le goût. Aprêter. (Assaisonner une fricassée de poulets.)

* Assaisonner. Mêler, joindre, acompagner. (Je veux que l'esprit assaisonne la bravoure. *Mol.* Il faut assaisonner le plaisant à l'utile. *Dépre. sat.9.*)

Assaisonnement, s. m. Aprét. Ce qui sert pour acommoder quelque viande.

Assaisonnement. Ce qui reléve une chose, & la rend plus agréable, ou plus délicieuse. (Les plaisirs sont de peu de durée s'ils ne sont acompagnez de quelque assaisonnement.)

Assassin, s. m. Celui qui assassine, celui qui tuë une personne en trahison. (Les assassins sont indignes de joüir de l'azile des Eglises. *Pas. Let.6.* Les assassins sont horribles, infames, cruels, execrables, & indignes de pieté.

Oüi, c'est mon ennemi, l'objet de ma colere,
L'auteur de mes malheurs, l'assassin de mon père.
Corneille, Cid. a.s. f.5.

Henri III. aiant reçu un coup de couteau au ventre, en retira le couteau, & en frapa son assassin au front *Journal de Henri 3. pag.143.* Ce mot vient du Levant, d'un Prince des arsacides, ou assassins, qui envoioit des gens pour tuër les Princes ses ennemis.

† * Assassin. Qui tuë impunément.

(Que dit-il quand il voit avec la mort en trousse,
Courir chez un malade un assassin en housse.
Depreaux, satire 8-)

† * Assassin, assassine, adj. Si beau qu'il fait languir, soupirer, & mourir amoureusement. (Visage assassin. *Voi. Poe.* Beaux yeux assassins, soïez plus doux ; ou bien nargue de vous. *Scar. Poe.* Que dit elle de moi cette gente assassin. *Mol*)

Assassinat, s. m. Meurtre commis en trahison & de dessein formé. (Un cruel, un horrible assassinat. Commetre un assassinat.)

† * Assassinat. Meurtre galand & amoureux. *Perre.* (Il s'étoit caché toute sa vie pour faire cet assassinat. *Voi. poë.* Je crains quelque assassin de ma liberté. *Mol. Pre.*)

Assassinateur, s. m. Celui qui tuë une personne en trahison, & de dessein formé. Quelques rafineurs desaprouvent le mot d'*assassinateur*, & d'autres personnes d'esprit l'aprouvent, & s'en servent. Il est devenu l'assassinateur de son pere, & un monstre de nature. Cain fut le premier des assassinateurs. *Le Mai. pl.118.*

Assassiner, v. a. Tuer en trahison, & de dessein formé. (Un scelerat qu'on apelloit Raugaire, assassina Grimoald, fils ainé de Pepin, Maire de France, *Voïez l'Histoire de France, vie de Dagobert.* Henri III. se sentant blessé par son assassin, & voïant son sang couler, s'écria, ah ! malheureux que t'avois-je fait pour me venir assassiner ? *Journal de Henri III. pag.147.*)

L

† * *Assassiner*, v. a. Il se dit en riant, & en parlant d'animaux qu'on tuë à la chasse. (Il portoit un grand fusil, dont il avoit assassiné plusieurs pies. *Scar. Rom. comique*. T. 1. c. 1.

* *Assassiner*, v. a. Il entre dans les façons de parler, où il signifie autant que *médire*. (C'est là qu'on épargne, qu'on assassine les absens à coups de langue. *Scaron. Rom.* T. 1. c. 3.)

Assassiner, v. a. Il entre dans des phrases où il veut dire *outrager*. (Ne m'assassinez point, je vous prie par les sensibles coups d'un soupçon outrageux. *Mol. avare* a. 1. s. 2.

* *Assassiner*, v. a. Dans le comique il signifie aussi *fatiguer, incommoder*, ennuïer, faire bâiller à force d'ennuis. (Ils assassinent les gens de leurs ouvrages. *Mol. Crit.* Sc. 6.

Assassiner, v. a. Faire souffrir cruellement, acabler de chagrin & d'ennuis.

Assassiner. En ce sens, se dit par raillerie. Il est de ces maris que la jalousie assassine. *Mai. Poës.*

Assassiner, v. a. Il se dit aussi en parlant d'amour. C'est faire mourir amoureusement, mais en ce sens il est un peu comique. (Vôtre beauté assassine, *Voit. Poës.* Ses regards assassinent tout le monde. *Scar. Poës.*)

Assassinant, assassinante, adj. Ce mot au figuré est satirique, & veut dire, ennuïeux, fatigant. (Un compliment assassinant, une douceur, une honnêteté, une civilité assassinante. Ce sont des redites assassinantes.)

Assaut, s. m. Ataque violente, & faite à l'improviste. (Mener, monter à l'assaut. Emporter d'assaut. Donner l'assaut à une place. Prendre par assaut. Prendre d'assaut.)

* *Assaut*, s. m. Ce mot signifiant un ataque, vite & violente, est quelquefois pris figurément, & veut dire dans son sens figuré, une prise prompte & subite, vite, & soudaine.

(L'amant, qui gagne un cœur plus vite qu'il ne faut,
A se voir trompé se hazarde ;
Les cœurs que l'on prend d'assaut
Sont de fort difficile garde.
La Suze, *Recueil* 1. p.

Assaut. Terme de Maître d'armes. Combat de deux personnes à coups de fleuret. (Faire assaut contre quelcun.)

* *Assaut*. Combat d'esprit. (Faire assaut de réputation contre quelcun. *Scar. Let.* Faire assaut de zele avec quelcun.)

* *Assaut*, s. m. Ataque galante. (Faire assaut de pucelage. *Scar. Lett.*)

Assemblage, s. m. Union, ramas & conjonction de plusieurs choses ensemble. (Faire un heureux assemblage de sciences & de vertus. *Maucroix*. C'est par l'assemblage & le mélange des Elemens que le Principe éternel a produit tout ce que nous voïons. *Abl. Luc.* T. 2. Le discours n'est qu'un assemblage d'expressions, & les expressions qu'un assemblage de mots. *Daucour*, 12. *Lett.* 7. Il a fait un assemblage confus de bons & de méchans Livres.)

Assemblage, s. m. Terme de Charpentier & de Menuisier. Il se dit des ouvrages qui se font de plusieurs piéces jointes & liées ensemble, ou simplement colées les unes avec les autres. (On fait des assemblages à mortaises & à tenons, à queuë d'aronde, &c. Une table d'assemblage est faite de plusieurs piéces jointes & colées ensemble, sans aucun placage.)

Assemblée, s. f. Jonction & rencontre de plusieurs personnes en un même lieu, & pour un même dessein. Assemblée générale, Assemblée des Etats. Assemblée du Clergé. Les Assemblées du Clergé de France n'ont commencé à se regler, à peu prés comme elles sont aujourd'hui, que sous le Regne de Charles IX. Elles devinrent alors trés-frequentes, & en 1606. il fut arrêté que les assemblées générales se feroient de dix en dix ans, & les petites de deux en deux ans. Quand le Roi veut convoquer une assemblée du Clergé, il le fait par des Lettres de Cachet, qu'il adresse aux Agens du Clergé : Et ensuite le Clergé de chaque Province choisit ses Députez, deux ou trois, selon la qualité de l'Assemblée, *Patru plaid.* 2. *partie.* (On dit faire des assemblées ; tenir une assemblée générale ; une assemblée legitime ; une assemblée clandestine, illicite, &c.)

Assemblée, s. f. Gens assemblez. (Parler devant une assemblée ; comparoitre devant une assemblée. Congédier, rompre l'assemblée, *Vaug. Quint.* l. 8.

Assemblée. Terme de Religieux. Lieu où dans un certain tems les sœurs s'assemblent pour traiter des choses necessaires, ou pour s'accuser des fautes legeres qu'elles ont faites. La chambre où l'on va se recréer à midi, &c. (Aller à l'assemblée.)

Assemblée. Terme de guerre. Certaine baterie de tambour pour avertir les soldats qu'ils aient tous à s'assembler dans un lieu. [Batre l'assemblée.]

Assembler, v. a. Mettre ensemble. Joindre ensemble. (Assembler le corps d'un pourpoint, un haut de chausse. Assembler les Lettres. Assembler du cordage, des gerbes, &c.)

Assembler. Convoquer, amasser plusieurs personnes ensemble, & les faire trouver en un certain lieu. [Assembler des troupes. Le Seigneur les a assemblez de divers païs. *Arn.* Assembler les Chambres. *Terme de Palais.*]

Assembler, v. a. Terme de Libraire. C'est mettre les feüilles d'un Livre selon l'ordre des signatures, qui sont des lettres de l'alphabet qui distinguent chaque feüille. (Il faut vite assembler les feüilles de ce Livre.)

S'assembler, v. r. Il se dit de diverses personnes qui se rendent en un certain lieu. (Le peuple s'assemble. Le premier jour de la semaine, les fidéles s'assembloient, & chacun offroit ce qu'il avoit mis à part du gain de la semaine pour les besoins communs. *Fra Paolo*, *des Benefices.*)

Assener, v. a. Porter un coup, & fraper justement où l'on vise, & où l'on tâche de donner. Ce mot vieillit un peu. [On *assene* mieux son coup à pié qu'à cheval. *Abl. retr.* On lui *assena* un grand coup de bâton sur la tête. *L'Auteur des nouv. remar. de Vaugelas.*

Je voudrois à plaisir sur ce musle assener.
Le plus grand coup de poing qui se puisse donner.
Mol. Tart. a. 5. Sc. 4.

Asseoir, v. a. Mettre sur les fesses. Asseoir un enfant sur une chaise.

Asseoir. Poser. Mettre dessus. Etablir. Quand il eût eu des vaisseaux, on n'y eut sçû asseoir les machines. *Vau. Quin.* l. 4. Alexandre assit son camp, & se retrancha au même endroit. *Vau. Quin.* l. 3. c. 8. On ne sauroit asseoir aucun jugement sur cela. *Vau. Rem.*

S'asseoir, v. r. Mettre les fesses sur quelque chose. Se reposer, se poser, se percher : Je m'assieds, tu t'assieds, il s'assied ; nous nous asseïons, vous vous asseïez, ils s'asseïent. Et selon Vaugelas, ils s'assient, je m'asseïois, &c. Je me suis assis, je m'assis, je m'asseïerai. Assieï-toi, asseïez-vous, qu'il s'asseïe, qu'ils s'asseïent, s'asseïant, assis, assise. [Il faut s'asseoir sur ce banc en attendant des chaises. Un aigle s'étoit venu asseoir derriere les vaisseaux. *Abl.* *Ar.* l. 1. Tous les lits sur lesquels dormira la femme qui hors le tems ordinaire soufre cet accident qui ne doit arriver que tous les mois, & toutes les choses sur lesquelles elle s'asseïera seront impures. *Port-Roïal, Levitique* ch. 15. v. 25.]

Asservir, v. a. Assujettir. Il n'a pas tenu à toi que tu n'aies asservi les Macédoniens à ceux qu'ils ont vaincus. *Vau. Quin.* l. 8. c. 8.

Ce Dieu las de me voir insensible à ses charmes,
A pris pour m'asservir, ses plus puissantes armes.
La Suze. poës.

Helas ! du sang versé dans cette injuste guerre,
Tu pourrois t'asservir & la Mer & la Terre.
Brebœuf, Luc. l. 1.

Assesseur, s. m. Oficier du Présidial & autre Justice Roïale, créé en 1586. qui est le premier Conseiller du Siége où il est assesseur, & qui connoit des afaires en l'absence de ceux qui en doivent premierement connoitre. *Ioli.* Assesseur civil. Assesseur criminel.) Ce mot vient du latin *assessor.*

Assez, adv. Sufisamment. Autant qu'il faut. (On est assez riche lors qu'on est content. On ne peut avoir assez de soin de son salut. *Arn.* Cela est assez de mon gout. Les avares ne disent jamais, c'est assez. Il est venu assez à tems. On dit, cela est assez bien, ou assez mal, pour loüer ou blâmer sobrement.)

Assidu, assiduë, adj. Ce mot vient du latin *assiduus*, & signifie, qui s'aplique fortement & fort souvent à quelque fonction, à quelque devoir, ou à quelque travail, qui a de l'assiduité. Etre assidu au travail, à l'ofice, auprés d'un malade.

Assiduité, s. f. Application continuelle ; continuation assiduë, atachement assidu, & reglé. Avoir de l'assiduité au travail, à l'étude, &c.

Assidûment, adv. Avec assiduité. Etudier, travailler assidûment.

Assieger, v. a. Mettre le siege devant une place. Camper une armée tout autour d'une place, à dessein de la prendre par force, ou par famine. (Assieger une vile. On prend aujourd'hui presque toutes les viles qu'on assiege, à moins qu'elles ne soient secouruës.)

* *Assieger*, v. a. Il se dit en amour, & il signifie tâcher d'avoir. Oui, Philis, je prétens d'assieger vôtre cœur. *Voiage de Bachaumont.*

* *Assieger*. Etre assidûment auprés d'une personne. Environner. Assieger l'oreille du Roi. *Vau. Quin.* l. 10. Les douleurs de l'enfer m'ont assiegé. *Port-Roïal.* On dit qu'on est assiegé par les eaux, quand il y a une inondation, par les neiges ; par la pluïe, & par les mauvais tems, lors qu'on sort pas sortir. On dit qu'on est assiegé en quelque lieu par les brigans qui courent la campagne. On dit aussi qu'une flote est assiegée par les vents, dans quelque port, d'où elle n'ose, ou ne peut sortir, à cause des vents contraires.

Assiegez, s. m. Les gens qui sont assiegez, & qui défendent une place. Les assiegez ont fait une sortie.

Assiegeans, s. m. Les troupes qui assiegent une place. (J'aime mieux être assiegeant qu'assiegé. *Voi.* l. 81.

Assiette, s. f. Lieu. Situation. Il choisit une assiette propre pour bâtir six viles. *Vau. Quin.* l. 7. c. 10. L'assiette de cette place est fort avantageuse.

Assiette, s. f. Situation, maniere de placer une chose pesante sur une autre. Ces pierres ont été posées dans la même assiette qu'elles avoient dans la carriere. Ce piédestal n'a pas assez d'assiette, l'assiette d'un mur sur son fondement. Ce rempart a beaucoup d'assiette, c'est à dire, de talus, il ne faut pas craindre qu'il s'éboule.

Assiette. Ce mot se dit en termes de guerre, & il veut dire. la maniére de camper, & la disposition des troupes. (Un Géneral doit sçavoir bien l'assiette de son camp.)

L'assiette d'un Cavalier. C'est la maniére d'être assis sur la selle.

† *L'assiette des Tailles,* se dit & signifie l'imposition & le département des Tailles.

* *Assiette.* Etat & situation. (Vous ne me pouviez mieux témoigner la bonne assiette où est vôtre ame, qu'en m'écrivant. *Voi. l. 198. L'assiette de l'esprit de l'homme est sujette au au changement. M. de la Rochefoucaut.*

Assiette, Instrument de table, rond, de métal, de terre ou de bois sur quoi on mange & coupe ses morceaux. (Une assiette plate, creuse, &c.

† On dit d'une personne qui doit païer, quoi qu'il ait été absent. *Son assiette a diné pour lui.* On dit une assiette de champignons, une assiette de confitures, &c. pour signifier la quantité qu'on en sert sur une assiette.

Une assiette à mouchettes, s. f. C'est une piéce qui est ordinairement d'orfévrerie, ou d'étain d'antimoine, qui est faite en forme d'assiette, autour de laquelle il y a des rayons avec un manche au bout, & sur laquelle on pose les mouchettes. L'assiette à mouchettes est à present hors de mode, & on ne se sert que de porte-mouchettes. (Une belle assiette à mouchettes.) Dans plusieurs maisons de qualité l'on apelle l'assiette à mouchettes un *espavilladour.*

Assiette. Terme de doreur sur tranche. Composition qu'on met sur la tranche du Livre avant que de le dorer, & qui est faite de bol fin, de sanguine fine, de terre d'ombre, de gomme adragant & Arabique, de colle de Flandre, & de savon de Castres. (Coucher l'assiette, mettre son assiette.)

Assiette. Terme de Paveur. Pavé mis au sens où il doit être sur le sable. (Une assiette de pavé en plein sable.)

ASSIGNATION, s. f. Prononcez *assinacion.* Rendez-vous. (Il la soupçonna d'avoir donné assignation à son Rival, il se tint prêt pour aller à l'assignation. Il se rendit le premier à l'assignation. *Scarr. Rom. comiq.* Ils se sont donnez assignation à une telle heure.)

Assignation. Exploit de sergent pour comparoitre dans un certain tems, & à une certaine heure devant le Juge. (Donner assignation à quelcun. Les assignations doivent être faites en personne, ou en domicile. Les assignations à trois briefs jours se font à cri public.)

Assignation. En terme de pratique, signifie une constitution de rente sur un certain fonds, une Ordonnance, ou Mandement pour faire paier une dette. On a donné une assignation à ce créancier sur la coupe d'un tel bois, sur divers fermiers, &c. L'assignation du Doüaire de cette femme a été faite sur une telle maison. (En termes de Finances, ce mot assignation signifie la somme d'argent que le Roi donne à prendre sur ses Fermiers, ou à son Trésor Royal. Païer une assignation, aquiter une assignation.)

Assigner, v. a. Donner. Prescrire. (Philippe second assigna a Marguerite de Parme une pension de six mille écus. *Durier. Histoire de Flandre.* Le Roi leur assigna une contrée pour habiter. *Vau. Quin. l. 5.*

Assigner. Terme de pratique. Ajourner; donner assignation pour comparoitre devant le Juge. (Assigner quelcun.)

ASSIS, *assise.* Voiez S'*asseoir.*

ASSISES, s. f. Terme de Palais. Il ne se dit qu'au pluriel. C'est lors qu'un Juge superieur tient son Siége dans celui d'un inferieur. (On tient les assises en un tel lieu.) Ce mot aussi les jours que les Juges tiennent leur Siege pour écouter les plaintes des Sergens. (On tiendra demain les assises ; & il s'y trouvera plusieurs Sergens qui feront leurs plaintes contre tel & tel.)

Assises de Jerusalem. Ce sont les coûtumes & usages de Jerusalem. Mr. de la Thaumassiere les fait imprimer.

Assise, s. f. Terme de Maçonnerie. Rang de pierres dont les murs sont composez.

Assise. En ce sens a un singulier & un pluriel. (Voilà la premiere assise de cette muraille. Toutes les assises de ce mur sont dans les régles.)

ASSISTANCE, s. f. Assemblée de personnes qui sont présens à une action publique. (Ce Prédicateur a satisfait toute l'assistance.)

Assistance, s. f. Presence d'une personne en un lieu. Les Chanoines ont un tel droit pour leur assistance à Matines. Le Curé se fait payer l'assistance à un enterrement. Chaque Curé de Paris a d'ordinaire dix livres pour son assistance à des funerailles, & chaque Prêtre a au moins vingt sols pour son assistance.

Assistance. s. f. Terme de Jésuïte. C'est le païs ou la Province où un Jésuïte fait la fonction d'*assistant* au Général, ou au Provincial de son Ordre. Chacun des assistans doit préparer les afaires de son assistance. *Bouhours, vie de S. Ignace,* p. 151. Un tel Pére est parti pour aller à son assistance, & il s'y doit rendre sur la fin du mois.

Assistance, s. f. Aide, secours. Seigneur, j'implore vôtre assistance. *Arn.* La grace de Jesus-Christ offre à tous les hommes qui se sont laissez tomber dans le peché, l'assistance du Sauveur. *Port-Royal, Poeme de S. Prosper. ch. 1.* Grand Dieu, si nous faisons quelque bien, c'est par vôtre assistance que nous le faisons *ch. 45.* Je ne me veux pas rendre indigne des assistances que je reçois de vous, *Sçar. Let.* Son ami au de-là du Fleuve implorant son assistance, il passa l'eau pour l'aller secourir *Abl. Luc. T. 2. Dialogue de l'amitié.* C'étoit un Aporicaire Flamand, dont je reçûs toutes les assistances necessaires durant ma maladie. *Sc. Rom. T. 1. & 13.*

Assistant, assistante, adj. & quelquefois *substantif.* Qui assiste, qui est present. (Ce Prédicateur a satisfait les assistans par son sermon. Il faut prier les assistans de se reposer. Donner congé aux assistans. Les assistans se sont separez.)

Assistant, s. m. Terme de Religieux & de Jésuïte. C'est un Conseiller du Général de l'Ordre, qui a d'ordinaire quatre assistans. Le Général des Jésuïtes à quatre ou cinq assistans, qui sont comme les Ministres, & d'une experience consommée. Ils portent le nom des païs dont ils sont originaires, par exemple, de France, d'Espagne, d'Italie, d'Alemagne, &c. Ils sont choisis par toute la Compagnie assemblée qui elit le Général ; qu'ils soulagent dans sa Charge, & dont ils observent aussi la conduite. *Bouhours. Vie de S. Ignace.*

Assistant, s. m. Terme d'Ecclesiastiques. C'est le Prélat qui assiste le Consacrant, lors qu'on sacre un Evêque. L'assistant doit jeuner la veille du Sacre, & se trouver à l'Eglise revêtu de ses habits Pontificaux. *Dubois, Maximes Canoniques.*

Assistant, s. m. Terme de Seminariste. C'est l'Ecclesiastique qui fait les fonctions du Supérieur du Séminaire, quand le Supérieur n'y est pas. Mr l'assistant doit faire aujourd'hui la conferance, parce que Mr le Supérieur est à la campagne.

Assistant, s. m. Terme de Comédien. C'est un domestique d'un Comédien, à qui l'on donne ce qu'on juge à propos, lors qu'il a été emploié à la representation de quelque piéce. Un tel assistant est souvent emploié, & il gagne quelque chose.

Assistante. Terme de Religieuse. Celle qui fait les fonctions au defaut de l'Abesse. Celle qui fait les fonctions quand la mére supérieure n'y peut vaquer. La mére telle est aujourd'hui assistante.

Assistante, s. f. C'est la Religieuse qu'on envoie au Parloir pour accompagner celle qu'on y demande, & ouir ce qu'on lui dit : on l'apelle aussi *écoute* ; & ce mot semble être plus usité que l'autre. On dit pourtant, on lui a donné une assistante. Envoier une assistante au Parloir.

Assister, v. n. Etre present ; se trouver en un lieu ; être spectateur de quelque chose. Assister à la Messe, au Sermon, au Parloir, au Chapitre, au Service. Il a assisté à la consultation des Medecins. Assister au suplice d'un criminel. On dit d'une personne qu'elle a assisté à un vol, à un assassinat, &c. Pour dire qu'elle y a été presente, & qu'elle en est complice. Assister au jugement d'un procez ; assister aux jeux. *Abl. Ret.*

Assister, v. a. Aider secourir, assister quelcun de son conseil, de son credit, &c. *Abl. Tac.* Assister ses Alliez & ses troupes, assister les pauvres ; assister un malade ; assister un criminel à la mort.

Assister, v. a. Aider à faire. (Il lui remit la Sytie entre les mains pour assister à la guerre qui restoit à faire. *Vaug. Q. l. 4. ch. 5.*)

Assister, v. a. Accompagner, soit pour quelque cérémonie, ou pour quelque afaire. (Un Prélat doit être assisté de deux autres, lors qu'il sacre un Evêque. Les Députez étoient assistez, des plus notables de leur Corps. Le Prevôt étoit assisté de ses Archers. Un Sergent doit être assisté de deux Recors. Un Procureur assiste la Partie, un Tuteur assiste son pupille. Les parens d'un mineur l'assistent lors qu'il passe quelque Acte.)

ASSOCIATION, s. f. Contract de societé. (L'association se contracte par un consentement tout pur. *Pat. 6. Plaid.*)

Associer, v. a. Faire entrer quelcun dans le commerce qu'on fait. (Il a associé un de ses amis avec lui.)

* *Associer.* Donner part de quelque chose à une personne. (Il associa Tibere à cét honneur. *Abl. Tac.* Il leur est permis d'associer d'autres personnes aux sacrifices. *Pas. l. 6.*)

S'associer, v. r. Entrer en association avec quelcun. (s'associer avec quelqu'un.)

Associé, s. m. Qui entre dans l'association. C'est un des associez.

ASSOMMER, v. a. Tuer cruellement. Ils assommoient les enemis dans les ruës. *Vau. Quin. l. 4.* Ils se voioient assommer comme des bêtes. *Vau. Q. Curce l. 5. ch. 3.*

Assommer. Terme de boucher. Tuer à coups de hache. Assommer un beuf.

Assommer. Accabler. Ce mot se dit quelquefois des choses qui incommodent & qui pesent trop. Quand on charge trop un cheval, cela est capable de l'assommer.

* *Assommer.* Ce mot se dit figurement des choses qui chagrinent & qui abatent l'esprit, & il signifie acabler. Je n'en puis revenir, & tout ceci m'assomme. *Mol. Tart.* Pour moi qu'un froid écrit assomme ; la perte d'un procez l'assomme, cette afliction l'assomme.

ASSOMPTION, *s. f.* Ce mot vient du Latin, *Assumptio*, pronon. ccz, *assompcion*. Il signifie une Fête que l'Eglise Romaine célèbre tous les ans le 15. d'Août, en memoire du jour que la Sainte Vierge fut enlevée au Ciel. (L'an 1300. Le Pape Boniface VIII. ordonna qu'aux Fêtes de Noël, de Pâques, de Pentecôte & de l'Assomption, on fit le service avec toutes les solemnitez ordinaires. *Cost. Lett. T. 2. l. 242.*

Assomption, s. f. Ce mot en terme de Logique, signifie quelquefois la seconde proposition d'un Syllogisme.

Assomption. Terme d'Imager, Image qui represente le mistere de l'Assomption. (Acheter une Assomption.)

ASSORTIR, *v. a.* J'assortis, j'assortissois, j'assortis, j'ai assorti. Terme de Marchand. Ce mot se dit des étoffes de laine ou de soie, des rubans, &c. Et il signifie accompagner une étofe de laine ou de soie, de quelqu'autre étofe, ou de quelque ruban qui ressemble à peu-près, ou qui lui convienne. (Il faut assortir ce drap de quelque jolie doublure, de quelque tafetas, ou de quelque ruban. Cette garniture assortit bien cet habit, c'est à dire lui convient bien.)

Assortir sa Boutique. Terme de Marchand. C'est se fournir de toutes les choses qui regardent le trafic qu'on fait. On dit dans le même sens *s'assortir, v. r.* Et à l'égard des Libraires, il signifie se pourvoir de toute sorte de livres. (Tel & tel Libraire n'étoit autrefois qu'un pauvre regratier de Livres, à cette heure il commence à s'assortir.)

Assorti. Terme de Chapelier. Mettre la forme dans un chapeau en blanc. (Assortir un chapeau.)

* *Assortir*, *v. a.* Ce mot se dit figurément, & signifie faire convenir, faire acorder l'un avec l'autre. (L'amour a assorti leurs coeurs. Ils ont des casuistes assortis à toute sorte de personnes. *Pasc. l. 5.*

* *Assorti*, *assortie, adj.* Convenable. (On dit en ce sens, ce mariage est mal assorti, c'est à dire que le mari & la femme sont de diferente humeur, ou de condition inégale.)

Assorti, assortie, adj. Terme de Marchand. Qui a dans sa Boutique toutes les Marchandises qui sont propres à son négoce. (Marchand, ou Mercier bien assorti.) On dit d'un Libraire, qu'il est assorti de toutes sortes de Livres, (B. est bien assorti, sa boutique est assortie de toutes sortes de Romans surannez.)

Assortiment, s. m. Accompagnement, ce qui a du raport à une chose avec laquelle on le met. (Un bel assortiment ; un assortiment fort propre, fort joli ; fort galant, fort leste. Acheter un assortiment de plusieurs sortes de marchandises.)

Assortiment, s. m. Terme de Libraire. Ce sont plusieurs sortes de Livres, qu'on n'a pas imprimez, & qu'on a des autres Libraires. Un Libraire dira, j'ai un bel assortiment. J'ai beaucoup d'assortiment. Ce sont des Livres d'assortiment.

Assortissant, assortissante, adj. Il se dit des choses qui ont du raport les unes avec les autres. (Voilà de plaisantes idées, & bien assortissantes à celles que vous allez voir. *Cleante, T. 1. Let. 6.*

ASSOUPIR, *v. a.* Donner une pente au sommeil. Endormir à demi. (Le pavot assoupit.)

Je vois de tous côtez sur la terre & sur l'onde,
Les pavots qu'elle seme, assoupir tout le monde.
Malh. poës. l. 5.

Il étoit assoupi de la débauche.
Vaug. Q. Curce l. 8.

* On dit figurément que le vin assoupit l'esprit.

* *Assoupir.* Apaiser. (Assoupir une querelle, ses ennuis, une mauvaise afaire. *Abl.* Assoupir une sedition, assoupir un procez.)

S'assoupir, v. r. S'endormir. Être abatu de sommeil, ou de quelques vapeurs. (Il se couche & s'assoupit.)

Assoupissement, s. m. Prononcez *assoupisseman.* Foiblesse de la faculté imaginative obsedée d'une humeur froide & humide, qui donne une pente au sommeil. *Deg.* (Quand te réveilleras-tu d'un si long assoupissement. *Abl. Luc.*)

* *Assoupissement, s. m.* Ce mot au figuré signifie manquement d'aplication pour une chose qui nous regarde ; négligence & peu de soin de ses afaires. (Il est dans un assoupissement éfroiable, épouventable, honteux. Ce pécheur est revenu de son assoupisement. Il est sorti de son assoupisement.)

ASSOUPLIR, *v. a.* Terme de manége. Rendre souple. (Assouplir un Cheval.)

Assoupli, assouplie, adj. Qui a été rendu souple.

ASSOURDIR, *v. a.* Ce mot se dit des personnes. Rendre sourd, ou presque sourd à force de bruit. (Assourdir une personne. On dit que le bruit des cataractes du Nil assourdit ceux qui habitent aux environs.)

Assourdi, assourdie, adj. Qui est devenu sourd, qui a été rendu sourd.

Elle feint de parler, c'est moi qui n'entens goute,
Le cousin de César est assourdi sans doute.
Scar. Dom Iaphet a. 3. sc. 4.

S'assourdir, v. r. Devenir plus sourd. (Ceux qui ont quelque dureté d'oreilles s'assourdissent tous les jours en vieillissant.)

ASSOUVIR, *v. a.* Rendre saoul, remplir de viande. (Cet homme est en si grand mangeur, qu'il est impossible de l'assouvir.)

* *Assouvir, v. a.* Ce mot se dit au figuré, & il signifie contenter, satisfaire. [Assouvir sa passion, sa colere, sa rage, son ambition. *Vaug. 2. C. L. 8. c. 6.* Ce Tiran ne se peut assouvir du sang qu'il fait repandre.]

Assouvissement, s. m. Ce mot signifie l'*action d'assouvir* ; mais il n'est pas fort usité dans les discours ordinaires, & on croit qu'il pourroit mieux trouver sa place en des matieres de pieté qu'en d'autres. En éfet, j'ai oüi un Prédicateur poli, se servir du mot *d'assouvissement* en cette sorte. Ils sont tellement abandonnez de Dieu, qu'ils ne songent qu'à l'assouvissement de leurs infames plaisirs.

ASSUJETIR, *v. a.* Vaincre, donter, soumettre, obliger d'observer. (Assujetir ses ennemis. *Abl. Ret.* Assujetir la Riviére du Lis. *Mr de la Rochefoucant.* On l'assujetit à un nouveau Seigneur. *Patru plaidoié 7.* Assujetir à la régle. *Patru plaidoié 16.*)

* *Assujetir.* Vaincre par ses charmes. (Ses yeux ont assujeti mille coeurs. *Voi. poë.*

S'assujetir, v. r. Je m'assujetis, je m'assujetissois, je me suis assujeti. Se captiver. Se soumettre. Se contraindre à faire, à observer quelque chose. (J'ai beau m'assujetir, me tenir auprès d'elle. *Gom. poës.* S'assujetir à la régle. *Vau. Rem.* Quand on veut bâtir ou fortifier une place, il faut s'assujetir à la situation des lieux, au terrein, &c. Il faut s'assujetir aux conditions portées par le contrat.)

Assujetissement, s. m. Sujetion, soumission. (C'est une discipline qui a ses assujetissemens. *Abl. Luc.* David, Pseaume 61 parle de l'assujetissement d'une ame humble à Dieu. *Port-Royal, ps.* Les maris paient la fidelité de leur femme d'un grand assujetissement. *S. Evremont, in 4. p. 207.*

ASSURANCE, *s. f.* Sureté. (Prendre des maisons pour assurance. *Abl. Tac.* Il me faut de vôtre coeur une pleine assurance. *Mol.* Donner des assurances à quelqu'un. *Abl.* Quand on prête de l'argent, on veut avoir des assurances. Il lui a donné une promesse pour assurance.)

Assurance. Hardiesse. Fermeté. (Personne n'avoit l'assurance de l'aprocher. *Vau. Quin. l. 9.* Donner de l'assurance au soldat. *Abl.*

Assurance. Confiance. (Il faut mettre son assurance en Dieu. Il n'y a point d'assurance à la fortune, ni en toutes les choses de ce monde. Il n'y a point d'assurance au tems.)

Assurance. Terme de Négotiant sur mer. C'est un contrat par lequel un Marchand répond à un particulier des marchandises qu'il a sur mer, & pour cela ce particulier doit donner une certaine somme dont on est convenu par le contrat. Faire une assurance. Passer un contrat d'assurance.

† *Assurance de panier.* Terme de Vanier Osier qui est sous l'osier tors qui fait l'anse du panier.

Aller d'assurance. Terme de chasse. Qui veut dire, que la bête va au pas & sans crainte.

Assuré, assurée, adj. Sûr. Certain. [Il est assuré de la vie. Se tenir assuré contre les entreprises des méchans. *Abl.* Sa perte est assurée.]

Assuré, s. m. Terme de gens qui trafiquent sur mer. C'est le Marchand à qui l'on a fait un contrat d'assurance pour les marchandises qu'il a sur mer, dont on lui a promis la garantie. (l'assuré paie à son asseureur tant pour cent.)

Assurément, adv. Certainement. (Cela est assurément vrai.)

Assurer, v. a. Rendre seur. (Assurer une dette. *Le Mai.* Assurer sa retraite. *Vau. Quin.* Il a couru à la tête du travail pour asseurer de combat par sa presence. *Sar. Pre.*)

Assurer. Rendre certain d'une chose. Dire qu'assurément une chose est, ou n'est pas. (Asseurer une chose sur sa foi.)

* *Assurer.* Rendre plus hardi, plus courageux. (Asseurer le courage des soldats. *Abl.*

S'assurer, v. r. Se saisir d'une chose. S'asseurer la couronne. *Vau. Quin. l. 10.*

On dit s'asseurer d'une maison, d'un cheval, &c. pour dire le loüer, l'arrêter, le retenir en donnant des gages.

On dit que par le long usage on *s'asseure* la main pour écrire, ou pour faire quelqu'autre travail délicat, c'est à dire qu'on la rend plus ferme & plus hardie.

On dit aussi *assurer* un Faucon, pour l'aprivoiser & le rendre plus hardi.

Assurer, v. a. Terme de Marchands qui trafiquent sur mer. C'est répondre d'un Vaisseau qui va en mer, & des marchandises qu'on a sur les Vaisseaux.

Asseurer, s. m. Terme de Marchand de mer. C'est celui qui répond des Vaisseaux ou de la marchandise qu'on met sur des Vaisseaux. (L'asseureur exige une certaine somme de celui à qui il répond que le Vaisseau arrivera à bon port, & de la valeur de la marchandise, si elle vient à être perduë.)

AST

Asterisme, Ce mot est grec & est un terme d'astronomie. Il signifie constellation.

Asterisque, *f. m.* Petite marque en forme d'étoile qu'on met dans les livres pour renvoi. Marquer d'un asterisque.

Astme, *s. m.* Ce mot vient du grec & se prononce, comme il est écrit. Toutefois quelques-uns écrivent & prononcent asme. Il signifie courte haleine. C'est une obstruction du poumon ; qui produit une frequente & dificile respiration sans fievre. *Degori.* Etre travaillé d'un astme. *la Ch.* C'est un astme tres-incommode, tres-fâcheux. Il a un astme. Il est incommodé d'un astme depuis long-tems.

Astmatique, *adj. & f.* Celui ou celle qui a un astme, qui respire avec dificulté, qui a la courte haleine. Il est astmatique depuis un an.

Astragale, *s. f.* Terme d'architecture. Petits membres ronds qui se mettent aux corniches, aux architraves, & aux chambanles, & qui s'appellent ordinairement talon.

Astre, *s. m.* En latin *astrum.* Corps lumineux qu'on voit au Ciel. Etoile. Les planettes sont des astres. Les étoiles fixes sont les astres du Firmament. Contempler, observer les astres. On a découvert de nouveaux astres dans le Ciel. Les cométes sont des astres. Un astre brillant. Ce mot astre se prend quelquefois en astrologie pour une figure celeste. Sous quel astre cruel l'avez-vous mis au jour ? *Racine.* Le sage commander aux astres. Les Poetes nomment le soleil, l'astre du jour, & la lune, l'astre de la nuit.

* **Astre.** Beauté brillante & éclatante. Eclat lumineux. Les yeux de Philis sont des astres doux & benins. Astre qui se leve au Nord. *La Suze.*

Astreindre, *v. a.* J'astreins, j'ai astreint, j'astreignis, j'astreindrai. Contraindre, obliger à quelque chose. Le dégout qu'on a des sciences, vient de ce qu'on est obligé de s'astreindre à la métode pour l'instruction. *Abl. apoph. preface.*

Astringent, astringente, *adj.* Terme de Medecin. Il vient du latin *astringent*, qui est de qualité froide & qui resserre. Remede astringent. Emplâtre astringent : L'eau de plantin est astringente.

Astrolabe, *s. m.* Instrument avec lequel on prend la hauteur, la grandeur, le mouvement & la distance des astres.

Astrologie, *s. f.* Science qui considere la qualité & la vertu des signes & planettes avec les effets que ces signes & ces planettes produisent sur les choses de la terre. Les Ethiopiens ont les premiers découvert l'astrologie, à cause que leur Ciel est sans nuage, *abl. Luc. t.2.*

Astrologie judiciaire. Science par laquelle on prétend prédire l'avenir en observant les astres. On rencontre toujours quelque imposteur qui fait profession de l'astrologie judiciaire, *abl. Luc. t.1.* L'astrologie judiciaire est quelquefois permise, & quelquefois défenduë. Elle est permise, étant apuiée sur des principes universels & invariables ; & défenduë quand elle prédit avec assurance des choses casuelles, & qui dépendent de Dieu. *Thiers superstitions, ch.22.*

Astrologique, *adj.* Qui est d'astrologie. Qui regarde l'astrologie. Cause astrologique. Figure astrologique, prediction astrologique.

Astrologue, *s. m.* Celui qui considere la qualité & les vertus des signes & des planettes. Les Dames de la Cour de Cateríne de Medecis n'eussent osé rien faire sans consulter quelque astrologue. *Thiers, superst. ch.22.*

Astronomie, *s. f.* Science qui considere la grandeur, les mesures & le mouvement des étoiles & des corps celestes.

Astronome, *s. m.* Celui qui considere la grandeur, les mesures & le mouvement des étoiles & des corps celestes.

Astronomique, *adj.* Qui est d'astromie. Calcul astronomique, heure astronomique. Le Poete Manilius dit que les vers astronomiques n'ont pas un air poli.

Asile. Voiez azile.

ATA

Atache, *s. f.* Lien. Elles s'emboitoient l'une dans l'autre sans fermement, ni atache. *Abl. Tac.*

Atache de moulin à vent. Grosse piece de bois plantée debout au milieu du moulin à vent pour le soutenir.

Atache. Agrément, Permission. On ne les recevoit point sans atache.

* **Atache.** Aplication, ardent. Joüer avec atache. Il a plus d'atache à Dieu qu'à toute autre chose. *Port-Roial.*

† **Atache.** Engagement volontaire. Atachement. Vivre sans atache.

* **Atachement**, *s. m.* Engagement. Les atachemens de la terre. Je suis libre sans engagement, sans atachement, sans liaison. *Psal. l.17.* Honteux atachement de la chair & du monde. *Corneille.* L'atachement qu'il a auprés de son Prince, est une veritable servitude.

*§ **Atachement**. Passion, ardeur. Zele. Il a un grand atachement pour cette belle. *Voi. l.32.* L'atachement qu'il a pour son Prince lui fait négliger ses propres interêts. Un si honteux atachement lui causoit un grand chagrin. *Ariosto moderne. T.2.* Moi, je n'aprouvois point ce bas atachement. *Scarron. D. Japhet, a.1. sc. 1.*

Atacher, *v. a.* Lier, ficher, coudre une chose à une autre. [Le neud qui atachoit le joug au timon étoit fait d'écorce. *Abl. Ar. l.2. c.2.* Atacher un clou. Atacher le ceinture au haut-dechausse.]

* **Atacher**. Engager. Unir. Joindre. (Mon devoir m'atache auprés d'elle. *Gon. Poe.* Ce n'est pas ta bonne fortune qui nous atache à toi. *Vau. Quin. l.5.* Le Ciel n'atache point mon bonheur à ses jours. *Racine, Iphigenie n.5. s.2.*)

S'atacher. Se prendre à quelque chose. (Quand on se néïe, on s'atache à tout ce qu'on trouve.)

* **S'atacher**. S'apliquer, se mettre ardemment à quelque chose. Se donner tout entier à une personne, s'y dévoüer. S'atacher à l'étude, à son devoir, au barreau. Il y a des gens qui ne s'atachent jamais à dire ces deux paroles, bon jour. *Pas. l.9.* S'atacher auprés d'un grand Seigneur. Je m'atache à tout vôtre destin. *Mol, Fem.*

S'atacher. Demeurer ferme à quelque chose, n'en pas démordre. Atacher à l'Evangile. *Pas. l.7.* S'atacher à une opinion. *Pas. l.5.*

S'atacher. Avoir de l'atachement. Sont ce des hommes que ces jeunes blondins, & peut-on s'atacher à ces animaux ? *Mol. Ava.*

Ataque, *s. f.* Choc, commencement de combat, & il signifie aussi un combat. Une ataque furieuse, vigoureuse, rude, sanglante, cruelle. Faire une ataque. Donner, commencer une ataque. Soutenir courageusement une ataque, repousser une ataque avec vigueur, avec courage. Entreprendre une ataque avec cœur.

Ataque, Ce mot se dit en parlant de siege de ville, & il signifie tout ce que font les assiegeans pour emporter une place, ou quelqu'une de ces parties. Une vraie, une fausse ataque. Presser vigoureusement une ataque. Favoriser une ataque. Commander une ataque.

Fausse ataque. Ces mots signifient tout le travail que font les assiegeans pour obliger les assiegez à faire diversion, & ainsi les vaincre plus facilement ; & afin de favoriser les veritables ataques. Faire une fausse ataque.

* **Ataque**. Ce mot se dit au figuré, des personnes, & signifie tout ce qu'on écrit avec esprit pour choquer quelcun. Ataque fine, delicate, spirituelle, galante, agreable, charmante. D'ancourt, dans ses sentimens de Cléante, a donné d'ingenieuses ataques au P. Bouhours : ce livre est divertissant, & merite d'être lû. On lui a donné quelques ataques sur son avarice.

* **Ataque**. Ce mot se dit aussi des commencemens de quelque maladie. Il a déja eu quelques ataques de fievre, de goute, &c.

* **Ataque**. Ateinte. Insulte. Donner une ataque à quelcun. Le riche est exposé aux ataques du demon. *Maucroix, Homelie 2.*

Ataquer, *v. a.* Commencer une ataque, ou une querelle. Commencer à batre, détruire, combatre. Ataquer une place. Ataquer l'ennemi. Ataquer une proposition.

* **Ataquer**. Ofenser. Ils ataquent la memoire de vôtre pere. *Vau. l.8.*

S'ataquer, *v. r.* Se prendre à quelcun. S'atacher à quelcun. Il ôtera l'envie à tout le monde de s'ataquer à lui. *Abl. Ret.*

ATE

Ateindre, *v. n.* J'ateins, j'ateignis, j'ai ateint. Pouvoir toucher à une chose qui est un peu haute. Un renard ne pouvant ateindre aux raisins d'une treille, dit qu'ils n'étoient pas murs. *Port-Roial, Phedro.*

Ateindre, *v. n.* Arriver, parvenir. Tu aspires où tu ne saurois ateindre. *Vau. Quin. l.7.* Je croi qu'ils pourront ateindre à la vertu de leurs peres. *Voi. l.41.* Ce verbe est aussi actif. Ateindre l'âge de 15. ans. *Vau. Quin. l.8. c.6.*

Ateindre, *v. a.* Toucher, asener. Ceux qui lançoient des javelots, ne pouvoient ateindre les frondeurs. *Abl. Ret.*

Ateindre, *v. a.* Atraper à force de courir, ou de marcher. Tu as beau suivre les Scites, si te défie de les ateindre. *Abl. Ret.*

* **Ateindre**, *v. a.* Au figuré, il signifie, aller aussi loin, s'élever aussi haut qu'un autre qu'on considere à cause de l'elevation du rang où il est.

Ce guide est sans défaut,
Animez-vous, Damon, de l'espoir de l'ateindre.

Ateint, ateinte, *adj.* Touché. Frapé. Blessé. Ateint d'un coup de fléche. Elle fut ateinte d'un coup de pierre. Ceux qui étoient ateints de ce mal recitoient des Tragedies. *Abl. Luc.*

* **Ateint, ateinte**, *adj.* Ce mot au figuré veut dire touché, qui ressent quelque mouvement de quelque passion, ou d'autre chose aprochante.

[Heureux, de qui l'ame est ateinte
D'amour, de respect & de crainte,
Pour la Majesté de son Dieu.
God. poes. 2. part.

Je ne viens pas ici pour troubler une plainte,
Trop juste à la douleur dont vôtre ame est ateinte.
Corn. Pomp. a.5.sc.2.
De quel nouveau souci vous montrez-vous ateinte?
Flore, opera act.3.sc.2.

* **Ateint, ateinte,** adj. Il se dit en parlant d'une personne acusée de crime ; & il signifie convaincu. Le trouvant ateint de plusieurs concussions, Il le fit mourir. *Vaug. Q. Curce, l.9.c.8.* Quiconque boira & mangera avec une personne condamnée sera ateint du même crime. *Voi l'histoire de Pologne.* Ateint, & ateinte, sont plus usitez en termes de Palais qu'en tout autre stile. Les conclusions portent que l'acusé est ateint & convaincu d'avoir volé. *D'ancour, plaid.2.*

Ateinte, s.f. Coup leger. Il a reçu une ateinte au bras.

Ateinte. Ataque. Coup. Donner des ateintes à quelcun, Vous n'eutes jamais à faire à une personne si hors de vos ateintes. *Pas. l.17.* J'ai reçu des yeux une ateinte fatale. *Gon. poe.* C'est une ateinte à son honneur. Il a eu une rude ateinte, une cruelle ateinte. Se mettre hors des ateintes de la Satire. Le tems qui détruit tout, ne pourra jamais donner d'ateinte à la gloire d'Ablancourt, Voiez *Ablancourt vangé.*

Il me fait ressentir les cruelles ateintes
De ce qu'ont de fâcheux les soupçons & les craintes.
La Suze, poesies.

Cés nouvelles m'ont donné une cruelle ateinte. *Mol. Scap.a.1 sc.3.* C'est à dire m'ont touché tres-sensiblement.

Ateinue, s.f. Terme de Maréchal. C'est un coup qu'un cheval reçoit d'un autre cheval, ou qu'il se donne lui-même au pié. Ce cheval a reçu une rude ateinue. Vôtre cheval s'est donné une ateinue.

* **Ateinte,** s.f. Ce mot, en parlant de goute, de fievre, ou de quelqu'autre maladie, signifie ataque. Une petite, une legere ateinte de fievre, une forte, violente, furieuse, fâcheuse ateinte. Les gens qui boivent trop & qui se divertissent trop sont bienheureux, quand ils en sont quittes pour quelques legeres ateintes de goute.

Atel, s.m. Terme de charétier. Maniere de petit ais, ou de late courbée qui s'élève au dessus du colier du cheval de harnois. Atel cassé.

Atel. Terme de potier. Morceau de bois qu'on se met au doigt pour lever la potterie qu'on fait sur la roué.

Atelage, s.m. Quatre chevaux de carosse, de charrué, ou de harnois. Quatre boeufs pour le chariot ou pour la charrué. Atelage tout neuf. Atelage de boeufs. *Balzac, dans ses entretiens, entr.20,* Trouve que l'atelage du chariot de Venus, si fameux dans les Poëtes anciens & modernes, est ridicule, & qu'il valoit mieux ateler au chariot de cette Déesse, des autruches que des moineaux ou des cignes.

Ateler, v.a. Atacher les chevaux, ou des boeufs à un chariot, à une charrué, &c. Les heures atellent les chevaux du soleil. *Abl. Luc.* La charette étoit atelée de quatre boeufs. *Sca. Rom.* Les chariots étoint atelez à quatre chevaux de front. *Vau. Quin. l.9. c.8.*

Ateler les chevaux au carosse. On pourroit parler de la sorte, mais on dit d'ordinaire mettre les chevaux au carosse.

Atelier, s.m. Lieu où travaillent les peintres, les sculpteurs, les maçons, les potiers. Les ateliers doivent être exposés au Septentrion. *Vitruve abregé, 1. part. ch.3.*

Ateliers de vers à soie. Piliers, ou solives aux quelles dans une chambre avec des perches, des claies, & des rameaux, où les vers à soie silent, *Isnard.*

Atelle, s.f. Petit ais, ou éclisse qu'on lie autour d'un membre rompu pour le tenir en état, jusqu'à ce qu'il soit guéri.

Ateloire, s.f. Cheville ronde qui se met dans le timon des afuts des piéces d'artillerie, & dans ceux des chariots, & des charretes.

Atendre, v.a. Demeurer dans un lieu jusques à ce qu'une chose, ou une personne arrive. Etre dans l'atente de quelque chose. (Atendre une maitresse. Il crut que se seroit une folie d'atendre à les ataquer que leur cavalerie fut de retour. *Abl. Ces.* On doit atendre long-tems à se marier, On l'atend de pié ferme.)

Atendre. Esperer. (On n'atend rien de bon de cette maladie. (Atendre son salut de la misericorde de Dieu. *Arn. Conf.* Les Juifs atendent encore le Messie. Il atend la succession de son oncle. Atendre une ocasion favorable. On dit aussi s'atendre à quelque chose. Il ne s'attendoit pas à perdre si soudain l'objet de ses apas. *Ramp.Id.* Et en parlant des choses qui aparemment ariveront. On dira, Je m'attendois bien qu'il feroit ce pas de clerc, & qu'il gâteroit cette afaire.

† On dit proverbialement : *On l'atend comme les Moines font l'abé* ; c'est à dire en se metant à table, & commençant toujours à diner. *Il ennuye à celui qui atend.* On dit *atendre quelcun au passage* ; c'est à dire dans une ocasion favorable.

† On dit en matiere de nouvelles, *qu'il faut atendre le boiteux* ; c'est à dire, celui qui en aportera la confirmation.

En atendant, sorte de *gerondif.* C'est à dire, *esperant.* (Trinquons toujours *en atendant* nos amis. Prenez toujours ce présent, *en atendant* mieux.

En atendant. Ces mots se mettant à la fin de la phrase, ou du sens, font une maniere *d'adverbe,* & ils veulent dire *cependant.* (Mr. sera bien-tôt de retour, tenez ; voilà un livre de Mr. P lisez-le pour vos péchez *en atendant.*]

* **En atendant que.** Maniere de conjonction, qui signifie *jusqu'à ce que* & qui regit le subjonctif. Cette conjonction est presque surannée. Je vai tout doucement devant, *en atendant qu'il* vienne.

Atendrir, v.a. Faire devenir plus tendre. (Atendrir de la viande.)

† **Atendrir.** Emouvoir. Donner de la pitié. (Pour atendrir mon coeur aux larmes. *Racine.*)

S'atendrir, v.r. Ce mot au propre, se dit de la viande. C'est devenir plus tendre. (La viande *s'atendrit* lors qu'elle est un peu gardée, ou quand on la bat.)

* **S'atendrir,** v.r. Au figuré, il signifie être touché de pitié, avoir de la compassion, s'émouvoir. (Une maitresse *s'atendrit* par la perseverance ou à l'aimer. C'est un coeur de rocher qui ne *s'atendrit* point.

Je pressai, l'on se défendit,
Je persistai, l'on *s'atendrit.*]

Atenduque, conj. Cette conjonction est plus du Palais que du beau stile. Vuque. Puisque. (Atendu qu'une plus longue contention pourroit causer quelque froideur. *Abl. Luc.* Jean 22. vers l'an 1320. revoqua la pluralité des beneficies, mais il n'en usa de la sorte que pour ses propres interêts, atendu qu'il étoit habile à trouver les moiens d'augmenter ses finances. *Amelot des beneficies, ch.33.*)

Atentat, s.m. Entreprise sur la vie d'une personne. (Il a commis un horrible atentat.)

Sous couleur de punir un injuste atentat
Des meilleurs combatans il afoiblit l'Etat.
Corn. Cid. a.4. s.5.

* **Atentat.** Entreprise criminelle. (Toute aprobation qui marche devant la sienne est un *atentat* sur les lumieres. *Mol. Cri. s.5.* C'est un *atentat* contre l'autorité Roiale. *Fevret, traité de l'abus, l.1.*)

Atentatoire, adj. Terme de Palais. Qui est fait contre les régles. Sentence atentatoire.

Atente, s.f. Esperance. Toute mon atente est au Seigneur. *Arn.* Mettre son atente en Dieu. *Arn.* C'est en Dieu que je mets toute mon atente. *Port-Royal, Ps 61.*

* **Atente,** s.f. Prévoiance d'une chose qui doit arriver. (Les bien-faits de son maitre ont surpassé son atente. Ce jeune homme n'a point trompé *l'atente* qu'on avoit de lui.)

Pierres d'atente. Terme d'architecte. Ce sont des pierres qui avancent d'espace, en espace, à l'extremité d'un mur, pour en faire la liaison avec celui qu'on a dessein de faire auprès.

* On se sert aussi de ces mots en parlant d'un dessein que l'on veut continuer,

Table d'atente. Ce mot se dit d'une pierre, d'un quadre, ou autre place, sur l'on a dessein de mettre quelque inscription, ou de faire quelqu'autre ouvrage, on dit, au figuré, que l'esprit d'un jeune homme est une *table d'atente* ; voulant dire qu'il est capable de recevoir les impressions qu'on lui voudra donner.

Atenter, v.a. & n. Entreprendre sur la vie, ou sur l'honneur, &c. (Il a atenté le plus grand de tous les crimes en la personne de son Roi. *Vau. Quin. l.6. c.3.* Atenter sur la vie d'une personne par les charmes & par le poison. *Abl. Tac.* Atenter à la vie de son enemi. *Pas. l.7.* Atenter à la pudicité. *Vau.Quin. l. 5. c.12.* Sur nôtre liberté chacun veut atenter. *Desh. Poës.*)

Atentif, atentive, adj. Qui a de l'atention. (Etre *atentif* à son travail. *Vau.Quin. l.4. Atentif* à son devoir. (Le mot *d'atentif* étant devant un verbe, régit l'infinitif avec la particule *a.* (Il étoit *atentif* à oüir ce qu'on lui disoit de bon. *Abl. Apoph.* Ils étoient *atentifs* à le regarder monter au Ciel. *P. R. act. des Apôtres.* Mon Dieu ; soiez *atentif* à mes paroles, & exaucezmoi. *P. R. Ps. Scar. Rom.com. T.1, c.13.*)

Atentivement, adv. Avec atention. (Ecouter atentivement.)

Atention, s.f. *Proprement atencion.* Aplication d'esprit. Il vient du Latin. (Une grande atention. Il n'y a rien qui soit digne de vôtre atention. *Abl. Luc.* Je donnai assez d'atention à ce qu'elle dit. Reveiller l'atention du Lecteur. *Abl. Luc.* L'esprit n'aporte pas une égale atention à toutes choses. Faire languir l'atention des spectateurs. *S. Evr. des Comedies Angl.*)

Atenué, atenuée, adj. Abatu de maladie. Afoibli. (Il est fort atenué. *La Chamb.* Il est atenué par les austeritez. *Maucroix, Schisme.*)

Aterrer, v.a. Ce mot veut dire, jetter par terre. Il vient de l'Italien, *aterrar* ; mais il vieillit, on dit en sa place, *terrasser.*

(Il n'est orgueil endurci
Que brisé comme du verre
Sous ses piez il n'aterre.
Malh. Poës.1 2.)

Aterré, aterrée, adj. Abatu, terrassé. (Homme aterré, bête aterrée.)

* **Aterré, aterrée.** adj. Acablé, abatu. (Le coup dont je suis *aterré,* c'est de voir que vous me preferiez un rival. *Mol. D. Garcie, a.3. Sc.1.*)

ATE ATI

ATESTATION, *s. f.* Prononcez *atestacion*. Témoignage qu'on donne à quelcun. Donner une atestation. Les atestations ne sont point recevables, à moins qu'elles ne soient données par des personnes publiques. Sur l'atestation du Medecin, il a obtenu la permission de manger de la chair en carême.

Atester, v. a. Rendre témoignage. Atester la verité. *Port-Roial, Logique 4. p. ch. 12.*

Atester. Prendre pour témoin. J'ateste les Dieux que. *Abl. Ret. l. 7. c. 7.* Ils atestent contre lui les Dieux & les hommes. *Abl. Tac.* J'en ateste toute la ville.

ATH. ATI.

ATHANASE, *s. m.* Nom d'homme qui signifie immortel. S. Athanase etoit un fameux Docteur de l'Eglise.

ATHÉE, *s. m. & f.* Ce mot vient du grec; & en general il signifie une personne qui n'a point de Dieu, qui ne croit pas qu'il y ait un Dieu : & on donne assez ordinairement ce nom à une personne qui s'opose à une Religion reçuë, & que l'on reconnoit pour veritable. *Bacon. Oeuvres morales & politiques, ch. 12.* En quelque sens qu'on prenne le mot d'athée, il est masculin, quand on parle d'un homme, & feminin quand on parle d'une femme. On dit Mr. N, qui fait tant le devot, est un vrai athée. Cette Dame est une franche athée, & sa devotion n'est que grimace. Le mot d'athée, est par malheur plus en usage parlant des hommes que des femmes. Un athée est haïssable, détestable, & digne du feu. Epicure & Lucien parmi les anciens, passent pour d'insignes athées. Dieu n'a point fait de miracles pour *confondre les athées*, parce que ses œuvres parlent assez pour leur faire voir leur erreur. Les plus grands *athées* sont ordinairement des *hipocrites*, ils font semblant d'aimer les choses saintes, & ils s'en moquent dans l'ame. Les *athées* sont d'autant plus détestables qu'ils tachent d'en faire d'autres. Les athées sont des gens dont il faut courageusement combatre la conduite.

Athée, *adj.* Qui est d'athée, impie. C'est une *opinion* athée qui merite d'être comdamnée. Sentiment athée.

Atheïsme, adj. Créance athée & impie. (On l'acuse d'athéisme. L'athéisme est odieux, scandaleux, horrible, haïssable, détestable, nuisible. Cette opinion libertine tient de *l'atheïsme*. Les véritables Savans ne donnent point dans *l'atheïsme* ; mais les demi-savans, parce qu'ils n'ont pas assez de connoissance ni de Dieu ni de la Nature. On dit que les Poëtes & les Medecins ont du *penchant à l'atheïsme*. Il n'y a que les foux qu'on puisse avec justice *acuser d'atheïsme*. L'atheïsme est plutôt sur les lévres que dans le cœur de l'homme. Les choses qui *conduisent à l'atheïsme*. Ce sont les divisions que l'on a sur la Religion, la mauvaise vie des Prélats, des Prêtres, des Abez, des Moines, & l'habitude de rire des choses sacrées. Si l'on se corrige de ces défauts, & qu'on achéve de réformer l'Eglise, on ne tombera jamais dans l'atheïsme.

† *Atheïste*, *s. m.* C'est celui qui ne croit pas en Dieu. Baudoüin de l'academie françoise s'est servi du mot d'atheïste : mais son autorité ni celle de bien d'autres de l'academie, ne font point de Loi. Atheïste est hors d'usage. Il y a deux athéïstes si détestables qu'ils tachent d'avoir des disciples. *Baudoüin, traduction des œuvres morales de Bacon, ch. 12.* Dites-il y a des athées, &c.

ATHLETE, *s. m.* Luiteur. Un ardent, un vigoureux athlete. Il y avoit des athletes qui combatoient aux jeux Olimpiques.

Athlete. Qui combat; qui a combatu. De quel honneur n'auroit-on pas jugé dignes ces incomparables athletes de la Foi *Maucroix, Homelie I.*

> On n'oubliera jamais ces athletes sacrez,
> Que le glaive infidéle a jadis massacrez.
>   *God. poes. 2. part. Egl. 2.*

ATHMOSPHERE, *s. f.* Mot grec, qui signifie, le bas étage de l'air chargé de vapeurs, &c.

ATIEDIR, *v. a.* Ce mot n'est pas fort usité au propre, & en sa place on dit d'ordinaire devenir tiéde.

* *Atiédir.* Rendre plus froid. Vos froids raisonnemens ne feront qu'atiédir le spectateur. *Depreaux.*

* *Satiédir, v. r.* Devenir froid. N'avoir plus tant d'amitié ni d'ardeur. Elle commence à s'atiedir. Son courage s'est atiédi. *Rampale, Idile 4.*

Atiedissement, s. m. Quelques-uns aprouvent ce mot & les autres ne le peuvent soufrir. On ne s'en sert qu'en matière de devotion, & signifie *tiédeur*, *relâchement*. On tombe dans l'*atiédissement* par l'ardeur de la concupiscence. L'ardente priere étoufe en nous l'*atiédissement*.

† *Atifé*, *atifée*, *adj.* Paré, ajusté. Ce mot est burlesque, & se dit des personnes, ou des choses qui ont l'air de quelque personne. (Le Baron de la Crasse est quelquefois plaisamment atifé. Allez & être atifée. *Voit. poes.*)

Atiser, v. a. & s'atiser, v. r. Sont des mots burlesques pour dire *ajuster*, *s'ajuster*.

† *Atifets, s. m.* Ajustemens de femme. Parure.

† S'ATINTER, *v. r.* Ce mot a vieilli, & il se dit proprement des femmes, & il veut dire, *s'ajuster avec trop de soin*, *se parer avec trop d'afectation*. La plus part des femmes un peu coquettes, passent la moitié de leur vie s'atinter.

ATIQUE, *adj.* Qui est d'Athenes. Autour d'Athenes. Stile atique. Païs atique.

Atique. Terme d'architecture. Petit ordre posé sur un autre beaucoup plus grand. Il a été ainsi apellé, parce qu'il a été mis en usage par les atheniens.

ATIRAIL, *s. m.* Hardes. Bagage. Suite. Tout ce qui est nécessaire pour le service de quelque machine, pour l'execution de quelque entreprise, pour la commodité de quelque voiage. Le canon demande un grand atirail. Il faut bien de l'atirail pour équiper un vaisseau. Il laissa tout l'atirail & le bagage sous garde. *Vau. Q. c. l. 7. c. 5.*

ATIRER, *v. a.* Tirer à soi. (L'ambre atire la paille ; l'aiman atire le fer.)

† *Atirer.* Avoir par adresse, atraper finement. (Atirer l'ennemi dans l'embuscade. *Abl.*

* *Atirer.* Gagner par des manieres charmantes & agréables. (Atirer les cœurs ; atirer le respect.)

S'atirer, v. r. Gagner; obtenir adroitement. (S'atirer les respects de tout le monde.)

* *S'atirer.* Se causer quelque chose qui nuit. Se mettre quelcun sur les bras qui nous fâche. (S'atirer une méchante afaire. *Abl.* Ne vous atirez pas cette fiere beauté. *Sca.*

* *Atirant, atirante, adj.* Qui atire, qui gagne avec adresse. Charmant. (Vous admirez l'atirante severité de Climene. *Voi. Poës.*)

Atirante, *s. f.* C'est un nœud de rubans qu'une jeune Dame s'atache au dessus du corps de la jupe. (Une atirante bleüe, jaune, incarnate, rouge. Avoir une jolie *atirante*.)

ATISER, *v. a.* Ce mot vient de l'Italien, *atizzare*, & ils viennent du Latin *titio*, un tison. Il signifie mettre des tisons les uns contre les autres pour les faire alumer. (atiser le feu.)

* *Atiser.* Exciter ; alumer. (Bien loin d'atiser par mes discours la fureur de vôtre emportement, je &c. *Racine, Iphigenie. a. 3. f. 6.*)

ATITRER, *v. a.* Aposter. (Atitrer des gens. *Abl.*)

ATO.

ATOME, *s. m.* Terme de *Philosophie*. Corps indivisible. (Un petit atome. Les atomes sont les principes des corps divisibles & composez.)

A TORS ET A TRAVERS, *adv.* Inconsiderement. (Parler à tors & à travers.)

ATOUCHEMENT, *s. m.* Action de la personne qui touche. (Les corps durs résistent à l'atouchement. Atouchement lascif, impudique, deshonnête. (Les atouchemens impurs des hommes causent aux jeunes filles des gonorreées violentes. *Maurice ait traité de l'acouchement.*)

* ATOURS, *s. m.* Parure de Dame. Beaux habits. Voïez *Dame*. (Elle a ses beaux atours ; de magnifiques, de superbes, de riches, de charmans *atours*)

> De si peu de beauté Nature m'a parée,
> Qu'en mon plus *riche atour*,
> Je crois, sans me flater, que je suis pour l'amour
> Une heure assez induë.
>   *Benserade, Balet de la nuit. I. part.*)

ATOUT, *s. m.* Terme de jeu *de triomphe*. Carte qui l'emporte par dessus une autre. Jetter un atout. On dit aussi, faire à tout.

ATR.

ATRABILE, *s. f.* Terme dont on se sert dans des traitez *de Phisique*. Il signifie *bile noire*. (L'atrabile domine dans le lion. *Le Chamb.*)

Atrabilaire, adj. Personne en qui domine la bile noire. Mélancolique. (C'est un atrabilaire.)

ATRACTION, *s. f.* Terme de *Philosophie*. Action qui atire. L'atraction n'est point cause du mouvement, mais l'impulsion.)

ATRAIANT, *atraiante, adj.* Charmant. (L'amour n'a rien de beau, d'atraiant ni de doux, qu'il n'emprunte de vous. *Voi. Poës.*)

Atraits, *s. m.* Ce mot n'a point de singulier. Charmes; apas & beautez. Les atraits sont puissans, ils vainquent par tout. Elle brilloit de mille atraits, & ce n'étoit qu'agrément & que charmes que toute sa personne. *Mol. Scapin. a. I. Sc. 2.* Chacun rend hommage aux atraits des belles. *Abl. Luc.*

Atractif, *atractive*. Terme de *Philosophie*. Qui atire. (Ce remede a une vertu atractive. (Bandage *atractif*, c'est à dire qui atire & rapelle les esprits à une partie amaigrie.

ATRAPER, *v. a.* Prendre ; essaier d'avoir finement. (Il atrape toujours quelque chose du Roi. Il atrape tout ce qu'il peut.

Atraper. Avoir; prendre. Dificile à atraper. *Abl. Luc.*

Atraper. Asener ; ateindre. Atraper d'un coup de pierre ; atraper quelcun à la course; atraper son but. *Abl.* Atraper le merveilleux. *Mol.*

Atraper. Surprendre. Etonner. (Atraper sur le fait. Vous voilà bien atrapez il conclud le contraire. *Pas. l. 7.*)

Atraper. Tromper. (J'aprehende le *distinguo*, & j'y ai été atrapé. *Pas. l. 7.*)

ATR

A TRAVERS. Voiez la colonne *aut*.

ATRE, *f. m.* Foier. Endroit d'une chambre ou d'une cuisine où l'on fait le feu. (Un atre fort chaud. Se mettre à l'atre. Terme de *Nourrice*, c'eſt s'aſſeoir à l'atre.)

ATRIBUER, *v. a.* Donner; aproprier; dire qu'une personne à fait une certaine choſe dont on parle. (Montrez que le ſens qu'on lui atribuë eſt héretique. *Paſ. l.17.* On lui atribuë la Satire qui court.)

S'atribuer, *v. r.* S'aproprier quelque choſe. S'atribuer une gloire qu'on ne merite pas. *Abl.*

ATRIBUT, *f. m.* Il vient du latin *attributum* On prononce *atribu*. Terme de *Philoſophie* ; c'eſt une proprieté qui convient à quelque choſe. (La fluidité, la molleſſe, le mouvement & le repos ſe pouvant ſéparer de la matière, il s'enſuit que tous ces atributs ne lui ſont point eſſentiels. *Malebr. rech. de la verité, l.3. ch.3.*)

Atribut. Terme de *Téologie*. Perfection qu'on atribuë à Dieu, que l'on connoit en Dieu. (La miſericorde, la bonté, la juſtice ſont des atributs de Dieu.)

Atribut, *f. m.* Terme de *Logique*. C'eſt l'un des termes d'une propoſition, lequel eſt atribué au ſujet dont on parle.

† *Atributif*, *atributive*, *adj.* Terme de *Palais*, qui atribue.

Atribution, *f. f.* Terme de *Palais*. (Atribution de Juriſdiction. C'eſt le pouvoir que le Roi donne à des Juges de connoitre de certaines choſes préferablement à tous autres Juges.)

ATRISTER, *v. a.* Donner de la triſteſſe. (Le vin a été oindré à l'homme pour le réjoûir ; & non pas pour l'atriſter. *Maucroix Homelies.* Vous n'*atriſterez* point, & n'aflîgerez point l'étrangére. *Port-Royal. Exod. ch.22.*)

ATRITION, *f. m.* Terme de *Téologie*. Il vient du Latin *atritio*, prononcez *atricion*. C'eſt une douleur qu'on a de ſes péchez, & qui vient d'un amour imparfait qu'on a pour Dieu, & de la ſeule crainte de ſes châtimens. La confeſſion eſt neceſſaire avec l'*atrition*.

Atrition, *f. f.* Terme de *Phiſique*, qui ſignifie le frotement de deux corps durs qui ſe meuvent l'un contre l'autre.

ATROCE, *adj.* Ce mot eſt formé du Latin *atrox*, & il ſignifie cruel, inhumain, énorme, fâcheux. (Crime atroce, injure atroce. *Patru Plaid.6.* On ne punit pas ſouvent les outrages les plus atroces. *Manière de penſer. Dial.2.*

Atrocité, *f. f.* Il dérive du Latin *atrocitas* ; & il veut dire ; cruauté, inhumanité. (Une ſeule choſe peut diminuer l'injuſtice & l'atrocité d'un jugement ſi étrange. *D'auncour. plaid.1. pour le Brun.* L'atrocité de ce crime eſt inouïe, elle ne merite point de pardon. *Patru. pl.6.* L'atrocité d'un crime ſignifie la *grandeur* ou la *noirceur* de ce crime.

S'ATROUPER, *v. r.* S'aſſembler. (Les ſoldats s'atroupent, & courent à ſa tente. *Abl. Tac.* On peut auſſi dire dans un ſens actif que les Charlatans *atroupent* le peuple ; c'eſt à dire, qu'ils font par leurs diſcours, que le peuple *s'atroupe* autour d'eux.

ATTICISME, *f. m.* Façon de parler Grec, uſitée par les Atheniens (C'eſt un atticiſme.)

Atticiſme, *f. m.* C'eſt une raillerie agréable & polie. C'eſt une politeſſe fine & galante. [Ce ſont des Princes qui ont ſçû joindre aux plus belles & aux plus hautes connoiſſances, & l'*atticiſme* des Grecs, & l'urbanité des Romains. *Caracteres de Theophraſte, p.261.*]

ATTITUDE, *f. f.* Terme de *Peinture*. L'action & la poſture où l'on met les figures qu'on réprèſente. (De belles attitudes.)

Attitude. Terme de *Danſe*. Sorte de poſture. (Voici un eſſai des plus beaux mouvemens, & des plus belles attitudes dont une danſe puiſſe être varié. *Mol. Bour.* Ils ſont entr'eux une danſe ornée de toutes les *attitudes* que peuvent expriemer de gens qui étudient leurs forces, *Mol. Amans, a. 5. intermède 6.*)

AU. AVA.

AU. Article maſculin qui marque le datif. (Il faut conſacrer ſes jours au Seigneur. *Arn.*)

Au. Particule qui ſe met pour la prépoſition *dans*. (Etre *au* lit. Bâton durci *au* feu. *Vau. Quin. l.3. c.2.*

Il ne recherche point, pour honorer ſa vie,
De plus illuſtre mort, ni plus digne d'envie,
Que de mourir *au lit* où ſes péres ſont morts.
    Racan, Poeſies.

Au. Particule qui ſe met au lieu de la prépoſition *avec*. (Toucher *au* doigt. *Sca.* La dentelle ſe fait *au* fuſeau.)
Au. Particule qui ſe met au lieu de *pour*. (Pot au lait.)
Au. Particule qu'on emploie au lieu de *ſelon*. (Clearque, *au* jugement de tous ceux qui l'ont ſuivi, a été un tres-grand Capitaine. *Abl. Ret. l,1. c.3.*)

✶ S'AVACHIR, *v. r.* Ce mot eſt bas, & ſe dit des perſonnes qui deviennent laches & fainéantes. (Cet homme s'eſt *avachi* depuis quelque tems.)

S'avachir, *v. r.* Terme de *Corroieur* & de *Cordonnier*. Il ſe dit du cuir, & veut dire s'amollir, n'être pas ferme, n'avoir aucune dureté avantageuſe. Ce cuir ne vaut rien, il *s'avachit* trop.

AVA

S'avachir, *v. r.* Terme de *Jardinier*. Il ſe dit des branches, qui au lieu de ſe ſoûtenir droites, ont leur extrêmité panchante. Les branches de cet oranger *s'avachiſſent*. *Quin. Iardins fruitiers, T.1.*

AVAGE. *Droit d'avage*, *f. m.* Droit que léve le bourreau tous les jours de marché ſur pluſieurs ſortes de marchandiſes. Prendre les droits d'avage.

AVAL, *adv.* Terme de batelier. Par embas. En décendant.

Aval, *f. m.* Terme de négociant. C'eſt une reconnoiſſance que celui qui cede une lettre, ou un billet de change, fait à un particulier ; qu'au cas que la lettre, ou le billet, ſoit perdu, ſoit que le lui paiera. (Il a un aval, & il ne court aucun riſque. Il faut donner un aval à M. afin de lui mettre l'eſprit en repos. On m'a fait un aval, & je n'ai rien à craindre.)

AVALER, *v. a.* Faire décendre dans ſon eſtomac ce qu'on a pris par la bouche, ce qu'on a maché. Manger goulûment. Manger vite & preſque ſans macher. (Il prit d'une main la lettre & de l'autre le breuvage qu'il avala. *Vau. Quin. l.3. c.5.* J'avalois par hazard quelque aîle de poulet, *Depreaux, Satire*. Le goulu avale les morceaux ſans macher.

O merveille 1 en cet âge là,
Il prend malgré la nourriſſe
Une groſſe ſauciſſe
Et toute chaude l'avala.
    Dallibrai, poeſies.

Cleopatre fit diſſoudre dans une taſſe de vinaigre, une perle d'un prix ineſtimable, & aprés qu'elle fut diſſoute, elle l'avala. *Hiſtoire du Triumvirat, 3, p. ch.12.*)

Avaler. Terme de voiturier par eau. Conduire quelque voiture ſelon le cours naturel de l'eau. Paſſer une voiture par quelque pertuis, ou par quelque vanne. Avaler un bateau, avaler un train de bois, il faut que le paſſage des pertuis, ſoit libre aux voituriers qui montent, ou qui avalent leurs bateaux. *Ordonn. de Louis XIV. ch.5.*

Avalant, *avalante*, *adj.* Terme de batelier. C'eſt à dire, qui décend, qui va en avalant. On ne mettra aucun empêchement au paſſage des bateaux montans, ou avalans. *Ord.de Louis 14. c.1.*

Avalant, *f. m.* Bateau qui va en avalant. En pleine riviere le montant doit céder à l'avalant. *Ord. de Louis 14. chap.1.*

‡ AVALANCHE, ou *avalange*, *f. f.* Quelques-uns diſent avalanges. Cheute des neiges qui ſe détachent des montagnes & tombent dans les valons. Ce qui n'eſt qu'un peloton au commencement de la chute, groſſit en roulant & devient d'une groſſeur prodigieuſe. Les avalanches ſont dangereuſes, quand on voiage dans les valées, durant le dégel.

† ✶ *Avaler.* Recevoir ſans peine une injure, n'en être pas touché. Il avale un afront doux comme lait. *Abl. Luc.*

S'avaler, *v. r.* Décendre dans l'eſtomac. Morceau qui s'avale.

✶ *S'avaler.* Prendre trop bas. Décendre trop bas. Le ventre de ce cheval s'avale.

✶ C'eſt un avaleur de poil gris. C'eſt à dire, un goinfre, un gourmand.

† Un avaleur de charettes ferrées. Sorte de Fiérabras. Capitan. Homme d'épée qui paroit redoutable & méchant.

Avaloire, *f. f.* Terme de bourrelier. La partie du harnois du cheval de caroſſe, de chariot, ou de charette, qui poſe ſur la croupe du cheval, & qui ſert à l'arrêter. Monter une avaloire.

Avaloire, *f. f.* Terme de Chapelier. C'eſt un outil dont le chapelier ſe ſert pour faire couler la firelle du chapeau au bas de la forme. L'avaloire eſt gâtée, on perdu.

Avalure, *f. f.* Terme de maréchal. C'eſt une défectuoſité d'une corne molle & raboteuſe, qui croit au pié d'un cheval quand il fait quartier neuf.

AVANCER, *v. a.* Marcher en avant. Aprocher. On fit avancer les troupes. Avancer un pas. *Sca.*

Avancer. Hâter. Faire aler plus vite. (Avancer ſon départ. Faire avancer l'ouvrage. *Abl. Ret.* Avancer l'horloge.)

Avancer. Porter en avant. Avancer le pié.

Avancer. Dépécher. Faire réüſſir. C'eſt un admirable moïen d'avancer ſes afaires. *Mol.*

Avancer. Propoſer. Dire. Je n'avance rien qui ne ſoit vrai. *Paſ. l.7.*

Avancer. Déborder ſur. S'étendre ſur, &c. (Le ſommet du mont avançoit ſur le chemin. *Vau. Quin. l.3. c.4.*)

Avancer. Donner par avance. Avancer la paie aux ſoldats. *abl.*

Avancer, *v. n.* Commencer à s'achever. La beſogne avance fort.

Avancer, *v. n.* Terme d'horloger. Aler trop vite. Vôtre montre avance. Cette pendule avance d'un bon quart d'heure.

Avancer, *v. n.* Ce mot ſe dit des fruits de la terre, & ſignifie croître. (Les fruits avancent. Les bleds, le froment & les bleds ne ſeront point gatez, parce qu'ils n'étoient pas ſi avancez. *Port-Roial, Exode, c.9.*

✶ *Avancer.* Faire ſa fortune, ou celle des autres. Son ſeul merite l'a avancé. Il eſt digne d'être dans le poſte où il eſt, car il avance les honnêtes gens.

✶ *Avancer.*

AVA   AVA

* *Avancer.* Profiter. Servir de quelque chose. (Qu'ont avancé mes soins, mes soupirs & mes larmes ! *Gon. Poes.*

S'avancer, *v. r.* S'aprocher. (L'armée s'avançoit au petit pas. *Abl. Ret.* La victoire s'avançoit à grand pas. *Vau. Quin. l.* 3.)

S'avancer. S'achever. Finir. (Mon ouvrage s'avance fort.)

S'avancer. Déborder sur, &c. (Le rocher s'avançoit sur l'eau.)

* *S'avancer.* Faire du progrés. Faire sa fortune. (S'avancer dans le chemin de la vertu. *Arn.* S'avancer à la Cour. *Voi. Poë.*)

S'avancer, *v. r.* Il se dit des fruits de la terre, & il signifie commencer à croitre. (Les blez s'avancent fort.)

Avancé, avancée. Il se dit en terme de guerre. (Un travail avancé, c'est un ouvrage de Fortification qui sert à couvrir les autres. Un corps de garde avancé, signifie qu'on l'a mis assez loin du camp pour empêcher les surprises.

Avance, *s. f.* Terme d'Architecture. Saillie. (Avance de couverture de toit.)

Avance. Action de celui qui fait par avance. Il lui a fait une avance de cent écus sur ses gages. Faire du bien à quelqu'un par avance. *Sca.*

* *Avance.* Ce qu'on fait pour parvenir à quelque chose. Aprés les avances que j'ai faites, elle ne m'a pû refuser son cœur. Faire toutes les avances.

Avancement, *s. m.* Agrandissement de fortune. Emploier toute chose à l'avancement de la fortune d'une personne. *Voi. l.* 16.

Avancement. Progrés. Faire un avancement considerable.

Le moïen de faire quelque chose pour lui aprés une avanie de la sorte. *Mol Scapin.* 2. *sc.* 4.

Avanie, *s. f.* Afront. Traitement injurieux. Faire une avanie à quelqu'un. *Mol.* Ce mot est venu du Levant, où il signifie une querelle sans fondement ; & se dit des Turcs qui exigent de l'argent des Chrétiens sous de méchans prétextes & par des calomnies. Le Grand Visir voulut faire une avanie de dix mille Ecus aux ambassadeurs Chrétiens. *La Guilletiere Athenes, l.* 1. Ceux qui exercent la Justice parmi les Turcs, cherchent l'occasion de faire des avanies, pour s'emparer du bien d'autrui. Les avanies qu'on soufre en Turquie contribuent à la ruine de leur Empire. *La Croix, mémoire de l'Empire Otoman.*)

Avant, *avent*, *s. m.* Du Latin *adventus.* Tems consacré par l'Eglise pour se préparer à la nativité de Jesus-Christ. (Prêcher un Avant.)

Avant, *s. m.* Terme de mer. C'est le devant d'un Vaisseau. Cette partie s'apelle aussi la *proüe*. (Le vent se range de l'avant ; c'est à dire, prend par proüe, & devient contraire. Etre de l'avant, c'est être des premiers. Il paroit des vaisseaux à l'avant. Gagner de l'avant, mettre de l'avant, c'est mettre derriere soi, &c. *Guillet, arts de l'homme d'épée.*)

Avant. Préposition qui marque le tems, & régit l'accusatif. (Personne ne peut être apellé heureux avant sa mort. *Abl. Ar. l.* 7. Fohi a fondé la Monarchie Chinoise, & il commença à regner 2652. ans avant la naissance de Jesus-Christ. *Morale de Confucius 1. partie p.* 4.)

Avant, *adv.* Profondément plus loin. (Il lui planta la javeline fort avant dans la gorge. *Vau. Quin. l.* 7. Il porta sa colère encore plus avant. *Vau. Quin. l.* 8.)

* Ce mot *avant*, se dit en parlant de ce qui regarde l'esprit, le cœur & la mémoire, & il signifie profondément ; tout à fait. (Penétrer bien *avant* dans la connoissance des choses. Il est bien avant dans son cœur, dans l'esprit de son maitre, &c. (*Mettre en avant*. C'est proposer. Mettre en avant un traité de paix. *Abl.*)

Avant que. Cette conjonctive régit le subjonctif. Tu vins sur la Terre *avant que* Rome eût détrôné ses Rois. *Main. Poes.*)

Avant que de. Conjonctive qui régit l'infinitif. (On doit se regarder soi-même un fort long-tems *avant que* de songer à condamner les gens. *Mol. Mis.* Avant que de combatre il s'estiment perdus. *Corn. Cid a.* 4. *sc* 3.)

Avantage, *s. m.* Profit. (Cela est à mon avantage. *Voi. l.* 37.)

Avantage. Grace. Faveur. Bienfait. [Procurer de grans avantages à quelqu'un. *Voi. l.* 39.]

Avantage. Gloire. Honneur. (La fortune tournoit à son avantage les obstacles qui lui arrivoient. *Vau. Quin. l.* 8. *c.* 13. On peut dire à vôtre avantage que vous avez été plus loin que lui. *Boil. Avis.*)

Avantage. Qualité de la nature ; ou de la fortune. (L'avantage de la taille est considerable. *Abl. Luc.* Elle avoit tous les avantages de l'esprit & de la beauté. *M. de la Rochefoucaut.*)

Avantage. Commodité favorable. Ils atendoient que l'ennemi entrât dans l'eau pour le charger à leur avantage. *Abl. Arr. l.* 1.)

Avantage. Sorte de prérogative. (Il a montré les avantages que son art avoit sur les autres. *Abl. Luc.*)

Avantage. Terme de jeu de paume. C'est lorsque l'un & l'autre des joüeurs à quarante-cinq, & que l'un de ces joüeurs prend quinze. (Avoir l'avantage.)

Avantage, *v. a.* Faire quelque gratification particuliere. (Il a avantagé son fils de dix mille écus.)

Avantageux, avantageuse, *adj.* Utile. Considerable. Grand. Il

nous sera avantageux de nous rendre. *Vau. Quin. l.* 7. Avoir une taille avantageuse. *Abl.* Choisir un poste avantageux. *Abl.*

Avantageusement, *adv.* Favorablement. Avec avantage. Avec honneur. Juger de quelqu'un avantageusement. *Abl.* Etre habillé avantageusement. *Sca.*

Avant-bec, *s. m.* Angle, ou éperon qui est aux piles des ponts de pierre, (avant bec d'amont l'eau)

Avant bras, *s. m.* Partie du bras située entre le coude & la jointure de la main. Avoir l'avant bras cassé.

Avant-cours, *s. f.* La premiere cour d'une maison qui a plusieurs cours. Une fort grande avant-cour. Faire l'avantcour d'un bâtiment.

Avant-coureur, *s. m.* Ce qui précede quelque chose, Signe qui précede la fiévre. La grêle est l'avantcoureur de la gelée. Le frisson est l'avant-coureur de la fiévre. Un malheur est presque toujours l'avant-coureur d'un autre. *Mol. Sc. a.* 3. *sc.* 6.

Avant-courière, *s. f.* Celle qui précede. L'aurore est l'avantcourière du Soleil.

Avant-fossé, *s. f.* Terme d'Ingenieur, C'est une profondeur pleine d'eau, qui est autour de la contrescarpe du côté de la campagne ; & qui est au pié du glacis. Remplir, combler l'avant-fossé. Passer l'avant-fossé.

Avant garde, *s. f.* La premiere partie de l'armée. Mener, conduire, commander l'avant-garde. *Abl.*

Avant-goût, *s. m.* Essai qu'on fait de quelque chose & qui en fait concevoir quelque idée. Plaisir qu'on goute avant une entière félicité. La joie que le S. Esprit répand dans le cœur des fidéles, est un avant-goût du Paradis.

Avant-hier, *adv.* Prononcez le *t* de ce mot *avant-hier*, qui veut dire, il y a deux jours. Ce n'est que d'avant-hierque je vous aime. *Voi. l. Am.*

Avant-main, *s. f.* Tout le dedans de la main lorsqu'elle est étenduë. On mit en doute s'il avoit reçu un souflet de l'avant-main. *Pas. l.* 14.

Avant mur, *s. m.* Mur placé devant un autre. Faire un avant-mur.

Avant-pêche, *s. f.* C'est une pêche qui est mûre avant les autres pêches. On l'apelle aussi *pêche précoce*. (L'avant-pêche prend chair ; & grossit dés le commencement de Juillet ; elle est petite & rondelette, elle a la chair fine ; mais elle est sujette à devenir pâteuse. L'avant-pêche est comme un avant-coureur qui annonce les bonnes pêches.

† *Avant-pié*, *s. m.* Terme d'Anatomie. C'est la partie du pié qui est la plus avancée.

Avant-poignet, *s. m.* Terme d'anatomie. C'est la paume de la main, qu'on nomme aussi *l'avant-main.*

Avant-propos, *s. m.* Préface. Cette piéce est une espece de préface, ou d'avant-propos. *Abl. Luc.*

Avant-quart, *s. m.* Terme d'Horloger, Petite cloche avec un marteau, laquelle sonne avant qu'on entende le quart. Voilà l'avant-quart.

Il signifie aussi le coup de marteau qui fait sonner la cloche, avant que le quart sonne. L'avant-quart va sonner, sonne ; ou vient de sonner.

Avanture, *s. f.* Evénement. Chose arrivée à une personne. Avanture fâcheuse, plaisante, galante. Achever, terminer une avanture. *Voi. l.* Conter son avanture. *Abl. Luc.*

Avanture, *s. f.* Amour. Amourette. Cette fille est sa premiere avanture.

Bonne avanture. *Voi. Bon.*

A l'avanture, *adv.* Au hazard. Chacun a la liberté de dire à l'avanture ce qu'il lui plaît. *Pas. l.* 6.

D'avanture. Cet adverbe a vieilli, en sa place on dit *par hazard. Vau. Rem.*

Par avanture. Cet adverbe a vieilli ; on dit en sa place, *peut être* Moliére s'en est servi dans sa Comédie du mariage forcé, mais ce n'est qu'en riant, un personnage dit, ferai-je mal ? & l'autre repond *par avanture*. *Scene* 5.

† *Avanture, avanturée*, *adj.* Qui est en danger d'être perdu. Qui est au hazard. (Chose bien avanturée. Nôtre argent est bien avanturé.

Avanturer, *v. a.* Ce mot vient de l'Espagnol *avanturar*, & il signifie hazarder, mettre en danger, exposer au péril. [Il est de l'homme prudent de se garder aujourdui pour demain, sans *avanturer* tout à un seul coup. *D. Quichote, nouvelle traduction. T.* 1. *Ch.* 25.]

† *Avantureux, avantureuse*, *adj.* Qui cherche quelque avanture. Qui a quelque avanture. Hardi, (Chevalier avantureux. *Voi. Poë.*]

† *Avanturier*, *s. m.* On prononce *avanturié*. Ce mot, au propre, se dit en termes de guerre. C'est celui qui cherche à se signaler par quelque belle action. [C'est un Avanturier qui s'est signalé au siége de Mons. Le Maréchal de Gassion, si avanturier pour les partis, & si brusque à charger, craignoit un engagement entier. *S. Evrémont, discours sur l'histoire de France.* Nos avanturiers revinrent chargez de lauriers.]

* *Avanturier*, *s. m.* Il se dit en amour ; mais alors il est au figuré. C'est un jeune homme galant & hardi qui cherche à faire quelque bonne fortune en amour ; & qui la fait souvent. [La plûpart des jeunes Gascons sont des avanturiers amoureux. Les belles, quand elles sont sages, se gardent des avanturiers amoureux.]

M

A.V B

* *Avanturier*, *f. m.* Il se dit aussi au figuré, en parlant de gens de lettres. C'est un homme qui n'est pas connu dans les lettres; & qui tâche à se faire connoitre par quelque ouvrage d'esprit.

Le mot d'*Avanturier*, dans toutes ses significations n'entre que dans le discours familier, & dans les ouvrages de galanterie. (Un *avanturier* fit voir plaisamment la foiblesse & le peu d'esprit de son premier ouvrage. Traité de la paresse, 2. entretien, *p.* 148.

Avanturine, *f. f.* Pierre précieuse qui se trouve dans la Boheme, & dans la Silesie, qui est d'une couleur jaunâtre, pleine de plusieurs points d'or qui lui donnent beaucoup de brillant. *Ronel, Mercure Indien.* Il y a de belles, de tres-curieuses & de tres-rares *Avanturines* dans le cabinet de Messieurs les Chanoines de Ste Genevieve de Paris.)

Avare, *f. m.* Ce mot vient du Latin *avarus*. Qui est attaché à l'avarice. (Un franc avare, un vilain avare. Un avare sordide, haïssable, détestable. Le Poëte Chapelain étoit un fameux avare. Les avares ne sont jamais las d'aquerir des richesses pour ceux qui souhaitent leur mort. Gomb. épig. *l.* 2 Les avares sont toûjours dans le besoin. Les avares sont moins les possesseurs que les gardiens de leurs richesses : ils en font des esclaves & non pas les maitres. *Maucroix, Homel. de S. Christhom.* 2.)

Avare, adj. Ce mot signifie qui est attaché à l'avarice, qui craint de dépenser quelque chose, qui est avide d'argent, & qui apprehendant de n'en avoir pas assez, ne songe, qu'à amasser sou sur sou. (Les vieilles gens sont d'ordinaire avares ; c'est un monstre qu'un jeune homme avare. On trouve d'illustres scelerats, mais on ne trouve point d'illustres *avares*.)

Avarice, *f. f.* Vice contraire à la liberalité. (L'avarice est honteuse épouvantable & sordide.]

Avaricieux, avaricieuse, adj. Ataché à l'avarice. (Elle est autant avaricieuse qu'on le peut être.)

Avaricieux, *f. m.* Avare. (Que ne fait point un avaricieux pour conserver son argent. *Sca.*)

Avaris, *f. f.* Terme de mer. C'est un droit qu'on paie pour chaque Vaisseau qui mouille à un port. (Paier l'avarie.)

Avarie f. f. Terme de marchand qui trafique sur mer. Perte qu'un Vaisseau marchand fait sur mer. (L'avarie est grande, ou petite. Partager l'avarie. Le marchand & le maitre du Navire portent l'avarie & la partagent.

A U B.

Aubade, *f. f.* Violons qu'un amant donne le matin à sa maitresse. Régal de violons qu'on donne à quelqu'un pour lui marquer l'estime qu'on fait de lui, ou pour lui marquer de la joie, ou de la passion. (Donner des aubades.)

‡ * *Aubade*. Bruit, criaillerie qu'on fait en querellant une personne. Rompement de tête. (Vous aurez tantôt l'aubade.
Quand le matin ils m'ont donné l'aubade,
J'ai sur le soir encore la sérénade. *Boiss. Epi.*)

Aubain, *f. m.* Terme de Palais. Etranger. C'est un Etranger, qui s'est établi en France, & qui n'a point pris de lettres de naturalité. (Les vrais Aubains sont les Alemans, les Anglois, Les Italiens & les Espagnols. *Baquet.* 1. *p. Ch.*7.)

Droit d'Aubaine. Terme de Jurisprudence Françoise. C'est un droit par lequel le Roy succede aux étrangers qui se sont établis dans son Roïaume, qui y ont aquis du bien, & qui n'ont pris aucunes lettres de Naturalité, du Roi. Ces lettres doivent être verifiées à la Chambre des Comptes, & le *Droit d'Aubaine* est inaliénable. Les Suisses, les Portugais, ni les Ecossois ne sont pas sujets à la Loi de l'Aubaine, Baquet, des *droits d'Aubaine*.)

‡ * *Aubaine*. Hazard qui aporte quelque profit. (Il lui est venu une aubaine qui l'a mis hors de son afaire.)

Aubans, *f. m.* Terme de mer. Cordes qui servent à tenir fermes les murs sur les bords, ou sur les hunes d'un vaisseau. *Four.*

Aube, *f. f.* Aurore. (Aube vermeille. *Gen. Poës*.)
Je me léve avant l'aube ;
Et travaille jusqu'à la nuit
Sans en recevoir aucun fruit. *Boils. T.* 1. *ép.* 12.)
Il doutoit si ses yeux ne l'avoient point trompé, à cause de la fausse clarté que fait l'aube à la naissance du jour. *Vaug. Q. C. l.* 3. *c.* 11. Nous découvrons à l'aube du jour les Antipodes. *Abl. Luc. T.* 2.

Aube. Grande robe blanche, faite de lin que les Prêtres mettent lorsqu'ils doivent dire la Messe, ou qu'ils servent à l'Autel. [Une aube fort blanche.]

Aubespine, *f. f.* Petit arbre plein d'épines qui se rencontre souvent parmi les buissons & les haies, qui porte des fleurs blanches & produit un fruit rouge & sans suc, qui, à ce qu'on croit, lache le ventre quand il est mûr. *Dal.* [L'aubepine est fleurie.]

Auber, ou *Aubert*, adj. Poil de cheval qui aproche de la couleur de la fleur de pêches. Les chevaux *aubers* sont sujets à perdre la vûë.)

Auberge, *f. f.* Maison où l'on loge à Paris, & où l'on prend des pensionnaires. Une bonne auberge. Tenir auberge.

Aubergiste, *f. m.* Celui qui tient une petite auberge à juste prix. Un pauvre Aubergiste. De petit aubergiste qu'il étoit, il a tant fait qu'il est devenu gros cabaretier. L'aubergiste a bien de la peine à tirer le moindre petit sou du pauvre N….

Aubier, *f. m.* Terme de Jardinier. C'est la partie du bois la plus tendre, & la plus proche de l'écorce, & qui est d'un blanc jaunâtre. (Un échalas qui a de l'aubier ne vaut rien. *Quin. des Jardins T.* 1.

† *Aubin*, *f. m.* Ce mot se dit pour signifier le *blanc de l'œuf.*

A U C

Aucun, aucune, adj. Pas un. Nul. Dieu ne refuse aucun de ses biens aux personnes qui s'atachent le servir. *Arn.*

† *Aucune fois*, adv. Ce mot est vieux, & en sa place on se sert du mot *quelquefois*.
Il suit aucune fois un cerf par les foulées
Dans ces vieilles forêts du peuple reculées.
Racan. Berg.

Aucunement, adv. Nullement. Je ne trouve aucunement de leur bonté. *Voi.* l. 23.

Aucunement, adv. En quelque sorte. Ce mot a vieilli dans ce sens. *Etre aucunement satisfait.* C'est ainsi que parle l'Academie, dans sa critique du Cid ; mais Mad. l'Academie a tort de n'avoir pas obeï à son Roi, qui est l'usage ; car il est certain qu'il n'y a que l'éloquent T. qui puisse parler ainsi.

A U D.

Audace, *f. f.* Ce mot vient du Latin *audacia*, & il signifie hardiesse mêlée d'insolence & de témérité ; hardiesse mêlée d'éfronterie. Bessus n'eut pas assez d'audace pour excuser son crime. *Vau. Quin.* l. 7. *c.* 5. Comment avoir l'audace de batre un Philosophe comme moi, *Mol.*
Qui se laisse outrager merite qu'on l'outrage,
Et l'audace impunie enfle trop un courage.
Corn. Heraclius, a. 1. *sc.* 2.

Audace. Ce mot se prend quelquefois en bonne part, lorsqu'il est adouci & acompagné de quelque épitete favorable, & il signifie *hardiesse*. Ainsi on dit une belle, une noble audace.

Audace. Gance atachée à une agrafe pour empêcher que le bord du chapeau ne baisse. [Mettre une audace à son chapeau, une bonne, une forte audace.]

Audacieux, audacieuse, adj. Ce mot se prend en bonne & en mauvaise part. Il signifie, *hardi* en prose, mais en vers il signifie *haut*. (Ces pins audacieux croissent parmi la nége & s'élevent aux cieux, *Sar. Poe.* On est souvent audacieux par timidité, Je ne suis avare, audacieux, ni traitre. *Voi. Poe.* C'est la plus audacieuse de ces figures. *Balz. entr.* 6, *ch.* 4.

† *Audacieusement*, adv. *Avec audace.* Ce mot se prend ordinairement en mauvaise part. [Les mutins qui avoient parlé audacieusement à leur Prince, furent châtiez.]

Au deça. Préposition qui régit le genitif, & qui signifie *en deça, de ce côté-ci*. Au deça de l'Euphrate. *Vau. Quin.* l. 10. *c.* 5.

Au deça, adv. Il est au deça.

Au de la. Préposition qui regit le génitif, & qui veut dire *par delà*. Il mapquoit à vos avantures d'avoir un amant au delà de l'Ocean. *Voi.* l. 40.

Au delà, adv. Par delà. Il est passé au delà. On ne voit au delà qu'un obscur avenir. *Deshoul. poes.* Ils enlevent tout ce qui étoit au delà. *abl. Luc. T.* 2.

Au devant, adv. A la rencontre. Aller au devant de quelcun *Vau. Rem.*

Au devant, adv. Ce mot entre dans quelques façons de parler figurées. *Courir au devant de* …. C'est aler au devant du tort qu'on nous peut faire, & l'empêcher.
Oui, il court au devant, il fait prier, il prie,
Et contre la coutume, aplaudit & s'écrie.
Pradon, Critique.

Audience, *f. f.* Action par laquelle on écoute. Donner audience, obtenir audience, avoir audience. Il a eu une favorable audience de Mr le Premier Président.

Audience. Lieu où l'on plaide, & où les Juges écoutent les Avocats & les Procureurs. (Elle vient dans l'audience implorer le secours des Magistrats. *Patru. plaid.* C'est la verité, cette divine fille du Ciel qui les amene en cette audience. *Patru. plaid.* 2,

* *Audience*. Les Juges qui écoutent lorsqu'on plaide. [Lever l'audience, l'audience s'est levée.]

Audiencier, *f. m.* Huissier de Présidial qui porte la robe & le bonnet, & qui assiste aux audiences pour apeler les causes.

Grand-Audiencier. L'un des premiers Oficiers du Sceau, & celui qui examine les Lettres qu'on doit sceller.

Auditeur, *f. m.* Celui qui écoute. (Avoir beaucoup d'auditeurs.)

Auditeur des Comptes. Oficier de la Chambre des Comptes qui voit les comptes, les examine, & en fait le raport au Bureau devant les Presidens & les Maitres des Comptes, & qui y met l'état final. Etre reçû Auditeur des Comptes. La Charge d'Auditeur des Comptes a valu autrefois jusqu'à trente mille écus.

† *Audition*, *f. f.* Il vient du Latin *auditio* ; & c'est un terme de Pa-

AUD AVE

lais. C'est le tems qu'on a emploïé à oüir. (*L'audition des comptes* a duré long-tems. (C'est aussi la fonction d'un Juge qui interroge & écoute des témoins sur quelque afaire, pour rendre ensuite justice. (Il n'y a point eu *d'audition* de témoins. On a remis *l'audition* des témoins à un autre jour. Après *l'audition* des témoins, les Juges se sont levez.)

AUDITOIRE, *s. m.* Assemblée qui écoute. (Auditoire nombreux.)

Auditoire. Lieu où l'on écoute & où l'on parle en public. (Il avoit un grand & célébre auditoire, où se trouvoit une multitude de peuple.)

AVE.

AVE', *s. m.* Ce mot n'a point de pluriel ; c'est un mot Latin, & il veut dire *la Salutation de l'Ange à la Vierge.* (Dite cinq *Pater*, & cinq *Avé*.

AVEC. Préposition qui régit l'acusatif. Prononcez le *e. d'avec*. (Philipe aimoit Alexandre *avec* une tendresse incroïable. *Vau. Quin. l.3*.)

Aveque. Cette préposition ne se doit écrire de la sorte en prose que pour rompre la mesure d'un vers, ou pour arrondir une période, mais en vers il est libre de se servir *d'avec*, ou *d'aveque* ; mais non *d'aveques* avec une *s* finale.

AVEINE, *avoine*, *s. f.* Aveine est le plus en usage. Plante qui a sa tige noüeuse, & qui au haut de cette tige a sa graine. (Faucher les aveines. Jamais on ne vit tant d'aveines. *Voi. Poe*.)

Aveine. Graine d'aveine destinée principalement pour la nourriture des chevaux.

AVEINDRE, *v. a.* Tirer hors. J'aveins, j'ai aveint, j'aveignis. (Aveignez le linge qui est au fond de ce cofre.)

AVELINE, *aveline*, *s. f.* L'un & l'autre se dit, mais *aveline* est bien plus usité. Espece de grosse noisette. Une grosse aveline, vuider une aveline.

AVE-MARIA, *s. m.* Ce mot signifiant la salutation de l'ange à la Vierge, n'a point de pluriel. Dire deux *Ave-Maria*.

Ave-Maria. Premier exorde de sermon. *L'ave-Maria* doit être court & propre au sujet.

AVÉNEMENT, *s. m.* Arrivée. Tibere étoit fort retenu à son avénement à l'Empire. *Abl. Tac.* Le Roi de France à son joïeux *avénement* à la Couronne, nomme aux premieres prebendes des Eglises Catedrales & Collegiales, vacantes par mort. *Fevret, Traité de l'abus, l.1. c.8.*

AVENIR, *v. n.* Arriver. S'il avient que je meure, ce sera d'amour. *Gom. poe*.

Avenir, *s. m.* Le tems à venir. Un avenir glorieux, heureux, malheureux, triste, fâcheux. Penser, songer à l'avenir. Ne se mettre point en peine, ne se point chagriner de l'avenir.

Heureux qui par sa prudence,
Au présent se peut tenir,
Et laisse à la providence
Tout le soin de l'avenir.
A ne vous rien céler,
Dans le sombre avenir je ne vois pas trop clair.
Bens. Balet de la nuit, 1. p. entr. 8.

Avenir. Terme de *Palais.* Assignation à la partie pour venir plaider un certain jour. (Faire signifier un avenir à sa partie. Lire un avenir.)

AVENT, *advent.* Voïez, *avant.*

AVENUE', *s. f.* Chemin par où l'on aborde. (Se saisir des avenuës d'un lieu. *Vau. Quin. l.8. c.11.* Ils entrerent dans le païs par deux avenuës. Gagner, sortir, ocuper les avenues. S'emparer des avenuës. Garder, défendre les avenues. *Abl. Frontin. l.1. c.4. 5.* Il ferma les avenuës du port par de grosses poutres. ch.6.)

Avenuë. Grande alée qui conduit dans quelque maison de plaisance, & qui de part & d'autre est d'ordinaire bordée d'arbres. (Planter une avenuë d'ormes ; border une avenuë de grands arbres.)

AVERSAIRE, *aversité.* Comme ces mots se prononcent d'ordinaire avec un *d*, voïez la colonne, *adv.* Toutefois M. Corneille, dans ses notes sur les remarques de Vaugelas, dit que tout le monde prononce *aversaire* ; mais qu'on fait entendre le *d*, dans le mot *adversité.* Il y en a qui disent toujours *aversaire, aversité, averse*.

'AVERSE, *adj. f.* Oposée Contraire. (Partie averse.)

AVÉRER, *v. a.* Vérifier. (Avérer un crime.
C'est un point délicat, & de pareils forfaits,
Sans les bien avérer ne s'imputent jamais.
Mol. cocu, sc.12.)

AVERSION, *s. f.* Haine, horreur. [Aversion naturelle ; avoir de l'aversion pour quelcun. *Abl.* Témoigner une aversion étrange contre quelcun. *M. de la Rochefoucaut.* Prendre quelcun en aversion. *Arn.* Vos décisions sont en aversion à tout le monde. *Pas. l.14.* J'ai pris une aversion éfroiable pour la belle qu'on me destine. *Mol. Scapin, a.1. sc.3.* Avoir une aversion invincible pour une personne. *Arioste, t.1.* Favorisez ceux que la fortune a pris en aversion. *Rom. com.*]

AVERTIR, *v. a.* Donner avis d'une chose. Avertir quelcun de son malheur.

Averti, avertie, part. & adj. * Un averti en vaut deux. Proverbe pour dire qu'il est dangereux d'ataquer un homme qui est sur ses gardes.

Avertissement, s. m. Avis, conseil. Donner de bons avertissemens.

Avertissement. Terme de Palais. Ecriture qu'on fait pour un procez, & qui contiennent les raisons generales de l'afaire. Faire un avertissement. Les avertissemens ne se font ordinairement que par les avocats, & ils doivent bien instruire les Juges, & expliquer le fait de la cause avec esprit. L'avertissement commence ainsi. Avertissement que met & baille par devant vous, &c.

Avertisseur, s. m. Oficier qui suit le Roi en campagne, & qui avertit lorsque le Roi veut dîner.

AVEU, *s. m.* Consentement. Un aveu trompeur. Les Jesuites n'impriment rien sans l'aveu de leur Superieur. *Pas. l.5.* J'ai trouvé un moïen de tirer cet aveu de vous. *Mol. préc*.

Aveu. Terme de Palais. Catalogue & dénombrement de tout ce qui dépend d'un fief, & que le vassal avoüé tenir de son Seigneur.

AVEUGLE, *s. m.* Celui qui a perdu la vûë. (Jesus-Christ rendoit la vûë aux aveugles. *Port-Royal.* Les gens de Cour s'abandonnent à tant de sotises que les *aveugles* s'en aperçoivent. *Brantôme, Dames galantes, T.1.*

Un aveugle né, *s. m.* C'est à dire qui l'est dès sa naissance.
* Un aveugle y pourroit mordre, c'est à dire le pourroit voir.
Il en juge comme un aveugle des couleurs. C'est à dire sans connoissance.
Il crie comme un aveugle qui a perdu son baton, c'est à dire, ce qui étoit le plus necessaire.
Au païs des aveugles les borgnes sont Rois. C'est à dire que ceux qui ont des défauts ne laissent d'être estimez parmi ceux qui en ont de plus grands.
On dit encore proverbialement. Il n'est point de pire aveugle que celui qui ne veut pas voir, ni de pire sourd que celui qui ne veut pas entendre.
On dit que pour avoir un bon menage, il faut que le *mari* soit *sourd*, & la femme *aveugle*.
Aveugle, adj. Qui a perdu la vûë. (Il est aveugle, elle est aveugle, l'amour & la fortune sont aveugles.)
* *Aveugle, adj.* Qui ne considere rien, qui ne fait nulle reflexion. [Amour aveugle, colere aveugle, passion aveugle. Il ne pense qu'à satisfaire son aveugle ambition. *Patru. plaid.7.* L'ame dans le premier homme, a perdu toute sa force ; le cœur est devenu tout aveugle & tout obscurci. *Port-Royal, Poeme de S. Prosper.*]
On dit proverbialement, *il a changé son cheval borgne à un aveugle*, pour dire il a perdu au troc qu'il a fait.
* *Aveuglement, adv.* Sans consideration, sans reflexion. [Il donne aveuglément dans le paneau. *Mol.* Les amans suivent aveuglément leur passion.]

Aveuglement, Terme de *Palais.* Perte de vûë. (L'aveuglement de Tobit soutroit, ne put ébranler sa foi. *Port-Royal.* J'abordai Homere, mais je ne lui parlai point de son pretendu aveuglement, parce que je vis bien le contraire. *Abl. Luc. T.1.* L'amour a un bandeau sur les yeux, & cet aveuglement témoigne que l'esprit des amans est dans des ténebres perpetuelles. *Sar. Dial.*]

* *Aveuglement.* Erreur, conduite peu sage. [Je m'étonne de mon aveuglement. *Voi. poe.* Etre dans un déplorable aveuglement. *Arn.* Tomber dans l'aveuglement. *Abl.* Il s'est senti frapé d'un aveuglement d'esprit. C'est un funeste, un malheureux, un miserable, un déplorable aveuglement. *Sari. S. Prosper.*]

Tous ces tendres soupirs dont vous calmiez mes peines
N'étoient que des apas jettez adroitement,
Pour mieux m'entretenir dans mon aveuglement.
La Suze, poesies.

Aveugler, v. a. Ce mot se dit au propre pour signifier rendre aveugle, & crever les yeux ; mais il signifie plus ordinairement éblouïr. Le grand jour aveugle les gens.

* *Aveugler.* Oter, ou partir du sens & de la raison. Le vice aveugle les méchans. *Arn.* Mon livre n'étant qu'un ramas de sotises, chaque sot y trouvera un petit caractére de ce qu'il est, s'il n'est trop aveuglé de l'amour propre. *Scarron, Roman. comique. t.1. ch.9.*

* *S'aveugler, v. r.* Il n'est bien usité qu'au figuré & ne se dit que des personnes. C'est être si fou de soi-même qu'on ne voit pas ses propres défauts. [La plus part des pécheurs s'aveuglent volontairement, & ne font point de reflexion sur leurs propres actions.

AUG

AUGE, *s. f.* Tronc d'arbre creusé en long, où l'on donne à boire & à manger aux cochons. (Une grande auge, une petite auge.)

Auge, Terme de *tripot.* Espece de saillie qui est auprès des filets, & qui est destinée pour recevoir les balles.

Auge. Terme de *Maçon.* Sorte de petite auge quarrée où l'on gache le plâtre.

M 2

AUG

Auge. Terme de Cartonnier. Espece de grande huche où l'on jette les rognures de papier lors qu'elles sont broiées.

Auget, *s. m.* Terme d'Oiselier. Sorte de petit pot, ou de petit vase de plomb, ou d'étain où l'on donne à boire à l'Oiseau qui est en cage. (L'auget de l'Oiseau doit être fort net.)

Auget. Terme de Meünier. Sorte de conduit de bois au bout de la trémie, par où tombe le grain sur la meule.

Augment, *s. m.* Terme de Grammaire Greque. Augmentation de quantité, ou de lettres, qui se fait au commencement du verbe en certain tems. (Augment sillabique, augment temporel.)

Augment, *s. m.* Ce mot est aussi un terme de Droit. Augment de dot ; c'est ce que le mari donne à sa femme par son Contrat de Mariage, dans les païs de Droit écrit, & qui lui tient lieu de ce qu'on apelle *douaire* en païs de Coutume.

† **Augmentatif, augmentative**, *adj.* Qui augmente, mais il ne se dit qu'en termes de Grammaire & de Philosophie, des mots qui augmentent la signification, & des instrumens qui augmentent la force des machines, & l'on dit qu'ils ont une vertu augmentative.

Augmentation, *s. f.* Acroissement. (Faire une considérable augmentation.)

Augmenter, *v. a.* Redoubler. Augmenter la crainte, la douleur. *Abl.* Mon esperance diminuë quand vous augmentez en apas. *Maj. Poe.* Sa fierté augmente.)

Augure, *s. m.* Du Latin *augur.* Celui qui jugeoit de l'avenir par le vol des oiseaux. *Abl. Tac.* Les anciens consultoient les augures. *Abl.* Ciceron étoit du Colége des augures. Il s'étonnoit comment deux augures se pouvoient rencontrer sans rire, à cause de la vanité de leur art.

* **Augure.** Celui qui prévoit. Qui juge bien. [Celui qui conjecture bien, est un bon augure. *Abl. Ar. l. 7.*]

Augure. Du Latin *augurium.* Présage. Bon ou mauvais augure *Abl.* Prendre une chose à bon augure. *Voi Poe.* Vous me donnez de bons augures de ma fortune. *Voi. l. 7.* Ce fut la comme l'augure, & le commencement des guerres civiles, qui ruinérent l'Empire. *Vaug. Q. l. 10. ch 10.* Un fâcheux, un funeste augure,

C'est bien assez des peines que j'endure,
Ne les redouble point par ce funeste augure.
Corn. Cid. a. 5. sc. 4.

Les Bramines croïoient que c'est un tres-mauvais augure quand une Pie touche une personne, & que c'est un présage infaillible que cette personne mourra dans six semaines. *Hist. des Bramines, ch. 14.*

C'est une folie de tirer un bon ou mauvais augure des choses qu'on rencontre en sortant de sa maison. On peut tirer en bon augure de la fortune d'un homme qu'on voit être doüé de belles qualitez, ou être favorisé de quelque personne de crédit.

* C'est un oiseau de mauvais augure. Cela se dit proprement d'un hibou, d'une ofraie, &c. & figurément d'un homme qui aporte de mauvaises nouvelles ; ou d'une personne qu'on ne voit pas volontiers.

Augural, augurale. *adj.* Du Latin *auguralis.* C'est à dire, qui sert aux augures. (Science augurale. Bâton augural.)

Ce mot signifie aussi, qui tient de l'augure, qui est adonné à deviner, qui aime les divinations, (Les Romains tiennent encore de l'esprit augural de leurs Ancêtres. *Thiers superstition, ch. 9. p. 189.*]

Augurer, *v. a.* Conjecturer. Il augura leur future grandeur par leur modestie. *Abl. Ar. l. 7.*

Auguste, *s. m.* Nom d'homme. [Auguste regna 56. ans.]

* **Auguste.** Empereur, ou Roi, qui est magnifique, & qui aime les Letres. Un Auguste aisément peut faire des Virgiles. *Depreaux, Satire I.* On donne la qualité de *toujours Auguste* à l'Empereur, & celle d'*Auguste* seulement au Roi des Romains. *Hois, Hist. d'Alemagne, 2. partie.*]

* **Auguste**, *adj.* Roïal. Grand. Vénérable, Sang auguste. *Abl.* Auguste compagnie. *Patru plaid. 3.*

Augustin, *s. m.* Nom d'homme.

Augustins, *s. m.* Religieux qui suivent la régle de S. Augustin. Ils ont une chape noire à larges manches, sous laquelle ils portent une robe blanche, leur chape est arrêtée par une ceinture de cuir, large de 2. ou de 3. doigts.

Augustins déchaussez. Religieux mendians instituez sur la fin du siécle précédent. Ils observent la régle de S. Augustin. Ils vont déchaux & s'habillent d'une grosse robe noirâtre, ceinte d'une ceinture de cuir, & par dessus ils ont un manteau court de même étofe & un Capuce. Le peuple de Paris apelle ces Religieux Capucins noirs, ou petits Péres, mais leur veritable nom c'est Augustins déchaussez.

Augustines, *s. f.* Religieuses qui suivent la régle de S. Augustin. Filles de S. Augustin.

S. Augustin, *s. m.* Terme d'Imprimerie. Sorte de caractere qui est entre le gros Romain & le Cicero.

A V I

Avide, *adj.* Ce mot vient du Latin *avidus*, & lors qu'il est suivi d'un nom, il régit le génitif. Il ne se dit que des personnes, & il signifie, qui désire avec passion. Avide de gloire, de loüanges. *Abl. Luc.*

On voit ce fils brûler d'une heroïque ardeur,
Et de gloire en tout tems avide,
Il se plaît . . . . . . *Deshoul. piéses.*

Avidement, *adv.* Avec un désir ardent. Avec passion. Désirer avidement.

Avidité, *s. f.* Grand désir d'avoir. Passion de venir à bout de quelque chose. Grande ardeur. (Il avoit une grande avidité de regner. *Vau. Quin. l. 4.* Ils furent avec trop d'avidité. *Vaug. Q. C. l. 7. ch. 5.* Les Princes n'ont pû avec toutes leurs loix, reprimer l'avidité des Ecclesiastiques. *Fra-Paolo, Traité des Benefices, ch. 5.*)

Avilir, *v. a.* Rendre vil. (Avilir sa dignité.)

Avilissement, *s. m.* Mépris. (C'est un avilissement étrange.) Ces mots se disent aussi des choses qui deviennent d'un plus bas prix.

Aviné, avinée, *adj.* Ce mot se dit des vaisseaux où il y a eu du vin.) Un muid aviné.)

Aujourd'huy, *adv.* Ce jour. (Si vous écoutez aujourd'hui sa voix, n'endurcissez pas vos cœurs. *Port-Royal.* On a remis l'afaire à aujourd'hui. *Vau. Rem.*)

Aujourd'hui ou aujourdui. Se dit aussi d'un tems incertain, & y joignant le mot, demain, ils signifient tantôt. Comme, aujourd'hui sur le trône, demain dans les fers. L'un meurt aujourd'hui, l'autre demain.

Aviron, *s. m.* Instrument de bois, rond par la poignée & plat par le bas, dont on se sert pour faire aller sur l'eau un bachot, une nacelle, ou autre semblable vaisseau. L'aviron a une platine, & un anneau de fer.

Avis, *s. m.* Sentiment. Opinion. (Je vous ai demandé pour vôtre avis sur l'afaire qui se présente. *Abl. Ret.* Etre de l'avis de quelqu'un. Suivre l'avis de quelcun. *Sca.* Ouvrir un avis rigoureux. *Mr de la Rochefoucaut.* Aller aux avis. Prendre avis des Juges. *Le Mai.*)

Avis. Avertissement. (Profiter de l'avis qu'on nous donne.)

† **Aviser.** *v. a.* ¶ Ce mot pour signifier *découvrir*, ou *apercevoir* est bas & peu en usage. (Aviser un homme sur une tour, ou plutôt *apercevoir*, ou *découvrir* un homme sur une tour. *Vau. Rem.*)

S'aviser, *v. r.* Penser ; Songer. Se mettre une chose dans l'esprit. (S'aviser d'un stratagême. *Vau. Quin. l. 4.* On ne s'avise plus de se tuer soi-même. *Mol. Geo.* Il s'aviroit toûjours de quelque malice. *Sc. Rom. comique. T. I. ch. 2.* Pourquoi s'aviser de critiquer la traduction de l'imitation de Jesus-Christ, l'un des plus saints Ouvrages du monde. *D'Ancourt, Sent. de Cleante. c. 9.*)

Avisé, avisée, *adj.* Sage. Prudent. [On n'est jamais si avisé en son propre fait qu'en celui d'autrui. *Vau. Quin. l. 7.* Plusieurs personnes trés judicieuses & trés-avisées ont préféré l'éxil aux douceurs de la patrie. *Balz. Entr. 27.*)

Avitailler, ou **envitailler**, *v. a.* Terme de Marine. C'est fournir de vivres. L'un & l'autre se dit, mais il semble qu'il y a plus de gens pour *avitailler.* (Avitailler un Vaisseau.)

Avitaillement, ou **envitaillement.** Termes de Marine. L'un & l'autre se dit, mais avitaillement semble plus usité. (Songer à l'avitaillement d'un Vaisseau. Voiez **Ravitailler.**

Aviver, *v. a.* Terme de Sculpteur. Néteïer & grater légerement avec quelque outil. (Aviver une figure de bronze.

Aviver, *v. a.* Terme de Meticer en œuvre, &c. C'est donner du lustre à une pierre, avec une brosse & des os de mouton brulez. (Aviver un grenat, une topaze, &c.)

Avives, *s. f.* Glandes auprès du gosier du cheval, sujettes à une inflammation, qui faisant une enflure, empêche la respiration, de sorte que si le cheval n'est promtement secouru, il court risque d'être étoufé. *Soleisel.*

A U L

Aulique, *adj.* Ce mot vient du Latin *aulicus*, & il se dit en parlant d'une certaine Cour superieure, qui a une Jurisdiction universelle, & en dernier ressort, sur tous les sujets de l'Empire pour tous les procez qui y sont intentez. (On dit Conseil aulique. Cour, ou Chambre aulique. Conseiller aulique.

Aulique, *s. f.* Terme de Téologien. C'est un acte que soutient un jeune Téologien dans la grand Sale de l'Archevêché de Paris & auquel préside celui qui doit prendre le bonnet de Docteur. Cét acte n'a point de matiére déterminée, & il se compose du traité que le soutenant possede le mieux. L'aulique se commence par une harangue de Monsieur le Chancelier de Nôtre-Dame à celui qui doit être reçu Docteur, & à la fin de la harangue, il lui donne le bonnet. Le jeune Docteur aussi-tôt lui fait son compliment & préside à l'acte qui s'apelle *aulique* du mot Latin *aula* qui veut dire la Sale, où il se soutient. Le nouveau Docteur dispute le premier à cet acte ; ensuite, Monsieur le Chancelier, le grand Maitre de l'acte après, & les autres Docteurs qui veulent disputer. *L'aulique* étant finie, le Chancelier & les Docteurs accompagnez des Bedeaux, ménent le nouveau Docteur à Nôtre-Dame, à l'Autel saint Sebastien, où il fait le serment de la faculté. Ensuite, si le nouveau Docteur est de Sorbonne ou de Navarre, on le reconduit dans l'une, ou l'autre de ces maisons, & là il donne à dîner à tous ceux qui sont de sa Société, & ce dîné à Navarre s'apelle une Doctorerie.

AZIMUTAL, *azimutale*, *adj*. Terme d'astronomie qui ne se dit d'ordinaire qu'au masculin. Il signifie qui represente, ou qui mesure les azimuts. (Un cercle azimutal, c'est celui qu'on s'imagine être mené du point vertical sur l'horison à angle droit. On dit aussi quadran azimutal, & c'est celui dont le stile est à angle droit sur le plan de l'horison.)

AUM.

AUMAILLE, *s. f.* Ce mot se dit des brebis & des bêtes à cornes ; mais il est tres-vieux. Si l'on s'en sert, on dira bêtes aumailles. Voi *Borel, Recherches Gauloises*.

AUMELETTE. Voi Omelette.

AUMÔNE, *s. f.* Ce qu'on donne par charité à un pauvre. Faites l'aumône de vôtre bien. *Arn*.

Aumôner, *v. a.* Donner en forme d'aumône. Il a été condamné à aumôner au pain des prisonniers, Le Mai. Aumôner pour une fondation.

Aumônier, *s. m.* Qui est charitable envers les pauvres. Qui donne volontiers l'aumône. Le Cardinal de Lorraine étoit si grand aumônier qu'il portoit une gibeciere étoit si plein d'argent & distribuoit cet argent aux pauvres qu'il rencontroit par les rues. Brantome. Dames galantes. t. 2.

Aumônier. Serviteur Eclesiastique qui distribuë les aumônes de quelque Prince, de quelque Princesse, de quelque grand Seigneur, ou Dame, & qui lui dit la Messe. Il est aumônier de Monsieur le Prince. Le premier aumônier du Roi. Le premier aumônier de la Reine. Aumônier ordinaire. Le grand aumônier est le chef de tous les Eclesiastiques de la Cour.

AUMUSSE, *s. f.* Du latin *almutia*. Peau de martre , ou de petit gris , que les Chanoines portent sur les bras lors qu'ils vont à l'Ofice. Une belle aumusse. On dit que les Chanoines n'ont point porté d'aumusse avant l'an 1143. Lors que le Pape est Couronné à Rome, les Chanoines de S. Pierre lui donnent une aumusse. L'aumusse étoit autrefois , ou de simple étofe , ou de drap doublé d'une fourrure, ou toute de peau ; se portoit sur la tête, & décendoit sur les épaules. Les Chanoines la mettoient même sous la chape. Ils la portent aussi sur les deux épaules, & long-tems après sur le bras gauche, pour la porter plus commodément. *Thiers, des perruques, chapitre*. 3. & 4.

† *Aumusse*. Ce mot se dit en raillant, pour dire un Chanoine L'ambition, l'avarice & l'amour se cachent souvent sous l'aumusse. *Reg. Sat. 9.*

AUN.

AUNAGE, *s. m.* Le mesurage des étofes. Les aunes qu'on a mesurées. Je n'ai pas trouvé l'aunage que vous m'aviez dit.

AUNAIE, *s. f.* Lieu où l'on plante des arbres qu'on apelle *aunes*. Lieu où croissent ces sortes d'arbres. Une grande aunaie.

Aune, *s. m.* En latin *alnus*. Arbre qui a plusieurs branches, qu'on rompt lors qu'on les veut plier , qui a l'écorce rouge brune, la feuille ronde , & le bois rouge lors qu'il est dépouillé de son écorce. L'aune aime les eaux, il est naturellement droit, & médiocrement haut , & son écorce sert à faire de la teinture noire.

Aune, *s. f.* En latin *ulna*. Mesure pour mesurer l'étofe, & la toile. L'aune de Paris a 3. piez, 7. pouces, 8. lignes. *Savari, parfait negotiant*. Une aune brisée. Acheter à l'aune. Vendre à l'aune.

† *Aune*. Chose mesurée qui a la longueur d'une aune. Acheter une aune de drap, de ruban, de toile , &c.

* *Il mesure tout le monde à son aune*. C'est à dire, il croit que tous les autres sont faits comme lui.

* *Il sçait ce qu'en vaut l'aune*. C'est à dire, il a déja eu de pareilles afaires.

Il ne faut pas mesurer les hommes à l'aune. C'est à dire, il y a de petits hommes qui ont plus de cœur, plus de vertu, &c. que d'autres qui sont plus grands.

† * *Tout du long de l'aune*. C'est à dire , tout y a fait. (Chacun y babille, & tout du long de l'aune. Mol. Tar. (Ce discours est bas.

Auner, *v. a.* Mesurer avec l'aune. (Auner une piéce de toile , une piéce de drap.)

Auneur, *s. m.* Oficier qui aune les piéces de toiles, de treillis, de canevas, & qui pour cela prend un certain droit. (Auneur juré.)

AUNE ; *s. f.* Plante médicinale, qui a les feuilles comme le bouillon mâle , mais plus longues & plus âpres , des fleurs jaunes, &c. Sa racine sert sur le roux , elle est odorante & piquante au goût. Les Médecins la nomment en Latin = *Enula campana*, ou *Helenium*. *V. Dioscoride*.

AVO.

AVOCASSER , *v. n.* Faire les fonctions d'avocat. (Il avocasse depuis quelque tems.)

Avocasserie, *s. f.* Profession d'avocat. (L'avocasserie n'enrichît guere de personnes aujourd'hui.)

Avocat, *s. m.* Celui qui en vertu de ses licences & de sa matricule plaide & défend en justice les gens qui ont besoin de lui. (*Avocat écoutant, plaidant, consultant*. Etre avocat au Parlement. *Vau. Rem.* Etre avocat de la Cour de Parlement. *Patru Plaid*. Etre reçu avocat. Pour être reçu avocat, il faut avoir pris ses licences dans une Faculté en Droit, après y avoir étudié trois ans, avoir été deux fois examiné & avoir soutenu deux Theses. Quand on veut être reçu avocat, on dispense de l'âge, pourvû qu'on soit capable, & reconnu tel ; il faut prêter le serment , & se faire immatriculer au Parlement où l'on veut plaider.)

Avocats généraux. Ce sont des personnes de mérite & considerables dans la Robe , qui sont les avocats des parties communiquant les causes, où le Roi & le Public ont interêt , & qui en rendent conte en pleine audience , à Messieurs les Présidens & les Conseillers, & qui même donnent leurs conclusions , après avoir oüi les plaidoiries des avocats des parties. (*avocats généraux, celebres, illustres, fameux, doctes, savans, éloquens*, &c.)

Avocat du Roi. Ce sont ceux qui sont les substituts de Messieurs les avocats généraux, & qui sont emploïez dans des Jurisdictions qui relèvent des Parlemens. (Acheter une charge d'avocat du Roi. Les avocats du Roi concluent à l'audience pour le Roi, le public & les mineurs.)

* *Avocat*. Celui qui soutient & défend les interêts de quelque personne. (Je ne vous prendrai pas pour mon avocat. C'est un avocat de causes perdues, c'est à dire , un méchant avocat. C'est un avocat de Pilate, proverbe pour dire un méchant avocat.)

Avocate, *s. f.* Ce mot se dit de la Vierge, par les Catoliques Romains, & veut dire qui prend nos interêts. La Vierge est nôtre avocate auprès de son fils.

† *Avocate*. Celle qui prend nos interêts. Quelques-uns croient qu'il faut dire ce de sens, *avocat*, & non pas *avocate*. Je veux prendre la verité pour mon avocat. Abl. Luc. Tom 1. in 4. 2. *edition. p. 179*. Il est certain que c'est ainsi que Mr. D'ablancourt croioit qu'il faloit parler,& je le sçai par l'original. Cependant pour l'oreille, l'usage veuille que dans cette phrase on dise *avocate*. C'est pourquoi ceux qui ont eu soin de la nouvelle édition de Lucien après la mort de M. D'ablancourt en ont écrit. *Je veux prendre la verité pour mon avocate.* Voiez Lucien imprimé en 3. volumes in 12. t. 1. p. 218.

Avocate. Ce mot se dit de la femme de M. l'avocat général & non pas d'autre. (Madame l'avocate générale a un grand fonds de mérite.)

AVOIR, Posseder, Jouir. (Avoir du bien. Avoir le pouvoir en main, Avoir à étudier. Avoir à travailler. (Il y a du plaisir à voiager. Il n'y a que lui qui ait usé de ce mot. *Van. Rem*.)

AVOINE. V. Aveine.

AVOISINER, *v. a.* Ce mot n'est guére bon en prose & n'est guéres meilleur en vers , il signifie *aprocher*, aller proche.

Il jette sur la Terre un spacieux ombrage,
Avoisine le ciel de son vaste branchage.
Perau, Poësies.)

(C'est une tour qui *avoisine* les Cieux. Vau. Rem.)

AVORTER , *v. n.* Ce mot se dit proprement des bêtes. Mettre au monde avant le tems prescrit par la nature. Que nos vaches soient grasses & qu'il n'y en ait point qui avortent. *Port-Roïal*, Vache qui a avorté. Un auteur de reputation , & qui est de l'academie à dit dans une de ses traductions *l'Imperatrice avorta*. L'usage n'est pas pour ce savant homme. *Avorter* ne se dit point des femmes , car lors qu'on parle des femmes , on doit dire une telle à fait une fausse couche, ou une telle s'est blessée.

* *Avorter*. Ce mot se dit au figuré, & est ordinairement neutre. Il signifie ne réüssir pas ; n'avoir pas l'effet souhaité. [Faire avorter une entreprise. *Abl. Luc.*

Oui, lors que le hazard me flate avec excez,
Tout mon dessein *avorte*, au milieu du succez.
Corn. Heraclius, a. 2. sc. 7.)

Avortement, *s. m.* Ce mot se dit des bêtes & signifie l'action d'avorter. (Breuvage qui cause l'avortement. Il se dit quelquefois des femmes par les Chirurgiens. C'est une sortie de l'enfant imparfait, hors de la matrice, avant le tems prescrit par la nature. C'est lors que le fœtus est formé , & mis hors avant sept mois. *Mauriceau, traité des femmes grosses*. Une maladie aiguë , un violent & fréquent vomissement, & des tranchées violentes peuvent causer un avortement. *Maur. l. . c. 10.* Fausse couche , dans tous ces exemples, vaudroit beaucoup mieux qu'avortement.

Avorton, *s. m.* Qui est né avant le tems , ou qui demeure imparfait & n'aquiert pas la perfection ordinaire. (Le fruit d'une bête qui avorte, est un avorton. Un nain est une espece d'avorton.)

M 3

AVO

† * Avorton, f. m. Terme injurieux. (Quel petit avorton eſt-ce là ? Si quelque avorton de l'envie oſe encore lever les yeux, &c. Mal. Poë. l.3. Ils pétiſſent comme des avortons de vanité. Gon. epi. l.1.)

Avoüer, v. a. Confeſſer. Démentir d'accord d'une choſe. (Avouër ſon crime. Je l'aime, je l'avouë, autant qu'on puiſſe aimer.)

Avoüer. Autoriſer. Aprouver. (Il y a ici des perſonnes qui m'avoüeront de tout ce que j'écrirai. Voi. l.69.)

AUP.

Auparavant, adv. Prémierement. Avant toutes choſes. Le mot d'auparavant, ne doit jamais être ſuivi d'un que. (Alexandre donna à Porus un Roiaume plus grand que celui qu'il avoit auparavant. Vau. Quin. l.8. C'eſt la grace, qui rend ſeule les hommes juſtes & innocens ; d'injuſtes & de pecheurs qu'ils étoient auparavant. P. R. S. Proſp. Ch.7.)

Au pis-aler, adv. Tout le pis qui puiſſe arriver. (Au pis aler je puis avoir ici une belle maîtreſſe.)

Auprés, adv. Tout contre. (Il eſt auprés.)

Auprés. Prépoſition qui ſe dit des perſonnes & des choſes, & qui régit le génitif. [Seth fut élevé auprés de ſon pére. Arn On trouva les barbares auprés du feu. Abl. Ret l.4. Quand on a l'ame tendre & le cœur ſenſible, & qu'on eſt auprés des belles, il eſt dangereux qu'on ne s'y trouve pris. Peliſſon & la Suze, piéces galantes. T.1.)

AUR.

Aureole, f. f. Terme de Theologie Romaine. Couronne qu'on donne aux Saints, aux Martirs. Petit cercle de lumiére qu'on met autour de leur tête des Saints dans les Egliſes, (Cette auréole eſt jolie. agréable, &c.)

Auriculaire, adj. Terme d'Egliſe. Qui regarde l'oreille. Qui ſe dit à l'oreille. Confeſſion auriculaire. Maucroix.

Un témoin auriculaire. C'eſt un témoin qui dépoſe ce qu'il a oüi dire mais un témoin oculaire c'eſt celui qui a vû ; celui là ne prouve rien, mais celui ci eſt reçu en preuve.

Le doigt auriculaire, c'eſt le petit doige de la main qu'on nomme auriculaire, du mot Latin auris, qui ſignifie oreille, parce qu'on ſe ſert de ce doigt pour curer & nettéier les oreilles.

Avril, f. m. Prononcez Avri. Il vient du Latin aprilis. C'eſt le nom du quatriéme mois de l'année. (Avril eſt le ſecond mois du Printems. Il a trente jours. Dans les Roïaumes de Fez & de Tremeſen, il y a des ceriſes à la fin d'Avril. Abl. Afriq. de Marmol. Avril eſt bien plus beau dans les Païs chauds que dans les païs froids.)

* Avril. Mot poëtique. Le beau tems de la vie. (En l'avril de mes jours l'adorable Amarante voit toutes mes amours. Rac.)

Auronne, f. f. Plante toujours verte qui fleurit en Juillet, jaune, ou blanche. (Auronne mâle, auronne femelle.)

Aurore, f. f. Jeune Déeſſe que les Poëtes feignent avoir été femme de Titon & amante de Cephale.

Aurore. Lumiére qui paroît au Ciel, avant que le Soleil éclaire l'Hémiſphére. (Atendre le lever de l'aurore. Abl.)

* Aurore. Ce mot ſe dit, au figuré, des filles & des femmes qui ſont charmantes, & de toutes les belles choſes qui ſont ſuivies d'autres encore plus belles. (Je ſouhaite que cette aurore ſoit ſuivie d'un auſſi beau jour qu'elle le mérite. Voi. l.24.)

* Aurore. La partie du monde qu'on nomme Orient.

Aurore, adj. Ce mot ſe dit des couleurs, & ſignifie qui tire ſur le jaune. (Crépon aurore. Ruban aurore. Sa couleur eſt aurore & blanc.)

AUS.

Auspice, f. m. Il vient du Latin auſpex. C'étoit celui qui parmi les anciens Païens, jugeoit de l'avenir par le vol des oiſeaux, par leur chant & d'autres ſignes. L'antiquité Païenne étoit ſi atachée aux auſpices, qu'elle n'euſt pas voulu faire la moindre choſe ſans en conſulter auparavant. Thiers, de la ſuperſt. Ch.17.

Auſpice, f. m. Du Latin auſpicium, c'eſt à dire, préſage par le vol des oiſeaux. (Auſpice heureux, favorable, malheureux. Il y a des auſpices naturels & des auſpices artificiels, les premiers ſont permis, & les autres condannez. Thiers, ſuperſt. ch.17.

Qu'on redouble demain les heureux ſacrifices,
Que nous leur ofrirons ſous de meilleurs auſpices.
Corn. Cinna, a.5. ſc.3.)

* Auſpices, f. m. Il ſignifie quelquefois conduite heureuſe, ou malheureuſe de quelque grand Capitaine, de quelque grand homme ; & alors il n'a point de ſingulier, je raconterai ce qui s'eſt paſſé ſous les auſpices & par les ordres d'Alexandre. Vaug. Q. c. l.5.

† Auſpices, f. m. Il ſignifie auſſi protection, autorité, & dans ce ſens, il n'a point de ſingulier. Mon livre ne pouvoit honnêtement paroître en public ſous d'autres auſpices que ſous les vôtres. Abl. Luc. Epitre dedic.

AUS

† Auſpices, f. m. Ce mot veut dire deſtin, ſort, fortune, tems heureux ou malheureux. La Republique de Veniſe prit naiſſance ſous d'heureux auſpices, dés le 5. ſiecle de nôtre ſalut. Taleman, Nani. hiſtoire de Veniſe.

Aussi. Conjonctive qui ſignifie autant, comme, & qui alors veut être ſuivie de la particule que. (Porus étoit un homme d'auſſi bon ſens qu'il s'en pût trouver. Vau. Quin. l.8, c 13. A l'âge de vingt-ans il a fait deux combats auſſi beaux que celui des curiaces, Sca. Let.

Auſſi, conj. Pour cela. A cauſe de cela. Ce ſont des remedes qu'on ne doit pas rejetter, mais on ne doit pas croire auſſi qu'ils ſoient infaillibles. M. de la Rochefoucaut.

Auſſi, conj. Encore. Pareillement. Il faut auſſi faire de bonnes œuvres.

Auſſi bien que, conj. De même que, comme. Les hommes, les plus foibles ainſi bien que les héros ont ne fait voir que la mort n'eſt pas un mal.

Auſſi-tôt, conj. A même tems que. (Auſſi-tôt qu'il m'invoquera je l'exaucerai. Arn.)

Auſſi tôt dit, auſſi tôt fait. C'eſt à dire promtement. (Auſſi-tôt dit, auſſi-tôt fait, ils burent deux coups, & ſe traveſtirent. Scar. Rom. com. T.1. c.)

Austere, adj. Rude. Severe. (Directeur auſtére. Vie auſtére. Paſ. Lett.)

Auſtérement, adv. Avec auſterité. (Jeuner auſtérement. Maucroix, Homelies.)

Auſterité, f. f. Ce qui eſt oppoſé à la maniére douce & aiſée. (Auſterité pénible. Paſ. l.4. Les auſteritez de la vie religieuſe. Arn. Faire des auſteritez. Arn. Renoncer aux auſteritez. Maucroix. Hom.)

Austral, auſtrale, adj. Terme de Géographie. Méridional. (Pôle auſtrale. Terre auſtrale. Latitude auſtrale.)

AUT.

Autan, f. m. Vent du Sud-eſt. (Autan furieux. Violent, rude fâcheux, &c.

Les terreurs, les infirmitez
De la froide vieilleſſe, ordinaires compagnes,
Font ſur nous ce que font les autans irritez
Et les neiges ſur les campagnes.
Deshoul. Poëſies.)

Autant, adv. De même, Comme. Auſſi. Quand il eſt ſuivi d'un verbe, il eſt être ſuivi de que : mais lors qu'il eſt ſuivi d'un nom, il veut être ſuivi d'un de. Aimez-moi autant que je ſuis vôtre ſerviteur. Paſ. l.3. Les modernes ont autant d'eſprit que les anciens. Vous devez avoir autant d'amitié pour moi que j'en ai pour vous. Vaug. Rem.)

Autant, adv. Pareil nombre. (Il envoia Parmenion avec deux mile étrangers, & autant de Macédoniens. Vau. Quin. (Ce mot ſert à faire des comparaiſons. (C'étoit une montagne qui s'élevoit peu à peu de la plaine, avec autant de largeur qu'il en faloit pour ſervir &c.

Autant, adv. Extrêmement, tout à fait, entierement, fort. Et dans cette ſignification, le mot autant eſt ſuivi d'un de & d'un infinitif. (Lisbonne eſt une des plus belles viles du monde, & qui mérite autant d'être vuë. Voi. l.45. C'eſt une des Demoiſelles de France qui mérite autant d'être aimée. T. de L. eſt un des barbouilleurs du Roiaume qui mérite autant d'être ſifflé : c'eſt à dire, qui le mérite autant que qui que ce ſoit des autres.

Autant que. Conjonction, qui ſignifie de même que. Elle veut l'infinitif, & être répetée en partie au ſecond membre qui lui répond & qui acheve la comparaiſon. (Autant qu'eſt vaſte l'étendue qui eſt entre le Ciel & la Terre, autant eſt grande la Miſericorde de Dieu ſur ceux qui le craignent. Port-Royal, Pſeaumes. Autant-que les Cieux ſont élevez au deſſus de la Terre, autant mes voies ſont élevées au deſſus des vôtres. P. R. Iſaie C.55.

Autant que. Conjonction, qui ſignifie auſſi quelquefois, ſelon que. (Je vous ordonne autant que j'ai de pouvoir ſur vous que vous aiez à me déclarer ce que vous avez reconnu. Vaug. Q. C. l.7. Ch.1.)

D'autant plus. En latin, eò magis. C'eſt à dire, avec plus ..... (Je le ferai d'autant plus volontiers que ma voix ne ſeroit pas entenduë. Peliſſon, traité de la choſſe d'Opian, épitre.

A la charge d'autant. Voiez charge.

Autel, f. m. En latin altare. Le lieu de l'Egliſe où ſe fait le ſacrifice. Le grand autel. Autel privilegié. Il eſt juſte que ceux qui ſervent à l'autel, vivent de l'autel. Paſ. l.6. On dit par maniere de proverbe que celui qui ſert à l'autel doit vivre de l'autel, pour dire que chacun doit vivre de ſa profeſſion. Elever autel contre autel ; c'eſt faire un ſchiſme dans l'Egliſe. C'eſt un avare qui en prendroit ſur ſon autel. On ne doit pas faire conſcience de commettre un ſacrilege, ou de faire un parjuré, pour s'enrichir. Le proverbe latin dit qu'il faut être amis juſqu'aux autels : c'eſt à dire, qu'il ne faut pas ſervir ſes amis au préjudice de ſa conſcience.

AUT

Ce mot autel se dit aussi de ceux des anciens Juifs, & de ceux des Payens.

† *Autel.* Mot poëtique pour dire, une personne qu'on honore. Honneurs suprêmes qu'on rend à une personne, soit maitresse ou autre. Gloire. Leur langue indiscrete deshonore l'autel où leur cœur sacrifie. *Mol. Tar.* Il faut quiter Silvie à qui ta folle amour éleve des autels. *Mol. Poë.* D'un indigne encens ils profanent tes autels. *Depreaux.*)

AUTENTIQUE, *adj.* Qui a les formes prescrites par la loi. Qui fait preuve. (Acte autentique. *Patru plaidoié 6.* autorité autentique. *Pas. l. 4.*)

Autentiquement, adv. Selon les formes prescrites. Testament fait autentiquement. *Le Mai.*

Autentiques, s. f. pl. Ce sont les nouvelles Ordonnances de l'Empereur Justinien, lesquelles on nomme ordinairement Novelles.

AUTEUR, *s. m.* En latin *autor.* Le prémier qui a inventé quelque chose. Qui a dit quelque chose. Qui est cause de quelque chose qui s'est fait. On le croit auteur de la satire qui court. Dieu est l'auteur de nôtre félicité. Nommer son auteur. *Le Mai.*

Auteur. Celui qui a composé quelque livre imprimé. Ablancourt, Pascal, Voiture & Vaugelas sont d'excellens auteurs François. La Reine Marguerite fille de Henri I I. étoit auteur.

* *Avoir l'air d'auteur.* Façon de parler plaisante, qui se dit de gens de lettres mal-faits. C'est à dire, avoir mauvais air, avoir une mine chagrine & dégoutante, comme celle du petit hipocondre A. & de quelques autres. C'est n'avoir rien que de choquant dans sa phisionomie. Var. a tellement l'air d'auteur, qu'avant même qu'il le fut, on voioit bien qu'il le vouloit être.

AUTOMATS, *s. m.* Terme de Philosophie. Prononcez *afomate.* Il vient du Grec, & signifie celui qui a apris quelque chose de lui-même & sans maitre. L'excellent Nanteuil étoient un automate autant pour le portrait que pour le burin.

Automate, s. m. Terme de mécanique. Machine naturelle qui se remuë d'elle même. Les automates sont surprenans & dignes d'admiration.

AUTOMNAL, *automnale, adj.* Qui vient l'autonne. Ciclamen automnal. Fleur automnale.

AUTONNE, *s. m. & f.* Mais le plus souvent feminin. L'une des quatre saisons de l'année, & celle qui suit immédiatement l'Eté. Autonne sec. Autonne pluvieux. Autonne abondante en toutes sortes de fruits. *Abl. Luc.*

Autonne, s. m. & f. Il signifie au figuré, l'âge qui aproche de la vieillesse, l'âge qui va sur le déclin.

A quoi souhaitez vous d'emploier vos beaux jours ?
Le Printems pour les amours
Est plus propre que l'autonne.

Benserade, balet des plaisirs, 2. partie.

Maintenant que mon sang se glace
Et que mon autonne se passe,
On méconnoit sa flamme & ma foi,
Tout est perdu pour moi,

Richelet, poësies.

AUTORISER, *v. a.* Apuier de son autorité, de son crédit. Favoriser. Donner du crédit. C'est une doctrine capable d'autoriser les vols domestiques. *Pas. l. 6.* Il ne voulut pas autoriser l'exemple de cette action. *Vau. Quin. l. 8. c. 12.* Autoriser une femme en justice. *Le Mai.* La coutume autorise souvent des abus.

† *Autorisation, s. f.* Terme de Palais. Prononcez *autorisacion.* Il signifie l'action d'autoriser. L'autorisation d'un mari est necessaire à une femme qui veut contracter ; & celle d'un tuteur est necessaire à un mineur.

Autorité, s. f. Pouvoir. Puissance. Crédit. Dans ce sens le mot d'autorité n'a point de pluriel. Autorité une autorité absoluë. *Arn.* User de son autorité. *Le Mai.* Donner de l'autorité à un mot. *Vau. Rem.* Ruiner, détruire l'autorité d'une personne, *Arn.* L'autorité Roiale. Il a fait cela de son autorité privée.

Autorité. Gouvernement. Commandement. La persecution que j'avois soufferte durant l'autorité du Cardinal étant finie. *M. de la Rochefoucaut.*

Autorité. Passage de quelque auteur considerable. Mot de quelque bon auteur qui sert à autoriser un autre mot. Le mot d'autorité en ce sens a un pluriel. Voilà de bonnes autoritez.

AUTOUR, *adv.* Aux environs. Il tourne tout autour, & n'entre point dedans.

Autour. Préposition qui regit le genitif & qui signifie aux environs. Autour de l'Eglise. *Abl. Ret. c. 5.* Le voilà qui vient rodet autour de vous. *Mol. Geo.* * Tourner autour du pot. Proverbe qui signifie n'oser pas parler hardiment d'une chose, mais user de circonlocution & de détour.

Autour, s. m. Oiseau de proie femelle, qui est de couleur fauve,

AUT

qui a les piez & les jambes jaunes, & qui est tout semé de taches jaunes. *Bil. l. 2. c. 6.*

AU TRAVERS, A TRAVERS, Prepositions qui ont de diferens régimes. Au travers regit le genitif, & à travers l'acusatif. Il lui a donné un coup d'épée au travers du corps. *Vau. Rem.* Il marchent à travers la bataille des Grecs. *Abl. Ret. l. 5. c. 4.* Il donne à travers les purgations & les saignées. *Mol. Mal.* A travers champs. *Abl.*

AUTRE, *adj.* Ce mot s'aplique aux choses & aux personnes, & il a raport aux choses & aux personnes. (Il n'a pu répondre autre chose sinon qu'il, &c. *Pas. l. 1.* Vous me prenez pour un autre. *Sca.*)

A *d'autres.* Maniere de parler, qui signifie que ce qu'on nous dit, est bagatelle & qu'on n'y ajoute point de foi. On dira, par exemple, à quelcun, M. est honnête homme & ce quelcun répondra *à d'autres,* nous le connoissons : c'est à dire, vous pouvez débiter ces contes à d'autres gens qui ne connoissent pas cet hipocondre ; pour moi, je le connoi, & sur son chapitre vous ne m'en ferez point acroire.

Il en fait bien d'autres, à quoi l'on sous entend, actions, finesses, malices, tours, &c.

L'un vaut l'autre, il n'y a pas à choisir.

On dit que des personnes sont *nées l'une pour l'autre,* pour signifier qu'elles sont de même humeur & qu'elles s'acordent bien.

Il est devenu tout autre, c'est à dire, il est bien changé.

C'est bien un autre homme. Cela veut dire, qu'il est plus considerable & qu'il a plus de mérite, de savoir, d'adresse, &c.

Prendre *l'un pour l'autre,* c'est se méprendre.

Il regarde cela d'un autre œil, c'est à dire d'un autre biais, d'un autre maniere, sous d'autres égards.

Il dit d'un, & fait d'autre. C'est à dire, que ses actions sont contraires à ses paroles.

Aler de côté & d'autre, c'est aler en divers endroits.

C'est un autre Mars, un autre Alexandre, &c. pour dire que c'est un grand homme de guerre, & un grand conquerant, &c.

C'est autre chose de dire, & autre chose de faire. Cela signifie qu'il est plus dificile de faire que de parler. L'autre jour, C'est à dire, un de ces derniers jours passez.

† * On dit proverbialement, c'est *un autre paire de manches.* Pour dire, c'est bien une autre afaire, plus considerable, plus dificile, &c.

Autre part, adv. Ailleurs.

De part & d'autre, c'est à dire, des deux côtez.

On dit en *termes de Palais.* Le Demandeur *d'une part,* & le Desfendeur *d'autre part.*

Autrefois, adv. Il y a long-tems. Au tems passé. (J'ai sçu cela autrefois. C'est à dire, dans une autre ocasion, en un autre tems.

Autrement, adv. D'une autre sorte. D'une autre maniere. (On parle autrement quand on a du sens commun. *Abl. Luc.*)

† *Autrement.* Conjonction, qui signifie une condition, ou une menace. Si cela n'est pas. (Je le veux ainsi, *autrement* il n'y a rien à faire. Il faut vivre d'une maniere honnête & vertueuse *autrement,* on est sujet à s'en repentir.

AUTRUCHE, *s. f.* Oiseau qui a quelque chose de l'oie, qui vit par les campagnes d'Afrique, qui est fort gros, aiant le bec long & pointu, le cou & les jambes tres longues. Sa queuë & ses ailes ont des grandes plumes noires & blanches, & quelquesois grises, dont elle se couvre. (Autruche male. Autruche femelle. On nourrit les autruches d'une patée qu'on fait de son & d'avoine. Avoir un estomac d'autruche. C'est à dire *un bon estomac,* parce qu'on dit que l'autruche digére le fer. *Marmol de M. d' Ablancour, tome 1. l. 1. c. 23.*)

AUTRUI. Ce mot ne se dit que des personnes, & toujours avec l'article indefini. *Vau Rem.* (On a dit de Menage qu'il n'y eut jamais un homme plus prodigue des pensées *d'autrui,* & plus avare des siennes. Il ne faut pas prendre le bien d'autrui. C'est un homme qui ne veut rien d'autrui. Vous autres galans vous jugez d'autrui par vous-mêmes. *Sar.*) On dit proverbialement. Le mal *d'autrui* ne nous touche guere. Le bien *d'autrui* n'est pas à nous. Il ne faut faire à *autrui* que ce que nous voudrions qui nous fust fait.

AUTUMNAL. Voiez *automnal.*

AUV. AUX.

AUVENT, *s. m.* Petit toit fait d'ais, élevé au devant de la boutique des marchands & de quelques gens de métier. Se mettre à couvert de la pluie sous quelque auvent.

AUVERNAT, *s. m.* Sorte de gros vin apellé ainsi de la grape de raisin dont on le tire & dont le plant est venu d'Auvergne. Auvernat blanc. Auvernat rouge. L'auvernat de deux feüilles est en sa boïte, & alors il est bon : auparavant, il n'y a guere que des gens de travail qui en boivent. L'auvernat entête, & est malfaisant.

Un Laquais éfronté m'aporte un rouge bord
D'un *auvernat* fumeux, qui mêlé de lignage,
Se vendoit chez Grenet pour vin de l'Hermitage.

Dép. Sat. 4.

AUXILIAIRE, *adj.* Ce mot se dit en parlant d'armée, & il veut dire, troupes envoïées pour en aider & pour en secourir d'autres. (Les troupes auxiliaires furent taillées en piéces. *Alt.* Il envoia au Camp les troupes auxiliaires. *Supp.* de Q. *Curce, l.2. ch.10.*)

Auxiliaire, adj. Terme de Grammaire. Il se dit des verbes qui aident à en conjuguer d'autres. Il signifie *qui aide à conjuguer*. Le verbe *avoir*, & le verbe *être*, sont les deux verbes auxiliaires de la Langue Françoise.

AXE, AXI, AXO.

Axe, *s. m.* Il vient du Grec. On l'apelle en Latin *axis*, & il signifie proprement *un essieu*; & se dit des roués. On s'en sert dans la Cosmographie pour marquer ce qui, comme *un essieu*, passe au milieu de quelque corps, qui tourne autour de cet *axe*.
(Ainsi l'on apelle, *axe du monde*, une ligne qui le traverse d'un pole à l'autre, qui passe par le centre de la Terre. On est en peine de savoir si le Soleil est fixe, ou s'il tourne autour de son *axe*.

On se sert de ce mot en *Geometrie*, & on le dit des Piramides, des Cones, des Cilindres, &c. & il signifie la ligne qui passe par le milieu des corps, & autour de laquelle on peut les faire tourner.

Axe. Ce mot se dit en termes d'*Optique*, du raion visuel qui passe au milieu de l'œil, sans souffrir aucune refraction dans le cristalin.

Axiome, *s. m.* Proposition si claire qu'elle n'a pas besoin de preuve. Le premier axiome de Phisique est que le néant n'a aucune proprieté. La Geometrie est établie sur trois principes, sur les definitions, sur les *axiomes*, & sur les demandes, ou petitions. V. *le Clerc principes de Géometrie*, *p.6.*

Axonge, *s. m.* C'est une espece de graisse, la plus molle & la plus humide du corps des animaux. Elle est diferente du lard qui est une graisse ferme, & du suif, qui est une graisse seche. On l'apelle en latin *axungia*. Axonge humaine. On nomme ainsi la graisse du corps humain, & le bourreau la prepare avec toute sorte de fines herbes. Cette *axonge* est bonne contre les humeurs froides.

Axeul, *ayeux.* Voiez *aieul, aieux*.

AZE, AZI.

Aze, *s. m.* Ane. Il est plus doux qu'un aze. S. *Am.*

Azerole, *s. f.* Il vient de l'italien *azerolo*. Petit fruit rouge & acide, comme l'épine vinette. Les azeroles sont bonnes pour l'estomac, à cause de l'acide qu'elles ont.

Azerolier, *s. m.* On prononce *azerolié*. C'est l'arbrisseau qui porte les azeroles. Il vient en buisson & en espalier. L'azerolier est joli.

Azile, *s. m.* Ce mot vient du grec. Lieu où l'on se sauve de la persecution, ou de la poursuite de quelque ennemi. Lieu où l'on se retire pour s'exemter de quelque malheur. Ils firent emmener leurs femmes & leurs enfans à Cartage comme dans un azile assuré. *Vau. Quin. l.5.* Il prétendoit trouver un azile pour ses enfans, contre la persecution de ses ennemis. *Abl. Tac.* Les assassins sont indignes de joüir de l'azile des Eglises. *Pas. l.6.*

* Azile. Lieu de sureté. Protection. Protecteur. Faut-il que les Cloitres ne soient pas des azile contre les calomnies. *Pas. l.16.* Le Seigneur est mon azile. *Port-Roial.*

Azime, *adj.* Terme consacré, pour dire du pain sans levain. Pain azime.

Azimut, *s. m.* Terme d'astronomie. C'est un cercle qui passe par le point vertical, & qui coupe l'horison à angle droit. Savoir en quel azimut est un astre. Les azimuts servent à marquer les elevations des astres par dessus l'horison. *Rob. Phi.*

Azimutal, azimutale, *adj.* Il ne se dit proprement qu'au masculin. (*Un cercle azimutal.* C'est un cercle qu'on s'imagine être mené du Zenit, ou point vertical à angles droits sur l'horison. *Un Cadran azimutal*, est un cadran vertical, dont le plan est perpendiculaire à l'horizon, passe par le Zenith & par le Nadir, & sur lequel les azimuts sont marquez, pour connoître à tout moment dans quel azimut se trouve le Soleil.)

Azur, *s. m.* Bleu. Couleur bleuë. (Un bel azur. Le ciel se couvrit d'or & d'azur. *Voi. Poë.*

Azur. Ce mot est une des couleurs du Blason. Il represente le bleu, & est le simbole de la Justice, de la fidelité & de la douceur. *Col.* Potter d'azur.

Azuré, azurée, *adj.* Qui est de couleur d'azur. (Le ciel est azuré, *Gon. Poë.*

B

B

B, *s. m.* Seconde lettre de l'alphabet. Prononcez *bé*. Faire un *b*.

* Ne savoir ni *a*. ni *b.* c'est à dire être ignorant.

Ci dessous gît Monsieur l'Abé
Qui ne savoit ni a. ni b. &c.
Voiez A.

Etre marqué *au b.* Proverbe pour dire être bon & bête.
B. *mol, s. m.* Terme de musique. Marque de musique sur la ligne de la clé. Prononcez *bé-mol.*
B-quarre, *s. m.* Terme de musique. Marque de musique sur la ligne de la clé. Prononcez *bécarre.*

BAA.

Bâailler, ou bâiller, *v. n.* On le peut écrire avec deux *a*; ou avec un *a*, mais on y met toujours un accent circonflexe, pour montrer qu'il faut prononcer longue la premiere silabe de ce mot, bâiller, & les autres qui suivent. Il signifie ouvrir fort la bouche; faire des bâillemens, qui sont causez par une vapeur qui fait ouvrir la bouche extraordinairement, & qui marque de l'ennui ou du sommeil. On baille lors qu'on voit un autre bailler. Il ne fait que bailler. Il est de la civilité de tourner la tête quand on bâille.

Bâailler. Ouvrir la bouche de telle sorte qu'on marque de l'ennui. S'ennuier. Quand on feroit ressusciter Heleine, je bâaillerois prés d'elle assurément. *Boi. Epi.* Je ne sai pourquoi je baille en lisant la pucelle. *Dép. Sat.3.* On ne peut lire 2. ou 3. pages des traductions du scientifique Abé de ** qu'on ne bâaille du moins 7. ou 8. fois.

Bâaillement, *s. m.* Ouverture qui se fait de la bouche lorsqu'on bâaille. Le bâillement déplait. Le bâillement frequent est ennuieux.

† Bailler, *v. n.* Il veut dire aspirer avidement aprés quelque chose: mais en ce sens il est bas, & un peu comique. Le Chimique Bl. au lieu de lire l'Ecriture, s'amuse à distiler & à bâiller aprés quelque abaie, mais on croit qu'il la baillera long-tems.

† Bâilleur, *s. m.* Mot bas & piquant, pour dire un homme qui bâille souvent. (C'est un franc bâilleur, un bâilleur perpétuel.

* Bâilleuse, *s. f.* Mot bas & piquant, pour dire une fille ou une femme qui bâille trop fréquemment. (C'est une bâilleuse qui ennuie tout le monde.)

Bâilleur, *s. m.* Renoüeur. L'un & l'autre se dit. C'est celui qui remet les os disloquez & les côtes pliées, enfoncées & rompuës. Les bâilleurs ne sont point erigez en corps de métier, ni en Oficiers, si ce n'est ceux qui servent par quartier chez le Roi. Plusieurs aiment mieux les apeller Renoüeurs que Bâilleurs. (C'est un des habiles Bâilleurs ou Renoüeurs de Paris.)

Bâillon, Terme de *Religieux Bernardin.* Petit bâton qu'on porte à la bouche pour avoir rompu le silence. (Avoir le bâillon. Porter le bâaillon.)

Bâillonner, *v. a.* Terme de *Religieux Bernardin.* Mettre le bâillon à un Novice qui cause trop, & dans le tems qu'il ne faut pas. On a bâillonné le frere N.

Bâillonner, *v. a.* Mettre un bâillon à la bouche d'un chien, de peur qu'il ne morde. (Bâillonner un chien.)

Bâillonné, baillonnée, *adj.* Terme de blason. Il se dit des animaux qu'on peint avec un baton entre les dents.

BAB.

Babet, *s. f.* Nom de fille. Petite Elisabeth. [Babet est jolie.]

Babeurre, *s. m.* Lait de beurre. (Le babeurre est rafraichissant.)

Babiche, *s. f.* Petite chienne. Vous perdez pour une babiche des pleurs qui sufiroient pour racheter un Roi. *Voi. poe.*

Babil, *s. m.* Vice qui consiste à trop parler. Le babil est la marque d'un petit esprit.

Elle parloit à toute outrance,
Sa langue aloit comme un torrent,
Et son babil étoit plus grand
Que n'est maintenant son silence.

La dignité de Nôtre-Dame demande de la devotion du cœur & non pas du babil & du verbiage. *Dissertation sur le portail des Cordeliers de Reims.*

† Babillard, *s. m.* Qui a du babil. C'est un franc babillard. *Mol.* Les barbiers sont de grands babillards.

Babillarde,

BAB   BAC

† *Babillarde*, s. f. Causeuse. Qui a du babil. (L'hirondelle est une babillarde. *Abl. Ar. l.1.* Les femmes sont toutes foibles, légeres, indiscretes, impatientes & *babillardes. Entr. d'Ariste.* p.234.)

† *Babiller*, v. n. Avoir du babil, du caquet. [Elle babille toujours.

C'est veritablement la Tour de Babilone.
Car chacun y *babille* & tout du long de l'aune.
Mol. Tart. a.1. sc.1.]

Babilloire, s. f. Voiez *caquetoire*.

BABINE, s. f. Tout ce qui couvre les dents des chevaux & des vaches par dehors. De grosses babines.

† *Babine*. Mot satirique, pour dire lévres. Ils toucherent leurs sales babines contre des musles dédaigneux. *S. Am.*

BABIOLES, s. f. Choses de peu de consequence, & de petite valeur. Nipes de peu de prix & proprement d'enfant.

BABOÜIN, s. m. C'est une espece de gros singe. Ce baboüin fait mille plaisantes singeries.

† * *Baboüin*, s. m. Certaine figure grotesque barbouillée sur la muraille d'un corps de garde, qu'on fait baiser aux soldats qui ont manqué en quelque chose.

† * *Baiser le baboüin*. Sorte de proverbe pour dire, faire des soumissions à quelcun avec lequel on étoit brouillé.

† * *Faire baiser le baboüin à quelcun*. Façon de parler proverbiale, pour dire, obliger une personne à se soumettre avec quelque sorte de honte.

* *Baboüin*, s. m. Ce mot se dit d'un enfant, & veut dire étourdi, badin, sot, & qui n'a point de conduite. C'est un petit baboüin, un franc, un vrai badin.

* *Baboüine*, s. f. Sotte, impertinente, & qui manque de conduite. Faire la baboüine, une petite baboüine.

BAC.

BAC, s. m. Bateau grand, large, plat par le nez & par le cu, qu'on tire avec un cable, & dont on se sert pour passer les hommes, les bêtes & les chariots. Passer au bac.

BACALAUREAT, s. m. Prononcez *bacaloreat*. Dignité de Bachelier. Qualité de Bachelier. Le bacalaureat est parmi les ecclesiastiques quelque chose de glorieux. Aspirer au bacalaureat. Parvenir au bacalaureat.

BACANALES, s. f. Fêtes de Bachus. Jouts de débauches parmi les anciens.

Bacanale, s. f. Tableau qui répresente les Fêtes de Bachus. Une belle bacanale.

Bacante, s. f. Prêtresse de bachus, qui célébroit les Fêtes de ce Dieu. (Bacante, furieuse, transportée, toute échevelée. Les bacantes joüoient du tambour, jettant la tête en arriere, & portoient toutes chacune un Tirse, lors qu'elles célébroient les Fêtes de bachus.)

BACHA, *Bassa*, s. m. Bassa est le vrai mot. C'est un homme qui a un commandement considerable parmi les Turcs. Voiez *Briot*, *Histoire de l'empire Otoman*, l.1. c.4.

Bachelette, s. f. Voiez ce mot après *Bachelier*.

BACHELIER, s. m. Ce mot, dans la Faculté de Droit Canon, est celui qui après trois ans d'étude en Droit, réglez par l'Edit du Roi de mille six cens soixante & dix neuf, du huitiéme de Mai, a fait & souteñu un acte dans les formes ordinaires & prescrites par la Faculté. (Etre bachelier en Droit Canon.)

Bachelier. Ce mot, en parlant de *la Faculté de Médecine* de Paris est celui qui a étudié deux ans en Médecine, qui est depuis quatre ans maitre és Arts de l'Université de Paris, & qui aïant subi l'examen général, est revêtu de la fourrure pour entrer ensuite en licence. Les fils de Docteurs de l'école de Paris se presentent quand ils veulent, lors qu'ils ont étudié deux ans en Medecine. Mais les Medecins qui ne sont pas de la Faculté de Paris, & qui s'y veulent faire recevoir, doivent avoir été huit ans Docteurs d'une autre Faculté, afin de pouvoir être admis à l'examen de *Bachelier*.

Bachelier. Ce mot se dit en parlant des anciens nobles François. C'étoit un jeune Gentil-homme qui n'aïant pas moien de lever banniere, étoit contraint de marcher sous celle d'autrui, qui aspiroit à être Chevalier, & tenoit rang entre le Chevalier & l'Ecuier. Voiez *du Tillet*, *Memoires & Loiseau*, traité *de la haute Noblesse*, Nombre 49. & 51.

[L'Ordre de banneret est plus que Chevalier ;
Comme après Chevalier, à cour suit bachelier ;
Puis après bachelier, Ecuier. *Voyez le Poëme de l'Origine des Chevaliers Bannerets*.]

Bachelier. Ce mot signifie aussi celui qui fait l'amour à une jeune fille. Amant de quelque jeune fille. Le mot de *Bachelier* en ce sens est hors d'usage. *Loiseau*, *traité de la haute Noblesse*, fille à qui le *Bachelier* faisoit l'amour, s'apeloit *bachelette*, & il falloit que ce fût une jeune fille.) Le mot de *bachelette*, en ce sens, n'est en usage que dans les vers & les discours de prose qu'on fait par plaisir, pour imiter le langage de nos peres qui dans sa naïveté a souvent quelque chose d'assez joli.

Adonc, me dit la *Bachelette*,
Que vôtre coq cherche poulette.
La Fontaine, *Nouveaux contes*; p.129.

Bacheliére, s. f. Ce mot se trouve dans les Statuts des Bouquetiéres de Paris. C'est une maitresse bouquetiére qui a passé plusieurs fois par toutes les charges du Métier. Il y a quatre anciennes bacheliéres dans le corps de bouquetiéres, & chaque bacheliére a trente sols de chaque aprentisse qu'on reçoit. Les aspirantes doivent faire leur chef-d'œuvre en présence des Jurées & des quatre anciennes *bacheliéres*. Voiez *les Statuts des bouquetieres*, art. 4. & 5.

BACHIQUE, adj. Qui parle de Baccus, de vin. (Air bachique. Chanson bachique.)

Bachot, s. m. Petit bâtiment fait d'ais, pour aler sur les riviéres, pour y mener du monde, & le passer d'un bord à l'autre. (Le nez, la levée d'un bachot : le derriére ou le cu d'un bachot : les tourets, le plat bord, le plancher, le fond d'un bachot, les avirons, le gouvernail d'un bachot. Bachot couvert. Quand le bachot est couvert, il y a une cabane & une banne. Les gens qui ne sont pas bateliers apellent le bachot un petit bateau. Mener un bachot. Fermer & *desermer un bachot*, c'est le lier & le délier. Haler un bachot, c'est le tirer avec un cable lié à son mât. Il n'a ordinairement de mât que lors qu'il faut faire quelque petite traite sur l'eau.

Bachus; s. m. Prononcez & écrivez, baccus; fils de Jupiter & de Sémelé. qu'on répresente jeune, couronné de pampres, & avec une bouteille à la main. Il est pris pour le Dieu du vin, & pour le vin même. (Ainsi on dit, baccus aime le desordre &c.]

* *Baclé*, baclée, adj. Fait Réglé. Arrêté. (Cela est baclé.)

BACQUET. Voiez *Baquet*.

BACTURES. Voiez *Baquetures*.

BAD.

BADAUT, s. m. Sot. Niais. (C'est un badaut.)

* *Badaut*. Ce mot est un sobriquet injurieux qu'on donne communément au peuple de Paris, parce qu'il s'atroupe & s'amuse à regarder tout ce qui lui semble tant soit peu extraordinaire. Un charlatan, par exemple, a bien tôt amassé autour de lui plusieurs badauts. Les badauts de Paris. Mais en ce sens le mot de *badaut* se dit en riant.)

Badaude. Ce mot se dit des femmes & des filles de Paris, par la même raison qu'on dit des hommes, les badauts de Paris. Elle est badaude. Ce mot se dit seulement en riant en cette signification.

BADIN, s. m. Folâtre. Benêt. Elle croit qu'un badin qui danse & saute, vaut mieux qu'un honnête homme.

Badine, s. f. Folâtre. C'est une franche badine.

Badin, badine, adj. Sot. Ridicule. Il nous vient étourdir de ses contes badins.

Badin, badine, adj. Folâtre, niais. Vous êtes bien badin de vous amuser à ces niaiseries. *Port-Roial*, *Terence*, *Adelphes*, a.1. sc.1.

Badin, badine, adj. Ce mot se dit en riant, & veut dire enjoué, gaillard & plaisant. Il avoit un tour admirable dans son esprit enjoué & badin. *Bussi Rabutin*.

Badinement, adv. D'un air badin & folâtre. Pégase s'agenouilloit badinement quand Voiture le montoit. *Sar. pompe fan. de Voiture*.

Badinage, s. m. Action par laquelle on folâtre de la main. Un badinage impertinent, plaisant, aimable.

Badinage. Maniere badine & ridicule. Je laissai passer tout ce badinage où l'esprit de l'homme se joue de l'amour de Dieu. *Pas. l.10.*

Badinage. Enjoüement. Maniere de dire agréablement les choses. Imitons de Marot l'élégant badinage. *Dép.*

* *Etre instruit au badinage*. Etre fait à tout ce qu'on veut. Etre instruit de toute l'intrigue. Etre acoutumé à tout ce qu'on desire.

Badiner, v. n. Joüer, & folâtrer de la main. Il ne faut que badiner auprés des Dames.

* *Badiner*. Dire les choses d'un air fin & plaisant. Se joüer agreablement. Ce n'est pas qu'une muse un peu fine, sur un mot en passant, ne joüe & ne badine. Badiner noblement. *Dépreaux*.

* *Badiner*. Ce mot se dit des petits ornemens qu'on arache & veut dire avoir quelque petit mouvement agreable. Il faut que cela badine un peu.

Badinerie, s. f. Sotise. C'est une grande badinerie. Il y a des badineries tout à fait insuportables, & qui ofensent l'esprit ; il y en a d'autres qui l'amusent agreablement. *Balx. entret.* 38.

Badinerie. Niaiserie. Bagatelle. Puerilité. Les genies les plus élevez tombent quelquefois dans la badinerie. *Dépreaux*, *Longin*, ch.7.

Badinerie. Enjoüement. Badinage. La Déesse badinerie suivoit les auteurs. *Sar*.

N

BAF. BAG.

BAFOUER, v. a. Traiter injurieusement. (Bafouër quelcun avec ignominie. *Patru Plaidoié 5.*)

BAGAGE, s. m. Equipage de gens de guerre qu'on porte sur des chariots, sur des charetes, & sur des chevaux.

† *Plier bagage.* C'est s'en aler d'un lieu pour n'y pas revenir. (*Notre tems a plié bagage*, phrase burlesque pour dire qu'on est vieux.)

† BAGARRE , s. m. Bruit. (On a bien fait du bagarre. Un horrible bagarre.)

BAGASSE, ou *bagace*, s. f. Il vient de l'Espagnol *bagasa*, ou de l'Italien *bagascia*. C'est un mot Provençal & Gascon, qui signifie *putain*. Dans les autres païs où l'on parle bon François, le mot de *bagasse* n'entre que dans les discours familiers & plaisans. C'est ainsi que l'a emploié l'Auteur des Dames galanres. *Lais*, dit-il, *s'abandonnoit comme une bagasse*. Et l'agréable Chapelle, en parlant d'un Poëte qui aimoit le page, comme V. la bagasse, a écrit.

Chacun y nommoit d'Assouci,
Il sera brûlé, Dieu merci,
Croioit une vieille *bagasse*,
Voiage de Bachaumont & Chapelle.

BAGATELLE, s. f. Afaire de rien. Chose de peu de conséquence. Petite chose, & qui presque ne mérite pas d'être considérée. Petite production d'esprit. (Vous voilà bien embarasé pour une bagatelle. *Mol. Four.* A moi cent mille vers font une bagatelle. *Sca. Poe.* Oublier comme une bagatelle tous les maux qu'on a fouferts. *Sca.* Il y a une grande diférence de toutes ces bagatelles à la beauté des piéces sérieuses. *Mol. Crit.*)

* Bagatelle. Ce mot signifie *point du tout*. (Par exemple si on dit à quelcun, *cela sera*, & qu'il témoigne qu'il ne le croit pas, il répondra, *bagatelle*. Voiez *Moliere fourberies de Scapin. a. 1. sc. 4.*)

BAGNE, s. m. Mot Turc. C'est le lieu où l'on renferme les Esclaves. (A Constantinople, le *Bagne* est grand & spacieux.)

BAGUE, s. f. Anneau d'or ou d'argent, au dessus duquel il y a quelque pierre précieuse, ou quelque diamant enchassé. (Une bague bien travaillée.)

Bague. Ce mot se dit entre académistes. C'est un grand anneau de fer, ou de cuivre, qui pend au bout d'une maniere de clé, suspendu à un bâton, qui s'apèle *potence*, & qu'il le faut emporter la lance à la main en courant à toute bride. On dit le canon de la bague, le nombril de la potence. Les phrases dont on se sert dans cet agréable exercice, sont, courre la bague, faire une levée de bonne grace avec la lance, mettre la lance en arrêt, baisser la lance, brider la potence, mettre dans le nombril, faire un dedans, emporter la bague, gagner le prix, &c.

Bague astronomique. Voiez *anneau astronomique.*

Bagues & joyaux. Terme de pratique, en parlant des gens mariez. Ce sont les pierreries & les autres bijoux qu'un époux a donnez à son épouse. (La femme reprend préférablement à tous les créanciers ses *bagues & joyaux*, lorsqu'ils se trouvent en nature Voi. *Richard. Traité des donations. p. 3. ch. 9.*

† * *Il s'en est tiré bagues sauves.* Façon de parler proverbiale, c'est à dire, il s'est heureusement tiré de l'afaire qui lui faisoit de la peine.

BAGUENAUDE, s. f. C'est une sorte de vieille poësie de rimes masculines. Pâquier en parle dans ses recherches.

Baguenaude, s. f. Fruit de baguenaudier, que les enfans font crever entre leurs mains, & les font claquer. (Cueillir des baguenaudes, & les donner à des enfans pour les amuser.)

† *Baguenauder*, v. n. Ce mot est vieux, & ne se dit que par le petit peuple, & même rarement. C'est s'amuser à des choses vaines. (Je n'aime point à baguenauder. Il ne fait que baguenauder.)

† *Baguenaudier*, s. m. C'est celui qui baguenaude. Ce mot est vieux, en ce sens. C'est un franc baguenaudier.)

Baguenaudier, s. m. C'est une sorte de petit arbre qui fleurit janne. (Le baguenaudier est joli quand il est bien fleuri.)

BAGUER, v. a. Terme de *Couturiere en drap.* Faire tenir les plis d'un habit avec des grands fils.

BAGUETTE, s. f. Bâton long & délié. (Porter une petite baguette.)

Baguette de fusée. C'est un bâton long qu'on atache à une fusée volante, & qui doit être de même poids que la fusée, pour lui servir de contrepoids, autrement elle ne monteroit pas en haut.

Baguette de tambour. Petits bâtons longs d'environ un pié & demi, & bien tournez, avec quoi on bat la caisse.

* *Commander à baguette.* C'est à dire, *commander absolument.*

Baguier, s. m. Terme de *Lapidaire.* Maniere de petit cofre où l'on met les bagues. (Un beau baguier. On apeloit autrefois *boitier*. Il est divisé en plusieurs raïes, dans lesquelles on met les bagues, en sorte qu'il ne paroit dehors que la pierre précieuse.

BAH. BAI.

BAHUT, s. m. Cofre couvert de cuir, orné de petits cloux rangez agréablement. *Bahut* est vieux, on dit *cofre.*

Bahutier, s. m. Ouvrier qui vend, & fait de toutes sortes de cofres, valises, malles, cantines, le tout couvert de cuir de veau, de vache, de roussi, de porc & de toutes sortes de cuir à la réserve du chagrin. *Bahutier* est vieux, on dit *malcier* ou *cofretier.* V. *Cofretier.*

Bai, *baie*, adj. Prononcez *Bé.* Qui est de couleur de chataîgne, plus ou moins claire, ou obscure. (Cheval bai, cavale baie, bai clair, bai chatain, bai doré, bai brun, bai miroueté, ou à miroir.)

BAIE, s. f. Graine, ou fruit de certains arbres comme de laurier, de genevrier, de houx, &c. (L'if porte des baies rouges, douces & pleines d'un suc qui ressemble au vin. *Dal.*)

Baie. Terme de *maçon.* Ouverture qu'on laisse au mur lorsqu'on batit pour mettre une porte ou une croisée. (Sortir par la baie.)

Baie. Terme de mer. Enfoncement de la mer dans la terre, beaucoup plus large par le dedans que par l'entrée, à la diférence des anses de mer qui sont plus larges par l'entrée que par le dedans. (La baie de Cadis. La baie de Gilbratar.)

† *Baie.* Tromperie. (Donner une baie à quelcun. Païer d'une baie. C'est un donneur de baies, *Voiez la farce de maître Pierre Patelin.*)

BAIGNER, v. a. Faire entrer dans l'eau. Faire nager dans l'eau pour prendre du rafraichisement. [Baigner, ou faire baigner un cheval.)

* *Baigner.* Ce mot se dit des rivieres & des fleuves, & veut dire *couler auprés, Arroser.* (L'Indus baigne la forteresse vers le Septentrion. *Vau. Quin. l. 9.*)

Baigner, v. a. Au figuré, il signifie *arroser.* [Baigner son lit de ses larmes. *Port-Roial. Ps.*)

* *Baigner*, v. n. Ce mot se dit des choses qui trempent entierement dans la liqueur où on les a mises. (Il faut que ces herbes baignent dans la liqueur où on les a mises infuser.)

On dit hyperboliquement qu'un homme assassiné *baigne dans son sang*, pour dire qu'il en a beaucoup répandu. On dit que le visage d'une personne qui pleure beaucoup, est *baigné de ses larmes.*

Se baigner, v. r. Prendre le bain. Se mettre dans l'eau pour se rafraichir. Il me prend envie de me baigner. Oiseau qui se baigne.)

† *Se baigner.* Se plaire. (Vôtre cruauté se baigne dans les pleurs que vous nous amans. *Voi. Poe.* Il se baigne dans la joie, dans les plaisirs. Ce cruel Tiran *se baigne* dans le sang de ceux qu'il a fait masacrer. Ce terrible Conquerant *se baignoit* dans le sang des ennemis qu'il avoit défaits.)

Baigneur, s. m. Celui qui se baigne dans le bain de quelque riviére. [Il y a bien des baigneurs cette année.]

Baigneur. Barbier qui a des bains chez lui.

Baignoire, s. f. Vaisseau composé de douves, & lié avec des cerceaux, où l'on se baigne dans la maison. (Une baignoire ovale, ou quarrée.)

BAIGU. V. *Begu.*

BAIL, s. m. Ce mot fait au pluriel, *baux.* Contrat passé devant Notaire, de quelque maison, ou de quelque ferme.

† *Bail d'amour.* Contrat de mariage. Une assurance d'aimer & de ne pas quiter une maîtresse. (Dour rendre vôtre esprit certain, je vous passerai dés demain, un bail d'amour devant Notaire, *Sar. Poe.*)

BAILE, s. m. Il vient du mot Espagnol *Bayle.* Il se dit dans le Roussillon & en Languedoc, & signifie une sorte de Juge-Roial. (On prétend assujettir les enrôlez au paiement des entrées, quand les Consuls ou les Bailes l'ordonnent. *Patru, pl. 1.*) On donnoit aussi ce nom de Baile aux Résidens de la République de Venise à Constantinople.

BAILLE, s. f. Terme de *mer.* Maniere de petite cuve, où l'on met des grenades, & quelquefois le breuvage qui se distribue chaque jour à l'équipage. (La baille est pleine.)

BAILLER, v. a. Ce mot se dit des terres qu'on laisse à ferme. Hors de là il n'est pas du bel usage. On dit en sa place *donner.* (Bailler à ferme quelques heritages.) V. *donner.*

BAILLI, s. m. Celui qui dans une Province a le soin de la justice, qui est le Juge ordinaire des nobles, qui en est le chef un ban & arriereban, & qui conserve les droits & le bien d'autrui contre l'opression de ceux qui l'ataquent.

† *Baillive*, s. f. Femme de Bailli. Le mot de Baillive est burlesque, on dit *femme de Bailli*, (Vous irez visiter pour vôtre bien-venüe, Madame la Baillive, & Madame l'Elue. *Mol. Imp. n. 1. sc. 4.*)

Bailliage, s. m. Il y a deux sortes de Bailliages, un Bailliage général & un Bailliage particulier. Le général est une Jurisdiction Roïale, qui ne reconnoit point de Juge supérieur que le Parlement, & qui est composée d'un Lieutenant général, d'un Lieutenant particulier, d'un Lieutenant criminel, d'un Avocat du Roi, & de plusieurs Conseillers. Le baillage particulier est composé de même, sinon que le Lieutenant du baillage particulier s'apelle Lieutenant civil, & que le Lieutenant general a droit d'y tenir les assises. On juge dans ces bailliages des causes des Nobles & du Domaine du Roi. Le Lieutenant general a droit de faire assembler le ban & l'arriére-ban, à l'exclusion du baillage particulier, & par apellation des causes des Prevôtez & autres justices interieures. Le bailliage general & le particulier jugent de toutes fortes de causes, excepté des afaires des bailliages des Ducs & Pairs, qui ressortissent, omisso medio, à leur Parlement. Les bailliages jugent prevotablement des dernier ressort avec le Prevôt des Maréchaux. Les Conseillers jugent des criminels, avec le Lieutenant criminel, & alors il y a apel de leur Sentence au Parlement. C'est le Procureur du Roi qui apelle, & quand il n'apelleroit pas, il faut toujours aporter la procedure au Parlement.

Bailliage, s. m. C'est l'étenduë de la Juridiction d'un bailli. Le bailliage du Châtelet de Paris est grand, il est beau, & considerable.

Bain; s. m. Endroit de la riviere le plus propre à se baigner. Le bain est bon en cet endroit. Entrer dans le bain, sortir du bain. Demeurer une bonne heure au bain. Il est bon de ne se point agiter quand on est au bain.

Bain, s. m. Ce mot en parlant de bains publics se dit d'ordinaire au pluriel, parce que dans ces sortes de bains, il y a plusieurs petits reduits, qui sont chacun apellez bain, où l'on se peut baigner separement. C'est de la sorte que les bains des anciens étoient batis; car il y avoit des chambres pour les hommes, & d'autres pour les femmes, separées les unes des autres. On s'y pouvoit baigner commodement. *Vitr. l. 5. ch. 10.* On dit aler aux bains, revenir des bains de Bourbon Il y a des bains froids, & des bains chauds, &c.

Bain, s. m. C'est sur la riviere de Seine à Paris, un grand bateau couvert d'une grosse toile, autour duquel il y a quelque nombre de petites échelles pour décendre dans un endroit de la riviére, où il y a quantité de petits pieux enfoncez d'espace en espace, auquels on se retient quand on prend le bain. Bain, en ce sens, se dit au singulier & au pluriel. Voilà le bain des hommes. Le bain des femmes est un autre bateau un peu éloigné de celui des hommes. Il y a des bains sur la Seine assez commodes, ils coutent deux sols ou six blancs à chaque personne qui se baigne.

Bain, s. m. C'est l'action de se baigner. Il consiste à se mettre dans l'eau, & y demeurer quelque tems. Les jeunes gens se baignent par plaisir, & les autres prennent le bain pour se conserver en santé, car on dit qu'il est bon pour cela. Quand les Medecins ne savent plus où ils en sont, ils ordonnent le bain à leurs malades. On dit que le bain est meilleur à la riviere qu'au logis, parce qu'il est plus naturel. Le mot de bain en ce sens, ne se semble bien en usage qu'au singulier.

Bain de crapaut. S. Amant ainsi nommé un lieu qui est sale & bourbeux.

Bains. Medicamens externes preparez avec de l'eau, où l'on fait boüillir des médicamens simples, & où l'on ajoute quelque fois du vin, du lait, ou autres liqueurs pour prendre le bain. En ce sens le mot de bain se peut emploier au pluriel. Madame ne sauroit dormir, & le Medecin a ordonné un bain pour la rafraîchir. On dira aussi, il a ordonné des bains pour abatre les fumées qui montent du bas ventre au cerveau de Madame.

Les Medecins apellent les étuves des bains secs; parce qu'elles font sortir l'humidité du corps par les sueurs. Et par les bains humides, ils entendent une fomentation de tout le corps.

Bain-marie, s. m. Vaisseau plein d'eau avec un ou plusieurs alambics pour faire distiler, ou pour s'en servir à quelqu'autre chose. Passer par le bain-marie. Mettre au bain-marie.

Baioque, s. f. Petite monnoie d'Italie, qui est la dixiéme partie d'un Jule.

Bajoire, s. f. Piece de monnoie d'argent qui a cours en Alemagne, en Holande, &c. & qui vaut un écu & un quart.

Baionnette, s. f. Ce mot semble venir de Gascogne. C'est une sorte de petite épée longue de 12. à 13. pouces, qui n'a ni garde ni poignée, mais seulement un manche de bois de 8. à 10. pouces, qui a une lame en forme de lancette, large d'un bon pouce, longue d'un pié, & fort pointuë. La baionnette est d'un grand service aux dragons & aux fusiliers, parce que quand ils ont fait leur décharge, & qu'ils se trouvent sans poudre & sans plomb, ils peuvent mettre le manche de la baionnette dans le canon de leur fusil, & s'en servir comme d'une pertuisanne.

Baiser, v. a. Aprocher sa bouche de celle d'un autre pour marque d'amour ou d'amitié. Baiser quelcun de bon cœur. *Voi.* 42. Baiser sur la bouche; baiser à pincettes; baiser la langue dans la bouche. Les peres & les meres baisent leurs enfans au front; les amis se baisent à la jouë, & les amans à la bouche.

* On dit de celui qui a une grande obligation à un autre, qu'il devroit baiser les pas où il marche.

Baiser le babouin. Voiez Babouin.

Baiser. Avoir la derniere faveur d'une Dame. Si l'on ne baise aux enfers, n'esperez plus d'être baisée. *Mail. poë.*

Baiser. Ce mot se dit des ais qui se touchent sans qu'il y ait rien entre deux. Il ne faut pas que les ais se baisent de peur qu'ils ne se gâtent.

Baiser les mains à quelcun. C'est assurer quelcun de ses services. Je baise les mains à Mademoiselle Atalante. *Voi. l.42.*

Je vous baise les mains. Ces mots prononcez serieusement marquent qu'on est serviteur d'une personne; mais si on les prononce d'un ton un peu fier, ils marquent quelque refus.

Baiser, s. m. En latin *osculum, basium.* Il semble que c'est de ce dernier mot que nous avons fait *baiser,* qu'on prononce *baisé.* Il se dit proprement & ordinairement des personnes. C'est l'aproche honnête & civile qu'on fait de la jouë, ou de la bouche d'une personne, pour lui marquer son amitié ou son amour. Un baiser civil, honnête, galant, doux, agreable, aimable, touchant, tendre, délicieux, savoureux. Donner un baiser, prendre un baiser, recevoir un baiser, rendre un baiser. *Abl. Luc.*

Ne les diferez pas ces baisers adorables,
Qui seuls peuvent changer le sort des miserables.
God. poesies. I. p. Eglogue I.

Philis, laissez moi prendre
Ce qui peut m'apaiser,
Je ne veux qu'un baiser
Autant qu'il peut s'étendre.
Bouillon, poesies.

Un baiser obtenu sur les lévres de rose,
Soulageroit le mal que son bel œil me cause.
T. Corn. Berger extr. a.3. sc.5.

Un baiser de Judas. C'est un baiser d'une personne qui trahit, & qui comme la plupart des gens du monde, ne flate que pour tromper plus facilement.

Baiser de paix. C'étoit une marque d'amitié que se donnoient les premiers Chrétiens à la fin de leurs assemblées, & par laquelle ils témoignoient qu'ils étoient unis par la charité. On donne encore aujourdui le baiser de paix en diverses ceremonies de l'Eglise Romaine.

Baise-main, s. m. C'est une sainte ofrande qu'on fait à Messieurs les Curez le jour des Fêtes solemnelles, en leur baisant la main. Ce n'est que dans ce sens, que ce mot *baise-main* a un singulier. *Vaug. Rem.*

Baise-mains, s. m. Terme de civilité. Qui signifie assurance de service, de respect & d'amitié. (Vos baise-mains ont été bien reçus.)

A belles baise-mains. Il n'y a que dans cette phrase consacrée ou baise-mains soit féminin. Il signifie avec joie. Tres-volontiers. (Recevoir une chose à belles baise-mains.)

Baiseur, s. m. Qui baise volontiers. (Un grand baiseur.)

Baiseuse, s. f. Celle qui baise volontiers.

* *Baisoter, v. a.* Baiser souvent.

Baisser, v. a. Abaisser. (Baisser un pont-levis. Baisser les piques pour donner. *Abl. Ret. l. 1.* Baisser la tête.)

Baisser, v. n. Diminuer; s'abaisser; devenir plus bas. (La mer hausse & baisse deux fois le jour. La riviere baisse & diminué à vuë d'œuil.)

* *Baisser.* Diminuer. S'afoiblir. (Son esprit baisse. *Sca.*)

Se baisser, v. r. Se courber. S'abaisser. [La chambre de sa porte est si petite, qu'il se faut baisser pour y entrer.)

Baissé, baissée, part. & adj. Qui est abaissé.

* Donner tête baissée dans les ennemis. C'est inconsiderément, & sans connoitre le peril qu'il y a.

Baissement, s. m. Action de celui qui baisse la tête. (Les Seminaristes font des baissemens de tête.)

BAL.

Bal, s. m. Ce mot fait au pluriel *bals.* Assemblée de personne de l'un & de l'autre sexe, qui dancent au son des violons toutes sortes de danses & de courantes. (Ouvrir le bal. Il y a plusieurs bals durant le carnaval. Courre le bal.)

Balade, s. f. Chanson de trois couplets & d'un envoi, le tout sur deux, trois ou quatre rimes, avec un refrain qui se repete au bout de chaque couplet & de l'envoi.

Baladin, s. m. Farceur. Celui qui fait ou dit quelque chose pour faire rire ceux qui sont presens. (Harlequin & Scaramouche ont des noms de Baladins. On fit entrer un *Baladin* pour rejouir la compagnie. *Abl. Luc. T. 3. Saturnales.*

Baladin. Sot, ridicule. (C'est un franc baladin.)

Baladine, s. f. Farceuse. Celle qui fait ou dit quelque chose pour faire rire. [Il la fit chanter & danser, avec les façons, les gestes & les mouvemens qu'avoient à Rome les Baladines. *S. Evremont. Historiens François.*)

Balaire, s. f. Estafilade au visage. (Une vilaine balafre.)

Balafrer, v. a. Faire une balafre. (Balafrer quelcun.)

Balai, s. m. C'est environ deux poignées de verges, de joncs, ou de plumes liées, & emmanchées au bout d'un bâton, ce qui fert à nettéier les ordures. Un balai de bouleau, de joncs, de plumes dures, &c.)

*Balai du Ciel. Terme de mer. Ceux qui navigent fur l'Ocean, appellent de ce nom le vent de Nord-oueſt, parce qu'il nétéie le Ciel de toute forte de nuages. Desroches, Termes de Marine.

Balaier, v. a. Voiez balier.

Balaieur, ſ. m. Celui qui fait & vend des balais de joncs & de plumes. Voiez balieur.

Balaieuſe, ſ. f. Celle qui fait & vend des balais par les ruës de Paris.

Balaiures, ſ. f. Ordures amaſſées avec le balai.

BALANCES, ſ. f. Inſtrumens dont on ſe ſert pour peſer, compoſé d'un fleau, d'une chaſſe, de deux baſſins de métal, ou de deux plateaux de bois. (Ajuſter les balances.)

Balance. Egalité. Action de celui qui n'incline pas plus d'un côté que de l'autre. (Tibére a tenu la balance égale entre ſon fils & Germanicus. Abl. Tac. La plus ardente des affections humaines n'a pu emporter la balance en faveur du légataire. Patru, plaidoïé 10.)

Balance. Incertitude. Irréſolution. (Son eſprit eſt en balance.)

*Balance. Deliberation pour ſavoir ſi on fera, ou ne fera pas. [Mettre une choſe en balance.)

Balances, Le ſigne des Balances, qui eſt un des douze ſignes du Zodiaque.

Balancement, ſ. m. Etat d'une choſe qui balance. (Le flux & reflux de la mer vient du balancement que le globe de la terre a ſur ſon axe. Entretiens d'Ariſte & d'Eugene.)

Balancer, v. a. Prononcez balanſé. Ce mot, au propre, ſignifie faire aler, quelcun haut & bas ſur une brandilloire. (Un petit garçon en balance un autre ſur une brandilloire, ou balançoire.)

*Balancer, v. a. Il ſignifie au figuré, examiner, conſidérer. Il ſe mit à balancer en lui-même, tantôt ſon avis, & tantôt celui de ſes Capitaines. Vaug. Q. C. l. 4. Ils balançoient ſagement leurs forces. Abl. Tac.

*Balancer, v. n. Ce verbe ſignifiant être irréſolu, incertain & indéterminé; héſiter, ne ſavoir de quel côté pancher, eſt ordinairement neutre, & figuré; Il régit un autre verbe à l'infinitif, avec la particule à, ou pour, ſelon qu'il eſt néceſſaire, ou que l'oreille le trouve à propos.

Le tems eſt cher, Seigneur, plus que vous ne penſez,
Tandis qu'à me repondre ici vous balancez,
Matan, étincelant de rage,
Demande le ſignal & preſſe le carnage.
Racine, Atalie, a. 5. ſc 2.

La crainte de vous déplaire me faiſoit balancer à vous dire.
Auteur Auonime, hiſtoire galante.

..... Si juſqu'ici, par un trait de prudence,
J'ai demeuré pour toi dans un humble ſilence,
Ce n'eſt pas que mon cœur vainement ſuſpendu,
Balance pour t'oſrir un encens qui t'eſt dû.
Dep. Diſc. au Roi.

On dit encore. Il balançoit entre l'honneur du monde & la crainte de Monſieur le Prince. Mem. d. la R.
Il ne balança point ſur le parti qu'il devoit prendre. Vaſconcelle, Arioſte, T. 1.
Racine a fait ce verbe actif, en ce même ſens, quand il a dit. Rien ne ſantoit balancer ſon reſpect.
La victoire balançoit ſans ſe déclarer. Vaſconcelle, Arioſte, T. 1.

Balancer. Terme de chaſſe. Il ſe dit de la bête qui eſt courue, & qui va çà & là. Il ſe dit auſſi du limier qui ne tient pas la voie juſte. Sal.

Se balancer, v. r. Se brandiller. Se faire aler de côté & d'autre ſur une brandilloire, ou balançoire.

Balancier, ſ. m. Artiſan qui fait & vend de toutes ſortes de balances, de poids, de peſons, de romaines & de trébuchets.

Balancier. Terme d'Horloger. La piéce de l'horloge qui regle les heures. C'eſt une verge de fer qui modére le mouvement des rouës, cauſé par le poids d'une horloge. Ou une rouë qui modére le mouvement des rouës cauſé par l'éfort que fait le reſſort d'une montre. (On dit charger le balancier, pour retarder le mouvement, décharger le balancier, ou ôter du balancier, pour hâter le mouvement d'une montre. Poſer le balancier. Ajuſter un balancier. On charge un balancier avec de la mine de plomb, ou avec de la cire.)

Balancier de tourne-broche. C'eſt une maniére de petite verge de fer qui eſt au haut du tourne broche, & qui ſert à le gouverner.

Balancier. Machine à faire les monoies, les jettons & les médailles.

Balancier de compas. Terme de mer. C'eſt un double cercle de léton, qui tient en équilibre l'afut du cadran de la bouſſole. Desroche, Termes de Marine.

Balancine, ſ. f. Terme de mer. Manœuvre, c'eſt à dire corde, qui par un bout eſt frapée à la tête du Mat, & paſſe ſur une poulie au bout de la vergue. L'uſage de la balancine eſt de tenir la vergue en balance, lors qu'elle eſt dans ſa ſituation naturelle, Desroches, terme de mer.

Balançoire, ſ. f. C'eſt une piéce de bois, aſſez groſſe & longue miſe en équilibre ſur quelque choſe d'élevé, aux deux bouts de laquelle ſe mettent de jeunes garçons, jambes de çà, jambes delà, pour ſe balancer en la faiſant hauſſer & baiſſer. C'eſt auſſi une groſſe corde atachée au plancher, ou à deux poteaux, ſur laquelle on s'aſſied & l'on ſe balance, pour ſe divertir. (Monter ſur la balançoire. Se mettre ſur la balançoire. Les petits garçons ſe divertiſſent à la balançoire. La balançoire eſt au nombre des plus agréables jeux des enfans. Stella à fait de jolies eſtampes de la Balançoire, (V. Brandilloire.)

†BALANDRAN, ſ. m. Mot comique pour dire un gros manteau pour le mauvais tems.

†*Balandran. Mot bas comique & figuré pour dire, Ténébres. Voile obſcur. (Nuit couvre l'univers de ton noir balandran. S. Am.)

BALANT, ſ. m. Terme de mer. C'eſt la partie de la manœuvre, c'eſt à dire de la corde, qui n'eſt point hâlée, c'eſt à dire, ni roidie, ni bandée.

BALBUTIER, v. n. Bégaier. Prononcez balbucié.

BALCON, ſ. m. De l'Italien Balcone. Saillie qui eſt ſur le devant d'une maiſon, & qui eſt entourée d'une baluſtrade.

BALE, ſ. f. Maniére de fort petite boule de plomb de la groſſeur d'une noiſette ou environ, qu'on met ſur une charge de poudre dans des fuſils, dans les mouſquets & dans les piſtolets. (Sortir tambour batant, bale en bouche & meche alumée.)

Bale à feu. C'eſt une boule compoſée de poudre, de ſalpètre, de ſoufre, de camfre, qu'on arroſe d'huile de pétrole, dont on fait un corps avec du ſuif de mouton, de la poix noire, de la coloſane, de la cire. Cette boule eſt de la groſſeur d'une grenade & on l'envelope d'étoupes & de gros papier. On y fait un trou, où l'on met l'amorce, on y met le feu, & on jette les bales à feu, la nuit, pour découvrir le travail des ennemis.

Bale-ramée. Ce ſont deux bales jointes enſemble par un morceau de fer long d'un demi pié, ou environ [Les bales ramées ſont dangereuſes. Les bales ramées fiſſent quand on tire des fuſils, ou des mouſquets où l'on en a mis.]

Bale. Sorte de petit cofre que portent de pauvres Merciers, ou ils mettent leurs marchandiſes.
[Un rimeur de bale c'eſt à dire un méchant rimeur.]

Bale. Petite boule faite de recoupes d'étofe, ferrées avec de la ficelle, couverte d'étofe blanche dont on ſe ſert pour peloter, ou joüer partie dans les tripots. [Bien pouſſer une bale. Bien joüer la bale. Prendre la bale au bond.]

Bale de l'Imprimeur. Bois creux en forme d'entonnoir avec une poignée de bois au deſſus, & par dedans eſt rempli de crin ou de laine couverte d'une peau de mouton, qu'on trempe dans l'ancre pour toucher les formes.

Bale, ſ. f. Paille fort mince qui envelope le grain de blé quand il eſt dans l'épi, & qui ſe ſepare quand on le bat, & qu'on le vanne.

BALEINE, ſ. f. Bête marine couverte d'un cuir dur & noir, longue plus ſouvent de trente-ſix coudées, épaiſſe de huit, avec une ouverture de gueule de huit piez & deux grandes machoires ſous le ventre. La Baleine bâilloit plus lentement & refermoit auſſi-tôt ſa gueule. La baleine a une grande gueule. Il y avoit dans la baleine quantité de poiſſons qu'elle avoit avalez, Abl. Luc.)

*Baleine. Côte de baleine. Partie de côte de baleine qu'on met dans le corps de jupe, & dans les buſques de pourpoints. La matiére de ce qu'on nomme côte de baleines eſt priſe des fanons & du membre génital de la Baleine.

Baleine ſ. m. Une jeune Baleine. Le petit d'une baleine.

Balenas, ſ. m. On apelle ainſi le membre de la Baleine, qui ſert à la génération : ce qui eſt particulier à cette ſorte de poiſſon, qui engendre comme les animaux terreſtres.

†BALER, v. n. Ce mot vient de l'Italien balar. Il eſt vieux, & veut dire dancer. On trouve dans nos Anciens Hiſtoriens, le Roi Pic le Baleur, ou balèvent plus de ſix vingt perſonnes, des deux ſéxes. Baler ne peut plus entrer que dans le Comique, pour un vrai galant, il faut toujours babiller, danſer, baler. Sar. Poeſ.

Balets, ſ. m. Dance qui eſt preſque toute par haut, & où pluſieurs perſonnes dançant enſemble font diverſes ſortes de figures. Dance figurée par haut. (Dancer une entrée de balet.)

Balet. Maniere de poëme dramatique contenant un ſujet fabuleux, diviſé en entrées, où il y a des perſonnes illuſtres qui font des récits ſous le nom de quelque fauſſe divinité. Ces récits expliquent agréablement le balet, & ſont en ſtances d'un caractére enjoüé. Ils renferment d'ordinaire les loüanges du faux Dieu, & de celui qui le repréſente. [Voiez les balets de Benſerade, ils ſont écrits d'une maniere aiſée & galante.)

BALIER, balaier, v. a. Ce dernier mot ſe prononce comme s'il étoit écrit baleier. Balier & balaier ſont bons tous deux, mais balier eſt plus en uſage que balaier, qui eſt plus doux à l'oreille, Il ſignifie neteier avec un balai. (Balier une chambre.

*Eole lache les vents quand il faut balier le monde. Scar. Virg. traveſti l. 1.

Balier, balaier. Ce mot se dit des habits longs qui traînent & amassent des ordures. (D'une robe à longs plis balier le barreau. *Dép. Sat.* 1.)

Balieur, balaieur, s. m. Quoi qu'on dise *balaieur* & *balieur* pour dire celui qui balie les maisons, les ruës, &c. il est pourtant vrai qu'on ne dit que *balaieur*, pour dire celui qui fait & vend des balais.

Balieuse, balaieuse, s. f. Quoi qu'on dise *balieuse*, & *balaieuse*, pour dire celle qui balie, on ne dit pourtant que *balaieuse*, pour dire celle qui vend des balais.

Balise, ou **bouée**, s. f. Terme de Mer. Mât élevé, ou quelque autre marque. (Comme du bois ou des tonneaux flotans qui donne avis aux vaisseaux qui passent; qu'il y a en cet endroit-là quelques sables, ou quelques roches cachées sous l'eau, & qu'ils doivent les éviter. Découvrir une balise.)

Baliser, v. n. Terme de mer. C'est mettre des balises, pour obliger ceux qui sont voile d'éviter les passages dangereux. (Il y a une heure que nous ne faisons que baliser.)

Baliste, s. f. Il vient du Grec, & est écorché du Latin *balista*. Machine dont les Anciens se servoient pour lancer des pierres. On ne pouvoit se servir des *batistes* sans les bander.

Baliveau, s. m. Jeune arbre qu'on laisse lorsqu'on coupe le bois.

Balivernes, s. f. Discours ridicules. Sotises. Je n'entens rien à toutes ces balivernes. *Mol. Poe.* Il n'est rien de si commun, & ce sont balivernes. *Benserade, balet de la nuit*, 1. p. entrée 11.

Balon, s. m. Vessie enflée, & entourée de cuir dont les écoliers jouënt dans les colléges. (Joüer au balon. Pousser, & escafer le balon.)

Balonnier, s. m. Faiseur de balons.

Balon, s. m. Sorte de *Vaisseau* à plusieurs rames, duquel on se sert pour aler sur les fleuves & les mers du païs de Siam. Il y a plusieurs sortes de balons, de communs, de petits, de grands, & des balons d'Etat. Ces derniers balons sont magnifiques & bien parez. Ils sont tout brillans d'or, & il s'en voit qui ont la figure de chevaux marins. *Voiage de Siam.* l. 4. Equiper, armer un balon, monter un balon. A peine a t'on été dans le Balon qu'on est venu complimenter S. Excellence. Il est parti en balon pour s'aler promener. On l'a reçu civilement à la décente de son Balon, qui étoit un balon magnifique, superbe, éclatant, doré, paré, &c.

Balot, s. m. Marchandise, ou autre chose emballée. (Faire un balot. Corder & plomber un balot.

Balotade, s. f. Terme de manége. Air de cheval qui aproche de la capriole. *Plauv.* Cheval qui se met à balotades.

Balote, s. f. Petite chose dont on se sert pour donner sa voix aux délibérations.

Baloter, v. n. Ce mot se dit quand on joüe à la paume, sans joüer partie.

Baloter, v. a. Mouvoir. Agiten Cheval qui fait baloter le mords dans sa bouche.

* **Baloter**, v. m. Se moquer de quelqu'un. L'amuser par de vaines promesses. On l'a baloté.

Balsamine, s. f. Fleur rampante qui fleurit blanc aux mois de Mai, de Juin & de Juillet.

Balsan, s. m. Cheval qui a une balsane. (C'est un balsan.)

Balsane, s. f. Marque blanche que les chevaux ont aux jambes Il y a une sinistre fatalité atachée à la balsane du cheval.

Baltazard, s. m. Nom d'homme.

Balustrade, s. f. Assemblage de plusieurs balustres qui sont de rang & qui servent de clôture, comme celle dont on ferme les autels. Rang de balustres. (Une balustrade d'escalier & de balcon. Une balustrade de chaise tournée.)

Balustre, s. m. Petite colonne non fort des apuis pour faire des clôtures, soit que cette colonne soit de pierre, ou de marbre, de bois, ou de fer.

Balustre. Balustrade qui environne le lit des Rois & des Princes.

Balustre. Terme de Tourneur. Petite colonne de bois au dossier d'une chaise tournée.

Balustre. Terme de Serrurier. Petites pieces de fer en forme de balustre qui servent à couvrir la clef, ou à atacher les serrures.

Balustre. Terme d'Orfévre & Potier d'étain. Partie du chandelier d'Eglise, ou du Cabinet.

Bamboches, s. f. Marionnettes grandes comme nature. (Aller voir les bamboches.)

Bamboche, s. f. Sorte de canne qui a de certains nœuds agréables de distance en distance. (Une belle bamboche. Les bamboches sont aujourd'hui à la mode.)

BAN.

Ban, & **arriere-ban**, s. m. La convocation des Gentilshommes & des personnes qui ne sont pas nobles & qui tiennent des fiefs à la charge de servir le Roi à leurs dépens dans les besoins de l'Etat. (Convoquer le ban & arriere-ban.)

Ban, s. m. Terme d'Eglise Romaine. C'est une proclamation de mariage qui se fait solemnellement à l'Eglise Paroissiale par trois Dimanches consécutifs durant le prône de la Messe de paroisse, pour savoir s'il n'y a point d'empêchement legitime au mariage qui se doit faire entre les personnes accordées. Messieurs de la Religion apelent *anonce* ce que les Catholiques Romains apelent *ban*. On dit en langage d'Eglise Romaine. (Jetter un ban. Ils ont eu un ban, proclamer ou publier les bans de mariage en face d'Eglise. On épouse après la publication des trois bans. Le Curé, le Vicaire ou celui qui fait le prône publie les bans de mariage. Acheter un ban. On donne ordinairement trente sous pour chaque ban qu'on achete. L'Archevêque ou l'Evêque donne dispense des trois bans, mais on lui a ordonné cette dispense que pour des raisons considérables. Il n'y a pas long-tems que la publication des bans a commencé en France. *Le Maît.* pl. 22.

Ban, Terme de Palais. Cri public. Apeller à ban. Ajourner à ban.

Ban, s. m. C'est à dire, bannissement. (On lui a ordonné de garder son ban. Il est obligé, à peine de la vie, à garder son ban.)

Ban, s. m. C'est l'étendue du lieu où le Seigneur a pouvoir d'assujettir les Vassaux à lui paier certains droits. V. *Banlieuë*.

Ban, s. m. Il se dit dans une Armée. C'est une proclamation qui se fait au son du tambour, de la trompette, ou des timbales, à la tête de quelques troupes & dans les quartiers, soit ordre aux soldats de garder la discipline militaire, sous peine de mort, ou sous quelque autre peine. Faire un ban par tous les quartiers de l'armée.

Banal, banale, adj. Ce mot se dit des choses, & signifie, qui est dans l'étendue du lieu ou les Vassaux doivent paier quelque droit au Seigneur, & qui est commun à tous ceux qui demeurent dans ce lieu, en paiant ce droit. (On est obligé de porter cuire son pain au four banal, de moudre au moulin banal, de pressurer au pressoir banal, & de brasser à la brasserie banale. *Le Mai.* pl. 20. p. 341.)

Banalité, s. f. Terme de pratique. C'est le droit auquel le Seigneur de quelque fief assujettit les Vassaux, & les oblige de cuire à son four, de moudre à son moulin & de pressurer à son pressoir. Le mot de banalité ne se dit pas seul. Et quand on s'en sert, on dit, *Avoir droit de banalité*. Il a perdu le droit de banalité qu'il avoit sur ses Sujets. Les Seigneurs n'ont point de droit de banalité, s'ils ne montrent leurs Contrats. *Le Maît.* pl. 20. p. 341.

Bananier, s. m. C'est un arbre des Indes qui sert à divers usages.

Banc, s. m. Prononcez *ban*, sorte d'ais de bois dur, & épais soutenus de quatre piez, & autant élevé de terre qu'il le faut pour s'asseoir dessus commodément.

Banc, s. m. Terme d'Avocat de Paris. Certain lieu du Palais, où quelques Avocats s'assemblent pour être consultez après l'Audience de la grand Chambre. Ils se mettent d'ordinaire 7. 8. 9. ou 10. à un banc, & ils disent; je m'en vais au banc, se rendre au banc, on me trouvera au banc. Le Libraire Guignard tâche à vendre à *nôtre banc*, les miserables rapsodies du Chevalier de l'industrie V... mais en vain.

* **Bancs**. Ce mot se dit en parlant des actes qu'on soutient en Sorbonne, lorsqu'on prend ses degrez. Etre sur les bancs. Il a bien fait sur les bancs. C'est à dire, il a fort bien répondu en faisant ses actes pour prendre ses degrez.

Banc. Terme de mer. Amas de sable sous l'eau. Lieu dans la Mer où il n'y a pas assez d'eau pour porter un Vaisseau. Roche cachée sous l'eau. (L'entrée du port est dangereuse, à cause des bans qui s'y rencontrent. *Sar. Siége de Dunquerque*.)

* **Banc**. Ecueil. (En écrivant l'histoire je crains de heurter à travers quelque banc, ou quelque écueil caché sous l'eau. *Abl. Luc.*)

Banc, s. m. Terme de mer. C'est, dans les Galéres, un siége où l'on met quatre ou cinq rameurs, pour tirer une même rame. (Les galeres ont trente deux bancs & six ou sept forçats par banc, d'autres ont moins de bancs & moins de forçats à chaque banc.)

Bandage, s. m. Terme de Chirurgien. Bandes apliquées sur les parties du corps afin de leur rendre, ou de leur conferver la santé. (Bandage simple, ou composé. Apliquer un bandage. *Tev.*)

Bandage. Braié. (Porter un bandage. V. *Braié.*)

Bandage. Terme de Maréchal. Bandes de fer atachées avec de gros cloux aux jantes des rouës de carosses, de chariots, des charettes, &c.

Bandagiste. Voi. *Chirurgien*.

Bande, s. f. Morceau d'étofe, ou de toile long & délié dont on se sert pour bander & pour enveloper.

Bande. Terme de Chirurgie. Partie de bandage. Lien long & large qui doit raisonnablement couvrir les parties qui en ont besoin pour leur conservation, ou leur rétablissement. (Apliquer une bande. *Tev.*)

Bande. Terme de Maréchal. Partie du bandage de la roüe. Lien de fer plat qui couvre quelque jante de roüe, & qui est ataché avec de gros cloux. Atacher une bande.

Bande. Terme de Patissier. Morceau de pate étendué qu'on coupe en long pour bander des tourtes, des godiveaux & autres ouvrages de patisserie. (Faire des bandes, grandes, larges, petites, &c.

Bande de cervelas. Terme de Charcutier. Six cervelas atachez au bout l'un de l'autre.

Bande de carreaux. Terme de Potier. Plusieurs carreaux de suite & en forme de bande.
Bande de baudrier. Terme de Cousturier. C'est presque tout le corps du baudrier.
Bande. Terme de Sellier. En parlant de la selle, on apelle *bande de selle*, deux pièces de fer plates & larges d'environ trois doigts, cloüées aux arçons de la selle, pour les tenir en état. (Mettre un arçon sur bande.) Il y a encore deux autres bandes à la selle ; mais elles sont plus petites.
Bande. Terme de mer. En parlant de Vaisseaux, on dit *mettre son Vaisseau à la bande*, c'est à dire, le faire pancher d'un côté pour le nettéier de l'autre.
Bande du Nord. Terme de mer. Ce mot signifie le côté du Nord.
Bande du Sud. C'est le côté du Sud. Nous navigeons à trois dégrez de la Ligne, de la bande du Nord, ou du Sud, c'est à dire, à trois dégrez de latitude Septentrionale, ou Meridionale. A la vuë de ce cap, & par les trois dégrez de la bande du Nord, on trouve une basse très-dangereuse. *Guilles, arts de l'homme d'épée.*
Bande. Terme de Blason. Piéce honorable d'écu qui represente le baudrier du cavalier, qui prend d'ordinaire depuis le haut de l'angle droit de l'écu ; jusques à l'angle gauche du bas de l'écu. (Porter d'argent à la bande de sable. *Col.*)
† *Bande.* Plusieurs personnes de compagnie.
† *Bande joieuse.* Plusieurs personnes qui se réjoüissent ensemble.
La grande bande des 24. violons. Ce sont les violons de la Chambre du Roi.
† *Faire bande à part.* C'est à dire, se retirer de compagnie pour être seul. Ne point fréquenter.
Bandes. Troupes considerables de gens de guerre. [Déja les bandes Gréques avoient joint le gros de son armée. *Vau. Quin.* *l.* 3. *c.* 8.]

Au milieu des combats mille invisibles bandes
Viendront grossir tes Escadrons.
Char. poës.

Le Prevôt des *Bandes* Françoises est reçû à la tête du Régiment des Gardes. On ne dit plus les Bandes Françoises, pour dire l'Infanterie, à moins qu'on ne parle du Prevôt des Bandes.
Bande. Terme de boucher. Troupe. Mener vendre à Paris des bandes de bœufs.
Bandelette, *s. f.* Petite bande. (Les Victimes étoient ornées de bandelettes.)
Bandeau, *s. m.* Bande de toile de crêpe, ou de camelot qui sert à couvrir le front de quelque femme. (Un bandeau de femme veuve.)
Bandeau de Religieuse. Bande de toile que les Religieuses portent sur le front, pour faire voir qu'elles doivent avoir les yeux bandez, & ne plus regarder toutes les folies du monde, auquel elles ont renoncé.
Bandeau. Bande qu'on s'imagine couvrir les yeux de l'amour, de la justice. (L'Amour a un bandeau sur les yeux, pour montrer que la maison des Amans est dans les ténébres. *Sar. dial.* La justice a un bandeau sur les yeux.)
Bandeau Royal. Voi, Diadême.
Bandeau. Médicament externe qu'on aplique sur le front composé de fleurs, de semences concassées, de décoctions de plantes, ou d'huiles & d'onguens pour apaiser les douleurs de tête & faire dormir.
* *Bandeau.* Espece d'aveuglement d'esprit, causé d'ordinaire par quelque passion, ou quelque prévention. (La discorde avoit mis un bandeau fatal sur tous les yeux. *Racine, Iphigénie, a.* 5.)
Bander, *v. a.* Lier avec quelque bande. Boucher. (Bander le bras, les yeux. Bander un enfant.)
Bander. Mettre une arme en état de tirer. Bander un arc, un fusil.)
Bander. Etendre en tirant. (Bander les cordes d'un Luth.)
Bander, *v. a.* Terme d'Horloger. On dit bander un ressort de montre, c'est à dire, le faire plier davantage, afin qu'il ait plus de force pour faire avancer la montre.
Bander. Terme de Tripot. Prendre avec la raquette une bale qui roule, & la jetter dans les filets. (Bander une bale.)
* *Bander*, *v. a.* Faire oposer. (Il a bandé tout le monde contre son ennemi.)
* *Se bander*, *v. r.* Se soulever contre quelcun, Se liguer. (Les principaux Sénateurs se bandérent contre lui. *Abl. Tac.*)
* *Bander*, *v. a.* Ce mot se dit au figuré, de l'esprit & signifie l'apliquer avec attachement à la consideration de quelque objet. (Bander son imagination. Il faut trop bander son esprit pour joüer aux échecs.)
Bander, *v. a.* Terme de Pâticier. C'est mettre des petites bandes de pâtes sur des tourtes, &c. (Qu'on bande cette tourte & qu'on la mettre au four.)
Banderole, *s. f.* Petite enseigne qu'on arbore au haut des navires.
Banderole. Morceau de tafetas garni de frange qui est atâché à la branche de la trompette.

Bandi, *s. m.* Ce mot vient de l'Italien *bandito*. C'est le nom qu'on donne en Italie aux Voleurs. (Les Princes sont souvent obligez d'envoier des troupes pour nettéïer leur païs de bandis. Il a été volé, ou pris par les bandis. Il est tombé entre les mains des bandis. Il est tombé dans l'embuscade que les bandis lui avoient dressée.) *Voiture lettre* 94. à Madame de Rambouillet les décrit ainsi. Les bandis sont des hommes les plus horribles qu'on puisse voir. Le plus innocent en a tué quinze ou vint autres ; ils sont tous noirs comme des Diables & ont des cheveux qui leur viennent jusqu'à la moitié du corps.
† *Bandoulier*, *s. m.* Sorte de fripon, de gueux & de vagabond. Voleur. (S'étant écartez pour aller au fourrage, ils furent chargez par des bandouliers qui décendirent des montagnes. *Vaug. Q. Curce, l.* 7. *ch.* 6.) Botel, dans ses recherches Gauloises, dit que *bandoulier* est le nom qu'on donne aux voleurs qui se tiennent dans les Monts Pirenées, & que ces voleurs sont apellez de la sorte, parce qu'ils vont en bande. Ce nom de voleurs de ces lieux-là qui ont donné le nom à tous les autres.
Bandouliere, *s. f.* Bande de cuir qui croise sur le baudrier, & qui prenant sur l'épaule gauche & décendant par devant, & par derriére se vient rendre au côté droit de la ceinture. Les bandouliéres des mousquetaires & des gardes du corps sont d'ordinaire enjolivées ; couvertes de velours, bordées d'un galon, & atachées avec un crochet ; mais les bandouliéres des simples soldats ne sont garnies que de leurs charges.
Bane, *s. f.* Espece de grande manne faite de branchages où l'on met le charbon pour l'amener par charoi à Paris. [Amener du charbon en bane.]
Bane. Toile dont on couvre les bachôs qu'on meine sur la Seine. Toile dont on couvre le vin & le blé des bateaux.
Bane. Terme de *lingere*. C'est une pièce de grosse toile large de trois quartiers & longue de cinq ou six aunes, que les lingeres atachent immédiatement sous l'auvent de leurs boutiques. [Mettre la bane, l'atacher, l'ôter, la défaire, la détacher.]
Bane, *s. f.* [Baneau *s. m.* dans les Provinces] signifie un vaisseau de bois à contenir des choses liquides & à les transporter sur des bêtes de somme.
Baner, *v. a.* Couvrir d'une bane. Baner un bachot. Baner des sacs de blé.
Baneret, *s. m.* Un Seigneur qui a droit de porter baniére, pour faire assembler ses Vassaux. On les apeloit aussi *Banderets* : mais ces mots ne sont pas à present en usage.
Baniere, *s. f.* Grand morceau de tafetas, ou d'autre étofe de soie garnie de frange par les bords, au fond de laquelle il y a quelque figure de Saint en broderie. Ce tafetas est ataché le long d'un bout à un morceau de bois assez long, & bien tourné. [On porte les banières à la tête des processions & chaque paroisse à la baniére.]
Banière de France. Drapeau des anciens Rois François.
Banière, *s. f.* Ce mot se dit du pavillon ou de l'étendard d'un Vaisseau. (Nous voyageames sous la baniére de France. Il y a diverses sortes de baniéres, dont parlent les Auteurs qui traitent de la Marine.)
Banir, ou *bannir*, *v. a.* Exiler. (banir quelqu'un. Le Parlement de Paris, en 1594. banit de France, les Jesuites, & à son exemple, plusieurs Parlemens les banirent aussi, mais le Parlement de Bordeaux & celui de Toulouse, ne les voulurent pas banit. *Mezerai, hist. de Fr. T.* 7.
* *Banir.* Chasser. (On l'a bani de la compagnie des Dames. *Abl. Luc.* Banit la crainte, *Vau. Quin. l.* 3.

J'entretiens des pensers que je devrois banir,
Je pousse des sanglôs que je voudrois retenir
Chassez vôtre importune & froide indifference,
Pour banir mon chagrin & mon impatience.
La Suze, poësies.

Se banir, *v. r.* Se retirer. (se banir du monde.
Bani, *s. m.* Exilé. Rapeler les banis.
Banissement, *s. m.* Exil. (Punir de mort, ou de banissement *Abl. Tac.*)
Ban-lieuë, *s. f.* Terme de Pratique. L'étenduë de la jurisdiction d'une ville, & d'une prevôté, où un Juge peut faire des proclamations environ une lieuë autour de la ville.
Banque, *s. f.* Lieu où l'on met son argent en dépôt. Mettre à la banque à fonds perdu.
Banque. Terme de jeu de Hoca. L'argent du jeu que garde le banquier. Distribution de l'argent du jeu à ceux qui ont gagné. Tenir la banque.
Banqueroute, *s. f.* Fuite d'une personne qui se voiant accablée de dettes, emporte le reste de ses Créanciers, & change de païs pour s'échaper aux poursuites qu'on feroit contre lui. (Faire une banqueroute de mile écus. La banqueroute est volontaire & frauduleuse, mais la faillite ne l'est pas & ne se fait que par necessité.)
* *Banqueroute.* L'abandonnement qu'on fait de quelque chose, comme du plaisir, de l'honneur, &c. (Faire banqueroute à l'honneur, au plaisir, à l'amour. *Abl. Luc.*

BAN   BAR

Banqueroutier, f. m. Celui qui fait banqueroute. (C'est un franc banqueroutier.

Banqueroutiére, f. f. Celle qui a fait banqueroute.

Banquet, f. m. Ce mot signifie *festin*, mais il ne se dit qu'en parlant de choses sacrées ; & des sept Sages de Gréce. (Le banquet de l'agneau. Le banquet des élus. Le banquet des sept Sages. *Vau. Rem.* Pour une noce celeste, pour un banquet roial, plaindrez-vous la dépense d'un habillement. *Mauer. Homelie* 20. *de S. Chrisostome.*)

Banquet. Terme d'Eprouier. Trou où tient l'embouchure. Le banquet ne se voit point.)

† *Banqueter.* Ce mot est hors d'usage, en sa place on dit faire un bon répas. Se régaler.

Banquette, f. f. Chemin relevé comme sont les côtez du pont-neuf de Paris, où il n'y a que les gens de pié qui marchent.

Banquette. Terme de fortification. Marche d'un pié & demi de hauteur derriére & au bas du parapet, sur laquelle montent les mousquetaires pour découvrir le contrescarpe & tirer sur l'ennemi.

Banquette. Terme de tapissier. C'est une sorte de siege d'un pié & demi, long d'autant & haut de deux piez. (Une jolie banquette. Bourrer une banquette. Couvrir une banquette.)

Banquier, f. m. Celui qui fait la banque.

Banquier. Terme de hoca. Celui qui au haut bout de la table, qui garde l'argent au jeu, qui prend la boule des mains du jouëur, qui pousse hors de la boule le billet qui y est enfermé, qui déplie ce billet, & le montre pour voir ce qu'on a gagné, ou perdu.

BATEME. Voiez *Batême*.

BAQ. BAR.

Baquet, f. m. Ouvrage de tonnelier, qui est relié de cerceaux haut d'un pié, ou environ, & large d'un pié & demi, ou un peu plus. Un baquet tout neuf.

Baqueter, v. a. Terme de Jardinier. Oter de l'eau avec la pêle, baqueter de l'eau. *Quint. Instr. pour les Jardins, t.* 1.

Baqueture, f. f. Terme de cabaretier. Prononcez presque *bachtures.* Ce mot n'a point de singulier. C'est le vin qui tombe dans le baquet, lorsque le cabaretier remplit sous le tonneau des bouteilles, ou autres vaisseaux. De bonnes baquetures toutes fraiches. Les cabaretiers disent qu'ils vendent leurs baquetures aux vinaigriers ; mais à ce qu'on assure, ils les perfides les mêlent avec d'autre vin, & les vendent à ceux qui ne s'y connoissent pas assez.

Baragouin, f. m. L'auteur des origines de la langue françoise pense que ce mot est bas breton & qu'il veut dire pain & vin. Je crois que le mot de baragouin signifioit cela autrefois, mais aujourd'hui, il signifie une sorte de jargon & de langage qu'on n'entend pas bien. Je ne puis rien comprendre à ce baragouin. *Mol. Pre. f.* 4.

† *Baragouiner, baraguiner* Ce dernier mot est hors d'usage. *Baragouiner* est le mot qui est reçû dans le burlesque & qui veut dire parler un certain baragouin. Prononcer. Dire. Je ne me souviens jamais comme ils baragouinent ce mot. *Mol. Geo.*

† *Baragouineux, f. m.* Celui qui baragouine. Qui parle un certain jargon qu'on n'entend pas bien. Celui qui parle d'une maniere qu'on à peine d'entendre. Quel baragouineux est-cela. *Mol.*

* *Baragouineuse, f. f.* Celle qui parle un certain jargon, une sorte de langage qu'on n'entend pas bien. Deux baragouineuses me sont venu trouver & ne les avoir épousées toutes deux. *Mol. Pour. a.* 2. *f.* 10.

BARAQUE, *f. f.* Petit logement, petit reduit couvert que les soldats font dans un camp pour se loger. On distinguoit autrefois la hutte pour les fantassins, & la baraque pour les cavaliers : mais à present on dit bataque pour les uns & pour les autres.

Barat, f. m. Terme de mer. Malversation, ou déguisement de marchandises commise par la faute du Patron de Navire.

Bavaterie, f. f. Terme de mer. Il signifie la même chose que *barat. Fourn.*

BARATE, *f. f.* But haut de deux piez, rond & large par le bas, & étroit par l'entrée. Cette entrée est couverte & le couvercle est percé d'un trou, au travers duquel passe la batte-beurre. On remplit cette barate de crême qu'on bat jusques à ce qu'il se fasse du beurre.

BARBACANE, *f. f.* Terme de maçon. Ouverture qu'on fait dans les murs d'espace en espace pour faire écouler l'eau, principalement lorsque les murs soutiennent des terrasses. Ces barbacanes s'appellent plus ordinairement ouvertures que barbacanes.

* *Barbacane, f. f.* Ce mot vient de l'italien & il se disoit des ouvertures des murs, par lesquelles on tiroit sur l'ennemi.

BARBARES, *f. m.* Les Romains apelloient barbares tous les peuples, hormis les grecs, & ceux qui vivoient selon leurs loix. Ils donnoient les noms de barbares dans l'état le plus florissant de la République. *Abl. Cef. l.* 1. *c.* 2.

Barbares, f. m. Peuples sans police, ignorans, & qui vivent d'une maniere grossiere. Ce sont des barbares.

Barbare adj. Qui est sans police. Grossier. Ignorant. Peuple barbare. Souvent le plus barbare est sujet à l'amour. *Teo.*

Barbare. Ce mot se dit du langage, des paroles & des personnes. Il signifie qui est étranger à la langue, qui est mauvais, & qui n'y est pas reçu. Qui est grossier & qui ne parle pas bien la langue. Rude & grossier. Etre barbare en françois.

Barbare, f. m. Cruel. Rude & facheux. Ariovistе étoit un barbare furieux & temeraire. *Abl. Cef. l.* 1.

Barbare, adj. Inhumain. Les peuples Septentrionaux sont les plus barbares de tous les peuples.

Barbarement, adv. D'une maniere cruelle. Massacrer barbarement. *Abl. Arr. l.* 1. *c.* 4.

Barbarie. La partie Septentrionale de l'Afrique, qui est abondante en froment, en orge & en bétail. *Abl. Mar.*

Barbarie. Cruauté. C'est une horrible barbarie.

Barbaries, f. f. Ignorance grossiere. La Grece, qui étoit autrefois le païs des sciences & de la politesse, est aujourdui dans une grande barbarie.

Barbarisme, f. m. Vice contre la pureté du langage. On fait un barbarisme en disant un mot qu'il n'est pas François, en usant d'une phrase qui est hors d'usage, ou en oubliant des particules, des pronoms & des propositions où elles sont necessaires. *Vau. Rem.*

Barbe, f. f. Tout le poil qui est au dessus des lévres, aux jouës & au menton. Une grande & vilaine barbe. Une barbe à triple étage. Une barbe à la Henri quatre. Une barbe à la Capucine. Une barbe in folio. Une barbe large, ample & bien touffue. Se faire la barbe. Faire tous les matins dix ou douze barbes. Terme de barbier.

Barbe. Mot joint à d'autres, se prend quelquefois un peu au figuré pour dire avec une personne avec une grande barbe. Ces vilaines barbes de boucs sont des faux mélancoliques, qui sont toujours en querelle. *Abl. Luc.* T 2. *p.* 310.

† * *Barbe.* En nôtre présence. De vive force & malgré nous. Son temple à ma barbe il fonda. *Voi. Poe.* Il vient par le coche vous enlever à nôtre barbe. *Mol. Pour.*

* *Barbe, f. f.* Ce mot se dit des liévres, des lapins & des chats, &c. Ce sont de grands poils qu'ils ont de côté & d'autre de leur bouche. (Barbe de chat, de bouc, de chevre, de liévre, &c. L'auteur de l'Epitre de la muse coquette, page 63. parle ainsi du lapin.

Il est alerte, & fringue comme un barbe.
Soir & matin, il se joüé à sa *barbe.*)

* *Barbes, f. f.* Ce sont les poils de quelques épis. (L'épi est mur, & toute sa barbe est grande il y a longtems.)

Barbe de cheval. La partie exterieure de la bouche du cheval, qui s'apui de la gourmette, & où elle se repose quand on tire la bride pour ramener le cheval en sa belle posture.

Barbe. Excroissance de chair qui vient dans le canal & sous la langue du cheval & qui empêche le cheval de boire. *Soleisel. parfait maréchal.*

Barbe. Ce mot se dit des comettes & signifie les raions que darde la comette vers l'endroit du Ciel où son propre mouvement la semble porter.

Barbe. Terme de monnoie. Ce qui demeure au flanc des monnoies. (Oter les barbes des flancs des monnoies.)

BARBE. Nom de femme. (Barbe est belle.)

Sainte Barbe, f. f. C'est ainsi que les Canoniers sur mer appellent la chambre où ils se tiennent du côté de la poupe, parce qu'ils ont choisi *Sainte Barbe*, pour leur Patrone.

Barbe. Ce mot se dit par les Canoniers. *Tirer le Canon en barbe*, c'est tirer le Canon par dessus le parapet, au lieu de le pointer par les embrasures.

BARBE, *f. m.* Cheval de Barbarie qui est fort beau, & fort vite, mais qui ne dure pas tant à la course que le cheval Arabe. *Abl. Mar.* (Les barbes meurent, mais ils ne vieillissent jamais.)

Barbeau, f. m. Poisson de riviere, de chair blanche & molle, qui est sans dents, qui a le dos verd & jaune, le ventre blanc, le museau pointu, aux côtez duquel pendent deux barbillons. *Rond.*

Barbeau. Herbe qui vient parmi les blez, lors qu'ils sont en épi, qui fleurit bleu, & quelquefois blanc, & qui ressemble à un œillet simple. Il y a des lieux où l'on apelle *le barbeau bluet* : mais aux environs de Paris, le mot ordinaire est *barbeau.* (Les perdrix aiment le barbeau. La graine de barbeau bouillie, & jettée aux perdrix, les endort si fort qu'on les prend à la main.)

Barbe de bouc, f. f. C'est une plante qu'on mange en hiver en salade, elle est douce : ses feuilles ressemblent à celles du safran, mais elles sont plus longues & plus larges : Sa fleur est jaune & elle sort d'un bouton qui s'épanouit dans le beau tems. De la cime de ce bouton pend une assez grande barbe blanche, qui lui donne son nom.

Barbelé, barbelée, adj. Ce mot se disoit des traits & des fléches qui avoient des dents, ou des pointes à leur ferrure. Les fléches barbelées étoient plus dangereuses que les autres.

Barberot, f. m. Mot satirique, pour dire un méchant petit barbier ou chirurgien, un ane & un sot qui exerce la chirur-

BAR

gie, & ne la ſçait pas comme il devroit. (C'eſt un barberot. Les Provinces ſont pleines de Barberots. Malheur à celui qui tombe entre les mains d'un barberot.

Un barberot mal adroit
Me charcutoit par l'endroit
Où s'entonne le breuvage.
Am. Poëſ. 3. partie.

BARBET, *ſ. m.* Chien qui va à l'eau, & dont le poil eſt friſé. On apelle auſſi ce chien *Canard* & la femelle *Canne*.

BARBETTE, *ſ. f.* Sorte de guimpe qui couvre le ſein de la Religieuſe.

BARBIER, *ſ. m.* Celui qui a droit de tenir boutique, où pendent des baſſins blancs, avec cette inſcription *ceans l'on fait le poil proprement, & l'on tient bains & étuves.* Il eſt auſſi permis aux barbiers de vendre en gros & en détail, des cheveux & de toutes ſortes de perruques, de poudre, de ſavonnettes, de pommades, de pâtes de ſenteurs, & p. d'eſſences. Les barbiers furent érigez en corps en 1674. & paierent pour cela chacun quinze cens livres, au Roi. Il eſt défendu aux barbiers de faire la Chirurgie, & dans cette vuë, les Chirurgiens ont droit de viſiter chez les barbiers. Ils ſont au nombre de deux cens à Paris. Ils s'apellent dans leurs lettres de maîtriſe *Barbiers, baigneurs, étuviſtes & perruquiers*, &c.
On dit proverbialement. Il eſt glorieux comme un barbier. Un barbier fait l'autre.

BARBILLON, *ſ. m.* Poiſſon qu'on apelle auſſi *petit barbeau*.
Barbillon. Ce qui pend en forme de mouſtache, ou de barbe au bout & aux côtez de la bouche du barbeau, & de quelque autre poiſſon.

Barbillon, *ſ. m.* C'eſt une maladie de cheval. V. *Barbe*.

BARBON, *ſ. m.* Qui a beaucoup de barbe. Qui eſt déja vieux. (Elle n'aime point les barbons. Moquez-vous des ſermons d'un vieux barbon de Pére. *Mol*, A l'âge de quinze ans, vous êtes plus ſavant en l'art de régner qu'un Roi barbon. *Scar. Japhet, Epitre au Roi.* On trouve des médailles, qui repreſentent d'un côté l'Empereur Adrien, barbon, & de l'autre ſon mignon ſans barbe. *Spanheim, Céſars,* p. 77. Balzac a fait en proſe une Satire, qui a pour titre *le Barbon,* où il y a d'aſſez jolies choſes. Je ſai cela ſur l'eſperance de ne voir bien-tôt délivré du barbon que je prends. *Mol. mar. forcé, ſc. 7.*

BARBOTE, *ſ. f.* Poiſſon de lac & de riviére, aiant le bec & la queuë pointus avec un barbillon qui pend de la machoire baſſe. (Auprès du trou par où ſortent ſes excremens, la barbote a une aile qui continuë juſques à la queuë. *Rond.*)

BARBOTER, *v. n.* Ce mot ſe dit des canards & des oies. Il ſignifie chercher à manger dans les ruiſſeaux bourbeux en y fourrant le bec, & y faiſant un peu de bruit. (Les oies barbotent dans les ruiſſeaux.)

† *Barboter*, *v. a.* Gronder. Dire. Prononcer. (Il barbote je ne ſai pas quoi entre ſes dens. *Mol.* Barbotons les paroles que la magie enſeigne. *S. Amb.*)

† *Barboteur*, *ſ. m.* Canard privé.

BARBOTINE, *ſ. f.* Ce mot ſignifie une ſorte de poudre qu'on donne pour faire mourir & jetter les vers qui ſont dans le corps des enfans ; mais ce mot ne ſe dit point à Paris. Les Pariſiens, au lieu de *barbotine*, diſent *de la poudre aux vers.* Les Apoticaires, les Epiciers & les Medecins apellent cette barbotine, *Semen contra.* Et ceux qui ont fait l'hiſtoire des plantes la nomment *Semen ſanctum,* ou *Santolinum.* Voyez *Dalechamp, hiſtoire des plantes.* Tom. 1. l. 8.

BARBOUILLAGE, *ſ. m.* Ouvrage de barbouilleur. Méchante peinture. (Tout cela n'eſt que du barbouillage.)

* *Barbouillage.* Portrait ſatirique qu'on fait en proſe, ou en vers. (Voici en petit le portrait de Du Clerat, il tourne la gueule, il eſt fot, je n'en dirai pas davantage, il ne vaut pas mon barbouillage.)

Barbouiller, *v. a.* Gâter. Tacher. Souiller. (barbouiller le viſage de quelqu'un.)

Barbouiller. Peindre avec de l'ocre. Peindre les murailles de chambres avec quelque laide de couleur. (barbouiller le haut & le bas des murailles d'une chambre.

* *Barbouiller.* Compoſer mal. Peindre mal. Se brouiller l'eſprit à force de ſe le charger. (Il barbouille du papier, & puis c'eſt tout. Se barbouiller l'eſprit de Grec & de Latin. *Mol. Fem.*)

Barbouiller, *v. a.* Terme d'Imprimeur. Etre trop noir aux marges, & au fond. (Feuille qui barbouille.)

Barbouilleur, *ſ. m.* Celui qui avec de l'ocre barbouille le haut & le bas des murailles des chambres, les cheminées, les ſolives & les poûtres. (Ce n'eſt pas un peintre, ce n'eſt qu'un miſerable barbouilleur.)

* *Barbouilleur.* Méchant auteur. (C'eſt un barbouilleur de papier.)

BARBU, *barbuë, adj.* Qui a beaucoup de barbe. (Homme barbu.)

BARBUE, *ſ. f.* Poiſſon large & plat qui reſſemble un turbot, hormis qu'il n'a point d'éguillons. *Rond.*

BARDACHE, *ſ. m.* Jeune garçon dont on abuſe honteuſement. (Céſar étoit le bardache de Nicomede.)

BARDANE, *ſ. f.* Plante qui porte une feüille large & dont les fruits s'attachent aux habits. On apelle auſſi cette plante *glouteron*.

BAR

BARDE, *ſ. f.* Armure qui couvre le cou, le poitral & la cro du cheval.

Barde. Tranche de lard, déliée & large, dont on couvre quelquefois les poulets, les chapons, &c. avant que de les mettre à la broche. (Une bonne barde. Une barde trop large, trop mince. Levez une barde, & mettez-là ſur ce chapon.)

Bardelle, *ſ. f.* Eſpéce de ſelle à piquer, qui n'eſt que de toile, qui eſt garnie de paille & piquée fortement avec de la ficelle, ſans qu'il y entre ni cuir, ni fer, ni bois. On ne ſe ſert point de bardelle en France ; mais en Italie, où l'on trote, les Cavalcadours trotent leurs poulains en bardelle. *Guillet, arts de l'homme d'épée.* Quelques-uns nomment ſimplement *Barde,* ou *paneau,* une ſelle de cette ſorte, dont ſe ſervent les païſans.

Barde, *ſ. m.* Poëte Gaulois dont la poëſie enſeignoit la vertu & la ſcience, ou ſervoit quelquefois à encourager, & quelquefois à terminer le diferend des armées au moment qu'elles aloient combattre.

Barder, *v. a.* Armer un cheval d'une barde. (Barder un cheval.)

Barder. Terme de Rôtiſſeur. Couvrir d'une barde de lard, quelque volaille, ou quelque oiſeau. (Barder un chapon, une poularde.)

BARDEUR, *ſ. m.* Celui qui traîne les pierres ſur les petits chariots dans les grans ateliers des maçons.

BARDOT, *ſ. m.* Petit mulet qui porte le bagage.

BARGE, *ſ. f.* Poiſſon qui reſſemble fort au courlis, hormis qu'il n'a pas le bec ſi long. Voïez *Corlis.*

† BARGUIGNER, *v. n.* Conteſter pour le prix de quelque choſe qu'on veut acheter. (Il y a une heure qu'il barguigne pour acheter un livre de vingt ſous.)

† *Barguigneur.* Celui qui barguigne. (C'eſt un ſot barguigneur.)

Barguigneuſe, *ſ. f.* Celle qui barguigne. (C'eſt une étrange barguigneuſe.)

BARI, *ſ. m.* Fort petit vaiſſeau de bois compoſé de deux fonds & de douves liées avec des cerceaux. (Bari à moutarde, à verjus, à vinaigre, &c.)

Bari, *ſ. m.* Petit bari, mais dans ce ſens il eſt hors d'uſage.

BARILLET. Terme d'Horloger. Piéce de montre dans quoi eſt le grand reſſort, & qui ſert à faire marcher la montre, lorſqu'on remonte la fuſée ; ou à faire aller la grande roue lorſque la montre n'a point de fuſée. Le barillet eſt trop grand, ou trop petit. Les gens qui ne ſont pas du métier apellent *Tambour,* la piéce que les horlogers nomment *barillet.*

BARIOLÉ, *bariolée*, *adj.* Marqué de diverſes couleurs. (Cruche bariolée. Féve bariolée.)

BARIQUE, *ſ. f.* Sorte de futaille. Petit tonneau. (Une barique de vin. Il faut quatre bariques pour faire le tonneau de vin à Bordeaux.)

Barique fondroiante. Baril à feu. L'un & l'autre ſe dit. Ce ſont des futailles de diverſe capacité, où l'on met des pots à feu & des grenades rangées parmi quantité de filaſſe, arroſée d'huile de pétrole & trempée dans de la poix noire & de la poix Gréque. On défend ſouvent des brèches à la faveur des bariques foudroiantes.

BARNABITES, *Bernabites*, *ſ. m.* Le peuple de Paris dit Bernabites ; mais les gens qui parlent bien, diſent, & écrivent Barnabites : On les apelle de ce nom à cauſe de l'Egliſe de Saint Barnabé de Milan. Ce ſont des Religieux qu'on nomme Clercs Réguliers de la congregation de Saint Paul, faiſant 2 ou 3 mois de probation, un an de Noviciat & enſuite profeſſion. Ils ſont vêtus de noir, & ont retenu l'habit que portoient les Prêtres qui vivoient du tems de leur établiſſement. Ce fut en 1533. qu'ils furent établis par bules expreſſes du Pape Clement VII. Leur occupation eſt d'inſtruire, de catechiſer & de ſervir dans les Miſſions. Ils enſeignent la jeuneſſe en pluſieurs endroits d'Italie, d'Alemagne, & de France, néanmoins leur principal but n'eſt pas cela. Ils ne ſongent qu'à travailler au ſalut des ames par la prédication & autres pieux exercices. Ils deſſervent quelques cures en communauté en France, en Italie, & en Alemagne, & mêmes ils ont des Evêchez en pluſieurs lieux. Ils vivent dans une grande union & une veritable ſimplicité. Ils ont pour leur fondateur Antoine Marie Zacharie, qui ſe joignit à Milan avec Jaques Antoine Noriga, & Bartelemi Ferrari, tous deux Nobles Milanois.

BAROMETRE, *ſ. m.* Tuïau de verre qui ſert à marquer la peſanteur & la légéreté de l'air par le moïen de quelque vif argent.

BARON, *ſ. m.* Ce mot a premierement ſignifié un homme fort & vaillant, qui étoit auprès de la perſonne du Roi. Enſuite, il a ſignifié un homme noble de qui la terre reléve du Prince, & enfin un Seigneur qui eſt au deſſus des Seigneurs Chatelains, & qui eſt moins que les Comtes.

Baronne, *ſ. f.* Femme de Baron, laquelle porte la qualité de Dame damée.

Baronnie, *ſ. f.* Terre & Seigneurie de Baron. Terre à laquelle eſt atachée une dignité qui eſt au deſſus du Seigneur Châtelain & qui eſt moindre que la qualité de Comte. (Les Baronnies ſont conſiderables en Bohême. Une grande, une illuſtre Baronnie. La Reine Criſtine Alexandre a donné au Baron de
Bidal,

BAR

Bidal, la baronnie de Vvildembrug. *Le Chevalier de Terlon mémoires, T. 1.*)

BAROQUE, adj. Terme de Jouailler. Ce mot se dit des perles, qui ne sont pas rondes comme il faut. (Ces perles sont un peu baroques, & sans cela elles seroient admirables. C'est un colier de perles baroques.)

BARQUE, s. f. Vaisseau de voiture pour aider quelque navire, ou autre pareil bâtiment. (Barque longue, Barque droite.)

* *Barque.* Ce mot au figuré est pris personnellement. (Avec un peu d'éfort on arrive toûjours au port, quand on sait bien conduire sa barque. C'est à dire, quand on se fait bien conduire. (S'il ne tient qu'à vous prêter bien fort pour obtenir vôtre aide. Je vous conjure de prendre la conduite de nôtre barque. *Mol. Scap. a. 1. sc. 3.* c'est à dire, de conduire nos afaires.

Barquette. Patisserie venuë de Languedoc, qui est en forme de barque, qui est faite de fine fleur, de sucre & d'ambre gris, & qui se vend chez les limonadiers de Paris.

BARRACAN; *Bouraçan*, s. m. L'un & l'autre se dit, mais *barraçan* est plus en usage. C'est une étofe où il entre du poil de chévre.

BARRAGE, s. m. Droit de péage qui se léve pour le Roi sur de certaines marchandises. *Voiez Loiseau droit de police.*

Barrager, s. m. Fermier qui reçoit le droit de barrage.

BARRAQUE, s. m. Voi *Baraque*.

BARRE, s. f. Piéce de bois de moienne longueur qu'on met derriere une porte, ou derriere une fenêtre pour les fermer. (Mettre la barre à la porte.) Ce mot se dit de diverses piéces de bois qui servent à divers usages.

Barre de fer. Morceau de fer long de 9. ou 10. piez, épais de 4. pouce & large de 4. ou 5. doigts.

Barre de Palais. Banc où se met le premier huissier du Parlement, & où se font les adjudications des biens saisis réellement.

Barre. Terme de Blason. L'une des parties honnorables de l'écu, laquelle marque le baudrier du cheval. (Il porte d'hermines à la barre de gueules. Col.)

Barre. Terme de Ceinturier. Bande de cuir qui sert aux sangles & aux ceinturons.

Barre de muid. Terme de Tonnelier. Petit ais ataché avec des chevilles au travers des douves sous les pieces du fond. (Le muid est à la barre. Quand le vin est au dessous de la barre il n'est bon que pour les valets.)

Barre, s. f. Terme de faiseur de clavessins. C'est un morceau de bois blanc de la longueur de l'épinette & du clavessin, raboté, diapé & embelli d'ordinaire de petites fleurs, posé au dessus des sauteraux & ataché à l'assemblage de l'épinette, ou du clavessin, pour empêcher que les sauteraux ne sortent de leurs mortaises. (La barre de cette épinette est agréablement enjolivée. Poser la barre, lever ou ôter la barre d'une épinette.)

Barre. Terme de cocher & de postillon. Perche qu'on atache d'espace en espace aux piliers des Ecuries, pour empêcher que les chevaux ne s'aprochent & ne se batent.

Barre, s. f. Terme de mer. Amas de sable, ou plusieurs roches sous l'eau, à l'entrée d'une riviére, ou d'un port qui empêchent qu'on n'y puisse passer que de haute marée, ou par des passes, c'est à dire, par des ouvertures qui s'y rencontrent par intervales. (On ne peut passer par ce port à cause des barres qui en empêchent l'entrée. *Guillet, Doct. du Gentilhomme.*)

Barre, s. f. Terme de monnoie. C'est une piéce de fer longue de 8. ou 9. piez, & grosse comme le bras, qui passe au travers du balancier, & qui sert à le faire tourner par des ouvriers, qu'on apelle *barriers*, où tireurs de barre. On tire la barre lors qu'on monnoie les flancs d'or & d'argent.

Barre de panier. Terme de Vanier. Bâton, où cerceau sous le fond du panier.

Barres. Terme de Maréchal. Parties exterieures de la bouche du cheval, qui sont une espece de gencive, sans aucunes dents. (Barres tranchantes & décharnées.)

Barres. Jeu, où deux troupes de jeunes gens se rangent en haïe à la tête, & à quelque distance les uns des autres, sortent de leur rang, & courant les uns après les autres, tâchent de s'atraper & de se faire prisonniers, & celui qui atrape son camarade, lui donnant de la main quelques petits coups sur l'épaule, lui dit, *j'ai barres sur vous*, & l'arrête. Ceux qui joüent à ce jeu, disent *commencer ses barres*, c'est commencer à courir. *Donner barres sur quelcun*, c'est quiter le poste où l'on est, & courir après quelcun pour l'atraper. *Avoir barres sur quelcun*, c'est avoir atrapé quelcun. Les petits garçons joüent aux barres en hyver pour s'échaufer. Joüer aux barres.

* *Rats qui joüent aux barres.* C'est à dire, qui courent & qui font du bruit.

* *Avoir barres sur quelcun.* Façon de parler figurée. C'est avoir prise sur quelcun.

* On dit figurément qu'on joüe aux barres, lors qu'on se va chercher reciproquement en même têms, & qu'on ne se trouve point.

Barreau, s. m. Barre de bois ou de fer.

Barreau. Petite barre de fer qu'on met aux fenêtres des premiers étages qui donnent sur la ruë pour empêcher d'entrer dans la maison par les fenêtres.

BAR

Barreau. Terme de Palais. Lieu dans l'Audience où plaident les Avocats, & qui est fermé pour empêcher la foule des parties.

* *Barreau.* Tout le Palais, qui est le lieu où l'on rend la justice (Frequenter le Barreau. *Abl.*

* *Barreau.* Tout le Corps des Avocats. (Feu Mr le Maître étoit l'ornement du barreau. Pour être habile, on doit frequenter le Barreau.)

Barreau. Terme d'Imprimeur. Morceau de fer qui tient dans l'arbre de la presse, qui a un manche de bois, & qui sert à serrer les formes.

Barrer, v. a. Fermer avec une ou plusieurs barres, (Barrer une porte.)

Barrer. Lier. Arrêter. (Barrer les veines d'un cheval.)

Barrer. Terme de Lutier, Mettre dans un luth les barres qui lui sont necessaires. (Barrer un luth.)

Barrez, s. m. On apelloit autrefois de ce nom, les Religieux qu'on nomme aujourdui Carmes. On les apelloit *barrez*, à cause qu'ils portoient des manteaux qui étoient divisez par quartiers, blancs & noirs. Voici ce que dit de ces Religieux, le P. Louis Beurrier, *Antiquitez des Célestins de Paris, l. 1. ch. 1.* Louis IX. à son retour d'Orient en France, amena en 1259. six Religieux Carmes, apellez alors *barrez*, à cause qu'ils portoient des manteaux divisez pas quartiers blancs & noirs.

Barricade, s. f. Chaînes qu'on tend aux avenuës des ruës des viles. Barriques ou autres choses qu'on met aux avenues des rues pour se défendre & arrêter l'ennemi.

Barricader, v. a. Faire des barricades aux avenues des rues. Fermer & apuier une porte avec quelque chose qui empêche d'entrer dans le logis. (Barricader les avenuës des ruës. Barricader une porte. Fermer portes & fenêtres, & se barricader tout, afin qu'il ait plus chaud. *Rac. plaidoyé, act. 1. sc. 4.*)

Se barricader, v. r. Empêcher qu'on n'entre où l'on est, oposant quelque chose qui retienne ceux qui veulent entrer & nous forcer. Apuier une porte de quelque chose qui la fortifie, afin d'arrêter ceux qui veulent entrer. Se barricader dans une maison. *Mol.*

BARRIER, s. m. Prononcez *barrié*. Terme de Monnoye. C'est l'ouvrier qui tourne la barre du balancier qui sert à monnoier les flancs d'or & d'argent. (Il y a plusieurs barriers qui sont tourner le balancier. On dit aussi *Tireur de barre*. *Boissard, traité des Monnoies.*

Barriere, s. f. Pieux fichez en terre près à près, & arrêtez par des poteaux & des piéces de bois mises de travers pour se batre, pour se défendre & empêcher le passage. (Ataquer, défendre, & forcer une barriere.)

Barriere. C'est quelquefois aux lieux où l'on paye les entrées, une grosse piéce de bois posée de long sur deux poteaux, c'est aussi des pieux fichez en terre, & arrêtez ensemble. (Une barriere de renvoi.)

Barriére. Grandes piéces de bois couchées de leur long, & élevées à deux piez de terre, ou un peu plus, avec des poteaux d'espace en espace pour les soutenir.

Barriere de Sergent. C'est en de certains endroits des ruës de Paris une maniere de reduit couvert d'un toit, & ouvert de tous les côtez, où se trouvent des Sergens pour la commodité du public.

Barriére. Obstacle. (Le Rhein n'étoit pas une assez forte barriere à leur courage. *Abl. Tac.* Je prévoi trois ou quatre inconveniens, & de puïssantes barrieres qui s'oposeront à vôtre course. *Pas. l. 5.*)

BARRIQUE, s. f. Tonneau que le soldat porte pour faire son logement, & qu'on remplit de terre, ou de sacs à terre pour se mettre à couvert contre l'ennemi.

BARRURE, s. f. Terme de Lutier. Barres du corps du luth.

BARTELEMI, s. m. Nom d'homme. Le peuple de Paris dit *Bertelemi*, mais ceux qui parlent le mieux, disent *Bartelemi*.

BAS.

Bas, *basse*, adj. Qui est situé en un lieu peu ou point élevé, par raport à ce qui est plus haut. [Apartement bas, sale basse. Toit fort bas. Maison basse. La basse fosse d'une prison.

Bas basse. Ce mot en parlant de pays, veut dire du côté de la mer. [Bas languedoc. Basse Normandie. Le pays bas. Le bas Palatinat. La basse Saxe.]

Bas basse. Se dit de la mer & des riviéres, & il signifie qui a peu d'eau. (La riviere est basse.)

Bas basse. Ce mot se dit du stile, des pensées & de l'esprit, & il signifie peu élevé, peu noble, rempant. Qui n'est pas du bel usage. [Mot bas. Pensée basse. Les auteurs de la basse latinité. Je considere combien mon esprit est bas, & au dessous du sien. *Voi. l. 42.*)

Bas basse, adj. Il se dit des actions & de la conduite des personnes, & signifie, indigne, qui ne mérite point de loüanges.

Un semblable soupçon, est bas & ridicule,
Alez, dessus & ce point n'ayez aucun scrupule.
Mol. Cocu. sc. 1.

O

BAS

* Bas, basse. Lâche, honteux, malhonnête, indigne. (Avoir l'ame basse & mercenaire. *Abl.* Un esprit né sans fard, sans basse complaisance, fuit ce ton radouci. *Déprecaux, satire 9.*)

* Bas, basse, adj. Qui coute peu. (Acheter une chose à bas prix à *vil prix.*)

* Bas, basse. Ce mot se dit des cartes, & signifie qui ne vaut pas tant que les autres cartes. Oter toutes les basses cartes d'un jeu de cartes.

* Bas, basse, adj. Il se dit de l'or & de l'argent, & veut dire de moindre valeur. (bas or, bas argent.)

* Bas, basse, adj. Il se dit des choses qui valent moins. (Ce vin est bas, & il sent la lie

* Bas, basse, adj. Inférieur de moindre dignité. (bas justicier. basse Justice. Les bas Oficiers d'une Compagnie. Les basses classes d'un Colége. Il est de basse naissance, de basse condition.)

* Bas, basse, adj. Il se dit du ton & de la voix, & veut dire inférieur. (D'un ton bas. A basse voix. Messe basse. C'est à dire, qui se dit d'une voix basse.)

Bas, *f. m.* La partie la plus basse de quelque chose. (Le bas d'une montagne. *Vau. Quin. l.* 3. Il y avoit au bas de vôtre lettre trois écritures diférentes. *Voi. l.* 30. Le bas du visage. Le bas de la robe.)

Bas. Le fondement de la personne. (Devoïement par haut & par bas.)

Bas. Chausses dont on se couvre les jambes. (bas à étrier, bas de soie, bas de laine, bas de la Chine. Metre ses bas, chausser ses bas, tirer ses bas. Des bons bas, des bas fins, de gros bas, des méchans bas. Il se fait un grand trafic de bas de laine & de soie à Dourdans. Ce commerce de bas y fut introduit en 1560. & l'on dit que Monsieur de Guise contribua fort à cela, auparavant, on n'y faisoit que des bonnets. *L'Ecornai, histoire de Dourdans.*)

Bas de soie, *f. m.* Terme de Mer. Barres de fer, où il y a des fers pour mettre aux mains & aux piez de ceux qui se gouvernent mal. (Donner les bas de soie à quelcun. *Fourn.*

Bas, *adv.* Doucement, & d'une maniere qu'on n'entende qu'à peine. (On dit tout bas, mourra-t-il, ne mourra-t-il pas? *Voi. Poë.*)

Bas. Par terre. (Ils jetterent les armes bas. *Abl. Ar. l.* 1. Mettre les armes bas. *Vuag. nouvelles remarques.* C'est quiter les armes.

Metre bas. Faire des petits. (La chienne a mis bas.)

Bas. Au bas. (Sa maladie l'a mis bien bas.)

A bas. Par terre. Il y avoit déja deux tours à bas. *Abl. Ar. l.* 1.

† Voilà le Marquisat à bas. *Mol. Pre.*)

Ici-bas, là-bas, *adv.* * Ici-bas, *adv.* Dans ce monde. (Il n'est rien ici-bas qui par ses bontez ne subsiste. *Mol. Am.* 8. *Intermede.*)

* Faire main-basse sur les ennemis, c'est à dire, tuër par tout, ne donner point de quartier. (Le bas-bout d'une table, c'est le côté le moins honorable.

Basane, *bazane f. f.* Peau de mouton tannée & travaillée par le peaucier, de laquelle on se sert pour couvrir des livres. (Livre couvert de basane.)

Basané, basanée, *adj.* Hâlé. Brulé. (Avoir le teint basané.)

Les troupes basanées. Mots burlesques pour dire les *Espagnols.*

Bas bord, *f. m.* Terme de Mer. C'est le côté d'un Vaisseau qui est à main gauche, au regard d'un homme, qui étant à la poupe fait face vers la prouë. (Faire feu du bas bord.) Il est opposé à *estribord*, qui est le côté droit du Vaisseau.

On dit d'un Vaisseau qu'il est de *bas bord*, ou de *haut-bord*, V. Bord. Terme de mer.

Bascule, *f. m.* Machine qui n'est souvent que deux pieces de bois, soutenues par le milieu sur un essieu, de sorte que lorsqu'on pose sur l'un des bout, l'autre hausse.

Bascule de Pont levis. C'est le contre-poids d'un pont levis, & qui sert à le lever. Il y a plusieurs sortes de Machines à Bascule.

Bascule de contoir. Petite plaque de fer qui hausse & baisse sur les contoirs des Marchands, & par où l'on jette l'argent qu'on reçoit dans le contoir.

Bascule de moulin à vent. C'est une piece de bois qui abat le frein du moulin, & qui sert à l'arrêter.

Bascule pour jetter des grenades. Machine pour jetter des grenades.

Base, *f. f.* Le mot est Grec, & il signifie en général, tout ce qui sert de soutien à quelque corps qui est posé dessus.

Base. Terme de Géometrie. Il se dit de la ligne sur laquelle une figure est posée, & du côté sur lequel un corps est apuyé. (Tout côté d'un triangle peut être pris pour la base ; c'est à dire, qu'on peut concevoir qu'un triangle est posé, sur lequel de ses trois côtez que l'on voudra. Le côté d'un triangle oposé à un angle droit, se nomme particulierement base, ou hipotenuse. La base d'un cube, c'est le quarré sur lequel il est posé. La base d'une piramide, c'est le côté oposé à l'angle du sommet. La base d'un Cilindre, c'est le côté sur lequel il est dressé. (On dit couper la base ; prolonger la base ; tirer une ligne sur la base.)

Base. Terme d'Architecture. C'est généralement tout ce qui sert de premier fondement, hors du rez de chaussée pour soutenir un bâtiment, ou quelques-unes de ses parties ; le pié ou le soutien de quelque corps.

La base d'une colonne. C'est la partie de la colonne qui est au dessous du fût, & qui pose sur le pié d'estal, lorsqu'il y en a. Le pié d'estal a aussi sa base. Il y a autant de sortes de bases de colonnes qu'il y a de divers ordres d'Architecture, à la reserve du Dorique, qui n'a point de base particulière.

On dit en termes de Fortification... La base d'un rempart, d'un parapet, &c.

Base, *f. f.* Terme d'Architecture. Partie de la colonne au dessous du fût, & qui pose sur le pié d'estal, lorsqu'il y en a. Le mot de base veut aussi dire pié & soutien de quelque chose. Tout ce qui sert de premier fondement hors le rez de chaussée pour soutenir de toute sorte de corps.

* Base. Principe Fondement. (La doctrine des opinions probables est la source & la base de leur déréglement. *Pasl.* 5. Lui seul de la nature est la base & l'apui. *Dep. sat.* 8. La Religion & la pieté sont la base la plus solide de l'honnêteté. *S. Evremont, T.* 6. Cette verité est la base de tout son discours.

Base. Terme de Médecin. Il signifie le principal ingrédient qui entre dans une composition. (Le citron est la base du Sorbet. le cacao est la base du chocolat.)

Les Anatomistes disent aussi *la base du cœur*, qui est sa partie superieure, & la plus large oposée à la pointe.

Basilic, *f. m.* Dragon qui porte une maniere de couronne sur la tête, & qui par son siflement épouvante les autres dragons. Il a les yeux extrêmement rouges, & est d'une couleur jaune tirant sur le noir. Il aime les marais, & vit de grenouilles, de couleuvres & d'autres animaux. Il tuë les vaches. Son soufle est si dangereux qu'il fait mourir les herbes & les arbrisseaux qui en sont ateints. *Jonston.*

(Fiers dragons, Basilics brûlans
Qui dans vos yeux étincelans
Portez un venin redoutable,
Loüez l'Auteur de l'Univers
Godeau, Ps.

Les anciens ont dit des choses extraordinaires du basilic. Mais, il y a plusieurs modernes qui croyent que le Basilic est un serpent fabuleux.)

* Basilic, *f. m.* On donnoit ce nom aux plus gros Canons, qui portoient 160. livres de bales.

Basilic. Plante odoriferante qui craint le froid au premier degré & qui fleurit en Juillet, Août, Septembre & Octobre. Il y en a de plusieurs sortes.

Basilique, *f. f.* Ce mot vient du Grec. Sale à deux rangs de colonnes qui faisoient une grande nef au milieu avec deux ailes à côté, & des galeries. Les Rois rendoient la justice dans des Basiliques. On a aussi apellé Basiliques les Eglises & les Temples. *Perraut. Vitruve.* (Constantin ayant embrassé le Christianisme, ne voulut point faire graver son nom sur les Basiliques qu'il fit bâtir. *Le Mai plai.* 11. *p.* 224.

Basin, *f. m.* Toile qu'on fait des camisolles. C'est aussi une espece de futaine faite de coton.

Basoche, *f. f. V. Bazoche.*

Basque, *f. f.* Petite partie d'étofe qui est au bas du corps du pourpoint, & où il y a des œillets. (Atacher les basques du pourpoint. Il y a des basques au bout du corps de jupe des Dames.)

Basque, Terme de plombier. Piéce de plomb au droit des areftieres, & sous les épis ou amortissemens. Elle se nomme basque, parce qu'elle est coupée en forme de basque. *Felibien.*

Basque, *adj.* Qui est de Biscaïe. C'est un Basque. Aller du pié comme un Basque *Prov.*

Basque, *f. m.* Langage qu'on parle dans la Biscaïe & dans la Navarre.

Bas-Relief, *f. m.* Terme de Sculpture. Ouvrage qui ne paroit pas entier, & qui est ataché à son fond.

Basse, *f. f.* Terme de mer. C'est un fond mêlé de Sable, de roche, ou de pierres, qui s'éleve sur la surface de l'eau. On apelle aussi ces basses, *batures* ou *brisans*, & principalement lorsque la mer y vient briser de basse-eau. (L'entrée du port étoit étroite & dangereuse à cause des bancs & des basses qui s'y rencontrent. *Sarazin, siège de Dunkerque.* Se tenir loin des basses. Naviger parmi les basses. Atirer les vaisseaux ennemis dans les batures. Se tenir loin des batures. Sortir heureusement des basses.)

Basse, *f. f.* Terme de Musique. C'est la partie la plus basse de la musique, qui sert de fondement aux autres parties, & sur laquelle toutes les autres sont bâties, ou composées. (Faire la basse.)

Basse, *f. f.* Terme de musique. C'est le Musicien qui fait la basse. (Monsieur un tel est une basse.)

Basse, *f. f.* Terme de Lutier, & de certains Joüeurs d'instrumens de Musique. Le mot de basse se dit en parlant de viole & de violon. C'est une sorte de viole, ou de violon qui fait la partie de Musique qu'on apelle basse. (Toucher la basse.)

Basse-contre, s. f. Terme de Musique. Ce n'est proprement que la basse, qui est apellée basse-contre, parce qu'elle peut être diferente de la basse-continuë, selon la volonté du Musicien, & alors on peut dire que c'est la partie la plus proche de la basse. (Faire la basse-contre.)

Basse-contre, s. f. Terme de Musique. Basse-contre est le Musicien qui fait la *basse contre*. (Monsieur un tel est un *basse-contre*. La basse-contre à Potier plut si fort que.)

Basse-taille, s. f. Terme de Musique. C'est la partie qui est entre la basse & la taille ordinaire. (Il n'a point de voix pour chanter la haute-taille, & on le ne sauroit faire chanter la basse-taille.)

Basse-taille, s. f. Terme de Musique. C'est le Musicien qui chante la partie qu'on apelle basse-taille. (Monsieur est une basse-taille.)

Basse-taille, Terme de Lutier, & de joüeur de viole. C'est une sorte de viole moins grosse que celle qu'on apelle basse. (Toucher la basse-taille.)

Basse-cour, s. f. La cour du logis où sont les volailles.

BASSEMENT, adv. & d'une maniére basse. Il est ordinairement au figuré, & il se dit en parlant du stile, des pensées & des mœurs. Peu noblement. Agir bassement comme les avares. S'exprimer bassement.

Bassement, adv. Il se dit de la naissance, & veut dire peu glorieusement, d'une maniere peu illustre. Il faut bien se garder de mépriser ceux qui sont nez bassement, on ne le sauroit faire sans injustice, car ce n'est point leur faute. S. EVREMONT.)

* *Bassesse*, s. f. Abaissement d'une personne. Etat bas & obscur (Ils ne cessoient de ravaler ce Prince à cause de sa bassesse, & de sa pauvreté. VAU. QUIN. l. 4. c. 1 J'ai trop de sincerité pour nier la bassesse de ma naissance. SCA. ROM. Leur grandeur n'est que bassesse.)

* *Bassesse*. Ce mot se dit du langage, & il signifie qui n'a nulle beauté, nulle noblesse. Maniere de s'exprimer basse & rampante. (Quoique vous écriviez, évitez la bassesse. Despreaux.)

* *Bassesse*, s. f. C'est ce qui est oposé à élévation. Ce vers se sent toujours des bassesses du cœur. Dép. bassesse d'ame, de courage, de naissance, &c.

* *Bassesse*. Lâcheté. (Faire des bassesses.)

BASSET, adj. Qui est un peu bas. Ce mot n'est presque en usage que quand on parle d'un homme qui est d'une taille médiocre, & qu'on dit par exemple ; cet homme a bonne mine, mais il est un peu basset.

Basset, s. m. Terme de Veneur. Ce mot se dit d'un chien, qui est d'une petite taille, & qu'on nomme aussi chien de terre, parce qu'il est propre à chasser en terre.

Bassette, s. f. Sorte de jeu de cartes qui est venu de Venise en France, environ l'an 167 . mais qui n'y fut pas long-tems en vogue. C'est une maniére de Lansquenet, auquel peuvent joüer deux, trois, ou tant de personnes qu'on voudra. Chaque joüeur choisit une carte, sur laquelle il couche l'argent qu'il veut joüer. Ensuite le Banquier, ou le Tailleur qui tient à la main un jeu de cartes entier, les mêle , en prend une, dont il coupe, ou taille les autres, puis il les tire deux à deux ; Si la première de deux cartes est celle où il a mis son argent, il perd, sinon il gagne. Justiani est le premier qui a fait connoitre la Bassette en France. Préchac en a fait un petit discours. Joüer à la bassette. Gagner, ou perdre de l'argent à la bassette. Les mots de la bassette , sont, le banquier, ou tailleur ; alpin, face, livre, leva, poste, paroli ; &c.

BASSIERE. Voyez *bessiere*.

BASSIN , s. m. Grand plat rond , ou ovale , & peu creux, dont on se sert pour laver les mains, & pour parer des bufets.

Bassin. Grand plat à mettre sur la table , sur lequel on sert plusieurs viandes ou plusieurs fruits en piramide, & sur lesquels on met des assiettes de divers mets, ou de confitures. (On a servi tant de bassins à ce repas.)

Bassin. Grand vaisseau de cuivre, fort plat , qui sert aux Rotisseurs à porter leurs volailles lardées.

Bassin à barbe, ou bassin de Barbier. Plat creux avec une gorge, dont on se sert pour faire la barbe.

Bassin. Terme de Chapelier. Plaque de fer ou de cuivre pour fabriquer un chapeau.

Bassin de Fontaine. Espace rond , où demeure l'eau de la fontaine. On nomme aussi *bassin* le lieu où l'on reçoit, & reserve les eaux des sources qui doivent servir aux fontaines jalissantes. C'est aussi un grand reservoir d'eau pour entretenir les canaux & les écluses.

Bassin. Ce mot se dit aussi d'un port. (Le port de Dieppe n'est pas considérable, parce que son *bassin* est trop petit.) C'est aussi l'endroit d'un port, où l'on radoube les Vaisseaux.

Bassin. Terme d'Anatomie. On donne ce nom à quelques cavitez qui contiennent quelques parties en divers endroits du corps.

†* *Cracher au bassin*. Proverbe pour dire, donner quelque chose contre son gré.

Bassin de chambre , ou bassin de chaise percée.

Bassin à queuë. Bassin dont les malades se servent dans le lit lors qu'ils sont fort abatus.

Bassin de balance. Cuivre façonné en forme de plat creux & sans bord, attaché avec des cordes, dont on se sert pour peser.

Bassin. Petite tasse ronde & creuse, où les aveugles des Quinze-vingts reçoivent les aumônes qu'on leur fait.

* *Bassin*. Terme de Maçon. Ce mot est signifié & veut dire un rond de chaux , ou de mortier , qui a des bords & est un peu creux, où avec l'outil qu'on apelle rabot, les Maçons détrempent de la chaux ou du mortier. On dit, il faut vite faire un *bassin* pour y raboter cette chaux ou ce mortier , ou pour les y détremper ou délaier.

Bassine, s. f. Bassin large & profond, espéce de chaudière à deux anses, que les Chimistes & les Apoticaires mettent sur des fourneaux pour faire toutes sortes d'infusions & de décoctions. (Une grande ou petite bassine.)

Bassiner, v. a. Echaufer avec la bassinoire. (Bassiner un lit.)

† *Bassiner une plaie*, &c. C'est l'étuver avec quelque liqueur, pour la rafraichir, ou pour la nettéyer.

Bassiner, v. n. Terme de Jardinier. Arroser légèrement. (Bassiner une planche. Quin.)

BASSINET, s. m. Fleur sauvage qui fleurit jaune.

Bassinet double. Fleur jaune qu'on cultive.

Bassinet des prez. Fleur jaune qui vient dans les prez.

Bassinet. Terme d'Orfévre. La partie des chandeliers d'Eglise qui est en forme de petit bassin , où tombe la cire des ciarges qui sont alumez.

Bassinet. Terme d'Arquebusier. La partie de l'arme à feu où l'on met l'amorce.

† *Bassinet*. Ce mot se dit autrefois pour signifier un chapeau de fer que portoient les hommes d'armes.

Bassinet. Terme d'Anatomie. C'est une petite cavité qui est au milieu du rein.

BASSINOIRE, s. f. Instrument qui est ordinairement de cuivre, & quelquefois d'argent, composé d'une queuë , d'un couvercle & d'un corps rond & creux, où l'on met de la braise pour chaufer le lit. (Une bassinoire toute neuve.)

BASSON, s. m. Instrument de Musique à vent & à anche, qui est fait de bois , & est long de quatre piez qui se démonte, & qui sert de basse aux concerts des flutes, des hautbois & des musettes. Le basson a deux clez , deux viroles & un cuivre , au bout duquel on met l'anche lorsqu'on se veut servir du basson. Un basson vaut bien quatre ou cinq pistoles. Hautière fait des bassons ; & montre à joüer du basson & de tous les instrumens à vent.

* BASTER, v. n. Ce mot signifie *sufire* ; mais il n'est proprement en usage dans ce sens qu'à la troisième personne du subjonctif. Ainsi on dit, en parlant familièrement, ou dans le stile le plus bas, *baste*, pour dire, *il sufit*, *c'est assez*. Prononcez l'*s*, de ce mot *baster*, & de tous ceux qui suivent.

* *Baster*. Reüssir. (Lambris, qui voit des siens *baster* mal les afaires. SARAZIN) defaite des bout-rimez. Chant. 3.)

Baste, s. m. Terme de jeu d'ombre, qui signifie l'as de trefle. (Le baste me vient souvent, mais c'est un fourbe qui m'engage mal à propos, & qui me fait faire la bête. S. EVREMONT. Ouvrez mêlées pag. 442.)

BASTIDE, s. f. Vieux mot qui signifioit autrefois *une maison*, & qui est encore en usage en Provence.

BASTILLE, s. f. C'est le nom d'un Château , qui est fortifié à l'antique, & où l'on met des prisonniers d'Etat. Il ne branle non plus que la Bastille. Proverbe trivial, pour dire , il est ferme & inébranlable.

BASTION , s. m. Grand corps de terre élevé, soutenu de murailles de gazon, ou de terre batuë , & disposé en pointe sur les angles saillans du corps d'une place , avec des faces & des flancs qui se défendent les uns les autres (Ataquer ; batre , insulter , prendre un bastion, se loger sur un bastion ; atacher le mineur à la face d'un bastion.

Bastion plein, ou *solide*. C'est un bastion qui est tout rempli de terre, sur lequel on peut combattre & s'y retrancher.

Bastion vuide. C'est un bastion qui n'a qu'un rampart avec son parapet , le long de ses faces & de ses flancs, & dont le dedans est creux & vuide.

Bastion double. On le nomme ainsi , lorsqu'il y en a deux , l'un dans l'autre.

Bastion plat. C'est un bastion mis au devant d'une courtine, dont la gorge est sur une ligne droite , au lieu que les bastions se mettent ordinairement sur les angles de la place , & que les deux demi-gorges forment cet angle.

Bastion coupé. C'est un bastion qui a une angle rentrante à sa pointe , & qui est fait en tenaille. On fait des *bastions coupez* , lors que la rencontre des deux faces prolongées feroit un angle trop aigu.

Demi-bastion. Cet ouvrage n'a qu'une face & qu'un flanc , & de l'autre côté une longue ligne , lors qu'il est seul , comme aux deux côtez d'un ouvrage à cornes. On joint quelquefois ensemble deux demi-bastions , de sorte que leurs côtez sont une angle rentrante & alors ils forment un espèce de bastion coupé.

BASTIR, v. a. Terme de Chapelier. Former un chapeau avec des capades.

BASTONABLE, adj. Mot burlesque , pour dire, *qui mérite des coups de bâton*. (Le Heros de son Roman est très bastonnable Scar. Poës.

Bastonnade, *s. f.* Coups de bâton. Il vient de l'Espagnol *bastonada*. (C'est une *calamité* à bastonnades. Façon de parler basse & figurée, pour dire que celui dont on parle s'attire souvent des coups de bâton.)

† **Bastonner**, *v. a.* Donner des coups de bâton. (Sa bosse est souvent bastonnée. *Mai. Poës.*)

B A T.

Bât, ou *bast*, *s. m.* Prononcez ce mot long. Il signifie une manière de harnois qu'on met sur le dos d'une bête de somme avant que la charger, & qui est composé d'un bois qu'on apelle fût, d'un panneau, & de deux crochets. (* Sufit, vous savez bien où le bat me fait mal. C'est à dire, ce qui me choque & qui m'irrite.)

Batail, *s. m.* Voyez *batant*.

Bataille, *s. m.* Combat réglé & prémédité de deux armées ennemies. (Présenter, livrer, donner la bataille. Ofrir, ou refuser la bataille. Bataille illustre, celebre, fameuse, heureuse, malheureuse, infortunée. La bataille de Cannes fut malheureuse pour les Romains. En 1356. les Anglois gagnerent la *bataille de Poitiers* sur les François, & prirent le Roi Jean prisonnier. *Froissard*, T. 1. Sous le regne de Henri II. Les Espagnols emporterent la bataille de S. Quentin sur les François, & en 1643. Les François celle de Rocroi sur les Espagnols.)

Bataille. Les troupes qui composent le milieu d'une armée en état de combat. (La bataille des Indiens fut rompuë. *Vau. Quin. l. 8. c. 14.* On la nomme aussi le corps de *bataille*.)

Bataille. Armée prête à combatre. Troupes rangées en état de combat. Il donna beaucoup de hauteur à la bataille. *Abl. Ar. l. 1.* Marcher en bataille avec le bagage au milieu. *Abl. Ret. l. 3.* Marcher en bataille sur quatre fronts. *Abl. Ret. l. 3.* Mettre, ranger une armée en bataille. *Abl.* Rompre une bataille. Choquer une bataille. *Q. Curce*, *t. 8. ch. 14.*)

Bataille rangée. C'est un combat auquel on a le loisir de ranger les armées en bon ordre des deux côtez.

Bataille navale. Combat sur mer, ou le choc de deux Flotes ennemies rangées en plusieurs Escadres.

Le Champ de bataille. C'est obliger l'ennemi à se retirer du lieu où la bataille a été donnée. Le champ de bataille demeure ordinairement au victorieux.

Un Cheval de bataille. C'est un cheval fort & adroit, qu'on reserve pour s'en servir dans les combats.

* **Bataille**. Combat. Assaut. (Ses charmes ont livré à mon cœur une horrible bataille. *Desmarais, Visi.*)

Batailler, *v. n.* Il signifie combatre ; mais il n'est plus en usage & ne se dit qu'en cette façon de parler assez basse. Il m'a fait long-tems *batailler* avant que d'obtenir ce que je demandois, c'est à dire, qu'il y a eu de grandes contestations.

Bataillon, *s. m.* Corps d'infanterie prêt à combatre. (Tête & front de bataillon. Ailes & flancs de bataillon. Hauteur de bataillon, c'est la longueur du bataillon depuis la tête jusques à la queuë. Enfoncer, renverser, rompre un bataillon. Un bataillon est composé de cinq à huit cens hommes. Les piquiers sont au milieu d'un bataillon, & les mousquetaires sur les ailes. On dit, le front ou la tête d'un bataillon, la queuë du bataillon, &c.)

Rompre un bataillon. Terme d'évolution. C'est remettre un bataillon par compagnies pour le faire défiler.

Batant. Qui bat. (Je ne suis point batant de peur d'être batu. *Mol. coc.* Mener batant. Sortir tambour batant.)

Batant, *s. m.* Morceau de fer, gros & rond par le bout d'embas, & délié par celui d'enhaut, qui pend au milieu de la cloche, attaché à la belière, & qui frapant sur les bords, excite un son qui retentit. (Un batant de cloche mal attaché.) On dit aussi un *batail*.

Batant. Terme de Menuisier. Morceau de bois qui bat, & porte sur un autre. (batant de fenêtre, d'armoire, &c. On dit, les deux batans d'une porte.)

Batans de loques. Terme de Serrurier. Morceau de fer plat qui est attaché derriére la porte à un crampon, & qui se baisse ou se hausse en mettant le pouce sur la coquille de fer qui est devant la porte.

Batant. Terme de Rubanier. Partie du métier du rubanier, où il y a des dents d'acier, avec quoi on travaille & on bat le velouté.

Bâtard, *s. m.* Enfant qui est illégitime, & qui n'est pas né de gens mariez ensemble. Fils naturel. C'est un franc bâtard. Un *bâtard adulterin*. C'est un enfant qui est né d'une personne mariée & d'une autre qui ne l'est pas. *Un bâtard incestueux*, c'est un bâtard né de deux personnes à qui il n'est pas permis de se marier ensemble, à cause qu'ils sont parens de trop près. *Brodeau* dit qu'un bâtard ne peut avoir d'autre personne qui n'est point engagée, peut recevoir des legs & des donations de son pére & de sa mére, pourvû qu'ils ne soient pas excessives. Un pére doit faire doter son bâtard. Un bâtard ne peut posseder aucune dignité Ecclesiastique, à moins qu'il ne soit légitimé. Quand les bâtards veulent avoir dispense de S. Siége, ils doivent bien exprimer la qualité du defaut de leur naissance, s'ils sont bâtards adulterins, ou non. Le pére & la mére peuvent légitimer leur enfant, en se mariant ensemble,

& reconnoissant cet enfant devant un Notaire. Ils le peuvent aussi légitimer, obtenant des Lettres de légitimation du Prince. Si le bâtard a du bien, & qu'il meure *ab intestat*, le Roi ou le Seigneur haut-justicier lui succédent.

Bâtarde, *s. f.* Fille illégitime. Fille naturelle. Fille née de gens qui ne sont pas mariez ensemble. Presque tout ce qui a été dit des *Bâtards*, se peut apliquer aux Bâtardes. Reconnoître une bâtarde. Légitimer une bâtarde. *Le Mai. pl. 3. & 4.*)

Bâtard, *bâtarde*, *adj.* Il se dit de certains animaux de deux diférentes espèces, & particulierement des oiseaux, en terme de Fauconnerie.

On le dit des arbres & des fruits qui tiennent du sauvage, & participent d'une sorte moindre que celle dont ils portent le nom.

Bâtarde. Troisiéme sorte de piéce d'artillerie du calibre de France, longue d'environ neuf piez & demi, avec trois pouces dix lignes de calibre. *Dav.*

Bâtarde, *s. f.* C'est le nom d'une grande voile qu'on deploie sur les Galeres lors qu'il y a peu de vent.

Bâtard, *bâtarde*, *adj.* Ce mot se dit de la pleuresie, & veut dire qui n'est pas vrai. (C'est une pleuresie bâtarde.)

* **Bâtard**, *bâtarde*. Ce mot se dit de l'écriture, & veut dire qui aproche de l'écriture Italienne. (Ecriture en lettre bâtarde.)

Batardeau, *s. m.* Cloison d'ais, de terre glaise, ou d'autre chose qu'on fait dans l'eau, pour y bâtir quand l'eau est épuisée.

Batardière, *s. f.* Terme de Jardinier. Plans d'arbres tous grefez mis en un endroit du jardin, où ils sont plantez plus serrez qu'ils ne doivent être, quand on les met en espallier & contr'espalier.

Bâtardise, ou plutot *droit de bâtardise*. Droit par lequel le Roi de France succéde aux bâtards. Voyez *Bacquet*.

Bate, *s. f.* Terme de Maçon. Sorte de grosse massuë quarrée, propre à batre les gravois.

Bate. Terme de Cimentier. Morceau de bois en façon de forme de chapeau, entouré d'un lien de fer avec un manche, & qui sert à batre les tuilots & les grez dont on fait le ciment.

Bate. Terme de Potier. Maniére de batoir portant sept pouces en quarré pour batre la carreau.

Bate. Terme de Vanier. Morceau de fer plat pour fraper sur les hotes, & les manequins.

Bate. Terme de Tapissier. Batons au bout desquels il y a des cordes dont on sert pour batre la bourre.

Bate. Terme de Sellier. Morceaux de cuir qui sont autour du liége de la selle, & qui s'élevent un peu au dessus de ce siége. (Poser la bate.)

Bate. Terme de Blanchisseuse. Petit banc à quatre piez au bord de la riviére de Seine, sur quoi les blanchisseuses de Paris savonnent & batent leur linge.

Bate. Terme de faiseur de batoirs. La partie du batoir qui frape & qui reçoit la bâle.

Bate à bœuf. Terme de Boucher. Bâton gros & court avec quoi on bat les bœufs & les veaux lorsqu'ils sont tuez.

Bate à beure, *s. f.* Bâton rond d'environ deux piez & demi de long, enchassé par le bout à une espece de tranchoir avec quoi on bat la crême, jusques à ce qu'elle se forme en beure.

Bateau, *s. m.* Bâtiment dont on se sert pour voiturer par eau, pain, vin, blé, foin, aveine, & autre marchandise. Les bateaux de cuivre sont de nouvelle invention, & servent à faire des ponts pour passer les rivieres.

† *Il est étourdi du bateau*. Façon de parler proverbiale, pour dire qu'il lui est arrivé quelque infortune qui lui trouble l'esprit. Il n'a pas l'esprit assez fort pour soutenir le poids des afaires.

Bate'e, *s. f.* Terme de Relieur & de Marchand Papetier Ce qu'on bat à la fois de papier, ou d'un livre en blanc sur la pierre à batre.

Batellement, *s. m.* Terme de Charpentier. C'est l'extremité d'une couverture ; l'endroit où l'eau entre dans les goutiéres.

* **Batelage**, *s. m.* Mot burlesque, pour dire badinage, singerie. (Un plaisant batelage. Un batelage rejouïssant, un agréable, un admirable batelage. Ils amasserent quantité d'argent par ce batelage. *Abl. Luc. âne.*)

Batelée, *s. f.* Terme de Batelier. Plein un bateau. Tout ce que peut tenir un bachot. (La batelée n'est point mauvaise. La batelée est petite, n'est pas considerable. Faire une batelée. Acheter une batelée de foin, de fagots, &c.)

Batelet, *s. m.* Il se dit souvent en riant. C'est un petit bachot. (Un petit batelet. Un joli batelet. Il prend, l'été tous les Dimanches, un batelet pour aller à S. Clou.)

Batelet, *s. m.* Grand bachot ; Sorte de petit bateau.

Batelier, *s. m.* Voiturier par eau. Celui qui mene sur la riviére bachots, nacelles & bateaux.

Bateleur, *s. m.* Baladin qui monte sur un Téatre dans les places publiques, & amuse le peuple par des contes, des hableries, & des tours de souplesse, pour l'engager à faire quelque petite dépense.

BAT

BATÊME, ou *batesme*, f. m. L'un & l'autre s'écrit, mais l's ne se prononce point. Il y en a même qui écrivent *baptesme*, mais cette maniere d'ortografier est un peu antique. Le mot de batême vient du Grec, & les François l'ont pris du Latin *batisma*. Sacrement qui éface le peché originel, & qui unit les personnes à Jesus-Christ. [Le saint, ou le sacré batême. Batême santifiant, adorable, désirable, &c. Donner le batême. Recevoir le batême. Conferer le batême. Recevoir un enfant au batême. Refuser le batême à un enfant.]

(Le batême se fait avec de l'eau au nom des trois personnes de la Trinité. Les Albigeois qui professoient la Religion de Jesus-Christ, n'aprouvoient pas le batême des petits enfans, *Colomesius, mélanges historiques, p. 62.*

François I. ordonna par un Edit en 1539. que les Curez des Partoisses dresseroient des *Registres de batême*, où ils écriroient le nom & la qualité des enfans ; des parrains & des marraines. *Le Mai. plaid.*)

Batême. Mot usité par les Sage-femmes. C'est tout l'argent que le parrain & la marraine d'un enfant donnent à la Sage-femme pour la peine qu'elle a euë d'acoucher la femme, dont ils ont tenu l'enfant sur les fonds. [La Sage-femme n'a-eu pour acoucher Madame la Conseilliére, que le batême ; mais ce batême est assez bon, car le parrain & la marraine sont honnêtes. La Sage femme a eu un bon *batême* de l'enfant de M. R..., parce que la marraine est genereuse. *Le batême de l'enfant de M. N.* n'a pas valu grand chose à la Sage-femme.]

Batême. Terme de Pâtissier. C'est toute la pâtisserie qu'on fait lors qu'on batise un enfant. [Un beau batême. Faire un batême. Le batême de sa petite fille lui coute trois pistoles, mais aussi il étoit beau.]

Batême. Ce mot se dit aussi d'une ceremonie de l'Eglise Romaine qu'elle fait sur les cloches, lorsqu'elle leur impose un nom en les consacrant au service divin.

Batême. Terme de mer. C'est une ceremonie profane qui se fait par les gens de mer, sur ceux qui la premiere fois passent de certains endroits. Ce *batême* se fait ainsi. Celui qui le reçoit, passe sur le tillac du Vaisseau, entre deux Hayes de matelots ; qui ont chacun une espece de sceau d'eau à la main ; & qui l'en arrosent. Ensuite, il se va jetter à genoux devant un matelot, qui lui presente un Livre de marine, & qui le fait jurer que dans la rencontre, il exercera sur d'autres la même ceremonie qu'on exerce sur lui ; & cela s'apelle *le batême*. On dit un Tel en passant la ligne a reçû le *batême*.

BATEMENT, f. m. Action de celui qui bat, qui frape. (Un frequent batement de mains; *S. Am.* Un batement de piez & mains. *Maue. Se. l. 2. p. 334.*)

Batement. Terme de Medecin. Mouvement, *batement d'artére. Deg.*

Batement de pouls. On compte jusqu'à 80. batemens d'artere, d'un homme temperé, dans une minute d'heure.

Batement de cœur. Palpitation. Mouvement violent & précipité du cœur oprefsé qui se veut délivrer de ce qui lui nuit. C'est aussi une maladie qui vient aux chevaux, *Soleisel*. On ne sauroit entendre parler de ce qu'on aime sans quelque *batement de cœur*. Avoir un batement de cœur. *Bachaumont v. voyage*.

Batement, f. m. Terme de maitre d'armes. Action de celui qui faisant des armes, bat en même tems du pié & de son fleuret & porte vite à celui contre qui il fait. Batement seur, un bon batement, un batement sec, un méchant batement. Un batement qui sert de parade. Faire un batement sec à l'épée de son enemi. *Liancourt, maitre d'armes, ch. 11.*

Batement, f. m. Terme de maitre à danser. C'est un mouvement propre & galant qu'on fait avec le pié lors qu'on danse. Un batement croisé. Faire un batement serré.

BATER, v. a. Mettre le bât sur le dos d'une bête de somme. bâter un âne.

† * *Qui bâte, la bête la monte*. Proverbe, pour dire, que celui qui habille quelque femelle, en a les dernieres faveurs.

Diantre soit fait, dit l'époux en colere,
Et du baudet, & de qui la bâté.
La Font. nouv.

BATERIE, f. f. Gens qui se batent. Il y a presque toujours dans cette rue quelque baterie.

Baterie. Terme de guerre. Lieu où l'artillerie est à couvert, & en état de tirer, posée sur une plate forme faite de grosses planches, sur des solives, & derriere un bon parapet à l'épreuve, percé d'autant d'embrasures qu'il y a de canons. Mettre le canon en baterie. Baterie bien ou mal servie. Baterie croisée, baterie en écharpe ; baterie d'enfilade, baterie meurtriere, baterie enterrée : baterie de revers. Faire une baterie, dresser, élever, avancer une baterie. Ruiner une baterie.

Baterie. Canons en baterie. La baterie fait peu d'éfet.

Baterie. Terme d'arquebusier. Morceau de fer contre quoi bat le chien de l'arme à feu.

Baterie. Terme de joüeur de guitare. Certaine maniere de batre agreablement sur les cordes de la guitare. *Mer.*

Baterie. Terme de tambour. Maniere particuliere de batre la quaisse, ainsi dite, l'assemblée & la chamade sont des bateries de tambour.

BAT 109

Baterie. Ce mot se dit en parlant de cuisine, & il signifie tout ce qui sert à la cuisine, comme sont les fontaines, les cuvettes, chaudrons, casseroles, poëles, &c. Avoir une belle baterie de cuisine.

* *Baterie*. Invention. Moien qu'on trouve pour détruire ce qu'on fait contre nous. Nous avons preparé une bonne baterie pour renverser ce dessein ridicule. *Mol. Pour*. Je vais dresser une autre baterie. *Mol. Poir.*

* *Changer de baterie*. Ces mots se disent, au figuré, pour signifier se servir de nouveaux moiens pour faire réussir une afaire.

* *Redoubler la baterie*. C'est faire de nouveaux éforts, emploier de nouveaux moiens pour venir à bout d'une afaire.

* *Baterie*, f. f. Terme de joüeur de gobelets. La baterie des gobelets consiste à poser trois petites muscades sur le cu d'un gobelet ; à mettre subtilement les gobelets les uns sur les autres ; & à faire que ces muscades se rencontrent avec adresse sous un des gobelets. Faire bien la baterie des gobelets.

Bateur, f. m. Ce mot ne se dit guere seul, & il signifie, celui qui bat.

Bateur en grange. Manœuvre qui bat le grain & le vane sur l'aire de la grange.

Bateur d'or. Ouvrier tireur d'or qui fait passer le trait d'or, ou d'argent sur le moulin pour le rendre plat.

Bateur d'or. Ouvrier qui bat l'or, qui le fait devenir en feüilles à force de coups de marteau, & qui le distribuë aux peintres & aux diverses sortes de doreurs.

Bateurs d'estrade, f. m. Terme de guerre. Ce sont des cavaliers qui sont detachez & qui s'éloignent de l'armée environ une lieuë pour reconnoitre le païs, & en avertir le general. Nos bateurs d'estrade ont raporté que l'ennemi aprochoit.

Bateur de pavé. Feneant qui ne fait autre chose que se promener au lieu de s'apliquer à quelque chose d'utile, ou d'honnete.

Bateur de foute, f. m. C'est celui qui en un grand & gros mortier de métal, bat & pile la foute dans les boutiques des épiciers de Paris. Il faut avoir de bon bras pour être bateur de foute.

Bateuse d'or, f. f. Ouvriere qui fait passer le trait d'argent, ou d'argent doré par dessus les roües du moulin afin de rendre le trait plat, de rond qu'il étoit.

BATIER, f. m. Ouvrier qui fait & vend seulement les hatnois & tout l'équipage des mulets, comme bâts ; brides, sonnettes ; grelôs, &c. Il n'y a que cinq batiers à Paris.

Batier. Mot de la lie du peuple, pour dire *benêt*. C'est un franc batier, & il en a l'air. C'est un sot batier.

BATIMENT, ou *bastiment*, f. m. Il s'écrit de l'une & de l'autre maniere, mais l's ne se prononce point. Prononcez *batiman*. Ouvrage d'architecture propre à loger. Un superbe batiment.

Batiment. Navire, ou quelque autre sorte de vaisseau considerable. batiment de haut bord, ou de bas bord.

BATIR, ou *bastir*, v. a. Il s'écrit de l'une & de l'autre maniere ; mais l's ne se prononce pas, & montre seulement que la premiere silabe du mot bâtir est longue. Prononcez *bâti*. Il signifie construire. *bâtir une maison, un Palais*. Louis XIV. a bâti les Tuilleries, les Invalides & Versailles. Cain bâtit une ville, qu'il apella Enoc, du nom de son fils ; & Noé bâtit l'Arche, où il se retira durant le Déluge. *Felibien, vie des Architectes, l. 1.* Pour bien bâtir, il faut bâtir solidement, agréablement & commodément. *Abregé de Vitruve*. Il se dit tant de celui qui fait la dépense, que du masson qui construit le batiment, & de l'architecte qui en a donné le dessein.

Bâtir à chaux & à ciment. C'est bâtir solidement.

Bâtir en l'air, bâtir des châteaux en Espagne, Prov. C'est se mettre des chimeres dans l'esprit, se repaitre de vaines esperances ; & l'on parle ainsi, parce qu'en Espagne, les Nobles habitent tous dans les villes. *V. Châteaux.*

Bâtir. Fonder ses esperances sur quelque chose. Le bien de la fortune est un bien perissable. Quand on bâtit sur elle, on bâtit sur le sable. *Rac.*

Bâtir. Terme de tailleur. Coudre à grands points. bâtir une doublure.

Bâti, batie, adj. Construit. Maison bien batie.

Voilà encore un homme bien bati. Mot bas & burlesque, pour dire. Un homme mal-fait. Varillas est tres mal-bati.

Mal-bati, mal-batie, adj. Il se dit quelquefois en riant, & alors il est bas, & il signifie qui est mal, qui ne se porte point bien, qui a quelque chose qui est en mauvais état. C'est un homme qui est souvent malbati. C'est une personne qui est toujours mal batie.

BATISER, v. a. Conferer le batême. batiser un enfant. Etre batifé en Jesus-Christ.

Batiser. Ce mot se dit des cloches, & il signifie laver les cloches avec de l'eau benite, les benir & leur donner un nom. satifer une cloche, ou pour parler plus proprement, Benir une cloche.

Batiser, v. a. Terme de mer. C'est faire passer un homme entre des gens de l'équipage, rangez en haie ; & qui ont chacun un seau d'eau qui lui jettent sur la tête. batiser un matelot. *Guillet, arts de l'homme d'épée. V. Batême*.

Batiser. Il se dit aussi des vaisseaux. C'est les benir. batisér un vaisseau. *Desroches, termes de marine*.

O 3

BAT

† *Batiser.* Ce mot se dit du vin, & veut dire mettre bien de l'eau dans son vin, mais en ce sens il est bas & burlesque. Il faut batiser son vin tout l'été. Dans les academies on batise d'ordinaire le vin des academistes & des écoliers.

Batismal, batismale, adj. Qui appartient au bâteme. Qui dépend du bâteme. Les fonts batismaux. Etre dans l'innocence batismale. *Pas. l.4.*

Batistere, f. m. Certificat par lequel il paroit qu'on a été batisé en telle année, & quelles sont les personnes qui nous ont tenus sur les fonds. Lever son batistere.

Batistere, adj. Qui fait foi qu'on a été batisé. Extrait batistere. Les extraits batisteres sont des dépôts sacrez de la foi publique. *Le Maît. pl.7.*

† *Batisseur, f. m.* Celui qui bâtit, ou plutôt celui qui fait batir, ou qui fait beaucoup batir. Ce terme n'est pas bien usité depuis plusieurs années. Un grand batisseur, un habile, un heureux batisseur. Jean Duc de Berri, oncle du Roi de France Charles V. a été l'un des grands batisseurs de son tems, & c'est lui qui a bati le château de Bicestre. *Thuana. p.23.*

Batoir, f. m. Instrument composé d'une bate & d'un manche assez propre, dont on se sert pour joüer à la longue paume.

Batoir. Instrument de bois en forme de petite pêle plate & courte, dont on se sert pour batre le linge quand on lave à la lessive.

Baton, f. m. Morceau de bois rond & poli qu'on tient aisément à la main, & dont on se sert pour marcher. C'est aussi un morceau de bois arrondi dont on se sert & en ce sens le mot de baton est une espece d'arme offensive. Ils étoient armez de piques & de batons durcis au feu. *Vau. Quin. l.5. c.2.*

Baton à deux bouts. Baton de trois, ou quatre piez, ferré par les deux bouts. Joüer du baton à deux bouts.

Baton à feu. C'est une arme à feu.

Baton de chaise. Morceau de bois épais de deux ou trois pouces, & long de six, ou sept piez qu'on met dans les portans de la chaise pour la soulever & la porter par la ville.

Baton à gans. Maniere de grand fuseau, dont le gantier se sert pour en former les gans lorsqu'ils sont faits.

Baton de Jacob, ou *Raion astronomique.* Instrument de Mathematique, composé d'un long baton, & d'un autre plus court, mis en croix, & qui sert à mesurer les distances des lieux éloignez & des étoiles. On peint les anciens astronomes avec un baton de Jacob à la main.

Baton de Jacob. Terme de joüeur de marionnettes & de gobelets. Fort petit baton dont on se sert pour faire des tours de passe passe.

Baton de cire d'Espagne. Morceau entier de cire d'Espagne, fait en maniere de petit baton.

Baton d'exempt. Sorte de baton particulier, qui marque que celui qui le porte, est un Exempt.

Baton de Marechal de France. Baton semé de fleurs de lis, qui est la marque de la dignité de Maréchal de France. Il aspire au baton. Il a eu le baton.

Baton. Terme d'architecture. C'est un gros anneau, ou moulure en saillie, qui est un ornement de la base des colonnes, qu'on apelle aussi tore.

* *Le baton haut,* ou *le baton à la main.* C'est à dire, de force & avec autorité.

* *Etre reduit au baton blanc.* C'est être ruiné & être contraint de sortir de sa maison un baton à la main.

* *Il crie comme un aveugle qui a perdu son baton.* C'est à dire, qui a perdu une chose qui lui étoit tout à fait necessaire.

† *C'est un aveugle sans baton.* C'est à dire, qui manque des choses les plus necessaires à son état, ou à sa profession.

* *Le tour du baton.* Ce sont les profits illicites qu'on fait dans quelque charge, dans quelque maniement, ou en quelque autre emploi.

† *Tirer au court baton avec quelcun.* C'est à dire, ne le vouloir pas ceder. Disputer quelque chose à la rigueur.

† *Dormir à batons rompus.* C'est mal dormir, & à plusieurs reprises, avec interruption.

Je suis sur cette matiere tres assuré de mon baton. C'est je suis sur de mon fait. Je suis certain de ce que je dis.

Ce sera mon baton de vieillesse. C'est à dire, ce sera mon apui lorsque je serai vieux.

Batonnée d'eau, f. f. Terme de méchanique. C'est la quantité d'eau qu'on puise à la pompe, à chaque fois que la brimbale joüe. Faire plusieurs batonnées.

Batonnier, f. m. Avocat qui est l'unique oficier des avocats, & qui est le chef de leurs députations.

Batonnier, f. m. Batonniere, f. f. Celui, ou celle qui a en garde le baton d'une Confrairie, & qui le porte, ou le suit aux Processions.

Batre, v. a. Fraper. Maltraiter. Je bas, j'ai batu, je batis. Batre cruellement une personne.

Dequoi, pauvre homme te plains-tu?
Il eut la honte de te batre
Et toi, l'honneur d'être batu.
S. Am. poes. 4. p.

* *Batre quelcun dos & ventre.* C'est batre comme il faut.

Batre. Ce mot en parlant de gens de guerre. C'est défaire, mettre en déroute. (Le Duc d'Anguien batit en 1643. les Espagnols devant Rocroi. *Relation de cette bataille.* Les petites armées batent quelquefois les grandes. Samson batit les Philistins avec une machoire d'âne.)

Batre. Fraper avec quelque chose que ce soit. (Batre le fer, le plâtre, un livre, le beurre, le carreau, le blé, la toile, &c.)

Batre. Mêler en batant. (Batre des œufs pour faire une omelette.)

Batre. Ruiner à coups de canons, de bombes, &c. (Batre une ville.)

Batre. Donner sur quelque chose. (Le Soleil batoit à plomb sur la terre. *Abl.*)

Batre. Terme de Tambour. Fraper la quaisse avec des baguettes pour avertir le soldat de son devoir. [Batre la quaisse. Batre l'assemblée. Batre la marche, la générale. Batre aux champs. C'est à dire, batre pour marcher où l'on est commandé.)

Batre l'estrade. Terme de guerre. C'est à dire, courre la campagne pour faire quelque découverte, ou autre chose.

Batre. Terme de maitre à danser. Faire un mouvement figuré avec le pié.

Batre. Terme de Tireur d'or. Passer les filets d'or ou d'argent sur les moulins pour les aplatir.

Batre. Terme de monoie. Fabriquer. [Batre monoie.]

Batre. Terme de Musiciens. Baisser & élever la main pour marquer les tems qu'il faut donner à chaque note. (batre la mesure.)

Batre. Remuer. Se mouvoir. (Le cœur bat étant hors du corps de l'animal.)

Monseigneur, en ce triste état, confessez que le cœur vous bat. *Voi. Poe.* C'est à dire, *que vous tremblez, & que vous avez quelque peur.*

* *Batre des mains.* Aplaudir.

* *Batre le pavé.* C'est à dire, être oisif, & ne faire autre chose que de s'y promener, au lieu de s'apliquer à quelque chose de bon.

Batre à la main. Terme de Manége. Cheval qui bat à la main, c'est à dire, qui secoue la tête, pour éviter la sujettion de la bride. (Empêcher qu'un cheval ne bate à la main.)

Se batre, v. r. Se fraper. Se porter des coups. Combatre. Etre aux mains avec les ennemis. Se batre en duël. Le Regiment des Gardes se batit vaillamment. Le Roi Jean, après s'être bien batu, en 1396. à la bataille de Poitiers, fut pris prisonnier par les Anglois. Ils se sont batus long-tems.

Se faire batre. C'est se faire maltraiter à force de coups.

Se faire batre. Terme de Chasse, qui se dit des bêtes qui se font chasser long-tems dans un certain canton de païs. *Sal.*

[Une heure, là dedans, nôtre cerf se fait batre,
J'apuie alors mes chiens, & fais le diable à quatre.
Mol. Fach. a.2. sc.6.]

* *Batre la campagne, batre bien du païs.* Ces mots se disent figurément d'un Ecrivain & d'un Orateur, pour dire qu'il s'éloigne de son sujet & qu'il dit bien des choses inutiles.

* On dit au propre, des oiseaux qu'ils *batent des ailes,* pour se soutenir en l'air. Mais on dit, au figuré d'une personne, *Il ne bat plus que d'une aile,* pour dire qu'il est fort afoibli, ou que sa fortune à fort diminué & qu'il a de la peine à subsister.

* *Il a été batu comme un chien. On l'a batu comme plâtre,* c'est à dire, on l'a bien batu.

Il fait bon batre glorieux, car il n'oseroit s'en vanter. Proverbe.

Batre l'eau. C'est à dire travailler en vain, prendre une peine inutile.

On dit au même sens, *Il vaudroit autant batre de la tête contre un mur.* Ce qui seroit non seulement inutile, mais aussi nuisible.

* *Il faut batre le fer, tandis qu'il est chaud.* C'est à dire, il faut se servir de l'occasion, quand elle se presente.

* *Nous avons batu les buissons & d'autres ont pris les oiseaux,* c'est à dire qu'ils ont profité de nôtre travail.

Batre le chien devant le lion. C'est reprendre, ou chatier un petit devant un grand pour faire connoitre à celui-ci ce que nous ne voulons, ou n'osons pas lui dire.

On dit qu'une personne est *batuë de l'oiseau,* pour dire qu'elle est rebutée de la persecutions qu'on lui a faites.

Batu, batuë, part. & adj. Frapé, maltraité. [Il a été bien batu.] Ces mots ont presque toutes les mêmes significations que le verbe *batre.*

* *Batu, batuë.* Fraié. (Chemin batu. *Abl.*)

Batu, batuë. Baigné de quelque fleuve. (La ville étoit batuë des flots de tous côtez. *Vau. Quin. l.4.*)

* *Autant vaut bien batu que mal batu.* Façon de proverbe, pour dire, qu'on n'est souvent pas plus puni, en Justice pour avoir donné plusieurs coups, que pour en avoir donné un seul.

* *Batu, batuë, adj.* Abatu. On dit d'une femme qu'elle a les yeux batus, lors qu'ils n'ont plus le vif éclat qu'ils avoient.

* *Il y a longtems que j'ai les oreilles batuës de ces discours.* C'est à dire il y a long-tems que j'en suis importuné.

Batu, batuë, adj. Il se dit en parlant de gens de guerre, & veut dire, mis en déroute, défait, Hormis à la bataille de Cassel

BAT

que Philippe de Valois gagna, il avoit toujours été batu. *Choisi, histoire de Ph. de Valois.* Les François, en 1557, furent batus par les Espagnols à la bataille de S. Quentin.

Batu, *s. m.* Celui qui est batu & outragé. (Le batu paie l'amande. *Proverbe*, qui veut dire qu'on ne rend pas justice à celui qui est maltraité. Celui qui a raison & qu'on devoit proteger est celui à qui on donne le tort & qu'on maltraite.)

Batu, *s. m. Terme de Tireur d'or.* Trait d'argent, ou d'argent doré qui est écaché. [C'est du batu. Le batu sert à faire des filets d'or ou d'argent.]

Batures, *s. f.* Terme de Mer. Ce sont des bancs, ou un fond mêlé de sable, de roches, ou de pierres, & qui s'élève vers la surface de l'eau. [Se tenir loin des batures. Attirer l'ennemi dans des batures. *Guillet, termes de marine.* (V. *Basses*.

BAV.

Bavard, *s. m.* Mot bas & satirique, qui ne se dit qu'en mauvaise part, & d'un homme qui parle trop, & qui ne dit rien qui vaille. (C'est un grand bavard. Son maître Aristote n'est qu'un bavard. *Mol. mar. forcé.*)

* Bavarde, *s. f.* Femme qui parle trop, & sans beaucoup de sens. (C'est une vraie bavarde.)

*Bavarder, *v. n.* Causer trop, ne dire rien qui vaille. (Les femmes du petit peuple aiment à bavarder, quand elles sont ensemble.)

† Baudet, *s. m.* Ane. [Un joli baudet.]
* Baudet, Ignorant (Un franc baudet.)

Baudets ou hours, *Terme de Scieur de long.* Treteaux sur lesquels les scieurs de long posent leur bois pour le débiter. (On apelle aussi de ce nom, un lit de sangle.)

Baudrier, *s. m.* Bande de cuir large de quatre ou cinq doigts, qui est le plus souvent enjolivé, qui prend depuis l'épaule droite & se vient rendre au côté gauche, & qui est composé de la bande & de deux pendans, au travers desquels on passe l'épée.

Bave, *s. f.* Ecume qui sort de la bouche. Eau gluante qui sort de la bouche des enfans au maillot. (Il se dit de quelques animaux comme limaçons, &c.)

Baver, *v. n.* Jetter de la bave. [Il bave de rage.] :
† Baver, Etre traité de la verole. (Il a bavé.)

Baver, *Terme de Plombier.* Ce mot de *baver* se dit des tuiaux qui ne jettent pas l'eau droite, & il signifie ne pas couler droit. (Tuiau qui bave.)

Baveur, *s. m.* Celui qui bave. (C'est un baveur perpetuel.)

Baveux, baveuse, *adj.* Qui bave. [Il est baveux. Elle est baveuse.

Baveuse, *s. f.* Poisson de mer, brun sur le dos & moucheté, il est apellé baveuse, parce qu'il se couvre de la bave qu'il jette. *Rond.*

† On apelle une omelette *baveuse*, lors qu'elle n'est pas bien cuite.

Bavette, *s. f.* Petit linge qu'on met devant l'estomac des enfans qui sont au maillot. Une jolie bavette. Une bavette bien blanche. Mettre, ou ôter la bavette. On dit d'une fille fort jeune, il n'y a pas long-tems qu'elle étoit encore à la bavette.

Bavette. Terme de plombier. Bande de plomb qui couvre les bords & les devants des chevaux, & qu'on met sur les grandes couvertures d'ardoise.

* Baufrer, *v. a.* Ce mot est bas, il ne se dit qu'en riant & signifie manger avidement. Il bauffre bien.

† *Baufreur, s. m.* Mot bas, pour dire un grand mangeur.

Bauge, *s. f.* Terme de chasse. Lieu où les bêtes noires se couchent & demeurent le jour. Prononcez bôge.

Bauge. Terme de maçon. Maçonnerie qui se fait avec de la terre franche, & de la paille bien corroïée, & bien pétrie.

Baume, *s. m.* Il vient du latin *balsamum*. Herbe médecinale & odoriferante dont on mange en salade & dans le potage. Baume panaché.

Baume, *s. m.* C'est une liqueur prétieuse qui distile d'un arbre, qu'on nomme de ce nom. L'arbre du baume & qui ne se trouve que dans la Judée, & dans l'Egipte. Baume naturel.

Baume. Onguent propre à guerir des blessures & autres maux. Excellent baume. Faire du baume. Il a du baume qui est précieux.

Baume. Composition noire qui est une sorte de senteur qui vient ordinairement du Nord, & qui se porte dans de petites boites. Baume odoriferant, aromatique. Baume artificiel. Baume apoplectique, stomachique, vulneraire, &c. Préparer, composer du baume. Faire du baume. Le baume recrée les parties nobles & les fortifie.

Bavolet, *s. f.* Coifure de païsane des environs de Paris, qui est de toile & qui pend en queüe de morue sur le dos de la païsane. Vous voulez faire voir dans vos trophées amoureux des calles & des bavolets. *Sere. let.*

*Bavolet. Ce mot, au figuré, est de raillerie, & signifie quelque jolie païsanne.

Loin de la Cour, je me contente
D'aimer un petit bavolet.
Boisr. rec. de poesies.

BAZ

Baux, *s. m.* Terme de mer. Poutres qui soutiennent les tillacs & les ponts du navire. *Fourn.*

BAZ.

Bazar, *s. m.* Ce mot est usité entre les Orientaux. Ruë longue large & voutée qui sert au commerce.

Bazoche, *s. f.* L'auteur du dictionnaire civil & canonique dit que le mot de *bazoche*, vient du grec, & qu'il signifie, un discours plaisant & piquant. La Bazoche est une Juridiction qui s'exerce entre les Clercs du Palais. Les plus anciens en sont les Oficiers, & celui qui preside, est apellé le Chancelier. Il ne s'y juge que les causes entre les clercs, ou de celles dans lesquelles un clerc est défendeur contre un artisan, ou contre un marchand, pour des marchandises prêtées, ou pour des ouvrages faits. Assigner un artisan à la bazoche. Plaider à la bazoche. La bazoche a pour armes trois écritoires.

BEA.

Béant, béante, *adj.* Qui a la bouche ouverte. Ils recevoient l'eau à bouche béante. *Vau. Quin.* Leur sœur humecte le peuple béant à l'entour. Cette nation à la bouche béante engloutit tous les tresors du Roi. *Vau. Q. t. 1. 5.*

† Beat, *s. m.* Du latin *beatus*. Bienheureux. Homme de sainte vie. Un béat pourroit-il s'exprimer plus heureusement. *Boi.* Ce mot béat ne se dit ordinairement qu'en riant, & son usage le plus frequent est dans le stile simple, comique, burlesque, ou satirique. Mon reverend, dit-elle, au béat homme, je viens vous voir. *La Fontaine, contes nouveaux, pag. 158.*

† Beate, *s. f.* bien-heureuse. Ce mot ne se dit d'ordinaire qu'en riant, & dans le stile le plus simple. Pour beate par tout le peuple la renommée. *Regn. Sat. 13.*

Beatification, *s. f.* Elle consiste à être mis au nombre des bienheureux. Sa beatification est certaine.

Beatifier, *v. a.* Mettre au rang des bienheureux. Le Pape beatifie les gens qui ont vécu saintement.

Beatifique, *adj.* Qui est de bien heureux. Qui rend bien-heureux. C'étoit une femme sujette aux visions beatifiques.

Beatilles, *s. f.* Toutes sortes de petites choses délicates qu'on met dans les pâtez, dans les tourtes, comme sont les crêtes de coq, des ris de veau, &c.

Beatitude, *s. f.* Ce mot se dit en terme de pieté. Il signifie bonheur. Vision de Dieu. Les huit beatitudes. L'ivrognerie nous rend indignes de la beatitude. *Maucroix. Homelie. 1.* Beatitude parfaite, extrême, entiere, ravissante, indicible. Lucien a dit en raillant, le parasite vit dans une parfaite tranquilité, en quoi consiste la beatitude. *Abl.Luc. dialogue du parasite.*

Beau, bel, belle, *adj.* Qui a de la beauté. Beau & bel sont masculins, & belle feminin. Beau se met devant le substantif masculin qui commence par une consonne. Les gens qui parlent bien assurent que le Tacite de A. n'est pas un beau livre. Bucephale, qui étoit le cheval d'Alexandre, étoit un beau cheval. On dit aussi beau après le substantif masculin. Le Lucien d'Ablancourt est un ouvrage tres-beau. Neanmmoins on dit Charles le bel, mais ce n'est pas dans ces façons de parler consacrées; encore y a-t-il des gens qui disent Charles le beau déclara en mourant son cousin Philippe le bel, Regent du Roiaume.

Bel se dit au masculin devant une voielle. François I. étoit un bel homme. Arnaud le docteur est un grand esprit & un bel esprit. Cependant on dit quelquefois beau devant une voielle ; mais c'est lors que beau n'est pas devant un substantif, auquel il soit immédiatement joint. Ainsi l'on dira, il est beau en tout tems. A cela après, on dit bel devant le substantif masculin. Un bel œil. Un bel enfant. Du reste on dit belle, au feminin devant la consone & devant la voielle. Versaille est une belle maison. La rose, qui est la reine des fleurs, est une belle fleur. Une belle vuë. Une belle voix.

Beau. Ce mot joint à un verbe pris impersonnellement veut dire qu'il le suit, & qu'il regit à l'infinitif sans particule. Il faisoit beau voir Jupiter qui se laissoit tondre par ses brigans. *Abl. Luc. t.1.* Il veut aussi quelquefois être suivis de la particule à. Chantilli est beau à voir.

Beau, bel, belle. Ces mots précedez des pronoms vôtre, son &c. se disent par fois en raillant, sur tout quand on le fait connoitre par le ton de la voix. *Vaug. nouv. rem.* Assurément, vôtre belle Traduction l'emporte sur toutes les autres. Son bel esprit a remporté avec justice le prix de la poesie, & le bon vin qu'il a donné au gros C. n'a point contribué à cela.

Beau. On se sert de ce mot dans cette façon de parler. Je l'irai voir un beau matin & lui dirai telle chose, c'est à dire, je l'irai voir un certain jour.

Beau, bel, belle, *adj.* Qui est bien fait. Bien composé. Excellent Agréable. Un beau Roman. Un bel esprit. Un spectacle beau à voir. Elle n'est ni belle, ni bonne.

Beau, bel, belle. Poli. Le beau monde. Frequenter le beau môn-de.

Beau, bel, belle. Honnête. Sage. Vertueux. Cela n'est ni beau, ni honnête. N'avoir l'ame ni belle, ni bonne. *Voi. poe.*

Beau, bel, belle. Heureux. Glorieux. Voilà un beau commencement. *Pas. l.8.* Il est beau de mourir maitre de l'univers. *Corneille.*

Beau. Ce mot joint avec le verbe avoir signifie quoique, encore que. Nous avons beau nous ménager, la mort n'est pas un mal que le prudent évite. *Mai. poe.*

Beau, f. m. Tout ce qu'il y a de beau, & d'agreable en une chose. Joindre ensemble le beau & l'éfroiable. *Voi. l.50.* Le beau des images est de representer la chose comme s'est passée. *Dépreaux. Longin. c.13.*

Beau-fils, f. m. C'est le fils du mari qu'on épouse. C'est le fils de la femme qu'on épouse. Son beau-fils est mort.

* Beau-fils. Mot burlesque, pour dire garçon qui est beau. Mignon, &c.

Un de ce dernier ordre
Passoit dans la maison pour être des amis,
Propre, toujours rasé, bien disant & beau fils.
La Fontaine, nouveaux contes, p.138.

Beau-frere, f. m. Celui qui est d'un autre lit. Celui qui a épousé nôtre sœur, & celui qui nous avons épousé la sœur, ou la belle-sœur.

Beau-pere, f. m. Celui qui a épousé nôtre mere après la mort de nôtre propre pere. Celui de qui nous avons épousé la fille.

Beau-partir de la main, f. m. Terme de Manege. C'est la vigueur du cheval à partir de la main sur une ligne droite, sans qu'il s'en écarte depuis son partir jusqu'à son arrêt. Cheval qui a un fort beau partir de la main.

Belle, f. f. Voiez beau, & la colonne bel.

Belle-fille, belle-mere, belle sœur. Voiez la colonne bel.

BEAUCOUP, adv. Ce mot signifiant quantité, grand nombre, demande la particule de, lorsqu'il est suivi d'un nom qu'il regit. Il y a beaucoup de fautes de langage dans le Tacite du petit barbouilleur Amelot. On trouve par tout beaucoup de beaux esprits & de grands hommes.

Beaucoup, adv. Il signifie plusieurs, mais, en ce sens, il ne doit pas être emploié tout seul, à moins qu'il ne soit precedé du pronom personnel, & même que ce pronom ne soit au nominatif. Les lettres n'enrichissent pas beaucoup de gens. Ca....& V. sont de tristes exemples de cette verité. Du reste, on dit, nous sommes beaucoup. Ils sont beaucoup : mais on ne dira point c'est l'ami de beaucoup, j'ai oüi dire à beaucoup : mais c'est l'ami de beaucoup de personnes, j'ai oui dire à beaucoup de gens.

Beaucoup, adv. Ce mot signifie bien davantage, & étant mis après l'adjectif veut être precedé de la particule de. L'esprit de qui la promptitude est plus diligente de beaucoup que celle des astres. *Vau. rem.*

Beaucoup, adv. Ce mot signifiant bien davantage, & étant devant l'adjectif, ne veut point la particule de. Gassendi & Descartes sont beaucoup plus éclairez que les autres Philosophes. On excepte seulement si-beaucoup est precedé de la particule en, à laquelle il se raporte ; car alors il veut de quoi que ce soit devant l'adjectif. On en trouve de beaucoup plus dangereux. *St. Evremont in 40. page.175.*

Beaucoup, adv. Extrêmement. (Rabelais fit ainsi son épitaphe & le pauvre V. l'imitera en cela. Je dois beaucoup, je n'ai rien, & je donne le reste aux pauvres.)

BEAUTÉ, f. f. Proportion charmante entre les parties de quelque tout. La beauté est diferente à raison des diferens âges.

* Beauté. Objet charmant. Fille ou femme fort belle. La beauté que je sers, est la peine du cœur & le plaisir des yeux. *Sar. poe.* La beauté que j'aime est comme moi. *Teo.*

Beauté. Qualité qui se rencontre en quelque chose que ce soit, & qui rend cette chose aimable, belle, & engageante. La beauté de la campagne, de l'esprit, du langage, &c.

BEC.

BEC, f. m. La partie dure & solide avec laquelle l'oiseau prend sa nourriture. L'aigle a le bec noir, long & crochu. L'aigle étant vieille, son bec s'alonge & devient si crochu qu'il l'empêche de manger, & cela la fait mourir. V. B. *Fauconnerie, ch.2.& 3.*

* Bec. Ce mot se dit de certains poissons. C'est la partie qui se termine en pointe, & fait l'entrée de la bouche du poisson. Les saumons ont le bec plus pointu que les truites. *Rond.*

* Bec d'éguiere. C'est le petit conduit par où coule l'eau de l'éguiere.

* Bec de plume. Le petit bout de la plume qui est fendu & qui sert à former les lettres.

* Bec, f. m. Terme de taillandier. Il se dit de certaines serpes. C'est la partie crochuë du bout de la serpe. Toutes les serpes des jardiniers & des gens qui travaillent au bois ont un bec, parce que ce bec leur sert à prendre les branches & le bois ; mais les autres serpes n'ont point de bec.

* Bec. Bouche. Langue. Langage. (Il fir sortir de son divin bec telles & semblables paroles. *Scu. Poe.* Quand ma muse est échaufée elle n'a pas tant mauvais bec. *S. Am.*)

† * Tour de Bec. Baiser. (Donner un petit tout de bec.)

† * Coup de bec. Ces mots au figuré signifient, Coup de langue, Raillerie.

Bec. On se sert de ce mot en termes de caresse & en parlant à une Maitresse. (Mon pauvre petit bec, tu le peux si tu veux, *Mol.* Qu'il est heureux de baiser ce bec amoureux, c'est à dire, cette fille ou femme jolie & amoureuse.)

Bec. Ce mot entre dans quelques proverbes. Exemples. (On lui a fait le bec. C'est à dire, on l'a instruit. On lui a dit ce qu'il devoit dire, ou faire. On lui a tenu le bec en l'eau. C'est à dire, on l'a amusé & entretenu. * Prendre par le bec. C'est prendre une personne par ses paroles mêmes.

Lors que vous même sans respect
Vous vous déclarâtes coquette,
Vous fûtes prise *par le bec*,
Et vous confessâtes la dette.
Pelisson. rec. de poesies.

* *Avoir bec & ongles.* Proverbe qui veut dire se revancher de paroles lors qu'on est ataqué. *Il a bec & ongles.* C'est à dire, bien ataqué, bien défendu.

* *Passer à quelqu'un la plume par le bec*, C'est le frustrer de quelque avantage qu'elle avoit esperé.

Bec cornu. C'est à dire. Sot. (Que maudit soit le bec cornu de notaire. *Mol.*)

Bec d'âne, f. m. Outil de charpentier, de charon & de menuisier.

Bec de liévre. Fente qui se void aux lévres de certaines personnes.

Bec. Ce mot se dit des pointes de terre qui se rencontrent aux lieux où deux rivieres s'assemblent. Le bec Ambez est celui où la Dordogne se joint à la Garonne. Le bec d'Alier, où l'Alier se joint à la Loire, vers Moulins. Ce mot se dit aussi de quelques pointes de terre qui avancent dans la Mer.

Bec de corbin. Terme de *Chirurgien.* Instrument de Chirurgie fait en forme de pincettes, qui a un long bec, dont il se sert à tirer ce qu'il y a d'étranger dans les plaies. Il y a divers autres instrumens de Chirurgie nommez, bec de genu coudé, bec de canne, de lézard, de cigne, de perroquet, &c.
Voiez *Béjaune.*

Bec de corbin. Terme de *Maréchal.* C'est une petite piéce de fer, soudée en saillie à la pinçe d'un fer de cheval, qui oblige le cheval à marcher sur le talon, & qui l'empêche d'apuier sur la pinçe, quand il est boiteux.

BECARD, f. m. Femelle de saumon. Elle est apellée de la sorte parce qu'elle a le bec plus crochu que le mâle.

BECASSE, f. f. Oiseau passager marqueté de gris ; il est apellé *bécasse* à cause de son grand bec. *Bel. l.5.*

Bécasse de mer. Oiseau plus gros qu'un canard. La bécasse de mer a le bec long de 4. doigts, la tête, le cou, le dessus de l'estomac, & le bout de laqueuë noirs, le dessus du corps & des ailes de couleur de fumée, & les côtez avec le milieu des ailes & de la queue blancs, les jambes grosses & rougeatres, & trois doigts à chaque pié. *Bel. l.4.*

Bécasse. Poisson de mer qui a le bec pointu fait en éguille, & qui, sans avoir de dents, a des machoires qui coupent comme une scie. *Rond.*

Bécasse, Terme de Vanier. Outil de fer en forme de cou & de bec de bécasse duquel on se sert pour enverger les hottes & les vans.

† * Bécasse. Maitresse. Fille ou femme qu'on aime & qu'on tâche d'avoir. (Ma foi, Monsieur la bécasse est bridée. *Mol.*)

Bécasseau, f. m. Prononcez *bécassô*. C'est le petit de la bécassine, c'est un oiseau passager qui n'a pas le bec long. Un bécasseau gros & gras. Il mange fort devotement deux ou trois bécasseaux à son souper.

Bécassine, f. f. Oiseau passager qui est plus petit que la bécasse, qui a le bec long & noir au bout. La bécassine est comme roulée, & marquetée de petites taches, & elle a les doigts longs & noirs. *Bel. l.4.*

BEC-FIGUE, *bécafigue, f. f.* L'un & l'autre se dit, mais bec-figue est le plus usité. C'est un petit oiseau qui se nourrit de figues dans le tems qu'elles sont mures, qui vit neuf ou dix ans, qui siffle agréablement & qui a quelque chose du chant de la fauvette, & du rossignol. Voiez *Olina traité des oiseaux qui chantent.* Il y a plusieurs bec-figues en Piemont.

BÊCHE, f. f. Outil à fer large & tranchant, avec un manche de bois d'environ 3. piez servant à creuser & couper la terre (Je suis contraint de philosopher ici avec la bêche. *Ablanc. Luc. T.1.*)

Bêcher, v. a. Couper & creuser la terre avec la bêche. (Timon s'amusoit à bêcher la terre.)

BECHO

BECHOTER. Voiez *Bequiller*.
BECQUE'E, *becquer*. Voiez la colonne. *Beq*.

BED. BEF.

BEDAINE, *s. f.* Mot comique, qui veut dire, Gros ventre. (Une grosse bedaine.)

Quand j'aurai fait le brave, & qu'un fer pour ma peine,
M'aura d'un vilain coup transpercé la *bedaine*.
Dites-moi, mon honneur, en serez-vous plus gras?
Mol. Cocu, sc. 17.

Vous qu'aveque ma bedaine, à clothe pié je sauterois.
S. Amant Rome rid.)

BEDEAU; BEDAUT, *s. m.* Il faut écrire *bedeau* & non pas *bedaut* & prononcer *bedô*. Ce mot en parlant de l'Université de Paris est un oficier qui porte une masse d'argent devant les premiers Oficiers de l'Université, lorsqu'ils marchent solemnellement en corps, qui est obligé de se tenir prêt pour exécuter les commandemens des premiers Oficiers, qui porte leurs billets & leurs ordres, & apelle les suplians dans les assemblées. On apelloit chez les Romains ces serviteurs, *lictores* Spelmanus croit que le mot de *bedeau* vient de l'Anglois. Mais Vossius pense que le mot de *bedeau*, qu'on apelle en Latin *bedellus* derive du mot *pedani* & qu'il faudroit dire *pedellus à pede, seu baculo quem gestant*. Il y a dans l'Université de Paris quatorze bedeaux deux en chaque Nation, & deux en chaque faculté. On divise les bedeaux en grands & en petits bedeaux; les grands bedeaux ont de gages des petits, & les petit, qu'on nomme sou-bedeaux sont comme les serviteurs des grans. Entre ces bedeaux, il y en a un qu'on apelle le grand bedeau de France, qui est le premier bedeau de la nation de France. On ne sait pas positivement le tems de l'institution des bedeaux, mais il est constant que l'Université n'a jamais fait corps qu'elle n'ait eu des bedeaux pour porter ses ordres. Les bedeaux des Nations sont plus anciens que les bedeaux des Facultez, lesquels n'ont commencé que lorsque les Nations ont commencé à faire corps. Les bedeaux de la Faculté des Arts s'élisent par les Nations. Les bedeaux à leur reception prêtent serment, & lorsqu'ils ont bien servi, 'on leur permet de resigner leur ofice. Les grans bedeaux ont quatre livres pour chaque Ecolier qu'on reçoit Maitre és Arts, & les petits bedeaux ont quatre sous. Tous les nouveaux Maitres és Arts donnoient autrefois à chacun des Grands bedeaux une paire de gands & un chapeau, *fuit conclusum quod magni Bedelli Theologia & quatuor Nationum haberent de cetero à qualibet Magistro noviter in Medicina facultate incipiente, biretum & chirotechas*. Voiez les Remarques de du Boulai sur les bedeaux, page 38.

Bedaut, ou *porte-verge*. Celui qui sert les Prêtres à l'Eglise, les Fêtes & les Dimanches; qui leur fait faire place & leur rend d'autres petits ofices.

BEDON, *s. m.* Petit tambour dont on joue avec la flute.

BEFLER, *v. a.* Vieux mot, on ne peut entrer que dans le burlesque, comique, &c. & qui signifie *Moquer, & se moquer. Tromper*. (Il a vû ses esperances béflées.)

BEFROI, *s. m.* Charpenterie qui soutient les cloches d'une tour, ou d'un clocher. Le mot de *bésroi* signifie aussi la cloche qui est destinée à sonner l'alarme. (Sonner le bésroi.)

Befroi de vair. Terme de blason. Ce sont trois rangées de vair dans l'écu d'armes. (Porter de gueules à bandes de bésroi de vair d'une seule tire. Il porte bésroi de vair; *Col.*)

BEG. BEH. BEJ.

BEGAIER, *v. n.* Avoir un defaut de langue qui empêche qu'on ne puisse prononcer ces lettres T. & R.

Begaier, *v. n.* Terme de Manége. Cheval qui begaie, cela veut dire qui bat à la main, qui n'a pas la tête ferme & qui la branle pour éviter la sujetion du mords.

Begaiment, *s. m.* Defaut de langue qui fait qu'on ne peut prononcer la lettre R.

Bégue; *adj.* En Latin *balbus*. Il se dit seulement des personnes, & veut dire qui begaie. Il est bègue & son bégaiment lui donne plus de grace.

BEGU, *bégue, adj.* ou *baigu, baigue*. On prononce *bégu*, Ce mot ne se dit que des chevaux, c'est celui qui depuis cinq ans jusqu'à la vieillesse, marque naturellement & sans artifice à toutes les dents de devant, & y conserve un petit creux & une marque noire, qu'on apelle germe de féve. (Un cheval bégu, qui aiant une fois marqué, marque toûjours, parce que ses dents sont plus dures que celles des autres chevaux. Les cavales sont plus sujettetes a être béguës que les chevaux.)

BEGUIN, *s. m.* Coife de toile qu'on met sur la tête des enfans jusques à ce qu'ils portent un bonnet.

Beguines, *s. f.* On apelloit autrefois de la sorte, des filles qui vivoient ensemble devotement sans faire de vœu de religion, mais aujourd'hui le mot de *beguine* se prend d'ordinaire en mauvaise part; pour dire une fausse devote, on dit quelquefois, c'est une béguine.

BEHOURS, *s. m.* Ce mot a vieilli, & il ne se dit plus que par galanterie, & dans les ouvrages plaisans & comiques il signifie *joûte*, choc de lances, combat que l'on fait à cheval la lance à la main, course de lances.

(Qui premier inventa le joli jeu d'amours,
Devant Dieu repose son ame,
Mieux vaut ce jeu que tournois ni *behours*.)

BEJAUNE, *s. m.* Ce mot se dit par corruption, pour *bec-jaune*, & il se dit au propre en terme de Fauconnerie, des oiseaux jeunes & tout niais, qui ne savent encore rien faire.

Béjaune, *s. m.* Ce mot se dit au figuré, & signifie niaiserie, ignorance, bévûë, ânerie. (Je lui ferai payer son béjaune. *Mol.*) Il se dit des jeunes gens, des aprentifs & des jeunes écoliers. (*Payer son béjaune*, c'est à dire sa bien venuë. Lettres de béjaune. &c.

BEL.

BEL, V. *Beau*.

BE'LANDRE, *Bélande*, *s. f.* Fournier dans son Hidrographie écrit *bélandre*, & Sarazin, *Histoire du siège de Dunkerque*, pag. 13, dit *bélande*. Il semble que *bélande* & *bélandre* soient tous deux bons. Je serois volontiers pour *bélande*, parce qu'il semble plus doux, & d'ailleurs Sarazin étoit aumoins autant instruit du véritable nom de ce bâtiment que Fournier. La *bélandre* est une sorte de vaisseau dont on se sert dans la basse Flandre, qui a autant de plat que de baux, qui est propre pour aller sur les canaux & sur les rivières. On voit en effet, dans cette maniere de bateau, un Flamand ou un Holandois avec toute sa famille, lequel n'aiant point d'autre maison que sa *bélande*, va de rivière en rivière pour trafiquer & gagner sa vie.

BE'LE. Voiez plus bas.

BE'LEMENT, *s. m.* La première sillabe de ce mot se prononce longue. Prononcez *bêleman*. Il signifie le cri naturel que font les brebis. (J'entends le bêlement de quelques moutons. *Dom. Quichot. T. 1.*)

Béler, *v. n.* Faire un bêlement. (Les brebis bêlent.)

BELETTE, *s. f.* Petit animal qui a le museau étroit, la queuë courte, le dos & les côtez rouges avec le gosier blanc. La belette vit de taupes, de souris, & avale les œufs de pigeons dans les coulombiers; Elle hait le courbeau, la corneille & les poules; & elle se bats contre les chats & le serpent. Il se trouve, à ce que dit Jonston, des belettes blanches dans les païs Septentrionaux.

BELIER, *s. m.* C'est le mâle de la brebis, & ce mot se dit en Latin *Aries*. (Un bon bélier, un méchant bélier, un jeune ou vieux bélier. Le *bélier dogue*, c'est à dire, se défend en présentant sa tête au chien, ou à un autre bélier, qui l'ataque, & va doguer contre lui. Il y a un quart d'heure que ces béliers se doguent, ou doguent les uns contre les autres. Les béliers sont quand les brebis sont en rut. Il ne faut dans un troupeau de brebis qu'un bon bélier, & en avoir bien soin.)

Bélier. Machine de guerre, qui étoit une grande poutre de bois, qui étoit ferrée par le bout gros & massif, qui étoit suspenduë par deux chaines & servoit aux anciens pour batre les tours & les murailles des Villes. (batre les murailles avec un bélier. Van. Quin. *l. 4*. Les tours étoient tombées à coups de bélier. Suppl. *de Q. Curce l. 2. ch. 9.*)

Bélier, Terme d'Astronomie. Le premier des 12. signes du Zodiaque, qu'on nomme *Aries*.

BELIERE, *s. f.* Terme de Fondeur & d'Orfévre. Anneau qui tient le batant de la cloche suspendu. Anneau qui est au dedans du dessus d'une lampe d'Eglise.

BELITRE, *s. m.* Homme de neant: gueux, coquin, miserable. (C'est un franc belitre.)

BELLE, *s. f.* Ce mot est pris substantivement, & est le féminin de l'adjectif *beau*. Il signifie fille ou femme qu'on aime, qui mérite d'être aimée, & qu'on cajolle pour sa beauté. Fille ou femme qui est belle. (Il faut regarder les belles comme de beaux tableaux, ou d'aimables fleurs. Aussi-tôt qu'on donne son cœur à une belle, on ne doit songer qu'à lui plaire. La Suze, *poesies*, I. p.)

De plus belle, *adv.* Mieux que de coutume. (Il recommence de plus belle.) Plus fort qu'auparavant. (Il recommence de plus belle à jurer, à blasphemer, &c.)

Belle. Ce mot entre dans quelques façons de parler proverbiales, & a divers sens selon les verbes ausquels il est joint, par exemple. (Il l'a échapé belle, c'est à dire, qu'il a couru un grand danger. La donner belle à quelcun, c'est à dire, l'alarme.)

Belle de nuit, *s. f.* Plante qui porte des fleurs rouges ou jaunes, qui s'ouvre & fleurit la nuit, & se ferme le jour.

Belle-fille, *s. f.* La femme du fils qu'on a mis au monde. Fille d'un autre lit.

Belle-mére, *s. f.* Celle que notre père a épousée après la mort de nôtre propre mére. Celle de qui nous avons épousé la fille.

P

Belle-sœur, s. f. Fille d'un autre lit. Celle que nôtre propre frere a épousée. Celle de qui nous avons épousé la sœur.

Belle, s. f. Terme de mer. C'est la partie du pont d'enhaut qui régne entre les hauts-bans de misaine, & les hauts-bans d'artimon. Cette partie du pont est presque à découvert par les flancs, à cause que son plat-bord est moins élevé que le reste. (C'est ordinairement par la belle qu'on vient à l'abordage.)

† **Bellement**, adv. Doucement, à pas lent, & sans bruit. (Il faut marcher tout bellement dans la chambre d'un malade.)

Belliqueux, belliqueuse, adj Il vient du Latin, bellicosus. Guerrier, qui est plein de valeur. (Peuple belliqueux. Nation belliqueuse. Abl. Avoir l'humeur belliqueuse. Ce sont les marques d'un grand courage & d'une ame belliqueuse. Abl. Retor. l. 2. ch. 4. Ceux qui ont bien connu l'Egipte ont reconnu qu'elle n'étoit pas belliqueuse. Bessuet, Hist. univ.

† **Bellissime**, adj. Tres-beau. (Il est bellissime. Elle est bellissime.)

Belot, belote, adj. Ces mots se disent des personnes ; & particulierement des enfans, & signifient qui a quelque beauté. (Il est belot, elle est belote.)

Belouse, ou blouse, s. f. Terme de billard. Le trou où l'on pousse la bille. (Pousser, jetter dans la blouse.)

Blouse. Terme de jeu de paume. Creux qui est au bout de la galerie de chaque jeu pour recevoir les balles, & qui est couvert de gros barreaux de bois.

Belouser, blouser, v. n. Terme de billard. (Jetter une bille dans la blouse.)

* **Se belouser**, se blouser, v. r. Se tromper, se méprendre. (Je me blouse, je me suis blousé, je me blousai.)

Belveder, s. f. Plante qui a une verdure agréable, & qui fleurit rouge. Dal.

Belveder, s. m. Ce mot est purement Italien, & signifie un lieu dont l'aspect est agréable, dont la vûë n'est pas bornée ; soit en rase campagne, soit en un lieu élevé, & qui découvre un païsage agréable. (C'est un belveder.)

BEN.

Benedicite, s. m. Priere qu'on fait avant que de se mettre à table. (Dire son bénédicité.)

Bénédicité, s. m. Ce mot est un peu figuré, & se dit en riant. Il signifie action de graces. (Jamais personne n'eût plus de raison de dire son bénédicité que vous. Voit. l. 66. C'est à dire, n'eût plus de raison de loüer Dieu, & de le remercier.)

Benedictins, s. m. Religieux fondez par S. Benoit, & qui sont vêtus d'un ample froc noir, à grandes & larges manches, avec un capuchon qui leur couvre la tête, & qui finit en pointe, & pend sur le derriere du froc.

Bénédictines, s. f. Religieuses habillées de noir qui suivent la régle de S. Benoit. Elles ont un voile noir, une guimpe de bonne toile blanche, & une grande robe de même serge que leur voile. (Il y a de simples Congregations, il y a des Prieurez & des Abaïes de bénédictines, Le Roi nomme à leurs Prieurez & à leurs Abaïes, & leurs Prieures, & leurs Abesses sont perpetuelles.)

Bénédiction, s. f. Il vient du Latin benedictio, & il signifie les graces & faveurs de Dieu. bonheur. (Seigneur, répandez vos bénédictions sur le juste. Arn. Conf. l. x. ch. 2. Je prie Dieu de combler les justes de ses bénédictions. Port-Royal. Prov. Dieu versera sur vous pour recompense de vôtre vertu, les bénédictions que je vous souhaitte. Voit. l. 13.)

Bénédiction, s. f. Vœux & souhaits favorables qu'on fait à une personne. (Combler ses bienfaiteurs de bénédictions. Ce nom est en bénédiction à tout le monde. Pat. pl. 4. C'est à dire, c'est un nom pour lequel chacun fait des vœux.

Bénédiction, s. f. Terme d'Eglise Romaine. Ce mot signifie un signe de croix accompagné de quelques prieres. (Le Prêtre à la fin de la Messe donne sa bénédiction. La bénédiction Apostolique, c'est la bénédiction du Pape. Bénédiction nuptiale, c'est le signe visible du Sacrement de Mariage. La bénédiction nuptiale se donne par le Curé. La Communauté commence, & le doüaire est dû du jour de la bénédiction nuptiale. Voiez la Coûtume de Paris.

* On dit d'un païs où tout abonde, & d'une maison où l'on fait bonne chére, c'est un païs de bénédiction, une maison de bénédiction.

Benefice, s. m. Charge spirituelle, accompagnée d'un certain revenu que l'Eglise donne à un homme qui est tonsuré, ou dans les ordres, afin de servir Dieu. Pinson, Traité des bénéfices. (Bénéfice simple ; c'est un bénéfice qui n'a pas charge d'ames ; Bénéfice à charge d'ames ; c'est un benefice qui a des peuples à gouverner. Bénéfice incompatible, c'est un bénéfice qui ne peut subsister avec un autre. bénéfice séculier ; bénéfice régulier. Bénéfices consistoriaux, ce sont ceux qui sont de fondation Royale, & qui étoient électifs avant le concordat. Fevret, trait. de l'abus, l. 1. ch. 8. Le Roi nomme à tous les bénéfices consistoriaux de son Royaume. Quand le Roi a nommé à un bénéfice, le Nommé doit avoir un brevet contresigné par un Secretaire du Roi, afin que par ces Lettres le Pape connoisse que la volonté du Roi est conforme au brevet. On fait mention dans ce brevet du nom, du surnom, & de la mort de celui au lieu duquel le Roi a nommé. Il faut que ce brevet soit expedié pour Evêché Archevêché ou Prieuré Conventuel, vacant par mort, & qu'il soit donné à des personnes qui ayent les qualitez requises. On envoye ce brevet à l'Ambassadeur du Roi à Rome, & ensuite, le tout bien examiné, le Pape envoye ses bulles, ou ses provisions. Fevret, traité de l'abus, l. 1. ch. 8.

Bénéfice d'Inventaire. Terme de Palais. Lettres par lesquelles le Roi permet à une personne d'aprehender une succession sans être pour cela obligé aux dettes de la succession, & cela en faisant faire Inventaire. [Etre héritier par bénéfice d'inventaire.)

Bénéfice de ventre. Terme de Médecin. Flux de ventre favorable (Avoir un petit bénéfice de ventre.)

* **Bénéfice**. Ce mot se dit en parlant du tems, & veut dire grace & faveur, dont le tems est souvent la cause. (Atendre le bénéfice du tems. Mr de la Rochefoucaut.)

† **Bénéficence**, s. f. Ce mot plait à un tres-petit nombre de personnes, mais il déplait à une infinité d'autres. Je me range trois volontiers du côté de l'usage, & des plus forts. Bénéficence veut dire bonté particuliere, grace extraordinaire. (C'est une bénéficence Royale. C'est une bénéficence qu'on ne sauroit assez exalter, Le bon Mr de la Mothe, de l'ancienne Académie Françoise, a écrit que des peuples avoient adoré le Soleil, à cause de sa bénéficence. Diversité des Religions, p. 354.)

Bénéficial, bénéficiale, adj. Chose qui regarde les bénéfices (Savoir les matieres bénéficiales.)

Bénéficier. Celui qui a un bénéfice.

Benêt, s. m. Sot, ridicule. (Avoir l'air fier & benêt. Il nous presente encor, pour surcroit de colére, Un grand benêt de fils aussi sot que son pére. Mol. Fâch. a. 2. sc. 6.

Benin, benigne, adj. Doux, favorable, humain. Qui fait du bien. Le mot de benin se dit en parlant des Astres & des Cieux, mais hors de là il ne se dit guére qu'en riant. (Astre benin. Influence benigne.)

Benigne, s. m. Nom d'homme. (La ville de Dijon honore un S. qu'on apelle Benigne, & la France porte un homme qui s'apelle Benigne, & qui est illustre par sa vertu & par son mérite.)

Benignement, adv. Favorablement. (Recevoir benignement.)

Benignité, s. f. Douceur, humanité, indulgence qu'on a pour quelque chose. (C'est là où vous verrez la derniere benignité de la conduite de nos Péres. Pas. l. 9.)

Benjoin, s. m. Gomme odoriferante qui vient d'un arbre qui croit en Afrique. Voiez Matiole l. 3. Il entre du benjoin dans cette composition.

Benir, v. a. Il vient du Latin benedicere, & signifie faire un signe de croix accompagné de quelques prieres. [Benir un Autel, un cierge, du linge ; benir du pain, benir de l'eau, &c.)

Benir, v. a. Il se dit de Dieu à l'égard de ses créatures, & signifie donner sa bénédiction, afin de faire prosperer. (Dieu benit ceux qui l'adorent vraiment, & de tout leur cœur. Dieu benira toûjours les armes de ceux qui combattront pour sa gloire.)

Benir, v. a. Il se dit des créatures à l'égard de Dieu, du Ciel, &c. C'est à dire, combler de loüanges & de bénédictions. (Créatures qui êtes les ouvrages du Seigneur, benissez toutes celui qui vous a créées. Port-Royal, Pseaumes, Que la terre benisse le Seigneur, & qu'elle célébre éternellement ses loüanges. Port-Royal. Pseaumes.

Benir, v. a. Il se dit des créatures à l'égard les unes des autres, & il signifie combler de bénédictions & de loüanges. (Aimez vos ennemis & benissez ceux qui vous maudissent. Port-Royal. Evangile de S. Matieu, C. 5.

Beni, benie, adj. Favorisé de Dieu, & comblé de ses graces. (Prince beni de Dieu. Etat beni de Dieu. La Vierge est benie entre toutes les femmes. C'est une nation qui sera sans cesse benie du Seigneur.)

Benit, benite, adj. Qui a reçû quelques signes de croix, sur qui l'on a fait quelques signes de croix, accompagnez de prieres, & souvent d'eau benite. Donner du pain benit, prendre du pain benit, rendre le pain benit, faire de l'eau benite, jetter de l'eau benite, prendre de l'eau benite.)

Benit, benite, adj. Qui est pour être beni, & pour recevoir la bénédiction de ceux qui la doivent donner. (On dit tous les jours en ce sens ; j'ai commandé au Paticier de me faire un pain benit. Faire faire du pain benit par le Paticier. Le pain benit coute environ un Louis ou 15. francs à celui qui le rend; & qui veut s'en aquiter en honnête homme.)

† * **Eau benite de Cour**. Ce sont les grandes caresses, & les protestations d'amitié que font les gens de Cour, & qui sont simulées & n'ont aucun effet.

Benitier, benetier, s. m. Il n'y a que le premier de ces deux mots en usage, & c'est une maniere de cuvette de métal, de marbre, ou de pierre, faite d'ordinaire en forme de voute,

BEN   BER

qu'on met à l'entrée des Eglises, & où l'on prend de l'eau benite. Le *benitier* est aussi une maniere de petit vase de metal, de bois ou de faiance, qu'on met au côté du chevet du lit ; & qu'on remplit d'eau benite.

BENOIT, *s. m.* Nom d'homme. S. Benoit est le Fondateur de l'ordre des benedictins. Les Celestins sont de l'ordre de S. Benoit. *Beurrier, hist. des Celestins de Paris.* On oprime un nourrisson du grand S. Benoit. *Patru, pl. 5.*

† *Benoit, benoite, adj.* Vieux mot qui s'est dit autrefois serieusement, il signifie *beni.* Le *benoit* Apôtre S. Pierre. La benoite Vierge Marie. Mais aujourdui benoit ne se dit qu'en riant.

    (Caillou, noble sans doute, & de race ancienne,
    Décendant du caillou du *benoit* saint Etienne.
    Sarazin, poesies.

BEQ. BER.

BÉQUÉE, *s. f.* Mangeaille qu'on met dans le bec d'un oiseau. Donner la béquée à un oiseau.

Bequeter, v. a. Donner des coups de bec. Prometre est bequeté d'un vautour. *Voi. poe.* Un folâtre verdier, l'autre jour plus d'une heure, avec vous bequeta dans une prune. *Pelisson, récueil de pieces galantes.* Un peintre peignit si bien des raisins que les oiseaux les aloient béqueter. *Abl. Apoph.*

BEQUILLARD, *s. m.* Mot plaisant, pour dire, celui qui va avec une bequille. Un pauvre bequillard. Alors sortir avec grand bruit, un béquillard d'une portiere *Voiage de Bachaumont.*

Bequille, s. m. Bâton dont on se sert pour marcher lorsqu'on n'est pas libre de la jambe, lorsqu'on y est incommodé. Marcher avec des béquilles. *Boi. Epi.* Il est condanné à une perpetuelle bequille.

† *Bequiller, v. n.* Mot comique. C'est aler avec une bequille.

    Alors sortit d'une portiere,
    Un bequillard sec & tout gris,
    Bequillant de même maniere
    Que Boyer béquille à Paris.
    Voiage de Bachaumont.

Bequiller, v. a. Terme de Jardinier. C'est faire un petit labour dans quelque planche, ou quelque caisse. Il faut bequiller cette planche, ou cette caisse. On dit au même sens, bêcho-ter, ou ou biner cette caisse. *Quint. Jardins. l. 1. p. 72.*

Bequillon, s. m. Terme de fleuriste. Les bequillons sont de petites feüilles, qui ont peu de largeur, & qui finissent en pointe. La peluche de l'anemone doit faire le dôme & être garnie de bequillons. *Voiez la culture des fleurs.* Ce mot se dit aussi du bec des petits oiseaux en terme de Fauconnerie.

BERCAIL, *s. m.* Il se prononce comme il est écrit. En latin *ovile.* Il signifie *bergerie.* C'est à dire le lieu où demeurent les brebis l'hiver, & où elles sont l'été quand elles retournent de la pâture. Le mot de *bercail* n'est pas si connu, ni si usité que celui de *bergerie,* qui est le mot d'usage. Bergers, faites rentrer les brebis dans le bercail. *Fontanelle, discours sur l' Eglogue. p. 156.*

✱ Ce mot se dit au figuré dans cette façon de parler ; ramener une brebis égarée. au *bercail* de l'Eglise.

Berceau, s. m. Petite machine de bois, ou d'osier, quarrée, & soutenuë de piez, dans laquelle on met un petit lit pour un enfant au maillot.

✱ *Berceau.* Bas âge. Il a memoire de ce qu'il a fait au berceau. *Voi. l. 57.* L'Egipte lui a servi de berceau. Les vrais Israëlites étoient élevez dès le berceau à la connoissance de Dieu. *Fleuri mœurs des Chrétiens.*

✱ *Berceau.* Moment qu'une chose nait, ou paroit. Etouffer l'herésie dans son berceau. *Patru, plai. 4.*

✱ *Berceau.* Terme de Jardinier. Couverture en forme de voute, faite avec des perches de charpente, ou de fer, qui regne le long d'une alée de Jardin, où l'on joüe à la boule, & où l'on se promene au frais.

✱ *En berceau.* Comme un berceau. Faire une voute en berceau.

BERCELLES, *s. f.* Terme d'Orfévre. Ce mot n'a point de singulier. Ce sont des sortes de pincettes dont on se sert pour manier l'émail. Mes bercelles sont égarées, & il m'en faut donner d'autres, si l'on veüt que je travaille ; car sans bercelles je ne puis rien faire.

BERCER, *v. a.* Mouvoir le berceau pour obliger l'enfant à dormir. Bercer un enfant.

†✱ *Bercer.* Entretenir, amuser. De plaisir mon ame est bercée. *Vol. poe.* Je sai bien les discours dont il le faut bercer. *Mol.* Il se berce de ses propres chimeres. *Dep. sat. 8.*

BERGAME, *s. f.* Tapisserie grise ou rouge, qui est de peu de valeur, & qui vient de Bergame, ville d'Italie.

BERGAMOTES, *s. f.* Poires, qui a ce qu'on croit, sont venuës de Turquie. Les bergamotes sont bonnes.

BERGE, *s. f.* Bord d'une riviere élevé ou escarpé. Quand une armée doit passer une riviere, il faut abatre la berge, sur tout si elle est escarpée.

BERGER, *s. m.* Celui qui garde les brebis. Un berger, un heureux berger, être berger.

✱ *Berger.* Amant qui est berger.

Bergere, s. f. Celle qui garde les brebis. Une bonne, jolie, aimable bergere.

✱ *Bergere.* Maitresse de quelque galant qui est berger. La bergere est aimable.

✱ L'heure du berger. C'est le tems favorable à un amant.

Bergerie, s. f. L'étable des moutons. La bergerie est pleine.

✱ *Bergerie.* Maison sous nôtre conduite, tant pour le temporel que pour le spirituel. Elle voit le feu dans sa bergerie. *Patru, plai. 16.*

Bergeries, s. f. Ce mot au pluriel signifie des poesies pastorales. Ainsi l'on dit que les plus belles poesies de Mr. de Racan, ce sont *ses bergeries.* Mr. de Fontenelle, *Discours sur l' Eglogue,* a écrit dans le même sens, l'agrément des *bergeries* consiste à n'ofrir aux yeux que la tranquilité de la vie pastorale. *page 174. & 175.*

Enfermer le loup dans la bergerie. Façon de parler de Chirurgien, pour dire laisser du pus dans une plaie qui se ferme trop tôt, & qu'on est obligé ensuite de rouvrir. Ces termes signifient aussi laisser quelcun dans un lieu où il peut nuire.

BERGERONNETTE, *s. f.* Petit oiseau fort joli, qui vit trois ou quatre ans, qui a le corps noir & blanc, le bec noir & bien fait, qui remuë toujours la queüe, & qui frequente le bord des rivieres. Quelques-uns apellent la bergeronette *hochequeuë,* mais le vrai mot de Paris c'est *bergeronette.*

BERIL, *s. m.* Pierre précieuse fort semblable au cristal.

BERLAN. Voiez *brelan.*

BERLUE, *s. f.* Eclairs brillans qui paroissent devant les yeux, & naissent des vapeurs qui s'élevent des parties basses, ou du petillement d'un sang échaufé. *Dep.* Eblouïssement de la vuë par une trop grande lumiere. Avoir la berluë.

Berluë, s. f. Ce mot se dit figurément pour dire une méprise, un défaut d'avoir considéré. Vous aviez la berluë quand vous avez fait, ou dit telle chose.

BERME, *s. f.* Terme de fortification. Chemin de trois piez de large au pié du rampart, entre le rempart & le fossé. La berme est defenduë d'une haie vive. Palissader une berme.

BERNABÉ, *s. m.* Nom d'homme.

BERNABITES, *s. m.* Religieux habillez d'une robe noire, avec un manteau long. Ils ont été apellez bernabites, à cause de l'Eglise de S. bernabé de Milan, la premiere qu'ils aient euë. *Voiez les remarques des barnabites.*

Bernard, s. m. Nom d'homme, qui vient de l'Alemand ; & qui signifie qui a un esprit d'ours, *Art* en Alemand ; veut dire esprit, naturel, & *Ber,* ours.

Bernardins, s. m. Religieux fondez par Robert Abé de Molême. Ils suivent la regle de S. benoit, mais à cause qu'ils ont été reformez par S. bernard, on les apelle bernardins. Ils ont une robe blanche avec un scapulaire noir, & lors qu'ils oficient ils sont vetus d'une coule ample & large qui est toute blanche, & qui a de grandes manches avec un chaperon de la même couleur. Voiez *Odardo Fialetti.*

Bernardines, s. f. Religieuses qui suivent la regle de S. Benoit, & qui sont habillées comme les bernardins, & qui ont de bonnes Abaies ausquelles le Roi nomme.

Berne, s. f. Action de berner, ou couverture où l'on berne. Jamais sot ne merita mieux d'être poussé d'un coup de berne jusqu'à moitié chemin des cieux. *Mai. poe.*

Berner, v. a. Mettre quelcun dans une couverture & le faire sauter en l'air. Je fus berné vendredi, *Voi. l. 9.*

Berner. Se moquer. On le berne par tout. *Abl.*

Berné, adj. & s. m. Celui qui est berné. Les cris afreux que faisoit, le miserable berné, alérent jusqu'aux oreilles de son maitre. *D. Quichote, l. 2. ch. 32.*

Bernement, s. m. Maniere dont une personne est bernée. L'histoire du bernement du Cavalier nous donne de quoi rire. *D. Quichote, l. 2. ch. 32.* Son bernement est plaisant. On parle par tout de son bernement, & il réjoüit les gens.

Berneur, s. m. Celui qui a berné. Il n'y a ici ni berne ni berneur. *D. Quichot, l. 1. ch. 18.*

Bernable, adj. Qui merite d'être berné & moqué. C'est l'homme le plus bernable qui soit au monde.

Berte, s. f. Nom de femme, qui signifie illustre. Robert Roi de France épousa en seconde nôces Berte, veuve d'Eudes Comte de Chartres ; mais parce qu'elle étoit sa cousine issue de germaine, le Pape déclara le mariage nul. Robert ne voulant pas quiter Berte, qui étoit douce & charmante, le Pape mit le Roiaume de France en interdit, & excommunia les Evêques qui avoient consenti au mariage. *Histoire de France ; vie du Roi Robert.*

Bertrand, s. m. Nom d'homme.

BES.

BESACE, Morceau de toile accommodé de telle sorte qu'il fait comme deux grandes poches, ou deux petits sacs qui sont joints, & qui ont chacun leur ouverture séparée. (Je ne demande rien, car ma besace me suffit. *Abl. Luc.* T. 1.)

Etre à la besace. C'est à dire être pauvre. Mettre à la besace. C'est rendre pauvre.

BESANT, bezant, s. m. Piéce de monnoie d'or ancienne, dont on paya la rançon de S. Louis. Voiez *Joinville*, *histoire de S. Louis*. Le besant valoit environ un double Ducat. Il étoit marqué au coin des Empereurs de Constantinople Les Rois de France offroient treize besans le jour de leur sacre. Henri II. en offrit encore. *Le blanc*, *traité hist. des Monnoyes*.

B, sant. Terme de blason. Piéce d'or ou d'argent, ronde & plate que les Paladins François mirent sur leur écu pour faire voir qu'ils avoient fait le voiage de la Terre Sainte, & été dans la Palestine. (Porter de gueules à trois besans d'argent. *Col.*)

† BESICLES, s. f. Mot burlesque pour dire des lunettes. (de bonnes besicles, de méchantes besicles, mettre ses besicles.)

† Prenez vos besicles, c'est à dire, considerez bien la chose. *Il n'a pas bien mis ses besicles*, c'est à dire, il n'a pas bien consideré.

Besicles. Terme de Lunetier. C'est une sorte de masque, où il y a deux yeux de verre, & qui sert à ceux qui vont à la campagne pour empêcher que le vent, ou la poussiere ne leur fassent mal à la vûë. (Faire des besicles, mettre & porter des besicles, se servir de besicles.)

BESI-D'HERI, s. m. Sorte de poire qui a été ainsi apellée de Heri, qui est une Forêt en Bretagne entre Rennes & Nantes où ces poires ont été trouvées. (Le besi-d'heri est fort bon, ou les poires de besi-d'heri sont fort bonnes. Il faudroit écrire, *besi de heri*, mais l'usage contre la raison fait écrire *besi-d'heri*.)

BESOARD, ou bezoard, s. m. Pierre précieuse qui naît dans l'estomac d'un animal des Indes. Le besoard oriental naît dans l'estomac d'une espece de chèvre sauvage qu'on trouve aux Indes, & le besoard occidental naît dans l'estomac d'une sorte de bouc du Perou.

BESOIN, s. m. Nécessité. Disette. Ce qui est nécessaire. Il faut implorer Dieu dans nos besoins. *Pasc.* l. 4. Pour rétablir sa santé il a besoin de bons bouillons. Les grands hommes ont besoin de l'assistance des autres, & de celle de la fortune. *Voit.* l. Je n'ai besoin pour vivre que de pain & d'eau. *Abl. Luc.* T. 1.)

Ce mot suivi d'un *que* veut le subjonctif, sinon il a un *de* avec l'infinitif lors qu'il est suivi d'un verbe. Il a besoin *que* vous fassiez quelque chose pour lui. Pour devenir savant, on a besoin d'étudier.

BESOGNE, s. f. Travail. Quelque chose à faire. Ouvrage d'Orfévre, de potier d'étain. Tout ce qu'un maître de quelque métier donne à faire à un compagnon. (Besogne plate, montée, ciselée. Faire besogne. Achever sa besogne.)

† * Besogne. Ouvrage d'esprit. Production d'esprit. (Muse, on admire vôtre besogne, mais vous n'avez ni feu ni lieu. *Mai. Poë.*)

† * Besogne. Afaire embarrassante. (Le sejour de Catalogne vous peut donner de la besogne. *Voi. Poë.*)

BESSIERE, bassiere, s. f. L'un & l'autre se dit, mais bessiere est le plus doux & le plus usité. Il signifie du vin qui est au bas, & où il n'y a presque plus que la lie.

BESTIAL, s. m. Ce mot ne se dit bien qu'au pluriel, & il signifie bœufs, vaches, moutons. Leurs bestiaux sont morts. Leur richesse consistoit en bestiaux. *Abl. Marm.*

Bestialité, s. f. Crime qui se commet avec des bêtes femelles, & pour lequel on brûle ceux qui le commettent.

† BESTIOLE, s. f. On apelle ainsi tous les petits animaux, comme sont les plus vils & plus petits insectes.

BET.

BE'TAIL, s. m. Ce mot n'a point de pluriel, & il signifie les bœufs, les vaches & les brebis. (Leur bétail est pris. *Abl.*)

BÊTE, s. f. Animal irraisonnable. (Bête brute Bêtes sauves Ce sont les cerfs, les chevreuils & les daims. *Les bêtes noires* Ce sont les sangliers & les marcassins. *Bêtes de charge, de somme, de voiture*; Ce sont les bêtes qui portent, ou qui tirent. (Le Gouverneur des Indes lui avoit envoyé quantité de chevaux & d'autres bêtes de somme. *Vaug. Q. Curce* l. 9. ch. x.)

Bête. Sot, sotte. Ridicule. (Suis-je pas une grosse bête, de faire de ma pauvre tête, une boutique de Latin. *Mai. Poë.*)

† * Bête. Ce mot se dit quelquefois en riant. Par exemple. (La bonne bête a ses raisons. *Mol.*)

† * Une bête épaulée. C'est à dire, une fille qui a fait un enfant sans être mariée. (Epouser une bête épaulée.)

† * Bête. Mot burlesque, pour dire chose. Par ma foi, je ne sai pas qu'elle bête c'est là. *Mol.*)

Bête. Jeu de carte qui se joüe à quatre, ou à cinq en donnant cinq cartes à chacun après avoir ôté du jeu les petites cartes Joüer à la bête.)

Bête. Terme de Jeu de l'hombre, qui signifie la perte de la partie, ou de quelque chose qui est au jeu. (Faire la bête de vint ou trente sols. On renonce jamais à l'hombre à peine de la bête. Qui renonce deux fois, fait deux bêtes. *Voiez* le jeu de l'hombre par le Chevalier de Meré.)

BE'TERAVE, s. f. Racine grosse & rouge qu'on fait cuire & qu'on accommode au beurre, ou à l'huile. (Les béteraves sont un peu fades, à moins qu'elles ne soient bien assaisonnées. Planter des béteraves. Fouler des béteraves, c'est en rompre les feuilles ou les montans, pour empêcher que la séve n'y monte pas davantage. *Quint des jardins.*)

* Un nez de béterave. C'est un gros nez rouge, & enluminé.

BETISE, s. f. Sotise. Il a fait la plus grande bétise du monde. C'est une bétise que cela.)

Bétise. Stupidité. (Le silence est quelquefois signe de bétise. *Port-Roial*, *art. de penser.*)

BE'TOINE. s. f. Plante grosse qui pousse une tige déliée haute d'une coudée, ou un peu plus, qui dés sa racine produit plusieurs feuilles longues, dentelées, odoriferantes, & presque semblables à celles du chêne, & qui porte sa graine au haut de sa tige. La bétoine fleurit en Mai & en Juin. *Dal.*

BEU.

BEUF, s. m. Prononcez *beû*. Il vient du Latin *Bos.* C'est un animal domestique, châtré, fort connu & fort necessaire dans le commerce de la vie. Les gros bœufs qu'on tuë à Paris viennent de Poitou & de Normandie. Les bouchers, parlant de bœufs, disent, Assommer un bœuf, poindre un bœuf, faire un bœuf. Une bande de bœufs, ce sont plusieurs bœufs ensemble. On paie au Roi un Ecu, pour chaque bœuf qui entre à Paris.

* Bœuf. Chair de bœuf. (Aimer le bœuf. Manger du bœuf.
* Bœuf. Un grossier. Un stupide. (C'est un gros bœuf.)

Bœuf marin. Animal qui se nourrit dans l'eau, & dont la chair est fort bonne. Il ressemble au bœuf, il est de la grandeur d'une genisse de six mois, & a la peau tres-dure. On trouve de ces bœufs dans le Niger & dans le Nil. *Abl. Marm.*

Beugler, v. n. Ce mot se dit des bœufs & des vaches, lorsqu'ils poussent un cri qui leur est naturel, & qui marque quelque chose que la nature leur inspire. (Le bœuf & la vache beuglent.)

BEURRE', s. m. Sorte de poire mûre en Septembre & en Octobre. (beurré commun. On dit aussi *poire de beurré.*)

BEURRE, s. m. Crême & lait qu'on met dans une baratte & qu'on bat jusqu'à ce qu'il s'épaississe, & se forme en ce qu'on apelle beurre. beurre frais. beurre fort. batre le beurre, beurre fondu, beurre salé. Le beurre de bretagne est excellent. Le beurre de Vanvre est bon, il se met en petits pains, marquez d'une fleur de lis. On met aussi le beurre en livre & demilivre, &c.

Beurrée, s. f. Pain sur lequel on a étendu du beurre. (Faire une beurrée à un enfant.)

Beurrer, v. a. Etendre du beurre sur du pain. (Beurrer du pain.) Pain beurré, sur lequel on a étendu du beurre.

Beurrer. Terme de Patissier. Faire tremper dans du beurre. (Beurrer des choux. Beurrer un poupelain.)

Beurriere, ou *vendeuse de beurre*, s. f. C'est celle qui dans les marchez de Paris, vend du beurre frais & fondu, des œufs, des fruits, & de poids, des feves, &c. Une bonne beurriere Les beurrieres donnent la plûpart de leurs marchandises sur du papier & sur des feuilles de méchants livres que leur vendent les Libraires. Le bruit court que plusieurs de ces beurrieres ont eté depuis peu acheter une bonne partie de l'impression de T. & que par permission des Muses, elles sont raison aux Manes de l'excellent Ab. de la témérité qu'à eüe un petit orgueilleux, qui faisoit parler en pedant celui que l'illustre A. faisoit parler en langage de Cour.

Beurrier, ou plûtôt *Marchand beurrier*, s. m. (Celui qui vient des champs aporter du beurre dans les marchez de Paris.)

BEVUË, s. f. Faute. (Faire une bévuë. *Sar. Poë.* Découvrir les bévues de quelqu'un. *Boi. Avi.*)

BEZANT. Voiez *besant*.

BIA.

BIAIS, s. m. Côté. Travers. Mettre une chose de biais.)

Biais. Maniere. Façon. Moien. (Vous aviez pris le bon biais pour toucher son cœur. *Mol.* Ils l'excluent par des biais dont ils étoient convenus. *M. de la Rochefoucaut.* Je ne vois qu'un biais pour faire réüssir l'afaire de vôtre ami.)

Biais. Terme de Maçon. (Biais gras. Biais maigre, c'est à dire, angles inégaux entre eux, l'un obtus, l'autre aigu.

BIA   BIE

De biais, *adv.* De travers. (Mettre une chose de biais. Piqué de biais.)

Biaiser, *v. n.* Aller plus d'un côté que de l'autre. (Il ne marchoit pas droit, mais en biaisant, il suivoit le fleuve. *Abl. Ar. l. 1.* Pole d'une pierre d'aiman qui biaise d'un degré vers le couchant. *Rob. Phi.*

* Biaiser, N'agir pas sincerement. N'aller pas rondement en ce qu'on fait. (C'est un homme qui biaise.)

* Biaiser, *v. n.* Agir, ou en user avec un détour ingenieux. (Il y a des hommes qu'il ne faut prendre qu'en biaisant, *Mol. Av. a. 1. sc. 5.*)

Biaisement, *s. m.* Maniére d'aller en biaisant. (Le vent de bouline fait par son biaisement, pancher le Vaisseau, *Guillet art de la navigation.*)

BIB.

BIBERON, *s. m.* Qui aime le vin. (C'est un franc biberon.)

BIBLE, *s. f.* Mot Grec, qui veut dire *livre*. Livre contenant l'histoire Sainte, divisée en vieux & nouveau Testament. (La sainte Bible. Bible Ebraïque imprimée, ou manuscrite. Bible Poliglotte, c'est à dire, en plusieurs langues. Bible Samaritaine, Caldaïque, Siriaque, Arabe, Gréque, Latine, Bible en langue vulgaire. La Bible Françoise traduite sur la Vulgate par les Docteurs de Louvain est fort connuë. Mrs de Port Royal ont traduit, tout de nouveau, la Bible en François & leur traduction est pure & exacte. Les Pasteurs, & Professeurs de Geneve ont aussi traduit la Bible en François. On a traduit la Bible en plusieurs autres Langues vulgaires. Mr Simon Ricard a composé une histoire critique de la bible. Cette histoire est curieuse & savante. On dit lire la S. bible. méditer sur la bible. On doit regarder la bible comme la source de toutes les hautes & sublimes veritez ; en un mot comme le livre de tout le monde.

Bibliographie, *s. f.* Il vient du Grec. C'est la connoissance & le déchifrement des anciens Manuscrits sur l'écorce des arbres, sur le papier & le patchemin. Scaliger, Saumaise, Casaubon, Sirmond, & Petau étoient habiles dans la bibliographie. *Spon, réponse à la critique du voiage de Grèce.*

Bibliothèque, *s. f.* Il vient du Grec. En latin, *Bibliotheca*. C'est l'endroit d'une maison, où l'on rangez, par ordre, sur des ais, les livres imprimez et les manuscrits, dont, dans les grandes biblioteques une personne de lettres a ordinairement le soin. Une belle, grande, riche, fameuse bibliotheque. Une curieuse & rare bibliotheque. Il y a des personnes de qualité qui ont de trés jolies bibliotheques. N. se fera avec le tems une petite bibliotheque assez raisonnable composée de livres qu'il emprunte, & qu'il ne rend jamais. Les plus renommées bibliotéques de Paris, ce sont celles du Roi, de Sorbonne, des Célestins, de la Cardinal Mazarin, de l'Abaie de S. Germain, des Feuillans, de S. Geneviéve, de S. Victor. Cette bibliotéque, aussi bien que celle de Mazarin sont publiques, c'est à dire, qu'il y a de certains jours de la semaine, que ces bibliotéques sont ouvertes aux particuliers qui y veulent étudier. Mr Nicole, *Essais de Morale*, T. 1. Apelle les biblioteques, le magazin des fantaisies des hommes ; & cette pensée est nouvelle & agréable.

Bibliotéque, *s. f.* Ce mot signifie aussi des Recueils de livres. Divers Auteurs en ont composé.

Bibliotéquaire, *s. m.* Celui qui a soin des livres d'une bibliotéque.

† Bibus, Terme de mépris. (Collettet est un poëte de bibus, c'est un pauvre poëte. Un méchant poëte. Il y en a bien d'autres dépuis ce tems-là.)

BIC. BID.

BICHE, *s. f.* C'est la femelle du cerf. Elle n'a point de bois sur la tête. Elle est d'une couleur tirant sur le bai-rouge. Elle court vite, & a la vuë trés-bonne. Elle est en rut en Aout, & en Septembre. Elle porte huit mois, & ne fait d'ordinaire qu'un fan en Avril, ou en Mai. (Fuir comme une biche.)

BICHET, *s. m.* Mesure de grains usitée dans les Provinces de Bourgogne, Lionnois, &c. contenant environ un minot de Paris. On le dit tant de la mesure que du blé qui y est mesuré. Un bichet de blé.

BICHON, *s. m.* Sorte de petit chien de chambre. (Un joli bichon.)

Bichon, *s. f.* Nom diminutif, qui veut dire *petite Elizabeth*. Petite Babet. (Bichon est belle.)

Bichonne, *s. f.* Petite chienne couverte de grands poils. (Une jolie bichonne, une bichonne aimée, une belle bichonne.)

BICOQUE, *s. f.* Petite vile mal fortifiée. (C'est une méchante bicoque. *Abl.* Une jolie bicoque. Une agréable bicoque.)

Le Prince nous bloque,
Et prend bicoque sur bicoque. *Sc. poës.*

Tout me déplait & tout me choque
Dans cette maudite bicoque.
Bois. t. 1. épitre 12.

BICQUETER, *v. n.* Ce mot se dit des chèvres, & signifie faire un petit chevreau. Nôtre chevre a biqueté, & a fait le plus joli chevreau du monde.

BIDET, *s. m.* Petit cheval. Pégase fut un bon bidet. *Voi. poës.* La France produit d'admirables bidets.

BIDONS, *s. m.* Terme de mer. Vaisseaux de bois où l'on donne à boire pour chaque plat, c'est à dire pour sept hommes. *Fourn.*

BIE

BIEN, *s. m.* Ce que souhaite tout ce qui a du sentiment & de la raison. Chose souhaitable à cause d'elle-même. Patrimoine, richesses. Biens étrangers, biens qu'on trouve en soi-même. Le souverain bien. Elle ne voulut pour tous biens que son manteau. *Maucroix, Homelies.*

Biens. Les gens de Palais divisent les biens, en biens meubles & immeubles, ou biens mobiliers & immobiliers. Il y a aussi des biens nobles & des biens roturiers. On dit *s'obliger corps & biens, faire cession de biens*, &c. *Biens paraphernaux*, ce sont les biens, dont la femme, outre sa dot, donne la jouïssance à son mari.

Bien. Acroissement. Le dessein de notre société a pris pour le bien de la religion est de ne rebuter personne. *Pas. l. 6.*

Bien. Interêt. Utilité. Cela regarde le bien public.

Bien. Plaisir, bonheur. Nul bien sans peine. *Voi. poe.* Tous les maux que j'ai soufferts n'égalent pas le bien de l'avoir vuë. *Voi. poë.*

Les dangers me sont des apas,
Un bien sans mal ne me plait pas.
Malh. poes. l. 4.

Bien. Faveur. Grace. Ton amour est un bien qui m'est justement du. *Mai. poe.* Vôtre Majesté ne se feroit pas grand tort si elle me faisoit un peu de bien. *Scar. Iaph. Epitre au Roi.* On dit un jour à Henri IV. qu'il y avoit un brave Capitaine qui ne l'aimoit pas ; Je lui ferai tant de bien, répondit-il, que je l'obligerai à m'aimer. *Voiez les amours d'Henri 4.*

Bien. Loüange. Chacun dit du bien de son cœur, & personne n'en ose dire de son esprit. *La Rochefoucaut.* Ne parler de personne, ni en bien, ni en mal. *Voi. l. 61.*

Bien. Probité. Vertu. Gens de bien. Femme de bien & d'honneur. *Abl.*

Bien, *adv.* Trés. Fort. beaucoup. Sagement. Doctrine bien subsutile. *Pas. l. 2.* Il y a bien à profiter auprés de vos Docteurs. *Pas. l. 6.* Il feroit fort bien de se taire. *Voi. l. 56.* Il y a bien des malades. *Abl.*

Bien. A son aise. Commodément. Quand on est bien, on s'y doit tenir.

Bien. Avec justice. Avec raison. Justement. Comme il faut. Elle merite bien cela. *Mol.* Je vous aprendrai dans à faire vos réponses de vous-mêmes. *Mol.*

† Bien dire, *v. n.* Dire du bien de quelcun. Louer. Parler avantageusement de quelcun. Ce verbe *bien dire* en ce sens n'est pas fort usité, & on dit plûtôt, *dire du bien* de tout le monde, que *bien dire* de tout le monde. Je dis bien. Je disois bien. J'ai bien dit. Je dirai bien. Je dirai bien.

Bien dire. Dire bien. Bien reciter. Dire de bonne grace. Il a bien dit son compliment.

Bien dire. Maniére de s'exprimer plus agreable que de coutume. Langage poli & discret. Eloquent. Ils sont les arbitres souverains du bien dire. Se mettre sur son bien dire. Cette derniere phrase est un peu proverbiale.

† Bien disant, bien disante, *adj.* Qui parle poliment. C'est un amant bien disant & matois. *Voi. poes.*

Bien faisant, bien faisante, *adj.* Qui aime à faire du bien, qui oblige les gens par les graces qu'il leur fait. C'est un homme bien-faisant. Elle est bien-faisante.

Bien-faire, *v. a.* S'aquiter de son devoir. Réüssir en ce qu'on fait. Je fais bien, tu fais bien, il fait bien. Nous faisons bien, vous faites bien, ils font bien. Je faisois bien, j'ai bien fait, je fis bien, je ferai bien. Il faut tâcher à bien faire son devoir. Il a bien fait sa commission.

Bien faire, *v. n.* Faire de bonnes œuvres. Pratiquer la vertu. Avoir de la Charité. Il faut bien faire à ses ennemis. Faites du bien, & Dieu vous benira. *Arn.*

Bien fait, bien-faite, *adj.* Bien executé. Son devoir est bien fait. Ouvrage bien fait.

Bien-fait, Bien-faite. Qui a de la beauté, de l'agrément & de la grace. C'est un homme bien fait. C'est une des filles les mieux faite de France.

† Bien-fait, bien-faite. Bien tourné. Bien placé. Honnête. Beau. Excellent. Esprit bien fait. Cœur bien fait.

Bien fait, *s. m.* Faveur. Grace. Plaisir qu'on fait à quelcun qui en a besoin, & cela non pas par interêt, mais simplement à cause qu'on est bien aise d'obliger une personne & de lui faire du bien. *Retorique d'Aristote.* (Un bien fait reproché tient toûjours lieu d'ofense. *Racine.* Répandre ses bienfaits fur les peuples. Les Rois & les Seigneurs font des bienfaits à leurs Sujets, mais jamais des présens.)

Bienfaiteur, bienfaicteur, ou *bienfacteur*, *s. m.* Celui qui fait quelque largesse, quelque bien à quelqu'un, ou à quelque maison religieuse. (C'est une horrible ingratitude que de tuer son bienfaiteur. *Abl. Ret. l. 2. ch, 3.*

Bienfaitrice, bienfaictrice, ou *bienfactrice, s. f.* Celle qui fait quelque grace, quelque faveur, ou quelque présent. Une charmante, une aimable, une adorable bienfaitrice. Quand vous ne seriez pas ma bienfaitrice, je ne laisserois pas d'être vôtre tres-humble serviteur, *Balzac, lett. choif.* 2. *p. l. 3. lettre* 36. Pourquoi l'Acusé auroit-il voulu entrer dans le déteftable dessein de tuer sa bienfaictrice. *D'ancour, factum* 2. *pour le Brun.*)

Bienfaitrice, bienfaictrice, ou *bienfactrice, s. f.* Celle qui après avoir vécu dans le monde se retire dans un Couvent pour vivre Crétiennement & y faire du bien. Au reste de ces trois mots la plupart font pour *bienfaitrice.* (Madame N. est la bienfaictrice des Religieuses de N.)

Bien-heureux, bien-heureuse, adj. Qui joüit d'un grand bonheur, d'une grande félicité. (Les esprits bien-heureux. Bien-heureux ceux qui font doux. *Port-Roial.*)

Bien-heureux, s. m. Ceux qui joüissent au Ciel d'une félicité sans bornes.

Bien loin. Conjonction qui signifie *au lieu* & qui régit l'infinitif avec la particule *de.* Exemple. (Bien loin de lui envoïer des députez, ils vinrent escarmoucher. *Abl. Ar. l.* 1.

Bienque. Conjonction qui régit le subjonctif & qui signifie *encore que. Quoique*, & dont le mot *bien* ne veut pas être repeté, principalement dans le stile simple, ou historique. Exemple. (*Bien que* l'experience nous fasse voir qu'il n'y a point d'innocence à l'épreuve de la calomnie, *& que* les plus gens de bien foient exposez à la perfécution, si est ce, &c.

> *Bienque* l'Amour soit enfant, c'est un enfant difcret,
> Qui ne parle jamais, s'il ne parle en secret.
> *Racan, Bergeries.*]

Bien-séance, s. f. Action qui quadre au tems, au lieu, & aux personnes. Egard qu'on a au tems, au lieu, aux personnes. (Garder & conserver la bien-séance. Cela est contre la bien-séance. Choquer la bien-séance.)

Biensèance. Tout ce qui convient & qui est propre à quelque personne. (Rien n'est plus à la bien-séance du Roi que cette vile. *Abl.*)

Bien-séant, bien-séante, adj. Ce qui convient. (Cela n'est pas bien-séant à un homme de qualité.)

Bien-venu, bien-venuë, adj. Bien-reçu. Regardé de bon œil. (Un honnête homme est toûjours bien-venu par tout.)

† *Bien-venuë, s. f.* Heureuse venue. Entrée. Venue. (Paiet sa bien-venue.)

Bien-veillance, s. f. Action. Amitié. (Je vous demande, Monseigneur, l'honneur de vôtre protection & de vôtre bien veillence. *Voi.*)

Biere, s. f. Cercueil. (La biere est un séjour fort mélancolique. *Mol.* Les biéres de bois précieux coutent quelquefois deux cents, & jusqu'à mille écus. *Nouv. rélation de la Chine, p.* 56. Elle tira le corps de son Epoux de la biére, & l'atacha à la Croix, où il n'y avoit plus rien. *Matrone d'Ephése, S. Evremont.*)

Biére, s. f. C'est une sorte de boisson, qui se fait d'orge, de froment & de houblon. On met germer le blé & on le reduit après en farine. (Biére blanche, biére rouge, double biére, biére simple, biére pousée. Cette derniere sorte de biére se trouve en Flandre & celle qu'on apelle *aile* en Angleterre. On fait de l'aîle au Faubourg S. Marceau de Paris ; mais cette aîle n'est pas si bonne que l'aîle Angloise. La biere engraisse & rafraichit, & la fleur de houblon, qu'on y met, sert à la conserver. La meilleure biére se fait en Mars & Avril. Quelques Medecins disent qu'elle cause des obstructions. Elle enyvre comme le vin.

Bievre, s. m. Animal qui vit sur terre & dans l'eau. Il est couvert d'une peau pleine de poils mous & durs. Il a la tête semblable à celle d'un rat. Ses yeux, sa langue & ses dents ressemblent aux yeux, à la langue, & aux dents d'un cochon. Son museau ressemble à celui d'un barbet. Ses Pieẓ de devant font semblables à ceux d'un singe, & ses pieẓ de derriere à ceux d'une oie. Le biévre en deçà, & au de là de ses parties naturelles, deux tumeurs, de la liqueur desquelles on se sert en Médecine, *Rond.*

Bievre. Oiseau de riviére gros comme une moienne oïe sauvage. Il a le bec long, menu, dentelé & crochu par le bout. Il a une crete sur le cou, la tête grosse & de couleur fauve, le dessus du dos cendré, tirant sur la couleur plombée, le ventre presque blanc & les pieẓ rougeâtres. *Bel.*

BIF. BIG.

Bifer, v. a. Efacer. (Biffer un écrouë. Le Cardinal Baronius a biffé deux Consuls des Fastes Romains.

Bigame, s. m. Mot qui vient du Grec & qui signifie qui a eu deux femmes légitimes successivement, & en divers tems. (Un bigame ne peut recevoir l'ordre de Prêtrise ; & il est incapable de tenir aucun bénéfice. Voiez *les Décrétales de Bigamis.* On dit que les bigames de fait étoient autrefois condamnez à mort. *Définition de droit Canon, in folio, p.* 96. On lui va faire son procez à la Tournelle, ou à l'Oficialité, comme à un Bigame. *Dial. de l'amour & de l'amitié.*

Bigamie, s. f. Mot qui vient du Grec & qui proprement signifie Doubles noces, Secondes noces. Second mariage. La bigamie consiste à avoir épousé successivement & en divers tems deux femmes & à avoir consommé le mariage avec toutes les deux. Il y a trois principales sortes de bigamie, la vraie qui est celle qu'on vient de définir, & celles sous la bigamie par interpretation, & la bigamie par ressemblance. *La bigamie par interpretation* se contracte lors qu'on épouse une veuve. *Et la bigamie par ressemblance*, se forme lorsqu'un Prêtre ou un Religieux se marie avec une fille dans les formes prescrites par l'Eglise. L'irregularité que l'on contracte par la Bigamie est plus forte que celle qui provient du défaut de la naissance, ou de la bâtardise. La bigamie exclud de l'ordre de Prêtrise. Voiez *les livres qui traitent du droit Canon. La bigamie de fait* est un crime censuré par l'Eglise Romaine, & puni par les Loix, savoir lorsqu'un homme a épousé deux femmes vivantes en même tems.

Bigarrade, s. f. Grosse orange. (La bigarrade est aigre & belle.)

Bigarreau, s. m. Grosse cerise qui a été apellée bigarreau parce qu'elle est bigarrée de noir, de rouge, & de blanc. (Le bigarreau est ferme & doux.

Bigarrer, v. a. Mettre ensemble plusieurs couleurs sur quelque habit, ou autre pareille chose. (Ils reluisoient non pas d'or, ni de parures bigarrées, mais d'acier bien poli. *Vau. Quin. l.* 3. *c.* 1.)

Bigarré, bigarrée, adj. Un habit bigarré de diverses couleurs.

Bigarrotier, s. m. Cerisier qui porte les bigarreaux.

Bigarrure, s. f. Mélange de couleurs sur quelque habit, ou quelque étofe. (La bigarrure de son habit fait rire tout le monde. La bigarrure de ce chapitre vous plaira. *Balzac.*)

Bigearre. Voiez *bizarre.*

Bigle, adj. Louche. (Il est bigle. Elle est bigle.)

Bigler, v. n. Louche. (Il bigle. Elle bigle.)

Bigne, s. f. Bosse au front, qui vient de quelque coup qu'on à receu, ou par quelque chute.

Bignet, beignet, s. m. Composé d'œufs, de farine & de lait qu'on détrempe & qu'on fait cuire dans une poîle aux jours gras. (De petits bignets. De grands bignets. Faire des bignets.) *Bignet* est le plus usité.

Bigorne, s. f. Enclume à deux bouts. Bout d'enclume qui finit en pointe, & qui sert à tourner les grosses pieces en rond.

Bigorneau, s. m. Petite bigorne. (Se servir d'un bigorneau.)

Bigorner, v. a. Arrondir sur la partie de l'enclume qu'on apele *bigorne.*

Bigot, s. m. Faux dévot. (Un franc bigot & un franc scelerat font coussins germains. Les vrais bigots font scélérats, mais tous les scélérats ne font pas bigots.

> Pour réüssir en quelque afaire,
> Il est aujourdui necessaire
> D'être fourbe & d'être bigot.
> *Richelet, poësies.*

Bigote, s. f. Fausse dévote. (Une franche bigote.)

† *Bigoter.* v. n. Ce mot se dit quelquefois en parlant, mais il ne s'écrit pas. Il signifie faire le bigot, ou la bigote. [Elle ne fait que bigoter.]

Bigotere, s. f. Ce mot décend en droite ligne de l'Espagnol *bigotera*, & selon mes petites conjectures, a été prémierement introduit en nôtre langue par Sarazin. C'est une sorte de petite bande, large d'un bon doigt & longue d'environ demi aune, dont on se servoit, il y a trente, ou quarante ans, pour tenir la nuit la moustache en etat. On ne se sert plus aujourdui de *bigotere*, parce que la plupart des honnêtes gens jeunes & vieux, portent la barbe, à la Dauphine, ou à la Roïale: car depuis quelques années, le Roi, qui n'a point avoir la barbe fleurie, la porte à la Dauphine, c'est à dire, se fait raser entiérement. [Les amours tenoient, l'un la bigotere, l'autre le miroir, & les autres, les peignes d'écaille. *Saraz. pompe fnnebre de Voit.*]

BIH BIJ BIL

BIH. BIJ.

BIHOUAC, BIOUAC, BIVOUAC, s. m. L'un ou l'autre de ces mots se disent & s'écrivent, mais les deux premiers semblent les plus usitez. Le mot de bihouac, ou de biouac vient selon quelques uns, de l'Allemand. C'est une garde de nuit & une satisfaction de l'armée entiere qui faisant un siege, ou se trouvant en presence de l'ennemi, sort tous les soirs de ses tentes, & de ses baraques & vient par escadrons & bataillons border les lignes de circonvalation, ou se poster à la tête du camp, pour y passer la nuit sous les armes, pour assurer ses quartiers, empêcher les surprises & s'oposer aux secours. Cet avis l'obligea de redoubler la garde des lignes & même de faire le bihouac toutes les nuits. *De la Chapelle, rélation de la campagne de Fribourg.* p.155. Etre du biouac. Se trouver au biouac. Monter à cheval pour le biouac. Passer la nuit au biouac. *Guillet, arts de l'homme d'épée*, p.32. Faire coucher les troupes au biouac. *Gaia, arts de la guerre, prem. partie,* ch.19. Lever le biouac, c'est renvoier l'armée dans ses tentes & dans ses baraques quelque tems après la pointe du jour. *Guillet, arts de l'homme d'épée.*

BIJARRE, adj. Mot du peuple. On dit bizarre. V. bizarre.

BIJON, s. m. Sorte de gomme ou liqueur semblable à la terebentine, à laquelle les apoticaires substituent le bijon.

Bijou, s. m. Petites choses belles, jolies & agréables qui servent à parer. Toute sorte de petits joiaux, comme bagues, colliers, bracelets, coliers. Pour aler au cœur, le plus court chemin de tous, c'est par bijoux.

† * Bijou. Chose propre & jolie. Son cabinet est un bijou.

Bijouterie, s. f. Profession de gens qui font commerce de bijoux & de pierres précieuses. Bijouterie, en ce sens ne se dit pas, & en sa place, on dit jouaillerie. *Vaug. rem. nouv.* La bijouterie ne va pas aujourdui dires la jouaillerie. Quelques marchands de bijoux ne condamnent pourtant pas bijouterie, & disent que ce mot a un sens plus general que la jouaillerie. Ce sont gens là pourroit bien avoir raison.

Bijoutier, s. m. On prononce bijoutié. Le bijoutier s'apelle aussi joualier, & c'est celui qui fait trafic de toute sorte de pierreries de petits & de jolis tableaux, de vases de porcelaine & de petits cofres agreables. Un riche bijoutier. Etre bijoutier, les bijoutiers prennent la S. Loüis pour le jour de leur Fête, & ne font qu'un corps avec les orfévres. On est reçu joualier bijoutier au Châtelet devant le Procureur du Roi, & cela après avoir fait trois ans d'aprentissage.

Bijoutier, s. m. Il signifie aussi celui qui aime & qui amasse des bijoux, parce qu'il a de la passion pour ces sortes de jolies choses. Bijoutier, en ce sens, ne se dit qu'en parlant familierement. Mr. N. est un grand bijoutier.

BIL.

BIL, s. m. Mot Anglois. C'est un papier contenant les propositions qu'on veut faire passer par les Chambres du Parlement d'Angleterre pour les presenter au Roi, & en faire acte, c'est à dire un réglement, ou une Loi. Faire, dresser, presenter, confirmer un Bil. Le premier qui s'est servi du terme de Bil, en François, c'est le Gazetier, dans la Gazette de Juin 1685.

BILAN, s. m. Terme de marchand. Etat de ce qu'on doit, & de ce qu'on a reçu. C'est l'extrait d'un livre de marchand. Faire un bilan, bilan d'entrée, bilan de sortie.

BILBOQUET, s. m. Petit morceau de bois tourné & creusé en rond par les deux bouts avec une corde, au milieu de laquelle il y a une balle qu'on fait sauter dans le creux du bilboquet. Joüer au bilboquet. Henri III. portoit quelquefois à la main un bilboquet, dont il se joüoit. *Journal de Henri III.* pag. 89.

Bilboquet, s. m. Terme de doreur. Petit morceau de bois où est ataché un morceau d'étofe.

BILE, s. m. Humeur mobile, & active, chaude & seche, qui se trouve dans le corps. La bile cause des maladies, purger la bile, temperer, moderer, rafraichir la bile, la bile se dégorge souvent, empêcher, arrêter un dégorgement de bile.

Bile noire. C'est la lie du sang. Apaiser la bile. *Voi. l. 57.* Les choses douces se tournent en bile. *Voi. l. 57.*

* Bile. Colere. Ce discours m'échaufe la bile. *Mol.* Il sentit émouvoir sa bile, c'est à dire, il s'aperçut qu'il étoit prêt à se mettre en colere.

Bilieux, bilieuse, adj. En qui la bile domine. Temperament bilieux.

BILLARD, s. m. Jeu de billard. Table qui a des rebords tout autour, garnie d'un tapis avec six blouses, une passe & une sonnette.

Billard. Bâton dont on pousse la bille lorsqu'on joüe au billard. Ce baton est de beau bois, garni d'une masse d'ivoire au bout.

Bille, s. f. Petite boule d'ivoire qu'on pousse avec le billard. Faire un bille. C'est mettre une bille dans la belouse. Il n'a pu encore faire une bille.

Bille. Terme d'Embaleur. Gros baton de bouis, avec quoi on serre les balots, lorsqu'on les corde.

Biller, v. a. Terme d'embaleur. Serrer avec la bille. Biller un ballot.

Biller. Terme de batelier & de voiturier par eau. Ateller les chevaux deux à deux pour tirer quelque bateau. Biller les chevaux.

BILLET, s. m. Petite lettre écrite sans toutes les ceremonies dont on se sert quand on écrit à des personnes de qualité, ou de respect. On écrit un billet à ses amis. Billet galand. Billet doux, ou billet amoureux.

Billet. Promesse sous seing privé. Je lui ai prêté cent pistoles dont il m'a fait son billet.

Billet de blanque. C'est un morceau de papier roulé qu'on distribuë à ceux qui mettent aux lotteries. Il a eu un billet noir. Il a eu tout billets blancs.

Billet pour entrer à la Comedie. C'est un petit morceau de carton marqué, qu'on distribuë au bureau des comediens, & qu'on rend ensuite à leur portier pour entrer à la Comedie.

Billet d'enterrement. Feuille de papier imprimée d'un côté, où l'on avertit de la mort d'une personne, où l'on marque l'heure de ses funerailles, & où l'on prie ses parens & amis de s'y trouver. Envoier des billets d'enterrement. Les crieurs donnent ordre au semonneur de porter les billets d'enterrement aux parens & aux amis de la personne morte. Faire imprimer des billets d'enterrement.

Billetée, s. f. Terme de blason. Petite figure quarrée, qu'on met dans l'eau pour signifier la fermeté & la constance. Porter d'azur à quatre billettes. *Col.*

Bille-visées, s. f. Folie, sotise, imaginations en l'air. Sotes billes-visées, pernicieux amusemens, romans, puissiez-vous être à tous les diables. *Mol.* Chacun sçait ce c'est bille-visées. *Sar. poe.*

BILLON, s. m. Terme de monnoie. Toute sorte de matiere, d'or ou d'argent, qui est aliée ou mêlée au dessous d'un certain degré, & principalement de celui qui est fixé pour la fabrication des monnoies.

Billon. Toute sorte de monnoie décriée. Toute sorte de matiere d'or ou d'argent décriée, & qui se trouve à plus bas titre que celui de l'Ordonnance. Ainsi on dit piece de billon, monnoie de billon.

Billon. Il signifie aussi la petite monnoie de moindre prix. Les doubles tournois, les doubles parisis & les deniers tournois étoient des monnoies de billon. les liards, les oboles & les gros de Nêle, étoient aussi des monnoies de billon. *Le Blanc, traité hist. des monnoies.*

Billon. Lieu où les billonneurs tenoient leur boutique. Porter au billon. Envoier au billon. *Bouteroue, Traité des monnoies.*

† * Hors de Paris je mets tout au billon. C'est à dire, de toutes les villes de France je n'estime que Paris.

Billonner, s. m. Terme de monnoie. Recueillir les especes décriées & mises au billon.

Billonner. Acheter, ou changer de la monnoie pour moins qu'elle n'a cours afin de la remettre à plus haut pris. Remettre dans le commerce de méchantes pieces qu'on a changées. Trafiquer de monnoie étrangere & décriée, *Bouteroue.*

Billonner. C'est alterer les especes, & les convertir en d'autres plus foibles, par le mélange du cuivre. Billonner les especes étrangeres. *Le Blanc, tr. hist. des monnoies.*

Billonneur, s. m. Terme de monnoie, celui qui fait marchandise des especes. Celui qui fait métier de billonner. C'est un des especes. Les Ordonnances n'ont pas toutes des peines de mort contre les billonneurs. *Boisard, traité des monnoies.*

Billonnage, s. m. Crime de celui qui billonne. Il a été puni de billonnage.

BILLOT, s. m. Morceau de bois gros & court, sur quoi les bouisseliers & les tourneurs travaillent.

Billot. Morceau de bois sur quoi on pose une enclume.

Billot. Terme de courtier de chevaux. Baton qu'on met le long des flanes des chevaux neufs qu'on amene d'Alemagne, & qu'on vend au marché aux chevaux.

Billot. Terme de Laietier. Espece de souriciere, qui est en éfet une maniere de petit billot, où il y a des trous & du fil d'archal, pour atraper les rats & les souris. Il y a de plusieurs sortes de ces billots; il y en a à bilboquet, à fil ou à rejet. On dit je ne veux point de souriciere à baton, à pont-levis, ni à bascule, donnez moi un billot, on y prend plus de souris qu'avec d'autres souricieres; quand les souris sont prises au billot elles sont mortes.

Billot. Terme de Raquetier. Voiez Chevre.

BIM. BIN.

BIMBLOQUIER, f. m. Ouvrier qui fait de petits plats, de petites éguieres, & autres pieces de ménage pour les enfans. Il y en a qui difent bimbelotier.

BINAIRE, adj. & f. m. Terme d'aritmetique. Le nombre de deux; & tout nombre qui eft compofé du nombre deux. Un nombre binaire, s'apelle un nombre pair.

BINARD, f. m. Gros chariot à quatre roues d'égale hauteur, avec un plancher fur lequel on met de grands fardeaux, & des chofes fort pefantes.

BINER, v. a. Terme de vigneron & de jardinier. Donner un fecond labour à une vigne, ou à une planche. Biner une vigne.

Biner, v. n. Terme d'Eglife. Permettre à un Prêtre de dire deux Meffes en un jour. Son Evêque lui a donné la permiffion de biner.

BINET, f. m. Petit morceau de leton plat, délié & large comme un grand écu blanc, avec une queuë qu'on met dans la bôbéche du chandelier. Au milieu de ce binet, il y a une pointe de fer où l'on fiche le bout de chandelle qui refte à bruler. Faire binet. C'eft ficher le bout de chandelle à la pointe du binet.

BINOCLE, f. m. Inftrument oculaire dioptrique, & par le moien duquel on voit un même objet des deux yeux conjointement. Le binocle fut inventé en 1665. par le pere Cherubin Capucin. Voiez le Livre de la vifion parfaite.

BINOME, f. m. Terme d'algébre. Nombre, ou quantité, compofée de l'adition de deux grandeurs incommenfurables, s'il y en a trois il s'apelle Trinome, &c.

BIOUAC. Voiez Bihouac.

BIQ.

† BIQUE, f. f. Ce mot fe dit dans quelques Provinces de France & principalement en quelques endroits de Champagne, pour marquer la femelle du bouc. Mais à Paris, ce mot eft inconnu, & en fa place on dit une chévre.

BIQUET, f. m. Terme de monnoie. C'eft une forte de trébuchet, Pefer avec le biquet.

Biqueter, v. a. C'eft fe fervir du biquet pour pefer. Il faut biqueter cela.

Biqueter, ou bicqueter, v. n. Il fe dit des chévres, & fignifie, faire un petit chevreau. La chevre vient de biqueter. V. Bicqueter.

BIR.

† BIRAMBROT, f. m. Mot corrompu du Holandois, & qui ne fe dit qu'en riant, & ne fe trouve que dans les lettres de Scarfon, qui a dit, adieu, mon cher mangeur de birambrot, & de tartines, reyenez vous mettre au beurre de Vanvre; p. 103. Le birambrot eft une foupe qu'on fait avec de la biere, du fucre, de la mufcade, & quelquefois avec du beurre & du pain, & qu'on mange comme la foupe.

BIRETTE, f. f. Terme de Jefuite. Il vient de l'efpagnol bireta. C'eft une forte de bonnet de groffe étofe noire fans carton ni cornes, & qui, à la couleur près, a quelque air de celui de Gille, ou de Scaramouche. La birette ne fe porte que par les Jefuites Novices. Ils portent la birette deux ans, enfuite, s'ils font reçus, ils prennent le bonnet à trois cornes.

BIS.

BIS, bife, adj. Qui n'eft pas blanc. Prononcez bi. Pain bis. Pâte bife. Bis-blanc, c'eft à dire, moitié blanc.

BISAÏEUT, f. m. Deux fois aïeul. Le pere du grand pere, ou de la grand' mere.

Bifaïeule, f. f. Deux fois aïeule. La mere de la grand'mere, ou du grand pere.

BISCOTIN, f. m. Pâte cuite avec du fucre qu'on met fur table au deffert.

Bifcuit, f. m. Pate faite de la plus fine fleur de froment, de fucre & d'œuf qu'on fait cuire au four dans des moules de fer blanc ou de papier. Bifcuit de Piémont, de Savoie, &c.

Bifcuit. Pain cuit deux fois qu'on mange fur mer. Le bifcuit fe cuit quatre fois pour les voiages de long cours, & deux fois feulement pour les petites traverfées. Faire provifion de bifcuit. Prendre du bifcuit à difcretion. Ménager, épargner le bifcuit. Diftribuer le bifcuit aux matelots. On leur donne d'ordinaire à chacun trois bifcuits par jour. L'écrivain du vaiffeau a foin du bifcuit. Il faut avoir de bonnes dents pour manger du bifcuit. Le bon bifcuit fec fe garde un an & quelquefois plus ; le bifcuit fe met dans le magazin, mais il faut prendre garde, car l'eau le gâte.

BISE, f. f. L'un des vents cardinaux qui eft fec & froid; & qui au cœur de l'hiver regne & fouffle du Septentrion.

Bife. Petit pain d'un fou, ou de deux liards, qu'on donne le matin aux penfionnaires de certains Coléges de Paris. On dit auffi un bifet.

Bife. Poiffon de mer prefque femblable au ton. Rond. l. 8.

BISEAU; bifeau, f. m. Terme de boulanger. On prononce bizo. C'eft la marque qui eft à côté du pain lorfqu'il a été preffé au four.

Bifeau. Terme de miroitier. C'eft le bord de la glace du miroir, coupée en talus. Couper un bifeau, faire un bifeau, tailler un bifeau. Dans la manufacture des glaces, il y a des ouvriers qu'on apelle tailleurs de bifeaus, parce qu'ils font feulement les bifeaus des glaces.

Bifeau. Terme de Coutelier. Ce qui eft coupé en talus fur le dos du couteau & du rafoir, & au bas de la partie du rafoir qui eft immediatement aprés le talon. Faire un bifeau.

Bifeau. Terme d'orfévre & de metteur en œuvre. Ce qui tient & arrête la pierre de la bague dans le chaton. Il faut certir cela en bifeau d'onix.

Bifeau. Terme d'organifte. Petit morceau d'étain, ou de plomb qui couvre le tuiau, & qui aide au réfonnement de l'orgue.

Bifeau. Outil fervant au tourneur.

BISET, f. m. Oifeau de paffage qui a les piez & le bec rouges, la plume de couleur de plomb & prefque noire. Bel.

BISQUE, f. f. Potage fuculent. Rien ne charme leur efprit que la bifque & la fricaffée. Gon. Epi. l. 1. Vive la France pour les ragouts & pour les bifques. Main. lettr. 78.

Bifque. Terme de jeu de paume. Avantage de quinze à prendre en quel endroit de la partie qu'on veut. Prendre la bifque, donner bifque. Donner quinze & bifque. Ces derniers mots fe difent en parlant d'une perfonne fur qui l'on croit avoir de l'avantage. Je lui donnerois quinze & bifque.

BISSAC, f. m. Beface, & c'eft comme fi l'on difoit qui a deux facs. Reduire au biffac, c'eft à dire, à la mendicité.

Biffe, f. m. C'eft le nom de la foie dont les anciens s'habilloient en Egipte & en Sirie. On portoit parmi les Ifraëlites, du fin lin, du coton & du biffe. Voiez les mœurs des Ifraëlites.

Biffextile, f. m. Terme de cronologie. Il eft formé du latin biffextus. C'eft lorfqu'on ajoute de 4. ans en 4. ans aprés le 24. de Février, afin de faire quadrer l'année avec le cours du Soleil, qui paffe 365. jours, qu'on donne à chaque année ordinaire, d'environ fix heures, qui font un jour en quatre ans. Il ne voulut point paroître le lendemain, parce que c'étoit le jour du biffexte, qu'une ancienne fuperftition faifoit paffer pour malheureux parmi les Romains. Flechier, Teodofe, l. 1. ch. 4.

Biffextil, biffextile, adj. Il fe dit de l'année où fe rencontre le biffexte. On aura bien-tôt l'an biffextil. L'année biffextile eft paffée.

BISTORTE, f. f. Plante médecinale, qui eft ainfi nommée du latin bis torta, parce que fa racine eft entortillée comme un ferpent.

Biftortier, f. m. Terme d'apoticaire. Prononcez biftortié. C'eft une forte de pilon de bouis pour batre, mêler & agiter diverfes compofitions dans un mortier de marbre. Un biftortier bien net & bien propre.

BISTOURI, f. m. Inftrument de Chirurgien pour faire des incifions.

Biftourner, v. a. Tordre de telle forte les tefticules d'un cheval qu'il ne puiffe engendrer. Biftourner un cheval. On dit, un cheval biftourné. Et ce mot fe dit auffi en riant d'un homme qui a quelque chofe qui le rend impuiffant.

BIT. BIZ.

Bitume, f. m. Limon gras, vifqueux, adhérent, qui a quelque chofe de l'odeur du foufre. Il y a un bitume qu'on apelle de Judée. Ce bitume eft une matiere onctueufe & inflammable, qu'on tire du lac afphaltite, nommé la mer morte, qui eft aux endroits où étoient Sodome & Gomorre : Ce bitume eft le plus excellent, & il eft net, pur & luifant, d'une odeur forte & défagreable, & d'une couleur qui tire fur la pourpre, & qui entre dans la Tériaque. Charas, ch. 66. Froter un vaiffeau de poix, de foufre & de bitume. Vaug. Q. Curce, l. 4. ch. 3. Les Chinois bouchent les bieres de leurs morts avec du bitume, afin que les corps ne rendent point mauvaife odeur, & ils les laiffent deux ou trois ans dans les bieres. Nouv. rel. de la Chine.

Bitumineux, bitumineufe, adj. Ce qui a du bitume, ce qui tient du bitume. Terre bitumineufe, limon bitumineux.

Bizarre, adj. Il vient de l'italien bizarro. Il fignifie fantafque, capricieux, bourru. Un efprit bizarre ; fa conduite eft bizarre. On

BIZ   BLA

On dit aussi une voix *bizarre* ; c'est à dire désagréable ; & qui marque quelque caprice en celui qui parle. Il y en a qui écrivent & prononcent *bizarre*, mais ce ne sont que des barbouilleurs, ou le menu peuple qui parle ainsi.

Bizarre, s. m. Bourru, fantasque. (C'est un bizarre.)

Bizarrement, adv. D'une manière capricieuse ; d'une manière extraordinaire. (La fortune dispose bien bizarrement de moi. *Voi. l. 43.*)

Bizarrerie, s. f. Caprice, fantaisie ; folie. (C'est une bizarrerie la plus ridicule du monde.)

Bizarrerie. Variété bizarre & agréable. (La Satire est comme une prairie, qui n'est belle sinon en sa bizarrerie. *Reg. Satire I.*)

BLA.

BLAFARD, *blafarde, adj.* Qui est de couleur qui tire sur le blanc.

BLAISE, *s. m.* Nom d'homme.

Blaisot, s. m. Petit Blaise. (Blaisot est joli.)

BLÂMABLE, *adj.* Méprisable. (Il est blâmable. Sa conduite est blâmable.)

Blâme, s. m. Paroles qui marquent le peu d'estime qu'on a d'une personne, ou d'une action. Discours qui fait voir qu'on méprise & qu'on désapprouve. (Donner du blâme à quelcun.)

Blâmer, v. a. Mépriser. Témoigner par ses paroles qu'on désaprouve quelque chose. (Je l'ai fort blâmé de son emportement. Blâmer la conduite de quelcun.)

Blâmer. Terme de pratique. Contredire. Acuser de quelque defaut. Débatre. (Blâmer un denombrement, un aveu.)

BLANC, *blanche, adj.* Qui a de la blancheur. (Pain blanc. Toile blanche.)

Blanc, blanche. Ce mot se dit du papier où il n'y a rien d'écrit. (Papier blanc.)

Blanc, blanche. Ce mot se dit du linge, & veut dire qui n'est pas sale. (Linge blanc.)

† *Blanc, blanche.* Ce mot au figuré a divers sens. Exemples. (Ils sont tout blancs au dehors, & tout noirs au dedans C'est à dire, *qu'ils sont vertueux en aparence*, & qu'au fond ce sont des méchans. Quand je veux dire *blanc*, la quintuete dit *noir* C'est à dire, *que quand on veut dire d'une façon, elle dit d'une autre*. L'homme va du blanc au noir, il condamne au matin ses sentimens du soir, C'est à dire, *que l'homme est volage & inconstant. Dép. Sat.*)

Blanc, blanche. Qui est si vieux qu'il a les cheveux blancs. (Etté blanc de vieillesse.)

Blanc, s. m. Couleur blanche, dont l'éfet est de dissiper la vûe & de la separer. Le blanc est le simbole de la pureté & de l'innocence.

Blanc de cerufe de Venise. Couleur dont on se sert pour peindre en mignature.

Blanc. Blancheur. Maladie des cheveux par laquelle ils deviennent blancs. (Ils n'atièreront pas le tems qui toûjours vole ; & qui d'un triste blanc va peindre ses cheveux. *Moi. Poe.*)

Blanc. Terme de Jardinier. C'est une rouille, qui est jaune, & quelquefois blanche, qui se met sur le pié & sur les feuilles des melons, des laitues & des chicorées, & les fait périr. Ces melons ont le blanc, c'est à dire qu'ils perissent. *Quint. Jardins, T. 1. p. 110.*

Blanc. Feuille de papier, ou de carton au milieu de laquelle il y a un rond noir qu'on atache environ à trois piez de terre pour tirer dedans. (Tirer au blanc.)

Blanc. Espéce de monnoie, dont il y avoit de deux sortes ; l'une qu'on apelloit *le grand blanc*, & l'autre, *le petit blanc*, ou *le demi-blanc.* Les grands blancs valurent d'abord dix deniers tournois, ensuite douze, & les petits cinq & six. Ils commencèrent d'avoir cours sous Philipe de Valois ; & ils l'eurent jusqu'à François I. Louis XI. fit fabriquer des blancs & des demi-blancs au Soleil. & des blancs à la Couronne. D'un côté ils avoient une croix, avec cette Légende *Sit nomen Domini benedictum*, & de l'autre trois fleurs de lis, avec cette Légende *Ludovicus undecimus Rex Francia.* Voiez le *Traité Historique des Monnoies.*

Le blanc de l'œil. C'est tout ce qui environne le rond noir qu'on nomme Iris, au milieu duquel est la prunelle, & ce blanc est la dernière tunique qui envelope l'œil. (Il a le blanc de l'œil tout rouge)

Blanc d'œuf, s. m. C'est ce qui entoure le jaune de l'œuf. (Le blanc d'œuf est de dure digestion. V. *Nouveau traité de la santé.*) On dit aussi glaire d'œuf, mais plus rarement.

Blanc de chapon, s. m. C'est l'estomac du chapon ; & qui est la chair la meilleure & la plus blanche du chapon cuit. (Un bon blanc de chapon du Mans est excellent, & force gros Abez en mangent dévotement tout le Carême, en servant la sainte Eglise.

Blanc d'Espagne, s. m. Manière de craie tres-fine & tres-blanche, que les Epiciers de Paris vendent, dont on se sert pour blanchir la vaisselle d'argent, & pour composer un fard pour embellir le teint des Dames.

Vois-tu cette Donzelle altière
Que le *blanc d'Espagne* embellit ;
Jamais son mari toute entière
Ne l'a pû tenir dans le lit.
Main. Poes.

Blanc de plomb, s. m. Composition de plomb qui se résoud en mettant sur un fourneau, la couvrant bien, & lui donnant une médiocre chaleur. (Le blanc de plomb. Le meilleur blanc de plomb qui se fasse en Europe, est celui de Venise.

Blanc manger. Sorte de manger délicieux, qui est veritablement blanc, & qui est composé d'amendes & de gelée faite du suc de fort bonnes viandes & d'autres excellentes choses.

BLANCS-MANTEAUX, *s. m.* On apelle ainsi les Religieux Bénédictins qui demeurent à Paris dans la ruë qu'on nomme les blancs manteaux.

Blanc-signé, s. m. Feuille, ou demi-feuille de papier blanc, & signé au bas par celui qui prétend s'obliger. (Remplir un blanc-signé. Donner un blanc-signé. Reconnoitre un blanc-signé.)

En blanc, adv. Endroit du papier où il n'y a rien. (Laisser une ligne en blanc.)

Livre en blanc. Terme de Libraire. C'est à dire qui n'est pas relié Ce sont des Livres en blanc.

En blanc. Terme de Chapelier. Qui n'est pas teint. (Chapeau en blanc.)

En blanc. Terme de Rotisseur. Ce mot se dit de la viande qui n'est vuidée, lardé, piqué, ni bardé. (Chapon en blanc. Vendre de la viande en blanc. Prendre de la viande en blanc chez les Rotisseurs.)

Ce mot *blanc* se joint encore à divers autres mots qui se trouveront en leur rang. Comme entr'autres, *Argent blanc, Armes blanches, bâton blanc, épée blanche, fer-blanc, gelée blanche, magie blanche, mer blanche, meurier blanc, poivre blanc, sauffe blanche,*)

Blanchâtre, adj. Qui tire sur le blanc. (Le borax est un mineral ordinairement blanchâtre.)

BLANCHE, *s. f.* Nom de femme. [Louïs VIII. épousa Blanche de Castille, fille d'Alphonse IX. & de ce mariage naquit Louis IX. qu'on apelle ordinairement S. Loüis. Après la mort de Charles le Bel, la Reine sa femme acoucha en 1328. au Château de Vincennes d'une fille qu'on nomma Blanche. *Choisi, Hist. de Phil. de Valois, l. 1. ch. 2.*)

Blanche, s. f. Note de musique qui a une queuë avec un peu de blanc à la tête.

† *Blanchement, adv.* D'une manière blanche, avec du linge blanc.

Blanches. Terme de piquet. Cartes sans figure. (Avoir blanches, avoir cartes blanches)

Blancherie, s. f. Lieu où l'on blanchit la cire.

Blancherie. Il se dit aussi du lieu où l'on blanchit la toile.

BLANCHET, *s. m.* Terme d'Imprimeur. Morceau de drap blanc qu'on met entre le grand & le petit tinpan, & qui sert à faire imprimer les lettres.

BLANCHEUR, *s. f.* Ce qui est oposé à la noirceur. (La blancheur de la nége fait mal aux yeux.)

Blanchiment. Terme de blanchisseur. Manière de blanchir. (C'est du blanchiment de Troie.)

Blanchiment. Terme d'Orfèvre. Baquet où il y a de l'eau & de l'eau forte pour blanchir la vaisselle. (Mettre la besogne dans le blanchiment.)

Blanchir, v. a. Prononcez *blanchi*, faire devenir blanc. (blanchir la toile, de la cire.)

Blanchir. Terme d'Orfèvre. Faire bouillir de l'argent avec de l'eau forte & de l'eau commune ; & la sablonner ensuite avec de l'eau fraiche. (blanchir de l'argent.)

Blanchir, v. a. Terme de Chaudronnier. C'est mettre la besogne sur le tour ; & en ôter avec la paroire la superficie, qui est sale & crasseuse. (Blanchir un chaudron.) Quelques chaudronniers se servent en ce sens du mot de parer, mais il n'est pas si usité.

Blanchir. Terme de Serrurier. Netéayer avec la lime ce qu'il y a de taches noires. (blanchir des targettes, c'est les bien netéier ; & les rendre blanches avec de l'étamure. On dit aussi blanchir un mords, &c.)

Blanchir, v. a. Terme de Rotisseur. C'est faire revenir de la viande sur les charbons aprés l'avoir vuidée. Quelques-uns disent *refaire.* (Il faut blanchir ou refaire ce chapon, cette poularde, & la mettre à la broche.)

Blanchir, v. a. Terme d'Aracheur de dents. C'est mettre du linge autour d'un petit instrument, le tremper dans une certaine essence, ou liqueur, & en froter les dents pour les rendre blanches. On ne blanchit la dent qu'après qu'on l'a décrassée & netéiée.

Blanchir, v. n. Commencer d'avoir les cheveux blancs. (Il est déja vieux, il commence à blanchir.)

* *Blanchir, v. n.* Couvrir de nége. (Quand la vieillesse de l'année blanchit la terre ailleurs, elle est toûjours verte ici. *Voi. l. 39.*)

BLA

* Blanchir, v. n. Faire des éforts inutiles. (Vous avez beau faire & beau dire, pour l'obliger à être honnête homme, tout cela ne fait que blanchir.)

Blanchissage, s. m. Travail de blanchisseur pour avoir blanchi du linge (Paier le blanchissage.)

Blanchissant, blanchissante, adj. Qui blanchit, qui paroit blanc. (Voiez-vous l'Helespont blanchissant sous vos rames. Racine.)

Blanchisseur, s. m. Celui qui blanchit la toile. Celui qui blanchit le linge.

Blanchisseuse, s. f. Celle qui blanchit le linge, femme de blanchisseur. (Une blanchisseuse de gros ou de menu linge. (Les blanchisseurs & les blanchisseuses parlent d'accoupler le linge, l'échanger, le batre, l'égaier, le tordre, &c.

Blanque, s. f. Sorte de jeu de hazard auquel on joue avec un livre où il y a des feuillets noirs & des feuillets blancs. (Jouer à la blanque.)

† * Blanque. Ce mot est burlesque, & il signifie sans éfét. Rien. (Aux unes cela opère, aux autres blanque. Si elle n'atrape rien, elle dit blanque, mais d'un air triste. Brantome, Dames galantes.)

Blanquette, s. f. Vin blanc qui vient de Gascogne, & qui a un goût délicat. Il se dit aussi d'une sorte de poires.

Blason, s. m. La sience des armoiries. Art qui aprend à conoitre & à déchifrer les armes d'une personne. (Aprendre, savoir le blason.)

Blason. Sorte de vieux poëme François, qui n'est d'ordinaire qu'une Epigramme, comme on le voit par le beau & laid retin de Marot. (Faire un blason.)

Blasonner, v. a. Déchifrer les armes de quelcun. (On commence à blasonner les armes d'une personne par la partie qui est au dessus de l'autre. Col.

Blasphémateur, s. m. Prononcez blasfémateur. Celui qui blasphême. (Corrigez les blasphémateurs de parole & de la main. Mauc. Hom. Qui est ce blasphémateur qui crie si haut ? Abl. Luc. T. 1.

Blasphématoire, adj. Plein de blasphèmes. (Proposition impié & blasphématoire. Pas. l. 3.)

Blasphème, s. m. Parole injurieuse à Dieu. Parole injurieuse aux Saints. Jurement sacrilège contre Dieu, ou contre les Saints. Il n'y a rien que Dieu haïsse plus que le blasphème. Maucroix. Homelie 1. Avoir en horreur le blasphême. Détester, combatre le blasphême.)

Blasphémer, v. a. Proferer un blasphême. Faire injure à Dieu par des paroles impies & sacrileges. Jurer le Saint Nom de Dieu. (Malheur à celui qui blasphême le Saint Nom de Dieu.)

BLE. BLI.

Blé, s. m. Plante qui produit un chaume noüeux, qui a la feuille comme les roseaux, & qui porte dans des épis une graine propre pour faire du pain. (Couper les blez.)

Blé. Graine qui porte le blé dans les épis. Le blé est cher.)

Blé sarrazin. Graine noire & cornuë qui a été aporté d'Afrique, & qui pour cela a été apellée blé sarrazin.

Blé de Turquie. Froment qui, à ce que croit Dalechamp, l.4. des plantes, a été apellé sans fondement blé de Turquie, puisqu'il a été premierement aporté des Indes Occidentales,

Bleime, s. f. Terme de manège. Maladie de cheval, qui est une inflammation de la partie interieure du sabot, entre la sole & le petit pié. Soleisel.

Bleme, adj. Pâle. (Plus défait & plus blême, que n'est un pénitent sur la fin d'un carême. Dep. sat. 1.

Blémir, v. n. Pâlir, devenir blême. (Il commence à blêmir, blêmir de crainte, de colère.)

Blereau, s. m. Petit animal qui s'engraisse comme le loir à force de dormir, & qui vit de vermines, de charognes & de fruits. (Bléreau mâle, bléreau femelle.)

Blesser, v. a. Fraper rudement, fraper de telle sorte qu'on fasse sang. (Blesser quelcun à la tête.)

* Blesser. Ofencer, faire tort. (Maintenir son honneur, sans blesser sa conscience. Psal. l. 7. Blesser la pudeur. Mol. blesser la reputation.)

* Blesser. Ce mot se dit en parlant de navire & de galère, il signifie, endommager. (La réale rencontra l'éperon d'une des galères, dont elle fut blessée. Vau. Quin. l. 4. c. 4.)

* Blesser. Ce mot au figuré se dit parlant d'amour, & veut dire toucher le cœur, donner de l'amour. [Elle m'a blessé le cœur.

On ne peut vous entendre ,
Ni voir vos beaux yeux sans mourir ,
Ah ! vous êtes pour nous & trop jeune & trop belle.
Attendez , petite cruelle ,
Attendez à blesser que vous puissiez guerir.

Blessé, blessée, adj. Qui a reçu une blessure. (Il est blessé à mort.)

Blessé, s. m. Qui a reçu quelque blessure. [Avoir soin des blessez.]

BLE

Blessure, s. f. Coup sanglant. [Une sanglante blessure. Il s'est chargé de blessures pour vous gagner des batailles. Vau. Quin. l. 8. On dit qu'Auguste fit empoisonner les blessures que le Consul Pansa reçut devant Modene. Soreau, Lettres de Brutus & de Ciceron, p. 295.

* Blessure. Ateinte que font de beaux yeux sur le cœur d'un amant. (J'ai montré ma blessure aux deux mers d'Italie. Mai. Poë.)

Je ne saurois penser qu'aux peines que j'endure ,
Je prens même plaisir d'irriter ma blessure.
La Suze , Poesies.

* Blessure. Outrage, injure. [Si vous méprisez cet outrage, il ne va pas jusques à vous, & cette langue pleine de venin ne vous a point fait de blessures. Mauc. Hom. 2.]

Blette, s. f. Espece de plante bonne à manger. En Latin blitum.

Bleu, s. m. Couleur qui tient de la couleur du Ciel, qui est celle que portent les Rois de France, & qui est le simbole de la fidelité & de la justice. [Un beau bleu; bleu chargé, bleu clair, bleu mourant, bleu pâle, bleu turquin, bleu céleste.]

Bleu, bleuë, adj. Qui est de couleur bleuë. [Ruban bleu. Couverture à barres bleuës.]

Cordon bleu. V. Cordon.

Bleuâtre, adj. Qui tire sur le bleu, qui aproche de la couleur bleuë, qui est entre le blanc & le bleu.

Bleuir, v. a. Terme d'artisan. Faire devenir bleu. [bleuir de l'acier.]

Blinde, s. f. Espece de brancart fait de quatre piéces de bois, deux longues & deux courtes, qui sert à couvrir les tranchées découvertes, en mettant des facines dessus, ou des paniers remplis de terre. [Se couvrir de bonnes blindes.]

Blinder, v. a. Terme de Guerre. Se couvrir de blindes, s'assurer par des blindes. [blinder une tranchée. Guillet, arts de l'homme d'épée.

BLO.

Bloc, s. m. Billot. (Un gros bloc.)

Bloc de marbre. Piéce de marbre telle qu'on la tire de la carriére, & qui n'a aucune forme de la main de l'ouvrier.

Bloc de plomb. Terme de Graveur. Espece de billot tout rond de cinq à six pouces de diametre, & de trois pouces de haut, ou environ, sur lequel on pose l'ouvrage.

En bloc & en tâche, adv. En gros. Vendre en bloc & en tâche. Le peuple de Paris parle ainsi, mais il faut dire en bloc & en tas.

Blocage, s. m. On apelle de ce nom les petites pierres de maçonnerie. [Gros blocage, petit blocage. Les premiers materiaux qui seront jettez dans les fondations, seront de gros blocage. Archit. milit.]

Blocaille, s. f. Moilon, cailloux qui servent à remplir la muraille.

Blochet, s. m. Terme de Charpentier. C'est une piéce de bois posée sur des blaffières des croupes, qui entretient les chevrons des couvertures.

Blocus, s. m. Siège qui consiste à garder les avenues d'une ville, & à empêcher qu'il n'y entre rien, ni hommes pour la défendre, ni munitions pour la faire subsister. [Un fâcheux blocus, un blocus incommode. Résoudre le blocus. Commencer le blocus; convertir le Siége en blocus. Faire lever le blocus. Scarron & les autres Poetes de son tems, firent de jolies chansons sur le blocus de la ville de Paris.)

Blond, blonde, adj. Qui a les cheveux de couleur de paille, (Il est blond, elle est blonde.)

Blond, s. m. Qui a les cheveux blonds. (C'est un grand blond.)

* Un blond d'Egipte, C'est un homme fort noir.

Blond, s. m. Ce mot se dit des cheveux. Par exemple. (Ses cheveux font du plus beau blond du monde. Bussi.

Blond doré, s. m. C'est un blond qui tire un tant soit peu sur le jaune.

Blond ardent, C'est un blond fort vif.

Blonde, s. f. Celle qui a les cheveux blonds. (C'est une blonde fort jolie.)

Blondin, s. m. Jeune homme à cheveux blonds, galant à perruque blonde. (Elle aime les blondins.)

Blondir, v. n. Il se dit des cheveux. C'est devenir blond. (Les cheveux blondissent.)

Blondissant, blondissante, part. Qui devient blond.

Bloquer, v. a. Faire un blocus autour d'une vile. Garder les avenues d'une vile avec des troupes. (Bloquer une place.

Tandis que le Prince nous bloque,
Et prend bicoque sur bicoque,
Nous nous amusons à chanter.
Scar. poes. 1. p.

Bloquer, v. a. Terme d'Imprimeur. Ce mot se dit lorsque le Compositeur n'aiant pas assez de Lettres d'une même façon, en prend quelqu'autre de la même grosseur, qu'il renverse ca

BLU   BOI

attendant qu'il en ait d'autre pour mettre en la place de la lettre renversée. (Il faut bloquer cette lettre. On dit c'est une lettre bloquée.)

Bloquer, v. a. Terme de Fauconnerie. Il se dit lors que l'oiseau a remis la perdrix, & que la tenant à son avantage, il gagne le haut, ou quelque arbre prochain. (L'oiseau a bloqué la perdrix.) On dit aussi que l'Oiseau se bloque, pour dire qu'il se soutient en l'air sans battre de l'aile.

Se blotir, v. r. Ce mot se dit des perdrix, & signifie se cacher en se ramassant & s'abaissant. (Les perdrix se blotissent.)

Blouse. Voiez belouse.

BLU

Bluâtre, adj. Qui tire sur le bleu. (Eclat bluâtre. Dép. Lni. ch. 4. Un cristal épais & bluâtre. Bachaumont.)

Bluette, s. f. Petite étincelle. (Une petite bluette de feu.)

Bluter, v. a. Terme de boulanger. Passer de la farine avec le bluteau. (Bluter de la farine, bluter la farine.)

Bluter, s. f. Terme de boulanger. C'est un lieu qui est d'ordinaire le plus haut de la maison, & où le boulanger blute ou passe la farine avec le bluteau. (Une bluterie fort propre & fort commode. Être à la bluterie. Monter à la bluterie.)

Bluteau, s. m. Instrument d'étamine blanche en forme de manche fort large, dont on se sert pour passer de la farine.

BOB. BOC. BOE.

Bobaque, s. m. Animal qui se trouve autour du Fleuve Nieper, & qui a de l'air du lapin. Le Bobaque à 4. dents, 2. en haut, & 2. en bas, & son poil est de la couleur de celui du bléreau. Le bobaque se terre comme le lapin, & au mois d'Octobre il se retire dans un trou, n'en sort qu'à la fin d'Avril, & alors il court la campagne, & cherche à faire ses provisions pour l'hiver. Il mange de l'herbe sêche, il vit avec police, & sa conduite ne cede en rien à celle de la mouche ni de la fourmi. Les bobaques sont tous hermafrodites. Ils sont faciles à aprivoiser, ils sont jolis dans la maison, & donnent autant de plaisir qu'un singe. Ils sont si fins que quand ils sortent pour paître, il y en a un qui fait sentinelle, & sifle pour avertir les autres de ce qu'il découvre.

Bobeche, s. f. Terme d'Orfévre. Partie du chandelier où se met la chandelle.

Bobéche, ou mèche. Terme de Taillandier en fer blanc. Petite machine de fer blanc qu'on met dans les flambeaux quand la chandelle est trop menuë, afin qu'elle ne chancelle pas dans l'embouchure du flambeau. (Faire une petite bobéche.)

Bobine, s. f. Instrument long d'un demi-pié tout au plus avec des rebords à chaque bout, autour duquel s'arrange le fil, la soie, ou le trait d'or ou d'argent. (Une grosse, ou une petite bobine.)

Bobiner, v. a. Terme de Tisserand. (Devider du fil sur la bobine.)

† Bobo, s. m. Terme dont on se sert parlant aux enfans pour dire un petit mal. (L'ami Patru apelloit d'abord bobo, l'ulcére qui lui vint sur la langue, mais peu à peu ce petit bobo devint un grand mal, qui avec les Médecins lui donna la mort.)

Bocage, s. m. Sorte de petit bois. (Un plaisant bocage. Un joli, charmant, agréable bocage.)

† Bocager, bocagere, adj. Il n'est en usage que quand l'on dit une Nimphe bocagere. Une Nimfe des bois.

Bocal, s. m. Sorte de vase de terre, de verre, de cristal, &c. (Faire tremper du bois de bresil dans un bocal de vinaigre.)

Bocane, s. f. Danse grave & figurée qu'imagina Bocan, & qui fut long-tems dansée, parce que Bocan étoit maître de danse de la Reine Anne d'Autriche. La bocane n'a plus de cours, & l'on danse, à ce que disent les jeunes maitres à danser, des plus jolies danses que celle du fameux Bocan.

Bodruche, s. f. Parchemin fort délié, qui se fait de la premier re peau qu'on léve sur les boiaux d'un bœuf.

Boëmien, s. m. Coureur qui se mêle de dire l'horoscope.

Boëmienne, s. f. Femme ou fille qui court le monde, & se mêle de dire l'horoscope.

Boëte. V. Boite.

BOI.

Boïard, s. m. Terme de pêcheur de Moruë. Civiére à bras, sur quoi l'on met la moruë pour la porter où il faut. (Visiter les boïards ; charger la moruë sur les boïards. Quand il est question de porter le boïard, personne n'en est exémt. Denis, Amérique, T. 2. ch. 14.)

Boiau, s. m. Intestin, corps membraneux, creux, rond & étendu depuis le bas de l'estomac jusques au fondement. Partie de l'animal qui reçoit les excremens.

† Je l'aime comme mes petits boiaux. Proverbe qui se dit en badinant, pour dire qu'on aime fort.

Boiau. Terme de Guerre. Tranchées qui vont en serpentant, & qui sont sans angles. border les boïaux de Mousquetaires. S'avancer dans un boïau pour assurer les travailleurs.

* Boiau. Lieu étroit & long. (Il y en a qui disent que Londres n'est qu'un boiau, mais ils se trompent. Londres est une ville étenduë & plus grande que Paris.

Boire, v. a. C'est avaler quelque liqueur que ce soit. Je bois, ou je boi, tu bois, il boit ; nous buvons, vous buvez, ils boivent ; je buvois, je bus, j'ai bû, je boirai, & non pas je buvai ; boi ; que je boive ; je boirois, je busse. Le chameau ne boit point, & ne broute que des chardons, ou des herbages pleins de suc. Poulet, Relation du Levant 1. partie C. 3. Quand je bois du bon vin toutes mes inquiétudes sont assoupies, Mademoiselle le Févre, Anacreon Ode 25. Je vous conjure au nom des Dieux, de me laisser boire de grands coups. Je veux perdre la raison à force de boire. Mademoiselle le Févre, Anacreon Ode 31.

Buvons, Tirsis, à pleine tasse ,
L'âge insensiblement se passe
Et nous mène à nos derniers jours.
Recueil de poësies, T. 31.

On dit aussi boire à plein verre, boire comme un trou, boire à rire-larigot, boire à l'Allemande, boire à la ronde, boire à la santé de quelcun.

Boire. Ce mot pris absolument signifie quelquefois. Faire une agréable débauche de vin. (Si-tôt que je bois, la joie s'empare de mon cœur, & je me mets à chanter. Mlle. le Févre, Anacreon, Ode 39. Passer le tems à boire. Abl. Luc. 7.1.

Boire. Ce mot pris absolument, se prend aussi quelquefois en mauvaise part, & fait voir que la personne dont on parle, aime trop le vin. (Le Seigneur Lignière boit, & c'est dommage.)

* Boire, v. a. Il signifie au figuré, endurer avec patience quelque chose de fâcheux qu'on nous fait. Souffrir doucement & sans murmurer. (Il faut boire la raillerie de peur de l'acroître. Abl. Luc. Malheureux que je suis, il faut que je boive l'affront.)

* Boire, v. a. Atirer. Ce papier ne vaut rien, il boit l'ancre. Je hais le papier qui boit ; la terre boit, le pain boit, les arbres boivent le suc de la terre. Mademoiselle le Févre, Anacreon, Ode 19.

* Boire. Terme de Tanneur. C'est faire tremper. (Il faut faire boire une peau 24. heures dans la riviére.)

Boire, s. m. C'est le bruvage dont on sert, c'est la boisson dont on use. (Le gros Mr de V.... a une jolie fillette qui lui aprête son boire & son manger. Le Cocher du dur & vindicatif Charp.... est admirable ; c'est son barbier, son Apoticaire, son Maitre-d'hôtel & son Cuisinier ; car il n'y a que lui qui lui prépare son boire & son manger. Quand le pauvre & sec V. est hors de condition, & qu'il est malheureusement contraint de travailler pour l'irraisonnable Libraire au grand nez, il n'a pour son boire & pour son manger que de l'eau & des croutes bien sêches.)

Bois, s. m. Substance qui forme le corps des arbres, il est dur bois leger. Entre le bois & l'écorce.)

Bois, s. m. Forêt. (Bois de haute futaie. C'est un bois taillis. C'est un bois épais & haut pendant par ses racines. Il y a là un bois de haute futaie arrosé d'une infinité de ruisseaux. Vaug. Q. Circee, l. 6. ch. 4. On doit couper le bois depuis le commencement de l'Automne jusqu'au Printemps.

Mort-bois. C'est tout le blanc bois, comme le saule, le peuplier, l'orme.

Bois-mort. C'est le bois qui est abatu, ou qui étant debout est sec, & ne peut servir qu'à brûler. (Bois à bruler, bois de corde, bois de charpente.)

Bois à bâtir. Ce sont tous les arbres dont on se sert pour faire des bâtimens. Le chêne, l'orme, le peuplier, le sapin, le châtaignier, le ciprés, &c. sont bons pour bâtir.)

Bois. Terme de Jardinier. Petite branche. (Faire pousser de jeune bois aux arbres.

Bois, s. m. Terme de Mer. On dit Vaisseau qui dans un combat a reçu des coups en bois ; c'est à dire, dans les bas. On dit encore faire du bois. C'est faire provision de bois pour tout le tems qu'on doit être en mer.

Bois. Les cornes des bêtes fauves. (Un cerf qui a un beau bois. bois de daim, bois de chevreüil.)

* Bois. Ce mot au figuré, est comique, & signifie les cornes dont les femmes galantes embélissent la tête de Mrs leurs maris. (Les hommes de Paris ont la plûpart chacun un beau bois sur la tête.

Robin de ses cornes se vante.
Car il en vit le pauvre sot ;
Du bois que sa femme lui plante.
Le Cocu fait bouïllir son pot.

Bois de lit. Ce sont les pans, les colonnes, le dossier, les tringles & les gobergés du lit.

Bois de raquette. Tout le bois qui compose la raquette.

Bois de tourne-broche. C'est la fusée & les poulies.

† Je sai de quel bois il se chauffe. C'est à dire, je sai sa conduite.

* Ne savoir de quel bois faire fléche. C'est être reduit au petit pié. Etre si miserable qu'on ne sache dequoi subsister.

BOISER, *v. n.* Garnir les murailles d'une chambre de bois de menuiserie bien façonné. (Boiser un cabinet , une chambre , &c. Salomon fit boiser le dedans du Temple.)

Boissage, *s. m.* Tout le bois dont on s'est servi pour boiser. (Le boissage de la chambre revient à 40. écus.)

Boiseux, *boiseuse*, *adj.* Terme de Jardinier. Ce mot se dit des plantes qui ont leurs racines, troncs, branches & rameaux de bois. Le bouleau est une plante boiseuse.)

BOISSEAU, *s. m.* Mesure ronde qui sert à mesurer toute sorte de grain.

* *Boisseau de blé* , *d'aveine*. C'est un boisseau plein de cette sorte de grain.

Boisseau. Terme de Boutonnier. Gros coussin sur quoi on fait des tresses du cordon rond , &c.

BOISSELIER, *s. m.* Artisan qui travaille en bois, qui fait & vend des boisseaux, demi boisseaux, cribles, seaux, tambours, éclisses, salières , & autres ouvrages qui servent au ménage.

BOISSON , *s. f.* Tout ce qu'on boit , ou qu'on peut boire. (Une agreable boisson.)

BOITE , ou *boëte* , *s. f.* Prononce longue la premiere sillabe de ce mot. C'est un vase d'un bois fort leger & fort mince , avec un couvercle. (Boite quarree , ronde , ou ovale. Boite d'Apoticaire. Boite à poudre. Boite à quêter. Boite à mettre du pain à chanter. Boite de prisonniers. Boite de confitures , &c.)

Boite. Terme d'Imprimeur en Taille-douce. C'est un morceau de bois qui est en forme d'arc , & qui par dedans est garni de fer blanc pour faire tourner le rouleau.

Boite de montre. Terme de Gainier. Petite boite de métal où l'on met une montre de poche.

Boite à forêt. Ce dans quoi les serruriers & les couteliers mettent le forêt lorsqu'ils veulent percer.

Boite de navette. Terme de Tisserand & autres. Partie de la navette où l'on met la trême.

Boite de roue. Terme de Charon. Trou du moïeu où l'on met l'essieu.

Boite à poivre. Terme de Taillandier. C'est d'ordinaire une maniere de vase de fer blanc partagé en petits quarrez pour mettre le poivre , les cloux de girofle , & la muscade.

Boite à moutarde. Vase de bois où le Vinaigrier met la moutarde.

Boite à feu. Terme d'Artificier. C'est un petit carton ordinairement de demi-pié, rempli de poudre, & batu avec violence, qui fait un grand bruit quand on le tire. (Tirer une boite à feu.) C'est aussi un espece de petit mortier, qu'on ne charge que de poudre, & qui fait un grand bruit. (Mettre le feu à une boite, &c.

* On dit proverbialement. *Dans les petites boites sont les bons onguents* , pour dire qu'on met les choses précieuses en un petit lieu , & aussi pour dire qu'un petit homme peut avoir de l'esprit , du cœur , & d'autres belles qualitez.

On dit d'une chambre chaude qu'elle est *close comme une boite*.

BOITE , *s. m.* Ce mot se dit en parlant du vin , & il a la premiere sillabe bréve. C'est le temps où le vin doit être bû. (Vin qui est en sa boite.)

BOITER , *v. n.* Clocher. Ne marcher pas bien à cause de quelque mal aux parties qui servent à aller.

Boiteux , *boiteuse* , *adj.* Celui qui boite. (Il est boiteux. Elle est boiteuse.)

Boiteux , *s. m.* Celui qui boite. (Saint Pierre guérit un boiteux né.)

Boiteuse , *s. f.* Celle qui boite. (Une petite boiteuse.)

Boitier , *s. f.* C'est une espece de petit cofre de métal divisé en quatre compartimens , où les Chirurgiens mettent leurs onguens. Les parties du boitier , ce sont le corps du boitier , les séparations & le couvercle. (Un boitier d'argent , d'étain , de fer blanc, &c. Un joli boitier. Un boitier fort propre.)

† *Boi-tout* , *s. m.* Prononcez *boi tou*. Ce mot se dit en quelque sorte en riant & parlant familierement. Il signifie un verre qui n'a point du tout de pate , un verre dont la pate est cassée. (C'est un joli *boi-tout*. Puis que Mr ne veut pas trinquer comme il doit , il faut lui donner un *boi-tout* pour l'y obliger.)

BOL. BOM.

BOL , *s. m.* Remède qu'on prend par la bouche avec du pain à chanter, ou tout seul , qui est fait de médicamens purgatifs simples, & composé avec de la casse , & formé avec du sucre , ou sirop.

Bol d'Armenie. Terre d'Armenie, dont les doreurs se servent pour faire l'assiette de l'or.

† BOMBANCE , *s. f.* Vieux mot qui ne se dit qu'en guoguenardant , ou qu'en imitant le stile du siécle précedent. Il signifie Régal. bonne chére. (Ce ne sont que festins , que bombances. Faire des bombances.)

BOMBARDE , *s. f.* Canon gros & court qui fait beaucoup de bruit, & qui à cause de cela a été appellé *bombardé*.

Bombarder, *v. a.* On prononce *bombardé*. Terme de Guerre. C'est jetter des bombes dans une place forte qu'on assiege , pour la ruiner & la mettre, s'il est possible , tout en feu , & la forcer de se rendre. Louis XIV. a bombardé , il y a quelques années , en divers tems , la ville de Gennes en Italie & celle d'Alger en Afrique , sans que ce bombardement & le fracas des bombes les ait pû obliger à se rendre. L'Electeur de Brandebourg bombarda la ville de Bonne sur le Rhin en 1689. La Ville de Mons fut en quelque façon bombardée en 1691. par Louis XIV. à qui elle se rendit.

Bombardier, *s. m.* On prononde *bombardié*. C'est un soldat commandé pour jetter des bombes en y mettant le feu. (Comme on jette plusieurs bombes à la fois, il y a aussi plusieurs bombardiers , qui ont un chef auquel ils obeïssent. Les bombardiers ont plus de solide que les autres soldats. Mr N. commandoit les Bombardiers au siége de Mons , & il a eu le bonheur de plaire.)

BOMBE , *s. f.* Grosse bombe de fer creuse où l'on remplit de feux d'artifice & de cloux , & qu'on jette dans les places assiegées pour les ruiner. (Bombe foudroiante. C'est une bombe qui tuë fracasse & brise tout. Bombe flamboiante. C'est une bombe qui étant seulement pleine de feux d'artifice ne sert qu'à éclairer. Jetter des bombes. On les jette par le moïen d'un mortier, dans lequel on les met , & qui étant chargé de poudre , se pousse fort haut & assez loin avec grande violence & le feu se met à la fusée lente qui entre dans la lumiere de la bombe , qui par son poids , quand elle tombe & par ses piéces quand elle se brise, fait un fracas épouvantable. Quelques-uns disent qu'un habitant de la ville de Venlo, dans la Province de Gueldre, inventa les bombes sur la fin du dernier siécle pour s'en servir dans des feux d'artifice , & d'autres donnent l'invention des Bombes à un Ingénieur Italien , qui en avoit fait des essais à Bergopsom. Les premieres bombes dont se soit servi à la guerre , furent jettées en 1588. en Gueldre , & l'usage qui s'est fait des bombes en France a commencé en 1634. au siége de la Mote. V. *Le Journal des Savans*. Un Caisson de Bombes. C'est un fourneau superficiel, ou un creux dans lequel on met cinq ou six bombes , qu'on couvre d'un peu de terre , & où l'on met le feu quand l'ennemi arrive sur ce terrein.

BON.

BON , *bonne*, *adj.* Il vient du Latin *bonus* & signifie qui a de la bonté, de l'honnêteté & de la vertu. (Ataquer Chapelain ; ah : c'est un si bon homme. Depreaux , *Satire 9*. C'est une action qui n'est ni bonne ni mauvaise. Pas. l. 4. Je dois remercier les Dieux de m'avoir donné de bons aïeux , un bon pére , une bonne mére, une bonne sœur , de bons précepteurs, de bons amis &, tout ce qu'on peut souhaiter de bon. D'Acier , *Antonin*. l. 1. p. 19.)

Bon , *bonne*. Vaillant. Adroit. Qui fait bien ce qu'il fait. Qui travaille bien, (Bon cavalier. Bon soldat. Rabats de la bonne faiseuse. Mol.)

Bon , *bonne*. Excélent Qui a quelque qualité considérable , & qui le fait souhaiter, ou estimer. [Un bon juge. Un bon avocat. Faire des vers qui soient bons à lire. *Gon. Epi.*]

Bon , *bonne*, *adj*. Ingénieux. Subtil. Plaisant. (Pour un bon mot il va perdre cent amis. Il y a de bonnes Epirammes dans Catulle & dans Martial.)

Bon , *bonne*. Fort. Vigoureux. (Une bonne preuve. *Pas. l. 4.* Un bon coup de poing. *Abl.*)

Bon, *bonne*. Vrai. Franc. Véritable. [Ce sont de bons nigauts que ces gens là. *Mol.* En bonne galanterie on ne sauroit se dispenser de ces regles. *Mol. Pret.*]

Bon , *bonne*. Considérable. Célébre. (Les bons jours de l'année. Les bonnes fêtes de l'année.)

Bon, *bonne*. Utile. Nécéssaire. (N'être bon à rien. *Gon. Epi.* Contre ce mal il étoit bon de porter quelque chose de noir devant les yeux. *Abl. Ret.*)

Bon , *bonne*. Propre , & dans ce sens , il veut un *à* quand il régit un Verbe , ou un Datif , quand il gouverne un Nom.

Il n'est point d'homme sans défaut ,
Chacun est *bon à* quelque chose ,
Je ne suis à ce qu'il vous faut.
Recueil galant. T. I.

Pendant une aimable jeunesse
On n'est *bon qu'à* se divertir ;
Et quand le bel âge nous laisse ,
On n'est bon qu'à se convertir.
La Suze, poësies.

Bon , *bonne*. Qui est le bon usé. (Bon cuir. bonne étofe.)

Bon, bonne. Ce mot joint avec homme ou femme , se prend dans un bon , ou mauvais sens, selon le son dont on parle. Exemples. (C'est un bon homme. C'est à dire, Honnête , Qui n'est pas méchant. *C'est un bon homme.* Ces mots signifient aussi *bon & simple*.)

Bon , *bonne*. Qui a de l'avantage. Qui l'emporte. (Ainsi on dit en joüant au Piquet quatre as sont bons.

BON

Bon, bonne. Ce mot se dit en raillant, & il veut dire qui n'est pas solide. Foible. Ridicule. Plaisant. (O la bonne raison ! *Pas. l. 4.* Ah ! vraiment je vous trouve bonne , est-ce à vous, petite mignonne, à reprendre ce que je dis.)

Bon, s. m. Ce qui est de plus avantageux. Ce qui est de meilleur. Se former une idée du beau & du bon. Le bon de la Medecine est qu'il y a parmi les morts une discretion la plus grande, du monde. *Mol.*

Bon. Profit. (Il y a cent écus de bon. Des deniers revenans bon. *Vaug. nouv. rem.* Vous aurez du bon , plus que vous ne pensez.

Bon-bon. Voiez plus bas.

Bon. Ce mot pour dire agréable se prend adverbialement. Trouvez bon qu'on vous écrive. *Voi. poë.* Ils se mettent à crier qu'il les mene où bon lui semblera. *Vau. Quin. l. 4.* C'est à dire où il voudra.

Bon, adv ou interj. On se sert de cet adverbe pour aprouver, ou pour animer. (Bon, courage, poursui. Bon, voilà qui va bien. *Abl.*

Bonnement. Voiez plus bas.

Bonace, ou bonasse, s. f. Calme qui arrive sur mer. Je crains les bonaces qui me peuvent retarder le bonheur de vous voir. *Voi. l. 57.* Jouït d'une agreable bonace.

* *Bonace.* Tranquilité publique. (Tout nous rit , & nôtre navire a la bonace qu'il desire. *Mal. poë.*)

† *Bon bons, s. m.* Il ne se dit guere que dans les discours familiers, ou dans le comique & en parlant aux enfans. Et même on ne s'en sert d'ordinaire qu'au pluriel. Il signifie toutes les petites friandises qu'on donne à manger aux enfans , pour les amuser, ou les apaiser quand ils pleurent. (Manger des bon bons, Ofrir, donner des bon-bons. Avoir des bon bons pleines ses poches)

Bonne chere. Voiez *chere.*

Bon-crétien, s. m. Grosse poire fort bonne. Du bon crétien d'été Du bon crétien d'hiver.

Bond, s. m. Saut que fait une chose en s'élevant de bas en haut. (Faire un bond. *Abl. Luc.* Ils se mettent à rouler de pierres du plus haut de la montagne , qui faisant plusieurs bonds, en tomboient avec plus de violence. *Vaug. Q. c. l. 5. ch. 3.*)

Bond. Terme de jeu de paume. Saut que fait la bale s'élevant en l'air, de dessus le carreau du jeu de paume. *Prendre la bale au bond*, c'est prendre quand elle fait un saut. *Prendre la bale entre bond & volée.* C'est prendre la bale lors qu'elle est prête à tomber.

† * *Autant de bond que de volée.* Proverbe. C'est à dire , tant d'une maniere que de l'autre.

Bonde, s. f. Ce qu'on leve pour faire écouler l'eau de quelque étang. (Lever la bonde d'un étang. Baisser la bonde.)

Bondir, v. n. Il se dit ordinairement des jeunes animaux, comme des jeunes taureaux, des jeunes genisses , des agneaux & autres bêtes, lors qu'elles sont en pleine liberté C'est faire des sauts, & être en quelque sorte transportée d'aise. Le jeune taureau bondissoit sur l'herbe. Les agneaux bondissoient sur la tendre verdure. *God. Egl.*

Là les troupeaux errans *bondissent* dans les plaines;
Le Zéphire amoureux nage dans les fontaines.
La Suze, Elegies.

Il se dit aussi de quelques autres animaux furieux.
De rage & de douleur le monstre *bondissant*
Vient aux piés des chevaux tomber en mugissant.
Racine, Phedre, a. 5. sc. 6.

Bondon, s. m. Petit morceau de bois qui bouche le trou qui est sur les muids & autres futailles.

Bondonner, v. a. Boucher avec un bondon. (Bondonner un muid.)

Bonheur, s. m. Ce mot ne se dit ordinairement qu'au singulier, si ce n'est en de certaines phrases. C'est un grand bonheur. Il lui pourroit ariver tous les malheurs & tous les bonheurs du monde, qu'il ne se hausse ni ne se baisse. *Vau. Rem.*

Boniface, s. m. Nom d'homme , que plusieurs Papes ont porté.

† *Bonifier, v. a.* Rendre meilleur.

Bonite, s. m. Poisson de mer.

Bonnaventure, s. m. Nom d'homme. (Bonnaventure est pauvre & sot.)

Bonnaventure, s. f. ou *bonne avanture.* Horoscope. Bonheur prédit par l'horoscope. Savoir, ou ignorer sa bonne avanture. Voici des Egiptiennes, il faut que je me fasse dire ma bonne-avanture. *Mol. mar. forcé. sc. 5.*

Oui par ma foi, c'est la figure,
D'un certain vieux Evêque Grec,
Oui faisant le salametre
Dit à tous la bonne avanture.
Voïage de Bachaumont.

Bonne, s. f. Nom de femme. (Elle s'apelle Bonne. Bonne fut la premiere femme de Jean Roi de France , & elle étoit fille d'un Roi de Bohême. *Du Tillet, hist. de France.*

† *Bonne.* Mot qui entre dans diverses façons de parler , & qui a des sens diferens. *La donner bonne à quelcun.* C'est en faire actoire. Surprendre en disant des choses à quoi on ne s'atend pas. *La garder bonne*, c'est épier l'ocasion de faire quelque déplaisir.

Bonne grace, s. f. Bon air. (Avoir grace.)

Bonne fortune, s. f. Bonheur. On apelle proprement bonne fortune lors qu'il arrive , ou qu'il est arrivé à une personne des biens dont la fortune est cause. Il lui est arrivé une bonne fortune. *Etre homme à bonne fortune*, c'est à dire , être homme à avoir des faveurs des dames parce qu'on est jeune & bienfait.

Bonnement, adv. D'une maniere simple & pure fine. De bonne foi. (Il y a tout bonnement. Avoüer bonnement une chose. Je ne sai bonnement que dire. On permet aux filles d'emploïer bonnement leur galanterie à se procurer des époux. *S. Evremont, in 40. p. 106.*)

Bonnet, s. m. Tout ce dont on se couvre la tête , & qui n'est pas chapeau. *Bonnet d'homme , bonnet d'enfant, bonnet de femme. Bonnet à la dragonne* , bonnet de soldat dragon qui est fait en pointe & dont la pointe pend par derriere. Les petits laquais commencent à porrer des bonnets , faits comme ceux des dragons. *Bonnet à la raïe.* C'est un bonnet pour coifer les femmes, *Bonnet plein.* C'est un bonnet de femme & pour jetter les cheveux tout unis. *Bonnet quarré.* C'est un bonnet à quatre cornes que portent les Prêtres, les Avocats, & ceux qui professent publiquement dans les écoles, lors qu'ils s'aquittent de leurs ministeres.

* *Quiter le Bonnet, la Sorbonne & les Bancs.* C'est à dire , quiter le Barreau, la Sorbonne, & la Téologie.

† *Bonnet de nuit.* [† *Triste comme un bonnet de nuit sans coife.*] Proverbe qui veut dire fort triste. Mais ce proverbe est burlesque.

† *Bonnet blanc, blanc bonnet.* Proverbe pour dire c'est toute la même chose.

† * *Porter le bonnet verd.* C'est avoir fait cession de ses biens à ses créanciers.

Bonnet, s. m. Terme de Fleuriste. Pot où l'on plante des tulipes. Les bonnets sont plus hauts que les autres pots. *Culture des fleurs.*

Bonnet à Prêtre. Terme de fortification. Piece détachée qui forme à la tête trois angles saillans & deux rentrans,& qui est comme une double tenaille dont les côtez ne sont pas paralleles, mais s'étrecissent vers la place. (Faire un bonnet à Prêtre.)

* *Bonneter, v. a.* Saluër. Oter son chapeau. (Bonneter tout le monde.)

Bonnetier, s. m. Ouvrier qui fait des bonnets, des bas, des chaufsons de laine. Marchand qui vend, qui fait, ou fait faire toutes sortes d'ouvrages de laine.

Bonnette, s. f. Terme de fortification. Ouvrage composé de deux faces qui forment un angle saillant , qui a un parapet & une palissade au devant. C'est un petit ravelin. (Construire une bonnette.)

Bonnettes, s. f. Terme de mer. Petites voiles dont on se sert lors qu'il y a peu de vent. On met les bonnettes pour agrandir , ou pour augmenter les voiles d'un vaisseau. Il y a des bonnettes maillées. *Desroches, termes de marine.*

Bons-hommes, s. m. Minimes qui ont été apellez bons-hommes de François de Paule leur Fondateur que Louïs onziéme nommoit d'ordinaire le bon-homme. *Duplex vie de Louïs XI.*

Bonté, s. f. Pente à faire du bien. Inclination à obliger. Ils ne peuvent manquer de bonté pour moi, eux qui en ont pour tout le monde. *Voi. l. 37.*

Bonté. Ce mot se dit des murailles de place & veut dire qui est fort, qui peut resister. Il se consioit en la bonté de la place. *Vau. Quin. l. 4.* Les machines ne firent pas grand éfet à cause de la bonté du mur. *Abl. Ar.*

Bonté, s. f. Il se dit des ouvrages d'esprit, & signifie excellence, quelque chose qui fasse valoir l'ouvrage & qui le distingue. Il est arrivé de cette piece , ce qui arrivera toûjours des ouvrages qui auront quelque bonté. *Racine , Britannicus , preface.*

BOR.

Borax, ou boras, s. m. Les Epiciers de Paris qui vendent du boras, écrivent d'ordinaire borax sur les boites où ils le tiennent. Cependant, ils le prononcent *boras* , comme la plupart des ouvriers. On peut dire & même écrire boras. C'est une espece de mineral , ou de pierre blanche , qu'on met en poudre , & dont on se sert pour faire couler la soudure , quand on soude quelque besogne.) Le boras est blanc. Il est bon, il fait fonder la soudure.
Le boras artificiel est composé d'alun & de salpêtre.

Bord, s. m. Extremité de quelque chose. Le bord d'une robe, d'un chapeau, d'une assiette, &c.

Bord. Ce mot se dit de la mer, des rivieres & des fossez, en latin *ora, littus.* Il signifie rive, rivage. Il ne fut pas plûtot à l'ôtre bord du fleuve qu'il fut envelopé par les enemis. *Abl.Luc. t.2. dial. de l'amitié.*

Mettre à bord. Termes de batelier. C'est conduire au bord.

* *Bord.* Terme de mer. Navire. Vaisseau. On lui rua cinquante hommes sur son bord. Il n'y a sur nôtre bord qu'un matelot malade. Sortir de son bord. Retouner à son bord. Aler à bord. Venir à bord. Etre à bord. Fait à bord de N. C'est ainsi qu'on date les lettres lors qu'on écrit, & cela en nommant le vaisseau où l'on est.

Bord, s. m. Terme de mer. Route, bordée. A bas bord, ou à stribord, c'est à dire à main gauche, ou à main droite. Faire un bord, Courre même bord que l'enemi. *Courre bord sur bord.* C'est gouverner tantôt à stribord, & tantôt à bas bord. *Avoir fait un bon bord.* C'est avoir avancé à sa route, étant au plus prés du vent.

* *Un rouge bord.* Verre tout plein de vin. Un laquais éfronté m'aporte un rouge bord. *Dép. sat.3.*

* *Etre sur le bord de sa fosse.* C'est être fort vieux.

Bordage, s. m. Les planches qui couvrent par dehors les côtes & la carcasse du navire. Les planches les plus proches de la quille se nomment *gabords. Fourn.*

Bordée, s. f. Terme de mer. C'est le cours d'un vaisseau depuis un revirement jusqu'à l'autre. Nôtre vaisseau fit diverses bordées pour monter au vent, c'est à dire fit plusieurs routes. Le vaisseau continua la même bordée. Faire ses bordées. Nord-oüest. *Guillet art de naviguer. Courre la même bordée.* C'est courir sur un même aire de vent, *Desroches, termes de marine.*

Bordée, s. f. Terme de mer. C'est la décharge de l'artillerie d'un navire sur quelqu'autre vaisseau. Nôtre vaisseau a donné la bordée aux vaisseaux enemis. Envoier une bordée à un navire. Il a par diverses bordées desemparé les vaisseaux enemis, c'est à dire, il a démaré les vaisseaux, ruiné leurs maneuvres & les a mis hors de service.

BORDEL, *s. m.* Maison de débauche. Fréquenter, courir le bordel.

BORDER, *v. a.* Couvrir le bord de quelque chose. Border une jupe, les poches, un chapeau, &c. avec un ruban, un galon, ou quelque chose de semblable.

Border une allée. Terme de Jardinier. Mettre quelques arbres ou autre chose le long du bord d'une *allée.*

* *Border.* Etre au bord. S'étendre sur le bord. S'étendre le long de quelque chose que ce soit. L'armée bordoit le rivage. *Vau. Quin. l.7.* Porder une haie pour faire sa décharge. *Abl.*

Border les avirons. Terme de batelier. Mettre les avirons dans les tourrets du bachot pour nager.

Border, v. a. Terme de mer. Il se dit des navires & des vaisseaux. C'est leur mettre leurs bordages, c'est à dire, des planches de chêne, qui servent à couvrir leurs membres. Border un navire, ou vaisseau.

Border, v. a. Terme de mer. Il se dit des voiles, & signifie les étendre par embas, pour prendre le vent, en tirant les cordages, qu'on apelle écoutes. Border la grand' voile. Border le hunier, c'est à dire, la voile apareillée.

Border, v. a. Terme de mer. C'est suivre de côté un vaisseau afin de l'observer. Nôtre flote borda quelque tems vers l'escadre enemie.

Border, v. a. Terme de mer. Naviger le long des côtes. Vaisseau qui borde toûjours les côtes, pour porter des marchandises de vile en vile. *Robe, abregé de la navigation.*

Border, v. a. Terme de servante qui fait les lits. C'est faire entrer les bords de la couverture dans le bois de lit lors qu'il est fait. Il faut border un lit, si tôt qu'on l'a fait.

Border, v. a. Terme de chaudronnier. C'est achever le bord de quelque besogne. border une poissonniére. Border une tourtiere, &c.

BORDEREAU, *s. m.* Prononcez *borderô.* Papier qu'on prend de celui de qui on reçoit de l'argent, où il marque les especes qu'il a données, afin qu'on voie s'il n'y a point eu de mécompte.

BORDURE, *s. f.* Bois de menuiserie pour mettre un portrait, ou une glace de miroir. Une jolie bordure. Bordure bien sculpée.

Bordure. Terme de blason. Piece qui environne l'écu, & l'envelope sans le couvrir. Porter de gueules à la bordure d'Hermines. Col.

Bordure. Terme de tapissier. Le haut & le bas de la tapisserie.

Bordure. Terme de Jardinier. Bouis qui borde les plates bandes, les planches, les carreaux, &c. Faire les bordures des plattes bandes.

Bordure. Terme de doreur sur cuir. Ornemens au haut & au bas du dos du livre qui sont immédiatement aprés des filets du premier & du dernier bouquet.

Bordure. Terme de boisselier. Cerceau large de trois doigts qu'on met au haut & au bas du seau pour le tenir ferme.

BORE'E, *s. m.* Mot poétique pour dire vent septentrional. Bise. Vent de Nord.

Boreal, boreale, adj. Septentrional. Partie boreale.

BORGNE, *adj.* Qui a perdu un œil. Cheval borgne. Cavale borgne.

Borgne. Ce mot est injurieux quand il se dit des personnes & signifie qui a perdu un œil. Il est borgne, elle est borgne.

Soiez borgne, bossu, suffit
Pour mettre les gens en crédit,
Et le sot peuple s'imagine
Que les monstres ont plus d'esprit
Que les hommes de bonne mine.
Poëte anonime.

Borgne, s. m. Qui a perdu un œil. C'est un méchant borgne.

† * *Borgne, adj.* Ce mot se dit de certains coléges & de certains cabarets. Il veut dire, qui n'est point fréquenté. Qui est obscur. Colége borgne. Cabaret borgne.

† *Borgnesse, s. f.* Terme injurieux pour dire celle qui a perdu un œil. C'est une méchante borgnesse.

BORNE, *s. f.* Limite. Pierre ronde qui finit en piramide, & qu'on met aux coins des rüés & contre les murs dans les endroits passans de peur que les roües des harnois ne ruinent les murailles. Poser une borne.

* *Borne.* Ce qui est fixe. Ce qui termine. Limite au delà de laquelle on ne doit pas aler. Marque de limite. Mettre des bornes à ses desirs. *Abl.* Se tenir dans les bornes de l'honnête satire. *Mol. Pre.* Mon chagrin n'a plus de borne. *Benserade.*

Borne. Terme de vitrier. Morceau de verre qui finit en pointe par les deux bouts, & qui est autour d'une piece quarrée dans un panneau de vitre.

* *Borneier, v. n.* C'est regarder d'un œil en fermant l'autre pour voir si une allée est droite, ou si des arbres sont plantez en droite ligne. Il n'y a guere que les Jardiniers qui se servent de ce mot *borneier.* Ils disent, il *borneie* si les trois batons, se rencontrent dans une même ligne. *Quint. Jardins, t.1. p. 69.*

Borner, v. a. Mettre des bornes. Borner un champ.

* *Borner.* Fixer. Terminer. Borner les esperances des grands. *Abl. Tac.* Quand on sait se borner, on est aisément heureux. Quelque démesurée que fut son ambition, il l'auroit bornée à une si rare faveur. *Voi. l.36.*

Se borner, v. r. Se fixer. Se régler. Se borner aux qualitez du cœur & de l'esprit.

Borné, bornée, adj. Qui a des bornes. Champ borné.

BOS.

BOSQUET, *s. m.* Terme de jardinier. Arbres & arbrisseaux qui font une maniere de bois. Faire un bosquet. Ce bosquet est tout à fait joli.

BOSSAGE, *s. m.* Terme d'architecte. Partie du mûr qu'on fait saillir hors d'œuvre. Faire un bossage.

BOSSE, *s. f.* Elévation de l'épine du dos en voute. Elle tâche à cacher sa bosse; mais elle n'en peut venir à bout.

Je confesse que saint Pavin
A l'esprit délicat & fin.
Mais par sa bosse on le renomme;
Poëte anonime.

Bosse. Tumeur qui vient de quelque coup. Il lui a fait une bosse. Il a une grosse bosse à la tête.

Bosse. Sorte de serrure. Ouvrir la bosse. Fermer la bosse.

Bosse. Terme de sculpture. Ouvrage relevé en bosse. Ouvrage de bosse ronde. C'est à dire, *en relief.* Ouvrage de demi bosse. C'est à dire, *de demi-relief. Relevé en bosse.* Termes burlesques pour dire bossu.

Bosse, s. f. Terme de chasse. Il se dit de la premiere poussée du bois d'un cerf, ce qui commence dés le mois de Mars ou d'Avril.

* On dit proverbialement des Chirurgiens, qu'ils ne cherchent que *plaie & bosse,* c'est à dire qu'ils ne demandent que de la pratique.

BOSSER, *v. a.* Terme de marine. C'est mettre l'ancre sur les Bosseurs, ou Bossoirs, qui sont des pourres en saillie pour soutenir l'ancre quand on l'a levée. Et celui qui a soin de l'ancre & des cordages s'apelle Bosseman.

BOSSETTE, *s. f.* Terme d'éperonnier. Ornemens d'embouchure qui couvre le banquet. Une bossette bien faite.

Bossetier, s. m. Prononcez *bosseté.* C'est un des noms dont on apelle les fondeurs, & on les nomme de la sorte, parce qu'ils peuvent faire quantité de petits ouvrages d'airain, de cuivre, ou de léton, en bosse; comme grelots, bossettes, dez, clochettes, sonnettes, &c. Il est reçu fondeur, mouleur en terre & en sable, & bossetier de la vile de Paris.

Bossu, bossuë, adj. Qui a une bosse sur le dos. Il est bossu. Elle est bossuë.

BOT

Soiez borgne, bossu, sussit
Pour mettre les gens en credit.
Poëte anonime.

Bossu, *s. m.* Celui qui a une bosse sur le dos. C'est un bossu. C'est un petit bossu qui se croit sortement être quelque chose. On dit que les bossus ont le poumon mauvais. *Patin. lettres.*

Bossuë, *s. f.* Celle qui a l'épine du dos relevée en voute.

Bossuër, *v. a.* Ce mot se dit de la vaisselle & de quelque autre ouvrage de métal. Bossuër un plat, une assiette.

Bozell. C'est la seule tulipe qui ait de l'odeur, & dont on ne fait point de cas.

BOT.

* **Bot,** *bote, adj.* Il n'est usité qu'au masculin, & ne se dit que du pié. On dit c'est un *pié-bot*; c'est à dire, une personne qui a le pié tortu & mal fait.

Nicole, Claudine, Margot,
Et Pierrette & Jeanne au pié-bot.
On fait plus....
Poëte anonime.

Botanique, *s. f.* Art dépendant de l'agriculture qui enseigne à connoître, & à cultiver les plantes medicinales. Etudier la botanique. Se plaire à la botanique.

Botaniste, *s. m.* Qui sait la botanique. C'est un fameux botaniste. Botaniste savant, docte, renommé, celebre. Un habile botaniste sçait l'art de cultiver les plantes medicinales.

Bote, *s. f.* Chaussure de cuir qui est composée d'un pié, d'une tige & d'une genouillere, & qui est propre à tous cavaliers & autres gens qui vont à cheval. Aler *à la bote.* Cela se dit d'un cheval qui mord lorsqu'on est dessus.

Bote. Quantité de petites choses liées ensemble. Une bote d'osiers, de raves, d'oignons, d'asperges, de foin, de paille, d'échalas.

Botes. Terme de marchand mercier. Petits rouleaux longs d'un pié qui pendent à l'étalage de la boutique des merciers, & de quelques autres marchands de Paris.

Bote. Terme de mercier. Quinze onces de soie. Acheter une bote de soie.

Bote. Terme de maître d'armes. Coup. Porter une bote. Alonger une bote. Une bote secrete. Bote de seconde, de tierce, de quatre sur les armes. Liancourt maître d'armes, ch.13.

Bote. Terme de chasse. Colier avec lequel on mene le limier au bois. *Sal.*

Boteler, *v. a.* Mettre en botes. Boteler du foin, de la paille.

Boteler, *v. a.* Terme de vendeuse de raves &c. C'est mettre cinq ou six raves ensemble & les lier; qui s'apelle en faire des botes, ou les *boteler.* Il faut vite *boteler* ces raves, les porter au marché, ou les crier par les ruës. On dit aussi ce mot *boteler* des autres choses qu'on met & vend en botes, comme oignons, asperges, &c.

Boteleur, *s. m.* Celui qui met le foin & la paille en botes.

Botelage, *s. m.* L'action de celui qui botele du foin. Le botelage de ce foin, coute tant.

Boter, *v. a.* Mettre les botes à quelcun.

Se boter, *v. r.* Mettre ses botes. Se boter pour aler en campagne.

Botine, *s. f.* Petite bote. Le bon homme la Motte le Vaier a porté des botines toute sa vie. De jolies botines. Des botines tres-commodes. Philipe second envoia à D. Juan des botines parfumées, qui lui couterent la vie. *Hist. de D. Carlos*, pag. 210.

BOU.

Bouc, *s. m.* Le mâle de la chévre. Puant comme un bouc. S. est lascif comme un bouc.

Boucan, *s. m.* Mot Americain. Gril fait de bois de bresil, qu'on éleve au dessus du feu pour y faire griller de la viande. Mettre le boucan sur les charbons. Mettre sur le boucan. *Histoire des boucaniers.*

Boucaner, *v. a.* Terme de boucanier. C'est mettre de la viande sur le boucan, & la faire fumer & griller. Les boucaniers Américains sont boucaner de la chair d'homme, & les boucaniers François de la chair des animaux qu'ils ont pris à la chasse.

* **Boucan,** *s. m.* Bordel.

Boucaner, *v. n.* Aler au bordel. Ces mots ne se disent, en ce sens, qu'au stile comique & satirique. V. est un vieux coquin, qui est mangé de chancres, parce que toute sa vie, il n'a fait que *boucaner.*

Boucanier, *s. m.* Prononcez *Boucanié.* Les boucaniers sont des Indiens naturels des Iles Antilles, qui vivent dans les bois qui ont acoutumé d'y chasser, & lors qu'ils sont des prisonniers de guerre, ils les coupent en pieces, ensuite ils les mettent sur des boucans pour les fumer & les griller. Les boucaniers sont dangereux. On est malheureux quand on tombe entre les mains des boucaniers.

Boucaniers, *s. m.* Des boucaniers Indiens, les boucaniers François ont pris leur nom. Ce sont des gens qui dans l'Amerique s'assemblent dans les bois, y vont chasser, & après avoir pris plusieurs bêtes, ils les coupent en pieces & les mettent griller sur le boucan. Ensuite ils vendent les peaux, & de l'argent qu'ils en retirent, achetent du vin & se plongent en toute sorte de débauche. Ces boucaniers sont armez de fusils & de baïonnettes: ils sont habillez de haut de chausses, de casaques & de bonnets de toile & ils portent avec eux une tente de toile pour se reposer dessous & se garantir des mouscherons.

Boucassin; *s. f.* Futaine pour doubler. Boucassin fort bon.

Bouche, *s. f.* Ce mot se dit proprement des personnes, & veut dire tout l'espace qui est depuis les lévres jusques à la gorge, où sont contenus le palais, les dents, & les amigdales. Bouche vermeille. Bouche riante. Bouche d'œillet. Bouche de rose. Aprochons-nous pour voir si sa bouche respire. *Mol. cocu. sc. 4.* Il m'a mis dans la bouche un nouveau cantique. Je n'ai point eu la bouche fermée quand il a falu parler de vos merveilles. *Port-Roial, ps. 39.*

Fermer la bouche. V. Fermer. *Flux de bouche.* V. Flux, &c.

* **Bouche.** Ce mot au figuré a plusieurs sens. Exemples. Avoir *bouche à cour.* C'est être nourri dans un logis. Nous avons pris sur nôtre bouche la dépense de ses funerailles. *Patru plaidoié 8.* C'est à dire, nous avons vécu petitement pour fournir aux frais des funerailles. *On ne lui sauroit plus ouvrir la bouche. Voi. l. 5.* C'est à dire, on ne le sauroit plus faire parler. *Il y a plus de cent mile bouches à l'armée.* C'est à dire, cent mile creatures qui mangent. *Fermer la bouche à quelcun.* C'est à dire. Faire taire. Empêcher de parler, de repliquer. *Elle n'en fait point la petite bouche.* Proverbe, pour dire, elle le dit franchement. *Elle fait la petite bouche,* façon de parler basse, pour dire, elle ne mange pas à table. *Cela vous sera bonne bouche.* C'est à dire, cela vous rendra l'haleine douce & agreable. *Garder pour la bonne bouche.* C'est à dire garder pour la fin du repas. *Avoir bonne bouche.* C'est à dire, ne rien découvrir. *Bouche cousuë.* C'est à dire, ne parler pas. *N'avoir ni bouche, ni éperon.* Proverbe pour dire, n'avoir ni parole ni esprit. *Ne dire mot. Paroitte sot,* ou *sote. L'eau lui vient en la bouche.* C'est à dire, il desire.

Bouche, *s. f.* Une des principales ofices où sont les viandes destinées pour être servies au Roi. Quand le Roi demande à viande, le Maître d'Hôtel qui est de jour se rend à la bouche.

Bouche, *s. f.* Ce mot se dit de quelques animaux comme du cheval, du mulet, & de quelques poissons. Cheval qui a la bouche délicate, tendre, bonne, fine, sensible, assurée. Cheval sans bouche. Cheval qui n'a point de bouche, c'est à dire, qui n'obeït point à la main. Cheval qui a la bouche loïale. Cheval qui a la bouche fausse, c'est à dire, qui n'y a aucune sensibilité. Cheval qui a la bouche chatouilleuse, c'est à dire qui craint trop le mords &c. La bouche du saumon. La bouche de la carpe, de la grenouille. *Rond.*

Bouche. Ouverture entrée. Bouche d'estomac, de matrice, de ventricule. Bouche de tuïau d'orgue. bouche de four. bouche de petard, de canon, &c.

Bouche, *s. f.* Ce mot se dit de l'endroit où les rivieres se déchargent dans la mer. Le Danube se décharge par sept bouches dans la mer noire. On parle aussi des bouches du Nil. On apelle ces bouches, les embouchures des rivieres. Voi *embouchure.*

De bouche, adv. De parole. En parlant. Il est plus expedient de consulter de bouche que par écrit. *Abl. Tac.*

Bouchée, *s. f.* Plein la bouche. Avaler une bouchée.

Boucher, *v. a.* Fermer avec un bouchon, ou autre chose. boucher une bouteille. *Se boucher les oreilles.* Mettre quelque chose dans les oreilles afin de ne pas entendre. Fermer. boucher les passages, boucher les conduits, se boucher les yeux, &c. & au figuré ne vouloir pas entendre.

Boucher, *s. m.* Celui qui tuë bœufs, veaux & moutons, & qui en vend publiquement la chair, dans un lieu destiné pour cela. Un riche boucher.

Boucherie, *s. f.* Lieu où le boucher vend la chair. La boucherie ne se tient ni le vendredi ni les jours de jeune. Les boucheries se ferment le Carême. Ouvrir la boucherie.

* **Boucherie.** Grand carnage. Plusieurs personnes tuées en quelque combat. Ils enfoncent l'escadron & en font une cruelle boucherie. *Vau. Quin. l. 3. c. 11.* Il y eut une grande boucherie & le sang ruisseloit de tous cotez. *Abl. Luc. 1. 2. hist.* On les mene à la boucherie.

Bouchoir, *s. m.* Terme de boulanger, & de patissier. C'est une grande plaque de fer, au milieu de laquelle il y a une poignée, & qui sert à boucher le four. Ce bouchoir est neuf & bon. Le bouchoir est vieux & usé. Mettre le bouchoir. Oter, tirez le bouchoir.

Bouchon, *f. m.* Tout ce qui fert à boucher quelque chofe. Un bouchon de bouteille. Un bouchon de cornet d'écritoire.

Bouchon de cabaret. C'eſt un chou, quelque brin de lierre, ou quelque autre petite branche qu'on met devant le cabaret. * Et ce mot *bouchon* étant pris figurément ſignifie le cabaret même & le lieu où l'on vend du vin à pot & à pinte.

> Ligniere met toute ſa gloire
> A ſe ſouler comme un cochon,
> Et prend plaiſir à boire
> De *bouchon* en *bouchon*.

Bouchon de paille. C'eſt une poignée de paille tortillée dont les valets d'étable bouchonnent leurs chevaux.

Bouchonner, *v. a.* Froter avec un bouchon. Bouchonner un cheval.

Boucle, *f. f.* Inſtrument de métal rond, ou quarré, compoſé du corps de la boucle, d'une chape, d'un ardillon & d'une goupille. Une petite, ou groſſe boucle. De bonnes, ou de méchantes boucles. Porter de belles boucles à ſes ſouliez.

Boucle de baudrier. Cette ſorte de boucle n'a point d'ardillon, ni de chape, & ne ſe met fur le baudrier que pour l'embellir. Monter les boucles ſur le baudrier.

Boucle à boucler les cavalles. C'eſt une ſorte de petit anneau.

Boucle de porte. Sorte de grand anneau de fer atâché à la plupart des portes cocheres & autres, ſervant pour heurter.

Boucle de cheveux. Cheveux annelez, & tournez en rond.

Boucle de perruque. Cheveux qu'on tourne en rond, qui ſont derriere la perruque & qui pendent ſur le dos.

Boucle, *f. f.* Clef, ou priſon. *Tenir ſous boucle*. C'eſt à dire, ſous la clé, ou en priſon. *Fourn.*

Boucler, *v. a.* Ce mot ſe dit des cheveux, & veut dire, les faire en boucle. Boucler des cheveux.

Boucler. Ce mot ſe dit des cavales, & c'eſt fermer la nature d'une cavalle avec quatre, ou cinq boucles, ou autres pareilles choſes de peur qu'elle ne ſoit couverte de l'étalon. Boucler une cavalle.

Bouclier, *f. m.* Arme défenſive, faite anciennement de pluſieurs cuirs de bœuf, mais aujourdui elle eſt de métal, & on s'en couvre pour empêcher les coups de l'ennemi lorſqu'on ſe bat de près.

* *Bouclier.* Défenſe. Protecteur. Le Seigneur eſt mon bouclier. *Port Roial.* Celui qui a été le bouclier de la France n'a pu ſe mettre à couvert de leurs coups. *Voit. l. 68.*

† **Boucon**, *f. m.* Le mot de *boucon* vient de l'Italien *boccone*, où il ſignifie *poiſon*. Il n'entre que dans le ſtile familier, ou dans des ouvrages qui ne ſont pas d'un ſtile fleuri & élevé. Mahomet mourut à ſoixante & trois ans, d'un *boucon* que lui donna dans une pomme ſon Secretaire Buhanduca, à la ville de Médine. *Abl. Marmol. t. 2. l. 1. ch. 2.* On lui a donné un boucon.

† **Bouder**, *v. n.* Gronder. Elle ne fait que bouder. Les eſprits foibles & timides ſont ſujets à bouder.

> Si ſon amant ne veut point s'acorder,
> Point n'en pleure la belle,
> Il le faudra laiſſer bouder.
> *Airs. t. 1.*

† **Boudeur**, *f. m.* Celui qui boude. C'eſt un franc boudeur.

Boudeuſe, *f. m.* Celle qui boude. C'eſt une franche boudeuſe.

† **Boudelle**, *f. f.* Petite plume pour écrire. Une bonne boudelle. Ce mot vient de bout d'aîle, parce que c'eſt une plume tirée du bout de l'aîle.

Boudin, *f. m.* Boiau de cochon rempli de ſang & de graiſſe, aſſaiſonnez, qu'on fait cuire & griller enſuite avant que de le manger. Faire du boudin.

Boudin blanc. Ce boudin eſt fait de blanc de chapons & d'autres bonnes choſes bien aſſaiſonnées.

Boudin. Terme de mineur. C'eſt où il entre des étoupes & autres matieres ſuſceptibles de feu, & dont on ſe ſert dans les mines.

Boudiniere, *f. f.* Petit entonnoir de fer blanc pour faire du boudin.

Boudine, *f. f.* Terme de faiſeur de verre & de vitrier. C'eſt le milieu du plat, ou d'un rond de verre, & l'endroit par où il ſe finit quand on le fait. Quelques-uns le nomment boudin. Les boudines ſignifient auſſi ces ronds de verre qu'on met aux châſſis & aux fenêtres. Les boudines ſont plus fortes que les autres. Garniſſez moi ce châſſis, & n'y mettez que des boudines qui ſoient bonnes.

Boudinure, *f. f.* Terme de marine. C'eſt une envelope de cordages, qu'on met autour de l'arganeau de l'ancre, pour conſerver le cable.

Bouë, *f. f.* Terre mole, foulée & trempée de pluie. Je les ai anéantis comme la bouë des rues. *Port-Roial.*

* C'eſt une ame de bouë. C'eſt à dire, une ame vile & baſſe. Tu vas couvrir de bouë les beaux titres de ta maiſon. *Mai. poë.* C'eſt à dire, tu vas deshonorer les titres de ta maiſon. * L'homme n'eſt qu'un peu de bouë. C'eſt à dire, quelque choſe de vil. Il a été tiré de la bouë, c'eſt à dire, d'une condition baſſe & vile.

Bouée, *f. f.* Terme de mer. Ce ſont des paniers, tonneaux, barils, bois flotans, qu'on met pour marquer les paſſages dangereux, & obliger ainſi à les éviter. On apelle auſſi ces *bouées*, des *baliſes*, & l'on dit découvrir des bouées, ou des baliſes, mettre des bouées.

Bouée, *f. f.* Terme de mer. C'eſt auſſi une marque qu'on met pour reconnoître l'endroit où l'on a laiſſé tomber l'ancre. Cette bouée eſt amarrée par un bout avec un *horin*, c'eſt à dire, qu'elle eſt nouée par un bout avec une groſſe corde.

Boueur, *f. m.* Celui qui ôte les bouës des ruës.

Boueur. Oficier ſur les ports de Paris, qui a ſoin de neteïer le port, & d'en faire enlever toutes les ordures.

Boueux, boueuſe, *adj.* Rempli de bouë. Les lieux bas ſont ſujets à être boueux. * Le Parnaſſe doit être boueux, car il en vient beaucoup de poëtes *crottez*.

Boufée de vent, *f. f.* C'eſt un ſoufle de vent prompt & violent, mais qui ne dure pas long-tems. Il vint une ſi furieuſe boufée de vent, que nous fumes contraints de relâcher quelque tems.

* *Boufée*, *f. f.* Ce mot ſe dit des perſonnes, mais en mauvaiſe part. Il ſignifie un ſoufle qui ſort de la bouche d'une perſonne. Il ſort de la bouche de ces ivrognes des boufées qui engloutiſſent le cœur.

Boufer, *v. n.* Enfler. Le vent fait boufer les habits. Vôtre chemiſe boufe.

* **Boufer**. Être en mauvaiſe humeur. Être dans une colere qui n'éclate pas. Il boufe.

Boufer, *v. a.* Terme de boucher & de rôtiſſeur. Soufler une bête tuée pour en rendre la chair plus belle. Boufer un bœuf, un mouton, un veau, un agneau.

Boufette, *f. f.* Toufe de petits rubans, & de nompareille, que les Dames ſe mettent aux oreilles. C'eſt auſſi une houpe de laine qui pend ſur le nez & à côté de la bride du cheval de harnois.

Boufi, boufie, *adj.* Il ſe dit le plus ſouvent parlant de maladie, & veut dire *enflé* à cauſe de quelque mal qui lui eſt arrivé, il a le viſage tout boufi.

* **Boufi, boufie**, *adj.* Il ſe dit au figuré, & ſe prend toujours en mauvaiſe part, il ſignifie qui eſt ſotement rempli de lui-même, qui penſe trop avantageuſement de ſon petit merite. N. s'eſt imaginé tout ſeul qu'il avoit du merite, & il en eſt *boufi* d'un orgueil *inſuportable*, qui le rend ridicule à tout homme qui a du bon ſens. Elle eſt ſotement boufie de ſa vaine naiſſance, & de ſes qualitez imaginaires. Toutes ces remarques ne ſont que des productions d'un homme boufi de lui-même. *Traité de la pareſſe, 2. entr. p. 146.*

Boufi, *boufie*, *adj.* Il ſe dit auſſi au figuré du ſtile, mais toujours en mauvaiſe part, & ſignifie qui eſt trop élevé, trop haut. Balzac a eu quelquefois le ſtile un peu boufi. Le Pere le Moine Jéſuite a des expreſſions trop boufies.

Boufir, *v. a.* Il ſe dit en parlant de maladie, & ſignifie *enfler*. L'hidropiſie boufit tout le corps. On croit qu'*enfle* tout le corps vaudroit mieux que *boufit* tout le corps.

Boufiſſure, *f. f.* Enflure. On juge mal de ſa ſanté par la boufiſſure de ſon viſage, on penſe qu'*enflure* vaut mieux que *boufiſſure*.

Boufiſſure, *f. f.* Il ſe dit du ſtile; mais toujours en mauvaiſe part. La boufiſſure de ſon ſtile déplaît.

Boufoir, *f. m.* Prononcez *boufoi*. Terme de rôtiſſeur. C'eſt un petit inſtrument de cuivre, qui eſt grand & gros comme une lardoire, percé & perſé par les deux bouts, & dont on met l'un dans la partie de l'agneau qu'on veut boufer, & l'autre, on le tient à la bouche, au travers duquel le rôtiſſeur pouſſe du vent pour boufer l'agneau. Un joli boufoir. Un boufoir très-propre. Prenez vôtre boufoir, & boufez les roignons de cet agneau.

Boufon, *f. m.* Ce mot & les ſuivans viennent de l'Italien, & ſe diſent plus en mauvaiſe part qu'en bonne. Celui qui plaiſante. C'eſt un froid boufon. Moliere & Poiſſon étoient les plus agreables boufons de leur tems.

Boufonne, *f. f.* Celle qui plaiſante. C'eſt une franche boufonne. Elle eſt une charmante boufonne.

Boufon, boufonne, *adj.* Gaillard plaiſant. Eſprit boufon, humeur boufonne.

Boufonner, *v. n.* Plaiſanter. Il ſe plaît à boufonner. *Abl. Luc.* Il boufonne avec eſprit.

Boufonnerie, *f. f.* Choſe boufonne, plaiſanterie. Une froide, une fauſſe boufonnerie. Une boufonnerie ſpirituelle.

Bouge, *f. m.* Sorte de petite chambre ſans cheminée. Un petit bouge.

Bouge. Terme de potier d'étain. C'eſt le demi-cercle qui eſt autour du fond de l'aſſiette.

Bouge. Terme de tonnelier. Le milieu de la futaille, & la partie la plus groſſe, & la plus élevée.

BOUGEOIR, *f. m.* Maniere de petit martinet ou de chandelier. Ce *Bougeoir* a une queuë, une bobéche & un bassinet avec des rebords. Il y a un autre *Bougeoir* qui est aussi composé de deux petites plaques rondes jointes ensemble, au milieu desquelles on met de la petite bougie.

BOUGER, *v. n.* Il ne se met point sans négative, & il signifie, se tenir en sa place où l'on est. Etre toûjours avec une personne. L'armée ennemie s'avançoit au petit pas, & la nôtre ne bougeoit. *Abl. Ar. l.* 1. Il ne bouge d'avec les Dames. Voi. *Poë.*

BOUGETTE, *f. f.* Grande bourse qu'on porte à l'arçon de la selle, & où l'on met des viveres.

BOUGIE, *f. f.* Chandelle de cire blanche. C'est une sorte de fil particulier apelé de *Guibrai*, trempé dans de la cire fondue, & passé par un instrument qu'on apelle filiére. (Bougie jaune, bougie blanche; celle-ci est plus chere que la jaune. Bonne ou méchante bougie. Bougie peinte, verte, rouge. Filer de la bougie. Plier de la bougie. Faire un pain de bougie. Mettre de la bougie en pain. Un brin de bougie.)

BOUGIER, *v. a.* Terme de Tailleur. Ce mot se dit des étofes de soie & il signifie, passer de la cire d'une bougie sur les bords de l'étofe quand elle est taillée, de peur qu'elle ne s'éfile. (Bougier du Tafetas, du Damas, du Velours, de la Moire.)

BOUGRAN, *f. m.* Sorte de toile noire.

Bougraniére, *adj.* Ce mot n'est usité qu'au féminin; & ne se donne qu'aux Lingéres dans leurs Lettres de maîtrise. (Le sieur Barbin libraire, m'a montré celles de sa femme, où j'ai vû qu'on l'apelloit maîtresse Lingére, *Bougraniére*, & Canevasiére.)

BOUILLANT, *part.* qui veut dire, *qui bout.*

* Bouillant, bouillante, *adj.* Chaud, ardent, vif, promt. (Sablons bouillans, esprit bouillant. *Van. Quin. l.* 4. Humeur chaude & bouillante. *Abl. Luc.* Tout bouillant de vin & de colére. *Dep. sat.* 3.

BOUILLE, *f. f.* Terme de Pêcheur. C'est une longue perche, large par un bout, dont les Pécheurs se servent à remuer la vase, & à troubler l'eau, afin que le poisson entre plus facilement dans les filets.

Bouiller, *v. n.* Terme de Pêcheur. Se servir de la bouille pour troubler l'eau.

Bouillie. Voiez plus bas.

BOUILLIR, *v. n. Je bous, tu bous, il bout. Nous bouillons, vous bouillez, ils bouillent. Je bouillis; j'ai bouilli, je bouillirai*, Echaufer tellement quelque liqueur, ou quelque chose de liquide qu'elle se renfle & se gonfle. (Bouillir à gros bouillons. Faire bouillir de l'eau.

* Faire bouillir la marmite. C'est à dire, la faire bouillonner. Ces mots signifient aussi dans le burlesque & le figuré, fournit à la dépense de la maison ; ainsi Mainard a dit, le feu des vers ne fait plus bouillir la marmite.)

Bouillir. Ce mot se dit du vin nouveau, & veut dire bruire, se gonfler, & écumer. (Le vin nouveau bout dans les vaiseaux.)

* Bouillir. Ce mot se dit du sang, & signifie *être chaud.* (Quand le sang bouilloit dans mes veines, &c. *Mol. Poe.*

Bouilli, bouillie, *adj.* Qui a bouilli. (Lait bouilli. Eau bouillie.)

Bouilli, *f. m.* Viande bouillie, le bouilli n'est pas si sain que le roti.

Bouilleux, bouilleuse, *adj.* Il ne se dit d'ordinaire qu'au masculin, & méme toûjours de Messieurs les Normans. Il veut dire, qui aime la bouillie. (C'est un Normand bouilleux. *De Brieux, origine des coutumes anciennes, p.* 6.

Bouillie, bouli, *f. f.* Quelques-uns disent *bouli*, mais mal. L'usage est pour *bouillie.* C'est du lait & de la farine qu'on fait bouillir, & dont on nourrit les enfans au maillot. (Détremper de la bouillie. Faire de la bouillie.)

Bouillon, *f. m.* Renflement d'une liqueur ou chose liquide échaufée par le feu. [Le bouillon du pot.]

Bouillon. Potage liquide, potage sans pain. (Prendre un bouillon tous les matins. Bouillon succulent, exquis. Pour son opera, il nous fait manger d'une soupe à bouillon perlé. *Mol. Bourg. a.* 4. *sc.* 1. C'est à fâire d'un bon bouillon, exquis & blanchi par du lait d'amandes.)

* Modére les bouillons de ta mélancolie. C'est à dire, modére les excés, l'ardeur, la futeur de ta mélancolie. *Dépreaux, Satire* 7.

Bouillon. Terme de Tailleur. Ruban enjolivé pour mettre au bas des hauts de chausse. Cet agrément est hors de mode.

Bouillon, *f. m.* Terme de Tireur d'or. C'est un petit trait d'or ou d'argent, écaché, qu'on fait avec un rouët, & qu'on tourne en rond sur une éguille faite exprés. (Le bouillon entre dans toutes sortes d'ouvrages de broderie, Il y a du bouillon fin, & du bouillon faux, qui n'est que de cuivre doré ou argenté.)

Bouillon, de chair. Terme de Maréchal. C'est une superfluité de chair, qui vient sur la fourchette, ou à côté ; ce qui fait boïter le cheval. (Les chevaux de Manége qui ne se mouillent pas le pié, sont sujets aux bouillons de chair. *Guillet, homme d'épée.*)

Bouillon, *f. m.* Ce mot au figuré, se dit parmi les Dames, & par certains Marchands de rubans & de galanteries pour femmes. C'est un agrément de ruban qu'on eléve d'un air mignon, & dont on embélit le tablier des Dames. Un joli bouillon. Un bouillon bien propre & bien mignon.) Le *bouillon* étoit aussi, il y a quelque tems, un agrément de ruban qu'on passoit au bas des hauts de chausses ; mais depuis le régne des culotes, ces derniers bouillons sont hors de mode.

Bouillon blanc. Herbe qui e les feuilles larges, qui pousse une fleur jaunâtre, & qui croit sur le bord des fossés qui sont autour des terres labourées.

Bouillonnement, *f. m.* Action de bouillir. (Le bouillonnement du vin bourru commence.)

Bouillonner, *v. n.* Bouillir de gros bouillons.

* Bouillonner. Ce mot se dit du sang, & veut dire bouillir. Etre chaud. (L'amour régne, & le sang bouillonne.)

* Bouillonner, *v. a.* Terme de Marchand rubanier. Ce mot est figuré. C'est mettre du ruban bouillonné, ou un agrément de ruban qu'on apelle bouillon, autour de certains tabliers de femme. (Il y a des tabliers qu'on lace, quelques-uns qu'on borde, & d'autres qu'on bouillonne, & qu'on apelle à cause de cela. Tabliers bouillonnez.

Bouis , *buis, f. m.* Le premier de ces mots est le plus usité. Petit arbre toûjours verd ; qui vient en forme de buisson toufu, & qui se rend lorsqu'il est un peu grand.

Bouis. Petit instrument de bouis dont le cordonnier se sert pour lisser les talons. (* *Donner le bouis.* Adoucir quelque chose.)

BOULANGER, *f. m.* C'est un artisan qui fait & vend du pain. (Un boulanger de petit pain. Un boulanger de gros pain. Le métier de boulanger est le premier, & le plus nécessaire de tous & les meilleurs boulangers de France, sont ceux de Gonesse, gros bourg à quatre lieues de Paris. Ils fournissent le Bourgeois de cette Ville, auquel ils vendent deux fois la semaine, e Mécredi & le Samedi, le pain dont ils ont besoin. Le Pâtron des boulangers est S. Honoré, & ils en célébrent tous les ans la Fête. Les Jurez boulangers vont en visite chez les personnes de leur profession, & même chez les Meûniers, pour voir s'ils ne font point la fraude dans la moûture ; & chez les Cabaretiers ; pour connoître s'ils vendent le pain au degré de l'Ordonnance. Quiconque a quelque mal dangereux, & qui se pourroit communiquer, ne sera pas reçu Boulanger. Le maître garçon se nomme *Geindre*, & les autres compagnons ou garçons boulangers. On apelle quelquefois le boulanger & ses garçons, *Mitrons*, mais c'est une injure. Les principaux outils du boulanger, se sont le rable, le pêleron, l'écouvillon, &c.

Boulanger, *v. n.* On prononce *boulangé.* Ce verbe est d'ordinaire neutre, & ne se dit qu'en parlant familiérement ; c'est à dire faire du pain. (C'est un des Mitrons de la Ville qui boulange le mieux. Faire boulanger.)

Boulangére, *f. f.* Sœur converse qui fait le pain d'un Convent de Religieuses. (La Sœur boulangére fatigue beaucoup.)

Boulangerie, *f. f.* Lieu dans un Couvent, ou dans quelque grand Maison auquel on fait le pain. Tout ce qui regarde le métier de boulanger. Aler à la boulangerie. Ouvrir ou fermer la boulangerie.)

Boulangerie, *f. f.* C'est dans un Arsenal de Marine, le lieu où l'on fait le biscuit. (Une petite ou grande boulangerie.)

† Boulangerie, *f. f.* L'Art de faire le pain. (Ce garçon entend bien la boulangerie.)

BOULE, *f. f.* Globe, corps sphérique, tourné en rond, qui a un point au milieu duquel toutes les lignes tirées à la surface sont égales.

Boule. Bois tourné en rond, dont on se sert pour joüer aux quilles ou à la boule. (Joüer à la boule. Joüer à la longue ou à la courte boule.

Le fort de la boule. C'est l'endroit de la boule où le bois est le plus pesant. On prend la Fortune sur une boule, pour marquer son inconstance & son peu de fermeté.

Boule. Terme de Tourneur. Buis tourné en forme ronde, & qui sert à porter quelque ouvrage de Tourneur & de menuisier. Ainsi on dit, boule de gueridon, de cabinet, d'armoire, de table, &c.

* A boule vuë, *adv.* Assurément. [Joüer à boule vuë. *Ménage. Obs. sur la Langue Fr. c.* 78. *p.* 149.]

* A boule vuë. Inconsidérément. (Faire quelque chose à boule vuë. *Ménage. Obs. c.* 78. *p.* 149.)

* Tenir pié à boule. C'est ne quiter pas son travail.

BOULEAU, *f. m.* Arbrisseau à plusieurs branches, d'où sortent plusieurs verges qui pendent contre terre, & qui font aisées à plier.

Bouler, *v. n.* Il se dit de certains pigeons qui ont une grosse gorge, & signifie enfler la gorge. (Les jeunes pigeons, qui viennent de grosses gorges, commencent à *bouler* à trois mois ou environ. (Voilà un beau pigeon, voiez comme il boule.)

BOULET, *f. m.* Boule qui est d'ordinaire de fer, & dont on charge l'artillerie. (Calibrer un boulet.)

Boulet rouge, boulet enflammé. Ce sont des boulets ordinaires de Canon, qu'on fait rougir & enflammer dans une forge qui est auprés de la baterie. On s'en sert pour embraser les toits

& tout ce qu'ils rencontrent de combuſtible dans les places où l'on les jette.

Boulet, à deux têtes, qu'on apelle auſſi Ange. Ce ſont moitiez de boulet jointes par une barre de fer, ou par une chaine, comme, la bâle ramée d'un mouſquet. On s'en ſert ſur mer pour couper les cables & les cordages, &c.

Boulet, ſ. m. Terme de Maréchal. Il ſe dit en parlant du pié du cheval. C'eſt une jointure au deſſus du pâturon. (Le boulet eſt ſujet à être entamé par le côté de l'un des fers. Cheval qui a le boulet gorgé. Il vient des crevaſſes au deſſous des boulets de derriere.

Bouleté, bouleté, adj. Il ſe dit du cheval, & veut dire celui dont le boulet eſt hors de la ſituation naturelle. (Cheval bouleté. Cavale bouletée.)

Boulet. La jointe la plus prés du cheval.

BOULEVARD, ſ. m. Terme de Fortification, qui vient de l'Alemand. Le mot de Boulevard ſignifie un Baſtion; mais aujourdui dans le propre, ce mot eſt vieux & hors d'uſage, & en ſa place on dit Baſtion. V. Baſtion.

* Boulevard. Obſtacle, défence. Le Tigre & l'Eufrate ſont les deux boulevards de ce Roiaume. Vau. Quin. l. 4. Rhodes étoit autrefois le boulevard de la Crétienté.)

BOULEVERSER, v. a. Renverſer ſans deſſus deſſous. (Ils ont tout bouleverſé. Abl. * Ils tournent & bouleverſent les conſciences à leur gré. Paſ. l. 5.)

Bouleverſement, ſ. m. Renverſement, déſordre. (C'eſt un bouleverſement dans l'Empire des lettres. Boi. Aviſ.)

BOULIMIE, ſ. m. Mot qui vient du Grec, & qui veut dire grande faim. [Pluſieurs furent travaillez de la boulimie. Abl. Ret. l. 4. c. 3.]

BOULIN, ſ. m. Trou du colombier où le pigeon fait ſon nid. Il y a 300. boulins dans ſon colombier.

Boulin. Terme de Maçon. Trou où l'on met les piéces de bois qui ſervent à échafauder.

BOULINE, ſ. f. Terme de Mer. Corde amarée vers le milieu de chaque côté d'une voile, & qui ſert à la porter de biais pour prendre le vent. Haler ſur les boulines. C'eſt tirer & bander les boulines, afin que le vent donne mieux dans la voile, pour courir prés du vent. Guillet, Art de Naviger. Aller à la bouline. C'eſt tenir le lit du vent, quand on eſt porté d'un vent de biais qui ſemble contraire à la route, & qu'on ſe ſert de boulines. Vent de bouline. C'eſt un vent éloigné de cinq pointes, ou aires de vent, de celui de la route. Courre la bouline, c'eſt lorsqu'on eſt coupable, être obligé de paſſer au travers de l'équipage, qui eſt rangé en haïe, chacun une corde à la main, & qui en donne chacun un coup au criminel qui paſſe, & qui eſt lié.

Bouliner, v. n. Terme de Gens d'armée. C'eſt voler dans le Camp. (Il s'amuſe à bouliner. Il eſt dangereux de bouliner.) Il ſe prend auſſi activement, & peut dire, il a joué ce qu'il avoit bouliné.

Boulineur, ſ. m. Soldat qui vole dans le camp, qui pille dans le camp. (C'eſt un boulineur. On prend les boulineurs quand on les atrape.)

BOULINGRIN, ſ. m. Mot qui vient de l'Anglois. Il faudroit dire baulingrin, pour parler correctement ; mais pour la douceur, on prononce, & même on écrit en françois, boulingrin. C'eſt une place longue, large & quarrée en forme de tapis, couverte de petites herbes douces & fines, où les honnêtes gens d'Angleterre joüent à la boule. Un beau, un joli, un agréable, un aimable, un charmant boulingrin. Faire un boulingrin. Comme les Anglois aiment le jeu de boule, il n'eſt presque point en Angleterre de Gentilhomme qui n'ait un boulingrin dans ſon jardin. Les Jardiniers entretiennent les boulingrins, & pour empêcher que l'herbe n'y croiſſe, ils roulent tous les matins une manière de cilindre de pierre ſur l'herbe du boulingrin. Il n'y a pas en France beaucoup de boulingrins, & ils n'y ſervent qu'à embellir quelques jardins ou autres lieux de plaiſir.

BOULON, ſ. m. Morteau de fer rond, au bout duquel il y a une tête, & auprés de l'autre bout il y a un trou où l'on paſſe une clavette.

BOULU, boulué, adj. Il faut dire bouilli & bouillie. Cependant le peuple de Paris dit châtegne boulué. Saraſin dans le teſtament de Goulu, a dit auſſi deux lizons de châtegne boulué ; mais ce n'eſt qu'en riant, & dans le burleſque. Hors delà il faudroit dire châtegne bouillie.

BOUQUER, v. n. Ce mot ſignifioit autrefois au propre, baiſer par force quelque choſe qu'on preſente, & il ſe dit quelquefois au figuré pour ſignifier être contraint de faire quelque choſe par force. Et il n'eſt guére en uſage que dans cette façon de parler. Faire bouquer quelcun. C'eſt à dire, lui faire dépit, le faire entager, l'obliger à céder. [Il dit qu'il fait bouquer les ennemis de l'Egliſe. Mai. Poë.]

BOUQUET, ſ. m. On prononce une conſonne bouqué. Pluſieurs fleurs jointes enſemble avec agrément. Un bouquet de jaſmin. Un bouquet de fleurs d'oranges, bouquet d'Autel. Faire un bouquet, lier un bouquet, monter un bouquet, canetiller un bouquet.)

Bouquet de plumes. Terme de plumacier. Ce ſont douze branches de plumes. (Bouquet à un rang, bouquet à double rang.)

Bouquet. Terme de doreur ſur cuir. Fer pour poſer le bouquet dont on enjolive le dos du livre qu'on relie en veau.

Bouquet. Petite figure dorée dont on embelit le dos des livres qu'on relie en veau. (Pouſſer les bouquets.) On apelle auſſi quelquefois cette ſorte de bouquet fleuron.

Bouquet de paille. Terme de Maquignon. Paille qu'on met à la queuë, & aux crins des chevaux qui ſont à vendre.

† * Bouquet. Ce mot ſignifie quelquefois un recueil de beaux ſentimens, d'hiſtoires choiſies, &c. En ce ſens il eſt figuré, & un peu vieux. (Ivez a fait une Grammaire, avec un bouquet des plus belles Sentences de la langue Françoiſe & de l'Alemande.)

Bouquetier, ſ. m. Terme de Faïancier. Vaſe de Faïance en ovale où l'on met des fleurs en forme de bouquet. (Remplir un bouquetier de fleurs.)

Bouquetiere, ſ. f. Celle qui fait & vend des bouquets de fleurs.

Bouquetiere, ſ. f. C'eſt celle qui a droit d'expoſer & de vendre toutes ſortes de bouquets de chapeau, de guirlandes de fleurs aux portes des Egliſes de Paris, ou d'autres villes. Les bouquetieres ſont obligées d'emploïer des fleurs nouvellement cueillies, & elles ne doivent point ſe ſervir de fleurs d'Acacia. Aucune maitreſſe bouquetiere n'aura deux aprentiſſes au même tems. Les bouquetieres ſont apelées bouquetieres, chapeliéres en fleurs. Elles ſont reçuës bouquetieres devant le Procureur du Roi de Paris. Elles ont leur Confrerie à S. Leufroi, & prennent pour le jour de leur Fête S. Fiacre le Patron des Jardiniers. Les bouquetieres parlant des bouquets, diſent faire un bouquet, monter un bouquet, lier un bouquet avec de la canetille, ou canetiller un bouquet. Voiez les Statuts des bouquetieres.

BOUQUETIN, ſ. m. Bouc ſauvage, qui reſſemble au chamois, excepté qu'il a les cornes plus longues & plus larges. Il eſt fort chaud, & ſe tient preſque toûjours ſur la glace. On en trouve dans les Alpes du Dauphiné & de Savoye, & dans les païs des Griſons. On tient que ſon ſang eſt extrêmement chaud, & que ſi l'on en boit, il a la vertu de diſſoudre le ſang caillé.

BOUQUIN, ſ. m. Ce nom eſt venu d'Alemagne. Les premiers Livres qui ont été imprimez nous étant aportez de ce païs, & les Alemans apelant un Livre Buch, on a retenu ce mot pour dire un vieux Livre un peu fripé. (Lire de vieux bouquins. Abl. Ta beſace eſt pleine de bribes & de vieux bouquins. Abl. Luc. T. 1.

Bouquiner, v. n. Chercher de vieux Livres. (Il ne fait que bouquiner.)

Bouquiner. Ce mot ſe dit du liévre lorſqu'il eſt en amour & qu'il tient la baſe. Sal.

Sentir le bouquin. Ce mot ſe dit lors que les aiſſelles d'une perſonne ſentent une odeur forte comme celle du bouc.

Cornet à bouquin. Voiez Cornet.

BOURASQUE. Voiez bourraſque.

BOURBE, ſ. f. Terre molle & pleine d'eau bourbeuſe au fond des étangs ou des marais. (Enfoncer dans la bourbe.)

Bourbeux, bourbeuſe, adj. Plein de bourbe. (Etang bourbeux, Marre bourbeuſe.)

Bourbier, ſ. m. Lieu plein de bourbe. (Se jetter dans un bourbier. Le chariots peſans demeuroient la plupart enfoncez dans des bourbiers. Vaug. Q. Curce, l. 8. ch. 14.)

* Bourbier. Péril, danger, afaire fâcheuſe. (Il l'a laiſſé dans le boubier.

BOURBILLON, ſ. m. Terme de Maréchal. Pus endurci qui ſort tout d'un coup d'une apoſtume, d'un clou, d'un javar. Ce cheval a un javar, mais il ne laiſſera pas de marcher quand le bourbillon en ſera ſorti.)

BOURCER. Terme de Mer. Carguer. Ce mot ſe dit des voiles, & il ſignifie les trouſſer en partie, & ne laiſſer qu'une partie de la voile pour prendre du vent.

Bourcet, ſ. m. Terme de Mer. C'eſt un nom qu'on donne au mât de miſaine & à la voile.

BOURDALOUE, ſ. f. Mot nouveau. C'eſt une étofe modeſte, qui a été nommée de ce nom, à cauſe d'un fameux Prédicateur Jéſuite, qui avoit nom Bourdaloué, & qui prêchant un jour contre la magnificence des habits des femmes, en toucha ſi fort la plûpart, qu'elles lui firent connoitre qu'elles ſe réformeroient ; & enſuite changerent pour quelque tems leurs ſuperbes étofes en d'autres, qui furent alors, & qui ſont encore aujourdui nommées Bourdalou. Son habit eſt une bourdalou fort jolie.

Bourdalou, ſ. f. Treſſe d'or ou d'argent & de ſoie, ou de ſoie ſeulement, large d'environ un doigt, qu'on met au lieu de cordon de chapeau, & qui s'atache avec une petite boucle d'or ou d'argent, ou d'autre métal. (Une bourdalou tres-propre, & tres-bien faite. Avoir une bourdalou. Avoir, mettre, porter une bourdalou à ſon chapeau.)

BOURDE, ſ. f. Menſonge. (Donner une bourde à quelcun. Dire des bourdes. Philipe le Hardi, Duc de Bourgogne, diſoit que quiconque avoit dit qu'il avoit mis des impôts, avoit dit une bourde, & une franche bourde.)

BOURDELAIS, ſ. m. Gros raiſin blanc ou rouge, de treille.

† BOURDIR, v. n. Mentir. (C'eſt un coquin qui bourde.)

Bourdeur, ſ. m. Menteur. (C'eſt un franc bourdeur.)

Bourdeuſe, ſ. f. Menteuſe. (C'eſt une vraie bourdeuſe.)

Bourdon, ſ. m. Groſſe mouche ennemie des abeilles. (Un bourdon m'a piqué.)

Bourdon. Partie qui ſert aux acords de la muſette & de la cornemuſe, & qui eſt appellée *bourdon*, parce qu'elle fait toujours un même ton. (Un bourdon de muſette. Un bourdon de cornemuſe.)

Bourdon. Terme de Faćteur d'orgues. Jeu d'orgue qui fait une eſpéce de bourdonnement. (Gros ou petit bourdon.)

Bourdon, ſ. m. C'eſt un bâton de Pélerin de S. Jaques, au haut duquel il y a une petite pomme de bois. (Un bon bourdon. Un bourdon aſſez fort, un bourdon bien tourné, porter le bourdon.

* **Bourdon**, ſ. m. Au figuré il ſignifie le pélerin qui porte le bourdon.

Hé quoi ! Madame à ſon chevet
Pourroit voir un Bourdon.
La Fontaine, nouvelles.

Un bourdon fait paſſer l'amour.
Quelque bourdon que ce puiſſe être.
Poëte anonime.

* *Planter le bourdon en quelque lieu.* Façon de parler proverbiale & figurée, pour dire s'établir en quelque lieu.

Bourdonnement, ſ. m. Il ſe dit des mouches au propre, & c'eſt le bruit qu'elles font autour de leurs ruches. Le bourdonnement eſt naturel aux mouches.

Bourdonnement, ſ. m. Bruit ſourd & obſcur. (Le bourdonnement eſt importun, le bourdonnement eſt fâcheux, faire un bourdonnement, j'entens un bourdonnement déſagréable. (Il ſe dit premierement des bourdons, & après des perſonnes.

Bourdonnement d'oreille, ſ. m. C'eſt une maladie d'oreille qui conſiſte à y avoir un certain bruit qui incommode conſiderablement. (Avoir un bourdonnement d'oreille. Guerir quelqu'un d'un bourdonnement d'oreille. Traiter quelqu'un d'un bourdonnement d'oreille.

Bourdonner, v. n. Il ſe dit proprement des mouches & veut dire bruire, faire un certain bruit confus qui leur eſt naturel, & qu'elles font volant autour de leurs ruches. (Les mouches bourdonnent quand elles commencent à ſortir de leurs ruches.

Le moindre bruit éveille un mari ſoupçonneux
Qu'à l'entour de ſa femme une mouche bourdonne
C'eſt cocuage qu'en perſonne
Il a veu de ſes propres yeux.
La Fontaine nouvelles, T. 2.

† **Bourdonner**. Au figuré, il ne ſe dit qu'en parlant, ou que dans le bas ſtile. C'eſt murmurer tout bas & entre ſes dents. Ce vieux fou bourdonne ſans ceſſe.

Bourg, ſ. m. Il vient de l'Italien *borgo*. Gros vilage qui d'ordinaire eſt fermé de méchantes murailles. Gonneſſe à 4. lieuës de Paris eſt l'un des plus fameux Bourgs de France.

Bourgade, ſ. f. De l'Italien *borgata*. C'eſt un gros bourg. Cette Comté a dix viles, trente bourgades & quatre à cinq cens vilages. *Patru plaidoié 7.*

Bourgeois, ſ. m. Celui qui eſt habitué dans une vile. *Un gros bourgeois*. C'eſt à dire un riche bourgeois. Un bourgeois conſiderable. Petit bourgeois. C'eſt à dire un bourgeois qui ne fait pas figure.

Bourgeois. Ce mot parmi les ouvriers veut dire celui qui met en œuvre. (Travailler pour le bourgeois. Le bourgeois veut cela.)

† *Cela eſt du dernier bourgeois*. C'eſt à dire. Peu poli. Peu galant.

Bourgeois, *bourgeoiſe, adj*, Qui eſt pour le bourgeois. Qui eſt de bourgeois. (Pain bourgeois. Caution bourgeoiſe.)

* **Bourgeois**, *bourgeoiſe, adj*. Qui n'a pas l'air de Cour. Qui n'eſt pas tout à fait poli. Trop familier. Qui n'eſt pas aſſez reſpectueux. Cela eſt un peu bourgeois. Maniere d'agir bourgeoiſe.

Bourgeoiſe, ſ. f. Femme de bourgeois. Celle qui eſt habituée dans une ville. (Une bonne bourgeoiſe.)

Bourgeoiſement, adv. En bourgeois. Vivre bourgeoiſement.

Bourgeois, ſ. f. Le corps des bourgeois. Tous, ou preſque tous les bourgeois d'une ville. La bourgeoiſe eſt toujours la copie de la Cour. *Scar.*

Bourgeois, ſ. f. C'eſt une ſorte de petite monnoie de billon, qui eut grand cours ſous le regne de Philippe le Bel. Il y eut de ce tems-là, des bourgeois ſimples & des bourgeois doubles. Les bourgeois ſimples étoient les deniers pariſis, & les bourgeois doubles, les doubles pariſis. *Le blanc, traité des monnoies*, p. 410.

Bourgeon, ſ. m. Jet de vigne ou d'arbre. Petit bois tendre & jeune. Petite branche tendre.

* **Bourgeon**. Puſtule, ou rougeur qui vient ſur le viſage, & qui eſt cauſée par une chaleur de foie. (Un viſage plein de bourgeons.)

Bourgeonner, v. n. Ce mot ſe dit de la vigne & des arbres, Jetter, pouſſer des bourgeons. La vigne commence à bourgeonner. Le murier ne bourgeonne point que le froid ne ſoit paſſé. *Dal.*

* **Bourgeonné**. Ce mot ſe dit du viſage, & ſignifie qui a des bourgeons. Avoir le viſage tout bourgeonné. *Abl.*

Bourguemeſtre, ſ. m. On apelle ainſi les magiſtrats du Païs-bas qui ont ſoin de la Police. *Voiez les Mémoires de la Reine Marguerite*, l. 2.

* **Bourguemeſtres**. Les plus conſiderables bourgeois d'une vile. Tous les honorables bourguemeſtres jetterent les yeux ſur nos inconnus. *Sca. Rom.*

Bourguignote, ſ. f. Pot en tête qui eſt couvert par devant, & qui eſt à l'épreuve de la pique & du mouſquet.

Bourrache, ſ. f. Herbe qui a les feuilles larges, rondes, âpres, garnies de petits éguillons, & qui porte des fleurs bleuës ou blanches en forme d'étoile.

Bourrade, ſ. f. Action de celui qui bourre quelqu'un. Donner une bourrade à quelqu'un.

Bourras, ſ. m. Sorte de gros drap. Du bon bourras.

Bourraſque, ſ. f. ou *bourraſque*. Tempête. Fâcheuſe, dangereuſe bourraſque, violente, impétueuſe. Nous fîmes voile au matin par un doux vent qui ſe changea ſur le midi en une violente bourraſque. *Abl. Luc.* T. 2. Il ſe leva une bourraſque qui mit en danger une partie de la Flote.

Bourraſque, ſ. f. Il ſignifie quelquefois au figuré, un trouble & deſordre qui ſe fait dans le corps, & qui eſt cauſé par quelque mal ou par quelque remede qu'on prend. Les vomiſſemens étoient accompagnez de tant d'eforts que tous les aſſiſtans deſeſperoient de ſa vie ; & au bout d'une heure que dura cette bourraſque, il ſe trouva très-foible, & tres-abatu. *Dom. Quichote, t. 1. ch. 17.*

Bourres, ſ. f. Poils de bœuf, de vache & de veau que le tanneur abat & vend aux bourreliers.

Bourre-lanes, ſ. f. Laine-bourre. Laine qu'on tire des fins draps avec les chardons, & dont on fait de matelats. Il y a auſſi de la bourre de ſoie.

Bourre, ſ. f. Terme de fleuriſte. Il ſe dit des anemones & ſignifie la graine. On apelle la graine d'anemone, bourre, parce qu'elle reſſemble à la bourre. *Voiez le traité des anemones ch. 1, p. 53.* La bourre des anemones tient & il la faut ſeparer.

Bourre, ſ. f. Terme de jardinier. C'eſt un petit endroit rond & aſſez gros, où eſt la fleur, lequel on nomme auſſi bouton. Les pêches ont été gelées en bourre. *Quint. Jardins.* tom. 1. p. 73. C'eſt le commencement d'un bourgeon qui eſt garni d'une eſpece de bourre, comme le bourgeon de la vigne, ou le commencement d'un bouton, qui eſt velu, comme il l'eſt aux pêchers.

* **Bourre**. Il ſe dit figurément, & ſignifie une choſe inutile. Il y a pluſieurs bons endroits dans ce livre, mais il faut avoüer qu'il y a auſſi bien de la bourre.

* **Bourre**. Ce que l'on met dans les armes à feu pour retenir la poudre, & après le plomb, dont on les charge, ſoit que ce ſoit de la bourre, du papier, ou autre choſe ſervant à cela. Et de là vient qu'on apelle tire-bourre, l'inſtrument dont on ſe ſert pour décharger l'arme à feu, ſans la tirer.

Bourreau, ſ. m. Prononcez *bourô*. Celui qui execute les ſentences & les arrêts criminels. Le bourreau ne ſe ſaiſit de la perſonne condannée qu'après avoir oui la prononciation de la ſentence, ou de l'arrêt, & il ne quite pas cette perſonne qu'il n'ait entierement executé l'arrêt ou la ſentence. Il lie d'abord les bras & les mains du criminel avec des cordes qu'il apelle ſaiſiſſement, & celle qu'il lui met au cou, tourneures, Sur toutes les choſes qu'on amene de dehors au marché, le bourreau prend, ou fait prendre par ſes valets un certain droit qu'il apelle bavée & qui conſiſte à quelques doubles ou à quelques ſous ſelon la qualité, ou la quantité de la marchandiſe qu'on vend. Le bourreau n'eſt pas ſi en horreur qu'autrefois puiſque des gens de qualité ſont gloire d'aler faire débauche avec lui & que des plus beaux eſprits de l'Academie Françoiſe lui dédient des livres. Etre bravé comme un bourreau qui fait ſes Pâques, c'eſt être bien habillé. Quand les Juges, ou les Commiſſaires, ou autres parlent au bourreau, ils l'appellent exécuteur, parce que le nom de bourreau les ofenſant.

* **Bourreau**, ſ. m. Il veut dire, au figuré, celui qui ſe tourmente ou en tourmente quelque autre. Ce qui donne de la peine à quelqu'un. Il eſt lui-même ſon impitoïable bourreau. *Patru plaid*. 5. Les envieux ſont eux-mêmes leurs bourreaux. *Vau. Quin. l. 8. C. 12.* En quelque lieu que ſe trouve un parricide, il rencontre un accuſateur, un juge & un bourreau. *Le maitre plaid. 28.* Le vice eſt lui-même ſon cruel bourreau. *Abl. Luc.* Vous ne ſavez en quel embaras je me trouve reduit par les conſeils de ce malheureux qui eſt devenu mon bourreau. *Port-Roial, Terence, Andriene,* a. 4. ſ 1.

† **Bourrelle**, ſ. f. Ce mot pour dire la femme du bourreau, n'eſt en uſage que parmi le petit peuple, encore n'y eſt-il pas beaucoup.

* **Bourrelle**, ſ. f. Celle qui exerce quelque action de bourreau, & qui fait quelque cruauté. Bourrelle, en ce ſens, ne ſe dit

guére, & ne se dit que dans le satirique. (Je me fis tant paier pour chaque coup de foüet à cause de l'ofice de *bourrelle* qu'ils me faisoient exercer. *Auteur anonime, traduction de la putain errante.*)

BOURRÉE, *s. f.* Fagot composé de bois fort susceptible de feu, (Bruler une bourrée.)

Bourrée. Dance gaie qui, à ce qu'on croit, vient d'Auvergne. (Dancer une bourrée.)

BOURRELER, *v. a.* Maltraiter quelcun à force de coups. Tourmenter. Le mot *bourreler* ne se mettra dans un beau discours; mais on s'en servira dans la conversation, & dans un stile comique. (C'est un coquin qui *bourrele* sa pauvre femme, quand il est saou.)

* *Bourreler v. a.* Au figuré, il est beau, & veut dire *tourmenter*. (La grandeur de son crime le bourrele le méchant qu'il est Le remors de son crime le *bourrèle. Tac.*)

* *Bourrelé, bourrelée, part. & adj.* Au figuré il est noble, & signifie gené & inquiété de quelque méchante action qu'on a faite. (Etre bourrelé en sa conscience. *Abl. Tac.* Avoir l'ame bourrelée, *Vaug. Q. C.* Les méchans ont l'ame bourrelée, & ne sauroient reposer. *Vaug. Q. C. l. 6. ch.* 10.

BOURRELET, *s. m.* Morceau de serge ou de rafetas formé en ovale, vuide par le milieu, & rempli de crin, ou de quelque autre chose dans les endroits qui ne sont pas vuides. On se sert de cette sorte de bourrelet pour coifer.

Bourrelet de chaise percée. Rond de serge rempli de bourre & vuide par le milieu.

Bourrelet d'enfant. Rond rempli de crin qu'on met sur le front & derriére la tête des enfans qui commencent à marcher.

Bourrelier, s. m. Prononcez bourrelié. Artisan qui fait les harnois des bêtes de somme & tous les enharnachemens des chevaux de carrosse, de chariot & de charruë. Il y a dans Paris deux sortes de bourreliers, qui pourtant ne font qu'un corps. Les uns font bourreliers en harnois de carosse, & les autres bourreliers en paille. Ceux-ci sont les moins honorables, parce qu'ils ne font que des harnois de chevaux de chariot. Ces bourreliers sont apellez parmi les gens du métier *bourreliers en paille*, à cause qu'ils mêlent de la paille dans la besogne qu'ils font, au lieu que les autres n'y en mettent point. Ils ont les uns & les autres pour principaux outils, des pinces, des alcines, des couteaux à pié & des trenchets, & ils se servent tous de manique pour coudre. On fait quatre ans d'aprentissage pour être reçu bourrelier. Ils prennent pour leur fête Nôtre Dame des vertus, qui arrive tous les ans, le second Mardi du mois de Mai.

Bourrer, v. a. Mettre de la bourre, ou autre pareille chose sur la charge dans le canon de l'arme à feu. (Bourrer un fusil.)

† *Bourrer, v. a.* Terme de Maître d'armes. Barre à coups de fleuret celui contre qui on fait assaut. (Il bourre le Prevôt de sale.) *Bourrer*, en ce sens, a vieilli, & l'on dit *batre*. Voi *Lienour, maitre d'armes.*

‡ * *Bourrer.* Pousser quelqu'un, moquer de langue. Vaincre en disputant. Maltraiter de paroles. [Il s'y prend bien & nous bourre de la belle maniére. *Mol.*]

† BOURRIQUE, *s. f.* Anesse. [La bourrique vient d'anoner.] Ce mot se dit aussi des ânes, & par mépris d'un méchant cheval.

Bourrique. Sorte de civière à maçon pour élever les matériaux. On dit aussi *un bourriquet.*

Bourrique. Machine composée d'ais sur quoi les couvreurs mettent l'ardoise quand ils travaillent sur les toits.

BOURRU, *s. m.* Bizarre. Capricieux. C'est un franc bourru. (bourru critique)

Bourru, bourruë, adj. Capricieux. Fantasque. [Un esprit bourru. Humeur bourruë.]

Bourru. Ce mot se dit d'un certain vin blanc un peu doux & trouble, qui n'a pas assez bouilli. (Le vin bourru est agréable à boire.)

Bourru, bourruë, adj. Terme de Naturaliste, qui se dit de certaines plantes, & veut dire qui a de la bourre & qui ne porte aucun fruit. Furetiére, 2. *Factum contre l'Academie Françoise, p.* 43. parlant de cette heureuse & envieuse Compagnie, a dit *Tout leur fruit ressemble à celui des Chardons & des autres plantes bourruës, qui ne consiste qu'à une legére bourre & à un vain duvet, dont le moindre vent se joue.* Furetiére a tort. On va voir ce fameux Dictionnaire, aprés lequel Mrs de l'Academie travaillent depuis cinquante ans. Mais Dieu veuille que *les montagnes n'acouchent pas d'une souris.*

† *Le même bourru*, est un Lutin qui dans la croiance du peuple, court les ruës aux Advents de Noël.

BOURSE, *s. f.* Ce dans quoi on ferme de l'argent, ou des jettons, & qui est fait de cuir, de velours, de chevreau ou de quelque jolie étofe, & qui se ferme avec des cordons ou avec un resfort. Une belle bourse.)

* *Bourse.* Ce mot au figuré a plusieurs sens. Exemples. *Vivre sur la bourse d'autrui.* C'est à dire, aux dépens d'autrui. *Ofrir sa bourse à un ami.* C'est à dire, son argent. *Mal mener la bourse d'autrui.* C'est faire faire de la dépense. *La mort en leur coupant la vie, coupa la bourse à bien des gens.* C'est à dire, apauvrit bien des gens. *Donner au plus larron la bourse.* C'est à dire, se fier à celui à qui on devroit le moins se fier. *Avoir la bourse plate*, C'est avoir peu d'argent.

Bourse. Ce mot se dit en matiére d'anatomie, & veut dire *petite vessie.* La bourse du fiel.

Bourse de Secretaire du Roi. C'est ce qui revient à chaque Secretaire du Roi sur les émolumens du sceau.

Bourse de Colége. Certaine rente fondée dans les Coléges de l'Université de Paris, pour y faire étudier quelque pauvre garçon.

Bourse, s. f. Terme de banquier & de marchand. C'est dans de certaines viles de commerce, une place publique, entourée quelquefois de galeries, où les Marchands s'assemblent à une heure particulière pour conferer avec ceux avec qui ils ont à faire, ou pour se parler les uns aux autres des choses qui les regardent. Il y a une Bourse à Rome, il y en a à Paris, à Londres, à Amsterdam, à Hambourg, à Stokolm, à Bourdeaux, &c. Il y a dans ces villes des lieux apellez *la grande bourse & la petite bourse* & l'on dit, aler, être, se trouver, se rencontrer *à la bourse.*

Bourse. Dans le Levant, c'est une maniére de compter. Ces bourses sont de cinq cens Ecus, & l'on dit, l'Egipte doit tant de bourses au Bassa. Le Grand Seigneur a tant de *bourses* de revenu.

Bourse de cheveux. Maniére de grand bourse de toile ou de tafetas noir, où l'on met les cheveux, & tout le bas de la peruque, & que l'on jette ensuite derriére la tête. Il n'y a que les Chasseurs, les jeunes Cavaliers & les voiageurs qui se servent de *bourses de cheveux.*

Bourses. Ce mot au pluriel veut dire la membrane qui couvre les testicules. (Avoir les testicules enflées.)

BOURSIER, *s. m.* De bourse s'est fait boursier. Prononcez boursié. Celui qui fait & vend de toutes sortes de bourses, de besaces, de sachets, de sacs de peau & de velours. Ils sont apellez *boursiers*, parce qu'ils font plus de bourses que d'autres choses. Ils se prennent presque plus d'aprentifs, à cause que leur commerce va fort peu. Ils ont pour Patron, S. Brieux, dont ils celebrent la fête, tous les ans, en Mai.

Boursier. Pauvre écolier qui a une bourse dans un Colége, & qui actuellement y étudie.

Boursier. Terme de Celestin. C'est le Religieux qui fait les petites dépenses journalières du Couvent. (Le Pére N. est boursier, & s'aquite fort bien de sa charge.)

Boursiller, v. n. Il se dit de quelques personnes qui sont ensemble, & veut dire donner chacun quelque peu d'argent & en faire une petite somme pour s'en divertir, pour acheter quelque chose, ou en assister quelcun. (Chacun boursilla pour envoier au vin. *Hist. comique.* On boursilla autrefois à l'Academie, pour le pauvre Collecet, mais hélas! on ne trouva rien, ou très peu de chose, tant ces Mrs. les beaux Esprits sont liberaux.)

Boursin, s. m. Terme de Maçon. C'est une chûte de terre, qui n'est pas encore bien pétrifiée, & qui est arachée à la pierre de taille, & qu'il faut ôter de même que l'aubier à l'égard du bois.

Boursot, s. m. Petite bourse de cuir atachée au côté droit de la ceinture du haut de chausse. (Un petit boursot.)

Boursouflé, boursouflée, adj. Enflé à cause de quelque reste de maladie. (Il est tout boursouflé.)

† *Boursouflé, s. m.* Terme de mépris, qui marque qu'on a le visage trop gros, trop gras, & mal fait. (C'est un gros boursouflé.)

BOUSE, *s. f.* Ordure de vache, ou de beuf. (La bouse engraisse la terre.)

BOUSILLER, *v. n.* Prononcez bouzillé. Terme de Maçon. Travailler mal. C'est travailler avec de la terre, ou de la bouë. (On ne fait que bousiller en ce païs.) *Bousiller* se peut aussi prendre activement, & il faut vivre bousille cela.

‡ † *Bousiller, v. a.* Mot bas du petit peuple de Paris. C'est mal mal quelque besogne. Travailler son mal quelque chose, & d'une maniére grossiére. (Il a bousillé cette besogne. On dit aussi passivement. Cela est bousillé. Cette besogne est bousillée.)

* † *Bousilleur, s. m.* Mot du petit peuple de Paris, pour dire celui qui travaille mal. (C'est un bousilleur.) On pourroit dire en riant, en matiére de traduction n'est qu'un bousilleur, c'est à dire, n'est qu'un miserable qui défigure les Auteurs qu'il traduit parce qu'il les fait parler Gaulois.

BOUSSOLE, *s. f.* aiuire, balancée sur quatre pivots où il y a une éguille frotée d'aimant, qui soutient une rose de carte divisée en trente-deux vents. (Durant la tempête le vent fit le tour de la boussole. La boussole nous donne la connoissance de nouveau monde, & elle lie les peuples de la Terre par le commerce *Nicole, Essais T.* 2.)

Boussole de quadran. Boîte avec une éguille au centre du quadran pour montrer l'heure & les parties du monde.

Bout, *s. m.* Prononcez *boût*. Extrémité. (Le bout de la ville.)

* Bout. Fin. Commencement & fin. (Au bout de soixante jours ils se rendirent. *Vau. Quin. l.* 3. Entendre la Comedie d'un bout à l'autre. *Mol.* Il a lû le livre de N. *d'un bout à l'autre*: mais c'est par pénitence, il a bâillé tout son saoû, car il est pitoiablement écrit.

Laissez-les faire, ils ne font pas *au bout*,
J'y vendrai ma chemise, & je veux rien, ou tout.
Rac. pl. 4. 1. *sc.* 7.

BOU   BOV

Je vous ptie de croire que je poursuivrai mon droit jusques au bout. *Port-Roial, Térence, Adelphes, a. 2. sc. 1.*

* On dit figurément, *le bout du monde*. Il s'est alé loger au bout du monde, c'est à dire, dans un lieu fort reculé. Si cela vous coute dix écus, c'est tout le bout du monde, c'est tout ce qu'il vous peut couter.

Bout. Petite partie qui finit une chose. Le bout du teton, de l'oreille, du nez, &c. Pensez-vous que ces peuples soient gens à être repoussez par de méchans bâtons brulez *par le bout*. *Vaug. Q. C. l. 3. ch. 2.*

Bout. Reste de quelque chose. Un bout de chandelle.

Bout. Ce qu'on met à l'extremité d'une chose pour l'assortir. Mettre un bout à un soulié.

Se mettre sur le bon bout. C'est s'ajuster.

Le haut & le bas bout d'une table, &c.

Bout à bout, adv. Il se dit des choses dont les bouts des unes sont mis à l'opposite du bout des autres. Il faut mettre ces épées bout à bout. Ces flêches sont *bout à bout*.

A bout, adv. Ce mot a divers sens qui dépendent tous du verbe auquel il est joint. Poussons à bout l'ingrat, & tentons la fortune. *Rac. Baj. a. 4. sc. 4.* C'est à dire, voïons jusqu'où peut aler son ingratitude. Plut à Dieu que Clitus ne m'eut point poussé à bout, mais vous savez comme il me traita. *Vaug. Q. C. l. 8. ch. 8.* C'est à dire, qu'il ne m'eut point obligé d'éclater contre lui.

Il ne veut que l'honneur de l'avoir *mise à bout*
Il en triomphe, & puis c'est tout.
Benserade, balet de la nuit.

C'est à dire, il ne desire que l'honneur de l'avoir poussée aussi loin qu'on pouvoit, & celui d'en faire la conquête.

Tu mets ma patience à bout. C'est à dire, tu m'obliges à me mettre en colere. Venir à bout de quelque chose, c'est l'achever.

Etre au bout de son rolle, c'est ne savoir plus que dire, ni que faire.

A bout portant, adv. Le bout de l'arme étant presque sur le ventre de son ennemi. Tirer quelcun à bout portant.

† A tout bout de champ. Mots bas & vieux, au lieu de quoi on dit, ordinairement. A chaque moment.

Bout. Terme de ceinturier. Petite plaque de métal qu'on met au bout des boucles du baudrier pour leur donner plus de grace.

Bout. Terme de fourbisseur. C'est un petit morceau de cuivre, d'or, d'argent ou de vermeil doré qu'on met au bas du fourreau de l'épée, du poignard, ou de la baïonnette. Mettre un joli bout à un fourreau. Un bout de cuivre vaut deux ou trois sols.

Bouts d'argent, Terme de tireur d'or. Gros bâton d'argent fin.

Bout d'or. Terme de tireur d'or. Bâton d'argent doré.

Bout de l'an. Terme d'Eglise. Service qu'on dit pour un mort lorsqu'il y a justement un an qu'il est mort. Faire dire le bout de l'an.

Bouts rimez. Terme de poësie françoise. Rimes en blanc qu'on a dessein de remplir. Sonner en bouts rimez.

Bout saigneux. La partie du colet de mouton où il y a du sang. On fait un bon potage d'un morceau de trumeau de bœuf, d'un bout saigneux de mouton, d'une vieille perdrix, ou d'un vieux coq, dont on aura cassé les os.

† Boutade, s. f. Caprice. Emportement prompt. Tirade de vers faites par caprice. Il lui prend de facheuses boutades. Prenez en gré cette boutade. *S. Am.*

Boutade, s. f. C'est une danse figurée, qui fut inventée par le fameux Bocan, maître à dancer, du régne de Louis XIII. laquelle a été apellée boutade, à cause qu'elle commence d'une maniere qui a quelque chose de brusque, de gai & d'éveillé. La boutade est agreable. La boutade a été extrêmement en vogue, maison ne la danse plus & à peine la connoit t'on que par les livres. Elles vous prient de ne plus tant danser la boutade & de choisir quelque danse plus grave. *Voit. l. 101.*

Bout ant. Voïez Arcboutant.

Boute-feu, s. m. Celui qui de dessein formé met le feu en quelque lieu. Il commanda de tuër tous les boute-feux. *Abl. Ar. l. 1. t. 7.* C'est un boute-feu, qui a brulé le chateau pour piller le tresor. *Abl. Luc. t. 1.*

* Boute-feu. Celui qui aime la division, qui seme des querelles. C'est un vrai boute-feu.

Boute-feu. Terme de canonnier. Fourchette au bout de laquelle il y a une mêche pour donner le feu au canon.

† Boute-hors, s. m. Ce mot pour dire facilité de parler est bas & vieux. C'est un homme qui a le boute-hors. Il n'a point le boute-hors.

† Jouër au boute-hors. Façon de parler vieille & basse, pour dire, tâcher de se suplanter l'un l'autre.

Boute, s. m. Terme de mer. Futaille où l'on met l'eau douce qu'on embarque pour l'équipage. La boute s'apelle aussi quelquefois baille. Les boutes sont pleines.

Bout, boutée, adj. Ce mot se dit du cheval, & veut dire qui a les jambes droites depuis le genou jusqu'à la couronne. Cheval bouté. Cavale boutée.

Bouteille, s. f. Vase de verre, de terre, ou de cuir bouilli propre à mettre du vin, ou autre liqueur.

* Bouteille. Vin. Aimer la bouteille. La bouteille a des charmes qui consolent de tout. *Mol.* La bouteille fait perdre la raison à Lignicre.

Bouteille d'eau. Petite boule qui s'éleve sur l'eau quand il pleut fort; c'est aussi une bouteille pleine d'eau.

Bouteille de vin. C'est une bouteille pleine de vin. Coifer une bouteille. Decoifer une bouteille.

Bouteiller de la maison du Roi, qui étoit autrefois un des premiers Oficiers de la Couronne.

* Bouter. Se bouter, v. r. Ce mot est passé de la vile au vilage, & ne se dit qu'à la campagne, & même les lieux où il a coure sont fort éloignez de Paris. Il signifie s'asseoir. Boutez-vous là, & puis nous parlerons d'afaires.

Boute-selle, s. m. Le premier son de la trompette pour avertir les cavaliers qu'il faut monter à cheval. Sonner le boute-selle.

Boutique, s. f. Lieu qui sert aux ouvriers, & aux artisans pour travailler, & aux marchands pour débiter leurs marchandises. Lever boutique. Ouvrir boutique. Tenir boutique. Garder, mener, conduire une boutique. Fermer la boutique. Garçon de boutique. Fille de boutique. Alexandre, étant à Efese, aloit à la boutique d'Apelle, pour se délasser l'esprit. *Durier, suplément de Q. Curce.* Les ouvrages du pauvre N. pourrissent au fond de la boutique du Libraire, qui donne tous les jours cent fois au diable ce barbouilleur.

Un courant de boutique. Terme de mépris. Un garde-boutique. Un arriere boutique.

† Faire de son corps une boutique d'apoticaire. C'est prendre souvent des remedes. Faire de sa tête une boutique de Grec & de Latin. C'est n'aprendre que du Grec & du Latin.

Bouris, s. m. Terme de chasse. Lieux où les bêtes noires fouillent.

Boutisse, s. f. Terme de maçon. Ce mot se dit des pierres mises en œuvre, en sorte que la longueur entre dans le mur, & que la seule largeur paroisse en dehors. Pour bien bâtir, il faut mettre des pierres en parement & d'autres en boutisse, alternativement.

Boutoir, s. m. Instrument avec lequel le maréchal pare le pié des chevaux & des mulets.

Boutoi, s. m. Le bout du nez des bêtes noires. Le boutoi du Sanglier. *Sal.*

Bouton, s. m. Petit morceau de bois rond & couvert de fil, de soïe, ou de trait d'argent, ou d'argent doré qu'on pousse dans les boutonieres. Morceau de verre, d'étain, d'or, ou d'argent façoné qu'on met dans les boutonnieres, ou dont on pare un habit. Bouton à boutonner. Bouton à queuë. Bouton à juste-au-corps. Bouton massif.

* Bouton de fleur. Bouton de rose. C'est un fleur, où une rose qui n'est pas épanouïe, & qui est en forme de bouton. On peut dire aussi que le bouton est une maniere de petit étui qui renferme les feuilles de la fleur. Un beau bouton merite du soin. Un gros bouton fort agréable. Bouton qui commence à grossir. Aider un bouton à fleurir. Bouton qui pourrit. Le fleuriste apelle aussi ce bouton, *bourre*. Voïez *bourre*.

* Bouton. Bourgeon qui vient au visage. Son pourpoint n'a plus qu'un bouton, & son nez en a plus de trente. *Gom. Epi. l. 1.*

* Bouton de verole. Sorte de pustule, ou de petite tumeur rougeatre qui ne supure pas & qui laisse toujours une marque aux endroits où elle vient. Et quand une personne a de ces sortes de boutons, on dit qu'elle a le chapelet de S. Côme.

* Bouton de farcin. Sorte de petit grain qui vient sur le corps du cheval, & qui le rend farcineux.

* Serrer le bouton à quelcun. C'est le presser avec vigueur.

Bouton, s. m. Terme de manege. Morceau de cuir, à peu prés rond, boucle de cuir au travers de laquelle passent les rênes de la bride, & qui sert à les resserrer. Hausser, ou abaisser le bouton. On dit mettre un cheval sous le bouton, lorsque le cavalier décendant de cheval, abaisse le bouton sur le col du cheval, pour que la bride ramaine la tête du cheval en bon état & qu'elle soit bien placée.

Bouton de feu. Terme de chirurgien & de maréchal. C'est un morceau de fer rond par le bout qu'ils font rougir pour l'apliquer dans des ulceres, afin de les guerir. Il faut apliquer le bouton à cette fistule. Il faut mettre le bouton de feu à chaque bouton de ce farcin.

Bouton. Ce mot se dit d'un petit morceau de fer, où d'autre métal qu'on met sur le bout du canon des armes à feu, pour servir de mire.

Bouton. Les essaïeurs apellent bouton; un petit morceau d'or où d'argent qu'on leur donne pour faire l'essai de ces métaux & voir à quel titre ils sont.

* On dit figurément qu'une chose ne tient qu'à un bouton, pour dire qu'elle tient à peu de chose.

Bouton. Terme de lutier. Bois en forme de gros bouton, où est atachée la queuë du violon.

Bouton. Terme de ſerrurier, de taillandier, de tourneur. Morceau de métal, ou de bois en forme de bouton. Un bouton de porte, de ſerrure, de pelle à feu.

Boutonner, v. a. Mettre les boutons dans les boutonnieres. Boutonner un pourpoint.

* *Boutonner, v. n.* Ce mot ſe dit des arbres, & veut dire pouſſer petits boutons. Les arbres commencent à boutonner.

Boutonnerie, ſ. f. Marchandiſe de boutonnier. La boutonnerie eſt meilleure qu'elle n'a encore eſté.

Boutonnier, ſ. m. Ouvrier qui travaille ſur le boiſſeau, à l'éguille, ſur l'oreiller, & au crochet, qui fait de toutes ſortes de boutons, de treſſes, de ceintures de Prêtre, cordons d'Evêque, cordons de miroirs, crépines, & qui enjolive divers ouvrages.

Boutonniere, ſ. f. Fente au pourpoint, ou au juſtau-corps, entourée de ſoie ou de fil, & arrêtée par deux brides pour mettre les boutons lorſqu'on ſe boutonne. Couper les boutonnieres.

Boutonné, boutonnée, adj. Ce mot ne ſe dit guere au propre. On ne dira pas du pourpoint qu'il eſt boutonné, pour ſignifier qu'il eſt garni de boutons, mais ſeulement pour dire que les boutons ont été mis dans les boutonnieres.

* *Boutonné, boutonnée, adj.* Ce mot au figuré ſe dit du viſage qui a des bourgeons. Viſage boutonné, nez boutonné.

Bouture, ſ. f. Terme de Jardinier. Branche d'arbre qu'on plante. Petits rejettons qui pouſſent au pié de quelque arbre. Planter de bouture. Elever du plan de boutures.

Bouture. Terme d'Orfévre. Eau où l'on met de la gravelle & du ſel pour blanchir la beſogne. Mettre la beſogne dans la bouture.

Bouverie, ſ. f. Lieu où le bouvier tient les bœufs. Aler à la bouverie.

Bouvier, ſ. m. Celui qui garde le bétail, comme bœufs, vaches. Un bon & fidele bouvier. Apollon a été le bouvier d'Admete. *Abl. Min. Felix.*

Bouvier. Celui à qui les bouchers de Paris donnent la garde de leurs bœufs, qui les nourrit, & qui les leur amene le jour des tueries.

† * *Bouvier.* Groſſier, ruſtre, mal propre. Quel bouvier eſt-ce là.

* *Bouviere, ſ. f.* Ce mot ne ſe dit guere au propre, pour ſignifier une femme ou une fille qui garde les bœufs & les vaches; mais au figuré, il eſt en uſage dans le ſtile bas, & dans le ſatirique. Il ſignifie une groſſiere, qui n'a ni eſprit ni adreſſe. La groſſe bouviere. Voïez cette mal adroite bouviere, cette baiorde. *Mol. Comteſſe, ſc. 2.*

Bouvillon, ſ. m. Jeune bœuf.

BRA.

Bracelet, ſ. m. Petit ornement qui embraſſe le bout du bras auprès des raſettes de la main. Un joli bracelet.

Bracmane, ſ. m. Prêtre Indien, un Philoſophe Indien.

Brague, ſ. f. Terme de lutier. Morceau de bois au bout du corps du Luth pour en cacher les écliſſes.

Brai, ſ. m. Compoſé noir, fait d'herbes & de poix réſine, dont on ſe ſert pour froter les bateaux. Faire du brai, fondre du brai, apliquer du brai bouillant ſur les couches d'étoupe, dont les calfas rempliſſent la jointure des planches qui compoſent le bordage d'un vaiſſeau. Il y a un brai ſec, & un brai gras, qui ſervent l'un & l'autre à braïer le vaiſſeau.

† * *Braies, ſ. f.* Il ne ſe dit qu'au pluriel. Il ſignifie haut de chauſſes, culote; mais en ce ſens, il eſt vieux & hors d'uſage, au propre; on ne dira jamais, les braies du pauvre V. ſont toutes percées, & le Sr. Barbin, pour qui il travaille, eſt un lâche de ne lui en pas donner d'autres. *Braies*, au figuré. & dans le comique, entre dans quelques façons de parler proverbiales. *Il en eſt ſorti braies nettes*, c'eſt à dire, il eſt heureuſement ſorti d'affaires. *Nos libertez auront peine à s'en tirer braies nettes. Mol. Préc.* C'eſt à dire, que nous y perdrons la liberté.

* *Braie.* Vieux mot. V. *Fauſſe-braie.*

Braies. Linge qu'on met ſous la chemiſe des enfans qui ſortent du maillot, & dont on leur envelope le cu, de peur qu'ils ne gâtent leur robe.

Braies, ſ. f. Cuir ou toile poiſſée qu'on met au pié d'un mât auprès du tillac, de peur que l'eau ne le pourriſſe. *Fourn.*

Braïer, v. a. Froter un vaiſſeau de brai, de poix, de goudron & de ſuif. Braïer un bateau.

Braier, ſ. m. Prononcez *bréé.* Bande de fer déliée, large d'un pouce, façonée en forme d'un demi-cercle, couverte d'abord de toile, & enſuite de cuir, dont l'un des côtez, & quelquefois les deux, ſont de la largeur d'environ la paume de la main, pour arrêter les déſcentes de boïau. Un braier bien-fait, un braier commun, un braier de fil de fer, à reſſort. Porter le braier. V. *Chirurgien, harnies.*

Braier, ſ. m. Morceau de cuir, large de deux bons doigts, au bout duquel il y a une eſpéce de ſachet de cuir, où l'on met le bâton de la baniere quand on la porte. Prenez vite vôtre braier pour porter la baniere. Sans braier on ne ſauroit porter la baniere qu'avec peine, le braier ſoulage.

Braiers. Terme de maçon. Il ſe dit des cordages qui ſervent à élever le bourriquet, où l'on met le mortier & le moïlon pour l'élever au haut des bâtimens.

Braier. Terme de fauconnerie. C'eſt le cu de l'oiſeau.

Braier, ſ. m. Terme de balancier. Petit morceau de fer qui paſſe dans les trous qui ſont au bas de la chaſſe du trébuchet & des balances, & qui ſert à la tenir en état.

* *Braiette, ſ. f.* Ce mot ne ſe dit guere, en ſa place on dit, *fente de haut de chauſſe.*

Brailler, v. n. Criailler. Il ne fait que brailler.

Brailler le haren. Terme de mer. C'eſt ſaupoudrer le haren de ſel, & le remuer avec la pelle. *Fourn.*

Brailleur, ſ. m. Criailleur. Un franc brailleur.

Brailleuſe, ſ. f. Criailleuſe. Une vraie brailleuſe.

Braion, ſ. m. Terme d'Imprimeur. Petit morceau de bois pour broïer les couleurs.

Braire, v. n. Ce mot ſe dit de l'ane qui pouſſe un cri naturel, & qui marque ce que la nature lui inſpire. L'ane brait.

* *Braire.* Crier, chanter d'une maniere deſagreable.

J'oi braire matin & ſoir,
Cinq païſans vétus de noir.
Boi. Epi.

Braiſe, ſ. f. Bois que le feu a conſumé & réduit en charbons. La braiſe du feu, la braiſe du four. Il eſt tombé de la poële dans la braiſe. Façon de parler baſſe & proverbiale, qui ſignifie, il eſt tombé d'un grand mal dans un pire.

Braiſier. V. *Braſier.*

Braiſiere, ſ. f. Terme de boulanger. C'eſt une maniere de fontaine de cuivre, où le boulanger étoufe ſa braiſe, lors qu'il la tire du four, & avant qu'il la mette dans le braiſier qui eſt en ſa boutique. Eteindre la braiſe dans la braiſiere. Mettre étoufer la braiſe dans la braiſiere.

* *Braiſe.* Ardeur amoureuſe. *Liſe, un courtiſan du feu Roi ne ſauroit moderer ta braiſe. Mai. poë.*

Bramer, v. n. Quelques-uns diſent bramer pour exprimer le cri du cerf, mais le vrai mot c'eſt *rére.* Le cerf qui brame au bruit de l'eau, s'amuſe à regarder ſon ombre. *Teoph.*

* *Bran.* Excrément d'homme.

Qu'elle puiſſe crever d'ahan,
Et vomir l'ame avec le bran.
S. Am.

* *Bran.* Terme qui marque le peu d'eſtime qu'on fait d'une choſe, ou d'une perſonne. Bran de vous, bran de vos cliſteres. *Sarpoë.*

Brancard, ſ. m. Prononcez *brancar.* Sorte de litiere. Voiture ſans roües, dans laquelle on tranſporte un malade tout couché ſur des matelats, avec des couvertures ſur des cerceaux, & qui eſt portée par deux chevaux, ou mulets, & quelquefois par deux hommes, l'un devant & l'autre derriere. Le conducteur du brancard, que l'ardeur du Soleil avoit aſſoupi, alla planter le brancard dans un bourbier. *Scar. Rom. t. 1. ch. 7.* Sur une maniere de brancard, embéli de pluſieurs branches de Laurier, & porté par deux ſatires, parut *Lulli*, petit homme d'aſſez mauvaiſe mine, & d'un exterieur très negligé avec de petits yeux bordez de rouge, qui avoient peine à voir. *Voiez la lettre ſur l'arrivée de Lulli aux Champs Eliſées.*

Brancard, ſ. m. Ce mot ſignifie auſſi les deux pieces de bois poſées ſur les liſoirs, & qui joignent le train de derriere au train devant d'un chariot, ou d'une chaiſe roulante.

Brancard, ſ. m. C'eſt auſſi un aſſemblage de pluſieurs pieces de charpenterie, qui forment une machine propre à tranſporter des pierres, ou autres choſes d'une peſanteur extraordinaire.

Branchage, ſ. m. Nom collectif. Pluſieurs petites branches; Scions chargez de branchages. *Vau. Quin. l. 6. c. 5.*

Branche, ſ. f. Partie de l'arbre qui ſort du tronc. Branche rompuë, pouſſer des branches, jetter des branches.

* *Branche.* Petite partie qui ſort d'une choſe qui fait une eſpéce de corps entier. Branche de luſtre, branche de girandole, branche de garde d'épée, branche de pincettes, de tenailles, &c.

* *Branche.* Partie de quelque choſe. Partie qui ſort ou qui ſe ſépare d'une choſe. Branche de veine, ou rameau de veine. Branches de bouquet de plumes. Branche de ciſeau. Branche d'embouchure ou de mords.

Branches de bride. Terme d'éperonnier. Deux pieces de fer courbées qui portent l'embouchure, les chainettes & la gourmette. Branche hardie, branche flaque. Forger les branches d'une bride.

* *Branche de flambeau.* Terme de potier d'étain. C'eſt toute la partie du flambeau qui eſt élevée au deſſus du pié, & au bout de laquelle on met la chandelle. Cette partie du flambeau s'apelle tige par les Orfevres.

* Branche de trompette. Terme de chaudronnier. C'est une sorte de tuïau qui est le long du pavillon de la trompette.

Branche. C'est la verge de fer dans la balance Romaine, sur laquelle le contre poids est mobile.

* Sauter de branche en branche. Façon de parler proverbiale se dit de ceux qui, sans raison, passent d'un discours à un autre.

* Il est comme l'oiseau sur la branche. C'est à dire, dans un état incertain & mal assuré.

* Branche de crochet. Terme de crocheteur. Ce sont les deux grands bâtons de devant les crochets, qui posent sur le dos du crocheteur.

* Branche. Terme de genealogie. Ligne collaterale. Il étoit décendu de la tige Roïale, bien que d'une branche un peu éloignée. Vau. Quin. l.4. c.1.

Branche, s. f. Terme de vieille poësie françoise. Il se dit parlant des lais & des arbres fourchus. Les branches de ces sortes de poëmes, ce sont leurs plus petits vers. Les branches des arbres fourchus n'ont d'ordinaire que trois silabes. Gratien Dupart, poëtique.

Branchu, branchuë, adj. Qui a plusieurs branches. Un arbre fort branchu.

BRANDEBOURG, s. m. Vêtement qui tient du manteau & de la casaque, qu'on porte l'hiver durant le mauvais tems.

BRANDEVIN, s. m. Ce mot est alemand, & signifie vin brulé. Le mot de brandevin ne se dit guere à Paris que parmi le petit peuple : les gens qui parlent bien, disent eau de vie. On boit force brandevin en Holande, & l'on dit aussi que le brandevin de Holande est le meilleur de tous les brandevins.

BRANDILLER, v. a. Balancer, Brandiller quelcun.

Brandilloire, s. f. ou balançoire. Cordes ou autres pareilles choses atachées au plancher, ou à deux poteaux, qui servent à se brandiller, où à brandiller quelque chose.

† BRANDIR, v. a. Jetter, Lancer. [Il brandit un long bâton. S. Am.]

* Brandir un chevron. Terme de Charpentier. C'est atacher un chevron à une panne par le moïen d'une forte cheville.

BRANDON, s. f. Ce mot est un peu vieux, & il signifie feux, feux errans. [C'est un feu passager, pareil à ces brandons qui errent à la faveur du vent qui les conduit. Voi. poë. Ces ailes, ces brandons, ces carquois, sont un mistere que je ne croi pas. Teo.]

Brandons, s. m. Ce mot signifie des feux qu'on fait pour se réjouir en carême. Mais outre qu'il est vieux en ce sens, il ne se dit guere qu'au pluriel, & en sa place on dit simplement des feux. [C'étoit autrefois la coutume de faire des brandons, & sur tout à la campagne. C'est demain la veille des Brandons. Fevret, de l'abus. Le Dimanche des brandons, c'est le premier Dimanche de Carême. [

BRANLE. Action de celui qui branle, & qui remuë quelque chose. (Sonner en branle. Mettre une cloche en branle.)

Branle. Action de celui qui met une chose en train de se faire. Qui la met en état de s'achever, ou qui est la principale cause de ce qu'une chose se fait ou arrive. [Donner le branle à une afaire. Psal. l. 18. Ce sont ceux qui donnent le branle à la reputation. Mol. Prét.]

Branle. Terme de Maître à dancer. Dance où plusieurs dancent en rond, se tenant par la main. (Un branle gai. Mener un branle.)

† * Branle de sortie. Mots burlesques pour marquer la retraite qu'on est obligé de faire en quitant un lieu, ou une personne.

Branle, s. m. Terme de Matelot. C'est un lit de Vaisseau, qui est une toile suspenduë à des cordes par les quatre bouts. Tendre ou d'étendre les branles.

Branler, v. a. Remuër Mouvoir, Branler la tête.

Branler, v. n. Chanceler, ne pas tenir ferme, Dent qui branle.

Parmi les troubles de la guerre
Son lit ne peut jamais branler
Que par un tremblement de terre.
Teoph. Poë. 1. p.

† Branler. Avoir peur, trembler, chanceler. Vous faites branler la nature par le moïen de vos regards. Voi. Poë. Quand il vit les ennemis branler il se mit à les charger. Vau. Quin. l. 4. c. 13. La renommée de cette victoire arrivée si à propos, afermit l'Asie qui branloit de toutes parts. Vaugelas, Quint. Cur. l. 7. ch. 9.

Branler dans le manche. Phrase proverbiale, pour dire. (N'être pas ferme dans sa resolution.)

BRANLOIRE. Petite chaîne, ou autre pareille chose avec quoi les Taillandiers, Maréchaux, & autres gens de forge font aller les souflets de leur forge.

BRANQUEURSINE, s. f. Sorte de plante qui fleurit en Juillet.

BRANQUE, s. m. Sorte de chien de chasse qui est domestique.

BRAQUER, v. a. Tourner. (Braquer un chariot, un carosse. Braquer le canon.)

BRAS, s. m. Partie de l'homme qui commence depuis la jointure de l'épaule jusques à la jointure du coude. V. Degori, Dict. de Medecine, p. 193. Un beau bras, un agréable tour de bras. Avoir le bras bien fait. Plier le bras de bonne grace. Ouvrir agréablement les bras, Porter bien les bras, Laisser tomber ses bras de bon air. Avoir de la grace au bras. Les poëtes ont dit que Briaree avoit cent bras.

A bras, adv. C'est à dire à force de bras. (Il a falu monter le canon à bras.)

A tour de bras, adv. De toute sa force. (Jetter une pierre à tour de bras.)

A plein bras, adv. A la brassée. (Prendre à plein bras.)

Bras dessus, bras dessous, adv. (Embrasser quelcun bras dessus, bras dessous.)

* Bras. Ce mot au figuré à divers sens. (Exemples. Elle avoit les mains crasseuses & les bras retroussez. Abl. Luc. Le mot de bras dans cét exemple est mis pour manche. Avoir de afaire sur les bras, C'est à dire, avoir beaucoup d'afaires. Faire retraite avec l'ennemi sur les bras. C'est à dire, se retirer & être poursuivi de l'ennemi. S'atirer un puissant ennemi sur les bras. C'est à dire, se faire un ennemi qui ne nous épargne pas.)

* Le bras de Dieu. C'est la puissance de Dieu. Les Rois ont les bras longs ; c'est à dire, leur pouvoir est grand, & il s'étend loin. Par cette conduite obligeante ils tendent les bras à tout le monde. Pas. l. 5. C'est à dire, ils secourent tout le monde. Il étoit le bras droit du Cardinal. C'est à dire son apui, celui qui le soutenoit. Prêter son bras à quelcun. C'est à dire le servir dans une entreprise. Je me lasse de vous avoir sur les bras. C'est à dire, je me lasse d'avoir soin de vous. Demeurer les bras croisez. (Le Comte de Foix, & le Connétable de Bourbon demeurérent, par jalousie, les bras croisez, tandis que le Prince de Galles pilloit le Languedoc, Choisi, hist. de Ioan. Si le bon homme fut demeuré les bras croisez, il eût été gueux toute sa vie. Abl. Luc. Tom. 1.

Qu'un voisin malicieux
A vous ruïner s'aprête,
Ou menace vôtre tête
L'estime a les bras croisez.
Pelisson, recuëil de pieces galantes. T. 1.)

* A bras ouverts. Façon de parler proverbiale pour dire favorablement, avec des témoignages d'amitié. (Recevoir quelcun à bras ouverts. Abl. Luc. T. 1. Dial. de Timon, a dit figurément la pauvreté m'a reçu à bras ouverts ; c'est à dire m'a reçu de tout son cœur & avec afection.)

* Le bras seculier. Magistrat qui fait executer les Ordonnances du Juge Ecclésiastique. Implorer le secours du bras seculier.)

* Bras. Ce mot se dit de quelques animaux. (Bras d'écrivisse. Bras de cheval, C'est la partie de la jambe du cheval, qui prend depuis le bas de l'épaule jusqu'au genou. Cheval qui plie bien le bras.)

* Bras. Ce mot se dit de la mer & des fleuves. (Bras de fleuve. Bras de mer. C'est un cours d'eau que la mer fait entre deux terres fermes.)

Bras, s. m. Terme de mer. Cordes pour croiser les vergues, & les faire aler de côté & d'autre. Fourn.

* Bras. Ce mot se dit des fauteuils ; des civieres & autres pareilles choses (bras de fauteuil, de civiere, de brouëtte. Bras de presse d'Imprimeur en Taille douce.)

* Bras, s. m. Terme de Jardinier. Il se dit des melons, des concombres & des citrouilles, & il signifie branche. On dit pié de melon qui commence à faire des bras ; Il faut ôter les méchans bras, ces melons n'y peuvent venir. Quint. des Jardins, 141 p. 75.

BRASER, v. a. Terme d'ouvriers en fer. C'est souder quelque piece de fer d'une autre maniere que ne le font ordinairement les forgerons, sçavoir, avec une soudure particuliere faite de du cuivre, du borax, de la roche ou du verre pilé ; que l'on fait fondre sur un brasier ardent. C'est de cette maniere qu'on met des pieces à des canons de fusil ou de pistolet qui sont crevez ; qu'on fait de petits cadenats ; & qu'on racommode d'autres ouvrages.

BRASIER, s. m. On prononce brasié. la raison voudroit que de braise on dit brasier, mais l'usage est le plus fort, & la dit & écrire brasier. C'est la braise du feu. Un petit ou un grand brasier, un bon brasier, un brasier ardent. Voilà du bois qui va faire un bon brasier. Eteindre le brasier.

Brasier, s. m. Vase de métal où l'on met du feu. Un brasier bien fait & bien travaillé. Elle eut le plus gros lot ; qui étoit un brasier d'argent. De Bussi, hist. des Gaules.

* Brasier, s. m. Ce mot au figuré, est plus de la poësie que de la prose. C'est à dire ; une flame amoureuse. Un feu ardent dans le cœur.

Un brasier ardent me consume.
Maleville, poësies.

Il porte dans le sein.
Un brasier qui n'a point de fin.
Voit. poesies.

Brasier, *s. m.* Mot de boulanger. Maniere de petite huche où le boulanger met la braise quand elle est étoufée. Les boulangers de Paris sont partagez sur brasier. Il y en a presque autant qui disent braisier, que ceux qui disent brasier. Le brasier est plein, on le braisier est plein. Si j'ose dire ma pensée là-dessus, je serois pour braisier, parce qu'il distingue ce mot entant qu'il est un terme de métier, de toutes ses autres significations.

Brassage, *s. m.* Terme de monnoie. Frais de la fabrication de la monnoie. Petite somme d'argent que le Roi permet de prendre au fermier des monnoies sur chaque marc d'or, d'argent, de billon, ou de cuivre mis en œuvre. *Voiez Bouteroüe.* Prendre le brassage. Lever le brassage.

Brassar, *s. m.* Terme d'armurier. Tout le fer qui couvre le bras de l'homme armé de pié en cap. Les deux brassars d'un homme armé de pié en cap.

Brassar. Ce qui couvre le bras de l'écolier lorsqu'il joüe pâtie au balon dans la grande cour de quelque Colege.

Brasse, *s. f.* La longueur des deux bras étendus. Le fleuve avoit trois brasses d'eau. *Abl.* On mouilla dans le port sur six brasses. Une brasse de corde est ordinairement de la longueur de deux aunes de Paris.

Brasse, *s. f.* C'est une sorte de mesure dont on se sert dans quelques viles d'Italie, pour mesurer les étofes. Une brasse de satin.

* Brasse. Ce mot se prend figurément. *Il est cent brasses au dessus de lui.* C'est à dire, il est bien plus que lui. *Il est cent brasses au dessous de lui.* C'est à dire, il est beaucoup moins que lui.

Brassée, *s. f.* Ce qu'on peut embrasser tout d'une fois avec le bras. Une grosse brassée. Prendre à brassée.

Brasser, *v. a.* Terme de brasseur. Faire de la biere. Brasser de la biere.

Brasser. Terme de monnoie, & de gens qui travaillent en métal. Mêler des choses liquides, en les remuant en rond, comme on fait l'or, l'argent & le cuivre fondu dans le creuset pour les alier, afin que le mélange soit égal dans toutes les parties, *Bouteroüe.* Brasser les métaux.

Brasser, *v. a.* Terme de mer. C'est se servir des bras pour faire aler les vergues. *Brasser au vent*, c'est brasser les vergues du côté du vent. *Brasser sous le vent*, c'est brasser les vergues d'un côté oposé à celui du vent. *Desroches, Terme de marine.*

* Brasser. Machiner quelque mauvais dessein. Brasser quelque chose contre quelcun. *Pat. plaid.* 5.

Brasserie, *s. f.* Lieu où l'on fait la biere. Une grande brasserie.

Brasseur, *s. m.* Celui qui fait brasser de la biere. Ouvrier qui brasse de la biere. Un bon brasseur.

Brasseuse, *s. f.* Femme de brasseur. Une jolie brasseuse.

Brassieres, *s. f.* Espece de camisolle que les enfans mettent la nuit.

† * Etre en brassieres. Etre embarassé. N'être pas tout à fait libre.

Brassin, *s. m.* Terme de brasseur. Cuve pleine de biere. Ce brassin est bon par excellence.

* Bravache, *s. m.* Mot vieux qui ne peut entrer que dans le comique & dans le burlesque, & qui signifie fanfaron qui a quelque bravoure. C'est un bravache.

Bravade, *s. f.* Menace fiere & insolente. Voilà où se sont terminées ses bravades. *Voi. l.* 74.

Les bravades enfin sont des discours frivoles
Et qui songe aux éfets neglige les paroles.
Corn. Pomp. a. 2. sc. 4.

Brave, *adj.* Hardi, courageux. Un brave soldat.

Brave, *s. m.* Celui qui a du courage. C'est un brave à trois poils. *Mol.*

* Je crains peu les braves du Parnasse. *Dép.*

* Brave, *adj.* Leste, bien vêtu. Il est brave, elle est brave.

* Brave, *adj.* Honnête, galand. Vous êtes un brave d'avoir fait ce que vous m'aviez promis.

Bravement, *adv.* Fort bien, de la bonne sorte. Vous avez bravement crié. *La Font. fables, l. 2.*

Braver, *v. a.* Insulter, se moquer, gourmander. La satire brave l'orgueil, & fait palir le vice. *Dép. sat. 9.* Vous triomphez cruelle, & bravez ma douleur. *Racin. Iphig.* Un critique aura la hardiesse de me braver. *Abl. Luc. t. 1.*

* Braverie, *s. f.* Beaux habits. Adieu nôtre braverie. *Mol.* Les filles aiment les braveries.

Bravoure, *s. f.* Valeur. Je veux que l'esprit assaisonne la bravoure. *Mol.* Avoir de la bravoure. *Sca.*

B R

Bréant, *s. m.* Petit oiseau qui a le bec court & gros, qui est d'un verd obscur, & comme gris, avec quelque chose de jaune sur l'extremité des gros tuiaux des ailes.

Brebis, brebi, *s. f.* Animal connu & couvert de laine, qui se nourrit d'herbes, de foin, de paille, qui hait les ours, le loup, l'aigle, le corbeau, le serpent, les chenilles & les abeilles, & qui vit neuf ou dix ans. La brebis bêle. Une brebis grasse, ou maigre. Une brebis galeuse. La brebis paît. La brebis agnele d'ordinaire tous les ans une fois. La brebis alaite son agneau sept ou huit semaines, & quelquefois plus, selon qu'on le lui laisse. La brebis est en rut, & lors qu'elle y est, le bélier le sent bien. Les brebis commencent d'entrer en rut à la Toussaints, & elles y sont jusqu'en Avril. Le berger mene & garde les brebis.

Heureux, qui vit en paix du lait de ses brebis,
Et qui de leur toison voit filer ses habits.
Racan, bergeries, a. 5. sc. 1.

Qui se fait brebis, le loup le mange. Proverbe qui veut dire que plus on est bon, & plus on donne prise sur soi aux méchans.

On apelle une brebis galeuse qu'il faut separer du troupeau, une personne dont la compagnie est dangereuse. On dit proverbialement. Brebis comptées le loup les mange. Pour dire que ce n'est pas assez d'avoir amassé du bien, & de le compter, mais qu'il faut aussi prendre le soin de le conserver.

* Brebis, *s. f.* C'est, au figuré, se prend pour les fideles Chrétiens qui sont sous la conduite d'un Pasteur. Ramener une brebis égarée au troupeau, c'est à dire, dans l'Eglise. Et generalement il se dit d'une personne qui est entierement soumise aux volontez de quelcun qui a droit de lui commander, & qui a l'œil sur la conduite de ceux qui lui doivent obéir.

Pour moi, comme une humble brebis
Je vais où mon Pasteur m'apelle.
Racan, poesies.

Bréche, *s. f.* Ouverture faite à une muraille par mine, par coups de canon, ou autrement. Faire une brêche. Défendre une brêche. Reparer une brêche. *Abl.*

* Brêche. Tort. Diminution. Il faisoit une grande brêche à sa reputation. *Vau. Quin. l. 4.* Sa conduite à fait brêche à son honneur.

Brêche, *s. f.* Terme de coutelier. Petite fracture le long de la lame d'un couteau, d'un canif, des ciseaux, ou du taillant de quelqu'autre instrument dont on se sert pour couper. On apelle aussi dent ce que les couteliers apellent brêche. Une grande ou petite brêche. Faire une brêche. La lame de ce couteau est pleine de brêches. Otez les brêches qui sont à la lame de ce rasoir.

† Brêchedent. Ce mot est adjectif, & de tout genre, & ne peut entrer que dans le discours familier, ou le stile le plus simple. Il signifie qui a perdu une dent. Il est brêchedent. Si elle n'étoit pas brêchedente, elle seroit belle.

† Bréchet, brichet, *s. m.* Mot du peuple. Quelques-uns disent brichet; mais ceux qui parlent bien font tous pour brêchet. Les anatomistes le nomment en latin *sternum.* C'est un creux externe, qui est au haut de l'estomac, au defaut des cartillages. Avoir mal au brêchet.

Bredindin, *s. m.* Terme de mer. C'est une manœuvre qui passe dans une poulie amarrée au grand étai, & qui sert à mettre les petits fardeaux dans le navire.

Bredindin, *s. m.* Mot burlesque qui se dit en parlant. C'est une sorte de méchant petit carosse à cinq sous, qu'on apelle plus ordinairement fiacre.

Bredouille, *s. f.* Terme de triquetrac. Partie double qu'on marque de deux jettons. *Grande bredoüille.* C'est douze jeux de suite qui emportent le double de ce qu'on avoit mis au jeu. Partie bredoüille. Partie qui en vaut deux. Gagner, perdre bredoüille. Marquer sa bredoüille. * Etre en bredoüille, c'est à dire qu'on est trouble. Ne savoir où l'on est, soit en ses discours, ou en quelque afaire.

Bredoüiller. Ce verbe est ordinairement neutre, & plus rarement actif. Avoir un vice de langue qui empêche qu'on ne se fasse bien entendre. Parler en bredoüillant. En bredoüillant maint terme sogrenu, il te fagote un compliment *corn. u S. Am.* Il ne fait que bredoüiller.

Bredoüillement, *s. m.* Vice de langue, qui empêche qu'on ne prononce bien.

Bredoüilleur, *s. m.* Celui qui bredoüille.

Bredoüilleuse, *s. f.* Celle qui bredoüille.

Bref,

BRE

Bref, *briève*, adj. Court. Qui n'a pas une prononciation longuë. (Discours fort bref. Silabe briève)

Brève, *s. f.* Terme de Musique. Note qui vaut deux mesures. Elle est blanche & figurée comme un quarré sans queuë. (Une longue vaut deux brèves.)

Bref, *s. m.* Rescrit du Pape avec le sceau public, qui est l'anneau du pêcheur, imprimé en cire rouge, tendant à conserver les Bénéfices à ceux qui les ont obtenus.

Bref, adv. En un mot. Enfin. Bref. vieillit fort.

En bref, adv. En peu de tems. Bien-tôt. En bref est vieux.

Brève, brièvement, brièveté. Voiez plus bas.

BREHAIGNE, adj. Terme injurieux pour dire, *Femme sterile*.

Brèhaigne. Ce mot se dit des biches, & veut dire qui ne fait point de fans. (Biche bréhaigne. *Sal. c.* 13.)

BRELAND, *berland*, *s. m.* Le premier de ces mots est le meilleur. Sorte de jeu de cartes qu'on jouë à 2. à 3. à 4. ou à 5, donnant 3. cartes à chacun après en avoir ôté les petites jusques aux sept inclusivement. (Jouër au breland.)

Breland, *s. m.* Lieu où l'on s'assemble pour jouër, & où l'on paie quelque chose au maitre de la maison, pour y fournit aux joueurs ce qu'il faut pour jouër. Le mot de *breland* est un terme de mépris. En sa place on dit *Academie*. Les brelands sont condamnez par les Loix, par les Conciles & par les Sinodes, *Thiers, Traité des jeux, ch.* 20. Abolir les brelands. Sa maison est un breland. Courir les brelands. *Racepaiast*.

Brelandier, *s. m.* Terme de mépris, pour dire un homme qui ne fait que jouër. (C'est un brelandier. La maison des jeux Académiques n'est qu'une école de brelandiers. *Thiers, traité des jeux, préface.*)

BRELIQUE-*breloque*, adv. Un peu inconsiderément & sans y regarder de si près.

BRENBUX, *breneuse*, adj. Plein de merde. (Cu breneux.)

BRESIL, *s. m.* Bois rouge & pesant qui vient du Brésil, païs d'Amerique.

BREMME, *s. f.* Poisson de lac & de rivière; grand & large, qui a la chair grasse & mole, la tête petite, le corps plat & couvert de grandes écailles avec deux nageoires auprès des ouïes, & deux autres au milieu du ventre. *Rond.*

BRETAUDER, *v. a.* Ce mot se dit quelquefois en riant, mais il ne s'écrit pas, & tout au plus il ne peut entrer que dans le comique, ou le bas burlesque. (C'est couper les cheveux à quelcun bien plus courts qu'il n'a coutume de les porter. (Qui vous a bretaudé de la forte. Vous voilà tout bretaudé.) Ce mot signifie aussi couper les oreilles à un cheval.

BRETELLE, *s. f.* Corde ou bande de cuir aux hottes, & aux crochets des crocheteurs; qu'on se passe dans les bras lorsqu'on porte la hotte, ou les crochets. (De bonnes bretelles.)

Bretelle. Terme de Rubanier. Tissu pour soutenir le corps du Rubanier, lorsqu'il travaille, de peur qu'il ne tombe devant.

BRETE, *s. f.* Longue épée. (Porter la brète, une grande brète.)

Breteur, *s. m.* Celui qui porte la brète ; le mot de *breteur* donne quelque idée de mépris de celui dont on parle. (Avoir l'air d'un breteur.)

BRÈVE, *s. f.* Silabe dont la prononciation n'est pas longue. (C'est une brève. *Savoir les brèves & les longues* ; Proverbe, pour dire, être intelligent en quelque chose.

Briévement ; brièvement, adv. En peu de paroles. La plupart font pour *brièvement*. Néanmoins il y a de bons auteurs qui se servent de *brièvement*. (Parler brièvement.)

BREVET, *s. m.* Ecrit qui contient la grace, ou le don que le Roi fait. (La personne nommée à un bénéfice doit avoir un brevet contresigné d'un Secretaire d'Etat. On doit faire mention dans ce brevet, &c. Voyez *ici* le mot *Bénéfice*. Avoir un brevet, obtenir un brevet. Soliciter un brevet du Roi en faveur d'un ami.)

Brevet, *s. m.* Ecrit de Notaire par lequel un aprenti s'oblige d'aprendre un métier sous un certain maitre qui est nommé dans le brevet, & cela pendant un certain tems & à de certaines conditions, dont le Maitre & l'aprenti sont convenus. (Faire un brevet. Passer un brevet par devant Notaire.)

Brévetaire, *s. m.* Terme de matière bénéficiale. Celui qui a un brevet pour quelque bénéfice. (Les brévetaires peuvent faire condamner les collateurs à leur donner la premiere prébende qui viendra à vaquer. *Definitions du Droit Canon.*)

Bréveté, *s. f.* La plupart rejettent ce mot, mais il y a de bons Auteurs qui l'emploient. Bréveté signifie le peu de tems que dure une chose. On peut apeller la *bréveté* l'ame du conte. *La Font. Fables, préface.* Les hommes du commun se plaignent de la bréveté de la vie, mais les Philosophes s'opposent à leurs plaintes. *Nicole, Essais de Morale, T.* 1. Réflexions sur Séneque.

BREVIAIRE, *s. m.* Livre qui contient l'abregé de la bible & de tout le saint ofice. (Un breviaire bien conditionné.)

Breviaire. Ofice divin. Dire son Breviaire.

† Breviaire. Ce mot se dit quelquefois en riant. Ainsi on dit, *un heros de breviaire*, pour dire un homme d'Eglise. *Sar.*

BRUVAGE, *bruvage*, *s. m.* L'un & l'autre se dit. Tout ce qu'on boit. Le Nectar est le bruvage des Dieux & leur manger de l'ambroisie. *Abl. Luc.*

BRI

† BRIBE, *s. f.* Ce mot, en quelque sens que ce soit, ne sauroit entrer que dans le stile bas & familier. Il signifie un gros morceau de pain. (Il mange tous les jours une grosse bribe de pain à son dejeuné.

Bribe, *s. f.* Tout ce qu'on dessert de quelque table. *Vaug. rem. nouv.* (On dessert de bonnes bribes de la table de Mrs les Abez crossez & mitrez & de Mrs leurs confreres. Il y avoit toûjours quelques bribes dans la besace de Diogene. *Abl. Luc.* Ta besace est pleine de bribes & de vieux bouquins. *Abl. Luc. Phil.*

Bribes, *s. f.* Il ne dit qu'au pluriel quand il signifie tout ce qu'on a de preparé à manger, soit à diner, ou à souper. (Ils se regalent quelquefois entre eux, en mettant toutes leurs bribes ensemble. *Abl.* Mêlons nos bribes ensemble & trinquons.

BRICE, *s. m.* Nom d'homme. (Brice est fort rufé.)

BRICOLES, *s. f.* Bandes de cuir que les porteurs de chaise se mettent sur le chignon du cou, & dans les bâtons de la chaise pour se soulager lorsqu'ils portent.

Bricoles, *s. f.* Terme de *porteur d'eau*. Ce sont des morceaux de cuir, larges de deux bons doigts, pliez l'un sur l'autre, & au bout desquels il y a des crochets pour tenir les seaux. (Le porteur ne peut bien porter de l'eau sans *bricoles*. Quand il veut porter ses seaux, il se met ses *bricoles* au cou.)

Bricoles. Terme de chasse. Filets faits de petites cordes en forme de bourse qui sont propres à prendre les grandes bêtes. (Prendre un chevreuil avec des bricoles. *Sal.*)

Bricole. Terme de jeu de paume. Le mouvement que fait la bale en bricolant. (Entrer dans le trou par bricole.)

Bricole. Excuse frivole. (Donner des bricoles à quelcun)

Bricoler, *v. n.* Terme de jeu de paume. Ce mot se dit de la bale qui touche contre les murailles sans aller droit.

* Bricoler. Ce mot se dit de ceux qui mangent trop chaud, & signifie faire aller le morceau de côté & d'autre dans la bouche avant que de l'avaler parce qu'il brûle, & qu'il est trop chaud.

BRICHET, *s. m.* Le devant de l'estomac. (Avoir mal au brichet. V. *Bréchet.*

BRIDE, *s. f.* Instrument avec quoi on conduit & fait obeïr le cheval, & le mulet & qui est composé d'une têtière, de deux rennes & d'un mords. (Tenir la bride droite. Lâcher la bride. Laisser tomber la bride, s'atacher à la bride, *se tenir à la bride*. C'est être mauvais cavalier & se servir de la bride comme on feroit des crins du cheval. *La main de la bride*, c'est la main gauche.)

A toute bride, adv. De toute la vitesse du cheval. Courre à toute bride. Pousser à toute bride. *Vaug. Q. Curce, l.* 8. *ch.* 14. S'enfuir à toute bride. *Abl. Cesar. l.* 1. *ch.* 1. & 2.

* Bride. Ce mot a divers sens au figuré. (Exemples. Tenir en bride. C'est à dire, tenir dans le devoir. Aller bride en main dans une afaire. C'est à dire se conduire sagement dans une afaire. Mettre la bride sur le cou. C'est donner une entiere liberté à quelcun de faire ce qu'il veut, parce qu'on ne desespere de sa conduite. *Bride à veau*. Termes burlesques pour dire amusement pour arrêter quelque sot.

* Bride. Terme de Tailleur. Deux ou trois points que le tailleur fait avec de la soie, ou du fil aux extremitez de chaque boutonniere pour arrêter la boutonniere.

Bride. Terme de faiseuse de points & de remplisseuse. Fil dont on se sert pour arrêter les points & empêcher qu'ils ne se rompent. (Faire une bride. Jetter une bride.)

Bride de beguin. Morceau de toile qu'on passe sous le menton de l'enfant & qui s'atache au beguin.

Brider, *v. a.* Mettre une bride à un cheval, à un mulet. (Brider un cheval.)

* Brider. Arrêter. Empêcher. Elle fait trembler les astres, & bride le cours de la Lune. *Voi. Poë.* Brider ses passions. *Teo.*

* Brider. Atraper. (Ma foi, Monsieur, la bécasse est bridée. *Mol.*)

Brider, *v. a.* Terme d'Academiste. Il se dit en parlant de la course de bague. (C'est toucher de sa lance, la potence ; paffer par dessous la potence, ou fraper le canon de la potence. C'est un mal adroit qui bride toûjours la potence.

Bridoir, *s. m.* Prononcez *bridoi.* Morceau de linge large d'environ trois doigts, qui a deux petits cordons acrachez au bonnet de la Dame qui se coife. Le bridoir sert à bander le menton, & à cause de cela plusieurs coifeuses, & plusieurs Dames mêmes, apellent ce bridoir ; une *mentonniere.* Néanmoins bridoir est en usage, & elles disent qu'on me donne mon *bridoir* & que je me coife.

Bridon, *s. m.* Terme de quelques *Religieuses Urbanistes.* C'est un morceau de linge, large d'environ deux doigts, qui est cousu & attaché au voile. (Coudre, atacher le bridon. Ce bridon fait voir que les Religieuses doivent être mortes à tous les plaisirs du monde, & que c'est comme une bride qui les oblige à s'en retenir & à se mettre un frein.

Bridon, *s. m.* Terme d'Epronnier. C'est une embouchure menuë, qui n'a point de branches. On apelle ce bridon, *filet à l'Angloise.* (Donner un bridon à un cheval.)

BRIEVETÉ, *s. f.* Le peu de tems que dure une chose. Voiez *briéveté*. Il est bon de lire le traité que Sénéque a fait de la briéveté des jours.

BRIEF, briéve, *adj.* Ce mot ne se dit d'ordinaire qu'en parlant de choses de justice. [Exemples. Ajournement à trois briefs jours. Bonne & briéve justice.]

Briévement, *adv.* En peu de mots. Succinctement. [Je m'expliquerai le plus briévement que je pourrai.]

BRIFABLE, *adj.* Mangeable. (Fromage brifable. *S. Am.*)

Brifer, *v. a.* Manger avidement. Il a brifé en un moment tout ce qu'on avoit servi.

BRIGADE, *s. f.* Terme de guerre. Le mot de *brigade* en parlant de Compagnie de Cavalerie. C'est la troisiéme partie de la Compagnie, lorsque la Compagnie est de quarante à cinquante maitres, mais si c'est une brigade de Chevaux légers de cent maitres, elle est divisée en six brigades. [Une bonne brigade. Une grosse brigade. Une petite brigade. Il y a trois brigades dans nôtre compagnie. Marcher à la tête de la brigade. Voiez *les réglemens & les ordonnances du Roi pour les gens de guerre.*]

Brigade. Ce mot, en parlant d'armée, se dit de la Cavalerie & de l'Infanterie. La brigade de Cavalerie est de douze Escadrons à cent cinquante maitres par escadrons. La brigade d'Infanterie est pour la plupart de cinq mille hommes. C'est à dire, six bataillons. Les bataillons du Régiment des gardes sont de cinq compagnies de cent cinquante hommes. Les bataillons des autres regimens François sont de seize compagnies de cinquante soldats. (Commander une brigade de Cavalerie ou d'Infanterie.)

* *Brigade.* Ce mot se dit quelquefois en riant, & en ce sens, il n'entre que dans le stile enjoué & dans la conversation. Il signifie plusieurs personnes ensemble. Compagnie de quelques personnes.

(Soit que sur le bord de la Seine
Nôtre *brigade* se proméne
Ou que nous demeurions chez nous,
A toute heure on parle de nous:
Voit. Poes.)

Brigadier, *s. m.* Ce mot en parlant de compagnie de Cavalerie signifie qui commande une brigade. Le Roi par une ordonnance de 1668. du 2. d'Aout a ordonné que dans chaque compagnie de chevaux légers de cent maitres, il y auroit six brigadiers, que ces brigadiers obéïroient aux Maréchaux des logis, & commanderoient à tous les Cavaliers, & que pour cela ils seroient choisis entre les plus expérimentez. Les brigadiers des compagnies des chevaux-légers ont chacun outre la paie ordinaire, deux sous par jour.

Brigadier. Ce mot en parlant de brigade d'armée est celui qui commande un Corps de Cavalerie, ou d'Infanterie, qui marche à la tête de sa brigade pour exécuter les ordres qu'il a reçus. Il Roi créa l'an mil six cens soixante & huit, le trentiéme de Mars, des brigadiers dans l'Infanterie comme on en avoit créé dans la Cavalerie sous les troupes d'Infanterie fussent mieux commandées, & il ordonna que les brigadiers d'Infanterie auroient le même pouvoir sur les tronpes d'Infanterie que les brigadiers de Cavalerie ont sur celle de Cavalerie.

BRIGAND, *s. m.* Voleur de grans chemins. Il est entre les mains du Prevôt des Maréchaux comme un brigand, *Patru plaidoié* 5. Il faisoit beau voir Jupiter qui se laissoit tondre par des brigans. *Abl. Luc. T. 1.*

Brigandage, s. m. Vol sur les grans chemins. (Vivre de brigandage. *Van. Quin. l. 8.*)

BRIGANTIN, *s. m.* Vaisseau de bas bord de 10. de 12. ou de 15. bancs, & d'autant de rames, à un homme à chaque rame. *Four.*

BRIGIDE, *s. f.* Nom de Femme. Sainte Brigide est célébre.

Brigitin, s. m. Religieux de sainte Brigide. Religieux qui, en France est habillé d'un gros drap minime. Il a la tête couverte d'un capuce, & porte une robe, un scapulaire & un manteau de même couleur, avec une grand croix rouge sur l'un des côtez de ce manteau. Brigitin ne se dit qu'en conversation, car dans quelque discours fort sérieux, on apelle les *brigitins*, Religieux de Sté Brigide. Ils suivent la régle de S. Augustin, & il n'y en a en France que quatre ou cinq Couvents.

BRIGNOLES, *brignoles, s. f.* Plusieurs disent *brugnoles*. Mais le vrai mot c'est *brignoles*. On apelle ainsi de certaines prunes fort bonnes à cause qu'elles viennent de la ville de brignoles en Provence.

BRIGNON, *s. f.* Voiez *brugnon*.

BRIGUE, *s. f.* Poursuite ardente pour obtenir quelque chose. (La brigue étoit forte. Les brigues commencerent à s'échaufer, *Van. Quin. l. 4.* Les brigues qu'on faisoit n'éclatoient pas encore. *M. de la Rochefoucaut*, Il faloit être présent à Rome pour la *brigue* du Consulat.)

Briguer, *v. a.* Tâcher d'avoir. (briguer une charge.) (* Briguer l'amitié des grans, *Abl. Ret.*)

Brigueur, *s. m.* Ce mot ne se dit guére seul. Celui qui brigu (C'est un brigueur à gage.)

BRILLANT, brillante, *adj.* Eclatant. Qui paroit. Qui est plein de choses qui embélissent. (Diamant brillant. La terre brillante de fleurs. *Voi. Poe.*

* *Brillant*, brillante. Vif. Plein d'esprit. Enjoué. Commencement de lettre fort brillant. Un galland homme n'est autre chose qu'un honnête homme un peu plus brillant qu'à son ordinaire.)

* *Brillant*, brillante, *adj.* Il se dit des chevaux, & veut dire ; qui a l'encoulure relevée, un beau mouvement, les hanches excellentes & qui mâche son mords de bonne grace. (Cheval brillant, ravale brillant.)

* *Brillant, s. m.* Feu d'esprit, Ce qu'un esprit a de plus vif, & de plus subtil. [Elle a un brillant d'esprit qui enchante tout le monde.

Briller, *v. n.* Eclater. Reluire. (Le diamant brille.)

* *Briller*, *brillante* avec éclat. (La jeunesse brille sur son visage Déspreaux. C'est un esprit qui brille.)

* BRIMBALER, *v. a.* Sonner. Mouvoir des cloches. Faire du bruit avec des cloches, ou autre chose qui retentit. (Brimbaler les cloches, *S. Am.* Chaine, étui, clef & pelotons lui brimbalent aux deux côtez. *S. Am.*

† BRIMBORIONS, *s. m.* Plusieurs sortes de petites choses. [Je ne voi que lait virginal, blancs d'œufs, & autres brimborions. *Mol. Prét. s. 3.*)

BRIN, *s. m.* Prononcez *brain*. Petite partie d'herbe, ou d'autre petite chose que pousse la terre. Petite partie de quelque chose. (Brin d'herbe. *Voi. l. 52.* Brin de vergette. Brin d'osier, Brin de soie de sanglier. Brin de plume. *Termes de plumacier.* C'est la petite pointe de la plume.)

Brin, *s. m.* Il se dit aussi des cheveux. C'est un peu de cheveux. Les perruquiers disent, le haut de cette perruque n'est pas bien garni, il y faut encore quelques brins de cheveux.

Brin, *s. m.* Il se dit entre Jardiniers, en parlant d'arbres fruitiers. Ils disent, il faut choisir un arbre d'un beau brin, c'est à dire, bien droit & assez gros.

Brin, *s. m.* Il se dit aussi entre les Charpentiers, en parlant de charpente. (Chêne d'un beau brin, c'est à dire , d'une belle venuë.)

Brins à brin, *adv.* Un brin après l'autre. (Arracher brin à brin.)

BRINDE, *s. f.* Mot comique & bachique, qui vient de l'Alemand. C'est à dire, verre tout plein, rouge bord, dont on fait *carousse* qu'on boit à la santé de quelcun. Plût à Dieu que la guerre fut terminée, & que nous pussions faire comme autrefois *des brindes* avec Mrs les Alemands. Je demanderai toûjours au Ciel qu'il vous donne la force de suporter la fatigue des longues & fréquentes brindes qu'il vous faudra faire. *Costar, T. 2. lettre 6.*

BRINDESTOC, *s. m.* Ce mot est originaire de Flandres. C'est un grand bâton dont les Flamans se servent pour fauter les fossez de leur païs; il est ferré par les deux bouts, & près de celui d'embas il y a une masse assez large qui empêche que le brin d'estoc ne s'enfonce trop avant lors qu'on le plante dans un fossé pour le franchir. [Ferrer un brindestoc. Se servir d'un brindestoc.

FRIOCHE, *s. f.* Terme de Patissier de Paris. Maniére de gâteau, ou de pain qui est fait de fine fleur de froment, d'œufs, de fromage & de sel. (Une grosse, ou une petite brioche.)

BRIQUE, *s. f.* Terre cuite au four, propre à être emploiée aux bâtimens. (Faire de la brique. Bonne, ou méchante brique. Cuite de la brique. Faire un mur de brique. On bâtit de brique aux lieux où il n'y a pas de carrieres de pierre, Les murs de Babilone furent bâtis de brique.)

Briqueté, briquetée, *adj.* Fait de brique, ou en façon de brique. (Les murs de Versailles sont briquetez.)

Briqueterie, *s. f.* Lieu où l'on fait la brique. (Une grande briqueterie.)

Briquetier, *s. m.* Celui qui fait de la brique. (Un bon briquetier.)

† BRIS, *s. m.* L'honnête homme, qui a regalé le public des remarques nouvelles de Monsieur de Vaugelas, observe que le *bris* est l'action par laquelle un Vaisseau se brise, & *débris*, les restes de ce bâtiment. Cette observation seroit judicieuse & elle seroit suivie, si l'usage n'étoit un tiran.

BRISANS, *s. m.* Terme de mer. Rochers cachez sous l'eau, Contre lesquels la mer va briser de basse eau, *Fournier.* (Donner dans les brisans. Eviter les brisans.)

Brisant, *s. m.* Terme de Mer. C'est aussi le rejalissement de l'eau de la mer, que son propre poids & la force du vent font élever contre des rochers & contre les côtes.

* *Brisement, s. m.* Mot nouveau, qui ne se dit qu'au figuré, & en maniére de devotion. C'est la douleur que le cœur conçoit des pechez commis. C'est un *brisement de cœur* tendre, & d'une personne veritablement touchée de ses fautes.

BRISER, *v. a.* Rompre. Mettre en piéces. Froisser. Fracasser. (Briser le sel , le chanvre avec le brisoir. * Ces maraux ont dessein de me briser à force de heurter contre les murailles *Mol. Pre. s. 7.*

* *Briser.* Rompre avec quelqu'un. Rompre un discours commencé. (Ils ont brisé ensemble. C'est à dire qu'ils ne font plus

BRI

mis. *Brisons là-dessus.* C'est à dire , ne continuons pas davantage nôtre discours.]

Briser. Renverser. Détruire. [Il doit briser toute la puissance des enfers. *Patru plaidoié* 5.]

Briser, Terme de chasse. Rompre les branches & les jetter sur les voies de la bête.

Briser, *v. n.* Terme de Mer. Il se dit des vagues , & c'est batre & choquer avec violence. [Les houles vont briser dans cette baie. Les vagues brisent , ou coupent avec violence.]

Brise, s. f. Terme de mer. Vent qui vient de la mer sur les dix heures du matin. D'autres disent que la brise est un petit vent frais qui sort de terre sur le soir. L'Auteur du voiage de Siam semble être de ce dernier sentiment, car , page 328. il écrit *la brise vient le soir*. Guillet, termes de mer , dit que la brise n'est sensible qu'à ceux qui rangent la côte. Sur la Rivière des Amazones il se lève tous les jours certains vents Orientaux qu'on nomme *brises* ; qui durent trois ou quatres heures , & qui repoussent les eaux de la rivière. On apelle aussi *brise*, un vent d'Avril, qu'il faut atendre pour venir des Iles Ameriques en Europe.

Brisées, s. f. Terme de chasse. Chemins marquez avec des branches que les vaneurs rompent & jettent à côté parmi les bois pour reconnoître leur enceinte. [Jetter les brisées sur les voies. *Sal.*

Brisées. Dessein. Route. Propos. (Retourner sur les brisées. Suivre ses brisées. Aler sur les brisées de quelqu'un. *Mol.*)

† *Brise-cou, s. m.* Mot de conversation. Marche, ou degré d'escalier dangereux à faire tomber. [Il y a des *brisecous* dans vôtre escalier, son escalier est un *brisecou* , c'est à dire qu'il y a du danger, & qu'on y peut aisément tomber, si on ne prend garde à soi.]

BRISEUR DE SEL , *s. m.* Oficier sur le Port de Paris qui découvre le sel dans les bateaux, le brise & le met en tâs pour faire chemin aux mesureurs & porteurs. *Nouvelles ordonnances de Paris.*

Briseur de sel, Celui qui,avec une sorte de pic,brise le sel dans les greniers à sel, afin de le mettre dans les minots.

Brise-vent, s. m. Terme de Jardinier. Clôture pour arrêter l'éfort du vent & en garantir les arbres. Faire un brise vent. *Quintin. Instruction pour les Jardins. T. l.*

Brisoir, s. m. Terme de Chanvrier. Prononcez brisoi. Instrument de bois quarré avec des dents qui sert à briser le chanvre.

Brisure, s. f. Terme de blason. Figures étrangères ajoutées aux armoiries pour distinguer les cadets & les bâtards, d'avec les ainez & les fils légitimes.

BRO.

BROC , *s. m.* Grand vâse pour mettre du vin. [Emplir, ou vuider les brocs.]

† *De broc en bouche.* Frase proverbiale , qui veut dire *de la broche à la bouche*, manger une chose si-tôt qu'elle est rotie.

BROCANTEUR , *s. m.* Terme qui se dit parmi les Peintres & les Curieux de Paris. C'est celui qui achete & revend des Tableaux, & qui par ce commerce gagne sa vie. [C'est un des adroits brocanteurs de Paris.]

BROCARD , *s. m.* Etofe à fleurs. [Un beau brocard.]

† *Brocard.* Mot piquant. (Donner un brocard à quelqu'un.)

† *Brocarder, v. a.* Piquer de paroles. Se moquer de quelqu'un avec des paroles plaisantes. [On ne me brocardera point de m'être voulu commenter moi-même. *S. Am.*]

Brocatelle, s. f. Etofe de fil & de laine qui se fait en Flandre, dont on fait des housses de lit , dont on couvre des chaises & tapisse des cabinets. On apelle aussi cette étofe, étofe de la porte de Paris , mais les marchands l'apellent *menelines*. Il y a diverses manieres de brocatelles. [Ainsi on dit. brocatelle à fleurs. BROCATELLE à petits carreaux.]

BROCOLLI , *s. m.* Mot qui est venu d'Italie , & qui veut dire de certains petits choux qu'on mange en salade. [Les brocollis sont bons tant qu'ils sont cuits.]

BROCHE , *s. f.* Maniere de verge de fer un peu plate dont on se sert pour embrocher la viande lors qu'on la veut faire rotir. (Mettre à la broche. Mettre en broche. Un Medecin entra un jour dans la cuisine d'Antoine , & il y vit huit sangliers entiers à la broche. *Cizel, Triumv.* 3. *p. ch.* 12.)

Broche. Terme de Chevalier de l'Arquebuse. Fer au milieu de la feuille de carton où l'on tire. [*Faire un coup de broche.* C'est à dire , enfoncer la broche.)

Broche. Terme de Tonnelier.Petit morceau de bois arrondi qu'on met au fond des futailles pour en tirer queque petit filet de vin. *Mettre une futaille en broche*. C'est y mettre une broche , une canule , ou une fontaine pour en tirer le vin à pot & à pinte.

Broche. Terme de Brodeur. Outil sur quoi on met les étofes & les soies retorses, & propres à broder.

Broches. Terme de Rubanier, de Fileuse au rouët. Fer délié qu'on passe au travers du rochet ou du roquetin , de la bobine & de l'épinglier lorsqu'on file au rouët.

Broche. Terme de Serrurier. Morceau de fer qui est dans la serrure & dans quoi entre la fourrure de la clef.

BRO 139

Broche. Terme de Cordonnier. Outil de cordonnier pour brocher les talons.

Broche. Terme de Balancier. Petits morceaux de fer ronds qui passent au travers de la viole du peson.

Broche. Terme de Chandelier. Petit bâton où pendent les mèches. Petit bâton où pendent les chandelles. (Une broche de mèches. Une broche de chandelles.)

† * *Couper broche à quelque chose.* Ces mots se disent figurément & dans le stile bas,pour dire empêcher, arrêter quelque chose. Ainsi *couper broche à la médisance* , c'est à dire ôter tout prétexte & toute occasion. Se lui a refusé de l'argent tout à plat pour couper broche à toutes ses importunitez.

Brochée, s. f. Terme de Rotisseur. Broche pleine de viandes.(Une grande , ou petite brochée.)

Brochée. Terme de Chandelier. Plusieurs mèches de chandèle sur une broche.

BROCHER , *v. a.* Terme de Tricoteuse. Travailler avec des éguilles à tricoter. (Brocher un bas.)

Brocher. Terme de Maréchal. Mettre un clou au pié d'un cheval. (Brocher un clou.)

Brocher. Terme de Cordonnier. Aracher avec des cloux. (Brocher un talon , une semelle.)

Brocher. Terme de Couvreur. Mettre de la tuile en pile entre les chevrons.

Brocher. Terme de Cordier. Mettre le boulon au travers du tourret. (Brocher le tourret.)

Brocher. Mêler avec de l'étofe quelque chose qui la relève. (Brocher une étofe d'or & d'argent. *Vaug. nouv. remarques*. Et de là on dit une robe broché d'or. *Vaug. Q. Curce*, *l.* 4)

Brocher, v. a. C'est ébaucher. Brocher un ouvrage. *Vaug. nouv. remarques.*

Brocher, v. n. Terme de Jardinier. La Quintinie trouve le mot de brocher peu poli , & les autres jardiniers , que j'ai consultez apellent de son jugement. Il se dit des arbres nouvellement plantez , & c'est commencer à pousser de petites pointes pour faire des branches de racines. (Voilà un arbre qui commence à brocher. Cet arbre ne tardera guéré à brocher. Ces arbres ne brochent point encore.)

† * *Brocher.* Faire à la hâte. (Il broche tout ce qu'il fait.

BROCHET , *s. m.* Poisson connu qui est de lac , d'étang & de riviére. (Un grand brochet.)

Brocheton , s. m. Petit brochet. (Un bon brocheton.)

BROCHETTE , *s. f.* Terme de Rotisseur. Petit morceau de bois en forme de broche qu'on passe dans la viande qu'on larde pour la tenir ferme & en état d'être mise à la broche proprement.

Brochette. Terme de Fondeur. Espéce de petit cilindre de bois, ou de léton sur lequel on marque les diferentes épaisseurs des cloches.

Brochette, s. f. Terme d'oiselier. Petit bâton fait exprès & dont on se sert pour donner à manger aux oiseaux. (Prenez cette brochette & donnez à manger à ces petits merles.)

Brochette. Terme de Rotisseur. C'est mettre une brochette au travers des cuisses de quelque Chapon , ou de quelque autre oiseau qu'on veut rotir, pour le tenir en état , ferme & de bonne grace. (Brochetez ce dindon. Qu'on brochette ce chapon & qu'on le mette à la broche.)

Brocheur. Tricoteur. Ouvrier qui tricote. (Un habile brocheur.)

Brochoir, s. m. Prononcez brochoi. Marteau dont le maréchal cogne les cloux dans la corne du pié de l'animal qu'il serre.

BRODE , *adj.* Ce mot se dit d'une femme dont le teint est un peu noir. (Elle est brode.)

BRODEQUIN , *s. m.* Chaussure ancienne dont les Comédiens se servoient , & dont se servoient aussi les hommes & les femmes.

Brodequin, s. m. Terme d'Academiste. Sorte de petis bas & étriers qui sont de laine & que les jeunes Academiciens mettent avant que de se boter ; & qui viennent presque jusqu'à ma jambe. (On met des brodequins afin que la bote soit bien remplie & ne fasse point de grimace. Les bottes vont mieux avec des brodequins qu'avec des coussinets.)

Brodequins, s. m. Sorte de suplice qui consiste en quatre petits ais forts & épais qu'on serre avec des bonnes cordes. On met deux de ces ais entre les jambes du criminel , & les deux autres ais se mettent l'un d'un côté d'une jambe & l'autre de l'autre. Ensuite, venant à serrer ces cordes elles pressent les jambes contre les ais , & faisant craquer les os du criminel , elles lui causent une douleur tres-sensible. (On donne les brodequins à un criminel qui n'avoüe pas, & dont on veut savoir quelque chose avant que de le juger. *Voiez.* Question.

BRODER , *v. a.* C'est faire avec l'éguille & avec la broché sur un métier , toute sorte d'ouvrages de broderie, tant de relief que plate , en or , en argent & soie. On brode aussi quelques fois des figures , des histoires , des fleurs ou des fruits, & cela s'apelle peindre à l'éguille.

Broder. Terme de Faiseuse de point. Enrichir le point de diverses ornemens, comme des fleurs & de branchages. (Broder un point de France.)

Broder à l'éguille. Terme de Faiseuse, & de Remplisseuse de point. Jetter plusieurs petits filets & les couvrir à point noüé.

Broder, *v. a.* Terme de Chapelier. C'est coudre autour de l'extrémité du bord d'un chapeau, un petit fil de soie, qui fait comme un petit galon, afin de conserver le bord & le faire tenir sans qu'il défasse. (Broder un Castor.)

† **Broder**. Mot burlesque qui ne se dit qu'en parlant, & qui signifie bourder. (Vous brodez comme il faut.)

Broderie, *s. f.* C'est l'ouvrage du brodeur. Il y a des broderies d'or & d'argent, d'autres de relief, dont les plus riches sont garnies de perles, & les autres sont de soie, & même il y en a de laine, qui sont les moins estimées. On dit une belle, agréable, charmante, magnifique broderie. Un riche & précieuse broderie, telle qu'est celle de Mademoiselle de Guise, qui a fait faire, par Denis Pichoré brodeur & habile dans sa profession, un lit en broderie tout garni de perles.

Broderie. C'est aussi le travail de la remplisseuse de point. (Cette broderie est jolie & bien faite.)

Broderie. Terme de Jardinier. Figure qu'on fait avec du bouis. Ouvrages figurez de bouis dans les parterres. On dit un parterre en broderie, ou de broderie.

Brodeur, *s. m.* C'est celui qui avec l'éguille & la broche fait sur de l'étofe, sur du Tafetas, du satin, ou du velours, toutes sortes d'agréables ouvrages pour l'Eglise, les Princes, & les personnes de qualité. (Le brodeur qui ne travaille que pour l'Eglise s'apelle *brodeur chasublier*, & celui qui sert les gens de condition, dont souvent il n'est pas trop bien païé, se nomme simplement *brodeur*. Un bon brodeur, un habile brodeur. Il faut, pour être reçû brodeur, six ans d'aprentissage ; mais de puis quarante ans on ne fait plus d'aprenus, & l'on ne reçoit point de brodeur qu'il ne soit fils de maître. La grande fête des brodeurs c'est la sainte Claire, qui vient tous les ans le 18. Juillet & la petite, c'est le jour de la purification.

Brodeuse, *s. f.* Ouvrière qui brode.

Brodeuse de gaze, *s. f.* C'est une ouvrière qui brode des coifes de gaze & qui les embélit de divers petits agrémens, de fleurs, d'étoiles & de ronds figurez, & d'autres jolies choses qu'elle fait à l'éguille & qui servent à relever la gaze & à rendre les coifes plus belles. (C'est une des meilleures brodeuses de gaze de tout Paris.)

Brodoir, *s. m.* Terme de Chapelier. Prononcez *brodoi*. Sorte de petite bobine ; autour de laquelle est la soie dont on se sert pour broder les chapeaux.

Broier, *v. a.* Casser menu. (Broier de la moutarde. Broier les couleurs. On dit que le moineau ne boit point tandis qu'on lui broie du chenevi avec du pain & de l'eau. *Poules relation du Levant*, *t. 2. ch. 3. p. 43*.

Broieur, *s. m.* Prononcez *bréieur*. C'est celui qui avec une molette broie les couleurs dont les peintres se servent. (Un broieur n'est pas fort riche, car il gagne peu de chose.

Bronchade *s. f.* Un faux pas que fait un cheval. (Ce cheval a fait une lourd bronchade. Ce mot se dit aussi au figuré, des personnes, & il signifie une faute faite.

Broncher, *v. n.* Ce mot se dit des chevaux, des mulets, &c. Faire un faux pas. (Il n'est cheval si superbe qui ne bronche, dit le proverbe. Voi. Poe.

† * **Broncher**. Trébucher. Se laisser tomber. (Sa canne s'acrocha dans l'un de ses canons, & mon homme broncha. Sca. Poe.)

* **Broncher**. Manquer. (Si vous bronchez, on vous relevera d'une belle sorte.

Bronze, *Airain*, léton. Tout ce qui imite le bronze. Voiture fait bronze féminin, mais aujourdui la plûpart le croient masculin. (Elles ne se peuvent non plus comparer à elle, que la bronze à l'or. *Voi. l. 33.* Ce que les hommes derivent sur la bronze, n'est pas immuable. *Entretiens d'Eugene & d'Ariste.* Jetter une statuë en bronze.)

Bronzer, *v. a.* Faire en manière de bronze. (Bronzer une figure.)

Bronzer, *v. a.* Il signifie encore peindre en couleur de bronze, avec de la limaille de bronze.

Bronzé, *bronzée*, *part. & adj.* Ces mots se disent des peaux passées en noir. Maroquin bronzé, c'est celui qui n'est point grenu, qui est passé en noir, & dont on se sert pour faire des souliers de deuil. On dit aussi veau bronzé, &c.

Broquette, *s. f.* Petit clou propre à clouer des chaises, à tendre des lits & de la tapisserie.

Brossailles, *broussailles*, *s. f.* Le bel usage est pour *brossailles*. (Ramasser des brossailles pour faire du feu *Abl. Ret. l. 4. c. 1.* Le lion voulant chasser pour l'âne, il les cacha dans les brossailles, *Port-Roial*, *Phéd. l. 1. fab. 11*. Ce n'étoient que petits sentiers pleins de brossailles. *Voug. Quin. Curce, l. 5. ch. 4.*]

Brosses, *s. f.* Espece de vergette pour nétéyer les habits.

Brosse. Terme de Peintre. Pinceau de poil de cochon dont les Peintres se servent.

Brosser, *v. a.* Nétéyer avec des brosses ou autre chose. (Brosser un enfant, un cheval.)

Brosser les lettres. Terme d'Imprimeur. C'est en ôter l'ancre avec de l'eau & de la lessive.

Brosser. Courre au travers des bois. (Brosser à travers les buissons. *Vau. Quin. l. 6.* Il travaille sans cesse à brosser les forêts. *Teoph.*

Brouee, *s. f.* Ce mot se dit d'une petite pluie de peu de durée. (Il a fait une brouée. Il y a des brouées dangereuses pour les blez.

† **Brouer**, *s. m.* Vieux mot qui n'entre que dans le burlesque & le stile comique. On croit même qu'il s'est dit en Province qu'à Paris. (Le galant pour toute besogne avoit un brouët clair. *La Font. Fables*, *l. 1. fab. 18.*)

Brouette, *s. f.* Espece de petit tombereau qui n'a qu'une roue & deux bras. (Mener la brouette.)

† **Brouette**. Ce mot se dit par moquerie des méchans carosses, mal propres & mal attelez, & de même des chaises qui sont trainées par des hommes.

Brouetter, *v. a.* Mener avec une brouette. (Brouetter les terres.)

On dit aussi par raillerie, en parlant de ceux qui loüent des méchans carosses. (On se fait brouetter à Paris par toute la ville pour un demi-écu.)

Brouhaha, *s. m.* Terme de Comédien. Pour dire le bruit qu'on fait à la Comédie lorsqu'on se récrie sur quelque endroit de la beauté de la piéce. (Le Comédien s'arrête aux beaux endroits de la piéce, & ainsi il avertit qu'il faut faire le *brouhaha*. *Mol. Préf.*)

Brouï, *s. m.* Terme de gens qui travaillent en émail. Sorte de tuïau par où le vent passe quand on soufle pour travailler, & qui fait du bruit quand le vent y passe. (Travailler au brouï. On l'apelle aussi *chalumeau*.

† **Brouillamini**, *s. m.* Mot burlesque pour marquer quelque chose d'obscur & d'embarassé. (Il y a là dedans trop de *brouillamini*, *Mol.*)

Brouillard, *s. m.* Vapeurs qui sont arrêtées en un endroit de l'air, & qui l'obscurcissent. (Le brouïllard tombe fort lentement. *Abl.* L'air n'est plus obscurci par des brouillards épais. *Deshoul. poes.* Les brouillards épandus sur environs ne laissoient voir les troupes qu'en gros. *Vaug. Quin. l. 4. c. 12.* Il s'éleve un brouillard épais qui obscurcit tout l'air. *Abl. Marmol. T. 1.*)

Brouiller, *v. a.* Mêler, Confondre ensemble, & de deux ou de plusieurs choses ne faire qu'un composé. (Brouiller des œufs avec du jus d'échanite.)

Brouiller. Terme de Plumacier. Mêler ensemble le poil de plusieurs plumes qui ont chacune une couleur particuliere. (Brouiller les plumes. Plumes bien brouillées.)

* **Brouiller**. Semer la discorde. (J'aurai pû jusqu'ici brouiller tous les chapitres. *Dep. Lut.*)

* **Brouiller**. Embarasser. (Brouiller les afaires. Brouiller les cartes.)

* **Brouiller**. Confondre & embarasser. (Ce mot n'a été inventé que pour brouiller. *Pas. l. 1.* Ce mot de grace actuelle me brouille. *Pas. l. 4.*)

Se brouiller, *v. r.* Se mêler. Se confondre. (Ils ne se brouillent point avec le reste des Troupes dans les défilez. *Abl. Ret. l. 3. c. 3.*)

Se brouiller, *v. r.* Terme de Manége. Il se dit des chevaux, Il signifie se démentir. Se traverser. (Vôtre cheval se brouillera si vous n'y prenez garde.

* **Se brouiller**. Rompre avec quelcun. (Se brouiller avec quelcun. *Pas. l. 1.* Ils se brouilleront là-dessus. *Pas. l. 4.* Ils ne se brouillent ni avec la foi, ni avec la raison. *Pas. l. 1.*)

* **Brouillerie**, *s. f.* Trouble dans un Etat. (Dans toutes les brouilleries du Roïaume, il s'est toujours montré bon François. *Voit. l. 53.*)

* **Brouillerie**. Petite querelle. (Ils ont eu quelque petite brouillerie, mais cela est passé.)

* **Brouillerie**. Dispute pleine d'embarras & de chicane d'école. (Voulez-vous recommencer nos brouilleries ? *Pas. l. 1.*)

Brouillerie. Petits bouts de ruban, de passement, de dentelle & autres pareilles choses qu'on met ou qu'on trouve ensemble. (Ce que vous cherchez, est parmi de petites brouilleries dans une cassette.)

Brouillon, *s. m.* Papier sur quoi on jette ses premieres pensées, qu'on corrige & retouche en changeant & éfaçant jusques à ce qu'on croie que ce qu'on fait est bien.

Brouillon, *brouillard*, *s. m.* Terme de Marchand. Il y a des gens de Province qui disent un *brouillard*. Mais on dit à Paris un *brouillon*. Les Marchands apellent de ce nom un Livre sur lequel ils écrivent, & où ils raïent ce qu'il leur plait. (Ecrire sur le brouillon, éfacer un article sur le brouillon, mettre sur le brouillon. Le pauvre V. ne sera de sa vie raïé de dessus le brouillon de ces Marchands.) C'est un livre où le Marchand écrit tous les jours, & où il raïe & éface ce qui lui plait. [Ecrire un article sur le brouillon. Efacer un article sur le brouillon.]

* **Brouillon**. Celui qui se plait à brouiller les gens, ou les afaires. [Avec cette puissance si énorme, un brouillon seroit à craindre. *Pat. plaid.* Châtier les brouillons. *Abl.*]

† **Brouillon**. Petit étourdi, petit sot, petit querelleur. [C'est un petit brouillon.]

Brouïr, *v. n.* Terme d'Agriculture. Ce mot se dit des blez & des arbres qui pendent par les racines, & signifie gâter. Epi qui commence de brouïr. Pêcher qui brouït.)

Broüissure, s. f. Terme d'agriculture. Il signifie le mal que cause un mauvais vent d'Avril ou de Mai aux feuilles ou aux fleurs des arbres, qui les fait retirer, & leur ôte leur verdeur. Il faut ôter la broüissure des arbres. Cette broüissure tombera aux premieres pluies douces. *Quint. des jardins, t.1.*

Brout, s. m. Ce que pousse le bois au Printems & qui enivre en quelque façon les bêtes fauves qui en mangent. Aler au brout.

Brout de noix. Ecailles de noix vertes qu'on laisse pourrir dans un muid, & qu'on fait bouillir avec de l'eau pour mettre le bois en couleur de noier.

Brouter, v. a. Ce mot se dit des chevres, des chameaux, des lapins, &c. & signifie manger la pointe des herbes. La chevre broute. Le chameau broute continuellement, & ne broute que des chardons, ou des herbages pleins de lait, ou les extremitez des parties des arbres où se forment les bourgeons, & où toute la seve se porte. *Poulet, relation du Levant, l. p. ch.3.*

Brouter, v. a. Terme de jardinier. C'est rompre l'extremité des menues branches. Broutez ces branches.

BRU.

Bru, s. f. Ce mot est peu usité, on dit en sa place belle-fille. Cependant ce mot de bru trouve encore sa place dans les ouvrages comiques, satiriques, & autres d'un stile familier & de raillerie. Sa bru est jolie, elle est belle, elle est galante.

Quiconque à son mari veut plaire seulement,
Ma bru, n'a pas besoin de tant d'ajustement.
Mol. Tart. a. sc.1.

Brugnoles. Voiez *brignoles.*

Brugnon, *brignon,* s. m. Quelques-uns écrivent *brignon,* mais le bel usage est pour *brugnon.* Fruit qui est mur au mois de Septembre, qui a la peau fort déliée & fort rouge, & qui ne quite point le noiau, & qui a la chair pleine d'eau. Le brugnon violet est le meilleur & le plus estimé de tous les brugnons, quand on lui donne le tems de meurir si fort qu'il en devienne un peu ridé. Sa chair alors est admirable, elle est tendre, & teinte autour du noiau, & le gout est enchanté. *Quint. des jardins, t.1. p 439.*

Bruiant. Voiez *bruire.*

Bruiere, s. f. Plante sauvage, basse & branchuë, qui est dure comme du bois, qui a les feuilles fort petites & faites quelquefois en forme de petit bouton. La bruiere est parmi les plantes sauvages la premiere & la derniere qui pousse des fleurs, car elle fleurit au commencement du printems & en automne. *Dal.*

Bruines, s. f. Petite pluie. Broüillards & bruines benissez le Seigneur. *Port-Roial, ps.*

Bruiner, v. n. Faire de la bruine. Il n'a fait que bruiner toute la journée.

Bruire, v. n. Je bruis, tu bruis, il bruit. Nous bruissons, vous bruissez, ils bruissent. Ce verbe bruire n'est guere usité qu'à l'infinitif, & encore ne l'est-il par beaucoup. Il signifie faire quelque bruit. Faire un bruit sourd & confus. Les soldats firent bruire leurs armes. *Abl. Cesar. l.7.* J'ois bruire les vents & les flots. *Theophile.* Mêmes douleurs des femmes grosses sont causées par des vents, qui vont & qui viennent en bruissant par tout le ventre. *Mauriceau, traité des femmes grosses, l.2. ch.2.*

Bruiant, bruiante, adj. Qui fait un bruit éclatant. Le fleuve rouloit ses flots avec violence, & ses flots bruians & écumeux se rompoient en divers endroits. *Vaug. Q. Curce. l.8. ch.13.* La mer bruiante. Une voix bruiante. On ne desaprouve pas ces exemples, mais on aime mieux bruissante dans quelques autres façons de parler.

Bruissement, s. m. Il se dit de la mer, & veut dire une sorte de bruit sourd & confus entre les vagues. Le bruissement des vagues. Le bruissement des vagues n'étonne pas comme fait la tempête.

Bruit, s. m. C'est l'éfet d'une agitation particuliere que la rencontre de deux corps produit premierement dans l'air voisin, & presque au même tems dans un plus éloigné, & jusques dans l'organe de l'ouïe. C'est quelque chose de bruissant. Un grand, ou petit bruit; un bruit sourd, confus; un bruit éclatant, extraordinaire. Faire du bruit. Exciter du bruit. Moderer, arrêter empêcher le bruit. Apaiser, étoufer le bruit. Le bruit du tonnerre, du canon, du tambour. De ces ruisseaux le bruit délicieux frape mes sens. *Voit. poes.* Marcher à petit bruit, c'est à dire doucement & sans qu'on l'entende.

* **Bruit,** s. m. Ce mot au figuré à divers sens. Il signifie une sorte de nouvelle qui se dit & qui court. C'est un bruit de ville qui n'est pas bien seur. Le bruit courre le bruit de la mort de quelcun. Un bruit sourd veut que le Roi respire. *Rac. Phédre, a.1. sc.6.* Examinons le bruit qui court.

* **Bruit,** s. m. Réputation. Nom. Ses exploits auront un bruit durable. *Voit. poes.* Il ne faut que cela pour nous donner bruit de connoissures. *Mol. Prét.* C'est à dire, pour nous donner le nom & la qualité de connoisseuses.

* **Bruit,** s. m. Il signifie encore l'éclat de la reputation, fracas. Son nom fait grand bruit dans le monde. *Voit. let.7.* C'est à dire, son nom éclate, on parle fort de lui. La neutralité fait du bruit. *Voit. poes.* C'est à dire, fait du fracas, on en parle par tout. Le bruit de sa reputation les étonna. *Abl. Arr. l.1.* C'est à dire, que l'éclat & la grandeur de sa reputation les épouvanta.

Brulant, brulante, adj. Chaud. Les brulans deserts de l'Afrique. *Voi. poes.*

Brulé, s. m. Chose cuite & un peu brulée. Chose que le feu brule, ou a brulé. Omelette qui sent le brulé. Il y a quelcun qui brule ici, je sens le brulé. Le café sent le brulé.

Brulé, s. m. C'est un terme d'orfevre, & d'autres qui travaillent en or & en argent. C'est l'or ou l'argent filé sur la soie, qui vient du galon, des boutons, des dentelles, ou des franges d'or ou d'argent, qu'on brule & qu'on vend aux orfevres, ou au bureau de la monnoie. Vendre, ou acheter du brulé. Le prix du brulé n'est pas fixé. Le brulé se vend au poids, & l'once vaut trois livres & quelques sols, plus ou moins. Quand les orfevres ont beaucoup de brulé, ils le fondent, & en font de l'argent.

Bruler, bruslet, v. a. L'un & l'autre s'écrit, mais l's ne se prononce pas; & on prononce un peu longue la premiere silabe de ce mot, & des autres qui en viennent. Il signifie consumer par le moien du feu. Bruler du bois. Philipe le bel, en 1307, fit bruler les Templiers de son Roiaume pour s'emparer de leurs biens. *Mezerai, hist. de France.* Les anciens bruloient leurs morts, & tout ce qu'ils avoient eu de plus cher pendant leur vie. Pour bruler un corps, ils le posoient sur un bucher, & après qu'ils l'avoient brulé, ils en mettoient les cendres dans une urne. *Duport, hist. ecclés. d'Arles, ch.9.*

Bruler, v. a. Faire mal en touchant de quelque chose de chaud. Vous m'avez brulé de ce tison, car il est ardent.

Bruler, v. a. Causer quelque douleur. Il se dit des choses chaudes à l'égard de celles qui sont sensibles. Cette écuelle me brule, quand je la tiens, car elle est trop chaude. Cela brule, ne le touchez pas.

Bruler, v. a. Il se dit du Soleil à l'égard des fruits de la terre. Le Soleil est à cette heure trop ardent, il brule les biens de la terre. C'est à dire, il les dessèche trop. On dit aussi que le Soleil brule le teint.

Bruler, v. a. Faire du feu de quelque chose. En Angleterre, & dans les Iles voisines on brule du charbon de terre, & en Hollande on brule des tourbes.

Bruler, v. a. Faire du feu de quelque chose pour s'en éclairer. Brulet de la cire, de la bougie blanche, de la bonne chandelle. Bruler de l'huile.

Bruler, v. a. Il se dit encore de la fievre. C'est échaufer excessivement par une trop grande ardeur. Il a une fievre qui le brule.

Bruler, v. a. Se consumer en s'alumant. Le bois brule, l'huile brule, la chandelle brule, la bougie brule.

* **Bruler,** v. a. Donner de l'amour. Il faut qu'après avoir brulé tant de Castillanes, il fasse fondre quelques Portugaises. *Voi. l.44.*

* **Bruler,** v. n. Etre consumé d'amour. Avoir de l'amour. Avoir de la passion pour quelque chose. Desirer ardemment. De la même ardeur que je brule pour elle, elle brule pour moi. *Mol. poe. l.5.* Vous brulez d'une soif qu'on ne peut assouvir. *Dép. Sat.4.* Bruler d'amour de colere, de haine, d'impatience. *Racine, Iphigenie.* J'aime à bruler d'une si belle flamme. *Voi. poes.*

* **Bruler.** Ce mot signifiant desirer, souhaiter avec ardeur, & étant suivi de la conjonction *que,* veut le verbe qui le suit dû subjonctif.

Oui, mon cœur au merite alme à rendre justice,
Et je brule qu'un nœud d'amitié vous unisse.
Mol. Misant. a.1. sc.2.

Se bruler, v. r. Se faire du mal, ou se consumer par le feu. Il s'est brulé lui & son fils. Se bruler à la chandelle. Proverbe qui veut dire se jetter dans le peril.

A brule pourpoint, adv. C'est poser l'arme à feu presque sur le corps de la personne qu'on tire, de peur de la manquer il l'a tiré à brule pourpoint.

Brulement, s. m. L'action de bruler. Les brulemens dévoient être défendus, & ne se devroient pas pratiquer entre des Chretiens.

Bruleur, s. m. Celui qui brule, mais ce mot ne se dit pas seul. Un bruleur de grange. *Pas. l.3.* Un bruleur de maisons.

Brulot, s. m. Vaisseau chargé de matieres combustibles propres à bruler un autre vaisseau.

Brulot. Machine, dont se servoient les anciens pour lancer des dards, à laquelle étoit ataché une matiere combustible qu'on alumoit lorsqu'on les vouloit darder. *Perraut Vitruve.*

Brulo, *s. m.* Mot burlesque. Morceau trop salé & trop poivré. Morceau qu'on sale trop à dessein, & qu'on donne pour rire à une personne. Je lui ai donné un brulo, & il l'a avalé. J'ai avalé un brulo ; & j'en ai la gorge tout en feu.

Brulure, *s. f.* Le mal que le feu, ou quelque chose de chaud a fait. Une cuisante brulure.

BRUMAL, brumale, *adj.* Terme de Jardinier. Il vient du latin *brumalis*, & signifie qui vient de l'hiver. Jacinte brumale.

Brume, *s. f.* Terme de mer. C'est un brouillard épais qui s'éleve quelquefois sur la mer. Une facheuse brume. L'île étoit couverte d'une brume noire & épaisse. Il s'est élevé une brume tres incommode. Il y a des brumes pendant lesquelles on peut être en presence de l'ennemi, sans être à vuë.

Dans la brume tout le monde est pilote. Sorte de proverbe, pour dire que durant un brouillard de mer, chacun est libre de dire sa pensée touchant la route qu'on doit tenir.

BRUN, brune, *adj.* Qui est de couleur presque noire. Qui a des cheveux qui tirent sur le noir. Un drap brun. Anne de Boulen étoit brune, & de belle taille. *Maucr. Schisme.*

Brun, *s. m.* Celui qui a des cheveux bruns. Ce qui est de couleur brune. C'est un beau brun.

Brune, *s. f.* Celle qui a les cheveux bruns. C'est une fort jolie brune.

Belle & charmante brune,
Que mon sort seroit doux,
Si j'avois la fortune
De me divertir avec vous.

† * Brun, brune, *adj.* Mélancolique. Sombre. Humeur brune.

† *Sur la brune.* Ces mots signifient sur le soir, mais ils sont un peu vieux.

† Brunette, *s. f.* Ce mot n'entre que dans les discours familiers, & dans les chansons. Il signifie une jeune fille qui est brune. Une belle, jolie, charmante brunette. Une brunette fort éveillée. Une petite brunette, qui a l'œil gai & fripon.

Le beau berger Tirsis
Sur le bord de Loire assis,
Chantoit sur sa musette,
Ah ! petite brunette,
Ah ! tu me fais mourir.

Vive le mari de Jannette,
Vive le jour
Qu'il fit l'amour
A sa brunette.
Muse coquette, 1. p, pag. 24.

Brunette, *s. f.* Ce mot signifie aussi une sorte d'étofe fine, qui tiroit sur le noir, & dont s'habilloient autrefois en France les personnes de qualité, d'où vient ce proverbe François.

Aussi bien sont amourettes,
Sous bureau que sous brunettes.

C'est à dire que les riches & les pauvres aiment également, & que l'amour fait sentir ses coups aussi bien à ceux qui sont habillez de bureau que de brunette.

BRUNIR, *v. a.* Terme de brunisseur. Eclaircir selon le brunissoir. Brunir de la vaisselle d'argent.

Brunir. Terme de relieur. Eclaircir la tête, la queuë & la tranche d'un livre à force de froter dessus avec la dent de chien. Brunir un livre sur tranche.

Brunir. Terme de taillandier. Brunir des pincettes.

Brunir. Ce mot se dit des bêtes fauves, qui font devenir leur tête rouge, grise ou de couleur brune, de blanche qu'elle étoit. Les cerfs, les daims, & les chevreuils se brunissent la tête. *Sal.*

Brunissage, *s. m.* Ouvrage de brunisseur. Paier le brunissage de la vaisselle.

Brunisseur, *s. m.* Ouvrier qui brunit la vaisselle d'argent.

Brunisseuse, *s. f.* Celle qui brunit la vaisselle d'argent.

Brunissoir, *s. m.* Petit baton au bout duquel il y a de la sanguine, avec quoi on brunit de l'argent mat.

BRUNO, *s. m.* Nom du Fondateur des Chartreux.

BRUSC, *s. m.* Petit arbrisseau qui a quelque raport avec le mirte, qui est plein de bois, qui a la tige ronde, couverte d'une écorce épaisse, tirant sur le brun, ses feuilles sont dures, aiguës & piquantes, & son fruit est rouge & croit sur ses feuilles.

BRUSQUE, *adj.* Ce mot se dit des personnes & de leurs actions, il signifie un peu rude. Qui n'a pas toute la douceur que demande une exacte civilité. Qui est un peu précipité. Il est brusque. Elle est brusque. Action brusque.

Brusquement, *adv.* D'une maniere brusque & promte. Agir brusquement. Je lançai un peu trop brusquement mon foudre contre un Philosophe. *Abl. Luc. t. 1.*

Brusquer, *v. a.* Ce mot est assez nouveau, & se dit des personnes. Il signifie faire quelque brusquerie à quelcun. Agir avec une personne d'une maniere rude & peu civile, qui n'a rien de doux ni de poli. On ne voit guere de scelerats brusquer quelcun E. Pr. au doigt coupé, bien loin de brusquer ceux qu'il veut fourber, les endort par ses contes & ses promesses frivoles.

Brusquerie, *s. f.* Action brusque. C'est une brusquerie insuportable. Faire des brusqueries.

BRUT, brute, *adj.* Ce mot se dit des bêtes, & veut dire *qui est sans raison*, mais dans ce sens il ne se dit proprement qu'au feminin. Une bête brute. *Pas. l. 6.*

* Brut, brute. Qui n'est pas poli. Raboteux. Qui n'est pas taillé. Diamant brut. Pierre brute. C'est une pierre qui sort de la carriere.

Brutes, *s. f.* Les animaux. Les bêtes brutes. Les brutes ont plus de sens que lui.

Brutal, brutale, *adj.* Qui tient de la brute. Qui a quelque chose de l'animal. Qui est de bête. Un plaisir brutal. Humeur brutale.

Brutal, *s. m.* Qui a des sentimens brutaux. Qui aime les plaisirs brutaux. Rustre. Impertinent. Un franc brutal, contestant comme un diable. *Scar. poes.*

Brutale, *s. f.* Rustre. Sote. Grossiere. Rude & peu civile. Une franche brutale.

Brutalement, *adv.* D'une maniere brutale. D'une façon rude & grossiere. Parler brutalement. Agir brutalement.

Brutaliser, *v. n.* Terme de prétieuse. Pour dire, se divertir amoureusement. Prendre des plaisirs sensuels. Prendre des plaisirs qui regardent les sens. Prendre les plaisirs de la chair. Je ne sai pas comme une femme de bon sens se peut resoudre à se marier pour brutaliser toute sa vie avec un homme.

Brutalité, *s. f.* Action brutale. Action outrageuse. Une brutalité execrable. *Pat. plaid. 5.*

BRUVAGE. *Voiez breuvage.*

BUB, BUC.

Bube, *s. f.* Il vient du grec. Petite élevure qui vient sur le corps. Il lui est venu une facheuse bube.

BUBERON, *s. m.* Petit vase de grés, de faiance, ou de métal, qui a un petit goulot par où l'on donne à boire aux enfans qui sont à la mamelle.

Buberon, *s. m.* Terme d'orfevre & de potier d'étain. Maniere de tuiau, qui est la partie du vaisseau qu'on apelle vinaigrier, par où coule le vinaigre quand on en verse.

BUBON, *s. m.* Il vient du grec *bubon.* Tumeur à l'aine. Un dangereux bubon. Un bubon venerien. Un bubon pestilencieux. Avoir un bubon.

BUCENTAURE, *s. m.* Espece de galion où la Seigneurie de Venise va épouser la mer. *Amelot, rel. de Venise.*

BUCHE, *s. f.* Gros morceau de bois propre à bruler. Grosse buche. Fendre une buche.

† * Buche. Sot. Ane. C'est une buche, il n'a point d'esprit.

BUCHER, *s. m.* Pile de bois qu'on faisoit du tems des anciens pour bruler les morts. Dresser un bucher. *Vau. Quin. l. 10.* Porter le corps au bucher. *Abl. Tac.*

Bucher. Lieu où l'on met le bois de quelque maison, qui est destiné pour être brulé.

Bucheron, *s. m.* Celui qui met le bois en buches.

BUCOLIQUE, *adj.* Les Latins ont pris ce mot du Grec, & nous l'avons du Latin *bucolicus.* Il veut dire pastoral, qui a l'air des gens qui gardent les troupeaux à la campagne. Moschus & Bion sont les plus agreables Poëtes Bucoliques de l'antiquité. Téocrite a quelquefois le stile un peu trop bucolique. Fontenelle, nature de l'Eglogue. Longepierre, préface sur l'idille. La poësie bucolique est la plus ancienne de toutes les poësies. *Font. disc. sur l'Eglogue.*

Bucoliques, *s. f.* Ce mot est quelquefois substantif, & alors il se dit seulement au pluriel. Il signifie les poësies pastorales de quelque Poëte. Ainsi l'on dit, les bucoliques de Virgile sont plus fines & plus délicates que celles de Téocrite. Virgile, dans ses bucoliques, a imité Téocrite, mais souvent, en l'imitant, il l'a surpassé.

BUF. BUG.

BUFET, *s. m.* Table qu'on met dans les sales à manger, où l'on étale la vaisselle d'argent lors qu'on est prêt à diner, ou à souper. Il lui donna un bufet garni de vases d'or d'un tres-grand prix. *Citri. Triumv. 3. p. ch. 12.*

BVF BVG BVL BVR

* *Bufet.* Toute la vaisselle d'argent qu'il faut pour un service de table. Service complet de vaisselle d'argent dressé sur une table dans une sale à manger. Avoir un beau bufet de vaisselle d'argent.

Bufet, Terme de facteur d'orgue. Bois sur quoi sont posez les tuiaux d'orgue.

Bufetin, s. m. Juste-au corps fait d'un jeune bufle. Avoir un bon bufetin.

Bufle, s. m. Animal sauvage d'une couleur qui tire sur le noir, qu'on aprivoise, & qu'on fait travailler en Italie & en d'autres païs comme on fait les beufs en France. Le bufle ressemble au beuf, mais il a un mugissement bien plus terrible que celui du beuf. Un bufle mâle. Un bufle femelle.

* *Bufle.* Juste-au corps fait de peau de bufle bien passée. Quelques-uns disent *bufes,* mais mal. Son bufle ressemble en deux amorti le coup de la bale. *Memoires de M. de la R. F.*

† * *Bufle.* Ignorant. Sot. C'est un gros bufle. *Cacher un bufle sous son pourpoint.* Phrase burlesque, pour dire être un sot.

Bugloze, s. f. Herbe qui se mange, qui devient haute & fleurit bleuë en forme de violette.

BUH. BUI.

Buhot, s. m. Terme de plumacier. Prononcez *büo*, plumes d'oie peintes qui servent d'étalage & de montre sur les boutiques des plumaciers. De beaux buhots.

Buire, s. f. Terme d'orfevre. Grand vase d'argent pour mettre des liqueurs. Une belle buire. Remplir, ou vuider un bui.

Buire, s. f. Les Faianciers de Paris apellent de ce nom, une sorte de pot de faiance assez grand & assez gros, qui a une anse. Une buire de faiance est jolie pour aider à parer quelque cabinet.

Buis, Voiez *beuis.*

Buisson, s. m. Toufe de petits bois remplis souvent de ronces & d'épines.

Buisson ardent. Buisson où Dieu aparut à Moise.

Buisson ardent. Arbrisseau toujours verd qui fleurit blanc en Mai & qui porte un fruit rouge qui demeure sur l'arbre durant l'hiver.

Buisson. Terme de Jardinier. Arbres qu'on plante d'ordinaire dans les bandes des parterres le long des sentiers & qu'on taille de figure, ronde, quatrée, plate par dessus, ou de telle façon qu'on veut. Plantes des arbres en buisson. Tenir en buisson.

On dit en termes de chasse, que les cerfs prennent le buisson, quand ils vont chercher un lieu secret pour faire leurs têtes, quand ils ont mis bas. Et l'on dit aussi des cerfs & des sangliers qu'ils prennent le buisson, quand ils quitent la compagnie des autres, lors qu'ils ont trois ans.

Il a batu les buissons & un autre a eu les oiseaux. Proverbe, qui veut dire, qu'un autre a retiré le profit de la peine que l'on a prise.

Buissonnier, buissonniere, adj. Qui se tient parmi les buissons, mais ce mot n'est guere en usage.

Buissonnier, s. m. Terme de rotisseur. C'est un lapin nourri dans quelque clos, parmi les haies & les buissons. Le rotisseur, le premier de ces lapins, dit, je n'ai point trouvé de lapins de garenne à la valée, & j'y ai acheté des buissonniers. Les buissonniers ne sont pas si bons que les lapins de garenne, mais ils sont meilleurs que les clapiers.

† * *Faire l'école buissonniere.* Façon de parler basse & proverbiale, pour dire, Aler se joüer & se divertir, au lieu d'aler à l'école.

BUL. BUR.

Bulbe, s. f. Terme de Jardinier. Oignon de plante. Une grosse bulbe.

Bulbeux, bulbeuse, adj. Ce mot se dit des plantes qui ont des racines fibreuses, ou ligamenteuses avec des oignons. Oignons bulbeux. Plante bulbeuse.

Bule, s. f. Il vient du latin *bulla.* Ecrit autentique, expedié fort du parchemin, avec un sceau de plomb, où sont les images de S. Pierre & de S. Paul, servant à conferer les benefices & autres graces. Un Legat doit faire verifier ses bules au Parlement & au grand Conseil. Expedier, taxer, plomber une bule. Enregistrer une bule. *Le Peletier, tr. des expeditions.* Interpreter une bule. *Pasc. prov. 6.* Par les bules de Gregoire XIV. les assassins sont declarez indignes du privilege des Eglises. *Province.6.*

Bule d'or. On dit de ces mots en parlant de l'Empire d'Alemagne. C'est un écrit contenant la Loi fondamentale de l'Empire, laquelle regle l'élection & le couronnement de l'Empereur, les Droits des Electeurs & autres choses qui regardent les interêts de l'Empire. L'Empereur étant couronné, jure de conserver & maintenir la bule d'or. La bule d'or fut publiée en la Dieté de Nutemberg, en 1356. Voi *De Iure publico Imperii Germanici l.1, ch.5.*

Bulaire, s. m. Prononcez *bulère.* Il vient du latin *bullarium.* C'est un recueil de bules, il y en a deux, l'un en quatre volumes, qu'on apelle le *grand bulaire,* & l'autre en un, qu'on nomme *bulaire de Clugni.* Les bules d'excommunication de la Reine de Navarre ne sont point dans les bulaires. Voi *Thuana, p.5.* Le Pape Silvestre est le premier de tous les Papes dont nous aions les portraits dans le premier Tome du grand Bulaire, & qui soit representé la mitre en tête. *Thiers, hist. des perruques, ch.1. p.74.*

Buletin, s. m. Billet que donnent des Magistrats pour loger des soldats, pour des certificats de santé, &c.

Bulle, s. f. Terme de Phisique. Ce mot se dit des petits globules d'air qui paroissent dans l'eau, lors qu'elle s'échaufe & qui montent vers sa surface.

Burat, s. m. Sorte de grosse étofe grise dont s'habillent quelques Religieux, comme Capucins, Recolets, Penitens, &c.

Bure, s. f. Sorte d'étofe de peu de prix de laquelle on habille les pauvres. Cette bure est fort bonne.

Bureau, s. m. Table pour écrire. Table à plusieurs piez & à plusieurs tiroirs qui est propre dans les cabinets des gens d'afaire. Faire un bureau. Avoir un beau bureau.

Bureau. Terme de palais. Table sur laquelle on met les sacs des procez à juger. Le procez est sur le bureau.

† *Bureau.* Ce mot au figuré à plusieurs sens. Exemples. *Le bureau n'est pas pour lui.* C'est à dire, que les juges ne sont pas pour lui. *Prendre l'air du bureau,* C'est à dire. Sonder & voir quel sentiment on a de l'afaire. Tacher à découvrir le sentiment des juges. *Connoître l'air du bureau.* C'est presentir l'évenement d'une afaire. *Savoir l'air du bureau.* C'est avoir découvert le sentiment qu'on a d'une chose. *Le vent du bureau est bon.* C'est avoir de bons sentimens d'une afaire & en bien esperer.

Bureau. Ce mot se dit entre *Tresoriers & gens de finance.* C'est le lieu où ils s'assemblent pour travailler. Messieurs les Tresoriers sont au bureau.

Le grand bureau des pauvres. C'est un lieu où s'assemblent le lundi & le samedi, à trois heures après midi, plusieurs des plus considerables bourgeois de Paris, qui ont été choisis de chaque paroisse pour avoir soin des interêts spirituels & temporels des pauvres, dont chaque Paroisse est chargée. Ces Messieurs ont pour Chef le Procureur general du Parlement, qui preside toujours lui même, ou par quelcun de ses substituts, à cette Compagnie. Et c'est d'elle qu'on tire les administrateurs des hopitaux de Paris & des environs. Aler, se rendre, se trouver au bureau. Revenir, retourner du bureau. Retourner au bureau.

Bureau. Ce mot, au figuré, veut dire les gens qui composent la Compagnie qui s'assemble au lieu qu'on apelle le bureau. On dit, le bureau ne tient pas encore, le bureau s'assemble, le bureau est levé. Le grand bureau des pauvres conclud l'autre jour qu'on mettroit à l'hopital des petites maisons, le pauvre V. & qu'à cause de l'intention qu'il avoit euë de faire de bons livres, où le traiteroit mieux que les autres. On voit par là combien le bureau est honnête & charitable, puisqu'il reconnoit jusqu'à l'intention & ce qu'il ne sera point pour le Seigneur A. lorsqu'il ordonnera qu'on le loge avec N. &c.

Bureau d'adresse. C'est un lieu où l'on va donner & prendre des avis touchant les choses dont on a besoin. Le premier établissement du bureau d'adresse à Paris a été fait par lettres patentes en faveur de Renaudot Medecin.

Bureau. Lieu établi pour vendre de certaine marchandise. *Le bureau des flambeaux.*

Bureau. Lieu où sont les commis. Lieu où un homme d'afaire a ses papiers, & où il regle une partie des choses qui regardent son devoir. Etre au bureau. Monsieur est au bureau. Aler au bureau.

† * *Bureau.* Lieu. Endroit. Paris est le grand bureau des merveilles. *Mol. Prêt.*

Bureau Sorte de grosse étofe. Damon ce grand auteur n'étoit vêtu que d'un simple bureau. *Dép. Sat.1.* Avant que N. fut maitre de langue Italienne des filles de libraire de la ruë S. Jaques de Paris, il n'étoit couvert que de haillons & n'étoit habillé que d'un miserable bureau.

Burelé, adj. Terme de blason. Il se dit d'un écu composé de diverses faces d'émail different, en nombre égal & ordinairement de dix.

Burette, s. f. Petit vase de metal, ou de cristal dont on se sert à l'Eglise pour mettre le vin & l'eau qu'on emploie au sacrifice de la Messe. Des burettes bien travaillées.

Burette. Petit vase de grez à petit goulet où l'on met de l'huile à manger ou à bruler. Une jolie burette.

Buretier, s. m. Prononcez presque *burtié.* C'est un oficier de la Sacristie de Nôtre Dame de Paris, qui porte les burettes devant le Prêtre lorsqu'il va à quelque Chapelle de Nôtre Dame dire la Messe. Il y a douze buretiers à N. Dame, qui servent par semaine.

Burin. Terme de graveur. Outil d'acier avec quoi on grave sur les metaux. Un bon burin. Un méchant burin.

* On dit figurément d'un habile graveur *c'est un bon burin*, pour dire qu'il manie bien le burin.

BURIN, *f. m.* Terme d'arracheur de dents. Petit inſtrument d'acier pour ôter la carie des dents. Il faut avec le burin ôter la carie de cette dent.

BURINER, *v. a.* Terme d'arracheur de dents. C'eſt ôter la carie d'une dent avec le burin. Vous avez oublié de buriner cette dent.

BURINER, *v. a.* Terme de graveur. C'eſt travailler ſur les métaux avec le burin. Il faut buriner cette planche. Buriner, en ce ſens, a vieilli, on dit il faut graver cette planche.

BURLESQUE, *adj.* Plaiſant. Scaron a été le premier poëte burleſque de ſon tems. Stile burleſque. Action burleſque.

BURLESQUE, *f. m.* Maniere d'écrire plaiſante. Le Berni parmi les Italiens eſt le premier auteur du burleſque & celui qui a le mieux réüſſi en ce genre d'écrire.

BUS. BUT.

BUSQUE, & plus rarement, *buſc, ſ. m.* Planchette de bois, d'ivoire, &c. que les Dames mettent dans leur corps de jupe devant leur eſtomac pour ſe redreſſer le corps & pour ſe conſerver la taille.

Buſque de pourpoint. Terme de tailleur. Baleines entre deux toiles pour tenir le pourpoint en état.

BUSQUER, *v. a.* Terme de couturiere. De *buſque* eſt deſcendu *buſquer* qui ſignifie faire en buſque, former en maniere de buſque, faire aler en buſque. Ainſi les couturieres diſent entr'elles, buſquer un corps, une jupe, un manteau.

* BUSQUER, *v. a.* On prononce *buſké*. Et il vient de l'Italien *buſcare*, qui ſignifie chercher quelque choſe avec ardeur, & l'on dit en françois, dans le langage populaire. Buſquer fortune.

BUSQUIERES, *f. f.* Terme de couturiere. Morceau de toile que l'on coud à la piece du corps de la jupe, & qui eſt fait en façon de gaine, pour mettre la buſque. Donnez-moi de la toile que je faſſe une buſquiére.

BUSQUIERE, *f. f.* Piece d'étofe brodée de dentelle d'or, ou d'argent fin, ou faux que les Dames qui ſont en manteau mettent devant leur eſtomac ſur leur corps de jupe, & qu'elles laiſſent un peu entrevoir. Elle a une jolie buſquiére.

BUSQUIERE, *ſ. f.* Maniere de petit crochet, que les femmes portent à la ceinture, & qui à l'un des bouts eſt aſſez ſouvent en maniere de petite roſe ornée de diamans, de perles, ou d'autres pierres précieuſes. Cette buſquiére eſt belle, mais elle eſt chére. Il y en a de ſimples pour les bourgeoiſes, & ces buſquiéres ſont d'argent, ou d'acier bien poli. Une riche, une agréable buſquiére, ſon galant lui a fait preſent d'une buſquiére fort précieuſe.

BUSE, *f. f.* Oiſeau de rapine noirâtre qui eſt mal adroit, qui dépeuple les garennes, mange les poules & les poiſſons. *Bel. l. 2.*

* *Buſe.* Sot. Niais. Traiter quelcun de buſe. Prendre pour une buſe. Faire paſſer pour une buſe. *Faire d'une buſe un épervier.* Proverbe pour dire *faire d'un ſot un habile homme.*

BUSSARD, *buſard, ſ. m.* Terme de marchand d'eau de vie & de vin, & de vinaigrier. Quelques-uns diſent *buſard*, mais maiſon dit *buſſard*, & le *d* ne ſe prononce point. C'eſt un vaiſſeau compoſé de douves & de cerceaux, qui tient preſque un muid de Paris. Un buſſard d'eau de vie, de vin &c.

BUSTE, *f. m.* De l'Italien *buſto.* Figure de ſculpture qui n'a que la tête, le haut des bras & qui finit un tant ſoit peu au deſſous des mamelles. Demi corps de figure de marbre, ou d'autre matiere. Un beau buſte. Un buſte bien fait. Faire un buſte. Mouler un buſte.

BUT, *f. m.* Point où l'on viſe. Endroit où l'on veut donner, ou qu'on veut toucher. La boule eſt ſur le but. Le cœur de l'homme eſt comme un but où chacun viſe. *Abl. Luc.*

* *But.* Fin. Deſſein. Le but de l'Orateur eſt de prouver, de plaire, & d'émouvoir. Ils n'ont pour but que de réformer les mœurs. *Paſ. l. 5.* J'ai attrapé mon but. *Abl. Luc.*

    * Le Ciel eſt mon unique but.
     La verole & le rumatiſme
    Seront cauſe de mon ſalut.
       Liniéres, poeſies.

De but en blanc, adv. Terme de gens qui tirent. Ces mots au propre ſe diſent en parlant d'armes à feu & de gens qui tirent, c'eſt à dire, depuis le lieu où l'on s'eſt poſté pour tirer juſques à celui où l'on doit tirer & où eſt attaché le blanc auquel on viſe. Le canon des arquebuſes butiéres peut porter de but en blanc mile pas, ou environ. *Gain*, traité des armes.

BUTIERE, *f. f.* C'eſt une ſorte d'arquebuſe qu'on apelle butiére, ou rainoiſe qui ne diſere des autres arquebuſes qu'en ce qu'elle eſt plus grande & plus peſante. Les Chevaliers de l'arquebuſe ſe ſervent de butiere pour tirer l'oiſeau & le prix.

* *De but en blanc.* Inconſidérément. A l'étourdie. Se marier de but en blanc. *Mol.*

But à but, adv. Terme de jeu de paume, &c. Sans avantage. Joüer but à but. Etre but à but.

BUTE, *ſ. f.* Petite hauteur. Ils aperçurent une bute occupée par les ennemis. *Abl. Ret. l. 4. c. 1.*

Bute. Le jeu des chevaliers de l'arquebuſe. Maiſon où tirent les chevaliers de l'arquebuſe.

* *Bute.* Objet. But. Etre en bute a de nouveaux dangers. *Abl.*

* *Buté, butée, adj.* Fixé, arrêté. Je ſuis buté à ne donner que cela.

BUTER, *v. n.* Tâcher à donner en quelque endroit où l'on viſe. On dit, il bute là. Il bute à ce rond. Il bute à donner dans ce noir.

* BUTER, *v. n.* Il ſignifie, au figuré, tâcher d'avoir. Faire ſes éforts pour obtenir quelque choſe. M. bute, à la faveur de ſes pauvres rimes, à ſe mettre en crédit dans le monde, mais tout cela chimere. Tous les gens de negoce, & ſur tout les Pariſiens, ne butent qu'à s'enrichir & à tromper.

BUTER, *v. n.* Terme de jeu de billard. C'eſt toucher avec la bale, la corde où ſont les grillets. J'ai buté. Je viens de buter. Je n'ai pas encore buté.

BUTER, *v. a.* Terme de Jardinier. Il ſe dit des arbres. C'eſt élever au pié d'un arbre une maniere de motte de terre, pour le ſoutenir. Il faut buter cet arbre, car ſi on ne le bute bien-tôt, les vents le pourront renverſer.

BUTIER, *ſ. f.* Sorte d'arquebuſe. Voyez ci-deſſus.

BURIN, *ſ. m.* Ce mot n'a point de pluriel en proſe, il ſignifie. Ce qu'on prend ſur l'ennemi. Faire un grand butin.

BUTINER, *v. a.* Faire quelque butin. Prendre quelque choſe à quelcun. Ils ne pouvoient s'imaginer qu'on trouvât tant à butiner ſur un pauvre faiſeur de rimes. *Teo.*

BUTOR, *ſ. m.* Oiſeau de la grandeur d'un héron. Le butor a les plumes roüannées & marquetées de taches brunes par le travers. Son cou eſt long d'un pié & demi, entouré de plumes pâles, diſtinguées de taches noires. Il a les plumes du haut de la tête noires, le bec droit & long de quatre doigts, de couleur entre cendrée & plombée, tranchant par les bords, gros comme le doigt, & pointu par le bout. Il a les aîles grandes, chacune de 24. groſſes plumes, la queuë courte, les jambes d'un demi-pié de long, qui participent du jaune & du plombé, il a de grands doigts aux piez, les ongles noirs & grands & principalement l'ergot qui eſt le plus long. Lorſque le butor aproche quelcun il eſſaie de lui crever les yeux; & mettant ſon bec en l'eau il fait croire qu'un bœuf qui meugle. *Bel. l. c. 4.*

* *Butor.* Sot. Mal adroit. Peſte ſoit du gros butor. *Mol.*
* *Butorde, ſ. f.* Mot ſatirique, qui ne trouve place que dans le comique & le bas ſtile. C'eſt une femme, ou une fille mal adroite & qui n'a point d'eſprit. Voiez cette mal-adroite, cette butorde, cette butorde. *Mol. Comt. ſc. 2.*

BUV.

BUVEUR, *ſ. m.* Celui qui aime à boire du vin. Celui qui boit bien du vin. C'eſt un bon buveur. Avoir la mine d'un franc buveur, i. Un grand buveur d'eau qu'il ne buvoit que pour s'empêcher d'avoir ſoif. *Abl. Apoph.* Les Alemans ſont auſſi bons ſoldats que bons buveurs.

Buveur d'eau. Celui qui ne boit d'ordinaire que de l'eau. Celui qui boit peu ou point de vin. Trente ſix ivrognes comme vous ne valent pas en l'amoureuſe afaire un buveur d'eau. *Voi. poe.*

BUVEUSE, *ſ. f.* Celle qui aime à boire. Celle qui boit beaucoup. Celle qui aime un peu trop le vin. Elle eſt un peu trop buveuſe, & c'eſt dommage.

BUVEUSE, *ſ. f.* Qui boit beaucoup. Il ſe dit auſſi en bonne part. Une femme buvante de l'eau & en buvant beaucoup, dira fort bien en riant, ne vous étonnez pas ſi je bois tant ; pour moi je ſuis une grande buveuſe.

* *Buvette, ſ. f.* C'eſt un repas qu'on fait entre amis pour ſe réjoüir. Le mot de buvette, en ce ſens, ſe dit plus ſouvent au pluriel qu'au ſingulier, & même il ne ſauroit guere entrer que dans le ſtile familier, & en ſa place on dira, un bon repas, un régal, un magnifique repas. On ne doit point faire de buvettes pour la reception d'un aprenti. Les Statuts des métiers défendent aux Jurez de faire des buvettes. *Voiez ces ſtatuts.*

Buvette. Eſpece de cabaret au Palais de Paris, où l'on traite fort bien & ſeulement ceux qui plaident & d'autres gens auſſi. Aler à la buvette. Au reſte il y a une buvette pour chaque Chambre de Parlement, mais dans ces ſortes de buvettes, il n'y va que Meſſieurs du Parlement. Ces buvettes ſont de certains lieux où Meſſieurs ſe chaufent, boivent & mangent quelque peu, & c'eſt le Roi qui païe cette dépenſe. Il y a une certaine ſomme reglée pour la buvette de chaque Chambre.

BUVETIER, *ſ. m.* Le maitre de la buvette. Celui qui tient quelque buvette au palais de Paris.

CA

Elle eut du *buvetier* emporté les serviettes
Plûtôt que de rentrer au logis les mains nettes.
Racine, plaideurs. a.

Buveau, s. m. Outil de maçon, Espece de fausse équierre composée de deux branches mobiles, qui sert à mesurer ou à tracer des angles. (Servez vous du buveau.)

Buvoter, v. n. Boire peu à la fois. (Il ne fait que buvoter.)

C

C *s. m.* C'est la troisiéme lettre de l'Alphabet. (Un petit *c*, un grand *C*. Faire un C.

Tout nom terminé en C. est masculin, le bissac, le sac.

Le *C*. se prononce à la fin de presque tous les monosilabes ; le troc, le bec, le choc, le croc, le froc, le hoc, le pic, le roc, le soc. On excepte le clerc, le blanc, le marc.

Le *C*. se fait aussi sentir à la fin de quelques noms de plusieurs silabes. Le bissac, Enoc, Lamec. On excepte Almanac, Arsenac.

Le *C*. a le son de l'S devant E, ou devant I. Le Censeur, le Cinabre.

Le *C*. accompagné d'une cédille ç, laquelle est une maniere de petite virgule se doit presque prononcer comme une double s, parce qu'autrement il feroit quelquefois de fâcheuses équivoques, ou une prononciation, qui ne rendroit pas intelligible le mot où il se rencontre. Exemples, leçon, façon. Prononcez ces mots à peu prés comme s'ils étoient écrits lesson, fasson.

Le *C*. se rencontrant immédiatement devant A, devant O, ou devant U, dans les tems des verbes dont l'infinitif est en *cer*, ou en *cevoir*, veut être accompagné d'une cédille. Ainsi aux tems du verbe placer, recevoir & autres pareils où se trouvent ces voïelles A, O, ou U, de la sorte que je viens de le marquer. Mettez une cédille sous le *C*, pour bien écrire & bien prononcer. Exemple, nous plaçons, je plaçois, je plaçasse, plaçant. Je reçois, je reçus, je reçusse.

CA.

Ca. Prononcez *sa*. Interjection qui désigne quelque commandement, qui veut être accompagné d'une cédille, & avoir un accent gravé lorsqu'elle ne fait pas le commencement d'une période. (Ca la main droite, ça la gauche, qu'on l'atache. *Abl. Luc.* T. 1, Ca, qu'on mette la main à l'œuvre. *Scaron, Roman.*)

Ca, adv. Il signifie ici, & marque toûjours quelque commandement, Venez ça ; ça qu'on mette la main à l'œuvre. *Sca. rom.*

Ca. Sorte d'*interjection* qui sert à exhorter, à encourager. (Ca joüons. Ca trinquons jusqu'à demain. *S. Amans, premières poësies*.)

Ença. Il ne se dit que lors que l'on compte, & que l'on parle du jours, de mois, ou d'années. Il est vieux & l'on ne s'en sert bien que dans le comique, ou dans les discours familiers en riant.

(Depuis cinq ou six ans en çà
Au travers de mon pré certain ânon passa.
Rac. Plaideurs, a. 1. *sc*. 3.

Orça. Sorte d'interjection. Elle signifie presque autant que si l'on disoit à present que nous sommes en état, faisons ce qu'il faut faire ; mais elle n'est d'usage que dans le comique, & dans les discours familiers. (Orça, verbalisons. *Rac. Plaideurs.* a. 2. *sc*. 4.)

Çà & là. Sorte d'*adverbe* qui veut dire *de côté & d'autre*. (Courir çà & là. *Abl. Luc.* T. 1. Que mes ennemis errent çà & là pour chercher à vivre. *Port-Roial, Pseaume* 58. Il voltigeoit çà & là, *Abl. Luc.* T. 2.)

† *Qui çà qui là*. Façon de parler commune pour dire de côté & d'autre.

CAB.

† CABACET, ou *cabasset*, *s. m.* M. Borel dit qu'il vient de l'Hebreu. C'est une sorte de casque qui couvre toute la tête. Le cabacet est à present inconnu & hors d'usage.

CABALE, *s. f.* Il vient de l'Hebreu, & signifie proprement une doctrine prise d'ailleurs. C'est l'exposition de la Loi divine donnée de La bouche de Dieu à Moïse, & revelée par Moïse aux Juifs. (Etudier la cabale, s'atacher à la cabale, comprendre la cabale, pénétrer la cabale, savoir la cabale.)

Cabale, *s. f.* Il signifie au figuré, des personnes qui sont d'intelligence pour faire réüssir quelque chose. Personnes qui agissent de concert pour leurs interêts particuliers. Le mot de *cabale* en ce sens n'est point avantageux pour ceux de qui on

le dit, Cabale forte, puissante, foible, dangereuse, honteuse, Il est de leur cabale. *Port. Roial, Ade iphes*, a. 3. *sc*. 3. Il n'y a point de cabale qu'ils n'aient faite. *Rac. Britannicus, Préface*. Détruire, afoiblir la cabale. *Abl. Luc*. ruiner la cabale.

Non, je tombe d'acord de tout ce qu'il vous plait ;
Tout marche par cabale & par pur interêt.
Mol. Misant. a. 5. *sc*. 1.

Cabale, *s. f.* Ce mot se prend quelquefois en bonne part, sur tout si on le dit en riant, & alors il signifie une societé d'amis, qui ont de la liaison entr'eux, & qui s'assemblent quelquefois, soit pour la conversation, ou pour le divertissement. (Nous nous divertissons fort agreablement dans nôtre petite *cabale*.)

Cabaler, v. a. Ce mot au figuré, veut dire tâcher par de secrettes pratiques, & par des moiens fins & adroits à faire réüssir un dessein. Le mot de *cabaler* à quelque chose qui n'est pas bien favorable. (Ils ont cabalé cela entr'eux. *Cabaler* se dit quelquefois dans un sens neutre. Ils ont long-tems *cabalé* pour avoir une Charge qui les tire de la misere.

Cabaler, Il signifie aussi au figuré, se gagner un parti de gens qui nous apuïent. *Son merite cabale pour lui*. C'est à dire que son merite lui gagne des gens qui le protegent.)

Cabalé, cabalée, adj. Il ne se dit qu'au figuré, & signifie, aquis par cabale, gagné par cabale, & par le moien des gens qu'on s'est aquis avec adresse. Le mot de *cabalé* n'est point obligeant pour ceux de qui on le dit. C'est un merite *cabalé*. C'est une réputation *cabalée*. C'est à dire un merite & une réputation qu'on ne s'est aquis que par cabale & par adresse.)

Cabaleur, s. m. Celui qui par adresse & par de secretes pratiques qu'il a avec des personnes de crédit, s'éforce pour faire réüssir quelque chose. (C'est un franc cabaleur, un adroit cabaleur, un ardent cabaleur, un dangereux cabaleur, être cabaleur.)

Cabaliste, s. m. Les François l'ont pris du mot *cabalista*. C'est celui qui fait profession de la science secrette de la Cabale. (Un savant cabaliste, un habile cabaliste, c'est un tres-docte cabaliste.)

Cabalistique, adj. Qui tient quelque chose de la cabale & de cette Téologie secrette de l'écriture que Moïse revela aux Juifs. (Sentiment cabalistique, créance cabalistique. Le mot de *cabalistique* a le plus souvent un mauvais sens, & l'on dit ce sont des reveries cabalistiques.

† CABAN, *s. m.* Vieux mot, qui signifioit un Manteau contre la pluie, qu'on portoit à cheval.

CABANNE, *s. f.* Il pourroit venir de l'Espagnol *Cabana*, ou de l'Italien *capanna*. C'est une petite maison couverte de paille, ou de chaume. Une cabanne bien propre, une cabanne bien nette, une aimable cabanne, une jolie cabanne. Faire une cabanne. Les habitans logeoient dans des cabannes éparses. *Vaug. Quint. l.* 5 *c.* 7.

La mort a des rigueurs à nulle autre pareilles.
Le pauvre en sa cabanne, où le chaume le couvre,
Est sujet à ses loix ;
Et la garde qui veille aux barriéres du Louvre
N'en défend point les Rois.
Malh. poës. l. 6.

Cabanne, *s. f.* Terme de Berger. Maniére de petite loge faite de planches, soutenuë de quatre roulettes, où se met le berger lorsqu'il garde les brebis, & qu'il fait mauvais tems. Le berger est dans sa cabanne, car voilà son chien tout auprés.

Cabanne, *s. f.* Terme de Batelier de Paris. Ce sont 8. ou 9. cerceaux pliez en forme d'arc sur un bachot, ou un bateau, couverts d'une toile qu'on apelle banne. (Se mettre sous la cabanne du bachot. La banne qui couvre la cabanne de ce bachot ne sauroit résister à la pluie, elle ne vaut rien.)

Cabanne, *s. f.* Terme d'Oiselier de Paris. C'est une maniére de grande cage ; c'est aussi une espéce de petite loge où l'on ne voit le jour que par un endroit, & où l'on fait nicher des oiseaux. L'on a mis depuis quelques jours des canaries nicher dans cette cabanne.

Cabanner, v. n. Il se dit entre gens qui voiagent aux Indes Occidentales, & signifie faire des cabannes. (Ils sont contrains de cabanner pour se mettre à couvert de l'injure du tems.

Cabaret, s. m. Logis où l'on donne à boire & à manger, qui a une enseigne qui pend devant sa porte, & qui est souvent accompagnée d'un bouchon de lierre. Il y a dans Paris trois sortes de cabarets ; les uns sont à pot & à pinte, & vendent en détail ; les autres à pot & à assiette ; & les troisiémes donnent à manger, & logent, & s'apellent proprement *Auberges* ; mais ces derniers se nomment dans la Province *Hotelleries*. (Un bon, un méchant cabaret, faire cabaret, tenir cabaret. Voïez TAVERNE.

Cabaret borgne. Termes injurieux. Miserable, petit logis mal propre où l'on vend du vin à 4. ou 5. sols, à pot & à pinte. (Quand on va pour voir le bon homme V. & le gaillard Ligniere, & qu'on ne les trouve pas dans leurs cabannes, on n'a qu'à al-

T

ler au premier Cabaret borgne de leur ruë, & on les y trouvera assurément, tringuant avec quelque porteur ou quelque Crocheteur.)

* *Cabaret*. Terme de Faïancier. Maniere de petit cofre plat, sans couvert, & avec de petits rebords pour mettre des tasses de café, des soucoupes, un sucrier, & des cueillieres lorsqu'on prend du Thé, du Café, ou du Chocolat. (Un joli cabaret, un cabaret de beau bois de la Chine, & bien enjolivé toute cher, mais il est propre & agréable.)

Cabaretier, *f. m.* On prononce toûjours *Cabartié*, & on l'écrit quelquefois *Cabartier*. C'est celui qui tient cabaret, & à la maison de qui pend une enseigne, au bas de laquelle il y a ordinairement du lierre. pour être reçu Cabaretier à Paris, il faut avoir une Lettre des Maîtres & Gardes de l'Hôtel de ville, & du Procureur du Roi ; & tout cela revient environ à cent francs. Les Cabaretiers ont cinq fêtes chaque année, pendant lesquelles ils n'ouvrent point, Pâque, la Pentecôte, la Nôtre-Dame d'Août, la Toussaints & Noël. Les Cabaretiers à pot & à pinte ne ferment point, il n'y a que ceux qui sont à assiette ; mais soit à pot ou à assiette, il est vrai ce qu'Horace en a dit, *perfidus caupo*. Ils sont pour la plûpart tous trompeurs, & aussi grands fourbes du tems de Loüis XIV. à Paris, qu'ils l'étoient à Rome du tems d'Auguste.

Cabaretiére, *f. f.* On prononce *Cabartiére*, & mêmes on l'écrit souvent comme on le prononce. C'est la femme du Cabaretier. [Une grosse cabaretiére, Une jolie cabaretiére. *Avoir l'air d'une cabaretiére*. Façon de parler injurieuse qui se dit d'une femme qui a une mine grossiére, & qui ne sent point sa personne de qualité.]

Cabas, *f. m.* Petit panier rond qui est fait de joncs & qui sert à mettre des figues. On couvre le cabas d'une toile de couleur, & il a d'ordinaire deux petites anses. (On dit figues de Marseille & cabas d'Avignon. Un cabas fort mignon.)

Cabestan, *f. m.* Terme de mer. Machine de bois liée de fer, qui tourne sur un pivot, & dont l'usage ordinaire est de lever l'ancre. (Un grand cabestan, un cabestan double, un cabestan à l'Angloise, un cabestan volant. Virer un cabestan, pousser le cabestan.)

Cabinet, *f. m.* Prononcez devant une consonne *Cabiné*, terme d'Architecture. Petit endroit qui est souvent au bout d'une galerie, & que Vitruve apelle *exhedra*. C'est aussi un petit lieu qui est auprès de quelque apartement, & où l'on se retire pour converser.

Les petits cabinets, les bois & les ruelles,
Sont propres aux larcins que l'on fait sur les belles.

Cabinet, *f. m.* Petit lieu dans une maison destiné pour étudier. (Nôtre ami l'illustre Mr Sanson, entre dans son cabinet à 4. heures du matin, & n'en sort qu'à midi.)

Cabinet, *f. m.* Petit lieu orné de tableaux. Vitruve apelle ce cabinet *pinacotheca*, On trouve à Paris de ces cabinets qui sont tres-curieux.

Cabinet, *f. m.* Endroit où l'on met toutes sortes de médailles & de curiositez. Ce cabinet est apellé *cimelium*. Il y a à Paris dans la bibliotéque de Ste Geneviéve du Mont, un Cabinet de cette sorte là, qui est tres-curieux, & tres-digne d'être vû.

Cabinet, *f. m.* Il se dit parlant de quelques beaux jardins. C'est un réduit en forme de petite Chambre ronde faite ordinairement de perches liées d'ozier, & entouré de verdure & d'arbres jolis. Le cabinet des jardins se fait aussi de bois de charpente & quelquefois de fer. (Embelir un jardin de jolis cabinets. Faire d'agreables cabinets dans un jardin.)

Cabinet, Il se dit parlant d'orgues. C'est tout ce qui soutient & qui est comme l'étui des tuiaux d'orgues. (Le cabinet de ces orgues me semble tres propre.)

Cabinet, *f. m.* En parlant de menuiserie. C'est un ouvrage de Tourneur, fait d'ébéne, de bois de noïer, ou d'autre beau bois plaqué, composé de quatre armoires, qui ont chacune leur porte, & de deux tiroirs entre ces armoires. Et autrefois on faisoit des cabinets à colomnes ; mais aujourd'hui ces cabinets sont hors d'usage.

* *Cabinet*, *f. m.* Au figuré, & en parlant du Roi. C'est le Conseil secret du Roi ; & dans ce sens Mr de la Rochefoucaut a dit dans ses memoires page 91. imprimez en 1664. Il ne voulut pas accepter le commandement de l'armée par le goût qu'il prenoit à regenter le cabinet.

* *Cabinet*. Il est encore en usage au figuré, & en parlant d'un homme de lettres. On dit c'est un homme de cabinet, c'est à dire, que celui dont ce que personne qui aime le repos & les livres.

Cable, *f. m.* Terme de mer. Grosse corde dont l'usage est de tenir un vaisseau en rade, ou en quelqu'autre lieu. (On dit biter le cable, *c'est le rouler*, filer le cable sur les bites, c'est à dire, *autour de grosses pieces de bois*, filer du cable, c'est le lâcher, & en donner ce qu'il en faut pour la commodité du moüillage. Donner le cable à un vaisseau. Lever le cable, c'est le mettre en rond.

Cable, *f. m.* Terme de Batelier de la riviére de la Seine. C'est une grosse corde dont on se sert pour tirer les bateaux en remontant. (Un petit cable, un gros cable. On apelle aussi *cable*, toute sorte de grosse corde, qui sert à lever de terre de gros fardeaux. Vite qu'on prenne un cable, & qu'on leve ces choses-là.)

Cableau, *f. m.* Terme de mer. C'est un cordage de la grosseur des cannes qu'on porte à la main, & de la longueur de plusieurs brasses. [Godronner un cableau, amatrer. *Fournier*, *Hidrographie*.]

Cabler, *v. a.* Terme de cordier. C'est assembler plusieurs fils, & les tortiller pour n'en faire qu'une corde. (Cabler de la ficelle.)

Caboche, *f. f.* Terme de Cloutier. Petit clou à grosse tête, & dont la tête est faite en maniere de diamant, que les porteurs de chaise mettent sous leurs souliers pour s'empêcher de glisser sur le pavé. (Mettre des caboches à ses souliers. Acheter pour deux sous de caboches pour mettre à ses souliers. Les porteurs de chaises apellent aussi ces cloux *diamans*, & disent à un cloutier, vendez-moi pour une petite pièce de diamans.)

Caboche, *f. f.* Terme de Maréchal. Clou qu'on tire des pieds des chevaux, parce qu'il ne peut plus servir. (Il faut tirer ces caboches.)

† *Caboche*, *f. f.* Mot comique pour dire la tête. Une grosse caboche, une petite caboche. Quelques-uns croient que le mot de *caboche* en ce sens a été apellé de la sorte, à cause d'un certain séditieux à grosse tête, qui du tems de Charles VI. étoit le chef d'un parti qu'on apeloit *cabochiens*. Je laisse cela à débroüiller à l'Etimologiste François, tandis qu'on dit familierement & en riant, mettre une chose dans sa caboche. On ne sauroit rien faire entrer dans sa caboche. Sa caboche est dure, il ne sauroit rien comprendre. On dit aussi c'est une bonne caboche, pour dire une personne qui a du sens & du jugement.)

Cabochon. Ce mot est une maniere d'adjectif qui n'a point de féminin, & qui est un terme de *Metteurs en œuvre*. Il se dit des Grenats & des rubis, & veut dire qui n'est ni net ni taillé. (Ce rubis est un rubis cabochon, les rubis cabochons ne sont pas si chers que ceux qui ne le sont pas.)

Cabochon, *f. m.* Terme de Cloutier. C'est une petite caboche ; c'est à dire un clou dont la tête est large & faite en quelque sorte comme le diamant, & qui n'est pas si gros que le clou que le cloutier nomme ordinairement caboche. (Vendre des cabochons, acheter des cabochons.)

Caboter, *v. n.* Terme de mer. C'est naviger le long des côtes de port en cap, ou de port en port. (Il y a long-tems que nous ne faisons que *caboter*)

Cabrer, *v. n.* Il se dit des chevaux, quand on fait élever un cheval sur les deux piez de derrière, & se renverser. Faire cabrer un cheval.

Se cabrer, *v. r.* Il se dit des chevaux ; c'est s'élever sur les deux piez de derrière, en état de se renverser. (Les chevaux de Darius touchez de coups, commencèrent à se cabrer & à secoüer le joug. *Vaug. Quint. l.* 3. *ex*. S'il pensoit presser Baïard de l'éperon, il se cabroit. *Vaseoncelle, Ariofte moderne*. T. I.

Cabrer, *v. n.* Au figuré il se dit des personnes, & ne sauroit entrer que dans le stile familier & dans le satirique. C'est se fâcher, s'emporter & se mettre en colére. (Pour faire plaisamment cabrer le petit Amelot, il n'y a qu'à lui dire ce que tout le monde dit, que la traduction de Tacite n'est pas digne d'être comparée à celle de l'excellent d'Ablancourt.

Iris qu'une demangeaison
Fait *cabrer* contre la raison,
Veut aimer & veut être aimée.
Gom. Epi. V. 2.

† * *Se cabrer*, *v. r.* Il se dit des personnes au figuré, & n'entre que dans le stile simple. C'est s'emporter, se mettre en colére lorsqu'il arrive que quelque chose fâche. (Il n'est pas d'un homme sage de se cabrer. Un homme qui a un peu vû le monde, ne se cabre pas souvent, ou si cela lui arrive, il ne se cabre jamais en compagnie.)

Cabri, *f m.* C'est le petit de la chèvre. Le mot de *cabri* n'est pas si usité à Paris que celui de chevreau. Il est cabri, il est éveillé, & saute presque toûjours, d'où vient le proverbe, il saute comme un cabri. En cette façon de parler chevreau ne se pourroit souffrir.

Cabriole, capriole, *f. f.* Il vient de l'Italien *capriola*, & l'on dit *cabriole & capriole*, mais cabriole paroit plus usité dans la bouche de ceux qui dansent, & qui en font tous les jours. C'est un saut figuré d'un danseur qui s'éleve agilement, & qui coupe l'air par le mouvement redoublé de ses piez. (Une jolie cabriole, une belle, une agréable cabriole, une petite cabriole. Faire des cabrioles.)

Cabriole, capriole, *f. f.* Terme de manége. C'est un saut haut & levé tout d'un tems, que fait le cheval dans la main & dans le talon. (La cabriole est la plus dificile de tous les airs relevez ou manéges par haut. Vôtre cheval ne maniera jamais bien à cabrioles, qu'il ne soit mis entre deux piliers, & qu'il n'aprenne à lever premierement le devant, ensuite le derriére, lorsque le devant est encore en l'air. Soutenez vôtre che-

CAC

val de la main & des talons, pour lui faire faire des cabrioles. Sauteur qui se presente à cabrioles. Sauteur qui se met de lui-même à cabrioler.) Mr Guiller, Arts de l'homme d'épée, se sert dans toutes ces façons de parler de captiole, & il parle bien, mais d'habiles Ecuiers ne condamnent point cabriole, c'est tout dire.

Cabrioler, cabrioler, v. n. L'un & l'autre se dit, mais cabrioler semble le plus usité. C'est faire des cabrioles. Presque tous les danseurs que j'ai vus sur ce mot, disent cabrioler. (C'est un homme qui cabriole bien. Il y a du plaisir à le voir cabrioler, les danseurs de cordes disent que les Anglois cabriolent mieux sur la corde que les François.)

Cabron, s. m. Peau de cabri. (On fait des gans de Cabron.)

Cabus. Il se dit parlant de certains choux, dont les feuilles sont un espece de boule. Les choux cabus sont meilleurs que les choux verds, & ils sont ordinairement blancs.

CAC.

† Caca, s. m. Il semble venir du Latin cacare. Il se dit proprement des petits enfans, & signifie excrement d'enfant. (Sitôt qu'un enfant est hors du ventre de la mére, il commence à pisser & à faire caca.

Cacao, s. m. Maniére d'amande qu'on trouve dans un fruit roux, taié, cannelé, qui tient du melon, & qui vient en la nouvelle Espagne sur un arbre haut comme un oranger, & qu'on apele Cahuaguahuitl. Le cacao a un gout qui a quelque chose de doux & d'amer, & qui est froid & sec. Le cacao sert à la composition du chocolat, & pour cela on le choisit le plus sec qu'on peut. On le broie, mais on ne laisse pas passer le seul des ingrédiens du chocolat qu'on ne fasse point passer par le tamis. Voïez Voïage d'Herrera.

Cache, s. f. Lieu où l'on serre quelque chose pour n'être ni vû ni trouvé. Une bonne cache, une méchante cache. Savoir la cache, trouver la cache, découvrir la cache, rencontrer la cache.)

Cacher, v. a. Mettre si bien une chose qu'on ne la puisse voir, ou qu'on ne la puisse trouver qu'avec peine. (Cacher une bribe de pain sous son manteau. Abl. Luc. T. I. Le poëte Tristan cachoit son argent derriére des cotrés, ou des fagots. Cacher son jeu, c'est ne le pas montrer, mais au figuré cette façon de parler est un peu proverbiale & signifie agir avec tant de finesse, qu'on ne donne nulle connoissance de sa conduite.

* Cacher, v. a. C'est ne pas faire connoître, ne pas découvrir, dissimuler quelque chose. Il y a de l'adresse à bien cacher sa passion. Abl. Tac. T. I. Cacher ses sentimens. Patru, plaid. Cacher ses desseins. Cacher sa haine sous de fausses caresses. Racine, Préface de Britannicus. Ne cache rien à ton Confesseur, à ton Avocat, ni à ton Médecin. Il tâche de cacher sa folie, mais on n'a qu'à l'entendre, & on voit d'abord qu'il est persuadé qu'il l'a cache en vain, & que par charité il lui faudroit donner un petit apartement aux petites maisons.

Se cacher, v. r. Je me cache. Je me suis caché. Je me cachai. C'est se retirer dans un lieu où l'on ne soit pas vû. Il s'est caché à Luxembourg pour se mettre à couvert de ses creanciers & des Sergens.

Se cacher, v. r. Ne se pas montrer, ne se pas faire voir au monde. [Allez-vous cacher vilaines. Mol. Prés.]

Se cacher, v. r. Couvrir de quelque chose une partie de son corps. Elle se cachoit le visage de peur de montrer sa douleur. Il se cache toûjours le nez & le menton.)

* Se cacher, v. r. Il signifie ne vouloir pas être connu, & dans ce sens il est un peu figuré. Plus il se cache & plus on le connoit.

Caché, cachée, adj. Qui est serré, qui est dans un lieu qu'on ne sçait point. (Ils n'ont point d'argent caché, c'est à dire que ce sont de pauvres drilles.)

* Caché, adj. Qui est un peu éloigné de la connoissance de l'homme, chose que tout le monde ne connoit pas. (Descartes & Gassendi ont pénétré dans la connoissance des choses les plus cachées.)

Caché, cachée, adj. Il se dit des personnes, & veut dire dissimulé, couvert, qui ne laisse pas voir ses sentimens. [Tibere & Loüis XI. étoient des esprits cachez.]

* Cachement, s. m. Maniére dont une chose, ou une personne se cache, ou est cachée. Cachement ne paroît pas encore bien en usage. Des gens à qui la nouveauté plaist, s'en servent ; mais je croi qu'on ne feroit pas mal de les imiter si-tôt. Quand elle va par la ville elle se cache toûjours le nez, & ce cachement déplait.

Cachet, s. m. Petit Sceau ordinairement de cuivre ou d'argent, sur lequel on a gravé les armes d'une personne. (Un beau, un joli cachet, un cachet bien fait. Faire un cachet, acheter un cachet, graver un cachet.)

Cachet, s. m. Empreinte qui est ordinairement faite sur de la cire par le cachet qu'on a gravé. (Pour ouvrir une Lettre cachetée il en faut rompre le cachet.

Cachet volant. C'est un morceau de papier sur lequel est l'empreinte d'un cachet, pour en fermer une lettre quand on le trouvera bon. C'est aussi le dessus d'une lettre pliée sur lequel on a mis de telle sorte l'empreinte d'un cachet, que la lettre ne soit pas tout à fait fermée, laissant la liberté de la cacheter tout à fait quand on voudra. (C'est une lettre à cachet volant.

Cachette, s. f. Petit lieu où l'on se cache, petit lieu où l'on cache quelque chose. Cachette ne trouve bien sa place que dans le stile simple.

En cachette, ou en cachettes, adv. L'un & l'autre se dit sans s, où avec, mais le premier est le meilleur, & signifie en secret, secretement, & sans être vû. Furtivement, à la derobée, & sans toutes les formalitez. (Ce jugement est nul, s'il en fut jamais ; car il ne fut donné qu'en cachettes, & dans une chambre destinée à toutes autres choses. Pat. plaid. I 3. On ne doit pas user de duël, si l'on peut tuër son homme en cachette. Psal. l. 7.)

Cacheter, v. a. C'est mettre de la cire d'Espagne toute chaude sur le dessus d'une lettre pliée, & y aposer aussi-tôt un cachet ; c'est mettre un petit morceau de pain à chanter sur le dessus d'une lettre pliée, & y aposer au même tems le cachet. La plupart des Religieux & Religieuses ne cachetent leurs lettres que de cette dernière façon ; mais le reste du monde cachete d'ordinaire avec de la cire.

Cachot, s. m. Endroit obscur & souterrain d'une prison, où l'on met les criminels. Ouvrir le cachot, fermer le cachot ; mettre dans le cachot.

Cachot, s. m. Sorte de pe-ite loge qui est fermée à clef ; & qui n'a qu'une petite ouverture à la porte, par laquelle on voit le fou qui est dedans, & par laquelle on lui donne à boire & à manger. Nettéier les cachots des insensez. On a soin que le cachot d'un insensé soit toûjours bien propre. Le bruit court que le pauvre N. est aux petites maisons dans l'un de ces cachots, où l'on dit qu'il a des visions de son mérite ; qui font crever de rire les gens.

Cachou, s. m. C'est le suc d'un arbre des Indes Orientales, duquel on coupe le bois en petits morceaux qu'on fait bouillir. L'eau où bout le bois, s'épaissit, & forme une espéce de gomme qu'on seche & qu'on envoie en Europe. On y fait en petits grains cette espéce de gomme qu'on mêle avec du musc & de l'ambre, & ces petits grains servent à l'haleine, mais pour le vrai cachou, il est bon pour les dents & pour l'estomac.

Cacochime, adj. Terme de Médecin. Il vient du Grec & signifie qui est plein de mauvais suc, rempli de mauvaises humeurs. (C'est un corps tout à fait cachochime.)

Cacochime, adj. Il se dit des personnes ; & en parlant de leur esprit, il veut dire qui a l'esprit gâté, qui est un peu fou. (C'est une maniére d'esprit fou, & d'esprit cacochime, une sorte de pedant chimerique

Cacophonie, s. f. Il vient du Grec. C'est un assemblage de mots qui font un mauvais son. Rencontre de silabes qui ont un son qui n'est point agréable à l'oreille. (Il faut autant qu'on peut éviter les cacophonies, soit qu'on écrive en prose ou en vers. Ces mots font une cacophonie désagréable. C'est une cacophonie fâcheuse, & qui choque tout à fait l'oreille. On a de la peine à soufrir de fréquentes cacophonies. Si cela est, on donnera au diable les ouvrages qui sont remplis & de cacophonies & de mots surannez & pedantesques.)

CAD.

Cadastre, s. m. Ce mot est en usage dans les Provinces de Dauphiné & de Provence, où il signifie un Regitre, qui contient la qualité de l'estimation des fonds de chaque Communauté ; & les noms de ceux qui les possédent.

Cadavre, s. m. Il vient du Latin cadaver ; il signifie un corps mort, & il se dit particulierement du corps des personnes qui ont été tuées, qui se sont donné la mort à elles-mêmes, ou qui ont été executées à mort. (Il faut apeller les Oficiers de justice pour lever le cadavre d'un homme qui a été tué ou neïé. Le cadavre d'une personne executée est souvent privé de sépulture. On fait le procez au cadavre d'une personne qui a été homicide d'elle-même, on le condamne à être pendu par les plez, à être traîné sur une claie, & à être jetté à la voirie.)

Cadeau, s. m. Prononcez cadô. Trait de plume figuré que les maîtres à écrire font autour des exemples.

Cadeau. Chose spécieuse & inutile. (* Faire des cadeaux.

† Cadeau. Grand repas. Au lieu de cadeau, dans ce sens, on dit d'ordinaire fête. († Donner un cadeau aux Dames. Mol.) J'aime le jeu, les visites, les promenades & les cadeaux. Mol. mar. forcé.

Cadenat, s. m. Petite machine de fer pour fermer les portes, les valises & les cofres.

Cadenat. Quarré d'argent ou de vermeil doré, soutenu de quatre petites boules de métal à l'un des côtez duquel il y a une maniére d'étui où l'on met la cuillér, la fourchette & le couteau de quelque personne de grande qualité, comme Princesse, Duchesse, &c.

Cadenacer, v. a. Mettre un cadenat à une valise, à une porte, &c. (Cadenacer une porte.

Cadence, s. f. Terme de Rétorique. Chute harmonieuse de période, ou de partie de période. (Une belle & charmante cadence. Est-il possible que nous travaillions à la structure & à la *cadence* d'une periode, comme s'il y aloit de nôtre vie. *Balz. Entr.* 13.

Cadence. Terme de Dance. La chûte du mouvement du corps. (Dancer en cadence. Aler en cadence.)

Cadence. Terme de Musique. Certaine conclusion de chant qui se fait lors que les parties viennent tomber & se terminer sur une corde que l'oreille atend ce semble, naturellement. Suivre la cadence. Ecouter la cadence.

Cadence, *s. f.* Ce mot se dit aussi en termes de Manège. C'est l'action d'un cheval dressé qui soutient tous ses tems & tous ses mouvemens avec une agreable égalité. (Cheval qui entretient bien sa cadence, qui prend une belle cadence, qui ne change point sa cadence. Suivre sa cadence. Interrompre sa cadence.)

CADENETTE, *s. f.* Il signifie une moustache de cheveux ; mais il ne se dit plus qu'en parlant de perruque nouée, & c'est une boucle de cheveux qui pend, & qu'on noue au milieu. (Une cadenette trop courte, ou trop longue.)

CADET, *s. m.* Le plus jeune de deux freres. Un joli cadet, un agreable cadet, un cadet qui vaut cent ainez. C'est aux cadets à se pousser.

Cadet. Il se dit aussi de celui qui est plus jeune qu'un autre, ou qui a été reçu dans une charge après un autre. (Les cadets doivent céder à leurs Anciens.)

Cadets, *s. m.* On apelle de ce nom de jeunes gens dont la plûpart sont Gentilshommes, qui sont dans les villes fortes en Flandres & en Alemagne, ausquels le Roi fait aprendre les Mathématiques, à deffiner, à dancer, & à faire tous les exercices. Ils sont quatre cens dans chaque Compagnie; & ils ont par jour dix sols du Roi. (Etre dans les Cadets, entrer dans les Cadets.)

Cadet aux Gardes. Jeune Gentilhomme volontaire qui est dans le Regiment des Gardes.

† * *Cadet de haut-apetit*. Celui qui est toûjours prêt à boire & à manger, & qui s'aquite bien de l'un & de l'autre.)

Cadette, *s. f.* La plus jeune des deux sœurs. (La cadette est la plus spirituelle.)

CADRAN. Voiez *Quadran*.

CADRE, *cadrer* Voi. z *Quadre* & *cadrer*.

CADUCÉE, *s. m.* Baguette de Mercure, entortillée de deux serpens. (Mercure nous fit signe avec son *caducée* que nous cussions à nous tirer à quartier. *Abl. Luc.*)

CADUCITÉ, *s. f.* Vieillesse débile. (Ma caducité est pauvre & délaissée. *Moi. Poë.* Vous êtes fort éloigné de la caducité. *Costar. Lett. T.* 2. *l.* 210 Les vieillards dans leur *caducité*, craignent de manquer des necessitez de la vie. *Théophraste, p.* 141. *ch. de l'homme*.)

Caduque, *adj.* Vieux, infirme & cassé. (Il est fort caduque. Elle est caduque. On dit *l'âge caduc*, pour dire la vieillesse.)

Le mal caduc. Termes de Medecin. C'est l'epilepsie, le haut-mal; ou le mal de S Jean.

* *Caduque*, *adj.* Fragile. Perissable. (Maison caduque, Les biens caduques & perissables.)

On dit en *termes de Palais*, qu'une succession est devenuë *caduque* lors que personne ne se porte pour heritier.

Voiez la colonne *Qua*.

CAF.

† CAFARD, *s. m.* Celui qui afecte extérieurement de paroître dévôt & religieux, & qui intérieurement n'est moins que tout cela. Ménage dans ses Origines, soutient que *cafard* se dit proprement d'un homme qui de Crétien s'est fait Turc. Cela est peut être vrai, mais l'usage y semble contraire.

CAFÉ', *s. m.* Sorte de graine étrangere qui croit sur un petit arbre, qui est gros comme une petite fêve, qui est rond d'un côté & plat de l'autre, & d'une couleur entre blanc & jaune obscur. Le café est envelopé de 2. écorces, l'une déliée & l'autre noirâtre & assez épaisse. Il croit dans les grandes plaines de l'Arabie heureuse. (Le vieux *café* ne vaut pas le nouveau. Le café on p.u jaune est meilleur que le blanchâtre. On prépare le café ainsi. L'on fait rotir le café, on le pile, on le met en poudre, & puis on le passe par un tamis, mais il ne faut point que la poudre du café s'évente. Le café n'est connu en France que depuis quarante-cinq ans, & l'on n'en prend que depuis 25. ou 30. ans. Pour prendre le café on en met trois dragmes dans l'eau, on le fait bouillir une douzaine de bouillons, & l'on empêche qu'il ne s'enfuie. On prend le café tout chaud, & il est bon de jetter un peu d'Ambre dans la tasse où on le verse. En Levant on ne prend point de café à jeûn, mais en France on le prend d'ordinaire à jeûn. Le plus chaudement qu'on hume le café c'est le meilleur. On l'avale à gorgée. Les Cabaretiers & les Epiciers qui vendent à Paris du café, le gâtent, y mêlant du pain & des haricots brulez. Le café est aperitif & dessicatif; il rabat les vapeurs qui montent au cerveau. Il rafraichit l'été, & échaufe l'hiver. Il fortifie l'estomac, réveille les esprits & défensive. Il fait venir les mois aux femmes, il désopile, il empêche la goute & la gravelle, & il est souvent contre la migraine. Mr Dufour, traité du café, en dit bien d'autres merveilles, mais probablement il avoit du café à vendre.

Café, *s. m.* Lieu à Paris où l'on prend du café; la tasse coute six blancs. Nos cafez ne sont pas si beaux que ceux des Turcs. On apele en Turquie, Cavehane, les endroits où ils prennent le café, & il y a dans ces endroits des joüeurs d'instrumens que le maitre de la cavehane paie pour divertir ceux qui prennent du café. Voiez voiage de Piétro della Vallé. A Paris dans les cafez on joüe, on boit de toutes sortes de liqueurs, du thé, & du chocolate.

Cafetier, *s. m.* On prononce *Castié*; c'est le marchand qui ne vend que du café en fêve; car ceux qui en débitent à Paris & qui l'aprêtent pour le boire s'apellent Limonadiers.

Cafetière, *s. f.* Pot où l'on fait bouillir le café dans l'eau. De ces pots, les uns sont de terre, & les autres de métal. (Une grande cafetière, une petite cafetière. On emplit presque d'eau la cafetière, mais quand elle bout, on ne doit point la laisser enfuir.)

CAG.

CAGE, *s. f.* Petit logement à jour fait de fil d'archal ou d'osier, avec des perchetrs pour reposer l'oiseau, & des augets pour lui donner à boire & à manger.

† *On l'a mis en cage*. Termes burlesques, pour dire, *on l'a mis en prison*. Ce fut peut-être le Maréchal de Matignon qui mit Philipe de Comines en cage. *Thuana* p. 54.

Cage. Terme de Meunier. Le corps d'un moulin à vent, garni de ses planches & de ses poteaux.

Cage. Terme d'Orfévre. Fils d'archal travaillez presque en forme de grande cage, où les Orfévres étalent leurs marchandises.

Cage de bâtiment. Terme d'Architecte. Enceinte de bâtiment.

Cage d'Escalier. Murs, ou pans de bois qui enferment l'escalier.

CAGNEUX, *cagneuse*, *adj.* Qui cloche, qui boite. (Sa ringrave étoit courte, & son genou cagneux. *Sca. Poë.*)

CAGNEUX, *s. m.* Hipocrite. (Un franc cagot. Un veritable cagot. Un méchant détestable & dangereux cagot.)

Quoi! je soufrirai moi, qu'un cagot de critique,
Vienne ocuper céans un pouvoir tirannique.
Mol. Tart. a. 1. *sc.* 1.)

† *Cagote*, *s. f.* Hipocrite. (Toute cagote est méchante.)
† *Cagoterie*, *s. f.* Hipocrisie. (Sa dévotion est une pure cagoterie.

Oui, l'insolent orgueil de sa cagoterie
N'a triomfé que trop de mon juste courroux.
Mol. Tart. a. 3. *sc.*

† *Cagotisme*, *s. m.* La manière d'agir d'un hipocrite.

(Son *cagotisme* en tire à toute heure des sommes
Et prend droit de gloser sur tout tant que nous sommes.
Mol. Imposteur. a. 1. *sc.* 2.

CAH.

CAHIEU, ou *caheu*, *s. m.* Terme de Jardinier. C'est un petit oignon qui s'atache au gros oignon, ou à la mére plante. (S'apliquer à la multiplication des cahieux. *Culture des Tulipes. c* 1.)

CAHOS, *s. m.* Prononcez *cáo*. Il vient du Latin *chaos*. Confusion de toutes choses, séparées depuis, & mises chacune en leur place. (Ovide a parlé du cahos. Débrouiller le chaos.)

* *Cahos*, *s. m.* Il se dit au figuré des ouvrages d'esprit. C'est un mélange grossier, & sans jugement de plusieurs choses dans un discours. (Qui peut débrouiller cette confusion & ce cahos? *Arnaud consf. l.* 2. C'est un cahos que tout cela.)

CAHOT, *s. m.* Saut que fait un chariot, une charette, ou un coche & autres voitures qui roulent dans des chemins raboteux (Un fâcheux cahot. Les cahos sont importuns & déplaisans, je ne les puis soufrir.)

Cahotage, *s. m.* C'est un mouvement ou secoüement causé par de frequens cahos. (Ce cahotage me tuë, & je ne le saurois endurer. Soufrir le cahotage d'un coche.)

Cahoter, *v. a.* Donner des cahos. Il nous a cahotez durant le chemin. Personne n'aime qu'on le cahote.)

CAHUETTE, *s. f.* Ce mot est bas & de raillerie. Petite loge, petite cabanne, maisonnette. (Quand il est hors de condition, il est logé dans une miserable cahuette auprés des tuiles.)

Cahute, *s. f.* Ce mot est bas & de raillerie, quand on se gougorme. C'est une loge faite de terre, ou de méchantes pierres, où se mettent de certains pauvres sur les grands chemins, & d'où ils importunent les passans par leurs demandes. Juvenal apele ces sortes de pauvres, *dirus à ponte satelles*.

CAI.

CAÏER, *f. m.* Trois ou quatre feuilles de papier cousuës ensemble. Les écoliers écrivent dans ces caïers ce que leurs maîtres leur dictent. On nomme caïers les écrits qui contiennent les déliberations des assemblées du Clergé, des Etats du Roiaume, ou de quelque Province, & où sont contenuës leurs demandes ou leurs plaintes.

CAÏEU. Voiez *Cahieu*.

CAILLE, *s. f.* Oiseau de passage, gris, qui se repait dans les blez, & qui est d'une complexion tres-chaude.

Cailloteau, f. m. Jeune caille, qu'on sert sur les tables, comme une viande fort délicate.

SE CAILLER, *v. r.* Je me caille, je me suis caillé, je me caillai. Se prendre. S'épaissir. Se congeler. Le lait se caille. Le sang se caille. Pour empêcher que le lait ne se caille, il y faut mettre de la muscade rapée avec quelques grains de sel. On a trouvé en Irlande une sorte d'ardoise noire excellente contre le flux de sang, & pour empêcher qu'après les grandes chutes, le sang ne se caille dans le corps. *Hist. nat. d'Irlande*, ch. 19. sect. 6. p. 271. L'huile de tartre & l'esprit de vitriol mêlez ensemble se caillent après quelque legere effervescence.

Cailler, v. a. Il se dit du lait & du sang, en latin *coagulare*. Il signifie faire que le lait se caille ou se prenne. Pour faire cailler du lait, on y jette quelques goutes de presure delaiée & le lait se prend une heure ou deux après. A Florence on caille le lait, pour en faire des fromages, avec des fleurs d'artichaux, au lieu de presure. La morsure des serpens tuë, parce qu'elle fait cailler le sang & empêche la circulation.

Caillé, f. m. Lait pris par le moien, de la presure & dont on fait des fromages. Le caillé est bon & il rafraîchit. Le caillé s'aigrit par trop de presure.

Caillement, f. m. Il se dit du lait & en parlant de nouvelles accouchées. C'est une maladie qui vient aux femmes nouvellement accouchées, parce que leur lait s'est caillé & s'est mis en petits grumeaux dans leurs mammelles. Le caillement cause une grande douleur & un frisson au milieu du dos. Le caillement de lait vient à cause que la nouvelle accouchée n'a pas été assez tetée. Il arrive aussi quand on a eu trop grand froid aux mammelles. Le caillement se convertit quelquefois en inflammation. Pour remedier au caillement de lait, & pour l'empêcher, il faut se faire teter, & vuider les mammelles. On apelle cette maladie *le poil*. *Mauriceau, traité des femmes grosses*, l. 1. ch. 17.

Caillot de sang. C'est un petit morceau de sang caillé, ou en masse. Un chat vint qui mangea tous les caillots de sang. *Nouveau traité des femmes grosses*, l. 2. ch. 9. p. 252.

CAILLETTE, *f. f.* Tripe qui est en forme de petit sachet & qui tient à la panse du veau, de l'agneau, du mouton. Les caillettes de mouton sont bonnes, mais les plus délicates sont celles de veau & d'agneau. C'est dans la caillette des veaux & des agneaux que se forme la presure, qui est un lait caillé : & c'est ce qui lui a fait donner le nom de caillette.

† * Ce mot, au figuré, ne se dit qu'en riant & dans le bas stile, & il signifie les parties naturelles de l'homme.

CAILLO-ROSAT, *f. m.* Sorte de poire fort bonne. Nommée aussi *poire d'eau-rose*.

CAILLOU, *f. m.* Pierre qu'on peut jetter avec la main, & qu'on emploie dans quelques ouvrages de maçonnerie.

Caillotage, f. m. Amas de cailloux. Faire une grote de caillotage.

CAIMAND, *f. m.* Prononcez *kémand*. Sorte de gueux. C'est un caimand.

Caimander, v. n. Prononcez *kemandé*. Gueuser. Il ne fait que caimander.

CAJOLER, *v. a.* Dire des paroles civiles & obligeantes. Cajoler quelcun. Cajoler les belles. Il faut beaucoup d'art, d'adresse & d'esprit pour cajoler un riche, & nous gagner ses bonnes graces. *Abl. Luc. t. 2. parasite.*

Voir cajoler sa femme & n'en témoigner rien
Se pratique aujourdui par force gens de bien.
Mol. cocu. sc. 17.

Cajolerie, f. f. Paroles civiles & obligeantes qu'on dit à quelque personne. Tout cela n'est qu'une pure cajolerie.

Cajoleur, f. m. Prononcez *cajoleû*, Celui qui cajole.

Cajoleuse, f. f. Celle qui cajole.

CAISSE, *f. f.* Prononcez *késse*. Quelques-uns écrivent *quaisse*, mais l'usage est d'écrire *caisse*. C'est une espece de cofre où l'on met de la marchandise. La caisse est pleine.

Caisse, f. f. Ce mot signifie aussi un cofre fort, dans lequel un banquier, ou un marchand tient son argent. Et ensuite il se prend pour tout l'argent qui est dans la caisse, & avec lequel on negocie. La caisse d'un tel Financier est de cent mille écus.

Caisse. Instrument de guerre, composé d'un fût & de deux peaux de mouton qu'on bat avec deux baguettes bien tournées. Batre la caisse. Voiez *tambour*.

Caisse. Terme de Jardinier. Quarré creux, fait de bois, ordinairement enjolivé, où l'on met des orangers avec de la terre propre à les entretenir. Faire des caisses. Remplir ou vuider des caisses. Mettre des arbrisseaux dans des caisses. On dit aussi encaisser des arbrisseaux.

Caissier, f. m. Prononcez *kessié*. Garçon marchand qui a soin de la caisse.

Caisson, f. m. Maniere de grand cofre avec un couvercle qui est ferré, & en dos d'ane, ce qui sert à mettre des vivres quand on va à l'armée.

CAL.

CAL, *f. m.* C'est un durillon qui vient aux piez, aux mains, & aux genoux. Il vient des cals aux mains à force de travailler. Il vient des cals aux pieds à force de marcher. Il a les genoux pleins de cals pour s'être trop agenouillé.

CALAMINE, *f. f.* Pierre, ou terre bitumineuse, qui donne la teinture jaune au cuivre.

CALAMITE, *f. f.* C'est un des noms qu'on donnoit autrefois à la pierre d'aiman, & ensuite à la boussole.

CALAMITÉ, *f. f.* Malheur. Une grande calamité. Il est tombé dans une affreuse calamité. *Abl.*

Calamiteux, calamiteuse, adj. Malheureux. Plein de troubles. Regne calamiteux. *Maue. Schisme*, l. 2. p. 314.

CALANDES, ou *calendes, f. f.* Ce mot vient du grec, & il n'est en usage qu'en parlant de la maniere dont les anciens Romains contoient les jours des mois. Pour en marquer tous les jours, ils ne se servoient que de ces trois mots, *Calendes*, *Nones*, & *Ides*. *Calendes* ne se dit qu'au pluriel, & signifie le premier jour de chaque mois. C'est demain les calendes. On aura bien-tôt les calendes.

Renvoier aux calendes gréques. C'est à dire, à un tems qui n'arrivera jamais, parce que les Grecs n'avoient point de calendes.

CALANDRE, *f. f.* Petit insecte noir qui ronge le blé dans les greniers.

Calandre, f. f. Sorte de grosse alouette qui a comme un colier plumes noires.

Calendre, f. f. Machine par le moien de laquelle on fait aler & venir un fort gros poids sur des rouleaux, autour desquels on a roulé de l'étofe.

Calendrer, v. a. Presser avec la calandre.

CALANDRIER, *f. m.* Petit livre qui sert à connoître les jours fêtez & non fêtez.

CALCEDOINE, *f. f.* Sorte d'agate à demi opaque, & à demi transparente, le plus souvent de couleur de rose, & remplie de nuages qui s'étendent par toutes ses parties. Ronel, *Mercure*, *Indien*, dit que la Calcedoine est d'une couleur qui tire sur le jaune ou sur le bleu, qu'elle est dure & transparente, & tres-propre à graver en creux ou en relief.

CALCINER, *v. a.* Reduire en chaux, par le moien du feu actuel, ou potentiel. On calcine les végétaux & minéraux. *Gla.*

Calcination, f. f. C'est l'action de reduire en chaux par le moien d'un feu violent. La calcination est fort en usage dans la Pharmacie Chimique. On divise la calcination en actuelle & potentielle. Il y a des mineraux qui demandent plus ou moins de feu pour leur calcination. *Charas*, *Pharmac. ch. 35.*

CALCUL, *f. m.* Du latin *calculus*. Epaississement d'une humeur terrestre & visqueuse, qui se pétrifie dans les reins ou dans la chaleur.

Calcul, f. m. Suputation. Se tromper en son calcul. Il faut faire le calcul de tous les articles de ce compte. Quand on arrête un compte, on sous-entend toujours, sauf erreur de calcul. L'erreur de calcul ne se couvre jamais, & se doit toujours reparer dès qu'on vient à la connoître. Ce mot calcul se dit aussi des suputations qu'on fait en Geometrie & en Astronomie. Il faut un long calcul pour faire les Tables des Sinus, &c. des Logarithmes & des Ephemerides. Faire un calcul qui soit juste.

* *Il se trompe en son calcul.* Façon de parler proverbiale, qui se dit d'un homme qui fait des desseins, ou des raisonnemens, sur de faux principes, ou sur des suppositions fausses.

Calculer, v. a. Compter. Suputer. Calculer une somme. *Ir son. Arith.* Les astronomes calculent les Eclipses, & les prédisent long-tems avant qu'elles arrivent. Le vois-tu qui calcule ses interêts avec les doigts crochus. *Abl. Luc. t. 2. coq.*

† *Calculateur, f. m.* Celui qui calcule. Adrien Ulac est un grand calculateur de tables. Origan, Kepler, Argole, &c. ont été de grands calculateurs d'Ephemerides.

CALE, *f. f.* Sorte de bonnet de laine dont se couvrent la tête les paisannes de certaines Provinces de France, comme en Champagne.

* *Cale.* Femme ou fille qui porte une cale. Voiture a aimé depuis la Couronne jusques à la cale. *Sa d.*

Cale, f. f. Bonnet d'étofe qui est large & froncé, avec de petits

T 3

rebords en forme de petit chapeau que portent de jeunes laquais qui servent des Demoiselles. Ces sortes de cales commencent à n'être plus en usage.

* Cale. Le petit laquais qui porte la cale, & dans ce sens, le mot de cale est feminin, & ensuite masculin dans une même periode. Elle est suivie par une petite cale qui est fort éveillé.

* Il a porté la cale. C'est à dire, il a été laquais de Demoiselle.

Cale, ou fond de cale. Terme de mer. Le creux du navire. Four.

Cale, s. f. Terme de mer. Sorte de suplice qui consiste à jetter du bout de la grande vergue un homme en mer, ataché à une corde par le corps. Donner la cale. Four.

Cale, s. f. Terme de mer. C'est un abri propre à tenir les vaisseaux à couvert des vents & des flots. Nôtre vaisseau se retira dans une cale. Se mettre en embuscade derriére une cale.

Cale, s. f. Terme de menuisier. Petit morceau de bois qu'on met sous le pié de quelque ouvrage pour le hausser & le tenir ferme. Mettre une cale sous le pié d'une table.

Calebace, ou calebasse, s. f. Sorte de fruit froid, qui croit en forme de citrouille. La calebace est douceretse.

Calebace. Bouteille faite d'une courge, ou d'une calebace vuide & seche. Sa calebace est pleine.

Calebace, s. f. Terme de Jardinier. Il se dit des prunes, qui au lieu de grossir en Mai, & de conserver leur verd, deviennent larges & blanchâtres, & tombent enfin sans grossir. Prunes calebaces. Quint. Jardins fruitiers, t. 1.

Calebotin, s. m. Terme de cordonnier. Espece de piquotin, ou de cu de chapeau où l'on met le fil & les alénes.

Caleche, s. f. Maniere de petit carosse fort propre, & pour deux personnes seulement. Une belle caleche.

Caleçon, calçon, s. m. Ce mot est d'ordinaire de trois silabes. Espece de haut-de-chausse de toile, de tafetas ou de chamois qu'on met sous le haut-de-chausse.

Etendus sur la roüe en cales caleçons,
Abjurerez trop tard vos profanes chansons.
Sca. poe.

Calemart, s. m. Mot hors d'usage, dont Sarazin s'est servi en riant. Il veut dire cornet d'écritoire, & l'écritoire même.

Caler, v. a. Terme de mer. Qui signifie abaisser, mais au propre il est vieux, & en sa place on dit amener. Caler les voiles, ou plutôt amener les voiles. Les flots se souleverent, & porterent le vaisseau jusqu'aux nues avec tant d'impetuosité, que les matelots furent obligez de caler, & de baisser promptement les voiles. Vasconcelle, Arist. t. 1.

† * Caler. Ce mot au figuré est bon, mais il est bas. Il signifie obéïr, soumettre. S'acommoder au tems. Il faut caler la voile.

Caler, v. a. Terme de menuisier. Mettre une cale sous quelque ouvrage de menuiserie pour le tenir ferme. Caler les piez d'une table.

Caleville, s. f. Sorte de pomme douce & rouge. La caleville est bonne.

Calfas, s. m. Terme de mer. Etoupes fourrées avec force dans les fentes d'un vaisseau sur lesquelles on a apliqué du brai tout bouillant. Four.

Calfat, s. m. Terme usité de la mer mediterrannée. Celui qui calfate un vaisseau. Four.

Calfater, v. a. Terme de mer, Garnir de poix & d'étoupes les fentes d'un vaisseau. Quelques-uns disent aussi calfeutrer. Four.

Calfatin, s. m. Terme de mer. Le valet du calfat. Four.

Calfeutrer, v. a. Boucher les fentes avec de la colle & du papier, ou quelqu'autre chose. Calfeutrer des fenêtres. Calfeutrer une chambre, un navire.

Calibre, s. m. La largeur de la bouche du canon d'une arme à feu. Etre de gros ou de petit calibre. Bale de calibre. Bale qui n'est pas de calibre. C'est à dire, bale qui est, ou qui n'est pas de même grosseur que le calibre du canon sur lequel on s'en voudroit servir.

† * Calibre. Sorte, qualité. † Cela s'entend sans faire comparaison de deux Comediens de campagne à deux Romains de ce calibre là. Sca. Rom. 1. p. c. 16.

Calibre. Terme d'architecture. Etendue d'une chose en grandeur & grosseur. Cette colonne de marbre est de même calibre que cette colonne de pierre.

Calibre. Terme de charpentier. Bout d'ais entaillé en forme d'un angle rentrant, & qui sert à prendre des mesures.

Calibre. Instrument de serrurier, pour voir si les forêts vont droit.

Calibrer, v. a. Faire du calibre. Dau. Calibrer les boulets de canon. Dau.

Calice, s. m. Vase d'étain, d'argent, ou d'argent doré, dont se sert le Prêtre à la Messe pour faire la consecration.

* Calice. Tristesse. Disgrace afligeante & acablante. Malheur acablant & assasinant. Mort fatale & afligeante. Mon Pere, faites que ce calice passe, & s'éloigne de moi. Nouveau Testament.

* Il faut boire le calice. Façon de parler proverbiale pour dire il faut soufrir constamment, ou faire quelque chose pour laquelle on a de l'aversion.

* Calice. Terme de Fleuriste. Ce mot se dit en parlant de tulipes. C'est l'air de la fleur, dont les feüilles forment comme une espece de calice. Calice de tulipe. Il se dit aussi de quelques autres fleurs. Narcisse blanc à calice orangé. Jonquille simple à grand calice.

Caliste, s. f. Nom que les Poëtes donnent à leurs maitresses quand ils leur adressent des vers. Caliste est belle, mais elle est cruelle.

Calixte, s. m. Nom d'homme qu'on a donné à quelques Papes. Le Pape Calixte premier étoit Romain, Calixte second Bourguignon, & Calixte troisiéme Espagnol.

Calme, adj. Qui n'est point agité par la tempête. Mer calme.

* Calme, adj. Qui n'a l'esprit ni ému ni agité. Son esprit est calme. Son ame est calme. Tout est calme ici. Abl. Luc.

Calme, s. m. Bonace. La saison n'est propre à la navigation à cause des grands calmes qu'il y a. Voi. l. 39. On a résolu, de peur des calmes, de laisser l'île à bas bord, c'est à dire à gauche.

Etre pris de calme. C'est demeurer sans vent. Voiage de Siam.

* Calme. Repos, tranquillité. * La discorde à l'aspect d'un calme qui l'ofense, fait sifler ses serpens. Depreaux, Lutrin, Chant 1.

Calmer, v. a. Faire cesser la tempête. Calmer la tempête.

* Calmer. Apaiser, moderer. * Calmer les esprits. Memoires de M. de la Rochefoucaut. * Calmer son dépit. Dép. Lutrin, Chant 1.

Calomniateur, s. m. Celui qui acuse faussement, qui supose à une personne un crime qu'elle n'a pas commis. Ce mot vient du latin calumniator. Un franc calomniateur. Un infame, un horrible, un détestable calomniateur. Passer pour insigne calomniateur.

Calomniatrice, s. f. Il vient du latin calumniatrix. C'est celle qui acuse faussement. C'est une calomniatrice haïssable.

Calomnie, s. f. Il vient du latin calumnia. Acusation fausse. Une noire calomnie. Une infame, une outrageuse calomnie. Il n'y a rien de plus ordinaire dans vos écrits que la calomnie. Pasc. l. 10.

Calomnier, v. a. Il vient du latin calumniari. Suposer à quelcun des choses fausses. Blâmer faussement. Calomnier quelcun. Calomnier une aliance. Pat. plaid. 4.

Calomnieux, calomnieuse, adj. Faux. Chose calomnieuse.

Calomnieusement, adv. Faussement. Acuser calomnieusement.

Calote, s. f. Morceau de maroquin ou de velours, de toile, de laine, de soie, d'étofe, qui couvre tout le dessus de la tête de ceux qui sont déja sur l'âge, ou qui n'ont guere de cheveux sur le haut de la tête. Calote grande, petite, bonne, méchante. L'usage des calotes est fort ancien; cependant les Ecclesiastiques n'en ont pas porté à l'Ofice avant l'an 1243. & même alors il n'étoit pas permis à un Eclesiastique d'avoir une calote sur la tête quand il étoit revêtu d'un surplis ou d'un autre habit qui marquât son caractere. La permission de se servir de calote à l'Eglise, ne fut tout à fait acordée aux Eclesiastiques infirmes qu'en 1565. & même elle ne leur fut pas acordée quand ils diroient la Messe. L'un des premiers qui ait porté la calote à la Cour, du tems du Roi Louïs XIII. ce fut le Cardinal de Richelieu. Il n'y a pas encore long-tems qu'on ne paroit ni aux Papes, ni aux Cardinaux, ni avec une calote, ni avec une perruque à la tête. A cette heure cette coutume est sagement changée. Mais les Prêtres doivent quiter la calote au Canon de la Messe, & à l'élevation. Thiers, traité des perruques, ch. x. & autres.

Calote de pistolet. Terme d'arquebusier. Voiez culaté.

Calotier, s. m. Celui qui fait & vend des calotes. Les calotiers étalent d'ordinaire au tour du Palais.

Calquer, v. a. Terme de peintre & de graveur. Contre-tirer un dessein pour en avoir les mêmes traits. Prononcez calké.

Calvaire, s. m. Mont où Jesus-Christ a été crucifié.

Caloïer, s. f. Ce mot vient du grec, & il se donne aux Moines ou Religieux Grecs qui suivent la Regle de saint Basile.

Calvinisme, s. m. C'est le sentiment du Docteur Jean Calvin sur la Religion Chrétienne. Suivre, embrasser le Calvinisme. Hair, persecuter le Calvinisme. L'ex-Jesuite Mainbourg a composé une histoire du Calvinisme, & Mr. Jurieu lui a répondu, & a fait une histoire du Papisme. Le Cardinal de Richelieu a commencé en France à détruire le Calvinisme, & Louïs XIV. a achevé de l'en chasser.

Calviniste, adj. Huguenot ou huguenote. Celui ou celle qui suit les sentimens de Calvin. Il est Calviniste, elle est Calviniste.

Calvitie, s. f. Prononcez calvicie. Il vient du latin calvities, & il signifie chauveté, l'état de la tête qui est chauve, c'est à

CAL   CAM

dire, qui n'a point de cheveux. Calvitie n'est pas bien établi, mais où il s'en faut servir, ou dire en deux ou trois mots ce qu'on dit en un. Car plusieurs aiment mieux dire calvitie que chauveté. Charles le Chauve, Roi de France, eut besoin d'une perruque, pour cacher sa calvitie, & cependant il n'en porta point. Thiers, hist. des perruques, ch. 2.

CALUS, f. m. Durillon qui vient aux mains à force de travailler. Il lui est venu des calus aux mains.

CAM.

CAMAIEU, f. m. On donne ce nom à de certaines pierres, où par un jeu de la nature se trouvent plusieurs figures, païsages, & autres choses de sorte que ce sont des espèces de tableaux sans peinture.

Camaïeu, f. m. Terme de peinture. Ouvrage de peinture qui n'est que d'une couleur. De Piles, traité de peinture.

CAMAIL, f. m. Habillement dont les Evêques, les Curez & les Chanoines, tant seculiers que reguliers se couvrent la tête & les épaules dans l'Eglise depuis Novembre ou Decembre jusques à Pâques. Les camails sont redevables de leur origine aux capuchons des Moines. On croit que les Eclesiastiques n'ont porté le camail à l'Eglise que vers la fin du 15. siecle, ou au commencement du 16. Les Barnabites & les Théatins &c. ne portent point de camail à l'Eglise, parce qu'on n'y en portoit point du tems de leur établissement. Les Eclesiastiques portent le camail à l'Eglise quand ils y servent, & qu'ils sont au chœur. Il les abatent sur les épaules à l'Evangile, à l'élevation de l'Hostie, & toutes les fois que celui qui préside au chœur a la tête nuë. Thiers, hist. des perruques.

CAMALDOLITES, f. m. Religieux habillez de blanc, qui ont été fondez en Italie par S Romuald, & apellez Camaldolites à cause du lieu où ils furent d'abord établis qui s'apelle Campo maldoli. Quelques-uns les apellent Camaildoli. Il y a aujourd'hui en France quelques maisons de ces Religieux.

CAMARADE, f. m. Compagnon. Celui qui est de même qualité & de même profession. Un fidéle camarade.

CAMARD, f. m. Celui qui est camus. Un vilain camard.

Camarde, f. f. Camuse. Une laide camarde.

CAMBOUI, f. m. Graisse noire qui sort du moïeu de la roüé, & vient au bout de l'essieu des chariots, des charettes, &c.

CAMBRER, v. a. Plier. Cambrer une forme. Terme de formier. Cambrer un soulié. Terme de cordonnier.

Cambrure, f. f. Terme de formier & de cordonnier. Maniere dont une chose est courbée. Cambrure de forme de soulié. La cambrure d'un soulié.

CAMELEON, f. m. Animal grand comme un lézard ordinaire. Il a la queuë longue comme la taupe, il marche peu à peu, & se nourrit d'air & des raions du Soleil, qu'il reçoit à gueule ouverte. Il n'a point de poil, mais ses taches sur la peau qui prennent la couleur du lieu où il est. Abl. Mar.

CAMELOT, f. m. Sorte d'étofe de laine & de poil. Camelot ondé.

† Il ressemble au camelot, car il a pris son pli. Proverbe pour dire qu'une personne ne changera plus de mœurs ni de conduite.

CAMERIER, f. m. En italien cameriere. Camerier d'honneur. Camerier secret. Oficier de Pape & de Cardinal, mais en France cet Oficier de Cardinal s'apelle Maitre de chambre.

Camerlingue, f. m. Ce mot est italien. C'est un Cardinal qui est le chef de la Chambre Apostolique.

Camion, f. m. Petit haquet qui est traîné par un cheval ou par deux hommes, & dont on se sert pour mener de la marchandise, & traîner du vin & de la lie, &c. Le mot de camion n'est pas si usité que celui de haquet. Le camion a plus de cours à la campagne, & le haquet en a beaucoup plus à Paris, où le mot de camion n'est guere connu.

Camion, f. m. Epingle courte & déliée qui sert aux Dames pour s'ajuster.

* Camisade, f. f. Ataque qu'on donne aux ennemis le matin ; mais ce mot de camisade n'est pas beaucoup plus usité presentement.

Camisole, f. f. Habillement qui décend deux ou trois doigts plus bas que la ceinture, qui a des manches, qui se met sous le juste-au-corps, qui se fait d'ordinaire de futaine ou de basin, qui se boutonne comme un pourpoint, ou qui a des œillets, & qui se lace.

Camomille, f. f. Petite plante qui a plusieurs branches, & plusieurs petites feuilles fort menues. Ses fleurs sont jaunes au milieu & blanches tout autour.

Camomille, f. f. Graine de camomille, ou fleur de camomille.

* Camouflet, f. m. Cornet de papier qu'on brule par le bout, & dont on pousse la fumée au nez de celui qui dort. Donner un camouflet à quelcun.

Grand nez, digne d'un camouflet,
Belle au poil de couleur d'orange ;
Machoire à recevoir souflet,

Portrait de quelque mauvais ange;
Tu veux donc plaider contre moi,
Scar. poes.

* Camouflet, f. m. Je n'ai vû ce mot, au figuré que dans le Recteur Richesource : mais quoi que ce Mr. de Richesource soit un Auteur au grand colier, il y a des gens qui doutent un peu de l'usage de ce mot, au sens qu'il le prend. On en jugera par le titre de l'un des beaux Livres dont il régale le public. Il apelle cet ingenieux livre Le camouflet des Auteurs, & il y a des personnes qui osent dire que ce bel Ouvrage mériteroit qu'on donnât veritablement toutes sortes de camouflets au grand homme qui l'a composé. Mais ces personnes qui ne se trompent on ne traite pas si indignement les grands Orateurs. On n'en pourroit dire davantage du grand Poëte T. & du Coriphée des traducteurs Gaulois.

Camp, f. m. Lieu où une armée se loge, se retranche, & prend ses quartiers. Asseoir bien son camp. Abl.

Camp-volant. Troupes montant à quatre, cinq ou six mille hommes, & souvent à davantage, qu'on envoie pour obliger l'ennemi à faire diversion, pour faire lever quelque siége, ou pour terminer quelque chose d'importance, afin d'avancer les desseins qu'on a, & retarder ceux de l'ennemi. Commander un camp volant.

Campagne, f. f. Etenduë de païs. Rase campagne. C'est une campagne où il n'y a point de bois. Se mettre en campagne. C'est à dire, en marche. Abl. Tenir la campagne. Voiture, l. 74.

Campagne. Espace de tems qu'on sert le Roi à l'armée. Faire une campagne. Servir une campagne.

Campagne. Ce mot est quelquefois oposé à celui de vile & signifie qui est des champs. C'est un de mes amis de la campagne.

Campagnard, f. m. Qui est des champs. Qui n'est pas habitué à Paris. Qui est de quelque Province du Roiaume de France. C'est un franc campagnard avec longue rapiere. Mol. Esch. a. 2 sc. 6.

Campagnarde, f. f. Qui est de quelque Province du Roiaume de France, & qui ne fait pas d'ordinaire son séjour à Paris.

Campane, f. f. Ornement en maniere de frange, ressemblant à une cloche, telle qu'on en voioit à la bordure de la chape d'Aron.

Campanelle, f. f. Fleur blanche, bleuë, rouge, ou de couleur gris de lin, qui fleurit en Juin, Juillet, Août & Septembre, & qui est faite en forme de petite cloche.

Campement, f. m. Action de se camper. Cela arriva après le campement de l'armée.

Camper, v. n. Terme de guerre. Chercher un lieu commode pour asseoir le camp ; pour se loger & prendre ses quartiers, Camper au milieu d'une plaine.

Se camper, v. r. Je me campe, je me suis campé, je me campai. Asseoir le camp & Se loger. Se camper avantageusement.

* Se camper. Terme de maitre d'armes. Se mettre bien en garde. Campez-vous bien.

Camphre, f. m. Gomme qui sort d'un arbre qui croit aux Indes Orientales.

Campos, f. m. Terme de Colege. Congé qu'on donne aux écoliers de sortir pour aler aux champs, pour joüer & pour se divertir. Les Clercs n'ont campos que les Dimanches & les jours de Fête.

Hé bien, je vous donne campos,
Afin d'avoir plus de repos.
Recueil de pieces galantes.

Camus, f. m. Qui a le nez petit, creux & enfoncé du côté du front. Camard. C'est un laid camus.

Camuse, f. f. Camarde. Une vieille camuse.

* Elle est camuse & dolente. C'est à dire, triste & honteuse,

CAN.

Canailles, f. f. Mot injurieux, qui vient de l'Italien canaglia, & dont quelques maitres colerés se servent pour parler à leurs serviteurs, quand ces serviteurs n'obeissent pas, ou ne font pas assez vite leur devoir. Ces canailles me laissent toujours tout seul. Mol. Prét. sc. 11.

Canaille, f. f. Les petites gens, les personnes de la plus basse condition. La canaille est à craindre. Abl. Marm. t. 1. l. 2. Etre apuié de la canaille. Memoires des guerres de Paris. La canaille soutenoit le parti de, &c. là-même.

Canal, f. m. Ce mot fait au pluriel canaux, & il signifie lieu creusé en forme de fleuve, & où il y a de l'eau. Un grand canal. Il y a dans la Chine un canal qui a plus de 245. lieuës, & 72. éclusés. Nouv. relation de la Chine. Le canal du Languedoc sert à la communication de l'Ocean avec la mer Mediterranée, Le canal de Briare joint la Seine à la Loire,

CAN

Canal. Lit de fleuve. Fleuve renommé pour la grandeur de son canal. *Vau. Quin. l.3. c.1.*

Canal. Il se dit de quelques bras de mer. Le canal de Constantinople commence depuis les Dardanelles.

Canal. Lieu par où coule l'eau. Petit conduit rond, fait de terre, de plomb, &c. par où coule l'eau. Canal d'aqueduc, canal de fontaine.

* *Canal.* Personne sainte, ou autre, par qui nous vient une chose. La Vierge est le canal d'où vient la gloire qui cause nôtre souverain bonheur.

* *Canal.* Ce mot en terme d'anatomie veut dire *étenduë d'une chose creuse.* * Le canal de la matrice. *Deg.* * Le canal de l'épine du dos. *Deg.*

* *Canal.* Terme d'arquebusier. Creux sous le fust du fusil, du pistolet, ou d'autre pareille arme, où se met la baguette. Le canal de la baguette.

* *Canal.* Terme d'architecture. C'est dans le chapiteau Ionique une partie un peu creusée qui est sous le tailloir, & posée sur l'ouë, & qui se contourne de chaque côté pour faire les volutes.

* *Canal.* Ce mot, en parlant de cheval, est l'espace qui est entre les deux barres, où se loge la langue du cheval.

† *Canapsa, s. m.* Sac de cuir que porte un goujat sur les épaules, ou quelque pauvre artisan quand il voiage. Son canapsa est perdu.

Canard, s. m. Oiseau de riviere de couleur grise & violette avec un gros bec & des piez plats. Canard sauvage, canard privé.

* *Canard.* Chien barbet qui va à l'eau querir les canards & oiseaux qu'on y a tuez.

† *Canarder, v. n.* Tuër avec une arme à feu comme on tuë un canard.

Canaries, s. f. Iles de la mer atlantique. Les Canaries sont fameuses, & il y a sept iles qui portent ce nom.

Canaries, s. m. Serin de canarie. Voiez *serin.* Un canarie mâle. Un canarie femelle.

Canaries, s. f. Danse où l'on remuë fort vite les piez. Danser les canaries.

Canceler, v. a. Il vient du latin *cancellare,* & est un terme de pratique. C'est annuller, casser, barrer par des traits de plume. Canceler des lettres.

Cancer, s. m. Tumeur impure, maligne, ronde & inégale, qui est au commencement sans douleur, & qui est engendrée d'une humeur attrabilaire. *Tev.*

Cancer, s. m. Un des douze signes celestes, qu'on apelle aussi *Ecrevisse.*

Cancre, s. m. Poisson d'eau douce, d'étang ou de mer, couvert de croute ou de coque dure, qui a le corps rond avec deux bras fourchus, & quatre piez de chaque côté. Le cancre n'a point de queuë; ou s'il en a une, il la tient serrée sans l'étendre. Rond.

* † *Cancre.* Miserable, coquin, maraud. C'est un cancre; un haire, un pauvre diable. *La Fontaine, Fables, l. 1.* Richelet a quatre ou cinq cancres en literature, qui sont ses ennemis, & contre qui il se déchaine aussi quelquefois. M. T. de L. A. d. l. H. le pauvre bon homme V. &c.

Candelabre, s. m. Mot écorché du latin. C'est un grand chandelier de Sale qui a plusieurs branches.

Candeur, s. f. Il vient du latin *candor.* Une grande, charmante, aimable *candeur* ; c'est à dire *bonne foi, sincerité.* Il a une candeur qui le fait aimer. *Abl. Minutius.* C'est un homme d'une sincerité & d'une *candeur* des premiers siecles. *Vie de Saint Ignace.* Ses paroles sont acompagnées de verité & de candeur. *Morale du Sage.*

Candi. Ce mot se dit en parlant de sucre, & veut dire *blanc.* Sucre candi.

Se candir, v. r. S'encrouter. Confitures qui se candissent.

Candidat, s. m. Il vient du latin *candidatus.* C'est celui qui aspire à quelque degré, ou à quelque dignité. Le mot de *candidat* semble être aujourdui un peu de raillerie. Il n'est pas reçu dans cette charge, il n'en est que candidat.

Candide, adj. Il vient de *candidus.* Sincere. Esprit candide. Humeur candide, procedé candide. *Abl. Luc.*

* *Candidement, adv.* Sincerement, d'une maniere candide. Parler candidement.

Candou, s. f. Arbre qui croit aux Iles Maldives, & dont le bois a cette propriété, qu'en le frotant contre un autre semblable, il en sort du feu ; on s'en sert là comme ici d'un fusil.

Caneler, v. a. Terme d'*Architecture.* Faire des canelures. Caneler des colonnes.

Canelle, s. f. La seconde écorce d'un certain arbre qui croit dans l'île de Zellan, & qui est grand comme un oranger. On coupe cette seconde écorce, on la roule & on l'aporte en Europe. La canelle est chaude & provoque l'urine.

Canelade, s. f. C'est une sorte de curée que les *Fauconniers* donnent à l'oiseau, & qu'ils font avec de la canelle, du sucre & de la mouelle de Heron, pour les rendre héronniers & pour les échaufer au vol du Héron.

Canelat, s. m. Morceau de canelle entouré de sucre, ce qui est une espece de dragée.

* *Canelle.* Robinet de bois qu'on met à une fontaine.

Canelure, s. f. Terme d'*Architecture.* Demi-canaux creusez le long des colonnes. Faire une canelure, creuser une canelure.

Canetille, s. f. Petit fil d'argent faux tortillé, dont les Bouquetieres se servent pour lier leurs bouquets. La canetille est faite de ce qu'on apelle du *batu.* Ce sont les tireurs d'or qui font la canetille, & ils la vendent cent sous la livre, aux bouqueties, & aux autres personnes qui s'en servent, comme les brodeurs, &c.

Canetiller, v. a. Terme de *Bouquetiere.* Lier avec de la canetille. Canetiller un bouquet.

Canevas, s. m. Sorte de grosse toile qui se vend chez les lainiers & dont se sert pour travailler en tapisserie.

Canevas, s. m. C'est aussi de la grosse toile serrée, dont on se sert pour doubler les pourpoints & quelques autres de corps de jupe, afin de les tenir en état.

* *Canevas de chanson.* Certaines notes d'un maitre de musique qui marquent au Poëte la mesure des vers de la chanson qu'il doit faire.

Cangrene, gangrène, s. f. On dit l'un & l'autre, mais le premier est plus usité. La cangréne est un acheminement à la mortification de quelque partie provenant par défaut de chaleur naturelle. *Deg.* La cangréne est dangereuse, avoir la cangrène au bras.

* *Cangrene.* Mal. Desordre contagieux, qui se répand & communique. C'est fait des loix, si pour arrêter cette gangrène vous n'emploiez le fer & le feu. *Pat. plaid. 9.*

Se cangrener, se gangrener, v. r. Le premier est le plus en usage. Je me cangrene, je me suis cangrené, je me cangrenrai. S'acheminer à la mortification par le défaut de la chaleur naturelle. Ses reins commencent à se cangrener.

Caniculaire, adj. Ce mot se dit des jours durant lesquels la canicule paroit sur nôtre horison Il faut prendre garde à soi durant les jours caniculaires.

Canicule, s. f. Signe celeste qui se leve le sixième de Juillet, & fait un cours de six semaines, qu'on apelle *jours caniculaires.*

> Ne suis-je pas bien ridicule
> D'être ici sous la Canicule,
> Dans un lieu sec & découvert,
> Où le soleil me prend sans verd.
>   *Boisr. T. 1. epi. 12.*

Comment peux-tu soufrir, à ton âge, les raions du Soleil en plein midi sur ta tête, pendant les ardeurs de la canicule ? *Abl. Luc. T. 2. Exercices du corps.*

Canif, s. m. Prononcez toutes les lettres de ce mot. Petite lame d'acier avec un manche, servant à tailler des plumes. Un bon ou méchant canif. Faire un canif. Eguiser, polir un canif. Passer un canif sur la pierre.

> Si vous manquez jamais à moi chetif
> Je m'ouvrirai les veines, d'un canif.
>   *Oeuvres dernieres.*

Canin, canine, adj. Ce mot n'est bien usité qu'au feminin ; & il signifie proprement qui tient du chien. Une dent canine. Une faim canine. C'est à dire, *fort grande faim.*

Canne, s. f. La femelle de l'oiseau qu'on apelle *canard.*

Canne privée. La femelle du canard privé, qui aime l'eau, qui vit sur terre & dans la maison.

Canne de mer. Oiseau de couleur tannée avec un colier blanc autour du cou. Elle a le bec un peu long & noir, & les jambes de la couleur du bec. *Bel.*

Canne, s. f. Mesure qui contient une aune deux tiers de Paris. Cette sorte de mesure a cours en Languedoc & en Provence.

Canne, s. f. Roseau d'Inde. Porter une canne. Donner des coups de canne.

Canne d'Inde. Plante qui vient des Indes, qui fleurit blanc, & qui, la seconde année qu'elle est plantée, devient panachée.

Canne de sucre. Plante qui produit des tuiaux de sept, ou huit piez, pleine d'une liqueur douce & blanche qu'on apelle *sucre.*

Cannette, s. f. C'est le nom des petites de l'oiseau qu'on apelle *canne.* Nos cannes ont fait des cannettes. Dieu les preserve des belettes. *Voit. poë.*

Canon, s. m. Piece d'artillerie creuse en forme de tuian, qui porte environ dix piez & demi de long & six pouces quatre lignes de calibre. *Dav.* Pointer le canon. Servir bien le canon. Le canon foudroia toutes les murailles. Le canon fit un grand feu. Le feu du canon mit toute la ville en alarme. Il se campa sous le canon de la ville.

Canon. Fer creux, rond & poli où l'on met la charge de poudre & de plomb pour tirer l'arme à feu. Canon de fusil, de mousquet, de pistolet, &c. *Canon raié.*

Cano-

CAN

Canon. Régle, Statut, Ordonnance de l'Eglise touchant la foi, ou les mœurs.

Droit Canon. C'eſt un recueil des Textes de la Bible, des Decrets des Conciles & des ſentimens des Saints Péres fait par Gratien Moine Bénédictin en 1151.

Canon. Partie de la Meſſe qui ſe dit immediatement aprés la Préface, & qui contient l'ordre, la régle & les paroles avec leſquelles ſe doit faire la conſecration.

Canon. Porte-feuille large qu'on dreſſe ſur l'autel, & où ſont écrites les paroles ſacramentales pour la commodité du Prêtre.

Canon emphitéotique. Terme de *Palais.* Revenu annuel que doit celui qui a pris un héritage à bail emphitéotique. C'eſt à dire, pour cent ans.

Canon. Terme d'*Imprimeur.* Sorte de lettre, Sorte de caractére ſervant à imprimer. (Gros ou petit Canon.)

Canon de ſoie. Eſpéce de demi-bas de ſoie de couleur, qui n'a point de pié, & qui couvre ſeulement le genou, & vient juſques à mi-jambe ſe joindre à un autre bas. Cette ſorte de canon eſt hors d'uſage depuis dix-huit ou vingt ans.

Canon. Terme de *Tailleur.* Ornement de drap de ſerge, ou de ſoye, attaché au bas de la culote, froncé & embeli de rubans, ou d'autre choſe, faiſant comme le haut d'un bas fort large.

Canon. Terme de *Bonnetier.* Le haut d'un grand bas fort large; (Porter des bas à canon.)

Canon. Terme de *Plombier.* Goutiére de plomb ronde avec des feuillages, & faite en forme de canon.

Canon. Terme d'*Epronnier.* Sorte d'embouchûre pour un cheval, (Le canon ſimple, ou le canon à coupler eſt la meilleure de toutes les embouchures.

Canon. Terme de *Serrurier.* Eſpéce de tuyau de fer qui eſt dans les ſerrures, & par où entre la clef qui n'eſt point forcée avant que de la tourner pour ouvrir la porte.

Canon. En parlant de *ſeringue.* C'eſt une ſorte de petit tuyau de bois arrondi qu'on met dans le fondement, & au travers duquel paſſe le lavement qui eſt dans la ſeringue.

Canon. Terme de *Chaudronnier.* Ce mot en parlant d'*arroſoir* eſt une ſorte de tuyau qui entre dans le corps de l'arroſoir, & au bout duquel eſt la pomme de l'arroſoir, qui eſt pleine de petits trous par où ſort l'eau qui arroſe.

Canon à devider. Maniére de petit bâton tourné avec des rebords qui preſque à ſon extremité a un trou pour mettre la broche du rûchet.

Canon. Pot de faïance un peu long & rond où les Apoticaires de Paris mettent les Electuaires & les confections.

Canon. Ce mot en parlant de cheval eſt l'eſpace de la jambe qui eſt entre le genou & la ſeconde jointe prés du pié, qui ſe nomme *le boulet*, *Soleiſel*, *parfait Maréchal.*

Canonial, canoniale, adj. Arrêté par l'ordre & les régles de l'Egliſe. Tems réglé où l'on prie durant le jour, ou durant la nuit. (Il y a ſept heures canoniales; *Laudes, Primes, Tierces, Vêpres, Sexte, None & Complies.*)

Canonicat, ſ. m. Bénéfice de Chanoine. (Un bon canonicat.)

Canonique, adj. Ortodoxe. Qui eſt ſelon le canon de l'Egliſe. (Livre canonique de la Bible. Epitre canonique. Il veut dire auſſi qui regarde le droit Canon. (Cours canonique. Droit canonique, ou Droit canon.)

Canoniquement, adv. D'une maniére canonique & conforme aux Canons de l'Egliſe. (Il ſeſt pourvu canoniquement d'un Benefice. *Le Mait.* pl. 13.

Canoniſte, ſ. m. Celui qui eſt ſavant dans le droit Canon. Celui qui enſeigne le droit Canon. (Lancelot eſt un bon Canoniſte. Le Pape Boniface étoit grand Juriſconſulte & grand Canoniſte. *Paſ. l. 10.*)

CANONIZATION, ſ. f. Cérémonie où le Pape aprés une exacte information de vie & de mœurs, met au nombre des Saints dans le Ciel, & au nombre des bien-heureux.

Canoniſer, v. a. Mettre dans le Ciel, & au nombre des bienheureux une perſonne qui a vécu d'une maniére ſainte & exemplaire.

Canoner, v. a. Batre à coups de canon ſur quelques perſonnes. (On canonnaſa les troupes en paſſant. *Abl*)

Canonnade, ſ. f. Un ou pluſieurs coups de canon. Il a eſſuïé bien des canonnades en ſa vie. Ce baſtion a ſoutenu une Canonnade de trois jours, en ce dernier ſens, on diſa plûtot une *baterie.*

Canonier, ſ. m. Oficier d'artillerie qui a ſoin de pointer, de charger, & tirer le canon, qui doit ſavoir le calibre & les charges de chaque piéce avec la perfection des gabions & des plates-formes des bateries.

Canonniére, ſ. f. Sorte de tente de toile à deux mâts pour repoſer les canonniers, *Dav.*

Canonniére. Ouverture qu'on laiſſe dans les gros murs pour écouler les eaux. *Féliben.*

Canonniére. Morceau de ſureau long d'un demi-pié, que de petits garçons ont vuidé, où ils mettent des maniéres de bales de papier mâché, qu'ils font ſortir de force avec le bâton de la canonniére, & qu'ils jettent en l'air, ou qu'ils ſe jettent les uns contre les autres.

CANOT, ſ. m. Vaiſſeau fait d'un tronc d'arbre dont ſe ſervent les Indiens pour aller ſur les eaux & pour naviger. C'eſt auſſi une maniére de petit batteau pour le ſervice de quelque grand bâtiment. (Se ſauver dans un Canot.)

CANTAL, ſ. m. Sorte de fort bon fromage. Il prend ce nom d'une montagne d'Auvergne.

CANTARIDE, ſ. f. Inſecte venimeux qui reſſemble à la mouche, excepté qu'il a le corps plus long; & qu'il eſt verd & luiſant.

CANTIQUE ſ. m. Remerciment qu'on fait à Dieu pour quelque action de bonté en faveur des fideles. (Les cantiques que Moiſe chanta à Dieu ſont tres-beaux. Chantez un nouveau Cantique à la gloire du Seigneur. *Port-Royal*, *Pſ.* Mon Dieu je célébrerai vôtre Nom par mes Cantiques. *Pſ. IX.*)

† * *Cantique.* Chant de poëſie à la loüange de quelqu'un. (De bos airs & de nos cantiques; Seigneur, vous n'euſſiez rien oüi. *Vol. Poë.*

CANTINE, ſ. f. Il vient de l'Italien, ou de l'Eſpagnol *cantina;* cependant quelques uns l'écrivent *quantine,* mais la plûpart ſont pour *cantine.* C'eſt une petite cave, qui eſt ordinairement faite de bois, & couverte de cuir, dont les perſonnes de qualité ſe ſervent à l'armée, pour mettre du vin dans des bouteilles. Les cofetiers font *cantines.*

CANTON; ſ. m. Etendüe de païs en forme de Province, Etendüe de païs où il y a pluſieurs places. (La Suiſſe eſt diviſée en treize Cantons.)

* *Canton.* Ce mot eſt bas & comique, pour dire le quartier où quelcun demeure.

{ On connoit moins dans leur *canton*
Le Latin que le bas Breton:
Mais ils boivent, comme il me ſemble,
Mieux que tous le *Cantons* enſemble.
Bois-robert. Epit. T. 1. ép. 12.

Se cantonner, v. r. *Je me cantonne, je me ſuis cantonné, je me cantonnai.* S'établir dans un certain canton. (Se cantonner en un endroit. *Abl. Ret. l. 2. ch. 3.*

Cantonniére, ſ. f. Terme de *Tapiſſier.* Morceau d'étofe large d'un cartier & demi qui couvre la colonne du pié du lit.

CANULE, ſ. f. Tuyau pour mettre dans une plaie afin d'empêcher qu'elle ne ſe ferme, ou pour en tirer la matiere, ou pour d'autres uſages.

CAP.

CAP, ſ. m. Pointe de terre, ou de rocher qui avance en mer. (Doubler un cap. Termes de mer, qui veulent dire *le paſſer.*]

Cap. Terme de mer l'épron qui eſt à la prouë du navire. (Mettre le cap au vent. C'eſt dreſſer la prouë du vaiſſeau du côté du vent.)

CAPABLE, adj. Qui peut contenir. Il vient du Latin. *capax.* Il fit creuſer un port capable de mille Galéres. *Abl. Art. l. 7. ch. 10.*

Capable, adj. Savant, docte, habile. (Un Avocat tres-capable. Un Profeſſeur fort capable dans ſon art.)

Capable, adj. Ce mot ſignifiant ſuſceptible, ou qui peut faire, ſe dit des perſonnes, & il gouverne le génitif, quand il eſt ſuivi d'un nom qu'il régit, ou l'infinitif avec la particule *de*, lors qu'il eſt ſuivi d'un verbe qu'il gouverne. Il n'eſt capable d'aucun divertiſſement, *Voit. l. 67.* Il faut jetter l'œil ſur quelcun qui ſoit capable de nous nourrir. *Abl. Luci T. 2. paraſite.*)

Capablement, adv. Doctement. (Il parle de tout capablement. *Voi. Poë.*)

Capacité, ſ. f. Il eſt pris du Latin *capacitas.* C'eſt l'étendüe, la largeur, & la grandeur d'une choſe. L'Autéur de l'heureux Dictionnaire penſe que *capacité,* en ce ſens, reſſemble au ſtile d'A, c'eſt à dire qu'il n'eſt point François, mais Mr Daner a tort d'avoir cette penſée. *Capacité,* eſt tres-bon dans cette ſignification, & l'on dit tous les jours, la capacité de ce lieu eſt conſiderable; Cette place a aſſez de capacité pour contenir tout le monde.

Capacité, ſ. f. Terme de *Géometrie.* C'eſt l'étendüe de quelque figure. (Meſurer l'aire, ou la capacité intérieure d'un cercle, d'un triangle, d'un quarré, &c.)

Capacité, ſ. f. Les Médecins ſe ſervent auſſi de ce mot dans le ſens d'étendue, & ils diſent, il n'a pas une grande capacité de poitrine.

* *Capacité,* ſ. f. Il ſe dit au figuré de l'eſprit, & il eſt beau. C'eſt à dire, grandeur, portée, étendue, intelligence. (*Sa capacité* ne va pas là. Mr Arnaud a une capacité d'eſprit qui mérite d'être eſtimée. Une belle & elegante traduction de Tacite étoit au deſſus de la capacité de l'attrabiaire A.

Capacité, ſ. f. Doctrine, ſience, ſavoir, érudition. (Une grande, une profonde capacité ; une rare, une admirable, une illuſtre capacité. Avoir une grande capacité. Etre conſiderable par ſa capacité. Sa capacité lui a gagné l'eſtime, lui a acquis l'afection de tous les honnêtes gens. }

CAP

CAPADE. *s. f.* Terme de *Chapelier.* Etenduë de laine de vigogne. (Faire une capade.)

CAPARAÇON, *s. m.* Couverture de toile, ou de treillis, pour un cheval lorsqu'il est à l'écurie. Le caparaçon étoit autrefois une armure de fer dont on couvroit le cheval de bataille.

Caparaçonner, *v. a.* Mettre le caparaçon. (Caparaçonner un cheval.)

Cape, câpre, *s. f.* L'un & l'autre se dit, mais cape est le plus usité. Fruit de câpier, rond, un peu aigri, dont on mange dans plusieurs ragouts, qui émeut le ventre & nuit à l'estomac. *Dal.*

Cape, *s. f.* Morceau de taffetas enjolivé de quelques rubans, servant à couvrir la tête & le sein des femmes lorsqu'elles sortent sans estre tout à fait ajustées. Cette sorte de cape ne se porte plus guére.

Cape, *s. f.* Terme de Mer. La grande voile. *Fournier.* Mettre à la cape. C'est porter la grande voile au lit du vent, s'il est possible. *Fourn.*

Cape de Bearn. *s. f.* Habillement de gros drap, court, sans manches au derriére duquel il y a un Capuchon.

(† N'avoir que l'épée & la cape. C'est à dire, avoir fort peu de chose. N'avoir rien.)

CAPELET, *s. m.* Maladie de cheval, qui est une tumeur, engendrée d'une maniére flegmatique & froide, qui s'endurcit par sa viscosité, qui ne fait pas grande douleur, qui naît à la pointe, où à la tête du jarret du cheval. *Solleysel, parfait maréchal, c.* 117.

CAPELINE, *s. f.* Il vient de l'Espagnol *capellina*. C'est un bonnet couvert de plumes, au dessus duquel il y a une aigrette. (Une jolie, belle, agréable capeline. Elles furent partie de aler à la chasse en habit de campagne avec des capelines. *Scar. précaution inutile.*)

CAPENDU, *s. f.* Sorte de pomme fort bonne. V. *Court-pendu.*

CÂPIER, *s. m.* Plante qui s'étend en rond, qui a des épines crochuës avec des feüilles rondes, & dont le fruit s'apelle câpe. *Dal.*

CAPILAIRE. Herbe médecinale qui sert à faire des sirops, & qu'on trouve abondamment en Languedoc.

Capilaire, *adj.* Qui est fait de capilaire. (Sirop capilaire.)

Capilaire, *adj.* Terme de *Chirurgie.* C'est à dire, si petit qu'on ne l'aperçoit que comme un cheveu. (Fracture capilaire, *Deg.*)

CAPILOTADE, *s. f.* Ragout qu'on fait de quelque reste de viande. (Faire une capilotade.)

(† * Mettre quelcun en capilotade. C'est railler & joüer quelcun.)

CAPITANE, Capitanesse, Capitainesse, *s. f.* Le plus usité de ces mots est *Capitane*, que probablement nous avons pris de l'Italien *Galea capitana.* Ce mot de *Capitane* ne se dit qu'en parlant de Galére, & c'est la Galére où est le Commandant. Mr Bernier si fameux par la Philosophie d'Epicure de Gassendi, par les voiages qu'il a fait sur mer, m'assure qu'il n'a jamais oüi dire que Capitane. Le P. Bouhours qui sait la langue à fond, & qui ne se sert d'aucun mot sans l'avoir bien consulté, a emploïé le mot de *Capitane. S. Ignace dit-il*, s'embarqua sur la *Capitane* qui étoit prête d'aller dans l'Ile de Chipre. *Vie de S. Ignace l. 2. p.* 69.

CAPITAINE, *s. m.* Chef de Compagnie de cavalerie ou d'infanterie; La personne qui commande en chef; qui a l'intendance de tout, qui a le principal soin. (C'est un bon Capitaine. Il est Capitaine au Régiment de Piémont. La Reine est Capitaine de ses gendarmes.)

[*Capitaine aux Gardes.* C'est à dire, Capitaine au Régiment des Gardes.]

Capitaine *des Gardes.* C'est à dire, Capitaine des Gardes du corps.

Capitaine *du Château.* C'est celui qui commande dans un Château fort.

Capitaine *des Chasses.* C'est celui que le Roi a constitué pour avoir l'œil que personne ne chasse sur de certaines Terres, que sa Majesté s'est reservée à elle seule, pour y aller chasser quand il lui plaira.

Capitaine *general des chariots de l'Artillerie.* Capitaine des Guides, &c.

Capitaine. Grand guerrier. (Mr. de Turenne étoit un grand & un sage Capitaine.)

Capitainerie, *s. f.* Charge de Capitaine de Château.

Capitainerie, *s. f.* Juridiction pour les enrôlez de la Comté de Roussillon. *Pat. 1. plaid. p.* 5.

CAPITAL, *capitale, adj.* Ce mot en parlant de lettre, veut dire grande. (Lettre capitale.)

Capital, capitale, adj. Irréconciliable. (Ennemi capital.)

Capital, capitale, adj. Ce mot en parlant de peine se dit du bannissement & de la mort. (Peine capitale.)

Capital, capitale, adj. Ce mot en parlant de rente veut dire principal.

Capital, capitale, adj. Grand, principal, considérable. (Le point capital de l'affaire. *Le Mal.* Dessein capital. *Pas. l.* 6. Défaut capital. *Pas. l.* 6. Les veritez capitales de la Foi. *Arn.*)

Capital, capitale, adj. Ce mot en parlant de ville veut dire premiére. (Paris est la ville capitale du Roïaume de France.)

CAP

Capital, *s. m.* Le point principal. (C'est le capital de l'affaire.)

Capitale, *s. f.* La premiére vile d'un Roïaume, d'une Province, ou de quelque Etat. (Rome est la capitale de toute l'Italie, Paris est la capitale de France; Londres, d'Angleterre; Amsterdam, de Holande; Stokolm, de Suéde; Copenhague, de Danemarc; Vienne, d'Autriche & de toute l'Alemagne; Un honnête homme doit vivre & mourir dans une capitale, & toutes les capitales à mon avis, se réduisent à Rome, à Londres & à Paris. *S. Evremont, œuv. mêlées, p.* 443.)

CAPITAN, *s. m.* Terme de *mépris*, pour dire une sorte de matamore & de fanfaron.

CAPITOLE, *s. m.* En Latin *Capitolium.* C'est le nom d'un ancien bâtiment, qui fut nommé *capitole*, parce qu'en creusant ses fondemens on trouva la tête d'un homme qu'on apelloit *Tolus.* Le Capitole étoit un superbe Temple bâti dans la vieille Rome, sur le penchant d'une montagne, & consacré à Jupiter. Voïez les Estampes de l'ancienne Rome de Jaques Laurus. Le Capitole étoit un superbe bâtiment.

Capitolin, *adj.* Du Latin *capitolinus*, Qui est du Capitole. (Jupiter fut apellé Capitolin, parce qu'on lui dédia le Capitole, *Voïez les antiquitez de Rome.*)

CAPITON, *s. m.* C'est la bourre & le plus gros de la soie qui reste après qu'on a devidé la soie de la coque d'un ver, laquelle on sépare avec des cardasses. On en fait des ouvrages grossiers.

CAPITOUX, *s. m.* Echevins de Toulouse. Ceux qui distribuent le prix aux jeux floraux de Toulouse.

CAPITULANT, *s. m.* Qui a voix au Chapitre. (On ne connoît les capitulans, ni les signatures. *Pat. plaid.* 5.)

CAPITULAIRES, *s. m.* Réglemens touchant les choses Ecclesiastiques.

Capitulaire, *adj.* Qui est de Chapitre. (Acte capitulaire. *Patru, plaid.* 5.)

Capitulairement, *adv.* Il signifie en assemblée de Chapitre. (Ils ont été assemblez capitulairement.)

CAPITULATION, *s. f.* Conditions ausquelles une vile assiégée s'est renduë, & qui ont été accordées par les assiégeans. (Le Gouverneur fit la capitulation aux conditions qu'il lui plut.)

Capituler, *v. n.* Ce mot se dit des viles assiégées, & veut dire proposer aux assiégeans des conditions ausquelles on se rendra. La vile demande à capituler.

CAPON, *s. m.* Terme de Marine. C'est un crochet de fer qui sert à lever l'ancre.

CAPONNIERE, *s. f.* Terme de *Fortification.* Voûte qui traverse un fossé sec, laquelle est capable de contenir des gens de guerre, qui tout d'un coup font feu par des ouvertures qui se découvrent inopinément. Logement couvert & creusé dans le fond d'un fossé sec pour loger des soldats.

CAPORAL, *caporal, s. m.* Les soldats qui ne parlent pas bien disent *coporal*, mais les autres qui parlent bien disent & écrivent *caporal*, il vient de l'Italien *caporale.* Le caporal est celui qui est au dessous du sergent. Le caporal est un bas Oficier d'infanterie, qui commande une Escoüade, pose & leve les sentinelles. Le caporal reçoit le mot des rondes qui passent auprès de son corps de garde. Il y a trois caporaux à chaque Compagnie, & quelquefois plus.

CAPOT, *s. m.* Terme de jeu de Piquet. Coup remarquable qui consiste à lever toutes les cartes, & à compter quarante au lieu de dix qu'on a acoutumé de compter. (Faire capot. Il est capot.)

* Vous alez faire pic, repic & capot tout ce qu'il y a de galans dans Paris. *Mol.*

* On dit d'une personne, qu'elle est demeurée *capot*, lors que ce qu'elle attendoit lui a manqué.

CAPRICE, *s. m.* Fantaisie bourruë. Sorte de folie. [Il a des caprices à faire perdre patience au gens.]

* Caprice, *s. m.* Ouvrage en vers pour quelque sujet un peu bizarre, & sur lequel les autres Poëtes ne s'exercent pas ordinairement.

CAPRICORNE, *s. m.* L'un des douze signes du Zodiaque, auquel lorsque le Soleil entre, il fait le solstice d'hiver.

Câpre. Voiez Cape.

Câprier. Voiez Câpier.

CAPRE, *s. m.* Terme de Mer. C'est le nom qu'on donne sur l'Océan aux Armateurs, & aux Vaisseaux armez en Guerre qui vont en course. [Un fameux capre. Il a été pris par un capre de Dunquerque.]

CAPRICIEUX, *capricieuse, adj.* Fantasque, bourru, qui a des caprices bizarre. [Il est capricieux. Elle est capricieuse.]

Capricieusement, *adv.* D'une capricieuse & bizarre maniére. [se gouverner capricieusement.]

CAPRIOLE, *cabriole, s. f.* J'ai dit que *cabriole & cabrioler* étoient plus usitez que *capriole & caprioler.* Je ne me puis encore retracter. *Capriole & caprioler* venant de l'Italien *capriola* semblent les plus reguliers. Plusieurs personnes qui traittent des arts écrivent & prononcent *capriole & caprioler*, mais tout le reste du monde qui parle bien, écrit *cabriole & cabrioler.* Il est libre là dessus de suivre son inclination.

CAPRON, *s. m.* Terme de Capucin. Morceau de drap fait en ovale que portent les novices Capucins, & qui pend par derriére

CAP

leur dos, & par devant leur estomac, environ un pié de long.

Capse, *s. f.* Terme *usité en Sorbonne*. Petite boite de cuivre, ou de fer blanc, où les Docteurs mettent leurs sufrages, afin de recevoir ; ou de refuser celui qui est examiné pour l'acte de tentative, ou pour la licence.

Capsule, *s. f.* Terme d'*Anatomie*. Ce nom se donne à des membranes qui envelopent quelques petits vaisseaux. [La capsule de la veine porte.]

Capsule, *s. f.* Terme de *Botaniste*. C'est l'envelope, faite comme une petite bourse, dans laquelle sont enfermez les pepins des poires ou des pommes.

† **Capter**, *v. a.* Vieux mot dont on se servoit dans cette phrase, *capter la bien-veillance* des Auditeurs. On doit tâcher de gagner la bien veillance de ses auditeurs.

Captieux, *captieuse*, *adj.* Trompeur qui surprend. (Raisonnement captieux.)

Capieusement, *adv.* D'une manière captieuse, & par laquelle on tâche de surprendre : (Il agit captieusement.)

Captif, *s. m.* Chrétien que les Turcs ont fait prisonnier. (Délivrez les captifs. *Pat.* 3. *plaid.*)

Captif, *captive*, *adj.* Qui est prisonnier de guerre (Ce qui donna l'alarme, fut la mére de Darius avec sa femme ; & d'autres Dames captives. *Vau. Quin. l.* 3. *c.* 12.)

* **Captif**, *captive*, *adj.* Tenu de court. Celui, ou celle à qui on ne donne pas beaucoup de liberté. (Il est trop captif où il est.)

Captiver, *v. a.* Ce mot dans le propre n'est pas en usage, & il signifie *assujetir*. (Provinces captivées. *Voiture, Poës. page* 186. On diroit aujourdui Provinces dontées, ou assujetties.)

† * **Captiver**, *v. a.* Gagner le cœur ; gagner l'esprit des gens. S'insinuer dans leur esprit. (Je tirai aux galans qui vous viendront captiver. *Sar.*)

* **Captiver**, *v. a.* Assujettir. (Il faut captiver son esprit pour l'assujettir à la foi.

Se captiver, *v. r.* Je me captive, je me captivai, je me suis captivé. S'assujettir. (Il se faut long-tems captiver, & s'attacher à la lecture, si l'on veut devenir savant. Un libertin ne se peut point captiver, parce qu'il aime trop ses plaisirs.)

Captivité, *s. f.* Prison, grande sujetion. (Captivité honteuse. *Abl.* Il a été prisonnier plusieurs années, & sa captivité ne lui a point abatu l'esprit. *Neuv. rem.* Se tirer de captivité, *Vau. Quin. l.* (1 *c.* 3.)

Capture, *s. f.* Il vient du Latin *captura*. Butin, ce qu'on prend sur l'ennemi. Faire une bonne capture.)

Capture, *s. f.* Ce mot se dit aussi entre *Sergens & Archers*. C'est la prise que les Sergens ou les Archers ont faite d'une personne qu'ils ont menée en prison. (Faire une capture considérable. Faire un procès verbal de la capture d'un voleur, d'un banqueroutier, &c,)

Capuce, *s. m.* Ce mot vient de l'Italien *cappuccio*. Terme de Carme déchaussé, de Feuillant, d'Augustin, & de presque tous les Religieux de l'Ordre de S. François. C'est la partie de l'habit qui couvre la tête du Religieux ; & qui d'ordinaire est fait en pointe. (Un capuce mal fait.)

Capuchon, *s. m.* Terme de *Marchand de toile cirée*. Morceau d'é d'étofe, ou de toile cirée dont on se couvre la tête & les épaules, pour se défendre du mauvais tems.

Capuchon, *s. m.* Ce mot se prend en général pour la partie de l'habit du Religieux qui lui couvre la tête. Le capuchon est l'une des plus anciennes couvertures de tête qu'on ait portées dans l'Eglise. Les Moines sont les premiers qui en ont porté. Les Moines au commencement ne se sont pas couverts d'un capuchon dans l'Eglise. Les Moines n'ont assisté à l'Ofice divin que vers le milieu du 13. Siécle, la tête couverte d'un capuchon. *Thiers, hist. des perruques. c.* 4. *p.* 96.

Capuchon, *s. m.* Il se dit proprement aujourdui parlant des Bénédictins, & des Religieux de Nôtre-Dame de la Merci. C'est la partie de l'habit du Religieux qui lui couvre la tête. (Un bon capuchon. Se couvrir la tête de son capuchon.)

Capucins, *s. m.* Religieux habillez d'un gros drap gris, avec un manteau de même couleur, un long capuce à cause duquel ils ont été appellez Capucins. Ils portent une ceinture de crin sur leur robe ; & vont avec des sandales. Ils ont été reformez de l'Ordre de S. François.

Capucines, *s. f.* Religieuses de l'Ordre de S. François, habillées d'une étofe grise. (Les Capucines vivent plus austerement que les Capucins. Etre reçuë Capucine. Se faire Capucine.)

Capucine, *s. f.* Les Potiers de terre appellent *capucine*, une petite écuelle de terre de Flandre à queuë, où l'on fait une fausse. Elle a été nommée *capucine*, parce que les Capucins s'en servent. (La capucine est fragile, & se casse aisément.)

CAQ.

Caque. Quelques-uns font ce mot *féminin*, mais la plupart des habiles gens, & des personnes qui se servent de *caque* le font *masculin* le caque est un quart de muid, servant aux poissonnieres, & servant aussi à mettre de la poudre à canon & du salpêtre. (Caque qui n'est pas bien lié.)

CAP

Caquer, *v. a.* Terme de *Mer*. Ce mot se dit en parlant de harang, & veut dire couper la gorge au harang, & lui arracher les entrailles pour le mettre en caque. (Caquer l. harang.)

Caquirole, *s. f.* Petit pot de cuivre à trois piez, qui a une longue queuë avec laquelle on le tient pour l'aprocher du feu, & pour secouër ce que l'on y fait cuire.

† **Caquesangue**, *s. f.* Il vient de l'Italien *caca-sangue*, c'est à dire, flux de sang, dissinterie, qui est une douleur de ventre, à cause que les boiaux sont écorchez, & qu'on vuide avec les selles des raclures ; du sang, & quelquefois du pus. Le mot de *caca-sangue* n'est usité en François que dans le comique & le satirique. Voiez *Henri Etienne, Apologie pour Herodote*. Que la caque-sangue vienne, disoit l'autre jour le Libraire B, au lunatique & misantrope A. qui avec sa mechante traduction me fait prendre avec lui le chemin de l'Hôpital.

† **Caquet**, *s. m.* Babil. (Le caquet est ordinaire aux femmes. Caquet impertinent, ridicule ; importun, envieux. Avoir du caquet.

Contre la médisance il n'est point de rempart,
A tous les sots caquets n'aïons donc nul égard.
Mol. Tart. a. 1. *sc.*

Avoir le caquet bas afilé. *Abl. Luc.* C'est à dire, causer bien.)

Rabatre le caquet de quelcun, C'est rabatre l'orgueil de quelcun, & lui fermer la bouche, soit en le menaçant, ou le rendant convaincu sur ce qu'il avoit dit.

Caquet, *s. f.* Manière de petit baquet où la harangère met des carpes.

† **Caqueter**, *v. n.* Causer avoir du caquet.

† **Caqueteur**, *s. m.* Celui qui babille, qui parle trop. (Un franc caqueteur.)

† **Caqueteuse**. *s. f.* Celle qui a du babil. (C'est une vraie caqueteuse.)

Caquetoire, *s. f.* Terme de *Laboureur*. Bâton qui est au milieu des mancherons de la charruë, sur lequel le laboureur s'assied lorsqu'il cause avec quelcun. Cette caquetoire s'apelle par quelques-uns *babilloire*. On di aussi ce mot de caquetoire d'un fauteuil, sur lequel on cause à son aise auprès du feu.

CAR.

Car. Conjonction qui signifie, *A cause que. Parce que* ; & qui ne doit s'employer que de loin à loin. Voiez la 53. lettre de *Voiture*, sur *car*. Il ne se faut pas servir souvent de *car* dans un discours châtié. Feu Gomberville haïssoit le mot *car*, parce, disoit il, qu'il venoit du Grec. Il ne s'en est point servi dans son Polexandre.

Car tel est nôtre plaisir. Façon de parler de *Palais* ; & des Déclarations du Roi. Elle veut dire, telle est nôtre volonté, nous l'avons ainsi ordonné & arrêté, après avoir murement considéré les choses. *Loisant*, *traité des Ofices, l.* 5. *ch.* 2.

Carabin, *s. m.* Gaïa, traité des armes, croit que le mot de *carabin* vien du mot Espagnol *cara*, & du mot Latin *binus*, qui signifie double, comme qui diroit gens à deux visages, à cause de leur manière de combatre, tantôt en fuiant, & tantôt en faisant volteface. Les *carabins* étoient des cavaliers qui servoient du tems de Henri IV. & de Loüis XIII. qui portoient une cuirasse échancrée à l'épaule, afin de mieux coucher en joüé, un gantelet à coude pour la main de la bride, un cabasser en tête, une longue épée, & une carabine à l'arçon de la selle. Il n'y a aujourdui plus de carabins, & en leur place on a des dragons. (Les carabins ont été défaits. Les carabins se sont défendus courageusement.

† * *C'est un Carabin de Saint Côme*. Façon de parler burlesque & proverbiale, pour dire un Serviteur Chirurgien. (Un Frater.)

Carabine, *s. f.* Sorte d'arme à feu que porte le carabin. (Une petite carabine.)

Caracol. *s. m.* Quelques-uns sont *caracol féminin*, & l'écrivent avec un *e* à la fin, mais tous ceux qui parlent bien le font *masculin*, & l'écrivent sans *e* final. Le caracol est un tour en rond que le cavalier fait faire à son cheval. (Les Tessaliens faisant promptement le caracol revinrent à la charge. *Vau. Quin. l.* 3. *c.* 11.)

Caracoler, *v. n.* Faire des caracols. Faire des tours ou des demitours, (Dans les combats il faut souvent caracoler pour prendre avantage sur l'ennemi.

Caractère, *s. m.* Il vient du Grec, Lettre dont on se sert pour imprimer. (Cette ligne doit être en caractére italique. Les Egiptiens se servoient de caractéres Hieroglifiques. Les Chinois ont des caractéres particuliers en trés-grand nombre.)

Caractère. Ecriture de quelque personne particulière. (J'ai été contant, en voiant seulement vôtre caractère. *Voit. l.* 29.

* **Caractère**. Sortilège. (Avoir un caractère.)

* **Caractère**. Stile. (* L'Eglogue ne doit point être d'un caractére élevé. *Boil. Avis.*)

* *Caractére.* Certaine marque imprimée dans l'ame par le moien des Ordres sacrez, ou des Sacremens God. (* Le Caractére de batême est un caractére indélébile. * Profaner son caractére. God.)

* *Caractére.* Marque qui distingue une personne ou une chose d'une autre. (* Donner le veritable caractére des gens Mol. * Soutenir bien un caractere. * Outre les caractéres. Les caractéres d'Homére sont aussi animez que ceux de Virgile sont fades & dégoutans. S. *Evremont, réflexions sur les traditions, in* 4. *p.* 161. Tous les tems ont un caractére qui leur est propre. S. *Evremont, p.* 537. Caractéres de Théophraste.)

* *Caractériser, v. a.* Donner le caractére des choses, ou des personnes. (* Moliére caractérisoit bien les gens.)

Caractéritisque, adj. Il vient du Grec, & signifie qui marque le caractére. (Avoit une qualité caractéristique.)

Caractéristique, s. f. Terme de Grammaire. C'est la principale lettre d'un mot qui se conserve dans tous ses changemens qui lui arrivent, & particuliérement dans tous les tems , & dans tous les modes d'un verbe, & dans tous les dérivez & composez. (*Les caractéristiques* sont d'un grand usage dans les Grammaires Hébraïque & Gréque pour la formation des tems.)

Carafe, s. f. Vase de verre , large par le bas , & étroit par le haut, contenant ordinairement demi-setier, & quelquefois chopine. (Une belle carafe.)

Carafon, s. m. Seau presque tout couvert, où il y a un flacon de verre plein d'eau, autour duquel on met de la glace qui rafraîchit l'eau du flacon , afin de boire frais durant l'été.

Caramel. Sucre fort cuit, & bon pour le rume. Quelques Dames sont le mot de *caramel féminin* , mais les gens du monde qui parlent bien , & que j'ai consultez le croient *masculin,* & disent. (Ce caramel est fort bon.)

Caramousats, s. m. Terme de mer. Vaisseaux Marchands de Turquie qui ont la poupe fort haute.

Carat, s. m. Terme d'Orfévre. Partie , ou degré de bonté de l'or pur. C'est proprement le nom du poids qui exprime le titre de la perfection de l'or. Les Orfévres & les Monnoieurs ont fixé a 24. carats le plus haut de la perfection de l'or. Cependant on n'y peut jamais arriver, & il s'en manque toujours quelque quart de carat , quelque soin que l'on prenne de rafiner l'or. L'or à 23. carats , c'est celui dont la masse pesant 24. onces ; par exemple ; il n'y a que 23. onces de pur or, & une once d'argent ; ou d'autre métal mêlé parmi l'or.

Carat, s. m. Ce mot se dit aussi au figuré , & signifie quelque degré , quelque chose de plus. (J'espére que pour mon droit d'avis , vous augmenterez de quelques *carats* , la précieuse amitié dont vous m'honorez. *Lettres de Costar, l.* 224.

† * On dit aussi au figuré, & en riant. *Il est fou à* 24. *Carats* ; c'est à dire au suprême degré.

Carat de fin. C'est un vingt-quatriéme degré de bonté de quelque portion d'or que ce soit. *Boutëroüe.*

Carat de prix. C'est une vingt-quatriéme partie de la valeur d'un marc d'or fin. *Boutëroüe.*

Caras de poids. Petit poids de quatre grains dont on se sert pour l'estimation des pierres précieuses.

Caravans, s. f. Ce mot nous vient de l'Espagnol *Caravana.* C'est une compagnie de Marchands qui vont trafiquer par le Levant, de Pelerins, ou de voyageurs qui se mettent en compagnie pour voyager plus sûrement. Ils ont quantité de Chameaux chargez de provisions & de marchandises. Le Chef de la Caravane s'apelle *Caravanbachi* , c'est lui qui loüe les Chameaux dont les autres ont besoin & qui régle la marche de la Caravane. Une petite , où grande Caravane. Les Caravannes ne font ordinairement qu'une traite par jour , en hiver depuis sept heures du matin jusques à six ou sept heures du soir , & en Eté depuis sept heures du soir jusqu'au lendemain à six ou sept heures du matin. *Voiez les Rélations de Perse de Tavernier & de Poulet.*

Caravane , s. f. Le mot signifie aussi une course , ou une campagne que les nouveaux Chevaliers de Malte font sur Mer contre les Corsaires & contre les ennemis de la Religion. (Faire sa caravane.)

† * *Caravane.* Troupes de gens qui courent la campagne. *Sca. Rom.* I. *partie c.* I.

Caravansera , s. m. Terme de Relation du Levant. C'est le nom qu'on y donne à des grands bâtimens qui servent à loger des Caravanes. Ils sont faits en forme de halles sous lesquelles les gens de la Caravane, avec les bêtes peuvent se tenir durant les grandes chaleurs. Il y a dans le Levant plusieurs de ces *Caravanseras* que la charité des Princes ou des personnes riches y a fait bâtir.

Caravelle, s. f. Vaisseau rond dont les Portugais se servent sur mer, qui est à voiles latines & à oreilles de liévre , & qui est de deux cens tonneaux. *Fourn.*

Carbatine, s. f. Peaux de bêtes nouvellement écorchées. (Ils eurent les jambes écorchées parce qu'ils portoient des carbatines faute de souliers. *Abl. Ret. l.* 4. *c.* 3.)

Carbonnade , s. f. Viande qu'on léve de dessus un porc frais pour la faire griller. S. *Am.* Il se dit aussi d'autre viande dont on fait griller des tranches.

Carcan, s. m. Colier de fer ataché à un poteau dans un lieu public , qu'on met au cou de ceux qui n'ont pas fait des crimes qui méritent la mort. (Il a été condamné à être au carcan. Mettre au carcan.)

Carcasse , s. f. Corps où il n'y a presque plus que les os. (Une carcasse de poulet, de chapon , de poulet d'inde, &c.)

* *Carcasse.* Personne maigre, séche , & décharnée. (Tu n'es qu'une ombre , une carcasse ; je ne voi rien quand je te voi. *Gom Epi. l.* I.).

* *Carcasse, s. f.* C'est une machine de guerre , faite de deux cercles de fer, larges de deux pouces, épais de deux lignes, croisez en ovale , qu'on remplit d'un sac de toile godronnée, farci de grenades & de bouts de canons de mousquets chargez de grenaille de fer. La carcasse n'a été inventée que depuis environ dix-huit ou vingt ans, & comme elle n'a pas répondu aux grans éfets qu'on en esperoit , on ne s'en est pas servi fort long-tems. On jette la carcasse comme une bombe avec un mortier. (Donner le feu à une carcasse. La carcasse fait un feu qui dure plus d'une demi-heure. Jetter des carcasses.)

Carcois , s. m. Espéce de gaine ou de fourreau où l'on met des fléches. Un joli carcois. On peind Cupidon avec un arc & un carquois, & de même la Déesse Diane.) On écrit aussi *carquois* , mais on prononce toûjours *carcois.*

Cardasse , s. f. Grosse carde. Espéce de peigne à carder la bourre de la soie, pour en faire du capiton.

Cardes , s. f. Côtes de poirée , ou d'artichaut qu'on fait cuire, qu'on mange avec du sel , du beurre & du vinaigre , & dont on se sert dans les ragoûts. (De bonnes cardes.)

Cardes , s. f. Morceau de bois plat & quarré long d'un petit pié, & large d'environ un demi , qui a plusieurs crocs qui sont de petit fils d'archal courbez & mis par rangées afin de carder la laine , la bourre , ou la soie.

Cardée , s. f. Morceau de laine cardée qu'on léve de dessus les deux cardes. Ce qu'on carde de laine à la fois avec les deux cardes.

Carder , v. a. Acommoder la laine avec les cordes. Passer la laine au travers des crocs des deux cardes , pour la rendre propre à être emploiée. (Carder de la laine.) Il se dit aussi de la soie.

Cardeur, s. m. Prononcez *cardeu.* Ouvrier qui carde la laine ou de la soie.

Cardeuse, s. f. Ouvriére qui carde la laine , &c.

Cardiaque, adj. Terme de *Medecin.* Ce mot vient du Grec, & signifie *cordial,* qui sert à fortifier le coeur. (C'est un reméde de cardiaque.)

Cardiaque, s. m. Reméde cordial.[Le vin est un grand cardiaque.]

Cardier, s. m. Ouvrier qui fait & vend des cardes pour carder la laine , &c.

Cardinal, cardinale, adj. Terme de *sience.* Il signifie *principal* & vient du Latin *Cardinalis* & celui-ci de *cardo* , qui signifie un *gond* ou un *pivot* , sur lequel une porte tourne. On dit en *Grammaire* , les nombres *cardinaux* , qui sont indéclinables , qui se disent les premiers , & desquels sont derivez les nombres *ordinaux.* On dit dans la Morale , les quatre *vertus cardinales* , qui sont la Prudence, la Justice, la Force & la Temperance , qui servent comme de pivot & de fondement à toutes les autres. En termes de *Sphére & d'Astronomie.* On parle des quatre *points Cardinaux* , où le Meridien & l'Equateur coupent l'Horison , qui sont l'Orient , l'Occident , le Midi & le Septentrion ; & de là vient qu'on nomme aussi *Vents cardinaux* les quatre vents qui soufflent directement de ces quatre côtes du Monde. On nomme encore en *Astronomie,* les points *Cardinaux* du Ciel, Le Zenith & le Nadir, & les points du lever & du coucher du Soleil.

Cardinal, s. m. Terme *d'Eglise.* C'est le nom que donne l'Eglise Romaine à ceux qui possédent la seconde dignité de l'Eglise. Ils ont été nommez Cardinaux , pour dire, qu'ils sont comme les pivots & les gonds qui soutiennent l'Eglise. Il y a soixante & dix Cardinaux , six Evêques , cinquante Prêtres & quatorze Diacres. C'est d'entre eux qu'on choisit le Pape. Ils ont voix active & passive dans le Conclave. *Cardinal neveu,* c'est le Cardinal qui est neveu du Pape vivant *Cardinal Camerlingue,* c'est le Cardinal qui est le Chef de la Chambre Apostolique. On parle de fermer & ensuite d'ouvrir la bouche aux Cardinaux nouvellement élus. *Un Chapeau de Cardinal,* c'est un chapeau rouge. On dit absolument : *prétendre au Chapeau* & avoir *reçû le Chapeau* pour dire prétendre à être Cardinal, & avoir été fait Cardinal.

Cardinal, s. m. Oiseau gros comme un petit perroquet , qui a le bec & le corps rouges.

Cardinalat , s. m. Dignité de Cardinal. (Il est parvenu au Cardinalat. Les Ministres des Couronnes , qui sont d'Eglise parviennent assez souvent au Cardinalat.)

Cardinalisme , s. m. Il vient de l'Italien *Cardinalismo,* & signifie la même chose que *Cardinalat,* c'est à dire, dignité de Cardinal. (Le Cardinalisme est la plus haute dignité , & la plus haut degré où un Ecclesiastique puisse monter , à moins qu'il ne soit fait Pape.)

Cardon, s. m. Sorte d'herbe dont on mange les côtes. (De bons cardons d'Espagne.)

Carême , s. m. Les six semaines qui précédent les Fêtes de Pâques durant lesquelles l'Eglise ordonne aux fidelles de jeûner , & de ne point manger de viande sans cause légitime & sans dis-

CAR

pense. On dit que le Carême est bas lors qu'il commence en Février, & que le Carême est haut, quand il ne commence qu'en Mars. Le carême est haut cette année. Garder le carême. Observer le carême. Rompre le carême. *Viandes de carême* ; c'est le poisson & tous les autres mets hormis la chair, la graisse, le lard &c. *Fruits de carême* ; ce sont les fruits secs, comme raisins, figues, prunes, &c. La mi-carême ; c'est le jeudi qui est au milieu du carême, & c'est une fête, où les harangeres se réjoüissent.

Carême-prenant, s. m. Le dernier jour du carnaval. Faire son carême-prenant avec ses amis.

† * Carême-prenant. Homme en masque, homme habillé ridiculement. Personne en masque. On dit que vous voulez donner vôtre fille à un carême-prenant. Mol.

Carénage, s. m. Lieu où l'on donne carène aux navires.

Carène, s. f. La quille, les flancs, & le fond d'un vaisseau trempant dans l'eau. *Four. Mettre le navire en carène*, c'est coucher tellement le navire sur le côté que la carène puisse recevoir le radoub.

Carener, v. n. Terme de mer. Mettre le navire sur le côté en sorte qu'on lui puisse voir la quille pour donner le suif.

Caresse, s. f. Témoignage extérieur d'amitié, d'amour, ou de bien-veillance. Faire des caresses à quelcun. *Pas. l. 5.*

Caresser, v. a. Faire des caresses. Caresser quelcun. Caresser un cheval.

* Caresser, v. a. Ce mot se dit aussi des bêtes, & signifie faire l'amour; bruler d'amour pour une femelle de son espece. Les Taureaux & les Beliers ne caressent que leurs femelles. *Abl. Luc. t. 2. Amours.*

Caressant, caressante, adj. Qui caresse. Il est caressant. Elle est caressante.

Caret, s. m. Sorte de tortuë dont la chair est fort bonne à manger, & dont l'écaille sert à faire des peignes & autres petites choses.

Cargaison. Terme de marine. La charge d'un vaisseau, & le tems propre à charger de certaines marchandises. La cargaison de ce vaisseau est de telles marchandises. Le tems de la cargaison des vins, & de la moruë, &c.

Carguer, v. a. Terme de marine. C'est trousser la voile & l'accourcir par le moien des cordes appellées *cargues*, qui la levent jusques au tiers ou à la moitié du mât. On dit aussi *bourcer la voile*, ou carguer la voile.

Cariatides, s. f. Terme d'architecture. Figures de femmes qui sont vetuës de robe longue, & dont on se sert en quelques bâtimens au lieu de colonnes.

Carie, s. f. Ce mot se dit des os & des dents. Il vient du latin *caries*, & signifie une pourriture qui les gâte & les mange. La carie d'une dent, ou d'un os. Empêcher la carie d'une racine. *Charas. Pharm.*

Carier, v. a. Il signifie *pourrir*. Cet ulcere lui a carié l'os de la jambe. Il y a de certains esprits qui carient, rongent & brisent de certains mixtes. *Charas. Pharm.*

Se carier, v. r. Se pourrir. Il se dit des os, des dents, & aussi du bois qui est rongé par les vers. Ce bois commence à se carier. Bois carié.

Carillon, s. m. Sonnerie harmonieuse de plusieurs cloches. Musique de cloches. Le carillon de la Samaritaine est charmant. Le carillon sonne des hymnes, ou des airs.

On dit en riant, * Le carillon des verres.

* † Carillon, s. m. Ce mot se dit aussi des criéries qu'une femme de mauvaise humeur fait à son mari, ou des criéries des personnes qui se querellent, & s'injurient. Quand ce mari va au cabaret, sa femme lui fait un beau carillon. Il lui a fait un furieux carillon.

† * Il a été batu à double carillon. Façon de parler basse & proverbiale, pour dire il a été furieusement & outrageusement batu.

Carillonner, v. n. Faire un carillon de cloches. On carillonne la veille des bonnes fêtes.

Carillonneur, s. m. Celui qui fait sonner le carillon.

Cariole, s. f. Maniere de petit carosse. Une jolie cariole.

* Caristade, s. f. Ce mot vient de l'Espagnol *caridad*. Il signifie aumône, mais il ne se dit qu'en riant. Demander la caristade. On fait la caristade à de beaux esprits, qui sans cela ne vivroient pas.

Carlet, carrelet, s. m. Sorte de poisson plat.

Carlet. Sorte d'éguille dont le cordonnier se sert. Le grand ou le petit carlet.

Carlet, s. m. C'est aussi une espece de petit chassis, sur lequel on suspend une étamine, ou un linge, au travers duquel on passe des choses liquides.

Carline, s. f. Fleur blanche ou noire, qui fleurit en Août & en Septembre.

Carlingue, s. f. Terme de marine. Grosse piece de bois qui regne presque le long du navire au dessus de la quille, pour faire liaison ensemble, & que pour ce sujet quelques-uns apellent *contrequille*.

* Carme, s. m. Mot burlesque pour dire *vers*.

Carmes, s. m. Religieux qui raportent leur origine au Prophete Elie, qui ont une robe, & un scapulaire qui tirent sur la couleur de cheveux, avec une chape blanche. Les Carmes dé-

CAR

chaussez furent réformez par sainte Terese en 1535. Carmes mitigez.

Carmelites, s. f. Religieuses qui sont du même Ordre que les Carmes.

Carmin, s. m. Couleur faite de bois de bresil & d'alun, de laquelle on se sert pour peindre ou mignature. Ce carmin est beau. On vend & on achete le carmin à l'once.

Carminatif, carminative, adj. Terme de Médecin. Qui empêche les vents, qui chasse les vents. Lavement carminatif. Huile carminative.

Carnage, s. m. Multitude de gens tuez. Faire un grand carnage des ennemis. *Vau. Quin. l. 3.* Faire un horrible carnage. Il se dit aussi des bêtes tuées.

Le dragon assouvi de sang & de carnage,
S'est enfin retiré dans une antre sauvage.
Cadmus, a. 3. s. 4.

Carnassier, carnassiere, adj. Qui aime la chair. Le loup est le plus carnassier de tous les animaux. *Sol.* Il se dit aussi des personnes gouluës, & qui mangent beaucoup de chair. Les hommes carnassiers sont sujets à avoir l'haleine puante.

Carnation, s. f. Terme de peintre. Les chairs qui sont peintes en un tableau. Ce Peintre a une belle carnation ; c'est à dire que les chairs qu'il peint, sont bien peintes. Les carnations de ce tableau sont belles.

Carnation. Ce mot ne se dit point d'une partie particuliere d'une personne qui est peinte. Ce seroit mal parler que de dire, ce bras est d'une belle carnation, mais il faut dire ; ce bras est bien de chair. Ce dos est bien de chair.

Carnaval, ou carneval, s. m. L'un & l'autre se dit, mais *carnaval* est infiniment plus usité que l'autre. Ce sont les quinze jours qui précedent immédiatement le premier jour de carême, pendant lesquels on ne songe qu'à bien rire, à se bien traiter, & à avaler plus de chair qu'auparavant. Un Etimologiste moderne prétend que c'est de là que nous avons fait le mot de carnaval. Un agreable, un aimable, un charmant carnaval ; c'est à dire gai & gaillard. Faire son carnaval avec ses amis. Commencer joieusement son carnaval. Passer agréablement le carnaval. Finir, achever gaillardement son carnaval. Les jours du carnaval se nomment aussi les jours gras. Se bien divertir durant les jours gras, ou durant le carnaval.

Carne, s. f. Angle de quelque chose dure & solide. Je me suis donné un grand coup de la tête contre la carne de cette table. *Mol.*

Carné, carnée, adj. Terme de fleuriste. Qui est de couleur de chair vive. Anemone toute carnée. Fleur nuée de carné.

Carnet, s. m. Terme de marchand. C'est un extrait du Livre d'achat d'un marchand, dans lequel sont contenuës ses dettes passives, & le tems auquel il les doit païer.

Carnosité, s. f. Excroissance de chair, ou chair gonflée qui se produit d'ordinaire dans la verge par le passage d'une humeur corrosive.

* Carogne, s. f. Friponne, libertine, mauvaise. C'est une méchante carogne. Ce mot est injurieux, & il ne se dit qu'entre des personnes de la lie du peuple.

Carolus, s. m. Piece de monnoie d'Angleterre, valant treize livres quinze sous.

Carolus, s. m. Monnoie de France, qui valoit cinq doubles, ou dix deniers, & qui est à present hors d'usage. On ne dit plus voilà un carolus, mais voilà cinq doubles, & en y en mettant encore un, vous ferez un sou.

* Il a des carolus. C'est à dire, il est riche, il a des écus.

On dit pour mépriser une chose : elle ne vaut pas un carolus. Henri III. Roi de France, aiant avec lui Henri Roi de Navarre, qui a été depuis nôtre Henri IV. Refusant de donner bataille à Charles Duc de Maïenne, dit plaisamment qu'il ne faloit pas hazarder un *double Henri* contre un *carolus*.

Caron, s. m. Terme de charcutier. Bande de lard d'où le maigre est ôté.

Caroncules, s. f. Terme d'anatomie. Petites chairs glanduleuses & spongieuses qui sont en plusieurs parties du corps, comme dans le coin de l'œil, & aux parties honteuses de la femme. V. *Moriseau, traité des femmes grosses, l. 1. ch. 5.*

Carote, s. f. Racine rouge ou jaune qu'on mange.

Carouge, s. f. Arbre qui croit assez haut. Son écorce est grise. Ses branches s'étendent plus en largeur qu'en longueur. Ses feuilles sont de couleur vert-brun, & son fruit de certaines gousses larges, plates & longues, où il y a un gros grain de couleur de chatégne. *Dal.*

Carouge, s. f. Fruit de l'arbre qu'on apelle *tarouge*. Les carouges sont douces, & ont quelque chose du goût des chatégnes. *Dal.*

Carousse. Voiez carrousse.

Carpe, s. f. Poisson de lac & de riviere, couvert d'écailles larges & grandes, brun lorsqu'il est jeune, mais il est jaunâtre lorsqu'il est vieux, aïant la chair molle & humide, & sans grande saveur. *Rom.* La carpe n'a point de dents, elle a toujours le ventre plein d'œufs, parce qu'elle a des petits cinq ou six fois l'année. *Rom.* Mettre une carpe au court-bouillon. La carpe aime les eaux bourbeuses.

Le saut de la carpe. Les baladins nomment ainsi un certain saut qu'ils font, auquel ils plient tout le corps, & joignent la tête à leurs piez; car la carpe en fait un semblable pour sortir des filets.

CARPEAU, *s. m.* Petite carpe pour aluiner. On dit aussi *carpillon.*

CARRAQUE, *s. f.* Vaisseau rond de combat, & du port de cent cinquante, ou de deux cens tonneaux. *Four.*

Carraquon, carracon, s. m. Petite carraque. *Four.*

CARRÉ. Voiez la lettre Q, colonne *qua.*

CARREAU, *s. m.* Prononcez *carré.* Coussin pour coudre.

Carreau. Coussin couvert de velours de couleur, ou de quelque étofe, sur quoi les personnes de qualité se mettent à genou dans les Eglises.

Carreau. Terme de *vitrier.* Morceau de verre taillé en quarré pour faire des chassis.

Carreau. Terme de *jardinier.* Planche de jardin. Morceau de terre faite en quarré. Semer dans les carreaux.

Carreau. Terme de *tailleur.* Fer pour presser les coutures. Passer le carreau sur la doublure.

Carreau. Terme de *cartier.* Point de carte lequel est rouge & carré. Carte où il y a un ou plusieurs points de carreau. Un as de carreau. Un Roi de carreau. Jetter du carreau. Jouër du carreau.

Carreau. Ce mot se dit en parlant de foudre, & veut dire un corps fort dur qui sort d'entre deux nuës. On croit que ce corps est chimerique. *Roch. Phi.*

Carreau. Terme de *potier.* Morceau de terre franche fait en quarré, ou à pans. Carreau cru, carreau cuit; battre le carreau, mouler le carreau. Poser, arranger, assembler le carreau; abaisser le carreau, relever le carreau qui se défait.

Carreau de pierre. Grosse pierre pour bâtir.

* *Jetter sur le carreau.* Donner un tel coup à une personne, qu'elle en tombe morte par terre, ou sur le pavé.

CARREFOUR, *carfour, s. m.* Ce mot est ordinairement de trois sillabes, & il signifie l'endroit d'un bourg ou d'une ville, où plusieurs ruës font tête en quarré. Mon ame est pour vous miaulante, & on l'entend en chaque carrefour. *Voi. poë.*

CARRELAGE, *s. m.* Ouvrage de carreleur. Paier le carrelage. Les maçons entreprennent aussi le carrelage.

Carreler, v. a. Placer dans une chambre des carreaux avec du plâtre & des recoupes de pierre. Carteler une chambre, carreler à la toise.

CARRELET. Voiez *carlet.*

Carreleur, s. m. Ouvrier qui carrele. Un bon carreleur.

Carreleur, s. m. Il signifie aussi un *savetier.* Mais en ce sens, il n'est usité que dans les lettres de maîtrise d'un savetier; qu'on apelle *maître carreleur*; hors delà en parlant, ou en écrivant on se sert toujours du mot de *savetier.* Il en coute deux cens francs pour être reçu *maître carreleur* à Paris. Il n'y a guere d'hommes qui sachent mieux les ruës de Paris que les carreleurs, & qui les enseignent avec plus de plaisir.

† *Carrelure, s. f.* Terme de *savetier.* Paire de souliers remontée. Paire de botes remontées. *Carrelure* en ce sens n'est plus en usage. On dit, paire de souliers remontée, c'est à dire ausquels on a mis des semelles neuves; & de même à l'égard de botes.

Carrelure, s. f. Au figuré & dans le comique, ce mot se dit plaisamment en parlant du ventre, & il signifie une bonne *garniture de ventre.* Le tems qui se passa jusqu'au soupé me parut un siecle, tant j'avois besoin d'une bonne carrelure de ventre. *Abl. Luc. Songe du coq.*

† * Une bonne carrelure de ventre. *Abl. Luc.* Termes burlesques, pour dire, un ventre bien rempli de viande.

Se carrer. v. r. Je me carre, je me suis carré, je me carrai. Mar. cher les bras aux côtez, & d'un air fier & orgueilleux.

CARRIER, *s. m.* Celui qui ouvre la terre pour faire des carrieres. On apelle *carrier* le manœuvre qui travaille à tirer la pierre des carrieres par l'ordre du marchand carrier.

Carriere, s. f. Lieu creusé & profond d'où l'on tire la pierre pour bâtir. Percer une carriere.

* *Carriere.* Les Medecins disent qu'une personne a une carriere dans la vessie, lorsqu'il s'y engendre de nouvelles pierres, après qu'on en a tiré d'autres.

* *Carriere.* Les Botanistes apellent de ce nom l'endroit de certaines poires, où il y a plusieurs nœuds pierreux autour du centre de fruit.

Carriere, s. f. Ce mot signifie une étendue de terrain où l'on peut poussér un cheval jusqu'à ce que l'haleine lui manque. Il a fait faire une grande carriere à ce cheval, & par ce moien il l'a sufisamment éprouvé.

Carriere, s. f. Terme de *manége.* Grande place destinée pour faire les courses de bague, de tête, de faquin, & autres pareils exercices.

* *Carriere.* Route, chemin, course, cours de la vie, tâche.

Je voi les jacintes orientales,
Que le jour seme à son réveil,
Sur la carriere du Soleil.
Voi. poës.

* Courir du bel esprit la carriére épineuse. *Dép.*
* Fournir sa carriére, achever sa carriére. *Bens.*
* Sa carriere qui pouvoit être plus longue, ne pouvoit être ni plus belle, ni plus heureuse. *Pat. let. 4. à Olinde.*
† * Se donner carriere. C'est se divertir. Se donner du bon tems. Passer son tems.

CAROBE. V *caroufe,* qui signifie la même chose.

CARROSSE, ou *carofse, s. m.* Mais on prononce *carroce.* Voiture à quatre roues, fort commode & fort connuë, couverte de cuir, de velours ou d'étofe, & dont on se sert pour aler en ville & à la campagne. Un beau, un superbe, un magnifique, carosse. Mener le carosse. Aler en carosse. Faire rouler le carosse. Draper un carosse. Carosse de loüage. Carosse coupé. Carosse vitré. Carosse drappé. C'est un carosse de deüil, qui est garni de drap dedans & dehors. Un homme à carosse, c'est celui qui entretien un carosse, & qui fait rouler le carosse.

* *C'est un cheval de carosse.* Ces mots se disent proverbialement & dans le stile satirique, pour dire c'est un homme grossier, & qui a peu d'esprit.

CAROSSIER, *s. m.* Ouvrier qui fait des carosses. Ceux qui sont de ce métier s'apelent à Paris *selliers carossiers,* & ils font un corps separé d'avec les bourreliers.

* CAROUSSE, ou *carousse, s. f.* Repas où l'on boit beaucoup, où l'on fait bonne chere. Ce mot vient de l'alemand *gar. auß,* Qui signifie tout vuide, sous entendant le verre. Faire carousse avec ses amis. Ils ont fait carousse avec des étrangers.

CARROUSEL, *s. m.* Il vient de l'italien *carosello,* diminutif de *carro.* Course acompagnée de chariots, de machines, de recits, & de danses de chevaux. *Ménétrier, traité du carrousel,* Faire un carrousel.

CARRURE, *s. f.* Terme de *tailleur.* Partie de l'habit qui couvre l'estomac & le derriere du dos. La carrure de devant. La carrure de derriere.

CARTE, *s. f.* Petit morceau de carton quarré avec des points de couleur noire ou rouge, ou quelque figure, avec un seul point de couleur, servant à joüer. Battre les cartes, donner les cartes. Il y a plusieurs sortes de jeux de cartes: Joüer aux cartes.

* *Les cartes sont bien broüillées.* Ces mots se disent au figuré, pour dire qu'il y a de grandes divisions entre des personnes, dans un Etat, ou entre des Souverains.

Carte. Terme de *cartier.* Feüille de carton où il y a plusieurs cartes sans être coupées. Savonner les cartes.

Carte. En parlant de Geographie, c'est une feüille qui contient la description du monde, ou de quelques-unes de ses parties. Savoir la carte.

Cartes marines. Ce sont des répresentations ou descriptions des côtes & des parages de la mer, pour connoître les routes, & regler les estimes. Il y a des cartes marines au point reduit; au point plat, au point commun, ou à distances itineraires. Voiez là-dessus *l'Art de la Navigation de Mr. Guillet.*

* *Donner la carte blanche à quelqu'un.* C'est lui donner une entiere liberté de faire ce qu'il lui plaira, ou de ne pas faire, sur une chose dont il s'agit.

CARTEL, *s. m.* Petit billet contenant un défi pour se batre, le lieu, la maniere, le sujet, le jour & l'heure du combat. Envoier un cattel à son ennemi.

CARTESIEN, *s. m.* Philosophe qui est dans les sentimens de Décartes.

Cartesisme, ou *cartesianisme, s. m.* L'un & l'autre se dit, & signifie les opinions du Philosophe Décartes. Défendre le Cartesisme. Soutenir le Cartesianisme.

CARTIER, *s. m.* Celui qui fait & vend de toutes sortes de jeux de cartes & de papier.

Cartilage, s. m. Terme *d'anatomie.* Il vient du latin *cartilago.* C'est une partie du corps la plus froide, la plus solide, la plus séche, la plus terrestre & la plus insensible après l'os. *Deg.*

Cartilagineux, cartilagineuse, adj. Qui aproche de la dureté de l'os. Corps cartilagineux.

CARTON, *s. m.* Sorte de gros & de grand papier fort épais, qui se fait des rognures de livres.

Carton. Terme *d'imprimeur.* Des feüillets qu'on imprime de nouveau, pour metre en la place d'autres où il y a des fautes. Faire un carton. Un nouveau carton, un carton bien correct. Le Relieur place les cartons, mais ceux qui sont malhabiles & ânes dans leur métier, les placent souvent très-mal, & ainsi ils perdent un Livre. On dit aussi casser un carton, déchirer un carton.

Carton. Terme de *Peintre.* Ce sont de grands dessins de papier pour peindre à fresque, & qui servent à calquer les figures contre les murailles.

Cartonnier, s. m. Artisan qui fait & vend du carton. Voiez *Papetier.*

CARTOUCHE, *s. m.* Ornement de sculpture, ou de peinture. Or-

CAR

nement qu'on met autour des inscriptions des armes & des chiffres. Un joli cartouche, un beau cartouche de carosse.

Cartouches, s. m. Morceau de fer, de chaîne, de tête de clou, dont on charge un canon. Canon chargé de gros cartouches.

Cartouches, s. m. Pieces de fer batu, assez longues, & déliées, se serrant & s'étrécissant vers l'ouverture, dans lesquelles on met plusieurs morceaux de fer & de dez, dont on charge les pieces d'artillerie. *Dav.*

Cartouches, s. m. Espece de rouleau de papier, ou de carton, en forme d'étui, qui renferme la charge de l'arme à feu. Le cartouche des pistolets & des mousquets est de gros papier, & le cartouche des pieces d'artillerie est de carton. C'est aussi une espece de grenade ou boulet creux, ou boîte ronde remplie de balles de mousquet, laquelle s'ouvre à propos.

CARTULAIRES, ou *chartulaires, s. m.* Mais on prononce *cartuléres*. Terme d'Eglise. Ce sont les papiers terriers des Eglises, ou des Monasteres, ou sont écrits les contrats d'achat, de vente & d'échange; les privileges, les immunitez, & exemptions & autres Chartres.

CAS.

CAS, *s. m.* Accident, malheur, événement.
Il ne savoit pas de Phaëton l'histoire & piteux cas. *Voiture poe.*

† *Cas.* Action. Tous vilains cas sont reniables. C'est un vilain cas pour un honnête homme.

Cas. Estime. Je ne saurois faire cas d'un amant qu'une autre que moi gouverne. *Voi. poe.*

Cas. Ocasion. Rencontre. On a recours en ce cas à la paroisse. *Pas. plaid 8.*

Cas. Chose. Cas étrange, & vrai pourtant. *Voi. poe.*

* *Cas.* Parties destinées à la generation. Ma langue au secret assurvie n'ose parler d'un certain cas. *Voi. poe.*

Cas, Terme de *pratique*. Matiere. Crime. En cas de complainte.

Cas Prévôtal. C'est le crime dont le Prevôt des Maréchaux, le Lieutenant criminel de Robe courte, le Vi-bailli, ou le Vice-Sénéchal connoit en dernier ressort. Les cas prévotaux, ce sont toutes les actions criminelles de gens qui ont déja été condamnez à quelque peine corporelle, ou tous les excez criminels faits par les soldats dans leur marche, le port d'armes défendues, les levées de gens de guerre sans commission, les vols sur les grands chemins, les sacrileges, les assassinats préméditez, les séditions & les émotions populaires. L'alteration & exposition de monnoie sont aussi des cas Prévôtaux.

Cas. Terme de *casuiste*. Question touchant la conscience. Etudier les cas de conscience. *Pas. l. 6.* Proposer un cas de conscience. *Pas. l. 7.*

Cas reservez. Certains pechez considerables, dont le Pape ou l'Evêque se reserve l'absolution.

Cas, Terme de *Grammaire*. Qui signifie chute, & qui marque le nominatif, le genitif, le datif, l'acusatif, le vocatif, ou l'ablatif. On dit ce nom est en un tel cas. Ce verbe régit un tel cas.

Au cas que. Conjonction, qui signifie SI. Au cas qu'il mette.

Posez le cas que, ou prenez le cas que. Ces façons de parler régissent le subjonctif. Posez le cas que cela soit. Quelques-uns n'aprouvent pas tant la seconde façon, *prenez le cas*; que la seconde, *posez le cas*, mais mal à propos. *Nouvelles remarques de Vaugelas.*

En cas. C'est à dire, *en matiere*. En cas d'amour il ne faut jamais être foible, dilent. *Voi. poe.*

En tout cas. C'est à dire *au moins*, & si quelque chose né réussit pas, on prendra d'autres mesures.

Casanier, s. m. Qui ne sort presque point du logis. C'est un franc casanier.

Casaque, s. f. Habillement qui est plus large qu'un juste-au-corps, & qui se porte sur les épaules en forme de manteau.

* *Tourner casaque.* C'est changer de parti.

Cascade, s. f. Ce mot vient de l'italien *cascata*, qui signifie *chute*, & il se prend ordinairement pour une *chute d'eaux*, qui tombant d'un lieu haut font quelque bruit. Il y a des cascades naturelles, & des cascades artificielles. On voit dans les montagnes quantité de cascades naturelles, qui forment des ruisseaux qui en décendent. Il y a de belles cascades à Versailles.

* *Cascade.* Ce mot se prend aussi quelquefois au figuré, comme me le mot de *chute*, au lieu de bevüe, une faute de jugement. Où étiez vous quand vous fites cette magnifique cascade. *Balz.* Il a fait une rude cascade. *Benf. rond.*

Casemes, s. f. Terme de fortification. Les cascemes sont certains puits qu'on fait dans le terre-plain proche du rampart, pour éventer les mines. *Deschales Art de fortifier.*

Case, s. f. Terme de *triquetrac*. Deux dames ensemble. Ce mot en ce sens est serieux. Il signifie aussi un quarreau de l'échiquier

CAR

ou damier. Le pion avance de deux cases au premier coup. Le Roi n'a que deux cases pour se sauver.

† * *Case, s. f.* ou *Caze*. Il vient de l'italien *casa*, qui signifie *maison*. Mais le mot *casa* en François ne signifie qu'une *méchante petite maison*. Figurons nous ces grandes Fermes qui comprenoient le logement du maître, la basse court, les granges, les étables & les cases des esclaves. Voi. *Les mœurs des Israélites.* Bien des gens n'aprouvent point case, dans ce sens, & ils ne souffrent qu'en riant, & disent, par exemple, nous alâmes hier voir A. en sa petite case, dans un grenier, & il nous parut un fantôme de la maniere qu'il étoit fagoté.

Casemate, s. f. Prononcez presque *caz-mate*. Il vient de l'Espagnol *casemata*, en Italien *casa armata*. Terme de *fortification*. C'est une plate-forme à loger du canon, qui est pratiquée dans la partie du flanc proche de la courtine, & qui fait une retraite ou un enfoncement vers la capitale du bastion. On apelle aussi la casemate, place basse, ou flanc bas, & au derriere on pratique assez souvent une, & même quelquefois deux, places plus hautes, où l'on met du canon. La casemate est la plus parfaite de toutes les défences d'une place. Les casemates sont excellentes dans les fossez pleins d'eau, mais elles n'ont pas le même avantage dans ceux qui sont secs. *Guillet, Arts de l'homme d'épée*, 2. p.

Casemate, s. f. Bateries voutées qu'on faisoit dans les flancs des bastions pour loger l'artillerie. Puits & rameaux qu'on fait dans le rampart d'un bastion pour éviter les mines. *Felibien.*

Caser, v. a. Terme de *triquetrac*. Placer les dames.

Caserne, s. f. Plusieurs petites chambres qui tiennent ensemble pour loger les Soldats de la garnison dans une vile de guerre. Il y a dans chaque caserne une cheminée & un plancher. Le Roi a fait bâtir dans les viles de guerre de grandes & magnifiques casernes.

Casque, s. m. Armure qui couvre la tête du soldat.

Casque En termes de *blason* se nomme aussi timbre ou *heaume*. Casque ouvert, casque fermé. Voyez les Auteurs qui traitent du blason. Voiez *heaume*, & *timbre*.

* *Cassade, s. f.* Tromperie.

* *Donneur de cassades, s. m.* Trompeur.

Cassation, s. f. Terme de *pratique*. Acte de Justice qui casse & annulle. Obtenir une requête civile en cassation d'arrêt. *Le Mais.*

Cassant, cassante, adj. Fragile. Qui se peut casser, ou rompre aisément. Le verre est fort cassant. Les métaux aigres sont fort cassants. L'acier est plus cassant que le fer. L'albâtre est une pierre tendre & fort cassante.

Casse, s. f. Gousse qui croît aux Indes sur un arbre fort haut, & qui purge la bile & la pituite de l'estomac. *Dal.* Cette casse est bonne. On dit un bâton de casse, & la casse est proprement la pulpe qui est contenüe dans ces bâtons, & qui a une moüelle noire, douce, & épaisse, qui a été tirée de dedans les gousses de l'arbre qui produit la casse. Les Apoticaires font passer cette pulpe par un tamis avec une spatule, & ils apellent cela monder de la casse. On se sert de la casse à des potions & à des lavemens.

Casse. Terme d'orfévre. Vase fait de cendres de lessive & d'os pilez, qui sert à rafiner & à separer l'or & l'argent.

Casse. Terme d'Imprimerie. Ce dans quoi les Imprimeurs mettent leurs lettres, & qui est divisé en plusieurs petits quarrez, qu'on apelle castetins, & qui est posé sur des tretaux dans l'Imprimerie.

Casse. La partie de l'écritoire de poche où l'on met les plumes. La casse de l'écritoire est rompuë.

Cassé, adj. f. Ce mot se dit de la voix, & signifie *foible, débile*. Il dit cela d'une voix si cassée & si débile, que ceux qui étoient auprès de lui eurent peine à l'entendre. *Vaug. Quint. Curse, l. 7. ch. 7.*

Cassé, cassée, adj. Rompu. Bras cassé, verre cassé.

Cassé, cassée, adj. Anulé. Privilege cassé. Sentence cassée.

* *Cassé, cassée, adj.* Vieux, infirme. C'est un homme cassé.

Cassé, cassée, adj. Ce mot se dit de la voix, & signifie foible, & qui n'en peut plus. * Chanter d'un ton triste & cassé. *Voi. poe.*

* *Casse-museau.* Ce mot au propre, pourroit signifier un coup de poing sur le nez, ou autre chose qui ofense le visage; mais il n'est pas en usage. Dans un sens contraire, & au figuré, casse-museau est le nom qu'on donne à une sorte de patisserie molle, tendre, creuse & fort délicate, qu'on apelle autrement *petits-choux*.

Casse-noisette, s. m. Petit instrument de boüis pour casser des noisettes. On donne ce nom à une sorte de geai qu'on apelle *casse-noix*, ou *casse-noisettes*.

Casser, v. a. Rompre, briser. Un peu de plomb peut casser la plus belle tête du monde. *Voi. poe.* Casser un verre, un miroir. Casser des noix, des noisettes, des noiaux. Casser du grés, du sel, du sucre, c'est le briser & le reduire à des menuës parties. Casser des motes de terre. Casser une corde de luth, de viole, &c.

Casser, v. a. Terme de *Palais*. Anuler. Casser un arrêt. Casser une sentence, un aquit.

Casser, v. a. En parlant de soldat, c'est désarmer un soldat à la tête de la compagnie, ou du régiment, & le remercier de son service, mais en parlant d'Oficier, c'est le faire remercier de la part du Roi par un Commissaire des services qu'il a rendus, le renvoier. Casser un soldat. Casser un capitaine. Casser un Oficier. On dit aussi casser un Présidial ou autre corps de justice ou de police ; c'est à dire, révoquer les lettres de sa création & de son établissement. Casser un Parlement, une Assemblée, &c.

Casser, v. a. En parlant de régiment ou de compagnie, c'est le remercier & le renvoier de la part du Roi. Casser un régiment. Casser une compagnie. Casser des troupes, c'est les licentier & les congédier.

† Casser quelcun aux gages. C'est le défaire de quelcun qui est à charge.

Se casser, v. r. Je me casse, je me suis cassé, je me cassai. Se rompre. Se briser. Une glace de miroir qui est en danger de se casser. Se faire casser la tête. Les cordes de lut se cassent.

Se casser, v. r. Il signifie devenir cassé, foible & vieux. Cet homme se casse tous les jours : à dans un sens actif, on dit les chagrins & la fatigue l'ont beaucoup cassé.

CASSEROLE, *s. f.* Maniere de plat de cuivre étamé, de fort petit bord, & bien plus creux que les plats ordinaires, propre à faire des fricassées, ou des ragouts. Une casserole tres-forte & tres-bonne.

Cassette, s. f. Petit cofre couvert de cuir ou d'étofe. Une jolie cassette.

* *Casse-tête, s. f.* Ce mot est burlesque, & on le donne premierement à des vins fumeux, grossiers & mal-faisans, qui enivrent & donnent des maux de tête. On le dit encore dans un sens plus figuré en parlant des sciences dificiles, & de tout ce qu'on a peine à concevoir sans une forte aplication. Ainsi la plupart des gens qui ne connoissent pas l'Algebre, disent que l'Algebre est un *casse-tête*.

Cassetins, s. m. Terme d'*imprimeur*. Petit quarré qui est dans la casse, & où l'on met une même lettre. La casse est divisée en plusieurs cassetins.

Cassidoine, s. f. Maniere de pierre prétieuse, embélie de veines, de diverses couleurs. Une belle cassidoine.

Cassine, s. f. Mot qui vient de l'Italien *cassina*, & qui signifie une petite maison de campagne.

Cassolette, s. f. Vase de metal où l'on met des senteurs pour exhaler.

* *Cassolette.* Senteur agréable.

CASSONADE, *cassonade, s. f.* L'un & l'autre se dit, mais l'usage déclaré est pour *cassonade*. Sorte de sucre un peu gros, & qui n'est point rafiné.

Cassure, s. f. Il se dit en parlant de lame d'épée, de couteau, &c. & il signifie rupture. Si vous cassez une lame d'épée, & que dans la cassure vous trouverez la lame de couleur grise, la lame est bonne. Liancourt, maître d'armes.

Castagnettes, s. f. Petit instrument de bois résonnant, qui se lie au pouce avec une corde, & qui est fait en forme de culieron de cuiler. Jouer des castagnettes. Les Mores, les Espagnols & les Bohemiens s'en servent pour acompagner leurs danses, leurs sarabandes & leurs guitarres. Ce mot vient de l'Espagnol *castanetas*, & il a été formé de la ressemblance que les parties de cet instrument ont avec les chataignes.

Castor, s. m. Animal amphibie qui a le poil d'un blanc couleur de cendre. Il a les dents aiguës. Ses piez de devant sont semblables à ceux d'un chien, & ceux de derriére à ceux d'un oie. Ses piez ont chacun cinq doigts. Il a la queüe fort grosse. A côté de l'aîne il a deux tumeurs & entre les deux tumeurs sont ses parties naturelles. Le castor vit de feuilles & d'écorces d'arbres. Il n'est pas vrai ce qu'on dit, qu'il s'arrache les testicules lorsqu'il est chassé. On ne les lui sauroit arracher sans le faire mourir. Au reste il aime éperdument ses petits, & il a une finesse admirable. Voiez *Ionston*. Castor mâle. Castor femelle. La queue du castor est large, & quand il est dans l'eau, il s'en sert comme de gouvernail. *Childrei, hist. nat. d'Angleterre.*

Castor, s. m. Ce mot signifie aussi un chapeau de poil de castor. *Un demi-castor,* c'est un chapeau où il n'y a que la moitié de castor, & le reste d'autre poil.

CASUEL, *casuelle, adj.* Qui est sujet au hazard. Chose fort casuelle.

Parties casuelles. Voiez *parties.*

Casuel, s. m. Profit qui arrive par hazard au Curé. Le casuel de sa Cure lui vaut cent écus tous les ans.

Casuel, s. m. C'est le nom d'un fort gros oiseau qui fut aporté en 1597. en Europe par les Holandois. On fit à l'academie des Sciences la dissection d'un *casuel*, qui avoit été quatre ans à Versailles. Mr. Perrault en a fait la description dans ses Memoires.

Casuellement, adv. D'une maniere casuelle & fortuite. Cela est arrivé casuellement.

CASUISTE, *casuiste, s. m.* Il faut écrire & prononcer *casuiste*, & non pas *casuite*. C'est celui qui entend, sait & explique les cas de conscience. Un casuiste relâché. *Pas. l. 5.* Escobar a fait un recueil des opinions des casuistes qui l'ont précedé. La plupart des grands casuistes sont Espagnols.

CAT.

CATACHRESE, ou *catacrése*. Terme de *Grammaire*. C'est un mot grec. Figure par laquelle, au défaut d'un mot propre, on se sert d'un autre qui en aproche, comme lors qu'on nomme patricide celui qui a tué la mere, son frere ou sa sœur ; quoi que ce mot patricide ne signifie proprement que celui qui a tué son pere.

Catachrése. C'est aussi une figure de Rétorique par laquelle on abuse d'un mot, & on s'en sert comme d'une chose fort dif[f]erente. Comme lors qu'on dit, un cheval ferré d'argent. Aler à cheval sur un bâton, & autres façons de parler semblables.

Catacombes, s. pl. Les uns font ce mot du genre masculin, & les autres du feminin ; & s'il faut suivre l'étimologie, on le doit faire du genre feminin.

On apelle de nom qui vient du latin *catacumba*, ou *catatumba*, des grotes souterraines qui sont à trois miles de Rome ; & que l'on croit avoir été les cimetieres des premiers Chrétiens, & qu'ils y ont enterré des Martirs. On les va visiter par devotion, ou par curiosité ; & l'on en tire des Reliques qu'on envoie dans tous les pais Catoliques, après les avoir batisées du nom de quelque Saint. On a découvert de semblables catacombes, ou cimetieres souterrains proche de Naples, & dans la Sicile, &c.

Catadoupes. V. *Cataractes.*

Catalogue, s. m. Liste de plusieurs noms de suite. Faire un catalogue. Le catalogue des Saints. Le catalogue des Livres de cette Bibliotéque est rangé par ordre alphabetique. Un Régent a le catalogue de ses écoliers.

Cataplasme, s. m. Medicament externe fait avec fruits, racines, feuilles, semences, fleurs récentes pilées, ou cuites, auxquelles on ajoute poudres, farines, graisses & huiles pour adoucir les douleurs, ramolir, faire supurer, resoudre, &c.

Catapulte, s. f. Il vient du latin *catapulta*. Machine de guerre dont se servoient les anciens pour lancer des javelots & des traits d'un grosseur extraordinaire. Plusieurs Auteurs ont décrit cette machine, & l'on en voit l'explication dans l'abregé de Vitruve, planche X I.

Cataracte, s. f. Terme d'*Oculiste*. Alteration de l'humeur cristaline de l'œil qui a entierement perdu sa transparence, & qui est devenue opaque, sinon dans toute sa masse, au moins dans une partie de son épaisseur. La cataracte noire ne se peut guerir. *Deg.* Oter une cataracte.

Cataractes. Chute d'eau avec grand bruit. *Les cataractes du Nil*, qu'on nomme aussi *catadoupes*. Les cataractes du Ciel.

Catastrophe, s. f. Ce mot vient du grec, & il signifie, fin, issuë d'une chose. La défaite generale de quelques choses Alons voir alumer le bucher d'Hercule, & representer sa catastrophe sur le Mont Octa. *Abl. Luc. t. 2. Amours.*

Catastrophe. Terme de *poësie dramatique*. C'est un événement contraire aux premieres aparences, heureux quelquefois, & malgreuteux d'ordinaire. Toutes ces choses qui sont dans le nœud doivent tendre à la *catastrophe*, & doivent la preparer avec esprit, c'est à dire, sans la découvrir.

Catastrophe. Ce mot se prend aussi figurément, & signifie un évenement fâcheux. La vie de Jules Cesar se termina par une étrange catastrophe.

Catinin, s. f. Petite Caterine.

Catéchiser, v. a. Instruire sur les articles de la foi. Catéchiser le peuple.

Catechiste, s. m. Celui qui fait le catéchisme.

Catéchisme, s. m. Petit livre qui contient toutes les instructions de la Religion. Le catéchisme de Canisius est fort estimé.

Catéchisme. Instruction qu'on fait sur quelque point de la Religion. Faire le catéchisme.

Catécumene, adj. Il vient du Grec, & est un terme d'Eglise. Comme tous les precedens depuis *catéchiser*. Il signifie la personne qu'on instruit des principes de la Religion chrétienne. Il est catécumene. Elle est catécumene. Ce mot est aussi un substantif ; car on dit un catécumene bien instruit. *Abl. Luc. l. 3.* a écrit ; comme catécumenes, soufre que je t'instruise, si tu veux vivre éternellement. Les premiers chrétiens enseignoient les catécumenes avec amour. *Abl. Luc.*

CATEDRAL, *catédrale, adj.* Ce mot se dit des Eglises qui ont pour chef quelque Evêque, ou quelque Archevêque. Une Eglise Catedrale.

Catédrale, s. f. Eglise Catédrale. L'Eglise Nôtre-Dame est la Catédrale de Paris.

Catégories, s. f. Terme de *Philosophie*. Diverses classes auxquelles Aristote a voulu reduire les objets de nos pensées. *Bou. Logique.*

* *Catégorie.* Ce mot se prend quelquefois pour *sorte*, & l'on dit de deux choses, qu'elles sont, ou ne sont pas de même *catégorie*, selon qu'elles sont semblables ou diferentes.

* Cate-

CAT   CAU   161

† *Catégorique*, adj. Ce mot se dit en riant, & signifie qui est comme il faut. Qui est dans les régles de l'honneteté, de la bien-féance, du devoir. (* Cela n'est pas catégorique.)

† *Catégoriquement*, adv. Comme il faut. Raisonnablement. (Voilà parler catégoriquement.)

CATERINE. *s. f.* Nom de femme. Son diminutif est *Cateau*. (Caterine de Médicis acablée d'années & de chagrins rendit l'esprit.)

CATERRE, *catarre*, *s. m.* Catarre commence à vieillir. C'est une fluxion des humeurs de la tête sur quelque partie du corps. *Deg.* (Qu'il tombe sur tes dens un horrible caterre. *Saint Am.*)

Caterreux, *caterreuse*, adj. Sujet aux fluxions & aux caterres, (Il est caterreux. A quinze ou seize que nous étions, il ne donna qu'un vieux coq caterreux. *Abl. Luc. T. 2. Jupiter la tragique.*

CATIN, *s. f.* Nom de fille. Petite Caterine.

CATIR, *v. a.* Terme de *Bonnetier & Dégraisseur.* Presser. (Catir des bas.)

CATOLICON, *s. m.* Terme d'*Apoticaire*. Composition de divers médicamens servant à purger toutes sortes de méchantes humeurs, la bile, la pituite, &c.

* *Catolicon.* On apelle aussi de ce nom, mais par figure, un ouvrage en prose & en vers, composé contre les Etats convoquez à Paris le 10. Février 1593. Cet écrit est un ingénieuse satire contre les Etats & contre les chefs de la Ligue. Et on le nomma *Catolicon d'Espagne*, c'est à dire remèdes éficaces que donnoit l'Espagne aux Ligueurs, pour venir généralement à bout de tout ce qu'ils entreprendroient. Le Catolicon d'Espagne est plaisant. On dit aussi sans ajoûter le mot d'Espagne, le Catolicon mérite d'être lû, & il y a beaucoup d'esprit dans cet ouvrage.

CATOLIQUE, adj. Qui est dans la générale & véritable créance (Eglise catolique. Doctrine catolique.)

Catolique, *s. m. & f.* Celui ou celle qui est dans la générale, & véritable créance. (C'est un catolique, c'est une catolique.)

(† *C'est un catolique à gros grains.* Proverbe qui veut dire *qui n'est pas fort devot*.

Catoliquement, adv. D'une manière pieuse & catolique. (Vivre catoliquement.)

† *Catolicité*, *s. f.* Foi catolique. Ce mot se dit en quelque façon en raillant. (Sa catolicité n'est pas grande. C'est un Docteur dont la catolicité est peu suspecte.)

* *Catholique.* Comme ce mot, qui vient du Grec, signifie universel, on apelle en termes, *Fourneau catolique*, un fourneau qui est tellement disposé, qu'on y peut faire toutes sortes d'opérations, & même celles qui demandent le feu le plus violent. Et en *Gnomonique* on apelle, *Quadran catolique*, ou universel ; un quadran dont on se peut servir pour connoître les heures en divers païs, & à toute élévation de Pole.

CATOPTRIQUE, *s. f.* Sience qui considère la vuë entant que réfléchie de dessus les miroirs ou autres surfaces polies. *Catoptrique* est aussi adjectif. *Quadran catoptrique*, c'est un quadran qui marque les heures par un raïon refléchi.

CAV.

CAVACADE, *s. f.* Il vient de l'Italien *cavalcata*. Cavaliers habillez superbement, & montez sur de beaux chevaux magnifiquement enharnachez, & qui accompagnent en bel ordre quelque Prince ou quelqu'autre personne de qualité, à une entrée, ou à la prise de possession de quelque dignité. (Cavalcade superbe, pompeuse, magnifique incomparable, glorieuse, admirable. On sait combien est fameuse la cavalcade qu'on fait à Rome depuis le Vatican jusqu'à S. Jean de Latran, lorsqu'on fait un nouveau Pape. On peut voir là dessus les Livres qui décrivent ces illustres cavalcades, & qui parlent de la manière que les Oficiers du Pape nouvellement élû & les Cardinaux l'accompagnent & de quel air il donne la bénédiction à tous ceux qui regardent sa riche & superbe cavalcade.

† *Cavalcade*, *s. f.* Il signifie aussi une petite traitte qu'on fait à cheval, mais il ne se dit qu'en riant.

CAVALE, *s. f.* La femelle du cheval. (Une belle & bonne cavale.

Cavalerie, *s. f.* Soldats à cheval. (La cavalerie de Darius étoit de trois mille chevaux. *Vau. Quin. l. 3.* Les ennemis sont forts en cavalerie. *Abl.*)

Cavalier, *s. m.* Celui qui est, ou va à cheval.

Cavalier. Soldat qui sert à cheval dans une compagnie de cavalerie.

Cavalier. Gentilhomme qui porte l'épée.

Cavalier. Gentilhomme Italien qui est d'un ordre de chevalerie. Le Cavalier Marin est un des Poëtes Italiens le plus fleuri.

Cavalier. Terme de *Fortification.* Hauteur de terre qu'on éléve pour y mettre de l'artillerie.

* *Cavalier*, *cavalière*, adj. Aisé, libre, galand, honnête, noble. Qui n'est point assujetti aux régles. (C'est mal fait & d'être forcier, & cela n'est point cavalier. *Voi. Poë.* Stile cavalier. Eloquence cavalière.)

Cavalier, *cavalière*, adj. Un peu trop libre. Cela est un peu cavalier. Ce procédé est un peu trop cavalier pour un homme de bréviaire. *Cos.*

A la cavalière, adv. D'un air cavalier, libre & aisé. (C'est à la cavalière. *Mol. Pref. 9.*)

Cavalièrement, adv. Librement, fièrement. (Parler de la religion cavalièrement. Traiter quelcun cavalièrement.)

CAUCHEMARE. Voiez *cochemar*.

CAUDATAIRE, *s. m.* Ce mot est Italien, & il ne se dit qu'en parlant de ceux qui portent la quëuë au Pape, à un Cardinal ou à quelque Prelat.

CAVE, *s. f.* Lieu souterrain, voûté qui est au dessous du rez de chaussée, & qui sert à mettre du vin, & quelquefois du bois.

Cave. Espéce de cofre où l'on met des bouteilles de vin lorsqu'on va à l'armée.

Cave. Manière de bouteille d'argent, où de vermeil doré qu'on met sur la toilette des Dames, & où il y a de l'eau de fleurs d'orange & autres.

Cave, adj. Ce mot se dit en termes d'*Anatomie*. (Veine cave.) V. *Veine.*

Caveau, *s. m.* Petite cave.

Caveau. Petite cave dans les Eglises à mettre les corps morts.

CAVEÇON, *s. m.* Manière de bride dont on se sert dans les Académies pour tenir un cheval qui a la bouche forte. (Serrer un cheval avec le caveçon & la bride.)

CAVEHANE, *s. f.* Ce mot vient des Turcs. C'est un lieu où l'on vend & l'on prend le café. Le maître de la *Cavehane* gage des violons pour joüer & chanter pendant qu'on prend du café. *Tevenot*, *voïage du Levant.*

CAVER, *v. a.* Creuser. *Caver.* Caver vient du Latin *cavare*. C'est *creuser*; mais en ce sens, il n'est pas si usité que *creuser.*

Il a mis le pié dans la fosse
Que lui *cavoient* les destins.
Malh. poë. l. 2.

* *Caver*, *v. a.* Terme de *Maître d'armes.* C'est toucher son corps en portant & en avançant la tête. *Caver* en ce sens est fort usité ; car on dit, cavez le corps & portez.

CAVERNE, *s. f.* Antre. (Une afreuse caverne. C'étoit une caverne profonde qui étoit taillée dans un roc. *Ariosto. T. 1.*

CAVIN, *s. m.* Terme de *gens de guerre.* C'est un lieu creux, soit un chemin, ou fossé, dans lequel on peut être à couvert des enemis, ou aler à s couvert comme par une tranchée.

CAVITÉ, *s. f.* Ce mot se dit en matière d'*Anatomie.* Il veut dire une manière de petite chambre. Ce qui est creux dans quelque partie du corps. (Il y a deux cavitez dans la substance de la partie anterieure du cerveau, & une dans la partie posterieure, il y a dans le coeur des cavitez. Cavité d'os.)

CAUSATIVE, adj. f. Terme de *Grammaire*, où l'on apelle une particule causative, un mot qui sert à déclarer la cause, comme sont les particules, car, parce que, vû que, &c.

CAUSE, *s. f.* Prononcez *côze*. Tout ce qui produit quelque éfet. Cause phisique, cause morale. Le Soleil est la cause phisique de la chaleur.

Cause. Sujet, raison, prétexte. (Sans aléguer aucune cause, elle rompit tout commerce avec moi. *Voi. l. 62.*)

A-cause. Préposition qui régit le génitif. (J'aime Clotis à cause de ses petites manières.)

A cause que. Conjonction qui signifie *parce que*, & qui régit l'indicatif. (On écrivoit une lettre en gros caractère à Antigonus, à cause qu'il étoit borgne, & un aveugle, dit-il, y mordroit. *Abl. apoph.*)

Cause. Parti. [Etre pour la bonne cause. *Vau. Quin. l. 4.*]

Cause. Afaire qu'on doit plaider. [Plaider une chose.]

Causer, *v. a.* Etre cause de quelque chose. [Causer du contentement à quelcun. *Voi. Pne.*]

Causer, *v. n.* Caqueter. Parler presque toûjours & souvent d'une manière ennuïeuse. [Depuis que M. est devenu grimaud de Parnasse, il assassine les gens à force de *causer*, malheur à ceux qui le connoissent & qui le rencontrent.]

Causeur, *s. m.* Prononcez *cô-seû.* Celui qui caquette. [C'est un causeur. Saumaise étoit à Paris n'aimoit point & se rencontrant en compagnie avec Blondel, parce que celui-ci étoit un grand *causeur*. *Columesius mélanges historiques.* Le ragot N. est un fatiguant causeur, sur tout quand il a un peu trinqué, & qu'il parle de ses proüesses poëtiques.]

Causeuse, *s. f.* Celle qui caquette.

CAUSTIQUE, adj. Prononcez *coftique.* Terme de *Médecin.* Corrosif. L'arsenic est caustique.

CAUTELEUX, *cauteleuse*, adj. Fin, rusé, trompeur. Prononcez *coteloux*. [† A voir son visage assassin, son oeillade pateline, elle a pare au larcin. *Voi. Poë.* La femme est un animal fin & cauteleux. *Abl. Luc. T. 2. Prometheè.*]

* *Cauteleux*, *s. m.* Fin, rusé. C'est un franc cauteleux.

CAUTERE, *s. m.* Prononcez *cotére.* Petit ulcere en la partie extérieure du corps, fait de chofes qui brûlent par l'adresse du Chirurgien, afin de faire sortir quelque matière de maladie. *Deg.* Faire un cautère, apliquer un cautère. *La chamb.*

X

Les vieux égouts, & les puants cautères,
Et les sueurs des Moines bien austères,
Devant son pié passent pour ambre gris.
Poëte anonime.

Cautériser, *v. a.* Faire un cautère. Prononcez *cotérisé.*
* Conscience cautérisée C'est à dire, *endurcie.*
Caution, *s. f.* Assurance, garand. Prononcez *cocion.* (Donner bonne & sufisante caution. Je suis la caution de Monsieur.)
Caution solidaire. C'est celui qui s'oblige à païer lui seul, comme s'il étoit le principal débiteur.
Caution bourgeoise. Ces mots dans le ferieux signifient une bonne caution. Et ils se disent quelquefois en riant, comme dans cette façon de parler † * Je veux caution bourgeoise que vos yeux ne me feront point de mal. *Mol. Prêt. sc. 9.*
† Il est sujet à caution ; c'est à dire, que c'est un homme en qui on ne doit pas trop se fier.
Cautionnement, *s. m.* Acte de la personne qui en cautionne une autre.
Cautionner, *v. a.* Etre caution pour quelcun. Etre garand pour quelcun. (Cautionner un ami.)
Cazanier, *s. m.* Comme le *z* entre deux voielles s'écrit ordinairement pour une *s.* Voiez ci-dessus *Casanier.*

C E

Ce, ou *cet.* Pronom démonstratif qui fait au féminin *cette*, & au pluriel *ces. Ce* se met devant un substantif qui commence par une consonne, *cet* devant un nom masculin qui commence par une voielle. [Ce livre est bien écrit. Cet homme est habile. Cette action est éclatante. Ces gens-là sont hardis.]
(Il m'a fait *cet* honneur de me dire. *Cette façon de parler a vieilli.* On dit, il m'a fait l'honneur de me dire. *Vau. Rem.*)
Outre ce. Ces mots sont hors d'usage, on dit *outre cela. Vau. Rem.*
Ce. Chose. (Quand on fait *ce* que Dieu commande, on atire sur soi les bénédictions du Ciel.)
Ce. Particule. Cette particule emploiée au commencement d'une phrase se repète devant le verbe substantif quand le premier *ce* en est éloigné. (Exemple, *Ce* qui est de plus déplorable & de plus étrange en tout le cours de la vie, *c'est*, &c.) Mais quand le premier *ce* n'est pas loin du verbe, quelques-uns ne le repetent pas, mais la plupart croient qu'on ne feroit pas mal de le repeter. (Exemple. *Ce qui est de plus déplorable, c'est* ou *est. Vau. Rem.*)
Ce. Cette particule se met devant le verbe substantif quand le nominatif en est fort éloigné. Comme. [La cause de tant de malheurs & de miséres qui nous arrivent dans le monde les unes sur les autres, *c'est*, &c. Que si le nominatif n'est pas trop près, ni trop loin, on peut mettre, ou laisser le *ce.* (Exemple. La meilleure voie qu'on sauroit prendre desormais est, ou *c'est Vau. Rem.*)
Ce. Cette particule se met élégamment avec le pluriel du verbe substantif. (Exemple. Les plus grands Capitaines de l'antiquité *ce* furent Alexandre, César, Hannibal, &c. On peut dire aussi, furent, sans *ce. Vau. Rem.* L'afaire la plus facheuse que j'aie, *ce* sont les comptes, & non pas *c'est* les comptes. *Vau. Rem.*)
Ce dit-il, ce dit-on. On se sert de ces phrases, en parlant, mais en écrivant il sufit de *dit-on, dit-il*, sans *ce. Vau. Rem.*)
Ce pour il, ne vaut rien en plusieurs phrases ; par exemple si l'on demande, *qu'elle heure est-ce ?* cela est mal dit, on doit dire, *qu'elle heure est-il ?*
Ce lui fut force de hazarder la bataille, dites, *il lui fut force,* &c. *Vau. nouv. remarques.*
Ce fut pourquoi. Ce mot ne se dit pas, en sa place on dit, *c'est pourquoi. Vau. Rem.*
Ce qu'il vous plaira, & non pas *ce qui vous plaira. Vau. Rem.* Car *ce qu'il vous plaira* signifie *ce que vous voudrez que je fasse,* & *ce qui vous plaira* signifieroit *ce qui vous sera agreable.*
Ce peu. C'est à dire, le peu de choses, le peu de bien. (Faites part aux pauvres de bon cœur & avec joye de *ce peu* que vous avez. *Port-Royal.*)
Ce peu de lignes sont pour, &c. Cette façon d'écrire est un peu surannée, & en sa place, on dira, *je ne vous écris que deux mots,* &c.
Ce que. Ces mots se mettent élégamment pour *si.* (Exemple. *Ce que* tu tiens de moi des jardins, des maisons, *ce* sont toutes choses sujettes à mille accidens. *Vau. Rem.*)

C E A

Céans, *adj.* Ici. En cet endroit. En ce lieu-ci. (Il est céans. Dieu soit céans.

Quoi je soufrirai moi, qu'un cagot de critique
Vienne usurper céans un pouvoir tirannique
Depuis un certain tems.
Il ne sauroit soufrir qu'aucun hante céans.
Mol. Tart. a. 1. sc. 1.)

Ceci. Pronom démonstratif qui signifie *cette chose*, & qui n'a point de pluriel. (Ceci est étrange.)
Cecile, *s. f.* Nom de femme.
Cécité, *s. f.* Il vient du Latin *cæcitas*, & veut dire privation de la vuë. Il y a des gens qui aiment ce mot *cécité* ; mais l'usage est contraire, en sa place on dit fort bien *aveuglement,* au propre. La cécité d'Homére est fameuse, dites, l'aveuglement d'Homére est fameux.

C E D

Cedant, *part. & adj. cedante.* Celui ou celle qui céde.
Ceder, *v. a.* Il vient du Latin *cedere.* C'est abandonner. Donner, Transporter. (Céder son bien à ses créanciers. Ceder son droit à quelqu'un.)
Céder. Donner l'avantage. *Ne pas céder*, c'est à dire, l'emporter par dessus quelque persone, ou quelque chose. (Il lui céde en tout genre d'érudition. Nos maux ne cédent point à ceux de Job.)
Céder. Sucomber. (Pour moi je céde aux ans. *Mal. Poe.*)
Cédille, *s. f.* Petite virgule qu'on met sous le *c* pour montrer que le *c* se prononce comme une *s.* [Le *c* ne peut faire de leçon s'il n'est accompagné d'une cedille. *Abl. Luc. T. 3.*]
Cedon, *s. m.* Petite plante qui ne fleurit qu'une fois, & qui fleurit blanc & en piramide.
Cedon arborescens. Sorte de petit arbre boiseux.
Cédrat, *s. m.* Espéce de citronnier qui produit un fruit odoriferant.
Cedre, *s. m.* Arbre fort rond qui a la feuille comme le genéve, le tronc droit & haut, surpassant en hauteur tous les autres arbres, allant en étrécissant jusques à la cime. Il a l'écorce lisse & grisatre. Son bois est odoriferant. Ses branches tendent en haut, & portent des especes de pommes qui tirent sur le fauve, & sont un an à meurir. *Dal.* Il est haut comme un cédre.
Cédule, *s. f.* Ce mot n'est pas fort usité. En sa place on dit *promesse. Billet.*

C E L

Ceindre, *v. a.* Il vient du Latin *cingere.* Entourer. *Je ceins, tu ceins, il ceint, nous ceignons, vous ceignez, ils ceignent. Je ceignois, j'ai ceint, je ceignis, je ceindrai, que je ceigne.* (Ceindre une ville de murailles. Du côté qu'elle regarde l'Orient, la Province étoit ceinte d'un fleuve trés-rapide. *Vaug. Q. Curce, l. 8. ch. x.* Sa tiare étoit ceinte d'un bandeau de pourpre. *Vau. Quin. l. 3. c. 3.*)
Ceintes, *s. f. pl* Terme de Marine. Ce sont des rebords ou especes de cordons qui segnent autour d'un Navire. Ces piéces lui donnent de la grace, le fortifient & servent à marquer la division des tillacs. Les ceintes d'embas se nomment *preceintes* & celles d'enhaut *carreaux de lisse.*
Ceinture, *s. f. pl.* Tout ce qui ceint, & qui entoure quelque corps, soit que ce qui ceint soit étofe, ruban, ou cuir. Une petite, ou grande ceinture. Une bonne, ou méchante ceinture : large ou étroite ceinture de haut de chausse. Ceinture de Prêtre, de Religieux, &c. Faire une ceinture. Lier, aticher, mettre sa ceinture. Défaire sa ceinture.)
Ceinture, *s. f.* C'est la partie du corps où pose la ceinture, & en quelque façon le milieu du corps. (Ils sont semblables à nous de la ceinture en haut. *Abl. Luc. T. 2. hist. verit. p.* 38. Il n'y a de l'eau que jusqu'à la ceinture.

(Ils ne vont pas à la ceinture
De ceux dont je fais la peinture. *Scar.*

Ceinture funèbre. Bande noire que les Patrons des Eglises, ou les Seigneurs Haut-Justiciers ont droit de faire peindre dedans & dehors les Eglises, & de la charger de leurs Armes, pour honorer la memoire de quelques persones de leurs familles qui sont décédées. On apelle aussi ces ceintures funèbres, *des lites.*
* Bonne renommée vaut mieux que ceinture dorée. Ancien proverbe, qui veut dire que la reputation vaut mieux que les richesses.
Ceinture à l'Angloise. Sangle fort juste dont on se sert pour porter l'épée.
Ceinture. Terme d'*Architecture.* Petit listeau au haut & au bas de la colonne.
Ceinture de muraille. Cordon de pierre qui environne principalement les murailles des viles & des forteresses.
Ceinture de la Reine. Certain droit qu'on léve à Paris sur le vin

CEL CEL

Ceinture de Venus. Terme de *Chiromance.* Ligne de la main, qui commence entre le second & le troisiéme doigt ; qui traverse le mont de ces doigts, & va en forme de demi-cercle finir vers le petit doigt.

Ceinturette, s. f. Petite bande de cuir qui entoure le cor de chasse. La ceinturette est large d'un doigt, & elle est ordinairement rouge.

Ceinturier, s. m. Marchand ouvrier qui fait & vend de toutes sortes de bandriers, de sangles, de ceintures, de ceinturons, de jartelières, de porte-épées, de porte-mousquetons, &c.

Ceinturon, s. m. Sangle qui ceint les hanches, & qui est composée de deux barres, de deux pendans, & d'une bande.

CEL.

CELA. Pronom démonstratif qui n'a point de pluriel, & qui signifie *cette chose*. (Je ne vois rien de si galand que *cela*. Nous ferons *ceci*, nous ferons *cela*.

† Je ne vous ai vû que vous n'étiez pas plus grand *que cela*. C'est à dire, *qui étiez petit.*

† *Cela*, pour dire cet homme, cette personne, est bas & ne peut entrer que dans le stile le plus simple. (*Cela* ne fait que jurer. *Vaug. nouv. remarques.*)

CELADON, *s. m.* Sorte de couleur. (La pluche de cette anémone est céladon.)

CÉLÉBRANT, *s. m.* Ce mot vient du Latin *celebrans*, & de même ceux qui suivent, viennent des mots Latins *celebrare, celeber*, &c.) Ecclésiastique qui célebre & qui officie en cérémonie. (Recevoir la benediction du célébrant.)

Célébration, s. f. Action de celui qui célebre. L'action de solemniser. (Il lui a interdit la celebration de la Messe. *Patru plaidoïé*.) Celebration de fête , de mariage.)

Célèbre, adj. Illustre. Connu. Fameux. (Nom célèbre.)

Célèbre, adj. Solennel. Fête celèbre.

Célébrer, v. a. Rendre célèbre. Publier. Dire. (Celebrer les loüanges des grands hommes. *Abl. Luc.*

Célébrer, Solenniser Faire les cérémonies de quelque chose. (Celebrer les fêtes, la Messe, le Mariage, des jeux, &c.)

Célébrité, s. f. Solemnité. Réputation, (La célébrité des jeux. *Bal.* Ils lui disent par compliment que sa haute reputation, & la célébrité qu'il a donnée au lieu où il est , les ont obligé de le venir voir. *Balz. entret.* 8.)

CÉLER, *v. a.* Du Latin *celare*. Cacher. Ne pas dire. Ne pas découvrir. (Céler son martire. *Sar. Poë.*)

CÉLERI, *s. m.* Sorte d'herbe qu'on cultive dans les jardins, & dont on mange en salade, la racine & les branches qu'on a fait blanchir.

Célebrier, s. m. Terme de *Bernardin & autres*. Celui qui a soin de tout le temporel, & qui est chargé de donner aux oficiers subalternes tout ce qui est nécessaire pour la vie & les vétemens des Religieux.

Célerière, s. f. Terme de *Religieuse*. Celle qui rend compte de la mise & de la recette. C'est proprement l'économe du bien de la maison.

‡ *Célérité, s. f.* Il vient du Latin *céleritas*, qui signifie promtitude de diligence ; mais il ne se dit guere qu'au Palais. (C'est une afaire qui requiert *célerité*.)

CÉLESTE, *adj.* Qui est du Ciel. Qui vient du Ciel. Qui réprésente le Ciel, (Esprits célestes. Globe céleste. La gloire céleste. Une figure celeste.

* *Céleste, adj.* Admirable. Grand. Beau & charmant. (* Air céleste. *Voi. Poë.* Une beauté.)

Bleu céleste. Couleur bleuë qui aproche de celle du ciel quand le tems est serein. *V. Bleu.*

CÉLESTINS, *s. m.* Religieux qui ont été apellez de la sorte à cause du Pape Célestin cinquiéme , qui les fonda en 1244. Ils sont reformez de l'ordre de Saint Benoit. Ils portent une robe blanche, & un scapulaire noir avec des manches grandes & larges.

† * *Voilà un plaisant Célestin.* Ancien Proverbe dont j'ai apris l'Origine du P. le Comte Célestin. Il me disoit qu'autrefois à Roüen, Capitale de Normandie, les Religieux de son Ordre n'étoient exems de païer l'entrée de leur boisson ; qu'à la charge qu'un frere Célestin marcheroit à la tête de la premiére des charretes sur lesquelles on conduisoit le vin , & sautteroit d'un air gai , en passant auprés de la maison du Gouverneur de la vile : Il ajoutoit qu'un jour un de leurs fréres parut devant les charretes plus gaillard que tous ceux qu'on avoit vû auparavant, & que le Gouverneur s'écria ; *voilà encore un plaisant Célestin*, c'est à dire, un Célestin qui en matiére de sauts & de gambades l'emporte sur tous ses compagnons. On donne aujourdui un sens satirique à ce proverbe ; car lors qu'on dit à un homme, *vous êtes un plaisant célestin*, on marque à cet homme qu'il n'a pas le sens tout à fait droit.

A la célestine, adv. A la maniére des Célestins. (Faire une Omelette à la celestine.)

CÉLIBAT, *s. m.* Etat opposé à celui du mariage. (Embrasser le célibat. Les Ecclesiastiques sont obligez de garder le célibat.)

Aprés maint & maint combat
Vos sçaurez qu'en six cens trente,
Je fis vœu de célibat
Entre les mains d'Amarante.
Ménage, poësies, l. 3.

CELIER, *s. m.* Prononcez *célié*. Il vient du Latin *cellarium*. Lieu où l'on serre les provisions d'une maison, le vin, le bois, le lard, &c. Il differe de la *cave*, en ce qu'il est ordinairement moins profond. (Un grand , ou petit celier. Un celier bien fourni.)

CELUI. Pronom démonstratif qui fait *celle* à son féminin , & au pluriel *ceux*, au masculin , & *celles*, au féminin. En Latin *ille & illa*. (Celui qui craint le Seigneur, est heureux, celle qui met son esperance en Dieu est heureuse.)

Celui, ou celle ne se placent pas bien aprés l'adjectif. Vaug. nouvelles remarques. L'honnête homme qui a fait des observations sur les remarques trouve que Mr de Vaugelas s'est trompé ; & il a raison. On dit tous les jours heureux celui qui craint le Seigneur, Heureux *celui* qui a trouvé le repos de la vie & qui le sçait conserver. *Ouvrage posthume de Vaugelas*, p. 129. & 130.

Je ferai celui qui vangerai , ou qui vangera. De ces deux façons de parler la premiere est la plus reguliére, & que bien des gens aimeroient le mieux.

Celui-ci, celle-ci, au pluriel *ceux-ci, celles-ci*. Pronom démonstratif. Celui-ci a fait un Madrigal sur une joüissance. *Mol préc. s.* 9. Celle-ci a chanté une charmante chanson.

Celui-là, celle-là. Au pluriel, *ceux-là, celles-là*. Autre pronom démonstratif. C'est celui-là qui l'a tué.

Le feu qui brula Gomore
Ne fut jamais si véhément
Que *celui là* qui me dévore.
Voi. Poë.

On parle de la sorte, cependant pour mieux parler, on ne doit jamais joindre la particule *la* au pronom démonstratif *celui*, lors qu'il est immédiatement suivi du relatif *qui*, à moins que le *qui* ne soit éloigné du pronom *celui-là*. Exemple *Ceux-là sont malheureux qui s'amusent à servir des ingrats*. Cela est bien dit, mais on ne parleroit pas si bien , si l'on disoit *ceux-là qui s'amusent à servir des ingrats, sont malheureux.*

CELULE, *s. f.* Ce mot se dit parmi la plûpart des Religieux & des Religieuses , & il signifie la chambre du dortoir où couche le Religieux. La chambre où couche la Religieuse.

Cellule, s. f. Ce mot se dit en parlant des mouches à miel. Et ce sont des petits trous qui sont dans les gâteaux des mouches. (Les abeilles distribuent le miel dans leurs cellules. *Abl. apoph. préf.*)

Cellule. Ce mot se dit de plusieurs petites separations qui se font dans des cabinets, des boettes , ou autres semblables endroits, pour y tenir séparément plusieurs choses , avec plus d'ordre & avec moins de confusion.

CEM

CÉMENTATION, *s. f.* Prononcez *cémentacion*. Terme de *Chimie* Operation que l'on fait pour purifier l'or. Il vient du Latin *cementum*, parce qu'on y emploie un ciment, fait de briques & de vitriol en poudre, qu'on met sur des lames d'or dans un vaisseau couvert , auquel on donne un feu de reverbére, & alors le vitriol emporte tout ce qu'il y a de métal impur parmi l'or.

Cémenter, v. a. Terme de *Chimie.* C'est purifier l'or. Voi la Chimie d'Emeri, elle dit comment on cémente l'or pour le purifier.

CEN

CENACLE, *s. m.* Terme consacré pour dire le lieu où l'on mange.

Cendre, s. f. Ce qui reste du bois, ou autre chose combustible entierement consumée par le feu. (Cendre chaude.) Le mot de *cendre* au propre , est plus usité au pluriel qu'au singulier. (La vile fut presqu'entierement reduite en cendres. Faire des cendres. On fait le verre avec des cendres de fougére & avec d'autres cendres.

Cendres. Ce mot en termes *d'Eglise* n'a point de singulier dans l'usage ordinaire. C'est le reste des rameaux , qu'on a brûlez , dont on fait des cendres, qu'on a passées par un tamis, & qu'on ajustées , pour en donner se léndemain de Carême prenant aux Catholiques Romains, pour les faire ressouvenir qu'un jour ils ne seront que cendres. Le Prêtre donne des cendres. Prendre des cendres. Allez querir des cendres.

* *Cendres.* Ce mot au figuré ne se dit qu'au pluriel.

* *Cendre.* Très-peu de chose. (Seigneur, t'oserai-je parler, moi qui ne suis que *cendre* & que *poussiére*. *Corn.*

* *Cendres.* Manes.

CEN

Je viens pour rendre hommage aux *cendres* d'un Heros,
Qu'un fidéle afranchi vient d'arracher aux flots.
Corn. Pompée, a. 5. sc. 2.

(* Révérer les cendres des morts. *Pat. plaid.* 9. Outrager les cendres des morts. *Pat. plaid.* 8. Ses cendres reposent à Genes dans l'Eglise Catédrale.

Cendré, cendrée, *adj.* Qui est de couleur de cendre. Cheveux cendrez.)

Cendrée, *s. f.* Terme de *Plombier*, C'est l'écume du Plomb. La cendrée est aussi une sorte de petite dragée de plomb pour tuer du petit gibier.

Cendreux, cendreuse, *adj.* Qui est couvert & sali de cendres. (Ce petit chat est tout cendreux, car il s'est couché sur les cendres.)

Cendrier, *s. m.* La partie du fourneau où tombent les cendres. La partie du réchaud où sont les cendres.

Cendrier, *s. m.* C'est celui qui fait les cendres dans les bois, & le marchand qui achéte, ou qui vend des cendres. Le mot de *cendrier* en ce dernier sens, pour celui qui achéte ou qui vend des cendres, ne se dit que par le peuple. Au lieu de *cendrier*, on peut dire *marchand de cendres.*

Cene, *s. f.* Ce mot vient du Grec. En Latin on dit *cœna.* Le dernier souper de Jesus-Christ avec ses Apôtres.

Cene, Terme *de gens de la Religion.* Lequel signifie *Communion.* (Faire la Cene.)

Cêne, Ceremonie, où, un jour de la grand' semaine, le Roi lave les piez à de petits garçons.

Cens, *s. m.* Terme de *Coutume.* Charge à laquelle un Seigneur donne un heritage. Rente. Seigneuriale dont un heritage est chargé envers le Seigneur de qui il dépend.

† **Cense**, *s. f.* Mot peu usité, en sa place on dit *une Ferme.*

Censé, censée, *adj.* Estimé. (Cela est censé bien-fait.)

Censeur, *s. m.* Oficier de la République Romaine qui avoit soin des mœurs, & de la police. Magistrat de la République de Venise qui est six mois en charge, qui a l'œil sur les mœurs.

* **Censeur**, Critique. Qui juge bien des ouvrages d'esprit. Qui censure quelque chose. (* Faites choix d'un censeur solide & salutaire. *Dép.*)

Censier, *s. m.* Seigneur censier, qui a droit de lever des cens.

Censive, *s. f.* C'est l'étenduë d'un Fief d'un Seigneur à qui il est dû des cens. (Il est dans la censive d'un tel.)

Censurable, *adj.* Qui mérite la censure. Qu'est digne de repréhension. (Leur censure, toute censurable qu'elle est, aura son éfet. *Pasc.* l. 3.

Censureur, *s. f.* Dignité de censeur.

* **Censure.** Critique. Action, ou jugement de celui qui censure, & qui reprend de quelque chose. (Meriter la censure. *Pas.* l. 3. * Exposer une proposition à la censure. *Pas.* l. 3.)

Censure, Terme *d'Eglise.* Peine Ecclesiastique par laquelle les Chrétiens à cause de quelque faute considerable, sont privez des biens spirituels que l'Eglise communique aux fidéles. Excommunication. Interdit. (Etre sujet aux censures de l'Eglise. Fulminer une censure. Se soumettre aux censures Ecclesiastiques. Etre exemt de censure. *Fevret*, *Traité de l'abus.*)

Censurer, *v. a.* Critiquer. Faire la censure de quelque chose. (Censurer une proposition. *Pas.* l. 3. Aimez-vous qu'on vous censure. *Dép.*)

Cent. Nom de nombre composé de cinq fois vingt. Cent est un nombre quarré composé de dix fois dix. Il vient du Latin *centum.* Il faut cent ans pour faire un Siécle. Une compagnie de cent maîtres. Il y avoit cent hommes dans la place. Une hidre à cent têtes. On vend cette marchandise *au cent.* On paie l'interest à raison de tant pour cent, de cinq, de six, &c. pour cent. Cent pour cent, cent mile, cent milions.

Avoir vaillant deux cent pistoles.

Il y a cent & un an *accompli*, & non pas *accomplis*.

Il y en eut cent de tuez. On parle ainsi quand la particule se rencontre dans la phrase. *Vaug. nouv. rem.*)

Cent. On se sert de ce nombre pour marquer une quantité indéterminée. Plusieurs. [Je remarquois en elle cent attraits. *Voi. Poë.* Une rose à cent feuilles. Je le lui ai dit *cent & cent* fois.]

Centaine, *s. f.* Nombre de cent. [Nombre dixaine, centaine, mile, &c. Une centaine d'écus.]

Centaure, *s. m.* Ce mot vient du Grec. On a feint que c'étoit une sorte de monstre, à moitié homme, & à moitié cheval.

Centaine, *s. f.* Femme de centaure. *Abl. Luc.*

Centaurée, *s. f.* Herbe qui a deux espéces, l'une qu'on apelle la grande, & l'autre la petite. La grande fleurit bleu, & la petite rouge. *Voyez là-dessus Delechamp.*

Centaine, *adj.* Nombre de cent ans. Mais ce mot ne se dit que pour signifier l'âge de cent ans. [C'est un homme centenaire, c'est à dire, qui est âgé de cent ans. On dit aussi possession centenaire, pour dire qu'elle a duré cent ans.]

Centenier, *s. m.* Ce mot ne se dit que dans des sujets de pieté.

CEN

Il signifioit un *Capitaine de cent hommes*, chez les Romains. [Jesus-Christ admira la foi du Centenier. *God.*]

Centième, *adj.* Nombre ordinal, & qui montre l'ordre & le rang où l'on est rangé. (Il est le centième. Elle est la centième. On a levé le centième denier.)

Centon, *s. m.* En Latin, *cento.* Poëme dont les vers sont pris de côté & d'autre dans un auteur connu, ou de plusieurs Auteurs.

Centre, *s. m.* Terme de *Geométrie.* Il vient du Grec. C'est le point du milieu d'un cercle ou d'un Globe; duquel si on tire des lignes droites jusqu'à la circonference du cercle, ou jusqu'à la surface du globe, toutes ces lignes seront égales entr'elles. On dit en ce sens le centre d'un cercle. Le centre de la terre.

Centre, Dans les figures poligones, le centre est le point où se coupent les diagonales. Le centre d'un quarré, d'un rhombe, &c.

Le *centre de la parabole* est le point où se rencontrent les raïons réfléchis. On le nomme autrement *le foier*, où le point brûlant. Dans une Ellipse il y a deux centres ou foiers.

On parle en termes de *Fortification* du *centre d'un Bastion*, C'est le point où se rencontrent les deux demi-gorges; & par lequel passe la capitale du Bastion. Le centre est ordinairement à l'angle du Poligone intérieur.

En termes *d'évolution*, on nomme *centre d'un bataillon*, Tout le vuide qu'on y laisse vers le milieu pour y enfermer les Drapeaux ou du bagage.

On parle en termes de *mécanique* au *centre de gravité.* C'est le point duquel un corps étant suspendu est un équilibre de tous côtez.

* **Centre**. Ce mot se dit au figuré, d'un lieu où se ramassent, & où abondent plusieurs choses d'une même nature. (Paris est le centre des nouvelles, des afaires & des beaux arts. Paris est le centre du bon goût. *Mol. Prét. Sc.* 9.

Centuple, *s. m.* Cent fois autant. (Quiconque abandonnera pour moi sa maison, ses freres ou ses sœurs en recevra le centuple. *Nouv. Test.*

Centuriateurs, *s. m.* Ceux qui ont compilé l'histoire Ecclesiastique, ausquels Baronius a répondu. (Il composa un Livre contre les centuriateurs de Magdebourg. *Mauc. Sch.* l. 3. 434.)

Centurie, *s. f.* Nombre de cent (Un fameux auteur s'est servi du mot de *centurie*, pour dire une compagnie de cent hommes. Les centurions, dit-il, se plaçoient à la tête de leurs centuries. Le mot de *centurie* ainsi placé peut passer en parlant milices Romaines. Mais hors delà on dit toûjours compagnie de cent hommes.) Le mot de *centurie* en nôtre langue, ne s'entend guére que des *Centuries de Nostradamus.* Il apelle *centurie*, cent quatrains de vers François de dix sillabes contenants plusieurs predictions sur les choses qui devoient arriver dans son Siécle, & dans le suivant. La 7. l'11. & la 12. sont imparfaites, & n'ont pas le nombre des quatrains qu'il faudroit pour être nommées *centuries*. Nostradamus dédia ses centuries au Roi de France Henri II. qui les reçut favorablement, & elles lui donnérent tant de réputation, que Charles IX, sachant que Nostradamus étoit aussi bon Médecin que Prophete voulut qu'il fut son Médecin. Plusieurs se piquent d'expliquer les centuries de Nostradamus, & plusieurs autres n'y font aucun fondement.

Centurion, *s. m.* Terme de *Milice Romaine.* Capitaine d'une compagnie de cent hommes. Il y avoit deux centurions en chaque compagnie, mais le second n'étoit que comme Lieutenant du prémier.

Cenve. Voicez *Senve*.

CEP.

Cep, *s. m.* Ce mot en parlant de vigne signifie une souche, ou un pié de vigne qui produit ordinairement plusieurs branches. On dérive ce mot du Latin *cippus*, & quelquefois on écrit *sep*, mais par abus. (Il y a des ceps qu'on vient fort bas, & d'autres qu'on éleve fort haut, sur des arbres & sur des treilles. Un seul cep couvre quelquefois une treille assez grande.)

Cependant. Cette conjonction ne veut pas être immédiatement suivie d'un *que. Vaus. rem.* (Cependant que les autres se divertissent. Il éspalie. C'est mal parler, il faut dire *tandis qu*, ou *pendant que. Cependant* est un adverbe, il se met absolument & sans être suivi immédiatement d'un *que*. Exemple. L'armée se met en bataille, & cependant il court par les rangs, & exhorte le soldat. *Abl.* (*Cependant* a deux significations, la prémiére, qui est la plus ordinaire, est *pendant ce tems-là*, comme dans l'exemple qui a été alegué. Il est allé diner, & *cependant* son valet acommode, selle & bride son cheval. La seconde signification est lors qu'on l'emploie au lieu de *toutesfois*, *neanmoins*, Ce fait est trés-véritable, & *cependant* vous ne le voulez pas croire. On crie tous les jours contre le vice, & *cependant* peu de gens s'amendent.

CEP

CÉPHALIQUE, adj. Terme d'Anatomiste & de Chirurgien. Le mot céphalique vient du Grec, & signifie qui répond à la tête. Ainsi on donne ce nom à une veine du bras qu'on a coutume d'ouvrir contre les douleurs de tête. Veine céphalique. Il faut ouvrir la veine céphalique.

Céphalique. Ce mot se dit aussi en parlant de certains remedes, & veut dire qui est bon pour la tête, qui est propre à soulager & à fortifier la tête. Ceux qui tuent les gens impunément, disent tous les jours en parlant de leurs remedes. Il est céphalique, poudre céphalique. Cette confection est vraiment céphalique.

CEPS, s. m. Fers, ou bois qu'on met aux piez des prisonniers. Instrument qui est composé de deux pieces de bois entaillées où l'on met les piez d'un criminel. Il n'y a pas encore fort long-tems qu'on se servoit de ceps dans la Conciergerie de Paris, mais aujourdui l'usage en est aboli, & on pense qu'ils sont principalement en usage en Italie, où ils s'apellent ceppi, & en Latin compedes. Voiez Il vocabolario della Crusca. Avoir les ceps aux piez. Mettre les ceps à un criminel.

CER.

CÉRAT, s. m. Médicament externe composé d'huile & de cire, à quoi on ajoute ordinairement des graisses, des gommes & des poudres de plusieurs mineraux pour échauffer, digerer, rafraîchir, ou retreindre.

CERBERE, s. m. C'est le nom que les Poëtes ont donné à un chien à trois têtes, qu'ils ont feint avoir été commis à la garde des enfers. Hercule enchaîna Cerbère.

CERCEAU, s. m. Branche de châtegnier, où d'autre bois qui est fendue par le milieu, & qui est propre à lier des cuves, des muids, & des feuillettes, &c. Chasser le cerceau, c'est le pousser avec le chassoir. Batre le cerceau. Terme de tonnelier.

Cerceau, s. m. Terme de porteur d'eau. C'est une assez grande branche d'arbre pliée en ovale, & faite en cerceau, par le moien de laquelle, & d'une paire de bretelles, le porteur d'eau porte de l'eau par les ruës de Paris. Prenez vôtre cerceau & vos bretelles; & lez vite porter une voie d'eau à cette maison.

Cerceau, s. m. Terme d'oiselier. Sorte de filet pour prendre des oiseaux aux abreuvoirs.

CERCLE, s. m. Terme de matématique. En latin circulus. Figure ronde, fermée par une seule ligne, qu'on nomme circonference; au milieu de laquelle figure il y a un point qu'on apelle le centre, duquel si l'on tire des lignes droites à la circonference; elles seront toutes égales. Le cercle est la plus parfaite de toutes les figures planes; & celle qui a le plus de capacité sous un même circuit. La quadrature du cercle consiste à trouver un quarré dont la surface soit précisément & geometriquement égale à celle d'un cercle. On conçoit divers cercles qui coupent un globe, & dont la circonference se décrit sur la surface du globe. Les grands cercles passent par le centre de la sphere, la divisent en deux parties égales, & ont un même centre avec elle. Les petits cercles ont leur centre dans l'axe de la sphere. Cercles perpendiculaires l'un à l'autre. Cercles obliques. Cercles paralleles. Cercles horaires, fixes, mobiles, polaires, &c. Demi-cercle. Section de cercle.

Cercle. Ce mot se prend quelquefois pour la seule circonference du cercle. Décrire un cercle, tracer un cercle.

Cercle. Ce mot se prend aussi pour un cerceau. Il faut tant de cercles pour relier un tonneau. Il y a deux cercles de fer à ce tonneau. On apelle aussi cercles les cerceaux de carton, qui se coupant & se soutenant les uns les autres, composent la machine qui represente la sphere celeste.

Cercle. On apelle de ce nom tout ce qui entoure un autre corps, & qui est à peu prés de figure ronde. On voit des cercles lumineux autour du Soleil, qu'on nomme parhélies; & d'autres autour de la lune. On parle de divers cercles dans le blason. Il y a un cercle autour de la prunelle de l'œil. On voit quelquefois un cercle noir autour de la mammelle. Degori.

Cercle. Terme de geographie. Ce mot se dit en parlant de l'Alemagne, & c'est une partie de l'Empire d'Alemagne; car l'Alemagne est divisée en dix Cercles.

Cercle. Ce mot se dit en parlant de la Cour, & signifie assemblée de Duchesses, & d'autres Dames de qualité qui sont en conversation avec la Reine, où les Duchesses ont un tabouret; & les autres sont debout. Le cercle de la Reine. Le cercle Roial.

Cerclier, s. m. Ouvrier qui travaille à faire des cercles ou cerceaux dans les forêts ou ailleurs.

Cercueil, s. m. Maniere de cofre de bois, ou de plomb où l'on met le corps d'une personne morte.

CERDEAU. Voiez ser-d'eau.

CÉRÉMONIAL, s. m. Livre où sont les ceremonies qui se pratiquent dans l'Eglise. Un ceremonial exact, bien-fait, curieux, savant. Faire, composer un ceremonial. Mr. le Marinel fit imprimer chez Vitrien en 1639. le ceremonial des Evêques, c'est un petit livre où il y a de bonnes choses.

CER

Ceremonial, ceremoniale, adj. Les preceptes ceremoniaux. Les Juifs avoient plusieurs Loix ceremoniales.

Ceremonie, s. f. Le culte exterieur de la Religion. Savoir les ceremonies de l'Eglise. Les ceremonies de l'Eglise Judaïque ont été abolies par la venue de Jesus-Christ.

Ceremonie. Actions & manieres honnêtes & respectueuses qui se font en public par les Princes, les Grands, les Magistrats. Façons civiles & respectueuses qui se font entre particuliers. Traiter quelcun avec ceremonie. Mener en ceremonie. Recevoir avec ceremonie. Cet Ambassadeur a été introduit par le Grand Maitre des ceremonies. Marcher en habit de ceremonie. Sans ceremonie, c'est à dire, franchement, familierement & sans façon.

Ceremonieux, ceremonieuse, adj. Qui fait des ceremonies, des façons. Qui a des manieres de civilité trop afectées. Qui est façonnier. Etre ceremonieux. Elle est trop ceremonieuse.

CERF, s. m. ker. volant. Animal sauvage, rouge bai, qui a un grand bois sur la tête, de grands yeux, le devant de la tête plat, le cou long, les cuisses menuës, la queuë courte, & les piez fourchus. Le cerf vit fort long-tems. On dit qu'il n'a point de fiel, & qu'on trouve des os dans son cœur. Il aime le francolin, & il hait l'aigle, le vautour, le serpent, le bélier, les chiens & les tigres. Il est en rut au mois de Septembre. Voiez Jonston.

Cerf de dix corps. C'est un cerf qui a sept ans. Sal. c. 24. Cerf de dix corps jeunement. C'est un cerf de six ans. Sal. c. 24. Lancer, détourner, courre & forcer un cerf. Sa...

Bois de cerf. C'est ainsi que les chasseurs apellent ce que les autres gens nomment cornes de cerf.

CEREFEUIL, s. m. Herbe qu'on mange, & qui jette plusieurs feuilles.

CERF-VOLANT, cer. volant. Sorte d'insecte volant, qui est une espece d'escabot, qui est apelé cerf-volant, parce qu'il porte des cornes dentelées, comme celles du cerf.

* Cerf-volant. On donne ce nom à une sorte de joüet d'enfans, qui est composé de quelques batons croisez sur lesquels on étend du papier, & exposant cette petite machine à l'air, le moindre vent le fait voler. On la retient, on la tire comme l'on veut, par le moien d'une longue corde qui y est atachée.

CERIACA, s. m. Arbre qui fleurit blanc, & qui porte des fleurs qui ont l'air de la feuille qu'on apelle étoile.

CERISAIE, s. f. Lieu où l'on a planté plusieurs cerisiers. Une petite ou grande cerisaie. Planter une cerisaie.

Cerise, s. f. Fruit de cerisier, rouge ordinairement, & noir quelquefois; qui a une chair molle, pleine de suc, & au dedans un os qui enferme un noiau doux. Les cerises lâchent le ventre, & les aigres sont les meilleures.

Cerisier, s. m. Arbre qui a le tronc droit, force branches, des feuilles longues & larges, & qui porte un fruit qu'on nomme cerise. Un cerisier sauvage. Un cerisier nain.

CERNE, s. m. Trait en forme de cercle au dessous de l'œil. Avoir un petit cerne sous l'œil.

Cerne. Circuit. Faire un cerne autour de quelque chose. Ce mot s'est dit en parlant des Magiciens, qui avec des verges, faisoient des cernes, ou traçoient des ronds sur la terre, pour faire ensuite leurs charmes à l'entour.

Cerneau, s. m. Ce qu'on ôte d'une noix verte en la cernant, & qu'on mange avec du sel & de l'eau.

Cerner, v. a. Couper en rond. Cerner des noix, cerner un arbre par le pié.

CERTAIN, certaine, adj. Seur. Le combat est certain; la victoire est certaine.

Certain, certaine, adj. Ce mot devant un substantif signifie quelque. Il y a de certains principes qui ne s'acordent pas trop avec les veritez de la foi. On m'a dit une certaine nouvelle que j'ai oubliée.

Certainement, adv. Assurément. La chose arrivera certainement.

† CERTES, adv. Ce mot commence à vieillir, & ne s'écrit jamais sans une s finale. En sa place on dit, En verité, assurément, à n'en point mentir, certainement. Certes, Dieu doit à ceux qui ont le cœur pur. Port-Roial, p. 172. Certes elle auroit tort de le laisser mourir. Mol. cocu, sc. 4.

Certificat, s. m. Ecrit de quelque personne d'autorité qui témoigne la verité d'une chose. Certificat bon, valable, autentique. Certificat signé, scellé & ateste. Dans les afaires de consequence on n'ajoute point de foi aux certificats, à moins qu'ils ne soient legalisés. Donner un certificat en bonne forme. Obtenir un certificat de la naissance ou de la mort d'une personne. Prendre un certificat. Passer un certificat par devant Notaire. Le Mait. pl. 22.

Certifier, v. a. Assurer, déclarer.

Je veux, je vous le certifie,
Que sur Parnasse on sacrifie.
Voi. poe.

On dit en termes de Palais & de Finances. Certificateur & certification.

CERTIR. V. Sertir.

CERTITUDE, s. f. Verité assurée. Il n'y a point de certitude au bruit qui court. Les vraies démonstrations concluent avec certitude.

Certitude. Créance ferme. Il faut croire avec certitude les veritez que Dieu nous a revelées.

Certitude. Assurance, fermeté. Il n'y a point de certitude aux choses qui dépendent de la fortune & de la volonté des hommes qui est sujette au changement. Ce que je trouve en cet exploit de plus considérable, c'est l'ordre, la diligence & la certitude avec laquelle il s'est fait. Voi. l. 83.

CERVAISON, s. f. Terme de chasse. C'est lors qu'un cerf est gras & en venaison. Cerf qui est en cervaison. Sal.

CERVEAU, s. m. Substance mole & blanche enfermée dans le crane, & qui se contient dans les os de l'épine du dos. Le cerveau est le principe de la faculté animale. Dans les fievres on craint le transport au cerveau, ce qui cause le délire.

* Cerveau. Esprit. Avoir le cerveau perclus. Sca. Si je pouvois encore de mon cerveau tirer cinq vers. Voi. poe. * Avoir le cerveau creux, c'est être un peu fou.

* S'alembiquer le cerveau de quelque pensée. C'est s'apliquer trop fortement à quelque méditation.

Cerveau. Terme de fondeur. La partie de la cloche qui est au dessous de l'ance. Cerveau de cloche.

CERVELAT, s. m. Petit saucisson rempli de chair hachée & fort épicée que vendent les charcutiers de Paris. Le cervelat n'est pas fort sain.

Cervelet, s. m. Instrument à anche, & à vent, qui a cinq pouces de long ; mais qui est aujourdui hors d'usage. Mers.

CERVELLE, s. f. Substance qui ressemble à la moële. Cerveau. Ce mot se dit ordinairement des bêtes. Cervelle de beuf, de mouton, de porc, &c. Il se dit aussi de l'homme, de qui l'on dit, qu'à proportion de son corps, il a plus de cervelle qu'aucun autre animal. On dit aussi, il lui a fait sauter la cervelle, c'est à dire qu'il lui a cassé la tête.

* Cervelle. Esprit, jugement, tête. Avoir peu de sens & peu de cervelle.

Je ne puis arracher du creux de ma cervelle
Que des vers plus forcez que ceux de la pucelle.
Dépreaux, sat. 7.

* Cervelle de palmier. Maniere de moële douce qu'on trouve au haut du palmier. Manger de la cervelle de palmier. Ablanc. Ret.

Cervelet, s. m. Terme d'anatomie. La partie posterieure du cerveau.

CERVOISE, s. f. Ce mot vient du latin cervisia. Cervoise est vieux & il ne signifie autre chose que la biere, qui est le breuvage des peuples Septentrionaux, & dont il étoit déja autrefois, comme le témoigne Pline, l. 22. ch. 25. V. Biére.

CERUSE, s. f. Blanc de plomb.

* Ceruse. Faux brillant. * Tu n'éblouïs pas tes lecteurs avec la ceruse & le plâtre. Mai. poe.

C E S.

CESAR, s. m Nom d'homme. Il s'apelle Cesar.

Cesar. Jules Cesar, le premier des Empereurs Romains. Cesar fut tué au Senat, après avoir reçu 23. coups de poignard.

Cesar. Empereur, Souverain. Rendre à Cesar ce qui apartient à Cesar. Suetone a écrit la vie des douze Cesars.

Et les Rois à genoux venoient de toutes parts,
Adorer la grandeur du trône des Cesars.
God.

Elle trouve des Cesars dans son haut parantage.
Mai. poe.

Cesar. Titre d'honneur que les Empereurs donnoient quelquefois à leurs enfans. Arbogaste tua Victor que Maxime son pere avoit laissé dans les Gaules, après l'avoir créé Cesar.

Cesarien, cesarienne, adj. Ce mot n'est proprement en usage qu'au feminin & en termes de Chirurgie, Faire l'operation cesarienne, ou la Section cesarienne. C'est une incision que l'on fait pour tirer un enfant de la matrice de sa mere, par une voie extraordinaire.

CESSATION, s. f. En latin cessatio. Discontinuation de mouvement, Interruption de travail ou de quelqu'autre action. Cessation de poulx. Deg. Pendant qu'on parlemente il y a ordinairement cessation d'armes & de toutes hostilitez. Cessation de plaidoïeries.

CESSE, s. f. Ce mot ne se dit pas seul, mais ordinairement avec la préposition sans, & alors sans cesse est une espece d'adverbe,

qui signifie incessamment, sans discontinuation. Etudier sans cesse. Prier Dieu sans cesse. Le peuple croit que le Juif errant marche sans cesse.

N'avoir point de cesse. Cette façon de parler est un peu sutannée pour dire ne cesser pas. Il n'a point de cesse qu'il n'ait fait cela. L'Auteur des nouvelles remarques de Vaugelas dit que cette expression se peut seulement soufrir en parlant. Il a raison, mais quand on écrit il faut dire. Il ne cesse point qu'il n'ait fait cela.

Cesser. Ce verbe est naturellement neutre, & plus rarement actif. Vau. Rem. Il ne cessoit de se plaindre de sa destinée. Van. Quint. l. 3. Faire cesser le travail. Vau. Rem. Cessez vos plaintes, cessez vos murmures. Vau. Rem. Cesser ses poursuites. Quand une fois nous cessons d'être, helas ! c'est pour jamais. Deshoul. poe.

.... Quiconque prévoit de n'aimer plus un jour
S'il n'a cessé d'aimer, est bien prés de le faire.
Recueil de pieces galantes, t. 2.

La cause étant ôtée, l'éset cesse.

CESSION, s. f. Acte de la personne qui céde. Transport. Faire cession de son bien, de son droit.

Cessionaire, s. m. Celui qui a cedé son bien volontairement, ou par ordre de Justice. Celui à qui on a cedé quelque chose. Cessionnaire reabilité.

C'est fait, c'en est fait, il n'y faut plus penser. On se sert de cette façon de parler quand on parle absolument, & qu'après c'est fait on n'y joint pas la chose dont on veut parler ; mais quand on y ajoute immediatement quelque chose, & qu'on donne un régime à c'est fait, on n'y met point en, & on ne dit pas c'en est fait. Ainsi dites, c'est fait de lui, de moi, &c. & non pas c'en est fait de lui. Vaug. nouv. rem. J'étois dans les filets, c'étoit fait de ma vie. Malh. poesies.

C'est pourquoi. Conjonction, qui répond au quare des Latins, & qui signifie ainsi.

Ceste, s. m. Ceinture de Venus. Cupidon déroba le Ceste à Venus. Abl. Luc. t. 1.

Cesure, s. f. Terme de poesie Gréque & Latine, lequel signifie la silabe qui demeure après un pié, à la fin d'un mot, dont elle semble être coupée pour servir de commencement au mot suivant.

C E T.

CET. Voiez Ce.

Cet, cette. Pronom démonstratif. En latin ille, illa. C'est le même que ce. Cet se met devant les substantifs masculins qui commencent par une voïelle. On dit, cet esprit, cette fille. Dans la prose, & dans le langage ordinaire on suprime presque la lettre e qui suit le e de ces mots, cet & cette. Et cet esprit se prononce presque comme stesprit, & cette fille comme ste fille. Mais dans la poesie, ou dans un discours soutenu, on prononce cet & cette comme ils sont écrits.

Cetui-ci, cette ci. Ce pronom est à présent hors d'usage, & en sa place on dit celui-ci, celle-ci. Voiez les col. Cet.

C H A.

CHABLAGE, s. m. Peine & travail du chableur.

Chable, Voiez cable.

Chableau, s. m. Petit cable.

Chabler, v. a. Atacher un cable à une piece de bois pour la lever. On dit aussi hâler dans le même sens.

Chableur, s. m. Oficier des ports de Paris qui met les coches & les traits au champs. Celui qui est aux pertuis & passages des rivieres pour aider les voituriers par eau.

CHABOT, s. m. Petit poisson qu'on trouve aux ruisseaux & aux rivieres ; qui a la tête grande, large & plate, la bouche fort ouverte, & sans dents, & qui diminuë de grosseur depuis la tête jusques à la queuë. Rond.

Chacelas, s. m. Sorte de raisin blanc que quelques-uns croient le meilleur & le plus doux de tous.

Chacun, chacune, adj. Il l'a dit à chacun d'entr'eux. Et en parlant de femmes, il l'a dit à chacune d'entr'elles.

Chacun. Ce mot est plus ordinairement substantif. Chacun se dit, chacun le croit. Un chacun. Il se dit à un chacun. Cette façon de parler n'est plus en usage.

Chagrin, chagrine, adj. Fâché, triste. Esprit chagrin. Humeur chagrine.

Chagrin, s. m. Tristesse, facherie ; chagrin fâcheux, mortel, cuisant. Un noir chagrin. Ce jus divin, console un miserable du plus noir chagrin. Main. poe. Assoupir, endormir, étoufer son chagrin. Abl. Luc.

Le chagrin me devore, & mon ame abatuë
Sans force & sans secours cede au coup qui la tuë.
La Suze, poesies.

Il lui paroissoit une impression de chagrin sur le visage, qui faisoit juger qu'il lui étoit arrivé quelque chose de fâcheux. *Aristote moderne, t.1.* Le chagrin qui éface les agrémens n'a point d'accez en ce lieu. *Là même.*

Les chagrins ont eu leurs tems
Pour jamais le ciel les chasse,
Les plaisirs ont pris leur place.
Cadmus, a.5.

On a beau chasser le chagrin, il revient toûjours. *Mol.* Se faire des chagrins de rien. *Sea.*

Chagrin, *s. m.* Sorte de cuir d'un poisson ainsi apellé par les Turcs dont on couvre les livres, & de petits cofres, & qui sert à faire des étuis, des tablettes, &c.

Chagrin, *s. m.* Sorte d'étofe legere dont on se fait des habits.

Chagriner, *v. a.* Donner du chagrin. Les afflictions secretes chagrinent plus que les autres.

Se chagriner, *v. r.* Se donner du chagrin à soi-même. Se fâcher. Cet homme a un esprit bourru, il se chagrine de tout.

Chagrinant, chagrinantes part. Qui donne du chagrin. Cette afaire est fort chagrinante.

CHAHUANT. Voiez *Chat-huant.*

Chaine, *s. f.* Plusieurs anneaux de métal atachez de rang les uns aux autres.

Tendre les chaines. *V. 482.* C'est à dire *fermer avec des chaines les avenuës des ruës.* On ferme aussi des ports & des rivieres avec des chaines.

Chaine de forçat. C'est un lien de fer dont on atache un forçat de Galere. On nomme aussi la chaine une troupe de forçats atachez ensemble. La chaine a passé, & l'on mene ces forçats à Marseille.

* **Chaine.** Terme de Geographie. Suite continuë. La Cilicie est enfermée d'une longue chaine de montagnes. *Vau. Quint. l.3.*

* **Chaine.** Lien amoureux.

* Mon courage avec ma raison,
Rompit ma chaine & força ma prison.
Voi. poe.

Chaine. Ce mot se dit en parlant de marchez. Ce qu'on donne à l'homme ou à la femme en forme de present outre le marché, & ce qui se met dans le contrat pour en être remboursé en cas de rettait lignager.

Chaine de pierres. Terme d'architecte. Pile de pierres mises les unes sur les autres en liaison pour porter des poutres, ou fortifier une muraille.

Chaine. Terme de *tisserand, de Ferrandinier, &c.* Le fil & la soie qui sont montez sur le métier pour faire de la toile, ou de la ferrandine, &c. Monter une chaine.

Chaine d'avaloire. Terme de *charetier.* Chaine qui est acrochée au limon.

Chainette, *s. f.* Terme d'horloger. Petite chaine servant aux montres au lieu de corde.

Chainettes, *s. f.* Terme d'éproneur. Petites chaines qui tiennent les branches de l'embouchure en état.

Chainettes. Terme de *bourrelier.* Bandes de cuir cousuës les unes sur les autres, qui sont passées dans un rond de cuir au bout du timon du carosse, & qui servent à le faire reculer.

Chainette. Terme de *franger.* C'est un petit tissu de soie, qui court sur toute la tête de la frange. Une jolie chainette de frange.

Chainetier, *s. m.* Ouvrier qui fait des agrafes, & de toutes sortes de petites chaines pour pendre des clefs & des trousseaux, & pour atacher des chiens, &c.

Chainon, *s. m.* Anneau, ou boucle de chaine. Chainon fort ou foible, rompu, cassé. Un Orfevre Holandois fit une chaine d'or de cinquante chainons, qui tous ensemble ne pesoient pas trois grains. *Cimelia literaria, p.74.*

Chair, *s. f.* Ce mot se dit des hommes & des animaux. Partie simple du corps, mole & rougeatre qui embrasse les fibres & les muscles. Chair bonne ou méchante; tendre ou dure; grasse ou maigre. Les Mahometans ne mangent point de chair de cochon, ni les Bramines de chair de vache. *Théatre de l'Idolatrie, ch.1.* On trouve avec peine les veines limphatiques entre les chairs d'un animal vivant. *Roh.*

Chair. Ce mot se dit des poissons. La truite de lac a la chair mole & humide. *Rond.*

Chair. Ce mot se dit des fruits, comme des glans, des chataignes, des pommes, des cerises, des prunes, des pêches, des abricots, des coings, &c. Ainsi on dit, chair beurrée & fondante, cassante, coriace, dure, grumeleuse, farineuse, pâteuse, fine, bonne; la chair des pommes de capendu est fort saine.

* **Chair.** Ce mot au figuré veut dire; l'homme entant que sujet aux passions & aux foiblesses de la nature. * L'esprit est prompt & la chair est infirme. *Mol.* * La terreur d'un traitement inhumain ébranle la chair. *Patru 3. plaidoié.* Nous portons par tout avec nous un cœur de chair. *Patru 5. plaidoié.*

Chair. Ce mot se dit en terme de peinture, & veut dire qui represente naturellement la chair. Ce bras est bien de chair. Ce dos est bien de chair.

Chaircutier. Voiez *charcutier.*

Chaire, *s. f.* Siege élevé où est assis celui qui parle, ou qui professe en public. *Vau. Rém.* Le Prédicateur est en chaire. Disputer une chaire de Droit. Flavien obligea S. Chrisostome de monter en chaire, & d'anoncer les veritez Evangeliques. *Maus. Christ. Préface.*

Chaise, *s. f.* Siege où l'on est assis. Chaise à dos, chaise à bras, chaise à cremillera; ou chaise de commodité. Chaise percée. Chaise roulante. Chaise haute ou basse. Chaise bien faite. Empailler une chaise.

Saint Pavin assis dans sa chaise,
Médisant du Ciel à son aise.
Peut bien médire aussi de moi.
Despreaux, Epit.

Chaise de moulin à vent. Pieces de bois au haut du pié du moulin sur quoi tourne le moulin.

Chaise de rouë. Ce sur quoi est posée la rouë des couteliers.

CHALAND, *adj.* Ce mot n'est en usage qu'au masculin, lorsqu'il se dit d'un pain particulier; qui est d'une pâte forte qu'on pétrit avec les piez, & qui est blanc, haut de mie & gros de croute. Faire du pain chaland. Il n'y a que les pauvres gens de Paris & des Faubourgs qui mangent du pain chaland. On fait du pain chaland à S. Denis, & ce sont pour la plupart des Suisses qui le font; car ils mangent ordinairement de ce pain-là.

Chaland, & *des autres chalant, s. m.* C'est une sorte de bateau dont on se sert sur quelques rivieres en France. Le chaland est long & étroit, & il y en a plusieurs aux ports de Paris sur la Seine. On dit aussi c'est un bateau chaland, sans que l'on pense à faire le mot de chaland adjectif. Ce n'est que par élegance qu'on parle ainsi, comme si l'on disoit, bateau qu'on nomme chaland.

Chaland, *s. m.* Celui qui a de coutume d'acheter à une certaine personne, ou de se servir à une certaine boutique. C'est un jeune homme qui a de bons chalands. La fidelité d'un marchand lui donne des chalands. La fourberie adroite fait aussi avoir quantité de chalands, mais la fourberie grossiere les fait perdre.

Chalande, *s. f.* Celle qui achete d'ordinaire chez un certain Marchand. C'est l'une de nos meilleures chalandes.

* **Chaland,** *s. m.* Il se prend au figuré, & se dit par raillerie, & il signifie des gens qui ne vont souvent en des lieux que pour s'y divertir d'une façon qui tient un peu du libertinage. Ses sœurs n'étoient pas alors en âge de lui donner des chalands, toutes maintenant sont grandes & en la fleur de leur jeunesse. *Patri plaid.11.*

* **Chaland.** Il signifie de plus celui qui se divertit d'une maniere libertine avec des femmes qui aiment ce négoce. O maudit siecle. N. se trouvant hors de condition, fournit des chalands à des femmes qui font commerce de leur corps.

Cache ton corps sous un habit funeste,
Ton lit, Margot, a perdu ses chalands;
Et tu n'es plus qu'un miserable reste
Des premiers siecles & des premiers galands.
Main. poesies.

Chalandise, *s. f.* Commerce de chaland. Plusieurs chalands qui vont acheter chez quelque marchand. Promettre sa chalandise à quelcun. Avoir de la chalandise.

Oui, toute nôtre marchandise
Ne sauroit dignement paier
L'honneur de vôtre chalandise.
Benserade, balet de la nuit, 1. p. xi entr.

Chalemie, *s. f.* Mot burlesque pour dire musette.

Muse. Grand Chatelain, & de qui la proud'hommie
Excite au los ma haute chalemie.
Saint Am.

Chaleur, *s. f.* C'est le pouvoir qu'ont de certains corps de causer en nous un sentiment de chaud.

Chaleur. Chaud. Il fait une chaleur excessive.

Chaleur naturelle. C'est la cause de toutes les actions. Cette chaleur dure toute nôtre vie. Elle est dans le sang qui a son centre dans le cœur, & de là cette chaleur se communique à toutes les parties du corps.

Chaleur de foie: V. *Foie.*

* **Chaleur.** Ardeur, feu, vehemence, activité. Sorte de transport vif & plein de passion. Qui est celui qui dans la chaleur de la victoire considere le nombre des ennemis. *Vau. Quint. l.3. c.11.* Témoigner de la chaleur pour les interêts de quelcun. *Abl.* Si cette chaleur est un défaut, ce défaut est plus louable que la vertu qui lui est oposée. *Maus. Sc.*

Chaleur de fievre. C'est la chaleur que cause la fievre.

* **Chaleur.** Ce mot se dit des animaux, & veut dire le tems qu'ils entrent en amour. Amour des animaux. Cavale qui entre en chaleur au commencement de Janvier. *Sol.*

† **Chaleureux, chaleureuse, adj.** Qui a de la chaleur; mais ce mot ne se dit guere. Les vieillards ne sont guere chaleureux. On dira plûtot les vieillards n'ont guere de chaleur.

Chalit, *s. m.* Ce mot ne se dit plus à Paris par les gens qui parlent bien en sa place on dit bois de lit. Faire un chalit, monter un chalit.

CHALOUPE, *s. f.* Vaisseau à porter des gens & de la marchandise dans quelque Navire, ou autre bâtiment.

CHALUMEAU, *s. m.* Petit tuiau. La distribution du sang de nôtre Seigneur se faisoit avec un petit tuiau, ou chalumeau d'or. *Bouteroüe, traité des monnoies*, p. 383.

Chalumeau. Petit instrument qu'on emboucke, qui est à vent, qui a un ou plusieurs trous, & qui est fait de blé, d'écorce de saule ou de quelqu'autre arbre. Joüer du chalumeau.

Chalumeau. Espéce de flute atachée sur la peau de la musette, & de la cornemuse. Ainsi on dit, chalumeau de musette, chalumeau de cornemuse.

Chalumeau. Terme *d'orfevre, &c.* Petit tuiau creux de léton ou de cuivre, qui sert à souder.

CHAM, ou KAM. L'un & l'autre s'écrit, mais on prononce toûjours Kau. C'est le nom de l'Empereur des Tartares. Le grand Cham des Tartares. Le Kam des petits Tartares.

Chamade, s. f. Son de tambour pour avertir qu'on veut parlementer. Batre la chamade.

SE CHAMAILLER, *v. r.* Je me chamaille, je me suis chamaillé, je me chamaillai. Se batre, fraper à coups d'épée & autres armes. On dit aussi *chamailler* dans un sens neutre. Ils ont long-tems chamaillé l'un contre l'autre.

† * Il se dit aussi des personnes qui se batent à coups de poing.

† * Il se dit aussi au figuré & en riant, des personnes qui se querellent, ou qui disputent seulement de paroles. Ces Docteurs ont long-tems chamaillé en disputant sur une telle question.

Chamarer, v. a. Mettre plusieurs passemens sur un habit. Garnir un habit de passemens. Mettre des passemens tout autour d'un manteau jusques au colet. Chamarer un habit, chamarer un manteau de dix ou douze passemens, chamarer en quille, chamarer à bâtons rompus.

Chamarure, s. f. Passemens dont l'habit est chamaré.

Chambelan, s. m. Le premier oficier de la chambre du Roi. Autrefois le Chambelan gardoit le tresor du Prince, il faisoit l'ofice de maitre d'hôtel, d'écuïer tranchant, de Gentilhomme servant, & avoit plusieurs beaux droits sur tous les Marchands. Voïez Fauchet, *des dignitez de France*.

Chambranle, s. m. Terme *d'architecture*. Ornement de pierre ou de menuiserie qu'on met autour des portes des chambres & des cheminées.

Chambre, s. f. Partie de logis où l'on habite. Une grande chambre. Une jolie chambre. Tapisser, meubler, garnir des chambres. Loüer des chambres.

* *Avoir des chambres à loüer.* Ces mots au propre font connoître que la personne dont on parle a des chambres garnies à loüer. Mais au figuré & dans le comique, ils signifient que cette personne a le cerveau creux, & a un petit grain de folie.

La grand' chambre. Lieu du Palais où l'on donne les audiences celebres, & où le premier Président tient son siege le matin.

Chambre de Justice. Juges établis pour faire rendre compte à ceux qui ont manié les afaires du Roi. On fit une Chambre de Justice du tems du celebre Mr. Fouquet.

Les chambres des requêtes. Deux chambres du Palais où l'on connoit des afaires des oficiers privilegiez.

Chambre du trésor. Juridiction du Palais où l'on connoit des choses qui regardent le Domaine du Roi. Voïez Baquet.

Chambre de l'édit. Chambre souveraine établie autrefois pour juger les procez où Messieurs de la Religion pouvoient avoir interêt, & juger des apelations comme d'abus, fondées sur les entreprises faites par les Eclesiastiques, contre la Juridiction Roïale, & contre l'Édit de Nantes qui avoit été acordé en faveur de Mrs. de la Religion.

Il y a tres grand nombre de chambres à qui l'on donne des noms diferens; comme la chambre des Comptes, & autres dont on parle en France. La chambre Apostolique à Rome ; la chambre des Communes en Angleterre ; la chambre Imperiale en Alemagne ; & plusieurs autres qu'il seroit trop long de décrire ici, & même la plupart se connoissent assez facilement, par le nom même qu'on leur donne.

Chambre. Terme de *tisserand*. Fente de peigne par où passent deux fils. Laisser une chambre vuide.

Chambre. Terme de *vitrier*. Creux dans la verge de plomb où l'on loge le verre, lorsqu'on fait des panneaux de vitre. Chambre trop étroite.

Chambre. Terme de *Sellier*. Petit creux qu'on fait dans la selle d'un cheval, lorsqu'on en tire la bourre, de peur que la selle ne blesse le cheval.

Chambre de mine. C'est le lieu où l'on met la poudre qui fait joüer la mine. Voïez *les travaux de Mars*, 3. partie. ch. 7. page 218.

Chambre de canon. Terme de *canonnier*. C'est un creux dans la concavité de l'ame du canon, ce qui arrive lorsque la matiere n'a pas bien coulé.

Chambrée, s. f. Personnes qui vivent & qui demeurent dans une même chambre.

Chambrée. Terme de *comedien*. Ce qui revient de la representation d'une piéce de Teatre. Ce qu'ont reçu les Comediens le jour de la representation d'une piéce.

Chambrette, s. f. Diminutif. Peitte chambre.

Chambrer, v. a. Terme de *sellier*. Faire quelque chambre dans une selle, c'est faire de petits creux, & en tirer la bourre quand le cheval est blessé, de crainte que la selle ne le blesse encore davantage. Chambrer une selle.

Chambrevis, s. f. Ofice de chambrier.

Chambrier, s. m. Oficier claustral, qui a soin des revenus ruraux de quelque Abaïe.

Chambriere, s. f. Fille ou femme domestique. En ce sens le mot de chambriere est hors d'usage à Paris ; en sa place on dit *servante*.

Chambriere. Terme *d'academie*. Foüet dont on se sert dans les maneges. Presser le cheval de la chambriere. Donner de la chambriere au cheval.

Chambriere. Terme de *fileuse*. Petit ruban, ou autre chose pliée & atachée au haut du sein ; qui tient la quenoüille en état lors qu'on file.

† *Chambrillon, s. f.* Petite servante de peu de consideration.

CHAMEAU, *s. m.* Animal domestique, fort deux & fort docile, qui nait en Afrique & en Asie. Il a une grosse bosse sur le dos, & quelquefois deux. Il est propre à porter toutes sortes de charges. Il demeure quatre jours sans boire. Quand il est en amour il se retire à part avec sa femelle, & la couvre tout le jour. Il a de l'aversion pour le cheval, le lion, & le rat. Il vit selon quelques uns, cinquante ans, & selon d'autres jusques à cent, ou même, *Jonston*. Le chameau est mélancolique & flegmatique. Il ne pait point, il broute continuellement, & ne broute que des chardons & des herbages pleins de lait ; ou les parties des arbres où se forment les bourgeons & où est toute la seve. On les repait de paille brisée, qu'on fente en pelotes & qu'on paîrrit avec de l'eau & de la farine : & ainsi le chameau se passe de boire à l'aide de cette sorte de nourriture. *Poulet, voïage de Levant*, 2. p. ch. 3. Chameau mâle. Chameau femelle.

Chameau. Poil de chameau filé en forme de laine tres déliée, duquel se servent les serrandiniers dans leurs ouvrages.

Chamelier, s. m. C'est celui qui a la conduite des chameaux & qui a soin de les nourrir. Les chameliers repaissent les chameaux de chardons, &c. ou de paille brisée, &c. V. Chameau. *Chamelier* se dit aussi d'un marchand qui trafique de chameaux.

CHAMOIS, *s. m.* Animal sauvage qui a deux cornes longues de neuf, ou dix doigts, noires & recourbées, & qui tire sur le roux, qui a les yeux rouges, la gueüe courte & ronde, qui court vite, & habite sur les hautes montagnes & sur les rochers. Sa peau étant passée, sert à faire des gans, des camisoles, des caleçons, &c. Chamois mâle. Chamois femelle.

* *Chamois.* Peau de chamois. Gans de chamois. Caleçons de chamois.

CHAMP, *s. m.* Piéce de terre cultivée pour les mains de l'Homme afin d'en tirer des commoditez pour la vie. Champ labouré. Champ est en friche.

Champ de bataille. L'endroit où deux armées ennemies se sont batuës. Le victorieux demeura maitre du champ de bataille.

† * *Champ de bataille.* Baterie de quelques particuliers. Deux Capucins se jetterent par charité dans le champ de bataille. *Sca. Rom.*

Champ clos. C'est à dire, lieu fermé de toutes parts. Se batre en champ clos. Abl. Luc. t. 1. Le Roi Jean ofrit à Edoüard Roi d'Angleterre le combat en champ clos, ou la bataille, mais Edoüard refusa l'un & l'autre. *Choisi, hist. de Jean.* l. 1.

Champs Elisées ; champs Elisiens. On dit l'un & l'autre, mais le bel usage est pour champs *Elisées*. Venir des champs Elisées. *Bal.* L'inévitable arrêt de la fatalité m'aura déjà porté dans les champs Elisées. *Mai. poe.*

Champ de Mars, s. m. C'étoit hors de l'ancienne Rome, un endroit spacieux où on élisoit les Magistrats, & parce que la jeunesse y aprenoit aussi les exercices de la guerre, il fut consacré à Mars. Il n'y eut d'abord point de bâtiment autour, mais avec le tems on y en construisit de beaux, puis de pierres, & ensuite on l'environna d'amphiteatres. Auguste y dressa au milieu, une obélisque de cent vint piez de haut, embelie d'hieroglifiques, & il y fit même élever un superbe mausolée, pour lui & pour sa famille. *Voi les estampes de l'ancienne Rome.*

* *Le champ de Mars.* Ces mots se disent aussi au figuré, dans le stile poëtique, pour dire la guerre, l'armée, le lieu du combat. Il a montré son courage, il a donné des preuves de sa valeur dans le champ de Mars, c'est à dire la guerre.

* *Champ.* Matiere. Sujet. Lieu de faire quelque chose. Carriére. Le Ciel ouvrit un plus noble champ à sa valeur. *Racine.* Les victoires d'Alexandre ont été un beau champ où divers Historiens se sont exercez. Les Poëtes Païens avoient un beau champ où ils pouvoient donner carriere à leur imagination, vû la liberté qu'ils avoient de feindre & d'inventer ce qu'il leur plaisoit. Tu prens un beau champ pour faire éclater la gloire de ton Heros. *Abl. Luc.* t. 2. *parasite.*

Champ de tableau. Terme de *peinture.* Fond, ou derriere de tableau.

Champ. Terme de *blason.* Le fond de l'écu. Lorsque le champ est de couleur, il faut que l'assiette soit de métal. *Col.*

Champ. Terme de *peignier.* Le milieu d'un peigne de bouis qui a des dents de côté & d'autre.

Let

CHA   CHA   169

Les champs. Ce mot au pluriel, se dit par opposition à ce qui est renfermé dans les villes. (Etre aux champs, aler aux champs, revenir des champs, aler aux champs, c'est à dire, de la campagne. *Une maison des champs,* c'est une maison de campagne. *Mener les troupeaux aux champs,* c'est les sortir des étables & les mener paître.)

A travers champs. Sorte d'adverbe. Hors des chemins, sans ordre & sans conduite. (Courir à travers champs.

* *Courir les champs*, au figuré, c'est être fou.

Se mettre aux champs, c'est se mettre en colère.

* *Donner la clé des champs.* C'est donner à quelcun la liberté de faire ce qu'il voudra.

* *Il a un œil aux champs & l'autre à la ville.* Façon de parler proverbiale, qui se dit d'une personne vigilante & qui prend garde à tout ce à quoi elle peut avoir intérêt.

† * *A chaque bout de champ, adv.* C'est à dire, à toute heure, à tout propos.

* *Sur le champ adv.* Aussi-tôt. Incontinent. (Repliquer sur le champ.)

A champ, adv. Terme de *Jardinier*; c'est à dire, à volée. Et il se dit proprement des raves, qui au lieu d'être semées dans les trous d'une couche, sont semées indifferemment, soit sur une couche, ou en pleine terre, de même qu'on sème les autres graines en plein champ. [Semer des raves à champ. *Quint. Jardins*, T. 1.

† *Champart, s. m.* Terme de *Coutume*. Droit qu'un Seigneur a de prendre une certaine portion de la moisson des champs de ses tenanciers.

Champêtre, adj. Qui est des champs. Qui est aux champs. Grossier. (Lieu champêtre, Maison champêtre. Airs champêtres Il s'arrêta à considerer les beautez champêtres, que l'art, tout ingenieux qu'il est, auroit de la peine à imiter. *Vase. Arioste moderne*, T. 1.)

CHAMPIGNON, *s. m.* Maniére de petit potiron qui vient dans les champs sans être semé, & dont on se sert dans les ragoûts.

* *Il est venu en une nuit comme un champignon.* C'est à dire, il a fait fortune en peu de tems.

CHAMPION, *s. m.* Ce mot se dit plus en riant que serieusement. Celui qui en un champ de bataille combat contre un autre, Combatant plein de cœur.

* *Champion.* Brave, courageux & illustre assaillant.

(† Une palme si vulgaire n'est pas pour un tel *champion*. *Voi. Poë*. Tandis que les coups de poing aloient, & que nos champions songeoient à se défendre. *La Fontaine fables*.)

CHANCE, *s. f.* Terme de jeu de dez. C'est le dé, qu'on livre à celui contre qui on joue, & qui est au dessus de sept, & au dessous de quatorze. (Livrer chance.)

Chance. Bonheur. (Ce n'est pas une grande *chance*.)

Chance. Entreprise, dessein. Mais, en ce sens, il ne se dit qu'en riant.

{ Au hazard du succez, sacrifions des soins,
Et s'il poursuit encore à rompre nôtre *chance*,
J'y consens, ôtons-lui toute nôtre assistance.
Mol. étourdi, a. 3. sc. 1. }

CHANCEUX, *chanceuse, adj.* Heureux. Me voilà bien chanceux, Moi. Cette façon de parler est basse & comique. Je suis si chanceux que quand vous aurez une épée, elle n'aura de vertu que pour les Chevaliers. *Dom. Quichote*, T. 1. ch. 18.)

CHANCELER, *v. n.* N'être pas ferme sur ses piez. Vaciller. Branler. Etre prêt à tomber. (Il est si plein de vin, qu'il chancelle dés qu'il veut faire un pas. Il chancelle, il va tomber. Si-tôt qu'elle chancelle, jettez-là dans la ruelle. Il s'aperçut que le Roi *chanceloit* & laissoit aler ses armes de foiblesse. *Vaug. Q. Curce,* l. 8. ch. 14.)

Chanceler. N'être pas assuré. N'être pas ferme. Sa fortune chancela *Vau. Quin.* l. 5.

Chancelant. Participe qui veut dire vacilant.

Chancelant, chancelante, adj. Qui n'est pas ferme. [Etre chancelant dans son devoir. *Abl. Ar.* Multitude déja toute ébranlée, & chancelante. *Vau. Quin.* l. 3. c. 10.]

CHANCELERIE, *s. f.* Lieu où l'on expedie les affaires qui regardent les sceaux. Il y a en France deux sortes de Chancelerie, la grande & la petite. La grande est celle où s'expedient les lettres seellées du grand Sceau, en presence de Mr le Chancelier, Garde des sceaux, qui est assisté de quelques Maîtres des Requêtes, des Secretaires du Roi & de quelques autres Oficiers. La petite Chancelerie est celle où s'expedient des Lettres de Justice qui ne sont pas de si grande consequence. Il y a une petite Chancelerie dans chaque Parlement.

La Chancelerie Romaine, c'est le lieu à Rome auquel on délivre toutes les expeditions de la Cour de Rome.

Chancelier, s. m. Le Chef de la Justice & du Conseil du Roi. C'est l'Oficier de la Robe le plus considerable, qui a les sceaux, qui expedie les Edits & les Déclarations du Roi, & les graces. Il préside du Conseil du Roi, lors que le Roi n'y est pas. Le Chancelier est le Président du Grand Conseil & il prononce les Arrêts au nom du Roi, lors que le Roi tient son lit de Justice au Parlement de Paris. Les Cours Souveraines lui rendent toutes sortes d'honneurs, aprés ceux qu'elles rendent au Roi. Le Chancelier ne porte jamais le deuil, parce qu'il se détache en quelque façon de lui-même pour ne plus representer que la Justice dont il est le Chef, & qu'il ne faut pas que cette vertu toute divine se ressente des foiblesses humaines. *Le Maître plaide* 32.

Chancelier. Ce mot en parlant de *Chanoines*, c'est l'Eclésiastique qui a les sceaux du Chapitre, & qui en quelque lieu a le soin des petites écoles.

Chancelier de l'ordre de Chevalerie.

Chancelier, en parlant d'*Université*, c'est le premier de l'Université après le Recteur.

CHANCELIER DE L'UNIVERSITÉ, *s. m.* C'est selon quelques-uns le chef de l'Université, & selon d'autres, c'est la seconde personne de l'Université. Le Chancelier est perpetuel, & ses fonctions sont de donner le bonnet dans les quatre facultez, & de faire un panégirique en prose Latine à celui à qui la tête est dédiée, ou à celui qui prend le bonnet. Il y a deux Chanceliers dans l'Université de Paris, l'un de la Catédrale de Paris, qu'on apelle le Chancelier de Nôtre-Dame & l'autre de Sainte Geneviève. Ils ont tous deux un pouvoir égal & sont établis il y a plus de huit cens ans. *Du Chesne* & *Bulleforet* & autres Historiens François donnent le droit d'ancienneté au Chancelier de Sainte Geneviève.

Chancelier de l'Academie Françoise. C'est la seconde dignité de l'Academie & celui qui fait la fonction de Directeur, quand le directeur n'y est pas. [Monsieur un tel est Chancelier de l'Academie Françoise.]

Chanceliére, s. f. Femme de Chancelier.

CHANGEUX, V. *Chance.*

SE CHANCIR, *v. r.* Se moisir. [Pain qui commence à se chancir.] Il se dit aussi des confitures.

Chanci, chancie, adj. Moisi. [Pain chanci.]

Chancissure, s. f. Moisissure qui vient sur les choses humides qui se corrompent, comme les confitures. [Un morceau de chancissure étant regardé avec un microscope, paroit comme un amas de fleurs sur leurs tiges, les unes en bouton, & les autres épanouies. *Voiez le Journal des savans.*]

CHANCRE, *s. m.* Tumeur dure & noirâtre produite d'une bile noire qui quelquefois se forme en ulcére. V. *Cancer.*

Chancre, s. m. Terme de *Jardinier.* Maladie qui survient aux arbres, espéce de gale, ou de pourriture séche qui fait mourir l'écorce. (On voit souvent des chancres sur la tige & aux branches de quelques poiriers. Pour arrêter un chancre, on fait incision tout-autour avec un couteau jusqu'au bois.

CHANDELE, *s. f.* Méche de coton grande d'un pié, ou environ, plongée un certain nombre de fois dans du suif chaud, & reduite en forme ronde. Au bout de cette méche on laisse un petit bout de coton qu'on ne plonge point & qu'on alume quand on veut avoir de la clarté. Chandéle de deux, de trois, de six, de sept, de huit, de dix, ou de douze à la livre. Chandéle de veille. Alumer moucher, étendre la chandéle.

Le jeu ne vaut pas la chandéle. Proverbe pour dire qu'il y a plus de frais que de gain.

Elle est belle à la c **andéle**, *mais le jour gâte tout.* Proverbe pour dire qu'une fille ou femme est laide.

On dit de celui qui fait de la dépense d'un côté & sa femme de l'autre, *que sa chandéle brûle par les deux bouts.*

On dit proverbialement que *la chandéle se brûle* pour dire que le tems passe & que l'occasion se perd.

On nomme figurement *chandéles de glace* ces eaux glacées, qui pendent des toits, des arbres, &c.

Chandeleur, s. f. La purification de la Vierge, qui est apellée de la sorte à cause des chandeles, ou des cierges qu'on porte le jour de cette Fête à l'Eglise & à la procession pour marquer que Jesus Christ est la lumiere du monde.

Chandelier, s. m. Instrument de métal, de bois, de faïance, ou de cristal, sur quoi on pose la chandéle pour éclairer dans le logis. Chandelier d'étude. Chandelier de Cabinet.

Chandelier d'Eglise. Grand chandelier qu'on met sur les gradins de l'autel, & sur quoi on pose les cierges pour éclairer durant le service.

Chandelier. Artisan qui travaille en suif, qui fait & vend de toutes sortes de chandéles, & qui trafique de marchandises de regrat.

Chandeliers, Terme de *Guerre.* Deux piéces de bois de cinq ou six piez de haut, plantées du bout sur une traverse, à trois ou six piez l'une de l'autre, on remplit l'entre-deux de facines pour se couvrir dans les lieux enfilez. Se cacher avec des blindes & des chandeliers, *Mr de la Chapelle, relation des campagnes de Rocroi & de Fribourg.*

Chandelier. Ce mot se peut dire en parlant de *cerf*, mais non pas en veritable terme de chasse. C'est quand le haut de la tête d'un vieux cerf est large & creux. *Sal.*

Chandeliére, s. f. Femme de chandelier. Veuve de chandelier.

CHAFREIN, *s. m.* Terme de *Sellier.* Morceau d'étofe noire qu'on met sur le front des chevaux de deüil. Morceau d'étofe noire qu'on met sur le nez des chevaux en deüil.

Chanfrein blanc, ou belle face. Plote, ou étoile au front du cheval, & qui s'alonge jusques auprés du nez, sans toucher aux sourcils, ni aler jusqu'au bout du nez. *Solleisel.*

Y

CHA

Chanfrein. Terme de *Plumacier.* Coifure de plumes pour un cheval aux jours de pompe & de cérémonie, comme aux jours de tournois & de carrousel. (Un beau chanfrein.)

Change. *f. m.* Ce mot, signifie *changement,* & n'est usité en prose que dans de certaines phrases, hors desquelles on dit *changement.* Voici ces phrases, gagner un change, perdre, au change, ne rien perdre au change.

Change, *f. m.* En poësie il est plus usité qu'en prose dans la signification de *changement.* Cependant il ne faut servir en vers que le plus rarement qu'on peut, & à moins qu'il ne soit dans quelque façon de parler belle, ou jolie.

Il n'est permis d'aimer le change
Que des femmes & des habits.
Mal. & Racan. poës. Voi. Balz. *Entretiens.*

C'est elle, & non pas lui, qui fait sentir au monde
Le change des saisons. *Malh. poë. l. 5.*

Si aux apas du *change,* un homme ne s'envole
On se peut assurer,
Qu'amour est équitable, & qu'enfin il console
Ceux qu'il a fait pleurer.
Mal. Poë. l. 5.

Change, *f. m.* Il se dit en parlant de la chasse du faucon du lièvre, ou de quelqu'autre bête fauve. C'est la ruse que fait la bête pour se dérober des chiens ou des chasseurs, en leur donnant quelqu'autre bête à chasser, & se sauvant par ce moïen. (Lièvre qui a donné le change, les chiens ont pris le change. *Sal. Traité de la chasse du lièvre.* Empêcher le faucon d'aler, au change. Voïez *le recueil des oiseaux de proie,* p. 126. C'est à dire, de quiter l'oiseau qu'il chasse pour en prendre un autre. Un vieux cerf donne le change, & laisse à sa place son écuïer, c'est à dire, un jeune cerf qui l'acompagnoit.

† **Change,** *f. m.* Il se dit agréablement au figuré & veut dire *tromperie* qui se fait lorsqu'on oblige adroitement une personne à prendre une chose pour une autre, ou quelcun pour un autre. J'admirois la conduite de ces Pères qui vous ont fait prendre le change. *Racine à l'Auteur des Visionnaires.*

Change, *f. m.* Lieu établi par le Roi pour changer les espéces. Le mot de *change* en ce sens est le seul qui soit bien d'usage. (Aller au change, le change est fermé, le change est ouvert, je viens du change, & il est plein de monde.)

Change, *f. m.* En general il signifie la permutation d'une monnoie comptée dans une place pour en recevoir la valeur dans un autre, soit en même monnoie, ou en d'autre. Voïez *la pratique de Claude Irson.* Faire un change de place en place, de païs en païs ; faire un change en droiture ; il y a un change étranger, un change manuel, un change réel, un change commun, qui est le profit que reçoit le banquier ou autre négociant qui fournit à un autre une Lettre de change tirée sur un correspondant, le changeant commun signifie aussi le profit qu'on donne à un changeur pour son droit de change, d'une espéce à une autre. Le 23. de Mai de l'année 1689. le Roi ordonna que le changeur pour son droit de change, sur un écu prendroit trois deniers, pour une pistole un sou, pour un demi loüis six deniers, &c.

Changeant. Participe qui veut dire *qui change.*

* **Changeant, changeante,** *adj..* Leger & inconstant. (* Esprit changeant, humeur changeante.)

Changement, *f. m.* Change. Action de la personne qui change. (Aimer le changement.)

Changement, *f. m.* Métamorphose.

* **Changement.** Remuëment. Nouveautez qui changent la forme du gouvernement ou de l'Etat. (Aspirer au changement, *Abl. Ar. l. 1. c. 4.*

Changer, *v. a.* Donner une chose pour une autre. Troquer. (Changer une paire de pistolets. Il ne s'entend point en troc de changer la Bassée pour Landrecy. *Voi. Poë.*)

Changer. En parlant d'or ou d'argent monnoïé. C'est donner en monnoïe la valeur de quelque piéce d'or ou d'argent. (Changer une pistole, changer une quadruple, &c.

Changer. Quiter un lieu pour aler en un autre, ou une chose pour en prendre un autre. (Changer de quartier, changer d'habit, changer de logis.)

Changer. Innover. (On ne doit rien changer en matiere de Religion.)

Changer. Métamorphoser. (Il n'y a que les Dieux & les Déesses qui puissent changer les hommes en diverses formes.)

Changer. Donner un autre air à quelque chose. (Changer la face de la Crétienté. *Pas. l. 5.*)

Changer. Prendre un autre maniére de vivre. Tenir un autre conduite. (Changer son amitié en amour.)

Quitez vôtre rigueur extréme,
Un jour, Philis, vous *changerez,*
Je fai bien déja qui vous aime,
Mais non pas qui vous aimerez.
Poëte anonime.

CHA

Se changer, *v. r.* Changer d'air. & de maniére. Prendre un autre air. (A la fin toute chose *se change. Malh. Poësies l. 5.* Il n'y a rien dans le monde qui ne se change de tems en tems.)

Se changer, *v. r.* Se convertir. Tout le monde se change pendant le Jubilé, le Marchand ne trompe plus, le Procureur ne vole plus, &c.

Changeur, *f. m.* Celui qui est destiné pour changer les monnoïes qui ont cours, & qui pour son change reçoit quelque profit qui est déterminé. (Il y a des riches Changeurs. Il est riche comme un Changeur.)

Chanlate, *f. f.* Terme de *Couvreur.* Chevron refendu diagonalement, & d'angle en angle, qu'on ipose sur l'extremité des chevrons d'une couverture, de même sens que les lattes.

Chanoine, *f. m.* Celui qui possede un canonicat Ecclesiastique qui vit, ou qui doit vivre selon les canons de l'Eglise. [On n'a point le nom de Chanoine aux Ecclesiastiques qui possedent un Canonicat, que depuis le tems de Charlemagne, *Pinson*)

Chanoine regulier. C'est un Religieux Chanoine, tels que sont les Chanoines reguliers de S. Augustin.

Chanoine seculier. Prêtre seculier Chanoine.

Chanoinie, *f. f.* Bénéfice de Chanoine.

Chanoinesse, *f. f.* Fille. Demoiselle qui vit en Religieuse, sans toutefois renoncer à son bien, ni faire aucun vœu. A Mons en Hainaut, & en quelques autres lieux de Flandre, il y a des Chanoinesses qui sont en grande estime.

Chanoinesse de S. Augustin. Religieuse qui suit la régle de S. Augustin, & qui est habillée de serge blanche, avec un surplis de toile fine sur sa robe, un voile noir sur sa tête, & une aumusse sur le bras. Les Chanoinesses de S. Augustin sont bien fondées, elles ont des Abesses que le Roi nomme. On apelle ces Chanoinesses, Madame, quand on leur parle. Postulez pour être reçuë Chanoinesse de S. Augustin.

Chanson, *f. f.* Vers tournez d'une maniére simple aisée, & naturelle qu'on chante, & dont chaque stauce s'apellle couplet. (Chanter une jolie chanson, danser aux chansons, chanson bachique ou chanson à boire, chanson à danser chanson profane, chanson spirituelle. Faire une agréable chanson. Nos meilleures chansons sont celles de Boesset.)

† **Chanson.** On se sert de ce mot pour dire *bagatelle.* (* Chanson tout cela. Tout ce que vous me dites sont des chansons. Je ne me pai point de chansons, C'est à dire je veux des éfets & non pas de simples paroles.

* Il redit la même chanson. C'est à dire, il repéte la même chose.

* **Chansonnette,** *f. f.* Petite chanson.

Chansonnier, *f. f.* Celui qui fait des chansons, & qui fait de vers sur des airs que le Musicien lui donne. (On vit paroitre sur les rangs le Sr. Perrin, ci-devant *grand chansonnier de France.* Lettre *sur l'arrivée de Lulli aux champs Elisiens,* p. 48. La plupart des Abez, un peu galans, sont chansonniers, & se piquent même de faire imprimer des chansons.)

Chant, *f. m.* Ce mot se dit des hommes, des oiseaux & de la cigale Voix harmonieuse que la nature a donné aux hommes pour témoigner leur joïe & leur plaisir. Maniére de chanter naturelle de certains oiseaux. Maniére de chanter particuliere.

(Le chant du rossignol est agréable, mais celui de la cigale ne l'est guéres. Le chant de l'Eglise doit être grave & modéré. Le plein chant.)

Chant. Air de chanson. En ce sens le mot d'*air* est plus usité que celui de *chant.*

Chant. Partie de poëme heroïque, & ce qu'on apelle ordinairement *livre.* (Les Italiens divisent leurs poëmes épiques en chants.)

Chant-Roïal, *f. m.* Poëme François de cinq couplets & d'un envoi, le tout sur trois rimes, quatre ou cinq rimes.

Le chant du coq. Ces mots se disent pour signifier le grand matin. parce que le coq chante ordinairement au point du jour. On parle de *chant nuptial* qu'on nomme *epithalame,* de chant de victoire, chant pastoral, chant funébre, &c.

Chanteau, *f. m.* Gros morceau de pain benit qu'on donne à celui qui doit faire le pain benit.

Chanteau. Terme de *Taillour.* Grandes piéces d'étofes rentraites au bas du manteau.

Chanteau. Terme de *Tonnelier.* La derniere piéce du fond du muid.

Ce mot, **Chanteau,** signifie dans sa première origine une piéce retranchée d'un des côtez d'un corps rond, ou d'une figure ronde. Ce qu'on nomme en Géométrie un segment de cercle, qui a d'un côté une ligne droite, & de l'autre une ligne circulaire, se peut apeller chanteau, comme font les Tailleurs, ainsi qu'on vient de le dire. Le prémier morceau qu'on coupe d'un pain, ou une piéce qu'on en retranche se nomme aussi un chanteau.

Chanter, *v. n.* Ce mot se dit des Hommes, des oiseaux & des cigales terrestres. Pousser un son harmonieux pour témoigner de la joïe, ou quelqu'autre passion. Pousser un son naturel pour marque de joïe. Le rossignol chante mieux que tous les autres oiseaux, mais il ne chante guére que durant le mois d'A-

CHA   CHA

vill, & jusqu'à la mi-Aout. S'il chante, il ne chante jamais auprès de son nid, de peur de faire découvrir ses petits. *Voi. Olina, traité des oiseaux qui chantent.* On dit qu'il n'y a que le François qui chante proprement. L'Espagnol au lieu de chanter , pleure ; l'Italien ne fait que gémir ; l'Alemand beugle ; & le Flamand hurle. *Voi. S. Evremont, opera in 4. p. 504.*

Chanter. Dire l'air d'une chanson. Entonner. (Chanter une chanson. Chanter un verset, un couplet.)

* *Chanter.* Célébrer, loüer les belles actions de quelque grand Capitaine, ou de quelque grand homme. (Alexandre n'a point d'Historien ni de poëte , qui puisse assez dignement chanter ses victoires. *Abl. Ar. l. 1.* * Pour chanter un Auguste il faut être un Virgile. *Dep. Sat. 1.*)

N'aten pas que je *chante* ta prudente valeur. *Chap. Ode au Card. de Richel.*

Où est cette merveilleuse fontaine ; qu'Ausonne *a chantée* de toute la force de sa voix ? *Baiz. entr. 30.*

A *chanter* tes fameux exploits
J'emploirois volontiers ma vie ;
Mais je n'ai qu'un filet de voix ;
Et ne *chante* que pour Silvie.
Sar. Poës.

† *Chanter.* Dire. Chanter pouilles à quelcun. Ces mots signifient dire des injures.

Lorsqu'une fois on est marié il faut chanter. C'est à dire qu'il faut changer de train de vie.

Pain à chanter. Voiez *Pain.*

Chanterelle , s. f. La plus petite corde d'un instrument de Musique.

Chanteur , s. m. Celui qui chante. (Un bon chanteur.)

Chanteuse , s. f. Celle qui chante. (Belle chanteuse. Il le falut emporter yvre du festin entre les bras de quelque chanteuse. *Abl. Luc. T. 1. Timon.*)

Chante-pleure , s. f. Entonnoir à longue queuë qu'on met dans le bondon des muids pour les remplir, & qui est percée au bas de plusieurs petits trous, afin que rien n'y puisse passer de ce qui n'est pas liquide.

Chantier , s. m. Lieu où les Marchands de bois arrangent leur bois. (Un grand chantier.)

Chantier. Lieu où les charpentiers travaillent.

Chantier. Piéces de bois sur quoi posent les sacs de blé sur les ports de Paris.

Chantier. Piéces de bois où le vin est rangé lorsqu'il est en cave. (Mettre le vin sur le chantier. Mettre le vin en chantier.)

Chantier. Grande remise où les loüeurs de carosse rangent leurs carosses. (Je vous donnerai pour un loüis par jour le meilleur carosse de mon chantier.)

Chantre , s. m. Celui qui chante à l'Eglise. (Il y a de bons chantres à Nôtre-Dame de Paris.)

Chantre. Ce mot parmi les Religieux signifie celui qui dirige le chœur & entonne les premieres Antiennes.

Chantre. Celui qui parmi les Chanoines a soin que ce qui se chante dans l'Eglise se fasse comme il faut. C'est même celui qui a soin des petites écoles ; & c'est une dignité de Chapitre, ou d'Eglise colégiale.

Chantre , s. f. Religieuse qui a bonne voix , qui fait le chant , & les rubriques de l'ofice , afin de redresser les manquemens qui se feront au chœur. (La chantre dira tout haut ce qui regarde l'ofice du lendemain. Voiez les constitutions de Port-Roial.)

Chanvre , s. m. Herbe qui produit une tige ronde , droite , creuse , & haute de cinq à six piez , qu'on brise, & dont on tire le fil. (Chanvre mâle ; chanvre femelle ; cueillir le chanvre ; roüir le chanvre ; briser , ébaucher , habiller , regaler le chanvre.)

Chanvre. Il se dit aussi de la filace & du fil de chanvre. (Vendre du chanvre. Toile de chanvre.)

Chanvrier , s. m. Ouvrier qui habille le chanvre.

Chaos. Voiez *Caos.*

Chape , s. f. Vétement d'Eglise, ample , sans manches , & ouvert par devant que portent deux personnes qui chantent au lutrin. (Porter chape.)

Chape. Terme de *Chanoine.* Grande robe que le Chanoine met par-dessus son rochet , & sur laquelle il met son camail.

Chape. Terme de certains *Religieux.* Comme qu'Augustins, de Jacobins, de Carmes qui ne sont pas déchaussez. C'est un certain vétement fort ample que ces sortes de Religieux portent en vile.

Chape. Terme de *Bernardin.* Espéce de manteau fort ample que portent les novices des Bernardins.

Chape. Terme d'*Orfévre , & d'autres gens qui font des boucles.* Partie de la boucle où est le bouton , & qui est un peu plate & large.

Chape. Terme de *Ceinturier.* Morceau de cuir qui tient les boucles de devant, & celles du remontant du baudrier.

Chape. Terme de *Faiseur de Fourneau de Chimie.* C'est le dessus du fourneau.

† *Disputer la chape de l'Evêque.* Proverbe , qui veut dire contester une chose où l'on n'a point d'interêt.

† *Chercher chape chute.* Phrase proverbiale pour dire à se gouverner de telle sorte qu'on s'atire quelque chose de fâcheux.

Chapeau , s. m. Couverture de tête dont l'homme se sert du rant le jour , & qui est composée de trois parties , dont l'une s'apelle forme , l'autre le lien , & la troisième le bord. Il y a de diferentes sortes de chapeaux ; chapeau de laine , chapeau de poil de castor. La matiere des chapeaux est ordinairement de feutre. On dit fouler un chapeau, teindre un chapeau , mettre de l'aprêt à un chapeau , lustrer un chapeau , border , broder rafraichir , netteyer un chapeau. Porter de bonne grace un chapeau , mettre son chapeau , ôter de bon air son chapeau, mettre la main au chapeau , parler à quelcun chapeau bas.

Il fait du coin de l'ongle ouvrir sa tabatiére ;
Caresser son petit colet ;
Tourner son *castor* de maniére ;
Qu'il fasse toûjours le godet.
Poëte anônime.

Un caudebec , un loutre , un castor , ce sont de diferentes sortes de chapeaux. On dit , un chapeau de paille.

Chapeau en blanc. Terme de *Chapelier ;* pour dire chapeau qui n'est pas teint.

Chapeau à l'épreuve du mousquet. Terme d'*Armurier.* Maniére de coife de fer que les soldats mettent dans la forme de leur chapeau.

* *Chapeau de fleurs.* Couronne de fleurs. (Les Amans atachoient autrefois des festons d'olive, & des chapeaux de fleurs à la porte de leurs Maîtresses ; *Nicolas Richelet, notes sur les Sonnets de Ronsard.*)

* *Chapeau.* Dignité de Cardinal. (* Prétendre au chapeau. *Mai.*)

* *Chapeau.* Il se dit aussi figurément & parmi le petit peuple pour signifier un homme. (Il y avoit plusieurs femmes en ce lieu-là , mais il n'y avoit pas un chapeau , c'est à dire, il n'y avoit pas un homme parmi les femmes.)

Chapele, ou *Chapelle , s. f.* Endroit dans une Eglise qui a un Autel où l'on dit la Messe , qui est embeli d'images , qui est dédié à quelque Saint , ou à quelque Sainte. Ainsi on dit la chapéle Saint Pierre , la chapéle Sainte Anne. Eglise qui n'a été bâtie que pour être une Chapelle. Ainsi on dit la Sainte Chapelle de Paris.

Chapelle. Ce mot se dit en parlant du Pape, qui va faire ses priéres , & entendre la Messe dans une Eglise. (Le Pape a tenu aujourdui chapéle. Sa Sainteté tiendra demain chapelle à S. Pierre.)

Chapéle. Sorte de bénéfice qui consiste au revenu d'une chapéle & qui est fondé pour la desservir.

* *Chapelle.* Ce mot au figuré , se prend pour les Chantres & Musiciens de quelque Eglise considerable. (La Messe a été chantée par la chapelle.)

Chapelle. Terme de *Boulanger & de Paticier.* C'est le dedans & le haut du Four qui est fait en arc. (La chapelle de ce four est trop ardente.)

Chapelle de viole. Terme de *Luthier.* La partie de la viole qui couvre la roüe de la viole.

Chapelain , s. m. Celui qui a un bénéfice qui consiste au revenu d'une chapelle.

Chapelain. Prêtre gagé pour dire la Messe de quelque Prince, ou de quelque personne de qualité. (Il y a huit chapelains de l'Oratoire du Roi , servans par quartier.)

Chapeler , v. a. Oter la superficie de la croute du pain avec un couteau à chapeler. Chapeler le pain ; ce sont ordinairement les Boulangers de Paris qui chapelent le pain , & principalement celui qu'on apelle pain au lait. Il n'a plus de dents , & il ne sauroit manger du pain qu'on ne le lui chapele.

Chapelet , s. m. Cinq dizaines de petits grains ensilez de rang, qu'on fait benir, & sur lesquels on dit des *Pater* & des *Avé*. (Chapelet d'Hermite , chapelet de S. François , dire son chapelet.)

Chapelet. Terme d'*Académiste.* Etriviéres & étriers qui viennent à toutes sortes de selles à piquer.

Chapelet de marons. Ce sont plusieurs marons ensilez comme des grains de chapelet.

Chapelets. Ornemens d'Architecture qui sont des baguettes taillées par petits grains ronds.

Chapelet. Terme de *Mécanique.* C'est une enchainure de planches ou de pots , qu'on fait mouvoir pour élever des eaux , & ainsi dessecher des marais , &c.

† * On dit que le *chapelet se défile*, lors que les personnes qui étoient unies commencent à se séparer. On le dit encore lorsque plusieurs personnes d'une même famille , ou qui ont quelque espéce de liaison entr'elles , viennent à mourir coup sur coup , les uns après les autres.

Chapelier , s. m. Artisan qui travaille en laine , & qui fait & vend toutes sortes de chapeaux.

Chapelures , s. f. Tout ce qu'on ôte du pain qu'on chapele avec un couteau. (De bonnes chapelures. Passer des chapelures. Les chapelures servent à épaissir des sausses. Les Boulangers vendent les chapelures aux pauvres gens qui en font du po-

cage. On s'en fert auffi pour nourrir des poules & des poulets.)

CHAPERON, *f. m.* Ancienne coifure qui étoit ordinaire en
France durant la premiere race, & qui a duré pendant la
feconde & la troifiéme, jufques aux régnes de Charles V. VI.
& VII. fous lefquels on portoit des chaperons à queuë, que
les Docteurs, & Bacheliers ont retenu pour marque de leurs
degrez, & les ont fait décendre de la tête fur l'épaule, *Bou-
teronë.*

Chaperon. Coifure de velours, que les femmes de bons bourgeois portoient il y a environ quarante-cinq ou cinquante
ans. Les chaperons étoient autrefois des habits comme ils
le font encore à prefent aux vieilles femmes de certains
païs. Thiers, *Hiftoire des perruques*, *ch. 6.*

Chaperon. Ornement qu'on porte fur l'épaule qui marque les
degrez de l'Univerfité, & qui eft diferent felon l'ordre des
degrez, & même de diverfe couleur, fuivant les diverfes Facultez. On porte le chaperon fur l'épaule gauche.

Chaperon. Terme de certains *Religieux*, comme de *Bernardins*,
Jacobins, de Maturins, d'Auguftins, &c. Efpéce de camail
qui couvre la tête, les épaules & l'eftomac du Religieux, &
qui par derriere décend fort bas & en pointe. Le chaperon
étoit auffi autrefois une couverture de tête d'Eclefiaftiques;
mais il y a plus de deux cens ans qu'ils n'en portent point à
l'Eglife. Thiers, *ch. 6.* C'étoit auffi une coifure de tête qui
avoit un bourrelet fur le haut, & une queuë pendante fur l'é-
paule, que portoient les Chevaliers de l'étoile que le Roi
Jean inftitua. Les Chevaliers de la noble Maifon où l'étoile
porterent une cote blanche, un furcot & un chaperon. *Choifi,
Hift. du Roi Jean*, *l. 4. ch. 2.*

Chaperon. Ce mot fe dit de certains oifeaux, & veut dire le
deffus de la tête de l'oifeau.

Chaperon. Etofe qui couvre la tête de l'oifeau de proie, pour
l'empêcher de voir. (Mettre, on ôtet le chaperon à un Faucon, *Recueil des oifeaux de proie.* p. 124.)

Chaperon, *f. m.* Terme de *Chapier.* Ornement en broderie qui
eft derriere la chape.

Chaperon. Terme d'*Architecture.* Le haut d'une muraille fait en
talus. Rebordé de deux ou trois doigts.

Chaperon. Terme de *Sellier.* Couverture qui fe renverfe fur la poignée du piftolet, & qui la conferve de la pluie. (Ainfi on
dit un chaperon de fourreau de piftolet.)

Chaperon. Terme d'*Epronnier.* Partie de l'efcache qui embraffe &
lie le banquet de l'embouchure du cheval.

Chaperon de potence. Le deffus de la potence.

Chaperon de preffe à imprimer des eftampes. C'eft le deffus de la
preffe.

Chaperonner, *v. a.* Mettre un chaperon, couvrir d'un chaperon.
(Faire un chaperon, on chaperonne un faucon, on chaperonne une muraille de clôture, du côté de celui à qui le mur
apartient, & s'il eft mitoyen, on le chaperonne des deux
cotez.

Chapier, *f. m.* Eccléfiaftique qui porte chape durant l'office Divin qu'on fait en cérémonie.

CHAPITEAU, *f. m.* Terme d'*Architecture.* Le haut, ou le couronnement des colonnes. Il fe dit auffi en termes de *Menuife-
rie*, des corniches & couronnemens qu'on met au deffus des
buffets, &c.

CHAPITRE, *f. m.* Partie de livre où l'on traite particulierement
d'une chofe qui regarde le gros de la matiere dont on parle
dans tout le livre. (Faire de trop longs ou trop courts chapitres.)

En termes de Palais, & en fait de comptes, on dit, chapitre
de recette, de dépence, &c.

Chapitre. Lieu où les Religieux s'affemblent en corps pour l'interêt fpirituel ou temporel de la maifon. (Aller au chapitre.)

* *Chapitre.* Affemblée de Religieux d'un Couvent. Affemblée
de Chanoines au chapitre. (Il arma tout le chapitre contre lui.
Dép. 8 Lus. On tient un chapitre général, on tient un chapitre
provincial.)

* *Avoir voix au chapitre.* Proverbe qui fignifie avoir droit autorité en quelque afaire.

Pain de chapitre. C'eft ainfi qu'on apelle le pain blanc qu'on diftribuë tous les jours aux Chanoines.

Chapitre. Sujet, matiere. (On s'eft entretenu fur fon chapitre,
Paffons fur ce chapitre. *Mol.* Aprés qu'on eut parlé de diverfes chofes, on vint enfin *fur fon chapitre*, c'eft à dire à parler
de lui. Ce goinfre entend fort bien le chapitre des fauffes. Ne
l'attaquez pas fur le droit, car il eft fort fur ce chapitre-
là.)

* *Chapitrer*, *v. a.* Ce mot fignifioit proprement, reprendre &
cortiger un Moine ou un Chanoine, en plein chapitre, mais
il fe dit dans un fens général, & fignifie reprimander. (Vous
avez fait telle chofe, vous ferez bien chapitré. Je l'ai chapitré fur le peu de refpect qu'il portoit à fon pére. *Mol. Four.*)

CHAPON, *f. m.* En Latin *capo.* Coq châtré.

† *Chaponneau*, *f. m.* Un jeune & petit chapon. (Ce n'eft qu'un
chaponneau.)

Le vol du chapon. Terme de coutume. C'eft une piéce de terre autour d'une maifon noble, d'auffi grande étenduë qu'en pour-

roit avoir le vol d'un chapon. Dans le partage des biens d'u-
ne maifon noble, l'aîné a le vol du chapon, qui eft eftimé
par la coutume de Paris à un arpent de 72. verges, ou environ
1580. piez, ou 3 16. pas.

Chaponner, *v. a.* Châtrer un petit coq, ou cochet.

Chaponniére, *f. f.* Vaiffeau d'argent ou de cuivre étamé, pour
mettre des chapons en ragoût.

CHAQUE. *Pronom adjectif*, qui veut dire chacun. On dit chaque
langue a fes proprietez, & non pas chacune langue. *Vaug. nouvelles remarques.*)

CHAR, *f. m.* Ce mot fignifie chariot; mais il ne fe dit qu'en parlant des chars de triomphe, & au figuré, où il eft beau & noble. Hors de là le mot de char pour chariot n'eft point en
ufage. (L'éloquence me fit monter avec elle fur fon char. *Abl.
Luc.* Le char du Soleil aiant atrapé le penchant du monde, rouloit plus vite. *Scu. Rom.*

Voilà le triomphe où j'étois amenée,
Moi-même à vôtre char je me fuis enchaînée.
Rac. Iphigenie, a. 2. fc. 3.

CHARBON, *f. m.* Du Latin *Carbo.* Bois alumé qu'on éteint avant
qu'il foit réduit en cendre, & qui ne fe pourrit jamais. (Le
charbon eft noir à caufe qu'il eft extremement poreux. On y
remarque avec le microfcope une quantité incroïable de
pores.

Charbon de feu. Morceau de bois alumé, & qui va être reduit en
cendre.

Charbon de terre. Efpéce de terre minerale foffile & fort noire,
dont les forgerons fe fervent au lieu du charbon de bois. (Il
y a en France quelques mines de charbon de terre, & il y en
a plufieurs en Angleterre, où l'on fe fert communément de
cette forte de charbon.)

Charbon de faule, ou d'autres bois doux. C'eft celui dont fe fervent les Peintres & les Graveurs pour faire des efquiffes de
leurs deffeins. On fait ce charbon dans un canon de piftolet,
qu'on remplit de ce bois de faule, &c. & qu'on met au feu
pour le faire brûler.

Charbon. Tumeur maligne, impure, brûlante, & fouvent con-
tagieufe, engendrée d'un fang atrabilaire & bouillant
Tev.

Charbonnée, *f. f.* Morceau de chair de porc, ou de beuf fans
graiffe, qu'on fait ordinairement rotir ou griller.

Charbonner, *v. a.* Noircir avec du charbon.

† * *Charbonner.* Noircir & déchirer une perfonne par quelque
fanglante raillerie. (Il me folicite de la charbonner dans mes
vers. *Mal. Poë.*)

Charbonner, *f. m.* Ouvrier qui fait le charbon dans les bois.

* † *Le charbonnier eft maitre en fa maifon.* Proverbe pour dire
que chacun doit être maitre chez foi.

* *La foi du charbonnier.* Ces mots fignifient la foi implicite,
par laquelle un Chrétien croid en général tout ce que l'Eglife
croid.

CHARCUTIER, *chaircutier*, *f. m.* On devroit écrire *chaircutier*,
ainfi que l'écrit l'Auteur des origines Françoifes, mais l'ufage y eft contraire. On dit & on écrit *charcutier*, qui eft celui
qui tuë des cochons, & en vend le lard & la chair cruë, ou
cuite, & falée, qui auffi fait & vend de toutes fortes de bou-
dins, d'andouilles, de cervelats, de langues de beuf & de porc,
de fauciffons, &c.

Charcutiére, *f. f.* Femme de charcutier, femme qui fait le
métier de charcutier.

CHARDON, *f. m.* Herbe piquante qui fleurit de couleur de rofe
feche.

Chardon benit. Plante apellée ainfi à caufe de fes proprietez.

Chardon. On s'en fert pour tirer le poil des draps.

Chardon. Crochet de fer au haut des baluftrades de fer pour empêcher de paffer. On apelle auffi cela chardon, *Epi.*

Chardonner, *v. a.* Terme de *Détacheur.* Tirer le poil d'un habit
avec des chardons.

Chardonneret, *f. m.* Petit oifeau fort joli, marqué de noir, de
jaune & de rouge, qui chante agréablement, qui eft fujet à
des vertiges, & qui vit environ quinze ans. Voiez *Olina.*

Chardonnet, *f. m.* Ce mot fignifie petit chardon, mais il ne fe
dit qu'en parlant d'une Eglife de Paris, qu'on apelle S. Nicolas du Chardonnet.

Chardonniére, *f. f.* Lieu où il y a quantité de chardons.

CHARENSON, *f. m.* Infecte qui s'engendre dans les graines de blé,
& qui mange la farine, & n'y laiffe que le fon. (Quand il y
a des charenfons dans un grenier, il en faut ôter le blé, car ils
multiplient fort en peu de tems.)

CHARETE, *f. f.* Harnois à deux rouës avec des ridelles & un limon.

Charettée, *f. f.* Charete pleine de quelque chofe.

Charetier, *charrier*, *f. m.* Ce mot eft de trois ou de deux filabes;
mais plus ordinairement de trois. Celui qui conduit la charette, celui qui n'a point d'autre métier pour gagner fa vie,
que de faire quelque voiture avec fes chevaux, fa charette,
ou fon chariot. (Hadrianus Junius buvoit avec des chartiers

pour aprendre les mots de leur métier, & les mettre dans le Dictionnaire qu'il composoit. *Columesius particularitez.*

* *Il n'est si bon chartier qui ne verse.* Proverbe pour dire qu'il n'est point d'homme si habile qui ne soit sujet à faire quelque faute.

† * *Il jure comme un chartier embourbé.* Proverbe.

CHARGE, *s. f.* Fardeau. Une charge de cotrets, de fagots. La charge d'un crocheteur, la charge d'un mulet, la charge d'un vaisseau.

Charge. Grand poids, chose fort pesante. Ces colonnes suportent une charge prodigieuse. Il faut étaier cette poutre, de peur qu'elle ne succombe sous la charge.

Charge de ville. Tout ce à quoi est obligé un bourgeois pour le bien de la vile où il demeure. *Pat.* 1. *plaid.*

Charges. Tout ce qui incommode une persone dans ses biens, ou dans ses plaisirs. Etre à charge à sa famille. *Abl. Luc.* Il est à la charge de ses amis. Cette veuve a quatre enfans à sa charge. Une tutéle est une charge, & non pas un avantage.

C'est une charge bien pesante
Qu'un fardeau de quatre-vingts ans.
Quinant, opera.

Charge. Ordre de faire quelque chose, de dire quelque chose, d'avoir soin de quelque chose. Il m'a doné charge de vous dire qu'il étoit vôtre serviteur. *Foi.* l. 2 5 Ce banquier a doné charge à son commis, ou à son corespondant d'aquiter la lettre de change. Un Procureur ne peut rien faire sans charge.

Charge. Emploi considerable qu'on achete, ou que le Roi done. Disposer des charges de la Cour. Remplir les principales charges de l'Etat. *Memoires de Mr. de la Rochefoucaut.* Les grandes charges peuvent aisément devenir des mines d'or, lorsque ceux qui les possedent veulent renoncer à leur honneur & à leur conscience. *Thiers, traité des jeux. Epitre.*

Charge. Impositions. C'est le peuple qui porte les charges de l'Etat. On est obligé de mettre de nouvelles charges durant la guerre.

Charge. Terme de *Palais.* Pension, rente, redevance. Les charges d'un benefice. Ce fonds est obligé à de grandes charges.

Charges foncières. Ce sont les redevances qu'on a imposées après le cens, sur les heritages, lors qu'ils ont été alienez. Les charges ou rentes foncieres doivent être païées & suportées par celui qui possede l'heritage, sinon il le doit abandonner. Voi: *Loiseau, traité des rentes, l.* 1. *ch.* 3.

Charge. Ce qu'il faut de poudre ou de plomb pour charger une arme à feu. Mettre la charge dans le canon. La charge ordinaire des canons est du tiers du poids de leur boulet. On double cette charge pour les essaier.

Charge. Etui de bois couvert de veau qui pend à la bandoulière des mousquetaires fantassins, & où ils mettent la charge de poudre. Ouvrir la charge avec les dents. *Voiez le livre des évolutions.*

Charge. Combat. Commencer la charge par l'aile droite. *Abl.* Venir à la charge, mener à la charge, revenir à la charge avec des grands cris. *Abl. Sa. Ar.*

Charge. Son de trompette, ou batement de tambour pour avertir le soldat de charger l'ennemi. Sonner la charge, batre la charge.

Charge. Terme de *peinture.* Exageration burlesque des parties les plus marquées, & qui contribuent davantage à la ressemblance, en sorte qu'on reconoisse la persone dont on fait la charge.

Charge. Terme de *Palais.* Information. Nôtre apel ne dépend pas proprement des charges. *Pat. plaid.* 11. Il y a beaucoup de charges contre cet homme, il est acusé de plusieurs crimes. Les charges & les informations ont été raportées. On entend les témoins, tant à charge qu'à décharge.

Charge. Terme de *maréchal.* Cataplame fait de plusieurs drogues qu'on aplique sur la partie du cheval qui est afligée de quelque mal. Ainsi on dit, une charge pour les jambes.

A la charge que. A condition que. Je vous done mon cœur, à la charge que vous me donnerez le vôtre.

† *A la charge d'autant.* Sorte d'adverbe qui ne se dit que dans le stile familier, & qui signifie, à condition d'autant, du reciproque, à condition qu'on rendra la pareille.

Qui t'a doné telle épousée ?
Que je la baise *à la charge d'autant.*
La Fontaine, nouvelles, t. 3.

Chargé. Voiez plus bas.

Chargeoir, s. m. Terme de *canonnier.* Instrument dont on se sert pour charger les pieces d'artillerie, & qui est garni de sa lauterne, de sa hampe, & de deux boites pour charger la poudre à canon.

Charger, v. a. Mettre quelque chose sur la tête, sur les epaules, sur quelque harnois, comme chariot ou charette, sur quelque vaisseau, ou sur quelque bête de somme. Il faut un homme pour charger les maneuvres. Les chameaux sont dressez à se baisser quand on les charge. Charger des meubles sur un chariot. *Abl. Arr.* Charger un vaisseau de pierres. *Vau. Quin.* l. 4. Charger un navire en grenier, c'est à dire, *sans embaler.*

Charger. Mettre dans une arme à feu, ou dans quelque piece d'artillerie la charge necessaire pour faire l'éfet qu'on desire. Charger un fusil, un pistolet, un canon, &c. Charger une mine.

Charger. Donner sur l'enemi, le batre, Chatger l'ennemi. *Abl. Ar.* l. 1. Ils avoient ordre de ne se point découvrir que l'enemi ne fut passé, pour le charger en queuë. *Abl. Luc.* t. 2.

Charger. Il se dit au même sens dans des querelles particulieres. On l'a chargé de coups. On dit aussi, on l'a chargé de bois, pour dire, on lui a doné des coups de bâton.

Charger. Doner la conduite de quelque chose, de quelque persone à quelcun. Ordonner, obliger quelcun de faire quelque chose. Doner le soin d'executer, ou de faire executer quelque chose. Ils le chargerent de dire à Alexandre que. *Vau. Quint.* l. 3. Charger quelcun d'une afaire. *Abl.* Un Avocat, un Procureur est chargé des afaires de sa partie: Le Grefier est chargé des pieces d'un procez. Un Ambassadeur est chargé par ses instructions de demander la restitution de quelque place. Il a fort bien réussi dans la negotiation dont il avoit été chargé.

Charger. Acuser. Ils ne cessoient de le charger, tantôt d'avarice, & tantôt de trahison. *Vau. Quin.* x. Tous les témoins chargent l'acusé.

Charger. Enregitrer, écrire dans un livre. Un Marchand charge son livre de ce qu'il achete & de ce qu'il vend.

* *Charger.* Ce mot se dit au figuré à peu près dans le même sens. On dit charger sa memoire de quelque chose, pour dire le mettre en sa memoire. Il ne faut charger sa memoire que de bonnes choses.

Charger. Il se dit aussi figurément en parlant de la conscience. Il ne faut rien faire qui puisse charger nôtre conscience, c'est à dire, qui puisse l'obliger à nous faire des reproches, & nous donner du regret & du repentir.

Charger. Terme de *peintre.* Faire une exageration burlesque des principaux traits qui contribuent à la ressemblance. Charger un portrait.

* *Charger.* Il se dit au figuré, & signifie exagerer, ajouter à la verité. Il a chargé l'histoire, c'est à dire, il y a ajouté beaucoup de choses de son cru.

Charger. Terme de *vinaigrier.* Emplir. Charger les vaisseaux. Pour charger, entonoir à charger.

* *Charger.* Imposer quelque chose d'onereux. Charger l'heritier de païer tous les legs & toutes les dettes. Charger le peuple de tailles, & de plusieurs sortes d'impositions. Charger les marchandises de doüanes.

Charger, v. n. Terme d'*horloger*, & il se dit du balancier, c'est mettre du poids sur le balancier pour empêcher que la montre n'avance. Charger le balancier.

Charger, v. a. Terme de *fileuse.* C'est mettre du chanvre, du lin, des étoupes, &c. autour de sa quenouille pour les filer. Je vais charger ma quenouille, & puis je passerai le jour à filer & à chanter.

Se charger, v. r. Se mettre un fardeau sur la tête, ou sur les epaules. Il n'a que faire d'aide, il se charge bien lui-même.

Se charger. S'obliger. Prendre soin d'executer, ou de faire executer quelque chose. Se charger de faire quelque chose. Il se charge d'avoir soin de son bien. *Pat. plai.* 5. Quand on voudra me faire de ces afronts, je vous suplie de ne vous en point charger l. 4.

* *Chargeant, chargeante, adj.* Prononcez *charjan.* Il se dit au figuré, en qualité d'adjectif. Il se dit des emplois, des afaires & des charges, & il signifie embarassant, qui fatigue, & dont on ne sauroit s'aquiter qu'avec grand' peine. Il disoit que sa dignité étoit tres-chargeante, parmi les troubles de ce siecle. *Fléchier, Commendon.* On peut dire aussi cet homme est bien chargeant, c'est à dire, il est importun, ou il engage à faire beaucoup de dépense.

Chargé, chargée, adj. Qui a un fardeau sur les epaules. Cheval chargé. Vaisseau trop chargé, &c.

Chargé, chargée. Ce mot se dit en peinture, & signifie trop marqué. Qui fait une ressemblance satirique d'une persone. Portrait chargé, figure chargée, couleur chargée. Voiez *charge.*

Chargé, chargée. Ce mot se dit en parlant de cheval, & veut dire qui a trop de quelque chose. Cheval chargé de tête, cheval chargé d'encolure.

On dit d'un homme gras, qu'il est chargé de cuisine, & d'un homme vieux qu'il est chargé d'années.

Chargé, chargée. Ce mot est aussi un terme de blason, & il se dit quand sur les pieces honorables de l'ecu il y a quelque figure, & quand sur celle-ci on en met quelqu'autre, on dit *surchargé.* Il porte d'or à la croix de gueules, chargée de cinq coquilles d'argent.

Pistole chargée. Cela se dit quand on a ajouté de l'or ou quelqu'autre métal à une pistole trop legere pour la rendre de son poids.

Chargeur, s. m. Oficier d'artillerie commis pour charger le canon.

Chargeur, s. m. Manœuvre qui sert à charger les autres ouvriers.

Chargeur. Oficier qui sert à charger & arranger le bois dans les membrures sur les ports, afin que le bourgeois ne soit point trompé.

Chariage, s. m. L'action de charier & de voiturer quelque chose sur des chariots. Le chariage est fort dificile en cette saison, & par les chemins où il faut passer, qui sont fort rompus.

Chariage, s. m. Le salaire qu'on donne pour faire une voiture. Le chariage coute beaucoup.

Charier, v. a. Prononcez *charié*. Mener avec un chariot, ou avec une charrette. Charier de la pierre.

* **Charier,** v. n. Ce mot se dit au figuré de la conduite des personnes, & quand on menace un homme, on dit qu'il faut qu'il charrie droit, pour dire qu'il prenne garde de faire des fautes.

※ **Charier.** Ce mot se dit des rivieres qui ne sont pas encore tout à fait prises de la gelée, & signifie entrainer des glaçons. La riviere charie.

* **Charier.** Ce mot se dit de l'urine, & veut dire aussi entrainer. Urine qui charie une quantité de matieres épaisses, & grossieres. *Deg.*

Charier, s. m. Terme de *blanchisseuse.* Prononcez *charié.* Coutis qu'on étend sur le linge rangé dans le cuvier, & sur lequel on met les cendres, afin que la lexive qu'on jette ensuite dessus les détrempe, coule au travers du charier, & mouille le linge. Mettre le charier.

† **Charée, charrée,** s. f. Cendre qui reste sur le cuvier, & dans le charier, après qu'on a coulé la lessive.

Chariot, s. m. Harnois qui a quatre roues, des ridelles, un limon, ou un timon, & qui est propre pour charier & porter des meubles & autres choses. Un chariot de bagage. Mener un chariot. Chariot, ou char de triomphe. On couroit aux jeux Olimpiques avec des chariots. On combatoit autrefois sur des chariots armez de faux.

Le grand & le petit chariot. Ce sont les noms que le peuple donne à deux constellations que les astronomes apellent la grande & la petite ourse, lesquelles sont du côté du Septentrion.

Chariot d'enfant. Sorte de petite voiture qui est ordinairement d'osier, & où l'on met les enfans pour les promener.

Chariot. Terme de *cordier.* Planche montée sur deux petites roues servant au cordier pour assembler du cordage.

Charitable, adj. Qui a de la charité. Etre charitable envers son prochain. On ne peut être bon chrétien, si on n'est fort charitable. Le Medecin charitable, l'Apoticaire charitable ; ce sont les noms de deux livres, qui, en faveur des pauvres, enseignent à faire des remedes à la maison.

Charitablement, adv. Avec charité, avec amour. Corriger charitablement son prochain. *Arn.* Recevoir charitablement les passans.

Charité, s. f. Amour de Dieu & du prochain. Charité ardente, fervente, veritable, sincere. La charité est une des trois vertus Téologales, qui consiste à aimer Dieu de tout son cœur & son prochain comme soi-même. C'est aussi une vertu morale, qui consiste à secourir son prochain de son bien, de ses conseils & de son assistance. Le mot de charité en ce sens n'a point de pluriel. Charité vive, ardente, refroidie, morte, éteinte. La charité est la plus parfaite des vertus Téologales, *Saint Ciran, Teologie familiere.* On satisfait à la charité qu'on doit au prochain, lorsqu'on lui souhaite tous les biens de la gtace ; & tout ce qui nous rend capables d'aimer & de servir Dieu éternellement. *Saint Ciran, Teologie familiere.* L'impudique fut éfroié de ces paroles, & ravi de la charité d'Ignace, Il le suivit jusques à une petite maison où la charité le faisoit aler. *Pere Bonhours, vie de S. Ignace, l. 2.* Tout Paris, toute la France répondra que la charité, que le zele du grand Pompone opera toutes ces merveilles. *Pat. plaid. Eloge de Monsieur de Bellièvre.*

Charité. Aumône. Le mot de charité en ce sens a un pluriel Faire la charité. Regler ses charitez. *Saint Ciran, lettres.* Ignace avoit dequoi vivre honnêtement par les charitez qu'on lui faisoit. *Bonhours, vie de S. Ignace, l. 2.*

Charité. Ce mot pris à peu prés en ce même sens, entre dans cette façon de parler proverbiale, *charité bien ordonnée commence par soi-même,* c'est à dire, selon le langage des gens du siecle, qu'il faut songer à ses interêts avant que de songer à ceux d'autrui ; qu'il faut commencer à se faire du bien avant que d'en faire à autrui.

Charité. Terme des *Paroisses de Paris.* C'est une assemblée de quelques Dames devotes de chaque Paroisse de Paris, établie sous l'autorité de Monsieur l'Archevêque pour avoir soin des pauvres malades de chaque paroisse, leur porter, ou leur faire porter par les sœurs de la charité, de la nourriture, & des remedes ; leur faire, en cas de necessité, administrer les Sacremens ; & les faire enterrer s'ils meurent. Monsieur le Curé de la paroisse est le chef de cette assemblée, & on apelle les Dames qui la composent, Dames de la charité. Quand il y a dans une paroisse une Dame d'une vertu éminente, & d'un rang bien au dessus des autres, elle est pour l'ordinaire la superieure de la charité, sinon, les Dames sont superieures tour à tour. Chaque charité de paroisse a sa tresoriere, & ses sœurs, qu'on apelle sœurs de la charité, qui sont de bonnes filles habillées d'une grosse étofe grise, qui ont soin de preparer les remedes, & de les porter aux malades. Le mot de charité en ce sens a un pluriel. La charité d'une telle paroisse donne tous les ans deux cens livres à son Medecin. Madame de Longueville, qui étoit une Princesse tres-vertueuse, avoit fait établir avant sa mort des charitez sur toutes ses terres. La charité de chaque paroisse de Paris ne secourt les malades de la paroisse qu'environ trois semaines, ensuite s'il n'y a point d'aparence que la personne malade guerisse, la charité la fait porter à l'Hôtel-Dieu, ou en quelqu'autre endroit destiné à recevoir les pauvres malades. Il a été enterré par la charité de la paroisse.

Charité. Ce mot signifie aussi le fonds qui est destiné pour les pauvres malades de chaque paroisse, & qui vient des quêtes qu'on fait en chaque Eglise de paroisse pour les pauvres malades, & des legs pieux que leur font quelques gens de bien lorsqu'ils sont au lit de la mort. En ce sens on dit. La charité d'une telle paroisse est bien reglée, elle est riche, elle est bonne.

Charité, Subsistance qu'on distribué aux pauvres malades de chaque paroisse de Paris. Il est à la charité de la paroisse. On lui porte tous les jours la charité de la paroisse.

Charité. Tous les pauvres malades d'une paroisse. Il est le Medecin de la charité d'une telle paroisse. C'est un bon Prêtre qui est le confesseur de la charité de la paroisse.

La charité des pauvres honteux. Cette charité n'est composée que de Monsieur le Curé de la paroisse & de Messieurs les Marguilliers qui ont entre les mains un fonds qui vient des quêtes qu'on fait dans chaque paroisse pour les pauvres honteux, & des legs pieux & autres aumônes qu'on leur fait. Les Marguilliers aiant connoissance de ces pauvres honteux de leur paroisse, leur donnent, ou leur envoient toutes les semaines, ou tous les quinze jours quelque petite somme d'argent, pour les aider à rouler tout doucement. Ainsi on dit. La charité des pauvres honteux fait subsister un tel ménage. Ces jeunes gens sont à la charité des pauvres honteux. On a établi à Paris plusieurs charitez pour les pauvres honteux.

Charité. Sorte d'hôtel-Dieu où l'on ne reçoit que de pauvres garçons & de pauvres hommes malades, servis par des Religieux instituez par S. Jean de Dieu. La premiere maison de l'ordre de ces bons Religieux est à Grenade. Toutes les semaines il sort trois fois de la charité de Paris des pauvres qui sont gueris, & il y en entre d'autres aussi-tôt. Il n'y a dans Paris qu'une charité des hommes qui est au Faux-bourg S. Germain. Il ne faut nulle faveur pour être à la charité, & il n'y a que les parens de ceux qui ont fondé quelque lit qui soient preferez aux autres, & cela semble fort juste.

La charité des femmes. C'est une sorte d'hôtel-Dieu où l'on ne reçoit que de pauvres femmes & de pauvres filles malades, qui sont servies avec soin & avec zele par des Religieuses hospitalieres. Les malades sont fort bien à la charité des femmes. Il y a trois charitez de femmes à Paris, l'une auprés des Minimes de la place Roiale, l'autre à la requette, Faux-bourg saint Antoine, & la troisiéme au Faux-bourg S. Marceau. On l'a portée à la charité des femmes. On dira aussi tres-bien, on l'a portée aux hospitalieres de la charité nôtre Dame. Elle est morte aux hospitalieres de la misericorde de Jesus. Voiez *Hospitalieres.*

* **Charité,** Quelques Religieux apellent ainsi la discipline qu'un Religieux donne à un autre. Faites-lui la charité.

†* On dit proverbialement, & dans un sens contraire, qu'on prête une charité à quelcun, quand on medit de lui, ou qu'on lui impute à faux quelque defaut, ou quelque vice.

Le petit Pere André, Predicateur gaillard, prêchant un jour de la charité, disoit que la charité étoit le fondement de toutes les vertus, qu'il en faloit avoir, & que jamais on n'auroit la vie éternelle, si on n'avoit autant de charité qu'un Jesuite d'humilité, un Capucin de science, & un Cordelier de chasteté.

Charivari, s. m. Ce mot vient du grec, selon quelques-uns Assemblée de personnes qui crient d'une maniere boufonne, & font un tumulte avec des poêles & des chauderons, pour faire quelque sorte de confusion à des gens, & sur tout à de nouveaux mariez. Charivari fâcheux, ennuïeux, plaisant. Charivari plaisant, divertissant. Le charivari est un mélange de voix discordantes, qui est quelquefois assez plaisant. *Abl. Luc. t. 2.* Les charivaris qui se font au sujet des nôces sont condamnez comme une injure faite au Sacrement de Mariage. *Thiers, Traité des jeux, c. 24.* Les charivaris se font d'ordinaire aux secondes nôces, qui sont disproportionnées, ou se fait le soir pour chagriner les nouveaux mariez. On empêche les charivaris en donnant quelque chose à la canaille qui le fait, *là-même.*

CHA

Charivari. Ce mot se dit auſſi par raillerie d'une mauvaiſe muſique, & du bruit confus & tumultueux que font des débauchez quand ils ſont ivres.

CHARLATAN, *ſ. m.* Celui qui vent publiquement des drogues, & dit mille menſonges de leur vertu pour les mieux débiter. La plupart des Medecins de Paris ſont charlatans.

† * *Charlatan.* Cajoleur, hableur. Celui qui par ſes cajoleries tâche à tromper les gens.

* *Charlatan.* Ce mot ſe dit en parlant de faux dévots, & veut dire hipocrite, tartufé, & qui n'a la dévotion que ſur le bout des lévres. Tous ces beaux diſcurs ne ſont que de vrais charlatans, & moi je hai plus que la peſte ceux qui diſent plus qu'ils ne font.

Charlatane, *ſ. f.* Cajoleuſe, hableuſe, qui tâche par ſes paroles atraper les gens. Les Marchandes du Palais ſont des charlatanes.

* *Charlataner*, *v. a.* Faire le charlatan pour atraper quelque choſe.

† *Charlatanerie*, *ſ. f.* Cajolerie pour attraper quelque choſe. Perſuaſion ſubtile & artificieuſe pour ſurprendre quelcun. C'eſt une pure charlatanerie que tous les ſecrets qu'on débite, quand on ne veut pas ſuivre les regles de l'art.

CHARLES, *ſ. m.* Nom d'homme.

Chariot, *ſ. m.* Nom d'homme.

Charlote, *ſ. f.* Nom de femme.

CHARME, *ſ. m.* Sorte d'arbre d'un bois dur.

Charme, *ſ. m.* Enchantement. Ce ſont des paroles qu'on dit pour produire des éfets ſurnaturels. Ces charmes ſont défendus, *Thiers, ſuperſtitions, ch. 33.* Se ſervir des charmes. C'eſt une magicienne qui eut recours à ſes charmes. Elle atiroit les Chevaliers à elle par la vertu de ſes charmes. Les charmes d'Alcine agiſſoient ſur Roger. *Arioſte.* Rompre un charme. *Paſ. l. 8.*

* *Charme.* Apas. Atraits. Quel charme a pour vous le danger? *Voi. poe.* C'eſt un grand charme que les loüanges pour arrêter un Auteur. *Mol. Criti.* T. iſis eſt le charme veritable de tous les cœurs. *La Suze, Elegies.*

> Que ſes charmes ſont grands, que ſon tranſport eſt doux!
> Quand il dit, je vous aime, & je n'aime que vous.
>   *La Suze, poeſies.*

Charme merveilleux, ſurprenant, &c.

* *Charme.* Moïen & adreſſe de gagner le cœur. Ses yeux ſavent les mêmes charmes. *Voi. poe.*

Charmer, *v. a.* Uſer de ſortilege & de charmes. Pouvoit-il charmer la bale qui l'a tué. *Voi. poe.*

* *Charmer.* Agréer par ſon merite, par ſa beauté, par de belles qualitez.

> On peut encore aujourdui vous aimer,
> Mais ſi le tems, à tous inexorable,
> Vous ôtoit les moïens de plaire & de charmer,
> N'aimez pas moins ce qui paroit aimable,
>   *S. Evr. œuvres mêlées, p. 465.*

Être charmé. C'eſt à dire, être touché avec plaiſir.

> Laiſſe-moi ſoupirer, ma peine eſt ſans remede;
> Mon cœur eſt trop charmé du feu qui le poſſede.
>   *La Suze, poe.*

Les Dames abordèrent Roger avec un air ſi honnête qu'il en fut charmé. *Arioſte moderne, l. 1.*

* *Charmer.* Apaiſer, enchanter. Sa voix peut charmer les douleurs, *Voi. poe.* Le vin charme les chagrins.

Charmeur, *ſ. m.* Celui qui ſe ſert de charmes ou de paroles ſuperſtitieuſes pour produire quelque éfet ſurnaturel & ſurprenant. Les charmeurs ſont condamnez par les Peres & par les Conciles. *Thiers, ſuperſt.*

* *Charmeuſe*, *ſ. f.* Ce mot ſe dit dans le burleſque d'une femme qui ſe fait aimer.

> Juge alors quel deſordre aux yeux de ma charmeuſe, &c.
>   *Corn. Illuſion comique.*

Charmant, charmante, *adj.* Qui agrée, qui plait. Eſprit charmant, beauté charmante.

CHARMILLE, *ſ. f.* Petit plant de charme qu'on éléve pour le vendre à ceux qui veulent faire des paliſſades, ou des alées. Il faut acheter un miſier de charmille.

CHARNAGE, *ſ. m.* Tems où l'on mange de la viande.

Charnel, charnelle, *adj.* Senſuel, ſelon la chair. Plaiſir charnel. Ce mot eſt ordinairement opoſé à ſpirituel.

Charnellement, *adv.* Selon la chair, ſenſuellement. Vivre charnellement.

Charneux, charneuſe, *adj.* Terme de *Medecine.* Les parties charneuſes, ce ſont les parties du corps où il y a beaucoup de chair, comme ſont les muscles, les joues, les feſſes, &c.

Charnier, *ſ. m.* Lieu dans un cimetière où l'on range & met en pile les os des morts. Ainſi on dit les charniers Saint Innocent.

CHA   175

Charnier. Lieu où l'on communie dans les paroiſſes de Paris.

CHARNIERE, *ſ. f.* Deux pièces de métal qui s'enclavent l'une dans l'autre, & ſe joignent avec une rivure, un clou ou une goupille. (Les Horlogers enchaſſent le corps des montres dans des boëtes, & les y font tenir avec une charnière. Les deux piéces d'un compas, d'une fauſſe équierre, & de divers autres inſtrumens, ſont attachées enſemble par des charnières. Il y a des charniéres ſimples, & des charnières doubles. La juſteſſe des inſtrumens de Mathematique dépend principalement d'avoir des charnières bien faites.

CHARNU, charnuë, *adj.* Qui a beaucoup de chair. (Bout charnu de l'oreille. Partie charnuë.)

* *Charnu, charnuë*, Ce mot ſe dit des plantes qui ont leurs racines groſſes & longues, ſans envelopes, auſquelles ſont atachées quelques fibres.

Charnure, *ſ. f.* Ce mot ſe dit particuliérement de la qualité de la chair des perſonnes. (Charnure belle, vilaine, noire, molle, &c.

CHAROGNE, *ſ. f.* Bête morte & puante.

* *Charogne.* Puanteur. (Puante comme une charogne.)

CHARPENTE, *charpenterie*, *ſ. f.* L'un & l'autre ſe dit bien. C'eſt tout le bois qui ſert à la conſtruction d'un bâtiment. (La charpente d'une Egliſe. Bois de charpente.)

La charpenterie ſignifie auſſi l'art de charpentier, qui enſeigne à tailler & à aſſembler pluſieurs pièces de bois pour bâtir des maiſons & les couvrir, & pour conſtruire des vaiſſeaux, faire des machines, &c.

Charpentier, *ſ. m.* Ouvrier qui travaille en bois, & fait toutes ſorte d'ouvrages pour la conſtruction d'un bâtiment.

CHARPIR, *ſ. f.* Terme de *Chirurgie.* Linge qu'on met aux plaies. Le nouveau traducteur de Dom Quichot a écrit *charpi*, pour *charpie*, mais en cela il n'eſt point à imiter; l'uſage eſt pour *charpie.*

CHARRIER. Voïez *Charier.*

Charrier. Voïez *Chariot.*

Charrette, *ſ. f.* Chariot à deux roües. (Mener du bois ſur une charrette. On fouette les coupeurs de bourſe au cul d'une charrette.)

* On dit proverbialement. *C'eſt un avaleur de charrettes ferrées.* Cette phraſe eſt tirée du Grec; & ſe dit d'un fanfaron, d'un Capitan, mais elle ne ſe dit qu'en riant & dans le ſtile familier.

Charretée, *ſ. f.* La charge d'une charrette. (Une charretée de bois.)

Charroi, *ſ. m.* La peine du charretier ou voiturier qui a fait quelque voiture, qui a charrié quelque choſe. (Païer le charroi.)

Charron, *ſ. m.* Artiſan qui fait le bois des chariots, des charrettes, des charruës, trains de caroſſes, haquets, tombereaux, & autres harnois. (On fait marcher force charrons avec l'équipage de l'armée.)

Charruë, *ſ. f.* Inſtrument propre à labourer qui eſt tiré par des bœufs, ou des chevaux, & qui eſt compoſé d'un ſep, d'un ſoc, d'un coûtre, d'un écu, d'une haie, de deux mancherons, de deux roüelles, &c. (Mener la charruë. Les Dictateurs quitoient la charruë, qu'ils reprenoient quand l'expédition étoit achevée. *S. Evremont, Génie du peuple Romain, ch. 2.*)

† * *Mettre la charruë devant les bœufs.* Proverbe pour dire, mettre au commencement ce qui devroit être à la fin. Renverſer l'ordre des choſes.

* On dit en parlant d'un travail pénible & fâcheux, j'aimerois autant être à la charruë, ou tirer la charruë.

CHARTE-PARTIE, *ſ. f.* Ce mot vient du Latin *charta-partita*, & c'eſt un terme de *Marine*, qui ſignifie un écrit contenant la convention que l'on fait pour le freitement, la facture & la cargaiſon d'un Vaiſſeau.

Charti, *ſ. m.* Le corps de la charrette.

Chartier. Voïez *Charetier.*

CHARTRE, *charte*, *ſ. f.* Ces mots ſignifient les titres & les papiers de conſéquence qui regardent l'hiſtoire. Ils ſignifient auſſi tous les titres & tous les papiers de conſéquence qui concernent quelque corps ou quelque communauté. La raiſon voudroit qu'on dit *charté*, comme l'a écrit M. Meſerai au titre de ſon Hiſtoire de France in folio, & comme l'écrit toûjours M. d'Eperton dans ſon ſavant livre de la véritable origine de la première race des Rois de France; mais l'uſage plus fort que la raiſon, que Mr. d'Eperton & que Mr. Meſerai veut qu'on diſe & qu'on écrive *chartre.* Il eſt parlé de ce Saint dans une autre chartre. *M. Patru*, plaidoié 14 p. 519. *M. Fremont Abé Commandataire* 2 p. écrit p. 130. Vous pourrez vous détromper ſi vous prenez la peine de conſulter les anciennes chartres. Le mot de *chartre*, dit Mr. Ménage, obſervations ſur la langue Françoiſe, vient de *charta*, & ainſi ſelon l'étimologie, il faudroit dire *charte*; cependant on dit *chartre.* Tout le barreau dit *chartre.* Les chartres ſont gardées avec beaucoup de ſoin. Les chartres de France ſont curieuſes. Voir le treſor des chartres & pour montrer que le grand uſage a toûjours été de dire *chartre.* Le célébre Mr de Heronval m'a fait l'honneur de me montrer pluſieurs chartres anciennes qui commencent par ces mots mots. *On fait à ſçavoir à tous par ces preſentes chartres que.*

Chartre, s. f. Maladie de langueur qui consiste dans une telle secheresse de tout le corps, qu'il ne demeure que la peau sur les os. Etre en chartre. On s'adresse à S. Fenin pour ceux qui sont tombez en chartre. *Ménage, Origines de la langue Françoise.*

Chartre Normande. Ces mots signifient les Lettres de conservation des privileges acordez à la Province de Normandie par le Roi Philipe, lors que les Normans secoüerent le joug des Anglois. La Chartre Normande a été confirmée par plusieurs Rois qui lui ont succedé. *Ferriere, introduction à la pratique.* Ces *vidimus* sont contenus à la fin du coutumier de Normandie. On met dans la plupart des Lettres de la grande Chancellerie, nonobstant clameur de haro, *Chartre Normande, &c.*

* *Chartre.* Terme de *Palais.* Ce mot est vieux, & il signifioit autrefois une prison. L'Ordonnance de 1670. défend aux Prevôts de faire chartre privée, c'est à dire, de faire de leur maison une prison.

CHARTREUX, *s. m.* Religieux instituez par S. Bruno natif de Cologne en 1086. Ils sont vêtus de blanc, avec une chape noire qui couvre l'habit blanc, & ils ont été apellez Chartreux à cause d'un lieu en Dausiné nommé Chartreuse, où ils ont été premierement établis par Hugues Evêque de Grenoble. Leur regle est composée de celle de S. Hierôme, de S. Cassian & de S. Benoit.

Chartreux, s. m. Convent de Chartreux. S. Loüis a fait bâtir les Chartreux de Paris.

Chartreuse, s. f. Convent de Chartreux, ou de filles Chartreuses. La grand' Chartreuse est auprès de Grenoble.

Chartreuses, s. f. Religieuses de l'ordre de S. Bruno.

CHAS, *s. m.* Terme de *maçon.* Piece de cuivre carrée qui a diametralement une piece de métal ronde qu'on apelle plomb, qui pend d'une ligne qui passe au travers du chas, qui sert aux maçons pour plomber les murs, & voir s'ils sont droits, ou s'il y a du fruit.

CHASERET, ou *chazeret, s. m.* C'est un petit chassis de bois, large de trois bons doigts, qui a un fond d'ozier, & dont on se sert pour faire des fromages. Un chaseret fort propre. Ce sont les boisseliers qui font & vendent des chaserets.

CHASSE, *s. f.* La premiere silabe de ce mot se prononce bréve. Il signifie la poursuite qu'on fait des bêtes avec des chiens, soit à pié ou à cheval. La poursuite qu'on fait pour prendre quelque sorte de bête que ce soit. L'art & le moien d'atraper les bêtes. Aler à la chasse.

* *Chasse.* Poursuite. Donner la chasse à l'ennemi. *Abl.* Plusieurs sont dificulté de se servir de cette façon de parler, & en sa place ils disent poursuivre, ou pousser l'ennemi, mais mal. Tous les jours on dit en parlant, nos troupes ont donné la chasse aux ennemis ; mais on ne s'en sert pas dans un stile noble. *Vaug. nouv. rem.*

* *Chasse.* Terme de *mer.* On dit donner la chasse, c'est obliger les vaisseaux ennemis à prendre la fuite. *Prendre chasse, c'est s'en fuir. Soutenir chasse,* c'est se batre en retraite. Les pieces de chasse, ce sont les canons de l'avant pour tirer sur les vaisseaux qui prennent chasse.

Equipage de chasse. Ce sont les chiens, les chevaux, les piqueurs, les toiles ou filets, & generalement tout ce qui sert à la chasse.

Chasse. Ce mot signifie la troupe des chasseurs. La chasse est à une lieuë d'ici.

Chasse. Signifie aussi ce qu'on a pris à la chasse. Il lui a fait part de sa chasse.

Chasse. Terme du jeu *de paume.* L'endroit où tombe la bâle au premier bond, & qui se marque avec un petit morceau d'étofe. Petit morceau d'étofe pour marquer la chasse. Gagner une chasse. La chasse est au dernier. La chasse est à un tel carreau.

* *Chasse.* Action d'une personne qui fait une chose qui déplait, qui fâche, qui choque. Remarque bien cette chasse tu ne la porteras pas loin.

* *Chasse-morte.* Coup perdu. Action qui n'a aucune suite.

Chasse. La premiere silabe de ce mot se prononce longue, & il signifie une maniere de cofre, dont le haut est fait en cerceuil ou en toit d'Eglise, où sont les os de quelque Saint ou de quelque Sainte. La chasse de Sainte Geneviève de Paris est fort belle.

Chasse. Terme d'*orfévre* & *de faiseurs de boucles.* La partie de la boucle où est le bouton.

Châsse, Terme de *balancier.* Morceau de fer qui est ataché avec un clou au milieu du fleau de la balance, ou du trébuchet, & qui sert à tenir les balances ou le trébuchet lorsqu'on pese.

Châsse. Terme de *miroüetier.* Tout l'argent, le cuivre, l'ébene ou la corne qui tient les verres de la lunette, & où l'on met le nez de celui qui s'en sert. Une châsse bien faite.

Chasse. Ce mot se dit par plusieurs artisans, & signifie en general tout ce qui sert à tenir quelque chose enchassée, comme on l'a vu dans les trois articles qui précedent. Les couteliers disent la chasse d'un rasoir, ou le manche d'un rasoir, &c.

Chasse-avant, s. m. Celui qui dans les grands ateliers conduit & fait marcher les ouvriers.

* *Chasse-coquin, s. m.* Bedaut qui chasse les gueux hors de l'Eglise.

* *Chasse-cousin.* Terme de *maitre d'armes.* Fleuret ferme, & qui n'obeit pas, propre à bourrer de certaines gens qui viennent faire assaut.

Chasse-cousin. Méchant vin qu'on donne à ceux qu'on a envie de ne plus regaler. Donner du chasse cousin.

† *Chasse-ennui.* Ce qui ôte le chagrin & l'inquietude de l'esprit. On dit du vin que c'est un bon chasse-ennui. On l'a dit de certains livres facetieux, qui contiennent des contes pour rire.

Chasse-marée, s. m. Celui qui amene la marée à Paris tous les vendredis & les samedis.

Chasse-mulet. Valet de meunier des environs de Paris qui reporte sur les mulets les facs de farine aux boulangers, & qui va querir le blé des boulangers, & le porte sur ses mulets au moulin.

Chasser, v. a. Poursuivre une bête pour la prendre ou pour la tuër. Tâcher d'avoir adroitement quelque bête. Chasser un sanglier, un liévre. Chasser aux oiseaux.

* *Chasser.* Poursuivre. Donner la chasse à quelque ennemi. Chasser l'ennemi sur terre ou sur mer.

* *Chasser.* Mettre hors d'un lieu. Chasser quelcun de sa maison. Il ataqua la demi-lune, & en chassa l'ennemi. *Abl.* Sur la fin du 15. siecle on chassa les maures d'Espagne. *Mariana, hist. d'Espagne.*

Chasser un cheval. Terme de *manége.* C'est le porter & le faire aler en avant.

Chasser le mauvais air d'une maison. C'est purifier l'air par de bonnes odeurs, & y laisser souffler le vent pour y renouveller l'air.

Chasser. Terme de quelques *artisans.* C'est fraper avec violence sur quelque chose pour la faire avancer, ou pour la faire entrer dans quelqu'autre chose. On chasse à force un clou, ou une cheville pour les faire entrer dans quelque trou. Les tonneliers chassent à force les cerceaux pour bien serrer les douves d'un tonneau, ou de quelqu'autre futaille.

Chasser. On dit encore ce mot en parlant de la poudre à canon, dont la plus forte & la plus fine chasse la bale plus loin que la grossiere.

* *Chasser, v. n.* Terme d'*Imprimeur.* Il se dit des caracteres, donc les plus gros ocupent plus d'espace dans l'impression que les plus petits. On dit par exemple, le parangou chasse plus loin que le S. Augustin.

Chasser, v. n. Terme de *mer.* Il se dit d'un vaisseau, & l'on dit qu'il chasse sur son ancre, lors que le vent & les marées entrainent le vaisseau, ou le font arer lors que l'ancre n'a pas motté assez avant, ou que le fond est de mauvaise tenuë, & qu'ainsi le vaisseau traine son ancre.

† * *Un clou chasse l'autre.* Proverbe pour dire que le plus fort chasse le plus foible, & qu'un grand mal en fait oublier un petit.

† * *Un bon chien chasse de race:* Proverbe pour dire qu'une personne a ordinairement les mêmes inclinations que son pere & sa mere.

Chasseur, s. m. Celui qui poursuit les bêtes à la chasse pour les prendre, ou pour les tuër. Celui qui tâche d'atraper les bêtes. Un bon chasseur.

† * *Un repas de chasseur.* C'est un repas pront & leger.

† * *Une messe de chasseur.* C'est une Messe dite à la hâte.

† *Chasseresse, s. f.* Ce mot s'est dit quelquesois d'une femme qui aime la chasse. Diane étoit parmi les Paiens une Divinité chasseresse. Il faut plûtot dire que Diane étoit la Déesse de la chasse, ou des chasseurs.

CHASSIE, *s. f.* Humeur qui cole les yeux & s'atache aux paupieres. Excrement des yeux qui vient d'une piruite épaisse. Chassie puante.

Chassieux, chassieuse, adj. Qui a de la chassie aux yeux. Les vieilles sont ordinairement chassieuses. On le dit aussi des yeux. Les fluxions rendent les yeux chassieux.

Chassis, s. m. Ce mot pris generalement signifie tout ce qui enferme, ou qui enchasse quelque chose. Ainsi on dit un chassis à panneaux de vitre, & c'est le bois sur lequel est ataché le panneau de vitre. Chassis à carreaux de verre, c'est le bois où sont enchassés les pieces, ou les carreaux de verre, c'est aussi le bois & les carreaux de verre. Faire, assembler, cloüer un chassis. Mettre le verre dans un chassis. Coler le papier sur un chassis.

Chassis dormant. C'est un chassis qui est fixe, qui ne s'ouvre pas, ou ne s'élève point.

Chassis. Terme de *menuisier.* Cloture de bois qu'on rabote, & qu'on fait par carreaux, sur laquelle on cole du papier qu'on huile, & qu'on met ensuite aux croisées des fenêtres devant les vitres, afin que la chambre soit plus chaude.

Chassis d'osier. Terme de *vanier.* Cloture d'osier qu'on met devant les fenêtres des Colleges, & de quelques autres lieux pour empêcher qu'on ne casse les vitres à coups de pierre.

Chassis de léton. Terme d'*épinglier.* Filez de léton, travaillez par maille, & atachez avec de petits clous sur un chassis de bois.

Chassis. Espece de petit quadre sur quoi on pose la toile d'un tableau.

Chassis de paravant. Bois de paravant.

Chassis.

CHA   CHÂ

Chassis. Bois sur quoi on pose le dessus du bois de la table. On dit aussi chassis de porte, chassis de fenêtre.

Chassis pliant. Espece de tretteau de table.

Chassis. Terme d'*Imprimeur* C'est un quarré dans lequel on enferme les caractéres qu'on serre de tous côtez. Cet instrument s'apelle proprement *chassis* quand il y a une barre au milieu, car lors qu'il n'y en a point on l'apelle *ramette.*

Chassis. Terme de *Jardinier.* C'est un ouvrage de menuiserie dans l'épaisseur duquel il y a de tous les côtez des feuillures pour y loger, emboiter & enchâsser des panneaux quarrez de vitre, & en couvrir les plantes qu'on veut avancer l'hiver par des rehaussemens. Les chassis des Jardiniers doivent être de bois de chêne.

CHASSOIR, *s. m.* Terme de *Tonnelier.* Morceau de bois qu'on pose sur le cereeau, & qu'on frape avec le maillet pour chasser le cereeau quand on lie des futailles.

CHASTE, *adj.* Qui a de la chasteté, [J'ai été toûjours aussi chaste qu'une Demoiselle que vous savez. *Voi. l.* 33. Elles sont plus chastes des oreilles que de tout le reste du corps. *Mol. Crit. s. 3.* On peut être chaste dans le mariage.

* *Chaste.* Ce mot se dit du langage, & veut dire exact, correct, honnête & éloigné de toute impureté. [Stile chaste. On ne peut avoir une diction plus chaste & plus correcte. *Cos.* On a loüé Virgile de ce qu'il étoit un Poëte chaste.]

Chastement, adv. Avec chasteté. [Vivre chastement.]

Chasteté, s. f. Pureté de mœurs Continence. Vertu Chrétienne & morale par laquelle on s'abstient des plaisirs illicites de la chair & l'on use modérément des légitimes [Faire vœu de chasteté. On peut conserver la chasteté dans le mariage. Conserver sa chasteté. Vivre dans sa chasteté.]

CHASUBLE, *s. f.* Ornement d'Eglise. Vetement court & sans manches qui couvre tout le corps du Prêtre quand il dit la Messe.

Chasublier, s. m. Ouvrier qui brode & fait des Chasubles. Marchand qui vend des chasubles.

CHAT, *s. m.* Animal tres connu qui est ordinairement gris, ou noir, gris & blanc, ou noir & blanc, qui a les yeux étincelans, qui est fin, qui vit de souris, & de toute sorte de chairs, qui hait les rats, les souris, les chiens, les aigles, les serpens & l'herbe qu'on apelle la rue. Sa cervelle trouble l'esprit [Chat privé, ou domestique. Chat sauvage. Chat d'Espagne. Le chat miaule. Henri III. Roi de France avoit tant d'aversion pour les chats, qu'il changeoit de couleur & tomboit en sincope lors qu'il en voioit. *Prade. h. fr. de France Henri* 3.]

Vendre le chat en poche. Proverbe, pour dire vendre une chose sans la faire voir.

* *Eveiller le chat qui dort.* Proverbe, pour dire réveiller une querelle assoupie.

* *Emporter le chat de la maison.* Proverbe, pour dire s'en aller sans rien dire.

* *Laisser aller le chat au fromage. Voiture l. 1.* Ce proverbe se dit des femmes & des filles, & veut dire donner la derniere faveur à un galand.

* *A bon chat, bon rat.* Proverbe, pour dire bien ataqué, bien défendu.

* *Apeller un chat un chat, & Rolet un fripon. Depreaux*, c'est à dire ne se pas contraindre Ne rien dissimuler Dire franchement les choses comme elles sont. Apeller les choses par leur véritable nom sans y aporter aucun déguisement.

Jetter le chat aux jambes. Proverbe, pour dire. Acuser quelcun de quelque faute, l'arréter par quelque empêchement.

On dit de deux personnes ennemies *qu'elles s'aiment comme chiens & chats*,

On dit de celui qui veille sur les actions d'un autre *qu'il le guette comme le chat fait la souris.*

† *Un chat échaudé craint l'eau froide.* Proverbe, pour dire que celui qui a reçu quelque mal, craint toutes les choses de même nature.

Se servir de la pate du chat pour tirer les marrons du feu. Façon de parler proverbiale pour dire se servir & profiter de la simplicité ou de la témérité de quelcun qui se hazarde à faire quelque chose.

Chate, s. f. La femelle du chat. Une belle & bonne chate.

Chatée, s. f. Tous les chats de la portée d'une chate.

Chat huant. Voiez hibou.

CHATEIGNE, *s. f.* Fruit de châteignier, qui ressemble au maron, qui est astringent & couvert de trois couvertures. Une grosse châteigne boüillie. Vivre de châteignes. Il y a des Provinces où l'on fait du pain avec des châteignes moulues, après qu'on les a fait sêcher.

Châteigner, s. m. Arbre qui porte les châteignes, qui aime la terre légère & sablonneuse, qui devient gros & grand comme le chêne, & qui a les feüilles grandes & en façon de scie. *Dal.*

Châteigneraie, s. f. Le lieu où viennent les Châteigners. Un lieu où l'on a planté des Châteigners.

CHATEIN. Cet adjectif se dit des cheveux, & n'est usité qu'au masculin, il veut dire qui tire sur le blond. Monsieur d'Ablancour avoit les cheveux châteins.

CHATEAU, *s. m.* Maison Seigneuriale, C'est aussi quelquefois une sorte de Forteresse. Le Château de Dijon est une maniere de Citadelle. On disoit anciennement *un Chatel.*

* *Faire des Châteaux en Espagne. Prov. Voi. l.* 37 S. forger des chimères dont on se repait l'esprit.

CHATELAIN, *s. m.* Seigneur qui a terre & maison Seigneuriale avec droit de Justice.

Chatelain. Ce mot signifie aussi un Juge, ou Oficier qui rend Justice dans la terre d'un Seigneur Chatelain.

Chatelenie, s. f. Ce mot vient de Chatelet & veut dire une terre de Seigneur Chatelain, qui a droit de Chateau, ou doivent faire hommage les Seigneurs qui ont des fiefs qui en relevent. *Sanson.*

Chatelet, s. m. Sorte de Juridiction Roiale, la premiere & la plus considérable de France où l'on rend la Justice. (Ainsi on dit Le grand Chatelet de Paris. Le nouveau Chatelet de Paris.

Chatelet. Terme de *Rubanier.* La partie du métier du Rubanier qui soutient les ardoises & les hautes lices.

CHATEMITE, *s. f.* Mot vieux & burlesque, qui signifie Hipocrite Dissimulée. Qui déguise les sentimens de son cœur.

(Vive la sœur Marguerite
Pour bien faire la *Chatemite. Poëte anonime.*

Chater, v. n. Faire des petits chats. (La chate a chaté. On dit aussi *chatonner.*

Chaterie, s. f. Ouverture dans une porte par où passe le chat.

CHATIMENT, *s. m.* Punition. (Prendre châtiment des rebelles. *Abl. Ar. l.* 1. Toute faute merite châtiment. La guerre, la famine & la peste sont des châtimens que Dieu envoye aux hommes à cause de leurs pechez.

Châtimens. Terme de *Manége.* C'est quand on pique, ou fouette un cheval & que l'on se sert des aides avec rudesse lors qu'il ne veut pas obéir. On apelle tout cela les *châtimens* qu'on fait à un cheval.

Châtier, v. a. Ce mot se dit des personnes, des animaux & des choses, il signifie corriger par quelque sorte de punition. (Châtier un enfant, un cheval, un chien. Châtier rigoureusement quelque faute. *Abl. Ar. l.* 7. La Justice châtie les coupables)

* *Châtier.* Il se dit au figuré en parlant du langage, c'est le retoucher & le corriger. (Quand on *chatie* trop son discours, on lui ôte souvent une partie de sa force, il le faut châtier jusqu'à un certain degré. Voiture a plus châtié sa prose que ses vers *Hist. de l'Academie.* Ceux qui ne châtient pas leur stile semblent par leurs manières barbares & surannées, vouloir revivre le François de nos péres.

CHATON, *s. m.* Le verd qui couvre la coquille de la noisette lors qu'elle est encore sur le noisetier.

Chaton. Terme d'*Orfévre.* Partie de la bague où est la pierre.

Chaton. Ce mot pour dire *un p tit chat* n'est pas bien usité. Un beau *chaton*, dites plutôt un beau petit chat.

Chaton. Terme de *Fleuriste.* C'est ce qui renferme la graine de la tulipe. Ce mot, en ce sens, est figuré. (Laisser la graine un couple de mois dans le *chaton.* On ne leve point les oignons reservez pour graine, que le *chaton* qui la contient ne montre en s'ouvrant qu'elle est mure & sêche. *Voiez la culture des fleurs, ch.* 7.

CHATOUILLEMENT, *s. m.* C'est une action de la personne qui touchant doucement quelques parties du corps fait rire. Sorte de plaisir qui se fait sentir, ou qu'on sent en certaines parties du corps. (C'est un chatouillement qui se rend universel par tout le corps. Il y a bien des personnes qui craignent le chatouillement.)

Chatouiller, v. a. Toucher de telle sorte quelques parties du corps qu'on fasse rire. Chatoüiller quelqu'un.

* *Chatouiller.* Donner un plaisir délicat & sensible. Flater agréablement quelque sens. (La loüange chatoüille bien un Auteur: *Mol.* Chatoüiller l'oreille. *Abl. Luc. T.* 1. Il n'y a rien qui chatoüille tant l'oreille d'un homme soupçonneux que les raports *Abl. Luc. T.* 3)

Chatouilleux, chatouilleuse, adj. Qu'on fait aisément rire en lui touchant doucement quelques parties du corps. (Il est chatoüilleux, elle est chatoüilleuse.)

On dit d'un cheval qu'il est chatoüilleux, lors qu'il est trop sensible à l'éperon, qu'il le fuit & n'y obéit pas d'abord.

Chatoüilleux. Ce mot se dit de l'esprit & signifie qui est délicat sur le point d'honneur & à l'egard de la conscience.

* *Chatoüilleux, chatoüilleuse.* Qui se fâche pour peu de chose. [Esprit chatoüilleux.]

Chatoüilleux, chatoüilleuse. Chose où il est dificile de se bien gouverner. Afaire chatoüilleuse. *Abl.* Les afaires d'Etat sont fort chatoüilleuses. Le maniement des deniers publics est un emploi fort chatoüilleux. La recherche de ce crime étoit chatoüilleuse *Vau. Q. C. l. 6. c.* 11. Il y a en cela quelque chose de bien chatoüilleux.

CHÂTRER, *v. a.* Oter les testicules. Couper les testicules. Châtrer quelcun, châtrer quelque animal. On châtre les beufs & les moutons, &c. pour les rendre plus dociles. On châtre les chapons pour les engraisser. Les Orientaux châtrent des hommes pour en faire des Eunuques, & s'en servir pour être les gardiens de leurs femmes.

Z

CHA

† * Châtrer. Oter, diminuer, souftraire. (Châtrer un fagot, un cotret. Châtrer un livre, c'est en ôter quelque partie. Châtrer les ruches des abeilles, c'est en ôter une partie des gaufres de miel. Châtrer les melons ou les concombres, cela se dit par les Jardiniers, & signifie les tailler, ou pincer, comme ils parlent.)

Châtré, s. m. Celui à qui on a coupé tout net les testicules. (C'est un châtré. Les châtrez n'ont point de barbe. Les châtrez conservent long tems leur voix claire.)

Chaud, s. m. Chaleur. (Il fait un grand chaud. La félicité du parasite consiste à n'avoir ni chaud ni froid. Abl. Luc. T 2 Parasite.)

Chaud, chaude, adj. Qui a de la chaleur, échaufé, brûlant. (Tems chaud, eau chaude, avoir les pieds chauds, le feu est chaud.)

Chaud, chaude. Ces mots se disent de tout ce qui a la propriété d'exciter de la chaleur, ou de la conserver. (La chaux est chaude. Le vin est chaud. L'eau de vie est chaude. Le poivre est chaud. Un habit est chaud. Une chambre est chaude.)

* Fièvre chaude. C'est une fièvre ardente, qui cause le délire, & quelque transport au cerveau.

* Pleurer à chaudes larmes. C'est à dire, pleurer beaucoup; c'est répandre des larmes qui sortent avec impétuosité, comme il arrive lors qu'on a le cœur serré, & que ces larmes ne sortent pas goute à goute, ni lentement, comme dans une tristesse médiocre.

* Avoir le sang chaud. C'est à dire, être colere & emporté. On dit au même sens, avoir la tête chaude.

† * Il faut batre le fer tandis qu'il est chaud. C'est à dire, il faut se servir de l'occasion quand elle se presente.

* Tomber de fièvre en chaud mal. C'est tomber d'un petit malheur dans un plus grand.

Soufler le froid & le chaud. Ces mots se disent d'une personne qui est inconstante, qui dit du bien & du mal des mêmes gens, &c.

Ne trouver rien de trop froid, ni de trop chaud. Ces mots se disent des personnes qui ne sont point dégoûtées, à qui tout est bon, qui prennent par tout.

Chaud, chaude. Ardent, bouillant. (Chaud en amour & plus chaud en colére. Il est bien-heureux d'avoir un si chaud protecteur de la vertu. Mol. Chaud protecteur de la vertu. Mal. Poë)

Chaud, sorte d'adverbe. (Boire chaud, c'est à dire, boire une liqueur qui est chaude. Nous nous sommes vûs en des lieux où il faisoit fort chaud. Mol. Prés. C'est à dire en des lieux où l'on se batoit fortement, & où l'on couroit hazard de perdre la vie.)

A la chaude, adv. Du premier abord, & dans le premier transport.

Chaude, s. f. Terme d'Orfévre. Cela se dit quand on tire le metal du feu pour le forger. (Donner une chaude à la besogne.) Les verriers disent aussi ce mot de chaude, d'une quantité de matiére qu'ils fondent à une fois. Les forgerons le disent du fer qu'ils font chauffer à un feu violent.

Chaudement, adv. D'une maniére chaude, dans un état où l'on sente de la chaleur. (Quand on est enrumé, il se faut tenir chaudement.)

Chaudement, adv. Avec chaleur, avec transport. (Prendre les choses chaudement, Sar. Pompe de Voiture. Ils poursuivoient chaudement leur ennemi. Vaug. Quint. Curce. L. 6. ch. 1.)

Chaude pisse, s. f. Flux de semence involontaire, qui vient ou de debilité des vaisseaux, ou de l'inflammation des mêmes vaisseaux, contractée par le commerce sensuel qu'on a avec une femme gâtée. (Une cruelle & dangereuse chaude-pisse. Une chaude-pisse cordée.)

Je me souviens de la belle Clarice,
Lorsque son cœur à mes vœux fut propice;
Deux jours après j'eus une chaude-pisse.
Lignieres, poesies.

Gagner, atraper une chaude-pisse. Donner une chaude-pisse.

Chauderon, chaudron, s. m. Vase de cuivre jaune ou rouge servant à la cuisine.

Chaudronnier, chauderonnier, s. m. Ouvrier qui travaille en fer, en fonte, en léton & en cuivre, & qui vend de toutes sortes de chaudrons, de chaudiéres, & tout ce qui regarde la baterie de cuisine, & même qui fait des cors, cornets, serpens & trompettes.

Chaudronnerie, chauderonnerie, s. f. Marchandise de chaudronnier.

Chaudiére, s. f. Grand vase de métail propre à la cuisine. (Une grande ou une petite chaudiére.) Les Brasseurs de biére, les Teinturiers, les Chapeliers, les Rafineurs de sucre, ceux qui font cuire de l'eau salée pour en tirer du sel, & quelqu'autres ouvriers se servent de chaudiéres.

Chaufage, s. m. Tout le bois qu'on brûle durant l'hiver pour se chaufer. (On lui donne trois voies de bois pour son chaufage.)

Droit de chaufage. C'est le droit que diverses personnes ont de prendre du bois dans les forêts pour leur chaufage. (Prendre son chaufage. Aler querir son chaufage. Voi. Imbert, Enchiridion.)

Chaufe-cire, s. m Oficier de la Chancellerie qui amolit & prepare la cire, pour la rendre propre à sceller. [Etre chaufecire.

Chaufe-chemise, s. m. C'est une machine ronde faite de lattes, qui est haute d'environ trois piez, & large de deux, à demi-pié du haut de laquelle il y a un roseau, & au dessus un couvercle. Cette petite machine sert l'hiver à faire chaufer une chemise, ou quelqu'autre linge; mais il faut qu'il y ait au bas du chaufe-chemise, un bon rechaud plein de feu, & que le chaufe-chemise soit bien fermé.

† Chaufe lit. Ce mot se dit par fois pour signifier en général tout ce qui sert à chaufer un lit, soit bassinoire, moine ou autre utencile de cette sorte.

Chaufe-pié, s. m. Sorte de petit cofre garni de tôle, où l'on met du feu, & que les femmes qui sont dans les boutiques se mettent sous les piez. Quelques-uns apellent ce chaufe-pié, une chaufrette.

Chaufer, v. a. Aprocher du feu pour en recevoir de la chaleur. Mettre sur le feu, ou dans le feu. (Chaufer le fer, faites chaufer ce plat. Chaufer le four, chaufer un poële.)

Se chaufer, v. n. Etre auprès du feu pour en recevoir de la chaleur. (Il se chaufe, & étudie toute la journée auprès de son feu. Se chaufer au Soleil.)

Chaufeur, s. m. Celui qui tire la branloire, & fait aler les soufflets d'une forge pour faire rougir le métal.

Chaufoir, s. m. Lieu dans le Convent, ou dans un hopital où l'on se chaufe. [Le chaufoir est propre & net. Il fait bon au chaufoir, parce qu'il y a grand feu. On passe gaiment le tems au chaufoir, parce qu'on y dit des nouvelles. Aler au chaufoir.]

Chaufoir, s. m. Terme de Sage-femme. Ce sont les linges dont on se sert pour soulager une femme en couche. (Cette femme a fait & préparé quelques douzaines de chaufoirs pour les couches.)

Chaufoir, s. m. C'est une chambre dans l'hôtel-Dieu de Paris, où l'on accouche les pauvres femmes, & où il y a un petit lit fort bas, & fait exprés pour les acoucher. Les femmes qui acouchent à l'hôtel-Dieu, demeurent huit jours au chaufoir.

Chaufour, s. m. Fourneau à faire de la chaux.

Chaufournier, s. m. Celui qui fait de la chaux.

Chaufrette. Voiez Chaufe-pié.

Chaume, s. m. Partie du tuïau de blé qui demeure dans les champs aprés qu'on a moissoné. On brûle le chaume en divers endroits pour engraisser la terre.

Chaume. Ce même mot signifie aussi toute la paille dont on couvre les maisons des païsans. (Maison couverte de chaume. Le pauvre en sa cabanne où le chaume le couvre. Mal.)

Chaumer, v. n. Couper ou arracher le chaume.

Chaumière, s. f. Maison couverte de chaume, Méchante petite maison de campagne. Petite chaumiére.

Chausse, s. f. Bas dont on se couvre les jambes. Chausse rompuë, déchirée.

Chausse d'hipocras, Maniére de grande chausse pour faire de l'hipocras.

Chausses de Page. Sorte de chausses retroussée. Prendre les chausses, c'est se faire page. Quiter les chausses, c'est ne plus être page.]

Tirer ses chausses Se déchausser. Mais dans le figuré & le stile simple, tirer ses chausses, c'est s'enfuir d'un lieu, & le quiter à la hâte. Tirer ses chausses, signifie aussi mourir, & s'en aller de ce monde. V. Haut de chausses.

Chaussé, chaussée, adj. Qui a ses chausses, qui a mis ses bas. Une fille ou femme bien chaussée donne de l'amour. Un homme bien chaussé, & avec un beau gras de jambe bien fait & bien dur, à bonne grace.)

Chaussée, s. f. Chemin élevé, soit pour retenir l'eau des étangs ou pour empêcher que les riviéres ne se débordent dans les lieux bas. Faire une chaussée.)

Chaussée. Ce mot signifie un chemin élevé dans un lieu bas & marécageux pour y faire un passage seur & commode. (La ville de Méxique est bâtie au milieu d'un lac, & l'on n'y peut arriver que par de longues chaussées.)

Chausse-pié, s. m. Morceau de cuir dont les cordonniers se servent pour chausser les gens, ou dont les particuliers s'aident pour se chausser eux-mêmes.

Chausser, v. a. Mettre les chausses ou les souliez à quelque personne. Mettre ses bas. Apellez mon laquais qu'il me vienne chausser. Chaussez ses bas.

Chausser. Faire des souliez qui soient propres, & bien justes aux piez, Etre fort propre au pié. C'est le cordonnier de Paris qui chausse le mieux. Un soulié qui chausse tres-bien.

Chausse-trape, s. f. Instrument garni de quatre pointes de fer disposées de telle sorte qu'il y en a toûjours trois qui portent à terre, & une qui demeure en haut. [On seme de ces chausse-trapes aux lieux où l'on croit que la Cavalerie ennemie passera, afin que ces pointes entrent dans les piez des chevaux, & les encloüent. On jette les chausse-trapes en des lieux labou-

CHA   CHÉ

rez, ou parmi des sables, afin qu'on ne les découvre pas aisément.)

Chaussetier, *s. m.* Marchand qui ne fait & ne vend que des bas. (Il n'y a plus presentement de chaussetiers. Les chaussetiers & les pourpointiers sont réünis, au corps des Marchands fripiers.)

Chaussette, *s. f.* Bas de toile qui n'a point de pié, & qu'on met sur la chair, & sous le bas de dessus. (Chaussette usée.)

Chausson, *s. m.* Maniére de petite chaussure de toile qu'on met avant que de chausser le bas de dessus. (Tailler un chausson.)

Chausson. Soulié fort leger & sans talon qu'on met lors qu'on joue aux jeux de paume, qu'on danse sur la corde, ou qu'on fait assaut en quelque salle d'armes. Les chaussons ont la semelle de feutre ou de drap. Ceux qui font des armes dans les Sales des Maîtres, en ont un pié une sandale, & en l'autre un chausson. Voi *Sandale*.

Chaussure, *s. f.* Tout ce qu'il faut pour chausser une personne. (Ma chaussure me coûte vingt écus par an.)

† *Trouver chaussure à son point*. Proverbe pour dire trouver qui soit aussi méchant que nous, ou un ennemi aussi fort que nôtre.

Chauve, *adj.* Qui n'a point de cheveux sur le devant ou sur le derriére de la tête. Il est chauve, elle est chauve. Avoir la tête chauve. Les perruques sont fort commodes à ceux qui sont chauves.

  Lise, il n'apartient qu'à des foux,
  D'adorer une tête chauve.
      Main. Poes.

Socrate ressembloit à Silène, & il étoit comme lui chauve & camus. *Madem. le Févre, Notes sur les nuës d'Aristophane.*

Chauve-souris, *s. f.* Oiseau de nuit, presque noir qui vole le soir & le matin, qui vit de mouches & de choses grasses, comme de chandelles, de graisse, de chair; il a cinq doigts à chaque pié, munis d'ongles crochus, mais il n'a ni bec ni plume, & participe de la souris & de l'oiseau; il a des dents, une langue, il est couvert de poils, & a des ailes, en quoi il tient de l'oiseau. (Une chauve souris prise.)

Chauveté, *s. f.* C'est lors que la tête est dépouillée par la chute des cheveux qui tombent faute d'humidité qui les nourrisse. Les Medecins disent plus ordinairement *calvitie*, il y en a d'autres qui aiment mieux dire *chauveté* que *calvitie*, & il s'en trouve qui ne veulent ni l'un ni l'autre, & qui aiment mieux dire en deux ou trois mots ce qu'ils pourroient dire en un. (La chauveté est dégoutante, ou la *calvitie* est dégoutante.)

Chaux, *s. f.* Ce qui sert à lier les ouvrages de maçonnerie, & qui est fait de pierre tres dure, ou de marbre, qu'on fait cuire à grand feu dans un four bâti exprés. (La chaux vive est celle qui sort du fourneau. La chaux éteinte est celle qu'on délaie avec de l'eau dans un bassin, & qu'on reserve pour en faire aprés du mortier. La meilleure chaux est celle qu'on éteint au sortir du fourneau.)

Tenir à chaux & à ciment. Ces mots se disent au propre d'un ouvrage de maçonnerie qui est fort solide. Et au figuré d'une afaire qui est bien établie, & qu'il est tres-dificile de ruiner.

Chazeret. Voi *Chaseret*.

CHE.

Chef, *s. m.* Celui qui commande. (On ne fait rien sans chef, principalement à la guerre. *Abl. Ret. l. 3.*)

Chef d'Escadre, Terme de Mer. C'est un Oficier général qui commande un détachement de vaisseaux, ou quelque partie d'une armée navale. (Être Chef d'Escadre.)

Chef. Le premier d'un corps, d'une compagnie, premier Oficier; le premier d'un rang, d'une file. (Jesus-Christ est le chef invisible de l'Eglise. Le Pape est le chef de l'Eglise. *Pas. l. 6.* Le Chancelier est le chef de la Justice.

Chef de file. Terme de Guerre. Pour dire, le premier de la file. Chef de gobelet. Chef d'échansonnerie. Chef de panneterie, &c.)

Chef. Pour principal de quelque écrit. [Les chefs d'une requête. *Patru, plaidoié* 5. Il y a plusieurs chefs d'acusation contre lui.]

Chef. Ce mot se dit serieusement des choses saintes, & burlesquement des choses qui ne se sont pas, mais dans l'un & l'autre sens il signifie tête. (Ainsi on dit le chef de saint Jean. Le chef de saint Denis. Le chef de saint Pierre. Je n'ai fait aucune chose qui puisse atirer sur mon chef un si déplorable méchef. *Benserade.*

  . . . . & le mortel afront
  Qui tombe sur mon chef rejaillit sur ton front.
      Corn. Cid.

Chef. Ce mot se dit aussi quelquefois serieusement des choses profanes, & signifie tête. (Le chef de Meduse.)

Chef. Ce mot se dit en parlant de blason, & signifie le haut de

l'écu & la partie la plus honorable. Piéce qui tient le plus haut lieu de l'écu, & qui represente la tête de l'homme. (Ainsi on dit, il porte d'or au chef d'azur, *Col.*)

De son chef, *adv.* De sa propre tête, de sa propre autorité. (Faire quelque chose de son chef. On dit aussi, il n'a point de bien *de son chef*, mais il atend d'heriter beaucoup d'un de ses parens.

Gouverneur en chef. C'est le premier Gouverneur, & celui qui commande avec une entiere autorité de la part du Roi dans quelque Province, ou dans quelque place.

Chef de famille C'est celui qui tient le premier rang dans une famille.

Chef-d'œuvre, *s. m.* Ouvrage que fait un aspirant pour se passer maître dans le métier qu'il a apris. C'est aussi l'ouvrage que fait une aspirante, pour se faire recevoir maîtresse dans l'art qu'elle a apris. (Chef-d'œuvre bon, sufisant, excellent, merveilleux. Chef d'œuvre bien-fait ou mal-fait. Les Jurez ou les Jurées, donnent le chef-d'œuvre à l'aspirant ou à l'aspirante qui, le doivent faire devant un certain nombre de maîtres ou de maîtresses. Les Jurez, ou les Jurées examinent le chef d'œuvre, & si on le trouve raisonnable, l'aspirant ou l'aspirante prêtent serment de maître ou de maîtresse devant le Procureur du Roi. On dit proposer, donner, faire, visiter, examiner *un chef d'œuvre*. Les gens de métier font leurs *chefs-d'œuvres* à jeun; mais le Parasite ne vaut rien s'il n'a mangé, & il fait tous ses *chefs d'œuvre* à table. *Abl. Luc. T. 2. Dialogue du Parasite.*

* **Chef d'œuvre**. Ouvrage tres-beau. Chose finie & achevée, & dans sa perfection. (La belle Philis est le chef-d'œuvre des Cieux. *Voi. Poe.* Les Dieux ont fait ce chef-d'œuvre parce qu'on apelle Julie. *Voi. Poe.* Le Tartufe & le Misantrope de Moliére peuvent passer pour des chefs-d'œuvre en matiére de Comédie. L'Eglise de S. Pierre de Rome, & le frontispice du Louvre, sont des chefs d'œuvres d'Architecture. Le Jugement de Michel Ange est un chef d'œuvre de peinture.

Cheffecier, *s. m.* Oficier qui a soin des chapes & des crins.

Chelidoine, *s. f.* Prononcez *Kélidoine*. Herbe qui porte des feuilles semblables à celles du violier, & qui a un suc fort bon pour la vûë. *Dal.*

Chemin, *s. m.* Endroit où chacun a la liberté de passer. Grand chemin, chemin passant, chemin roial, chemin batu, chemin fraié. Je n'aime point à prendre un chemin perilleux, quand j'en puis tenir un seur. *Voi. l. 39.* Chemin qui passe au pié d'une montagne. *Abl. Ar.* Chemin qui va à la vile. *Abl. Ar.* Continuer son chemin, rebrousser chemin. *Vaug. Q. Curce, l. 9. ch. 3.* Il lui demanda un chemin qui le pût conduire au port. *Ablose T. 1.* Chemin détourné, chemin de traverse, chemin pavé, chemin de velours, c'est à dire, où il y a de l'herbe, & qui est sur une pelouse. Chemin creux, bas, haut, dificile. Chemin fourchu, c'est un chemin qui se divise pour aler en divers endroits. Aplanir un chemin.)

Une journée de chemin. C'est environ dix lieuës.

Une heure de chemin. C'est environ une lieuë.

* *Chemin*. Route. Moien. (Clearque ne vouloit point aler à la gloire par un autre chemin que par celui de la vertu. *Abl. Ret 1 2.* Il ne s'écartera pas du chemin que tant d'illustres personnages lui ont fraié. *Patru. plaid. 4.* Le monde *prend le chemin de nous voir*. *Mol. Prés.* C'est à dire, commence de nous visiter.

* Vasco de Gama a trouvé un nouveau chemin pour aler aux indes, savoir par l'Ocean, au lieu qu'auparavant on y aloit par terre en traversant l'Asie du couchant au Levant. Selon les Poetes, Dédale se fit un chemin en l'air pour sortir du Labirinte. Les eaux & les vapeurs sortent de la terre par des chemins qui nous sont inconnus pour la plupart.

* *Couper chemin*. Arrêter, empêcher le cours. (Couper chemin à une maladie. Couper chemin à l'ennemi. *Abl.*)

* *Aler son grand chemin* Proverbe, pour dire aler rondement & sincérement, & sans y chercher beaucoup de finesse.

* *Demeurer en beau chemin*. Proverbe, pour dire perdre courage lorsqu'il n'y a plus de dificulté. Quiter lorsqu'il n'y a plus rien à faire de dificile.

Chemin. Terme de Tonnelier. Solives de sapin dont on se sert sur les ponts de Paris pour mettre le vin à terre.

Chemin-couvert. Terme de Fortification. Espace de quatre ou cinq toises de large, qui régne tout autour des fossez de la place & des demi lunes.

Chemin des Rondes, Terme de Fortification. Espace qu'on laissoit pour le passage des rondes entre le rempart & la muraille.

* *Chemin de S. Jaques*. Le peuple a donné ce nom à une trace blanche qui paroit dans le Ciel, & que les Astronomes apellent la voie de lait. Et les Pelerins qui vont de France en Galice, où est S. Jaques, & qui la voient tous les soirs devant eux en Eté, l'ont aussi apellé le chemin de S. Jaques. On a decouvert que cette petite lueur qui forme l'aparence de cette voie de lait, vient d'une multitude innombrable de petites étoiles qu'on ne peut voir qu'avec des lunettes.

* On dit figurément, le bon chemin, le chemin du salut, le chemin de perdition, le chemin de l'hôpital, &c.

Chemin faisant. Sorte d'adverbe qui signifie par ocasion.

Z z

† * *Le chemin de l'école.* C'est à dire, le chemin le plus long.

CHEMINÉE, *f. f.* Partie de la maison par où fort la fumée, & qui est composée d'un âtre, d'un contre cœur, d'un manteau, d'une hotte, de piez droits, & d'un tuiau.

Cheminée de huguenote de terre. Terme de *Potier.* Partie de la huguenote par où s'en va la fumée.

* *Mariage fait sous la cheminée.* C'est à dire en secret, & sans les formalitez ordinaires. On dit aussi dans le même sens, *Un Arrêt sous la cheminée.*

CHEMINER, *v. n.* Aler, marcher. Ce mot de cheminer est un peu vieux, néanmoins il y a des endroits où il a bonne grace, mais il en faut user rarement. (Je fis les vens & les nuës cheminer sous mes pas. *Voi. l. 9.* Cheminer avec molesse. *Bensorade.*)

CHEMISE, *f. f.* Vêtement qui a corps & manches, que les gens du monde portent, de toile, & qu'on se met sur la chair. (Une belle chemise de Holande. Une chemise de jour, une chemise de nuit, une grosse chemise, une chemise fine, une chemise de serge. Monter une chemise.)

* *Mettre quelcun en chemise*, *Patru* 3. *plaidoié*. C'est le ruiner.

* On dit qu'on *mangera jusqu'à sa chemise* dans la poursuite d'une afaire, pour dire qu'on y dépensera jusqu'au dernier sou de son bien. On dit aussi dans le même sens, *vendre sa chemise.*

...... Laissez faire, ils ne font pas au bout.
J'y vendrai ma chemise, & je veux rien ou tout.
Rac. plaid. a. 1. sc. 7.

* *Chemise.* Terme de *Fortification.* Muraille de maçonnerie qui revêt le rempart.

(*Chemise de maille,* ou *cote de maille.* Corps de chemise fait de plusieurs mailles, qu'on mettoit autrefois comme un pourpoint, pour servir d'arme défensive.

Chemisette, *f. f.* Partie du vêtement qui couvre le dos, l'estomac & les bras, & qu'on met sur la chemise. V. *Camisole.*

CHÊNE, *f. m.* Arbre dur qui a le tronc droit, qui croît en étenduë, qui a l'écorce âpre, crevassée par le bas, & lisse par le haut, qui a les feuilles grandes & larges, & qui porte du gland. (Le chêne est le plus fertile de tous les arbres sauvages. Les anciens faisoient des couronnes de chêne pour honorer les grans hommes. *Dal.*

CHÉNEAU, *f. m.* Terme de *Plombier.* Canal de plomb qui se met le long du mur au dessous de l'entablement, & qui sert à porter l'eau de la pluie dans une cuvette de plomb. (Poser un cheneau.)

CHENET, *f. m.* Métal façonné pour parer la cheminée, ou pour tenir le bois du feu. (Chenet d'acier, de fer poli. Chenet d'argent.)

CHENEVI, *f. m.* Graine de chanvre dont on nourrit de petits oiseaux en cage.

Chenevière, f. f. Lieu où il y a du chanvre pendant par les racines.

Epouventail de chenevière. C'est proprement un fantôme habillé en homme, pour épouvanter les oiseaux qui voudroient venir manger le chenevi. Et au figuré ces mêmes mots se disent d'une personne fort laide, & propre à faire peur. On les dit aussi d'une chose qui cause une vaine terreur, laquelle étant bien examinée se trouve fort legere, ou même sans aucun fondement.

Chenevote, *f. f.* C'est le bois du tuiau de la plante de chanvre, qui a été dépouillée de son écorce qui est le chanvre. Feu de chenevotes. Le charbon fait de chenevotes est tres propre à faire de la poudre.)

J'en fais autant de cas comme de chenevotes, c'est à dire j'en fais tres-peu de conte.

Chenevote, f. f. Petite parcelle de tuiau de chanvre. (Une chenevote lui est entrée dans l'œil.)

CHENIL, *f. m.* Prononcez *cheni.* Le logement des chiens, & particulierement de ceux de chasse.

CHENILLE, *f. f.* Insecte qui a plusieurs piez, qui rampe & qui ronge les feuilles des herbes & des arbres.

Chenille. Plante qui porte une maniere de vesse, ou de pois en forme de chenille.

Chenille. Terme de *Rubanier.* Petit agrément de soie dont on pare les jupes des Dames. (Faire de la chenille.)

CHENU, *chenuë, adj.* Tout blanc de vieillesse. *Chenu* est plus de la poësie que de la prose, où il n'entre plus guére qu'en riant. (Un amant chenu n'est pas le fait d'une belle.

Pour moi je céde au tems, & ma tête *chenuë*
M'aprend qu'il faut quiter les hommes & le jour,
Mon sang se refroidit, ma force diminuë,
Et je ferois sans feu, si j'étois sans amour.
Mainard, poësies.

Chenu, chenuë, adj. Il se dit au figuré des montagnes, & veut dire blanches de neige, ou de gelée blanche.

Tu peux faire trembler la terre,
Et les monts, lors qu'est ta fureur

Sur leurs sommets *chenus* tu lance le tonnerre,
Fument de tous côtez & frémissent d'horreur.
God. poës. 2. *partie, p.* 215.

Vous qui sur vos cimes *chenues*
Voïez dans la vague des airs,
Les tonnerres & les éclairs
Sortir du rouge sein des nues.
Superbes monts adorez Dieu.
God. poës. Ps. 148.

Chenu, chenuë, Mot poëtique, Blanchissant d'écume. (Onde chenuë. *Rac. Ber.*

De moins de *flots chenus* Thétis est tourmentée,
Que de tristes pensers n'est mon ame agitée.
Ménage, poës. Idile.

On compteroit plûtôt les arènes menues
Que baigne l'Ocean de ses *vagues chenues.*
God. poës. Egl. 5.

CHER, *chére, adj.* Qui coute beaucoup. (Le pain est cher, la viande est chére.)

Cher, adv. Beaucoup. (Étofe qui coute cher. Vôtre générosité vous a peusé couter cher. *Voi. l.* 23. Vous fites une sortie qui couta cher aux ennemis.)

Cher, chére, adj. Qui est aimé. (Cher ami, chére amie.)
Mon cher Termes de *caresse,* pour dire, celui que j'aime bien.
Ma chére, Termes de *caresse,* pour dire celle que j'aime fort.

Chére, f. f. Régal, bon repas. (Faire bonne chére. Alexandre disoit que la bonne chére n'étoit point de saison quand on avoit de grandes afaires *Suplemens de Q. Curce, l.* 2. *ch.* 1. Ne songer qu'à la bonne chére. L'amour & la bonne chére sont les plus doux plaisirs de la vie)

Il n'est chére que d'avaricieux. C'est à dire que les avares font faire rarement bonne chére; mais que quand ils s'en mêlent, ils s'en aquitent bien.

Bonne chére, f. f. Terme de *Cabartier de Paris.* C'est le peu d'argent qu'on donne au Cabartier, pour avoir fourni la nape, les serviettes, les couteaux, le sel & les assiettes à ceux qui ont bû de son vin, & qui ont pris de la viande ailleurs. (On dit paser la bonne chere. Il y a cinq sous pour la bonne chére.

Chére. Acueil, reception favorable. (Il a fait une grande chére à son ami.

Chérement, adv. Tendrement, avec passion. (Aimer chérement ses enfans)

Chérement, adv. n. Beaucoup, à haut prix. (Acheter des vivres bien chérement. *Abl. Ret. l.* 3 Il lui vendit bien chérement les services qu'il lui avoit rendus. *Bussi. Rab.*)

CHERCHER : *v. a.* Tâcher de trouver. Mettre toute son aplication, à faire, à dire, &c. (Il cherche sa bourse qu'il a perduë. Il ne cherche pas tant à vivre qu'à combattre. *Voi. l.* 53.)

Chercheur, f. f. Celui qui cherche. Ce mot est bas, il ne se dit pas seul, & il se dit toûjours en mauvaise part. Ainsi l'on dit *un chercheur de franches lipées,* c'est à dire, un *écornifleur,* un parasite.

CHERIR, *v. a.* Aimer. (Chérir ses enfans, sa patrie, sa maitresse, sa femme.

Chérissable, adj. Qui merite d'être aimé. *Chérissable* n'est pas bien reçu; est à la place on dit aimable. *Vaug nouv. rem.* Le vin est une liqueur chérissable.)

CHERSONNESE, *f. f.* Prononcez *Kersonése.* C'est une presqu'ile, un terme de *Géographie.*

CHERTÉ, *f. f.* Haut prix où sont les choses qui se vendent. Le peuple étoit incommodé par la cherté des vivres. *Ablan. Tac.*

CHERUBIN, *f. m.* Esprit celeste qui est de la premiere hiérarchie, qui est plus éclairé que les autres esprits celestes à qui il communique ses lumieres.

CHERVI, *f. m.* Racine qu'on mange, & qui a quelque chose du panais.

CHETIF, *chétive, adj.* Pauvre, miserable. (Un chétif garçon de boutique. *Pat. plaid.* 2. Ce present est bien chétif.)

Chétivement, adv. Pauvrement, misérablement. (Enteretnir une personne chetivement. *Pat.* plaid. 4.)

* CHEVAGE, *f. m.* Droit qu'on levoit autrefois sur certains chefs de famille. [Paier le chevage. *Baquet, Droit d'Aubaine.*]

CHEVAL, *f. m.* Animal fort connu, propre à monter, à tirer, qui a de la docilité, de la memoire, du cœur, de l'amour, de la reconnoissance. On dit un cheval fort déchargé. Un cheval fier, ardent, plein de feu, simple, leger à la main, obeïssant, fidéle. Cheval qui porte bien sa tête. Et au contraire on dit, un cheval vicieux, ombrageux, fort en bouche; pesant à la main, poussif, &c.

Les couleurs du poil des chevaux sont blanc, gris, pommelé, bai, alezan, &c. que l'on trouvera selon l'ordre de l'Alphabet dans ce Dictionnaire.

Etre bien à cheval.

Monter à cheval.
Pousser vivement un cheval.
Commencer un cheval.
Travailler un cheval.
Achever un cheval.
Mettre un cheval dans la main. Mettre un cheval dans les talons.
Assembler un cheval.
Un cheval de poste.
Un cheval de bât.
Cheval de main.
Cheval de bataille.
Cheval de pas.

Penser, étriller, ferrer, seller, brider un cheval.
Un bon homme de cheval. C'est celui qui sçait bien domter un cheval.
Tirer à quatre chevaux. C'est un suplice qu'on fait ordinairement souffrir aux criminels de Lése-Majesté au premier chef. On atache quatre chevaux à quatre de leurs membres, aux deux mains & aux deux piez, & on les écartéle par la force avec laquelle chacun de ces chevaux tire de son côté.
Cheval de Barbarie. C'est un barb.
Cheval Arabe. C'est un cheval qui vient des chevaux sauvages des deserts de l'Arabie, & qui est fort leger & fort bon pour la chasse. *Abl. Mar.*
Cheval sauvage. Cheval qui naît dans les deserts d'Arabie, qui est si vite qu'il est impossible de l'ateindre à la course. Voyez *Ablancourt, Marmol, l. 1.*
Cheval marin. Animal fort grand qui se nourrit dans l'eau, qui est gris, brun, & de la figure d'un cheval. Il a le poil court, le crin petit, & la quëuë de part & d'autre garnie de poil, quoi qu'au milieu & prés de la croupe il n'y en ait point. Voyez *Abl. Mar. l. 1. c. 23.*
* *Cheval.* Ce mot entre dans quelques phrases proverbiales, & figurées, mais basses. Exemples. *C'est un petit cheval échapé.* C'est à dire, un petit libertin. *C'est un cheval de carosse.* C'est à dire, un gros sot. *Monter sur ses grands chevaux.* Proverbe pour dire se mettre en colere. *Il n'est cheval si superbe qui ne bronche.* C'est à dire, qu'il n'y a personne si habile qui ne fasse quelque faute.
Changer son cheval borgne à un aveugle. C'est à dire, perdre au troc que l'on fait.
A cheval donné il ne faut pas regarder à la bouche. C'est à dire, il faut agréer les presens, encore qu'ils ne soient pas tels qu'on les souhaiteroit.
L'œil du maître engraisse le cheval. C'est à dire, qu'un maître ne doit pas se reposer entièrement sur ses valets, ni du soin de ses chevaux, ni de ses autres affaires.
Cet homme est mal à cheval. C'est à dire, il est mal dans ses afaires.
On lui fera voir que son cheval n'est qu'une bête. C'est à dire, qu'il n'a pas raison.
A jeune cheval, vieux cavalier. Cela veut dire qu'il faut être bon homme de cheval, pour domter un jeune cheval qui n'a pas encore été monté.
Il faut bien tenir son cheval par la bride. C'est à dire, qu'il ne faut pas se défaisir de son bien avant sa mort.
Il est aisé d'aler à pié quand on mene son cheval par la bride. C'est à dire, on peut soufrir volontairement quelques petites incommoditez, quand on s'en peut délivrer lors qu'on le voudra.
C'est un bon cheval de trompette. Ce proverbe se dit d'une personne qui ne craint pas le bruit, & qui ne s'étonne point des menaces qu'on lui fait.
Jamais cheval, ni méchant homme, n'amanda pour aler à Rome. Proverbe.
Les chevaux courent les Benefices, & les ânes les atrapent.
Il n'est bon tems de fermer l'étable quand les chevaux n'y sont plus. C'est à dire, il n'est plus tems d'épargner quand on a consumé tout son bien, ni de chercher des précautions quand le mal est arrivé.
† *C'est une selle à tous chevaux.* C'est à dire, une chose qui peut servir à plusieurs usages, & en plusieurs ocasions, comme sont des discours generaux & des lieux communs.
⊙ On dit communément, cheval de foin, cheval de rien, cheval d'avoine, cheval de peine, cheval de paille, cheval de bataille.
* *Aprés bon vin, bon cheval.* C'est à dire, un homme qui a bien bu fait bien matcher son cheval.
▾ *Brider son cheval par la quëuë.* C'est commencer par où l'on devroit finir.
On dit d'un goinfre, qu'il se tient mieux à table qu'à cheval.
* *Les courtisans du cheval de bronze.* Ce sont les filouts qui frequentent le Pont-neuf à Paris pour atraper quelcun.
Cheval de bois. Terme de manege. Cheval sur quoi on voltige pour rendre le corps souple & vigoureux.
Cheval de frise. Terme de *fortification*. Solive quarrée d'environ dix ou douze piez de long, traversée par trois rangs de pieux de bois d'environ six piez de long, qui se croisent & sont armez de pointes de fer par les bouts, qu'on met aux barrières & autres lieux pour empêcher le passage. Les chevaux de frise servent à défendre une bréche, & on s'en est servi à clorre un camp.

On parle de Bucephale, qui étoit le cheval d'Alexandre le grand, de Baïard cheval de Renaut de Montauban, de Pégase, cheval que les Poëtes ont feint avoir des ailes, &c. Du cheval de bois, avec lequel les Grecs ont publié qu'ils avoient pris la vile de Troie, &c.
Cheval fondu. C'est le nom que les enfans donnent à certain jeu, où les uns se jettent sur la croupe des autres qui se tiennent courbez.
Quëuë de cheval. Les Turcs & les Tartares en portent à la guerre en place d'étendards.
Quëuë de cheval. Herbe qu'on nomme aussi *Aprèle.*
Fer à cheval. Terme de *fortification*. C'est un petit ouvrage avec un petit rampart qui sert à loger un corps de garde contre les surprises.
A cheval. Ce mot est une sorte d'adverbe, qui se dit quand on commande aux soldats de monter à cheval pour partir, ou pour combatre.
* *Etre à cheval.* Ces mots se disent improprement à l'égard de diverses choses sur lesquelles on est assis jambe deça, jambe delà, comme s'il on étoit assis sur un cheval. Être à cheval sur un âne, sur un beuf, sur un bâton, sur un banc, &c.
Chevaux, s. m. Ce mot est le pluriel du mot cheval, & signifie plusieurs chevaux. Ainsi on dit, le Roi a de beaux chevaux.
* *Chevaux.* Cavaliers. Soldats à cheval. Son armée étoit de vingt mile chevaux. *Abl.*
Chevaux legers, s. m. C'est une sorte de cavalerie Françoise qui commença sous le regne de Loüis onziéme, & qui subsiste encore aujourd'hui. Les chevaux legers furent d'abord armez de haussecols, de hallecrets, avec des taffetas jusques au dessous du genou, de gantelets, d'avant bras, de grandes épaulettes, & d'une salade à vuë coupée, avec la casaque de la couleur de l'étendard. Ils portoient une large épée au côté, la masse à l'arçon, & la lance à la main. Ces cavaliers ont été armez de la sorte, jusques au regne de Henri IV. & de Loüis XIII. qu'ils furent seulement, armez d'armes complettes, d'une cuirasse à l'épreuve, & le reste à la legere. Ils portoient les pistolets à l'arçon de la selle, & le casque en tête. Mais aujourdhui sous Loüis XIV. les chevaux legers sont armez de sabres, de mousquetons & de pistolets à pierre. Ils ont des trompettes & des timbales, avec des étendards. Les compagnies des chevaux legers ont pour Capitaine le Roi & la Reine, & les Princes de qui elles portent le nom. Elles ont chacune un Capitaine lieutenant, un Sou-lieutenant, un cornette, & deux Maréchaux des logis En parlant des cavaliers qui servent dans ces compagnies, on dit, un tel est chevau-leger chez le Roi. Il est chevau-leger chez la Reine. On dit aussi parlant de toute cette cavalerie, les chevaux legers sont commandez. Les chevaux-legers se sont bien batus, &c.
Chevalet, s. m. Instrument commun à plusieurs arts. Exemple.
Chevalet. Terme de *charpenterie*. Pièce de bois assemblée en travers sur deux ou plusieurs autres pieces qui les soutiennent, & qui est propre à soutenir des planches, qui font des ponts, si l'on en met plusieurs les unes aprés les autres; & en general, les artisans apellent de ce nom de chevalet, tout ce qui soutient leur besogne, & la tient en l'air, pour en faciliter le travail.
Chevalet de peintre. Instrument de bois qui tient le tableau du peintre lorsqu'il peint.
Chevalet. Terme de *luthier*. Petit morceau de bois sur la table de l'instrument de musique pour soutenir les cordes. Ainsi on dit chevalet de luth, de tuorbe, de violon, de basse, de viole, de poche, de guitarre, de mandore, &c.
Chevalet d'épinette. Ce qui est ataché sur la table de l'épinette, & qui borne la longueur des cordes.
Chevalet. Terme d'*Imprimeur*. Morceau de bois qui porte le tympan.
Chevalet. Terme de *tanneur*. Pièce de bois creusée & ronde, longue de 4. ou 5. piez, sur quoi on quiosse les cuirs.
Chevalet. Terme de *serrurier & de taillandier*. Petite machine de fer sur laquelle on met le foret pour percer le fer.
Chevalet. Terme de *cordier*. Espece de haute selle à cinq piez pour soutenir la sangle lorsqu'on en fait.
Chevalet. Terme de *meunier*. Morceau de bois qui tient une corde soutenant l'argure de la tremie.
Chevalet, s. m. Maniere de cheval de bois, dont le dos est fait en talus, sur lequel on met les soldars des garnisons lorsqu'ils ont fait quelque faute, en leur atachant aux piez des boulets de canon, ou autre pareille chose.
CHEVALERIE, s. f. Dignité de Chevalier. Chevalerie militaire, reguliere, honoraire, sociale. Ordre de Chevalerie. Donner l'ordre de Chevalerie. Garder les loix de Chevalerie. Celui qui demande l'ordre de Chevalerie doit être noble, brave, juste, fidèle, & en un mot irrépréhensible. Il n'y a presentement en France que deux ordres de Chevalerie, l'ordre de

S. Michel & celui du S. Esprit. Vous ne sauriez croire combien la Chevalerie est ravilie. *Voit. l. 85.*

Chevalier, s. m. Qui est d'un ordre de chevalerie. Le Roi l'a fait chevalier du S. Esprit. Pour être Chevalier il faut être noble & brave.

Chevalier d'honneur. Ce nom se donnoit autrefois à ceux qui étoient montez au premier degré d'honneur par les armes, & c'est un titre que prennent encore aujourdui les nobles les plus considerables & les plus anciens.

Chevalier d'honneur. On appelloit de ce nom le gentilhomme qui avoit l'honneur d'aler à la droite d'une Dame, & de lui donner la main. On voit dans les histoires & dans les romans qu'autrefois toutes les Dames de la premiere qualité avoient toutes chacune leur chevalier d'honneur.

Chevalier d'honneur de la Reine. C'est un Seigneur qui va à la droite de la Reine.

† *Chevalier d'honneur.* Ces mots se disent aussi en riant, & veulent dire celui qui acompagne toujours une Dame, & qui ne la quite presque point, parce qu'il a quelque atache pour elle. Monsieur un tel est le chevalier d'honneur de Mademoiselle. N.

Chevalier errant. Brave que le Roi faisoit chevalier en lui donnant l'épée. Ce chevalier aloit par le monde chercher à aquerir de la gloire, & à soutenir le parti & les interêts des Dames contre ceux qui les ofençoient. Cette sorte de chevalier ne se trouve plus que dans nos vieux romans. Voiez l'Amadis de Gaules, *l. 1. c. 5. 6. 7.* * Nous avons resolu d'être vos chevaliers. *Voi. l. 85.* C'est à dire, nous voulons servir contre tous.

Charles-Quint a été nommé chevalier errant par les Espagnols, à cause des fréquents & divers voiages qu'il faisoit en Alemagne, en Hongrie, en Espagne & aux Païs-bas. V. *S. Evremont, œuvres mêlées.*

Chevalier du guet. Capitaine qui porte le colier de l'ordre de l'étoile, qui est établi par le Roi pour avoir soin que la nuit il ne se commette aucun desordre dans les rues de Paris, & qui pour cela a une compagnie de cavaliers, qu'on apelle ordinairement archers du guet.

Chevalier de l'arquebuse. Celui qui est reçu dans la compagnie des chevaliers de l'arquebuse; c'est à dire, dans la compagnie de ceux qui tirent réglement, à de certains jours, au jeu de l'arquebuse.

* *Chevalier de la coupe,* Celui qui aime l'honnête débauche du vin.

Reçoi nous dans l'heureuse troupe
Des francs chevaliers de la coupe.
Saint Amand.

* *Chevalier de l'industrie.* Mots burlesques & satiriques qui marquent un homme qui ne subsiste que par adresse, & à la faveur des tours qu'il fait pour tromper les honnêtes gens.

Chevalier, s. m. C'est le nom de l'une des pieces du jeu des échecs qui saute par dessus les autres, & va toujours de côté, de blanc en noir, ou de noir en blanc. L'échec du chevalier est dangereux, le Roi ne s'en peut couvrir, & il faut qu'il se remue ou que quelqu'autre piece prenne le chevalier.

Chevalier. Oiseau acatique un peu plus gros qu'un pigeon ; il a le bec long & les jambes si hautes, qu'il est comme à cheval ; & c'est pour cela qu'on l'apelle chevalier. Il y a deux sortes d'oiseaux chevaliers ; celui qu'on apelle chevalier rouge, & l'autre chevalier noir. Le chevalier rouge est blanc sous le ventre, & rouge & cendré. Le chevalier noir est cendré & noir. *Bel. l. 4.*

† *Chevance, s. f.* Ce mot signifie tout le bien d'un particulier. Il est vieux, il est hors du bel usage, & il ne se peut dire qu'en riant. Toute la chevance du S. V. consiste en un habit retourné, en une vieille tignasse, à un Aretin, & à un Rabelais.

Chevaucher, v. n. Ce mot signifiant aler à cheval, est hors d'usage.

* *Chevaucher.* Terme de couvreur. Il se dit de l'ardoise, & signifie se croiser l'une sur l'autre. Il ne faut pas que l'ardoise chevauche. Il se dit aussi par d'autres artisans des choses qui se mettent un peu les unes sur les autres.

Chevauchée, s. f. Visite à cheval faite par des Oficiers qui ont droit d'inspection, comme sont les Tresoriers de France, qui visitent les chemins ; les Prevôts qui cherchent des voleurs ; les Elus qui font l'assiete des tailles, &c. Les raports que tous ces Oficiers font au Conseil, s'apellent *procez verbaux des chevauchées.*

A chevauchons, adv. Il signifie la situation d'une personne qui est assise jambe deça jambe delà, sur quelque chose d'animé, comme un âne, un bœuf, &c. ou d'inanimé, comme un banc, une piece de bois, un bâton, un mur, &c.

Chevecier, *s. m.* V. *Chefecier.* Ces mots sont vieux, & en leur place on dit ordinairement Sacristain.

Chevelu, *chevelue. adj.* Il signifie qui a de grands cheveux. Le mot s'est dit de Clodion le chevelu, second Roi de France, qui avoit de longs cheveux. Les Gaulois portoient autrefois de grands cheveux, & c'est delà qu'une partie des Gaules fut autrefois apellée la *Gaule chevelue.* Thiers, *Histoire des perruques, ch. 2.*

* *Chevelu, chevelue.* Ce mot se dit des racines & des comettes. Racine chevelue, c'est à dire, racine qui pousse plusieurs petits brins. Comette chevelue, c'est à dire, comette qui répand force raions autour de soi.

Chevelure, s. f. Tous les cheveux de la tête. Une grande quantité de cheveux à la tête. Avoir une belle chevelure. Clodion second Roi de France, fit une loi touchant les longues chevelures, par laquelle il n'étoit permis d'en porter qu'aux personnes libres. Mezerai, *vie de Clodion,* Il n'y avoit autrefois que les Rois de France qui eussent droit de chevelure, Thiers, *hist. des perruques, ch. 2.*

* *Chevelure.* Ce mot se dit des comettes, & veut dire raions de comette répandus à la ronde. Chevelure de comette étoile ble.

* *Chevelure.* Ce mot se dit des racines des herbes, & signifie quantité de petits brins, ou de petits jets que fait la racine. La betoine jette plusieurs chevelures. *Dal.*

* *Chevelure.* Ce mot est poëtique, pour dire toutes les feuilles d'un arbre. (Les arbres ont perdu leur chevelure verte, *God.*)

† Chever, *v. a.* Terme de Jouailier. Cerner ou creuser une pierre par dessous, pour lui ôter de la couleur quand elle est trop forte. On chève aussi des rubis, pour leur ôter la calcedoine, ou la couleur blanche, qui les diminué de prix.

Cheveches ou chevêché. V. *Chouëtte.* Oiseau nocturne.

Chevet, *s. m.* Traversin de lit, qui est rempli de plumes, qui s'étend le long du dossier du lit, & sur quoi pose la tête de celui qui est au lit. (Quand Philippe, père d'Alexandre le grand s'aloit coucher, il faisoit mettre sous son chevet une coupe d'or qui pesoit environ 50. Dragmes, Durier, sup, de Q. Curce, *l. 2. ch. 3.*

Chevet. Il signifie aussi la partie du lit où l'on met le traversin.

* *Chevet.* Il se dit aussi de tout ce sur quoi on pose la tête quand on dort. (Il n'a eu qu'une pierre pour chevet.)

Droit de Chevet. C'est un Droit que les Oficiers des Compagnies souveraines ont acoutumé de païer à leurs confreres quand ils se marient. Ce droit étoit ordinairement un repas que l'Oficier marié donnoit à tous ses confreres : mais aujourdui c'est le plus souvent une somme d'argent déterminée par la Compagnie, & qui se partage en suite avec les épices. (Païer le droit de chevet.) Il est aussi en usage entre les Avocats, & ce droit de chevet est un festin que celui qui se marie, donne à ses confreres.

Chevet. Ce mot se dit aussi de la partie exterieure d'une Eglise, qui est derriere le chœur & où l'on monte par des degrez. Le chevet de S. Denis.

Cheveux, *s. m.* Poils qui viennent à la tête, qui la couvrent & la parent. Les Gaulois portoient de grands cheveux ; mais lors que la Monarchie Françoise fut bien établie, les François les portoient courts, & il n'y avoit que les Rois & les Princes du sang qui les portassent longs. Thiers, *hist. des perruques, ch. 2.* Les longs cheveux étoient autrefois la marque de la Noblesse ; mais vers le milieu du 12. siecle ; les Rois les porterent courts. Cheveux frisez. Cheveux blonds. Cheveux blancs, gris, &c.

Faux cheveux. Ce sont des cheveux qui ne tiennent point à la tête, comme sont ceux des perruques, on dit d'une femme qu'elle est coifée en cheveux, lors que ces cheveux sont arrangez autour de la tête & qu'il n'y a ni bonnet, ni coife qui les couvre. On dit d'une chose mince & déliée, qu'elle est déliée comme un cheveu. On dit, faire les cheveux, couper les cheveux, rafraîchir les cheveux, &c. On dit d'une chose qui fait horreur, qu'elle fait dresser les cheveux à la tête.

Se prendre aux cheveux. C'est se tirer par les cheveux.

Tirer par les cheveux. C'est prendre une personne aux cheveux, & les lui tirer.

† * *Tirer un discours par les cheveux.* Se dit d'un discours qui n'est pas naturel, qui est forcé & amené pour ainsi dire avec des machines.

* *Il faut prendre l'ocasion aux cheveux.* C'est à dire, il ne faut pas laisser échaper l'ocasion lors qu'elle se présente. Quand on dit que tous nos cheveux sont contez, on veut dire que la providence de Dieu prend soin des plus petites choses qui nous regardent.

Cheville, *s. f.* Morceau de bois, ou de métal arrondi pour mettre dans quelque trou. La charpente & la menuiserie tiennent avec des chevilles. Les Cordoniers atachent les talons avec des chevilles.

* *Autant de trous, autant de chevilles.* Proverbe pour dire. Autant de mots autant de repliques. Autant d'acusations, autant d'échapatoires ; autant de demandes, autant d'excuses.

Chevilles des piez. Ce sont deux éminences d'os au bas de la jambe qui representent un marteau. Blessé à la cheville du pié. Il n'y a de l'eau dans cette riviere que jusqu'à la cheville du pié.

CHE   CHE

Chevilles. En parlant de bêtes fauves ; ce sont les andoüillers qui sortent des perches de la tête du cerf, du daim & du chevreuil. On les nomme aussi chevillures.

Chevilles. En parlant d'instrument de musique. Ce sont de petits morceaux de bois ou de métal qui servent à bander les cordes ou à les lâcher, & à les mettre d'acord. Ainsi on dit cheville de luth, de tuorbe, de harpe, de clavecin, &c.

* *Cheville.* Ce mot se dit aussi de certains morceaux de bois en saillie sur lesquels on pend quelque chose, comme sont des habits & des sacs de papiers, que l'on pend à des chevilles pour les mieux ranger & les distinguer les uns des autres.

* *Cheville.* Ce mot se dit au figuré, des mots qui ne sont mis dans les vers que pour faire la rime, ou pour remplir la mesure, & ne servent de rien pour le sens & pour la pensée. Ces vers sont pleins de chevilles.

Chevillé, chevillée, part. & adj. Qui est attaché avec des chevilles. Cet ouvrage n'est pas encore tout à fait chevillé.

Cheviller, v. a. Atacher avec des chevilles. Cheviller un talon. Cheviller un ouvrage de charpente.

Chevillette, s. f. Terme de *relieur*. Petit morceau de cuivre plat & roulé qu'on met sous le consoir, & où l'on atache les nerfs des livres qu'on coud.

Chevillon, s. m. Terme de *tourneur*. Petit bâton tourné au dos des chaises de paille.

Chevillon. Terme de *ferrandinier*. Bâton de deux piez de long, sur quoi on leve la soie de dessus l'ourdissoir.

Chevillure, s. f. Terme de *venerie*. Voiez chevilles.

† *Chevir, v. n.* Ce mot est vieux & signifie venir à bout de quelque personne, ou de quelque chose, & s'en rendre maître. Cet enfant est si malin qu'on ne peut chevir de loi.

Chevre, s. f. La femelle du bouc ; c'est un animal fort velu, qui a quatre piez avec des cornes longues & aiguës ; qui a le museau plat, la queüe fort courte, qui broute, se nourrit d'herbes & de feüilles. La chevre est si lascive qu'à sept mois elle s'acouple avec son mâle. Elle aime les brebis, & hait le loup, l'éléfant, l'oiseau qu'on apelle tette-chévre. On se sert de son poil à faire des chapeaux & des camelots, & de leur lait à faire des fromages. Sauter comme une chévre.

* *Prendre la chevre.* Ces mots au figuré signifient s'emporter, se fâcher tout d'un coup. Il prend aisément la chevre.

Chevre sauvage. Animal qui se trouve en Afrique & dont le mâle est de la grandeur d'un grand veau & a le poil si long qu'il traine à terre ; mais son poil est gros & rude comme le crin d'un cheval. *Abl. Mar. l. 1.*

chevre. Machine propre à lever des fardeaux.

Chevreau, s. m. Le petit d'une chevre.

Chevre-feuille, s. m. Arbrisseau qui a les branches rondes, le bois blanc & le tronc de moienne grosseur. Il rampe, ou vient en buisson lorsqu'il est coupé & fleurit par bouquets qui sentent bon, & qui sont jaunes, blancs & rouges. Il y a plusieurs sortes de chevre-feuille. Le chevre-feuille romain. *Dal. l. 1.*

* *On ne peut pas sauver la chévre & les choux.* Ce proverbe est bas & signifie qu'on ne peut pas remedier en même tems à toutes sortes d'inconveniens, & qu'il faut necessairement perdre quelque chose pour conserver le reste.

* *Où la chevre est attachée, il faut qu'elle broute.* Proverbe, pour dire qu'il faut s'acommoder aux choses & aux personnes avec qui l'on a quelque engagement.

Chevrette, s. f. La femelle du chevreuil. La chevrette & le chevreuil se gardent la fidelité tant qu'ils vivent. *Sal.* Quelques-uns disent chevrelle.

Chevrettes. Petits chenets avec une pomme seulement, qui servent à soutenir le bois du feu. De belles chevrettes.

Chevrette. Terme d'*apoticaire*. Pot de faiance avec un goulot où l'on met des sirops. Chevrette cassée. Faire, mouler une chevrette.

Chevreuil, s. m. Bête fauve qui ressemble au cerf, excepté qu'il est plus petit, qu'il s'aprivoise bien plus aisément & qu'il ne fait point de mal de son bois. *Jonston.*

Chevrier, s. m. Celui qui garde les chevres. Un bon & habile chevrier.

Chevron, s. m. Bois de quatre pouces qui porte les tuiles & qui sert pour la couverture des bâtimens.

Chevron ; ce mot se dit en blasonant. C'est la piece de l'écu composée de deux bandes plates, & atachée en haut par la tête, & s'étargissant en bas en forme de compas à demi ouvert. Porter d'azur à chevron d'or.

Chevronné, adj. Terme de *blason*. Qui a quelque chevron dans son écu. Il porte chevronné d'or ou de sable. *Col.*

Chevroter, v. n. Faire de petits chevrotis. La chevre a chevroté. La chevre soufre extrêmement quand elle chevrote.

* *Chevroter, v. n.* Ce mot est du petit peuple, pour dire avoir du chagrin, du déplaisir, se mettre en colere. C'est un enfant qui me fait chevroter.

Chevrotin, s. m. Peau de chevreau. Cuir de chevreau. C'est du chevrotin. Gans de chevrotin.

Chez. Preposition qui marque la demeure d'une personne, & qui demande l'acusatif. Il mange tous les jours chez Monsieur, &c.

* *Chez Platon ; chez Plutarque.* Ces façons de parler sont hors d'usage. Il faut dire dans Platon, dans Plutarque, ou dans les œuvres de Platon, &c. *Vau. Rem.*

* *Chez les étrangers.* Cette façon de parler n'est pas bonne ; on dit en sa place. Dans les païs étrangers. Parmi les étrangers.

CHI.

Chiaoux, s. m. Huissier ou sergent Turc qui porte des armes ofensives & défensives, qui assigne les particuliers, qui acommode leurs diferens, & en la garde duquel on met les prisonniers de qualité. *Brisi. Histoire de l'Empire Otoman, liv. 3.*

Chicane, s. f. Chicanerie. Abus qu'on fait des procedures judiciaires ; quand on s'en sert pour tirer des procez en longueur & pour surprendre les Juges, ou les parties. C'est introduire dans une Justice militaire toute la chicane des autres justices. *Patru plaidoi. 1.*

La chicane a ses mots dont il se faut servir. *Vaug. rem. nou.*

* *Chicane.* Ce mot se dit en parlant de Philosophie & autre science. Dans les livres que les anciens ont écrit de la prudence civile, il y a du galimatias de l'école & de la chicane philosophique. *Balzac entr. 26.* Cela veut dire du rafinement, & une subtilité fauss- & ridicule.

Chicaner, v. n. Faire des procez à quelcun pour des bagatelles. C'est user de chicane. N. se plait à chicaner.

Quiconque est touché de l'envie
De ne paier qu'après sa mort
Doit chicaner toute sa vie.
Main. poes.

* *Chicaner, v. a.* Vetiller. Rafiner trop sur l'ouvrage de quelcun. Chicaner un écrit. *Patru plaid. 6.* Chicaner un amant. *Mol.* Il ne faut pas chicaner les Poëtes sur cela. *Sca.*

Chicanerie, s. f. Chicane. On lui veut ravir son bien par des procez, & des chicaneries. *Patru, plaid. 7.*

* *Chicaner, v. a.* Fâcher, chagriner. Cela me chicane, cette conduite la chicane.

Chicaneur, s. m. Celui qui chicane, qui aime à faire des procez sur rien. Celui qui plaide par malice, & qui fait des procez, ou pour troubler le repos de ceux contre qui il a des afaires, ou pour s'enrichir injustement de leurs biens. C'est un franc chicaneur. Un méchant, malin, dangereux, détestable chicaneur.

Chicaneuse, s. f. Celle qui chicane, qui se plait à chicaner & à troubler le repos d'autrui par ses chicaneries & ses biais pleins de ruse. C'est une franche chicaneuse.

† *Chiche, adj.* Avare. Etre chiche de reconnoissance. Phrase un peu burlesque pour dire, n'aimer pas à reconnoître les bons ofices qu'on nous a rendus. Humeur chiche. *Sca.* On dit aussi, au figuré, *être chiche de paroles*, c'est à dire, parler peu. Etre chiche de loüanges. C'est, ne loüer pas volontiers. Les Courtisans ne sont pas chiches de promesses.

Chiche, adj. se dit ou nom à une sorte de pois. Des pois chiches.

* *Chichement, adv.* D'une maniere chiche, avare & sordide. Vivre chichement.

* *Chicheté, s. f.* Ce mot est vieux & il signifie, avarice, épargne trop grande.

Chicorée, s. f. Herbe rafraichissante qu'on mange crue, ou cuite, en salade, ou dans le potage.

Chicot, s. m. Petite partie de la racine d'un arbre.

Chicot. Reste de dent qui est dans la gencive.

Chicotin, s. m. Herbe d'un gout acre & amer.

Chien, s. m. Animal fort connu qui est fidèle, reconnoissant, docile, propre à diverses choses ; qui est en amour environ 14 jours, qui naît aveugle, qui vit 10, ou 12. ans & qui a de l'aversion pour les crocodiles & pour les loups. Le chien aboie, jape.

Chien courant. Chien de chasse pour le lièvre.

Chien couchant. Chien de chasse pour la perdrix.

* *Faire le chien couchant.* Faire le flateur. Faire des caresses basses & flateuses.

Nos chiens ne chassent pas ensemble. C'est à dire, nous ne sommes pas bien ensemble, nous ne sommes pas en bonne intelligence.

Les noms particuliers de diverses autres sortes de chiens se trouveront chacun en son rang dans ce Dictionaire.

* *Chien.* Terme *injurieux*, pour dire méchant. Ainsi on dit, Chien de coquin. Chien de fripon.

Entre chien & loup. Sorte de proverbe pour dire, sur le soir & lorsqu'il est si tard qu'on ne peut distinguer un chien d'un loup.

Qui veut néier son chien dit qu'il a la rage. Proverbe, pour dire que quand on veut rompre avec quelcun on lui supose quelque crime, ou quelque faute.

Chien qui aboie, ne mord point. Ce proverbe est de toutes les Nations. *Q. Curce, l. 7. c. 4.* dit que les Bactriens s'en servent pour dire que ceux qui ont le plus d'emportement & qui font le plus de bruit, sont les moins à craindre, parce qu'ils font moins de mal, n'aiant qu'une fougue & un premier emportement.

Chien de mer, s. m. C'est une sorte de poisson qui a la tête plate & large, & la gueule enfoncée. Il est épais, il est long de quatre piez. Au dessous de lui, sa peau est une espece de gros chagrin, & à chaque côté de la tête il a six ouvertures qui lui servent d'ouïes, & qui se couvrent par le moien de quelques peaux fort minces. Il a trois rangs de dents, dont les unes sont droites, les autres courbes & les autres triangulaires. Il est dangereux & avide, & quand une fois il s'est saisi d'une personne il ne la quite jamais. Il est toujours acompagné d'une quantité de petits poissons, qu'on apelle ses pilotes, parce qu'ils le conduisent où il y a de la proie. On apelle ce poisson Requin. Voi *Requin*.

Chien. Terme d'arquebusier. Fer qu'on abat sur le bassinet de certaines armes à feu lorsqu'on les veut tirer. Abatre le chien d'une arquebuse.

Chien-dent, s. m. Sorte de racine blanche, servant à faire de la tisane.

Chienne, s. f. La femelle du chien.

† * *Chienne.* Mot injurieux, qui veut dire carogne. Méchante. Friponne. Au diable soit la chienne, ah chienne! ha carogne ! *Moliere.*

Chienner, v. n. Faire de petits chiens. La chienne a chienné, ou plûtôt, a fait de petits chiens, ou a fait des petits.

CHIER, *v. a.* Décharger son ventre des excrémens superflus.

† * *Chier.* Se moquer en faisant quelque injure, & quelque ordure. Laissons là ce fat d'Apollon, chions dans son violon, *S. Amant.*

† * *Chier sur la besogne.* C'est travailler & ne rien faire qui vaille.

Chieur, s. m. Celui qui chie. Celui qui ne fait que chier.

Chieuse, s. f. Celle qui chie. Celle qui chie souvent.

Chioures, chi-ûres, s. f. Excrément de mouches, qu'elles jettent particulierement sur la viande & d'où naissent des vers.

CHIFLER, *v. n.* Il signifie sifler. Mais, en ce sens, il est hors d'usage; & en sa place on dit sifler.

Chifler, v. a. Il signifie se moquer, railler. En ce sens, il est suranné, dites sifler. Le peuple nous chifle, après nous avoir aplaudi, *Balzac entretien 13.* Si Balzac vivoit, il diroit, le peuple nous sifle.

Chifler, v. n. Mot burlesque pour dire boire d'autant. Je veux chifler à long traits à la santé des vivans & des morts. *Saint Amant.*

† *Chiflet, s. m.* Ce mot est hors d'usage, en sa place on dit sifflet.

CHIFON, *s. m.* Morceau de linge, ou de drap usé qu'on jette, & qu'on trouve par les ruës de Paris.

Chifon, chifonne, adj. Terme de *Jardinier*. Il se dit des branches. Il faut ôter les branches petites & chifonnes. *Quint. Jardins.*

Chifonner, v. a. Froisser. Foupir Chifonner un rabat, un mouchoir de cou, une cravate.

† * *Chifonner.* Embrasser. Baiser. Patiner d'une façon brusque & étourdie. C'est un badin qui la chifonne, & la fait tourner en sabot. *Gen. epi. l. 1.*

Chifonnier, s. m. Celui qui ramasse des chifons par les ruës de Paris.

Chifonniere, s. f. Celle qui ramasse des chifons avec un crochet par les ruës de Paris.

Chifre, s. m. Marque d'Aritmétique qui vaut un certain nombre A prendre le chifre, Chifre Romain, chifre Arabe, le premier s'écrit par des lettres de l'Alfabet, & l'autre a des caracteres particuliers, par exemple l'an mil six cens quatre vingts douze s'écrit ainsi M, DC. LXXXXII. ou MDCXCII. en chifre Romain & 1692. en chifre Arabe.

Chifre. Caracteres inconnus, déguisez, & diversifiez, soit en se servant des chifres des nombres, des lettres de l'alphabet, ou d'autres caracteres pris à discretion pour écrire d'une maniere qui ne puisse être entendue que par ceux qui en sont convenus. On apelle aussi chifre l'alphabet que chacun des correspondans garde de son côté pour écrire & pour déchifrer les letres.

* *Chifres.* La figure des choses. La maniere de les déchifrer. Avoir l'intelligence des chifres.

* *Chifres.* Entrelas. Choses entrelassées. Ainsi on dit, des chifres d'amour.

Chifrer, v. a. Ecrire des chifres. Faire & mettre des chifres. Chifrer les pages d'un livre.

Chifreur, s. m. Celui qui chifre, qui sait bien conter avec la plume. Un chifreur doit être bon aritmeticien.

Chignon, s. m. Le derriere du cou. Donner un coup de bâton sur le chignon du cou.

Chile, s. m. Portion liquide & fluide qui se separe des viandes pour être convertie en sang. Le chile se meut dans les hommes comme dans les bêtes. *Rho. phi.*

Chimere, s. f. Bête monstrueuse & imaginair que Bellerophon tua étant monté sur Pégase.

* *Chimere.* Chose visionnaire. Chose chimerique. Vision. Se mettre des chimeres dans l'esprit. *Abl.* Avoir l'esprit rempli de chimeres. *Sca.* Le grand pouvoir qu'on lui donne, n'est qu'une chimere. *Mol.* La tête d'un Philosophe est en proie aux chimeres.

Chimerique, adj. Frivole. Visionnaire. Esprit chimerique. Idée chimerique. Le dessein de la Monarchie universelle est un dessein chimerique. Toutes les raisons qu'il aporte sont chimeriques. *Abl. Luc. t. 1. amours.*

Chimeriquement, adv. Prononcez *chimérikeman*. D'une maniere chimerique, fabuleuse, visionaire. L'opinion que ces gens là ont eu de leurs grandes qualitez, leur a fait chercher chimeriquement une origine diferente de la nôtre. *Abl. Pharmacopée. On du peuple Romain, p. 2.*

Chimie, s. f. Il vient d'un mot grec, qui signifie suc, en latin *chimia.* C'est un art qui enseigne à dissoudre les corps mixtes naturels, à les reduire separement aux principes purs dont ils étoient composez & à les reünir pour en faire des corps exaltez. *Glas.* Quelques-uns apellent la Chimie, art distillatoire, parce qu'elle fait la plupart de ses remedes par la distillation. Erudiet, aprendre, savoir, exercer la Chimie.

Chimique, adj. Il vient du grec, en latin *chimicus*, c'est à dire, qui traite de la Chimie, qui regarde la Chimie, qui est fait pour la Chimie. Il y a plusieurs sortes de fourneaux Chimiques. Auteur Chimique, ancien, ou moderne. Les Auteurs Chimiques admettent cinq principes de leur Art, le sel, le soufre, le mercure, le flegme & la terre. Les trois premiers sont actifs & les deux autres passifs. *Charas, Pharmacopée.* On a établi des Ecoles Chimiques en France & ailleurs.

Chimiste, s. m. Qui sait la Chimie. Un savant Chimiste.

Chiourme, s. m. Les forçats d'une galere.

† *Chinquer, v. n.* Terme *bachique*, pour dire boire d'autant, Il a chinqué tout son soul.

Chipre. Voiez *poudre.*

Chiquenaude, s. f. Elle consiste à apuier ferme le bout du doigt du milieu sur le bout de celui du pouce, & à desserrer avec éfort le doigt du milieu contre une personne. (Il lui a donné une rude chiquenaude.)

Chiromantie, s. f. Prononcez *Kiromancie*. Ce mot est Grec. Science qui considere les lignes de la main, afin d'en faire quelque jugement pour prédire les choses qui probablement doivent arriver à une personne. La Chiromancie n'est pas trop certaine. Voiez *la Chambre, & Tricasse.*

Chirurcie, Chirugie, s. f. Quelques-uns écrivent *chirugie*, mais mal. *Chirurgie* est le seul qui soit du bel usage. C'est une partie de la Terapeutique, qui guérit les maladies du corps de l'homme par l'opération de la main.

Chirurgien; Chirurgien, s. m. Ceux qui parlent mal disent *Chirurgien*, mais ceux qui voient le monde disent *Chirurgien.* Ce mot veut dire celui qui fait la Chirurgie & qui guerit les maladies du corps de l'homme par l'opération de la main. Leur fête est S. Come.

Chirurgien bandagiste. Chirurgien hernier. C'est celui qu'on apelle faiseur de brayers. Il est incorporé avec les autres Chirurgiens & ils sont reçus à S. Côme.

Chirurgique, adj. Qui est de chirurgien. Qui est de chirurgie. Une opération chirurgique.

CHO.

CHOC, *s. m.* Coup qui se fait en heurtant contre quelque chose qu'on rencontre. (D'un carosse, en passant, il acroche une roue, & du choc le renverse. *Depreaux, Satire, 6.* Que le choc des armes retentisse par tout.)

* *Choc.* Ataque. Combat. (Ils ne purent soutenir le choc de la cavalerie. *Abl. Ar.* Il faut paroitre ferme au premier choc. *Mol: Four.* Soutenir un choc amoureux.)

Choc. Terme de Chapelier. Instrument de cuivre pour mettre la ficelle au lieu du chapeau.

Chocquer. Cherchez *choquer.*

CHOCOLATE. *Chocolat, s. m.* Ce mot est Américain. Sorte de pâte solide composée de cacao, de sucre, de canelle, de poivre de mexique, de cloux de girofle, d'anis & d'eau de fleur d'orange, & qui détrempée avec une liqueur fait un bruvage agreable & utile. Le chocolate est stomacal & repare les forces, quand elles sont épuisées. Le chocolate est nourrissant, trois tasses par jour peuvent nourrir. Excellent chocolate. Faire, preparer du chocolate. Prendre, boire du chocolate. Faire mousser la chocolate, c'est faire tourner le moulinet dans la chocolatiere. Dufour a fait un traité du chocolate.

Chocolatier,

CHO   CHR

Chocolatier, *s. m.* Celui qui ne vend que du chocolate. [Un riche chocolatier.] Le chocolate est aussi une petite sorte de patisserie delicate où il y entre du chocolate.

Chocolatiére, *s. f.* Vase de métal où l'on accommode le chocolate lorsqu'on le veut prendre.

Chœur, *s. m.* Prononcez *cœur*. Partie de l'Eglise où se mettent ceux qui chantent & qui aydent à célébrer. (Aller au chœur. Chanter au chœur. On dit aussi parmi la plupart des Religieuses. Dames de chœur. Sœur de chœur. Habit de chœur, pour dire Dame qui chante & assiste au chœur. Habit qu'on porte quand on va au chœur.)

* *chœur.* Toutes les personnes qui chantent au chœur. (Le chœur répond au Prêtre qui célébre. *Enfans de chœur.* Le maître des enfans de chœur.)

Chœur. Ce mot se dit en parlant de piéce dramatique Gréque, ou d'ancienne Tragédie Latine, d'une troupe d'Acteurs qui représentent ceux qui s'étoient rencontrez, ou qui vray-semblablement se devoient ou pouvoient rencontrer au lieu où s'est passée l'action qu'on représente au théatre.

Choyer, *v. a.* Avoir un grand soin de n'offenser pas une personne, de ne lui pas déplaire & de l'épargner. Choyer quelqu'un.

  Il le choye, il l'embrasse, & pour une maîtresse.
  On ne sçauroit, je pense, avoir plus de tendresse.
            Mor. Tart. a.1. sc.2.

† *Se choyer*, *v. n.* Avoir un grand soin de soy. Ménager sa santé avec soin. (C'est un homme qui se choye fort.)

Choir, *v. n.* Ce mot se dit élégamment en poësie, & sur tout au figuré. En prose on dit plus ordinairement *tomber* que *choir*. *Je choy, je chus, je suis chu.* Le petit peuple de Paris dit, *Je choiray.* Fait choir en sacrifice au démon de la France. *Mal.* L'élévation des Grands ne sert qu'à les faire choir de plus haut.

  Je n'ai toit, grange, ni pressoir
  Qui ne tombe, ou qui n'aille choir.
        Boisr. T.1. ep.12.

Choisir, *v. a.* Faire choix. (Il choisit la nuit pour mieux couvrir son entreprise. *Alb. Ar.*)

  Si vous faites une Maîtresse,
  Choisissez-là d'un esprit doux,
  Et que son cœur soit tout à vous,
  Mais pour faire encor davantage,
  Il vous faut la choisir & jeune & belle & sage.
        La Suze, poësies.

Choix, *s. m.* Action de la personne qui choisit. (Donner le choix à quelqu'un. Un si beaux choix fut une inspiration d'enhaut. *Patru. plaid.* Aymons toujours, mais aymons avec choix. Il n'est rien de plus difficile, ni de plus important que le choix d'une Maîtresse. *La Suze*, *recueil, 1.p.*

  Le choix d'une Maîtresse est assez difficile,
  Sur tout quand on la veut, & jeune, & belle & riche.
        Poliss. poës.

Chomer, *v. a.* Il se dit parlant des Dimanches & des Fêtes. C'est ne rien faire durant une fête, ou un Dimanche, que prier Dieu. C'est se reposer & ne songer qu'à Dieu les Dimanches & les fêtes. *Chomer* se dit, mais il n'entrera pas rond dans un beau discours ni dans un style noble. En sa place on dit *célébrer*, faire la fête de Saint ou de Sainte N. Cependant on se servira de *Chomer* parlant familiérement, & on dira *nous chommerons* demain la Saint Martin. Il est d'un honnête homme de chommer les fêtes que son Eglise chomme.

Chomer, *v. n.* Il se dit des artisans, & plus entre les ouvriers que parmi d'autres. C'est manquer de besogne. C'est un ouvrier qui ne chome pas. On dit aussi, Il chome souvent. Chomer de besogne.

Chomable, *adj.* Il se dit des Dimanches & des fêtes, & veut dire qu'on doit faire, qu'on doit célébrer. Le Dimanche est un jour chomable. La S. Jean est l'une des fêtes les plus chomable de l'Eglise.

Choper, *v. n.* Heurter du pié contre quelque chose en sorte qu'on soit en danger de tomber. (C'est un chemin raboteux, on y chope souvent.)

† *Choper*, *v. n.* Ce mot au figuré signifie *faillir*; mais en ce sens il est un peu vieux. (Il a *choppé* lourdement, Cet Auteur a choppé en plusieurs endroits de son livre.)

Chopine, *s. f.* Mesure qui tient la moitié de la pinte.

* *Chopine.* Plein la chopine, chopine pleine. Tirer chopine. Boire chopine.

* *Chopiner*, *v. n.* Boire à petites mesures. (Ils s'aiment parce qu'ils chopinent ensemble.)

Chotofle. Voyez *Christofle.*

Choquer, *v. a.* Prononcez *choké.* Heurter. Attaquer. (Une de nos galeres choqua celle des ennemis qui abordoit la Réale. *Vau. Quin.l.4.*)

  Fiére & foible raison, qui par de vains combats
  Choques les passions & ne les détruis pas,
  Ne me tourmentez plus... *La Suze, Elégies.*

* *Choquer.* Offencer. Blesser. (Il est dangereux de choquer la vanité des grands. *Vau. Quin. l.3.* Choquer la décision des Conciles. *Pas l.5.*)

* *Choquer, choquante, adj.* Offençant. (Esprit choquant. Humeur choquante. Discours choquant. Parole choquante.)

Choriste, *s. m.* Prononcez *coriste.* Celui qui chante au cœur.

Chorographie, *s. f.* Description de région. Prononcez *Korographie.* (Sçavoir la Chorographie.)

Chose, *s. f.* Ce mot qui se de tout ce qui subsiste, & qui est au monde. Le mariage est une chose choquante. *Mol. Pre.* Une jolie chose. C'est une chose admirable & qui enchante. Il y a quatre choses sur la terre, qui sont tres petites & qui sont plus sages que les sages mêmes, les fourmis, les lapins, les sauterelles & les lezards. Il y a trois choses qui marchent bien, le Lyon, le Coq, & un Roy à qui rien ne resiste. *Port-Royal Proverbes de Salomon, ch.30.* Les belles choses de la terre sont toújours agréables à voir. *Ariosie moderne.* Chose étrange & inouïe, incroyable, &c. Sur toutes choses. Avant toutes choses. Entr'autres choses. Je ne le dirois pas pour chose du monde, c'est à dire, pour quelque chose que ce soit.

Chose. Ce mot se dit par opposition aux personnes. (Ce mot est un terme général qui convient aux personnes & aux choses.)

Chose. Action. Affaire. (Il est à propos de dire comme les choses se gouvernent dans le cabinet. *M. de la Rochefoucaut.* La chose parle d'elle même. Voilà quel est l'état des choses.

Quelque chose, *s. m.* Quelque action Quelque affaire. (Ai-je fait quelque chose que vous n'ayez fait ? *Vau. Rem.* La pauvreté est quelque chose de bien dur. *Patru, plaidoyé 6.*)

† *Chose*, *s. m.* Ce mot pour designer une chose qui n'a point de nom, ou du nom de laquelle on ne se souvient pas, ou l'on ne veut pas se servir. On dit d'un lieu, cela s'est passé à *choses* d'un instrument, c'est une chose avec quoi on fait telle chose. Et on dit encore ce mot des parties naturelles de l'homme ou de la femme.

Chou, *s. m.* Herbe potagere qui pousse une tige assez grosse, au haut de laquelle sont ordinairement ses feuilles qui s'étendent, ou qui sont ramassées en rond. (Choux blancs, frisez, cabus, rouge, pommez. Choux-raves. Choux-fleurs.

† * *Chou pour chou*, Phrase proverbiale, qui se dit lors qu'on prend, & qu'on donne quelque chose, & qui signifie. Toute la même chose. L'un vaut l'autre. (C'est chou pour chou.)

† *Je n'en donnerois pas un trou de chou.* Phrase proverbiale, qui marque le peu d'estime qu'on a d'une chose & qui signifie. Je n'en donnerois rien, ou tres-peu de chose.

Petit chou, *s. m.* Sorte de patisserie. Voyez *Petits choux.*

Chocas, *s. m.* Corneille apprivoisée.

Chouëtte, *s. f.* Oiseau, de couleur cendrée qui fait son nid aux creux des arbres, aux trous des murailles. (La chouëtte chasse aux petits oiseaux, elle prend les lesards, les souris, & les grenoüilles & s'en nourrit. Elle paroit à la pointe du jour, ou lorsque la nuit commence à venir. Larron comme une chouëtte. *Bel.* La Chouëtte est le symbole de la Sagesse, & elle estoit consacrée à Minerve. La Chouëtte aime la solitude & fuit la lumière, elle voit plus clair dans les ténébres que de jour, & elle chante de nuit.)

CHR.

L'*h*, dans les mots de cette colonne ne se prononcent pas, & excepté le mot de Christ & de Chrit, on peut écrire les autres sans *h*.

Chrême, *s. m.* Huile sacrée. (Le saint Chrême.)

Chrêtien, ou *Crétien*, *s. m.* Celui qui croit en Jesus-Christ, qui a été baptisé, & suit les maximes de Jesus-Christ.

Chrétien, *s. m.* Nom d'homme.

Chrétien, chrétienne, adj. Qui croit en Jesus-Christ & à son Eglise. Qui est d'un Chrétien. (Je suis Chrétien. Il est Chrétien. Sentiment qui n'est pas Chrétien. Maxime Chrétienne, ô mon pere, lui dis-je, tout effrayé, ces gens-là étoient-ils Chrétiens ? *Pas. l.5.* Le peuple Chrétien. Le monde Chrétien. La morale Chrétienne.)

† *Chrétien.* Sorte d'adverbe, qui signifie, *Intelligiblement.* († Il faut parler *Chrétien*, si vous voulez qu'on vous entende. *Mol. Pre.sc.6.*

Tres-Chrétien. C'est le nom que se donnent les Rois de France. *Poires de bon Chrétien.* C'est le nom d'une sorte de poires assez grosses & de fort bon goût.

Chrétiennement, *adv.* A la manière d'un Chrétien. (Vivre Chrétiennement.)

Chrétienté, *s. f.* Tous les païs où Jesus-Christ est adoré. Tous les Chrétiens dispersez par le monde. (Jesus-Christ est adoré dans toute la Chrétienté. Ce sont les seuls par qui nous gouvernons la Chrétienne. *Pas. l.5.*)

Christofle. Voyez *Christofle.*

Christ, *s. m.* Jesus-Christ, c'est le nom du Sauveur des hommes.

Christ, *s. m.* Terme de *Peintre & d'Imager.* Prononcez l *s* du mot de Christ. Crucifix. Taille douce qui répresente la tête seule de Nôtre-Seigneur. Une beau Christ. Face de Christ. Un Christ d'ivoire, ou de métal.)

Christianisme, *s. m.* Religion Chrétienne. Maximes, esprit de la religion de Jesus-Christ. (Ce n'est pas là l'esprit du Christianisme. *Port-Royal.* Quand les hommes auront retiré du Christianisme ce qu'ils y ont mis, il n'y aura qu'une même religion, aussi simple dans sa doctrine que pure dans sa Morale. *S. Evremont.*

Christierne, *s. m.* Nom d'homme. Christierne I, regnoit en Suéde en 1457. Voïez Loccenius, histoire de Suede.

CHRISTINE, s. f. Nom de femme. Christine fille du grand Gustave céda en 1654. son Royaume à Charles Gustave son cousin germain.

Christofle. Chrostofle, s. m. Nom d'homme. Quelqu'uns disent Chretofle, mais mal. On doit seulement dire Christofle, & même on le peut écrire sans h. (Il y a une figure de S. Christofle à l'entrée de la nef de Nôtre-Dame de Paris, & l'on estime ce S. Christofle à cause de son antiquité. Christofle Colomb a le premier découvert l'Amérique.)

CHRONOLOGIE, Cronique. Voyez Cro.

C H U.

CHUCHETER, v. a. Parler tout bas à l'oreille. (Il a été long-tems à lui chucheter à l'oreille.)

† Cuchoteur, s. m. Celuy qui chuchette & qui parle tout bas à l'oreille de quelqu'un.

CHUT. Sorte d'adverbe, ou d'interjection, qui signifie Paix. Silence. Qu'on ne mene point de bruit. Prononcez fort le T, de ce mot chut. (Chut, le voicy qui vient.)

CHUT, chute. Ce mot est un adjectif participe du verbe choir, il signifie tombé; mais ne se dit guere. (La rosée est chute. Gon. Poës. On parleroit mieux si on disoit la rosée est tombée.)

Chûe, s. f. Action de la personne, ou de la chose qui tombe. (Il est mort de sa chute : Ils répondirent qu'ils ne craignoient rien que la chute du Ciel & des astres. Abl. Ar. La chute de Phaëton dans le Pau est fameuse.)

Chute d'eau. C'est à dire, une cascade.

Chute, ou pente de toit. C'est l'égout du toit.

* Chute. Malheur. Péché. (Adam, après sa chute, travailla à la sueur de son corps. Arn. L'homme après sa chute, fut esclave de ses passions & du Diable, & sujet à la mort éternelle du corps & de l'ame. S. Cyran, Theologie, ch. 8.)

* Chute. Terme de Rhetorique. Fin de période.

[* Les chutes des périodes doivent être diversifiées.

C I.

CI. Ce mot est une particule qui se joint à la fin du pronom démonstratif celui, celle, car on dit, celui-cy, celle-cy, & au pluriel ceux-cy, celles-cy. Et de même après des substantifs précédez du pronom ce, car on dit ce tems-cy. Il y en a qui disent ce tems icy mais mal, & contre l'usage.

Cy-dessous, cy-dessus. Voyez plus bas en leur rang.

CIB. CIC. CID.

CIBOIRE, s. m. Du Latin Ciborium. (Vase où l'on met les hosties. (Un beau ciboire.)

CIBOULE, s. f. Sorte de petit oignon. (La ciboule est chaude.)

CICATRICE, s. f. Du Latin cicatrix. Peau douce & calleuse, avec laquelle la nature recouvre la chair & ferme les bréches que lui ont fait les playes & les ulceres. (Une vilaine cicatrice. Une fâcheuse cicatrice. Une cicatrice un peu difforme. Regardez ces visages haves, ces corps hydeux de playes, & tout couverts de cicatrices. Vaug. Q. Curce, l. 9. ch. 3.)

Cicatriser, cicatricer, v. n. La raison voudroit qu'on dit cicatricer, & c'est pour cela que de bons Auteurs le disent, mais le grand usage est pour cicatriser, qui se dit des chairs qui ont été séparées, & pour qu'elles se réünit de sorte qu'il y ait une petite peau qui les recouvre. (Laisser cicatriser une playe.)

Se cicatriser, v. r. Se former en cicatrice. (Playe qui se cicatrise.)

† * Se cicatriser, v. r. Il se dit en riant & parlant des habits, c'est à dire, se rompre, se déchirer & être repetacé.

[Pour moy, si mon habit par tout cicatrisé
Ne me rendoit du peuple & des Grands méprisé
Je prendrois patience... Régnier, Satyre 2.

On a veu le pauvre M. A. avec un juste-au-corps & une culote si agréablement cicatrisez que cela faisoit rire tout le monde.]

CICLAMEN, s. m. Plante odoriferante qui fleurit rouge, ou blanche, & dont la racine est médecinale, purge le flegme par les conduits d'embas, & l'eau du ventre des hydropiques. Prononcez ci : lamen.

CICLE SOLAIRE, s. m. Terme de Chronologie & de Compute Ecclesiastique. C'est une révolution de 28. ans aprés laquelle toutes les lettres Dominicales reviennent dans le même ordre de 28. en 28. ans. On nomme cette revolution le Cicle Solaire, parce qu'il sert à connoître les jours de Dimanche que les Astronomes appellent le jour du Soleil.

Cicle Lunaire. C'est une révolution de 19. ans, aprés laquelle les Lunaisons reviennent à peu prés aux mêmes jours des mois. Cette révolution s'appelle aussi Nombre d'Or.

Ciele de l'Indiction. Révolution de 15. ans.

Cicloïde, s. f. Terme de Géometrie. C'est une ligne courbe décrite par un point de circonference d'un cercle, on d'une roüe laquelle se meut en rond selon une ligne droite.

CYCLOPE, s. m. C'est un Nom que les Poëtes ont donné à des forgerons de Sicile qu'ils ont feint avoir travaillé sous Vulcain à forger les foudres de Jupiter, &c.

CICOMOKE, s. m. Quelques modernes donnent ce nom à une sorte de petit arbre qu'on plante dans les jardins seulement pour les embélir, & pour servir de retraite aux petits oiseaux qui les aiment.

Pendant que le fauvet & moy dormons encore
Vous entendrez le cicomore. Polisson, recueil.

Le Sicomore décrit par les anciens doit être une autre sorte d'arbre. Voi. Sicomore.

CI-DESSOUS, adv. Plus bas. (Il est ci-dessous. Ci-dessus git Monsieur l'Abbé.)

Ci-dessus, adv. En un lieu plus haut. (Il demeure ci-dessus.)

CIDRE, s. m. Le suc qui sort des pommes ou des poires écrassées sous la meule. Le cidre de pommes s'appelle du pommé, & celui des poires du poiré. Le bon cidre rafraîchit & engraisse. Le bon cidre se fait en Normandie, & les pauvres gens boivent plus de cidre que du vin.

C I E.

CIEL, s. m. Du Latin cœlum. Ce mot fait à son pluriel Cieux. C'est une étenduë de matiére fluide qui environne l'air & la terre. (Le ciel est beau, serein, étoilé. Les cieux sont l'ouvrage du Tout-puissant. Arn. Les Philosophes Anciens disputoient sur le nombre des cieux ; les uns en admettent onze, & les autres moins, & ils croyoient qu'ils étoient solides. Ciel cristalin.)

Ciel. Le séjour des bien-heureux. Le Paradis. (Il faut par ses bonnes œuvres tacher à gagner le ciel. Arn. Chacune de ces dévotions aisées suffit pour ouvrir le ciel. Pasc. l. 9. Jesus-Christ est monté au ciel.)

* Ciel. Dieu, & tous les esprits célestes. Graces du ciel. (Ainsi on dit, S. Paul a été ravi au troisiéme ciel.) On le nomme aussi le Ciel Empirée. Nos péchez ont irrité le ciel contre nous. Arn. Il joüyt du ciel même irrité contre lui. Depreaux c'est à dire, quoy qu'il soit méchant & digne d'être puni, le ciel répand ses graces sur lui. Le ciel m'est témoin. Le ciel vous benisse. C'est un coup du ciel, c'est à dire, un effet extraordinaire de la bonté & de la puissance de Dieu.)

Ciel. En terme d'Astrologue, se prend pour les influences du Ciel. (Il a eu le ciel favorable à sa naissance. Le ciel est d'airain pour lui. Les Astrologues parlent du milieu du ciel, & du bas du ciel.)

Ciel. Ce mot se prend pour l'air. (Le ciel est serain, c'est à dire, il n'y a point de nuées dans l'air. Le feu du ciel, c'est la foudre qui se forme dans les nuées. La rosée du ciel. L'arc-en-ciel. Les oiseaux du ciel, dans le style de l'Ecriture sainte Le manne du ciel.

* Ciel. Toutes les divinitez que les fables des Poëtes ont placées dans le ciel. (Les petits amours sont brûler le ciel, la terre & l'onde. Voi. Poës.)

* Ciel. Ce mot entre au figuré en plusieurs autres façons de parler qui ont de differens sens. (Exemples. On remuë ciel & terre contre lui. Patru plaidoyé 5. C'est à dire, qu'on fait toutes sortes d'efforts pour le perdre. Je voy les cieux ouverts dans les yeux que j'adore. Voi. Poës. C'est à dire je ne vois que brillans & que lumiére dans les yeux de ma maitresse. Vous m'ouvritez vous cieux & me mites en paix. C'est à dire, vous me comblâtes de joye & de plaisir en me faisant voir tant de belles choses. Les mariages sont faits au ciel. C'est à dire, qu'ils ne se font point sans la conduite de la providence de Dieu. Elever une personne jusqu'au ciel, c'est la loüer excessivement. On ne voit ny ciel, ny terre. C'est à dire, tout est dans une entiére obscurité. On dit de deux choses fort differentes, qu'elles sont éloignées comme le ciel & la terre. † * Si le ciel tomboit il y auroit bien des alouëttes prises. On dit ces mots en maniére de proverbe à ceux qui cherchent des précautions inutiles contre des choses qui n'arriveront jamais.)

* Ciel. Pays. Climat. Contrée. (Aller chercher la mort sous un ciel étranger. Racine.)

* Ciel. Terme de Peintre, & de Cartier. C'est le haut du tableau, & de la carriére. Le mot de ciel en ce sens est régulier, & fait au pluriel ciels. (Les ciels d'un tableau. Les ciels des carriéres. Le banc de ciel.)

ô Ciel ! Exclamation qui marque de la joye, de l'admiration, ou de la tristesse (O ciel ! tout est perdu. Abl. O ciel ! du grec il sçait du grec ma sœur ! Mol. Fem.)

Ciel de lit, s. m. Et au pluriel ciels de lit. Mot hors d'usage, en sa place on dit fond de lit. Ciel de lit ne se dit plus guere qu'en Province, & Il signifie le haut du lit & qui pose sur les quatres colonnes.

(Non, elle n'eut avant que pleurer son delit,
Autre ciel pour objet que le ciel de son lit.
Regnier, Sat.)

† * Ce mot de ciel se dit aussi quelquefois d'un Daix que l'on porte aux Processions.

CIERGE, s. m. Méche de coton qui est plongée, c'est à dire trempée un certain nombre de fois dans la cire chaude & fonduë, & qu'on allume dans les Eglises lorsqu'on chante, ou qu'on dit la Messe, &c. (Cierge de Pâques. Cierge beni. A la Chandeleur, on porte des cierges à la procession.)

CIG. CIL. CIM. CIN.

CIG.

CIGALE, *s. f.* Insecte qui vole & chante tout l'été. (La cigale aïant chanté tout l'été s'en va chez la fourmi. *La Fontaine.* Le chant des cigales est importun.)

Cigale. Petit poisson d'eau douce qui ressemble à la cigale. *Rond.*

Cigale de mer. Poisson de tèt, mou & sans sang, qui a cinq bras de chaque côté & autant de l'autre, avec la queuë comme l'écrevisse. *Rond.*

CIGNE, *s. m.* Oiseau amphibie qui fréquente les lacs & les étangs, qui a le bec petit, courbé, émoussé au bout, de couleur rouge, & auprès de la tête noir. Le cigne est tout blanc, il a le cou fort long, composé de 18. vertebres, les pieds marquez de diverses couleurs, noirs, bleus & rouges. Le cigne vit d'herbes, d'œufs de poisson & de grain. Il hait l'aigle, le tonnerre, & les serpens. Il vit fort longtems. Sa peau aide à la digestion. Les Poëtes content qu'il chante avant qu'il meure, mais c'est une fable.

On dit d'un homme vieux qui a les cheveux blancs & la barbe blanche, *Il est blanc comme un Cigne.*

* *Cigne.* Poëte. (Par tous les coins de l'univers le cigne Mantouan résonne. *Voi. Poes.* Je ne suis pas d'avis, sur le sujet des belles, de ruïner les belles Stances de nôtre cigne. *Balzac, entretien,* 30.)

CIGOGNE, *s. f.* Oiseau qui a le bec rouge & long, les jambes rouges & longues. La cigogne est blanche, hormis qu'elle a le bout des ailes noir, avec quelque peu des cuisses & de la tête de même couleur. Elle a la queuë courte, & elle ressemble au héron. Elle est le symbole de la reconnoissance. [Cigogne mâle; cigogne femelle. Les cigognes mangent les serpens.]

Cigonneau. Le petit de la cigogne. *Bel. l. 4. c. x.*

CIGUE, *s. f.* Plante qui croît à l'ombre dans les lieux qui ne sont pas cultivez, & qui est si froide qu'elle fait mourir. Sa feüille ressemble à celle du persil. Il y a des gens qui sont devenus fous pour avoir mis dans leur potage des feüilles de cigüe en lieu de persil. Socrate étant condamné à la mort, but de la cigüe.

CIL.

CIL, *s. f.* Ce mot vient du Latin *cilium*, qui signifie *le poil des paupiéres.* Il n'est pas en usage, mais son composé *sourcil* est en usage. V. *Sourcil.*

CILICE, *s. m.* Ceinture faite de fil & de crin de cheval, qui est large d'un demi-pied & ldont on se ceint les reins. Tissu de crin que de certains Religieux austéres, comme les Chartreux se mettent autour des reins. (Porter le cilice. Affliger son corps de cilices & de jeûnes.)

CYLINDRE, *s. m.* Figure solide, ronde & longue comme une colonne, terminée de part & d'autre par deux surfaces plates, rondes, égales & paralléles, comme un rouleau d'égale épaisseur par tout, & plat par les deux bouts. Le mot de *cylindre* est un terme de *Géométrie.* Il y a des cilindres inclinez. La ligne droite qui joint les deux centres des cercles paralleles, & qui passe par le milieu du cylindre, s'appelle *l'axe du cylindre.*

Cylindrique, adj. En maniére de cylindre. (Figure cylindrique.)

CILLER, *v. a.* Ce mot se dit des yeux, & signifie remuer souvent les paupiéres. (Il ne fait que ciller les yeux.)

Ciller. En terme de *Fauconnerie,* c'est coudre les paupiéres de l'oiseau.

* *Cillement, s. m.* Terme de *Medecin.* C'est une maladie qui fait remuer incessamment les paupiéres, qui clignotent sans cesse.

CIM.

CYMAISE, *s. f.* Terme d'*Architecture.* Il vient du Grec. C'est un membre dont la moitié est convexe & l'autre concave. Il y a deux sortes de cymaise, l'une appellée *doucine*, & laquelle la partie la plus avancée est concave, & l'autre appellée *talon* de laquelle la partie la plus avancée est convexe. *Vitruve, abregé, l. p. ch. 4.*

CIMARRE, *s. f.* Sorte de robe de femme ample & longue.

CYMBALES, *s. f.* Instrument qui d'ordinaire est fait d'airain, en forme triangulaire, au travers duquel il y a de petits anneaux qu'on touche avec une verge de même métal. (Toucher les cymbales.)

Cymbale. Terme d'*Organiste.* Jeu harmonieux qu'on mêle avec le plein jeu.

CIME, *s. f.* Ce mot vient de l'Italien, ou de l'Espagnol *cima.* Il signifie au propre la partie la plus élevée d'une chose qui est haute; comme d'une montagne, d'un clocher, de de quelque grand arbre, &c. (Grimper sur la cime d'une montagne. *Abl. Luc.* Le Paradis terrestre étoit sur la cime d'une montagne. Voi. *Entretiens sur la pluralité des mondes.*

Elle-même, aux cerfs pourchasser
Prépare de profonds aziles
Sur la *cime* des monts glacez

Contre les chiens les plus agiles.
God. Poes. 3. p.

On n'a pas encore pû arriver à la *cime* du Pic de Ténériffe. Ce rocher porte sa cime jusques dans les nuës.

(* Ils se croient à la cime du bon-heur, &c.)

CIMENT, *s. m.* C'est un composé de chaux, de tuile cassée, & d'eau. Sorte de mortier propre à lier les pierres dans les bâtimens. (Bon ou méchant ciment. Faire du ciment. Les paveurs se servent du ciment pour paver.)

Ciment. Terme d'*Orfévre & de metteur en œuvres.* C'est un composé de brique, de poix-résine, & de cire, dont on se sert pour tenir ferme la besogne qu'on veut polir, graver, ciseler, &c.

* On dit au figuré, qu'une affaire est faite *à chaux & à ciment*, quand elle est bien assurée, & qu'on croit qu'elle durera long tems.

* La vertu est le meilleur *ciment* qui puisse lier les amis.

Cimenter, v. a. Accommoder avec du ciment. Se servir d'une chose pour en lier d'autres, & cela au lieu de ciment. (Les murs étoient cimentez de bitume, *Vau. Quin. l. 5. c. 1.* Cimenter les pierres d'un bâtiment. Cimenter le bassin d'une fontaine. Cimenter le pavé de bitume.)

* *Cimenter.* C'est au figuré, pour dire lier, joindre & affermir. (L'amitié de ces personnes a été *cimentée* par des alliances réciproques. Le sang des Martirs a cimenté la foi de l'Eglise Chrétienne.)

Cimentier, s. m. Artisan qui bat & fait le ciment.

CIMETERRE, *s. m.* Sorte d'épée large dont les anciens Perses se servoient. (Darius portoit une ceinture d'or, d'où pendoit un cimeterre, qui avoit un fourreau convert de pierres précieuses. *Vau. Quin.* Il s'en falut peu que Bessus ne tuât Cobares, car il avoit déja tiré son cimeterre. *Vauge, Quinte Curce, l. 7. ch. 4.*)

CIMETIERE, *Cimétiere, s. m.* Le prémier de ces deux mots est en usage, mais l'autre n'y est pas. Il vient du Grec. Le cimétiere est le lieu où l'on enterre les morts. (Chaque paroisse à son cimétiere.)

* *Cimétiere.* Lieu où il y meurt beaucoup de gens. (L'Italie étoit autrefois le cimétiere des François. On dit que les jeunes Medecins font les *cimétieres bossus.* Pour dire qu'étant ignorans, & n'aïant pas de l'experience ils font mourir plusieurs personnes.

CIMIER, *s. m.* Ce mot se dit en parlant de bœuf, & veut dire la chair qui est sur la croupe du bœuf, qu'on coupe en rond. (C'est du bœuf de cimier.)

Cimier. C'est la croupe des bêtes fauves comme du cerf, du daim & du chevreuil. (Ainsi on dit, c'est un cerf qui a quatre doigts de venaison sur son cimier.)

Cimier. Terme de *Blason.* Figure, ou ornement qu'en portoit sur le haut du casque. (Alexandre le grand portoit pour cimier la tête d'un belier. *Col.*)

CIN.

CINABRE, *s. m.* Vermillon. (Broyer, purifier le cinabre.)

CYNGLER, *v. n.* Terme de *Mer.* Aller à toutes voiles. (Il cingla avec cent voiles vers les Iles. *Vau. Quin. l. 4.*)

CYNIQUE, *s. m* Philosophe ancien de la secte d'Antistene, & qui étoit d'une humeur satirique & mordante. (Diogéne étoit un fameux cynique. Voïez *Laerce des vies des Philosophes.*)

Cynique, adj. Philosophe cynique.

CINQ. Nom de nombre indéclinable. (Ils étoient cinq. Les cinq sens de nature. Les cinq doigts de la main. Cinq cens, &c.)

Cinquante. Nom de nombre indeclinable. (Il y en demeura cinquante sur la place.)

Cinquantiéme. Adjectif de nombre ordinal. (Il est le cinquantiéme. Elle est la cinquantiéme.)

Cinquantaine, s. f. Le nombre de cinquante. (Il a gagné une cinquantaine de pistoles.)

CINQUENELLE, *s. f.* Terme d'*Artillerie.* Tous les longs cordages de l'Artillerie. Voyez *l'instruction pour les Gardes-Magasins de l'Artillerie.*

Cinquiéme. Adjectif de nombre ordinal. (Il est le cinquiéme, elle est la cinquiéme, en cinquiéme lieu.)

Cinquiémement, adv. Ce mot ne se dit presque point, en sa place on dit, en cinquiéme lieu. *Vaug. nouv. rem.*

CINTRE, *s. m.* Terme d'*Architecte.* Trait, ou figure qu'on donne à une voute, ou à une arcade. On appelle, *plein cintre*, joint que le trait est un demi-cercle parfait. Il y a des arcades qui ne font pas en plein cintre, qu'on appelle *surbaissées*, ou en *anse de panier*, & qui ne font qu'une portion de cercle.

Cintre. C'est aussi un ouvrage de charpente qui est disposé pour bâtir dessus, quelque arc, ou quelque voute, & en soutenir les pierres, en attendant que les clefs y soient mises pour les fermer. (Ce cintre n'est pas assez fort. Ce cintre est tres-bon, & tres-capable de soutenir l'Architecture qu'on fera dessus.)

Cintrer, v. a. C'est mettre la charpente qu'on a faite exprés pour soutenir l'Architecture qu'on fera dessus. (Cintrer un arc. Cintrer une voute.)

Aa 2

CIO. CIP. CIR.

CION, *Sion*, ou *scion*. V. *Sion*.

CYPRE´S, *s. m.* Arbre haut & droit, dont le bois est dur & jaunâtre sent bon lorsqu'on le brûle. (On se sert de *cyprés* pour faire des navires. *Bochart.*)

CIPRIEN, *s. m.* Nom d'homme.

CIRAGE, *s. m.* Composition de cire, de suif, & de noir de fumée, de térébentine de Venise, de blanc de plomb & autres ingrediens qu'on fait bouillir pour cirer les bottes, les gros souliers, &c.

Cirage. Terme de *Peinture*. Ce qui est peint d'une couleur tirant sur la couleur de cire.

CIRCONCIRE, *v. a.* Couper la peau du prépuce de l'enfant mâle qui a huit jours, ou celle d'un homme. (Circoncire un enfant. Les Juifs & les Mahometans circoncisent leurs enfans, & les hommes qui embrassent leur Religion. Les Etiopiens ont la circoncision, & même ils *circoncisent* les femmes. Voi. *Peroniana*, *ch.* 4.)

Circoncis, *adj. & s. m.* Enfant mâle, ou un homme à qui on a coupé la peau du prépuce. [Les Juifs & les Mahometans sont circoncis, & se distinguent par là des peuples inciconcis.]

Circonciseur, *s. m.* Celui qui circoncit, soit Juif ou Mahometan, &c.

Circoncision, *s. f.* Cérémonie des Juifs par laquelle on coupe le prépuce de l'enfant mâle qui a huit jours Fête que l'Eglise célebre le premier jour de l'an en memoire de la circoncision de Jesus-Christ. Estampe qui représente le mystére de la circoncision de Jesus-Christ. Les Mahometans pratiquent aussi la même cérémonie. Les Egiptiens l'ont pratiquée, & l'on en voit des traces parmi d'autres peuples. La circoncision est utile si on accomplit la Loi, *S. Paul*, *Epitre aux Romains*.

CIRCONFERENCE, *s. f.* Ce mot vient du Latin *circumferentia*, & est ordinairement un terme de Géometrie. Il signifie en general le tour de quelque chose, le contour d'une figure plane, ou solide, & en particulier, il se dit de la ligne qui enferme un cercle, & de la surface convexe d'une sphère ou globe. (Les lignes qu'on tire du centre à la circonference sont toutes égales. L'angle du centre est toûjours double de l'angle à la circonference. On dit que les Cieux enferment toutes choses dans leur vaste circonference. On dit aussi que le sang circule du centre à la circonference, &c.)

Circonflexe, *adj.* Terme de *Grammaire*. Un accent circonflexe se marque ainsi, ˆ à, ê, &c. & il fait connoître que la silabe est longue.

CIRCONLOCUTION, *s. f.* Sorte de périphrase. (User de circonlocution. *Dep. Longin. ch.* 24.)

CIRCONSCRIRE, *v. a.* Ce mot signifie en général décrire autour. Borner, limiter. Et en termes de *Geométrie* l'on dit, circonscrire un cercle autour d'un triangle, ou autre figure polygone. Circonscrire une figure autour d'un cercle. On dit qu'une figure est circonscrite à un cercle, quand tous les côtez de la figure touchent le cercle, & qu'un cercle est circonscrit à une figure, quand il passe par les points de tous les angles de la figure.

CIRCONSPECT, *circonspecte*, *adj.* Prudent, sage. (Nos Pères sont fort circonspects, *Pasc. l.* 7. Soiez circonspect, adroit & prudent, mais ne soiez jamais fourbe. Rendre circonspect. *Boss. Hist. universelle.*)

Circonspection, *s. f.* Prononcez *circonspexion*. Prudence retenuë. (Parler avec circonspection. *Abl.* Je vous dirai avec la même circonspection que je me passerai aisément de cela. *Balzac*, *lettres à Chapelain* l. 5. *lettre* 3. L'amitié s'accommode aussi peu des grandes circonspections que des séverîtez de la Justice. (*S. Evremont.*)

Circonstance, *s. f.* Tout ce qui acompagne quelque action, ou qui la rend moins ou plus considerable. (C'est une circonstance agravante, fâcheuse. S'arrêter aux circonstances du tems. *God.*)

Circonstancier, *v. a.* Dire les circonstances. Marquer les circonstances. Circonstancier un fait. Circonstancier une chose.)

CIRCONVALLATION, *s. f.* Terme de *Guerre*. Ligne pour défendre le camp contre les ennemis qui viennent de la campagne. (Faire titer une circonvallation. *Abl. Ar. l.* 1.)

† CIRCONVENIR, *v. a.* Ce mot n'est usité qu'au Palais, & il signifie tromper.

† *Circonvention*, *s. f.* Terme de *Palais*. Tromperie.

Circonvoisin, *circonvoisine*, *adj.* Qui est autour, auprès. (Un lieu circonvoisin.)

CIRCUIT, *s. m.* Tout le tour de quelque lieu. Sorte d'enceinte. (Faire une circuit.)

(* Un long circuit de paroles.)

CIRCULAIRE, *adj.* Qui va en circuit. (Ligne circulaire.)

* *Lettre circulaire.* Lettre qu'on envoye à plusieurs personnes, en divers lieux de quelque païs.)

Circulairement, *adv.* D'une maniére circulaire, en rond. (Une rouë se meut circulairement sur son essieu.)

Circulation, *s. f.* Terme de *Medecine*. Mouvement que fait le sang des artères dans les veines, & des veines dans les artères.

Circulation, *s. f.* Terme de *Chimie*. Distillation reïterée plusieurs fois.

Circuler, *v. a.* Distiler plusieurs fois.

Circuler, *v. n.* Ce mot se dit du sang, & signifie se mouvoir vers le cœur, où il entre par la veine cave, & se décharge dans sa cavité droite, d'où il passe dans la veine arterieuse, dans la véneuse, & de là dans la cavité gauche du cœur, d'où il est porté jusques aux extrémitez du corps par le tronc & les rameaux de la grande artère. (Le sang ne fait que circuler.)

CIRE, *s. f.* Ouvrage d'abeille lequel enferme le miel lorsqu'il est dans les ruches. (Cire jaune, cire blanche. Blanchir de la cire. La plus belle cire, & la plus blanche qui soit, vient aussi d'un arbre par le moyen d'un tres-petit animal, qui est toûjours en mouvement, & qui perce l'écorce des arbres, & qui convertit par une vertu admirable le suc des arbres en cire blanche comme neige. Voi. *la nouvelle relation de la Chine*.

Cire vierge. C'est la cire qu'on tire des ruches, sans qu'elle ait été fonduë sur le feu.

On dit *mou comme de la cire*. Il fond comme la cire au Soleil.

† * *Cire*. Chassie. (Ses yeux sont investis de cire. *Mal. Poe.*)

Cire. Composition de gomme laque, de gomme d'Espagne, de sucre & de vermillon, & qu'on forme en petits bâtons, & dont on se sert pour cacheter des lettres en fondant le bâton de cire à la chandelle. (Cire rouge, bleuë, verte, noire, dorée. Cire d'Espagne. Faire, composer, tirer de la cire d'Espagne. Ceux qui font de cette sorte de cire, s'apellent ouvriers en cire d'Espagne.

Cirage, *s. m.* Ce mot se dit parmi les Cordonniers, & signifie *cirure*, ou cire fonduë apliquée sur le cuit. (Faire un cirage. Ces souliers sont besoin d'un bon cirage. Il faut passer un cirage sur ces bottes.)

Cirer, *v. a.* Tremper dans quelque cirage. Apliquer le cirage sur le cuir. Frotet de cire. (Cirer une paire de bottes, une paire de souliers. Cirer un bout d'argent. Cirer de la toile, &c.)

Cirer. Terme de *Tailleur*. Frotet le fil avec de la cire. (Cirer le fil. Il se dit aussi des étofes qu'on a coupées, ausquelles on applique de la cire avec une bougie, de peur qu'elles ne se défilent avant qu'on les couse. V. *Bougëir*.

Cirier, *s. m.* Celui qui vend & fait de toutes sortes de cierges & de bougies.

CIRON, *s. m.* Petit ver rond & blanc qui est engendré d'un humeur acre, qui s'attache principalement à la main, & qui cause une démangeaison.

CIRURE, *s. f.* Cirage apliqué sur le cuit. (Une belle, une bonne cirure.)

CIRQUE, *s. m.* Il vient du Latin *circus*. Endroit de l'ancienne Rome, large & spacieux, entouré d'Amphiteatres propres à différentes sortes de personnes, embéli d'une obélisque & de colonnes, & destiné à divers spectacles, à des courses, à des chasses, & à des combats de bêtes avec des hommes. Il y avoit le grand cirque & le cirque Flaminien. Ces cirques étoient quelque chose de beau & de commode, & les Estampes que l'on en trouve en des livres particuliers, le disent assez. Le grand cirque étoit consacré au Soleil, comme au pére de la lumière, & au Dieu dont on avoit le plus de besoin dans les jeux que l'on faisoit.

CIS.

CISAILLES, *s. f.* Fort gros ciseaux dont les chaudronniers & les épingliers, &c. coupent le métal.

Cisailler, *v. a.* Couper avec des cisailles. (Quand on porte à la monnoie une piéce légère ou alterée, il la faut *cisailler* à l'instant pour l'ôter du commerce.)

CISEAU, *s. m.* Instrument d'acier dont on se sert pour travailler sur de la pierre, & pour ciseler.

Ciseaux. Instrument d'acier à deux branches & à deux taillans, dont on se sert pour couper de la toille, du drap, & autres choses qui ne sont pas dures.

Ciseler, *ciseler*, *v. a.* Prononcez *ciselé*, ou *cizelé*. Terme d'Orfevre qui ciséle. C'est travailler sur le métal, & le repousser de la même piéce avec le marteau & le ciselet, & y faire toutes sortes de figures agréables, & tout ce que la justesse de l'art preserit. (Ciseler un ouvrage de relief. Ciseler un ouvrage en relief.)

Ciseler, ou *cizeler*, *v. a.* Terme de *Découpeurs*. Il ne se dit qu'en parlant du velours. C'est découper avec agrément, & en maniére de fleur, le dessous du velours avec la pointe du ciseau. (Ciseler du velours.)

Ciselet, ou *cizelet*, *s. m.* Prononcez *cieles*, ou *cizelet*. Terme d'Orfevre qui *ciséle*. C'est une sorte de petit outil de fer délié, & environ grand comme le doigt, dont l'Orfevre ciseleur se sert pour ciseler. (On *cisele avec le marteau* & le cizelet.)

Ciseleur, ou *cizeleur*, *s. m.* Prononcez *Cizleur* ou *cizeleur*. C'est une sorte d'Orfevre qui ciséle le métal avec le cizelet & le marteau, & qui y forme avec ces ourils des figures naturelles & agréables, & autres choses que l'art demande. (Un bon ciseleur, un fameux, un habile, un excelent ciseleur.)

Ciseleur,

Ciseleur, ou *cizeleur. s. m.* C'est l'un des titres que les *Découpeurs* ont dans leurs lettres de maîtrise. Ils s'y nomment maîtres découpeurs, égratigneurs, gofreurs, & ciseleurs en drap de soie. De sorte qu'en terme de découpeur, *ciseleur* signifie l'ouvrier qui découpe proprement & agréablement le dessus du velours avec la pointe du cizeau, mais en ce sens le mot de *cizeleur* ne se dit pas seul, & sans être acompagné de sa suite, découpeur, égratigneur, ciseleur & gofreur en drap de soie.

Ciselure, *cizelure. s. f.* Ouvrage de ciseleur, chose ciselée. (Une belle ciselure, une ciselure bien-faite.)

Ciselure, *cizelure.* Terme de *Tailleur de pierre*. Ce qui est fait sur la pierre avec le ciseau & le maillet.

CISOIR, *cisoir. s. m.* Outil d'Orfevre qui est une espece de ciseau propre à couper l'or & l'argent.

CISTRE, *s. m.* Instrument de musique qui a quelque chose du Luth, & qui est fort commun en Italie. (Le cistre est composé du manche, du corps, & de quatre rangs de cordes qui sont d'ordinaire de léton. *Mers.*)

CIT.

CITADELLE, *s. f.* Petite forteresse qui commande à une grande ville, & qui n'a point d'autres habitans que la garnison des soldats. (Une forte citadelle.)

CITATION, *s. f.* Passage de quelque Auteur qu'on cite. (Marquer les citations des passages. *Pas. l. 6.*)

Citation. Ce mot signifie aussi une assignation devant un Juge Ecclésiastique.

CITÉ, *s. f.* Il vient du Latin *civitas*, & il signifie vile; mais il ne se dit ordinairement qu'en parlant des Places où il y a deux viles, une vieille, & une autre qui a été bâtie depuis, (Ainsi on dit la cité de Paris, c'est l'ancien Paris.)

† *La sainte Cité.* C'est la sainte Jérusalem.

CITER, *v. a.* Alléguer, apporter quelques passages d'Auteurs, ou quelques Auteurs graves. (Citer un passage d'Auteur. *Pas. l. 6.* Voiez un peu quelles gens je vous cite. *Pas. l. 7*)

CITERNE, *s. f.* Reservoir d'eau de pluie pour boire. (Une grande citerne.)

CITOIEN, *s. m.* Ce mot se dit proprement en parlant des anciens citoiens Grecs & Romains, & veut dire qui jouïssoit du droit de bourgeoisie. (Ils le virorent prier de leur rendre leurs citoiens qu'il avoit fait prisonniers. *Arb. Ar. l. 1.* J'espere de vous faire voir qu'Archias est citoien Romain. *Pat.*)

CITRON, *s. m.* Fruit de citronnier, qui a l'écorce ridée, raboteuse, de couleur d'or, & de bonne odeur. (Le citron mangé avec du sucre fortifie l'estomach. Le citron qui est mou, & qui a l'écorce déliée est bon ; & il est meilleur que celui qui a l'écorce rude. Le citron qui a l'écorce épaisse à moins de jus que celui qui a l'écorce déliée. Il y a des citrons aigres & des citrons doux. Il y a des citrons à écorce, & dont on se sert pour confire.

Citron. Couleur de citron. (Cela est citron.)

Citronnat, s. m. Confiture faite d'écorce de citron. C'est aussi une sorte de dragée, dans laquelle on enferme un morceau d'écorce de citron.

Citronné, *citronnée*, *adj.* Qui sent le citron. Qui a le goût de citron. Liqueur où l'on a mis du jus de citron. (Pouliot citronné. Tisanne citronnée.)

Citronnier, *s. m.* Arbre qui porte les citrons, qui a les branches souples, couvertes d'une écorce verte, & garnies d'épines, qui pousse des fleurs blanches, & qui a des fruits en tout tems. (Le citronnier vient en pleine terre dans les païs chauds & temperez. Planter, élever, cultiver des citronniers en des pots ou en des caisses.)

CITROUÏLLE, *s. f.* Plante qui fait une tige qui traine par terre, qui produit une fleur jaune, & qui porte un fruit froid & humide, rond, pesant, & couvert d'une écorce lisse, verte, & blanche du côté qu'elle pose à terre.

† * On dit au figuré, & dans le bas stile, en parlant d'une femme dont la taille est grosse & mal faite. *C'est une grosse citrouille.*

CIV.

CIVADE, *s. f.* Poisson d'étang & de mer, couvert d'une croute, qui est de têt mou, & grand comme un doigt. (La civade a le corps moucheté & plusieurs petits piez. Sa chair est douce, & lorsqu'elle est cuite elle est rouge. *Rom.*)

CIVADIERE, *s. f.* Terme de *Mer.* C'est la voile du mât de beaupré qui est sur la proüe.

CIVE, *s. m.* Ragoût qu'on fait avec le dedans de quelques piéces d'un liévre.

CIVETTE, *s. f.* Sorte d'herbe qu'on mange en salade.

Civette. Animal qu'on trouve aux païs étrangers. Il est gros environ comme un renard. Il est agréablement marqueté de taches noires sur un fond brun, ou blanc obscur. Son poil est mou, épais, d'une odeur suave. Ses dens sont âpres, & sa queuë est fort longue.

Civette. Odeur tres agréable, renfermée dans une maniere de bourse qui est autour des aines de l'animal qu'on apelle civette. *Jonston*, mais Marmol croit que la civette n'est que l'odeur du corps qui sort de la civette. Voïez là-dessus *le Marmol d'Ablancourt*, *T. 1. l. 1. c. 13.*

CIVIERE, *s. f.* Instrument de bois propre à porter du fumier, des pierres & autres pareilles choses, qui a quatre bras, & est porté par deux hommes, ou qui a deux bras & une roüe, & qui est mené par une simple personne.

CIVIL, *civile, adj.* Qui regarde les peuples d'une même vile, d'un même païs. (Droit civil Romain. La société civile, guerre civile.)

Civil, *civile.* Qui n'est pas criminel. (Afaire civile.)

Requête civile. Terme de *Palais.* C'est une voïe de droit, par laquelle on se pourvoit contre les Arrêts rendus injustement, &c. V. *Requête.*

More civile. On appelle ainsi tout ce qui emporte un retranchement de la société civile, comme une condamnation aux Galeres, un bannissement perpetuel, &c. On ledit aussi de ceux qui se retirent dans les Monastéres, & qui ont renoncé au monde.

Civil, *civile*, Honnête, poli, qui a de la civilité. (Il est civil, elle est civile.)

Civilement, *adv.* D'une maniere civile, avec civilité, honnêtement. (Il m'a reçu fort civilement. Il en a usé tres-civilement avec eux.)

Civiliser, *v. a.* Rendre poli, civil, honnête. (La conversation des Dames l'a un peu civilisé. Un peuple civilisé.)

Civiliser. Terme de *Palais.* Rendre civile une affaire criminelle. On dit qu'un procés a été civilisé.

Civilité, *s. f.* La maniere de ne rien faire, & de ne rien dire que d'honnête & de bien à propos dans le commerce de la vie. Maniere honnête & civile. (On doit traiter tout le monde avec civilité, user de civilité, enseigner la civilité. La civilité est diferente parmi les Nations. La civilité doit être naturelle, polie, sage & judicieuse. Combler une personne de civilitez. Faire mille civilitez à une personne. Il merite toutes les civilitez qu'on lui sauroit faire.)

Civilité. Livre qui enseigne les regles de la civilité. (Une civilité Françoise.)

CIVIQUE, *adj.* (*Couronne civique.* Couronne de chêne qu'on donnoit à celui qui avoit conservé un citoïen, & tué au même-tems un ennemi. On donna une *couronne civique* à Ciceron parce qu'il avoit découvert la conjuration de Catilina. On donna une *couronne civique* à Auguste, qui & ce sujet, fit batre de la monnoie avec cette devise, *Ob cives servatos*, c'est-à-dire, pour avoir sauvé les citoïens.

CLA.

CLABAUD, *s. m.* Chien courant dont les oreilles sont si grandes qu'elles lui passent le nez d'un demi-pié. Prononcez, *Clabô.*

† *Clabaud.* Mot de la lie du peuple qui signifie sot, malfait, gros fat. (Chien de coquin, quel clabaud est ce là ?)

† *Clabaud.* Mot de la lie du peuple qui se dit des méchans chapeaux, & qui veut dire qui baisse les bords. (Son chapeau fait le clabaud.)

† CLABAUDER, *v. n.* Crier, criailler. (Maint Dieu jaloux clabauda contre l'honneur du grand d'Avaux. *Voi. Poe.* Vous clabaudez en pédans sur des vetilles de Grammaire. *Saint Amans.* C'est aussi un verbe actif.

Que deviendrai-je ? entendant les Libraires
Me clabauder, & crier de concert
Deça, Messieurs, achetez Boisrobert.
Boisr. Ep. 1.

† *Clabauderie, s. f.* Criaillerie, cris fatiguans & ennuïeux. (Toutes ces clabauderies ne font qu'étourdir les oreilles.)

† *Clabaudeur*, *s. m.* Criailleur, importun & fâcheux. Criailleur. Qui clabaude lorsqu'il parle. (C'est un franc clabaudeur.)

CLAIE, *s. f.* Ouvrage de vannier, qui est plat, qui est long de 4. ou 5. piez, plus ou moins, & large d'environ 3. ou 4. & quelquefois d'avantage, selon les choses dont on a besoin. Une claie à nétoïer les habits. Une claye à faire sécher des fruits, comme raisins, prunes, &c.)

Passer à la claie. Terme de *Jardinier.* C'est jetter avec une pèle de la terre pierreuse, contre une claye qu'on tient entre droite & couchée, pour faire passer la bonne terre au travers, & faire tomber les pierres en bas de la claye du côté du Jardinier, & ainsi, la terre qui est passée & épierrée sert à faire un bon Jardin.

Trainer sur la claye. C'est une sorte de suplice que l'on exerce envers ceux qui sont condamnez à mort, qui ensuite sont mis sur une grosse claye, & tirez publiquement par un cheval que conduit le bourreau.

Clayon, *s. m.* Ouvrage de vannier. C'est un petit cerceau, au travers duquel il y a plusieurs brins d'osier entrelassez. (Un clayon à fromage, un claion à pâtissier.)

CLAIR, *claire*, *adj.* Lumineux, luisant. (Le Soleil est clair. Etoile claire. La Lune est claire. Venus est la plus claire de toutes les planétes. Une lumiere claire. *Un feu clair*, c'est-à-dire luisant, & qui n'est pas mêlé de fumée.

Clair, *claire.* Il signifie ce qui reçoit beaucoup de lumiére. (Ainsi l'on dit d'une maison qu'elle est claire, par opposition à une autre qui est obscure, & qui reçoit peu de lumière. On fait aujourd'hui les Eglises fort claires, au lieu qu'autrefois elles étoient fort obscures.)

Clair, *claire*. Net & poli. Il se dit des corps dont la surface est unie, & qui réfléchissent beaucoup de lumière. (Les miroirs d'acier sont plus clairs que ceux de verre, parce qu'ils reçoivent un plus beau poli. Vaisselle bien claire.)

Clair, *claire*. Net & poli, au travers duquel on peut voir. (J'ai fait nettoïer mes vitres, elles sont fort claires.)

Clair, *claire*, adj. Du Latin *clarus*. Net & qui n'a point d'ordure, ni aucune chose qui le trouble, ou l'obscurcisse. (Vin clair, eau claire.)

Veu claire. C'est à dire, nette & distincte.

Clair, *claire*. Qui n'est pas épais. (Panier à claire voye. Toile fort claire. Les blez sont clairs dans les champs maigres. Les arbres sont clairs dans cette forêt.)

* *Clair*, *claire*. Ce mot se dit du stile, & il signifie qui est clair & sans obscurité. (Voiture a le stile clair & aisé. On dit aussi une voix claire, c'est-à-dire nette, distincte, aiguë & pénétrante. Un son clair.)

* *Clair*, *claire*, *adj*. Manifeste. (Cela est clair, la chose est claire.)

* *Clair*, *claire*. Net & débrouillé. (Un droit clair, une question claire. Ses affaires sont claires. C'est le plus clair de son bien. Les plus clairs deniers du tresor du Prince.)

* *Clair*, *claire*. (Un esprit clair, un jugement clair.)

Clair, adv. Clairement, distinctement, nettement. (Voir clair, entendre clair, parler clair.)

* *Clair*. Profondément. Avec pénétration. (Il voit clair dans l'affaire dont il s'agit. *Le Mai*. Il n'a pas vû bien clair dans cette matière. *Pat. plaid*. 4.)

† * *Clair*. Peu, en petite quantité. (Les véritables honnêtes gens sont bien clair-semez.)

A Clair, *adv*. Ce mot se dit du vin, & se peut dire aussi de toute autre boisson qui n'est point trouble. (Tirer du vin à clair. Porter du vin ou du cidre à clair.)

* *Clairement*. *adv*. Distinctement. (Il entend clairement ce qu'on dit.)

* *Clairement*. Nettement, sans embarras, & sans obscurité. (Il écrit clairement.)

Clair, *f. m*. Clarté, lumière. (Il fait un beau clair de lune.)

Claire, *s. f*. Nom de femme. (Sainte Claire.)

Clair obscur. Terme de *Peinture*. C'est la seence de placer les jours & les ombres. (Entendre bien le clair-obscur.)

Clairet. Cet adjectif se dit du vin, & signifie qui n'est pas fort rouge. (Vin clairet.)

Eau clairette. Il se dit de l'eau de vie où l'on a fait confire des cerises avec du sucre & d'autres ingrédiens, & qu'on a exposée au Soleil.

CLAIRON, *f. m*. Ce mot n'est pas fort usité, & il veut dire une sorte d'instrument à vent qui fonne clair. (Ils s'assemblent avec des timbales & des clairons. *Abl. Mar. T*. I.)

Clairon. Terme d'*Organiste*. Jeu d'orgues harmonieux qui représente le bruit d'un cornet.

* *Clair-voiant*, *clair-voiante*, *adj*. Qui a de la pénétration, du discernement pour savoir les choses & leurs suites. (Un esprit clair-voiant. Il est clair-voiant dans les desseins de ses ennemis.)

CLAMEUR, *f. f*. Il vient du Latin *clamor*, & il se dit tres-peu au singulier. *Clameur* signifie *de grands cris*. (Faire de vaines clameurs. Remplir tout de clameurs. *Le Mait*. *Plaid*. Ils le demanderent plusieurs fois en plein Théâtre, avec de grandes clameurs pour l'exposer aux lions. *Traduction de S. Ciprien*, *préface*.)

Clameur publique. C'est une émeute du peuple contre une personne qui fait un crime devant tout le monde.

Clameur de haro. Terme particulier de la coûtume de Normandie, & qu'on voit dans les Lettres de Chancellerie, Nonobstant clameur de haro, Chartre Normande, &c. Ces mots signifient une plainte, & une demande qu'on fait de l'aide du Prince contre la force & l'oppression d'autrui.

CLANDESTIN, *clandestine*, *adj*. Caché, secret, & qui n'est pas divulgué. (Mariage clandestin. *Abl*.)

Clandestinement, *adv*. D'une manière secrette, & qui ne se découvre pas, qu'on ne divulgue pas. (Se marier clandestinement. *Le Mai*.)

Clandestinité, *s. f*. Ce mot n'est usité qu'en terme de *Palais*, & il signifie le manque des formalitez necessaires qui rend une chose clandestine. (La clandestinité d'un mariage le rend nul.)

CLAPET, *f. m*. Terme de *Mécanique*. C'est une espece de petite soupape, qui se leve & se baisse par le moyen d'une simple charnière. (Une pompe à simple clapet.)

CLAPIER, *glapier*, *f. m*. Quelques-uns prononcent *glapier*, & écrivent *clapier*. On croit qu'on doit écrire & prononcer *clapier*, qui est le lieu où l'on nourrit les lapins. Il faut entrer dans le *clapier*, & prendre deux ou trois lapins. Il y a toujours de la sterilité autour des clapiers. *Quint. Jardins*. Tom. 1. l. 232.

Clapier, *s. m*. Ce mot se dit aussi pour signifier un lapin de clapier qui est en quelque façon apprivoisé, & qui ne jouït pas de la liberté des champs, comme le lapin de garenne, & ceux qu'on appelle buissonniers. Le clapier n'est pas, à beau-

coup près, si bon ni si friand que le lapin de garenne, & on ne mange guere aux bonnes maisons de ces clapiers ; c'est pourquoi l'on se moque d'un homme qui en faisoit manger à d'honnêtes gens qu'ils traitoit.

Je criois de le voir, avec sa mine étique,
En lapins de garenne ériger nos clapiers ;
Et nos pigeons cauchois en excellens ramiers.
Dép. Sat. 3.

Clapir, *v. n*. Il se dit des lapins, & signifie faire un cri qui leur est naturel, & qui les distingue des autres animaux. (Le lapin clapit. Les lapins commencent à clapir. J'entens clapir les lapins.)

† CLAQUE, *s. f*. Coup qui se donne avec la paume de la main & qui fait du bruit en le donnant, (Donner une claque sur la fesse.)

Claquedent, *s. m*. Claquement des dents. Fréquente agitation des dents qui est involontaire, & qui vient du froid, de peur, &c.

Claquement, *s. m*. C'est le bruit que font les choses qui claquent, comme les mains, les dents, les os, un fouët, & tout ce qui frappe l'air avec violence.

† *Claquer*, *v. a*. Donner des claques. (Elle lui a claqué les fesses.)

† * *Faire* bien *claquer son fouët*. C'est-à-dire, faire du bruit dans le monde, y faire de l'éclat, y faire parler de soi à cause de quelque qualité, ou autre chose. (Elle a bien fait claquer son fouët.)

† CLAQUEMURER, *v. a*. Renfermer.

† *Se claquemurer*, *v. r*. Se resserrer, se renfermer, se borner d'une manière qui rabaisse.

(Que vous joüez au monde un petit personnage,
De vous claquemurer aux choses du ménage,
Mol. fem. a. 1. s. 1.)

Claquer, *v. n*. Il se dit des choses qui frapant l'air avec violence font quelque bruit. (Claquer des mains, claquer des dents, &c.)

Il se dit en particulier d'un fouët dont on se sert à foüetter les chevaux & d'autres bêtes, & du bruit que fait ce foüet lors qu'on le remuë fortement & vite dans l'air. (Cocher qui fait claquer son fouët.)

CLARIFICATION, *s. f*. Terme d'*Apoticaire*. L'action par laquelle on rend une liqueur claire. L'état clair & net de quelque chose. (La clarification d'un syrop. La clarification arrive souvent à de certaines liqueurs par le seul repos. *Charas*, *Pharm*. 1. p. ch. 31. La clarification se fait pour l'ordinaire par l'ébullition, la despumation & la filtration.)

CLARIFIER, *v. a*. Ce mot se dit des choses liquides, & signifie *rendre clair & net*. (Clarifier un syrop.)

Clarifié, *clarifiée*, part.

CLARINE', *clarinée*. Terme de *Blason*. Il se dit des animaux qui portent une clochette.

CLARTE', *s. f*. Lumière, chandele allumée. Feu allumé. (La clarté du Soleil, de la lune ou des étoiles. La clarté des flambeaux, du feu, &c. Faire apporter de la clarté. Demander de la clarté. Ce mot vient du Latin *claritas*. '

* *Clarté*. Netteté, beauté. (La clarté du stile est une des premieres qualitez du discours, *Vau. Rem*. La clarté de son teint n'est pas chose mortelle. *Mal. Poës*.)

CLASSE, *s. f*. Ce mot signifie le rang où l'on met chacune de diverses choses, entre lesquelles on fait distinction. (On range les corps naturels en diverses classes, des metaux, des mineraux, des vegetaux, des animaux, &c. Il se dit aussi des personnes.

Classe, *s. f*. Lieu dans un College, où à une certaine heure se trouve un Régent qui enseigne des écoliers durant un certain tems prescrit. [Les basses classes, & les hautes classes d'un College. Ce mot de classe se prend quelquefois pour tous les écoliers d'une classe. (Toute la classe a demandé congé au Régent. On dit aussi, *pendant mes classes*, pour dire, pendant que j'ai étudié au College.)

Classe. Ce mot se dit des auteurs, & veut dire rang, ordre, où l'estime publique met les ouvrages de certains Auteurs. (Ablancourt, Pascal, Vaugelas & Voiture, sont des Auteurs François de la prémière classe.)

† * *Classe*. Terme de *Crocheteur*. Endroit où s'assemblent d'ordinaire les crocheteurs d'un quartier pour attendre des gens qui les employent.

Classique, *adj*. Auteur qu'on enseigne dans les classes. Auteur qui est dans le rang des plus considerables, & qui merite le plus d'être pris pour modele. (Ciceron, Térence, Horace & Virgile, sont des Auteurs classiques Latins.)

CLAUDE, *s. m*. Nom d'homme. (Claude Seiffel a écrit assez mal quelque chose de l'histoire de Louis XII.)

Claude, *s. f*. Nom de femme. (Claude fille de Loüis XII. fut fiancée à l'âge de sept à huit ans.)

Claudine, *s. f*. Nom de femme. (La fameuse Claudine, femme de Colletet est morte à l'Hôpital.)

CLAVEAU, *s. m*. Maladie qui vient aux brebis en forme de petits boutons, & qui les fait souvent mourir à moins qu'elles ne soient bien pancées.

Claveaux. Terme d'*Architecture*. Pierres qui ferment le dessus d'une porte, ou d'une fenêtre quarrée, ou d'une corniche.

CLAVECIN

CLA. CLE.

CLAVECIN, *f. m.* Instrument de Musique fort harmonieux, qui a des cordes de léton, qui a cinq piez trois pouces de long, & deux piez trois pouces de large vers le clavier, qui est d'ordinaire plus large à un bout qu'à l'autre, & qui a à ce bout qui est le plus large, à un, deux & quelquefois trois claviers. Le clavecin est aussi un instrument de Musique quarré qui a deux claviers à chaque bout. (Toucher le clavecin.)

CLAVETTE, *s. f.* Morceau de fer qui passe au travers d'un boulon, d'une cheville de fer, ou d'autre pareille chose & qui sert à arréter ce boulon, cette cheville, ou cette chose.
Les Imprimeurs appellent *clavette* ce qui leur sert à monter & décendre le grand sommier de leurs presses.

CLAVICULE, *s. f.* Terme d'Anatomie. Os tortu & inégal qui lie l'épaule au bréchet.

CLAVIER, *s. m. Terme de Lutier.* Rang de touches de certains instrumens de Musique, qui sont mises selon l'ordre de la musique, & qui entrent dans le corps de l'Instrument. On les appelle touches, parce qu'on met les doits dessus lors qu'on veut joüer, & pour le clavier on le nomme de la sorte à cause qu'il tient toutes les clefs de la musique. Un clavier d'orgue, d'épinette, de clavecin, de vielle, de manicordion, & de harpe; mais celui-ci n'est pas semblable aux claviers des autres instrumens de Musique.

Clavier. Chaîne de métal garnie de son anneau & de son crochet dans laquelle on passe les clefs qu'on porte penduës au côté.

CLAUSE, *s. f.* Prononcez *Clôse.* Il vient du Latin *clausula.* Terme de Notaire. Article de quelque contrat, contenant quelque convention. (*Clause* claire, nette, intelligible, pure & simple. *Clause* obscure, ambigüe, embroüillée. La donation porte *une clause* mal aisée à expliquer. Examiner, comprendre, éclaircir, expliquer *une clause. Patru plaid.* Contrat qui porte une clause avantageuse. *Patru, plaid.* 12. Examiner la clause d'un contrat. *Patru plaidoié* 3.)

* Clause. Chose. Condition principale. (L'Aurore obtint que Titon fût exemt de la mort ; mais elle omit la clause principale d'empêcher l'âge & ses fâcheux progrès. *Benserade, rondeaux.*)

CLAUSTRAL, *claustrale, adj.* Prononcez *cloftral.* Qui est de cloître. (Prieur claustral. Dignité claustrale. Les lieux claustraux doivent être considerés. Les offices claustraux. La discipline claustrale.)

CLE.

CLEF, *s. f.* Du Latin *Clavis.* Prononcez *Clé*, & même on le peut écrire sans *f.* Instrument de fer avec quoi on ouvre les serrures des coffes, des portes & autres choses qui ferment à clef. Au reste la clef est composée d'une tige, d'un anneau, d'un panneton, des garnitures, des dents & d'un roüet. (Fermer à clef. Joüer à la clef.

Fausse clé. C'est une clé qu'on a contrefaite pour ouvrir la serrure d'une chambre, ou d'un coffre à l'insçu de son maître.

Une clé faussée, ou forcée. C'est une clé qu'on a rompuë, ou dont on a gâté quelque partie en la voulant tourner avec trop de force.

* Clef. Lieu par où l'on entre dans quelque païs, & qui ferme en quelque façon ce païs à ceux qui en sont dehors. (Calais est une des clefs du Roiaume. Pignerol est la clé d'Italie. Considere que nous tenons les clez de l'Asie & de l'Europe. *Vaug. Q. Curce l.* 7. *ch.* 8.

* Clef. Ce mot a encore d'autres sens au figuré. (Exemples. J'avois mis les clefs de mon ame en la garde de ce voleur. *Voi. Poë.* C'est à dire, je lui avois donné un libre accés dans mon cœur.

* Jetter les clefs sur la fosse. C'est renoncer à la succession d'une personne parce qu'elle doit trop.
On dit qu'un prisonnier à *la clé des champs* lors qu'il est en liberté.

Clef. Terme de *Musique.* Marque qui se met au commencement de chaque ligne de livre de musique & qui enseigne que sur la ligne où elle est on chante toûjours un *fa.* Il y a trois clefs dans la musique, la clef de *fa*, de *sol* & d'*ut*.

Clef de voûte. Terme d'Architecture. C'est la pierre du milieu & du haut d'une voûte, & qui étant plus étroite en bas qu'en haut, presse & afermit toutes les autres pierres qui composent la voûte.

Clé de pressoir. C'est la vis qui le serre & qui le tient fermé.

Les clez d'une poutre. Ce sont des chevilles de fer qui servent à arréter la poutre dans le mur.

Clef, en termes de *marine*, est une grosse cheville de bois, qui joint un mât avec l'autre vers les barres de hune, & qu'on ôte à chaque fois qu'il faut amener le mât.

Clef de mousquet. Terme d'Arquebusier. Morceau de fer qui fait aller le serpentin du mousquet.

Clé de pistolet. C'est une piece de fer percée en quarré qui sert à bander le pistolet, l'arquebuse, &c.

Clé de montre. C'est la piece percée en quarré que l'on met au bout de l'arbre de la fusée par le moïen de laquelle on bande le ressort de la montre.

* La puissance de clefs. Termes de *Theologie.* C'est la puissance d'ouvrir & de fermer le Paradis, de lier & délier, de condanner & d'absoudre que Jesus-Christ donna à ses Apôtres.

† La clé. Ce mot se dit aussi en parlant de livres & il signifie avoir l'intelligence des veritables noms des personnes que l'on a caché sous d'autres. (Ainsi l'on dit. Il faut avoir la clé de Rabelais pour entendre bien la plûpart de ce qu'il dit.) Il signifie aussi la connoissance des choses particulieres qui sont dans un livre. (Savoir la clé des Epitres de Saumaise, de Scaliger, ou de Casaubon, &c. C'est savoir tout ce qu'il y a de plus caché dans ces Epitres.)

Clf de forme de cordonnier. C'est un morceau de bois qu'on fourre dans une forme brisée pour élargir le soulié.

Clef d'embouchoir. Morceau de bois que le cordonier met dans l'embouchoir pour élargir les botes.

Clef d'étau. Morceau de fer avec quoi on serre l'étau.

Clef de viole. Morceau de fer avec quoi on fait aler la viole.

Clef à vis. Morceau de fer qu'on met dans la tête des vis pour les serrer quand on monte un bois de lit, une armoire. &c.

CLEMENCE, *s. f.* Il vient du Latin *clementia.* C'est une vertu qui porte à la douceur. (La clemence est la vertu des Rois. *Abl.* Le regard favorable du Roi donne la vie, & sa clemence est comme la pluïe de l'arriere saison. *Port Royal, Prov. de Sal. ch.* 16. J'userai de clémence envers qui il me plaira. *Exod.* 33. Implorer la clemence du Souverain. *Alb Tuc.* Traiter quelqu'un avec clemence. Les qualitez de la clémence doit être grande, singuliére, extraordinaire, admirable, illustre, &c.

Clemence, Nom de femme. Loüis Hutin Roy de France, épousa en secondes noces Clémence de Hongrie, qui accoucha d'un fils posthume qu'on appella Jean, & qui ne fut Roy que huit jours. *Hist. de France.*

Clément, *adj.* Ce mot vieillit un peu, & il signifie qui est porté à la clémence. (Le Roy est clément.)

Clément, *s. m.* Nom d'homme qui a été donné à plusieurs Papes. Clément VIII. s'appelloit auparavant Hipolite Aldobrandin, & étoit Docteur en Droit. Il étoit de Florence. *Scalig.*

Clémentines, *s. f.* Terme de *Droit canon.* Les Clementines sont composées des Decrets du Concile de Vienne, où le Pape Clément V. présidoit, & des Epitres ou Constitutions de ce Pape.

CLEPSIDRE, *s. f.* Ce mot qui vient du Grec signifioit autrefois une horloge qui mesuroit le tems par la chute d'une certaine quantité d'eau, & il se dit à present par abus du mot, d'une horloge à sable, qu'on appelle aussi, *sable* ou *poudrier.*

CLERC, *s. m.* Ce mot qui vient de *clericus*, & qu'on prononce *cler*, se disoit autrefois de tout homme de Lettres, des Secretaires du Roy, Auditeurs des Comptes, &c. mais aujourd'huy il n'y a aucun de ces Officiers, ni aucun homme lettré qui voulût qu'on le nommât *Clerc.*

Clerc. Celui qui étant dans l'étude d'un Notaire, d'un Procureur, ou de quelqu'autre homme de pratique, fait les copies des actes, afin de se former & de se rendre un jour capable des fonctions de son maître. (être clerc chez un Notaire. On l'a mis clerc chez un Procureur.)

Maître Clerc. C'est le premier clerc de l'étude, qui entend les affaires, & est capable de les conduire, & de satisfaire les parties.

† * Faire un pas de clerc. C'est à dire faire quelque faute. Tomber dans quelque méprise.

Clerc. Celui qui sert quelque corps de métier, & qui fait partie du corps. Ainsi on dit le Clerc des Orfévres, &c.

Clerc d'office. Officier qui est l'un de ceux qui suivent les plats qu'on sert devant le Roy, & qui a soin des choses qui se sont dans l'Office. (Il y a plusieurs Clercs d'Office, chez le Roi.)

Clerc. Celui qui est tonsuré.

Clerc de Chapelle. Ecclésiastique qui est un des Officiers de la Chapelle du Roy. (Il y a plusieurs Clercs de Chapelle dans la Chapelle du Roy.)

† * Clerc. Habile qui est sçavant.
(Depuis que Merlin mourut
Si sage Clerc que vous ne fut.
Voi. Poë.

Les plus grans Clercs ne sont pas les plus fins. *Reg. Sat.* C'est à dire les plus sçavans ne sont pas les plus adroits.)

Clergé, *s. m.* Le corps des Ecclesiastiques de France institué pour administrer les Sacremens, instruire à la foi, & celebrer l'Office Divin dans l'Eglise. (Le Clergé en France est le premier des trois Etats, & il est composé en partie des personnes séculieres, & en partie des reguliéres. Il y a dans le *Clergé* une admirable subordination de puissances & de dignitez. Assemblée du Clergé.)

Clerical, *clericale, adj.* Qui est d'Ecclésiastique-Qui est de celui qui a pris quelque ordre (être en habit clerical. *Pat. plai.* 11. Vous faites pitié lors que vous parlez de l'humilité Chrétienne & *clericale*, vous dont la fierté est si conuë *Thiers.*)

Clericature, *s. f.* Ce mot se dit des Ecclesiastiques, & signifie état de celui qui est tonsuré. La cléricature étoit attachée à leur ministere. *Pat. plaid.* 15. On sçait le commencement de vôtre cléricature. *Thiers.*)

CLI

† CLIENT, *s. m.* Ce mot est un peu vieux, & en sa place on dit, *partie*, qui signifie celui qu'on défend en Justice. Voyez *partie.*

† Cliente,

CLI CLO.

† *Cliente*, *s. f.* Mot un peu vieux, en la place duquel on dit *partie*, & c'est celle dont on défend les interêts en justice.

CLIGNER, *v. a.* Remüer les paupiéres des yeux, ce qui arrive souvent, à cause qu'on a les yeux un peu foibles. (Cligner les yeux. Lulli clignoit de petits yeux, & les fermoit à demi pour voir plus clair. *Lettre sur l'arrivée de Lulli aux Champs Elisiens. p. 35.*)

Clignement, *s. m.* L'action de cligner les yeux. Mouvement de la paupiere qui se ferme à froid.

† *Cligne musette*, *s. f.* Certain jeu où les enfans se cachent & font chercher par un de leurs camarades, qui lors qu'il a atrapé l'un de ceux qui sont cachez, le met en sa place, & se cache aprés lui même, tandis que celui qui a été pris s'éforce de trouver quelcun de ses compagnions, & de lui faire comme on lui a fait. (Joüer à cligne-musette.)

Clignoter, *v. a.* Remüer trés-souvent les paupiéres, les faire presque toûjours mouvoir. (La grande lumière éblouit & fait clignoter.)

CLIMAT, *s. m.* Espace de terre entre deux paraleles. (Climat horaire. Climat de jour.)

* *Climat*. Païs, contrée. (La France est un climat heureux & doux. *Voi. Poe.* La raison est de tous les climats. *Théoph.*)

Climatérique, *adj.* Terme de *Medecine*. Il se dit de chaque septiéme année d'une personne, & qui à ce qu'on croit est dangereuse, mais la plus périlleuse de toutes est lors qu'on a 63. ans.

(J'épouse une vieille antique,
Qui conte plus de vingt prin. tems,
Aprés son an climatérique.
Mai. Poe.)

J. Batiste de Monte, Médecin fameux, mourut en son année climatérique, à Vérone, sa patrie. *A. Teissur, Eloges des hommes sçavans.*)

CLIN-D'OEIL, *s. m.* Coup d'œil. Ordre qu'on donne en faisant quelque signe de l'œil. (Ils étoient obeïssans au moindre clin-d'œil. *Vau. Quin. l. 3.*)

En un clin-d'œil. En un moment, fort promtement. (Cela s'est fait en un clein-d'œil.)

CLINQUALIER, *quinqualier*, *s. m.* On dit l'un & l'autre, mais le grand usage est pour *clinqualier*. Le clinqualier est un Merchand qui vend des éguilles, des couteaux, & autres petites choses. (C'est un Marchand clinqualier.)

Clinquaillerie, *quinquaillerie*, *s. f.* Le plus usité de ces deux mots est le premier. Marchandise & commerce de Clinqualier.

CLINQUANT, *s. m.* Terme de *Tireur d'or*. C'est du trait batu, ou écaché, qui est d'argent, ou d'argent doré, ſil y a du clinquant fin & du clinquant faux.)

* *Clinquant*. Faux brilant. Qui a quelque chose qui brille, & qui paroît. (Il juge de travers & préfere le clinquant du Tasse à tout l'or de Virgile. *Dép. sat. 9.*

† *Clinquanter*, *v. a.* C'est charger de clinquant (Clinquanter un habit.)

CLIQUET, *s. m.* C'est une piéce de moulin qui remüe toûjours & fait un bruit continuel, & elle sert à faire tomber peu à peu le blé de la tremie sur les meules.

* On dit des femmes babillardes que leur langue va comme un *cliquet* de Moulin.

Cliquetes, *s. f.* Deux os ou deux morceaux de bois qu'on se met entre les doigts, & dont on joüe quelque chose de gai, en les frapant les uns contre les autres. (Joüer des cliquetes.)

CLIQUETIS, *s. m.* Le bruit que font des armes lors qu'elles se touchent.

† CLISTERE, *s. m.* Ce mot vient du Grec, & est vieux, & ne trouve place que dans le burlesque, au lieu de *clistere*, on dit *lavement*. (Vos mots coulent si doucement que chacun d'eux vaut un clistère. *Voi. Poe.* Donner un clistère. Rendre un clistère.

O merveilleux Aposicaire,
De toi je veux prendre un clistère
M'en dût il coûter un écu;
Je n'en plaindrai point la dépense,
Tu vas me montrer ta science,
Et je te vai montrer le cu.)

CLITORIS, *s. m.* Terme d'*Anatomie*. C'est une petite partie de chair, qui est roude, & qui est dans l'endroit le plus élevé des parties naturelles de la femme.

CLO.

CLOAQUE, *s. m.* & *f.* mais le plus souvent masculin. Lieu plein d'ordures & de puanteur. (Jetter dans un cloaque.)

* *Cloaque*. Personne puante. (C'est un puant cloaque.)

CLOCHE, *s. f.* Instrument résonant, composé ordinairement de cuivre & d'étain fin, façonné en forme de vase rond & voûté, au milieu duquel pend un batant de fer, qui frapant sur les bords de la cloche, excite un son conforme à la grosseur de la cloche, qui est particulièrement faite pour sonner les fidelles du service divin. (Ebranler une cloche. Sonner une cloche. Brimbaler les cloches. *cette derniere phrase est burlesque.* Batiser une cloche. Benir une cloche. Pendre une cloche, &c.)

Cloche. Verre en forme de cloche pour couvrir les melons, les coucombres; & les garder des injures du tems. Ces cloches de veree servent l'hyver pour mettre sur les plantes qu'on échaufe.

Cloché, *clochée*, *adj.* Terme de *Jardinier*. Il veut dire garni de cloches de verre. (Avoir deux cens piez de melons clochez. *Quin. Jardins, T. 1.*)

* On dit au figuré, il est tems de *fondre la cloche*, c'est à dire, de terminer l'affaire dont il s'agit, & de prendre une derniere resolution.

* *Etre étonné comme un fondeur de cloches*. Etre surpris & müet. voi. inc qu'une chose, ou qu'une affaire a mal réüssi par nôtre faute.

Cloche. Maniere de vase de métal, on de terre, où l'on fait cuire du fruit.

Cloche. Vaisseau de bois en forme de cloche. (On a trouvé le moien de faire décendre des hommes au fond de la mer dans de grandes *cloches de bois*. On en voit la figure dans le Journal des Savans.)

Cloche. Terme de *Fleuriste*. C'est le haut de la fleur, lequel forme comme une éspece de calice. On l'appelle *vase & calice*, Mais on dit *cloche* de la jacinte. La *cloche* de ce jacinte est belle.

A CLOCHE-PIÉ, *adv.* Marcher & sauter avec un pié, coulant & élevant un peu l'autre. (Aler à cloche-pié.)

CLOCHER, *v. n.* Boiter. (Qu'as-tu à clocher Plutus? *Abl. Lu.* Clocher des deux cotez.)

† * *Clocher*. Ne procéder pas bien. N'agir pas rondement, ni sincérement. (Avoir fait quelque chose qui cloche. *Bensorade*. Raisonnement, comparaison qui *cloche*, c'est à dire qui n'est pas juste.

* *Il ne faut pas clocher devant les boiteux*. Ces mots au propre, & dans le sérieux, signifient qu'il ne faut pas contrefaire une personne, ni lui reprocher un vice dont il n'est pas la cause. Mais le figuré ces mots veulent dire qu'il ne faut; pas faire le capable devant une personne qui est plus habile.

CLOCHER, *s. m.* Lieu qui est le plus élevé de l'Eglise, où les cloches sont suspendües; & au bout duquel il y a d'ordinaire quelque coq, ou quelque croix. (Un haut clo-her.)

† Il ne peut perdre de vûe le clocher de son vilage.)

† * *Clocher*. Eglise. (Il soûtient jusqu'au bout l'honneur de son clocher. *Dép. Lut.*)

Clocher. Ce mot se prend quelquefois pour *paroisse*. (Il y a en France grand nombre de clochers.)

Clochette, *s. f.* Ce mot ne se dit guére, on dit en sa place. (Une petite choche.)

Clochettes. Fleur de couleur jaune clair, tirant sur le blanc.

CLOISON, *s. f.* Separation qu'on fait par le moyen de quelque charpenterie, dans une chambre, & autre lieu de la maison. (Faire une cloison. Renduire une cloison.)

Cloisonnage, *s. m.* Cloison, ou plusieurs cloisons. (Le cloisonnage de cette maison a coûté tant. C'est du cloisonnage que cela.)

CLOISTRE, *s. f.* Il vient du Latin *Claustrum*. Lieu clos & environné de galeries couvertes. (Le Cloître des Chartreux est beau & grand.)

Cloître. Il signifie proprement un Monastere. (Se renfermer dans un Cloître. Jetter dans un Cloître. *Ariosto moderne.* On a condanné cette femme à être mise dans un cloître par pénitence.

Cloitrer, *v. a.* Enfermer dans un cloître. (Cloitrer une fille.)

† CLOPINER, *v. n.* Boiter. (Le gouteux qui sent la goute, clopine dés qu'il veut faire un pas ou deux.)

CLORRE, *v. a.* Terme de *Palais*. Achever dans les formes. (Clorre un compte, un inventaire, &c.)

Clorre, *v. a.* Fermer, (Il n'a pû clorre l'œil de toute la nuit.)

Clorre, *v. a.* Faire une enceinte autour de quelque espace. (Clorre une ville de rampars, de murailles, &c. Clorre un parc.)

Clorre. Terme de *Vanier*. Serrer l'osier avec le fer à clorre. (Clorre une corbeille, un van, une hoce, &c.)

† *Clos*, *close*, *adj.* Fermé, serré. (Ville close. Jardin clos de murailles.)

* *Se tenir clos & couvert*. Prendre garde à soi. Ne pas sortir.

Champ clos. C'étoit un lieu enfermé de barrières, où les anciens Chevaliers combatoient & faisoient leurs tournois. (Combatre en champ clos. Le Roy Jean offrit à Edoüard Roy d'Angleterre le combat en champ clos. *choisi.*)

* *Bouche close*. Ces mots se disent à une personne à qui on recommande le secret de quelque affaire qu'on lui confie.

* *Lettre close*. Voyez *Lettre*.

A yeux clos. Sorte d'*adverbe*, Aveuglément, sans rien examiner. (Il a tant de confiance en son ami qu'il signe *a yeux clos*, tout ce qu'il lui presente. Si tôt qu'il eut *les yeux clos* on ne songea plus a lui; c'est à dire, si tôt qu'il fut mort on n'y pensa plus. Se tenir clos & coi. *S. Am.*)

Clos, *s. m.* Enclos. Cloture. (Le clos des Chartreux de Paris est beau. Un clos de vignes, un clos d'arbres fruitiers, &c.)

Clostral, *clostrale*, *adj.* Voyez *claustral*.

Clotoir, *s. m.* Outil dont le vanier se sert pour faire des vanettes.

Closure, *s. f.* Tout ce qui sert à fermer un espace comme muraille, haïe, palissade, fossé, &c. (Mur de clôture, c'est une muraille qui sert à séparer deux heritages. La rivière sert de

CLO. COA.

de clôture à ce jardin de ce côté là.)
* *Clôture d'un compte.* Terme de *Pratique.* C'est l'arrêté d'un compte.
* *La clôture d'un Inventaire.* C'est la declaration qui se fait à la fin, par laquelle on charge quelque personne des éfets contenus dans l'Inventaire.
* *La clôture d'une Assemblée.* C'est la derniere séance de cette Assemblée.
Clôture, *s. f.* Tout le circuit d'une Maison religieuse, toutes les murailles qui ferment quelque Convent. (Entrer dans la clôture d'un Monastére. Garder la clôture. *Voi. l.* Faire la visite de la clôture en dehors. *Past. pluid.* 5.)
Cloturier, *s. m.* Vanier qui né fait que de la besogne batuë. Ce mot de *Cloturier* ne se dit qu'entre les Vaniers, où qu'on parlant de la vanerie.
Clou, *s. m.* En latin *clavus.* Pointe de fer avec une tête qui sert à fermer quelque chose. (Un clou à late, un clou à crochet, à roue, à deux têtes. Clou à brocher des talons, des semelles, à monter des souliers. On se sert de petits clous d'or ou d'argent pour atacher des fermoirs, & pour couvrir des étuits de montres. On se sert dé clous dorez, qui sont de cuivre pour en garnir des cofres, des caroffes, &c. Clou rivé, clou à vis, clou de rué. Cheval qui a pris un clou de rué.
* *Un clou chasse l'autre. Voi. l.* 104. C'est à dire, qu'une passion détruit l'autre. Une chose en fait perdre, en détruit une autre. *Sans cela je ne donnerois pas un clou de tout l'esprit qu'on peut avoir. Mol. poë.* Quand on est mort il ne sert pas d'un clou d'être en statuë de marbre. *Benf. Rond.* On dit qu'un homme *compte les clous d'une porte,* pour dire qu'il s'ennuie d'y atendre, & qu'il a le loisir d'en compter les clous.
Clou de girofle. Aromate qui se forme sur un arbre des Iles Moluques, duquel les fleurs s'endurcissant se font en forme de clou avec une petite tête, qui est-ce qu'on apelle *Girofle Dal.*
Clou. Petite tumeur dure & blanche, qui ressemble en quelque sorte à la tête d'un clou. (Je suis fâché de vôtre clou, mais il n'est rien au prix de celui que j'ai. *Voi. l.* 105.)
Clouer, *v. a.* Atacher avec des clous. (Cloüer des lates.)
† * *Clouer. Etre cloüé.* Etre ataché en un lieu. Etre ataché à quelque chose. (A moins que d'être cloüé à Paris, rien ne m'eût pu empêcher d'aller à Poiffi. *Voi. l.* 104. Tous les jours malgré moi je suis cloüé sur mon ouvrage. *Dépr. Sat.* 1.
† * *Une gravité clouée.* C'est à dire une gravité qui ne se dément point.
Cloutier, *s. m.* Artisan qui fait de toutes sortes de clous. Il prend S. Clou pour son Patron.
Clouterie, *s. f.* Trafic de clous. Commerce de cloutier. (La clouterie va toûjours.)
Cloutiére, *s. f.* Piéce de fer percée de trous de diférente grosseur, dans lesquels les Cloutiers & Serruriers forment les têtes des clous, des vis, &c.
Clouelourde, *s. f.* Herbe grise de lin qui vient parmi les blez, & dont les enfans font des couronnes, aufquelles ils mêlent d'autres fleurs qu'ils apellent barbeaux.

COA.

Coadjuteur, *s. m.* Ce mot vient du Latin *coadjutor,* & se dit en parlant d'Evêque & d'Archevêque. C'est un Ecclésiastique qui a le brevet du Roy pour aider un Evêque, ou un Archevêque, qui est vieux ou malade, dans les fonctions Episcopales, & pour lui succeder, le Siège vacant. (Le Roy a donné un Coadjuteur à Monsieur l'Evêque de. Prendre un Coadjuteur. L'Ordonnance enjoint aux Prélats infirmes de prendre des Coadjuteurs. Il faut pour être Coadjuteur avoir le consentement du Prélat à qui l'on doit succeder,& l'agrément du Roy.)
Coadjuteur. Terme de *Jésuite.* C'est un état particulier parmi les Jésuites. *Un Coadjuteur temporel.* C'est un simple frere Jésuite. *Un coadjueur spirituel.* C'est un Jésuite qui fait en public les trois vœux de religion , mais qui ne fait pas le quatriéme, qui est celui d'aller en Mission où il plaira au Pape. (Un tel Pére n'est que coadjuteur spirituel ; il n'est pas profés.) V. *Jésuite.*
Coadjutorerie, *s. f.* C'est la Charge & dignité de Coadjuteur Ecclésiastique. (Les coadjutoreries ne sont pas reçuës trop favorablement, parce que ce sont des graces expectatoires qui portent le Coadjuteur à désirer la mort du Prélat à qui il doit succeder.)
Coadjutrice, *s. f.* Celle qui est reçuë en survivance pour être Abbesse. (On ne pourroit choisir une plus digne coadjutrice.)
Coagulation, *s. f.* Terme *qui se dit en Médecine,* lorsque les humeurs fluides sont fixées par sécheresse, ou autre qualité qui les épaissit & les arrête.
Coagulation. Terme de *Chimie.* Elle consiste à rendre solides & dures les choses qui auparavant étoient molles & liquides. (L'acide est composé de petites parties pointuës qui s'insinuent dans les pores des corps , & en font la désunion des parties , ou la *coagulation. Voi le traité de l'Acide.*)
Coaguler. Terme de *Chimie, & d'autre science de cette nature.* C'est rendre dures & solides les choses qui étoient auparavant molles & liquides, par la privation & la consomption

COC.

de leur humidité. *Glas.* Les acides coagulent les corps mous & fluides. *Traité de l'acide.* L'esprit de vitriol rouge de certains mixtes, & en coagule d'autres, comme sont le sang & le lait. *Chiras, Pharm.* 1 *p. ch.* 5.
Coasser, *v. n.* Ce mot se dit des grenouilles, & signifie le cri qu'elles poussent l'été sur le soir lorsqu'elles sont dans l'eau.

COC.

Cocagne. Voyez *Païs.*
Coche, *s. m.* Espece de carosse, où un Messager de Province améne des gens & des balots de marchandise à Paris, & s'en retourne à sa Province, avec des gens & des balots, qui lui payent chacun une certaine somme. (Retenir une place au coche.)
Coche, s. m. Maniére de grand bâteau où l'on méne du monde, qui est tiré par des chevaux le long du bord de la riviere, lorsqu'on la remonte.
† *Coche, s. f.* Ce mot au propre est peu en usage à Paris, où l'on dit ordinairement Truye, qui est la femelle du Verrat. (Coche blanche, coche noire.)
† * *Coche.* Ce mot au figuré est fort bas, & signifie une femme trop grosse & trop grasse. (C'est une grosse coche.)
Coche, s. f. Entaille qu'on fait dans du bois,pour y arrêter, ou pour y marquer quelque chose. (La corde d'une arbalête se met dans une *coche* faite exprés. On fait des *coches* sur une taille pour y marquer la quantité de pain ou de vin qu'on a pris chez le Boulanger ou le Cabaretier.)
Cochemare, *s. m.* C'est un étoufement qui prend de nuit, lequel est l'effet d'une vapeur grossiére & terrestre qui empîe les ventricules du cerveau, & empêche le commerce de la circulation des esprits animaux. (Sentant sur lui un fardeau qui l'étoufoit, il crut que c'étoit le cochemare. *D. Quichot. T. 1. ch.* 16.
Cochenille, *s. f.* Graine dont on se sert pour teindre l'écarlate.
Cocher, *s. m.* Celui qui méne le carosse. Celui qui méne quelque coche par terre. (Un bon cocher qui méne fort bien.)
Cocher, *v. a.* Terme d'*Oiselier.* Le mot de *cocher* se dit du mâle de tous les oiseaux lorsqu'il couvre la femelle pour la génération. (Le coq coche la poule. Le pigeon coche sa femelle.)
Cochet, *s. m.* Petit coq, petit poulet coq.
Cochevis, *cochevi, s. f.* Sorte d'alouëte hupée. (Le cochevis chante agréablement.)
Cochon, *s. m.* Animal domestique à quatre piez, fort connu, blanc ou noir, qui a le poil rude, les yeux petits & enfoncez dans la tête, le groin & le devant de la tête plat, le ventre grand & un peu pendant , la queuë longue , avec de grandes soyes sur le dos. Le cochon vit de glands, d'orge, de son, &c. Il haït le loup , la salamandre, l'éléfant, les belettes, & les Scorpions. (Un marchand de cochons. Acheter un cochon au marché. Tuër un cochon. Un cochon de lait.)
† * *Gros cochon.* Ces mots au figuré sont bas, & signifient un homme gros & gras, & se disent en riant, ou par injure.
Cochon d'Inde. Petit animal qui d'ordinaire est blanc & roux, qui a quatre piez, le groin aigu, de fort petites dents, de petites oreilles rondes,qui n'a point de queuë, qui vit d'herbes, & qui dés qu'il vient au monde court, voit & mange. (Un cochon mâle d'Inde sufit pour couvrir neuf femelles. Cochon d'Inde femelle. *Fons.*)
Cochonnée, *s. f.* Tous les cochons de la portée d'une truïe.
Cochonner, *v. n.* Faire des petits cochons. (Les truïes cochonnent deux fois l'année, & sont pleines quatre mois.)
Cochonnet, *s. m.* Petit corps d'os ou d'ivoire,taillé à douze faces pentagones marquées de points depuis 1. jusqu'à douze. On le rouë tout sur une table comme si c'étoit un dé. (Joüer au cochonnet.) On dit aussi *joüer au cochonnet,* lorsque joüant à la boule, on change de but en se promenant, & l'on jette avant soi une boule, une pierre ou autre chose qui sert de but à chaque fois, & qu'on nomme le *cochonnet.*
Coco, *s. m.* Arbre des Indes Occidentales, qui est une espéce de palmier plus haut que les autres. Son fruit sert à divers usages, car il fournit aux Indiens à manger, à boire, à filer , &c. Les Indiens font de son écorce des tasses pour boire le chocolate. Les Joüailliers & autres gens qui vendent des bijoux, vendent aussi des tasses de *Coco* qui sont fort mignonnes.
Cocon. V. *Coucon.*
Cocole, *s. f.* Nom de fille, qui signifie petite Nicole. (Cocole est tout à fait jolie.)
Coction, *s. f.* Du Latin *coctio.* Digestion. C'est le changement de la nourriture qu'on prend, & qui se tourne en une qualité conforme à la partie qui doit être nourrie. La coction se fait bien ou mal. Coction tardive. Coction imparfaite. Coction pronte.)
Coction. Terme de *Chimie.* Il y a plusieurs sortes de coctions. Les principales sont la maturation , l'élixation , la frixion, l'assation , la torrefaction & l'ustion. *Chavas, Pharmac.* 1. *p. ch.* 24. Faire la coction , c'est donner le feu propre aux matiéres sur lesquelles on travaille.

Bb   Cocu,

COCU, *f. m.* Terme *injurieux.* On le donne à celui qui a une femme qui ne lui garde pas la foi de mariage, & qui donne à d'autres ce qu'elle ne doit qu'à son mari. (Il y a de plusieurs sortes de cocus ; il y en a de fous, de furieux, de dangereux, de méchans, de cruels, de malicieux, d'ombrageux, de patients, de doux, de pacifiques. Si l'on veut dépenser cinq ou six mille écus, on fait cinq ou six maris cocus. *Sar. Poë.* Etre cocu en herbe. Il couronne Vulcain d'un chapeau de cocu. *Ronsard.*

Si n'être pas *cocu* vous semble un si grand bien,
Ne vous point marier en est le vrai moyen.
Mol. Ecole des femmes, a. 5. sc. 9.

COCUAGE, *f. m.* Etat de celui qu'on apelle cocu. (Supporter patiemment le cocuage. Le cocuage est à la mode, il est plus en régne que jamais. Les Dames ont fondé le cocuage.

Qu'on ne murmure plus
Contre le *cocuage*,
Puis qu'il est en partage
A des gens fort connus.
Poëte anonime.

COD.

CODE, *f. m.* Volume de droit civil qui contient les Loix des Empereurs Romains, divisé en douze Livres, dont chacun est partagé en plusieurs titres, & chaque titre comprend plusieurs loix.

{ Le Code Grégorien. Le Code Hermogenien, & le Code Téodosien. Les Pandectes, & le Code lui sont des païs inconnus. *Mal. Poë.* }

Code. Ce mot se dit de divers recueïls des Ordonnances des Rois de France. (Le Code Henri. Le Code Loüis. Code civil. Code criminel.)

CODICILE, *f. m.* Terme de *Droit.* Ecrit qu'on ne fait pas dans toutes les formes que demandent les loix ou les coûtumes, & qui marque les derniéres volontez d'une personne. Ecrit par lequel on change, ou l'on ajoûte quelque chose à un Testament. (Faire un codicile.)

Codicilaire, adj. Qui est contenu dans un codicile. (Clause codicilaire.)

COE.

COEFE. Voyez *Coife.*

COËTERNEL, *Coëternelle, adj.* Il vient du Latin *coæternus.* Terme de *Théologie* & de *Philosophie.* Qui est de toute eternité avec un autre. (Le Fils & le S. Esprit sont coëternels au Pere. L'ame n'est pas coëternelle à Dieu. *Port-Roial.*)

CŒUR, du Latin *cor.* Partie qui est le principe de la vie d'un animal, qui vit la premiére, & qui meurt la derniére, & qui est située au milieu de la poitrine, & qui est formée en piramide, ou en maniére de pomme de pin.(Le cœur bat, se meurt, palpite, soupire. Le cœur a deux ventricules & deux oreilles. Le sang entre dans le cœur par deux veines, & il en sort par deux artéres. Les ouvertures du cœur se forment par des valvules. Les animaux timides ont le cœur plus gros à proportion que les autres.)

Cœur. Ce mot se prend quelquefois pour l'estomac, où se fait la digestion des viandes. (Comme quand l'on dit, il a mal au cœur. Cette viande fait soulever le cœur. Défaillance de cœur.)

* *Cœur.* Courage, hardiesse. Manquer de cœur. Prendre cœur. Donner du cœur. Il a un cœur de lion. Il a le cœur haut. La naissance hausse le cœur des Gentilshommes. Les heureux succès enflent le cœur des victorieux. C'est un homme sans cœur.)

* On dit par maniére de proverbe, *contre fortune bon cœur*, pour dire que c'est dans l'adversité qu'il faut témoigner le plus de courage.

* On dit d'un homme qui est glorieux & pauvre, *qu'il a le cœur haut & la fortune basse.*

* *Cœur.* Esprit. (Mon fils écoutez mes paroles, & mettez-les dans vôtre cœur. *Port-Royal.* Il me reste sur le cœur quelque chose contr'elle. *Voi. l. 2. 3.* Il faut que je vous dise tout ce que j'ai sur le cœur *Boi. avi.* Dieu est le scrutateur des cœurs. Dieu sonde les cœurs, & lui seul les connoît. Le Sage doit aprendre à connoître le cœur de l'homme pour prendre chaque homme par son propre penchant, & le mener par là au bien. *Confusius, Morale, p.95.*)

* *Cœur.* Plaisir. joïe. (Baiser de fort bon cœur. *Voi. Poë.*)

* *Cœur.* Fierté. Maniére d'ame généreuse, & incapable de foiblesse, & de lâcheté. Caractére d'ame plein de bonté de tendresse, de générosité & d'amitié. Je loüois son cœur de Reine & sa grande bonté. *Voi. Poë.* C'est un homme tout de cœur. Il a le cœur bon. Elle a du cœur, & le cœur & l'esprit bien fait. *Sca.* Son cœur est au dessus des sceptres & des souronnes. *Voi. l. 7.* Prendre du cœur de Roy. *Vau. Quint. l. 4.* Avoir le cœur droit & sincére.)

* *Cœur.* Ressentiment, reconnoissance. Je reconnois vos bontez avec le cœur que vous savez que j'ai. *Voi. l. 16.*)

* *Cœur.* Mémoire. (Savoir par cœur. *Mol. poë.* Aprendre par cœur. Je mets bien avant dans mon cœur les moindres choses qu'elles me dit. *Sca.*)

† * On dit dîner ou soupert *par cœur*, pour dire ne dîner ou ne souper point, non pas volontairement, mais contre son gré. On l'a fait dîner par cœur, c'est à dire, on ne lui a point donné à dîner. Cette façon de parler est basse, & du langage familier.

* *Cœur.* Sentiment. (Le cœur de Philis dément ses yeux de tout ce qu'ils avoient avancé. Ouvrir son cœur à son ami. C'est à dire lui découvrir ses sentimens. *Pénétrer jusques dans les replis du cœur d'une personne.* C'est à dire, voir ce qu'une personne pense, & quels sont ses sentimens.

Cœur. Volonté. Il faut servir Dieu de cœur, le prier de cœur, & l'aimer de tout son cœur. *Le cœur du Roy est en la main de Dieu.* C'est à dire il dispose de leur volonté. L'endurcissement du cœur.

* *Cœur.* Desir, envie. (*Avoir le cœur au métier.* C'est à dire, avoir un grand désir de réüssir en quelque chose qu'on a entrepris. *Le cœur lui dit.* C'est à dire, il souhaite, il a envie. *De l'abondance du cœur la bouche parle.* Pour dire qu'on parle volontiers de ce qu'on desire.)

* *Cœur.* Passion. (Pour plaire il faut remuër le cœur & laisser l'esprit tranquille. *Il s'en est donné au cœur joïe.* C'est à dire, il a satisfait sa passion.)

* *Cœur.* Amitié, amour, inclination. (Enseigner le chemin du cœur. *Trouver le chemin du cœur de quelque belle.* C'est à dire, le moïen de gagner son amitié. Donnez moi vôtre cœur, ou point de quartier. *Voi.l.42. Sc. Jetter son cœur à la tête des gens.* C'est à dire faire les avances en matiére d'amour.)

* *Cœur.* Personne qui a de la bonté & de l'amitié.

(Je me tiens heureux d'avoir place dans le meilleur cœur du monde. *Voi. l. 41.*)

* *Cœur.* On attribuë au cœur par figure les mêmes choses qu'à l'esprit, & qu'à la personne. (Exemples. Le cœur a son langage comme l'esprit a le sien. L'esprit doit conduire les sentimens du cœur. Mon cœur me conseille de me remettre dans vos fers. *Voi. Poë.* Le cœur me dit que vous êtes le plus cher de mes amis. *Manc. Sch. l. 2.*)

* *Cœur.* Ce mot entre encore figurément dans plusieurs phrases, (Adieu, quoi que le cœur m'en fende. *Voi. Poës.* C'est à dire je vous dis adieu avec beaucoup de regret. *Se ronger le cœur. Voi. Poë.* C'est à dire, se chagriner. Cela lui tient au cœur. C'est à dire, cela fâche. Ces mots signifient aussi, il a une grande envie de venir à bout de quelque chose qu'il a dans l'esprit.)

Prendre un affaire à cœur. C'est à dire, l'entreprendre avec affection.

Parler à cœur ouvert. C'est à dire, sincerement, franchement & sans dissimulation.

* *Mon cœur.* Terme de *Caresse.* Qui marque qu'on aime tendrement la personne à qui on dit ces mots. (Je vous assure, mon cœur, que je mourrai plûtôt que de changer.)

* *Cœur.* Milieu. (Etre au cœur de l'hiver. *Alb.* Etre au cœur de l'été. *Vaug. Q. Curce, l. 3.* Cette ville est au cœur de la France. *Alb.* Le cœur du chêne. Le cœur de la cheminée, c'est le dedans.)

* *Cœur.* Terme de *jeu de cartes.* C'est la figure d'un cœur, qui est de couleur rouge, & dont on voit plusieurs nombres sur diverses cartes. Ainsi l'on dit un as de cœur, un six ou un sept de cœur, un Roy de cœur, &c.

* *Cœur* En termes de *Blason.* C'est le milieu de l'écu, qu'on appelle aussi *abime.*

* *Cœur.* Terme de *Vitrier.* Le milieu de la verge de plomb, qui a deux côtez qu'on apelle ailes.

COF.

COFIN, *f. m.* Les vanïers apellent *cofin* un petit panier d'oser, haut & rond, avec un couvercle & une anse, propre à mettre quelques livres de chandelle, ou autre chose, comme des fruits, &c. (Un joli cofin, faire un cofin.)

Se cofiner, v. r. Terme de *Fleuriste.* Il se dit des œillets, & veut dire que les feüilles se frisent, & qu'au lieu de demeurer étenduës, elles se recoquillent & se plissent. (Les feüilles de mes œillets se *cofinent* toutes.)

COFRE, *f. m.* Ouvrage de bois, creux & quarré comme une caisse, qui a un couvercle, qu'on ferme à clef, & qui est propre à mettre des hardes & du linge, &c. (Un cofre dont le couvercle est en rond s'apelle un bahut. Cofre couvert de cuir. Cofre de carosse.)

Cofre fort. C'est un cofre de fer, ou de bois, épais, garni de tole, ou de bandes de fer. où l'on serre de l'argent, &c. On y met ordinairement une forte serrure à plusieurs pênes, & dificile à ouvrir.

† *Les cofres du Roy.* Ces mots se disent du Trésor du Roy, où entrent les recettes des Domaines & des autres revenus du Roy. (Cela n'est pas entré dans les cofres du Roy.)

* On dit des pertes qui tombent sur quelcun. *Cela sera sur ses cofres.*

Cofre. Terme de *Lutier.* Le corps & l'assemblage des parties du clavecin, ou de l'épinette.

Cofre. Terme de *Chasseur.* C'est le corps du cerf, du daim, ou du chevreüil, lors qu'on en fait la curée. (Mettre le cofre du cerf en une place belle, & herbuë. *Sal.*

Cofre de presse. Terme d'*Imprimeur.* Bois où est enchassé le marbre.

Cofre

COG. COH. COI.

Cofre. Terme de *Guerre*. C'est un logement creusé dans un fossé sec, & élevé de deux piez au dessus du fond du fossé; & où il y a des embrasures pour tirer sur les assiégeans, & les repousser quand ils veulent passer le fossé. Ce cofre ressemble à une *caponnière*. Il est profond de six à sept piez, & se fait toûjours dans le fossé, au lieu que la caponnière se fait quelquefois sur le glacis. V. *Caponnière*.

† * On dit d'un homme qui fait mal quelque chose. *Il s'y entend comme à faire un cofre.* Maître Adam, Menuisier de Nevers l'a dit agréablement de ses poësies.

‡ * *Piquer le cofre.* Cela veut dire attendre assis sur un cofre.

‡ * *Elle est belle au cofre.* Proverbe, pour dire qu'une fille est laide, mais qu'elle est riche, & qu'elle a des pistoles.

‡ * *Cofrer, v. a.* Mettre en prison. (On l'a cofré.)

Cofret, s. m. Ce mot se dit quelquefois, mais on dit plus ordinairement *un petit cofre* qu'un *cofret*.

Cofretier, s. m. On prononce presque *cofretié*. C'est un artisan qui se sert de bois & de cuir, & fait des coftes, des malles, des valises, des étuis de chapeaux, des fourreaux de pistolets, des gaves, des cantines, & des paniers de bagage. Le Co-*fretier* s'appelle aussi *maletier*. Ils ont la même fête que les Libraires, sçavoir la S. *Jean Porte-Latine*.

COG.

Cognassier, *coignassier* ou *coignier, s. m.* On dit ces trois mots: mais le *coignier* est un petit *coignassier* rabougri, qui ne fait pas de beaux jets, & n'est pas propre à la grèfe. La *coignasse*, qui est le fruit du coignassier n'est pas propre qu'à faire de la marmelade, de la pâte & du cotignac. C'est un arbre qui ressemble presque au pommier commun, sinon qu'il a les feüilles plus étroites & plus dures & plus blanches à l'envers. Il jette une fleur à cinq feüilles, semblable à celle du rosier sauvage. (Le *cognassier* aime les lieux froids & humides. *Dal.*)

Cognée, *coignée, s. f.* Outil de fer, acéré, plat & tranchant en manière de hache. (Une grande cognée. Emmancher une coignée. Le bucèron lève sa cognée en haut pour abatre des arbres.)

† * *Aller au bois sans cognée.* Manière de proverbe pour dire, entreprendre une affaire sans avoir préparé les choses nécessaires pour la faire réüssir.

† * *Jetter le manche après la cognée.* C'est abandonner une affaire lors qu'on desespere de la pouvoir faire réüssir.

Cogner, coigner, v. a. Pousser avant à force de fraper. Enfoncer quelque chose en frapant. (Cogner un clou.)

Cogner. Heurter. Frapper une chose contre une autre. (Il lui a cogné la tête contre la muraille.)

Se cogner, v. r. Se heurter contre quelque chose. (Je me suis cogné la tête contre ce poteau.)

COH.

Cohéritier, *s. m,* Terme de *Pratique.* La personne qui est héritière avec une autre. (Contraindre ses cohéritiers. *Patru*, plaidoyé.)

Cohober, *v. n.* Terme de *Chimie.* Distiler plusieurs fois une même chose, en remettant la liqueur distillée sur la matiere qui reste dans le fonds du vaisseau distillatoire, & la distilant de nouveau. *Gla.* On dit aussi *cohobation, s. f.*

Cohorte, *s. f.* Terme de *Milice Romaine.* Le mot de cohorte répond aujourdui à ce que nous apellons Régiment d'Infanterie. Elle étoit composée de cinq à six cens hommes, & ces cinq ou six cens hommes étoient divisez en trois manipules, ou compagnies sous l'autorité d'un Tribun, qui étoit l'Oficier qu'on nomme présentement Mestre de Camp. *Abl. Frontin.* (Il soûtint avec quelques cohortes l'éfort des ennemis. *Durier*, Suplément de *Q. Curce*, l.2.ch.x.)

† * *Cohorte.* Ce mot pris burlesquement & figurément, veut dire une troupe de monde. (Il brave les sergens la timide cohorte. *Dép. Sat.* 5.)

Cohuë, *s. f.* Ce mot se disoit autrefois des assemblées des Oficiers de Justice; mais il ne se dit plus que des assemblées tumultuaires où il n'y a point d'ordre, & où chacun parle en confusion. Il signifie de plus, criaillerie, cris de plusieurs personnes à la fois. (On lui a fait une cohuë dont il a été fort touché. *Sca.*)

COI.

† **Coi,** *coïe, adj,* Le féminin ne se dit presque point, & est bas, Tranquile, qui est en repos, qui ne fait point de bruit. (Cois & discrets on les voïoit paroître. *Boi.* ep. Il cherche des lieux sombres & cois. *Benf. Rond.*)

Coi, adv. En repos, sans faire de bruit. (Je leur commande de se tenir coi. *Abl. Luc. T.* 1.)

Coife, *s. f.* Ce mot semble venir du Latin corrompu *cuphia*, ou *cofea*, & en parlant de femme. C'est un morceau de tafetas rond, plissé par derrière, & oûlé tout autour, dont les Dames & les Bourgeoises se couvrent la tête, qu'elles tournent autour de leur visage, & noüent un peu au dessous du menton. (Une belle coife de tafetas.)

Coife cornette. C'est une coife de toile d'ortie dont les Dames se servent la nuit, ou lorsqu'elles sont incommodées.

Coife de nuit. C'est une coife de toile qu'on met dans le bonnet de nuit.

† On dit par manière de proverbe. Cela est triste comme un bonnet de nuit sans coife.

Coife de chapeau. Toile faite en forme de coife dont on garnit le chapeau en dedans.

* *Coife de ventre.* Terme d'*Anatomie.* C'est ce qui couvre les boyaux, & qui ressemble à un filet de pêcheur.

Coife. Terme d'*Anatomie.* Ce mot se dit encore d'une petite membrane que quelques enfans ont encore autour de la tête quand ils naissent.

Coifer, v. a. Accommoder les cheveux d'une femme d'une certaine manière sur la tête. (Les Demoiselles suivantes coifent leurs Maîtresses. Coifer en moutonne, coifer en écheveau, coifer à la païsanne.)

† * *Coifer.* Donner un chapeau, ou une perruque qui soit propre à quelcun, & qui lui donne un bon air. (Chulot est le Chapelier de Paris qui coife le mieux. On dit aussi, voila une perruque qui coife bien.)

Se coifer, v. r. Ce mot se dit des femmes. Acommoder & aranger de bonne grace ses cheveux sur sa tête. (Madame se coife elle même tous les matins. Se coifer de faux cheveux.

Pourquoi prenez-vous tant de peine
A vous coifer de faux cheveux?
Margot, mon amour est trop vaine
Pour vous honorer de ses vœux.
Main. poes.

† * *Se coifer.* Se couvrir la tête. (Se coifer d'un froc. *Voi. Poë.* C'est à dire, se faire Moine.

† * *Se coifer.* S'amouracher d'une personne. (Elle est coifée de ce galand. *Benf. Rond.*)

Vôtre père, ma foi, est un bourru fiéfé,
Qui s'est de son Tartufe entiérement coifé.
Mol. Impost. a. 2. sc. 3.)

† * *Coifé, coifée, adj.* Heureux. (Il est né coifé. Elle est né coifée. *Benf. Rond.* Cette façon de parler vient de l'opinion du vulgaire, qui croit que les enfans qui viennent au monde avec une coife, sont heureux.

* *Coifé, coifée, adj.* Ce mot se dit des chiens courans lors qu'ils sont bien avalez, & que leurs oreilles leur passent le nez de quatre bons doigts. (Un chien coifé. *Sal*)

Coifé, coifée, adj. Ce mot se disant au féminin d'une boûteille, signifie qu'elle est bien bouchée avec de la filasse, de peur que le vin ne s'évente. (Boutëille bien coifée.)

Coifeuse, s. f. Celle qui gagne sa vie à coifer, & à monter à coifer. (Une bonne coifeuse.)

Coifure, s. f. Manière dont une femme est coifée, avec tous les rubans, & les ornemens qui acompagnent la tête. (Cette coifure là vous sied bien. Une belle coifure. Une jolie coifure. Une coifure agréable, charmante, superbe, magnifique. Les femmes du Levant, en matière d'habit, ne diférent des hommes que par la coifure. *Poulet, relation du Levant*, I. partie, p. 115.)

Coin, *coing, s. m.* Fruit de cognassier, ou de coignier. C'est un fruit à pepins, cotonneux & pierreux, qui a la figure d'une poire, qui sent bon, qui est de couleur jaune, & qui est fort astringent.

Coin, s. m. Angle, côté, partie, endroit. (Le coin de l'œil, coin de rüe, coin de maison, coin de chambre; le coin de la cheminée; au coin d'un bois, aux quatre coins de la France. On l'a cherché par tous les coins & recoins de la maison. Par tous les coins de l'univers le cigne Mantuan résonne. *Voi. Poë.*)

Tenir bien son coin. Termes de jeu de paume, qui signifient sçavoir bien soûtenir, & renvoïer les coups qui viennent de son côté.

† * *Il n'a jamais bougé du coin de son feu.* C'est à dire, il n'a point voyagé hors de son païs, il n'a point vû le monde.

Coin. Terme de *Monnoye.* Poinçon avec quoi on marque l'argent. (Loüis d'or marqué au coin de France.)

Les Orfévres & les Potiers d'étain se servent aussi des coins pour marquer leur besogne.

* *Coin.* Sorte manière. façon. (Vous sçavez à quel coin se marquent les bons vers. *Dep. Sat.* 2.)

Coin. Terme de *Doreur sur tranche.* Petit ornement autour des bouquets qui sont sur le dos des Livres reliez en veau. (Pousser les coins.)

Coin. Terme de *Doreur sur tranche.* Petit fer qui est figuré, qui a un manche de bois, & qui sert à pousser les coins sur le dos des livres reliez en veau.

Coin. Terme de *Perruquier.* Cheveux atachez avec un ruban autour de la tête. Cheveux que quelques Dames mettent au dessus des oreilles. (Elle a des coins. Porter des coins.)

Coins. Les dens d'un cheval, les plus proches de celles qu'on apelle crocs, où l'on connoît l'âge des chevaux.

Coins. Terme de *Manège.* Ce mot se dit des quatre angles, extrémitez ou lignes de la volte, lors que le cheval travaille en quarré. (Ce cheval a fait ses quatre coins.)

Coin. Terme de *Tailleur.* Piece de bas de chausse, qui est en pointe, & qui prend depuis la cheville du pié, & s'étend jusques sous la plante des piez. (Atacher les coins d'un bas.)

Coin. Terme de *Cordonnier.* Petits morceaux de bois pour hausser le cou du pié des souliers, lors qu'ils sont sur la forme.

Coin.

Coin. Morceau de fer ou de bois, qui a une tête & un taillant, & qui sert à fendre du bois. (Un gros, ou petit coin. Un bon coin. Le fendeur de bois se sert de coins & de maillet pour fendre des buches.)

Les Canoniers ont des coins de mire, qui sont des piéces de bois, minces par un bout & épaisses par l'autre, qui servent à élever, ou baisser le canon lors qu'ils mirent. Les Imprimeurs chassent des coins dans leurs formes pour les serrer & les tenir en état. Les charpentiers, les maçons & divers autres ouvriers se servent de coins pour élever leur besogne au point qu'ils la veulent.

* *Coin de beurre.* C'est une piéce de beurre, telles que sont celles qu'on vend au marché.

Coine, *s. f.* La peau qui couvre le lard. La peau d'un cochon qui porte quelque doigts de lard est ; car d'un petit cochon de lait on dit la *peau* & non pas la *coine.*

† Coïon, *s. m.* Ce mot est vieux & bas, & en sa place, on dit Lâche. Pagnote.

† Coïonnerie, *s. f.* Ce mot se dit souvent, mais en burlesque & en conversation. Il signifie Bassesse, Action de peu de cœur, Sottises qu'on dit aux gens. Pauvretez. Il lui a dit mille coyonneries. Faire des coyonneries. Souffrir des coyonneries.

Coit, *s. m.* Terme de Médecine. On prononce *co-it*, en deux sillabes. Il vient du Latin *coitus*, & signifie l'accouplement du mâle & de la femelle pour la génération. Il se dit en général de tous les animaux, & en particulier de l'homme & de la femme, dans des discours de Médecine & Chirurgie.

† Coite, *s. f.* Ce mot est vieux. On dit *un lit de plumes.*

COL.

Col, *s. m.* Voyez *Cou.*

Colachon, *s. m.* Instrument de musique, fort commun en Italie, qui a deux ou trois cordes, qui est long de quatre ou cinq piez, & qui a la figure d'un luth, excepté qu'il a le manche bien plus long. *Mor.*

† Colas, *s. m.* Nom d'homme, qui signifie Nicolas, & qui ne se dit qu'en burlesque. (Colas est mort de maladie. Le mot de Colas se prend dans les vers Satiriques pour quelque nom d'homme que ce soit.

Colateral, colaterale, *adj.* Terme de Palais. Qui n'est pas heritier en droite ligne. Ainsi on dit, Il est en ligne colaterale. Philippe le Long est le premier des Rois de France de la troisiéme race, qui ait succedé à la Couronne en ligne colaterale.

Colateraux, *s. m.* Terme de pratique. Ce sont les oncles, les neveux & les cousins. Heritiers qui sont en ligne colatérale. (Ce sont des colateraux qui nous veulent arracher une aumône. *Patru, 3. plaidoyé.*)

Colation, *s. f.* Léger soupé qu'on fait les jours de jeûne, où l'on s'abstient de viande, de beurre, & même de fromage. (Colation légére succinte. Faire colation.)

Colation. Repas qu'on fait entre le diné, & le soupé. Servir la colation à la Reine. Apporter la colation. Donner la colation.)

Voyez *Collation* & quelques autres mots où l'on prononce les deux *l.* dans leur rang.)

Colationner, *v. a.* Faire colation. (Allons colationner. Je viens de colationner. (Ce mot colationner en ce sens est un mot de Province.

Colationner, *v. a.* Terme de pratique. C'est conferer une copie avec l'original pour voir si elle y est conforme. (Colationner les piéces.)

Colationner. Terme de Relieur & de Libraire. Verifier s'il ne manque point de feuillets à un livre, soit par les signatures à l'égard des cayers, soit par les chiffres à l'égard des feuillets. (Colationner un livre.)

Colchique, *s. f.* Fleur de couleur vineuse qui fleurit en Automne.

Cole, *s. f.* Sorte de composition qui astreint & unit des choses qui étoient séparées. Il y a diverses espéces de coles ; celle qu'on appelle Cole forte. Cole de poisson. Cole de farine. Cole de menuisier.)

† * *Cole.* Terme fort bas, qui signifie Bourde. Défaite frivole. (Il m'a donné de la cole.)

Colé, colée. Voyez plus bas.

Colege, *s. m.* Lieu établi pour enseigner aux jeunes gens la Pieté, le Grec & le Latin, & le plus souvent même quelque science, comme la Philosophie. (Un bon Colége. Un colége borgne. C'est un Colége où il n'y a point d'écoliers, ou au moins, où il y en a très-peu. Les Jesuïtes sont cause qu'il y a plusieurs Coléges borgnes, à l'Université de Paris.)

Le Colége des Sécretaires du Roy. C'est la compagnie des Sécretaires du Roy. *Le Colége des Cardinaux, ou le sacré Colége.* Ce sont soixante & dix Cardinaux, divisez en trois ordres, six Evêques, cinquante Prêtres & quatorze Diacres. Cela a été ainsi déterminé par une Bulle de Sixte V. Il y a dans l'Empire trois Coléges, le Colége des Electeurs, le Colége des Princes, & le Colége des villes Impériales.

Colégial, colégiale, *adj.* Ce mot se dit des Eglises où il y a des Chanoines qui ont pour chef un Abbé, ou un Prieur. (Eglise colégiale. *Patru, 4. plaidoyé.*)

Colégue, *s. m.* Compagnon dans quelque charge publique. Celui qui partage avec nous la peine qu'il y a à s'aquiter de quelque charge de Magistrature.

Coler, *v. a.* Faire tenir avec de la cole. Joindre par le moyen de la cole des choses séparées. (Coler du papier. Coler du carton.

Se coler, *v. r.* S'attacher par le moyen de la cole. (Feuillet qui se cole.

† * *Se coler.* Se mettre, se joindre si prés de quelque chose qu'il semble qu'on y soit, comme attaché & comme colé. (Se coler contre une muraille. Il est toûjours colé sur le sein qu'il adore. *Benserade, Rondeaux.*)

Colé, colée, part. & adj. Attaché avec de la cole. (Papier colé.)

* *Colé, colée, part. & adj.* Attaché fortement à quelque chose. Joint à quelque chose d'une maniere qu'il semble qu'il y soit attaché & comme colé. (Ainsi l'on dit. Cet homme se tient si bien à cheval qu'il semble colé sur la selle. Il a eu longtems la bouche colée sur les mains, ou sur le sein de sa maîtresse.)

Colera-morbus, *s. m.* Maladie violente où il se fait un épanchement de bile par haut & par bas. (Il est mort d'un *colera morbus.*)

Colére, *s. f.* Désir de vengeance de laquelle nous croyons pouvoir venir à bout, mais un désir triste & mêlé de déplaisir dans la pensée que nous avons qu'on nous a méprisé & traité indignement, ou quelqu'un de ceux qui nous appartiennent. (Se mettre en colére contre quelqu'un. Appaiser sa colére. *Abl. Ar.* Nôtre colére ne peut durer contre ceux qui nous font des soûmissions. L'amour est sans raison & la colére sans conseil. La soûmission des vaincus a désarmé sa colére.

La colére lui avoit bouché les oreilles. *Vaug. Quint. l. 8. c. 1.* Leur colére se redoubla par la consideration des mœurs du Prince. *Abl. Tac. Ann. l. 2.*)

Colére, *adj.* Qui est sujet à se mettre en colére. (Esprit colére. Femme colére.

Ce mot se dit aussi des autres animaux, & même des choses inanimées.)

* (On dit que la mer est en *colére*, pour dire qu'elle est émue & agitée. Cet arbre n'a peut resister à *la colére* des vents, c'est à dire, à leur violence.)

* On dit *que le ciel est en colére*, quand le tonnerre gronde.

* On attribuë même de la *colére* à Dieu, quoi qu'il soit exemt de passions & cette colére ne signifie alors autre chose que sa justice par laquelle il veut punir les péchez des hommes.

Il fut pour un tems l'homme colére, & pour toûjours l'homme dissimulé.)

Colérique, *adj.* Qui est sujet à colére. Qui a un tempérament qui le porte à la colére. (Il est trop colérique, & cela lui fait tort.

Je hai de tout mon cœur les esprits colériques. *Mol. Cocu imag. sc. 17.*)

Colerette, *s. f.* Mot de Champagne, de Picardie & de Normandie. C'est une sorte de grand colet de toile que les païsanes portent sur le cou & qui s'attache par devant & par derriere.

Colet, *s. m.* Rabat. Le mot de colet ne semble pas si uté que celui de rabat. (Un colet bien fait. Un petit colet.)

* *Un homme à petit colet*, ou simplement, *un petit colet.* Ces mots se disent des gens d'Eglise, qui, par modestie, portent de petits colets, pendant que les gens du monde en portent de grands, ornez de point & de dentelles. Ils se disent en suite d'un homme qui s'est mis dans la devotion & dans la reforme. Et même on les dit en mauvaise part, des hypocrites, qui affectent des manieres modestes & sur tout de porter un petit colet.

Colet de pourpoint. Partie du pourpoint qui est au dessus du corps du pourpoint & qui entoure le cou de la personne. (Un colet de pourpoint trop bas, trop haut.)

(*Prendre une personne au colet.*) Saisir une personne au colet. *Abl.* c'est à dire, le prendre par le cou.

† * *Prêter le colet.* Essayer ses forces avec celles d'un autre. Voir si on a autant d'esprit, ou d'addresse qu'un autre. Il veut prêter le colet à tous ceux qui sçavent écrire. *Benserade, Rondeaux.*

Colet de chemise. C'est une piéce de toile double cousuë au haut de la chemise & qui s'attache autour du cou.

Colet de manteau. Petit morceau d'étofe quarré, ou rond qui est attaché au dessus du corps du manteau, & qui couvre les épaules.

Colet de hote. Terme de Vannier. La partie la plus haute de la hote.

Colet de forme de soulié. Terme de Formier. La partie de la forme qui répond immédiatement au talon.

Colet de tombereau. La partie du devant du tombereau qui s'éleve au dessus des gisans.

Colet de chandelier. Terme d'Orfévre. La partie du chandelier qui s'éleve sur le pié du chandelier. Ils disent aussi colet d'aiguiére,

COL COL 197

d'aiguiére, de flacon, &c. C'est à dire la partie par laquelle ces vaisseaux sont attachez à leur pié.

Colet. Terme d'*Artillerie.* C'est la partie du Canon où le métal est moins épais.

Colet de poche. Coles de violon. Termes *de Lutier.* C'est la partie de ces instrumens qui est au bout du manche, & qui est faite en crosse.

Colet. Terme *de chasseur.* Corde qu'on tend avec un nœud coulant pour attraper quelque bête, comme renard, liévre, lapin. (Prendre les bêtes au colet.)

Colet d'arbre. Termes *de Jardinier.* C'est la partie basse de la tige d'un arbre cachée dans la superficie de la terre. (Il faut empêcher qu'il ne reste des racines au colet d'un arbre : parce que la chaleur les alterant , l'arbre en souffre. *Quint. Jard. T.* I.)

Colet de plante. Terme de *Fleuriste.* C'est le haut de la plante. (Endommager le colet d'une plante. *Culture des fleurs, ch.* 9.)

Colet de veau, ou *de mouton.* Terme *de Boucher.* C'est la partie de ces animaux qui est au haut des côtes & de dessus laquelle on leve l'épaule.

Colet de buffle, ou *Coletin.* Voi. *Bufle.*

Coleter, v. a. Prendre au colet. Saisir au corps, & s'efforcer de terrasser. (Cirus soutint l'attaque d'un ours, & l'ayant coleté tomba avec lui. *Abl. Ret. l.* I. *c.* 9.)

Se coleter, v. r. Se prendre au colet. Combattre corps à corps & tâcher de se terrasser l'un à l'autre. (Ils se sont coletez,& gourmez un bon quart d'heure. *Scarron.*

La mort, qui se plait à la lute
Voyant Guillaume Colleret
Qui sa Claudine coletoit
D'une jalousie ardeur éprise
Le grand Colletet coleta. *Ménage poësies.*

Coletin. s. m. C'est une sorte de grand mouchoir de cou de cuir , sur lequel il y a des coquilles, & que portent de pauvres gens qui vont en pélerinage. (C'est un beau coletin, il est embélli de cinq ou six coquilles. Se faire un coletin de bon cuir.)

Colier, s. m. Cet mot généralement parlant, signifie,tout ce qui entoure le cou.

Colier de perles. Fil de perles que les jeunes Dames portent au cou pour se parer & pour montrer en quelque sorte leurs biens, & leur qualité.

Colier d'ambre. Plusieurs grains d'ambre enfilez dans un fort petit ruban que les Dames portent au cou.

Colier de l'Ordre. C'est la marque de quelque Ordre de Chevalerie.

Colier. Ce mot se dit d'un cercle de métal que les Esclaves portent au cou.

Colier. Il se dit des bandes de cuir que les chiens portent au cou. Les chiens qui gardent le bêtail , ou qui vont à la chasse du loup, portent des coliers garnis de pointes de fer, pour empêcher que le loup ne les étrangle.

Un chien à grand colier. C'est un chien d'attache , qui conduit les autres. † * Ces mots se disent figurément d'un habile homme , qui a grand credit parmi ceux de sa compagnie, & qui entraine les autres à son opinion.

† * De ces *Auteurs au grand colier*
Qui pensent aller à la gloire
Et ne vont que chez l'Epicier. *Scarron.*

Colier de cheval. Morceau de cuir qui entoure le cou du cheval de harnois , qui est composé de deux atels de bourre & d'un lit de paille.

Colifichet, s. m. Bagatelle. Chose de rien. (Il est riche en colifichets.) Ce mot se dit des petits ornemens d'Architecture , des piéces de peu de valeur , qu'on trouve dans les cabinets des Curieux qui ne sont pas fort riches. Il se dit aussi des morceaux de papier, de carton, ou de parchemin , coupez proprement avec des ciseaux , & qui representent diverses figures.

† *Coliger, v. a.* Ce mot est fort peu usité , & en sa place on dit Recueillir , ou faire un recueil. (Il a coligé tout ce qu'il a trouvé de beau dans Plutarque, dites. Il a fait un recueil de tout ce qu'il a trouvé de beau, &c.)

Colin, s. m. Petit Nicolas. (Colin est bien fait.)

Colin. Ce mot dans les épigrammes se prend pour Nicolas & pour quelque nom que ce soit. (Colin dit qu'il fait bouquer les ennemis de l'Eglise. *Maî. poës.*)

Colin-Maillard. s. m. Jeu où l'on jouë dans une chambre , & où il y a une personne qui a les yeux bandez, & qui en cherche un autre pour le prendre , & le mettre en sa place. (Jouër à Colin-Maillard.)

Coline, *s. f.* Petite hauteur. (Ils étoient retranchez sur une coline. *Abl.*)

† * *Gagner la Coline.* Façon de parler proverbiale, qui signifie, s'enfuïr & se retirer en lieu de seureté.

Colintampon, s. m. Le son du tambour des Suisses.

Colique, s. m. Il vient du Grec. Douleur du gros boyau qui étant long, & à plusieurs étages se charge de diverses matiéres qui le blessent & le mordent par leur long sejour. *Dey.*

† *Colique.* Petite coquille , qui a ce qu'on croit, guerit de la colique.

Colire, s. m. Il vient du Grec. Médicament externe composé de sucs d'infusion , décoctions , eaux distilées & poudres propres aux maladies des yeux. (Mr. Godeau a fait le mot de *colire* féminin , mais mal , on dit. Un colire rafraichissant. *La Chum.* Faire ua colire. *Charas.*)

Colisée, s. m. On a appellé de ce nom,un vaste & magnifique Amphitéatre de Vespasien, ou de Titus , où l'on voyoit des statuës qui réprésentoient les Provinces sujettes à l'Empire Romain, au milieu desquelles étoit celle de Rome , qui tenoit à la main une pomme d'or. *Ugurion.* On a aussi appellé *colisée*, un autre Amphitéatre de l'Empereur Sévere. On faisoit dans ces superbes *Colisées* des jeux & des combats d'hommes & des bêtes farouches , qui étoient regardez du peuple & des plus considerables de Rome. *Scamozzi*, *Antichita de Roma* , *Tavola* 8. Le tems & les guerres ont ruïné ces Colisées.

Piêtre & barbare colisée ,
Exécrable reste des Gots ;
Nid de lezards & d'escargots,
Digne d'une amere risée
Pourquoi ne vous rase t'on pas ?

St. Amant, *Rome ridicule.*

Collateur, s. m. Celui qui a droit , & qui a le pouvoir de conferer un bénéfice vaquant. (Le Pape est le premier collateur.

Collatif, collative, adj. Qui se confere. (Prieuré collatif.)

Collation, s. f. Le don qu'on fait d'un bénéfice vaquant , vaquant un don pur , gratuit, & dans les formes, accordé par celui qui en a le pouvoir & à quelque Ecclésiastique capable. Il y a une collation volontaire & une collation necessaire.

Collecte, s. f. Du Latin *Collecta*, Terme d'*Eglise.* Priere generale que l'Eglise fait pour les fidelles, qui est comme un abregé de tout ce que l'Eglise demande à Dieu. Oraison courte que le Prêtre dit à la fin des heures canoniales. (Le Pape Gelase a composé la plus-part des collectes dominicales. Dire des collectes.)

Collecte, s. f. La levée des tailles, ou autres impositions.(Faire la collecte des tailles.)

Collecte, s. f. Ce mot se dit aussi d'une quête de deniers qui se payent volontairement ou par aumône. (Elle a fait la collecte des aumônes.)

Collecteur, s. f. Celui qui est élû afin de lever pour le Roy la taille du lieu où il est habitué. (Il y a dans tous les villages taillables des collecteurs.)

Collectif, collective, adj. Terme de *Grammaire.* Il se dit des mots qui signifient une multitude de gens , ou de choses ; comme les mots de *peuple*, & de *troupe* sont des mots *collectifs.*

Collection, s. f. Plusieurs choses qu'on a recueillies. Le mot de *collection* n'est plus guere en usage. On dit ordinairement en sa place *recueil.*

Colloquer, v. a. Il vient du Latin *collocare.* Placer. (Le Pape le colloca entre les Dieux. *Voi. Poës.* Prononcez *colloké* & *colloca.*

Colloquer. Terme de *pratique.* C'est mettre en rang & en ordre. Ainsi l'on dit. (On colloque les créanciers selon leur hypotéque. On l'a *colloqué utilement*, c'est à dire, il y a du fonds suffisant pour le payer.)

* *Hors de là colloquer* ne se dit qu'en riant. (Il a mal colloqué son argent , dites il a mal placé son argent.)

Collocation, s. f. Terme de *pratique.* Jugement par lequel on colloque. (Sentence de collocation. On paye les Créanciers suivant leur collocation.)

Collusion, s. f. Il vient du Latin *collusio*, & signifie intelligence de deux parties qui plaident , & qui toutesfois s'accordent à tromper un tiers. Il se dit plus en terme de pratique que dans le beau style. (Il y a de la collusion entr'eux. Je suis ennemi de toute sorte de collusion.)

Collusoire, adj. Terme de *pratique.* Chose , on procede où il y a de la collusion. (C'est un Arrest collusoire entre les parties.)

Colofane, *colofone*, *s. m.* Reguliérement parlant il faudroit dire *colofone*, mais l'usage plus fort que les regles, veut qu'on dise *colofane.* C'est une cole rougeâtre dont on frote le crin des archets des instrumens de musique qu'on touche avec l'archet.

Colombe, s. f. En Latin *columba.* Ce mot signifie femelle de pigeon, Pigeon, mais il ne se dit qu'en parlant de certaines choses graves; & comme consacrées par leur antiquité. (Exemples. Le S. Esprit apparut en forme de *colombe* sur la tête de Jesus-Christ, quand il fut baptisé par S. Jean. Soyez prudents comme des serpens, & simples comme des colombes. Des colombes nourrirent Jupiter comme un pigeonneau. *Dépreaux*, *Longin.* On compte que la sainte Ampoule fut apportée par une colombe pour sacrer Clovis lors qu'on étoit prêt de le baptiser. *Mezerai* , *hist. de France*, *vie de Clovis.* Qui me donnera les ailes d'une colombe, pour m'envoler & trouver un lieu de repos. *Port-Royal, P.54*,)

Colombe. Terme de *Tonnelier.* Piece de bois quarrée, montée sur quatre piez , au milieu de laquelle il y a un fer qui sert à joindre les fonds & les raboter. Les Charpentiers se servent aussi de ce mot, & appellent ainsi une solive poséeplomb dans une fabliére, pour faire des cloifons, des maifons & des granges de charpente.

Colombage, f. m. Terme de *charpentier*. Rang de colombes, ou de folives pofées à plomb dans une cloifon faite de charpente. (Ce colombage eft bien fait.)

COLONEL, f. m. Mot qui, à ce qu'on croit, vient de l'Italien *colonello*, & qui eft particuliérement affecté à l'Officier qui commande un régiment d'infanterie , qui le méne où il lui eft ordonné, & qui marche à la tête avec le hauffecol , & la pique à la main. Le Colonel fe pofte dans un combat à l'endroit des piques, trois pas devant les Capitaines. Il doit avoir foin que les compagnies de fon régiment foient complettes , & les foldats bien équipez. Il a le pouvoir d'interdire , & d'arrêter les Officiers lorfqu'ils ont manqué contre le fervice, mais il doit auffi-tôt donner avis à la Cour. (Il eft Colonel du régiment de.)

Colonel. Ce titre fe donne auffi aux commandans des régimens de cavalerie étrangers , & aux régimens de cavalerie qui font confiderez comme étrangers. Ainfi on dit. (Monfieur un tel Colonel du régiment des Cravates.)

Colonel. Ce mot eft auffi affecté au commandant d'un régiment de dragons qui font une forte de cavalerie qui fe bat à pié & à cheval & qui paffe au nombre de l'infanterie Françoife. (Monfieur un tel colonel d'un régiment de dragons talia deux fois le régiment qui plioit.)

Colonel-Lieutenant. C'eft un Officier qui eft établi dans les regimens des Princes du fang , qui ne commandant pas euxmêmes leur régiment , ont un Officier qui commande le régiment en leur place & cet Officier s'appelle *Colonel-Lieutenant*. Ainfi on dit. (Monfieur un tel Colonel-Lieutenant du régiment de fon Alteffe Royale.)

Colonel général de l'Infanterie des Suiffes & Grifons. C'eft l'Officier qui commande les Suiffes qui font au fervice du Roy de France.

Colonel général des Dragons. C'eft l'Officier qui commande tous les Dragons qui font au fervice du Roy , qui a l'œil fur tous les Officiers de cette forte de gendarmerie & qui a foin qu'ils faffent bien leur devoir.

Colonel général de l'Infanterie Françoife. Cet Officier a été fupprimé depuis la mort de Monfieur d'Epernon. Voyez l'*ordonnance du 28. de Juillet 1661*. C'étoit celui qui commandoit toute l'infanterie Françoife, qui nommoit aux charges , & qui dans chaque régiment avoit une compagnie qu'on appelloit *la colonelle*.

Colonel général des Chevaux légers. C'eft l'Officier qui commande les Chevaux-légers, qui les envoye à la guerre, qui leur donne l'ordre du combat , qui prend garde fi les Officiers font leur devoir, fi les compagnies font en bon état; qui caffe les cavaliers incapables de fervir & fuprime les méchans chevaux. Le Colonel général de la Cavalerie légére fert d'ordinaire à l'armée en qualité de Lieutenant général.

Colonelle, f. f. Compagnie colonelle. La premiere Compagnie d'un Régiment eft commandée par le Major.Il porte la *Colonelle*, & la conduit dans le champ de bataille. *Exercice de l'Infanterie*, p 45.

Colonel, colonelle , adj. Qui eft au Colonel. Qui dépend du Colonel.

Lieutenant Colonel. C'eft le Lieutenant du Colonel.

Compagnie Colonelle. C'eft la premiere Compagnie d'un Régimene.

COLONIE , f. f. Gens qu'on envoye fan un païs pour le peupler. (Etablir une colonie. *Alb. Tac.* Planter des colonies. *Alb. Ar. l.7, c.10.*)

COLONNE, f. f. Terme d'*Architecture*. Il vient du Latin *Columna*. C'eft un corps qui eft ordinairement de pierre, ou de marbre & qui eft de figure cylindrique. (La bafe , le fût. Le chapiteaux d'une Colonne. Les ornemens de la colonne font L'architrave, la frife & la corniche. Une petite, une haute, une groffe , une belle colonne. Au milieu de la place que fit bâtir Trajan, il y avoit une colonne où étoient gravées les victoires. Antonin voulut auffi que les fiennes fuffent gravées fur une colonne qu'il fit dreffer.

Colonne, f. f. Appui qui eft de pierre , ou de marbre & qui eft d'ordinaire de figure ronde & dont on embellit les beaux bâtimens. (Faire des colonnes, efpacer les colonnes avec efprit.)

COLONNE, f.f. La diverfité des colonnes a donné le nom aux cinq ordres d'Architecte. Dans le Temple de Diane à Ephefe, il y avoit 127. colonnes ; toutes d'une piéce & de foixante piez de hauteur.)

Colonne, f. f Terme de *Charpentier*. C'eft une piéce de bois qui fe pofe à plomb, & qui foutient le faitage d'un bâtiment. (Faire une colonne. Ecarir une colonne. Pofer une colonne.)

Colonne de table. Piéce de bois tournée , ou torfe qui aide à porter le deffus de la table.

Colonne de lit. C'eft une piéce de bois tournée haute d'environ 7. ou 8. piez qui pofe à terre , & qui aide à foutenir le fond du lit. (Les quatre colonnes du lit.)

* *Colonne de livre*. Terme d'*Imprimeur*. C'eft une partie d'une page , feparée du refte de la page par une raye , ou feulement par un efpace blanc, en forte que les lignes d'une colonne font plus courtes que la largeur de la page. (Il y a ordinairement deux colonnes dans chaque page;& c'eft ainfi qu'on imprime ordinairement les Dictionnaires , par colonnes. Les Livres aufquels on joint une traduction, fe font auffi par colonnes. Il y a quelquefois plufieurs colonnes dans une même page.)

* *Colonne*. Appui. Soutien. (C'eft une colonne de l'Eglife. *Maucroix, fchifme.*)

Colonne. Terme de *Guerre*. Grande file , ou grand rang de troupes qui font en marche. (Il fit marcher fes troupes fur deux colonnes.)

* *Les colonnes d'Hercule*. Ce font les montagnes de Calpé & d'Abila, au Détroit de Gibraltar, où l'Ocean entre dans la mer Méditerranée, & où Hercule borna fes voyages.

* *Colomne de feu & de nuée*. C'étoit une nuée qui conduifit les Ifraëlites durant le jour , & un feu qui les guidoit durant la nuit. *Exode, ch.13.*

COLOQUE , f.f. Ce mot fignifiant conférence ne fe dit guere qu'en cette phrafe. (Le Coloque de Poiffi.)

† *Coloque*. Ce mot fignifiant entretien qu'on a avec une particulier fe dit en riant & dans le ftyle fimple & burlefque. (Ils ont eu de longs coloques enfemble.)

Coloque. Ce mot fignifiant dialogue ne fe dit guere qu'en cette phrafe. (Les coloques de Maturin Cordier. Les Coloques d'Erafme.)

COLOQUINTE , f. f. Prononcez *Koloquinte*. Fruit de courge fauvage chaud & fec au troifiéme degré, purgeant les humeurs groffiéres & flegmatiques. *Dal.*

COLORER , v. a. Donner de la couleur. (Le fiel colore les viandes auffitôt qu'elles fortent du ventricule.)

* *Colorer*. Excufer. Couvrir de quelque prétexte. (Je ne fcai pas ce qu'on peut dire pour colorer tant de violences. *Patru, plaidoyé 5.*)

Colorant, colorante, adj. Qui colore qui donne de la couleur. Il n'eft en ufage qu'au féminin entre les Teinturiers qui difent des drogues qu'ils employent qu'il y en a de *colorantes* & de *non-colorantes*.

Coloré, colorée, adj. Qui a de la couleur. (Fruit bien coloré.)

* *Coloré*, colorée , Lumineux. (Corps coloré. Objets colorez.)

* *Coloré*, colorée. Apparent. (Titre coloré. Preuve colorée. Vous nous payez ici d'excufes colorées. *Mol. Tart. a.4. f. 1.*)

COLORIER , v. a. Terme de *Peinture*. (Bien entendre le coloris.)

Coloris, f. m. Partie de *Peinture*, par laquelle on donne aux objets qu'on peint la couleur qui leur convient.

Colorifte, f. m. Peintre qui entend bien le coloris. (Un bon, un excellent colorifte.)

* *Coloris* , f. m. Terme de *Fleurifte*. C'eft la couleur vive & brillante d'une fleur. Il y a un coloris luftré, il y en a un fatiné & un velouté. Cette fleur a un beau coloris. Fleur qui augmente en coloris. Le brillant du coloris eft charmant dans les Roles. *Voi la culture des Anemones*. Augmenter, fortifier, conferver le coloris d'une fleur. Diminuer, perdre, détruire le coloris des fleurs. *Voi la connoiffance des tulipes, ch.3.4.5.* Plus le coloris des tulipes eft luftré & fatiné,& plus il eft eftimé.

* *Coloris*, f. m. Il fe dit auffi des *perfonnes*, & fignifie un teint vif & vermeil. (Un fi aimable coloris que celui-là montre que Mr. fe porte bien. Elle a un coloris qui plaît. Un fi aimable coloris lui a fait regarder de tout le monde. L'autre broye en riant le coloris des Moines. *Dép. Lutrin.*)

COLOSSE , f. m. Ce mot vient du Grec. En Latin. *Coloffus*. C'eft une ftatuë pofée fur un pié d'eftal , & extraordinairement grande ; laquelle reprefente quelque Dieu , ou quelque perfonne. Il y a parmi les Antiquitez de Rome fept fameux Coloffes , deux d'Apollon , autant de Jupiter , un de Neron, un autre de Domitien , & un du Soleil. Le Coloffe de Rhode , dedié au Soleil , eft tres-célébre ; Celui de Mercure dans les Gaules étoit tres-connu.

* *Coloffe*. Au figuré, fignifie une perfonne fort grande. (C'eft un Coloffe que cet homme-là.)

COLPORTEUR, f. m. Celui qui porte un manne, ou caffette, penduë à fon cou & qui vend par les ruës les marchandifes qu'il y porte. Mais particulierement on appelle ainfi à Paris , celui qui vend les Gazettes, les Arrêts , les Edits , les Ordonnances & les Déclarations du Roy , & les diftribuë par la ville.

† *Colporter*, v. a. Porter à fon cou , ou fur fon dos quelque manne, ou bâle les marchandifes pour les vendre par les ruës ou à la campagne. (Il eft permis aux petits merciers, &c. de colporter fes marchandifes.)

COLURES , f. m. Terme de *Géographie* & d'*Aftronomie*. Ce mot vient du Grec. On appelle ainfi les deux grans cercles qui paffent par les poles du monde & de plus l'un fur les points des Equinoxes , & l'autre par les points des Solftices.

Colufion. V. Collufion.

COM

La première *M* de tous les mots de cette colonne se prononce comme une *N*, ainsi prononcez *comparaison*, de même que s'il étoit écrit *comparaison*.

COMBAT, *f. m.* Bataille de deux armées ennemies, ou de troupes ennemies. (Un combat sanglant, rude, cruel, furieux, opiniâtre. Se préparer au combat. Presenter le combat à l'ennemi. Attirer l'ennemi au combat. *Alb. Ar.* Accepter le combat. *Alb. Luc.* Mener au combat. *Alb. Ar.* Donner combat à l'ennemi. *Alb. Ret.* Tenter la fortune du combat. *Vau. Qu'n. l.3. c.1.* Mettre son ennemi hors de combat. *Vasc. Arioste. T.1.* Rétablir le combat. *Supplément de Quinte Curce l.2.ch.x.*)

Combat. Ce mot se dit aussi de deux ou de plusieurs personnes qui se battent à coups d'épée, de poing, de bâtons, &c. Ainsi on dit le combat des Centaures, & des Lapites. Un combat de gladiateurs. Un combat d'homme à homme. Un combat à outrance.)

Combat sur l'eau. Course, ou joûte qu'on fait sur l'eau.

Combat. Ce mot se dit aussi des bêtes qui se battent, ou qu'on fait battre ensemble pour donner du divertissement. (Un combat de taureaux.)

* *Combat*. Dispute d'esprit ou d'amour. (Vous m'appellez au combat singulier d'amour, de vers & de prose jolie. *Voi. Poës.*)

[* C'est un combat de prose & de vers. *Mol. Cri.* Dans les combats d'esprit fameux maître d'escrime. *Dépreaux, Satire 2.* Un combat amoureux.]

* *Combat*. Maux qu'on doit endurer, contre lesquels on doit s'efforcer. Effort pour détruire des passions. (Cruel, à quel combat faut-il se préparer. *Racine, Iphigenie a.4. s.8.*)

* *Combat, f. m.* Il se dit généralement de toutes les choses dont l'une détruit l'autre. (Il y a un combat perpétuel du chaud contre le froid, & du sec contre l'humide. Il y a un combat de la chaleur naturelle contre la maladie.)

Combatant. Participe, Qui combat.

Combatant, f. m. Celui qui est armé, & qui se bat contre un autre. Celui qui se bat avec un autre. (Les combatans étoient cruellement animez. *Abl.* De cent mille combatans qu'il y avoit dans son armée, il n'y en pas vingt mille qui ayent combatu.

Sous couleur de punir un injuste attentat,
Des meilleurs *combatans* il affoiblit l'Etat.
Corn.Cid, a.4. s.5.)

† *Combatant*. Ce mot se dit plaisamment pour marquer des gens qui se battent à coups de poing. (On fut d'avis de jetter deux ou trois seaux d'eau sur les combatans. *Abl. Ar. l.1.*)

Combatre, v. a. Je *combas, j'ai combatu, je combatis, je combatrai*. Se battre contre l'ennemi pour le défaire, pour le tailler en pièces & pour gagner la victoire. (Combatre de pié ferme. *Alb. Ar.* Il n'y avoit point d'apparence de combattre une si puissante armée. *Abl. Ar. l.1.* Combatre enseignes dépliées, & plus rarement, combattre enseignes déployées. Voyant arriver un inconnu dans un si fâcheux contretems, il en eut tant de colére qu'il se résolut de le combattre. *Vasc. Arioste.*)

Combatre. Se débattre avec quelqu'un. Se battre contre quelqu'un. (Se battre corps à corps. Se battre main à main. *Alb.*)

* *Combatre*. Résister. Souffrir la violence. Souffrir quelque attaque du côté des sens & des passions. (Exemples. Outre les hommes nous avons encor le Ciel à combatre. *Voi. l.74.* Je pense que la vertu à bien souvent combatu. *Voi. poës.*)

* *Combatre*. Détruire. Renverser. Ruïner. Anéantir, rendre nul. (Nos Peres ont défendu courageusement cette doctrine quand on a voulu la combatre. *Pas. l.x.* C'est une ingratitude de combatre contre les intentions de son bienfacteur. *Patru 5. plaidoyé.* Combatre l'amour de quelqu'un. *Racine, Iphigenie, a.2. s.7.*)

COMBIEN. Adverbe qui répond à la particule *Tres-Fort*, ou *Beaucoup*, & qui sert à exprimer quelque mouvement de l'ame. On ne peut dire combien de la misericorde de Dieu est si grande. *Arn.*)

Combien. Adverbe dont on se sert pour interroger, & qui sert à demander qu'on ait à déterminer la quantité, le nombre, ou le tems. (Combien étes-vous? Combien y a t'il ?)

Combien de fois. Adverbe dont on se sert pour demander le nombre certain de quelque chose qui a été fait, dit, ou ouy. Il signifie aussi un nombre indéterminé, comme *beaucoup plusieurs fois*. (Exemple. Combien de fois ont-ils irrité Dieu dans les déserts ? *Port-Royal.* Combien de fois lui avez-vous ouï dire qu'il le tueroit. *Le Mai.*)

† *Combien que*. Conjonction hors d'usage. On dit en sa place. *Encore que, Quoi que,* ou *Bien que.*

COMBINER, *v. a.* Terme d'Algebre. Ce mot vient du Latin & signifie premierement *mettre deux à deux*. Mais dans l'usage il se prend pour varier & assembler des lettres, chiffres, ou autres choses en autant de manières qu'elles le peuvent être:

COM 199

Il faut que les faiseurs d'Anagrammes *combinent* plusieurs fois les Lettres d'un ou de plusieurs mots. Trois lettres se peuvent *combiner* en six manières differentes, quatre lettres en 24. manières, &c.)

Combinaison, f. f. Variation de lettres, chiffres, notes de musique, &c. en toutes les façons possibles. (Pour déchiffrer des lettres, & pour faire des Anagrammes, il faut faire un grand nombre de combinaisons. Le nombre des combinaisons que l'on peut faire des 23. lettres de l'alphabet est extraordinairement grand.)

COMBLE, *f. m.* En Latin *cumulus*. Terme d'*Architecture*, Charpenterie qui fait le faîte d'un bâtiment & qui porte la tuile. (Un comble plat. Un comble brisé.)

* *Comble*. Le plus haut point de quelque chose. (Alexandre est mort au comble de sa gloire. *Abl. Ar. l.7.* Ha! c'est le comble de ma peine d'être réduit à le flater. *Flore, opera.3. sc.2.*)

Comble. On se sert de ce mot sur les ports de Paris pour dire plusieurs cens de foin, ou de fagots élevez en hauteur sur un bâteau. (Un comble de foin. Un comble de fagots.)

Comble, adj. Ce mot se dit des mesures des choses séches, & signifie la mesure avec tout ce qui peut se tenir dessus. On dit *mesure comble*, & ce terme est opposé à *mesure rase*. (Il y a des lieux où l'on donne le grain au Meûniers *à mesure rase*, & ils le doivent rendre *à mesure comble*.)

De fond en comble, adv. Depuis le fond jusques au comble. Entiérement.Tout à fait. (Ruïner de fond en comble.)

Combler, v. a. Remplir un lieu creux. (Combler un fossé. Combler un puits.)

* *Combler*. Ce mot se prend en bonne & mauvaise part, mais le plus souvent en bonne. Il signifie donner Remplir. Charger beaucoup. (Combler de bénédictions, & de loüanges. *Arn.* Combler de douleur. *Voi. poës.* Combler de gloire. *Abl.* Comblé d'un opprobre éternel. *Racine, Iphigenie, a.1. s.2.*)

COMBUSTIBLE, *adj.* Susceptible de feu. (Matiére combustible.)

* *Com*^*bustion, f. f.* Désordre. Trouble & guerre ; & en ce sens, il est seulement figuré. (Tout le Royaume étoit en combustion.)

CÔME, *f. m* Nom d'homme. (Côme est glorieux & fat, parce qu'il est riche. Saint Côme est le patron des Chirurgiens.

COMEDIE. *f. f.* Poëme dramatique qui représente une action commune & plaisante, dont la fin est gaye, qui d'une manière ingénieuse corrige les défauts des hommes, & divertit par la peinture naïve qu'il fait de leurs diferens caractères. (La vieille Comédie, la moyenne & la nouvelle. Aristophane, Plaute & Térence nous ont laissé des Comédies fort plaisantes & fort ingénieuses. La Comédie est le délassement des grands hommes, le divertissement des gens polis & l'amusement du peuple, *S. Evremont, comédie Italienne*)

Comédie. Ce mot generalement parlant & sans examiner les choses à la rigueur, signifie en nôtre langue toute sorte de poëme dramatique, soit Comédie, pastorale, ou tragédie. (Ainsi dans ce sens on dit aller à la comédie. J'ai joüé la comédie au piquet, & je l'ai gaguée. Payer la comédie à quelqu'un. Donner la comédie aux Dames. *Sca.*)

* *Comédie*. Divertissement plaisant qu'une personne donne à cause de ses manières boufonnes, de ses folies ou de son humeur plaisamment bizare. (Ce fut une seconde comédie que le chagrin de nôtre ami. *Mol.Cri. s.5.*)

Comédien, f. m. Celui qui joüe un rôle sur le téatre, & qui aide à représenter publiquement quelque piéce dramatique afin de subsister. (Belle-rose, Floridor, & Mont-fleuri étoient des Comédiens achevez.

* *Comédien*. Dissimulé. Artificieux. (Innocent dixiéme pleuroit quand il vouloit & c'étoit un grand comédien. Tous les successeurs de Zenon & de Diogene ne sont que des comédiens. *Maucroix, homelies.*)

Comédienne, f. f. Femme ou fille qui pour subsister dans le monde joüe des rôles de piéces de téatre & aide à représenter publiquement toutes sortes de poëmes dramatiques. (Une bonne, une excellente comédienne.)

* *Comédienne*. Dissimulée, & qui joüe un personnage qu'elle n'est pas. (C'est une grande comédienne.)

COMETTE, *f. f.* En Latin *cometa*. Corps lumineux qu'on voit quelquefois paroître entre les astres, sous differentes grandeurs, & qui approche de celle sous laquelle nous voyons les planettes de Mars, de Jupiter, ou de Saturne. *Rob. Phis.* (Une comette chevelüe. Comette qui darde ses rayons fort loin. Observer le cours d'une Comette. Voir le corps, ou la queüe d'une Comette. Les Comettes font leur mouvement par une ligne qui d'un côté s'approche de la Terre, & de l'autre s'en éloigne. *Cassini, observation sur la Comette de l'an 1687.* On croyoit autrefois que les Comettes présageoient des malheurs, ou en étoient la cause, mais c'est maintenant une erreur populaire. *Journal des Savans 1688.*)

COMIQUE, *adj.* Qui est propre à être mis en comédie. Plaisant, Qui fait rire. (Un sujet comique. Cet homme a l'air comique.)

Comique, f. m. Le rôle le plus plaisant d'une comédie, d'une pastorale, ou autre piéce comique. (Rossimon joüe le comique des piéces qu'on représente à l'hôtel de Guenegaud.)

Comique,

Comique, *f. m.* Celui de la troupe des Comédiens qui joue sur le théatre les rôles comiques & plaisans. (Feu Moliere joüisoit le comique de toutes ses pièces.)

Comiquement, *adv.* D'une façon comique & plaisante. Plaisamment. D'un air qui fait rire & qui divertit. Prononcez presque *Comicman*. (On représente comiquement ce qui se passe de ridicule en divers lieux. *S. Evremont, 5. partie. Discours sur la Comédie Angloise.*)

Comite, *f. m.* L'Officier des galeres qui a soin de faire voguer la chiourme. (Un sévère comite.)

Comité, *f. m.* Ce mot n'est en usage que depuis peu, & seulement en parlant des affaires d'Angleterre. Il signifie un Bureau composé d'un certain nombre de Membres du Parlement commis pour examiner quelque requête, ou quelque proposition, & en faire raport à la Chambre.)

Commandant. Participe. Celui qui commande.

Commandant, *f. m.* Celui qui commande dans une place & qui n'en est pas Gouverneur. Capitaine. Officier. (Un bon commandant.)

Commandataire, *adj.* Ce mot se dit de certains Abbez, & veut dire qui n'est pas Religieux. (C'est un Abé commandataire.)

Commandataire, ou commendataire, *f. m.* Prononcez *commandataire*. Celui qui possede un bénéfice en commande & qui n'est pas en regle. (L'abus des commandataires est grand. Les commandataires ne sont point en sûreté de conscience. Ils ont été excommuniez par le Pape Jean VIII. dans un Concile de Troye en Champagne tenu l'an 878. *Pere Sirmond Conciles Tome 3. titre 3.* Leon X. est le Patriarche de Messieurs les commendataires.)

Commande, ou *commende*, *f. f.* Terme d'Eglise. On prononce *commande*. Il y avoit autrefois deux sortes de commandes canoniques. La I. étoit un simple dépôt d'une Eglise destituée de Pasteur entre les mains d'un Prélat voisin qui avoit soin de faire les fonctions du bénéfice en attendant qu'on eût fait choix d'un Ecclésiastique qui remplit dignement la place de celui qui étoit mort. La II. sorte de commande, canonique étoit la garde de l'Abaye, ou d'un autre bénéfice qu'on donnoit de bonne foi à une personne puissante dans l'épée, ou dans la Robe, pour empêcher qu'on usurpât les biens de l'Abaye, ou du bénéfice & deffendre les Religieux, ou les Ecclésiastiques des insultes du dehors. Ces 2. especes de commandes étoient révocables & n'étoient instituées que pour l'interet & la conservation des Eglises. Mais aujourd'hui les commandes sont perpetuelles, & la commande est une Abaye, ou un Prieuré que possede un Laïque, ou un Ecclésiastique séculier & dont cet Ecclésiastique, ou ce Laïque jouït de la meilleure partie des revenus. Cette maniere de commande a été prémicrement introduite en Italie, & Charles Martel est l'un des prémiers qui les a introduites en France. *Froimont, Abbé Commendataire, 2. Partie, page 9.* Le Clergé de France, & le Concile de Trente demanderent la suppression des commandes. (L'introduction des commandes a aboli dans l'Eglise la liberté des élections qui ont duré jusqu'au concordat. Rebusé d'avis de supprimer les commandes. Le Pape Boniface révoqua les commandes qu'il avoit favorisées. Innocent Sixième les abrogea. Mettre un Monastère en commande. Donner une Abaye en commande. Tenir en commande. Favoriser les commandes. Autoriser les commandes. Approuver les commandes. Se declarer contre les commandes. Foudroyer les commandes. Si les Papes faisoient attention au desordre des commandes ils les aboliroient.) Voyez sur les commandes *Rebuse, Auré, Deshois & Froimont, Abbé commandataire, 1. & 2. partie.*

Commande, *f. f.* Ce mot se dit entre les artisans lors qu'ils parlent des choses qu'on leur a commandées de faire. (C'est de la besogne de commande. On dit aussi, Colleter fait des vers de commande, &c. On dit à peu près au même sens, il y a dans l'année plusieurs Fêtes de commande qu'on est obligé de chomer. Il y a dans les Convents des jeunes & d'autres devotions de commande.)

Commandement, *f. m.* Chose commandée. Chose ordonnée. (Faites-moy la grace de m'honnorer de vos commandemens, & vous verrez combien je suis, &c. Commandement juste. Tous les commandemens d'une maîtresse sont autant de faveurs.)

Commandement, *f. m.* Ordre de Superieur. (Il faut obéïr aux commandemens du Roi. Les Secretaires des commandemens. Un commandement exprés. On a fait commandement aux Bourgeois de prendre les armes. Commandement absolu.)

Commandement. Le pouvoir de conduire, mener & commander. (On lui a donné le commandement de l'armée. *Memoires de Mr. de la Rochefoucaut.* Prendre le commandement de l'armée. *Abl.* Bâton de commandement. C'est le bâton que porte un Officier pour marque du pouvoir que sa Charge lui donne. Un bâton de Maréchal de France, de Maitre d'Hôtel, d'Exemt, &c.

Commandement. Terme de *pratique*. Declaration que fait un Sergent à un particulier, avec ordre de faire quelque chose préscrit dans l'Exploit. (On lui a fait un commandement de payer.)

Commandement. Terme d'Eglise. Loix saintes que Dieu a données aux hommes. (Les dix commandemens de Dieu. Sçavoir, dire, expliquer les commandemens de Dieu. Faire les commandemens de Dieu. Un Chrêtien doit pratiquer, doit accomplir les commandemens de Dieu. *S. Ciran, Theol. leçons X. & XI.* Garder les commandemens de Dieu. *Arnaud, frequente Communion.*) Il y a aussi les commandemens de l'Eglise.

Commander, *v. a.* Donner ses ordres. Prescrire. Ordonner. En ce sens le mot de *commander* a divers regimes. (Ceux qui ont commandé à tous les hommes n'ont pas eu un Empire de si belle étenduë. *Voi. l. 7.* On lui commanda cela absolument. On commanda aux Archers de s'avancer. *Abl. Ar.* On commanda le Régiment des Gardes pour attaquer la demi-lune.)

Commander. Donner ordre à un artisan de faire quelque besogne. (Il a commandé une paire de souliers à ce Cordonnier. On a commandé le soupé en tel lieu.)

Commander. Etre chef. Conduire. Le verbe *commander* dans ce sens régit toûjours l'accusatif. (Mr. de Turenne commandoit l'armée d'Alemagne lors qu'il fut tué d'un coup de canon. Commander la garde de la tranchée. *Abl.*)

Commander. Ce mot se dit des places & des hauteurs. Il signifie dominer, & en ce sens il a divers regimes. (La montagne commandoit au chemin par où l'ennemi devoit passer. *Vau. Quin. l. 3. c. 4.* Il gardoit les hauteurs qui commandoient à la riviere. *Abl. Ret. l. 4. c. 2.* Les montagnes voisines commandoient la plaine. *Relation des campagnes de Fribourg, & de Rocroi, p. 57.* Toute la sûreté dépend d'un Château qui commande. *Relation des campagnes de Rocroi, p. 92.*)

Commanderie, *f. f.* Bénéfice dont jouït un Chevalier de quelque ordre qu'il soit. (Avoir une bonne Commanderie.)

Commandeur, *f. m.* Chevalier de quelque ordre que ce soit qui a une Commanderie. Le mot de *Commandeur* se dit abusivement aussi des Chevaliers du saint Esprit qui n'ont aucune Commanderie.

Commandite, *f. f.* Terme de *Negoce*. Société en commandite. C'est lors que l'un des Associez ne fait que prêter son argent, sans faire aucune fonction.

Comme, *adv.* De même. (Darius portoit un ceinture d'or comme une femme. *Vau. Quin l. 3.*)

Pour rendre encor mon sort plus heureux, & plus doux,
Donnez vous tout à moy, *comme* je suis à vous.
La Suze, poësies.

Comme les Déïtez vous êtes adorable,
Comme elles devenez aux Amans favorable.

Il est plus *comme* un François, grave *comme* un Espagnol, dissimulé *comme* un Italien; & fier *comme* un Ecossois, ou un Polonois.

Comme, *adv.* Il signifie quelquefois *autant*. Quand je ne serois pas vôtre serviteur *comme* je le suis. *Vaug. rem.*

† *Comme quoi*, *adv. Comme*. (Comme quoi êtes-vous pas persuadé. Dites plûtôt, comment n'êtes-vous pas persuadé. *Vau. Rem.*

Commemoration, *f. f.* Il vient du Latin *commemoratio*. Prononcez *commémoracion*. Terme d'Eglise, c'est à dire, *souvenir*. Dans le *memento* de la Messe, on fait *commemoration* des vivans pour lesquels on veut offrir le Sacrifice. *S. Ciran, cérémonies de la Messe.* (Faire commemoration d'un tel Saint, ou plûtôt faire *memoire*, d'un tel Saint.)

Commencement, *f. m.* La première partie de quelque chose. Tems qu'une chose commence, ou a commencé. Le moment qu'on entreprend de faire quelque chose. Principe. Fondement. (Au commencement tout alloit bien. *Abl.* On n'est encore qu'au commencement & neanmoins on s'en plaint. Il est venu au commencement du sermon. C'est le commencement de la pièce. Les commencemens en toutes choses sont fâcheux & difficiles. Dieu n'a point eu de commencement & il n'aura point de fin. Les grandes fortunes viennent souvent des petits commencemens.)

Commencer, *v. a.* Ce verbe veut avoir un *à*, ou un *de* après lui, il signifie, Se mettre à dire, ou à faire. N'y avoir pas long-tems qu'on s'est mis à quelque chose. N'y avoir pas beaucoup qu'on est dans un certain état. Avoir déja. (Je commence d'avoir plus d'esperance de mon retour. *Vd. l. 17.* Il commence d'entrer dans l'âge de raison. *Abl.* Ils commencerent à battre la muraille avec le bélier. *Ablancourt.* Ils commencerent à perdre courage. *au.*)

* *Commencer un cheval.* Terme de *Manége.* C'est lui donner ses prémières leçons.

Commencer, *v. n.* Avoir son commencement. (L'année commence au mois de Janvier. Le Carême ne commence cette année qu'en Mars.)

Commensaux, *f. m.* Officiers domestiques de la maison du Roy, & d'autres maisons royales, qui ont bouche à cour.

Commensurable, *adj.* Ce mot est un *terme de Géometrie*, où l'on dit qu'une grandeur est commensurable à une autre grandeur lors qu'elles sont entr'elles comme un nombre à un autre nombre, ou lors qu'elles peuvent toutes deux être mesurées par une troisiéme quantité. (Grandeur commensurable.) Voyez *la Géometrie du Port-Roy, al, & les nouveaux Elemens de Géometrie du Pere Pardies.*

Comment, *adj.* De quelle sorte. De quelle manière on se sert de l'adverbe *comment*, quand on interroge, ou après le verbe demander.

COM   COM

demander. *Vau. Rem.* (Si vous demandez , comment il faut faire pour se sauver, il faut aimer Dieu & son prochain. *Arn.* Comment parlez-vous Monsieur l'insolent ? *Scar.*)

Comment. On emploie aussi cet adverbe pour exprimer quelque mouvement de l'ame. (Exemple. Qui répondra pour la Pere Barl ; Comment, dit le Pere, il eſt de nôtre compagnie. *Pasc. l. 9.* Comment Diable à trente pas d'elle on brûle comme dans un four ! *Voi. poës.*)

COMMENTAIRE , *s. m.* Explication. Interprétation de quelque chose de dificile. (Le commentaire de Servius ſur Virgile eſt le meilleur de tous.)

Commentaires. Rélation. Histoire écrite d'un ſtile ſimple & aiſé , mais en ce ſens le mot *commentaires* eſt pluriel & eſt principalement conſacré au Livre que Jules Céſar a écrit de ſes guerres dans les Gaules. (Ainſi on dit, les Commentaires de Céſar ſont bien écrits , & Ablancour les a traduits également en François.)

Commentateur, *s. m.* Celui qui explique & qui interprete ce qu'il y a de plus dificile dans un Auteur. (Lubin eſt un des meilleurs commentateurs de Juvenal.)

Commenter, *v. a.* Faire des commentaires ſur quelque Livre. Commenter un Livre. Commenter un Auteur.

COMMERCE , *s. m.* Trafic de marchandiſe. (Le commerce ne va plus. Le commerce n'eſt plus bon. Entendre le commerce. Savoir le commerce.)

* *Commerce.* Fréquentation. Correspondance. (Je n'ai nul commerce avec lui, parce que c'est un mal honnête homme. *Abl.*)

* Entretenir un commerce d'impudicité avec une personne. *Mauc. Schiſme* , l. 1. Il faut rompre ce commerce avec les débauchez.

* *Commerce.* Correspondance spirituelle & honnête, qu'on a avec quelque personne d'esprit sur les belles connoissances. Entretiens qu'on a par lettres avec quelcun. (Avoir commerce de lettres avec une personne. J'entre avec vous dans un heureux commerce de réputation & d'honneur.)

COMERE , *s. f.* Celle qui tient nôtre enfant ſur les fons de Batême. C'est celle qui a tenu un enfant avec nous. (Avoir une jolie commere. Choiſir une ſage commere.)

† *C'eſt une bonne commere.* C'eſt à dire , une bonne gaillarde, une bonne éveillée , & qui aime un peu à ſe réjouir.

COMMETTRE , *v. a.* Il vient du Latin *Committere*. Je commets, j'ai commis, je commets, je commettrai, commets, qu'il commette. Emploïer. Donner charge. Donner ordre. (C'eſt lui qui commet les Juges, c'eſt en ſon nom qu'ils prononcent. *Pat. plaid.* On l'a commis pour avoir l'œil ſur ce qui ſe paſſeroit.)

Commettre. Faire. Tomber dans quelque faute. (Commettre un peché par ignorance. *Paſ.* l. 4.)

* *Se commettre*, *v. r.* S'engager à une querelle avec quelcun de gaieté de cœur. (Ne vous commettez point avec cet homme-là, il vous malmenera. *Abl.*)

COMMINATOIRE , *adj.* Terme d'Egliſe & de Palais. Qui menace. (Peine comminatoire. Clauſe comminatoire.)

COMMIS , *commiſe* , *adj.* Emploïé. Fait. (Juge commis pour décider le diférent. Faute commiſe.)

Commis , *s. m.* Qui a une commiſſion , un emploi , quelque ſorte de charge qu'on donne & qu'on révoque quand il plaît à celui qui la donne. Celui qu'on a mis en ſa place pour faire quelque commerce , ou quelque trafic. (Il eſt commis en chef. Il eſt commis principal. C'eſt un commis au recouvrement, Commis aux aides. Il eſt commis de Monſieur un tel.)

Commiſe , *s. f.* Terme de *Juriſprudence féodale*. Confiſcation d'un Fief. (Ce fief eſt tombé en commiſe.)

† COMMISERATION , *s. f.* Mot écorché du Latin , dont on ſe ſert rarement. On dit en ſa place *pitié, compaſſion.*

COMMISSAIRE , *s. f.* Terme de *Palais*. Juge commis pour informer, interroger & examiner la personne criminelle, ce qu'il a fait , les choſes dont on l'accuſe. (Monſieur Fouquet ne fut pas plûtôt à la Baſtille qu'on lui donna des Commiſſaires.)

Commiſſaire. Terme de *Pratique*. Celui qui eſt établi pour avoir ſoin des choſes qui ſont ſaiſies par ordre de Juſtice. (Etablir un commiſſaire dans une maiſon.)

Commiſſaire. Celui qui informe des choſes qui ſe font contre les reglemens , qui fait obſerver par les Bourgeois les ordonnances des Juges de police, met à l'amande, & va prendre dans la ville de Paris les priſonniers qu'il a ordre d'arrêter. Une charge de Commiſſaire à Paris eſt lucrative , mais elle n'eſt pas fort honorable. Elle coute dix mille écus. Les Commiſſaires répondent par devant le Juge de Police.

Commiſſaire. Oficier commis à quelque emploi, où il ordonne, commande & exécute ce qui regarde ſa charge. (Ainſi on dit commiſſaire des vivres. Commiſſaire de l'Artillerie. Commiſſaires des guerres, &c.

Commiſſaire. Ce mot ſe dit parmi les Capucins & quelques autres Religieux. C'eſt celui qui eſt commis de la part du Pere général, ou Provincial pour regler les diférens qui naiſſent dans les Convens parmi les Religieux.

Commiſſaire des pauvres. C'eſt un Bourgeois qui paſſe pour un homme de bien, & qu'on élit le jour ou les fêtes de Noël, dans ſa paroiſſe, afin de lever ſur ceux des Paroiſſiens, dont le Grefier du Bureau lui donne le rôle & la taxe ; afin, diſ-je , de lever cette taxe pour le ſoulagement des pauvres de ſa paroiſſe. On élit tous les ans à Paris 28. Commiſſaires, qui ont ſoin chacun dans ſa paroiſſe d'un certain nombre de pauvres qu'on lui a marquez. Il leur fait diſtribuer quelques ſols par ſemaines ; mais en conſidération de cette petite charité , le pauvre étant mort. Il en fait vendre tous les meubles, & porte les deniers au bureau. Ce Commiſſaire doit tirer d'un maître des Requêtes 10. l. 8. ſ. d'un Préſident ou Conſeiller 10. l. 8 ſols, d'un Sécrétaire , d'un Auditeur des Comptes , d'un Avocat 52 ſols, d'un Bourgeois, d'un Marchand 26. ſ. d'un Artiſan 13. ſ.

Commiſſaire du grand Bureau des pauvres. C'eſt un Bourgeois, qui après avoir exercé la charge de Commiſſaire des pauvres en honnête homme , a droit de voix active & paſſive dans le grand Bureau des pauvres , & peut un jour devenir Directeur d'hôpital. Ce qui eſt un poſte aſſez avantageux. Voïez *Bureau des pauvres.*

COMMISSION , *s. f.* Pouvoir. Puiſſance. (Avoir commiſſion pour informer. Commiſſion pour connoître d'une afaire. On a délivré des commiſſions pour la levée des gens de guerre.

Commiſſion. Emploi. (Donner une commiſſion, Faire obtenir une commiſſion à quelcun.)

Commiſſion. Charge qu'on donne à quelcun de faire quelque emplette , ou quelqu'autre choſe particuliere. (Ce Facteur eſt chargé de diverſes commiſſions.)

Exercer une charge par commiſſion. C'eſt à dire , l'exercer ſeulement pour un tems, & ſans en avoir le titre.

Commiſſionnaire, *s. m.* Ce mot eſt maſculin, mais ſi on parloit d'une femme on le feroit féminin. Le commiſſionnaire eſt celui qui achete & qui débite par commiſſion , ſous le bon plaiſir d'un ou de pluſieurs particuliers.

COMMITTIMUS , *s. m.* Lettres roïales que le Roi donne à ceux qui ont leurs cauſes commiſes aux Requêtes du Palais.

COMMODE , *adj.* Propre. Convenable. (Maiſon fort commode.)

Commode. Aiſé. Doux. Qui n'eſt point gênant. (Confeſſeur commode. Doctrine fort commode. *Paſ.* l. 5.)

Commodement , *adv.* Proprement. Avec les commoditez qu'on peut ſouhaiter. Sans peine & ſans que rien embarraſſe, on incommode. (Etre logé tres commodement. Nous vivons enſemble aſſez commodement. Ils ne pouvoient commodement tendre l'arc. *Vaug. Q. C.* l. 8. ch. 14.)

Commodité , *s. f.* Choſe propre & commode pour quelcun. (C'eſt une commodité néceſſaire dans un logis. J'ai trouvé une commodité pour faire un petit voïage.)

Commodité de bâtiment. C'eſt l'ordonnance & la diſpoſition des parties d'un bâtiment. (Maiſon qui n'a preſque nulle commodité. La diſpoſition , ou la diſtribution des édifices contribuent beaucoup à leur commodité. *Vitruve, Abregé,* l. 1. p. ch. 3.)

Commoditez. Ce mot au pluriel ſignifie toutes les petites choſes qu'il faut pour être à ſon aiſe dans un ménage . comme vaiſſelle , batterie , &c. (Il n'a que faire de rien emprunter, il a chez lui toutes les petites commoditez.)

COMMUER , *v. a.* Terme de *Palais*. (Commuër la peine. C'eſt changer la peine.)

COMMUN , *commune* , *adj.* Qui apartient à tous. Ordinaire à tous. Qui eſt commun à tous les hommes. *Abl. Ret.* l. 4. Le Soleil eſt commun. L'air eſt commun à tout le monde.)

Commun , *commune.* Qui eſt en communauté. Qui eſt entre deux ou pluſieurs perſonnes. (Qu'a-t'il de commun entre vous & moi ? *Port-Royal*. Leur bien eſt commun. Leurs amis communs.)

Commun , *commune.* Vulgaire. Trivial. Qui n'a rien d'élevé , de particulier de noble. (Eſprit fort commun. Penſée tres-commune.)

Commun , *commune.* Qui n'eſt pas rare : Qu'on trouve aiſément. Ordinaire. (Choſe commune. Ce livre eſt commun.)

Commun , *commune*. Il ſe dit en termes de Philoſophie des genres qui ſont communs à leurs eſpeces. (Le nom d'animal eſt commun à l'homme & à la bête. Le nom de ſubſtance eſt commun à l'eſprit & au corps.)

Commun, commune, *adj.* En termes de Grammaire. Le genre *commun* eſt celui qui convient aux deux ſexes, & qui eſt maſculin & féminin. (Il y a pluſieurs noms adjectifs qui ſont du genre commun ; par exemple, *agréable, foible, riche*, car ils ſe diſent également de l'homme & de la femme, & ſe joignent à des ſubſtantifs maſculins, & à des ſubſtantifs féminins.

Commun , commune , adj. En termes de *Géometrie* ils ſe diſent d'une ligne , d'un côté , d'une baſe , d'un angle , qui ſervent à deux figures. On dit que deux triangles ont un côté commun ou une baſe commune , & que deux triangles qui ont un angle commun , & dont les baſes ſont paralleles, ſont équiangles.

Lieux communs. Terme de *Colege*. Ce ſont des recueils de ce qu'on trouve de plus beau dans les Auteurs que l'on range ſous certains titres généraux. (Il y a des Dictionnaires de lieux communs.)

Commun, *s. m.* Peuple. Multitude. (Ainſi on dit, les gens du commun.)

[* *C'eſt un homme du commun.* C'eſt à dire qui n'a rien d'extraordinaire.]

Cc

Commun. Oficier ſubalterne. (La ſale du commun.)

En commun, adv. En communauté. En ſocieté. (Tout étoit en commun parmi eux. *Abl. Min.*)

Communauté, ſ. f. Le corps des habitans de quelque bourg, de quelque village. (La communauté du village eſt obligée à cette dette.)

Communauté. Tout le corps des gens de quelque métier. (Une partie de l'amande eſt aplicable au Roi, & l'autre à la boite de la communauté. Pour établir une communauté dans une vile, il faut des Lettres patentes du Roi, le conſentement de cette vile, & l'homologation de ces Lettres au Parlement. *Fevret, Traité de l'abus*, l. 1.)

Communauté, ſ. f. Ce ſont des perſonnes qui ſe ſont retirées du monde, pour vivre enſemble dans la crainte de Dieu & pour mieux faire leur ſalut, ſe preſcrivant de certaines regles, avec un habit particulier. Madame de Maintenon a formé la communauté de la Maiſon de Saint Cir. Loüis XIV. a fondé cette communauté, & il l'entretient. Elle eſt compoſée de 36. Dames Profeſſes & de 24. Sœurs converſes. On entretient gratuitement dans cette ſage & heureuſe communauté 260. filles, véritablement Demoiſelles, depuis l'âge de ſept ans juſqu'à vingt. On les éleve, & on les inſtruit dans une ſolide pieté, & on leur fait a prendre toute ſorte d'exercices conformes à leur naiſſance. Enſuite étant à l'âge de vingt ans, elles ſeront en liberté de ſe marier, ou de ſe faire Religieuſes.

Communauté. Le corps des Religieux. Le corps des Religieuſes. (Dîner en communauté. La communauté a dîné.)

Communauté de draps. Terme de *Capucins*. C'eſt la chambre où ſont les habits.

Communauté de mariage. C'eſt ce qui eſt commun entre le mari & la femme. (Renoncer à la communauté. *Pat. plaid.* 9. Accepter la coummunauté. *Le Maî.*)

Communauté de biens. Elle eſt compoſée de tout ce qui eſt mobiliaire du bien des mariez au tems de leur mariage, & de ce qu'ils acquiérent enſemble, à moins que par le contrat de mariage, ce que chacun des mariez, aura de mobiliaire n'ait été ſtipulé propre.

Communautier. Terme d'*Auguſtin dé-hauſſé*. Celui qui a ſoin de faire les habits des Religieux.

Commune, ſ. f. Le corps des habitans d'un bourg ou d'un vilage. (Aſſembler les communes. Il fut tué par la commune dans la Province. *Mauc. Sch*. (1. 2. p. 3. 14.)

La Chambre des communes. C'eſt l'une des Chambres du Parlement d'Angleterre, laquelle eſt compoſée des Députez des viles, & repreſente le Tiers Etat.

Communes, ſ. f. Ce ſont auſſi des heritages qui ont été donnez aux habitans d'un lieu pour leur uſage. (Les *Communes* ne ſauroient être aliénées, & ſi elles l'étoient, les habitans y pourroient r'entrer de plein droit. Voi *le Journal des Audiences*, T. 1. l. 3.)

† *A la commune*, adv. Communément. Groſſiérement. Vulgairement. (Il philoſophe on la commune. *Gen. Epi.* l. 1.)

Communément, adv. Ordinairement. (Cela ſe d t communément. On les trouve communément dans les ruës. *Voitt.* l. 30.)

COMMUNIANT, part. Qui communie.

Communiant, ſ. m. Qui communie. (Dans la primitive Egliſe le Diacre avertiſſoit les communians d'être Saints. *Ev.*)

COMMUNICATIF, communicative, adv. Qui ſe communique volontiers. (C'eſt un homme fort communicatif. Elle eſt communicative.)

Communication, ſ. f. En Latin *communicatio*. Prononcez *comunicacion*. Action par laquelle on donne à un autre, & on le fait participant de bien ou de mal. (La communication des graces de Dieu. La communication de la peſte ſe fait aiſément dans les païs chauds.)

Communication. Liaiſon d'une choſe à une autre. Paſſage par lequel on va d'un lieu à autre. (Cette galerie fait la communication des deux apartemens. *Lignes de communication* en termes de guerre, ce ſont des foſſez qu'on fait d'un fort à un autre, pour paſſer d'un quartier à un autre, ſur tout dans un Siége.)

Communication, ſ. f. Entretien. Familiarité. Commerce (Avoir une communication étroite avec quelcun. *Abl.* Empécher la communication d'une vile avec celles de ſon parti. *Ablanc urt.*)

Communication. Terme de *Palais*. Recit court que font les Avocats des parties à Meſſieurs les gens du Roi au parquet, de l'afaire qu'on doit plaider. La vûë des piéces de quelque ſac de procés. (Je lui ai donné communication des piéces du ſac)

Elle conſiſte auſſi à faire voir quelques piéces d'écriture aux parties. (Ordonner, acorder, refuſer, faire la communication des piéces.)

Communication, ſ. f. Terme de Rétorique. C'eſt une figure qui conſiſte à entrer en délibération avec ſes Auditeurs, & à leur demander leur ſentiment ſur une choſe. Par exemple, que feriez-vous, Meſſieurs, dans une ocaſion ſemblable, quelles meſures prendriez-vous ?

COMMUNIER, v. a. Adminiſtrer le S. Sacrement de l'Euchariſtie. (On a communié aujourd'hui deux cens perſonnes.)

Communier, v. n. Recevoir le Sacrement de l'Euchariſtie. (Communier ſous une eſpece. L'Egliſe Grecque communie ſous les deux eſpeces. Il communie tous les Dimanches. Les Chrétiens ſont obligés de communier à Pâques. (Communier en eſprit.)

Communion. ſ. f. En Latin *communio*. Union de pluſieurs perſonnes dans une même créance de Religion. (La communion Romaine. (La communion des Egliſes d'Orient. Ils ont été retranchez de la communion des fidéles.)

Communion. Il ſignifie auſſi l'action par laquelle on communie au Sacrement de l'Euchariſtie. La ſainte communion. Communion publique, ou particuliere. La communion ſous les deux eſpeces eſt celle qui ſe fait avec le pain & le vin. Priéres pour dire devant & aprés la communication.)

COMMUNIQUER, v. a Prononcez *comuniké*, C'eſt faire participant de quelque choſe. (Le Soleil communique ſa lumiere par tout. L'aimant communique ſa vertu au fer. En me racontant ton mal, tu me l'as communiqué. *A'l. Luc.* Communiquer ſa ſcience. *Abl.* Il communiqua ſa lettre à Socrate. *Abl. Ret.* l. 3. c. 1.)

Communiquer, v. n. Conférer, parler avec quelcun. (Ils ont long tems communiqué enſemble, mais je ne ſai ce qu'ils ont réſolu.)

Communiquer, v. a. Terme de *Palais.* Raconter en peu de paroles à Meſſieurs les gens du Roi, l'afaire qu'on doit plaider à l'Audience. Faire voir à l'Avocat, ou au Procureur de la Parcie adverſe les piéces du ſac. (Communiquer au parquet. On m'a communiqué deux piéces.)

Se communiquer, v. r. Etre communiqué. Se rendre commun. (La peſte, la lépre, &c. Se communiquent aiſément.)

Se communiquer, v. r. (Se communiquer à quelcun, c'eſt ſe découvrir à quelcun.)

COMMUTATION, ſ. f. Terme de *palais*. C'eſt changement de peine. (Demander comutation de peine.)

COMPAGNE, ſ. f. Ce mot vient de l'Italien *compagna*, & il ſe dit des perſonnes. C'eſt la femme ou la fille qui acompagne une autre perſonne, & qui eſt ordinairement ſa bonne amie. (Une jolie, agréable, charmante, aimable *compagne*. C'eſt ſa fidele & ſon inſeparable compagne.)

Compagne, ſ. f. Celle qui travaille avec une autre. (Donner une compagne à une ouvriére.)

Compagne, ſ. f. Ce mot ſe dit auſſi des *choſes*. & veut dire la choſe qui en acompagne, ou qui en doit ſans ceſſe acompagner une autre. (Ceux qui aiment les honnêtes gens, doivent conſiderer la gloire comme la veritable *compagne* de leur amour.)

COMPAGNIE, ſ. f. Une ou pluſieurs perſonnes qui ſont avec une autre, & qui l'acompagnent. Gens qui ſont enſemble en un lieu pour ſe réjoüir, ou pour quelque afaire. Humeur & entretien d'une perſonne en compagnie. (Exemples. Monſieur eſt en compagnie, on ne peut parler à lui. Faire compagnie à qu'lcun. *Sca. Rem.* C'eſt un homme qui avoit compagnie. C'eſt un homme qui fréquente compagnie. C'eſt un homme qui reçoit compagnie. Il y a toûjours chez lui fort bonne compagnie. *Etre de bonne compagnie*, c'eſt à dire, de belle & agréable humeur en compagnie. *Etre de mauvaiſe compagnie*, c'eſt à dire, être fâcheux, n'être pas agréable en compagnie. *Faſſer compagnie.* Voïez *Faſſer.* Il n'y a ſi bonne compagnie qui ne ſe ſepare. *S. Ev. œuvres mélées.*)

Compagnie. Perſonnes aſſemblées en corps. (La Reine de Suéde fit l'honneur à la compagnie de la venir viſiter.)

Les compagnies ſouveraines du Roiaume. C'eſt à dire tous les Parlemens, & tous les Juges, qui au nom du Roi jugent en dernier reſſort. (Les Compagnies Souveraines d'aujourd'hui n'ont pas un pouvoir ſi abſolu qu'autrefois.)

Compagnie. Terme de *Négoce.* C'eſt une ſocieté de Marchands, comme ſont en Holande & en Angleterre les Compagnies des Indes Orientales & Occidentales.

Regle de compagnie. Terme d'*Aritmétique*. C'eſt une regle de proportion ſimple ou compoſée, qui ſert à trouver quelle part doivent avoir au profit ou à la perte du négoce, chacun des Marchands qui ont fait ſocieté, ou compagnie, à proportion des fonds qu'ils y ont mis, & du tems qu'ils y ont été.

Compagnie de Soldats. Certain nombre d'hommes levez, enrôlez, armez pour le ſervice du Prince & commandez par un Capitaine qui a d'autres Oficiers ſous lui. (Les Capitaines conduiſent leurs Compagnies. Faire défiler une compagnie.)

Compagnie de Cavalerie. Ce ſont d'ordinaire cinquante maîtres.

Compagnie d'Infanterie. Ce ſont ordinairement cinquante fantaſſins, & quelquefois cent & d'avantage, comme dans le Régiment des Gardes. (Une compagnie complette. Lever une compagnie. Faire une compagnie Il y a des Compagnies franches, des Compagnies d'Ordonnance. &c.)

Comp'nie de perdrix. Pluſieurs perdrix enſemble. (Faire partir une compagnie de perdrix.) On dit auſſi ce mot de *Compagnie* de quelques autres bêtes qui vont en troupe, comme des Sangliers. A l'égard des bêtes fauves on l'apelle *harde.*

† *Joüer à la fauſſe compagnie.* C'eſt trahir ceux avec qui l'on eſt aſſocié.

COM COM

* *Il vaut mieux être seul qu'en mauvaise Compagnie.* Proverbe.

Compagnon, ſ. m. Celui qui nous frequente, que nous frequentons fort fouvent, & qui eſt nôtre ami. Celui qui accompagne quelqu'un, ſoit dans la guerre, en voyage, ou autrement. C'eſt ſon fidele compagnon, il eſt toûjours avec lui. Ils ont été compagnons des victoires d'Alexandre. *Abl. Ar.* Les Religieux ne vont pas ordinairement ſans compagnon. Compagnon d'école. Compagnon de débauche.

* *Qui a compagnon a maître.* Sorte de proverbe, pour dire qu'on ne fait rien ſans le communiquer, parce qu'on eſt aſſocié, ou lié de quelque maniere avec une perſonne. On dit que l'ambition ni l'amour ne veulent point de compagnon.

† *Compagnon.* Gaillard. Qui aime à paſſer le tems & à ſe divertir. (Vous avez été autrefois un bon compagnon. *Mol. Four. a. 1. ſc. 4.*)

† *Petit compagnon.* Homme de baſſe condition.

Compagnon. Celui qui a fait ſon aprentiſſage en quelque métier, & qui n'y eſt pas encore paſſé maître. Compagnon Imprimeur. Compagnon Taneur. *Voyez garçon.*

† *Compagnon.* Fleur rouge, ou blanche, en forme de gros œillet.

COMPARABLE, *adj.* Qui peut être comparé. Qui merite d'être comparé avec une perſonne, ou avec quelqu'autre choſe. (Il ne lui ſont nuls comparables. *Abl. Ar. l. 1.*)

Comparaiſon, ſ. f. Le rapport qu'on fait d'une perſonne, ou d'une choſe avec quelqu'autre. Similitude. (Une comparaiſon belle, vive, touchante, ingenieuſe, juſte, ſenſible. La plaiſante comparaiſon des choſes du monde avec celles de la conſcience. *Paſ. l. 5.*) La comparaiſon eſt auſſi une figure de Rétorique.

En comparaiſon. A comparaiſon. L'un & l'autre de ces mots ſe dit, & ſignifie. Au prix. A l'égal. (Les anciens héros ne ſont rien en comparaiſon des héros modernes.)

Comparatif, ſ. m. Terme de *Grammaire.* Mot qui marque quelque comparaiſon, & qui augmente la ſignification en prenant la particule *plus* devant ſoi. (Plus beau, meilleur, pire, &c. ſont des comparatifs.)

Comparer, v. a. Faire comparaiſon. (Comparer Céſar avec Aléxandre. Comparer les petites choſes avec les grandes. Quelle fille parmi nous ſe peut comparer à vous. *Peliſſon, poëſ.*)

COMPAROITRE, *v. n.* Terme de *Palais. Je comparois, je comparus, j'ai comparu, je comparoîtrai.* En Latin *comparere.* C'eſt venir devant le Juge pour rendre raiſon de quelque choſe, pour demander, ou pour deffendre, &c. (Comparoître en perſonne. Comparoître par Procureur.)

Comparant, comparante, adj. Terme de *Palais.* Celui, & celle qui comparoît en Juſtice. (On donne le défaut aux comparans contre les *non comparans.*)

COMPARSE, *ſ. f.* Terme de *Tournoi.* C'eſt une entrée de quadrille dans la carriére. *Ménétrier, traité des Carrouſels.*

COMPARTIMENT, *ſ. m.* C'eſt un mot commun à quelques arts.

Compartimens de vitres. Ce ſont les embelliſſemens, les entrelâs, & les traits figurez des vitres.

Compartimens de jardin. Ce ſont les diverſes piéces d'un parterre de jardin.

Compartiment de plat fond. Ce ſont les differens paneaux ſéparez par des quadres, ou autres ornemens.

Compartiteur, ſ. m. Terme de *Palais.* C'eſt celui des Juges de quelque Chambre du Parlement, qui dans une affaire civile eſt d'un avis contraire à celui du Rapporteur, & dont le ſentiment partage tellement les opinions des Juges de la chambre, qu'il y en a la moitié pour lui. Cela arrivant de la ſorte, le Rapporteur & le Compartiteur paſſent dans une autre Chambre pour faire valoir chacun leurs raiſons devant les Juges de cette autre Chambre.

COMPARUTION, *ſ. m.* Terme de *Palais.* C'eſt la préſence d'une perſonne aſſignée en un lieu où ſe rend la juſtice, ou en un lieu auquel ſe font quelques actes de Juſtice. (Prendre actes de ſa comparution. *Le Mai.*)

COMPAS, *ſ. m.* Inſtrument de *Matématique,* qui ſert à décrire des cercles, à prendre des diſtances entre deux points ou deux lignes. Il eſt ordinairement de métal, & compoſé de deux branches pointuës en bas, & attachées l'une à l'autre par un clou rivé, autour duquel elles ſont mobiles dans une charniere. (La tête du compas. Les pointes du compas. Un bon compas. Un compas à ſimple, ou à double charniére. Tenir bien le compas. Ouvrir le compas à diſcretion.)

Compas de proportion. Autre inſtrument de *Matématique,* compoſé de deux regles plates, mobile dans une charniére. Il y a ſur ces regles diverſes lignes diviſées, dont deux ſont de parties égales, deux des cordes du cercle, des lignes des plans, des lignes ſolides, de la proportion des metaux, &c. Quand on met les pinnules ſur les deux regles, cet inſtrument ſert à prendre des diſtances & des angles, &c.

Compas de mer. C'eſt la bouſſole dont ſe ſervent les Pilotes. V. *Bouſſole.*

Compas de Tourneur, &c. C'eſt un compas dont les jambes ſont courbées, & qui ſert à prendre des diſtances ſur les Globes & les épeſſeurs de quelque corps.

Compas. Inſtrument avec quoi le Joüailler meſure les pierres lors qu'il les taille.

Compas de Tonnelier. C'eſt un compas de bois, rond par le haut, qui a des pointes de fer aux deux bouts, & qui ſe ferme & s'ouvre avec de la vis. Le Tonnelier s'en ſert à tracer les fonds des tonneaux.

Compas. Ce avec quoi le cordonnier prend la meſure du pié de la perſonne à qui il fait des ſouliers. Il eſt marqué de pluſieurs diviſions qu'on apelle des points.

* *Compas.* Ordre. Ajuſtement afecté. Proportion étudiée. (Il peſe toutes ſes paroles, & crache même avec compas. *Mai. poëſies.*
Son diſcours, ſes geſtes & ſes pas,
Sont tous meſurez au compas.
Gen. Epi. l. 2.

Tous ſon corps eſt fait par compas. *Voi. Poëſ.*

Compaſſer, v. a. Meſurer avec le compas. (Compaſſer une choſe. Compaſſer un livre. Terme de *Relieur.* C'eſt le meſurer avec le compas pour le bien rogner.)

Compaſſer. Ajuſter. Mettre bien & comme il faut quelque choſe. (Compaſſer la mêche.)

* *Compaſſer.* Il ſignifie auſſi au figuré, conſiderer, peſer, examiner mûrement une choſe. (Aïant tout *compaſſé,* il vaut mieux encore être cocu que trépaſſé. *Mol. Cocu imagin. ſc. 17.*)

† *Compaſſer.* Regler. (Compaſſer ſon tems. *Talemant, Plutarque, T. 5.*)

* *Compaſſé, ée, adj.* Ce mot au figuré ſignifie réglé & ajuſté avec ſoin. (Leurs manieres ſont ſi compaſſées qu'elles donnent du dégoût. *Civilité Françoiſe, c. 1.*)

COMPASSION, *ſ. f.* Afliction qu'on a pour un mal qui ſemble menacer quelcun de ſa perte, ou du moins de le faire beaucoup ſouffrir, quoi qu'il ne merite nullement qu'un tel malheur lui arrive, à condition toutefois que celui qui a de la compaſſion ſe trouve en un tel état, que lui-même apréhende qu'il ne lui en arrive autant, ou à quelcun des ſiens, comme n'en étant pas trop éxent, ni bien éloigné. *Caſſandre, Rétorique d'Ariſtote.* (On a compaſſion des perſonnes qu'on connoît. Donner de la compaſſion. Exciter de la compaſſion. Atirer la compaſſion. Emouvoir à compaſſion. *Abl.* L'aveuglement des pécheurs eſt digne de compaſſion. Etre ému & touché de compaſſion. Philotas n'eut pas plûtôt confeſſé, qu'il ne trouva plus de compaſſion, même dans le cœur de ſes amis. *Vaug. Q. l. 6. ch. XI.*)

COMPATIBILITÉ, *ſ. f.* Ce mot eſt Latin. C'eſt la qualité & l'état des choſes qui peuvent ſubſiſter, & demeurer paiſiblement enſemble, & peuvent être jointes dans les formes & ſelon les regles. (Ils n'ont enſemble aucune compatibilité d'humeurs. Il y a compatibilité de bénéfices.)

Compatible, adj. Qui peut bien ſubſiſter avec un autre. (Office compatible. Bénéfice compatible. Son humeur n'eſt point compatible avec celle de ſon frere.)

COMPATIR, *v. n.* Etre touché de compaſſion. Etre afligé du mal qu'un autre ſoufre. (Compatir à la douleur de quelcun.)

Compatir, v. n. Avoir de la compatibilité avec quelque perſonne, ou quelque choſe. Pouvoir ſubſiſter & pouvoir être en bonne intelligence avec une perſonne. (Les fous ne peuvent compatir enſemble. Cette vertu impitoïable ne peut compatir avec vôtre généroſité. *Voi. l. 22.*)

COMPATRIOTE, *ſ. m.* Qui eſt de même païs. (C'eſt ſon compatriote.)

COMPENSATION, *ſ. f.* Ce mot vient du Latin *compenſatio.* Prononcez *conpanſacion.* C'eſt l'action par laquelle on donne une choſe pour tenir lieu d'une autre. Ce qu'on acorde à une perſonne pour égaler aucunement ce qu'il a perdu, ou qu'on lui a ôté. (Faire une compenſation. La compenſation eſt tres-juſte, & on auroit tort de s'en plaindre.)

Compenſations de dépens. Terme de *Palais.* C'eſt quand chacune des parties ſuporte ſes dépens qu'elle a faits, ſans qu'aucune des parties en puiſſe rien demander à l'autre. La Compenſation des dépens ſe fait, lors que chacune des parties ſe trouve avoir droit en quelques unes de ſes pretentions.

Compenſer, v. a. Faire une compenſation. Donner une choſe pour un autre. Céder quelque droit pour ſatisfaire à quelque obligation. (Compenſer les dépens. Terme de *Palais.* Le ſervice qu'ils avoient rendu n'étoit pas capable de compenſer leur crime. *Vau. Quin. l. x. c. 1.* Les bonnes qualitez d'une perſonne doivent compenſer ſes defauts.)

COMPERE, *ſ. m.* Celui qui a tenu nôtre enfant ſur les fonts de Batême. Celui qui a tenu un enfant ſur les fonts de Batême avec nous. (Ainſi, un homme dont j'aurai tenu l'enfant dira, *un tel eſt mon compére.* Une fille ou une femme, avec qui un garçon ou un homme aura tenu un enfant dira, un tel eſt mon compére, j'ai un galand, un brave, un aimable, un charmant compére. *Tout va par compére & par commere.* Proverbe, pour dire, Tout ſe donne à la faveur, & à la recommendation des amis ou des puiſſances.)

* † *C'eſt un compére.* C'eſt à dire, c'eſt un gaillard, un bon dégoûté, un homme éveillé, un bon compagnon.

Compérage, ſ. m. C'eſt l'action par laquelle on devient compére, en tenant ſur les fonts l'enfant de quelque perſonne, ou tenant ſur les fonts un enfant avec quelque perſonne. (Le compérage lui tient au cœur. *Par. plaid. 5.*)

COMPÉTANCE, *ſ. f.* Terme de *Palais.* Puiſſance de juger & de connoître d'une afaire. (On a fait juger la compétance.)

* **Compétence**, *s. f.* Ce mot se dit quelquefois figurément, mais en riant, & signifie le pouvoir, l'autorité, & la capacité d'une personne. (Ces choses ne sont point de ma competance. *Thiers, préface sur l'histoire des perruques*. C'est à dire, il ne m'appartient pas de juger de cela.)

Compétant, compétante, *adj*. Ce mot est ordinairement de pratique ; & veut dire convenable, légitime, propre pour l'affaire dont il s'agit. Capable de la décider. (Il est Juge compétant. *Mol*.)

†* **Compétant, compétante**, *adj*. Qui est capable de juger, & de dire son sentiment de quelque science, ou d'autre chose. (Mr. Patru est juge compétant en matiere de langage.)

† **Compétamment**. Cet adverbe est un peu vieux, il signifie *suffisamment*. (Il y a compétamment dequoi. Il a du bien compétamment.)

Compétamment. Terme de *Palais*. C'est à dire, avec pouvoir de juger. (Il a été jugé compétamment.)

Competer, *v. n.* Terme de *pratique*. Apartenir. (Il a reçû tout ce qui lui pouvoit *competer* & apartenir dans la succession de sa mere.)

Compétiteur, *s. m.* Celui qui prétend aux mêmes honneurs, & aux mêmes dignitez qu'un autre. (Ceux qui prétendent à la gloire ont beaucoup de compétiteurs. C'est un dangereux compétiteur.)

Compilateur, *s. m.* Celui qui compile quelques Auteurs. (Du Chêne qui nous a donné cinq volumes de l'Histoire de France, est un fameux compilateur.)

Compilation, *s. f.* Ramas & recueil de plusieurs choses qu'on a ramassées de quelques Auteurs. (Faire une compilation de plusieurs Auteurs.)

Compiler, *v. a.* Ramasser, recueillir de plusieurs Auteurs. (Escobar a compilé une Téologie morale. *Pasc. l. 5*.)

C O M P I S S E R, *v. a.* Tout souiller de pissat. Spermacher. (Elle compisse en voyant les postures de l'Aretin. Les chiens compissent les jupes des femmes.)

Complaignant, *s. m.* Terme de *Palais*. Pour dire celui qui se plaint en Justice. (Il est complaignant. *Patru 1. plaidoyé, page 9*.)

† **Se complaindre**, *v. r.* Ce mot est vieux, & en sa place on dit ordinairement *se plaindre*.

† **Complainte**, *s. f.* Ce mot se trouve dans nos vieux Poëtes, pour dire une élégie, mais on ne s'en sert plus, on dit à la place, *plainte*, ou *élégie* ; le mot de *complainte*, signifie généralement toute sorte de plainte, mais il est vieux, & on employe le mot de *complainte* que dans des matieres beneficiales, & dans les monitoires, où l'on dit faire complainte à l'Eglise.

Complaisance, *s. f.* C'est par respect, ou par civilité, conformer sa volonté aux sentimens d'une personne afin de gagner ses bonnes graces, son amitié, ou son afection. Il tâche a complaire à sa Maîtresse.

Complaisance, *s. f.* Maniere complaisante & condécendente aux volontez d'une personne en avoir l'amitié, l'estime, ou quelque faveur. (Une aveugle, une basse, une lâche complaisance. Avoir une complaisance honnête pour tout le monde. *Abl.* C'est par la complaisance que l'amour fait les aproches d'un cœur. *La Suze, Recueil galant.* La vérité n'a de la complaisance pour personne, parce qu'elle dit nettement les choses. *Thiers, Opuscules*.)

Complaisant, complaisante, *adj.* Qui a de la complaisance. (Un galand homme doit être complaisant aux Dames. Il a l'humeur du monde la plus complaisante.)

† **Complaisamment**. Cet adverbe signifie *avec complaisance*, mais il n'est pas fort usité.

† **Complant**, *s. m.* Terme d'*Agriculture*. V. *Plant*.

Complement, *s. m.* Terme de *Géometrie*. Il se dit des arcs de cercles & des angles, & signifie la quantité dont un arc, ou un angle est moindre que le quart de la circonférence, ou qu'un angle droit. On dit aussi complement au demi cercle, ou à deux angles droits. Ainsi au premier sens, un arc de 30. degrez est le complement d'un arc de 60. degrez, & au second un arc de 50. degrez est le complement d'un angle obtus de 130. degrez.

Complet, complette, *adj.* Ce mot se dit en bonne & en mauvaise part, mais le plus souvent en bonne. Il signifie, Achevé. Parfait. Ce qui est nécessaire pour accomplir & pour acheter une chose. Il lui a donné un service *complet* de vaisselle d'argent. Ce livre n'est pas complet, car il y manque trois feuilles. Une année complette. Armes complettes. *Ablancourt, Ar. l. 1*.

On voit bien tant elle est complette
Que c'est le diable qui l'a faite.
Voi. Poës.

C'est un fou complet. *Benf. Rondeaux, pag. 101*.

Complexion, *s. f.* Temperament. (Complexion froide, chaude, foible, robuste, vigoureuse, Etre d'une bonne complexion.)

Complication, *s. f.* Mot de *Chirurgie & de Médecine*. Il vient du Latin, & il ne se dit pas seul ; car on dit, il y a *complication de maladies*. On dit des maladies compliquées ; c'est à dire, il y a mélange de deux, ou de plusieurs maladies en un même corps. (On dit aussi, ce mot en termes d'affaires, ou de crimes. Il y a du civil & du criminel dans cette afaire, & cette complication embarasse les Juges.)

Complice, *adj.* Qui a part au crime d'un autre. (Etre complice de la mort de quelcun. *Abl. Ar. l. t. c. 9.* Si on trouve qu'elle soit complice, on la condamnera à la mort.)

† **Complicité** *s. f.* Participation au crime d'un autre. (Il n'a pas commis le meurtre, mais il est acusé *de complicité*, c'est à dire, d'être complice du meurtre qu'un autre a commis. Complicité probable, prétenduë. Découvrir & faire voir la complicité. Convaincre, condamner quelcun de complicité. *Danceur, 2. Factum pour le Brun*.)

Complies, *s. f.* La derniere des sept heures canoniales. (Mes Complies sont dites.)

Compliment, *s. m.* Il vient de l'Espagnol *complimento*. Ce sont des honnetetez & paroles qu'on dit à une personne qu'on honore, ou qu'on feint d'honorer. (Le compliment doit être aisé, naturel, ingénieux, adroit, ni trop bas, ni trop élevé. Il ne doit rien y avoir qui sente le peuple, ni rien aussi qui paroisse afecté. Faire un compliment. Tourner un compliment avec esprit. Couper court sur le compliment.

Le bon ami *compliment*
Est un bon Seigneur Normand,
Grand Seigneur de bonne mine,
Dont le poil à la blondine,
Bouclé, poudré, pommadé,
Cache un visage fardé.
Pélisson, pieces galantes.

Je crois que vous ne trouverez pas mauvais le petit compliment que je viens vous faire ; c'est qu'il faut, si vous le trouvez bon, que nous nous coupions la gorge. Voila un compliment bien mal tourné. Eh ! Monsieur rengainez ce compliment, je vous prie. *Mol. Mariage forcé, sc. 9*. Pourquoi vous atirez-vous un si mauvais compliment ? *Thiers, Saucerobert*. Il lui a fait un compliment fort galant. Acabler de complimens. *Sen.* Il ment aussi serré qu'un compliment, ou qu'une oraison fûnebre.

Compliment. Harangue courte & pleine de cajolerie qu'on fait à quelque Grand, à quelque personne considerable, ou à d'honnêtes gens assemblez en corps. (Faire compliment au Roy sur la prise de Maftric. Il a fait de fort bonne grace son compliment à l'Academie.)

Complimenter, *v. a.* Faire des complimens à quelcun. (Il l'a fort complimenté sur son bon air.)

Complimenteur, *s. m.* Celui qui fait force complimens. (C'est un grand complimenteur.)

Complimenteuse, *s. f.* Celle qui fait toûjours des complimens aux gens. (C'est une grande complimenteuse. Elle assassine les gens à force de complimens.)

Complique, **compliquée**, *adj.* Terme de *Médecin & Chirurgien*. Il se dit des maladies. On apelle maladies compliquées, les maladies qui incommodent pareillement diferentes parties qui conspirent pour les mêmes actions, comme la pleuresie, & l'asme sont maladies compliquées, car l'asme vient des poûmons & la pleuresie la pleure qui avec le poûmon aide à la respiration.

Complot, *s. m.* Dessein noir & malin qu'on a imaginé afin de nuire à une personne, de la perdre, ou de la détruire, ou de la ruïner. (Un funeste, un détestable, un noir complot. Les complots des méchans sont évanoüis, sont dissipez, sont allez en fumée, sont étoufez. Faire des complots contre quelcun. *Racine, Iphigenie, a. 4. s. 1*.)

Comploter, *v. a.* Faire un complot. Machiner quelque chose. Résoudre un dessein noir & malin pour nuire à quelque personne, ou à plusieurs. (Ils ont comploté sa ruïne. *Abl.* Ils avoient comploté de livrer une porte de la ville aux ennemis.)

Componction, *s. f.* Terme de *Dévotion*. Regret. Douleur de ses péchez. (Se préparer à la confession par une veritable componction. *Port. Royal*. Ayant oüi ces choses, ils furent touchez de componction en leur cœur. *Port. Royal. Actes des Apôtres, ch. 2*.

Comporter, *v. a.* Convenir. Demander. Soufrir. Ce mot de *comporter* se dit en ce sens, mais il ne s'écrit pas. (Ce sont des plaisirs que *comporte* la jeunesse. Nôtre langue ne *comporte* pas un stile si coupé. *Nouv. rem*.)

Se comporter, *v. r.* Se conduire bien ou mal en quelque chose. (Il s'est bien comporté en cette afaire. Il s'est comporté en mal honnête homme à mon égard.)

† **Comportement**, *s. m.* Déportement. Conduite bonne ou mauvaise.

Composer, *v. a.* Mettre plusieurs choses ensemble afin d'en faire une. (Composer une médecine.)

Composer. Faire une partie du tout. (Le corps des fideles compose la multitude des Saints. *Mauc. Sch*.)

Composer. Faire des ouvrages d'esprit, soit en vers ou en prose. (C'est un homme qui compose, & qui a dessein de se faire relier en veau.) Il signifie quelquefois *inventer*.

Composer. Terme d'*Imprimerie*. Mettre une rangée de lettres sur le *Composteur* pour en faire des lignes, des pages, & ensuite des formes. (Composer un mot, une ligne, une page.)

Composer, *v. n.* Terme de *Guerre*. Qui se dit des places assiegées, & qui se veulent rendre. Il signifie convenir avec les

les affiégeans de certaines chofes moïennant quoi on fe rendra. (La ville compofe, on efpere qu'on y entrera demain.)

* *Compofer.* Convenir avec quelcun fur quelque chofe. (Compofer avec fes creanciers.)

* *Se compofer*, v. r. Prendre un certain air grave, modefte & honnête. Se mettre en une pofture qui foit propre & agreable. (Elle fe compofe fitôt qu'elle aperçoit des gens qu'elle ne connoît pas.)

Compofé, compofée, adj. Fait de plufieurs chofes. Qui contient plufieurs perfonnes ou plufieurs chofes. (Le remede eft compofé. Sa piéce eft compofée. Son infanterie étoit compofée de deux cens mille hommes. *Vau. Quin. l.3.* Les Etats du Royaume font compofez du Clergé, de la Nobleffe, & du Tiers Etat.)

* *Compofé.* Grave & modefte. (Elle a l'air compofé.)

Compofé, f. m. Ce mot fignifie tout ce qui eft compofé. Il fe dit auffi des belles & des jolies Dames qui ont force chofes agréables. (On dit d'une belle, c'eft un compofé de rofes & de lis.)

† *Compofeur,* f. m. Ce mot ne fe dit qu'en riant, & en parlant des méchans Auteurs. (C'eft un compofeur de chanfons & de méchans vers.)

Compofiteur, f. m. Celui qui dans une Imprimerie compofe & range les lettres fur le compofteur pour en faire des lignes.

Compofiteur de Mufique de la chambre du Roy. Le Muficien qui compofe la mufique pour la chambre du Roy.

* *Compofiteur amiable.* Ces mots fe difent des arbitres d'équité, & qui ne font pas obligez de juger fuivant la rigueur du Droit.

Compofite, adj. Terme d'*Architecture.* Un des cinq ordres de l'Architecture. (Ordre compofite.)

Compofition, f. f. Mélange de plufieurs chofes qui n'en font qu'une. (La compofition eft faite.)

Compofition. f. f. Ouvrage d'efprit compofé. Piéce de Mufique qu'on a compofée. (Cet Auteur a donné plufieurs de fes compofitions. Il fignifie auffi l'action de compofer, & la peine de compofer. La compofition ne lui coûte guere.)

Compofition. Une des parties de la peinture qui confifte à executer le deffein qu'on s'eft formé.

* *Compofition.* Terme de *Guerre.* Acord des affiégez pour fe rendre à de certaines conditions aux affiégeans. (Faire bonne compofition. Demander compofition. Se rendre à compofition. Donner compofition. Laifer une place par compofition. Recevoir à compofition. *Abl. Ar. l.1.2. &c.*)

* *Compofition.* Convention. Acord. Paix. (On feroit de difficile compofition fi on n'étoit content des maximes de nos Pêres. *Paf. l.6.* Entrer en compofition. *Paf. l.4.*)

Compofition. Terme d'*Imprimeur.* Arrangement des lettres. (Il entend bien la compofition.)

Compofteur. Terme d'*Imprimeur.* Petit inftrument de fer avec des rebords, fur lequel on ne met qu'une ligne. (Ranger les lettres fur le compofteur pour en compofer des mots.)

Compote, f. f. Poires, ou pommes qu'on coupe par moitié qu'on fait cuire doucement avec du fucre. (Une compote bien faite.)

† * *Compote.* Ce mot eft figuré, & burlefque. Exemples. † * Il me prend des tentations d'acommoder fon vifage à la compote. Mol. C'eft à dire, de lui donner force coups de poing fur le vifage & de le rendre mou comme une compote de poires ou de pommes. Dans ce même fens on dit , *Il lui a mis la tête à la compote,* c'eft à dire , il lui a rendu la tête mole à force de coups.)

Compréhenfible, adj. Qui peut être compris. (Cela n'eft pas compréhenfible. Chofe compréhenfible.)

Comprehenfion, f. f. Il vient du Latin *comprehenfio.* C'eft l'action de l'efprit, par laquelle on le comprend. C'eft la faculté de l'efprit qui comprend. (Il n'y a guere de gens qui ayent la *comprehenfion* plus lente ; & pour le fon des paroles, & pour entrer dans l'efprit du Compofiteur , que les François. *S. Evremont, opera, in 4 p. 505.*)

* *Comprendre,* v. a. Concevoir. Pénétrer. (Tâcher à comprendre une difficulté. C'eft un procedé que je puis affez comprendre. *Scar.* Il y a trois chofes que j'ai eu de la peine à comprendre ; & la quatriéme m'eft entiérement inconnuë, &c. *Port-Royal, Proverbes de Salomon, ch. 30.*)

Comprendre. Contenir. Renfermer. (Cela comprend bien des chofes. On a compris le Prince dans le Traité de Paix.)

Compresse, f. f. Terme de *Chirurgien.* Petit morceau de linge blanc plié, & accommodé comme il faut, qu'on met fur quelque playe , ou autre pareil mal. (Faire une compreffe. Aprêter une compreffe.)

Compreffibilité, f. f. Terme de *Phifique.* C'eft la qualité d'un corps qui peut être preffé. *Compreffible,* adj. Qui peut être refferré. *Compreffion,* f. f. L'action par laquelle on preffe & l'on refferre quelque corps, comme l'air, une éponge, &c. Ainfi l'on parle de la compreffibilité de l'air, & l'on dit que l'air eft compreffible.

Comprimer, v. a. Terme de *Phifique.* Preffer avec force. (L'air que l'on comprime dans les arquebufes à vent fait prefque autant d'éfet que la poudre.)

Compromettre, v. a. Convenir d'arbitres pour en paffer leur jugement fous quelque peine au contrevenant.

* *Se compromettre ,* v r. Mettre en compromis fon crédit, fon honneur & ce qu'on a de cher & de confidérable en fe commettant & s'engageant à quelque querelle avec une perfonne. (Il ne faut pas qu'un honnête homme fe compromette avec des coquins.)

Compromis, f. m. Terme de *Pratique.* Acte par lequel on convient de part & d'autre de faire quelque chofe fous peine à celui qui contrevient au traité. (Faire un compromis.)

* *Compromis.* Ce mot fe prend figurément & eft beau. (Mettre en compromis toutes fes affaires. *Vau. Quin. l.4.* C'eft à dire, Mettre en balance le fuccez de fes affaires. Alexandre ne pouvoit fouffrir qu'il y eût une nation *qui lui mit en compromis le titre d'invincible. Vau. Quin. l.6.* C'eft à dire, qui lui contestât. Qui lui mit en balance le titre d'invincible.)

COMPTABLE, ou *comtable,* adj. On écrit ce mot fans p, ou avec un p, mais le p, ne fe prononce point. De bons auteurs écrivent même le mot de *comtable* avec un n. Le comptable eft celui qui doit compter devant quelcun , Qui doit rendre fes comptes de quelque chofe qu'il a eu en maniment , ou dont il a joui. (Il eft comptable de cinquante mille livres.)

Comtable, f. m. Celui qui doit compter & rendre compte de quelque adminiftration de quelque argent. (C'eft l'un des comtables.)

Comptant, comtant. Ce mot fe dit entre gens qui trafiquent, qui vendent & achetent. Il eft indéclinable & fignifie. Argent bas. Argent à la main. En comptant l'argent au même tems qu'on donne la marchandife. Vendre vingt piftoles comptant. *Paf. l.18.* Avoir mille écus comptant, *Vaug. nouv. rem.* Avoir du comptant. *La Fontaine , fables , l.1.* C'eft à dire, avoir de l'argent comptant. Ce mot pris en ce fens eft bas & comique.)

Compte, conte , f. m. Prononcez. *conte.* C'eft une fuputation qu'on a faite de plufieurs fommes, ou chofes particuliéres. (Faire un compte rond. Le compte fe trouve. Le compte eft bon. Le compte eft jufte. C'eft un homme du fort bon compte. C'eft à dire, que c'eft un homme avec lequel il fait bon compter, & qui ne chicane point , fur des riens. Les bons comptes font les bons amis. Prov. *Du méchant compte on revient au bon.* Prov.)

Compte. Le cayer qui contient la recette , ou la mife. (Dreffer fon compte. Préfenter fon compte. Débattre un compte. Examiner un compte. Clorre un compte.)

Compte. Raifon de l'adminiftration de quelque bien. Piéces juftificatives de nôtre conduite à l'égard d'une chofe , ou d'un bien dont on a eu la direction. (Le tuteur rend compte à fon mineur. Tenir compte d'une chofe à quelcun.)

Compte. Profit , avantage ; bon marché. (Acheter à bon compte. Travailler à bon compte. Trouver fon compte à quelque négociation. Il a fon compte, c'eft à dire , il eft fatisfait, il eft content.)

Compte. Raifon. Raport. Recit. (Vous me rendrez compte de tout ce qui fe fera.)

† * *Compte.* Ce mot entre dans quelques phrafes proverbiales. (Exemple. *Manger à bon compte.* C'eft à dire , manger fans fe mettre en peine de rien , fans fe foucier de ce qui arrivera , ou de ce qui peut arriver. *Il en a pour fon compte.* C'eft à dire. Il eft attrapé , Il eft pris , Il eft trompé , c'eft fait de lui. *Je prens cela fur mon compte.* C'eft à dire, Je fuis garand de cela. *Je ne prens rien fur mon compte de tout ce qui fe dit de défobligeant. Mol.*)

Mettre en ligne de compte. C'eft écrire qu'on a reçu la chofe dont il s'agit.

Recevoir à compte , ou à bon compte , c'eft à dire , à la charge de le déduire fur ce qui eft dû.

* *En fin de compte ,* c'eft à dire , dans la fuite.

* *Au bout du compte,* c'eft à dire au pis aller , que peut-il arriver ?

* *Il eft bien loin de fon compte ,* pour dire , le fuccés ne répond pas à fon attente , il avoit raifonné fur de faux principes.

* *On ne trouve pas fon compte avec lui.* C'eft à dire , il eft trop fort & trop habile, il ne faut pas fe prendre à lui.

* *Compte.* Contentement. Satisfaction. Prétention. Deffein. (Si vous ne trouvez vôtre compte d'un côté, vous vous jettez de l'autre. *Paf. l.5.* Je n'ai pas eu de peine à renoncer au grand monde, & à trouver mon compte dans la retraite.)

Compte-pas, f. m. Inftrument de Mécanique qui fert à faire connoître à celui qui le porte , combien de pas il a fait , allant d'un lieu à un autre , foit à pié, foit en carroffe.

Comter, compter, v. a. On écrit *comter* ou *compter,* mais on prononce *comter.* Il fignifie. Nombrer. Suputer. Calculer. (Compter une fomme.)

* *Compter les morceaux,* cela fe dit d'un avare qui traite & regarde les gens qui font à fa table avec un je ne fçai quel air morne , qui marque qu'il eft fâché de voir qu'on mange bien.

Compter. Faire compte. Arrêter compté. (Les Receveurs doivent compter de tems en tems avec leurs maîtres. C'eft un homme qui ne veut ni compter, ni payer.)

Cc 3

COM.

* *Quand on compte sans l'hôte, on compte deux fois.* Proverbe pour dire, que quand on compte à son avantage & en l'absence de la partie interessée, on est sujet à se tromper.

Compter. Payer. (On lui a compté le prix de sa maison.)

Compter, estimer. (Vous devriez compter pour quelque chose la violence que je me fais. *Pasc. l. 8.* Ceux qui se donnent la mort ne la comptent pas pour si peu de chose. *M. de la Roche Foucaut.* On le compte pour mort. On *compte pour rien* ce qui ne peut faire ni bien ni mal.)

* *Compter.* Faire fonds sur quelque chose, sur quelcun. (Il faut toûjours compter sur sa vertu & jamais sur sa noblesse. *Benserade, Rondeaux.*)

Comptoir, comtoir, s. m. Prononcez *Contoi*, en faisant la derniére silabe de ce mot un peu longue, C'est une table petite, ou grande, sur laquelle le Marchand compte son argent, & où il l'enferme ; & sur laquelle il fait voir la marchandise qu'on lui demande à acheter. (Les Orfévres ont d'ordinaire des *comptoirs* assez petits ; mais les Marchands de drap en ont souvent de grans. Faire un comptoir. Ouvrir, ou fermer un comproir.)

Comptoir, ou comtoir. Terme de *Négociant.* C'est un Bureau général de commerce établi en differentes viles des Indes pour de differentes Nations de l'Europe. Les Comptoirs des Holandois, des Anglois, &c. Les Marchands des Viles Anséatiques ont des comptoirs à Anvers, à Bergue, &c.

COMTE, *s. m.* Ce mot sous les derniers Empereurs Romains étoit un titre d'honneur ; & on apeloit de ce nom de *Comte* ceux qui se suivoient ; mais sous les Rois de France de la premiere race, le *Comte* étoit un Bailli, Ensuite , & du tems de Charles le simple que la France fut troublée, ces *Comtes* se firent Seigneurs absolus de leurs terres & de leurs villes. Le mot de *Comte* se prend aujourd'hui pour un Seigneur qui est sujet du Roy, & qui a une terre erigée en Comté.

Comte du Palais, ou Comte Palatin. C'étoit du tems de nos prémiers Rois, un Seigneur qui connoissoit des différens des particuliers, à moins que ce ne fût une affaire de grande importance & qu'il ne fût obligé de raporter la chose devant le Roy, qui alors la décidoit sur le champ, & en présence des parties. Voyez *Pitou, coûtume de Troies & des Comtes Palatins.*

Comté. Terre qui relève du Comte. Le mot de *Comté* est masculin & féminin ; mais il semble aujourd'hui qu'on le fait plus souvent féminin que de l'autre genre. (Le conseil Souverain de la Comté de Roussillon s'éforce d'anéantir la milice des enrolez. *Patru,* 1. plaidoié, L'Espagne a bien des Royaumes qui ne sont pas si riches, ni si peuplez que cette Comté. *Patru,* plaidoié, ". Le Roy lui donna le Comté d'Essex. *Maucroix Schisme d'Angleterre. l. 1.*)

Comté. Ce mot en parlant d'une des parties de la Bourgogne, où sont les villes de Besançon & de Dole, est toûjours féminin. (Ainsi on dit. La Franche Comté est rüinée. La Franche Comté à été prise en cinq, ou six semaines.)

Comtesse, s. f. La femme d'un Comte. La Dame d'une Seigneurie qui a le titre de Comté.

COMPULSER, *v. a.* Terme *de Palais*, Se faire montrer quelque piece qui est chez un Notaire , ou autre personne publique. (Compulser un contrat.)

Compulsoire, s. m. Terme *de Palais.* Acte par lequel le Juge donne permission de compulser les pieces qui sont chez un Notaire , ou autre personne publique. (Obtenir un compulsoire.)

CON.

CONCASSER, *v. a.* Terme de *Pharmacie*, &c. Casser quelque chose à moitié, ou environ. (Concasser des noix. Concasser des amandes.)

Prenez un bâton de casse ; *concassez* le , & mangez en la casse ; elle vous rafraîchira & vous purgera.

CONCATENATION, *s. f.* Mot Latin, & terme de *Philosophie*, qui se dit quelquefois & signifie enchaînement, liaison. (La concatenation des causes secondes est un effet de la Providence de Dieu, qui est la cause prémière.)

CONCAVE, *adj.* Qui est creux, qui est rond par le dedans. (Surface concave. Miroir concave. Les miroirs concaves refléchissent tous les raions à un point qu'on apelle le *foier* de ces sortes de miroirs. Lunette concave.)

Concavité, s. f. La figure d'un corps creux , & l'espace qu'elle contient. Le dedans d'un corps rond & creux. (La concavité d'une sphère. La concavité d'une voûte.) On dit en termes d'*Anatomie*, les concavitez du cerveau.

* CONCEDER, *v. a.* Ce mot signifie *acorder*; mais il ne se dit guére qu'en ces façons de parler. La grace qui lui a été *concédée*, & en Philosophie, en parlant d'argumens, on dit, je vous *concede* la majeure, &c.

CONCENTRER, *v. a.* Terme de *Philosophie.* Pousser vers le centre, vers le milieu. Faire s'entrer au dedans. (Le froid concentre la chaleur & la fait retirer au dedans des corps.)

Concentrique, adj. Terme de *Géometrie*, & d'*Astronomie*. Ce mot se dit des cercles & des sphères qui ont un même centre. (Cercles concentriques. Sphères ou globes concentriques.)

CONCEPT, *s. m.* En latin *conceptus.* Terme de *Philosophie*, &

CON.

qui se dit rarement. Il signifie l'idée des choses que l'entendement conçoit. (La Philosophie devint pointilleuse par ces précisions & ces *concepts* abstraits qu'elle introduisit dans l'école. Vol. *Reflexion sur la Philosophie.*) Voiez plus bas.
* *Conception.*

Conception, s. f. En latin *conceptio.* Prononcez *conception.* C'est l'action propre de la matrice ; qui aïant reçû les semences de l'homme & de la femme en forme un mâle , ou une femelle, selon que la femence se trouve disposée à l'un , ou à l'autre. (Une conception vraïe, une conception fausse. On ne sçait pas bien quel est le moment auquel se fait la conception ; les uns le mettent au temps que les semences sont retenuës dans la matrice ; les autres le renvoient jusques au septiéme jour.)

CONCEPTION, *s. f.* Le tems & le moment que la semence du mâle & de la femelle se joignent pour former le *Fétus.*

Conception. Une des Fêtes que l'Eglise célebre en mémoire de la Conception de la Vierge. (L'immaculée Conception de la Mére du Sauveur. *Arn.*)

Conception. Terme d'*Imager*. Taille-douce qui réprésente le mistere de la Conception.

* *Conception.* Terme de *Logique.* C'est la simple idée qu'on a des choses, laquelle n'enferme ni négation, ni afirmation.

* *Conception.* Esprit. Intelligence. Imagination, (Avoir la conception un peu dure.)

CONCERNER, *v. a.* C'est regarder & toucher les interêts d'une personne, d'un état, d'un corps. C'est regarder de quelque sorte que ce soit ; une personne ; un état ; une communauté, &c. Apartenir à quelque personne , ou à quelque chose , ou dépendre. (On ne doit point négliger ce qui concerne le Salut. *Arn.* La liberté publique concerne tout le monde. Chacun doit être exact en ce qui concerne les devoirs de sa charge. Parlons de ce qui concerne la création de l'homme. *Abl. Luc. T. 1.*)

CONCERT, *s. m.* Harmonie de voix & d'instrumens de Musique. (Un charmant concert de Luths. Un concert de tuorbes.)

* *Le plaisant concert des oiseaux.* C'est le chant de plusieurs petits oiseaux qui chantent agréablement.

Concert. Lieu où l'on fait concert. (Aller au concert.)

* *Concert.* Résolution qu'on a prise d'un commun acord avec une, ou plusieurs personnes, afin de faire quelque chose. Intelligence qu'on a avec quelqu'un pour éxécuter un dessein. (Faire une chose de concert. Agir de concert avec quelcun.)

Concerter, v. n. Ce mot vient de l'Espagnol *concertar.* Il signifie acorder les voix & les instrumens pour chanter & jouër ensemble. Faire concert. (On concerte aujourd'hui chez Monsieur un tel. Nous concerterons demain.)

* *Concerter, v. a.* Refoudre d'un commun acord avec une, ou plusieurs personnes quelque dessein. Voir , Examiner avec quelcun le moyen de faire quelque chose. (Ils ont concerté cela ensemble.)

Concerté, concertée, adj. Ce mot se dit des choses & signifie, résolu par le commun acotd de deux, ou de plusieurs personnes. (C'est un dessein bien concerté. C'est une entreprise mûrement concertée.)

Concerté, concertée, adj. Ce mot se dit aussi des personnes, & signifie que toutes leurs paroles , tous leurs gestes & toutes leurs actions sont étudiées, afectées & souvent avec dissimulation. (Cette personne est toûjours fort concertée.)

CONCESSION, *s. f.* Permission. Privilege acordé par un Supérieur à son inférieur. (Tout cela n'est que par concession & privilége. *Patru, plaidoié* 4. Il prenoit la qualité de Roy par la concession du saint Siége. *Maucroix, schisme, l. 1.*)

Concession. Terme de *Rétorique*. Figure de Rétorique par laquelle on acorde quelque chose à son averse partie, afin de mieux obtenir ce qu'on demande. (Concession faite bien à propos. Concession ingénieuse, adroite, par exemple. Je consens qu'on vante en Chapelain la probité & je puis prise sa candeur ; mais je ne puis soûfrir qu'on montre ses Ecrits pour ses modeles.)

CONCEVABLE, *adj.* Qui se peut concevoir. (Cela est concevable. La chose n'est pas concevable.)

Concevoir, v. a. Je conçois, j'ai conçû , je conçûs , je concevrai. Ce mot se dit en parlant de génération, & c'est lorsque la femence du mâle & de la femelle s'unissent pour former le fétus. (La femme conçoit le plus souvent lors qu'elle a eu ses ordinaires.)

* *Concevoir.* Avoir une idée distincte de quelque chose. (Le corps est ce qu'on conçoit étendu en longueur, largeur & profondeur.)

* *Concevoir.* Comprendre. Pénétrer par le moïen des lumieres de l'esprit. (Concevoir les dificultez de l'Algébre.)

* *Concevoir.* Se former une idée de quelque chose. Se former un modele. Se former quelque chose dans l'esprit & mettre sur le papier, & écrire l'idée qu'on s'est faite. (Concevoir le dessein d'une agréable Comédie. C'est une jalousie bien conçuë sur des fausses aparences. *Mol.* Il reçut des lettres de Darius, conçuës en ces termes si superbes qu'il s'en ofença. *Vau. Quin.* l. 4. La permission étoit conçuë en ces termes. *Maucroix, schisme, l. 2.*)

† CONCHIER, *v. a.* Remplir & soüiller de merde. (Il a conchié toute la chambre.)

CONCHILE

CON. CON.

CONCHILE, *adj*. Ce mot est Grec, & c'est un terme de *Géomotrie*, qui se dit au feminin d'une certaine ligne courbe qui s'aproche toujours d'une ligne droite sur laquelle elle est inclinée, & toutefois ne la coupe jamais.

CONCHOIDE. C'est à peu près la même chose que *conchile*.

CONCIERGE, *f. m*. Celui qui a soin de quelque maison Seigneuriale, de quelque Château. (Un bon Concierge.)

Concierge. Officier de Comédiens qui a soin d'ouvrir & fermer la porte.

Concierge. Geolier qui a soin de la garde de la porte de la prison.

Conciergerie, f. f. Prison qui est dans l'enclos du Palais de Paris (On l'a transferé du Châtelet à la Conciergerie pour être jugé en dernier ressort.)

CONCILE, *f. m*. En Latin *Concilium*. Assemblée de plusieurs Ecclesiastiques graves qui ont de la probité, de l'autorité & du savoir, qui sont choisis pour régler les afaires de l'Eglise, pour en reformer les abus, s'il s'y en trouve, (& qui ont pour chef le Pape.) (Un Concile général ou Œcumenique. Un Concile National. Provincial. Assembler un Concile. Convoquer un Concile. Tenir un Concile, indiquer un Concile, &c.)

Concile. Lieu où sont assemblés les Péres du Concile. (Aller au Concile.)

Conciliabule, f. m. Ce mot se dit par mépris, pour signifier un Concile qu'on ne croit pas avoir été légitimement assemblé, & avoir été tenu par des héretiques.

CONCILIATION, *f. f*. Ce mot n'a pas un usage fort étendu. C'est l'accord & la conformité de quelques passages de l'Ecriture, ou des Péres. (La conciliation de tous les passages de la sainte Ecriture est difficile.)

Conciliateur, f. m. Celui qui a fait des conciliations.

Concilier, v. a. Ce mot a un usage qui est plus étendu. Il veut dire acorder. Faire voir le raport & la conformité de quelques passages de l'Ecriture (Concilier les passages de l'Ecriture qui semblent contraires.)

Concilier, v. a. Il se dit aussi des choses dont on est en diférend. Acorder. (On nomma trois personnes de chaque côté pour *concilier* les articles debatus. *Maucroix, vie de Campege, p. 195*.)

Se concilier. Ce mot se dit en terme de Rétorique. C'est gagner les gens par son esprit & par ses maniéres. C'est gagner les Juges pour les obliger à écouter plus favorablement. (Se concilier la bienveillance des Juges. Se concilier la bienveillance de son auditoire. Ces façons de parler viennent du Latin, *sibi conciliare benevolentiam*. Il ne sort de vôtre bouche aucune parole qu'elle ne vous *concilie* généralement tous les esprits. S. Evremont, il a un agréement qui se *concilie* l'afection de tout le monde. *Civilité Françoise*.)

CONCIS, *concise, adj*. Du Latin *concisus*. Ce mot se dit ordinairement du stile & de la maniére de s'exprimer. Il signifie Coupé. Serré. Court. (Le stile d'Ablancourt est net, vif & concis. Il est concis dans ses harangues & n'opine que du bonnet. *Mat. Poés*.)

CONCITOIEN, *f. m*. Citoien d'une même vile. (Ils se représentoient la fortune de cét illustre personnage, leur concitoien. *Vau. Quin. l. 6. c. 9*. J'aime mieux renoncer à l'Empire que de répandre le sang de mes concitoiens. *Vaug. Quint. Curce. l. x. ch. 8*.)

CONCLAVE, *f. m*. Lieu où se renferment les Cardinaux pour faire un Pape. (Aller au Conclave. On est au Conclave.)

Conclave. Tous les Cardinaux du Conclave. (Le Conciave a fait Pape un tel Cardinal, &c.)

Conclaviste, f. m. Domestique qu'un Cardinal choisit pour le servir, & qui s'enferme avec lui dans le Conclave.

CONCLURRE, *Je conclus ; j'ay conclu ; je conclus, je conclurrai, que je conclue, que je concluse, je concluurois*. Terminer son discours en se renfermant en peu de mots ce qu'on avoit à demander. Venir à la conclusion. Faire voir le but de son discours par une conclusion qui comprenne en fort peu de mots ce qu'on avoit à demander. *Exemples*. L'Orateur doit conclurre son discours vivement & patétiquement. (Je conclus à ce qu'il plaise à la Cour condamner la partie averse aux dépens, dommages & interests. *Le Mai.*)

Conclurre. Tirer une conclusion d'une chose qu'on a avancée. Inférer une chose d'une autre. (Il a fort mal conclu son argument. De toutes les fadaises qu'il nous débitées je conclus que ce n'est qu'un fat.)

Conclurre. Se déterminer à quelque chose de particulier. Fixer son sentiment à quelque chose. Etre d'un avis qui tende directement à une chose. (Conciturre à la mort. *Alb*. Tous concluent à la question. *Vau. Quin. l. 6*. Vous voilà atrapé, il conclut tout le contraire. *Pas. l. 7*.)

Conclurre. Arrêter. Déterminer. Fixer. Ils ont conclu l'afaire. (Le traité fut conclu. *Ablancourt, Ar. Ret. l. 2. c. 2*. Conclure un mariage. *Mr. de la Rochefoucaut*.)

Concluant, concluante. Part. & adj. Qui conclut, qui prouve. (Argument concluant. Preuve concluante.)

Conclusion, f. f. C'est la fin d'un discours oratoire. Fin de quelque ouvrage d'esprit. Fin de quelque afaire. (La conclusion d'un discours oratoire doit être courte, vive & ingénieuse. Faire la conclusion d'un Roman. La conclusion de l'afaire a été malheureuse.)

Conclusion. Terme de Logique. C'est la derniere proposition d'un silogisme, par laquelle on infere quelque chose de ce qu'on a avancé dans les propositions précedentes.

Conclusion. Terme d'école de *Philosophie, de Téologie, de Droit, de Médecine*. Ce sont les sentimens du Professeur sur les matiéres qu'il enseigne. (Il est bon de savoir les conclusions de son régent. Faire ses conclusions. *Pas. l. 5*.)

Conclusion. Terme de *Palais*. Le but de l'intention de la partie qui plaide. La demande que fait l'Avocat, ou le Procureur aux Juges en faveur de sa partie. (On lui a ajugé ses conclusions.)

Conclusion. Terme de *Palais*. L'avis de l'Avocat général ou de quelque autre Officier de Justice sur une afaire intentée. (Les conclusions de Mr. l'Avocat général ont été suivies. Mr. l'Avocat général a donné ses conclusions. Prendre des conclusions contre quelcun.)

CONCOCTION, *f. f*. Ce mot est peu usité & en sa place on dit *coction*.

CONCOMBRE, *concombre, f. m*. Quelques uns disent *coucombre* mais ceux qui parlent le mieux, font pour *concombre*. Messieurs du Port-Roial, Métode Latine, traité des genres, écrivent *concombre*. Le concombre est une sorte de fruit long, qui vient sur couche, qui est couvert d'une petite peau mince & déliée, qui est jaune quand il est mûr. (Le concombre est rafraîchissant.)

Concombre. Sorte d'insecte marin qui a du raport au concombre de terre. *Rond*.

CONCOMITANCE, *f. f*. Terme d'école de Téologie. Il veut dire compagnie. Acompagnement. Union. (Le Corps & le Sang de J. Christ sont dans le S. Sacrement, & le Pere & le Fils y sont aussi par concomitance.)

CONCORDANCE, *f. f. Mot de Grammaire*. Petit rudiment avec une sintaxe, dont on se sert encore quelquefois pour instruire les enfans qui commencent à aprendre le Latin. (Savoir ses concordances.) Ce mot *concordance* signifie en particulier l'accord & la convenance qui doit être dans la construction des noms & des verbes.

Concordance. Ce mot se dit en parlant de la Bible. Livre contenant une table exacte de tous les mots de l'Ecriture sainte, & qui renvoie au livre, au chapitre & au verset où est le mot qu'on cherche.

CONCORDAT, *f. m*. Terme de *droit Canon*. Traité entre le Pape Leon dixième & le Roi François Premier, qui convintrent que les Eglises Catédrales & les Métropolitaines & les Abaïes venant à vaquer, les Chapitres, ni les Monastéres n'auroient plus droit d'élire leurs Pasteurs & qu'en cas d'en avoir un privilege particulier du Saint Siége ; mais que le Roi comme patron de toutes les Eglises de son Roïaume nommeroit ces Pasteurs, que le Pape leur donneroit les provisions sur le brevet du Roi ; que les nommes exprimeroient dans leur suplique la juste valeur du bénéfice, qu'ils auroient 27. ans, qu'ils seroient licentiez, & qu'au cas que le Majesté vint à nommer des sujets qui n'auroient pas les qualitez requises on lui donneroit un delai de trois mois pour en choisir d'autres, sinon, que le droit de nommer seroit dévolu au S. Pére. Il fut aussi arrêté que pour le regard des Monasteres & des bénéfices réguliers, sa Majesté y nommeroit des Religieux de l'ordre du Monastere, ou que la nomination seroit nule. Le concordat fut commencé à Boulogne en 1515. un peu après la bataille de Marignan. Mais il fut conclu à Rome en 1516. & accepté au nom de François Prémier par Roger de Barme son Ambassadeur. Le Roi devoit faire vérifier le concordat six mois après qu'il avoit été fait. Il alla pour cela en 1616. au Parlement, où le Chancelier du Prat aïant expliqué les intentions de sa Majesté, les Chanoines de Nôtre-Dame & les Docteurs qui s'étoient trouvez au Palais repondirent par la bouche du Cardinal de Boisi, que les afaires dont parloit le concordat ne pouvoir être terminées que dans une assemblée générale du Clergé de France. Monsieur de Lieute Avocat général remontra avec tant de vigueur que le concordat étoit contraire aux libertez de l'Eglise Gallicane & aux interests du Roïaume qu'il fut resolu qu'on n'enregistreroit point le concordat. Cependant le Roi pressa tellement la Cour qu'en 1517. le vint-deuxième de Mars, elle fut contrainte d'enregistrer le concordat ; mais elle déclara qu'on jugeroit toujours selon la pragmatique. La Cour en éfet s'opiniâtra de telle sorte à juger conformément à cette ordonnance que François Prémier, en colére de cette fermeté, obtint un bref du Saint Siége pour nommer aux bénéfices priviléegiez. Ainsi la liberté des éections fut entierement détruite en France, & elle l'a toujours été depuis.

Concordat. Ce mot se dit en Terme d'*Eglise* parmi les marguilliers, & il veut dire. Acord. Paction. Convention. (C'est un usage qui s'observe de tems immemorial & qui s'est autorisé par les concordats avec les anciens Curez. Voicz Le Martirologe de Saint Severin, *page premiére*.)

Concorde, f. f. Conformité de volonté. Union. Paix & bonne intelligence de plusieurs personnes ensemble. (Vivre dans une grande concorde.)

* CONCOURIR, *v. n*. Courir ensemble ; ce mot ne se dit pas en ce sens.

Concourir. Terme de *Philosophie*. Il se dit en parlant de Dieu & des causes secondes, & signifie. Aider de son concours.

(Dieu concourt aux actions des causes secondes.)

* *Concourir.* Aider à faire réüssir quelque personne, quelque chose. Favoriser de son crédit. (Tout concourt à son élévation.)

Concours, s. m. Foule de peuple, Multitude de gens qui se trouvent ensemble en un même lieu. (Il y avoir un grand concours de peuple.)

Concours. Terme de *Philosophie*. Secours que Dieu donne aux causes secondes afin de pouvoir agir.

CONCUBINAGE, s. m. Manière de mariage illégitime. Etat d'un homme & d'une femme qui vivent ensemble & prennent des privautez de mari, & de femme, sans être mariez. Les Loix divines & humaines défendent le concubinage. Il vivoit dans un concubinage public avec sa maîtresse. *Maucroix, schisme, l. 2.*)

Concubinaire, s. m. Ce mot se dit entre les Ecclesiastiques. C'est celui qui a une concubine. (C'est un concubinaire.)

Concubines s. f. Du Latin *concubina.* Celle qui sans être mariée avec un homme vit avec lui comme si elle étoit sa femme. (Une jolie concubine. Se défaire de sa concubine. L'Empereur de la Chine a quelquefois dans son Palais deux ou trois mile concubines. *Nouv. rel. de la Chine*, p. 308. Darius se faisoit suivre à l'armée par 365. *concubines*, & toutes en équipage de Reines. *Vau. Q. C. l. 3. c. 9.* Alexandre eut tant d'affection pour Apelles, qu'il étoit son peintre, qu'il lui donna Pancaste, la plus belle & la plus cherie de ses *concubines*, parce qu'il remarqua qu'Apelles en étoit devenu amoureux. *Durier, Supl. de Q. Cruce l. 2. ch. 6.*)

CONCUPISCENCE, s. f. Pente au mal. (La concupiscence rebelle sollicite l'ame au péché. *Pas. l. 4.* Nous avons dans nous-mêmes une corruption naturelle que l'Ecriture apelle *concupiscence*, & qui nous porte toûjours contre la Loi de Dieu. Toute la vertu du Chrétien consiste à combatre & à diminuër peu à peu la concupiscence. *S. Ciran, Théol. leçon 12.* (Au reste le mot de *concupiscence* est consacré aux matiéres de pieté.

Concupicible, adj. Terme de *Philosophie vulgaire.* (Apetit *concupicible*, c'est à dire, qui nous porte à desirer le bien, & il est oposé à l'apetit *irascible*, qui nous porte à fuïr le mal.)

CONCURRENCE, s. f. Dispute d'esprit avec quelque Savant pour obtenir quelque chose d'honorable & de profitable. Sorte de brigue que deux personnes font l'une contre l'autre pour avoir à l'envi quelque honneur, quelque ofice, ou quelque charge. (Il n'y a nulle concurrence entre eux.)

* *Concurrence*, s. f. Il se dit encore agréablement au figuré. C'est un concours plein de passion entre des personnes pour l'emporter en quelque chose les unes sur les autres. (Ce sont deux belles qui sont en concurrence de beauté. *Recüeil de piéces galantes.*)

Concurrent, s. m. Celui qui concourt pour avoir le même honneur, la même charge. (C'est un concurrent qui est à craindre. César fut heureux de se délivrer d'un concurrent aussi redoutable que Marc-Antoine. *Citri Triumvirat. T. 2. ch. 24.*)

* *Concurremment, adv.* Il ne se dit guére qu'en *pratique*, & il signifie *avec concurrence* (Les uns avec les autres ils joüiront concurremment de ce revenu.)

CONCUSSION, s. f. Exaction & vol que fait un sujet contre l'ordre & l'intention de son Souverain. (Ils avoient désolé les familles par leurs concussions. *Vau. Quin. l. 10.* Il a fait plusieurs concussions. Etre acusé de concussion. *Abl.*)

Concussionnaire, s. m. Celui qui est convaincu de concussion. (C'est un insigne concussionnaire.)

CONDANNABLE, adj. Prononcez *condannable.* Qui mérite d'être condanné à quelque peine que ce soit. (Le Parlement trouva Madame de Brinvilliers condannable, & il la condanna à avoir la tête coupée; & à être brûlée ensuite.)

* *Condannable, adj.* Ce mot signifiant *blâmable* se dit des personnes & des choses. (On procéde est condannable. Elle est condannable pour s'être trop emportée.)

Condannation. s. f. Prononcez *condannation.* Arrêt, ou sentence qui condanne une personne à quelque chose.

Condannation. Chose qui est la cause que l'on condanne. (Cela seul a fait sa condannation.)

Condannation. Acte par lequel on donne volontairement gain de cause. (Il a passé condannation là-dessus)

Condannation. Aveu qu'on fait qu'on a tort, mais cét aveu se fait souvent en riant. (Ne parlons plus de cela, je passe là dessus condannation.)

Condanner, v. a. Prononcez *condanné.* Terme de *Palais.* En Latin *condemnare.* C'est prononcer une sentence ou un arrêt contre une personne, soit à l'égard de ses biens, de son honneur, ou de sa vie. (Le Présidial a confirmé la sentence de la Prevôté & l'a condanné aux dépens du procès. Le Maréchal de Biron fut condanné par arrêt de la Cour à avoir la tête coupée. Condanner au foüet, & à la fleur de lis. Condanner à la mort & au feu.)

* *Se condanner*, v. r. Avoüer sa faute. (Je l'avoüe, j'ai failli, & je me condanne moi même.)

* *Condanner, v. a.* Blâmer. Désaprouver. Acuser de quelque défaut. (Condannerai-je la fidelité de mon Médecin. *Vau. Quin. l. 3. c. 5.* Condanner la conduite d'une personne. *M. de la Rochefoucaut.*)

* *Condanner, v. a.* Il se dit aussi, au figuré des mots & des phrases, & c'est dire qu'un mot, ou une façon de parler, ne mérite point d'être emploïée dans le langage qui a cours. (On ne se sert guére de la raison quand on condanne un mot, sans lequel on ne sçauroit raisonner. *Vaug. nouv. rem.*)

* *Condanner.* Ce mot se dit des portes & des fenêtres & veut dire les fermer tout à fait de sorte qu'on n'en tire aucun usage. (Condanner une porte, une fenêtre.)

CONDE'CENDANCE, s. f. Complaisance pour autrui. (Si nous soufrons quelque relâche c'est plutôt par condécendance que par dessein. *Ps. l. 6.*)

Condécender, v. n. Se conformer aux volontez d'autrui. S'acommoder par une honnête complaisance aux sentimens d'autrui. (Il faut condécendre aux volontez de ses supérieurs. *Arn.*)

CONDENSATION, s. f. Terme de *Philosophie.* Action de l'art, ou de la nature, qui rend un corps plus serré & plus compacte, plus dur, plus solide & plus pesant qu'il n'étoit, de sorte qu'il paroît sous une plus petite étenduë que celle qu'il avoit auparavant sans qu'on se soit aperçu qu'on en ait rien ôté. (La condensation est oposée à la rarefaction. La condensation de l'air.

Condenser, v. a. Terme de *Philosophie.* Ce mot se dit des corps & signifie resserrer, rendre plus dur & plus solide; de sorte que les corps paroissent sous une plus petite étenduë que celle qu'ils avoient auparavant, sans qu'on se soit aperçu qu'on ait rien ôté de l'étenduë qu'ils avoient auparavant. (Le froid condense l'air. L'eau se congéle, mais elle ne se condense jamais.)

CONDITION, s. f. Chose dont on convient de part & d'autre. Clause. Conventions qui se font de part & d'autre dans quelque traité. (Il traita avec ces conditions. *Abl. Ar. l. 1.* Les conditions furent jurées de part & d'autre. *Abl. Ret. l. 2. c. 2.* Faire ces conditions bonnes. *Abl.*)

Condition. Chose à observer afin qu'un écrit soit valable, & dans les formes; afin qu'une action soit de telle, ou telle façon. (Il faut favoir les conditions qui sont nécessaires pour faire qu'une action soit volontaire. *Pas. l. 4e*)

Condition. Ofre qu'on fait à quelcun pourvû qu'il s'engage à faire ce que l'on veut de lui. (J'acepte la condition qu'il m'a oferte. *Abl. Luc.*)

Condition, C'est l'état d'une personne qui sert en une maison, où elle rend service en qualité de domestique. (Exemples. Il est en une très-bonne condition. Chercher condition. Elle n'a pas encore trouvé condition. *Voi. l. 17.* Sortir d'une condition & rentrer dans une autre.)

Condition. Profession, état de vie. Etat où la fortune met une personne. (Ils ont considéré les vices auxquels on est le plus porté dans toutes sortes de conditions. *Pas. l. 6.* Il n'y a pas une condition de gens où je ne trouve quelque sujet de douter. *Voi. l. 25.* Je sai que dans la félicité où vous êtes il y aura quelques heures où vous vous ennuierez de la condition d'un banni. *Voi. l. 40.* Changer la condition des misérables. *Voi. l. 22.*)

Condition. Qualité. Le mot de condition, en ce sens, n'a point de pluriel & est moins usité que celui de qualité. (C'est un homme de condition. C'est un fat de condition, ou dit plutôt, c'est un fat de qualité.)

A condition que. C'est à dire, à la charge que. (Il leur acorda leur demande à condition qu'ils reconnoîtroient tenir le Roïaume du saint Siége.)

Conditionné, conditionnée, adj. Qui renferme quelque chose de conditionnel. (Il prit une permission conditionnée. *Maucroix. Schisme l. 4.*)

Conditionné, conditionnée, adj. Ce mot se dit entre Libraires, & en parlant de livres. Il signifie qui est en bon état, qui est tel qu'il doit être. (Ce livre est bien conditionné.) Ce mot se dit aussi de quelques autres marchandises.

Conditionnel, conditionnelle, adj. Qui renferme quelque condition. (Proposition conditionnelle. Si étant une conjonction conditionnelle veut, &c. *Voïez. Si.*)

Conditionnellement, adv. Avec condition. (Cela est couché conditionnellement dans le contrat.)

CONDOLE'ANCE, s. f. Ce mot se dit encore aujourd'hui, & n'est pas si étrange que Vaugelas le croit. (On dit *Faire des complimens de condoléance*, c'est à dire, faire un compliment à quelcun sur sa douleur; lui témoigner qu'on la partage.)

Se condouloïr, v. r. Ce mot est hors d'usage & en sa place on dit *s'afliger avec quelcun*; *Faire compliment à quelcun sur sa douleur.*

CONDUCTEUR, s. m. Celui qui conduit quelque personne. Celui qui prend soin de dresser quelcun, de l'élever en honnête homme. (C'est son conducteur. * Il a été le conducteur de sa jeunesse.)

Conduire, v. a. *Je conduis, j'ai conduit, je conduisis.* Mener. (Conduire un aveugle.)

* *Conduire.* Mener. Faire aller. (On conduit les eaux par les aqueducs, par les tuiaux de poterie)

* *Conduire.* Avoir la direction de quelque personne; l'instruire. Manier quelque afaire; lui donner le tour. Avoir soin de faire réüssir quelque entreprise. Avoir soin de la construction

CON

tion de quelque ouvrage d'Architecture, &c. (Exemples. Conduire un enfant durant sa jeunesse. Bien conduire une entreprise. *Vau. Quin. l. 4.* Il a heureusement conduit l'afaire. *A.l.* Conduire un bâtiment. *Sau.* Conduire un ouvrage d'architecture. Conduire la main de quelcun pour écrire.)

Se conduire, v. r. Aller sans que personne nous conduise, nous aide à nous conduire. (Un aveugle qui se conduit fort bien lui-même avec son bâton.)

* *Se conduire*, Se gouverner soi même. (Il est trop jeune, il n'a pas encore l'esprit de se bien conduire.)

Conduit, s. m. Aqueduc, Endroit par où coule quelque chose de liquide, Manière de petit canal. (Un conduit souterrain. *Abl.* Le conduit de l'urine. Le conduit de la salive.)

Conduite, s. f. Direction, Intendance, Maniment de quelque chose. Pouvoir de gouverner, & d'instruire quelque jeune homme (Exemples. Avoir soin de la conduite des eaux des fontaines. Avoir la conduite d'un enfant de qualité. Confier la conduite de ses enfans à un honnête homme.)

Conduite. Commandement & pouvoir de mener, de faire marcher, de conduire où l'on veut, (Il fit passer les coureurs sous la conduite d'Amintas. *Abl. Ar. l.* I. On lui donna la conduite de l'aîle gauche. *Abl.*)

Conduite. Manière d'agir d'une personne. Son procédé. Façons de faire. (Elle a une étrange conduite, On blama fort sa conduite. *Abl.*)

CÔNE, s. m. Terme de *Géometrie*. Sorte de piramide ronde qui est en forme de pain de sucre. (C'est un cône. L'ombre de la Terre forme un cône & s'étrecissant toujours, se termine en pointe. Il y a des Cônes droits & des Cônes obliques, &c.)

Conique, adj. Qui a la figure d'un cône. (Figure conique. Section conique.)

CONSTABLE, *constable.* Voiez *Connétable.*

CONFECTION, s. f. Terme d'*Apoticaire.* Il y a de plusieurs sortes de confections, mais en général la confection est un électuaire. C'est à dire, un remede interne composé de plusieurs médicamens curieusement choisis. Voyez Baudarou, l. 1. (Confection d'Alkermes, Confection d'Hiacinthes, &c.)

La confection du chile. Terme de *Medecine.* Qui signifie que le chile se fait & s'élabore.

* *Confection*. Terme de *pratique.* Ce mot qui signifie en général l'action par laquelle quelque chose se fait, se dit au Palais. (La *confection* & la clôture d'un inventaire. Travailler à la confection d'un Acte.)

CONFEDERE', *confederée*, adj. Alié. (Peuple confederé. Ville confederée.)

Confederez, s. m. Ce mot vient du Latin *confederati*. Et il signifie les Alliez. (Les confederez furent taillez en pieces. *Abl. Tac. T.* I. Faire tête à l'armée des confederez. *Eloge historique de Louis XIV.*)

Confederation, s. f. Alliance. (Cette confédération n'est faite que depuis nôtre traité. *Patru, plaidoyé 4.*)

CONFE'RENCE, s. f. Entretien qu'on a avec une, ou plusieurs personnes. Dispute de personnes savantes sur quelque matiére épineuse. Discours sur quelque doctrine. (Etre en conférence avec une personne. Entrer en conférence avec quelcun. Rompre la conférence. Faire des conférences, On a imprimé les conférences de l'Abé Bourdelot.)

Conférence. Ce mot se dit aussi en matière de literature & signifie l'action par laquelle on compare diverses choses & l'on considère le raport qu'elles ont entr'elles. (Conférence de Coûtumes, d'Ordonnances, de Manuscrits, d'Editions, &c.)

Conférer, v. a. Parler avec quelcun. Avoir conférence avec une, ou plusieurs personnes. (Après que les Généraux eurent conferé ensemble, il répondit. *Abl. Ret. l. 3. c. 1.*)

Conférer. Comparer. (Ce qui paroit beau & délicat dans la copie est froid & languissant lorsqu'il est conferé avec l'original. *Abl, Tac.*)

Conférer. Ce mot se dit des ordres & des bénéfices, & signifie donner. (Conférer les ordres à quelcun. *God.* On confera des bénéfices & des dignitez Eclesiastiques à des imposteurs. *Maucroix, schisme, l. 2.*)

Confesse. Voyez, plus bas.

CONFESSER, v. a. Avoüer. (Il confessa qu'il pouvoit être défait à coups de pierre. *Vau. Quin. l. 3. c. 4.*)

Puisque vous me forcez à *confesser* que j'aime,
Oui, ma bouche après vous va le dire à son tour,
J'aime, & ce que je sens ne peut être qu'amour.
La Suze, poësies.

Confesser. Terme d'*Eglise.* Entendre une personne en confession. Dire ses péchez à un Prêtre qui a droit de les entendre. (Il a confessé aujourd'hui 10, ou 12. personnes. Confesser ses rechutes. *Pas. l. x.*)

Se confesser, v. r. Dire ses péchez à un Prêtre qui a pouvoir de les ouïr & d'en absoudre. (Se confesser d'un peché à son confesseur ordinaire sans qu'il s'en aperçoive. *Pas. l. x.*)

† *Se confesser au Renard*, prov. C'est découvrir ses sentimens à une personne fourbe & adroite qui en fait son profit, & qui se sert de nôtre sincerité pour nous nuire.

Confesseur, s. m. Prêtre qui confesse. Prêtre qui a le pouvoir de confesser. (Un confesseur doux, commode, ordinaire. Avoir deux con esseurs, l'un pour les péchez véniels, & l'autre pour les péchez mortels. *Pas. l x.* Les Cordeliers étoient autrefois Confesseurs des Rois de France, & des plus Grands de la Cour & des Princes. Olivier Maillard, Cordelier & fameux Predicateur de son tems, étoit Confesseur de Charles VIII. & l'obligea de restituer aux Espagnols le Roussillon & la Cerdagne. *Mézerai, vie de Charles VIII.* Les Jesuites sont Confesseurs des Rois de France, que depuis Henri IV.)

Confesseur, s. m. C'est celui qui nonobstant les prisons & les tourmens a confessé constamment le nom de Jesus-Christ. On admet aujourd'hui deux sortes de Confesseurs, un *Confesseur Pontife* & un *Confesseur non Pontife.* Le Confesseur Pontife est un Saint qui a été Evêque. Le Confesseur *non Pontife* est celui qui est Saint, & qui durant sa vie a vécu fort saintement.

Confesse, s. f. Ce mot ne se dit pas seul, & signifie la déclaration qu'on fait de ses péchez à un Prêtre. (Elles sont toutes amoureuses, & ne vont point à confesse. *Toi. l. 40.*)

Confit & confés. Termes d'*Eglise*, qui se trouvent dans quelques livres du Pape, & qui veulent dire. Qui est *confessé* & repentant de ses pechez.

Confession, s. f. Aveu. (On tira cette confession de sa bouche. *Abl Ar.l. 1.c.9.*)

Confession. Terme d'*Eglise.* Déclaration de ses péchez à un Prêtre qui a droit de les entendre & d'en absoudre. (Faire une confession générale. *pas. l. x.* Entendre une personne en confession.)

Confession de foi. Terme d'*Eglise.* C'est une déclaration de ce que l'on croit en matière de Religion. C'est un denombrement des articles de sa créance. (La confession de foi des Chrétiens est contenuë dans le simbole des Apôtres. Les Simboles de Nicée, &c. de S. Athanase sont les Confessions de foi.)

La Confession d'Ausbourg. C'est la déclaration de la créance de Messieurs les Protestans, & leurs veritables sentimens en matière de Religion. Elle porte le nom d'Ausbourg, parce que ce fut dans cette ville-là qu'elle fut presentée en 1530. à l'Empereur Charles-Quint, par les Etats Protestans qui s'y étoient assemblez.

Confession. Terme de *Rétorique.* C'est une figure qui consiste à faire un libre aveu de sa faute, dans l'esperance que celui à qui l'on parle, la pardonnera.

Confessional, s. f. Maniere de chaise qui est de bois, qui est haute & couverte avec des acotoirs & une jalousie de chaque côté, contre laquelle le confesseur pose l'oreille pour ouïr les pechez de la personne qui se confesse. (Un beau confessionnal, ô mon pere ! que ces maximes attireront de gens à vos confessionnaux ! *pas. l. x*)

CONFIANCE, s. f. Esperance qu'on a soit en Dieu, ou à ses Saints. Esperance qu'on a en une personne. Assurance qu'on a de la vertu, de la probité, de l'amitié & des bonnes qualitez d'une personne, ce qui fait qu'on se fie, & qu'on se repose aveuglement en elle. Assurance qu'on a en quelque chose qui peut nous secourir & nous aider. (Exemples. Mettre sa confiance en Dieu. *Port-Royal. Pseaumes.* Elle a une entiere confiance en lui. Donner des marques de sa confiance à quelcun. *Mr. de la Rochefaucaut.* Marquer de la confiance pour quelcun. *Memoires de Mr. de L. R. F.* Prendre confiance en une personne. Mettre sa confiance en ses richesses.)

CONFIDENCE, s. f. Ce mot se dit en parlant de bénéfices. La garde d'un bénéfice qui n'est pas à nous.

Confidence, s. f. Communication de pensées entre des personnes qui sont amies. (Faire confidence à un ami. Il est quelquefois dangereux de faire confidence de ses secrets. Etre dans la confidence de quelcun.)

Confident, s m. Celui à qui on confie ses secrets & pour qui on n'a rien de caché. (C'est son cher confident.)

Confidentiaire. Ce mot se dit en parlant de bénéfices. Celui qui garde un bénéfice pour un autre. (On n'a pas tranché le mot de *confidentiaire*, mais c'est en éfet ce qu'on vouloit dire. *Patru, plaidoyé 14.*)

Confidente, s. f. Celle à qui on découvre ses secrets. (Une fidele & aimable confidente.)

Confidemment, adv. Prononcez *confidanman.* En confiance. (Dire quelque chose confidemment. *pas. l. 1.*)

CONFIER, v. a. Mettre une chose qui nous est chere à la garde d'une personne. Mettre en dépôt entre les mains de quelcun. Commettre une chose à la discretion d'une personne. (Confier son bien à quelcun. Confier un secret à un ami.)

Se confier, v. r. Faire fonds sur la bonne foi d'une personne, s'y reposer, S'assurer sur la probité & sur la bonne foi de quelcun, de sorte qu'on croit qu'il ne nous trompera pas. (Se confier à quelcun.)

CONFINER, v. n. Ce mot se dit des Terres, Provinces, Roïaumes & autres choses qui ont des bornes, & il signifie avoir des bornes qui tiennent & aboutissent à quelque terre, ou à quelque contrée. (La Champagne cosfine au Barrois. La Trace, à ce qu'on dit; *confine* à la Macedonie. *Vaug. Quint.*)

Dd

Confiner, v. a. Reléguer. Banir. Envoïer une ou plusieurs personnes demeurer dans de certains païs éloignez. (Vous me confinez parmi des bêtes sauvages qu'on ne peut aprivoiser. *Vau. Quin. l. 3. c. 1.*)

Se confiner, v. r. Se retirer en quelque lieu éloigné. (Il se va confiner aux lieux les plus cachez. *La Fontaine , Fables , l. 1.*)

Confins , f. m. Lieux qui font les bornes d'un païs , d'une contrée. (Il entra dans les confins de la Medic. *Vau. Quin. l. 5. c. 1.*)

CONFIRE , *v. a.* Je confis, tu confis, il confit, nous confisons, vous confisez , ils confisent. J'ai confi , je confis. Acommoder quelques sortes de fruits avec du sucre, avec du miel & du sucre , ou avec du miel seulement. Acommoder certain fruit avec du sel & du vinaigre. (Confire des cerises, des prunes, du verjus. Confire du pourpié au sel & au vinaigre. Confire du concombre.)

Confire. Terme de *Pelletier.* C'est confire les peaux avec de l'eau, du sel , de la farine & autres sortes de choses. (Confire une peau.)

Confis. Voiez plus bas.

CONFIRMATION , *f. f.* Assurance. Assurance nouvelle de quelque chose. Manière de ratification qui rend encore plus certain qu'on n'étoit. (On attend par le prémier courier, la confirmation de la nouvelle qu'on a déja eüe de la défaite ennemis. Pour la confirmation du traité on égorge un belier. *Abl. Ret. l. 2. c. 2.*)

Confirmation. Terme d'*Eglise.* Sacrement qui nous communique le Saint Esprit. Sacrement dans lequel l'Evêque forme le signe de la croix sur le front de l'homme batisé pour l'afermir & le fortifier dans la foi. (Jésus-Christ a institué le Sacrement de Confirmation.)

Confirmation. Terme de *Rétorique.* Endroit du discours où l'on prouve les parties de la division , & où l'on range les preuves dans un ordre capable de persuader.

* *Confirmatif, confirmative, adj.* Terme de *Palais.* Qui confirme. (Arrêt confirmatif. Sentence confirmative.)

Confirmer, v. a. Assurer de nouveau. Rendre plus certain. Etablir plus fortement & plus assurément. Rendre plus ferme , plus constant. (Le courier a confirmé la nouvelle qui court de la mort de Monsieur de Turenne. Il a confirmé par son exemple les regles de bien vivre qu'il nous a laissées. *Abl. Luc. Tom.* 3. On l'a confirmé de plus en plus dans les bons sentimens qu'il avoit pour elle. Confirmer quelqun dans la resolution qu'il a prise de bien vivre.)

Confirmer. Terme d'*Eglise.* Donner la confirmation. L'Evêque frape légérement avec la main la joüe de celui qu'il confirme pour lui aprendre qu'il doit être prêt à souffrir toutes sortes de digraces pour Jésus-Christ.

Se confirmer, v. r. Se rendre plus certain. Se rendre plus assuré, plus ferme , plus inébranlable. (La nouvelle se confirme tous les jours de la défaite des Suedois. * Se confirmer dans la foi. Se confirmer dans ses principes.)

CONFISCABLE , *adj.* Qui peut être confisqué. (Ses biens font confiscables au Roi. *Maucroix, l. 1.*)

Confiscation , f. f. Terme de *Palais.* Saisie qu'on fait de quelques biens au profit du Prince, ou de quelque Seigneur féodal. (Demander la confiscation d'un fief.)

CONFISEUR , *f. m.* Celui qui fait des confitures. (Un bon confiseur.)

CONFISQUER , *v. a.* Terme de *Palais.* Saisir & aquerir au profit du Prince , ou du Seigneur féodal. (Sous le Regne d'Edoüard le Parlement d'Angleterre confisqua toutes les richesses des Eglises au profit du Roi. *Maucroix , Schifme, l. 2.*)

Confisqué, confisquée, adj. Saisi au profit du Roi ou du Seigneur. (Ses biens font confisquez.)

† * *Confisqué , confisquée.* Ce mot se dit des personnes, & veut dire. Qu'il n'a plus de santé. Qui n'a plus de vigueur. Ruiné Perdu. (C'est un homme confisqué.)

CONFIT , *f. m.* Terme de *Pelletier.* Sorte de cave où l'on met confire des peaux de mouton , d'agneau , de liévre , &c. (Mettre les peaux au confit)

* *Confit, confite, adj.* Ce mot se dit en riant, au figuré, & signifie qui est rempli, qui est plein de quelque chose de bon & d'agréable. (Il est confit en dévotion , c'est à dire , il est plein de dévotion. Elle est confite en douceurs. (On dit aussi en mauvaise part confit en malice.)

Cet himen de tous biens comblera nos désirs,
Il sera tout confit en douceurs & plaisirs.
Mol. Tart. a. 2. Sc. 2.

Les refus ne valent rien que confits , & encore faut-il emploïer beaucoup de sucre en cette sorte de confiture pour en ôter l'amertume. *Costar. lettres T. 1. l.* 3.88.

Confitures , f. f. Assaisonnement de certains fruits qu'on fait cuire avec du sucre , ou avec du miel. Fruits qu'on assaisonne du sel & du vinaigre , ou avec du moût. (Ainsi on dit confitures au sucre. Confitures au miel, au moût , ou au sel & au vinaigre. Confitures séches , ou liquides. Faire des confitures.)

Confiturier, f. m. Celui qui fait & vend des confitures.

CONFLIT , *f. m.* Terme de *Palais.* C'est lors qu'une action est intentée devant un Juge, & qu'un autre prétend que la con-

noissance lui en est deuë préférablement à tout autre Juge. Cette contestation entre deux Juges s'apelle *conflit de jurisdiction.* (Voilà un conflit de jurisdiction entre le Juge ordinaire & la Capitainerie. *Patru, plaidoïé, 1.*)

CONFLUENT ; *f. m.* Il vient du Latin *confluens.* Prononcez *confluan.* La conjonction & le mélange de deux fleuves, ce qui se fait toutes les fois qu'un fleuve entre dans un autre. (Le confluent de deux riviéres. *Vau. Rem.*)

CONFONDRE , *v. a.* Je confonds, j'ay confondu , je confondis, je confondrai. Mêler ensemble. Brouïller de telle sorte qu'on ne reconnoisse plus. (L'âge qui toute chose éface , confond les titres , & les noms. *Voi. Poe.* Il ne faut pas confondre les droits spirituels & les temporels , ni le fait avec le droit. Il confond les deux Sénéques, ou les deux Plines, &c.)

* *Confondre.* Troubler. Mettre en desordre. Etonner. Surprendre tout à fait. Jetter dans le trouble. (Toute nôtre joïe est perdue & nôtre raison confonduë. *Voi. Poe.* Voilà qui me confond. *Mol.*)

* *Confondre.* Donner de la confusion. Faire de la honte à quelcun. Convaincre fortement. (Confondre l'auteur de quelque bruit. *Rac. Iph. a. 3. sc. 4.*)

CONFORMATION , *f. f.* Constitution & proportion naturelle de la partie. (La conformation des parties du corps.)

Conformer, v. a. Rendre conforme. (La Loi du Seigneur conforme la vie à ses instructions salutaires. *Pas.* l. 5. Conformer ses interêts aux volontez de quelcun. *Mr. de la Roche-Foucaut.*)

Se conformer , v. r. Se rendre conforme. (Se conformer aux volontez d'autrui .)

Conforme, adj. Qui a de la conformité. Qui a du raport. (Doctrine conforme à celle de nos Péres.)

Conformément , adv. Selon l'ordre prescrit. Selon la volonté. Selon ce qu'on desire. (Agir conformément aux ordres du Roi.)

Conformité f. f. Raport. Convenance. (Une conformité aparente. *Pas. l. 1.* Doctrine qui n'a nulle conformité avec celle de Décartes. La conformité d'humeurs entretient la paix dans le ménage.)

CONFORT , *conforter.* Vieux mots au lieu desquels on dit *consolation, consoler.*

Confortatif, confortative, adj. Ce mot se dit en parlant de certains remédes , & signifie , qui fortifie, qui donne de la vigueur, (Reméde confortatif.)

CONFRAIRIE , ou *confrérie , f. f.* Gens qui ont une dévotion à quelque Saint, à quelque mistére, ou à quelqu'autre chose que la Religion revere , & qui moïennant quelque peu de chose qu'ils donnent se font écrire sur le Regitre où sont tous les noms des confréres. Ce Regitre se garde à la Paroïsse , ou au lieu auquel on honore particulierement le Saint, ou la chose sainte. Et à de certains jours de l'année les confréres vont visiter ce lieu, ou cette paroïsse, & y faire leurs dévotions. (Ainsi on dit , la confrairie de saint Laurent. La confrairie du Rosaire. La confrairie de la Passion. Etre de la confrairie du S. Sacrement. Demander à être reçeu dans une confrairie. L'Evêque , dans son Diocese , peut s'oposer à l'établissement d'une confrairie , & nule confrairie ne s'établira surement sans avoir des Lettres patentes du Roi. *Fevret, Traité de l'abus, l. 2. ch. 1.*)

† * *Etre de la grande confrairie.* Ces mots se disent en riant pour marquer qu'un homme est au nombre des cocus , dont la troupe est fort nombreuse.

Confrére, f. m. Personne qui est d'une confrerie. (Un confraire fort devot.)

† * *Confrérie.* Celui qui est de même profession. Celui qui est du même corps qu'un autre. (C'est mon confrére en Apollon. *Scaron.* Les Auteurs sont à present mes confréres. *Moliére.*)

Confrére. Terme de *Pére de l'Oratoire.* C'est le Religieux de l'Oratoire qui n'est pas Pére. (Ainsi on dit , le confrére un tel est sorti. Le confrere un tel est mort.)

CONFRATERNITE' , *f. f.* C'est la même chose que la confrérie.

CONFRONTATION , *f. f.* C'est lors que le Juge présente les témoins de l'information à l'acusé pour leur faire lecture de leur déposition ; & la soutenir en face de l'acusé.

Confronter, v. a. Conférer une chose avec une autre pour voir si elle est semblable. Voir le raport qu'il y a entre la copie & l'original en les considérant l'un avec l'autre. (Confronter des écritures. Confronter des passages.)

Confronter. Terme de *Palais.* C'est lors que le Juge présente à l'acusé les témoins qui l'ont chargé par leur déposition, dont il fait faire lecture par le Greffier, afin qu'ils soutiennent à l'acusé ce qu'ils ont déposé contre lui; & que l'acusé de son côté leur réponde, demeure d'acord du fait, ou tâche à combatre la déposition. (Confronter des témoins. Confronter les témoins au criminel.)

CONFUS , *confuse adj.* Qui n'est pas distinct. Qui n'est pas net. (Miroir qui rend tout confus. Vision confuse.)

Confus , confuse , adj. Plein de trouble & de confusion. (Ils jetterent un cri confus & épouvantable. *Vau. Quin. l. 3. ch. 10.*)

Confus , confuse , adj. Celui ou celle à qui on a fait de la honte. Qui a reçeu de la confusion. (Il a été confus en pleine assemblée. *Abl.*)

Le

Le corbeau honteux & confus
Jura qu'on ne l'y prendroit plus.
La Fontaine, Fab. l. 1.)

Confusément, *adv.* Obscurément. Peu nettement. Indistinctement. (Voir les choses confusément.)

Confusible, *adj.* Terme d'*Augustin*. Ce mot se dit du Religieux qui a fait quelque faute considérable, & il veut dire, qui est libertin & qui mérite qu'on le châtie, & qu'on lui fasse confusion. (C'est un confusible.)

Confusion, *s. f.* Désordre. Trouble. (Remplir tout de confusion & de troubles. *S. Aug. Quin. l.* 3. Nôtre ame est en confusion. & toute nôtre joïe est perdue. *Voi. Poé.* Dans ces confusions d'une guerre civile avec une puissance si énorme, un brouillon est à craindre. *Pat. plaid.* 7. Les procès mettent de la confusion dans les familles. Il eût voulu mettre l'Univers en confusion. *Abl. Luc.*)

Confusion, *s. f.* Honte. (Il a une grande *confusion*, voïant que sa trahison étoit découverte. Tomber dans la confusion. J'ai une grande confusion de recevoir toûjours de vos bienfaits.)

Confusion. Terme d'*Augustin*. Faute publique qu'on fait en lisant ou en chantant. (Il a fait une confusion à Vêpres.)

† * Confusion. Quantité. (Une confusion de rubans. Il y avoit une grande confusion de peuple à l'entrée du Roi.)

Confuter, *v. a.* Ce mot est peu en usage, & en sa place on dit *refuter.*

Confutation, *s. f.* Ce mot ne se dit presque point, on se sert en sa place de celui de *refutation.*

Congé, *s. m.* Permission de s'en aller. Permission de se retirer. Ordre de se retirer, & de quitter le service qu'on rendoit. (Les soldats eurent leur congé à charge de revenir. *Abl. Ar. l. 1.* Donner le congé à un soldat. *Abl. Ret. l. 3.* Obtenir congé de son Capitaine. *Ablanc.* Donner le congé à un domestique.

Congé. Terme de *Marine.* C'est une permission que doivent prendre les Vaisseaux qui sortent des ports. (Ce *congé* s'appelle *passeport*, quand on le donne à des sujets ; *sureté* quand on le donne à des amis ; & *sauf conduit*, à l'égard des ennemis.)

Congé. Ce mot se dit à l'égard des personnes qu'on prie de se retirer d'une maison où ils avoient quelque habitude, ou quelque prétention. (Ce jeune homme recherchoit une telle fille, mais les parens lui ont donné *son congé* , & l'ont prié de n'y penser plus.) On a beau donner congé à cét écornifleur, il revient toujours.
On donne congé à un locataire, quand on lui déclare qu'on ne veut plus continuer à lui loüer quelque maison ou quelque chambre.

Congé. Adieu qu'on dit à une personne en la quitant, ou étant prêt d'aller à la campagne. (Quand on se separe d'un honnête homme , on prend civilement congé de lui. Quand on est sur le point de voyager, ou d'aller à la campagne pour un tems assez considérable , on va prendre congé des personnes de respect que l'on connoit.)

Congé d'encavement. Terme de *Commis aux caves.* C'est à dire, Permission d'encaver, c'est à dire , de mettre du vin dans la cave.

Congé. Terme de *Palais.* Réglement ou ordonnance de Juge, qui renvoie absous le défendeur , lors que le demandeur ne comparoit pas à l'assignation qu'il a fait donner au défendeur.

Congé. Terme d'*Architecture.* Quart de rond qui va d'un petit filet, ou quarré en se retirant pour gagner le nû d'une colonne d'un mur, ou d'une face. On le nomme aussi *Escape.*

Congédier, *v. a.* Licentier, Donner congé. Donner permission de se retirer. Commander de quitter le service qu'on rendoit. (Congédier des Troupes. *Ab.* Congédier un domestique. Congédier un Ambassadeur.)

Congelation, *s. m.* Terme de *Chimie.* Opération chimique qui consiste à congeler par l'air froid quelque chose de liquide, & qui a été fondu. (La congelation des graisses. *Gla. l. 1.*) La congelation du sang se fait par le froid, mais la congulation du sang se fait par d'autres causes.
Ce mot de *congelation* signifie aussi les choses congelées par le froid. (On trouve dans les Alpes des congelations de divers sucs.

Congeler, *v. a.* Terme de *Chimie.* Former en matière de gelée, par le moïen de l'air froid, quelque chose de liquide, & qui a été fondu. (Congeler les sels & les metaux. *Gla. l. 1.*)

Congestion, *s. f.* Terme de *Médecine.* Ce mot se dit d'un amas d'humeurs , qui se jettent sur quelque partie du corps, & y forment des tumeurs contre nature. Ce mot est opposé à celui de *fluxion.*

Conglutination, *s. f.* Terme de *Chimie.* Atache de deux corps par quelque chose de gluant. (La conglutination est plus forte quand on met de la cire ou de la poix-résine dans la composition.)

Conglutiner, *v. a.* Atacher deux corps avec quelque chose de gluant & de ténace. Ces deux mots ne sont guère en usage , qu'entre ceux qui travaillent en chimie.

Congratulation, *s. f.* Ce mot se dit , mais peu souvent. C'est un compliment qu'on fait à quelcun pour lui montrer qu'on prend part à son bonheur , à sa joye, & à tout ce qui lui est arrivé d'heureux.

Congratuler, *v. a.* Ce mot se dit , mais en sa place on dit plus ordinairement *feliciter quelcun.* Faire compliment à quelcun sur quelque bonheur qui lui est arrivé.

Congre, *s. m.* Poisson long & cartilagineux , qui a la peau semblable à l'anguille, & qui a la chair dure. *Rond.*

Congréganiste, *s. m.* Ce mot se dit parmi les Jésuites, & veut dire un écolier, ou un Bourgeois qui est de la Congrégation de ces Pères. (Un Congréganiste fort dévot.)

Congrégation, *s. f.* Ce mot se dit en parlant des Religieux qui suivent une règle particuliére, ou quelques points particuliers & essentiels d'une règle. Et c'est le corps des Religieux qui observent cette règle particuliére , ou quelques points principaux de cette règle. (Cette congrégation est unie à la réformation de S. Maur. *Pat. plaid. 5.*)

Congrégation de Cardinaux. C'est un certain nombre de Cardinaux choisis, ou, députez par le Pape , pour éclaircir on décider quelque affaire qui regarde l'Eglise. (C'est cette savante Congrégation qui prononce contre Monsieur........ *Patru, plaidoié 15.*)

Congrégation. Ce mot parmi les Jésuites c'est une espéce de confrairie de plusieurs écoliers, & plusieurs artisans, ou de plusieurs bourgeois qui s'assemblent ordinairement tous les Dimanches dans une chapelle chez les Jésuites , & qui toutes les fêtes de la Vierge, & tous les mois se confessent au Pére qui a le soin de la congrégation. (La congrégation des écoliers, des artisans, des bourgeois & des Messieurs. Etre de la congrégation.)

Congrégation. Salle ou chapelle où s'assemblent les congréganistes. (Aller à la congrégation.)

† Congrès, *s. m.* Terme de *Palais.* Acouplement charnel de l'homme & de la femme, ordonné par arrêt de la Cour. (Ordonner le congrès. *Le Mai.*)
Et jamais Juge entr'eux ordonnant le congrès,
De ce burlesque mot n'a sali ses arrêts.
Déproeaux, Sat. 8)

Congru, *congruë, adj.* Suffisant. (Portion congruë.)

Congru, *congruë, adj.* Qui est correct en matière de langage. (Etre congru en François.)

Congrûment, *adv.* Correctement. (Parler congrûment.)

Conjectural, *conjecturale, adj.*) Qui est tout de conjectures. Qui n'a que des conjectures. (La Médecine est une sience fort conjecturale.)

Conjecture, *s. f.* Indice capable de faire foi à l'égard d'une chose faite ou à faire. (Conjecture vraïe ou fausse. Se fonder sur des conjectures.)

Conjecturer, *v. a.* Avoir des conjectures sufisantes pour croire, ou ne pas croire. Avoir des indices & des marques raisonnables pour se déterminer à quelque sentiment. Prévoir par ses conjectures. (Je conjecture par le raport des uns & des autres, que la chose qu'on nous a dite de lui, est vraie.)

Conjoindre, *v. a.* Ce mot ne se dit presque pas, & en sa place on dit *joindre ensemble.*

Conjoint, *conjointe, adj.* Joint ensemble. Joint.

Les conjoints. Ce mot en terme de *pratique* & de *coutume*, signifie les mariez, les personnes conjointes par mariage. Les conjoints sont obligez de s'aimer ; mais sur ce chapitre peu font leur devoir.)

Conjointement, *adv.* Ensemble. (Ce droit lui apartient conjointement avec l'Abé. *Pat. plai. 4.* On le nomma conjointement pour député avec les Princes. *Mémoires de Monsieur de la Roche Foucaut.*

Conjonctif, *s. m.* Terme de *Grammaire.* Un des modes du verbe. Il est apellé *conjonctif,* parce qu'il est accompagné d'ordinaire de quelque conjonction. (Verbe qui est au conjonctif.)

Conjonction, *s. f.* Ce mot se dit en terme d'*Astrologie,* & en parlant de la Lune. C'est la rencontre de la Lune avec le Soleil sous un même degré du Zodiaque. (Cette conjonction s'apelle nouvelle Lune , & la Lune ne paroit point au tems de la conjonction. *Roh. Phi.*)

Conjonction. Terme de *Grammaire.* Il veut dire conjonctive. Particule qui lie les phrases & les périodes. (Il faut placer ingénieusement les conjonctions.)

Conjonctive, *s. f.* Terme de *Grammaire.* Conjonction. Petit mot qui lie les phrases & les périodes. (Mot lié par la conjonctive, &c.)

Conjoncture, *s. f.* C'est une certaine rencontre ; bonne ou mauvaise dans les afaires. *Van. Rem.* (Conjoncture heureuse ou malheureuse. Bonne ou mauvaise ; fatale. La conjoncture étoit tres-favorable.)

Se conjoüir, *v. r.* Ce mot est vieux & hors d'usage. On dit en sa place se réjoüir avec quelcun de quelque bonheur qui lui est arrivé. Féliciter quelcun de quelque chose d'heureux qui lui est arrivé.

Coni De. V. *Cone.*

Conjugaison, *s. f.* Terme de *Grammaire.* La manière de conjuguer. Ce mot est Latin.

Conjugal, *conjugale, adj.* Il vient du Latin. Qui est de mari & de femme. Qui regarde le mariage. (Amour conjugal. La mort ne peut éfacer l'impression sainte de l'union conjugale. *Patru, plaidoié 1.* Se donner la foi conjugale. Amour conjugal.)

CONJUGUER, v. a. Terme de *Grammaire*. C'est dire les modes & les tems d'un verbe.

CONJURATEUR, f. m. Ce mot n'est pas François, & en sa place on dit, *conjuré*, *au. rem.*

CONJURATION, f. f. Parti de plusieurs personnes unies ensemble qui se sont donné la foi pour atenter sur un Souverain, ou sur son Etat. (Une dangereuse conjuration. Découvrir une conjuration. Etoufer la conjuration.)

Conjuration. Priéres qu'on fait à une personne. (Il lui a fait mille tres-humbles conjurations. Le mot de *conjuration* en ce sens commence à n'être plus si fort en usage.)

Conjuration, f. f. C'est un éxorcisme, qui consiste à dire de certaines paroles, ou de certains vers, pour se préserver, soi ou les autres, de quelque maladie ou pour empêcher quelques événemens, & pour produire quelques éfets merveilleux & surnaturels. Ces conjurations sont défendues. *Thiers*, *Superst. ch.* 33.

Conjuré, f. m. Un de ceux qui ont conjuré. Auteur ou complice de quelque conjuration. *Vau. Rem.* (Les conjurez ont été condamnez à la mort. *Abl.*

Ouï, tous les conjurez entendront publier,
Qu'Auguste a tout apris, & veut tout oublier.
Corn. Cinna, a. 3. sc. 5.)

Conjurer, v. n. & v. a. Se donner la foi les uns aux autres. Se prêter ferment de fidélité pour éxécuter de concert quelque chose contre le Souverain, ou contre l'Etat. (Catilina avoit conjuré contre sa patrie.)

Conjurer, v. a. Conspirer, resoudre quelque chose de fatal contre quelque personne. Se liguer, se bander contre quelcun. (Les Astres ont conjuré ma perte. *Teo.* La France & l'Espagne font conjurées contre lui. *Voi. l.* 74.)

Conjurer. Prier. Suplier humblement. (Elle m'a conjuré de lui faire un Rondeau. *Voi. poë.* Je vous conjure ma chere, de vous souvenir quelquefois d'un homme qui vous adore.)

Conjurer. Terme d'*Eglise*. Chasser le Diable du corps de quelque possedé, de la part de Dieu. (Le Prêtre a conjuré le Diable de sortir du possedé.)

CONNETABLE, f. m. Le premier des Oficiers de la Couronne, & qui aprés le Roi est le Chef des armées & qui a rang immédiatement aprés les Princes du sang. (Le Connétable portoit l'épée du Roi. On lui donna l'épée de Connétable. La charge de Connétable est à présent suprimée en France.)

Madame la Connétable. La femme de Monsieur le Connétable.

Connétable, *connétablerie*, f. f. On ne dit plus que *connétablie*, & c'est ce qu'on apelle d'ordinaire la Table de marbre, qui est une Jurisdiction qui connoit de la milice civile, politique & criminelle, & qui est exercée par le Connétable & les Maréchaux de France.

CONNEXION, f. f. Liaison. Raport. (Ces matiéres n'ont ensemble aucune connexion.)

Connexité, f. f. Ce pas qu'une chose a raport à une autre.

† *Connexe*, adj. Qui a de la connexité, de la liaison & du raport avec un autre. (Ces deux afaires sont connexes.)

† CONNIN, *Connil*, f. m. On prononce *connin*, quoi qu'on écrive quelquefois ce mot par une *l* finale. Le connin est une peau de lapin. C'est aussi un lapin. V. Lapin. (Un joli connin. Un connin alerte, éveillé, fringant.) Mais ce mot de *connin* ne se dit qu'en riant, & par les ruës de Paris, où l'on crie *peaux de connin*. Hors de là, le mot d'usage est celui de *lapin*.

† *Conine*, f. f. Lapine. C'est la femelle du connin, ou lapin. Ce mot se dit très-peu. (Quand le conuin veut aler à la conine, il grate la terre & s'échaufe. *Fouilloux, Venerie, p.* 100.) Au lieu de *connine*, on dit, *lapine*, ou femelle de lapin.

† *Connin*. Terme que les nourrices disent en riant, & en rémuant les petites filles qui sont au maillot. Il veut dire *petite fille* : mais cela ne se dit qu'en riant & folâtrant. (C'est le plus beau, le plus joli & le plus mignon connin du monde.)

† *Connin*. Petite tasse qu'on porte en la poche qui est ordinairement d'argent & qui s'apelle ainsi à cause de sa forme. Le mot de *connin* en ce sens ne se dit qu'en riant, car lorsqu'on parle sérieusement on dit *Monaco*.

CONNIVENCE, f. f. Il est tiré du Latin *conniventia*, & signifie dissimulation sur quelque afaire, conduite de personnes qui feignent de ne pas voir, ce qu'elles voient fort bien. (Ce silence est peut-être une connivence véritable. *Lettres de saint Augustin.* Acuser quelcun de connivence. Les Supérieurs ont quelquefois de la connivence pour les fautes des inferieurs quand ils en retirent du profit.)

Conniver, v. n. Il vient du Latin *connivere*. C'est user de connivence. Dissimuler ce qu'on voit. Etre d'intelligence avec d'autres sur quelque chose. *Conniver* n'est pas encore tout à fait établi ; mais comme des Prédicateurs de mérite s'en servent, il y a aparance que bien des gens le voudront imiter. (Grand Dieu, il femble que vôtre bonté *connive* aux fautes des hommes, Ceux qui connivent aux crimes qu'ils pourroient empêcher en sont responsables devant Dieu.)

CONNOISSABLE, adj. Prononcez *Conessable*. Que l'on peut connoître. (De l'air qu'il est habillé, il n'est pas connoissable. Elle est devenuë si grande qu'elle n'est point connoissable. Il a une marque au visage qui le rend reconnoissable.)

CONNOISSANCE, f. f. On prononce ordinairement *conessance*. Discernement qui se fait par la vuë. Notion qu'on s'est aquise par la vuë, par l'esprit, ou par l'étude, le mot de connoissance dans ces derniers sens est figuré. (Exemple. Les connoissances se peuvent acquerir par le sens, ou par le raisonnement. *Roh. Phi.* On l'emporta dans sa tante plus mort que vif, aiant perdu toute connoissance. *Vau. Quin. l.* 3. *c.* 5. Dérober une chose à la connoissance d'une personne. *Abl. Ret. l.* 1. *c.* 9. Ils étoient estimez par la connoissance qu'ils avoient de la langue Latine. *Maucroix, Schisme l.* 2. Juger des choses par ses propres connoissances. *Monsieur de la Rochefoucaut.* Les connoissances honnêtes. C'est à dire, les belles lettres & autres choses qui embelissent l'esprit. Donner à quelcun la connoissance des plus beaux secrets de la nature. *La Chamb.* Donner à quelcun la connoissance de tous les simples.)

* *Connoissance*. Personne qu'on connoit familiérement. Personne avec qui on a été familier. Nouvelle habitude qu'on fait avec une personne qu'on a vuë autrefois. Personne qu'on connoît & qu'on fait connoître à une autre. (Monsieur un tel est un de mes anciennes connoissances. *Pas. l.* 5. Renouveler connoissance avec quelcun. *Pas. l.* 15. Faire connoissance avec quelcun. *Abl.* Je lui ai donné la connoissance de mes meilleurs amis, & il en a mal usé.)

† * *Connoissance*. f. f. Habitation charnelle. Commerce charnel. (Avoir la connoissance d'une femme.)

Connoissement. Terme de *Mer*. Ecrit par lequel le Maitre du Vaisseau confesse avoir chargé telle marchandise. On apelle aussi ce. Connoissement. *Brevet. Fourn.*

Connoisseur, f. m. Celui qui s'entend & se connoit en quelque chose. (C'est un connoisseur. La piéce n'est pas aprouvée par les connoisseurs. *Mol.* La plus-part des connoisseurs demeurent d'acord de cela. *Racine, Brit. preface.*)

Connoisseuse, f. f. Celle qui s'entend & qui se connoit en quelque chose. (Cela nous donnera le bruit de connoisseuses. *Mol.*)

Connoître, v. a. Prononcez *connaître*. Apercevoir. Voir. Distinguer quelque chose par le moien de la vuë. *Je connoi*, *j'ai connu*, *je connus*. Je connois fort bien que cette toile n'est pas blanche, que cette chemise n'est pas bien blanchie. Je ne le connoi point, car je ne l'ai jamais vû. Connoître une personne de vuë.)

Connoître. Avoir dans l'esprit une idée nette & distincte d'une chose qu'on a déja vuë. Avoir habitude avec une personne. (Exemples. Je connois la plu-part des herbes. Je connoi cinq ou six des plus beaux esprits de France. C'est un homme qui connoit tout Paris. Connêtre une personne de longue main. Connaître une personne de réputation. *Mol. Sc. a.* 3. *sc. x.*)

Connoître. Voir. Juger. Considerer. Faire des réfléxions sur soi ou sur quelque autre chose. (Cela vous aprendra à vous connoitre. *Mol.* Ils firent connoître par un acte si détestable à qui ils déclaroient la guerre. *Maucroix, schisme*, *l.* 2.)

Connoître. Ce mot se dit des hommes & des femmes, qui ont, ou qui ont eu un commerce charnel ensemble ; & il signifie avoir des privautez de mari avec une femme. (Exemple. Prenez garde mon fils, de ne connoître point d'autre femme que celle que Dieu vous aura donnée pour épouse. *Port-Royal.* Joseph n'avoit point *connu* Marie, quand elle enfanta son fils prémier-né. *Port-Royal. Nou. Test. S. Matt. ch.* 1.

Connoître. Terme de *Palais*. Etre juge de quelque afaire. (Le Roi voulut connoître de l'afaire. *Vau. Quin. l. x.*)

Connoître, v. r. Savoir vraiment qui on est, qui sont les autres. Savoir le foible & le fort des gens. S'entendre en quelque chose. Avoir des particuliéres lumières de certaines choses. (Exemples. La chose du monde la plus dificile, c'est de se bien connoître soi-même. Se connoitre en gens. Se connoitre en peinture. Se connoitre en architecture, &c.

* *Connoître*. Ce mot se joint à celui de *faire*, & alors *faire connoître quelcun*, se prenant en bonne part, signifie lui donner du nom & de la réputation.

Connu, *connuë*. Fameux, qui a du nom & de la réputation. (C'est un Auteur très-connu.)

CONOIDE, f. m. Terme de *Geométrie*. Corps qui ressemble à un Cone.

CONQUE, f. f. Coquille. (Venus étoit portée sur deux Tritons dans une coquille marine. *Abl. Luc. T.* 2.)

* *Conque*. Trompette de Triton. (Les Tritons montez sur des vieux marins enfloient deux conques marines.)

CONQUERANT, f. f. Celui qui par ces armes aquiert quelque chose de considérable sur ses ennemis. Celui qui triomphe de ses ennemis, de leurs places & de leurs païs. Un glorieux, un fameux, un célébre conquerant. Les conquerans ne peuvent pas toûjours dormir jusques à onze heures. *Voi. l.* 46.)

† * *Conquerant*. Ce mot se dit en parlant d'amour, & veut dire un jeune homme bien fait & qui par son air, par les manières & par sa bonne mine gagne le cœur des belles. (C'est

CON

(C'est un conquerant en amour.)

Conquerante, s. f. Ce mot ne se dit, ce semble, pas au propre, mais il se pourroit dire si les Dames se mêloient de ravager & d'enlever des Villes & des Provinces.

* *Conquerante*, s. f. Belle qui gagne les cœurs par ses charmantes qualitez, par sa beauté, par son grand air. (On voit marcher à ses côtez les héros & les beautez, dont vient de triompher la belle conquerante. *La Suze*. Si j'avois à revivre, je voudrois être une petite Conquerante: car la beauté a un droit naturel de commander aux hommes. *Fontenelle*, *Dialogue des morts*.

Conquerir, v. a. Je conquiers, tu conquiers, il conquiert, nous conquerons, vous conquerez, ils conquierent. Je conquerois, j'ai conquis, je conquis. Je conquerrai, que je conquiere, que je conquisse. Ce mot signifie gagner quelque chose par les armes sur ses ennemis. (Alexandre a conquis plusieurs villes & plusieurs provinces. *Abl.* Il conquit la Normandie sur les Anglois. *Patru*, plaid. 4. L'Empereur conquit en 1535. Tunis en Afrique, sur le fameux Corsaire Barberousse. *Maucroix*, vie de Camproge.)

* *Conquerir*, v. a. Gagner les cœurs, les inclinations, l'amour. (Elle n'a qu'à se faire voir pour conquerir tous les cœurs.)

Conquêt, s. m. Terme de Palais. Tout ce qu'on acquiert par son industrie, par son travail. Tout ce qui ne vient pas de succession, & qu'on a gagné à force de travail. (Les aquêts & les conquêts de leur mariage montent à dix mille francs.)

Conquête, s. f. L'Action du conquerant. (Alexandre le grand étendit fort loin ses conquêtes, & elles se firent en peu de tems.)

Conquête, s. f. Tout ce qu'on a conquis par les armes sur ses ennemis. (Conserver ses conquêtes. Perdre ses conquêtes. Faire de belles conquêtes. *Abl.*)

Conquête. Personne dont on gagne le cœur par de charmantes qualitez, comme par la beauté, par l'esprit. (Une conquête amoureuse. *Voiture*, poés. Faire une conquête en amour. Ce n'est pas d'aujourd'hui que je suis ta conquête. *Mai. poés.*
Tant qu'ils ne sont qu'Amans, nous sommes Souveraines
Et jusqu'à la *conquête* ils nous traittent de Reines.
Corn. Polieucte, a. 1. sc. 3.
Une belle ne partage avec personne l'honneur de ses contes. *Font. dial. des morts*.
En ces deux derniers exemples le mot de *conquête* signifie l'action de conquerir & de gagner les cœurs.

Conquêter, v. a. Ce mot signifie *conquerir*, mais il n'est point en usage dans le beau stile, & même il ne se dit presque pas, car il est vieux.

CONROIER, *Conroieur*. Voïez *corroier*.

CONSACRER, v. a. Mettre au rang des Dieux. (On consacroit les Empereurs après leur mort. *Abl. Apoph.*)

Consacrer, v. a. Dédier. Dévouër. (Consacrer un autel, une Eglise à quelque Saint.)

* *Consacrer*. Sacrifier. Donner tout à fait. (Consacrer son tems & la peine à des ingrats. *Abl.*)

* *Consacrer*. Rendre immortel. (Nous eussions consacré vôtre memoire à la postérité. *Voi poés*.)

Consacrer, Terme d'Eglise. Dire les paroles Sacramentales. Dire les paroles de la consecration. *Ceci est mon Corps & mon Sang*. (Le Prêtre consacre. Consacrer une hostie.)

* Se *consacrer*, v. r. Se dévouër. Se donner tout entier. Se sacrifier. (Se consacrer au service de Dieu.)

Consacré, *consacrée*, adj. Dédié. Dévoüé. Sactifié tout entier. (Autel consacré. Nom consacré à la postérité. Personne consacrée à Dieu. On dit une hostie consacrée, ou non consacrée.)

Consacré, *consacrée*. Ce terme se dit des mots & des phrases particulieres qui ne sont bonnes qu'en un certain endroit. Ces mots, par exemple, *Incarnation*, *Visitation*, sont des mots consacrez. Se *dépouïller du vieil homme*. Ces mots sont une phrase consacrée.

CONSANGUINITÉ, s. f. Parenté. (Degré de consanguinité.)
On apelle au Palais *freres consanguins* ceux qui sont nez du même Pere, & on les distingue des *freres uterins*, qui ne sont nez que d'une même mere.

CONSECRATION, s. f. Terme d'Eglise. Partie de la Messe où le Prêtre consacre & dit ces paroles *Ceci est mon corps & mon sang*. (Le Prêtre est à la consecration.)

CONSECUTIF, *Consecutive*, adj. Qui se dit des choses & des actions qui s'ensuivent immédiatement. (Il lui a donné trois coups consecutifs. Il a étudié trois jours consecutifs)

Consecutivement, adv. Ensuite. Immédiatement après. Ce mot est un peu suranné, & on ne le trouve point dans des ouvrages polis. (Il entroit d'autres personnes sur le Teâtre, en suite d'autres prenoient leur place, & ainsi consecutivement jusqu'à la fin de la ceremonie. *Le Chevalier de Terlon*, memoires, 1.part.p.569.)

CONSEIL, s. m. Avis qu'on donne, ou qu'on demande sur quelque afaire, ou sur quelque chose de conséquence. (Un bon, un salutaire, un sincére, un fidéle conseil. Donner conseil à quelcun. Il lui a donné conseil sur cela. Lors que

CON 213

les conseils sont bons, on ne doit pas regarder d'où ils viennent. Les diamans ont leur prix, mais un bon conseil n'en a point. *Aller au conseil*. Il signifie ici aller demander conseil à quelcun. Le conseil des vieillards doit conduire les jeunes gens. *Proverbe*.)

* *Conseil*. Celui qui conseille. Celui qui donne conseil & qu'on va consulter. (Monsieur un tel est son conseil.)

Conseil. Assemblée & compagnie de Juges pour décider les afaires qui sont contestées entre les parties. (Le Conseil a jugé l'afaire.)

Conseil. Lieu où est le conseil, où il s'assemble. (Aller au conseil.)
Les conseils du Roi se divisent en *Conseil d'enhaut*, en *conseil d'état*, ou *de finance*, *en ceux qu'on apelle petite & grande direction*, *en conseil des dépêches*, *& conseil des parties*.

Le *Conseil d'enhaut*, est celui où préside le Roi, & où se trouvent Monsieur le Chancelier, les Ministres d'Etat & autres personnes qu'il plaît à sa Majesté d'y apeler, & qui sont consommées dans les afaires qui s'y doivent traiter. Les arrêts de ce conseil commencent par ces mots. *Le Roi étant en son conseil*, pour faire voir la diference des arrêts des autres conseils qui ne débutent point par ces mots. *Le Roi étant*, & pour marquer la présence de sa Majesté au conseil. Les Secretaires d'état expedient les articles du conseil d'enhaut.

Le *Conseil d'état*, ou *de finance*; est celui où se traitent toutes les afaires de finance, ou qui ont raport aux finances, telles que sont les afaires des fermes & des gabelles & même des Ofices. Ce conseil se tient dans une sale au Louvre, où il y a une table au bout de laquelle est la chaise du Roi. Monsieur le Chancelier préside à ce conseil, où se trouvent le Directeur général des finances, le Controleur général des finances, les deux Intendans des finances avec les Conseillers d'Etat & les Maîtres des requêtes qui ont quelques afaire à y raporter, les quatre Secretaires de ce conseil y servent par quartier.

Le *Conseil qu'on apelle petite direction* se tient chez le Directeur général des finances, ou se rencontrent le Controleur général des finances, les deux Intendans des finances, quelques Conseillers d'Etat & les Maîtres des requêtes qui ont des afaires à y raporter, & qui y raportent debout & découverts. La *petite direction* n'est qu'un premier examen des afaires qui sont de finances, ou qui regardent les finances.

Le *Conseil qu'on apelle la grande direction* ; se tient au Louvre dans la sale du Conseil. Toute la diference qu'il y a entre *la grande direction* & le Conseil d'état ou de finance, c'est qu'en la grande direction, la chaise du Roi n'y est pas, que les Maîtres des requêtes y sont assis, & qu'ils y raportent couverts. On traite dans la direction des afaires de finances, ou qui ont raport aux finances, tout comme dans le conseil des finances excepté qu'on n'y fait aucune adjudication des fermes du Roy. Les arrêts de la grande direction s'intitulent *Extraits des régistres du conseil d'Etat du Roi*.

Le *Conseil des dépêches* se tient aujourd'hui chez le Roi, ordinairement le lundi, & autrefois le vendredi. Il est composé de sa Majesté, de Monsieur le Chancelier, des trois Ministres d'Etat, & des quatre Secretaires d'Etat. Le Roi, le Chancelier & les trois Ministres sont assis, & les quatre Secretaires debout. On traite en ce conseil, des afaires étrangeres, du rôle des Dons du Roi, & c'est proprement dans ce conseil que les Secretaires d'Etat parlent de a'aires de leur charge. Les autres jours le Roi tient conseil avec Monsieur le Chancelier & les trois Ministres d'Etat, & ils parlent des afaires d'Etat. Il y a aussi un jour en la semaine où le Roi tient conseil de finances auquel assistent ceux qu'il plaît à sa Majesté y apeller. Tout ce qui est émané de ces conseils est dit être émané du conseil d'enhaut.

Le *Conseil des parties*, est celui où préside Monsieur le Chancelier, où assistent les Conseillers d'Etat assis, & les Maîtres des requêtes debout derriéres les Conseillers d'Etat. La chaise du Roi est en ce Conseil au bout de la table, & on y traite des afaires des particuliers comme des cassations d'arrêts, évocations & autres choses à peu près de cette nature. Il y a quatre *Gréfiers de ce conseil*. Les arrêts de ce Conseil s'intitulent *Extraits des régistres du conseil privé du Roi*.

Conseil de conscience. C'est un conseil particulier où est le Roi, son Confesseur & quelques autres, & où l'on décide à qui on donnera avec justice les bénéfices vaquans qui sont à la nomination du Roi.

Le *grand Conseil*. Cour souveraine où les Conseillers ne servent que par semestre, & qui connoît des apelations de la Prevôté de l'hôtel, & principalement des bénéfices consistoriaux, & autres.

Conseil de guerre. C'est l'assemblée des principaux Oficiers de l'armée avec le Général ou Lieutenant général. C'est aussi l'assemblée de tous les Oficiers d'un Régiment. (Assembler le conseil de guerre. Tenir le conseil de guerre.)

Dd 3   Le

Le conseil en est pris. Ces mots se disent d'une afaire concluë & arrêtée.

* *La nuit porte conseil.* Proverbe, Il signifie qu'il faut penser à une afaire avant que de l'entreprendre.

Il ne prend conseil que de sa tête. C'est à dire, il ne demande avis à personne. Et, en ce sens, on disoit que la mule de Loüis XI. étoit bien forte, & qu'elle portoit le Roi & tout son conseil.

Il a bien-tôt assemblé son conseil. C'est à dire, il est prompt à prendre ses résolutions.

A nouvelle afaire nouveau conseil. On se sert de ce proverbe pour répondre à ceux qui prévoient trop de dificulté dans quelque afaire.

Un bon Général doit prendre conseil sur le champ.

CONSEILLER, s. m. Ce mot en général veut dire celui qui conseille. (Nul ne peut résister aux puissans & sur tout lors qu'un mauvais conseiller se joint à eux. *Port-Royal.* *Phédre.*

Ah ! tu me rends la vie & le sceptre à la fois,
Un sage Conseiller est le bonheur des Rois.
Corn. Pomp. a. 1. sc. 4.)

CONSEILLER, s. m. Oficier de Cour souveraine, ou de quelque Conseil d'Etat, ou de quelque jurisdiction subalterne comme de bailliage, ou de Prevôté. (Il veut faire de son fils un bon Conseiller au Parlement. Etre Conseiller d'Etat. Etre Conseiller au grand Conseil. Etre Conseiller au Bailliage. Etre Conseiller en Prevôté, &c.)

Conseiller laï. C'est un Conseiller laïque ou séculier.

Conseiller-clerc. C'est un Conseiller Ecclésiastique.

Conseiller d'honneur. C'est un Conseiller extraordinaire qui dans les compagnies souveraines précède les Conseillers ordinaires & les Maîtres des requêtes.

Conseiller honoraire. C'est un Conseiller qui a des lettres de Veteran.

Conseiller de la Seigneurie. Ce sont dix Seigneurs Vénitiens qui représentent le corps de la République de Venise avec le Doge.

† *Le Conseiller des graces.* Phrase burlesque & prétieuse pour dire *un miroir.*

† * *Le Conseiller muët dont les Dames se servent.* La Fontaine, Fables, l. 1. C'est à dire, le miroir.

CONSEILLER, v. a. Donner conseil à quelcun : Donner avis à quelcun. (On lui conseilla de se défaire de cet homme. *Abl. Ar. l. 1. c. 9.* Il est dangereux de conseiller les Grans. *Vau. Quin. l. 3.*)

† *Conseillére*, s. f. Ce mot signifie femme de Conseiller, mais il ne se dit qu'en riant & quelquefois en conversation ; quand on parle sérieusement, on dit, (Madame est femme de Monsieur le Conseiller tel, ou c'est la femme d'un Conseiller de la grand Chambre, de la prémiére, des requêtes, &c.)

CONSENTANT. Voïez *plus bas.*

CONSENTEMENT, s. m. Aquiescement. Mouvement de la volonté qui condécend à quelque chose ; qui s'acorde à ce qu'on veut. (Donner son consentement à quelcun. Refuser son consentement. Un fils émancipé, quoi que mineur, peut se marier sans le *consentement* de son pere, mais une fille, & même une veuve qui a au moins de 25. ans, ne peut contracter mariage, sans demander le *consentement* de son pere, de sa mere, ou de ses proches. *Le Mait. plaid. 2.*)

CONSENTIR, v. n. Donner son consentement à quelque chose. (Prenez garde de ne consentir jamais au péché. *Port-Royal.* On lui proposa de la mettre en liberté pourveu qu'elle consentît à passer seulement au travers du Temple. *Maucroix, schisme, l. 3.* Mon cœur trés-amoureux consent de se ranger sous vôtre empire. *Sar. poës.*)

CONSENTIR, v. a. Terme de Palais. Acorder. Aquiescer. Il a consenti mon renvoi. Pour contracter une Société, toutes les parties la doivent consentir. *Patru, plaid. 6.*

Consentement, part. Qui consent.

Consentant, consentante, adj. Qui consent. Qui condécend à tout ce qu'on veut. (Je suis consentant de tout. Elle est consentante de faire tout ce qu'on voudra.

CONSEQUENCE, s. f. Terme de *Logique.* Conclusion de quelque raisonnement. (Une conséquence mal-prouvée. Nier une conséquence.)

* *Conséquence.* Tout ce qui résulte de quelque action, ou de quelque autre chose. Tout ce qui arrive après une action faite ; tout ce qui la suit. Raport. Liaison nécessaire d'une chose avec une autre. (C'est une chose de dangereuse conséquence pour l'avenir. *Abl. Ar. l. 1.* ô que cela me plaît ! que j'en vois de belles conséquences ! *Pasc. l. 4.* Les agrémens du visage & de la taille ne tirent point à conséquence pour ceux de l'esprit.)

* *Conséquence.* Importance. Considération. (Cela est d'une extrême conséquence. *Pasc. l. 1.*)

Conséquens, s. m. Terme de *Rétorique.* Tout ce qui résulte d'une action, d'un évenement ou de quelque autre chose. (On se sert des conséquens pour prouver & pour persuader, &c.)

Par conséquent, conj. C'est pourquoi. Ainsi. (Il a l'ame grande, noble, le cœur & l'esprit bien faits, par conséquent c'est un honnête homme. Si l'on agit bien dans les afaires publiques, on ofensera les hommes ; si l'on y agit mal, on ofensera Dieu, & par conséquent on ne s'en doit point mêler. *Port-Royal, Logique, 3. p. ch. 15.*)

CONSERVATEUR, s. m. Celui qui conserve. Qui protége. Qui défend. Qui garde. Il sacrifia à Jupiter sous le titre de Conservateur. *Abl. Ar.* Les Dieux ne sont pas les Conservateurs des Romains. *Port-Royal.*

Conservateur des privileges. Oficier établi par le Roi pour avoir soin de maintenir & de garder les privileges acordez par le Roi aux Universitez, aux foires, &c.

CONSERVATION, s. f. L'action de conserver. Le soin qu'on prend de garder ce qu'on possede. (Songer à la conservation de son bien & de son honneur.)

CONSERVER, v. a. Garder avec soin. Maintenir. Avoir soin qu'on ne perde rien de ce qu'on possede. Prendre garde qu'on ne s'empare point de ce que nous avons. (Conserver ses conquêtes, *Ablancourt.* Quand on sacre les Rois de France ils jurent de maintenir la Foi Catolique & de conserver les priviléges & les libertez de l'Eglise.)

Se conserver, v. n. Se garder. Ne se point gâter. (La viande ne se conserve pas durant le grand chaud.)

Se conserver, v. r. Avoir soin de soi. Se choier. (La peur de mourir l'oblige à se conserver.)

Conserves, s. f. Espéces de lunettes qui ne grossissent pas les objets, & dont on se sert seulement pour se conserver la vuë. Le mot de conserves en ce sens est toûjours pluriel. (Des conserves vertes. De bonnes conserves.)

Conserves, ou *contregardes.* Terme de Fortifications. Piéces triangulaires paralléles aux bastions qu'elles couvrent au delà de la contrescarpe.

Conserve. Sorte de confitures qui sont faites de sucre & de pâte de fleurs, comme de violette, de jasmin, de roses, &c. (Ainsi on dit, Conserve de roses. Conserve de jasmin. Conserve séche. Conserve liquide.) Le mot de conserve en ce sens a un pluriel.

Conserve. Terme de Mer. Qui se dit des Navires qui vont de compagnie. Ainsi on dit *aller de conserve.* Pour dire aller ensemble.

CONSIDENCE, s. f. Terme de *Phisique.* Il signifie l'abaissement & l'afaissement des choses apuïées les unes sur les autres. *Perraut, Essais de Phisique.* Quand les parties de l'eau qui ont été élevées, s'abaissent pour revenir à leur niveau, on dit que c'est *considence.*

CONSIDERABLE, adj. Qui mérite d'être considéré. Remarquable. (Former un corps considérable. *Pas. l. 1.* Il est considérable à la Reine par les services qu'il lui a rendus. *Memoires de Monsieur de la Roche Foucaut.* Un évenement considérable. Trouver des ocasions considérables de servir quelcun. *Abl.*)

Considérablement, adv. D'une manière considérable. Fort. Beaucoup. Visiblement. (Il augmenta considérablement le prix des monnoies. *Maucroix, schisme, l. 1.*)

Considération, s. f. Réflexion de l'esprit sur quelque chose, ou sur quelque personne. (La considération de son mérite m'a gagné le cœur. *Sca.* Il n'y a rien dans la nature qui ne mérite une grande considération.)

* *Considération.* Importance. Conséquence. Poids & autorité. (Cela est d'une grande considération. *Voi. l. 3.* Elles se rendirent aux trente autres villes de moindre considération. *Abl. Ar. l. 1. c. 8.* C'est une autorité qui n'est pas de petite considération. *Pas. l. 5.*) On dit aussi, c'est une considération de grande considération, pour dire, c'est de l'estime pour elle, & qu'elle est en autorité.

* *Considération.* Egard. Sentiment de respect qu'on a pour des personnes, Sentimens d'estime. Certains motifs. Certaines raisons qu'on a pour faire, ou pas faire. (N'avoir aucune considération pour les gens. *Voi. l. 13.* Puisqu'elle n'a pas eu de considération pour nous, nous ne sommes pas obligez d'en avoir pour elle. *Le Comte de Bussi.*)

Considérer, v. a. Regarder avec attention. Contempler. Faire réflexion sur quelque personne, ou sur quelque chose. (On tremble quand on considére qu'il faut mourir & rendre un compte exact de ses actions.)

* *Considérer.* Avoir des sentimens d'estime & de respect pour une personne. Avoir de la considération pour quelqu'un. (On considére les gens pour leurs bonnes qualitez, & non pas pour leur naissance. On né considére guere la vertu dans ce siécle de fer. *Scar.*)

CONSIENCE, *Conscience*, s. f. Connoissance qu'on a de soi-même, & que dicte la droite raison dont les lumiéres nous font connoître ce que nous faisons de bien ou de mal. Intérieur éclairé par les lumiéres de la droite raison qui est nôtre juge. (Avoir des remords de conscience. Gouverner les consciences. *Pas. l. 5.* Troubler les consciences. *Pas. l. 5.* Parler contre sa consience. *Pas. l. 5.* Tourner & bouleverser les consiences. *Pas. l. 5.* Pénétrer dans les consciences. *Pas. l. 7.* Nôtre consience rend témoignage contre nous mêmes. *Pas. l. 7.* Trouver une chose permise en consience. *Pas. l. 7.* Tuër en sureté de conscience. *Pas. l. 7.* Avoir la conscience large.* C'est à dire, Ne pas écouter la raison qui nous dit que nous faisons mal. N'avoir nul scrupule de mal faire.

Consience,

CON   CON

Conscience. Scrupule & dificulté qu'on sent à faire, ou à dire quelque chose, parce que la raison & le bon sens y sont contraires. (Je fais conscience de la regreter. *Voi. l. 71.*)

En Conscience. En vérité, A n'en point mentir. Selon la connoissance intérieure qu'on a d'une chose. (En conscience, mon Pere, êtes-vous dans ce sentiment ? *Pas. l. 3.*)

Conscientieux, consciencieuse, adj. Qui a de la conscience. Qui a la droite raison, & qui la suit. Qui ne voudroit point faire de tort à personne. (Pour un marchand il est aussi conscientieux qu'on le peut être. C'est une dévote, elle est fort conscientieuse.)

Conscientieusement, adv. En sureté de conscience. Je ne sçai si l'on n'auroit pas moins de dépit de le voir tuer brutalement par des gens emportez , que de se sentir conscientieusement poignarder par des gens dévots. *Pas. l. 7.* Agir conscientieusement.

Consignation, s. f. Dépôt qu'on met entre les mains d'une personne commise par Justice pour cela , ou d'une personne dont on convient de part & d'autre pour recevoir ce que l'on consigne.

Consignataire, s. m. Dépositaire d'une somme consignée. Terme de pratique.

Consigner, v. a. Mettre quelque chose qu'on a consigné entre les mains du receveur des consignations ou entre celle d'une autre personne commise pour cela , ou bien entre les mains d'un particulier dont on convient. (Consigner l'argent au grefe. Consigner de l'argent entre les mains d'un Notaire, ou d'un ami.)

Consistence, s. f. Manière , ou état auquel une chose est, ou subsiste. (Je n'examine point qu'elle fut la consistence de la Monarchie sous François premier. *Patru,* plaidoyé 4. Les afaires de Rome sembloient avoir pris quelque consistence. *Talemant, Plutarque, Tome* 5.)

Consistence. Ce mot se dit en parlant de l'âge des personnes, & signifie certain tems de la vie, où l'homme demeure quelques années dans sa vigueur sans décliner visiblement. (Etre dans l'âge de consistence.)

† *Consistence.* Ce mot en parlant des personnes, & joint avec une épitete, signifie la manière dont on se porte , bonne eu mauvaise ; mais il semble un peu vieux , & bas en ce sens. (Je n'étois pas en trop bonne consistence. *Voi. l. 20.*)

Consistence. Terme d'Apoticaire. Liaison de quelque chose de liquide par le moien du feu. (Ainsi on dit Sucre cuit en consistence. Donner la consistence au Sirop.)

Consister, v. n. Etre. Etre tout à fait. Ne tendre qu'à. (La Loi de Jesus-Christ consiste à aimer Dieu & son prochain comme soi-même. *Arn.* Je me persuade que tout mon bonheur consiste à la voir seulement. *Gom. poës.* Nôtre métode de diriger l'intention consiste à se proposer pour but de ses actions , un objet permis. *Pas. l. 7.* La pureté du langage & du stile consiste aux mots , aux phrases, aux particules & en la sintaxe. *Vau. Rem.* La félicité consiste à être libre.)

Consistoire, s. m. Assemblée du Pape , & des Cardinaux pour les afaires de l'Eglise. (Le Pape est le Président de ce Consistoire , & les Cardinaux en sont les Sénateurs.)

Consistoire. Assemblée des Ministres & des Anciens pour les afaires & pour la police des Eglises de Messieurs de la Religion.

Consistorial, consistoriale, adj. Ce mot se dit en parlant de bénéfice , & veut dire. Le bénéfice que le Pape publie au consistoire , mais en France on apelle bénéfice consistorial celui dont le Roi a la nomination. (Il demanda un Indult pour les bénéfices Consistoriaux de la Bresse. *Patru,* 14. plaidoyé.)

Consistorialement, adv. En Consistoire. (Cela a été resolu consistorialement.)

Consolable, adj. Ce mot se dit de la personne afligée & de sa douleur & signifie. Qui peut être consolé. *Vau. Rem.* Elle n'est pas consolable de la mort de son galand. *Sca.*)

Consolateur, s. m. Ce mot ne se dit ordinairement qu'en termes de piété. Il veut dire celui qui console. (Jesus-Christ est le Consolateur des afligez. Jesus-Christ est l'Esprit Consolateur. *Port-Royal.*)

Consolatrice, s. f. Celle qui console. On le dit principalement en matières de piété. On dira la Vierge est la consolatrice des afligez.

Consolation, s. f. Adoucissement d'afliction. Moderation de douleur. Paroles civiles, honêtes & obligeantes qu'on emploie pour consoler une personne. (Recevoir la consolation. *Voi. l. 33.* A un si grand malheur que le mien il ne falloit pas une moindre consolation que celle que vous m'avez donnée. *Voi. l. 32.* Ce fut un grand bonheur pour moi de recevoir tant de consolation. *Voi. l 20.*)

Consoler, v. a. Donner de la consolation à quelcun. (Consoler quelcun de quelque chose. *Voi. l. 35.*

On se peut assurer
Qu'amour est équitable, & qu'enfin il console
Ceux qu'il a fait pleurer.
Malh. poës. l. 5.)

Se consoler, v. r. N'être plus tant dans l'afliction. N'être pas tout à fait si fâché. (Elle s'est aisément consolée de la mort de son vieux mari, *Sen.* Il ne se peut consoler de ne plus ouïr une personne qui raisonne si parfaitement. *Voi. l. 8.* Quelque déplaisir que je puisse avoir j'en serois bien-tôt consolé par le soin que vous prendriez de moi. *Voi. l. 16.* Vous consoliez-vous sur la gloire de vivre dans l'histoire. *Voi. poës.*)

Console, s. f. Terme d'Architecture. C'est un membre d'Architecture qui est en saillie , & qui se met aux deux côtez de la porte Jonique pour soutenir la corniche qui est au dessus. (Les consoles à droit & à gauche décendoient jusqu'au bas du chambranle. *Vitruve, abregé a. p. ch.* 1.)

Consolide, s. f. Du Latin *consolida.* Plante médécinale , qu'on apelle aussi *consoude,* ou *consire.* Il y en a de trois sortes , la grande, ou *oreille d'âne,* la petite & la royale.

Consolider, v. a. Terme de *Chirurgie* qui se dit en parlant de plaie, & veut dire Réünir. (Consolider une plaie.) On dit aussi la consolidation d'une plaie.

Consommer. v. a. Acomplir. Achever. Mettre dans sa derniere perfection. (Consommer un mariage. *Vau. Rem.*)

Consommé, consommée, adj. Acompli. (Mariage consommé. Vertu consommée, *Vau. Rem.*)

Consommé, s. m. Bouillon qui se fait de viandes délicates & nourrissantes , telles que sont le veau , le mouton , le chapon & qu'on donne aux malades pour les nourrir un peu. (Faire de bons consommez.)

Consommation, s. f. Acomplissement. Fin. (Il n'y a point eu de consommation de mariage. *Le Mai.* Seigneur, vôtre maison subsistera jusques à la consommation des siécles. *Port-Royal. Pseaume* XCIII.)

Consommation, s. f. Dissipation , ou emploi de ce qui se consume s'anéantit, se finit & se détruit. (Je crains la consommation des denrées. Les troupes soufriront après la consommation des denrées.)

Consommation, s. f. Terme d'Artillerie. C'est tout ce qui se consume dans une place , & tout ce qu'on en tire pour envoyer ailleurs. (Il y a des consommations fort considerables , comme celle de la poudre pour les salves, &c. *Instrućtion pour les gardes magazins d'Artillerie,* p. 1.)

Consomption, s. f. Ce mot vient du Latin *consumptio.* Il signifie la même chose que consommation, & se dit des mêmes choses. (Il se fait une grande consomption de vivres dans cette place. Il se fait une grande consomption de bois dans les verreries.)

* *Consomption.* Terme de *Medécin.* Ce mot se dit d'une certaine maladie de langueur , pendant laquelle tout l'humide radical se déseche jusqu'à ce que la mort s'en ensuive.

Consonance, s. f. Ce mot se dit en parlant de *Musique* & des instrumens de Musique. Il signifie la convenance de deux sons qui se mêlent avec une certaine proportion , en sorte qu'ils font un acord agréable à l'oreille. (L'union, l'Octave , la Quinte , la Quarte , &c. sont les consonances. Chaque touche principale du clavier doit faire la consonance juste. *Mer. l. 4.*)

Consonance. Ce mot se dit en parlant de stile & de langage, & veut dire Mots qui ont un raport de son à la fin , mots qui font une manière de méchante rime. (Il faut lorsqu'on écrit se gardet des consonances des mots. Par exemple, soleil & mortel font une espece de consonance qu'on doit éviter. *Vau. Rem.*)

Consonne, s. f. Terme de *Grammaire.* Lettre qui n'a nul son sans le secours de quelque voïelle. (Il y a des gens qui apellent cette sortes de lettres, consonantes.

* *Consonant, consonante,* adj. Ce mot se dit au masculin, en parlant de tons ; & il signifie *qui a de la consonance.* (Il y a des tons consonans & d'autres qui sont dissonans.)

Consors, s. f. Terme de *Palais.* Gens qui sont dans la même cause , dans le même état , dans la même afaire. (Je parle contre Pierre du Bourguet & consors. *Patru,* plaidoyé 3.)

Conspiration, s. f. Union de plusieurs personnes pour exécuter quelque chose contre quelque Etat , contre quelque Grand. (Faire une conspiration contre un Souverain. Découvrir une conspiration.)

Conspirateur, s. m. Il signifie *qui a conspiré* , mais il n'est pas encore bien établi.

(Non , jamais d'assassins, ni de conspirateurs
N'ataqueront le cours d'une si belle vie.
Corn. Cinna. a. 5. sc. 3.)

Conspiré, s. m. Il signifie la même chose que conspirateur, celui qui a conspiré. Quelques - uns préferent conspiré & cependant on ne s'en sert pas librement. (Les conspirez ont été découverts , & si on les atrape, ils seront perdus.)

Conspirer, v. a. S'unir de concert pour perdre quelque personne , quelque Grand , ou quelque Etat. Jurer la perte de quelcun, ou de quelque Etat , de quelque Royaume , &c. (Ils ont conspiré contre leur patrie. *Abl.*)

Conspirer, v. n. Ce mot se dit en parlant des moïens qui peuvent

vent faciliter le succès de quelque dessein. (Toutes choses conspirent à son avancement.)

CONSTANCE, *s. f.* Perseverance dans le bien. Vertu qui oblige à demeurer ferme dans les bonnes résolutions qu'on a prises. (Avoir de la constance. S'armer de constance. *Scar.*

Je vous promets ici que vous verrez en moi
Un exemple éternel de *constance* & de foi.
La Su[z]e, poës.)

Constant, constante, *adj.* Ce mot se dit de l'humeur & de l'esprit. Il signifie. Qui a de la perseverance. Qui a de la fermeté. Qui n'est pas leger. (C'est un amant fort constant.)

* **Constant, constante.** Ce mot se dit des choses, & il signifie. Qui est certain. *Scar.* (C'est une chose constante parmi les Philosophes que le neant n'a nulle proprieté. Rien n'est si constant que la mort.)

Constamment, *adv.* Avec constance. Avec perseverance. (Aimer constamment.)

* **Constamment**, *adv.* Certainement. (Il est constamment vrai. que le tout est plus grand que sa partie.)

Constance, *s. f.* Nom de femme. (L'Imperatrice Constance étant grosse, à la mort de l'Empereur Henri III. son époux, voulut que toutes les femmes de Palerme eussent la liberté d'entrer dans sa chambre quand elle accoucheroit. *Voi. l'histoire de Sicile.* Constance, femme de Robert Roi de France, étoit fiere & du caractere des femmes d'aujourd'hui ; car elle causoit mille chagrins à son pauvre époux.)

* **Conster**, *v. n.* Il vient du Latin, & n'est purement que de Palais, encore commence-t-il à n'avoir plus de cours. (Il *conste* que.... on dit plûtôt, il est constant, il est certain que....)

CONSTELLATION, *s. f.* Signe céleste composé de quelques étoiles proche les unes des autres. (Il y a douze principales constellations, qu'on apelle les maisons du Soleil à cause que le Soleil les parcourt toutes dans un an.)

* **Constellation.** Influence. Etoile. (Etre né sous une heureuse constellation. *Voi. l. 5.*)

CONSTER. Voiez ci-dessus.

CONSTERNATION, *s. f.* Abatement, & acablement de cœur qui rend morne, triste, abatu, & qui vient de quelque malheur. (Cét accident met la consternation dans l'armée. *Abl.* La perte d'une bataille met tout un païs dans une grande consternation.)

Consterner, *v. a.* Mettre dans la consternation. Jetter dans la consternation. (Il est fort consterné. La nouvelle de la mort de sa maitresse l'a fort consterné)

CONSTIPER, *v. a.* Resserrer le ventre. (Les néfles constipent.)

Je suis de mon amour pressé cruëllement.
Mon esprit s'en altére, & mon corps s'en *constipe.*
Scar. D. Japhnet. a. 3. sc. 4.

Constipation, *s. f.* Dureté de ventre. Dificulté à le décharger. (Les lavemens sont le remede à la constipation.)

Constipé, constipée, *adj.* Qui n'a pas le ventre libre. (Il est constipé. Elle est constipée.)

Constipé, *s. m.* Celui qui n'a pas le ventre libre. (Il a la mine d'un constipé. *Abl. Apo*)

CONSTITUANT, *s. m.* Terme de pratique. Celui qui constituë & établit. (Le *constituant* donne pouvoir. La Dame *constituante* se reserve, &c.)

Constituër, *v. a.* Etablir. Mettre. (Constituër une personne en dignité. *Ablanc.* Il a constitué un tel son Procureur. Constituër de l'argent à rente.)

Se constituër, *v. r.* Se mettre. S'établir. (Il s'est lui-même constitué juge de l'afaire.)

Constitué, constituée, *adj.* Etabli. Mis. (Personne constituée en dignité. *Vau. Rem.* Une rente constituée.)

Constitution, *s. f.* Etat. Disposition. (La constitution du corps. La constitution du Ciel. *Vaug.*)

Constitution, *s. f.* Loix. Ordonnance. (Les constitutions des Papes. Les constitutions de Justinien.)

Constitution. Terme de *Religieux*, *& de Religieuse.* Reglement. Statut. (Les constitution portent telle chose.)

Constitution. L'établissement d'une rente annuelle. (Mettre de l'argent en constitution. Avoir de bonnes constitutions)

Constitution, *s. f.* Maniere dont une chose est faite. La composition d'une chose. (La constitution de nos Opera ne sauroit guere être plus défectueuse. La constitution de nos Opera doit paroître bien extravagante à ceux qui ont le bon goût du vrai-semblable. *S. Evremont, Opera, in 4. p. 500. & 508.*)

CONSTRUIRE, *v. a.* Il vient du Latin *construere*, & il signifie. Bâtir quelque édifice. Faire quelque-bâtiment. *Je construis, nous construisons. Je construis. J'ai construit. Je construirai, construi, qu'il construise*, &c. (Construire une maison, un palais. Il falut emploïer beaucoup de tems à construire des ponts pour le passage de l'armée. *Abl. Tac.* On a commencé à construire des édifices long tems avant le Deluge. *Felibien, vie des Architectes.* Construire un vaisseau.)

Construire. Terme de *Grammaire.* Ranger selon l'ordre de la Sintaxe. (Aprendre à construire les mots, les uns avec les autres.)

Construire. Terme de *Geometrie & d'Astrologie.* (Construire une figure. Construire un problème avant que de le démontrer.)

Construction, *s. f.* Action par laquelle on construit quelque sorte de bâtiment que ce soit d'architecture, civile, militaire, ou navale. (Songer à la construction des navires. *Abl.* Une construction belle & hardie de quelque Eglise, ou de quelque Palais.)

* **Construction.** Arrangement de mots selon l'ordre de la Sintage. (Faire la construction des mots. La construction des mots doit être claire, nette, aisée & naturelle. Une construction louche.)

CONSUBSTANTIALITE', *s. f.* Ce mot est Latin. On prononce *consubstancialité*. C'est un Terme de *Téologie*, qui signifie, l'état ou la maniere d'être une même substance. (Quand l'Eglise a combatu les Ariens, elle les a acusez de nier la *consubstantialité* du Fils avec le Pere. *Lettre au P. Annat, p. 4.* Admettre la consubstantialité entre le Pere & le Fils, *la même.*)

Consubstantiel, *adj.* Terme de *Téologie.* Coëssentiel. Qui est de même substance. Le Concile de Nicée s'est servi de ce mot *consubstantiel*, pour signifier que le Fils de Dieu est d'une même Essence ou d'une même Substance que Dieu le Pere.

Consubstantiellement, *adv.* D'une maniere consubstantielle.

CONSUL, *s. m.* En Latin *Consul.* Souverain Magistrat du tems de la Republique Romaine. (Ciceron étoit un tres-vigilant Consul. Auguste Cesar se fit élire Consul par la force des armes. *Soreau, lettres de Brutus & de Ciceron.*)

Consul. Ce mot signifie *Echevin,* mais, en ce sens, il n'a guere de cours que dans la Provence & Languedoc. (On a fait un tel Consul.)

Consul. Juge à Paris qui connoit des diferens entre Marchands, & dont la charge ne dure qu'un an. (Assigner quelcun devant les Consuls.)

Consul. C'est un Agent considerable qu'un Prince, ou une République, mettent en quelques païs éloignez & particulierement en des Villes où il y a des ports de mer, & pour avoir soin des afaires du Prince, de la République, & des Marchands de la Nation dont il est. (Il y a des Consuls François dans toutes les Echelles du Levant, à Smirne, à Alep, à Alexandrie, &c. On a établi un Consul à Genes. Celui du Consul qu'on prend des attestations de tout ce qui s'est passé sur mer & entre les marchands dans les lieux, pour lesquels il s'est établi.)

Consulaire, *adj.* Ce mot se dit en parlant des Consuls Romains, & signifie ; Qui a été Consul. Qui est de Consul. (Homme consulaire. Médaille consulaire. Famille consulaire. *Abl. Tac.*)

Consulaires, *s. m.* Ceux qui ont été Consuls Romains. (Les Consulaires sont nous. Il s'assit entre deux Consulaires. *Abl. Luc. T. 1. dance.*)

Consulat, *s. m.* Dignité de Consul Romain. Le tems qu'on a été Consul. (Briguer le Consulat. Poursuivre le Consulat. *Abl.* Il se fit de grandes choses à Rome durant le Consulat de Ciceron. Auguste Cesar fit demander le Consulat, qu'il n'avoit que vingt ans ; mais, à cet âge, il ne pouvoit prétendre au Consulat, parce qu'on étoit obligé d'avoir quarante pour l'obtenir. Ciceron demanda le Consulat pour Auguste & pour lui. *Soreau, lettres de Brutus & de Ciceron.*)

Consulat. Ce mot se dit aussi de la dignité de toutes les sortes de Consuls, dont il est parlé ci-dessus.

Consultant, *part.* Qui consulte.

Consultant. Ce mot est adjectif & ne se dit proprement qu'au masculin. Il signifie celui que l'on consulte. Celui qui donne conseil. (C'est un Avocat consultant.)

Consultant. Ce mot se peut aussi dire des personnes qui demandent avis à quelques Avocats ou à quelques Médecins. (Son anti-chambre est toûjours pleine de consultans, c'est à dire de gens qui viennent pour le consulter.)

Consultation, *s. f.* Avis d'Avocats sur une afaire. Sentimens que des Avocats disent sur une afaire sur laquelle on les a consultez, que l'un d'eux fait mettre par écrit, afin d'en donner copie à la personne qui a consulté. (Consultation bien faite.)

Consultation de Medecin. Avis de Medecin sur une maladie.

Consultations. Ce mot au pluriel signifie les chambres du Palais où les Avocats consultans vont lorsqu'on les consulte sur quelque afaire. (Il est aux consultations.)

Consulter, *v. a.* Demander l'avis d'une personne sur quelque chose, quelque afaire, quelque maladie. (Consulter le Prince. *Ablancourt, Tac.* Consulter un Medecin pour une maladie. J'ai fait consulter l'afaire par trois des plus célébres Avocats du Parlement. Les Païens ne faisoient rien d'important sans consulter les Oracles. Les Indiens consultent les Astrologues. Le Sage consulte quelquefois les hommes les moins intelligens. *Morale de Confucius.*)

* On

CON   CON   217

* On dit encore *consulter ses Livres*, c'est à dire, voir ce qu'il y a sur la matière dont il est question. *Consulter ses forces, son bien*, &c. c'est examiner si l'on a assez de forces, de bien, &c. pour exécuter ce que l'on voudroit entreprendre. Cette femme *consulte* souvent *son miroir*, c'est à dire, s'y regarder souvent à quelque dessein.

Consulteur, s. m. Terme de *Capucin*. Celui qui donne avis au Général.

CONSUMER, v. a. Achever en détruisant & en anéantissant. Dissiper. Ruïner. Détruire. (Consumer son bien. *Vau. Rem.* Le tems consume toutes choses. *Abl.* Consumer ses forces. Le feu consume le bois. Les visites superfluës *consument* bien du tems. Toute la recompense de ce travail qui nous use & qui nous *consume*, c'est la simple satisfaction du peuple. *Balzac*, *Entretien* 13. Les Espagnols disent par manière de proverbe, que les Juifs *consument* leur argent en *Pâques*, les Mores en *nôces*, & les Chrétiens *en procés*.

Se consumer. Ce verbe étant réciproque a un sage assez étendu. [Exemples. Se consumer d'ennuis. *Vau. Quin.* l. 3. c. xi. Se consumer en des regrets superflus. *Abl. Luc.* Que je meure reduit en cendre & consumé d'amour. *Voi. poës.*)

CONTACT, s. m. Terme de *Physique*. En Latin *contactus*. Ce mot se dit quelquefois & signifie. Attouchement. L'état de deux corps qui se touchent. (Le *contact* de deux corps Sphériques ne se fait qu'en un point, ni celui de la tangente & de la circonférence d'un cercle.

Contagieux, *contagieuse*, adj. Qui se communique par l'attouchement, par la communication & la fréquentation. Pestilentiel. (Maladie contagieuse. *Maucroix, Schisme,* l. 2. comme sont la peste, la ladrerie, la verole, &c.)

* *Contagieux*, *contagieuse*. Qui gâte, qui corrompt les mœurs, ou l'esprit. (L'exemple est contagieux. Mr. *de la Rochefoucaut*.

   Lui seul pouvoit m'ôter le titre d'invincible
   Et je n'avois pas crû l'amour *contagieux*,
   Lors que sans y penser, je le vis dans ses yeux.
         La Suze, Elegies.)

Contagion, s. f. Ce mot signifie peste, mais il n'est pas si usité que celui de peste. (La contagion a tout desolé.)

* *Contagion*. Tout ce qui gâte & corrompt l'esprit, les mœurs, ou quelque doctrine. (La contagion ne s'étoit encore guere répandüe dans les ecoles publiques. *Maucroix, schisme,* l. 2.)

* CONTAMINER, v. a. Souiller. Ce mot ne se dit qu'à l'égard des souïlleures de l'ancienne Loi, dont il est parlé dans l'Ecriture, On dit aussi *contamination*, s. f.

CONTE. Voyez *comte*, *compte*.

Conte, s. m. Fable. Récit fabuleux. Avanture plaisamment imaginée & ingénieusement racontée, ou écrite. (Les contes de la Fontaine sont plaisans. Feu Boirobert faisoit agréablement un conte. La brèveté est l'ame du conte. *La Font. fables, préface.*)

* *Conte*. Folie. Phantaisie. Imaginations grotesques. Sotises. Vision chimérique & burlesque. (Conte jaune, bleu, violet, borgne. Conte pour rire. Conte de vieille. Conte à dormir de bout. Conte de ma mére l'oie. Conte de la cigogne. *Abl. Luc. Tom.* 3.

† * *Conte*. Créance. Espérance. (Si jamais il y remonte, comme je sai qu'il fait son conte. *Voi. poës.*)

CONTEMPLATEUR, s. m. Il vient du Latin *contemplator*. Celui qui contemple. (C'est un grand contemplateur.)

Contemplatif, *contemplative*, adj. Adonné à la contemplation. Acoutumé à contempler, à faire de profondes réflexions. (Esprit contemplatif.)

Contemplatif, s. m. Il vient du Latin. C'est celui qui contemple, qui considére, & qui a toûjours quelque chose dans l'esprit. C'est un homme qui rêve toûjours à quelque chose d'un peu abstrait. Le mot de *contemplatif* n'est pas tout à fait à la loüange de celui de qui on le dit. Ainsi ce n'est pas faire un grand éloge du Seigneur A. que dire que ce n'est qu'un contemplatif en matière de politique, j'aimerois autant dire que la politique n'est guere moins visionnaire que son mérite & sa politesse.

Nouveaux contemplatifs. Ce sont ceux qu'on apelle ordinairement *Quiétistes*, qui ont pour Patriarche le Docteur Michel Molinos, & qui sont en priant dans un perpetuël ravissement d'ame à Dieu. (Les nouveaux contemplatifs au commencement du Quiétisme n'eurent point de plus grans ennemis que les Moines Confesseurs, par ce que la plûpart des Pénitens quitoient les Moines Confesseurs pour se faire Quiétistes.)

Contemplation, s. f. Action d'esprit qui contemple quelque chose. Atachement de l'esprit qui considère quelque chose. (Etre dans la contemplation. Etre ataché à la contemplation.)

Contempler, v. a. Considerer. Regarder avec une profonde attention. (Contempler les cieux.)

CONTEMPORAIN. Cét adjectif ne se dit pas bien au féminin. Il signifie qui est du même tems qu'une autre. Qui a vécu au même tems qu'un autre. (Catulle & Cicéron étoient contemporains.)

* CONTEMPTEUR, s. m. Ce mot signifie ; Celui qui méprise, mais il est hors d'usage. *Vau. Rem.*

Contemptible, adj. Ce mot signifie. Qui est digne de mépris. Vaugelas a décidé que ce mot étoit hors d'usage. Il est vrai qu'il ne se dit guere. Il se peut pourtant rencontrer des endroits où il ne fera pas un mauvais éfet. (1 s passent ici pour les plus vils & les plus contemptiblés de tous les hommes. *Maucroix, schisme d'Angleterre, l. 3. pag. 496.*)

CONTENANCE, s. f. La capacité d'un vaisseau, l'étendue de quelque quantité. (La contenance d'un tonneau est de tant de pintes. La contenance de ce jardin est de trois arpens, de tant de toises, &c.)

* *Contenance*, s. f. La mine, l'aparance, le geste, la posture, l'air, le mouvement & la maniére de paroître d'une personne, de quelques troupes, d'une armée, &c. Le mot de *contenance* est peu vieux, & dans le discours ordinaire, on ne s'en sert guere, mais dans les sujets graves & soutenus, & principalement dans les choses de la guerre, il est encor beau & fait une belle image. (La contenance des escadrons & des bataillons parut terrible. *Abl. Ar. l.* 1. Epier la contenance des ennemis. *Abl. Ar. l.* 1. Pendant que les troupes se mettoient en bataille, il s'étoit ataché à reconnoître la contenance des Espagnols. *Relation des campagnes de Rocroi*. Je vous voyois marcher sur les précipices avec une contenance gaïe. *Voi. l. 34.* Perdre contenance. J'en vois plusieurs d'une contenance bien reformée. *Abl. Luc. T.* 2.)

Contenant, *contenante*, adj. Qui contient. (Le contenant est toûjours plus grand que le contenu.)

CONTENDANT, s. m. Celui qui conteste. Celui qui aspirant à quelque chose le dispute contre un autre. (Les deux contendans. *Mezerai*.)

CONTENIR, v. a. *Je contiens*, *j'ai contenu*, *je contins*, *je contiendrai*. Renfermer. Comprendre. (Livre qui contient l'histoire de deux ans. *Abl.* Les anciennes prisons ne pouvoient contenir les prisonniers. *Maucroix, schisme, l.* 3. La toise ne contient que six piez. Un arpent contient cent perches. Dieu vouloit faire adorer sa grandeur aux hommes en leur faisant connoître ses ouvrages & ce qu'ils contiennent. *S. Ciran.*)

* *Contenir*. Empêcher de faire quelque chose. Retenir. Arrêter. (Contenir le peuple dans le devoir. *Abl.*)

* *Se contenir*, v. r. S'empêcher de faire quelque chose. Se modérer. Se temperer. (Le pauvre garçon ne sauroit se contenir, & c'est son malheur.)

Contenu, *contenuë*, adj. Renfermé. Compris.

Contenu, s. m. Ce que contient quelque lettre, ou quelque écrit. (Le garde des sceaux à scellé les lettres dont voici le contenu, Lanturlu. *Voi. Poë.*)

CONTENT, *contente*, adj. Qui a son contentement. Satisfait. (Je suis content de tout souffrir pour la cause de Dieu. *Arn.* On est content qu'il prenne l'épée pourveu qu'elle lui donne dequoi subsister en honnête homme. Etre content de sa petite fortune. *Abl.*)

Contentement, s. m. Satisfaction. Plaisir. (Avoir un extrême contentement. Joüir d'un grand contentement. L'étude fait mon plus sensible contentement.)

Contentement passe richesse. Proverbe pour dire qu'une vie tranquille vaut mieux que de grans biens.

Contenter, v. a. Donner du contentement. Satisfaire. (Contenter une personne. Contenter sa passion, son ventre. *Abl.*)

Se contenter, v. r. Se satisfaire. (La vertu se contente de peu.)

Se contenter de quelque chose. Ces mots signifient aussi que cette chose sufit. (La nature se contente de peu. Il ne s'est pas conteté de lui avoir dit des injures, mais il l'a frapé de plusieurs coups.

CONTENTION, s. f. En Latin *contentio*. Prononcet *contancion*. Éfort de corps qu'on fait pour faire quelqu'un. Grande aplication d'esprit. Chaleur avec laquelle on dit, ou fait une chose. (De peur que la contention n'allât trop loin, il lui permit de les séparer. *Abl. Apo. page* 215. Il y a en cela trop de contention d'esprit. Parler avec contention. Feu Gautier plaidoit avec une éfroiable contention.)

Contentieux, *contentieuse*, adj. Plein de débat, & de contestations, (Justice contentieuse. La Jurisdiction contentieuse est celle qui s'exerce par l'autorité du Magistrat. *Fevret, de l'abus, l. 2. ch.* 1.) Voi *Jurisdiction*.

CONTER. Voyez *Compter*.

Conter, v. a. Raconter. Dire. Faire le récit de quelque chose. (Conter agréablement une avanture, une historiette.)

* *Conter des sornettes*, *conter des fagots*. C'est à dire, conter des choses incroyables & inutiles. On dit dans ce même sens, il *nous en a bien conté*, quand il nous a fait le récit de son voyage.)

* *S'en faire conter*. C'est se faire cajoler par un amant.
   (Eve aima mieux pour s'en faire conter
   Prêter l'oreille aux fleurettes du Diable
   Que d'être femme & ne pas coqueter.
       Sar. poës.)

CONTESTATION, s. f. Débat. (Former une contestation à quelcun. *patru*, *plaidoyé* 5.) C'est aussi un Terme de Palais. Et c'est quand on a fourni de défenses, &

E e   qu'il

qu'il y a réglément sur les demandes & les défences des parties.

Conteste, *s. f.* Il signifie *contestation*, mais il n'est pas d'usage. (Ils ont tous les jours quelque *conteste*, dites, ils ont quelque contestation, quelque dispute, quelque débat ou quelque maniere de querelle sur quelque chose.)

Contestable, *adj.* Qui peut être contesté. (C'est un fait contestable. Ce droit est si clair qu'il n'est pas contestable.)

Contester, *v. a.* Débattre. Disputer. (Contester la couronne à un Roi. *Alb. Ar.* l.2, c.2. Contester le pas à quelcun. On lui conteste la qualité d'heritier.

Conteur, *s. m.* Celui qui aime à faire des contes. Diseur de rien. (Je vieillis puisque je suis content de fleuvrettes. *Sca. Let.* C'est un conteur auquel il ne faut pas ajouter de foi.)

Contexture, *s. f.* Ce mot vient du Latin *contextura*. Il signifie la disposition & l'arrangement des parties de quelque corps. (On ne sçauroit assez admirer la *contexture* des fibres, du cerveau, &c.)

Contigu, *contiguë*, *adj.* En Latin *contiguus*. Ce mot se dit des choses qui sont si proches les unes des autres qu'elles se joignent & se touchent. (Nôtre maison est contiguë à la sienne. Ces deux Etats sont contigus. Ce sont des choses contiguës. On l'établit Gouverneur des peuples contigus à cette Province. *Vaug. Q. Curce*, *l. x. ch. x.*)

Contiguité, *s. f.* Voisinage, ou proximité de deux choses qui se touchent, & qui sont tellement jointes qu'on ne voit rien entre-deux. (La contiguité de ces deux maisons a été la cause qu'elles ont péri par une même incendie.)

Continence, *s. f.* Vertu qui nous fait abstenir des voluptez & des plaisirs défendus. (Alexandre surpassa en continence tous les Rois. *Vaug. Quin.* l.3. c.12. Vivre dans une grande continence. *Arn.* Ils trouvoient insupportable le joug de la continence. *Maucroix, schisme*, l.3.)

Continent, *continente*, *adj.* Qui s'abstient. Qui se modere. Qui s'empêche de quelque volupté défendue. (C'est un homme fort continent. Mais ce mot n'est pas fort usité en ce sens, & ne peut entrer que dans des discours de piété, & encore fort rarement.

Continent, *s. m.* Terme de *Géographie*. Ce qui contient plusieurs grandes terres jointes ensemble. (L'Asie, l'Afrique & l'Europe sont trois grans Continens, mais le plus grand de tous, c'est l'Asie. On rencontre les Iles, avant que d'entrer dans le Continent de l'Amerique.)

Contingent, *contingente*, *adj.* Casuel, incertain, qui peut arriver, ou n'arriver pas. C'est un *Terme de Philosophie*. (Tous les evenemens humains sont contingens. *Port-Royal. Logique.*)

Contingence, *s. f.* Casualité. Incertitude de quelque évenement. (Cela n'empêche pas la concingence. *Port-Royal.*)

Contingent, *s. m.* Ce mot se dit des parties d'une chose qui regardent plusieurs personnes en commun. C'est la portion qui peut convenir à chacun. (Il a payé son contingent de l'imposition qui a été faite. Il a eu tant pour son contingent en cette succession. Les Princes & les Villes d'Alemagne doivent fournir tant d'hommes, tant de minutions & tant de deniers pour leur contigent.)

Continuation, *s. f.* Suite d'une chose commencée. (La continuation d'un Roman. La continuation d'une guerre.)

Continu, *continuë*, *adj.* Ce mot est un Terme de *Philosophie*. Qui se dit de la quantité. (On la distingue en *quantité discrete*, qui est le nombre, & en *quantité continuë*, qui est l'étenduë.) Il se dit de ce qui se fait sans aucune interruption. (Le mouvement des Planetes est reglé & continu, & il se dit principalement en parlant de fiévre & veut dire; Qui n'a point, ou tres-peu d'interruption. Il est mort d'une fiévre continuë.)

† *A la continuë*, *adv.* Par la suite du tems. A la longueur. (A la continuë l'amour est un tourment. *Benserade, Rondeaux.*)

Continuel, *continuelle*, *adj.* Qui est assidu. Qui ne cesse point, ou qui cesse tres-peu. (Travail continuel. Pluie continuelle. Peine continuelle. A quelque degré de justice que nous soions parvenus, nous avons besoin d'une continuelle assistance de Dieu. *S. Ciran, Théol. leçon* 12.)

Continuellement, *adv.* Toûjours. Incessamment. (Ils sont continuellement mêlez les uns avec les autres. *Pas. l. 1.*)

Continuer, *v. a.* Persister. Demeurer sans une interruption fort sensible. Etre sans discontinuation en quelque état. (Je continuë à avoir un peu de santé & de fortune. *Voi.* l.25. Comme je continuai à me plaindre il en fut touché. *pas. l. 5.*)

Continuer. Prolonger le tems de quelque Oficier en charge au delà du terme ordinaire. (On a continué le Prevôt des Marchands de Paris. On a continué le Recteur de l'Université. Continuer les Echevins.)

Continuateur, *s. m.* Ce mot se dit peu, & il signifie seulement celui qui a continué quelque ouvrage. (Bzovius a été le Continuateur de Baronius.)

Continuité, *s. f.* Terme de *Philosophie*. Suite & liaison des parties. La continuation d'un corps dans toute son étenduë.

(Les anciens attribuoient l'élevation de l'eau dans les pompes à l'amour de la *continuité* & à la crainte du vuide, parce que la pesanteur de l'air, qui en est la véritable cause, ne leur étoit pas connuë.)

Solution de continuité. Terme de *Chirurgiens*, par lesquelles ils expriment l'ouverture des plaies, laquelle interromt la suite & la liaison des parties extérieures du corps. (Les Ombres ne craignent point la solution de continuité. *Lettre de Marot, sur l'arrivée de Lulli aux Champs Elisées*, p. 34.)

† **Contondant**, *contondante*, *adj.* Du Latin *contundens*. Ce mot n'est en usage qu'entre les *Chirurgiens*, qui dans leurs raports disent qu'une personne a été meurtrie avec un instrument *contondant*, c'est à dire, qui froisse & ne coupe pas, comme un marteau, une massuë, un bâton, &c.

Contorsion, *s. f.* Mouvement du corps acompagné de postures peu agréables. (Faire des contorsions.)

Contour, *s. m.* Circuit. Tout ce qui entoure. (Le contour d'une fortification. Les contours d'une figure.)

† *Vaste contour*. Le monde.

(Dans ce grand & *vaste contour*,
Il n'est rien qui soit sans amour. *Val. poës.*)

Contours. Terme de *Peinture & de Sculpture*. Lignes réelles, ou imaginaires qui entourent un corps & qui en font la superficie. (Les contours d'un corps. De beaux contours. Contours bien prononcez.

Contourner, *v. a.* Terme de *Peinture & de Sculpture*. Faire les contours d'un corps. (Contourner une figure. *Depiles, conversations de peinture.*)

Contourné, *contournée*, *adj.* Terme de *Blason*. Il signifie tourné à gauche. (Animal contourné. Casque contourné ; ce qui est une marque de moindre Noblesse.)

Contract. Voïez *Contrat*.

Contract, *s. m.* Terme de *Grammaire Gréque*. Qui abrege quelque silabe. (Déclinaison contracte.)

Contracter, *v. a.* Celui qui contracte. Qui passe un contrat devant Notaire. (L'acte demeure entre les mains de quelcun des contractans. *Patru, plaidoyé*, 6.)

Contracter, *v. a.* S'obliger par contrat devant Notaire. (Un mineur ne peut valablement contracter. *Le Mai.*)

Contracter. Se dit des choses qu'on acquiert à force de faire souvent, & signifie. Se former. Prendre. (Contracter une mauvaise habitude.)

Contracter. Faire. Etablir. (Contracter aliance, *Abl.* Contracter mariage. *God.*)

Contraction, *s. f.* C'est le mot se dit en parlant de nerfs & veut dire l'action du nerf qui se retire.

Contraction. Terme de *Grammaire Gréque*. C'est un abregement de silabes.

Contractuel, *contractuëlle*, *adj.* Qui est de contrat. Qui est stipulé par contrat. (Substitution contractuëlle. *Patru, plaidoye* 12.)

† **Contracture**, *s. f.* Terme d'*Architecture*. Il se dit du rétrecissement des colonnes.

† **Contradicteur**, *s. m.* Terme de *Palais*. Celui qui a droit de contredire. (Une légitime contradicteur.) Hors delà, ce mot n'est pas en usage.

Contradiction, *s. f.* Contrarieté. Choses qui se contredisent. (Acorder des contradictions aparentes. *Pas. l.6.* Ces choses impliquent contradiction.)

† On dit d'une personne qui aime à contredire, c'est un *esprit de contradiction*.

Contradictoires, *s. m.* Terme de *Philosophie*. Sortes d'oposez qui consistent dans un terme & dans la simple négation de ce terme. (Comme *vois*, & *ne vois pas. Port-Royal, Logique*, 3. *partie*, c. 17. Il est impossible que deux propositions contradictoires soient vraies en même-tems.)

Contradictoire, *adj.* Terme de *Palais*. Ce qui est prononcé par le Juge à l'audience sur une afaire en présence des parties qui plaident. (Il est condanné par arrêt contradictoire. *Le Mai.*)

Contradictoirement, *adv.* Terme de *Philosophie*. D'une maniere contradictoire. (Ces propositions sont contradictoirement oposées.)

Contradictoirement, *adv.* Terme de *Palais*. En présence des parties. (Arrêt rendu contradictoirement. *Le Mai.*)

† **Contraignable**, *adj.* Terme de *pratique*. Qui peut être contraint selon les regles de la Justice. Les femmes qui sont en puissance de mari, les Septuagenaires, les Prêtres & les Diacres ne sont point *contraignables* par corps. (Hors delà ce mot n'est pas en usage.)

Contraindre, *v. a.* Je contrains, j'ai contraint, je contraignis, je contraindrai ; je contraigne, je contraignisse, contraignant. Forcer. Obliger par force ou par nécessité. (La pauvreté le contraignit de faire encore la campagne. Contraindre une personne par corps. *Patru, plaidoyé* 9. Contraindre une ville à se rendre.

Contraindre. Etre dans un état contraire à son panchant. Gêner. N'être pas dans un état libre, mais forcé & peu naturel. (L'étude le contraint fort.)

* *Se contraindre*. Se forcer. Se violenter. Faire avec une repugnance qui ne soit pas visible. Etre dans un état contraire à sa pente naturelle. Etre d'une maniere qui n'ait rien de libre

CON CON

libre, mais qui soit forcée, génée & peu naturelle. (Il se contraint pour être contraindre. *Gon. epi.* On se contraint devant les Dames & les personnes de qualité.)

Contraint, contrainte, adj. Forcé. Obligé. (Il est contraint de travailler pour gagner sa vie.)

* *Contraint*, contrainte, adj. Géné. Qui ne peut agir librement. Qui n'est pas naturel. Forcé. (Il est fort contraint avec les personnes de qualité. Ce vers est un peu contraint. Son stile est contraint. Son geste est contraint. Avoir un air contraint.)

Contrainte, s. f. Violence. Force ou nécessité qui oblige à faire, ou à céder. (Il a fait ce contrat par contrainte.)

Contrainte par corps, s. f. Terme de Pratique. Jugement par lequel il est dit qu'un homme sera mis prisonnier. (On a obtenu une contrainte contre lui. Les contraintes par corps ne peuvent avoir lieu que pour les dépens, lors qu'ils montent deux cens livres & au dessus, *Voi l'Ordonnance de Loüis XIV.* elle marque pour quel cas on peut exercer la contrainte par corps.)

* *Contrainte*. Etat gênant & contraignant. Etat qui violente un peu ; qui est contre la pente naturelle d'une personne. Manière forcée & peu naturelle. (Il est dans une furieuse contrainte. La contrainte est grande en cette maison-là.)

CONTRAIRE, adj. Oposé. Qui empêche. Qui nuit. Qui est ennemi, (Avoir le vent contraire. La fortune lui a toûjours été contraire. Les excès sont contraires à la santé.)

Contraire, s. m. Chose contraire. Manière d'agir oposée. (Croire le contraire. Savoir le contraire. La Bizarrerie toûjours vient m'ofrir le contraire, *Depreaux, Satire 2.* Le contraire seroit un prodige. *Maucroix, Schisme, l.3.*)

Contraires, s. m. Terme de *Philosophie.* Sortes d'oposez. (Comme le froid & le chaud, sain & malade. *Port-Royal, Logique, 3. partie, c.17.*)

Au contraire, adv. Au préjudice. (Elle cassa tous les actes rendus au contraire. *Maucroix, schisme, l.2.*)

Au contraire, adv. Bien loin de cela. (Ne rendez point mal pour mal, mais au contraire benissez ceux qui vous maudisent. *Port-Royal, Nouveau Testament.*)

Contrarier, v. a. Contredire une personne sur ses sentimens ; lui être oposé. (C'est un fat qui se plaît à contrarier tout le monde

Il en vient jusque-là de se méconnoître
De *contrarier* tout & de faire le maître.
Mol. Tart. a. 1. sc. 1.

Contrariant, part. & adj. (Esprit contrariant. Humeur contrariante.)

Contrarieté, s. f. Oposition. Choses contraires. (Une contrarieté grossière, visible, manifeste. Acorder des contrarietez, *Pas. l.6.*)

† CONTRASTE, s. m. Contrarieté de sentiment. Contestation. (La Chambre est partagée, il y a grand *contraste* entre les Juges.)

Contraste, s. m. Brouilleries qu'on a avec quelcun. (De fâcheux contrastes. D'ennuieux contrastes.

Reservez ce front tranquille
Pour les divorces qu'amenent
Ces *contrastes* douloureux.
Deshoul. poës. p.202.)

Contraste, s. m. Terme de *Peinture & de sculpture.* C'est une diversité dans la disposition des objets, & des membres des figures. (Par exemple, si dans un groupe de trois figures l'une se fait voir par devant , l'autre par derriere & la troisiéme par le côté , on dira qu'il y a du *contraste*. *Depiles*.)

Contraster, v. a. Terme de *Peinture & de Sculpture.* Varier les actions & les dispositions des figures. *Contraster* se dit aussi d'une figure lorsque dans son attitude les membres sont oposez les uns aux autres, qu'ils se croisent , ou qu'ils se portent de diferens côtez. (Cette figure est bien contrastée. *Depiles.*]

CONTRAT, s. m. Acte qui se passe devant Notaires, & qui se fait entre-deux , ou plusieurs parties qui s'obligent respectivement à quelque chose. (Un contrat de vente. Un contrat de donation. Faire un contrat. Passer un contrat, Dresser un contrat.)

CONTRAVENTION, *Contrevention*, s. f. Quoi que *contrevention* soit plus doux, il n'est pas en usage, & on ne dit que *conravention*, qui est l'action de la personne qui contrevient à quelque chose ; qui ne satisfait pas à son devoir , à sa parole, aux Loix, aux Coûtumes, &c. (C'est une manifeste contravention à l'Ordonnance. *Le Mait.* On apelle comme d'abus quand il y a *contravention* aux Saints Conciles & aux Anciens Canons. La contravention donne lieu à l'appel comme d'abus. *Fevret , Traité de l'abus, l.1. ch.1.*)

CONTRE. Proposition adversative qui régit l'accusatif. (Les Juges sont homicides s'ils sont mourir un innocent contre les Loix. *Pas. L.14.*)

† *Contre*. Cette préposition se met au lieu de la préposition *auprès.* (Dorilas *contre* qui j'étois a été de mon avis. *Mol.*]

Contre, s. m. Tout ce qui fait contre quelque sujet. Tout ce qui est contraire à quelque chose , & qui la combat [L'O-

rateur doit savoir le *pour* & le *contre*. Diré le *pour* & le *contre.*]

CONTRE-AMIRAL, s. m. Oficier de Mer qui commande l'arriére-garde, ou la derniere division d'une Flote.

CONTRE-APROCHES, s. m. Pluriel. Terme de guerre. Ce sont des lignes , ou des travaux que font les assiégez , quand ils viennent par des tranchées rencontrer les lignes d'attaque des assiégeans.

CONTREBALANCER, v. a. Egaler avec des poids.

* *Contrebalancer*. Egaler. Entrer en comparaison. Se comparer. (Cette perte ne peut contrebalancer le profit qui vient du revenu. Vous jugerez si des actes de cette nature peuvent contrebalancer trois ou quatre actes d'une foi irréprochable. *Patru , plaidoyé, 15.* Il voulut contrebalancer sa perte par la prise d'une ville, Hist. de Loüis XIV.)

CONTREBANDE, s. f. Ce mot se dit des marchandises, & veut dire , Marchandise dont on trafique contre les défenses expresses du Souverain. (C'est de la marchandise de contrebande. Les Vaisseaux étoient chargez de marchandises de contrebande. *Abl. Marmol. T. 1.*)

CONTREBATERIE, s. f. Baterie oposée à une autre. (Dresser une contrebaterie.)

* *Contrebaterie*, s. f. Ce mot au figuré signifie tout ce qu'on fait pour empêcher que celui qui nous est contraire ne nous fasse point de tort & ne nuise à nos desseins. (Il faisoit cela pour ralentir les efforts du Pape & dresser une contrebaterie dans les Etats. *Mezeray , Hist. de Fr. vie de Pepin.*)

CONTRECARRER, v. a. Contrefaire avec mépris , & avec fierté les actions de quelcun afin de lui faire dépit. Rabatre l'orgueil. Mortifier. (Il voulut faire ces nouvelles troupes pour *contrecarrer* les vieilles. *Vau. Quin. l.x. c.1.* Dés ce soir je veux pour le *contrecarrer* vous marier tous deux. *Mol.*)

CONTRECHANGE, s. m. Change mutuël que de part & d'autre on fait par contrat , ou par traité. (Faire un contrechange.)

CONTRESCHARMES, s. m. Charmes contraires. (Se servir de contrescharmes.)

CONTRECOEUR, s. m. La partie de la cheminée où l'on met une plaque , que s'étend entre les deux jambes & qui prend dépuis l'âtre jusques au commencement du tuïau de la cheminée. (Il est noir comme le contrecœur de la cheminée.)

A contrecoeur, adv. Avec répugnance. (Faire une chose à contrecœur. Avoir une chose à contrecœur.)

CONTRE-COUP, s. m. C'est un coup qui répond à celui qu'on a receu ou qu'on s'est donné. (Un contre-coup à la tête est dangereux.)

* *Contre-coup*, s. m. Ce mot se dit aussi au figuré. (J'ai senti jusqu'au fond de mon ame le *contre-coup* de vôtre douleur, *Costar , lettres , T.1. l.200.* c'est à dire , j'ai pris part à vôtre douleur, j'ai ressenti tous vos déplaisirs.)

CONTREDIRE, v. a. Je contredi, tu contredis, il contredit, nous contredisons, vous contredisez , ils contredisent. Je contredisois. J'ai contredit. Je contredirai. Contredisant. S'oposer à ce qu'un autre dit. Combatre ce que dit une personne. Ataquer. S'oposer. (Contredire une vérité. *Maucroix, schisme, l.1.*

C'est le Roi nôtre Sire,
Il ne faut pas le contredire.
Benser. Rond.

Je n'avois pas la hardiesse de contredire à des gens qui sont si vénérables. *Abl. Luc. T. 1. Icaromenipe, p.196.*)

Contredire. Terme de *Palais*. Réfuter. Détruire. (Contredire une production.)

Se contredire, v. r. Se couper en ses discours. Dire ou écrire des choses oposées les unes aux autres.

Contredisant, contredisante, adj. Qui aime à contredire. Qui contredit. (Les humeurs contredisantes sont incommodes & desagréables. *Port-Royal, Logique, 3. partie, c.19.*)

Contredit, s. m. Contestation, Dispute, Débat. (C'étoit sans contredit le premier du Roïaume. *Maucroix, schisme, l.2.*)

Contredit. Réfutation. (Cette piéce n'a point besoin d'autre contredit. *Patru , plaidoyé, 15.*)

Contredits, s. m. Terme de Palais. Ecritures par lesquelles on contredit les pièces produites par la partie adverse. (Des contredits bien-faits. Fournir de contredits.)

CONTRE'E, s. f. Région. Païs. Province. Etenduë de païs qui à ses bornes & ses limites qui la distinguent d'un autre païs, ou d'une autre région. (Ravager une contrée.)

De contrée en contrée, adv. De région en région. De païs en païs. (Aller de contrée en contrée.)

CONTREFAIRE, v. a. Je contrefais, je contrefis, j'ai contrefait, je contreferai. Représenter les manières de quelcun. Imiter. (Moliére contrefaisoit divinement les Tartuffes. Contrefaire l'écriture de quelcun. On est dit qu'il ne contrefaisoit pas le furieux. *Abl. Luc. T. 1. dance.*)

Contrefaire, v. a. Il se dit des Livres , & veut dire imprimer de nouveau un livre qu'on se devroit pas imprimer , parce que celui qui l'a fait imprimer , en a le droit , ou le privilège. (Le Libraire qui fait imprimer les ouvrages du bonhomme V. est heureux, car il est seur qu'on ne les lui contrefera jamais.)

* *Se contrefaire*, v. r. Dissimuler. Feindre. (Il est bien-tôt las de se contrefaire, Scar.)

Contrefait, *contrefaite*, adj. Imité. Bien répresenté. (Seing contrefait. Ecriture contrefaite.) On dit encore. Ce Livre a été contrefait.

Contrefait, *contrefaite*, adj. Diforme. Malfait. (Elle est laide & contrefaite.

Contre-fenêtre, s. f. Double fenêtre. Contre-vent. V. *Contre-vent*.

Contre fort, ou *Eperon*, s. m. C'est un mur contre-boutant, servant d'apui à un mur qui est chargé d'une terrasse ou d'un rampart. (Il faut faire des contreforts , ou éperons bien liez avec le mur qui soutient les terres , à la distance de deux toises l'un de l'autre. V.

CONTREFUGUE. Terme de *Musique*. Sorte d'éco qu'on fait en musique. Contr'imitation de chant. V. *Fugue*.

CONTREGARDES, Voiez *Conserves*. On les apèle aussi *Envelopes*.

Contre-garde, s. m. Terme de *Monoie*. C'est le nom d'un Oficier qui tient le registre des matieres qu'on aporte à la monnoie, pour les fondre.

Contre-haliers, s. m. Ustencile de cuisine. Ce sont de grands chenets , qui ont plusieurs crampons, sur lesquels on peut mettre plusieurs broches.

Contre-jour, s. m. Jour , ou lumière qui n'est pas propre à faire paroître quelque chose avantageusement. Jour qui donne sur un tableau ou sur côté une de celui dont lequel il a été peint. (Le contre-jour ôte beaucoup de la beauté d'un tableau.)

CONTRELATES, s. f. Terme de *Couvreur*. Lates qu'on met de haut en bas contre les chevrons pour entretenir les lates.

Contrelater, v. a. Mettre des contrelates.

CONTRE-LETTRE , s. f. Lettre contraire à celle qu'on a écrite.

Contre-lignes. V. *Contrevalation*.

CONTRE MAÎTRE , s. m. Terme de *Mer*. Celui qui commande sur l'avant d'un vaisseau. Fourn.

CONTRE-MANDEMENT, s. m. Un ordre contraire à celui qu'on avoit donné. (Donner un contre-mandement.)

CONTRE-MARCHE , s. f. Terme de *Guerre*. C'est une des parties des évolutions militaires. Il y a deux sortes de contre-marche , l'une qui se fait par files , & l'autre par rangs. La *contre-marche par files* est un changement de la face d'un bataillon , *& la contre-marche par rangs*, c'est le changement des aîles d'un bataillon. On fut obligé de faire la contre-marche.

CONTRE-MARQUE , s. f. Sorte de marque qu'on met pour empêcher quelque tromperie.

Contremarquer, v. a. Mettre la contremarque. (Il est marqué & contremarqué.)

Contre-marque, s. f. Terme de *Manège*. En parlant de chevaux, il se prend dans un sens tout différent de l'autre , car il se dit d'une fausse marque, & l'on dit d'un cheval qui est contremarqué, c'est à dire , que ses dents ont été creusées adroitement, & qu'il y a une fausse marque dans le creux, pour faire croire qu'il n'a pas encore sept ans.

CONTRE-MINE , s. f. Mine contraire , & qui sert à éventer & à empêcher la mine. Ceux qu'on fait autour des murailles des bastions & des boulevards pour empêcher l'éfet de la mine des assiégeans.

Contreminer, v. a. Faire des contre-mines. (Contreminer une place.)

* *Contre-mine*. Ce mot au figuré signifie la même chose que *contre-baterie* pris dans le sens figuré.

Contremineur, s. m. Celui qui fait des contre-mines.

† CONTRE-MONT. Vers le haut de quelque Fleuve. Aller contre-mont.

A Contremont, adv. En remontant un Fleuve. (Aller à contremont.)

CONTRE-MUR , s. m. Mur double. Petit mur qu'on fait contre un plus grand pour le fortifier. (Faire un contremur.)

Contremurer, v. a. Faire un contremur. (La coûtume oblige à contremurer les fosses d'un privé, les atres, &c.)

Contre-ordre, s. m. Contre-mandement. Voiez.

† *Contre peser*, v. a. Peser autant qu'une autre chose, soit au propre, soit au figuré.

CONTREPIE' , s. m. Tout le contraire. (Il faut prendre le contrepié de tout ce qu'il dit.)

CON TREPOIDS , s. m. Tout ce qui contrebalance les poids de quelque machine. (Les contrepoids d'un Horloge.)

Contrepoids. Terme de *Danceur de corde*. Sorte de moïenne perche bien planée, longue de 9. ou 10. piez, & garnies de fer par les deux bouts, qu'on tient avec les mains lors qu'on dance sur la corde, pour contrebalancer le poids du corps.

Contre-poids de tourne-broche. Gros morceau de pierre , qui avec le balancier sert à régler le tourne-broche. (Mettre le contrepoids.)

* *Contrepoids*. Balancement. (Ce défaut fait un grand contrepoids aux belles dispositions qu'il a. L'avarice sert quelquefois de contrepoids à la cruauté des barbares, Bouhours, Aubusson, l. 2.)

A CONTREPOIL , adv. Terme de *Barbier*. D'un sens contraire à celui qui est naturel & ordinaire. (Raser à contre-poil.)

CONTREPOINTE , &c. Voiez *Courte-pointe*, &c.

CONTRE-POISON , s. m. Tout ce qui empêche l'éfet du poison , & qu'on prend ou qu'on donne lors qu'on est empoisonné. (Donner du contrepoison. Prendre du contrepoison. Ablancourt.)

† *Contre-porte*, s. f. Une seconde porte qu'on fait pour se mieux défendre contre l'ennemi. C'est aussi une seconde porte qu'on fait pour se défendre du vent. On la fait souvent en partie d'étofe.

CONTREPORTER , v. a. C'est aller vendre sa marchandise en la portant chez les Bourgeois , chez quelques Marchands , ou chez quelques autres ouvriers qui en ont besoin. (Par les Statuts de plusieurs métiers, il est défendu de contreporter.)

Contre-porteur, s. m. Ce mot se dit entre plusieurs sortes d'ouvriers, comme entre les Corroieurs & les Cordonniers. C'est le corroieur qui contre les statuts de son métier va porter & annoncer sa marchandise chez les Cordonniers.

CONTREPREUVI , s. f. Terme de *Graveur*. Epreuve tirée sur une épreuve fraîche. (Faire une contrépreuve.)

Contrépreuver, v. a. Terme de *Graveur*. Tirer une épreuve sur une autre épreuve , lors que cette autre épreuve est encore toute fraîche.

CONTREQUILLE , s. f. Terme de *Mer*. Longue pièce de bois égale & oposée à la quille. On l'apèle aussi *carlingue*, ou *escarlingue*.

CONTREQUEUE *d'aronde*, s. f. Terme de *Fortification*. C'est un ouvrage de dehors , plus large du côté de la place que de celui de la campagne.

CONTRERONDES , s. f. C'est une seconde ronde qu'on fait autour des murailles d'une ville , pour voir si les sentinelles font leur devoir.

CONTRE-SANGLOT , s. m. Terme de *Sellier*. C'est un bout de corroie de cuir cloüée à l'arçon de la selle , pour y attacher la sangle.

CONTRESCARPE , s. f. Terme de *Fortification*. Ligne qui termine le fossé du côté de la campagne.

Contrescarper, v. a. Faire une contrescarpe.

CONTRESEL. Terme de *Chancelerie*. Petit sceau aposé à côté du grand sceau.

Contreseler, v. a. Aposer le contresel. (Contreséler des patentes.)

CONTRE-SENS , s. m. Sens contraire. Autre sens. Autre sorte de maniere. (C'est un contre-sens. Un fer froté d'aimant attire un autre fer , mais il perd cette vertu , lors qu'il est froté à contre-sens. Roh-phi.)

* *Contre-sens*, adv. Tout au contraire de ce qu'il faut. (Loüer à contre-sens. Mol.)

CONTRE-SEING, ou *contre-sein*, s. m. Petit seing que l'on met à côté , au ou dessous d'un autre seing. (Aposer le contre-seing.)

CONTRESIGNER , v. a. Faire un petit seing à côté , ou au bas d'un autre seing. (Le papier est signé du Roi, & contresigné par un Secretaire d'Etat. (Contresigner une bulle.)

CONTRESPALIER , s. m. Terme de *Jardinier*. C'est la plate bande oposée à l'espalier. (On ne fait presque plus de contr'espaliers.)

CONTRETEMS , s. m. Action contraire à ce qu'une personne adroite devoit faire. Défaut de conduite en une rencontre particulière. Action qu'on fait mal à propos , & sans avoir bien pris ses mesures. (Il a fait un étrange contretems.)

A contre-tems, adv. Mal à propos. (Faire tout à contre-tems.)

Contretems. Terme de *Dance*. Pas qui coupe la mesure. (Faire un contretems de bonne grace.) Ce mot se dit aussi au *Manège* & par les *Maîtres d'Armes*.

CONTRETIRER , v. a. Terme de *Peinture*. Prendre les mêmes traits. (Contretirer un destein, un tableau, &c.)

Contretirer, terme d'*Imprimerie*. V. *Contr'épreuver*.

CONTREVAIRE'. Terme de *Blason*. C'est lors qu'une figure d'azur de fer, touché de son bord ou de son pié une autre figure d'azur. (Il porte vairé, & contre-vairé. Col.)

Il y a quantité d'autres termes de Blason qui commencent par ce mot *contre*. On les peut voir dans les Livres de Blason.

CONTRE-VALATION , s. f. Terme de *Guerre*. Lignes pour se défendre contre les sorties de la ville assiegée. (La contrevalation est achevée. Faire des lignes de contre-valation.)

CONTREVENIR , v. n. Aller au contraire de ce qui est ordonné. (Contrevenir aux ordres de l'Empereur. Abl. Le Roi fit punir sévèrement ceux qui contrevinrent à ses ordres. Choisi. Hist. du Roi Jean, l. 1.)

Contrevenant, s. m. Celui qui contrevient. (Il y a quelque peine pour le contrevenant.)

CONTREVENTS , s. f. Grands volets de bois qu'on met par dehors , & qu'on ferme sur les vitres. On les apèle contrevents , parce qu'ils défendent contre le vent. (Fermer les contrevents.)

Contre-verité, s. f. Satire fine , en prose ou en vers , où l'on se moque d'une personne , lui attribuant des qualitez que visiblement elle n'a pas. (D'ingénieuses contre-veritez. Chapelle & Bachaumont ont fait d'agréables , de jolies , de plaisantes & de piquantes contre-veritez.)

CONTRE

CON. CON.

Contre-visite, *s. f.* Terme de *Commis aux caves*. Visite double afin de surprendre les cabartiers. La Justice ordonne des contre-visites quand on croit qu'il y a eu de l'erreur dans les premières. Les Juges de Police font aussi des contre-visites.

Contribuable, *adj.* Sujet à contribution. (Païs contribuable. Vilage contribuable.)

Contribuer, *v. a.* Donner, Aider de sa bourse, de son crédit ou de quelque autre manière. (Mr. Davaux contribua beaucoup à la fortune de voiture.)

Contribuër. Païer des contributions. (La partie de la Champagne qui confine au Barrois, contribuoit autrefois à Luxembourg.)

Contribution, *s. f.* Ce qu'on païe aux ennemis pour être exemt de pillage & d'autres malheurs de la guerre. (Païer de grosses contributions.)

† **Contrister**, *v. a.* Afliger. (Son ame a été fort contristée. *Voi. l.* 58.)

† **Contrit**, *contrite*, *adj.* Ce mot se dit proprement en termes de dévotion. Il vient du Latin d'Eglise. Il signifie avoir de la douleur de ses fautes. (Être contrit de ses péchez. *Pas.* 14. Seigneur ne rejettez pas un cœur contrit & percé de douleur. *Port-Royal. Pseaume* 50.

Tu ne te plais, Seigneur, à d'autres sacrifices,
Qu'à ceux d'un cœur contrit.
Poëte anonime, Pseaume..

† **Contrit**, *contrite*. Ce mot se dit quelquefois en riant, & signifie être fâché de quelque chose. (Le pauvre garçon est tout contrit de la mort de sa maîtresse. Avoir l'ame contrite. *Sar. poe.*)

Contrition, *s. f.* Terme de *Téologie*. En Latin d'Eglise *contritio* Prononcez *contricion*. Douleur sincere de ses péchez, acompagnée d'un parfait amour de Dieu. (Une véritable & sincere contrition. Faire un acte de contrition.)

Contrerôle, *s. m.* Terme de *Gabelle*. Examen du reçu de quelque Commis. Commission pour être contrerôleur. (On lui a donné un contrôle.)

Contrôle, Terme de Sergent. Témoignage de celui qui consolé pour le Roi, & qui verifie que l'exploit est valable, car sans le contrôle, l'exploit est nul.

Contrôler, *v. a.* Verifier le reçu d'un commis. Voir & examiner les comptes de quelque Oficier qui manie quelque chose.

Contrôler. Terme de Sergent. Certifier qu'un exploit est valable. (Contrôler un exploit.)

† * **Contrôler**. Trouver à redire. (Taisez-vous ignorante, ce n'est pas à vous à contrôler les gens. *Mol.* Contrôler les actions des Dieux. *Abl. Luc. T.* I.)

Contrôleur, *s. m.* Il y a de plusieurs sortes de contrôleurs; mais en général ce mot signifie celui qui tient registre de ce qu'un particulier reçoit. Il signifie aussi celui qui examine les comptes d'un autre. Celui qui voit, qui examine si ce qu'on fait est bien, s'il n'y a rien qui manque. (Contrôleur général. Contrôleur des guerres. Contrôleur de l'artillerie. Contrôleur des vivres.)

Contrôleur des portes. Terme de *Comédien*. C'est celui qui est commis à la distribution des billets de contrôle pour placer les gens qui se présentent pour ouïr la Comédie.

† * **Contrôleur**. Qui trouve à redire à quelque chose. Qui reprend volontiers.

Contr'ordre, *s. m.* Ordre contraire à celui qu'on avoit donné.

Controverse, *s. f.* Discours où l'on parle sur quelque point contestez entre les Catholiques Romains & les gens de la Religion. (Faire la controverse.)

Controversé, *controversée*, *adj.* Qui est en dispute. Qui est contesté. (Lieux de l'Écriture controversez. Matière controversée.)

Controversiste, *s. m.* Qui a écrit de la controverse. Qui a prêché la controverse. (Les Cardinaux Bellarmin & du Perron ont été de grands controversistes. On a aussi vû de petits controversistes. Le bon homme Jean de Beauvais a 600. livres de pension tous les ans, bien païées, du Clergé, pour être controversiste. Un docte, savant, habile, subtil & éloquent controversiste.)

Controuver, *v. a.* C'est inventer, feindre & imaginer quelque chose. *Controuver* semble sinon à quelques personnes, & ils sont dificulté de s'en servir. Cependant d'autres, & avec raison, disent qu'on s'en peut servir quelque fois dans un stile historique, & que *controuver des mensonges* est tres-bien dit. *Vaug. nouv. rem.*

Contumace, *contumace*, *s. f.* Quelques-uns disent *coutumace*, mais mal. Il vient du Latin *contumacia*. La *contumace* est un terme de *Palais*, qui signifie le defaut que fait la personne criminelle que l'on a interpellée de comparoître. (Juger par contumace. Condamner par contumace.)

Contumacé, *contumacée*, *adj.* Jugé par contumace. (Il a été contumacé.)

† **Contus**, *contuse*, *adj.* Ce mot vient du Latin *contusus*, & signifie meurtri par quelque coup, ou par quelque chose qu'il a reçu. *Contus* ne se dit d'ordinaire que parmi les Chirurgiens & Médecins. (Cela est tout contus.)

Contusion, *s. f.* Meurtrissure qui se fait en la chair & aux muscles, lors que par la chûte, ou le choc de quelque chose pesante, les chairs, & les parties les plus profondes sont froissées sans que la peau soit blessée, ni paroisse endommagée. Une petite contusion.

Convaincre, *v. a.* Je convains, j'ay convaincu, je convainquis, je convaincrai, je convainque, que je convainquisse, je convaincrois. C'est faire voir clairement que le crime dont on accuse quelcun est vrai. Faire voir, montrer sensiblement les défauts d'une personne. (On l'a convaincu d'ignorance. Être convaincu de la fausseté de quelque doctrine. *Pas. l.* 4.)

Convainquant, *part.* Qui convaint.

* **Convaincant**, *convaincante*, *adj.* Qui est fort. Qui est puissant pour convaincre l'esprit, & pour persuader. (Une preuve convaincante. *Patru, plaid.* 13.)

Convalécence, *s. f.* Rétablissement & recouvrement de santé lors que les corps étant consumez par les maladies reprennent leur première vigueur. (Être en parfaite convalécence. Retourner en convalécence. *Abl. ar. l.* 2. *c.*3.)
Oui je vais à Madame annoncer par avance,
La part que vous prenez en sa *convalécence*.
Mol. Tart. a. 1. *sc.* 4.)

Convaléscent, *s. m.* Qui commence à se mieux porter. Qui est sorti de maladie, & qui commence à reprendre ses forces. (Il est convaléscent.)

Convenable, *adj.* Propre. Nécessaire. Qui convient. Tel qu'il faut. (Cela est convenable au bien de l'État. *Memoires de Mr. la R. F.* Ils n'avoient pas encore mis tout l'ordre convenable à leurs afaires. *Mauc. Sch. l.* 2.)

Convenance, *s. f.* Raport. (Quelle convenance y eût-il eu entre l'ofrande & celui qui la recevoit. *God. prières.* Il est ingénieux à trouver des convenances. *Mauc. Préface sur les Homelies de Chrisostome.*)

Convenir, *v. n. pas.* Je conviens, je suis convenu ; je conviens, je conviendrai. Quadrer. Être propre à quelque chose. (Convenir au sujet. *Pas. l.* 5. Des mœurs si rudes & si grossieres convenoient à la République qui se formoit. *S. Evr. Génie du peuple Romain. ch.* 1. Il m'ofrit quelques choses qui ne me convenoient pas. *Pas. l.* 5. Il y a bien des raisons pour montrer que la souveraine félicité ne convient pas à Epicure. *Abl. Luc. Tome* 2. *Parasite.*)

Convenir. Tomber d'acord avec quelcun d'une chose. (Convenir d'un biais avec quelcun *Mem. d. l. Rochef.* Convenir d'un fait. Convenir de la verité. Convenir d'arbitres, d'experts. Convenir de prix. Convenir des conditions d'un acord.)

Convent V. Couvent.

† **Conventicule**, *s. m.* Assemblée secrette d'une partie de Moines d'un Convent, pour faire quelque brigue, pour quelque élection, &c.

Convention, *s. f.* Ce dont on convient avec quelcun sur quelque afaire. Condition qu'on fait avec une personne. Acord. (Les conventions de leur Contrat de mariage sont telles. *Le Mai.* Faire une convention avec quelcun.)

Conventuel, *conventuelle*, *adj.* Qui est de convent, (Prieur conventuel. Messe conventuelle.)

Convergent, *convergente*, *adj.* Ce mot est Latin, & c'est un terme de *Dioptrique*, qui se dit des raïons de lumière, qui aprés avoir soufert refraction en passant dans un milieu plus épais, s'aprochent de leur centre, & de la perpendiculaire. (Les verres convexes rendent les raïons *convergens*, mais les concaves rendent *divergens*.)

Convers, *s. m.* Terme de *Bernardin & de quelques autres Religieux*. C'est celui à qui on a donné l'habit de Religieux pour être domestique. (Il n'est que convers. C'est un frère convers.)

Religieux. C'est celui à qui on a donné l'habit de Religieux pour être domestique. Il n'est que convers. C'est un frère convers.

Converse, *s. f.* Sœur Religieuse. Fille à qui on a donné l'habit de Religieuse pour être en qualité de domestique. (Elle est sœur converse.)

Conversable, *adj.* Avec qui on peut converser. (Il me semble que dans le monde, il n'y a plus de personnes conversables. *Voi. l.* 8. Un honnête homme se rend conversable.)

Conversation, *s. f.* Entretien familier avec une ou plusieurs personnes. Conversation polie, galante, enjouée, gaillarde. éveillée, agréable, douce, charmante, aimable, divertissante, spirituelle, ingénieuse, amoureuse, savante, libre, utile, sérieuse, ennuieuse, fatigante, désagréable, importune, incommode. Une conversation qui dure trop, ennuie. On doit aimer la conversation, c'est le bien de la société, c'est par elle que les amitiez se commencent & se conservent. La conversation met en œuvre les talens de la nature & les polit. Elle épure & redresse l'esprit, & elle est le grand Livre du monde. On dit, la conversation roule sur beaucoup de choses. Lier conversation avec quelcun. Entrer en conversation. Renoüer la conversation *Sca. Rom.* Rompre la conversation. Mademoiselle Scuderi a fait un traité de la conversation, & le Chevalier de Méré en parle tres-agréablement.

Converser, *v. n.* Être en conversation. S'entretenir familiérement avec une ou plusieurs personnes. Hanter. Fréquenter le monde. (Dans l'humeur où je me trouve, je ne dois plus converser

converser avec les créatures vivantes. *Voi. l. xi.*)

CONVERSION, *s. f.* Changement, Transmutation. (Les Chimistes cherchent la conversion des moindres métaux en or & en argent.)

* *Conversion, s. f.* Changement que Dieu opère dans le cœur d'un pécheur, & par lequel il l'attire à soi. (Prier Dieu pour la conversion des pécheurs. Songer à sa conversion. Obtenir de Dieu la conversion de quelque personne. Jamais conversion n'a été plus heureuse que celle-là.)

Conversion. Terme de *Guerre*. C'est une des parties des évolutions militaires. C'est un mouvement qui fait tourner la tête du bataillon où étoit le flanc, ce qui se fait par quart de conversion à droit, ou à gauche *Guillet, arts de l'homme d'épée.* (Les Grecs firent la conversion pour l'aller recevoir. Abl. Ret. l. 1. e. x. Faire le quart de conversion à droit. Faire le quart de conversion à gauche.)

Conversion de proposition. Terme de *Logique*. C'est changer le sujet de la proposition en attribut, & l'attribut en sujet, sans que la proposition cesse d'être vraie si elle l'étoit auparavant. *Le bon Logiquen, 2. partie c. 14.*

Convertir, v. a. Changer. (On convertit les vases sacrez en des usages profanes. *Maue. Sch. 1. 2*,)

* *Convertir*. Mettre une personne dans le chemin de salut. Obliger une personne à quitter le vice & le libertinage, & à chercher les voies de salut. Faire renoncer une personne à une Religion où on ne peut se sauver.

† * *Convertir*. Gagner quelqu'un par priéres, ou par adresse, & l'obliger à faire une chose qu'il ne vouloit pas faire. (Je l'ai enfin converti)

Se convertir, v. r. Se changer. (Se convertir en eau)

* *Se convertir*. Changer sa vie en une meilleure par pure grace de Dieu. Renoncer à une Religion où l'on croit ne pouvoir faire son salut. (On dit que M. de Turenne se convertit quelques années avant sa mort. Il faut penser sérieusement à se convertir à Dieu, *Arnaud.*)

Converti, s. m. Celui qui a renoncé à une religion où il croïoit ne pouvoir faire son salut. (Les nouveaux convertis.)

Convertie, s. f. Celle qui a renoncé à une religion, où elle croïoit ne pouvoir faire son salut. (Les nouvelles converties.)

† *Convertissement, s. m.* Terme de *Monnoie.* C'est le changement des vieilles espèces que l'on fond, à de nouvelles que l'on fabrique.

Convertisseur, s. m. Celui qui réüssit à convertir les personnes. (Mr. Pelisson est un grand convertisseur, & il a des maniéres particuliéres pour en venir à bout.)

CONVEXE, *adj.* Courbé en dehors, ou par dessus. (Miroir convexe. Lunette convexe.)

Convexité, s. f. Maniére courbée d'une chose. (Convexité grande ou petite.)

CONVICTION, *s. f.* Prononcez *conviction*. Il vient du Latin *convictio*. C'est une preuve convaincante du crime dont une personne est accusée. (La conviction est claire & entière. On ne trouve point de conviction raisonnable contre le criminel. La conviction est certaine, & l'on ne sauroit douter du crime. Pour la conviction d'un crime capital, il faut que les preuves soient indubitables.)

CONVIER, *v. a.* Porter à faire quelque chose. Prier de faire, ou de ne pas faire quelque chose. Inviter. (Cirus convia les Aténiens à quitter l'alliance de son frére. *Abl. Apr.* L'Empereur Ferdinand convia Elisabeth de ne point se séparer de la créance des Princes Chrétiens. *Maue. Sch. l. 5.* Convier à dîner ou à souper. La nécessité des afaires se convia à se reconcilier. *Monsieur de la Rochefoucaut.* Le tems nous convie à la promenade.)

Convié, conviée, adj. Prié. Porté à faire, ou à ne pas faire. (Le mari est convié à dîner, & la femme est conviée à souper.)

Convié, s. m. Celui qui est prié de faire quelque repas. (Celui des conviez qui agrée d'avantage à la Dame du logis, est le plus goguenard. *Scar.*)

CONVOCATION, *s. f.* Prononcez *Convocacion*. Il vient du Latin *convocatio*, & signifie l'action d'assembler & de convoquer quelque assemblée. (Acorder la convocation d'un Concile. S'oposer à la convocation d'un Concile. Publier la convocation des Etats. On peut dire aussi la convocation des Paroissiens, la convocation des Etats.

CONVOI, *s. m.* Ce mot se dit en parlant d'armée. Ce sont plusieurs chariots & plusieurs charettes chargées de vivres, & escortées par des soldats, qui sont commandez exprés. (Escorter, prendre, enlever un convoi.)

Convoi, Terme d'*Eglise*. Ce sont la plû-part des Ecléfiastiques d'une paroisse avec le Curé, ou le Vicaire, qui acompagnent un corps qu'on porte en terre, qui chantent, & prient Dieu en l'acompagnant.

Convoi général. Ce sont tous les Ecléfiastiques habituez d'une paroisse qui acompagnent un corps qu'on porte en terre.

Convoi de cœur. Ce sont les Ecléfiastiques qui, composent le chœur de la paroisse, & qui acompagnent un corps qu'on porte en terre.

Convoyer, v. a. Ce mot est vieux, & l'on dit en sa place. *Acompagner*, ou *escorter.*

† CONVOITABLE, *convoiter, convoiteux.* Vieux mots au lieu desquels on dit, *Désirable, Désirer. Celui qui désire.* († Vous épousez ma fille & *convoitez* ma femme, *Mol. Tart. a. 4. sc. 7.*

† Le bon homme N. tout Tartufe qu'il est, est convoiteux des belles filles.)

CONVOITISE, *s. f.* Ce mot signifie grand desir, & il s'emploie ordinairement dans les matiéres de pieté, où il est plus beau que dans les autres sujets. (Vivre sans convoitise. *Arn.* Avoir une insatiable convoitise de régner. *Abl. Tac. An. l. 4.* La convoitise ne se peut préscrire de bornes. *Vau. Quin. l. x.*)

† CONVOLER, *v. m.* Terme de *Palais*. Ce mot ne se dit pas seul; mais on dit, *convoler à de secondes nôces.* C'est à dire, se marier une seconde fois.

CONVULSION, *s. f.* Retraction, ou mouvement de nerfs vers le cerveau, dont ils tirent leur origine.

† * *Convulsion*. Evanouïssement. Sorte de pâmoison. (Vous n'avez pas été jusques aux convulsions, ma chere, *Mol. Critique.*)

* *Convulsion*, se dit aussi au figuré de quelques éforts & de quelques contorsions.

Et tandis que tous deux étoient précipitez
Dans je ne sai quels transports de leurs civilitez.
Mol. Esch. a. 1. sc. 1.

Convulsif, convulsive, adj. Terme de *Médecin*. Qui cause des convulsions, ou des retractions de nerfs. (Mouvement convulsif.)

COO, COP.

† COOBLIGÉ, *ée, adj.* Terme de *Pratique*. Qui est obligé avec un autre.

COOPÉRER, *v. a.* Ce mot se dit d'ordinaire en matiére de pieté, & signifie, Aider à agir. Aider à faire. (C'est Dieu qui coopére à toutes ces merveilles. Coopérer à son salut. *Pas. l. 18.*)

Coopérateur, s. m. Terme qui ne se dit guére que dans les matiéres de pieté. Celui qui aide. (Nous sommes les coopérateurs de Dieu. *Port-Royal. Nouveau Testament, Epitres de S. Paul.*)

Coopération, s. f. L'action de deux ou de plusieurs agens pour produire un même éfet. (Cela ne s'est pû faire que par la cooperation de plusieurs personnes)

COPEAU, *s. m.* Terme d'*Artisan qui travaille avec la hache, ou la plane.* C'est tout ce qu'on ôte du bois avec la plane ou la hache. (Gros ou petit copeau.)

Copeau de bouïs. Terme de *Peignier.* Morceau de bouïs pour faire un peigne.

COPIE, *s. f.* Le double de quelque écrit, ou de quelque autre chose. (Copie colationnée à l'original. Ce tableau n'est qu'une copie.)

Copie. Terme de *Libraire & d'Imprimeur*. Ecrit sur lequel on imprime, & qui est l'original de l'Auteur. (Acheter une copie bien-cher. Conrart étoit l'agent du fameux d'Ablancourt, du célebre Balzac, & de quelques autres excellens esprits de son tems, & pour en gagner & conserver l'amitié, il vendoit à Augustin Courbé, riche Libraire, *leurs copies* le plus cher qu'il pouvoit. Corneille & Racine font bien valoir leurs copies, parce qu'elles sont bonnes, & ils en tirent dequoi faire boüillir leur marmitte. Une méchante copie. *Compter la copie.* C'est juger combien elle fera de feüilles.)

Copier, v. a. Ce mot se dit des choses, & signifie, Transcrire. Imiter. Tirer de dessus quelque original. (Copier un écrit. Copier un dessein.)

Copier un Auteur. Signifie quelquefois dérober l'invention, le Livre ou le travail d'autrui.

* *Copier.* Ce mot se dit des personnes, & signifie imiter. Prendre pour modelle. (Il n'est rien tel que les Jésuites, les autres Religieux ne les font que copier *Pas. l. 4*)

Copiste, s. m. Qui transcrit quelque écrit. Qui copie. (Un bon Copiste. Un habile & savant copiste. Un sot & méchant Copiste. Un copiste ignorant & négligent. (Il n'est pas besoin pour cela de lasser la main de vôtre Copiste. *Balzac. Lettres à chap. l.5. l.3.*)

Copiste, Oficier de Comédiens qui a soin de garder les originaux des piéces pour copier les rôles & les distribuer aux acteurs. C'est lui qui assiste aux réprésentations, qui se met à une des aïles du Téatre, & reléve l'Acteur s'il tombe en quelque faute de mémoire. *Téatre François Tit. 3. p. 237.*

† COPIEUX, *copieuse, adj.* Qui a beaucoup. Abondant. Riche. (La langue Gréque est fort copieuse.) Ejection copieuse. Terme de Médecin.

† *Copieusement, adv.* Beaucoup. Abondanment. († Boire copieusement.)

COPROPRIÉTAIRE, *s. m. & f.* Celui ou celle qui possede avec un autre. *Pat. plai.* 8.

† COPULATION, *s. f.* Vieux mot qui trouve encore sa place dans le burlesque.

(Maint Auteur antique & récent
Bien instruit en toute doctrine,
Soutient que la goute décend
De copulation divine,
Et que de Bachus & Ciprine
Naquit un enfant maupiteux,

Mais

Mais nonobstant cette origine
C'est pauvre chose qu'un gouteux.
Conrart.

Copulative, *s. f.* Terme de *Grammaire*. Conjonction. (La copulative & ne doit pas être repetée que bien a propos.)

COQ.

Coq, *s. m.* C'est le mâle de la poule. C'est une sorte d'oiseau domestique qui a une crête sur la tête, & une barbe sous la gorge. Il sert d'horloge, & on dit qu'il est craint du Lion. *Bel. l.* 5. *c.* 7. (Un petit ou gros coq. Bon ou méchant coq, gras ou maigre. Il a dans Lucien un plaisant dialogue du Savetier Micile & de son coq.)

† * Chetive est la maison où le coq se tait, & la poule chante, c'est à dire, où la femme est la maîtresse.

Le chant du coq, C'est le point du jour, parce que c'est le plus souvent à cette heure-là que les coqs chantent, & réveillent ceux qui dorment.

Coq sauvage. Espece de Faisant particulier qu'on trouve dans les païs Septentrionnaux.

Coq de bois. Oiseau plus gros que le faisant, qui a les plumes noirâtres, luisantes & changeantes, & les sourcils tres-rouges. *Bel. l.* 5.

Coq-d'Inde. Prononcez, *Co-dinde*. Sorte d'oiseau domestique, & fort connu, qui est gros & noir, avec une grosse crête sur la tête.

Coq de clocher. Figure de métal qui représente un coq, & qu'on met sur le clocher des Eglises.

† * C'est le coq du village, c'est le coq de la paroisse. C'est à dire, le prémier du village ou de la paroisse.

† *Etre coq de bagage*.

Coq. Terme d'*Horloger*. Piéce vuidée qui tient le balancier sur la platine de la montre.

Coq. Plante fibreuse qui aime la terre maigre & séche, & qui est toujours verte.

Coq-à-l'âne, *s. m.* Discours sans jugement, & qui n'est point au sujet dont on s'entretien. (Ce que vous dites-là est un franc coq-à-l'âne, car à quel propos le dites-vous ?)

Coq-à-l'âne. Poëme François, qui est une espèce de satire que Clement Marot inventa. Cette Satire se fait d'ordinaire en petits vers, & on y passe sans aucune liaison d'un sujet à l'autre, en raillant les particuliers connus, & même de considération. (Un joli, un plaisant coq-à-l'âne. Faite un coq-à-l'âne contre les mœurs du Siécle.)

Coquarde, *s. f.* Terme de *Plumacier*. Ce sont trois, cinq, ou sept plumes qu'on met ensemble pour servir d'ornement. On met les coquardes sur le devant des bonnets des petits garçons, ou sur le retroussis des chapeaux. (Faire une coquarde. Porter une coquarde rouge, blanche ou verte.)

Coquâtre, *s. m.* C'est un coq mal châtré. * On dit d'un homme qui chante mal, qu'il a une voix de coquâtre.

Coque, *s. f.* L'ecorce dure d'une noix, qu'on apelle aussi la coquille.

Coque, *s. f.* Ce mot se dit des œufs, & signifie la coquille blanche & dure qui renferme le blanc & le jaune de l'œuf. *Manger des œufs à la coque.* C'est les manger avec des aprêts dans leur coque, après les y avoir fait cuire, avant que les casser.

Coque de vers à soie. C'est la soie qui couvre & enferme le ver à soie.

Coques. Terme de *Serrurier*. Pieces de fer qui servent à conduire le pêne d'une serrure, & dans lesquelles entre l'obéron.

Coquelicot, ou **Coquelicoq**, *s. m.* Fleur rouge qui croit parmi les blez, & qui ressemble en quelque chose à la tulipe. Cette fleur n'étant pas fleurie s'apelle *ponceau*, qui a pour simple.

† **Coquelicoq**, *s. m.* Mot imaginé pour représenter le chant du coq.

Coqueluche. Terme de *Médecine*. Toux violente qu'on apelle aussi *quinte*. Elle est accompagnée d'une douleur de tête causée par des humeurs vaporeuses, qui viennent des gros vaisseaux ; & qui sont poussées en haut par le mouvement de la matiére. Voi *Jean Suau*, *Traité de la peste & de la coqueluche*. Traiter quelcun d'une coqueluche. Guerir d'une coqueluche.

† **Coqueluchon**, *s. m.* Capuce de Religieux. Chaperon de Religieux. (Il a quitté le coqueluchon.)

Coquemar ; *s. m.* Vase de terre ou de métal, propre à faire de la tisane, &c. (Un coquemar bien fait.)

Coquet, *coquette*, *adj.* Qui est tourné d'un air qui marque qu'on aime la bagatelle amoureuse. Qui aime à dire & à ouïr des fleurettes. Qui est amoureux sans avoir beaucoup d'atachement. (Avoir un atachement coquet. *Sca.*)

D'esprit coquet les Déesses étoient.
Sar. Poës.

On trouve que les discours,
Du diseré Pére Bouhours
Sont un peu trop coquets. (Savoir pour un Jésuite.)
Lignieres, poës.

Coquet, *s. m.* Homme propre & ajusté qui se plait à dire des douceurs aux belles, & à leur faire l'amour galamment & sans avoir d'atachement qui l'inquiéte. (L'Inde a moins d'or, & moins de perroquets, que Paris n'a de coquets & coquettes, *Sar. poës.*)

Coquet. Petit bateau qu'on ameine de Normandie à Paris.

Coquette, *s. f.* Ce mot prend en mauvaise part. Celle qui s'ajuste pour donner dans la vûë des galands. Celle qui aime qu'on lui dise des douceurs. Qui se plait aux fleurettes que l'on lui conte, & qui n'a pas d'atachement qui lui fasse peine. (Elle est femme de Paris, & qui s'apelle en bon François coquette. *Sar. poës.* C'est une franche coquette.)

Coquetter. Ce verbe est neutre & actif, mais neutre le plus souvent. Cajoler les belles. Ecouter les douceurs que nous content les galans. Avoir quelque atachement coquet. (Jason coquetta Médée. *Sar. poë.* Eve aima mieux d'être femme & ne pas coquetter. *Sar. poë.*)

Coqueterie, *s. f.* Tours, détours, & infidelité de coquette. (Il prit en bonne part tout ce qu'elle lui fit de coquetterie. *Bussi.* On soupçonne aisément les femmes qui ont de la coqueterie d'être peu fidelles à leurs maris. La coqueterie est le fond de l'humeur des femmes, & leur vertu n'est qu'une habilité à bien cacher leurs coquetteries. *S. Evr.*)

Coquettier, *s. m.* Marchand d'œufs.

Coquettier. Petit vase d'argent, ou d'étain pour mettre un œuf à la coque.

Coquillage, *s. m.* Plusieurs coquilles. Quantité de coquilles. (Un beau coquillage.)

Coquille, *s. f.* Sorte de poisson à têt dur. Couverture de poisson à têt dur, ou d'autre animal, comme la tortuë. *Ablancourt. Luc. T.* 1. C'est trop discourir, je rentre en ma coquille. *Voi. Poës.*

Coquille. Ce mot se dit aussi en parlant d'œufs & de noix. (Elle est éclose de la coquille d'un œuf. *Abl. T.* 1. *p.* 84. *A qui vendez-vous vos coquilles* ? Proverbe. C'est à dire, à qui pensez-vous avoir afaire ? *Qui a de l'argent, a des coquilles.* Proverbe. C'est à dire quicunque a de l'argent, a tout ce qu'il lui plait. *La coquille lui demange* Proverbe. C'est à dire, elle a grande envie d'être mariée. Elle est amoureuse, & voudroit satisfaire sa passion.)

Coquille de loquet. Terme de *Serrurier*. Petit morceau de fer en forme de coquille, sur laquelle on met le doigt pour ouvrir la porte.

Coquin, *s. m.* Gueux. Miserable. Sans cœur & sans honneur. (C'est un coquin, & c'est tout dire.)

* **Coquin**, *coquine*, *adj.* Ce qui acoquine. Ce qui acoutume à un genre de vie féneante. (Il n'y a point de métier plus coquin que celui de l'amour.)

Coquine, *s. f.* Sorte de gueuse, Sorte de friponne. Qui n'a point d'honneur ni de cœur (C'est une franche coquine.)

Coquinerie, *s. f.* Action malhonnête, lâche, & qui ne peut être faite que par un coquin. (Il a fait en cela une coquinerie.)

COR.

Cor, *s. m.* Instrument à vent, qui est d'ordinaire de métal avec deux trous, qui est fait en forme de demi cercle, & dont on se sert à la chasse. Le cor est composé d'une embouchure, d'un corps, de boucles & d'un pavillon. Quand on se veut servir du cor ; il faut qu'il ait une ceinturette, une anguichure. On dit sonner du cor. Ce sont les chaudronniers qui aprennent à sonner du cor à Paris, & ce sont eux aussi qui en vendent.

Les postillons se servent aussi de *cors* de métal.

Les Bergers se servent de *cors*, qu'ils font de cornes de belier, ou de bœuf.

Cor de mer. Coquille rude par dehors, unie & blanche par dedans, large par le milieu, qui va en pointe, & qui est propre pour recevoir la bouche afin de corner. Cette coquille renferme une sorte de poisson. *Ron.*

† * *A cor & à cri*. (Crier à cor & à cri. C'est à dire à pleine tête. De toute sa force, comme lors qu'on est à la chasse.)

Cor, V. *Cor*.

Corail, *corail*, *s. m.* L'un & l'autre se dit. *Corail*, est plus en usage & plus regulier. Il n'y a guére que les poëtes qui disent *coral*, & étant amenez par la commodité de la rime. Le mot de *corail* n'a ordinairement point de pluriel. C'est une sorte de plante qui naît dans la mer, qui peu à peu, par la vertu pétrifiante, se convertit en pierre, & s'endurcit de plus en plus lors qu'elle est exposée à l'air qui selon quelques-uns lui donne sa couleur. Le corail est rouge, blanc, noir ou jaupâtre, & creît dans les Mers de France, par bouquet qu'on arrache avec un crochets en forme d'ancre, ce qu'on coupe ensuite en graîns (Pêcher le corail.)

† * *Corail*. Ce mot au figure est un peu Vieux, & se dit de lévres, lors qu'elles sont rouges & vermeilles, & même il est poétique en ce sens. (Ses lévres de corail & la bouche de roses. *Rac.*)

Corbeau, *s. m.* En Latin *corvus*. Oiseau noir qui vit de charogne ;

rogne, qui a le bec gros & pointu. (Un petit corbeau. Un beau corbeau. Le corbeau n'eſt pas ſi fin que le renard.

<blockquote>
Hé, bon jour, Monſieur le corbeau,
Que vous êtes joli, que vous me ſemblez beau.
La Font. Fab.)
</blockquote>

* *Corbeau.* Ce mot ſe prend au figuré en riant, & ſignifie un homme qui a la tête toute noire.

<blockquote>
Ta Maîtreſſe à l'eſprit trop beau
Pour ne pas rire d'un bon homme,
Tantôt cigne & tantôt corbeau.
Main. poeſ.
</blockquote>

Corbeau de mer. Poiſſon dont le dos eſt d'un bleu obſcur, les côtez rouges, le ventre blanc & la tête grande. *Ron.*

* *Corbeaux.* Ce mot ſe dit au figuré, de ceux qui en tems de peſte cherchent les corps morts pour les enterrer, & qui enſuite nettéſent les maiſons infectées de peſte. On les apelle de ce nom, parce qu'ils cherchent les corps morts, comme le font les véritables corbeaux.

* *Corbeau.* Terme d'*Architecture.* Modillon. Piéce de bois, ou de fer ou même une pierre en ſaillie, pour ſoûtenir quelque poutre.

CORBEILLE, ſ. f. Ouvrage d'oſier, large, creux, fort & aſſez haut, ſervant ordinairement à mettre du pain. (Corbeille couverte.)

Corbeille. Sorte de petit panier mignon, & enjolivé de rubans, où l'on envoie un bouquet à une Dame le jour de ſa fête.

† *Corbeillée, ſ. f.* Une corbeille pleine.

Corbillard, ſ. m. Coche par eau pour aller de Paris à Corbeil; qui eſt une petite vile ſur la rivière de Seine.

Corbillon, ſ. m. Eſpece de petit piquotin, où l'on met les bales lors qu'on joue partie à la paume.

Corbillon. Sorte de corbeille longue, & plate par les deux bouts, que l'oublieur porte l'hiver tous les ſoirs ſur ſon dos, & qu'il remplit d'oublies pour jouër contre ceux qui l'apellent. (Jouër le corbillon & les oublies.)

† *Corbin.* Vieux mot qui ſignifioit *corbeau.*

Bec de corbin. Inſtrument de Chirurgien, qui ſert particuliérement à tirer de dedans des plaïes, du plomb, ou quelqu'autre corps étranger.

CORDAGE, ſ. m. Toutes ſortes de cordes groſſes, ou petites. (Faire du gros ou du petit cordage.)

Cordager, v. a. Terme de *Cordier.* (Faire du cordage.)

Corde, ſ. f. Ce mot vient de l'Italien *corda.* Ce ſont pluſieurs fils aſſemblez par le cordier, & par le moïen d'une rouë, qui fait que ces fils s'entrelaſſent les uns ſur les autres, & forment cet aſſemblage de fils qu'on apelle *corde.* La matière la plus ordinaire des cordes eſt le chanvre ou le lin, la ſoïe, la laine, le crin, l'écorce de quelques arbres, &c. Les cordes ſervent à lier, à atacher & à tirer. Les plus groſſes cordes ſe nomment des *cables,* & la corde fort déliée s'apelle de la *ficelle.* Les enfans de Bramines portent à cinq ans une petite corde au cou en manière de chaîne d'or, & ils eſtiment tant cette corde, qu'ils la renouvellent tous les ans. *Vies des Bramines, ch.* 8. *pag.* 44.

Une corde à dancer. Eſpéce de cable fort bandé, & élevé de terre, ſur quoi on dance. (Voltiger ſur la corde. Danſer ſur la corde.)

* *Traîner ſa corde.* Proverbe. C'eſt à dire mener une vie de fripon, & être à la veille d'être pris & pendu. On dit auſſi *filer ſa corde.*

* *Ce ſont des gens de ſac & de corde.* C'eſt à dire qui ne valent rien, & qui méritent d'être néſez ou pendus. V. *Sac.*

* *Se racheter de la corde.* C'eſt corrompre ſes Juges, & faire enſorte qu'ils renvoient abſous celui qui a mérité la corde.

<blockquote>
Juſtice eſt ſans miſericorde,
A l'égard d'un petit larron;
Mais au gros Elle fait pardon,
Quand il ſe peut *racheter de la corde.*
</blockquote>

Un trait de corde. C'eſt un coup d'eſtrapade.

Corde. Ce mot ſe dit en parlant de certains inſtrumens de Muſique. C'eſt une petite partie de boiau de mouton, nettéïée, tordué, ſéchée & acommodée pour être montée ſur de certains inſtrumens de muſique, comme luth, tuorbe, guitarre, violon &c. La corde eſt auſſi un fil de métail paſſé par les filières qu'on monte ſur quelques inſtrumens de Muſique, comme ſur des épinettes, clavecins, &c.

* † *Ne touchez pas cette corde-là.* Proverbe. C'eſt à dire, ne parlez pas de cette choſe-là, ne dites mot de cette afaire-là.

* † *Toucher la groſſe corde.* Proverbe. C'eſt à dire une choſe qu'il faloit faire ſcrupule de dire.

Friſer la corde. Terme de *Jeu de Paume.* C'eſt la toucher un peu.

Corde d'Arc. Corde d'Arbalête.

† * *Avoir pluſieurs cordes à ſon arc.* Proverbe. C'eſt avoir pluſieurs moïens pour venir à bout d'une choſe, de ſorte que ſi l'un manque l'autre ne manque pas.

La corde d'un arc. Terme de *Géometrie.* C'eſt une ligne droite tirée d'un point de la circonférence d'un cercle à un autre. La partie du cercle qu'elle ſoutient s'apelle un *arc de cercle.* (Les cordes des arcs ſont marquées ſur le compas de proportion.)

Corde d'étofe. Terme de marchand drapier. Fil de laine qui fait la chaîne du drap. (Quand le drap eſt uſé il montre la corde.)

Corde. Ce mot ſe dit en parlant de cheval. (Par exemple. Voila un cheval qui fait la corde; c'eſt à dire, qui par la reſpiration retire la peau du ventre à ſoi au defaut des côtes. *Soleiſel, parf. maréchal.* On dit auſſi *une corde de fayſcin.* Quand il y a pluſieurs boutons de ſuite qui font comme une corde.

Corde. Ce mot ſe dit encore par les *Jardiniers,* de certaines duretez qui viennent au milieu de certaines plantes & racines. Voïez *cordé.*

Corde de bois. Tas de bois en quarré, coupé pour être brûlé, qui eſt de quatre piez de haut, & d'environ 8. piez de long, entre deux membrures. Le mot de *corde* en ce ſens ne ſe dit guere qu'entre Marchands de bois. A Paris, le Bourgeois ſe ſert ordinairement du mot de *voïe,* pour dire une *demi corde de bois,* & il dira, il me faut huit voïes de bois pour mon chaufage; c'eſt à dire quatre cordes: mais un Marchand dira. (J'ai vendu cet hiver deux cens cordes de bois, & j'en ai encore cinq ou ſix cens dans mon chantier.)

Cordeau, ſ. m. Corde menuë. Corde pour conduire les chevaux de harnois, ou de charruë. Corde pour conduire un bâteau. (Tirer au cordeau.)

Cordeau. Corde menuë dont ſe ſervent les *Ingénieurs* pour lever de plans & pour tracer des deſſeins de bâtimens, ou de fortifications. Les *Jardiniers* ſe ſervent auſſi *du cordeau* pour tracer leurs allées, les parterres, &c. Et les Charpentiers ſe ſervent *du cordeau,* pour aligner leur bois. On dit tendre le cordeau, bander le cordeau, tracer le long du cordeau, tortiller ou détortiller le cordeau. Alée tirée au cordeau.

Cordé, cordée, adj. Voïez *corder.*

† * *Cordelle. ſ. f.* Ce mót ne ſe dit qu'en burleſque, & au figuré, & ſignifie *parti.*

<blockquote>
(On atire à ſa cordèle
La femme la plus fidèle.
</blockquote>

Cordelette, ſ. f. Petite corde. Corde menuë.

CORDELIER, *ſ. m.* Prononcez *Cordelié.* Religieux de Saint François, habillé de gros drap gris; avec un petit capuce, une mozette ou chaperon, & un manteau de même étofe, portant le ſoc ou la ſandale, & ſur la robe une groſſe ceinture de crin, où il y a trois nœuds, & à cauſe de cette ceinture on apelle ce Religieux Cordelier. L'Ordre de S. François eſt diviſé en Fréres Mineurs, Conventuels, ou Cordeliers de la grand-manche, en Fréres Mineurs de l'Obſervance reguliére, qui ſont ceux qu'on nomme communément en France Cordeliers, qui ſont tous les réformez de l'obſervance. Il y a trois Généraux dans l'Ordre de S. François. Le prémier porte le titre de Général de tout l'Ordre des Fréres Mineurs. Le ſecond, de Général des Fréres Conventuels. Et le troiſiéme celui de Général des Capucins. Les Cordeliers ſont agrégez dans l'Univerſité, & reçus Docteurs. Ils ſuivent le ſentiment de *Scot,* qui fut parmi eux un tres grand homme; & à cauſe de cela on les nomme *Scotiſtes.* Les Cordeliers peuvent être Evêques Archevêques, Cardinaux, & même Papes, & il y en a eu beaucoup entr'eux qui l'ont éte.

Cordeliere, ſ. f. Religieuſe de Saint François habillée de gros drap, & qui ſuit la même régle que les Cordeliers.

Cordeliere, ſ. f. Sorte de chaîne de ſoïe noire, agréablement travaillé, & plein de petits nœuds, que de certaines petites filles portent au cou. Il ſe noué ſur le derriére du cou avec un ruban qui fait un nœud. (Une jolie cordeliére, & fort bien faite.)

Cordeliére. Terme de *Blaſon.* On apelle ainſi le filet plein de nœuds que les veuves & les filles mettent en guiſe de cordon autour de l'écu de leurs Armes.

CORDER, *v. a.* Ce mot au propre ſignifie tortiller quelque matière pour en faire une corde. (Corder du chanvre.)

Se corder, v. r. Signifie être propre à ſe former en corde. (Il y a des matiéres qui ſe cordent mieux, & plus facilement les unes que les autres.)

Corder, v. a. Terme de *Mouleur de bois.* Mettre le bois dans les membrures. (Corder du bois. Le bois ſeroit tortu ſi on ne le fait arranger.)

Corder. Terme d'*Embaleur.* Lier avec des cordes. (Corder des balots.)

Se corder, v. r. Terme de *Jardinier.* Il ſe dit de certaines plantes qui viennent moles en dehors, & dures au milieu, comme ſont les raves, & quelques autres plantes, dont le milieu de la racine devient dur, & forme une eſpece de corde. (Les raves ſe cordent au printems. La racine de perſil, de panets, &c. ſe corde. (On le dit auſſi des Lamproies qui ſe cordent, & deviennent cordées.)

Cordé, cordée, adj. Ce mot ſe dit du bois, des balots, des racines, & des chevaux. (Bois bien cordé. Balot cordé. Rave cordée. c'eſt

COR. COR.

c'est a dire rave creuse, mole, & moins bonne que les autres. Persil cordé. *Cheval cordé*; c'est à dire, qui a des duretez en forme de cordes qui viennent entre cuir & chair. Farcin cordé. Lamproie cordée.)

Corderie, f. f. Lieu établi pour faire des cordes. (Corderie Roiale.)

CORDIAL, *cordiale*, *adj*. Qui est bon pour le cœur, qui le fortifie, qui le réjoüit. (Julep cordial. Vin cordial. Potion cordiale. Poudre cordiale. *Charas Pharm*.) On dit des cordiaux, c'est à dire des remedes cordiaux.

* *Cordial*, *cordiale*. Sincere. Fidele. Qui a des sentimens d'amitié. (Un ami cordial. Afection cordiale,)

* *Cordialement*, *adj*. Sincerement. (Agir cordialement. *Pas. l. 2*. aimer cordialement.)

* *Cordialité*, f. f. Sincerité. Amitié sincere. (Avoir de la cordialité pour ses amis. *Port-Roial*, *constitution*.)

CORDIER, f. m. Artisan qui habille le chanvre, & fait toutes sortes de cordages.

CORDON, f. m. Tout ce qui entoure le bas de la forme du chapeau, & qui sert à l'embélir.

* *Cordon-bleu*. Chevalier du Saint Esprit, qui porte un cordon-bleu. (Il est cordon-bleu. Il y avoit plusieurs cordons-bleus.)

* *Cordon de muraille*. Pierres en forme de cordon qui ceignent les murailles des places fortes.

Cordon de soulié. Ruban ou padou de soie ou de fil, qu'on passe par le trou des oreilles des souliers afin de les lier, de les tenir fermes, & de leur donner quelque air. (Je ne suis pas digne de délier le cordon de ses souliez. *Port-Roial*. *Nouveau Testament*.)

Cordon Saint François. f. m. Terme de Religieux de l'Ordre Saint François. C'est la ceinture dont les Religieux de Saint François sont ceints, les uns comme des Cordeliers, les Capucins, les Minimes & les Recolets portent ce cordon blanc, & les autres, comme les Picpuces, le portent noir. On a institué une confrairie du Cordon S. François en mémoire des liens dont Jesus-Christ fut ataché. Cette confrairie s'apelle *la Confrerie du Cordon Saint François*, & elle est composée de plusieurs particuliers qui ne sont pas Religieux. Ces gens, pour gagner les indulgences, sont seulement obligez de dire tous les jours cinq Pater & cinq Ave, & un Gloria Patri, & de porter le cordon que tout Religieux de l'Ordre peut donner : mais qui ne sauroit être beni que par les seuls Superieurs de l'Ordre de Saint François, (On dit, être du cordon S. François. Avoir le cordon, porter le cordon Saint François. Donner le cordon. Prendre le cordon S. François.)

Cordon à lacer. Sorte de lacet de fil. (Cordon de fil, ou de soie.)

Cordon. Terme de *Cordier*. Ce sont trois ou quatre fils de chanvre ou de crin pour faire une corde. (Il faut plusieurs cordons pour faire une corde.)

Cordon, f. m. Terme d'*Acoucheur & de Sage-femme*. C'est un boiau long d'environ demi aune, qui est ataché à l'arriérefaix, & qui est composé de plusieurs vaisseaux joints ensemble, qui servent à conduire le suc destiné à la nourriture de l'enfant. *Mauriceau*, *Traité des femmes grosses*. Tirer, nouër, couper le cordon de l'arriére faix.

Cordon. Terme de *Fleuriste*. C'est ce qui est autour de la pluche de l'anemone, & au bas de ses grandes feüilles. (Cordon charmant. Cordon violet, gris de lin, &c. L'anemone est belle quand cordon est de plusieurs couleurs. Voi *la culture des fleurs*.)

* *Cordon*. Terme de *Maréchal*, de *Charron* & de *Cocher*. C'est une sorte de lien de fer, qui est à chaque moieu de roue de carosse, de chariot, &c. auprès du rais de la roue. (Les cordes ne sont pas si larges que les fretres des moieux. Mettre un cordon.)

Cordonner, v. a. Tresser avec du cordon (Cordonner les cheveux à un enfant.)

CORDONNERIE, f. f. Lieu où l'on ne fait, & où l'on ne vend que des souliez. (On va quelquefois à la Cordonnerie, mais il en est comme la Friperie, on y est souvent trompé.)

CORDONNET, f. m. Sorte de petit lacet de fil, fait en forme de gance.

CORDONNIER, f. m. Artisan qui vend du cuir preparé par le corroieur, fait de toutes sortes de souliez, de botes, de mules, & de pantoufles. (Les cordonniers sont les plus mal chaussez, Proverbe, qui se dit de ceux qui travaillant bien pour autrui, sont négligens à travailler pour eux mêmes.)

CORDOUAN, f. m. Cuir de peau de bouc, ou de chèvre, passée en tan; ce qui le distingue du maroquin, qui est passé en gale.

COREVEQUE ou CHOREVESQUE, f. m. Mais on prononce *Corévêque*. Ce mot est Grec. (Le corévêque étoit un Eclesiastique qui veilloit sur les Oficiers de la campagne; & c'est aux Corévêques que les Doiens ruraux ont succedé. *La Mai. pl. 21*. On a aboli les Corévêques, parce qu'ils usurpoient l'autorité Episcopale. *là même*.)

CORIACE, *adj*. Ce mot se dit de la viande, & veut dire dur. (Viande coriace. Chapon coriace. Chair de fruit coriace.

CORIANDRE, *coriande*, f. f. Les Epiciers de Paris disent de la *Coriande*, mais ceux qui ont écrit de cette plante la nomment *coriandre*. Les savans en François, que j'ai consultez sur ce mot sont pour *coriandre*. La coriandre est une sorte de plante qui a une tige ronde, haute d'une coudée, ou d'une coudée & demi, qui porte des fleurs blanches, d'où sort de la graine ronde, creuse, canelée, & en façon de grape.

Coriandre. Grains de coriandre couverts de sucre, qui font une sorte de dragée assez agreable. (Petite coriandre. Grosse coriandre.)

CORIPHE'E, f. m. Prononcez *corifée*. Ce mot vient du Grec, & il signifie le chef, le principal d'une Compagnie, d'une Secte, &c.

CORME, f. f. Fruit de cormier. (Les cormes séches resserrent le ventre.)

Cormier, f. m. Arbre qui a le bois massif & coloré, qui ne fait pas beaucoup de racines, & ne les pousse pas avant dans la terre.

CORMORANT, f. m. Oiseau de rivière de pié-plat, & le seul des oiseaux de pié-plat qui se perche. Il a un long bec & un long cou, & mange les poissons.

CORNALINE, f. f. Sorte de pierre précieuse, rouge ou blanche, sur laquelle on peut peindre en émail.

CORNARD, f. m. Cocu. (Un franc cornard.)

CORNE, f. f. En Latin *cornu*. Os rond, dur & pointu, qui vient à la tête de certains animaux, & que la nature leur a donné pour se défendre. On apelle aussi *cornu* cet os dur & continu au bas du pié de certains animaux. C'est aussi de certains petits morceaux de chair délicz & menus, en forme de corne, que certains animaux poussent & retirent quand il leur plait. (Une corne de beuf. Une corne de vache, de taureau. Les cornes de l'escargot. Cornes de Limasson. La corne du pié du cheval.)

* *Donner un coup de corne à un cheval*. Cela veut dire, le saigner au dedans de la bouche avec le bout d'une corne de cerf.

Corne de cerf. Pour parler en termes de chasse, il faut dire bois de cerf, de daim, de chevreüil, & on ne dit *corne de cerf*, que lors que le bois de cerf est mis en œuvre. (Car alors on dit ce manche de couteau est de corne de cerf.)

* *Corne de cerf*. Sorte de petite herbe qu'on mange en salade.

* *Corne Ducale*. Bonnet que porte le Doge de la République de Venise, & qui a une pointe arondie sur le derrière. *Amelot*, *histoire de Venise*.

* *Corne d'abondance*. C'est la corne de la chévre Amalthée, que l'on peind remplie de toutes sortes de fruits & de biens.

* *Cornes du croissant de la Lune*. Les parties du croissant qui sont tournées vers la partie du ciel oposée au Soleil. On dit aussi les cornes de l'arc-en-ciel, &c.

* † *Corne*. Ce mot signifie cocuage, & en ce sens il est toujours pluriel. (Voilà un hardi maraut, de vouloir planter des cornes à Jupiter. *Abl. Luc. T. 1*. Porter les cornes. Cacher les cornes. Elle fait porter les cornes à son mari. Jupiter admit Ixion à sa table. Ixion pour reconnoître cet honneur, lui voulut planter des cornes.)

† *Cornes*. Marques de raillerie & de mépris qu'on fait à quelcun, en élargissant deux doigts de la main en forme de corne. (Ainsi on dit *faire les cornes à quelcun*, pour dire se moquer de quelcun.)

* *Les cornes de la matrice*. Terme d'*Anatomie*. Ce sont les deux extremitez du fond de la matrice.

Ouvrages à cornes. Terme de *Fortification*. C'est un ouvrage de dehors, composé de deux flancs assez longs. Sa tête est ordinairement défenduë de deux demi-bastions, ou d'une retenaille.

Un bonnet à cornes. Comme le sont ceux des Docteurs, des Prêtres, &c. V. Bonnet.

CORNE'E, f. f. Terme d'*Anatomie*. La seconde tunique de l'œil qui est claire, dure & polie en manière de corne.

CORNEILLE, f. f. Oiseau noir plus petit que le corbeau, hantant le long des rivages des fleuves & des mers, qui mange de toutes sortes de choses, qui fait son nid sur le haut des arbres, & qui à ce qu'on dit, porte des noix en l'air, & les laisse tomber sur des pierres pour les casser. *Bel. l. 6. c. 1*.

Corneille emmantelée. Oiseau noir & cendré, qui hante les rivages.

† *Cornement d'oreille*. Ce mot s'est dit, mais il n'est plus en usage. On dit *tintement*. Voiez le en son rang.

CORNEMUSE, f. f. Instrument de musique à anches & à vent, dont se servent les bergers pour se divertir, qui est composé d'un chalumeau & de deux bourdons, dont l'un est entre les mains de celui qui joue, & l'autre sur son épaule, & d'une peau qui est ordinairement de peau de mouton. *Mer. l. 5*. (Joüër de la cornemuse. La cornemuse se joüe à découvert, & la musette à jeu couvert.)

CORNER, v. n. Faire du bruit avec un cornet. Sonner du cor.

† * *Les oreilles me cornent*. C'est à dire, il me semble qu'on parle de moi.

† *Corner*, v. n. Parler dans un cornet pour se faire entendre à un sourdaut, & en ce sens il signifie aussi crier de toute sa force aux oreilles d'une personne, qui est un peu sourde. (Il faut lui corner aux oreilles.)

* † *Corner*. Ce mot se dit de la viande, & signifie, Commen-

Ff   cer

cer à sentir. (Viande qui corne. Viande qui commence à corner.)

† * Corner. Ce mot est bas, & il signifie publier, & dire par tout avec quelque éclat. (On lui avoit parlé de cette affaire en secret, & il s'est alé corner par tout.)

CORNET, s. m. Ce mot se dit en plusieurs ocasions au lieu de cor. (Un cornet de chasse. Un cornet de postillon. Un cornet de Berger.)

Cornet. Instrument de corne ou de métal, servant à ramasser la voix vers l'oreille d'un sourdaud.

Cornet, s. m. Sorte d'instrument de Musique à vent, qui a d'ordinaire sept trous, & qui va en courbant tant soit peu.

Cornet. Ce mot se dit en parlant de dez. C'est un morceau de corne en forme de petit gobelet rond & délié, dont on se sert pour mettre les dez quand on joue. (Il voit sa vie ou mort sortir de son cornet. Dép. sat. 4.)

Cornet a ecritoire. La partie de l'écritoire où l'on met l'ancre & le coton.

Cornet de papier. Papier roulé en forme de cornet.

† Cornet à ventouser. Instrument servant à donner des ventouses.

Cornet à bouquin. C'est une sorte de cor.

Cornet. C'est l'un des principaux jeux de l'orgue. (Il y a le grand & le petit cornet.)

Cornet de faience, cornet de porcelaine, s. m. C'est un vase de faience ou de porcelaine, qui est fait en forme de cornet (à jouër), & dont on se sert pour parer les coins des cabinets, ou ceux des cheminées. (Un beau cornet. Les cornets de porcelaine sont chers en comparaison des autres.)

Cornet. Terme de Patissier. Patisserie faite entre deux fers, & composée de beurre, de sucre & d'autres choses, qui étant cuites se roulent en manière de petit cornet, & c'est delà que cette sorte de patisserie a pris son nom. (Jouer des cornets. Manger des cornets.)

Cornetier, s. m. ou Refendeur de cornes. C'est un artisan qui refend les cornes de bœufs tuez, qui les redresse avec des fers chauds & d'autres instrumens, & les revend aux peigniers pour en faire des peignes, & aux patenotriers pour en faire des chapelets. (Les peigniers ont un procés contre les cornetiers & les patenotriers pour les obliger à se faire passer maîtres peigniers. Le procés est sur le bureau. On croit que les cornes demeureront aux peigniers.)

CORNETTE, s. f. Coife de toile d'ortie, de Holande, ou de batiste qui se lie au dessous de la gorge, & dont se servent ordinairement les femmes la nuit, ou lors qu'elles sont incommodées, dans leur deshabillé, ou dans quelque habit gris & qui n'est pas tout à fait régulier ni modeste. (Je la trouve en cornette sur son lit avec un deshabillé de couleur de rose. Histoire amoureuse de France.)

Cornette, s. f. Ornement que les Magistrats portent sur l'épaule à l'Eglise & dans les assemblées. Ces Cornettes s'apellent ordinairement Chaperon. Quant à la cornette que les Présidens & les Conseillers portent dans la ville, aux Eglises & aux Assemblées, ce n'est pas une marque de Magistrat, mais de Docteur. La Roche-Flavin.

CORNETTE, s. f. Etendart de Cavalerie. Le mot de cornette, en ce sens, ne se dit plus que de la cornette blanche. Car si l'on parle des autres Compagnies de Cavalerie Françoise, on se servira d'étendart & l'on dira l'étendart a été pris, & non pas, la cornette a été prise.

Cornette blanche. Mots consacrez pour signifier l'étendard du Colonel général des chevaux legers, qui est aujourdhui Monsieur le Comte d'Auvergne. Cet étendard est apellé cornette blanche, parce qu'effectivement il est blanc. Et on dit en parlant de cét étendard, Il n'y a qu'une cornette blanche en France.

* Cornette blanche. C'est la première compagnie du régiment du Colonel général de la cavalerie légère ; C'est aussi tout son régiment & tout le corps des chevaux-légers, & en l'un, ou l'autre de ces sens, on dit (Monsieur un tel sert dans la cornette. La cornette marche. La cornette blanche est commandée.)

* Cornette blanche. C'est la charge de la cornette blanche, on dit. (Monsieur le Comte d'Auvergne a eu la cornette blanche de Monsieur.)

* Cornette, Substantif Feminin. Ce mot est en usage au figuré & il signifie Charge de Cornette, c'est à dire un troisième Oficier de la compagnie. (Le Roi a donné une cornette à Monsieur tel. Il a acheté la cornette de la compagnie de Mestre de camp.)

* Cornette, s. f. Ce mot au figuré est usité entre les chevaux-legers de la garde du Roi & autres, il signifie tout le corps des chevaux legers de la garde. (Ainsi on dit un tel est à la cornette. C'est à dire, un tel est dans le corps des chevaux-legers de la garde, & il n'est point de quartier. Il sert à la cornette, C'est à dire, il n'est pas de quartier, & il sert dans le corps de chevaux legers de la garde. Un tel est allé rejoindre la cornette. C'est à dire, qu'il est sorti de quartier, & est allé rejoindre le gros.)

* Cornette, s. f. Gros de Cavalerie : & c'est en ce sens que Monsieur de Vaugelas, traduction de Quinte Curse livre 4. ch. 16. a écrit. Le Roi marchoit à la tête de sa cornette, Rex ante signa

ibat. Cette façon de parler de Monsieur de Vaugelas est contestée par quelques-uns, mais mal, on prétend qu'en parlant du colonel général des chevaux legers, on dira fort bien, Il marchoit à la tête de sa cornette.

Cornette, s. f. Compagnie de cavalerie & principalement de cavalerie étrangere. Il défit six mille Hongrois avec quinze cornettes de cavalerie. Sarazin, conspiration de Valstein n. 11. pag. 77. Il y a telle rose de soulier qui vaut mieux que neuf cornettes Impériales, Voiture, lettre 66. J'ai consulté ces deux façons de parler à des gens d'épée fort experimentez qui d'abord ont eu un peu froncé le sourcil & branlé la tête, & qui en suite m'ont dit passe pour la phrase de Voiture qui n'est dite qu'en riant, mais pour l'expression de Sarazin, je vous ser. Il seroit bon de prendre ou un autre tour de mettre le mot d'escadron en la place de celui de cornette. Si Messieurs les gens d'épée parlent bien, ou mal, il ne m'apartient pas d'en juger. Je renvoïe à ce qu'en diront un jour, qui ne viendra pas si-tôt, Messieurs de l'Academie dans leur Dictionnaire. Cependant c'est un sinistre préjugé pour le mot de cornette au sens que je viens de marquer que de n'être plus dans la bouche des gens de guerre qui se piquent de bien parler.

Cornette, s. f. Ce mot se dit sur mer, il signifie le pavillon du chef d'escadre. C'est une sorte de banniere qui est d'ordinaire d'étamine, qu'on arbore à la pointe du mât, ou sur le bâton de l'arriere, embélie d'armes & de couleurs particulières pour discerner les Oficiers généraux de l'armée navale & faire la différence des nations. Quand l'Amiral est en personne à l'armée, il porte lui seul le pavillon quarré blanc, au grand mât, & les chefs d'escadre portent la cornette blanche au mât d'artimon. Voïez les reglemens de la marine.

Cornette, s. m. Ce mot se dit en parlant de chevaux legers, de dragons, & de mousquetaires qui se batent tantôt à pié, & tantôt à cheval. C'est le troisième oficier d'une compagnie de chevaux legers, de dragons, & de mousquetaires, qui en l'absence du Lieutenant commande la compagnie, & qui porte, ou fait porter l'étendard par tout où la compagnie marche ; mais qui dans un jour de reveuë, de montre, de garde, ou de combat, le doit porter lui même. (La cornette en un jour de combat est à la cinquième file au prémier rang de l'escadron. La cornette de la compagnie du mestre de camp a été tué. Un tel est le cornette de nôtre compagnie.)

Cornette, s. f. Sorte de fleur sauvage qui vient parmi les bleds meurs, & qui ressemble à la violette. Il y a aussi de la cornette cultivée, & cette sorte de cornette est simple, double, violete, incarnate, panachée ; en un mot il y en a de toutes couleurs.

CORNICHE, s. f. Terme d'Architecture. Assemblage de plusieurs petites moulures dont les plus hautes sont les plus avancées, & les plus basses le sont le moins, & qui toutes ensemble finissent quelque partie principale. (On dit corniche de piédestal, corniche d'entablement, corniche de colonne. On dit aussi corniche de cheminée, de buffet, d'armoire, &c.)

Corniche. Petit sabot qui est fait en pointe, qui est de bois, ou de corne, dont les enfans joüent en le foüettant avec des lanieres.

Cornichon, s. f. Petite corne. (Ce n'est qu'un cornichon.)

Cornichon. Terme de Jardinier. On nomme ainsi de petits concombres, la plûpart avortez & courbez en façon de corne, lesquels on confit avec du sel & du vinaigre. (On confit des cornichons & l'on en fait des salades qu'on mange avec plaisir.)

Cornier. Terme d'Architecture. Pilastre, ou pilier qui est à un angle. Les Selliers apellent corniers les 4. piliers qui soutiennent l'Imperiale d'un Carosse.

Corniere, s. f. Terme de charpentier. Canal de tuile, ou de plomb qui est à la jointure de deux pantes de toit, & qui en reçoit les eaux.

CORNOUILLIER. s. m. Arbre dont le tronc est fort dur & les branches pleines de nœuds, & qui porte une fleur blanche & un fruit qui est mur en Septembre. (Cornouillier mâle. Cornouillier femelle.)

Le fruit de Cornouillier s'apellent cornouille, s. f. Les cornouilles sont rouges & acides & ne sont mures qu'en Septembre.

CORNU, cornuë, adj. Qui a des cornes. (Animal cornu.)

† * Le pauvre homme est cornu comme un Satire.

Cornuë, s. f. Vaisseau chimique qui sert pour les distillations des matieres qui n'envoient pas facilement leurs vapeurs en haut. On apelle aussi ce vaisseau retorte.

COROLAIRE, s. m. Proposition qui n'est qu'une suite d'une autre précédente. (Mettre en corolaire. Port-Royal, Element de Géometrie.)

CORONAL, coronale, adj. Terme d'Anatomie. (Os coronal, c'est à dire, Os du front. Suture coronale. C'est à dire, suture extérieure du crane.)

CORPORAL. Voyez Caporal.

Corporal, s. m. Terme d'Eglise. Linge benit & quarré sur lequel on met le calice & l'hostie. (Corporal bien fin & bien blanc.

blanc. Parmi les Latins, avant S. Silvestre, les Corporaux étoient, les uns d'étofe, les autres de linge. Les Corporaux couvroient autrefois toute la surface de l'autel. *Thiers des autels.*)

Corporalier, f. m. Terme d'Eglise. Bourse où l'on met le corporal.

CORPOREL, *corporelle, adj.* Qui regarde le corps. Qui est un corps. Qui est sur le corps. (Punition corporelle. Les plaisirs corporels.)

Corporellement, adv. Au corps. Sur le corps. (Punir corporellement.)

Corporifier, v. a. Terme de *Chimie*. Faire prendre aux esprits le corps qu'ils avoient auparavant, & qu'ils avoient perdu en quitant ses sels.

Se corporifier, v. r. Terme de *Chimie*. Se former en corps. Se faire en un corps avec quelque composé. (L'esprit se corporifie avec les sels & en adoucit l'acrimonie. La terre se corporifie avec les sels & avec les esprits pour la formation des pierres dans la vessie. *Charas, Pharmac.* 1. *p.* ch.5. & 8.)

CORPS, f. m. Chose que l'on conçoit étenduë, en longueur, largeur & profondeur. (Corps dur, liquide, mou, lumineux, transparant, opaque. Avoir un abcés dans le corps *On parle ainsi, lors qu'on parle des maux qui sont aux parties interieures du corps & des défauts qui s'y rencontrent, on emploie la préposition au, ou à,* (Ce sont des filles qui n'ont ni *au* corps ni à l'ame aucun des défauts dont il est parlé dans les constitutions. *Patru, plaid.* 16. Il y a des gens qui plaisent, quelque défaut qu'ils ayent au corps & à l'esprit. *Mr. de la Rochefoucault, reflexions.*)

Corps à corps, adv. (Se batre corps à corps. *Vau. Quin.l.*3.) Les Bramines croient qu'l'homme n'est emporté sur les femmes que par la beauté du corps. *Histoire des Bramines,2. part. chap.* 11.

* *Faire corps neuf.* Façon de parler vulgaire, pour dire vuider ce qu'on a dans le corps par les conduits naturels, & le remplir de nouveaux alimens qui fassent comme un autre corps.)

A corps perdu, adv. (Se lancer sur quelqu'un à corps perdu. *Ablancourt.* * Je veux découvrir les maux qui sont atachez à cette profession, après ru t'y jetteras si tu veux à corps perdu. *Abl. Luc.* t. 1.)

A son corps défendant, adv. (Tuër à son corps défendant. *Pasc.l.*4. † * Elle est prude à son corps défendant. C'est à dire, elle est sage parce qu'elle est laide.)

Corriger, f. m. Celui qui corrige.

† *Faire folie de son corps.* Proverbe, qui se dit des filles qui se gouvernent mal.

* † *C'est un corps sans ame.* Sorte de Proverbe, pour marquer le peu de valeur d'une personne, qu'une personne, bien loin d'être considerable, n'est rien, est malheureuse, & comme si elle n'étoit point animée.

(Je suis à Paris, triste, pauvre & reclus.
Ainsi qu'un corps sans ame, ou devenu perclus.
Depreaux, satire 1.)

Un *corps* mort

Répondre corps pour corps. C'est s'engager entièrement pour un autre.

* *Corps.* Compagnie de personnes unies ensemble. Societé de plusieurs personnes qui sont réünies sous un même chef. (C'est un Auteur qui n'est pas de nôtre corps. *Pas.l.*5. Le Parlement lui est allé rendre ses respects en corps.

* *Corps.* Tous les gens d'une certaine profession, ou d'un certain métier. (Il y a six corps de marchands diferens.)

Corps. Ce mot entre dans plusieurs expressions de Gu*e*rre. On dit *corps de bataille.* C'est la partie de l'armée qui dans sa marche est entre l'avant garde, & l'arrière garde. Le général demeure ordinairement au corps de bataille d'où il envoie ses ordres où il est besoin, par ses Aides de camp, ou ses Majors de brigade.

Corps de reserve. Ces mots se disent en parlant de bataille, c'est une partie de l'armée que le Général fait poster derriére les lignes aux jours de combat pour secourir les postes les plus foibles. Le général fait son corps de reserve de quelques brigades de cavalerie & d'infanterie qu'il poste derriére les lignes, ou à la queuë des lignes.

† *Corps.* Ce mot entre encore dans plusieurs façons de parler qui regardent la guerre. Exemple. (Dans la marche de l'armée la cavalerie se partage en deux *corps* & l'infanterie marche au milieu. C'est à dire, la cavalerie se divise *en deux gros*. Faire un *corps d'armée.* Rassembler les troupes en un *corps d'armée, Ablancourt, Arrian.* C'est à dire, de toutes les troupes qui sont dispersées çà & là en faire un gros qui compose l'armée. Les vieux corps.)

Corps de garde, f. m. Cavaliers ou fantassins qui doivent garder un poste, & qui sont sous le commandement d'un ou de plusieurs officiers (Poser un corps de garde. Le mestre de camp qui entre en garde doit détacher un corps de garde avancé de 24. maistres commander par un Lieutenant. *Gaïa,art. de la guerre,* 1. *part. c.* 19.

* *Corps.* Ce mot se dit encore figurément de plusieurs choses,

soit en terme d'art ou de sience. Exemples. Corps de comette. Corps de Soleil. Corps de côte. Corps de jupe. Vin qui a du corps. Couleur qui a du corps. Etofe qui a du corps. Corps de droit civil. Corps de droit canon. Ouvrages capables de faire un corps. Corps de discours. Corps de logis. Corps de cuirasse. Corps de navire. Corps de carosse. Le corps de la place.)

Corps. Ce mot signifie la personne du Roi. (Les Gardes du corps. Les Officiers du corps. Le carosse du corps, &c.)

* † *Il l'a enlevé comme un corps saint.* Ces mots sont dits par forme de proverbe, & signifient enlever avec violence pour mettre en prison. Ce mot de *corps-saint,* s'est dit par corruption pour *Coursin,* qui est le nom qu'on a donné aux Usuriers & aux Banquiers de la Cour de Rome, du tems du Pape Jean XXII. qui étoit de la vile de *Cahors en Querci, &c.*

Corps. Ce mot entre dans plusieurs façons de parler de Maître d'armes Il dit plier le corps en avant, plier le corps en arrière. Plier le corps sur la jambe droite, plier le corps sur la jambe gauche. Avancer le corps. Efacer son corps. Pancher son corps en avant. Tenir le corps ferme. Partir du corps, baisser le corps. Tenir le corps droit, relever son corps. Caver le corps, volter du corps. *Liancour, Maître d'armes chap.* 1.3. 16. 17.

Corpulence, f. f. En Latin *corpulentia.* Ce mot signifie l'étenduë, le volume du corps. On dit grosse corpulence, & petite corpulence. Mais il se dit plus souvent des personnes qui ont la taille grossière que de celles qui l'ont menuë & déliée. (Les gens qui sont de grosse corpulence sont sujets à plus d'incommoditez que les autres.)

† *Corpuscule.* Terme de *Phisique.* Ce mot vient du Latin *corpusculum,* qui signifie petit corps; & il ne se dit que des plus petits qu'on ne peut presque pas apercevoir, par la vuë ordinaire, & qu'on ne découvre que par le moïen des microscopes, & encore suposé-t-on qu'il y a des corps plus petits qu'on apelle proprement *corpuscules,* & qui sont des parties insensibles des autres corps que nous apercevons.

CORRECT, *correcte, adj.* Qui est sans faute. Qui est selon les régles de l'art. Qui est congru en quelque langue. (Etre correct en Latin. Dessein correct. Ouvrage correct. Auteur correct.)

Correctement, adv. Selon les régles. Sans faute. (Ecrire correctement. Parler correctement.)

Correcteur, f. m. Celui qui corrige.

Correcteur des comptes. Oficier qui vérifie les comptes rendus à la Chambre.

Correcteur d'Imprimerie. Celui qui corrige les épreuves de chaque feüille avant qu'on tire le nombre des bonnes feüilles qu'on doit tirer.

Correcteur de Minimes. C'est le Supérieur d'un Convent de Minimes.

Correcteur de classes. C'est parmi les Jésuites un Prêtre, ou un pauvre garçon qui fouëtte les écoliers par l'ordre du Regent Jésuite, ou du Préfect des classes.

Correctif, f. m. Tout ce qui corrige. Qui adoucit. Qui rend moins rude. (User de correctif. Un Orateur, un Poëte peut emploïer un mot barbare, quoi que fort propre & expressif, ni hazarder un mot nouveau, sans quelque *correctif,* ou adoucissement. On dit aussi ce mot en Médecine parlant des drogues qui se corrigent & se tempérent les unes les autres. (L'anis est le vrai *correctif* du séné, il dissipe les flatuositez, que le séné cause, & qui donneroient des tranchées.

Correction, f. f. L'action de corriger, ou par laquelle on corrige. (La correction des mœurs. La correction du livre.)

Correction; f. f. Chose correcte, propre & bien faite dans la justesse des régles, & en y a qui croient que tout consiste dans la correction du dessein.)

Correction. Punition. Châtiment. (C'est une faute qui mérite correction. *Benserade, Rondeaux.*)

Correction fraternelle. Avertissement doux & civil qu'on fait à une personne qu'on aime. (Il lui a fait une petite correction fraternelle. Tenez les voïes de la correction fraternelle.)

† *Sous correction.* Sauf le respect. (Vous en avez menti sous correction de Monsieur & de Mademoiselle. Ces mots de *sauf,* ou *sous correction* se disent par civilité ou par respect, pour corriger & pour adoucir ce qu'on a dit de trop fort, de trop libre ou qui pourroit offenser quelqun. Toutefois ils ne sont plus si usitez qu'ils l'étoient & on leur donne aujourd'hui un tour plus poli. On dira par exemple. Sans le respect que je dois à Mr. ou à la compagnie, je dirois, ou je ferois telle, ou telle chose.)

Correction, f. f. Terme de *Rectorique,* & qui vient du Latin *correctio.* Prononcez *coreccion.* C'est une figure de Rétorique par laquelle on condanne ses premières expressions & on les corrige comme trop foibles. (La *correction* augmente & amplifie le discours. La *correction* est touchante & pathétique, quand elle est bien faite.

Non, cruel, tu n'es point le fils d'une Déesse,
Tu suças, en naissant, le lait d'une Tigresse.

Ff 2 † *Correctrice*

† *Correctrice*, f. f. Mot Latin. Celle qui corrige.
CORRESPONDANCE, f. f. Commerce réciproque de deux, ou de plusieurs personnes qui sont éloignées, ou dans des païs diférens. (Avoir de particuliéres correspondances dans les païs étrangers.)
Correspondant, f. m. Celui avec qui on a correspondance. (Un fidele correspondant. Un bon correspondant.)
Correspondre, v. n. Il vient du Latin *correspondere*, & il retient l'f, qu'il a prise dans les Latins, & mêmes il la fait sentir dans tous ses tems, & dans les mots qui précedent *correspondance* & *correspondant*. Il signifie répondre aux soins & à la peine qu'on prend pour nous. Répondre aux sentimens de bonté, & d'amitié, ou d'amour qu'on a en nôtre faveur. (Il ne correspond pas aux soins qu'on prend de son éducation. Elle correspond fort aux sentimens de bonté que son pere a pour elle.)
† *Correspondre*, v. n. Ce mot se dit aussi des choses qui sont placées à vis les unes des autres, ou qui ont communication les unes avec les autres. (Ces portes se correspondent. Ces alées se correspondent. Ces deux maisons se correspondent par une voûte soûterraine.)
CORRIDOR, f. m. Terme d'*Architecture*. Sorte de galerie qui tourne au tour d'un bâtiment.
Corridor, f. m. Terme de *Fortification*. C'est le chemin couvert.
CORRIGER, v. a. Rendre correct. Oter les fautes. (Corriger un ouvrage. Corriger un livre, &c.)
Corriger. Défaire une personne de quelque défaut, l'en reprendre, l'en corriger, la châtier. (On l'a corrigé de mille fautes désagréables qu'il ne fait plus.)
* *Corriger*. Diminuër. Temperer. Empêcher quelque éfet. (Corriger la froideur des tamarins avec de la canelle. Il peut corriger l'influance des astres malins. *Depreaux, satyre* 4.)
* *Se corriger*, v. r. S'amender. Devenir meilleur. Faire quelque progrés dans la vertu. Se défaire de quelque défaut. (Se corriger de quelque vice. *Abl. Luc.* c.1. Celui qui se corrige en voiant les fautes d'autrui, ne peut manquer de devenir honnête homme.)
† *Corrigible*, adj. Mot Latin. Dites plûtôt. Qui se peut corger, qui est aisé à se corriger.
† CORRIVAL, f. m. Ce mot signifie. Un concurrent en amour. Un compétiteur en toute sorte de poursuite, mais il est hors d'usage, en sa place on dit *rival. Vau. Rem.*
‡ CORROBORER, v. a. Terme de *Médecin*. Il signifie fortifier. Il disent aussi un remede corroboratif, c'est à dire qui fortifie.
CORROIER, *conroier*, v. a. Terme de *Corroier*. On ne dit plus à present que *corroier* qu'on prononce *coroié*. C'est travailler le cuir qu'on a pris des mains du tanneur, & le mettre en état de servir. (Corroier un cuir.)
Corroier. Terme de *Serrurier* & de *Coutelier*. Joindre deux morceaux de fer ensemble étant fort chauds & prêts à fondre. Joindre plusieurs morceaux d'acier fort chauds & les faire qu'un.
Corroier. Terme de *Menuisier*. Oter la superficie du bois par feuilles qu'on enlève en le rabotant. (Corroier du bois.)
Corroier. Terme de *Maçon*. Mêler bien le sable & la chaux ensemble. (Corroier le mortier.)
Corroieur, *corroieur*, f. m. On ne dit plus que corroieur, l'autre est hors d'usage. Prononcez *coroiéu*. Artisan qui prend les cuirs du tanneur, qui les foule, les travaillent & leur donne toutes les façons necessaires pour être en état de servir aux cordonniers.
Corroieuse, f. f. Femme de corroieur. Veuve de corroieur, qui fait travailler.
CORROMPRE, v. a. Je corromps, j'ai corrompu, je corromprai, je corromprai. Gâter. Dépraver. Rendre méchant. Débaucher. Violer. (Corrompre les mœurs. *pas. l.5.* Les hommes sont tellement corrompus que ne pouvant les faire venir à nous, il faut bien que nous allions à eux. *pas. l.6.* Corrompre une fille.)
* *Corrompre*. Obliger quelcun à force d'argent ou sous de grandes promesses à faire quelque mal. (Corrompre ses Juges. *Pas. Lett.*)
* *Corrompre*. Gagner à soi. Gagner à son parti. Atirer en sa faveur, (Sa beauté corrompit ses Juges, & ils l'ont renvoïée absoute.)
* *Corrompre*. Ce mot se dit en parlant de passages de quelque livre & signifie. Altérer. Tronquer. Changer. (Il y a ainsi dans l'Auteur, mais l'endroit est corrompu. *Abl. Apo.* Corrompre la Loi du Seigneur. *pas. l.5.* Il n'y a que la crainte & la flaterie qui corrompent la vérité de l'histoire, *Durier, supplemens de Q. Curce.* l.1. ch.1.)
* *Corrompre*. Terme de *Corroieur*. Faire venir le grain à un cuir de vache par le moien de la pommelle. (Corrompre la vache.)
Se corrompre, v. r. Se gâter. Ne se pas garder. (La viande se corrompt l'été. Le bois qui est sujet à se corrompre.)
Se corrompre. Se souïller. Se faire tomber en pollution. (Il s'est accusé de s'être corrompu deux fois.)

CORROSIF, *corrosive*, adj. Qui ronge. Qui mange. (Ulcere corrosif. Humeur corrosive. Esprit corrosif.)
Corrosion, f. f. Ce mot tiré du Latin se prononce *corrozion*. Il peut signifier l'action de ce qui ronge ; mais les Médecins l'emploient aussi pour signifier l'état des choses rongées. (On vit en ouvrant le corps les marques du poison, par la corrosion des parties, c'est à dire voïant que les parties avoient été rongées.)
CORRUPTEUR, f. m. Celui qui corrompt. Qui débauche. Qui viole. Qui altére. (Ce sont des corrupteurs de la jeunesse. *Maucroix, schisme*, l.2. C'est un insigne corrupteur de l'Ecriture. *Maucroix, schisme,* l.2.)
Corruptible, adj. Qui peut être corrompu. (Chose corruptible.)
Corruptibilité, f. f. C'est la qualité d'une chose corruptible.
Corruption, f. f. Changement qui se fait dans une chose qui se corrompt, & s'altére. L'action par laquelle ce changement se fait. (La corruption des humeurs. La gangrene est la corruption des chairs.)
Corruption. Ordure, puanteur, choses corrompués. (On a cru autrefois que les insectes s'engendroient de la corruption de ce cloaque infecte tout le voisinage.)
* *Corruption*, f. f. Etat corrompu, déréglement. (La corruption de la nature. *pas. l.1.* Le monde est dans une étrange corruption. La corruption des mœurs, de la doctrine, du langage, de la justice.)
CORS-AU-PIE', f. m. Sorte de durillon ou de calus qui se forme sur les doigts des piez, & à côté du petit doigt du pié. (Couper un cors. Arracher un cors.)
† CORSAGE, f. m. Ce mot signifie le port d'une personne. La taille d'une personne, mais il est un peu vieux, & n'a proprement lieu que dans le burlesque. (Rien n'est si droit que son corsage *Voi. poe.*)
CORSAIRE, f. m. Pirate. Ecumeur de mer. (Barberousse étoit un fameux corsaire. *Ablancourt, Mar.*)
* *Corsaire*. Scelerat. Méchant. (Endurci toi le cœur, sois asne, corsaire. *Depreaux, satyre* 8.)
* *Corsaire*. Malin. Satirique. Médisant. Méchant.

(Corsaires à corsaires,
L'un l'autre s'ataquant ne font pas leurs afaires.
Reg. sat. 12.)

CORSELET, f. m. Cuirasse pour un piquier. (Un corselet à l'épreuve. Les matelots étoient armez de corselets. *Vaug. Quint. Curce*, l.7. ch.9.)
CORSET, f. m. Corps de jupe de païsanne. (Elle a mis son beau corset.)
CORTEGE, f. m. Ce mot se dit proprement de la suite de quelque Grand d'Italie, & abusivement pour le train & la suite de quelque Grand. (L'Ambassadeur étoit accompagné d'un grand cortége, quand il fit son entrée. Il y avoit trente carosses à ce cortége.

Ils disent voiant ce cortége
Foin de l'Ambassadeur de nége.
Benserade.)

CORVE'E, *courvée*, f. m. L'un & l'autre se dit, mais le mot d'usage c'est *corvée*. L'autre est presque généralement condamné. Ce sont des charges personnelles qui obligent les roturiers à donner leurs peines & leur tems sans en tirer aucun fruit. (Les corvées ce sont des servitudes qui ofencent la liberté publique, & marquent les violences des Seigneurs sur leurs sujets. *Le Mait. plaid.* 20. p. 340. Les corvées sont des charges auxquelles ne sont pas sujets les Gentilshommes, *le Mait. plaid.* 10. Faire une petite ou une grande corvée.)
Corvée. Au figuré, il veut dire peine inutile, travail vain. (J'ai du déplaisir de la corvée qu'il vous fait faire. *Balz. let. choisies* 1. part. l.3. let. 4. Je vous exemterai d'une corvée. *Cost. lettres.* T. 1. let. 313. Vous m'avez obligé de me relever d'une si fâcheuse corvée. *Mai. let.* c. 12. Je vous donne de grandes corvées, mais quiconque m'aime les sauroit éviter. *Mai. let.* 213.)

COS.

COSMOGRAPHE, f. m. Celui qui sait la Cosmographie. (Un savant Cosmographe.)
Cosmographie, f. f. Sience qui traite de la situation, de la grandeur, de la figure & des propriétez du monde visible. (La Cosmographie est fort utile.)
COSSE, f. f. Couverture de légume. (Cosse de féves, de pois, de lentilles, &c. Petite ou grosse cosse. Cosse claire ou tendre. Les féves ressemblent aux parties naturelles ; ce qu'on remarquera si l'on en prend une verte & qu'on lui ôte la cosse. *Abl. Inc.* T.1. *Philosophe à l'ocan.*) La plûpart des femmes qui vendent des pois & des féves disent *écossé*, mais elles disent mal. Les gens qui par-

lente bien difent toûjours des *poids fans coffe*, & non pas *fans écoffe*.

† COSSEIGNEUR, *f. m.* Ce mot ne fe dit qu'en parlant de fiefs, & fignifie celui qui eft Seigneur avec un autre.

COSSIN. Voïez *Couffin*.

COSSER, *v. n.* ou *fe Coffer, v. r.* Ces mots fe difent des beliers qui heurtent de la tête les uns contre les autres. (Ces beliers coffent, ou fe coffent d'abord qu'ils font fortis de la bergerie.)

COSSON, *f. m. Charenfon.* Ver qui gâte les blez.

COSTIERE, *f. f.* Terme de *Jardinier*. On prononce l'*f*, Terre large de fix à fept piez, le long des murs bien expofez, pour y femer, ou planter, ce qui craint le froid, comme laituës, pois, cerfeuil, &c.

CÔTAU. Voïez *Côteau*.

CÔTE, *f. f.* Il vient du Latin. *cofta*. Os qui a la figure d'un arc, & qui eft au côté du corps. (Il y a d'ordinaire douze côtes de chaque côté. *Rompre les côtes* ; c'eft à dire à grans coups de bâton fur les côtes. On dit d'un animal maigre qu'on lui compteroit les côtes.)

† *Côte*. Ce mot au figuré eft ordinairement burlefque & fignifie *Race*. (Elle croit venir de la 'côte de faint Louïs. Patru. Nous fommes tous venus de la côte d'Adam.)

* *Côte*. Ce mot eft encore pris au figuré d'une maniere nouvelle & plaifante.

(Il croit que Dieu d'une côte nouvelle,
A tiré pour lui feul une femme fidelle.
Depreaux, fat. 8.)

Côte. Rivage de la Mer. On appelle ainfi le rivage de la mer parce qu'il eft le plus fouvent en côte. (Rafer la côte de la Mer, *Abl.* Il lui donna le gouvernement de toute la côte de la Mer. *Q. Curce, l. 2. ch.* 8.)

Grande-côte. Ce mot fe dit des perfonnes qui ont charge de garder les côtes de la Mer contre les courfes des Pirates, il fe dit auffi des vaiffeaux & des Galeres dont on fe fert à cét éfet.

* *Côte*. Coline. (La place eft fituée fur une côte.)

Bâtir à demi côte. C'eft à dire bâtir fur le panchant d'une montagne.

Côte de Melon. Morceau de melon en forme de côte.

Côte de Luth. Piéce du corps du luth.

Côte-rouge. Sorte de bon fromage.

CÔTE, *f. m.* Partie droite ou gauche du corps. (Il eft bleffé au côté.)

Côté. Race. Origine. (Du côté de fa mere il eft de bonne maifon.) *Il eft du côté gauche.* C'eft à dire, il eft bâtard.

Côté. Endroit. Partie. Lieu. (N'allez pas de ce côté-là. On entre de tous les côtez. Du côté du Midi. Les côtez d'un vaiffeau. Les deux côtez de l'eau. Les côtez d'une étofe, l'endroit & l'envers. Des deux côtez. D'un côté on voit la riviére & de l'autre côté la montagne.)

* *Côté.* Ce mot au figuré a plufieurs fens. (Exemple. Eve de fon côté ne lui fut pas cruelle. *Sar. poë.* On la décrit fort du côté de la tendreffe. *Voit. l.* 88. Chacun regarde les chofes du côté qui le touche. *Mol.* Avoir les gens de fon côté. *paf. l.* 7.)

A côté, adv. Côté à côté. (Aller à côté de quelcun.)

* *A côté.* A l'égal. (Céfar étoit trop imperieux pour fouffrir quelcun à côté de lui.)

A côté. Prépofitions. Auprés. (A côté de l'Eglife.)

De côté, adv. De biais. (Aller de côté. Prendre de côté. Regarder de côté.)

Porter un cheval de côté. Terme de *Manége*. C'eft le faire marcher fur deux piftes, dont l'une eft marquée par les épaules, & l'autre par les hanches.

COTE, ou *cote, f. f.* Ce mot fignifie Jupe, mais il ne fe dit que dans le burlefque, en fa place on fe fert de *Jupe*.

† *Donner la cotte verte.* C'eft à dire, Baifer quelque fille ou femme fur l'herbe.

Cote d'armes. Sorte de cafaque que les grans Seigneurs & les Chevaliers portoient fur leur cuiraffe. (Le Roi Jean étoit rémarquable par fa cotte d'armes femée de fleurs de lis d'or. *L'Abé de Choifi, vie du Roi Jean, l. 1. ch.* 2.)

Cote de maille. Sorte de cuiraffe faite de mailles.

Cote-part. Ce mot vient du Latin *quota*. Il fignifie portion. (Païer fa cote-part. On dit quelquefois le feul mot *cote*, pour dire la portion à laquelle on a été cotizé. Chacun a païé fa cote. La plus haute cote eft de trente livres.)

* † *Faire une cote mal-taillée.* On fe fert de ces mots pour dire, régler une chofe incertaine à une certaine ; fans entrer dans la difcuffion des particularitez de l'afaire dont il s'agit.

Cote. Terme de *pratique.* Lettre qui fert de marque. (Cela eft produit fous la cote *a*.)

CÔTEAU; *côteau, f. m.* Petite coline. Ceux qui favent la Langue écrivent *côteau*, & penfent contre l'Auteur des obfervations que *côteau* rime bien avec *marteau.* Depreaux, fatire 3. a écrit. *Qui fe dit profés en ordre de Coteaux. A fait en bien mangeans l'éloge des morceaux. Si morceau rime avec couteau*, à plus forte raifon, *marteau* avec *côteau.*

COTELETTE, *f. f.* Petite côte de porc, ou de mouton, qu'on met d'ordinaire fur le gril. (Côtelette bonne, tendre.)

COTER. Terme de gens *de Finance*. Mettre en deux mots fur le dos d'un écrit ce qui eft contenu dans cét écrit. (Coter les piéces.)

Coter. Alléguer. Citer. (Il a coté le chapitre.)

COTERET, *f. m.* Sorte de petit fagot compofé de 7. ou 8. bâtons de bois de chêne, de charme, ou de hêtre. (Un bon coteret.)

† COTERIE, *f. f.* Ce mot ne fe dit que dans le ftile le plus-bas. Il fignifie. Société de plaifir. (Il eft de nôtre coterie. Aimer les agréables coteries.)

COTERON, *f. f.* C'eft une petite jupe de deffus. (Faire un coteron.)

COTI, *cotie, adj.* Il fe dit en parlant de fruit, c'eft à dire, meurtri, parce qu'il eft tombé fur quelque chofe de dur. (Le fruit *coti* pourrit bien-tôt aprés. Les pommes coties, ni les poires coties ne fe gardent pas long-tems.

COTICE, *f. m.* Terme de *Blafon.* C'eft une bande plus étroite & qui n'a que les deux tiers de la bande ordinaire.

COTIGNAC, *f. m.* Confiture faite avec du jus de coings, de fucre roïal, & du vin blanc le meilleur qu'on trouve. (Le meilleur cotignac eft celui d'Orléans. Faire du cotignac. On rougit le cotignac avec de la cochenille.)

* *Cotignac de Bacus.* Fromage.

(O doux cotignac de Bacus,
Fromage que tu vaux d'écus.
S. Amant.)

† COTILLON, *f. m.* Ce mot ne fe dit que dans le comique. En fa place on dit *jupe.*

COTISATION, *f. f.* Réglement de la part que chacun doit donner. (Faire une cotifation.)

Cotifer, v. a. Régler la part que chacun doit donner. (On les a tous cotizé.)

Se cotifer, v. r. Se taxer chacun felon fon bien. (Les gens de bien fe cotifoient autrefois pour les pauvres ; mais on le fait moins fouvent aujourd'hui. Nous fommes obligez de nous cotifer & de lui rendre une partie de l'argent qui nous a donné.)

COTISURE, *f. f.* Il fe dit du fruit. C'eft une meurtriffure qu'a reçû quelque fruit en tombant. (Cette cotiffure fait pourrir le fruit qui eft coti.)

COTOIER, *v. a.* Prononcez, *cotéié.* Aller auprés. Aller le long. (Cotoier le rivage.)

COTITES. V. *Quotité.*

COTON, ou *cotonnier, f. m.* Plante qui a les feuilles larges, & blanchâtres, les fleurs jaunes qui font dentelées fur les bords, & dont le milieu tire fur la pourpre. Elle porte un fruit épais & large, plein de laine tres-blanche, où fa femence eft cachée.

Coton, f. m. Laine enfermée dans le fruit du cotonnier. (Le coton échaufe & deffeiche. *Dal.* 3. Il croit dans la Chine quantité de coton, & même de toute forte de couleur. *Relation nouv. de la Chine.* Le peuple de la Chine s'habille de coton.)

* *Coton.* Ce mot fe dit du duvet qui vient fur quelque fruits & quelques plantes, comme fur les coings, fur les bourgeons de vignes, &c.

(* *Coton.* Mot poëtique, pour dire, *barbe de jeune homme.*)

Se cotonner, v. r. Ce mot fe dit des étofes qui ont déja été un peu portées, & fignifie. *Se frifer.* (Drap qui fe cotonne.)

Cotonneux, cotonneufe, adj. Il fe dit des fruits qui font couverts d'un certain duvet qui reffemble à du coton. (Fruit cotonneux.)

† *Cotomine, f. f.* Groffe toile dont la chaine eft de coton.

COTTE, Voïez *cote.*

COTURNE, *f. m.* Chauffure dont fe fervoient les anciens Comédiens lorfqu'ils réprefentoient des Tragédies.

* *Coturne.* Ce mot eft figuré quelquefois. (Exemples. *Les coturnes ne font pas une chauffure qui me plaife. Mai. poëf.* C'eft à dire, je ne me plais pas à faire des piéces de théatre. Quitte fe langage tragique & met bas le coturne. *Abl. Luc. tome* 1. C'eft à dire, ne parle point d'un ftile fublime & plein d'efprit poëtique dont on fe fert dans la Tragédie.)

C O U.

COU; *col, f. m.* En profe on dit & on écrit *cou*, il n'y a que les Poëtes qui fe fervent du mot de *col*, ou pour la rime, ou pour empêcher la rencontre d'une voielle devant une autre voielle. Le cou eſt la partie de l'épine du dos qui eſt la plus haute, qui eſt jointe, & attachée à la tête, & qui eſt compoſée de ſept vertèbres. (Couper le cou. Se rompre le cou. Il me ſauta au cou tout tranſporté, & dit qu'il me connoiſſoit bien. *Abl. Luc. T. 2.*)

† * *Un cou de gruë. Voi. poiſ.* Grand cou.

Cou. Ce mot ſe dit en Anatomie, & ſignifie entrée. (Le cou de la matrice. Le cou de la veſſie. On dit auſſi le cou d'une bouteille, &c.

Cou de-pié, ſ. m. C'eſt le haut du pié.

Cou de-pié de forme de ſoulier. C'eſt le haut du pié de la forme.

* *Cou de pourpoint. Cou de chemiſe.* C'eſt la partie du pourpoint, ou de la chemiſe qui ſe met autour du cou.

* *Cou, col.* Ce mot ſe dit des paſſages étroits qui ſont au haut des montagnes. En ce ſens on écrit & on prononce *col.* (L'armée a paſſé le col de Pertus pour entrer en Catalogne. On parle dans les Alpes du col de la Croix, & d'autres.)

† Couard, *couarde, adj.* Mot bas, pour dire lâche, poltron.

† Couardiſe, *ſ. f.* Mot bas, pour dire, Lâcheté, poltronnerie.

Couchant, *ſ. m.* Voïez plus-bas.

† *Couche, ſ. f.* Ce mot pour dire *un beau lit* ne ſe dit guere que dans le burleſque. (On mit dans la couche nuptiale, la belle couple ſans égale. *Voi. poiſ.*)

Couche. Ce mot eſt quelquefois emploié pour dire. Un beau lit lors qu'on parle du Soleil, & en des matières de pieté. (Le Soleil même un époux qui ſort de ſa couche. *Maucroix, x. homélie, pſ. 78.* Le mot de *couche* dans le même ſens ſe trouve auſſi ſa place dans la belle poëſie. D'aucun gage ils n'honorent ſa couche. *Racine, Britannicus, a. 2. ſc. 2.*)

* Couche dans ce dernier exemple peut auſſi ſignifier le mariage. Et l'on dit encore, Dieu a beni leur couche & leur a donné des enfans. Ce ſont les fruits de leur couche. On dit d'une femme qui a commis adultère, qu'elle a ſouillé la couche de ſon mari.

Couche. Méchant petit lit qui eſt ſans rideau & pour une perſonne ſeulement. (Ainſi on dit, Couche de Capucin. Couche de Feuillant. Couche de garçon boulanger, &c.)

* *Couches.* Ce mot eſt ordinairement pluriel, quand il ſignifie *Enfantement.* Le tems qu'une femme garde le lit lors qu'elle eſt accouchée. (Ses couches ont été heureuſes. Faire ſes couches, ou être en couche. Etre relevée de couche.)

Fauſſe-couche, ſ. f. C'eſt lors qu'une femme groſſe jette une maſſe informe au bout de deux ou trois mois, & qui eſt ſuivie d'une perte de ſang. (Les violens & fréquens vomiſſemens, les coliques & les trenchées violentes font faire des fauſſes-couches. La colère trop grande, la peur ſubite, les médecines fortes & violentes peuvent cauſer une fauſſe-couche. Une femme à qui arrive une fauſſe-couche, eſt bien plus en danger de la vie qu'une femme qui accouche naturellement. *Mauriceau, traité des femmes groſſes.*)

Couche. Terme de *nourrice.* Linge avec lequel on envelope l'enfant qui eſt au maillot.

Couche. Terme de *Jardinier.* Planche de terre, couverte de fumier, propre à mettre concombres, melons, &c. (Semer ſur couche. Renouveller une couche.)

Couche. Terme de *Boulanger.* C'eſt un morceau de groſſe toile ſur quoi on couche le pain au lait. (Mettre le pain ſur la couche. Les pains ſont ſur couche.)

Couche. Terme de *Peinture.* Etenduë de couleur ſur la toile, ou autre choſe ſur quoi l'on peint. (Mettre une couche de vermillon.)

Couche. Terme de *Tireur d'or.* Feuille d'or, ou d'argent qu'on met autour du bâton qu'on veut dorer, ou argenter.

Couche. Terme de *Maçon.* Enduit de mortier, ou de ciment. (Mettre une couche. Etendre une couche.)

Couche. Terme de *Doreur ſur cuir.* Compoſition d'eau & de blanc d'œuf qu'on poſe ſur le cuir avant que de le dorer.

Couche. Terme de *Tanneur.* Ce ſont quatre ou cinq cuirs qu'on met ſur le chevalet pour être quioſſez, c'eſt à dire, pour en faire ſortir la groſſe ordure avec la quioſſe. (Faire une couche.)

* *Couche.* Ce mot ſe dit des lits de différentes matières qu'on couche & étend les unes ſur les autres. (Une couche de pain, une couche de fromage, &c.

Couche. Terme d'*Arquebuſier.* La partie du fût du fuſil, ou du mouſquet qui eſt au bout du canon, qu'on ajuſte auprés de l'épaule, & qu'on couche auprés de la joüe lorſqu'on veut tirer. Le gros bout du fût du fuſil ou du mouſquet, Quelques-uns appellent cette partie du mouſquet ou du fuſil la croſſe, mais les habiles Arquebuſiers de Paris que j'ai conſultez, diſent tous ; Couche de fuſil. Couche de mouſquet. On croit qu'il faut en cela parler comme eux.

Couchée, ſ. f. Lieu où l'on couche quand on voïage. (Nôtre couchée eſt à deux lieuës d'ici. Nous irons à la couchée en un tel lieu.)

Coucher, ſ. m. Le tems qu'on ſe couche. (Prier Dieu à ſon coucher, & à ſon lever. Le petit coucher du Roi.)

* Coucher. Ce mot ſe dit des aſtres & des étoiles. C'eſt le tems que les aſtres & les étoiles diſparoiſſent. (Le coucher des Pleïades. Le coucher du Soleil. Il ſe rendit au fleuve ſur le coucher du Soleil. *Vaug. Q. Curce, l. 7. ch. 5.*)

Coucher, *v. a.* Mettre au lit, ou au berceau. (Coucher un enfant. Coucher un malade.)

* Coucher. Mettre. (Coucher ſur l'Etat. *Ablancourt, Apo.* Coucher au jeu. Coucher de l'argent ſur une carte.)

* * Coucher par écrit. Cette derniere façon de parler a vieilli.

* Coucher. Etendre. (Coucher une choſe par terre. La pluïe à couché les blez.)

* Coucher la vigne. C'eſt étendre les ſarmens en terre afin de la provigner, & que chaque ſarment faſſe une nouvelle ſouche.)

* Coucher. Ce mot, dans la ſignification de Mettre, Poſer & Etendre eſt commun à pluſieurs arts. (Les peintres, les Tireurs d'or, & les Doreurs diſent : Coucher les couleurs. Coucher l'or. Les Chapeliers diſent. Coucher un chapeau. C'eſt, le mettre dans la feutrerie avec le lambeau. Les Boulangers diſent *coucher le pain,* c'eſt le mettre ſur la couche.)

* Coucher en joüé. Cette façon de parler ſignifie, mettre la couche du fuſil, ou d'un mouſquet proche de ſa joüe en état de tirer. Mais, au figuré, cette façon de parler † * *coucher en joüé* eſt burleſque ; pour dire regarder, conſidérer avec quelque deſſein.

(La Villageoiſe eſt belle & jeune, je l'avoüe,
Dom-Alfonſe en paſſant peut la coucher en joüe.
Scar. D. Japhet, a. 1. ſc. 1.)

Coucher, *v. n.* Etre couché. Giter. Paſſer la nuit en quelque lieu. (Coucher dedans, ou dehors la ville. Coucher dans ſa maiſon, chez un de ſes amis, au cabaret, &c. Et dans ce même ſens on dit *Coucher à l'enſeigne de la Lune, ou à la belle étoile,* pour dire, coucher à l'air, n'avoir aucun gîte.)

Coucher, *v. n.* Ce mot ſignifie auſſi avoir habitation charnelle avec une femme. (Ils couchent enſemble dépuis pluſieurs mois.)

Se coucher, v. r. Se mettre au lit. S'étendre tout de ſon long ſur quelque choſe. (Comme elle ne pouvoit s'empêcher de dormir, elle s'eſt couchée. Se coucher par terre. Se coucher ſur un cofre.)

* *Se coucher.* Ce mot ſe dit des aſtres & des étoiles & ſignifie, Diſparoître. (Le Soleil ſe léve & ſe couche. Quand le Soleil & la Lune ſont en oppoſition, l'un ſe léve au même-tems que l'autre ſe couche.)

Couchant, part. Qui couche. Qui ſe couche.

Couchant, ſ. m. Terme de *Géographie.* Le côté du monde où le Soleil ſe couche. (Regarder le couchant. Etre tourné vers le couchant. Du Couchant au Levant.)

* On dit figurément qu'on adore plûtôt le Soleil levant que le couchant, pour dire, qu'on ſuivra plûtôt la fortune d'un jeune Prince que celle d'un vieux.

Chien couchant. Sorte de chien de chaſſe, qui eſt dreſſé pour arrêter les perdrix, & qui ſe couche quand il les voit.

† * *Faire le chien couchant.* Proverbe pour dire, Careſſer & flater en ſe ſoûmettant & ſe rangeant à ſon devoir.

Couchette, ſ. f. Méchant petit lit de Religieux, ou de Religieuſe. Petite couche. (Une couchette toute neuve. †*Un mignon de couchette. Abl. Luc.* C'eſt un jeune homme bien fait, propre, poli & un peu éféminé.)

Coucheur, ce mot ne ſe dit pas ſeul. Il ſignifie celui qui paſſe la nuit avec un autre dans le lit. (C'eſt un méchant coucheur, on ne peut dormir avec lui.

L'amour eſt un mauvais coucheur,
Car la nuit ſans ceſſé il fretille.
Poëſies.)

Coucheuſe, ſ. f. Ce mot ne ſe dit pas ſeul. Il ſignifie celle qui couche avec une autre dans le lit. (C'eſt une fort méchante coucheuſe.)

Couchoir, ſ. m. Terme de *Doreur.* Petit morceau de buis fort propre, avec quoi on prend les tranches d'or pour faire les bords des livres.

Coucon, *ſ. m.* Peloton de ſoie que fait le ver à ſoie, où il s'enferme pour travailler, & d'où il ſort changé en papillon blanc. (Faire un coucon. Apprêter un coucon. Former un coucon. *Isnard*, *traité des vers à soie.*)

COUCOU, *s. m.* Oiseau qui est d'un gris clair, ou gris brun, & qui à ce qu'on croit, épie l'ocasion que quelque Oiseau sorte de son nid pour y aller pondre & qui vit quatre ou cinq ans. *Olina, traité des oiseaux qui chantent.*

Coucou, *s. m.* Espéce de fraisier qui fleurit beaucoup & ne noüé jamais. Ces coucous ne valent rien & il les faut arracher des jardins, quand au commencement de Mai ils sont leurs montans.

COUDE, *s. m.* Partie du bras, composée de deux os, Partie de l'habit qui couvre le coude. (Donner un coup de coude. Son pourpoint est percé au coude.)

Coude. On nomme ainsi le contour d'un chemin, d'une muraille, &c. qui fait un angle fort obtus, & qui ne sont pas en ligne droite. Les artisans nomment aussi *coude* les parties des outils, ou autres instrumens, qui font des angles ou des retours, par des lignes droites ou courbes. (Le coude d'une branche de mors de bride, le coude d'une équierre, &c.

Coud, *coudée*, *adj.* Qui a un angle, ou un coude. (Il y a plusieurs instrumens qui doivent être coudez, afin qu'on s'en puisse mieux servir.)

Coudée, *s. f.* C'est depuis le pli du bras jusques au bout du doigt du milieu de la main. Mesure d'un pié & demi. (Haut de deux bonnes coudées.)

† * *Avoir ses coudées franches.* C'est être libre, & en etat de faire ce qu'on veut sans que rien empêche.

Couder, *v. a.* Terme de *Tailleur*, (Couder le coude d'une manche. (Couder une manche.)

Coudoïer, *v. a.* Pousser avec ses coudes. (Il coudoioit ceux qui étoient assis auprés de lui. *Abl. Luc.* tom. 1. p. 39. Je coudoiai les plus proches pour me faire place. *Abl. Luc.* T. 1.)

COUDRAIE, *s. f.* Lieu planté de coudriers.

COUDRAN, *s. m.* Terme de *Batelier de Paris.* Composition de certaines herbes & de plusieurs ingrediens qui empêchent la pourriture des cordes. (Passer les cordes dans le coudran.)

Coudranner, *v. a.* Terme de *Batelier de Paris.* C'est tremper & passer plusieurs fois une corde dans le coudran. (Coudranner une corde.)

Coudranneur, *s. m.* C'est celui qui coudranne les cordes.

COUDRE, *Je couds, tu couds, il coud, nous cousons, &c. Je cousis, j'ai cousu, je coudrai, cousant.* Faire quelque couture. Se servir du fil, ou de la soie avec l'éguille, ou autre instrument pour atacher & faire tenir de la toile, du drap ou autre chose qui se coud. (Coudre une chemise. Coudre un haut de chausse. Coudre une paire de souliez, & Jupiter cousut le petit Baccus dans sa cuisse. *Benserade, Ès deux.*)

† * *Coudre.* Joindre. Atacher. (J'aurois toûjours des mots pour les coudre au besoin. *Dépreaux, satire* 9. Je coudre une rime au bout de quelque vers. *Dépreaux, satire* 7.)

* Il faut *coudre* la peau du renard avec celle du Lion. Vieux proverbe, pour dire, qu'outre la force qu'on emploie contre les enemis, il faut encore se servir de finesse & agir contr'eux avec prudence.

COUDRIER, *s. m.* Arbre qui porte des noisertes. Il s'apelle en Latin *corylus*.

COÜENNE, *s. f.* La peau qui couvre le lard. Voïez *coine*.

† *Couillaut*, *s. m.* Les Latins eussent rendu ce mot par celui de *bonè mentulatus*.

Coüillaut. Valet de Chanoine de l'Eglise Catédrale d'Angers. Voïez là-dessus *les origines de la langue Françoise de Ménage.*

Couille, *s. f. Mentula.* (Couille de bélier.)

Couillon, *s. m.* Testicule. (Couillon de coq. Couillon de bélier.)

COULE, *s. f.* Terme de *Bernardin.* Il y a deux sortes de coules, une blanche qui est un habit fort ample, & dont le Bernardin se sert dans les cérémonies, & lorsqu'il assiste à l'ofice. La couleur noire est un habit fort ample dont le Bernardin se sert seulement dans les villes, & lorsqu'il va par les rües.

Coule. Terme de *Bernardine.* Sorte de grand habit de chœur qui est blanc & qui a de grandes manches.

COULER, *v. n.* Ce mot se dit proprement des eaux & des choses liquides, il signifie. Se mouvoir. Aller selon sa pente naturelle. Se répandre doucement. (Fleuve qui coule tout doucement. *Vau. Quin.* l. c. 4. Laissez couler mes larmes. Les rivieres coulent ordinairement vers le Midi, ou vers le Nord. Le Danube coule vers l'Orient.

Couler, *v. a.* Faire passer quelque liqueur au travers de quelque chose. (Couler le lait.)

Couler, *v. a.* Terme de *Blanchisseur* & de *Blanchisseuse.* C'est mettre dans un cuvier le linge qu'on veut blanchir, le couvrir d'un morceau de toile, qu'on apelle *charier*, sur lequel on met de la cendre & jetter la lessi-

ve chaude par dessus. (Couler la lessive.)

Couler à fond, *v. a.* Faire aller à fond. (Couler un vaisseau à fond. *Abl.*)

Couler à fond, *v. n.* Aller à fond. (Dix vaisseaux coulèrent à fond.)

Couler. Terme de *Fondeur*, *Potier d'étain & autres gens qui fondent le métal.* C'est fondre pour jetter en moule. (Couler le cuivre. Couler l'étain.)

Couler. Ce mot se dit de la vigne, dont les grapes ne grossissent pas à cause du froid. (La vigne coule. Ma vigne a coulé.)

Couler, *v. r.* Terme de *Jardinier.* Il se dit des fruits, & signifie ne pas noüer, périr. (Les fruits ont coulé cette année.)

* *Couler.* Ce mot se dit des choses successives & qui sont en mouvement & signifie *s'écouler*, *se passer*. (L'heure coule. Le tems coule. La vie coule.)

* *Couler.* Ce mot se dit du discours, soit de prose, ou de vers, & il signifie n'avoir rien de dur, ni de forcé. Etre aisé & naturel. (Vos mots coulent doucement. *Voi. Poë.* Vers qui coulent doucement. *Voi. Poë.*)

[* Discours coulant. Vers coulans.]

* *Couler.* Faire glisser. Mettre promptement & doucement. (Il lui a coulé de l'argent dans la poche.)

* *Couler.* Aller à la fille. Se glisser doucement. (Ils commencoient à couler sur la droite le long du camp. *Relation des campagnes de Rocroi.*)

* *Se couler*, *v. r.* Se glisser doucement & sans bruit. (Il s'est coulé dans le fossé sans être aperçû & s'est sauvé.)

Coulement, *s. m.* Flus d'une chose liquide. (Le coulement du sang, de la pituite, &c.

* *Coulement*, *s. m.* Terme de *Maître d'armes.* Il consiste à glisser & à avancer en même-tems. (Faire un coulement d'épée. *Liancour, Maître d'armes.*)

COULEUR, *s. f.* En Latin *color.* Sentiment qu'excitent en nous les objets qu'on nomme colorez. Diférentes réflexions de la lumière qui ébranlent le nerf optique, & reveillent par ocasions dans nôtre ame l'idée que nous avons des couleurs. (Une couleur belle, changeante, fuiante, voiante, éclatante, fausse, vraie, bonne, naturelle, artificielle, couleur rompuë. *Ces derniers mots sont des termes de peinture.* Garder sa couleur. Perdre sa couleur. Mettre en couleur.)

Couleurs. Il se dit en matière de peinture. Ingrediens qu'on a préparez & dont on se sert pour donner aux objets qu'on peint, les ombres & les lumieres qui leur conviennent. (Couleurs naturelles, couleurs artificielles; couleurs rompuës, ce sont celles qui sont diminuées & corrompuës par le mélange des autres. Un des Prêtres de Diane s'étant mal expliqué sur les couleurs de peinture, les valets qui broioient les couleurs, se moquoient de lui. *Durier*, *supl. de Q. Curce*, l. 2. ch. 6. Nuance de couleurs.)

Couleur. Ce mot se dit du teint, & du visage, & il vent dire, la qualité du teint plus ou moins coloré selon la disposition où l'on est. (Ainsi on dit. Avoir une mauvaise couleur. Avoir la couleur vermeille. Etre haut en couleur. Avoir les pâles couleurs.)

Couleur. Ce mot se dit des fruits & du vin. Qualité qui rend le fruit, ou le vin plus, ou moins coloré. (La couleur de ce fruit est belle. La couleur de ce vin est agréable.)

Couleur. Il se dit entre *rotisseurs*, parlant du rôti. Qualité colorée qu'on donne à la viande par le moïen du feu, ce qui lui donne plus d'agrément & la rend plus friande & plus délicate. (Ce cochon de lait n'a pas assez de couleur, il lui en faut donner un peu davantage.)

Couleur. Il se dit des étofes, de la soie, des rubans, &c. Les marchands merciers de Paris sont souvent le mot de couleur masculin, en parlant de leurs rubans. Ils disent nous avons du beau couleur de feu. Voulez-vous du couleur de feu? on condamne ces façons de parler, & il faut dire & écrire, nous avons du beau ruban couleur de feu. Voulez-vous du ruban couleur de feu, j'en ai du fort beau? On ne se sert dans l'Eglise que de cinq couleurs principales, du blanc, du rouge, du verd, du violet & du noir.

Porter un habit de couleur. C'est à dire, de quelque autre couleur que de noir.

En termes de blason, on parle de cinq couleurs, qui se nomment ainsi; *gueules*, c'est le rouge, *azur*, c'est le bleu; *sinople*, c'est le verd; *sable*, c'est le noir; *le pourpre* est mélangé de gueules & d'azur.

Les noms des autres couleurs se trouveront chacun en son rang.

* *Couleurs.* Ce mot se dit aussi des livrées que les gens de qualité font porter à leurs domestiques. (Il a porté les couleurs, c'est à dire, il a été Laquais, &c.

* *Couleur.* Prétexte. Couverture. Moïen qu'on imagine pour palier quelque chose. (Donner des couleurs à une afaire. *Le Mai.* Pour apuïer cette conjecture, on ne manque

que ni de preuves, ni de couleurs. *Patru, plaidoyé 11.*)

* *Couleur.* Aparence. Raison. (Il lui reprochoit avec quelque couleur qu'il ne servoit Dieu que par interêt. *Maucroix, homélie 5.*)

* *Couleur.* Ornement de langage. (L'éloquence n'a point de couleurs assez vives pour représenter la grandeur d'une action si heroïque. *Godeau.*)

Couleuvre, *s. f.* Du Latin *coluber.* Sorte d'insecte rond qui a les dens venimeuses, qui est long environ de trois quartiers, qui est marquetée de gris sur le dos, qui a la tête plate & la queuë pointuë, & qui a l'êté se dépouille de sa peau comme le serpent. (Une grosse ou une petite couleuvre. † *Il a bien avalé des couleuvres* ; Sorte de proverbe, pour dire, il a bien eu de la peiné ; il a eu beaucoup d'affliction.)

Couleuvrée, *s. f.* Plante rampante, qui ressemble à la vigne. (Couleuvrée blanche. Couleuvrée noire. La couleuvrée sert à couvrir des berceaux de jardin.)

Couleuvrine, *s. f.* Seconde espece d'artillerie du calibre de France, qui a été apelée couleuvrine à cause de sa longueur.

Coulis. Voïez vent.

Coulisse, *s. f.* Canal de bois dans lequel on fait aller & venir un chassis, une fenêtre, une berse, ou autre chose. *Félibien.* On apelle aussi *coulisse* tout ce qui coule dans ce canal de bois qu'on nomme *coulisse.*) Ainsi on dit, la coulisse d'un confessionnal qui est une petite planche sur la jalousie du confessionnal que le Confesseur fait couler quand il veut entendre le pénitent.

Couloir, *s. m.* Sorte de vaisseau dont on se sert pour couler du lait.

Couloire, s. f. Petit panier ovale qu'on met sous l'anse de la cuve lorsqu'on tire le vin. (Couloire de pressoir.)

Couloire, s. f. Vaisseau troüé pour y faire passer quelque liqueur (Couloire d'Aporicaire.)

Colombier ; Colombier, *s. m.* On ne dit plus présentement que *coulombier*, & tel est le bon plaisir de l'usage. Le *Coulombier* est un reduit qui est élevé à côté d'une maison, ou au milieu, ou à quelque endroit d'une cour de la maison d'un Seigneur, & qui est garni de perchoirs & de boulins, ou couvent & se retirent les pigeons.

Coulpe, *s. f.* Ce mot se dit entre Religieux & Religieuses, en matière de pieté, il signifie *faute.* (Dire sa coulpe des choses qu'on a gâtées, ou perdues. *Constitutions de Port-Royal, p. 50.* Trois fois la semaine les Capucins disent leur coulpe devant leur Gardien & en presence de tous les Religieux.)

Coulure, *s. f.* Ce mot signifie *coulement.* Le mouvement d'une chose qui coule. (La coulure du métal fondu.)

* *La coulure de la vigne.* C'est ce qui arrive quand la fleur de la vigne qui doit former le grain de raisin, au lieu de se noüer à la grape, s'en détache & coule à terre, par quelque tems froid.

Coup, *s. m.* Prononcez *coû.* Action de celui qui frape, choque, ou pousse. Blessure. Ce que fait la chose qui a frapé. (Donner un bon coup de poing. Le coup qu'il a reçû, est mortel. Il s'est donné un coup à la tête. Porter un coup à quelcun. Pousser un coup. Alonger un coup. Rendre coup pour coup. Donner coup sur coup. Se donner des coups fourrez. Donner des coups d'épée. Recevoir des coups de bâton. Coups de poing. Donner des coups d'étriviéres, Je veux ici l'attendre & le roüer de coups. *Scar. D. Japhet, a. 4. sc. 2.* Se batre à grands coups d'épée. *Vasconcelle, Ariote. T. 2.*)

Coup. Ce mot entre dans plusieurs façons de parler de Maître d'armes, & il consiste à poûsser & à parer. (Un coup fourré, c'est lors que ceux qui font des armes se blessent au même-tems. Un coup parfait, achevé. Porter un coup. Soutenir bien son coup. Il n'y a point de coup qui n'ait son contrecoup. Un coup doit partir la première dans tous les coups. Poûsser, présenter un coup. Voir, venir le coup. Parer le coup. Recevoir le coup. Eviter le coup. Faire un batement de pié de quatre, de tierce, &c. Donner un coup d'estramaçon,c'est un coup d'épée, sur la tête, à la maniére des Espagnols. *Liancour, Maitre d'armes.*)

Coups. Ce mot au pluriel signifie quelquefois Combat. Bataille. Lieu où l'on se bat. (On estime de grans foux ceux qui se fourrent aux coups. *Sar. Paë.* Aller aux coups tête baissée. *Abl.*)

Coups. Blessure amoureuse que font de beaux yeux. Blessure que fait la langue en médisant. Traits satiriques & plaisans qui réjouïssent les uns & fâchent les autres. Atteintes des passions. (Mortels déplaisirs je ne crains point vos coups. *Voi. poës.* Vos regards sont mortels, leurs coups sont redoutables. *La Suze, poës.* L'amour me fait sentir les plus funestes coups. *Rac.*)

* *Coup.* Efet. (C'est un coup de desespoir. *Abl.* C'est un coup de hazard. Un coup de fortune. Un coup du Ciel. Un coup de vent.)

* *Coup, s. m.* Il signifie quelquefois malheur. Accident fâcheux. Afaire fâcheuse & chagrinante. (Un coup de malheur.

Vous vous troublez beaucoup
Mon cœur n'est point du tout ébranlé de ce coup.
Mol. fem. sav. a. 5. scene derniére.)

* *Coup.* Ce mot se dit en parlant de tempête, d'armes à feu, de tonerre, & signifie Eclat, & bruit. (Coup de canon. Coup de fusil. Coup de foudre. Coup de tonerre. Coup de tempête, &c.)

* *Coup.* Ce mot entre dans plusieurs façons de parler proverbiales & figurées. (Exemples. *Avoir un coup de hache.* C'est à dire, être un peu fou. *Ces actes n'ont été faits qu'après coup.* Patru, plaid. 5. C'est à dire, que ces actes n'ont été faits qu'après le tems qu'il falloit. *La plus petite tolerance porte coup.* Patru, plaidoyé 6. C'est à dire, la plus petite tolerance est de conséquence. *Les plus grans coups sont rüez.* Façon de parler proverbiale, pour dire, les plus grans éforts sont faits ; les mouvemens amoureux que causent les passions se font plus si ardens, & n'obligent plus à les suivre aveuglement. C'est un coup de journée ; C'est à dire, un coup qui acable & qui achève tout à fait la personne qu'on veut détruire, ou à qui on veut nuire. C'est un coup d'état pour elle. C'est à dire, un coup heureux. C'est un coup de partie. C'est à dire, un grand coup ; un coup avantageux. Faire un coup de tête. C'est à dire faire une chose par caprice, par boutade, & ne prendre aucun conseil que de sa passion. Ces mots signifient aussi le contraire, & veulent dire, un coup, ou une action d'un homme d'esprit. C'est un coup de maitre, c'est à dire, un beau coup.)

* *Faire d'une pierre deux coups,* Voïez Pierre.
* *Faire un mauvais coup.* C'est faire une action punissable.
* *Il a fait un coup de sa main.* Pour dire, il a pris, il a dérobé.
* *Celui qui a fait le coup.* C'est à dire, l'action.

Coup. Fois. (Soupirer quatre coups. *Voi. poë.* Boire dix coups. *Voi. poë.* Gagner un coup. Baiser encore un coup. *Ab.* Il a deviné la chose du premier coup. Il a fait tout d'un coup ce qu'il avoit à faire. Donner un coup de lancette, de rasoir, &c. Un coup de peigne. Donner un coup de corne à un cheval. V. *corne.*)

Coup. Terme de jeu de paume. C'est la partie de jeu qu'on nomme quinze. (Faire un coup de grille. Faire un coup de trou.)

Coup. Ce mot se dit encore en d'autres jeux, comme aux billards, à la boule, &c. (Prendre un coup. Gagner un coup. Perdre un coup. Coup de dé. Coup d'essai.

† * *Donner un coup de pié, ou un coup d'éperon jusques en quelque endroit* ; c'est à dire, y aller & en revenir prontement.

Au premier coup de tambour, au premier coup de sifler. C'est à dire, prontement. On dit encore donner un coup d'œil à quelque chose. Un coup de plume. Un coup de chapeau. Un coup de lance.

On dit aussi un coup de langue, c'est à dire, un bec,c'est à dire, quelque médisance, ou quelque sorte d'ataque qui se fait par le discours.

* *Coup.* Terme de Maçon. On dit qu'un mur a pris coup, qu'il n'est plus à plomb, qu'il fait ventre & qu'il menace de ruïne.

Coupable, *adj.* Ce mot se dit des personnes. Il signifie. Qui est en faute. Qui est criminel. Condannable. (Si on le trouve coupable, on le punira. Ne se sentir coupable en aucune chose. *pag. 14.* Se rendre coupable de lâcheté. *Arn. fiq. comm.*)

Coupable, *s. m.* Celui qui est criminel. Celui qui a fait une faute. (Le coupable est sauvé & l'innocent puni. *L'innocent souffre souvent pour le coupable.* Ces mots se disent en diferentes ocasions, par exemple, lors qu'on fait un mauvais jugement d'une certaine sorte de gens, parce qu'on a été trompé par quelques-uns d'entr'eux.)

Coupé, *s. m.* Terme de Dance. Mouvement de celui qui dance, se jette sur un pié, & passe l'autre devant, ou derriére. (Faire un coupé.)

Coupé. Terme de Blason. Divisé & coupé par le milieu depuis un flanc de l'écu jusques à l'autre. (Il porte de fait coupé sur gueules. *Col.*)

Coupe, *s. f.* Du Latin *cuppa.* Sorte de vase de métal, rond, soûtenu d'un pié de même métal, & dont on se servoit ordinairement pour boire. (Le Nectar est versé dans la céleste coupe. *Racine.*)

Coupe de calice. La partie du calice où l'on verse l'eau & le vin qui servent au sacrifice de la Messe.

Coupe, s. f. Ce mot en termes de Religion sert à exprimer la partie de la Communion de l'Eucharistie qui se fait avec le vin qu'on met dans la coupe. Ainsi on dit. Le Concile de Trente a retranché la coupe au peuple.

Coupe. Ce mot se dit en parlant de bois, & signifie l'abatis qu'on fait du bois avec la hache, & qu'on coupe ensuite pour le mettre en état de vente & de service. (La coupe du bois est faite.

Coupe

Coupe. Terme de *Tailleur, de Tailleur de pierre, & de Cordonnier.* Manière de tailler. Manière de couper. (Avoir la coupe bonne. La coupe des pierres.)

Coupe. Ce mot se dit aussi généralement de diverses choses que l'on coupe, ou qu'on a coutume de couper. On dit, la coupe du gâteau qu'on fait le jour des Rois. Acheter des melons à la coupe. La coupe du drap. La coupe des mennoies, &c. On dit aussi la coupe des cartes, c'est à dire, la division qui s'en fait en deux parties par le joueur qui est proche de celui qui les a batuës.

Coupe lourgeon, *s. m.* V. *Lisette.*

A coupe-cu, *adv.* Terme de *Joüeur.* C'est à dire, sans revanche & sans plus joüer. (Joüer une pistole à coupe-cu.)

Coupe-gorge, *s. m.* Lieu où l'on court hazard d'être égorgé, ou tué par quelque voleur. (Ce lieu-là est un vrai coupe-gorge.)

Coupe-jarrets, *s. m.* Assassin. Meurtrier.

Coupe-pâte, *s. m.* Instrument de *Boulanger*, qui est de fer, avec un rouleau en haut, & qui est plus délié, & plus large que la paume de la main, duquel on se sert pour couper la pâte.

COUPELLE, *s. f.* Terme d'*Afineur.* Manière de cu de lampe, fait de cendres de sarments, & d'os de pieez de mouton. (Afiner l'or à la coupelle.)

COUPEAU, *s. m.* Sommet de montagne.

Coupeau. V. *Copeau.*

COUPER, *v. a.* Trancher net avec quelque sorte d'instrument d'acier que ce soit, comme couteau, sabre, ciseau, couteau, rasoir, &c. (Couper du pain. Couper une tranche de pâté. Couper sa viande. Couper les blez. Couper le cou, le poing, le nez, les oreilles.)

Couper la gorge. Ces mots signifient, tuër, massacrer. (On coupa la gorge à tous les François dans la Sicile. Les voleurs coupent la gorge à ceux qui passent dans ce bois.)

* *Couper la gorge.* Ces mots se disent au figuré, pour signifier seulement qu'on cause de la perte, ou quelque grand dommage à quelcun. (On coupe la gorge aux passans dans une hôtellerie où on les rançonne. Un Juge coupe la gorge à une partie qui condamne injustement.)

Couper. Abatre à coups de hache. (Couper le bois.)

Couper un cheval. C'est à dire le châtrer.

* *Couper.* Terme de *Guerre.* Prendre quelque traverse de chemin pour attraper l'ennemi dans la marche. Arrêter. Empêcher de passer outre. (Couper l'ennemi. Couper le chemin. Couper les vivres aux ennemis. *Abl.*)

* *Couper.* Terme de *Chasse.* C'est lorsque le chien quite la voie de la bête qu'il chasse & la va chercher en coupant les devans pour prendre son avantage.

Couper. Terme de *jeu de cartes.* Séparer les cartes en deux avec la main avant qu'on les donne. (Couper nettement. Donner à couper.)

Couper. Terme de *Dance.* Se jetter sur un pié, & passer l'autre devant, ou derriére. (Il falloit couper-là.)

Couper. Terme de *Mesureur.* Racler avec la racloire lorsque la mesure est pleine.

Couper. Terme de *Cordonnier & de Tailleur.* C'est couper le cuir, ou l'étofe selon les regles du métier. (Couper un manteau, un habit, une paire de bottes, une paire de fouilier, &c.)

Couper court. V. *Court.*

* *Couper l'herbe sous les piez à quelcun.* Proverbe. C'est faire perdre à quelcun un avantage qu'il espéroit.

* *Couper la racine à quelque mal.* C'est l'ôter entiérement.

Couper. Terme de *Jardinier.* Tailler. (Couper à l'épaisseur d'un écu. Couper en moignon. Couper en talus. Couper en pié de biche. Couper quarrément. *Quint. Jardins,* T.1.)

Se couper, *v. r.* S'entamer la chair avec quelque instrument qui coupe. (Il s'est coupé le doigt avec son couteau.)

* *Se couper.* Se contredire. Dire des choses qui se détruisent les unes les autres. (C'est un étourdi qui se coupe à tous momens.)

* *Se couper.* Ce mot se dit des chevaux, & veut dire. S'entretailler. S'écorcher, & s'emporter le boulet. (Cheval qui se coupe. Soleisel parfait Maréchal.)

* *Se couper.* Cela se dit des étofes qui se gâtent par les plis. (Les étofes fortes se coupent plûtot que celles qui sont souples & déliées.)

* *Se couper.* Terme de *Géométrie.* Il signifie se croiser, se traverser, & il se dit des lignes, des cercles & des plans. (Tous les diamétres se coupent au centre du cercle. Tous les Méridiens se coupent dans l'axe du monde. Deux plans se coupent selon une ligne droite qu'on apelle leur commune section.)

Coupé, coupée, adj. Qui a été retranché, ou abatu. (Pain coupé. Bois coupé.)

* *Coupé, coupée,* adj. Divisé. (Ce païs est coupé par plusieurs riviéres.)

* *Un stile coupé.* C'est un stile court & laconique.

Couperet, *s. m.* Manière de couteau grand, court, & large propre à dépecer la grosse viande, couper & fendre les os.

COUPEROSE, *s. f.* Vitriol. Sorte de sel mineral qui contient en soi quelque substance métallique.

* *Couperosé, couperosée,* adj. Plein de rougeurs. (Visage couperosé.)

Coupeur, *s. m.* Ce mot ne se dit pas seul. (Un coupeur de bourse.)

COUPLE, *s. f.* Du Latin *copula.* Deux choses de même espéce. (Une couple de pigeons, une couple de tourterelles, une couple de pommes, une couple d'œufs. Ménage a décidé que le mot de couple en ce sens étoit masculin. L'usage est contraire à sa décision.)

Couple. Ce mot en parlant de deux personnes, d'un amant par exemple, & de sa maîtresse, est masculin. (Heureux couple d'amans, nôtre grande Marie a combatu pour vous. *Mal. poë.* Couple ingrat & perfide. *Corneille.* Ce couple charmant s'unit long-tems avant le Sacrement. *Despreaux, Lutrin, Chant.*1.) Voiture dans ses poësies a fait en ce sens le mot de couple féminin. On mit dans la couche nuptiale la belle couple sans égale. *Voiture n'est pas à imiter en cela.*

Je vais d'un coup de pinceau
Peindre un couple si beau.
Pelisson, piéces galantes, T.1. p.159.

Couple, *s. m.* Terme de *Chasse.* Lien de cuir, ou de fer dont on couple deux chiens ensemble. (Mettre les couples aux chiens.)

Couples. Terme de *Mer.* Côtes de navire.

Coupler, *v. a.* Attacher ensemble. (Coupler les chiens. *Sal.*)

Couplé, couplée, adj. Il se dit des chiens qui sont attachez l'un à l'autre. (Chiens couplez.)

Couplet, *s. m.* Ce mot se dit en parlant de Chanson, de Balade. Chant Roïal, Rondeau. C'est une partie de ces sortes de poëmes, qui comprennent un certain nombre de vers. (Faire un couplet de chanson. Le rondeau a trois couplets. La balade a trois couplets & un envoi.)

COUPOIR, *s. m.* Terme de *Monnoie.* Instrument de fer double, entre les piéces duquel on met la lame de métal, pour couper en rond les piéces de monnoie.

COUPON *d'étofe*, *s. m.* Terme de *Marchand drapier.* C'est un reste d'étofe. (Un petit coupon d'étofe.)

COUPURE, *s. f.* C'est quand on a coupé quelque chose; & il signifie l'endroit où une chose a été coupée, & la manière en laquelle elle a été faite. (La coupure d'une étofe. Cette coupure a été faite avec un rasoir.)

COUR, *s. f.* Partie de la maison qui est vuide de bâtiment, qui est immédiatement aprés la porte cochére, ou autre porte, & qui dans les maisons un peu reguliéres est pavée.

Cour de Colége. Grande place qui est dans le colége & où joüent les écoliers.

Basse-Cour. C'est la cour d'une ferme où sont les volailles & le fumier.

Cour. Palais de Prince. Lieu où est le Prince. Lieu où le Souverain fait sa demeure. Il est à la Cour, & non pas *en la Cour.* Vau. Rem. Aller à la Cour, & non pas *en la Cour.* Vau. Rem. Il est bien à la Cour, & non pas *en Cour.* Vau. Rem.

* *Cour.* Le Prince & ses Courtisans. La troupe des Courtisans. Tous les gens de qualité, & d'esprit qui composent la Cour du Prince. (La Cour est soûmise à ses volontez. *Mémoires de la R.F.* La Cour est allée à Versailles, où le Roi donne audiance aux Dames.)

Cour. Il se dit aussi pour distinguer ceux qui gouvernent de différens Etats. (La Cour de France & la Cour d'Espagne sont souvent opposées. La Cour Romaine.)

* *Cour.* Devoirs qu'on rend à un Prince, ou à une personne de qualité, ou à une personne de mérite dont on veut gagner l'amitié. Assiduitez d'une personne auprés d'une autre. (Faire sa cour. Faire la cour aux belles. Il fait bien sa cour à M.... parce qu'il en espére quelque chose. S. Jérôme dit que les Ecclesiastiques de son tems *faisoient la cour* aux Dames & aux vieillards riches qui n'avoient point d'enfans, & cela pour avoir leur bien. *Traité des bénéfices de Frà Paolo.*)

COUR, *s. f.* Ce mot se dit de toutes les Compagnies Souveraines, & il signifie. Les Juges d'une Compagnie Souveraine, ou de quelque Chambre d'une Compagnie Souveraine, faisant leur fonction de Juges. (La Cour la renvoië absous. La Cour remarquera, s'il lui plaît, que, &c. *Patru, plaidoyé* 2.)

Cour de Parlement. C'est tout le Parlement, c'est tout le Palais. Ce Parlement est composé de plusieurs Chambres, savoir la Grand Chambre, la Tournelle civile, la Tournelle criminelle, les cinq Chambres des Enquêtes, les deux Chambres des Requêtes & les Requêtes de l'hôtel; dans chacune desquelles il y a plusieurs Conseillers qui jugent Souverainement.

La Cour des Monnoies. C'est une Compagnie Souveraine, composée d'un prémier Président & de huit autres, d'un Procureur Général, de deux Avocats Généraux, d'un Gré-

COU

fier en chef, & de trente six Conseillers qui jugent des differends qui surviennent touchant les Monnoies & des manufactures d'or & d'argent.

La Cour des Aydes. C'est une Compagnie Souveraine qui juge des appellations civiles & criminelles qui regardent les aides, les impôts, les gabelles, les tailles, qui se levent par l'autorité du Roi. Cette Compagnie est composée d'un prémier Président, de quatre autres, d'un Procureur Général, de deux Avocats Généraux, de plusieurs Conseillers & de Gréfiers, distribuez en trois Chambres. Elle reçoit les appellations des Elections & des greniers à sel.

* *La cour des aides n'est pas loin.* Turlupinade, pour dire que si un mari n'est pas assez vigoureux pour contenter sa femme, elle aura recours à quelque verd galand.

Courage, *s. m.* Il vient de l'Italien *coraggio.* Valeur. Bravoure. Cœur. Fermeté dans le péril. Résolution pleine de cœur. (Courage grand, fier, noble. Donner courage. Abatre le courage. Ramolir le courage. *pas. 14.*)

†* *Courage.* Ressentiment. Colère. (Si j'en croiois mon courage.) Mais cette façon de parler est basse.

Courage. On se sert de ce mot pour animer, & il semble tenir lieu d'interjection. (Courage, soldats, ils sont à nous. *Abl.*)

Courageux, courageuse, *adj.* Qui a du courage. Qui a de la force & de la vigueur. Plein d'une ferme résolution. (Esprit courageux. Ils sont d'une race dont il y a peu de gens qui ne soient braves & courageux. *Comines, Mémoires, livre I. ch. 2.*)

Courageusement, *adv.* Avec courage. Avec force, vigueur. (S'oposer courageusement aux ennemis. *Abl.* Il a courageusement triomphé de ses maux. *God.*)

Courable, *adj.* Terme de chasse. Il se dit en parlant des bêtes de chasse, & veut dire qui peut être couruë. (La taille du Liévre & celle du Cerf sont les plus éloignées de la proportion des bêtes courables. *Salnove, chasse du lièvre.*)

Couramment, *adv.* A la hâte. (On ne fait pas bien les choses quand on les fait couramment.)

Couramment, *adv.* Facilement. (Lire couramment.)

Courant, *part.* Qui court. (S'en aller tout courant.)

Chien courant. Sorte de chien de chasse, qui court aprés les cerfs & qui force le gibier.

† *Courant, s. m.* Mois qui court. Mois présent. (La lettre est du dixiéme du courant.)

Courant, s. m. Rente qui court. (L'Ecluse emporte une partie du courant de mon Abaïe. *Boisrobert, Epit. T. 1. Ep. 12.*)

Courant, s. m. C'est le fort de l'eau qui coule. (Un courant fort rapide. Un agneau se désalteroit dans le courant d'une onde pure. *La Fontaine fables, l. 1.*)

Courant, s. m. Terme de Mer. Ce sont des mouvemens impetueux des eaux qui en de certains parages courent & se portent vers des rombs de vent particuliers. (Les courans sont ordinairement plus rapides lorsque la Lune est pleine & nouvelle. Le vent portoit dans le courant. Les courans portoient au Sud. Surmonter la force des courans, *Guillet, terme de navigation.*)

Courant, courante, *adj.* Qui court. (Eau courante.)

Courant, courante, *adj.* Qui a cours. Qui a débit. (Denier courant. Monnoie courante. Prix courant.)

Nœud courant. C'est un nœud qui se lâche aisément & qui se peut serrer.

Courante, *s. f.* Terme de Dance. Pas figurez qu'un homme & une femme font ensemble au son d'un ou de plusieurs violons. Donner une courante. †* Ma Franchise a dancé la courante. *Mol. phrase burlesque.* Pour dire j'ai perdu ma Franchise.

Courbatu, courbatuë, *adj.* Qui a la courbature. (Cheval courbatu.)

Courbature, *s. f.* Chaleur étrangére venuë des obstructions qui sont dans les intestins & dans le poumon, ce qui donne les mêmes signes que la *pousse. Soleisel.*

Courbe, *s. f.* Piéce de charpenterie, courbée en arc.

Courbet. Terme de *Bourrelier.* Les parties du fût du bât qui sont élevées, & faites en manière d'arcades posant sur d'autres parties qu'on apelle aubes.

Courbes. Côtes de navire.

Courbe, *s. f.* Il se dit de deux chevaux acconplez qui servent à remonter les bâteaux sur les rivières. (Il faut plusieurs courbes de chevaux pour remonter ce bateau.)

Courbe. Maladie qui vient aux chevaux, & qui est une tumeur grosse & dure au dedans du jarret du cheval.

Courbe, *adj.* Qui va se courbant. Qui va comme un arc. (Ligne courbe.)

Courbé, courbée, *part. & adj.* Qui est plié en arc. Il se dit des personnes. Il s'est tenu long tems courbé. Il se tient toûjours courbé sur les Livres. * Je ne suis pas courbé sous le fais des années. *Déspreaux, Satire* 1. C'est à dire, Je ne baisse pas le dos & ne suis pas encore fort vieux.

Courber, *v. a.* Plier comme en arc. Former comme en voûte. (Courber un bâton.)

Se courber, v. r. Devenir courbe. (Les branches se courbent quand elles sont trop chargées.) Il signifie aussi se baisser. (Il faut se courber pour passer par ce guichet.)

Courbeste, *s. f. f.* Terme de *Manége.* Action de cheval qui s'eleve en l'air. Air qu'on fait faire à un cheval. (Cheval qui va à courbette. Une courbette fort basse.)

Courbûre, *s. f. f.* Manière dont une chose est courbée. (La courbure des tiges.)

Courbur, *s. m.* Prononcez *coureh.* C'est un jeune homme qui est aux gages d'une personne de qualité qui l'envoie à une, ou à plusieurs personnes, & qui lui donne ordre d'en raporter réponse. (Madame la Duchesse N. a de bons coureurs. Ce n'est que dépuis peu qu'il y a des coureurs en France, & cette mode est venuë d'Italie.)

Coureur, *s. m.* Ce mot se dit souvent en riant, & veut dire celui qui va de côté & d'autre, & qui ne s'arrête pas longtems en un lieu. (C'est un grand coureur, on ne le trouve jamais.)

† *Coureur.* Petit garçon libertin. Sorte de petit fripon qui ne veut point s'assujétir. (C'est un petit coureur.)

Coureur de vin. Oficier qui porte à la chasse, & par tout où va le Roi, une valise dans laquelle il y a des serviettes, du pain, un couteau, une fourchette & quelques piéces de four, &c.

Coureur. Cheval déchargé de taille, qui a la queuë courte & coupée. (Un beau coureur.)

Coureurs. Cavaliers détachez qu'on envoie devant pour reconnoître l'ennemi. (Les coureurs ont raporté que l'ennemi aprochoit. *Abl.*)

† *Coureuse, s. f. f.* Mot de raillerie, pour dire, Celle qui ne fait que courir & ne demeure guére en la maison. (En verité, vous êtes une grande coureuse, on ne vous rencontre jamais à vôtre logis.)

Coureuse. Celle qui est de mauvaise vie, une débauchée. (C'est une coureuse, qui est abandonnée de tout le monde.)

Courge, *s. f. f.* Plante rampante qui est de la nature des citroüilles. (Courge domestique, ronde, longue ou plate. Courge sauvage.)

Courier, *s. f.* Messager qui pour la commodité du public fait en courant un certain nombre de lieuës, tient une certaine route & porte plusieurs paquets de lettres dans une valise sur la croupe de son cheval. (Un courier ordinaire. Un courier extraordinaire.)

Courier de cabinet. C'est un courier envoié par les Sécrétaires d'Etat pour différentes afaires. (Dépêcher un courier. Envoier un courier.)

Courir, *v. a.* Je cours, j'ai couru, je courus, je courrai. En Latin *currere.* Se rendre vite en un lieu. Aller en un lieu le plus vite qu'on peut. Aller en hâte à quelque chose.

(Que dit-il quand il voit avec la mort en trousse
Courir chez un malade un assassin en housse.
Dépreaux, satire 8.)

Courir aux armes, Courir à son épée. Ils n'auroient pas resisté, si leurs camarades n'eussent couru à leur secours. *Durier, supl. de Q. Curce, l. 2. ch. 9.*)

Courir sus. Ces mots pour dire, Se jetter & courir sur quelcun, afin de lui faire tort, sont hors d'usage. *Vau. Rem.*

Courir. Parcourir. Errer & aller de côté & d'autre en un certain lieu, le voir & le visiter presque par tout. Aller de Province en Province, & de contrée en contrée, d'un lieu à un autre. (Courir l'Océan de l'un à l'autre bout. Il s'en va courir comme un bandi qui n'a ni feu ni lieu. *Dépreaux, satire* 8. *Voiez Courre.*

†* *Courir les ruës. Sca.* C'est à dire, être fou & furieux en allant çà & là.

* *Courir, v. n.* Ce mot se dit des bruits, des nouvelles & des ouvrages de vers & de prose. Il signifie Répandre. Se répandre. Semer. Avoir cours. (On fit courir le bruit qu'il étoit mort. *Abl. Ar.* Le bruit court que les ennemis ont batus. La nouvelle court qu'il reviendra bien-tôt. Vous verrez courir de ma façon dans les belles ruëlles deux chansons. *Mol. prét.*)

* *Courir.* Ce mot se dit des choses successives & qui sont en mouvement. Il signifie *couler.* (Les six mois ne courent que du jour de la sommation. *Patru, plaidoyé* 5.

Ils se repentiront de s'être fait la guerre
Mais avant cette paix il courra bien des mois.
Main. poés. p. 14.)

Courlis, *s. m.* Espece d'oiseau aquatique ; gros comme une bécasse, & qui a un grand bec fait en faucille.

Couronne, *s. m.* En Latin *corona.* Ornement de métal, qui est le plus souvent d'or, & qui est fait pour être mis sur la tête des Rois & d'autres Souverains. Guirlande de fleurs. Tout ce qui est façonné en forme de couronne, & qu'on met sur la tête. (Les couronnes ne s'aquiérent pas sans travail, même celles qui ne sont que de laurier, ou de mirte, & s'achétent cherement. *Voi. l. 46.* C'est vous qui lui avez mis la couronne sur la tête. *Vau. Quin. l. 4.* Il avoit une couronne de fleurs sur la tête. *Abl.* On mit une couronne d'épines

COU COU

d'épines sur la tête de Jesus-Christ. Aspirer à la Couronne. C'est un pesant fardeau sur la tête qu'une couronne. Lors qu'on demanda à Alexandre le Grand à qui il laissoit la Couronne, il répondit au plus homme de bien. *Vau. Q. Curce.* Il y avoit parmi les Anciens des couronnes de laurier, de mirte, de chêne. Couronne civique. Couronne murale. Couronne Navale. Couronne Imperiale, Roïale, Ducale.

> Tous les Rois ont une couronne
> Tous ne la sçavent pas porter
> Tous au pouvoir qu'elle leur donne
> Ne sçavent pas bien résister.
> *God. poës.*

* *Couronne*, Roïaume. Etat. (Offrir une couronne à quelcun. *Vau. Quin. l. 4*. Nous sommes venus pour lui ôter la couronne. *Abl. Ret. l. 2. c. 2*.)

Couronne de Prêtre. Place rasée en rond sur le haut de la tête du Prêtre. (Faire la couronne à un Prêtre.)

Couronne de Martir. Gloire qu'on a pour avoir soufert le Martire au sujet de Jesus-Christ. (Etre honoré de la couronne de Martire. *Maucroix, schisme, l. 2.*)

Couronne, s. f. Partie de la tête sur laquelle on porte la couronne.

Couronne Imperiale. En parlant de fleurs, c'est une sorte de fleur jeaune agréable à voir, qui fleurit en Avril, dont l'odeur ne plaît point, & dont les fleurs font une espéce de couronne.

Couronne foudroyante. C'est une couronne remplie de feux d'artifice, dont on se sert dans les sieges contre les ennemis.

Couronne. Ce mot se dit en parlant des chevaux. C'est la partie qui est immédiatement au dessus du sabot du cheval.

† *Couronne.* Terme de *Papetier*. Papier in folio qui a pour marque une couronne.

Couronnement, s. m. Cérémonie où l'on couronne quelque Roi, ou quelque autre Souverain. (Voir le couronnement d'un Roi.)

* *Couronnement.* Achévement. Entière perfection. (C'est le couronnement de sa doctrine. *pasc. l. x.*)

Couronnement. Terme d'*Imager*. Taille douce qui répresente la manière dont on a couronné quelque personne. (Le couronnement d'épines de Jesus-Christ. Le couronnement de la Vierge.)

Couronnement de Serrure. Ornement qui se met au dessus de l'ouverture, & sur l'écusson.

* *Couronnement en Architecture, & en Serrurerie.* C'est ce qui fait & termine le haut d'un ouvrage. (Faire un couronnement. Dorer le couronnement d'une grille.)

* *Couronnement, s. m.* Terme d'*accoucheur & de sage femme*. C'est l'entrée exterieure de la matrice. On apelle cette entrée *couronnement* parce qu'au moment que la femme accouche, cet endroit entoure la tête de l'enfant en manière de couronne. On dit l'enfant est au couronnement.

Couronner, v. a. Mettre une couronne sur la tête. Mettre une couronne sur quelque chose qu'on veut honorer. (Couronner un Souverain. Seigneur, les Soldats vous ont bafoué, & couronné d'épines. *God.* Mêle à tes lauriers de guirlandes de fleurs, & comme nos pasteurs, couronne toi de roses. *Sar. poës*. Alexandre couronna le tombeau d'Achilles. *Abl. Ar. l. 1.*)

* *Couronner.* Environner en forme de couronne. (La ville de Rodes est couronnée de divers petits côtaux. *Bonhours: histoire d'Auluson, l. 3.*)

* *Couronner.* Achever. Finir glorieusement. (La victoire s'avançoit à grans pas pour couronner ses triomphes. *Vau. Quin. l. 3. c. 6.*)

* *Couronner.* Récompenser. (Amour rend tous les siens heureux & dans les maux couronne ses fidelles. *Voit. poës*. Couronner la valeur. *Ablanc. Ret. l. 5.*)

* *La fin couronne l'œuvre.* C'est à dire, que la vertu doit persévérer jusqu'à la fin.

Couronné, couronnée, adj. (Les têtes couronnées.)

* Une plaine *couronnée* de montagnes, c'est à dire, environnée de montagnes.

Courpendu. V. *Court-pendu.*

Courre, v. a. Je cours, j'ai couru, je courus, je courrai. Aller le plus vîte qu'on peut. Aller en diligence après quelque chose. (Courre le cerf. Courre le liévre. Courre la poste. *Vau. Rem.*) Voiez *Courir.*

Courre. S'exercer à la course. (Courre la bague. *Abl.* Courre les têtes. Courre le faquin.)

* *Courre.* Aller avec passion écouter quelque chose, quelque Comédie, ou autre ouvrage qui se recite ; ou répresente publiquement. (On ne court plus qu'à eux. *Mol. pretieuses.*)

* *Courre.* Etre en quelque hazard. (La ville couroit fortune d'être prise. *Abl. A. l. 1.* Courre fortune de la vie. *Abl.* Voiez combien de périls j'ay couru en un jour. *Voi. l. 94.*)

* *Courre.* Poursuivre. (Je cours après le mérite. *Mol. pretieuses.*)

Corroïe, s. f. Lien de cuir. (Courroye rompuë. Les courroïes des sandales des Capucins. Les courroies des sandales des Augustins déchaussez.)

Courroïes de guindage. Ce sont des liens de cuir qui servent au carosse.

Courroucer, v. a. Il est un peu vieux, & en sa place. On dit plus souvent, mettre quelcun en colére. Irriter quelcun. Cependant de bons Auteurs aprouvent *courroucer* quelcun. *Vaugelas, remarques nouvelles.*

Se courroucer, v. r. Il est un peu vieux au propre, & l'on dit se mettre en colére. Neanmoins on se sert encore de cette phrase. Se courroucer contre quelcun. *Vaug. nouv. Rem.* * Dieu est courroucé contre son peuple. Et dans le figuré, il est noble, & se dit de la Mer. Il signifie être agitée des vens, ou de la tempête. (La Mer est courrouée. *Vau. Rem.*

Courroux, s. m. Ce mot signifie colére. Il est plus de la poësie que de la prose, & même il n'a point de pluriel qu'en vers & encore rarement. (Plus tes courroux sont grans, plus sont-ils legitimes. *Rac.* Nos crimes nous donnent des courroux legitimes. *Mol. poës.* Ouï, le courroux me prend. *Mol. cocu. sc. 17.* Etre enflammé de courroux. *Abl. Tac.*)

* *Courroux.* Ce mot se dit de la Mer, & signifie Agitation causée par les vens, & la tempête.

> (Au prix duquel est calme & doux
> De la Mer l'horrible courroux.
> *Voi. Poës.*

C'est la Sirène qui de son chant agréable apaisa le courroux de la Mer. *Ariosto moderne, T. 1.*

Cours, s. m. Lieu où l'on va se promener. Grandes & belles allées bordées de tillois: (Aller au cours. Se promener au cours. Se voir au cours.)

Cours de ventre. Devoiement. (Il a un furieux cours de ventre.)

Cours. Ce mot se dit des astres & des eaux. La course naturelle. Le mouvement naturel de l'astre, ou de l'eau. (Le cours du Soleil. Le cours de la Lune. La riviere a pris son cours de l'autre côté. Détourner le cours d'une rivière. Fleuve qui enfle son cours. *Vau. Quin. l. 3. c. 1.*)

Cours. Ce mot se dit de la vie, des maladies, de la bonne ou mauvaise fortune & signifie Durée. (Le cours de la vie est borné. *Mai. poë.*

> Faites que de vos beaux jours
> Le long & le fortuné cours
> De toute crainte nous delivre.
> *Voi. Poës.*

Il faut que le mal ait son cours. Arrêter le cours des victoires de quelque conquerant. *Abl.* Le cours des prosperitez. *Vau. Quin. l. 6.*

> Je t'aime, cher Daphnis, & t'aimerai toujours
> Ma vie & mon amour n'auront qu'un *même cours.*
> *La Suze, poësies.*

Un voyage de long cours. C'est une navigation en des païs éloignez, & qui dure long-tems.

Cours. Ce mot se dit de l'argent, de la marchandise, & des modes. Il veut dire, *Débit. Vogue.* (Monnoie qui a cours. Livre qui a cours: Mode qui a cours.)

Cours. Les écrits d'un maître sur une sience dépuis les prémiers élemens de cette sience jusques à sa fin. Livres qui contiennent une sience depuis son commencement jusques à sa fin. (Un cours de Philosophie, de Téologie, de Médecine, d'Architecture. Acheter un cours de droit civil ; de droit canon, &c.)

Cours. Le tems qu'on est à étudier une certaine sience, dépuis son commencement jusques à sa fin. (Il a fait son cours de Philosophie sous un tel Régent.)

Course, s. f. Espace de chemin qu'on fait en allant vîte en quelque lieu, ou courant simplement, ou en courant à cheval avec ferveur. Traite qu'on fait, ou qu'on a faite. (Je vais faire une course jusques-là. C'est une course de gens à cheval. Commencer sa course. Finir sa course. Faire une course de bague. Faire une course de saquin. Une course de tête.)

Course. Ce mot se dit en terme de *guerre*, & signifie, irruption prompte & soudaine de quelques troupes ennemies dans un païs pour le ravager. (Faire des courses dans le païs ennemi.)

Course sur mer. (Aller en course.)

* *Course.* Progrès qu'on veut faire pour avancer en quelque chose. (Je prévois trois ou quatre inconveniens, & de puissantes barrieres, qui s'oposeront à vôtre course. *pasc. l. 5.*)

* *Course.* Durée de la vie. (La course de nos jours est plus qu'à demi faite. *Rac. poë*. Quand vôtre course sera close, on vous abandonera fort. *Voit. poës.*)

COURSIR

Coursie, *s. f.* Terme de *Mer*. Passage de la prouë à la poupe de la galere entre les rangs des forçats.

Coursier, *s. m.* Cheval de raisonnable grandeur bien pris dans sa taille. (Un coursier de Naples.)

Coursier. Terme de *Mer*. Canon qu'on met sur la Coursie du Navire.

Courson, ou *crochet*, *s. m.* Terme de *Vigneron*. C'est une branche de vigne taillée & racourcie à trois ou quatre yeux. (Il est forti trois ou quatre belles branches de courson de l'année.)

Courson, ou *crochet*. Terme de *Jardinier*. Il se dit en fait d'arbres, quand la branche de l'année précedente en aiant poussé trois ou quatre fort belles, on est obligé de n'en conserver qu'une d'une grandeur raisonnable, c'est à dire, de cinq ou six pouces. (Les coursons sont utiles. *Quint. Jardins*, T. 1.)

Court, *courte*, *adj.* Qui n'est pas long. Petit qui dure peu. (Un bâton court. Un chemin fort court. Un court dépit. Une aprésdinée fort courte.)

Court. Ce mot se dit encore dans d'auttes significations qui ont cours dans le stile simple & familier.

Etre court d'argent. C'est n'avoir point d'argent.

L'argent est court chez moi. C'est à dire, je n'ai pas beaucoup d'argent.

Tu diras qu'aux coffres du Roi
L'argent est court comme chez moi.
Boisrobert, Ep. T. 1. ep. 11.

C'est à dire, que le Roi n'a pas beaucoup de finance non plus que moi.

Le plus court fut de se retirer. C'est dire, le plus expédient fut de se retirer.

Couper court. C'est, dire en peu de mots.

Court, ou *tout court.* Ce mot se prend adverbialement, & veut dire, sans répoudre un seul mot. Sans avancer. Sans rien ajoûter. (Il est demeuré court. Elle est demeurée court. Ils sont demeurez court. *Vau. rem.* Il tourna court sur l'infanterie. *Abl.* Il faut dire *Monsieur tout court. Mol.* C'est à dire , sans ajouter de nom. Quand nous disons en France, le Roi, *tout court*, nous entendons parler du Roi qui regne. *Vaug. nouv. remarq.* p. 202.)

* *Tenir de court.* C'est ne donner pas beaucoup de liberté. On dit avoir la memoire courte. Courte vûë.

Courtage, *s. m.* C'est le métier de celui qui se mêle de faire vendre des Marchandises, des charges, &c. & de faire prêter de l'argent, Il signifie aussi, Droits de courtage. (Faire le courtage.) V. *Courtier*.

Courtaut, *s. m.* Terme *Injurieux*. Pour dire , un garçon de boutique.

Courtaut. Instrument à anche & vent , qui a plusieurs trous, & qui n'est autre chose qu'un espece de basson racourci , qui sert de basse aux musettes, & qui a la figure d'un gros bâton. *Mer. l. 5.*

Courtaut, *adj.* Ce mot se dit d'une personne courte & ramassée, † Il se dit aussi d'un cheval de moïenne taille à qui on a coupé la queuë & les oreilles. † On apelle un chien courtaut, celui auquel on a coupé la queuë.

Court-boüillon, *s. m.* Vin , laurier , romarin, sel, poivre & orange, où l'on fait bien cuire du poisson. (Un brochet au court-boüillon. Une carpe au court-boüillon.)

Courte-paille, *s. f.* Jeu qui consiste à choisir deux , trois ou quatre brins de paille , plus ou moins, dont l'un soit plus court que l'autre , à les enfermer dans la mains , le faisant seulement voir par l'un des bouts à ceux qui sont du jeu , & à les faire tirer par les jotüeurs , dont celui qui tire le plus court ou le plus grand , selon qu'il est convenu , a gagné, (Tirer à la courte-paille qui fera ceci ou cela.)

Courte-paume, *& courte-boule*, *s. f.* Ce sont les noms de deux sortes de jeux , dans lesquels on ne pousse pas la bale , ni la boule de toute sa force , mais dans un petit espace limité.

Courte-pointe, *s. f.* Couverture de parade qui est échancrée & par fois piquée avec ordre & proportion. (Une courte-pointe piquée en losange , ou à bâtons rompus.)

Courtier, *s. m.* Ce mot, en général , signifie celui qui s'entremet entre le vendeur & l'acheteur.

Courtier de chevaux. Celui qui fait vendre des chevaux.

Courtier de chevaux de Marchandise de l'eau. C'est celui qui bille les cordes , visite les coches & les bâteaux pour voir si le nombre de chevaux destinez a le remonter, est suffisant. *Nouvelles Ordonnances de Paris.*

Courtier de vin. Celui qui goûte le vin qui est en vente pour voir s'il n'est point gâté, & qui se trouve tous les jours de vente sur les ports & sur les places de Paris pour le faire goûter aux bourgeois.

Courtier de sel. Celui qui fournir les minots pour mesurer le sel, & des toiles & des bannes pour mettre dessus & dessous les minôts. *Ordonnances de Paris.*

Courtier de lard. Celui qui visite les graisses & le lard, & en fait son raport lors qu'il y trouve quelque défaut.

Courtillere, *s. f.* Insecte qui se forme dans les couches des Jardins , qui est long d'environ deux pouces , passablement gros , jaunâtre , marchant assez vîte , & rongeant les piez des melons , des laitues & des chicorées. (Atraper une courtilliere, a la tuër , parce qu'elle fait mourir plusieurs plantes.)

Courtine, *s. f.* C'est le front de la muraille de quelque place sorte entre deux bastions.

† *Courtine.* En particulier de lit se disoit autresois , mais aujourdui, on ne le dit plus à Paris. On dit rideau.

Courtisan, *s. m.* Seigneur qui fréquente la Cour. (Les courtisans cherchent de la fortune avec les Rois. Les Rois exigent des services de leurs courtisans. La liaison qui se trouve entre un Roi & un Courtisan est de pur interêt. *S. Evr.* in 4. p. 519. Les Courtisans sont les parasites des Rois & des Princes , & les Rois des Dieux. *Abl. Luc.* T. 2. *exercices.*)

† *Courtisan.* Ce mot se dit aussi de ceux qui cajolent les Dames par amour , ou qui flatent quelque personne par interêt.

Courtisanne, *s. f.* Ce mot se dit proprement des filles qui font métier de prostitution en Italie , & improprement il se dit de toutes les femmes un peu considerables , & qui sont de mauvaise vie. (Il y a de fort belles Courtisannes à Rome. Elle répondit fiérement que la toilette & les ajustemens d'une Courtisanne n'étoient pas propres à une Reine. *Fléchier, vie de Commendon*, l. 2. c. 17.)

† *Courtiser*, *v. a.* Ce mot signifie faire sa cour. Caresser d'une maniere respectueuse , mais il est un peu vieux, & n'a proprement cours que dans le stile bas , & dans le burlesque. (Courtiser les Dames. *Scar.* Elle est courtisée. *Bensserade, Rondeaux.*)

† *Courtois*, *courtoise*, *adj.* Ce mot signifie *civil*, mais quoi qu'on le trouve dans de bons Auteurs , on ne s'en sert plus guere. On dit en sa place, Civil. Honnête. *Galand.* (C'est le plus courtois & le plus civil de tous les Hommes, *Balz.*

† *Courtoisie*, *s. f.* Ce mot vieillit, & en sa place on dit , Civilité. Honnêteté. Vaincre en courtoisie. *Abl. Apo.* Redoubler sa courtoisie. *Col.*)

† *Courtoisement*, *adj.* Ce mot est vieux. Dites civilement. Honnêtement.

Court-pendu, *courpendu*, *capendu*, *s. m.* Tous ces mots se disent, mais les plus usitez se sont court-pendu & courpendu. C'est une pomme d'un gris roussatre , & assez chargé de vermillon. La chair du court-pendu est fine , & son eau douce & agréable. Le court-pendu est bon jusqu'en Mars , mais au delà il devient insipide.

Courvée. V. *Corvée.*

Courvette, *s. f.* Espece de barque longue qui va à voile & à rames, mais qui n'a qu'un mât & un petit trinquet.

Cousin, *s. m.* Ce mot proprement pris veut dire le fils de nôtre oncle , ou de nôtre tante , & c'est celui qu'on apelle *cousin germain. Le cousin issu de germain*, c'est l'enfant du cousin germain de nôtre pere, ou de la cousine germaine de nôtre mere.

Quelques uns disent cousin *remué* de germain , mais on ne le dit point à Paris.

Cousin. Ce mot dans un sens étendu signifie, celui qui a quelque degré de parenté & de cousinage avec un autre. (C'est un petit cousin.

Cousin. C'est aussi un terme d'honneur que les Rois donnent aux Cardinaux, aux Princes de leur sang , à des Princes étrangers. Le Roi traite les Maréchaux de France de cousins.

Cousin. Terme de *Paticier.* Pain benit, meilleur & plus délicat que les pains-benits d'ordinaire, & où il entre du beurre, des oeufs & du fromage.

Cousin. Sorte de petites mouches incommodes, menant du bruit , aiant de grandes jambes , qui piquent fort , & font des éleveures sur le visage. (Les cousins sont fâcheux en Italie.)

† *Cousinage*, *s. m.* Degré de cousin. Parentage. (Le cousinage est un pretexte qu'ils ont imaginé pour se voir sans scandale.)

Cousine, *s. f.* Fille de nôtre oncle ou de nôtre tante, & c'est elle qu'on apelle *cousine germaine.*

Cousine issuë de germaine. C'est la fille de nôtre cousin germain, ou de nôtre cousine germaine.

Cousine. Ce mot dans un sens étendu signifie celle qui a quelque degré de cousin avec nous ou avec un autre. (Avoir une belle, une charmante, une jolie cousine.)

† *Cousiner*, *v. a.* Apeller quelqun son cousin. (Cousiner quelcun.)

Cousoir, *s. m.* Maniere de petite table sur laquelle ou coud les livres qu'on doit relier.

Coussin, *s. m.* Espece de petit oreiller. Sorte de carreau sur quoi on s'assied. (Le Sultan avoit acoûtumé de s'asseoir sur des coussins. *Bouhours*, *Aub.* p. 313.)

Coussin de carosse. Espéce de traversin qu'on pose au fond du carosse, & sur lequel on s'assied.

Coussin. Terme de *Doreur sur cuir.* Petit ais couvert d'une peau de veau, sous laquelle il y a du poil de cerf, & sur laquelle on coupe les tranches d'or. La plûpart des Doreurs sur cuir disent Cossin, & non pas *coussin*, mais ceux qui parlent le mieux disent *coussin*, & c'est comme il faut dire.

Coussinet, f. m. Petit coussin. (Un coussinet de senteur)

Coussinet. Terme de *Doreur sur bois.* Petit ais couvert d'un cuir, qui a un feutre par dessous, & dont on se sert pour mettre les feuilles d'or.

Coussinet. Terme de *Bourrelier.* Petit coussin rempli de bourre, qu'on met sur le garot des chevaux de carosse, de peur qu'ils ne se blessent en cet endroit-là. On met des coussinets derriere la selle sous une valise, & sur la selle même pour y être assis plus à son aise.

Cousu, cousuë, part. V. *Coudre.*

Couteau, f. m. Instrument d'acier qui a un manche, qui ne taille que d'un côté, & dont on se sert principalement pour couper du pain & de la viande, & cette sorte de couteau se nomme simplement couteau, ou couteau de table), à la diference des autres couteaux. Car il y a des couteaux de poche, & des couteaux de boucher. Il y a des couteaux à pié, qui sont des couteaux dont le cordonnier se sert pour couper le cuir. Il y a des couteaux de chaleur, qui sont des espéces de couteaux qui ne coupent pas, & qui servent seulement à abatre la sueur des chevaux.

Couteau. Petite épée de ville qu'on porte seulement pour parade.

† * *Joüer des couteaux.* Se batre tout d'un coup & dans la chaleur à coups d'épée. (J'en suis, & j'y joüerai comme il faut des couteaux. *Scar. D. Iaphet, a.3. sc.4.* Je ne suis contente de savoir dancer & joüer de la flute, & quelquefois des couteaux. *Abl. Luc. T.2. double accusation.*)

† * *Ils sont à couteaux tirez.* C'est à dire, ils sont toûjours prêts à se batre, toûjours en querelle.

Coutelas, f. m. Sorte d'épée large d'environ deux doigts, qui ne coupe que d'un côté, & qui va presque insensiblement en courbant, & à ce qu'on croit, le coutelas d'aujourd'hui est une espéce de cimeterre assez semblable à celui dont se servoient les Medes, les Partes & les Perses, & que les Latins apellent, *acinacis.*

Coutelas. Terme de *Mer.* Sorte de petites voiles qui regnent le long de la grande voile, & qui s'apellent aussi bonnetes en étui, parce qu'elles ont la figure d'un étui.

Coutelier, f. m. Artisan qui travaille en acier, & qui fait de toutes sortes de couteaux, de ciseaux, & de pincettes, de rasoirs, & de ferremens de Chirurgiens.

Coutelière, f. f. Etui où l'on met ordinairement une demi-douzaine de couteaux. (Une coutelière bien faite.)

Couter, v. a. Il vient du Latin *constare.* Les Italiens disent *costare.* On écrit *couter* & *couser*, mais on ne prononce pas la lettre *s*, Il signifie valoir un certain prix, valoir une certaine somme d'argent petite ou grande. Le verbe *coûter* étant immediatement suivi d'un verbe, veut après soi la particule à, & ce verbe à l'infinitif. Couter régit le nom de la personne au datif, & la chose qui coute à l'accusatif. (Versaille maison Roiale à trois lieuës de Paris, *coute des millions* à Loüis XIV. mais aussi c'est un Palais enchanté.)

Coûter, v. a. Obliger à donner quelque somme pour avoir, & à faire quelque dépense pour aquerir. (Il n'y a point de métier qui *ne coûte beaucoup* à savoir ; mais celui de Parasite *ne coûte rien* ; & s'il coute quelque chose , ce n'est pas à celui qui l'aprend ; mais à celui qui l'enseigne : car il s'aprend toûjours aux dépens d'autrui. *Abl. Luc. Tom.2. Dialogue de l'écornifleur.*

Quand ce n'est que de l'or que mes plaisirs me coûtent,
Mes plaisirs ne me coutent rien.
Benf. Balet de la nuit, 2. p.)

Coûter, v. a. Ce mot a quelquefois la même signification que perdre. (Il en a coûté le Roiaume au Roi.

Coûter, v. a. Il signifie quelquefois autant que *répandre*,

(Oui, Philis, vos vers & vos charmes
M'ont déja bien coûté des larmes.
Voit. poës.)

Coûter, v. n. Ce mot se prend aussi quelquefois dans un sens neutre, & signifie avoir beaucoup de peine. (La gloire coûte cher à aquerir. *Abl. Luc. T.1.*

Je vois des amans chaque jour,
Sans peur, découvrir leur martire :
Mais de tout ce qu'on dit dans l'Empire d'amour,
L'adieu, belle Philis, *coûte* le plus à dire.
Sarazin, poës.

Jamais résolution ne m'a tant coûté à prendre, *Voiture, lettre 28.*)

Coutis, f. m. Sorte de grosse toile , où il y a des bares de couleur, & dont on fait des tentes & des traversins.

Coutre, f. m. Fer large de trois bons doigts, & long d'environ deux piez & demi , qui partage la terre quand on la laboure avec la charruë.

Coutume, f. m. Maniére d'agir ordinaire. Une bonne, ou méchante coutume. Une agréable coutume. La coutume adoucit les choses les plus rudes, & aprivoise jusqu'aux maux. *Abl. Luc. T.1.* (Introduire une coutume. Abolir une coutume. Des mauvaises coutumes naissent les bonnes Loix.)

Coutumier. Droit coutumier. Droit municipal. Livre qui contient le droit civil de quelque lieu , de quelque ville, de quelque contrée, de quelque païs. (Une coutume locale. La coutume est imprimée de nouveau.)

Coutumier , coutumiére, adj. Terme de *Palais.* Qui est selon la coutume des lieux. Qui se regle selon le droit coutumier. (Païs coutumier. Droit coutumier. Disposition coutumiére. Le droit commun de la France coutumiére doit servir de Loi. *Patru, plaid.* 10.)

Coutumier, f. m. Ce mot se prend pour le Livre où est contenüe la coutume de quelque lieu particulier , ou les coutumes de divers lieux. (Ainsi l'on dit le coutumier de Normandie, &c.)

Coutumier, coutumiére, adj. Ce mot se dit quelquefois de ce qui est ordinaire, & qu'on a acoutumé, mais il n'est pas fort en usage, en ce sens.

(Et mes yeux éclairez de plus vives lumiéres
Ne trouvent plus en eux leurs graces *coutumiéres*.
Corn. Polieucte.)

Quelques-uns disent encore. *Il est coutumier de faire telle chose* ; mais cette façon de parler a vieilli , & n'est plus en usage.

Couture, f. f. Plusieurs points tirez de rang avec l'éguille, & faits avec de la soie, du fil, ou du fil gros, qui servent à joindre ensemble deux morceaux d'étofe , de toile , ou de cuir, &c. (Faire une petite couture. Faire une double couture. Rabatre une couture. Presser les coutures. Feuiller les coutures, terme de *Tailleur*, c'est passer le carreau sur les coutures.)

Couture, f. f. Il signifie aussi l'action de coudre , la maniére de coudre. (La coûture des gands d'Angleterre est plus délicate que celle de France.)

Couture, f. f. Ce mot se dit aussi des traces & des cicatrices qui paroissent sur la peau aprés que des playes ou des ulceres ont été guéris. La petite verole laisse souvent des coutures sur le visage.

* *A plate couture, adj.* Ce mot se dit en parlant de bataille, & signifie tout à fait. (Défaire une armée à plate couture.)

Couture. Terme d'*Augustin.* Lieu où l'on fait les habits.

Couturier, f. m. Ce mot signifie *Tailleur.* Il se dit en quelques Provinces, mais à Paris, on ne s'en sert pas, & même on ne dit point, comme le veut Ménage, un bon couturier, pour un garçon tailleur qui coud bien.

Couturiére, f. f. Celle qui gagne sa vie à coudre linge ou étofe. (Une couturiére en linge. Une couturiére en drap.)

Couvé, f. f. Tous les œufs qu'une poule ou autre femelle d'oiseau couve en même tems. Tous les petits poulets d'une poule qui sont éclos presque en même tems , ou à quelque peu de jours les uns après les autres,

Couvent , Convent, f. m. On dit, & on écrit présentement *couvent*, & non pas *convent.* Quoi qu'il vienne du Latin *conventus.* C'est une maison de Religieux , sou de Religieuses qui ont quité le monde, & qui vivent saintement ensemble dans le cloître , & ne songent qu'à prier Dieu , & à faire leur salut. (Un bon convent. Un grand ou petit couvent. Un couvent riche , fameux, célébre & bien renté. Entrer dans un couvent. Sortir du couvent. Quitter, abandonner le couvent. Les Seigneurs & les Evêques de France , mirent par le consentement du Pape Zacharie en 752. Pepin Maire du Palais sur le Trône , & Childeric le dernier de leurs Rois faineans dans un couvent. *Mezerai, histoire de France , T. 1.* Les couvens des Benedictins, des Bernardins, des Célestins, des Chartreux & des Prémontrez , sont des couvens agréablement rentez. Ainsi on dit le couvent des Chartreux. Le couvent des Bénédictins.

Couver , v. a. Ce mot se dit proprement des poules & des femelles de tous les oiseaux. Il signifie être assidûment sur des œufs pour en faire éclorre de petits poulets , ou de petits oiseaux. (La poule couve ses œufs. Les oiseaux commencent à couver au printems.)

† * *Couver.* Mettre des charbons & des cendres chaudes dans un couvert , & ne pas couvent. (Presque toutes les harangeres & toutes les pauvres femmes couvent.)

Couver, v. n. Etre caché. (Le feu couve sous la cendre.

* *Couver, v. a.* Tenir caché. (Couver un dessein. Ils couvent des haines mortelles.)

Couvercle, f. m. Ce qui couvre l'ouverture de quelque vase,

COU

vases ou pot. (Un couvercle de pot. Un couvercle de marmite bien fait.)

COUVERT, *s. m.* Toutes les choses dont on couvre une table lors qu'on veut manger. Telles sont la nape, les serviettes, les salières, les couteaux, les fourchettes & les cuillers. (Mettre le couvert.)

Couvert. Assiette, cuillier, fourchette, & serviette qu'on met sur une table pour une personne. (Il n'y a plus de couvert pour lui dans l'Auberge.)

Couvert. Logement qu'on donne à une personne. (Donner le couvert à quelcun.)

Couvert. Il signifie aussi le toit d'un bâtiment. Le couvert d'une hale.

Couvert, couverte, adj. Caché. (La terre étoit couverte de neige. La semence est couverte de terre.)

* *Couvert, couverte, adj.* Qui a sur soi quelque chose qui le couvre. Qui a quelque habit sur soi. (Il est superbement couvert. Elle est bien couverte.)

Couvert. Qui a son chapeau sur la tête.

Couvert. Ombragé. (Chemin couvert, Païs couvert, c'est à dire, rempli d'arbres.)

* *Couvert, couverte, adj.* Terme *de Guerre.* Défendu. Qui est en sureté. (Le bastion est couvert d'un ouvrage à cornes. L'aîle droite étoit couverte d'un bois, d'un marais, &c.)

Chemin couvert. C'est l'espace qui est entre le fossé & le glacis. V. *Chemin.*

* *Couvert, couverte,* Tout plein, Tout chargé. Tout rempli. (Il étoit couvert de sueur. *Abl. Ar. l. 1. c. 5.* La rive étoit couverte d'arbres. *Vau. Quin. l. 3.*)

* *Couvert, couverte.* Ce mot se dit du vin, & des liqueurs. Qui n'est pas clair, Qui est chargé de couleur. (Le vin couvert n'est pas si bon que le vin clairet. Un bleu trop couvert.)

* *Couvert, couverte* Obscur, & que tout exprés on ne rend pas intelligible. (Parler en mots couverts.)

Tem: couvert. C'est à dire obscur & plein de nuages.

A couvert, adv. A l'abri. (Se mettre à couvert de la pluïe.)

* *A couvert.* En assurance. A l'abri. (Mettre son bien à couvert. *Pas. l. 8.* Son honneur est à couvert. *Abl.* Il est seul à couvert des traits de la Satire. *Dép. sat.9.*)

† *A couvert, adv.* En prison.

C'est un parc où Jean de Vert
Est pour quelque tems à couvert.
Vit. Poës.

† * *Servir quelcun à plais couverts.* Proverbe pour dire, lui faire une fausse confidence, ne lui confier un secret qu'en partie.

* *Couvertement, adv.* C'est à dire en termes couverts. (Il faut se défier des gens qui parlent couvertement.)

Couverture, s. f. Ce mot signifie en général tout ce qui sert à couvrir quelque chose que ce soit. (Couverture de tête. Les capuchons sont les plus anciennes couvertures de tête que les Ecclesiastiques aient portées à l'Eglise. *Thiers, hist. des Perruques, ch. 4.*)

Couverture, s. f. Ouvrage de laine pour couvrir un lit. Toile remplie de coton, où l'oüatte qu'on pique, & qu'on met sur la couverture de laine, ou seulement sur le drap. (Faire la couverture. Une couverture piquée. Une belle couverture de laine à barres bleuës.)

Couverture de mulet. Etofe qui couvre la charge du mulet, & qui est embelie des armes du maître des mulets.

Couverture de toit. Tout ce qui couvre un bâtiment. (Une couverture d'Eglise. Une couverture de maison. Une couverture de plomb.)

Couverture, s. f. Ce mot se dit de ce qui couvre un Livre relié. (Une couverture de veau, de maroquin, &c. Il ne connoit les Livres que par la couverture. Une fausse couverture.)

* *Couverture.* Prétexte. (C'est pour servir de prétexte & de couverture à l'avarice & à l'ingratitude. *Pat. plai.9.*)

Couverturier, s. m. Artisan qui fait & vend de toutes sortes de couvertures de laine pour mettre sur les lits.

COUVET, *s. m.* Pot de terre ou de cuivre avec une anse que les pauvres femmes remplissent de charbon & de feu, & mettent sous elles l'hiver.

COUVRE-CHEF, *s. m.* Coifure de toile longue & pendante sur les épaules de la plu-part des femmes de village de certaines Provinces de France, comme de Champagne, de Picardie. (Un beau couvre-chef.)

Couvre-chef, s. m. On apelle aussi de ce nom tout ce qu'on jette sur la tête & sur le visage pour le couvrir. (Philotas avoit les mains liées derrière le dos, & la tête voilée d'un couvre-chef. *Vaug. Q. Curce. l.6. ch. 9.*)

† * *Couvre-chef.* Il se dit aussi en riant, & signifie aussi ce qu'on met sur la tête d'une personne pour l'acabler.

(Jupiter fit à Tiphon leur grand chef
D'une montagne un couvre-chef.
Sca. Poës.)

COUVRE-FEU, *s. m.* Morceau de fer, ou de cuivre jaune ou rouge, haut d'un pié & demi, & large de deux, ou un peu plus que le chaudronnier forme en voute, qu'on met devant le feu lors que la viande est à la broche, &c.

Couvreur, s. m. Artisan qui couvre les bâtimens, de lates, & de tuiles, ou d'ardoise, & qui met le plomb sur les couvertures.

Couvreuse, s. f. Femme de couvreur. Veuve de couvreur.

Couvreuse, s. f. Celle qui couvre de paille certaines chaises.

COUVRIR, *v. a.* Je couvre, j'ai couvert, je couvris, je couvrirai. Cacher de quelque chose qui couvre, qui mettre à couvert. Mettre quelque couverture sur quelque chose que ce soit. (Couvrir une maison de tuiles. Couvrir son corps. Je l'ai couvert d'une bonne couverture. Couvrir de paille des couches de jardin. Couvrir un Livre de maroquin. Couvrir le feu de cendres. Adam, après son péché, fut obligé de couvrir sa nudité. Couvrir un pot, un plat, &c.)

* *Couvrir la joüé.* C'est donner un soufflet.)

* *Couvrir.* Remplir. (Couvrir la plaine de bataillons. *Ablanc.* Xerxes couvrit la terre de soldats, & la mer de Vaisseaux.)

* *Couvrir de honte.* C'est rendre confus.

* *Couvrir.* Voiler. (Ils couvrent leur prudence humaine & politique du prétexte d'une prudence divine & Chrétienne. *Pas. l. 5.*)

Couvrir. Ce mot se dit en termes de *Guerre,* & signifie être à côté. Marcher à côté. Défendre. (La mer couvroit la droite. *Vau. Quin. l. 3.* Couvrir la marche des troupes. *Abl. Ret. l. 4. c. 1.* Couvrir l'aîle gauche. Le Prince Philipe, qui n'avoit que quatorze ans, couvroit le Roi Jean son père, à la bataille de Poitiers. *Du Tillet, Recueil des Rois de France.*)

Couvrir. Ce mot se dit des chevaux, des chiens & des taureaux, lors que le mâle de ces animaux s'acouple avec la femelle pour la generation. (L'étalon doit être preparé trois mois pour le moins avant que de couvrir les cavales. *Sol.* Faites couvrir une cavale, une vache, une Lice.)

Se couvrir, v. r. Mettre quelque chose sur soi, sur sa tête. Mettre quelque chose au devant de soi pour se défendre. (Se bien couvrir dans son lit. Se couvrir d'un bon habit. Se bien couvrir la tête. *On ne se couvre point devant les Dames.* C'est à dire, on ne met point son chapeau sur la tête, Les Grands d'Espagne se couvrent devant le Roi. Se couvrir de son bouclier. *Vau. Quin. l.3.*)

* *Se couvrir de gloire.* C'est à dire, aquerir beaucoup de gloire.

* *Se couvrir d'un sac moüillé.* Voïez *Sac.*

* *Se couvrir.* Ce mot se dit du tems, & signifie s'obscurcir, devenir moins clair & moins net. Le tems se couvre. Le ciel se couvrit de nuages.)

CRA

† CRAC. Mot imaginé pour faire voir la promtitude dont une chose est faite. (*Crac,* le voilà dans le Tombeau. *Scar. poës.*)

CRACHAT, *s. m.* Salive qu'on jette hors de la bouche. Matière qu'on crache & jette hors de la bouche. (Remplir une chambre de gros crachats.)

Crachement, s. m. Fréquens crachats causez par quelque incommodité, quelque fluxion, ou quelque toux. Action de cracher fort fréquent. (Il lui a pris ce matin un crachement très-fâcheux.)

Cracher, v. a. Jetter de la salive hors de sa bouche, ou quelque matière en forme de crachat. (Il ne fait que cracher. Cracher du sang.

† * *Cracher au bassin.* C'est donner de l'argent qu'on voudroit en quelque traite ne donner pas.

Cracheur, s. m. Celui qui crache souvent. (Un sot cracheur.)

Cracheuse, s. f. Celle qui crache beaucoup. (Une vilaine cracheuse.)

Crachoir, s. m. Sorte de vase qui est d'argent, ou d'autre métail qui est un peu creux, qui a ordinairement une queuë, & qui est destiné pour recevoir les crachats des gens incommodez. (Un beau crachoir.)

Crachoir. Espéce de petit auge de bois plein de chaux vive, que les Religieux mettent en de certains endroits de leur Eglise, comme autour des Autels & dans le chœur, afin qu'on crache en ces crachoirs, & non pas sur le pavé ou sur les planches de leur Eglise.

CRAIS, *s. f.* Sorte de pierre blanche molle, dont on se sert pour marquer, & en quelques lieux pour bâtir.

CRAINDRE, *v. a.* Avoir peur. Apréhender. *Je crains, tu crains, il craint, nous craignons. Je craignois, je craignis, j'ai craint.* (Le Lion craint le feu. *Abl. Mar.* Il faut craindre tout ce qui paroîtra être en puissance de nous perdre, ou de nous nuir.)

Craindre Dieu. C'est non seulement apréhender la justice de Dieu, mais aussi avoir du respect & de la vénération pour lui. (Crain Dieu & obéï à ses commandemens.)

Craindre, v. a. Ce mot se dit aussi des choses inanimées. (Les orangers craignent le froid. Les vignes craignent la gelée.)

Crainte

CRA   CRE

Craint, crainte, adj. Ce mot emploié avec le verbe auxiliaire dans le préterit, est rude, & il ne se dit guère qu'en cette phrase & autre semblable, *plus craint qu'aimé*. *Aug. Rem.* C'est une chose que j'ai toûjours crainte, Cette façon de parler n'est pas bonne, il faut dire, c'est une chose que j'ai toûjours apréhandée.

Un homme craignant Dieu. Qui craint Dieu, c'est un homme pieux.

Crainte, s. f. Certaine afliction ou trouble d'esprit lors que nous venons à nous imaginer qu'il nous doit arriver du mal qui regarde nôtre perte, ou menace nôtre vie, ou du moins qui nous doit fort afliger, *Cassandre*, *Rétorique d'Aristote*. (Etre sans crainte. Avoir de la crainte. Retenir une Province dans la crainte. *Abl. Ar.* Oter de crainte, *Voi. 9.*)

La crainte de Dieu, signifie non seulement la peur que l'on a de ses châtimens, mais aussi le respect qu'on a pour lui par la considération de sa grandeur, & de ses perfections infinies. (La crainte de Dieu est le commencement de la sagesse.)

De crainte que. Conjonction qui régit le subjonctif, & qui signifie, de peur que. (Priez incessamment de crainte que vous ne tombiez dans la tentation. *Port-Royal.*)

De crainte de, & *de peur de*, régissent l'infinitif. (De crainte de pécher, aiez Dieu devant les yeux. *Arn. conf.*)

> Il faut que l'on sache
> Que jamais la vieillesse ne crache
> De crainte de cracher ses dens.
>   *Mem. Poes.*

† *Crainte de.* Cette conjonction est hors d'usage. Il faut dire, De crainte de.

Craintif, craintive, adj. Qui apréhende. Qui craint. (Enfant fort craintif. Petite fille fort craintive.)

† *Craintivement*, adv. Avec crainte. (On marche craintivement la nuit.

Craion, s. m. Sorte de pierre molle, dont on se sert pour marquer & pour dessiner. (Dessiner au craion. Marquer avec du craion. Eguiser un craion. Il y a de plusieurs sortes de craions. On trouve des craions rouges, des craions de sanguine, des craions de pierre noire, des craions de mine, des craions de pastel. On dessine au pastel, & l'on fait de très-beaux portraits avec des craions de pastel.)

Craion, s. m. Terre dure, blanchâtre, & en quelque façon grasse & huileuse, & tout à fait stérile, qui se trouve au dessous des bonnes terres, & quelquefois trop près de la superficie, en sorte que le Soleil pénètre trop vîte ces bonnes terres, & que les racines des arbres n'aiant pû pousser assez avant, y sont altérées: & c'est ce qui fait jaunir & périr les arbres. (Il y a un craion blanc, un craion noirâtre & un grisâtre.)

* *Craion.* Portrait. Tableau qu'on fait des belles qualitez d'une personne. (Il n'y a point d'aparence de toucher à vôtre craion pour le laisser imparfait. *Abl. Apo. Epit. didic.*)

Craionner, v. a. Dessiner avec du craion.

Cramoisi, v. a. adj. Qui est d'un rouge beau & vif. (Soie cramoisie. Velours cramoisi.)

† * *Fou en cramoisi.* Façon de parler basse, pour dire extrêmement fou.

Crampe, s. f. Goute qui rend les parties qu'elle travaille comme crochuës. (La crampe le prit en nageant, & il se néïa.

Crampe. Ce mot se dit aussi des chevaux, & signifie un certain engourdissement qui leur prend au jarret, & qui leur fait traîner la jambe. (Vôtre cheval a la crampe, mais elle lui passera quand il aura un peu marché.)

Crampon, s. m. Lien de fer, ou de fert dans les gros murs pour lier les pierres avec du plomb fondu.

Crampon de fermeture. Morceau de fer plié en quarré, & ataché dans la piéce du milieu de la croisée de la fenêtre, dans lequel on pousse le verrou des tergettes qui sont attachées sur le chassis de la vitre.

Crampon, Terme de *Sellier*. Petit morceau de cuir qui est en forme d'anneau & qui est sur le devant de la selle pour atacher les fourreaux des pistolets.

Crampon, Terme de *Maréchal*. Façon de reveter l'éponge du fer de cheval. (Crampon à oreille de lièvre.)

Cramponner, v. a. Atacher avec des crampons.

Cramponner, Terme de *Maréchal*. Tourner & renverser sur le coin de l'enclume l'éponge du fer & en faire un crampon à oreille de lièvre.

Cramponnet, s. m. Petit crampon.

Cramponnet de tergette. C'est ce qui est ataché sur l'ovale de la tergette & qui en tient le verrou.

† * *Il a l'ame cramponnée dans le corps.* Cette façon de parler un peu basse, & elle signifie il se porte bien, les maladies ne le font pas mourir, ou il combat long-tems contre la mort.

Cran, s. m. Coche, ou entaillure qui se fait dans un corps dur pour y faire entrer un autre corps & l'y arrêter. Les pignons des montres ont des crans, dans lesquels entrent les dents des roües. Il faut bander ce ressort d'un cran, ou de deux. Hausser la cremilière d'un cran.

Cran, s. m. Terme de *Maréchal*. Il se dit des sillons qui se voient dans le palais de la bouche d'un cheval. (Il faut saigner ce cheval au troisiéme cran.)

Crane, s. m. Os de la tête qui contient le cerveau. (Ouvrir le crâne.)

Crapaud, s. m. Animal venimeux de peau grosse & dure, qui ressemble à la grenoüille. Le crapaud a pour ennemi le Buzard qui le dévore sans que son ennemi lui fasse mal. *Rond.*)

Crapaudine, s. f. Pierre précieuse, qu'on dit se trouver dans la tête d'un vieux crapaud.

Crapule, s. f. En Latin *crapula*. Débauche de vin malhonnête, & qui sent son homme adonné à l'ivrognerie. (Tout ce qu'il cherche n'est que crapule & que brutalité. *Pat. ru. plaidoié* 11. Il aime la crapule. *Abl. Luc. T. 3.*)

Craquelin, s. m. Prononcez *craclin*. Gâteau rond qui a des rebords, fait avec de la farine, de l'eau & du sel. On l'apelle *craquelin* à cause qu'en le mangeant, il craque sous la dent. On vend force craquelins, mais ce sont ordinairement les boulangers des fauxbourgs qui en font, & qui les donnent à de pauvres femmes pour les aler vendre par Paris. Il y a quelques Provinces ou l'on apelle des échaudez, des craquelains; mais ce mot n'est point reçû à Paris, en ce sens.

Craquer, v. n. Faire crac. Faire un bruit qui marque qu'une chose rompt. (Ses os ont craqué.)

Craquetement. Ce mot se dit des dens, & signifie une convulsion des muscles des machoires. *Leg.*

Craqueter, v. n. Faire un bruit qui craque. (Craqueter souvent, J'entens craquer le tonnerre. *Téo. Poes.*)

Craquinole, s. f. Voicz *Croquinole*.

Crasse, s. f. Ordure de la tête & du corps. (Une tête pleine de crasse. Oter ou faire tomber la crasse de la tête. Oter la crasse du corps.) Il se dit aussi d'autre sorte d'ordure & de saleté, comme de poussière qui s'atache sur les meubles, les tableaux, &c.

Crasse, adj. Grossier. (Ignorance, crasse.)

Crasseux, *crasseuse*, adj. Plein de crasse. (Corps tout crasseux. Tête crasseuse. Mains crasseuses.)

Crasseux, s. m. Mal propre. Qui est négligé sur soi. (C'est un petit crasseux. C'est un crasseux.)

Cravate, *croate*, s. m. Pour parler reguliérement il faudroit dire *croate*, & c'est ainsi que Voiture l'a écrit une fois *lettre* 68. mais depuis il s'est toûjours servi de *cravatte*: & c'est le vrai mot d'usage. (S'enrôler dans une compagnie de Cravates. *Voi. l. 20.* La crainte des embuches des Cravates leur donne l'alarme. *Voi. l. 67. &c.*)

Cravate, s. m. Sorte de cheval vif, fort & vigoureux. Cette sorte de chevaux viennent de Croatie. (Un bon cravate. Un beau cravate.)

Cravate, s. f. Linge plié en deux, ou trois rangs, ou feüilles que les gens d'épée & autres gens en juste-au-corps se metent autour du cou. (Une cravate bien faite. Une cravate simple. Une cravate à dentelle. Une cravate à 2. ou 3 feüilles, ou à 3 rangs. Une cravate à la cloche. Une cravate à la pschée, &c.)

CRE.

Créance, *croiance*, s. f. On écrit & on prononce présentement *créance*, & non pas *croiance*. *Vau. Rem.* Le mot de *créance* se dit en parlant de Religion, & signifie Tout ce qu'on croit sur le chapitre de la Religion qu'on professe. (Ma créance est qu'il y a un Dieu qui récompense & qui punit.)

Créance. Sentiment. Opinion. Avis. Pensée. Foi. Crédit. (Ce n'est pas ma créance. Ajouter créance à quelcun. Avoir de la créance en quelcun. *Vau. Quin. l. 3. ch. 6.* Avoir de la créance parmi les gens guerre. *Vau. Rem.* Avoir des lettres de créance, c'est avoir une lettre qui assure qu'on peut ajouter foi à celui qui la porte. *Vau. Rem.* Perdre créance dans les esprits. *Pas. l. 4.* Trouver créance dans l'esprit du peuple. *Abl.*

> Iris, prenez créance en moi,
> Je ferai tout ce que je dois.
>   *Pelisson recüeil.*

† * *Créance*, s. f. Terme de *Pratique.* C'est une somme duë par un débiteur à un Créancier & le titre qui donne action au Créancier contre son debiteur. (La créance est fort considérable. On colloque les créanciers suivant la date où le privilège de leur créance.)

* *Créance.* Terme de *Fauconnerie*, & de *Chasse.* On dit un oiseau de peu de créance, c'est à dire qui est sujet à s'éfacer & à se perdre. Un chien de bonne créance, c'est qui est aisé à conduire & qui obéït facilement.

Créancier, s. m. Celui à qui une chose est duë, & pour cela peut intenter une action en justice contre son debiteur, afin de le contraindre à le païer. (Un créancier raisonnable, commode.

commode. Un créancier rude, cruel, incommode, fâcheux, importun, impitoïable, déraisonnable. La Loi des douze Tables, permettoit au créancier de mettre en piéces son debiteur. On doit les intereſts au créancier du jour qu'il demande en juſtice ce qui lui eſt dû. Je ſuis créancier d'un tel.)

Créancier privilégié. C'eſt celui qui eſt préferé aux autres, & qui a plus de droit qu'eux.

Créancier chirographaire. Terme de Palais. C'eſt celui qui eſt fondé ſur une promeſſe, un billet, ou une lettre.

Créancier hipotecaire. Terme de Palais. C'eſt celui qui eſt fondé en contract, ſentence, arrêt, ou autre piéce autentique.

Créancier engagiſte. Terme de Palais. C'eſt celui qui prête ſur gages.

Créanciére, ſ. f. Celle à qui on doit. Celle qui a fait crédit. (Elle eſt créanciére d'un tel.)

CRÉAT, ſ. m. Celui qui dans une Academie enſeigne à monter à cheval ſous l'écuïer.

CRE'ATEUR, ſ. m. Ce mot ne ſe peut dire proprement que de Dieu ſeul, & il ſignifie celui qui a fait la ſubſtance des choſes. Celui qui de rien fait quelque choſe. (Dieu eſt le Créateur du Ciel & de la Terre.)

Création, ſ. f. Prononcez créacion. Action du Créateur, par laquelle de rien il fait quelque choſe. (La création du monde eſt merveilleuſe. Ovide a parlé de la création fabuleuſe du monde.)

* Création, Ce mot ſe dit en parlant d'offices, d'officiers, & de rente, &c. C'eſt l'action du Souverain qui par un édit fait quelques nouvelles charges, quelques nouveaux officiers ou quelques nouvelles rentes, &c. (Un office de nouvelle création. Ces rentes ſont d'une ancienne création.)

Créature, ſ. f. Toute choſe créée. Toutes les créatures loüent Dieu chacune à ſa maniére.

* Créature. Perſonne, ſoit homme, ou femme, (C'eſt une créature qui a ôté l'épée à Monſieur. Voi. l. 50.)

* Créature. Perſonne qu'on fait ce qu'elle eſt, qu'on a établie & qu'on protége entiérement. (Faire des créatures. Ab. Les créatures du C. de Richelieu avoient à la Cour après ſa mort les mêmes avantages qu'il leur avoit procuré pendant ſa vie. Memoires de Mr. de la Roche-Foucaut.)

CRÉCHE, ſ. f. Mangeoire de bœufs, de vaches, d'ânes, de chévres ou de brebis (La créche des bœufs. Perrault, traduction de Vitruve, l. 6. c. 9.) Ce mot ſe créche ſe diſoit autrefois de la mangeoire des chevaux; mais à preſent on ne dit plus. V. Mangeoire.

Créche. Le grand uſage de ce mot eſt pour ſignifier le berceau de Jeſus Chriſt. (Allons adorer le Sauveur du monde dans la créche. God.)

CRE'DENCE, ſ. f. Petit bufet à main droite au bout de l'Autel & un peu au deſſous, où l'on met les burettes.

CRE'DIBILITE', ſ. f. Ce mot vient du Latin credibilitas. C'eſt un terme de Theologie, qui ſignifie. La connoiſſance d'une choſe qui nous porte à la croire. Raiſons humaines qui nous portent à croire les révélations Divines. (Jeſus dit lui-même qu'il eſt Dieu, & il le prouve en faiſant des miracles. Cela n'ajoûte-t-il pas un degré de crédibilité, qui nous ôte toute la liberté d'en douter. Memoires ſur la Religion. Quand on veut convertir les Païens, il faut établir d'abord la verité de l'Ecriture par des motifs de crédibilité.)

CRÉDIT, ſ. m. Terme de Négoce. Il ſe dit de l'argent qu'on prête & des marchandiſes qu'on vend à quelcun dans la créance qu'on a qu'il païera bien. (Il eſt on ſe vendre à crédit. Avoir bon crédit chez les marchands. Faire crédit. Prendre à crédit. Qui donne à crédit, perd ſon bien & ſon ami.)

* Crédit. Pouvoir. Autorité. Reputation. Faveur. (Leur crédit s'étend par tout. Paſ. l. 1. Se ſervir du crédit de quelcun. Abl. Il emploïa tout ſon crédit à la ruïne de ce Prince. Vau. Quin. l. x. Donner du crédit à une perſonne. Faire perdre le crédit à quelcun. Miner le crédit de quelcun.)

CRE'DULE, adj. Il vient du Latin credulus, & il ſignifie qui croit trop aiſément, qui adjoûte foi ſans peine à ce qu'on lui dit. (Qu'un amant eſt crédule, & qu'il ſe laiſſe aiſément perſuader ce qui lui paroit agréable. Arioſte moderne. Il ſe perdit par la crédule & ſuperſtitieuſe opinion qu'il eut du couroux des Dieux. S. Evremonte, traductions, p. 155. Elle eſt un peu trop crédule.)

Credulité, ſ. f. En Latin credulitas. Une trop grande facilité à croire. Avoir une trop grande crédulité. (La trop grande crédulité nuit ſouvent. Abuſer de la crédulité des foibles. Inſtruction pour un grand Seigneur. Ce ſont des piéges qu'ma crédulité me laiſſoit engager. Recueil de Peliſſon & de la Suze. Ce ſont des gens qui la crédulité des hommes a placez dans le Ciel après leur mort. Abl. luc.)

CRE'ER, v. a. Ce mot ſe dit proprement de Dieu, & il ſignifie faire de rien quelque choſe, produire la ſubſtance des choſes. (Dieu a créé le Ciel & la Terre par la puiſſance de ſa ſeule parole. Dieu créa le premier homme. Dieu a créé le monde pour faire voir & adorer ſa grandeur. S. Cyran, Theol. ch. 2.)

Créer. Faire. Etablir. (Dans les perils extrèmes on créoit un Dictateur. Ablancourt, Tac. An. l. 1. Créer des officiers. Le Mai. Créer une dette. Patru, plaidoié 3.)

CRAMILLIERE. V. Crémilliére.

CREME, ſ. f. C'eſt la graiſſe qui s'épaiſſit au haut du lait, & fait comme une croûte ſur le lait. (Crême fort bonne. Crême foüetée. C'eſt de la crême qui à force d'être batuë avec un petit foüet devient tout en écume. ✝ * C'eſt de la crême foüetée. Ces mots s'emploient au figuré, pour marquer un diſcours ou autre pareille choſe qui paroit quelque choſe, & qui au fond n'eſt rien.)

Crême de tartre, ſ. f. Tartre purifié qui ſe forme en criſtaux.

Crême, ſ. m. Liqueur ſacrée compoſée d'huile, & de baume pour la confirmation & l'extrême-onction.

Crémeau, ſ. m. Terme d'Egliſe. Sorte de petite coife; ou de petit beguin de toile qu'on met ſur la tête de l'enfant lors qu'on le batiſe & qu'on a apliqué le crême. (Ce ne ſont ordinairement que les crémeaux qui couvrent la tête des enfans au Batême. Thiers, des perruques, ch. 4.)

CRE'MILIERE, ſ. f. Fer plat & délié, large d'environ trois doigts, qui a des dents preſque tout du long, qui au bout d'embas eſt recourbé, qu'on pend à un gros crampon au haut du contre-cœur de la cheminée & dont on ſe ſert pour mettre des chauderons & des marmites ſur le feu. (Pendre la crémilliére à la cheminée. Mettre la crémilliére à la cheminée.)

Crémilliére de chaiſe. Fer en forme de crémilliére qu'on met aux chaiſes de commodité.

Crémillon, ſ. m. Petit morceau de crémilliére qu'on atache à la grande, ſoit pour l'alonger, ou pour pendre quelque choſe à côté.

CREMEAU, ſ. m. Petite ouverture à jour au parapet des murailles des viles, qui eſt d'intervale en intervale & par où l'on met le fuſil, ou le mouſquet lorſqu'on veut tirer pour défendre la vile. On voit encore les creneaux ſur les murailles des Tours & des Chateaux fortifiez à l'antique.

Creneler, v. a. Faire en forme de creneaux.

Crénelé, crenelée, adj. Fait en forme de creneaux. Terme de Blaſon.

CRÉPE, ſ. m. Sorte d'étofe noire, fort légére faite de fine laine, & qui ſert à marquer le deüil qu'on porte de la mort d'une perſonne. (Etre couvert d'un grand crêpe de deüil. Sav. Poeſ.)

Crêper, v. a. Friſer. Se crêper, v. r. (Les cheveux ſe crêpent.)

CRE'PI. Voiez Crépir.

CRE'PIN, ſ. m. Nom d'homme. V. Saint, &c.

CRE'PINE, ſ. f. Sorte de frange dont ſe ſert pour embêlir les lits, les dais, &c. (Une riche, une ſuperbe, une magnifique crépine.)

Crépine, ſ. f. Terme de Rôtiſſeur & de Boucher. C'eſt une maniére de petite toile de graiſſe, qui couvre la panſe de l'agneau, & qu'on étend ſur les rognons lors que l'agneau eſt habillé. (La crépine ne ſert qu'à parer les rognons.)

CREPIR, v. a. Terme de Maçon. Couvrir de plâtre, ou de mortier. Enduire de plâtre, ou de mortier. (Crépir un mur.)

Crépir. Terme de Corroieur. Prendre un cuir lors qu'il eſt forti de l'eau, & lui faire venir le grain.

Crépi, crépie, adj. Terme de Corroieur. Couvert, ou enduit de mortier ou de plâtre. (Mur crépi. Muraille crépie.)

Crépi, crépie, adj. Terme de Corroieur. Cuir auquel on a fait venir le grain. (Cuir crépi.)

Crépi, ſ. m. Terme de Maçon. Enduit de mortier, ou de plâtre. Enduit de chaux & de gros ſable. (Un crépi de muraille fort bon.)

Crépiſſure, ſ. f. ou Crépiſſement, ſ. m. L'action de crépir. (La crépiſſure de cette muraille coûte tant.)

CRE'PON, ſ. m. Sorte d'étofe fort légere qui eſt faite de la plus fine laine, & dont les hommes & les femmes s'habillent l'été. (Crépon bien crépé. Crépon blanc, bleu, aurore, feüille-morte, noir, verd, violet, &c.)

Crépu, crépue, adj. Ce mot ſe dit des cheveux, & ſignifie friſé. (Avoir les cheveux crépus.) Il ſe dit auſſi de la mouſſe. La Quintinie, Jardins fruitiers, T. 1. p. 109. a écrit que la mouſſe étoit une petite herbe friſée & crépuë.

CRE'PUSCULE, ſ. m. Petite lueur foible clarté qu'on joüit lorſqu'il ne fait pas encore bien jour, ou qu'il n'y a plus de jour. (Le crépuſcule du matin, c'eſt la clarté qu'on voit avant que le Soleil ſoit levé ſur l'horizon. Le crépuſcule du ſoir, c'eſt la clarté qu'on voir après le coucher du Soleil. Les Lapons durant la nuit continuelle, où ils ſe trouvent l'hiver ont un crépuſcule le matin & l'autre ſoir.)

CRESSELLE, ſ. f. Inſtrument de bois qui fait grand bruit, & dont on ſe ſert au lieu de la cloche la ſemaine ſainte pour avertir les fidelles qu'on va célébrer le ſervice Divin. (Prenons du Jeudi Saint la bruïante creſſelle. Deprianx, Luttrin chant. 4.)

CRESSERELLE, ſ. f. Sorte d'oiſeau de rapine, de couleur fauve, ſemé de taches noires, qui a les groſſes plumes des ailes ordinairement noires, le bec bleu, la queüe longue, & marqueter de noir, les jambes hautes & jaunes & ſes quatre doigts de même couleur que les jambes. La creſſerelle a un cri

CRE   CRI

cri désagréable. Elle ne se repait par les chams que de souris, de mulots, de lésards. Elle fait son nid au haut des tours & défend, à ce qu'on dit, les pigeons, des autres oiseaux de rapine. (Une cresserelle mâle. Une cresserelle femelle. Bel. l. 2. c. 23.)

Cresson, s. m. Sorte d'herbe qui croit sur le bord des ruisseaux, des fontaines & autres lieux acatiques, & qu'on mange quelquefois en salade.

Cresson. Sorte de fleur double panachée tirant sur le violet. Il y a diverses sortes de cresson de jardin.

Crête. Chair rouge qui vient sur la tête des coqs, des coqs d'Inde, des poules. (Les crêtes de coq bien assaisonnées sont bonnes dans les ragoûts.)

† Crête. Mot burlesque pour dire la tête. (Il receut un coup de mousquet, comme il voulut lever la crête. S. Amant.)

* Crête de casque.

* Crête de moruë. Certain morceau de moruë de dessus le dos.

* Crête. Terme de Marchand de blé de dessus les ports de Paris. C'est un tas de blé qui est dans un bateau, & qui est élevé en forme de piramide. (Mettre le blé en crête.)

CRETIEN. Voïez Chrétien.

Creu, creû, part. Voïez crû.

Crevasse, s. f. Sorte de petit ulcère qui vient à la main en forme de fente.

Crevasse. Maladie puante qui vient au pli que le cheval a naturellement aux paturons.

Se crevasser, v. r. Se fendre. S'entr'ouvrir.

(Le navire comblé de morts & de mourans
S'entrouvre & se crevasse. ......
Brébeuf. Pharsale, l. 3.)

Creve-cœur, s. m. Déplaisir. Dépit extrême qui acable le cœur. (Quel creve-cœur est-ce à un honnête homme de subir l'éxamen d'un sot ? Abl. Luc. Tome I. Il aura un terrible creve-cœur quand il sçaura que sa femme lui plante des cornes. Abl. Luc. T. 2.)

Crevé. Voïez plus bas.

Crever, v. a. Percer. (Crever le ventre. Crever les yeux. Crever un pâté.)

* Crever un cheval. C'est le tant fatiguer qu'on le fasse mourir.

Crever, v. n. Ce mot est quelquefois satirique lors qu'il se dit en colère, & il ne se dit même que des personnes. Il signifie mourir comme un coquin & comme un misérable.

* Crever de dépit. C'est avoir beaucoup de dépit. (Le misérable crève de voir que son ouvrage ne réüssit pas.)

* Crever de honte & de dépit. C'est avoir beaucoup de dépit & de chagrin de la honte qu'on a receuë. * Faire crever de dépit. C'est donner beaucoup de fâcherie. Crever de rire, c'est rire beaucoup.

* Cela vous crève les yeux. C'est à dire, cela est tout devant vos yeux.

* Les saletez y crèvent les yeux. C'est à dire, Tout y est plein de saletez. Les saletez y sautent aux yeux, on les voit par tout.

† Il crève. C'est à dire, il meurt. Il est crevé, c'est à dire, il est mort.

† * Crever. Faire trop manger. Causer du mal à force de trop manger. (Si vous lui donnez à manger davantage vous le creverez.)

Crever v. n. Terme de Fleuriste. Il se dit d'œillets, & de leur étui, lors que la quantité des feüilles les fait ouvrir & éclater. (Il est difficile d'avoir de beaux œillets, & de les empêcher de crever. Culture des fleurs, ch. 4.)

Se crever, v. r. Se percer de soi-même. (Pâté qui s'est crevé au four.)

* Se crever. Manger trop. Manger jusques à nuire à sa santé, à se faire mal. (Il se crève à force de manger. Elles passent à une table couverte de toute sorte de mets, où elles se crèvent d'abord. Abl. Luc. T. 2.)

* Il s'est crevé à force de travailler. C'est à dire il s'est tué, il s'est fait mourir.

(* La vague se crève, God. Poës. C'est à dire se brise.)

* Se crever de rire, Abl. C'est à dire, rire fort.

Crevé, crevée, adj. (Pâté crevé.)

† Crevé, s. m. Grand mangeur. Goulu. Sorte de goinfre & de gourmand. (C'est un gros crevé.)

Creuser, v. a. Faire profond. Faire creux. (Creuser un port Abl. Arl. 7. Faire creuser des puits. Abl. Ret.)

(† * Quand on est vieux, & qu'on se marie, on creuse sa fosse.)

Creuset, s. m. Vase de terre grasse qui est en forme de piramide, & qui sert aux orfévres pour fondre l'or & l'argent.

Creux, creuse, adj. Profond. (Fossé fort creux. Fosse creusé.)

* Creux, creuse, adj. Vuide. (Avoir le ventre creux.)

* Discours creux & vuide de sens. Viande creuse. Ces deux derniers mots sont burlesques pour dire, un regal de violons, musique, harmonie, &c.

On dit aussi * Des songes creux, Des imaginations creuses,

c'est à dire vaines & chimeriques. Esprit creux. Cerveaux creux.

Creux, s. m. Profondeur. Petite profondeur. Chose creuse. (Il est tombé dans un creux, d'où il a eu peine de se tirer. Le creux de main.)

* Creux. Fond.

(Je ne puis arracher du creux de ma cervelle,
Que des vers plus forcez que ceux de la Pucelle.
Déspreaux, satire 7.)

CRI.

CRI, s. m. Voix haute & élevée d'un ou de plusieurs personnes. Un grand cri. Un cri aigu, perçant.

Un grand peuple, Seigneur, dont cette Cour est pleine,
Par des cris redoutables demande à voir la Reine.
Corn. Pomp. a. 5. s. 5.

Un cri de joïe. Jetter des cris. Abl. Ar. l. 1. Redoubler ses cris. Abl. Ar. l. 1. c. 9.

Cri. De personnes qui portent vendre par la ville. (Les cris de Paris.)

* Cri. Ce mot se dit des plaintes, & d'une voix plaintive, quoique basse, par laquelle on témoigne l'affliction qu'on ressent, & l'oppression qu'on souffre. (Un bon Prince ne doit pas fermer l'oreille aux cris & aux plaintes de son peuple. Pousser des cris. Arn. Joseph.

Sois sensible à mes pleurs, Sacré Maître du Monde,
Qu'aux cris d'un malheureux ta clémence réponde.

Cri. Ce mot se dit aussi des animaux en général. Le cri des hibous. Le cri naturel de chaque animal. (On dit aussi le cri des chasseurs, qui est de plusieurs sortes selon la chasse qu'ils font.)

Criailler, v. n. Ne faire que crier & mener du bruit. (C'est une sote femme, elle criaille perpetuellement.)

Criailleries, s. f. Cris de personne qui querelle, qui criaille, qui mene du bruit. Cris de gens qui élevent fort leur voix & qui font une sorte de bruit resonnant & retentissant. (Socrate ne se soucioit pas des criailleries de Xantipe sa femme, Abl. Apo. Les criailleries du barreau. Abl. Luc. Tom. 2.) On n'entendit plus que des criailleries confuses.

Cri public. C'est ce qu'on publie à son de trompe par ordre de Justice. (On a fait défense sur le Parnasse à cri public à tous ceux qui voudront parler bon François, de lire jamais aucun ouvrage de N. N. parce que ces ouvrages sont écrits d'un air Gaulois & barbare & sans politesse.)

* Cri. Terme de Blason. Ce sont certains mots qui servent de Devise, ou de signal & que les soldats crioient à la guerre. (L'Ancien cri des Rois de France étoit Mont-joïe Saint Denis.)

Criailleur, s. m. Qui criaille. (C'est un grand criailleur.)

Criailleuse, s. f. Celle qui criaille. (C'est une criailleuse fort insuportable.)

† Criard, s. m. Prononcez criar. Ce mot est tout à fait bas, pour dire un petit garçon qui romt la tête à force de crier. (C'est un petit criard.)

Criard, s. m. Celui qui crie le plus & qui fait le plus de bruit dans quelque compagnie. Un franc criard. Les plus grands criards ont le plus d'autorité dans leur assemblée. Abl. Luc. T. 2. Le gros & dur N est le plus terrible criard de... & pour le faire taire, il lui faut un bon repas.)

Criarde, s. f. Celle qui crie & qui fait du bruit. (C'est une criarde que cette femme-là. On le dit d'une petite fille qui crie souvent ; mais dans l'un & dans l'autre sens, criarde est bas.)

Crible, s. m. En Latin cribrum. Instrument composé d'un bois large de 4. ou 5. doigts, plié en rond avec un fond de peau tannée & percée de plusieurs petits trous près à près, dont on se sert ordinairement pour cribler le grain & en separer les ordures. Cette sorte de crible se tient à la main. Il y en a qu'on suspend avec des cordes. Il y a aussi des cribles à pié, au haut desquels on verse du blé dans une petite auge, & d'où le blé coulant sur plusieurs rangs de fil d'archal, la poussiére, l'ivraïe & le blé le plus mince passent au travers des fils d'archal, & ainsi le blé se néteïe & s'évente. On dit d'une chose qui a plusieurs trous qu'elle est percée comme un crible.

Crible, v. a. Passer du grain au travers d'un crible. (Cribler du blé.)

† * Cribler. Choisir. (Je crible mes raisons pour en faire un bon choix. Reg. sat. 4.)

Cribleur, s. m. Celui qui crible.

Criblures, s. f. Ce qui a passé au travers du crible en criblant. (Le criblûres du grain sont bonnes pour les poules.)

Cribration, s. f. En Latin cribratio. Prononcez cribracion. Terme de Pharmacie. C'est une separation qui se fait des parties les plus déliées des médicamens, tant seces qu'humides ou oleagineux d'avec celles qui sont les plus grossiéres. (La cribration se fait au travers des tamis, ou des cribles.)

Hh   Crio,

CRIC, *s. m.* Instrument pour lever toutes sortes de fardeaux.

† *Cric & croc.* Sorte d'adverbe qui réprésente le bruit que font les verres pleins de vin lorsqu'on se choque en buvant à la santé les uns des autres. (*Maſſe, tope, cric & croc. St. Amant.*)

CRIE'E, *s. f.* Terme de *Palais.* Publication faite à diverses fois & dans les formes de justice, de quelques biens immeubles saisis & exposez en vente au plus ofrant & dernier encherisseur.) Mettre une terre en criée. Faire les criées.)

Crier, v. a. Pousser un son de voix, haut & qui se fasse entendre. Dire tout haut. Crier comme un perdu. *Voi. Poeſ.* Crier à pleine tête. *Abl.* Crier liberté. *Voi. Poeſ.* Crier au meurtre. *Abl.* Que sert à.Tristotin la Raison qui lui crie, n'écris plus. *Déproaux, fatire* 8. Crier au feu, aux armes. Crier à l'aide, au secours. Crier à pleine tête. Crier comme un aveugle qui a perdu son bâton. Il crie avant qu'on l'écorche, c'est à dire, *avant qu'il sente du mal.* On crie *Vive le Roi.* On crie *Le Roi boit.* Le jour des Rois.)

Crier. Publier. Proclamer à haute voix. (Crier à trois briefs jours.)

Crier. Criailler. Faire du bruit. Demander tout haut, (On crie, on vous menace *Depreaux, fatire* 9. Elle crie toûjours après quelcun. *Scar.* Cela crie vengeance contre les femmes. *Mol.*)

Crier. Ce mot se dit des chiens de chasse, & signifie *aboier en chaſſant.*

Crieries, s. f. Il ne se dit d'ordinaire qu'au pluriel, & même dans le langage le plus simple. (Le Soleil voulant se marier, les grenoüilles firent de grands cris, Jupiter ému de leurs *crieries* importunes, leur demanda le sujet de leurs plaintes. On dit aussi, je suis las de ces crieries.)

Crieur, s. m. Sergent crieur qui après le son de la trompette prononce à haute voix ce qu'on veut faire savoir au public & à tous en particulier.

Crieur, Juré crieur. (C'est celui qui crie les vins dans la ville, & dans les faux-bourgs de Paris, qui crie les enfans égarez, qui fournit tout ce qui est necessaire pour les funerailles, comme habits, draps, tentures, & qui porte ou envoie les billets d'enterrement par un semonneur à ceux à qui on en doit porter.)

Crieuſe de vieux chapeaux, s. f. Femme qui va par les ruës de Paris criant *vieux chapeaux,* & qui achette de toutes sortes de vieilles hardes & de chauffures.

CRIME, *s. m.* Ce mot ne se dit que des personnes. Il signifie une faute qui merite punition. Faute énorme. Péché. (Un crime capital. Un crime horrible. Un crime odieux, afreux, épouvantable, digne de mort, détestable, &c. Les grands crimes ont des degrez aussi bien que les vertus. Il n'est point de douleur plus sensible que d'avoir fait un grand crime inutilement.

Décharge moi du poids du peché qui m'oprime
S'il se faut accuser, je reconnois mon crime,
Et mon crime est trop grand pour me laiſſer en paix.
Char. poeſ.

Crime de leſe-Majesté. C'est à dire, crime qu'on a fait contre le Souverain. *Crime de leſe-Majesté divine & humaine.* C'est un crime contre Dieu & contre le Souverain. *Crime de leſe-Majesté d'amour.* Mots burlesques, pour dire une faute qui merite d'être punie de l'amour. *Crime de leſe-faculté.* Mots burlesques, pour dire une faute contre la faculté de Médecine

Criminel, s. m. Celui qui a fait un crime. Celui qui a commis une faute. Transferer un criminel. Exécuter un criminel. Ravalliac étoit criminel de leſe-Majesté.

Le petit criminel. Terme de *Palais,* C'est le criminel qui se pourſuit criminellement.

Criminel, criminelle, adj. Ce mot se dit des personnes & des choses. Qui a commis un crime. Qui a fait quelque faute. Blâmable, condannable. (Il est criminel. Elle est criminelle. Sa conduite est criminelle devant Dieu & devant les hommes. *Abl.*)

* *Criminellement, adv.* Rigoureusement & d'une maniére un peu sévère. (Juger criminellement de l'action d'une personne.) On dit aussi en terme de *Palais,* poursuivre un afaire criminellement.

CRIN, *s. m.* Tous les grans poils qui servent d'ornement au cheval. (Crin délié, épais, frisé.

Crin d'archet. Terme de *Lutier.* Crin qu'on frote avec de la colofane, & dont on se sert pour faire résonner quelques instrumens de musique, comme viole, violons, &c.

Crinier, s. m. Artisan qui acommode le crin, & le met en état d'être employé par les selliers, tapiſſiers & bourreliers.

Criniére, s. f. Tous les crins qui sont sur le haut & le long du cou, & entre les deux oreilles du cheval. Tout le grand poil qui couvre le corps du Lion. La criniére de ce cheval est fort belle. Lorsque le lion rugit, sa criniére a quelque chose de fort afreux.

Criniére. Toile, ou treillis qui acompagne le caparaçon, & qui couvre le cou & la tête du cheval qui est à l'écurie.

†*Criquet, s. m.* Sorte de petit cheval. (Il étoit sur un criquet aſſez joli.)

CRISE, *s. f.* Terme de *Médecine.* Le mot de *crise* signifie proprement *Jugement.* Mais parmi les Médecins, on le prend pour un changement foudain qui arrive dans les maladies, & même on le prend d'ordinaire en bonne part, & l'on peut dire que la *crise* n'est qu'un promt & salutaire éfort de la nature contre la maladie, suivi de quelque évacuation favorable. (Une crise imparfaite.)

(* Je ne sai quelle humeur maitrise nos volontez & est la *crise,* de nos paſſions. *Téo. poëſ.*)

CRISTAL, *s. m.* Il vient du *Grec,* & il fait au pluriel *cristaux.* Le cristal est une espece de pierre transparente qui se forme dans les entrailles de la terre. Matiere transparente & fragile. (Un beau cristal. Une tasse de cristal. Un verre de cristal. Cristal de roche.)

Cristal, s. m. Ce mot se dit auſſi du verre fort clair & fort net qui se fait dans les verreries. (Cristal de Venise. Verre de cristal. Glace de cristal.)

Cristal de montre. Petit verre sur le cadran de la montre de poche.

Cristal mineral. C'est un composé de salpêtre bien purifié & de fleurs de soufre.

Cristal de tartre. C'est du tartre purifié & reduit en cristaux.

Cristal. Ce mot en poëſie, signifie eau fort claire de quelque ruiſſeau, de quelque fontaine, &c. (Le mobile cristal des eaux. *God. Poeſ.* 1. *partie églogue* 3. Dans le cristal d'une fontaine un cerf se miroit autrefois. *La Fontaine , Fables, l.* 6.)

Criſtalin, s. m. Humeur cristaline. Terme d'*Anatemie.* Corps mou & transparant de l'œil. Voiez *Bartolin l.* 3. *c.* 8.

Criſtalin, criſtaline, adj. Transparant comme du cristal. (Ciel cristalin. Humeur cristaline.)

Criſtaliser, v. a. Terme de *Chimie.* Reduire en cristaux. On dit auſſi *criſtaliſation.*

CRISTIANISME. Voiez *Chriſtianiſme.*

CRISTOFLE. Voiez *Chriſtofle.*

CRITIQUE, *s. m.* Qui juge des fautes d'autrui, qui les examine, qui les fait voir. Facheux qui trouve à redire à tout. (Castelvetro étoit un savant Critique. Un bourru critique.)

Critique, s. f. Jugement d'un Critique sur quelque ouvrage. Observations qui découvrent les defaut de quelques ouvrages d'esprit. (La Critique de Scaliger n'est pas toûjours sûre.)

Critique, adj. Qui juge, qui examine les defauts. Qui reprend, Qui trouve à dire. Fâcheux. (Esprit critique. Humeur critique.)

Critique, adj. Terme de *Médecin.* Qui se dit des jours où se fait la criſe. (Jour critique.)

Critiquer, v. a. Examiner quelque ouvrage. Reprendre. Trouver à dire. (Il critique tout, mais pour son malheur, il critique mal.)

† *Critiqueur, s. m.* Celui qui critique, qui reprend, qui trouve à redire. (Tous ces grans critiqueurs, ne sont pas toûjours ceux qui font le mieux.)

CRO.

CROACER ; *Croaſſer, v. n.* Ce mot se dit proprement des corbeaux, & signifie le cri naturel du corbeau, par lequel il est distingué des autres oiseaux. (Un corbeau devant moi croacce. *Téo. poeſ.* 1.)

† * *Croacer.* Criailler. Crier. (Ses Rivaux obscurs autour de lui croacent. *Dépreaux.*)

Croacement, croaſſement, s. m. Le cri naturel de corbeau.

CROATE, *s. m.* Voiez *Cravate.*

CROC, *s. m.* Morceau de fer à plusieurs branches qu'on atache au plancher d'une cuisine, & où l'on acroche la viande de boucherie & autre. (Mettre de la viande au croc. Un croc bien garni.)

Croc. Harpon, ou main de fer.

Croc. Perche de batelier de 9. ou 10. piez, au bout de laquelle il a une pointe de fer avec un crochet.

Crocs. Dens de cheval toutes seules, placées au defaut des barres de chaque côté du canal de la bouche.

Croc. Les Aporicaires apellent ainſi un morceau de fer, long d'un petit quart d'aune, délié, ou peu courbe & pointu par le bout, auquel ils mettent les ordonnances de Meſſieurs les Médecins. On le dit auſſi d'une cheville & de toute autre chose semblable à laquelle on pend quelque chose. C'est en ce sens qu'on dit qu'*un procés est pendu au croc,* lors qu'on ne le pourſuit plus.

* *Croc.* Ce mot au figuré est bas & burlesque. (Pendre l'épée au croc; C'est à dire *la quitter.* Les vers & la prose sont au croc. *Gom. Epi, l.* 1. C'est à dire , *on abandonne prose & vers.* Le Paradis vous est hoc, pendez le rosaire au croc. *Furetiére, poëſ.* C'est à dire, vous êtes sûre du Paradis, ne dites plus tant vôtre Chapelet.)

Croc en jambe, s. m. C'est mettre de telle sorte son pié entre les jambes de quelcun qu'on le faſſe tomber. (Il a donné né le croc-en jambe à Cupidon. *Abl. Luc. c.* 1.

D'un tour d'adresse tout nouveau
En lui donnant le croc en jambe
La traîtresse le fit tomber dans le tombeau.
Menage poësies.

CROCHE, *s. f.* Terme de *Musique*. Note de Musique qui a un petit crochet au bout de la queuë; plusieurs notes noires qui se tiennent.

Crochet, *s. m.* Croc. Morceau de fer recourbé où l'on attache quelque chose.

Crochet, Sorte de peson dont on se sert pour peser le lin, le chanvre & le duvet.

Crochet. Fer crochu pour ouvrir les serrures.

† *Arquebuse à croc.* Sorte d'arme à feu dont le fût étoit courbé. Elle étoit grosse & pesante & on la tiroit dessus une fourquette, ou par les ouvertures d'une muraille.

Crochet de porte-faix. Instrument à deux grandes branches, & à deux crochetons avec une sellette, que le crocheteur se met derrière le dos & tient avec des bretelles pour porter diverses sortes de charges. (Porter les crochets.)

Crocheter, *v. a.* Ouvrir avec un crochet de fer. (Crocheter une serrure, une porte, un coffre, &c.)

Crocheteur, *s. m.* Celui qui gagne sa vie à porter les crochets.

Crocheteur de serrures. Sorte de voleur qui ouvre les serrures avec un crochet.

Crochet, *s. m.* Outil de fer, à deux dents, de 7. à 8. pouces de long, & emmanché. Il sert à tirer du fumier.

Crochet. Ce mot se dit d'une agrafe, qui sert à prendre quelque chose. (Un crochet d'argent. Un crochet d'or garni de diamans. Un crochet de montre.)

Crochetuse, *s. f.* Celle qui porte les crochets. (Il y a des crocheteuses, mais il n'y en a pas tant que de crocheteurs.)

Crochetons, *s. m.* Les deux petites branches des crochets du porte-faix.

† *Crocheteral, crocheterale, adj.* Ce mot ne se dit guère, & il signifie qui sent le crocheteur, qui tient du crocheteur, grossier, incivil. (Façons de parler crocheterales.)

Crochu, crochuë, *adj.* Un peu recourbé. (Bec crochu.)

Croche, *s. f.* Terme de *Musique*, Note noire qui a un crochet & qui ne vaut que la huitième partie d'une note. *Double crochuë.* Note noire qui a deux crochets & qui ne vaut que la moitié d'une crochuë.

CROCODILE, *s. m.* Animal vivant en partie dans l'eau, & en partie sur terre, qui a la figure d'un lésard, qui a une grande gueule, quatre piez courts, mais biens garnis d'ongles, qui a les yeux semblables à ceux d'un cochon, & une queuë fort longue. Le crocodile est hardi, mais défiant. Il a la peau si dure que le trait d'une arbalète ne la peut percer. Voiez *Abl. Ma. mol. liv.* 1 *c.* 13.

† * *Crocodile.* Méchant, méchante, Perfide. Ah ! Crocodile, qui flatez les gens pour les étrangler. *Mol. G. Dandin.*

* *Larmes de crocodile.* Ce sont des larmes d'un hipocrite. Une douleur feinte par le moien de laquelle on tâche de surprendre.

CROIRE, *v. a.* Je crois, nous croions. J'ai crû, je crus. Je croirai, qu'il a ouë. Il régit quelquefois le datif, quelquefois la préposition *en* avec l'Acusatif, mais ordinairement l'Acusatif sans préposition. Il signifie, Ajoûter foi. Penser. Être persuadé d'une chose (Croire une chose sur la parole de quelqu'un. *Pas.* l. 14. En l'état où je suis, je lui dois pardonner, mais je ne le crois pas croire. *Mémoires de M. de la R. F.* On croit les gens de probité. Croire aisément tout ce qu'on lui dit. Je crois que Jesus Christ est mort pour nous. Croire en Dieu & à sa Sainte Eglise. Si tu n'en crois à tes yeux. *Abl. Luc.*) Le mot de croire en interrogeant & suivi d'un *que* regit le substantif. Croiez vous qu'il ait fait tout ce que vous lui avez commandé?

Croiable, *adj.* Ce mot se dit des choses & des personnes. Il signifie digne d'être crû. (Il est croiable. La chose est croiable.)

Croiance. Voiez Créance.

Croiant, *s. m.* Celui qui croit les vérités revelées dans l'Ecriture fidele, (Abraham est le Père des croians. Les Turcs s'appellent *Musulmans,* c'est à dire, *vrais-croians*.)

CROISADE, *s. f.* Voiage & entreprise de guerre que les Chrétiens faisoient autrefois par devotion, pour recouvrer la Terre sainte sur les Infidèles. On a apellé ces expeditions *Croisades,* parce que ceux qui alloient à ce voiage mettoient des croix de differentes couleurs sur leurs habits. Les François la portoient rouge, les Anglois blanche, les Flamans verte, les Alemans noire, les Italiens jaune, &c. La première croisade fut conciluë au Concile tenu à Clermont 1097. sous Urbin 2. Philippe de Valois commanda de prêcher la Croisade par tout son Roiaume. *Mezerai & l'Abbé de Choisi.*

Croisat, *s. m.* Espèce de monnoie d'argent, valant environ un Ecu & demi. Les Croisats se fabriquent à Gènes, & sont marquez d'un côté d'une croix, & de l'autre ont une image de la S. Vierge.

Croisée, *s. f.* Bois en forme de croix qu'on met dans les baies des murs où l'on veut faire des fenètres, & à quoi on attache les panneaux des vitres avec leurs chassis. Pierre en forme de croix qu'on met aux baies des murs où l'on veut faire des fenêtres.

Croisée. Terme de *Tisserand.* Entrelassement de fils bien serrez ensemble.

Croisées. Petits bâtons croisez au haut de la ruche par dedans autour desquels les abeilles font leur cire.

Croisade. Terme de *Marine.* C'est une constellation qui est vers le Pole Antarctique, qui a quatre étoiles disposées en croix dont on se sert pour discerner ce Pole, comme on discerne le Pole Arctique par le moien de la petite Ourse.

Croisée, *s. f.* Terme de *danseur de corde.* Ce sont quatre perches à quelque distance les unes des autres, croisées vers le haut, & sur lesquelles on bande la grosse corde sur laquelle on danse avec un contrepoids. (Mettre les croisées & bander la corde.)

Croisement, *s. m.* Terme de *Maître d'armes.* Il consiste à mettre son épée en forme de croix sur l'épée de celui contre qui l'on se bat. (Faire un croisement d'épée. *Liancourt, maître d'armes, ch.* 6.)

Croiser, *v. a.* Mettre en croix. (Croiser des épées, des couteaux, les jambes, les bras, &c.)

Croiser. Terme de *Tisserand.* Serrer la toile. (Croiser la toile.)

Croiser Terme de *Vanier.* Mettre les osiers les uns sur les autres en travaillant.

Croiser. Terme de *Mer.* Voguer en traversant plusieurs fois de côté dans un certain espace. (Croiser dans le Golfe, dans le canal, sur les cotes de, &c. Les Galeres croisoient sur les Pirates.)

Croiser, *v. a.* Terme de *pratique.* Ce mot se dit en parlant de compte & de dépens, & signifie mettre une croix à côté de l'article qu'on veut contester. (Croiser un article.)

Croiser, *v. n.* Terme de *Jardinier.* Il se dit des branches de l'espalier qui vont passer les unes sur les autres, & y font une manière de croix. (C'est quelquefois un défaut quand les branches de l'espalier croisent, & quelquefois c'est une beauté.)

Se croiser, *v. r.* Se mettre en forme de croix.

Se croiser. Se traverser. (Chemins qui se croisent. Lignes qui se croisent.)

Se croiser. Terme de *Tailleur.* S'asseoir pour travailler & se mettre les jambes l'une sur l'autre. (Se croiser sur l'établi.)

Se croiser. Mettre une croix sur son habit pour marque qu'on est de la Croisade, pour dire qu'on va faire la guerre aux Infidèles. (Philippe de Valois proposa à ses sujets de *se croiser* & commença lui-même de prendre la croix. *De Prade, histoire de France*)

Croisé, croisée, *adj.* Mis en forme de croix. Qui est manière de croix. (Chemins croisez. Les paresseux tiennent souvent les bras croisez.)

Croisée, croisée, *adj.* Terme de *Blason.* Chargé d'une croix.

Croisé, *s. m.* Celui qui est de la Croisade, qui a pris la Croix pour aller faire la guerre aux Infidèles. (Secourir les Croisez.)

Croisillon, *s. m.* Demi croisée. Ce qui sépare une croisée de fenêtre en deux.

CROISSANCE, *s. f.* C'est le point jusqu'où une personne, ou une chose, peut ou doit croître. *Croissance* vieillit un peu au propre, & l'on ne dira pas fort agreablement. C'est un enfant qui a pris sa croissance. Mais au figuré il est plus noble & plus beau. * C'est un jeune esprit qui n'a pas encore pris toute sa croissance. L'amour & l'estime que j'ai pour vous, ont déja pris toute leur croissance. *Costar, lettres,* T. 1. lettre 180. & T. 2. l. 251.

CROISSANT, *s. m.* C'est la Lune qui paroit sous la figure d'un croissant. Le croissant se remplit d'autant plus que la Lune se trouve éloignée du Soleil. Les cornes du croissant sont tournées vers le Levant.

Croissant. Figure du croissant que porte le Grand Seigneur pour ses armes dans les drapeaux.

* *Croissant.* Ce mot se dit au figuré pour signifier les Turcs. (Faisant pâlir le croissant. *Depreaux, satire,* 9. C'est à dire épouvantez les Turcs.)

Croissant. Terme de *Lutier.* Enfoncemens faits en forme de demi-cercles aux côtez des violons, des violes, & basses de violes, &c.

Croissant. Terme de *Taillandier.* Petites branches de fer polies en forme de croissans, qu'on scelle au dedans des jambes des cheminées pour tenir la pelle, les tenailles & les pincettes.

CROÎTRE. Ce verbe est neutre en prose, & il n'y a qu'en poësie qu'il se fasse quelquefois actif. *Vau. Rom.* Je crois; je croissois. J'ai crû, je crus. Je croitrai, que je croisse. *Croissant,* Prendre de l'accroissement. Augmenter (Cet arbre croîtra si on a soin de l'arroser. Le Nil croit & decroit quarante jours *Ablancourt, Marm* T. 1. l. 1. Enfant qui commence à croître. La Lune croit. Laisser croître la barbe & les cheveux. Les jours croissent. La cangraine croit en peu de tems, si l'on n'y remédie. Le peuple croit en cette vile. Ce bruit croit tous les jours.)

A des cœurs bien touchez tarder la joüissance,
C'est infailliblement leur croître le desir.
Malherbe, poës.

Les Dieux m'ont dicté cet oracle qui croîtra sa gloire &
son tourment, *Racine*, *Iph. genie*, act. 4. sc. 1.

L'interest que l'on prend ici pour sa mémoire
Fait naitre sureté comme il croît nôtre gloire.
Corn. Pompée, a. 5. sc. 1.)

CROISURE, s. f. C'est la tissure de la serge, qui se fait en croix. Celle du drap s'apelle *filure*. (On conoit la finesse de la Serge à la *croisure* & celle du drap à la filure.)

† *Croist*, *croit*, ou *Acroit*. Acroissement. Augmentation. Il ne se dit que du bétail. (Partager le croit, ou l'accroit.)

CROIX, s. f. Gibet en forme de croix, où l'on faisoit anciennement mourir les coupables. (Il le fit attacher en croix au pié du rocher. *Vau. Quin.* l. 7. Le Gouverneur de la Province fit mettre en croix quelques voleurs. Un soldat qui gardoit les croix vit de la lumière dans le Monument. *S. Evremont*, *Matrone d'Ephese*.)

Croix. Piéces de bois disposées en croix de Saint André sur lesquelles le bourreau étend le criminel qu'il doit roüer.

Croix-saint André. Deux piéces de bois disposées en croix : mais elles ne sont pas à angles droites, ni à plomb, & deux de ses pointes posent sur la ligne horifontale, on l'apelle Sautoir en terme de Blason. Sa figure est telle X.

* *Croix*. Soufrance. Peine. Tourment. (Si nous aimons Jesus-Christ il faut porter sa croix.)

Croix. Ce mot se dit du bois sur lequel Nôtre-Seigneur Jesus-Christ fut attaché, & où il soufrit la mort. Et ce mot de *Croix* se prend pour le mistére de nôtre Redemption. Jesus-Christ a soufert la mort de la Croix. La croix a été un scandale pour les Juifs, & une folie dans l'opinion des Payens. *S. Paul*, 1. *Epître aux Corint.* ch. 1.)

Invention Sainte *Croix*. Exaltation Sainte *Croix*. Ce sont les noms de deux fêtes que l'Eglise Romaine célebre.

Croix. Ce mot se dit de toutes les figures & représentations de la Croix de Christ, lesquelles on voit dans les Eglises, & sur les chemins, & qu'on porte aux processions.

Croix. C'est le signe de la Croix que les Catholiques Romains font, se touchant avec les trois prémiers doigts au front, au bas de l'estomac & sur le devant de l'une & de l'autre épaule. (Faire le signe de la croix. On croit que le signe de la croix & l'eau benite chassent les Démons.)

Croix pectorale. Terme d'*Evêque*. C'est une croix d'or que les Evêques & les Abez réguliers portent au cou, & qu'ils prennent après avoir pris leur Aube, avant que de mettre l'étole.

Croix. C'est une marque que mettent les Princes Chrétiens, d'un côté, sur la plus-part des Monnoies.

On dit en ce sens. † *N'avoir ni croix ni pile*. C'est à dire, n'avoir point d'argent. Etre pauvre.

Croix de Jérusalem. Ces mots signifient une manière de croix qu'on apelle croix de Jerusalem. Ils signifient aussi une sorte de fleur qui fleurit en Juillet, & qui porte une feuille grande & large qui tire sur la couleur de feu.

Grand-croix. La prémière dignité de l'ordre des Chevaliers de Malte après celle de grand Maître, & c'est parmi les Grand-croix qu'on choisit le grand-Maître, de l'ordre. (Il est Grand-croix. Le corps du grand Maître d'Aubusson fut porté à l'Eglise de S. Jean sur les épaules des principaux grand-croix. *Bouhours*, *histoire d'Aubusson*. l. 6.

Croix. On apelle de ce nom deux lignes qui se coupent. Cette marque signifie dix. Dans l'Algebre elle signifie *plus*. La croix † dans ce Dictionaire signifie que le mot (ou la phrase) qui la suit, est vieux, ou bas & du stile simple & familier.

Croix. Terme de *Manége*. Faire la croix à courbettes, ou à balotades. Ces faire de ces sauts en avant, en arrière & aux côtez tout d'un haleine. On parle ainsi parce que cela fait la figure d'une croix.

Croix. Terme de *pratique*. C'est une marque en forme de croix qu'on met à côté des articles d'un compte de dépens, dont on veut apeller.

La croix de par Dieu. On apelle de ce nom l'Alphabet qu'on donne aux enfans pour aprendre à conoître les lettres, à cause qu'il y a une croix au devant de cet alfabet.

Croix. Terme de *Blason*. C'est la figure d'une croix dans les Armoiries. Il y en a de diférentes sortes. Croix alisée ou racourcie. Croix ancrée. Croix bordée, bretessée, bourdonnée. Croix cantonnée, clavelée, croisée, componée, coticée, cablée. Croix à degrez. Croix écartelée, écotée, échiquetée. Croix fleuronnée, fleurdelisée, fendue, fourchée, frétée. Croix givrée. Croix d'hermines. Croix losengée. Croix nillée, ou de moulin. Croix patée, potencée, partie. Croix de S. André, de S. Antoine, de Lorraine, de Touloufe, & autres. Voiez les livres de Blason; qui expliquent tous ces divers noms.

Croisette, s. f. Petite croix. Ce mot n'a guere d'usage qu'en termes de *Blason*, où l'on parle d'Ecus semez de croisettes, ou petites croix.

CROMATIQUE, s. f. Terme de *Peinture*. C'est le coloris qui est la troisième partie de la peinture.

CRONE, s. f. m. Terme d'*Architecture*. C'est un bâtiment en manière de moulin, qui sert à enlever les marchandises des Vaisseaux.

CRONIQUE, s. f. Histoire qui marque le tems auquel les actions qu'elle raconte, ont été faites. (Les vieilles Croniques de France.)

Cronique scandaleuse. C'est le nom d'un histoire composée par un Oficier de la ville de Paris du tems du Roi Louis XI. On appelle de ce nom les écrits qui découvrent la conduite scandaleuse de quelques personnes & sur tout des Grands, & que l'on souponne souvent d'être remplie de médisance. (Un tel passoit pour devot, mais la Cronique scandaleuse nous aprend qu'il a eu plusieurs maîtresses.)

Cronique, adj. Terme de *Médecin*. Maladie cronique, c'est à dire, une longue maladie.

† *Croniquer*, v. a. Mot vieux & burlesque pour dire, faire quelque cronique. (Ils vouloient croniquer ses faits, *Sar. pompe funebre*.)

† *Croniqueur*, s. m. Mot vieux & burlesque, pour dire, Un faiseur de croniques. Un historien.

CRONOLOGIE, s. f. La science des tems. Livre contenant la sience des tems. (La Cronologie est tres necessaire à un homme de lettres. La Cronologie de Calvisius est fort exacte)

Cronologue, s. m. Qui est savant dans la sience des tems. (Calvisius est un grand Cronologue. *Abl. Cés. préface*.)

Cronologiste, s. m. Qui fait la Cronologie. Qui est versé dans la sience des tems. (Vous n'êtes pas un bon Cronologiste. *Pas.* l. 7.

Cronologique, adj. Qui regarde la sience des tems. (Discours Cronologique. Table Cronologique.)

CROQUER, v. n. Faire du bruit avec les dents, en mangeant quelque chose de dur, ou de sec. (Croute qui croque tendrement sous la dent. *Mol.*)

† *Croquer*, v. a. Manger vite en faisant croquer sous la dent. (Le renard croque les poules. Le chat croque les souris.) Il signifie aussi dérober.

Croquer. Terme de *Peinture*. Ne pas finir un ouvrage. (Croquer un tableau.)

† † *Croquer le marmot*. Façon de parler basse & proverbiale, qui signifie attendre long tems sur les degrez ou dans un vestibule. Le proverbe vient apparemment des compagnons Peintres, qui attendant quelcun se desennuient à tracer sur les murailles quelques marmots ou autres traits grossiers.

† *Croquant*, s. m. Ce mot est bas & vieux. Il signifie un gueux, un miserable. (C'est un pauvre croquant.)

† *Croque-lardon*, s. m. Mot bas & burlesque, qui signifie un écornifleur, qui tâche d'attraper quelque bribe dans une cuisine.

† * *Croquer*. Faire à la hâte. (La Serre croquoit ses ouvrages.)

Croquet, s. m. Terme de *Pain d'épicier*. Petit pain d'épice fort délié & fort cuit qui croque sous la dent quand on le mange. (Croquer bien sec. Manger du croquet.)

† *Croqueur*, s. m. Preneur. Qui prend & atrape. (Un vieux renard, mais des plus fins, grand croqueur de poulets, fut atrapé au piège. *La Fontaine*, *fables*, l. 5.)

CROQUIGNOLE, *craquignole*, s. f. Quelques-uns disent *craquignole*, mais le vrai mot c'est *croquignole*. C'est un coup qu'on donne sur la tête avec le second & le troisième doigt fermé. (L'un en passant me donnoit une nazarde, & l'autre une croquignole. *Abl. Luc.* T. 3. Choisissez d'avoir trente croquignoles. *Mol. malade imag. a. 1. premier intermede.*)

CROSSE, s. f. Bâton de métal courbé par le haut qui est la marque extérieure d'un Archevêque, Evêque ou Abé.

Crosse. Bâton de bois, courbé par le bout d'embas dont les jeunes garçons se servent pour joüer, & pousser quelque balle.

Crosse d'éguière. C'est une anse d'éguière en forme de crosse. (Les éguières à crosse sont à la mode.)

Crosse de mousquet. V. *Couche*.

Crosser, v. n. Pousser quelque balle, ou quelque pierre avec la crosse. (C'est un petit libertin qui n'a fait que crosser tout l'hiver.)

Crossé, *crossée*, adj. Ce mot se dit en parlant d'Abez, & signifie qui a une crosse comme un Evêque. (C'est un Abé crossé & mitré.)

Crossette, s. f. Terme de *Vigneron*. Il se dit des branches de vigne qu'on a taillées en sorte qu'il y reste un peu de vieux bois de l'année précédente. Ces crossettes mises en terre font aisément des racines.

Crossette,

CRO

Crossette, *s. m.* Terme de *Jardinier*. Il se dit des branches de figuier taillées, quand il y reste un talon un peu de vieux bois de l'année précédente.

Crosseur, *s. m.* Jeune garçon qui se divertit à crosser. (Les crosseurs du fauxbourg S. Germain se battent souvent contre les crosseurs d'un autre fauxbourg de Paris.)

CROTE, *s. f.* Boüe de ruë. (Elle marche si mal quand elle va par les ruës que sa jupe en amasse toutes les crotes.)

Crote. Excrement d'animal, mais il ne se dit que de certains animaux. (Crote de chévre. Crote de souris. Crote de rat. Crote de ver à soie.)

Croter, *v. a.* Amasser de la boüe. Remplir de crotes. (Elle crote sa jupe. C'est un petit Avocat qui crote sa robe au Palais.)

Se croter, *v. r.* Amasser des crotes des ruës en marchant. (Il se crote fort lorsqu'il va à pié par les ruës.)

Croté, *crotée*, *adj.* Que amasse des crotes des ruës. (Colleret est croté jusques à l'échine. *Depreaux, sat.* I.)

† *Croté*, *crotée*, *adj.* Ce mot se dit des personnes pauvres & de qualité ou de quelque mérite, mais toûjours en raillant. (*C'est une petite Marquise crotée. Une Comtesse crotée, c'est à dire, qui n'a point de carosse pour s'alor par la ville. C'est un Poëte croté, c'est un pauvre Poëte, un méchant poëte. Muse crotée. Scaron, poësie.*)

CROULER, *v. n.* Ce mot se dit des édifices, des murailles, tours, maisons, & signifie Tomber. Branler sur ses fondemens pour tomber (Les murailles croulent.)

Croulement, *s. m.* Ebranlement d'un édifice qui est sur le point de tomber.

CROUPADES, GROUPADES, *s. f.* Terme de *Manége*. (Quelques-uns disent *groupade*, mais mal, les Ecuyers & les Cavaliers qui parlent & qui écrivent le mieux disent *croupades*. Les croupades sont des sauts relevez qui tiennent le devant & le derriere du cheval dans une égale hauteur sans q'il montre son fer. *Hautes croupades*, ce sont des croupades plus relevées que les croupades ordinaires. Maniér à croupades. Faire des croupades. Mettre un cheval à l'air des croupades. Cheval qui se presente à croupades. *Un cheval ne s'épare point aux croupades.* C'est à dire, ne ruë point entiérement du train de derriere alongeant les deux jambes entiérement de toute leur étenduë.)

CROUPE, *s. f.* Ce mot se dit en parlant de montagne, & il signifie le haut, ou le sommet de la montagne. (Ils s'étoient saisis de la croupe du mont. *Vaug. Quin. l. 3. c. 4.* Ils firent des feux sur la croupe des montagnes. *Abl. Ret. l. 4. c. 1.*)

Croupe. Ce mot se dit en parlant de cheval. C'est la partie du cheval qui prend depuis les rognons jusques à la queuë, en comprenant tout cet espace rond qui fait la largeur de la croupe. (Croupe large & ronde. Mettre en croupe. Porter en croupe.)

(* *L'himen porte d'ordinaire en croupe le repentir & la misére. Voi. poët.* C'est à dire, que le mariage entraine souvent après lui la pauvreté & les chagrins.

† *Croupetons*, *adv.* D'une maniére accroupie. (*Etre à croupetons.* C'est à dire, Etre assis à terre sur sa croupe. Marcher à croupetons. Ce liévre va à croupetons.)

Croupiére, *s. f.* Longe de cuir attachée derriere la selle, & qui avec le culeron embrasse la queuë du cheval afin d'aider à tenir la selle droite sur le dos du cheval.

† * *Croupiére.* Ce mot se dit des femmes dans le stile burlesque & satirique & signifie *cu*. (*Elle haussa la croupiére.* C'est à dire, qu'elle a des galans avec qui elle se divertit.)

† * *Croupiéres.* Ce mot au pluriel & au figuré signifie Affaires chagrinantes & embarassantes, Embarras fâcheux & qui font de la peine. (On lui va tailler des croupiéres.)

Mouiller en croupiére, ou *en croupe*. Terme de *marine*. C'est jetter une ancre du côté de la poupe, pour maintenir les anctes de l'avant, & empêcher un vaisseau de se tourmenter.

CROUPION, *s. m.* Extremité de *l'os sacrum* qui est composé de trois petits os & qui ressemble au bec du coucou. *Gelée Anat. l. 1. ch. 10.*

† * *Croupion. Cu.* (Sangler le croupion. Remüer le croupion.)

Croupion. Ce mot se dit de toutes sortes de volailles & d'oiseaux. C'est la partie de la volaille, ou de l'oiseau qui est au dessus du trou par où sortent les excrémens (Un croupion de chapon, de poule-d'Inde, d'oison ; d'aloüette, de grive, &c.)

Garnir le croupion. Terme de *Rotisseur.* C'est mettre adroitement sous la peau du croupion plusieurs petits lardons, pour faire paroître le chapon plus gras.

CROUPIR, *v. n.* Ce mot se dit proprement de l'eau, & signifie ne couler pas. Se corrompre faute de mouvement. (L'eau croupit dans les fossez. L'eau qui croupit, devient bien-tôt puante. Il n'y a point de pire eau que celle qui croupit, ou qui dort.

* *Croupir*, *v. n.* Demeurer nonchalamment en quelque état ; ou en quelque lieu. Demeurer honteusement en quelque

CRU

état, (Un enfant & un malade croupiroient dans leur ordure si on n'avoit soin de les néteïer. (Croupir en une extrême misére. *Vau. Quin. l.* 5. Que ceux qui croupissent dans le peché, s'en retirent promtement. *Maucroix homelie* 21.)

Croupissant, *croupissante*, *adj.* Qui croupit. Eau croupissante. *Vau. Quin. l.* 9.

† * CROUSTILLE, *s. f.* Une petite croûte. Prenez encore une croustille pour boire un coup.

† *Croustiller*, *v. a.* Manger quelque petite croûte (On croustille avant que de boire.)

† *Croustilleux*, *croustilleuse*, *adj.* Boufon. Qui fait rire. (Il est croustilleux, elle est croustilleuse. C'est un croustilleux corps.)

† *Croustilleusement*, *adv.* D'une maniére boufonne & plaisante. (Il parle croustilleusement.)

CROUTE, *s. f.* La partie dure & solide qui couvre la mie du pain. (La croûte de dessus. La croûte de dessous. Ne manger que des croûtes. Croûte de pâté.)

Croûte. Terme de *Chirurgien & de Medecin.* Couverture qui la nature fait sur quelque plaie, ou sur quelque ulcére. (La croute d'une ulcére. *Dig.*)

* *Croûte*, *s. f.* Ce mot se dit de tout ce qui se séche & s'endurcit sur la surface de quelque chose. (Il se fait sur le sel qu'on garde une croûte fort dure & épaisse. La sécheresse à fait que la terre une croûte si dure qu'on a de la peine à la labourer. Il se fait une croûte sur les confitures qu'on garde long-tems.)

† *Croustelette*, *s. f.* Petite croûte. Une croûtelette de pain. Voiez *Croûton.*

Crouton, *s. m.* Petit morceau de pain qu'on coupe au côté du pain, & qui a plus de croûte que de mie.

CRU.

CRU, *s. m.* Terroir d'un particulier, qui produit quelque fruit. (Boire du vin de son cru.) Ce mot vient de *croître.*

* *Cela n'est pas de son cru.* C'est à dire, cela n'est pas de lui.

Cru, *cruë*, *adj.* Grand. (Ils sont crus de six grans doigts.) *oi. l.* 42. Elle est cruë en sagesse.)

Cru, *cruë*, *adj.* A quoi on ajoute foi. (Cela est cru de tout le monde.) Ce mot vient de *croire.*

Cru. Voiez *Crud.*

CRUAUTÉ. En Latin *crudelitas.* Grande inhumanité. Une grande cruauté. Une cruauté efrenée, inouïe, barbare, détestable. Arrêter le cours de la cruauté. *Vau. Quin.* Assouvir sa cruauté. *Abl.*

* *Cruauté.* Dureté. Insensibilité. Rigueur. (Elle a de la cruauté pour ses enfans. Un véritable amant doit soufrir sans murmure, la cruauté de sa maitresse.)

CRUCHE, *s. f.* Il vient de l'Alemand, *Krug.* Grand vase de grez, ou de terre d'argile avec un anse, propre à mettre quelque sorte de liqueur. (Cruche peinte. Cruche bariolée.

* *Tant va la cruche à l'eau qu'elle se casse. Prov.* C'est à dire, qu'on fait tant de fois quelque chose de mal qu'on est pris & puni.)

Cruauté, *s. f.* Ce mot se dit des bêtes féroces & sanguinaires. (La cruauté des tigres, des lions, des ours, &c.)

Cuce, *s. f.* Ce mot se dit au figuré d'un homme stupide.

Cruchon, *s. m.* C'est une petite cruche. (Un joli cruchon. Un petit cruchon. On se sert dans les caves de cruche & de cruchon.)

CRUCIFIER, *v. a.* Mettre en croix. (Les Juifs ont crucifié Jesus-Christ.)

(* *Les macérations vivifient l'ame*, en crucifiant le corps & la chair *Patr. plaid.* 15.) L'Evêque de Bellei a fait une plaisante critique sur quelques Moines qui avoient outré la devotion en méditant sur le crucifix , & il a dit qu'au lieu de se *crucifier* ils se sont *crucifiez*. Voiez *Crucho.*

† * *Il se feroit crucifier.* C'est à dire, il soufriroit toute choses pour servir ses amis, ou pour de l'argent.

Crucifiement, *s. m.* Maniére dont Jesus-Christ a été crucifié. (Le crucifiement de Jesus-Christ. *Port Roïal, N. Testament, S. Mathieu, c.* 17.)

Crucifiement. Terme d'*Imager.* Taille douce qui représente la maniére dont on crucifia Jesus-Christ. (Le Brun a fait un *crucifiement* de Jesus-Christ, & cet ouvrage est un chef-d'œuvre de Peinture.)

Crucifié, *crucifiée*, *adj.* Qui a été mis en croix, & en a soufert le suplice. (S. Paul ne vouloit rien savoir que Jesus-Christ crucifié. 1 *Corinth.* 1.)

Crucifix, *s. m.* Prononcez *crucifi.* C'est une croix de bois ; de métal, ou de pierre, & la figure de Jesus-Christ attachée sur cette croix. Dans ce sens , on dit le montant de la croix, & le travers de la croix, sur lequel sont attachez les bras de Jesus-Christ. On dit aussi *le pié de la croix* d'un crucifix qu'on pose sur un autel , &c. Un beau crucifix.)

Crucifix, *s. m.* Ce mot signifie aussi une taille douce qui représente la figure de Jesus-Christ en croix. (Ce crucifix est bien gravé.)

† * *C'est*

† * *C'est un mangeur ou une mangeuse de crucifix.* Cette façon de parler est proverbiale, & cela se dit des devots outrez, & des bigots hipocrites.

CRUD, *cruë*, *adj.* Le d de cet adjectif ne se prononce pas. Il vient du Latin *crudus*. Qui n'est pas cuit. (Fruit crud. Pomme cruë. Chair cruë.) Humeurs cruës. Terme de Médecine.

* Crud, *cruë*, *adj.* Non travaillé. (Soie cruë, qui n'est ni lavée ni teinte. Chanvre crud. Cuir cru.)

* *Crud, cruë.* Ce mot se dit des choses qu'on fait ou qu'on dit sans avoir égard, ni consideration aux personnes, & il signifie, Peu honnête, Peu civil. Trop grossier. Trop rude. (Cela est un peu crud.)

Crudité, *s. f.* En Latin *cruditas*. Qualité des choses cruës & indigestes. (La crudité des fruits. Corriger la crud té des melons. L'acier qu'on fait bouillir dans l'eau, lui ôte sa crudité.)

Crudité, *s. f.* Indigestion. (Avoir des cruditez d'estomac.)
Crûment. Voïez plus bas.

CRUEL, *cruelle*, *adj.* En Latin *crudelis*. Inhumain. Qui a de la cruauté, de l'inhumanité. (Un cruël Tiran. Une cruelle marâtre. Une cruelle action.)

Cruel, *cruelle*, *adj.* Ce mot se dit aussi des bêtes féroces. (Les tigres sont fort cruëls.)

* *Cruel cruelle*. Qui n'a point de bonté. Qui est dur. Qui ne fait aucune grace. (Maîtresse cruelle. Elle fait la cruelle.)

* *Cruel*, *cruelle.* Rude. Fâcheux. (Cela est cruel, qu'il m'en faille parler avec tant d'artifice. *Voi. l. 38.*)
Cruel, *s. m.* Inhumain. (Neron étoit un cruel.)

* *Cruëlle*, *s. f.* Celle qui ne fait nulle faveur. (C'est une cruëlle, mais elle est adorable. Jamais Surintendant ne trouva de cruëlles. *Dép. fat.*)

Quoi ! vous me défendez *cruëlle*,
D'aimer de si charmans apas ?
Ah ! je serois aveugle, ou vous feriez moins belle
Si mon cœur ne les aimoit pas.
Il se plaint qu'il ne peut rencontrer de cruëlles,
Pour avoir le plaisir de les pousser à bout.
Poëte anonime.

Cruëllement, *adv.* Inhumainement. Rigoureusement. (Faire mourir cruëllement. Batre cruëllement. Déchirer cruëllement. *Vau. rem.*)

* *Crûment*, *adv.* Trop grossiérement. Peu honnêtement. (Il ne faut pas dire les choses si crûment que cela.)

CRURAL, *crurale*, *adj.* Il vient du Latin *cruralis*. Qui est à la jambe qu'on nomme en Latin *crus*. Terme d'*Anatomie*. (Artere crurale. Veine crurale. Muscle crural.)

C U.

Cu, ou *cul*, *s. m.* On prononce *cul*. Il vient du Latin *culum*. La partie de derriére sur laquelle on s'assied. Les deux fesses. (Les Déesses montrérent le cu à Paris pour une pomme. *Sar. poës.* Cu par dessus tête. C'est à dire, à la renverse, les piez passant en haut & la tête en bas. † * *A cu levé.* Terme de *Joüeur.* C'est à dire, que celui qui perd s'en va. Joüer une pistole à cu levé. De cu & de tête. Cu & tête, avec feu, & de tout son pouvoir. Il y va de cu & de tête. On le tient au cu & aux chausses. C'est à dire, il est pris & arrêté. *Tirer le cu en arriere.* C'est à dire, se retirer, ne vouloir pas faire ce qu'on avoit témoigné de vouloir faire. *Etre à cu.* C'est à dire, être à sec. N'en pouvoir plus. Etre acablé. Ruïné. *Faire le cu de plomb.* C'est à dire, être sédentaire. Etre assidu au travail. Ne pas quiter son travail. *C'est un cu de plomb.* C'est à dire, que c'est un homme fort sédentaire & fort attaché.) Toutes ces façons de parler font basses.

Cu. Ce mot se dit encore au figuré de plusieurs choses inanimées, & signifie le fond ou le derriére de la chose. (Le cu d'un bateau. Le cu d'une charette. Le cu d'un chapeau. Cu de lampe. Cu de fossé. Cu d'artichaud. Cu d'aiguille, &c.)

Cu bas, *s. m.* Sorte de jeu de cartes qui se joüe à 5. ou 6. personnes, plus ou moins.

CUBE, *s. m.* Terme de *Géométrie*. Corps solide régulier, qui a six faces, & dont la longueur, la largeur & la profondeur, ou la hauteur sont égales. On se sert de cubes pour la mesure des corps solides. Les dez ont cette figure.

Cube, *adj.* Cubique. Nombre cube. Pié cube, &c.

Cubique, *adj.* Qui a la figure d'une cube. Toise cubique. Pié cubique. Pouce cubique, &c.

Cubebe, *s. f.* C'est un nom Arabe. Plante médeciñale. Son fruit s'apelle aussi de ce même nom. Cette plante produit son fruit en maniére de grapes, comme le lierre. Il est chaud & sec, & un peu amer.

CU BLANC, *s. m.* Sorte de petit oiseau qui fréquente le bord des rivieres, & qui est fort bon à manger. Il a le dessus du corps gris, & le dessous fort blanc,

avec la queuë blanche & un peu mêlée.

Cu de jate, *subst.* Celui qui ne se pouvant servir de ses jambes, est contraint de se traîner, le cu dans une jate.

Cu de sac, *s. m.* Ruë sans issuë. (Demeurer dans un cu de sac.)

C U C.

CUCA, *s. f.* Plante ou arbrisseau du Perou, que les Indiens cultivent avec grand soin. On en mâche les feuilles seches sans les avaler, & elles fortifient tellement le corps, que les maneuvres qui en ont dans la bouche travaillent un jour entier sans manger.

CUCURBITE, *s. f.* Terme de *Chimiste.* C'est un vaisseau à long cou, de verre, de terre, d'étain ou de cuivre, dont on se sert en chimie pour les distillations, infusions, & macérations. (Mettre la cucurbite dans le Bain Marie.)

C U E.

CUEILLER, Voïez Cuillier.

CUEILLEUR, *s. m.* Ce mot ne se dit guere seul, il signifie, celui qui cueille. (Etre fait un cueilleur de pommes.)

Cueillir, *v. a.* Prendre avec la main une chose qui tient à quelque tige, à quelque branche d'arbre, ou à quelque chose semblable. *Je cueille*, *je cueillois*, *j'ai cueilli*, *je cueillis*, *je cueillerai*, & non pas comme le prétend Vaugelas, *cueilliraî*, *cueillirai.* (Cueillir des fleurs, des fruits, des herbes. Nous ne cueillirons point de palmes qui ne soient mêlées de fleurs d'orange. *Voi. l. 21.*)

Ils cueillent les fruits amoureux
Que le ciel avoit fait pour eux.
Voiture, Poës.

Cueillette, *s. f.* Recolte des blez, des fruits. Il se dit aussi des collectes qu'on fait pour quelque nécessité publique, pour des aumônes, &c. Voïez Collecte & Recolte.

Cueilloir, *s. m.* Panier long dans lequel on cueille, & porte au marché les prunes, les cerises, &c.

C U I.

† CUIDER, *v. a.* Vieux mot burlesque pour dire, *penser.* (Le Comte Duc mourir cuida. *Vol. Poë.*)

CUILLIER, *cuillier*, *cuilliére*, *s. f.* Prononcez *cuill'é.* Tous ces mots se disent, mais le premier est le plus usité. Ustancile de ménage, qui a un creux qu'on nomme *cueilleron*, & un manche. Il est de métal. Celles dont on se sert à table sont ordinairement d'argent. Les cuilliers à pot, dont on se sert à la cuisine sont de fer, ou de laiton. Celles dont se servent les Fondeurs & quelques autres ouvriers sont de fer.

Pour paier le pain qu'il y mange,
Ses fourchettes & ses cuilliers
Retournent sur le Pont au Change.
Mai. poës. p. 71.

Elle a fait faire de la vaisselle d'étain, & quelques cuilliers d'argent. *Pat. plaid.* 16. p. 627. de fort belles cuilliers. Une cuilier à pot. On dit aussi, une cuilier de roüe de carosse.

Cuilier. Coquille longue, ou poisson à tête dur. *Rond.*

Cuilier. Oiseau semblable au héron, hormis qu'il a le bec fait en cuilier. *Bel. l. 4.*

Cuillavée, *cuillerée*, *s. f.* Le plus usité de ces mots, c'est *cuillerée*, qui signifie, plein la cuillier. (Une cuillerée de boüillon, de vinaigre, d'huile, &c.)

Cuilleron, *cuileron*, *s. m.* Les Orfévres disent l'un & l'autre, mais le premier mot est le plus en usage. C'est la partie de la cuilier qu'on met en la bouche quand on mange. (Cuilleron bien-fait.) Il y a des cuillerons en ovale, comme ceux des cuilliers, dont on se sert à table. Il y en a de ronds, & d'autres qui ont un bec.

CUIR, *s. m.* Peau d'animal tanée, dont on fait la grosse besogne. (Faire boire le cuir, lui donner les façons, le quiosser, le travailler, lui donner le tan, lui donner la poudre, le mettre à l'essui, le corroier, &c.)

Cuir. Peau. (Entre cuir & chair. Cuir doux & uni. Les maladies de cuir ce sont la gale, les dartres, &c.)

† * *Faire de cuir d'autrui large courroie.* Proverbe pour dire, être prodigue aux dépens d'autrui.

Cuir boüilli. C'est du cuir boüilli & préparé avec diverses gommes. Ce qui le rend épais & fort dur. On en fait des seaux fort legers. Les Gainiers & les Bourreliers s'en servent à leurs ouvrages.

† * *Visage de cuir boüilli.* Façon de parler basse, pour dire un visage noir & extrêmement laid.

CUIRASSE, *s. f.* Armure de fer qui couvre le corps du soldat, par derriére & par devant. (Une cuirasse à l'épreuve du mousquet. Un corps de cuirasse.)

Cuirassier,

CUI

Cuirassier, *s. m.* Cavalier armé d'une cuirasse. (Il y a en France un Régiment de cuirassiers, & il s'en trouve plusieurs dans les troupes étrangeres.)

Cuirassier, *s. m.* Ce mot se dit aussi d'un soldat fantassin qui porte la cuirasse & la pique.

Cuire, & *v. n.* Je cuis, tu cuis, il cuit, nous cuisons. J'ai cuit, je cuisis, je cuirai. Ce mot se dit de l'éfet que fait le feu à l'égard des choses qu'on veut manger, & qui se mettent auprès de sa flamme, ou sur sa flamme, ou dans des lieux auxquels il a imprimé un certain degré de chaleur capable de cuire. (Mettez le soupé à la broche, & laissez-le bien cuire. Faire bouillir le pot afin que la viande soit bien cuite. Faire cuire une éclanche de mouton au four. Les boulangers ni les patissiers ne cuisent pas aux Fêtes solennelles. Le secret d'un cuisinier est de faire cuire les viandes à propos. Les pois ne cuisent pas bien dans l'eau de puits, &c.)

† *Cuire*, *v. n.* Brûler. (J'entendois par des bruits confus que tout étoit prêt pour me cuire.)

Cuire, *v. a.* Imprimer dans un sujet susceptible de sentiment une douleur acre, piquante & cuisante. (L'eau de vie cuit lors qu'elle est d'abord appliquée sur la blessure.) On dit aussi qu'une plaie cuit, que les yeux cuisent, &c.

* † *Cuire*. Ce mot est figuré, mais il n'a cours que dans le stile simple & enjoüé. (ô, qu'il vous en cuira ! *Bensérade*. C'est à dire, que vous en aurez de regret ! que vous en aurez de déplaisir.)

Cuire. Digerer. (L'estomac cuit les viandes.)

Cuire, *v. a.* Ce mot se dit quelquefois absolument, en parlant du pain en particulier. (Les Boulangers cuisent deux ou trois fois la semaine. Cuire à la maison. Cuire à un four banal.)

Cuire, *v. a.* Ce mot se dit de plusieurs choses qu'on fait durcir au feu. (Cuire des briques. En Orient on les fait cuire au Soleil.)

* *Cuisant*, *cuisante*, *adj.* Douloureux, Sensible. (Regret cuisant. Douleur cuisante. *Abl.*)

Cuisine, *s. f.* Partie du logis où l'on aprête les viandes qu'on doit servir sur table. (Une cuisine fort belle, & fort propre. Baterie de cuisine. Linge de cuisine. Couteau de cuisine, &c.)

Cuisine bouche. Lieu où l'on aprête les viandes qui doivent être servies devant le Roi.

Cuisine du commun. L'un des sept Ofices du commun chez le Roi.

* *Cuisine*. L'aprêt qu'on fait des viandes pour être servies sur table. (Faire la cuisine. * Fonder sa cuisine. C'est à dire, établir de quoi vivre. *Chargé de cuisine*. C'est à dire qui est gros & gras.)

† *Cuisinier*, *v. n.* Faire la cuisine. (Elle cuisine fort bien.)

Cuisinier, *s. m.* Celui qui aprête les viandes. Celui qui fait l'art d'aprêter toutes sortes de viandes, chair & poisson. (Un bon cuisinier.)

Le Cuisinier François. C'est un Livre qui enseigne la maniére d'aprêter les viandes.

Cuisinière, *s. f.* Celle qui fait la cuisine, & sait aprêter les viandes.

Cuissards, *s. m.* Tout le fer qui couvre les cuisses de l'homme armé de pié en cap.

Cuisse, *s. f.* La partie du corps de l'homme, qui prend depuis l'aîne jusques au genou. La partie de derriere de l'animal qui se joint au pié. (Il a eu la cuisse emportée d'un coup de canon. Une cuisse de poulet, de chapon, de canard, &c. Les Grecs ont inventé la fable, que Baccus étoit sorti de la cuisse de Jupiter.)

Les aides des cuisses. Terme de *Manége*. Voiez *aides*.

Cuisson, *s. f.* Ce mot se dit en parlant du pain qu'on cuit au logis, & qu'on n'achette pas chez le Boulanger. (C'est du pain de cuisson. Elle aime le pain de cuisson.)

Cuisson, *s. f.* Il se dit des viandes qu'on rôtit. C'est la maniére dont une viande se rôtit, ou est rôtie. C'est la peine & le soin qu'on a pris de faire rôtir. (La cuisson de ces viandes est bonne. Cuisson de ces viandes admirable. Ces viandes doivent être servies dans une certaine fleur de cuisson, qui passe en un moment, *Citri*, *Triumvirat*, *3. p. ch. 12*. Paier la cuisson des viandes.)

Cuisson, *s. f.* Douleur cuisante. (Il sent une grande cuisson dans l'œil, dans les reins, à la vessie, &c.)

Cuissot, *s. m.* C'est une cuisse d'un cerf, ou d'autre pareille bête sauvage. (Faire présent d'un cuissot de cerf à un ami. Faire mettre en pâte un cuissot de chevreüil.)

Cuistre, *s. m.* Valet de Régent de colége. Homme qui est tout à fait de Colége, qui a la crasse du Colége, & qui a l'air & l'humeur d'un franc pedant. (Le Régent envoia querir deux cuistres pour l'aider. Allez cuistre hé fé. *Mol. femmes savantes*, *a. 3. sc. 3*.)

Cuit, *cuite*, *part*. (Pain cuit. Chair cuite.)

Cuite, *s. f.* Cuisson. Le degré de cuisson. (La cuite de ces briques n'est pas assez forte. La cuite de la chaux, la cuite du verre. Les infusions diferent des décoctions en degré de chaleur, & en longueur de cuite. *Charas*, *Pharm. 2. p. l. 1. ch. 2*. Les Chimistes tiennent que le succès de leurs opérations dépend de la cuite, & de la maniére de donner le feu pendant la cuite.)

Cuivre, *s. m.* Corps metallique rougeâtre, fusible, & qui peut être étendu avec le marteau. (Cuivre fort beau. Cuivre rouge. Cuivre jaune. Il y a quantité de mines de cuivre en Suéde. La plûpart des Temples de Suéde, & des maisons des personnes de qualité à Stokolm sont couvertes de cuivre rouge.)

Cuivrette, *s. f.* Petite anche de cuivre qu'on aplique sur des bassons, ou haut bois.

CUL

Cul. Voiez *Cu*.

Culasse, *s. f.* Terme d'*Arquebusier*. Morceau de fer qui entre au bas bout du canon. (Une bonne culasse.) Ce mot se dit aussi des pieces d'Artillerie.

Culbuter, *culebuter*, *v. a.* L'un & l'autre se dit, de 3. ou de 4. silabes. Renverser en pat dessus tête. Faire tomber. Jetter par terre. (Il l'a culbuté, & s'en est fui.)

* *Culbuter*, *v. a.* Il se dit au figuré, & signifie abatre, détruire, mais il ne se dit qu'en riant.

{ La mort qui se plaît à la lute,
Et qui les plus fort culebute, &c.
Ménage, *poës*. }

Culbute, *culebute*, *s. f.* L'un & l'autre se dit. Chute. (Il a fait une culbute.) Pourquoi a-t-on établi ces exercices, & de quoi servent à la vertu tous ces sauts & toutes ces culebutes ? *Abl. Luc. T. 2*. exercices du corps.

* *Culbute*, ou *culebute*, *s. f.* C'est un nœud de rubans de couleur que les jeunes demoiselles portent presque sur le derriere de la coëfe cornette. (Elle porte une jolie culebute.) On apelle aussi cette culebute une *renversé*.

Culeron, *s. m.* Terme de *Sellier* & *de Bourrelier*. Partie de la croupiére qui est faite en rond, & sur quoi pose la queüe du cheval.

Culier. Voiez *Cuillier*.

Culier, *adj.* Terme d'*Anatomie*. (Le boiau culier.)

Culot, *s. m.* La partie la plus basse d'une lampe d'Eglise. C'est aussi la partie la plus basse d'un bénitier de chambre. (Le culot est plein. Il se dit encore de plusieurs autres vaisseaux.

Culote, *s. f.* Espece de haut de chausses étroit par le bas, & dont le bas est retiré en dedans par la doublure, & qui ne tient à l'étofe que par le haut & par le bas. La culote est large ou étroite, elle a quelquefois des poches par devant à quatre doigts de la ceinture, & ne se porte jamais qu'avec un justau-corps. (La culote de A. est percée, & on lui voit le cu.)

Culote, *s. f.* Terme de *Fleuriste*. Il se dit de l'anemone. C'est la moitié de dessous des grandes feüilles, qui est la plus proche de la queüe, & qui est d'ordinaire de diférente couleur que le dessus des grandes feüilles. (La culote aide à connoître quand une anemone doit augmenter en coloris. *Culture des fleurs*, *2. p. ch. 2*.

Culote, ou *calote*, *s. f.* Terme d'*Arquebusier*. L'une & l'autre se dit, mais *culote* est plus en usage, & pour un Arquebusier qui dira *calote*, il y en aura dix qui diront *culote*. C'est un fer délié, rond & creux en maniére de petite calote, que l'on atache au bout de la poignée d'un pistolet. On en fait aussi d'autre métal, d'argent, &c. Faire, atacher, polir, la culote ou calote d'un pistolet.)

Culotin, *s. m.* Espece de haut de chausse qui est étroit, & juste sur la cuisse, qui serre par le bas, & qui quelquefois a des boutonnieres à côté du genou, & quelquefois tout autour, & des suilons du genou il a des éguillettes & force rubans larges, avec de pareils rubans autour de la ceinture.

Culte, *s. m.* En Latin *cultus*. Véneration qu'on a pour Dieu, & qu'on témoigne par des actions exterieures pleines de respect & de pieté (Rendre son culte à Dieu. *Port-Roial*. Etablir le culte de Dieu. Un vrai culte, Un culte faux & superstitieux.)

Culte de dulie. Terme de *Téologie Romaine*. Culte qu'on rend à une creature à cause de sa sainteté. (On pèche en rendant aux Saints un culte qu'ils ne méritent pas. *Thiers. diff.*)

Culte de latrie. Terme de *Téologie Romaine*. Culte souverain qui se rend à Dieu.

Cultiver, *v. a.* Ce mot se dit proprement des terres, des plantes, des arbres. C'est s'exercer à travailler avec tant de soin aprés la terre, les arbres & les plantes, qu'on leur fasse porter des fruits & des fleurs. (Cultiver la terre, les arbres, les plantes, les fleurs.)

Cultivé, *cultivée*, *adj.* (Terre cultivée.)

* *Cultiver*. Perfectionner. S'eforcer d'amener à la perfection. Polir. (Cultiver les arts. Cultiver les sciences. Cultiver l'esprit. *Abl.* Cultiver l'amitié.)

Culture

Culture, *s. f.* En Latin *cultura*. L'art de cultiver la terre ou les plantes, pour leur faire produire du fruit. (Avoir soin de la culture des arbres fruitiers. Avoir soin de la culture de la terre.)

* *Culture*. Exercice qu'on prend pour perfectionner & pour polir les arts, les sciences, ou l'esprit. (Le peu de connoissance que j'ai, je le dois à la culture des bonnes lettres. *Patru*, *oraison pour Archias*. Songer à la culture des arts & des sciences, *Abl.* Travailler à la culture de son esprit.)

CUM. CUP.

CUMIN, *s. m.* Plante qui ressemble au fenoüil. (Cumin sauvage. Cumin cultivé.)

CUPIDE, *adj.* Il vient du Latin *cupidus*, & ne se dit d'ordinaire que dans des matières de piété, & même il ne se dit guere. Il se dit aussi quelquefois en riant.

Ouï, l'homme est un obstacle à ses contentemens,
Le *cupide* apétit qui manque d'aliment
Cherche en tout à se satisfaire.
Mad. de Ville-Dieu, poës.

Cupidité, *s. f.* Il vient du Latin *cupiditas*, & signifie un ardent & brûlant désir de posseder quelque chose, & il semble être plus de Téologie que du stile ordinaire. (La cupidité des hommes ne se peut assouvir. La cupidité des richesses est la source de plusieurs maux. Cependant, parlant en général, on dira , la terre n'a point d'endroits si cachez, où pour trouver l'or & les diamans la cupidité des hommes ne fasse fouiller. *Nouvelles observations sur la langue*. On peut dire aussi dans le particulier, ces choses révelierent ma cupidité ; mais ces façons de parler sont rares.)

CUR.

† CURABLE, *adj.* Ce mot signifie *qui peut être guéri* : mais il ne se dit guere qu'entre Médecins, & encore rârement. (Cette maladie est curable. Tous maux sont *curables* , au dire des Charlatans.) Le contraire de ce mot , savoir *incurable*, est tout à fait en usage.

CURATELLE, *s. f.* Charge de curateur. (Elle a la curatelle de ses enfans.)

Curateur, *s. m.* Parent qu'on choisit en Justice afin d'agir de concert avec le tuteur , pour avoir soin du bien, de leur pupille. Celui qui a soin que le pupille émancipé, ne dissipe son bien mal à propos. (On lui a donné un curateur. On établit aussi un curateur aux biens vacans.)

Curatrice, *s. f.* Celle qui a la curatelle de quelque personne.

CURE', *s. m.* Prêtre qui a un bénéfice, une cure. (C'est un bon Curé. Un Curé primitif.)

Cure, *s. f.* Bénéfice où il y a charge d'ames. (On lui a donné une fort bonne cure. Conférer à un Ecclesiastique une cure de quinze cens livres de rente.)

Cure, *s. f.* Ce mot se dit aussi pour signifier la maison destinée à loger le Curé. (Il a établi un petit Séminaire dans sa Cure.)

Cure. Terme de *Chirurgien*. Guérison de quelque maladie, ou de quelque blessure. (Il a fait une belle cure. La cure de cette maladie étoit fort difficile.)

Cure, *s. f.* Terme de *Fauconnerie*. Peloton de chanvre , de coton , ou de plumes qu'on fait avaler à un oiseau de chasse pour dessécher son fiegme. (Les oiseaux se portent mieux quand ils ont rendu leur cure.)

CURE-DENT, *s. f.* Petit morceau d'or, d'argent, ou de bois odoriferant , plat & délié pour nétéier les dents lors qu'on a mangé. (Un cure-dent bien fait.)

Cure-oreille , *s. m.* Petit morceau d'or, d'argent ou d'ivoire, qui est plat & délié , avec un petit rebord creux à l'un des bouts pour entrer dans le creux de l'oreille , & en tirer les ordures. (Un joli cure-oreille.)

Cure-pié, *s. m.* Instrument de fer crochu, dont se servent les palefreniers pour nétéier le dedans du pié des chevaux, & en ôter la terrre , ou des pierres.

Curée, *s. f.* Terme de *Chasse*. Ce que l'on donne du cerf, ou de la bête fauve aux chiens qui ont chassé. (Faire une curée. *Salnove*. *Venerie Roiale* , *ch. 60. & 61.* Curée chaude. Curée froide.)

CURER, *v. a.* Terme de *Laboureur*. Nétéier la charuë, ou autre chose avec le curoir. (Curer la charuë.)

Curer. Oter le fumier de dessous le bétail. (Curer les chevaux. Curer la bergerie. Curer les vaches.)

Curer. Nétéier. (Curer les puits. On dit plûtôt écurer les puits.)

† Se *curer les dents* ou *les oreilles*. On dit plûtôt se nétéier les dents.)

Curer. Terme de *Couverturier*. Nétéier. (Curer les chardons.)

Curette, *s. f.* Terme de *Couverturier*. Petit instrument qui a un manche de bois & des dents de fer , dont on se sert pour curer les chardons qui sont remplis de laine.

Curette, *s. f.* Terme de *Chirurgien*. C'est un instrument d'argent propre pour tirer une pierre de la vessie , pour sonder s'il y en a d'autres, & pour recueillir le sable, le sang coagulé , & tout ce qui peut être demeuré dans la vessie après qu'on a tiré la pierre.

Cureur de puis, *s. m.* Celui qui nétéïe les puits & les citernes.

Cureur de puis se dit par le peuple , & même par ceux qui écurent les puits , mais le vrai mot c'est *écureur de puits*. Voi *Écureur*.

CURIAL, *curiale*, *adj.* Qui est de Curé. (Fonction curiale. *Patru*, *plaid. 4.* Droits curiaux.)

CURIEUX, *s. m.* Celui qui a de la curiosité. (C'est un curieux.)

Curieuse, *s. f.* Celle qui a de la curiosité. (C'est une curieuse.)

Curieux , *curieuse*, *adj.* Qui a de la curiosité. (Il est curieux. Desir curieux. Elle est curieuse en ses habits. *Vaug. Q. Curce* , *l. 3. ch. 3.*)

Curieux , *curieuse* , *adj.* Qui mérite de la curiosité. (Livre curieux. Secret curieux. Chose curieuse. Science curieuse.)

Curieusement, *adv.* Avec curiosité. (Il recherche curieusement toutes choses. Il a observé curieusement tout le cours de la comette. J'ai lû ce Livre curieusement pour en observer tous les beaux endroits , & pour en remarquer tous les défauts.)

Curiosité, *s. f.* Désir de savoir ce qui regarde autrui. Envie qu'on a de quelque chose. (Si la curiosité me prend de le savoir. *Pasc. l. 6.*) Il y a une curiosité blâmable , & une curiosité loüable. Une curiosité naturelle, utile , necessaire. Il n'y a point de curiosité plus digne , ni qui forme plus le cœur & l'esprit d'un galant homme que celle de voiager quand on voiage avec jugement. Il a été puni de sa curiosité.)

Curiosité. Manière de grande Boîte qu'on porte par Paris derrière le dos de certains Savoiards , où ils font voir la ville de Constantinople , ou autre pareille chose pour divertir le petit bourgeois & le badaut.

CUROIR, *s. m.* Terme de *Laboureur*. Bâton avec quoi le laboureur cure la charruë.

CURVILIGNE , *adj.* Terme de *Géométrie*. Qui a des lignes courbes. (Angle curviligne. Figure curviligne. Tous les triangles spheriques sont curvilignes.)

CURURES , *s. f.* Ce mot signifie ce qu'on trouve au fond d'un égout , d'une mâre qu'on dessèche , d'une rue courte qu'on nétéïe , &c. (Les *curures* aiant été exposées au Soleil , font une manière de terre neuve très-propre pour les jardins.)

CUS.

CUSTODE, *s. f.* *Chaperon*, *s. m.* Terme de *Sellier*. *Custode & chaperon* sont tous deux bons , mais *chaperon* est le plus usité. La custode ou le chaperon , c'est le cuir qui couvre les fourreaux de pistolets pour empêcher qu'ils ne se moüillent.

Custode , *s. f.* Terme de *Sellier*. La partie garnie de crin qui est à chaque côté du fond du carosse, & sur quoi on peut apuier la tête & le corps.

Custode , *s. f.* Terme de *Capucin & de Recolet*. C'est le Religieux qui fait l'Office du Provincial en l'absence du Provincial.

† * *Sous le custode*. Sorte de façon de parler proverbiale , qui veut dire en secret , & sans que la chose soit publique. (Avoir le foüet sous la custode.)

Custode, *s. f.* Il vient du Latin *custodia*. Il se dit du Ciboire où l'on garde les hosties consacrées , & qui est couvert d'un petit pavillon.

Custode, *s. f.* Terme de *Capucin*. La partie d'une Province de Capucin.

CUT. CUV.

CUTICULE, *s. f.* Terme de *Médecins*. Ils apellent ainsi la petite peau qui couvre le cuir. Il vient du Latin *cuticula*. On la nomme aussi *épiderme*.

CUVE , *s. f.* En Latin *cupa*. Grand vaisseau enfoncé seulement d'un côté , & composé de douves , lié avec des cerceaux , & propre à faire le vin. (On tient que la Cuve de Clervaux tient quatre cens muids.) Ce mot de cuve se dit aussi de tous les autres vaisseaux de même forme , quoi qu'ils servent à d'autres usages , & pour y mettre des liqueurs.

A fond de cuve, *adv.* Fort creux , & en maniere de grande cuve. (*Un fossé à fond de cuve*. C'est un fossé qui n'a point de talus.)

Cuvée, *s. f.* Cuve pleine de vin & de grapes de raisin. (Une petite ou grosse cuvée de vin. C'est du vin de la première cuvée.)

Cuver , *v. a.* Terme de *Vigneron*. Laisser quelque tems dans

dans une cuve les grapes de raisin qu'on a coupées pendantes aux seps. (Plus on laisse cuver le vin, & plus il est couvert.)

† * Cuver son vin. Ces mots se disent en parlant d'une personne qui a un peu trop bû, & c'est, après avoir un peu trop bû, aller dormir pour se desenivrer.

Cuveau, s. m. Petite cuve.

Cuvette, s. f. Vaisseau d'argent, de cuivre ou de faïance, large au fond d'un grand pié ; haut d'un pié de bord, & long de deux piez ou environ, qui sert dans les salles à manger pour recevoir l'eau des bassins à laver, & le reste des verres.

Cuvette de plomb. Terme de Plombier. Cette cuvette se met au dessus de la décente de plomb pour recevoir l'eau du chaineau.

Cuvette. Petit fossé au milieu d'un grand, qu'on tient rempli d'eau ou de bourbe, avec des hayes vives, pour se garentir de surprise.

Cuvier, s. m. Vaisseau de bois relié de cerceaux, & enfoncé seulement d'un côté, dont les blanchisseurs se servent pour couler la lessive. Il se dit aussi de ceux sur le fond duquel les harangeres de Paris mettent la moruë & le saumon qu'elles vendent le carême. On se sert de cuviers pour faire le salpetre.

C Z

Czar, s. m. C'est le nom ou titre d'honneur que prend le grand Duc de Moscovie. Ce mot est corrompu de celui de Cesar, & signifie Empereur.

D

D, s. m. Quatriéme lettre de l'Alphabet. (Faire un D. Un D bien ou mal fait. Le D devant une voielle se prononce comme un T lors que le D finit un mot, & que la voielle commence celui qui suit. Par exemple, grand homme, grand esprit, se prononcent comme si on écrivoit grant homme, grant esprit. Vaug. Remarques.)

DA. DAB. DAC. DAD.

Da. Sorte d'interjection qui n'a lieu que dans le stile le plus simple, ou dans la conversation familiére. Elle est toûjours jointe à quelque autre mot, soit adverbe ou particule, & sert à affirmer.

(La dévote Castille,
De son mari a fait un Jan,
Ouï da, un Janseniste. Sar. poës.
Ouï da, je ferai ce qu'il me plaira. Mol.)

D'abord, adv. Aussi tôt. Au même tems. (Dés qu'il la vit, il l'aima d'abord.)

D'abord que. Conjonction. C'est à dire, aussi-tôt que. D'abord qu'il le vit, il lui voulut donner un coup de bâton. Ablancourt, Luc.

Je ris incognito, d'abord que je le vois,
Je ne m'en puis tenir.
Boursaut, Esope, a. 1. sc. 1.

Babuh, s. m. Sorte d'animal qui naît en Afrique, qui est de la grosseur d'un loup, & presque de la même forme, mais il a des piez & des mains comme un homme. Il tire les corps morts des sepulcres & les mange. Il est si charmé du son des trompettes & des timbales, que c'est en jouant de ces instrumens que les chasseurs les prennent. Ablancourt, Mar. Tome 1. l. 1, c. 13.

Daces, s. f. Ce mot ne se dit qu'au pluriel, & vient de l'Italien dacio. C'est un impôt qui se paie pour le transport des Marchandises d'un païs à un autre. (De grosses daces. De fâcheuses daces. Imposer des daces. Paier des daces. Etre exemt de daces. Le mot de daces n'est pas si ordinaire que celui d'impôt, ou quelqu'autre pareil terme.

Dactile, s. m. C'est le nom d'un pié dans la Poësie Latine, composé de trois sillabes, l'une longue & les deux autres breves.

Dada, Mot burlesque pour dire un cheval, ou un petit cheval. (J'admire dans vôtre Lettre,
Celui qui dit que son dada
Demeura court à Lerida. Voi. poes.
Le délivreur d'Andromeda
Monté sur un ailé dada. Voit. poes.)

DAG. DAI. DAL.

† Dague, s. f. Sorte d'épée, courte & large, qui est presentement hors d'usage. On peut user du mot de dague en parlant des armes défensives dont on se servoit autrefois. (Il raporta qu'il avoit trouvé force traits, force dagues & force épées émoulües. L'Abé Talemant, Plutarque, Tome 3. vie de Ciceron, pag. 389.)

† Daguer, v. a. Vieux mot. Fraper avec une dague.

Dagues. Terme de Chasse. C'est le premier bois que porte un cerf, & par où commencent les deux perches (Les dagues rapées sont bonnes contre les fiévres malignes. Sal 12.)

Daguets, s. m. Terme de Chasse. Jeunes cerfs qui sont à leur seconde année, qui poussent & qui portent leurs premiers bois. Ce bois est sans endouillers, & est gros & long comme des fuseaux. Sal.

Daigner, v. a. Avoir la bonté de faire ou de dire quelque chose en faveur d'une personne. Il se dit d'un superieur à l'égard de son inférieur. (Je ne mérite pas que vous entriez chez moi ; mais, Seigneur, daignez dire une parole & ma fille sera guérie. S. Matthieu.

Avec deux mots que vous daignâtes dire,
Vous sçeutes arrêter mes peines pour jamais.
Voit. poës.)

Daillots, s. m. Terme de Marine. Ce sont des anneaux qui servent à amarrer la voile qu'on met de beau tems sur le grand estai. On les apelle aussi andaillots.

Daim. Sorte d'animal sauvage qui est un peu plus grand que le chevreuil, & qui a quelque raport avec le cerf, hormis qu'il n'est ni si gros, ni de même couleur que le cerf, car son poil est plus blanc. (Un daim mâle. Un daim femelle. Sauter comme un daim.)

Daime, s. f. Femelle de daim. Salnove. Dictionnaire des chasseurs sur le mot de Fan.

Dais. Sorte de ciel quarré, embéli de franges, qu'on met sur la tête des Rois.

[La satire bravant l'orgueil & l'injustice,
Va jusques sous le dais faire pâlir le vice.
Dép. satire 9.)

Dais. Ciel quarré à pente, soutenu à chacun des coins sur un bâton, sous lequel on porte le S. Sacrement aux processions solennelles, & lors qu'on va donner le viatique aux malades. Ciel quarré, bordé ordinairement de franges, qu'on éleve au dessus de la plû-part des Autels.

Dalle, s. f. Ce mot signifie un morceau, ou une tranche de poisson, & entr'autres de saumon & de l'alose.

Dalle, s. f. Ce mot se dit aussi de grandes pierres sur lesquelles on lave dans les cuisines, de celles dont on couvre les murs, & il se dit aussi d'une pierre dure dont on aiguise les faulx.

Dalmatique, s. f. En Latin Dalmatica. Espece de chasuble dont sont revêtus les Diacres & les Soudiacres en oficiant, & même les Evêques lors qu'ils oficient Pontificalement. (Dalmatique Episcopale. Dalmatique Diaconale.)

DAM.

† Dam, s. m. Ce mot signifie, Perte, Dommage, & il se dit en ces façons de parler. (C'est à son dam. C'est à ton dam. S'ils le font, c'est à leur dam.)

Damas, s. m. Sorte d'étofe de soie qu'on emploie à couvrir des chaises & à faire des lits. (Damas cafard. Damas fort-beau.)

Damas. Ce mot se dit d'une sorte deprunes, qui a la peau fleurie comme l'étofe apellée Damas. (Damas noir, rouge, violet.)

Damasquiner, v. a. Terme d'Armurier & de Fourbisseur. C'est mettre le fer ou l'acier au feu pour le passer violet, le hacher ensuite avec un couteau fait exprés, & le hacher d'une maniere perpendiculaire, délicate, pressée & croisée, & aprés dessiner sur cette hachure avec un poinçon de cuivre jaune fort délié, l'ornement qu'on a dans l'esprit, prendre du fil d'or, le conduire selon le dessein qu'on a formé, l'enfoncer proprement avec une touche de cuivre, le faire revenir avec de l'eau forte, prendre une sanguine pour abatre toutes les hâchures, & remettre le fer ou l'acier au feu pour lui donner la couleur d'eau. (Damasquiner une lame d'épée. Damasquiner le canon d'un fusil ou d'un pistolet.)

Damasquine, s. f. Terme d'Armurier ou de Fourbisseur. C'est tout ce qu'on a damasquiné sur l'acier ou sur le fer. (Une belle & agréable damasquine. On cizéle quelquefois la damasquine. Faire de la damasquine.) On dit aussi damasquinure, c'est à dire, ouvrage damasquiné.

Damasser, v. a. Figurer agréablement en forme de petits carreaux ou autres petits ornemens. Faire de petites figures sur du linge, comme des oiseaux & autres. (Damasser du linge. Serviettes damassées. Linge damassé.)

Dame, s. f. Titre de femme de qualité. Celle qui est la maîtresse d'une maison. (Elle est Dame damée. C'est la Dame du village. † C'est la dame du logis.)

Dame. Titre qu'on donne à certaines Religieuses. (Dame de chœur.)

* Dame. Celle dont les qualitez gagnent le cœur. (Elle est

est Dame de tous ceux qui virent jamais sa personne. *Voi. poëf.*)

† *Dame.* Ce mot signifie fille ou femme, & on s'en sert en riant. (La Dame est fort mal satisfaite de lui. *Mol.* La Dame ne fut pas long-tems donner au Cavalier les dernieres faveurs. *Histoire amoureuse de France, p.5.*)

Dame d'atour. Femme de qualité, qui garde les pierreries de la Reine. (Françoise d'Aubigni Marquise de Maintenon, étoit Dame d'atour de Madame la Dauphine.)

Dame d'honneur de la Reine.

† *Dame.* On se sert de ce mot par civilité en parlant aux femmes du petit peuple ; mais on y ajoûte toûjours leur nom propre. († Dame Barbe, faites moi ce plaisir, je vous prie.)

† *Dame.* Sorte d'interjection, dont se sert le petit peuple de Paris, qui signifie *En verité*, ou qui sert à exprimer quelque petit mouvement de l'ame, comme quelque surprise ou étonnement. (Dame ! je n'entens pas le Latin. *Mol.*)

Dame, s. f. Terme de *Triquetrac*, & de *jeu de dames*. Petit morceau de bois, ou d'ivoire blanc ou noir, plat & rond, épais environ d'un demi doigt, pour joüer au triquetrac, & aux dames. (Placer les dames. Couvrir une dame. Dame touchée ; dame joüée. Joüer une dame.)

Dame. Terme de *jeu aux cartes*. C'est la seconde figure du jeu de cartes, & celle qui suit immédiatement le Roi. (Une dame de carreau. Une dame de cœur. Jetter une dame. Joüer une dame.)

Dame. Terme de *Jeu d'échets*. C'est la principale piece du jeu pour le mouvement ; car elle a ceux du fou & de la tour. On l'apelle aussi la *Reine*. [Ce Chevalier donne échec au Roi & à la Dame.]

Dame dame, s. m. Sorte de fromage, entre le lebe & la côte rouge.

Damer, v. a. Terme de *jeu de Dames*. Mettre deux dames l'une sur l'autre, les doubler.

Damer. Terme d'*Architecte*. Donner un demi-pié de pente. *Abreg. de Vitr. p.201.*

Damé, damée. Cet adjectif ne se dit qu'au féminin en parlant de femme de qualité, & signifie qui a le titre de dame. [Elle est Dame damée.]

† *Damer le pion de quelcun.* Terme burlesque, pour dire, suplanter.

† *Dameret, s.m.* Voiez *Damoiseau*, il signifie la même chose.

Damien, s. m. Nom d'homme.

Damier, s. m. Grande feüille de carton, divisée par petits carreaux noirs, & blancs, sur laquelle on joüe aux dames. C'est aussi le dessus d'un triquetrac divisé en plusieurs petits carreaux noirs & blancs sur quoi on joüe aux dames.

† *Damoiseau, s.m.* Ce mot se disoit autrefois serieusement des jeunes gens de qualité, & c'étoit un nom honorable ; mais aujourd'hui il ne se dit qu'en riant, & marque un jeune homme beau, mais un peu éféminé.

† *Damoisel, s.m.* Ce mot se trouve dans nos vieux Romans, & se disoit des jeunes gens de naissance ; ainsi qu'il se voit dans les Amadis, où il est dit que le Damoisel de la Mer étoit fils du Roi Perion. Aujourd'hui on n'est plus qu'un terme de raillerie, qui signifie la même chose que *Damoiseau*, & même qui ne se dit guere.

Damoiselle. Voiez *Demoiselle.*

DAMNATION, damner, &c. Voiez *Danation*, *daner.*

DAN.

Dance, dancer. Voiez *Danse* & *Danser.*

Dannable, adj. Pernicieux. Méchant. (Pour voir où iroit une doctrine si dannable, je lui dis. *Pas.l.7.*)

Dannation. Condannation aux enfers. (La dannation éternelle. Il en a juré sur sa part de Paradis, & la dannation de son ame.

Danner, v. a. Priver du Paradis. Condanner aux enfers. (Ils seront dannez ces demi-pecheurs. *pas. l.4.* Il danne les humains de sa pleine puissance.)

Danné, dannée, adj. Qui est aux enfers. (Il est danné. Elle est dannée.)

† *C'est une ame dannée.* C'est à dire que c'est un miserable qui soufre comme un danné.

Dannez, s. m. Ceux qui sont aux enfers. Il n'y a que les dannez de malheureux.

† *Dandin, s. m.* Espece de sot & de niais qui va regardant çà & là. Maniere de benêt & de lourdeau qui a un air languissant & innocent. (C'est un franc dandin.)

† *Dandiner, v. n.* Se balancer en niais. Faire le dandin. Remuër comme un benêt. (Il dandine du cu comme un sonneur de cloche. *S. Am.*)

Se dandiner, v. r. Il est comique, & signifie se balancer en niais, & faire des postures & des mouvemens de benêt dans une chaise.

C'est pour parler tout à son aise
Se dandiner dans un chaise,

Et se donner des rendez vous.
Deshoul. poëf.

DANGER, s. m. Péril. (Il est en grand danger. Se mettre en danger. S'exposer en danger.)

Danger. Voiez *Tiers.*

Dangereux, dangereuse, adj. Périlleux. (Cela n'est ni mauvais ni dangereux à publier. *Pas. l.7.* Sa blessure est dangereuse.)

Dangereusement, adv. D'une maniere dangereuse. (Il est dangereusement blessé. *Ablan.* Etre dangereusement malade. *La chamb.*)

DANIEL, s. m. Nom d'homme.

Danion, s. m. Petit Daniel.

DANS. Préposition qui répond à la préposition *in* des Latins. Elle régit l'accusatif, & se met devant les noms qui ont un article. La pitié est souvent un sentiment de nos propres maux dans les maux d'autrui. *M. de la Rochefaucaut.*

Dans. Cette préposition se met pour *pendant.* (Il sera honoré dans toute la posterité. *Port-Roial, Pseaume.*)

Dans. Préposition qui marque pour un tems à venir. (Il arrivera dans une heure au plus tard. La ville se rendra dans deux jours. Dans dix ans.

Dans. Préposition qui signifie le lieu. (Dans la maison. Dans l'air. Dans la mer.)

Dans Plutarque. Dans les œuvres de Plutarque, & non pas chez Plutarque. *Vau. rem.*

DANSE, dance, s.f. Pas mesurez, & mouvemens du corps reglez, & faits avec art, & propres à exprimer quelque action, ou quelque passion. (Dance élevée, basse ou figurée. Danse nouvelle ou ancienne. Inventer une danse.)

† * *Je vais rentrer en danse avec les neuf sœurs. Sar. poëf.* C'est à dire, je vais recommencer à faire des vers.

Danser, dancer, v. a. Faire des pas reglez, & porter le corps d'un air agréable au son du violon, & aux chansons. (Danser une courante, une gavote, un menuët. Danser au violon, aux chansons. Danser sur la corde avec contrepoids ou sans contrepoids.)

† * *Il ne sait pas sur quel pié danser. Proverbe.* C'est à dire, il ne sait que faire. Il est fort mal en ses afaires.

Danseur, s. m. Celui qui danse. Celui qui fait métier de danser. (C'est un des danseurs de l'Opera.)

Danseur de corde. Celui qui avec contrepoids, ou sans contrepoids, danse sur une grosse corde tenduë & élevée à 7. ou 8. piez de terre.

Danseuse, s. f. Celle qui danse bien. (C'est la meilleure danseuse du monde. *Voi. l.54.*)

Danseuse sur la corde. Celle qui danse avec des contrepoids sur une corde tenduë, & élevée à 7. ou 8. piez de terre.

DANTE, s. m. Animal qui n'ait en Afrique, & qui est fort vite. Il est gros comme un petit bœuf. Il a les jambes courtes, le cou fort long, ces oreilles ressemblent à celles des chevres, & il a une corne au milieu de la tête, qui se courbe en rond comme un anneau, & qui est façonnée. La dante est blanchâtre, & a les ongles des piez noirs & fendus. Sa chair est tres-bonne, & de sa peau on fait de belles rondaches, dont les meilleures sont à l'épreuve des flêches. *Ablancourt, Marmol. Tome 1. ch.13.*

D'A P.

D'APRE'S. Sorte d'adverbe & de préposition, qui est un terme de *Peinture.* (Faire d'après. Dessiner d'après l'antiquité, d'après nature. Colorier d'après le Titien, &c. *Depilles, conversations sur la peinture.*)

DAR.

DARD, s. m. Prononcez *dár.* Sorte de trait de bois dur qui est ferré au bout & propre à être lancé. (Décocher un dard. *Pas. l.4.* Lancer un dard, *Abl.*)

Dard, s. m. Sorte de demi-pique que portent les petits garçons de Paris, quand ils vont à S. Michel, & dont ces petits garçons se batent quand ils sont broüillez ensemble.

* *Dard.* Terme de *Jardinier.* Il se dit en parlant de certaines fleurs, & signifie ce petit brin droit & rond en forme de dard, qui est au milieu du calice de certaines fleurs. (Le dard comence à monter. Les arrosemens frais & gras font du bien à l'œillet quand il comence à pousser son dard. *Culture des fleurs, ch.5.*)

* *Dard.* Action. Trait. Tour rempli de malignité noire, qui cause beaucoup de mal. (Vous avez oüi dire quelles flêches & quels dards le Diable décocha contre Job sans le pouvoir ébranler. *Mauccroix, homelie, 8.*)

Darder, v. a. Jetter, ou lancer de vive force quelque chose qui peut être lancé & qui peut percer. (Darder un couteau. Darder un poignard.

* *Darder.* Répandre en jettant çà & là. Lancer. (Le Soleil darde ses raions sur la terre. *Abl.* La Comette darde ses raions. *Roh. Phis.* La belle darde de ses yeux mille trépas. *Voi. poëf.* Dardez un regard. *Scu. Poëf.*)

Dardeur, s. m. Celui qui darde quelque trait. (Il range devant

DAV

vant son aile gauche les dardeurs. *Abl. Arn. l.1. c.x.*)
Dardiller, *v.n.* Terme de *Fleuriste.* Il se dit de certaines fleurs, & veut dire pousser son dard. (L'œillet d'ardille.)
Dariole, *s.f.* Sorte de petit flan, fait de farine, de beurre, d'œufs & de lait. (Une bonne dariole.)
Darni. V. *Dalle.* Qui signifie la même chose.
Darse, *s. f.* La partie d'un port de Mer la plus avancée dans la ville & fermée d'une chaîne. On l'appelle aussi *darsine* sur la Mediterranée. (La darse de Toulon. La darsine de Gênes.)
Dartre, *s.f.* Tumeur impure, ambulante, superficielle, avec rougeur & demangeaison, engendrée d'une serosité bilieuse & salée. (Une dartre farineuse. *Deg.*)
Dataire, *s. m.* Chancelier de Rome. Celui qui est préposé aux expeditions des dates, qu'on appelle ordinairement *Cardinal Dataire.*
Date, *s. f.* Chifre qui marque l'an & le mois & le jour qu'une chose a été faite. (Lettre de vieille date. La date du contrat est fausse. Etre le premier en date. Etre le dernier en date.)
Date. Fruit de palmier. Il y a de plusieurs sortes de dates; & même de plusieurs couleurs. Il s'en trouve de jaunes, de noires, de grosses & de rondes comme des pommes, & d'autres fort petites ; mais les meilleures de toutes sont les blanches.
Dater, *v. a.* Mettre la date à quelque écrit. (Dater une lettre, un contrat, une procuration.)
Daterie, *s.f.* Lieu à Rome où l'on date les expeditions des benefices, les rescrits & autre chose, qu'on expedie & qui regarde la discipline de l'Eglise.
Datif, *s.m.* Terme de *Grammaire.* C'est le troisiéme Cas de la Déclinaison d'un nom. (Ce verbe regit le Datif.)
Datura, *s. f.* Fleur qui fleurit en Août & qui est de bonne odeur.

DAV.

Davantage, *adv.* Plus. (Il faut ménager davantage ceux qui sont puissans dans l'Eglise. *Pas. l.2.* Pour vous mépriser au dernier point, je n'ai que faire d'en savoir davantage. *Histoire amoureuse de France.*) Ce mot ne veut point de *que* après lui.
Daube, *s. f.* Certaine manière d'apprêter la viande avec des choses qui relevent le goût de la viande & réveillent l'apetit. (Mettre une éclanche de mouton à la daube. Manger un poulet d'Inde à la daube.)
† **Dauber**, *v. a.* Railler. Médire. Joüer quelcun. (Je les dauberai tant qu'ils se rendront sages. *Mol. critique de l'école des fem. s5.* De tout tems vôtre langue a daubé d'importance. *Mol. école des fem. a.1. s.1.*)
Davier, *s. m.* Instrument de *Chirurgien*, qui sert à arracher les dents.
Dauphin, *s. m.* Poisson de mer couvert de cuir lisse & sans poil, il a le dos un peu en voûte, le museau rond & long, la fente de la bouche longue avec des petites dents aiguës, la langue charnuë, sortant dehors, & un peu découpée à l'entour, le dos noir, le ventre blanc, une nageoire au milieu du dos, deux au milieu du ventre & la chair semblable à celle d'un bœuf, ou d'un pourceau. Les dauffins aiment les hommes &lors qu'ils sont en amour, ils s'accouplent comme les hommes. *Rond.*
Dauphin. C'est aussi le nom d'une constellation qui consiste en dix étoiles.
Dauphin. Titre que porte le premier fils du Roi de France durant la vie de son pere, & cela à cause de la donation que Hubert, & selon quelques uns Humbert, Seigneur souverain du Dauphiné fit en 1343. de ce païs à Philipe de Valois. *Mezerai Abregé Cronologique, Tome 2.*
Daurade. Voiez *Dorade.*
D'Autant. Voiez *Autant.*
Dautant-que, *Conj.* Ce mot pour dire *parce que* s'écrit sans apostrophe, & il est même presque tout à fait hors d'usage. *Vau. Rem.* Ce mot *d'autant* que se trouve dans des livres de voïages & de memoires & en quelques autres ouvrages ; neanmoins il est sûr qu'il est vieux. (Je fus obligé de demeurer à Hambourg, *d'autant* que le Roi de Suede étoit entré dans la Pologne. *Le Chevalier de Terlon, mémoires. T.1.* Il se preparoit à se rendre dautant qu'il ne voyoit point d'aparence de secours. *Durier, suplement de Quint. Curce, l.1. ch.10.*)
D'autant plus. Ce mot, étant un terme de comparaison, veut une apostrophe. (On pêche d'autant plus qu'on pense le moins à Dieu. *Pas. l.4.* L'injustice de cet ingrat accusateur devroit être *d'autant* plus grande qu'il ne pouvoir avoir aucune connoissance de la misere de ceux qui sont dans le peché. *Port-Roial Prosper, ch.33.*)

DE.

De. Ce mot est ordinairement article & est la marque ordinaire du genitif & de l'ablatif singulier. Il veut être immediatement joint à son nom sans qu'il y ait rien entre deux

DE DEB

qui les sépare. (Meditez jour & nuit sur la Loi *de Dieu. Port-Roial. Pseaume.* Le Sénat ordonna qu'il se deferoit de sa charge.)
Ce *de* article est aussi la marque du genitif &, de l'ablatif pluriel. (Les coûtumes *de* nos ancêtres. Il ses défait *de* toutes ses charges.)
De. Cet article marque le genitif & se met devant les noms de famille qui viennent de Seigneurie. (Ainsi on dit Monsieur de Château-Neuf. Monsieur de Grammont.)
De. Article qui se met devant l'adjectif pluriel au nominatif, datif & accusatif. (Exemples. Ce sont des vaillans soldats. Ils firent des funerailles à leurs morts comme à *de* vaillans hommes. *Abl. Ret. l.4. c.1.* Dieu reserve de pretieuses couronnes pour honorer la vertu de ses serviteurs, *Maucroix*, *Homelie*, 1.
De. Préposition qui marque le lieu. (Il est venu *de* Rome à Lion un fort peu de tems.)
De. Préposition qui se met au lieu de la préposition, *depuis.* (De Paris à saint Denis il n'y a qu'une lieuë. Ils sont de tout tems ennemis. *Abl. Ar. l.1.*)
De. Preposition qui se met au lieu de *par.* (Il est aimé de son pere, Il est cheri *de* tout le monde.)
De. Preposition qui se met au lieu de la prépozition *pendant.* Il n'a mangé *de* tout le jour. *Abl. Ret. l.1. c.2.* Partit de nuit. *Abl. Ar. l.2.*)
De. Préposition qui se met pour *des.* (On partit le lendemain *de* grand matin. *Abl.*)
De. Préposition qui sert au lieu de la préposition *avec.* (Repousser doucement de la main. *Abl. Ar. l.1.* Ils frapoient de leurs javelots sur leurs boucliers. *Vaug. Quint. Curce, l.x. ch.6.*)
Dé, *s. m.* Petit morceau d'argent, ou de cuivre qui est arrondi, qui est plein de petits trous & qu'on se met au bout du doigt pour pousser le cu de l'éguille lorsqu'on coud. (Un dé bien fait.)
Dé, *s. m.* Petit os quarré qui a six faces, & qui est marqué d'un certain nombre de points, & dont on se sert pour joüer à diverses sortes de jeux. (Coup de dé. Jetter les dez. piper les dez. Dez piper. Joüer aux dez. Avoir le dé. *Le dé en est jetté*. Façon de parler figurée qui veut dire, la resolution en est prise. * Madame à jaser tient le dé tout le jour. *Mol. Tartufe.* C'est à dire, elle jase plus que les autres. *Quitter le dé.* C'est rompre la partie.)
† * *Sans flater le dé.* Proverbe qui se dit dans le stile comique. Franchement. Sans déguiser.
Dé de fer. Morceau de fer quarré dont on remplit les cartouches.
Dé, *s. f.* Terme d'*Architecture.* Ce qui est entre la base & la corniche des piedestaux. Le milieu des piedestaux. C'est un cube de pierre.

DEB.

Debacle, *s. f.* L'action par laquelle on debarasse les ports faisant tirer les vaisseaux vuides pour faire aprocher du rivage ceux qui sont chargez. (Il y a un jour ordonné pour faire la debacle.)
† *Débacle.* Il se dit aussi de la rupture des glaces qui se fait tout à coup. (La débacle a emporté des ponts & des moulins.)
Debacler, *v. a.* Débarasser les ports. Faire la débacle.
Debacleur, *s. m.* Oficier sur les ports de Paris qui découvre les bâteaux vuides afin de débarasser le passage, & faire un chemin pour aller & venir librement au lieu où sont les marchandises.
Debagouler. Dire sans suite & hors de propos. (Debagouier des rapsodies. *Ablanc. Lucien. imposture.*)
Debaler, *v. a.* Oter de la marchandise de la bale. (Débaler de la marchandise.)
Debander, *v. a.* Oter les bandes, les bandages qui lient, ou envelopent quelque partie du corps. (Debander les bras.)
Débander. Détendre. Lâcher une chose qui est tenduë. (Débander un arc. Débander une corde.) On dit aussi débander un fusi, un pistolet, une acquebuse.
Se débander, *v. r.* Se détendre. (Cordes qui se débandent.)
Se débander. Ce mot se dit des Soldats. Quitter le gros des troupes. (Une partie de son infanterie s'étoit débandée à poursuivre les fuïards. *Relation des campagnes de Rocroi, page 111.*)
A la débandade, adv. Par troupe & sans ordre. (Aller à la débandade.)
Debarasser, *v. a.* Tirer d'embarras. Oter l'embarras. Déliver de quelque chose, ou de quelque personne qui embarasse, qui nuit, qui empêche. (Je l'ai débarassé d'un fâcheux qui le craignoit fort. Débarasser un passage. *Abl.*)
Débarasser. Dégager de quelque chose qui atache. (Débarasser son cœur des engagemens du monde.)
Se débarasser, *v. a.* Se tirer d'embaras. Se dépêtrer. (Il s'est débarassé de tous, & s'a chargé a grans coups d'épée. *Scar.* Elle se débarassa de sa Compagnie le plûtôt qu'elle put. *Histoire amoureuse de France.*)

* *Se débarasser.* Se dégager. Se délivrer des choses qui embarassent. (Se débarasser l'esprit.)

DEBARBOUILLER , *v. a.* Néttoier le visage d'une personne barbouillée. Oter de dessus le visage les choses qui le barbouillent. (Débarbouiller un enfant.)

Se débarbouiller, v. r. S'ôter de dessus le visage les choses qui le barbouillent. Se néttéier, se décrasser le visage. (Se débarbouiller le visage.)

DEBARDER , *v. a.* Terme de *portefaix.* Se décharger d'un fardeau qu'on porte sur le dos. (Débarder une charge de cotrets.)

Débarder. Il signifie décharger les bateaux du bois dont ils sont chargez, & l'aporter sur le rivage. Il se dit aussi des autres marchandises.

Débardage , f. m. Action par laquelle on décharge un bateau du bois dont il étoit chargé. (Les marchands de bois doivent paier le *débardage* & livrer le bois à terre.)

Débardeur, f. m. Celui qui sur les ports de Paris décharge les marchandises des bâteaux à terre.

DEBARQUEMENT , *f. m.* Sortie du navire. Sortie de vaisseau pour prendre terre , pour mettre à terre. (Le débarquement causa beaucoup de joie.)

Débarquer, v. a. Sortir de la barque. Sortir du vaisseau pour prendre terre. Tirer du vaisseau les marchandises qui sont arrivées au port. (Débarquer les troupes. Débarquer le canon. Débarquer la marchandise.)

DEBARRER, *v. a.* Oter les barres qui serrent & ferment quelques fenêtres ou quelque porte. (Débarrer une porte. Débarrer les fenêtres. On dit aussi débarrer une épinette , un lut , ou un autre instrument de musique , lors qu'on ôte ce qui soutient la table.

DEBAT , *f. m.* Contestation. (Aprés plusieurs débats & contestations , on demeura d'acord de la paix , *Mémoires de M. de la R. F.*)

DEBATER , *v. a.* Oter le bas de dessus le dos d'une bête de somme. (Débater un âne, un mulet, &c.)

† *C'est un âne débaté.* C'est une manière de proverbe bas & burlesque , qui se dit d'un homme dangereux pour les femmes.

† DEBATISER , *v. a.* Ce mot ne se dit proprement que dans le burlesque , & signifie ôter le nom, & en prendre un autre , ou en donner un autre. (Qui diable vous a fait aviser à quarante deux ans de vous debatiser. *Mol. école des femmes, a. 1. s. 2.*)

DEBATRE , *v. a.* Contester de paroles , *je debas, j'ai debatu, je debatis , je debatrai.* (D'un beuveur d'eau comme avez debatu, le sang n'est pas de glace revêtu. *Voi. poës.*)

* *Débatre.* Examiner. Disputer. Contester. (Débatre un compte. *Patru , plaidoyé 6.* Débatre une afaire. Point débatu entre les parties. *Pas. l. 2.*)

Se debatre, v. r. Se démener. S'agiter. (Il n'a fait que se débatre , & roidir les jambes. *Abl. Luc. T. 1.*)

DEBAUCHE , *f. f.* Récréation gaie, & libre qu'on prend , riant, chantant & faisant bonne chere avec ses amis. (Faire débauche. Aimer l'honnête débauche.)

Débauche. Libertinage. Desordre. Déréglement de mœurs. C'est un homme plongé dans la débauche. Il est dans la débauche des femmes.

Débaucher, v. a. Faire quiter le train de vie réglée. Jetter une personne dans une débauche malhonnête. Corrompre. (Il solicite toutes les belles , sans en pouvoir débaucher une.)

* *Débaucher.* Détourner quelcun de son travail. Oter les chalans. Détourner une personne d'une autre. Faire qu'une personne quiter une autre, (Cela n'est ni beau , ni honnête de nous debaucher nos laquais. *Mol. précieuses , s. 15.* Vraiment , je vous trouve bien valué de me *debaucher* mes beautez. *Sar. poës.* Il l'a debauché de son travail.)

Débauché , debauchée, , adj. Libertin qui aime des plaisirs desordonnez. Qui est dans le libertinage. (Il est debauché. Elle est debauchée.)

Débauché, f. m. Libertin. Qui aime la débauche. Qui dans le déréglement. (C'est un franc debauché. Un riche & fameux debauché. *Abl. Tac. An. d. 41.*)

Débauché. Ce mot acompagné d'une épitete favorable signifie. Qui aime les plaisirs honnêtes. Qui aime une vie libre. (Un illustre debauché. *S. Am. poës.* Un honnête debauché.)

Débauchée , f. f. Celle qui est de mauvaise vie. (Il y a trois sortes de femmes qui font l'amour , les débauchées , les coquettes , & les honnêtes personnes. *Histoire amoureuse de France.*

DEBENTUR , *f. m.* Mot Latin *Francisé.* Quitance que chaque Oficier des Cours Souveraines donne au Roi , lors qu'il reçoit les gages que Sa Majesté lui donne. Le debentur passe à la Chambre des Comptes & y est enregistré. Les gages que le Roi donne à chaque Oficier de Cour Souveraine , montent tous les jours à ttente cinq sols quatre deniers. Le debentur est écrit en Latin , & commence ainsi , *Debentur mihi N. pro, &c.*

DEBILE , *adj.* Ce mot est François , mais il ne se dit pas si ordinairement que *foible.* (Il est débile. Elle est débile. Estomac débile. Jambes débiles.)

Esprit débile. Imagination débile. Mémoire débile. * Un aibrissseau débile. *Depreaux, discours au Roi.*

Débilitation , f. f. Afoiblissement. (A mesure qu'on vieillit, il se fait une insensible débilitation de corps & d'esprit.)

Débilité , f. f. Ce mot se dit , mais il n'est pas si en usage que *foiblesse.* (Il lui a pris ce matin une débilité au sortir du lit. Débilité d'estomac , de jambes , de vûë. * Débilité d'esprit, de memoire, &c.)

Débiliter , v. a. Ce mot signifie *afoiblir*, mais il n'est pas si en usage qu'*afoiblir.* (La grande débauche débilite les nerfs. * Il croioit , qu'un souvenir si funeste débiliteroit le courage des Soldats. *Abl. Tac. An. l. 1. c. x.*)

DEBILER , *v. a.* Terme de *Batelier.* Détacher les chevaux qui tirent les bateaux sur les rivières. (Quand on rencontre quelque pont, il faut débiler les chevaux.)

DEBIT , *f. m.* Vente pronte en gros , ou en détail de quelque marchandise. Le cours de quelque marchandise. (Livre qui n'a point de débit. Marchandise qui a un fort grand débit.)

* *Débit.* Facilité de parler. Manière de s'exprimer aisée & facile. (Avoir le débit agréable. Avoir un beau débit.)

Débiter , v. a. Vendre & distribuer en gros , ou en détail de la marchandise à divers acheteurs. (Débiter un livre , du drap, du vin, de toutes sortes de marchandises. † * On dit débiter des nouvelles.

* *Débiter.* Parler avec facilité. Dire. (Débiter les beaux sentimens. *Abl.* Il débite agréablement son fait.)

Débiter. Terme de *Menuisier.* Couper & refendre le bois de longueur. Marquer le bois selon la grandeur dont il a besoin. (Débiter le bois.) Il se dit aussi du travail qu'on fait en coupant le bois dans une forêt & le préparant pour diferens usages.

Débiteur , f. m. En Latin *debitor.* Celui qui doit à un autre. (Un méchant débiteur. Un débiteur insolvable. Un débiteur fort solvable.)

Débitrice, f. f. Celle qui doit. Qui a fait quelque dette. (Elle est ma débitrice. Elle est la débitrice d'un tel.)

DEBOIRE , *f. m.* Dégoût. Saveur desagréable de quelque liqueur. (Ce vin n'a qu'un goût plat & un *déboire* afreux. *Depreaux, Satire 3.*)

† * *Déboire.* Déplaisir. (Il a eu un furieux *déboire.* C'est un terrible déboire pour lui. Un fâcheux déboire.)

† *Déboîté , débeîté, , adj.* Terme de *Chirurgien.* Disloqué. (Un os déboîté. *Deg.*)

† *Déboîtement, f. m.* Il se dit d'un os qui est hors de sa place. V. *Dislocation.*

† *Déboîter, v. a.* Disloquer un os , le mettre hors de sa boîte naturelle.

DEBONDER , *v. a.* Lâcher la bonde d'un étang. (Quand on veut pêcher dans un étang , il le faut débonder , ou plûtôt , il en faut lâcher la bonde.)

On dit des eaux qu'elles *se débondent* dans les prairies, & de la Mer , qu'elles se débondent dans les campagnes. V. *Déborder.*

On dit des humeurs du corps qu'elles se débondent , c'est à dire, qu'elles s'épanchent, ou se débordent.

DEBONDONNER , *v. a.* Oter le bondon. (Débondonner un muid , une feuillette.)

DEBONNAIRE , *adj.* Doux. De bonnes mœurs. Le mot de *débonnaire* se dit en parlant d'un de nos Rois qu'on a surnommé Louis *le débonnaire* ; mais hors de là on ne se sert du mot de *débonnaire* qu'en riant , & dans le stile le plus bas. (Le malheureux Henri , le plus *débonnaire* de tous les Valois. *Sca. poës.* L'amour est assez débonnaire. *Benserade, Rondeaux, pag. 57.* On conte que Henri I V. disoit qu'il aimoit mieux qu'on l'apelât Henri *le sot*, que Henri le *débonnaire.* V. *Doux. Clemens.*)

† *Débonnaireté , f. f.* Ce mot signifie. Clemence. Douceur de mœurs , & a plus de cours dans le burlesque que dans le beau stile. Cependant un esprit fort poli & fort délicat s'en est servi depuis peu en un ouvrage de prose tresbien écrit ; mais on croit qu'en cela il ne faut pas l'imiter qu'avec une grande précaution. (Voici le passage. Autant qu'il y a d'exilez , en font autant de témoins de sa *débonnaireté.*) On pense que le mot de *clemence* viendroit mieux dans cette periode que celui de *débonnaireté.* V. *Clemence. Douceur.*

† *Débonnairement , adj.* D'une manière débonnaire. Avec clemence. (Traitter débonnairement ses ennemis.)

DEBORDEMENT , *f. m.* Ce mot au propre se dit des fleuves & des rivieres. Il signifie l'épanchement de l'eau du fleuve, & de la riviere hors de son canal & de son lit. (On craint le débordement du Nil. *Abl. Mar.*)

* *Débordement.* Décharge de quelque humeur. (Un débordement de bile. *La Cham.* Un débordement d'humeurs. *Deg.*)

* *Débordement.* Irruption de peuples , ou de troupes dans un païs. (Toute l'Europe couroit risque , si Charles ne se fût oposé à ce débordement d'Infideles. *Maucroix , Schisme, l. 1.*)

* *Débordement*

DEB BEB DEC

* *Débordement.* Déréglement. (Le débordement des mœurs avoit besoin d'une forte digue. *Patru plaidoyé*, 9. Il ne peut ignorer ce débordement honteux. *Maucroix, schisme, l.1.*)

DEBORDER, *v. a.* Oter la bordure. (Déborder une jupe.) *Déborder.* Aller au delà du bord. (Ardoises qui débordent du toît.)

* *Déborder.* Ce mot se dit des fleuves & des rivieres, lorsque l'eau du fleuve, ou de la riviere sort de son lit, & se répand aux environs. (Dieu vous garde d'être voisin de gens de corde, & de riviere qui déborde. *Sca. poëf.*)

Déborder. Terme de *Plombier.* Couper les deux côtez des tables de plomb avec les planes. (Déborder les tables de plomb.)

* *Se déborder, v. r.* Ce mot se dit des fleuves qui sortent de leur lit. (Le Nil se déborde & son débordement rend la terre fertile. *Abl. Mar.* La mer a beau se remplir de fleuves, elle ne se déborde point. *Maucroix, homelie, x.*)

* *Se déborder.* S'étendre. Se répandre. Venir en foule en quelque lieu. (Sa cruauté se déborda sur toutes sortes d'âges. *Vau. Quin. l.3. c.xi.* Se déborder en paroles impures & licencieuses. *Maucroix, homelie*, 8. Paris voit chez lui tous les ans, les auteurs à grans flots *déborder* de tout tems. *Dépreaux, satire,* 9.

Se déborder, v. r. Terme de Mer. Il se dit d'un vaisseau qui se dégage du bord d'un autre qui l'avoit abordé, ou qui se détache d'un brûlot. (Voyant le danger où il étoit il se déborda vigoureusement.)

Débordé, débordée, adj. Déréglé. (Mener une vie débordée. *Vau. Quin. c.x. l.1.*)

DEBOTER, *v. a.* Tirer les botes de quelcun. (Faites moi venir un laquais pour me déboter.)

Se déboter, v. r. Tirer ses botes soi-même.

DEBOUCHER, *v. n.* Oter ce qui bouche. (Déboucher un trou.)

DEBOUCLER, *v. a.* Oter les boucles qui sont à la nature d'une cavale. (Déboucler une cavale.)

Déboucler. Défaire quelque boucle de cheveux. (Déboucler une perruque qui n'est pas bien bouclée.)

DEBOUILLIR, *v. a.* Terme de *Teinturier.* C'est faire bouillir des échantillons d'étofe dans l'eau où l'on met de l'alun, du tartre, &c pour éprouver si la teinture de l'étofe est bonne, ou si elle ne l'est pas.

† DEBOURBER. Arracher du bourbier. Tirer de la bourbe. (On croit qu'on peut dire en parlant familierement, il s'est embourbé, il faut tâcher de le débourber.)

† DEBOURRER, *v. a.* Oter la bourre. Tirer la bourre de quelque chose où elle est. Le mot de *débourrer* ne se dit point au propre par les ouvriers. Quelques-uns disent *desembourrer*, mais ceux d'entre eux qui parlent le mieux disent *ôter la bourre*, ou *tirer la bourre*, & c'est comme il faut dire.

† * *Débourrer.* Donner l'air du monde à une personne ; la perfectionner en quelque chose. (Il le faut mettre entre les mains de Monsieur....... qui est un homme du monde, & il le débourrera bien-tôt.)

† * *Se débourrer, v. r.* Commencer à prendre un air un peu plus civil, & qui sente bien-tôt l'homme du monde. (Depuis qu'il frequente les honnêtes gens, il commence fort à se débourrer.)

DEBOURSEMENT, *s. m.* L'action de débourser. C'est aussi l'argent qu'on tire de sa bourse pour être employé à quelque marchandise. (Faire un déboursement considerable.)

Débourser, v. a. Tirer de sa bourse de l'argent & l'employer à quelque chose. Tirer de sa bourse de l'argent qu'on emploie, ou qu'on dépense. (Il a déboursé cent pistoles à la poursuite de cette afaire.)

Déboursé, s. m. Terme de *Tailleur* & d'autres ouvriers qui fournissent quelque chose à ceux pour qui ils travaillent. Et c'est tout ce qu'on a fourni à celui pour qui on a travaillé. (Vous ne paiez pas le déboursé. Le déboursé monte à un écu.

DEBOUT, *adv.* Sur ses piez. Sur pié. (Se tenir debout. Debout & assis on peut donner un mauvais jugement. *Mol. critique sc.* La muraille de la ville étoit encore debout. *Abl. l.i.c.*7. Quand vous priez, ne faites pas comme les hipocrites, qui afectent de prier en se tenant *tout debout* dans les Sinagogues. *Port. Rojal, S. Matthieu, ch.*6.)

Etre debout. Etre levé. (Les soldats d'Alexandre couchent sur la terre, & jamais le jour ne les trouve pas debout. *Vaug. Quint. Curce, l.3. ch.2.*)

DEBOUTER, *v. a.* Terme de *Palais.* Exclurre. (On la débouté de son opposition. On l'a débouté de sa demande, de son apel, &c.)

DEBOUTONNER, *v. a.* Oter les boutons de boutonnieres. (Déboutonner un pourpoint, un juste-au-corps.)

Se déboutonner, v. r. Oter ses boutons des boutonnieres.

SE DEBRAILLER, *v. r.* C'est déboutonner son pourpoint pour faire voir un peu trop sa chemise qui nous couvre l'estomac & le ventre. Etre tout débraillé. Soiez toûjours débraillé. *Gon. epit. l.1.*)

DEBREDOUILLER, *v. a.* Terme de *Triquetrac.* Lever la bredouille, l'interrompre par quelque gain.

DEBRIDER, *v. a.* Oter la bride. (Débrider un cheval.)

Sans débrider. Ces mots au propre, signifie sans ôter la bride au cheval. Tout d'une traite. (En ce sens on dit, il a fait huit lieuës sans débrider.)

† * *Sans débrider*, au figuré. Façon de parler figurée & basse ; pour dire sans discontinuer.

Débris, s. m. Ce qui reste d'une chose rompuë. Ce qui reste d'une chose ruinée, défaite, batuë, sacagée. (Le débris d'un navire. *Abl.* Chercher Rome en ses vastes débris. *Mai. Poë.* * Il avoit recueilli trois cens écus d'or du débris de son patrimoine. *Flechier, Commendon. l.1.c.5.*)

DEBROUILLER, *v. a.* Débarasser. Eclaircir une chose embrouillée. (Débrouiller une afaire. *Le Mai.*)

Débrouillement, s. m. Action par laquelle on débrouille. (Le débrouillement du cahos.)

DEBRUTALISER, *v. a.* Défaire une personne de sa brutalité. Faire qu'une personne qui est brutale, ne le soit plus. On aura bien de la peine à le *débrutaliser. Vau. rem.*

DEBRUTIR, *débrutir. v. a.* Terme de gens qui travaillent aux glaces des miroirs. Ils disent l'un & l'autre de ces mots ; mais ils se servent plus ordinairement de *débrutir*, qui est plus doux que l'autre. Il signifie commencer à polir les glaces, en ôter d'abord ce qu'il y a de plus rude. (Débrutir une glace de miroir.)

DEBUCHER, *v. n.* Terme de *Chasse.* Il se dit du cerf, du chevreuil & des autres bêtes de chasse. (*La bête débuche*, c'est à dire, sort de son fort & du lieu où elle a demeuré tout le jour.

Voilà d'abord
Le cerf donné aux chiens, j'apuie, & sonne fort.
Mon cerf *débuche*, & passe une assez longue plaine
Et mes chiens après lui...... *Mol. Fâch. a.1. sc.6.*)

Débucher. Faire sortir la bête de son fort.

† DEBUSQUER, *v. a. & v. n.* Ce mot au propre signifie la même chose que débucher, v. a. & v. n.

† *Débusquer, v. a.* Au figuré il signifie. Oter quelcun d'un poste où il étoit. Chasser d'un poste. Faire quitter le poste. (Débusquer l'ennemi de son poste.)

† * *Débusquer.* Faire sortir quelcun d'une condition ; être cause qu'on change en chasse. (La perfide la débusqué de la condition où il étoit.)

DEBUT, *s. m.* Ce mot est un terme de jeu de boule qui veut dire le coup qui pousse une boule de dessus le but, ou d'auprés du but, mais en ce sens, il ne se dit pas à Paris par les jouëurs qui parlent bien.

* *Début.* Ce mot au figuré, se dit en parlant de discours, de harangue, d'entretiens. Il signifie le commencement du discours, de la harangue, &c. (On fait un grand coup quand on fait un beau début.)

Débuter, v. a. Ce mot est un terme de jeu de boule. Il signifie pousser une boule de dessus le but, ou d'auprés du but. Le mot de *débuter* en ce sens ne se dit presque point à Paris, & c'est en sa place on se sert du mot *tirer*. (Ainsi on dit *tirer une boule*, & non pas *débuter une boule*.)

* *Débuter.* Commencer quelque discours. Commencer quelque propos. (Il importe en toutes choses de *débuter* avec esprit. *Abl.* Il a malheureusement débuté auprés d'elle.)

D E C.

Deça, *adv.* De ce côté-ci. De ces quartiers. (Je vous envoirai toutes les nouvelles de deçà. *Vau. rem.*)

Deçà & delà, adv. De côté & d'autre. (Courir deçà & delà. Deçà Grenades & delà. *Voit. Poëf.*)

Deçà. Prépost. De ce côté-ci. (Il est deçà la riviere.)

Au deçà, en deçà, par deçà; sont de prepositions composées. On dit au deçà & en deçà de la riviere. Par deçà la riviere. Ces mots se disent quelquefois sans regime comme des adverbes. (Il est au deçà, en deçà, ou par deçà. Le Soleil retourne en deçà, en Eté.)

DECACHETER, *v. a.* Rompre & lever le cachet d'une lettre. (Décacheter une lettre.)

DECADE, *s. f.* Il vient du Grec, en Latin *decas*, qui signifie le nombre de dix. (L'histoire de Tite-Live est divisée par Décades. Les décades de Tite-Live sont belles, & fameuses ; elles ont été traduites par plusieurs en François, mais pas un ne les a traduites heureusement.)

* DECADENCE, *s. f.* Ruïne. Déclin. (Que j'aime à voir la décadence de ces vieux Palais ruinez. *S. Am. Poëf.* Un Empire qui tombe en décadence. Tout va à décadence.)

DECAGONE, *s. m.* Terme de *Géometrie.* Figure qui a dix angles & dix côtez. (Décagone regulier, ou irregulier. Tous les angles d'un décagone pris ensemble valent huit angles droits, ou 720. degrez.) On apelle décagone en termes de Fortification, une place fortifiée de dix bastions.

DECAISSER, *v. a.* Terme de *Jardinier.* C'est à dire, tirer de la caisse. (Décaisser un figuier, un oranger, un citronnier, un jasmin, &c.

Décalogue, f. m. Les dix Commandemens de Dieu.

Décamper, v. n. Terme de guerre. Lever le camp. Déloger du camp. (L'armée décampa à la petite pointe du jour. Abl.)

† * Décamper. Fuïr. S'en aler. (Je l'ai bien fait décamper.)

Décampement, f. m. L'action de décamper. La levée d'un camp. (Il faut qu'un Général ait une grande capacité pour faire un décampement à la vuë de l'ennemi.)

† Décanat. Voïez Doienné.

Décantation, f. f. Terme de Chimiste. C'est l'action par laquelle on verse quelque liqueur en inclinant doucement le vaisseau.

Décarreler, v. a. Oter les carreaux d'une chambre qui étoit carrelée. (Les lapins logez dans une chambre la décarrèlent bien tôt, quand ils ont une fois commencé à ôter quelque carreau.)

Décapiter, v. a. Ce mot se dit, mais il n'est pas si fort en usage que Couper le cou, ou Couper la tête. (Il fit pendre les uns, & décapiter les autres. Abl. Luc. T. 1.)

Décéder, v. a. Mourir. Le mot de décéder est plus du Palais que du beau langage, neanmoins comme on le trouve quelquefois dans de bons auteurs on peut à leur imitation s'en servir aussi quelquefois dans des ouvrages bien écrits. (Henri VIII. décéda à Londres le huitiéme Janvier 1546. Maucroix Schisme d'Angleterre, l. 1.)

Décédé, adj. Mort. (Le mot est un peu vieux.

Déceindre, v. a. Oter la ceinture à quelcun.

Déceint, déceinte, adj. A qui on a ôté la ceinture, qui a ôté sa ceinture.

Décéler, v. a. Découvrir une personne qui vouloit être cachée. Ce mot de déceler se dit, mais on trouve qu'il vieillit un peu. (Déceler son maître. L'Abbé Talemans, Plutarque, Tom. 5. Vie de Ciceron.. Ils promirent abolition de tout crime à celui qui auroit décelé un Prêtre. Maucroix Schisme d'Angleterre l. 3. Ils confessent leur crime & n'osent déceler le sien. Vaug. Q. Curce, l. 6. ch 9.)

† Décélement, f. m. L'Action de déceler. Il est peu en usage. (On est obligé au décélement des secrets qui regardent la vie du Prince, ou le salut de l'Etat. On dira plûtôt, on est obligé à déceler, &c.)

Décembre, f. m. L'un des douze mois de l'année, le premier de l'Hiver, & le dernier de l'année, dans lequel le Soleil entrant au signe de Capricorne, fait le Solstice d'hiver. (L'engourdi Décembre.)

Décemvirs, f. m. Dix hommes créez avec autorité souveraine, qui gouvernoient la République à la place des Consuls. Abl. Tac. Les Décemvirs étoient plus puissans que le Dictateur, & pouvoient changer ce qu'ils vouloient dans le Gouvernement.

Décendre. Ce verbe est souvent neutre, & signifie Aler de haut en bas. (Il est décendu au bruit qu'on faisoit dans la ruë. Décendre de cheval. L'eau décend naturellement, & ne monte que par violence. Depuis les Alpes jusqu'à la mer, on va toûjours en décendant. Décendre la riviére, c'est aler en bateau selon le cours de la riviére, c'est aler en un lieu plus bas. Décendre. Ce verbe est quelquefois Actif & signifie. Abaisser. Transporter en un lieu plus bas. (Décendre du vin dans la cave. Décendre la chasse de Sainte Geneviéve. Il a décendu la tapisserie. Il faut décendre le chauderon d'un cran.

* Décendre. Ce verbe est toûjours neutre passif lors qu'il signifie tirer son origine. (Ils croient être décendus d'Hercule. Vau. Quin. 4. La fille unique du Marquis du Meslére, héritiére considérable, & par ses grands biens & pour la maison d'Anjou dont elle étoit décendue, étoit promise au Duc du Maine, cadet du Duc de Guise. Princesse de Monpensier, p. 4.)

* Décendre, v. n. S'abaisser. Se ravaler. (De ces importantes occupations elle décend humainement dans le plaisir de nos spectacles. Mol. critique de l'école des femmes.)

Décendre, v. n. Il se dit des habits. (Ce juste-au-corps ne décend que jusqu'aux genoux. Les Soutanes décendent jusqu'anx talons.)

* Décendre, v. n. Il se dit des instrumens de Musique & signifie abaisser le ton. (Il faut décendre cette corde d'un demi-ton.)

* Décendre, v. n. Il se dit des ennemis qui entrent dans un païs, & particuliérement lors qu'ils y vont par mer, (Les Turcs sont décendus en Hongrie. Les Anglois décendent en France.)

* Décendre. Terme de Palais. Il signifie aller sur les lieux pour en reconnoître l'état & la situation. (La Cour a commis un tel pour décendre sur les lieux, & pour en faire son raport.) Voïez decente en ce sens.

Décendant. part. Qui décend.

Décendant, décendante, adj. Qui décend. (Veine cave ascendante, & décendante. Roh. Phis.

Décendant, f. m. Postérité. Ceux qui viendront après nous au monde. (Ses petits fils & leurs décendans étoient apel-

lez au second dégré. Abl. Tac. An. l. 1.)

Décent, décente, adj. Convenable, Propre. (On le trouve en habit décent, composant lettre Marotine. Sar. Poëf.)

† Decement, adv. D'une manière décente. Etre vêtu décement.

Décente, f. f. Action de la personne ou mouvement de la chose qui vient du haut en bas. Chute de quelque chose qui décend. Transport de personnes en un lieu. Faire une décente dans le fossé. Abl. Faire une décente sur le rivage. Vau. Quin. l. 4. La décente de la chasse de Sainte Geneviéve. La décente de l'aliment dans l'estomac. La Cham. Le mouvement des corps pesants s'augmente par leur décente. Décente de boiau ; C'est la chute du boiau dans ses bourses. Faire une décente sur les lieux. Terme de pratique, c'est un transport de gens de Justice en un certain lieu ; c'est la visite qu'ils y font pour s'instruire pleinement sur une afaire.)

Décente, f. f. Irruption des ennemis dans quelque païs. (La décente d'Annibal en Italie pensa ruïner les Romains. La décente des François en Afrique.)

Décente de croix. Terme d'Imager. C'est une estampe qui represente la manière dont on décendit Jésus - Christ de la Croix.

Décente. Terme de Plombier. Tuïau de plomb qui est dans une cour le long du mur, par où tombe l'eau des cheneaux. (Mettre une décente.)

De ce que, conjonction. Parceque. A cause que. (Seigneur, je vous rendrai d'éternelles actions de graces de ce que vous avez fait justice. Port-Roial, Pseaumes.)

† Deception, f. f. En Latin deceptio. Prononcez decepsion. Il signifie tromperie ; mais il n'est en usage qu'au Palais.

Décerner, v. a. Ce mot signifie ordonner, il vient du Latin decernere. On ne s'en sert guére en parlant familiérement, son usage n'est proprement que dans les livres, (On lui décerna les honneurs divins. Vau. Quin. l. x. 4. Le petit triomphe fut décerné à Germanicus. Abl. Tac. An. l. 1. c. 21. On lui décerna les honneurs funébres au soir. Patru Plaidoïé 4.)

Décerner, v. a. Il se dit au Palais des ordonnances qu'on y donne en matière criminelle. (Décerner un ajournement personnel. Décerner un décret de prise de corps.)

Décès, f. m. Ce mot est plus du palais que de la belle prose, ou de la belle poësie, & il signifie la mort d'une personne. (Elle s'est remariée six semaines après le décès de son mari. Le Maît.)

Décevoir, v. a. Il vient du Latin, decipere. Tromper ; Je deçois ; j'ai deçu, je deçus, je decevrai. Le mot de décevoir est dans la plûpart des bons auteurs ; mais il est moins usité que tromper. (Pour ne vous pas décevoir, la Chrétienne est plus belle à voir. Voi. Poës. Ses souplesses continuelles ne tendent qu'à nous décevoir. Gon. epi. l. 3. Malgré mes vœux honteusement déceus, craignez que je ne lui pardonne. Racine Andromaque a. 4. f. 3. Vous verrez vôtre crainte heureusement déçuë. Corneille, Cid.)

Décevant, decevante, adj. Ce mot se dit, mais il n'est guère en usage. Qui est propre à décevoir, trompeur. (Le monde n'a que des apas decevants. Le calme decevant de la Mer nous invita à la promenade.)

Dechaîner, v. a. Oter les chaines à celui qui est enchaîné. (Déchainer les galériens.)

* Dechainer. Exciter & animer. Faire emporter une personne contre un autre. (Il l'a déchainé contre moi.)

* On dit figurément des vents qu'ils sont dechainez, pour dire qu'ils excitent quelque violente tempête.

Se déchainer, v. r. Rompre ses chaines, Se défaire de ses chaines.

* Se déchainer. S'emporter contre quelcun. Faire du pis qu'on peut contre une personne. (Se déchainer en invectives contre quelcun. Le Comte de Buffi.)

* Déchainement, f. m. Emportement contre quelque personne. (Le monde recommence-t-il ses déchainemens contre moi. Le Comte de Buffi. Continuer ses déchainemens contre quelcun. Le Comte de Buffi.)

Dechalander, v. a. Oter les chalans à quelcun. Débaucher les chalans qui vont toûjours acheter en un certain lieu, & les en détourner. (Déchalander un marchand. Déchalander une boutique.)

Dechanter, v. a. L'usage de ce mot est bas, burlesque & fort borné, & il ne se dit guère qu'en certaine façon de parler. (Il y a bien à déchanter. C'est à dire les choses ne vont pas comme on le croioit. On n'en est pas où l'on pensoit.)

Tu vois qu'à chaque instant je te fais déchanter.
Mol. étourdi a. 3. fc. 1.

C'est à dire, qu'il te fait faire, ou dire le contraire de ce que tu avois fait, ou dit.

Dechaperonner, v. a. Terme de Fauconnerie. Oter le chaperon à l'oiseau, quand on le veut lâcher.

DECHARGE

DEC   DEC

DÉCHARGE, *f. f.* Terme de gens des ports de Paris. C'est l'action d'ôter la marchandise des bateaux & la mettre à terre. (Faire la décharge des marchandises.)

Décharge, *f. f.* Ce mot se dit entre Médecins, & signifie l'action par laquelle la nature se soulage en se déchargeant & en poussant hors ce qui lui nuit.

Décharge, Soulagement qui décharge de quelque chose. (C'est autant de décharge pour l'Etat. *Abl.*)

* *Décharge de conscience.* C'est à dire soulagement.

Décharge. Ce mot se dit entre Architectes & maçons. C'est un moyen que l'architecture employe pour empêcher que les murs ne s'affaissent sur les vuides des portes & des fenêtres. (Une décharge de mur. *Perraut, Vitruve.*)

Décharge, Terme de *Praticien*. Ecrit par lequel on décharge quelqu'un d'une affaire où il est obligé. (Donner une décharge à une personne.)

Décharge. Terme de guerre. Plusieurs coups d'arme à feu tirez au même temps. Faire une rude, une furieuse, une sanglante, une cruelle décharge. *Abl.* Essuïer une décharge de coups de mousquet. *Abl.* La Cavalerie & l'Infanterie firent une décharge. *Abl. Ret. l. 3. c. 2.*)

DÉCHARGER, *v. a.* Oter la charge, que porte une personne, une bête, ou quelque voiture, comme chariot, ou charette. (Décharger un crocheteur. Décharger une bête de somme. Décharger un chariot.)

Décharger. Ce mot se dit en parlant de cheveux, & est en terme de *Barbier.* Couper quelques cheveux de dessus la tête, parce qu'il y en a trop. (Vous avez trop de cheveux sur le haut de la tête, il en faut un peu couper pour la décharger.)

Décharger. Vuider. Oter de la marchandise d'un bateau & la mettre à terre, Oter un fardeau inutile. (Décharger du vin.)

Décharger. Diminuer de quelque poids. Soulager en diminuant. (Décharger la masse du sang. *La Cham.*)

Décharger. Terme de *Marchand.* Raier quelque article d'un livre, ou faire mention sans raier que l'article est acquité. (Décharger un livre des marchandises dont il étoit chargé.)

Décharger. Tirer quelque arme à feu. (Décharger un fusil, un canon. Décharger l'artillerie) Ce mot signifie aussi ôter la charge de quelque arme à feu.

Décharger. Verser dans. Faire couler dans. (Le sang entre dans la veine cave qui le décharge dans la cavité droite du cœur. *Roh. Phis.*)

Décharger. Terme libre. *Immittere semen in vas debitum.*

Décharger. Ce mot se dit en parlant de coups & de baterie, il signifie Donner. Faire tomber, Laisser tomber quelques coups sur une personne. (Il lui a déchargé un grand coup de hache sur la tête. *Abl. Ar.* Il lui déchargea un démesuré coup de poing. *Sca. Rom.*)

* *Décharger.* Excuser. Dire qu'une personne qu'on avoit chargé de quelque crime, n'est pas coupable. (Il l'a déchargé par sa déposition.)

* *Décharger.* Délivrer. Exempter. Soulager. Il l'a déchargé de beaucoup de soins. (Déchargez mon cœur de l'ennui que vous lui donnez. *Voi. l.* 17. Décharger le peuple de subsides. *Abl.* Opinion qui décharge de l'obligation de restituer. *Pasc. l. 5.* Nos pères ont déchargé les hommes de l'obligation penible d'aimer Dieu actuellement. *Pasc. l. x.* On ne décharge point un tuteur d'une tutelle, qu'il n'ait rendu compte.)

* *Décharger.* Aquiter. (Décharger sa conscience.)

* *Décharger.* Ce mot a encore quelques sens figurez. (Exemples, *Décharger son cœur à un ami. Abl. Luc. Tome* 1. Se soulager en ouvrant son cœur à un ami & en lui découvrant ce qu'on pense vraiment. *Décharger sa colere sur quelcun*, c'est faire ressentir les effets de sa colere à quelque personne.)

Se décharger, *v. r.* Oter de dessus ses épaules, ou de dessus sa tête le fardeau ou la charge qu'on porte. (On n'a que faire de l'aider à se décharger, il se déchargera bien lui même.)

Se décharger. Pousser dehors les choses superfluës. (La nature se soulage en se déchargeant des excrements superflus.)

Se décharger. Se reposer sur quelcun de quelque afaire. Se soulager en faisant partager ses soins, ou ses afaires à une personne. (Tibere déja vieux se déchargeoit sur Sejanus, des soins de l'Empire. *Abl. Tac. An. l. 4. c.* 18.)

* *Se décharger.* S'excuser. Montrer qu'on n'est pas coupable. (Se décharger en chargeant autrui. *Se décharger sur un autre*, c'est *rejetter sa faute sur autrui.*)

† *Se décharger.* Se mot se dit des étofes, & signifie perdre de son lustre, & de sa couleur. (Drap qui se décharge fort.)

† *Se décharger.* Ce mot se dit des rivières & veut dire s'en aller rendre. (Rivière qui se va décharger dans la mer. *Abl. Ar.* Le Masias qui est une petite rivière d'environ cinq piez de large se va décharger dans le Méandre. *Abl. Ret. l. 1.* L'Escaut se décharge dans la Meuse. *Abl. Ces.*)

† *Déchargé, déchargée*, *adj.* Ce mot se dit de la taille des chevaux. (Cheval fort déchargé de taille.) On le dit aussi des personnes.

Déchargeur, *f. m.* Oficier sur le port de Paris qui fait porter la marchandise à terre.

Déchargeur de vin. Tonnelier qui marque avec de la craie le vin qu'on achete & qui en fait faire la décharge.

Déchargeoir, *f. m.* Terme de *Tisserand*. Pièce de bois ronde autour de laquelle on roule la besogne qu'on leve de dessus la poitrinière.

DÉCHARMER, *v. a.* Oter un charme à quelcun.

DÉCHARNER, *v. a.* Oter la chair qui est autour de quelque os. (Décharner un os.)

* *Décharner.* Amaigrir.

(Ce vieillard n'a sauvé des ravages du tems,
Qu'un peu d'os & de nerfs qu'ont décharné cent ans.
Cor. Illusion comique.

* † *Décharné, décharnée, adj.* Fort maigre. Qui n'a plus que la peau & les os. (Il est décharné. Elle est fort décharnée. Ils paroissent secs & décharnez, sans force ni vigueur. *Abl. Luc. T. 2. Parasite.*

* *Décharné, décharnée.* Ce mot se dit du stile & du discours, & signifie Sec. Aride. Maigre. (Stile décharné, Ouvrage maigre & décharné. *Déspreaux, Longin. c. 2.*)

DÉCHARPIR, *v. a.* Il se dit des gens qui se batent & qui se tiennent, & veut dire les separer & les debarrasser l'un de l'autre. (On a eu de la peine à les décharpir. *Mol. Etourdi, a. 5. sc. 5.*)

DÉCHAUSSER, *v. a.* Tirer les souliers & les bas des piez & des jambes d'une personne. (Les laquais déchaussent leurs maîtres.)

Déchausser, *v. a.* Ce terme se dit en riant pour preferer une personne à l'autre, & mettre l'une en toutes choses au dessus de l'autre. (Toutes vos Angeliques ne sont pas dignes de déchausser la sans pareille Caroline. *S. Evremont, œuvres mêlées, p.* 446.)

* *Déchausser*, *v. a.* Terme de *Jardinier.* C'est ôter dans les terres seches une partie de la terre qui est sur les racines des arbres, afin que l'eau entre plus avant. (Déchausser un arbre.)

* *Déchausser*, *v. a.* Terme d'*Arracheur de dents.* C'est avec le déchaussoir, dépouiller une dent de l'enveloppe de la chair. (Déchausser une dent. Ses dents sont toutes déchaussées, c'est à dire dévelopées de la chair qui les couvroit.)

Déchaussé, déchaussée, adj. Qui n'a point de chausses aux jambes, ni aux piez. (Augustin déchaussé. Carme déchaussé.)

Déchaussement, *f. m.* Terme de *Jardinier*, & de *Vigneron.* Il se dit de la façon qu'on donne aux arbres & aux vignes quand on les laboure au pié & qu'on ôte quelque peu de la terre qui est sur les racines.

Déchaussoir, *f. m.* Instrument pour separer les gencives afin de tirer plus aisément les dents.

† * DÉCHEANCE, *f. f.* Terme de *Droit* Perte de quelque droit. (A peine de décheance de son droit. La rebellion d'une vile emporte la décheance de ses privilèges.)

DÉCHET, *f. m.* Ce mot se dit en parlant des marchandises & il signifie Diminution. (Le déchet est grand. Le déchet est considerable. Il y a beaucoup de déchet. Vous porterez le déchet.)

† * Il laissa dans un grand déchet
Feu son Compere le brochet.
Voi. Poëf.

DÉCHEVELER, *v. a.* Décoifer une femme la tirant aux cheveux, & la maltraitant. (Cette harangère a gourmé & déchevelé celle contre qui elle se batoit. Ces femmes en se batant se sont toutes *déchevelées.*)

DÉCHIFRER, *v. a.* Expliquer des chifres.][Déchifrer une lettre de chifres.]

† *Déchifrer.* Lire une chose dificile. [Déchifrer une écriture.]

† *Déchifrer.* Deviner. Demêler. [Je ne sai si je pourrai déchifrer cela. *Voi. l.* 23.]

* *Déchifrer*, *f. m.* Ce mot en parlant des personnes se prend en mauvaise part, & veut dire faire connoître une personne sous tous ses defauts, la mettre en beaux draps blancs. [Déchifrer une personne.]

Déchifrement, *f. m.* L'action de déchifrer. Explication des chifres, ou de quelque chose d'obscur, & de dificile. [La Bibliographie est le déchifrement des anciens Manuscrits; l'écorce des arbres, sur le papier & le parchemin. *Spon, réponse à la Critique du voyage de Grèce.* Il faut avoir un certain génie pour le déchifrement des lettres.]

Déchifreur, *f. m.* Qui explique les chifres. (Rossignol étoit un fameux déchifreur.)

DÉCHIQUETER, *v. a.* Faites plusieurs petites taillades. [Déchiqueter la peau *Scu. poëf.* Les Soldats déchiquetèrent les corps morts d'une étrange façon. *Abl. Ret. l. 3. c.* 3. On déchiquetoit autrefois les habits, mais la mode en est passée.]

DÉCHIRER

DÉCHIRER, v. a. Mettre en piéces. (Déchirer un papier. Déchirer ses vêtemens. Abl. Ils commencerent à crier qu'on leur laissât déchirer le particulier. Vau. Quin. l. 8.) On se déchiroit de coups. Maucroix Homelie x.

† Déchirer. Perdre. Ruiner. Désoler. (Ils optimeront la République en attendant qu'ils la déchirent. Abl. Tac. An. l. 1. c. 2.)

† Déchirer. Médire. Noircir la réputation. Parler mal de quelqu'un. (Ils déchiroient les successeurs de l'Empire. Abl. Tac. An. l. 1. c. 1. Il la déchira par tout où il se trouva Le Comte de Bussi. L'on se déchire, l'on se mange. Gon. Epi. l. 1.)

Déchirement, s. m. Ce mot n'est pas generalement approuvé, on ne le trouve pourtant dans de bons auteurs. Il signifie l'action de déchirer & de mettre en piéces quelque chose. (On avoit raison de reprocher au Grand Prêtre l'animosité qu'il avoit fait voir par le déchirement de ses habits. Port-Royal.)

† Déchirure, s. m. Il est plus usité au figuré qu'au propre. Il se dit du cœur & de la conscience, & ordinairement en matiéres de dévotion. (Avoir un déchirement de cœur & de conscience, c'est à dire, avoir le cœur & la conscience déchirez, rompus & bourrelez de tout ce qui les peut désoler.)

Déchirure, s. f. Ce mot se dit en parlant d'habits. Endroit d'habits, ou d'etofe, déchiré. (Je me suis fait une déchirure à ma jupe.)

DECHOIR, Verbe neutre passif. Je déchoi, je déchus, je suis déchu, je décherrai. Diminuër peu à peu. Venir de mal en pis, & cela peu à peu. Tomber de quelque état glorieux, ou heureux. (L'échoir du faste de la gloire. Vau. Quin. l. 3. c. 13. Déchoir de son crédit. Abl. On déchoit bien fort en mourant. Voi. Poësi. Il est déchu de son autorité. Abl. Tac. Judas déchut de l'Apostolat par son crime. Port-Royal.)

DÉCIDER, v. a. Déterminer. Resoudre une chose difficile. (Décider une question, une dificulté. La fortune décida la chose autrement. Abl. Ret. l. 2. Elle décidera par ses faveurs de la bonne fortune de l'un ou de l'autre. Le Comte de Bussi.

Il n'est dans ce vaste univers
Rien d'assuré ni de solide,
Des choses d'ici-bas la fortune décide
Selon ses caprices divers.
Desh. poësies.)

DÉCILLER, v. a. Ce mot se dit proprement en parlant du sommeil & des yeux. Ouvrir les paupieres. Commencer à ne plus dormir & ouvrir les yeux. (Il commence à déciller les yeux.)

† Déciller. Ce mot se prend aussi figurément & il est beau. Il signifie faire connoître ce qu'on ne connoissoit pas bien auparavant. Faire voir clairement ce qu'on ne voioit que d'une maniére obscure. (Il me semble que je me suis décillé les yeux & je vois clairement la vanité des choses. Abl. Luc. tom. 1. Le tems décillera les yeux. Patru plaid. 16.)

Helas ! que feroit-il si quelque audacieux
Alloit, pour son malheur lui déciller les yeux.
Depr. Sat. 4.)

DÉCIMATEUR, s. m. Celui qui a droit de lever les dimes comme Seigneur de dimes inféodées.

Décime, s. f. Ce que le Roi prend sur les benefices. Il vient du Latin decima, & signifie la dixiéme partie de quelque chose : mais dans l'usage ordinaire, c'est ce que le Roi, ou quelcun par sa permission, leve ordinairement ou extraordinairement sur le Clergé de son Roïaume. Le nom de Décime ne fut connu que sous le régne de Philipe Auguste & au tems des guerres de la terre sainte en 1187. & 1188. Les Décimes alors, ne se prenoient que de tems en tems, & même elles ne se prenoient guére que par la concession des Papes, & du consentement du Clergé : mais sous François premier, elles furent reduites en droit ordinaire, & tous les benefices du Roïaume furent taxez du dixiéme de leur revenu. Henri 2. en 1559. créa en titre d'ofice des Receveurs des Décimes dans chaque principale vile de tous les Archevêchez, & Evêchez du Roïaume. On dit de grosses décimes, d'bonnes décimes, de petites décimes : acorder des décimes, lever des décimes sur les revenus des Eglises. Païer des décimes, refuser des décimes, charger l'Eglise de decimes, s'oposer à la levée des décimes.

Décimer, v. a. Terme de guerre. Prendre au sort le dixiéme soldat pour le faire mourir.

DÉCINTRER, decintrer, v. a. L'un & l'autre s'écrit, mais on prononce decintré. Terme d'Architecture. Il signifie ôter les cintres, c'est à dire, toute la charpente qu'on avoit construite & disposée pour soûtenir les pierres de quelque arc. (Décintrer un arc.)

DÉCISIF, décisive, adj. Qui décide. Qui resoud. Qui détermine. (Titre décisif. Patru plaidoié 5. Raison décisive. Vau. Rem.)

Décision, s. f. Resolution de quelque chose dificile. Determination. Les décisions des Papes. Pas. l. 6. Du succés de cette querelle dépendoit la décision de tout ce qu'il y avoit de diférens à vuider. Vau. Quin. l. 4.)

Décisivement, adv. D'une maniére décisive. (Parler décisivement sur une afaire. Répondre décisivement à une question.)

Décisoire, adj. Terme de Palais. Décisif. (Serment décisoire.)

DÉCLAMATEUR, s. m. Terme de Colége. Du Latin declamator. Ecolier qui récite quelque ouvrage de Régent.

† Déclamateur, s. m. Auteur qui déclame, qui exagére, & qui épuise un sujet. Juvenal en Satire est un déclamateur. God. épitres poëtiques. Lucien a cela des déclamateurs qu'il veut tout dire & qu'il ne finit pas toûjours où il faut. Abl. Luc. Epitre.)

Déclamation, s. f. Terme de Colége. Composition que le Régent a faite, & qu'il a soin de faire réciter un certain jour à ses écoliers en préfence de leurs camarades & des parens des écoliers qui déclament.

Déclamatoire, adj. Qui apartient à la déclation. (Stile déclamatoire.)

Déclamer, v. a. Terme de Colége. Réciter publiquement quelque ouvrage de prose, ou de vers, composé par un Régent.)

† Déclamer, v. n. Parler contre quelcun. Parler au desavantage de quelque chose. Je ne prétens pas déclamer contre un ordre que je révére. Patru, plaid. 5. Déclamer contre quelcun. Déclamer contre l'Etat. Abl.

DÉCLARATION, s. f. Du latin declaratio. Lettres par lesquelles le Roi sur la requête d'un particulier déclare sa volonté sur une certaine chose en faveur d'un particulier ou dans la vuë du bien public. (Faire une déclaration. Publier une déclaration. Le Roi a fait publier une déclaration qui porte que, &c. de la Roche-foucaut.)

Déclaration. Aveu de bouche. Paroles par lesquelles on déclare sa pensée à une personne. (Faire une déclaration d'amour. Mol. Je lui ai fait ma déclaration & je ne pouvois être son ami. Memoire de M. d. l. R. F. J'ai commis dans ce volume deux fautes considerables dont je fait ma déclaration, c'est l'entreprise & l'éxécution. Benserade, Rondeaux.)

Déclaration. Terme de Pratique. Dénombrement. Détail qu'on fait de quelque bien, ou d'autres choses. (Donner sa déclation des biens & des terres de quelque fief.

Déclarer, v. a. Faire sa déclaration de quelque chose. Faire savoir. Faire connoître. Dénoncer. (Déclarer sa pensée à un ami. Abl. On vous dit & vous déclare que le sieur du Clérac est un animal fiéfé. Déclarer ses complices. Déclarer la guerre.)

Se déclarer. v. a. Faire connoître les sentimens où l'on est. (Le Roi s'est déclaré là-dessus. Se déclarer à un ami.)

* Se déclarer. Il se dit de la victoire, & c'est se tourner du côté de quelcun. (Cela lui fit penser que la victoire s'alloit déclarer pour lui. Ariosto moderne.)

* Se déclarer. Ce mot commence à se dire par les Médecins polis qui voient le beau monde, en parlant de maux & de maladies. Il signifie paroître, se faire connoître, se montrer en quelque endroit du corps. (Le mal s'est déclaré au bras, la maladie s'est déclarée à l'épaule.

Déclaratoire, adj. Terme de Palais. Acte ou clause qui déclare. (Voilà les actes déclaratoires de la volonté du testateur.)

DÉCLIN, s. m. Décadence. Fin. (Tomber dans le déclin Etre sur le déclin de ses jours. Pat. Plaid. 7. C'est le tems auquel la maladie commence à cesser. Ce déclin de l'âge. Le déclin du jour.)

Déclin, s. m. Ce mot se dit de la Lune. C'est le décours de cet Astre. (La Lune est en son déclin. Roh. Phis. On arrose d'ordinaire dans le déclin de la Lune les fleurs qu'on cultive.)

DÉCLINAISON, s. f. Ce mot est un terme d'Astronomie, & il se dit du Soleil & des autres astres & aussi de l'aiman. Il signifie la mesure de l'éloignement de l'Equateur ou de l'Ecliptique, à l'égard des astres, & à l'égard de l'aiman, il signifie qu'il se détourne du vrai Nord, ou du Pôle. (Toute sorte de mine de fer n'est pas capable de causer la déclinaison dans l'aiman. Connoître la déclinaison de l'éguille aimantée. La déclinaison de l'éguille va jusqu'à trente degrez. On peut savoir chaque jour la déclinaison du Soleil. Roh. Phis. C'est à dire, de combien de degrez le Soleil est éloigné de l'Equateur.)

Déclinaison, Terme de Gnomonique. Il se dit des plans verticaux qui déclinent des points Cardinaux de l'horison. (Avant que de construire un quadran sur un mur, il faut savoir quelle est sa déclinaison. La déclinaison de ce mur est de 30. degrez de l'Orient au Nord.)

Déclinaison. Terme de Grammaire. Ce mot dans nôtre langue n'est apropié à proprement parler que le changement de l'article par tous les cas du nom. (Savoir les déclinaisons Françoises.)

† Déclinable

DEC   DEC

† *Déclinable*, adj. Terme de *Grammaire Latine*, &c. Il se dit des noms qui se peuvent décliner ; c'est à dire, se changer selon les divers cas. Les noms de la Langue Latine sont presque tous *déclinables*, & il y en a quelques-uns qui sont *indéclinables*. Les noms de la Langue Françoise sont tous declinables par le moien des articles.)

Déclinatoire, s. m. Terme de *Palais*. Acte par lequel on déclare qu'on n'a pas été bien assigné, attendu que le Juge devant lequel on nous assigne, n'est pas nôtre juge. (Proposer son déclinatoire. *Pat. Plaid. I.*)

Décliner, v. n. Abaisser. Diminuer. (Le jour décline. Le bonhomme commence forte à décliner.)

Décliner. Ce mot se dit de l'aiman & des astres, & des plans verticaux. (L'aiman décline du Nord. Les astres déclinent de l'équateur, ou de l'Ecliptique. Les plans verticaux déclinent de quelqu'un des points cardinaux de l'Horizon. L'aiman ne décline pas toûjours de même en un même endroit de la Terre.)

Déclinant, adj. Terme de *Gnomonique*. Qui décline. (Un Quadran déclinant)

Décliner, v. a. Terme de *Palais*. Déclarer que le Juge devant lequel on nous fait venir, n'est pas nôtre Juge.

[* Il y a bien des gens qui déclinent la jurisdiction de l'Academie.]

Décliner. Terme de *Grammaire*. Dire par ordre les cas des noms, en y ajoûtant les articles. [Décliner un nom.]

DÉCLORRE, *v. a.* Rompre, ou ôter une clôture. [Déclore un jardin.]

DÉCLOÜER, *v. a.* Oter les cloux. [Déclouer un ais.]

DÉCOCHER, *v. a.* Darder. Lancer. [Décocher un dard. *Pas. l. 4.* On décocha contre lui une fleche de deux coudées. *Vaug. Quin. Curce, l. 9. ch. 5.* Il a décoché les traits de sa colere contre nous.]

DÉCOCTION, *s. f.* Terme d'*Apoticaire*. Eau où l'on a fait boüillir quelque simple, ou autre pareille chose. [Faire une décoction.]

DÉCOIFER, *v. a.* Défaire la coifure. Mettre en desordre la tête d'une femme qui est coifée. [Décoifez moi, je ne me trouve pas bien coifée. Ne me prenez point par la tête vous me décoiferez toute.]

† * *Decoifer. v. a* Ce mot se dit en parlant de bouteille coifée, c'est ôter le chanvre qui en couvre le goulot & en boire le vin. [Quant Monsieur voudra nous décoifrons une boûteille ensemble.]

DÉCOLATION, *s. f.* Ce mot se dit en terme de pieté. Fête que l'Eglise célèbre en mémoire du jour que S. Jean eut le cou coupé. [La décollation de S. Jean.]

Décoler, v. a. Separer des choses qui sont colées. [Il faut décoler ce feuillet. Ce feuillet n'est pas bien colé, il ne tardera guère à se décoler.)

Décoler. Ce mot est François pour dire *couper la tête*, mais il n'est pas bien usité, & même il est fort bas, on dit en sa place *couper la tête*, ou *couper le cou*.

DÉCOLORÉ, *décolorée*, adj. Qui a perdu sa couleur. [Fruit tout décoloré.]

DÉCOMBRES, *s. f.* Terme de *Maçon*. Il ne se dit qu'au pluriel. Ce sont les ordures qui restent de la démolition de quelque maison. [Les décombres ne sont pas encor enlevées. On a porté en cet endroit beaucoup de décombres. *Quint. Jardins fruitiers, Tome I.*)

Décombrer, v. a. Terme de *Maçon*. C'est ôter toutes les décombres & toutes les ordures qui restent de la démolition de quelque bâtiment. [Il faut décombrer tout cela. Il semble que ce seroit mieux de dire, il faut ôter ou enlever toutes les décombres.)

DÉCOMPTE, *s. m.* Prononcez *déconte*. Ce mot se dit particulièrement à l'égard des soldats & des ouvriers, & d'autres gens à qui on a avancé une partie de leur solde, ou de leurs journées, ou qu'on retient pour leurs habits ou autres nécessitez. (Faire le décompte à un soldat. Le décompte monte tant.)

Décompter, v. a. Prononcez *déconté*. Faire le décompte. Rabatre la somme qu'on a avancée. V. *Décompte.* Ce mot se dit encore en cette chose & autre pareille. Il y a bien à décompter. Ces mots signifient, il y a bien à dire de ce qu'on croioit.

* *Déconcerter, v. a.* Ce mot au figuré signifie, mettre en desordre. Troubler. Rompre les mesures. (Cette aliance déconcerta les desseins de Mahomet. *Bouh. Aub. l. I.*)

* *Se déconcerter, v. r.* Se troubler. Se mettre hors de soi même. (Elle a un maintien serieux, mais naturel, qui ne se déconcerte point. S. *Evremont, in 4. p. 212.* Il se déconcerte pour peu de chose.)

† DÉCONFIRE. Ce mot est vieux, & ne peut être reçu que dans le burlesque. Il signifie défaire. Battre & tailler en pièces quelques troupes de gens de guerre. Il signifie aussi au figuré. Ruiner. Abatre. Epuiser.

(* Dame Venus & son fils,
Etoient prêts d'être déconfits.
Sar. poësies.

Il n'y a soldats ny passe-volans qu'elle n'ait déconfits & mis sur les dents. *Reg. sat. 3.*)

† SE DECONFORTER, *v. r.* S'Afliger (Un ami se déconforte. *Voi. Poë.*)

DÉCONSEILLER, *v. a.* Dissuader. (Il le vouloir obliger à déconseiller lui même ce qu'il venoit commander de la part du Roi. *Abl. Ret. l. 2. c. 1.*)

† DEUONTENANCE, *décontenancée*, adj. Déconcerté, Qui ne sait quelle posture tenir. (Il est tout decontenancé. Elle est toute decontenancée.)

DÉCORATEUR, *s. m.* Oficier parmi les Comédiens qui a soin de mettre les teintures.

DÉCORATION, *s. f.* Ce mot en parlant de téatre veut dire tous les ornemens necessaires dont on pare la Scène, & qui doivent convenir à la piece qu'on represente. (Les décorations du téatre étoient fort belles, & fort ingénieuses.)

Décoration. Ce mot se dit en parlant de Carrousel, de Tournois, d'Eglise. Il signifie toutes les tapisseries, & tous les embelissemens dont on pare une Chapelle, une Eglise, une Lice, &c. (Une belle décoration de Chapelle. Une belle décoration d'Eglise. Avoir soin de la décoration de la Lice.)

Décoration. Ce mot se dit en parlant des jardins, & signifie embelissement. (La décoration d'un parterre de jardin.

† *Decorer, v. a.* Il vient du Latin *decorare*, qui signifie *orner*. Mais il n'est guère en usage. (Il faut décorer cette chambre.) Il signifie proprement. Mettre & placer avec simmetrie les choses qui parent un lieu. V. *Orner.*

DÉCOUCHER, *v. n.* Coucher hors de la maison, où l'on a coutume de coucher. Ne pas coucher dans son lit ordinaire, & avec la personne avec qui on couche d'ordinaire. (C'est un libertin qui découche presque tous les jours. Il ne découchoit pas d'avec Rea. *Abl. Luc. tom. 1.*)

Découcher, v. a. Etre cause que quelque personne quitte son lit pour nous le donner, à nous ou à quelqu'autre. (Découcher quelcun.)

DÉCOUDRE, *v. a.* *Je découds, tu découds, il découd, nous décousons. Je décousis. J'ai décousu. Je découdrai. Décousant;* Défaire quelque couture. Défaire ce qui est cousu. (Découdre la ceinture d'un haut-de-chausse.)

† * *Il en faut découdre.* Proverbe, dans le stile burlesque, pour dire. Il en faut venir aux mains.

Les afaires sont fort décousuës. C'est à dire en mauvais état.

DÉCOULER, *v. n.* Ce mot se dit des liqueurs, & veut dire. Couler depuis le haut jusques en bas, mais il n'est pas extrêmement en usage. (L'huile de parfum décendit sur toute la barbe, & découla jusque sur le bord de l'habit. *Port-Royal, Pseaume Ps. 132.*)

* *Découler, v. a.* Il se dit au figuré des choses morales. (C'est de la misericorde de Dieu que découlent toutes les graces que nous recevons.)

† *Découlement, s. m.* Mouvement d'une chose liquide de haut en bas. (Le découlement de l'eau de la pluïe sur ce mur, l'a entièrement gâté.)

DÉCOUPER, *v. a.* Ce mot signifie. *Couper en plusieurs morceaux.* Mais il n'est pas si usité que son simple *Couper*, & pour une fois qu'on dira *découper*, on dira cent fois *couper.* (Il faut découper cette viande.)

Découper. Terme de *découpeur*. Figurer une étofe avec des fers. (Découper de l'étofe, du drap, &c.)

Découper, v. a. Terme de *Patissier*. C'est faire sur le couvercle de quelque piéce de patisserie diverses petites figures avec la pointe d'un couteau. (Il faut découper le couvercle de ce pâté.)

Découpeur, s. m. Artisan qui figure agréablement l'étofe avec des fers. Cét artisan se nomme dans ses lettres de maitrise, *Découpeur*, *Egratigneur*, mais dans le monde on l'apelle simplement. *Découpeur.*

Découpure, s. f. Terme de *découpeur*. Ouvrage de découpeur. Etofe découpée avec des fers.

Découpé, s. m. Terme de *Jardinier*. C'est un parterre où il y a plusieurs piéces quarrées, diverses figures longues, rondes, ou ovales, dans lesquelles on met des fleurs. (Voilà un beau découpé. *Quin. jardins.*)

Découpé, adj. Terme de *Blason*. Il se dit des piéces sans nombre dont un écu est semé. On dit aussi *moucheté*, *plumeté*, *papilloné.*

DÉCOUPLER, *v. a.* Détacher ce qui étoit acouplé. (Découpler le linge, les chiens.)

DÉCOURAGER, *v. a.* Oter le courage. (Décourager une personne.)

Découragement, s. m. Abatement de courage. (Dans ce découragement le Roi ne le voulut pas gourmander. *Vau. Quin. l. 5. c. 7.*)

DÉCOURS, *s. m.* Ce mot se dit en parlant de la Lune. C'est à dire *déclin.* (La lune est en son décours. Croître, ou décroître au décours de la Lune.)

Qu'elle soit en croissant, qu'elle soit en décours
Je l'aime & l'aimerai toûjours.
Benserade. Balet de la nuit. 3. p. 1. entrée.)

K k   DÉCOUSURE,

DÉCOUSURE, f. f. Terme de Chasse. C'est quand un sanglier a blessé de ses défenses un chien. Sal. 6.

DÉCOUVRIR, v. a. Oter la couverture qui couvre quelque chose que ce soit. Je découvre, Je découvris, j'ay découvert. [Découvrir un lit, un toit.]

Découvrir. Révéler. Divulguer. [Découvrir un secret]

* Découvrir. Faire la découverte de quelque païs. Tâcher de reconnoitre où une personne est. [On découvrit la Floride le 27. Mars mil cinq cens treize. On l'a découvert lorsqu'il y pensoit le moins, & on l'a pris.]

* Découvrir. Apercevoir. Connoitre. [Nous découvrimes dans une niche une Diane. Voi. l. 10. Découvrir d'une seule vuë la moitié de la Terre. Voi. l. 9. Il croiroit qu'il pouvoit découvrir sur son visage quelque marque de ce qu'il avoit dans l'ame. Vau. Quin. l. 3. Découvrir une verité. Maucroix, Homelie 9.]

Se découvrir, v. a. Oter sa couverture.

Se découvrir. Lever son chapeau. [Se découvrir la tête.]

* Se découvrir. Se déclarer à quelcun. Faire connoitre ses sentimens. [Le Comte qui avoit peur de se découvrir, changeoit de propos. Bussi.]

* Se découvrir. Terme de Maître d'armes. Donner jour à nôtre ennemi de nous blesser. Donner beau à nôtre ennemi de nous porter & nous blesser. [Se découvrir sur les armes. Se découvrir au dedans des armes. Liancourt, Maître d'armes, ch. 12.]

Découvert, découverte, adj. Qui n'a rien qui le cache. (Sa gorge étoit à demi découverte. Le Comte de Bussi.

* Découvert, découverte. Il se dit des Païs dont on a fait la découverte. Reconnu. [Païs découvert.] Ces termes païs découverts signifient aussi un païs plain, où il n'y a pas beaucoup d'arbres.

A découvert, adv. Sans être couvert. [Etre à découvert. Ils se promenoient devant le camp à découvert. Abl. Ret. l. 2. c. 3. Camper à découvert. Abl. Ret. l. 4. c. 3.]

* A découvert, adv. Au figuré, il signifie sans déguisement, sans couverture, sans voile.

Par elle ton sein m'est ouvert
Je voi ton ame à découvert.
Chap. Ode à Richelieu.]

Découverte, f. f. C'est l'action par laquelle on découvre & reconnoit premièrement quelque païs. (La découverte du nouveau monde. Faire la découverte d'un païs. Abl.)

* La découverte d'une verité. Faire de grandes découvertes dans les Sciences & dans les Arts. C'est faire de grands progrès dans la connoissance des veritez.

Découverte. Ce mot se dit en Termes de Guerre. (Envoier à la découverte. Abl. C'est envoier reconnoitre l'ennemi.)

Découverte. Terme de Maître d'armes. Elle consiste à se découvrir & à donner jour à son ennemi. (Atirer son ennemi par des découvertes Liancourt, Maître d'armes, ch. 12.)

† Découvertures, f. f. Ce mot est hors d'usage, en sa place on dit découverte. 1 au. Rem.

DÉCRASSER, v. a. Oter la crasse & l'ordure du corps & du visage. (Eau & pommade pour décrasser le visage.)

* Décrasser, v. a. Ce mot au figuré se dit en riant. C'est rendre moins grossier. (On a mis Monsieur N. entre les mains de M. C. pour le décrasser, mais M. C. a beau faire, N. ne fera jamais qu'un buse.)

Se décrasser. Il signifie au propre ôter l'ordure de son corps ou de son visage. Et au figuré, il veut dire se rendre moins grossier. (* Les Provinciaux se décrassent à Paris.)

DÉCRÉDITER, v. a. Oter le crédit. Oter l'autorité à quelcun. (Un méchant livre décrédite un Auteur.)

Se décréditer, v. r. S'ôter le crédit à soi-même. Perdre sa réputation. (Il se disoit dans sa disgrace à sa belle, de peur de se décréditer, en montrant son malheur. Le Comte de Bussi.)

DÉCRÉPIT, décrépite, adj. Fort vieux. (Age décrépit. Une vieille décrépite. Abl.)

Décrépitude, f. f. Age décrépit. (Titon parvint en une telle décrépitude qu'il fut changé en cigale, Benserade, Rondeaux. La Sibile de Cumes étoit parvenuë jusqu'à la dernière décrépitude. Ragois, abrégé des Metamorphoses.)

* Décrépiter, v. a. Terme de Chimie. C'est faire sécher le sel commun au feu, & le calciner, en sorte que son humidité soit toute exhalée. Ce sel s'apelle décrépité.

DÉCRET, f. m. Terme de Droit Canon & de Palais. Ordonnance de Pape. Reglement de Juge. Ordonnance de Juge portant permission d'emprisonner. (Les décrets de Papes. Obtenir un décret de prise de corps contre quelcun. Patru, plaidoié 11. Cette Terre est en décret, c'est à dire, elle est exposée en vente en vertu du Décret du Juge.)

Décret. Terme de Droit Canon. Livre qui a été fait par Gratien & qui contient plusieurs Canons concernant les matières Ecclésiastiques. (Le droit Canon s'aprend en partie dans le decret de Gratien.)

Décret de Dieu. Terme de Teologie. C'est ce que Dieu a résolu & arrêté dans ses conseils éternels.

Décret. Terme de certain Religieux, comme d'Augustins. Statûs qui se font dans les Chapitres Provinciaux pour le réglement d'une Province.

Décretales, f. f. Constitutions des Papes. C'est aussi un recueil de plusieurs lettres de divers Papes, qui fut composé par le commandement de Gregoire neuvième. (L'Eglise Gallicane n'a pas reçu toûjours les Décretales.)

Décreter. Terme de Palais. Donner pouvoir à des sergens d'emprisonner une personne. Donner charge. Ordonner. (Décreter un ajournement personnel contre quelcun, On a décreté contre lui. Le Mait.)

Décreter. Terme de Palais. Vendre par ordre de Justice. (Décreter un Terre.)

DÉCREUSER, v. a. Terme de Teinturier. Il se dit d'une certaine préparation que les Teinturiers donnent à la soie. Décreuser la soie. C'est la faire cuire avec du savon blanc, la dégorger dans la rivière & la mettre dans un bain d'alun à froid. On dit Décreuser le fil écru. C'est la lessiver avant que de le teindre.

DÉCRI, f. m. C'est publier qu'une monnoie n'aura plus de cours. (Le decri des monnoies. Maucroix, Schisme, l. 2.

* Les Balades, les Rondeaux & les Triolets retournèrent par la mort de Voiture dans leur ancien décri. Sar. pompe funébre.)

Décrier, v. a. Faire publier qu'une chose n'aura plus de cours. [Décrier la monnoie. Abl.]

* Décrier. Ce mot se dit des personnes & des choses. Médire. Tâcher de faire perdre la reputation. [Décrier quelcun. Décrier la bonne vie d'une personne. Abl. Décrier quelcun dans l'esprit du peuple. Pas. l. 3. Ce seroit assez pour décrier le plus beau Roman du monde. Mol. precieuses, s. 4. Décrier la paix. M. de la Roche-Foucaut.]

Décrié, décriée, adj. Perdu de reputation. [La vile de Sibaris sera décriée à jamais par la molesse de ses habitans, qui avoient banni les coqs de peur d'en être éveillez, Fontenelle dialogues des morts.]

* Il est décrié comme la vieille monnoie. C'est à dire, il est perdu de réputation, il n'a ni crédit, ni estime dans le monde.

† DÉCRIRE, v. a. Ce mot pour dire Transcrire, ne se dit pas parmi les gens qui parlent bien.

Décrire. Tracer. Faire. (Décrire une ligne courbe avec le compas.)

Décrire. Représenter vivement par le moïen des paroles. (Décrire les malheurs de l'Etat.)

DÉCROCHER, v. a. Détacher, ôter une chose d'un crochet où elle étoit accrochée. (Décrocher une tapisserie.)

† DÉCROIRE, v. a. L'usage de ce mot est fort borné, & il ne se dit guère qu'en cette façon de parler. (Je ne le croi, ni ne le décroi.)

DÉCROISSEMENT, f. m. Diminution sensible d'un corps en sa propre substance. Diminution de la dureté de quelque chose. (Le décroissement de la vie est sensible. Bossuet, hist. universele.)

Décroitre, v. n. Ce mot se dit des choses qui sont susceptibles de plus ou de moins. (Le Nil croit quarante jours & en décroit autant. Ablan. Mar. Tome 1.)

DÉCROTER, v. a. Oter la crote. (Décroter une jupe, des bas, &c.)

† * Décroter. Terme libre & burlesque. (Elle est bien jolie & merite bien la peine d'être décrotée.)

Décrotoire, f. f. Ce avec quoi on netéïe & on décrote proprement les souliez.

DÉCROTEUR, v. a. Terme de Veuerie. On dit des cerfs qui vont se frotier, qu'ils vont décroter leur tête.

SE DÉCUIRE, v. r. Ce mot se dit des sirops & des confitures, qui, faute d'avoir été assez cuits, deviennent trop liquides & sont en danger de se corrompre. (Quand on voit que les sirops se décuisent, il faut les faire cuire une seconde fois.)

DÉCURIE, f. f. En Latin Decuria. Ce mot se dit en parlant des anciens Romains, & veut dire. Bande de dix hommes. Abl. Tac.

Decurion, f. m. Ce mot vient du Latin Decurio, & il se dit en parlant des Anciens Romains. Il signifie le Chef d'une décurie, qui a sous soi dix hommes. C'étoit aussi un Magistrat qui rendoit la Justice dans les viles qui s'étoient données aux Romains.

Decurion. Ce mot est un terme de Classe de Jesuite. C'est l'écolier qui dans la classe est assis après les Chevaliers. [Etre decurion.]

DED.

DEDANS, adv. Ce mot étant adverbe ne régit rien. (Il est dedans. Il est entré dedans. Tantôt il est dedans, & tantôt dehors.

Au dedans adv. (Le mal est au dedans. Patru 1. plaidoié.)

Dedans. Ce mot est quelquefois préposition, mais il ne l'est que lorsqu'il est précédé d'une autre préposition. Vau. Rem. (Il passa par dedans la vile.) Ce mot de par dedans se prend adverbialement aussi, quand il n'est suivi d'aucun mot qu'il regisse. (Garnir par dedans.)

Dedans

DED DEE   DEF   259

Dedans. On dit en termes de *Marine*, mettre les voiles dedans, c'est les ferler, les plier & ferrer pour naviger à sec. (Quand on voit l'orage, il faut mettre les voiles dedans.)

Dedans, *s. m.* Partie interieure. (Le dedans d'une chose. Le dedans de la cuisse. Le dedans d'une maison.)

Dedans, *s. m.* Terme de jeu *de paume.* Galerie découverte au bout du jeu de paume. (Mettre dans le dedans.)

En termes de Manége, on dit *il a eu deux dedans*, c'est à dire, il a enlevé deux fois la bague.

Mettre un cheval dedans. C'est le dresser & le mettre bien dans la main & dans les talons.

Mettre un oiseau dedans C'est en termes de *Fauconnerie*, l'apliquer actuellement à la chasse.

DÉDAIGNER, *v. a.* Mépriser. (On ne dédaigne que ce qu'on croit qui ne vaut rien. Je les dédaigne si fort que je n'en puis médire. *Gom. ep. l. 2.*

Dédaigneux, dédaigneuse, adj. Méprisant. (Il est un peu dédaigneux. C'est un humeur dédaigneuse. Jetter un regard dédaigneux. *Sca.*)

Dédaigneusement, adv. Avec mépris. (Regarder dédaigneusement.)

Dédain, *s. m.* Sorte de mépris. (Avoir un grand dedain pour tous les coquins.)

DÉDICACE, *s. f.* Terme d'*Eglise.* Consecration de quelque Eglise qui se fait par l'Evêque. La sanctification de quelque Eglise. La Fête du jour que l'Eglise a été consacrée. (Faire la dédicace d'une Eglise. Celebrer la dédicace d'une Eglise.)

Dédicace. Epitre dedicatoire. Epitre liminaire. Epitre qu'on met à la tête d'un livre qu'on adresse à la personne à qui on dedie le livre. (Vôtre Majesté n'a que faire de toutes nos dédicaces. *Mol. Epitre dédicatoire de la critique de l'école des femmes.*)

Dédicatoire, adj. Il n'est en usage que quand l'on dit. *Une Epitre dédicatoire.* V. *Dédicace.*

Dédier, *v. a.* Consacrer à quelque Saint, ou à quelque Sainte. (Dédier une Eglise à un Saint.)

Dédier, *v. a.* Ce mot en parlant de livres, signifie. Adresser un livre à une personne. (Dédier un livre à quelcun.)

† *Dédier*, *v. a.* Destiner à quelque chose. (Il dédie cette maison de campagne à son divertissement.)

Se dédier à l'étude. Se destiner entièrement à l'étude.

DÉDIRE, *v. a.* Desavoüer ce qu'un autre a fait. *Je dédis, tu dédis, il dédit, nous dédisons, vous dédisez, & selon quelques-uns, vous dédiez.* [*Mol. Tart. act. 3. sc 4.* Puis que je l'ai promis, ne m'en dedites pas. *Ils dédisent. Je dédisois. J'ay dédit. Ie dédis.* *Dédisant.* Il est permis à un homme de dédire sa femme.)

Se dédire. Se retracter. (Il n'est pas d'un honnête homme de se dédire)

* *Se dédire.* Se démentir. Se relâcher. (Se dédire de ses anciennes maximes. *Abl. Luc. Tome* 1.)

Dédit, *s. m.* Sorte de retractation. (Avoir son dit & son dédit. Le dédit est de vingt pistoles.)

DÉDOMMAGER, *v. a.* Réparer le dommage. (L'orgueil se dédommage toûjours, & ne perd rien lors même qu'il renonce à la vanité. *M. de la Roche-Foucaut.*)

Dédommagement, *s. m.* Reparation de dommage.

DÉDORER, *v. a.* Oter la dorure. (Dédorer un carosse.)

Se dédorer, v. r. Perdre la dorure. (Les choses dont on se sert, se dédorent dans peu de tems.)

DÉDOUBLER, *v. a.* Oter la doubleure. (Dédoubler un manteau. Dédoubler une jupe.)

DÉDUCTION, *s. f.* Rabat de somme. (On a fait une deduction considerable.)

Déduction, *s. f.* Narration. Recit. (Il faudroit faire une longue deduction.)

Déduire, *v. a.* Rabattre d'une somme. (Déduire sur le principal.)

Déduire. Tirer. (Veritez fort diferentes des principes dont elles sont déduites. *Roh. phis.*

Déduire, raconter. (Si je voulois entreprendre de déduire ce qui s'est passé en Grece, il faudroit interrompre le fil des afaires de l'*Asie. Vaug. Quin. l. 5.* On tira Lincestes de prison, & on lui ordonna de déduire ses defenses. *Vaug. Quin. Curce. l. 7. ch. 1.*)

† *Déduit*, *s. m.* Passe tems. Plaisir. (Prendre le déduit avec sa nouvelle épouse. Près leur déduit, & leur abatement rien n'eut paru à la Cour. *Sar. Poës.*)

D E E.

DÉESSE, *s. f.* Nom de divinité fabuleuse qui ne se donne qu'aux femmes. (Venus êtoit la Déesse de la beauté.)

* *Déesse.* Maitresse belle & charmante. (C'est la Déesse de beautez. *Voi. Poës.* Belle Déesse que j'adore, ne pleurez plus. *Voi. Poës.*)

D E F.

† DÉFACHER. *Se défâcher, v. r.* Il n'est en usage que dans ce proverbe. S'il se fâche, il aura deux peines, de se fâcher & de se défâcher. Cela se dit de ceux dont on méprise la colére. Mais cette façon de parler est fort basse.

DÉFAILLANCE, *s. f.* Foiblesse qui prend aux gens à cause de quelque mal, de quelque defaut de vivres, &c. (Il lui prit une défaillance. *Vaug. Quin. l. 4. c. 6.* Je ne les veus pas renvoier sans avoir mangé de peur qu'il ne tombent en défaillance sur les chemins. *Port-Royal. Nouveau Testament. S. Mathieu c. 15.*)

Défaillance. Terme de *Chimie.* (Huile de tartre par défaillance.)

Défaillant, défaillante, adj. Terme de *Pratique.* Qui fait défaut en Justice. Qui ne comparoit pas sur les assignations données. (Tous les défaillans ont été condannez aux dépens.)

Défaillir. Verbe neutre & défectueux qui n'est usité qu'en certains tems, & sur tout à l'infinitif. Il signifie manquer, & se peut conjuguer ainsi, *Ie défaus, tu défaus, il défaut, nous défaillons,* &c.

[Rien ne lui défaut
Que d'avoir le sang trop chaud.
Voi. Poës.]

Se sentir défaillir les forces, l'esprit & la vuë. *Voi. Poës.* Ils vouloient rebrousser chemin avant que le Ciel & la lumiére vinssent encore à leur défaillir. *Vau. Quin. l. 5. c. 7.*]

DÉFAIRE, *v. a.* Délier. (Le bruit couroit par tout que celui qui pourroit défaire ce nœud auroit l'Empire de l'Asie. *Abl. Ar. l. 2. c. 2.* Ayant fait plusieurs éforts pour défaire les nœuds, il les coupa. *Vau. Quin. l. 3. c. 1.*)

Défaire. Rompre ce qui étoit fait, ce qui étoit conclu, & arrêté. (Défaire un mariage.)

Défaire. Débarrasser. Délivrer quelcun de ce qui l'embarrasse. (Ne voulez-vous pas me défaire de vôtre Marquis incommode. *Mol. Critique.*)

Défaire. Mettre en déroute. Tailler en piéces. (Défaite une armée.)

* D'un mot je vous pourrois défaire.
Voi. Poës.

Se défaire, v. r. Il est toûjours suivi de la particule *de*. Ce mot entre marchands signifie. Vendre sa marchandise, s'en débarrasser. (Il s'est défait de toute la marchandise qu'il avoit.)

Se défaire. Se débarrasser de ce qui nuit. Éloigner de soi. Chasser d'auprès de soi. (Se défaire d'un domestique. Veux-tu te défaire d'un homme, prête-lui trois Louis, & tu ne le verras plus. *Gom. ep. l. 2.*

[Plein de dépit & de colère,
Soudain je m'en devois défaire.
Voi. Poës.]

Se défaire d'une ambition. Abl.)

Se défaire d'une charge. La quitter.

Se défaire. Tuër. Perdre entierement. (Darius pour se défaire d'Alexandre sollicita même la fidelité des domestiques d'Alexandre. *Vau. Quin. l. 3.*)

Se défaire. Il n'a point de regime quand il signifie, S'étonner. Se troubler. (Lui sans se défaire, répondit. *Abl. Apc.*)

Défait, défaite, adj. Taillé en pieces. Batu. (Les ennemis sont défaits. L'armée est défaite.)

* *Défait*, *défaite, adj.* Ce mot se dit des personnes, & est presque toûjours accompagné du mot *pâle.* Il signifie qui a perdu la couleur. Qui a beaucoup de pâleur. Qui a le visage d'une personne qui ne se porte pas bien. (Il demeure toûjours courbé sur un livre, toûjours pâle & défait, au lieu qu'il avoit auparavant le teint frais & vermeil. *Abl. Luc. Tome* 2, double chicane. Elle est triste & défaite.)

Défaite, *s. f.* Déroute de troupes. Armée batuë. (Après la défaite des troupes il se retira. *Abl.*)

Défaite, s. f. Ce mot entre marchands se dit de la marchandise dont on aura un prompt debit, & dont on se défera facilement. (Ce cheval est d'une belle défaite.)

† * *Défaite.* Ce mot au figuré est bas & burlesque. (C'est une fille d'une belle défaite. C'est un garçon d'une belle défaite.)

† * *Défaite.* Excuse. Pretexte. (C'est une défaite que cela. *Abl.* Petit pattifsu de malheur & grand artisan de défaites. *Gom. epi. l. 2.*)

DÉFALQUER, *s. f.* Il vient de l'Espagnol *defalcar.* Déduire. Ce mot se dit quelquefois entre marchands, mais on le croit un peu vieux. C'est soustraire une partie de quelque quantité, ou de quelque poids. [Il faut défalquer dix livres de ce poids.]

† DEFAVEUR, *s. f.* Ce mot se trouve dans Voiture & dans quelques auteurs modernes, mais il est vieux & hors d'usage, au moins d'habiles gens le croient ainsi, en sa place on dit *disgrace.*

DÉFAUT, *s. m.* Manquement. Vice. Foiblesse. [Ils n'ont commis

mis aucun péché par le défaut de charité & de penitence. *Paſ. l. 3.* Il n'y a perſonne ſans défaut. Il a des défauts qui me cauſeront mile maux. *Voi. Poëſ.* Le ſage a honte de ſes défauts, mais il n'a pas honte de s'en corriger. Il n'y a rien de plus ridicule que de trouver à dire aux défauts des autres, & d'avoir les mêmes défauts. *Confucius, morale, p. 93.* Couvrir les défauts d'un ami. *Abl. Apoph.* Quand on a des défauts dont on ne ſe peut défaire, il ne faut ſonger qu'à les cacher. *Confucius.*

Fuïez un ennemi qui ſçait vôtre defaut.
Corn. Polieucle, a. 1. ſc. 1.

Defaut. Terme de *Chaſſe.* C'eſt la perte que le chien a faiſe des voïes de la bête qu'on chaſſe. (Demeurer en defaut. *Sal.*)

Defaut. Terme de *Pratique.* C'eſt lorſque celui qui eſt ajouté, ne comparoit point, ne ſe défend point & ne produit point. (Juger un defaut. *Patru, plaidoié 6.* Faire defaut. Condamner par defaut. *Le Mai.* C'eſt un defaut pur & ſimple.)

Defaut, ſ. m. Ce mot, parlant de cuiraſſe & d'autres armes qui couvrent le corps, veut dire le bas de l'armure & l'endroit où elle vient à manquer de couvrir le corps. (Il s'apella ſes eſprits, & tâtant ſon ennemi au defaut des armes, il lui plongea le poignard dans le flanc. *Vau. Quin. Curce, l. 9. ch. 5*)

Au defaut, adv. Au lieu de. En place de. (Au defaut de la force il faut emploïer la ruſe.)

† * Chacun a ſa beſace où il voit ſes defauts derriére le dos & ceux d'autrui par devant. C'eſt une maniere de proverbe.

DEFECTIF, *adj.* Terme de *Grammaire.* En Latin *defectivus.* (Verbe defectif, c'eſt à dire. Qui n'a pas tous ſes tems.)

Defection, ſ. f. Il vient du Latin *defectio,* & ſignifie révolte, rebellion. Mais il n'eſt pas encore generalement reçu, ni même entendu. Cependant cela meriteroit aſſez de l'être. (Il fut ſur le point de perdre les Provinces obéïſſantes, par la defection de la haute Nobleſſe. *Voi. l'éducation des Princes.*)

Defectueux, defectueuſe, adj. Qui a des defauts. (Choſe defectueuſe. Acte defectueux.)

Defectueux, defectueuſe. Terme de *Grammaire.* Qui n'a pas tous ſes tems. (Verbe defectueux.) V. *Deſoſſif.*

Defectuoſité, ſ. f. Defaut. Manquement qui ſe rencontre en quelque choſe. (On alleguoit la defectuoſité de la naiſſance. *Fléchir, préface ſur la vie de Commandon.*)

DEFENDEUR, *ſ. m.* Terme de *Palais.* Celui qui ſe défend en juſtice des demandes qu'on lui fait. (Lire pour le défendeur.)

Defenderreſſe, ſ. f. Terme de *Palais.* Celle qui ſe défend en juſtice des demandes qu'on lui fait. (La défenderreſſe a été condamnée à païer.)

Défendre, v. a. Je défens. J'ai défendu. Je défendis. Garder. Conſerver. Empêcher de prendre, d'entrer, ou de faire tort. Protéger contre quelque puiſſance. (Elle ſe veut donner au premier qui la voudra défendre de la domination d'Eſpagne. *Voi. l. 46.* Défendre une place contre une puiſſante armée. *Abl.* Défendre ſa vie. Défendre ſon bien. *Abl.* Défendre l'entrée du pont aux ennemis. *Abl. Ar. l. 1.*)

* *Défendre.* Protéger. Soûtenir. Favoriſer de ſon apui, de ſon crédit, ou par le miniſtere de la parole. (Défendre les interêts d'une perſonne. Défendre une cauſe.)

Défendre. Empêcher. Faire défence de faire, ou de porter une choſe ſur peine de punition. (Défendre le duël. Dieu a défendu le blaſphême. On a défendu les pattiemens d'or & d'argent. Louis XIII. & Louis XIV. ont défendu les duels. Philippe de Valois défendit aux Orfèvres de faire aucune vaiſſelle d'argent que pour les Egliſes. *Choiſi.* On fit l'an 370. une Ordonnance qui défendoit aux Eccleſiaſtiques & aux Moines, de recevoir par donation, ni par Teſtament aucun bien des Dames, ni des Vieillards. *Frà Paolo, des beneſices.*)

Se défendre, v. r. Repouſſer la force par la force. Empêcher qu'on ne nous faſſe inſulte. (Leur nombre étoit aſſez grand pour ſe défendre d'une ſurpriſe. *Patru Plaidoié 1.*)

* *Se défendre.* Ce mot ſe dit en parlant de marchandiſe qu'on achette, & ſignifie. Conteſter ſur le prix. Se débatre du prix. (Se défendre du prix.)

Se défendre. S'excuſer. (Elle ſe défend bien de cela. *Mol.* Elle ſe défend du nom, mais non pas de la choſe. *Mol.*)

* *Se défendre.* Pouvoir s'empêcher, &c. (Elle a tant d'eſprit qu'on ne peut ſe défendre de l'aimer. Il eſt rare qu'un homme ſe défende de ſa bonne fortune. *Vau. Quin. l. x.* C'eſt à dire, qu'il eſt rare qu'un homme ne ſe laiſſe corrompre de ſa bonne fortune.)

Défenſe, ſ. f. Action de la perſonne qui ſe met en état de ſe défendre. Garde. Conſervation. (Se mettre en défenſe. Songer à la défenſe de ſon bien.)

Défenſe. Protection. Action de celui qui fait voir la juſtice d'une choſe, la bonté d'une choſe. Apologie. Juſtification. (Entreprendre la défenſe d'une perſonne. *Paſ. l. 1.* Entreprendre la défenſe d'une cauſe, d'une afaire, &c. Coſtar a fait la défenſe des œuvres de Voiture, & Ogier celle des œuvres de Balzac.)

Défenſe. Terme de *Palais.* Réponſe par laquelle on ſe défend de la demande. (Fournir des défenſes. *Patru, plaidoié 6.* Donner ſes défenſes. *Patru, plaidoié 6.*)

Défenſe, ſ. f. Prohibition publique ou particuliére. (On a fait défenſes de par le Roi, d'avoir commerce avec la Hollande.)

Défenſe. Ouvrage de fortification. (On avoit abatu avec les béliers les principales défenſes *Vau. Quin. l. 4. c. 4.* Rétablir les défenſes d'une place. *Abl.*)

Défenſes. Ce mot en parlant de ſanglier, ce ſont les grandes dents d'embas d'un ſanglier. *Sal.*

Défenſes. Ce mot en parlant de l'éléfant, & du cheval marin, & ſignifie les grandes & les groſſes dents de ces animaux. (L'ivoire ſe fait de os, & des défenſes de l'éléfant. *Abl. Mar. l. 1.* Les dents & les défenſes du cheval marin ſont fort grandes & gueriſſent des hemorroïdes. *Ablanc. May. Tome 1. l. 1. c. 23.*)

Défenſe. Terme de *Couvreur.* Late en forme de croix qu'on pend avec une corde aux toits des maiſons ou du recouvre, afin d'avertir les paſſans qu'ils ſe donnent de garde qu'il ne leur tombe quelque choſe ſur la tête. (Mettre la défenſe. Retirer la défenſe.)

Défenſes Terme de *Mer.* On apelle de ce nom, tout ce dont on ſe ſert pour empêcher le choc d'un autre vaiſſeau.

Défenſeur, ſ. m. Celui qui ſoutient. Qui défend. Qui protege. Qui favoriſe le parti de quelqu'un. (Heureux celui qui a le Dieu de Jacob pour ſon defenſeur. *Port-Roial.* O mon Pere, que l'Egliſe eſt heureuſe de vous avoir pour defenſeur. *Paſ. l. 6.*)

Défenſif, defenſive, adj. Qui défend. (Ligue ofenſive & défenſive.)

Défenſive, ſ. f. Etat où l'on ſe met pour ſe défendre. (Se mettre ſur la défenſive. Etre ſur la défenſive. Se tenir ſur la défenſive.)

DEFERANCE, *ſ. f.* Reſpect qu'on a pour une perſonne, & qui fait qu'on lui accorde, & qu'on aquiéce à tout ce que cette perſonne deſire. (Avoir de la déferance pour les perſonnes de mérite & de qualité. *Ablancourt.* Prévenez vous les uns & les autres par des témoignages d'honneur & de déferance. *Port-Roial, Nouveau Teſtament.*)

Deferer, v. a. Céder par reſpect à quelqu'un. Obéïr. Condéſcendre. Donner. Aquéſcer. (Ils devoient deferer aux anciennes Loix de l'Egliſe. *Paſ. l. 6.* Deferer aux avis de quelcun. *Le Comte de Buſſi.* Le ſerment lui fut deferé. *Patru, plaidoié 13.* On ne vouloit pas deferer à ſon apel. *Maucroix, ſchiſme, l. 1.*)

Deferer. Acuſer quelcun d'un crime, le dénoncer. (On l'a deferé & on l'a envoïé prendre auſſi-tôt. Il étoit arreté priſonnier parce que deux témoins l'avoient deferé. *Vang. Quin. l. 1. ch. 1.*)

DEFERRER, Terme de *Marêchal.* Oter les fers des piez des chevaux, des mulets & autres animaux qu'on ferre. (Deferrer un cheval, un mulet, un âne, &c.) Il ſignifie generalement ôter le fer qui eſt attaché à une autre choſe que en eſt garnie. (Il faut deferrer cette porte & en prendre les fers pour les faire ſervir ailleurs.)

* *Deferrer.* Troubler. Mettre une perſonne hors d'état de répondre. (Il ſe fit une huée qui *deferra* le témoin. *Ablanc. Apo.*)

DEFI, *ſ. m.* Apel qu'on fait à quelcun pour venir combatre. (Faire un défi. Accepter un défi. *Abl.*)

DEFIANCE, *ſ. f.* Sorte de crainte qu'on a, & qui oblige à ſe défier d'une perſonne, ou d'une choſe qui peut nuire. (Sans témoigner aucune défiance d'une perſonne qu'il aimoit, il prit le breuvage. *Abl. Ar. l. 2. c. 3.* J'aime mieux mourir par la méchanceté d'autrui que par ma défiance. *Vau. Quin. l. 3. c. 6.* Il lui leva toutes ſortes de défiances par ſes careſſes. *Abl. Tac. Ann. c. 1.* Se tenir ſur la défiance. *Maucroix 15. homelie.* Il ſe faut garantir de tous les hommes par défiance generale. *S. Evremont.*)

La défiance eſt néceſſaire
Il eſt bon de prévoir un fâcheux accident,
On ne doit point ici marcher en témeraire.
Cadmus, a. 3.

Défiant, défiante, adj. Qui ſe défie. (Le loup eſt un animal défiant. Elle eſt fort défiante.)

Défier, v. a. Faire un apel. Faire un défi. Provoquer. (Défier quelcun au combat. *Abl. Luc. Tom. 3.* Marſias uſa défier Apollon à qui joüeroit le mieux de la flute. *Benſ. Rond.* Je m'en vai défier les vents au milieu de l'Ocean. *Voi. l. 42.*)

Se défier, v. r. Avoir de la défiance. (Ils commencent à ſe défier du contraire *Paſ. l. 1.* Je me défie un peu trop de vos promeſſes. *Paſ. l. 7.*)

DEFIGURER, *v. a.* Oter les traits qui font l'air de quelque figure. Efacer, détruire ce qui forme l'air d'une figure. Gâter la figure, & la forme de quelque choſe que ce ſoit. (Défigurer quelque choſe. Défigurer le viſage.)

* *Défigurer*

* Défigurer les mots. *Mol. Crit. f.5.*

* Il défigure de telle sorte les Auteurs qu'ils ne sont pas reconnoissables. *Boil. avis à Ménage.*

DEFILE', *f. m.* Terme de *Guerre.* Petit chemin par où l'on défile. (Défendre un défilé. *Abl.* Ils donneront sur le bagage en passant, à cause qu'il y avoit un long défilé. *Abl. Ret. l.4. c.5.* On doit prendre garde dans les défilez que les files soient toûjours en nombre pair.)

Défiler, v. a. Terme de *Guerre.* Aller à la file. (Faire défiler les troupes par compagnie. *Abl. Ret. l.4. c.1.*)

Défiler, v. a. Terme de *Chandelier.* Oter la chandelle des broches. (Défiler de la chandelle.)

Défiler, v. a. Terme de *Patenôtrier.* Oter les grains de chapelet du petit ruban, de la petite nompareille, ou de quelqu'autre chose semblable qui les tient enfilez. (Défiler un chapelet.)

Se défiler, v. n. Il se dit des étofes ; mais on dit mieux *s'éfiler.* V. *éfiler.*

DEFINIR, *v. a.* Expliquer clairement la nature d'une chose. (On définit l'ame d'une substance qui pense. Si l'on vouloit définir T. L. On diroit que c'est un animal qui boit & mange, fourbe les Dames quand il peut, & fait toûjours de méchans vers & de méchante prose, où le bon sens trébuche à chaque page.)

* C'est un homme *qu'on ne sauroit définir.* C'est à dire, qu'on ne peut comprendre.

Défini, définie, adj. Ce dont la nature est nettement expliquée. (Une chose bien ou mal définie.)

Défini, f. m. Chose définie. (Subtituüer la définition à la place du défini *Pas. l.4.*)

Définiteur, f. m. Terme de *certains Religieux.* Qui veut dire Conseiller du Général ou du Provincial.

Définiteur general. C'est celui qui donne avis au Général, & qui avec les autres définiteurs généraux gouverne, regle & décide les afaires de l'Ordre.

Définiteur Provincial. C'est le Conseiller du Provincial.

Définitif, définitive, adj. Terme de *Palais.* Qui détermine, qui regle, & qui décide au fond & tout à fait. (Arrêt définitif. Sentence définitive.)

Définitivement, adv. Terme de *Palais.* Tout à fait & au fond. (Juger définitivement.)

Définition, f. f. Terme de *Philosophie.* Discours qui explique nettement la nature d'une chose. (La définition doit être claire & courte.)

Définitoire. Terme de *Capucin.* Lieu où s'assemblent les définiteurs pour les afaires de l'Ordre.

Définitoire, f. m. Terme d'*Augustin.* Lieu où s'assemblent les neufs principaux Oficiers d'un Chapitre général, ou provincial. L'assemblée de ces neuf Religieux. (On regle cela au définitoire. Cela dépend du définitoire.)

DEFLEURIR, *v. n.* Il se dit des arbres, & signifie perdre sa fleur. (Les grands vents font bien-tôt défleurir les arbres. Les arbres sont tous défleuris.)

† DEFLORER, *v. a.* Dépuceler. Vieux mot aussi bien que *défloration,* & qui n'ont leur usage que dans le stile grave.

† DEFLUXION, *f. m.* Mot hors d'usage, dites *fluxion.*

DEFONCER, *v. a.* Terme de *Tonnelier.* Oter le fond d'un muid, d'une feuillette, ou de quelqu'autre vaisseau à fond de bois. (Défoncer une cuve, un muid, une tinete, &c.)

Défoncer. Terme de *Corroyeur.* Fouler aux piez un cuir de vache. Oter les fosses d'un cuir de vache. (Défoncer une vache.)

Se défoncer, v. a. Ce mot se dit des futailles & des lits dont le fond se défait. (Que son lit se défonce, il dort sur la dure. *Reg. Sat. 14.*)

Défoncement, f. m. L'action de défoncer. (Il s'est fait un grand défoncement de tonneaux.)

DEFOUETTER, *v. a.* Terme de *Relieur.* Prononcez *défoïté.* C'est ôter la ficelle qui a servi à fouëtter le Livre, c'est à dire à la bien serrer pour en marquer proprement les nerfs. (Il faut défouëtter tous ces Livres.)

DEFRAIER, *v. a.* Paier les frais. Paier les dépens que d'autres font. (Défraïer une compagnie.)

* Défraïer une compagnie de bons mots. *Mol. Crit. f.2.*

DEFRICHER, *v. a.* Oter toutes les mauvaises herbes, & toutes les choses qui nuisent à la terre, & qui empêchent qu'elle ne produise comme il faut. (Défricher un champ.)

Défricher. Eclaircir. Débroüiller. (Défricher une afaire.)

Défricheur, f. m. Celui qui défriche une terre. (Les défricheurs s'ils ne sont pas païez d'ailleurs, doivent avoir la propriété des terres pour recompense de leur travail.)

DEFRISER, *v. a.* Oter la frisure. (Défriser une peruque.)

DEFRONCER, *v. a.* Défaire les plis qui froncent quelque étofe, ou quelque chose de toile. (Défroncer les poignets d'une chemise. Défroncer un haut de chausse.)

DEFROQUE, *f. f.* Il se dit au propre de la dépoüille d'un Moine. (La défroque d'un Moine apartient à l'Abé. Il se dit des Chevaliers. [L'Ordre de Malthe profite de la défroque des Chevaliers. † Il se dit en riant des autres personnes, & signifie toute la dépoüille d'une personne. [Une bonne défroque. Il a eu toute la défroque de Monsieur N. La défroque du riche & pauvre Poëte Chapelain ne valoit pas mieux que celle du pauvre Cassandre.]

Défroquer, v. a. Etre cause qu'un Moine quite le froc & abandonne le Convent. Oter le froc. (On a tant fait qu'on l'a défroqué. *C'est un Moine défroqué.* C'est à dire, que c'est un garçon qui a quité l'habit de Religieux.)

† * *Défroquer.* Prendre à une personne ce qu'elle a, ou une partie de ce qu'elle a. (Le pauvre diable, on l'a vilainement défroqué.)

Se défroquer, v. r. Quiter le froc. (Il y en a qui se défroquent par pur libertinage.)

† DEFUNT, *défunte, adj.* Ce mot est plus du Palais que du beau langage. Et il signifie mort & décedé.

DEG.

DEGAGEMENT, *f. m.* Petit réduit dégagé & détaché de tout. (Faire un petit dégagement.)

* *Dégagement, f. m.* Détachement. (Etre dans un entier dégagement de toutes choses.)

* *Dégagement, f. m.* Terme de *Maître d'Armes.* Il consiste à dégager & débarasser son épée d'avec celle de son ennemi, & à l'avoir toûjours libre pour le percer. (Commencer ses dégagemens. *Liancour, Maître d'Armes.*)

Dégager, v. a. Retirer une chose qui étoit en gage. (Dégager des meubles.)

* Dégager la parole de quelcun. *Abl.*

* *Dégager.* Débarasser. Delivrer. Détacher. (Pour vous servir j'ai pu me dégager d'un autre amour. *Voi. poëf.* Dégager les cœurs des interets du monde. *Pas. l.15.*)

Dégager, v. a. Terme de *Maître d'armes.* C'est débarasser son épée d'avec celle de son ennemi, & l'avoir toûjours libre pour le piquer. (Dégager la pointe de l'épée. Dégager son épée. *Liancour, Maître d'Armes.*)

* *Dégager, v. a.* Il signifie aussi retirer d'un lieu périlleux & dificile. (Cette compagnie étoit engagée bien avant parmi les ennemis, on en a envoïé une autre pour la dégager.)

* *Se dégager, v. r.* Se retirer d'un endroit périlleux & dificile. (Ce cheval avoit mis le pié dans un trou, ou dans une ornière, il a eu de la peine à se dégager.)

* *Dégager.* Terme d'*Architecture.* C'est disposer les apartemens, & les chambres d'un bâtiment de telle sorte qu'elles ne soient point sujettes les unes aux autres. (On se sert ordinairement de galeries, de corridors & d'escaliers dérobez, pour dégager les chambres & les apartemens.)

Dégagé, dégagée, adj. Terme d'*Architecture.* (On dit un apartement bien dégagé. Ces chambres sont tout à fait dégagées.)

* On dit aussi d'un homme de belle taille, qu'il a le corps bien *dégagé.*

* DEGAINER, *v. a.* Ce mot au propre signifie tirer un couteau de la gaine, ou une épée du fourreau. Il se prend ensuite pour tirer l'épée, mais il est un peu burlesque, & quand on parle serieusement, on dit, *tirer l'épée,* & non pas *dégainer.* (Il n'est pas homme à dégainer.)

† DEGANTER, *v. a.* Oter les gants.

Se déganter, v. r. Oter ses gants, mais il ne se dit guere. (Les femmes qui ont les mains belles, & qui veulent faire paroître, se dégantent souvent, ou tirent souvent leurs gants.)

DEGARNIR, *v. a.* Oter tout ce qui garnit. (Dégarnir une maison, une chambre ; c'est à dire, en ôter les meubles. Dégarnir une batterie. S'ils s'engagent à défendre le défilé, ils seront obligez à dégarnir leurs quartiers. *Relation des campagnes de Rocroi.* Dégarnir une place de soldats.)

* DEGASCONNER, *v. a.* Défaire quelcun de ses façons de parler Gasconnes. (Dégasconner la Cour.)

DEGAT, *f. m.* Ravage. Desordre que font des Troupes. Ravage que font des ennemis en un païs ennemi. (Faire le dégat dans un païs. *Vau. Quin. l.3.*)

Dégat, f. m. Ce mot se dit aussi d'autres choses, & signifie ravage, ruïne, dissipation, consomption. (On a fait un grand dégat de vivres, de bois, &c. (Les bêtes sauvages ont fait un grand dégât dans les blez.)

DEGEL, *f. m.* Relâchement de froid, qui fait que le tems se radoucit, resoud la gelée, & détrempe la terre en fondant la neige & la glace. (Le tems est au dégel. Le dégel sera grossir les rivières.)

Dégeler, v. r. Ce mot se dit du tems qui est radouci, & qui resoud la gêlée, (Il dégele tout à fait. Faire dégeler de l'eau.)

Se dégeler, v. n. Il se dit de la glace qui se resoud par la chaleur. (La glace des fossez se dégele de jour en jour.)

† * On dit au figuré, qu'une personne se dégele, lors que cette personne commence à parler ou à agir, après avoir été dans le silence, ou sans rien faire.

* *Dégeler.* Ce mot au figuré se prend en un sens libre, & est actif.

* *Dégelée son membre morfondu.* S. *Am.*

DEGENERER, *v. n.* Ne valoir pas ce que valoient ceux de qui nous décendons. Se relâcher de leur vertu, n'être pas aussi honnête, ou aussi brave qu'ils étoient, ne se gouverner pas comme ceux de qui on est né. (Dégénérer de la pieté de ses ancêtres, Patru, plaidoyé 15. Voiture, tu dégénéres, tu ne bois du vin, ni n'en vends.)

* *Dégenerer,* v. m. Il se dit aussi figurément des choses qui se changent de bien en mal, ou de mal en pis. (La puissance despotique dégénere souvent en tirannie. La fiévre dégénere en paralisie, Le stile pompeux dégénere quelquefois en galimatias.)

DEGLUER, *v. a.* Oter la glu. Détacher & débarasser une chose qui étoit engluée. (Dégluer des petites branches. Dégluer un oiseau pris à des branches engluées. On dit des oiseaux qui s'en débarassent eux-mêmes, qu'ils se sont dégluez.)

Dégluer, v. a. Il se dit aussi des paupières qui sont comme colées par la chassie. (Dégluer les paupières.)

† DEGOBILLER, *v. a.* Mot bas qui signifie *dégueuler.* (Dégobiller son soupé.)

† DEGOISER, *v. a.* Ce mot se dit proprement des oiseaux, mais il ne se dit guere au propre, & même il ne se dit qu'en riant & en parlant familierement. En sa place on dit *chanter.*

* † *Dégoiser.* Ce mot dans le burlesque signifie *chanter.* (Lambert en cet endroit dégoise, Benserade, poës.)

* * *Dégoiser.* Babiller. (Peste ! Madame la nourrice comme vous dégoisez. Mol.)

DEGORGEMENT, *s. m.* Terme de *Plombier.* C'est l'action de nétéïer & ôter les ordures de quelque chose qui en regorge. (Un dégorgement de tuïau.)

Dégorgement. Les Medecins se servent de ce mot en parlant de bile, & il signifie épanchement par les conduits. (Un grand dégorgement de bile.)

* *Dégorgement,* s. m. Il se dit des rivieres & des étangs. V. *Dégorger*

Dégorger, v. a. Terme de *Plombier.* C'est nétéïer, ôter l'ordure d'un tuïau qui est si plein qu'il regorge. (Dégorger un tuïau.)

Dégorger. Terme de *Marchand de poisson.* C'est mettre du poisson d'étang dans l'eau de riviere pour lui faire perdre le goût de bourbe qu'il a contracté dans des lieux marécageux. (Poisson dégorgé dans la Seine.)

Se dégorger, v. n. Il se dit des eaux qui s'épanchent & des Rivieres qui se déchargent dans d'autres rivieres, ou dans la Mer. (Le Danube se dégorge dans la Mer noire.) On dira plus souvent des Rivieres, qu'elles se déchargent. V. *Se décharger.*

Il se dit par les Medecins des humeurs qui s'épanchent dans le corps. (La bile se dégorge.)

Dégorger. Terme de *Teinturier.* C'est laver dans une eau claire & courante les laines, les soies & les étofes qu'on a fait cuire pour les dégraisser.

DEGOURDIR, *v. a.* Oter l'engourdissement. (Dégourdir ses mains. Dégourdir ses piez.)

Se dégourdir, v. r. Se défaire de son engourdissement. (Mes mains commencent un peu à se dégourdir.)

† * *Se dégourdir.* S'éveiller. Commencer à n'être plus si lourd, si grossier, ni si mal-habile. Commencer à se faire à quelque chose. (Il commence un peu à se dégourdir.)

Dégourdissement, s. m. Cessation d'engourdissement. (Cela est cause du dégourdissement de la partie.)

DEGOUT, *s. m.* Ce mot se dit de l'aversion qu'on a pour les viandes mal propres & pour toutes les choses qui n'ent rien du tout d'agréable. (Viande qui donne du dégoût.) Témoigner du dégoût pour ma personne. Racine, *Iphigenie.*

* *Dégoût.* Déplaisir. (On peut avoir divers sujets de dégoûts dans la vie ; mais on n'a jamais raison de mépriser la mort. M. de la Rochefoucaut. Concevoir du dégoût pour la vie. Moucroix, homelie 14.)

Dégoutant, dégoutante, adj. Qui fait soulever le cœur. Qui donne du dégoût. (Viande fort dégoutante.)

* *Dégoutant, dégoutante.* Ce mot se dit des choses & des personnes. (Un homme fort dégoutant. Une femme fort dégoutante. Il a des manieres fort dégoutantes.)

Dégoûter, v. a. Ne donner nulle envie de goûter, de manger, de tâter, d'essaïer. Donner du dégoût. (Viande qui dégoûte des gens.

* C'est un homme qui dégoûte tout le monde. (Etre dégoûté.)

* *D. goûter.* Donner du dégoût. Reburer. (Ses manieres aigres & choquantes me dégoûtent fort de lui. C'est dégoûté du service.)

DEGOUTER, *v. n.* Prononcez *dégoûté.* C'est tomber goûte à goûte. Couler. Sortir par goûte. (Les toits dégoûtent. Si

le sang eût dégoûté par dehors, c'eût été une mauvaise Augure. *Vau.Quin.l.4.c.2.*)

Dégout, s. m. Eau qui tombe d'en haut.

Dégoutant, dégoutante, adj. Ils se dit des choses mouillées, d'où tombent quelques goutes de liqueur. (Il est tout dégoutant de sueur. Il tenoit en sa main un poignard dégoutant de sang.)

DEGRADATION, *s. f.* Ce mot se dit en parlant de Nobles. C'est dépouiller une personne noble de la qualité qui l'anoblit, c'est déclarer qu'elle a perdu sa noblesse. C'est ôter à quelcun le degré qui lui donnoit quelque rang & qui l'élevoit au dessus du commun.

Dégradation. Terme d'*Eglise.* Censure par laquelle un Ecclesiastique, à cause de quelque faute considerable, est privé pour toûjours de l'exercice de son ordre, & du benefice Ecclesiastique.

Dégrader, v. a. Oter à quelcun un titre honorable. Priver quelcun de son degré, de sa qualité, de son caractere & de l'exercice de son ordre. (Dégrader un gentilhomme. La Cour l'a dépouillé, & dégradé, Patru, plaidoyé, 7. Dégrader un Prêtre. God. Dégrader un Soldat.)

* *Dégrader.* Deshonorer. (En cent lieux il me dégrada. Voi. Poës.)

* *Dégrader.* Terme de *Maçon.* Abatre par le pié. (Dégrader une muraille.)

* *Dégrader un bois.* C'est l'abatre par le pié.

DEGRAFER, *v. a.* Oter les agrafes de leurs portes. (Dégrafer une camisole.)

DEGRAISSER, *v. a.* Oter la graisse. Oter les tâches de graisse qui sont sur quelque habit. (Dégraisser de la gelée. Dégraisser un habit.)

Dégraisseur, s. m. Détacheur. Celui qui ôte les tâches des habits, qui les nétéïe & leur rend le lustre qu'ils ont perdu. (Porter un habit au dégraisseur.)

DEGRE´, *s. m.* Marche de montée. (Monter les degrez. Décendre les degrez.)

Degré. Escalier. (Un degré dérobé.)

* *Degré.* Elevation. (Etre dans un haut degré de sainteté.) Ce mot se dit generalement de plusieurs choses, dont on mesure le plus ou le moins par degrez.

Degré. Terme de *Genealogis.* Proximité, ou éloignement de parenté. (Il est décendu d'un degré.)

Degré. Terme de *Philosophie,* lequel se dit de certaines choses qu'on divise par degrez. (Il est chaud au troisiéme degré. Froid au septiéme degré.)

Degré. Ce mot en Philosophie veut dire aussi perfection essentielle de quelque être que ce soit. (Degré Métaphysique.)

Degré. Ce mot se dit en termes de Palais de divers Tribunaux de Justice, dont les uns reçoivent l'apel des Justices inferieures. (Il y a divers degrez de jurisdiction.)

Degré. Terme d'*Université.* Qualité qu'on prend dans les Universitez à cause des études qu'on y a faites. (Prendre ses degrez.)

Degré. Terme de *Géométrie.* C'est la 360 me partie d'un cercle. Et quand c'est un terme de Géographie, il signifie une portion de terre entre deux Méridiens, ou deux paralleles. (*Un degré de longitude,* c'est une portion de terre entre deux Méridiens. *Un degré de latitude,* c'est une portion de terre entre deux paralleles.)

† DEGRINGOLER, *v. n.* Ce mot est bas & burlesque & à un usage fort borné. Il signifie. Décendre vîte. (Dégringoler les montées.)

DEGROSSER, *v. a.* Terme de *Tireur d'or.* Faire passer par les filieres. Faire plus petit. (Dégrosser l'or, ou l'argent.)

Dégrossir, v. a. Oter de la grosseur. Diminuer de la grosseur. (Les Sculpteurs dégrossissent leurs ouvrages avec une masse qui est une espece de gros marteau.)

DEGUAINER. Voïez *Dégaîner.*

DEGUERPIR, *v. a.* Terme de *Palais.* Quiter. Abandonner quelque heritage. (Le détenteur doit païer les rentes foncieres, autrement il faut qu'il déguerpisse.)

† * Nous fatiguerons tant nôtre Provincial qu'il faudra qu'il déguerpisse. *Mol.*

Déguerpissement, s. m. Terme de *Palais.* Abandonnement d'héritage. Acte qui se fait au Grefe, par lequel on abandonne une aquisition pour eviter de païer une dette hipothéquée à un tiers.

† DEGUEULER, *v. n.* Ce mot ne s'écrit que dans le stile comique, & satirique le plus bas. En sa place, on dit ordinairement *rejetter,* ou *rendre,* & quelquefois *rendre gorge.* (O le vilain ! Il dégueule.)

DEGUISER, *v. a.* Changer. Rendre méconnoissable. (Déguiser son nom. *Sca. Rom.* Déguiser la verité. Déguiser une viande. Déguiser des œufs.) *Ces derniers sont un Terme de Cuisinier.*

* *Déguiser.* Dissimuler. Couvrir. (Il paroissoit avec une gravité Stoïque & avec l'air d'un homme de bien pour mieux déguiser sa perfidie. *Abl.Tac.An.l.1.* Déguiser son ambition. M. de la Rochefoucaut.

S'il faut ne vous rien déguiser

Vous

Vous demandez si bien qu'on ne peut refuser. *Pelisson, poësies.*

Se déguiser, v. r. Changer d'habit de telle sorte qu'on ne soit pas reconnoissable. (Elle s'est déguisée en sœur colette. Cléopatre & Antoine se déguisoient souvent & alloient courir la ville. *Cit.l. Triumvirat,* 3.*p. ch.*12.)

* Vôtre cœur Espagnol se déguise en bon François. *Voi. poes.*

Déguisement, s. m. Choses qui déguisent. (Un plaisant déguisement. On l'a reconnu malgré son déguisement.)

DEH.

DEHERANCE, *s. f.* Terme de *Palais*. Droit par lequel le Roi succede à une personne qui meurt sans faire de testament & sans heritiers capables de succeder.

DEHORS, *s. m.* La partie exterieure. Ce qui n'est pas du dedans. (Cela vient du dehors.)

Dehors, s. m. Terme de *Fortification*. Ce sont les ouvrages fortifiez hors l'enceinte de la Ville. (Défendre les dehors. Prendre les dehors.)

* *Dehors.* Aparence. Exterieur. (La plu-part des belles n'ont que le dehors. *Gon. Epi. l.*2. Il ne jugent que par les dehors de l'action. *Pasc. l.*7. Sous l'humble dehors d'un respect afecté, il cache le venin de sa malignité. *Dépreaux, Satire* 7. Une honnête femme doit au moins sauver les dehors. *Le Comte de Bussi.*)

Dehors, adv. Qui n'est pas dedans. (Vôtre mere & vos freres sont la dehors. *Port-Roial. Nouveau Testament.* Il est dehors. Mettre une fille dehors du Couvent.)

* Il n'est ni dehors ni dedans. *Gon. epi. l.*1.

Par dehors, adv. Par les parties exterieures. (La maison est belle par dehors & vilaine par dedans.)

Au dehors, adv. A l'exterieur (Le deuil n'est qu'au dehors. *Gon. epi.* 2. Les dons du Saint Esprit qui se font connoitre au dehors sont donnez à chacun pour l'utilité de l'Eglise. *Port-Roial. Nouveau Testament, Epitre de S. Paul aux Corintiens.*)

DEJ. DEI.

DE'JA, *adv.* (Il est déja grand. Cela est déja fait.)

DÉJECTION, *s. f.* Terme *qui se dit entre Médecins.* Excremens qu'on rend par le fondement. (Déjection bilieuse, sanglante, pure, blanchâtre.)

Déjeuné, s. m. Petit repas fort leger qu'on fait le matin en attendant le diné. (Faire un bon déjeuné. Muni d'un bon déjeuné. *Dépreaux Lutrin Chant.* I.)

† On dit communément, Déjeuné de Clercs , diné de Procureurs , colation de Commères & soupé de Marchands.

† * On dit d'une chose peu considérable ou qui est aisée à faire, *il n'y en a pas pour un déjeuné.*

Déjeuner, v. a. Manger & boire quelques-coups le matin en attendant le diné. (Déjeuner d'une tranche de jambon.)

SE DEJETTER , *v. r.* Ce mot se dit du bois entre les menuisiers, tourneurs & autres. Il signifie *Se renfler, se gonfler, se faire en bosse.* (Le bois de cabinet se déjette, il commence à se déjetter.)

DEIFIER , *v. a.* Terme du *Paganisme.* Mettre au rang des Dieux. Faire un Dieu de quelcun. Estimer comme un Dieu. (Les anciens deïfioient le plû-part de leurs grands hommes. Deïfier une personne. *Voi poes.*)

Deïfication, s. f. L'action , la cérémonie par laquelle on déïfioit, ou mettoit au rang des Dieux , les Empereurs , ou quelques autres grands personnages.

Deïsme, s. m. Créance de ceux qui pour toute religion croient qu'il y a un Dieu, sans lui rendre aucun culte exterieur. (Il y a des livres qui traitent du *Deïsme*. Les uns tâchent à le détruire, & les autres à l'établir.)

Deïste, s. m. Celui qui ne suit aucune Religion particuliére , mais reconnoît seulement qu'il y a un Dieu & toutefois ne lui rend aucun culte exterieur. (C'est un Deïste.)

Deïté, s. f. Ce mot signifie divinité. (Deïté immortelle.)

DÉJOINDRE , *v. a.* Séparer des choses qui étoient jointes. (Déjoindre deux ais.)

Se déjoindre, v. n. Il se dit des choses qui étoient jointes & qui se séparent. Quand on travaille avec du bois verd , les ais qu'on avoit bien joints, se déjoignent quand ils se sechent. Quand on a peint sur du bois & que les ais viennent à se déjoindre, la peinture se trouve défigurée.)

Déjoint, déjointe, part. Qui est séparé après avoir été joint. (Ais déjoints.)

DÉJUCHER, *v. a.* C'est faire ôter les poules du lieu où elles se sont juchées, ou perchées. (Déjucher des poules.)

DEL.

DELA , *adv.* Il est oposé à deçà. Et il signifie *de ce lieu, ou* de ce tems-là. (A cinq ou six cens pas delà venoit Sisigambis. *Vau. Quin. l.*3. Cette ligne est à plomb , elle ne panche ni deçà ni *delà.* Le Soleil s'éloigne de nous jusques à l'onziéme de Decembre & *delà* il se raproche de nous. Delà à quelques années Ptolomée fit porter le corps d'Alexandre à Alexandrie. *Vaug. Q. C. l. x. ch.*10.)

Delà. Préposition qui régit l'accusatif. De *d là* la mer il en vint de gros escadrons plus le vint. *Toi. poes.* Passer dela l'eau. *Port-Roial, Nouveau Testament, S. Marc, c.*4.

Au delà, adv. (Aller au delà. Passer au delà.)

Au delà. Préposition qui régit le génitif. (S'emporter au delà des bornes. *Abl.*)

Par delà , adv. (Il est passé par delà.)

Par delà. Préposition qui régit l'accusatif. (Elle promet par delà son pouvoir. *Racine, Germanicus, a.*1. *s.*2.)

En delà , adv. (Tirez-vous un peu *en* delà, c'est à dire, tirez-vous à quartier.)

† DELABRE' , *delabrée , adj.* Tout en desordre. En mauvais équipage. En mauvais état. (Troupe de Comédiens delabrée. *Sca. Rom.* Sans moi vos afaires étoient fort delabrées. *Moliere, Georges-dandin, a.*4. *s.*1.)

Délabrer, v. a. Il signifie au propre, mettre en piéces ; mais il n'est guere en usage. Au figuré, il signifie mettre en desordre, ruïner. (La tempête delabra nôtre armée.)

DELAI, *s. m.* Terme qui est ordinairement *de Palais.* Remise de l'afaire , & de la cause à un autre jour. Le Juge donne le délai. Obtenir le délai. V. *Délaier.*

DELAÏER , *v. a.* Détremper avec du lait, ou de l'eau. (Délaïer la bouillie)

DELAISSER , *v. a.* Abandonnement. Laisser. (Délaisser une personne. *Abl.* Je sens que ma raison à ce coup me délaisse. *La Su.Ee.* Elle se trouve délaissée pour des interêts si indignes. *pas. l.*1. La science est triste, afreuse & délaissée. *D. pr. sat.*1.)

† *Délaissement, s. m* Abandonnement. (C'est un délaissement cruel, mais il n'a point d'idée tragique , il ne touche pas. *Le Mai. plaid.*)

DILASSER, ou *délaçer, v. a.* Oter le lasset. Défaire le lasset qui lasse quelque corps de jupe ou quelque sorte d'habit qui se lasse. [Délasser un corps. Les Demoiselles suivantes délassent leurs maitresses.]

Délasser , v. a. Se défaire de sa lassitude. Reprendre ses forces abatues de lassitude , & de fatigue. Donner quelque relâche. Prendre quelque relâche. Il se dit au propre en parlant du corps , & au figuré , quand on parle de l'esprit. [Le feu délasse. Délasser le Roi de ses nobles travaux. *Mol. mal. imagin.* Il faut délasser l'esprit qui est trop tendu. *Abl. Apo.* Ne songer qu'à se délasser l'esprit. *Voi. l.*3. Se délasser de ses fatigues. *Abl.* Allons nous délasser à voir d'autres procés. *Racine, plaideurs , a.*3. *s.*4. Alexandre étant à Epheze, pour se délasser l'esprit , alloit souvent à la boutique d'Apelle , qui étoit un fameux peintre de son tems. *Durier, supl. de Q. C. l.*2. *ch.*6.]

Delassement, s. m. Repos qu'on prend pour se délasser. [Le corps a besoin de délassement.]

* *Délassement, s. m.* Plaisir. Passe-tems. Ce qui délasse l'esprit, & qui le recrée & le réjoüit. La Comedie fut toûjours le délassement des Grands hommes , le divertissement des gens sçlis , & l'amusement du peuple. *St. Evremont , Comedie Italienne.*

DELATEUR, *s. m.* Terme de *Palais.* Accusateur. [Le délateur fut puni. *Abl.*]

DELECTABLE , *adj.* Ce mot vient du Latin & signifie qui donne du plaisir. Il est usité dans des discours de science, & a plus de cours dans le bas stile que dans le sublime. [Il y a trois sortes de biens, l'honnête, le *délectable,* & l'utile. *La Ch.* Le venin de l'aspic cause une démangeaison délectable , qui est le moien dequoi le cœur & les entrailles se dilatent & reçoivent un poison , contre lequel il n'y a plus de remede. *Thiers , des jeux , ch.*5.]

> Ce jus divin est excellent
> Son goust est délectable
> Et rend mon cœur contant. *d'Alibrai, poës.*
>
> Ha ! qu'il est deux d'être à table,
> Assis prés d'un objet aimable,
> Beuvant d'un jus si délectable.
> *Recueil de poës.*

Délectation, s. f. Vieux mot qui ne se peut guere dire qu'en riant. Cependant *Pascal.* L.18. a écrit , il répand une douceur celeste qui surmonte la délectation de la chair. On croit que Pascal n'est pas tout à fait à imiter en cela.

Délecter, v. a. Vieux mot hors d'usage , & qu'il ne se peut dire qu'en raillant , & même fort rarement. Il signifie donner du plaisir

DELEGUE' , *s. m.* député. [Les ordinaires agissent en qualité de déleguez du Pape.]

Déléguer , v. a. Députer. Commettre une personne pour quelque sorte de chose. [On l'a délégué pour cela. Déléguer un Juge. C'est un juge délégué pour prendre connoissance de quelque afaire.]

Délégation

Délégation, *s. f.* Prononcez *délégacion.* Commission donnée à quelque Juge. [La délégation porte expressément que, &c.]

Delester, *v. a.* Oter le lest d'un vaisseau. Terme de Marine. Voiez *Lest.*

Deliberatif, *délibérative*, *adj.* Qui a le pouvoir de déliberer. Qui regarde la délibération. Qui regarde ce qui peut persuader, ou dissuader. [Il y a voix délibérative au chapitre. Le genre délibératif.] Dans ce dernier exemple le mot *délibératif* est un terme de Rétorique.

Délibération, *f. f.* Consultation pour savoir si l'on fera, on ne fera pas. (Mettre une chose en délibération, Alb. Ar. l.1. c.4. Tomber en délibération. *Abl.*)

Délibérer, *v. a.* Mettre en délibération. (On délibérera sur cette affaire. On délibéra si on assiégeroit Mons, ou Valenciennes. *Sarar. œuv.* 1.*partie.* Monsieur Cujas avoit délibéré, au cas qu'il mourût sans enfans, de donner son bien à Scaliger. *Colomesi opera.*)

De propos délibéré. A dessein. *Adverbe.*

Délicat, *délicate*, *adj.* Qui n'est pas grossier. Qui a de la délicatesse. (Il est délicat dans son boire, & dans son manger. *Abl. Ar.*)

Délicat, *délicate*, *adj.* Il se dit des corps composez de parties menuës, & déliées. Il y a diverses parties dans le corps qui sont fort délicates. La toile d'araignée est composée de parties fort délicates. Peau délicate.

Délicat, *délicate*, *adj.* Il se dit des choses foibles & fragiles. (Le verre, la porcelaine, le talc, &c. sont des matieres fragiles & délicates.)

Délicat, *délicate*, *adj.* De foible complexion. Qui n'est ni fort, ni robuste. (Son temperament est fort délicat. Etre d'une complexion fort délicate.)

Délicat, *délicate.* Douïllet qui aime ses aises. (Il est tout à fait délicat, il ne sauroit soufrir la moindre petite incommodité.)

* **Délicat**, *délicate.* Fin. Subtil. Adroit. (Esprit délicat. Oreille délicate. Raillerie délicate. Tenir une conduite délicate. Travail délicat.)

* **Délicat**, *délicate.* Chatouïlleux. Pointilleux. Qui se fâche pour rien. Le mot de *délicat* se dit aussi des choses, où pour se bien gouverner, il faut beaucoup d'adresse & d'esprit. (Il est délicat là dessus. Je ne suis pas si délicat Dieu merci. *Mol.* C'est une afaire fort délicate.)

Délicat, *délicate.* De bon goût. (Viande délicate.)

Délicatement, *adv.* D'une maniere qui ne soit pas rude. D'une façon douce. (Manier une chose délicatement.)

Délicatement. D'une maniere mignonne, D'une maniere agréable. Travailler délicatement. *Abl.* Mettre délicatement en œuvre. *Vaug. Q. l.3.*)

* **Délicatement.** Ingénieusement. (Ecrire délicatement. S'exprimer délicatement.)

Se délicater, *v. r.* Avoir un grand soin de soi. Se choier d'une maniere qui aille jusques à la délicatesse. (Je suis un homme qui se délicate fort.)

Délicatesse, *s. f.* Maniere d'amour & de tendresse rafinée & délicate. Bizarrerie scrupuleuse & rafinée. (J'ai une furieuse délicatesse pour tout ce que je porte. *Mol.* Je ne voi rien de si ridicule que cette délicatesse d'honneur qui prend tout en mauvaise part. *Mol.* La délicatesse est trop grande de ne pouvoir soufrir que des gens triez. *Mol.*)

* **Délicatesse.** Subtilité. Adresse d'esprit. Tours d'esprit fins. (Feu d'Ablancourt avoir une grande délicatesse d'esprit. C'est de la délicatesse perdue.)

* **Délicatesse.** Ce qu'il y a de plus fin dans un art ou une science. (Savoir toutes les délicatesses d'une langue.)

Delices, *s. f.* Ce mot n'a point de singulier en nôtre langue & il signifie plaisir. *Vaug. Rem.* (Goûter les délices de l'Asie. *Abl. Ret. l.3. c.1.*)

Délicieux, *délicieuse*, *adj.* Qui aime les plaisirs, les délices. Agréable au goût. (C'est un homme délicieux. Vin délicieux. Manger délicieux.)

Délicieusement, *adj.* Avec délices. (Vivre délicieusement. Manger délicieusement.)

Delier, *v. a.* Ce mot & les suivans sont de trois silabes; Prononcez *dé-li-é.* Défaire le lien ou le nœud qui lie, & qui arrête quelque chose. (Délier un fagot, une bote de foin, une bote de paille.)

* Voici le jour qui rompt mon silence & qui *délie* ma langue. *Abl. traduction de l'oraison de Ciceron pour Marcellus.*

Délié, *déliée*, *adj.* Qui n'est plus lié, (Bote de foin déliée.)

Délié, *déliée.* Tres-menu. [Un fil tres-délié. Cheveux fins & déliez.]

* **D'lié**, *déliée.* Fin. Subtil. Délicat. [Voiture avoit l'esprit délié.]

Le délié de la plume. Terme de *Maître à écrire.* Efet & mouvement délié de la plume. Trait délié de la plume.

† **Delineation**, *s. f.* Mot tiré du Latin. Représentation de quelque chose sur le papier. (Faire la délineation d'un plan.)

Delinquant, *s. f.* Terme de *Palais.* Ce mot est tiré du Latin. Il signifie celui qui a commis quelque faute. [Punir les delinquans, c'est à dire, les coupables.]

Delire, *s. f.* Ce mot se dit parmi les Medecins. C'est une aliénation d'esprit causée par la violence de quelque fiévre. [Etre en délire.]

Delit, *s. m.* Ce mot est plus du Palais que du beau langage. On s'en sert dans le stile simple & comique. Il signifie *Faute. Crime.* Délit commun. Délit privilégié. La justice a proportionné la peine au délit. *Abl. Luc.*

En flagrant délit. Cela se dit en terme de Palais, & en riant. [Il a été surpris *en flagrant délit*, c'est à dire, dans le tems qu'il commettroit le crime. Sur le fait.]

Deliter, *v. a.* Terme de *Maçon.* Poser une pierre dans un bâtiment en un sens contaire à celui quelle avoit dans la carriere, dans son lit naturel. [Il ne faut point déliter les pierres.]

Delivrance, *s. f.* C'est l'action par laquelle on met en liberté, & rite de servitude. Exemption de peine, de mal, ou de travail. [La délivrance du peuple de Dieu est fameuse dans l'histoire sainte. Devoir sa délivrance à quelcun. *Voi. l.34.* La délivrance de la terre sainte. Demander la délivrance de ses maux. *Maucroix, homelie, 14.*]

Délivrer, *v. a.* Livrer. Donner. [Délivrer de la marchandise. délivrer cinq cens talens pour les necessitez de la guerre. *Vaug. Quin. l.3.*]

Délivrer. Exempter. Débarasser. Mettre en liberté. [Je l'ai délivré d'un fâcheux qui le tourmentoit fort. Délivrer un captif.]

† **Delivreur**, *s. m.* Ce mot veut dire celui qui délivre, mais je ne l'ai trouvé qu'au burlesque dans les bons auteurs. [Ce délivreur d'Andromeda vît moins de monts & moins de vaux. *Voi. poës.*] En sa place on dit *libérateur.*

Délivre, *s. m.* Terme d'*Accoucheur* & de *Sage femme.* C'est l'arriére-faix. On l'apelle *délivré* à cause que la femme n'est point entiérement délivrée de sa grossesse que l'arriére-faix ne soit sorti. [Quand le délivre ne sort pas, on le tire: Mais il s'y faut prendre adroitement, car s'il reste la moindre chose du délivre dans la matrice, la femme sent de tres-grandes douleurs.] Voi. *Arriére faix.* Ce mot se dit aussi des bêtes & particuliérement des vaches.

Délivrer, *v. a.* Terme d'*Accoucheur* & de *Sage-femme.* C'est accoucher une femme. [Délivrer une accouchée. Délivrer heureusement une femme.]

Se délivrer, *v. n.* Accoucher. [Cette femme s'est délivrée.]

Deloger, *v. n.* Ce mot se dit proprement des troupes qui sortent d'un lieu où elles ont été quelque-tems. Sortir & quitter un lieu pour aller à un autre. [Le Regiment est délogé à la petite pointe du jour. *Abl.* La compagnie délogea hier.]

† **Deloger.** Quitter le logis. Sortir du logis. [Mon pere, si matin qui vous fait déloger. *Racine plaideurs, a.1. s.4.* Déloger sans trompette. *La Fontaine fables, l.3.* C'est à dire, sortir d'un lieu sans bruit, doucement & en se cachant.]

Délogement, *s. m.* Changement de logis. Quand il se dit des soldats, il signifie encore décampement.

* **Déloger**, *v. n.* Ce mot se dit aussi de l'ame, & il signifie sortir du corps. [Il y a des Païens qui croient qu'après la mort d'un homme, son ame ne fait que déloger d'un corps à un autre. *Hist. des Bramines 1.p. ch.11.*]

Deloial, *déloïale*, *adj.* Infidéle. Méchant. Traître. Le mot de *déloïal* se dit, mais il n'est pas si usité que celui d'infidele. [Un ami déloïal peut trahir son dessein. *Corneille, Cinna, a.1. s.1.*]

Déloïauté, *s. f.* Ce mot signifie *infidélité*, mais il n'est pas si usité qu'*infidélité.* [C'est un insigne déloïauté.]

Deluge, *s. m.* En Latin *diluvium.* Le débordement des eaux qui du tems de Noé inondérent par la permission de Dieu toute la terre & submergérent tout, à la reserve de ce qui entra dans l'arche. Il y a eu deux déluges, l'un vrai & l'autre fabuleux. [Le déluge inonda toute la terre. *Roïaumont, figure de la Bible.*

* **Déluge**, *s. m.* Ce mot, au figuré, est noble & beau. C'est un grand nombre, une grande quantité. [Un déluge d'ennemis se répandit par tout le païs. C'étoit dans ce tems venus tous ces déluges d'armées qui avoient inondé la Grece. *Vaug. Quin.*]

Du grand déluge de ses pleurs
Elle noia toutes les fleurs. *Sar. poës.*

Deluter, *v. a.* Terme de *Chimie.* Oter le lut. [Déluter un vaisseau.] Voiez *Lut.*

DEM

Demaigrir, *amaigrir*, *v. a.* Terme de *Charpentier.* Rendre plus aigu. [Démaigrir, ou amaigrir un angle. Démaigrir l'arête d'une piece de bois.]

Demailloter, *v. a.* Ce mot se dit en parlant d'un enfant au maillot. Développer, & défaire les langes qui enveloppent l'enfant. [Démailloter un enfant.]

Demain, *adv.* Le jour d'aprés celui où l'on est. [Il se marie demain.]

Aprés

DEM

Après demain, adv. Dans deux jours. [Il sera ici après démain.]

DEMANCHER, v. a. Oter le manche. [Démancher un couteau, une coignée, une hache, une ferpe, &c.]

DEMANDE, f. f. Question. Paroles dont on se sert pour demander quelque chose, & pour obtenir quelque grace de la personne qu'on prie. [La demande est raisonnable. On lui a acordé sa demande. Demande incivile, impertinente. On consent à vôtre demande.]

† A sotte demande point de réponse. *Proverbe.*

Demander, v. a. Faire demande de quelque chose. [Demander une grace au Roi. Demander un bénéfice. Demander une fille en mariage.

Dangeau vous demande une grace
Grace, qui ne vous coûte rien.
Il n'est point d'éfort qu'il ne fasse
Pour obtenir un si grand bien.
Vous demandez si bien qu'on ne peut refuser.
Pelisson, poësies.]

Demandeur, f. m. Terme de *Palais.* Celui qui demande à un autre quelque chose en justice, fondé sur quelque écrit ou autre chose capable d'autoriser sa demande. [Etre pour le demandeur.]

Demanderesse, f. f. Terme de *Palais.* Celle qui demande quelque chose en justice à une autre. [Elle est demanderesse en requête. *Patru, plaid. 6.*]

DEMANGEAISON, f. f. Sentiment inquiet de la peau, causé par une humeur acre & salée qui ofense la peau sans l'ulcerer, ni l'élever. [J'ai par tout le corps des démangeaisons qui me font enrager.]

* *Démangeaison.* Envie. Désir. [Vous aviez une démangeaison si étrange depuis les piez jusques à la tête qu'elle ne vous laissoit joüir d'aucun repos. *Boil. avis à Ménage.* Avoir une furieuse démangeaison d'écrire. *Mol.*]

Démanger. Ce verbe est neutre & réciproque. Avoir quelque démangeaison à la peau. [L'épaule me demange. Le bras me demange.]

† * *Demanger,* Ce verbe se dit au figuré, mais il n'a lieu que dans la conversation, le stile simple & le burlesque. Il signifie brûler d'*envie de faire, d'écrire, ou de dire quelque chose.* [Les mains commencent fort à lui demanger.]

* DEMANTELER, v. a. Abatre les murailles d'une ville, ou d'une forteresse. [Louis XIII. fit démanteler la Rochelle.]

DEMARCHE, f. f. Pas. Avoir la démarche grave. La démarche d'un goûteux n'est pas ferme. Une démarche éféminée.

* *Démarche.* Ce mot au figuré est beau & nouveau. Il signifie la maniere de conduire ses actions. [Une fausse démarche. Ce n'est pas à moi à faire les premieres démanches. *Le Comte de Bussi.*]

DEMARER, v. n. Terme de *Mer.* Partir de l'endroit de la mer, où l'on étoit ancré. La flote démara de bon matin. *Abl.*]

DEMARIER, v. a. Dissoudre le mariage. [Démarier quelcun.]

DEMARQUER. v. a. Oter la marque. [Démarquer une partie.] C'est un terme de jeu de paume.

Démarquer. Ce mot se dit des chevaux, lorsqu'on ne conoit plus par aucune marque l'âge qu'ils ont. [Cheval qui démarque. Ce cheval est jeune, il ne démarque pas encore.]

DEMASQUER, v. a. Oter le masque. [Démasquer quelcun.]

Se démasquer, v. r. [On les obligea à se démasquer.]

* *Démasquer,* v. a. Ce mot, au figuré, signifie faire conoître les vices d'une personne qui les cachoit par hipocrisie. [Les Ecrivains Satiriques démasquent les hipocrites.]

DEMATER, v. a. Terme de *Mer.* Mettre le mât en état de ne plus servir. Rompre le mât, le fracasser de maniere qu'il soit inutile au navire. [Les coups de canon démâterent des navires.]

DEMBLÉ, f. m. Querelle. Avoir un fâcheux démêlé. Avoir des démêlez avec tout le monde.]

Démêlé, démêlée, adj. Séparé. Distingué. Décidé. Dénoüé. [Intrigue démêlée.]

Démêler, v. a. Distinguer. Séparer. Dénoüer Défaire une chose mêlée. [Voiant qui lui étoit impossible de défaire ces nœuds, n'importe, dit-il, comme on le démêle. *Vau. Quin. l. 3. c. 1.* Démêler ingénieusement une intrigue. Vous ne le pouvez démêler des autres Demoiselles. *Sar. poës.*]

Démêler. Décider. Vuider. Déterminer quelque afaire, ou quelqu'autre sorte de chose avec quelcun. [Je ne veux rien avoir à démêler avec ceux qui vous apartiennent. *Voi. l. 48.* J'ai quelque chose à démêler avec lui. *Sca.* Démêler un diférend l'épée à la main.]

* *Démêler.* Débroüiller. Découvrir. [Démêler une vérité. *Pas. l. 4.* Je n'ai encore pû démêler les sentimens qu'il a pour moi.]

Se démêler, v. r. Se débroüiller. Se débarasser. Se tirer d'embaras ou d'afaire. [Je meurs d'envie que vous y soiez pour voir comment vous vous en pourriez démêler. *Voi. l. 68.* Se démêler d'un afaire.]

DEMEMBRER, v. a. Diviser un corps. Détacher, séparer les membres d'un corps. [Les Baccantes démembrerent Orphée. On a demembré ce chapon.]

Démembrer, v. a. Il signifie, au figuré, Diviser quelque tout en parties. (Démembrer un Roiaume. *Patru plaid.* 7. Démembrer un fief. *Le Mai.*)

† *Démembrement,* f. m. Prononcez *démembreman.* (L'action de mettre en piéce un animal.

* *Démembrement,* f. m. Détachement des parties d'un corps. [Le démembrement de l'Empire Romain.]

Démembre, adj. Terme de *Blason.* Il se dit des oiseaux qui n'ont pas de piez, & d'autres animaux dont les membres sont séparez.

DE MEME. Voicy *même.*

DEMENAGEMENT, f. m. C'est le transport de meubles d'un logis, qu'on a fait pour aller demeurer en une autre maison, ou en un autre quartier. (Le déménagement coute, Mon déménagement m'a coûté dix écus.]

Déménager, v. a. Quitter le logis où l'on est & emporter ses meubles pour aller demeurer en un autre endroit. (On ne gagne rien à déménager. Déménager tous les trois mois comme les putains.]

Se Demener, v. r. Se remüer.

DEMENTI, f. m. Prononcez *démanti.* C'est à dire, à une personne qu'elle ne dit pas vrai. (Donner un démenti. Un démenti mérite un souflet. Ne sauroit-on dirigez son intention en sorte qu'on puisse tüer pour un démenti? *Pas. l. 7.* Il y a de certaines ocasions où il est permis, & même necessaire de donner un démenti. *Lettre du P. Annat, p. 6.*)

* *Il en aura le démenti.* C'est à dire, il ne viendra pas à bout de son dessein. Le Pere N. est de ces galans hommes qui se piquent de n'avoir jamais le démenti des choses qu'il entreprennent. *Thiers, diss.*)

Démentir, v. a. Donner un démenti. (Il n'y a que les sots qui démentent les gens.)

Démentir, v. a. Il signifie, nier la verité d'une chose. (Son livre est paroissant démentir tous les flateurs. *Déspréaux, sat. 3.* Vous ne pouvez démentir l'Ecriture sainte, ni les Conciles. *Pas. l. 5.* * Bien loin de te blâmer de ne point repartir, j'éprouve ta prudence, & tu n'eusse parlé que pour la démentir. *Boileau avis à Ménage.* Démentir un acte. *Patru, pl. 4.* Dé mentir son seing, son écriture.)

Démentir, signifie encore. Agir autrement qu'on ne devroit. (Son cœur dément sa superbe origine. *Dépr. sat. 5.* Ta mine ne dément point le lieu d'où j'aprens que tu es sorti. *Vaug. Q. l. 4.* Il n'a point démenti l'espérance qu'on avoit conçuë de lui.)

* *Se démentir,* v. r. Se dédire. Se relâcher. (Se démentir de ses belles actions. *Abl. Apo.* Cette belle amitié que vous m'aviez juré ne se devoit jamais démentir, à la fin s'est éteinte. *Voi. poës.*)

DEMENTIBULÉ, *démentibulée,* adj. Mot qui n'est guere que dans la bouche du petit peuple, & qui signifie *Démonté, Brisé. Rompu.* (Voilà qui est tout démentibulé.)

* DEMERITE, f. m. Ce mot se dit quelquefois. Il est oposé à mérite, & signifie Action qui mérite punition. (On a traité se voleur suivant ses démérites.)

DEMESURÉ, *démesurée,* adj. Excessif. Hors de mesure. (Grosseur démesurée. *Voi. l. 56.*)

Démesurement, adv. D'une manière démesurée. Avec excez. Sans mesure. (Il est démesurement grand.)

DEMETTRE, v. a. Déposer quelcun de sa charge. (Démettre un Oficier. On l'a démis de sa charge.)

Se démettre, v. r. Quitter sa charge. Se défaire de son ofice. (On le força de se démettre de son Evêché. *Maucroix, schisme, l. 1.*)

Démettre, v. a. Terme de *Chirurgien.* Disloquer. (Il l'a tiré si rudement qu'il lui a démis le bras.)

Se démettre. Terme de *Chirurgien.* Se disloquer. (Se démettre le pié. Il s'est démis le bras. Ce cheval s'est démis le l'épaule.)

Démis, démise, adj. Voiez plus bas.

DEMEUBLEMENT, f. m. C'est l'action d'ôter &c, de détendre les meubles tendus d'un logis, ou d'une chambre.

Démeubler, v. a. Oter & détendre les meubles qui sont tendus dans une chambre. (Démeubler une maison, une chambre, un cabinet.)

† DEMEURANCE, f. f. Ce mot est hors d'usage, il y a long tems & en sa place on dit *Demeure.*

DEMEURE, f. f. Lieu où l'on demeure. (Laissez - moi entrer au lieu de ma demeure. *Voi. poës.* Sa demeure est auprès du Palais Roial. Faire sa demeure en un lieu. *Vau. Quin. l. 3.*

La prison est une triste demeure.
Chaque moment me dure une heure
Dans cette importune demeure.
Je n'y vois pour m'y consoler,
Pas un seul homme à qui parler. *Boisr. épi.*)

Demeure,

Demeure, *f. f.* Terme de *Chaſſe*. C'eſt le lieu où les bêtes ſe retirent ſelon les ſaiſons.

† *Etre en demeure*. Terme de *Palais*. Ils ſignifient marquer à faire quelque choſe. (Ce Procureur a été forclos parce qu'il eſt en demeure de produire, &c.)

† *Demeurant*, *ſ. m.* Ce mot eſt vieux, pour dire, *le reſte*.

† *Au demeurant*, *adv.* Il eſt vieux. Il faut dire *au reſte*. V. *Reſte*.

Demeurer, *v. n.* Faire ſa demeure en un lieu. *Je demeure. Je ſuis demeuré. Je demeurai.* (Demeurer au fauxbourg ſaint Germain. Louis XIV. demeure preſque toûjours à Verſailles, ſuperbe palais qu'il a fait bâtir à quatre lieuës de Paris. Les Papes ont transferé le S. Siege à Avignon, & y ont demeuré aſſez long-tems.

Demeurer. Tarder trop. C'eſt trop long tems. (Vous avez un peu trop demeuré à faire ce qu'on vous avoit ordonné.)

Demeurer. N'avancer pas. (Faire demeurer. Demeure, ou je te tuë. Scar.)

Demeurer. S'arrêter. (Demeurez à ſoupé avec nous. La lîe demeure au fond du tonneau. Reprenez la lecture de ce Livre à l'endroit où nous en demeurâmes la derniere fois. Deſ-madurer ferme dans ſon opinion.)

Demeurer de reſte. C'eſt reſter. (Il m'a païé cent Ecus, mais comme il me devoit quatre cents francs, il y eſt encore demeuré cent livres de reſte. On ſe ſert, dans le même ſens, de *demeurer* tout ſeul. Exemples. Il y en demeura pas un & ils furent tous paſſez au fil de l'épée. Il ne demeura rien de ce grand repas, tout fut bû & mangé. *Vaug. nouv. rem.* Le vent a abatu preſque tous les fruits , il en eſt demeuré fort peu ſur les arbres.)

Demeurer. Reſter mort ſur la place. (Il y demeura plus de cinq cens hommes ſur la place. *Abl. Ar. l. 1. c. x.*) On dit encore, la victoire lui a demeurée. Cela lui eſt demeuré en partage.

J'en demeure d'accord, &c. Segrais dans ſa traduction de l'Eneide par tout bien au deſſous de Virgile. S. *Evremont reflexion ſur les traducteurs.*

Demeurer. Etre. (Il demeuroit immobile à ces diſcours. *Abl. Tac.*

Demeurer. Croupir honteuſement. (Demeurer dans le peché. *Paſ. l. x.*)

* *En demeurer là*. Ne pouſſer pas une afaire, une choſe, n'en voir pas la fin. Laiſſer. (Il en demeurera-là. C'eſt à dire, il ne pouſſera pas la choſe, il l'abandonnera.)

Demeurer, *v. n.* Terme de *jeu de boule*. C'eſt ne pouſſer pas la boule juſques au but, ou juſques auprès du but. (Je ſuis demeuré. On dit auſſi ma boule eſt demeurée.)

A demeurer. Ce mot en terme de *Jardinage* eſt toûjours à l'infinitif , & ne ſe dit qu'en parlant de plantes qu'on ſeme en pleine terre pour y reſter juſqu'à ce qu'on conſomme ces plantes. (On ſeme d'ordinaire à *demeurer* le cerfeuil, les carotes, les panais, &c.)

Demi. Ce mot ſignifie diminution de moitié, & entre dans la compoſition de pluſieurs mots.

A demi, *adv.* A moitié. (Etre à demi yvre. *Abl.* Un pêcheur à-demi. *Paſ. l. 4.* Se camper à demi-quart de lieuë de la Ville. *Abl. Ar. l. 1.*)

Demi-an, *ſ. m.* La moitié d'une année. On dit ordinairement *ſix mois.*

Demi-aune, *ſ. m.* Meſure qui eſt la moitié de l'aune. (La demi-aune eſt juſte. Une demi-aune de ruban, de toile, &c.)

Demi-bain, *ſ. m.* Medicament externe preparé avec de l'eau ſimple où l'on fait bouillir des medicamens ſimples auſquels on ajoute quelquefois des liqueurs, & où la perſonne qui ſe baigne n'eſt qu'à demi-corps dans l'eau.

Demi-baſtion, *ſ. m.* Terme de *Fortification*. Il n'a qu'un flanc & une face.

Demi-batoir, *ſ. m.* Sorte de petit batoir pour joüer à la paume.

Demi-botte, *ſ. m.* Terme de *d'Armes*.

Demi-ceint, *ſ. m.* C'eſt une chaîne d'argent dont pluſieurs femmes ſe faiſoient une ceinture, & dont quelques-unes s'en font encore aujourd'hui.

Demi-cercle, *ſ. m.* C'eſt la moitié d'un cercle.

Demi-coudée, *ſ. f.* C'eſt la moitié d'une coudée.

Demi-degré. Terme de Géometrie. Ce ſont trente minutes.

Demi-denier, *ſ. m.* Eſpece de monnoie du tems des Rois de la premiere race. *Bouteroüé*, page 174.

Demi diametre, ou *Raïon*, *ſ. m.* Terme de *Géométrie*. C'eſt une ligne droite tirée du centre d'un cercle à la circonference. (Tous les demi-diametres d'un même cercle , ou de cercles égaux, ſont égaux entr'eux.)

Demi-Dieu, *ſ. m.* Sorte de Dieu qui habite ſur la terre & qui n'a pas encore place dans le ciel, tels que ſont les faunes, &c. ſilvains, &c.

* *Demi-Dieu*. Grand homme. Grand guerrier. Sorte de Héros de robe, ou d'épée. (C'eſt fort peu deſchoſe qu'un demi-Dieu quand il eſt mort. *Voi. poëſ.* Vous autres demi-Dieux avez peur comme les autres hommes. *Voi. poëſ.*)

Demi-douzaine, *ſ. f.* Six. (Il y avoit une demi-douzaine de poires. Une demi-douzaine de nourriſſons de l'enfant de Silene. *Voi. poëſ.*)

Demi-Ecu, *ſ. m.* La moitié d'un Ecu. Eſpece de monnoie valant trente-ſols.

Demi-file, *ſ. f.* C'eſt la moitié d'une file. C'eſt un terme d'évolution militaire.

Demi-gorge, *ſ. f.* Terme de *Fortification*. C'eſt la ligne qu'on imagine dans un baſtion dépuis le flanc juſqu'à la rencontre de deux courtines prolongées, ce qui fait l'angle de poligone interieur.

Demi-heure, *ſ. f.* La moitié de l'heure. (J'ai parlé ma demi-heure. *Paſ. l. x.*)

Demi-lieuë, *ſ. f.* C'eſt la moitié d'une lieuë.

Demi-livre, *ſ. f.* La moitié d'une livre.

Demi-Lune, *ſ. f.* Ouvrage triangulaire fortifié qui fait partie des dehors d'une place de guerre. (Défendre une demi-lune. Attaquer, prendre une demi-lune.)

Demi-once, *ſ. f.* La moitié de l'once. (Une demi-once de poivre, une demi-once d'argent, de ſoie, &c.)

Demi-pié, *ſ. m.* La moitié du pié de Roi.

Demi-quarteron, *ſ. m.* La moitié du quarteron.

Demi queuë, *ſ. f.* Sorte de futaille remplie de vin, qui eſt la moitié de la queuë.

Demi-ſavane, *ſ. m.* Celui qui n'eſt pas tout à fait ſavant.

Demi-ſou, *ſ. m.* Eſpece de monnoie du tems des Rois de la premiere race. *Bouteroüé*, page 174. Du tems de Sigibert. Roi d'Auſtraſie qui vivoit en 561. il y avoit de demi-ſous d'or, qui d'un côté avoient ſa figure avec le diadême de perles & la robe roiale & de l'autre côté la croix. *Bouteroüé.*

D. *mi-ſetier*, *demi-ſetier*, *ſ. m.* Meſure qui contient la moitié de la chopine, & dont on ſe ſert pour meſurer le vin, le lait, la biere, & toutes les choſes liquides.

Demi-ton, *ſ. m.* Terme de Muſique. Moitié de ton.

Demi-tour, *ſ. m.* Terme d'évolution militaire. La moitié d'un tour qu'on fait avec le corps. (Il donna ordre aux ſiens de faire demi-tour à gauche. *Abl. Ret. l. 4. c. 2.*)

On dit une heure & demie. Un jour & demi, &c.

Demis, *demiſe*, *adj.* Depoſé de ſon ofice, de ſa dignité, de ſa charge. (Il a été démis de ſa charge.)

Démis, *demiſe*. Terme de *Chirurgien*. Diſloqué. (Avoir le bras démis. Avoir la jambe démiſe.)

Démiſſion, *ſ. f.* Acte par lequel on declare qu'on ſe démet de ſa charge. (Donner ſa démiſſion. Faire ſa démiſſion.)

Democratie, *ſ. f.* Gouvernement populaire. Etat populaire. Forme de gouvernement où les charges ſe donnent au ſort, ou par élection.

Démocratique, *adj.* Populaire. (Gouvernement démocratique.)

Demoiſelle, *ſ. f.* Fille noble. Fille de qualité. (Elle eſt bien Demoiſelle.)

Demoiſelle. On donne par abus ce nom aux filles & aux femmes qui ſont un peu bien miſes, qui ont quelque air, ou quelque bien un peu conſiderables.

* *Demoiſelle*, *Damoiſelle*. Quelques-uns diſent *Damoiſelle*, mais la plû-part ſont pour *demoiſelle*, parce qu'il eſt plus doux. C'eſt une piéce de bois de trois ou quatre pieds de haut, ronde, & ferrée par les deux bouts, aiant comme deux anſes au milieu qu'on empoigne lorſqu'on veut ſe ſervir de cet inſtrument. On s'en ſert pour enfoncer les pavez & autres choſes. Les paveurs l'apellent auſſi *hie*. Et ils diſent en riant *faire ſauter la demoiſelle*, pour dire travailler avec la hie, ou enfoncer le pavé par le moien de la demoiſelle.

* *Demoiſelle*, *ſ. f.* On donne auſſi ce nom à une uſtencille qu'on met dans le lit pour échaufer les piez. C'eſt un fer chaud qu'on met dans un cilindre creux, & qu'on envelope de linges afin qu'il conſerve long tems ſa chaleur.

* *Demoiſelle*, *ſ. f.* On donne auſſi ce nom à une eſpece de petit inſecte volant.

* *Demoiſelle de Numidie*, *ſ. f.* C'eſt un oiſeau rare, qu'on a apellé de ce nom parce qu'il ſemble qu'il imite les geſtes & la démarche d'une femme.

Demolir, *v. a.* Abatre. Ruïner quelque ouvrage d'architecture, ou de maçonnerie. (Démolir un temple. *Abl. Ar. l. 7.* Lors que Montgomeri eut bleſſé Henri ſecond, Caterine de Medicis fit demolir les Tournelles, au lieu deſquelles on a bâti la Place Roïale. *Colomeſii opuſcula.*)

Démolition, *ſ. f.* Pierres & materiaux qui reſtent d'une maiſon. (Il avoit ordonné aux Babiloniens d'emporter les démolitions du temple. *Abl. Ar. l. 7.*) Il peut auſſi ſignifier *l'action de démolir*.

Demon, *ſ. m.* Ce mot eſt Grec. Diable. (Les Démons ſont ſujets à toutes ſortes de paſſions.)

* *Démon*. Ce mot eſt figuré, & alors il eſt plus de la poëſie, que de la proſe. Il ſignifie une ſorte de fureur. (Quel *Démon* vous irrite, & vous porte à médire. *Déproaux*, *Satire 9.*

Dés lors que ſon *Démon* commence à l'agiter,
Tout, juſqu'à ſa ſervante, eſt prêt à deſerter.
Déproaux, *Satyre 8.*)

* † *Démon*. Méchant. Enragé. Qui fait & donne de la peine, parce qu'il fait du fracas, & eſt de mauvaiſe humeur. Le mot de *Démon* eſt uſité en proſe dans ce ſens, mais il eſt bas. (C'eſt un petit démon.)

D'imo niaque

DEM   DEN   DEN

Démoniaque, adj. & subst. m. & f. Qui est possedé du Démon. (Le Seigneur a guéri plusieurs Démoniaques.)

† *Démoniaque*, adj. Méchant. Enragé & fou. Extravagant & comme possedé du démon. (C'est un démoniaque.)

Démonomanie, s.f. Ce mot est composé de deux mots Grecs. Il signifie le culte insensé des Démons. Il se prend pour la connoissance des Démons & des éfets qu'ils peuvent produire. Et ensuite pour la sorcelerie & la magie. (La Demonomanie de J. Bodin est savante & curieuse ; mais elle ennuïe presque autant que les ouvrages de V...)

† *Démontrable*, adj. Qui peut être démontré. Ce mot s'est dit par quelques-uns, mais il semble n'être pas en usage, & tout au plus il ne se peut dire qu'au Colege.

Démonstratif, *démonstrative*, adj. Qui démontre. (Un argument démonstratif. Un pronom démonstratif.)

Démonstratif, *démonstrative*. Terme de Rétorique. Ce qui regarde la loüange, ou le blâme. Qui montre par le discours la loüange ou le blâme de quelque personne. Ce qui fait voir ce qu'il y a de beau & glorieux ou de défectueux dans un sujet. (Le genre démonstratif.)

Démonstration, s.f. Terme de Logique & de Matematique. Argument qui démontre clairement & invinciblement quelque chose. (Une démonstration Matématique.)

Démonstration. Témoignage de quelque passion par quelque action extérieure. (Recevoir quelcun avec de grandes démonstrations de joie Patru, plaidoyé 7. Il lui a fait mille démonstrations d'amitié. Les démonstrations d'amitié parmi les gens de Cour ne signifient rien.)

Démonstrativement, adv. D'une manière convaincante. (Prouver démostrativement.)

Démontrer, v. a. Faire voir clairement. Faire une démonstration de quelque chose. (Démontrer la proportion des lignes. Port-Roial, élemens de géométrie.)

Démontrer, v. a. Souvent il ne signifie que *montrer*, faire connoître. Ce sont des signes qui *démontrent* qu'il y a des eaux, ou des mines en cet endroit-là.)

Démonter, v. a. Ce mot se dit en parlant de cavalier. Oter la monture à un cavalier. (On l'a démonté. C'est un cavalier démonté.)

Démonter. Terme de Menuisier & de Tourneur. Défaire & désassembler un ouvrage monté. (Démonter une armoire. Démonter une colone, &c.)

On dit *démonter le Canon*. C'est a ruïner l'afût. *Démonter un fusil.* C'est en séparer les piéces pour le nétéier. *Démonter un lut.* C'est en ôter les cordes. Il fit construire les vaisseaux en sorte qu'on les pouvoit démonter & charger les piéces sur des chariots. *Vaug. Q. C. l. 8. ch. 10.*)

* *Démonter*, v. a. Ce mot, au figuré, se dit de l'esprit & du corps. (Il a l'esprit démonté, il a la cervelle démontée, c'est à dire, son esprit ne fait pas bien ses fonctions. Ces paroles *démontent* toutes vos esperances. *Abl. Luc. Tom. 1.* C'est à dire, démontent vos esperances. *Mol.* C'est à dire, *agisse comme par ressors.* Les Courtisans ont des *visages qui se démontent.* Cela veut dire qu'ils en changent suïvant l'occasion.)

Démordre, v. a. Lâcher ce qu'on tient avec les dents. (Chien qui ne démord pas.)

† * Il n'en démordra pas. Il n'en veut pas démordre. C'est un homme à n'en point démordre. C'est à dire, que c'est un homme qui persistera dans ce qu'il a entrepris.)

DEN.

Denater, v. a. Défaire la nate. Oter la nate. (Dénater une chaise.)

Denaturé, *dénaturée*, adj. Inhumain. Cruel. (Monstre dénaturé.)

Denché, *denchée*, adj. Terme de blason. Qui a de petites dents. (Il porte d'argent à la croix denché de gueules. Col.)

Deni, s. m. Il ne se dit bien qu'en termes de Palais. Il consiste à nier une chose. (Demandez lui ce qu'il vous doit, & en cas de déni vous le ferez assigner.)

Déni. Refus. (Déni de Justice. Le déni des alimens qu'on fait à son pere, est un crime punissable.)

Déniaiser, v. a. Tromper. Attraper avec quelque personne. (On l'a plaisamment déniaisé. Le boufon Brusquet déniaisa adroitement Bénévent Comte Espagnol. Voi. Perreniana.)

† *Déniaiser*. Rendre plus fin, plus éveillé, plus adroit. (Afin de me déniaiser, je suis resolu de voir un peu le monde. Voi. ler. 30.)

† *Déniaisé*, s. m. Fin. Adroit. (C'est un déniaisé.)

Denicher, v. a. Oter du nid. (Denicher des oiseaux.)

† * *Denicher*, v. a. Sortir. Quiter un lieu. (Il faut denicher de céans. Elle est dénichée dès le matin.)

* *Denicher*, v. a. Faire sortir d'un lieu. (Il y aura de la peine à denicher les ennemis du poste qu'ils ont occupé. Le Commissaire a déniché ces gens du quartier.)

Denier, v. a. Refuser. Ne pas accorder. (On ne me peut denier un rang parmi les auteurs de nôtre langue. *Abl. Ar. l. 1.* Denier une faveur. *Sca.*)

Denier, v. a. Nier. (Philotas dénia le crime. *Vaug. Quin. l. 6.* Les Templiers dénierent à la mort, les crimes qu'ils avoient confessez dans les tourmens. *Mezerai, Hist. de Fr. Phil. de Bel.*)

Denier, s. m. Espece de monnoie d'argent du tems de Pharamond. (Les deniers d'argent du tems de la premiere race portoient quelquefois la même figure que les sous ; mais souvent ils n'avoient aucune lettre gravée. *Boutéroüé page 177.* *Voiez Sou.* Le denier étoit aussi une sorte de monnoie Romaine à 12. à la livre. *Bouteroüé, page 83.*)

Denier, s. m. Sorte de monnoie de fonte valant la moitié d'un double & aiant cours pour la douziéme partie d'un sou. Ce denier s'apelle *denier tournois*, *denier de prix*, ou *de cours.*

Deniers. Ce mot au pluriel signifie somme d'argent. (Il fit une grande levée de deniers sur les peuples. *Vau. Quin. l. 4.*)

Denier, s. m. Terme de monnoie & d'orfévrerie. Partie, ou degré de la bonté de l'argent pur qui est divisé en douze deniers. Ce denier s'apelle *denier de fin.*

Denier de poids. C'est la vingt-quatriéme partie de l'once & la 191. du marc.

Denier de monnoiage. Espece de monnoie de quelque qualité d'ouvrage que ce soit comme un écu d'or est un denier de monnoiage. *Boutéroüé, page 146.*

Denier. Poids de vingt-quatre grains.

Denier à-Dieu, s. m. Erres. Ce peu d'argent qu'on donne à la personne de laquelle on loüe, ou l'on achete quelque chose pour assurance qu'on tiendra le marché qu'on fait avec elle. On doit retirer le denier-à-Dieu dans 24. heures après qu'on l'a donné, ou il faut que le marché qu'on a fait, tienne. On apelle cet argent *denier-à-Dieu*, parce qu'on le donne principalement pour en faire des aumônes aux pauvres. (Donner le denier-à-Dieu.)

Retirer son denier-à-Dieu. Rendre le denier-à-Dieu.

Interêt au denier quinze, seize, vingt, &c. Terme de marchands.

Denigrer, v. a. Noircir. Terme vieux & bas qui est encore dans la bouche du petit peuple de Paris. Il signifie *mépriser.*

Denis, s. m. Nom d'homme. (Saint Denis.)

Denise, s. f. Nom de femme.

Denombrement, s. m. Détail qu'on fait de quelque chose. Compte. Nombre. (Il a fait un dénombrement de tous les cas où les Juges peuvent recevoir des presens. *Pas. l. 8.*)

Denombrement de fief. Terme de pratique. C'est la déclaration par écrit & en bonne forme que donne le vassal, des héritages, cens, & autres droits qu'il tient de son Seigneur à foi & hommage, & qu'il reconnoît tenir de lui. (Donner son aveu & denombrement.)

Denombrement. Terme de Rétorique. Il consiste à raporter les parties ou les qualitez qui sont dans un sujet. (On se sert du dénombrement pour amplifier.)

Denominateur, s. m. Terme d'Aritmétique. C'est le nom du nombre de dessous d'une fraction ; lequel marque en combien de parties le nombre entier est divisé. Voiez *Numerateur.*

Denoncer, v. a. Déclarer une chose à quelcun. (Il envoïa quelcun des principaux de sa Cour vers les Scites, leur dénoncer qu'ils ne passassent point le Tanaïs. *Vaug. Q. C. l. 7. c. 6.* Il lui envoïa denoncer qu'il eût à lui païer tribut. *l. 8. ch. 13.* Denoncer la guerre, la paix, &c.)

Denoncer, v. a. Acuser, déferer, déclarer une ou plusieurs personnes qui ont fait quelque faute. (Il dénonça deux Chevaliers Romains. *Abl. Tac. Am. l. xi.* L'Eglise ordonne de dénoncer les excommuniez. Voi *Eveillon*, traité de l'excommunication.)

Dénonciateur, s. m. Celui qui dénonce. Celui qui acuse. (Voici un grand crime dont Tuberon s'est rendu dénonciateur. *Abl. Traduct. de Ciceron.* Les deux dénonciateurs des Templiers périrent miserablement, l'un fut pendu pour ses crimes, l'autre fut assassiné par ses ennemis. *Mezerai.*)

Dénonciation, s. f. Il vient du Latin *denunciatio*. Prononcez *dénonciacion.* Acusation qu'on fait d'une ou de plusieurs personnes devant un Juge, ou d'autres gens capables d'en connoître. (Philippe le Bel, Roi de France, sur la dénonciation de deux Templiers scélerats, fit arrêter en 1307. tous les autres Templiers de son Roïaume. *Mezerai.*)

Dénonciation. Déclaration faite solennellement. Publication. (La dénonciation de la guerre.)

Dénonciation, s. f. Terme d'Eglise. Déclaration qu'on fait qu'une personne a encouru l'excommunication. La dénonciation se fait afin que la sentence d'excommunication soit entierement executée. *Eve.*

Faire une dénonciation d'une nouvelle œuvre. Terme de pratique. C'est déclarer à un voisin, ou autre personne, qu'il n'a point droit de construire ce qu'il entreprend, & que l'on s'y opose.

* *Denoter*, v. n. Marquer. † *Denotation*. Désignation. Ces mots sont vieux. (Cela dénote qu'il est en colere. La Terre reçoit beaucoup de diférentes dénotations. *Quint. jardins, T. 1.*)

Ll 2   *Denoû*

DENOÜMENT, s. m. Terme de poësie. C'est un évenement contraire aux premiéres aparences, heureux quelquefois & malheureux d'ordinaire. (Le dénoüment de la piéce doit être tiré du fond même de la piéce.)

Dénoüer, v. a. Défaire un neud. (Dénoüer un neud. Vaug. Quin. l. 3.)

* Dénoüer, v. a. Délier. Ce mot se dit de la langue.

[* Ma langue n'atend pas que l'argent la dénoue. Despreaux, Satire 9.]

* Dénoüer. Terme de poësie. Faire le dénoüment d'une piéce de téatre. (Dénoüer une Comédie. Dénoüer une Tragedie.)

Denrée, s. f. Mot général pour dire quelque sorte de marchandise que ce soit. (Cette denrée est fort chere. Il signifie ordinairement la marchandise qu'on vend aux marchez & qui est necessaire à l'entretien du ménage. (Mettre le prix aux denrées.)

Dense, adj. Terme de Philosophie. Un corps dense : C'est un corps qui ocupe peu d'étenduë avec beaucoup de matiere. Roh. Phis.)

Densité, s. f. La qualité d'un corps dense. (La pesanteur de l'or vient de sa densité, ou de la petitesse de ses pores.)

Dent, s. f. Petit os fort dur, un peu creux par dedans, ataché aux machoires, par le moïen des nerfs, des membranes & de la chair des gencives, & destiné pour mâcher les viandes. [Dents oeilleres. Dents machelieres. Dents de sagesse on apelle ainsi les dernieres dents, parce qu'elles prenent dans l'âge où l'on doit être sage. Avoir les dents belles & blanches. Agacer les dents. Arracher les dents. Déchausser une dent. Les dents tombent, branlent, se pourissent. Grincer les dents.]

On parle des dents de plusieurs bêtes, & entr'autres des dents d'Elephant, les dents du sanglier, dent de loup. Les dents du cheval ont divers noms particuliers. Dents machelieres. Dents de lait. Les pinces, les mitoïennes, les coins, & les crocs.

Dent. Ce mot entre dans plusieurs façons de parler proverbiales. (Il n'en tâtera que d'une dent. C'est à dire, il n'en mangera point du tout. Il n'est personne qui ne se dise entre ses dents, les Princes sont d'étranges gens. Voi. poes. Vous avez une dent de lait contre lui. Mol. C'est à dire, quelque haine, quelque ressentiment contre lui. Ils m'ont fait médecin malgré mes dents. Mol. C'est à dire, malgré moi. Elle a mis son galand sur les dents. Reg Sat. 13. C'est à dire, qu'elle a épuisé les forces de son galand. Montrer les dents à quelcun. C'est montrer qu'on a de la fermeté & du cœur. Avoir les dents bien longues, c'est avoir faim, être pauvre. Ne manger, ni son saoul, ni quand on voudroit, ni ce qu'on voudroit. Parler des grosses dents, c'est parler vertement & hardiment à quelcun. Chacun lui donne un coup de dent, c'est à dire, chacun le raille, ou le déchire à coups de langue. Déchirer à belles dents. On prendroit aussi-tôt la Lune avec les dents. C'est à dire, que la chose dont on parle, est impossible. Déchirer quelcun à belles dents. C'est médire cruellement de quelcun. Murmurer entre ses dents. C'est à dire, tout bas, & sans être entendu. Rire du bout des dents. C'est rire par force & sans en avoir envie. Prendre le frein aux dents. V. Frein. Malgré ses dents, C'est à dire quoi qu'il ne le veüille pas & quelque éfort qu'il puisse faire pour l'empêcher. Il est armé jusqu'aux dents. C'est à dire, il est armé de toutes piéces.)

* Dent. Ce mot se dit de certaines choses inanimées. (Ainsi on dit les dents d'une scie. Les dents du rateau. Dent de herse. Dent de roue de mouvement. Dent de bois. Les dents d'une clé, &c.) Les Couteliers apellent dents les breches qui se font aux lames de coûteaux, canifs, rasoirs, ciseaux, &c. V. Breche. On dit aussi figurément. On ne se peut garentir des dents de l'envie, de la médisance, de la Satire.

Cure-dent. Breche-dent. Trident. Surdent & autres mots composez de dent se trouveront en leur rang.

Dentée, s. f. Terme de Chasse. Ateinte des défenses d'un sanglier, qui éventre les chiens & les chevaux.

Dentelle, s. f. Ouvrage de fil, de soie, d'or ou d'argent qu'on fait au fuseau, & dont on se sert pour atacher au linge, ou sur les habits. (Faire de la dentelle. Remplir de la dentelle.)

Dentelé, dentelée, adj. Terme d'art. Qui est façonné en forme de dent. (Ouvrage dentelé. Roüe dentelée.) Il se dit des feüilles d'arbres & d'herbes, qui ont les bords coupez en maniére de petites dents. (Les feüilles de cet arbre sont joliment dentelées. Quint. Jardins fruitiers, Tom. 1.)

Dentelure, s. f. Terme d'art. Ouvrage dentelé.

Denticule, s. f. Terme d'Architecture. Membre de la corniche Jonique qui est quarré & recoupé par plusieurs entailles qui donnent la forme d'un ratelier de dents.

Denture, s. f. L'ordre dont les dents sont rangées. Rang de dents. (Une belle, ou une vilaine denture.)

Dénuë, dénuée, adj. Privé de tout. Dépoüillé de tout. Qui n'a rien. (Le sage n'est jamais foible quoi qu'il soit dénué de tous les secours étrangers. Morale du sage. Etre

dénué de toutes choses. Patru, plaidoyé, 4. La valeur dénuée de toutes les autres vertus ne peut rendre un homme digne d'une veritable estime. Segrais.)

Dénuëment, s. m. Terme qui se dit parmi les dévots. (Etre dans un parfait dénuëment des créatures.)

D E P.

Depaïser, v. a. Prononcez dépéisé. Tirer quelcun d'un lieu où il a du credit, ou des habitudes. (Si vous voulez avoir procés avec un tel, il le faut tirer à Paris, & le dépaïser, car il a trop d'amis dans la Province.)

Dépaïser, v. a. Corriger quelcun des défauts, des mœurs, ou de l'accent de son païs. (Pour se dépaïser, il faut aller à la Cour. Etant venu en Cour pour se dépaïser. Scaron, D. Japh. a. 1. sc. 2)

Dépaqueter, v. a. Défaire un paquet. (Dépaqueter une chose empaquetée.)

De par, Préposition qui signifie de la part. Par l'ordre. Par le commandement. (De par, à defendu de par le Roi les passemens d'or & d'argent.)

Departeiller, v. a. Séparer deux choses pareilles. (Depareiller des gans, des bas, & autres semblables choses qu'on fait ordinairement égales de même matiere & de même façon.)

† Déparer, v. a. Ce mot, pour dire ôter l'agrément, l'ornement, comme par exemple, un nez mal fait dépare un visage, n'est pas en usage. Il faut dire à sa place défigure un visage.

Déparer une Eglise. C'est en ôter ou changer ce qui la pare. (Il faut déparer l'Eglise pour la rendre en deüil.)

Déparier, v. a. Il signifie quelquefois la même chose que dépareiller, mais il se dit particulierement des animaux qui se joignent ensemble, comme du mâle & de la femelle qui composent une paire de pigeons, & veut dire les séparer l'un de l'autre. Il se dit aussi des chevaux de carosse de different poil, de differente taille, &c. qu'on ne trouve pas à propos d'ateler ensemble à un même carosse. Un de mes chevaux est mort, l'autre qui reste, est déparié.

† Départager, v. a. Oter le partage. Terme de Palais. Il ne se dit qu'à l'égard des Juges de quelque Corps, qui ont été partagez, c'est à dire, de different avis en nombre égal. Et qui pour terminer ce partage d'opinions, apellent quelqu'autres Juges dans un autre Corps pour départager. V. Départir.

† Déparler, v. n. Ce verbe joint à une négative signifie. Ne pas cesser de parler. (Il auroit été sans déparler un mois que j'aurois peu parlé. Sca. epitre chagrine à M. Delbene.)

Départ, s. m. C'est la sortie d'un lieu pour aller à un autre qui est éloigné. (Etre sur son départ. Songer à son départ.)

Départ. Terme d'Orfévre. Séparation qui se fait de l'or & de l'argent par le moïen de l'eau forte. (Faire le départ de l'or & de l'argent.)

Département, s. m. Terme d'Intendant de Justice, de Commissaire de guerre, & d'autres qui sont emploïez au service du Roi. C'est une étenduë de païs sur laquelle on a quelque pouvoir conformément à la charge, ou à la commission qu'on exerce. (Il a 30. villages dans son département.)

Département. Ce mot se dit aussi entre Secretaires d'Etat, & c'est la partie du Roïaume dont les afaires qui regardent l'interest du Roi, sont commises au Secretaire d'Etat. (Cette Province est du département de Mr. Colbert.)

Département. Ce mot se dit aussi en parlant de gens de guerre. (Ils tiererent au sort les vilages les plus proches, & chacun alla à son département. Abl. Ret. l. 4. c. 3.)

Départir, v. a. Distribuër. (Départir les graces à quelcun. Voi. l. 5. Memnon aporta de Trace dix mille paires d'armes, qu'Alexandre départit aux soldats. Vaug. Q. Cure. l. 9. ch. 3.)

Départir. Ce mot se dit en termes de Palais, & en parlant de procés. C'est juger un procés après qu'il a été partagé entre les Juges. (Départir un procés. On a départi le procés, & l'on en verra bien-tôt la fin. C'est à dire, on l'a distribué aux Juges, pour en examiner les piéces, & dans ce même sens, on a dit. On a départi les Commissaires pour l'execution des ordres du Roi.

Se départir, v. n. Ce mot se dit souvent en parlant d'afaires de Palais. C'est se déporter. Quiter. Ceder. (Se départir de son droit. Le Mai. Il est à croire qu'il ne s'est pas départi de ses sûretez sans raison Patru, plaidoyé x. Ce n'est pas une regle dont on ne puisse se départir. Patru, plaidoyé 8. Sedecias, Roi d'Israël, donna sa parole au Prince des Assiriens, de ne se départir jamais de son aliance. Maucr. hom. de S. Chrisost. hom. 19.)

† Depaser, v. a. L'usage de ce mot est fort borné. Car il ne se dit qu'à l'égard des habits, des rubans, coifes, &c. Et il signifie reprendre ce qu'on avoit passé dans quelque chose.

DEP   DEP

chose. (Il faut dépasser ce lasset parce que vous avez sauté un œillet. Dépassez ce ruban. Dépasser le bras de dedans la manche d'un pourpoint.)

DÉPAVER, v. a. Arracher le pavez avec la pince. (Dépaver une cour, une Eglise, une ruë.)

DÉPECER, v. a. Mettre en pieces. Mettre en morceaux. Couper en morceau. Prononcez dépecé. (Dépecer le buf.)

DÉPECHER, v. a. Adresser à quelcun. Envoier vers quelcun. (On lui dépecha des oficiers pour lui aprendre la resolution des troupes. Abl. Rét. l.1. c.3. Dépecher un courier. Abl.)

Se dépecher, v. r. Se hâter. (Dépechez vous de diner.)

Dépeches, s. f. Lettres écrites touchant diverses afaires d'Etat. (Les dépeches du Cardinal d'Ossat sont judicieuses. Nos habiles gens d'afaires sont formez à un certain stile de dépeches plus convenable à l'histoire. S. Evremont.)

† DÉPEDANTISER, v. a. Ce mot se dit en riant. C'est tirer de la pedanterie.

† DÉPEINDRE, v. a. Je dépeint, tu dépeints, il dépeint, nous dépeignons, vous dépeignez, ils dépeignent. J'ai dépeint. le dépeignis', &c. C'est representer. (Dépeindre l'ardeur du soldat qui monte à l'assaut. Ablanc. Les Poëtes Tragiques Anciens ont beaucoup mieux réüssi à exprimer les qualitez de leurs Héros qu'à dépeindre la magnificence des grands Rois. S. Evremont, traité des Tragedies.)

DÉPENDANCE, s. f. Chose qui releve & qui dépend d'une autre. La Bresse est des premieres dépendances de la Couronne. Patru, plaidoyé 4. On dit aussi, Vivre dans la sujertion & la dépendance d'un autre. Les propositions de Géometrie ont une suite & dépendance les unes des autres. Les circonstances & les dépendances d'un procés.

Dépendre, v. a. Oter une chose qui est penduë, ou attachée à quelque croc, ou à quelque crampon. Je dépens. l'ai dépendu. le dépendis. (Dépendre une chose atachée en haut.)

† Dépendre. Ce mot pour dire dépenser, est hors d'usage.

* Dépendre. Etre dépendant. Relever. (Il y a en France beaucoup de bénéfices qui dépendent du Roi, & qu'on apelle bénéfices consistoriaux.' (La fortune des gens dépend souvent de leur mérite. Ablanc.)

* Dépendant, dépendante, adj. Qui releve d'une autre. (Fief dépendant. Etre dépendant de quelcun.)

DÉPENS, s. m. Frais. (Faire une chose à ses dépens. Vivre aux dépens d'autrui.)

Dépens. Ce mot se dit en parlant d'afaires de Palais, & signifie Frais. Ce qu'on a déboursé à la poursuite de l'afaire; ce qu'on a dépensé dans la poursuite d'un procés. (Gagner les dépens. Condamner aux dépens. Donner une declaration de dépens. Les dépens montent haut. Protester de tous dépens, dommages & interêts contre quelcun.)

* Dépens. Dommage. Tort. (Se justifier aux dépens d'autrui. Mémoires de M. de la R. F.)

Dépense, s. f. Tout ce qu'on dépense. (L'aumône ne se fait pas sans dépense, mais le profit surpasse la perte. Maucroix, Homelie 15. Faire une grosse dépense. Une belle dépense.)

Dépense. Terme de Religieux & de Religieuse. Lieu où sont les pots, les tasses, le pain & le vin.

Dépenser, v. a. Faire de la dépense. Consumer. (Il dépense tous les ans dix mille francs. Il a dépensé son bien.)

Dépensier, s. m. Terme de Religieux. C'est le Religieux qui a soin de la dépense. Celui qui distribuë le pain & le vin aux Religieux.

Dépensiere, s. f. La Religieuse qui a soin de la cave & de toute la dépense.

† Dépensiere. Celle qui a fait de la dépense. (Vous êtes dépensiere. Mol. Tartufe, a.1. s.1)

† DÉPERDITION, s. f. Ce mot n'est pas en usage qu'entre les Chirurgiens qui parlent de déperdition de substance pour dire que la chair a été entamée, & qu'il y a une plaie.

DÉPERIR, v. n. Commencer à périr, à diminuër, à se ruiner. (Laisser déperir l'armée. Abl. L'armée déperit. Voi. l.74. Prenez garde que vôtre bien ne déperisse.)

Déperissement, s. m. C'est, quand une chose commence à diminuër, à périr, à se ruiner. (Il ordonne pour éviter le desordre, ou déperissement que l'Ainé aura seul la maison. Patru, plaidoyé 12.)

DÉPETRER, v. a. Ce mot se dit des chevaux qui s'embarrassent les piez dans leurs traits, & signifie défaire un cheval qui est empetré dans les traits. (Dépetrer un cheval.)

† Se dépetrer. Il se dit des personnes au figuré. Se débarasser. Se défaire de quelque chose. (La pauvreté est si gluante qu'on ne s'en sauroit dépetrer. Abl. Luc. Tome 1. Se dépetrer de quelcun. Ablanc. Luc. Tome 1.)

DÉPEUPLER, v. a. Détruire le peuple d'un lieu, le chasser, l'écarter à force de lui faire du mal & de la peine. (La peste a dépeuplé la Holande. Le gouvernement tirannique & la guerre dépeuplent les païs.)

* Dépeupler. Au figuré se dit des animaux & des arbres. (Dépeupler le gibier, le poisson, &c. Dépeupler une forêt.)

† * Elle dépeuple de bijoux les boutiques du Pont au change. Benserade.)

Dépeuplement, s. m. L'action par laquelle on dépeuple. L'état du païs qui est dépeuplé. (Le dépeuplement de l'Asie & celui de la Grece vient du Gouvernement violent des Turcs. Le dépeuplement de l'Espagne a été causé par le déchassement des Mores, & par le transport des Espagnols en Amérique.)

* Dépeuplement. Ce mot se dit aussi des forêts où l'on abat quantité d'arbres.

DÉPILATOIRE, s. m. Terme d'Apoticaire. Il vient du Latin. C'est une sorte d'emplâtre qu'on fait de quelques ingrediens pour ôter le poil de dessus le corps.

† Dépiquer, v. a. Oter le chagrin. Oter la fâcherie. (Cela me dépique de toutes les pertes que j'ai faites l'hiver passé. Voiture, l.47.

† Dépit, s. m. Sorte de courte colere. Fâcherie. Déplaisir. (Donner du dépit. Crever de honte & de dépit. S. Ampoüé. Pleurer de dépit. Faire dépit à quelcun. J'oublie tous les dépits qu'elle m'a fait. Voi. l.23. Avoir du dépit contre soi-même. Le Comte de Bussi, Letre au Duc de S. Aignan. Le dépit doit ceder au plaisir de se raccomoder. Dépit amoureux. Mol.)

En dépit. Sorte de préposition qui regit le genitif. Malgré. (En dépit des pluies & de l'hiver. Voi. l.47)

† * On dit qu'une chose croit par dépit, pour dire sans qu'on en prenne aucun soin.

† Se dépiter, v. r. Se fâcher. Se mettre en colere. (La veillesse est chagrine, & se dépite toûjours. Teo poët. Se dépiter contre quelcun. Mol. Fourberies de Scapin. a.1. s.2.) C'est un amant dépité. Mol. Femm. sav. a.1. s.1.

† Dépiteux, dépiteuse, adj. Qui se dépite. (C'est un fort dépiteux marmot. Voi. poës.)

DÉPLACER, v. r. Oter de la place. (Il n'est pas honnête de déplacer les gens. Cheval qui ne déplace point sa tête.)

Déplacement, s. m. Changement de place.

DÉPLAIRE, v. n. Ne déplaire pas. (Quand il veut plaire, il déplaît. Déplaire à Dieu & au monde.)

Se déplaire, v. r. Se chagriner. S'atrister. Se dégoûter de quelque chose. (Il se déplaît dans la servitude, & il a raison.)

Déplaisant, déplaisante, adj. Qui déplaît. Fâcheux. (Une chose fort déplaisante.)

Déplaisir, s. m. Fâcherie. Chagrin. Tristesse. (avoir de grands déplaisirs.)

DÉPLANTER, v. a. Arracher une chose plantée pour la planter ailleurs. (Déplanter une tulipe. Morin, traité des fleurs pa. ges 14. On doit déplanter une anemone quand sa feuille jaunit pour sécher. Culture des fleurs.)

Déplantoir, s. m. Outil de fer, ou de fer blanc, avec quoi on déplante des plantes ou des racines. (On fait entrer le déplantoir jusqu'au dessous des racines qu'on déplante.)

DÉPLIER, déplié, v. a. L'un & l'autre se dit, mais déplier est bien plus en usage que déploier, que les poëtes tâchent à maintenir en faveur de la rime. (Déplier une serviette.)

* A l'envi leur amour se déploie. Racine, Iphigenie, a.1. s.1.

* C'est qu'il a déplié tous les trésors de son ame. Pat. Eloge du Mr de Bellievre, p.660. C'est à dire, qu'il a fait voir. Comme peu à peu les montagnes vinrent à s'ouvrir, il dépliâ ses escadrons. Elle a déplié tous ses charmes Scar.

Enseignes déployées, ou déployées. L'un & l'autre se dit.

Déplier le trait. Terme de Chasse. C'est alonger la corde de cûin qui tient à la bote du limier.

DÉPLISSER, v. a. Oter les plis. (Déplisser une jupe.)

DÉPLORABLE, adj. Qui est à déplorer. (Chose déplorable. Accident déplorable. Mort déplorable.)

Déplorer, v. a. Plaindre. Avoir pitié. (Déplorer la misere du tems. Abl. Se déplorer son destin. Mol. poë.)

DÉPLUMER, déplumé. Dites & voiez: Plumer, plumé.

DÉPOLIR, v. a. Oter le poli d'une chose. Oter l'éclat. Faire perdre l'éclat. (Dépolir une piéce de verre. Depolir de l'acier.)

DÉPONENT, adj. m. Prononcez Déponan. Terme de la Grammaire Latine. Il se dit des verbes qui ont la terminaison passive avec la signification active. (Ce verbe est déponent.)

DÉPORT, s. m. Terme d'Eglise. Droit qu'ont de certains Evêques de prendre le revenu des Eglises paroissiales qui vaquent par mort, à cause qu'ils ont soin d'y faire célébrer l'Ofice divin. (Le droit de déport est établi par toute la Normandie.)

* Sans déport. Terme de Palais. C'est à dire sur le champ. (Il a été condamné à dix écus d'amande, païables sans déport. C'est à dire, sans sortir du lieu.

DÉPORTEMENT, s. m. Conduite. Maniére d'agir. (Ses déportemens me sont connus. Abl. Tac. An. l.xi. Les mauvais déportemens des jeunes gens viennent le plus souvent de leur mauvaise éducation. Mol. Fourb. de Scap. a.1. s.1. Ses déportemens donnent prise à tout le monde. Le Comte de Bussi.)

Se déporter, v. r. Se désister. (Se déporter d'une afaire.)

DÉPOSER, v. a. Se défaire d'une Charge. Se défaire d'un Ofice,

Ofice, ou d'une dignité qu'on poſſede. Oter à quelqun la Charge ou la dignité qu'il poſſede. (Silla dépoſa la Dictature. *Abl. Apo.* Dépoſer un Eccléſiaſtique. Evêque dépoſé. *Maucroix, Schiſme l. 2.*)

Dépoſer. Mettre en dépôt. (On a dépoſé l'argent au Grêfe. Dépoſer un Teſtament olografe entre les mains d'un Notaire.)

Dépoſer. Terme de *Palais.* Rendre témoignage. (Il a dépoſé contre elle.)

Dépoſant, ſ. m. dépoſante, ſ. f. Terme de *Palais.* Celui & cele qui dépoſe. Témoin qui declare en Juſtice. (Le dépoſant a dit ſavoir, &c.).

Dépoſitaire, ſ. m. & f. Terme de *Palais.* Celui ou celle à qui on a confié un dépôt. Le mot de dépoſitaire eſt maſculin quand on parle d'un homme, & il eſt feminin quand on parle d'une femme. (Il a voulu demeurer le dépoſitaire de ſes propres charitez. *Pat.* 3. *plaid.* 14. & la recette & la dépenſe. *Pat. plaid.* 16. Lors que les Péres ceſſent de vivre, ils rendent les méres les *dépoſitaires* de leur pouvoir. *Le Mait. plaid.* 17.)

* [La Sainte Cité de Jéruſalem eſt la *dépoſitaire* de l'Arche, de l'Urne d'or, & des Tables ſacrées. *Saint Chriſoſtome , Homelie* 19.]

* Dépoſitaire. Celui ou celle à qui on découvre ſon cœur.(C'eſt le dépoſitaire de ſes plus ſecretes & de ſes plus douces penſées. (*Pat. plaid.* 14.)

Dépoſitaire. Terme d'*Auguſtin.* Ce ſont des Religieux qui ont chacun une clef des Archives & des titres du Couvent.

Dépoſition, ſ. f. Privation d'Ofice & de dignité. (Il lui enjoint de comparoître ſous peine de dépoſition, de Royaume, & de ſa dépoſition. *Mauc. Schiſ.* l. 1. On dit auſſi la dépoſition d'un Eccléſiaſtique. *Eve.*)

Dépoſition. Terme de *Palais.* Témoignage. Rendre ſa dépoſition au Juge. *Le Mai.*

Dépoſſeder, v. a. Oter à quelqun ce qu'il poſſede. (On l'a dépoſſedé.)

* Le Roi ſe voit dépoſſedé de ſon pouvoir. *Racine, Iphigénie, a.* 5. ſ. 3.

Dépoſter, v. a. Chaſſer du poſte. (Dépoſter l'ennemi.) Le mot de dépoſter n'eſt pas bien établi, & il ne ſe dit que parmi les gens de guerre, mais comme il abrège, & qu'il eſt commode, on eſpére qu'il s'établira.

Dépôt, ſ. m. Tout ce qu'on met entre les mains de quelcun pour le garder. (Mettre de l'argent en dépôt. Le dépôt eſt aſſuré entre ſes mains.)

Dépôt. Terme de *Médecin.* Epaiſſeur & marc qu'on voit au fond des urines. (Le dépôt de l'urine.)

Dépôt. Terme d'*Auguſtin.* Cofre où ſont les Archives du Couvent.

Depoter, v. a. Terme de *Jardinier.* C'eſt ôter une plante d'un pot où elle eſt. (Dépoter une plante. Dépoter des fleurs. *Quin. Jardins.*)

Dépouille, ſ. f. Tous les habits qu'une perſonne avoit ſur le corps. Toutes les hardes d'une perſonne. Tout le butin, & tout ce qu'on remporte des ennemis qu'on a batus. (Il a eu toute la dépouille de nôtre cher ami. Ce ſont les dépouilles qu'il a remportées ſur les barbares. *Abl. Ar.* l. 1.)

* Il a quité ſa dépouille mortelle. *Sar. poë.* Phraſe poëtique, pour dire il eſt mort.

Dépouille de ſerpent. C'eſt la vieille peau qu'il quite au printems.

Dépouiller, v. a. Oter les habits à quelcun. (On l'a dépouillé au milieu d'un bois. *Abl.*)

* Dépouiller. Quiter. Se défaire. (* Dépouillez cette rigueur qui rend vôtre beauté farouche. *voi. poëſ.*)

Dépouiller. Oter. Priver. (Dépouiller une perſonne de ſes biens. *Abl. Apoph.*

Dépouiller. Terme de *Rotiſſeur.* Dépouiller un agneau. C'eſt lui arracher la peau avec la peau, après l'avoir tué.

* Dépouiller. Terme de *Jardinier.* Il ſe dit au figuré des arbres, c'eſt leur ôter leur fruit ou leurs feuilles. (Dépouiller un arbre.)

* Dépouiller. Terme de *Sculpteur.* Oter toutes les piéces du moule qui environoit une figure. (Dépouiller une figure.)

Se dépouiller, v. r. Oter les habits qu'on a ſur le corps. (Il ſe dépouilla à la vûë de ſon armée. *Vau. Quiv.* l. 3.)

* Se dépouiller, v. r. Au figuré il ſignifie ſe défaire de.... Quiter. Abandonner. (Vous étant dépouillez de toute malice, de tromperie & d'envie, déſirez le lait ſpirituel. 1. *Epit. de S. Pierre, ch.* 2. Se dépouiller de ſa rigueur. *Voi. Poëſ.*)

Depourvoir, v. a. Dégarnir, ôter les proviſions & les choſes néceſſaires à la ſubſiſtance d'une perſonne, d'une maiſon, d'une place. (Un Gouverneur laiſſe dépourvoir ſa place, quand il en laiſſe ſortir les hommes, & qu'il ne pourvoit pas aux munitions.)

Dépourvû, dépourvûe, adj. Privé. Dépouillé. Qui n'a point. (Il eſt depourvû de tout ſens, *Gon. epi. l.* 2.)

* Au dépourvû, *adv.* Par ſurpriſe. Etant dépourvû de tout, & ne ſe tenant pas ſur ſes gardes. (Prendre au dépourvû.)

Dépravation, ſ. f. Ce mot eſt un peu vieux, mais comme il ſe trouve dans des Auteurs aſſez aprouvez, on ne le peut pas rejetter. Il ſignifie méchanceté, crime, &c. (Vôtre dépravation a eu ſa recompenſe. *Du Rier, Oraiſon de Ciceron contre Vatinius* La Poſterité de Seth fut fidéle à Dieu malgré la dépravation du tems. *Boſſuet, hiſt. univer.* 1. p.)

Dépravation. Ce mot ſe dit en parlant d'apetit. Il ſignifie déréglement & corruption. (La dépravation de l'apetit.)

Dépravé, dépravée, adj. Gâté. Déréglé. (Apetit dépravé.)

Dépravé, dépravée, adj. Corrompu. Déréglé. (Volonté dépravée. *Mauc. Hom.* 15. Mœurs dépravées. *Mauc. ſchiſme,* l. 1. Raiſon dépravée. *Mol.* Dieu les a livrez à l'égarement d'un eſprit dépravé & corrompu. *Port-Royal, Epitre de S. Paul aux Romains, ch.* 1.)

Déprédation, ſ. f. Ce mot n'eſt pas ordinairement uſité, mais il eſt fort ſignificatif pour exprimer ce que nous diſons plus foiblement par les mots de *ruïne, vol* & *pillage.* (Après la déprédation de tant de maiſons réguliéres, les peuples ſe trouvérent chargez d'impôts. *Maucroix, ſchiſme d'Angleterre* l. 1. *page* 166.)

Déprendre, v. a. Détacher. (Déprendre une choſe. Jeſus-Chriſt nous a dépris du commerce des choſes de la terre. *Trad. des Lettres de S. Auguſt.*)

Se déprendre, v. r. Se détacher. (Cela commence à ſe déprendre. * Il ſe dit auſſi au figuré, les mélancoliques ne ſe déprennent pas aiſément de leurs paſſions. *Balz. lett.*)

De près, *adv.* Tout contre. (Voir une choſe de près. Conſidérer de près.

Dépresser, v. a. Terme de *Reliueur* Oter de la preſſe. (Il y a aſſez long tems que ces Livres ſont en preſſe, il les faut dépresser.)

Il ſe dit auſſi des draps, & il ſignifie ôter aux draps le luſtre qu'on leur avoit donné lors qu'on les avoit mis à la preſſe.

† Dépreſſion. Terme de *Phiſique.* Il vient du Latin *depreſſio.* C'eſt l'abaiſſement qui arrive à un corps qui eſt ſerré & comprimé par un autre.

† * Il ſignifie auſſi au figuré, abaiſſement, humiliation, mais il ne ſe dit qu'en des matiéres graves. (Un Religieux eſt content de vivre dans la dépreſſion.)

† Déprier, v. a. Ce mot ſe dit en riant. (Il m'avoit prié à dîner, mais il lui eſt ſurvenu des afaires, & il m'a envoïé déprier.)

Déprimer, v. a. Ce mot eſt tout Latin, & en ſa place on dit d'ordinaire, *Rabaiſſer* ou *ravaller.*

Dépriſer, v. a. Avilir. Mépriſer. Faire peu de cas. (Dépriſer la marchandiſe de quelcun.)

Dépuceler, v. a. Oter le pucelage. Ravir la Virginité. (Dépuceler une filie.)

Depuis. Prépoſition qui régit l'accuſatif. (Depuis le lever du Soleil juſques à la nuit, les troupes de Darius ne ceſſérent de défiler. *Vau. Quin.* l. 3. c. 2.)

Depuis, *adv.* (Cela s'eſt paſſé depuis. *Abl.*)

Depuis peu, *adv.* Il n'y a pas long-tems. (Il eſt mort depuis peu.)

Depuis que, *adv.* Dès le tems que. (Tout eſt en joie depuis qu'Aminte eſt de retour.)

Depuis quand, *adv.* Depuis quel tems. (Depuis quand avez vous les yeux de Venus ? *Voi. Poëſ.*)

Deputation, ſ. f. Envoi de Députez vers un Prince, ou à quelque Aſſemblée. (Faire une députation ſolennelle. Il leur demanda le ſujet de leur députation. Eſſaïons de ramener les eſprits par une ſeconde députation. *Vaug. Quin. Curce,* l. x. ch. 8.)

Députation, ſ. f. Il ſignifie le corps des Députez. (Il eſt le chef de la députation.)

Député, ſ. m. Celui qui eſt député. (Les députez de la vile le vinrent trouver.)

Députer, v. a. Envoïer quelques particuliers vers quelque Grand, pour lui dire quelque choſe de la part de tout un corps.

Dequoi. Ce mot ſervant à interroger, ſignifie *de quelle choſe*? Dequoi parlez-vous ? *Abl.* C'eſt à dire, de quelle choſe parlez-vous ?

Dequoi. Ce mot ne ſervant point à interroger, veut dire *quelque choſe.* (Le ſage d'Epicure a dequoi vivre, &c. *Abl. Luc.*)

DER.

Déraciner, v. a. Ce mot ſe dit proprement des plantes & des arbres. Arracher les racines qui atachent les plantes & les arbres à la terre. (Déraciner un arbre. La violence du vent détracine les gros chênes.)

[* Déraciner le vice. *Reg. Sat.* 15. Déraciner ſes mauvaiſes habitudes. *Abl.*]

Déracinement, ſ. m. L'action de détraciner.

Déraisonnable, adj. Qui n'eſt pas raiſonnable. (C'eſt un homme fort déraiſonnable.)

Déraiure, ſ. f. Terme de *Laboureur.* La derniére raie qu'on fait lors qu'on laboure. Raie qui ſépare les ſillons.

Déranger, v. a. Oter de rang des choſes qui ſont rangées. Défaire

Défaire l'ordre auquel sont rangez des meubles, ou autres choses. (Déranger des chaises. Déranger des meubles.)

Dérangement, s. m. Changement de l'ordre & de l'état où étoient les choses rangées. (Le dérangement des parties. *Rob. Pinf.*)

DERECHEF, adv. Ce mot est un peu vieux, il ne trouve sa place que dans le burlesque, & même assez rarement. Il veut dire. Encore. De nouveau. (Je quiterois derechef un Empire pour vos beaux yeux. *Voit. poës.*)

DÉRÉGLÉ, *déréglée*, adj. Qui n'est pas réglé. Qui est en désordre. Désordonné. Démesuré. (Esprit déréglé. *Abl. Tac. An. l. 4.* Ambition déréglée. *Abl. Tac. An. l. 1.*)

Déréglement, s. m. Désordre de choses qui ne sont pas réglées, & qui le doivent être. Corruption de choses qui étoient réglées, & qui ne le sont plus. Corruption de doctrine. Confusion. (Le déréglement des saisons leur avoit donné l'épouvante. *Abl. Tac. l. 1. c. 4.* Les maladies ne se forment que du déréglement des humeurs. *Maue. Hom. x.* Ce sont des marques du déréglement de sa raison. *Maue.* La doctrine des opinions probables est la source & la base de leurs déréglemens. *Pasc. l. 5.*)

D*réglement*, Libertinage. Désordre. Débauche honteuse. (Je ne prétens point excuser ce déréglement. *Patru, plaid. xi.* Il faut bien des années de déréglement & de libertinage pour arriver à ce comble d'infamie. *Pat. plaid. xi.* Publier le déréglemens d'une personne. *Ariosto mod.*)

Déréglément, adv. D'une manière déréglée. (Vivre déréglément.)

Dérégler, v. a. Mettre dans le desordre & dans un état contraire aux régles. (La guerre civile dérégle tout dans un païs. Le libertinage dérégle les maisons.)

DÉRIDER. Ce mot dans le propre, ne se dit pas bien, & en sa place on dit, Oter des rides.

* D*rider*. Réjouir. Rasseréner le visage. Rendre plus gai. Donner un air moins grave & sévère.

[Dans leurs sombres humeurs se croiroient faire afront
Si les graces jamais leur dérideoient le front.
D. p. Poëtique. Chant. 3.]

Dérision, s. f. Moquerie (Ils les portérent en dérision par toute la vile. *Maue. schisme, l. 1.*)

DERIVER, v. n. Terme de Grammaire. Venir. Procéder. Décendre. (Mot qui dérive du Grec. La plû-part des mots de Chirurgie, de Pharmacie, de Chimie & de Médecine, dérivent du Grec.)

† * *Dériver*. Dans ce même sens de venir, procéder, décendre. L'on dit que toutes les misères *dérivent* du péché, & que toutes les graces dérivent du Ciel. Il faut aler à la cause d'où le mal dérive.

Deriver. Terme de Marine. C'est sortir de sa route par la violence des vents, des courans & de la marée. (On ne sauroit aller aux Indes sans dériver.)

Dérive, s. f. C'est la fausse route que fait un Vaisseau quand il est contraint de dériver. (Cette dérive est souvent la cause que les Pilotes se trompent dans leur estime.)

Deriver, v. a. Terme de Serrurier, & d'autres ouvriers. Oter la rivure d'une chose qui a été rivée. Prononcez la première r, de ce mot plus fortement que dans les précedens. (On ne peut arracher ces clous sans les dériver.)

DERNIER, *dernière*, adj. Qui est après tous les autres. (Le dernier enfant. Le dernier jour du mois. La dernière semaine de carême.)

[Cela est du dernier bourgeois. *Mol. prét. s. 9.* C'est le dernier des hommes. *Rac. Iph. a. 1. s. 4.*

* Elle oblige à quelcun de la *dernière obligation*. C'est à dire, avoir d'étroites obligations à une personne.]

*Au dern*ʳ *mot*. C'est à dire, sans en rien rabatre. (Ce marchand veut dix écus de cette marchandise, au dernier mot.)

† *Dernier*, s. m. Ce mot se prend quelquefois substantivement, & n'a point d'autre signification que celle qu'il a d'ordinaire. (Elle n'aura pas le dernier. *Gon. ep. l. 1.* Il veut toûjours avoir le dernier.) C'est à dire, il veut toûjours être le dernier à repliquer ou à donner quelque coup.

Derniérement, adv. Il n'y a pas long-tems. (Cela arriva derniérement.)

DÉROBER, v. a. Voler. Prendre. (Il dérobe ce qu'il trouve qui l'acomode.)

* *Dérober*. Oter. Ravir. Elever. (Dérober une chose à la connoissance de quelcun. *Abl. Ret. l. 1. c. 9.* Il ne cessoit de se plaindre de sa destinée qui lui déroboit la victoire. *Vau. Quin. l. 3.* Jesus entra dans une nuée, qui le déroba à leurs yeux. *Actes des Apôtres c. 1.*)

* *Se dérober*. S'échaper. S'enfuir secretement & sans être aperçu. Se sauver de quelque chose de fâcheux. (Se dérober aux coups de quelcun. *Rac. Iph. a. 3. s. 5.* Se dérober à la poursuite de ses ennemis.)

Dérober. La seconde silabe de ce mot est plus brève, & il se dit parmi le peuple & les femmes qui vendent des fêves & des poids. Il signifie ôter la robe aux fêves pour les rendre plus tendre. (Il faut dérober ces fêves. Ce sont des fêves dérobées.)

A la dérobée, adv. En cachette. Furtivement. (Licurgue vouloit que les nouveaux mariez ne se vissent qu'à la dérobée. *Abl. Apoph.*)

Escalier dérobé. C'est à dire, un escalier qui ne paroît pas à tous ceux qui viennent dans la maison.

DÉROGATOIRE, adj. Terme de Pratique. Qui déroge. (Une clause derogatoire.)

Déroger, v. n. Ce mot vient du Latin *derogare*, aussi bien que le précédent. Il signifie diminuer. Oter. Faire tort. Abolir en partie contrevenir. Déroger est plus du Palais & de droit, que d'un stile poli, qui ne parleroit ni d'afaires, ni de Loix. (Les privilèges dérogent au droit commun, parce que ce sont des graces particulières. *Favret, de l'abus, l. 1. ch. 4.* Le Pape peut par la plénitude de sa puissance déroger à une constitution, ou à une régle, mais il ne peut déroger sans abus aux droits des patrons laïques. *Voiez les définitions du droit Canon, l. 1.* Déroger à son droit. *Pat. plaid. 9.* Le trafic déroge à la Noblesse. *Le Mait. plaid.*) On dit aussi une dérogation, un acte dérogeant, &c.

DÉROIDIR, v. a. Oter la roideur. Ce mot se dit du linge qui est gelé & roide, & l'on dit qu'il le faut aprocher du feu pour le déroidir.

DÉROUGIR, v. n. L'usage de ce mot est borné à signifier cesser de rougir, après que la honte qu'on a de quelque chose, est passée. (Quand la honte est grande, on ne derougit pas sitôt.)

DÉROUILLER, v. a. Oter la rouille. (Dérouiller une épée, un fusil, &c.)

† * *Dérouiller*. Il se dit au figuré, & signifie rendre moins grossier, polir. (L'air du grand monde dérouille l'esprit. On dit aussi se dérouiller au même sens. Les Provinciaux se dérouillent à Paris.)

DÉROULER, v. a. Défaire une chose qui est roulée, qui est en rouleau. (Dérouler du papier, du parchemin, &c.)

DÉROUTE, s. f. Défaite d'ennemis qu'on tue & qu'on fait fuir en désordre. (La déroute fut grande. Il perd à son bagage à cette déroute. Mettre les ennemis en déroute.)

* *Mettre en déroute*. Ces mots se disent quelquefois au figuré, d'un Marchand que son créancier trop violent contraint à faire banqueroute. On dit encore qu'une objection forte, & faite brusquement, met quelquefois un Docteur en déroute, c'est à dire, le trouble & l'interdit. On dit que l'adresse des François met en déroute la politique d'Espagne, c'est à dire, lui fait perdre ses mesures.

DERRIERE, adv. Après les autres. (Il est derrière. Elle est demeurée derrière.)

Derrière, adv. Mot dont se servent les chasseurs quand ils veulent arrêter un chien, & le faire demeurer derrière eux.

Par derrière. Voiez Par.

Derrière. Préposition qui régit l'acusatif. A couvert de. Après. (Il se mit derrière son camarade. *Scar.* Il s'est retiré derrière un retranchement. *Abl. Ar. l. 1.*)

Derrière, s. m. La partie qui est oposée à celle du devant. (Le derrière d'une maison. Le derrière d'une cuirasse. Derrière de carosse. Le derrière d'une jupe, d'un manteau.)

Derrière, s. m. Cu. Fesses. (Vous m'avez pris par derrière, n'est-ce pas une trahison? *Voi. poës.* Le Soleil aiant vû vôtre derrière il n'osa plus montrer le sien. *Voi. poës.* Toucher son derrière. Donner un coup de pié au derrière. Ils sont plus jaloux du derrière que du devant. *S. Am.*)

DES.

DES. Ce mot étant écrit sans aucun accent est un article pluriel servant à divers cas. Quand il est article défini, il est au génitif, ou à l'ablatif.

Au génitif, comme dans ces exemples. La connoissance *des* Sciences & *des* Arts. La diversité *des* plantes, *des* fleurs & *des* fruits.

A l'ablatif, comme dans ceux-ci : je parle *des* hommes & *des* femmes. Fraper *des* mains & *des* piez.

Quand ce mot *des* est un article indéfini, il sert au nominatif, & à l'acusatif. Au nominatif, comme ce sont *des* Livres, il y a *des* hommes.

Et à l'accusatif, comme je vois *des* arbres, je connois *des* femmes.

Dans tous ces exemples, cet article *des* se prononce devant une consonne comme un *e* ouvert, & comme s'il étoit écrit *daî*, ainsi *des livres*, *des femmes*, se prononcent *daî* livres, *daî* femmes, sans prononcer la lettre *s*. Mais devant une voielle, on prononce l's, & comme si ce mot étoit étroit ainsi *daîs*. Prononcez *des arbres*, comme s'il étoit écrit *daî-z-arbres*. Et même dans le langage ordinaire on le prononce d'un son plus doux & plus coulant, *ce sont des hommes*, ou *deʒ-oumes*.

Dés, ou deʒ. Ce mot étant le pluriel d'un dé à jouët, ou d'un dé à coudre, s'écrit de deux manières, *dés* ou *deʒ*, & il se prononce d'un son clair & élevé, comme on prononce l'*e* que les Grammairiens apellent *masculin*, & comme l'on prononce la dernière silabe de ces mots, *bontez*, *veritez*, *parlerez*.

Dés. Ce mot étant une préposition qui signifie *depuis*, & qui régit

régit l'accusatif, se prononce comme l'article dés, & comme s'il étoit écrit daï devant une consonne, & daïs devant une voïelle. On met sur cet e ouvert un accent grave pour le distinguer de l'é masculin, & de dé ou dez qui est un pluriel. (Dès long-tems je connois sa rigueur infinie. Voi. Poë. Dès le matin. Dès sa jeunesse.) Cette rivière porte bateaux dès sa source.

Dèsque, conj. Aussi-tôt que. (Dès qu'il fut devant mes yeux, je le sentis dans mon ame. Voi. poë. On m'aplaudit dèsque l'on m'aperçoit. Bens.)

Déshabiller. Voyez Deshabiller.

Dés-abuser, v. a. Détrompet (Désabuser quelcun.) Dans ce mot & dans les suivans prononcez toûjours la lettre s de la première silabe Des. Prononcez ici Déçabusé.

Des-achalander. V. Déchalander.

Des-acorder, v. a. Défaire les acords. Oter les acords. (Désacorder un luth, une guitarre, un clavecin, &c.)

Des-acoupler, v. a. Détacher des animaux qui étoient accouplez. (Des-acoupler des bœufs. On dit aussi Découpler. V. Découpler.)

Des-acoûtumer, v. a. Perdre la coûtume & l'habitude qu'on avoit contractée de quelque chose. (Depuis sa maladie, il a des-acoûtumé le vin. Des-acoûtumer quelcun de jouër.)

Se desacoutumer, v. r. Se défaire de quelque chose qu'on avoit acoutumé, s'en débarrasser. (On a peine à se désacoutumer des gens lors qu'on les aime.)

Des-agencer, v. a. C'est le contraire d'agencer. (Désagencer ce qui étoit agencé.

Des-agreable, v. a. Qui n'est pas agréable. (Un air désagréable. Il est desagréable.)

Désagréablement, adv. Peu agréablement. (Mettre quelcun désagréablement en jeu. Le Comte de Bussi.)

Désagrément, s. m. Ce mot n'est pas encore bien établi. Cependant il est dans la bouche de la plû-part des Dames qui parlent bien. (Elle a un grand désagrément en toute sa personne. C'est un grand désagrément que cela. Ce fut un grand désagrément pour moi.)

Désagréer, v. a. N'agréer pas. (Il a le malheur de désagréer à tout le monde.)

Des-agréer, ou dégréer, v. a. Terme de Mer. Oter les agreils d'un vaisseau.

Des-ajuster, v. a. C'est le contraire d'ajuster. (Désajuster les choses.)

Des-altérer, v. a. Oter la soif. (Un grand verre d'eau avec le jus de 3 ou 4. citrons dedans, rafraichis & désaltère extrèmement. Un hidropique boit beaucoup, & il ne se peut désaltérer.)

* Des-alterer. Il se dit au figuré. (La soif qu'un avare a des richesses est si grande que rien ne le peut désalterer.

Des-ancrer, v. n. Lever les ancres. Partir d'un port ou d'une rade. (Nous désancrâmes dès le lendemain.)

Des-apareiller, v. a. Oter & défaire des choses qui sont apareillées. Voiez dépareiller.

Des-apliquer, v. a. Oter de l'aplication. Apliquer moins. Détacher de l'aplication. (Le tems me désapliquera des objets qui m'ocupent. Port-Royal, éducation d'un Prince p. 113.

Desaprendre, v. a. C'est le contraire d'aprendre. (Avant que d'aprendre quelque chose, il faut qu'il désaprenne ce qu'il a apris. On desaprend aisément, ce que l'on abandonne après l'avoir apris.)

† Se des-aproprier, v. n. Il ne se dit que par les Religieux. (Se des-aproprier des biens temporels, c'est y renoncer. Ils disent aussi désapropriation, s. f.)

Des-aprouver, v. a. Ne pas aprouver. (Désaprouver le procedé de quelcun.)

Des-arçonner, v. a. Tirer hors des arçons. Jetter hors des arçons d'une selle lors qu'on est à cheval. (Désarçonner un cavalier.)

† * Comme il disoit à sa Dame qu'il jouïssoit d'elle avec plaisir, elle le desarçonna.

Des-argenter, v. a. Oter l'argent de dessus quelque chose. Ce mot n'est guère en usage qu'au participe. (Un calice désargenté.)

Des-armer, v. a. Oter les armes à quelcun. (Désarmer un soldat.)

Des-armer, v. a. Au figuré il est noble. Il signifie apaiser la colère. Adoucir le ressentiment. (La penitence des Ninivites désarma la colère de Dieu. La soumission des vaincus avoit desarmé sa colère. Son respect, & ses paroles honnêtes & toûchantes ont dit s'est servi, desarmé la fureur de la belle.)

* Croirai-je que vos yeux à la fin désarmez, veuillent. Racine, Andromaque, a. 4. s. 3.

† Des-aranger. Voiez déranger, v. a.

Des-arroi, s. m. Pauvre état. Pauvre équipage. (Etre en un triste desarroi. Sca.

Des assembler, v. a. Défaire & separer des choses assemblées. [Desassembler un ouvrage de menuiserie de pieces rapottées.]

Des-associer, v. a. & se des-associer. v. r. Ce mot se dit entre gens qui sont associez dans quelque afaire, dans quelque negoce, quelque ferme ou quelque traité.

Des-assurer, v. a. Il n'est pas trop usité. Cependant les gens l'aprouvent. C'est rendre une personne incertaine, d'assurée qu'elle étoit. (Il étoit cela fermement, mais il l'en faut des-assurer.)

Des-atteler, v. a. V. Dételer.

Desastre, s. m. Malheur. (C'est un grand désastre. Il lui est arrivé un fâcheux désastre.)

† Des-avantque, Conjonction qui se met quelquefois pour avantque ; mais qui ne vaut rien, quoi qu'en dise un faiseur de reflexions sur la Langue. (Je priois pour vous des-avant-que vous me l'eussiez demandé)

Des-avantage, s. m. C'est le contraire d'avantage. Ce qui n'est pas à l'avantage. (La cavalerie Persienne a beaucoup de désavantage de nuit. Abl. Ret. l.3. c.3. Ils furent vaincus par le désavantage du lieu. Abl. Ar. l.17. Comme on les pensoit forcer dans leur retranchement, on eut quelque désavantage. Abl. A. l. 1. Cela va à son désavantage.

Desavantageux, desavantageuse, adj. Qui a du desavantage. Qui n'est pas avantageux. Combat désavantageux au parti. Memoires de Mr. le Duc de la R. Foucaut. Faire une paix desavantageuse.)

Des-avantager, v. a. Il ne se dit guère qu'en cette façon de parler. (Pour avantager trop son aîné, il a des-avantagé tous ses autres enfans.)

Des-aveu, s. m. C'est à des-aprouver quelque chose, à dire qu'on n'aprouve point ce qui s'est dit, ou fait. (Je déclare que mon des-aveu n'étoit pas sincère, & que c'étoit assujettissement volontaire de mes sentimens à ceux de N. x. n. S. Evremont, œuvres mêlées, in 4. p. 223. Son des-aveu est véritable. On aprouve, ou l'on blâme son des-aveu. (C'est aussi un terme de Palais, qui signifie une plainte faite à cause qu'on a sans nôtre consentement acordé une chose qu'on n'avoit pas ordre d'acorder. Matière sujette à desaveu. Patru plaidoié 13.)

Des-aveugler, v. a. Ce mot est dans les ouvrages de quelques bons Auteurs modernes, mais il n'est pas généralement reçu. Il veut dire. Oter l'aveuglement à quelcun.

Des-avoüer, v. a. Ne pas avoüer. Ne pas autoriser. (Le mari peut en de certaines rencontres désavoüer sa femme.)

Descintrer. Voiez Décintrer.

Description, s. f. C'est la représentation qu'on fait de quelque chose par le moïen des paroles. (Comme c'est une personne extraordinaire, il est à propos d'en faire la description. Le Comte de Bussi.)

Description, s. f. Ce mot en termes de Logique & Rétorique, signifie une définition imparfaite, qui donne quelque idée d'une chose, sans en expliquer parfaitement la nature.

† Description, s. f. Dénombrement. Son usage est fort borné en ce sens. (Cesar ordonna qu'on fit une description, ou un dénombrement général, au tems que Jesus-Christ vint au monde.)

* Description. L'action de décrire & de copier un écrit. Voiez Copie.

Des-embarquer. Dites & Voiez débarquer.

† Desemparer, v. a. Quiter. Abandonner. Le mot de desemparer se dit, mais rarement, & il semble qu'il trouveroit mieux sa place dans le comique que dans le serieux.

† Des-empenné, adj. Ce mot n'est en usage que dans cette façon de parler proverbiale. Il s'en va comme un trait desempenné. C'est à dire, dégarni de plumes. Et cela se dit d'un homme qui se met en voïage, ou qui entreprend quelque afaire sans avoir les choses necessaires pour s'y conduire, & pour y reüssir.

Des-emplir, v. a. Vuider. (Desemplir une bouteille.)

Désemplir, v. n. Se vuider (Sa maison ne désemplit point de Normans. Le Comte de Bussi.)

Des-enchanter, v. a. Délivrer de l'enchantement , ou de la passion qui tient nos sens comme enchantez.

[Mon ame revoltée
Crut pour jamais être désenchantée.
Voit. poës.]

Des-enclouër, v. a. Ce mot se dit d'un canon qui étoit encloüé. Mais peut dire simplement ôter les cloux qui tenoient une chose cloüée. Voiez & dites décloüer.

Des-enfler, v. a. Oter l'enflure. (Onguent pour desenfler les jambes.)

Des-enivrer, v. a. Oter l'ivresse. (Désenivrer quelcun.)

Des-ennuier, v. a. Chasser l'ennui. (L'agréable lecture desennuie.)

Se Des-enroüer, v. a. Perdre l'enroüement, ou plutôt cesser d'être enroüé. [Pour se désenroüer, il faut se tenir chaudement.)

Des-enrumer, v. a. Oter le rûme. Chasser le rûme. [Il y a des sirops qui desenrument ceux qui sont enrumez.]

Des-enseigner, v. a. C'est le contraire d'enseigner. [Pour lui aprendre quelque chose, il lui faut desenseigner ce qu'on lui a enseigné.]

Des-ensevelir, v. a. Voiez Déterrer.

Des-ensorceler, v. a. C'est le contraire d'ensorceler. [Desensorceler une personne.]

DÉS-ENTÊTER, v. a. Oter l'entêtement à quelcun. [On l'a deséntêté de son mariage.]

DÉS-ENTRAVER, v. a. Désentraver un cheval. C'est ôter les entraves à un cheval.

DÉS-ENVENIMER, v. a. Oter le venin. [Desenvenimer une plaie.]

DÉSERT, f. m. Prononcez Dézair. Lieu qui n'est point habité. [Un vaste & afreux désert. Habiter au désert. Les anciens Péres Hermites demeuroient au desert. *Arn. Vie des Peres Hermites.* Les déserts de l'Arabie.]

Désert, déserte, adj. Il se dit des lieux, & signifie dépeuplé, où il n'y a presque point de monde.

[Colomb n'a jamais découvert
Lieu plus sauvage & plus désert.
Boisr. ep. 12. *T.* 1.)

Un lieu désert. L'Arabie deserte.

Désert, déserte, adj. Ce mot se dit aussi d'une terre, d'un champ, d'une vigne, &c. & signifie négligé, mal cultivé, & à l'égard d'une vigne il veut dire dépeuplée de seps. (Un champ désert. Une vigne déserte.)

* *Desert,* adj. m. Terme de *Palais.* Il signifie *abandonné.* On dit qu'un apel est désert , lors qu'on a laissé passer le tems dans lequel on le devoit relever.

Déserter, v. n. Ce mot se dit proprement en parlant des soldats, & signifie quiter les troupes de peur de servir. S'enfuir de l'armée ou d'un Regiment sans congé. (On punit de mort les soldats qui désertent.)

* *Déserter, v. n.* Ce mot signifie en général, quiter un lieu.

Et lors que son démon commence à l'agiter,
Tout jusqu'à sa servante est prêt à déserter.
Déspreaux , satire 8.

* Il lui est dur de voir déserter ses galans. *Moliére , Tartufe,* a. 1. sc. 1.)

Déserter. Ce mot signifiant *abandonner*, est quelque fois un verbe actif, comme dans cet exemple.

(Et l'ennemi vaincu désertant les remparts
Au devant de ton joug couroit ……
Déspreaux, Epître au Roi.)

Déserter, v. a. Il signifie aussi dépeupler, dépouiller le monde. (Voici le tems que le Seigneur déserrera toute la terre , il la dépouillera, & lui fera changer de face. *Port-Royal,* Isaïe, c. 24.)

Déserteur, f. m. Celui qui s'enfuit. Qui quite les troupes. (Il a été puni comme déserteur.)

* Il donne de la terreur aux déserteurs d'une si sainte Société. *Pat. plaid.* 15. Déserteur de la Médecine. *Mol.*)

Désertion, f. f. C'est la fuite d'un soldat qui abandonne le service sans congé. (La désertion est punie à la guerre.)

* *Désertion, f. f.* Terme de *Palais.* On dit d'un apel qu'on a négligé de relever dans le tems, qu'il est désert, & qu'il est tombé en *désertion.*

DÉS-ESPÉRER, v. n. Perdre l'espérance. (Il désespéroit de prendre la place. *Abl. Ar. l.* 1.)

* *Désespérer, v. a.* Fâcher beaucoup. Faire enrager. Faire perdre patience à force de causer du déplaisir. (Il met tout son plaisir à vous désespérer. *Racine, Alexandre, a.* 4. *s.* 4.)

Désespéré, désespérée, adj. Qui ne donne nulle esperance. Abandonné. (La place est désespérée: *Cheval desespéré,* pour dire un cheval qui mord, ruë & emporte.)

Désespéré, désespérée, f. m. Qui a perdu toute espérance. (C'est un désespéré. Il a fait un coup de désespéré, Les désespérez sont à craindre. C'est une désespérée.)

Désespérément, adv. Sans espérance. (Les ames qu'on avoit cru le plus désespérément malades, se portent bien. *Pas/l.*4.)

Désespoir, f. m. Ce qui est contraire à l'espérance. (Il est tombé dans le désespoir.)

* *Désespoir.* Déplaisir. Fâcherie. Chagrin. (Je suis au désespoir de ne me pouvoir promener avec vous. *Voi. l.* 79.)

DÉS-HABILLÉ, f. m. Prononcez *déshabillé.* C'est la robe de chambre d'une Dame. Les habits qu'une Dame met, lorsqu'elle ne sort pas. Elle étoit avec un déshabillé couleur de rose. *Le Comte de Bussi.* Elle est en son déshabillé. Son déshabillé est fort beau.]

Déshabiller, v.a. Prononcez *déshabillé.* Oter les habits. Dépouiller. (Le valet de chambre déshabille son maître,)

Se déshabiller, v. r. (Il se déshabille lui. même. Le Prêtre est allé se déshabiller à la Sacristie.)

DÉS-HABITER, v. n. Il se dit de ceux qui quittent & abandonnent une maison, ou un païs où ils habitoient. (La guerre & la peste font déshabiter grand nombre de personnes)

Déshabité, déshabitée, adj. Qui a été abandoné. Où l'on a cessé d'habiter. (Un païs déshabité. Cette maison est déshabitée depuis longtems, & celle-là prête de jour en jour.)

SE DÉSHABITUER , v. r.* Quiter une habitude qu'on avoit. Changer sa maniére d'agir. (Se déshabituer de jurer.)

DÉS-HALER, v. a. Prononcez *déhâlé.* Oter la noirceur que le hâle a causée sur le visage. Oter le hâla. (Une pomade propre à déshâler.)

Se déshâler, v. r. Perdre le hâle , ou la noirceur que le hâle a causée. (Il faut du tems & du foin pour se déshâler.)

DESARNACHER, v. a. Oter le harnois de dessus un cheval. (Déshanacher un cheval.)

DÉS-HÉRITER, v. a. Prononcez *desérité* Priver de la succession. (Un pére ne peut sans cause légitime déshériter son fils.)

DÉS-HONNÊTE, adj. Prononcez *désonnête.* Qui n'est pas honnête. Honteux. Malhonnête. (Action dés-honnête. Chose des-honnête.)

† *Déshonnêteté, f. f.* Parole ou action qui choque la pudeur. Ce mot se dit, mais il se dit rarement. (Il ne faut rien dire dans les compagnies qui sente la *déshonnêteté.*)

Déshonneur, f. m. Prononcez *désonneur.* C'est à dire. Honte. Turpitude. Infamie. (Couvrir le deshonneur de sa famille. *Patru,* plaidoié 11.)

Déshonorer, v.a. Prononcez *désonoré.* Oter l'honneur. (Déshonnorer sa maison, sa famille, sa charge.)

† *Déshonnorer, v. a.* Terme d'*Ordonnance.* (Il est défendu de déshonnorer les arbres, c'est à dire, de les éteter,)

Déshonnorable, adj. Qui cause du déshonneur. (C'est un action déshonorable.)

DÉSIGNER, v. a. Marquer. Donner à connoître par quelques signes une chose , ou une personne. (Il sacrifia aux Dieux que l'oracle lui désignoit. *Abl. Ret. l.* 3. c. 1. C'est lui que l'oracle désigne. *Ablanc. Ar. l.* 2.)

Désigner, v. n. Destiner à quelque charge. (Quand on fait un Roi des Romains on le désigne pour être Empereur. Ils le désignérent Consul pour l'année suivante.)

Designation, f. f. Destination à quelque emploi. (On faisoit à Rome des désignations de Consuls , ou d'autres Magistrats.)

Désignation, f. f. Action par laquelle on marque ; ou fait connoître que que chose , ou quelque personne. Indication. (On fait la désignation des terres par les tenans & aboutissans. La désignation des personnes se fait par leur taille, leur poil & par les autres marques qui les peuvent distinguer des autres.)

* DÉS-INCORPORER, v. a. Ce mot ne se dit pas au propre, mais seulement au figuré des personnes qui avoient été incorporées, c'est à dire, jointes à quelque corps. Desincorporer signifie *désunir* ce qui avoit été *incorporé.* (On a *desincorporé* la Cour des Aides d'avec la Chambre des Comptes. Ce mot est d'un usage fort borné.)

* DÉS-INFATUER , v. a. Détromper une personne de ce dont elle étoit infatuée. V. *Infatuer.* Ce mot est d'un usage fort borné.

DESINTERESSER, v. a. Mettre une personne hors d'interêt, en sorte qu'on lui donne ce qu'il pourroit tirer d'un afaire. (Desinteresser quelcun.)

Désinteressement, f. m. Dégagement de toutes sortes d'interêts. [Il est dans un grand désintéressement. *Sca.*]

DÉSIR, f. m. Prononcez l'r de ce mot. Volonté. Sentiment de personne qui désire. Envie qu'on a de quelque chose. [Le désir de l'immortalité est le plus violent aussi bien que le plus fort de tous nos désirs. *Patru, plaidoié,* 12. Arracher de son cœur tous ses désirs.]

Desirable, adj. Souhaitable. Qui mérite d'être désiré. [Elle ne peut laisser de lieu tant désirable. *Voi.* poëš.

Désirable repas, aimable liberté,
Unique fondement de ma félicité;
La Su.ze, Eleg.
Désirables transports, agréables soupirs,
Où l'ame s'abandonne avec tant de plaisirs
Qu'êtes-vous devenus ?
Pelisson ; piéces galantes.]

Désirer, v. a. Souhaiter. Avoir envie. [Il désiroit de combattre avec la cavalerie. *Vau.Q. l.* 3, c. 11. Je désire d'avoir l'honneur de vous voir. *Voi. l.* 35.]

† *Désireux, désireuse,* adj. Ce mot se trouve dans quelques bons auteurs, mais il vieillit, & n'est presque point en usage aujourd'hui. [Il étoit désireux d'étendre davantage ses conquêtes. *Vau. Quin. l. x.* Il est désireux de son salut. *Lett. de S. Augustin.*]

DÉSISTEMENT, f. m. Terme de *Pratique.* Action de désister. Action de celui qui se déporte d'une chose qu'il a poursuivie. [Donner son désistement.]

Se désister, v. r. Cesser. Se déporter d'une chose. [Se désister de sa poursuite. *Patru,* plaidoié 9. Se désister d'une afaire. *M. de la Rochefoucaut.*]

DÉS-LORS, adv. Dès ce tems-là. [Je le vis, il y a 7. ou 8. jours en une compagnie où il fit cent sotises, & dés lors je perdis toute l'estime que j'avois pour lui.]

DÉS-OBEïR, v. n. Ne pas obéïr. [Il fut contraint malgré lui de désobéïr à l'oracle. *Abl. Ar. l.* 7.]

Désobéïssance, f. f. Action de désobéïr. C'est ne vouloir pas obéïr. Sa désobéïssance est grande, & mérite d'être punie.]

Désobéïssant, désobéïssante, adj. Qui désobéït. [Enfant désobéïssant. Fille désobéïssante.]

DES-OBLIGER, v. a. Rendre un mauvais ofice à une personne. (Il l'a désobligé d'une manière fort sensible.)
Désobligeant, désobligeante, adj. Qui désoblige. Qui se plait à désobliger. (Un homme désobligeant. Humeur fort désobligeante. Cela est extrêmement désobligeant.)
Désobligeamment, adv. Prononcez dézobliganman. D'une manière désobligeante. Ils parlent fort désobligeamment de nous.)
† DESOCUPATION, s. f. Ce mot se trouve dans les ouvrages de feu Mr. Arnaud, mais il n'est pas encore établi.
Se désocuper, v. r. Se défaire de l'ocupation. Se débarasser des choses qui ocupent. (Son principal soin étoit de se désocuper. *Port-Roial vie de Dom Bartelemi des martirs*, l. 3. c. 20. p. 449. Ils s'apliquoient avec toute leur attention à ce qu'ils devoient à Dieu, & se désocupoient de tout autre soin. *Port-Roial. Catechisme du Jubilé*, p. 103.)
DÉSOLATION, s. f. Afliction. Le mot de *désolation* pour *aflitction* n'est pas si usité que celui de *douleur*, de *tristesse*, ou d'*aflitction*. (Etre dans la désolation.)
Désolation, Ruïne. Dégât. (La guerre est cause de la desolation de tout le païs.)
Désoler, v. a. Afliger. Atrister. (La mort a désolé sa pauvre famille. *Patru*, plaid. 8. Un chancre lui a rongé le musle, & l'a tout désolé. *S. Am.*)
* Desoler. Ruïner. Perdre. Faire le dégât. (Désoler la campagne. *Vau. Quin.* l. 4. Ils désolent les familles par leurs concussions. *Vau. Quin.* l. x. Guerre qui désole toute l'Europe. *Vau. Quin.* l. 5.)
Désolé, désolée, adj. Triste. Afligé. Ruïné. Perdu. (D'une plainte désolée, il disoit je me meurs d'amour. *Voi. poës*. Une femme désolée s'arrache les cheveux. *Maucroix homelie* 5.)
DES-OPILER, v. a. Terme de *Médecin*. Oter les obstructions. (Les pistaches desopilent le foie par leur qualité amère, & aromatique. *Dal. liv.* 3. ch. 27.)
Désopilatif, désopilative, adj. Terme de *Médecin*. Qui ôte les obstructions. (Remède désopilatif.)
DESORDONNÉ, désordonnée, adj. Déréglé, démesuré. (Avoir un amour désordonné pour les grandeurs. *Pas.* l. 9.)
Désordonné, s. m. Ce mot ne se dit que dans les Hôpitaux de Paris, & il signifie les parties naturelles des femmes & des filles. (On fait visiter par les Chirurgiens, ou par les Matrones, le *désordonné* des femmes & des filles qu'on y mène, & si l'on trouve leur *désordonné* ait du mal, on les met aussi-tôt hors de la maison.)
Désordonnément, adv. Sans ordre. En confusion. Sans règle. (Vivre desordonnément.)
Désordre, s. m. Il signifie proprement l'état des choses qui ne sont pas en ordre. Confusion. (Mettre les meubles en désordre.)
Désordre, s. m. Dégât. (Nous avons résolu de passer sans désordre si on ne s'opose point à nôtre retour. *Abl. Ret.* l. 3. c. 1.)
* Désordre. Trouble. Confusion. Trouble causé par une passion. Déréglement. Libertinage. (Jetter le désordre dans une ame. *Vol. Poë.* Elle s'efforça de parler pour cacher son désordre. *Le Comte de Buss.* Un Prêtre qui seroit tombé dans un tel désordre, oseroit-il s'aprocher de l'Autel? *Pas.* l. 6.)
DES-ORIENTER, v. a. Ce mot se dit au propre de la situation des corps & particuliérement des quadrans, dont quelqu'une de leurs faces est détournée de l'Orient où elle devoit regarder. (Ce quadran se marque pas juste parce que la pierre sur laquelle il est tracé a été désorientée. Désorienter un quadran.)
* Désorienter, v. a. Ce mot au figuré signifie, Dépaïser. Tirer une personne de son païs. (Desorienter une personne.)
† * Désorienter. Tirer une personne de ce qu'elle fait le mieux pour la faire parler d'autre chose. Déconcerter. (Il est tout désorienté. Si-tôt qu'on le désoriente, il ne sait plus où il en est.)
DESORMAIS, adv. A l'avenir. (Désormais, si je vous parle d'amour, je veux perdre le jour. Il a promis que desormais il sera plus sage.)
DESOSSER, v. a. Oter les os qui sont dans la chair de quelque animal. (Desosser un liévre. Un pâté de liévre desossé.)
† DES-OURDIR, v. a. Des-ourdir de la toile, c'est défaire de la toile qui a été ourdie. L'usage de ce mot est fort borné. (On a dit que Penelope désourdissoit la nuit, la toile qu'elle avoit faite le jour.)
DESPOTE, s. m. Prince Souverain qui dépend de l'Empire Otoman.
Despotique, adj. Souverain. (Pouvoir despotique. *Dépreaux, Poëtique*.)
Despotiquement, adv. D'une manière despotique. Souverainement. Absolument. (Gouverner despotiquement.)
† DESPUMATION, s. f. Terme de *Pharmacie*. C'est l'action par laquelle on ôte l'écume des choses qu'on fait bouïllir.
† SE DESSAISIR, v. r. Se défaire de ce qu'on a. S'en dépossèder. (Il est dessaisi de ce qu'il avoit entre les mains.)
DESSALER, v. a. Faire qu'une chose ne soit plus si salée. (Faire dessaler des harans, de la moruë.)

Dessalé, dessalée, adj. Qui n'est plus si salé qu'il étoit. (Saumon dessalé. Moruë dessalée.)
* Dessalé, s. m. Fin. Rusé. Adroit. Egrillard. (C'est un dessalé.)
DESSANGLER, v. a. Défaire les sangles. Lâcher les sangles. (Ce cheval a trop chaud il le faut dessangler.)
DESSECHER, v. a. Rendre plus sec. (Dessécher de la poudre. Dessécher une plaie. Les vens dessèchent la terre.)
[* Dessécher un discours.]
Dessèchement, s. m. L'action de dessécher. (Le dessèchement d'un marais.)
DESSEIN, s. m. Volonté. Désir de faire, ou de dire. (Mon dessein est d'écrire l'histoire. *Abl.* Il a formé le dessein de..... *Abl.* Ne formez qu'un dessein, suivez-le constamment. *Voi. Poës.* Etre mauvais plaisant de dessein formé. *Mol.*)
Dessein. Plan. Projet. Elevation & profil d'un ouvrage qu'on veut faire.
Dessin, dessein, s. m. Terme de *Peinture*. Quelques modernes écrivent le mot de *dessein* étant terme de peinture sans *e* après les deux *s*, mais on ne les doit pas imiter en cela. Leur distinction n'est pas fondée, & peut causer une prononciation vitieuse. Le dessein parmi les peintres se prend pour les justes mesures, les proportions, & les formes exterieures que doivent avoir les objets, qui sont imitez d'après nature; & alors le mot de dessein est pris pour une partie de la peinture. Le mot de dessein se prend aussi pour la pensée d'un grand ouvrage, soit que le peintre y ait ajoûté les lumières & les ombres, ou qu'il y ait même employé de toutes les couleurs. Il y a plusieurs desseins, des desseins *hachez*, *étampez*, *grainez*, *lavez*, *colorez*. Voiez *Dépiles conversations sur la peinture*.
A dessein, adv. Avec intention. (Cela peut avoir été fait à bon dessein. *Voi.* l. 42. Il perça la terre à dessein d'arriver à ses piez. *Voi. poës*.

J'ay depuis un moment
Mis dans mon cœur Uranie,
Mais à dessein seulement
De vous donner compagnie.
Ménage, poës.)

DESSELLER, v. a. Oter la selle de dessus le dos d'une bête. (Deseller un cheval.)
DESSERRER, v. a. Relâcher une chose trop serrée. (Desserrer mon corps de jupe, je suis trop serrée. Desserrer une vis, desserrer un pressoir, &c.)
† * *Desserrer les dents*. Ces mots se disent par manière de proverbe de ceux qui n'osent pas dire un mot par crainte, par honte, &c. (Il n'a pas desserré les dents de toute l'après dinée.)
* Desserrer. Décocher, mais en ce sens il est beau & poétique.

* Aujourd'hui l'ire de mes vers,
Des foudres contre toi desserre.
Téoph. Poës.)

* Desserre, s. f. Ce mot n'est en usage que dans cette façon de parler. Il est dur à la desserre. C'est à dire, il ne donne pas volontiers, il n'ouvre pas aisément sa bourse.
Dessert, s. m. Ce qu'on sert sur la table comme tout les tartes, le fromage, le fruit, les confitures & autres choses après la grosse viande, & les ragoûts. (Le dessert étoit fort beau. Dresser un dessert. On eût au dessert. Mettre le dessert sur table. Servir le dessert.)
Desserte, s. f. C'est tout ce qu'on dessert de dessus la table du Roi, soit viande, ou autre chose. (Les commensaux ont la desserte du Roi.)
Desserte, s. f. Terme d'*Eglise*. Les fonctions qu'on fait d'une Cure, ou autre pareil bénéfice.
Desservir, v. a. Faire les fonctions d'une Cure, ou autre bénéfice. (Desservir une Cure, une Chapelle.)
Desservir, v. a. Oter les plats, la viande & autres choses de dessus la table après le repas. (On a desservi un excellent ragoût.)
* Desservir. Rendre un mauvais ofice. (Le fourbe desservi mes feux. *Mol. Tartufe* a. 3. s. 4.)
DESSICATIF, dessicative, adj. Terme d'*Apoticaire & de Cirurgien*. Qui dessèche. (Onguent dessicatif. Emplâtre dessicative.)
Desservice, s. m. Mauvais ofice qu'on rend à quelcun. (Rendre un desservice à quelcun, c'est le desservir.)
DESSINATEUR, designateur, s. m. On dit l'un & l'autre, mais le prémier est incomparablement plus usité. Celui qui dessine bien. [Etre bon dessinateur.]
Dessiner, dessigner, v. a. On dit l'un & l'autre, mais celui qui est le plus en usage c'est *dessiner*, l'autre commence à n'être plus usité, au moins ceux qui parlent de peinture, ne s'en servent presque plus. (Dessiner un portrait. Dessiner de bon goût. Dessiner un craion.)
† * Dessiner. Ce mot au figuré est burlesque pour dire Faire, Former. [* Vous verrez de quel air la nature à dessiné la

DES   DET

la personne. *Molière, Pourceaugnac, a. 1. f. 2.*)
DESSILLER. V *Deciller.*
DESSOLER, *v. a.* Terme de *Maréchal*. Arracher la sole du pié d'un cheval. (Dessoler un cheval. Un cheval dessolé.)
DESSOUDER, *v. a.* Défaire la soudure. (Dessouder une chose qui est soudée.)
Se dessouder, v. n. Il se dit des choses qui étoient soudées, & dont la soudure vient à se défaire. (Les métaux qu'on a soudez avec de l'argent, ne se dessoudent pas, comme ceux qu'on soude avec de l'étain, ou du plomb.)
DESSOUS, *adv.* Qui ne demande point de régime après lui. [Il est tombé dessous. Il est dessous. *Vau. Rem.*
Dessous. Ce mot est *préposition*, lorsqu'il est précédé d'une autre préposition. [On le menoit par dessous les bras. *Abl.* Il est au dessous de 20. ans.]
Dessous. Ce mot est aussi *préposition* quand il est enjoint avec la préposition *dessus.* [Le Soleil qui voit tout *dessus & dessous* fait, ne voit point de beauté qui la puisse égaler. *Voi. Poes.* Il n'y a pas assez d'or ni *dessus* ni *dessous* la terre pour me faire commettre une telle méchanceté. *Vau. Rem.*]
Dessous. Ce mot est encore *préposition* lorsqu'il est immediatement suivi, ou précédé d'un autre préposition. [Elle n'est ni dedans ni dessous le coffre. *Vau. Rem.*]
Dessous, f. m. La partie inférieure de quelque chose. [Le dessous du pié, ou la plante du pié. Le dessous du plancher. Le dessous d'une voûte. Prendre le dessous du pavé.]
* † *Avoir du dessous.* C'est succomber en quelque contestation, se trouver inférieur à un autre.
* † *Donner du dessous.* C'est faire succomber quelcun.
† *Sens dessus dessous.* V. *Sens.*
DESSUS, *adv.* Qui ne régit rien après lui. [Il est dessus.]
Dessus. Ce mot est *préposition* lorsqu'il est immediatement précédé, ou suivi d'une autre préposition. [J'ai cherché dans mon esprit qui pouvoit être ce petit homme qu'on met si fort *au dessus & au dessous* de moi. *Voit. l. 28* Il ne leva jamais les yeux de dessus lui, *Vau. Quin. l. 3. c. 6.* Il a de l'eau par dessus la tête. *Vau. Rem.*]
Dessus, f. m. Sorte de surface. Sommet. La partie la plus haute. [Le dessus d'une table. Le dessus d'une voûte. Gagner le dessus de la montagne. *Ablancourt, Ar. l. 3.* Le dessus d'un gueridon ; C'est la partie du gueridon où l'on pose le chandelier.]
Dessus, f. m. Ce mot en parlant des lettres signifie *adresse de lettre.* [Ecrire le dessus d'une lettre. Mettre le dessus d'une lettre. Un dessus de lettre mal écrit.]
Dessus, f. m. Avantage. Superiorité. Le rang le plus honorable. Le lieu d'honneur. [Avoir le dessus. Prendre le dessus. Gagner le dessus du vent; c'est sur la mer, prendre l'avantage du vent. La fortune n'avoit pas encore le dessus dans son esprit *Vau. Quin. l. 3. c. 12.*]
Dessus, f. m. Terme de *Musique.* Il y a deux dessus, l'un qu'on nomme *haut dessus*, & l'autre, *bas dessus*. Le *haut dessus* est la partie la plus haute de la Musique, on apelle aussi ce dessus *le Superius*. Le *bas dessus* est entre la haute-contre & le dessus. On dit. [Chanter le Superius, ou le dessus.]
Dessus, f. m. Terme de *Musique.* C'est le Musicien qui fait la partie de Musique qu'on nomme *le dessus.* [Mr. est un dessus, ou un Superius.]
Dessus, f. m. Terme de *Lutier.* Ce mot se dit en parlant de violon & de viole. C'est une sorte de viole, ou de violon, qui joué la partie de Musique qu'on nomme *dessus* & qui monte plus haut que les autres parties. [Un bon dessus de violon, un beau dessus de viole.]
DESTIN, *f. m.* Certaine suite & ordre de la providence qui fait que les choses arrivent infailliblement. Destinée. Sort. [Il a eu un cruël destin. *Sca.* Rien n'est plus difficile que d'échaper à son destin. *Mr. de la Roche-Foucaut.* Se faire un beau destin. *Abl.* Les Chrétiens s'atachent par Dieu au destin, mais le destin à Dieu, & ils croient que le destin n'est autre chose que le décret de la Providence de Dieu. *Abl. Luc. T. 2.* Les ordres du destin sont inviolables, *là même.*]
Destinée, f. f. Destin. [Se plaindre de sa destinée. *Vau. Quint.* 1. l. 3.* On ne sçauroit vaincre sa destinée. *Arioste moderne.*]

Ne me tormente point, tes forces sont bornées,
Et l'on ne change point l'ordre des Destinées,
La Suze Elegies.

Destiner, v. a. Déterminer. Préparer. [On le destine à l'Eglise. Je ne saurois m'imaginer que je sois destiné à être pendu. *Voi. l. 37.* Etre destiné à être malheureux. *Voi. l. 65.* On lui destine des couronnes dans le Ciel. *Maucroix, Homelie 16.*]
Destiné, destinée, adj. Préparé, aprêté, déterminé. (C'est un lieu destiné aux jeux & aux ris. *Arioste moderne.* Ce jour est destiné à la promenade, à la chasse, &c.)
DESTITUER, *v. a.* Ce mot se dit & s'écrit par les bons Auteurs, mais il n'est pas si fort de l'usage ordinaire. Etre destitué signifie Manquer. Etre privé. (Etre destitué de tout secour. *Patru, Plaid. 11.* Il lui rechaufa toutes les parties destituées de chaleur. *Vau. Quint.*]

Destituer, v. a. C'est ôter quelcun d'une charge, ou d'une commission. (Destituer un Oficier, un Commis, &c.)
† *Destituable, adj.* Il signifie qui peut-être destitué, mais il se dit rarement.
Destitution, f. f. Action par laquelle on destitué quelcun de quelque emploi. (La destitution de ces Oficiers, ou de ces Commis, n'apartient qu'à ceux qui les ont institueez, ou établis.)
DESTRUCTEUR, *f. m.* Celui qui détruit. (C'est un insigne destructeur.)
Destruction, f. f. Ruïne. Perte. (Rien ne tend de soi-même à sa destruction.)
* DES-UNION, *f. f.* Division. Dissention. Brouïllerie. (Il y a une étrange desunion parmi eux.)
Desunir, v. a. Diviser. Séparer. (J'ai tort de desunir ces deux choses, puisque vôtre charité les a parfaitement unies. *Voi. l. 13.*)
* *Desunir.* Mettre la division. Brouïller. (Unissant nos maisons il desunit nos Rois. *Corneille, Horace, a. 1. f. 2.*)
Se Desunir, v. r. Se séparer. (Petits filets qui se desunissent.)
Se desunir. Ce mot se dit en parlant de chevaux, & veut dire, Galoper faux. (Lorsque le cheval est desuni, il travaille de mauvaise grace.)

DET.

DETACHEMENT, *f. m.* Terme de *Guerre.* Soldats qu'on détache & qu'on tire du gros des troupes pour entreprendre quelque chose contre l'ennemi. (Faire un detachement.)
* *Détachement.* Dégagement. (* Etre dans un entier détachement.)
Détacher, v. a. Oter une chose qui est attachée. Défaire. Délier. (Détacher un tableau. *Voit. l. 15.*)
Détacher. Séparer, déjoindre. (Détacher un péage d'une ferme. Il faut détacher cette question de toutes les circonstances particulières pour en faire une maxime generale.)
* *Détacher.* Dégager de quelque atachement. (* Il ceut qu'on le vouloit détacher de l'amour de sa maîtresse. *Le Comte de Bussi.*)
* *Détacher.* Terme de *Guerre.* Faire un detachement. [On a détaché cinq cens maîtres pour couper chemin à l'ennemi.]
* *Se détacher, v. r.* Se délier. Se défaire. (Ruban qui se détache parce qu'il n'est pas bien atache.)
* *Se détacher.* Se débarasser. Quiter. Se défaire des choses qui atachent. [Se détacher du monde.]
† *Détacher, v. a.* Ce mot veut dire celui qui ôte les taches des habits, & il se dit quelquefois, mais en sa place on se sert plus ordinairement du mot de *dégraisseur.*
DETAIL, *f. m.* Ce mot n'a ordinairement point de pluriel, & est *un terme de marchand,* C'est à dire, Une chose après l'autre. Partie à partie. Par le menu. [Vendre & acheter en detail.]
* *Détail.* Au figuré peut fort bien avoir un pluriel. Il signifie le particulier des choses. [Pour sçavoir les choses il en faut sçavoir le detail. *Abl.* Entrer dans un detail facheux. Décendre dans le detail. Dire le detail d'une afaire. Nous n'entrons pas dans ces détails, qu'il vous sufise que nous sçavons tout. *Oeuvres de Maucroix & de la Fontaine T. 2. Dialogue de Pluton.*]
En détail, adv. Par le menu. [Vendre en détail.]
Détailler, v. a. Vendre en détail. [Les petits marchands détaillent leurs marchandises. Les Bouchers détaillent la chair & la vendent par piéce.]
* *Détailler.* C'est faire le detail de quelque chose. Ce mot se dit quelquefois en parlant & en écrivant, mais il n'est pas encore bien établi. [Il seroit inutile de vous détailler tout le reste.]
DETALER, *v. a.* Oter l'etalage. [Détaler sa boutique.]
† * *Detaler, v. n.* S'enfuïr. [Le rat de vile detale, son camarade le suit. *La Fontaine, Fables l. 1.*]
DETTE, *une dette, f. f.* Obligation de païer quelque argent à une personne. (Faire une dette. Contracter une dette. Païer ses dettes. Dette active. Dette passive.)
* *Dete.* Ce qu'on etoit obligé de faire. Devoir. [Je m'aquite d'une dette, & si vous la voïez de bon œïl, j'en fais un autre. *God. Poes.*]
* *Confesser la dette.* Cela se dit au figuré. C'est être convaincu & reconnoître qu'on a tort.
DETEINDRE, *v. a.* Oter la teinture. Faire perdre la couleur. [Le grand air déteint les plus vives couleurs. L'eau-forte déteint les étofes sur quoi elle tombe.]
Se deteindre, v. r. Ce mot se dit des étofes. Perdre sa teinture. Perdre son teint. [Drap qui commence à se déteindre.]
DETELER, *v. a.* Ce mot se dit en parlant d'animaux atelez & enharnachez. [Dételer des chevaux, des bœufs.]
DETENDRE, *v. a.* Oter les choses qui sont tendues. [Détendre une tapisserie.]
Détendre, v. a. Lâcher. Débander. [Détendre une corde. Détendre un arc.]
DETENIR, *v. a.* Ce mot est un peu vieux, & signifie *tenir.* [Détenir quelcun prisonnier.]
Détenu, détenue, part. & adj. Arrêté, pris, tenu. (Il étoit detenu puis

puis deux ans détenu prisonnier. *Vaug. Quint. Curce*, l. 7. ch. 1.)

Detente, *s. f.* Terme d'*Arquebusier*. Petit morceau de fer sur lequel on met le doigt pour tirer un fusil ou un pistolet.

Detenteur, *s. m.* Terme de *Palais*. Celui qui tient & possede un heritage.

Détention, *s. f.* Terme dont on se sert d'ordinaire en parlant d'affaires de pratique, & signifie possession de quelque heritage. Il se prend presque toûjours en mauvaise part. (Il sera condamné à restituer les fruits depuis son injuste détention.)

Détention, *s. f.* Il signifie aussi. *Captivité*, *Prison*. (Aprés sa détention, il se retira de la Cour. *Maucroix*, *schisme*.)

Determination, *s. m.* Fixation. Disposition fixe & arrêtée d'une chose. (Ainsi on dit en termes de Phisique, mouvement de determination, qui n'est que la disposition du corps à tendre plûtôt d'un côté que d'un autre. Il faut atendre la détermination d'un Concile.)

Déterminer, *v. a.* Disposer d'une certaine maniére fixe & arrêtée. Borner. Prescrire. (Chaque chose est determinée d'elle-même à continuer dans sa façon d'être. Il y a de la témérité d'entreprendre de déterminer jusques où s'étend la puissance de Dieu. *Roh. phis.*)

Déterminer. Résoudre. Arrêter. Porter. Obliger précisément à quelque chose. (Cela le détermina à sortir. *Abl.* Il se détermina à ne plus attaquer que la nuit. *Bouhours*, *Aubusson*, l. 3.)

Déterminé, *déterminée*, *adj.* Emporté. Enragé. Méchant. Témécaire. (Ce sont des grans determinez. *Voi.* l. 74.)

Déterminé, *s. m.* Méchant. Enragé. Emporté. Fanfaron. Téméraire & extravagant. (Il faut dire en déterminé, mort, tête, sang, &c. *Gom. Epi.* l. 1. Jurer en déterminé. *Gomb.* l. 3. C'est un Diable, c'est un déterminé qui desespere les gens.)

Déterminément, *adv.* Positivement. Affirmativement. (Parler d'une chose déterminément. *Patru*, *plaidoyé* 14.)

Deterrer, *v. a.* Tirer de terre une personne enterrée. (Déterrer un corps.)

Deterrer. Trouver. Découvrir. (Quelque part qu'il soit de le déterrera. *Sar.* On l'a enfin déterré. C'est un homme qui a déterré mille choses curieuses.)

† *Il a un visage de déterré.* Cela veut dire. Il est pâle & si défait qu'il semble avoir été enterré.

Detersif, *detersive*, *adj.* Terme d'*Apoticaire*. Un médicament *detersif*, c'est à dire, qui ôte, & néteïe.)

Detestable, *adj.* Qui mérite d'être détesté. Qui mérite d'être en horreur. (Une action détestable. *Abl.*)

† * **Détestable**. Qui est horriblement laid. Qui n'est pas bon. Qui ne vaut rien. (Les vieilles les plus détestables ressentoient l'amoureux flambeau. *Voit. poës.* Potage détestable. Ragoût détestable. Piéce détestable. *Sca.* Je trouve la Comedie détestable, morbleu détestable, du dernier détestable, ce qu'on apelle détestable. *Moliére Critique*, *s.* 1.)

Détestablement, *adv.* D'une maniére détestable. (Il vit détestablement.)

Détestation, *s. f.* Actions, ou paroles par lesquelles on témoigne qu'on a quelque chose en horreur. (On ne peut parler du traitre Judas qu'avec détestation. Leur mémoire sera toûjours en détestation. Il s'est atiré la détestation de tout le monde. *Costar*, *lettres.*)

Détester, *v. a.* Avoir en horreur. (Détester le vice.)

† **Detirer**, *v. a.* Etendre une chose pour la tendre unie & lisse. Il se dit du linge, des étofes, des rubans, &c. (Detirer du linge.) V. *Lisser*.

† **Detiser**, *v. a.* Il se dit du feu, & signifie. Eteindre & couvrir le feu, ôter les tisons du feu. (On détise le feu, le soir, quand on se va coucher.)

Detonner, *v. n.* Terme de *Musique*. Sortir de ton. (Tu mes fors à la fois détonnant de concert se mettent à chanter. *Dépreaux*, *satire* 3.)

Détoner *&* **fulminer**. Terme de *Chimie*. Chasser des minereaux les parties impures, volatiles & sulphureuses en conservant les parties internes & fixes. Ce qui se fait avec détonation, c'est à dire, avec le bruit que font les materiaux quand ils commencent à s'échauffer dans le creuset & que l'humidité en sort.

Detorce *entorce*, *s. f.* L'un & l'autre se dit, mais *détorce* est moins usité. V. *Entorce*.

Détordre, *v. a.* Détortiller une chose tordüe, *Je détors, j'ai détordu, je détordis, détors.* (Tordre & détordre du linge de lessive. Détordre une corde.)

Détortiller, *v. a.* Défaire une chose tortillée. (Détortiller de l'osier. Tortiller & détortiller un cordeau.)

Detouper, *v. a.* Déboucher. Oter le bouchon d'étoupes dont quelque vaisseau étoit bouché. (Détouper une bouteille.)

Detourpillonner, *v. a.* Terme de *Iardinier*. Il se dit de l'oranger. C'est ôter le ficron & la quantité de petites branches inutiles de l'oranger. (Il faut être soigneux à *détourpillonner* les branches de cet oranger. Quand on a *détourpillonné* les petites branches d'un oranger, les autres branches qui demeurent, deviennent plus belles & plus grosses,

parce qu'elles reçoivent seules la nourriture qui alloit au toupillon de l'oranger, c'est à dire aux petites branches inutiles. *Quint. Jardins fruitiers*, T. 1. p. 131.)

Detour, *s. m.* Tournant de rüe. Lieux écartez. (Il le fit avancer afin de connoître les détours des montagnes. l au *Quin.* l. 3. Le détour d'une rüe. *Dépreaux*, *Satire* 6.

Pour esquiver sa flamme, & ses discours,
Elle cherchoit les plus secrets détours.
Benserade, *Rondeaux.*)

* **Détour**. Circuit de paroles. (Un grand détour de paroles. Sans qu'un long détour t'arrête & t'embarasse. A peine as-tu parlé qu'elle même s'y place. *Dépreaux*, *Satire* 1. C'est fuïr la discuté que de prendre ce détour. Il prit un grand détour pour lui annoncer la mort de son fils.)

* **Détour**. Prétexte. Finesse. Biais peu sincere. Procédé, Façon d'agir. Excuse. (J'aime sans détour. *Voit. poes.* Vos ordres sans détour pouvoient se faire entendre. *Racine*, *Iphigenie*, *act.* 1. *s.* 2. Il ne cherche ni détour ni finesse. On va par ces détours au siécle d'or. *Benserade*, *Rondeaux.* O le plaisant détour. *Dépreaux*, *Satire* 9. Le détour est plaisant. *Mol.*)

* **Détour**, *s. m.* Ce mot n'est pas d'ordinaire usité, & je ne sai que Moliére qui s'en soit servi d'une façon à le faire passer. (Leurs *détournemens* de tête & leurs cachements de visage firent dire cent sotises de leur conduite. *Mol. Critique de l'école des femmes*, *sc.* 3.)

Détourner, *v. a.* Mener par des lieux détournez. Ecarter du chemin. (Détourner quelcun du chemin.

En mille endroits détournez
L'amour me mene par le nez.)

* **Détourner**. Eloigner. (Détourner son intention du désir de la vengeance. *Pas.* l. 7. Que la considération des misères présentes, & celle des misères futures vous *détournent* de l'impureté. *Maucroix*, *Homelie* 14. Détourner les yeux. Son livre ne tend qu'à détourner les ames de la vie étroite de l'Evangile. *Arnaud*, *freq. comm.* Détourner un coup.)

† * **Détourner**. Mettre à part. Prendre. Dérober. (Il a *détourné* la plûpart de ses éfets.)

* **Détourner**. Dissuader. (Il s'imaginoit qu'il seroit aisé de *détourner* d'un si terrible dessein. *Vau. Quin.* l. x.)

Se détourner, *v. r.* S'écarter. Quiter. (Se détourner de son chemin. Se détourner de son travail. Se détourner à droite, ou à gauche. Se détourner de trois lieües de son chemin pour aller voir quelcun.)

† **Detteur**, *s. m.* Ce mot signifie *celui qui doit* ; mais il ne se dit pas, en sa place, on dit *débiteur*.

Detracter, *v. a.* Médire. Le mot de *détracter* se dit ; mais il n'est pas usité que celui de *médire*. (Il ne faut pas détracter de son prochain.)

Détracteur, *s. m.* Médisant. Le mot de *détracteur* est moins usité que celui de *médisant*. (C'est un détracteur.)

Détraction, *s. f.* Ce mot signifie *médisance*, mais il n'a pas tant de cours que celui de *médisance*. (On aime naturellement la détraction.)

Detraquer, *v. a.* Ce mot se dit proprement des machines & des choses artificielles. Il signifie y changer ou gâter quelque chose en façon qu'elles ne puissent plus faire ce qu'elles font lors qu'elles sont en bon état. (Détraquer une horloge, un moulin, une pompe, un jeu d'orgues, ou quelqu'autre machine.)

Détraquer, *v. a.* Il se dit à l'égard des chevaux, & il signifie faire perdre à un cheval ses bonnes alures, ou les leçons qu'il a aprises au manége. (Détraquer un cheval. Les mauvais Ecuyers détraquent les chevaux, c'est à dire, leur font perdre le bon train qui leur étoit ordinaire.)

Détraquer, *v. a.* Il se dit aussi des personnes & signifie. Détourner de quelque occupation. (Détraquer quelcun de ses études. Les mauvaises compagnies ont détraqué ce jeune homme du chemin de la vertu.)

Se détraquer, *v. r.* Il se dit des machines & des personnes. (Nôtre horloge se détraque souvent. L'estomac se détraque quelquefois. * Il se détraque de ses études, du bon chemin, &c.)

Détraqué, *détraquée*, *adj.* (Le moulin est détraqué. Ma montre est détraquée.)

Detrempé, *s. f.* Terme de *Peinture*. Sorte de peinture où l'on emploie les couleurs avec de l'eau gommée, ou de l'eau de colle. *Dépiles.* (Peindre en détrempe.)

Détremper, *v. a.* Mêler quelque chose de liquide *avec un autre chose* pour n'en faire qu'un corps. (Détremper du plâtre. Détremper du mortier.) On dit aussi détremper dans de l'eau ce qui est salé.

† **Detresse**, *s. f.* Ce mot est un peu vieux. Il signifie. Afliction. (Il étoit dans une grande détresse.)

† **Detriment**, *s. m.* Terme de *Palais*. Dommage. Perte. (Il entreprend de bâtir au détriment de ses voisins. Cela va à nôtre détriment.)

DET DEU DEV

DETRIPLER, v. a. Terme d'Evolution militaire, qui se dit en parlant des files. C'est en ôter quelqu'une, quand elles sont par trois, Doubler, tripler les files. Détripler les files. *Marinet, Exercices d'Infanterie.*

DETROIT, s. m. Terme de Géographie. Bras de mer entre deux terres peu éloignées. (Le détroit de Gibraltar est fameux. Passer un détroit. *Voit. l.39.* Détroit dangereux à passer.) Il se dit aussi quelquefois, au lieu du mot *isthme*, d'une langue de terre qui est entre deux mers. (Le détroit de Corinte joint la Morée, au reste de la Grece. Le détroit de Panama joint les deux Ameriques, la Méridionale & la Septentrionale.)

Détroit. Passage étroit, & dificile par les montagnes pour entrer en quelque païs. (Se saisir des détroits. *Vau. Quin. l.3.* L'armée de Darius fut défaite dans les détroits de la Cicile. *Vau. Quin. l.3.*)

Détroit. Terme du *Palais.* Etenduë de Jurisdiction. (Un Juge ne peut agir en cette qualité hors de son détroit, ou hors de sa Jurisdiction. Il est respecté dans tout son détroit, & il y passe pour homme de mérite.)

DETROMPER, v. a. C'est le contraire de tromper. (Détromper quelcun. C'est le désabuser, lui faire connoître son erreur. On l'a détrompé de la mauvaise opinion qu'il avoit de vous.)

Se détromper, v. r. C'est reconnoître qu'on étoit dans l'erreur. (On se détrompe tous les jours des anciennes erreurs.)

DETRÔNER, v. a. Oter du trône. (Détrôner un Prince. Pepin Maire du Palais des Rois de France gouverna sous plusieurs Rois, & détrôna Childeric III. *Mezerai vie de Childeric.*)

DETROUSSER, v. a. Ce mot se dit en parlant de jupes, de robes & autres habits de femmes.Défaire une chose troussée. (Détrousser une jupe. Détrousser une robe.)

† *D-trousser.* Volez. (On l'a détroussé à demi-liëuë du vilage.)

DETRUIRE, v. a. Ruïner. Défaire. (Détruire un parti. *Abl.*)

* *Détruire.* Décréditer. Faire perdre l'estime. (* Détruire une personne dans l'esprit d'une autre. *Ablancourt.*)

DEU.

DEU, deuë, adj. V. *Devoir.*

† DEVALER, v. a. Ce mot est bien vieux, & ne se dit plus guere, en sa place on dit *décendre.* (L'Ame d'Orphée dévala dans les Enfers. Du Rier, *Metamorphoses, l.xi. fable,1.*)

DEVALISER, v. a. Oter la valise, les hardes & les marchandises à des passans. Voler. (On l'a dévalisé au milieu d'un bois. *Sca.*)

DEVANCER, v. a. Gagner & prendre les devans. (Il faut faire de grandes traites pour devancer le Roi, de deux ou trois journées. *Abl. Rét. l.2. c.1.* Il devança de trois jours la flote. *Abl. Ar. l.1.* Devancer l'aurore. *Racine Iphigenie, a.1. sc.1.*)

Devancer. Surpasser en quelque chose. (Il devance en mérite tous ses compétiteurs.)

Devancier, s. m. Celui qui en a précedé un autre en quelque charge, ou ofice. (C'est son devancier.)

Devancière, s. f. Celle qui en a précedé une autre en une charge. (Les armes de ses devancières se voient en beaucoup de lieux. *Patru, plaidoyé 16.*)

DEVANT, s. m. Partie anterieure. La partie qui dans l'ordre des choses se présente la premiere. (Le devant du logis est beau. Devant de perruque, ce sont les cheveux bouclez qui couvrent le front. Devant de chemise. Devant de haut-de-chausse. Devant de jupe. Devant de tableau. Devant de cuirisse.)

* *Bâtir sur le devant.* Commencer d'avoir le ventre gros & de devenir gras.

* *Devant*, s. m. Les parties naturelles de la femme. (Ils sont plus jaloux du derrière que du devant. *S. Am.*)

* *Prendre le devant.* C'est prendre le pas. Marcher devant. On dit aussi prendre les devans. Couper les devans. Gagner le devant, tant au propre qu'au figuré.

Devant, adv. (Marcher devant.)

Par devant, adv. (Il fut ataqué par devant & par derriere. Ils avoient reçû plusieurs blessures par devant. *Vau. Quin. l.3. c.xi.* Il reçût plusieurs coups par devant & il mourut glorieusemens. *Abl. Marm.*)

Au devant. Préposition qui régit le génitif. Aller au devant de quelcun. Abl. La ville sortit au devant de lui. *Abl.*

Devant. Préposition qui régit l'accusatif & signifie en présence. (La parfaite valeur est de faire sans témoins ce qu'on seroit capable de faire devant tout le monde. *M. Le Duc de la Rochefoucaut.*)

Devant. Préposition qui signifie *Vis à vis.* (Le trop fidelle disciple fut fosieté devant la porte du Colege par la main du Bourreau. *Pas. l.6.*)

† *Devant que.* Conjonction qui n'est plus guere en usage. On se sert en sa place de la conjonction *avant que.*

† *Devant-hier*, adv. Ce mot n'est pas du bel usage en sa place on dit *avant-hier.*

† DEVANTIER, s. f. Mot hors d'usage, en sa place on dit *tablier.*

DEVELOPER, v. a. Oter l'envelope. (Déveloper une chose envelopée.)

* *Déveloper*, v. a. Il se dit au figuré & signifie. Expliquer. Eclaircir. Découvrir. (Déveloper sa pensée. Déveloper une intrigue. Déveloper des dificultez. Pour déveloper tout ce mistère il faut dire. *Patru, plaidoyé 5.* Quelque avanture me viendra déveloper une naissance illustre. *Mol.*)

DEVENIR, verbe neutre passif. Je deviens ; je suis devenu, je devins, je deviendrai. Etre de plus en plus. S'acquerir quelque qualité. Changer. (Il devient honnête homme. Devenir savant. Il est devenu grand orateur. Devenir riche. Devenir fou.)

Se déveloper, v. r. Se débarasser. (Se déveloper d'un danger.)

* *Devenir d'Evêque Meûnier.* Proverbe, pour dire changer de condition en pis. Déchoir de sa condition.

† *Se DEVERGONDER*, v. r. Perdre sa honte. (Plus qu'une femme elle se dévergonde. *Benserade, Rondeaux,page 103.*)

† *Dévergondé, dévergondée*, adj. Qui n'a point de honte. (C'est un dévergondé. C'est une dévergondée.)

DEVERROÜILLER, v. a. Oter le verroüil. (Déverroüiller une porte.)

† DEVERS, Préposition. Qui a vieilli, & qui tout au plus ne peut trouver sa place que dans le langage le plus bas. En sa place on se sert de la préposition *vers. Vau. Rem.* Celui qui maintenant *devers* vous est venu, d'où vous est il connu. *Mol. cocu.*

SE DEVETIR, v. r. C'est ôter quelques-uns de ses vêtemens. Se deshabiller. (On se dévetit quand il fait trop chaud. Le Prêtre s'est dévetu,se va dévetir à la Sacristie.)

Se dévetir, v. r. Terme de pratique. Il signifie se dessaisir, se dépoüiller. (Il *s'est dévetu* par un contrat de la propriété de tel héritage.)

DEVIDER, v. a. Mettre le fil ou la soie en peloton ou en écheveau. (Dévider en écheveau. Dévider du fil. Dévider par peloton. Dévider de la soie, du galon, &c.)

Devideuse, s. f. Celle qui dévide. (Une dévideuse de fil, de soie,&c. Portez cela à la dévideuse.) On dit aussi *Dévideur, s. m.* Celui qui dévide.

Devidoir, s. m. Sorte d'instrument de bois propre à dévider, & qui est fait en maniere de lanterne. Il y a plusieurs sortes de dévidoirs.

DEUIL, s. m. Tristesse. Douleur. Regret. Habit noir qui marque la tristesse, & la mort d'une personne de qui nous heritons, ou de qui nous dépendons. (Seigneur ; pourquoi me laissez-vous dans le deüil & dans la tristesse sous l'opression de mes ennemis. *Port-Roial, Ps.42.* Le deüil n'est qu'au dehors, *Gon. Epi. l.2.* Une consolation si peu attenduë redouble son deüil. *S. Evremont, Matrone d'Ephese.*)

Deüil, s. m. Les marques extérieures du deüil. Les habits de deüil. (Prendre le deüil. La Cour est en deüil. Quiter le deüil. Porter le petit deüil. Porter le grand deüil.)

DEVIN, s. m. Celui qui devine. Celui qui prédit & découvre les choses à venir. (C'est un méchant devin. C'est un bon devin, un excellent devin. Un devin nommé Gauricus, prédit à Henri second, qu'il mourroit dans un combat. *Colomesius.*)

Devine, s. f. Celle qui devine. (Elle est devine. Elle est ravie de parler pour une devine. Je ne suis ni sorciere, ni devine. *Scar. D. Japhet, a.1. sc.1.*)

† *Devineresse*, s. f. Celle qui devine. Devineresse n'est que du peuple, il n'y a que *devine* qui passe.

Deviner, v. a. Prédire. Découvrir l'avenir. Conjecturer. Découvrir. (Deviner les malheurs du tems. Deviner l'écriture d'une personne. *Voit. l.13.* On aime à deviner les autres, mais on n'aime point à être deviné.)

† *Devis*, s. m. Pour dire *habit* est bas & vieux.

Devis, s. m. Terme d'Architecture. Description de toutes les choses qu'on doit exécuter pour la construction d'un bâtiment. Voiez l'*Architecture de Savot, c.4.*

DEVISAGER, v. a. (Devisager une personne, c'est à dire lui égratigner le visage, se jetter sur son visage & le défigurer avec ses ongles.)

Devise, s. f. C'est un composé de figures & de paroles. La figure est le *corps* de la devise, & les paroles en sont *l'ame.* La figure doit être reguliere & nouvelle, & les paroles proportionnées à la figure. (Faire une belle devise. *Voiez Giovio Vescovo di Nocera.*)

† *Deviser*, v. n. Ce mot pour dire *parler, s'entretenir*, est un peu vieux & ne trouve bien sa place que dans le stile familier. (Nous devisant nous voici arrivez à la ville. *Abl. Luc. T.2. double accusation.* Ils ont devisé assez long tems de cette afaire.)

DUMENT. Voiez plus bas.

DEVOILER, v. a. Oter le voile. (Dévoiler une Religieuse. Religieuse dévoilée. *Maucroix, schisme d'Angleterre, l.2. p.29.*)

(* L'olimpe son front *dévoila.*

DEV

Et tout le jour étincela. *Voit. poëſ.*)

* *Dévoiler*, v. a. Ce mot ſe dit au figuré. Il ſignifie découvrir & mettre en évidence ce qui étoit caché. (Dévoiler des miſteres. Dévoiler des intrigues.)

Dévoilement, ſ. m. Action par laquelle on dévoile & découvre ce qui étoit caché. (Le dévoilement des Miſteres & des figures de l'Ancien Teſtament s'eſt fait à la venuë du Meſſie.)

Devoiment, ſ. m. Flux de ventre. (Avoir un dévoiment par haut & par bas.)

Dévoier, v. a. Cauſer, donner un dévoiment. (Etre dévoïé, c'eſt avoir un dévoiment.)

Devoïé, ſ. m. Il ſe dit de ceux qu'on croit qui ſont hors de la voïe du ſalut. Il eſt vieux. (Priez pour nos frères les dévoïez.) On dit en ſa place *égaré*.

Devoir, v. a. Je doi, tu dois, il doit. Nous devons, vous devez, ils doivent. J'ai dû, ou j'ai dû, je deus. Etre engagé à quelque dette. (Devoir une groſſe ſomme d'argent. Devoir à Dieu & au monde. Devoir au tiers & au quart.)

Devoir. Etre obligé de faire ou de dire. (Les inférieurs doivent honneur & obeïſſance à leurs Superieurs. Nous devons bien vivre pour bien mourir.)

Devoir. Il ſe dit des avantages que les uns peuvent avoir ſur les autres. (En matiéres d'Arts & de Sciences, les Modernes ne doivent rien aux Anciens, c'eſt à dire, ils ne leur ſont pas inférieurs. Elles ſont toutes deux à peu près de même âge, l'une ne doit rien à l'autre.)

Devoir. Il ſe dit encore de ce qui peut arriver. (Nous devons tous mourir. Il doit arriver cette année une Eclipſe de Soleil & deux de Lune. Je dois aller demain à la campagne. Il doit avoir reçû ma lettre. Il doit avoir bien de l'argent, car il a eu de grands emplois.

* Les grands Princes ne ſe doivent jamais voir s'ils veulent demeurer amis. Voiez en la raiſon dans *Comines*, l. 2. ch. 8.

Deu, *deuë*, adj. Prononcez *du* & *duë*. Ce qu'on doit. (Argent deu. Somme deuë.)

Deument, adv. Prononcez *dûment*. Juſtement. (Il eſt dûment ateint & convaincu.)

Devoir, ſ. m. Ce qu'on eſt obligé de faire par bien-ſéance, par civilité, ou obligation. (Faire exactement ſon devoir. S'aquiter de ſon devoir envers tout le monde. *Abl.* Un homme ſage doit remplir juſqu'au moindre de ſes devoirs. Faire tout devoir de Capitaine & de Soldat. *Vaug. Quin. l. 3. c. 11.* Rendre ſes devoirs à ceux qui le meritent. *Rendre les derniers devoirs à quelcun. Vau. l. 3. c. 12.* C'eſt à dire, aſſiſter aux funerailles d'une perſonne. *Ranger quelcun à ſon devoir*, C'eſt à dire, obliger une perſonne d'obéïr & de faire ce qu'elle doit faire. S'aquiter des devoirs du mariage en galant homme.)

Devoir de vaſſal à ſon Seigneur.

Devoir, ſ. m. Etat. (Il ſe mit en devoir de montrer la lettre. *Vau. Quin. l. 3. c. 11.* Il ſe mit en devoir d'arrêter ſon maitre. *Abl. Luc. T. 2. Amitié.*)

Dévolu, ſ. m. Terme d'Egliſe. Proviſion qu'on obtient du Saint Siege pour avoir le bénéfice qu'un autre poſſede, & cela parce qu'il y a incapacité, confidence, incompatibilité, défaut de titre. (Obtenir un bénéfice par dévolu. Jetter un dévolu ſur un bénéfice.)

Devolu, *dévoluë*, adj. Venu. Echu. Tombé. Arrivé. (Le droit de ſacrer la Reine, lui étoit dévolu, *Maucroix*, *ſchiſme*, *l. 3. p. 411.*)

Dévolutaire, ſ. m. Celui qui jette un dévolu ſur un bénéfice. (Il eſt dévolutaire.)

Dévolution, ſ. f. Ce mot ſe dit en parlant de bénéfices. (La dévolution d'un bénéfice à l'Evêque.)

Devorateur, ſ. m. Qui mange. (Voit n'échape à ſes dévorateurs. *Benſerade Rondeaux, pag. 215.*)

Devorer, v. a. Manger goulûment. Manger avec avidité. (Le loup dévore.)

Devorer. Perdre. Mettre en piéces. Faire périr. (On envoïa un monſtre marin pour dévorer Andromede. *Abl. Luc. Tome 1.*)

Devorer. Perdre. Ruïner. Conſumer. (Le tems dévore tout. *Mai. poëſ.* Un feu ſecret me dévore. *Voit. poëſ.* Il a dévoré tout ſon bien. Dépreaux, *ſatire* 4. Le chagrin me dévore, *Racine Andromaque*, *a. 5. ſ. 1.* Dévorer le peuple. *Port-Roïal. Pſeaume* 52.)

* *Dévorer*. Avoir une grande envie d'avoir. (Il dévore en eſperance tous mes treſors. *Van. Quin. l. 5. c. 1.*)

Devorer. Il ſe dit de la lecture des livres. *Devorer un livre*, c'eſt le lire promtement & ſans y faire beaucoup de reflexion. J'ai lû un livre que vous m'avez envoïé, ou plûtôt je l'ai *dévoré. Scar.*)

† *Devoreur de livres*, ſ. m. Qui lit force livres & promtement. (C'eſt un dévoreur de livres.)

Devot, *dévote*, adj. Qui a de la dévotion. (Etre dévote à la Vierge. Elle eſt dévote en honnête femme.)

† *Dévot*, *dévote*. Qui aime avec une manière de reſpect particulier. (Mon cœur qui vous eſt ſi dévot. *Voi. poëſ.*)

Dévot, ſ. m. Qui a de la dévotion. (C'eſt un vrai dévot, un franc dévot, un dévot fiéfé. Il y a des dévots indif-

DEX   DIA

crets qui ne croïent jamais dire aſſez, s'ils n'en diſent trop. *Thiers*, *diſſertation ſur le portail de Reims*. Pour être dévot je n'en ſuis pas moins homme. *Mol. Tartufe*, *a. 3. ſ. 3.*)

Dévoie, ſ. f. Celle qui a de la dévotion. (C'eſt une véritable dévote.)

Dévotement, adv. Avec dévotion. (Prier Dieu dévotement. * Il ſoupa lui tout ſeul, & fort dévotement il mangea deux perdrix. *Mol. Tartufe*, *a. 1. ſ. 4.*)

Dévotion, ſ. f. Prononcez *dévocion*. Pieté envers Dieu, & envers les Saints. (Dévotion aiſée. Voïez *Paſcal*, *lettre* 6. Etre dans la haute dévotion. Les dévotions à la Vierge ſont un puiſſant moïen pour le ſalut. *Paſ. l. 9.* Faire ſes dévotions ; c'eſt à dire, ſe confeſſer & communier fort dévotement.)

(J'aurai toûjours pour vous, ô ſçave merveille
Une dévotion à nulle autre pareille,
Mol. Tart. a. 3. ſ. 3.)

Dévotion, ſ. f. Entière diſpoſition. (On lui manda que la Ville étoit à ſa dévotion. *Ablancourt*, *Ar. l. 1. c. 6.* Les Bactriens étoient à leur dévotion. *Vaug. Q. Curce.*)

Dévorieux dites *Dévot*.

Dévotieuſement dites *Dévotement*.

Devoüer, Conſacrer. Sacrifier. (Dévoüé à ſes interêts la tranquillité de ſa partie. *Mémoires de Mr. de la Roche-Foucaut*.

Se dévoüer, v. r. Se ſacrifier, ſe conſacrer entièrement. (Les grands hommes ſe ſont dévoüez à la gloire. *Abl.* Etre dévoüé aux interêts de ſon maitre. Tous ſes amis ſont prêts à ſe dévoüer pour lui. *Racine*, *Iphigenie*, *a. 5. ſ. 5.* On ſe dévoüoit anciennement ſoi-même, par une ſuperſtition auſſi cruelle que ridicule. *S. Evremont*.)

† *Devouloir*, v. a. Ceſſer de vouloir. Le mot de *dévouloir* n'eſt pas en uſage. *Vau. Rem.*

Deux. Nom de nombre indéclinable. (Ils ſont deux. Elles ſont deux. Ils ſont pris tous deux. Donner des deux. Apuïer des deux.)

Deux à deux, adv. Deux enſemble. (Ils les faiſoit marcher deux à deux. *Abl. Ret. l. 2. c. 3.*)

A deux fois, adv. (Je ne vous en ferai point à deux fois. *Scar.*)

Deuzième, adj. Nom de nombre ordinal, qui veut dire. Qui eſt le ſecond. (Il eſt le douzième. Elle eſt la deuxième.)

DEX.

Dexterité, ſ. f. Il vient du Latin *dexteritas*. Adreſſe. Il faut un peu de dexterité dans toutes les conditions. *Patru*, *plaid*. Il faut une grande dexterité pour faire des ouvrages un peu délicats. Elle a du bon ſens & de la dexterité dans les afaires où elle entre. *S. Evremont.* Ceſar eut une dexterité admirable à ménager les Gaulois. *Le même*. Il ne s'eſt paſſé du mot *car* que pour montrer la ſoupleſſe & la dexterité de ſa plume. *Vaug. nouv. remarq.* (Il faut un peu de dexterité. *Patru*, *plaidoyé* 11.)

Dextre, ſ. f. Il vient du Latin *dextera*. Ce mot ne ſe dit qu'en terme de pieté, & il ſignifie *main droite*. (A quoi peut-on attribuer un changement ſi heureux qu'à la *dextre* du Tout-puiſſant ? *Maucroix*, *ſchiſme*, *l. 3.*)

Dextrement, adv. Avec adreſſe. Il n'eſt plus uſité : en ſa place on dit *adroitement*. (Un peintre peignit un rideau ſi *dextrement* qu'on s'aviſa de le tirer. *Abl. Apoph.*)

DIA.

D I A, adv. Terme dont ſe ſervent les chartiers & les laboureurs pour faire tourner leurs chevaux à gauche, comme ils ſe ſervent de *hurhaut* pour les faire tourner à droite.

Diable, ſ. m. Ce mot en général ſignifie un des Anges rebelles que Dieu chaſſa de ſon Paradis, & précipita dans les enfers. Les Bramines adorent le Diable, afin qu'il ne leur faſſe point de mal. *Hiſtoire des Bramines*, *2. partie*, *ch. 16.* Le Diable tenta Eve ſous la figure d'un ſerpent. Jeſus-Chriſt fut tenté par le Diable au deſert.)

† * *Diable*. Méchant. Eſpece d'enragé & de déterminé. (C'eſt un diable. *Faire le diable à quatre.* C'eſt à dire, faire le méchant. *Tirer le Diable par la queuë.* C'eſt à dire, avoir bien de la peine. *Il a été batu comme un Diable.* C'eſt à dire, il a été fort batu. Tous ces Dieux des fables ſont péſans comme tous les Diables. *Voit. poëſ.* C'eſt à dire fort péſans.

Vous n'y perdrez que vos pas.
Et le Diable ne ſe fait pas. *Voit. poëſ.*)

C'eſt un Diable en procés. Termes Burleſques, pour dire. C'eſt un chicaneur & un inſigne plaideur.

† *C'eſt là le Diable. Termes bas & burleſques*, pour dire. C'eſt là la difficulté, & ce qu'il y a de fâcheux dans une afaire.

* On dit, Il eſt vaillant en Diable. C'eſt un Diable incarné.

C'eſt

DIA   DIC

C'est un Diable d'homme. Il a batu en Diable, ou en Diable & demi. *C'est un mêchant diable*, c'est à dire, un homme dangereux ; *un bon diable*, pour dire un bon vivant ; *un pauvre diable*, c'est à dire un miserable. *Il est savant en diable*, pour dire, il est fort savant. Toutes ces façons de parler & diverses autres semblables sont basses & populaires. On dit encore par manière de Proverbe. *Le diable est aux vaches*. Pour dire tout est en trouble & en confusion. *Le diable n'est pas toujours à la porte d'un pauvre homme*, pour dire qu'on ne sera pas toûjours malheureux. *Il ne faut pas se donner au diable pour faire cela*. C'est à dire, que la chose est facile. On se sert malheureusement de ce vilain mot pour dire diverses imprécations.

† *Diablement*, adv. [Je suis *diablement* fort sur l'impromptu. *Mol. precieuses*, sc.9.]

† *Diablerie*, s. f. Sorcelerie. Enchantement. (Il y a là dedans un peu de diablerie.)

† *Diablerie*. Mêchante humeur.

[Avec toute sa *diablerie*,
Il faut que je l'apelle & m'amour & m'amie.
Moliere Femmes savantes, act. 2. sc.9.]

† * *Diablesse*, s. f. Mêchante fille, ou mêchante femme. Celle qui est de mauvaise humeur, & sujette à mille emportemens. [Sa femme est une franche *diablesse*.]

Diabolique, adj. Mêchant. Qui est du diable. [C'est un esprit diabolique. Invention diabolique.]

Diaboliquement, adv. D'une manière diabolique.

DIACONAT, s. m. Ordre sacré dans lequel on reçoit la grace & la puissance de rendre à l'Evêque & aux Prêtres les principaux services dans l'action du sacrifice & de lire publiquement l'Evangile aux Messes solenneles. [Meletius éleva S. Chrisostome au Diaconat, dans lequel il demeura cinq ans. *Maucr. preface*.]

Diaconisse, *Diaconesse*, s. f. On dit l'un & l'autre, mais il semble que l'usage soit pour *Diaconisse*. C'étoit une veuve qui avoit reçu l'ordre de Diacre, & qui étoit consacrée au service de l'Eglise, & des pauvres. [Je vous recommande notre sœur Phebé *Diaconisse* de l'Eglise de Corinthe. *Port-Roial, Nouveau Testament, Epître de S. Paul aux Romains, c.16. v.1.*]

Diacre, s. m. Ce mot signifie *Ministre*, & il a été donné aux Diacres, parce qu'ils sont les premiers dans l'ordre des Ministres ; en éfet après les Prêtres ils sont le premier degré d'honneur. Les Diacres ont été établis pour servir l'Evêque, pour avoir soin de l'administration des biens de l'Eglise, & en rendre compte ensuite à l'Evêque. [Faire un Diacre.] Voiez *Acosta*.

Diacresse, s. f. Celle qui faisoit la fonction de Diacre parmi les Anciens. [On fit dire à Olimpiade, qui étoit une sainte & genéreuse *Diacresse*, qu'elle ne devoit pas dispenser son bien avec tant de profusion. *Le Mait. plaid. 17*.]

DIADEME, s. m. Pancirol, *antiquitez perdues*, l.1. c.46. pense que *le diadème étoit une manière de petit bonnet qui se lioit sa tête avec un linge fort blanc*, & que les Empereurs aussi-bien que les Rois se le portoient sur leur tête pour marque de leur dignité. [Porter le diadème. Mettre le diadème sur la tête. Ofrir le diadème. Le mot de *diadème* se prend aussi en général pour toute sorte de couronne de Prince absolu & souverain. [*Avec un diadème tout plait, tout charme. Benserade, Rondeaux.*]

DIAGONALE, s. f. & adj. Ce mot est Grec & est un terme de Géometrie. Il signifie une ligne diagonale. C'est une ligne droite tirée par le centre d'une figure de plusieurs côtez, d'un angle de la figure à un autre angle opposé. [La diagonale d'un quarré est incommensurable avec un de ses côtez. On dit aussi la diagonale d'un Cube, d'un prisme & de quelques autres solides.]

Diagonalement, adv. Ce mot se dit de deux lignes diagonales qui se coupent *diagonalement* au centre de la figure.

DIALECTE, s. f. Quelques Auteurs font le mot de *Dialecte masculin*, mais généralement ceux qui parlent le mieux le croient & le font *feminin*. Le mot de *Dialecte* est Grec, & signifie Idiome. Langage particulier d'un païs. [La Dialecte Dorique est premierement en usage parmi les Lacédémoniens. La dialecte Jonienne est presque la même que l'ancienne Atique. *Port-Roial, Métode Greque, pag. 557.*]

Dialectique, s. f. La partie de la Philosophie qui enseigne les regles du raisonnement.

Dialecticien, s. m. Celui qui sait, ou qui enseigne le Dialectique, ou Logique.

DIALOGUE, s. m. Ouvrage qui est ordinairement en prose, & quelquefois en vers, où des personnes s'entretiennent avec esprit sur un sujet grave, ou plaisant. [Les dialogues du Lucien sont beaux.]

DIAMANT, s. m. Sorte de pierre prétieuse fort connuë & fort dure. [Diamant fin. Diamant faux. Diamant d'Alençon. Diamant brut.]

[* Sa foi sera de diamant. *S. Am. poes.* C'est à dire, *sa fidelité durera*.]

Diamant. Terme de *Vitrier*. Sorte de petit outil pour couper le verre, au bout duquel il y a une pointe de diamant.

Diamantaire, s. m. Ouvrier qui taille les diamans, qui se connoit en Diamans & qui en fait trafic. [On dit que le Grand Mogol qui regne aujourd'hui, est le plus habile & le plus excellent Diamantaire qui soit au monde & qui se connoit le mieux en diamans.]

DIAMETRE, s. m. Terme de *Géometrie*. Ce mot se dit proprement du cercle, & signifie la ligne droite, qui, passant par le centre du cercle, le divise en deux parties égales. Tous les Diametres d'un même cercle, ou de cercles égaux, sont égaux entr'eux. La proportion du Diametre à la circonference du cercle ne se trouve pas dans la derniere exactitude. La moitié d'un diametre se nomme demidiametre, ou Raïon. Le mot de diametre se dit aussi quelquefois au lieu de diagonale. Les Ellipses ont deux diametres, l'un grand, l'autre petit ; chacun desquels divise l'Elipse en deux parties égales.

Diamétral, *diamétrale*, adj. [Ligne diamétrale.]

Diamétralement, adv. [Diamétralement oposé. Le Zenit & le Nadir sont diamétralement oposez. Les Antipodes sont aussi diamétralement oposez.] Ces mots se disent aussi au figuré en parlant de la vertu & du vice ; & des interêts & des sentimens qui sont quelquefois diamétralement oposez.

DIANE, s. f. Déesse que les Poëtes ont feint la Déesse de la chasse.

Diane. Terme de *Guerre*. Baterie de tambour à la pointe du jour. [Batre la Diane.]

† *DIANTRE*, s. m. Mot burlesque pour dire le diable. [Au diantre soit le fou. Au diantre le teston. *Reg. Sat. 13.*]

DIAPALME, s. m. Emplâtre composée de divers ingrediens propres à resoudre les matieres.

Diapason & diapente. Sont des termes de Musique.

DIAPHANE, adj. Terme de *phisique*. Transparent. [Un corps diaphane. Les corps diafanes sont l'air, l'eau, le verre, le cristal, le talc, la corne, &c.]

† On dit en termes de Sciences le mot de *diaphaneïté*, qui signifie *transparence*, mais il n'est pas en usage.

DIAPHRAGME, s. m. Terme d'*Anatomie*. Sorte de membrane qui est d'une forme ronde & qui fait comme une cloison qui sepáre les parties vitales des naturelles.

DIAPRÉ, adj. Terme de *Blason*. Qui est varié de plusieurs couleurs. Ce mot s'est dit autrefois de la varieté des couleurs qu'on voit dans un pré rempli de fleurs.

DIARRÉE, s. f. Terme de *Medecin*. Sorte de flux de ventre ou les humeurs se vuident sans ulcerer les boïaux.

Il y a divers autres mots qui viennent du Grec & qui commencent par *dia*, mais ce sont des termes d'Anatomie & de Pharmacie peu connus par ceux qui ne sont pas de cette profession.

DIC.

DICERNEMENT, s. m. Action de dicerner. Jugement. [N'avoir aucun dicernement. Avoir le dicernement bon, excellent, &c.]

Dicerner, v. a. Distinguer. Faire la différence d'une chose avec une autre. Juger. Voir. Apercevoir. [Dicerner le bien d'avec le mal. *Abl. Apoph.* Je ne pus bien dicerner qui étoit avec vous. *Vost. liv. 9.* Dicerner l'erreur. *Pasc. l. 2.*]

DICIPLE, s. m. Il viant du Latin *discipulus*. Ecolier. Celui qu'on éleve dans les sciences. [Le trop fidele *diciple* fut fouêté par la main du bourreau. *Pasc. l. 6.* S. Chrisostome fut diciple de Libanius, qui étoit un fameux Sophiste. *Maucroix, pref. sur le homel. de S. Chrisostome.*]

Les diciples de Jesus-Christ. Ce sont les Apôtres de Jesus-Christ.

Diciplinable, adj. Qui est capable de dicipline. Qui est capable d'être instruit. [Rendre diciplinable. *Voit. l. 38.*]

Dicipline. Terme de gens qui enseignent. Conduite & ordre de gens qui commandent. Ordre exact & bien diciplinê, Regles & institutions. [Il est sous la dicipline des Jesuites. Il n'y a point de dicipline dans la plûpart des Coleges. Garder la dicipline. *Abl. Ar. l.4.* Rétablir la dicipline. *Abl. Tac. vie d'Agricola.* Observer la dicipline militaire, monastique, Ecclesiastique, &c.]

† *Dicipline*. Terme de *Religieux & de Religieuses*. Espece de fouët de parchemin tortillé, ou de cordes. [Faire la dicipline. C'est ce donner la dicipline & se fouêter le dos. Se disposer à la dicipline. Donner la dicipline à quelcun, c'est *le fouêter avec la dicipline*. Prendre la dicipline. C'est se donner la dicipline.

Dicipliner, v. a. Mettre la dicipline en un lieu. Regler. Instruire. [Il a bien discipliné cette maison.]

Diciplinê, *diciplinée*, adj. Instruit. Enseigné. [Enfant bien ou mal diciplinê. Il avoit des troupes bien diciplinées. *Ablanc. Ret. l.1. c.9*]

DICTAME, s. m. Sorte d'herbe qui croit dans l'Isle de Crete, & qu'on a dit avoir la vertu de faire sortir les flèches qui étoient dans les plaies.

DICTATEUR,

DICTATEUR, *s. m.* En Latin *Dictator*. Souverain Magistrat de l'ancienne Rome, qu'on faisoit dans les périls extrêmes de la Republique, & dont la puissance ne duroit pas plus que le danger. *Ablancourt, Tac.An.l.1. c.1.* Les Dictateurs se retiroient quelquefois de la charruë, qu'ils reprenoient quand l'expédition étoit achevée. *S. Evremont, genie du peuple Romain, ch.2.*)

DICTATURE, *s.f.* Dignité de Dictateur. (Ofrir la Dictature, Recevoir, & accepter la Dictature. Quitter la Dictature.)

DICTÉ'E, *s.f.* Terme d'Ecolier de Philosophie & d'autres qui écrivent les écrits d'un maître. Et c'est tout ce que dicte le maître à ses écoliers, la matinée, ou l'apres-dinée. (La dictée du matin a été fort longue. La dictée de l'apres-diné a été fort courte.)

Dicter, *v. a.* En Latin *Dictare*. Prononcer haut des mots afin qu'on les écrive. Dire haut & doucement en forte qu'on puisse écrire ce qu'on dit. (Dicter une lettre.)

* La raison nous dicte cela ; c'est à dire, nous l'enseigne.

DICTION, *s. f.* En Latin *dictio*. Mot. Manière dont on s'exprime. (Diction belle, noble, grande, grave, majestueuse, pressée, patétique. La diction doit être proportionnée au sujet & donner à connoître les mœurs de celui qui parle.)

Dictionnaire, s. m. Livre qui contient les mots d'une langue, d'un art, ou d'une sience par ordre alphabetique. (Un bon dictionnaire est-tres-difficile à faire. Un dictionnaire de Droit. Un dictionnaire de Médecine. Un dictionnaire de rimes.)

DICTON, *s. m.* En Latin *dictum*. Terme de *Palais*. Endroit de la sentence, ou de l'arrêt où le Juge ordonne. Le mot de *dicton*, signifie encore mots sentencieux qui ont quelque chose du proverbe ; mais dans ce sens, le mot de *dicton* est vieux & ne peut être reçu que dans le burlesque. (Il y a là dedans des dictons assez jolis. *Mol. Bourgeois Gentilhomme, a.1.s.2.*)

DID. DIE.

DIDACTIQUE, *adj.* Instructif. (Stile didactique. La *Cham.*)

DIDEAU, *s. m.* Terme de *Pêche*. C'est un grand filet qui sert à barrer les Rivieres, pour arrêter tout ce qui passe. Au pont de S. Cloud, il y a un grand dideau suspendu par des potences & des poulies qu'on tend & qu'on lâche selon les occasions.)

DIDIER, *s. m.* Nom d'homme.

Didiere, s. f. Nom de femme.

DIESE, *s. f.* Terme de *Musique*. C'est un demi-ton mineur, ou imparfait ; que les Imprimeurs marquent avec une double croix au sautoir. On l'appelle aussi une feince.

DIETE, *s. f.* Abstinence qu'on fait pour se conserver la santé. Régime de vivre qu'on garde dans l'usage de toutes choses. (Faire diete. La trop grande diete nuit.)

Diete. Assemblée des Etats d'Alemagne. (Faire tenir la diete. Assembler la diete. Se trouver à la diete.)

DIEU, *s. m.* Etre Souverain qui est tres-parfait, qui n'a ni commencement, ni fin. (Dieu est le Createur des Cieux & de la Terre. Les Juifs & les Mahometans ne reconnoissent & n'adorent qu'un seul Dieu. Les Chrétiens adorent un seul Dieu en trois personnes. Le Dieu vivant. Le Dieu des armées.

* Dieu. Souverain. Grand de la terre. (Que t'a servi de flêchir les genoux devant un Dieu fragile & fait d'un peu de bouë, qui meurt comme nous. *Mal. poës.* C'est un Dieu sur les Dieux de la terre. *Abl.* Avec les Dieux il ose se mêler. *Voit. poës.*)

(* Vôtre cœur altier croit mettre entre les Dieux.
Ceux qu'il souffre mourir en adorant vos yeux.
Voi. poës.)

C'est à dire, croit fort honorer & rendre heureux.)

Mon Dieu ! Sorte d'exclamation. (Mon Dieu ! je vous connois. *Mol.*

Dieu merci. C'est-à-dire ; par la grace de Dieu. *Dieu-merci* n'entre que dans les discours familiers. (Personne, Dieu-merci, ne prend interêt à l'universel à *parte rei*, ni à l'être de raison. V. *L'Art de penser,* 1. discours.)

Dieu vous soit en aide.

[Il vous saluë
D'un Dieu vous soit en aide, alors qu'on éternuë.
Moliere, Cocu, sc.2.]

On dit encore par maniere de souhait, Dieu le veüille, Dieu vous gard'de mal. Dieu vous le rende. Dieu vous bénisse & vous conserve, Dieu vous conduise. Dieu aidant. S'il plaît à Dieu. On dit encore, A Dieu ne plaise. Dieu m'en garde. On conjure au nom de Dieu, pour l'amour de Dieu. On affirme en disant sur mon Dieu. Je prens Dieu à témoin.

* On dit d'un avare qu'il fait son Dieu de son argent.

Dieu donné, adj. C'est le surnom qu'on a donné à quelques Princes, dont on n'espéroit pas la naissance & qu'on croit que Dieu a accordée aux prieres de son peuple. (Philippe Auguste Roi de France a été surnommé Dieu-donné.)

Hôtel-dieu. V. hôtel & hôpital.

Les Dieux, s. m. Les Divinitez fabuleuses des Paiens. (Les Dieux des Paiens étoient de plaisans Dieux. Mettre quelcun au nombre des Dieux.)

Les Dieux Manes. C'étoient ceux dont les Anciens Paiens imploroient le secours & à qui ils faisoient des vœux contre la crainte de la mort & en faveur des défunts. *Nicaise*, explication *d'un monument ancien, ch.5.*

DIF.

DIFAMATEUR, *s. m.* Celui qui difame. (C'est un insigne difamateur.)

Difamation, s. f. Deshonneur. Décri d'une personne. Injure qui difame. (Vous êtes bien-heureux si vous souffrez des injures & des difamations pour le nom de Jesus-Christ. *Port. Roial, Nouv.Test.Ep.S.Pierre, c.4.*)

Difamatoire, adj. Qui deshonore. Qui difame. (Un libelle difamatoire.)

Difamer, v. a. Deshonorer. (Difamer une personne. C'est un homme difamé. Elle est difamée.)

Difamant, difamante, part. & adj. Qui difame, (Ce sont des discours difamants ; des paroles & des injures difamantes.)

DIFERER, *v. a.* Prolonger. Remettre. Retarder. (On ne doit point diférer à bien vivre. *Abl. Luc, Tom.1.* Je ne puis diférer plus long tems à vous suplier de me tirer de peine. *Vai. l.60.* Diférer de jour en jour, Diférer le paiement d'une dette ; le jugement d'une cause. On ne peut pas diférer.)

Diferer. Etre diférant, être distingué. (Il disoit qu'un Roi qui ne faisoit point la guerre, ne diféroit en rien de son paissnnier. *Abl. Apo.* Ils diférent entr'eux de langage & de coûtumes. Le vrai difére du faux.)

Diférend, s. m. Prononcez *diféran*. Querelle. Dispute. (Avoir diférend avec quelcun. Vuider. Terminer. Décider un diférend. Nous sommes en diférend pour savoir, si , &c. Avoir un diférend avec quelcun. Avoir un diférend à démêler avec quelcun.)

Diference, s. f. Prononcez *diférance*. Distinction qui est entre les choses. (Voiant de plus près la diférence qu'il y a de vous à elle , je vous aimerai toute ma vie. *Le Comte du Bussi.* La diférence des esprits. Je vous aprendrai à faire diférence entre les nobles & les roturiers. La diférence des humeurs romt l'amitié.)

Diférence. Terme de *Philosophie*. Atribut essentiel qui distingue une espece d'une autre ; comme raisonnable, étendu, pesant.

Diférencier, v. a. Distinguer. Mettre de la diférence. (Il faut diférencier ces choses.)

Diferant, diférante, adj. Prononcez *diféran*. Distingué. Divers. Qui diféré. (Il est souvent diférent de loi-même. Ses pensées étoient fort diférentes de ce que je les avois vûës. *M. le Duc de la Roche-Foucaut.* Avoir des inclinations diférentes. Vous apeliez d'un même nom des choses diférentes. Ils sont diférens d'habits, de visage de mœurs & de Religion. *Abl. Luc. T.1.*)

Diféremment, adv. Prononcez *diféramman*. Diversement. (On parle des choses diféremment.)

DIFICILE, *adj.* Penible. Plein de dificultez. Mal-aisé. (Il a dans la tête, des vers dificiles à tourner. *Scar. Rem. Tom.1.* L'entreprise est dificile. C'est un homme dificile à contenter là-dessus. Vous faites trop le dificile.)

Dificilement, adv. Avec dificulté. Avec peine. (La gloire s'aquiert dificilement.)

Dificulté, s. f. Peine. Travail. Empêchement. Obstacle. (Lever une dificulté. *Pas. l.18.* La chose se fera sans dificulté. On a trouvé plus de dificulté qu'on ne croioit. On lui fait de nouvelles dificultez. La dificulté des chemins. La dificulté de respirer. Dificulté d'urine.)

Dificulté. Objection dificile à resoudre. (Proposer une dificulté sur un point de Philosophie. Décider, éluder, éviter une dificulté. *Vaug. Rem.*)

Dificulté. Contestation. (Ils ont quelque dificulté entr'eux.) Faire dificulté d'accorder une chose à quelcun , c'est y avoir de la repugnance.

Voila ma dificulté. C'est à dire, voila ce qui me choque, ce qui m'arrête.)

DIFORME, *adj.* Laid. (O la diforme créature ! Elle est assez mal bâtie pour faire rougir la nature. *Mai. poës.* Un visage diforme.)

Diformité, s. f. Laideur. (La diformité du visage. Leur extrême diformité est la preuve de leur sagesse. *Gon.Epi.l.1.* *La diformité du vice.*)

DIFUS, *difuse, adj.* Etendu. (Le stile de Ciceron est un peu difus.)

Difusion, s. f. Terme de *Physique*. (Difusion de lumiére, (

DIG.

DIGERER, *v. a.* Ce mot se dit en parlant de l'estomac, & signifie

DIG DIL DIM DIN

signifie faire la digestion. (Digerer bien ce qu'on mange.)

Digerer. Terme de *Chimie.* Cuire par une chaleur moderée, & qui aproche de celle de l'estomac.

* *Digerer.* Soufrir patiemment. (Ne pouvoir digerer un afront. *Abl.*)

Digerer. Ce mot se dit aussi des choses d'esprit, sur lesquelles on a travaillé, ou veut travailler. Il signifie considerer les choses, les tourner & les ranger d'une telle sorte qu'elles fassent une manière de corps raisonnable, dont toutes les parties aient raport les unes avec les autres. (Digerer une matière. Les choses ne sont pas digerées dans ce discours. Il ne digere pas assez ce qu'il fait.)

DIGESTE, *s. m.* Volume divisé en cinquante livres contenant les réponses des anciens Jurisconsultes. On appelle aussi ce volume *pandectes.*

Digestion, s. f. Coction des viandes par le moien de la chaleur de l'estomac. (Le bon vin aide à la digestion.)

Digestion. Terme de *Chimie.* Action & manière de digerer les matières.

[* *Cela est de dure digestion,* c'est à dire, difficile à suporter.]

DIGITALE, *s. f.* Plante qui craint le froid au second degré & qui fleurit en Mai & en Juillet.

DIGNE, *adj.* Qui mérite. (Il est digne de pardon. Il est digne d'être puni. Il est digne de commander. Il est estimé digne d'honneur. Il s'est rendu digne de cet honneur.)

Dignement, adv. D'une manière digne, grande & noble. (Il a parlé dignement de son sujet. Il remplit dignement sa charge.)

Dignité, s. f. Charge considerable qui fait beaucoup d'honneur dans le monde. (Monter aux dignitez, c'est une grande dignité. Dignité Ecclesiastique. Dignité séculiere.)

* *Dignité.* Beauté. Grandeur. Eclat. Noblesse de paroles, de sujet, de matiére. (La dignité des paroles. Avilir la dignité de son sujet. Soutenir la dignité de la matière par la grandeur des pensées & des expressions.)

DIGRESSION, *s. f.* Discours qui n'est pas tout-à-fait du sujet, mais qui doit y avoir du raport, & qui sert à embelir les ouvrages d'esprit quand il est bien fait & à propos. (Les digressions doivent être courtes & ingénieuses.)

DIGUE, *s. f.* Amas de terre contre les eaux. Amas de terre pour arrêter les eaux. (Le Cardinal de Richelieu fit faire une digue pour prendre la Rochelle. Il fit faire cette digue avec des Vaisseaux coulez à fond & retenus ensemble par une chaîne.)

* *Digue.* Obstacle. (La licence a ravagé toutes ces digues. *Patru,* plaidoyé, 9. On ne peut trouver d'assez fortes digues pour arrêter les passions de la jeanesse.)

DIL.

DILATER, *v. a.* Etendre. Elargir. [Dilater les vaisseaux. Terme d'*Anatomie.*]

Se dilater, v. r. Terme de *Philosophie.* Ce mot se dit aussi entre Médecins en parlant des vaisseaux du corps, & signifie. Grossir. S'Elargir. [Les veines se dilatent.]

Dilatation, s. f. Ce mot se dit parmi les Médecins. La dilatation est oposée à l'obstruction, & elle se fait lorsque les passages, les ouvertures & les cavitez des vaisseaux s'étendent trop.

† *Dilatatoire, s. m.* Instrument de Chirurgien dont il se sert pour dilater & ouvrir les plaies, afin d'en tirer quelque fer.

DILATOIRE, *adj.* Terme de *Palais.* Qui tend à dife rer, à remettre & à retarder. (Exception dilatoire.)

DILEMME, *s. m.* Il vient du Grec & c'est un terme de Logique. C'est un raisonnement composé, ou après avoir divisé un tout en ses parties, on conclud afirmativement, ou négativement du tout, ce qu'on a conclud de chaque partie. (Un dilemme vrai, faux, vitieux, concluant. Faire un dilemme, proposer un dilemme. Celui qui se sert d'un dilemme, doit prendre garde qu'on ne le puisse retourner contre lui. Un particulier par ce dilemme prouvoit qu'il ne se faloit point marier, *si la femme qu'on épouse, est belle, elle donnera de la jalousie; si elle est laide, elle déplait; donc il ne se faut point marier.* Port-Roial, Logique, 3. par. c. 15.)

DILIGENCE, *s. f.* Prononcez *dilijanse.* Promtitude à faire une chose. (Faire une chose en diligence. Aller en diligence à l'armée. Faire diligence.)

Diligence, s. f. Soin. (Faire quelque chose avec soin & diligence.)

Diligence. Coche par eau, ou par terre qui va plus vite que les autres. (Prendre la diligence. Aller par la diligence à Lion. Envoyer par la diligence.)

Diligence. Ce mot au pluriel se dit *en pratique,* & signifie *poursuite.* (Faire ses diligences contre quelcun faute de paiment.)

Diligent, diligente, adj. Qui fait promtement quelque chose. (Il est diligent à exécuter les ordres qu'on lui donne.)

Diligemment, adv. Avec diligence. Promtement. (Ecrire diligemment.)

Diligenter, v. n. Faire hâter. Faire dépêcher. (Faire diligenter quelcun.) Ce verbe est aussi actif. (Diligenter un ouvrage. Diligenter le pas. *Martinet, exercices de l'Infanterie.*)

DIM.

DIMANCHE, *s. m.* Ce mot vient du Latin & il signifie le jour du Seigneur, parce que ce fut en ce jour-là que le Seigneur Jesus ressuscita. C'est le jour que l'Eglise a ordonné de sanctifier. (Observer, garder, célebrer, sanctifier le Dimanche, ou les Dimanches.)

DIME, *dixme, s. f.* On l'écrit de l'une, ou de l'autre façon: mais la prémiere est la meilleure. Dime vient du Latin *decima,* & a la prémiere silabe un peu longue. Il signifie proprement la dixiéme partie de quelque chose; mais dans l'usage ordinaire, c'est ce qui se prend par les Curez de la campagne sur les fruits de la terre, & quelquefois suivant les costumes, sur le bétail, & sur la volaille des particuliers qui sont habituez dans l'étenduë de leurs Paroisses. (De bonnes dîmes, des dîmes considerables, dîmes inféodées, dîmes imprescriptibles. Les dîmes sont de droit divin; & elles ont été établies de Dieu même. Régler la cotité des dîmes, devoir les dîmes, païer les dîmes, lever les dîmes, se décharger des dîmes, s'exempter des dîmes, s'aquiter des dîmes.)

Dîme Saladine, s. f. Jerusalem ayant été prise par Saladin, Soudan d'Egipte, les Crétiens en furent si touchez qu'ils resolurent de l'aller reprendre. On leva sur les Ecclesiastiques la dixiéme d'une année de leur revenu, & sur les Laïques qui ne faisoient pas le voïage, le dixiéme de leurs biens, afin de contribuer à faire des troupes pour cette expedition; & l'on apela cette levée *dîme Saladine,* du nom de Saladin, qui en étoit la cause. Depuis ce tems-là qui arriva en 1188. toutes les impositions qui furent faites sur le Clergé, se nommerent dîmes ou décimes. *Patru,* plaid 2. *partie, traité des décimes.*

Dîmer, v. a. Prendre les dîmes. Lever les dîmes.

Dîmeur, s. m. Celui qui prend & lève les dîmes.

DIMENSION, *s. f.* Mesure. (Les dimensions de ce bâtiment, sont bien proportionnées. Il faut bien prendre ses dimensions pour faire un ouvrage exact & régulier.

Dimension. Etenduë. On considere en Géométrie trois dimensions, savoir l'étenduë en longueur, l'étenduë en largeur & l'étenduë en profondeur. (Considérer & mesurer un corps selon toutes ses dimensions.)

DIMINUER, *v. a.* Amoindrir. Rendre plus. petit. (La perspective diminuë les objets à mesure qu'ils s'éloignent de l'œil. Diminuër la puissance de quelcun. *Memoires de Mr. le Duc de la Rochefoucaut.*

Diminutif, s. m. Terme de *Grammaire.* Nom qui marque la diminution de la signification du nom dont il est dérivé. (Ainsi Louison est un diminutif de Louis, ou de Louïse.)

Diminution, s. f. Amoindrissement. Retranchement. Afoiblissement. (Diminution de crédit. Cela va à la diminution de son plaisir. Il faut faire bouillir cette liqueur jusques à la diminution d'un quart. On trouve qu'il y a beaucoup de diminution à sa fiévre. Les Architectes parlent de la *diminution des colonnes.*

Diminution. Terme de *Rétorique.* C'est une figure qui consiste à dire moins qu'on ne pense: comme quand on dit, je ne méprise pas vos presens, pour dire, je les reçois volontiers. V. Art. de parler du P. Lami.

DIMISSION. Ce mot ne se dit pas. On dit *démission.*

Dimissoire, s. m. Terme d'*Eglise.* Lettres par lesquelles l'Evêque Diocesain donne pouvoir à un Evêque Catolique & Apostolique de conférer les ordres à celui qu'il lui envoie parce qu'il est digne d'y être admis.

DIN.

DINANDERIE, *s. f.* Ce mot se dit entre Marchands & signifie marchandise de cuivre jaune. On l'apelle ainsi parce qu'il en vient quantité de la ville de Dinant au païs de Liége, abondant en calamine, dont le mélange avec la rosette fait le cuivre jaune.

DINDON, *s. m.* Jeune poulet d'Inde. (Un dindon fort gras.)

DINDONNEAU, *s. m.* Petit dindon. (Un fort bon dindonneau.)

DINE, *diner, s. m.* L'un & l'autre se dit, mais *diné* est plus en usage. C'est le repas qu'on fait sur le midi, & où l'on mange du bouilli. (Le diné est prêt. Aprêter le diné. Alexandre disoit que pour faire un soupé délicieux, il faloit faire un sobre diné. *Durier, supl. de Q. Curce,* l. 2. ch. 8. Un excellent diné.)

Dinée, s. f. Le lieu où l'on va dîner quand on voiage. (Nôtre dinée sera demain en un tel lieu.)

Diner, v. a. C'est manger du bouilli & autre viande sur le milieu du jour. (Nous avons diné d'une bonne longe de veau de rivière avec un potage suculent. Alexandre disoit que son Gouverneur Leonidas lui avoit enseigné que pour dîner agréablement il faloit se lever matin, & se promener. *Durier, supl de Q. Curce,* l. 2. ch. 8.)

† *Dineur, s. m.* Ce mot se dit en riant. (Cet homme est un grand dineur; c'est à dire, grand mangeur.)

DINTIER,

DINTIERS, s. m. Ce mot se dit en parlant de cerf, & signifie les roignons du cerf. Sal.

DIO.

DIOCESAIN, Diocésaine, adj. Qui est du diocése. [Il est son diocésain.]
Evêque diocésain. Evêque du diocése.
Diocésain, s. m. Qui est du diocése. [Il est diocésain d'un tel Evêque.]
Diocésain. Evêque du diocése. [C'est le diocésain qui donne la tonsure.]
Diocése, s. m. Terme d'Eglise. Etenduë de païs sur laquelle l'Evêque exerce sa juridiction Ecclesiastique. [C'est un diocése bien réglé.] Ce mot se dit en parlant des Exarques de l'Eglise d'Orient, & signifie une assemblage de plusieurs Métropolitains & de plusieurs Provinces sous un Exarque. Le R. P. Thomassin, 1. part. de son livre de la Discipline de l'Eglise, ch. 2. pag. 10. & 12. fait le mot de Diocése féminin dans le sens que je viens de marquer, & écrit c. 4. ç'avoit été la coûtume de Constantin qui avoit établi ces grandes Diocéses dans les Provinces de l'Empire. J'ai consulté des Docteurs en langue vulgaire sur le mot de Diocése dans le sens du R. P. Tomassin & ils m'ont répondu qu'il ne condannoient personne, mais qu'en quelque sens qu'on prit le mot de Diocése ils le feroient toûjours masculin, & que cette distinction de grand, ou de petit Diocése ne méritoit pas qu'on changeât de genre au nom généralement reçû.
DIOPTRIQUE, s. f. C'est une partie de l'Optique qui démontre les divers accidens & les diférentes réfractions que soufre la lumière lors qu'elle passe à travers des corps transparens, & sur tout à travers les verres qui servent aux lunettes, & ensuite les accidens qui arrivent à cette occasion à la vûë & aux objets visibles.

DIP.

DIPHTONGUE. Terme de Grammaire, qui signifie deux ou trois voyeles jointes ensemble qui ne composent qu'un son & une seule sillabe. Prononcez diftongue.
DIPTIQUE, s. m. Terme d'Eglise. Il vient du Grec. Ce sont des tables, ou des Catalogues de l'Eglise Greque, dans lesquels on écrivoit les noms des personnes vivantes qui se distinguoient par leur rang, ou par leur mérite, ou ceux des personnes qui étoient mortes en odeur de sainteté.

DIR.

DIRE, v. a. Prononcer. Anoncer. Exprimer par paroles. Réciter. Je dis, tu dis, il dit, nous disons, vous dites; ils disent. I'ai dit, je dis. Je dirai. Di, qu'il dise non pas qu'il die. Je disse, tu disses, il dist ou dit. [Dire sa pensée en peu de mots. Abl. Dire le fait d'une cause. Le Mai. On lui a dit la nouvelle de la mort de son pére. Dire le Sermon, la Messe, &c.]
Dire. Il signifie quelquefois expliquer sa pensée sans parole. [Un silence respectueux dit beaucoup, il ne dit mot, mais ses regards parlent pour lui. * Le cœur me le disoit, c'est à dire, je l'avois bien prévû. Vos yeux disent ce que vous avez sur le cœur.]
Dire. On se sert de ce mot pour apliquer. [Cela veut dire que, &c. C'est à dire, que..]
On dit. Ces mots marquent l'usage de quelque mot, & quelque bruit qui court de quelque événement.
Dire. En terme de Palais, signifie juger. [Nous disons. Il a été dit, &c.]
Dire. Ce mot a d'autres significations nouvelles. [Exemples. Il s'en trouva plus de soixante à dire. Abl. Ar. l. 1. Ces mots signifient plus de soixante de manque. On trouve dix ou 12. voix à dire. Patru, plaidoyé 16. Ces mots signifient, il y manquoit 10. ou 12. voix. On vous trouve à dire, où vous n'êtes pas. Ces mots signifient, on vous desire. Trouver à dire à une chose. C'est la reprendre & la critiquer.]
Dire. On s'en sert à diverses façons de parler. C'est tout dire. Cela soit dit en passant. Qu'en voulez-vous dire? Dire des douceurs, c'est flater & cageoler. † Il dit d'or, c'est à dire, il parle bien, ou il promet beaucoup. Il se faut moquer de qu'en dira-t-on? Il ne dit mot, mais il n'en pense pas moins. † Mon petit doit me l'a dit, cela se dit aux enfans pour ce qu'on a apris par des voies qu'ils ignorent. Si vous faites cela je l'irai dire à Rome, C'est un espece de défi.
Dire. Ce mot se prend quelquefois pour un substantif masculin. [Il a raison à son dire, c'est à dire, à ce qu'il dit. Le dire des témoins. Au dire d'un tel. † Le bien dire signifioit autrefois l'éloquence.]
Un oui-dire, s. m. [On n'a point d'égard en Justice au témoignage de ceux qui ne déposent que par un oui-dire.]
Dit, dite, part. [Aussi-tôt dit, aussi-tôt fait. C'est une chose dite.] Voiez dit en son rang.
Disant, part. Celui qui dit. † Bien-disant, bien-disante, adj. Celui, ou celle qui parle bien. On dit en terme de Palais.

Soi-disant, pour dire celui qui se dit. Un tel soi-disant heritier de, &c. On pourroit dire se disant horitier.
Diseur. Voiez le plus bas en son rang.
DIRECT, directte, adj. Qui va tout droit, & sans détour. [Ligne directe. Voie directe. La vûë directe, en termes d'Optique, est opposée à la vûë réfléchie.]
La proportion directe, en termes d'Arithmetique, est opposée à l'inverse, ou indirecte. Dans la proportion directe le quatriéme nombre est d'autant plus grand ou plus petit que le troisiéme, que le second est plus grand, ou plus petit que le prémier. Mais dans la proportion inverse, c'est le contraire, & si le second nombre est plus grand que le prémier, le quatriéme sera moindre que le troisiéme, &c.
Les Astronomes disent des planettes qu'elles sont directes, stationaires, ou rétrogrades.
Une harangue directe. En termes d'Historien. C'est lors que l'historien fait parler quelcun, qui harangue lui-même. Mais une harangue est appellée indirecte, lors que l'Historien parle lui-même & raporte seulement la substance de la harangue d'un autre.
Directe, s. f. Terme de Justice féodale. C'est la Seigneurie de laquelle un héritage dépend immédiatement. [Cet héritage est de la directe d'un tel Seigneur, c'est à lui qu'il en faut passer les lods & ventes.]
Directement, adv. En ligne directe. Entiérement. Tout-à-fait. Droit, &c. [Cette maison regarde directement sur la place. Le Soleil darde ses raïons directement sur un tel endroit. Cela va directement à vous. Abl. On peut rechercher une occasion directement, & pour elle-même. Pasc. l. 5. S. Thomas y est directement contraire. Pasc. l. 2.]
Directeur, s. m. Il vient du Latin director. C'est un Administrateur laïque qui est choisi par le bureau général des pauvres pour avoir soin du bien de quelque hôpital, & qui va un jour la semaine à cet hôpital pour ouïr les plaintes des pauvres, & leur rendre justice. Il y a d'ordinaire en chaque hôpital, six Directeurs, à qui les Economes de l'hôpital rendent compte de la dépense qu'il s'est faite dans la maison. On a le titre de Noble, quand on a été vingt ans directeur, & outre cela on est tres-accommodé, en comparaison de ce qu'on étoit auparavant.
Directeur. Terme de Palais. Celui qui est nommé par les créanciers pour avoir soin des afaires & des biens des débiteurs.
Directeur. Confesseur ordinaire d'une personne. [Elle a pour directeur un tel. Ce n'est pas en amant que je veux vous écrire, mais en vieux directeur. Sar. poës.]
Direction, s. f. Prononcez direccion. Maniment. Administration. Conduite. Charge. Garde qu'on a d'une chose. Lieu où l'on traite des finances. L'assemblée des directeurs nommez par les créanciers pour avoir soin des biens & des afaires des débiteurs. Le mot de direction se dit aussi en Terme de sience. [Ainsi on dit. La ligne de direction. La direction de Mars, de Jupiter & de Saturne.]
On se sert aussi du mot de directions en matiére de Morale. [Ainsi Pascal l. 7. à écrit; O mon Pere! voilà un beau fruit de la direction d'intention.] Il y a une grande & pétite direction qui sont des Conseils du Roy. Voiez le mot de Conseil.
Directrice, s. f. Fille qui gouverne une maison Religieuse. [C'est la directrice du Convent.]
Diriger, v. a. Ce mot se dit en parlant de dessein, de volonté & d'intention, & signifie rectifier. [Nous essaïons de mettre en pratique nôtre métode de diriger l'intention, qui consiste à se proposer pour fin de ses actions un objet permis. V. Pasc. provinciale setiéme.]

DIS.

DISCONTINUATION, s. f. Interruption. [On tira sans discontinuation.]
Discontinuer, v. a. Interrompre une chose commencée. [On a discontinué le travail.]
DISCONVENIR, verbe neutre passif. Je disconviens, je disconvins, je suis disconvenu. Ne pas convenir d'une chose. Ne pas comber d'accord. [Il n'est pas disconvenu de la chose.]
Discord, s. m. Mot qui a été fort emploié par Mal-herbe, & par d'autres Poëtes dans leurs vers, mais qui n'est pas usité aujourd'hui par les excellens Poëtes du tems. En sa place ils disent discorde.
Discorde, s. f. Déesse adorée par les Anciens, afin qu'elle ne leur fit point de mal. Elle étoit dépeinte avec des yeux rouges, le visage pâle & défait, un couteau dans le sein & la tête coifée de serpens. Mais aujourd'hui le mot de discorde signifie dissension, division. [Semer la discorde entre des personnes. Entretenir la discorde entre les gens.

> La discorde aux crins de couleuvres
> Ne finit ses tragiques œuvres
> Qu'en la fin même des Etats.
> Mol. Poës. l. 3.]

* Pomme de discorde. Ces mots se disent dans un sens figuré pour signifier le sujet ou l'occasion qui a fait naître la

la discorde en quelque Société. *Jetter la pomme de discorde*, c'est à dire, mettre, semer la discorde, exciter des brouilleries.

Discordant, *discordante*, adj. Qui n'est pas d'accord. Ce mot se dit de la voix & des instrumens de musique. (Voix discordante.)

† **Discoureur**, *s. m.* Ce mot signifie celui qui parle & discourt, mais il se prend d'ordinaire en mauvaise part, & n'entre pas dans le beau stile. (*C'est un discoureur.* C'est à dire, un qui cause & qui a du babil.)

† **Discoureuse**, *s. f.* Celle qui parle, qui cause, & qui a du babil. (C'est une discoureuse. Paix, discoureuse. *Mol. amour médecin, a. 1. s. 2.*)

Discourir, *v. n.* Parler. Faire quelque discours sur une matière. *Je discours, je discourus, j'ai discouru, je discourrai.* (Il a discouru sur l'immortalité de l'âme. Il discourt l'autre jour de la pierre philosophale.)

Discourir. Ce mot se prend quelquefois en mauvaise part. (Il ne dit rien de solide, il ne fait que discourir.)

Discours, *s. m.* Manière de parler d'une personne. Ouvrage oratoire. Production d'esprit un peu étendué & apuiée de raisonnemens & de raisons. (Il avoit un discours pur & serré. Il a fait un fort beau discours. Son discours lui a gagné l'estime de tous ceux qui l'écoutoient. Discours familier. Discours étudié, relevé. Un discours peigné. Un discours lié. Des discours impertinens. Un *discours en l'air*, c'est à dire, sans fondement & sans vérité.)

Discret, *discrette*, adj. Sage. Retenu. (C'est un homme fort discret. C'est une femme aussi discrette qu'une femme le peut être.)

Discret, *s. m.* Terme de *quelques Religieux*, comme de Capucins, d'Augustins, de Recolets, &c. C'est celui qui dans un Chapitre represente le corps d'un Couvent, & en est comme l'Avocat. Sorte d'Avocat envoié à un Chapitre Provincial pour représenter les interêts de la maison. (Elire un discret.)

Discrete, *s. f.* Terme de *Religieuse*. Conseillere de l'Abesse. (Les mères discrettes, c'est le conseil de l'Abesse. V. *Patru, 16. plaidoyé.*)

Quantité discrete. Terme de *Logique*. Quantité dont les parties sont separées les unes d'avec les autres.

Discretement, adv. Avec prudence. Avec discretion. (Je crains de n'user pas assez discretement de la liberté qu'on m'a donnée. *Voit. l. 65.*)

Discretion, *s. f.* Prudence. Retenuë. Conduite discrete. (La discretion est une des principales parties d'un galand. *Voit. l. 70.* A sept ans on est en âge de discretion, c'est à dire, on peut discerner le bien & le mal.)

Discretion. Ce qui veut donner, ou païer celui qui a gagné ou joué & qui a perdu. (Jouër une discretion. Païer une discretion.)

Discretion, *s. f.* Terme de *Guerre*. Volonté. (Se rendre à discretion. *Vaug. Quin. l. 8. c. 8. Vivre à discretion.* Cela se dit des soldats qui vivent chez leurs hôtes avec une entière liberté sans compter, ni païer.)

Disculper, *v. a.* Purger d'une faute qu'on nous impute. (On l'a disculpé auprès du Roi.)

Se disculper, *v. r.* Se purger, se défendre soi-même de quelque faute. (On lui fit un crime de sa passion, & voici comment, il se *disculpa. Maniere de penser, dial. 2.*)

Discuter, *v. a.* Examiner. Voir. Considerer avec attention. (Discuter une afaire. Discuter une question.)

Discuter. Terme de *Palais*. C'est rechercher & faire vendre les biens d'un debiteur jusques à la concurrence de la somme duë. (Discuter les biens de quelcun.)

Discussion, *s. f.* Prononcez *discucion*. Examen d'afaire. (On a fait la discussion de l'afaire en presence des personnes interessées.)

Discussion. Terme de *pratique*. (On a fait la discussion des biens d'un tel.)

Disert, *diserte*, adj. Qui parle avec des paroles propres & choisies, mais qui n'est pas ce qu'on apelle proprement un éloquent achevé. (Le Pere Senaut étoit disert.)

Disertement, adv. D'une manière diserte. (Ecrire disertement. *Voit. poes.*)

Disette, *s. f.* Pauvreté. Défaut de vivres, ou d'autre choses. (Etre dans une extrême *disette.* Il y a de la disette dans la ville. *Vau. Quin. l. x.*)

† **Diseteux**, *diseteuse*, adj. Pauvre. Diseteux ne se peut bien dire qu'en riant, & quelquefois dans quelque discours de pieté, ou l'on aura plus de soin des choses que des paroles & encore sera-t-il bon, qu'il soit acompagné du mot *pauvre.* (Un tel Auteur est pauvre & diseteux. L'Academie rendra la langue pauvre & diseteuse. Ayez pitié de vos freres qui sont pauvres & diseteux.)

† **Diseur**, *s. m.* Ce mot signifie celui qui dit, mais il ne se dit pas seul. (C'est un diseur de nouvelles. Un diseur de beaux mots.)

Disgrace, *s. f.* Le malheur d'une personne. Ce qui est opposé à la faveur & au credit. (Tomber en quelque disgrace. *Abl.* Si on parle mal de ce que vous faites, c'est une *disgrace* qui vous est commune avec les plus grans hom-

mes de l'Antiquité. *Boil. avis à Ménage.*)

Disgrace. Colere. Indignation ; mais dans ce sens le mot de *disgrace* n'est pas generalement reçû. (Vous devriez plûtôt choisir de tomber dans l'amitié de tous les hommes que dans la *disgrace* de Jesus-Christ. *Port-Roïal.* Sa veritable misere est de tomber dans la *disgrace* du Dieu vivant. *Maucroix, Homelies.*)

Disgracer, *v. a.* Oter à une personne la faveur, ou le credit où elle étoit. (Son malheur l'a fait disgracier, ou pour mieux dire, *est cause de sa disgrace.*)

Disgracié, *disgraciée*, adj. Qui n'est plus en faveur. Qui est mal auprès de quelque grand. Qui est éloigné de la Cour. (Il est disgracié. Elle est disgraciée.)

* *Disgracié*, *disgraciée*. Mal-fait. Qui n'a point de ces avantages de la nature qui font paroitre les gens. (Disgracié de la nature.)

* *Disgracié*, *disgraciée*. Mal-fait qui n'a ni bon air, ni bonne grace. (Il y a des personnes disgraciées avec de bonnes qualitez. *M. de la Rochefoucaut.*)

† **Disgregation**, *s. f.* Mot Latin & Terme d'*Optique*, où l'on dit que le blanc cause la *disgregation de la vuë*, c'est à dire, la blesse & l'égare à cause des raïons qui la frapent de tous côtez. On dit aussi en ce sens *disgreger la vuë.* Ces mots se disent aussi des sons, comme des raïons de lumiere.

Disjonction, *s. f.* Ou *disjonctive.* Terme de *Grammaire.* Particule qui sert à distinguer, ou séparer les termes d'un discours.

Dislocation, *s. f.* Terme de *Chirurgien.* Il se dit des os, & on apelle *dislocation* toutes les fois qu'il y a un os hors de sa place. (Remettre une dislocation.)

Disloquer, *v. a.* Terme de *Chirurgien.* C'est mettre un os hors de sa place. (Disloquer un os.)

Se disloquer, *v. r.* Se démettre. (Se disloquer un bras, un pié, &c.)

Disloqué, *disloquée*, adj. Terme de *Chirurgien.* Mis hors de sa place. Démis. (Os disloqué.)

Disparité, *s. f.* Terme de *Philosophe.* Terme qui se dit entre Philosophes. (Donner raison d'une disparité.) On dit aussi, (Marquer la parité & la disparité des prix courans, *Irson*, *pratique des changes.*)

Disparoitre, *v. n.* *Je disparois, je disparus, j'ai disparu*, & *je suis disparu.* S'évanouir. Ne paroitre plus. (Je ne l'ai pas plûtot veu qu'il a disparu. Cela est disparu en un moment.)

† * On dit figurément & en riant de quelque chose qui a été dérobée. *Cela est disparu.*

On dit aussi d'un Marchand qui a fait banqueroute, & qui s'est retiré. *Il est disparu.*

Dispensateur, *s. m.* Qui dispense. Qui distribuë. (Jesus-Christ est le *dispensateur des graces.* Ils sont les *dispensateurs des tresors celestes.* *Patru, plaidoyé 5.* Le Chancelier est le dispensateur des remissions & des graces du Roi. *Le Maitre plaidoyé 32.*)

Dispensation, *s. f.* Distribution. (La dispensation des Prelatures. *Patru, plaidoyé 4.* Il faut être circonspect dans la *dispensation* des Sacremens. *Pas. l. x.* La dispensation de la verité est sainte & importante. *Arn. freq. comm. pref.*)

Dispensatrice, *s. f.* Celle qui dispense, & qui distribuë. (Les Muses sont les dispensatrices de la gloire. *Mai. poës.*)

Dispense, *s. f.* Exemption. Action de celui qui pour des raisons considerables relâche quelque chose de son droit en faveur d'une personne. (Le Pape donne des dispenses. Obtenir une dispense de Rome. Il se mit à chercher quelque cause de dispense. *pas. l. 5.* Le Roi donne des dispenses aux Huguenots.)

Dispenser, *v. a.* Exempter. (Se dispenser des regles. *Abl. Apo.* Qui a-t-il de plus horrible que de *dispenser* les hommes de l'amour de Dieu. *pas. l. x.*)

Dispenser. Distribuer. donner. (Dispenser ses faveurs avec jugement. *Abl. Apo.* On ne doit pas dispenser les Sacremens à ceux qui en sont indignes, *pas. l. x.* Il est besoin d'une grande sagesse pour dispenser la connoissance de la verité. *Arnaud freq. comm. preface.*)

Disperser, *v. v.* Répandre en plusieurs lieux. (Il dispersa ses troupes en divers endroits.)

Dispos. Adjectif dont le féminin n'est pas en usage. Il signifie *leger.* C'est un homme fort *dispos.*)

Disposer, *v. a.* Préparer. Faire d'une chose tout ce qu'on veut, en être le maitre. Regler ce qu'on veut faire d'une chose. (Me voici bien disposé à ouïr toutes vos maximes. *Pas. l. 6.* Je lui écrirois une lettre d'amour si galante qu'elle seroit *disposée* à m'écouter. *Voi. l. 7.* On ne la put *disposer* à donner cette satisfaction au Roi. *Maucroix, sch. sisne, l. 1.* Disposer de son bien par testament. *Patru, plaid. 2.* Dieu *disposé* souverainement des Roïaumes. C'est au pere à *disposer* de ses enfans. *Racine Iphig. a. 4. s. 5.*)

Se disposer, *v. r.* Se preparer. Se résoudre. (Il se dispose à partir dans huit jours.)

Dispositif, *s. m.* Terme de *Palais.* L'endroit de l'arrêt, ou de la sentence où le Juge ordonne.

Disposition, *s. f.* La situation propre & convenable des choses. L'arrangement naturel des parties d'un tout. (Une belle disposition.

disposition. Une charmante & agréable disposition.
Disposition. Maniment. Pouvoir. Etat. Ordre. (Il laissa la place à la *disposition* des Aliez. *Abl. Ar. l.4.* Il n'étoit pas dans la *disposition* de confier son Etat à la Reine. *M. de Mr. le Duc de la Roche Foucaut.*)
Disposition. Décision. (Cela est de la disposition du droit. *Patru, plaid. 3.*)
Disposition. Aptitude à faire quelque chose. Pente, ou penchant à quelque chose. (Avoir de la disposition à la crainte. *Voi. l.1.*) Il se sent une grande disposition à être bon ami.)
Disproportion, *s. f.* C'est le contraire de proportion. Il y a entre ces choses une grande *disproportion*. Ce mariage ne se fera pas, car il y a une trop grande disproportion d'âge, de qualité, de biens, &c.
Disproportionner, *v. a.* Faire que les choses ne soient pas proportionnées. (Les choses étoient égales, mais pour les *disproportionner*, on a fait telle chose.)
Dispute, *s. f.* Combat d'esprit entre de savans hommes sur quelque matière de science, comme de Téologie, de Philosophie, &c. Contestation. (En quoi êtes vous en dispute sur ce sujet avec les Jansenistes. *Pas. l.4.*)
Dispute. Querelle. Avoir *dispute* avec quelcun. Leur *dispute* est fâcheuse.
Disputer, *v. n. & a.* Défendre son sentiment contre quelcun. Discourir avec une personne avec chaleur sur quelque point d'art, ou de science. (Ils ont long tems disputé, & n'ont rien conclu. Disputer contre une proposition. Il a disputé fortement sur cette matière. Disputer contre un Professeur.)
⁂ **Disputer.** Défendre avec opiniâtreté. Contester. (Vous ne prétendez pas lui disputer la couronne. *Abl. Rét. l. 2.* Disputer le terrain. *Abl.* Disputer le passage d'un fleuve. *Abl. Rét. l.2. c.3.* Disputer une chose à quelcun. *pas. l.4.*)
⁂ **Disputer.** C'est contester à quelcun. Tâcher de l'emporter sur son concurrent.

[Je ne veux belle Iris, que *disputer* à tous
L'honneur de soupirer & de mourir pour vous.
La Suze, poesies.]

Se disputer, *v. r.* Se quereller. (Ils se disputent continuellement.)
Disputable, *adj.* Ce de quoi l'on peut disputer. Problématique. Où il y a des raisons de part & d'autre. (Cette question est disputable.)
† **Disputeur,** *s. m.* Ce mot ne se dit guere. Querelleur. Qui a coutume de disputer. (C'est un disputeur perpetuel.)
Disque, *s. m.* Ce mot signifioit une sorte de palet dont se servoient les Anciens. C'étoit une pièce ronde de métail ou de pierre qu'on jettoit en l'air comme un palet.
Disque, *s. m.* Terme d'*Astronomie.* Il se dit du Soleil & de la Lune, & signifie le corps de l'Astre, & la figure ronde sous laquelle il paroît. Le *disque* se divise en douze doigts, ou parties, par lesquelles on détermine la grandeur des Eclipses de Lune. On a veu quelquefois Mercure dans le *disque* du Soleil.)
Disque. Ce mot se dit en terme d'*Optique* de la grandeur des verres de lunettes.
Disquisition, *s. f.* Prononcez Diskiziom. Sorte d'examen & de critique qu'on fait. (Qu'on regarde vos *dispositions*, vos dissertations, on trouvera, &c. *Racine, lettre à l'auteur des visionnaires.* Cette question, cette afaire est d'une longue disquisition.)
Dissecteur, *s. m.* Celui qui disseque. (Un bon dissecteur.)
Dissection, *s. f.* Operation anatomique par laquelle on disseque. (Faire la *dissection* de quelque partie du corps.) Il se dit aussi des viandes qu'on coupe à table.
Dissemblable, *adj.* Qui n'est pas semblable. (Cela est tout dissemblable.)
Dissenterie, *s. f.* Flux de ventre par lequel on vuide avec des selles, du sang mêlé avec divers excremens bilieux, ou mélancoliques. Flux de ventre, mêlé de sang pur & en abondance.
Dissention, *s. f.* Discorde. Division. (Mettre la dissention entre les personnes. Il y avoit une furieuse dissention entre les bourgeois, & cette dissention a été cause de leur perte.)
Dissequer, *v. a.* Faire la dissection de quelque corps. C'est à dire, Ouvrir le corps de quelque animal & en faire voir les parties séparées. (Disséquer un corps. Disséquer un sujet anatomique.)
Dissequer. Il se dit aussi des viandes qu'on sert sur table & il signifie couper les viandes proprement & adroitement. Les Alemans sont curieux d'aprendre l'art de dissequer les viandes.
Dissertation, *s. f.* On prononce *dissertacion*. Il vient du Latin *dissertatio*. C'est un discours savant qu'on fait sur quelque matière. (Faire une belle dissertation. De doctes, d'éloquentes, de curieuses & d'agréables dissertations.)
Dissimilaire, *adj.* Terme d'*Anatomie.* Qui n'est pas de même nature, ou de même espece. (Les parties du corps se divisent en parties similaires & dissimilaires.)

Dissimulation, *s. f.* Déguisement. (User de dissimulation. Avoir recours à la dissimulation. La dissimulation est une mauvaise qualité, la perfidie l'acompagne presque toujours, neanmoins elle est souvent necessaire pour reüssir dans les grandes entreprises. *Ariosto moderno, T.1.*)
Dissimuler, *v. a.* Déguiser, Cacher, Couvrir, Feindre, Ne pas découvrir. (Dissimuler ses ressentimens Dissimuler sa haine. Qui n'a plus qu'un moment à vivre n'a plus rien à dissimuler.)
Dissimulé, dissimulée, *adj.* Déguisé, Feint. (Ressentimens dissimulé. Haine dissimulée. Etre dissimulé comme un Italien. Fui l'homme colere pour un tems & l'homme dissimulé pour toûjours.
Dissimulé, *s. m.* Qui use de dissimulation. (C'est un dissimulé.)
Dissimulée, *s. f.* Celle qui dissimule. (C'est une franche dissimulée.)
Dissipateur, *s. m.* Qui dissipe. Qui consume. C'est un dissipateur.)
Dissipation, *s. f.* Action de la personne qui consume & qui dissipe. (Après la dissipation de son bien, il a quité le païs.)
⁂ **Dissipation.** Perte. (Il s'est fait un grande dissipation d'esprits.)
Dissipation. Distraction. Inaplication. (La dissipation de son esprit est cause qu'il ne fait rien.)
Dissiper, *v. a.* Consumer, Perdre, Manger son bien en mal-honnête homme. (Il a dissipé tout son patrimoine.)
⁂ **Dissiper.** Chasser. Eloigner. (Dissiper la crainte.)
⁂ **Esprit toûjours dissipé.** C'est à dire, qui n'est jamais apliqué.
Dissolu, dissoluë, *adj.* Deshonnête, Débauché, Libertin. (Chanter des chansons dissoluës. Mener une vie dissoluë.)
† ⁂ **Dissolu, dissolue,** Quelques-uns font ce mot comme un participe du Verbe *dissoudre*. Et disent, le mariage est *dissolu*. La communauté est *dissoluë*. Pour dire que le mariage est rompu, & que la communauté est finie. Mais on croit qu'il faut dire, le mariage est *dissout*, la communauté est *dissoute*.)
Dissolument, *adv.* D'une manière dissoluë & licentieuse. Licentieusement. (Vivre dissolument.)
Dissolvant, *s. m.* Terme de *Philosophie Chimique.* Tout ce qui dissout. (Le fiel est un dernier dissolvant qui acheve la digestion. *Rob. Phif.* On servit une tasse d'or pleine d'un vinaigre tres-fort, qui est un promt dissolvant. *Cirri, Triumv. 3. p.* L'eau forte & l'eau régale sont les dissolvans des métaux. L'esprit de vin est le dissolvant des résines. L'eau est le dissolvant des sels & des gommes.)
⁂ **Dissolution,** *s. f.* Operation Chimique, qui reduit les corps durs & compactes en forme liquide par le moien des dissolvans. Chose dissoute par opération chimique. (La dissolution de l'or se fait par l'eau régale, & celle de l'argent par l'eau forte. Voir la dissolution dans un vase. *Gla l.1. p.81.*)
Dissolution. Destruction. (Ainsi on dit la *dissolution* du composé, pour dire, la mort qui anéantit & détruit le composé.)
⁂ **Dissolution.** Séparation. (Dissolution de mariage.)
⁂ **Dissolution.** Déréglement de vie. (Se plonger dans toutes sortes de dissolutions. *Vaug. Quin. l. x.*)
Dissonance, *s. f.* Faux acord, opposé à la consonance qui est un vrai acord.
Dissoudre, *v. a.* Reduire les corps durs & compactes en forme liquide par le moien des dissolvans. Je *dissous, tu dissous, il dissout, nous dissoudons, vous dissoudez, ils dissoudent.* Quelques-uns conjuguent ainsi le pluriel de ce verbe *nous dissolvons, vous dissolvez, ils dissolvent.* Le grand usage est pour la première manière de conjuguer, *nous dissoudons,* &c. Les acides *dissolvent* l'argent & les autres métaux, hormis l'or. *Traité de l'acide.* Il est facile d'expliquer comment les metaux se fondent & se *dissoudent*. *Mers.*)
Cleopatre prit une grosse perle, quelle jetta dans une tasse, & quand elle l'eut vuë dissoute, elle l'avala. *Crisi, Triumv. 3. p. chap. 11.*)
⁂ **Dissoudre.** Il se dit au figuré & signifie Rompre. Séparer. (Dissoudre un mariage, une societé, &c.)
⁂ *Se dissoudre,* *v. r.* Se défaire. Se rompre. (La Societé se *dissout* dans le moment que les associez n'agissent plus en associez, *Patru, pl.6.*)
Dissout, dissoute, *adj.* (Métal dissout. Chose dissoute. Médicament dissout.)
⁂ **Dissout, dissoute.** Il se dit au figuré, & signifie rompu, désuni. (Mariage dissout. Société dissoute.)
Dissuader, *v. a.* Détourner de quelque dessein. (Dissuader la guerre par de bonnes raisons. Il l'a dissuadé de faire voiage.)
Dissuasion, *s. f.* C'est le contraire de la persuasion. Tout ce qui sert à dissuader. (Le genre démonstratif a deux parties, la persuasion, & la dissuasion.)
Distance, *s. f.* Eloignement qu'il y a d'un lieu à un autre. (La distance des lieux est fort grande.)
Distant, distante, *ad.* Eloigné. (Lieu qui n'est pas fort distant d'un autre. Autant que le ciel est distant de la terre.)
Distention, *s. f.* Action par laquelle on étend. Il ne se dit guere que des membres. (La distention des membres que souffre un criminel à la question, est fort douloureuse.)
Distilateur, *s. m.* Celui qui fait & sait distiler. (Un bon distilateur.)

Distilation

DIS   DIT DIV

Distilation, f. f. C'est l'action de distiler & de purifier les matiéres par un alembic. [Distilation de cresson, d'absinthe, &c. Distilation droite, oblique ou par décente. Faire la distilation de quelques végetaux.]

Distiler, v. a. Purifier les matiéres par l'alambic. [Distiler du pourpié, &c.]

Distiler, f. m. Dégouter. Couler. [Un soldat coupant du pain, on apperçut des goutes de sang qui en *distiloient*. *Vau. Quin. l. 4. c. 2.*]

* Se distiler en larmes. *Benserade, Rondeaux.* Il distila sa rage, en ces tristes adieux. *Depreaux, Sat. I.*

    Ai-je d'un stile afreux,
    Distilé sur sa vie un venin dangereux.
    Depreaux, Sat. 9.

DISTINCT, *distincte, adj.* En Latin *distinctus.* Net, & clair. (Avoir une idée distincte d'une chose.)

Distinct, distincte, adj. Séparé, diférent. (Ces deux questions sont distinctes & séparées l'une de l'autre.)

Distinctement, adv. Nettement. (Voir distinctement une chose.)

Distinction, f. f. Diférence. (Faire la distinction des gens d'esprit.)

Distinction. Terme de *droit Canon.* Titre contenant plusieurs questions, & plusieurs canons.

Distinction, Terme de *Philosophie, & de Théologie.* Elle consiste à dire les diférentes maniéres dont on entend une chose. (Par le moien d'une petite distinction, il éludera la dificulté.)

† *Distinguo, f. m.* Terme *latin & de Philosophie* pour dire *distinction.* (J'aprehende furieusement le *distinguo. Pas. l. 4.*)

Distinguer, v. a. Mettre de la diférence. (La sience de *distinguer* n'est connuë que des sages *Par vn,* plaid. 7. Se *distinguer* des autres par son esprit. On est bien aise d'être *distingué* de certaines gens.)

Distinguer. Terme d'école de *Philosophie & de Théologie.* Faire une distinction. Pour se tirer d'afaire, il faut *distinguer.*)

DISTIQUE, *f. m.* Deux vers Latins qui font un sens parfait. (Un beau distique.)

DISTRACTION, *f. m.* Prononcez *distraccion.* Inaplication d'esprit. (C'est une continuelle distraction.)

Distraction, f. f. Terme de Palais qui signifie séparation. (Demander la distraction d'une chose. Faire distraction de Jurisdiction, cela se fait quand l'on se pourvoit devant un autre Juge que l'ordinaire.)

Distraire. verbe actif & defectueux. Je distrais, j'ai distrait, je distrairai. Il signifie *détourner.* (Distraire quelcun de son travail.)

    Les Dieux, Tirsis, ne me sauroient distraire,
    D'aimer jusqu'au tombeau l'objet qui m'a sçu plaire.
    La Suze, poës.

Distraire, v. a. Il signifie aussi, ôter, retrancher, déduire quelque partie d'un tout. (Il faut déduire de cette obligation, en distraire tout ce que le débiteur a payé de tems en tems. On a distrait cet Evêché de l'Archevêché de N. 1.)

Se distraire, v. r. Se détourner. Se divertir. (Penseriez-vous qu'il voulût se *distraire* à vous ouïr? *Voi. Poës.* Je ne me veux pas distraire d'un dessein où j'ai tant de droit. *Voit. Poës.*)

Distrait, distraite. Qui n'a nulle ou peu d'aplication aux choses auxquelles il en faudroit avoir. (C'est un esprit fort distrait.)

DISTRIBUËR, *v. a.* Partager. Donner à plusieurs. (Distribuër ses faveurs.)

Distributeur, f. m. Celui qui distribuë. (Jesus-Christ est le *distributeur* de tous les biens. *Maucroix, Schisme l. 1.*)

Distributif, distributive, adj. Qui distribuë. (Justice distributive.)

Distribution, f. f. Prononcez *distribution.* Dispensation. Partage de quelque chose à plusieurs. (Faire la distribution des aumônes de quelque grand Seigneur.)

Distribution de procés. Terme de *Palais.* Elle se fait lors que le Président d'une Chambre, donne un procés à un Conseiller pour le raporter.

Distribution, f. f. Terme de *Rétorique.* C'est une figure qui partage par ordre de distinction les principales qualités d'un sujet. (Exemple. Il a la lumiére pour voir les fautes, la justice pour les reprendre & l'autorité pour les punir. *Port-Roial, Bartelemi des Martirs.*)

Distributrice des liqueurs, f. f. Celle qui a une place auprès du parterre de la Comédie, & qui vend l'été à ceux qui vont à la Comédie, des liqueurs & autres choses rafraîchissantes, & qui l'hiver vend du rossoli, & autres liqueurs qui réchaufent l'estomac. (Il y a deux distributrices, l'une auprès des loges, & l'autre à l'entrée du parterre.)

† DISTRICT, *f. m.* Mot de *Palais,* qui vient du Latin *districtus,* mais qui n'est pas si usité que celui de *détroit.* C'est l'étenduë de la jurisdiction de quelque Juge. (Cela est arrivé dans son *district.*)

Distribution, f. f. Ce mot se dit encore en termes d'Imprimerie, de l'action par laquelle on remet dans sa casse toutes les lettres d'une forme qu'on a tirée, & qu'on y range chacune dans son propre casseṭin. (On dit. Faire la distribution.)

DIT. DIV.

DIT, *dite, adj.* Prononcé. Proféré. Célebré. (Le Sermon est dit. La Messe est dite. Les Vêpres sont dites.)

Dit, dite, adj. Il signifie quelquefois apelé, surnommé. (Philipe dit le Bel, le hardi, &c. Louis *dit* le jeune. Un tel *dit* la Grange. Les Professeurs de Magdebourg *dits* les Centuriateurs, &c.) On se sert aussi de ces mots *au Palais*, en y joignant des articles, des pronoms & des prépositions pour éviter les équivoques des rélatifs. Ainsi l'on dit, *ledit* demandeur, *ladite* défenderesse; *dudit*, *audit* Seigneur; de *ladite*, à *ladite* Dame, par le *susdit* contract, *par mondit* Seigneur, dans la *susdite* Obligation, & autres semblables.

Dit, f. m. Il vient du Latin *dictum,* & signifie *parole.* Son usage en prose est tres borné, l'on dit *avoir son dit & son dedit*; mais hors de là il n'a pas grand cours.

Dit, f. m. Il veut quelquefois dire *discours*: & alors, outre qu'il est ordinairement usité au pluriel, il n'a cours qu'en poësie.

    (En ces mots Minerve plaida
    A ses *dits*, le ciel s'acorda
    Et chacun dit, vive d'Avaux.
    Voit. poës.)

DITIRAMBE. Himne en l'honneur du vin & de Baccus.

Ditirambique, adj. Qui fait des ditiambes. (Poëte ditirambique.)

DIVAN, *f. m.* C'est le nom du Conseil du grand Turc & de divers autres Conseils qui se tiennent dans le Levant. C'est aussi le lieu où se tiennent ces Conseils.

DIVERGENT, *divergente, adj.* Terme d'*Optique.* Ce mot est Latin, il est oposé à *convergent,* Il se dit des rayons qui ayant été réflechis, ou ayant souferт de la réflexion, s'éloignent les uns des autres, & ces rayons s'apellent divergens. Comme au contraire, on nomme *rayons convergens*, ceux qui étant réflechis, ou ayant soufert de la réfraction s'aprochent les uns des autres jusques à ce qu'ils se joignent à un point, ou ils se coupent, & s'ils sont continuez, ils deviennent *divergens.*

DIVERS, *diverse, adj.* Diférent. Interprétation diverse. Pensées diverses. Sentimens divers.

Diversement, adv. Diféremment. (On parle diversement de sa mort.)

Diversifier, v. a. Varier. Aporter de la diversité. (Il faut diversifier les choses si on veut qu'elle plaisent.)

Diversion, f. f. Terme de *Guerre.* Détachement considerable que les ennemis obligent de faire afin d'empêcher quelque entreprise. Grand détachement qu'on fait pour d'importantes considerations. (Les ennemis ont fait diversion. En asségeant cette place, on obligera l'ennemi à faire diversion pour la secourir.)

* *Diversion, f. f.* Ce mot au figuré signifie *détour.* Elle ne cherchoit sa diversion à sa douleur. *Le Comte de Bussi.* Ceux qui donnent de l'argent pour des beneficies, seroient des simoniaques sans une pareille diversion. *Pas. l. 7.*
* On dit en Medicine *faire diversion d'humeurs*, pour dire les détourner ailleurs. On se sert de la saignée pour détourner une fluxion, parce que la saignée fait une grande *diversion.*

Diversité, f. f. Varieté. (La diversité des ornemens & des pensées, fait la plus sensible beauté des ouvrages d'esprit.)

Divertir, v. a. Détourner. Distraire. (La puissance du Roiaume n'étoit point divertie ailleurs. *Voi. l. 74.* Un de ses amis le divertit de détruire la vile. *Abl. Apop.* C'est être perturbateur du repos public que de vous *divertir* par une mauvaise lettre, de la moindre de vos pensées. *Voi. l. 2.*)

Divertir, v. a. Signifie aussi détourner, transporter ailleurs, & en un mot dérober, & voler. (Divertir l'argent du public. Ce banqueroutier a diverti ses meilleurs éfets. Ce Commis a diverti les deniers de la ferme.)

Divertir. Réjouïr. [La Comédie *divertit* les plus mélancoliques. *Abl.*]

Se divertir. Se réjouïr. Etre dans le libertinage.

    (Macette qui se *divertit*
    Pretend son péché fort petit.
    Gon. Epi. l. 1.

C'est pécher contre la charité que de *se divertir* à regarder des figures lacives. *Thiers, traité des jeux, ch. 9.*
[*Se divertir de quelcun.* C'est à dire en faire son jouët & s'en moquer.

Divertissant, divertissante, adj. Qui réjouït. Qui plait. Qui divertit. [Esprit divertissant. Humeur divertissante. La Comédie est *divertissante.* Voilà un jeu fort *divertissant.*]

Divertissans

Divertissant, *s. m.* Les bâteleurs apellent de la sorte, celui qui boufonne sur le téâtre avec le m itre.

Divertissement, *s. m.* Plaisir. Joye. [Prendre du divertissement. Il fait son divertissement de l'étude. Les jeux & les *divertissemens* honnêtes. Les Péres n'ont pas absolument interdit les jeux & les *divertissemens* aux Crétiens. *Thiers, traité des eux.*]

Divertissement, *s. m.* Ce mot signifie aussi le transport & le récèlement des effets. [Le divertissement des effets le rend coupable de larcin.]

DIVIN, *divine*, *adj.* Ce qui regarde Dieu. Qui regarde le culte de Dieu. [Ofice divin. Service divin. Chose divine. La providence divine.]

* *Divin, divine.* Excellent dans son genre. [Le divin Platon. Musique divine. Sentimens divins. Pensée divine.]

DIVINATION, *s. f.* Prononcez *divinacion*. Il vient du Latin. Il semble que ce mot devroit signifier proprement la connoissance certaine que Dieu a des choses futures, parce que c'est une action propre de la Divinité. Cette *divination* est merveilleuse, elle est adorable. Dieu se plaît quelquefois à la communiquer aux hommes. *Thiers, superstitions, ch. 16*

Divination, *s. f.* Ce mot se dit aussi en parlant des magiciens, des sorciers & des gens qui se mêlent de deviner fort ment, & c'est une connoissance que le Démon peut donner aux hommes des choses cachées & éloignées de leur portée. Cette *divination* se fait par le moien d'un pacte qu'on fait avec le Diable, & elle est illicite, elle est mauvaise, superstitieuse & condannée. *Thiers, superst tions, ch. 16.* Les hommes ont inventé diverses sortes de *divinations* : il y a des *divinations* qui se font en faisant tourner le sas, d'autres par les lettres du nom des personnes & quelques-unes par les songes, par l'horoscope, par le sort, &c. Toutes ces *divinations* sont défenduës & ont été condannées par les Péres & par les Conciles. Toute *divination* est incertaine & ne réussit que par hazard, ou par l'adresse du Devin ; & ainsi il est mal seur de se fier aux *divinations*.

Divinement, *adv.* Prononcez *divinemant*. D'une manière sainte, & céleste. [La Vierge a conçu divinement le fils de Dieu dans son chaste sein]

* *Divinement*. Excellement. (Il écrit divinement. Penser divinement. Raisonner divinement.)

Divinité, *s. f.* Dieu. Essence divine. Divine Majesté. (Seigneur, j'adore vôtre sainte & sacrée divinité. *God.*)

* *Divinité.* Une Dame d'une charmante beauté. (Une jeune divinité m'a charmé & je l'adore. Une divinité de mille attraits pour qui tient mon cœur dans ses liens. *Voi. poës.*)

Diviser, *v. a.* Séparer. (Diviser un livre en deux tomes. Dieu divisa les eaux d'avec les eaux.)

Diviser, *v. a.* Partager. (Il a divisé son bien à ses enfans. On n'a pû encore trouver le moïen de *diviser* Geometriquement un angle en trois parties égales. Diviser un fonds, une maison, &c.)

Diviser, *v. a.* Ce mot, en terme d'Arithmetique, signifie Découvrir, combien de fois un nombre donné est contenu dans un autre & ce qui reste, s'il n'y est pas contenu précisement tant de fois. (Ainsi diviser un nombre de sois par vint, c'est trouver combien ce nombre de sois vaut de livres. Et diviser un nombre de deniers par douze, c'est découvrir combien ce nombre de deniers vaut de sols.)

* *Diviser*, *v. a.* Ce mot au figuré signifie mettre en dissention. Partager en factions.

* J'ai brouillé les chapitres & divisé Carmes & Cordeliers. *Depreaux, Lutrin.*

Diviseur, *s. m.* Terme d'Arithmetique. C'est un nombre par lequel on divise un nombre total en autant de parties qu'il y a d'unitez dans ce diviseur.

Se *diviser*, *v. n.* Etre divisé. Se partager. [Cette Riviére se divise en deux branches. Ce Roiaume se divise en douze Provinces.]

Divisibilité, *s. f.* Terme de Phisique. [La divisibilité de la matiére. On peut concevoir un atome sans *division*, mais non pas sans *divisibilité*.]

Divisible, *adj.* Qui se peut diviser. [La quantité n'est point divisible à l'infini, les sens y répugnent : mais la raison fait connoître qu'il n'est point de quantité si petite qu'il ait encore des parties, & qui par conséquent ne soit *divisible*.]

Division, *s. f.* Terme de Philosophie, d'Arithmétique & de Rétorique. Partage d'un tout en ses parties. Art de partager un nombre proposé en autant de parties qu'il y a d'unitez dans celui par lequel on le divise. Partage d'un discours en 2. ou 3. points [La division d'un Poëme Dramatique se fait ordinairement en cinq Actes. La division d'un cercle se fait en 360. parties. La division des nombres entiers. Savoir faire la division des fractions. Faire la division d'un discours oratoire. Les homélies des Péres n'ont point de division]

Division, *s. f.* Ce mot entre dans les termes des évolutions militaires. C'est une partie de quelque corps d'infanterie, ou de Cavalerie. [Le Lieutenant commande à la premiére division d'un compagnie qui est en marche, & le sous-Lieutenant à la seconde division, à la tête des piquiers. Lors qu'il se trouvera des files surnumeraires, on en formera des rangs à la queuë de la division. Faire défiler les divisions. Les Sergens de la division doivent alors demeurer fermes. Marcher par division. *Martinet, exercice de l'infanterie, p. 61. & 63.*]

Division, *s. f.* Il se dit aussi à peu prés au même sens en *termes de marine.* C'est une partie d'une armée navale, ou d'une des esquadres.

Division, *s. f.* Terme d'*Imprimerie.* C'est une petite ligne, ou tiret que les Imprimeurs mettent au bout des lignes, ou il se trouve qu'il n'y a pas un mot entier, mais seulement une partie, & c'est une marque que le reste du mot est au commencement de la ligne suivante. Ils apellent aussi division ces mêmes tirets qu'ils mettent entre deux mots qui ont de la liaison & qui se doivent prononcer ensemble comme si c'étoit un seul mot, par exemple *que dit-on ? croiez-vous ? allez-vous-en, a-t-il ? voudra-t-on ?* &c.

On dit en *termes de pratique*, que ceux qui s'obligent solidairement, renoncent au bénéfice de *division*, d'action & de discussion, &c. pour dire qu'ils veulent bien souffrir la contrainte, comme si leurs biens n'étoient point divisez de ceux des personnes qui cautionnent.)

* *Division*, *s. f.* Ce mot au figuré signifie. aussi. Mes-intelligence.

* *Division.* Discorde. Troubles. Brouillerie. (Il y avoit de la *division* parmi le peuple. *Vau. Quin.* Il arriva de grandes *divisions* parmi les Phrigiens. *Abl. Ar. l. 2.* L'abondance augmentant les forces engendroit les divisions. *Abl. Tac. l. 1.* Causer des divisions. *Pas. l. 1.*)

Division. Terme d'*Imager*, qui se dit en parlant de cartes de Géographie. C'est la couleur qui sépare une Province, ou un Roïaume, ou une partie du Monde des autres Provinces, des autres Roïaumes, ou des autres parties du monde, lorsque les cartes sont enluminées. Cette division se marque ordinairement par une suite de points, lesquels les enlumineurs doivent suivre lors qu'ils y mettent les couleurs. (Les divisions de cette carte ne sont pas bien-faites.)

DIVORCE, *s. m.* Il vient du Latin *divortium*. C'est la séparation qui se fait entre le mari & la femme. Faire divorce avec la femme. La divorce de Henri 8. Roi d'Angleterre avec Catherine d'Aragon est célèbre. (Le premier âge du monde n'a vû ni divorce, ni poligamie. Moïse fut le premier qui permit le divorce, à cause de la dureté du cœur des Juifs. *Le Mait. plaid. 8.*)

* *Divorce*, *s. m.* Il se prend au figuré pour séparation. (Ils ont fait *divorce* avec l'Eglise. On dit encore, *il a fait divorce avec le bon sens.* C'est à dire, il ne dit & ne fait rien qui fasse connoître qu'il ait du bon sens)

* *Divorce*, *s. m.* Il signifie encore, rupture, brouillerie. (Ils sont toûjours en *divorce*. Il y a sans cesse quelque *divorce* entre ces esprits-là.)

DIURETIQUE, *adj.* Terme de *Medecin*. C'est à dire, qui provoque l'urine. (La rave est diurétique. Remède diurétique.)

Diurétique, *s. m.* Ce qui provoque l'urine. (Il use des diurétiques pour sa gravelle.)

DIURNAL, *s. m.* [Livre d'Eglise qui contient l'Ofice des heures canoniales du jour.

Diurne, *adj.* Ce mot vient du Latin *diurnus*, & signifie *qui est de jour.* On ne s'en sert en François qu'en termes d'*Agronomie.* Il est quelquefois opposé à *nocturne*, qui veut dire, *qui est de nuit*. Arc diurne, c'est la trace du mouvement du Soleil pendant qu'il est sur l'horizon. Mais les Astronomes entendent ordinairement par le mouvement *diurne* du Soleil, ou d'un autre Astre, celui qui se fait dans vingt-quatre heures, qui est un jour naturel, & qui comprend un jour artificiel, & une nuit.

DIVULGUER, *v. a.* Publier. Découvrir à d'autres. (Ils n'ont point de faveur qu'ils n'aillent divulguer. *Mol. Tart. a. 3. sc. 3.*)

DIX.

DIX. Prononcez *dis.* Nom de nombre indéclinable. Ils sont dix.)

Dix, *s. m.* Ce mot se prend comme un substantif en termes de *jeu de cartes*, & signifie une carte marquée de dix points. (Un dix de cœur, de carreau, &c.)

Dixiéme, ou *diziéme.* Comme on le prononce *adj.* (Il est le diziéme. Elle est la diziéme.)

Dix-sept. Prononcez *dis-sét.* Nom de nombre indéclinable. (Il y a dix-sept pistoles.)

Dix-septiéme, ou *dix-setiéme*, *adj.* Prononcez *dis-setiéme.* (C'est la dix-setiéme aune. C'est le dix-setiéme livre.)

Dix-huit. Prononcez *dis-huit.* Nom de nombre indéclinable. (Il y avoit dix-huit personnes à table.)

Dix huitiéme, *adj.* (Il est le dix-huitiéme. Elle est la dix-huitiéme.)

DIXME. Voïez *Dîme*.

Dix-neuf. Nom de nombre indéclinable. (Il a perdu dix-neuf pistoles.)

Dix-neuviéme, ou *dix-neuviéme*, *adj.* Prononcez *dis-neuviéme.* (C'est le dix-neufiéme. C'est la dix-neuviéme piéce.)

DIZ

DIZAIN, *s. m.* Terme de *Patenotrier*. Ce sont dix grains de Chapelet, qui ont à l'un & à l'autre bout du dizain un gros grain, & qu'on apelle un *Pater*.

Dizain, *s. m.* Terme de *Poësie Françoise*. Petit ouvrage de dix vers. Epigramme ou Madrigal de dix vers. Il n'y a que deux ou trois dizains dans Melin de S. Gelais qui soient bons.

Dizaine, *s. f.* Dix. Dix unitez. [Nombre, dizaine, centaine, &c. Une dizaine d'écus.]

† Dizaine, *s. f.* Ce mot se dit en quelques lieux, pour signifier une certaine division des habitans de quelque quartier d'une vile, quoi qu'il n'y ait précisément le nombre de dix. Et celui qui est commis sur les habitans de ce quartier s'apelle aussi par abus *dizenier*, & c'est l'Oficier qui a soin d'avertir ceux de sa dizaine des ordres de la vile qu'il faut exécuter.

Dizeau, *s. f.* Terme de *Moissonneur*. C'est un tas de gerbes. (Mettre les gerbes en dizeau.)

Di.ième. Voiez Dixiéme.

DOC.

† DOBER. Voiez *Dauber*.

DOCILE. *adj.* Ce mot vient du Latin *docilis*, & signifie doux & facile à être enseigné, qui est soumis à ses supérieurs. (C'est enfant est fort docile. Esprit docile. Petite fille fort docile.)

Docilement, *adv.* Avec docilité. D'une maniére docile. (Ecouter docilement.)

Docilité, *s. f.* Naturel doux & facile. Qualité par laquelle on est propre à aprendre. Disposition qu'on a pour être enseigné. (Docilité d'esprit. Il n'a nule docilité. Avoir une grande docilité.)

DOCTE, *adj.* Savant. [Homme docte. Cela est docte.]

Doctement, *adv.* Savamment. (Parler doctement.)

Docteur, *s. m.* Celui qui après avoir étudié quelque fience qu'on enseigne dans les Universitez, & fait tous les actes, a pris solennellement le bonnet. (Moliére un peu avant que de mourir se fit passer Docteur en Médecine sur son téatre. Un Docteur le plus souvent n'est qu'un sot. Plusieurs Doceurs entre les Téologiens des Universitez ont eu des titres particuliers Aléxandre de Hales a été apellé le *Docteur irréfragable*. S. Thomas, *le Docteur Angélique*. S. Bonaventure, *le Docteur Séraphique*. Jean Duns, ou Scot, *le Docteur subtil*. Raimon Lulle, *le Docteur illuminé*, &c.

Doctoral, *adj.* Se peut dire en cette phrase *Bonnet Doctoral*, mais on dit ordinairement, & mieux, *Bonnet de Docteur*.

Doctorat, *s. m.* Degré de Docteur.

Doctorerie, *s. f.* Voiez *Aulique*.

Doctrine, *s. f.* Science. (Livre plein de Doctrine. La doctrine des restrictions mentales. La doctrine des équivoques. *Pas. l. 9.* Il y a dans ce Livre une bonne & saine doctrine. La doctrine Chrétienne. Il a un grand fonds de doctrine.

† Document, *s. m.* Ce mot n'est en usage qu'en termes de Palais, il signifie les titres & les preuves qu'on alégue, & principalement des choses anciennes. (On prouve l'anciéneté de cette fondation par plusieurs bons titres & *documens*.)

DOD.

DODECAEDRE, *s. m.* Terme de *Géométrie*. Ce mot est Grec, & signifie qui a douze faces ou bases. C'est l'un des cinq corps reguliers, qui a douze faces égales, dont chacune est un Pentagone regulier. (Faire des quadrans sur toutes les faces d'un Dodecaëdre.)

DODECAGONE, *adj. & s. m.* Terme de *Géometrie*. Ce mot est Grec, & signifie qui a douze côtez égaux. (C'est une figure dodécagone. Faire un dodecagone.)

Dodecagone. Terme de *Fortification*. C'est une place fortifiée de douze bastions. (Dodecagone régulier, ou irégulier.)

† *Dodô*. Mot burlesque dont on se sert en parlant aux petits enfans, & qui signifie le *dormir*. (Faire dodô.)

† Dodu, dodué, *adj.* Gras & plein de chair. (Ces pigeons sont dodus, *Dép. sat. 3.* Il est dodu. Elle est dodué.)

DOG.

DOGAT, *s. m.* Dignité de Doge. Tems qu'on a été Doge. (Parvenir au Dogat. Foscare rendit de grans services à la République de Venise pendant son Dogat.)

Doge, *s. m.* C'étoit autrefois le Souverain chef de la République de Venise, mais aujourd'hui le Doge ne peut rien faire sans le Sénat. C'est le Doge qui répond en termes généraux au Ambassadeurs, & il est comme la bouche du corps de la République. Le Doge s'élit, & c'est à vie. C'est le chef de tout le conseil. Toutes les Lettres de créance que la République envoie, sont écrites à son nom, toutefois elles ne sont pas signées de sa main, mais par un des Sécrétaires du Sénat. La monnoie se bat sous le nom du Doge ; cependant elle n'est pas à son coin. Il nomme aux bénéfices de l'Eglise de S. Marc, & a plusieurs autres privileges. Il ne sauroit sortir de Venise sans la permission des Conseillers, autrement il encourroit l'indignation du Sénat. En un mot le Doge est à la République, & non pas la République au Doge. On le traité de Sérénissime. *Amelot, Histoire de Venise.*

DOGMATIQUE, *adj.* Instructif. (Stile dogmatique.)

Dogmatiser, *v. a.* Ce mot se prend en mauvaise part, & signifie, enseignes des doctrines contraires à la Religion qui est aprouvée dans un Etat, on il se dit en riant. Enseigner. Instruire. (Dogmatiser en vers. *Dépreaux, Satire 8.* Il s'amuse à dogmatiser.)

Dogmatiseur, *s. m.* Celui qui dogmatise. (C'est un dogmatiseur.) Le mot de *dogmatiseur* se prend en mauvaise part.

Dogme, *s. m.* Précepte. Instruction. Ce dogmes sont bons. Il débite de pernicieux dogmes. Voilà mes dogmes & les maximes de ma politique. *Abl. Luc. Tom. 1.*)

DOGUE, *s. m.* Sorte de chien gros & fort, qui vient d'Angleterre. (Un puissant dogue. Un dogue mâle. Un dogue femelle.)

Se doguer, *v. r.* Ce mot se dit des béliers & des moutons. Se heurter la tête les uns contre les autres. (Béliers qui se doguent.)

Dogues. Terme de *Marine*. Ce sont des trous qui sont dans les plat-bords des deux côtez du grand mât, pour amuler les couets de la grande voile. On les apelle *dogues à amur*.

DOI.

DOÏEN, *s. m.* En Latin *Decanus*. Ce mot se dit en parlant de Chanoines. Il y a des Doïens d'Eglises Cathedrales, & des Doïens d'Eglises Collégiales. *Le Doïen d'une Eglise Cathédrale* est la seconde personne du Chapitre, car le première c'est l'Evêque ou l'Archevêque. Ce Doïen n'a nule juridiction sur le Chapitre, mais il y a plus d'autorité que les autres Chanoines. *Le Doïen d'une Eglise Collégiale* est le chef du Chapitre, & il a une maniére de petite juridiction sur son Chapitre, pour contenir les Chanoines dans leur devoir. Ceux qui ont traité des matiéres bénéficiales, disent que les Doïens ont succédé aux Archidiacres.

Doïen rural. Curé de campagne qui est commis pour un certain tems, afin de terminer les diférens qui naissent entre les Curez.

Doïen. Ce mot en parlant d'autres corps que des Eclésiastiques, signifie le plus ancien du corps ou de la compagnie. (Ainsi on dit, il est le Doïen des Conseillers du Parlement. Il est le Doïen des pages ; pour dire le plus vieux.)

Doïenné, s. m. C'est la dignité & la Charge de Doïen. (On lui a donné le *Doienné* d'un tel Chapitre. (Le *doïenné* d'un tel Chapitre est bon. Il vaut au moins douze cens livres de rente.)

Doïenné. Ce mot en parlant de Doïens ruraux, signifie l'étendue des lieux où le Doïen a quelque sorte d'inspection. (Son Doïenné n'est pas grand. Les doïennez ruraux prennent ordinairement leurs noms de la paroisse à laquelle ils sont annéxez.)

DOIGT, *s. m.* Ce mot vient du Latin *digitus*, & c'est par cette raison qu'il s'écrit avec un *g*, & pour le distinguer d'avec la troisième personne du verbe, *je dois ; tu dois, il doit* mais comme le *g* ne se prononce point, & que d'ailleurs il est très aisé de distinguer *le doit*, qui est un nom d'avec *il doit*, qui est un verbe, il semble qu'on pourroit écrire ce mot sans y mettre un *g*. Le *doigt* est une des parties dissimilaires de la main. Une des cinq petites parties de la main qui servent à prendre & à serrer ce qu'on prend. Le mot de *doigt* se dit des hommes, & de certains animaux. (Doigt d'oiseau de proie. Doigt de canard ; de poule d'eau; Doigt de bécasse. Doigt de plongeon, &c. Doigt de grenouille. Le crocodile a quatre piez divisez en doigts garnis d'ongles trés-forts.)

* Doit, *s. m.* Se prend au figuré lors qu'il se dit de Dieu, & signifie *la puissance de Dieu*. (C'est *le doit de Dieu*; c'est à dire *sa puissance*. *Exode. ch. 8*. Le doit de Dieu a paru visiblement en cette rencontre. On se sert de cette expression lors qu'il arrive quelque accident miraculeux, ou quelque châtiment extraordinaire, qui donne à conoître la colere, la justice & la puissance de Dieu.)

* Doit. Sorte de mesure de la grandeur du travers d'un doit. (La largeur de quatre doits. Il s'en faut quatre *doits* que cette poutre ne soit assez longue.)

Un doit de vin. C'est à dire un peu de vin. (Il est bon de prendre tous les matins *un doit de vin*, avant que de sortir.)

* Doigts, ou *dois*. Ce mot se prend au figuré dans les façons de parler qui suivent. *J'ay beau mordre mes doigts*. *Dép. Sat. 7*. C'est à dire, j'ay beau me peiner, me gêner. Il s'en mordra les doigts. Mol. C'est à dire il s'en repentira. *Etre à quatre doigts de la mort*. *Ap.* être proche de la mort. *Abl. Apo. Mon petit doigt m'a dit. Mol*. C'est à dire, je sai la chose de quelcun. *Faire toucher une chose au doigt*. C'est à faire voir clairement. *Savoir une chose sur le bout du doi*,

doigt. C'est la bien favoir. *Donner sur les doigts à quelcun.* Ces mots au figuré signifient reprendre & reprimender quelcun. *Monstrer quelcun au doigt.* Ces mots parmi nous se prennent en mauvaise part, & veulent dire. Faire remarquer une personne comme une personne infame, & qui mérite qu'on lui fasse honte. *Avoir de l'esprit au bout des doigts.* C'est être adroit de la main. *Les doigts lui demangent.* C'est à dire, il a envie de se batre. *Je n'en mettrois pas le doigt au feu.* Pour dire, je doute de la verité de la chose dont il s'agit. *Il sont comme les deux doigts de la main.* C'est à dire ils sont bons amis. *On s'en leche les doigts.* Cela se dit des bons morceaux. *On n'en donne qu'à leche doit.* C'est à dire fort peu. Quand on a trouvé ce qu'on cherchoit, on dit *qu'on a mis le doit dessus. Les cinq doits de la main ne se ressemblent pas.* Cela se dit pour signifier qu'il ne faut pas exiger une exacte conformité entre des personnes ou des choses.

DOTTIER, *s. m.* Ce mot se dit du linge, ou du cuir qu'on met autour d'un doit, soit pour y faire tenir quelque emplâtre, ou pour faire quelque rude travail avec les doits.

DOL.

DOL, *s. m.* Ce mot vient du Latin *dolus*, qui signifie tromperie, mauvaise foi. Il se dit plus au Palais que dans le langage ordinaire. (Il a fait cela par dol. Le dol est visible. Dol personnel. Dol réel. Il n'y est intervenu aucun Dol ni fraude.)

DOLEANCE, *s. f.* Plainte. Cris & gémissemens. (Elle fait de grandes doleances.)

Dolent, dolente, adj. Triste, afligé. (Il est tout dolent. Voix triste & dolente.)

Dolemment, adv. Tristement. (Se plaindre dolemment.)

DOLER, *v. a.* Blanchir & unir le bois avec la doloire jusqu'à ce qu'il soit en état d'être emploié.

Doloire, s. f. *Outil de Tonnelier & de Charpentier* pour doler le bois. (Cette doloire ne coupe pas, il la faut passer sur la meule.)

Doloire. Terme de *Chirurgien.* Sorte de bandage simple & inégal.

DOM.

DOM. Mot Espagnol dont on se sert en France lors qu'on parle de certains Religieux, comme de Chartreux, Célestins, Bernardins & Feuillans, & c'est de même que si on disoit Monsieur. (Dom Côme est un fameux Prédicateur. Dom Boisard est un tres-bon Religieux qui a beaucoup d'esprit & de dicernement, &c.)

Dom. On se sert de ce mot lors qu'on parle de quelques Seigneurs d'Espagne.
(On ne parle aujourd'hui que de Dom Joüan d'Autriche. Dom Jean prémier Roi de Castille fit revenir les Musarabes en Espagne. *Abl. Mar. Tom.* 2. *l.* 3. *c.* 40.)

DOMAINE, *s. m.* Prononcez *Domène.* C'est le patrimoine Roial. Il y a deux sortes de Domaine, le prémier consiste aux terres & aux Seigneuries que le Roi s'est particulièrement réservées & qui sont de telle façon unies à la Couronne, qu'elles ne font qu'une même chose avec elle. L'autre sorte de Domaine consiste dans les droits que doivent les marchandises lors qu'elles entrent, ou qu'elles sortent par les bureaux du Roiaume, &c. mais cette derniere espèce de Domaine est composée de tous les autres droits qu'on apelle roiaux & féodaux, tels que sont les amortissemens, les anoblissemens, les droits d'aubeine, de batardise, les droits de francfiefs, &c. [Le Domaine aliené est rachetable. Le Domaine se peut alièner pour cause de guerre, ou d'apanage ; & quand le Roi l'alène, il y peut rentrer quand il lui plait. Voiez là dessus *Chopin, Traité du Domaine, liv.* 1. *tit.* 2. *& liv.* 2. *tit.* 3.)

* *Domaine.* Il se dit quelquefois en riant, & signifie tout le bien d'une personne. (Acroitre son domaine. Son domaine n'est pas grand.)

Domanial, domaniale, adj. Qui est du Domaine. Qui apartient au Domaine. (Droit domanial.)

DÔMES, *s. m.* Couverture ronde telle qu'est celle du Val de Grace. Couverture ronde, & élevée sur le toit d'une Eglise. (Le dôme de Sorbonne est assez beau.)

DOMESTIQUE, *s. m.* Ce mot comprend la femme, les enfans, les serviteurs & les servantes. [Il se plait avec son domestique.]

Domestique, s. m. Serviteur qui sert dans un logis. (Il est domestique. C'est un des domestiques de Mr. un tel.)

Domestique, adj. [Serviteur domestique. Elle est domestique.]

* *Domestique,* adj. Ce mot se dit aussi des animaux, & signifie aprivoisé, qu'on tient à la maison, comme les chiens & les chats. Domestique, en ce sens, est oposé à *sauvage.* [Il y a des animaux domestiques & des animaux sauvages.]

† *Domestiquement,* adv. C'est à dire, dans son domestique. (Il vit domestiquement.)

DOMICILE, *s. m.* Terme de *Pratique.* Logis où l'on fait sa demeure ordinaire. Avoir son domicile en un lieu. Elire son domicile en un lieu. Le domicile s'établit en un lieu par une demeure d'an & jour.

Faire élection de domicile. C'est déclarer qu'on demeure en tel lieu, ou déclarer qu'on se peut adresser en ce lieu-là pour y faire toutes les significations qu'on voudra faire à la personne qui a fait élection de domicile.

* *Domicile.* Terme d'*Astrologie.* C'est un signe du Zodiaque dans lequel on dit qu'une telle planete a plus de puissance qu'ailleurs, & y gouverne comme un maître en sa maison. Le Soleil étant au Lion est dans son domicile. La Lune au Cancer, Saturne au Capricorne, &c.)

Domicilié, domiciliée, adj. Terme de *Pratique.* Qui a un domicile fixe & arrêté en un lieu. (Il étoit domicilié dans Rome. *Patru, Oraison pour Archias.*)

† DOMINATEUR, *s. m.* Ce mot signifie celui qui domine, règne & gouverne souverainement. Mais il se dit rarement. (Alexandre étoit le dominateur de l'Asie.)

Dominateur, ou *Seigneur dominant.* C'est le nom que donnent les *Astrologues* à l'astre le plus considerable, & qui a le plus de degrez, de puissance dans un horoscope.

Domination, s. f. Gouvernement souverain. Pouvoir. Puissance & autorité absoluë. (Une rude, une fâcheuse, une cruelle, une insuportable domination. Le victorieux usurpa la domination sous le nom du Prince du Sénat. *Abl. Tac. An. l.* 1. Secouër le joug de la domination.)

Domination. Terme d'*Eglise.* Un des ordres de la hiérarchie céleste.

Dominer, v. a. Etre le maître. Gouverner. Maitriser. Avoir l'authorité. Avoir le pouvoir. (Il veut dominer par tout où il est. C'est lui qui domine dans le Roiaume. Sa passion le domine. Le Seigneur dominera les nations. *Port-Royal, Pseaume* 21. Dominer sur tout le monde.)

Dominant, dominante, adj. Qui domine. Qui commande. Qui est élevé. Qui est superier. (La passion dominante des Gentils-hommes est le point d'honneur. *Pas. l.* 7. *Un lieu dominant,* c'est un lieu plus élevé qu'un autre sur lequel il commande.

Un Fief-dominant, C'est un Fief qui a sous lui d'autres Fiefs qui en relevent, il est oposé à *Fief-servant.* Astre dominant. V. *Dominateur.*)

* *Dominer, v. a.* Et son participe *dominant* se disent au figuré des choses qui ont quelque avantage sur les autres. (C'est la bile qui domine dans son temperament. Le Se é *domine* dans ce médicament. Le sérieux *domine* dans ce discours.)

DOMINICAIN, *s. m.* Jacobin. En parlant, on ne dit guere *Dominicain,* & même on ne le dit pas en écrivant, si ce n'est dans des discours graves & sérieux. (La grace peut bien n'avoir plus les Dominicains pour défenseurs. *Pas. l.* 2.)

Dominicaine, s. f. Religieuse de S. Dominique.

Dominicale, s. f. Terme d'*Eglise.* Il se dit en parlant de Prédicateur & de Prédication. Prêcher les Dominicales. C'est à dire les Dimanches, & prendre les textes qui sont marquez pour chaque Dimanche.)

Dominical, dominicale, adj. Terme qui se dit en de certaines matières de pieté, & qui veut dire qui est du Seigneur. (L'Oraison Dominicale est la plus belle de toutes les prières.)

La lettre Dominicale. Terme de *Chronologie & de faiseurs d'Almanacs.* C'est la lettre qui marque le Dimanche durant toute une année. Voiez *Ciclo Solaire.*

Dominique, s. m. Nom d'homme. (S. Dominique est le fondateur des Jacobins.)

DOMMAGE, *s. m.* Perte. Tort. Sorte de malheur. [Causer du dommage à quelcun. Etre condamné aux dépens, dommages & interêts.]

Dommage. Il se dit du dégat que font les bestiaux dans les blez, les vignes, les prez, &c. (Ce bétail a été trouvé en dommage. Faire taxer ou estimer le dommage.

* C'est un honnête homme, mais c'est dommage qu'il soit Auteur. * C'est dommage que ce livre ait été condamné. *Pas. l.* 4.)

DOMTABLE, adj. Qui peut être domté. (Bucéphale n'étoit pas un cheval fort domtable. (Prononcez *dontable*, & de même dans les mots qui suivent.

Domter, v. a. Ce mot se dit proprement des bêtes, & signifie rendre doux & obéïssant. (Alexandre domta Bucéphale.)

* *Domter, v. a.* Vaincre. Subjuguer. Ranger à son devoir. (Ils sont domtez par les miséres de la guerre. *Vau. Quin. l.* 4. Domter ses passions. *Voi. poes.* Domter les nations les plus belliqueuses. *Abl.*)

* *Domter, v. a.* Celui qui vaine. Qui surmonte. Qui subjugue. (Elles seront ravies de voir à leurs prez le domteur de Galas. *Voi. l.* 68. Hercule a été apelé le domteur des monstres.)

DON.

DON, *s. m.* Ce mot vient du Latin *donum*, & il signifie présent, liberalité, largesse. Tout ce que l'on donne. Chose donnée. (Un don magnifique, superbe, piétieux, excellent. Un don riche. Un beau don. Donner en pur don.

DON   DON

> Tu n'es point charmé des richesses,
> Les *dons* ne te peuvent tenter ;
> Et tu n'en sçaurois accepter
> Que pour en faire des largesses.
> *Chapel. Ode au Card. de Richelieu.*)

Don, *gratuit, s. m.* C'est un present qu'on fait de bon cœur, & sans y être contraint. (Le Clergé de France fait tous les cinq ans un *don gratuit* au Roi. Messieurs du Clergé étant assemblés, le Roi, comme fils aîné de l'Eglise, l'envoie assurer par des personnes constituées en dignité, qu'il aura toujours l'Eglise, qu'il reconnoît pour sa mére spirituelle. Il envoie à quelques jours de là, complimenter l'assemblée par ces mêmes personnes, dont l'une expose les besoins de sa Majesté & aussi tôt que ces Messieurs se sont retirés, Monseigneur l'Archevêque de Paris qui préside à l'assemblée fait voir en peu de paroles à Messieurs du Clergé l'honnêteté du Roi, qui pouvant demander absolument, prend des détours tout à fait civils, & dignes du vrai fils de l'Eglise : & il conclut à ce qu'on ait à lui faire un présent raisonnable, qu'on batise du nom de *don gratuit.* On voit par les harangues de Monsieur Poncet à l'assemblée du Clergé, imprimées en 1679. chez *Sebastien Cramoisi,* que le *don gratuit* que Messieurs du Clergé firent en 1675, à sa Majesté montoit à quatre millions cinq cens mille livres. Cette somme étant arrêtée, on la distribuë sur tous les Bénéfices du Roiaume, & les Ecclésiastiques apellent cette sorte de taxe *Décimes extraordinaires.*)

Don mutuel. Terme de *Palais.* Don réciproque, c'est un acord fait par le Contrat de mariage, ou durant le mariage, par le mari & la femme ; & par cet acord ils consentent que celui des deux qui survivra, jouïra après la mort de l'autre de tous les biens meubles & immeubles de la personne qui sera décédée. (Ils se font fait un don mutuel. Quand le don mutuel est fait par Contrat, il peut être stipulé sans retour : mais lors qu'il est fait durant le mariage, il ne sçauroit être fait que pour l'usufruit pendant la vie du survivant seulement en donnant bonne & suffisante caution.)

Don. Grace. Faveur qui vient de Dieu. Talent. (Il y a diversité de dons spirituels , mais il n'y a qu'un même esprit *Port-Royal , Nouveau Testament.* Le don de Prophétie. Le don des Langages. Le don des miracles, &c. Les dons de la nature.)

Don. Ce mot se dit quelquefois en riant pour dire, talent. (Les petits esprits ont le don de beau parler , & de ne rien dire. C'est le caractère du pauvre V....... Il n'a pas le don de se taire.)

Don. Facilité. Elle a le don des larmes autant que femme de France.

Donataire, s. m. & f. Terme de *Palais.* Celui ou celle à qui on a fait une donation. La donation a été acceptée par le donataire.

Donateur, s. m. Terme de *Palais.* Celui qui fait une donation. Celui qui donne par Contrat quelque chose à une personne. (Voions ce que nôtre donateur a voulu faire. *Patru, Plaidoié* 3.)

Donation, s. f. Terme de *Palais.* Ce qu'on donne par contrat ou par testament à une personne. (La donation est bonne. Donation pure & simple. *Patru, plaid.* C'est à dire, une donation qui n'a nulle condition. Contester une donation. La donation porte une clause qu'il faut examiner. *Patr. plaid.* 3. Donation avec reserve d'usufruit. Donation à cause de mort. Une donation frauduleuse.)

Donation entre vifs. C'est une disposition de certaines choses dont le donateur se désaisit en faveur de celui à qui il donne. La donation doit être fa te par une personne en santé, & doit être insinuée au greffe dans le tems prescrit par l'Ordonnance.

Donc, donque. Conjonction qui sert à concurre. L'un & l'autre se dit , mais *donc* est plus de la prose, & *donque* de la poësie. On ne se doit servir de *donque* dans la prose que pour rompre la mesure des périodes. (On peut tuër pour défendre sa vie, donc on peut tuër pour défendre son honneur. *Pas. l. 7.*)

Donc. On se sert quelquefois de ce mot pour commencer une période, & même un ouvrage de poësie.

> [Donc un nouveau labeur à tes larmes s'aprête.
> *Mal. poësies, l. 2.*]

† **Dondon,** *s. f.* Jeune fille grosse & grasse, & de taille un peu ramassée. (Une jolie dondon.)

Dongeon, ou *donjon, s. m.* Tour au milieu d'une forteresse pour servir de retraite en cas de necessité. C'est aussi un lieu élevé au haut d'une maison, & qui est comme une espéce de petit cabinet. (Se défendre dans le donjon.)

Donner, *v. a.* Ce mot vient du Latin *donare.* Il signifie, faire quelque present. Regaler par quelque présent. (Il est plus digne d'un Prince de *donner* que de recevoir. *Abl. Ap.6.* Je n'ai jamais *donné* à chacune de mes Maîtresses plus de cent

pistoles, pour avoir leurs bonnes graces. *Bussi hist. amour. des Gaules.* Donner tard, c'est refuser. La manière de donner vaut quelquefois mieux que ce que l'on donne. Soiez muëx quand vous donnez, & parlez quand on vous donne.)

Donner , v. a. Acorder. (Donner le congé à un Valet. Donner un passeport à quelcun. Il a donné cela à la priére de ses amis.)

Donner , v. a. Mettre quelque chose au pouvoir de quelcun. (Donner de la marchandise à credit.)

Donner , v. a. Régaler par quelque chose d'agréable. Donner les violons à sa maitresse. Donner la musique à un ami. Donner la colation, &c.)

Donner , v. a. Livrer. (Donner un combat. *Voitlett.* Donner une sanglante bataille. *Abl. Tacit.*)

Donner , v. a. Abandonner. (Donner une vile au pillage. *Vau. Quint. Cur.* Donner un païs au pillage. *Abl. Tacit.* Donner en main propre.)

Donner , v. a. Il se dit du prix des choses qu'on achete. (Il a donné soixante pistoles de ce cheval. Je ne donnerai que dix écus de cette marchandise.)

Donner , v. a. Il se dit aussi des pensions, des gages, & des salaires. (On donne mille écus d'apointement à ce Gouverneur. Je donne vint écus pour ma pension. Donner tant pour les gages d'un valet. Donner vint sols par jour à un ouvrier.)

* *Donner la vie.* On dit d'un Médecin qui guérit une personne, & qui la tire d'un état où elle étoit proche de la mort, qu'il lui a donné la vie. Un enemi qui pouvant tuër son ennemi , lui donne quartier , lui donne la vie, c'est à dire, il lui laisse la vie. Une bonne nouvelle *donne la vie.* On dit qu'on *donneroit sa vie* pour obtenir une chose qu'on désire passionnément.

Donner. Fraper. (Donner des coups de bâton. Donner sur la jouë. Donner un soufflet. Donner le fouët. Donner sur l'enemi, c'est charger l'ennemi & le batre. Donner jusqu'au camp des ennemis, c'est pousser & aller jusqu'au camp. Donner la chasse aux ennemis. Cette manière de parler se dit , mais elle n'est ni si noble , ni si usitée que *pousser & poursuivre les ennemis.* Le vent donne contre cette porte.)

Donner. Juger. Conjecturer. On ne donneroit pas cinquante ans à cet homme , qui toutefois en a près de quatre vints, car il est encore fort vigoureux. Les Médecins ne lui donnent plus que trois mois à vivre. On donne ce Livre à plusieurs Auteurs ; c'est à dire, les conjectures sont différentes touchant le véritable Auteur de ce Livre. Elle donne son enfant à un tel. C'est à dire, elle dit qu'un tel est le pére de cet enfant. *Donner la main à quelcun.* C'est lui tendre la main pour lui aider à marcher , ou à se tirer de quelque mauvais pas. *Donner la main ,* signifie encore donner le droit, donner le pas : * *Donner la main,* C'est aussi donner la foi de mariage. *Donner la main ,* ou la bride , en termes de *Manége ,* c'est lâcher la bride à un cheval. *Donner les mains à quelque proposition ,* c'est y consentir, s'y acorder.

Donner. Ce mot entre dans plusieurs autres phrases. Cet apartement donne sur la ruë. (Donner du jour à une chambre. Le Soleil donne dés son lever à cette fenêtre. Donner du talus à un rempart. Donner de la pente à un canal. Donner du vent à un tonneau. *Donner à entendre,* c'est faire entendre. *Donner à choisir.* Donner tout au hazard. *Donner tout aux aparences.* C'est se laisser aller aux aparences, se régler que sur les aparences. *Donner dans une embuscade,* c'est à dire tomber dans une ambuscade. Donner dans la bagatelle , dans le galimatias, &c. Donner dans le sens de quelcun. *Donner un méchant jour aux actions des gens.* C'est les faire paroître méchantes, les empoisonner. *Il n'est pas homme à donner là dedans.* C'est à dire, entrer dans ce dessein. *Donner dans le panneau.* C'est à dire, se laisser tromper, croire legérement ce qu'on nous dit pour nous atraper. Il ne sçait où donner de la tête. C'est à dire, il a tant d'afaires qu'il ne sçait pas comment il y travaillera , ni par où il commencera. *En donner à garder à quelcun.* C'est à dire, lui faire croire une chose qui n'est pas, &c.

Se donner , v. r. Donner à soi même. Se donner de la peine, Se donner du bon tems. Se donner l'honneur d'avoir fait quelque chose. Se donner de la patience.

* *Il se donne des airs.* C'est à dire, il afecte de paroître noble, brave , riche , &c.

Se donner au cœur joie. C'est prendre d'un plaisir tout ce qu'on peut.

† *Donneur , s. m.* Qui donne. (Je ne refuse pas d'être le preneur , afin qu'il soit le *donneur. Abl. Luc.* Il n'est pas grand donneur. Un donneur d'avis. Donneur de sére-nade. *Scar. Rom.*)

† *Donneuse , s. f.* Mot burlesque. Celle qui donne. Elle n'est pas donneuse. C'est une grande donneuse de choses qui ne lui coûtent rien.)

Dont. Ce mot se met au lieu du génitif, & de l'ablatif singulier & pluriel du pronom *lequel.* Il s'emploie pour *duquel , de laquelle, desquels,* & *desquelles.* (C'est Madame *dont* j'ai épousé la fille. *Vau. Rom.* Ce mot est pour *de laquelle.* L'honnête homme *dont* je vous parlai hier , c'est Monsieur.

DOR

Ce *dont* est mis dans cet exemple pour *duquel*. Les Livres dont on fait plus de cas, ce sont les Livres de. Ce *dont* est mis dans cet exemple pour *desquels*. Les belles *dont* je vous parlai hier sont. Ce *dont* est employé dans cet exemple pour *desquelles*.)

DONTER. Voicz *domter*.

† DONZELLE. Mot de mépris pour dire *demoiselle*. Le mot de *donzelle* est burlesque & offensant. (C'est le mot de la donzelle. Gon. Epi. l. 1.)

DOR.

DORADE, s. f. Poisson de mer qui fréquente les rivages, & qui quelquefois entre aux étangs. La dorade est le corps large & plat, couvert d'écailles moïennes de diverse couleur, le dos entre bleu & noir, les côtez de couleur d'argent, & le ventre de couleur de l'air, avec une queuë grande & large. La dorade a la chair bonne sans être ni mole ni dure. *Rond*. La veritable dorade est appellée de ce nom à cause de sa couleur jaunâtre, & de ses nuances dorées, qui la font passer pour l'un des plus beaux poissons de la mer. *Tachard*, voiage de Siam, l. 1. p. 93.)

* Dorade. Terme d'*Astronomie*. On a donné ce nom à une constellation de sept étoiles, qui est du côté du Pole Antarctique, & que nous ne voions jamais dans l'Europe.

DORÉE, s. f. Terme de *Chasse*. Les fumées des cerfs qui sont jaunes. *Sal*.

DORER, v. a. Coucher l'or. Apliquer l'or sur les choses qu'on dore. (Dorer un quadre. Dorer un Livre sur tranche. Dorer un plafond.)

* Dorer, v. a. Il se dit au figuré du Soleil, & l'on dit qu'il dore les montagnes, lors que les éclairant à son lever, il les fait paroître de couleur jaune. (Le Soleil dore les cieux. *Voi. Poës*.)

Dorer. Terme de *Paticier & de Boulanger*. Mettre de la dorure sur un pâté. (Dorer un pâté, un gateau, &c. Les Boulangers de Paris ne *dorent* que le pain de Sigovie, & le pain au lait.

* Dorer la pilule. Proverbe, pour dire, faire soufrir quelque chose de fâcheux en l'adoucissant par de belles paroles.

Doré, dorée, adj. (Bordure dorée. Paté doré. Argent doré. Vermeil doré.)

* Doré, dorée. Jaune. Tirant sur le jaune. (Blond doré.

Sous les épis dorez tes faucilles se lassent.
God. poës. Tom. 2. 1. Eglogue.

On apelle aussi la patisserie dorée lors qu'elle est jaune, parce qu'elle a été enduite d'une composition de jaunes d'œufs, & de berre.)

Doré, dorée, adj. Ce mot se dit parlant du roti, & signifie qui a une belle couleur, qui à un certain jauné luisant & agreable, qui relève l'air & la manière du roti. (Ce chapon est bien roti, & de la façon qu'il est *doré*, il donne apetit.)

DORÉNAVANT, adv. Ce mot signifie désormais, mais il n'est pas trop usité.

DOREUR, s. m. Celui qui dore. (Doreur sur cuir. Doreur sur tranche. Doreur sur bois. Doreur sur fer, sur bronze, sur cuivre, &c.)

Doreuse, s. f. Femme ou veuve de doreur qui fait travailler ses compagnons.

Doroir, s. m. Prononcez *Doroi*. Terme de *Paticier*. Manière de petite brosse avec quoi on met la dorure sur la paticerie. (Prenez ce doroir & dorez ce pâté.)

Dorique, adj. L'ordre dorique, c'est le nom du second des cinq ordres de l'Architecture. On dit aussi colonne dorique.

† DORLOTER, v. a. Caresser. Flater. Choier. (Elle dorlote bien son mari. Mol.)

† Se dorloter, v. r. Se donner toutes ses petites commoditez. Chercher avec passion ses aises. (C'est un bon homme qui se dorlote fort.)

DORMEUR, s. m. Celui qui aime à dormir. (C'est un grand dormeur.)

Dormeuse, s. f. Celle qui dort beaucoup. Celle qui aime à dormir. (Une grosse dormeuse.)

Dormir, s. m. Sommeil. (On croit que le dormir ne vaut rien après le diné.)

Dormir, v. n. Prendre le sommeil. Etre pris du sommeil. (Dormir un bon somme. Dormir d'un leger somme. *Depreaux, Lutrin*. † Dormir la grasse matinée. Manière de phrase proverbiale, pour dire, dormir beaucoup & bien avant dans le jour. Dormir à bâton rompu, c'est mal dormir. *Voi. Poës. Dormir en lievre*, c'est dormir les yeux ouverts. Dormir comme une souche.)

† Dormir, v. n. Ce mot se dit de l'eau qui n'a point de cours, & qui repose, comme celle des étangs & des marais. Et delà on dit par manière de proverbe, *Il n'y a point de pire eau que celle qui dort*, pour dire qu'il se faut ordinairement défier des gens mornes & taciturnes, qui souvent songent à faire du mal en trahison.

* Dormir. Il se dit encore au figuré de quelques autres choses qui s'arrêtent, se reposent, & cessent d'agir. (Il faut laisser dormir cette afaire. Elle laisse dormir la cabale. *Patr. plai. 16.*

* Laisser dormir ses ressentimens. *Memoires de Mr. de la Roche-Foucaut*.) L'Ecriture sainte parle de ceux qui sont morts qu'ils *dorment*, parce que la Résurrection sera comme un reveil.

Dormant, part. Qui dort. (Les biens lui viennent en dormant. Abl. Luc. T. 1.)

* Dormant, dormante, adj. Ce mot se dit de l'eau, & signifie, qui ne coule point. (Eau dormante.)

Pont-dormant, c'est un pont qui ne se leve point. Fenêtre à *verre dormant*, c'est à dire qui ne se leve point. Serrure à pêne *dormant*, c'est une serrure qui ne se ferme point toute seule, mais dont il faut pousser le pêne avec la clé.)

Dormant, s. m. On dit ce mot en parlant des Sept Dormans, qu'on prétend avoir dormi près de deux cens ans dans une caverne, depuis l'Empire de Decius jusqu'à celui de Théodose 2.

Dormans, s. m. Terme de *marine*. Il se dit des cordages qui sont fixes, & l'on dit en ce sens, qu'entre les manœuvres il y en a de *coulantes*, & d'autres qui sont *dormantes*.

Dortoir, s. m. Lieu du Couvent où sont les cellules, & où couchent les Religieux & les Religieuses. (On garde le silence dans ce dortoir.)

DORURE, s. f. L'or dont à doré quelque chose. (Une belle dorure. Cette dorure est fort bonne.)

Dorure. Terme de *Paticier, & de Boulanger*. Blancs d'œufs & jaunes d'œufs bien batus ensemble, dont on dore le dessus des pièces de paticerie. Cette dorure est la dorure de charnage; car pour la dorure de carême ce n'est que des œufs de brochet détrempez avec un peu d'eau, dont on se sert pour jaunir les échaudez & les pièces de four.

DOS.

Dos, s. m. La partie de detriére le corps de l'homme, laquelle prend depuis le cou jusques aux reins, (Avoir le dos courbé. Faire le gros dos. Porter sur son dos. Avoir les armes sur le dos. Ils ont eu tout le jour la pluïe sur le dos.)

Dos. Ce mot se dit aussi des animaux & de certaines choses inanimées. Dos de poisson. Dos de cheval, &c. Dos de promesse. Dos de peigne de bouis qui n'a point de champ. Dos de montagne. *Vau. Quin. l. 3. p. 222.* Le dos d'un Livre. Le dos d'un couteau.)

* Dos. Ce mot en parlant de l'homme entre dans plusieurs phrases figurées & proverbiales. (Les barbares tournérent le dos & s'enfuirent. *Abl. Ret. l. 3. c. 3.* C'étoit fait de la pauvre Ariane à qui Têsée avoit tourné le dos. *Benf. Rond.* C'est à dire, que Têsée avoit abandonné. Cela est sur le dos du bon homme. C'est à dire, le bon homme paiera cela. Batre dos & ventre. C'est à dire, batre fort. Il a bon dos. C'est à dire, il portera bien cette dépense. Avoir une personne à dos. C'est à dire qui nous poursuit pour nous nuire. Avoir toûjours le dos au feu & le ventre à table. Cela se dit des débauchez.

Dos à dos, adv. Dos contre dos. (Ils étoient dos à dos. Se ranger dos à dos.)

Dos-d'âne, s. m. C'est un corps qui a deux surfaces inclinées l'une vers l'autre, & qui aboutissent en angle. Les Bouchers se servent d'une espèce de machine qui a cette forme, & qu'ils apellent un dos-d'âne. (Le dos-d'âne est sale. Ratisser, netteier le dos d'âne.)

En dos-d'âne. Terme de *Jardinier*. On dit ces mots quand on releve la terre dans un endroit de telle manière qu'elle panche de deux côtez, afin que les eaux se puissent écouler. On voit la terre faite en *dos-d'âne* sur le glacis des fortifications vis à vis des angles saillans.

DOSE, s. f. Terme d'*Apoticaire*. La quantité de quelque drogue ou d'autre pareille chose qu'il faut pour quelque remède. (Il faut mettre la dose. La dose y est juste. Doubler la dose.)

* Dose, s. f. Ce mot au figuré est comique. (Par exemple son teint avoit doublé la dose de son incarnat naturel. *Scar. Précaution inutile*, c'est à dire qu'elle avoit le teint plus vermeil qu'elle ne l'avoit d'ordinaire. Quand il survient des personnes à un repas, il faut doubler la dose.)

Doser, v. a. Terme d'*Apoticaire & de Médecin*. C'est mettre la dose prescrite. (Doser une Mecine. Il faut bien doser les remèdes.)

DOSSE, s. f. Terme de *Maçon*. Grosse planche dont on se sert pour soutenir des terres & autres ouvrages lors qu'on travaille aux mines.

Dossier, s. m. La partie de la chaise contre quoi on s'apuie du dos lors qu'on est assis. (Un dossier de chaise trop bas.)

Dossier de hote. Terme de *Vanier*. La partie de la hote qui pose sur le dos de celui qui la porte.

Dossier de lit. Ce sont deux ais qui s'acrochent aux colonnes de la tête du lit, & contre lesquels pose le chevet.

Dossier de Serge. Serge qu'on met à la tête du lit pardedans.

Dossier. Terme de *Pratique*. Plusieurs papiers, sur le premier desquels le Procureur met le nom des parties.

Dossier. Terme de *Sellier-Carossier*. Fond de carosse contre quoi on s'apuie le dos. Les selliers disent *dossier*, les honnêtes gens fond. (Garnir un dossier de carosse.)

Dossiere,

DOT

Dossière, *s. f.* Terme de *Bourrelier & de Chartier*. Morceau de cuir large & épais qu'on met sur la selle du cheval de limon, & dans quoi entrent les limons pour les tenir en état.

DOT.

Dote, *dot, s. f.* La plû-part écrivent ce mot sans *e* final, mais d'autres croient que ne le pouvant prononcer sans *e* il y en faut nécessairement mettre un en l'écrivant. Je serois volontiers du sentiment de ces derniers, sans neanmoins condamner ceux qui en useroient autrement. La dote est ce qu'on donne en mariage à une fille. (Une dote avantageuse. *Patru*, plaidoié 16. p. 536.)

Doter, *v. a.* Donner en mariage à une fille une somme d'argent ou autre chose. (Doter une fille.)

* Doter une Eglise. *Maut. schisme*, *l. 1*. Doter une Abaïe.

DOU.

D'où, *adv.* De quel lieu. De quel endroit. (D'où venez-vous? D'où vous sont ces attraits venus. *Voit. Poës.*)

Doüaire, *s. m.* Pension viagère que le mari donne après sa mort à sa femme. (Un gros doüaire. Assigner le doüaire à une femme. Une femme qui se remarie dans l'an du deüil, ou qui pèche contre son honneur, perd son doüaire. *Le Mait. plaid.*)

Doüairière, *s. f.* Ce mot se dit des Dames de la grande qualité, & signifie, celle qui a un doüaire. (Jamais Madame la Doüairière de Rohan ne leur en a dit un seul mot. *Pat. plaid.* 1.)

Doüans, *s. f.* Droit que païent les Marchands pour les marchandises, qu'ils font entrer dans le Roïaume, ou qu'ils font sortir du Roïaume. (Païer la Doüane.)

Doüane, *s. f.* Ce mot signifie aussi le bureau où les Marchands qui transportent de la marchandise, sont obligez de décharger & de déclarer leurs marchandises, & où ils païent ce qu'elles doivent par balot, par paquets, ou par livre. Aussi-tôt, lors que ces marchandises doivent être transportées, on met le plomb du Roi aux balots, & on donne un aquit au Marchand afin de passer librement par tous les bureaux du Roïaume. Il est libre aux Commis de la Doüane de visiter les marchandises qu'on y décharge, & ces marchandises sont confisquées si on trouve qu'il y en ait plus que le Marchand n'en a déclaré. De toutes les marchandises qu'on décharge à la Doüane il n'y a que les Livres qui ne païent rien. (Aller à la Doüane. Porter sa marchandise à la Doüane. Faire sa déclaration à la Doüane des marchandises qu'on transporte.)

Doüane de Lion. Terme de *Fermier du Roi.* C'est un impôt sur les draps d'or, & d'argent, de soie, de filoselle, de passement, de cannetille, & autres semblables ouvrages qui viennent d'Espagne & d'Italie, qui entrent en France. Cet impôt fut établi, selon quelques-uns, sous le regne de Loüis XI. & selon d'autres, sous celui de Charles IX. Il est appellé *Doüane de Lion*, parce qu'il se paie à Lion, où il faut que passent ces sortes de draps. Voiez le *Traité des Aides & des Gabelles* de du Croc Avocat au Conseil.

Double, *s. m.* Petite piéce ronde qui est de cuivre, qui porte d'un côté la figure du Roi de France, & de l'autre trois fleurs de lis, & qui fait la sixième partie du sou.

Double, *s. m.* Une fois autant. La moitié plus. (Demander le double de ce qu'il faut. Païer le double de ce qu'on doit.)

Double, *s. m.* Copie d'un écrit. (Le double d'un écrit.)

Au double, *adv.* Doublement. Une fois autant. (Soit qu'on lui fit du mal ou du bien, il le vouloit rendre au double. *Abl. Ret. l. 2. c. 9.* Païer au double. *Voi. l. 43.*)

Double, *adj.* Qui est plié en deux. (Linge double. Serviette double.)

En double, *adv.* En deux. (Mettre un linge en double.)

Double, *adj.* Qui augmente une fois autant en valeur, ou qui double en grosseur. (Une double pistole. Double païe.

* Paroles à double sens. Un bastion double. La plû-part des organes des sens font doubles. Une double porte. Il a un double interêt dans cette afaire. Une serrure à double tour. C'est une serrure où il faut tourner deux fois la clé. Une Fête double. C'est un jour où deux Fêtes se rencontrent ensemble. Un chifre à double clé. Une fiévre double tierce, double quarte.)

* **Double**, *adj.* Fourbe. Trompeur. (Seigneur, délivrez mon ame des langues doubles & trompeuses. *Port-Royal, Pseaume* 119.)

Doublement, *s. m.* L'action de doubler. Il est en usage en termes de *Finance* & *d'enchère*. On le dit aussi en termes d'évolution militaire. (Le doublement se fait par rangs ou par files.)

Doublement, *adv.* Au double. Une fois autant qu'il faloit. (Il a été doublement récompensé. *Abl.*)

Doubler, *v. a.* Mettre une fois autant. Doubler la paie aux soldats. *Abl.* Doubler la garde. Doubler la dose. Doubler, le pas, c'est *aller plus vite*.

Doubler. Mettre une étofe sur une autre, & la coudre à celle sur laquelle on la met. (Doubler un juste-au-corps d'une bonne ratine. Il porte un manteau doublé de panne.)

On dit aussi *doubler un Vaisseau*. C'est lui donner un doublage, ou revétement de planches.

Doubler. Multiplier. Augmenter le nombre. (Cela double à l'infini. Doubler le laquais, *Sar. poës.*)

Doubler. Terme de *Mer.* (Doubler un cap. *Abl.*)

Doubler. Terme de *Jeu de dez.* C'est lors qu'avec les dez on amene quatre, & que chaque dé a deux points.

Doublet, *s. m.* Fausse pierrerie faite en cristaux.

Doublon, *s. m.* Ce mot ne se dit plus guère. Il signifie une pistole d'Espagne.

Ma foi ils sont beaux & bons
Vos Doublons,
Catholicon d'Espagne.

Doublon, *s. m.* Terme d'*Imprimeur.* Faute de compositeur, qui compose deux fois les mêmes mots.

Doublure, *s. f.* Tout ce qui sert à doubler une étoble, ou quelque autre chose. (Doublure fort bonne pour l'hiver.)

* † Fin contre fin n'est pas bon pour faire doublure, Sorte de proverbe, qui veut dire que deux personnes également habiles, ont de la peine à se tromper l'une l'autre.

Douçain, *s. m.* Sorte de pommier qui aproche fort de celui de paradis.

Douçatre, ou *douceatre, adj.* Qui est un peu doux. Qui a une douceur fade & insipide. (Fruit douçatre.)

Doucement, *adv.* Voiez doux.

Doucereux, *doucereuse, adj.* Qui n'a pas un goût agréable. Qui n'a rien qui réveille le goût. (Vin fade & doucereux. *Dépr. Satire* 3.)

Doucereux. Qui est le beau après les Dames. Qui laisse dire des fleurettes. Faire le doucereux. Il se dit du langage. (Stile doucereux. Des vers doucereux.)

† **Doucette**, *s. f.* Ce mot est burlesque, & se dit en parlant de fille qui contrefait la douce ; la fille sage & modérée. (Vous faites la doucette. *Mol. Tart. a. 1. s.* 1.)

Doucette. Sorte de petite herbe qu'on mange en salade.

Douceur, *s. f.* Saveur douce. (La douceur du sucre, du miel, des fruits, &c.)

Douceur, *s. f.* Il se dit aussi des odeurs, de la voix, de la peau, &c.

Douceur, *s. f.* Vertu qui modère la colère. Certain procédé doux & modéré. (Aimer la douceur. Elle a une grande douceur. La douceur du gouvernement. La douceur de l'esprit fait l'agrément de la conversation. On ramène les gens par la douceur.)

Douceur. Plaisir. Commodité. Aises. (Le feu, l'hiver, est une des douceurs de la vie. Chercher les douceurs de la vie.)

Douceur. Petites friandises. Quelque chose qui acommode, qui satisfait, qui réjoüit. (Quant il va voir sa mere, il en a toûjours quelque petite douceur. Aimer les douceurs.)

Douceur. Petit profit qu'on donne à quelcun pour reconnoître la peine qu'il a prise. (Faites cela ; il y aura quelque petite douceur pour vous.)

Douceur. Ce mot pour dire des cajoleries amoureuses, des paroles galante de quelque amant, s'ordinairement point du singulier. (Dire quelques douceurs aux belles. *Sar. Nouv.* 4. Ecouter des douceurs.)

Doucime, *s. f.* Terme *d'Architette.* Sorte de moulure. Voiez Cimaise.

Doüelles, *s. f.* Terme de *Maçon.* Il se dit de la coupe des pierres propres à faire des voûtes. (Doüelle intérieure, Doüelle extérieure.)

Doüer, *v. a.* Terme de *Pratique.* Plusieurs n'aprouvent pas le mot de *doüer*, & disent qu'il a vieilli, & qu'on sa place on dit, *assigner un doüaire à une femme.* Il a donné mille écus de doüaire à sa femme. Mais quoi que ces façons de parler soient bonnes, on ne doit pas condamner tout à fait *doüer*, puis qu'on se sert encore quelquefois au barreau.

Doüé, doüée, adj. Il signifie *qui a*, & se dit d'ordinaire en loüant, & dans un bon sens. (Il est doüé de mille belles qualitez.) mais on n'en doit pas user trop fréquemment, puis qu'il y a tant d'autres tours. On se sert aussi de doüé en riant. (N... est doüé d'un vilain corps & d'une vilaine ame.)

Douille, *s. f.* Fer qui est au talon de la pique. (La douille du talon de la pique & defaite.)

Douille, *s. f.* Terme *d'Arquebusier.* Est creux au bout de la baguette dans lequel on met le tire-bourre.

Douille, *s. f.* Terme de *Jardinier.* C'est le trou d'un outil de fer, dans lequel on met un manche de bois. (Mettre le manche dans la douille.)

† **Douillet**, *douillette, adj.* Délicat: Qui ne peut soufrir la moindre incommodité. (C'est un petit douillet. Elle est douillette.)

Douleur. Sentiment douloureux. Mal qui vient de quelque incommodité. (Avoir une grande douleur de tête. Cela me fait une douleur fort sensible.)

Douleur, *s. f.* Afliction d'esprit. (Avoir une grande douleur. Abatu de douleur. Acablé de douleur. Se laisser aler à la douleur. S'abandonner à la douleur. *Abl.*)

Douloureux, *douloureuse, adj.* Qui cause de la douleur. Afligeant. Mal douloureux. Plaïe douloureuse. (Il n'y a rien de

DOU   DRA

ſi douloureux que cette ſéparation éternelle que la mort met entre nous & nos amis. *Par. Let.* 4. *à Olinde.*)

Douloureuſement, adv. Triſtement. (Se plaindre douloureuſement.)

DOUTE, ſ. m. Incertitude qu'on a ſur quelque choſe qui empêche qu'on ne ſe détermine. Irréſolution d'eſprit. (Eclaircir un doute. *Ablanc*. Il eſt en doute ſ'il y ira, ou n'ira pas à l'armée.)

Doute, ſ. m. C'eſt une figure de Rétorique par laquelle on témoigne de douter ſi l'on fera, on ne fera point une choſe, ou ſi une choſe eſt faite, ou ne l'eſt pas.

    Hélas ! s'écria-t-elle, au fort de ma miſere,
    Quel projet déſormais me reſte-t-il à faire ?

Douter, v. n. Etre en doute. Etre incertain.) Douter des veritez Chretiennes. Je ne doute point qu'il ne vienne bien tôt.)

Se douter, v. n. Ce mot *douter*, avec le pronom *ſe*, ſignifie ſoupçonner. Preſſentir. Prévoir. (Je me doutois bien de cela. Il ne ſe doutoit de rien. Il eſt venu ſans qu'on s'en doutât.)

Douteux, douteuſe, adj. Incertain. Sur quoi on ne doit point s'aſſurer. (Evénement fort douteux. Réponſe douteuſe.)

Douteux, douteuſe, Terme de *Grammaire.* Qui eſt du genre maſculin ou féminin. (Un nom qui eſt du genre douteux.)

Douteuſement, adv. D'une maniére douteuſe. D'une façon incertaine. (On fait ſi *douteuſement*; ce qu'on fait, que j'aime preſque autant ne rien ſavoir. *Mademoiſelle de Scuderi , converſation de l'Envie*. On parle fort douteuſement de cette afaire.)

Douve, ſ. f. Terme de *Tonnelier*. Petit ais dolé, qui aide à faire le corps de la futaille, & qui prend depuis le haut juſques au bas. (Mettre une douve à un muid.)

Douve, ſ. f. Terme de *Tonnelier*. Les douves ſont les longues piéces diſpoſées en rond , qui forment le corps du tonneau , & qu'on fait tenir enſemble avec des cercles.

Douvain, Terme de *Marchand de bois*. Piéce de bois propre à faire des douves , de tonneau. (Le milier de *douvain* vaut tant.)

Douve, ſ. f. Ce mot ſe dit pour ſignifier le foſſé d'un Château.

Douve, ſ. f. C'eſt auſſi une herbe qui croit dans les prez & qui fait mourir les moutons qui en mangent. (Les douves ne ſe digerent point dans l'eſtomac des moutons.)

Doux, douce, adj. Qui a de la douceur. Qui n'a rien d'aigre ni de ſalé. (Vin doux. Citron doux. Doux comme du ſucre , ou du miel. Eau douce. Sauſſe douce.) On dit d'une *odeur* qu'elle eſt douce & d'une perſonne qu'elle a l'*haleine douce*. On dit *peau douce*, c'eſt à dire , qui n'a rien de rude au toucher. A l'égard des *ſons*, on dit, *Un ſon doux , une voix douce*. De *doux accords. Une flûte douce. Une douce harmonie. Le doux murmure des eaux*. A l'égard de la vuë , l'on dit *une couleur douce*. Des *yeux doux*, c'eſt à dire qui n'ont rien de rude , mais qui ſont tendres & amoureux. Et de là on dit. Faire les *yeux doux* à quelque perſonne , c'eſt à dire lui faire l'amour.

Un chemin doux, c'eſt à dire aiſé parce qu'il eſt uni , & qu'il n'y a point de peine à y marcher. *Une pente douce*. C'eſt à dire, inſenſible & par laquelle on déſcend, ou monte aiſément & peu à peu.

Le fer doux, eſt opoſé à celui qu'on apelle aigre , qui eſt plus caſſant. On le dit auſſi de l'étain, du cuivre & du laiton.

Le vin doux. C'eſt celui qui n'a point bouilli, ou qui a conſervé ſa douceur.

Une medecine douce. C'eſt à dire, qui fait ſon opération ſans tourmenter le malade, & ſans lui donner des tranchées.

Une taille-douce. C'eſt une image tirée ſur une planche de métal gravée avec le burin.

Un cheval a les alures douces, Quand il ne ſecouë point celui qui le monte. *Un caroſſe eſt doux*, quand il eſt bien ſuſpendu, & qu'il ne ſecouë pas ceux qui ſont dedans.

Un air doux, un c'imat doux, un tems doux, un vent doux, une pluïe douce , c'eſt à dire, qui ont une chaleur moderée & qui ſont temperez.

✻ *Doux, douce.* Paiſible. Qui a une humeur qui n'a rien d'emporté. Moderé. (C'eſt un eſprit fort doux & fort honnête. Elle a l'humeur la plus douce du monde. Eſprit doux, Mener une vie douce. Un gouvernement doux. Il eſt doux comme un agneau.)

Doux. C'eſt à dire une choſe douce. (Il eſt doux de vivre en liberté.)

Doux, adv. Doucement. (Tout-doux, n'allez pas ſi vite. *Filer doux*. C'eſt être humble & ſoumis devant un plus fort que ſoi.)

✻ *Doux, douce.* Galant. Amoureux. (Billet doux. *Mol.*)

Doucement, adv. Sans bruit. Sans parler haut. Sans précipitation. Sans ſe hâter. (Vivre doucement. *Voit. poëſ.* Marcher doucement. Doucement ſi elle venoit à nous entendre. *Moliére*. Fleuve qui coule doucement, *Vau. Quint.* l. 3.)

Doucement, adv. Sans emportement. Sans rudeſſe. Sans murmure. D'une maniére qui ne ſoit pas rude , mais douce & honnête. (Doucement rien , voilà pour le ſouflet. *Moliére précieuſes*, ſ. 7. Soufrez doucement , que libre déſormais je parle franchement. *Voit. Poëſ.* Recevoir doucement une réprimande. *Voit. l. 25.*]

DOUZAIN , ſ. m. Monoïe blanche valant douze deniers. Le douzain avoit d'un côté pour légende *Franciſcus Francorum Rex*, avec un écuſſon couronné , où il y avoit trois fleurs de lis , & de l'autre côté il avoit pour légende *ſit nomen Domini benedictum*, avec une croix au milieu de l'épée. Ce douzain s'apeloit auſſi *grand blanc* , & il a eu cours juſques au regne de Henri 4.

Demi-douzain. Eſpéce de monoïe blanche valant ſix deniers qui étoit faite comme le *douzain*, hormis qu'elle étoit plus petite.

Douzaine, ſ. f. Douze. (Une douzaine d'aloüettes.)

A la douzaine. Par douze. (Vendre des aloüettes à la douzaine.)

† *C'eſt un Poëte à la douzaine.* C'eſt à dire un méchant poëte.

Douze. Nom de nombre indéclinable. C'eſt quand il y a *dix & deux.* (Ils étoient douze. Les douze mois de l'année. Les douze Signes du Zodiaque.)

In-douze. Terme d'*imprimeur*. Un livre *in-douze*, c'eſt un livre dont chaque feuille fait douze feuillets.

Douzième, adj. (Il eſt le douzième. Elle eſt la douzième.)

DRA.

DRAGE'E , ſ. f. Sucre durci, dans lequel on enferme ordinairement quelque petite graine , comme de l'anis, de la coriandre , ou quelque menu fruit , comme des amandes , piſtaches , avelines , &c. ou quelque morceau de canelle, de citron , d'orange , &c. On apelle auſſi cette dragée des *pois ſucrez.* [Les dragées de Verdun ſont les meilleures.]

Dragée. Petite bale de plomb en forme de fort petit pois, dont on ſe ſert pour tirer du gibier.

† *Ecarter la dragée.* C'eſt faire ſauter ſa ſalive ſur le viſage , ou les habits de ceux qui ſont près de nous.

Dragée, ſ. f. Signifie auſſi un mélange de graines qu'on donne aux chevaux.

Drageoir , ſ. m. Eſpéce de coupe , ou de taſſe large & plate montée ſur un pié , dans laquelle on preſentoit autrefois des dragées.

Drageon, ſ. m. Terme de *Jardinier*. Petite branche qui ſort au pié de quelque plante, de quelque arbre, ou même de quelque branche d'arbre. [Drageon d'arbre. Drageon à huit, Drageon d'œillet. Drageon de vigne.]

Drageonner, v. n. Il ſe dit des arbres qui pouſſent de petites branches à leur pié. (Arbre qui commence à drageonner. *Quintinie. Jardins fruitiers.*)

DRAGME , ſ. f. Terme d'*Apoticaire.* Ce mot eſt Grec. Huitiéme partie de l'once.

[✻ Il me ſemble qu'il y a dans cette lettre cinq ou ſix dragmes d'amour. *Voi. l.* 19.]

Dragme. Sorte de monoïe de Juifs, aiant d'un côté une harpe, & de l'autre une grape de raiſin. *Bouteroue. Traité des monoïes, p. 21.*

Dragme. C'étoit auſſi une ſorte de monoïe Gréque.

DRAGON , ſ. m. Sorte de ſerpent de couleur noire, rouſſe ou cendrée , excepté que ſous le ventre il eſt d'une couleur tirant ſur le jaune. Le dragon eſt grand ſelon les païs, il y en a de 10. de 12. de 15. coudées , & même de plus. Quelques uns croient qu'il n'a point de venin & qu'il tuë par ſa morſure. mais l'opinion commune eſt que c'eſt un animal tres-venimeux. Il eſt dans les Indes & dans l'Afrique. Il ſiſle fort , il a l'ouïe ſubtile , la vuë bonne , beaucoup de vigilance, & ſuporte long-tems la faim. Il eſt ennemi de l'élefant & de l'aigle. On dit même qu'il craint tellement l'aigle que l'entendant voler il s'enfuit dans ſa caverne. Il y a des dragons ailez, d'autres qui ont 2. piez ſeulement, quelques uns pluſieurs, qui ſont faits comme les piez des oïes. Il s'en trouve d'autres qui ont des crêtes & d'autres qui ont de l'air du viſage de l'homme , & quelques uns qui tiennent des cochons. *Ionſton.*

Dragon. Sorte de cavalerie qui ſe bat à pié & à cheval, & qui a pour armes l'épée , le fuſil & la baionnette. Les dragons ont l'étendard , des tambours , des muſettes & des hautbois. Lorſqu'ils marchent à pié leurs Oficiers portent la pertuiſane, & les Sergens la halebarde. Les dragons ont ſuccédé aux carabins. [Les dragons ſont braves & au dernier combat ils donnérent ſi vigoureuſement ſur la cavalerie ennemie qu'ils la rompirent.]

Dragon. Méchant, Furieux, Méchante , Furieuſe, Inſuportable. Emporté , emportée. (C'eſt un petit dragon, Je ne ſai où me mettre,& c'eſt un vrai dragon. *Mol. Femmes ſavantes, a. 2. ſ. 9.*)

Dragon d'eau, ſ. m. Terme de *Mer.* C'eſt un gros tourbillon d'eau , qui eſt fait de vapeurs épaiſſes & qui ſe forme en longue colonne ; qui d'un côté touche les nuës & de l'autre la mer,qui paroit bouillonner tout autour.Le P.Tachard, voïage de Siam, l. 1. explique la maniére dont ſe forment les Dragons , & dit que les mariniers les apellent *trompes* ou *pompes.* Les dragons d'eau ſont dangereux , il faut

éviter

éviter la rencontre : Ils sont capables de démâter les plus gros vaisseaux. On dissipe un dragon d'eau à coups de canon & de mousquet.

Dragon. C'est aussi une maladie, qui vient aux yeux des chevaux.

Dragon. C'est aussi le nom qu'on a donné à une constellation de 10. & quelques étoiles qui est vers le Pole Arctique.

La tête & la queuë du Dragon. Terme d'*Astronomie.* On appelle ainsi les deux points, où l'orbite, ou cercle de la Lune coupe l'Ecliptique, & auprés desquels la Lune se rencontrant en conjonction, ou en oposition, se font les Eclipses de Soleil, ou de Lune.

Sang de dragon. C'est le nom d'une drogue rouge, qu'on dit avoir la vertu d'étancher le sang

Dragonnée, adj. Terme de *Blason.* Il se dit du Lion ou de quelque autre animal, & signifie, qui est représenté avec une queuë de Dragon.

Dragonneau, s. m. C'est un animal semblable à un ver long & large, qui se meut entre cuir & chair, aux bras, ou aux jambes, &c. Les habitans des païs chauds sont sujets à ces vers.

Dragonner, v. a. Ce mot est nouveau, comme le fait auquel on l'a employé. C'est contraindre par la violence des dragons à changer de religion.

Drague, s. f. Outil emmanché de bois avec un fer large au bout dont les écureurs de puits se servent pour en ôter les ordures.

Dramatique, adj. Mot qui vient du Grec, & qui se dit en parlant de la poësie de téâtre. Le poëme *dramatique* est celui qui consiste proprement dans l'action. Il est divisé en actes, & représenté par des Acteurs. (La Comédie & la Tragedie sont les deux sortes de poëmes *dramatiques* que nous avons des Anciens.)

Dramatique, adj. Ce mot se dit de certains Poëtes, & veut dire celui qui travaille, ou qui a travaillé à faire des Comédies, ou des Tragedies. (Aristophane, Sophocle, Euripide & Eschile sont des Poëtes *dramatiques* Grecs. Térence & Séneque sont des Poëtes *dramatiques* Latins. Corneille, Moliére & Racine des Poëtes *dramatiques* François.

Drap, s. m. Ce mot, généralement parlant, signifie toute sorte d'étofe de laine de quelque fabrique qu'elle soit. (Un bon drap de Berri. Bon drap de Hollande, d'Angleterre, &c.)

Drap. Morceau de toile large d'ordinaire d'une aune & demie qu'on étend le long du matelas, & du lit & dont on envelope le traversin, & qui est long de 3. ou 4. aunes. (Avoir dans son lit, de fort beaux draps. Mettre des draps blancs au lit.)

† * *Mettre une personne en beaux draps blancs.* C'est en faire un portrait satirique, la railler, la joüer, la déchirer à force d'en médire.

Drap mortuaire. C'est une piéce d'étofe en forme de drap de lit, dont on couvre les personnes mortes. (Il y a sur le drap mortuaire la figure d'une croix. Il est noir, quand il sert pour les hommes & les femmes, & blanc, quand il sert pour les garçons & les filles.

Il se baisse à l'instant, & croit se satisfaire,
Mais il n'aperçoit, plus que le *drap mortuaire,*
Dont on avoit couvert la Princesse des Cieux.
Godeau, Poëme de l'*Assomption.*)

Drapeau, s. m. Vieux linge. (Le papier se fait de drapeaux.)

Drapeau. Enseigne d'Infanterie. (Il marchoit à la tête des drapeaux. Vau. Quin. l. 3. c. o. Il marchoit sous le drapeau d'un vaillant Chef. Faire l'exercice du drapeau.)

Drapeau, s. m. Il signifie aussi la charge d'Enseigne. (Le Roi a donné un Drapeau à ce brave soldat.)

Draper, v. n. Terme de *Drapier.* Faire du drap.

Draper. Tendre du drap noir dans une maison pour marquer la mort d'une personne. Draper une chambre de noir. On a drapé cette maison, il faut qu'il y ait quelcun de mort.)

Draper un carosse; c'est le couvrir de drap noir. (Quand un Prince ou un grand Seigneur, porte le deuil, il drape son carosse de noir.)

Draper. Terme de peinture. Vêtir les figures. (Draper les figures.)

Draper. Ce mot se dit en parlant de sauteraux de clavecin & d'épinette. C'est mettre du drap aux sauteraux. (Draper les sauteraux.)

† *Draper.* Se moquer, Se rire de quelcun. Médire de quelcun plaisamment. (On dit qu'on l'a drapé dans certaine Satire. Dépreaux, Satire 3.)

Draperie, s. f. Trafic, & commerce de drapier. (La draperie va bien.)

Draperie. Terme de *peinture.* Ce mot se dit en général de toute sorte d'étofe dont les figures sont habillés. (Jetter une draperie. Ce peintre jette bien une draperie, pour dire qu'il en dispose bien les plis. Dépiles, *conversations de peinture.*)

Drapier, s. m. Ouvrier qui fait du drap. (Un bon drapier.)

Marchand drapier. Marchand qui vend du drap.

DRE. DRI.

Drege, s. m. Terme de *Mer.* C'est un sorte de filet dont on se sert sur les côtes de l'Ocean.

Drelin. Mot inventé pour représenter le son d'une sonnette. (Ma sonnette ne fait pas assez de bruit, drelin, drelin, drelin, drelin. Moi.)

Dresse, s. f. Terme de *Cordonier & de Savetier.* Morceau de cuir qu'on met entre les deux semelles pour redresser le soulié quand il tourne. (Mettre une dresse.)

Dresser, v. n. Rendre droite une chose qui ne l'est pas. Dresser un baton.)

Dresser. Lever une chose qui est tombée & la mettre droite. (Dresser les quilles.)

Dresser. Faire. Préparer, élever. (Dresser un procez verbal. Le Maï. Dresser une statuë à quelcun. Dresser un lit à quelcun. Sca. Rom. Dresser une tente. Vau. Quin. l. 3.) Dresser une embuscade. Vau. Quin. l. 3.)

* *Dresser.* Former. Instruire. Façonner. (Soldat bien dressé, i au. Quin. l. 3. Dresser un chival.)

Dresser. Terme de Relieur. Batre uniment un livre. Dresser un livre. (Un livre bien dressé.)

Dresser. Terme de Patissier. Il se dit des piéces de four qu'on ne met pas dans des tourtières. C'est faire les bords de quelque piéce de patisserie. (Dresser un pâté. Dresser une dariole.)

Dresser. Terme de Cuisinier. Il se dit en parlant de potage. C'est mettre le boüillon tout chaud sur le pain pour le faire tremper & mitonner. (Dresser le potage.)

Dresser, v. a. Terme de *Paveur.* C'est aprés avoir posé le pavé & garni les jointes, fraper sur les pierres pour les égaler & faire que tout le pavé soit propre & bien uni. (Ce pavé n'est pas bien uni, il le faut mieux dresser.)

Driades, s. f. Nymphes de bois. (Les driades toutes étonnées se prirent à rire.)

† *Drille, s. m* Ce mot se dit ordinairement en mauvaise part. Sorte de bon garçon éveillé & un peu libertin, qui aime à faire des tours un peu gaillards. Sorte de soldat un peu fripon. (C'est un bon drille. Ce sont des drilles du Regiment des Gardes qui l'ont dénialsé.)

† *Driller.* Aller vite. S'enfuïr. (Toute la Cour drille vers la Guienne. Sca. poës.)

DRO.

Drogue, s. f. Tout ce qui sert à purger. (Bonne drogue. Méchante drogue.) Il se dit aussi generalement de toute sorte de marchandises d'épicerie qui viennent des païs éloignez, comme sont encore toutes celles qui servent à la teinture & à divers Artisans.

Droguer, v. a. Purger avec drogues. (Elle *drogue* ses enfans. C'est un homme qui se *drogue* continuellement.)

Droguet, s. m. Sorte d'étofes de laine dont on s'habille à peu de frais, & dont la trame est ordinairement de fil. (Droguet d'Espagne. Droguet de Languedoc, &c.)

Droguiste, s. m. Celui qui ne vend que des drogues. Le mot de *droguiste* ne se dit guere à Paris, parce qu'il n'y a point de Marchands qui ne vendent seulement que des drogues.

Droit, s. m. Loix. Coutumes. Droit divin. Droit humain. Le droit écrit. Le droit coutumier. Etudier le *droit*, c'est l'étudier en son particulier. Etudier au droit, ou en droit, c'est l'aprendre de quelque maître.

Droit Canon. Science qui enseigne le droit qui a été établi par les Souverains Pontifes. Le *droit canon* s'aprend dans les décretales, & dans le décret de Gratien.

Droit civil. C'est la connoissance des Loix comprises dans le Code & dans le Digeste. (Etudier le droit civil.)

Droit coutumier. C'est la connoissance des Coutumes, des Edits & des Ordonnances. (Un Avocat doit savoir le droit coutumier.)

Le Droit François. C'est la connoissance des Coutumes & des Ordonnances particuliéres des Provinces de France, des Edits & des Déclarations des Rois de François. (Etudier le droit François.)

Droit naturel. C'est celui que la Nature & la raison ont enseigné aux hommes.

Le droit des gens. C'est ce que la droite raison fait observer parmi toutes les nations. (Violer le droit des gens. Vau. Quin.

Droit. Pouvoir. Puissance. Ce qui apartient de justice à quelcun. (Avoir droit de faire une chose. Conserver le droit de quelcun, la couronne lui apartenoit de droit. User des droits de la victoire. Voi. poës. Avoir droit sur la vie des gens. Pas. l. 14.)

Droit. Impôt qu'on met pour le Roi. (Etablir un droit nouveau.)

Droit. Ce qu'on est obligé de païer pour obtenir quelque chose, ou pour avoir permission de faire quelque chose. (Païer les droits. Droit annuel.)

Droit de chevet. V. *Chevet.*

Droit, *droite*, *adj.* Prononcez *dré*. C'est à dire. Qui n'est pas courbé. Qui ne va ni d'un côté ni d'autre. Qui ne panche ni de côté ni d'autre. Qui est uni. (Bâton fort droit. Le chemin est tout droit. Tenir le corps droit. Tenir la tête droite. Il a la jambe droite toute d'une venuë. Ligne droite.)

Droit, *droite*. Terme de *Géométrie*. Il se dit des angles. (Un angle droit se fait par une ligne qui tombe à plomb sur une autre. Un angle droit est de 90. degrez.)

Sphère droite. Terme d'*Astronomie*. C'est lors que l'Equateur coupe l'Horison à angles droits. (On dit *ascension droite ou oblique*.)

* **Droit**, *droite*. Qui procede honnêtement selon Dieu & les hommes. Honnête. Qui n'est point fourbe. (Avoir le cœur droit. *Abl*.)

* **Droit**, *droite*. Judicieux. Juste & pénétrant. (Avoir le sens droit.)

Droit. Préposition qui régit le Datif, & qui signifie *vers*. (Marchez droit à l'ennemi. *Abl*. *Ar*. l.1. Elle pousse son cheval *droit à* une forêt. *Arioste moderne*. T.1.)

Droit, *adv*. Sans se détourner. (Tout droit. Allez tout droit, & vous ne vous égarerez pas.)

* **Droit**, *adv*. Sincérement. Honnêtement. (C'est un homme qui va droit.)

A bon droit, *adv*. Justement. (Il a obtenu cela à bon droit.)

A droit & *à gauche*, *adv*. (Tourner à droit & à gauche. *Vau. Quin. l.3*.

Droite, *s.f.* Main droite. (Assoïez-vous à ma droite jusques à ce que j'aie réduit vos ennemis. *Port-Roïal*, *Nouveau Testament*, *Epitre aux Hebreux*, *chap.1*.)

Droite. Terme de *Guerre*. Aile droite. (Commander la droite.)

A droite, *adv*. A main droite. (Prendre à droite. Tourner à droite.)

* **Drôlement**, *adv*. Prononcez ce mot comme il est écrit *droiteman*. D'une maniere sincére & juste. (Aller droitement en besogne.)

Droitier, *droitiere*, *adj*. Qui se sert ordinairement de la main droite. Il est oposé à *gaucher*.

* **Droiture**, *s.f.* Prononcez comme il est écrit. Equité. Sincerité. (C'est un homme qui a de la droiture. Cacher un grand fonds de perfidie sous des aparences de droiture. *Bonhours*, *Aubusson*, l.2. Servir Dieu en esprit de droiture & de justice. J'admire la droiture de son ame, de son cœur, &c.)

Droiture d'esprit. C'est à dire, une pénétration d'esprit vive & profonde.

A droiture, *En droiture*, *adv*. Prononcez à *dreture*. Ces mots se disent en parlant des choses à qui on écrit, & ils signifient. *Directement*. On pense qu'*en droiture* est plus utile qu'à *droiture*. (Ecrire à droiture à Rome.)

† **Drôle**, *adj*. Plaisant. Qui fait rire. (Ce mot de mariage est plaisant, & il n'y a rien de plus drôle pour les jeunes filles. *Mol*.)

Drôle, *s.m.* Gaillard. Eveillé. (C'est un drôle.

Le drôle a si bien fait par son humeur plaisante
Qu'il possede aujourd'hui cinq mille écus de rente.
Scarron, *D. Japhet*, *a.1.s.1*.)

Drôlesse, *s.f.* Gaillarde. Eveillée. Esfrontée. (C'est une drôlesse.)

* **Drôlement**, *adv*. Plaisamment. (Cela est drôlement.)

Dromadaire, *s.m.* Espéce de chameau plus petit & plus vite que les chameaux ordinaires ; ils se servent aussi que de monture. Ils font jusques à 35. ou 40. lieuës en un jour, & continuent de la forte neuf, ou dix jours par les déserts de l'Afrique. (Un dromadaire mâle. Un dromadaire femelle.)

Drouïne, *s.f.* Terme de *Chaudronnier*. Espece de havre-sac que les chaudronniers de campagne portent derriére le dos, & dans quoi ils mettent tous leurs outils.

Drouïneur, *s.m.* Mot de *Chaudronnier de Paris*, pour marquer ces chaudronniers de campagne qui portent la *drouïne*, & qui vendent par tout Paris, des réchauds & raccommodent les poiles & les chauderons qui sont trouëz, ou bosfuëz. (C'est un drouïneur.)

DRU. DU.

Dru, *druë*, *adj*. Epais. En quantité. (L'herbe étoit haute & druë. *Vau. Quin. l.5*.)

† * Bel enfant de quinze ans dru, comme pére & mére. *Scapoës*. La fille étoit druë. *La Fontaine nouveaux contes*.

Dru & menu, *adv*. Beaucoup. (Parsemé dru & menu.)

† * Ils tombent dru comme mouches, c'est à dire, en grande quantité.

Druïde, *s.m.* Sacrificateur & Philosophe des anciens Gaulois.

Du. Article qui marque le génitif, ou l'ablatif singulier masculin. (La Loi de Dieu doit être l'étude *du* Sage. L'homme de bien est aimé *du* Seigneur.)

Du. Article qui marque quelquefois le nominatif & l'accusatif. (C'est *du* pain. Donnez-moy *du* vin.)

Du. Préposition qui marque le lieu. (Il vient *du* Pérou.)

Du. Préposition qui désigne le tems. (Rome fut gouvernée *du* commencement par des Rois. *Abl*. *Tac*. *An*. l. 1. *Du* vivant du Cardinal de Richelieu les gens de lettres étoient heureux.)

DUC.

Duc, *s.m.* Ce mot vient du Latin *Dux*, & ce mot signifie d'abord un homme d'épée & de mérite qui conduisoit des troupes ; & cette qualité fut tres-considérable. Charles le Simple & Hugues Capet porterent le titre de *Duc des François*, & ce nom fut depuis si considérable que plusieurs Grans Seigneurs le prirent. Ensuite, les Rois s'étant faits plus puissans & plus absolus, devinrent jaloux de leur autorité, & ne voulurent plus que les Seigneurs prissent la qualité de Duc. Ils la donnerent eux-mêmes aux braves qu'ils aimoient, & qui les avoient bien servis dans la guerre. Cette coutume s'observe encore, & l'on peut dire que le *Duc* est un homme de mérite considérable par sa naissance & son courage, qui porte un nom qui le met au nombre des Grans du Roïaume du prémier rang. Cette qualité de *Duc* est si grande & si illustre qu'elle se donne aux Princes du Sang & à leurs enfans.

Duc. Sorte d'oiseau de rapine. *Belon*, l.2. de l'histoire des oiseaux, croit qu'il y a de deux sortes de ducs, *le grand duc*, qui est un oiseau de nuit, grand comme un aigle, qui est roux & moins de noir, qui a la queuë courte, le bec crochu, les yeux jaunes, avec des plumes en forme de cornes aux deux côtez de la tête. Il y a une autre sorte de *duc* qu'on apelle *le petit duc*, qui est une manière de hibou, ou de chat-huant. Le duc se défend du bec & des griffes.

Ducal, *ducale*, *adj*. Qui est Ducal. Qui apartient au Duc. (Manteau Ducal. Couronne Ducale. Dignité Ducale.)

Ducale, *s.f.* Lettres patentes du Sénat de Venise.

Ducat, *s.m.* Sorte de monnoie d'or, valent cent-dix sous. Par l'Ordonnance de François I. publiée en M. D. XL. par le reglement des monnoies, on voit que Ducat étoit une espece d'or de païs étrangers qui avoit cours par tout le Roïaume, & valoit ordinairement quarante six sous quelques deniers. Les Ducats de Florence, de Gennes, de Venise, de Boulogne, de Portugal, de Valence, d'Arragon & de Hongrie, étoient de mise en France. Ils avoient d'un côté la tête du Prince qui les avoit fait batre, & de l'autre, les armes du Prince, ou de la Republique.

Double Ducat. Espece d'or d'Espagne qui du tems de Henri III. valoit six livres quatre sous. Elle avoit pour légende d'un côté *Ferdinandus & Elisabetha Dei gratiâ*, avec la tête de Ferdinand & d'Elisabeth, & de l'autre cette espece avoit pour légende *sub umbra alarum tuarum*, avec un écusson couronné, où il y avoit des armes. Mais sous le regne de Loüis XIII. Il y avoit une autre sorte de *double Ducat*, qu'on apeloit *Ducat à deux têtes* d'Espagne & de Flandre qui pésoit cinq deniers dix grains, & qui valoit dix livres. Cette manière de *double Ducat* avoit pour légende, d'un côté *Deus fortitudo & spes nostra*, & de l'autre, elle avoit un aigle au dessus d'un écusson couronné. Il y avoit de ces *double Ducats* qui changeoient de légende, ils avoient deux têtes comme les autres, & pour légende. *Quos Deus conjunxis, homo non separet*. Voi l'Ordonnance de Loüis XIII. 1639. Cette forte d'espece n'a plus aujourd'hui de cours en France, ou du moins on en voit tres-peu.

Ducaton, *s.m.* Espece d'argent de païs étranger qui avoit cours en France, sous le regne de Loüis XIII. & qui pesant une once un denier, valoit ordinairement trois livres sept sous. Le Ducaton étoit grand comme un écu blanc. Il avoit le plus souvent d'un côté la tête du Prince qui l'avoit fait batre, & de l'autre, ses armes. Les Ducatons de Milan, de Florence, de Savoie, de Parme, d'Avignon, de Venise & de Flandre avoient alors cours en France ; mais aujourd'hui cette sorte d'espece ne se met plus, au moins à Paris.

Demi-Ducaton. Espece d'argent faite comme le Ducaton, excepté qu'elle est plus petite.

Ducat. Adjectif qui n'a point de féminin, & qui a ce qu'on croit n'est usité qu'en cette phrase. *Or ducat*, qui signifie. *Or de ducat*.

Duché, *s.m. & f*. Toute l'étenduë des terres du Duc, qui sont érigées en Duché. (Les Etats de la Duché furent convoquez, *Patru*, *plaidoyé* 13. Il se met en possession de la Duché. *Flechier* préface sur la traduction de la vie de Commendon. Elle étoit revenuë de son Duché. *Le Comte de Bussi Histoire amoureuse des Gaules*, pag.159.)

Duché-Pairie. C'est une Terre à laquelle le Roi a donné cette qualité pour recompenser les services que le Seigneur de cette Terre lui a rendus dans la guerre. (On dit ériger une Terre en Duché Pairie.)

Duchesse, *s.f.* Ce mot vient de l'Italien. *Duchessa*. C'est la Dame qui a épousé un Duc, ou celle qui possede quelque Duché. (Une belle & charmante Duchesse. Une genereuse Duchesse.)

† * **Duchesse**. Terme de *Coiffeuse*. C'est un beau nœud de nompareille que les Dames & les Demoiselles propres & galantes

DUE DUP DUR DUV

tes se mettent sur le haut du front. (Attacher proprement une duchesse.)

† Du DEPUIS. Mot hors d'usage, en sa place on dit *depuis*.

DUCTILE, *adj*. Ce mot se dit des métaux, & signifie qui se peut étendre & forger avec le marteau. (Métal *ductile*. L'or est le plus *ductile* de tous les métaux, c'est à dire, que c'est le métal qui s'étend plus que tous les autres.)

Ductilité de métal, s. f. Roh. *Phys*. C'est la qualité par laquelle le metal est ductile, & l'on croit qu'elle consiste dans l'acrochement des parties dont le métal est composé.

DUE. DUI.

DUEL, *s. m.* Combat singulier. Combat de deux personnes à l'epée, ou au pistolet, afin de s'ôter la vie l'un à l'autre. (J'admire que la pieté du Roi employe sa puissance à défendre & à abolir le duel dans ses Etats, & que la pieté des Jesuites coupe leur subtilité à le permettre, & à l'autoriser dans l'Eglise. *Pasc. l.* 7. Recevoir le duel. Offrir le duel. Accepter un duel. Se batre en duel. Refuser le duel. Apeller en duel. Voyez là-dessus, Pascal *provinciale* 7. Voyez aussi M. Andiguier *de la permission du duel*.

Duel. Terme de *Grammaire Greque & Hebraïque*. Nombre des noms & des verbes duquel se servent les Grecs & les Ebreux quand ils parlent de deux personnes, ou de deux choses.

Duëliste, *s. m.* Qui se palist à se batre en duel. (Boutteville étoit un fameux duëliste.)

* DUIRE. Verbe neutre & defectueux qui n'a son usage que dans le burlesque, & qui signifie, Convenir, Etre à la bienseance.

(Je vous donne avec grand plaisir
De trois presens à choisir,
La belle, c'est à vous de prendre
Celui des trois qui plus vous *duit*.
Les voici sans vous faire attendre,
Bon jour, bon soir & bonne nuit.
Sar. poës.)

DUL. DUN.

Dulcifier, *v. a.* Terme de *Chimie*. Oter les sels de quelque corps & par ce moyen le rendre doux. (Dulcifier le Mercure. Mercure *dulcifié*.)

DUNES, *s. f.* Les Flamans apellent *dunes* les côteaux de sable qui sont élevez sur le bord de la Mer. (Dunkerque est situëe entre les Dunes qui blanchissent, & s'élevent au bords de l'Ocean. *Sar. pros.*)

DUP.

DUPE, *s. f.* Celui ou celle qu'on trompe aisément. Celui ou celle qu'on fait donner dans le panneau. (Il sit les pas necessaires pour embarasser la dupe. *Buss.* Il est la *dupe* de tout le monde. Par ma foi voilà une grande dupe. *Mol.* Il a été pris pour dupe. L'esprit est souvent la dupe du cœur. Ne croyez pas que je sois la dupe.)

Duper, *v. a.* Tromper. (Il croit tout *duper*. Il ne songe qu'à *duper* ses meilleurs amis.)

Dupliques, *s. f.* Terme de *Palais*. Ecritures contre les repliques du demandeur. (Fournir de *dupliques*.)

Dupliquer, *v. n.* Terme de *Palais*. Fournir de dupliques. (On a repliqué, & *dupliqué*, il faut plaider.)

Duplication, *s. f.* Terme d'*Arithmetique & de Geometrie*. Il signifie doublement, multiplication par deux. (La duplication du Cube est un Problême fameux. La solution de ce Problême consiste à trouver la premiere de deux lignes moyennes proportionnelles entre deux quantitez dont l'une est double de l'autre. On ne l'a encore pû trouver que mecaniquement.)

* *Duplicité*. Ce mot se dit de cœur & des sentimens d'une ame double & hipocrite, qui dit d'un côté & fait d'autre. (La duplicité de cœur est odieuse.)

DUR.

DUR, *dure*, *adj.* Ce qui est composé de parties qui sont tellement en repos les unes auprès des autres, que leur liaison, & leur suite ne soit pas tout à fait interrompuë par quelque matiere qui se meuve entre elles. Qui a de la dureté. Qui est ferme & roide. (Corps *dur* & solide. Les métaux & les pierres sont durs. Il y a de certains bois qui sont fort durs.)

Dur skinée. Qui n'est pas tendre, &c. Chapon *dur*. Chair *dure*. Echauffe *dure*. Poule *dure*. Des œufs *durs*.)

* *Dur*, *dure*. Fâcheux. Douloureux. Triste. Déplaisant. (Dans cette *dure* extremité, trouvez bon qu'elle vous conjure de l'aimer, *Patru, harangue à la Reine de Suede, p.* 144.)

Dur, *dure*. Difficile à emouvoir. Insensible. Cruel. (Il a le cœur dur. Le siécle est dur comme un roc. *Gom. epist.* 1. Avoir l'ame *dure*. *Voit. poës.*)

* *Dur*, *dure*. Ce mot se dit du stile, & veut dire. Qu'il n'est pas aisé. (Tertullien a le stile dur.)

* *Dur*, *dure*. Ce mot se dit entre Libraires, parlant de livres, & veut dire, qui se vent peu. (Ils disent par exemple, les livres de Charpentier de l'Academie Françoise sont fort durs à la vente. Cette façon de parler est maintenant passée en proverbe dans toute la Librairie & tout le monde savant, de sorte que quand quelque livre n'a pas le débit qu'il devroit avoir, on dit ce livre est presque aussi dur que ceux de Charpentier. Cet Auteur a la mine de faire des ouvrages aussi durs que ceux du gros Charpentier.)

DURABLE, *adj.* Qui peut durer. Qui subsistera long-tems. (Un saint Ordre à jamais *durable. Pas. l.* 2.)

DURANT, *Participe* signifiant *qui dure*.

Durant. Préposition qui régit l'acusatif, & qui se sousentend quelquefois élegamment. (Ils se sont défendus *durant* tout l'hiver contre une puissante armée. La nuit ils voient le Soleil. C'est à dire, *durant* la nuit.)

DURCIR, *v. a.* Faire devenir dur. (Le vin fait *durcir* la viande. L'eau sert à *durcir* le plâtre. Bâton *durci* au feu. *Vau. Qu. n.* 2. 5. On *durcit* le fer à force de le batre.)

Durcir, *v. a.* Il se dit au figuré de l'esprit, & signifie se rendre plus ferme. (Cela *durcit* l'esprit.)

Se durcir, *v. n.* Devenir dur. (Un œuf trop cuit se *durcit*.)

DURE, *s. f.* Terre. (Coucher sur la dure.)

DUREE, *s. f.* Espace de tems que dure une chose. (Il n'est rien dans le monde d'éternelle durée. *Mal. poës.* La durée de nos passions ne dépend pas toûjours de nous. *Le Duc de la Rochefoucaut*. Elle devoit surpasser les siécles en durée. *Voit. poës.*)

Duremant, *adv.* Non mollement. (Etre couché durement.)

Durement, *adv.* Séverement, cruëllement. (Traiter quelcun durement.)

Dure-mere, *s. f.* Terme d'*Anatomie*. Membrane qui envelope le cerveau. Membrane du cerveau grosse & dure, attachée à l'os du crâne.

DURER, *v. n.* Subsister long-tems. Etre long-tems en état. (Etofe qui dure long-tems. C'est une amitié qui doit durer. *Voit. poës.*)

Rien afin que tout dure
Ne dure éternellement.
Malh. poës.

Durer. Soufrir. Resister. (Qu'il n'y *dure* point, on n'y peut tenir. *Mol.* Pensez-vous que je puisse *durer* à ses turlupinades. *Mol.*)

Il faut faire vie qui dure. Proverbe, pour dire, il faut user de menage, & faut épargner quelque chose pour l'avenir.

Le tems dure à celui qui attend. C'est à dire, il trouve le tems long; il s'ennuye.

† DURET, *Durette*, *adj.* Un peu dur. Ferme. (Elle a le cu duret.)

Dureté, *s. f.* Qualité qui rend un corps dur. Solidité. (La dureté des Diamans. La dureté du Marbre.)

Avoir dureté de ventre. C'est être constipé. Dureté d'oreilles se dit d'une personne qui est un peu sourde.

Dureté. Calus. Durillon qui vient aux mains. (On sent des duretez dans les mains des hommes de travail. *Abl. Apoph.*)

* *Dureté*. Insensibilité. (Avoir de la dureté. Dureté de cœur. *Pas. l. 9.*)

Durillon, *s. m.* Tumeur sans racine qui vient sur la peau des gens de travail. Peau endurcie par le travail. (Avoir des durillons aux mains.)

DUV.

DUVET, *s. m.* Plumes douces & molles. (Coucher sur le duvet.)

† * *Duvet*. Ce mot est un peu vieux, & ne trouve sa place que dans le burlesque poëtique. Il signifie Barbe de jeune homme. (Un jeune *duvet* ombrageoit son menton.)

E

E S. M. La cinquiéme lettre de l'Alphabet. (Un E bien fait.) Il y a plusieurs sortes d'E. Il y a un E clair, qui se prononce, comme on nomme ordinairement la lettre *E* en François & dans les autres Langues. Il s'apelle *E* masculin & se marque ordinairement avec un accent *é*, comme dans ces mots *bonté, clarté*, & au pluriel où il y a un *s*, on écrit *bontés* & de même au pluriel des verbes vous aimés, vous dirés, ou plus souvent, comme les Imprimeurs en ont pris la coutume, ces mots s'écrivent avec un *z, bontez*, vous aimez, vous *direz*, &c. Le deuxiéme *E* s'apelle *E* féminin, muet & obscur. Il ne se prononce qu'à demi, & se mange à la fin des mots, quand le mot qui suit commence par une voyelle, comme à la fin de ces mots *bonne femme*, & dans ces monosilabes *de, me, te, ne, que*, &c. Le troisiéme est l'E ouvert, qui se prononce dans ces mots *mer, des, les*, comme s'il étoit écrit par *ai, mair, daïs, laïs*. On marque quelque-

fois

fois cet *e* pour le distinguer des autres par un accent grave, comme dans ces mots *excés, procés* que l'on prononce comme *eçais, proçais*. On peut remarquer ces trois sortes d'E, dans le mot *fermeté*, dont la première sillabe a un e ouvert, la seconde e féminin & la troisième un é masculin. La quatriéme un E se prononce auſſi à bouche ouverte, comme le troisiéme, mais il est encore plus ouvert & se prononce long, comme la première sillabe de ces mots, *bête, fête, tête*. On les écrivoit autrement avec un S. *beste, feste, teste*, pour marquer la prononciation longue & ouverte de ces sillabes; mais parce que l'*s* ne se prononce point, on marque aujourd'hui cet E d'un accent circonflexe & l'on écrit *bête, fête, tête*, que l'on prononce, *baite, faite, taite*.

EAU.

EAU, *s.f.* Prononcez *eo* d'une seule sillabe. L'un des quatre éléments. Elément liquide. Eau claire, belle, nette, profonde, dormante, trouble, obscure, &c. Eau de puits, de rivière, de fontaine, de citerne, &c.)

Eau bénite. Eau que le Prêtre a bénite, & sur laquelle il a fait toutes les cérémonies que l'Eglise ordonne. (C'est de l'eau bénite de Cour. Proverbe pour dire, c'est un compliment qui n'aura nul éfet; ce sont de belles promesses qui n'auront aucun éfet. Tout le monde donne à cette heure de l'eau bénite de Cour, & pour un honnête homme qui parlera sincérement, on en trouvera dix mille qui seront Normans; pour qui vous donneront de l'*eau bénite de Cour*.)

Eau. Pluïe. (Il tombe de l'eau. Le Ciel est couvert, nous aurons de l'eau.)

Eau. Liqueur qu'on tire des fleurs, des herbes, & d'autres certaines choses. Liqueur qu'on fait par operation Chimique, de certaines choses. (Eau rose, Eau de fleur d'orange, Eau de mirte, Eau de la Reine de Hongrie, Eau de canelle, Eau de plantin, Eau forte, Eau régale, Eau de vie, &c.)

Eau. Urine. (Faire de l'eau, c'est à dire, *pisser*.)

Eau. Sueur. (Cette course l'a mis tout en eau.)

Eau. En termes de *Marine*, on dit *Faire de l'eau*, c'est à dire, faire provision d'eau douce. Le Navire fait eau, c'est à dire, il y a quelque trou, ou quelque fente par laquelle l'eau entre dans le Vaiſſeau. *Ce Vaiſſeau tire tant d'eau*, c'est à dire, il enfonce dans l'eau de tant de piez. *Ce Vaiſſeau va à fleur d'eau*, c'est à dire, il n'a guère de bord hors de l'eau. On y parle du *vif de l'eau*, ou de la *haute eau*, c'est à dire, de la pleine marée, & au contraire *eau morte*, ou *basse eau* ſignifie la basse marée, dans le reflus. Mettre un navire à l'eau, c'est du chantier où il étoit pour le bâtir, ou pour le radouber, le pousser dans l'eau. Il y a dans la Mer des *courans d'eau*. Le *courant de l'eau*, c'est l'endroit d'une Rivière où l'eau est la plus forte.

On conduit les eaux dans des canaux ou tuïaux. On élève les *eaux* par des pompes & par d'autres machines. Un jet d'eau. Un bouillon d'eau. Une chute d'eau. Une nape d'eau. Un soleil d'eau. Une gerbe d'eau. Un berceau d'eau. Un rond d'eau. Un conduit d'eau. Un reservoir d'eau. Un pouce d'eau, &c.

Eau. Ce mot entre dans plusieurs façons de parler figurées, & proverbiales. (*Tout s'en est allé comme l'eau*, c'est à dire, que tout s'est évanoui, dissipé, perdu, qu'on ne parle plus de tout cela. *Il n'est pas si méchant qu'il n'y aye eau que l'on dort*, c'est à dire, que les gens mornes & qui ne semblent pas songer à mal, sont plus méchans que les autres. *Nager en grande eau*, c'est à dire, avoir abondance de toutes choses. L'eau lui vient à la bouche, c'est à dire, qu'il desire, ou qu'elle desire. *Pêcher en eau trouble*, c'est à dire, aquerir du bien parmi des divisions, & des troubles. *Il a mis de l'eau dans son vin*. Ce met au figuré signifie qu'il s'est corrigé, qu'il n'est plus tel qu'il étoit. *C'est un Médecin d'eau douce*, cela se dit d'un Médecin mal-habile. *Les eaux sont basses*, c'est à dire, il n'y a plus guère d'argent en bourſe. *Suer sang & eau*, c'est faire un éfort extraordinaire pour venir à bout de quelque chose. *Faire venir l'eau au moulin*, cela veut dire faire venir de l'argent, attirer du profit. *Il est heureux comme le poisson dans l'eau*. Proverbe. *Laisser courir l'eau*, c'est ne se soucier point comme vont les afaires. *Batre l'eau*. C'est travailler inutilement. *Nager entre deux eaux*. Etre incertain entre deux opinions, ou deux partis, ne savoir lequel on doit suivre. *Il n'y fera que l'eau toute claire*, c'est à dire, il ne réüſſira point en cette afaire. V. *Cruche*, &c.

Eau. Ce mot au pluriel signifie souvent des eaux salutaires, & dont on use pour la santé. (Elle est allée aux eaux parce qu'elle se porte mal. Les Médecins lui ont ordonné de prendre les eaux.)

Eau. Ce mot se dit en terme de *Tanneur* en cette forte. (Donner trois eaux au veau, &c.)

Eau. Ce mot se dit entre Lapidaires & autres en parlant de perle. Il signifie, *Lustre. Eclat. Netteté de perle*. (Ces petites ont une fort belle eau. Les perles que Cléopatre avoit en pendans, étoient d'un prix inestimable ſoit pour l'eau, ou pour la groſſeur. *Giry, Triumvirat, 3.p. ch. 12*.)

Eau. Ce mot se dit en parlant de fruit, & signifie *suc*.

(Ces poires-là ont bonne eau.)

Batre l'eau. Terme de *Chaſſe*. Cela se dit quand une bête est dans l'eau, & l'on crie aux chiens, *elle bat l'eau*.

Eaux & forêts. Juriſdiction qui connoit, tant au civil qu'au criminel, de toutes les diférends qui regardent les Eaux & les forêts. Il y a le Grand Maître des eaux & forêts, qui a son Lieutenant général à la Table de marbre à Paris & les Maîtres particuliers, qui sont les Verdiers & les Gruïers, qui ſont dans les Provinces, & dont les apellations relèvent à la Table de marbre, où Mr. le premier Président, ou un autre Président à Mortier, aſſisté de quelques Conseillers du Parlement, du Lieutenant Général, & des Conseillers des Eaux & Forêts, juge Souverainement.

EBA.

† *S'ebahir, v. r.* S'étonner. (Me voiant, sans trop s'ébahir, elle me dit. *Voit. poës*. Tous les fleuves en sont ébahis. *Voit. poës*.)

† *Ebahiſſement, s. m.* Etonnement. Admiration subite. (Cet accident a causé un ébahiſſement général.)

EBARBER. Faire la barbe. (Dieu merci, me voilà ébarbé. Je vais me faire ébarber.)

Ebarber, v. a. Terme d'*Orfèvre* & d'autres. Oter les rebarbes de l'argent. (Ebarber un plat.) On dit entre Fondeurs. (Ebarber un boulet de canon.) Les Papetiers disent. (Ebarber le papier.) On dit auſſi ébarber une plume.

Ebat, s. m. Vieux mot qui ne trouve sa place que dans le burleſque. Il signifie, *Plaisir, Contentement*. (Prendre ses ébats. *Voit. poës*.)

Ebatement, s. m. Ebat. Divertiſſement. (Près leur dédain & leur ébatement rien n'eût paru la Cour. *Sar. poës*.)

† *S'ébatre, v. r.* Se réjouïr. Se divertir. (Elle étoit descendue avec ses compagnes pour s'ébatre sur le rivage. *Abl. Luc.* T. I. S'ébatre noblement. *Sar. poës*.)

† *Ebaubi, ébaubie, adj.* Terme populaire. Etonné. Tout surpris. (Je suis toute ébaubie, & je tombe des nuës. *Mol. Tartufe, a. 3. ſ. 5.*)

Ebauche, s. f. Chose ébauchée. (Faire l'ébauche d'un tableau. Une belle ébauche.)

* Je crus que les soins que j'allois rendre à Madame, éfaceroient de mon ame l'ébauche d'une paſſion. *Le Comte de Buſſi*.

Ebaucher, v. a. Mettre dans un état qui n'est pas parfait. Faire imparfaitement. (Ebaucher un tableau. Ebaucher du carreau. Ebaucher du bois. Ebaucher une statuë, &c.)

Ebaucher. Ce mot entre Cordiers signifie passer le chanvre par l'ebauchoir, le nettéïer en le passant par l'ebauchoir. (Ebaucher du chanvre.)

* *Ebaucher* un discours.

Ebaucher, s. m. Terme de *Sculpteur*. Outil de bois ou d'ivoire dont le Sculpteur travaille, c'est à dire, ébauche ou modèle.

Ebauchoir, s. m. Terme de *Cordier*. Gros seran, au travers duquel les Cordiers font passer le chanvre pour l'ébaucher. L'ébauchoir est auſſi un outil de Charron & de Charpentier.

E B E.

† *Ebe, s. f.* Terme de *Mer*. Ce mot se dit en quelques Provinces maritimes, & il signifie le reflus de la Mer, la baſſe marée. On croit qu'il vient de l'Anglois.

* *Ce qui vient a ébé, s'en retournera au flot*. Ce Proverbe se dit en Normandie des biens mal aquis & mal-aſſûrez. On dit d'ailleurs, *ce qui vient par la flute, s'en retourne par le tambour*.

EBENE, *s. f.* Bois d'un arbre des Indes. Ce bois est fort noir & fort pesant. Il reçoit un beau poliment, & l'on en fait des ouvrages de prix. (La meilleure ébène, quelque seche qu'elle soit, va toujours au fond de l'eau. Ebène noire & luisante. Ouvrage marqueté d'ébène.)

Ebenier, s. m. Arbre dont le bois s'apelle ébène.

Ebener, v. a. C'est donner la couleur de l'ébène à du bois. (Il faut ébener ces armoires, & elles en seront de beaucoup plus belles.)

Ebeniſte, s. m. Menuisier qui travaille en ébène. (Un bon Ebeniſte.)

E B L.

EBLOUIR, *v. a.* Ce mot se dit proprement du Soleil & du grand jour lorsque la lumière du Soleil, ou du jour frape la vuë. (On ne peut regarder fixement le Soleil qu'il n'éblouïſſe les yeux.)

(* Jamais tant de douceur, & tant de Majesté n'éblouïrent ses yeux. *Arnaud, Poëme ſur la vie de Jesus-Chriſt*. Le beau ré-éblouït les yeux.)

* *Ebloüir, v. a.* Ce mot se dit au figuré, & signifie, Tromper, surprendre l'esprit par de fausses raisons. (Les honneurs & la fortune éblouïſſent les ambitieux. L'éloquence d'un Avocat, éblouït quelquefois les Juges.)

* L'éclat d'une couronne éblouït la raison. *Gom. poës*.

Ebloüiſſ

Eblouïssement, *f. m.* Efet du Soleil, du jour, ou de la lumière, qui frape vivement les yeux. Tout ce qui est cause que la vûë s'éblouït. (Le Soleil m'a causé un fâcheux *éblouïssement*. Il m'a pris un *éblouïssement* qui m'incommode fort.)

E B O.

† *Eborgner*, *v. a.* Crever un œil. Rendre borgne. (Ulisse éborgna Poliphême. *Abl. Apo.* Il est homme à s'éborgner pour faire perdre l'œil à un autre. *Scar. Rom.*)

† * *Eborgner une maison*. Ce mot est bas, mais il se dit quelquefois & signifie ôter du jour à une maison par quelque bâtiment qu'on fait au devant.

† S'EBOUFER *de rire*, *v. r.* C'est rire fort. Se prendre à rire.

(Ne manquez pas de le dire,
Dit Môme *s'éboufant* de rire.
Scaron, 1 iphon, chant. 2.)

S'EBOUILLIR, *v. r.* Ce mot se dit parlant de sausse & de bouillon, & il signifie. Se consumer. Se réduire à peu de sausse, ou de bouillon. (Le pot commence à s'ébouillir.)

EBOULEMENT, *f. m.* Action de s'ébouler. Action d'ébouler. (Ils sont cause de l'éboulement de la pile de bois. L'éboulement de la muraille a blessé ceux qui étoient auprés.)

S'EBOULER, *v. r.* Ce mot se dit des monceaux de sable, de bois, de terre, qui sont élevez en forme de rampart, ou de fossé ; c'est se ruïner & tomber à terre. (La terre s'est éboulée. Le terrain s'étoit rendu ferme & ne s'ébouloit point. *l'au. Quin. l. 4. c. 6.*)

Eboulis, *f. m.* Chose qui s'est éboulée. (Voilà un grand éboulis. Il s'est fait un éboulis considérable de bois, de sable, ou de terre.)

EBOURGEONNER, *ébourgeonner*, *v. r.* Ce mot se dit en parlant de la vigne & des arbres. Ôter les bourgeons. (*Ebourgeonner* les arbres. Ebourgeonner la vigne.)

Ebourgeonnement, *f. m.* Terme de *Vigneron* & de *Jardinier*. Il consiste à ôter à la fin de Mai & au commencement de Juin, les branches steriles de la vigne, & le faux bois des arbres fruitiers. (Faire l'ébourgeonnement de la vigne, ou des arbres.)

E B R. E B U.

EBRANCHER, *v. a.* Couper les branches inutiles. (Ebrancher un arbre.)

† *Ebranchement*, *f. m.* L'action d'ébrancher. Ce mot est peu en usage.

EBRANLEMENT, *f. m.* Secousse. (Les coups de canon ont causé un grand ébranlement à cette muraille. L'ébranlement fait craindre la chute.)

* *Ebranlement*, *f. m.* Ce mot au figuré signifie. Trouble. Crainte, Emotion.

(Si prés de voir sur soi fondre de tels orages
L'*ébranlement* sied bien aux plus fermes courages.
Corn. Hor. a. 1. sc. 1.)

Ebranler, *v. a.* Faire mouvoir. Faire trembler à force de secouër, & de mouvoir, ou de fraper. (Il *ébranla* en peu de tems une partie du mur avec les machines. *Abl. Ar. l. 1.* Ebranler une cloche.)

* *Ebranler*. C'est tâcher à détruire. (Ebranler les régles les plus saintes de la Conduite Chrêtienne. *Pasc. l. x.*)

Ebranler. Rendre moins assuré. Rendre moins ferme & moins hardi. Etonner. (*Ebranler* le courage des soldats. Ebranler la resolution de quelcun. La fraieur de la mort *ébranle* le plus ferme. *Teoph. poës.*)

S'*ebranler*, *v. r.* Branler. Chanceler. S'étonner. (L'Infanterie des ennemis commença à s'ébranler. Il répondit sans s'*ébranler* que la bataille n'étoit pas encore perduë puisqu'il n'avoit point encore combatu. *Relation des campagnes de Rocroi.*)

S'*ébranler*. Ce mot signifie aussi se préparer pour faire quelque chose. (L'armée commença à s'*ébranler* pour donner. *Abl. Ar. l. 1.*)

EBRECHER, *v. a.* Rompre, casser quelque petite partie d'une chose. (Ainsi on dit, *ébrécher* la lame d'un couteau. *Ebrécher* une dent. Un couteau ébréché. Une dent ébréchée.) Il se dit aussi des petites ruptures qui se font aux utencilles de verre, ou de faïance.

† EBRENER, *v. a.* Ce mot est bas, & il ne se dit qu'en parlant de petits enfans, qu'on nettéïe tandis qu'ils sont au maillot & durant leurs prémiéres années. (Elle a ébrené le Seigneur de son vilage.)

† EBRIETE', *f. f.* Terme *Dogmatique* qui vient du Latin *ebrietas*. Il se dit rarement, & il signifie. Ivresse. (L'ébriété cause de grands désordres.)

S'EBROÜER, *s'ébroüir*, *v. r.* Terme de *Manége* qui se dit des chevaux pleins de feu. Il y a des gens qui disent *s'ébroüir* : mais tous les Ecuiers que j'ai vûs disent *s'ébroüer*. Il signifie que les chevaux font une espece de ronflement, comme pour faire sortir quelque humeur de leurs naseaux. (C'est

une bonne marque quand un cheval s'ébroüe lors qu'on le veut retenir.)

EBULITION, *f. m.* Ce mot se dit en parlant de sang échaufé, & ce sont des humeurs acres & chaudes qui poussent la peau. (Une grande *ebulition* de sang.) C'est aussi un terme dont se servent les Philosophes & les Chimistes en parlant des liqueurs qui s'ébouillissent. (On dit une legére ébulition. Une entiere ébulition.)

* Je ne puis souffrir les *ébulitions* de cerveau de nos jeunes Marquis. *Moliére, Critique de l'école des femmes, s. 5.*

E C A

ECACHER, *v. a.* Aplatir. Froisser. Ecraser. Briser en pressant par quelque chose de pesant. (Ecacher du sel, du sucre, &c. Ecacher l'or.)

Ecacheur d'or, *f. m.* Ouvrier qui écache l'or.

ECAFER, *v. a.* Terme de *Vanier*. Ôter la moitié de l'osier pour ourdir. (Ecafer l'osier.)

ECAILLE, *f. f.* Ce mot se dit en parlant de poisson. On apelle *écailles*, de poisson de certaines petites pièces luisantes, glissantes & durés qui faisant toutes ensemble un corps couvertb la chair du poisson.

ECAILLE, *f. f.* C'est une coquille qui a un couvercle dur qui enferme un poisson qu'on apelle *huïtre* ; qu'on vend & qu'on mange à Paris, depuis le mois de Septembre jusqu'au mois d'Avril. Les écailles sont dans la mer attachées autour des rochers, & on les pêche avec des rateaux de fer. (Crier des écailles par les ruës de Paris. Vendre des Ecailles. Acheter des écailles. Ouvrir des écailles.)

Ecaille, *f. f.* Coquille dure dans laquelle est enfermée une tortuë. (On fait divers ouvrages avec des écailles de cornuë.)

Ecaille, *f. f.* Ce mot se dit de diverses sortes d'ouvrages faits à façon d'écailles posées les unes sur les autres. On le dit des pièces, dont est composée une pomme de pin. On le dit des pièces qui se détachent de certains corps comme des croutes.

Ecaille de mer. C'est une pierre dure de laquelle les Peintres se servent pour broïer les couleurs.

Ecailler, *v. a.* Ôter les écailles. Défaire les écailles. (Ecailler un poisson.)

S'*écailler*, *v. n.* Tomber par écailles. Il se dit des choses qui tombent par croutes, & par morceaux (Les enduits de plâtre sont sujets à s'écailler.)

† *La troupe écaillée*. Mot poétique & burlesque pour dire les poissons.

Ecailleux, *écailleuse*, *adj.* Il se dit de certaine ardoise & de quelques autres corps durs qui tombent par écailles. (Cette ardoise ne vaut guere parce qu'elle est écailleuse.)

Ecailler, ou *écaillier*, *f. m.* Celui qui vend des écailles.

ECALER, *v. a.* Ce mot se dit des noix, & signifie ôter la grosse couverture verte qui les couvre. (Ecaler des noix.)

† *Ecaler*, *v. a.* La Quintinie dit qu'*écaler* se dit aussi des pois & des fèves, & que c'est ôter la fève, ou le pois de son écosse ; mais cependant tout le monde dit *écosser*.

ECARLATE, *f. f.* Graine d'un arbre, qui produit une sorte de couleur rouge fort belle.

Ecarlate, *f. f.* Sorte de drap fin & d'un fort beau rouge. (Ecarlate fort belle.)

† ECARQUILLER, *v. a.* Ce mot se dit en parlant des jambes, & signifie Ouvrir. Elargir trop. (Ecarquiller le jambes. Ils marchent écarquillans ainsi que des volans. *Mol. école des maris, a. 1. s. 1.*)

† *Ecarquiller*, *v. a.* Ce mot se dit aussi des yeux, & veut dire les ouvrir autant qu'on peut. (Il écarquilloit les yeux de toute sa force.)

ECARRIR. Voiez *équarrir*.

ECART, *f. m.* Terme de *Jeu de Piquet*. Cartes qu'on rebute en joüant, parce qu'on les croit inutiles. (Faire son écart.)

Ecart. Terme de *Danse*. Mouvement du pié pour se jetter agréablement de côté. (Faire un écart.)

Ecart d'os. C'est lors qu'un os est éloigné & séparé de celui qui lui est joint naturellement.

A l'écart, *adv.* En un lieu écarté, & éloigné du monde. (Tirer à l'écart. Trouver à l'écart.)

Dans cette grotte sombre un berger amoureux,
Déploroit *à l'écart* son destin amoureux.
Segr. poëm. pas. ch. 1.
Bâtir à l'écart. Se loger à l'écart.)

ECARTELER, *v. a.* Tirer à quatre chevaux. Ecarteler se dit, mais on dit plus ordinairement. Tirer à quatre chevaux qu'*écarteler*. (Ravaillac fut écartelé.)

Ecartelé, *écartelée*, *adj.* Terme de *Blason*. Divisé en quatre. (Il porte écartelé d'argent & de sable. *Col.* On dit aussi écartelure.)

ECARTER, *v. a.* Disperser çà & là. Eloigner de soi, ou d'un lieu. (Fusil qui écarte la dragée.) Voiez *dragée*. Ecarter ses ennemis à coups d'épée. *Abl.*

Laissez-

Laissez-moi de l'autel écarter une mére.
Racine, Iphigenie, a.1. s.5.
Ecarter la foule du peuple.)

Ecarter. Terme de *Jeu de Piquet.* Se défaire des cartes inutiles. (Ecarter trois cartes.)

S'écarter, *v. r.* S'éloigner. S'égarer. Se détourner. (S'écarter de son chemin. S'écarter du camp. Ils s'étoient écartez pour piller. *Abl. Rét. l.3.* S'écarter des sentimens des autres. *Abl.* Il s'est écarté de son discours.)

Ecarté, écartée, adj. Dispersé. Eloigné. (Ennemis écartez. Vûë écartée. *Mol. Les parties écartées*, c'est à dire, plus éloignées les unes des autres.)

ECE. ECH.

Ecervelé, *écervelée*, adj. Fou. Etourdi, & fat. (Il est écervelé. La jeunesse est écervelée.)

Ecervelé, *s. m.* Fou. Imprudent. Etoûrdi. Sans cervelle. (C'est un petit écervelé. *Mol.*)

Ecervelée, *s. f.* Celle qui est étourdie & sans jugement. (C'est une vraie écervelée.)

ECHAFAUDER, *v. a.* Terme de *Maçon.* Faire des échafaux pour bâtir. (Ils ont été une bonne heure à échafauder.)

Echafaut, *s. m.* Ce mot se dit en parlant des suplices de certains criminels. Ce sont deux tretaux sur lesquels on a cloüé plusieurs ais prés à prés. (Faire un échafaut. Ses crimes l'ont conduit sur un echafaut. Il a laissé sa tête sur un échafaut.)

Echafaut. Terme de *Maçon.* Deux piéces de bois de raisonnable grosseur qu'on scéle dans une muraille, à quelque distance l'une de l'autre, & sur lesquelles on met des ais ou puissent être des maçons pour travailler à leur aise.)

Echafaut, *s.m.* Il signifie un ouvrage de charpente élevé pour y placer les spectateurs, afin de voir commodément quelque grande cérémonie. (A l'entrée du Roi, les ruës étoient pleines d'échafauts.)

ECHALAS, *s. m.* Morceau de bois, qui est en forme de bâton, qui a environ quatre piez & demi, & qui sert à soutenir les seps des vignes.

Il regarde le ciel au pié d'un *échalas*,
S'étonne de sa faim, & d'être si-tôt las,
Ramp. poës. Idile 4.

On fiche les échalas dans la vigne. Les échalas sont d'ordinaire de cœur de chêne, & on en fait le treillage des espaliers des jardins.

Echalasser, *v. a.* Terme de *Vigneron.* Ficher des échalas dans une vigne. (Echalasser une vigne.)

ECHALOTE, *s. f.* Espece de petit oignon dont on se sert dans les ragoûts, & qui tient quelque chose de l'ail. (Les échalotes sont bonnes pour réveiller l'appétit.)

ECHANCRER, *v. a.* Terme de *Tailleur & de Couturiere.* Couper en maniére d'arc. (Echancrez une manche, une coise, une cornette, un rabat, &c.)

Echancrure, *s. f.* Chose échancrée. (Une échancrure de manche; une échancrure de rabat. L'échancrure signifie aussi la maniére dont on échancre. (L'adresse de bien faire un rabat consiste dans l'échancrure, ou dans la maniére de l'échancrer.)

ECHANGE, *s. m.* Troc. Change. (Faire un échange. Le Roi Henri IV. fit un échange de la Bresse contre le Marquisat de Saluces. Faire l'échange de quelques héritages. Ils firent l'échange des prisonniers.)

† *En échange.* Sorte d'*adverbe.* Par côntre, d'autre côté. (Il a ce vice, mais en échange il a plusieurs bonnes qualitez. Il m'a donné son cœur en échange du mien. *Scar. Dom Japhet, a.4. sc.1.*)

Echanger, *v.a.* Changer. Faire un échange. (L'Eglise n'entend pas qu'ils échangent le sacrifice pour de l'argent. *Pas. l.6.* Il sembloit échanger les malheureux, & donner le mécreant pour rachetter le fidéle. *Patru, plaid.* On échange quelquefois but à but, & quelquefois avec retour. On a échangé ce prisonnier contre un autre.)

† *Echanger.* Terme de *Blanchisseuse.* (On ne peut bien couler la lessive qu'on n'échange le linge, c'est à dire, qu'on ne le mouille, le batte, & l'égaie dans l'eau piéce à piéce, avant que de le mettre dans le cuvier.)

ECHANSON, *s. m.* Gentilhomme servant, qui après avoir fait l'essai du vin, présente au Roi le vérre sous une soucoupe. Celui qui versoit à boire aux Dieux des sables. (Ganiméde étoit l'échanson de Jupiter.)

Echansonnerie, *s. f.* L'un des sept ofices du commun de la maison du Roi, où l'on distribuë le vin.

ECHANTILLON, *s. m.* Terme de *Marchand de drap.* Petit morceau d'étofe qu'on coupe d'une piéce d'étofe pour servir de montre de toute la piéce. (Couper un échantillon.)

* *Echantillon*, *s. m.* Il se dit aussi des morceaux, ou parties d'autres choses qui servent à juger du total d'où elles ont été prises. (On peut juger des bâtimens anciens par les échantillons qui en restent. Ecoutez un échantillon de leur stile, *Sar. poës.*

J'ai fait voir un échantillon de sa gloire. *Abl. Luc.* Echantillon sauglant de ma valeur sans bornes. *Scar. D. Japhet.*)

Echantillon. Terme de *Chevalier de l'Arquebuse.* Marque qu'on prend pour preuve de quelque bon coup qu'on a fait lors qu'on tire au jeu de l'arquebuse. (C'est un coup à prendre échantillon.)

* *Echantillon.* Il signifie aussi quelquefois un modéle, une mesure sur quoi on doit régler les autres de même sorte.

* *Echantillonner*, *v.a.* Conférer un poids, ou une mesure, avec sa matrice originale. (Les poids de ce Trébuchet ont été marquez & échantillonnez à la monoie.)

† ECHAPATOIRE, *s. f.* Excuse frivole & fine. (C'est une échapatoire.)

Echaper, *v. a.* Eviter. Se délivrer. Se sauver. (Echaper un grand danger. Echaper d'un grand danger. Echaper aux ennemis. *Vau. Rem.* On dit, j'ai échapé un grand danger, & je suis échapé d'un danger.)

† * Il l'a échapé belle. C'est à dire, il s'est tiré heureusement de quelque péril.

* *Echaper.* Ce mot a plusieurs autres belles significations. (Exemples. Il lui échapa de dire cela. *Pas. l.6.* Rien n'échape à la prévoiance de nos Casuistes. *Pas. l.6.* Je recueille les moindres billets qui échapent de vos mains. *Voi. l.81.* Cela empêche qu'on ne s'échape en des paroles deshonnêtes. *Abl. Apo.* Cela est si subtil qu'il échape à la vûë.)

S'échaper, *v. a.* Terme de *Iardinier.* C'est à dire, poûsser de belles & grandes branches qui ne fructifient pas. (Cet arbre s'échape, il le faut retenir. *Quint. Iardins, T.1.*)

* *Echapé*, *s. m.* Terme de *Manége.* Il se dit d'un cheval engendré d'un étalon & d'une cavale qui sont de diférente race, & de diférent païs. (On dit, un échapé de Barbe. Un échapé de cheval d'Espagne.)

† * Il fait le cheval échapé. Cela se dit d'un jeune homme; & signifie qu'il est libertin & emporté quand il est hors de la vûë de ses maitres.

† *Echapé*, *s. f.* Escapade. Action imprudente. (C'est une échapé qu'on ne pourroit pardonner qu'à un jeune homme.)

Echapé, *s. f.* Terme de *Peinture.* C'est une perspective en lointain, qui semble se dérober aux yeux dans un tableau.

† *Echapées.* Il signifie quelquefois intervale. (Il dit de bonnes choses par échapées.)

† ECHARDE, *s. f.* Petite épine, pointe, ou éclat de bois qui entre dans la chair, & qui incommode fort. (Les bucherons sont sujets à se planter des échardes dans les doigts.)

† ECHARDONNER, *v. a.* Oter les chardons. (Il faut échardonner cette terre.)

ECHARNER, *v. a.* Terme de *Taneur.* Oter la chair de cuir avec le coûteau rond, & le coûteau tranchant. (Echarner un cuir.)

ECHARPE, *s. f.* Morceau de tafetas long d'une aune, ou un peu plus, & large d'un quartier, dont on se sert pour parade, ou pour soutenir le bras quand on y est incommodé. (Une belle écharpe.)

† * Avoir l'esprit en écharpe. C'est être un peu fou.

Echarpe. Grand morceau de tafetas ourlé, dont les femmes se couvrent le sein, & qui décend jusques à la ceinture. (Elle est en écharpe.)

Echarpe. C'est aussi un morceau de tafetas dont les femmes se couvrent la tête & les épaules contre la pluie. On l'apelle aussi une *cappe.*

Echarpe. Morceau de bois aux quatre coins d'un chassis de quelque tableau.

Echarpe. Terme de *Brodeur.* Piéce de broderie qui couvre le sein d'une Dame, & qui finit en busque.

Echarpe de poulie. Piéce de bois ou de fer, où est enfermée la poulie, & qui porte le boulon qui passe dans la roüe de la poulie.

Echarpes. Cordages dont on se sert pour retenir & attacher les engins quand on veut lever des fardeaux.

* *Batterie en écharpe.* Terme de *Guerre.* C'est celle qui bat quelque endroit obliquement, ou de côté.

On dit en termes de *Chirurgie*, qu'un coup a été donné en *écharpe*, quand la plaie n'est pas droite.

Echarper, *v. a.* Terme de *Charpentier.* Faire neuf ou dix tours avec un petit cordage autour d'un fardeau qu'on veut lever, pour y attacher une écharpe, au bout de laquelle est une poulie où l'on passe le cable.

ECHASSES, *s. f.* Ce sont deux maniéres de perches grosses comme le bras, longues de 5. ou 6. piez, rondes & ferrées par le bout d'embas, qui ont à un demi pié de terre, un morceau de bois fur quoi on pose le pié, & à chaque bout d'enhaut une poignée qu'on tient avec la main lors qu'on est monté dessus. On se sert des *échasses* pour se divertir, ou pour passer quelque chemin bourbeux. (Echasses fort hautes.)

ECHAUDÉ, *s. m.* Sorte de petit gateau, fait de fine fleur de froment, d'œufs, de beurre & de sel, que les Paticiers vendent deux liards. (Echaudé au beurre. Echaudé à l'eau & au sel.

Echauder, *v. a.* Brûler avec de l'eau chaude. (Il m'a échaudé le pié. Elle m'a échaudé la main.)

Echauder, *v. a.* Netteïer avec de l'eau chaude, trempée dans de

ECH   ECH   299

de l'eau bouillante. (*Echauder la vaisselle* pour la laver.)

Echauder, v. a. Peler. L'un & l'autre se dit des cochons de lait Cependant il n'y a qu'*échauder*, qui a cet égard soit bien en usage. C'est ôter le poil d'un cochon de lait avec de l'eau chaude. [Echauder un cochon de lait, le farcir & le mettre en broche.]

* *Chat échaudé craint l'eau froide*. Proverbe, pour dire que quand une personne a soufert quelque mal, elle craint tout ce qui en a l'aparence.

Echaudoir, s. m. Terme de *Boucher*. Lieu où les Bouchers de Paris tuent les bœufs, les moutons & les veaux. [L'échaudoir est fort net.]

Echaufaison, s. f. Mal qui vient de ce qu'on est trop échaufé. [Il a pris une échaufaison.]

Echaufer, v. a. Rendre chaud. Donner de la chaleur. [Le Soleil échaufe la terre.]

* *Echaufer*. Animer. Rendre plus vif. [Echaufer un récit, un discours.]

* *Echaufer*. Exciter. Enflamer. [A quoi bon échaufer sa valeur deja trop animée. *Dép. Epit. 1.*]

S'échaufer, v. n. Devenir chaud. [Le foin qui est serré avant que d'être bien sec, se fermente, s'échaufe, s'aigrit & se gâte. Il s'échaufe à travailler.]

S'é.haufer, v. r. Prendre quelque échaufaison. [Il est tombé malade, parce qu'il s'est trop échaufé à marcher.]

* *S'échaufer*. Se mettre en colère. S'exciter. S'emporter. S'enflamer. S'augmenter avec chaleur. [Mon homme s'échaufa là dessus, mais d'un zele dévot. *Pasc. l. 1.* Echaufez du vin & de la débauche, ils montent tous armez au haut du rampart. *Abl. Ar. l. 1.* Laissons cette matière qu'il échaufera à quelqu'un. *Mol.* Les brigues s'échaufent. *Vau. Quin. l. 4.*]

* *Ec. auser la bile.* Echaufer les oreilles à quelcun. C'est le mettre en colère.

† * *Il s'échaufe dans son harnois.* C'est à dire, il se met en colère.

Echauguette, s. f. Lieu élevé & couvert, où l'on place une sentinelle.

Eche, s. f. On prononce *aiche*, ou *éche*. Terme de Pêcheur d'autour de Paris. Il semble venir du Latin *Esca*. C'est tout ce que le Pêcheur met au bout de sa ligne pour attraper le poisson. Ailleurs on l'apelle *amorce*.

Echéance, s. f. C'est le tems qu'une chose est échuë. Le jour auquel il faut païer, ou faire quelque chose. [L'échéance des rentes, des loïers, &c. Quand l'échéance de vôtre Lettre de Change sera venuë, je l'aquiterai. *Irson*, *Traité des Charges.*]

Echecs, s. m. Ce mot est toûjours au pluriel quand on dit joüer aux échecs. Le jeu des échecs. Ce jeu se fait avec plusieurs piéces tournées, de bois ou d'ivoire, que l'on remuë selon diverses regles sur un échiquier divisé en 64. petits quarreaux. Chacun des deux joüeurs a seize piéces, dont les huit petites s'apellent pions, & des huit autres, il y a le Roi, la Reine, [ou la Dame] deux Fous, deux Chevaliers & deux Tours.

Echec, s. m. Ce mot au singulier est un terme du jeu des Echecs, & signifie que le Roi est en prise. On est obligé d'en avertir, & lors qu'il ne peut pas s'empêcher d'être pris, on apelle cela *échec & mat*, & la partie est finie. On dit aussi que le Chevalier donne en même tems *échec* au Roi & à la Dame, ou au Roi & à la Tour.

* Donner échec & mat à tous les plats. *Abl. Luc. T. 1.* Cette façon de parler est figurée, basse & burlesque.

* *Tenir quelcun en échec.* Pas. l. 7. Tenir des Troupes ennemies en échec, c'est en être si près qu'on ne puist charger au prémier mouvement qu'elles feront. Tenir trois ou quatre Places en échec. C'est être en état d'assieger laquelle on voudra choisir de ces places. Une Citadelle tient une Ville en échec, parce qu'elle la bride & la tient sujette.

* *Echec*. Défaite. Malheur dans quelque combat. Perte qu'on fait en combattant. [Cet échec le fit retirer. *Abl.* L'armée a reçu un grand échec.]

Echec. Il signifie encore toute sorte de malheur & de perte qui donne quelque atteinte à l'honneur, & aux biens de quelque personne. [Cette accusation donne un grand échec à l'honeur de cet homme. Un vilain échec.]

* *Les fous sont près des Rois.* Cela se dit par manière de proverbe, pour insinuer que cela est vrai, non seulement au jeu des échecs, mais aussi à la Cour de plusieurs Princes.

Echelle, s. f. Instrument de bois portatif, composé de deux perches, & de plusieurs échelons, dont on se sert lors qu'on veut monter en haut, sur quelque arbre, ou sur quelque muraille, &c. [Faire une petite ou trop grande. Monter avec une échelle.]

Echelle double. Echelle qui sert pour monter à l'assaut, & où deux soldats montent de front. [Planter des échelles. *Ablancourt*, *Art.*]

Echelle de gibet. [Jetter un patient en bas de l'échelle. Avoir le foüet au pié de l'échelle.]

Echelle de cordes de soie. Elles se plient & sont portatives.

Echelle campanaire. Terme de *Fondeur*. [Réformer l'échelle campanaire] C'est une regle qu'ont les Fondeurs pour proportionner la longueur, la largeur & l'épaisseur d'une cloche à son poids, & pareillement celles de son batant, pour lui faire rendre certain son. Les Fondeurs ont fait cette échelle *campanaire*, ou *campanale* par une longue expérience. Le Pére Mersenne l'a décrité.

Les Teinturiers aplient aussi *échelle* la diférence des couleurs selon la clarté ou la profondeur.

† * *Echelle de rubans*. Rang de rubans en forme d'échelons que les Dames se mettent devant l'estomac. [Elle avoit une échelle de rubans de couleur de feu.]

* *Echelle*, s. f. Terme de Géométrie. Ligne divisée en plusieurs parties égales, que l'on prend pour servir de commune mesure aux parties d'un plan, ou d'un solide. On se sert d'*Echelle* dans les plans de fortification, pour les Cartes Géographiques, pour les modéles des bâtimens, &c.

Echelle, s. f. On donne ce nom aux villes de commerce qui sont sur la mer Méditerranée vers le Levant. [Plusieurs Nations de l'Europe tiennent des Consuls, & ont des Bureaux dans toutes les Echelles du Levant, comme à Smirne, à Alep, au Caire, &c.]

* *Après cela il faut tirer l'échelle*. Proverbe pour dire qu'il n'y a rien à faire davantage, qu'on a épuisé la matière; ou fait la chose dont il s'agit dans la perfection.

† *Echeller*, v. a. Ce mot est vieux. Dites & Voiez *Escalader*.

Echelon, s. m. Degré d'échelle. Petit bâton sur quoi on met le pié lors qu'on se sert de l'échelle pour monter. [Echelon rompu.]

* *Echelon*, s. m. Ce mot se dit au figuré, & signifie un degré, un moïen pour s'élever ou s'avancer. Il est monté d'un *échelon*, c'est à dire, il s'est un peu avancé. La qualité d'Avocat est un *échelon* pour monter à celle de Conseiller, &c.

Echeniller, v. a. Oter les chenilles des arbres. [Echeniller un arbre.]

Echeoir. V. *Echoir*.

Echer, v. a. Terme de *Pêcheur* d'autour de Paris. Il semble venir du Latin *inescare*, & il signifie mettre au bout d'une ligne quelque chose qui atire le poisson, afin de le prendre. Echer une ligne.] V. *Peloter*.

Echeveau, s. m. Terme de *Marchands de galons*, ou de *Mercier*. Cinquante ou soixante fils de soie ou de fil, noüez ensemble qu'on vend chez les Merciers. [Un petit écheveau de soie. Un gros écheveau de fil. Faire une écheveau. Plier un écheveau du galon d'or ou d'argent. Dévider un écheveau.]

Echevelé, *échevelée*, adj. Qui a les cheveux en desordre. Ce mot n'est en usage qu'au féminin, & il ne se dit que des femmes & non pas des hommes. Les méres échevelées pleuroient la mort de leurs enfans. *Abl.*

Elle acourt l'œil en feu, la tête echevelée.
    Dép. Lutrin, c. 1.]

Echevin, s. m. Oficier qui est élu par les habitans d'une vile, pour avoir soin des afaires & de la police. [Faire des Echevins. Etre prémier Echevin. Il y a à Paris un Prevôt des Marchands & quatre Echevins. En d'autres viles, il y a un Maire & des Echevins. On est Echevin deux ans, & durant ce tems-là on mange la vile.

Ils sont cinq ou six Echevins
Aussi gueux que des quinze-vints.
    Boïs. T. 2. epit. 12.]

Echevinage, s. m. Tems qu'on est Echevin. [Il s'est fait des choses assez considérables pendant son échevinage.]

Echevinage, s. m. Ce mot se dit aussi pour signifier la Charge d'Echevin. [L'Echevinage est fort brigué. Il y a des viles où l'Echevinage annoblit.] En ce sens on dira plus souvent la Charge d'*Echevin*, que l'*Echevinage*.

Echillon, s. f. On apelle de ce nom sur la Mediterranée, ce que l'on nomme sur l'Ocean *trompes*. Voi *Dragon d'eau*.

Echine, s. f. Epine du dos.

[Tandis que Colletet croté jusqu'à l'échine,
Va mandier son pain, &c.
    Depreaux, Satire 1.

* † Du monde entier Atlas charge sa vaste échine.
    Benserade, *Rondeaux.*]

Echinée, s. f. Partie du dos d'un cochon. [Une bonne échinée de porc.]

† *Echiner*, v. a. Ce mot se dit en colère. Il est bas, & ne peut trouver sa place que dans le langage du peuple, ou le burlesque. Il signifie rompre l'échine d'une personne à force de coups, c'est batre une personne sur le dos & par tout. [Echiner quelcun à coups de bâton.]

Se faire échiner. C'est se faire batre. [C'est un coquin qui s'est fait échiner. Il se fera échiner.]

Echiqueté, adj. Terme de *Blason* Rangé en manière d'échiquier. [Il porte échiqueté d'or & de gueules.]

Echiquier, s. m. Tablier divisé en 64. petits quarrez de deux couleurs diférentes, sur quoi on range les échets, lors qu'on joüe aux échets.

On dit des arbres, qu'ils sont plantez en échiquier, lors qu'ils représen-

Y p 2

ECL

representent un échiquier, ou plusieurs quarrez, & que ces arbres sont plantez en droite ligne à les regarder de divers côtez.

Echiquier. Terme de *Blason.* C'est lors que l'écu est divisé en plusieurs quarrez, les uns de métal, & les autres de couleur.

* *Echiquier*, *s. m.* Assemblées de hauts Justiciers de Normandie, érigée en Parlement par Loüis XII. en 1499. (Tenir l'échiquier.)

Echo. V. *Eco.*

Echoir. Verbe neutre passif. *J'échois, j'échus, je suis échu. J'écherrai.* Ce mot signifie. *Arriver. Venir. Tomber.* (La premiere année de la rente écherra en 1615. *Pat.* 3. *plaid.* p. 39. Le terme est échu. Lettre de Change échuë.)

Echope, s. f. Terme de *Graveur.* Sorte de pointe pour graver à l'eau forte.

E-hope. Petite boutique attachée contre une maison.

Echoüer, *v. n.* Ce mot se dit proprement des bâtimens qui vont sur mer. (Il signifie demeurer sur le sable en un lieu où il n'y a pas assez d'eau pour voguer. Briser son vaisseau contre un rocher. Faire naufrage. (Le Navire *échoüa* sur la côte.)

Echoüer, *v. a.* Ce mot se prend aussi dans un sens actif, quand on dit, le Pilote a *échoüé* le Navire. Ce Capitaine échoüa son Vaisseau exprés pour se sauver des Corsaires c'est à dire, *il fit échoüer* son vaisseau.

* *Echoüer*, *v. n.* Ne pas réüssir dans une afaire qu'on avoit entreprise. [Il échoüa dans tous ses desseins.)

Echoüé, échoüée, adj. Qui n'a pas réüssi. (C'est une afaire échoüée.)

ECL

Eclabousser, *v. a.* Faire rejaillir de l'eau, ou autre chose sur quelcun ; c'est moüiller & faire aller de l'eau en passant quelque ruisseau, ou rivière. (Finot sur son mulet en passant m'éclabousse.)

Eclaboussure, s. f. Eau qui a rejailli, qu'on a fait voler sur quelcun. Eau dont on a moüillé une personne en passant quelque rivière, ou quelque ruisseau.

Eclair, *s. m.* Feu qui se forme, qui s'élance, & qui s'étend dans l'air, & qui est la marque de quelque orage. (Il fait de furieux éclairs. Le tonnerre précede quelque peu l'éclair, & toutesfois on voit l'*éclair* long tems avant qu'on entende le bruit du tonnerre. Il se fait des éclairs sans tonnerres. Pront comme un éclair. La gloire de ce monde *passe comme un éclair*, c'est à dire, qu'elle ne dure guere.)

Eclaircir, *v. a.* Faire devenir clair & net. (Eclaircir du vin, de l'eau, ou quelqu'autre liqueur. Eau qui éclaircit la vuë. Le Soleil a éclairci le broüillard.)

* *Eclaircir.* Oter d'une multitude, d'une troupe. (Le canon éclaircit les rangs. *Abl.* La troupe s'éclaircissoit peu à peu, *Vau. Quin.* l. 8. C'est à dire, il n'y avoit plus tant de monde. On tira une telle quantité de traits qu'on éclaircit bien-tôt la foule de ceux qui s'étoient trop avancez. *Vaug. Quint. Curce.* l. 7. ch. 9.)

* *Eclaircir*, *v. a.* Ce mot se dit au même sens figuré par les Jardiniers, en parlant de quelque plante. C'est en arracher une partie, quand il est trop dru & trop épais. (On n'éclaircit point l'ozeille, parce qu'elle ne sauroit être trop druë.)

* *Eclaircir.* Débroüiller, Rendre plus intelligible. Rendre clair & net ce qui étoit embarassé. Instruire de quelque chose qu'on ne savoit pas.

[* Eclaircir une dificulté. Eclaircir une question. Etre éclairci sur le sujet de quelque diferend. *Pas.* l. 4. Eclaircir quelcun d'une chose. *Pas.* l. 4. Eclaircir d'un doute.)

* *Eclaircissement, s. m.* Explication de quelque chose d'obscur & de dificile. Connoissance dans une afaire. (Donner de grans éclaircissemens à quelcun pour un afaire. Demander éclaircissement d'une dificulté.)

* *Eclaircissement.* Ce mot se dit entre les gens d'épée, & signifie l'explication qu'on demande à quelcun des paroles qu'il a dites, ou des actions qu'il a faites, pour savoir s'il a eu intention d'ofenser quelque personne. Je veux avoir un *éclaircissement* avec lui. C'est à dire, je veux parler & m'expliquer avec lui. C'est un homme à éclaircissement. Cela se dit d'un homme d'épée qui est querelleux. C'est un tireur d'éclaircissemens.)

Eclaire, s. f. Sorte de plante sauvage qui vient au printems sur les bord des fossez, qui fleurit jaune. On l'apelle aussi *chelidoine.* La petite éclaire. La grande éclaire.

Eclairer, *v. n.* Faire des éclairs. (Il éclaire fort. Il a éclairé toute la nuit.)

Eclairer, *v. a.* Conduire quelcun à la faveur de quelque lumiére. (Prens ce flambeau & m'éclaire. Le Soleil éclaire le monde. *Abl.*)

* *Eclairer.* Ce mot au figuré signifie, donner des connoissances & des lumiéres à l'esprit. (Eclairer l'esprit. Ses écrits ont éclairé le monde. Jesus-Christ est venu au monde pour l'*éclairer* ou illuminer. Seigneur *éclairez mon esprit. God.*)

* Philis depuis deux ans m'éclaire. *Voi. poës.*

* *Eclairer*, *v. a.* Observer les actions de quelcun. (Il n'a qu'à se bien conduire, car on l'éclaire fort.

ECL

Eclairé, éclairée, adj. Qui a de grandes fenêtres, & en grand nombre. (Maison bien éclairée. Escalier bien éclairé.)

Eclairé, éclairée, adj. Qui a des lumiéres & des connoissances particuliéres. (Il est fort éclairé sur cette matiére. Un Philosophe Paien a été plus éclairé que tous les Docteurs. *Pasc.* l. 4.)

Eclanche, s. f. C'est ce qu'on apelle dans les Provinces *gigot de mouton.* C'est la cuisse du mouton qu'on fait rôtir, ou qu'on met en ragoust. (Une bonne éclanche fort tendre.)

Eclat, s. m. Ce mot se dit proprement en parlant du bois qui se fend, & qui se sépare un peu du corps du bois. (Voilà un petit éclat qui s'est fait dans le morceau de bois là.)

Eclat. Ce mot se dit du marbre & de la pierre. C'est ce qui sort d'un bloc de marbre lors qu'on le taille. (Eclat de pierre, Morceau de pierre enlevé du corps d'une pierre.) On dit aussi un éclat de bombe, de grenade, de pique, de lance, &c. on disoit autrefois qu'une lance voloit en éclats.)

Eclat. Ce mot se dit du tonnerre. Grand bruit de tonnerre. (Un furieux éclat de tonnerre.)

* *Eclat.* Splendeur. Brillant. Lustre. (Eclat de diamant. Eclat de pierres précieuses. Eclat du teint. Eclat des yeux. *Voi. poës.* Donner de l'éclat à une action. *Vau. Quin.* l. 3.)

* *Eclat.* Bruit. Fracas. (Cela fait un grand bruit dans le monde.)

Eclat. Ce mot se dit de ceux qui rient fort, & signifie un ris éclatant. (Faire de continuels éclats de rire. *Mol.*)

S'éclater, *v. r.* Ce mot se dit du bois & des pierres, & signifie se fendre. Se séparer un peu du corps du bois. Se séparer du corps de la pierre. (Bois qui s'éclate. Pierre qui s'éclate aisément. Prenez garde de trop baisser cette branche de peur de l'éclater, c'est à dire, de la fendre. *Quint. Jard.* Dans cet exemple le mot *éclater* se prend dans un sens actif.)

* *Eclater*, *v. n.* Ce mot au figuré a plusieurs exemples. (Je fus sur le point d'éclater de rire. *Pas.*...8. C'est à dire, je fus prêt *de rire tout à fait.* Faire éclater ses ressentimens. *Abl.* C'est à dire, faire paroître, découvrir avec éclat. Faire éclater son amour, sa haine, &c. *Racine, Iphig.* a. 4. sc. 2. C'est à dire, s'emporter de colere contre l'injustice. *Racine, Iphig.* a. 4. sc. 2. C'est à dire, s'emporter de colere contre l'injustice. Cette conjuration a enfin éclaté.)

Eclater. Briller. Reluire. Donner de sa splendeur. (Les pierreries mises en œuvre éclatent d'avantage.)

Eclatant, éclatante, adj. Brillant. Illustre par son éclat & par sa splendeur. (Mérite éclatant.)

* *Un bruit éclatant.* C'est un grand bruit.

Eclaté, éclatée, adj. Qui est fendu. (Un bois éclaté. Une pierre éclatée.)

Eclaté, éclatée, adj. Ce mot en termes de *Blason,* se dit des divisions qui ne se font pas nettement, ni en ligne droite, & qui font connoître de ces choses ont été séparées avec violence. Chevron éclaté. Lance éclatée.

Ecclesiaste, *s. m.* Ce mot vient du Grec. Un des Livres du vieux Testament. Ce mot *Ecclesiaste* est Grec, & signifie *Predicateur.*

Ecclesiastique, adj. Qui regarde l'Eglise. Qui apartient à l'Eglise. (La discipline Ecclesiastique. Un écrivain Ecclesiastique.)

Ecclesiastique, s. m. Celui qui s'est engagé à servir Dieu dans son Eglise. (C'est un bon Ecclesiastique.)

Eclipse, s. f. Ce mot vient du Grec. Il y a deux sortes d'Eclipses, l'une du Soleil, & l'autre de la Lune. L'*Eclipse du Soleil,* c'est lors que la Lune passe entre la Terre & le Soleil, & qu'elle nous dérobe la vuë de cet Astre. L'Eclipse de la Lune se fait lors qu'elle passe toute, ou une partie dans l'ombre de la terre. (Une grande Eclipse.) Ce mot se dit aussi des Satellites de Jupiter, dont les Eclipses sont frequentes, Cette sorte d'Eclipse se fait lors qu'un ou plusieurs de ces Satellites passent derriere le corps de Jupiter, & que cette planetto se trouve entre ces Satellites & nous.

(* L'éclat de sa lumière ne soufrit ni d'*éclipse*, ni de nuit. La *Suze.* * Cette malheureuse *éclipse* de la Monarchie eut de commencemens bien foibles. *Pat. plaid.* 7.)

S'éclipser, v. r. Ce mot se dit proprement du Soleil & de la Lune, & de quelques autres Astres, & signifie soufrir eclipse. Le Soleil s'éclipse. La Lune s'éclipse, L'Histoire sacrée nous aprend que le Soleil s'éclipsa le jour de sa Passion.)

* *S'éclipser.* Evanoüir. Disparoitre. (De vos beaux yeux les rayons s'éclipsérent. *Voi. poës.*

Car il voioit de tout point éclipsée
La divine beauté qui regne en sa pensée.
Ramp. poës. Id. 1.)

Ecliptique, s. m. Terme de *Geographie, & d'Astronomie.* Cercle qui passe par le milieu du Zodiaque, & qui represente le chemin par où le Soleil fait son cours annuel. On l'apelle de ce nom, parce que le Soleil ou la Lune ne s'éclipse point que la Lune ne se rencontre dans ce cercle, ou sort propre des endroits qu'on apelle la tête & la queuë du Dragon, & qu'elle ne soit en conjonction ou en opposition avec le Soleil.)

Eclisse, s. f. Terme de *Boisselier.* Rond de sapin où l'on fait le fromage.

Eclisse,

ECO ECL ECL

Eclisse. Terme de *Vanier.* Osier fendu & plané pour bander le moule du panier. C'est aussi une manière de claion avec des rebords, propre à faire du fromage.

Eclisse de tambour d'enfant. C'est le bois d'un tambour d'enfant.

Eclisse de luth. Terme de *Luthier.* Côte de luth.

Eclisse. Terme de *Chirurgien.* C'est un petit ais fort délié que les Chirurgiens apliquent à un membre, où il y a eu fracture, pour le soutenir. [On n'a pas encore ôté ses éclisses.]

ECLORRE, *verbe neutre*, qui est en partie défectueux. *J'éclos, j'ai éclos.* Ce mot signifie *sortir hors de la coque*, & il se dit des poulets, des petits oiseaux, & des vers à soie. [Faire éclorre des vers à soie. Poulets qui commencent à éclorre. Les oiseaux sont éclos.]

* La terre en le voiant fit mille fleurs *éclorre.*
Voit. poës.

Mille fleurs nouvellement *écloses* couvroient la neige de son sein. *Voi. poës.*

Dèsque l'impression fait *éclorre* un Poëte,
Il est esclave né de celui qui l'achette.
Depreaux, Sat.

ECLUSE, *s. f.* Terme de *Meunier.* L'eau que retient la vanne du moulin. Eau qui est devant la vanne du moulin, & qui sert à faire moudre le moulin. [L'écluse est pleine.]

Ecluse. Plusieurs ais gros, grans & forts assemblez avec de bonnes bandes de fer qu'on abaisse & qu'on leve en Flandre avec des espèces de moulin, & qui servent à retenir l'eau. Les eaux que retiennent ces grans & gros ais. [Lâcher les écluses. Lever les écluses.]

ECO.

ECO, *s. m.* Les Anciens Poëtes ont feint qu'une Nimphe, nommée Eco, étoit Fille de l'air, amoureuse de Narcisse. Elle se consuma de regret voyant qu'elle n'en pouvoit être aimée. Elle fut changée en pierre & il ne lui resta plus que la voix pour répeter les dernières silabes des mots qu'elle entend.

[Et l'éco dans le fond de ces grotes secrettes,
Ne redit-elle pas les airs de nos musettes.
God. poës. 1. partie, Eglogue 1.
Eco babillarde. *Abl. Tom. 1.*]

Eco, *s. m.* Son redoublé. [Il est dificile d'expliquer en peu de paroles comment se fait l'*éco*. Un bon *éco*. Ce n'est point ici un *éco*, ou une voix empruntée. *Patru, plaid. 7.*]

Eco, *s. m.* Sorte de Poëme François ou l'on repete ingénieusement, à la fin d'un, de deux, ou de plusieurs vers, un mot qui fait partie de celui qui rime. On a fait depuis quelque tems des écos poëtiques sur les victoires du Roi, mais ces *écos* ne sont pas fort bons dans leur genre. Ceux qui sont dans l'Astrée de M. d'Urfé ne sont plus ingénieux.

ECOFROI, *s. m.* Terme de *Cordonnier.* Sorte de petite table où le maitre coupe la besogne à ses compagnons. [Le maître est à l'écofroi.]

ECOLE, *s. f.* Lieu où l'on enseigne régulièrement quelque sience. [Ecole de Téologie, de droit Canon. Ecole de Médecine.]

Petites écoles. Lieu où un maître d'école aprend à lire & à écrire à des petits enfans. On apelle aussi ces petites écoles, du nom d'école, sans y ajoûter le mot de *petites.* [Ainsi on dit aller à l'école. Tenir école.]

† *Faire l'école buissonniere*, C'est à dire, s'absenter de l'école pour joüer.

[† Ils ont apris cela dans l'*école de la pauvreté. Vau. Quin.* La Cour fut pour lui une *école de sagesse* & de vertu. *Bouhours, Aubuson, l. 1.*]

* *Prendre le chemin de l'école*, c'est à dire le plus long.

Ecole. Terme de *Triquetrac.* Faute. [Envoier à l'école. C'est reprendre un homme d'une faute qu'il a faite & la compter à son profit. C'est une *école* que cela.]

Ecolier, s. m. Celui qui va aux petites écoles pour y aprendre à lire & à écrire. Celui qui va chez un écrivain pour y aprendre. Celui qui va au colége pour y aprendre le Grec & le Latin, en un mot celui qui aprend de quelque personne est apelé *écolier.* [Un bon écolier. En matière d'amour, cet *écolier* est maitre.]

Ecoliére, *s. f.* Celle qui aprend à lire & à écrire, ou quelque sorte de chose que ce soit. [Une jolie écoliere.]

ECONDUIRE, *v. a.* Refuser. Se défaire adroitement d'une personne qui nous demande quelque chose. [Il veut se cacher dans le tombeau si nous pensons l'éconduire. *Voi. poës.* J'ai failli pour n'avoir pû éconduire un fils. *Abl. Luc.* Se voiant éconduit & moqué il ne garda plus de mesure. *Le Comte de Busi.*]

ECONOME, *s. m. & f.* Ce mot est *masculin* lorsqu'on parle d'un *homme* & féminin lorsqu'on parle d'une *femme.* Ce mot,

& les trois suivans viennent du Grec. On apelle *économe* celui, ou celle qui a soin de la conduite d'une famille. [C'est un bon économe. C'est une bonne économe. On l'a fait économe d'une grande maison.]

Econome, *s. m.* Ce mot se dit aussi en parlant de bénéfices. C'est celui qui est établi du Roi pour avoir soin du temporel de quelque Bénéfice jusqu'à ce qu'il soit rempli. Le Roi pendant la vacance du S. Siege a droit d'établir un Econome sur le temporel de l'Eglise. [Créer, constituer, établir un Econome.]

Economat, *s. m.* Charge d'économe. [Son économat a été heureux. Pour être Econome de quelque bénéfice, il faut avoir des lettres d'Economat du Roi. *Fevret, de l'abus, l. 1. ch. 8.*]

Economie, *s. f.* Soin & conduite d'une famille. [Une belle économie. Avoir de l'économie. Entendre l'économie.]

[* Le déréglement des humeurs trouble l'*économie* du corps. *Mauroix, Homelie 1.*]

Economique, *adj.* Qui regarde l'économie. [Prudence économique.]

ECOPE, *s. f.* Terme de *Chirurgien.* Division des parties charnuës, par laquelle on tranche & coupe une partie gangrenée, ou chancreuse. *Deg.*]

Ecope, *s. f.* Terme de *Batelier.* Espece de pèle un peu creuse avec des rebords de côté & d'autre, dont on se sert pour vuider l'eau des bateaux. [L'écope est perduë.]

ECORCE, *s. f.* C'est la peau dure & épaisse qui couvre le bois de l'arbre & la chair du melon, &c. [Une grosse écorce. Ecorce de citron, d'orange, de grenade, &c. L'écorce de chêne batuë sert aux taneurs. Les Sauvages font des canots de l'écorce de certains arbres. On fait des cordes de puits avec la seconde écorce des tilleuls. Les Amants écrivoient les noms & les chifres de leurs Maitresses sur l'écorce des arbres.]

* *Ecorce. Aparance.* [Le vulgaire s'arrête à l'*écorce* & aux aparences. *Patru, plaid. 7.*]

† *Mettre son doigt entre l'arbre & l'écorce. Proverbe* pour dire qu'il ne faut pas se mêler des diférens qui naissent entre gens qui sont proches comme entre l'homme & la femme, les frères & les sœurs, &c.]

† *Ecorcer*, *v. a.* Ce mot se dit quelquefois en parlant d'arbres & signifie lever l'écorce. Oter l'écorce de dessus le bois. [Il faut écorcer les arbres en Mai. On écorce aisément les arbres quand ils sont en séve.]

ECORCHER, *v. a.* Enlever la peau. Oter la peau avec un couteau propre à cela. [Ecorcher un cheval.]

† * *Ecorcher.* Faire païer trop cher. [Il faut être raisonnable & ne pas écorcher les gens.]

* *Ecorcher*, *v. a.* Enlever un peu de quelque chose. [Les essieux des rouës écorchent en passant les murailles, les arbres, &c.]

* *Ecorcher un enfant.* C'est lui donner le fouet bien serré.

* *Ecorcher.* Ce mot se dit des choses qui font une sorte impression sur quelques-uns des sens. [Une voix aigre écorche les oreilles. Les fruits âpres écorchent la langue & le gosier. La prêle étant maniée, écorche la main.] Les Procureurs écorchent leurs parties.

* *Ecorcher.* Ce mot se dit encore du langage, & signifie parler une langue fort imparfaitement. [Cet Aleman écorche le François. Il écorche un peu le Latin. *Ecorcher les Auteurs*, c'est les entendre un peu, ou les traduire mal.]

* *Vôtre cœur crie, avant qu'on l'*écorche, *Mol. précieuse, sc. 9.* C'est à dire, avant qu'on lui fasse mal. *Ecorcher une anguille par la queuë. Proverbe*, pour dire commencer par où l'on devroit finir. † *Ecorcher le renard.* C'est vomir, rendre gorge. Il faut tondre ses brebis & non pas les *écorcher*, c'est à dire, qu'il ne faut pas exiger de ses sujets ou de ses débiteurs que ce qu'ils peuvent donner.

S'écorcher, *v. r.* S'enlever un peu la peau. [Je me suis écorché une partie de la jambe.]
On dit que la couverture d'un livre relié en veau *s'écorcha* facilement.

Ecorcherie, *s. f.* Endroit où l'on écorche les bêtes mortes, ou qui sont prêtes à mourir & qu'on abandonne ensuite aux chiens & autres animaux carnasiers lorsqu'elles sont écorchées.

† * *Ecorcherie.* Cabaret, ou hôtelerie où l'on fait païer trop cher. [Nous sommes ici à l'écorcherie.]

Ecorcheur, *s. m.* Celui qui écorche les bêtes mortes.

Ecorchure, *s. f.* Petit endroit de peau écorché. [C'est une petite écorchure que je me suis faite.]

† * *Ecorcheur.* Ce mot se dit aussi au figuré de ceux qui sont paier trop cher.

ECORCIER, *s. m.* C'est un bâtiment sous lequel on met à couvert les écorces de chêne qui doivent servir aux taneurs : car elles ne vaudroient rien si on les laissoit à la pluie, qui en emporteroit le sel.]

ECORNER, Rompre les cornes. [Ecorner un bœuf.]

* *Ecorner*, *v. a.* Ce mot se dit des corps qui ont des angles lors qu'on en a rompu quelques-uns. [On a écorné cette pierre en la montant. Ecorner la corniche d'un buffet.]

† * *Ecorner,*

ECO

† * Ecorner, v. a. Il signifie encore retrancher. (Ecorner les privileges. Ecorner les portions.)

Ecorné, écorné, adj. A qui on a rompu quelque corne. (Un bœuf écorné.)

* On apelle des dez écornez quand leurs angles sont émoussez.

ECORNIFLER, v. a. Prendre un repas chez les gens sans en être prié. (Ecornifler un dîné, ou soupé.

Ecornifleur, s. m. Celui qui écornifle. Celui qui prend par adresse un repas chez quelcun, & qui sous pretexte de lui rendre quelques petits ofices, le flate & s'insinüe dans ses bonnes graces, & en excroque souvent des repas. On donne encore à l'écornifleur le nom de Parasite, qui est Grec. Lucien Tome 2. a fait un dialogue de l'écornifleur. Il y montre que c'est un métier illustre que d'être écornifleur. C'est un franc écornifleur. L'écornifleur doit être patient, adroit, complaisant, honnête, civil, gai, curieux de tout ce qui se passe, & avoir de l'esprit pour le raconter agréablement. Voi Parasite.

Ecornifleuse, s. f. Celle qui écornifle. (C'est une écornifleuse.)

Ecornifle rie, s. f. Action d'écornifleur. Le métier d'écornifleur. (Cela est une vraie écorniflerie.)

ECOSSE, s. f. Couverture de fèves, de lentilles, & de pois. (Ecosse dure. Ecosse tendre.)

Ecosser, v. a. Oter les pois, les fèves, ou les lentilles de leurs écosses. (Ecosser des poids. Ecosser des fèves. Pois écossez. Fèves écossées.)

Ecot, s. m. Ce que chacun paie par tête pour avoir bû & mangé au cabaret, ou en quelque autre lieu, où chacun paie ses dépens. (L'écot est gros. Paier son écot.)

† Ecot, s. m. Terme de Blason. Tronc d'arbres où il y a quelques restes des branches qui ont été retranchées. Delà vient qu'on apelle des croix écottées, celles qui sont formées par de semblables pieces de bois.

Ecouër, v. a. Couper la queuë à quelque animal. (Ecouër un chien.)

* Ecouë, écouée, adj. Qui a la queuë coupée. (Chien écouë.)

ECOULEMENT, s. m. Mouvement & cours de l'eau, ou autre chose liquide qui s'écoule. (Donner une pente sufisante pour l'écoulement des eaux. L'écoulement de la lumiere. L'écoulement & la dissipation des esprits de notre corps est continuel.)

Ecouler, v. n. Ce mot se dit proprement de l'eau, & veut dire couler d'un lieu en un autre. (Faire écouler l'eau.)

S'écouler, v. r. Couler d'un lieu à un autre. (Les plus fiers torrens sont ceux qui s'écoulent le plûtôt. L'eau s'écoule peu à peu.)

S'écouler. Se passer insensiblement. S'échaper doucement & sans être aperçû. Se glisser sans bruit. S'enfuir sans faire aucun éclat. Les Barbares les voiant venir s'écoulerent des deux côtez des montagnes. Abl. Ar. l. 1. Voiant cela, je m'écoule. Voi. poés. Nôtre vie s'écoule sans qu'on fasse réflexion sur la mort. Le tems s'est écoulé.)

* ECOURGE'E. Ce mot est un peu vieux & peu en usage. C'est un foüet composé de plusieurs brins de chanvre ou de plusieurs lanieres de cuir.)

ECOURTER, v. a. Ce mot se dit des chevaux, & il signifie couper quelques extremitez comme de la queuë, ou des oreilles. (Ecourter un cheval.)

Ecoute, s. f. Ce mot signifie en général un lieu propre à écouter ce que l'on dit. Il signifie en particulier un lieu fermé par des jalousies, au travers desquelles on peut voir & écouter. (Il y a des écoutes dans les Couvens & dans les Coléges.)

Etre aux écoutes. Ces mots se disent proverbialement, pour dire chercher de tout côtez à découvrir quelque chose qui regarde une personne ou une afaire.

Ecoute. Ce mot au singulier se dit par certaines Religieuses. C'est la Religieuse qu'on envoie au parloir pour acompagner celle qu'on demande & oüir ce qu'on lui dit. On appelle aussi quelquefois cette Religieuse, assistante. (On lui a donné une écoute. Ma sœur écoute.)

Ecouter, v. a. Oüir. Prêter l'oreille. Donner audiance. Ecouter patiemment quelcun.

(* D'un coupable transport écouter la chaleur, Racine, Iphigenie, a. 5. s. 2. Il faut écouter la raison. Il n'écoute que son sens.)

* S'écouter parler. Cela se dit d'une personne qui parle posément & prête attention au discours qu'elle fait.

Ecoutant, écoutante, adj. Celui, & celle qui écoute. (On apelle au Palais, Avocats écoutans, ceux qui n'ont point de pratique, qui ne plaident point, & ne frequentent le Barreau que pour écouter.)

Ecouté, écoutée, part. & adj. Discours que l'on a oüy. Chose écoutée.

* Pas écouté. Terme de Manége. C'est une sorte de pas d'école, où le cheval se balance sur les talons.

* Ecouteux, euse, adj. Cheval écouteux. Terme de Manége. C'est un cheval retenu, qui ne part pas franchement de la main, qui faute au lieu d'aller en avant, & qui ne fournit pas tout ce qu'on lui demande.

ECOUVILLON, s. m. Terme de Boulanger & de Patissier. Ce

ECR

sont quelques morceaux de toile qu'on lie au bout d'une perche de cinq ou six piez, & avec quoi on netteïe le four aprés que la braise en est tirée. (Le manche de l'écouvillon est trop long, ou trop court.)

Ecouvillon. Terme de Canonnier. Il consiste en une hampe & à deux boîtes de bois & un morceau de peau de mouton avec de la laine à l'entour de l'une des boîtes pour nettoïer le dedans des pieces d'artillerie.

Ecouvillonner, v. a. Nettéïer avec l'écouvillon. (Ecouvillonner une piéce de canon. On écouvillonne les pieces aprés qu'on les a tirées. Ecouvillonner le four.)

ECR.

ECRAN, s. m. Ce qu'on tient à la main & qu'on se met devant le visage pour le garantir de l'ardeur d'un grand feu. Ce qu'on pose devant soi pour empêcher que le feu ne nous fasse mal. Cette sorte d'écran s'apelle un écran à pié, pour le distinguer des autres qu'on tient à la main. (Un bel écran. Un joli écran. On orne ordinairement les écrans de peintures, de vers, d'histoires, de fables, &c.)

† * On dit en riant à une personne qui se met devant un autre & qui empêche qu'elle ne se chaufe. Otez-vous delà, je ne veux point d'écran si épais.

ECRASER, v. a. Aplatir en détruisant. Tuër en froissant tout à fait. Briser tout à fait. (Ecrase les impies de ton foudre. Abl. Luc. T. 1. La roüe du chariot a écrasé un petit chien.)

* Ecraser, v. a. Ce mot au figuré signifie seulement détruire. (La semence de la femme devoit écraser la tête du serpent.)

* Ecrasé, adj. Nez écrasé. C'est à dire fort plat.

ECREMENT, s. m. Levet la crême de dessus le lait. (Ecremer du lait. Lait écremé.)

ECREVICE, s. f. Poisson couvert de coque, qui naît aux rivieres qui coulent des montagnes & aux eaux fréches. Il a le corps rond, la tête large, courte & pointuë avec quatre cornes par devant. Il a deux bras fourchus, quatre piez de chaque côté, & une queuë composée de cinq ailes. On croit ordinairement que les Ecrevices ne sont pleines qu'au croissant de la Lune. Les Ecrevisses marchent quelquefois à reculons. Les Ecrevices deviennent rouges en cuisant. Les pinces de l'Ecrevice.

Ecrevice de mer. Poisson rouge & semé de petites tâches, qui ressemblent à l'écrevisse d'eau douce hormis qu'il est plus grand.

* Il fait comme l'écrevice. Cela se dit d'un homme qui recule au lieu d'avancer.

Ecrevisse. L'un des signes du Zodiaque, dit en Latin Cancer, auquel le Soleil entre dans le mois de Juin.

S'ECRIER, v. n. Elever sa voix. Demander secours à quelcun par des cris. Crier contre quelque chose, contre quelcun. (Faites vôtre devoir & vous écrier comme il faut. Mol. Tout le monde s'écrie contre ce mot. Vau. Rem. Seigneur je m'écrie vers vous du profond abime où je suis. Port-Roïal. Pseaumes.)

† Ecrin, s. m. Ce mot vient du Latin scrinium, qui signifie un petit cofre, servant à mettre les pierreries ou quelque autre chose d'important. Ce mot ne se dit plus guere.

ECRIRE, v. a. J'écris tu écris, il écrit, nous écrivons, j'ai écrit, j'écrivis. Former des caracteres avec la plume. Il y a plusieurs sortes d'écriture. (Il commence à écrire. Ecrire à la Cour. Ecrire en billet. Ecrire un billet à une maîtresse, ou à un ami. Nous écrivons de la gauche à la droite, & les Orientaux au contraire de la droite à la gauche. Il y a des peuples qui écrivent de haut en bas. Les Egiptiens écrivoient en lettres hiérogliphiques.)

Ecrire. Composer. Mettre par écrit quelque chose. (Ecrire l'histoire de son tems.)

Ecrire. Terme de Palais. Il se dit des Avocats & des Procureurs qui écrivent pour leurs parties, des requêtes, demandes & des défences, des repliques, dupliques, contre-dupliques.)

Ecrit, écrite, adj. (Exemple bien écrite. Histoire bien écrite. Roman bien écrit. Le droit écrit.)

* Ecrit, écrite, adj. Ce mot se dit au figuré. (Les noms des Fideles sont écrits dans le livre de vie. On dit qu'une chose est écrite & gravée dans la mémoire, pour dire qu'on ne l'oubliera pas. On dit en poësie que les noms des grands hommes sont écrits dans le Temple de Mémoire.)

Ecrit, s. m. Promesse sous seing-privé. Il a tiré un écrit de lui pour la faire venir quand il voudra.

Ecrit. Chose imprimée. (Il court un écrit qui fait grand bruit.)

Ecrit, s. m. Papier écrit. (On lui a donné son congé par écrit.)

Ecrits, s. m. Ouvrages de quelque Auteur. (Ablancourt à laissé quelques écrits qui n'ont pas été imprimez. La plûpart des Ecrits des Anciens sont perdus.)

Ecriteau, s. m. Morceau de papier de raisonnable grandeur & largeur ou l'on écrit quelque chose, en grosses lettres. (Un écriteau de maison, ou de chambre à loüer.)

Ecritoan. Terme d'Epicier & d'Apoticaire. Petit morceau de papier

ECR   ECU

papier colé sur une boite, où est écrit le nom des choses & des drogues qui sont dans la boite.

Ecriteau. Enseigne où est le nom du maître d'école. (*Mettre un écriteau.*)

Ecritoire, *s. f.* Ce qui est composé d'un cornet, où l'on met l'ancre, & d'une casse où l'on met le canif & les plumes. Il y a de plusieurs sortes d'écritoires. (*Ecritoire de poche. Ecritoire à pans. Ecritoire de valise. Ecritoire de table. Une fort belle écritoire.*)

Ecriture, *s. f.* Caractères formez avec la plume, qui expliquent nos pensées au lieu des sons & des voix. Caractères particuliers formez par les mains d'une personne. (*Ecriture bonne, bien nourrie. Connoître l'écriture d'une personne.*)

Ecriture. Ce mot se dit par excellence de la parole de Dieu, & signifie le vieux & le nouveau Testament. (*Lire la sainte Ecriture.*)

Ecriture. Terme de *Palais*. Ecrits qu'on fait pour un procès. (*Fournir d'écritures.*)

Ecrivain, *s. m.* Maître à écrire. (C'est un bon écrivain. Un fameux écrivain. Il est reçu maître écrivain.)

Ecrivain. Terme de *maître d'école*. Ecolier à qui le maître d'école enseigne à écrire. Un maître d'école qui a 50. écoliers qui lisent, & dix *écrivains* à trente sous chacun.

Ecrivain. Auteur qui a fait imprimer quelque ouvrage considérable. (*Si quelqu'un s'étonne qu'après tant d'écrivains je mette la main à la plume, il cessera de s'étonner s'il vient à lire cet ouvrage. Abl. At. l. 1. c. 1.*)

Ecroüé, *s. m.* Trou dans lequel tourne une vis. (*Faire une écroüé.*)

E roüé. Arrêté en parchemin de la dépense ordinaire qui se fait chez le Roi. (*Les Controlleurs & les clercs d'offices font les écroüés de toute la dépense.*)

Ecroüé. Registre où le geolier écrit par nom & par surnom les prisonniers. (*Ecroüé bifé & raïé. Lever l'écroüé. Patru, plaidoïé 5.*)

Ecroüer, *v. a.* Mettre sur le regître du geolier le nom de la personne qu'on met en prison. (*Le geolier l'a écroüé. On l'a fait écroüer.*)

Ecroüelles, *s. f.* Terme de *Médecine*. Sorte de *maladie*. Ce sont des corps glanduleux qui s'engendrent souvent d'humeurs acres & mélancholiques. (*Guérir les écroüelles.*)

Ecroüir, *v. a.* Il se dit des métaux que l'on bat à froid, pour les condenser & les rendre plus fermes & afin qu'ils fassent ressort. C'est aussi un terme de *Monnoïe*, qui se dit des pièces qu'on dit qui sont écroüies à la sortie du moulin, & qu'il faut faire recuire.)

Ecrouler, *v. a.* Ebranler. (*Ecrouler un mur.*)

Ecroulement, *s. m.* L'action qui écroule & ébranle les édifices ou les terres élevées. (*L'écroulement d'un mur en fait craindre la chute.*)

† **S'écrouler**, *v. r.* Il signifie s'ébouler. Après trente ou quarante volées de canon ce bastion s'écroulera.)

Ecroûter, *v. a.* Couper la croute qui est autour du pain. (*Ecroûter du pain. Le pain est tout écroûté.*)

Ecru, écrüe, *adj.* Il se dit des soies & des toiles qui n'ont point été mouillées, & signifie la même chose que crud & crüe. (*Etofe faite de soie crüe, ou écrüe. Fil écru. Toile écrüe.*)

ECU.

Ecu, *s. m.* Anciennement on apeloit *écu* un bouclier long, ovale, & fait de cuir. L'écu étoit aussi un bouclier d'acier, que les Chevaliers & les hommes d'armes portoient lors qu'ils combatoient.

Ecu. Terme de *Blason*. Petite plaque où l'on met les armes d'une personne. (*Le Roi porte dans son écu trois fleurs de lis.*)

Ecu. Pièce d'argent de forme ronde qui a d'un côté la figure du Roi, & de l'autre trois fleurs de lis, avec une légende, & qui vaut soixante sous. Cette sorte d'*écu* s'apelle quelquefois un *écu blanc*. (*Ainsi on dit, il a perdu une bourse où il y avoit dix écus blancs.*)

Ecu, *s. m.* Ce mot en général signifie une espèce de monoie d'or ou d'argent valant une certaine somme. (*Cet écu est bon. Cet écu est faux.*)

Ecu-Soleil C'étoit du tems de François premier une espèce d'or qui pesoit deux deniers seize grains, & qui valoit quatre livres cinq sous. Elle avoit d'un côté pour légende *Franciscus Francorum Rex*, avec un écusson couronné, où il y avoit trois fleurs de lis. Elle avoit de l'autre côté pour legende *Christus vincit, regnat, Christus imperat*, & au milieu de cette monoie il y avoit une croix embellie d'une manière de cartouche. Voïez l'Ordonnance de l'an M. DXL.

Demi écu-soleil. C'étoit une espèce de monoie faite comme l'*écu-soleil*, hormis qu'elle étoit plus petite.

Ecu-sol. Espèce d'or pésant deux deniers quinze grains & valant soixante sous. Henri second fit fabriquer de ces sortes d'écus. Ils avoient d'un côté la tête de ce Prince, & pour légende *Henricus secundus Dei gratiâ Francorum Rex*, & de l'autre ils avoient pour légende *Totum dum implebat orbem*, & au milieu de cette monoie il y avoit un croissant couronné. Voïez l'Ordonnance de 1577.

Demi écu-sol. Espèce d'or faite de même que l'écu-sol, hormis qu'elle est plus petite.

Ecu-sol. Cette espèce d'or valoit soixante sous, sous Charles IX. Elle avoit pour légende *Carolus Dei gratiâ Francorum Rex*, & pour milesime M. D. LXI. au milieu de cette monoie, du même côté, il y avoit un écusson couronné où il y avoit trois fleurs de lis, & de l'autre côté elle avoit pour légende *Christus, regnat, vincit, triumphat*, & de ce n'ême côté il y avoit une croix au milieu de l'espéce. L'écu-sol sous Henri IV. valoit trois livres cinq sous.

Ecu d'or. Espéce qui présentement vaut cent quatorze sous. Elle a d'un côté une manière de croix fleurisée avec cette légende, *Christus regnat, vincit, imperat*; & pour milessime 1636. ou quelqu'autre année; elle a de l'autre côté pour legende *Ludovicus decimus tortius*, *Dei gratiâ Rex Franciâ & Navarræ*, & au milieu de l'espèce il y a un écusson couronné on sont trois fleurs de lis. Ce qu'on apeloit autrefois écu-soleil, écu-sol ou écu couronné s'apelle aujourd'hui écu d'or.

Ecu blanc, Espèce blanche qui vaut soixante sous. Dans ces dernières années on a fait de nouveaux Ecus blancs qui valent trois livres six sous & on a décrié les vieux.

Ecueil, *s. m.* Prononcez *ékueil*. Rocher dans la mer. Banc de sable qui est à fleur d'eau. Banc de sable, ou de gravier en mer. (*Un dangereux écueil. Eviter les écueils.*)

* **Ecueil.** Ce mot est beau au figuré. (*Exemples.* * Le dénoûment est l'écueil ou plusieurs poëtes, viennent échouer. L'amour est l'écueil des plus grans cœurs. Des écueils de la Cour il sauve sa vertu. *Dépreaux, satire 5.* La haine & la flaterie sont des écueils où la verité fait naufrage. *Mémoires de Mr. le Duc de la Roche-Foucaut.* L'amour & l'ambition sont des écueils, où la plu-part des femmes se perdent. *Vascone-lle mari jaloux.* L'amour est l'écueil où la plu-part des jeunes gens ont acoutumé de se perdre.*)

Ecuelle, *s. f.* Vase de métal, de bois, de faïance, ou de terre, qui est rond, qui a deux oreilles & dont on se sert pour prendre des bouillons & manger du potage. (*Une belle écuelle.*)

Ecuellée, *s. f.* Plein d'écuelle. (*Manger une grosse écuellée de potage.*)

Ecuier, *s. m.* Titre de noblesse, & c'est proprement celui qui a droit de porter un écu armoirié.

Le grand écuier. Oficier qui dispose de presque toutes les charges vacantes de la grande & de la petite écurie du Roi, qui ordonne de tous les fonds qui sont emploïez au dépenses des écuries & des haras de sa Majesté, & qui donne permission de tenir des Académies pour instruire les jeunes Gentilshommes à la guerre.

Le premier écuier de la grande écurie. C'est celui qui commande aux Oficiers en absence du grand Ecuier.

Le premier écuier de la petite écurie. C'est l'oficier qui a soin des chevaux dont le Roi se sert d'ordinaire. Il y a deux écuiers servant par quartier. L'écuier qui est de jour se trouve au lever du Roi & fait si sa Majesté veut monter à cheval & il lui met & ôte les éperons.

Le grand écuier tranchant. Oficier qui sert aux grandes cérémonies, & qui fait les mêmes choses que l'écuier tranchant.

Ecuier tranchant. C'est un Gentilhomme servant qui fait l'essai sur le couvert du Roi, qui lui découvre & présente les plats, qui lui change d'assiette & de serviette à chaque service, & qui coupe les viandes à moins que le Roi ne les coupe lui-même.

Ecuier bouché. Oficier qui range les plats sur la table de l'ofice avant que les servir au Roi, & qui presente deux essais au maître d'hôtel.

Ecuier de cuisine. Un des premiers oficiers de la cuisine de quelque Grand.

Ecuier. Celui qui tient Academie, où l'on aprend à de jeunes Gentilshommes à monter à cheval, & à faire tous les exercices que doivent savoir les gens de qualité qui sont destinez à servir le Roi.

Ecuier. Celui qui a l'œil sur les chevaux d'un grand Seigneur qui a soin qu'ils soient bien pensez; en un mot qui a la conduite de l'écurie de quelque Grand. On l'apelle *écuier cavalcadour*.

Ecuier. Celui qui donne la main à une Dame de qualité, & qui a soin de l'acompagner dans toutes les visites qu'elle fait. (Il est *écuier* d'une grand'Dame.)

* **Ecuier.** Terme de *Vénerie*. On apelle de ce nom un jeune cerf qui acompagne & suit un vieux cerf.

† **Ecuier.** Ce mot signifioit autrefois ceux qui portoient ordinairement les Ecus des Chevaliers. Il signifioit aussi les jeunes Seigneurs qui n'étoient pas encore Chevaliers. Mais *Ecuier*, dans cette signification ne se trouve plus que dans les vieux Romans.

Eculer, *v. a.* Ce mot se dit en parlant de soulier; & veut dire faire en dedans les quartiers de derrière du soulier. (*On écule son soulier quand on a mal au talon.*)

S'éculer, *v. r.* Cela se dit des quartiers de derrière du soulier, & veut dire se replier. (*Soulié qui s'écule.*)

Ecume, *s. f.* Excrément blanc & plein de vent qui se sépare de son sujet par la force de la chaleur, ou par une grande agitation.

tion. Ordure de métal. (Ecume blanche. L'écume du pot. L'écume du cheval. L'écume du plomb, &c. Il y avoit de grandes baleines qui faisoient blanchir la mer d'écume. Abl. Luc. T. 2. hist. l. 1.)

Ecumer, v. n. Jetter de l'écume. Rendre de l'écume. (La mer écume. Cheval qui écume. Chien qui écume.

Ecumer, v. a. Oter l'écume. (Ecumer le pot.)

* Ecumer, v. a. Pirater & voler sur mer. (Les corsaires ne cessoient d'écumer toutes les côtes & de faire mile ravages. Vau. Quint. l.4. c.8.)

† * Ecumer, v. a. Ce mot se dit quelquefois au figuré & signifie prendre ce qu'il y a de meilleur dans quelque chose. (Ecumer un héritage.)

Ecumeur de mer, s. m. Pirate. Celui qui vole sur mer.

Ecumeux, écumeuse, adj. Mot poëtique, Plein d'écume. (Du Rhin il fend les flots écumeux. Dépreaux Epître 4.)

Ecumoire, s. f. Vase de forme ronde percé de plusieurs trous, qui a une queuë, & qui sert à écumer le pot, & autre chose. (Une fort belle écumoire.)

Ecumenique, adj. Ce mot est Grec & signifie universel. Il ne se dit que des Conciles. (Assemblier un Concile Ecumenique ou Universel.)

Ecurer, v. a. C'est nettéïer de la bateríe, ou de la vaisselle avec de la lie, du sablon, & un torchon de foin. C'est nettéïer avec de la lecive & un torchon de foin. (Il faut écurer avant que de sablonner. Ecurer la bateríe. Ecurer la vaisselle.)

Ecurer, v. a. Terme d'Ecureur de puits. C'est nettéïer un puits avec la dragne & autres outils. (Ecurer un puits)

Ecureuil, écuriu, s. m. Le Bel usage est pour écureuil. C'est un petit animal sauvage qui est joli, gai, qui a une grande & grosse queuë en comparaison du corps, qui porte le plus souvent la queuë haute & relevée sur le dos. Il vit de pommes, de chateignes, de noix, de noisettes. Il a pour ennemie la martre. L'écureuil est d'ordinaire roux, mais en Pologne il est gris & roux, en Russie, de couleur de cendre, & en Podolie, il y en a de diverses couleurs. Les écureuils de Laponie changent tous les ans de couleur, & de roux qu'ils sont l'été, ils deviennent gris l'hiver. L'écureuil se couvre de sa queuë pour se garentir de l'ardeur du soleil, & étant sur une écorce lorsqu'il passe quelque rivière elle lui sert de voile. Voiez Jonston.

Ecureur de puits, s. m. Ouvrier qui avec un outil, qu'il apelle drague, écure les puits, nettoïe les cisternes, & vuide les lieux. Ils s'apelle vuidangeur, & maître de basses œuvres. La plupart du monde apelle cette sorte d'ouvrier cureur de puits, mais écureur est le vrai mot.

Ecureuse, s. f. C'est à Paris, une pauvre fille ou une pauvre femme, qui gagne sa vie à écurer chez les bourgeois, & à qui on donne 15. ou 20. sols chaque jour pour la peine qu'elle prend à écurer la vaisselle & la bateríe. (Une écureuse doit être forte & avoir bon bras.)

Ecurie, s. f. Lieu de la maison où l'on tient les chevaux. La grande écurie du Roi. La petite écurie du Roi.

†Ecuisser, v. a. Terme des Eaux & Forêts. Il se dit des arbres qu'on éclate en les abatant. (L'ordonnance veut qu'on abate les arbres à coups de cognée à fleur de terre, sans les écuisser, ni les éclater.)

Ecusson, s. m. Terme de Blason. Ecu où l'on met les armes d'une personne, ou d'une famille. (Il a de trois écus le doré leur écusson. Dépreaux Satire 5.)

Ecusson. Terme de Serrurier. Petite plaque de fer qu'on met sur les portes des chambres & des bahuts vis à vis des serrures, & au travers de laquelle entre la clé pour ouvrir la porte.)

Ecusson. Terme de Jardinier. C'est un morceau d'écorce coupé en long de la figure d'un arbre de l'année, qu'on gréfe & qu'on lie avec de la filasse. (Ecusson dormant. Ecusson à œil dormant. Enter un écusson.)

Ecussonner, v. a. Terme de Jardinier. Enter en écusson. Faire des écussons, & les apliquer sur la tige ou sur la branche qu'on veut gréfer. (Ecussonner un amandier, un prunier, &c.)

EDE. EDI.

Edenté, édentée, adj. Ce mot se dit des hommes & plus souvent des femmes, & veut dire qui n'a plus de dents. (C'est une vieille édentée.)

† Edenté, édentée, adj. Ce mot se dit quelquefois d'autres choses. (Un peigne édenté. Une scie édentée, c'est à dire, dont les dents sont rompues.)

† Edenter, v. a. Ce mot signifie ôter les dents à un animal. On le dit aussi d'un peigne, d'une scie, & d'autres instrumens qui ont des dents.

Edification, s. f. Ce mot ne se dit pas au propre ou au moins il ne se dit pas bien. En sa place on dit construction. (Travailler à l'édification du temple. On croit que l'usage veut qu'on dise. Travailler à la construction du temple.)

* Edification. Sorte d'exemple ou d'instruction. (Donner de l'édification à son prochain. Cela n'est pas fort à l'édification du prochain.)

† Edificateur, s. m. Ce mot vient du Latin & signifie celui qui bâtit, mais il n'est guère en usage & il semble plus usité dans le plaisant que dans le sérieux. (M. N. n'est pas un grand édificateur, Il veut passer pour un fameux édificateur.)

Edifice, s. m. Bâtiment. (Edifice bien éclairé. Edifice pesant & massif. La meilleure exposition des édifices sera si le vent n'enfile point les ruës. Avoir soin des Edifices publics.)

Edifier, v. a. Ce verbe au propre n'est pas du bel usage, on dit en sa place bâtir, ou construire. (Edifier un palais. On croit que le bel usage veut qu'on dise bâtir, ou construire un palais. Et tout au plus le mot d'édifier pour bâtir ne peut être reçu que dans le stile bas & burlesque. C'est ainsi que l'a emploié Benserade, Rondeaux, p.197. A peu de frais pareilles gens édifioient alors.)

* Edifier. Instruire par de bons exemples, & par une conduite sage & réglée. Satisfaire par sa conduite. Ne pas scandaliser les gens par un mauvais procédé. (Edifier son prochain par une vie vraiment Chrétienne. Je ne suis pas fort édifié de lui.)

Edifiant, édifiante, adj. Qui édifie. Qui est un bon exemple & qui instruit. (Cet exemple est fort édifiant. Sa conduite est tout-à-fait édifiante.)

Edile, s. m. Ce mot vient du Latin Ædilis & il ne se dit qu'en parlant des Magistrats de l'ancienne Rome. L'Edile étoit un Magistrat qui avoit soin de la police & des édifices publics. Il y avoit des Ediles qu'on apelloit Ediles du peuple, & d'autres Ediles curules. Ceux-ci, au commencement n'eurent soin que de faire préparer les Jeux publics, mais ensuite ils eurent soin de la Police, comme les autres Ediles. Les Ediles étoient fort considerables, & des Magistrats à qui on faisoit beaucoup d'honneur.

Edit, s. m. Ce mot vient du Latin Edictum. Ordonnance faite par un Prince pour des considerations qui regardent ses interêts, ou ceux de l'Etat. (Faire un Edit. Verifier un Edit au Parlement. Publier un Edit. Le Roi déroge par ses Edits à tout ce qui pourra être contraire à ce qu'ils contiennent. Henri IV. fit l'Edit de Nantes en faveur de ceux de la Religion, Louïs XIII. l'a observé, mais Louïs XIV. l'a abrogé.)

Chambre de l'Edit. V. Chambre.

Edition, s. f. Impression. (Prémière ou seconde édition d'un livre.)

EDO. EDU.

Edoüard, s. m. Nom d'homme. Edoüard second Roi d'Angleterre fut gendre de Philipe le Bel Roi de France, car il épousa Isabelle de France fille de ce Prince. Edoüard III. Roi d'Angleterre institua en 1344. l'Ordre de la Jarretière en l'honneur de la Comtesse de Salisberi, & il ordonna qu'on célébreroit tous les ans la fête de cet Ordre, le jour de la S. George. L'Abé de Choisi, hist. de Philipe de Valois, l.2. ch.8.)

Education, s. f. Manière dont on élève & on instruit un enfant. (Donner une bonne éducation à ses enfans. N'avoit nule éducation.)

EFA.

Efacer, v. a. Raïer. (Efacer une ligne, une page, un feüillet, &c.)

* Efacer. Obscurcir. Oter. Ruiner. Détruire. (Je la faisois si brillante & si belle qu'elle éfaçoit toutes choses. Voit. Poës. Il éface tous ceux qui l'ont précédé. Ablancourt. Le tems avoit éfacé plusieurs monumens que les Poëtes ont célébrez. Vau. Quin. l.3. L'image de sa grandeur n'étoit qu'en ore efacé de leurs cœurs. Vau. Quin. l.3. c.13.)

Efacer, v. a. Terme de maître d'armes. C'est tourner de sorte qu'on ne voie pas quelque partie du corps qu'on veut mettre à couvert. (On dit efacer l'épaule. Efacer son corps, c'est regarder de demi-face celui contre qui l'on a à faire, mettant la main sur la garde de l'épée pour être prêt à la tirer. Liancourt, maître d'armes, c.3.)

† Efaçable, adj. Qui peut être efacé ; mais il ne se dit guère.

Efacure, s. f. Rature. (Une petite efacure.)

Etaré, étarée, adj. Tout éperdu. Tout transporté. Tout hors de lui-même. Tout troublé. (Avoir l'air d'un homme éfaré.)

Efaroucher, v. a. Rendre farouche. Rendre sauvage. Empêcher de s'aprivoiser. (Efaroucher une bête.)

* Il faut, si vous m'en croiez, n'éfaroucher personne. Mol. Avare, a. 5. s. 1.)

Efaufiler, v. a. Terme de Marchand Rubanier. C'est tirer avec la main la soie du bout d'un ruban coupé. (On n'éfaufile un ruban que pour en voir la bonté.)

EFE.

Efectif, éfective, adj. Vrai. Véritable. Qui a de l'éfet. Qui est en éfet. (Cela est efectif. C'est un homme éfectif. Passion éfective. Il y a six mille hommes éfectifs.)

Efectivement, adv. Vraiment. En éfet. (Chose éfectivement mauvaise. Pas. l.4.)

Efectuer, v. a. Executer. Mettre en éfet ce qu'on a résolu. (Efectuer ce qu'on a promis.)

Eféminé, éféminée, adj. Amoli par les plaisirs. (Il lui reprochoit son naturel éféminé. Abl. Tac. An. XI.)

Eféminé

Eféminé, *f. m.* Qui est amoli par les délices. (C'est un petit éféminé.)

Eféminer, *v. a.* Rendre éféminé. Amolir. (Le luxe éfémine les peuples.)

s'éféminer, *v. r.* Se rendre éféminé. S'amolir. (Les Perses, au tems d'Alexandre, s'étoient éféminez par le luxe & par l'oisiveté.)

EFERVESCENCE, *f. f.* Bouillonnement qui se fait par la premiere action de la chaleur. (La fermentation se fait par l'effervescence de l'humidité des corps qui s'échauffent. Il faut faire chauffer cette liqueur jusqu'à une legère éfervescence.) Voïez *Fermentation*.

EFET, *f. m.* Tout ce qui est produit par quelque cause. (La lumiére est l'éfet du Soleil. Tout éfet presupose une cause.]

Efet. Execution. Chose éfective. [On atend l'éfet de ses promesses. *Abl.* Plus d'éfets que de paroles. *Scaron*, *Nouv.* Cette menace a été sans éfet. Mettre en éfet.]

* *Les éfets sont les mâles & les paroles sont les femelles.* Proverbe.

Efets. Ce mot au pluriel en parlant de marchand signifie. Les biens meubles, & les papiers d'un marchand. (Avoir de bons éfets.)

En éfet. Sorte de *conjonction* qui sert à rendre raison d'une chose avancée, & qui signifie *il est certain que*. On recommence souvent un discours par cette conjonction, *en éfet*.

En éfet, *adv.* Efectivement. D'une manière véritable & réelle. [Les couleurs ne sont rien *en éfet*, elles ne sont qu'en aparence, & le sens de la vûë les aperçoit selon les diferentes réflexions de la lumiére. Il faut être gens de bien *en éfet*, & non pas seulement en aparence. Si c'étoient des maux *en éfet*, &c.]

EFEUILLER, *v. a.* Terme de *Jardinier*. C'est ôter les feuilles de quelques branches d'arbres. Efeuiller une branche. On éfeuille les arbres quand les feuilles sont trop d'ombre, & qu'elles empèchent les fruits de meurir.)

EFI.

EFICACE, *adj.* Terme de *Téologie*. Qui produit nécessairement son éfet. (Grace éficace. *Pasc. l. 2.* Il faut avoir la *grace éficace*. *Pas. l. 2.*

Eficace. Ce mot se dit aussi des remédes, & signifie qui produit un bon & grand éfet. (Remède éficace.)

Eficace, *f. f.* Force. Vertu éfective (L'éficace de la grace de Jesus Christ amolit le cœur le plus endurci *God*. Leur exemple a une éficace toute particuliére. *Port-Roial.*

Eficacement, *adv.* Avec éficace. (Dieu dispose *éficacement* de nôtre cœur. *Pasc. l.* 18.)

Eficace, *f. f.* Vertu de quelque chose. Des Auteurs condamnent le mot d'*éficacité* & d'autres l'aprouvent dans les matieres philosophiques, & on croit qu'en ces sortes de sujets il peut passer. (Rohaut, Phisique, a écrit l'*éficacité* des planètes.)

Eficient, *éficiente*, *adj.* Terme de *Phisique*. C'est à dire, Qui produit un éfet. (Cause éficiente.)

EFIGIE, *f. f.* Image. Statuë. (On voit sur la monnoie l'éfigie du Prince qui l'a fait batre. L'éfigie d'un Lion. Faire l'éfigie de quelcun en bronze.)

Efigie. Portrait grossier qu'on fait fait d'une personne & qu'on atache à une potence lors que cette personne est condamnée à mort par contumace. (Pendre en éfigie. Executer quelcun en éfigie.)

Efigier, *v. a.* Exécuter quelcun en éfigie. (On a éfigié ce criminel, dont on n'a pu faire la capture. L'Ordonnance de 1670. veut qu'il n'y ait que les personnes condamnées à mourir qu'on puisse éfigier, ou exécuter en éfigie.)

S'EFILER, *v. r.* Ce mot se dit des étofes & de la toile, qui s'en va en fils, & dont les fils se défont & se détachent du corps de l'étofe, ou de la toile. (Manteau qui s'éfile. Chemise qui s'éfile.)

[† * Un grand cou *éfilé*. *Abl*. *Luc*. Tome 3. Avoir le visage *éfilé*. Cheval *éfilé*, c'est à dire. *Qui a l'enculure delie*. Ailes d'armée *éfilées*.] *Vaug*. On dit en termes de chasse qu'un chien est *éfilé* pour avoir couru avec trop d'ardeur.

EFL.

EFLANQUÉ, *éflanquée*, *adj.* Ce mot se dit des chevaux. Qui est sur les dents. (Cheval éflanqué. Cavale éflanquée.) Il se dit quelquefois des personnes.

EFLEURER, *v. a.* Terme de *Fleuriste*. C'est ôter les fleurs. (Efleurer une anemone, une rose, une tulipe, &c.)

Efleurer, *v. a.* Blesser de sorte qu'on enleve quelque petite chose de la peau. (Le coup n'a fait qu'*éfleurer* la peau. La fortune en cela ne vous a pas seulement éfleuré la peau. *Costar*. *l. 1. let.* 146. c'est à dire , que la fortune ne vous a pas fait le moindre mal.)

* *Efleurer une matière*. C'est ne pas aprofondir une matière, & n'en parler que superficiellement.

EFO.

† EFONDRER, *v. a.* Ce mot est un terme de *Cuisinier*, mais il est presque hors d'usage. En sa place on dit *vuider*. (Esondrer une volaille, ou un poisson, ou plutôt *vuider* une volaille, ou un poisson.)

Efondrer, *v. a.* Terme de *Jardinier*. Il se dit de la terre ou l'on veut planter des arbres. C'est la fouiller d'environ trois piez; pour en ôter celle qui peut être mauvaise; aussi bien que les pierres & les gravois, s'il y en a. Efondrer se dit, mais il n'est pas si usité que *fouiller* & faire des tranchées. (On dit. Il faut *éfondrer* cette terre, mais plutôt il faut fouiller cette terre : ou faire des tranchées dans cette terre.

† *Efondrer*, Ce mot signifie aussi rompre avec violence. (Efondrer une porte.)

S'EFORCER, *v. r.* Tâcher de venir à bout de quelque chose. (Il s'éforce de réüssir dans son entreprise. Je me suis éforcé de domter mes passions.)

Efort, *f. m.* Action de la personne qui s'éforce. Sorte de violence qu'on se fait à soi-même. Violence. Impétuosité. (Il a fait un éfort pour cela. Je vai faire un éfort sur mon amour pour ne vous plus regarder que comme une infame. *Le Comte de Bussi*. Tout l'éfort de la guerre tombera sur cette place. *Voi*. l. 74. Faire les derniers éforts, c'est emploier toutes ses forces à faire quelque chose.)

* *Efort*. Ce mot se dit aussi au figuré. (Un grand éfort d'ésprit. Un éfort d'imagination.)

Efort Ce mot se dit en parlant d'animaux qui travaillent, & signifie. Mal qui vient pour s'être trop éforcé. Cheval qui a pris un éfort.)

EFR. EFU.

EFRAÏER, *v. a.* Epouvanter. Donner de la fraïeur. (Un spectre est capable d'éfraïer les plus hardis. Un homme éfraïé est un homme à moitié perdu. S'éfraïer de peu de chose.)

Efrai. Prononcez efroï, & voïez éfroï.

Efraïant, *éfraïante*, *adj.* Qui éfraïe. (Sommeil éfraïant. *Despreaux*, *Lutrin*, c. 3. Figure éfraïante. Songe éfraïant. La mort honteuse est le plus éfraïant de tous les objets.)

EFRENÉ, *éfrenée*, *adj.* Déréglé. Licentieux. Qui n'est retenu par aucun frein, par aucune chose. (Licence éfrenée. *Vaug. Quin. l. x.* Avarice éfrenée. *au. Quin. l. 3.*)

EFRONTÉ, *éfrontée*, *adj.* Impudent. Qui a de l'éfronterie. (Fille éfrontée Il est éfronté comme un page de Cour.)

Efronté, *f. m.* Celui qui a de l'éfronterie. (C'est un éfronté.)

Efrontée, *f. f.* Celle qui a de l'éfronterie (C'est une franche éfrontée.)

Efrontement, *adv.* Avec éfronterie. (Parler éfrontément. Regarder éfrontement.)

Efronterie, *f. f.* Impudence. (Il a de l'éfronterie.)

EFROI, *f. m.* Epouvante. (Porter l'éfroi par tout. *Abl*. Répandre l'éfroi dans tout un païs.)

Efroïable, *adj.* Epouvantable. Qui donne de l'éfroi. (Je n'ose raporter cet exemple, car c'est une chose éfroïable. *Pas. l. 6.* Un monstre éfroïable. *Abl*.)

Efroïable. Ce mot s'aplique aux choses bonnes & excélentes. & il veut dire bon, ou grand. Il a une mémoire *éfroïable*. Il fait une *éfroïable* dépense. *Vau. Rem.*)

Efroïablement, *adv.* Beaucoup. Fort. Tout-à-fait. Extrêmement. (Dépenser éfroïablement. Elle est éfroïablement laide.)

EFUSION, *f. f.* En Latin *effusio*. Epanchement. (Une éfusion de bile, de sang.) On faisoit des éfusions de vin, & d'autres liqueurs dans les Sacrifices des Païens (Je promis de lui faire des éfusions sous la cheminée. *Abl*. *Luc*. T. 2.)

* *Une riche éfusion de couleurs que verse le Soleil en se retirant Balzac*. Efusion de cœur. *Port-Roial.*

Efusion. Ce mot se dit en termes de *pieté & de sacrifices*. (Les quinze éfusions. Faire des éfusions. *Abl*. *Ret*. *l*. 4. *c*. 2.)

EGA.

EGAIER, *v. n.* Rendre gai. Divertir. (Egaïer l'ésprit: Il s'égaïe à faire des vers.)

[* *Egaïer un discours. Abl*. Egaïer un sujet: *Scar*. Pour nous divertir égaïons un peu nôtre veine. *Sar. Poës*. Messieurs les Médecins s'égaïent bien sur nôtre corps. *Mol*. Malade imaginaire.)

Egaïer, *v. a.* Terme de *Jardinier*. C'est ôter les branches qui rendent un arbre confus & étoufé dans le milieu. On dit aussi égaïer un buisson. Il se dit aussi des arbres en espalier. C'est le palisser si proprement que les branches soient également partagées des deux côtez & qu'il n'y en ait pas plusieurs ensemble, mais que chacune soit atachée séparément, & à des intervales égaux. [Egaïer un arbre qui est en espalier. *Quint. Jardins fruitiers*. T. 1.]

EGAL, *égale*, *adj.* Qui a de l'égalité. Qui a une juste proportion avec une autre chose. Qui est de pareille grandeur & largeur. [Ces deux choses sont égales. Ils sont égaux en cela. Chose égale à un autre. C'est un axiome de Géometrie que deux choses égales à une troisième sont égales entr'elles. Combatre à armes égales. Dieu n'a point d'*égal*, ni de compagnon. Nous sommes égaux en tout, lui & moi. Profitons des momens où il prend envie aux Princes de se rendre

dre nos *Egaux* ; & n'oublions pas qu'ils font nos Maîtres lors qu'ils l'oublient. *S. Evremont.*)

Egal, égale. Plain, uni, non raboteux. (Ce chemin eſt fort égal. Cette plaine eſt bien égale.)

On dit qu'une balance eſt *égale*, lors que ſes baſſins ſont d'égale peſanteur & qu'elle ne panche , ni d'un côté , ni d'autre.

Egal. Il ſignifie quelquefois *indifférent.* (Donnez-moi tout ce que vous voudrez , tout m'eſt égal.)

* *Egal, égale.* Qui eſt toujours dans le même état, dans la même aſſiette d'eſprit. (C'eſt un homme toujours égal. Humeur fort égale.) On dit auſſi un ſtile égal. Marcher d'un pas égal , tant au propre, qu'au figuré , où il ſignifie aller toujours le même train.

A l'égal, adv. en comparaiſon. [Ce n'eſt rien à l'égal de cela. *Arn. Poëme de Iesus-Christ.*

La docte Antiquité dans toute ſa durée
A l'*égal* de nos jours ne fut point éclairée.
Perraut, poëſies.]

D'égal, à égal. C'eſt à dire, de pareil à pareil. (Ils traitent d'égal à égal.)

Egalement, adv. Avec égalité. (Partager également. Aimer également.)

Egaler, v. a. Rendre égal. Faire égal. (Egaler les choſes. * Egaler la vertu d'Alexandre. *Veu. Rem.* Alexandre s'étoit propoſé d'égaler en tout la gloire de Baccus. *Vaug. Quin. Curce, l. 9. ch. 10.*)

S'égaler, v. r. Se rendre égal. Se rendre comparable. (S'égaler à quelcun. *Abl. Apo.*)

Egalité, ſ. f. Juſte proportion qu'il y a entre les choſes, ou les perſonnes. (L'égalité eſt fort grande. Il y a de l'égalité entr'eux. Garder de l'égalité entre les perſonnes. *Boil. avis à Ménage.*) On dit auſſi égalité de ſtile. Egalité d'ame, Egalité d'âge, de condition , &c.

Egard, ſ. m. Conſidération. Reſpect. Déferance. On doit être honoré à ſon égard , & à l'égard des autres. Avoir égard à ſon honneur. Avoir égard à toutes les circonſtances d'une choſe. On n'a point eu d'égard à ſa demande. Avoir *de grands égards* pour les gens de mérite.)

* *Egarement , ſ. m.* Mauvaiſe conduite. Procédé peu réglé. (L'égarement de ſon diſciple lui fit peu d'honneur. *Bouhours, Auboiſſon, l. 1.*)

* *Egarement.* Erreur. Aveuglement en matière de morale Chrétienne. Doctrine erronée & pleine d'erreurs. (Nous renverſent la morale Chrétienne par des égaremens ſi étranges. *Paſ.l.*8. On eſt ſaiſi de douleur de leurs égaremens. *Port-Roial.* Comme ils n'ont pas voulu reconnoître Dieu , il les a livrez à l'*égarement* d'un eſprit dépravé & corrompu. *Port-Roial, S. Paul, Epit. 1. ch. 1.*)

Egarer , v. a. Détourner quelcun de ſon chemin. (Il m'a égaré dans la forêt. J'ai été long-tems égaré ſans me pouvoir remettre dans mon chemin.)

S'égarer, v. r. Se détourner de ſon chemin. (Je me ſuis égaré dans le bois.)

* *Tous égarez.* C'eſt à dire, dont le regard n'eſt pas ferme & arrêté. Il a l'eſprit tout égaré.

* *S'égarer.* Devenir un peu fou. Etre dans l'erreur. Errer. (Son eſprit commence un peu à s'égarer.) J'ai pitié de le voir dans les ſentimens où il eſt, car il s'*égare* malheureuſement.)

Egarer, v. a. Il ſe dit en parlant d'une choſe qui eſt comme perduë, & qu'on ne peut trouver quand on la cherche. (Il a égaré une clé.)

* *Brebis égarée.* Ce mot ſe dit au figuré d'une perſonne qui eſt hors du droit chemin de ſalut. (Il y a dans l'Evangile une parabole de la brebis égarée, & qui a été retrouvée.)

E G L. E G O.

Eglantier, ſ. m. Sorte de ronce qui a les branches garnies d'épines & les feuïlles larges, qui porte des roſes ſauvages, & un fruit long & bon pour la gravelle , on apelle ce fruit grateçu, ou *églantine.*)

Eglise, ſ. f. Ce mot vient du Grec, en Latin *Eccleſia.* Il ſignifie. L'Aſſemblée des fideles. Aſſemblée des fideles gouvernée par de légitimes Paſteurs. (Egliſe Primitive. Egliſe Catholique. Egliſe Gréque , Romaine , Gallicane , Anglicane , &c. Egliſe militante. Egliſe viſible, Egliſe inviſible.)

Egliſe. Lieu Saint où les Catholiques Romains prient Dieu & lui ſacrifient. (Egliſe Catédrale. Egliſe Colégiale. Egliſe Paroiſſiale. Une belle, ſuperbe, magnifique Egliſe. Une grande ou petite Egliſe. La plus fameuſe & la plus belle Egliſe qui ſoit au monde, c'eſt celle de S. Pierre de Rome. Les plus jolies Egliſes de Paris, ce ſont l'Egliſe de Sorbone, l'Egliſe du Colége des quatre Nations , le Val de Grace & celle des Filles de l'Annonciation , mais la plus renommée c'eſt Nôtre-Dame. Bâtir une Egliſe. Bénir une Egliſe. Dédier une Egliſe. Le pouvoir de conſacrer une Egliſe nouvellement bâtie dépend de l'Evêque & le conſentement des habitans des lieux eſt auſſi néceſſaire pour cela. *Fevres de l'abus, l. 2. ch. 1.*)

Eclogue, ſ. f. Poëme qui repréſente un ſujet Champêtre, ou un ſujet auquel on en donne le caractère. Sa matière ſont les amours des bergers. (L'églogue eſt ſimple & aiſée. Les dix éclogues de Virgile ſont les plus belles églogues Latines que l'on ait.)

Egorger , v. a. Terme de *Tanneur.* Oter avec le couteau tranchant les extrémitez ſuperfluës du veau du côté de la chair, comme les oreilles & le bout de la queuë. (Egorger un veau.)

Egorger , v. a. Couper la gorge. (Egorger une victime. *Abl. Ret. l. 4. c. 1.* Il fut égorgé en la préſence de ſon camarade. *Abl. Ret. l. 4. c. 1.* Il faut que je faſſe le tour du logis , de peur qu'il n'y ait quelcun de caché qui me vienne egorger. *Abl. Luc. T. 2. coq.*)

* *Egosiller , v. n.* Crier ſi haut qu'on ſe faſſe mal au goſier. (Tu m'as fait égoſiller , carogne. *Mol. Malade imaginaire.*)

† *S'égosiller, v. r.* Parler & crier ſi haut qu'on ſe faſſe mal au goſier. (Je m'égoſille à force de vous apeller , & vous ne répondez pas. *Scaron.*)

† *Egousser , v. a.* Egouſſer des pois , ou des fèves. Dites & Voiez *écoſſer.*

Egoût , ſ. m. L'endroit d'une ruë, ou d'un quartier où toutes les eaux ſe vont rendre. Cloaque, (Un vilain égoût.)

Egout. Terme de *Couvreur.* Tuiles qui débordent au deſſus de l'entablement. Ardoiſes qui débordent du toit.

Egoter , v. a. Mettre une choſe trempée ou moüillée de telle ſorte que ce qui la moüille en tombe doucement, & comme goute à goute. (Egouter la vaiſſelle.)

Egoutoir , ſ. m. Terme de *Cartonnier.* Ais aſſemblez l'un contre l'autre ſur quoi on fait égouter les formes.

Egoutoir. Morceau de bois long d'environ trois piez , gros comme le bras, avec des rangs de chevilles de part & d'autre, ſur quoi on met égouter la vaiſſelle. Les menuiſiers apellent cette ſorte de machine un *hériſſon*, mais la plupart des gens du monde qui ne ſavent pas les mots propres des arts, le nomment un *égoutoir.* On croit que *hériſſon* & *égoutoir* ſont bons tous-deux.

E G R.

Egrainer, égréner, v. a. Oter les grains ou la graine. (Egrainer un épi. Egrainer un raiſin.)

Egrainer, égréner. Terme de *Coutelier.* Ce mot ſe dit en parlant du taillant du raſoir, & ſignifie. *Ebrécher. Caſſer.* (Ce raſoir eſt bon, le taillant egréne bien.)

Egratigner, v. a. Déchirer la peau avec les ongles. (Elle égratigne les gens ſi-tôt qu'on la penſe aprocher pour la baiſer.)

* *Egratigner, v. a.* Il ſe dit en amour , & eſt comique. C'eſt éfleurer tant ſoit peu le cœur par la force de ſa beauté. (Elle commence à m'égratigner un peu le cœur.)

Egratigneur. Voïez *Découpeur.*

Egratignure, ſ. f. Peau déchirée par les ongles. (C'eſt une petite égratignure.)

Egravillonner, v. a. Terme de *Jardinier.* Il ſe dit en parlant de mote de figuier & d'oranger. C'eſt après avoir creuſé tout autour & au deſſous , en retirer avec une ſerpette quelque peu de terre qui reſte entre les racines, afin que ces racines ſe regarniſſent de terre nouvelle y puiſſent mieux agir. (Egravillonner une motte d'oranger, ou de figuier.)

† *Egrillard, égrillarde, adj.* Gaillard, Eveillé. (Il eſt égrillard. Elle eſt égrillarde. *Mol.* Œil égrillard. *Sca.*)

Egriser, v. a. Terme de *Lapidaire.* Frotter deux diamans l'un contre l'autre pour les uſer.

Egrugeoir, ſ. m. Sorte de vaiſſeau braſ & rond qui eſt de bois où l'on égruge le ſel. (Un égrugeoir bien fait.)

Egruger , v. a. Ce mot ſe dit du ſel, du ſucre, &c. Et ſignifie *Caſſer, Briſer.* (Egruger le ſel. Sel qui n'eſt pas aſſez égrugé.)

E G U.

Eguade, ſ. f. Terme de *Mer.* Proviſion d'eau douce. Prononcez *éguade. *(* Faire éguade. *Ablancourt , Marm.*) On écrit auſſi aiguade.

Eguer , ou égayer, v. a. Tremper & laver du linge, du fil, de la ſoie dans une grande eau, ou dans l'eau claire , pour en ôter le ſel , ou l'alun, qui s'y eſt attaché à la liſſive, ou à la teinture. (Eguer du linge , de la ſoie, &c.)

* *S'écgueuler, v. r.* Crier ſi fort qu'on ſe faſſe mal à la gorge. (Il s'égueule de crier ſans qu'on aille à lui.)

Eguiere, ſ. f. Vaſe de métal, de faïance , ou de porcelaine qui ſert à mettre de l'eau. (Les éguiéres d'argent à croſſe ſont les plus belles & les plus à la mode.)

Eguierées, ſ. f. Plein l'éguière. (Une éguierée d'eau. *Vol. l.* 13.)

Eguille, ſ. f. ou *aiguille.* Petit morceau d'acier fort délié qui a cu & pointe, & qui ſert à coudre drap , étofe , ou toile. (Eguille fine. Enfiler une éguille.)

Eguille à tricoter. Petit fer rond & délié, long d'environ un pié , qui ſert à tricoter des bas, &c.

Eguille de tête. Petit morceau d'argent, d'acier, ou de léton plat,

EGU EHA ELA ELE

plat, dont les Dames se servent pour se coifer.

Eguille à embaler. Grosse & grande éguille où les Embaleurs passent de la ficelle pour coudre la grosse toile avec laquelle ils couvrent les marchandises qu'ils embalent.

Eguille de montre. Morceau d'acier qui montre les heures.

Eguille de cadran. Ce qui est élevé sur le cadran, & qui montre les heures par son ombre.

Eguille de fléau. Morceau de fer pointu au milieu du fléau des balances, ou du trébuchet, qui aide à faire voir plus promtement de quel côté panche la balance, ou le trébuchet.

Eguille aimantée. Terme de Mer. C'est une éguille d'acier, qui étant touchée d'un aimant sert à faire tourner vers le Nord, la rose du Compas. On l'apelle aussi *éguill. marine.* (Connoître la déclinaison de l'éguille. La même éguille n'a pas toujours la même déclinaison. La déclinaison de l'éguille se fait quelquefois vers l'Orient, & quelquefois vers l'Occident, & va par fois jusqu'à trente degrez.)

Eguille. Poisson de mer qui a le bec long, menu & pointu comme une éguille.

Eguille. Ce mot se dit en parlant de clocher & veut dire, clocher haut & pointu.

† * *Faire un procès sur la pointe d'une éguille.* Proverbe. C'est contester sans sujet, ou pour une chose de peu d'importance.

Eguillée, s. f. Autant de fil qu'il en faut pour coudre avec l'éguille. (Une éguillée de fil. Une éguillée de soie.)

Eguillier, s. m. Ouvrier qui fait de toutes sortes d'éguilles & de lardoires.

Eguilleté, éguilletée, adj. Qui a son habit ataché avec des éguillettes. (Un amant éguilleté sera pour elle un fagout merveilleux. *Mol.*)

Eguilletier, s. m. Ouvrier qui ferre les éguillettes & les lacets. Monsieur Ménage croit qu'il faut dire *aiguiletier ?* Monsieur Ménage est un honnête homme, c'est dommage qu'il décide quelquefois un peu légerement. Les éguilletiers que j'ai vus prononcent tous *éguilletier,* & non *éguiletier.*

Eguillete, s. f. Morceau de tresse, ferré par les deux bouts, dont on se sert par ornement, ou par necessité. (De fort belles éguillettes.)

† * *Courir l'éguillette. Reg. Sat.* 16. Être dans le libertinage. Dans la débauche malhonête.

† *Nouer l'éguillette à quelcun.* C'est dire de certaines paroles pour empêcher la consommation du mariage, à ce que pretendent ceux qui se servent de ce malefice.

† * *Lacher l'éguillette.* Cela se dit dans le stille du peuple, pour dire, satisfaire aux necessitez naturelles.

Eguilleter, v. a. C'est garnir d'éguilles.

Eguillon, s. m. Baton assez long & délié, au bout duquel il y a une petite pointe de fer pour piquer les bœufs? (Piquer avec un éguillon. Donner de l'éguillon.)

Éguillon de sansué, Éguillon de mouche, d'abeille, de hérisson, &c.

* *La loüange des belles actions sert d'éguillon à la vertu. Abl. Apo.* La colère servoit d'éguillon à son ardeur naturelle. *Vau. Quin. l.* 7.

† * *Eguillonner,* v. a. Ce mot se dit au figuré, mais il ne se dit pas noblement & même il est peu en usage. En sa place on emploie les mots *d'exciter & enflammer,* &c.

Eguiser, v. a. Faire qu'un couteau, ou autre instrument qui coupe & taille, coupe mieux qu'il ne faisoit. Rendre pointu. (Eguiser un couteau, des ciseaux. Eguiser un crayon.)

* *Eguiser,* v. a. Ce mot se dit au figuré, & signifie le rendre plus aigu, & plus subtil. (L'amour sçait l'art d'éguiser les esprits. *Mol. école des femmes,* a. 3. sc. 4. La bonne Critique sert à éguiser l'esprit.)

EH. EHA.

Eh. Sorte d'interjection servant à exprimer quelque petit mouvement de l'ame. (Eh, mon Dieu qu'elle visite ! *Mol. Critique de l'école des femmes,* s. 2.)

[Eh un petit brin d'amitié ! *Mol. George Dandin,* acte 2. s. 1. Eh là ! comment apellez-vous vous cela ? *Molière, Bourgeois Gentilhomme,* acte 1. scene 2. Eh non ! *Molière.*]

Ehanché, ehanchée, adj. Qui a la hanche rompuë. Qui n'a point de hanche. (Il est éhanché. Elle est toute ehanchée.)

EHE. EJA.

† *Eherber,* v. a. Terme de Jardinier. C'est ôter les mechantes herbes qui croissent parmi les bonnes, & qui les ofusquent. Le mot d'*éherber* se dit ; mais il n'est pas si usité que celui de *sarcler.* (Il faut éherber ce champ, dites, il faut sarcler ce champ. *Quin.*)

Ejaculation, s. f. Ce mot est Latin & signifie proprement l'action de pousser & de jetter quelque chose de liquide avec effort. C'est aussi un terme de Médecin.

ELA.

† *Elabourer,* v. a. Travailler quelque ouvrage avec soin, & avec aplication. Il n'est guere en usage qu'au participe *Elabouré.* (Un ouvrage bien elabouré.) Les Médecins disent aussi un *sang bien elabouré.* C'est à dire bien conditionné.

Elaguer, v. a. Terme de *Jardinier.* Couper les branches basses & embarassantes des arbres. (Elaguer un arbre. Arbre élagué.)

Elan, s. m. Action de ce qui s'élance. (Cheval qui fait de furieux élans.)

* *Elan,* s. m. Sorte de mouvement du cœur qui s'élance vers quelque objet. Transport. (Elan afecté. *Molière, Tartufe,* acte 1. scene 5. De son amour chacun suit les élans. *Bonserade, Rondeaux,* page 2.3.)

Elan. Animal sauvage qui naît aux païs Septentrionnaux & qui est à peu près gros, grand, & haut comme un cheval de mediocre taille & bien gras. L'*élan* tire sur un jaune obscur, mêlé de gris sombre. Il va en baissant la tête. Il a le cou & les épaules fort veluës, la babine de dessous fort grosse & qui s'avance ; la tête longue & menuë en comparaison de tout le reste du corps, la bouche large, les dents mediocres, les oreilles longues & larges, le pié forchu, la peau dure & ferme, & qui résiste aux coups d'estoc & de taille. L'*élan* femelle n'a point de bois, mais l'*élan* mâle en a un, qui a environ deux piez de long. L'*élan,* étant chassé, s'enfuit vers les lieux où il y a de l'eau, en avale, & la rejette sur les chiens. Il suporte la faim. Il s'aprivoise aisément & a tant de force à la corne du pié, que lorsqu'il en frape un chien, ou un loup il le jette mort par terre. (Un élan mâle, un élan femelle. *Jonston.*)

Elancement, s. m. Mouvement du cœur qui s'élance. (Il faisoit des soupirs & de grans élancemens. *Mol. Tartufe,* a. 1. sc. 1.)

* *Elancer,* v. a. Darder. (La mort fait ses traits élancer. *Voit. poës.*)

S'élancer, v. r. Se jetter sur quelque personne, ou sur quelque chose. Se jetter. Se lancer. (Un lion s'élança sur lui & le déchira au même instant, il *s'élança* dans l'onde. *Depreaux, Epitre* 4.)

Elancé, élancée, adj. Terme de *Jardinier.* Il se dit des branches qui sont longues & peu grosses à proportion, & dégarnies d'autres branches. (C'est un défaut à un arbre que d'y voir des branches élancées. *Quin. Jardins,* T. 1.

Elargir, v. a. Faire plus large. Etendre. (Elargir un chemin. Elargir une ruë. Elargir un habit. Elargir des botes.)

Elargir, v. a. Donner plus d'ouverture. (Elargir un compas. Elargir les jambes.)

Elargir, v. a. Terme de *Guerre.* (Elargir les rangs pour ocuper plus de terrain. Elargir les quartiers, pour se loger plus commodément & avoir plus de fourrage.)

Elargir, v. a. Terme de *Manège.* Il se dit lors qu'on fait embrasser plus de terrain à un cheval. (Elargir les voltes.)

† *Elargir,* v. a. Ce mot signifioit autrefois donner largement. (Il a élargi son bien aux pauvres. Dieu nous élargit ses graces.)

Elargir. Faire sortir de prison quelque prisonnier. (Elargir un prisonnier. Prisonnier élargi. Ce mot, en ce sens, ne se dit que des hommes seulement. Car en parlant des femmes, on dira, pour éviter l'équivoque, Mademoiselle une telle a eu aujourd'hui *provision de sa personne,* & jamais on a élargi Mad. Mais en parlant d'un homme, on dira fort bien On vient d'élargir le Continuateur de Ph. qui étoit au Châtelet dépuis trois semaines.)

S'élargir, v. r. Devenir plus large. (Au sortir des montagnes le païs s'élargit. Les rivières s'élargissent dans les plaines. La chaussée commençoit à s'élargir. *aug. Quint. Curce,* l. 4. Les ennemis n'eurent pas le moien de s'élargir. *Vaug. Quint. Curce,* l. 3. ch. 7.)

S'élargir. Terme de Mer. C'est donner, ou prendre la chasse.

Elargissement, s. m. Ce mot au propre signifie l'action de rendre plus large, & plus étendu. (L'élargissement des chemins, des quartiers, des rangs, &c.)

Elargissement, s. m. Sortie de prison par ordre de justice. (Signer un élargissement. *Téo. poës.* Arrêt d'élargissement. *Patru, plaidoyez.*)

Elargissure, s. f. Terme de *Tailleur d'habit.* (Faire une élargissure de trois doigts à un habit.)

Elastique, adj. Terme de *Phisique.* Il se dit des corps qui font ressort, & qui après avoir été pressez, bandez & contraints, ont effort pour se remettre dans leur premier état. (On a découvert dépuis quelque-tems que l'air a une vertu élastique.)

ELE.

Elebore. V. *Hellebore.*

Electeur, s. m. Il vient du Latin *Elector.* On apelle de ce nom ceux qui élisent l'Empereur, & qui possèdent après Sa Majesté Impériale les premières Dignitez de tout l'Empire. Les Electeurs furent instituez par l'Empereur Charles IV. en 1356. Il n'y eut alors que sept Electeurs, trois Ecclésiastiques & quatre Séculiers ; mais à present il y en a huit. Les trois Electeurs Ecclésiastiques sont celui de Maïence, celui de Cologne & celui de Treves. Les cinq Séculiers sont le Roi de Bohême, (qui est aujourd'hui Empereur) & les Electeurs de Bavière, de Saxe, de Brandebourg & l'Electeur Palatin. Les Electeurs jouïssent des prérogatives des Rois à la Cour de l'Empereur ; & leurs Ambassadeurs ont le même rang que ceux des Têtes Couronnées. Quand on parle , ou qu'on écrit à quelque Electeur , on le traite de Monseigneur d'Altesse Serenissime, ou de Sérénité Electorale.

Electif, elective, adj. Qui se choisit, Qui s'élit. Qu'on élit. (La Pologne est un Roiaume électif.)

Election , f. f. Choix qu'on fait d'une personne pour être élevée à quelque dignité , ou pour remplir quelque charge. (L'élection qu'on a faite du Chancelier a été aprouvée de tout le monde. On tâche à traverser son élection. La Cour favorise son élection. Je suis sûr que vous ne sauriez faire que bonnes élections. Coëf. T. 2. lett. 319. Apuyer l'élection d'un Magistrat. Abl. Tac. Autoriser l'élection du peuple. Vaug. Quint. Curce, l. x. ch. 7. Confirmer une élection. Abl. Tac.)

Election. Plusieurs Paroisses comprises dans une certaine étenduë de païs, qui paient taille, & sur lesquelles les Elus exercent leur jurisdiction. Sorte de jurisdiction qui connoit des diferends qui naissent pour les Tailles & pour les Aides. Lieu où l'on juge des Tailles & des Aides.

Election de domicile. Terme de Pratique. V. Domicile.

* Vaisseau d'élection. Terme de Théologie. Personne éluë & choisie de Dieu.

Electorat , f. m. Dignité d'Electeur. (Charles-Quint changea toute la face des afaires d'Alemagne, & transféra l'Electorat de Saxe d'une branche à une autre. S. Evremont.)

Electoral. Païs & Terres d'un Electeur. (L'Electorat de Brandebourg est beau & considérable , il est vaste & d'une grande étenduë.)

Electoral, électorale, adj. Qui est d'Electeur. (Altesse Electorale. Le Colége Electoral de l'Empire. Prince Electoral.)

Electrice, f. f. Epouse d'Electeur. (Madame l'Electrice est généreuse.)

ELECTUAIRE, f. m. Terme d'Apoticaire. Il vient du Latin Electuarium. C'est une composition liquide ou sèche qui purge. (De bons electuaires. Se servir d'electuaires.)

ELEFANT , f. m. Animal sauvage qui naît en Asie, en Afrique & dans les Isles qui sont aux environs de ces deux continents. C'est le plus gros de tous les animaux terrestres. Il est d'une couleur qui tire sur la couleur de cendre. Il a dix piez de haut, la tête grosse , les yeux petits en comparaison de son corps. Le cou fort court, les oreilles larges comme des rondaches , une trompe qui lui pend presque jusques à terre , & est entre les défenses de devant. Il a la bouche auprès de l'estomac assez semblable à celle d'un pourceau; & il sort de sa bouche du côté de la machoire supérieure deux fort grandes dents. Ses piez sont ronds , & fendus en cinq ongles , ses jambes rondes & fortes , & sa quëue est comme celle des bufles. De son simple pas il ateint les hommes qui courent & il fait trois miles par heure. Il a le pié si seur qu'il ne fait jamais un faux pas. Il nage fort bien. Il se couche & se leve avec facilité , contre l'opinion des Anciens qui ont crû qu'il n'avoit point de jointures aux jambes. Les défences de l'Eléfant font l'ivoire qu'on voit par deçà. L'Eléfant alaite jusques à huit ans. Il aprend & entend ce qu'on lui dit. Il a de l'antipatie pour le lion , le tigre, le rinocerot , & les serpens. Il vit deux cens ans & plus. Il est docile , il craint & aime l'homme & principalement son maitre. (Un éléfant mâle. Un éléfant femelle. Le P. Tachard , voiage de Siam , l. 4. page 219. raconte qu'on voit à Siam un Eléfant blanc , qu'on ne sert qu'en vaisselle d'or,que cette vaisselle est d'une grandeur & d'une épaisseur extraordinaire & qu'il est logé dans un lieu magnifique dont tous les lambris sont dorez. On exposoit anciennement les personnes coupables aux Eléfans , qui les écrasoient. Vaug. Quint. Curce, l. x. ch. 9.)

ELEGANCE, f. f. Terme de Rétorique. (L'élégance consiste à s'exprimer purement & nettement. Il y a de l'élégance dans les ouvrages anciens.)

Elegant ; elegante , adj. Terme de Rétorique. Qui a de l'élégance. (Discours élégant.)

* Elegant , elegante. Ce mot se dit en parlant de peinture & d'architecture. (Ainsi on dit des contours élégans.)

Elégamment , adv. Avec élégance. (Ecrire élégamment. S'exprimer élégamment.)

ELEGIAQUE, adj. Ce mot se dit en parlant des vers des élégies Latines. Qui est d'élégie. (Vers élégiaques.)

Elégie, f. f. Poëme propre à répresenter des choses tristes, ou amoureuses. Elle doit être aisée & tendre. (Tibulle a fait de belles élégies Latines ; & la Comtesse de la Suze nous en a laissé de fort touchantes en François.)

ELEMENT , f. f. Corps simple dont les mixtes sont composez. (Les Philosophes admettent quatre élémens , la terre , l'eau, l'air, & le feu. Les Chimistes en admettent cinq, le mercure, le flegme, le sel, le soufre, & la tête morte.)

* Elément. Principe. (Savoir les prémiers élémens d'une science.)

Elément. Plaisir. (Etre dans son élément. Abl. Phebus est là en son élément. Voit. Poëf. Quand il est au cabaret, il est en son élément. Scar.).

* Element liquide. Termes poëtiques pour dire la mer. (Son bras arma l'orgueil du liquide élément. Arn. Poëme sur J. C.)

Elémentaire, adj. Qui est d'élément. (Ainsi on dit le feu élémentaire.)

ELEONOR , f. f. Nom de femme.

ELESE , f. f. Linge qu'on met dans le lit sous les malades pour leur servir dans leurs besoins.

ELEU, eluë, part. & adj. Prononcez Elu, éluë. V. Elu.

ELEVATION , f. f. L'action d'élever, ou de rendre une chose plus haute qu'elle n'étoit. (Faire l'élévation d'une colonne. L'élévation des eaux.)

ELEVATION. Terme d'Eglise. Endroit de la Messe où le Prêtre aiant consacré , éleve l'Hostie & la montre au peuple. (Le Prêtre est à l'élévation. Pasc. l. 9.)

Elevation, f. f. Hauteur. (Cette voûte n'a pas assez d'élévation. Cette fontaine ne poussera pas fort haut , parce que la source n'a pas assez d'élévation.) On dit aussi, l'élévation de la voix ; pour dire la force avec quoi on la pousse.

Elevation. Ce mot se dit en Architecture. Dans le dessein qu'on fait d'un bâtiment , on apelle élévation , la représentation qu'on fait de la face du bâtiment. (Faire les plans & les élévations d'un bâtiment.)

* Elevation. Acroissement de fortune. Grandeur. (Concourir à l'élévation d'une personne. Abl. Plus les hommes sont d'élévation de cœur & d'esprit & plus ils sont touchez de l'amour des loüanges. Mademoiselle Scuderi.)

Elevation. Terme de Géographie & d'Astronomie. C'est la distance qui se trouve depuis l'horison jusques à l'un des Poles. (Trouver l'élévation du Pole.)

* Elevation. Terme de Pieté. Il se dit au figuré. (Faire des élévations de son cœur à Dieu.)

Elevatoire, f. m. Instrument de Chirurgien, qui sert à élever des os qui ont été brisez & enfoncez.

Eleve, f. m. Il vient de l'Italien allievo. C'est proprement le disciple qu'un peintre a élevé. (Gilles Romain a été élève de Raphaël.)

Eleve. Celui qui s'attache à quelque Auteur pour en être formé. (Mainard & Racan étoient des élèves de Malherbe.)

Elevement, f. m. Ce mot est condané par quelques Auteurs & aprouvé par d'autres. (L'honneur du monde & la gloire de vaincre ont un atrait & un élèvement qui éblouït Arn. Conf. Un élèvement de cœur.)

Elever, v. a. Hausser. Porter le bas en haut. (Elever les yeux. Elever une muraille. Elever une tour. Vaug. Quin. l. 4. Elever sa voix. Abl. Tour fort élevée de situation & de structure. Vau. Quin. l. 3. On éleve des pierres avec des grues. On éleve les eaux avec des pompes. Le Soleil éleve les vapeurs.)

Elever, v. a. Dresser, ériger. (Les Anciens élevoient des statuës, des trophées & des Autels à leurs Capitaines & leurs Empereurs. Elever un Obélisque.)

* Elever. Agrandir. Rendre considerable. Faire la fortune de quelcun de quelque façon que ce soit. (Je ne croïois pas que la fortune ne dût jamais tant élever. Voi. l. 6. Elever à une haute dignité.)

† Elever. Ce mot se dit des arbres & des fleurs. C'est avoir soin des arbres & les faire croître. (Elever un arbre, une fleur. Elever du plant.)

* Elever. Nourrir & avoir soin. (Elever un oiseau. Elever un cheval.)

* Elever. Instruire. Donner l'éducation necessaire. (Ils n'élèvent pas les enfans au gré des péres & des méres. Vau. Quin. l. 9.)

* Elever. Il se dit au figuré. (Elever son cœur à Dieu par les priéres & par de saintes méditations. Elever son esprit au dessus des choses temporelles.)

* Elever. Loüer. (Elever quelcun jusques au ciel.)

S'élever , v. r. Je m'éleve. Je m'élevai. Je me suis élevé. (Une aigle s'éleve en l'air. Après que Jesus eut dit ces paroles, ils le virent s'élever en haut. Port-Royal , Actes des Apôtres, ch. 1. Les vapeurs s'élèvent par le moïen du feu lorsqu'on distille.)

On dit qu'un orage s'éleve. C'est à dire qu'il commence à se faire sentir.

* S'élever. Se hausser en dignité. (Il s'est élevé par son propre mérite.)

* S'élever. Se soulever. Se rebeller. (Il ne faut pas s'elever contre son Prince. Le peuple s'éleve & est prêt à faire une sédition. S'élever contre quelcun, c'est se déclarer contre lui, contre ce qu'il a dit ou ce qu'il a fait.)

Elevure, f. f. Sorte de pustule qui vient sur la peau. (Il lui est venu de petites élevures sur tout le corps.)

E L I.

ELIE , f. f. Nom d'homme. (Le Prophéte Elie.)

ELIRE , v. a. J'élis, j'ai élu. J'élus. Choisir. Faire choix de quelque chose que ce soit. (Elire un supérieur. On a élu tout d'une voix. On élut le Duc d'Anjou pour être Roi de Pologne parce qu'il étoit brave. La Noblesse de France élut pour Roi, du consentement du Pape Zacarie , en la place de Childeric III, Pepin qui étoit Maire du Palais. Mezerai hist. de France

France, т 1. Dieu a élû de toute éternité ceux qu'il a voulu predestiner.)

Elire domicile. V. *Domicile*.

ELISION, *s. f.* Terme de *Grammaire* qui signifie retranchement de quelque lettre. (Les Poëtes Latins faisoient élision de toutes les voïelles à la fin des mots & même lors que ces voïelles , étoient, suivies d'une *m*. Les François font élision de l'*e* féminin à la fin des mots, quand le mot suivant commence par une voïelle, ou par une *h* qui n'est pas aspirée , comme *l'esprit* pour *le esprit*, *l'homme*, au lieu de dire *le homme*. On dit aussi *l'ame* pour *la ame*, qu'il pour que il s *d'ouïr* pour *de ouïr*, &c.

Elite, *s. f.* Choix. Ce qu'on a choisi de personnes pour quelque chose. (C'étoient tous des gens d'élite. Il le vint trouver avec l'élite des troupes. *Abl. Ar.* Il fit une sortie avec l'élite des soldats. *Du Rier*, *Strada*. Avoir l'élite d'une marchandise.)

ELIXATION , *s. f.* Prononcez *Elizacion*. Terme de *Pharmacie*. Sorte de decoction qui se fait dans quelque liqueur étrangere , pour extraire la vertu des médicamens, & pour en faire des apozêmes, des potions, des fomentations, &c.

ELIXIR , *s. m.* Terme de *Pharmacie* & de *Chimie*. C'est une liqueur spiritueuse, contenant la plus pure substance des mixtes choisis, &c. L'Elixir de propriété est un remède, inventé par Paracelse. L'esprit de vin est un puissant élixir, &c. On apelle aussi l'élixir, *une quinte essence*. Les Charlatans abusent de ce mot élixir, & le donnent à de simples extraits pour les vendre mieux.

ELIZABET, *s. f.* Nom de femme. Il vient de l'Hebreu. *Babet* est son diminutif. (Elizabet Reine d'Angleterre prêta quatre millions à Henri IV. & lui entretint quatre mille Anglois, qui l'aidérent à gagner la bataille d'Arques. *Le Mait. p.* 36.)

ELL.

ELLE. Pronom féminin, dont le masculin est *lui*. (Elle est bonne. Elle est belle. C'est *elle*, je la connois.)

ELLEBORE, *s. m.* Ce mot vient du Grec. C'est une plante medicinale. (Ellebore blanc. Il y a de deux ou trois sorte d'ellebore noir. L'ellebore fait vomir, provoque les mois , tuë l'enfant au ventre de la mére & fait mourir les souris & les rats. Il fait éternuër , décharge le cerveau & chasse la mélancolie. Dans cette pensée Ablancourt, *Lucien*, т. 2. a dit, ce Legislateur a besoin d'un peu *d'ellebore* pour lui purger le cerveau. Voïez *Dalechamp*, *hist. de plantes*, т. 1. l. 16. chap. 4.)

ELLIPSE, *s. f.* Ce mot est Grec, c'est un terme de *Rétorique* , & il signifie *omission* volontaire de quelque chose qui est sousentenduë. C'est une figure violente, où l'Orateur suspend & interomt avec esprit la suite de son discours, pour lui donner plus de grace, *Qui diroit la plus*...... ou sous-entendroit la plus belle, ou la plus laide , selon la maniére dont on parleroit, & l'on feroit une *ellipse*.

Ellipse, *s. m.* Terme de *Géometrie*. C'est une figure contenuë par une ligne courbe, qui a un centre, par lequel passent tous les diametres , entre lesquels il y en a deux le plus grand & le plus petit qui se coupent à angles droits. L'Ellipse a deux foïers , desquels si l'on tire deux lignes à quelque point que ce soit de la circonference , elles sont ensemble précisément égales au plus grand diametre. C'est la section d'un Cone faite par un plan incliné sur son axe. L'Ellipse se nomme aussi une *Ovale Mathematique*, qui est diférente de l'Ovale commune. V. *Ovale*.

Elliptique, *adj.* Terme d'*Astronomie* Qui tient de l'Ellipse. (L'orbite des Planetes n'est pas circulaire mais Elliptique.)

ELO.

ELOCUTION, *s. f.* Terme de *Rétorique*. Langage. Maniére dont on s'explique. (L'élocution doit être claire & propre au sujet. L'élocution est vicieuse lorsqu'elle est froide.)

ELOGE, *s. m.* Loüange qu'on donne à quelque personne , ou à quelque chose en consideration de son merite. Panégirique. (Un grand éloge, un bel éloge, un froid éloge. On lui donne mille éloges. On ne parle des grands hommes qu'avec des éloges. Faire l'éloge de quelcun.)

ELOI, *s. m.* Nom d'homme. (Saint Eloi est le Patron des Academistes L'Eglise n'en fait pas la fête , mais les Serruriers & les Marêchaux la célébrent.

ELOIGNEMENT, *s. m.* Distance d'un lieu à un autre. (L'Apogée d'une planete est son plus grand éloignement de la Terre. Il y a un grand éloignement entre la France & le Canada.)

Eloignement. L'action de quitter un lieu pour s'en aller dans un autre. (L'éloignement des Vaisseaux d'Enée affligea Didon.)

* *Eloignement*. Absence. (C'est une des choses qui m'a consolé durant cet éloignement. *Voi. l.*19.) Ce mot éloignement signifie quelquesfois une absence involontaire, un banissement & une disgrace. (Son éloignement de la Cour fait connoître qu'il a perdu la faveur de son Prince.)

Eloignement. Ce mot se dit en *peinture*. (Réprésenter en éloignement un palais.)

Eloigner, *v. a.* Faire tirer loin. Envoïer loin de soi. (On l'a éloigné de la Cour. Eloignez cela de moi. La guerre de Paris n'avoit été faite que pour éloigner le Cardinal. *M. D. M. L D. D. L. R. F.*)

Eloigner, *v. a.* Il se dit quelquefois à l'égard du tems, & signifie retarder. (Le mauvais tems a éloigné la moisson. La perte de ce convoi éloignera la prise de la Place.)

* *Eloigner de son esprit toutes les pensées qui peuvent donner du chagrin.

S'*éloigner*, *v. r.* S'absenter, se retirer loin d'un lieu. (S'éloigner de la Cour. La flote s'éloigna du port. Il s'est éloigné de la ville. Quand la Lune s'éloigne du Soleil , elle commence à paroître.

* (S'éloigner du respect, qu'on doit à quelcun. *Maucroix*, *Schisme*, *l.* 1. Ils sont fort éloignez de savoir qu'ils pechent. *Pas. l.* 4.)

Eloigné, éloignée, adj. (Un lieu fort éloigné. Aller en des païs éloignez.)

* *Il sont fort éloignez de compte*. C'est à dire, ils sont de sentimens fort diférens.

ELOQUENCE, *s. f.* La sience de la parole. L'art d'éclairer l'esprit & de toucher le cœur, par la beauté des paroles & des choses qu'on dit avec jugement & avec esprit. (La véritable *éloquence* consiste à parler tout ce qu'il faut, & ne dire que ce qu'il faut, L'éloquence de la chaire est diférente de celle du Barreau. L'on parle souvent d'éloquence.)

Eloquent, *éloquente*, *adj.* Qui a de l'éloquence. (Démôstene & Ciceron étoient fort éloquens , mais de diverse maniére. L'Oraison de Ciceron la plus éloquente est celle qu'il fit pour Milon.)

* L'amour propre est fort éloquent à nous persuader ce que nous souhaitons. Les passions sont éloquentes. L'argent est souvent plus éloquent , & persuade mieux que les discours.)

Eloquemment, *adv.* Avec éloquence. (Parler éloquemment.)

ELU, *élue, adj.* Choisi. (Le Duc d'Anjou qu'on apella depuis Henri III. fut élû Roi de Pologne.)

Elû, *s. m.* Terme qui se dit en parlant de Dieu; & qui signifie la personne qui est choisie de Dieu pour être sauvée. (Dieu fait souvent souffrir ses élus pour les éprouver.)

Elu, *s. m.* Oficier roïal qui avec ses confréres , distribuë dans une certaine étenduë de païs, les tailles & les aides, & juge de tous les diférens qui naissent de ces choses. L'étenduë de païs où les Elus distribuent les aides & les tailles s'apelle *Election*, & le lieu où il juge de ces choses a le même nom. De tous les Juges, les Elus sont les moins estimez; ils passent dans l'esprit de presque tout le monde pour des gens ignares & non lettrez.

Eluë, *s. f.* Femme d'Elu. (Vous irez visiter Madame l'Eluë. *Moliere*, *Tartufe*, a 2. f. 3.)

ELUDER , *v. a.* Rendre vain. Eviter. Rendre sans éfet. (Eluder une proposition. *Ablancourt*, *Tac. an. l.* 3. Eluder les intentions de quelcun. *Memoires de Monsieur le Duc de la Rochefoucaut*. Eluder la poursuite de quelcun. *Déprauax*, *satires*. La chicane élude souvent la force des Arrêts. Ce Docteur n'a pas resolu la dificulté qu'on lui avoit proposée; mais il *l'a éludée*. Alexandre coupant le nœud Gordien *éluda* l'oracle, où il l'accomplit, *Vaug. Q. Curce, l.* 5.)

EMA.

EMAIL , *s. m.* C'est premiérement une sorte de mineral qu'on purifie, & auquel on donne dans les païs étrangers toutes les façons qu'il doit avoir pour en faire un bleu foncé , & le réduire en maniére de farine tres-déliée. Cet *émail* se vend à Paris par les *Epiciers*. Il sert aux Blanchisseurs & aux Blanchisseuses pour donner la couleur bleuë à l'empois , & aux enlumineurs & aux Peintres pour faire une couleur bleuë qu'ils emploient dans leurs ouvrages. Le mot *d'émail* en ce sens n'a point de *pluriel*. (Cet émail est tres-fin. Le bel *émail* vient de Holande.)

Email. C'est une composition où il entre des métaux calcinez, avec lesquels on mèle de certaines couleurs. Il est luisant comme le verre , & il se fond aisément au feu. Cet *émail* s'apelle en Latin *encaustum*, en Italien *smalto*, & en Espagnol *esmalte*. Il sert aux Orfévres qui sont metteurs en œuvre , aux Emailleurs & aux Peintres en émail. Il y a de cet émail de plusieurs couleurs ; du blanc , du noir , du gris, du bleu , du rouge qui est le plus excellent. En parlant de cet émail, on dit (Email clair, transparent, épais, ou opaque.) Le mot *d'émail* en ce sens est au pluriel , & il est fait au pluriel , *émaux*. (Quand les Metteurs en œuvre emploient les *émaux* , ils les fondent au feu , en leur comuniquant un certain degré de chaleur qui leur donne la beauté qu'ils doivent avoir. L'or reçoit fort bien tous les *émaux* clairs & opaques. Apliquer les émaux. Parfondre les émaux. On travaille aussi à l'émail au feu de lampe , avec un souflet ou un chalumeau , & on le peut tirer en des filets aussi déliez qu'on veut.)

Email. Il signifie un ouvrage composé d'une maniére de verre blanc qu'on travaille à Venise , & qui se vend chez les Faïanciers de Paris. On vend des tasses d'email, de petits pots

pots d'émail, de petites urnes d'émail, & d'autres gentillesses propres à parer les cabinets, les armoires & les cheminées. Il y a aussi une sorte de Faïance émaillée, que l'on apelle ordinairement émail, mais c'est un *faux émail* que les Faïanciers apellent Turquin, & qui n'est pas, à beaucoup près, si beau que *l'émail* de Venise, qu'on fait agréablement dorer, pour en rehausser la beauté.

* *Email.* Ce mot au figuré est plus de la poësie que de la prose, & il signifie l'embélissement que font les fleurs, & autres pareilles choses. (L'émail des prez. *Godeau, poësies,* 2. *partie,* 1. *elogue.*)

Ni les âpres frimas, ni les grandes chaleurs,
N'y ternissent jamais le bel *émail* des fleurs.
Segr. Ecl.6.)

Email. Terme de *Blason.* Ce mot se dit de la diversité des couleurs & des métaux dont un Ecu est chargé. Le Blason à sept sortes d'*émaux.* Or, argent, gueules, azur, sable, sinople & pourpre. Les émaux du Blason sont venus des anciens jeux du Cirque, & de là ont passé aux Tournois.

Emailler, v. a. Couvrir d'émail. Orner & embélir avec de l'émail. Les Orfévres sont bien aises d'*émailler* leurs ouvrages, car ils vendent l'émail autant que l'or.)

* *Emailler.* Ce mot est plus de la poësie que de la prose. Il signifie, Embélir. Orner. (L'aurore éveillée, de perles d'Orient a la terre émaillée. *Sar. poës.* Les fleurs de toutes parts émailloient les valons. *God. poës.* 1. p. *egl.* La terre s'émailloit de fleurs. *La Suze.*)

L'Astre par qui les fleurs *émailloient* les campagnes,
Par qui le serpolet parfumoit les montagnes,
A porté la lumière en un autre horison.
Racan, Bergeries, a. 5.

Déja l'or & l'azur du haut de ces montagnes
Emaillent à longs traits ces fertiles campagnes.
La Suze, poës.)

Emailleur, s. m. En Italien *Smaltatore.* C'est un ouvrier qui avec un chalumeau, une lampe alumée, & des branches d'émail alié avec du verre & des couleurs, fait ordinairement mille petites gentillesses qu'il sousle, ou d'autrefois forme des ouvrages d'émail un peu plus massifs sans les sousler, & qui quelquefois avec le pinceau peint en émail sur le cuivre. (Un bon, un habile émailleur. Etre émailleur. Les émailleurs ne sont pas encore érigez en corps de métier. Les émailleurs travaillent au brouf & au raison, avec les bercelles, qui sont de petites pinces fort déliées, & le brouf & le talon deux petits tuyaux de verre par où le vent passe, pour entretenir le feu de la lampe en sa force.

Emaillûre, s. f. Terme de *Fauconnerie.* Qui se dit des mailles, ou taches rousses qui sont sur les pennes de l'oiseau de proie.

Emancipation, s. f. Terme de *Palais.* Acte par lequel on émancipe un jeune garçon, ou une jeune fille.

Emanciper, v. a. Terme de *Palais.* C'est délivrer une jeune garçon ou une jeune fille de la puissance d'un Tuteur, en leur donnant la jouïssance de l'usufruit de leur bien.

Emancipé, émancipée, adj. Jeune garçon ou jeune fille, qui sont délivrez de la puissance d'un Tuteur. (Il est émancipé. Elle est émancipée.)

* *S'émanciper, v. r.* Prendre trop de liberté. Prendre trop de licence. (Personne ne fut si osé de s'émanciper en la moindre chose. *Vau. Quin. l. 9. c. 12.*)

Emané, émanée, adj. Ecoulé. Venu. Sorti. (Défenses émanées du conseil des Cardinaux, *Mauc. Schif. l. 1.*)

Emanation, s. f. Effet d'une cause qui vient d'une puissance supérieure. (Le pouvoir qui est donné aux Juges est une émanation de la puissance du Prince. Ces mots vienent du Latin emanare, qui signifie venir, proceder, & ne sont ordinairement usitez qu'en parlant des Ordonnances, Edits & Déclarations, dont on dit, Cela est émané du Conseil. On dit aussi *émaner,* qui est neutre. (Cela est émané du grand Conseil. On se sert aussi de ces mots en Philosophie, où l'on dit que l'ame raisonnable est une émanation de la divinité.)

Emanuël, s. m. Nom d'homme, qui veut dire *Dieu avec nous.*

E M B.

Prononcez comme un a l'e de la prémière silabe des mots de cette colonne, & des suivantes jusques à EME.

† *Embabouïner, v. a.* C'est par d'honnêtes & de civiles paroles faire donner dans le panneau. C'est endormir par des paroles flateuses. C'est cajoler pour tromper. (Embabouïner les gens.

Embaler, v. a. Mettre de la paille autour d'un cofre, d'une caisse, ou d'une autre marchandise, & la couvrir d'une grosse toile qu'on coud tout autour. (Embaler de la marchandise.)

Embaleur, s. m. Ouvrier qui gagne sa vie à embaler de la marchandise & autre chose.

* † *Embaleur.* Celui qui par ses paroles tâche d'atraper quelqu'un & de faire donner dans le panneau.

Embalage, s. m. L'action d'embaler. (Il faut conter les frais de l'embalage.) Il signifie aussi ce qu'on donne à l'embaleur pour sa peine.

EMBARAS, *s. m.* Dificulté. Obstacle qu'on trouve à marcher, ou à faire quelqu'autre chose. (On trouve de grands embaras par les chemins quand une Armée défile, & sur tout quand il faut passer dans des bois.)

Embaras, s. m. Tracas. Afaire embarassante. Peine qui embarasse. (Etre dans l'embaras.

Il n'a point en ses vers *l'embaras* de choisir.
Depreaux, Satire 2.)

Embaras des ruës de Paris. Obstacle de chariots & de carosses qui embarassent les ruës.

* *Embaras.* Trouble. Désordre qui paroit sur le visage. (L'embaras avec lequel je lui parlai, l'obligea de me presser. *Le Comte de Bussi.*)

* *Embaras.* Il se dit au figuré de l'esprit, à l'égard de toute chose qui l'embarasse. (Il étoit dans un grand embaras d'esprit. Se retirer de l'embaras des choses du monde. On se tire de l'embaras des argumens dans une dispute par le moïen d'une distinction.)

Embarassant, embarassante, adj. Chose, ou personne qui embarasse. (La Dame est un peu embarassante. *Mol.* Procès embarassant. Objection embarassante. Afaire fort embarassante.)

Embarassé, embarassée, adj. Troublé. Agité de passion. (Il trouva la belle route embarassée. *Le Comte de Buss.* Il est fort embarassé de sa personne.)

Embarasser, v. a. Faire de l'embaras. Incommoder l'embaras qu'on fait. Empêcher. (Etre embarassé à choisir. *Pas. l. 5.* Il a des afaires qui l'embarassent.)

* La dificulté qu'il lui a proposée l'a extrémement embarassé.)

* *S'embarasser, v. a.* Se faire de l'embaras. (Il s'est embarassé l'esprit de mile chimères.)

EMBARQUER, *v. a.* Mettre dans un Navire. Mettre dans un Vaisseau de mer. (Embarquer de la marchandise. Embarquer des soldats.)

Embarquer en grenier. C'est embarquer sans embaler. (Embarquer du sel en grenier. Nôtre blé étoit embarqué en grenier.)

* *Embarquer.* Engager. (Il fit les pas nécessaires pour embarquer la dupe. *Le Comte de Bussi.* On l'a embarqué dans une méchante afaire.)

S'embarquer, v. r. Se mettre dans un Navire, ou quelqu'autre bâtiment pour aler sur mer, ou sur quelque rivière. (Si je trouve un Vaisseau, je m'embarquerai pour Marseille. *Voit. l. 96.*)

* *S'embarquer.* Engager. Se lier avec une personne. (La legèreté qu'elle témoigne, lui faisoit aprehender de s'embarquer avec elle. *Le Comte de Bussi.* Il s'étoit embarqué à aimer plus par gloire que par amour. *Le Comte du Bussi.* Il s'est embarqué dans une méchante afaire. Cet Avocat s'est embarqué dans un long discours.)

* † *S'embarquer sans biscuit.* Proverbe. C'est s'engager imprudemment dans quelque afaire, sans avoir pourvû aux moiens de la soutenir & de l'éxécuter.

Embarquement, s. m. C'est l'action de se mettre dans un Vaisseau pour aler sur mer, ou sur quelque rivière. [Nôtre embarquement se fit à la Rochelle.]

* *Embarquement.* Engagement. [On dépeint vôtre embarquement le plus bas où se soit jamais mis une personne de vôtre qualité. *Le Comte de Bussi.*

S'embarrer. Ce mot se dit d'un cheval qui s'embarasse les jambes dans la barre, qui le sépare des autres.

EMBASSADE, Embassadeur. Voïez *Ambassade & Ambassadeur.*

† EMBATONNÉ, *embâtonnée, adj.* Mot burlesque pour dire, *armé de bâtons.*

[. . . . . mes Ménades
Feront de telles algarades
A ces monstres embâtonnez.
Sca. poës. Tiph. Chant. 1.]

Embâtonné, embâtonnée, adj. Terme d'*Architecture.* On apelle une colonne *canelée & embâtonnée,* pour dire que les canelûres sont remplies de figures de bâtons, jusqu'à une certaine partie de son fût.

EMBATRE, *v. a.* Terme de *Maréchal.* Embatre des roües. C'est apliquer des bandes de fer sur les roües.

EMBAUCHER, *v. a.* Terme de *Cordonnier,* & de quelques autres Artisans. Introduire un Compagnon Cordonnier dans une Boutique, & lui faire donner de la besogne.

Embaucheur, s. m. Celui qui embauche les Compagnons Cordonniers.

EMBAUMER, *v. a.* Remplir le corps d'aromates, & de choses qui empêchent la corruption. (Embaumer un corps. Marie Madelaine

Madelaine, & Marie mére de Jaques, acheterent des parfums pour *embaumer* Jesus. *Port-Roial. Nouv. Test S. Marc, ch. 16.* Jean Roi de France mourut à Londres en 1364. où l'on *embauma* son corps, qu'on aporta en France, & qu'on enterra à Saint Denis. *Du Tillet, Recueil des Rois de France.*

* *Embaumer.* Faire sentir bon. (Cela embaume toute la chambre.)

Embaumement, f. m. L'action d'embaumer un corps mort. Les embaumemens communs se font avec le tan, les cendres & la chaux. Les autres se font avec des poudres aromatiques, & du baume du Pérou.) Tous ces mots viennent de celui de *baume.*

EMBEGUINER, *v. a.* Ce mot au propre signifie mettre en beguin sur la tête. Il n'est en usage que quand on dit qu'une personne est *embeguinée,* lors qu'elle a la tête enveloppée de linges à cause de quelque mal.

* S'EMBEGUINER, *v. r.* Ce mot se dit au figuré, mais il est bas, & il signifie s'entêter. (S'embeguiner de quelcun. *Mol.* S'embeguiner de quelque nouvelle opinion. Un vieillard se laisse coifer, ou embeguiner par une jeune femme.)

EMBELIR, *v. a.* Parer. Orner. Rendre plus beau & plus agréable. (Embelir une maison. Il ne fait que croitre & embelir. Embelir un conte.)

Embelir, v. n. Devenir plus beau & plus agréable. (Elle embelit tous les jours.)

* † *Cela ne fait que croitre & embelir.* Proverbe qui se dit des choses qui se perfectionnent de jour en jour.

Embelissement, f. m. Ornement. Tout ce qui pare & embelit. C'est un embelissement necessaire. Il a fait de grands embelissemens à sa maison de campagne.

EMBLAVE', *emblavée, adj.* Ce mot est vieux, & ne se dit guere que par les laboureurs d'autour de Paris, il signifie *ensemencé* de blé. (Terre emblavée, ou plûtôt, terre ensemencée.)

EMBLE'E, *adv.* Tout d'un tems. D'abord, & comme d'assaut. Ce mot ne se dit pas seul. On dit, (Prendre une Ville d'emblée. *Abl. Ar. l. 1.* La ville étoit trop bien munie pour l'emporter d'emblée. *Vaug. Quint. C. l. 7. ch. 8.*)

* *Elle prend les coeurs d'emblée.* C'est à dire, elle en fait la conquête tout d'un coup. Cette façon de parler est figurée & comique.

EMBLEMATIQUE, *adj.* Qui tient de l'embleme. (Chose emblématique. Figure emblématique.)

Embléme. Ce mot est *masculin* & *feminin* ; mais plus usité au feminin. Il vient du Grec, & c'est une sorte de symbole qui n'a pas besoin de mot, & qui par une ou plusieurs figures représente avec esprit quelque morale. (Une fort belle embléme. Un embléme fort ingénieux.)

EMBLER, *v. a.* Vieux mot hors d'usage, qui signifie *prendre & voler subtilement.*

Embler. Terme de *Chasse.* Ce mot se dit des cerfs. C'est quand aux alures d'une bête les piez de derriére surpassent ceux de devant de quatre doigts.

EMBOIRE, *v. a.* Terme de *Peinture.* Ce mot se dit des tableaux à huile, quand l'huile étant entrée dans la toile laisse les couleurs mates. (Les toiles nouvellement imprimées font emboire les couleurs. Tableau embu.)

† EMBOISER, *v. a.* Ce mot est du peuple, & signifie, Amuser par d'obligeantes paroles, par des contes, des complimens, & autres choses qui engagent aisément les personnes qui sont dupes. (Il tâche à l'*emboiser.* Elle sera assez sote pour se laisser emboiser.)

† *Emboiseur,* f. m. Celui qui emboise. (C'est un franc emboiseur.)

† *Emboiseuse,* f. f. Celle qui emboise. (C'est une emboiseuse.)

† EMBOITER, *v. a.* Terme de *Confiturier.* Mettre dans une boîte (Emboiter des confitures.)

S'*emboiter,* v. a. Terme de *Charpentier.* S'enchasser dans une cavité. (Il faut que les mortaises d'une charpente soient fort justes, afin que les tenons s'y emboitent bien. Faire qu'une chose s'emboite dans une autre.)

S'*emboiter,* v. r. Terme d'*Anatomie.* Cela se dit des os, quand l'éminence d'un os est engagée dans la cavité d'un autre. (L'os de la cuisse s'emboite dans l'os Ischion.)

Emboiture, f. m. Terme de *Chirurgien.* Sorte d'enchassement de certaines parties. (L'emboiture de la cuisse.)

Emboiture, f. f. Terme de *Charon.* Tout ce qui se met dans les deux bouts des moieux des roués des chariots, charetes, &c.

† EMBONPOINT, *f. m.* L'état où se trouve une personne qui est en bonne santé, & qui est grosse & grasse. (Avoir trop d'embonpoint. Etre dans un parfait embonpoint. Perdre son embonpoint. Recouvrer son embonpoint.)

EMBOUCHER, *v. a.* Terme d'*Epronier,* & d'*Ecuier.* Donner à un cheval la bride & le mords qui lui sont les plus propres pour le faire obéir. (Emboucher un cheval.) Un cheval bien ou mal embouché.

Emboucher. Mettre dans sa bouche un Instrument à vent. (Emboucher un haut bois, un flageoler, une flute douce, une musette, une cornemuse, une trompette, un cornet, un serpent, &c.)

† * *Emboucher.* Ce mot se dit des personnes, & veut dire instruire de ce qu'il faut dire, ou qu'il faut taire. (Avant que de l'envoier, il le faut *emboucher,* de peur qu'il ne dise quelque sotise.)

† S'*emboucher, v. r.* Ce mot se dit des fleuves, des riviéres, se jetter dans la mer. (La Somme prend sa source dans le Vermandois, & se vient emboucher dans l'Ocean, entre Crotoi & saint Valeri.) On dit plus souvent, se vient *jetter,* que se vient emboucher.

Embouchoir, s. m. Terme de *Cordonnier.* Deux morceaux de bois en forme de jambe qu'on met dans les botes pour les élargir, (Mettre une paire de botes à l'embouchoir.)

Embouchure, f. f. Terme d'*Epronier.* Mords qui se place dans dans la bouche du cheval. (Embouchure sort douce. Donner une embouchure à un cheval.)

Embouchure. La partie de l'instrument à vent qu'on embouche lors qu'on en veut jouër. (Embouchure de flute, ou de flageolet.)

Embouchure. Ce mot se dit entre *Chaudronniers* & *Potiers,* & signifie *entrée* de pot, ou de fourneau. (Embouchure de marmite. Embouchure de fourneau.)

Embouchure. Ce mot se dit des fleuves, des riviéres & des ports. L'endroit par où les riviéres se jettent dans la mer. (Il mit ses navires à l'embouchure du port. *Abl. Ar. l. 2.* L'embouchure du Danube se fait par cinq larges canaux dans le pont Euxin. *Abl. Ar. l. 1. c. 2.*)

Embouchure de Canon. Terme de *Fondeur.* C'est l'ouverture du Canon par où l'on met le boulet & la poudre. Quelques-uns apellent cette embouchure *bouche de Canon.* On ne les condamne pas, mais ce n'est point le mot de l'art.

Embouclé, emboulée, adj. Terme de *Blason.* Il se dit des pièces garnies d'une boucle, comme le colier des levriers, &c.

S'EMBOURBER, *v. r.* Se mettre dans la bourbe. (Chartier qui s'embourbe.)

Embourbé, embourbée, adj. Qui est engagé dans la bourbe. (Carosse embourbé. Charrette embourbée.)

† * *Jurer comme un Chartier embourbé.* Proverbe. (C'est jurer fortement.)

† * S'embourber dans la Philosophie de l'école. S'embourber dans le vice. *Dep. épit. 3.*

EMBOURRER, *v. a.* Terme de *Tapissier.* Garnir de bourre, & couvrir de toile. (Embourrer une chaise.)

Ce mot se dit aussi par les Selliers. (Embourrer une selle de cheval. Embourrer un bât.)

† EMBOURSER, *v. a.* Mettre dans sa bourse. (Il a emboursé cent pistoles.)

Embourrure, f. f. Terme de *Tapissier.* Couverture de toile qu'on met sur la bourre d'une chaise. (C'est une embourrure de chaise. Toile d'embourrure.)

EMBOUTIR, *v. a.* Terme d'*Orfévrer.* Former & travailler l'argent sur une petite machine qu'on apelle *étampe.*

EMBRASEMENT, *f. m.* Incendie. (L'embrasement de Troie est fameux.)

* *Embrasement.* Combustion. Trouble. Desordre dans un Etat. (Il arrêta cet embrasement naissant. Flechier, *Commendon, l. 3. ch. 19.*)

Embraser, v. a. Allumer. Mettre en feu. Le feu a embrasé toute la maison.

S'*embraser, v. r.* Prendre feu. (La poudre s'embrase aisément.)

* * Vos beaux yeux m'embrasent. *Voit. poës.* Ils embrasent mon desir. *Voit. poës.*

Embrasé, embrasée, adj. Allumé. (Le Palais est tout embrasé. La ville est toute embrasée.)

EMBRASSADE, *f. f.* Embrassement. (Je ne hai rien tant que ces asables donneurs d'embrassades frivoles. *Mol. Misantrope, a. 1. s. 1.*)

Embrassement, f. m. Action de la personne qui embrasse. (Saints embrassemens. Embrassemens malhonnêtes. Je vous veux raconter les particularitez de nos embrassemens.

De protestations, d'ofres & de sermens
Vous chargez la fureur de vos embrassemens.
Mol. Misant. a. 1. s. 1.)

Embrasser, v. a. Prendre avec les deux bras.

(Lors qu'un homme vous vient *embrasser* avec joie,
Il faut bien le païer de la même monnoie.
Mol. Misant. a. 1. s. 1.)

Embrasser. Ce mot se dit d'autres choses que des personnes, qu'on embrasse pour leur témoigner de l'amitié. On dit par exemple, (Cet arbre est si gros que dix hommes ne le sauroient embrasser.)

* *Embrasser.* Ce mot au figuré signifie. Environner. Comprendre, (L'Ocean embrasse toute la terre. Le Ciel embrasse tout ce bas monde. La Géometrie *embrasse,* c'est à dire comprend beaucoup de choses qui dépendent d'elle.)

(Embrasser la chasteté, l'humilité & les autres vertus Chrétiennes. *Pasc. l. 4.* Embrasser le celibat *Abl.* Embrasser la conquête de l'Asie, *Racine, Iphigenie, a. 4. sc. 6.* Embrasser le parti de quelcun, Embrasser beaucoup d'afaires.)

† * *Qui*

† * *Qui trop embraſſe mal étreint.* Proverbe. Il veut dire qu'il ne faut pas ſe charger de plus de choſes que l'on ne peut faire.

Embraſſer. Ce mot au figuré, en parlant de Religion, de ſecte, d'opinions, ſignifie *s'atacher.* (Il n'embraſſa point de ſecte particuliére, mais il prit ce qu'il y avoit de bon en chacune. *Abl. Luc.* T. 2.)

Embraſſer. Terme de *Manège.* Il ſe dit d'un cheval, qui maniant ſur les voltes, fait de grands pas, & embraſſe beaucoup de terrain.

EMBRASURE, *ſ. f.* Terme de *Canonnier.* Ouverture où l'on pointe le canon pour le tirer dans la campagne, ou dans le foſſé.

Embraſure de porte & de fenêtre. Terme d'*Architecture.* Elargiſſement qui ſe fait en dedans aux ouvertures des murailles, pour donner plus de jour & de commodité aux fenêtres & aux portes.

Embraſure du fourneau. Partie du fourneau par où paſſe le cou de la cornuë.

† EMBRENER, *v. a.* Terme bas & ſale. Remplir de merde. (Embrener ſa chemiſe. Sa chemiſe eſt toute embrenée.)

† * *S'embrener*, *v. r.* Ce mot au figuré ſignifie, s'engager dans une méchante afaire.

EMBRION, *ſ. m.* Terme d'*Anatomie.* Fétus qui eſt au ventre de la mére, & où l'on connoit déja le cerveau, le cœur, & le foie.

(* Qu'eſt ce là, petit *embrion*, vous parlez ? *Voi. poëſ.* C'eſt à dire, petit eſprit mal fait. S'il ſort jamais *en embrion* fils de ſon pere, il ne ſera. C'eſt à dire, s'il ſort un petit enfant.)

EMBROCHER, *v. a.* Mettre en broche. (Embrocher le ſoupé. Embrocher un cochon de lait. Viande mal embrochée.) On dit en raillant qu'on a *embroché* un homme à qui on a paſſé l'épée au travers du corps.

EMBROUILLEMENT, *ſ. m.* Embaras. Brouillerie. Choſe qui embrouille & qui embaraſſe. (Il y a là un peu d'embrouillement.)

Embrouiller, v. a. Embaraſſer. (Embrouiller une afaire. Choſe embrouillée. *Paſ. l. 2.*)

S'embrouiller, *v. r.* S'embaraſſer. Avoir de la peine à ſe démêler d'une choſe. (Il s'embrouille quelquefois ſi fort, qu'il ne ſait où il eſt.)

† EMBRUMÉ, *adj. m.* Terme de *Mer.* Il ſe dit d'un tems de brouillards, pendant lequel on a de la peine à connoître ſa route.

EMBU, *embuë*, *adj.* Terme de *Peintre.* On dit qu'un tableau eſt embu quand l'huile, étant entrée dans la toile, laiſſe les couleurs mates. V. *emboire.*

EMBUSCADE, *ſ. f.* Ce mot ſignifie proprement une troupe de gens qui ſe cachent dans un bois, ou en un autre endroit où l'on ne ſoit pas découvert, pour attaquer l'ennemi quand il paſſera. (Se mettre en embuſcade. Faire une embuſcade. *Abl. Ret. l. 5. c. 1.* Dreſſer une embuſcade. *Abl. Ret. l. 4. c. 1.*)

Embûches, ſ. f. Embuſcade. Piéges pour attraper l'enemi afin de donner deſſus quand il viendra. (Dreſſer des embûches aux enemis. *Abl. Ret. l. 3. c. 1.*)

S'embûcher, *v. r.* Il ſe dit en termes de *Venerie*, des bêtes qui rentrent dans le bois, & s'y vont cacher étant pourſuivies par les chaſſeurs.

Voiez la colonne, *Amb.*

E M E.

EME. Nom d'homme.

EMERAUDE, *ſ. f.* Sorte de pierre prétieuſe fort belle & fort agréable à la vûë, l'émeraude eſt brillante, verte & diaphane, & s'engendre dans de certaines montagnes des Indes Occidentales, ou Orientales, & ſe perfectionne dans le lieu où elle vient. Quelques-uns ont crû qu'il y avoit de douze ſortes d'émeraude, mais l'opinion commune eſt qu'il n'y en a que de deux ſortes. (L'émeraude Orientale, & l'Occidentale.)

EMERI, *ſ. m.* Prononcez *émeri* de trois ſillabes, mais la ſeconde doit être fort courte. Pierre dure & griſatre dont ſe ſervent les lapidaires & les fourbiſſeurs, &c.

Potée d'émeri, *ſ. f.* Les Lapidaires apellent de ce nom l'émeri qu'ils ôtent de deſſus les rouës, où il a ſervi à tailler des pierreries.

EMERILLON, *ſ. m.* Oiſeau de poing, & le plus petit de tous les oiſeaux de proie, gros comme un pigeon, hardi & de la couleur de faucon. L'émerillon eſt courageux. Il pourſuit la perdrix, la caille, & d'autres oiſeaux plus grands que lui ; & de tous les oiſeaux de proie, l'émerillon eſt celui dont le mâle & la femelle ſe reſſemblent. *Recueil des oiſeaux de proie*, *p. 115.*

Emerillon. Terme de *Cordier.* Morceau de bois en forme de ſiflet, au bout duquel il y a un crochet de fer ſervant à cabler de la ficelle & autre cordage.

† *Emerillonné*, *émerillonnée*, *ad.* Prononcez emerillonné. Qui a de la couleur, & l'œil vif. (Il eſt émerillonné. Elle eſt émerillonnée.)

† S'EMERVEILLER, *v. r.* Ce mot eſt un peu vieux, & veut dire *s'étonner*, qui eſt plus en uſage. (On s'émerveille d'entendre tant de choſes. On doit s'émerveiller de toutes ces grandes actions.)

† *Emerveillé, émerveillée*, *adj.* Il eſt un peu vieux, & l'on ſe ſert plus ſouvent d'*étonné.*

(...... Il eſt émerveillé
Comme en ſi peu de jours il a tant travaillé.
Rampale, poëſies. Idile 4.)

EMÉTIQUE, *ſ. m.* Sorte de reméde fait d'antimoine préparé, & qui provoque le vomiſſement, & qu'on donne quelquefois dans les maladies violentes & périlleuſes. (Donner de l'émétique. Prendre de l'émétique.)

EMEUDRE. Voiez *émoudre.*

EMEUTE, *ſ. f.* Sédition. (Apaiſer une emeute. *Vau. Quint. l. 7.* Craindre une emeute. *Vau. Quin. l. 3. c. 12.*)

EMEUTIR, *v. n.* Terme de *Fauconnerie.* Il ne ſe dit que des oiſeaux de proie quand ils ſe déchargent de leurs excrémens, qu'on apellent *émeus.*

E M I.

EMIER, *v. a.* Mettre du pain en miè. (Emiër du pain. Pain émié.)

EMINENT, *éminente*, *adj.* Il vient du Latin *eminens.* Haut. (Lieu éminent.)

* *Eminent*, *éminente.* Grand. Elevé. Conſidérable par grande qualité ou dignité. (Un rang éminent. Une qualité éminente. Ce ſont des perſonnes éminentes en honneurs, en biens, & en dignitez. Ce ſont des hommes éminens en doctrine & en ſageſſe. *Paſ. l. 5.* Vertu éminente. *Voi. l. 13.*)

Péril éminent. Danger éminent, & non pas *imminent. l'aug. Rem.* C'eſt à dire, danger qui nous menace, qui eſt prêt à nous acabler.

Eminemment, *adv.* Terme de *Métaphyſique.* En un dégré éminent. (Poſſeder une choſe éminemment.)

Eminence, ſ. f. Petite hauteur. (L'ennemi ſe poſta ſur une éminence. *Abl.*)

* *Eminence.* Titre qu'on donne aux Cardinaux. (Son *éminence* eſt arrivée. Monſeigneur, le nom de vôtre *Eminence* paroit à la tête de la plûpart des ouvrages qu'on met au jour. *Goi. épitre au Card. de Richel.*)

Eminentiſſime, adj. Ce mot ſe dit des Cardinaux, & ſignifie tres-excélent, tres-conſidérable, tres-éminent. (L'Eminentiſſime Cardinal de Richelieu a été encenſé de tous les bons Auteurs de ſon tems, parce qu'il leur faiſoit du bien à tous.)

EMIR, *ſ. m.* C'eſt un nom de dignité que les Mahometans donnent à ceux qui ſont parens, & qui ſont déçendus de Mahomet, qui ſont chez eux en grande vénération, & qui ont ſeuls le droit de porter un turban verd.

EMISSAIRE, *ſ. m.* Celui qui envoie pour épier. Celui qui a des ordres ſécrets pour voir ce qui ſe paſſe, & en faire ſon raport à la perſonne qui l'a envoié, ou qui lui a donné ordre d'obſerver. (Un tel étoit des émiſſaires du Cardinal de Richelieu. Elle envoioit dans les maiſons des *Emiſſaires. Maucroix, Schiſme, l. 3.*)

EMISSION, *ſ. f.* Terme de *Phiſique.* Action de pouſſer quelque choſe hors de ſoi. (On croioit autrefois que la vuë ſe faiſoit par *l'émiſſion* des raions.)

Les Religieux diſent, ce Novice n'a pas encore fait *l'émiſſion* de ſes vœux.

E M M.

Voiez la colonne *Emm.*

E M O.

EMOLLIENT, *émolliente*, *adj.* Terme de *Médecin.* Il ſignifie, qui amolit. Qui adoucit. (Reméde émollient. *Deg.* Décoction émolliente.)

EMOLUMENT, *ſ. m.* Terme de *Pratique.* Profit & gain qui revient du travail qu'on a fait. (Emolument conſidérable. *Maucroix, ſchiſme, l. 2.*)

EMONCTOIRE. Quelques Chirurgiens font ce mot *féminin*, mais la plûpart le croient *maſculin.* Terme de *Chirurgien.* Glande pour la décharge des parties nobles, & qui en attire les humeurs ſuperfluës.

EMOND. Nom d'homme.

EMONDER, *v. a.* Terme de *Jardinier.* Couper les groſſes branches d'embas d'un arbre, pour en faire un arbre de belle tige ; & cela parce qu'elles conſumeroient une partie de la ſéve, au lieu qu'elle doit monter à la tête pour alonger & fortifier l'arbre. Quand les ſauvageons commencent à former leur tige on les doit émonder & couper leurs branches.)

En général, *Emonder un arbre.* C'eſt en ôter les branches ſuperfluës.

Emondes, ſ. pl. Ce ſont les branches qu'on coupe ſur le tronc des arbres pour en faire des fagots pour brûler.

EMORAGIE. Voiez *Aimorragie.*

† EMORCELER, *v. a.* Reduire en pluſieurs morceaux. Mais il n'eſt guere en uſage. On dit qu'une pierre s'émorcele lors qu'elle ſe romt, & qu'il en tombe de petites piéces. * On dit *Emorceler une terre* ; c'eſt la diviſer en pluſieurs piéces.

EMOTION.

EMO EMP   EMP

ÉMOTION, *f. f.* Trouble. Sédition. (Exciter des émotions. Apaiser une émotion. L'émotion est stoupie.)

* *Emotion* Crainte. Trouble. Effoi. Tremblement. (Cela me donnoit quelque émotion. *Voit. l. 9.*)

Émotion. Ce mot se dit entre Médecins, en parlant de fiévre, & signifie quelque ressentiment de fiévre. (Il a encore un peu d'émotion)

ÉMOUCHER, *v. a.* Chasser les mouches. (Émoucher un cheval. Cheval émouché. Cavale émouchée.)

Émouchoir, *f. m.* Sorte de couverture qui est de chanvre, qui est teinte & faite en reseaux, avec des vollettes au bas, qu'on met sur le dos des chevaux de carosse. C'est aussi un instrument servant à chasser les mouches.

ÉMOUDRE, *émouru, v. a.* Passer sur la meule. Plusieurs coutelliers de Paris disent *émoudre* pour *émoudre*, quoi qu'ils disent un rasoir *émoulu*, mais d'autres se servent d'é ou *dre*, & condamnent *émoudre*. On pourroit dire que ceux ci ont raison, & qu'il faut dire *émoudre* avec eux & avec tous les honnêtes gens, & non pas *émeudre*. (Émoudre un couteau, des ciseaux.)

Émouleur, *f. m.* Celui qui gagne sa vie à émoudre des couteaux, ciseaux, serpes, & autres choses qu'on émoud. Voyez *Gagne-petit*.

ÉMOUSSER, *v. a.* Ôter la pointe. Défaire la pointe d'une chose aiguë. Gâter la pointe d'une chose qui perce, & qui est aiguë. (Émousser la pointe d'un couteau ou d'une épée. Émousser un canif.)

* *Émousser*. Au figuré il se dit de l'esprit, & signifie hebeter, rendre stupide, ôter la vivacité de l'esprit à une personne. (Il y a une certaine critique pedante, sque qui *émousse* l'esprit, & c'est celle qui a *émoussé* le peu que le petit visionnaire, en avoit reçû de la nature)

Émousser, *v. a.* Terme de Jardinier. Ôter la mousse des arbres (Il faut avoir soin d'émousser les arbres, & sur tout les poiriers, parce que la mousse y fait un grand dés agrément. *Quint. Iard. f ui. T. I*)

ÉMOUVOIR, *v. a.* Il vient du Latin *emovere*. (Émouvoir une cloche. Émouvoir un pieu qu'on veut arracher.)

Émouvoir. Agiter. (Le Soleil émeut les vapeurs. Les vents émouvent la mer, le sable, la poussiére.)

* *Emouvoir, v. a.* Au figuré il signifie toucher. Exciter. *J'émeus, tu meus, il émeut. nous émouvons, vous émouvez, ils émouvent. J'ai ému, j'émeus.* (La raison ne peut l'émouvoir. *Rac. Iph. g. a. 3. sc. 1.* C'est dans la peroraison que celui qui parle en public doit émouvoir son Auditeur. Émouvoir les passions. Les injures n'émeuvent la colére.)

Em nuvoir le peu le. C'est le pousser à la sédition.

Emouvoir. Troubler un peu la santé, l'altérer. (En l'état où vous êtes, il ne faut rien pour vous émouvoir. *Moi. Mal. imagin. a. 3. sc. 2.*)

Émouvoir. Terme qui se dit entre Médecins en parlant de purgations, & qui signifie lâcher le ventre. (Ainsi ils disent. Il est difficile à émouvoir. Elle est facile à émouvoir.)

S'émouvoir, *v. r.* Se sentir ému. Être touché. *Je m'émeus, je me suis ému.* Il commence à s'émouvoir. Il a été ému à la Tragédie. Il s'est laissé émouvoir aux pleurs de la perfide.)

S'émouvoir. Se troubler.

(À son bruit merveilleux, l'air *s'émeut* & se fend.
Arn. Poëme sur la vie de Jesus-Christ.)

S'émouvoir. Se soulever. Se porter à la sédition. (Le peuple commence à s'émouvoir.)

EMP.

Prononcez comme un *a* l'*e* de la premiére sillabe des mots de cette colonne.

EMPAILLER, *v. a.* Terme de Natier. Couvrir une chaise de paille. (Empailler une chaise.)

Empailleuse, *f. f.* Celle qui couvre les chaises de paille. (Porter des chaises à l'empailleuse.)

Empailler, *v. a.* Terme de Jardinier. Ils le disent des cloches, quand ils mettent un peu de paille entre deux, en les emboîtant les unes dans les autres, pour les emporter & les serrer jusqu'à l'année suivante. (Empailler des cloches.)

EMPALER, *v. a.* Sorte de suplice qu'on fait souffrir parmi les Turcs, & qui consiste à faire passer une espéce de pieu fort & aigu, au travers du corps d'une personne, en prenant depuis le trou du cu, & poussant droit jusqu'au cou, où à la tête. (Empaler quelcun.

Empalement, *f. m.* L'action d'empaler. (L'empalement est un cruel suplice.)

EMPAN, *f. m.* Ce mot vient de l'Alemand. C'est à peu près la palme des Latins. Sorte de mesure qui se fait par l'extension du pouce & des doigts opposez, & qui est de la longueur d'environ les trois quarts d'un pié.

EMPANACHER, *v. a.* Garnir de panaches, de plumes.

Empanaché, empanachée, adj. Garnit de panaches. [Tous les Cavaliers de ce Carousel, étoient fort bien empanachez.]

EMPANONS, *f. m.* Terme de Charon. Deux piéces de bois du train de derriére du carosse, qui sont attachées à l'un & à l'autre côté de la flèche qui passent sur l'essieu, & qui débordent hors du train de derriére. C'est aussi un terme plus général de *Charpentier*. Il signifie des piéces de bois qu'on met en divers endroits pour en soutenir quelques autres.)

EMPAQUETER, *v. a.* Mettre en paquet. [Empaqueter du linge sale. Empaqueter des hardes.]

S'EMPARER, *v. r.* Se saisir d'une chose. [S'emparer de l'Empire, du Roïaume, de l'Etat.] Il s'est emparé de tout le bien de ses voisins. Les ennemis se sont emparez de la meilleure de nos villes frontieres.

* *S'emparer* de l'esprit de quelcun. L'amour s'étoit emparé de son cœur. La crainte s'empara d'abord de tous ses esprits]

† EMPASTELER, *v. a.* Terme de Teinture. Donner le bleu aux étofes par le moïen du pastel.

EMPATEMENT, *f. m.* Terme d'Architecture. Ce qui sert de pié à quelque chose. Le fondement ou la partie la plus basse. [L'empatement d'une muraille.] Il signifie aussi le talus ou le pié d'un rempart qui le soutient, & qui empêche qu'il ne s'éboule.

Empâter, *v. a.* Terme de Peintre. Mettre de la couleur grassement. Mettre des couleurs chacune en leur place sans les noier. (Un tableau bien *empâté*. de couleurs. Cette tête n'est pas empâtée.)

Emparer, *v. a.* Terme de Charon. Faire les pates des rais des roues. [Empater des rais.]

† *Empâté, emp ée, adj.* Qui est plein de pâte. [Elle à les mains empâtées.]

† *EMPAUMER*, *v. a.* Donner avec la paume de la main. [Empaumer un soufflet]

† *Empaumer*. Il signifie aussi serrer avec la main. [Il est si fort que quand il a une fois empaumé une chose, on ne la lui sauroit arracher.]

† *Empaumer*. Se rendre maître. Gagner par adresse & cajolerie. [Le traître a *empaumé* tout ce parti. *Mol.*]

Empaumure, *f. m.* Terme de Gantier. La partie du gand qui prend depuis la feute des doigts jusques au pouce, & qui couvre toute la paume de la main.

EMPANCHEMENT, *f. m.* Terme de Chasse. C'est le haut de la tête d'un vieux cerf, & d'un vieux chevreuil, qui est large & renversée, où il y a 3 ou 4 andouillers, ou plus. *S. l*

EMPECHEMENT, *f. m.* Tout ce qui empêche qu'une chose n'exécute. Obstacle. [Le Pape par sa dispense avoit levé l'empêchement de l'afinité. *Maucroix, Schisme*, *l. 1.* Je suis empêché d'un empêchement dont le nom n'est pas fort honnête. *Voit.*]

Empêcher, *v. a.* Mettre empêchement. Embarasser. Détourner de faire quelque chose. [L'empêché qu'on ne l'emmenât prisonnier. Empêcher la délivrance d'un siege. *Le Mai.* Empêcher de prendre une ville. Vous m'empêchez de travailler. Le vent contraire empêchoit le Vaisseau d'entrer dans le port. Les digues empêchent les inondations.]

S'empêcher, v. r. [S'empêcher l'un autre. Il ne pouvoit s'empêcher de rire, c'est à dire, s'abstenir de rire.]

* EMPELOTS', *adj.* Terme de Fauconnerie. Il se dit d'un oiseau qui ne peut digerer ce qu'il a avalé. On lui tire le peloton avec ce qu'on nomme *desempelotoir*.

† EMPENNE', *empennée, adj.* Vieux mot qui se disoit des flèches & matras, auxquels on mettoit des plumes pour les mieux conduire dans l'air. V. *Desen penné.*

EMPEIGNE, *f. f.* Terme de Cordonnier. Tout le dessus du soulier. [Une bonne empéigne de soulier. Lever une paire d'empéignes sur une peau.]

EMPEREUR, *f. m.* Prononcez *Ampereur*, & faites la seconde silabe fort breve Parmi les anciens Romains ce mot d'*Empereur* signifioit *Général* d'armée après quelque bel exploit. Ce mot parmi nous signifie aujourd'hui la premiére & souveraine dignité temporelle. [On ne connoit dans le monde que *deux Empereurs*, celui d'Orient, & celui d'Occident.]

Empereur. Poisson fort grand qui a le museau fait en épée, ou en couteau, qui n'a point de dents, qui a le corps rond, & 8. ouïes de chaque côté. *R nd.*

EMPESER, *v. a.* Prononcez *empesé*, & faites la seconde silabe breve, Mettre de l'empois dans le linge pour le rendre ferme. [Empeser le linge. Ce mot d'*empeser* a encore une autre signification un peu gaillarde.

Empeseur, *f. m.* Oficier qui a soin d'empeser le linge du Roi.

Empeseuse, *f. f.* Celle qui empese. [C'est une bonne empeseuse.]

Empesage, *f. f.* La maniére d'empeser le linge. [L'empesage de ce linge est trop fort.] Il signifie aussi la peine qu'on prend à empeser, & ce qu'on donne pour cela. L'empesage coûte tant.

* EMPESTER, *v. a.* Ce mot au propre signifie donner la peste, communiquer la peste à quelque personne, ou à quelque lieu. [Un Vaisseau venu du levant a empesté cette ville.] Mais il n'est guere en usage en ce sens. On dira plûtôt, il a infecté cette ville, il a aporté & communiqué la peste dans cette ville.

Empester, *v. a.* Il se dit en parlant des mauvaises odeurs. [Quand on cure cet égout, il empeste toutes les maisons voisines.]

Rr   † *Empesté*,

† *Empesté*, *empestée*, adj. Qui est infecté de peste. Il ne se dit guere en ce sens. (Une ville empestée. C'est à dire, infectée de peste.)

* *Empesté*, *empestée*, adj. Qui sent très-mauvais. (Fi, ne m'aprochez pas, vôtre haleine est empestée *Mol.*)

EMPETRER, v. a. Lier la jambe d'un cheval, ou autre bête qu'on met en pâture, & cela avec son lien. (Empêtrer un cheval, un âne, &c.)

S'empêtrer, v. a. S'embarasser dans les traits. (S'embarasser dans quelque chose, s'y prendre, & y être arrêté. (Cheval qui s'est empêtré, il le faut dépêtrer.

EMPHASE, s. f. Il vient du Grec. *emphasis*. Prononcez *anfaze*. Expression énergique qui souvent laisse plus à penser qu'elle n'exprime. (Il y a de l'emphase dans ce discours. Il reprime des mots, l'ambitieuse emphase. *Dép. Poëtiq.* c.1. Mots qui sont pleins d'emphase. *Abl. Notes sur Cesar.*

Emphatique, adj. Qui a de l'emphase, qui a de l'énergie, qui est significatif & expressif. Façon de parler emphatique. Termes emphatiques. C'est un rien emphatique. Expression emphatique.

Emphatiquement, adv. D'une manière emphatique. (S'exprimer emphatiquement.)

EMPHITEOSE, s. f. Terme de Palais. Bail à longues années, qui va jusques à cent ans. (Une longue emphitéose.)

Emphitéotique, adj. Terme de Palais. Qui est à longues années. (faire un bail emphitéotique.)

EMPIETER, v. a. Usurper. Prendre quelque chose d'autrui. (Empiéter sur l'héritage de son voisin.)

Empiéter, v. a. Il se dit des Auteurs, & signifie enlever la proie. (Empiéter la proie.)

Empiétant, adj. m. Terme de *Blason*, qui se dit de l'oiseau lors qu'il est sur la proie, & qu'il la tient avec ses serres.

* *Empiéter*. Il se dit au figuré. (Exemples. Empiéter sur le droit, sur l'autorité de quelcun. Empiéter sur la jurisdiction d'un autre.)

EMPILER, v. a. Terme de *Marchand de bois*. Mettre en pile Mettre en pile des ais, du bois. (Ais empilez. Bois empilé.)

Empiler. Terme de *Jardinier*. C'est mettre du Fumier en pile. Faire des mules de fumier. (Empiler du fumier. *Le Curé d'Enonville, Manière de cultiver les arbres.*)

Empiler. Il se dit des Marchandises. (Empiler des étofes; Empiler des Livres, &c.)

EMPIRANCE, s. f. On apelle de la forte toutes les diminutions qui peuvent être pratiquées dans la Monnoie, soit pour le titre, le poids, la taille & la valeur.

Empirance. On dit aussi ce mot sur mer, & il signifie le déchet & la diminution de prix ou de bonté, qui arrive aux Marchandises quand on les recouvre, après les avoir jettées en mer durant la tempête.

EMPIRE, s. m. Etendue des Etats d'un Empereur. (Un vaste Empire. Disputer l'Empire. La bataille décidera de l'Empire. L'Empire Romain. L'Empire d'Alemagne. L'Empire des Turcs. L'Empire du grand Mogol, &c.)

Empire. Il se prend aussi pour le tems qu'a regné un Prince. (Sous l'Empire d'Auguste le bas Empire.)

* *L'Empire des Lettres*. Toute la literature. Les gens de lettres. (Ecrivez-moi ce qui se passe dans l'*empire des lettres*.)

* *Empire*. Pouvoir. Autorité. Souverain pouvoir qu'on exerce en quelque lieu.

(Vôtre Empire est trop rude & ne sauroit durer.
Voit. poësies.

Elle m'aimoit, & j'avois quelque empire où vous savez. *Voit. poës.* Se ranger sous l'empire de quelque belle. *Voit. poës.* Ils tenoient l'empire de la mer. *Vaug.Quin.l.4.* Regagner l'empire de la mer. *Abl. Ar.l.3. c.4.* La coûtume, ou le consentement des hommes exerce un Empire absolu sur les mots. *Art de penser, préface.*

EMPIREE, s. f. Ce mot est Grec. Et signifie en Termes de Téologies, le Paradis. (Le Ciel Empirée, ou simplement l'Empirée. L'Empirée est le plus haut des tous les Cieux.)

EMPIRER, v. n. Devenir pire. Etre en plus mauvais état. (Les choses empirent. *Malacroix, Schisme, l.2.* La plûpart des marchandises empirent étant qu'on les garde trop long-tems. Le malade empire de jour en jour.)

Empirer. Il se prend quelquefois dans un sens actif. (Cette raison a empiré sa cause, c'est à dire, l'a rendue plus mauvaise. On dit aussi proverbialement. *Empirer son marché*, pour dire, rendre sa condition plus mauvaise.)

Empireume, s. m. Terme de *Médecine* & de *Chimie*. Qualité qui demeure au corps qui ont été préparez par le feu & qui se connoit au goût & à l'odorat.

Empirique, adj. Terme de *Médecine*. Celui qui tient que la médecine ne consiste que dans l'expérience. (Un Médecin empirique. On dit aussi, c'est *un empirique*, & alors le mot d'empirique est pris substantivement. On dit aussi *faire l'empirique* C'est à dire le charlatan. Pour moi si j'étois crû, je condamnerois tous ces bourreaux d'empiriques à passer par les mains du bourreau. *Voi. La France mourante, p.21.*)

EMPLATRE, s. f. Les Médecins le font souvent *masculin*. Médicament qui amolit, & qu'on aplique sur les plaies. Médicament externe, épais, gluant, & adhérant, composé de toutes sortes de médicamens simples, végétaux, minéraux ; & propre à presque toutes les maladies du corps. (Une emplâtre souveraine. Apliquer une emplâtre. Emplâtre magnetique.)

Emplâtrier, s. m. Prononcez *Amplâtrié*. Terme d'Apoticaire. C'est le lieu de la boutique où l'on met les emplâtres.

† * Elle a une emplâstre de mari. *Mol.*

EMPLETTE, s. f. Achat qu'on a fait de quelque chose. (Quelle emplete avez-vous faite ? Faire une bonne emplette.)

EMPLIR, v. a. Ce mot se dit des choses materielles & liquides, & signifie rendre plein. (Emplir un vaisseau. *Vau.Rem.* L'un d'eux couroit emplir une éponge. *Port-Roial. Nouveau Testament.* Emplir un balon d'air avec une seringue.)

S'emplir, v. a. Devenir plein. (La barque s'emplissoit d'eau. *Port Roial, Nouveau Testament, S. Marc c.4.*)

EMPLOI, s. m. Occupation. Commission. (Avoir de l'emploi. Donner un bon emploi à quelcun. On dit aussi les grans emplois & les hautes charges.)

Emploi. Terme de Pratique. C'est l'usage qu'on fait, ou qu'on a fait de quelque chose. (Justifier l'emploi de l'argent qu'on a prêté. Faire l'emploi d'une somme d'argent. Chercher les moiens de faciliter à quelcun l'emploi de quelque argent.)

Emploier, v. a. Ocuper. Donner de l'emploi. Faire un bon usage. Apliquer. (On l'emploie à écrire. Emploier bien son argent. Emploier son tems à l'étude des belles lettres. Emploier mal son esprit. Homme fort emploié. Argent bien emploié. Peine mal emploiée.)

Emploier. Se servir. User. Mettre en usage. (Vous pouviez emploier des paroles plus honnêtes.)

Emploier. Terme de Pratique. C'est se servir d'un acte, d'un titre, d'une raison pour en tirer des inductions en sa faveur ou contre sa partie. (Un Avocat dit, j'emploie un tel titre pour fonder le droit de ma partie. On emploie tout ce qui est de droit & on le laisse aux Juges à suppléer selon leur prudence.)

* *Emploier le verd & le sec*. Proverbe, pour dire faire tous ses éforts pour faire réüssir quelque afaire.

† * *C'est bien emploié*. Façon de parler basse qu'on dit à ceux à qui il est arrivé par leur faute, ou par leur imprudence, quelque mal, ou quelque châtiment.

S'emploier, v. r. S'ocuper à quelque chose. S'amuser à quelque chose. (Il s'emploie à peindre, à chasser, à danser.)

* EMPLUMER, v. a. Ce mot pour dire garnir de plumes, ne se dit plus.

S'emplumer, v. r. S'enrichir. (Il s'est bien emplumé dans l'emploi qu'il a eu.) On dit aussi *se remplumer*. V. Remplumer.

† EMPOCHER, v. a. Ce mot est bas, & ne se dit qu'en riant. Il signifie mettre dans sa pochette. (Il a joué & a empoché l'argent qu'il a gagné.)

EMPOIGNER, *empoigner*, v. a. Prendre avec la main. (Empoigner par les cheveux. *Abl.Luc.Tome 1.* Empoigner quelcun. Il empoigne un bâton & lui en donne sur la tête. *Abl. Luc. T.2.*

EMPOIS, s. m. Composé de farine & d'émails (Empois blanc. Empois bleu.)

EMPOISONNER, v. a. Donner du poison. Mêler du poison avec quelque chose propre à boire, ou à manger, & le faire prendre à quelque personne ou à quelque animal. (Ainsi l'on dit. Empoisonner un homme, un chien, &c. On empoisonne encore d'une manière plus fine, en parfumant avec de certain poison, du linge, des gants, &c. L'histoire raconte qu'on empoisonna avec des gants parfumez Jane d'Albret, Reine de Navarre, mére d'Henri IV.)

* *Empoisonner*. Donner un tour malin à ce que les autres disent, ou font. Gâter. Corrompre. (Les médisans empoisonnent tout. Il empoisonnent jusques aux actions les plus innocentes. Il lui a empoisonné l'esprit. Donner des loüanges empoisonnées. C'est à dire, des loüanges pleines d'esprit, mais malignes & qui deshonorent la personne qu'on loüe.)

Empoisonneur, s. m. Celui qui empoisonne. (C'est un insigne empoisonneur.)

* *Empoisonneur*. Méchant cuisinier. Méchant traiteur. Corrupteur. Qui gâte & corrompt les mœurs.)

(C'est tout dire, dans le monde entier,
Jamais empoisonneur ne sut mieux son métier.
Dépreaux, Satire 3.

Vous pouviez employer des termes plus doux que ces mots d'empoisonneurs publics, & de gens horribles parmi les Chrétiens. Racine, à l'*Auteur des hérésies imaginaires*.

Empoisonneuse, s. f. Celle qui empoisonne. (Locusta étoit une empoisonneuse fort célébre du tems de Néron.)

Empoisonnement, s. m. L'action d'empoisonner. (L'empoisonnement est un crime capital & qu'on punit par le feu.)

† EMPOISSER, v. a. Enduire de poix. V. Poisser.

EMPOISSONNER, v. a. Remplir de poisson. (Empoissonner un étang.)

EMPORTER

EMP   EMU EN

Emporter, *v. a.* Prendre une chose en un lieu, & la porter en un autre. (Jesus-Christ dit au paralitique, *emportez* vôtre lit & allez-vous en à vôtre maison. *Port-Roial, Nouveau Testament, S. Matthieu, c. 9.* Il commanda qu'on fit emporter le corps. *Vaug. Q. Curce, l. 8. ch. 1.*)

Emporter. Oter, couper. (En se joüant ils *emportent* un bras ou une jambe. *Vol. l. 40.*)

Emporter. Entraîner. (Un torrent emporte tout ce qu'il rencontre.

* *Emporter.* Oter. (Une saignée emportera cette fièvre.) On dit que la peste emporte quantité de personnes, c'est à dire, qu'elle les fait mourir & les ôte du monde.

Emporter. Obtenir. Emporter. (Il a emporté ce qu'il demandoit. Emporter la victoire.

Emporter. Prendre de force. (*Emporter* une place d'assaut. *Abl. A. l. 5.* On eût *emporté* la ville, si toute l'armée eût donné. *A l. Ar. l. 1.*)

Emporter. Vaincre. Avoir le dessus. Avoir l'avantage. (Nous ferons venir tant de Cordeliers que nous l'emporterons. *Pas. l. 1.* Les Platoniciens l'*emporte* ent sur tous les autres Philosophes. *Port-Roial.* L'usage l'emporte. *Vau. Rem.* Je ne craignois pas que la cruauté de mes ennemis l'emportât sur vôtre clémence. *Vaug. Q. C. l. 6. ch. x.*)

* *S'emporter, v. r.* S'échaper. Se mettre en colère. Se fâcher. (Je suis violent & je me serois emporté. *Mol.* Alexandre qui s'emportoit fort aisément ne put retenir sa colère. *Vau. Quin. l. 4.* Il est difficile à un miserable de parler avec modération & de ne se pas emporter. *Vaug. Q. C. l. 6. ch. x.*)

* *Se laisser emporter.* C'est se laisser aller, entraîner. (Se laisser emporter à la flaterie. *Abl. Tac. An. l. 3.*)

Emporté, emportée, adj. Porté ailleurs. Enlevé. Pris de force. (Les meubles sont *emportez.* La place est *emportée.*)

* *Emporté, emportée, adj.* Violent. Fougueux. Entraîné. Poussé. (Se voit tuer brutalement par des gens *emportez* de passion. *Abl. Tac. An. l. 3.* C'est une emportée.

* *Emportement, s. m.* Colère. Agitation causée par quelque ressentiment. (Il est à craindre dans son emportement. Il est dans un furieux emportement.)

Emportement. Caprice. Déréglement d'imagination. (Livre plein d'emportemens.)

* *Emportement.* Ce mot réctifié par une épitete se prend en bonne part. (Un noble emportement.)

* *S'emporter, v. r.* Terme de *Jardinier.* Il se dit des arbres qui ne poussent que de grosses branches, sans en faire de celles qui doivent fructifier. On apelle ces arbres *furieux.* Et quand ils sont de ces gros jets, on dit qu'ils s'*emportent.*)

Empoter, *v. n.* Terme de *Fleuriste.* Il se dit des œillets & signifie les mettre dans un pot avec du terrot, pour les y faire comme en pleine terre. (Avant que d'emporter vos mar cotes, mettez au fond du pot quelques doigts de bon terrot. *Culture des belles fleurs, ch. 2. de l'œillet.*)

* **Empourprer**, *v. a.* Mot poëtique pour dire. Teindre de sang. Rougir de sang. (Tout fleuve, tout ruisseau de sang teignit son onde, chaque arbre en empourpra son écorce & son cœur. *Chapelain, Ode au Cardinal Mazarin.*)

Empourpré, empourprée, adj. Qui est poëtique, & signifie qui a un rouge qui tire sur le noir. (Raisin *empourpré.* *Godeau, Poësies, 2 partie, églogue 6.*)

Empreindre, *v. a. V. Imprimer.*

* *Empreint, empreinte, part. & adj.* Ce qui est imprimé & gravé dans l'ame. (Le sentiment de la vertu est naturellement empreint dans nôtre ame.)

Empreinte, *s. f.* Terme de *Graveur.* Chose gravée pour en imprimer d'autres. Marque & figure tirée de la chose gravée, & qui sert à en imprimer d'autres. Figure de quelque chose. (Une belle empreinte. Faire une empreinte. Fer chaud qui porte l'empreinte d'un renard. *Abl. Luc. Tom. 1.*) On tire des empreintes de medailles & autres choses gravées, avec de la cire & autres choses molles.

S'empresser, *v. a.* Avoir de l'empressement. (Il s'embresse de travailler. Il s'empresse fort pour cela. (Il est fort empressé. Elle fait fort l'empressée.

Empressement, s. m. Hâte de faire quelque chose. On travaille à cet ouvrage avec un grand empressement.

* *Empressement.* Soins ardens, pressez. Bons ofices. (Elle redouble ses empressemens pour lui. *Le Comte de Bussi.*)

Emprisonner, *v. a.* Mettre en prison. (Emprisonner une personne. *Patru, plaidoyé 11.*)

(* Tout cede au Dieu vainqueur que vôtre bel œil emprisonne. *Voit. poës.*)

Emprisonnement, s. m. C'est l'action de mettre une personne en prison. (Il est cause de son emprisonnement.)

Emprunt, *s. m.* Tout ce qu'on prend d'une personne à charge de le lui rendre. (C'est un emprunt que j'ai fait. On ne parle ni de subsides, ni d'emprunts sur le peuple. *Voit. l. 86.*)

Emprunter, v. a. Faire quelque emprunt. (Emprunter l'argent, des meubles, &c.)

* *Emprunter.* Prendre. (Etoit-il juste d'*emprunter* mon nom pour abuser de ma maîtresse? *Ablancourt, Luc.* Emprunter la pensée d'un Auteur & se l'aproprier.)

* *Emprunter, v. a.* Recevoir. (La Lune *emprunte* toute sa lumière du Soleil. Les Magistrats *empruntent* toute leur au-

torité du Prince.)

† *Emprunteur, s. m.* Mot qui ne se dit qu'en riant, & qui s'écrit guere. Celui qui emprunte. (Il faut que l'emprunteur soit majeur. *Mol. Avare, a. 2. s. 1.*)

† *Emprunteuse, s. f.* Ce mot signifie. Celle qui emprunte, mais il ne se dit qu'en riant, ou dans le burlesque. (Que saisissez-vous au tems chaud? dit-elle à cette emprunteuse. *La Fontaine, Fables, l. 1. Fable 1.*)

Empuantir, *v. a.* Remplir de puanteur. (Empuantir un lieu. Vous m'empuantissez.)

S'empuantir, v. r. Commencer à sentir mauvais. (Viande qui s'empuantit.)

E M U.

Emulateur, *s. m.* (On est *ému*ateur de ceux à qui la plûpart du monde voudroit ressembler, ou être de leur connoissance, ou avoir leur amitié)

Emulation, s. f. Déplaisir de voir nos pareils obtenir des avantages qui sont considérer, & que nous pourrions avoir aussi-bien qu'eux; & cela non pas que nous voulussions qu'ils n'eussent pas ces avantages, mais parce que nous serions bien-aises d'en avoir autant. (Etre touché d'émulation. Avoir une belle émulation. Donner de l'émulation.)

Emule, s. m. Terme de *Colege.* Ecolier qui est assis en classe vis à vis d'un autre, qui du côté où il se trouve, est dans le même rang que celui vis à vis de qui il est, qui dispute & qui dit sa leçon contre lui.)

Emulgent, emulgente, *adj.* Terme d'*Anatomie.* (Rameau emulgent. Veine emulgente.)

Emulsion, *s. f.* Terme d'*Apoticaire.* Potion faite avec des amandes douces & les quatre semences froides pour humecter & pour faire dormir.

E N.

En Prononcez *an.* En est une proposition qui signifie *dans,* & qui régit l'*accusatif* avec les verbes de mouvement, & l'*ablatif* avec ceux qui marquent du repos. (Aller *en* des païs éloignez. Etre toûjours en sa place.

Elle paroit simple à nos yeux :
Mais elle est fine, elle se cache,
Elle va souvent en des lieux,
Qu'elle ne veut pas que l'on sache.
Gomb. Epig. l. 3.)

En. Cette proposition devant l'adverbe *si*, lors qu'il est acompagné d'un adjectif, ne se met point d'ordinaire ou qu'on ne mette le mot *un* encre en & *si.* (On se plaît *en un si beau lieu,* ou *en si beau lieu. Vaug. Rem. Nov.*)

En. Cette préposition *en* se met sans article devant les noms de Roïaume, ou de Province connus de tems immémorial. (Aller *en* Alemagne, *en* Poïogne, *en* Asie, *en* Afrique. Etre *en* Champagne, *en* Picardie) On excepte de cette regle ces mots, le *Peloponèse, le Perche, le Maine, le Mans, le Kaire, la Méque,* car l'on dit aller *au* Kaite, *au* Peloponése, *au* Mans, *au* Maine, *au* Perche, à la Méque.

En. On ne met pas *en* devant les noms de Roïaume, ou de Province du nouveau monde; mais en sa place on se sert de la préposition *au,* ou *à.* (Exemple. Aller *à la* Floride, *à la* Virginie, *au* Japon, *au* Pérou.) On excepte de cette regle le mot de *Canada,* car on dit *aller en Canada.*

En. Item. Ces prépositions se mettent devant les noms qui ne sont pas de Province, & qui sont féminins, mais *dans* n'y est plus usité. (Exemples, *en* la miséricorde où je suis, *dans* la miséricorde où je suis.)

En. On met *en* ou *dans* devant les adjectifs de nombre, & devant ceux qui y ont raport. (Je l'ai *en* mille occasions, ou *dans* mille occasions. Je l'ai lu *en* un bon livre *dans* un bon livre.)

En. On se sert de cette préposition *en,* lors qu'on veut marquer le tems qu'il s'emploie à une chose, & alors *en* signifie *pendant* ou *durant.* (Il faut être jeune *en* sa vieillesse, & vieux *en* sa jeunesse. *Abl. Apoph.*)

Mille guerriers illustres
N'auroient pas fait *en* dix lustres,
Ce qu'il a fait *en* dix jours.

Le Poëte Hardi faisoit une comédie *en* deux ou trois jours.)

En. Particule qui se met au lieu de *comme.* (Ecrire *en* galant homme. Jupiter amoureux de Danaé entra *en* pluïe d'or, dans la tour où cette belle étoit renfermée.

En. Particule qui se met avec les verbes de mouvement local après ces pronoms *je, me, te, se, nous, vous, il, ils.* (Je m'*en* vais. Tu *t'en* retournes. Il s'*en* va. Nous nous *en* allons. Ils s'*en* vont.)

En. Particule relative. (Il est fort malade, il *en* mourra. Il m'a fait tort, il s'*en* repentira, &c.)

En. Particule qui marque le gérondif. (Il a fait cela *en* se divertissant. En riant.)

ENA. EN.

Le prémier E de cette colonne se prononce comme un *A*, excepté le prémier E du mot *énamouré* se prononce comme il est écrit.

† ENAMOURÉ', *énamourée, adj.* Vieux mot qui signifie *qui est amoureux*, & qui n'est en usage que dans le burlesque. [Enamouré d'une donzelle.]

EN BAS, *adv.* [Il pose par en bas. Il en vient d'en-bas & d'en-haut. *Voie. poës.* Regarder en bas. *Voi. l.9.*]

ENC.

† ENCAGER, *v. a.* Mettre en cage. Il se dit des oiseaux ; mais on dit mieux & plus souvent mettre vos oiseaux en cage qu'*encager des oiseaux*.

ENCAISSER, *v. a.* Mettre dans des caisses. [Encaisser de la marchandise. Encaisser des hardes.] On dit aussi † *Encaisser de l'argent*, c'est mettre de l'argent en caisse.

ENCAISSER, *v. a.* C'est aussi un terme de *Jardinier*. C'est mettre un petit arbre dans une caisse. [Encaisser un oranger.]

Encaissement, s. m. C'est l'action d'encaisser qui consiste à mettre dans des caisses des marchandises, ou des arbres. [Faire l'encaissement des orangers.]

ENÇA, *adv.* [Depuis mille ans ençà. *Benserade, Rondeaux.*]

ENCAN, *s. m.* Terme de *Palais*. Vente de biens par un Sergent crieur. [Ses biens sont à l'encan.]

S'ENCANAILLER, *v. r.* Hanter & fréquenter de la canaille. Dégénerer. Se ravaler à des choses basses & indignes. [Le monde s'encanaille fusieusement. Il est horriblement encanaillé.]

[† * Mettre la sagesse à l'encan, *Abl. Luc. Tome 1.*]

ENCAQUER, *v. a.* Mettre dans un caque. [Encaquer de la poudre à canon. Encaquer des harens.]

ENCASTELÉ, *encastelée, adj.* Ce mot se dit des chevaux & autres bêtes de cette sorte. On apelle *un cheval encastelé*, celui dont les talons pressent si fort le petit pié, qu'ils font boiter le cheval, ou l'empêchent de marcher à son aise.

Encastelure, s. f. C'est la maladie qui rend le cheval encastelé. V. *Encastelé*.

ENCAVEMENT, *s. m.* Terme de *Cabaretier*. C'est l'action de mettre & décendre du vin dans la cave. [Répresenter ses acquits d'encavement. C'est un congé d'encavement.]

Encaver, v. a. Terme de *Cabaretier*. Mettre en cave. [Encaver du vin. Vin encavé.]

ENCEINDRE, *v. a.* J'enceins. J'ai enceint. Ce verbe est peu utisé, si ce n'est à son pretérit passif, & même il lui manque quelque-tems. On dit en sa place. Environner. Entourer.

Enceint, enceinte, adj. Environné. [Ils étoient enceints de toutes parts.]

Enceinte, adj. Cet adjectif ne se dit qu'au féminin des *femmes*, & veut dire qui est grosse d'un enfant. [Une femme enceinte. *Abl. Tac. An. l.5. c.3.* Etre enceinte. *Patru, plaidoyé xj.*]

Enceinte, s. f. Circuit. Clôture de maison. [Il s'est fait dans l'enceinte de la maison. *Patru, plaidoyé 5, L'*enceinte des tranchées pouvoit tenir dix mille hommes. *Vau. Quin. l.6. c.1.* Une vaste enceinte. *Abl.*]

Enceinte. Terme de *Chasse*. Elle consiste à tendre des toiles autour de quelque endroit d'un bois & à poster des Chasseurs & des chiens autour d'un lieu où l'on veut chasser. [Il envoia ses soldats faire l'enceinte du bois. *Vaug. Quin. l.6. v.5.*]

ENCENS, *s. m.* Suc d'un arbre qui vient particulierement en Arabie, au tronc duquel on fait des incisions pour lui faire jetter un suc odoriférant qui s'endurcit, & qu'on apelle *encens*, & qu'on brûle dans les Eglises. [Encens blanc. Encens roux. L'encens est chaud & salutaire à plusieurs maladies, *Dal.* On a brûlé de l'encens dans les Temples pour faire honneur aux Divinitez qu'on y adoroit. Les Chrétiens ont été martirizez par les Païens à cause qu'ils ne vouloient pas donner de l'encens aux idoles.]

* *Encens.* Loüange. [Aimer l'encens. *Boil. Avis à Ménage.* Vendre au plus ofrant son encens & ses vers. *Dépreaux, Sat. 1.* La Cour méprise ton encens. *Mai. poës.* Mon cœur ne balance point à t'ofrir l'encens qui t'est dû. *Dépreaux, Discours au Roi.*]

Je ne vois rien de plus sot à mon sens
Qu'un auteur qui par tout va gueuser de l'*encens*.
Mol.

Encenser, v. a. Donner de l'encens. [Qui voudra desormais encenser vos autels. *Dépreaux, Lutrin, chant. 1.*]

* *Encenser.* Honorer. Loüer. [Pour être de ses amis il faut continuellement l'encenser. C'est pour gagner les hommes, il faut donner dans leurs maximes & encenser leurs défaux. *Mol. Avare, a.1. s.1.*]

Encensoir, s. m. Instrument de métail où l'on brûle de l'encens, & dont on se sert dans les Eglises pour encenser. [Un bel encensoir.]

[† * Lors qu'on parloit à Balzac de ce qu'il faisoit, il fa*loit toûjours avoir l'*encensoir* à la main.]

* On dit figurément *mettre la main à l'encensoir*, c'est à dire, entreprendre sur la jurisdiction, ou sur le bien des Eclésiastiques.

Encensement, s. m. Action d'encenser. [L'encensement des Autels.]

Encenseur, s. m. Celui qui donne de l'encens, des loüanges. [Les faiseurs de dédicaces sont de grands *encenseurs* & de grands flateurs.]

* ENCHAINEMENT, *s. m.* Je n'ai trouvé ce mot dans les bons Auteurs qu'au figuré. C'est une sorte de liaison qui se trouve entre les choses. Connexion qui est entre les choses. [Les sciences ont entre elles une espece d'enchainement. Un enchainement des causes secondes. Un enchainement de malheurs, *c'est à dire*, une suite de malheurs. Nous apellons *Opera* un certain enchainement de danses & de musique ; qui n'est pas un Poëme bien juste. *S. Evremont, Opera.*]

Enchainer, v. a. Atacher, lier, & retenir avec des chaines. [On enchaine les Galériens. Un Orfévre Holandois enchaina une puce en vie avec une chaine d'or de cinquante chainons, qui tous ensemble ne pésoient pas trois grains. *Cimelia literaria, p.74.*]

* En-*hainer*. Ce mot au figuré signifie joindre, lier, atacher. [Elle a enchainé mon cœur. Ces choses sont liées & enchainées les unes aux autres.]

Maudit soit le prémier dont la verve insensée
Voulut avec la rime *enchainer* la raison.
Depr. sat. 2.

* *Enchainure, s. f.* Liaison. Atachement. [Ils s'imaginent qu'il y a une enchainure des causes avec leurs efets. *Abl. Tac. Ann. l.6. ch. xj.*]

ENCHANTEMENT, *s. m.* Paroles de magie à la faveur desquelles on fait des choses surnaturelles. Les vieux Romans, & quelques Poëtes Italiens sont remplis d'enchantemens. [Il n'y eut jamais de si beaux enchantemens que les vôtres. *Voit. l.11.* Vos charmes ont plus de pouvoir que ceux que nous venons de voir dans l'enchantement d'une coupe. *Voit. poës.*]

* *Enchantement.* Charme. Plaisir. Merveilles. [Elle joue divinement de l'épinette, c'est un enchantement de l'entendre. C'est une personne toute pleine d'enchantemens. *Voit. l.49.*]

Enchanter, v. a. Ce mot signifie *ensorceler*, mais il est plus en usage au figuré qu'au propre.

* *Enchanter.* Tenir enchanté. Charmer. Ravir les gens.

[Elle connoit bien la méchante
La cause du mal qui m'*enchante*.
Voit. poës.]

Tout ce qu'elle fait m'*enchante*. *Voit. l.59.* Elle a je ne sai quel air de qualité qui *enchante*. *Mol.* Cette musique est si belle qu'elle nous enchante. Les discours de cet Orateur nous enchantèrent. Cléopatre enchanta Antoine, & menant de plaisir en plaisir. *C. trl. Triumvirat, 3. p. ch. 12.*

* *Enchanter.* Qui plait, qui charme les yeux & l'esprit. Qui agrée extrémement. [Elle a des manieres enchantées. Un palais enchanté. Un habillement enchanté.]

* † *Enchanterie, s. f.* Tromperie. Charlatanerie. [Il n'y a point là d'enchanterie.]

Enchanteur, s. m. Sorcier, Magicien. Qui se sert d'enchantement pour faire des choses surnaturelles. [Pharaon avoit des enchanteurs. *Port - Roial*, figures de la Bible. Les charmeurs, ou enchanteurs sont condamnez par l'Eglise. *Thiers, sup. ch.33.*]

* *Enchanteur.* Sorte de charlatan & de trompeur. [C'est un franc enchanteur.]

* *Enchanteur.* Qui charme. Qui plait. Qui ravit. [D'un renard enchanteur connoit-il le poison ? *Racine, Britanniuc, a.1. s.1.*]

Enchanteresse, s. f. Ce mot, au propre signifie une sorte de sorciere qui se sert d'enchantements & de paroles de magie pour faire quelque chose de particulier, & de surprenant. Il sembloit que pour obéïr promptement au pouvoir de l'enchanteresse Alcine, la Comédie n'avoit pas eu le tems de prendre un de ses brodequins. *Marigny, Relation de Versailles.*

* *Enchanteresse.* Ce mot au figuré est fort usité. Il signifie celle qui par ses manieres, ou sa beauté charme, & surprend agréablement les personnes qui la voient, ou qui l'entendent ; fille ou femme qui est belle & qui ravit. [Il veuïut nous faire voir les enchanteresses du lieu. *Voiage de Chapelle & de Bachaumont.*

Vos charmes sont & plus forts & plus doux,
Et je ne sache en cette troupe
D'autre enchanteresse que vous.
Voiture, Poësies.

ENCHAPERONNER, *v. a.* Terme de *Fauconnerie*. Mettre un chaperon sur la tête d'un oiseau de proïe.

ENCHARGER

ENC ENC

† ENCHARGER, v. a. Charger quelcun de quelque chose, la lui recommander. Dites & Voiez Charger.

ENCHASSER, v. a. Mettre dans une chasse. Il se dit des Reliques. (Enchasser une Relique dans une chasse d'argent.)

Enchasser, v. a. Mettre dans un chassis, dans un chaton, &c. Enfermer fort proprement. [Enchasser une pierre dans de l'or. Enchasser une porte, ou une fenêtre dans son chassis.]

* La nature en hasse les esprits les plus brillans dans les plus petits corps. Voit. l. 152.

* Un mot bien enchassé. Chose bien enchassée.

* † Je m'enchasse dans ce fauteuil. Mot burlesque pour dire, Je m'assieds dans ce fauteuil.

Enchassure, s. f. Terme d'Orfévre. La manière d'enchasser. [L'enchassure de cette pierre, de cet émail dans ce cercle d'or, est très-bien faite.]

ENCHERE, s. f. Augmentation de prix. [Faire une enchere.]

Fole-enchere. Ces mots se disent lors qu'une personne, ayant fait une enchere trop haute, & n'en pouvant pas païer le prix, en fait revendre la chose. On apele cela revendre à la fole-enchère, & cette personne en doit païer les dommages & intérêts.

* Païer la fole-enchère de sa faute. Proverbe. C'est en porter la peine.

Encherir, v. a. Faire une enchere. Augmenter le prix. (Encherir sur une personne. J'ai encheri cela sur lui.)

* Encherir, v. a. Ce mot se dit au figuré, & signifie, Faire ou dire plus qu'un autre. (Les Philosophes modernes ont fort encheri sur les Anciens. Encherir sur la pensée de quelcun. La renommée encherit toujours sur la vérité.)

Encherir, Augmenter de prix. Etre plus cher. Etre à plus haut prix. (Les Bouchers encherissent sur la viande. Le gibier est encheri. La volaille est encherie.)

Encherisseur, s. m. Celui qui encherit. Qui fait une enchere. (Le bien est au plus offrant & dernier encherisseur. Il y aura bien des encherisseurs. Abl. Luc. Tome I.)

S'ENCHEVETRER, v. r. Ce mot se dit des chevaux & veut dire se prendre le pié de derriere dans la longe du licou. (Cheval qui s'est enchevétré. Soleisel, parfait Maréchal.)

† ENCHIFRENÉ, enchifrenée, adj. Qui a un rume qui le tient au cerveau. Je suis enchifrené. Elle est tout à fait enchifrenée.)

† Enchifrénement, s. m. Rume qui est au cerveau. [J'ai un enchifrement qui m'incommode fort.]

ENCICLOPEDIE, s. f. Mot grec & il a vieilli, & ne se dit guére que dans le burlesque. Il signifie une connoissance universelle. Science universelle. Amas de toutes les siences.

ENCLAVER, v. a. Terme de Charpantier. Enfermer dedans. Mettre dedans. (Faire une cloture de grosses poutres, enclavées l'une dans l'autre, Bouhours, histoire d'Aubusson, livre 3)

Enclavé, enclavée, adj. Il se dit au propre des choses qu'on a enclavées. (Poutre enclavée dans un mur. Piéces bien enclavées les unes dans les autres.)

Enclavé, enclavée, adj. Il se dit au figuré, de héritages, Viles & Provinces qui sont environnées des terres qui apartiennent à une autre. (Cette terre est enclavée dans les Terres d'un Seigneur voisin. La Principauté d'Avignon est enclavée dans la Provence.)

ENCLIN, encline, adj. Porté. Qui a du penchant à quelque chose. (Etre enclin à la poësie.)

† Encliner, v. n. Ce mot n'est pas usité, en sa place, on dit incliner. Vau. Rem.

ENCLORRE, v. a. Enfermer. J'enclos, j'ai enclos. Ce verbe est défectueux & n'est pas fort usité. On dit en sa place enfermer. Clorre.

Enclos, s. m. Clôture qui enferme quelque Couvent, ou quelque parc, ou quelque maison de campagne. [Posons que ce crime se soit fait hors de l'enclos du Couvent, Patru, plaidoié 5.]

* Enclos. Enceinte.

[Crète, par mon berceau, la prémière des Iles
Est riche en son enclos de cent fameuses Viles.
Rampale, Idile 3.]

S'ENCLOTIR, v. n. Terme de Chasse. Il se dit du lapin qui entre dans terre.

ENCLOÜER, v. a. Terme de Maréchal. C'est quand on ferre un cheval, ou autre animal & qu'on le blesse avec le clou & qu'on entre dans le vif. [Encloüer un cheval. Un cheval encloüé. Cavale encloüée.]

Encloüer. Cogner avec force un clou dans la lumière du canon, afin qu'on ne s'en puisse plus servir. (Encloüer un canon. Canon encloüé.)

† * Encloüer un raisonnement.

Encloüure, s. f. C'est le mal qui vient d'avoir encloüé un cheval, ou autre bête qu'on ferre. (L'encloüure négligée peut devenir un grand mal. Soleisel. Parfait Maréchal.)

† * C'est le mal, voilà l'encloüure. Bol. Epit. J'ai découvert où est l'encloüure. Abl. Luc. Tome 3.)

ENCLUME, s. f. Sorte de masse de fer qu'on pose sur un gros billot de bois, & sur laquelle les maréchaux, taillandiers, couteliers & autres qui travaillent en fer batent & façonnent le fer. (Une petite ou une grosse enclume.)

* Enclume, s. f. Terme d'Anatomie. C'est un petit os fait en forme d'enclume qui est dans l'oreille, & qui reçoit les coups & les impressions d'un autre qu'on apelle le marteau. Et ils servent tous deux au sentiment de l'ouïe.

* Etre entre l'enclume & le marteau. Proverbe, pour dire, se trouver en état de soufrir, de quelque côté qu'on se tourne. Se trouver engagé entre deux puissances qui ont des intêrêts contraires.

† ENCOCHER, v. a. Mettre une corde dans la coche d'une fléche pour la tirer avec un arc, ou une arbaléte.

† ENCOGNURE, encoignure, s. f. Angle. Coin.

ENCOULURE. Voiez encoulure.

† ENCONTRE, s. f. Mot bas, vieux, & burlesque qui ne se dit guére seul. (C'est bonne encontre que je fais. C'est à dire, Tu fuis ton bonheur, une heureuse encontre. (Voiez Malencontre.)

ENCORE, encor, adv. L'un & l'autre se dit encore avec un e final se dit en prose, & encor sans e final est usité en vers ; sur tout à la fin du vers, & au repos des vers Alexandrins. (Je vous demande encore cette grace. Encore, s'il y avoit fait ce qu'on l'avoit prié de faire, on n'auroit pas sujet de se plaindre.)

Encore que. Sorte de conjonction qui régit le subjonctif. (Encore qu'en l'instabilité des choses du monde on ne laisse pas d'adorer sa fortune. Abl. Luc. Tome I.)

† S'ENCORNAILLER, v. r. Terme burlesque, qui se dit de ceux qui se marient & particuliérement si la chasteté des femmes qu'ils prennent est suspecte. (Un tel s'est encornaillé, c'est à dire, il s'est marié & s'est mis en danger de porter des cornes.)

ENCOULURE, encolure, s. f. L'un & l'autre se dit ; mais encoulure est le meilleur & le plus-usité. C'est la partie du cou dit cheval, qui est terminée, ou bordée par le haut du crin & par le dessous du gosier. (Une belle encoulure. Encoulure dechargée. Encoulure bien faite.

Une tête de barbe, avec l'étoile nette,
L'encoulure d'un Cigne, éfilée & bien droite.
Moliere. Fâcheux, a. 2. sc. 6.)

† * Encoulure. Mine. Air. (C'est un Dieu, je le connois à l'encoulure. Sca. Tiphon, chant 4.)

ENCOURAGER, v. a. Donner du courage. Exciter. Animer. (Chacun encourageoit les siens à se hâter. Ablancourt, Ret. l. 5. c. 3.)

ENCOURIR, v. a. J'encours, j'ai encouru. J'encourus, j'encourrai. C'est à dire subir, (Encourir l'excommunication. Encourir sentence d'anatême. Eve. Encourir les censures de l'Eglise. Patru, plaidoié 5. Encourir la peine d'une bule. Pas. l. 6.)

S'ENCRASSER, v. r. Se remplir de crasse. (Le corps s'encrasse.)

† * L'esprit s'encrasse dans la Province.

ENCRE, ENCRER. V. Ancre, & Ancrer.

ENCROUTER, v. a. Revêtir d'une croute.

* S'ENCUIRASSER, v. r. Ce mot se dit du linge sale, & signifie être plein d'ordure, de crasse & de saleté parce qu'on s'en est servi trop long-tems. (Vôtre linge n'est pas bien blanc, parce qu'il étoit trop encuirassé.) * Il se dit figurément de la conscience, dans laquelle on laisse enraciner des vieux pechez.

ENCULASSER, v. a. Terme d'Arquebusier. Mettre la culasse à un canon d'arme à feu. (Enculasser un canon.)

ENCUVEMENT, s. m. Terme de Tanneur. C'est l'action de mettre dans la cuve. (Aprés l'encuvement des veaux, on doit &c.)

Encuver, v. a. Terme de Tanneur & de Blanchisseur. Mettre dans la cuve. Ranger dans le cuvier. (Encuver les veaux. Encuver le linge de lessive.)

END.

Prononcez comme un A le prémier E des mots de cette colonne.

EN DEDANS, adv. (Tournez le poignet en dedans. Mol.)

EN DEHORS, adv. (Tournez la pointe du pié en dehors. Moliere.)

ENDENTER, v. a. Mettre des dents à une roue de moulin, ou à quelque autre semblable machine.

EN DEPIT. Préposition qui régit le génitif. (En dépit des pluies & de l'hiver. Voit. l. 47.

De mes yeux languissans un éloquent silence
En dépit de moi-même explique ma soufrance.
La Suse, Poësies.)

S'ENDETTER, v. r. Faire des detres. (Il est fort endetté. Elle est

est fort endettée. Il n'aime point à s'endetter, & il est sage.)

† ENDÉVER, v. n. Ce mot n'est que dans la bouche du petit peuple, & en sa place, on dit d'ordinaire enrager. (Il endêve. Il s'a fait endever.)

† ENDIABLÉ, endiablée, adj. Furieux. Enragé. Méchant. Qui semble être possedé du diable. (C'est un endiablé. C'est une endiablée.)

ENDIVE, s. f. Sorte de chicorée.

ENDOMMAGER, v. a. Faire quelque dommage. (Il avoit apréhendé qu'il ne fut endommagé en haut. Vau. Quin. l. 3. c. 9.)

† * ENDORMEUR de couleuvres, s. m. C'est à dire, un conteur de fariboles. Un diseur de paroles flateuses à dessein de tromper plus finement.

Endormir, v. a. Faire dormir.

∫ Allez de vos Sermons endormir l'auditeur.
Déspreaux, Satire 1.

Endormir un enfant. Il est endormi. Elle est endormie.

* Endormir, v. a. Egourdir. Oter pour quelque tems le sentiment d'un membre. (On endort un membre quand on le veut couper, ou y faire quelque violente opération, afin que le malade sente moins de douleur.) Un membre s'endort quand on demeure trop long-tems apuié dessus. On dit aussi avoir le pié tout endormi.

* Endormir. Tromper en flatant.

[* C'est un coquin qui tâche à l'endormir. Si elle ne prend garde à elle, ce miserable l'endormira par ses contes, & elle s'en trouvera mal.]

S'endormir, v. r. Se laisser abatre par le sommeil. (Je commence à m'endormir. Je m'endors toujours au sermon du Veiller. Il s'est endormi après dîné. Personne ne s'endormit jamais à la Comédie.)

* S'endormir. N'avoir pas soin de son devoir, de ses afaires, n'y pas veiller. [La charité nous oblige de reveiller ceux qui s'endorment. Pat. plaid. 5. Les Oficiers s'endormirent sur la bonté de leurs maitres. Pat. plaid. 4.]

† ENDOSSER, v. a. Ce mot pour dire, mettre sur son dos, est burlesque. (Y voit-on des savans, en Droit, en Médecine, endosser l'écarlate. Dép. Sat. 8.

Il s'habille en Berger, endosse un hoqueton.
La Fontaine, Fables, l. 3.

Quand il se dit sérieusement, il est vieux & poëtique. Endosser le harnois.

Endosser. Terme de Praticien. Ecrire sur le dos de quelque acte. (J'ai fait endosser sur la promesse l'argent que je lui ai donné.)

Endosser, v. a. Terme de Banquier. C'est donner son ordre à un autre pour faire paiable la lettre de Change à quelcun, & écrire cet ordre sur le dos de la lettre. (Endosser une lettre de Change.)

Endossement, s. m. Terme de Palais. Tout ce qu'on écrit sur le dos de quelque acte. (Faire l'endossement d'une somme sur un Contrat.)

Endossement, s. m. Terme de Banquier. C'est l'ordre qu'on donne pour faire une lettre de Change paiable, & qu'on écrit sur le dos de la lettre. (Mettre son endossement sur le dos d'une lettre de Change.)

Endosseur, s. m. Terme de Banquier. C'est celui qui endosse, & écrit son ordre sur le dos d'une lettre de Change, pour la faire païable à quelcun.

ENDROIT, s. m. Place. (Il a été tué en cet endroit-là. Demeurez en cet endroit. Choisir un bel endroit pour bâtir.)

Endroit. Ce mot se dit en parlant des choses qu'on mange & qu'on coupe, & signifie, Partie. Côté. (Voilà le bon endroit, donnez-m'en. Je sai les bons endroits. Voilà le meilleur endroit du Lapreau.

Endroit. Ce mot se dit des étofes, & signifie le côté de l'étofe, qui est oposé à celui qu'on apelle envers. (Montrer l'endroit d'une étofe.)

[* Il n'y a point de si mauvaise fortune qui n'ait quelques bons endroits, pourveu qu'on sache les trouver. On le dit aussi des personnes. (Regarder quelcun par son plus bel endroit.)

En mon endroit. C'est à dire, envers moi.

On le dit aussi des livres, des discours, &c. (C'est le meilleur, ou le plus méchant endroit de tout ce livre.

ENDUIRE, v. a. Terme de Maçon. Couvrir d'un enduit. (Enduire un mur. Enduire de mortier, de plâtre, ou de stuc.) On dit aussi enduire de poix, de vernis, de cole, &c.

Enduit, enduite, adj. Couvert d'enduit. (Mur enduit. Muraille enduite.)

Enduit, s. m. Terme de Maçon. C'est un composé de chaux & de ciment, ou de sable, ou de stuc, qu'on aplique contre les murs, ou sur les plats fons. (Faire l'enduit. Apliquer l'enduit par couches. Enduit qui durera. Enduit qui commence à se gercer. Les Anciens batoient les enduits après les avoir apliquez. Vitruve, abrégé. 1. ch. 2.)

ENDURCIR, v. a. Rendre dur. (La trempe endurcit le fer.) On dit plûtôt Durcir, qu'endurcir en ce sens. Ou dit aussi S'endurcir, c'est à dire, devenir dur.

Endurcir, v. a. Rendre capable de suporter. Acoutumer à quelque chose de pénible & de fâcheux. (Ma mauvaise fortune me doit avoir endurci à toutes sortes de déplaisir. Voit. l. 60.) S'endurcir, v. a. S'acoutumer à quelque chose de dificile. Se faire un cœur dur & insensible, &c.

∫ S'endurcir au travail. Abl. Apo.

* Si vous ne vous étiez bien endurci le cœur, vous, &c. Voi. l. 67. Un pecheur endurci, Pascal. l. 4. Courage endurci. Abl. S'endurcir contre les pleurs. Racine, Iphigenie. a. 4. s. 1.)

* Endurcissement, s. m. Dureté de cœur. Opiniatreté. (Elle pleure au pié de la croix l'endurcissement de ses filles. Patru, plaidoié 16.)

ENDURER, v. a. Soufrir. Suporter. [Le loup endure patiemment la faim. Endurer des maux incroiables.]

Endurant. Part. Qui endure.

Endurant, endurante, adj. Qui soufre. Qui a de la patience. [Il n'est pas fort endurant. Elle est tout à fait endurante.]

E N E.

ENEIDE, s. m. Poëme héroïque de Virgile, en faveur d'Enée. [L'Eneide de Virgile est belle & judicieuse.]

ENEMI, s. m. Celui qui ne nous aimant pas, tâche à nous nuire & à nous traverser en toutes rencontres. [Un cruel, un mortel enemi. Un furieux, un horrible, un afreux enemi.

Fuyez un énemi qui blesse par la veüe
Et dont le coup mortel vous plait quand il vous tuë.
Corn. Pol. a. 1. s. 1.]

Enemie, s. f. Celle qui nous hait, qui a de l'aversion pour nous. [C'est la mortelle enemie. Elle s'est son énemie déclarée.]

ENERGIE, s. f. Ce mot est Grec & il se dit en parlant de discours, & de langage. Il signifie force. Eficace. [Mot plein d'énergie. Façon de parler qui a de l'énergie.]

Energique, adj. Qui a de l'énergie. [Un terme sera énergique, & mettra une chose devant les yeux lorsqu'il marquera l'action. Vous pouviez vous servir de termes plus choisis, plus propres & plus énergiques. Boil. Avis à Ménage.

Energumene, s. m. Possedé du Démon. Ce mot est Grec, & c'est un terme dont se servent les Ecclésiastiques.

ENERVER, v. a. Afoiblir beaucoup. [Le vin & les femmes énervent, quand on ne garde point de mesure.]

Enerver, v. a. Terme de Manège. Il se dit des chevaux, & signifie Couper des nerfs. On énerve un cheval & on lui coupe deux tendons à côté des yeux pour lui dessécher la tête.

* Enerver. Ce mot se dit du langage. Oter la force & l'énergie du langage, l'afoiblir. (Un stile mol & énervé. Abl.)

E N F.

Prononcez An, toutes les premières silabes des mots de cette colonne.

ENFAITEMENT, s. m. Afaitement. Terme de Plombier. Le mot d'usage, c'est enfaitement. C'est une table ou couverture de plomb qu'on met sur le comble de quelque belle maison, qui est ordinairement couverte d'ardoise. (Faire mettre, ou poser un enfaitement.)

Enfaîter, v. a. Terme de Plombier. Mettre l'enfaitement sur une maison. (Enfaiter une maison.)

ENFANCE, s. f. L'enfance est le prémier & le plus tendre âge de la vie, qui commence dès qu'on vient au monde & finit à 9. ou 10. ans, mais on l'étend d'ordinaire un peu plus. (Son enfance étoit une enfance pleine d'esprit.)

* Enfance. Ce mot est figuré pour dire le commencement de quelque chose.

L'enfance du monde. C'est le prémier âge du monde. Il ne faut pas s'étonner que cela soit arrivé dans l'enfance de la Philosophie. Abl. Luc. T. 2. double accusation.

Enfant. Jeune garçon, ou jeune fille qui est dans l'enfance. Ce mot est masculin & féminin. Il est masculin lors qu'on parle d'un garçon, & féminin quand on parle d'une fille. (C'est une extrême méchanceté de se moquer d'une povre enfant qui, &c. Voit. l. 57. Bel enfant de quinze ans du comme pére & mére. Sca. poës. C'est un fort joli enfant. Tenir un enfant avec une belle fille, c'est en être le patrain.)

Les Enfans de France. Ce sont les enfans du Roi régnant. Enfant légitime, naturel, adoptif, postume, &c.

Enfant de chœur. Jeunes garçons ordinairement de 8. de 9. de 10. ou de 12. ans qui servent à l'Eglise en robe & en amit, qu'on enseigne à chanter & à servir au chœur, & à faire les autres fonctions à quoi ils sont obligez. Les enfans de chœur ne doivent entrer à l'Eglise qu'avec la robe, le bonnet quarré & revêtus de leurs amits. La fabrique de chaque paroisse de Paris païe leur nourriture. Les enfans de chœur des paroisses reçoivent tous les ans une certaine somme pour leur assistance aux Services, aux Messes, aux Saluts, aux Convois, aux Enterremens, & aux Confrairies. Ce peu d'argent qu'ils reçoivent de leur assistance sert à les entretenir

ENF   ENF   319

nir de bas, de soulier, de bois à brûler, & de linge de table. Un petit enfant de chœur, fort éveillé & qui chanté bien. Etre enfant de chœur. Voiez les livres qu'on apelle *les Martirologes des Paroisses.*

Enfans trouvez. Pauvres petits enfans qu'on a exposez dans les ruës, & qu'on fait élever à Paris dans un lieu particulier.

Enfans bleus. Pauvres enfans habillez de bleu, qu'on élève à Paris.

Enfans rouges. Pauvres enfans habillez de rouge qu'on élève à Paris dans un lieu fondé pour cela.

Enfans de cuisine, ou *galopins.* Ceux qui servent chez le Roi, sous les oficiers de cuisine bouche.

† * *Enfant gâté.* C'est un enfant un peu libertin & qu'on n'éleve pas avec assez de crainte ni de sévérité. (* L'amour est un enfant gâté. *Benserade, Rondeaux.*)

Enfans perdus. Ces mots en *termes de guerre,* signifient des soldats qui marchent à la tête des troupes commandées pour les soûtenir & qui sont tirez de plusieurs compagnies pour forcer quelque poste, faire quelque attaque, ou donner quelque assaut.

* *Enfans perdus.* Ce mot est vieux, car il n'y a plus d'enfans perdus. Les Dragons servent d'enfans perdus.

Enfantement, s. m. Terme *d'Accoucheur* & de *Sage femme.* Ce sont les éfets douloureux que la femme fait pour mettre heureusement un enfant au monde. Le mot *d'enfantement* parmi les gens qui ne sont acouchez, Chirurgiens, ni Médecins, est moins en usage que celui de *couches,* qui est le mot ordinaire. (Tandis qu'il demeurera quelque chose de l'ariere-faix dans la matrice, la femme sentira des douleurs semblables à celles qu'elle resentoit avant l'enfantement. *Mauriceau,* traité des femmes grosses, *l.2. ch.9.* Sentir les douleurs de l'enfantement. *Abl. Apoph.* C'est le ridicule *enfantement* des montagnes. *Patru,* plaid. 12.)

Enfanter, v. a. Ce mot, pour dire *acoucher,* ne se dit pas ordinairement, & on ne s'en sert guere que dans des matieres graves, & en quelque sorte consacrées. (Elle *enfantera* un fils qui sera apelé Jesus. *Port-Roial, Nouveau Testament.* La Terre a enfanté les Géants.)

* *Enfanter.* Ce mot au figuré est fort usité.

(Bien-heureux Scuderi dont la fertile plume
Peut tous les mois sans peine *enfanter* un volume.
Depreaux, Satire 2.

L'amour du gain *enfante* mille ouvrages frivoles. *Depreaux.*
Enfanter un procez. *Patru,* plaid. 8.)

Enfantin, enfantine, adj. Qui est d'enfant. Qui a l'air d'enfant. (Jeu enfantin. *Mol. Malade imaginaire,* a.1. s.5. Mine enfantine. *Benserade, Rondeaux.*)

ENFARINER, *v. a.* Remplir de farine. (Il m'a tout enfariné. Je me retire d'auprès de vous de peur que vous ne m'enfariniez.)

Enfariner. Poudrer la perruque ou les cheveux. Ce mot est comique, en ce sens. (Enfariner sa tête.)

S'enfariner, v. r. Se remplir de farine. (Je m'enfarine tout ici. Je me suis enfariné tout mon juste au corps.)

† *S'enfariner, v. a.* Mot comique pour dire, se poudre. Poudrer la perruque ou ses cheveux. (Il y avoit un Amour qui s'enfarinoit de la poudre dont Voiture se rajeunissoit, *Sarax,* pompe funebre de Voiture.)

* il s'en est venu la gueule enfarinée. C'est à dire qu'il est venu tout transporté & plein d'espérance d'obtenir ce qu'il croioit.

ENFER, *s. m.* Lieu où l'on croit que sont les damnez. (Précipiter dans les enfers. Condamner aux enfers.)

* *Enfer.* Démons qui sont aux enfers. (Les démons sont vaincus, *l'enfer* est desarmé. *Arn. œuvres poétiques Chrétiennes.*)

* *Enfer.* Lieu où l'on se déplait. Lieu où l'on soufre. Lieu où m'a fait voir le Paradis dans cet *enfer,* où je suis. *Vois. poës.* Elle ne peut quitter ce lieu si désirable pour entrer dans l'enfer où le ciel a voulu qu'elle ait tant enduré. *Vois. poës.*)

† * *Enfer.* Bruit. Vacarme. Tintamare. (Je pense qu'avec eux tout l'enfer est chez moi. *Depreaux, satire 6.*)

Enfer. Terme de *Chimiste.* C'est un vase rond de métal, ou de verre qui sert à rectifier les sils volatils. (Il faut mettre cette liqueur dans l'enfer.)

ENFERMER, *v. a.* Serrer. (Enfermer ses habits, son linge, ses livres. Enfermer quelcun à la clé.)

* *Enfermer, v. a.* Contenir, comprendre. (Ce discours enferme un grand sens.)

S'enfermer, v. r. (Il s'est enfermé lui-même dans sa chambre. Il s'est enfermé dans cette place, où il espére de tenir quelque tems.)

* Il ne faut pas *enfermer* le loup dans la bergerie. Proverbe, pour dire, qu'il ne faut pas fermer une plaie avant qu'elle soit bien guerie. *V. Bergerie.*

* ENTERRER, *v. a.* Ce mot à propre signifie, Percer avec un fer, une épée, une pique, &c.

S'enferrer, v. r. Se venir de soi-même jetter contre l'épée de son ennemi. Il est venu de lui-même s'enferrer dans l'épée de, &c.)

* *S'enferrer, v. r.* Ce mot au figuré signifie, Se nuire soi-même par ses paroles, ou par sa conduite. C'est un sat qui ne sait ce qu'il dit, & qui *s'enferre* lui même.

ENFICELER, *v. a.* Terme de *Chapelier.* Serrer avec une ficelle. (Il faut bien enficeler un chapeau.)

ENFILER, *v. a.* Passer de la soie, ou du fil au travers du trou d'une éguille. Passer quelque petite nompareille au travers des grains d'un chapelet. (Enfiler un chapelet.)

* *Enfiler.* Ce mot se dit des ruës & des chemins, & il signifie entrer dans une ruë, ou un chemin. (* Enfiler un chemin. Le vent enfile les ruës. *Abl.*)

* *Enfiler la Venelle,* phrase burlesque, pour dire s'enfuir.

* *Enfiler.* Passer son épée au travers du corps d'une personne. (Au second coup d'épée qu'il lui a porté, il l'a enfilé.)

* *Enfiler.* Ce mot se dit en *termes de guerre* en parlant de l'Artillerie. C'est tirer le long d'une ligne, en nettoier toute l'étenduë, & la batterie. (Le canon de la place enfiloit la tranchée. Enfiler le rempart. Enfiler la courtine.)

Enfiler, v. a. Terme de *Chandelier.* C'est passer au travers d'un petit bâton qu'on apelle broche, la mêche des chandelles. (Enfiler des chandelles.)

* *Enfiler.* Terme de *Maitre d'armes.* Se jetter soi-même dans l'épée de son ennemi. (En se batant ils se sont enfilez l'un l'autre. Il a été fat parcequ'il s'est enfilé lui-même.)

Enflé, adj. Terme de *jeu de Trictrac.* On dit qu'un Joüeur est enflé pour dire qu'on lui a bouché le passage par où il pouvoir faire passer ses Dames d'un côté d'un Tablier à l'autre.

* En ce sens, on dit figurément qu'un homme *s'est enflé,* pour dire qu'il s'est embarassé dans quelque afaire, d'où il aura de la peine à se tirer sans quelque desavantage.

* † Je ne suis pas venu ici pour enfiler des perles. Proverbe, pour dire, je ne suis pas venu pour ne rien faire, ou pour faire peu de chose.

EN FIN. Sorte de conjonction, *En fin,* vous poussez ma patience à bout, & il faut que j'éclate.

ENFLAMER, *v. a.* Mettre en feu. Embraser. Mettre tout en flame. (Une seule étincelle enflamée une grande quantité de poudre. Le Palais est tout *enflamé.* La maison est toute *enflamée.* Le feu s'est pris au haut du toit, & à tout *enflamé.*)

* *Enflamer.* Donner de l'amour. Toucher d'amour. (Un âge un peu plus mûr à dequoi m'enflamer. *Benserade, poës.*)

Jeunes cœurs, croiez-moi, laissez-vous enflamer
Tôt ou tard il faut aimer. *Benserade.*

* *Enflamer.* Echaufer, Exciter, Allumer. (Enflamer le courage des soldats. *Vaug. Quin l.4.* L'opiniâtreté des habitans enflama sa colére. *Vau.Quin.l.7.* Cet entretien vous charme & vous enflame. *Voit. poës.*)

ENFLER, *v. a.* Rendre plus gros. Grossir avec le vent, ou autrement. (Enfler une vessie. Enfler un balon.)

† * Elle s'est fait enfler le ventre ; pour dire, Elle s'est fait engrosser.

* *Enfler.* Enorgueillir. Augmenter. (La sience enfle. Enflé d'orgueil. Cela enfla le courage des Tiriens. *Vau. Quin.l.4.* Cette alliance lui enfloit le courage. *Abl. An. Tac. l.4.* Les Satrapes enfloient ses espérances. *Vau. Quin.l.3.* Cette victoire lui enfle le cœur.)

* *Enfler.* Ce mot se dit du stile & veut dire, élever trop, qui est un défaut. (Stile enflé. Enfler son stile.)

* *Enfler.* Ce mot se dit des eaux. Grossir. (Le fleuve enfle son cours. *Vau. Quin.l.3.*)

* *Enfler.* Le vent enfle les voiles, c'est à dire, les étend & les pousse.)

S'enfler, v. r. Devenir plus enflé. (Son ventre s'enfle.)

* *s'enfler.* Ce mot se dit de la mer, & des riviéres. C'est devenir plus grosse. (La mer s'enfle, *Vau. Q.l.4.*)

Enflure, s.f. Amas de vents ou de vapeurs dans les espaces vuides des corps. Sorte de maladie qui enfle le corps ou quelque partie du corps. (Son enflure est dangereuse.)

* *Enflure.* Ce mot se dit du discours. Maniere de grossir la diction. (L'enflure est un vice en maniere de diction. *Abl.*)

ENFONCER, *v. a.* Poussez avant. Faire aller plus avant du côté du fond. Faire déscendre. Abaisser. (Enfoncer des pieux. Enfoncer des pilotis. Enfoncer son chapeau en méchant garçon. *Mol.* Enfoncer dans la boue. Sa pésanteur sit *enfoncer* la nacelle. *Voit. poës.* Enfoncer l'épée jusqu'à la garde.)

Enfoncer. Rompre. Enfoncer une prison. *Abl. Tac. an. l.1.* Enfoncer une porte. *Abl. Luc. l.3.*)

* *Enfoncer.* Terme de *guerre.* Mettre en desordre. Renverser. (Il enfonce les rangs & taille tout en piéces. *Vau. Quin. l.4. c.15.* Enfoncer un escadron. *Vau. Quin.l.3.c.xi.* Enfoncer un bataillon. *Abl. Luc. T. 1.*)

Enfoncer. Terme de *Potier d'étain.* Faire un creux. (Enfoncer un plat, une assiette.)

Enfoncer. Terme de *Tonnelier.* Mettre un fond à un vaisseau. Remettre un fond. Enfoncer une futaille.)

* *S'enfoncer, v. r.* Aller plus avant. Pénétrer. Aller en avançant. (S'enfoncer dans une forêt. *Abl. Ar.* Ne vous enfoncez pas si fort dans cette matiére.

Enfoncé

Enfoncement, *s. m.* L'action d'enfoncer.

Enfoncement, *s. m.* Ce mot se dit des valées & autres choses. C'est ce qui va en enfonçant. (C'est un petit ruisseau qui tombe dans l'*enfoncement* d'une valée. Il y avoit un *enfoncement* par lequel on pouvoit entrer dans le camp. *Relation des campagnes de Rocroi & de Fribourg.*)

Enfonçure, *s. f.* Terme de *Tonnelier*. Toutes les piéces du fond de quelque vaisseau que ce soit.

Enfonçure de lit, ou *golerges*. L'un & l'autre se dit, mais *goberges* est le mot du tapissier. Ce sont de petits ais de 4. ou 5. pouces de large, qui sont attachez à quelque distance les uns des autres avec de la sangle, & qu'on étend sur le bois du lit.

Enfonçure. Concavité. (Il y a une enfonçure dans ce pavé.)

Enformer, *v. a.* Termes de *Bâtier & de Chapelier*. Mettre un bas dans la forme, enformer un chapeau sur la forme. (Enformer un bas. Enformer un chapeau.)

Enfoüir, *v. a.* Ce mot signifie proprement *cacher en terre*, mais en ce sens il est vieux, & ne se dit guère. Son usage est dans un sens qui semble consacré, & en parlant des dons naturels qu'on a. Il signifie *cacher*.
(† * Il ne faut pas *enfoüir* les talens que Dieu nous a donnez.)

Enfourner, *v. a.* Terme de *Boulanger*. Mettre du pain dans le four lors qu'il est chaud. (Enfourner du pain.)
(† * *il n'y a qu'à bien enfourner d'abord*, c'est à dire, bien commencer.)

Enfreindre, *v. a.* Violer. (Enfreindre les ordonnances, *Abl. Tac. An.* Enfreindre les ordres du Ciel, *Patru*, plaidoié 8. Enfreindre les privileges du Royaume. *Maucroix, Schisme*, l. 3.)

S'enfuïr, *v. r.* Prendre la fuite, (Les barbares s'enfuïrent dés qu'ils nous aperçurent. *Abl.* Ils s'en sont fuis à la prémiére décharge que nos gens ont faite. Il s'enfuïrent prontement dans la ville. *Vaug.*)

S'enfuïr. Il se dit de la liqueur qui est dans des pots qui boüillent auprès du feu, ou sur le feu, & il signifie *s'en aler par dessus les bords*. Il se dit du pot même. (Quand vous faites boüillir l'eau où l'on met du café, il est bon que le pot ne s'enfuïe point, quand le café y est.)

Enfumer, *v. a.* Remplir de fumée. Incommoder à cause de la fumée. (Enfumer les gens qui sont dans une chambre. Nous sommes ici *enfumez*, & il est impossible d'y demeurer d'avantage.)

ENG.

Prononcez comme un *A* le prémier E de tous les mots de cette colonne.

Engagent, *s. m.* Pononcez *angagean*. C'est un beau nœud de ruban de couleur, que les jeunes Demoiselles portent sur le sein. On apelle ce nœud *engagent*, parce qu'il est agréable, & que donnant de la grace à celle qui le porte, il oblige en quelque maniére un galant à sentir quelque peu de penchant pour elle. (Cet *engagent* est joli & tout à fait propre. Cet *engagent* bleu sied mieux que cet engagent rouge. Changer tous les jours d'engagent & de fontange.)

Engageante, *s. f.* Prononcez *angajante*. C'est une sorte de manches de toile, de mousseline ; ou de dentelle, qui pendent au bout du bras, qui ont assez bon air, & qui, à cause de cela ont été apellées *engageantes*. (De belles engageantes. Des engageantes fort modestes. Les engageantes sont ordinairement embelies de fort belle dentelle.)

Engagement, *s. m.* Prononcez *Angajeman*. Aliénation pour un tems. (On ne peut posseder les biens du Domaine que par engagement.)

Engagement. L'action d'engager. (L'engagement de ses meubles n'a pas été volontaire.)

Engagement. Atachement. (Un engagement qui doit durer jusques à la mort, ne se doit faire qu'avec de grandes précautions. *Mol. avare*, a. I. s. 8. Les engagemens du monde sont pu issans. *Port-Roial.*)

Engager, *v. a.* Mettre en gage. (Engager de la vaisselle d'argent. Engager son bien.)

* **Engager**. Obliger à, Contraindre à faire, ou à entreprendre quelque chose. (Engager à une bataille. *Vau.* l. 3. Nous donnons du secours aux autres pour les *engager* à nous en donner. *Mr. de la Roche-Foucaut.*)

S'engager, *v. r.* S'obliger pour quelcun. (S'engager pour un ami.)

* **S'engager dans un lieu étroit**. *Vau. Quin.* l. 3.
* **S'engager dans un afaire**. *Abl.*

Engagiste, *s. m.* Celui qui tient par engagement quelque domaine, ou quelques droits du Roi, ou d'autre. (Un engagiste des Aides. Celui qui a un bail à longues années, n'est qu'un Engagiste.)

Engainer, *v. a.* Mettre dans une gaine. (Engainer des couteaux.)

Engaller, *v. a.* Terme de *Teinturier*. Teindre, ou préparer une étofe avec de la noix de galle.

† **S'engarder**, *v. r.* S'empêcher. Dites & voiez *se Garder*.

† **Enganimeder**, *v. a.* Abuser honteusement d'un jeune garçon. Ce terme est du stile burlesque.

[J'en connoi d'assez peu sages
Pour enganimeder leurs pages.
Sar. Poës.]

Engein, *s. m.* Prononcez *Anjain*. Machine à lever les pierres quand on bâtit.

Engein, *engin*. Terme de *Meunier*. Espéce de machine sur deux roües pour tirer le moulin au vent. C'est aussi une sorte de tourniquet au haut du moulin pour tirer les sacs de blé.

* **Engein**, Mot burlesque. (Un gros ou un petit engein. Engein marmiteux. *S. Am.* Son engein baisse la tête.)

Engence, *s. f.* Terme de mépris. Prononcez *anjance*. Race.

(Quand de ces médisans l'*engence* toute entiére,
Iroit la tête en bas rimer dans la riviére.
Dépreaux , *Satire*.)

† * **Engence**. Semence. Source. Origine.

(De tous les maux on vit poindre l'engence.
Benserade , *Rondeaux*.)

Engelures, *s. f.* Sorte de petites enflures qui sont causées par le froid, & qui viennent aux doigts des piez & des mains. (J'ai des engelures aux mains qui m'incommodent fort.)

Engendrer, *v. a.* Produire. Mettre au monde, (Il ne faut roit engendrer. Il a le temperament qu'il faut pour engendrer. *Mol.* L'homme n'engendre point seul, mais cet honneur est partagé entre la femme & le mari. *Abl. Luc.* T. 2.)

Engendrer. Ce mot se dit en parlant de la Trinité. (Dieu le Pére qui est la prémiére Personne de la Trinité *engendre* le fils, de sorte que Jesus-Christ est la Personne *engendrée*.)

* **Engendrer**. Etre cause. Exciter. Produire. (L'abondance augmentoir les forces & *engendroit* les divisions. *Ablancourt. Tac.* l. 1. c. 1. Un procés engendre un autre procés. La familiarité engendre mépris.)

* Un homme de bonne humeur n'*engendre* point de mélancolie.

† **Engendré**, *engendrée*, adj. Mot factice & burlesque qui ne se trouve que dans le malade Imaginaire de Moliére, a. 2. s. 4. Il veut dire *avoir un gendre*. (Voici Messieurs Diafoirus le Pére & le fils qui vous viennent rendre visite, que vous soïez bien *engendré* ?)

S'engendrer, *v. n. p.* Etre produit. (Les métaux & les minéraux s'engendrent dans les entrailles de la terre. Les météores s'engendrent dans la moïenne région de l'air, des vapeurs & des exhalaisons de la Terre.)

Engeoler, V. **Enjôler**.

Enger, *v. a.* Prononcez *angé*. Faire produire en un lieu par le moïen de quelque plant, de quelque bouture, ou de quelque semence. Ce mot en ce sens est bien bas & bien vieux (Qui a engé vôtre jardin de cette herbe, elle ne vaut rien.)

Enger. Fournir, donner à une personne une chose d'une nature capable d'en produire une autre de même espéce. (Un tel m'a *engé* de ce plant, mais il n'en espére rien de bon.)

† * **Enger**. Ce mot au figuré se dit des personnes & il est bas & burlesque. Il signifie, Faire naître. Produire. (Qui vous a *engé* de ce petit animal.)

* **Enger**. Moliére , *Pourceaugnac* , *Séne* I. a dit. Vôtre pére se moque-t-il de vouloir vous *enger* de vôtre Avocat de Limoges. C'est à dire, se rit des gens de penser à vous marier, avec un Avocat de Limoges.

Engerber, *v. a.* Terme de *Moissonneur*. C'est lier le blé en gerbes, & aussi mettre les gerbes les unes sur les autres. Quelques-uns disent *gerber*, mais *engerber* est le meilleur & le plus usité.

Engerber, *v. a.* Ce mot se dit aussi entre marchands de vin. C'est mettre les piéces de vin les unes sur les autres , soit dans les caves ou à la hâle au vin. [Engerber des piéces de vin. Ce marchand a trois rangs de muids engerbez les uns sur les autres.]

Engin, V. **Engein**.

Englanté, adj. Terme de *Blason*. Il se dit d'un Ecu chargé d'un chêne, dont le gland est d'un autre émail que l'arbre & les feüilles.

Engloutir, *v. a.* Avaler tout d'un coup & gloutonnement. (Un Crocodille engloutit un homme tout d'un coup. La Baleine engloutit Jonas. Ce goulu engloutit un pâté tout d'un coup.)

Engloutir, *v. a.* Absorber. [La mer engloutissoit les matériaux, *Vau. Quin.* l. 4.]

[* Il vient la bouche béante *engloutir* tous mes trésors. *Vau. Quin.* l. 5. c. 1. A force de boire il a *engloutit* tout son bien. *Abl. Apo.* Qui n'eût cru que cette tempête aloit *engloutir* tout le Roüergue. *Patru*, plaidoyé 7. Poüias , vous m'engloutissez le cœur. *Mol. George Dandin*, a. 3. s. 7.]

Engluer, *v. a.* Enduire de glu. (Engluer de petites branches pour prendre des petits oiseaux. Cet oiseau a englué son aîle & il a été pris.)

S'engluer, *v. r.* Se prendre à la glu. [Les petits oiseaux s'engluent quand ils veulent se poser sur les branches qu'on a engluées.)

S'engluer.

ENG ENH ENJ

S'engluer. Il se dit au figuré, de ceux qui ne se peuvent pas tirer de quelque amourette, ou de quelque autre afaire, où ils sont embarrassez.

ENGORGEMENT, *s. m.* C'est lorsqu'une chose est pleine d'ordures. (Un engorgement de tuiau.)

Engorger, v. a. Terme de *Plombier*. Remplir d'ordures. (Tuiau engorgé. Engorger un tuiau.) On peut dire encore de toute sorte de tuiaux qu'ils sont engorgez, lors qu'il y a quelque chose qui empêche que la liqueur n'y puisse couler. Veine engorgée. Port engorgé de sable. Jambes de cheval engorgées, c'est à dire, pleines de mauvaises humeurs.

S'engorger, v. r. Ce mot se dit de la fumée. (Quand le tuiau de la cheminée est trop petit la fumée ne pouvant passer s'engorge.)

ENGOUER, *v. a.* Faire de la peine à avaler. (Cela m'egouë.)

S'engoüer, v. r. Manger si goulûment qu'on ait peine à avaler. (Le gros gourmand, il s'engoüe. Je suis engoüé. Elle est engoüée.)

† *S'engoüer, v. r.* S'entêter de quelque chose. (Il est furieusement engoüé de son dernier ouvrage.) Ces termes sont bas.

S'ENGOUFRER, *v. r.* Ce mot se dit du vent & de l'eau qui entre en quelque endroit. (Le vent s'engoufre entre les montagnes. L'eau s'engoufre dans l'ouverture d'un rocher.)
On dit aussi s'engoufrir dans un golfe, ou dans un détroit de Mer.

† ENGOULER, *v. a.* Ce mot est vieux. Il signifie avaler tout d'un coup.

Engoulé, engoulée, adj. Terme de *Blason*. Il se dit des piéces ou figures qu'on represente dévorées par quelque animal.

ENGOURDIR, *v. a.* Causer de l'engourdissement.) Avoir les mains engourdies de froid. J'ai le pié engourdi, je ne puis marcher. Le froid engourdit les mains.)

* L'hiver engourdi de paresse *Bensrradi, Rondeaux*.

* La paresse engourdit les esprits.

Engourdissement, s. m. Maniére d'assoupissement de quelque partie du corps qui empêche la liberté du mouvement de cette partie. (Sentir un engourdissement.)

ENGRAISSER, *v. a.* Faire devenir gras. (Engraisser un cochon. Engraisser des chapons. Le miller engraisse.)

Engraisser, v. n. Devenir gras. (Elle engraisse extrêmement.)

* *Engraisser*. Enrichir. (Engraisse-toi du sac des malheureux. *Depreaux, Satire* 9 C'est un fou qui de ses revenus engraisse la Justice. *Depreaux*.) * Ils s'engraissent du sang & de la sueur du peuple.

S'engraisser, v. r. Devenir gras. (Les Chanoines vermeils & brillans de santé s'engraissoient d'une mole & sainte oisiveté. *Depreaux Lutrin*.

Engrais, s. m. Il se dit des paturages où l'on met le bétail afin qu'il s'engraisse. (Mettre des bœufs à l'engrais.)

Engraisser, v. a. Ce mot signifie enduire de craise ou de graisse. (Un cuisinier engraisse ses habits. Les cheveux engraissent un colet.)

Engraisser, v. a. Ce mot se dit des terres où l'on met du fumier, ou autres choses qui les rendent plus fertiles. (Le fumier, la marne, &c. Engraissent les terres. Les féves engraissent les champs.)

Engraissement, s. m. Terme de *Jardinier* & de *Laboureur*. Tout ce qui peut engraisser & rendre plus fertile quelque fonds que ce soit. (Mettre de l'engraissement aux terres. *Culture de la tulipe, ch.* 3. Il ne faut que de légers engraissemens. *Quin. T.* 1.)

ENGRANGER, *v. a.* Terme de *Laboureur*. Mettre les grains dans la grange. (Engranger le blé. La veine est engrangée.)

ENGRAVIER, *v. a.* Terme de *Batelier*. Demeurer sur le gravier, sur le sable, ou sur les pierres. (Bateau engravé. Engraver un bateau.) C'est aussi pousser & faire aller un bachot, ou un bateau sur le gravier, ou sur le sable, afin qu'il y demeure & soit arrêté.

ENGRELURE, *s. f.* Terme de *Femme qui travaille en dentelle*. Petite bande à jour au bout de la dentelle.

Engrelé, engrelée, adj. Terme de *Blason*. Il se dit des piéces qui sont bordées de petites pointes.

ENGRENER, *v. a.* Terme de *Meunier*. Mettre les grains dans la trémie.

Engrener, v. n. Terme d'*horloger* & en parlant des *machines*. C'est quand les dents d'une roüe entrent dans les ailes d'un pignon, ou dans les dents de quelque autre roüe. (Cette roüe engrêne bien.)

ENGROSSER, *v. a.* Faire un enfant à une fille, ou à une femme. (Il a engrossé sa servante. Fille, ou femme engrossée.)

ENGUICHURE. V. *Anguichure*.

ENH.

Le premier *e* de tous les mots de cette colonne se prononce comme un *a*.

ENHARDIR, *v. a.* Rendre plus hardi. Donner plus de hardiesse. (Enhardir une personne. Il commence un peu à s'enhardir.)

ENHARNACHER, *v. a.* Ce mot se dit des chevaux de selle, de carosse, de char & de charette, & il signifie mettre la selle. Mettre le harnois à un cheval. (Enharnacher un cheval.

† *Enharnacher*. Vétir. Habiller. (Vous moquez-vous du monde de vous étre fait *enharnacher* de la sorte. *Mol. Bourgeois gentilhomme, a. 2. s.* 5.) J'étois *enharnaché* en fameux chasseur *Mol. Princesse d'Elide a.* 1.)

Enharnaché, enharnachée, adj. Ce mot se dit des chevaux de harnois, de carosse & de selle. (Chevaux superbement enharnachez. Cavale bien enharnachée. Le Roi Jean vaincu entra à Londres comme un vainqueur sur un cheval blanc richement enharnaché. *Choisi, histoire du Roi Jean, chap.* 9.)

† ENHASE, *enhasée, adj.* Mot bas & vieux. Il ne peut entrer que dans le burlesque le plus simple. Il signifie. Qui fait l'empressé. (Il fait l'enhasé. Elle fait l'enhasée.)

ENHAUT, *adv.* Dans un lieu haut. (Il est en haut.)

D'ENHAUT, *adv.* De plus haut. (Cela vient d'enhaut. Cela est tombé d'enhaut.)

* D'*enhaut*. Du ciel. (Graces qui nous viennent d'*enhaut*.)

ENJ,

Les premiers E des mots de cette colonne se prononcent comme une *A* excepté aux mots *Enigme* & *Enigmatique*.

ENJABLER, *v. a.* Terme de *Tonnelier*. Mettre les fonds des tonneaux, cuves, &c. dans leurs *jables*, qui sont les rénures faites dans les douves pour retenir les fonds.

Enjambe'e, s. f. Autant d'espace qu'on en peut comprendre en étendant les jambes. (Une bonne enjambée.)

* *Enjambement, s. m.* Terme de *Poësie Françoise*. C'est lorsqu'un vers enjambe sur un autre. (L'enjambement est vicieux dans la poësie Françoise.)

Enjamber, v. a. Faire une enjambée. (Enjamber par dessus.)

* *Enjambée*. Terme de *Poësie Françoise*. C'est quand le vers étant pas fini en un vers, il recommence & finit parfaitement au commencement d'un autre. (Il ne faut point enjamber d'un vers à l'autre.

ENJERBER. V. *Engerber*.

ENJEU, ou *an-jeu, s. m.* Tout l'argent qu'on met au jeu & que prend celui qui gagne. (Tirer l'enjeu, ou l'anjeu.)

ENIGMATI . UE, *adj.* Obscur. Qui tient de l'énigme. [Jargon énigmatique. *Mai. poës*.]

Enigmatiquement, adv. D'une maniére obscure & énigmatique, [Parler énigmatiquement.]

Enigme. Substantif masculin & féminin, mais le plus souvent *féminin* Ouvrage d'esprit qu'on fait d'ordinaire en vers où sans nommer une chose, on la décrit par ces causes, ses éfets & ses proprietez. Tableau où l'on peint ingenieusement une chose & dont on fait voir les causes & les éfets sans la nommer. [Un énigme fort ingenieux. Une énigme fort belle.]

* *Enigme*. Obscurité. Chose obscure & qu'on n'entend pas. [C'est une énigme pour moi. *Sca.* Vous aurez de la peine à entendre cet énigme. *Voit. l.* 32.]

ENJOINDRE, *v. a.* J'*enjoins*, *j'ai enjoint*. *l'enjoignis*. Ordonner, Commender. [On lui *enjoint* de répondre. *Patru* ç plaidoyé. Il leur *enjoignit* d'en user avec un respect. *Mauvroix, Schisme l.* 1. Enjoindre une pénitence, un jeûne à quelcun.]

* ENJÔLER, *v. a.* Atraper quelcun en lui disant de belles paroles. [Son but est d'*enjoler* les gens.]

† *Enjoleur, enjoleux, s. m.* Celui qui enjôle. [C'est un vrai enjoleux. *Mol. Bourgeois gentilhomme, a. x. s.* 4.]

Enjoleuse, s. f. Celle qui enjôle. [C'est une franche enjoleuse.]

ENJOLIVEMENT, *s. m.* Tout ce qui sert à enjoliver une chose. [Il faut à cela quelque petit enjolivement.]

† *Enjoliver, v. a.* Parer, Orner de petites choses jolies. [Enjoliver un chapelet.]

Enjoliveur, s. m. Qui pare. Qui enjolive. Qui embélit. Le mot *d'enjoliveur* est commun à plusieurs artisans, les Patenotriers, & les boutonniers s'apellent enjoliveurs. Ils disent [Je suis patenotrier enjoliveur. Je suis boutonnier enjoliveur, &c.]

Enjoüé, enjoüée, adj. Agréable. Qui dit les choses d'un air gai & plein d'agrément. [Esprit enjoüé. Humeur enjoüée. Stile enjoüé.]

Enjoüment, s. m. Humeur gaïe. Maniére de dire les choses d'un air honnête & agréable. [L'enjoüment de Mr. Pascal a plus servi à vôtre petit aprobateur que tout le serieux de Mr. Arnaud. *Racine, lettre à l'auteur des hérésies imaginaires*.]

Quand Cleopatre couroit la vile avec Antoine, elle laissoit briller tout son enjoüment, soit à soutenir, soit à repousser la raillerie des Bourgeois. *Citri, Triumvirat* 3. *p. ch.* 12.]

ENIVRER, *v. a.* Faire tant boire quelqu'un qu'il soit soû, & que le vin lui fasse perdre la raison. [Ils l'ont mené au cabaret, & l'ont enivré. Setiverius voiant une belle femme en devint éperdument amoureux, & pour en joüir, il trouva moïen d'enivrer le mari & la belle. *Colomesii opus cul*.]

* ENIVRER, *v. a.* Au figuré il veut dire, Aveugler. Eblouïr. Rendre à moitié fou. [Sa fortune l'*enivre*.
Il est d'aureurs erreurs dont l'aimable poison,
D'un charme bien plus doux *enivre* la raison. *Dep. Sat.* 4.

S'enivrer, v. r. C'est tant boire qu'on se soûle. [Quand Lignieres est à jeun ce n'est pas grand chose : mais lors qu'il s'est enivré, c'est quelquefois un plaisir de l'entendre.]

Je meine une agréable vie,
Dieu veuille en prolonger mes jours,
Je vois Cloris, je vois Silvie,
Et je m'enivre tous les jours. Ligueréze

* Enivré, enivrée, adj. Au figuré il veut dire éblouï, aveuglé, charmé follement. Sejanus étoit enivré de sa bonne fortune & des caresses de Livia. Abl. Tac. An. l. 4.

* C'est un pedant enivré de sa vaine science. Déspreaux, Satire 5.

ENL.

Le premier E de tous les mots de cette colonne se prononce comme un A.

ENLACER, v. a. Enveloper dans des lacets. (Enlacer un renard.)

ENLAIDIR, v. a. Rendre laide. (L'âge & les maladies enlaidissent fort une personne.)

Enlaidir, v. n. Devenir plus laid. (Quand on a passé un certain âge on enlaidit tous les jours en vieillissant. Elle est fort enlaidie.)

ENLEVER, v. a. Lever en haut une chose qui est à terre. (Enlever avec des cables une piéce de bois.)

Enlever. Oter. Arracher. Ravir. (Ils se plaignoient que celui qui étoit leur Roi, leur fût si cruellement enlevé. Vau. Quin. l. 3.)

Enlever. Forcer. Prendre par force. Ravir. (Enlever un quartier. Abl. On lui a enlevé tous ses meubles. Le vent a enlevé des toits. L'amant est fou qui ne s'avise qu'il n'est rien tel que d'enlever. Sar. poës.)

Enlever. Oter. Ecorcher. (Enlever la peau.)

Enlever. Oter. (Une savonnette enlève les taches. Le jus de citron enlève les taches d'encre.)

* Enlever. Ravir d'admiration. (Ses discours enlèvent ses Auditeurs.)

Enlèvement, s. m. Rapt. (Faire un enlèvement. C'est un fameux enlèvement.)

† Enleveurs de quartiers, s. m. Soldats qui forcent, prennent & enlevent d'autres Soldats qui sont à l'armée logez dans leur quartier. (Dieu vous garde, quand vous dormirez volontiers, de tous enleveurs de quartiers. Voi. poës.)

ENLUMINER, v. a. Apliquer des couleurs à gomme. (Enluminer des estampes, Image enluminée. Estampe enluminée.)

† * Nez de boutons enluminez.

* Je m'enlumine le museau
De ce trait que je bois sans eau. S. Am.)

Enlumineur, s. m. C'est celui qui fait l'art d'enluminer. C'est celui qui couche des couleurs claires, ou épaisses sur des estampes, ou autre ouvrage qu'on peut enluminer, & qui ensuite lisse avec la dent de loup l'or & l'argent des estampes enluminées. L'enlumineur peut graver, ou faire graver toutes sortes de tailles douces. Il peut imprimer & faire imprimer toutes sortes de planches & vendre des estampes de toute maniere, enluminées, ou non. Les enlumineurs ne sont pas érigez en corps de métier. (Un bon enlumineur. Un pauvre enlumineur.) Imager enlumineur. C'est un marchand qui fait imprimer toutes sortes de planches & qui vend de toutes sortes de cartes Geographiques, & d'estampes enluminées, ou non, & qui les peut enluminer, s'il lui plait.

Enluminûre, s. f. Figures enluminées. (De belles enluminures.)

* Enluminûres. Sorte de satire en petit qui porte pour titre enluminures, & qui est fait contre les ennemis de Port-Roial. (Vous croiez qu'il est plus honorable de faire des enluminures. Racine, Lettre à l'auteur des héresies imaginaires.)

ENM.

Le premier E de tous les mots de cette colonne se prononce comme un A.

ENMAILLOTER, v. a. Mettre un enfant dans son maillot. Enveloper un enfant de ses langes, avec une bande par dessus. (Enmailloter un enfant. Enfant bien ou mal enmailloté.)

ENMANCHER, v. a. Mettre un manche à quelque instrument qui en a besoin. Garnir d'un manche. (Enmancher une cognée, une hache, un couteau, &c.)

ENMANEQUINER, v. a. Terme de Jardinier. C'est mettre de petits arbres dans des manequins, & les mettre après en pleine terre, jusqu'à ce qu'on les en ôte pour les mettre ailleurs en place à demeurer. (Enmanequiner des arbrisseaux.)

ENMANTELÉ, enman-telé, adj. Ce mot se dit en parlant d'une sorte de corneille qu'on apelle une corneille enmantelée, qui est un oiseau noir & cendré, qui hante les rivages.

ENMÉNAGEMENT, s. m. C'est l'action de s'enménager. (Songer à son enménagement. Travailler à son enménagement.)

Enménager, v. a. Ranger & mettre proprement dans leur place les meubles du logis. (Il faut prendre quelqu'un pour nous aider à nous enménager.)

S'enménager, v. r. Ranger les meubles de son ménage. S'acheter peu à peu les meubles nécessaires au ménage. (Nous nous enménageons peu à peu. Nous travaillons à nous enménager.)

ENMENER, v. a. Mettre hors du lieu où l'on est, Mener par force. (Enmenez cet homme hors d'ici. Les Sergens enmenent ceux qu'il ont ordre de prendre.)

Enmenoter, v. a. Mettre des menotes aux mains d'un prisonier, ou d'un esclave. Ce mot est un peu vieux. On dit mettre les fers, ou les menotes.

† Enmessé, enmessée; Amessé, amessée, adj. Qui a ouï la Messe. (Je suis enmessé. Elle est enmessée, ou amessée.) Ces mots sont bas.

En meuble, enmeublement, v. Ameublement, & meubler.

† Emmi, ou emmi. Préposition qui vient du Latin in medio & qui signifie au milieu. Mais elle ne se dit que parmi le petit peuple, (Il est emmi les ruës.)

* † Enmiéler, v. a. Vieux mot qui ne se dit que dans le burlesque. (Ô Muse, je t'invoque, enmièle moi le bec. Reg. Sar. x. C'est à dire. Fais que je fasse des vers d'une vaine douce & coulante.)

Enm'elure, s. f. Terme de Maréchal. Sorte de charge pour les éforts de l'épaule, des hanches & de quelque autre accident des chevaux. Solcisal, parfait Maréchal, C 44.

† Enmi-uflé, enmitouflée, adj. Bien envelopé d'habit, ou d'autres choses qui couvrent presque toute la tête & une partie du corps. (Il est enmitouflé comme un Président de Sorbonne.)

* Enmuseler, v. a. Ce mot se dit en parlant de certains animaux, & veut dire mettre quelque muselière autour du museau de certains animaux. (Enmuseler un ours, un veau, un poulain, &c.)

ENN. ENO. ENQ.

Hormis le premier e de ces mots énoncer, énoncé, énonciation, énorme, énormité. Le premier e des autres mots de cette colonne se prononce comme un a.

ENNOBLIR V. Annoblir.

Ennéagone, s. m. Prononcez-le comme il est écrit. Terme de Géometrie. Figure qui a neuf côtez & neuf angles.

ENNUI, s. m. Tristesse. Déplaisir. (Doner un grand ennui. Causer beaucoup d'ennui. Ennui-fâcheux, sensible, sombre, noir, obscur, mortel, cuisant, sensible. Flater, nourrir, entretenir ses ennuis. Divertir ses ennuis. Les ennuis son mal sains.)

Ennuier, v. a. Donner de l'ennui. (Ils ont ennuié le Roi & toute la Cour. Déspreaux, Satire 9.

Quand on n'a point d'amour
Il n'est rien dans la vie
Qui ne lasse & n'ennuie.
La Suze, poës.)

S'ennuier, v. r. Se chagriner. S'attrister. (Tout homme qui s'ennuie vou droit que tout le monde s'ennuiât avec lui. Pelisson, recueil.)

Ennuieux, ennuieuse, adj. Qui donne de l'ennui. (Discours ennuieux. Garçon fort ennuieux.)

Ennuieusement, adv. D'une maniere ennuieuse. Ennuieusement ne se dit guère. (Vivre ennuieusement.)

ENONCÉ, s. m. Chose énoncée. (Un faux énoncé rend la demande nulle. Maucroix, Schisme, l. 1.)

Enoncer, v. a. S'exprimer. (Aprenez à vous mieux énoncer. Mol.)

Enoncer, v. a. Déclarer. (L'acte contient huit articles où tous ses mensonges sont énoncez. Maucroix, Schisme, l. 3.)

Enonciation, s. f. C'est tout ce qui est dit & énoncé dans un acte. (Une simple énonciation dans les choses anciennes est estimée, Pat u plaidoié 2.)

S'ennorgueillir, v. r. Devenir orgueilleux. (Il s'ennorgueillit de peu de chose. Il ne faut point se fier à une chose si frèle que la fortune, ni s'ennorgueillir d'un bien qui est souvent le partage des sots. Abl. Luc. T. 1.)

ENORME, adj. Ce mot se dit des crimes & des fautes, & signifie Grand. Atroce. (Un crime énorme. Une faute énorme.)

Enormité, s. f. Ce mot se dit des crimes & des fautes, & signifie grandeur de faute, ou de crime. (On a horreur de l'énormité du crime. All. L'énormité du fait se confond. Le Mait.)

S'ENQUERIR, v. r. Je m'enquiers, tu t'enquiers, il s'enquiert, nous nous enquerons. Je me suis enquis. Je m'enquis. Je m'enquerrai. (On s'est enquis d'elle, & on a trouvé que c'étoit une fort honnête fille. On visitoit les chariots & l'on s'enquerroit curieusement de tout. Vaug. On s'inquiete de la récompense qu'il en avoit euë. Abl. Tac.)

ENQUÊTE, s. f. Terme de Palais. Sorte d'information qu'on fait dans les formes de justice. (Faire une enquête. La Chambre des Enquêtes. C'est une Chambre on l'on juge les procés par écrit, qui ont été apointez en premiere instance, où il y a ordinairement des enquêtes.)

† S'enquêter, v. r. S'enquerir. Se soucier. (Il faut s'enquêter de

de cela, & on en aprendra peut-être des nouvelles. Il n'importe, ils ne s'enquêtent point de cela. *Moliére, Pourceaugnac, a. 3. f. 2.*)

E N R.

Le prémier E des mots de cette colonne se prononce comme un A.

ENRACINÉ, *enracinée*, adj. Qui a des racines fort profondes en terre. (Un arbre fort enraciné.)

[* Le mal est enraciné. *Ablancourt.* Porter une haine *enracinée* à quelcun. *Pau. Quin. l. 4.*]

* ENRACINER, v. n. (Il ne faut pas laisser enraciner les maux.)

† ENRAGER, v. n. Etre enragé. Etre saisi de rage. (Les chiens sont sujets à enrager, ou plûtôt à devenir enragez. La morsure d'une bête enragée en fait enrager un autre.)

* Enrager, v. n. Etre comme furieux. Etre dans une grande colére. Avoir un déplaisir plein de transports & d'agitation. (Il *enrage* contre son frere. Il *enrage* de se voir trompé. Faire *enrager* quelcun. C'est lui causer un grand déplaisir, & le mettre en une grande colére.)

* Enrager de faim, de soif, de froid, &c.

Enragé, enragée, adj. Qui est malade de la rage. (Chien enragé. Homme enragé.)

† *Enragé, enragée.* Qui est en une grande colére. Qui a un sensible déplaisir. (Vôtre pére est *enragé* contre vous. *Mol.*)

† *Il n'enrage pas pour mentir.* C'est à dire, il ment avec facilité, c'est un grand menteur.

† * *Il faut prendre patience en enrageant.* C'est à dire, malgré soi.

ENRAIER, v. a. Terme de *Laboureur.* Faire la prémiere raïe lors qu'on commence à labourer.

Enraier. Terme de *Charon.* Mettre les rais dans les mortaises des roües. (Euraïer les rais d'une roüé.)

Enraïer un carosse, un chariot, &c. C'est passer une piéce de bois entre les rais de deux roües, ou les lier avec une corde, pour empêcher qu'elles ne roulent & ainsi arrêter le mouvement du chariot à quelque décente.

Enraiure, s. f. Terme de *Laboureur.* La prémiere raïe que fait la charuë lors qu'on laboure.

ENREGITREMENT, *s. m.* C'est l'action de mettre sur le registre. (Faire l'enregitrement des causes.)

Enregitrer, v. a. Terme de *Pratique & d'Afaire.* Mettre sur le regitre Ecrire sur le registre le contenu de quelque ordonnance, de quelque acte, &c.

ENRICHIR, v. a. Faire riche. Donner du bien & des richesses. (Les muses s'enrichissent guere de gens.)

* *Enrichir un portrait, de diamans. Enrichir un livre de figures.*

[* Elle n'a travaillé qu'à *enrichir* son ame. *Patru, Harangue à la Reine de Suede. Enrichir* la langue. *Abl.*]

* *Enrichissement, s. m.* Ce qui enrichit & qui embéllit. (Ces choses sont autant d'enrichissemens qui relévent la beauté de l'ouvrage. Cette piéce peut servir à l'enrichissement de nôtre histoire. *Abl.*)

ENROLER, v. a. Ce mot se dit en parlant de soldats. C'est écrire le nom d'un homme au nombre des soldats, après lui avoir donné de l'argent pour servir le Roi à la guerre. (Les Sergens enrôlent ordinairement les soldats.)

Enrôlement, s. m. C'est l'action d'enrôler. (Il se fait un grand enrôlement de soldats en cette ville.)

S'ENROÜER, v. r. Perdre la netteté de sa voix à force de crier, ou de parler trop haut. (Il s'enroüé à force de crier après ses valets.)

† *Enroüement, s. m.* Dificulté de parler à cause de quelque fluxion, ou de quelque éfort au gosier. Voix enroüée. (Il n'est pas encore guéri de son enroüement.)

S'enroüiller, v. r. Amasser de la roüille. (Le fer & le cuivre s'enroüillent.)

[* L'esprit s'enroüille dans la Province.]

Enrûmer, v. a. Causer quelque rûme. (Le froid en rûme.)

S'enrûmer, v. r. Gagner quelque rûme. (Il s'est enrûmé. Elle s'est enrûmée.)

E N S.

Le prémier E des mots de cette colonne se prononce comme un A.

† *Ensacher*, v. a. Mettre dans un sac. (Ensacher du blé.)

Ensaisinement, s. m. Terme de *Palais.* Prise de possession. (L'ensaisinement se fait diversement selon la diversité des Coutumes.)

Ensaisiner, v. a. Terme de *Palais.* C'est mettre en possession. (Ensaisiner quelcun d'une terre.)

Ensanglanter, v. a. Remplir de sang. Couvrir de sang. (Il m'a ensanglanté tout le visage.)

* *Ensanglanter.* Ce mot se dit en parlant de Tragédie, & veut dire faire mourir sur le teâtre le héros de la piéce, ou quelque autre personne. (Il ne faut pas ensanglanter la scene.)

Ensanglanté, ensanglantée, adj. Tout rempli de sang. (Il a les bras tout ensanglantez. Avoir le visage tout ensanglanté,

le corps ensanglanté. Mouchoir ensanglanté. Il est boû d'essuïer ce fer ensanglanté de peur qu'il ne se gâte.)

ENSEIGNE, *s. m.* Marque pour signifier quelque chose. (Enseigne à biére.)

Enseigne. Marque qu'on donne à quelcun, afin qu'on lui ajoute foi. Marque qu'on donne afin de reconnoître une chose, ou une personne. (Un homme inconnu me vint demander à fausses *enseignes. Le Comte de Busse.* Avec ces *enseignes* je donnerai assez à entendre qui elle est. *Voit. l. 38.*)

Enseigne. Ce mot signifie ce qu'on pend devant un logis pour faire connoître que dans ce logis on vend, où l'on fait quelque chose qui regarde le public. Ainsi des bassins blancs pendus devant un logis marquent un Barbier, & des bassins jaunes un Chirurgien. Un chou pendu au dessus d'une porte montre qu'on vend du vin dans le logis. De la paille, & de petits paniers pendus devant une maison avertissent qu'on y vent du lait & de la crême, &c. (L'enseigne est ôtée. Mettre l'enseigne.)

Enseigne, s. m. Prononcez *anseigne.* Ce mot se dit en parlant d'infanterie, des quatre Compagnies des Gardes à cheval du Roi, des Gendarmes, & des deux Compagnies des Mousquetaires qui combatent à pié & à cheval. L'*Enseigne*, en ce sens, est un Oficier qui porte, ou fait porter le Drapeau, mais qui le doit porter lui-même lorsqu'il entre dans une place, qu'il monte la garde, qu'il passe en revûë, ou qu'il va au combat. Il n'y a aujourd'hui dans l'infanterie Françoise que le Régiment des Gardes qui ait une *enseigne* en chaque compagnie. Les autres Régimens d'infanterie n'ont chacun que deux *enseignes.* Chaque compagnie des Gendarmes a une *enseigne* qui porte le guidon, & les quatre Compagnies des Gardes du Roi, qui sont à cheval, ont chacune deux *enseignes.* En prenant le mot d'*enseignes* au sens que je viens d'expliquer, on dit. (L'*Enseigne* a été tué. L'*Enseigne* est pris prisonnier. Etre *Enseigne* dans les Gardes. L'*Enseigne* doit plûtôt perdre la vie que de quiter le drapeau, que d'abandonner le guidon.)

Enseigne, s. f. C'est le drapeau d'une Compagnie d'Infanterie qui sert à *enseigner* aux soldats la compagnie, le camp, la marche, le lieu de raliment, & le champ de bataille ; & qui est un morceau d'étofe de deux piez & demi en quarré, relevé en broderie d'or ou d'argent, orné de chifres, & de devises, & attaché à une lance de huit ou de neuf piez. (L'enseigne est rompuë. L'enseigne est dépliée. On lui a donné l'enseigne de la compagnie.

Enseigne, s. f. Ce mot étoit en parlant des anciens Romains étoit la figure d'une aigle ; qu'on portoit au haut d'une lance & qui étoit l'enseigne générale de chaque légion.

* *Enseigne.* Ce mot se dit au pluriel *au figuré* & signifie les armes d'un peuple, d'une nation. (Il porta nos *enseignes* au delà de l'Elbe. *Ablanc. Tacite, Annales, l. 4. chap. 10.*)

Enseignement, s. m. Ce mot signifie *précepte*, mais il est un peu vieux. (Je ne veux point de vos enseignemens.)

Enseigner, v. a. Donner à une personne des lumiéres qu'elle n'avoit pas, lui aprendre ce qu'elle ne sait pas. (A Lacédémone on n'enseignoit autre chose aux enfans qu'à obéïr aux Magistrats. *Abl. Apo.* Enseignez aux vieillards à être sobres, honnêtes & moderez. *Port-Roial, Nouveau Testament. Epître à Tite, c. 2.* Enseignez les arts & les sciences. Enseignez-moi où il demeure. Enseignez-moi le chemin. En ces deux derniers exemples il signifie indiquer.)

ENSEMBLE, *adv.* De compagnie. (Ils se sont promenez long-tems ensemble. Ils ont parlé ensemble.)

Ensemble, *adv.* L'un avec l'autre, (Mêlez tout ensemble. Acheter tout ensemble. Nous sommes mal ensemble.)

Ensemencer, v. a. Jetter de la semence dans une terre en état de la recevoir. (Ensemencer un champ. *Rog. Sat. 15.* Ensemencer une terre.)

Enserrer, v. a. Le mot d'*enserrer* vieillit, & il signifie. Contenir. Enfermer. Comprendre. (Ce divin esprit que rien n'enserre, vole par tout. *Voiture, poëf.* De ce que le ciel *enserre* il n'y a rien qui soit sans amour. *Voit. poëf.*)

ENSEVELIR, v. a. Enveloper dans un drap, ou autre pareille chose, une personne morte, pour la mettre après en terre. (Ensevelir les morts. Laissez aux morts le soin d'*ensevelir* les morts. *Port-Roial, Nouveau Testament.*)

[* *S'ensevelir* dans la solitude. *Abl. Tac. An. l. 3. c. 14.* Sans les lettres, les belles actions seroient *ensevelies* dans l'oubli. *Ablanc. Luc. Tome 3.* Enseveli dans une foule de morts. *Racine, Iphigenie, a. 2. sf.*]

Ensoier, v. a. Terme de *Cordonnier.* Attacher la soye au bout du fil pour le passer dans le trou qu'on a fait avec l'aleine. (Ensoier le fil. Fil ensoié.)

ENSORCELER, v. a. Jetter un sort sur quelcun. (Je vous prie, Madame, de ne point accabler de miserable de reproches, assurément je suis *ensorcelé. Le Comte de Busse.*)

* † Un soir que j'attendois la belle :
Qui depuis deux ans m'ensorcelle.
Voit. poëf.

Ensorcellement, s. m. Charme, ou malefice qu'on a jetté sur quelcun. (Le peuple atribuë à l'ensorcellement les maladies que les Médecins ne peuvent guérir.)

ENSORCELEUR, s. m. Qui enchante. Qui ensorcelle. († * Les doux apas ensorceleurs. Voi. poëf.)

ENSOUFRER, v. a. Enduire de soufre. (Ensoufrer du coton, ou du menu bois pour servir d'alumette.)

Ensoufrer un tonneau. C'est faire brûler du soufre dans un tonneau. (On ensoufre les tonneaux, quand on veut transporter le vin en des lieux éloignez.)

ENSOUPLE, s. f. Terme de Tisserand. Gros morceau de bois rond au bout du métier sur quoi le Tisserand monte la chaîne pour faire de la toile.

Ensouple. Terme de Brodeur. Colonnes de bois percées, au travers desquelles passent des lates, & sur quoi travaille le Brodeur.

ENSUBLE, s. f. Terme de Ferandinier. Morceau de bois tourné autour duquel on roule la besogne. (Une petite ensuble. Une grosse ensuble.)

ENSUIVRE. Ce verbe n'est usité qu'en quelques-tems, & signifie Suivre immédiatement. (La belle lui fit la réponse qui s'ensuit. Le Comte de Bussi, Histoire amoureuse des Gaules. Le second de Juin ensuivant elle fut couronnée. Mau e oix, Schisme, l. 1 Les accidens qui s'ensuivirent fortifioient l'accusation. Vau. Quint. l. 3. c. 6.)

ENT.

Le prémier E de tous les mots de cette colonne se prononce comme un A

ENTABLEMENT, s. m. Terme d'Architecture. C'est la partie d'un ordre d'Architecture qui est au dessus du chapiteau de la colonne & qui se divise en Architrave, en Frise & en Corniche. Le mot d'entablement pris en ce sens, s'apelle en Latin Trabeatio, & on dit voilà un entablement bien proportionné. L'entablement signifie aussi la faillie qui est au haut des murailles d'un bâtiment & le lieu où pose la charpente de la couverture. Quelques-uns apellent cette sorte d'entablement l'échapée de la pluie, on le nomme en Latin stillicidium, & on dit cét entablement n'a pas assez de portée, car l'eau tombe sur le pié de la muraille.

† ENTACHÉ, entachée, adj. Ce mot est bas & en sa place on dit souillé. (Il est entaché de ce vice-là, ou plûtôt il est taché ou souillé de ce vice-là. Vau. Rem.)

ENTAILLE, s. f. Terme de Menuisier, & de Jardinier. C'est l'enlèvement qu'on a fait de quelque petit morceau dans une piéce de bois ; pour y joindre une autre piéce. (Faire une entaille à quelque planche, ou à quelque branche d'arbre.)

Entailler, v. a. Terme de Menuisier. C'est enlever quelque chose d'un morceau de bois pour le joindre avec un autre morceau sur celui dont on a enlevé quelque chose. (Il faut entailler ce morceau de bois-là.)

Entaillure, s. f. Incision. Entaille.

ENTAMER, v. a. Couper. Oter quelque chose, on quelque morceau d'une chose entiére. (Entamer un melon, un pain.)

Entamer, v. a. Ce mot, parlant des coups qu'on donne sur quelque chose, est figuré. C'est entrer & pénétrer tant soit peu dans la chose sur laquelle on coupe. (C'est un coup de hache qui n'a fait qu'entamer l'armet. Ablancourt, Ar. l. 1.)

* Entamer, v. a. Ce mot en parlant des discours, est figuré, & signifie. Commencer un discours, entrer dans un sujet. (Souvent à l'occasion d'un sujet, on en entame un autre.)

Entamûre, s. f. Le prémier morceau qu'on a coupé d'un pain qui étoit entier. (Entamûre de pain.)

En ant que, adverbe qui sert à distinguer. (Jesus-Christ est considéré diversement, entant que Dieu, ou entant qu'homme Entant que Roi, c'est à dire, en qualité de Roi.)

ENTASSER, v. a. Mettre en tas. Mettre plusieurs choses, ou plusieurs corps les uns sur les autres. (Entasser le blé. Ils étoient tous entassez les uns sur les autres. Vau. Quin. l. 3. c. xi. Entasser des trésors.)

[* S'il y a quelque défaut en cet ouvrage, c'est que les beautez y sont trop entassées. Abl. Apo. Entasser crime sur crime, Maucroix, Schisme, préface.

Lui qui de mille Auteurs retenus mot pour mot
Dans sa tête entassez n'a souvent fait qu'un sot.
Depreaux, Satire 4.]

ENTE, s. f. Terme de Jardinier. Il signifie, une gréfe, c'est à dire, une petite branche d'un arbre dont on fait cas & qu'on insére dans un arbre dont l'espéce déplaît. (Les entes en fente ont été les prémiéres pratiquées.

Ente, s. f. Ce mot signifie aussi un arbre gréfé, ou enté. (Une belle ente. Une jeune ente. J'ai plusieurs entes. Mes entes sont presque toutes réüssi, & il n'en a péri qu'une ou deux.)

* Ente, s. f. Terme d'Architecture. Pilastre quarré que les Anciens mettoient aux coins des Temples. Et en général le mot d'ente signifie les jambes de force qui sortent un peu hors du mur.

Ente. Terme de Meunier. Piéce de bois qui est au bout de chaque volant, & qui y est attachée avec des liens de fer.

Enter. Voicz plus bas. V. Enture.

ENTENDEMENT, s. m. Faculté de l'ame, pour comprendre les choses intelligibles. Jugement. Esprit.

(Ces vers sont d'une grace extréme,
Je croi qu'Apollon lui même,
Vous les mit dans l'entendement.
Voit. poëf.)

Il a fort bon entendement. Voit. poëf. La raison rendit la vûe à mon entendement. Voit. poëf.)

Entendre, v. a. Ouïr. l'entend, j'ai entendu, j'entendis. (Entendre un Prédicateur, un Avocat, un Sermon. Faut-il le condanner avant que de l'entendre. Racine, Iphigenie, s. f. 6.)

Entendre. Concevoir. (Je commence à entendre la dificulté. Il ne sauroit se faire entendre.)

* Entendre. Etre habile en quelque chose. Excellent. (C'est dire d'or & parler bon François, vous l'entendez. Voiture, Poësies. Entendre bien la galanterie. Voit. l. 42. Entendre les Matématiques. Entendre l'Algébre. Entendre l'Hébreu, &c.)

Entendre. Consentir à quelque chose. (On lui a fait diverses propositions, mais il n'y veut point entendre. Entendre à un accommodement.)

* S'entendre, v. r. Etre d'intelligence avec un autre. (Ils s'entendent ensemble. Sca. S'entendre avec l'ennemi.)

* S'entendre. Se connoître en quelque chose, y être habile. (Cét Alemand ne s'entend point en troc. Voit. poëf.)

Entendu, entendue, adj. Ouï. Conçu. (Sermon entendu d'un bout à l'autre. Afaire bien, ou mal entendué.)

* Entendu, entendué. Intelligent. Habile. (Il est entendu dans les Matématiques. Elle est entendué au ménage.)

* Entendu, entendué. Regulier. Bien imaginé. (Un bâtiment bien entendu.)

(† Faire l'entendu. Scaron, Poësies. C'est faire le fat & le glorieux.)

Donner à entendre, signifie. Faire croire. (On lui a donné à entendre que, &c. Il a obtenu cette faveur sous un faux donné à entendre ; c'est à dire, sous un faux raport, ou sous une fausse alégation.)

Entente, s. f. Signification. (Un mot à double entente.)

L'entente est au diseur.

ENTER, v. a. Terme de Jardinier. Insérer & accommoder sur le haut du tronc d'un arbre une petite branche d'un autre arbre & qui soit de l'année. (Enter en fente, en écusson. Enter à œil dormant. Enter en couronne, en flûte, en aproche.) Le mot d'enter n'est pas si usité que celui de gréfer.

* Enter, v. a. Terme de Charpentier. C'est joindre & assembler deux piéces de bois, & en mettre l'une dans l'autre. (Il faut enter cette piéce de bois sur celle là.)

ENTERINEMENT, s. m. Terme de Palais. C'est l'action d'enteriner. (Avoir soin de l'enterinement d'une grace.)

Enteriner, v. a. Terme de Palais. Rendre entier & parfait. Vérifier. (Enteriner des lettres de remission. Patru, plaidoyé 5.)

ENTERREMENT, s. m. Funerailles. (Aller à l'enterrement d'un ami.)

Enterrer, v. a. Mettre en terre une personne morte. (Enterrer une personne. On enterre les Rois de France à l'Abaïe de S. Denis, & ceux d'Angleterre à Westmunster. On a enterré Cromwel dans le tombeau de ces derniers, parce qu'il prénoit le titre de Protecteur d'Angleterre.)

Enterrer. Terme de Jardinier. Mettre quelque chose dans la terre. (Enterrer de la chicorée.)

* Enterrer son secret, Abl. C'est ne pas dire son secret. * Vous me voulez enterrer toute vive. C'est à dire, ne me faire voir personne ; me faire renoncer à tout commerce.

ENTETEMENT, s. m. Ce mot se dit de ceux qui ont fortement quelque chose dans la tête. (Il est revenu de ses entêtemens. Il est dans un furieux entêtement. Ce qui me fâche le plus de l'entêtement où l'on est pour l'Opera, c'est qu'il va ruiner la Tragédie. S. Evremont, Opera.)

* Entêté, entêtée, adj. Qui a une chose extrémement dans la tête. Qui est dans l'entêtement. (Le siécle n'est entêté de rien. Elle est entêtée d'un benêt.)

Entêter, v. a. Faire mal à la tête. (La mosle de palmier entête les soldats. Abl. Rét. l. 8. c. 2. Le vin entête ceux qui en boivent, & qui n'ont pas accoûtumé d'en boire.)

* † S'entêter, v. n. Se mettre follement dans l'esprit une chose, s'en piquer ; l'afecter. (S'entêter de sa noblesse. Il s'est entêté d'un aussi sot animal que lui.)

ENTIER, entiére, adj. Qui a toutes les parties qu'il doit avoir. (La piéce est entiére. La somme est entiére. Passer les jours entiers à quelque chose.)

* Entier, entiére. Qui n'est pas châtré. (Cheval entier. Ablant. Marm.)

Entier, entiére. Parfait. Complet. (Une entiére félicité. Une entiére victoire.)

Entier, entiére. Obstiné. Qui veut résolument ce qu'il veut. Qui

Qui ne se dédit point de ses sentimens. (C'est un homme entier. Une femme entiere.]

ENTIER, *s. m.* Terme d'*Aritmetique*. Nombre entier. Nombre qui représente la quantité des choses dans leur étenduë sans en considérer les parties.

ENTIEREMENT, *adv.* Tout à fait. [Il est entierement de mes amis.]

ENTIMEME, *s. m.* Terme de *Logique*. Raisonnement qui n'a que deux propositions.

ENTOIR, *s. m.* Terme de *Jardinier*. Prononcez *Entoi*. Couteau d'environ deux pouces de lame, dont on se sert pour enter. [L'entoir doit avoir le manche d'ivoire, ou d'un bois dur, & fait de sorte que l'extremité en soit plate, mince & arondie, pour servir à détacher l'écorce des sauvageons, sur lesquels on doit apliquer les écussons. Les entoirs les plus commodes se plient comme des serpentes.] Le mot d'*entoir* n'est pas si usité que celui de *greffoir*.

ENTOISER, *v. a.* Terme de *Jardinier*, &c. Il se dit des choses qui se vendent & s'achètent à la toise, si bien qu'on les met en des tas de figure quarrée afin qu'on les puisse toiser. [Entoiser de la terre. Entoiser du fumier. *Quint. Jard. fr. T.j.*]

ENTONNER, *v. a.* Verser avec un entonnoir quelque liqueur dans un vaisseau. [Entonner du vin.]

† *Entonnement, s. m.* L'action d'entonner une liqueur. [L'entonnement du vin ne se fait d'ordinaire qu'après qu'il a cuvé.]

ENTONNER. Terme de *Musique*. Chanter du ton qu'il faut chanter. [Entonner les notes. Entonner une note, un demi-ton plus bas, ou plus haut.]

[* Entonner la trompette. *Demarais, Clovis*. C'est à dire. Enfler son stile.

* Entonner les loüanges du Dieu des raisins. *Deproux, Poëtique, c.3.*

Entonnoir, s. f. Instrument avec quoi on entonne. [Un petit entonnoir de fer blanc. Un grand entonnoir.]

ENTORCE, ou *entorse*. *Détorce, s. f.* L'usage déclaré est pour *entorse*. C'est lors qu'en marchant la jointure reçoit du tourment, & que les parties qui l'environnent se relâchent. C'est aussi un éfort que fait un cheval en ne mettant pas le pié droit à terre. [Prendre une entorse.]

ENTORTILLER, *v. a.* Enveloper. Entrelacer tout autour. [Le lierre entortille les arbres.]

* † *Entortiller son stile*. Avoir un stile entortillé.

Entortillement. Ce sont les divers tours que fait une chose qui en entortille une autre. [L'entortillement du lierre autour d'un arbre.] C'est aussi l'action d'entortiller.

Entortillé, entortillée, adj. Chevaux entortillez,] * [Un homme entortillé, c'est à dire, caché & dissimulé.

† ENTOUR. Préposition. Ce mot est vieux. Dites & Voiez *Autour, à l'entour.*

ENTOURER, *v. a.* Environner. [Entourer une maison.]

Entouré, entourée, adj. Environnée. [Cette ville est entourée par les ennemis. Le Princes sont toûjours entourez de flateurs.]

ENTOUSIASME, *s. m.* Terme de Poësie. Espece de fureur dont on feint que les Poëtes sont épris. Feu naturel qui s'alume dans l'esprit, & qui enflame tellement l'imagination qu'on s'éleve au dessus de soi-même. [L'entousiasme vous a emporté.]

* † *Entousiasmé, entousiasmée, adj.* Qui est dans l'entousiasme. Qui est ravi de quelque chose. Charmé. [Je suis entousiasmé de l'air & des paroles. *Moliére.*]

ENTR'ACTE, *s. m.* Terme de *Poësie*. Ce qui se passe entre deux actes. [Un bel entr'acte.]

S'ENTRACUSER, *v. r.* S'accuser l'un l'autre. [S'entracuser de divers crimes. *Abl. Apo.*]

S'ENTRAIDER, *v. r.* S'aider l'un l'autre, & se secourir l'un l'autre. [Les amis & les voisins doivent s'entraider au besoin.]

ENTRAILLES, *s. f.* Boiaux & autres parties intérieures du corps. [Avoir les entrailles échaufées. Ils vuidérent les entrailles & embaumérent le corps. *Vaug. Q. Curce, l.x. ch.x.*]

[* La terre ouvrit ses entrailles. *God. Poësies*, 1. partie, 1. eglogue.]

* *Entrailles*. Cœur. Afection. (Seigneur, vôtre loi est gravée dans le fond de mes entrailles. *Port-Roial, Pseaume* 39. Je sens que mes entrailles s'émeuvent. Un Pére a beau menacer ses enfans de fermer les yeux sur leur mauvaise conduite, *les entrailles paternelles* ne soufrent pas qu'il exécute cette menace. *Maucrois, Homélies de S. Chrisost. hom.*15. C'est lui atracher les entrailles, *c'est l'afliger.*

* *Entrailles*. Son propre enfant. Ses enfans. (C'est un homme aimé contre les propres entrailles. *Patru*, plaidoyé 6. page 178. Je vous prie de le recevoir comme mes entrailles. *Port Roial, Nouveau Testament. Epitre à Tite*. Le fruit des entrailles est une recompense qui vient du Ciel. *Port-Roial, Ps.*126.)

S'ENTRAIMER, *v. r.* S'aimer l'un l'autre. (Ils s'entraiment beaucoup.)

ENTRAINER, *v. a.* Mener avec force. Tirer. (On l'entraina au suplice. *Abl.*

* Elle apuie son avis par des raisons si convaincantes qu'elle m'a entrainé de son côté. *Moliére.*

* ENTRANT, *entrante, adj.* Qui s'introduit facilement dans les compagnies. Qui a une hardiesse honnête à se produire. (C'est un homme entrant.)

S'ENTRAPELLER, *v. a.* S'apeller l'un l'autre. (Ils ne cessoient de s'entrapeller. *Abl.Rét.l.2.c.2.*)

ENTRAVES, *s. f.* Tout ce qu'on met aux piez des chevaux pour les empêcher de courir. (Leurs chevaux repassérent avec des entraves aux jambes de crainte qu'ils ne fuïsent, *Abl.Rét.l.3 c.3.*)

EN TRAVERS, *de travers, adv.* (Mettre une chose en travers, ou de travers.)

S'ENTRAVERTIR, *v. r.* S'avertir l'un l'autre. (Ils firent des feux pour s'entravertir. *Abl. Rét. l.4. c.1.*)

ENTRE. Préposition qui régit l'accusatif. (Cela soit dit entre vous & moi. Mettez son doigt entre l'arbre & l'écorce.)

ENTREBAILLÉ', *entrebaillée, adj.* Il se dit des portes qui sont à demi ouvertes. (Il a laissé la porte entre-baillée.)

S'ENTREBAISER, *v. r.* Se baiser l'un l'autre.

* La Justice & la paix s'entrebaiseront. *Port-Roial. Pseaumes.*

S'ENTREBATRE, *v. r.* Se batre l'un l'autre. (Ils s'entrebatoient continuellement.)

S'ENTREBLESSER, *v. r.* Se blesser l'un l'autre. (Ils se sont entreblessez.)

ENTRECHAT, *s. m.* Sorte de saut figuré. Ce mot est corrompu de l'Italien *capriola intrecciata*. C'est une *capriole croisée* (Il y a un entrechat en tournant, un entrechat en avant, & un entrechat de côté. Un entrechat bien-fait.)

S'ENTRECHOQUER, *v. r.* Se choquer l'un l'autre. (S'entrechoquer rudement. *Abl. Ar.*)

S'ENTRECOMMUNIQUER, *v. r.* Se communiquer les uns aux autres. Se faire part les uns aux autres de ce que l'on a. (Les hommes s'entrecommuniquent leurs pensées par le moïen du langage. *Port-Roial, Art de parler, préface.*)

ENTRECOLONNEMENT, *s. m.* Terme d'*Architecte*. C'est l'espace qui est entre les colonnes. (L'entrecolonnement doit être proportionné à la hauteur & à la grosseur des colonnes. Faire les entrecolonnement. *Vitruve, abregé*, 1. p.)

S'*entrecontredire*, *v. r.* Se contredire. (Il s'entrecoupe.) Parler en mots *entrecoupez* ; c'est à dire, interrompus.

S'*entrecouper*. Se coupet l'un l'autre. (A quoi bon s'entrecouper la gorge. *Vaug. l.x. ch.*8.)

S'*entredéfaire, v. r.* Se défaire l'un l'autre. (Ils s'entredéfont en guerriers imprudens. *Benf. Rond.*)

S'*entre-détruire, v. r.* Se détuire l'un l'autre. (Les hommes s'entre-détruisent par les guerres qu'ils se font.)

Entredeux, s. m. Ce qui est entre deux choses. (Remplir les entredeux des pilotis.)

S'*entredire, v. r.* Se dire quelque chose l'un à l'autre. (S'entredire adieu. S'entredire des injures.)

S'*entredonner, v. r.* Se donner l'un à l'autre. (Les deux éperviers s'entredonnoient du bec. *Van. Quin. l.3.* S'entredonner des coups de poing. *Sca. Rom.*)

ENTRE'E, *s. f.* Lieu par où l'on entre. (Laisser l'entrée libre d'une ville. *Abl. Ar. l. 1.* Défendre l'entrée du port aux ennemis. *Abl. Ar. l. 1.* L'entrée de la maison.)

Entrée. Cérémonies qui se font lors qu'un Grand entre la premiere fois dans une place. (Faire son entrée dans une ville.)

Entrée. Terme de *Charpentier & de Pelletier*. Ouverture. (Entrée de manchon. Entrée de chapeau trop petite, ou trop grande.) On dit dans ce même sens, l'entrée de ces botes est trop étroite. L'entrée d'une bouteille, d'un tuïau, &c.

* *Entrée*. Accés. (Je lui ai donné entrée chez Monsieur le Prémier Président. Il a entrée au Conseil.)

* *Entrée*. Il se dit du tems qu'on commence à fréquenter les honnêtes gens, & à entrer dans le monde. (A son *entrée* dans le monde, il fut aimé de tout ce qu'il y avoit de gens d'esprit à Paris.)

Entrée. Commencement. (A l'entrée du jeu, il faut païer tant dans les Académies.)

Entrée. Ce mot se dit en parlant de festin & de repas un peu honnête. Ce sont les ragouts qu'on sert d'abord avec la grosse viande. (On a servi deux fort bonnes entrées.)

Entrée. Ce mot se dit en parlant de ballets. C'est une sorte de dance par saut dans le commencement, & dans le cours du balet, & entre les actes de quelque piéce de Téatre. (Dancer une entrée de balet. Une entrée de balet bien dansée, bien figurée.)

Entrée. Impôt sur les marchandises qui entrent dans une ville. (Païer les droits d'*entrée*. Païer l'entrée. On païe aux portes de Paris l'*entrée* du vin, des liqueurs, du pié fourché, & de la chair morte.)

S'entr'égorger, *v. r.* S'égorger l'un l'autre. (Ils veulent tous les jours s'entr'égorger.)

S'*entrefâcher, v. r.* Se fâcher l'un l'autre. (Ils s'entrefâchent souvent.)

* ENTREFAITES. Ce mot ne se dit pas seul, & il signifie *pendant que*. (Il a été pris sur ces entrefaites. Il arriva sur ces entrefaites ; c'est à dire, tems-

ENT

tems - là. Pendant que ces choses se passoient.)

S'entrefouëtter, v. r. Se fouëtter l'un l'autre.

S'entrefraper, v. a. Se fraper l'un l'autre. (Ils s'entrefrapent, & puis ils se quéréllent.)

S'entre-froisser, v. r. Se froisser l'un l'autre. (Que sera - ce quand il y en aura tant de milliers ensemble, qui ne feront que s'entrefroisser. *Vaug.Q.C.l.9.ch.2.*

† *Entregent*, s. m. Mot qui a vieilli. Il signifioit une maniere civile & honnête de s'introduire parmi le monde. (Avoir de l'entregent.)

S'entrehaïr, v. r. Se haïr l'un l'autre.

S'entreheurter, v. r. Se heurter l'un l'autre. (Les béliers s'entreheuttent du front ou de la tête.)

Entrelarder, v. r. Il se dit de la chair, & veut dire faire des trous dans une piéce de chair & y faire entrer du lard, afin qu'elle paroisse plus grasse, & qu'elle ait plus de goût. (Quand on met du bœuf à la daube il le faut entrelarder.)

Entrelardé, entrelardée, adj. Ce mot se dit de la viande, & veut dire mêlé de gras & de maigre, soit naturellement ou par artifice. (Une piéce de bœuf entrelardée. Bœuf entrelardé.)

† * *Entrelarder*, v. a. On le dit au figuré pour signifier mêler des choses de différente sorte. (Entrelarder quelque histoire agréable d'un discours sérieux.)

Entrelas, s. m. Terme de *Vitrier*. Embelissemens & traits figurez dans les vitres. (Faire des entrelas.)

Entrelasser, entrelacer, v. a. Mêler l'un dans l'autre. (Entrelasser des pieux parmi les pierres dans les murs. Le lien étoit composé de neuds entrelacez les uns dans les autres. *Vau. Quin.l.3.* Entrelacer des lettres les unes dans les autres, comme l'on fait dans les chifres.)

* *Entrelacer un discours* de plusieurs pensées, & de quelques Histoires agréables qui le varient, & qui réveillent l'attention.

Entrelassement, s. m. Mêlange de plusieurs choses mises & entrelassées les unes dans les autres. (Il y a dans l'arriere-faix des femmes un entrelacement d'une infinité de vaisseaux. *Maur. traité des femmes grosses, l.1.*

S'entrelouër, v. r. Se louër l'un l'autre.

S'entremanger, v. r. Se manger l'un l'autre. (Les loups ne s'entremangent pas.)

S'entrembrasser, v. r. S'embrasser l'un l'autre.

Entremêler, v. a. Mêler parmi. (J'entremêlerai dens cette histoire des choses prises d'ailleurs. *Abl. Av.*)

Entremets, s. m. Tous les petits ragoûs & autres choses délicates qui se servent aprés les viandes, & immédiatement devant le fruit.

ENTREMETTEUR, s. m. Celui par. l'entremise & le moien duquel on fait quelque chose. (Ils portent leur intention, non pas aux pechez dont ils sont les *entremetteurs*, mais au gain qui leur en revient. *Pas. l.6.*)

Entremetteuse, s. f. Celle qui s'entremet pour faire réüssir quelque chose. Le mot d'*entremetteur* & d'*entremetteuse* ne se prennent pas en bonne part, & laissent toûjours quelque idée fâcheuse de ces sortes de gens.)

S'entremettre, v. r. Se mêler. S'employer pour faire quelque chose. (S'entremettre du gouvernement. *Talemant ; Plutarque vie de Ciceron.* S'entremettre pour faire obtenir une grace. *Mr. le Duc de la Rochefoucaut.*)

Entremise, s. f. Aide. Secours. Moien. (Vous croiez qu'il doi- ve restituër, au cas qu'il se soit servi de l'entremise des démons. *Pas. l.8.* Ta sagesse entremise de ce Schisme naissant débarassa l'Eglise. *Dép. Lut.chant.1.*)

S'entremoquer, v. r. Se moquer l'un l'autre. (Ils prennent plaisir à s'entremoquer.)

S'entremordre, v. r. Se mordre l'un l'autre. (Chiens qui s'entremordent.)

Entrenager, v. n. & a. Terme de *Chimie*. C'est nager entre les substances. (Il arrive que dans une même distillation une partie de l'huile *surnage* le flegme, & une autre partie de l'entrenage. *Charas, Pharm.* 1.partie, ch.6.)

S'entrenuire, v. r. Se nuire l'un l'autre. (Ils ne cherchent qu'à s'entrenuire.)

S'entreparler, v. r. Se parler les uns aux autres. (Ils s'entreparlent souvent.)

† *Entreparleur*, s. m. Ce mot veut dire les personnages qu'on fait parler dans quelque dialogue, ou piéce de Téatre, mais il a vieilli.

S'entrepercer, v. a. Se percer les uns les autres. (Les escadrons s'entrepercent. *Sar. poës.*)

S'entreplaider, v. r. Se plaider l'un l'autre. (Deux freres s'entreplaidant on condanna le pére à l'amande pour n'avoir pas appaisé leur querelle. *Abl. Apo.*)

Entrepos, s. m. Cessation de travail. (Un indigne entrepos. *Bonser. Rond. p.303.*)

Entrepos. Personne interposée. (Ecrire par entrepos. Ville d'entrepos.)

S'entrepousser, v. r. Se pousser les uns les autres. (Ils s'entrepoussent avec vigueur. *Abl. Luc. T.2. exercices.*)

ENTREPRENDRE, v. a. Se charger de faire quelque chose. (J'entreprens d'écrire la guerre du Peloponese. *Abl. Tac.*

ENT

Entreprendre la défense de quelcun. *Abl.* Entreprendre une guerre. Entreprendre un bâtiment.)

* *Entreprendre quelcun.* Le pousser, le mettre à la raison.

Entreprendre plusieurs actions à la fois. C'est attaquer plusieurs nations & leur faire la guerre en même-tems.

(* *Entreprendre sur l'autorité d'une personne.* Entreprendre sur la vie de quelcun. *Abl. Res. l.2. c.3.* Entreprendre sur les droits, sur la Charge de quelcun.)

Entreprenant, entreprenante, adj. Hardi. (C'est un homme fort entreprenant.)

Entrepreneur, s. m. Celui qui se charge & qui entreprend de faire quelque bâtiment, ou autre ouvrage. (Un fameux entrepreneur.)

Entrepreneuse, s. f. Celle qui entreprend quelque besogne, comme du linge à faire, & qui a plusieurs ouvrieres sous elle. (C'est une entrepreneuse.)

Entrepris, entreprise, adj. Ce qu'on a résolu de faire. Ce qu'on s'est chargé d'exécuter. (La guerre est entreprise. Ouvrage entrepris.)

* *Entrepris, entreprise*. Perclus. (Il est entrepris de tous ses membres.)

Entreprise, s. f. Chose qu'on veut entreprendre, & l'action de l'entreprendre. (Entreprise glorieuse. Faire une entreprise contre quelcun. *Abl. Ar. l.1. c.5.* Couvrir son entreprise. *Abl. Ar.* Une entreprise hardie & dificile.)

On dit en *termes de Chasse*, qu'un chien ou un oiseau est de grande entreprise, pour dire qu'il attaque hardiment le gibier.

S'entrequereller, v. r. Se quereller l'un l'autre. (Il commence à s'entrequereller. *Abl. Luc. T.1.*)

ENTRER, v. n. *passif.* Aller en dedans. Pénétrer au dedans. J'entre, j'entrai, je suis entré. (Entrer dans une ville l'épée à la main. Je suis entré dans la chambre pour faire la révérance à Monsieur.)

* *Entrer.* Ce mot au figuré a plusieurs belles significations. (Entrer dans le sens, dans la pensée de quelcun. Entrer dans la défense. *Abl. Tac. An. l.1.* Entrer dans les intérêts, dans les besoins de quelcun. *Scar.* Entrer dans le ridicule des hommes. *Moliere.* Entrer en discours avec quelcun. Entrer en guerre avec un peuple voisin. Il entre dans les plaisirs du Prince. Entrer en colére. Entrer en défiance de quelcun. Il est entré dans nôtre conversation. Je suis entré aujourdhui dans ma vingt-cinquiéme année. Je ne veux entrer en aucun détail avec vous. Entrer en possession de quelque fonds. Entrer en charge, Entrer en Religion. Entrer en danse. Entrer en lice. *Entrer à table*, c'est commencer à dîner. Il est entré cinq aunes de drap dans cet habit. Il entre huit sortes de drogues dans cette Médecine, &c.)

S'entre-regarder, v. r. Se regarder l'un l'autre. (Ils s'entreregardent de bon cœur.)

S'entre-répondre, v. r. Se répondre l'un l'autre. (Ils s'entrerépondoient tour à tour. *Abl. Apoph*)

S'entre-saluer, v. r. Se saluër l'un l'autre. (Ils se sont entresaluez avec de grandes civilitez.)

S'entresecourir, v. r. Se secourir l'un l'autre. (Ils s'avançoient dans les qu'ils vouloient s'entresecourir. *Vau. Quint. l.5. c.1.*)

Entresoles, s. f. Terme d'*Architecture*. Etage ménagé entre deux planchés un peu éloignez, dont l'espace est partagé par un autre plancher. (On loge quelquefois dans des *entresoles*, on peut faire coucher des valets, & pour le moins y serrer plusieurs choses.)

S'entresuivre, v. r. Aller de suite l'un aprés l'autre. Se suivre l'un l'autre. Il se dit des personnes, des choses & des paroles ; mais on dira plus souvent *se suivre.* (Les soldats s'entresuivent dans un défilé. Les jours s'entresuivent, mais ils ne se ressemblent pas. Le discours n'est pas bien lié, & les paroles ne s'entresuivent pas.)

S'entretailler, v. r. Ce mot se dit des chevaux. C'est s'écorcher & s'emporter le boulet. Se couper. [Cheval qui s'entretaille, qu se coupe.] On le dit aussi en taillant des personnes qui marchent mal, & qui s'entrecoupent.

Entre-taillure, s. f. Blessure que se fait lui même un cheval qui s'entretaille. (C'est une fâcheuse entretaillure.)

Entretems, s. m. Espace qui est entre deux tems. Occasion favorable. (C'est un heureux entretems.)

Entretenement, s. m. Entretien. (Cela servoit à l'entretenement des soldats. *Abl. Tac. An. l.1. c.11.*)

Entretenir, v. a. Garder. Observer. J'entretiens, j'ai entretenu j'entretins, j'entretiendrai. [Entretenir la paix. Entretenir la treve. Une alliance bien entretenuë.]

Entretenir. Fournir ce qui faut pour subsister. [Entretenir un enfant. Entretenir une famille. Entretenir une armée.] On dit aussi entretenir un bâtiment.

Entretenir. Ce mot en parlant de *femmes* signifie quelquefois. Donner dequoi subsister à une femme, avec laquelle on vit dans le déréglement. [Il entretenoit la fille & la mére. *Maut. Schisme d'Angleterre, l.1. p.29.*]

* *Entretenir.* Ce mot est beau dans le figuré, & fort en usage. Il signifie *faire durer.* Continuer. [Entretenir les défiances. *Abl. Ret. l.2.* Entretenir sa douleur. Il a entrenu l'amitié qui étoit entre nous. Cet Orateur a longtems entretenu ses Auditeurs.

Entretenir.

Entretenir. Converser avec quelcun ; lui parler de quelque chose. [Il se mit à l'entretenir de choses agréables. *Vau. Qu n. l.3. c.6.* S'entretenir familiérement avec quelcun. S'entretenir par lettres avec un ami.] On dit aussi. S'entretenir soi-même de quelque belle pensée.

Entretenir. Amuser quelcun pour le détourner de quelque dessein. [Il lui faisoit proposer des établissemens dont il l'entretenoit quelque tems. *Memoires de Monsieur le Duc de la Rochefoucaut.*]

Entretien, s. m. Ce qu'il faut pour les besoins d'une personne. [Il a cent pistoles pour son entretien.]

* *Entretien.* Conversation, discours qu'on a avec quelcun touchant quelque matière. [Les mauvais entretiens gâtent les bonnes mœurs. *Port-Roial.*]

Entretien. Dépense qu'on fait pour faire subsister quelque bâtiment, ou quelqu'autre chose. [L'entretien des édifices publics coûte beaucoup à la ville. Il est chargé de l'entretien de tant de Galeres.]

Entretoise de Carosse, s. f. Piéce de bois qui est au milieu des moutons de derrière le carosse, & qui sert à les tenir en état. Ce mot *entretoise*, se dit encore plus généralement, c'est un terme de *Charpentier*, & il se dit des piéces de bois qu'on met de travers dans un pan de charpente, & qui s'assemblent par des mortaises & des tenons avec les poteaux, pour les tenir fermes.

S'entretoucher, v. r. Être l'un contre l'autre, de sorte qu'on se touche un peu.

S'entretuer, v. r. Se tuër les uns les autres. (Ils s'entretuoient & s'assommoient les uns les autres comme des brufs.)

INTREVOIR, *v. a. J'en revois, j'ai entrevû, j'entrevis, j'entreverrai.* Voir un peu. Découvrir tant soit peu. (Entre voir l'intention de quelcun. *Pat. plaid.8.*]

S'entrevoir, v. r. Se voir l'un l'autre. (Nous nous entrevîmes chez un de nos amis communs.)

Entrevûë, s. f. C'est l'action de se voir avec quelque personne en un lieu pour afaire. (Il y a eu une entrevûë. Demander une entrevûë. *Abl. Apo.* Convenir d'une entrevûë. *Le Comte de Bussi.* Faire une entrevûë. Moiennet une entrevûë.]

Entrouïr, v. a. Ouïr un peu. [Il entr'ouït leur discours.]

INTROUVRIR, *v. a. J'entrouvre, j'ai entrouvert, j'entrouvris.* Ouvrir un peu. [Entr'ouvrir une porte. *Abl.* Entr'ouvrir les yeux. *Vau. Quin. l.3.* Entr'ouvrir une fenêtre.]

Enture, ou *enteure, s. f.* Terme de *Jardinier.* On l'écrit de l'une & de l'autre manière, mais on prononce *enture.* On ne le dit plus guere, si ce n'est pour désigner la place où la grefe se joint à l'arbre que l'on a enté ; autrement on dit, *ente,* ou *grefe.*

ENV.

Le prémier E des mots de cette colonne se prononce comme un A, excepté *Enumeration.*

ENVAHIR, *v. a.* Usurper. S'emparer de. (Envahir le Roïaume d'autrui. *Vau. Quin. l.4.c.1.* Envahir l'Empire. *Abl. Ret. l.3. c.3.* Il avoit plusieurs fois *envahi* les terres de ses voisines, & pris leurs villes.)

Envelioter, v. a. Terme de *Faucheur.* Mettre en véliotes, c'est à dire, par petits tas. (Envelioter du foin.)

ENVELOPE, *s. f.* Tout ce qui sert à envelopper & à couvrir quelque chose. (L'envelope est destinée. L'envelope d'un paquet. Envelope de Lettre. On lui écrit sous une double envelope.)

Envelope. Terme de *Fortification.* C'est une espece de contregarde, ou de conserve, qu'on fait dans le fossé d'une place. On les appelle aussi les sillons. Ils consistent quelquefois en un simple parapet, & quelquefois il y a un rempart avec un parapet. On fait aussi des envelopes ailleurs que dans le fossé.

* *Envelope.* Ce mot se dit au figuré, & signifie des termes qu'on emploie adroitement, pour dire ce qu'on n'ose, ou qu'on ne veut pas dire en des termes propres & grossiers. Les ordures y sont à visage découvert, elles n'ont pas la moindre envelope. *Mol.*

Enveloper, v. a. Couvrir d'un envelope. Mettre dans une velope. (Enveloper dans la soie. *Voit. l.24.*) On dit aussi enveloper un mort dans un linceul. Il sortit du cabaret envelopé de son manteau.

* *Enveloper.* Acabler avec d'autres. Perdre avec d'autres. (Voulant perdre Popea, il envelopa dans sa ruïne Valerius. *Abl. Tac. An. L.xi.*] Il fut envelopé dans le malheur de ses Alliez. Il vous envelope dans le même danger. Etre envelopé dans une fâcheuse accusation.)

* *Enveloper.* Ne pas expliquer à découvert sa pensée. La laisser deviner. (Elle reçoit avec joie ce qu'on lui veut dire de libre, pourvû qu'il soit *envelopé. Le Comte de Bussi.* Il avoit attendu des douceurs moins envelopées. *Le Comte de Bussi.*)

* *Enveloper.* Terme de *Guerre.* Investir. Environner. (Eveloper l'ennemi. Investir. *Abl. Ar. l.1.* Enveloper l'ennemi par derrière & par devant. *Vau. Quin. l.3.*)

ENVENIMER, *v. a.* Remplir de venin. (C'est une insecte qui envenime les herbes sur lesquelles il passe.)

* *Envenimer.* Donner un tour malin à ce qu'on fait, ou à ce qu'on dit. Les mauvais raports envenimment l'esprit de ceux à qui on les fait.)

* *Envenimé, envenimée, adj.* Empoisonné. Animé de haine & de colére. (Esprit envenimé. Les traits envenimez de la Satire.)

ENVERS, *s. m.* Terme de *Marchand.* Ce mot se dit en parlant d'étofe. C'est ce qui est oposé à l'endroit de l'étofe.

Envers. Préposition qui ne se dit que des personnes, & qui régit l'accusatif. Elle signifie quelquefois en faveur de, & quelquefois *contre.* (Etre charitable envers les pauvres. Seigneur, vous êtes bon & doux, & plein de misericorde envers tous ceux qui vous invoquent. *Port-Roial, Ps.85.* Je vous servirai & vous protegerai *envers & contre* tous. Ne soiez pas ingrats envers vos bienfaiteurs.)

A l'envers, adv. D'un sens contraire à celui où il faut. (Son rabat est attaché à l'envers. Il a mis son manteau à l'envers.)

ENVI, *s. m.* Terme connu parmi ceux qui joüent au hoc. (Faire un envi.) Voïez *Envier.*

A l'envi, adv. Par émulation, & pour voir qui fera, ou réüssira le mieux. (Ils étudient à l'envi. Ils travaillent à l'envi. On y courra à l'envi, Le Noble & le Roturier *combatent* à *l'envi,* l'un pour réparer les défauts de sa naissance, & l'autre pour soutenir l'éclat de la sienne. *Cost. T.1.le.72.*)

Envie, s. f. Déplaisir qu'on a de voir ses egaux joüir de quelques avantages considérables. (L'envie est une passion basse. Avoir de l'envie contre quelcun. Se charger de l'envie publique. *Abl.* Les choses où l'on veut avoir la gloire d'exceller, attirent l'envie. On porte envie aux personnes avec qui on est en contestation pour le rang, & *toûjours le potier porte envie au potier.* S'attirer l'envie de plusieurs.) Le mot d'envie en ce sens ne se dit pas au pluriel.

Envie. Désir. Le mot d'*envie* en ce sens a quelquefois un pluriel. (Ce sont des *envies* de femmes grosses. *Abl.* Cela m'a fait naître l'envie de faire cette promenade. *Voit. l.19.* Avoir envie de quelque chose. Avoir envie de faire quelque chose. Cela me fait venir l'envie de bâtir. (Il lui faut faire passer cette envie. Il a pris envie de voïager. Satisfaire son envie.)

Envie. Petite peau qui vient à la racine des ongles. Le mot d'envie en ce sens a un pluriel. [Arracher une envie. J'ai arraché toutes les envies que j'avois autour des ongles.]

ENVIEILLIR, *v. a.* Afoiblir & faire paroître vieux. [Le travail, les maladies & le chagrin envieillissent toute sorte de personnes.]

S'envieillir, v. n. Devenir vieux. En ce sens, on dit plûtôt vieillir & devenir vieux.

S'envieillir, v. n. Paroître vieux. [Cet homme s'est envieilli tout d'un coup.]

† * *Envieilli, envieillie, adj.* Qui paroit vieux ; mais il se dit plus souvent au figuré. [Absoudre les pécheurs les plus envieillis. Pas.l.x.* C'est à dire des gens qui sont pécheurs dépuis long-tems.]

ENVIER, *v. a.* Porter envie. Etre jaloux du bonheur d'autrui. (Si la fortune m'acompagne auprès de vous je n'*envirai* pas à Alexandre toutes ses conquestes. *Voit.l.7.* Je n'envie ni son esprit, ni sa fortune.)

Envier. Terme de Hoc. Joüer pour voir qui aura le point le plus haut, la plus haute sécance, ou le plus haut frédon. (Envier le point.)

Envieux, envieuses, adj. Qui porte envie à quelcun. Marri du bonheur d'autrui. (Esprit lâche & envieux.)

Envieux, s. m. Celui qui porte envie à quelcun. (Son mérite lui a fait des envieux.)

ENVIRON. *Préposition qui régit l'accusatif, & qui aide à marquer le tems d'une chose à subsisté, ou qu'une personne a vécu.* (Louis XIII. est mort en 1643. après avoir vécu environ quarante trois ans.)

Environ, adv. Près. à peu près. (Il y demeura sur le champ de bataille deux mille hommes, ou *environ.*)

Environ. Presque en ce tems là. (Cela est venu au monde dépuis vôtre Société, lui dis-je, environ, me répondit-il. *Pas.l.5.*)

Environ, s. m. Lieux circonvoisins. (Il se faisit des montagnes qui étoient aux *environs. Abl. Ar.* On prenoit garde que le plus grand nombre fut toûjours des *environs. Patru,* plaidoïé, 1. Les *environs* de Paris sont fort beaux. *Scar.*)

Environner, v. a. Entourer. (Province environnée d'eau. *Vau. Quin. l.3.* De peur qu'il ne se sauvât, ils *environnèrent* la maison.)

ENVISAGER, *v. a.* Regarder. Jetter les yeux sur le visage d'une personne. (Envisager une personne.)

* *Envisager.* Considérer attentivement. (Il faut éviter d'*envisager* la mort avec toutes ses circonstances, & on ne veut pas croire qu'elle soit le plus grand de tous les maux. *Mr. le Duc de la Roche-Foucaut.* Il faut envisager cette afaire d'un autre biais. Je l'ai envisagée de tous côtez.)

ENVITAILLER. *Avitailler, v. a.* L'un & l'autre se dit sur mer. Les sentimens sont partagez. C'est fournir de victuailles un vaisseau. Desfoches pour le mot de victuailles dit *Envitailler un vaisseau.*

ENUMERA

ENV EOL EAP

ENUMERATION, *s. f.* Ce mot vient du Latin *Enumeratio*, qui signifie dénombrement. (Faire une longue énumération. Maucroix, *Schisme*, l.1. pag.189.) *Enumeration* n'est pas si usité que *Dénombrement*.

ENVOI, *s. m.* Terme de *Poësie françoise*. (C'est comme l'abrégé du chant Roial, ou de la balade. Ce n'est ordinairement que la moitié d'un couplet du chant Roial, ou de la balade, qu'on fait à la fin des couplets de ces sortes de poëmes, & qui a été nommé *envoi*, parce qu'on l'adressoit au Prince des jeux floraux pour se le rendre favorable dans la distribution des prix. (L'envoi doit être délicat & ingénieux)

ENVOIER, *v. a.* Commander à une personne d'aller en un lieu, ou vers une personne. Adresser quelque chose à quelcun. (Il a envoié son fils au devant du Roi pour l'assurer; ou bien, il a envoié son fils au devant du Roi pour l'assurer. On pense que la première façon de parler est la plus naturelle On lui a envoié une balle de livres fort curieux. Envoier quérir quelcun. On l'envoia en exil. Envoier un présent.)

* *Envoier,* Congédier. Chasser. (Il a envoié son laquais.)

EOL.

EOLIPILE, *s. m.* Ce mot est Latin. C'est une boule creuse de métal, qui n'a qu'un fort petit trou. Pour y faire entrer quelque peu d'eau par ce trou, on chauffe la boule; ce qui raréfie l'air qui y est contenu. Après quoi mettant la boule dans l'eau froide, l'air se condense & l'eau prend sa place. Ensuite quand on remet cette boule sur le feu, l'eau s'éleve en vapeur & sortant par le petit trou, elle fait un vent fort véhément.

Envoié, envoiée, adj. Qui est envoié. (Homme envoié exprés. Lettre envoiée.)

Envoié, s. m. Personne envoiée de la part de quelque autre. Homme de mérite & de qualité envoié de la part d'un Prince ou d'un Etat vers quelque autre Prince, en quelque autre Etat. (Monsieur l'Envoié de Suéde est un honnête homme.)

S'ENVOLER, *v. a.* Voler ailleurs. S'en aller à tire d'aîle. (Il a laissé la cage ouverte, & l'oiseau s'en est envolé.)

[† * Loin de moi mon pauvre argent *s'envole.* Sar. poës. * Mon ame est prête à *s'envoler.* Sar. poës. Phrase poëtique, pour dire qu'on est sur le point de mourir.)

ENYVRER. Voiez *Enivrer.*

EPA.

EPACTE, *s. f.* Terme de *Cronologie.* Onze jours que l'année solaire commune a par dessus l'année lunaire commune. (La dernière épacte, *Port-Roial*, *métode Latine*. On trouve l'âge de la Lune par le moïen des Epactes.)

EPAGNEUL, *s. m.* Sorte de chien de médiocre taille qui est pour la caille, la perdrix, &c. (Un bon épagneul.)

EPAGNEULE, *s. f.* Femelle d'épagneul.

(Je n'ai pour toute compagnie
Que mon épagneule endormie. Sca. poës.)

EPAIS, *épaisse*, *adj.* Qui a de l'épaisseur. (Bois épais. Planche épaisse.) Ce mot régit le génitif. (On dit cela est épais de trois doigts. Cette planche est épaisse *d'un* bon pouce. Un mur, un rempart fort épais. La glace étoit épaisse de trois doigts. Un drap épais, &c.)

* On dit d'une forêt, où les arbres sont prés l'un de l'autre qu'elle est épaisse. Une haïe épaisse. Une foule de gens épaisse. Il donna dans le plus épais de la cavalerie.)

* On dit d'une liqueur trouble qu'elle est *épaisse.*

* On dit un air *épais* & grossier.

* On dit aussi d'une manière plus figurée. Des ténèbres épaisses. Un esprit épais, pesant & grossier.

Epaisseur, s. f. C'est une troisième dimension d'un corps, quand après avoir considéré sa longueur & sa largeur, on la regarde d'un autre côté, & ce que l'on trouve qu'il y a de distance d'un côté à l'autre s'apelle *épaisseur.* (On dit par exemple. L'épaisseur d'une muraille, d'une colonne, d'une table, &c. (Avoir trois doigts d'épaisseur. Entrer dans l'épaisseur du bois. *Abl. Ar.*)

* On dit figurément l'épaisseur des ténèbres fut extraordinaire en Egipte durant trois jours.

Epaissir, v. a. Rendre épais. (Epaissir une sausse. Epaissir l'air. Le froid fait épaissir le lait.)

S'épaissir, v. n. Devenir épais. (Les sausses s'épaississent en se refroidissant L'air s'épaissit de nuages.)

Epaississement, s. m. Ce mot ne se dit pas des choses fermes & solides. (L'épaississement des nuës. *Roh. phisique.*)

EPAMPRER, *v. a.* Il se dit de la vigne, & signifie *éfeuiller.*

EPANCHER, *v. a.* Répandre. Verser. (Jesus Christ a épanché son sang pour nous. *Arn.* C'est une bile qui s'est épanchée par tout son corps. *La Chamb.*)

Epanchement, s. m. Action de s'épancher. (C'est un épanchement de bile par tout son corps. *La Chamb.*)

EPANDRE, *v. a.* J'épans. J'ai épandu. J'épandis. J'épandrai. Répandre. (Le fleuve s'épand dans la plaine. *Vau. Quin. l.3.* Il me souvint de tant de pleurs vainement épandus. *Voit. poës.* Le bruit s'épandit par tout le païs. V. *Répandre.*

EPANORTOSE, *s. f.* Terme de *Rétorique.* Il vient du Grec, & signifie *correction.* C'est une figure par laquelle l'Orateur condanne ses prémières expressions, comme étant trop foibles, corrige son discours, & y ajoûte des termes plus forts. (Exemple.

Non, cruel, tu n'es point le fils d'une Déesse,
Tu suças, en naissant, le lait d'une Tigresse.)

S'EPANOUÏR, *v. r.* Ce mot se dit proprement des fleurs, & signifie. S'élargir. Se déplier. S'étendre, & s'ouvrir. (Bouton de rose qui s'épanouït. *Voit. poës.*)

† * S'épanouïr le cœur, ou la rate. C'est se réjouïr & se divertir.

Epanouïssement, s. m. Il se dit au propre des fleurs. * Et au figuré, il se dit du cœur & de la rate.

EPARGNE, *s. f.* Economie dans le ménage. (L'épargne qu'il a faite n'est pas grande. User d'épargne. La plus belle de toutes les épargnes est celle de la bouche. *Proverbe.* C'est aussi une belle épargne que celle du tems.)

Epargne. Trésor. Le mot d'*Epargne*, en ce sens, ne se dit que des Grands Princes, & même il ne se dit pas souvent. On dit ordinairement en sa place *trésor Roial.* Cependant on dit tous les jours trésorier de l'Epargne; mais ce n'est pas une conséquence. (Après son épargne de Philippe, on ne trouva dans son *Epargne* que cinq cens taliens d'argent monnoié. Philippe avoit épuisé son *Epargne*, autant par ses libéralitez que par les guerres continuelles. *Durier*, *suppl. de Q. Curce*, *l.2. ch.3.*)

Epargner, v. a. Au figuré, il signifie avoir quelque ménagement, avoir quelque égard pour des choses, ou pour des personnes (Il commanda d'épargner les troupes qui ne seroient point de résistance. *Durier*, *Q.C.l.2.ch.7.*)

(* Quand on raille, il faut épargner ses amis. On mit tout au fil de l'épée sans *épargner* ni âge, ni sexe, *Abl. Ar.* Il n'a pas *épargné* son propre frére. *Abl. Ret. l.3. c.1.* On n'y épargua ni les meurtres ni les violences. *Vaug. Q. Curce, l.3.ch.xi.*)

* S'épargner, *v. r.* Se ménager trop. Ne s'emploïer pas vrement. (Il s'épargne un peu.)

EPARPILLER, *v. a.* Epandre. Etendre çà & là. (Vous éparpillés trop cela. Le vent éparpille les cheveux. *S. Amant.* Eparpiller du fumier.)

† * S'éparpiller la rate. C'est s'épanouïr la rate. Se réjouïr.

EPARS, *s. m.* Terme de *Charon.* Piéce de bois, large de trois doigts, ou environ, qui entre dans les brancars, & dans les ridelles des chariots.

Epars, éparse, adj. Ce mot signifie *dispersé*, mais il ne se dit pas fréquemment & moins, ce semble, au féminin qu'au masculin. (L'Elegie plaintive fait, les cheveux épars, gémir sur un cercueil. *Déprè. aux poëtique, c.2.*) On dit que des soldats sont épars çà & là dans la campagne.

EPARVIN, *s. m.* Sorte de maladie de cheval. Il y a l'éparvin de bœuf & l'éparvin sec. L'éparvin de bœuf est une tumeur qui s'engen se par le concours des humeurs froides qui s'endurcissent avec le tems & deviennent comme l'os. L'éparvin sec est celui où il ne paroît rien au dehors, & c'est un mouvement âgre qui procéde de ce que le jarret est embarrassé par des matières crasses & visqueuses qui décendent des parties d'enhaut, & s'arrêtent aux muscles qui sont le mouvement. L'éparvin vient au bas & au dedans du jarret & à l'endroit où la jambe se joint. On nomme aussi *éparvin* l'endroit où vient cette maladie. *Solelsel.*

† EPATE *épatée, adj.* Mot burlesque pour dire Elargi. Etendu. Nez épate, c'est à dire, nez dont les narines sont larges, & étenduës.)

EPATIQUE. Voiez *Hépatique.*

EPAVES, *s. m.* Terme de *Palais.* Choses mobiliaires égarées dont on ne sait ni le maître, ni le proprietaire. *Voiez la dessus Baquet & Coquille.* Il signifie aussi ceux qui sont nez si loin hors du Roïaume qu'on ne peut savoir le lieu où ils ont pris naissance. *Baquet, Droit d'Aubains, 1.p. ch.3.*

EPAULE, *s. f.* Deux os situez de chaque côté du corps derrière l'estomac, joints aux clavicules & aux bras. (Une grosse épaule. Porter sur les épaules.)

* On l'a mis dehors par les épaules, c'est à dire, on l'a chassé honteusement & par force.

† * Il regarde les gens par dessus l'épaule. C'est à dire, c'est un glorieux qui méprise les gens.

† * Prêter l'épaule à quelcun. C'est l'aider & l'apuïer.

* Pousser le tems à l'épaule. C'est dilaïer, & renvoïer à un autre tems.

(* Vous avez un ridicule orgueil qui fait *hausser les épaules* à tout le monde. *Mol.*)

Epaule de bastion. Terme de *Fortification.* C'est l'endroit où se forme l'angle de la face & du flanc du bastion.

* Epauler, *v. a.* Apuïer. (Les espaliers sont toûjours épaulez d'un mur. *Morin*, *traité des fleurs.*)

† * Epauler. Mot bas pour dire favoriser de son crédit Apuïer Aider. (Il l'épaule fortement. Il n'entreprendroit pas cela s'il n'étoit bien épaulé.)

Epaulé,

Epaulé, épaulée. Ce mot se dit des chevaux & autres bêtes qu'on fait travailler, & il signifie, Qui s'est démis une épaule par quelque éfort. (Cheval épaulé.)

† Epaulé, épaulée. Ce mot ne se dit qu'au *feminin* en parlant de fille, & il veut dire Celle qui a fait un enfant avec un galant. (Epouser une bête épaulée. C'est une bête épaulée.)

Epaulement, s. m. Terme de *Guerre.* Hauteur qu'on éleve pour mettre le soldat à couvert. (Faire un épaulement.)

Epaulette, s. f. Terme de *Couturiere.* Petite bande de toile sur l'épaule de la chemise.

Epaulette. Terme de *Tailleur.* Couture qui est sur l'épaule.

Epaulette. Terme de *Religieuse.* Ruban qui s'attache sur l'épaule, & qui est attaché au scapulaire.

ÉPAUTRE, ou *Epeautre, s. m.* Sorte de blé.

E P E.

EPE'E, *s. f.* Arme ofensive composée d'une poignée, d'une garde & d'une lame qui perce, pique & coupe, & qu'on porte au côté. (Une bonne épée. Monter une épée. Garnir une épée. Le fort, le foible de l'épée. Arête de lame d'épée. Garde d'épée, pommeau d'épée, branche d'épée. Porter l'épée, Prendre l'épée. Metre un homme dans l'épée. Faire tirer l'épée à quelcun. Se faire un passage l'épée à la main. *Abl. Rét. l.* 3. Mettre l'épée à la main. Mettre la main à l'épée, Passer tout au fil de l'épée. Ils fondent sur l'ennemi l'épée à la main. *Abl. Marmol. T.* 1. Se voir l'épée à la gorge. *Patru , plaid.* 5.)

Epée. Ce mot entre aussi en beaucoup de façons de parler de maître d'armes. (Tenir son épée ferme. Engager son épée. Engager l'epée de son ennemi. Dégager son épée. Parer du fort , ou du foible, de l'épée. Saisir l'epée. Revenir à l'épée. Forcer l'épée, S'assurer de l'épée de son ennemi. Trouver l'épée de son ennemi, Se battre à coups d'épée. Rispofter de l'épée. Fausser l'epée de son ennemi. *Liancourt, maître d'armes.*)

{ * *Il n'y a point de meilleure épée que lui.* C'est une bonne épée. C'est à dire, que c'est un brave.

† * *Son épée est vierge.* C'est à dire , qu'il n'a pas encore dégaîné pour faire mal à personne.

* * *Metre du côté de l'épée.* C'est à dire , prendre pour soi, mais d'une maniére peu honnête.

† * *Ils sont aux épées & aux couteaux.* C'est à dire, Ils sont toûjours prêts à s'entr'égorger.

† * *N'avoir que l'épée & la cape.* C'est être pauvre & n'avoir rien que ce qu'il faut absolument avoir pour subsister.

† *Il faut tout avoir à la pointe de l'épée,* c'est à dire , avec force.

† *Tenir l'épée sur la gorge. Voi. l.* 1. 12. C'est presser vivement.

Epée. Terme de *Cordier.* Morceau de bouis en forme de coutelas, large d'environ trois doigts & long d'un bon pié, dont on se sert pour batre la sangle.

Epeler, v. a. Terme de *Maître d'école.* C'est nommer les letres & les assembler pour en former des sillabes & des mots. (Il commence à épeler les letres.)

Eperdu, éperdu͏̈, adj. Etonné. (Il les étonna tellement par la fermeté de son courage qu'ils prirent la fuite , tout éperdus. *Vau. Quin. l.* x. Etre éperdu. Demeurer éperdu. *Racine, Iphigenie , a.* 5.)

Eperdument, adv. Tout à fait. Entiérement. Passionnément. (Elle l'aime éperdument.Etre éperdument amoureux.)

EPERLAN, *s. m.* L'éperlan est ainsi nommé à cause de sa blancheur qui est semblable à celle de la perle. L'éperlan de riviere est un poisson qu'on pêche à la fin de l'été, & au commencement de l'automne. O le prend à l'embouchure des riviéres qui tombent dans l'Ocean. Ce poisson a le corps menu & rond avec une grande ouverture de bouche & la chair transparente & qui sent la violette. L'éperlant de mer est un poisson blanc & semble aux petits merlans , & de la grandeur d'un pié , ou environ.

EPERON. Voiez *Epron.*

Epervier, s. m. Eprevier est moins en usage qu'*epervier, S. Evremont œuvres mêlées,* se sert toûjours d'*épervier.* Cependant le mot s'écrit *épervier.* C'est une sorte d'oiseau de proie qui est la femelle du mouchet. L'épervier à le dessus de la tête brun, le ventre blanc tirant sur le roux & un peu mouché. (On voioit deux éperviers d'or qui sembloient fondre l'un sur l'autre. *Vau. Quin. l.* 3. c. 5. Comme il paroît encore un épervier l'emporte ; *Port-Roial, Phédre, l.* 1. *fable* 9.)

Epervier. Terme de *Pêcheur.* Sorte de filet dont on se sert pour pêcher.

Epervier. Ménage écrit qu'on apelle de la sorte celui qui porte les épreuves de l'Imprimerie à l'Auteur , ou au Correcteur. Les Imprimeurs que j'ai consultez là-dessus m'ont dit que ce mot leur étoit nouveau,& qu'ils ne parloient gas ainsi.

E P H.

EPHEMERE, *s. m.* Terme de *Médecin.* Il vient du Grec, c'est un accés de fiévre qui ne dure ordinairement que vingt-quatre heures. (C'est un éphemère. Il a eu un éphemere un peu violent.)

Ephémérides, s. f. Mot qui vient du Grec, & qui signifie Livre qui contient ce qui se passe chaque jour. (Ephémérides curieuses.) Ce mot se dit aussi ordinairement du calcul & des tables Astronomiques , où l'on représente jour par jour le cours,l'état & la disposition des planetes & des autres étoiles. (Mr. Cassini a fait des Ephemérides du lever & du coucher du Soleil, de la Lune, & des autres Planetes. Il a aussi fait des Ephémérides des Satellites de Jupiter.)

EPHORES, *s. m.* Juges que Licurgue établit à Lacédémone. Leur puissance étoit absoluë. Ils avoient pouvoir de condanner qui que ce fût à l'amande & de le faire païer , d'emprisonner, & de chasser un oficier , & de lui faire rendre compte de sa Charge sans attendre qu'il eût achevé son tems de service. *Voi la dessus Ablancourt Apophtegmes , coûtume des Lacédémoniens.*

E P I.

EPI , *s. m.* Le haut du tuiau du blé , de ségle, de l'orge, de l'avoine qui contient la graine. (Epi égrené.)

Epi ; s. m. Ce mot se dit des cheveux , c'est un retour de poil qui se forme au front du cheval, & qui est comme le centre où commencent les autres poils. (Le cheval doit avoir un épi au front. *Solelsel parfait Maréchal.*)

E P I C E S , *s. f.* Epiceries dont on se sert pour assaisonner les viandes & les ragoûts. (Les épices sont chaudes.)

Epices. Terme de *Palais.* C'étoit autrefois quelques dragées, ou consitures qu'on donnoit aux Juges qui avoient jugé un procés ; mais depuis on a converti cela en argent, de sorte que les épices d'un procés , c'est l'argent qu'on donne aux Juges pour le jugement d'un procés. (Les épices sont taxées. Prendre des épices. Les épices montent haut.)

Epicer, v. a. Assaisonner avec des épices. (Epicer un pâté. Ragoût trop épicé.)

Epicerie, s. f. Mot général pour dire toute sorte d'épices propres à assaisonner les viandes & les divers ragoûts. (Bonne épicerie.

Epicier, s. m. Marchand qui vend du sucre & toutes sortes de drogues & d'épicerie,du miel, de huiles,des raisins,des figues, des prunes, &c. (Un riche Epicier. Les Epiciers prennent pour leur fête la S. Nicolas , à cause que la plûpart de leurs marchandises viennent d'ordinaire par eau, & que S. Nicolas est le Patron de ceux qui trafiquent sur l'eau. Les Epiciers envelopent une partie de leurs marchandises dans du papier gris,ou dans quelques feuilles de méchans livres qu'on leur vend , parce qu'on ne les a pû vendre à d'autres. Le Tac. du petit A. a eu ce malheur ; car les Epiciers de Paris en ont quantité dans leurs boutiques.)

EPICICLE, *s. m.* Terme d'*Astronomie* Ce mot est Grec & signifie un Cercle qui est sur un autre cercle. (Dans l'hypotése de Ptolomée, on donne des *Epicicles* aux Planetes. Le Soleil n'a point d'épicicle.L'épicicle de la Lune est un grand cors rond , vers la circonférance duquel le corps de la Lune est enchassé.

EPIDEMIQUE, *adj.* Mot Grec qui veut dire *populaire.* (Maladie épidémique. C'est à dire, maladie qui attaque le peuple.)

Epidimie, épidémie, s. f. Quoi qu'on dise *épidémique* on ne dit pas *épidémie* , mais *épidimie.* C'est une sorte de maladie qui attaque la plûpart du monde d'un lieu ou d'une contrée. *Voiez les observations de médecine de Riviere & le 2. Livre de ses institutions.*

EPIDERME, *s. m.* Terme de *Chirurgien.* Ce mot vient du Grec, & signifie la petite peau insensible qui couvre la grosse. (Il n'y a que l'*épiderme* qui soit offensé.

† * *Cloris,* on ne vous ira plus grater l'épiderme, Ces termes sont burlesques.

EPIER , *v. n.* Se former en épi. (Le blé commence à épier. Le blé est tout épié. Le ségle est tout à fait épié.)

Epier, v. a. Observer. Attendre & prendre garde. (Epiér la contenance des ennemis. *Abl. Ar. l.* 1. Epiér l'occasion. *Sca.* Epiér les actions de quelcun. *Abl. Rét.*)

Epié, épiée. Ce mot se dit des chiens. (Un chien épié est celui qui a du poil au milieu du front, plus grand que l'autre, & que les pointes de ce grand poil se rencontrent & viennent à l'opposite. *Sal.*)

EPIERRER, *v. a.* Terme de *Jardinier.* C'est nettéer la terre de pierres & de gravois, & en ôter tous les platras, & la rendre propre à nourrir ce qu'on y semera. (Epierrer un champ.)

EPIEU, *s. m.* Sorte d'arme qui est hors d'usage. C'étoit une arme qui avoit une hampe de 4. ou 5. piez de long au bout de laquelle il y avoit un fer large & pointu. On se sert du mot d'*épieu* parlant des choses qui se faisoient avec ces armes ou qu'elles étoient usage. (Téodobert attendoit l'épieu à la main un taureau sauvage. *Me͏̈cerai , histoire de France, Tome* 1.)

EPIGLOTTE, *s. f.* Terme d'*Anatomie.* C'est la languette qui couvre & ferme le conduit de la voix.

EPIGRAMMATISTE, *s. m* Poëte qui n'a fait que des épigrammes, ou dont les ouvrages les plus considérables sont des épigrammes. (Catulle & Martial sont des épigrammatistes. Latins. Marot , Mainard & Gombaud sont de fameux épigrammatistes François.)

Epigramme.

EPI : EPL

Epigramme, *s. f.* Sorte de petit poëme qui finit d'ordinaire par une pointe ingénieuse, ou par quelque chose qui tient lieu de pointe. (Martial a fait de tres-belles épigrammes, mais il en fait aussi de fort froides. La plûpart des épigrammes de Catulle sont des épigrammes à la *Grecque*, c'est à dire, sans beaucoup de pointe.)

Epilepsie, *s. f.* Mot Grec. Mal de cerveau qui fait perdre le jugement & le sentiment. On l'apelle aussi *haut mal* parce qu'il saisit la tête. On l'apelle encore *mal de saint Jean*, ou *mal caduc.*

Epileptique, *adj.* Qui est d'épilepsie. (Maladie épileptique.)

Epilogue, *s. m.* Ce mot vient du Grec & est un terme de Rétorique. C'est la conclusion de quelque livre, ou de quelque ouvrage entier. (Il y a de beaux épilogues dans les fables de Phédre.)

† *Epiloguer*, *v. n.* Trouver à dire à tout. (Pourquoi lui donner un savant ou sans cesse *épilogue*. Mol. *femmes savantes*, a. s. 4. Il lui suffit de renverser les maximes les plus certaines du Droit, & d'*épiloguer* sur les termes de l'art. *Le Maitre, plaid.* 30.)

Epilogueur, *s. m.* Ce mot n'entre guere que dans le comique & le satirique. C'est celui qui reprend tout & qui ne trouve rien de bien. (Un franc épilogueur. Un fort impertinent & ridicule épilogueur. On le regarde par tout comme un Epilogueur.)

Epinars, *s. m.* Sorte d'herbe qui a la racine garnie de petits filets, & qui pousse des feuilles larges qu'on mange & fricasse avec du beurre en carême. (Epinars nouveaux. Epinars verds.)

Epine, *s. f.* Bois piquant, & pointu de l'aubépine, &c. (Une petite épine.)

Epine blanche, épine noire. Ce sont deux sortes d'arbrisseaux.

* *Epine*, *s. f.* Ce mot, au figuré, signifie douleur, chagrin, affliction, (Exemples. * Je porte au pié une *épine* qui me rend tous lieux raboureux. C'est à dire, je ne puis marcher ferme, parce que j'ai la goute. On diroit qu'il marche sur des épines. *Abl. Luc. Tom.* 1. C'est à dire, qu'il ne marche pas ferme, ni hardiment.

* Les commencemens des régnes ne sont jamais sans quelques *épines*, Patru, plaidoié 4. C'est qui peut changer les *épines* en roses, God poësies, 1. *partie eglogue*, 3. La vie est pleine d'épines. On ne trouve point de roses sans épines. Proverbe, pour dire, qu'il n'est point de condition pour heureuse qu'elle paroisse dans laquelle on ne trouve des chagrins & des dificultez.

Epine du dos. Structure & composition des 34 vertebres, qui s'étend depuis le haut du cou jusques au bout de hanches, & qui sert pour étendre & courber le corps.

Epinette, *s. f.* Instrument de Musique harmonieux à cordes de léton, aiant deux piez & demi de long, plat, & d'ordinaire quarré, composé d'un bois, dont une partie est propre à résonner, & d'un clavier ; qui le joue souvent est au milieu. (Une bonne épinette.)

Epinée, *s. f.* A Paris on dit *échinée* & non pas *épinée.* Voiez Echinée.

Epine-vinette, *s. f.* Plante qui croit parmi les buissons & dans les bois, qui porte un fruit rouge, âpre & un peu aigre au goût, & qui de sa racine jette des rejettons garnis d'épines.

Epineux, épineuse, *adj.* Ce mot ne se dit guere au propre, & il y faut prendre avec esprit pour le faire passer. Il signifie qui a des épines. (La Rose étale sa pompe incarnate au milieu d'un trône épineux. God. poës.)

* *Epineux, épineuse*. Dificile. (Les hautes spéculations des siences sont trop *épineuses* pour des esprits si délicats. God. Une afaire *épineuse*. La voie du salut est étroite & *épineuse*, Mau*crois*, *Homelies*. Vous qui courez du bel esprit la *carrière épineuse, Depreaux, poëtique.*)

Epingle, *s. f.* Petit morceau de léton fort délié, avec tête, & pointe, qui sert aux hommes, & principalement aux femmes pour attacher sur elles ce qu'il leur plaît. (Epingle jaune. Epingle noire, ou blanche.)

† *Tirer son épingle du jeu*. Proverbe qui veut dire se retirer sans bruit d'une afaire où l'on avoit fait mine de vouloir entrer. On se tire d'une afaire où l'on s'étoit engagé & retirer les frais & les avances qu'on y avoit faites.

Epingles, *s. f. pluriel*. C'est ce qui se donne outre le marché comme par forme de présent, & neanmoins cela se met dans le contrat, afin qu'on ait de retrait lignager on en soit rembourcé. (C'est aux femmes qu'on donne les *épingles* lorsqu'elles vendent.)

Epinglier, *s. m.* Ouvrier qui travaille en léton, & qui fait de toutes sortes d'épingles, & de chassis de fer, ou de léton. (On ne voit guere d'épingliers accommodez.)

Epinglier, *s. m.* Prononcez *éping lié*. Terme de fileuse au rouët. C'est un instrument de bois, auquel sont attachez de petits crochets de fil de fer ou de léton, gros comme des épingles, à travers de deux desquels passe le fil quand on tourne le rouët. (Mon épinglier est encore bon.

Epiphane, *s. m.* Nom d'homme qui signifie *illustre*. (Saint Epiphane.)

Epiphanie, *s. f.* Ce mot vient du Grec, & il signifie *aparition*. C'est un terme d'Eglise, qui signifie la Fête des Rois, ou de l'aparition, ou de la manifestation de Jesus-Christ aux Gentils. *Port-Roial.* (La Sainte Epiphanie.)

Epiphoneme, *s. m.* Ce mot est Grec, & c'est un terme de *Ritorique.* C'est une réflexion vive qui renferme le sens de ce qui avoit été dit auparavant. (Faire une épiphonême ingénieux. Exemple, dans le Poëme du Lutrin il y a cet épiphonême.

Tant de fiel entre-t-il en l'ame des dévots!

Epique, *adj.* Terme de Poësie. Ce mot se dit du poëme héroïque & du poëte qui fait ce poëme. (Le plus beau poëme epique Grec est celui d'Homére. Les plus excellens poëtes Epiques Latins, ce sont Virgile & Stace.)

Episcopal, *épiscopale*, *adj.* Qui est d'Evêque. (Habit épiscopal. Dignité épiscopale. Maison épiscopale. *Patru*, plaidoié 14. S'aquitter dignement des fonctions épiscopales. God. Les siéges Episcopaux ne se doivent établir que dans les belles & grandes Villes. Le Pape ne peut ériger, ni transferer les siéges Episcopaux sans le consentement du Roi. *Fevret, de l'abus*, l. 1.)

Episcopat, *s. m.* Souverain dégré du Sacerdoce. La sixième dignité éclésiastique, & autrefois la prémiére. Pinson, traité des *bénéfices*. L'Episcopat est quelque chose d'auguste & de Sacré. Sa demeure est déserte, qu'un autre prenne sa place dans l'Episcopat. *Port-Roial.* Actes des Apôtres, ch. 1. Se rendre digne de l'Episcopat. Parvenir à l'Episcopat.

Episode, *s. m.* Terme de poësies. C'est une action jointe vraisemblablement, ou nécessairement à l'action principale du poëme épique, ou du Roman. (L'épisode doit être proportioné au sujet, & n'être pas trop long.)

Epitaphe, ce mot est *masculin & féminin*, mais le plus souvent *féminin*. Petit poëme qui marque la mort d'une personne, & qui finit ordinairement par une pointe ingénieuse. (Marot a fait des jolies Epitaphes Françoises.)

Epitalame, *s. f. m.* & *f.* Mais le plus souvent *masculin*. Poëme en faveur du mariage. (Le Marini nous a laissé plusieurs épitalames Italiens, mais ces épitalames sont peu de chose en comparaison de ceux de Catulle.)

Epitéme, *s. m.* Terme d'*Apoticaire.* C'est un remède qu'on applique extérieurement sur quelque partie, & sur tout à l'endroit du cœur & de l'estomac. (Apliquer un épitéme.)

Epitete, *m.* & *f.* Mais plus ordinairement *féminin*. Nom adjectif qui se joint dans le discours à quelque substantif. (Une belle épitete. *Vau. Rem.* Une froide épitete, *Depreaux, Satire* 2.)

Epitome, *s. m.* Abrégé. (Florus a fait une épitome de l'histoire Romaine. Un petit épitome.)

Tous les mots ci-dessus depuis Epitaphe viennent du Grec.

Epitre, *s. f.* Mot consacré aux lettres Gréques, aux lettres Latines des Anciens, aux lettres des Apôtres, & des Pères, à nos dédicaces de livres, & la plûpart de nos lettres en vers. (Il y a de tres-belles épitres de railerie dans Ciceron. Les épitres d'Isocrate sont bien écrites. Les épitres de Boisrobert en vers François sont un peu languissantes, mais il y a des plaisans endroits.)

Epistolaire, *adj.* Qui concerne les épitres. Il ne se dit qu'en cette phrase. *Le stile épistolaire.*

EPL.

Epleuri, *épleurée*, *adj.* Tout en pleurs. (Ils furent au Palais tout épleurez. *Vau. Quin. l. x. c.* 4.)

Eploré, *éplorée*, *adj.* Tout en pleurs. (Une femme toute éplorée. *Abl. Tac. An. l. 1. c.* 5.)

Eploië, *éploiée*, *adj.* Terme de Blason. Il se dit des oiseaux dont les ailes sont étendues. (Aigle éploiée.)

Eplucher, *v. a.* Ce mot se dit proprement des herbes. C'est ôter & séparer les méchantes herbes & qui ne peuvent être utiles, de celles qui sont bonnes & qui servent. (plucher les herbes. Les herbes sont épluchées, & il faut les mettre au pot.)

Eplucher. Terme de *Jardinier.* Oter le bois mort des arbres. (Eplucher un arbre.) Il se dit aussi des fruits, dont il faut ôter une bonne partie & sur tout des plus petits quand il en a trop.

Eplucher. Terme de *Rubanier.* Couper les petits fils qui sont sur de certaines besognes. (Eplucher de la gance. On dit aussi éplucher la soie.)

Eplucher. Terme de *Vanier.* Oter & couper les brins d'osier qui sont sur la besogne. Eplucher la besogne.)

* *Eplucher.* Examiner. Considérer avec attention. (Eplucher la vie & la doctrine des Philosophes. *Abl. Luc. T.* 1. Eplucher un écrit. *Patru, plaid.* 6. Eplucher une afaire. Eplucher les vices de quelcun, a vâ des gens qui s'amusent à éplucher inutilement certaines façons de parler. *Vau. rem. nouv.*)

Eplucheur, *s. m.* Celui qui épluch, qui considére, qui examine. Il faut parler comme les autres, sans daigner écouter ces *éplucheurs* de phrases. *Vau. nouv. rem.*)

Epluchement, *s. m.* L'action d'éplucher. C'est un terme dont se servent les Jardiniers, les Rubaniers, & autres. Il consiste à ôter les petits fruits d'un arbre quand il y en a trop de noüez, & tous les fils de certaines besognes, & en un mot tout ce qui est superflu. (L'épluchement des arbres ne se doit faire que

EPO

que quand les fruits commencent à être gros. *Quint. Jardins. Tom.1.*)

Epluchuse, s.f. Les Chapeliers apellent ainsi celle qui ôte le jarre de la vigogne.

Epluchoir, Terme de *Vanier*. Sorte de petit couteau pour nettéier la besogne.

Epluchures, s.f. Ordures & autres choses qui ne valent rien, qui ne peuvent de rien servir & qu'on a ôtées des herbes qu'on a épluchées.

EPO.

Epode, s.f. Terme de *poësie Grecque & de poësie Latine*. Chant qui se faisoit après l'himne, ou l'ode qu'on avoit chantée à l'honneur des Dieux. Voiez *scaliger poëtique, l.1.* (Les épodes d'Horace sont belles.)

Eponge, s.f. Matiére aride, & poreuse pleine de trous, qu'on trouve attachée aux rochers, qui attire l'eau, & dont on se sert pour nettéier & laver de certaines choses. (Eponge fine.)

Passer l'éponge sur quelque chose. C'est l'éfacer. Et delà on l'emploie au figuré, où il est beau & expressif.

* Détourne tes regards de ma faute éfroiable
Passe sur mes forfaits *l'éponge* favorable.
                                                                                    God. poësies.

C'est à dire, aie la bonté d'éfacer mes péchez & de me les pardonner.

* *Presser l'éponge.* Ces mots au figuré, signifient faire rendre gorge à une personne qui s'est enrichie par des voleries & des concussions.

Eponge, s.f. Terme de *Maréchal*. Il se dit de l'extrêmité d'un fer de cheval, du côté du talon, & qui est l'endroit où l'on fait les crampons. Tourner & renverser l'éponge du fer sur l'enclume pour y faire des crampons.)

Epoques, s.f. Terme de *Cronologie*. Ce sont comme certains principes & certains points fixes & arrétez pour compter les années. On apelle ces Epoques *éres*. (La plus remarquable de toutes les Epoques est celle de la naissance de Jesus-Christ. *Port-Roïal. Métode Latine.*)

† *Epoudrer*, v.a. Oter la poudre, ou poussiére de dessus quelque chose. (On époudre les tableaux avec des balais de plumes, on époudre les habits & les livres avec des époussettes, ou vergettes. On époudre les tapis & les tapisseries, en les battant avec des houssines.)

† *Epouïller*, v.a. Nettéïer la tête & en ôter & tuër les poux. (Epoïïller un enfant. Une tête bien épouïllée.)

Epousailles, s.f. Promesses réciproques qu'on se fait solennellement en face de l'Eglise de se prendre en mariage l'un l'autre. (Les épousailles sont faites.)

Epousé, s.f. Celle qui a épousé un homme. (Il est couché avec sa nouvelle épouse.)

* L'Eglise est l'épouse de Jesus-Christ.

Epouser, v.a. Prendre pour femme, ou pour mari en face d'Eglise. (Elle a épousé un fort honnête homme. Il a épousé une belle fille, mais comme il est un peu vieux, gare les cornes. Casabon avoit épousé Florence fille de Henri Etienne. *Clavis Epist. Is. Casaub.* Il est permis aux Bramines d'épouser autant de femmes qu'ils en veulent. *Relation des Bramins, ch.13.*)

La vertu prend l'habit & le nom d'une femme
Le vice de l'habit de l'homme est revêtu,
Dieu le voulant ainsi, connoissant que la femme
Epouseroit le vice, & l'homme la vertu.
                                                                  Poëte anonime.

Quelquefois mon amour extrême
Voudroit que Philis m'épousât.
Et ma raison malgré moi-même,
Voudroit qu'elle me refusât.   *Liniére.*)

Epouser. Ce mot se dit aussi du Prêtre qui bénit le mariage. C'est le Curé de leur Paroisse qui a épousez.

* *Epouser.* Prendre les interêts, ou le parti de quelcun. (Epouser le parti d'une personne. *Abl.*)

† * *Epouser.* S'attacher particuliérement à une personne. Afécter d'être particuliérement à quelcun. (Il ne faut épouser personne. *Mol.*

Mariez vous c'est chose honnête,
Je n'en serai jamais marri ;
Mais ne soiez jamais si bête
Que d'épouser vôtre mari.
                                   Motin. Parnasse Satirique.)

On dit aussi, Epouser le parti de quelcun. Epouser la querelle d'autrui. Epouser une opinion, pour dire s'y attacher & la soutenir opiniâtrément.

S'épouser, v.r. Se prendre réciproquement en mariage. (Ils se sont épousez.)

Epousé, s.m. Le marié. (L'épousé est bien fait.)

EPR

Epousée, s.f. La mariée. (Une jolie épousée.)

† *Epouseur*, s.m. Ce mot ne se dit que dans le Comique. C'est celui qui épouse. (Je ne suis ni visiteur, ni épouseur. Il n'a pas la mine d'épouseur, c'est à dire, *de vouloir épouser.*)

Epoussetter, v.a. Terme d'*Orfèvre*. Oter avec une peau la poussière qui est sur la besogne qui sort du feu. Epoussetter la besogne. Il signifie en général ôter la poussière de dessus quelque chose. (Epoussetter un habit, &c.)

† *Epoussette*, ou *époussettes*, s.f. Brosse, ou vergette, qui sert à nettéïer les habits.

† * *Epoussetter.* Foüetter. (Le Regent l'a fait époussetter en enfant de bonne maison. Il signifie aussi batre. (Il l'époussetta à grands coups de bâton.)

Epouvantable, adj. Qui peut épouvanter. Qui est capable de donner de la terreur. Efroiable. Terrible. (Jetter dans une confusion épouvantable. *Mol.* Un monstre épouvantable. Le blasphême est un crime épouvantable.)

Epouvantablement, adv. D'une maniére épouvantable. (Elle est épouvantablement laide.)

Epouvantail, s.m. Figure de paille qu'on met dans les champs pour épouvanter les oiseaux.

† * *C'est un épouvantail de cheneviére.* Ces mots se disent proverbialement d'une chose qui fait peur, mais qui ne peut faire aucun mal.

Epouvante, s.f. Crainte. Peur. Terreur. (Mettre l'épouvante dans le cœur des révoltez. *Abl. Ar. l.1*, Donner l'épouvante à quelcun. Prendre l'épouvante.)

Epouvanter, v.a. Donner l'épouvante. (Epouvanter une personne.)

S'épouvanter, v.r. Prendre l'épouvante. (Le peuple est sujet à s'épouvanter de peu de chose.)

Epoux, s.m. Celui qui a épousé une femme. (Un galant époux.

Plus que l'on ne le croit le nom d'*époux* engage,
Et l'amour est souvent un fruit du mariage.
                                                Moliére cocu, sc.1.)

* Jesus-Christ est l'époux de l'Eglise.

— — Ce seroit être une fille bien neuve
Que de prendre un *époux* sans en faire l'épreuve.
                                                Devouge, poësies.

Epoux, s.m. Il signifie quelquefois le mari & la femme.

(— — Aimables Jeux venez,
Comblez de vos douceurs nos *époux* fortunez.
                                                Cadmus, a.5.)

EPR.

Epreindre, v.a. Faire sortir quelque suc, ou jus à force de presser. (Ils épreignoient du jus de sesame & s'en frotoient le corps comme d'huile. *Vaug. Q. Curce, l.7.ch.4.*)

Epreinte, s.f. Il ne se dit d'ordinaire qu'au pluriel, & signifie des douleurs qu'on ressent de quelque mal qu'on a. (Il a des légeres épreintes. Il est tourmenté par de fâcheuses, cruelles, rudes épreintes. On fait venir les *épreintes* à la femme dont l'enfant est mort dans le ventre. *Mauriceau, des femmes grosses.*)

Epreuve, s.f. L'action d'éprouver. Expérience. (Faire l'épreuve d'un remede sur quelcun. *Vau. Quin. l.3.* Il en faut venir à l'épreuve.)

On dit d'une chose qu'elle est à *l'épreuve*, pour dire qu'on l'a essaïée & éprouvée & qu'on en a connu la bonté. [Une cuirasse à l'épreuve du mousquet. *

(* Etre à l'épreuve de la médisance. *Abl.* Je suis à toutes épreuves vôtre serviteur. *Voit. l.52.* Une vertu à l'épreuve de toutes les injures. (Ma fidélité est à l'épreuve de toutes les solicitations. Quand amour résiste à l'absence, il est à l'épreuve de tout. *La Suze, poësies.*)

Epreuve. Terme d'*Imprimeur.* Feuille qui sort de dessous la presse & qu'on envoie à l'Auteur, ou au Correcteur pour en corriger les fautes. (Faire, tirer, corriger une épreuve. Une épreuve bien correcte. Scuderi se vante d'avoir exactement corrigé les épreuves des ouvrages du Poëte Théophile, dont il étoit ami. *Voi la préface des œuvres de Théophile.*)

Epreuve. Terme d'*Imager.* C'est la première estampe qu'on tire. (Epreuve vive & nette.)

Epris, éprise, adj. Saisi. Pris. Enflâmé. (Il est épris d'amour pour la belle Cloris. *Sca.* Epris d'amour. *Vau. Q. l.5.*)

Epron, éperon, s.m. L'un & l'autre se dit, de 2, ou de 3, sillabes, mais en parlant on ne lui en donne d'ordinaire que deux. Fer composé d'une chaussure, qui est ce qui entoure le talon du cavalier, d'un collet & d'une molette qui est enchassée dans le collet & qui sert à piquer le cheval. (Un épron bien fait. Mettre les éprons.)

[* Nôtre esprit assez souvent n'a pas moins besoin de bride que d'épron. *Déprеaux, Longin.*)

† N'avoir ni *bouche ni épron.* C'est à dire, n'avoir ni esprit, ni agrément.]

Tt 2   *Epron.*

Epron. Terme d'*Architecture.* Arcboutant ou apui qu'on met contre un mur.

Epron de Galere, *épron de navire.* C'est le devant du vaisseau, & ce qu'on apelle en Latin *rostrum.*

† **Eperonneury.** *a.* Donner de l'éperon à un cheval. (Ces nobles éperonnant pour être des prémiers. *Sar. poës.*)

Epronnier, *s. m.* Artisan qui fait toutes sortes d'éperons & d'embouchures pour les chevaux.

Eprouver, *v. a.* Essaier. Expérimenter. Eprouver une chose. Eprouver de l'artillerie. Eprouver un cheval. N. éprouve les remedes aux dépens de ses pauvres patiens. Eprouver l'or avec la pierre de touche. Il se dit aussi des personnes. Eprouver un ami. Eprouver la fidélité de quelcun.)

Eprouvette, *s. f.* Instrument de *Chirurgien.* Espéce de sonde.

Eptagone, *s. m.* Terme de *Géométrie* & de *Fortification.* Figure qui a sept côtez & sept angles. Place fortifiée de sept Bastions. (Cet Eptagone est irrégulier.)

E P U.

S'Epucer, *v. r.* C'est chercher ses puces. (Elle passe tous les soirs à s'épucer.)

Epuisement, *s. m.* Action d'épuiser. (L'épuisement de cette humeur superfluë est important. Donner ordre à l'épuisement des eaux. L'épuisement de se bâtardeau sera difficile.)

[* Aprés avoir quelque marché d'action, je sens un tel *épuisement* que je suis obligé de manger pour reparer mes forces qui sont comme *épuisées.* Un grand épuisement d'esprits.]

Epuiser, *v. a.* Tirer toute l'eau d'un lieu. Le sécher. (Epuiser un puits. Epuiser un étang, un fossé, un bâtardeau, &c.)

† * Le chapitre de vôtre esprit *épuisé* toutes nos jostanges. *Sar. poës.* Sa médisance ne s'*épuise* point. *Scu. Rom.* Ce prodigieux nombre d'hommes dont vous avez *épuisé* tout l'Orient, pouroit être formidable à vos voisins. *Vaug. Quin. l. 3.* Epuiser un païs de blé. Epuiser un trésor. Epuiser la patience de quelcun.

Epuiser une matiére, c'est en dire tout ce qu'il y a dire sur le sujet.)

† *Epuisable,* *adj.* Qui peut être épuisé. Ce mot se dit, mais il n'est pas si en usage que son contraire *inépuisable.*

Epurer, *v. a.* Ce mot se dit en parlant de l'or & de l'argent. C'est séparer l'or, ou l'argent des matieres terrestres & pierreuses ou ces métaux se trouvent engagez. (Epurer l'or. Epurer l'argent.)

Il se dit aussi des liqueurs que l'on épure par des filtrations.

* *Epurer.* Au figuré, il signifie rendre plus pur, plus net, & plus régulier. (Epurer un discours. Epuré par la Philosophie. *Abl. Luc. T. 1.* Ses vœux sont *épurez. Mol.* La Satire fait aisaifoner le plaisant & l'utile, & d'un vers qu'elle *épure* aux raïons du bon sens, elle detrompe les esprits. *Dép. Sat. 9.* Un stile épuré. Une doctrine fort épurée. L'ame des fidéles *s'épure* par les afflictions, comme l'or dans la fournaise.)

E Q U.

Le prémier *q* des mots de cette colonne se prononce comme un *k* & l' *u* qui suit immédiatement le *q* ne se prononce point. On excepte de cette régle les mots d'*équateur ,* d'*équestre,* d'*équiangle,* d'*équilateral ,* qui se prononcent comme ils sont écrit. Prononcez donc *ékuri, ékutre, ékiliore, ékinoxe,* &c.

Equarir, *quasi-irrequariv. a.* Terme de *Charpent. et* L'usage est pour *équarir.* Prononcez *équarir* presque comme s'il y avoit *équarrir.* C'est dresser du bois & le rendre égal de côté & d'autre. (Bois équari.)

Equarissement, *s. m.* Action d'équarir. (Trait fait par équarissement.)

Equarissage, *s. m.* C'est quelquefois la même chose qu'*équarisfement.* Mais il se dit pour la façon, la peine & la dépense d'*équarir.* (L'équarissage de ces poutres coûte tant.)

Equarissoir , *s. m.* C'est une verge d'acier trempé, de figure quarrée & qui va en diminuant, laquelle sert à augmenter des trous dans du métal.

Equateur, *s. m.* Terme de *Géographie,* & d'*Astronomie.* C'est un des grands Cercles de la Sphére, tracé sur le Globe, & repréfenté par une ligne dans les Mapemondes, dans une distance égale de l'un & de l'autre pole, & qui marque le chemin du Soleil aux jours des Equinoxes. *V.* **Equinoxial.**

Equation , *s. f.* Terme d'*Astronomie* & de *Cronologie.* Il signifie la maniére de réduire les mouvemens inégaux du Soleil à un tems & un mouvement égal & moïen. On a fait des tables des Equations des jours pour les pendules, où l'on voit combien ces sortes d'horloges doivent avancer, ou reculer chaque jour, à cause de l'irrégularité du mouvement du Soleil, & de l'obliquité de l'Ecliptique.

Equation , *s. f.* Terme d'*Algébre.* C'est la maniére d'exprimer par des caractéres l'égalité de deux quantitez, qui ne sont pas également connuës, pour découvrir la vraie quantité de celle qui étoit inconnuë. La science des Equations est la principale partie de l'Algébre.

Equerre ; *équierre, s. f.* L'usage est pour *équerre.* C'est un instrument qui sert à *équarrir* & à tracer un angle droit. (L'équerre est composée de deux regles perpendiculaires l'une à l'autre. Quand ces régles sont mobiles autour d'un clou on l'apelle *une fausse équerre.*)

Equestre, *adj.* De chevalier. (Statuë équestre. Fortune équestre. C'étoit une statuë de la fortune à cheval. *Ablancourt, Tac.*)

Equiangle, *adj.* Terme de *Géométrie.* Qui a les angles égaux. (Une figure régulière est équilatére & *équiangle.* C'est à dire, tous ses côtez sont égaux, & tous ses angles sont aussi égaux. *Port-Roïal, Nouveaux élémens de Géométrie, l. 12. art. 10.*)

Equilateral, *équilaterale, adj.* Terme de *Géométrie ,* qui se dit des figures de Géométrie, & qui signifie *qui a tous les cotez égaux.* (Triangle équilateral. Pentagone équilateral.) On dit aussi *équilatére* en ce sens. (Une figure régulière est équilatére & équiangle. *Port-Roïal, Géométrie.*)

Equilibre , *s. m.* Pareil poids. Poids qui en égale un autre. (La balance est en équilibre. Les corps liquides se mettent toûjours en équilibre, s'ils ne sont point retenus d'ailleurs.)

* *Equilibre.* Ce mot se dit *au figuré ,* des choses dont on ne considére pas la pésanteur , mais le mérite , le pouvoir, &c. (Ainsi l'on dit que deux puissances sont en équilibre ; quand on croit que l'un des Etats est aussi puissant que l'autre. La paix est plus assurée quand les Puissances voisines sont en équilibre.) On parle aussi de *l'équilibre des humeurs* dans le corps.

Equinoxe, *s. m.* Terme de *Géographie.* Egalité du jour & de la nuit. Il y a deux équinoxes, l'un au Printems, lors que le Soleil entre au signe du Belier ; & l'autre en Automne, lors qu'il entre au signe de la Balance.

Equinoxial, *equinoxiale , adj.* (Cercle équinoxial, ou l'Equateur qui est l'un des grands cercles de la Sphére. Ligne équinoxiale. Point équinoxial. Remarquer l'entrée du Soleil aux points Equinoxiaux.) Ce mot s'écrit aussi par un *ë* qui se prononce comme *æ.* **Equinoctial.**

Equipage, *s. m.* Ce qu'il faut pour équiper un soldat. Tout le meuble d'un particulier. Etat. Habit. (Etre en bon ou mauvais équipage. Il le conduisirent au palais en cet équipage. *Vau. Quin. l. 4. ix.* Donner ordre à son petit équipage d'amour. *Le Comte de Bussi.*)

Equipage. Tout ce qu'il faut à une personne pour l'équiper & l'ajuster afin de paroître selon son rang dans le monde. (Un bel équipage. Un agréable, charmant, & brillant équipage.)

Je vois d'illustres Cavaliers,
Avec Laquais, Carosse & Pages:
Mais ils doivent *leurs équipages*
Et-je ne dois pas mes souliers.
Liniere, poësies.

Equipage, *s. m.* Terme de *Mer.* Ce sont tous les Officiers Mariniers, les Soldats & les Matelots de quelque vaisseau. (L'équipage devint malade parce qu'il se nourrissoit mal. L'équipage fut attaqué du scorbut. Tout l'équipage fit une neuvaine pour avoir un bon vent. La pêche qu'on y fait de la tortuë est capable de nourrir un équipage de quatre cens hommes.)

Equiper , *v. a.* Donner ce qu'il faut à quelcun pour le mettre en état d'éxécuter le dessein qu'il a pris. Vêtir. Habiller. Munir quelque vaisseau de tout ce qui lui est nécessaire. (Equiper un soldat. Equiper un navire d'éperon, de voiles & de cordages. *Vau. Quin. l. x. c. 1.* Equipez une flote. *Ablanc. Ar. l. 7.* Equiper une fregate. *Voit. l. 39.*)

† **Equipée ;** *s. f.* Conduite ridicule. Folle entreprise (Faire une équipée.)

A l'**Equipolent,** *adj.* Terme qui se dit en afaires, & en pratique. (Donner à l'équipolent. C'est à dire , donner autant , ou à peu prés.)

Equitable, *adj.* Ce mot se dit des personnes & de leurs actions. Il signifie. Juste & raisonnable. Celui qui en jugeant adoucit la rigueur des loix , quoi qu'il ne soit point obligé d'en agir de la sorte. (C'est un homme fort équitable. Action très-équitable.)

Equitablement , *adv.* Avec équité. (Juger d'une chose fort équitablement.)

Equité , *s. f.* Sorte de justice qui consiste à réparer les défauts des loix , & à suplèer à la décision des rencontres particulières qu'elles n'ont pas prevuës.

† **Equivalant,** * Ce mot se dit guere qu'en terme de Palais. Parlant d'afaires. C'est à dire, *qui vaut autant.* Qui est d'égale valeur. (Donner, païer l'équivalent.)

Equivoque, *s. f.* Double sens. (Une fâcheuse équivoque. Il faut éviter les équivoques lors qu'on écrit, ou qu'on parle. User d'équivoque. Parler par équivoque.)

* *Equivoque.* Méprise. Erreur. (Il est tombé dans une plaisante équivoque.)

Equivoque , *adj.* Qui renferme une équivoque. (Mot équivoque, *Pas. l. 18.*)

† *Equivoquer ,* *v. n.* Plaisanter en faisant des équivoques. (Les beaux esprits du petit peuple font gloire d'équivoquer à tout propos.

† * *S'équivo*

† *S'équivoquer*, v. r. Se tromper. (Il s'équivoque souvent. Je me suis un peu équivoqué.)

Équivoqué, *équivoquée*, adj. Ce mot se dit en parlant de la Poësie Françoise qui se faisoit du tems de Clément Marot, c'est à dire, qui contient un double sens. (Vers équivoqué.)

ERA.

Érable, s. m. Il y a de plusieurs espéces d'érable. L'un qu'on apelle *érable commun*, ou érable de plaine, & l'autre *érable de montagne*. L'érable commun a le bois blanc & plein de veines, l'*érable de montagne* est un grand arbre qui a le bois fort dur & qui fleurit jaune.

Érafler, v. a. Terme du peuple, pour dire, diviser, ou déchirer la peau avec quelque chose d'aigu. (Les grifes d'un chat, les épingles érafloient la peau.)

† *Érafture*, s. f. Déchirure, ou petite plaie qui se fait sur la peau par quelque chose de pointu, mais qui ne pénétre point. (Les grifes d'un chat, les épingles font des érafiures sur les mains & sur le visage. On dit d'une épée qui n'a pas pénétré, qu'elle a fait une *érafture* & non pas une plaie.)

Éraillé, adj. Ce mot se dit des yeux. (Un œil éraillé. Il a l'œil éraillé, c'est à dire, que c'est un œil qui n'est pas retenu tout à-fait dans les paupiéres & dont les coins élargis font un vilain éfet.)

Érain, s. m. Sorte de cuivre. (Bon érain.)

ERE. ERG.

Érection, s. f. Terme de Médecins. Il vient du Latin *erectio*. Prononcez en François *erection*. Ce mot se dit en parlant des parties naturelles de l'homme. (L'érection de la verge.)

Érection. C'est lors que pour des raisons particuliéres le Roi afecte un titre glorieux à une terre, ou à une personne de grand mérite. (Cette *érection* d'un nouveau Comte diminuëra de beaucoup la charge de Sénéchal. *Patru*, plaidoyé 7. Erection d'un Evêché.)

Érésipele, *crisp le*, s. f. L'usage est pour *érésipèle*. C'est une tumeur contre nature, occupant la surface des parties avec chaleur, avec rougeur & douleur causées par une humeur bilieuse naturelle. *Deg*.

Ergot, s. m. Ce mot se dit des coqs, des poules, des chapons, des alouëttes, & de quelques autres oiseaux. C'est un petit morceau de corne en forme de crochet qui est derriére le pié du coq, ou de l'oiseau. (Un gros ergot. L'ergot de l'alouëtte est grand.)

Ergoté, *ergotée*, adj. Qui a des ergots. (Un coq bien ergoté.)
On dit d'une personne. † * *Elle monte sur ses ergorts*, pour dire, elle est en colére, elle menace & parle fiérement.

Ergoter, v. n. Terme de Colége. Disputer sur des matiéres de Philosophie. Ce mot vient du mot Latin *Ergo*, qui signifie *donc* & par lequel on conclud ordinairement les argumens.

† *Ergoteur*, s. m. Terme bas & de mépris pour dire celui qui ergote. (Les Hibernois sont des ergoteurs.)

ERI. ERM. ERO.

Ériger, v. a. Elever. Afecter quelque titre à quelque terre. (Eriger une terre en Duché. Eriger une statuë à un héros. C'est au Pape à ériger les Evêchez: mais il lui faut pour cela le consentement du Roi. Le Pape ne peut ériger une Eglise en Catédrale, ou Metropolitaine sans le consentement du Prince, *Fevret*, traité de l'abus, l 2.)

S'ériger, v. r. Ce mot se dit des personnes qui s'aplaudissent à elles mêmes, prennent un certain air d'autorité, ou de gens de mérite qui n'est pas fort modeste.

[Quand des Costars & des Ménages,
S'érigent en grans personnages
On s'en rit.
Boil. Avis, à Ménage.]

Érmite. V. *Hermite*.

Érosion, s. f. Terme de Médecin. Il se dit de l'action des corps & des humeurs acres, ou acides, qui rongent & consument les chairs ou autres substances du corps. (L'arsenic & les autres poisons caustiques font des *érosions* aux intestins.)

ERR.

Errant. V. *Errer*.

Errata, s. m. Terme d'Imprimeur. Petit endroit à la fin du livre, où l'Auteur corrige les fautes qui se sont gl'fées en imprimant dans le corps du livre. (Faire l'errata d'un livre.)

† *Erre*. Ce mot veut dire, Route, Chemin, Hâte, mais il est un peu vieux, & il ne se dit guére qu'en cette phrase qui semble consacrée, *aller grand'erre*, pour dire aller grand train.

Erres, s. f. pl. Terme de Chasse. Traces, Vestiges. (Suivre les *erres*, c'est à dire les traces du gibier.)

Erres, s. f. Ce mot n'a point de singulier lors qu'il signifie l'argent qu'on donne pour arrêter un marché. Il vient par corruption du mot *arres*, & du Latin *Arrha*. (Donner de grosses erres. Les erres sont données, le marché est conclu.)

Errer, v. n. Ce mot vient du Latin *Errare*. C'est aller çà & là. Courir de côté & d'autre. (Errer de Province en Province. Errer dans les bois.)

[* Sans errer en vain dans ces vagues propos. *Dépreaux*, Satire 4.]

* *Errer*. Faillir. Manquer. Se tromper. Etre dans l'erreur. (Il est sujet à errer, Il erre quelquefois.)

Errant, *errante*, adj. Ce mot vient du Latin *errans*, & signifie qui va çà & là, qui court de tous côtez. (Vous êtes toûjours *errant* & vagabond, exposé aux embuches de vos ennemis. *Abl. Luc. T. 1*. C'est un Juif errant, c'est à dire, que c'est un homme qui va sans cesse de côté & d'autre. Une étoile errante, c'est une étoile qui n'est pas fixe, ou une planéte. Les peuples *errans*, ce sont les peuples qui n'ont point de demeure fixe.)

Erremens, s. m. Terme de *Palais*. C'est la derniére procédure d'un procés, le dernier état d'une afaire. Il est plus en usage au pluriel qu'au singulier. (Réprendre les derniers *erremens* d'un procés.)

Erreur, s. f. En Latin *error*. Sotte d'hérésie. Mépris. Vision. Folie. (Etre dans l'erreur. C'est une erreur fort grande & fort considérable. Tomber dans l'erreur. *Abl.* Je me rîois de mes erreurs passées. *Voit. poës.* Profitons de l'erreur. *Mol. école des maris*, a. 3. s. 7.

Je sai de leurs avis corriger mes erreurs,
Et je mets à profit leurs malignes fureurs.
Dépreaux, Epit. 7.

Erreur de fait. Erreur de droit. Etre imbu d'une erreur. Revenir d'une erreur.)

Erreur de calcul. Termes d'Aritmétique. Erreur de compte. Faute commise dans une suputation. (Les erreurs de calcul sont toûjours réparables & ne se couvrent, ni par des Arrêts, ni par des Transactions.)

Erroné, *erronée*, adj. Faux. Qui tient de l'hérésie. Qui tient de l'erreur. (Opinion erronée. Celui qui juge; qui opine sur un fondement erroné ne juge, ni opine. *Patru*, plaidoyé 15.)

Erronément, adv. D'une maniére erronée. (Sur des faits *erronez*, les Souverains Pontifes ont *erronément* prononcé. *Patru*, plaidoyé 15.)

ERS. ERU. ES.

E R S, s. m. Sorte de légume, dont le grain est rond. On l'apelle en Latin *Ervum*.

Érudition, s. f. En Latin *Eruditio*. Prononcez en François *Érudicion*. Savoir. Doctrine. Science. (Il y a dans ce traité une profonde *érudition*. C'est un homme d'une grande *érudition*. Il est illustre par son érudition.)

Ès. Préposition qui signifie *dans*, *en*, *aux*; mais elle ne se dit plus sérieusement qu'en cette façon de parler *maître ès arts*, & cette façon de parler est de l'Université de Paris, & d'autres Universitez. (Il se prépare pour être *maître ès arts*. Il est reçu *maître ès arts*, &c. Cette préposition *ès* se dit encore quelquefois parmi les Notaires. Il est obligé par un Acte passé *ès* études des Notaires. Mais cette préposition *ès* est en usage lors qu'on écrit & qu'on parle en riant, & cela dans les ouvrages comiques, ou galans, & imitant le stile des Notaires.

Fait ainsi que dessus *ès* études d'Erice
Présens à cet écrit Alcandre & Bérénice
Environ le midi, justement dans le jour
Qu'on commence à compter les Calendes d'Amour.
Recueil de piéces galantes, T. 1. p. 184.)

ESC.

† *Escabeau*, s. m. Siége de bois assez haut élevé sur quatre piés. On ne se sert plus guére ni d'escabelle, ni d'escabeau qui ne sont présentement que des meubles de pauvres provinciaux, ou de cabaretiers.

† *Escabelle*, s. f. Escabeau. (Ma chambre est petite à peine sufit-elle pour un lit, une table avec une escabelle. *Demarais*, visionnaires, a. 4. s. 4.)

Escache, s. f. Terme d'*Eperonnier*. Sorte d'embouchure. (Une escache à bavette. Une escache à bouton. Une escache à cou d'oïe.)

Escadre, s. f. Terme de *Mer*. Ce sont plusieurs navires ensemble, bien munis, en bon équipage & en état de combatre, si l'ocasion se présentoit. (Une escadre de navires. Il est Chef d'Escadre.)

Escadron, s. m. Ce mot se dit proprement de la Cavalerie. C'est un gros de Cavaliers en état de combat. (Rompre, défaire un escadron.)

† Un escadron fourré de pédans. *Dépreaux*, Satire 8. Escadron

dron de plaideurs. *Déspreaux, Lutrin, chant. 1.*

En parlant de l'Election des Papes, on dit que l'*Escadron volant* a le plus de pouvoir. C'est un nombre de Cardinaux qui ne suivent le parti d'aucun Prince.

† ESCAPE, *s. f.* Terme de *Colège de Paris*. Coup de pié au cu. Coup de pié qu'on donne au baton. (Il lui a donné une bonne escape.)

† *Escaper*, *v. a.* Terme de *Colège de Paris*. Donner des coups de pié au cu, (Escaper un petit écolier. Il a été bien escapé. Les grands écoliers escasent les petits.)

Escaser. Terme de *Colège de Paris*. Donner des coups de pié au balon. (Escaser le balon.)

ESCAFIGNON, *s. m.* Puanteur qui vient du pié de certaines gens lors qu'ils ont trop marché l'été.

ESCALADE, *s. f.* C'est l'action de monter avec des échelles doubles sur les murailles d'une ville pour entrer dans la vile à main armée.

Escalader, *v. a.* Monter à l'escalade. (Escalader une muraille. *Ablancourt*. Escalader les monts. *Démarais, 1 psionnaires, acte 3. scene 1*. Escalader les cieux. *Scaron.*)

ESCALIER, *s. m.* Montée. (Un escalier fort clair. Il faut, pour être beaux, que les escaliers soient bien éclairez. *Vitruve, abrégé l.p. ch. 3.* Il y a de diverses sortes d'escaliers. Escalier à vis. Escalier dérobé. La rampe d'un Escalier.)

ESCALIN, *s. m.* C'est une petite monnoie d'argent, qui a d'un côté un Lion, & de l'autre, les armes du Prince qui l'a fait fabriquer. L'*escalin* est une monnoie de la Duché de Luxembourg, il a cours en Lorraine, & il y vaut dix gros & demi, ou sept sous & demi, monnoie de France. Il a aussi eu cours en Champagne, mais à present il est décrié.

ESCAMOTE, *s. f.* Terme de *Jouëur de Gobelets*. Petite bale de liège qu'on prend subtilement entre les doigts.

Escamoter, *v. a.* Terme de *Jouëur de Gobelets*. Prendre subtilement entre ses doigts une petite bale de liège pour en faire quelque tour.

† * *Escamoter*. Prendre. Voler adroitement. (On m'a escamoté un livre.)

† *Escamper*, *v. n.* Ce mot est vieux. Il signifioit. Echaper & s'enfuir vite & habilement.

ESCAPADE, *s. f.* C'est lors que le cheval s'est transporté malgré l'Ecuier. (Cheval qui a fait une escapade.)

* *Escapade*, *s. f.* Ce mot au figuré, signifie une échapée, une action d'emportement & de libertinage. (Ce jeune homme a déja fait deux ou trois escapades.)

† ESCARBILLAT, *s. m.* Ce mot est bas & tout-à-fait du peuple & il signifie. Eveillé, gai, enjoüé.

ESCARBOT, *s. m.* Sorte d'insecte qui a deux aîles fort fragiles, qui n'a point d'éguillon, & qui vit de fiente de cheval.

ESCARBOUCLE, *s. f.* Sorte de pierre prétieuse qui brille plus & qui étincelle plus que le rubis.

* *Escarboucle*, *s. f.* Terme de *Blazon*. Il se dit des Ecus chargez d'une piéce divisée en huit rais, dont 4 font une croix ordinaire, & 4 la forment en sautoir.

* ESCARCELLE, *s. f.* Bource. (Fouiller dans son escarcelle. *La Fontaine, Fables, l. 4.*)

ESCARGOT, *s. m.* Sorte de limaçon qui est bon à manger l'hiver, & qui est couvert d'une couverture blanche durant ce tems-là.

ESCARMOUCHE, *s. f.* Terme de *Guerre*. Combat de quelques soldats de divers partis. (Une rude escarmouche.)

† * Escarmouche amoureuse. *Scaron*.

Escarmoucher, *v. n.* Terme de *Guerre*. Faire quelque escarmouche. (Ils escarmoucherent quelque-tems avec avantage égal. *Ablancourt, Ar.*)

Escarmoucheur, *s. m.* Soldat qui escarmouche. (On a tué deux ou trois de nos escarmoucheurs.)

ESCARPE, *s. f.* Terme de *Fortification*. C'est la pente du fossé qui est du pié du rampart. V. *Contr'escarpé.*

Escarpé, escarpée, adj. Il signifie qui a une pente fort droite, & où il est très-dificile, ou presque impossible de monter. (Un roc escarpé. Une montagne escarpée. Une falaise escarpée. V. *Escore.*)

Escarper, *v. a.* Ce mot se dit des rochers & autres hauteurs. C'est ocuper & abatre les endroits par où l'on peut monter & les rendre si roides qu'on n'y puisse grimper. (Escarper une roche.)

Escarpement, *s. m.* Terme de *Fortification*. C'est à dire la pente. (Faire l'escarpement d'un fossé.)

ESCARPIN, *s. f.* Soulié découpé.

ESCARPOULETTE, *s. f.* Jeu, ou exercice, par lequel on se brandille, étant assis sur un bâton soutenu des deux bouts par une corde pendue à quelque lieu haut. (L'escarpoulette est un jeu d'enfans, d'écoliers & de laquais.) V. *Brandilloire.*

ESCARRE, *s. f.* Terme de *Chirurgien*. Croûte qui se forme sur une plaie, particulièrement quand on a apliqué le bouton de feu, ou un cautére. (Faire tomber l'escarre.)

ESCLAVAGE, *s. m.* Ce mot se dit, mais en sa place on dit ordinairement *servitude*. (Un triste esclavage.)

* Quoi, céder à l'amour, quoi, manquer de courage !
Quitter ma liberté pour un rude *esclavage*.
La Suze.

Mon cœur devroit sortir d'un si rude *esclavage*
Mais ce foible captif n'en a pas le courage.
La Suze, poësies.

Esclave, *s. m. & f.* Ce mot est masculin lors qu'on parle de l'homme, & féminin lors qu'on parle de la femme. C'est la personne qui a perdu ou engagé sa liberté, & qui n'en sauroit disposer. (Un fidéle esclave, un bon esclave, une belle esclave, une jolie esclave, une esclave bien faite. Les païsans & les païsannes en Pologne sont naturellement esclaves de leurs Gentilshommes & ces esclaves sont malheureux lors qu'ils dependent de Gentilshommes brutaux; mais ils ne sont pas si à plaindre quand ils ont afaire à d'honêtes Seigneurs.)

Esclave. Il est quelquefois figuré, & dans ce sens, Ablancourt, *Apophtegmes des Anciens p. 507.* a écrit qu'un grand n'est pas *esclave de sa parole*. C'est à dire, n'est pas servilement ataché à sa parole ; mais qu'il peut quelquefois être un peu Normand. *Gombaud, Epigramme l. 3. epig. 25.* dit

Sachez que si je suis esclave,
Je le suis de ma liberté.

† *Escogrife*, *s. m.* Manière d'homme escroc qui ne cherche qu'à atraper quelque chose. (Un grand escogrife.)

ESCOMPTE. Terme de *Marchand*. Rabais que l'on fait sur quelque somme de tant pour cent. (Faire l'escompte. Régle d'escompte.)

Escompter, *v. a.* C'est diminuer, & rabatre sur une somme ce qu'il ne faut rabatre. (Escompter l'interest.)

ESCOPETTE, *s. f.* Sorte d'arquebuse, dont la Cavalerie Françoise se servoit du régne de Henri IV. & de Loüis XIII. & qui, à ce qu'on dit, portoit cinq cens pas. *Gaia, traité des armes, l. 4. ch. dernier,* dit que l'*escopette* étoit longue de trois piez & demi, & que c'étoit une manière de Carabine que les Carabins portoient à l'arçon de la selle. L'*escopette* est hors d'usage, & à peine est elle connuë aujourdhui.

ESCORS, *s. f.* Terme de *Mer*. Côte, ou rocher escarpé sur le bord de la mer, ou d'une riviére.

ESCORTE, Terme de *Guerre*. Troupe de gens armez qui acompagnent quelque personne, ou quelque chose, pour la sureté & pour la defendre. (Une bonne escorte. Une légre escorte. Envoier un convoi avec une escorte sufisante. Une escorte de vaisseaux de guerre.)

Escorter, *v. a.* Faire escorte. (Escorter un prisonnier. Escorter un convoi.)

ESCOÜADE, *s. f.* Terme de *Guerre*. Le tiers d'une compagnie de gens de pié. (Une bonne escoüade.)

ESCOUSSE, *s. f.* Action de celui qui voulant sauter s'éloigne un peu du lieu, ou de la chose qu'il veut franchir, & qui courant depuis cette distance à la prise jusques au lieu, ou à la chose, par dessus laquelle il veut sauter, s'élance avec éfort pour bien sauter. (Prendre son escousse.)

† * ESCRIME. Ce mot est vieux, & ne se dit pas seul, & même il est souvent emploié dans le burlesque. (Vous leur avez fait voir un tour d'*escrime*, qui dans le cœur leur donne un coup d'estoc. *Voi. Poës.*)

† † * Dans les combats d'esprit fameux maître d'*escrime*, *Dép. Satire 2.* Elle a obtenu le prix en l'*escrime* d'amour. *Reg. Sat. 13.*)

S'escrimer, *v. r.* Ce mot dans le propre est vieux, & en sa place, on dit *faire des armes.*

* *S'escrimer*. Combatre. (Laissons les entr'eux s'escrimer en repos. *Dép. Poët. c. 3.*)

* *S'escrimer*. Mot burlesque pour dire. Se mêler un peu d'une chose, en savoir faire tellement quellement. (Pour moi, tel que vous me voiez je m'en *escrime* un peu, *Moliere, Prétieuses, scene 9.*)

† *Escrimeur*, *s. m.* Ce mot est vieux. On dit *Maître d'armes*. (S. Michel est le patron des Escrimeurs.)

ESCROC, *escroc*, *s. m.* Le peuple dit *escroc*, & les honnêtes gens *escroc*. C'est une personne qui atrape finement une chose à quelcun, qui trompe avec adresse une personne & tire quelque chose. (A femme avare galant escroc. *La Font. nouv. T. 2.* Les Courtisans sont de francs escrocs. *Scar. poësies.*)

Escroquer, *excroquer*, *v. a.* Le peuple dit pour excroquer & la Cour pour escroquer, & ainsi il n'y a point à balancer ; il faut dire *Escroquer.* C'est atraper d'une manière fine & peu honnête quelque chose à une personne, qui, le plus souvent est bonne & généreuse & juge de l'honnêteté des autres par la sienne. (Brusquet fameux boufon escroqua subtilement une chaîne d'or que le Roi avoit donnée à un boufon de l'Empereur. *Voi Perroniana, p. 39.* Le fils de Fr. Herrard de Vitri *a escroqué* dix Louïs d'or à Mr. Richelet, & ce faquin, au lieu de cacher la conduite de son fils, en tendant ce qu'il avoit lâchement *escroqué*, a l'insolence de l'aprouver & de remercier par un sot billet Monsieur Richelet de sa générosité.)

ESP.

ESP

ESP.

Espace, *f. m.* Etenduë. (Un long espace. Un petit espace. Espaces imaginaires.)

Espace. Ce mot en termes de Guerre signifie les intervales réglez qui doivent être entre les rangs & les files des soldats rangez en bataille. (Les Sergens ont le soin de faire observer & garder les espaces.)

Espace. Il se dit de la durée du tems. (Durant cet espace de tems il a fait une telle chose. L'espace d'un siécle.)

Espace, *f. f.* Terme d'imprimerie. Espéce de réglette qui sert à faire les éloignemens des lignes. (Donnez-moi une plus grande espace, celle que j'ai est trop petite.)

Espace. Il se dit aussi de l'intervale qu'on laisse entre les lignes de l'écriture.

Espacement, *f. m.* La distance qu'il y a entre des choses espacées. (L'espacement de colonnes.)

Espacer, *v. a.* Mettre & placer d'espace en espace. Ranger d'espace en espace. (Espacer des colonnes. Espacer des arbres. Colonnes espacées. Arbres espacez.)

Espadon, *f. m.* Grande & large épée qu'on tient à deux mains. (Joüer de l'espadon.)

Espale, *f. f.* Terme de Marine. Banc de rameurs le plus proche de la poupe dans les Galéres.

Espaliers, *f. m.* Terme de Marine. Ce sont les rameurs qui sont à l'espale. (Les espaliers ont plus de peine que les autres rameurs.)

Espalier, *f. m.* Terme de Jardinier. Arbres qui sont attachez à la muraille en forme d'éventail ouvert. (Dresser un espalier. Planter un espalier. Mettre en espalier.)

Espalmer, *v. a.* Terme de Marine. C'est carener un vaisseau. Enduire de suif le dessous d'un vaisseau. Donner le radoub à un vaisseau. Desrocher.

Espatule, *spatule. f. f.* L'usage est pour *espatule*. Instrument de Chirurgien & d'Apoticaire large par un bout, dont on se sert pour etendre les emplâtres sur le linge, la charpie & autre chose. Les Apoticaires se servent d'une espatule de bois pour remuer les sirops, les onguents & les autres drogues qu'ils préparent

Espece, *f. f.* Idée commune qui est sous une plus universelle. (Le corps & l'esprit sont les *especes* de la substance. Les Philosophes disent que l'*espece* se dit de plusieurs choses de même nature. L'homme est une *espece* à l'égard de Pierre & de Paul. Songer à la propagation de l'*espece*.)

Espece. Ce mot sert quelquefois à exprimer les choses de diférente nature, & il signifie *sorte*. (Le cheval est une *espece* d'animal & le lion en est un autre *espece*. Une *espece* de fruit, de fleur, &c.)

Espece. Ce mot se dit souvent en parlant de la monnoie, & c'est une sorte de monnoie. (Un denier d'argent est une *espece* de monnoie. Il a reçu cent écus en espece. Travailler à la réformation des espéces. Alterer les espéces.)

Espece. Ce mot se dit en terme de *Droit* & de *Pratique*, & veut dire Question Hipotése. Exemple de même nature. (Poser l'*espece*. Cet arrêt n'est point dans nôtre *espece*. Patru, plaidoié 9.)

Espece, *f. f.* Terme de *Philosophie*. Images des choses visibles.

Especes, Terme de T*eologie*. (Communier sous les deux espéces.) La Teologie Romaine apelle *espéces Sacramentales*, les aparences du pain & du vin de l'Eucharistie, l'étenduë, la blancheur, la liquidité, la couleur, &c. qui les rendent sensibles quoi que la substance soit détruite.

Esperance, *f. f.* C'est l'attente qu'on a qu'il nous arrivera quelque bien. C'est une vertu qui nous donne une humble confiance de voir un jour Dieu. (Mettre toute son espérance en Dieu, *Arnaud.* Cela trompera l'espérance des Barbares. *Ablancourt, Ret. liv.* 3. *ch.* 1. Fonder ses espérances sur autrui. *Vau. Quin.* l. 3. Concevoir de grandes espérances. *Mémoires de M. le Duc de la Roche-Foucaut.* Donner à quelcun de grandes espérances. Etre frustré de son espérance.)

Esperer, *v. a.* Avoir Espérance. Etre dans l'attente d'un bien à venir. (Espérer en Dieu. Il espére avoir du Roi quelque récompense des bons services qu'il lui a rendus. Espérer la vie eternelle. Je n'en espére rien de bon. Il n'y a plus rien à espérer.)

† Espiegle. Ce mot est *masculin* lors qu'on parle d'un garçon; & *feminin* lors qu'on parle d'une fille. C'est un petit garçon, ou une petite fille qui a de la vivacité, & fait de petites malices. (C'est un petit espiégle. C'est une petite espiégle.)

Espion, *f. m.* Celui qui épie & vient observer la conduite des gens pour en faire son raport, afin que ceux à qui il en fait le raport en tirent avantage, ou prennent leurs mesures pour agir. (L'espion a été pris & pendu. Un espion doublé. C'est un espion qui sert les deux partis.

† *Il ne dépense guere en espions.* Cela se dit proverbialement d'une personne qui n'est guere informée des afaires du monde.

Espionne, *f. f.* Celle qui observe & épie les actions de quelque personne. (Une petite espionne.)

Espionner, *v. a.* Observer. Prendre garde à ce que les gens

ESQ

font pour en faire après son profit, ou en faire quelque raport nuisible. (On a donné ordre de l'espionner sous-main.)

Esplanade, *f. f.* C'est un lieu qu'on a aplani & débarrassé d'arbres, de buissons & de toutes les choses qui peuvent embarasser. (Faire une esplanade. *Abl.*)

Esplanade; ou *glacis de la contrescarpe*. C'est le parapet du chemin couvert, & tout le terrain qui se perd dans la campagne. *Felibien*.

Espoir, *f. m.* Ce mot signifie *espérance*, & il est beaucoup plus usité en vers qu'en prose. On ne s'en sert en prose que dans les ouvrages qui ont quelque chose de la poësie. (Ce refus a étoufé dans son ame toute sorte d'espoir. *Moliére, Amour medecin, acte* 1. *scéne* 4. Alors je revis en moi même les doux espoirs des bizarres pensées. *Voit. Poës.*)

Esprit. *f. m.* Substance qui pense. Partie de l'ame qui juge, comprend, raisonne, & invente ce qu'on peut s'imaginer. (Esprit fin, délicat. Esprit faux. Esprit usé. Avoir l'esprit bien, ou mal tourné. Avoir l'esprit de travers. N'avoir point d'esprit. La premiére chose qui lui tomba dans l'esprit étant éveillé, fut, *Abl. Ret.* Il mourra sans rendre l'esprit. *Sca.*)

Esprit-Saint. C'est à dire Esprit de Dieu.

Le Saint Esprit. C'est la troisiéme personne de la Trinité.

Malin esprit. Ces mots signifient ordinairement le demon. (Il a été tenté du malin esprit. On dit quelquefois en parlant d'une personne. C'est un *malin esprit*, pour marquer que c'est une méchante personne.)

Esprit malin. C'est à dire malicieux, ou malicieuse. (Avoir l'esprit malin. C'est un esprit fort malin.)

Esprit. Ame de personne morte. (Elle a peur des esprits, & ne couche jamais seule. *Gom. Epi. l.* 1.)

Esprit. Ce mot au pluriel signifie quelquefois. Une substance chaude, légére & déliée d'où procedent ses mouvemens du corps. (Ainsi on dit les esprits animaux. Les esprits vitaux. Il commençoit à reprendre ses esprits peu à peu. *Vau. Quin. l.* 3. Une douce langueur occupe mes esprits.)

Esprit. Personne. Gens. (C'est un étrange esprit. Aliéner les esprits. *Abl. Ret. l.* 2. L'impiété perd les jeunes esprits. *Abl.* Aigrit les esprits. *Ablancourt.*)

> Je sai qu'un noble esprit peut sans honte & sans crime
> Tirer de son travail un tribut légitime.
> *Dép. poës. c.* 4.

> Jamais Rome n'a eu de si beaux Esprits que sur la fin de la République. S. *Evremont.*

Esprit. Caractére qui fait voir l'ame, le cœur & la conduite d'une personne, ou de tout un corps de gens unis ensemble. (Il ne sort aucun livre de chez-nous qui n'ait l'esprit de la société. *Pas. l.* 9.)

Esprit. Dessein. Intention. (Avoir un esprit de vengeance. Voici quel est l'esprit de nôtre contrat, *Patru, plaid.* 3.)

Esprit. Terme de Chimie. Substance liquide, aride, subtile, aërée, capable de pénétrer les corps les plus solides, tirée des mixtes par le moïen du feu, *Glas. l.* 1. *c.* 4. (Esprit volatil. Esprit de sel. Esprit de nitre, &c. L'esprit est plus ou moins subtil & pénétrant selon la diverse nature des mixtes d'où il a été tiré. Les esprits de vitriol, de sel, de nitre & de soufre sont bien plus pénétrans que l'esprit de vinaigre. Le propre de l'esprit est de pénétrer, d'inciser & d'ouvrir les corps compactes & solides, il ronge, il brûle, il dissout & même il brûle de certains mixtes. Il en coagule d'autres, comme le sang & le lait. L'esprit éteint promptement la flame des huiles, il se joint étroitement au feu qu'il n'en peut être separé que par un feu violent. Il échaufe étant seul, mais étant mêlé en petite quantité avec des liqueurs rafraichissantes il augmente leur foideur. Voi *Charas, Pharmac. l.* 1. *p.* 1.)

Esprit folet. Sorte d'esprits qu'on croit qui reviennent & font du bruit dans les maisons, &c.

ESQ.

Esquif, *f. m.* Petit vaisseau de mer, qui sert aux grands vaisseaux pour mettre les personnes à terre quand on est au port, pour le sauver dans quelque débris de vaisseau, ou pour faire quelque autre chose.

Esquille, *f. f.* Terme de Chirurgien. Quelque partie d'un os cassé, ou rompu, ou fracassé. (Une petite esquille.)

Esquinnacie, *squinancie, f. f.* Quelques-uns disent *squinancie*, mais l'usage déclaré est pour *esquinancie*, qui est une maladie aiguë qui vient à la gorge & empêche la respiration.

Esquipot, *f. m.* Terme de Chirurgien & de Barbier. Boîte où l'on met l'argent qu'on reçoit de chaque barbe, & des petits profits qu'on gagne dans la boutique, que les garçons partagent ensuite avec le maître. (L'esquipot est plein. Ouvrir l'esquipot. Partager l'esquipot.)

Esquisse, *f. m.* Terme de Peinture. C'est un premier craïon, ou une légére ébauche d'un ouvrage qu'on médite. *Depiles, Art de peinture.*

Equisser,

Esquisser, v. a. Terme de *Peintre.* Faire une esquisse. (Esquisser une pensée.)

† *Esquiver, v. a.* Eviter. Eluder. Fuir. (Esquiver la force de la demande. *Abl. Apo.*

Pour *esquiver* sa flame & ses discours
Elle cherchoit les plus secrets détours.
Benserade, Rondeaux.

On l'a fait *esquiver* Moliere. Je me suis doucement *esquivé*, *Moliere, Fâcheux, a. 1. sc. 1.*)

ESS.

ESSAI, *s. m.* Prononcez *éç.* C'est l'action par laquelle on examine & éprouve si les choses sont en état d'être de mise, si elles ont le degré de bonté qu'elles doivent avoir. (Faire l'essai de l'argent. Faire l'essai de l'or. Faire l'essai d'un canon.)

[* C'est un essai des loüanges du Roi. *Moliere.*]

* D'un courage naissant ce sont là les essais,
Racine, Iphigenie, a. 1. sc. 2.

Un coup d'essai.
Faire un essai de ses forces.

Essai, s. m. Divers Auteurs ont donné par modestie, ce titre à leurs ouvrages. (Essais de Phisique. Essais des merveilles de nature. Essais de Morale. Les Essais de Montagne.)

Essai. Pain que l'Ecuier-bouche présente au Maître d'Hôtel du Roi avant que de servir les viandes devant sa Majesté, & que le Maître d'Hôtel mange après en avoir touché les viandes.

Essai. Espéce de petite tasse d'argent dont les gourmets se servent pour tâter le vin. Petite tasse de vermeil doré où l'échanson fait l'essai du vin que doit boire le Roi.

Essais. Petites morceaux de verre qu'on met dans le fourneau lors qu'on cuit la peinture sur le verre.

Essaier, v. a. Eprouver. Voir si les choses sont bonnes, & en l'état qu'elles doivent être. (Essaier de l'argent. Essaier un canon.)

Essaier. Gouter quelque liqueur. (Essaier du vin vin.)

Essaier. Tâcher. (Il faut *essaier* de gagner son amicié. Il vit que se seroit peine perduë d'essaier de la dissuader. *Ablanc. Luc. T. 2. amitié.*)

Essaieur, s. m. Oficier de la Monnoie qui voit à quel titre est l'argent. (Essaieur particulier. Essaieur général.)

ESSAIM, *s. m.* Prononcez *essain.* Il vient du Latin *examen.* Multitude de mouches à miel qui sont sorties de leur ruche, & qui, à ce qu'on croit, sont conduites par une de la troupe. (Un gros essaim. Les bons essaims se font au mois de Mai. L'essaim se va poser sur une branche d'arbre, où on le va prendre pour le remettre dans une autre ruche, où il fera du miel & de la cire. Jetter un essaim.)

Essaim. Ce mot au figuré signifie une multitude de choses semblables. (Ce siécle produira un Essaim de Poëtes. On voit tous les ans un essaim d'Avocats qui se font recevoir à la St Martin.

Cent beautez amassées,
Fournissent un essaim de diverses pensées.
Démarais, Visionnaires, acte 1. sc. 4.]

Essaimer, v. n. Ce mot se dit des abeilles, & veut dire. Faire un essaim. (Mouches qui essaiment.)

ESSARTER, *v. a.* Couper. (Essarter les buissons.) Ce mot *essayter* ne se dit qu'au sens de cette phrase.

Esse, s. f. Terme de *Chartier.* Cheville de fer qu'on met au bout de l'essieu, pour tenir la roüe. (Esse perduë.)

Esse de fleau. Terme de *Balancier.* Fer tortillé en forme de la lettre S. (Ainsi on dit, une *esse* de fleau de trébuchet. Une *esse* de fleau de balance.)

ESSENCE, *s. f.* C'est ce qui constituë la nature d'une chose, & qui l'a fait être une telle chose. (L'essence d'un triangle rectiligne consiste en ce que c'est une figure bornée de trois lignes droites. Découvrir l'essence d'une chose.)

Essence. Terme de *Parfumeur.* Sorte d'huile remplie d'une senteur fort agréable. (Essence de jasmin. Essence de fleur d'orange.)

C'est aussi un terme de Chimie, qui signifie en général ce qu'il y a de plus pur & de plus subtil dans les corps dont on fait les extraits par le moien du feu. (Les essences sont agréables pour leur odeur, ou pour leur goût. Avec deux ou trois gouttes d'essences on peut faire une bouteille d'hipocras.)

Essentiel, essentielle, adj. Qui est de l'essence. (Proprieté essentielle.)

* *Essentiel, essentielle.* Particulier. Solide. Vrai. (* Avoir des obligations *essentielles* à quelcun. *Mémoires de M. le Duc de la Rochefoucaut.*)

Essentiellement, adv. Par sa propre essence. Par sa propre nature. (L'ame est essentiellement immortelle.)

* *Essentiellement.* Particuliérement. Entiérement. (Je lui suis essentiellement obligé.)

Essieu, s. m. Morceau de bois gros & fort qu'on plane, & arrondit par les deux bouts, & dont on fait passer ces deux bouts arrondis & graissez au travers des moieux des roües. (Essieu rompu.)

Voiez *Axe.* Terme de *Géométrie.*

Essor, s. m. Ce mot se dit proprement des oiseaux, & veut dire *vol à tire d'aîle.* (Oiseau qui prend l'essor.)

(* Donner l'essor à son imagination. *Abl.* Son esprit prend l'essor. Si l'on peut pardonner l'essor d'un mauvais livre ce n'est qu'aux Colletets, *Moliere.*)

S'essorer. Terme de *Fauconnerie.* Il se dit des oiseaux de proie, & signifie prendre l'essor, voler au loin & avoir peine à revenir sur le poing. (Ce faucon est sujet à s'essorer.) On dira plutôt *prendre l'essor* que *s'essorer.*

Essorer. Secher. On le dit du linge mouillé qu'on met à l'air afin qu'il se seche. (Essorer du linge.)

Essoré, essorée, adj. Terme de *Blason.* Il se dit d'un oiseau qui est représenté en état de prendre l'essor.

Essoriller, v. a. La raison voudroit qu'on dît *essoreiller,* mais l'usage est pour *essoriller.* Il signifie *couper l'oreille.* (Il se voit par l'histoire de France qu'on *essorilla* par ordre de Justice. Au commencement du régne de Charles VIII. on essorilla Dojac, qui avoit été l'un des Ministres de Louis XI. *Mezerai, vie de Charles VIII.*]

Essorillé, essorillée, adj. Celui, ou celle à qui on a coupé les oreilles. [Les coupeurs de bourse se trouvoient souvent essorillez.]

† *Essouflé, essouflée, adj.* Qui est hors d'haleine. [Crier comme une personne essouflée. *Moliere.*]

Essui, s. m. Ce mot signifie en général un lieu où l'on met sécher quelque chose, & en particulier c'est un terme de *Tanneur.* Lieu où l'on met sécher les cuirs tannez. (Avoir un bon essui. Les cuirs sont à l'essui.)

Essui-main, s. m. Linge à essuier les mains. Toile qui est dans les Sacristies, & à laquelle le Prêtre qui doit dire la Messe essuie ses mains aprés les avoir lavées. L'essui-mais est aussi une sorte de serviette etroite, qui pend au côté droit de l'Autel, & à quoi le Prêtre essuie ses doigts aprés les ablutions.

Essuier, v. a. Sécher. Oter ce qui est humide avec quelque linge ou autrement. (Essuiez vos yeux, vos larmes coulent tout mollicz. S'essuier les mains avec une serviette bien blanche. Essuier ses larmes. *Abl. Tac. An. l. 4.*)

Essuier, v. a. Ce mot se dit des perils & des choses dificiles qu'il faut soufrir, ou les surmonter. (Essuier la mauvaise humeur de quelcun, Je ne sai point *essuier* les outrages d'un faquin, *Depreaux, Satire 1.* Je ne suis point homme à *essuier* des refus ofensans, *Moliere.* La quantité de sotes visites qu'il faut essuier, est cause que je prens plaisir d'être seule. *Moliere.* Essuier une décharge de coups de mousquet. *Ablancourt,*]

EST.

EST, *s. m.* Terme de *Marinier.* Vent médiocrement chaud & sec, qui est un des vents Cardinaux & qui soufle du Levant. L'endroit où l'Equateur coupe l'horison du côté du Levant.

ESTACADE, *s. f.* Palissade. Ce mot se dit particuliérement lors qu'elle est dans l'eau.

ESTAFIER, *s. m.* En parlant de tournoi & de carousel, on apelle *estafiers* ceux qui conduisent les chevaux de main, qui portent les flambeaux alumez, qui se tiennent auprés des machines & font d'autres fonctions. *Ménestrier, Traité des tournois.*

Estafier. Se prend aussi ordinairement pour une sorte de valet de pié. Ce mot en ce sens se prend souvent en mauvaise part & est un terme de mépris.

† ESTAFILADE, *s. f.* Sorte de coup du tranchant de l'épée, ou de quelque autre chose qui coupe. (Il lui a fait une *estafilade* au visage.)

ESTAMBORD, *s. m.* Terme de *Mer.* Piéce de bois droite qui s'ente sur l'extremité de la quille, à angles obtus pour batir la poupe du vaisseau. *Four.*

ESTAME, *s. f.* Laine tricotée avec des éguilles. On fait ainsi des bas, des bonnets, des gants, des chemisettes, &c. (Bas d'estame.)

ESTAMPE, *stampe, s. f.* Terme de *Peintre & de Graveur.* Quelques-uns, qui parlent mal, disent *stampe.* On apelle *estampe* une image en papier. Piéce gravée à l'eau forte, au burin & en bois. (Une belle estampe.)

Estampes. Outils de Serrurier qui servent à river.

Estamper, v. a. Terme d'*Orfevre, & de Serrurier.* Former des figures en bas relief.

ESTELIN, Poids d'*Orfevre* qui vaut la vintiéme partie d'une once.

ESTIMABLE, *adj.* Qui mérite d'être estimé. (Cela est fort estimable dans le monde, C'est une qualité fort estimable.)

Estimation, s. f. Jugement qu'on fait du prix & de la valeur d'une chose. (Où ira-t-on chercher un homme prudent pour faire cette estimation. *Pasc. l. 17.*)

Estimative.

Estimative, *s. f.* Connoissance qui aprend à juger des choses dont on ne peut aprocher. (Un Ingénieur doit avoir l'*estimative* bonne pour juger des longueurs & distances éloignées.)

Estime, *s. f.* Etat qu'on fait d'une personne à cause des bonnes qualitez qu'elle possede. (Il a une *estime* toute particulière pour elle. Il est dans une haute *estime*, Il a aquis une estime universelle parmi le beau monde.

 En amour aſez pour maxime
 Qu'en matière d'*estime*
 Tout dépend du commencement.
  La Suze.
 En ce siécle bien heureux
 Où vivoient les demi-dieux
 L'*estime* étoit inconnuë,
 Et l'amitié toute nuë
 Seule maitresse des cœurs.
 Quand la foi, quand les paroles
 Furent de vaines idoles
 L'*estime* en ce changement
 Eut pour père le compliment
 Et pour mère l'indifference.
  Pellisson, recüeil des piéces galantes.

* *Estime.* Ce mot au figuré veut dire quelquefois *les gens qui estiment.* Exemple.
 Qu'un voisin malicieux
 A vous ruïner s'aprête,
 Ou menace vôtre tête
 Par des crimes suposez,
 L'*estime* a les bras croisez;
 Qu'il vous faille pour ressource
 Un prompt secours de sa bourse
 Dans quelque péril urgent,
 L'*estime* n'a point d'argent.
  Pellisson, recüeil.

Estime. Terme de *Mer.* Il se dit du calcul que fait tous les jours le pilote du chemin qu'a fait le vaisſeau. (La plus grande science d'un Pilote est de savoir faire une bonne estime.)

Estime, *v. a.* Honorer. Avoir de l'estime pour quelcun. Juger. Penser. (C'est un homme qu'il *estime* extrêmement. *Sca.* Ils répondirent qu'ils *estimoient* la place imprenable. *Vau. Quin. l. 3.*)

Estimer. Faire l'estimation d'une chose, la priser. En dire le prix. (Estimer cent pistoles une pierre prétieuse.)

Estive, *s. f.* Terme de *Mer* qui se lit du juste contrepoids qu'on donne aux Vaisseaux & Galères, pour faciliter leur mouvement. (Un Pilote doit prendre garde que son vaisseau ne soit jamais hors d'estive.)

† *Estoc*, *s. m.* Ce mot pour dire tronc d'arbre, est hors d'usage.

Estoc. Pour dire droite ligne en matière de généalogie ne se dit pas, ou tout au plus il n'a lieu que dans le burlesque.

† * *Cela ne vient pas de son estoc* Cela se dit pour dire, *cela ne vient pas de lui.*

† *Estée.* Mot vieux & burlesque pour dire *longue épée.* (Ils ont l'estoc bien ferme & bien pointu. *Voit. Poëſ.* Vous leur avez fait voir un tour d'escrime qui dans le cœur leur donne un coup d'estoc. *Voit. Poëſ.*)

Estor. Bote qu'on porte avec l'estoc. (Fraper d'estoc & de taille.)

Estocade, *s. f.* Sorte de grande épée déliée & pointuë, qui n'est plus guère en usage. (Il a une estocade à son côté.)

Estocade. Coup d'estocade. (Pousser une estocade de quarte. Alonger une estocade de pié ferme. Parer une estocade.)

† * *Estocade.* Mot burlesque pour dire ouvrage de vers, ou de prose, où l'on demande quelque chose. Demande qu'on fait à quelcun pour en obtenir quelque argent. (Dieu nous garde de tous présenteurs d'estocade. *Sca. poëſ.*)

† *Estocader*, *v. r.* Ce mot au propre est hors d'usage & tout au plus il ne peut trouver sa place que dans le burlesque. Au lieu d'estocader, on dit *se porter des coups d'épée.*

† * *Estocader.* Ce mot au figuré est burlesque. Il signifie *Demander.* Importuner à force de demander quelque chose. (Les Poëtes le vont bien estocader, *Sca. poëſ.*)

† * *Estocader.* Ce mot au figuré se dit encore en un sens assez plaisant, comme lors qu'on dit *estocader la tristesse.*

Estomac, *s. m.* La partie de l'animal où se fait la première coction des viandes. (Bon estomac. Méchant estomac. Fortifier ou afoiblir l'estomac. Il a un estomac d'autruche, il digéreroit le fer.)

Estrade, *s. f.* Lieu élevé dans une chambre où l'on met un lit. (Faire une estrade.)

Estrade. Ce mot se dit en parlant de guerre, mais il ne se dit pas seul. (*Batre l'estrade*) faire quelque course pour découvrir quelque chose.)

Estragale, *s. f.* Terme de *Tourneur.* Petit rond de bois noir qui sert d'ornement aux ouvrages tournez.

Estragon, *s. m.* Herbe longue & menuë qui a quelque odeur, & qu'on mange en salade. (Vinaigre d'estragon, c'est à dire, auquel on a fait tremper de l'estragon.)

Estramaçon, *s. m.* Terme de *Fourbisseur.* C'est la partie du sabre qui est environ un demi pié au dessous de la pointe.

(Quand on a le sabre à la main, on se sert plûtôt de l'estramaçon que de la pointe. Avoir une cuirasse à l'épreuve de l'estramaçon.)

Estramaçon. Terme de gens qui joüent du bâton à deux bouts. C'est la partie du bâton à deux bouts, qui est un bon pié au dessous de la pointe. (Avec le bâton à deux bouts on peut faire le demi moulinet pour se mettre en garde, & aux aproches se servir de la pointe ou de l'estramaçon. *Gaia, traité des armes l. 1. ch. 3.*)

Estramaçon, *s. m.* C'est un coup d'épée sur la tête à la façon Espagnole. (Un bon coup d'estramaçon, un furieux, un horrible, coup d'estramaçon. Se décharger des coups d'estramaçon sur la tête, se donner des coups d'estramaçon sur la tête. *Liancourt Maitre d'armes; c. 3.* C'est se décharger sur la tête des coups d'épée à la maniére des Espagnols. On dit aussi se garantir du coup d'estramaçon. *Liancourt M. d'armes. c. 17*)

Estramaçonner, *v. n.* C'est se batre à coups d'estramaçon. (Ils ont estramaçonné un bon quart d'heure.)

Estrapade, *s. f.* Tronc d'un grand & d'un haut arbre arrondi, cheville & fiché avant en terre avec des arcboutans qui l'apuient de côté & d'autre, afin d'estrapader les soldats qui ont fait des fautes qui ne méritent pas la mort.

Estrapade. Lieu où est l'estrapade. Suplice qui consiste à monter & à laisser tomber avec un tourniquet 2. ou 3. fois, plus ou moins un soldat bien lié du haut de l'estrapade. (Le Bourreau donne l'estrapade. Il a été condamné à deux coups d'estrapade.)

Estrapade, *s. f.* Terme de danseur de corde & de voltigeur. Tout qu'on fait en voltigeant sur la corde. Il consiste à se tenir fortement suspendu avec les mains à la corde, à faire passer une ou plusieurs fois son corps entre les deux bras, & qu'on tient à un pié & demi l'un de l'autre. (La simple estrapade, La demi estrapade, la double, la triple estrapade. Se donner l'estrapade.)

† * *Estrapade*, *s. f.* Il se dit quelquefois figurément en parlant des Auteurs & de leurs ouvrages; mais il est comique. Il signifie la peine qu'on donne à son esprit pour faire quelque chose. (Il ne sauroit rien faire qu'il ne donne l'estrapade à son esprit. La Secte ne donnoit point l'estrapade à son esprit, car il faisoit ses livres sur le dos de son Imp imeur.)

Estrapader, *v. a.* Donner l'estrapade. (Estrapader un soldat.)

Estrapontain, *s. m.* Espéce de petit banc qu'on met au milieu du carosse, ou au fond de la caléche pour s'asseoir.

Estropier, *v. a.* Oter par quelque coup violent l'usage de quelque bras, ou de quelque jambe. (Estropier une personne à force de la batre. Le pauvre garçon est revenu de l'armée estropié.)

† * On n'est pas tant *estropié* quand on l'est du bras, ou des jambes que qu and on l'est de la bourse. *Abl. Apo.* † * Il est estropié de la cervelle. *Gen. Epi. l. 3.* * Expression *estropiée. Patru, plaidoié 8.*)

Estropié, *s. m.* Celui qui est estropié. Le Roi a fondé une sorte de magnifique Hopital pour les estropiez & autres invalides.)

Esturgeon, *s. m.* Poisson de mer qui entre aux riviéres d'eau douce, qui est cartilagineux, qui a le museau pointu, le ventre plat, le dos bleu & élevé, qui est de bon goût & de bonne nourriture. *Rond.*

ET. ETA.

ET. Sorte de conjonctive qui ne doit être répétée que bien à propos, & qui dans une période & parmi plusieurs noms qui ont un même régime, ne se met, d'ordinaire qu'au dernier. Exemple, il a des paroles pleines de force, de majesté & de douceur. *Vaug. remarques nouvelles.*

Etable, *s. f.* Lieu de la ferme ou de la maison des chams, où l'on met les vaches, les bœufs, ou les cochons. (Une grande, une petite étable. Une étable à cochons. Une étable à bœufs.)

Etable. Terme de *Mer.* Continuation de la quille du navire, laquelle commence à l'endroit où la quille cesse d'être droite.

Etabler, *v. a.* Mettre dans des écuries. (Il faut que l'écurie où l'on étable les chevaux soit unie. *Soleiſel, parfait Marêchal, ch. 14.*)

Etabli, *s. m.* établie. L'Auteur du Dictionnaire des 4. arts dit toujours établie, mais l'usage est contraire à ce mot. Il faut donc dire avec les artisans *établi.* L'établi est d'ordinaire une espéce de table soutenuë de piez ou de treteaux sur laquelle de certains artisans travaillent.

Etablir, *v. a.* Faire créer & rendre stable quelque chose. (Etablir des loix, des Magistrats, des impôts.)

* *Etablir.* Donner un etablissement. Placer en quelque lieu avantageux. (Etablir quelcun dans l'emploi. *Le Duc de la Rochefoucaut.* Il aida à l'établir à la Cour. *Abl.* Establir une personne dans le monde.)

S'establir, *v. r.* Se faire un établissement. C'est un jeune homme qui commence à s'établir.)

* [Mot qui aura peine à *s'établir. Vau. Rem.* Mot établi.]

Etablissement, *s. m.* C'est l'action par laquelle on établit, on fonde, on érige, on fait quelque chose pour demeurer stable. (Lettres

V v

(Lettres patentes pour l'établissement d'une Académie.)

Etablissement. Imposition de quelque droit, ou de quelque impôt.) Faire l'établissement de quelque droit nouveau.)

* *Etablissement.* Retraite fixe. Retraite asſurée & où aparament on voit quelque eſpérance de repos. (Il faut faire un établiſſement une fois en ſa vie. C'eſt un établiſſement pour le reſte de ſes jours. Propoſer un établiſſement à quelqu'un. Donner un établiſſement à une perſonne. *Monſieur de la Rochefoucaut.*)

Etage, *ſ. m.* L'un des apartemens d'un corps de logis. (Loger au prémier étage, au ſecond, au troiſiéme, ou quatriéme étage.)

* *Etage,* Ce mot ſe dit entre *Vaniers.* Ils diſent. (Un verrier à pluſieurs étages.)

Etage, Terme de *Jardinier.* Les Jardiniers diſent, il faut laiſſer monter les arbres *par étages,* c'eſt à dire *peu à peu.* Ils diſent auſſi, il ſuffit que cet arbre ait *un ſeul étage* de bonnes racines, c'eſt à dire, qu'il y ait des racines ſortant tout au tour du pié, de ſorte qu'il n'y en ait point de beaucoup plus hautes, ni de beaucoup plus baſſes les unes que les autres. *Quint Iardins Tome* 1.)

† * *Etage.* Ce mot au figuré, ſignifie état, condition, ſorte. (Les gens du plus bas étage. Il y a des eſprits de tous les étages.)

† * *A triple étage,* adv. Extrêmement. Au dernier point. (Il eſt fou à triple étage.)

[† * Son menton ſur ſon ſein décend à double *étage.* *Déproeaux, Lutrin,* c. 1.)

Etat, *ſ. m.* Terme de *Mer.* Groſſe corde atachée par l'un des bouts au haut du mât, & de l'autre au pié du mât qui eſt au devant vers la prouë.

Etaië, *ſ. f.* Prononcez *étée.* Ce mot ſignifie *apui.* (Une bonne étaïe.)

Etaïer, *v. a.* Prononcez *étéié.* Apuïer avec des étaïes. (Etaïer un bâtiment. Mur bien étaïé.)

Etaim, *ſ. m.* Prononcez Etain, On le peut auſſi écrire par une *n.* Une ſorte de métail tres connu dont on fait des plats, des aſſietes, des pots, &c. (Etaim commun, fin, ſonnant, criſtalin. Etain de glace, &c. L'Etain d'Angleterre eſt le meilleur & le plus cher.)

Etaimer. Voïez *étamer.*

Etal, *ſ. m.* Terme de *Boucher.* Eſpéce de boutique où le boucher débite ſa viande, & où il a des planches en dos d'âne pluſieurs petits ais, & un gros ais ſur quoi on coupe & dépéce la viande.

Etalage, ſ. m. Terme de *Marchand.* Marchandiſe étalée pour être vûë & vendûë. (Un bel étalage. Mettre quelque choſe à l'étalage.)

† * *Mettre ſa ſience en étalage.* C'eſt montrer & faire voir ſa ſience.)

Etaler, v. a. Terme de *Marchand.* Mettre en étalage. Faire voir & déplier la marchandiſe qui eſt à vendre. (Etaler des livres. Etaler de la marchandiſe.)

* *Etaler.* Ce mot au figuré, ſignifie, faire voir, faire paroître. Montrer. (J'ai horreur de leur infamie, car ils *étalent* ici par tout leur moleſſe & leur lâcheté. *Abl. Luc. Tom.* 1. *Dialogue des morts.* Etaler ſa folie. *Abl.Luc.* T. 1. Etaler ſon zele. *Racine, Iphig.* a. 1. ſ. 2. Etaler ſes charmes, ſes apas.)

* *Etaleur, ſ. m.* Pauvre Libraire qui *étale* des livres ſur les rebords du pont-neuf.

Etalier, ſ. m. Boucher qui tient & gouverne un étal, & qui y vend de la viande.

Etalon, *ſ. m.* Cheval deſtiné pour couvrir les cavales. (Les meilleurs *étalons* ſont les Barbes & les chevaux d'Eſpagne de bon poil & bien marquez. Il faut choiſir un étalon de bon poil. L'étalon ne doit pas couvrir avant cinq ans, ni paſſé quinze. Donner l'étalon aux cavales.) Il y a des femmes qui ſont les précieuſes & qui trouvent *étalon* trop rude, diſent *etlon*; mais toutes celles qui parlent le mieux ſuivent le bon uſage, & diſent étalon.

Etalen. Meſure de cuivre qu'on garde à l'Hôtel de Vile de Paris & ſur laquelle on régle toutes les meſures dont on ſe ſert pour la diſtribution des liqueurs, & qui doivent être marquées aux armes du Roi & de la Vile. *Ordonnances de Paris,* l. 9.

Etalonner, v. a. Marquer les meſures aux armes du Roi & de la Vile quand elles ſont conformes à l'*étalon.* (Etalonner les meſures. Meſure étalonnée.)

Etalonneur, ſ. m. Celui qui étalonne les meſures.

Etamer, *étaimer, v. a.* Terme de *Chaudronnier & d'Eproenier.* Blanchir quelque choſe de métal avec de l'étain. Couvrir légèrement & ſuperficiellement d'étain pour empêcher le mauvais éfet de certain métail. Des hommes ſavans dans la langue croïent qu'il faut dire *étaimer*; néanmoins preſque tous les chaudroniers diſent *étamer.* (Etamer une marmite, une caſſerole. Etamer les branches d'un mords. Etamer à ſimple feuille, à double feuille.)

Etamine, *ſ. f.* Sorte d'étofe légère qui eſt faite comme la toile, avec de la laine ſéche & dégraiſſée avec du ſavon noir. (Une bonne étamine de Chalons, ou de Reims.

Etamine. Terme d'*Aporicaire.* Morceau d'étofe claire pour paſſer & filtrer des liqueurs. On a auſſi apelé *Etamine* les bluteaux, ou ſacs déliez fait de crin.

* *Etamine.* Ce mot ſe dit au figuré, dans cette façon de parler *paſſer par l'étamine,* qui ſignifie être bien examiné, éprouvé, purgé & nettoié. On dit d'un qui a été taxé, *il a paſſé par l'étamine.* On le dit d'une perſonne qui a été long-tems traitée par les Médecins, ou les Chirurgiens.

Tout ce qui s'ofre à moi paſſe par *l'étamine.*
 Déproeaux, Satire 7.
Je cherche Un homme qui ſoit homme & de fait & de mine.
Et qui pût des vertus paſſer par l'étamine.
 Reg. Sat. 14.

Pour moi qui ai fois plus de cent ai paſſé par cette *étamine. Sat.*

Etamure, *ſ. f.* Terme de *Chaudronnier, &c.* C'eſt l'étain dont le Chaudronnier ſe ſert pour étamer ſes ouvrages. [Etamer une tourtière à ſimple étamure. Etamer une marmite à double étamure. L'étamure ne dure pas long-tems.]

Etancher, *v. a.* Ce mot ſe dit du ſang, & ſignifie *Arrêter. Empêcher de couler.* [Etancher le ſang. Le ſang eſt étanché, On dit auſſi *étancher* la ſoif.]

Etanchement, ſ. m. L'action d'étancher. [Etanchement de ſang.]

Etançon ; *étanſon. ſ. m.* Etaïe. Apuï qui tient les choſes fermes & en état.

Etanconner, étanſonner, v. a. Apuïer avec des étançons. [Etançonner une preſſe.]

Etang, *ſ. m.* Eaux qui ſont ordinairement douces qui viennent de quelque ſource, qui ſont retenuës par une chauſſée, & où l'on met du poiſſon qu'on pêche lors qu'il eſt à propos. [Pêcher un étang.]

Etang d'eau douce.

Etang de mer. Etang de certaines eaux dont la mer s'eſt déchargée.

Etape, *ſ. f.* Lieu où l'on vend le cidre & le vin que les marchans ſont venir par terre à Paris. [L'étape eſt belle & grande.]

Etape. Ce mot ſe dit en parlant de troupes qui paſſent, Lieu diſtant d'un autre de 4. ou 5. lieuës, où il y a magazin pour fournir des vivres aux ſoldats qui ſont ſur la route. [On a établi de bonnes étapes ſur toute la route. Une bonne, ou méchante étape. Brûler l'étape, ou faire cuire l'étape. C'eſt quand les Oficiers prennent de l'argent pour une étape & ſont paſſer outre leurs ſoldats ſans y loger.]

Etape. Magazin où ſont les vivres deſtinez pour les ſoldats qui paſſent.

Etape. Ce qu'on donne à un fantaſſin pour ſa ſubſiſtance. Ce qu'on donne à un cavalier pour ſa nourriture & celle de ſon cheval. [Fournir l'étape. Livrer l'étape. Donner l'étape. Les ſoldats vont prendre leurs étapes lors qu'ils ſont logez.]

Etapier, ſ. m. Celui qui eſt commis pour donner l'étape aux ſoldats.

Etat, *ſ. m.* Diſpoſition. [Savoir l'état des afaires. *Ablancourt.* Elle ne lui cachoit pas l'état de ſon eſprit. *Mémoires de Monſieur le Duc de la Roche Foucaut.*]

Etat. Manière dont une perſonne eſt, ou ſe porte. [Vous ne m'auriez pû voir en l'état où j'étois ſans étoufer de douleur, *Le Comte de Buſſi.*]

Etat. Poſte avantageux pour faire quelque choſe. [Il eſt en état de faire fortune.]

Etat. Pouvoir. Etre en état de ſervir ſes amis.]

Etat. Deſſein. [Il faiſoit état d'attaquer les Grecs. *Ablancourt, Ret.* l. 4. c. 1.]

Etat. Eſtime. Créance. [Faire état d'une perſonne. Faites état que les Pères n'ont jamais parlé de la ſorte. *Paſ.* l. 4. C'eſt à dire croïez.]

Etat. Empire. Roïaume. [C'eſt une choſe qui regarde l'Etat. On s'eſt dépouillé d'une partie de ſes Etats.]

Un homme d'Etat. Un Miniſtre d'Etat, Un Conſeiller d'Etat. Un Sécrétaire d'Etat, &c. C'eſt le Miniſtre d'un Prince. C'eſt un homme intelligent dans le Gouvernement d'un Etat. Un *Conſeil d'Etat.* C'eſt le Conſeil où l'on délibére & qui regarde les intérêts d'un Etat. *La raiſon d'Etat.* C'eſt une raiſon qui regarde le bien de l'Etat. Un *coup d'Etat.* C'eſt une afaire importante à l'Etat.

Meſſieurs les Etats des Provinces Uniës. Terme conſacrez pour dire, *Les Provinces Uniës.*

Etat. Rang & ordre Politique entre les hommes du Roïaume. (Ainſi on dit le tiers état.]

Etat. Aſſemblée de la Nobleſſe, du Clergé & du Peuple pour le ſervice du Roi, [Aſſembler les Etats. Tenir les Etats. Aller aux Etats.]

Etat. Dénombrement certain des Oficiers & domeſtiques du Roi. [Etre couché ſur l'état de la maiſon du Roi.]

Etat major. Terme de *Guerre.* C'eſt un rôle des Oficiers à qui on aſſigne une plus grande fourniture de l'étape, & des utenciles, qu'au reſte des perſonnes dont l'armée eſt compoſée.

Etat d'innocence. Terme de *Téologie.* C'eſt l'état auquel le prémier homme a été créé dans une connoiſſance parfaite & dans un amour actuel de Dieu ſans concupicence.

Etat de la nature pure. C'eſt un état chimérique où quelques uns prétendent que l'homme pouvoit être créé, ſuiet aux miſéres & à la concupicence comme nous ſommes.

Etau,

ETE

Etau, *f. m.* Terme de *Serrurier, de Coutelier & d'autres.* Sorte de machine de fer, qui a deux mords & une clef pour serrer les mords, afin de tenir fermes les pièces qu'on travaille. (Un bon étau.)

ETE.

Eté, *f. m.* La saison de l'année la plus chaude, & celle où le Soleil parcourt les signes de l'Ecrevisse, du Lion & de la Vierge. L'été a été beau cette année. Eté pluvieux. Passer l'été en Provinçe & l'hiver à Paris.

L'*été S. Martin.* C'est le tems qui est entre la Tous-Saints & la S. Martin & quelque peu après. (Le pauvre été S. Martin tremble sous sa robe de chambre. *Sar. poës.*)

Eteignoir, *éteindoir, f. m.* L'usage est pour *éteignoir.* Piéce de fer blanc, ou d'autre métail, formé en conc, qu'on met sur les chandelles & les cierges pour les éteindre.

Eteindre, *v. a.* J'*éteins,* tu *éteins,* il *éteint,* nous *éteignons.* J'ai *éteint* j'*éteignois,* j'*éteindrai,* que j'*éteigne.* C'est étouser le feu. Faire périr la lumière. Plonger une chose rougie au feu dans de l'eau froide. (Eteindre le feu, la chandelle, le fer.)

* **Eteindre,** *v. a.* Ce mot au figuré, signifie, diminuer, amortir, étouser & faire cesser une chose, ou une action. (Eteindre une guerre, une sédition, un procés. (Eteindre le feu de la concupiscence.)

Rien ne peut éteindre la passion que j'ai pour vous, Voit. l. 40. considérez ses yeux *éteints* & ses regards de travers, *Ablancourt, Luc. Tome 3.* Eteindre dans les cœurs la tendresse & l'amour, *Racine, Iphigenie, a. 2. s. 3.* Leur haine pour Hector n'est pas encore éteinte. *Racine Andromaque, acte 1. scene 4.*]

* **Eteindre.** Abolir. Anéantir. (Eteindre une famille. Eteindre une pension, &c.)

* **Eteindre de la chaux.** C'est la délaïer avec de l'eau, pour la conserver jusqu'à ce qu'on l'emploie, sans quoi elle se gâteroit, se consumeroit & deviendroit inutil.

Etendard, *f. m.* Bâton tourné auquel est attaché un morceau de tafetas en forme de petite bannière ; le tafetas est souvent bordé & à la figure du Soleil au milieu, avec cette devise du Roi. *Nec pluribus impar,* & est porté par un Cornette.

Etendad. Terme de *Fleuriste.* Il se dit en parlant de certaines fleurs qu'on apelle *Iris,* & signifie les trois feuilles supérieures qui s'elevent au dessus des autres. (Iris qui a les étendards gris, panacher de violet.)

Etendoir, *f. m.* Terme d'*Imprimeur.* C'est un bâton long de 4. ou 5. piez, au haut duquel il y a une petite planche, sur laquelle on met & porte sur les cordes les estampes, & les feuilles des livres qui viennent d'être imprimées, afin qu'elles s'y puissent sécher.

Etendre, *v. a.* l'*étens,* j'ai *étendu,* j'*étendis.* Ouvrir & déplier au long. (Etendre en large. Etendre les bras. Etendre du beurre sur le pain. Etendre du linge. Un oiseau étend ses ailes.)

* **Etendre** *ses conquêtes. Vau. Quin. l. 3. c. 12.* C'est à dire, les porter plus loin. La domination d'Espagne s'étend fort loin dans les quatre principales parties du monde.

* **Etendre** *une Loi.* Etendre la signification d'un mot.

S'étendre, *v. r.* (S'étendre sur son lit. * L'Ile ne s'*étendoit* guere moins que les Indes, *Abl. Ar. l. 7.* * S'étendre sur les louanges de quelcun. *Abl. Apo.* Cet Orateur s'est fort étendu sur une telle matiére.)

Etendu, *étendue, adj.* Qui a de l'étenduë, Spacieux. Ouvert & déplié tout au long. Couché de son long. (Il est étendu sur son lit. Avoir les bras étendus.)

Etenduë, *f. f.* Terme de *Philosophie.* Matiére a trois dimensions & qui s'étend en longueur, largeur & profondeur. (L'étenduë est l'objet de la Géometrie.)

Etenduë, *f. f.* Grand espace. Longueur. (Païs d'une longue étenduë. *Ablancourt.* Donnez à vôtre ouvrage une juste étenduë, *Depreaux, poëtique, c. 3.*) Il se dit aussi du tems. (Nôtre vie est d'une courte étenduë. La Période Julienne est d'une grande étenduë.)

* Je veux donner à ma haine une libre *étenduë, Racine, Andromaque, a. 1. s. 4.*

* **Etenduë** *d'esprit.* Elle consiste à comprendre un grand nombre de principes sans les confondre.

Eternel, *f. m.* Dieu, Etre souverain, qui n'a point eu de commencement & n'aura point de fin, (Il les reçoit comme des hôtes que l'Eternel lui envoie. *Pasru, plaidoié 3.*)

Eternel, *eternelle, adj.* Qui n'aura point de fin. Qui durera toûjours. [Les damnez souffriront des peines éternelles.]

† **Eternel,** *éternelle.* Perpétuel. [Leur éternelle inquiétude a quelque image des enfers. *God. Epi. l. 4.*]

Eternelle, *f. f.* Sorte de plante qui produit des fleurs jaunes en forme de bouquet.

Eternellement, *adv.* Toûjours. [Les damnez souffriront éternellement.]

† **Eternellement.** Incessamment. Sans cesse. [Ils sont éternellement ensemble.]

Il est certain qu'un jeune Amant
Croit aimer d'vne amour extrème,
& jure qu'*éternellement,*
Il aimera l'objet qu'il aime.
Recueil des piéces galantes.

ETI

Eterniser, *v. a.* Immortaliser. (Eterniser les belles actions des grans hommes. Eterniser la mémoire d'un bienfait. Eterniser la mémoire de son Nom.)

Eternité, *f. f.* Il se dit de ce qui n'a ni commencement ni fin. (Dieu est de toute éternité.)

Eternité. Immortalité. (Il n'y a guére de choses plus dificiles, que d'écrire l'histoire, si l'on veut travailler pour l'*éternité, Abl. Luc. Tome 2.*)

Eternuer, *v. a.* Ce mot se dit du cerveau qui se décharge par les narines. (Il a éternuë six fois. Je ne fais qu'éternuer.)

Eternuëment, *f. f.* L'action d'éternuër. Mouvement violent du cerveau par lequel il essaie de chasser par les narines ce qui lui nuit.

Eteter, *v. a.* Terme de *Jardinier.* Couper le haut d'un arbre. Couper la tête d'un arbre. (Etêter les arbres. Un arbre étêté.)

Eteuf, *f. m.* Prononcez *étou.* Balle liée avec de la ficelle, & qui n'a pas encore sa derniére couverture. Une balle de jeu de paume.

* † *Repousser, ou recevoir l'éteuf.* Façon de parler proverbiale, pour dire répliquer vertement, repousser une injure par une juste rime.

Eteule, *f. f.* C'est la partie de la paille qui reste sur le champ après qu'on a coupé le blé. (Brûler l'éteule.)

ETI.

Etienne, *f. m.* Nom d'homme qui vient du Grec & qui veut dire *couronne,* son diminutif est *Tienot* qui signifie *petit Etienne.* (Saint Etienne a été le prémier Martir de l'Eglise Chrétienne.)

Etimologie, *f. f.* Ce mot est Grec. Véritable signification & origine d'un mot.

Etimologiste, *f. m.* Qui fait des étimologies. Qui sait les étimologies de quelque langue. (Un fameux Etimologiste.)

Etimologique, *adj.* Propre pour trouver des étimologies. (Esprit étimologique. Dictionnaire Etimologique.)

Etincelle, *f. f.* Petite bluëtte qui sort du feu ou des corps durs qui se choquent. (Faire naître des étincelles. Exciter des étincelles. Les corps durs qui se choquent produisent des étincelles. Une seule étincelle peut produire un grand embrasement.)

(* C'étoit un grand butin s'il fût resté aux vaincus une *étincelle* de courage, *Vau. Quin. l. 9. c. x.* Une étincelle d'esprit, de vertu, &c. Une étincelle de guerre, de sédition, &c.)

Etinceller, *v. n.* Ce mot se dit proprement du feu & des corps durs qui se choquent. Jetter des étincelles. (Feu qui étincelle. Pierre qui étincelle.)

(* Ses yeux *étincellent,* c'est à dire, qu'ils brillent, & sont pleins de feu. Ses ouvrages *étincellent* de sublimes beautez, *Dépreaux, poëtique, c. 2.*)

Etincellant. Part. *Qui étincelle.*

Etincellant, *étincellante, adj.* Brillant. Eclatant. Plein de feu. Petillant. (Il a les yeux étincellans.)

S'Etioler, *v. r.* Terme de *Jardinier.* Il se dit des plantes qui pour être trop serrées dans leur planche montent plus haut qu'elles ne doivent, & ainsi au lieu d'être grosses & fortes, elles sont foibles & menuës. (Ces plantes s'étiolent, ou sont étiolées.)

S'étioler, *v. r.* Il se dit aussi des branches qui sont dans le milieu des arbres trop confus & trop serrez. Ces branches commencent à s'étioler, & il faut, prendre garde qu'elles ne continuent à s'étioler d'avantage. *Quint. Jardin fruitier, T. 1.*)

Etique, *adj.* Maigre. Qui n'a les os & la peau. (Corps étique. *Mal. poëf.* Fiévre étique.)

Etiquette, *f. f.* Terme de *Procureur.* Petit billet qu'on met sur le sac & où l'on met le nom de la partie. (Etiquette mal attachée. (Attacher une étiquette.) Les *Apoticaires* apellent aussi étiquettes les petits billets qui mettent sur les fioles.

* *Juger sur l'étiquette du sac.* C'est à dire, juger légérement, & sans une connoissance parfaite des choses. *Condamner sur l'étiquette.* C'est à dire, sans une vraïe connoissance.

Etiquetter, *v. a.* ou *mettre l'étiquette.* L'un & l'autre en usage parmi les Avocats & les Procureurs ; mais il y en a qui aiment mieux la seconde façon de parler que la prémiére ; & en effet on dit plus souvent entre gens de Thémis *mettre l'étiquette sur un sac,* qu'*étiquer* un sac ; mais il y a bien à esperer pour *étiqueter,* parce qu'il est le plus vif & le plus court, Les *Apoticaires* disent *étiqueter une fiole.*

* **Etirer,** *v. a.* Plusieurs Artisans se servent de ce mot pour dire *étendre* à *alonger.* (Les serruriers étirent le fer chaud sur l'enclume.)

ETO.

Etofe, *f. m.* Ouvrage de laine, ou de soïe, dont on s'habille. (Lever de l'étofe chez un marchand. Marquer l'étofe. Couper l'étofe.)

Etofes, *f. f.* Ce mot se dit aussi plus généralement de la matière sur laquelle les Artisans travaillent. Ils apellent étofe toute sorte de métal ; le fer & l'acier, le laiton, &c. Cette cloche est de bonne étofe. Ces bottes sont de bonne étofe, c'est à dire,

Vu 2

dire, d'un cuir bien conditionné. Il entre diverses sortes d'étofe dans les chapeaux, &c.

† * *Etofe*. Ce mot au figuré, signifie sorte, condition. (Ce sont des gens de même étofe. Un homme de baste étofe.)

* *Etofer* un ouvrage. Un ouvrage bien étoffé. *C'est à dire* bien orné, bien garni. Les ouvriers en fer apellent *étofe*, du fer preparé, en sorte qu'il est meilleur que le fer ordinaire & moins dur que l'acier.

† * Bourgeois, artisans & autres gens de telle *étofe*. *Ablancourt, Luc. Tom. I.*

Etofes. Terme de *Brodeur*. Les soies retorses qui sont entortillées sur la broche avec laquelle on travaille.

Etoilé, *étoilée*, adj. Qui est plein d'étoiles. (Le ciel est ce soir fort étoilé. Des globes *étoilés* les palais sont ouverts. *Voit. poes.*)

Etoile, f. f. Partie brillante du Ciel. Partie de constellation. (*Etoile fixe*, c'est une étoile lumineuse, & qui garde toujours la même situation. *Etoile errante*. C'est une étoile qui change continuellement de situation. Le lever & le coucher des étoiles. Il y a des étoiles de diverse grandeur. On a observé de nouvelles étoiles dans le Ciel.

{ * Il n'importe que les *étoiles* me soient contraires. *Voit. l.27.* Si vous m'aimez j'en rend graces aux *étoiles* & à l'amour. *Voit. l.78.* L'*étoile* de la nation Françoise est de se lasser de son propre bonheur. *Monsieur le Duc de la Roche-Foucaut.* C'est mon *étoile*, & non pas mon choix qui m'oblige à vous aimer. *Le Comte de Busi*.

Etoile. Espéce d'insecte de mer qui a la figure d'une étoile avec cinq branches, au milieu desquelles est la bouche qui a cinq dents.

Etoile volante. Sorte de météore.

Etoile. Sorte de petite fleur blanche qui vient en Avril & en Mai.

Etoile. Terme d'*Imprimeur*. Petite marque en forme d'étoile, qu'on met dans les livres pour remplir les vuides d'un mot qu'on n'imprime pas, ou pour marquer quelque autre chose, comme par exemple, dans ce Dictionnaire cette marque * signifie que les mots, au devant desquels elle est mise, se prennent dans un sens figuré.

* *Etoile*, ou *fort à étoile*. Terme de *Fortification*. C'est un ouvrage fait à angles saillans, & qui a six pointes.

Etoile, ou *plote* au front du cheval. (Ce cheval a une étoile au front.)

Etole, f. f. Terme d'*Eglise*. Sorte de grande bande benite, longue, & large que le prêtre se met sur le cou, & croise sur son estomac, & que le Diacre porte en écharpe, de l'épaule gauche sous le bras droit.

Etonnement, f. m. Epouvante. Sorte de surprise étonnante. (Tout le monde est dans l'étonnement. Etre ravi d'étonnement. Il a peine à revenir de son étonnement.)

Etonner, v. a. Epouvanter. Surprendre d'une certaine maniére qui touche. (Cela étonne tout le monde. Je suis étonné de son procedé à mon égard.)

S'étonner, v. n. Etre épouvanté. (Un criminel s'étonne à la vûë des Juges, & de l'aparcil de son suplice.)

S'étonner. Etre surpris. (Je m'étonne de vôtre silence, de vôtre paresse, &c. Il ne s'étonne pas pour le bruit qu'on fait.)

Etonnant. Part. *Qui étonne*.

Etonnant, *étonnante*, adj. Surprenant. Qui étonne. (Sa conduite est étonnante. Cela est étonnant.)

Etoné, *étonée*, adj. Surpris. (Il est étoné comme un fondeur de cloches. Proverbe.)

Etoufement, f. m. Sorte de sufocation. Sorte de mal qui semble nous sufoquer. (Il me prend quelquefois des *étoufemens* qui me font peur.)

Etoufer, v. a. Faire mourir en sufoquant. (Etoufer une persone enragée. J'ai pensé être étoufé à la porte. *Mol.* S'étoufer de manger. *Vau. Quin. l.5. t.1.* Etoufé de douleur. *Le Comte de Busi*. Hercule étoufa ses serpens, étant encore au berceau. L'Apoplexie étoufe. La fumée étoufe. Les eaux étoufent ceux qui se noient.

* On dit que des habits trop chauds & trop lourds étoufent ceux qui les portent.

{ * La grande joie où je suis *étoufe* toutes mes paroles. Etoufer les semences d'une guerre civile. *Abl. Tac. An. l.3.* Etoufer une revolte. *Vau. Quin. l.6.* Etoufer ses ressentimens. *Vau. Quin. l.6.*}

Etoufer, ou *s'étoufer de rire*. C'est rire par excés.

Etoufant. Part. *Qui étoufe*.

Etoufans, *étoufante*, adj. Si excessif qu'il peut presque sufoquer. (Il fait une chaleur étoufante.)

Etoufoir, f. m. Instrument de métal haut d'environ trois pies, creux, rond, ouvert par le bas & par le haut, que les boulangers metent sur la braise pour l'éteindre & l'étoufer.

Etoupes, f. f. En Latin *stupa*. Ce qui sort du chanvre lors qu'on l'habille & qu'on le passe par les serans. (* † Metre le feu aux *étoupes*. C'est alumer la colére des gens qui sont en querelle.)

† *Etouper*, v. a. Boucher avec des étoupes. Boucher.
(Les oreilles il lui coupa.
Et les conduits en *étoupa*. *Voiture, Poësies*. Etouper une

bouteille. * *S'étouper les oreilles*. C'est ne vouloir rien ouïr. N'être point touché des cris & des plaintes des misérables.)

Etourderie, f. f. Ce mot ne s'écrit pas, mais il se dit en parlant, c'est à dire, *action étourdie*. (Il a fait une *étourderie*. C'est une *étourderie* de petit garçon.)

Etourdir, v. a. Rompre la tête à force de bruit, ou de criaillerie. (Le son des cloches étourdit quand on les entend de prés.

{ * Vous êtes de plaisantes gens avec vos régles, dont vous nous *étourdissez* tous les jours. *Mol.* Etourdir se ignorans. *Abl.*}

S'étourdir, v. r. S'ôter le sentiment d'une chose, & se tromper en quelque façon soi-même. (C'est un libertin qui fait ce qu'il peut pour *s'étourdir* sur les peines qui sont reservées aux impies aprés la mort. En faisant de beaux raisonnemens sur l'immortalité de l'ame, il cherche à *s'étourdir* sur la crainte de la mort. *Nouvelles remarques*.)

Etourdir, v. n. Qui est un peu précipité dans sa conduite, qui a de l'imprudence. (C'est un franc étourdi.)

Etourdie, f. f. Qui agit d'une maniére précipitée & acompagnée de quelque imprudence. (C'est une vraie étourdie.)

A l'étourdie, adv. D'une maniére étourdie. (Les asiegez qui les virent venir à l'étourdie, coururent dessus. *Ablancourt, Ar. l. 1.* Les Barbares coururent sur lui à l'étourdie. *Vaug. Q. Curce, l.9. ch.5.*)

Etourdiment, adv. A l'étourdie. (Faire quelque chose étourdiment.)

Etourdissement, f. m. L'éfet de quelque chose qui étourdit. (Le bruit des canons & de la mousqueterie m'a causé un *étourdissement* qui m'a duré long-tems.

* Dieu a répandu sur cet imposteur l'esprit d'étourdissement & de vertige. *Patru, plaidoié 4*.

Etourneau, f. m. Oiseau noir, marqueté de petites taches grises, qui vit cinq ou six ans, qui aprend à parler, & qui est d'un aliment grossier.

ETR.

Etrange, adj. Ce mot signifie *étranger*, mais il se dit peu. (Peuples étranges.)

Etrange, adj. Surprenant. Grand. Extraordinaire. Fâcheux. Impertinent. (C'est une étrange humeur. Un raisonnement étrange, *Pas. l.8.* Trouver étrange. C'est à dire, surprenant & extraordinaire. Un étrange accident.

* Faire d'étranges éforts. *Voit. l.21.*
* Ils content une chose *étrange* de leur origine, *Abl. Ar. l.1. ex.* Une résolution si étrange donna de la frayeur à tout le monde. *Vaug. Quin. l.3.*)

Etrangement, adv. Extraordinairement. Fort. Beaucoup. (Il est étrangement emporté. Vif, colére, amoureux, &c.)

Etranger, *étrangére*, adj. Qui est d'un autre païs que celui où il est. (Il est étranger. Elle est étrangére. Passer sous une domination étrangére. C'est une plante étrangére. Aller dans les païs étrangers.

* Cet homme est étranger dans son propre païs, dans sa famille, dans cette science, dans cette profession. C'est à dire, il ignore l'état & les afaires, il ne sçait pas cette science, &c.

* On apelle quelquefois étrangers ceux qui ne sont pas d'une famille, encore qu'ils soient du même païs. (Il ne faut pas que les étrangers voient les papiers, ni sachent les secrets de nôtre famille.)

* *Etranger*, *étrangére*. Qui n'est pas propre à une chose, qui ne lui est pas essentielle. (Un corps Etranger.)

Etranger, f. m. Celui qui n'est pas du païs. (C'est un étranger qui a bon sens. Les étrangers sont défians.

* *Etranger*, v. a. Etranger quelcun, pour dire éloigner, le détourner, le chasser. Ce mot ne se dit que par le menu peuple.

Etrangler, v. a. Sufoquer par le cou. (Le bourreau étrangle les criminels qui sont condannez à être pendus.)

Etrangler. Sufoquer. Tuër. Faire mourir. (Etant las de tetter, j'étranglai ma nourrice. *Demarais, Visionnaires, a.1. s.1.* Je l'étranglerois de mes mains si elle avoit forfait à son honneur, *Mol. Georges Dandin, a.1. s.4.* Un Empereur s'étrangla d'un pepin, *Bensserade Rondeaux*.)

† * *Etrangler*. Criailler aprés une personne, la quereller. (Elle a une mére qui *l'étrangle*, *Voit l.23.*)

* *Etrangler les afaires*, c'est à dire, expédier trop promtement les afaires, & sans les avoir bien examinées.

Etre. Prononcer *aître*, ou *être*. Ce mot est un verbe auxiliaire. *Je suis, j'étois, j'ai été, je fus, je serai, je sois, je fusse se serois.* Il signifie *Exister*. *Avoir existence*. (Il y a de Philosophes qui croient que le monde a pû *être* de toute éternité.) *Je fus*, signifie quelquefois *j'alai*. Voiez *aller*.

Etre. Consister. (La félicité *est* dans le goût & non pas dans les choses, *Mr. de la Roche-Foucaut*.)

Etre. Embrasser le parti. Défendre. Protéger. (Si tu le regardes, tu *seras* pour elle, *Voit. poes.* Si le Seigneur *est* pour moi, je ne craindrai rien. *Port-Roial. Pseaumes*.)

Etre. Dépendre. Relever. Apartenir. (Les plus hautes montagnes sont au Seigneur. *Port-Roial. Pseaumes*. Cela est à moi.)

Etre.

Etre. Demeurer quelque espace de tems. (On *fut* tout le jour à monter & à décendre. Abl. Rét. l.4. c.1. Ils sont sans cesse à se dire des injures.)

Etre. Ce mot signifie quelquefois, Il faut. On doit. (Il *est* à craindre qu'il n'autorise les maximes du Cardinal. Monsieur le Duc de la Roche-Foucaut.)

Etre. Ce verbe entre encore dans d'autres façons de parler fort en usage. (Etre bien avec quelcun ; c'est à dire, être en bonne intelligence. Etre mal avec quelcun ; c'est à dire, être brouillé. Il *n'est pas encore où il pense être* ; c'est à dire , il lui arrivera quelque chose qui renversera ou diminuëra sa fortune. C'est à moi à faire cela. C'est à dire, c'est moi qui le dois foire.)

Etre, *s. m.* Terme de *Philosophie.* Ce qui est , ou qui existe. (Etre incréé. Etre parfait. Etre créé. Etre materiel. Etre naturel. Etre réel. Etre de raison. Dieu a donné l'être à toutes choses.)

† *Etre*, *s. m.* Ce mot au pluriel signifie Chemin. Adresses, & détours d'un lieu. (Savoir les êtres d'un logis. S. *Amant.*) Mais ce mot est bas.

ETRECIR , *v. a.* Faire plus étroit. (Etrecir un habit.) Le chemin alloit en étrécissant, *c'est à dire*, devenoit plus étroit.

ETREINDRE , *v. a.* J'étreins, j'ai étreint, j'étreignis, j'étreindrai. Serrer. (Une mére qui *étreint* sa fille entre ses bras , Demarais, visionnaires, a. 3. Qui trop embrasse mal *étreint.* Proverve, pour dire que l'on entreprend de venir à bout de plusieurs choses tout à la fois, ne vient à bout de pas une.)

† *Etreinte.* *s. f.* L'action par laquelle on étreint , & l'on serre quelque chose : mais il ne se dit guere.

ETRENNE , *s. f.* Ce mot se dit plus au pluriel qu'au singulier. Présent que se font les amis le jour de l'an. Présent qu'on fait aux personnes de qui on espere quelque grace, ou à celles à qui on est obligé. (Il a eu de bonnes étrennes. Donner quelque chose en étrennes. * A bon jour bonne étrenne, on se sert de ce proverbe quand il, nous arrive quelque chose d'heureux en un bon jour.)

† * *Etrenne,* Terme de *Marchand,* qui ne se dit qu'au singulier. La prémière chose qu'un marchand vend dés que sa boutique est ouverte. (Voilà mon étrenne d'aujourd'hui. Je ne vous veux pas refuser à mon étrenne. A l'étrenne en a tout à meilleur marché.)

ETRENNER , *v. a.* Donner des étrennes. (Personne ne m'a étrenné. Il a été fort bien étrenné.)

* *Etrenner.* Ce mot se dit des habits qu'on n'a pas encore mis, & signifie les mettre pour la prémière fois. (Etrenner un habit.)

† * *Etrenner.* Terme de *Marchand.* Il se dit de la prémière chose qu'on vend lorsqu'on a ouvert la boutique, & il signifie *vendre.* (Je n'ai pas encore étrenné aujourd'hui. Personne ne m'a étrenné aujourd'hui. J'ai étrenné dés que la boutique a été ouverte.)

† * *Etrenner.* Acheter le prémier à un marchand. (Faites-moi bon marché & je vous étrennerai.)

ETRIER , *s. m.* Instrument de fer façonné par l'éperonnier, qui prend des étrivières de la selle, & dans quoi on met le bout du pié lorsqu'on est à cheval. (Des étriers faits à la mode. Tenir l'étrier. Mettre le pié à l'étrier. Ajuster les étriers.)

Faire perdre les étriers à son adversaire. Cela se disoit au propre de ceux qui combatoient autrefois à la lance , lors que d'un coup de lance on ébranloit tellement son adversaire qu'il étoit contraint de quiter les étriers. Au figuré, cela veut dire , mettre hors de combat , lui faire perdre les mesures & l'obliger à se soumettre.

† * Le pauvre petit homme ! sa femme lui fait souvent perdre l'étrier.

ETRILLE , *s. f.* Instrument de fer à manche de bois dont on se sert pour étriller les chevaux. (L'étrille étoit aussi un instrument dont les anciens se servoient aux bains. Une bonne étrille.)

* † On est ici logé à l'étrille. Façon de parler fort basse pour dire. On est dans un cabaret où l'on fait paier trop cher les choses.

ETRILLER , *v. a.* Faire passer plusieurs fois l'étrille sur un cheval. (Etriller un cheval.) Cavale étrillée. Cheval étrillé.

† * *Etriller.* Foüetter . Rosser. Battre comme il faut. (On la *étrillé* comme un petit fripon. Je vous *étrillerai* du air, &c. Moliére, Bourgeois Gentilhomme. Ah ! je t'étrillerai sur le ventre & par tout, Sca. poét. Qui se trouvera pris, je vous prie qu'on l'étrille. Reg. Sat. 113. C'est à dire, qu'on tire de lui ce qu'on pourra, on qu'on le mette en chemise.)

ETRIPER , *v. a.* C'est ôter les tripes du ventre d'un animal. Ce mot se disant des personnes est Satirique & marque de la colère. (Elle étripera son Amant, si elle l'atrape.)

Etriper, v. a. Terme de *Fleuriste.* C'est separer les feuilles d'une fleur en l'élargissant. (Il ne faut point étriper une fleur. Culture des fleurs, ch. 2.)

ETRIVIERES , *s. m.* Ce mot pour signifier les coups de foüet qu'on donne à quelcun n'a point de singulier. (Il a eu les étrivières. On lui a donné les étrivières.)

Etrivière, s. f. Ce mot au singulier & au pluriel lorsqu'il signifie ces morceaux de cuir larges d'environ deux pouces qu'on passe aux boucles qui tiennent aux bandes de la selle & qui servent à porter les étriers.

ETROIT , *étroite, adj.* Prononcez *etrèt , etrète.* Qui n'est pas large. (Drap étroit. Toile fort étroite. Ecurie étroite. Chemin étroit. Habit étroit. Soulier trop étroits.)

(* Etre dans une *étroite amitié* avec quelcun. Voit. l. 6. Etroite familiarité. Ablancourt, Tac. An. l. 4. Il est libre de quiter sa prémière vie pour en embrasser une plus *étroite, Patru, plaidoïé* 15. Le chemin du salut est étroit.)

A l'étroit, adv. Etroitement. (Etre logé à l'étroit.)

* *Etre reduit à l'étroit,* c'est être appauvri & afoibli par quelque perte.

* *Etroit, étroite, adj.* Exact, sévère. (Le droit étroit. La Cour fait de tres-étroites inhibitions & défenses. Il est *étroitement* deffendu. Regle étroite.)

Etroitement, adv. Prononcez *étrètement.* Peu au large. (Etre étroitement logé , Scaron.)

* *Etroitement, adv.* Particulièrement. (Je lui suis *étroitement* obligé.)

† ETRON , *s. m.* Ce mot ne se dit pas bien en compagnie , & il donne une idée de puanteur , qui blesse l'imagination. Il signifie l'excrément qui est sorti à une fois du ventre d'une personne. (Un gros étron. Faire un étron.)

ETRONÇER , *v. a.* Terme de *Jardinier.* C'est couper entièrement la tête à un arbre , en sorte qu'il ne soit plus que comme un tronçon. (On étronçonne les arbres lors qu'on les veut gréfer en poupée.)

E T U.

ETUDE , *s. f.* Aplication d'esprit. (Etude ardente. Ablancourt. Toute mon *étude* est à me conduire de telle sorte que. Le Comte de Bussi.)

Etude. Lieu où les Procureurs, les Notaires & quelques autres gens de pratique mettent leurs sacs & leurs papiers & font leurs écritures. (Une fort belle étude. Une étude fort claire. Les clercs sont à l'étude.)

Homme d'étude. C'est à dire Homme de lettres.

Etudier, v. a. S'attacher à quelque sience pour l'apprendre. (Etudier l'histoire. Etudier une question. Pas. l. 4. Guillaume Budé, qui étoit grand Grec, & Maître des requêtes, étudia sept heures le jour de ses nôces. Etudier en Droit, en Médecine, &c)

Etudier. Faire ses études. (On l'a envoié étudier à Paris. Il étudie au Colege du Pressis-Sorbonne.)

* *Etudier* une personne, Moliére. (*Etudier* le monde, Ablancourt. Etudier le visage d'une personne. Etudier les actions de quelcun.)

Etudié, étudiée, adj. Fait avec soin. (Discours étudié.)

S'étudier, v. r. S'attacher. S'apliquer. (L'Orateur doit *s'etudier* à conoître le nombre & la qualité des choses qui sont utiles & agréables. S'étudier à la vertu. S'étudier à bien parler. S'étudier à être court.)

ETUI , *s. m.* Ce mot en général signifie tout ce qui est fait pour contenir & pour conserver une chose, & qui assez souvent est fait conformément à la chose qu'il conserve. (Ainsi on dit. Un étui de chapeau. Un étui de ciseau. Une étui pour mettre des épingles & des aiguilles. Un étui de siringue.)

ETUVE , *s. f.* Lieu échaufé par des fourneaux. (Etuve fort chaude.)

Etuve. Terme de *Chapelier.* Petite cabane où l'on seche les chapeaux.

Etuvée, s. f. Terme de *Cuisinier.* Assaisonnement qu'on fait avec du vin , du beurre , & autres choses pour le poisson. (Une fort bonne étuvée. Faire cuire une carpe à l'étuvée.)

Etuver, v. a. Laver & nétéier quelque plaie, ou blessure. (Ce cheval s'est blessé à la jambe , il la faut *étuver.* Quelques-uns disent en parlant d'une personne, il faut *étuver* cette plaie. Ces quelques-uns ne parlent pas bien. On doit dire alors, Il faut bassiner cette plaie.)

Etuviste, s. m. Baigneur. Qui tient des étuves.

E V A.

EVACUATION , *s. f.* Terme de *Médecin.* C'est l'action de chasser & de faire sortir du corps les humeurs qui nuisent. (Il s'est fait une grande évacuation d'humeurs. On fait de grandes évacuations par la saignée.)

Evacuër. Terme de *Médecin.* Faire sortir du corps. (Evacuër les humeurs nuisibles. Evacuër la bile. *Moliére.*)

EVADER , *v. n.* En Latin *evadere.* Il nous prit envie de nous évader. *Abl. Luc. T. 2.* (Ce mot se dit des gens qui fuient, ou qu'on fait fuir en cachette & secretement. On l'a fait évader, *Ablancourt.*)

S'évader, v. r. S'enfuir. Se sauver secretement. (Il s'est évadé la nuit. Elle s'est évadée.)

EVALUATION , *s. f.* Prononcez *évacuacion.* Terme de pratique : Estimation du prix & de la valeur d'une chose. Apréciation. (Faire évaluation. Augmenter ou diminuer *l'évaluation.*)

Evaluër , v. a. Terme de *pratique.* Apréciër. Faire l'estimation l'évaluation d'une chose. Dire ce qu'on croit qu'elle vaut. (Evaluër de la marchandise.)

EVANGELIQUE, adj. Qui est de l'Evangile. (Doctrine evangelique. Pasc.l.5.)
Evangeliques, s. m. Ceux qui soûtenoient qu'il ne se falloit attacher qu'à l'Evangile, & rejettoient les autres livres de la Sainte Ecriture.
Evangeliquement, adv. D'une manière évangelique.
† Evangeliser. Ce verbe est hors d'usage, on dit en sa place anoncer l'Evangile.
Evangeliste, s. m. Ce mot signifie celui qui anonce l'Evangile & la parole de Dieu au peuple, mais ne se dit que des quatre Saints que Dieu a choisis pour écrire l'histoire de Jesus-Christ, (Le prémier des quatre Evangelistes est saint Mathieu, le second S. Marc, le troisiéme S. Luc, & le quatriéme S. Jean.)
* Evangelistes, s. m. Terme de Palais. Ce sont ceux qui assistent le Raporteur, & qui verifient les piéces du procés par l'extrait. On dit aussi ce mot d'Evangeliste, à peu prés au même sens, à la Chambre des Comptes.
Evangile. Ce mot est masculin & féminin, mais bien plus ordinairement masculin que féminin. Le mot d'Evangile signifie en Grec, bonne nouvelle, mais aujourd'hui c'est un mot consacré qui se prend pour l'histoire de la vie de Jesus-Christ. (Le saint Evangile, Godeau. L'Evangile fut anoncé par toute la terre, Port-Roial. Jurer sur les saintes Evangiles. Il semble que ce ne soit qu'en cette façon de parler où Evangile puisse être féminin.)
S'EVANOÜIR, v. r. Tomber en foiblesse. (Il s'est évanoüi. Je me suis évanoüi.)
* S'évanoüir. Disparoître. (Tout ce qui se fait au monde étoit pour nous évanoüi, Voiture, poësies. Sa gloire est évanoüie. Voit. poës. Crois-tu que mes chagrins sedoivent évanoüir, Racine Iphigenie, a.2. s.1.)
Evanoüissement, s. m. Défaillance. (Il lui a pris un évanoüissement en se levant. Revenir d'un évanoüissement.)
EVAPORATION, s. f. C'est quand l'humidité superfluë des sels, ou autres corps en sort, ou s'éleve en vapeurs. (L'évaporation se fait par le moïen du Soleil, ou du feu.)
* Evaporation d'esprit. Extravagance.
S'évaporer, v. r. Aller en vapeurs. (Liqueur qui s'évapore.)
† * S'évaporer. S'emporter de colére. (C'est une femme qui s'évapore.)
* Evaporé, évaporée. Il se dit aussi des personnes, & signifie, Leger, Extravagant. (Esprit évaporé.)
EVASER, v. a. Terme de Jardinier. C'est ouvrir dans le milieu un arbre qui se serre trop. (Il y a de certains poiriers qui se serrent trop, & il les faut évaser.) On dit aussi s'évaser, c'est à dire, s'ouvrir. (Les poiriers de Beurré, s'évasent trop à dire, Quint. Jardins, T.1.)
EVASION, s. f. Fuite secrete. (Il fut irrité de son évasion, Maucroix, Schisme, l.1.)

EUC. EUD.

EUCHARISTIE, s. f. Ce mot d'Eucharistie est Grec, & signifie originairement Action de graces. Prononcez Eucaristie. C'est le corps & le sang de Jesus-Christ sous les espéces du pain & du vin, selon la créance de l'Eglise Romaine. L'Eucharistie, selon le sentiment de Messieurs de la Religion, c'est la communion du pain & du vin que Jesus-Christ a institué pour être le Sacrement de son corps & de son sang.
EUDOXE, s. m. Nom d'homme qui signifie, Qui est en réputation, Qui est célébre.

EVE. EUG.

EVECHÉ, s. m. Certaine étenduë de païs où un Evêque a soin que tous les Curez de son Diocese servent bien l'Eglise, instruisent les peuples qui leur sont commis, leurs administrent les Sacremens, &c.) Un bon Evêché. Un grand, célébre & fameux Evêché. C'est au Pape à ériger, transferer, ou démembrer une Evêché: mais il lui faut pour cela le consentement du Roi. Les Légats à latere ne peuvent ériger aucun Evêché. Fevret, traité de l'abus, l.1.)
Evêché. Maison de l'Evêque. (Il demeure à l'Evêché. L'Evêché est beau & bien bâti.)
Evêché. Terme de Géographe & d'Imager. Carte géographique des villes, villages, & riviéres d'un Evêché. (Donnez-moi l'Evêché de Sens.)
EVEILLER, v. a. Interrompre le sommeil de quelcun. (Eveiller une personne.)
* Cela sert à éveiller l'esprit. Abl. Ap.
* Eveillé, éveillée, adj. Gaillard. Gai. Vif. (Ils sont gaillards, éveillez & gentils, Voiture, poësies. Oeil éveillé.)
EVENEMENT, s. m. Tout ce qui avient. Tout ce qui arrive. (On heureux, ou fâcheux événement.)
EVENTAIL. Ce mot est masculin & féminin, mais le plus souvent féminin. Prononcez évantail. Petite peau qui est parfumée & enjolivée, qui est soûtenuë de petits bâtons plats qui servent à l'étendre & à la fermer & que les Dames portent à la main l'été pour se rafraichir un peu le visage. (Un bel éventail. Une jolie éventail.)
Eventailliste, s. m. C'est le Peintre qui ne fait que peindre des éventails.

EVENTAIRE, inventaire, s. f. Terme de Vanier. Le plus usité de ces deux mots, c'est Eventaire. (Prononcez évantire. La Quintinie, Jardins, T.1.p.94.) C'est un panier sans anses, long d'environ trois piez, large de deux, & fait d'osier vert. Les femmes qui vendent du fruit, des herbes, du poisson, portent leurs marchandises par la ville, sur l'éventaire, aïant attaché cette éventaire avec deux cordes, qu'elles se passent sous les aisselles.
EVENTER, v. a. Prononcez évanté. Donner du vent, donner de l'air. Faire ouverture. (Eventer une mine. La mine est éventée. Ces mots dans le propre veulent dire qu'on a fait une ouverture afin que la mine n'ait aucun éfet, & dans le figuré ils veulent dire que les desseins sont découverts.)
* Eventer. Découvrir. Divulguer. (Eventer un secret. Ablancourt.)
† * Eventer. Dissiper. Evaporer.
(† * Ils portent des chapeaux. Qui laissent éventer leurs débiles cerveaux. Moliere; Ecole des maris acte 1. scene 1.)
S'éventer, v. r. Ce mot se dit du vin & autre liqueur pleine d'esprits subtils. S'évaporer. (Si on ne bouche bien cette bouteille, le vin qui est dedans s'éventera. Vin éventé.)
* Eventé, éventée, adj. Ecervelé. Etourdi. (Il est un peu éventé. Elle est bien éventée.)
Eventer, v. a. Mettre quelcun au vent. (Il faut éventer le blé, de peur qu'il ne se corrompe. En tems de peste, il faut souvent éventer les meubles, les tapisseries & les habits, c'est à dire, les mettre au vent & les exposer à l'air.)
Eventer quelque personne. C'est lui faire du vent pour la rafraichir. (Les Indiens tiennent des gens à gages pour les éventer continuellement avec des plumes. On évente quelquefois les malades.)
S'éventer, v. r. Se donner du vent à soi-même. (Les Dames s'éventent l'été avec des éventails.)
* Event, s. m. Voiez Vent.
EVENTE, s. f. Terme de Chandelier. Espéce de cassette basse, plate & sans couvercle, divisée en trois ou quatre petits quarrez où l'on met de la chandelle défilée.
† Eventer, v. a. Tirer les entrailles hors du ventre de quelque animal. Mais il ne se dit guere.
EVEQUE, s. m. Successeur des Apôtres, établi par le S. Esprit, pour gouverner l'Eglise. Celui qui posséde la sixiéme dignité de l'Eglise, & celle qui est immédiatement inférieure à celle de l'Archevêque. (Un saint Evêque.)
EVERRER. Terme de Chasse. Oter un nerf de dessous la langue d'un chien, ce qui fait qui ne mord point. (Everrer un chien.)
S'EVERTUER, v. r. S'éforcer de faire quelque chose. (Il s'est évertué & a combatu comme un autre, & comme un autre on l'a tüé. Gon. Epi. l.1.)
EUGENE, s. m. Nom d'homme qui signifie en Grec, noble, genereux.

EVI.

EVICTION, s. f. Terme de Palais. En Latin evictio. Prononcez évicsion. Recouvrement qu'on fait en justice, d'une chose que nôtre partie averse avoit aquise de bonne foi.
EVIDENCE, s. f. Prononcez évidance. Certitude manifeste. (Mettre une chose en évidence. C'est la faire voir manifestement.)
Evident, évidente, adj. Clair. Visible. Manifeste. (Fausseté évidente. Preuve évidente.)
Evidemment, adv. Clairement. Visiblement. (Cela est évidemment faux.)
EVIDER, v. a. Terme de Tailleur. Couper en arrondissant. (Evider une manche.)
EVIER, s. m. Prononcez évié de deux silabes. Grande pierre un peu creusée, avec des rebords tout autour & un canal au milieu qu'on met dans les cuisines, & dont le canal passe dans la ruë, ce qui sert à jetter les eaux de la Cuisine dans la ruë, dans quelque cour, ou quelque égoût. (Un bel évier.)
EVINCER, v. a. Terme de Palais. Recouvrer en justice une chose que nôtre partie averse avoit aquise de bonne foi. On l'a évincé.
EVITER, v. a. Echaper. Fuïr. Se sauver de quelque chose de fâcheux. (La mort n'est pas un mal que le prudent évite. Mai. Poës. Il faut éviter le péché, les mauvaises compagnies, &c. Eviter des embaches. (C'est une chose qui ne se peut éviter.)

EUN. EVO. EUS.

EUNUQUE, s. m. Du Latin Eunuchus. Châtré. (Un grand, ou un petit, Eunuque. Bagoas étoit un fameux Eunuque. Il étoit Eunuque de Darius; & aprés la mort de ce Prince, on fit present à Alexandre, de l'Eunuque Bagoas, qui étoit beau par excellence, & qu'Alexandre aima autant que Darius l'avoit aimé. Vaug. Q. Curce. l.6. ch.5.)
EVOCATION, s. f. Paroles à la faveur desquelles on apelle quelque esprit. (L'évocation des esprits.)
Ce mot se dit ordinairement des mauvais Anges.
Evocation, s. f. Terme de Palais. Action d'évoquer. (Il y a requête

… EXA EXC 343

requête pour l'évocation du principal. *Patru, plaidoyé* 12.)
ÉVOLUTION, *s. f.* Il vient du Latin. Prononcez *évolucion*. Terme de guerre, qui se dit en parlant de l'Infanterie. C'est le mouvement & l'exercice des armes, qu'on fait faire aux soldats, pour les dresser à leur aprendre le métier de la guerre, & à s'aquiter de leurs devoirs dans l'occasion. Montrer, aprendre, (sçavoir les évolutions.)
ÉVOQUER, *v. a.* Apeler à soi par le moien de certaines paroles. (Evoquer les esprits.)
Evoquer. Terme de *Palais.* Ce mot se dit des Juges superieurs qui tirent à eux un procés pendant devant un Juge de leur ressort. (Le privé Conseil a évoqué l'afaire.)
EUPATOIRE, *s. f.* Plante médecinale.
EUPHORBE, *s. f.* Plante médecinale.
EUPHRAGE, ou *Eufraise, s. f.* Plante médecinale.
EUROPE, *s. f.* L'une des quatre grandes parties du Monde, située dans l'ancien Continent, au couchant de l'Asie.
EURIPE, *s. m.* Détroit de Mer, qui est entre la Béotie & l'Ile de Négrepont fameux par ses divers flus & reflus.
EUSTACHE, *s. m.* Prononcez *Ustache.* Nom d'homme. (Eustache est grand.)

E X A.

EXACT, *exacte, adj.* Qui a de l'exactitude. Qui est fait ou travaillé avec soin. Soigneux. (Homme *exact*, *exacte* recherche. *Vau. Rem.*) Ce mot *exact* se prononce comme s'il étoit écrit *egzat.* Il demande après soi la particule *à*, & veut à l'infinitif, le verbe qui le suit & qui en dépend. (L'Eglise est *exacte* à nommer les trois Persones Divines à la fin des Himnes. *Port-Roial.* Les Rois sont plus *exacts* à punir ce qui blesse leur caractère, que *faciles* à pardonner par le mouvement de la nature. *Si Evremont.*)
Exaction, s. f. Prononcez *egzaccion.* C'est l'action d'éxiger & de tirer des gens quelque chose, d'une maniére injuste & violente. (Acuser d'exaction. *Patru plaid* 9.)
Exactitude, s. f. Soin qu'on prend à faire quelque chose. Sorte de ponctualité. (Ecrire avec une grande *exactitude.* Travailler avec *exactitude.* Se piquer d'*exactitude.* Avoir de l'*exactitude.*)
Exacteur, s. m. Il signifie proprement celui qui exige. (Les Exacteurs des tailles.)
Exacteurs. Ce mot se prend aussi en mauvaise part, & se dit de celui qui exige plus qu'il ne lui est dû.
EXAGÉRATION, *s. f.* En Latin *exaggeratio.* Prononcez *egzagéracion.* Figure de *Rétorique.* Ce sont des paroles par lesquelles ou augmente & on pousse un peu au delà de la vérité, la valeur des choses, ou le mérite des gens. (Une belle, ingénieuse & judicieuse *exagération.* Qui voudroit ôter à l'amour les exagérations & les hyperboles, il y a un peu d'exagération en tout ce qu'il dit du mérite de sa famille.)
Exagérer, v. a. C'est augmenter & agrandir par le moien des paroles. (Il exagère fort les choses dont il parle.)
EXALAISON, V. *Exhalaison.*
Exaler. Voïez *exhaler.*
EXALTATION, *s. f.* Terme d'*Astrologie*, qui se dit des planetes. Une planete est dans son *exaltation* lorsqu'elle est dans le signe où les Astrologues lui atribuent le plus de vertu, d'eficace & d'influences, comme le *Soleil* dans *Aries*, la *Lune* dans le *Taureau*, &c. nommant la *déjection* d'une planete le signe oposé à celui où elle est en son *exaltation.*
* *Exaltation.* Ce mot au figuré est consacré à quelques façons de parler. (On dit l'Exaltation de la Croix. L'Exaltation sainte Croix. L'Exaltation de la Foi.)
* *Exaltation.* Création. Elévation. (Exaltation du Pape. Les jours de son exaltation furent les jours de vôtre gloire. *Patru, éloge de M. de Belliévre.*)
Exalter, v. a. Elever par des paroles. Louër. (Ils exaltoient la taille & la valeur des Allemans. *Abl. Cés. l.* 1. Il est tems d'entendre cet incomparable Avocat soutenir l'honneur des Muses & *exalter* la gloire de la poësie. *Patru, Oraison pour Archias.*

Je pourrois dans quelque Ode insipide
T'*exalter* aux dépens & de Mars & d'Alcide.
Dép. Epître 1.)

Exalter. Ce mot se dit en *Chimie.* Dépouiller de toutes choses impures. (Exalter quelque esprit, ou quelque essence. *Glas. l.* 1.)
EXAMEN, *s. m.* Demandes que font les examinateurs à ceux qui se présentent à eux pour en être interrogez. (Un examen un peu rigoureux.)
Examen de conscience. Réflexion qu'on fait sur sa conduite avant que de se confesser.
Examen à futur. Terme de *Palais.* C'est en vertu de lettres Roïaux faire ouïr des témoins sur de certains faits avant que d'intenter un procés, ou durant le cours du procés, & cela à cause qu'on craint que ces témoins ne s'absentent, ou ne meurent.
Examinateur, s. m. Celui qui est choisi pour examiner. (On lui a doné des examinateurs fort doux.)

Examiner, v. a. Voir si une personne est capable. L'interroger sur quelque chose qu'elle doit savoir, afin de voir sa capacité. (Examiner une personne.)
On dit aussi examiner un criminel, c'est à dire, l'interroger pour découvrir s'il est coupable.
* *Examiner, v. a.* Considérer attentivement. Péser mûrement. (Il faut examiner les choses par la raison. *Pas. l.* 5. Examiner une question. Examiner les principes de la grace. *Pas. l.* 1. Examiner une afaire.)
EXARQUES, *s. m.* Terme d'*Eglise.* Les Exarques étoient les Chefs des grans Dioceses. Ils étoient au dessus des Metropolitains. Ils jugeoient des diférends qui pouvoient naître entre un Métropolitain & son Ecclésiastique. Ils aidoient à terminer dans leurs Conciles Diocéseins, ou Nationaux les diférends qu'on n'avoit pu finir dans les Conciles Provinciaux. Le *P. Tomassin, Discipline de l'Eglise,* 1. *partie, ch.* 4.
Exarque, s. m. Ce nom étoit le titre d'un Gouverneur que les Empereurs Grecs ont tenu durant quelque tems en Italie & qui demeuroient à Ravenne, pour la deffendre contre les Lombards. Narses aiant chassé les Gots de Ravenne, l'Empereur Justinien envoia Longin pour être *Exarque* en Italie. Il y eut des Exarques à Ravenne durant environ 175. ans, jusqu'à ce que les Rois des Lombards les en chasserent, & que Pepin s'étant rendu maître des Etats du Roi de Lombardie, donna à l'Eglise tout l'Exarcat de Ravenne. Le *P. Lubin, Mercure Géografique.*
Exarquat, ou Exarcat, s. m. C'est aussi le nom de la dignité de l'Exarque de Ravenne. [L'exarcat de Ravenne est fameux.]
Exarquat, s. m. Ce mot signifie aussi le tems pendant lequel une personne a été Exarque. [Durant son Exarquat, il gagne le cœur de tout le monde.]
Exarquat, s. m. Terme d'*Eglise.* Prononcez *Exharkat.* C'étoit l'étendue du païs qui relevoit de l'Exarque.
EXAUCER, *v. a.* Ce mot se dit ordinairement en parlant de Dieu, à l'égard de ceux qui le prient, & il veut dire écouter favorablement. [Dieu *exaucera* les prières des gens de bien. *Arn. Exaucez-moi*, mon Dieu, lorsque je vous invoquerai. *Port-Roial, Pseaumes.*

Que le Seigneur t'*exauce* au jour de la tempête,
Que l'ombre de son Nom mette à couvert ta tête.
God. poës.]

E X C.

† EXCAVATION, *s. f.* L'action de creuser.
EXCÉDER, *v. a.* Aller au delà d'une certaine chose qui doit être réglée. [Il excéde le prix ordinaire. *Abl.* Il n'excéde pas le plus haut prix des étofes de cette sorte. *Pasc. l.* 8.]
† *Exceder, v. a.* Ce terme se dit pour les *gens de pratique.* Il signifie *batre* par excés. [Ils ont excédé cruellement cet homme-là.] Ils disent aussi que celui qui *excéde* son pouvoir est sujet à être desavoué.
EXCELENCE, *s. f.* Qualité excélente qui est en quelque sujet & qui l'élève au dessus des autres. Degré de perfection particuliére. Degré de bonté particuliére. [L'excellence des ouvrages de Dieu. *Arn.* J'admire l'excellence de son esprit. *Ablancourt.* Cela est bon par excellence. Cela est dit par excélence.]
Excelence, s. f. Ce mot est aussi un titre, qu'on donne aux Persones étrangéres, qui sont constituées en grande dignité & emploiées dans le Ministére des afaires d'Etat ; ou chargées de quelque négociation importante, comme d'Ambassade, de Paix, de Mariage, de Souverains, de Princes & de Princesses. [Je répondis à D. Loüis de Haros que M. de Lione étoit malheureux ; puis qu'il avoit déplû à *Son Excellence* le Cardinal Mazarin, mémoires du secret de la négociation de la Paix de Pirenées.]
Excelent, excelente, adj. Ce mot se dit des choses & des persones & il signifie. Exquis. Qui a un degré de bonté particulier. Qui a un mérite qui le distingue des autres. [Melon excélent. Vin excelent. Ragoût excélent. Esprit excelent. Homme excelent. Cela est excélent en son genre.]
Excelement, adv. D'une maniére excélente. [Cela est excélement dit.]
EXCELER, *v. n.* Surpasser par quelque qualité excélente & qui distingue des autres. [Il excéle en son art. Il excéle par dessus tous les autres.]
EXCENTRIQUE. Terme de *Géométrie & d'Astronomie.* Ce mot se dit à l'égard des cercles & des sphéres, & signifie qui a une autre centre que celui d'un autre cercle ou d'une autre sphére, ou un autre centre que celui qu'on supose être le centre du monde. [Cercle excentrique. Sphére excentrique. Le Soleil fait son cours dans un cercle excentrique.]
Excentricité, s. f. Terme d'*Astronomie.* C'est la distance entre les centres des cercles qui ne sont pas concentriques. [Trouver l'excentricité du Soleil.]
EXCEPTER, *v. a.* Réserver. Tirer du nombre des autres. [Il done sans fans rien *excepter.* Quand il raille les sots, il les daube sans en *excepter* aucun de ceux qu'il connoît.]
Excepter. Terme de *Grammaire.* Tirer du nombre des mots qui

EXC EXC

qui fuivent la régle générale. (Ce mot eft excepté. Il faut excepter ce mot.)

Excepté. Prépofition qui fignifie *hormis* & qui régit l'accufatif. (Il commanda de paffer tout au fil de l'épée *excepté* les jeunes enfans. *Ablancourt.*

Exception, f. f. Elle confifte à excepter & tirer du nombre des autres. (Il faut faire quelque *exception* parmi les perfonnes.)

Exception, f. f. Terme de Grammaire. Régle particuliére & qui ne fuit pas la régle générale (Il n'y a point de régle fans *exception.* C'eft une *exception* à la régle générale.)

Exception. Terme de Droit. Moien par l'quel on fe défend d'une demande. (Il n'y a point d'excufe, il n'y a point d'*exception*, il eft en mauvaife foi. *Patru, 3. plaid.* Alleguer quelque exception. Il a été debouté de fes *exceptions*.)

Excez, f. m. Ce qui eft fuperflu Ce qui eft de trop, foit dans le boire & le manger, dans les habits, ou autre chofes. (Il y a là de l'excés. Faire des excés.

* **Excés.** Ce mot vaut prefque autant à dire que *grand.*
  Un excés de beauté me force à l'adorer ;
  Un excés de rigueur me défend d'efpérer.
  Sar. poëf.

* **Excés.** Eforts exceffifs. Eforts amoureux. (Les nouveaux mariez font fujets à faire des excès qui épuifent leurs forces. *Abl. Apoph.*)

* **Excés.** Déreglement. Défordre en quelque forte de chofe que ce foit. (Leurs *excés* font beaucoup plus grauds dans la morale que dans leur doctrine. *Paf. l. 4.*)

Exceffif, exceffive, adj. Qui va à l'excés, où il y a de l'excés. Trop grand. (Travail exceffif. Peine exceffive. La dépenfe des repas d'Antoine, & de Cléopatre étoit exceffive. *Citri, Triumvirat.*)

Exciter, v. a. Pouffer Inciter, Encourager. Emouvoir. (Exciter le peuple à la révolte. Exciter les foldats à prendre les armes. Exciter une fédition.)

Exclamation, f. f. Figure de Rétorique, qui fert à exprimer quelque mouvement de l'ame. (Exclamation patétique. Exclamation touchante, ingénieufe. Le difcours d'une perfonne affligée eft rempli d'exclamations. Exemples, Hélas ! je m'en puis plus. O ciel ! O terre ! tout eft perdu, &c.)

Exclurre, v. a. J'exclus, j'ai exclus Donner l'excufion. (Exclurre quelqu'un d'un emploi par de certains biais. *Mémoires de M. le Duc de la Roche-Foucaut.* Exclurre un Prêtre de l'Autel, *Paf. l. 6.* Exclus de Sacremens, *Paf. l. 6.*)

Exclufif, exclufive, adj. Qui exclut. Qui peut exclurre. (Voix exclufive. Claufe exclufive.)

Exclufion, f. f. En Latin *exclufio.* C'eft un acte par lequel on n'admet point une perfonne à jouïr de quelque avantage. (Exclufion légitime, fage, judicieufe. Ils croioient que cela feul lui devoit donner l'*exclufion*, *Mémoires de M. le Duc de la Roche-Foucaut.*)

Exclufivement, adv. C'eft à dire, que la chofe dont on parle eft hors de compte. (Cela fe fera dans fept jours *exclufivement.*)

Excommunication, f. f. Cenfure Eclefiaftique qui en punition d'un péché confidérable, fépare de la Communion des Saints, & de la participation de biens fpirituels de l'Eglife.

Excommunication majeure. C'eft une féparation du corps des fidelles. **Excommunication mineure.** C'eft l'interdiction des Sacremens. **Excommunication de droit** eft celle qui a été ordonnée par forme de Loi dans les Conciles. (Fulminer une excommunication. Lever l'excommunication. *Eve. c. 12.* Encourir excommunication, *God.*)

Excommunié, f. m. Retranché de la Communion & de la participation des biens des fidelles de l'Eglife. (On eft obligé d'éviter les excommuniez qui ont été dénoncez Etre excommunié de droit. Etre excommunié de fait. *Eve.*)

* † *Vifage d'excommunié.* C'eft à dire, Vifage afreux, morne, défait.

* ‡ *C'eft un excommunié.* C'eft à dire, Un fcélérat. Un méchant.

Excommunier, v. a. Terme d'Eglife, Séparer de la Communion des fidelles & de la participation des biens fpirituels de l'Eglife. (C'eft abufivement qu'on excommunie les animaux, car il n'y a que l'homme batifé qu'on puiffe excommunier. *Eve.* Un Pape peut excommunier un Roi, quand il s'agit de foi , de profanation de Sacremens & de facrilege. Mais avant que d'excommunier ce Roi, il le doit avertir de fe corriger ; & il ne le peut excommunier à moins qu'il ne foit opiniâtre. On n'excommunie point les Oficiers du Roi pour faire leur charge envers leur Maître; mais on les excommunie feulement lorfqu'ils ufurpent fur les droits de l'Eglife, *Evret, traité de l'abus, l. 1. c. 6.*)

Ex-compte, &c. Voiez *Efcompte.*

† **Excoriation,** f. f. Terme de Chirurgien. Ecorchure.

† **Excréceuce,** f. f. Terme de Chirurgie. C'eft une chair fuperfluë qui croit en quelque endroit du corps : comme les loupes , les poireaux, &c.

Excrément, f. f. Partie inutile des viandes qui fort du corps par les conduits naturels. (Excrement groffier. Ils ne rendent point d'autres *excremens* que des vapeurs, *Abl. Luc. Tome 3.*)

† **Excrementeux, excrementeufe,** adj. Terme de Médecin. Qui tient de l'excrément. (Humeur excrémenteufe.)

† **Excretion,** f. f. Terme de Médecin. C'eft l'action par laquelle la nature pouffe au dehors les mauvaifes humeurs qui lui nuifent. (La plû-part des crifes fe font par *excrétion*.)

Excroc, excroquer, V. *Efcroc & Efcroquer.*

Excufable, adj. Ce mot fe dit des chofes & des perfonnes. (Sa faute n'eft pas excufable. *Ablanc.* Il n'eft pas excufable. *l'au. Rém.*)

Excufe, f. f. Paroles honnêtes par lefquelles on s'excufe où l'on excufe quelcun. Prétexte fpécieux qu'on prend pour ne pas faire une chofe. (Faire excufe à quelcun. Recevoir une excufe d'une perfonne. Donner une excufe raifonnable. Son excufe eft frivole.)

† *Demander excufe.* Cette façon de parler eft condamnée par les gens qui parlent bien. Ils difent , *je vous demande pardon.*

Excufer, v. a. Exemter de faute. Difculper. Faire en forte qu'on ne trouve pas mauvais. (Excufer quelcun de péché. *Paf. l. 4.* Je vous prie tres-humblement de m'excufer. Je vous ai *excufé* auprès de vôtre ami.)

S'excufer, v. r. Prendre quelque prétexte pour fe difculper. Prier qu'on nous pardonne. (Il s'excufe fur fa pauvreté. *Abl Luc. Tome 1.* Elle s'*ex-ufa* fur ce qu'elle n'avoir jamais vû le Roi. *Vau. Quin. l. 3.* Elles envoierent des députez pour s'excufer de ce qu'elles avoient prêté l'oreille à la révolte *Abl. Ar. l. 1.* Il s'eft *excufé* en galant homme, & on a reçu fes excufes.)

EXE.

Exeat, f. m. Terme de Colege de Paris. Ce mot eft Latin, & fignifie *qu'il forte.* Pouvoir de fortir. (Son Précepteur lui a donné un exeat.)

Exeat, f. m. Terme d'Ecclefiaftique. C'eft une aprobation écrite par l'Archevêque, l'Evêque, ou leur grand Vicaire, en leur abfence, par laquelle on donne permiffion à un Prêtre du Diocefe qui eft établi en un autre , & d'y faire les fonctions d'Ecclefiaftique , comme perfonne de probité & de mœurs. Cet Exeat eft écrit en Latin.

Execrable, adj. Horrible. Détestable. Abominable. (Crime exécrable, Action exécrable. Se rendre *exécrable* devant Dieu & devant les hommes. *Abl. Rot. l. 2. c. 3.*)

Exécration, f. f. Horreur. (Ton nom eft en exécration à ta patrie. *Abl. Luc. Tome 1.*)

Exécration, imprécation. V. *Imprécation.*

Executer, v. a. Mettre à exécution. Faire. Acomplir. Achever. Finir. Terminer. (Exécuter un traité. *Abl.* Ils veulent qu'on *exécute* le teftament. *Le Mai.* Exécuter les ordres de quelcun. Il a exécuté fon deffein.)

Exécuter. Ce mot fe dit en parlant de criminel , & il fignifie, *faire mourir.* (On exécuta les Auteurs de la révolte. *Vau. Quin. l. x. c. 1.*)

Exécuter. Terme de Pratique. Faire emporter les biens d'une perfonne en vertu d'une fentence. (On l'a envoié exécuter chez lui par des Sergens.)

Exécuteur, f. m. Boureau. C'eft celui qui exécute les arrêts & les fentences criminelles de la Juftice. (L'éxécuteur de Paris eft adroit à couper le cou.)

Exécuteur teftamentaire. Exécuteur du teftament. Celui qui acomplit les derniéres volontez de la perfonne qui a fait un teftament.

Exécution, f. f. Achevement & accompliffement d'une chofe qu'on doit faire. (L'Architecture pratique eft la connoiffance qu'on a aquife fur l'*exécution* & la conduite des bâtimens. Ils demandoient l'exécution du traité. *Abl. A.* Ils veulent l'*exécution* du teftament. Mettre fon deffein en exécution.)

C'eft un homme d'exécution. C'eft à dire, il exécute hardiment une entreprife.

Exécution. Punition de criminel par la main du bourreau. (C'eft de fa mort, & de fon *exécution* que parle faint Auguftin. *Port-Roial.*)

Exécution. Terme de Pratique. Enlevement de meuble. (L'*éxécution* a été déclarée tortionaire.)

Exécution, f. f. Ce mot dit en parlant de mufique & de chant. C'eft la maniére de chanter. (Une exécution ingénieufe, agréable, charmante. Pour la maniére de chanter, que nous apellons en France , *exécution* , aucune Nation ne fauroit la difputer à la nôtre. Ils ont profité de nôtre commerce de chanter pour la propreté d'une exécution polie. Ils trouvent dans le fecret de l'exécution , comme un charme pour nôtre ame. S. Evremont, *p. 501, 503, 506.*)

Exécution, f. m. Terme de Pratique. C'eft la commiffion d'un Juge pour mettre à *exécution* la taxe des dépens qu'il a jugez , ou la fomme qu'il a taxée pour le faport du procès, pour les épices, ou autre chofe.

Exécutoire, adj. Qui doit & peut être exécuté. Le Contract eft exécutoire. La taxe de dépens a été déclarée exécutoire.)

EXEMPLAIRE

EXE

Exemplaire, *f. m.* Copie de quelque ouvrage. (Exemplaire corrompu. *Ab.* Le Libraire ne lui donne que deux exemplaires de son livre.)

† *Exemplaire*, *f. m.* Modéle à imiter. (Cette femme est un exemplaire de vertu.)

Exemplaire, *adj.* Qui donne bon exemple. Illustre par de bons exemples & une sage conduite. (Mener une vie exemplaire. *Abl.* C'est une punition exemplaire. *God.*)

† *Exemplairement*, *adv.* D'une maniére exemplaire. (Vivre exemplairement. Les crimes scandaleux doivent être punis exemplairement.)

Exemple, *f. m.* Action vertueuse, ou vicieuse qu'on doit imiter, ou qu'on doit fuir. (Les mauvais exemples sont contagieux. *Patru, plaid.*7.)

* *Exemple*. Modéle. Conduite dans la vie. Chef-d'œuvre de Pieté. (C'est un *exemple* vivant de fobrieté. *Abl. Luc. Tome* 1. Suivre l'*exemple* de Jesus-Christ. Pour se rendre habile il faut imiter les grans *exemples* de l'antiquité.

Je vous promets, Iris, que vous verrez en moi
Un exemple éternel de constance & de foi.
La Suze, poëf.)

Exemple, *f. f.* Terme de *Maître à écrire*. Modéle d'écriture que les écrivains donnent à leurs écoliers. (Une bonne exemple. Une exemple bien faite. Faire une exemple.)

Exemple, *f. f.* Il signifie aussi ce que les écoliers écrivent dans une page sous le modéle & l'exemple de leur maître, (Ecrire son exemple.)

Exemple, *f. m.* Terme de *Rétorique*. Raisonnement par lequel on prouve un fait particulier par un autre qui lui est semblable.

Faire un exemple sur des gens de néant. C'est à dire, en punir quelques-uns des moins considérables, pour donner exemple aux autres.

Par exemple, *adv.* On s'en sert quand on veut proposer un exemple.

Exemption, *f. f.* Privilege qui exemte de quelque charge. (Les *exemptions* Ecclésiastiques.)

Exemt, exemte, *adj.* Prononcez *examt*. Qui est délivré de faire quelque charge. Qui a quelque exemption. (Il est *exemt* de taille. Elle est *exemte* de jeûner.)

Exemt, exemte, *adj.* Il signifie quelquefois simplement celui qui n'est pas sujet à quelque foiblesse. (Il est exemt de passion. Etre exemt des infirmitez ordinaires.)

† * On dit en raillant & par une maniére de proverbe d'un homme qui se tient sans rien faire pendant que ses compagnons travaillent, *qu'il est exemt de bien faire*.

Exemt, *f. m.* Sorte d'Oficier dans les gardes du corps qui commande après les Lieutenans & Enseignes. (C'est un Exempt.)

Exemter, *v. a.* Donner éxemption. Délivrer. (Exemter un vilage de soldats. On l'*exemte* de païer la taille. S'*exemter* de blâme. S'exemter de porter les armes. Exemter quelcun de quelque peine.)

Exercer, *v. a.* Mettre en usage, ou en pratique quelque chose qu'on aprend, ou qu'on fait. Faire. (Exercer une charge. Exercer la médecine. Exercer la vertu. *Arnaud.*)

Exercer, *v. a.* Faire agir pour donner quelque habitude. (Exercer un cheval à la course, au manége, &c. Exercer ses jambes.)

* Exercer son esprit, sa mémoire, &c.

* Exercer sa patience.

* Exercer une empire tirannique sur ses sujets.

S'exercer, *v. r.* S'apliquer à quelque éxercice. (S'éxercer à la chasse. *Abl. Ret.l* 1. S'éxercer à étudier. *Ablancourt.* Il s'éxerce aux armes, au manége, à la lute & aux autres éxercices du corps. *Abl. Luc.*)

Exercice, *f. m.* Action de la personne qui s'éxerce. Occupation. (Un bel éxercice. La chasse est un éxercice fort beau & fort honnête. S'adonner à quelque éxercice. *Vau. Quin.* S'adonner aux éxercices de piété. Un éxercice violent & pénible.) On dit des soldats qu'on dresse à manier les armes, qu'on leur fait *faire l'éxercice.*

EXF. EXH.

† **Exfumer**, *v. a.* Terme de *Peinture*. C'est éteindre une partie de quelque portrait, ou d'autre ouvrage, qui paroit trop ardente. (Il faut *exfumer* cette partie-là, parce qu'elle paroit trop forte en couleur.)

Toutes les *H* des mots de cette colonne ne se prononcent point, & on croit même qu'il n'y auroit pas grand mal quand on les retrancheroit.

Exhalaison, *f. f.* Terme de *Phisique*. Air subtil, sec & spiritueux qui s'exhale & sort du corps. (Une douce, ou forte exhalaison. Il sort des mines des exhalaisons arsenicales & vitrioliques, qui sont fort dangereuses.)

Exhalaison. Ce mot se dit en Phisique des petits corps secs & ménus qui sortent continuellement de la terre. (On croit que les *vapeurs sortent de l'eau, & les exhalaisons de la terre.*)

Exhaler, *v. a.* Ce mot se dit des exhalaisons & des vapeurs, & signifie sortir & aller en haut. (La terre exhale des vapeurs.)

Exhaler. Ce mot se dit en Chimie. (On fait exhaler les corps secs)

[* Horace après Lucile
Exhaloit en bons mots les vapeurs de sa bile.
Déspreaux, Satire 7.

* Sa grande ame s'exhale. *Benserade, Rondeaux.*]

S'exhaler, *v. n.* S'évaporer. S'élever en l'air. [L'esprit de vin s'exhale facilement.]

* *S'exhaler*, *v. n.* S'évaporer. Se passer. ſ La douleur s'exhale par les soupirs & par les plaintes. La colére s'exhale en injures.]

Exhaussement, *f. m.* Terme d'*Architecture*. Hauteur, élévation d'un plancher, ou d'une voûte.

Exhausser, *v. a.* Terme d'*Architecture*. Elever. (x hausser un bâtiment. Plancher fort exhaussé.)

Exheredation, *f. f.* Terme de *Palais*. Acte par lequel pour de justes causes on deshérite une personne qui devoit nécessairement hériter de nous. [Les *exhéredations* sont odieuses. *Patru, plaidoyé* 6. Les exhéredations obligent les enfans à conserver à leurs péres le respect qu'ils leur doivent. *Le Maît.*]

Exhéreder, *v. a.* Terme de *palais*. Deshériter. [Un fils exhérédé. *Patru, plaidoyé* 6. Il a exhérédé sa fille. *Le Maît. V. Deshériter.*]

Exhiber, *v. a.* Ce mot est un terme de *Palais*. Il vient du Latin *exhibere* & signifie *représenter*. [Il est obligé d'exhiber ses titres.]

Exhibition, *f. f.* Terme de *Palais*. Représentation de quelques pièces. [Les parties ont fait exhibition de leurs contrats & autres piéces.]

Exhortation, *f. f.* Discours qui exhorte. Paroles qui portent à embrasser la vertu. [Je reçoi de tout mon cœur les *exhortations* que vous me faites là-dessus. *Voit.l.*71.]

Exhorter, *v. a.* Tâcher de persuader à faire ce que nous voulons. Obliger. Porter à quelque chose. [Il l'*exhortoit* d'entreprendre quelque chose digne de sa naissance. *Vau. Quin.l.*3. Il m'exhorte à faire violence. *Paſ.l.*5. Il n'y a rien qui *exhorte* tant à bien mourir que de n'avoir point de plaisir à vivre. *Voit.l.*71. Exhorter à la paix, à la patience, &c.]

† **Exhumation**, *f. f.* Ce mot est Latin. Prononcez *eczumation*. Il signifie l'action par laquelle on déterre un corps enterré, & souvent cela se fait par ordonnance de Justice. [On ordonne l'*exhumation* d'un corps enterré quand on prouve qu'il a été tué dans un duel.]

Exhumer, *v. a.* Déterrer un corps par ordonnance de Justice. ſ On doit *exhumer* ce corps, pour voir s'il n'est point mort de poison.]

EXJ. EXI.

Ex Jesuïte, *f. m.* Celui qui a quité l'habit de Jésuite. [C'est un ex-Jésuite.]

Exiger, *v. a.* Du Latin *exigere*. Demander quelque chose de quelcun. Tirer quelque chose d'une personne. [Je n'ai point *éxigé* ni fermens, ni promesse. *Déspreaux, Lutrin, Chant.*2. Exiger des tributs. Exiger le paiement d'une dette. Exiger des intérêts, des censes, &c.

Exigible, *adj.* Qui peut exiger. [La dette est créée, mais elle n'est pas encore *éxigible. Patru, plaid.*3.page 40.)

† *Exigence*, *f. f.* Terme de *Palais*, qui n'est en usage que dans cette façon de parler *selon l'éxigence du cas*, c'est à dire, selon que la chose le mérite, ou le demande.

Exil, *f.m.* Bannissement. C'est l'ordre par lequel une personne est envoiée par un pouvoir absolu, & pour quelque faute hors de son païs, ou en quelque miserable lieu, pour y être un certain espace de tems. [Envoier en éxil.]

† * *Exil*. Ce mot se dit quelquefois par raillerie & veut dire. Absence. Eloignement.

Exilé, *f. m.* Banni. Qui est en éxil. [On fit rapeller les éxilez. *Ablancourt.*]

† * *Exilé*, *f. m.* Ce mot se dit quelquefois en raillant & signifie. Eloigné. Absent.

Exilé, exilée, *adj.* Envoié en éxil. [Il est éxilé. Elle est éxilée.]

Exiler, *v. a.* Banir. Envoier en éxil. [Auguste éxila Ovide.]

* *S'éxiler*, *v.r.* Se banir. S'éloigner. S'absenter. Se retirer.
[Ma raison, loin de moi se tenoit éxilée. *Voit. poëf.*
Pourquoi s'enfermer, s'éxiler, ne se voir, ni se parler. *Benserade.*]

Existence, *f. f.* Terme de *Philosophie*. C'est ce qui fait qu'une chose existe & est dans la nature des choses. [On parle de l'*éxistence* des êtres naturels. L'éxistence de Dieu est de son Essence.]

Exister, *v. n.* Etre dans la nature des choses. [Ce qui n'*existe* plus, ne diffère en aucune façon du néant. Dieu éxiste par lui-même. Plusieurs choses ont été, qui n'éxistent plus à présent.]

EXO.

Exode, *f. m.* Ce mot est Grec & signifie *sortie*. C'est le nom du second livre de Moïse.

† **Exoine**, *f. f.* Terme de *Palais*. C'est un certificat en bonne forme

forme par lequel on prouve l'impossibilité où l'on est de se trouver en personne en quelque lieu où l'on devoit aller.

† EXORABLE, adj. Ce mot est Latin, & signifie qui peut être fléchi par des prières, ou par des raisons. Il est moins en usage que son contraire inexorable.

EXORBITANT, exorbitante, adj. Excessif. (Faire une dépence exorbitante.)

Exorbitamment, adv. Excessivement. (Dépencer exorbitamment.)

EXORCISER, v. a. Terme d'Eglise. User d'exorcisme pour chasser le Diable du corps d'un possedé. (Exorciser un possedé.)

* † Il y a quelques heures du jour où le bon Père m'exorciseroit. Voit. l. 88.

Exorcisme, s. m. Cérémonie dont l'Eglise se sert par le moien de ses Ministres pour chasser les Démons.

Exorcisme, s. m. Ce mot se prend aussi pour une sorte de charme, qui consiste à dire certains vers, ou de certaines paroles, pour produire des éfets merveilleux & surnaturels. Ces exorcismes sont condannez, parce qu'ils sont superstitieux. Thiers, supers, ch. 32.

Exorciste, s. m. Ecléfiastique qui a la puissance d'exorciser.

EXORDE, s. m. Terme de Rétorique. C'est la première partie d'un discours oratoire. (L'éxorde doit être tiré des lieux des personnes, ou des circonstances des choses. (Faire un bel exorde.)

EXORTATION, s. m. V. Exhortation ; exhorter.

EXP.

EXPECTATIF, expectative, adj. Terme d'Eglise. Ce mot se dit en parlant de Grace. V. Grace.

Expectative, s. f. Terme de Téologien. Acte de Sorbonne qui se soutient par un Ecolier de Téologie pour s'exercer. Cet acte se fait avant la vesperie des licentiez, en attendant que les Docteurs arrivent qui doivent argumenter à la vesperie.

EXPEDIENT, s. m. Prononcez expediant. Moien. Voie pour faire quelque chose. (Donner des expédiens. Pas. l. 6. Fournir des expédiens pour faire quelque chose. M. le Duc de la Rochefoucaut. On prit l'expédient de négocier par les députez. Mémoires de M. le Duc de la Roche-Foucaut.)

Expédient, expédiente, adj. Ce qui est à propos de faire. Ce qu'il faut faire. (Cela est expédient.)

Expédier, v. a. Dépêcher. Faire promptement. (Expédier une afaire.)

† * Expédier. Tuër. Faire mourir. († * Il n'en faut pas davantage avec une direction d'intention pour expédier un homme en sûreté de conscience. Pas. l. 7.)

Expéditif, expéditive, adj. Qui expédie. Qui fait vîte (C'est un homme expéditif.)

Expéditif, expéditive, adj. Qui dépêche, qui expédie vîte. (N. & N. sont les Médecins de la faculté d'eau douce les plus expéditifs, un pauvre malade ne dure rien entre leurs pattes.) V. Médecins.

Expédition, s. f. Exploit de guerre éclatant. (Il ne s'est jamais veu d'expédition plus heureuse que celle d'Alexandre. L'expédition de Cirus contre Xerxes. Abl. Rét.)

Expédition. Terme de Palais. Copie de toutes sortes d'actes de justice. Copie en papier, ou en parchemin qui font foi de tout ce qui est contenu dans la minute, laquelle doit être signée des Notaires, & non pas des Parties.

Homme d'expédition. C'est à dire, un homme expéditif.

EXPERIENCE, s. f. Action de la personne qui expérimente, qui éprouve, & essaie. Savoir. Connoissance. (Faire quelque petite expérience. Avoir une grande expérience. Avoir une parfaite expérience d'une chose. Connoître une chose par expérience.)

† Expérimental, expérimentale, adj. Qui s'aquiert par expérience. (Connoissance expérimentale.)

Expérimenter, v. a. Eprouver. Essaier. Faire expérience. (Il faut expérimenter cela.)

Expérimenté, expérimentée, adj. Qui a de l'expérience. (Ils étoient expérimentez à la guerre. Vau. Quin. l. 3.)

Expert, experte, adj. Savant. Consommé & accompli en quelque chose. Expérimenté. (Il est expert en cela. C'est un homme fort expert.)

Experts, s. m. Les jurez, les maîtres les plus habiles, & les plus expérimentez d'un métier. (On a fait visiter la maison par les experts.)

† * Experts. Les plus savans & les plus habiles en quelque art, ou science, comme poësie, éloquence, &c. (Je ne trouve rien de bon sans le congé de Messieurs les Experts, Molière, Critique de l'école des femmes, s. 6.)

EXPIATION, s. f. Satisfaction qu'on fait pour quelque crime, pour quelque faute considérable, pour quelque péché. (Il fait de grandes aumônes pour l'expiation de ses péchez.)

Expier, v. a. Soufrir quelque peine pour un crime, ou une faute, & y satisfaire de la sorte. (Expier ses ofences. Pas. l. 10. Il a expié son crime de la sorte. Abl.)

EXPIRER, v. n. Rendre l'esprit. Mourir. (Il est prêt à expirer.)

* Expirer de douleur & d'amour.
Scar. poës.)

* Expirer, v. n. Etre à sa fin. Finir. S'achever. (Le terme est expiré. On veut que la substitution soit expirée au premier degré. Patru, plaid. 12. C'est à dire, soit finie.)

Expiration, s. f. Terme de Médecin. C'est la moitié de la respiration, qui a deux parties, l'inspiration, par laquelle l'air est atiré ; & l'expiration, par laquelle il est poussé hors de la poitrine.

* Expiration. Il signifie la mort quand on dit la dernière expiration.

* Expiration. Fin de quelque espace de tems, fin d'un terme. (Il n'y a plus qu'un mois jusqu'à l'expiration de sa ferme.)

EXPLICATIF, explicative, adj. Qui s'explique. Qui est sujet à explication. (Ce sont des Indults plûtôt explicatifs qu'ampliatifs. Patru, Discours pour les Urbanistes.)

† Explicable, adj. Qui peut être expliqué. Il est moins usité que son contraire inexplicable.

Explication, s. f. Interprétation. Discours qui explique & découvre le sens d'une chose dificile. (Il a fait une belle & une savante explication. L'explication des Fables est assez dificile.)

Expliquer, v. a. Interpréter. Découvrir le sens d'une chose. (On explique cela des qualitez de, &c. Expliquer une énigme. Expliquer une dificulté. Expliquer les Poëtes Grecs, & Latins. Expliquer sa pensée.)

S'expliquer, v. r. Dire. Découvrir sa pensée touchant quelque chose. S'énoncer. (C'est un homme qui s'explique bien. Expliquez vous mieux, car on ne vous entend pas. Il s'est assez expliqué là-dessus.)

EXPLOIT, s. m. Action de guerre éclatante. (Ils ont été présens à tous les exploits d'Alexandre. Ablancourt, Ar. Bessus faisoit de grans exploits de la langue. Vaug. Quin. l. 7. c. 4.)

Exploit. Assignation de Sergent. Exploit libellé. Contrôlé. L'exploit est le fondement du procés. On donne copie de l'exploit à celui qu'on assigne.)

Exploiter, v. a. Terme de Sergens & d'autre personne de Pratique. Il signifie faire, s'aquiter des fonctions de Sergent. Saisir. (Sergent exploitant par tout le Roiaume. A mil exploiter, bien écrire, Patru, plaid. 5. Cela veut dire, que quand les Sergeus sont fait des fautes dans leurs exécutions, ils les couvrent en faisant de faux exploits, ausquels on ajoute foi.)

* Exploitable, adj. Qui peut être saisi & vendu.

EXPOSITION, s. f. Figure de Rétorique, par laquelle on explique une chose par de diférentes expressions pour la faire mieux connoître.

EXPOSER, v. a. Faire voir. Découvrir. Montrer. Dire. (Exposer le S. Sacrement. Exposer l'état de sa conscience à son Confesseur. Pas. l. x. Exposer le fait de sa cause. Le Mai.)

Exposer. Il se dit des enfans qu'on met dans les ruës. (Exposer un enfant. V. Exposition.

Exposition, s. f. C'est aussi mettre au danger. (Exposer témérairement sa vie. Abl. Exposer inconsidérément une personne. Voiez, je vous prie à quoi elle m'expose. D. Quichot.)

Exposer, v. a. Il se dit aussi de la monnoie. C'est la faire courir & la distribuër. (On pend ceux qui exposent de la fausse monnoie.)

Exposer se dit aussi de toute sorte de monnoie. (Le Roi a défendu d'exposer les especes étrangeres.)

Exposer. Ce mot se dit en parlant de bâtiment. Tourner un bâtiment, ou une partie de bâtiment vers une certaine partie du Ciel. (On expose les chambres au couchant & les Bibliotheques au Soleil levant.)

S'exposer, v. r. Se mettre au hazard. Se hazarder. (Le menu peuple s'expose à discourir de toutes choses. Voit. poës. Est exposé à l'insolence des méchans. pas. l. 7. S'exposer au danger. S'exposer à la mort.)

Exposition, s. f. En Latin expositio. Il se dit en parlant du S. Sacrement. C'est la montre qu'on en fait aux Chrétiens dans les Eglises. (Il faut aller à l'Eglise durant l'exposition du S. Sacrement.)

Exposition. Explication & déclaration d'une chose. [Il a fait un livre de l'exposition de la Doctrine Chrétienne.]

Exposition. Il se dit en parlant de certains enfans qu'on met dans les ruës. C'est l'abandonnement qu'une mère fait de son enfant nouveau né, en le mettant secrettement dans quelque coin de ruë, enveloppé de ses couches & de sa couverture (Ces expositions ne se font que par des misérables qui se sont abandonnées à des coquins. Les expositions des enfans sont cruelles & ordinaires parmi les Chrétiens. Le Mait. plaid. 7. Ces expositions sont dénaturées & dévroient être sévèrement punies.)

Exposition. Il se dit aussi des bâtimens & des plantes. C'est la manière dont on place un édifice & toutes ses parties. C'est la situation des plantes selon le côté du Ciel qu'elles regardent & vers lequel elles sont tournées. (Exposition bonne, commode, favorable, semblable, &c. La meilleure exposition des villes sera si le vent n'enfile point les ruës. La bonne exposition des bâtimens dépend des ouvertures qu'on leur fait pour recevoir l'air & le jour. Les diférens usages des parties des édifices demandent des expositions diférentes. Vitruve, abrégé, 1. p. ch. 4. Un arbre planté à une mauvaise exposition ne produira que des fruits de mauvais

mauvais goût. *Voi la culture des Jardins.*

Exposition, *s. f.* Il se dit en parlant de fausse monnoie. C'est la distribution que l'on fait des especes qui sont fausses. [Il y a des declarations du Roi, portant reglement pour l'exposition des especes. On a des preuves certaines de l'exposition, & il perdra la vie.]

Expositeur, *s. m.* Il se dit parlant de fausse monnoie. C'est celui qui distribue la fausse monnoie, & qui est d'intelligence avec les faux monnoieurs. [Les expositeurs de fausse monnoie sont en danger de perdre la vie lors qu'ils sont pris.]

Expositrice, *s. f.* Il se dit en parlant de fausse monnoie. C'est celle qui distribue la fausse monnoie, & qui est d'intelligence pour cela avec les faux monnoieurs. [C'est un dangereux métier que d'être *expositrice* de fausse monnoie.]

† Exprés, *s. m.* Celui qu'on envoie expressément. [Il envoia un exprés au Roi.]

Exprés, *expresse, adj.* Commandé expressément, Fait expressément. Précis, Formel & en termes exprés. [C'est un ordre exprés du Prince. *Ablancourt.* Intention expresse, *Pas. l. 7.* Conclusion expresse, *Pas. l. 5.* Faire des défenses expresses. Jesus. Christ vous a été livré par un ordre exprés du Pére. Ciceron , par une lettre expresse écrivit des nouvelles à Brutus. *Boreau.*]

Exprés, *adv.* Expressément. A dessein [On l'a envoié exprés. Faire une chose exprés. C'est une de mes connoissances que j'ai voulu renouveller exprés. Pas. l. 5.]

Expressément, *adv.* Exprés. A dessein. [Commander expressément, Pas. l. 5.]

Expressif, *expressive, adj.* Qui représente bien. Qui exprime bien. [Mot expressif. Image expressive. *La Chamb.* Les langage des yeux est expressif, amoureux, languissant & extrêmement hardi. *La Suze & Pelisson, recueil.*]

Expression, *s. f.* Diction. Représentation de nos pensées par paroles. [Avoir l'expression belle, vive, noble, & riche, douce, nette, forte, &c. L'expression de la bouche doit être cadet à celle des yeux. *La Suze & Pelisson, recueil.* Il faut admirer la force agréable de l'expression du célébre Ablancourt, où il n'y a ni rudesse, ni obscurité, ni aucun terme à désirer. *S. Evremont, discours des Traducteurs.*]

Exprimer, *v. a.* Terme de *Phisique.* Faire sortir le jus, ou le suc de quelque substance. [On exprime le jus des raisins avec le pressoir.]

Expression, *s. f.* C'est en ce sens, l'action d'exprimer.

Exprimer, *v. a.* Représenter ses pensées & mêmes ses mœurs par des paroles. [La diction doit exprimer les mœurs. *Ablancourt.* S'exprimer délicatement. Exprimer ses pensées avec esprit.]

Exprimable, *adj.* Qui se peut exprimer, dire, déclarer. Son contraire est *inexprimable*.

[Une douce surprise, un désordre agréable,
Par une émotion qui n'est point *exprimable*
Alume un feu sécret dans le fond de mon cœur.
La Suze, poësies.]

Exprovincial, *s. m.* Terme de *Religieux.* Religieux qui est sorti de la charge de Provincial.

† Expulser, *v. a.* Chasser avec violence. Contraindre à sortir. [Les séditieux ont *expulsé* de la ville les meilleurs citoiens. [Ce mot ne se dit guére, en ce sens.

Expulser. Terme de *Médecin.* Pousser une chose hors du lieu où elle est.

Expulsion, *s. f.* L'action d'expulser, par laquelle on chasse une personne avec violence.

Expulsion, *s. f.* Terme de *Médecin.* L'action par laquelle une chose est poussée avec effort du lieu où elle est. [La matrice sait l'expulsion de l'enfant. *Maurocieau.*]

Expultrice, *adjecti*, qui ne se dit qu'au féminin. C'est un terme de *Médecin,* il signifie qui a la force d'expulser. [Vertu Expultrice. Faculté expultrice.]

EXQ. EXT.

Exquis, *exquise, adj.* Ce mot vient du Latin *exquisitus.* Excellent. [C'est quelque chose de fort exquis. C'est une chose trés exquise. Viandes exquises. Des parfums exquis.]

Extase, *s. f.* Ce mot est Grec. Ravissement. Transport de l'esprit hors de son assiette naturelle. Suspension de toutes les fonctions animales en tout le corps. *Deg.* [Etre ravi en extase. Etre en extase]

‡ * Extasier, *v. n.* Ravit en extase. Transporter de joie. [Chaque vers qu'il étend se fait *extasier, Dép. poët. c. 1.*]

Extasié, *extasiée, adj.* Qui est ravi en extase.

Extatique, *adj.* Qui tient de l'extase. [Un transport extatique.]

Extension, *s. f.* En Latin *Extensio.* Etenduë. Terme de *Phisique,* C'est la qualité d'une chose étenduë, qui occupe un certain lieu. [L'essence de la quantité Phisique consiste dans l'extension.]

Extension. L'action d'un corps qui s'étend & s'alonge. [L'extension des membres. Un nerf retiré empêche l'extension du bras, de la jambe, &c.]

* Extension. Ce mot se dit au figuré, des choses morales & en maniere de droit. [Le droit soufre de l'extension à des cas favorables. Le Roi a fait des extensions à quelques privileges. Chose qui ne peut recevoir d'*extension, Patru, plaidoié 4.* Il n'y avoit point d'*extension* à faire, *Maucroix, Schisme, l. 1.*]

Extenuation, *s. f.* Terme de *Médecin.* Diminution de forces, d'embonpoint, lors que le corps devient débile, maigre & flétri. (Cette fièvre lui a causé une grande exténuation & maigreur.)

Exténuation, *s. f.* Figure de *Rétori*que, opposée à l'hiperbole, par laquelle on diminué & amoindrit les choses.

Exténué, *exténuée, adj.* Abatu. Languissant. Maigre & défait. (Visage exténué. *La Chamb.* Elle étoit exténuée par une longue abstinence. *S. Evremont, Matrone d'Ephese.*

Exténuer, *v. a.* Amoindrir, diminuer. (On extenue les choses quand on se sert de la figure de Rétorique apellée extenuation.)

Exténuer, *v. a.* Terme de *Médecin.* Afoiblir la vigueur. Amaigrir. (La fiévre quarte l'a fort exténué.)

Extérieur, *s. m.* Mine. Air. Aparence. (Afecter un extérieur grave. *Abl.* Il a l'extérieur fort beau.)

Extérieur, *extérieure, adj.* Aparent. Qui regarde les choses de dehors. (Les devoirs extérieurs de la Religion ; *Pas. l. 5.* Laisser les marques extérieures du commandement. *Mémoires de M. le Duc de la Roche-Foucaut.*)

Extérieurement, *adv.* Aparemment. A l'extérieur. (Cela paroit extérieurement beau.)

Exterminateur, *s. m.* Qui détruit & extermine. (Ange exterminateur.)

† Un chat exterminateur. *La Fontaine, Fables, l. 3. Fable 18.*

Extermination, *s. f.* Destruction entiére. (L'extermination des méchans ne se fera entiérement qu'au dernier jour.)

Exterminer, *v. a.* Perdre. Détruire. (Il exterminera toute la nation. *Ablancourt.* Toute la race est exterminée. Philippe le Bel, Roi de France, pour se vanger des Templiers, prit en 1307. la resolution de les exterminer dans son Roiaume, à la faveur du Pape Clement, il en extermina la plûpart & les fit cruéllement brûler. Mézerai, histoire de *Phil. le Bel.*)

Externe, *adj.* Extérieur. (Ce mal vient d'une cause externe.)

Extinction, *s. f.* Ce mot au propre se dit en Chimie. C'est l'action de plonger une matiére rougie au feu, dans l'eau. (Extinction d'acier.)

Extinction. Ce mot au propre signifie encore l'action d'éteindre. (Les fermes s'ajugent à l'extinction de la chandélle. L'extinction d'un embrasement.)

* Extinction, *s. f.* Destruction. Anéantissement. (* Extinction de la chaleur naturelle. *La Chamb.*)

Extirpateur, *s. m.* Ce mot se dit en parlant d'hérésie. [L'extirpation des hérésies.)

Extirpation, *s. m.* Abolition. Ruïne. (Prier Dieu pour l'extirpation des hérésies. *Arn.*)

Extirper, *v. a.* Ce mot se dit en parlant d'hérésie, mais il est un peu écorché du Latin. (Extirper une hérésie. C'est la détruire ; c'est en ruïner les fondemens.)

Extorquer, *v. a.* Aracher de force. Tirer avec violence ; & avec quelque sorte d'injustice. (Ce sont des graces que les prélatures nécessitez de l'état ont *extorquées, Patru, plaid. 14.* Extorquer quelque chose de quelcun. *Maucroix, Schisme, liv. 2.* Extorquer le consentement de quelcun. Extorquer la confession par la violence des tourmens.)

Extorsion, *s. f.* Action de celui qui extorque. (Ce sont des extorsions qu'on ne peut soufrir. Les soldats, les Sergens & les Juges iniques font souvent des extorsions.)

Extraction, *s. f.* Ce mot se dit en parlant de l'opération qu'on fait en tirant la pierre de la vessie. (L'extraction de la pierre. *Deg.*)

* Extraction, *s. f.* Naissance. (Il n'est pas de grande extraction. Son extraction est peu considérable.)

Extraction. Terme d'Arithmétique. (L'extraction des racines quarrée, cubique, &c.)

Extraire, *v. a.* Prendre ou tirer d'un acte les choses dont on a besoin. (Extraire quelque chose des registres du Gréfe.)

Extraire. Terme de *Chimie.* Séparer les parties pures des mixtes d'avec les impures, par le moien de quelques liqueurs convenables dans lesquelles la partie pure s'incorpore, *Glas.*

Extrait, *s. m.* Abrégé. Copie qu'on a tirée de quelque chose qui est écrit. (J'ai fait un extrait des coutumes des Lacedémoniens. *Abl. Apophtegmes.* Un extrait des registres du Palais. *Le Mai.* Un extrait batistére. Un extrait mortuaire. *Patru, plaid. 14.*)

Extrait. Terme de *Chimie.* Opération Chimique par laquelle on sépare les parties pures des mixtes d'avec les impures. (Faire l'extrait de l'opium.)

Extraordinaire. V. *Extrordinaire.*

† Extratempora, *s. f.* Terme d'*Eglise.* Permission du Pape pour prendre les ordres en tout tems. (Avoir un *extratempora.*)

Extravagance, *s. f.* Discours impertinent. Discours vuide de bon sens. Impertinence. Sotise. (Dire des extravagances. Faire des extravagances.)

Extravagant, extravagante, adj. Qui extravague. (Esprit extravagant. Femme extravagante. Hiperbole extravagante. Dép. Longin.)
Extravagant, s. m. Qui extravague. (C'eſt un extravagant. Les extravagans ne vont guere loin ſans ennuier. Mol.)
Extravagante, s. f. Celle qui extravague. (C'eſt une extravagante achevée.)
Extravagantes, s. f. Terme de Droit Canon. Ce ſont vingt Décrétales du Pape Jean XXII. qui ont été appellées extravagantes, à cauſe qu'elles ont été long-tems hors du Corps du Droit. Il y a outre celles-là, les Extravagantes communes, qui ſont les Décrétales, ou les Conſtitutions des Papes, depuis Boniface VIII. juſqu'à Sixte IV.
Extravagamment, adv. D'une manière extravagante. (Il eſt extravagamment jaloux. Patru, plaid.9.)
Extravaguer, v. n. Ne ſavoir ce qu'on dit lorſqu'on parle. Parler d'une manière peu raiſonnable & dépourvûë de bon ſens. Etre fou dans ſes diſcours. Perdre le ſens. (Le bon homme extravague quelquefois. Il ne ſauroit s'entretenir un quart d'heure avec les gens ſans extravaguer.)
Extravasé, extravaſée, adj. Ce mot ſe dit du ſang, & veut dire qui eſt hors des vaiſſeaux qui le contiennent. (Sang extravaſé.)
S'extravaſer, v. n. Terme de Jardinier. C'eſt s'étendre & ſe répandre. (La gomme s'extravaſe à la partie de la branche rompuë, ou écorchée. Quint. Jardins.)
Extreme, adj. Grand. Penible. Senſible. (Soufrir des peines extrêmes, Ablaucourt. Un extrême plaiſir. Un extrême dépit. Voit. l.6b. Peril extrême. Abl. Mon extrême vieilleſſe ne me peut permettre de jouïr plus long tems de ſa bonté. Vau. Quin. l.6.)
Extrêmement, adv. Tres-fort. Beaucoup. (Il a extrêmement d'eſprit, de cœur, & de mérite. Peau extrêmement douce. Voit. l.30. Il eſt extrêmement honnête. Voit. l.45.)
Extrémité, s. f. Bout. Fin. (La Laponie eſt à l'extremité du Golfe Botique.)
* Extrémité. Ce mot eſt dit de l'inégalité des actions quand une perſonne change tout à coup ſa manière d'agir pour en prendre une toute contraire. (Paſſer d'une extrémité à l'autre.)
* Extrémité. Etat le plus fâcheux où l'on puiſſe être reduit par quelque coup de fortune, ou autre accident. (Ils ſont réſolus à toute extrémité, Abl. Ar. l.1. Ils répondirent qu'à toute extrémité ils étoient réſolus de mourir. Vaug. Quint. Curce. l.3.)
* Extrémité. Violence. Excés. (Mon Pére, combien faut-il que la choſe vüille pour nous porter à cette extremité. Paſ. l.7.)
* Extrémité. Ce mot ſe dit de gens malades, & ſignifie. Etre dangereuſement malade. Il ſignifie auſſi. Agoniſer. (* Etre malade à l'extremité. C'eſt être fort malade. * Etre à l'extrémité, C'eſt à dire, être à l'agonie.)
* Extrémité. Brouilleries. Querelles. Violence. (En venir à de fâcheuſes extrémitez. Mol. Il faut en tout fuïr les extrémitez. Mol.)
Extrêmonction, ou Extrême onction, s. f. Terme d'Egliſe. Sacrement en faveur de ceux qui ſont dangereuſement malades pour la rémiſſion des péchez qui leur reſtent, & le rétabliſſement de leur ſanté, ſi elle eſt utile. (On lui a porté l'Extrêmonction. Il a eu, il a reçû l'Extrêmonction avant que de mourir.)
Extrordinaire, Extraordinaire, adj. On écrit l'un & l'autre, mais on prononce toûjours extrordinaire. Qui n'eſt pas commun. Rare. Surprenant. (Pouus étoit d'une taille extraordinaire. Vau. Quin. liv.9. Ils n'étoient pas dignes d'une faveur ſi extrordinaire. Abl.)
Extrordinaire, s. m. Feuilles de nouvelles étrangeres qu'on donne avec la gazette. (Lire l'extrordinaire de la gazette.)
Extrordinaire, s. m. Oficier qu'on apelle Tréſorier extrordinaire des guerres. C'eſt celui qui prend immédiatement ſes fonds au treſor Roïal pour la dépenſe de la guerre, & à l'égard de ces ſortes de frais le Roi ne connoît que ce Tréſorier. Il eſt auſſi le feul de tous les Tréſoriers qui compte à Sa Majeſté, de toutes les dépenſes de la guerre. Les autres Tréſoriers, tant Provinciaux que des Tréſoriers ordinaires, prennent leurs fonds du Tréſorier extrordinaire de guerres. Sa fonction eſt de païer toutes les armées, qui paſſe, ou par ſes Commis, & pour les Tréſoriers Provinciaux ils païent les garniſons de la Province où ils ſont établis Tréſoriers. En parlant de l'Extrordinaire des gens de guerres, on dit. Prendre ſon fond à l'Extrordinaire, C'eſt à dire, du Tréſorier extrordinaire des guerres. Acheter une charge d'extraordinaire des guerres, C'eſt acheter une charge de Tréſorier extrordinaire des guerres.
Extrordinairement, adv. D'une manière extrordinaire. (Il eſt habillé tout extrordinairement.)

E X U.

Exuberance, s. f. Terme de Palais, qui ne ſe dit qu'en certe façon de parler, par exuberance de Droit, c'eſt à dire, ſurabondance.
† Exulceration, s. f. Terme de Médecine. Qualité qui cauſe des ulceres. (L'exulceration des boïaux eſt une marque de poiſon.)
Exulcérer, v. a. Terme de Médecine. Cauſer des ulcéres. (L'arſenic exulcére les inteſtins. Les humeurs acres exulcérent la peau.)
† Exultation, s. f. Ce mot eſt Latin, il ſignifie grande joie, & il ne ſe dit que dans des matières de piété. (L'exultation de la S. Vierge, au tems de la Viſitation.)

F

F Subſtantif. Féminin. C'eſt la ſixiéme lettre de l'Alphabet François, qui ſe prononce comme ſi elle étoit écrite effe, & on apoſtrophe la voïelle qui la précede (Une F capitale. Une petite f. Une grande F. Une F bien faite. Faire la tête d'une F. Faire la queuë d'une F.

Encore pour F, patience,
C'eſt par elle que ſe commence
France climat heureux & doux.
Voit. poëſ.
Depuis dix ans deſſus l'F on travaille
Et le deſtin m'auroit fort obligé
S'il m'avoit dit tu vivras juſqu'au G.
Boiſrobert, Epi.6.

Cette lettre ſe trouvant à la fin de quelques mots ne s'y fait ſouvent pas ſentir lors qu'on les prononce, comme Bailif, Aprentif, Clef, qui ſe prononcent Baili, aprenti, clé. On excepte de cette regle ces mots, Juif, neuf, eſquif, nominatif, acuſatif, génitif, datif, indicatif, imperatif, canif, chef, fief, & autres dont l'f finale ſe prononce. On excepte auſſi lucratif, naïf, vif, oiſif, & autres adjectifs qui ſe ſuiſſent en f, & dont l'f finale ſe prononce au maſculin & ſe perd au féminin.
Quelques-uns, en ortographiant les mots Grecs que les Latins & les François écrivent par Ph, mettent un F, au lieu du Ph, & ils écrivent Filis pour Philis, Filoſofie pour Philoſophie. On ne feroit pas mal d'imiter ces Meſſieurs, mais cette maniére d'ortographier n'eſt pas bien établie, & il n'y a pas même d'aparence qu'elle s'établiſſe ſi-tôt.
F, ſubſtantif féminin. Terme de Luthier. Le mot d'effe ſe dit en parlant de poche, de violon & de baſſe de violon. On apele auſſi les ouvertures faites en f qui ſont ſur la table du violon, de la poche, & de la baſſe de violon. On les nomme auſſi quelquefois onies, quoi que le mot d'ouie ſe diſe plus proprement de la viole.

FA, FAB.

Fa, ſ. m. Terme de Muſique. C'eſt une des principales voix de la muſique. (Un fa feint.)
Fabien, ſ. m. Nom d'homme.
Fable, ſ. f. Diſcours qui imite la vérité & dont le but eſt de corriger agréablement les hommes. (Les Fables d'Eſope & de Phédre ſont fort belles, & la Fontaine les a traduites en François d'une manière fort enjoüée.)
Fable. Ce mot pour dire l'hiſtoire fabuleuſe ne ſe dit qu'au ſingulier. (Il faut qu'un Poëte ſache la fable. Sans la fable on ne ſauroit entendre les Poëtes.)
Fable. Terme de Poëſie épique & dramatique. C'eſt l'ame du Poëme. C'eſt l'action qu'on a choiſie pour ſujet du poëme, embaraſſée de quelque obſtacle, & accompagnée de ſes plus belles circonſtances, & de ſes incidens les plus naturels & les plus vraï-ſemblables, rangés dans un ordre qui produiſe un bel éfet. (La fable doit être une, continuë, vraï-ſemblable, entiére & d'une raiſonnable grandeur.
* Fable. Choſe fauſſe. (Cela ſent extrêmement la fable. Voit. l.18. Parmi tant de fables raconter quelque vérité. Voit. l.5. (Fable que tout cela.)
* Fable. Joüet. Riſée. Entretien. (Nous allons ſervir de fable & de riſée à tout le monde. Moliére, précieuſes, ſcéne 16.)
* Le fabricateur Souverain. Termes burleſques pour dire, Dieu. (Le Fabricateur Souverain nous créa tous de même maniére. La Fontaine, Fables, livre premier, Fable ſeptiéme.)
† Fabricateur, ſ. f. Il ſe dit quelquefois pour ſignifier celui qui fabrique de la monnoie, vraie, ou fauſſe.
Fabrication, ſ. f. La peine qu'on a euë de fabriquer. (Païer les frais de la fabrication de la monnoie. Bouteroue, Traité des monnoies, page 6.)
Fabrique, ſ. f. Le ſoin & la peine qu'on a priſe à fabriquer. (Un drap de fabrique étrangere. La fabrique des étaux d'orgue.
Fabrique. Terme d'Egliſe. C'eſt le revenu qui ſert aux réparations & à l'entretien de l'Egliſe. Le bien temporel qui apartient à l'Egliſe. (Quêter pour la fabrique. La fabrique de ſaint Jaques de la boucherie eſt la plus riche fabrique de Paris. C'eſt un ornement qui apartient à la fabrique.)
Fabrique. Ce mot ſe dit en parlant de monnoie, & veut dire, lieu où l'on fabrique la monnoie. (Les Anciens érigeoient

FAC   FAC

autels au milieu des fabriques de la monnoie, *Boutiroué, traité des monnoies.*)

Fabriquer, *v. a.* Ce mot signifie, Faire, & il se dit en parlant d'étofe, de monnoie, &c. (Drap fabriqué de bonne laine. Le pouvoir de fabriquer monnoie apartient de droit aux Princes souverains & aux Républiques. *Bouteroué, traité des monnoies.* Fabriquer des chapeaux, de la chandelle, des cierges, des vaisseaux, &c.)

† ‡ Le Ciel pour diférens emplois nous fabrique en naissant. *Moliére, femmes savantes, a. 1. s. 1.*

Fabuleux, *adj.* Qui tient de la fable. Qui regarde la fable. Qui n'est pas vrai. (Savoir l'histoire fabuleuse. C'est une chose fabuleuse. Cela est fabuleux.)

Fabuleux, *s. m.* Il se dit parlant de Poësie, ou de Roman, & signifie *chose fabuleuse.* (Comme Arioste avoit outré le merveilleux des Poëmes par *le fabuleux* incroiable, nous outrons le fabuleux par un assemblage confus de Dieux, de Bergers, de Héros, d'Enchanteurs, de Furies & de Démons. *S. Evremont, Epora, in 4. p. 208.*)

FAC.

Façade, *s. f.* Terme d'*Architecture.* Face de bâtiment. Devant de bâtiment, & le côté par où l'on y entre. (Une façade de palais fort enrichie. *Ablanc.* Une façade de Temple fort belle. La façade de ce Palais plaît, elle est selon les régles de l'Architecture.)

Face, *s. f.* Ce mot signifie *le visage*, mais en ce sens il ne se dit plus en prose qu'en de certaines phrases consacrées & qu'en parlant de Dieu & de Jesus-Christ. (Voir Dieu face à face. La face de nôtre Seigneur. *Vau. Rem.* Les Imagers disent aussi *une face de Christ*, pour dire une taille douce qui réprésente la face de nôtre Seigneur. Regarder en face. Soutenir en face. Reprocher en face. Résister en face. *Vau. Rem.*)

Face. Ce mot pour dire. En présence de quelque grave compagnie, ou à la vûë de quelque peuple, ou d'une ville, &c. a bonne grace dans la belle prose. Il est dificile de défendre un ouvrage de ténébres à la face de tant de Juges si éclairez. *Patru, plaid. 2.* Ils ont exercé leurs violences sacriléges à la face de toute la ville. *Patru, plaid. 9.*)

Face. Ce mot pour dire *visage* a toujours cours dans la poësie grave & majestueuse, mais pas tant dans la poësie enjoüée, ni galante.

(Le sceptre que porte sa race
Lui met le respect en la face.
Malherbe, poësies, l. 5.)

Les raions de grandeurs qui sortent de sa face modérent. *Rac. Plenumet.* Les vœux qu'il conçoit montent devant la face d'un Dieu qui les reçoit. *Corneille, Imitation.*)

* **Face.** Devant de bâtiment. Façade de bâtiment, (La face de ce palais est fort belle.)

Face, Terme d'*Architecture.* C'est un nombre d'architectures lequel a beaucoup de largeur & peu de saillie. On met des faces aux architraves & aux chambranles. *Vitruve, abrégé, 1. p.*)

Face de bastion. Ce sont les deux surfaces qui forment l'angle saillant ou l'angle flanqué du bastion.

* **Face.** Superficie. (La face de ce mur étoit unie comme une glace de miroir, *Abl. Luc. Tom. 1.*)

* **Face.** Ce mot signifie aussi l'état des afaires. (Changer la face des afaires. *Abl.* Ma fortune va prendre une face nouvelle. *Racine, Andromaque, a. 1. s. 1.* Les afaires ont changé de face. César changea la face du gouvernement de Rome. Les choses prennent une nouvelle face.)

Face. Terme de *Blason.* Piéce qui traverse le milieu de l'écu depuis un des flancs jusques à l'autre. (Porter de gueules à la face d'argent. *Col.*)

Face à face, *adv.* L'un devant l'autre. (Voir face à face. *Vau. Rem.*)

Face. Ce mot se dit encore en *terme de guerre.* † La face d'un bastion, c'est le devant. On les attaqua en face & en flanc, c'est à dire, par devant & à côté. Faire *volte face*, c'est en terme d'évolution, faire un quart de conversion à droit ou à gauche. Faire face à l'ennemi, c'est tourner le visage de son côté.)

Face. En terme de *Manége* il se dit d'un *chamfrein.* (Cheval *bele face*, c'est à dire, qui a un chamfrein blanc.)

† **Facetie**, *s. f.* Plaisanterie, c'est une raillerie basse & même trop comique pour un infortuné. *Scarron, derniéres œuvres, Tom. 1. 6. 2.*)

† **Facetieux**, *facetieuse*, *adj.* Plaisant. (C'est un facétieux corps.)

Facete, *s. f.* Terme de *Diamantaire.* C'est une des petites faces, ou superficies d'un Diamant, ou autre corps, taillé à plusieurs angles. (Un diamant taillé à facetes. Les hautes faces taillées à facetes multiplient les objets. Grande ou petite facete.)

Faceter, *v. a.* Terme de *Diamantaire & de metteur en œuvre.* C'est tailler une pierre à facetes. (Faceter agréablement un diamant. Tâchez à bien faceter cette pierre.)

Facher, *v. a.* Donner du chagrin. Donner du déplaisir. Mettre en colére. (Cela me fâche extrêmement.)

Fâcherie, *s. f.* Tristesse. Déplaisir. Douleur. (Donner de la

fâcherie. Causer de la fâcherie.)

Fâcheux, *fâcheuse*, *adj.* Qui donne du déplaisir. Accident fâcheux. Chose fâcheuse.)

Fâcheux, *s. m.* Importun. Qui ennuie. Qui lasse & fatigue à cause de ses sotises & de ses maniéres. Qui cause du chagrin. (C'est un fâcheux des fâcheux du monde. *Mol.*

Fâcheuse, *s. f.* Celle qui ennuie. Qui chagrine. (Faut-il qu'aujourd'hui fâcheux & fâcheuses conspirent à troubler les plus chers de mes vœux. *Moliére, Fâcheux, a. 2. sc. 7.*)

Facine, *s. f.* Sorte de fagot fait de menus branchages, qu'on fait porter aux soldats pour remplir les fossez d'une place assiégée, afin de donner ensuite quelque assaut. Une grosse facine. Porter des facines. Faire des jettées des facines. Couvrir les facines de terre. Commander les troupes pour aller à la facine. Godronner des facines. Les assiegez jettent la nuit des facines ardentes pour éclairer dans un poste atraqué.)

Facinage. C'est l'action & la façon de faire des facines. (Préparer le facinage. *Voi l'expérience de l'Architecture militaire.*)

Faciner, *v. a.* C'est mettre le bois en facines.

Faciner, ou *fasciner*, *v. a.* Eblouïr & tromper, (Faciner les yeux.)

* **Faciner** l'esprit des peuples. *Maucr. Schisl. 2.*

Facile, *adj.* Aisé. Chose facile à faire. (Il est facile de dire mais dificile de faire.)

* **Facile.** Ce mot se dit du langage, & veut dire aisé & naturel. (Avoir le stile naturel & facile.)

* **Facile.** Qui condécent aisément. (Il est un peu trop facile.)

Facilement, *adv.* Aisément. Avec facilité. (Composer facilement. Faire des vers facilement. Il viendra facilement à bout de son afaire.)

Facilité, *s. f.* Maniére aisée dont on fait quelque chose. (J'admire la facilité que vous avez à faire de méchans vers. *Scarron.*)

(* Il a une facilité d'esprit admirable. * Abuser de la facilité d'une personne, *Abl. Ret. l. 2. c. 4.*)

Faciliter, *v. a.* Rendre facile & aisé. Donner la facilité. (Il vous facilitera les moiens de vous sauver. *Scar. Rom.* Le Roi m'envoia deux cens chevaux pour faciliter la sureté de mon passage. *Terlon, mémoires*, c'est à dire, pour rendre mon passage seur & plus aisé.)

Façon, *s. f.* Manufacture d'artisan. Travail d'artisan pour avoir fait quelque ouvrage. Le tems & la peine que l'artisan a emploiez à faire quelque chose. (On prend vingt sous de façon pour chaque main d'argent de besogne plate. La façon de la besogne d'argent montée est chére. Païer les façons de la vigne. Donner au cuir une façon de fleur & de chais.)

C'est assez regreter cet aimable garçon
Sécher l'eau de vos pleurs, c'est en vain qu'elle coule,
Puisque vous en avez & l'étofe & le moule,
Tyrsis vous n'y pouvez perdre que la façon.

Façon. Tout ce qu'on invente & ce qu'on fait par le moien de la raison & de l'esprit, Ce sont des vertus de la façon du sieur Colletet, & c'est tout dire.)

Façon. Maniére. Sorte. Maniére de faire. Petite action agréable. (Xenophon raconte les choses ordinaires d'une façon qui ne l'est pas. *Abl. Ret.* Philis, vos petites façons m'ont tout à fait charmé. Elle a mille petites façons qui lui gagnent le cœur de tout le monde. *Scaron.*)

Façon. Maniére. Sorte. (A la façon des hommes. D'une étrange façon. En aucune façon. En cette façon. De quelque façon que ce soit.)

Façon. Terme de *Laboureur.* C'est la maniére de labourer la terre. (Il faut donner plusieurs façons à la terre avant que de la semer. On donne trois façons à la vigne.)

Façon. Maniére d'agir pleine de cérémonies. (Faire des façons. *Scaron.* On vit sans façon entre amis. Il dit les choses fans y aporter une façon fade. Il se met sans façon au rang des beaux esprits. C'est à dire, librement & sans user de cérémonie.)

Façon. Mine & air d'une personne. (L'auteur de l'histoire de François premier est un petit homme sans façon.)

De façon que, Pour que, Si bien que. (De façon qu'il sera heureux s'il a l'esprit de se savoir conduire.)

Façonner, *v. a.* Ce mot se dit au propre par les Rubaniers, & il signifie. Figurer. Travailler de certains rubans & y faire quelques figures, ou autres ornemens, (Façonner le ruban, Faire du ruban façonné. Ruban façonné à la mode.)

Façonner, *v. a.* Terme de *Jardinier.* C'est à dire, former. (On ne peut bien façonner un arbre que par le moien de la taille. *Quint. Jardin.*)

* **Façonner**, *v. n.* Faire des façons. Faire des cérémonies. (Gombaud étoit assez agréable dans la conversation, mais il façonnoit trop. Comment, chez vous on ne façonne pas davantage que cela. *Bensérade, poësies.*

Jeunes cœurs, croïez-moi, laissez-vous enflammer.
Tôt, ou tard, il faut aimer.
Et c'est en vain qu'on *façonne*
Tout fléchit sous l'amour, il n'exémpte personne.
Bensérade, balet des plaisirs.)

Dans quelque autre mortel plus galand que Céfale.
Que n'as tu trouvé des apas ?
Il eût moins façonné sur la foi conjugale
La plus belle épouse n'est pas
Une dangereuse rivale.
Baraton, poësies.

†* Façonner, v. a. Polir. Rendre plus civil. Plus adroit. Donner l'air du monde.
C'est à la Cour où se façonne
A mon avis, chaque personne.
Scaron, poës.

†* Façonnier, s. m. Qui fait force cérémonies. (C'est un des plus grans façonniers de France.)

* Façonniére, s. f. Celle qui fait trop de cérémonies. (C'est la plus grande façonniére du monde. *Moliére.*)

FACTEUR, s. m. Commis qui sert un marchand grossier.

Facteur d'orgues, s. m. Ouvrier qui fait les orgues. (C'est le meilleur facteur d'orgues de Paris.)

Facteur, s. m. Ce mot, en matière de lettres de poste, signifie celui qui reçoit les lettres du Commis du Bureau des postes, & les va porter aux maisons des particuliers à qui elles sont adressées. Il y a à Paris des Facteurs des Provinces & des Facteurs de Païs étrangers.)

FACTIEUX, factieuse, adj. Qui aime à remuër, à faire des factions. (Esprit factieux.)

Factieux, s. m. Séditieux, (C'est un factieux.)

Factieuse, s. f. Ce mot dans le 16. plaidoïé de Mr. Patru est pris pour une fille Religieuse qui se révolte contre sa Superieure.

Faction, s. f. Parti séditieux. (La faction des Guelfes.)

Faction. Terme de *Guerre.* Action du soldat qui fait sentinelle, & qui est aux écoutes. (Etre en faction. Mettre en faction.)

Factionnaire, s. m. Simple soldat qui est obligé à tous les services de la guerre.

FACTORERIE, s. f. Bureau, ou Comptoir de Marchands, où leurs facteurs font le commerce pour eux.

FACTUM. Terme de *Palais.* C'est un écrit qui contient l'abrégé de quelque procés, & qui en instruit les Juges qui doivent assister au jugement de ce procés. (Un beau factum. Un factum bien écrit, bien raisonné, & où le fait est bien raconté & bien éclairci. Composer un factum. Mrs. Patru & d'Aucour ont composé de beaux factums. Ceux de Furetière contre l'Academie sont ennuïeux, parce qu'ils sont longs & languissans.

FACTURE, s. f. Terme de *Marchands de drap.* Ecrit du Commissionnaire au Marchand, où le Commissionnaire marque le nombre de toutes les marchandises, leurs frais, leur montant, & le païement de ses peines. (Facture de marchandise.

FACULTÉ, s. f. Ce mot se dit en parlant de Philosophie & de Médecine. Il signifie *Puissance, Vertu, Pouvoir.* (Les facultez de l'ame. Faculté animale. Faculté motrice, expultrice, vitale, naturelle, &c.)

Faculté. Terme de *Pratique.* Pouvoir (Faculté de rachat.)

Faculté, s. f. Terme de l'*Université de Paris.* C'est la quatriéme partie de l'Université, car l'Université est composée de quatre Facultez, la prémiére desquelles est la Faculté de Théologie, & c'est de cette Faculté, dont Mr. Pascal provinciale prémiére, dit que *les assemblées d'une Compagnie aussi célébre que la Faculté de Paris ont concevoir une haute idée.* Les trois autres Facultez sont, la Faculté du Droit, la Faculté de Médecine, & celle des Arts, qui est la plus ancienne, la plus étenduë, & proprement l'Université. Cette Faculté des Arts comprend toutes les personnes qui ne sont point Docteurs. Chaque Faculté a ses Oficiers, qu'on apelle Sindics, Doïens & Bedeaux. En parlant de la Faculté de Droit Canon, on dira fort bien, le Sieur de M … est la partie honteuse de sa faculté. Et en parlant de la Faculté de Médecine, Moliére a dit plaisamment *Un tel est criminel de lése Faculté de Médecine.* C'est à dire, il a contrevenu aux Ordonnances de Messieurs les Médecins, il a choqué les Médecins en se moquant de leur Art.
Les Animaux ont-ils des Universitez
Voit-on chez eux les quatre Facultez ?
Depr. Sat, 8.

F A D.

FADE, adj. Insipide. Qui n'a point de goût. (Viande fade. Liqueur fade. La chair du Chameau est fade, & particuliérement celle de la bosse, dont le goût est comme celui d'une tetine de vache. *Abl. Marmol. l. 1. ch. 23.*)

* Fade, adj. Au figuré, il veut dire, qu'il n'a point d'esprit, rien de piquant. (* Comparaison fade. *Mal. Mis. m. a. 3. t. sc. 1.* Esprit fade. *Abl.* Il n'y a rien de si fade que sa conversation. Ces Epigrames sont fades. Le stile du petit A. est si fade qu'il fait mal au cœur.) On dit encore *une beauté fade,* qui n'a rien de vif, ni d'éveillé. *Une couleur fade,* qui n'a point d'éclat, ni de vivacité.)

FADESE, ou *fadaise,* s. f. Sotise. Folie. Bagatelle sote & ridicule. (C'est une fadaise que cela. Un fat se fâcheroit de leurs fadaises impertinentes. *Costar, Lettres, T. 2. let. 147.*)

F A G.

FAGOT, s. f. Batons de menu bois, mêlez de branchage, liez avec une hard, & propres à alumer le feu. (Un gros, ou petit fagot. Un bon fagot. Faire un fagot. Alons brûler un fagot, & boire une coup.)

†* Sentir le fagot. C'est à dire, avoir en quelque façon merité d'être condamné au feu. Avoir fait des choses pour lesquelles on brûle les gens.

† Elle est faite comme un fagot. C'est à dire, elle est malfaite.

* Il nous conte des fagots. C'est à dire, il nous conte des choses fabuleuses.

* † Fagot. Espéce de grand haut-bois qui se brisant en deux parties, & qui alors ressemblant à deux morceaux de bois liez ensemble est apelé fagot. *Mers. l. 5,* Cet instrument est hors d'usage.

† Fagoter, v. a. Ce mot dans le propre pour dire *faire des fagots* ne se dit point à Paris.

† * Fagoter. Habiller ridiculement. Mettre en un équipage plisant & ridicule. (Qui vous a fagoté comme cela ? *Moliére, Bourgeois Gentilhomme.*)

* † Se fagoter, v. r. Mot très bas pour dire *se moquer.* (Vous vous fagotez de moi.)

† Fagotin. Valet d'operateur qui monte sur le téâtre dans quelque place publique pour divertir le badaut.

Fagoteur, s. m. Celui qui fait des fagots, Et à Paris on apelle aussi *fagoteurs* ceux qui font des falourdes dans les chantiers des marchands de bois.

* † Fagotage, s. m. L'action & le travail du fagoteur. (On donne tant pour le fagotage d'un milier de fagots.)

† FAGUENA, s. m. Odeur fade & qui a quelque chose de dégoutant & de vilain. (Sentir le faguena, *Le Comte de Bussi.*)

F A I.

FAIAACE, s. f. Poterie de terre qui a été apellée de la sorte, de la vile de Faiance dans la Romagnie en Italie, qui est le lieu où se fait cette sorte de poterie.

Faiancer, s. m. Ouvrier qui fait de la vaisselle de Faiance. Marchand qui vend de toute sorte de verres & de vaisselle de faiance.

FAILLIR, v. n. Ordinairement, & quelquefois actif. Ce verbe est défectueux, il n'est usité au présent de l'indicatif qu'aux trois personnes du pluriel, Il fait à son preterit de l'indicatif. *J'ai failli, & je faillis.* Au futur, *je faillirai.* Et au subjonctif, *je faillisse.* Ce verbe signifie *Manquer, Faire quelque faute,* & il demande après lui, la particule à [Exemples. Il faillit à être lapidé. *Abl. Ret. l. 1 c. 3.* Il leur donne un Gouverneur qui châtie ceux qui *faillent. Abl. Apo. p. 209.* La nouvelle de sa mort faillit à le faire mourir. *Le Comte de Bussi.* Il briguoit l'amitié des grans pour pouvoir *faillir* plus impunément. *Abl. Ret. l. 2. ch. 4.* J'ai failli, adorable Climéne, & je me jette à vos genoux pour vous en demander pardon.) Ce verbe est quelquefois actif, car on peut dire *il a failli son coup,* pour dire, il a manqué son coup. Il croioit que c'étoit le propre de l'homme de *faillir,* & du sage de pardonner, & de redresser celui qui avoit *failli. Abl. Luc.*
Si ma femme a *failli,* qu'elle pleure bien fort,
Mais pourquoi moi pleurer ? puis que je n'ai par tort.
Moliére, Doc. sc. 9.

† * Au bout de l'aune faut le drap. Proverbe, pour dire, il faut aler jusqu'à la fin de l'afaire.

† C'est une afaire faillie. C'est à dire, qu'on a manqué de faire.

Tant s'en faut que. Façon de parler adverbiale. Bien loin que, (*Tant s'en faut que* les Chrétiens doivent haïr leurs enemis, qu'au contraire ils sont obligez de les secourir,)

Peu s'en faut que. Façon de parler adverbiale, pour dire, il ne s'en faut guére.

A jour failli. C'est à dire, à l'entrée de la nuit.

Faillire, s. f. Terme qui se dit entre marchands, & qui signifie *Banqueroute.* (L'ambition & l'ignorance des négocians causent les faillites. Parfais négocians.)

FAIM, s. m. Ce mot n'a point de pluriel. Prononcez *fein.* Sentiment, ou petit naturel excité de tems en tems dans l'ame par l'action des nerfs de l'estomac & du gosier. (Faim canine) C'est une sorte d'apetit insatiable de manger. Etre pressé de la faim. Soufrir la faim. Mourir de faim. *Abl.* Apaiser sa faim. *Godeau.* Reveiller la faim. *Abl.* Tromper la faim. Amuser sa faim.)

Faim-vale, s. f. Sorte de maladie incurable qui vient aux chevaux. *Solleisel, parfait Maréchal.*

FAINÉANT, *faineante,* adj. Prononcez *feneant.* Ce mot est composé de *faire* & de *neant* qui est un vieux mot, qui signifie *rien.* Ainsi *faineant* est celui qui ne fait rien, ou qui fait peu de chose en comparaison de ce qu'il devroit faire. Paresseux, Oisif, Qui aime, & ne sait travailler. Qui ne veut rien faire.
Ce mot de *Faineant* se dit de certains Rois de France de la prémiére race, qui n'ont rien fait de considerable pendant leur régne, & se sont adonnez à la molesse, Les Rois faineans étoient

FAI

étoient esclaves de leurs Maires. Childeric le dernier des Rois faineants fut mis dans un Couvent.)

Faineant, f. m. Qui se plaist à ne rien faire. (Les feneans de la cour. *Moliere.*)

Faineantise, s. f. Oisiveté. Paresse. (Aimer la faineantise.)

FAIRE, *v. a.* Prononcez *fére. Je fai, tu fais, il fait, nous faisons, vous faites, ils font. Je faisois, j'ai fait, je fis, je ferai. Fai, faites, que je fasse. Je fisse, je ferois.* Ce verbe signifie. *Agir. Travailler. Venir à bout, & exécuter quelque chose de beau.* il a fait de belles actions en sa vie. Avoir fort à faire. *Abl.*

[* Beaucoup faire & peu parler. Faire & dire sont deux choses bien differentes.]

Faire. Construire. (Faire un bâtiment.

Faire faire. Commander. Donner ordre que l'on fasse. (Faire faire un habit, de souliez, &c.)

Faire faire. Obliger, contraindre à faire. (La pauvreté fait faire bien des choses, La colere le lui a fait faire.)

Faire. S'éforcer de. Tâcher de. (Je ferai tant que j'en viendrai à bout.)

Faire. Susciter. Exciter. Causer. (Faire des querelles. Faire un procés. Faire la guerre. La vie fait le plus petit de mes soins. *Voit. poës.*)

Faire. Mettre au monde. Acoucher. (Elle a fait un gros garçon.)

Faire. Engrosser. (Il a fait un enfant à sa servante. Le bonhomme croit avoir fait l'enfant dont sa femme est acouchée.)

Faire. Travailler à acommoder. Aprêter. Faire le lit, la chambre, le potage, la cuisine, &c.)

† *Faire.* Terme libre, qui signifie ce que les Latins apellent *futuere.* (Qui se fait à credit, n'a pas grande resource. *Reg. sat. 3.* On dit que tant plus le cerf est vieux, & mieux il le fait. Le faire un petit coup en robe. Allez vous faire faire.)

† *Faire.* Ce mot en parlant de lavement & de médecine : C'est rendre par les conduits naturels. Jetter par le fondement. (Ai-je bien fait de la bile ? *Mol. malade imagin.*)

Faire. Composer. Travailler de l'esprit. (Faire une épigramme, un satire, &c. Faire une loi.)

Faire. Raconter. (Faire un conte de bonne grace.)

Faire. Commander. Obliger. Contraindre. (Faire tirer le canon. Je fremis du coup qui vous fait soupirer. *Racine, Iphig. a. 1. sc. 5.*)

Faire. Contrefaire. Imiter. (Faire le sou. Faire le beau. *Abl. Apo.* Faire le méchant, *Scar.* Il fait le mastere.)

Faire. Donner. (Faire un present de cent pistoles à quelcun.

Avoir à *faire.* Avoir à démêler, à vuider, à terminer quelque chose avec quelcun. (Avoir à faire à quelcun. Tu auras à faire à un Juge qui ne t'épargnera guere. *Abl. Luc. T. 2.* Nous avons à faire à une nation. *Vau. Quin. l. 9.*)

Faire. Amasser. (Faire argent de tout. Faire des Soldats. Faire une campagne.)

Faire. Constituer. (Faire prisonnier.

Faire. Se gouverner. Se conduire. (Chacun dans ce monde fait à sa fantaisie.)

Faire. Disposer. Emporter. (Vous ferez de moi tout ce qu'il vous plaira. *Voit. Lettres amoureuses.* On ne sauroit rien faire d'une armée sans discipline. *Abl. Luc. c. 4.* Il délibera ce qu'il devoit faire moi. *Abl. Luc. Tom. 3.*)

Faire. Entreprendre. (C'est un homme à tout faire. *Mol.*)

Avoir à *faire.* Avoir besoin. (J'ai à faire de lui. Sa Majesté n'a que faire de toutes nos dédicaces *Mol.*)

Faire. Ce mot se dit souvent du froid & du chaud, & c'est alors une maniere de verbe impersonnel qui veut dire *est.* Il fait mauvais tems. Il fait beau tems. Il fait chaud. Il fait froid. Il fait jour. C'est à dire. Le tems est beau, le froid est grand, &c.

* Il ne fait que d'arriver. C'est à dire, il n'y a pas long-tems qu'il est arrivé. Il ne fait que d'aller au Capitole. Dans ces façons de parler & autres semblables l'article de avant l'infinitif est necessaire pour en déterminer le sens, comme on l'a marqué, & sans ce *de*, cette façon de parler, significroit autre chose. Exemple, il ne fait qu'aler, que courir, que manger, &c. Cela voudroit dire il va, il court, il mange souvent, il ne fait presque autre chose.

Faire. Ce mot se dit en parlant de petites denrées & de marchandises de petite consequence qu'on débite en détail. Il signifie *donner & distribuër.* (On fait de cette marchandise pour sous, pour cinq sous & pour si peu & tant d'argent qu'on veut.)

Faire. Mot de *Marchand*, qui signifie *Priser. Vendre.* (Combien faites-vous l'aune de ce drap, dix ou douze francs ?)

Faire. Terme de *jeu de cartes*. Batre, mêler & distribuër les cartes à ceux qui jouënt. (C'est Monsieur qui a fait, & c'est à moi à faire. A qui est à faire ? Coupons pour voir celui qui fera.)

Faire. Terme de *Boucher.* C'est à dire, bien travailler sur quelque bête, la tuër & l'acommoder comme il faut. (Faire le beuf.)

Faire. Terme de *Mer.* Naviger. (Faire le Nord. Faire le Sud. Faire voile. Faire force de voiles & de rames.)

[On dit qu'un vaisseau *fait eau.* C'est à dire que l'eau y entre. *Faire de l'eau.* C'est se pourvoir d'eau douce. Et au mê-

FAI 351

me sens. Faire du bois. Faire du biscuit.)

Faire. Terme de *Lunetier.* Il se dit des lunettes & signifie *grossir, ou apetisser,* selon qu'on dit, en ce sens, les lunettes font trop gros, ou trop menu. Cela est dit par figure, & l'on sous-entend, font *voir* trop gros, ou trop petit.

Faire. Ce mot sert encore à diverses autres façons de parler. (Il fait beau voir cela. Il se *fait* fort d'en venir à bout. C'en est fait, tout est perdu. Elle fait toute ma consolation. Je fais mon compte là dessus. Il fait de moi ce qui veut : Cela ne fait rien à l'afaire. Faites en sorte que je le sache. Il fait plus qu'il ne peut , pour dire, il fait des éforts extraordinaires, soit de travail, ou de dépense. *Cét homme a fait avec moi,* c'est à dire je veux rompre tout commerce avec lui. On n'a jamais fait avec lui , pour dire il ne finit rien, ou, il demande toujours. *Faire assaut, faire un coup d'épée,* faire un coup de pistolet. Faire feu, *terme de guerre.* Faire sentinelle.)

Faire afaire avec quelcun. C'est conclure quelque marché.

Faire ses afaires, c'est s'enrichir. Il signifie au *aler aux vieux.*

Faire l'amour. Faire le bec à quelcun. V. Bec. Faire bon quelque chose, c'est être caution & prometre de païer. *Faire quelcun à son badinage.* C'est l'acoutumer à être complaisant.)

Faire figure dans le monde. C'est y être & paroître dans un rang considerable.

Faire fonds sur quelcun. C'est s'assurer sur sa parole & sur sa fidélité.

Faire fortune. C'est s'avancer en biens & en honneurs.

On *l'a fait mort.* C'est à dire, on a fait courir le bruit qu'il étoit mort.

On *le fait riche.* C'est à dire, on croit & l'on publie qu'il est riche.

Ce mot *faire* sert à un si grand nombre de façons de parler qu'on ne les sauroit toutes raporter. On s'est contenté d'en donner quelques-unes pour exemple. Les autres se trouveront en leur rang, sous les mots avec lesquels on peut joindre le mot *faire*,

Se faire, v. r. Ce verbe entre dans plusieurs façons de parler ordinaires. (*Se faire des afaires*, c'est à dire s'atirer fâcheux embarras, quelque querelle. *Il commence à se faire;* c'est à dire à prendre des manières sages & honnêtes ; à avoir plus d'esprit & plus d'usage du monde. *Elles crurent que c'étoit fait de leur maîtresse. Vau. Quin. l. 3.* C'est à dire, que leur maîtresse étoit perduë, qu'il en sûloit désespérer. *C'est fait de moi, c'est fait de lui, &c.*)

Faisable, adj. C'est ce qu'il est possible de faire. (*Vau. Rem.*)

FAISAND, *f. m.* Sorte d'oiseau qui est tres-bon à manger. Il est gros comme un chapon ordinaire. Il a le bec court, gros & crochu, la tête d'un verd changeant , l'œil entouré de petites plumes rouges, & l'estomac & le ventre de couleur jaune. Ses ailes tirent sur le gris & sa queuë est longue. Il y a des faisans blancs, mais ces faisans viennent de Flandre.

Faisande, faisannée, faisantes, s. f. Ces trois mots se disent pour dire la femelle du faisand. Les hommes savans en la langue disent *faisande*, ou femelle de faisands les Dames , *faisanne ;* les oiseliers & les rôtisseurs *faisante.* On croit qu'il vaut mieux parler comme les Hommes doctes, ou comme les Dames qui parlent bien, que comme les oiseliers, qui cependant entrainent assez de gens de leur côté S'il m'est permis de dire mon avis là-dessus je ferois pour *faisande*, ou femelle de faisand sans condamner ceux qui disent *faisanne.*

Faisandeau; faisanneau, s. m. Petit faisand. L'usage est pour *faisandeau.*

Faisander, v. a. Ce mot se dit de la viande, & signifie Garder la viande jusques à ce qu'elle ait un certain goût qui tire sur la venaison, & qui soit prêt à dégenerer. (Il est bon de laisser un peu faisander la viande. Viande trop faisandée.)

Faisanderie, s. m. Lieu où l'on nourrit & éleve des faisans. (La faisanderie est belle & grande, & elle est pleine de faisans.)

Faisandier, s. m. C'est celui qui chasse, qui vend, qui nourrit & éleve des faisans & des faisandes. (Il y a tous les jours du marché des Faisandiers à la valée de misere à Paris. C'est un bon Faisandier.)

† *Faiseur, s. m.* Ce mot signifie celui qui fait, mais il ne se dit pas seul. On dit. (Un faiseur de chansons. *Voiture , poësies.* Faiseur d'Almanac. *Voit. poës.* Faiseur de livres. Faiseur de vers.)

Faiseurs d'instrument de matematique. C'est un ouvrier qui fait de toutes sortes de choses qui servent aux Matématiciens.

Faiseur d'instrumens de musique. C'est celui qu'on apelle ordinairement Luthier.

Faiseur de portraits. C'est un peintre qui n'est point paisagiste, ni qui ne fait point l'histoire ; mais qui s'ocupe seulement à bien faire les portraits. (Il y a des faiseurs de portraits qui font plus riches que les paisagistes & que tous ceux qui font l'histoire. Il y a des faiseurs de portraits qui prennent jusqu'à 5. pistoles. De Troie, Rigaud Ferdinand, Larzilliere & Vignou sont les plus illustres faiseurs de portraits de ce tems.

Faiseur de balais. Ouvrier qui fait toutes sortes de balais.

† *Faiseuse, s. f.* Mot general pour dire celle qui fait, mais il ne se dit

FAL

dit guére seul. (Rabat de la bonne faiseuse *Moliére*.)

Faiseuse de coifures de deüil. Coutuiére pour femme qui fait toutes sortes de coifures de deüil.

FAISCEAUX, *s. m.* Haches environnées de verges qu'on portoit devant les principaux Magiftrats Romains du tems de la République.

FAIT, *faite, adj.* Achevé. Exécuté. (Travail fait. Chose faite.)

Fait, faite. Ce mot entre en plusieurs façons de parler d'usage. (On dit, c'est un des hommes de la Cour le mieux fait. Elle est fort bien faite. C'est à dire, elle a bon air. C'est un homme fait. C'est une fille faite, c'est à dire qui est déja grande. C'est le pére tout fait, *Voit. Poës.* C'est à dire qu'il ressemble à son pére. Il est fait pour la guerre. C'est à dire, il est né pour la guerre, il est propre pour la guerre. Il est fait aux afaires, pour dire il est acoûtumé aux afaires, il est experimenté dans les afaires.)

Fait, s. m. Chose faite. Chose qui s'est passée. Action. Chose dont il s'agit. Question. Raconter bien un fait. Venir au fait. Une question de fait. Il ne faut pas disputer sur le fait. *Paſ. l. 6.*

.... Quand d'un ſtile si net
D'une cauſe embroüillée il expoſe le *fait*
Et ramaſſe en deux mots ce qu'on dit en dix mile.
Art de prêcher, ch. 1.)

Fait. Ce mot au pluriel, & parlant ſerieuſement ſignifie bel les actions & eſt ordinairement de poëſie. (Ces trois faits d'armes tr omphans, *Voiture, Poëſ.* Faits d'armes, glorieux. *Voit. Poëſ.* Tu chantes hautement les faits de nos guerriers, *Sar. Poëſ.*)

Fait. Ce mot au pluriel ſe dit quelquefois en raillant & en parlant familiérement. (Il nous a étourdi du recit de ſes beaux faits. On ſçait vos beaux faits.)

Fait, s. m. Ce mot eſt fort uſité dans la pratique. (Le fait eſt certain, c'eſt à dire, il eſt certain que la choſe a été faite. C'eſt une queſtion de fait, C'eſt à dire, il faut ſavoir ſi la choſe eſt arrivée, ou non.

Faits juſtificatifs. Terme de Palais. Ce ſont les preuves qu'une perſonne acuſée raporte de ſon innocence. (Être reçû à ſes faits juſtificatifs. Articuler ſes faits juſtificatifs. Le juge a ordonné la preuve des faits juſtificatifs.)

Fait. Ce mot entre en quelques façons de parler qui ſont en uſage. (*Je mets en fait* qu'une honnête femme ne ſauroit oüir cette comédie, *Moliére.* Il y a quelque choſe en mon fait qui ne va pas bien. Le Comte de Buſſi. Être ſeur de ſon fait. *Ablancourt.* Prendre le fait & cauſe d'une perſonne, *Ablancourt.* Il entend bien ſon fait. Ce chagrin & cette humeur critique qui ne vous abandonnent jamais ne ſont guére le fait d'une Dame, *Boil. Avis à Ménage.* En fais de guerre on en uſe de la ſorte. Billet païable pour fais de marchandiſe,)

FAITAGE *de logis, s. m.* Le toit & la couverture garnis de chevrons & de piéces néceſſaires à l'aſſemblage.

Faitage. Terme de *Charpentier*. Piéce de bois qui fait le haut de la charpente d'un bâtiment, où les chevrons ſont arrêtez par en haut.

Faitage. Terme de *Couvreur*. Ais de plomb creux qu'on met ſur le faite des maiſons.

Faite, s. m. La plus haute partie des bâtimens. (Le faite du logis eſt ruiné.)

* *Faite.* Point le plus haut. Comble. (Déchoir du faite de la gloire, *Vau. Quin. l. 3. c. 13.*)

Faitiére, s. f. Tuile courbée & faite en demi canal. Le mot de faitiére eſt auſſi quelquefois *adjectif*. (On dit une tuile faitiére, ou une faitiére.)

Faitiére, s. f. Sorte de colonne qui poſe ſur le mât d'une tente.

FAIX, *s. m.* Charge. Peſanteur. Tout le poids d'une choſe. (Le faix de la maiſon.)

† * Vous ne ſauriez avec conſtance
Porter le *faix* de mon abſence. *Voit. Poëſ.* * Il ne peut porter tout ſeul le *faix* de tant de grandes afaires, *Patru, plaidoié 6.* Ils ſont acablez du *faix* de leur couronne, *Dépr. Diſcours au Roi.*

Ecoute mes ennuis, ſoulagez-en le *faix*,
J'ai bien plus â te dire que jamais.
La Suïe, poëſies.)

FAL.

FALAISE, *s. f.* Terme de *Mer*. Ce ſont des côtes, des terres élevées, ou de hauts rochers qui ſont tout au bord de la Mer. Rivage de la Mer qui eſt eſcarpé. (Une haute falaiſe. On a elevé ſi haut le clocher de l'Egliſe de Dunquerque, que l'éminence des falaiſes n'empêche point qu'on ne le voïe de la Mer. *Sar. ſiége de Dunquerque,*)

Falaiſer, v. n. Terme de *Mer.* La mer *falaiſe*, c'eſt à dire, Vient briſer ſur la côte.)

FALOIR. Ce verbe n'eſt pas uſité à l'infinitif. C'eſt une ſorte de verbe imperſonnel qui ſe dit des choſes qu'on eſt obligé de faire par néceſſité, ou par devoir, ou qu'il eſt utile & important de faire. Il ſe conjugue ainſi *il faloit*, *il falut*, *il a falu*, *il faudra*, *qu'il faille*, *qu'il falut*, *il faudroit*. (Il faloit plûtôt mourir que de perdre le nom de belle. *Gon. Epi. l. t.* Il a falu céder à la néceſſité, *Vau. Rem.* Il faut peu pour vivre à un homme ſobre. Il faut remédier à ce mal.

* *Faloir.* Un faire *il faut.* C'eſt une néceſſité abſoluë de faire une telle choſe.

Faloir. Ce verbe ſignifie quelquefois *manquer.* (Peu s'en eſt falu. *Vau. Rem.* Il s'en faudra deux écus.)

Falot, s. m. Lanterne au bout d'un bâron, ou d'un grand manche de bois. Quand on porte le viatique aux malades, il y a toûjours deux falots qui précédent le porte Dieu.

† *Falot.* Fat. (C'eſt un plaiſant falot. Vous êtes un plaiſant falot.)

Falot, falote, adj. Groteſque. Capable de faire rire. (Viſage falot. *Sar. poëſ.* Eſprit falot.

Par quelque chanſon *falote*
Nous celébrerons la vertu
Qu'on tire de ce bois tortu.
S. Amant.)

Falotier, s. m. Oficier qui met les falots, ou les lumiéres en diférens endroits du Louvre ſur les eſcaliers.

FALOURDE, *s. f.* Ce ſont quatre ou cinq rondins liez avec deux hars. (Une groſſe falourde. Une bonne falourde.)

FALSIFICATION, *s. f.* Action de celui qui a falſifié. (La falſification d'un contrat. La falſification d'un reſcrit du Pape.) Il ſe dit auſſi des drogues.

Falſificateur, s. m. Celui qui falſifie. (C'eſt un inſigne falſificateur.)

Falſifier, v. a. Ce mot ſe dit des actes de Juſtice, & des paſſages de l'Ecriture, ou des Péres, & ſignifie *corrompre*. (Falſifier une piéce d'écriture. Paſſage falſifié.) On dit auſſi falſifier des drogues.

FAM.

FAMÉLIQUE, *adj.* Qui a faim. Qui eſt preſſé de faim. (Mine famélique. Table famélique, *Gon. l. 1.* C'eſt à dire table où l'on meurt de faim. Eſtomac famélique.

FAMEUX, *fameuſe, adj.* Ce mot ſe prend en bonne & en mauvaiſe part, & il ſignifie , Qui eſt connu. Qui eſt renommé. (La fameuſe Macette à la Cour ſi connüé, *Reg. Satire 13.* Iris vous devenez fameuſe, *Gon. Epi. l. 3.* Il ſe fréquentoit au logis de l'intimé , qui pour laquais & autres ſemblables gens tient le cabaret le plus fameux de la ville, *Patru, plaidoyé xi.*

L'Illuſtre d'Ablancourt repoſe en ce tombeau,
Dans ſes *fameux* écrits toute la France admire
Des Grecs & des Romains les prétieux treſors.
Talemant des Reaux.

Ces rochers ne ſont fameux que par les naufrages qu'ils ont cauſez.)

FAMILIARITÉ, *s. f.* Maniére familiére de converſer avec quelcun. (Il en uſe avec beaucoup de familiarité. Prendre un peu trop de familiarité.)

Se familiariſer, v. r. Se rendre familier. (Il eſt dangereux de ſe familiariſer avec toute ſorte de gens.)

* *Se familiariſer avec la goute.* C'eſt à dire, s'acoûtumer à la ſoufrir.

Familier, s. m. Celui qui eſt familier avec quelcun. (Il fit entrer ſes familiers, & ſes médecins. *Vau. Quin. l. 3. c. 5.*)

Familier, familiére, adj. Qui ſe communique aiſément avec les gens celui ou celle avec qui on a quelque familiarité. (C'eſt ſon familier ami. Elle eſt fort familiére avec lui. Entretien familier.)

Familier, familiére. Ce mot ſe dit du ſtile, & du diſcours, & il ſignifie. Aiſé. Facile. Naturel. Qui n'eſt point élevé. (Stile familier. Les épitres familiéres de Ciceron.)

Familiérement, adv. Avec familiarité. (Parler familiérement à quelcun.)

* *Familiérement.* D'un ſtile ſimple, aiſé & facile. [Écrire familiérement.)

Famille, s. f. Le pére & la mére avec les enfans. Tous parens les plus proches. (Souper en famille. Être broüillé avec ſa famille. La famille Roiale. C'eſt le Roi & la Reine, & les Enfans de France.)

Famille. Naiſſance. Extraction. Maiſon. [Etre de bonne famille. Etre d'une ancienne famille. La famille des Ceſars. La famille des Scipions.]

FAMINE, *s. f.* Faim ſi extrême, ſi grande diſette de vivres & de choſes néceſſaires à la vie, qu'on manque de tout. (Il y eut diſette, & aprés vint la famine, *Vau. Quin. l. x. c. 8.* Prendre une ville par famine, *Ablancourt, Rét. l. 3. c. 3.*

On verra par quels ſoins ſa ſage prévoïance
Au fort de la *famine* entretient l'abondance.
Dépreaux, Ep. 1.)

FAN.

FAN, *faon, s. m.* Quelques-uns écrivent *faon*, mais comme on prononce toûjours *fan*, & jamais *faon*, le plus court eſt d'écrire *fan*. C'eſt le petit d'une biche, d'une daine, ou d'une chevrette.

FANAGE, *s. m.* Terme de *Fleuriſte*. C'eſt proprement tout le feuillage de la plante. (Ce fanage eſt beau & agréable. Jamais ſanage ne m'a tant plû que celui de cette plante.)

FANAL,

FAN FAQ FA'R

FANAL, *s. m.* Grosse lanterne allumée sur la poupe du vaisseau Amiral pour marquer la route aux vaisseaux qui suivent. (*Faire fanal.*)

Fanal. Ce mot se dit aussi des feux qu'on allume sur des hautes tours, ou à l'entrée des ports, pour servir de guides aux vaisseaux. (La Tour de Cordoüan vers l'embouchûre de la Garonne est un *fanal* fort utile à ceux qui navigent en ces quartiers-là. (On dit aussi *fare*, au lieu de fanal. Voiez *Fare*.

FANATIQUE, *adj.* Il vient du Latin *fanaticus*, & il veut dire qui est transporté, ou qui se croit transporté d'une espéce de divine fureur. Dans ce sens, on dit qu'il y avoit des fanatiques anciens, & qu'il y en a aussi en Angleterre. Mais ordinairement parlant, *fanatique* est parmi nous, un mot injurieux. Il signifie *lunatique*, & qui a un peu l'esprit troublé. (A juger de Seigneur A. par son air, on le croit un peu fanatique, mais à en juger par ses manières, il n'y a personne qui ne soit persuadé qu'il est encore mille fois plus fanatique par là que par sa figure.)

FANCHON, *s. m.* Nom de petit garçon qui veut dire petit François. (Fanchon est fort joli.)

Fanchon, s. f. Nom de petite fille, qui veut dire petite Françoise. (Fanchon devient grande.)

FANE, *s. f.* Terme de *Fleuriste.* C'est la feuille de la plante. (Une grande, ou petite fane. Une belle & charmante fane. Plus la fane de l'anemone est frisée, ou déchiquetée, & plus elle est jolie. La fane qui s'étend est plus agréable que celle qui est droite. On ne couvre plus les tulipes quand elles font en fane. On doit nettéïer proprement les fanes des fleurs.)

FANER, *v. a.* Terme de *Faucheur.* Etendre avec une fourche l'herbe du pré lorsqu'elle est fauchée. (Faner le foin, Faner l'herbe.)

Se faner, v. r. Ce mot se dit des herbes & des fleurs, & signifie *Se flétrir. Se sécher.* (Herbe qui se fane. Foin qui se fane. On arrose un oranger quand on voit que les feuilles commencent à se faner. Les prémiers jours que les mélons & les concombres sont plantez, ils se fanent si le Soleil leur donne sur la tête.)

Faner. Ce mot se dit quelquefois dans un sens de verbe actif. (Le soleil trop ardent *fane* les plantes.)

* *Se faner.* Il se dit *au figuré,* des personnes & signifie, Avoir perdu sa beauté. (Elle commence un peu à se faner. Les débauches passent en un moment de l'enfance à la vieillesse, *& se fanent en leur fleur,* (c'est à dire, perdent leur vigueur & leur embonpoint.) *Abl. Luc. T. 2. amours.*

Faneuse, s. f. Celle qui fane le foin.

† FANFAN. Terme de caresse, mais bas & burlesque, pour dire *Enfant.* (Oui ma pauvre *fanfan,* ponponne de mon ame, *Moliére, Ecole des maris, acte 2. scene 9.*)

FANFARES, *s. f.* Airs de trompette. (De belles fanfares. Sonner des fanfares.)

† *Faire fanfare de quelque chose.* C'est s'estimer & se croire plus considérable à cause de quelque chose.

FANFARON, *s. m.* Faux brave. (Il leur dit qu'ils étoient des fanfarons.)

(*† Fanfaron en éloquence. Fanfaron en matière d'amitié.*)

Fanfaronnade, s. f. Braverie en paroles. (Faire une fanfaronnade.)

† FANFRELUCHE, *s. f.* Mot bas & burlesque qui entre quelquefois dans les Veaux-de-ville, & qui signifie, *Freluche, Bagatelle, petite chose de rien, & qui pare.*

FANGE, *s. f.* Ce mot se dit proprement des bourbes des chemins de la campagne. (Il naquit de la fange un serpent nommé Piton, *Benserade, Rondeaux.* Les longues pluies ont rompu les chemins & l'on a peine à se tirer des fanges.)

* *Fange.* Au figuré, & dans des discours de piété, il signifie quelquefois les ordures du péché. (Il m'a tiré d'un abime de fange & de boüe. *Port. Roïal, Ps. 39.*)

* *Fange.* Ce mot se dit aussi *au figuré,* parlant de la naissance des gens, & signifie, la vie du peuple, la plus basse naissance. (Il est né dans la fange. Il a été tiré de la fange.)

* *Fange.* Il signifie aussi bassesse d'esprit & de langage.
Et qu'à moins d'être au rang d'Horace ou de Voiture,
On rampe dans *la fange* avec l'Abé de Pure.
Déspreaux, Sat. 9.)

Fangeux, fangeuse, adj. Plein de fange. Plein de bourbe. (Il roule sur un cerrein fangeux. *Déspreaux, poétique, c. 1.*)

FANION, *s. m.* Terme de *Guerre.* Etendard de serge qu'un valet de chaque brigade porte à la tête des menus bagages de sa brigade pendant la marche des bagages de l'armée, pour évicer l'embaras de la marche des équipages. (Le plus sage valet de la brigade doit porter le *fanion.*)

FANON, *s. m.* Terme d'*Eglise & de Chasublier.* On apelle *fanons* les deux pendans de la mitre de l'Evêque. (Celui qui tient la mitre doit toûjours prendre garde que les *fanons* soient toûjours vers lui. Voiez le *Cérémonial.*)

Fanon. Les chasubliers apellent aussi fanon ce qu'on apelle ordinairement *manipule.* Voiez *Manipule.*

C'est aussi *un terme de blason.* Large brasselet fait à la manière d'un Fanon de Prêtre, mais qui pend du bras droit, au lieu que celui du Prêtre pend du bras gauche.

Fanon. Touper de poil qui vient au derrière du boulet de plusieurs chevaux. (Les chevaux de carosse sont sujets à avoir des fanons, mais pour les chevaux de legére taille, ils n'en ont presque jamais.)

Fanon. La peau de devant d'un boeuf, ou d'un taureau.
(La peau d'un gras *fanon* lui bat sur les genoux. *Rampale Idiles.*)

Fanon. Il se dit des barbes de la Baleine, qui pendent des deux côtez de sa gueule. C'est de ces fanons qu'on prend ce qu'on apelle communément des côtes de Baleine.

Fanon. Terme de *Mer.* C'est le racourcissement du point de la voile d'artimon, afin de prendre moins de vent.

FANTACIN, ou *fantassin, s. m.* Soldat qui est à pié. (Un bon fantacin.)

FANTAISIE, *s. f.* Imagination. Goût. Volonté. Dessein. (Se mettre quelque chose dans *la fantaisie.* Il trouve vôtre Poësie. Tout à fait à sa *fantaisie.* *Voir. poes.* Chacun juge des choses selon sa fantaisie. Il se faut laisser vivre à sa fantaisie.)

Fantaisie. Caprice. Boutade. Folie. (Avoir des fantaisies dans l'esprit. *Avoir des fantaisies musquées,* c'est à dire des caprices ridicules & particuliéres.)

Fantasque, adj. Fou. Bourru Capricieux. (Esprit fantasque. *Abl.* Décifion fantasque. *Pasc. l. 8.* Il est fantasque comme une mule.)

Fantasque, s. m. Bourru. Capricieux. (C'est un fantasque.)

Fantasquement, adv. D'une manière fantasque. (Il est fantasquement vétu.)

Fantastique, adj. Imaginaire. (C'est une imagination fantastique.)

Fantôme, s. m. Sorte de spectre afreux qu'on croit voir la nuit. Vision fausse qu'on a la nuit de quelque chose qui épouvante. (Fantôme injurieux qui trouble mon repos. *Corneille.*)

* *Fantôme.* Chose chimérique qu'on se met dans l'esprit pour s'inquiéter. Fantaisie ridicule dont on s'inquiéte. Chose fausse, imaginée & qui fait paroître pour inquiéter. (Les voit-on de fantômes en l'air combatre leurs desirs. *Déspreaux Satire 8.* Ils déclarent que ce fantôme qu'on met sur la Scene n'est qu'un fruit honteux d'un aveuglement déplorable. *Pasru plaid. 2.*)

* On dit d'une personne fort maigre & décharnée, ce n'est plus qu'un fantôme.

* Les Ministres d'un tel Prince sont toutes les afaires, il n'est plus qu'un fantôme.

FAO.

FAON. Voiez *Fan.*

Faonner, v. n. Ce mot se dit des biches, des daines & des chevrettes. Il se prononce comme il est écrit, & signifie *faire des fans.* (Biche qui faonne.)

FAQ.

FAQUIN, *faquine, adj.* Bas. Vil. Qui sent le coquin & le misérable. Qui n'a ni coeur, ni honneur. (Cela est faquin. C'est un des hommes du Roïaume, le plus faquin.)

Faquin, s. m. Homme de néant. Un misérable. Sans mérite. Sans honneur, & sans coeur. *(M.* Scapin un faquin achevé. Faquin fiéfé. Heuteux faquin. *Déspreaux Satire 8.* C'est un faquin à nazardes. *Moliére.*)

Faquin. Figure de bois en forme d'homme, plantée sur un pivot, contre laquelle un cavalier va à toute bride rompre une lance. On apelle cette figure *faquin* parce qu'on se servoit autrefois de quelque gros faquin, armé de toutes piéces contre lequel on couroit. (Courre le faquin, *Ménétrier traité de tournois.*)

† *Faquine, s. f.* Femme de néant. Femme qui n'a ni coeur ni honneur. (C'est une franche faquine.)

FAR.

FARCE, *s. f.* Mélanges de diverses sortes de viandes hachées & assaisonnées pour farcir quelque chose, comme cochons de lait, dindons, oisons, &c. La *farce* est aussi un mélange de bonnes viandes hachées & assaisonnées de sel, de poivre & de jaunes d'oeufs. Il y a de plusieurs sortes de *farces*, il y en a de chair de poisson, & les patissiers font des farces au fromage pour mettre sur de certaines piéces de patisserie. Ils font aussi des *farces* de crême pour faire tartes & autres piéces. (Farce bonne, excellente, &c.)

Farce. Terme de *Poësie.* C'est une sorte de Poëme dramatique contenant une action plaisante dont le but est de faire rire, & d'instruire agréablement. La *farce* doit être vive, railleuse & écrite d'un stile aisé & facile. Elle se compose en vers, ou en prose. Elle doit être égaïée & remplie d'incidens ingénieux & plaisans. (Patelin & la Reine Marguerite de Navarre ont fait des farces Françoises. Joüer une farce.)

† * *Farce.* Ce mot au figuré est burlesque, & il signifie. Chose ou action qui arrive entre quelques personnes & qui fait rire aux dépens de ceux qui font cette chose, parce qu'elle est plaisament ridicule. [C'est une farce que cela.)

Farceur, s. m. Terme de mépris pour dire *celui qui joüe des farces.* Comédien. Baladin. [C'est un farceur. Vous devenez

Yy Comédien

Comédien & farceur, & vous n'en avez point de honte. *Thiers traité des jeux, ch. 7.*)

FARCIN, *s. m.* Tumeur avec ulcère, laquelle a son principe dans la corruption du sang, & qui ocupe plusieurs parties du corps du cheval. (*Farcin volant* c'est un farcin qui se répand par tout le corps du cheval. Farcin intérieur. Farcin inveteré. Farcin cordé. Farcin de poule. Panser les boutons de farcin. Traiter le farcin avec le feu. Guerir le farcin. Voïez *Soleisel, Parfait Marechal.*)

Farcineux, farcineuse, *adj.* Qui a le farcin. (Cheval farcineux. Cavale farcineuse, *Soleisel, parfait marechal.*)

FARCIR, *v. a.* Remplir de farce. (Farcir un cochon. Farcir une Carpe.)

* Farcir. Remplir. (Farcir son estomac de viandes.)

* Farcir. Il signifie au figuré, remplir & mêler. (Farcir un livre de Grec & de Latin. Farcir un discours d'injures. Ce livre est tout farci d'impietez.)

Farci, farcie, *adj.* (Cochon farci. Poule farcie.)

FARD, *s. m.* Tout ce que les Dames mettent sur leur visage pour embélir leur teint & relever un peu leur beauté. (Le fard m'a fait un bon ofice puis-qu'il m'a empêché de me marier. *Gon. Epi.*)

FARDEAU, *s. m.* Charge qu'on porte. (Un pésant, un lourd fardeau.)

* Fardeau. Chose fort incommode. Chose qui fâche & qui chagrine. Chose trop dificile à faire, à gouverner, ou à soutenir. (Me voilà delivré d'un grand fardeau. *Mol. Malade imaginaire.* Le fardeau étoit trop pesant pour une seule tête. *Vau. Quin. l. 10.*)

FARDER, *v. a.* Embélir avec du fard. (Elle farde sa maitresse. Elle se farde tous les matins. Les femmes qui se fardent sont sujettes à devenir ridées avant le tems.) On dit comme en proverbe. Ciel pommelé & femme fardée ne sont pas de longue durée.

* Farder. Il se dit au figuré des discours & des pensées, & signifie embélir avec trop de soin. (Farder un discours. Les Poëtes Italiens ne sont guère naturels, ils fardent tout. *Maniére de bien penser, dial.* 2. Tu n'éblouïs pas tes lecteurs avec la céruse & le plâtre dont la plupart des auteurs fardent leurs piéces de Téatre *Mal. Poës.* Farder une pensée. *Depreaux Lutrin.*)

On dit aussi Farder des marchandises.

FARE, *s. m.* On écrivoit aussi ce mot par *ph. Pharo.* C'est une grosse lanterne alumée sur une tour aux ports de mer pour éclairer aux vaisseaux qui arrivent de nuit.

† FARFOUILLER, *v. a.* Fouiller. Chifonner. Maniér. Patiner. (Il la baise & la farfouille.)

‡ FARIBOLE, *s. f.* Contes. Folies. Contes en l'air. (Il est homme à donner dans toutes les fariboles qu'on s'avisera de lui dire. *Mol. Bourgeois Gentilhomme, a. 3. s. 13.*)

FARINE, *s. f.* Graine moulue & écrasée par la meule du moulin. [Pure farine. De la farine de froment. De la farine de segle. La poudre à dessécher les cheveux se fait de farine de feves. Le blutoir separe le son d'avec la farine.)

Fole farine. C'est la farine la plus menuë que le vent enléve & qui s'atache aux parois du moulin.

* On dit par mépris, ce sont des gens de même farine, c'est à dire, ils ne valent tous rien. Cette façon de parler est tirée du Latin.

* † On dit proverbialement qu'une femme a donné sa farine qu'elle vend son son, pour dire qu'elle fait plus à la rencherie que lors qu'elle étoit jeune.

Farineux, farineuse, *adj.* Terme de fruitier. Il se dit de certaines poires, & signifie qui n'a plus la quantité d'eau & la finesse de la chair qu'elle devroit avoir. [Cette poire à la chair farineuse.]

Farineux, farineuse, *adj.* Terme de Chirurgien. Ce mot se dit de certaines tumeurs dont la peau s'enléve par de petites parcelles blanchâtres. [Une dartre farineuse.]

Farinier, *s. m.* Marchand qui vend de la farine.

FAROUCHE, *adj.* Cruel. Feroce. (Exposé aux bêtes farouches.)

Farouche. Sauvage. Dificile à aprivoiser. (Animal farouche.)

* Farouche. Retiré & ennemi du monde & des conversations agréables. (C'est un homme farouche.)

* Vertu farouche. C'est une vertu qui est hors des régles de la société civile.

* Il a le regard farouche.

FAS. FAT.

FASSINE, *fascinet.* Voïez la colonne FACI.

FASEOLES, *s. f.* ou *fazéoles.* Ce sont de petites fèves marbrées, qui croissent en Espagne, en Italie, en Languedoc & en Provence. (Les faseoles sont bonnes & meilleures que les haricots qu'on vend à Paris.)

FASTE, *s. m.* Ce mot n'a point de pluriel lors qu'il signifie *orgueil, magnifique aparence.* (Le faste des Rois de Perse. Chose qui a du faste.)

FASTES, *s. m.* Ce mot n'a point de singulier lorsqu'il signifie une sorte de Calendrier ou de livre contenant le nombre des jours de l'année ; l'état de tout ce qui s'est passé ; les jours fêtez & non fêtez & ceux de plaidoirie. (Inserer dans les fastes *Abl. Tac. An. l. 1. c 3*) Ce mot n'est en usage qu'en parlant des Anciens Romains.

FASTUEUX, *fastueuse, adj.* Qui a du faste. Plein de faste. (Fastueuse prééminence. *Patru, plaidoié 7.* Eloge fastueux. *Depreaux poëtique. c. 1.*)

Fastueusement, *adv.* D'une manière fastueuse. Avec faste & orgueil.

FAT, *fate, adj.* Impertinent. Sot. (Cela est fat.)

Fat, *s. m.* Sot. Impertinent. Tout fat me déplait, & me choque, les yeux. *Depreaux, Satyre 7.* Qui voudra faire le fat, le fasse, il est permis. *Bensesade rondeaux.*)

Ecoutez tout le monde, assidu consultant,
Un Fat quelque fois ouvre un avis important.
Depreaux, Poët. ch. 4.

FATAL, *fatale, adj.* Ce mot se prend d'ordinaire en mauvaise part, & signifie *Funeste. Fâcheux.* (Jour fatal. Heure fatale. Fatal à la Republique. *Vau. rem.*)

Fatal, *fatale.* Ce mot se prend quelquefois en bonne part & signifie Heureux. (Fatal acouplement, *Mal. poës.* C'étoit une chose fatale à la race de Brutus de délivrer la Republique. *Vau. rem.*)

Fatal. fatale. Ils se disent aussi du tems de la mort. (Le jour fatal. L'heure fatale.)

Fatalement, *adv.* Par fatalité. Par la destinée. (Etre conduit fatalement chez une personne. *Mol. prétieuses, s. 4.*)

FATALITÉ, *s. f.* Destinée. Destin. Quand l'inévitable arrêt de ma fatalité m'aura porté dans les champs Elisées. *Mai. poës.*

Il est, Seigneur, de la fatalité
Que l'aigreur soit mêlée à la félicité.
Corn. Pomp. a. 5. sc. 5.

Fatalité. Malheur. (Cela est arrivé par la plus-grande fatalité du monde.)

FATIGUE, *s. f.* Peine. Travail. (C'est un homme de grande fatigue.)

[† *Faire à la fatigue.* C'est à dire acoûtumé à une chose. (Vous devriez être fait à la fatigue depuis le tems que vous faites de méchans tours aux gens qui s'en vangent. *Le Comte de Bussi.*)

Fatiguer, *v. a.* Lasser. Travailler. Prendre de la fatigue. (Les filles & les femmes fatiguoient comme de simples ouvriers. *Bouhours Aubusson, l. 3.*)

* Fatiguer. Ennuïer. Importuner. Lasser. (Il fatigue les gens du récit de ses vers. *Scar.*)

* Fatiguant, fatiguante, *adj.* Ennuïeux. Importun. (Un amant fort fatiguant. Une femme fort fatiguante.)

FATRAS, *s. m.* Choses superfluës & inutiles, qui ne font qu'ennuïer. (Les observations de Ménage sur la langue Françoise sont pleines de fatras. *Le P. Bouhours.*)

FATUITÉ, *s. f.* Il vient du Latin *fatuitas*, & donne une belle & forte idée de la sotise de la personne dont on parle. Mais il n'est pas encore assez entendu du peuple. (On dit des *Fatuitez* des grans qu'il est bon de remarquer. *Port-Roial. éducation du Prince*. On ne sauroit assez admirer la fatuité du grimaut M.... qui s'imagine de mieux faire des vers que nos meilleurs Poëtes.)

FAU.

FAU, *s. m.* Arbre de haute futaïe. En Latin *Fagus.* V. *Hêtre.*

FAUCET. V. *Fausset.*

FAUCHAGE, *s. m.* Le tems qu'on a mis & la peine qu'on a prise à faucher. Le travail qu'a fait le faucheur. (Païer le fauchage des prez.)

FAUCHER, *v. a.* Abatre avec la faux. (Faucher les orges, les aveines. Pré fauché. Aveine fauchée.)

* Faucher, *v. n.* Ce mot se dit des Chevaux qui ont fait quelque éfort, ou qui sont entrouvers, & qui signifie Marcher de telle sorte en boitant qu'ils traînent en demi rond une des jambes de devant. (Cheval qui fauche.)

Fauchet, *s. m.* Sorte de rateau qui a des dents de bois & qui sert aux moissonneurs & aux faneuses.

Faucheur, *s. m.* Celui qui fauche pré, orge, ou aveine. (Un bon faucheur.)

FAUCILLE, *s. f.* Petit instrument qu'on manie d'une main, qui a une poignée de bois, & une lame qui va en arc & qui sert à couper le blé, le segle, l'aveine, l'orge & l'herbe. [Faucille rompuë.

Le même grain que les glaçons
Sembloient dérober aux moissons
Tombe enfin dessous la *faucille*
Et le diligent laboureur
Se sert des mains de sa famille
Pour recueillir tout son bonheur.]

FAUCON, *s. m.* En Latin *Falco.* Oiseau de leure qui vole haut, qui a la tête noirâtre, qui est cendré par le dos & semé de plusieurs taches, aïant les jambes & les piez jaunes. (Un bon faucon. Un faucon hagard. Un faucon gentil. Un faucon gruier, héronnier, lanier, gerfaut. Un Faucon pelerin, ou passager. Voïez *Franchière. Fauconnerie 1. p. ch. 1.*)

Fauconneau, *s. m.* Sixième espèce d'artillerie du calibre de France, longue d'environ six piez & demi, aïant un pouce onze lignes de calibre; *Dav.*

Fauconnerie

FAU

Fauconnerie, *s. f.* L'art de dresser les faucons, l'aigle & l'autour, & de les rendre capables de voler à l'oiseau. Jean Franchiére, Guillaume Tardif, Artelouche, Dalagona & G. B. ont traité avec reputation de la Fauconnerie, & des oiseaux de leurre. On ne se sert dans la Fauconnerie que du Faucon, de l'Aigle & de l'Autour. Tardif, Fauconnerie 1. p. ch. 1. Aprendre, savoir, entendre la Fauconnerie.)

Fauconnerie, *s. f.* C'est le lieu où le Fauconnier dresse le faucon & tout oiseau de proie bele & le rend propre à voler à toute sorte d'oiseau. (Aller à la fauconnerie. Le Fauconnier est à la fauconnerie.)

Fauconnier, *s. m.* Ce mot vient de l'Italien *falconiere*. C'est celui qui dresse les faucons & les autres oiseaux de proie, qui a soin de les conserver en santé, & de les guerir lors qu'ils sont malades. (Un bon, excellent & habile fauconnier. Il n'y a que les Princes & les Grands Seigneurs qui aient des Fauconniers. Etre Fauconnier du Roi, &c.)

Le grand Fauconnier. Oficier qui a la surintendance de la fauconnerie du Roi.

Fauconnière, *s. f.* Espéce de gibeciere double.

Faveur, *s. f.* Grace, Plaisir. Bon ofice. Apui. (Recevoir quelque faveur. Je l'ai remercié de la faveur qu'il m'a faite. Avoir la faveur du peuple. *Abl.*)

Faveur. Crédit. Pouvoir d'une personne qui est bien auprès du Roi.)

Les derniéres Faveurs. Ces mots signifient toutes les graces que peut faire une Dame à un amant qu'elle aime éperdument. (Avoir les derniéres faveurs d'une maîtresse.)

A la faveur. C'est à dire. A l'aide. Etant favorisé. (Surprendre l'ennemi à la faveur des ténébres. *A. L. Ar. l. 2.*)

Faufiler, *v. a.* Terme de *Tailleur* & de *Couturiére*. C'est coudre grossiérement & à grands points. (Faufiler le corps d'un habit.)

Faune, *s. m.* Sorte de Satire. (Un vieux faune. *Voit. poës.*)

Favorable, *adj.* Qui favorise. (Les Dieux nous doivent être favorables contre les parjures. *Abl. Ret. l. 3. c. 1.*)

Favorablement, *adv.* Avec plaisir. Avec joie. Avec faveur. (Recevoir favorablement un commencement d'afection. *Voit. l. 12.*)

Favori, *s. m.* Celui qu'on favorise principalement. Celui qu'on chérit plus que les autres & à qui l'on ouvre son cœur. (Favori disgracié.)

Favoriser, *v. a.* Faire queque faveur. Apuier de son crédit. (Venus favorise sur tous un buveur d'eau. *Voit. Poës.* Favoriser une opinion. *Pas. l. 2.*)

Favorite, *s. f.* Celle qu'on favorise particuliérement. La bien aimée. Celle qu'on chérit davantage. (C'est la favorite de la Reine. L'Ironie est la figure favorite. *Cost.*)

Faussaire, *s. m.* Qui a fait une fausseté. (Un insigne faussaire.)

Fausse alarme. (Donner une fausse alarme.)

Fausse-braie, *s. f.* Terme de *Fortification.* Espace qu'on laisse au pié du rempart, ou de la muraille pour défendre de l'aproche de la contre-escarpe.

Fausse-couche. Voiez *Couche.*

Fausse-fleurs. Il se dit des melons & des concombres. Ce sont des fleurs au dessous desquelles il n'y a point de fruit qui y tienne. Car aux bonnes fleurs, le fruit paroit avant que la fleur s'épanouisse au bout ; & si le tems est favorable le fruit noué, sinon, le fruit coule.

Fausse porte. Sortir par la fausse-porte. Se sauver par la fausse-porte.)

Faussement, *adv.* A faux. (Acuser faussement.)

Fausser, *v. a.* Ce mot ne se dit bien qu'au figuré. Il se dit en parlant de la Foi & de la parole qu'on a promise, il signifie. Violer. Rompre. Manquer. (Fausser sa foi. *Abl. Ret. l. 3. c. 1.*)

* *Fausser.* Ce mot se dit en parlant de quelque compagnie de gens avec qui l'on est & signifie. Quiter. Abandonner. Se separer. (Fausser compagnie.)

Fausser. Plier. Courber une chose, en la forçant & lui faisant faire quelque éfort. (Fausser une clé. Fausser une épée. *Abl.* Les coups d'épée fausserent ses armes en divers endroits. *Boubours Aubusson, l. 3.* La fléche faussant sa cuirasse lui entra bien avant dans le corps. *La Curée, l. 9. ch. 5.*)

Fausset, *s. m.* Petite broche pour mettre à un mui de vin, ou à un vaisseau rempli d'autre liqueur.

Fausset, *s. m.* Terme de *Musicien.* Voix qui n'est pas naturelle & qui est au dessus de la naturelle. (Il n'y a que les dessus qui chantent le fausset.

L'un traîne en longs fredons une voix glapissante
Et l'autre l'apuiant de son *nigre fausset*
Semble un violon qui jure sous l'archet.
Dépr. Sat. 3.

* On sa façon de rire, & son ton de fausset,
Ont-ils de vous toucher, scu trouver le secret.
Mol. Mis. a. 2. s. 1.

Faussete, *s. m.* Terme de *Musique.* C'est celui qui fait le fausset. (Monsieur un tel est un agréable fausset.)

Fausseté, *s. f.* Chose fausse. (C'est une fausseté insigne.)

Il faut. Verbe impersonnel qui signifie *il est besoin.* Il est nécessaire. (Pour vivre en galant homme, il faut tenir une conduite honnête à son égard, & à l'égard des autres.

Mais sans cesse ignorans de nos propres besoins
Nous demandons au ciel ce qu'*il nous faut le moins.*
Dépreaux, Ep. 5.)

FAU

Faute, *s. f.* Mot général qui signifie l'action de la personne qui manque de quelque façon, & en quelque sorte de chose que ce soit. Cause. (Balzac qui étoit un Grammairien, a fait des *fautes* contre la Grammaire. Les Poëtes sont sujets à faire de grandes fautes de jugement. *Scar.* Etre malheureux par sa faute.)

Faute. Espéce de crime. Péché. (Demander pardon à Dieu, de ses fautes. *Pas. lett.*)

Sans faute. Ces mots veulent dire. Sans qu'il y ait aucune faute, & selon toutes les régles. (Vers qui sont sans faute.)

Sans faute. Assurément & sans manquer. (Je me rendrai sans faute où je vous promets de me rendre.)

Faute de. Ce mot est une espéce d'adverbe. (Exemple. Faute d'argent on n'est qu'un sot dans ce mauvais siécle de fer. *Scar.* C'est à dire si on manque d'argent on n'est qu'un sot. Quand ce vint au jour du combat, Alexandre n'oüt pas faute de soldats. *Vau. Quin. l. 3. c. 4.* Ils trouvérent tout le monde à table avec des guirlandes sur leurs têtes faites d'herbes séches faute de fleurs. *Abl. Ret. l. 4. c. 1.*)

A faute de, *adv.* A faute de paier de son bon gré, on est paier de force. C'est à dire, si on ne paie de son bon gré on y est forcé. (*A faute de* n'est pas si en usage que *faute de. Vaug. Rem.*)

Par faute. C'est la même chose que *faute*, mais on ne dit guére *par faute de paier* ; on dit simplement *faute de paier. Vaug. Rem.*

Fauteuil, *s. m.* Chaise à dossier & à bras, au bout de squels il y a des rosettes, des musles, ou des têtes de femmes. (Un fauteuil bien garni.)

† *Fautif*, *fautive*, *adj.* Mot bas pour dire. Qui fait des fautes, qui est sujet à faire des fautes. (Il est fautif. La nature humaine est fautive.)

Fautif, *fautive.* Qui est plein de fautes. (La premiére édition de ce livre est fautive.)

Fauteur, *s. m.* Qui favorise. Qui apuie. (Les fauteurs de l'impudicité du Roi étoient comblés de biens. *Maucroix, Sc. i s me, l. 1.*)

Fautrice, *s. f.* Celle qui apuie & favorise. (Nous la déclarons fautrice d'Heretiques. *Maucroix, Schism. l. 1. p. 4.*)

Fauve, *adj.* Ce mot se dit des biches, & des cerfs, daims, daines, chevreuils & chevrettes, & veut dire. Qui tire sur le roux. (Bêtes fauves.)
On dit aussi *couleur fauve*, c'est une couleur qui tire sur le roux.

Fauvet, *s. m.* Ce mot a été introduit dans nôtre langue par le Chevalier de Riviére, & il a été heureusement reçu. *Le fauvet* est le mâle de *La fauvette*, & c'est un petit oiseau éveillé, qui est beau & qui a le chant doux & charmant. *Le fauvet* a une particuliére connoissance de la personne qui le gouverne. Il vit ordinairement cinq ou six ans. Olina, *dans son traité des oiseaux*, apelle le fauvet, *il maschio della capinera*, & d'autres le nomment *Capinero.*

On sait fort bien que *les fauvets*
Sont de tres-illustre famille
Et que celle des Roitelets
Est la derniére en volatile.
Chev. de Riviére, recueil de piéces galantes.

Fauvette, *s. f.* Petit oiseau de couleur fauve, gai, beau, qui chante agréablement & qui connoit particuliérement celui qui a soin de lui donner à manger. Olina, *Traité des oiseaux qui chantent.*

Faux, *fausse*, *adj.* Qui n'est pas vrai. (Mahomet est un faux Prophete. Cela est faux. Chose fausse. Un faux raport. Un faux témoin. Une fausse nouvelle. Une fausse alarme. Une fausse ataque.)

Foux, *fausse.* Falsifié. [Faux sceau. Ecriture fausse. S'inscrire en faux. Faux poids. Fausse mesure. Cet acte est faux.]

Faux, *fausse.* Rusé. Fin. Méchant. [Faux Normand. *Scar.* Ce faux rusé vint loger près de la Merci. *Scar. Poës.*]

* *Faux*, *fausse.* Ce mot au figuré se dit de l'esprit, des pensées, des vertus & autres choses. [Esprit faux. Pensée fausse. Fausse éloquence. Fausse galanterie. Une fausse dévotion. *Abl.* Fausse humilité. *Port-Roial.* Il a suivi de fausses lumiéres qui n'ont servi qu'à l'égarer. *Port-Roial.*] Ce mot se dit aussi de certains métaux, comme de l'or & de l'argent & il se dit aussi des pierres précieuses. [Faux or, faux argent. Un faux diamant. Fausse monnoie.]

Faux, *fausse.* Il se dit aussi en musique. [Un faux accord. Un faux ton. Cette corde est fausse.]

A faux, *adv.* Faussement. [Acuser à faux. *Abl.*]
On dit qu'un coup est *faux*, ou qu'on l'a porté *à faux*, pour dire, qu'il n'a pas réussi, qu'il a été inutile.
On dit qu'une colonne *porte à faux*, quand elle n'est pas soutenuë par un apui sufisant.

Faussement, *adv.* A faux. [Soubçonner faussement.]

Faux, *s. f.* Instrument d'acier qui est large d'environ trois doigts, qui va en arc, finit en pointe, & sert à faucher les prez

prez les aveines, orges,&c. (Eguiser une faux. Batre une faux.)
On peind la mort & le tems avec *une faux*, parce qu'il semble qu'ils fauchent les hommes.

Faux-bois, f. m. Terme de *Jardinier*. Branche d'arbre qui est venuë dans un endroit où elle ne devoit pas venir, & qui d'ordinaire devient beaucoup plus grosse & plus longue que toutes les autres de l'arbre, à qui elle vole une partie de leur nourriture. (Faire la guerre aux branches de faux bois , à moins qu'on n'ait dessein de rajeunir l'arbre & d'ôter toutes les vieilles branches pour ne conserver que la faüille. *Quint. Iardins fruitiers*, T. 1.)

Faux-bond, f. m. Ce mot se dit proprement en parlant de bale, & d'autre pareille chose qu'on jette & qui fait une sorte de bon oblique. La bale a fait un faux-bond.)

† * *Faux-bond*. Ce mot se dit au figuré & signifie *faute contre son honneur*, mais il n'entre que dans le stile simple , Satirique & comique. (Faire faux-bond à son honneur. *Moliere, école des femmes*, a. 3. f. 2.)

Faux-bourdon, f. m. Sorte de chant irrégulier. (Chant qui n'est pas réglé.)

Faux - Bourg, f. m. Maisons en forme de bourg, ou de village hors des portes d'une Vile, & par où l'on passe ordinairement pour venir dans la ville. (Gros ou petit faux bourg)

Faux-brillant, f. m. Il se dit des discours où l'on a mis des pensées subtiles qui surprennent agréablement l'esprit , mais qui n'ont point de solidité. (Ce livre est plein de faux-brillans.)

Faux-fourreau. Fourreau de serge dans quoi on met le pistolet avant que de le mettre dans le fourreau de cuir.

Faux-fuiant. Terme de *Chasse*. C'est une sente à pié dans le bois. *Sal. Venerie Roiale.*

* *Faux-fuiant*. Tour, adresse pour fuïr, ou éviter une chose. (Ce subtil faux-fuiant mérite qu'on le loüe. *Mol. femmes savantes*, a. 1. f. 4.)

Faux-jour, f. m. Petite clarté qui vient par un trou,
[A l'ombre d'un petit faux-jour
Qui perce un peu l'obscure tour
Où les bourreaux vont à la quête.
Theop. poës.]

Faux-jour. Il se dit aussi à l'égard des tableaux, quand la lumiére ne donne pas dessus du côté où le Peintre a suposé qu'elle devoit éclairer le tableau.

Faux-monoieur, f. m. Celui qui fait de la fausse monoie. (Faux-monoieur pendu.)

Faux-monoieuse, f. f. Celle qui fait de la fausse monoie. (Faux-monoieuse convaincuë.)

Un faux pas, V. *Pas*.

Faux-saunier, f. m, Qui trafique de sel défendu. (C'est un faux-saunier.)

FEA. FEB. FEC.

† *Féal*, *féale*, adj. Terme de *Chancelerie*. Le mot de *Féal* est un vieux mot qui signifie fidèle. Il ne se dit qu'au *masculin*, & n'entre que dans les lettres patentes que le Roi envoie principalement aux Compagnies Souveraines, & dont l'adresse porte, *A nos Amez & féaux les gens tenant nos Cours de Parlement, Salut*. Le mot de *feal* & d'*ame* se disent aussi aux Présidents & Conseillers de Cour Souveraine, aux Gens du Roi, au Prevôt des Marchands & aux Echevins de la Vile de Paris, &c.

† *Féal, féale*. Ce mot se dit en burlesque quelquefois. (Mon cher & féal ami. *Scar. poës.*)

Febricitant, f. m, Qui a la fiévre. (C'est un febricitant.)

Fébrifuge, f. m. Sorte de poudre faite par opération Chimique, bonne pour les fiévres intermittentes. Ce mot *fébrifuge*, signifie en général tout remede specifique qu'on donne contre la fiévre. Ainsi l'on dit, le Quinquina est un souverain fébrifuge.

Fécal, fécale, adj. Il vient du Latin *fecalis*. Il ne se dit qu'au féminin avec le mot de *matiére*. Ces mots ne se disent d'ordinaire qu'entre Médecins & autres pareilles gens, & signifient *excremens d'homme*. Les Médecins, pour bien faire valoir leur science, s'apliquent à regarder la matiére fécale des malheureux qui sont tombez sous leurs pates.

Féces, f. f. Terme de *Chimie*. Il vient du Latin *faces*, & l'on prononce *fesses*, ou *féces*. Ce sont les matiéres grossiéres & imputes qui se trouvent au fond des compositions de l'une & de l'autre Pharmacie. C'est aussi le *marc* qui reste après la distillation. (Rejetter les féces. Opium chargé de féces. Sac plein de féces.)

Fécond, féconde, adj. Abondant. Fertile. (Esprit fécond. Langue feconde. Rendre fécond.)

Fécondité, f. f. Abondance. Fertilité. (Une heureuse fécondité.)

Féculent, féculente, adj. Terme de *Médecin*, qui se dit du sang & des humeurs qui sont chargez de féces ou de lie, & n'ont pas la pureté qu'ils devroient avoir.

FEE. FEI.

Fée, f. f. Celle qui prédit l'avenir. C'étoit un nom honnête qu'on donnoit autrefois aux Magiciens & aux Enchanteresses, & qu'on ne trouve plus que dans les vieux Romans.

Feindre, v. a. En Latin *fingere*. Je feint, tu feins, il feint, nous feignons, le feignois, l'ai feint, je feignis, le feindrai. Que je feigne, je feignisse, je feindrois. Se servir de fiction. (Les Poëtes feignent, mais ils doivent *feindre* ingenieusement, & vrai-semblablement. Esope a feint des fables tres-spirituelles.)

Feindre. N'oser poser le pié à terre à cause qu'on a quelque mal au pié. (Cheval qui feint.)

Feindre. Dissimuler. Faire semblant. (Il feint d'être ami. La plupart des hommes d'aujourd'hui feignent d'être tout ce qu'ils ne sont pas.)

Feint, feinte, adj. Imaginé. Qui n'est pas vrai. Dissimulé. (Chose feinte.)

Feinte, f. f. Dissimulation. Semblant. (Il fait feinte de l'aimer. User de feinte.)

Feinte, f. f. Terme de *Maître d'armes*. (La feinte consiste à faire semblant de porter un coup. Une feinte double. Faire une feinte. Marquer une feinte à son ennemi. Découvrir une feinte. Conserver une feinte. Atirer son ennemi par des feintes. Parer une feinte. *Liancour, Maître d'armes*.)

Feinte. Terme de *Réorique*. Figure qui se fait lors qu'on feint de passer sous silence une chose qu'on ne laisse pas de dire. A moins que cette feinte ne soit bien faite, elle sent le College.

Feinte. Terme de *Facteur d'orgues*. Petit morceau d'ivoire qui est sur les touches des clavecins des orgues, des épinettes, &c.

Feintise. Mot un peu vieux pour dire *dissimulation*. (Je vous dirai sans feintise, ou sans ouverture. *Voit. poës*.)

FEL.

Féler, v. a. Ce mot se dit en parlant du verre & de poterie de faiance ou de terre, il signifie. Fendre de telle sorte que le vaisseau de verre ou de faiance ne soit pas séparé & que toutes les parties tiennent les unes aux autres. (Pot de faiance félé. L'eau trop chaude fêle le verre.)

Félicitation, f. f. Joie qu'on témoigne à une personne, sur le bonheur qui lui est arrivé. Le mot de *félicitation* n'est pas encore tout à fait établi, & l'on croit qu'il ne s'en faut servir qu'avec cet adoucissement, si j'ose ainsi parler, ou s'il m'est permis de parler de la sorte. (Je lui ait fait un compliment de félicitation, si j'ose parler ainsi, sur la mort de sa diablesse de femme, & on ne le sauroit trop féliciter là-dessus : car il va vivre en repos le reste de ses jours.)

Félicité, f. f. En Latin *felicitas*. Ce mot signifie. Bonheur, prosperité, souverain bien. (Une grande, longue, extrème félicité. Une courte félicité. Une félicité particuliére & extraordinaire. Le souvenir de leur félicité passée & l'image de leur crime les tourmentent assez. *Abl. Luc*. T. 1. *dial. des morts*.

Félicité passée
Qui ne peus revenir,
Tourment de ma pensée
Que n'ai je, en te perdant, perdu le souvenir.
Bertaud, poësies.

La félicité consiste à être libre. *Abl. Luc*. Troubler la félicité de quelcun. *Abl. Ret*. La félicité n'est jamais de longue durée quand la vertu l'abandonne. *Durier, Fransh. l. 1. ch. 1*. La félicité des Grands passe comme un songe. *Abl. Luc.* T. 1. Etablir sa félicité dans des bagatelles.)

Féliciter, v. a. Faire un compliment à quelcun sur un bon heur qui lui est arrivé. (C'étoit pour le féliciter de ses victoires. *Abl. Ar.* l. 7. Je vous félicite d'avoir Caliste pour maîtresse. *Balzac lettr*. On croit que Balzac a introduit dans nôtre langue le mot de *féliciter*.)

Félix, f. m. Nom d'homme.

Félon, Felonne, adj. Cruel. Colére. (L'air de ce païs m'a donné je ne sais quoi de félon. *Voi. l. 40.*)

Felonie, f. f. Terme de *Palais*. Crime du Vassal contre son Seigneur, lorsque le Vassal viole le serment de fidélité qu'il a fait à son Seigneur.

* *Félonie*. Cruauté. Férocité. Quelque chose de félon. (L'air d'Afrique m'a inspiré quelque félonie. *Voit. l*. 40.)

Félouque, falouque, f. f. L'usage est pour *Felouque* qui est une sorte de petit vaisseau de bas bord à bancs & à rames.

Félûre, f. f. Fente faite dans quelque vaisseau de faiance, de terre, ou de verre, laquelle sépare pas le vaisseau en deux. (Il y a là une petite félûre.)

FEM.

Femelle, f. f. Ce mot se dit proprement des animaux, c'est l'animal qui porte les petits. (Quand Dieu créa l'homme, il le créa mâle & femelle. Le mâle engendre dans un autre animal,

FEM FEN FER

animal ; la femelle engendre en soi. La brebis est la femelle du bélier, la vache est la femelle du taureau. La femelle des oiseaux de rapine est plus grande, plus forte, plus hardie & plus adroite que son mâle ; mais la femelle des oiseaux qui ne vivent point de rapine est plus petite & n'est pas si belle que son mâle. *Tardif, fauconnerie*, 1. *p. ch.*1.)

Femelle. Ce mot & celui de mâle se disent improprement des plantes, qui étant de même espèce sont pourtant différentes en quelque chose. (On dit que le palmier ne porte point de fruit s'il n'y en a un *mâle* & l'autre *femelle* l'un auprès de l'autre. Encens *mâle*, encens *femelle*.) On le dit aussi quelquefois en parlant des minéraux. (Antimoine *mâle*, antimoine *femelle*.)

Femelle. Ce mot se dit en burlesque, & signifie. Fille ou femme. (Une jolie femelle. Une gentille femelle, *Voit. poëf.* Il aime les femelles, *Scar. poëf.* C'est une étrange femelle. *Abl. Luc. Tom.*3.)

Féminin, féminine, adj. Terme de *Grammaire*. (Substantif féminin. Rime féminine.)

* *Féminiser*, v. a. Faire un féminin. (On féminise plusieurs mots en François.)

Femme, s. f. Prononcez *famme*. Il vient du Latin *femina*. C'est une créature raisonnable faite de la main de Dieu pour tenir compagnie à l'homme. (Une belle, une charmante, une agréable femme.)

  Prendre femme est étrange chose
  Sages gens en qui je me fie
  M'ont dit que c'est fait prudemment
  Que d'y songer toute sa vie.

  Maucroix, recueil des poëfies.

Il est permis aux Bramines d'épouser autant de femmes qu'ils veulent. La femme est un animal fait pour donner du plaisir, & particulièrement pour en prendre & faire enrager ceux qui l'en pensent empêcher. La femme est un animal intéressé, qui n'aime qu'autant qu'on l'a peut divertir, ou qu'elle espère qu'on la divertira.

Femme. Ce mot signifie quelquefois tout le sexe féminin & comprend les femmes & les filles. (Il y avoit en ce festin quarante personnes tant hommes que *femmes*. C'est un tailleur pour femmes.)

Femme. Il signifie souvent une femme qui est, ou qui a été mariée. (Les maris & les femmes. Prendre à femme.)

Femme de Chambre, s. f. Celle qui sert quelque femme de qualité à la chambre. *Scar. Roman. comique*, 1. *partie*, c.4. a dit, la Caverne avec la *fille de Chambre* coucha dans un cabinet, il falloit dire avec la *femme de chambre*. *Fille de Chambre* n'est pas le mot d'usage.

Femme de Chambre de la Reine, Dame qui sert dans la chambre de la Reine.

Femme de charge, s. f. Celle qui dans quelque maison fait l'office de Sommelier, qui a soin de la vaisselle d'argent, des napes & des serviettes.

Femmelette, s. f. Terme de mépris pour dire. Une femme de petit sens, qui n'a nulle expérience du monde, ou du moins qui en a très-peu. (La moindre femmelette fait cela.)

Fémorales, s. f. Terme de *Feuillans*. C'est le haut de chausse que mettent les Feuillans lorsqu'ils vont en campagne.

FEN. FEO.

Fenaison, s. f. L'action de sener, ou faner les foins. Le tems auquel on fane les foins.

Fener. V. *Faner.*

† *Fendant*, s. m. Mot bas, vieux, & burlesque pour dire. Vaillant. Méchant. Hardi. (Faire le fendant, Depuis le plus chétif jusqu'au plus fendant. *Reg. Sat.* 13.)

Fenderie, s. f. Prononcez *fanderie*. Lieu dans les forges où l'on fend des gueuses, pour les mettre en barres, en verges, &c.

Fendeur de bois, s. m. Prononcez *fandeur*. C'est un homme qui gagne sa vie à fendre du bois. (Le fendeur ne se sert pour fendre du bois que d'un maillet, de coins de fer & d'une hache. Un bon fendeur de bois. Le fendeur de bois va par les ruës de Paris, crier, qui a du bois à fendre?)

† *Fendeur de naseaux*, s. m. Fanfaron. Faux - brave. Homme qui porte l'épée, & qui fait le méchant, & qui ne l'est pas tant qu'il le fait, ou qu'il le paroit. (J'aimerois mieux un Couteau de boutique que tous ces fendeurs de naseaux. *Abl. Lut. Tome* 3.)

Fendre, v. a. Prononcez *fandre*. *Je fend. Je fendis. J'ai fendu.* Faire une fente. Ouvrir en fendant. Couper en fendant. Séparer à force de coups un corps qui est joint. (Fendre le devant d'une chemise. Fendre du bois. Fendre la tête d'un coup d'épée.)

On dit, *au figuré*, qu'un oiseau *fend l'air*, quand il vole.

* On dit, *au figuré, fendre la tête*, pour dire, faire mal à la tête à force de bruit.

* On dit aussi, *la tête me fend* de la douleur que me cause une violente migraine. *Le cœur lui fend* de pitié, quand il voit souffrir des misérables.

* *Fendre la presse.* C'est à dire, Passer à travers une foule de

gens & s'avancer des premiers.

Se fendre, v. r. S'entr'ouvrir. (Le bois se fend quelquefois de lui-même. La trop grande sécheresse *fait fendre la terre*, ou *fait que la terre se fend*.) Il se dit aussi de certains fruits, comme des pêches, des prunes, des abricots, &c. Les Damas, les abricots se fendent net, le pavi ne se fend point.)

Fendu, fenduë, adj. † On dit d'une personne qui a la bouche trop grande, qu'il a la bouche fenduë jusqu'aux oreilles.

Fenétrage, s. m. Tout ce qui concerne les fenêtres. (Le fenétrage de ce bâtiment est très beau.

* Les yeux sont les fenêtres de l'âme.

† On apelle fenêtres des endroits vuides qu'on laisse dans des écrits ; pour y mettre ce qu'on n'a pas eu le loisir d'écrire.

Fenil, s. m. Lieu à serrer le foin.

Fenouil, s. m. Sorte d'herbe odoriférante. Il y a de trois sortes de fenouil. Le commun, le doux, le sauvage. Le fenouil de Florence est le meilleur de tous les fenouils. Le fenouil cultivé vaut mieux que le sauvage.

Fente, s. f. Ouverture qu'on a faite en fendant. Chose fenduë. (La fente du haut de chausse. La fente de la bouche du cheval. Fente de muraille.)

Feodal, Feodale, adj. Terme de *Palais*. Qui regarde le fief. Qui est de fief. (Saisie féodale.)

FER.

FER, s. m. Ce mot n'a point de pluriel lorsqu'il signifie le métal dur dont on fait plusieurs sortes d'instrumens. (On peut dire que le fer est un aimant imparfait. Le fer froté d'aimant attire un autre fer. *Roh. Phis.* Batre le fer quand il est chaud. Proverbe qui veut dire. Ne pas laisser échaper l'occasion.

Le fer s'apelle *Mars* en termes de Chimie, (Sel de Mars. Safran de Mars.)

Fer. Terme de *Mer.* Ancre de Galére. (Les Galéres sont sur le fer.)

Un fer de cheval. C'est le fer qu'on met au pié d'un Cheval. (Un fer est arrondi du côté de la pince, & ouvert du côté du talon. *Un fer à tous piez*, c'est un fer composé de deux pièces, mobile sur un clou, rivé du côté de la pince, qui se peut accommoder à toutes sortes de piez.)

Fer à cheval. C'est une enseigne où il y a un fer de cheval. C'est aussi un ouvrage de fortification pour loger un corps de garde contre les surprises. (Emporter un fer à cheval.)

Un fer d'équillettes. Un fer de lacet.

Un fer, de pique, de lance.

* *Fer.* Ce mot au figuré est fort usité. Il signifie particulièrement l'épée & en général toute sorte d'instrumens de fer dont on se sert à la guerre, & dont on peut blesser & tuër. (Ce païs a été ravagé par le fer & par le feu. Braver le fer & la flâme. *Abl.* A travers le fer & les flâmes. *Vau. Quin.* l. 4. J'emploirai le fer & le poison pour me vanger. *Voit. l.* 22. Nôtre siécle de fer m'a rendu négligeant, *Gom. Epi.* 3.)

Lors que de mot *fer* signifie seulement *l'épée*, c'est un terme de *Maître d'Armes.* (Chercher le fer de son ennemi. *Liancourt, Maître d'Armes.* Batre le fer, c'est s'exercer à faire des armes avec des fleurets.)

Fers. Ce mot au pluriel signifie quelquefois les outils de fer dont quelques Artisans se servent comme. *Découpeurs*, *Parcheminiers*, & quelques autres. (Ainsi on dit. Des fers à raturer le parchemin. Fers à découper. Fers à friser les cheveux.

* *Fers.* Ce sont des liens de fer. Les chaînes qui tiennent les prisonniers. (Oter les fers à un Prisonnier. On l'a chargé de fers.)

* Romps tes fers bien qu'ils soient dorez. *Mai poëf.*

* *Fers.* L'Amour me tient dans vos *fers*. *Voit. poëf.* Ceux qui sont dans les *fers* ne reçurent jamais un regard favorable. *Voit. poëf.*

* † *Mettre le fer au feu.* C'est commencer à agir & à travailler courageusement. *Les fers en sont au feu.* C'est à dire, on travaille déjà à l'afaire dont il s'agit.

† *Feraille, Ferailler.* Voi Feraille.

Fer blanc. C'est du fer doux battu, & reduit en lames déliés & trempées dans de l'étain fondu. V. Tole.

† *Ferblantier*, s. m. Taillandier en fer-blanc. Le peuple de Paris dit *ferblantier*, mais les gens du métier disent *taillandier en fer blanc.* C'est un ouvrier qui travaille en fer blanc, qui fait & vend des lanternes, des entonnoirs, des plats, des couvre-plats, des rapes, &c. V. *Taillandier en fer blanc.*

Fil de fer. C'est du fer délié qu'on a passé par la filiére. V. *Fil d'archal.*

Ferandine, s. f. Etofe de soie & de laine dont on fait des habits & frocs pour homme & pour femme. (Ferandine blanche, noire. Ferandine pleine, façonnée de laine.)

Ferandinier, s. m. Ouvrier qui fait de la Ferandine & de toutes sortes d'étofes de soie.

Ferie, s. f. Terme d'Eglise. Le mot *ferie* signifie ordinairement *Fête*, mais dans la division des jours de semaine il veut dire *jour.*

† *Ferir*,

† Ferir, v. a. Fraper. Batre. (Cela se fait sans coup ferir. Le verbe ferir est un verbe défectueux qui n'est pas bien usité qu'à l'infinitif, & au préterit passif. Je suis feru. (Sans coup ferir, c'est à dire, sans rien faire.) V. Coup.

Ferler, v. a. Terme de Mer. C'est plier & trousser les voiles en manière de fagot. (Ferler les voiles.)

Ferme, s. f. Méterie. (Une belle ferme. Une ferme de grand revenu.)

Ferme. Le prix, ou le grain que le Fermier rend de la ferme. (Prendre à ferme. Donner à ferme.)

Ferme, s. f. Bail, ou loüage qu'on fait d'héritages, de terres & autres droits, moyennant un certain prix. Il se dit aussi des droits du Roi. (La ferme du Domaine, des Aides, des Gabelles, du Sel, &c. Les grandes & les petites fermes.)

Ferme, adj. Arrêté. Qui ne branle point. Dur. (Chose ferme. Sein ferme. Combatre de pié ferme. Abl. Ar. l. 1.)

* Ferme, adj. Constant. Solide. (Son amitié est ferme. Courage ferme. Foi ferme.)

La terre ferme. C'est la terre de quelque continent, & il signifie. Une terre qui n'est pas une île.

Ferme. Sorte d'adverbe qui étant joint au mot faire signifie Faire tête. Resister fortement & courageusement. (Faire ferme. Abl. Ar. l. 1. Les ennemis firent ferme. Vau. Quin. Ils demeurerent ferme dans leur poste.)

Ferme, adv. Avec hardiesse & avec assurance. (Nier fort & ferme.)

Ferme, adv. Vigoureusement, avec force. (Fraper fort & ferme.)

Ferme à ferme, adv. Termes de Manège, qui signifie. En une même place. (Lever un cheval de ferme à ferme.)

* Ferment, adv. Avec vigueur. Avec hardiesse. Avec fermeté. (Il a répondu fermement qu'il ne consentiroit à rien.)

Fermentation, s. f. Terme de Médecin. Inflammation d'humeurs.

Fermentation, s. f. Terme de Chimie. C'est une ébulition faite par des esprits qui cherchent issuë pour sortir de quelque corps. Il y a une autre sorte de fermentation, qu'on apelle efervécence. Et cette fermentation se fait quand on verse un acide sur un alcali. Voi l'Emeri, Chimie.

Fermenter, v. a. Terme de Chimie. Cuire par le moïen de la chaleur naturelle.

Se fermenter, v. r. S'enflammer. Humeurs qui se fermentent dans les entrailles.

Fermer, v. a. Entourer d'une clôture. Clorre. (Fermer une ville de murailles. Abl. Ar. l. 1. Fermer la porte.)

* Fermeté, s. f. Assurance. (Je me glorifierai en Dieu de la fermeté de sa parole. Port-Roial, Pseaume 55. v. 4.)

* Fermeté. Constance. Courage. Résolution. (C'est vôtre invincible fermeté qui a donné de la terreur à l'Eglise Romaine. Patru, Harangue à la Reine de Suéde. Il les étonna par la fermeté de son courage & de ses regards. Vau. Quin. l. 10. c. 8. Fermeté d'ame.)

Fermeture, s. f. Tout ce qui sert à fermer quelque chose.

Fermier, s. m. Celui qui tient une ferme d'un particulier, (Un bon fermier.)

Fermier des Gabelles. Celui qui tient à ferme les gabelles du Roi. Fermiers des Exploits & amendes.

Fermiere, s. f. Femme de Fermier. (La Fermiere est jeune & belle.)

Fermoir, s. m. Deux petites plaques d'argent ou de cuivre, qu'on attache à la couverture des livres de prières & qui par le moïen d'un petit travers de même métal attaché avec une goupile servent à fermer ces Livres de prières. (De fort beaux fermoirs. Des fermoirs bien travaillés. Mettre des fermoirs à un livre.)

Fermoir. Outil de fer acéré qui est une espéce de ciseau qui sert aux Menuisiers.)

Feru, feru, adj. Blessé. (Nerf feru.)

* Feru, feru, adj. Frapé. Blessé. (Je suis feru, j'en ai dans l'aîle. S. Amant.)

Féroce, adj. En Latin ferox. Ce mot se dit proprement des bêtes, & il signifie. Cruël. (Le Lion & le Tigre font des bêtes féroces. La Louve est une bête féroce.)

Féroce, adj. Il se dit des hommes, & veut dire barbare, inhumain, dur & cruël. (Achille étoit vaillant & féroce. S. Evremont. Humeur féroce. Abl. Naturel féroce.)

Férocité, s. f. Ce mot se dit proprement des bêtes, & signifie. Naturel féroce. La force, la vitesse & la férocité font presque semblables dans les Ures & dans les Bufles. Fléchier, vie de Commendon, l. 1. c. 13.)

* Férocité. Naturel farouche. Humeur féroce. (Toute la liberté que j'ai prise, ç'a été d'adoucir un peu la férocité de Pirrus. Racine, préface sur l'Andromaque.)

Ferraille, s. f. Vieux morceaux de fer.

† Ferrailler, v. n. C'est en se battant à coups d'épée ne porter que sur les lames. C'est mal faire des armes.

† Ferrailleur, s. m. C'est celui qui fait mal des armes. Ce n'est pas un homme qui fasse bien des armes, & il ne sauroit jamais passer que pour un ferrailleur.)

Ferrer. Garnir de fer le pié d'un animal qu'on ferre. Attacher quelque ferrure à quelque chose. (Ferrer un cheval. Ferrer un mulet. Ferrer un cabinet, une armoire, une selle de cheval, &c.)

* Ferrer. Ce mot se dit des choses qu'on garnit d'argent, & ausquelles ont attache de l'argent en forme de ferrure. (Un cheval ferré d'argent. Une selle de cheval ferrée d'argent. Une armoire ferrée d'argent. Un cabinet ferré d'argent.)

Ferrer. Terme d'Eguiletier. Mettre un petit morceau de fer blanc ou de léton ou bout d'une tresse ou d'un ruban. (Ferrer du Ruban, de la tresse. Eguillette bien ferrée. Lacet ferré d'argent. Eguillettée ferrée d'argent.)

† * Ferrer la mule. Sorte de proverbe qui se dit des serviteurs & servantes qui achetent quelque chose à leurs maitres ou à leurs maîtresses, leur comptent les choses un peu plus cher qu'on ne les leur a venduës. (Le pauvre bon homme Collecet prioit sa servante de lui ferrer un peu la mule.)

Ferré, ferrée, adj. Qui est garni d'une ferrure. (Cheval ferré. Armoire ferrée.)

* Ferré, ferrée. Ce mot se dit du stile, & veut dire. Dur. (Le stile de Tertulien est ferré.)

Eau ferrée. C'est de l'eau où l'on a éteint une bille d'acier rougie au feu.

[† * Il est ferré à la glace là-dessus. C'est à dire. Il sait à fond Il sait bien.)

Ferremens, s. m. Les fers dont le Chirurgien se sert dans ses opérations de chirurgie. Il se dit encore plus généralement de plusieurs sortes d'instrumens de fer, dont on se sert pour faire quelque ouverture, comme ceux dont se servent ceux qui veulent crocheter des serrures & forcer des portes.

Ferret, s. m. Petit ornement d'argent, ou d'autre chose qu'on qu'on met au bout des Rubans.

Ferronier, s. m. Celui qui vend des ferrailles.

Ferrure, s. f. Toutes les piéces de fer nécessaires pour attacher & ferrer quelque chose. Manière de ferrer un cheval. (Une bonne ferrure d'armoirie de cabinet, de carosse, de selle, &c.)

C'est aussi le travail de l'ouvrier qui ferre. (La ferrure de ce cabinet coûte tant.

Fertile, adj. Abondant. (Païs fertile. Contrée fertile en toutes sortes de choses. Abl.)

* Nôtre siécle est fertile en sots admirateurs. Déprïaux. Esprit fertile.

Fertilement, adv. Abondamment. Avec fertilité. (Champ qui rend fertilement le grain qu'on y a semé.)

Fertiliser, v. a. Rendre fertile. (Fleuve qui fertilise les campagnes. Abl.

Fertilité, s. f. Abondance. (Une heureuse fertilité. Une grande fertilité de toutes sortes de fruits.)

Fervent, fervente, adj. Ardent. Qui a de la ferveur. (Avoir un zele fervent. Prière fervente.)

Ferventment, adv. Avec ferveur. Avec ardeur. (Prier Dieu fervemment.)

Ferveur, s. f. Ardeur. Zele. (Une sainte ferveur. Avoir de la ferveur.)

Ferule, s. f. Morceau de bois, ou de cuir rond par le haut, comme la paume de la main & qui va en poignée avec quoi les Jésuites & autres gens de classe frapent sur les mains des écoliers qui ont fait quelque petite faute. (Tu vas passer pour ridicule chez les Rois du païs Latin dont le Sceptre est une ferule. Mai. poës.)

† * Il est encore sous la ferule. C'est à dire, sous la discipline, des Maîtres.

Ferule, s. f. Plante à longue tige, qui ressemble au fenouil.

F E S.

Fesse, s. f. Partie du corps sur laquelle on s'assied. (Fesse dure & blanche.)

Fesse. Terme de Vanier. Osier tors au milieu des paniers, des claies & autres ouvrages. (Faire la fesse d'un panier.)

† Fesse-matieu, s. m. Avare fiefé. (C'est un fesse-matieu. Mol.)

† Fesser, v. a. Donner sur les fesses. Fouetter. (On la fessé. Elle a été fessée.)

* Fessier, s. m. Cu. (Un gros fessier. Vieille ha, ha, vôtre chien de fessier en a. Scar. poës.)

Festin, s. m. Repas honnête qu'on donne. Régal. Bonne chere qu'on fait à quelcun. (Un superbe festin. Un festin magnifique. Faire le festin des nôces.)

Festiner, v. a. Régaler. Donner à manger. (Festiner les dames. Mol. Bourgeois Gensilh. a. 4. s. 2.)

Feston, s. m. Terme d'Architecture. Amas de fruits & de fleurs liez ensemble pour servir d'ornemens.

* Festons. Couronnes & ornemens de fleurs. (De festons odieux ma fille est couronnée. Racine, Iphigenie, a. 5. s. 4. Il fit joncher les chemins de fleurs & de festons. Vau. Quin. l. 9. c. 2.)

F E T.

Fête, s. f. Jour où l'on cesse de travailler servilement pour célébrer quelque mistére, ou honorer la mémoire de quelque Saint. (Fêter une fête. Célébrer une fête. Garder les fêtes. Faire la fête de quelque Saint. Violer une fête.)

La Fête-Dieu. C'est une fête célébre de l'Eglise Romaine où l'on

Fête. Caresse. (Le chien fait fête à son maître. Qui le suit & qui lui fait fête, n'est qu'une bête. *S. Amant.*)

Fête. Réjouissance. Régal. Divertissement. (Troubler la fête. *Scar.* Le Roi a donné une fête aux Dames. *Mol.* Se trouver à des fêtes de taureaux. *Voit. l. 30.*)

† *C'est un trouble-fête.* Il se dit d'un homme chagrin, qui se rencontre dans une assemblée de plaisir.

Fête. Ce mot a encore d'autres usages assez fréquens, mais un peu bas.

[Qu'on ne m'en fasse plus fête,
Cette beauté n'est qu'une bête.
Gon. Epi. l. 1.

Se faire de fête. *Benserade, Rondeaux.*]

Fête, s. m. Voyez *Faîte, faîtière.*

† *Fêter, v. a.* Faire la fête de quelque Saint ou Sainte. (C'est aujourd'hui fête sêtée. Il fête en ses sermons tous les saints de l'Eglise. *Dép. Satire 4.*)

* * *C'est un Saint qu'on ne fête point.* Ces mots se disent d'un homme qui n'a aucun crédit.

† *Fêtoier, v. a.* Régaler. Faire bonne chere à ceux qui viennent en quelque maison. (Il fêtoïe volontiers ses amis.)

Fêtu, s. m. Une petite partie d'un tuiau de paille. (Un petit fêtu. Je n'en donnerois pas un fêtu.)

Fêtu. Terme de Bourreau de Paris. Barre de fer avec quoi. le Bourreau roue les criminels. (Mettre le fêtu dans la charette.)

Fétus, s. m. Terme de Médécin. Enfant qui est formé dans la matrice de la mère, & qui se nourrit de la substance de la mère. (Le fétus se forme au même-tems que les semences de l'homme & de la femme se joignent dans la matrice.)

FEU.

Feu, s. m. Elément chaud & lumineux.

Feu. Clarté chaude, sêche & lumineuse qu'on excite pour divers besoins. (Alumer le feu. Eteindre le feu. Faire du feu. Faire bon feu. Mettre le feu à une maison, la faire brûler. Etre en feu, brûler. Courir au feu. Prendre l'air du feu.) *Cuire à petits feux.* C'est à dire en faisant peu de feu. Ces mots à *petit feu* se prennent aussi figurément.

* *La fièvre brûla deux ans Voiture à petit feu, Sar.* C'est à dire, le consuma peu à peu.

Feu. Ce mot au propre a un usage fort étendu. (Exemples. Mettre le feu par tout. Mettre le feu à la mine. Les ennemis firent des feux sur la croupe des montagnes. *Abl. Ret. l. 4.* Mettre à *feu* & à *sang. Abl. Luc. T. 2. hist. l. 1.*

L'un défenseur zélé des Bigots mis en jeu
Pour prix de ses bons mots, le condamnoit au feu.
Dépreaux, Epi. 7.)

Feu. En terme de *Chimie*, il se dit des divers degrez de chaleur. *Feu de digestion*, c'est la chaleur du fumier. *Le feu du bain-marie*, de cendres, de limaille. *Le feu nud*, ou *immediat*, qui est le feu ordinaire sur lequel on met quelque vaisseau. *Le feu de lampe*, qui est modéré & égal, & qu'on peut augmenter à discretion, par la grosseur & le nombre des méches qu'on alume. (C'est le feu dont se servent aussi les Emailleurs.) *Le feu de roue*, qu'on alume en rond autour d'un creuset, ou autre vaisseau. *Le feu de suppression*, qu'on alume tout autour d'un vaisseau, le couvrant de charbon. *Le feu de reverbere*, c'est celui qui se fait dans un fourneau, où la flamme donne de tous côtez contre le vaisseau. *Feu de fusion*, c'est le feu qu'on emploie pour fondre & calciner les métaux & les minéraux. *Le feu des verreries* est le plus violent de tous , par lequel on vitrifie les cendres de certaines plantes , le sable & les cailloux. *Le feu Olympique*, c'est celui des raïons du Soleil qu'on ramasse par le moïen des miroirs ardens. On dit mesurer le feu, donner le feu par degrez. *Le feu central*, c'est celui par la vertu duquel les Chimistes croient que font produits les métaux & les minéraux. On éprouve & on purifie les métaux par le feu.

Faire des feux de joie. Ce sont des marques de la joie publique qui se font par le feu, les fusées volantes, petards, canons & boites, &c.

Feu d'artifice. Ce sont des lances, des piques, & des langues composées de salpêtre, & de poudre à canon, d'huile de lin, de pétrole, térébentine, chaux vive, poix-résine, camphre, sel armoniac, vif argent & autres choses sêches. *Dav.*

Feu. Les tisons de feu. (Attiser le feu.)

Feu. Ce mot se prend pour la lumière d'une chandelle. (Il est défendu d'aller par la vile, la nuit sans feu, c'est à dire, sans lanterne, sans flambeaux.)

Feu. Terme de *Maréchal.* Donner le feu à un cheval, c'est appliquer un couteau de fer tout ardent sur quelque tumeur qu'on veut résoudre.

* *Feu.* Maison. (Il y avoit trois cens feux dans le bourg.)

* *Feu.* Chenets. Pelle. Tenaille & pincettes. (Acheter un beau feu.)

* *Feu.* Plusieurs coups d'arme à feu tirez à la fois. (Les ennemis firent feu toute la nuit. *Abl.* Essuier le feu des ennemis.

Aller au feu tête baissée. Faire un grand feu. Soutenir un grand feu. *Martinet*, exercice pour l'infanterie.)

* *Le feu.* Terme de Guerre. C'est le flanc du bastion d'où l'on tire sur l'ennemi. *Le second feu.* C'est la partie de la courtine dépuis le flanc jusqu'à l'endroit de la courtine où aboutit la ligne de défense, & d'où l'on peut tirer le long de la face du bastion opposé.

Feu Gregeois. C'est un feu d'artifice qui brûle dans l'eau.

* *Feu.* Combustion. Division. (Deux puissances sans subordination pouvoient mettre un jour en feu toute la Province. *Patru, 1. plaid.*)

Feu folet. Sorte de météore qui paroit principalement durant les nuits d'été , & qui est composé d'exhalaisons qui s'enflamment. On parle sur Mer du feu *S. Elme*, que les Païens apelloient Castor & Pollux.

Feu. Terme de Mer. Fanal de vaisseau. (Mettre des feux sur les vaisseaux. L'Amiral porte quatre feux , le Vice-Amiral, &c. trois, les simples vaisseaux n'en ont qu'un. Le feu sert de signal pour régler la route, &c.

* *Feu.* Amour. (Elle aprouva mes désirs & mes feux. *Voit. poës.*)

* *Feu.* Ardeur. Verve. Chaleur. (Aussi-tôt malgré moi tour mon feu se ralume. *Depreaux, Sat. 2.* C'est un esprit tout de feu.)

* *Feu.* Colère. Impetuosité. Fougue. (Jetter son feu.)

* *Prendre feu.* C'est se mettre en colère. (Il prend feu aisément.)

* *Les feux de la nuit.* Ces mots sont plus de la poësie que de la prose, & veulent dire les *Astres.* (Les feux de la nuit pâlirent dans les Cieux. *Voit. poës.*)

* *Le feu de l'Enfer.* Dieu aparut à Moïse en un buisson ardent de feu. Le feu du Ciel tomba sur les Villes de Sodome & de Gomorre. Les Israëlites étoient guidez de nuit par une colonne de feu. Les Juifs conservoient le feu sacré dans le Temple. Les Vestales gardoient le feu sacré des Romains.

Feu. Terme de *Médécine* & de *Chirurgie. Le feu S. Antoine*, c'est une sorte de mal fâcheux. *Feu volage*, espéce de dartre avec inflammation.

On dit *le feu de la fièvre*, mettre le feu à la plaie. Le poivre met la bouche en feu.

Le feu actuel. C'est un bouton de feu , c'est un fer chaud. *Le feu potenciel*, c'est un cautère. Il y a des plaies qui ne se peuvent guérir que par le feu.

* *Feu.* Ce mot se dit du poil roux que certains chevaux ont sur le bout du nez & au flanc. On dit. (C'est un cheval qui a du feu au flanc & au bout du nez. *Soleisel parsait Maréchal.*) Il se dit aussi de certains poils roux qui viennent autour des yeux des petits chiens, & qui les font estimer davantage.

* *Feu.* Ce mot se dit encore en terme de *Lapidaire*, & signifie l'éclat & la vivacité de pierres précieuses quand elles sont bien taillées & mises en œuvre. (Ce diamant a un tres-beau feu.

On a creu autrefois que l'*Escarboucle* jettoit assez de feu pour éclairer une chambre la nuit. Les vers luisans , la pierre de Bologne & le Phosphore jettent du feu la nuit.

On dit que les yeux vifs sont pleins de feu, & qu'ils jettent du feu.

Couleur de feu. C'est un rouge vif & foncé qui a l'éclat du feu.

* *Feu.* Ce mot se dit encore en parlant de cheval, & signifie. Ardeur. (Cheval qui a du feu. *Abl. Marm.*)

Feu. Mot indéclinable qui signifie *défunt*, & qui ne se dit que des personnes ou des vûës , ou connuës , ou qu'on a pû voir ou connoître. (Feu d'Ablancourt avoit l'ame noble & l'esprit excelent. La feu Reine Anne d'Autriche étoit une grande Princesse.)

Feudataire, s. m. Vassal, qui tient un fief dépendant d'un autre Seigneur.

Feve, s. f. Une sorte de gros légume. (Il y a diverses sortes de féves. Féve de haricot. Féve mêlée , ou bariolée. On se servoit autrefois de féves pour donner des suffrages ; les blanches signifioient absolution ; & les noires condamnation. Aujourd'hui on se sert encore d'une féve qu'on met dans un gâteau , pour élire un Roi au hazard , le jour des Rois. Etre le Roi de la féve.

† * *Il aprouve avoir trouvé la féve au gâteau.* Cela se dit proverbialement d'une personne qui s'imagine avoir trouvé la résolution de quelque question dificile, ou d'avoir heureusement trouvé quelque belle pensée.

* *Féve.* C'est aussi le nom d'une maladie de cheval, & c'est une enflure qui lui vient dans le haut de la bouche contre les pinces de la machoire supérieure.

Germe de féve. Terme de *Maréchal.* Marque noire qui vient dans le creux des coins d'un cheval; elle s'y forme vers les cinq ans, & s'y conserve jusqu'à sept ou huit, pendant quoi on dit que le cheval marque.

Féverole, s. f. Petite féve ronde.

Feuillage, s. m. Les branches d'un arbre avec les feuilles. (Feuillage épais. *Abl.* Arbre qui étend son feuillage. *Benserade, Rondeaux.*)

* *Feuillage.* Terme d'*Architecture* & de *Menuiserie.* Ornemens de de corniches, de chapiteaux, de frife, & autres membres d'architecture. (Un feuillage refendu.)

Feuillans, *f. m.* Religieux établis en 1565. par Jean de la Barriére qui étoit de Querci. (Ils fuivent la régle de S. Benoit & de S. Bernard. Ils vont déchaux, portent des fandales & font habillez d'une étofe blanche fort belle. Ils ont été appellez Feuillans parce qu'ils portent dans leurs armes une branche pleine de feuilles.

Feuillantines, *f. f.* Sorte de Religieufes.

Feuillantine, *f. f.* Terme de Paticier. Piéce de patifferie entre deux abaiffes, qui eft feuilletée, & garnie de chapon rôti & haché, de pâte de macarons, de farce à la cretme, d'écorce de citron hachée bien menuë avec fucre & autres affaifonnemens.

Fuille, *f. f.* Ce mot fe dit des arbres & des fleurs. Une feuille d'arbre. Une feuille de fleur. La belle Tulipe a fix feuilles, trois dedans & trois dehors.)

* C'eft du vin de trois feuilles, c'eft à dire, de trois ans, parce que durant ce tems-là les vignes ont changé trois fois de feuilles.

Feuille-morte. Sorte de couleur. Les marchands & les fleuriftes font feuille-morte mafculin, les marchands difent j'ai du beau feuille-morte, en voulez-vous ? Il faudroit dire j'ai du beau ruban feuille-morte. Les fleuriftes difent les langues de l'Iris panaché de Picardie font d'une feuille morte enfumé. Voiez Morin, Traité des fleurs, p. 217. Régulièrement on diroit font d'une couleur de feuille morte enfumée.

Fuille. Ce mot fe dit du papier, & veut dire ordinairement. Quatre pages de papier blanc, ou écrit. (Une grande feuille de papier. Une feuille de carton.)

Fuille d'or. Feuille de cuivre. C'eft de l'or, ou du cuivre batu en forme de feuille de papier. On dit auffi une feuille d'étain, avec quoi on étame les miroirs. Une feuille de fer batu, une feuille de fer blanc.

Feuille. Terme d'Imprimeur. Feuille de papier imprimée qui fait un certain nombre de feuilles felon la grandeur du volume qu'on imprime. (Mouiller la feuille. Coucher une feuille fur le tympan. Imprimer une feuille. Tirer une bonne feuille.)

Feuille. Ce mot fe dit des paravents & eft un terme de Tapiffier. C'eft un partie du paravent.

Feuille. Terme d'Orfévre. Petit ornement d'argent fort délié qu'on étend fur le pié des éguiéres & fur quelques autres ouvrages.

Feuille. Terme d'Orfévre. Le bout du manche de la cuiller & de la fourchette qui eft un peu étendu & arrondi fur quoi on met les armes de la perfonne à qui appartiennent les cuillers & fourchettes.

Feuille. Terme de Lapidaire & de metteur en œuvre. On met des feuilles de pierres précieufes fous de criftaux pour contrefaire des pierreries.

* **Feuille de fauge**, *f. f.* Terme de Jardinier. C'eft une pioche, pointuë par le bout & qui s'élarg t un peu en aprochant du manche. On fe fert de la feuille de fauge pour fouiller dans les fonds pierreux, & de la pioche dans les terroirs feulement durs.

Feuillés, *f. f.* Le feuillage d'un arbre. (Ils renouvellent leur chant fous les vertes feuillées. Sar. poëf.) Danfer fous la feuillée. Sar. poëf.)

Le mot de feuillée, fignifie auffi des branches d'arbres nouvellement coupées, dont on couvre quelque place pour y faire de l'ombrage.

Feuillet, *f. m.* Deux pages de livre. (Feuillet déchiré, perdu, emporté.)

Feuilletage, *f. m.* Terme de Patiffier. Pâte feuilletée.

Feuillette, feilhette, *f. f.* L'ufage eft pour feuillette, mais à Paris on dit ordinairement un demi muid, ou une demi queuë de vin qu'une feuillette. On fe fert de ce nom de feuillette en Bourgogne pour fignifier cette grande mefure qui contient un demi-muid. Mais à Lion on apelle feuillette une petite mefure, qui n'eft que la moitié d'une pinte de Paris.

Feuilleter, *v. a.* Tourner les feuillets d'un livre. (J'ai feuilleté tout le livre, & n'y ai pas trouvé le paffage que je cherchois.)

* **Feuilleter**, *v. a.* Lire. (Feuilleter les livres. Feuilleter les Auteurs. Scaron.)

Feuilleter. Terme de Patiffier. Plier. Manier & rouler de la pâte avec du beurre. (Feuilleter la pâte. Gâteau feuilleté. Pâte bien feuilletée.)

Feuillu, feuilluë, *adj.* Plein de feuilles. (Rameau feuillu. Defmarais, Vifionnaires, a. 3. fc. 5.)

Feuillure de porte, feuillure de fenêtre, *f. f.* Ce font des bords de portes, ou de fenêtres qui s'emboîtent dans les châffis.

Février, *f. m.* Un des mois de l'hiver & le fecond de l'année. (Février eft froid.)

Feutre, *f. m.* C'eft proprement une forte d'étofe foulée & colée enfemble fans filure ni tiffure, mais façonée par l'eau & le feu, comme fe fait la matière des chapeaux. On en fait de toutes fortes de laines & de poils.

Feutre. C'eft auffi une manière de bourre dont les Selliers fe fervent pour feutrer les felles.

† * **Feutre**. Méchant chapeau. (Un feutre noir, blanc de vieilleffe couvroit fa hure. S. Amant.)

Feutrer, *v. a.* Terme de Sellier. Mettre du feutre dans le fiége d'une felle. (Feutrer une felle.)

Feutriére, *f. f.* Terme de Chapelier. Morceau de toile qu'on met fur le lambeau & qui fert à fabriquer les chapeaux.

FI. FIA. FIB.

FI. Sorte d'interjection qui marque qu'une chofe eft dégoutante & vilaine. Qui marque qu'on ne veut point d'une chofe. (Fi, la vilaine. Scar. Fi, poüa, Mol. Fi, du plaifir que la crainte peut corrompre. La Fontaine, Fables, l. 1. Fi, tout cela n'eft rien. Mol. fem. fav. a. 5. fc. dern.)

Fiacre, *f. m.* Nom d'homme. (Saint Fiacre.)

Fiacre, *f. m.* Caroffe de loüage, auquel on a donné ce nom à caufe de l'enfeigne d'un logis de la ruë faint Antoine de Paris, où l'on a prémièrement loué ces fortes de caroffe. Ce log s avoit pour enfeigne un faint Fiacre. (Prendre un fiacre pour fe promener par Paris.)

Fiamet, fiamette, *adj.* Le mafculin n'eft pas en ufage. Qui eft d'une couleur qui tire fur le rouge. (Couleur fiamette.)

Fiançailles, *f. f.* Cérémonies qui fe font folennellement avant la célébration du mariage, & où les deux perfonnes qui doivent être mariées fe font des promeffes réciproques de fe marier enfemble. (Faire les fiançailles. Célébrer les fiançailles. Les fiançailles n'engagent pas abfolument à accomplir les nôces.)

Fiancé, *f. m.* Celui qui a promis folennellement d'époufer une fille, ou une veuve. (Le fiancé eft bien fait. Si le mariage ne s'accomplit point par la faute du fiancé, il perd les bagues & joiaux qu'il a donné à la fiancée.)

Fiancée, *f. f.* Celle qui a promis folennellement de fe marier avec celui qui l'a recherchée pour cela. (Si le fiancé diffère quelque temps d'accomplir fes promeffes, & que cependant la fiancée ne vive pas fagement, le fiancé fe peut dédire, & la fiancée doit rendre les préfens que le fiancé lui a fait. La fiancée eft belle & bien parée.)

Fiancer, *v. a.* Faire faire les cérémonies des fiançailles où l'homme & la femme fe donnent réciproquement la foi, & reçoivent la bénédiction du Prêtre après quelques exhortations & demandes qu'il leur fait. Le Cardinal de Bourbon fiança au Louvre en 1572. Henri de Bourbon, Roi de Navarre & Marguerite de Valois, & le lendemain il les époufa fur un échafaut devant Nôtre-Dame. Mémoires de Henri 3. & hift. de Henri 4.)

Fibre, *f. f.* Terme d'Anatomie. Certains filets longs, menus, blancs & forts qui fe trouvent en toutes les parties du corps. Deg. (Il ne refte que les fibres aplaties contre les os. La Chamb.)

Fibre. Ce mot fe dit auffi des filets des racines des plantes.

Fibreux, fibreufe, *adj.* Ce mot fe dit des plantes qui n'ont que des racines menuës & déliées. (Plante fibreufe.)

FIC.

Fic, *f. m.* Excroiffance de chair qui vient de la fuperfluité des alimens. Le fic eft auffi une excroiffance de chair fpongieufe & fibreufe qui vient au pié du cheval.

Ficelle, *f. f.* Trois fils cablez enfemble. (Cabler de la ficelle.)

Ficelle. Terme de Chapelier. Marque qu'a fait la ficelle au bas de la forme du chapeau lorfqu'on l'a enficelé. Quelques-uns apellent auffi cette marque, Lien.

Ficeller, *v. a.* Terme de Cuifinier. Liër & accommoder avec de la ficelle. Il faut quand on met un poulet d'Inde à la daube, le bien ficeller, pour le retourner aifément, & ne le rompre point en piéces.)

Fichs, *f. f.* Sorte de penture. (Une fiche à gond.)

Fiche. C'eft auffi un outil de maffon, plat, long & pointu, fervant à faire entrer le mortier dans les joints des pierres.

Fiche. Marque fervant à marquer le jeu, ou les parties du jeu. On s'en fert au tric-trac, &c.

Ficher, *v. a.* Mettre avec force. Pouffer avec force une chofe dans une autre. (Ficher un pieu dans terre. Ficher la vigne. Ficher des échalas. (Ce font des termes de vigneron.)

Fichet, *f. m.* Quelques-uns apellent de ce nom un petit morceau de papier pointu dont on fe fert quelquefois en cachetant une lettre, lequel on met dans le trou qu'on a fait à la lettre lorfqu'elle eft pliée pour la tenir ferme, & fur lequel on met de la cire d'Efpagne chaude, où l'on fait l'empreinte du cachet. La mode de cacheter les lettres par fichets eft prefque abolie, & le fichet va devenir un mot inconnu.

Fichoir, *f. m.* Terme d'Imager qui étale. Petit bâton de bois fendu pour faire tenir les eftampes & autres chofes qu'on étale & qu'on attache à une corde. Mettre les fichoirs.)

† **Fichu**, fichuë, *adj.* Mot fort bas pour dire ridicule, qui ne mérite pas d'être confidéré. (Elle a un fichu mari.)

Fiction, *f. f.* Action ingénieufe de l'efprit qui imagine une chofe qui n'eft pas. La fiction doit être ingénieufe & vraifemblable. Elle eft l'ame de la poëfie.)

Fiction

Fiction. Il signifie aussi une chose controuvée. Un mensonge. Une imposture.

FID.

FIDEI-COMMIS, *s. m.* Terme de *Droit*. Legs qu'on laisse à quelcun avec charge de le rendre à celui à qui on a eu dessein de le laisser par son testament. [Un fidei-commis universel. Fidei-commis particulier. Faire un fidei-commis. *Patru, plaidoyé* 12.]

Fidéi-commissaire, s. m. Celui qui est chargé d'un fidéi-commis. [C'est au fidéi-commissaire que l'heritier doit s'adresser. *Patru, plaid.* 6.]

FIDELE, *adj.* En Latin *fidelis.* Qui a de la fidelité. Ami fidéle. Le chien est fidéle à son maître. *Abl.* Etre fidéle à son Roi. *Vau. Quin. l. 4.*

Oui, quoi que je vous trouve également cruelle,
Je veux être toûjours & soûmis & fidéle.
      La Suze, poës.)

Fidelement, adv. Avec fidelité. [J'aime fidélement en quatre ou cinq lieux à la fois. *Voit. l.* 78. Servir fidélement. *Abl.*]

Fidelité, s. f. Sorte de vertu qui consiste à observer exactement & sincérement ce qu'on a promis. Loïauté. Vertu qui consiste à ne pas manquer à son devoir. (Sa fidelité est connuë. Avoir de la fidelité. Faire serment de fidelité.)

FIE.

FIEF, *s. m.* Héritage qu'on tient à foi & à hommage. Le droit des Fiefs vient des Gots & des Saxons. *Loccenius antiq. Sueco-Goth. ch.* 7. Les termes qui concernent les Fiefs & le droit même viennent des Gots & des Saxons. Le mot Latin *Feudum* vient du Suedois *Föde, possessio data pro alimentis aut vitæ sustentatione.* Fief dominant. Fief mouvant. Plein fief. Fief noble. Francs fiefs.)

† * FIEFÉ, *fiefée, adj.* Ce mot se dit en mauvaise part, & signifie achevé. Qui est tout à fait. Ingrat fiefé. Fou fiefé. Sote fiefée.)

FIEL, *s. m.* Petite vessie attachée au foie, & qui est pleine d'une liqueur amére. (Le fiel est crevé. Le fiel acheve la digestion. *La Cham.*)

* *Fiel.* Haine. Ressentiment. Aigreur. Colére. (Tant de fiel entre-t-il dans l'ame des dévots ? *Dépreaux, Lutrin.* C'est un homme qui n'a point de fiel contre personne. Satire pleine de fiel. *Scaron.*)

* *Fiel de terre.* C'est le nom qu'on donne à une plante qu'on apelle aussi *la petite centaurée.*

FIENTE, *s. f.* Excrement de cheval, ou d'autre animal aprochant. La fiante de cheval ne sent pas mauvais.)

Fiente. Ce mot se dit aussi des oiseaux. (La fiente des oiseaux sent mauvais.)

Fienter, v. n. Ce mot se dit des chevaux & autres pareilles bêtes. (Cavale qui fiente.)

FIER, *fiére, adj.* Ce mot se prend ordinairement en mauvaise part, & veut dire, *qui a de l'orgueil,* qui a de la fierté, qui est superbe. *Fier,* quand on lui donne un regime, veut après soi l'ablatif, ou il régit un infinitif avec la particule *de.* Il est fier de sa richesse, de sa noblesse, &c. Elle est fière de sa beauté. Il est fier *d'avoir* remporté un prix que la brigue lui a fait donner. Il est fier comme un Ecossois, d'autres disent comme un Polonois, c'est à dire, qu'il est tres-orgueilleux, parce que les Ecossois & les Polonois le sont. On dit aussi un fier ennemi, un fier tiran, c'est à dire cruel.

Fier, fière, adj. Ce mot se prend aussi en bonne part, & veut dire, qui a une fierté noble & grande, qui a un orgueil qui lui sied bien, & qui marque de l'honneur. (Elle est trop fière pour faire une chose si indigne de sa naissance. Il a le cœur trop fier pour demander. Marcher d'un pas noble & fier. Les vertus Païennes étoient des vertus fiéres. Un regard fier.)

Fier, fière. Ce mot se dit quelquefois en parlant de *peinture* & signifie *noble & hardi.* (Une figure fiére & hardie. Maniére fiére.)

Fier, fière. Ce mot signifie quelque chose de noble, d'honnête & de galant. (Il a dans la mine quelque chose de fier & de grand.)

Fier, fiére. Ce mot se dit du cheval, & c'est une sorte de loüange. (Cheval qui est fier

SE FIER, *v. r.* Avoir de la confiance. Il est bon de se fier aux hommes, & encore meilleur de s'en défier. Se fier à ce qu'on nous dit. *Pas. l.* 5.)

Se fier. Ce mot se dit du marbre & des pierres dures qui se cassent aisément.

† FIERABRAS, *s. m.* Sorte de fanfaron portant l'épée, faisant le méchant, paroissant fier & hardi. (C'est un fierabras.)

FIEREMENT, *adv.* Avec fierté. Avec orgueil. (Répondre fiérement. Parler fiérement.)

Fierté, s. f. f. Orgueil. (La gloire donne ordinairement de l'orgueil & de la fierté.)

Fierté, s. f. Orgueil. Le mot de *fierté* avec une bonne épitete a un beau sens & avec une épitete maligne il en a un mauvais. (Il n'a rien de grand qu'une sote fierté. *Dépreaux, Sat.* 3. Il faut nourrir nôtre esprit au grand & le tenir toûjours

plein d'une certaine fierté noble & généreuse. *Dépr. Longin.* La hardiesse donne à l'homme un air majestueux, & cette fierté & ce bel orgueil qui convient à son sexe. *La Cham.* Peindre la valeur & la noble fierté des Héros.)

Fierté. Ce mot se disant des femmes signifie quelquefois *Une sévérité charmante. Orgueil qui plaît.* Elle a une fierté pleine de charmes.)

Fierté. Ce mot se dit des regards. (La fierté des regards. *Abl. Luc.*)

Fierté. Ce mot se dit du cheval. (Cheval qui a de la fierté.)

FIEVRE, *s. f.* Chaleur contre nature qui commence au cœur, d'où elle est portée dans tout le corps par les veines & par les artères. (Une fiévre continuë. Fiévre ardente, violente, lente, intermittente, maligne. Fiévre quotidienne.)

Fiévre chaude. (C'est une fiévre continuë avec une chaleur ardente & une excessive soif.)

Fiévre tierce. C'est une fiévre qui revient de deux jours l'un. Fiévre double tierce. Fiévre demi-tierce. Les fiévres tierces sont causées par la bile.

Fiévre quarte. Fiévre qui a ses accés à chaque quatriéme jour & vient d'une humeur mélancolique pourrie.)

Avoir une fiévre de veau. C'est à dire, n'avoir point, ou fort peu de fiévre. La Fiévre quartaine se serre. *Mol.* Vos fiévres quartaines.

Fiévreux, fiévreuse, adj. Qui donne la fiévre. Qui à la fiévre. (Le mélon est fiévreux.
Si jamais j'entre dans Evreux
Puissé je devenir fiévreux. *Saint Am. poës.*)

FIF. FIC.

FIFRE, *s. m.* Instrument de musique à vent qui ressemble à la flute, qui a six trous, & qui s'embouche en mettant la lévre d'embas sur le premier trou. (Joüer du fifre.)

Fifre. Celui qui joüe du fifre. (C'est le fifre de la compagnie.)

SE FIGER, *v. n.* Se prendre. Se coaguler. (La graisse se fige. Graisse figée.)

FIGUE, *s. f.* Fruit du figuier. (Les figues mûres & fraichement cueillies lâchent le ventre. Elles apaisent la soif & tempérent la chaleur. Les figues séches sont chaudes & font bon ventre.)

† * *Faire la figue.* Ces mots signifient se moquer. Se moquer de quelcun en lui faisant quelque grimace. (Faire la figue à quelcun. Leur langage net & franc fait la figue à la contrainte. *Mai. poës.*)

Figuier, s. m. Arbre domestique qui produit les figues & qui jette plusieurs branches couvertes d'une écorce lisse, ses feuilles sont larges, rudes, fermes & noirâtres, attachées à des queües rondes & fortes. Le figuier ne fleurit pas; il y a deux sortes de figuiers, le sauvage & le domestique. *Dal.*

Figuerie, on *figuière, s. f.* L'un & l'autre est en usage, mais *figuerie* est le plus usité. C'est un jardin particulier où l'on a mis un assez grand nombre de figuiers, en place, ou en caisse. (Avoir une belle figuerie. S'aller promener à la figuerie.)

* FIGURE, *s. f.* Représentation de quelque chose que ce puisse être. (Une belle figure.)

Figure. Ce mot se dit en parlant d'*Astrologie,* & signifie représentation du Ciel & des planetes qu'on fait pour voir le bonheur, ou le malheur d'une personne. (Faire une figure d'Astrologie.)

Figure. Ce mot se dit en parlant de *Géomance,* ce sont quelques lignes de points faits par hazard & qu'on joint en suite par un petit trait de plume pour tracer les planetes aux maisons du Soleil & juger une question.

Figure. Terme de *Géometrie.* Sur-face plate terminée de tous côtés. (Une figure rectiligne. Une figure mixte.) Il y a aussi des figures dont la surface est courbe. Ainsi l'on dit que la Terre est de figure sphérique, c'est à dire ronde.

Figure. Terme de *Peinture.* Personnage. Un tableau rempli de figures. Un païsage rempli de figures.) Il se dit aussi des ouvrages de broderie.

Figure. Terme de *Rétorique.* Mot, ou expression qui représente plus vivement nôtre pensée que si on s'expliquoit d'une maniére simple & sans ornement. (La figure embelit & varie le discours, mais on la doit faire à propos. Une figure de mot. Une figure de pensée.)

Figure. Terme de *Grammaire.* Façon de parler qui s'éloigne des régles ordinaires & naturelles, pour suivre un certain tout particulier autorisé par les bons Auteurs. Les Ellipses, les sincopes & autres sont des figures de Grammaire.)

Figure. Terme de *Danse.* Sorte de pas qu'on fait en tournant agréablement le corps.

† * *Figure.* L'ancienne Loi étoit la figure de la nouvelle.

† * *C'est une plaisante figure d'homme.* Il n'a pas la figure d'un homme. C'est une bête féroce sous la figure d'un homme.

† * *Faire figure dans le monde.* Il fait une belle figure à la Cour. C'est à dire, il est sur un bon pié à la Cour, ou dans le monde ; il y paroit avec honneur. Cette façon de parler, fait figure, ne se dit plus guere, on elle se dit en riant.

Figuré, figurée, adj. Qui contient quelque figure.

Figuré, figurée. Ce mot se dit du langage, & veut dire. Qui a quelque figure. [Maniére de parler figurée.]

* *Figuré, figurée.* Ce mot se dit de la danse. (Une dance figurée, c'est une dance où l'on quitte la main.)

Figuré, ée. Il se dit aussi des ouvrages de broderie. (Velours figuré. Ouvrage figuré.)

Figurément, adv. Ce mot se dit du discours, & veut dire. D'une façon figurée. (Ce mot est pris figurément. *Vau. Rem.*)

Figurer, v. n. S'imaginer, se mettre quelque chose dans l'esprit. (Il se figure bien des choses qui n'arriverront pas. *Abl.*

Non, ne t'abuse pas jusqu'à *te figurer*
Qu'à des plaintes sans fruit j'en veuille demeurer.
Mol. cocu, sc. 16, 3.

Figure toi que les Ennemis sont dans la Province. *Abl. Luc. T. 1.* Il s'étoit figuré que vôtre secours ne lui manqueroit point, c'est à dire, il avoit espéré.

FIL.

FIL, *s. m.* Deux ou trois brins de chanvre, ou de lin tordus ensemble avec les doigts. (Du bon fil. Fil de chanvre, de lin, de soie, de laine, de poil, &c. On dit aussi fil d'or, d'argent, de cuivre, &c. qui a passé par les filiéres.)

* *Fil.* Ce mot au figuré a plusieurs sens. (Exemples. Les Parques tiennent dans leurs mains le *fil* de nos jours. *Benserade, Rondeaux.*

* *Fil.* Ce mot au figuré signifie quelquefois *Suite.* (Il faudroit interrompre le *fil* des affaires de l'Asie. *Vau. Q. l. 5. c. 1.* Quiter le *fil* de son discours. Reprendre le *fil* de son discours. *Abl. Aller de droit fil,* c'est aller en droite ligne, sans se détourner. On voit mieux le *fil* & la liaison des choses. *Ablancourt, Luc. T. 2. exerc. du corps.*)

* *Le fil de l'eau.* C'est le courant d'une riviére. (Suivre le *fil* de l'eau.)

Fil. Terme de *Coutelier.* Donner le *fil,* c'est rendre plus déliée & plus tranchante la partie de l'allumelle, qui coupe. [Donner le fil à un couteau, à un rasoir, &c.)

* Il ordonna qu'on fît passer par *le fil de l'épée. Vau. Quin. l. 8. c. x.*

Fil d'archal, s. m. C'est du fil de fer. V. *Fer.*

Fil d'araignée.

Filactere. Voi *Philactére.*

Filage, s. m. La maniére de filer. (Le filage de la laine est diférent de celui de la soie.)

Filamens, s. m. Terme de *Médecine,* qui se dit des menus filets qui composent le tissu des nerfs, des chairs, des peaux, & aussi des plantes & des racines.

Filandres, s. f. Petits filets aigus qui s'engendrent dans le corps du Faucon qui a mangé de la chair puante trop grasse, ou trop grossiére. On apelle aussi *filandres* certains crépes qui tombent en l'air & s'attachent sur les voiles des bêtes qu'on chasse.

Filasse, filace, s. f. Lin, ou chanvre, délié, peigné, & prêt à filer. (De bonne filace.)

Filatrice, s. f. Etofe tramée de fleuret.

File, s. f. Ce mot se dit d'ordinaire en termes de guerre & signifie *Rang* de soldats qui sont les uns après les autres. (Doubler les files. Dédoubler les files. Tripler les files. Détripler les files. *Chef de file.* C'est le prémier soldat de la file. *Serre-file,* c'est le dernier soldat de la file. Les files doivent être également droites. Remettre les files.)

A la file. Marcher à la file. Passer à la file. *Abl.*

File à file, adv. File après file. (Défiler file à file.)

Filer, v. a. Faire le lin ou le chanvre en fil. Tordre le chanvre avec les doigts, ou avec un rouët. (Filer du chanvre. Filer du lin.)

* *Filer.* Ce mot se dit des Parques en parlant de la vie.

[Vien dans ce beau séjour
Passer le plus beau jour
Que la Parque te file. *Sar. poëf.*

Les Parques filent nôtre vie. *Abl.*]

Filer. Ce mot se dit des vers à soie, & signifie. Faire sortir de la soie de son estomac. (Les vers à soie filent.)

* *Filer.* Ce mot se dit de l'araignée. (L'araignée file & fait de la toile.)

* *Filer.* Terme de *Cirier.* Faire passer la Bougie par les trous des filiéres. (Filer de la bougie.)

Filer. Terme de *Tonnelier.* Décendre du vin dans la cave avec des cables & un poulain. (Filer du vin.)

Filer. Terme de *Mer.* Lâcher des maneuvres. On dit aussi *filer le cable,* & *filer du cable.* C'est lâcher le cable, & en donner ce qu'il faut pour le mouillage.

* *Filer.* Ce mot en parlant de guerre est d'ordinaire neutre & signifie *Aller à la file.* Faire filer les troupes tantôt de l'aîle droite, & tantôt de l'aîle gauche. *Abl. Arr.* Le bagage filoit derriére. *Abl. Ret. l. 4.* Ils filoient sur les flancs pour éviter l'embarras. *Abl. Ret. l. 3. c. 3.*)

† * *Filer doux.* C'est à dire, être plus souple ; n'avoir plus tant de fierté ; ne faire plus tant le méchant.

† *Filer sa corde.* C'est à dire. Faire des choses, qui peu à peu ménent à la potence.

Filet, s. m. Fil. (Filet fort fin & fort bon.)

Filet. Ouvrage de Cordier, qui est fait de chanvre en forme de réseau. Sorte de Ret de fil de chanvre. (Ainsi dit un filer de pêcheur. Filet de jeu de paume. Donner dans les filets. *Terme de jeu de paume.* Fillets à caille. Tendre des filets.)

* *Filet.* Terme de *fleur d'or.* C'est un trait d'or, ou d'argent batu, & tortillé avec de la soie.

* *Filet.* Terme de *doreur sur cuir.* Petits traits d'or au dessous de chaque bouquet du dos du livre relié en veau. (Pousser des filets.)

* *Filet.* Terme d'*Architecture.* Petit membre quarré & droit qui paroît dans les moulures & ornement de l'Architecture.

* *Filet de porc.* C'est la partie du porc où est attaché le rognon.

Filets. Terme de *Chasse,* Chair qui se léve au dessus des reins du Cerf. Chair qui se léve au dedans des reins. *Sain.*

* *Filet.* Bride qui n'a qu'une simple tétiére.

* *Filet.* Ce mot se dit en terme d'*Anatomie.* Les nerfs sont composez de petits filets fort déliez. Filet sous la langue. Couper le filet.)

* *Un filet de vinaigre.* C'est à dire, tant soit peu.

* Cette source ne jette qu'un *filet* d'eau.

* Je n'ai plus qu'un *filet* de voix, & ne chante que pour Silvie. *Sar. poëf.*

* *Filet.* Piéges. Embûches. [Seigneur, faites que j'échape des filets que mes ennemis m'ont tendus. *Port-Roial. Pseau.*)

† * *Etre au filet.* C'est à dire, être à table sans manger.

† * *Demeurer au filet.* C'est demeurer sans rien faire.

Fileur de corde d'instrumens de musique, s. m. Celui qui fait les cordes des instrumens de Musique. On appelle aussi *fileur* celui qui tire la soie des cocons des vers à soie.

Fileuse, s. f. Celle qui file. Celle qui gagne sa vie à filer du chanvre ou du lin.

Fileuse, s. f. Ouvriére qui travaille pour les tireurs d'or, & qui passe le trait d'or, ou d'argent sur la soie.

Filiéres, s. f. Terme de *Tireur d'or, d'Epinglier, &c.* Un morceau d'acier ou de fer percé de plusieurs trous pour décraller l'argent, l'or, ou le cuivre.

Filiére. Terme de *Fauconnerie.* C'est une ficelle, longue d'environ dix toises, qu'on tient attachée au pié de l'oiseau, pendant qu'on le reclame, jusqu'à ce qu'il soit assuré.

Filiéres. Terme de *Carrier.* Veines & crevasses qui interrompent les lits de pierres des carriéres.

Filial, filiale, adj. Qui regarde un fils, un enfant. (Amour filial. Tendresse filiale. Obéïssance filiale.)

Filialement, adv. D'une maniére filiale. (Traiter filialement.)

Filiation, s. f. Décendance de pére en fils. (Il faut prouver la filiation par des actes autentiques.)

Filiation, s. f. Terme de *Bernardin.* Religieux Bernardins fondez par un pére d'ordre. (Je suis d'une telle filiation.)

Fille, s. f. Celle qu'on a mise au monde.

Petite-fille. C'est une fille fort jeune. (Une jolie petite fille.)

Petite-fille. C'est la fille du fils, ou de la fille qu'on a mise au monde.

Fille naturelle. C'est une bâtarde.

Belle-fille. C'est une fille qui a de la beauté.

Belle-fille. C'est la femme du fils qu'on a mis au monde. C'est aussi la fille d'un autre lit.

Fille de France. Ce sont les filles du Roi & de la Reine de France.

Fille de boutique. Celle qui sert dans la boutique d'un linger, ou d'une linger.

Fille de joie. Celle qui se prostitue. Fille débauchée.

Filles de la Reine. Ce sont des Demoiselles de qualité qui sont à la Reine, qui la servent durant quelques années & jusqu'à ce qu'elles se marient.

* *Filles.* Ce mot signifie quelquefois *Religieuses,* lorsqu'il est accompagné de quelque nom de Saint, ou autre mot saint. (Ainsi l'on dit. Les filles de Saint Dominique, Les filles Saint Thomas, Les filles Sainte Marie, Les filles Sainte Elizabeth, Les filles de l'Avémaria.)

Les filles de l'Annonciation. Ce sont des religieuses établies en 1499. par Jeanne prémiére épouse de Louis XII. le mariage de cette Princesse fut declaré nul avec ce Roi, elle se retira à Bourges, où elle fonda des religieuses qu'on apella les filles de l'annonciation, pria ensuite le voile, & mourut dans le monastére qu'elle avoit fondé. *Mez... Hist. de Louis XII.*

* *Fille en Jesus-Christ.* C'est ainsi que le Pape s'exprime parlant de la Reine de France. (Nôtre chere fille en J. C. Marie Térése Reine de France.)

Fille. Terme de *Bernardin.* Monastére fondé par une Abé Pére d'Ordre. (L'Abaïe de trois fontaines est fille de Clervaux.)

† *Fillette, s. f.* Jeune fille.

[En matiére d'amourette,
Vive la simple fillette.]

Filleul, fillol, s. m. Le bel usage est pour *filleul.* Celui qu'on a tenu sur les fonts de Batême. (Mon filleul est déja grand.)

Filleule, Fillole, s. f. La petite fille qu'on a tenuë sur les fonts de Batême. L'usage est pour *filleule.* Ma filleule est belle.)

Le Parrain & la marraine sont obligez en conscience à faire instruire leurs filleuls & filleules dans la religion qu'ils professent. Les legs qu'on fait aux filleuls & aux filleules sont toûjours favorables. Le parrain ne se peut marier avec sa filleule. Les parrains & les marraines qui sont riches & généreux doivent aider de leurs biens à élever leurs filleuls & leurs filleules.

FILIGRANNE

FIL FIN

FILIGRANNE, *filigramme*, *s. m.* L'usage est pour *filagranne*, qui est une sorte d'ouvrage d'Orfévre; travaillé à jour fort délicatement.

FILOSELLE, *s. f.* Sorte de grosse soie que vendent les lainiers pour faire la tapisserie. (Filoselle noire.)

Filou, *s. m.* Voleur qui dérobe finement par Paris, qui coupe la bourse, ôte la nuit le manteau. (Filou pris. Filou pendu.)

Filouter, *v. a.* Faire le filou. (Aller filouter. Pasch.6.)

Filouterie, *s. f.* Action de filou. Vol subtil & adroit. Volerie. (C'est une pure filouterie.)

Fils, *s. f.* Celui qu'on a mis au monde. (Son fils est grand. Henri IV. étoit fils d'Antoine de Bourbon & de Jane d'Albret. Louis XIII. étoit fils d'Henri IV. & de Marie de Médicis.)

Fils. Terme de *caresse*, qui veut dire Mignon. Enfant joli & qu'on aime. (Venez ça, mon fils, que je vous embrasse.)

Fils de Roi. Les enfans mâles du Roi & de la Reine de France.

Fils naturel. C'est un fils illégitime. Bâtard.

Beau-fils. C'est le fils que le mari a eu d'une autre femme qu'il avoit épousée, ou que la femme a eu d'un d'autre mari qu'elle avoit épousé.

Petit-fils. C'est le fils du fils, ou de la fille qu'on a mise au monde. (Louis quatorziéme est petit fils de Henri quatriéme.)

Arriére-petit fils. C'est le fils du petit fils, ou de la petite fille. (Mr. le Daufin est arriére petit fils de Henri quatriéme.)

* *Fils de Jesus-Christ*. Termes qui se disent entre dévots & à l'égard de ceux dont on dirige la conscience.

* *Fils en Jesus-Christ*. Terme dont se sert le Pape parlant au Roi de France. (Nôtre fils en Jesus Louis quatorziéme Roi de France.)

FILTRATION, *s. f.* Terme de *Chimie*. Action de filtrer. (La filtration la plus commune se fait par le papier gris dans l'entonnoir de verre.)

Filtre, ou *Philtre*, *s. m.* Il vient du Grec, en Latin *Philtrum*. Breuvage amoureux. C'est en général tout ce qui se fait, qui se dit & qui se donne à la solicitation du Démon, afin de se faire aimer *Thiers superst. ch.*15. (Il y a des femmes qui se servent de *filtres amoureux* pour obliger leurs galans refroidis à les aimer comme auparavant.)

Filtrer, *v. a.* Voi *Philtrer*. Terme de *Chimie*. C'est clarifier quelque liqueur en la passant par le papier gris, ou la faisant distiller par quelque morceau d'étofe. (Filtrer quelque liqueur.)

Filure, *s. f.* Qualité de la chose filée. (Filure fine, ou grossiére. Filure déliée. On connoit le drap à la filure & la serge à la croisure.)

FIN.

FIN, *s. f.* Le bout de certaine chose. (Lire un livre depuis le commencement jusqu'à la fin. Il est mort sur la fin de l'Autonne. Il viendra à la fin de ce mois.)

Fin. Action de celui qui termine. (Mettre fin à ses travaux. *Ablanc. Tac.* Mettre une chose à sa fin. *God.*)

Fin. Ce mot en parlant de la vie, veut dire, Les derniéres années, les derniers jours, ou les derniers momens d'une personne, sa mort. (La fin de sa vie lui a été heureuse. Sur la fin de ses jours il perdit sa fille unique. *Ablanc.* Il a fait une triste fin.)

Fin. Motif pourquoi on fait quelque chose. But. Dessein. (La fin de l'Orateur est de persuader. *God.* Aller à ses fins. Tendre à ses fins. *Abl.* Il a ses fins.)

Fins de non recevoir. Terme de *Palais*. Raisons que le défendeur allegue, afin que le demandeur ne soit point reçu en sa demande. (Alleguer ses fins de non recevoir. Il allegue pour fin de non recevoir que, &c.

Fin, *fine*, *adj.* Ce mot se dit en parlant d'étofe, de toile, & de quelque métal, comme d'argent, d'étain. (Drap fin. Toile fine. Argent fin. Etain fin.) On dit aussi poudre fine. Fine farine.

* *Fin*, *fine*. Rusé. Adroit. (C'est un fin Normand. *Scar.* Elle est fine. Joüer au plus fin. *Sca.*)

* *Fin fine*. Ingénieux. Subtil. (Raillerie fine. Esprit fin.)

* *Fin fine*. Ce mot se dit des traits du visage, & de la taille. Il veut dire, Délicat. Bien fait. Beau. (Elle a les traits du visage fins & délicats. La Comte de Buss. Elle a la taille fine. *Scar.*)

* *Fin*, *s. m.* Ce qu'il y a de plus subtil & de plus délicat. (C'est le plus fin de la probabilité. *Pasc. l.*6. Prendre le fin des choses.

Oui, l'auteur inconnu qui par lettres vous fronde
De vôtre politique a découvert le fin.
Auteur anonime.

Finement. Voiez plus bas.

† *Finage*, *s. m.* Ce mot se trouve dans quelques livres de coutume, & signifie tout le territoire de quelque Justice. (Un grand finage.)

Final, *finale*, *adj.* Qui termine. Qui finit. (Une lettre finale. Un comte final.)

Final, *finale*. Ce qu'on a pour but, & pour fin. Ce à quoi l'on tend. (Cause finale.)

Finalement, *adv.* Ce mot est vieux & en sa place on dit ordinairement *enfin*.)

FINANCE, *s. f.* Ce mot signifie argent monnoié, & en ce sens il est un peu burlesque. (Avoir de la finance.)

Il faut que la finance joüe
Autrement elles sont la moüe
Aux Amans qu'elles ont vaincus.
Mainard, *Epig.*

Que si ma derniére ordonnance
Ne me produit quelque finance,
Que ferai-je sans ton secours.
Boisrob. Epit, 12. T. 1.

Finance. Certaine somme d'argent qu'on paie au Roi pour joüir de quelque grace. (Il y a des commissaires établis pour la taxe de la *finance* que les roturiers doivent paier pour tenir des fiefs.)

Finance, *s. m.* Ce mot au pluriel signifie. Le trésor du Roi. (Manier les finances. *Abl.*)

Finances ordinaires. Ce sont des domaines qui étoient auttefois tout le revenu des Rois de France.

Les finances extraordinaires. Ce sont les tailles, les aides & les gabelles.

† *Financer*, *v. a.* Païer une certaine somme d'argent. (On les a fait financer.)

Financier, *s. m.* Oficier de finances. (Il est bon financier. C'est à dire, il entend bien l'ordre des finances.)

Financier. Homme d'afaire. Partisan. (Un gros financier. Un fameux financier.)

* FINEMENT, *adv.* Avec esprit. Avec adresse. Cela est dit finement. *Abl.* Railler finement. *Abl. Luc.*)

Finesser, *v. n.* Ce mot se prend en mauvaise part, & veut dire *faire la fin*. (Il finesse. Elle semble vouloir fin esser.) Quelques-uns disent *finasser* pour *finesser*, mais ils parlent mal. Ce mot commence à s'introduire.

Finesse, *s. f.* Ruses. (Toutes ses finesses sont découvertes. Ses finesses sont cousues de fil blanc. C'est à dire ses finesses sont grossiéres & visibles. Je n'y entends point de finesse.)

* *Finesse*. Délicatesse. Ce qu'il y a de plus fin & de plus excellent en quelque art. (Il avoit devant les yeux les finesses des plus polis Auteurs de Gréce. Savoir toutes les finesses de l'Art. *Abl.*]

Finet, *finette*, *adj.* Qui est rusé. Qui use de finesse. (Il est finet. Elle est finette.)

Finet, *s. m.* Celui qui use de finesse. Qui est rusé. (C'est un finet.)

† *Finette*, *s. f.* Qui est rusée. Celle qui use de finesse. (C'est une petite finette.)

FINIR, *v. a.* Terminer. Achever. (Mot qui finit en *al*. Il saut finir mes jours en l'amour d'Uranie. *Voit. poes.* La Reine de Suéde, aiant écouté une longue harangue, dit qu'il falloit qu'elle donnât quelque chose à l'Auteur, à cause qu'il avoit fini. Colomesii opuscula, p.114.)

* *Finir*. Mourir. (Il aima mieux *finir* par une action de courage que de lâcheté. *Ablancourt. Tacite Histoire, l.3.c.xi.*)

* *Finir*. Achever les choses. Les mettre dans leur perfection. (Il y a peu d'Auteurs qui se donnent la peine de finir leurs ouvrages. *Scar.*)

FIO. FIR. FIS.

FIOLE, *s. f.* Petite bouteille de verre. (Une fiole pleine d'encre. Une fiole d'essence. Une fiole de poudre de Cipre.)

FIRMAMENT, *s. m.* C'est le Ciel où sont les étoiles. (Rien n'est si beau sous le firmament, *Voit. poës.* Les Cieux racontent la gloire de Dieu, & le Firmament publie l'excellence des œuvres de ses mains. *Port-Roial. Ps.*18.)

FISC, *s. m.* Ce qui revient au Roi par amande, par confiscation & par peine aflictive. (Cela apartient au fisc.)

Fiscal. Ce mot est adjectif, & signifie. Qui regarde le fisc. Qui a soin du fisc. (Procureur fiscal.)

FISTULE, *s. f.* Sorte d'ulcere creux, & profond. *Deg.*)

Fistule lacrimale. C'est une tumeur entre le grand coin de l'œil & le nez.

FIX.

FIXATION, *s. f.* Terme de *Chimie*. Opération qui arrête un corps volatil.

La fixation des Ofices. C'est le prix qu'on a fixé & arrêté pour les ofices.

Fixer, *v. a.* Terme de *Chimie*. C'est arrêter quelque corps volatil en sorte qu'il ne puisse résister au feu. (Le sel fixe les substances volatiles. *Glaser.*)

* *Fixer son esprit*, *Ablancourt.* * *Fixer un tems. Ablancourt.* Fixer le prix des choses. *Scaron.* Fixer la langue. *Ablancourt.*

* *Se fixer*, *v. r.* Terme de *Chimie*. (Corps volatil qui se fixe.)

* *Se fixer*. Se borner. S'arrêter. Se déterminer à quelque chose. (Une fois en sa vie, il se faut fixer à quelque chose.)

Fixe, *fixé*, *adj.* Terme de *Chimie*. (Corps fixe. *Glas.*) Mais on dit Mercure fixé.

* *Fixe*, *fixe*. Arrêté. Déterminé. Attaché. [Regard fixe. Vûë fixe.]

* *Fixé*, *fixée*, *adj.* Déterminé. [Prix fixé.]

Fixement, *adv.* D'une maniére fixe & arrêtée.] On ne peut regarde regarder fixément le Soleil, ni la mort. *Mémoires de Monsieur de la Roche-Foucaut.*)

FLA.

FLAC. Voïez *Flic.*
FLACHE, *s. f.* Terme de *Paveur.* C'est un pavé enfoncé, ou brisé par quelque roüe. (Voilà une flache, il la faut refaire.)
FLACON, *s. m.* Sorte de gros vase de métal qu'on prend pour parer quelque buset, & qui sert à mettre rafraîchir de l'eau. (Un flacon de vermeil doré. Un flacon d'argent. Un flacon d'étain sonnant.)
FLAGELATION, *s. f.* Mot consacré en parlant de la manière dont Jesus-Christ fut foüetté par les Juifs. (La flagelation de Jesus-Christ. *Port-Roïal, Nouveau Testament.*)
Flageler, v. a. Vieux mot qui ne se dit que dans les matières de pieté; Il signifie foüetter. (Il vous en coûtera couronné d'épines, flagelé, depoüillé, *Godeau Prières.*)
FLAGEOLET, *s. m.* Prononcez *flajolet*. Instrument de musique à vent qui est ordinairement de bouis, ou d'ivoire, & qui ressemble à la flute hormis qu'il est moins gros & qu'il est plus petit. (Joüer du flageolet.)
† FLAGORNEUR. Ce mot est vieux. Il se dit d'un Flateur & particuliérement d'un valet, qui fait de mauvais raports, pour se mettre bien dans l'esprit de son maître aux dépens d'autrui.
† On a dit aussi *Flagorner, v. n.* en ce même sens.
FRGRANT, *adj.* Ce mot n'est en usage qu'en cette façon de parler *en flagrant delit.* C'est à dire sur le fait & au moment même qu'on fait le crime, ou la faute. (Etre pris en flagrant delit.)
† * Nos amants trouvent l'heure oportune.
Sous le reseau pris *en flagram de lit. La Fontaine Nouvelles.*
FLAIRER, *v. a.* Sentir par l'odorat. Aprocher son nez d'une chose pour en sentir l'odeur. Aprocher une chose de son nez pour voir qu'elle odeur elle a. Sentir. (Flairer une rose. Chien qui flaire.)
Flair, s. m. Terme de *Chasse.* Ce mot se dit du sentiment que les chiens ont du gibier.
FLAMANT, *s. m.* Sorte d'oiseau acatique rouge & blanc qui a un long bec & des jambes fort hautes.
FLAMBE, *s. f.* En Latin *Iris.* Sorte de fleur large qui est ordinairement violette & qui fleurit en Mai. (Flambe sauvage. Flambe cultivée.)
FLAMBEAU, *s. m.* Plusieurs méches longues d'environ 3. piez jointes ensemble & plongées un certain nombre de fois dans de la cire chaude, & fonduë, qu'on laisse aprés égouter & refroidir, & qu'on alume lorsqu'on en a de besoin pour éclairer le soir dans les ruës. (Un bon flambeau. Fabriquer des flambeaux. Porter un flambeau. On joüe les Comédies aux flambeaux.)
Flambeau. Instrument qui est de métal, de vermeil doré, d'argent, d'étain, ou de cuivre, qui est composé d'une embouchûre, où l'on met la chandelle, d'un tuïau & d'une pate qui est ordinairement façonnée & embélie. (De beaux flambeaux d'argent. De flambeaux d'argent ciselé.)
* *Flambeau.* Ce mot au figuré n'est guére usité que dans le stile sublime, & dans la belle poësie. (Est-ce que le monde n'a plus besoin du flambeau de la doctrine, *Patru, plaid. 4.* C'étoit-de-là que Darius & Xerxes avoient aporté le flambeau d'une détestable guerre, *Vau. Quin. l. 5.* La discorde éteindra son flambeau. *Mai. poës.*)
* On donne un flambeau à Cupidon. On peind les Furies le flambeau à la main.
Flamber, v. n. Ce mot se dit du feu qui est fort alumé & qui pousse & jette une grande flamme. (Le feu flambe.)
Flamber, v. a. Terme de *Rotisseur.* Passer par dessus la flamme d'un feu clair quelque volaille, ou autre oiseau plumé pour en ôter seulement les petits poils qu'on n'a pû arracher avec les mains. (Flamber un canard sur le feu.)
On dit aussi, Flamber un cochon, ou autre viande qu'on rôtit. C'est faire flamber du lard & en faire tomber des goûtes sur le rôti.
Flamboiant, flamboïante, adj. Qui jette du feu. (Bombe flamboïante.

Sa torche nocière ondoïante
Dans les ténébres *flamboïante.*
Lançoit. *Voiture poësies.*)
Flamme, s. m. Vapeur alumée qui sort du bois alumé, ou embrazé. Feu tout-à-fait dégagé des corps terrestres qui ont encore quelque sorte de liaison. (La flamme se prend aux tours, *Vau. Quin. l. 4.* Mourir dans les flammes.)
* *Flamme.* Amour. Passion. (Vous ne savez que c'est d'une flamme constante. *Voit. poës.* Je sens au fond de mon ame brûler une nouvelle flamme. *Voit. poës.*

Qu'une *flamme* mal-éteinte
Est facile à rallumer;
Et qu'avec peu de contrainte
On recommence d'aimer. *Recuëil des piéces galantes.*)
Flamme. Terme de *Maréchal.* Instrument d'acier composé de deux, ou trois lancettes pour seigner un cheval.

Flamme. Terme de *Mer.* Sorte de banderole, ou de pavillon fort long qui est fendu par le bout, qui est en pointe & qui se met, pour parer le vaisseau, au grand mât & aux vergues.
Flammeche, s. f. Etincelle de chandelle. (Ce n'est qu'une petite flammeche qui est tombée de la chandelle sur la table.)
FLAN, *s. f.* Sorte de petite tartre qui se vend deux liards, ou un sou, qui est composée de fine farine, de lait, d'œufs & de beurre. (Un flan tout chaud.)
† *Flan.* Mot feint pour marquer la roideur dont on frape. (Je lui ai donné un grand coup de poing, flan.)
FLANC, *s. m.* Côté. Partie du corps située entre les hanches & le pecten au bas du ventre. (Donner un coup dans le flanc.)
Les flancs d'un cheval sont les extrémitez du ventre au défaut des côtes prés des cuisses.
On dit que le Lion se bat les flancs de sa queuë, pour s'exciter au combat. Le mot de *flame* ne se dit guére des personnes que dans la poësie.

Je vois que vôtre honneur gît à verser mon sang,
Que tout le mien consiste à vous *percer le flanc.*
Corneille, Horace.

Flanc. Ce mot signifie quelquefois le ventre. (La S. Vierge a porté nôtre Sauveur, neuf mois, dans ses *flancs sacrez.*)
Flanc. Ce mot se dit des bataillons, & des escadrons, & signifie Côté. (Courir le flanc d'un bataillon, *Abl.* Prendre l'ennemi en flanc, *Abl. Ar. l. I.* Attaquer l'ennemi en flanc. *Abl. Ar.* Assûrer le flanc de la bataille, *Vau. Quin. l. 3. c. 9.*)
Flanc. Terme de *Fortification.* Partie du bastion qui est entre la face du bastion & la courtine, & qui sert à défendre la courtine, le flanc & la face du bastion oposé. (Flanc perpendiculaire à la courtine. Flanc rasant. Flanc fichant.)
Flancs. Terme de *Monnoie.* Piéces d'or, ou d'argent coupées en rond pour faire des piéces de monnoie. *Voiez Flaons.*
Flanconnade, s. f. Terme de *maître d'Armes.* Coup dans le flanc. (Il lui a donné une rude flanconnade. Recevoir une flanconnade. *Liancour.*)
Flanquer, v. a. Terme de *Fortification.* Il se dit des bastions & autres pareils ouvrages. C'est disposer un bastion, d'une manière à se pouvoir défendre aisément. (Flanquer une muraille de fortes tours. Flanquer une courtine, Bastion flanqué, c'est à dire défendu.) On dit que l'Infanterie est flanquée par la Cavalerie qu'on met à ses côtez pour la couvrir.
Flanqué, adj. Terme de *Blason.* Il se dit des Figures qui en ont d'autres à leurs flancs, ou côtez. (Les Paux d'Aragon sont flanquez de deux Aigles dans les armoiries de Sicile.)
† * Sur un liévre flanqué de six poulets étiques
S'élevoient trois lapins, animaux domestiques.
Depreaux, Satire 3.
† *Flanquer.* Ce mot se dit en quelques façons de parler basses & burlesques. (Il lui a flanqué cela par le nez; C'est à dire, *il lui a franchemens & hardiment dit.* Il lui a flanqué un soufflet; C'est à dire, *il lui a donné un soufflet.* Il s'est venu *flanquer* au haut de la table, c'est à dire, se mettre, s'asseoir.
FLAONS, *s. m.* Terme de *Monnoie.* Prononcez *flans.* Piéces d'or ou d'argent & coupées en rond, prêtes à être marquées & monnoïées. Les flaons en sortant de la cuisson sont noirs. On jaunit les flaons d'or, & on blanchit ceux d'argent. (Tailler en flaons: *Bouterouë, Traité des monnoies.*)
FLASQUE, *adj.* Qui a peu ou point de vigueur. (Il est flasque, Cela est bien flasque.)
Flasque, s. m. Qui n'a point de vigueur. (C'est un grand flasque.)
† *Flasque, s. f.* Etui à mettre de la poudre qu'on porte dans la pochette, quand on va à la chasse, pour charger un fusil.
Flasque. Les uns croient ce mot *masculin*, & les autres *féminin*, mais il y a plus de gens qui le font masculin. Le *flasque* donc, ou le *flasque* est une grosse planche longue de 14. piez large d'un pié 8. pouces, qui fait une partie de l'afut. *Davelour, Traité de l'artillerie* a écrit, *le flasque* est de bois d'orme. *Praïssac Discours militaires, p. 116.* a dit la face du dehors de *flasque* & la face du dedans du *flasque.* Les canonniers à qui j'ai parlé, disent le *flasque.* Cependant l'Auteur des travaux de Mars, 3. partie, *p. 116.* a écrit *les flasques* longues de quatorze piez & demi, épaisses de demi pié & larges d'un pié huit pouces.
FLATER, *v. a.* Cajoler. Loüer trop. (Il n'y a que les lâches qui flatent. Flater les grans, *Ablancourt.* L'amour veut toûjours flater, & les belles veulent être toûjours flatées. *Piéces galantes de la Suze & de Pelisson.*)
Flater. Excuser par complaisance les défauts de quelcun. (Un Courtisan flate les passions de son Prince.) On dit aussi qu'un *miroir flate*, quand il ne fait pas voir les défauts qui sont dans l'objet. *Un Peintre flate*, quand il peint une personne plus belle, ou moins laide qu'elle n'est. Un Confesseur ne doit point *flater* son pénitent. Un Chirurgien *flate une plaïe*, quand il ne coupe pas tout ce qu'il faudroit couper, ou n'y applique pas des remedes assez forts.
Flater. Ce mot se dit à l'égard des personnes, & à l'égard des bêtes,

FLA — FLE

bêtes. (Les méres flatent trop leurs enfans. Les Chiens flatent leurs maitres.)

* *Flater.* Il se dit au figuré de ce qui touche agréablement les sens. Le plaisir flate les sens. La musique flate l'oreille. Tu m'as flaté d'un doux son. *Abl. Apoph.* Les parfums flatent agréablement l'odorat.)

* *Flater.* Il se dit encore au figuré, à l'égard d'autres choses. (*Flater sa douleur*, c'est l'adoucir par quelques réflexions morales. Les choses agréables *flatent* l'esprit. *Flater son imagination*, c'est se repaitre de chimères agréables. *Flater son amour*, c'est se donner de belles espérances d'y réüssir. On se flate souvent & l'on se trompe dans ses propres afaires. *l'aparence flate.* C'est à dire, elle trompe.)

† *Il ne faut point flater le dé.* Proverbe, pour dire, il faut parler franchement.

Flaterie, s. f. Cajoleries. Paroles flateuses. (La flaterie lui plait si fort qu'il ne s'en peut défendre.

> La flaterie est douce & plaît infiniment,
> Mais elle plait davantage
> Quand elle vient d'un Amant.
> *Recueil de pièces galantes.*

La crainte & la *flaterie* corrompent ordinairement la verité. *Suplement de Q. Curce, l. 1.*)

* Licurge nommoit la teinture une *flaterie* des sens. *Ablancourt, Apo.*

Flateur, s. m. Celui qui flate. (Un dangereux flateur. Les flateurs sont des pestes qu'il faudroit exterminer, *Ablancourt.*)

Flateuse, s. f. Celle qui flate. (C'est une franche flateuse.)

* *Flateur, flateuse, adj.* Qui flate. (L'esperance flateuse. *Ablancourt.* Miroir flateur. Discours flateur.

> Un Poëme insipide & fortement *flateur*
> Deshonore à la fois le Héros & l'Auteur.
> *Depreaux, Sat. 9.*

Flatir, v. a. Terme de Monnoieur. C'est batre une piéce de monnoie avec le marteau, sur le *flatoir*, sur l'enclume, pour lui faire prendre le volume, & l'épaisseur qu'elle doit avoir.

Flâtrer, v. a. Apliquer un fer rouge fait en forme de clé plate au milieu du front d'un chien qui a été mordu d'un chien enragé, & cela pour empêcher que ce chien mordu ne devienne enragé. (Flâtrer un chien. Un chien flâtré.)

† Ce mot *flâtrer*, signifioit autrefois en général, *marquer d'un fer chaud* & il se disoit à l'égard des criminels.

Flâtrire, s. f. Terme de Chasse. C'est le lieu où le liévre & le loup s'arrêtent & se mettent sur le ventre lorsqu'ils sont chassez des chiens courans. *Sal.*

Flatuostré, s. f. Terme de *Médecin.* Vents qui sortent du corps humain, par bas ou par haut.

Flatueux, flatueuse, adj. Qui cause des *flatuositez.* (Viande flatueuse. Les légumes sont des alimens flatueux.)

FLE.

Fleau, s. m. Instrument avec quoi on bat le grain pour le faire sortir des épis.

* *Fleau.* Ce mot au figuré est fort usité. (Il est hors des ateintes de l'injustice, de l'envie & des autres fleaux de la vie humaine, *Patru, Lettre 4. à Olinde.* C'est le fleau des ames vulgaires. *Mal. Poëſ.* Atilla étoit apelé *le fleau de Dieu.* La guerre, la famine & la peste sont les trois grands *fleaux* dont Dieu se sert pour châtier les hommes. Un tiran est le fleau de son peuple.)

Fleaux. Terme de *Serrurier.* Barres de fer qui tournent sur un boulon & qui servent à fermer les grandes portes.

Fleau. Terme de *Balancier.* Morceau de fer poli avec une éguille au milieu & deux troüs à chaque bout. Il sert à soulever les bassins des balances, ou du trébuchet lorsqu'on pese. Il signifie aussi la barre marquée de plusieurs divisions & qui fait la Balance Romaine.

Flèche, s. f. Petit bâton, ou verge de bois, armée d'un fer pointu & de quelques plumes à côté, que l'on décoche par le moïen d'un arc qu'on bande, ou par quelque plus forte machine. (Une petite, ou une grosse flèche. Tirer une flèche. Décocher des flèches. Il tomboit une nuée de flèches. Les Anciens tiroient de grosses flèches avec des grandes machines.

* *Flèche.* Ce mot, au figuré signifie des traits & actions de méchanceté. Touts noirs & scelerats. (Vous avez ouï dire quelles flèches, & quels dards le Diable décocha contre Job. *Maucroix. 8. Homelie.*) Les flèches de la colère de Dieu, ce sont les fleaux qu'il envoie aux hommes pour les punir.

* Les flèches qu'on donne à Cupidon le Dieu de l'Amour, sont des traits invisibles dont on s'imagine que l'Amour perce le cœur des Amans.

On apelle *flèches* les piquets dont les *Arpenteurs* portent une trousse à leurs côtez, parce qu'ils sont faits en forme de flèches.

* *Flèche.* Ce mot se dit en *termes de Charpente*, de plusieurs grosses piéces de bois & qui sont longues, lesquelles servent à des machines, comme sont l'abre d'une grue, ou autre semblable machine. *Flèche de pont levis.* C'est la piéce de bois qui va depuis la bascule jusqu'aux chaines, & qui tourne sur un pivot, pour lever le pont. Il se dit aussi de deux piéces de bois montées sur deux roües, & qui servent à atacher le petard à un pont, ou à une porte de vile. Il se dit encore de la partie qui est depuis les ailes jusques au fer de la lance. Il se dit d'un clocher de charpente qui aboutit en pointe.

Flèche de carosse. Sorte de petite poutre de bois qui sert à porter les corps du carosse.

* *Flèche.* Terme de Géometrie. C'est la partie du Diametre d'un Cercle, coupé à angles droits par la corde d'un arc. On l'apelle aussi *le sinus verse.*

Flèche. Terme de *Charcutier.* Moitié de cochon avec le lard & le maigre. (Acheter une flèche de lard.)

* *Flèche.* C'est un météore enflammé, qui a la figure d'une *flèche.*

† *Il ne sçait plus de quel bois faire flèche.* Proverbe, pour dire, il ne sçait plus que faire pour pouvoir subsister.

Fléchir, v. a. Ce mot signifie plier, & n'est pas à ce qu'on croit usité au propre, ou du moins il y est tres-peu. Que t'a servi de fléchir le genou devant un Dieu fragile & fait d'un peu de boüe, *Mal. poëſ.* Il n'a point fléchi les genoux devant Baal. Dans ces exemples, fléchir le genou, signifie adorer.

Fléchir. v. n. Plier. Ce bois ne fléchit point. C'est du fer aigre, il rompra plûtôt que de fléchir.

* *Fléchir.* Ce mot est fort usité au figuré.
* *Fléchir, v. n.* Obéir, être soumis. (Tout fléchissoit devant ce conquerant. S'il se voit en prison, il sera contraint de fléchir. *Patru, plaidoié 11.*)
* *Fléchir, v. a.* Adoucir. (La Rétorique a le pouvoir de fléchir les cœurs les plus barbares. Fléchir le Roi. *Ablanc.* Tâcher à fléchir les Juges. *Le Mai.*) Ce cruel s'est laissé fléchir par les larmes de cet innocent.

* Ce n'est pas la régle à se fléchir pour convenir au sujet. *Pas. l. 2.*

Flegmatique, adj. Pituïteux. Celui ou celle en qui le flegme domine. (Temperament flegmatique.)

Flegme, s. m. Pituïte. Humeur froide & humide qui est une des quatre humeurs qui entrent dans la constitution du corps de l'homme.

Flegme, ou phlegme, s. m. Terme de Chimie. C'est un principe passif, lequel s'élève d'ordinaire le premier dans la distilation des mixtes où il abonde. (Le flegme est la substance qui est en plus grande quantité dans la composition des mixtes, & sur tout dans celle des plantes & des animaux, & même dans celle de leurs parties. *Chavas Pharm. l. 1. ch. 4.*)

Flegme. Gros & vilain crachat plein de pituite. (Crachet de gros flegmes.)

* *Flegme.* Patience. Modération. (Avoir le flegme d'un Pére de l'Oratoire. *Balz*ac. Un peu de flegme ne gâte rien lorsqu'on traite avec les hommes.)

Flétrir, v. a. Ce mot se dit proprement des fleurs. Gâter. Oter le vif, l'éclat & la beauté. (Le trop grand chaud flétrit les fleurs.)

Se flétrir, v. r. Il se dit des fleurs. Perdre le vif, l'éclat & la beauté. Se gâter. (Les fleurs se flétrissent.) On dit aussi que le teint se flétrit, la beauté se flétrit. Une étofe délicate & d'une couleur vive se flétrit.

* *Flétrir, v. a.* Deshonorer. (Un oprobre si scandaleux les flétrit, *Patru plaidoïé 2.* Les vices ne sauroient flétrir la vertu. Flétrir la reputation de quelcun par des calomnies.)

Flétrissure, s. f. Ce mot au propre signifie l'éclat d'une chose qui est flétrie : mais il ne se dit guere.

* *Flétrissure.* Marque d'ignominie. (Cela aporte une grande flétrissure à sa réputation.)

Flétri, flétrie, adj. (Teint flétri. Fleur flétrie.)

Fleur, s. f. Ce qui vient sur les plantes, & sur les arbres immédiatement avant la graine, & avant le fruit. Plante ou oignon qui pousse *un bouton* qui s'épanoüit peu à peu & qui jette souvent une odeur agréable. (Une belle fleur. Une charmante fleur. Une fleur commune, simple double, rare, nouvelle, curieuse, &c. bizarre, brillante, panachée, nuancée. Plus une fleur est mêlée de panaches, plus elle-en est belle. Une fleur d'un beau coloris. Les belles fleurs sont rares, peu de gens s'y connoissent, & on ne s'est jamais tant apliqué à leur culture qu'à présent. Cultiver des fleurs. Elever des fleurs, &c.

> Que vôtre éclat est peu durable,
> Charmantes fleurs, honneurs de vos jardins.
> *Deshoul. poëſ.*)

Etre en fleur. Pousser des fleurs. Perdre ses fleurs. Cela se dit plus particuliérement des arbres.

Fleur de la passion. C'est une fleur qui représente les instrumens de la Passion.

Fleur de lis, s. m. Fleur blanche, ou orangée, qu'on apelle Lis.

Fleur de lis, s. m. Armes des Rois de France. (Les Rois de France portent d'azur à trois fleurs de lis d'or.)

Fleur de lis. C'est un fer marqué de plusieurs petites fleurs de lis que le bourreau aplique sur l'épaule de ceux qui ont fait des crimes qui ne meritent pas la mort. (Il est condamné à avoir la fleur de lis.)

Fleur artificielle. C'est une fleur qui imite une fleur naturelle.

Zz 3   Fleur

Fleur qui repréſente une vraie fleur, & qui eſt faite avec de la toile peinte, du papier, ou du velin.

Fleurs de broderie. Ouvrage de brodeur fait en maniere de fleur. (Damas à fleur.)

† *Fleur.* Ce mot ſe dit d'une certaine fraicheur qu'on voit ſur de certains fruits pendant qu'ils ſont ſur l'arbre & avant qu'ils aient été maniez, ou qu'ils ſoient fanez. (Ces prunes ont encore leur fleur. Ces abricots ont perdu leur fleur.)

* *Fleur.* Ce mot ſignifie quelquefois *ſuperficie.* (A fleur de terre. L'ouvrage étoit *à fleur d'eau*, *Au. Quin. l. 4.* Mile amours ſont venu voltiger autour de lui *à fleur d'eau*, *Abl. Luc. T.* 1. On dit auſſi *des yeux à fleur de tête.*

* *Fleurs de Rétorique.* Ce ſont les figures & les autres ornemens du diſcours.

* On parle en *Chimie*, des fleurs de ſoufre, d'antimoine, &c. Ce ſont les parties les plus ſubtiles de ces mineraux, qui s'élévent par le moien du feu & s'atachent au haut de l'alambic.

* *Fleur de cuir.* Termes de *Tanneur.* Le côté du cuir où eſt le poil.

Fleur de farine. C'eſt la farine la plus pure.

* On dit à une perſonne que les *féves ſont en fleur*, pour l'acuſer de folie.

* *Fleur.* Ce mot au figuré a d'autres ſens aſſez étendus (Il donna *la fleur de ſa cavalerie* à un homme de qui il n'étoit pas aſſuré, *Abl. Ar. l. 1.* C'eſt à dire, l'élite de ſes cavaliers. La jeuneſſe en ſa *fleur* brille ſur ſon viſage, *Dépreaux Lutrin. c. 1.* Etre dans la *fleur* de la fortune, *Maucroix, Schiſme l. 2.* Il eſt la fleur des jeunes hommes de ſon âge, *Abl.* Il eſt à la fleur de ſon âge. La fleur de la Nobleſſe, &c.)

Fleurs. Sang dont les femmes ſe purgent tous les mois. Le mot de *fleurs* en ce ſens n'eſt pas bien uſité, on dit plûtôt. Mois Ordinaires ou *Purgations.* On nomme les purgations des *fleurs*, à l'exemple des arbres qui ne portent point de fruit s'ils n'ont des fleurs. (Les Bramines ne ſe peuvent marier avec des filles qui ont eu leurs fleurs, & pour cela ils ſe épouſent fort jeunes. *Hiſt. des Bramines, ch.* 10.)

Fleurs blanches. C'eſt un ſang acre, piquant & corrompu que les femmes perdent & qui ne garde aucun tems réglé pour ſortir. Ce ſang eſt quelquefois blanc & quelquefois d'autre couleur.

* *Fleurdeliſer, v. a.* Terme de *Bourreau de Paris.* Marquer d'une fleur de lis ſur l'épaule. (Il a été fleurdeliſé ſur l'épaule droite. Il eſt condamné à être fleurdeliſé ſur l'une & ſur l'autre épaule.)

Fleurdeliſé, fleurdeliſée, adj. Ce mot ſe dit auſſi dans le diſcours ordinaire & en termes de *Blaſon*, pour dire ſemé de fleurs de lis. (Bâton fleurdeliſé. Porter d'azur à la croix d'or fleurdeliſée. *Col.*)

Fleuret, ſ. m. Sorte d'épée au bout de laquelle il y a un bouton, & qui ſert ſeulement pour aprendre à faire des armes. Les parties du *fleuret* ſont la poignée, le pommeau, la ſoie, la garde, la lame, le bouton. Le fort & le foible du fleuret. Fleuret lourd, ou leger. *Fleuret de leçon*, c'eſt le fleuret de l'écolier qui n'a point de garde. Tenir un fleuret de bonne grâce. Preſenter le fleuret. Faire un coup de fleuret.)

Fleuret. Terme de *Marchand Mercier.* Eſpèce de ruban ou de paſſement qui eſt entre le fil & la ſoie.

Fleuret. Sorte de ſoie tirée de la bourre qui eſt aux environs du coucon du ver à ſoie, & qui eſt comme une fleur que le ver à ſoie à produire avant que de former ſon ouvrage, on apelle auſſi *fleures* la ſoie qui ne peut être tirée en ſoie fine ni en écheveaux, *Iſnard, Traité des vers à ſoie.*

Fleuret. Terme de *Dance.* C'eſt un pas de bourrée, qui eſt une ſorte de dance gaie. (Vois-tu ce petit trait? ce fleuret? ſes coupez? *Moliere fâcheux, a. 1. ſc. 3.*)

Fleurettes, ſ. f. Cajoleries amoureuſes. Galanteries qu'on dit à une Dame. (C'eſt un conteur de fleurettes à quelque belle. Vos paſſages Grécs & Latins ſont de jolies fleurettes. pour gagner un cœur, *Boil. Avis à Ménage.*

Gratis eſt mort, d'amour ſans paier
En beaux Louïs ſe content les fleurettes.
La Fontaine, nouvelles.)

Fleurir, v. n. Ce mot ſe dit des fleurs des arbres & de la vigne. Il veut dire. Porter des fleurs. Pouſſer des fleurs. Avoir des fleurs. (Les arbres commencent à fleurir. Tulipe fleurie. Oeillet fleuri. Arbre fleuriſſant, *Vaug. Rem.*)

* *Fleurir.* Etre en vogue. Etre en crédit. Voiez *Florir.*

† * *Fleurir.* Ce mot ſe dit en riant de la barbe, & veut dire *blanchir.* (Sa barbe commence déja un peu à fleurir, *Abl.*

Un bon vieillard à la barbe fleurie
Autant pour ſes voiſins que pour lui ſe marie,
Son poil va fleurir.
Dépreaux, Satire 8.)

* *Fleuri, fleurie, adj.* Ce mot ſe dit du diſcours & du ſtile. (Diſc... x, *Longin*, Stile fleuri. *Ablancourt.* Une épitre bien Dépreau ....étiere.)

Fleuri, A ... *eurie, adj.* Ce mot ſe dit du *teint*, & veut dire † * *Fleuri*, ... o... 't le teint fleuri, *Moliere.*)
vermeil. (*Ab...*

Fleuriſte, ſ. m. Celui qui a ſoin de cultiver les fleurs, & qui connoit la maniere dont il faut les élever, & même qui en connoit ſouvent les proprietez. (Un Fleuriſte excellent.)

Fleuriſtes ſ. f. Celle qui a ſoin de la culture des fleurs. Elle eſt devenuë fleuriſte. Mademoiſelle eſt fleuriſte.

Fleuriſme, ſ. m. Terme de *Fleuriſte*. C'eſt à dire, la curioſité des fleurs. (Donner dans le fleuriſme. Aimer le fleuriſme.)

Fleuriſons, ſ. f. Terme de *Fleuriſte.* Le tems que les fleurs fleuriſſent. (A la fleuriſon des tulipes, ne laiſſez point de places vuides dans vos planches. *Culture des fleurs, ch. 4.* J'aime à voir la *fleuriſon* des belles anemones.)

Fleuron, ſ. m. Terme d'*Imprimeur.* Ornement de fleurs qu'on met à la fin de ſes articles & des chapitres lorſqu'il y a du blanc.

Fleuron. Terme de *Doreur ſur cuir.* Bouquet ou autre ornement qu'on pouſſe ſur le dos des livres avec des fers.

Fleurons. Ornemens de membre d'Architecture.

Les Couronnes de Ducs ſont ornées de fleurons.

* *Fleurons, ſ. m.* Ce mot au figuré ſe dit des Terres & des Droits les plus importans d'un Etat. (C'eſt un des plus riches fleurons de la Couronne.)

Fleuve, ſ. m. Ce mot ſe dit particulièrement des grandes rivières. (Le Rhin eſt un grand fleuve. Le Danube eſt un fleuve fort fameux & le plus grand de tous les fleuves de l'Europe, *Ablancourt, Ar.*)

Fleuve. Ce mot eſt conſacré à la poëſie quand on parle de la Divinité qui préſide à quelque rivière ou fleuve. (Ainſi on dit, le Dieu du fleuve.)

* *Flexible, adj.* Ce mot ſe dit au propre dans les matières de Phyſique, & il veut dire. Qui a de la *flexibilité*, qui ſe peut plier. (Corps flexible.) Et dans le ſens figuré il ſignifie. Qui ſe peut fléchir. Souple. (Eſprit flexible. Il n'eſt pas flexible là-deſſus, *Mol.*) On dit *une voix flexible*, c'eſt à dire que l'on peut aiſément varier ſelon les tons qu'on lui veut donner.

FLI.

Flibot, fribut, ſ. m. Quelques-uns diſent *fribut*; mais la plupart ſont pour *flibot* M. Deſroches, *Dictionaire de Marine*, eſt pour *flibot.* C'eſt un moien vaiſſeau qui eſt armé en couſs, & qui pour l'ordinaire à le derriere rond.

Flibutiers, fributiers, ſ. m. Tous deux ſe diſent; mais la plupart diſent *flibutiers*, & prononcent *flibuté.* Ce ſont les Corſaires des Iles de l'Amérique. On les apelle Forbans, pirates, ou voleurs de mer. Ces mots viennent de l'Anglois.

* FLIC & FLAC, *adv.* Mots imaginez pour repreſenter les coups drus & menus qu'on donne à une perſonne. (Il lui a donné deux ou trois ſouflets, *flic & flac*, ſur la joué. Il a eu *flic & flac*, ſur le nez.)

FLO.

Flocon, ſ. m. Ce mot ſe dit en parlant de nège. Petite touffe de nège qui tombe du Ciel durant l'hiver lorſqu'il nège. (La nège tombe par flocons. Il tombe de gros flocons de nège.)

Flocon. Ce mot ſe dit auſſi en parlant de laine, de ſoie & autres choſes ſemblables, & ſignifie pelote, ou petite touffe de laine, &c. (Les moutons laiſſent des flocons de laine, quand ils paſſent dans des lieux épineux. Un flocon de ſoie.)

† *Flores.* Ce mot ne ſe dit qu'en ces façons de parler burleſques. (*Faire flores dans les ruelles des Dames.* C'eſt à dire, y paroître beaucoup, y briller. *Elle fait flores;* c'eſt à dire, elle fait merveilles.)

Florin, ſ. m. Piéce de monnoie d'or que les Florentins firent premièrement batre & marquer d'une fleur. Le Florin eſt auſſi une monnoie d'Alemagne qui vaut quarante ſous.

* *Florir, v. n.* Ce mot ne ſe dit qu'au figuré, & il veut dire Etre dans un état heureux. Etre en honneur, en réputation, (Un tel floriſſoit ſous un tel règne. *Vau. Rem.* L'éloquence, ou l'art militaire floriſſoit en un tel tems. *Vau. Rem.*)

* *Floriſſant, floriſſante, adj.* Qui fleurit. (Etat floriſſant, *Abl.* Armée floriſſante, *Vau. Rem.* Vile floriſſante pour les lettres. *Patru, Oraiſon pour Archias.*)

Flot, ſ. m. Gonflement de l'eau par ondes. (La vile étoit batuë des flots. *Vau. Quin. l. 4.* Ce vent étant fort impétueux rouloit des flots épouvantables contre le rivage. *Vau. Quin. l.* 4. Les flots ſe briſent contre les rochers.)

Flot. Il ſignifie, la pointe de la marée, le flux de la mer. (Le flot entre bien avant dans la Garonne, dans la Tamiſe, &c.)

Etre à flot. Il ſe dit des vaiſſeaux & ſignifie avoir aſſez d'eau. *Mettre un vaiſſeau à flot*, c'eſt le mettre en un lieu où il y ait aſſez d'eau pour le porter.

* *Flot.* Quantité. Multitude. (Les larmes lui tomboient des yeux à grands flots. *Vau. Quin. l. 6. c. 9.* Elle y voit acourir à grands flots les fidèles Normans. *Dep. Lutrin.*

Juvenal de ſa mordante plume
Faiſoit couler des flots de fiel & d'amertume.
Dépreaux, Sat. 7.)

FLU　　FOI

* *Flot.* Terme de *Bâtier.* Sorte de houpe de laine qu'on met à la cricre des mulets.

Flote, s. f. Nombre de navires qui vont ensemble, soit pour faire la guerre, ou pour entreprendre quelque autre chose. (Equiper une flote. *Ablancourt,* Ar. l. 7. Batre la flote des ennemis. *Ablanc.* La flote d'Espagne est revenuë des Indes. *Scaron.*

Floté, flotée, adj. Ce mot se dit du bois qui est venu en flotant sur la rivière. (Le bois floté ne fait pas grand profit.)

Flotter, v. n. Etre soulevé par l'eau. Etre soutenu par l'eau. Aller doucement sur l'eau. (Navire qui flote. Bateau qui flote. Vaisseaux, qui atendent la marée pour floter.)

Flotans, flotante, adj. Qui est au dessus de l'eau. (On voioit des corps flotans en ce lieu-là après le naufrage.)

* *Floter.* Etre irrésolu. Etre balancé entre plusieurs passions. (Il flotoit entre la crainte & l'espérance. *Abl.*)

* *Flotant, flotante.* Irrésolu. Incertain.
(Son cœur toûjours flotant entre mille embaras
Ne fait ni ce qu'il veut ni ce qu'il ne veut pas.
Déspreaux Satire 8.
Ils étonnèrent les courages encore flotans & incertains.
Vau. Quin. Curce, l. 7. *ch.* 5.)

† *Floüet, floüette, adj.* Délicat. Foible de constitution de corps. [Corps floüet. *La Fontaine, Fables, liv.* 3. Damoiseau floüet, *Mol. acte* I. *sc.* 4.)

FLU.

Fluer, v. n. Couler. (L'ancre fluë. Cette ancre est trop épaisse, elle ne sauroit fluër. Le sperme fluë. *Terme de Médecin.*)

Fluide, adj. Qui coule. Qui coule aisément. (Ancre fluide. L'eau est fluide. Les cieux sont fluides.)

* *Discours fluide.* C'est ce qu'on apelle d'ordinaire un discours coulant, aisé & naturel.

Fluidité, s. f. Qualité qui fait qu'une chose est coulante. (La fluidité de l'eau.)

Fluidité de discours. Talemant, *Plutarque, Tom.* 5. vie de Ciceron. C'est à dire. Douceur & facilité naturelle du langage.

Flute, s. f. Instrument de Musique qu'on embouche, qui est à vent, qui est percé de quelques trous, & qui est fait de bouis, d'ébène, d'ivoire & de toute sorte de bois dur.

Flute douce. C'est une flute à neuf trous qui représente la douceur de la voix. (Emboucher une flute. Jouër de la flute.)

† * *Il y a de l'ordure dans sa flute.* C'est à dire, qu'il y a quelque chose dans ses afaires qui ne va pas bien.

Flute. Terme d'*Organiste.* Sorte de jeu harmonieux qui a quelque chose de la flute.

Fluter, v. n. Ce mot pour dire *joüer de la flute* ne se dit point à Paris, ou il ne s'y dit que par mépris & dans le burlesque & satirique. (Ces gens-là me rompent fort la tête avec leurs flutes, je voudrois bien qu'ils s'en allassent *fluter* ailleurs.)

† * *Se faire fluter au derrière.* Façon de parler burlesque, pour dire. Se faire donner un lavement.

Flux, ou *fluts, s. m.* Prononcez *flus.* Ce mot se dit en parlant de la mer. C'est le tems réglé que la mer met à monter vers un certain lieu. Le flux dure ordinairement six heures. Atendre le flux,)

Le flux & le reflux de la mer. C'est le tems réglé que la mer met à monter, & à s'en retourner. (Chercher les causes du flux, & du reflux de la mer. Le flux & le reflux de la mer se fait régulièrement deux foix le jour. Comprendre les causes du flux & du reflux de la mer. Le P. Bouhours ne devroit pas assurer que le flux & reflus de la mer est une chose que les hommes ne savent point, & qu'ils ne sauront jamais. *Danceur, sentiment de Cleante* 1. *p.*)

† * *Ma bource a le flux.* Phrase burlesque pour dire mon argent se dépense fort vite.

Flux de ventre. C'est un dévoîement de ventre, lors que les excremens en sortent trop liquides & trop souvent. (Etre travaillé d'un flux de ventre.)

Flux de sang. C'est un flux de ventre, mêlé de sang pur. Flux de ventre par lequel on vuide du sang par les selles.

Flux épatique. Sorte de flux, où à cause de la foiblesse du foie, causée par une intempérie froide on rend des extremens semblables à une eau où l'on auroit lavé de la chair frèche.

Flux de bouche. Terme de *Chirurgien.* (On dit donner un *Flux de bouche.* C'est à dire. Faire fort cracher.) V. *Salivation.*

* *Flux de bouche.* Ces mots, *au figuré,* se disent d'une personne qui veut toujours parler, & qui ne laisse pas parler les autres. On dit aussi, *un grand flux de paroles.*

Fluxion, s. f. Ecoulement d'humeurs nuisibles sur quelque partie du corps. (Gagner une fluxion. *Mol.* Il est mort d'une fluxion sur la poitrine. *Sca.* Il a une fluxion sur le bras. Il est ataqué d'une fluxion sur les yeux. Etre sujet aux fluxions.)

FOI.

Foi, s. f. Prononcez ce mot comme il est écrit. C'est une vertu Téologale. Consentement aux véritez révélées. Religion. (Sans la foi les œuvres sont mortes. *Port-Roïal.* La foi, qui est sans les œuvres est morte. *Epître S. Jaques.* Savoir les articles de la foi. N'avoir ni foi, ni loi. *Téo. Poët.*

Foi. Créance. Assurance. Témoignage. (Les actes publics font foi de cela. *Abl. Tac. An. l.* 12. L'Historien doit être digne de foi. *Ablancourt.* Acte qui fait foi en justice.)

Foi. Parole qu'on donne d'acomplir une chose. Promesse de faire & d'acomplir quelque chose. (Après avoir pris & donné la foi, il les renvoia. *Ablancourt,* Ar. Recevoir la foi. *Ablancourt,* Ar. Violet la foi, *Ablancourt.* La foi conjugale.)

Foi. Fidélité. (Garder sa foi. Il y a peu de foi dans le monde.)

Foi. Serment. Manière de jurement. (Jurer sa foi. Il a juré par sa foi que la chose étoit vraie. Rendre foi & hommage. *Le Maître.*)

Foi. Liberté qu'on donne à quelcun de se conduire à sa volonté, d'agir à sa phantaisie. (On le laisse aller sur sa bonne foi. *Abl. Apoph.*)

* *Foi.* Terme de *Blason.* Ce sont deux mains jointes ensemble. (Il portoit de gueules, à la *foi* d'argent.)

En bonne foi, adv. En verité. (En bonne foi cette doctrine est subtile. *Pas. l.* 2.)

De bonne foi, adv. A n'en point mentir. (De bonne foi, cela est ainsi que je vous le dis.)

† *Il est fait à la bonne foi.* Cela se dit d'une personne, pour signifier qu'elle est si niaise que de croire tout ce qu'on lui dit.

Foible, adj. Prononcez *foble.* Qui n'a point, ou peu de forces. (Il est foible. Elle est foible. Il est d'une constitution & d'une santé foible. Il est foible de corps & d'esprit. Une tête foible.)

* *Foible.* On dit, cette raison est foible. Avoir une foible espérance.

Foible. Ce mot se dit des monoies & veut dire *léger.* (Trop foible de poids.)

Foible. Ce mot se dit en parlant de guerre. (Les ennemis étoient foibles d'infanterie. *Ablanc.* Ar. *l.* 1. C'est à dire, avoient peu d'infanterie.)

* *Foible.* Qui a des foiblesses. Qui se laisse attendrir. Qui se laisse toucher. (Je suis père, Seigneur, & foible comme un autre. *Racine, Iphigenie.*)

* *Foible.* Petit. (Ce vin est foible. A peine un *foible* jour vous éclaire & me guide. *Racine, Iphigenie,* a. 1. *sc.* 1.)

Foible, s. m. Celui qui n'est pas tout à fait aferni en une chose. Celui qui n'est pas considérable par son crédit, ni par son autorité. Celui qui a peu d'apui. (Il ne faut pas scandaliser les foibles. *Port-Roïal, Nouveau Testament.* La Justice ne regarde ni le fort, ni le foible. *Patru,* 5. *plaidoié.* Le fort portant le foible.)

Foible. Ce mot se dit en parlant d'épée ; c'est la partie la plus foible, dépuis le milieu de la lame jusqu'au bout. (Rencontrer le foible de l'épée. Il ne faut pas parer du foible.)

* *Foible.* Petites foiblesses. Panchant à être foible. Petits défauts qui marquent le peu de fermeté d'une personne, & sa pente naturelle. (Chacun à son foible. Mon foible est d'apeler les choses par leur nom. Le foible des jeunes gens, c'est le plaisir ; le foible des vieillars, l'avarice ; celui des Grands, la vanité du petit peuple, la médisance ; des femmes & des filles, la coqueterie & la passion de se faire des galans. Les femmes furent le foible de Henri IV. Tâcher de prendre quelcun par son foible. Etudier le foible des gens.) On dit aussi connoître *le foible d'une Place.*

Foiblement, adv. Avec peu de force. Avec peu de vigueur.(Elle le repoussa foiblement. *Scar.*)

Foiblesse, s. f. Prononcez *féblesse.* Le peu de force & de vigueur d'une personne. (J'ay de l'obligation à vôtre foiblesse. *La Comtesse de Bussi.*)

Foiblesse. Evanouissement. Défaillance. Sincope. (Tomber en foiblesse. *Abl.*)

† * *Foiblesse,* De poux. *Deg.*

* Le cœur a ses foiblesses & ses momens de foiblesse *Sca.*

* Ménager les foiblesses du cœur. *Mol.*

* Flater les foiblesses des hommes. *Abl.*

* Autoriser ses foiblesses. *Scar.* Foiblesse d'esprit.

Foie, s. m. Le foie est au dessus du diaphragme du côté droit & ce n'est qu'un amas d'un nombre innombrable de veines insensibles dans lesquelles la veine-porte se dissipe. (Avoir des chaleurs de foie.)

* *C'est une petite chaleur de foie.* C'est une manière de *Proverbe,* pour dire, c'est un petit emportement. C'est un peu de colere.

* *Foie.* V. *Foye.*

Foier, s. m. C'est l'âtre de la cheminée. (Foïer mal fait.)

Foier. Terme de *Potier.* C'est la partie du fourneau où l'on met le charbon.

Foier. Terme de *Dioptrique.* C'est le point où se concentrent les raïons du Soleil & auquel ils brûlent, après avoir traversé un verre convexe, ou lors qu'ils se reflechissent de dessus la surface d'un miroir concave.

Foin,

FOIN, *s. m.* Herbe de pré coupée, & fanée qu'on donne aux chevaux & autres bêtes. (Faner le foin. Retourner le foin.)

† *Foin.* Sorte d'interjection burlesque qui marque une manière d'imprécation. (Foin de vous. Foin du fat. Foin, vous me blessez. Foin, ma bougie est morte. *Scav. D. Iaphet.*)

FOIRE, *s. f.* Marché fameux où plusieurs sortes de Marchands viennent vendre de la marchandise. (La foire de Francfort. La foire Saint Germain est belle. La foire de Saint Germain de Paris a commencé en 1482. sous Louis onzieme. Il y eut diferend avec les Religieux de S. Denis pour le tems auquel elle se tiendroit; & par Arrêt du Parlement de Paris, du 12. Mars 1484. il fut ordonné qu'elle commenceroit le troisième Février, le lendemain de la Chandeleur; & cela s'est toujours observé depuis. Voi *Du Breuil, Antiquitez de Paris.* La foire de Beaucaire en Languedoc est fameuse. Les foires de Lion ont de grands privileges. Les marchez & les foires ne se peuvent établir en France que par la permission du Roi, *Fevret, traité de l'abus l. 1. ch. 9.*)

† *Foire.* Mal de ventre durant lequel on jette beaucoup d'excrémens fluides par bas. (Avoir la foire.)

† *Foirer, v. n.* Jetter par le fondement des excremens qui ne sont pas liez. Jetter des excrémens fluides. (Elle ne fait que foirer.)

† *Foireux, foireuse, adj.* Qui a la foire. (Il est foireux, Elle est foireuse.)

† *Foireux, s. m.* Celui qui a la foire. (C'est un foireux.)

† *Foireuse,* Celle qui a la foire. (C'est une foireuse.)

FOIS, *s. f.* Mot qui ne se dit pas seul & qui se met avec quelque nombre pour determiner combien de fois l'action s'est faite. (Une fois, deux fois, trois fois, quatre fois, &c. N'écrire qu'en quatre ans une fois. *Voi. l. 54.* Une fois n'est pas coutume. *Scaron.* Remettons la chose à une autre fois. Je vous le dis une fois pour toutes. Je vous le dis une fois pour une bonne fois. Plusieurs fois. Une fois, deux fois autant. Trois fois plus que.... Tant de fois, si souvent. Toutes les fois que je lui écris. J'y consens pour cette fois. Vous le voiez pour la derniére fois. Ils parlent tous à la fois, c'est à dire, en même tems. Qui donne tôt, donne deux fois.)

Toutes fois. V. *Toutefois. Conjonction.*

De fois à autre, adv. Quelquefois. De tems en tems. (Il étudie de fois à autre.)

† *Fois du corps; faux du corps; faix du corps; fort du corps.* Tous ces mots se disent, mais les plus usitez de tous c'est *fois* & *faix*, & de ces derniers *fois* & *faix*, le mot de *fois* semble le plus en usage. Il signifie *le milieu* du cops. (Prendre une personne par le fois du corps ou à fois de corps; c'est à dire, par le milieu du corps. On dit l'un & l'autre dans le discours familier, ou dans le comique.

Un Espagnol, homme fort fier,
Prend aussi-tôt sa femme à fois de corps
L'embrasse....
Et se met en devoir de la livrer aux flots.
Mr. Baraton. poës.

Il a pris son ennemi par le fois du corps & l'a jetté sur les carreaux.)

† *Foison, s. f.* Abondance. (On n'en trouve à *foison. Scar.*)

† *Foisonner, v. n.* Abonder.
[Tout en foisonne,
L'année est bonne.
Voit. Poës.]

‡ L'anemone foisonne en graines. *Culture de l'anem. ch. 1.*]

FOL.

FOL, *fole, adj.* Ce mot signifie qui n'est pas sage, qui a perdu l'esprit, mais on ne prononce pas *fol* au masculin, mais *fou* & *fol* ne se dit qu'en poësie à la rencontre de quelque voielle. *Un fol espoir. Gen. poës.*

Chacun sent, & fol & sage,
Les malheurs de l'orage. Voiez *Fou.*

Folement, adv. D'une maniére fole. (Il s'est folement engagé dans cette afaire. *Mol.*)

Folâtre, adj. Badin. Qui réjoüit. Qui dit de petites folies. Qui dit & qui fait des choses plaisantes, mais un peu folles. (Esprit folâtre. Humeur folâtre.)

Folâtre, s. m. (C'est un folâtre.)

Folâtre, s. f. (C'est une folâtre.)

Folâtrer, v. n. Badiner. Faire de petites folies. (Lorsque nous fûmes au lit, elles commencérent à folâtrer. *Abl. Luc. T.* 3. Il folâtroit devant la porte de l'Academie avec sa maitresse. *Abl. Luc. T. 2. double chicane.*)

Foles. Voiez *esprit folet, feu folet,* & *poil folet.*

† *Folâtrerie, s. f.* Action de folâtre. Badinerie.

FOLIE, *s. f.* Foible & imparfaite action de la puissance de raisonner, causée par la conformation irréguliere du cerveau, ou de quelque humeur froide ou pituiteuse, qui l'acable. (Sa folie est dangereuse. Sa folie est achevée. La folie a cela de propre qu'elle excuse tout; ce qui n'est pas un prefit avantage. *Abl. Luc. T. 2.*)

Folie. Sotise. Imprudence. Témérité. (C'est une folie de vouloir reformer le monde. C'est une folie de se jetter dans le peril sans necessité. Il a fait une folie de se marier à l'âge qu'il a.)

Folie. Passion dominante. (Cet homme se ruine en bâtimens, c'est là sa folie.)

† * *Les plus courtes folies sont les meilleures.* Proverbe.

† *Faire folie de son corps.* Cette façon de parler se dit des femmes, & veut dire. Se prostituer.

† * *Folie.* Chose plaisante, Choses jolies & agréables qu'on dit. (Je me suis trouvé seul avec ma maitresse dans un alcove, où nous avons dit mille folies, mais, helas ! nous n'en avons point fait. Ecrire des folies à quelcun. *Voi. l. 9.* On fait bien des folies en sa jeunesse.)

Fole-enchere, s. f. Terme de *Pratique.* Ce mot se dit lors qu'il s'agit de vendre & crier de nouveau une chose achetée publiquement & qu'on ne poursuit plus. (Vendre un chose à la fole-enchere de quelcun.)

[† * Taisez-vous, vous pourriez bien porter la fole-enchere de tous les autres. *Mol. Georges.* a. 1. s. 6. C'est à dire vous pourriez bien porter la peine pour tous les autres.]

FOM.

FOMENTATION, *s. f.* Décoction faite avec liqueur convenable, racines, feuilles, fleurs, semences pour échaufer, ramolir, radoucir les douleurs, resoudre, dissiper, dessécher, netoier, rafraîchir, reserrer & faire dormir. (Fomentation chaude. Apliquer une fomentation.)

Fomenter. Ce mot se dit par quelques chirurgiens & Médecins, & veut dire. *Apliquer une fomentation* sur une partie malade. (Fomenter la partie malade, ou plûtôt faire une fomentation sur la partie malade; apliquer une fomentation sur la partie malade.)

Fomenter. Entretenir. (Fomenter la division, la sédition. *Ablancourt.* Fomenter les contentemens. *Le Duc de la Rochefoucaut.*)

FON.

FONCER, *v. a.* Ce mot *au propre* se dit & signifie mettre le fond à un tonneau, à une cuve, &c. (Foncer un tonneau.)

† *Foncer, v. n.* Donner sur. Fondre sur. Le mot de *foncer* en ce sens est condamné de quelques-uns, & soufert de quelques autres, qui pourtant avoüent qu'il est vieux & qu'on dit mieux, Fondre l'épée à la main *sur l'ennemi*, que *foncer* l'épée à la main sur l'ennemi. Je serois volontiers du sentiment de ceux qui condamnent *foncer*, & en place je dirois. Donner sur l'ennemi. Fondre sur l'ennemi.

† *Foncer.* Financer. Foncer de l'argent. Foncer à l'apointement. Le mot de foncer, en ce sens, est vieux, & ne se peut dire qu'en burlesque & même on doute qu'on s'en puisse servir en écrivant.

Foncier, fonciére, adj. Terme de *Palais.* C'est ce qui regarde le fond. Ce qui vient du fond. A qui apartient le fond. (Seigneur foncier. Celui qui est Seigneur du fond. Rente fonciére. C'est la rente qu'on doit tous les ans au Seigneur foncier.)

FONCTION, *s. f.* Action de celui qui fait son devoir. Action de celui qui fait les choses à quoi il est obligé. (Une penible fonction. Faire les fonctions de sa charge. *Abl.* Exercer les fonctions d'une Cure. *Godeau.*)

* *Fonction.* Ce mot se dit au figuré en parlant de quelques parties du corps lors qu'elles font bien ce qu'elles doivent. Ainsi on dit d'un foie sain. (Le foie fait bien ses fonctions.)

FOND, *s. m.* La partie la plus basse de ce qui contient, ou peut contenir quelque chose. (Fond de panier, de van, de corbeille, de plat, d'assiette, & muid, &c.)

Fond, ou *fonds.* Terre qui produit les fruits propres à la nouriture des hommes, ou des animaux. Il a dix mile livres de rente en fonds de terre. *Abl.*

Fond. Terme de *Mer.* C'est la superficie de la terre dessous les eaux. (Pour nous assurer du fond, nous avions toujours la sonde à la main.)

Donner fond. Terme de *Mer.* C'est moüiller. (Nous donnâmes fond par dix-huit brasses d'eau. On dit, en ce sens, le fond d'un étang. Le fond d'un puits.)

Fond de cale. Terme de *Mer.* C'est la partie la plus basse du vaisseau où l'on met les marchandises.

* *Fond.* Ce mot au figuré est fortifié. (Je dirai toujours du fond de ma pensée, Seigneurs Flamans, vous êtes en mauvais troc. *Voit.* Entendre le fond d'une afaire. *Le Maître.*)

* *Fonds.* Ce mot au figuré a encore d'autres usages. (Avoir un grand fonds d'esprit & de probité. *Abl.* Cacher un grand fonds de perfidie sous des apatences de droiture. *Histoire d'Aubusson, l. 2.* Marchand qui a vendu son fonds. Faire fonds sur la parole de quelcun.)

Fond de Tableau. Terme de *Peinture.* C'est le champ ou le derriére du tableau. *Depiles, Art de Peinture.*

Fond de miroir. Terme de *Miroitier.* C'est le derriére du miroir.

Fond

FON   FON

Fond. Il se dit des étofes & de la broderie. (Un brocard à fond d'or. Une broderie à fond d'argent. Le fond du Damas est du tafetas blanc & les fleurs sont de satin verd.)

* **A fond,** adv. Profondement. Tout à fait. (Traiter une question à fond. Pas. l.x. Savoir une science à fond. † * Peigner une perruque à fond.)

A fond, adv. Jusques au fond. Ainsi l'on dit qu'un vaisseau coule à fond, lors qu'il est entrouvert ou de lui-même, ou à coups de canon. On dit aussi couler à fond un vaisseau. On coula à fond cinq vaisseaux des ennemis.

De fond en comble, adv. Depuis la fondation jusques au comble. (détruire un bâtiment de fond en comble.)

* **De fond en comble,** adv. Tout à fait. (Etre ruiné de fond en comble.)

Ce mot de fond se dit encore de diverses autres choses. Le fond d'une caverne, d'un valon, d'un bois, au fond de la Province. La ville est située dans un fond. Du fond du cœur. le fond d'une afaire, d'un procés, d'une question, &c. le fond du sac.

Au fond, adv. Ces mots joints à celui de mais, signifient, mais si l'on considère la chose à fond & dans le principal. Exemple. J'avouë qu'il n'a pas bien fait son devoir, mais au fond, il ne meritoit pas d'être châtié si rigoureusement. Il a manqué en cette circonstance ; mais au fond il n'a pas tort.

Fond. Ce mot entre Jardiniers signifie le terroir (Ce fond est bon. Ce fond est mauvais. Il y a trop de tuf & d'argile.

FONDAMENTAL, fondamentale adj. Qui sert de fondement Principal. Qui apuie, & qui est comme la base & le soutien. (Loix fondamentales. Abl. Apo. Les articles fondamentaux de la Religion. Les pieces fondamentales d'un procès)

Fondateur, s. m. Celui qui a fondé quelque maison Religieuse, ou quelque Hopital & luia donné un revenu fixe pour subsister. Un pieux & charitable fondateur. Un genereux fondateur. C'est aux fondateurs à donner le nom à leurs fondations. Le Mair. plaid. xi.)

Fondateur. Il signifie aussi celui qui a fondé & établi un Empire, ou bâti une Ville. (Romulus a été le fondateur de Rome Constantin a été le fondateur de l'Empire d'Orient.)

Fondation, s. f. Terme de Maçon. Fondement de bâtiment que l'on commence. (Travailler à faire les fondations d'un bâtiment. La foudation n'est pas encore achevée.)

* **Fondation.** Revenu fondé & établi pour l'entretien d'une Eglise, ou de quelque autre lieu de cette nature. (Eglise qui a de bonnes fondations.)

Fondation. L'établissement d'une vile. Le tems auquel on a bâti une vile. (les Romains contoient leurs années depuis la fondation de Rome.)

Fondation, s. f. Celle qui a fondé quelque maison Religieuse, quelque Hôpital, &c. & lui a donné des rentes pour subsister.

Fondement. Ce mot se dit entre quelques Architectes & signifie fondation d'un édifice qu'on acheve. (Les fondemens de nôtre maison sont bons. Afermir les fondemens d'un bâtiment. Jetter les fondemens d'un édifice.)

Fondement, s. m. Partie du corps par où sortent les excremens du ventre. Avoir le fondement tout écorché.)

* **Fondement.** Principe. Base. (La crainte de Dieu est le fondement de la sagesse. La pieté est le fondement de toutes les autres vertus.)

* **Fondement.** Intrigue pour quelque entreprise. Moyen pour faire une chose (Le Cardinal jettoit les fondemens de la perte, &c. M. de la Rochefoucaut. Ce sont les fondemens de la liberté. Jetter les fondemens de la paix.

Fondement, Fonds. (Faire un fondement solide sur l'amitié de quelqu'un. M. de la Rochefoucaut. je ne faisois pas grand fondement là dessus.)

* **Fondement.** Raison. Cause. Sujet. (Ce ne fut pas sans fondement que l'on considera son credit. Memoire de la Rochefoucaut. Ce bruit est sans fondement.)

Fonder, v. a. Faire la fondation d'un bâtiment, (Fonder un édifice. Perraut, Vitruve.) On dit aussi. Fonder une ville.

* **Fonder un Empire, une Monarchie, &c. (César a fondé l'Empire de Rome sur les ruines de la Republique.)

Fonder, v. a. Bâtir, & donner pour vivre. Laisser quelque argent & l'établir comme un fond asseuré pour quelque œuvre pieuse. (Fonder un Hôpital. Fonder une Messe.

* **Fonder.** Etablir. (Il faut avant toutes choses fonder la cuisine.

* **Fonder.** Apuier. Autoriser. (Sur quoi fondez-vous vôtre demande ? Le Mai. Cette nouvelle n'est fondée que sur des conjectures. Il se fonde sur l'équité de sa cause. Il est bien, ou mal, fondé en sa demande. Il est fondé en Arrêts. Termes de Palais.)

* **Se Fonder,** v. r. Faire fonds sur quelque chose. (Se fonder en raisons. Se fonder en autorité. Abl.)

Fonderie, s. f. Lieu où l'on fond les Metaux, où l'on fait les divers caractéres qui servent à imprimer, où l'on fond les monnoies, &c.

Fondeur, s. m. Ouvrier qui fond le métal pour faire des canons & des cloches de toutes manieres.

Fondoir, s. m. Terme de Boucher, Lieu où les Bouchers fondent la graisse des animaux qu'ils tuent pour en faire du suif. (Un fondoir bien net.)

Fondre, v. a. Je fond, je fondis, j'ai fondu. Rendre les métaux coulans par le moien du feu. (Fondre de l'argent, de l'or. Etain fondu. Plomb fondu. Fondre une cloche.

Cent fois la bête a vû l'homme hipocondre
Adorer le metal que lui-même fit fondre.
    Dép. Sat. 8.

On dit aussi fondre de la cire, de la graisse, &c.]

Se fondre, v. n. La cire se fond au Soleil.]

* **Fondre,** v. n. S'afaisser. (Cet amas de pierres, qui soutenoit la terre étant renversé, le reste fondit. Vau. Quin. l.4. c.3. La terre fondit sous ses piez.)

* **Fondre.** Ce mot signifie amaigrir, perdre son embonpoint. (Cet homme fond tous les jours à vue d'œil.)

* **Fondre.** Ce mot signifie perir, se détruire, se ruiner. (On vit fondre cette famille opulente, qui étoit la premiere du païs. Abl. Luc. T.2. amitié.)

* **Fondre,** Terme de Jardinier. C'est perir & pourrir par le pié. (Mes pieds de melons fondent.) Ils se disent aussi de diverses autres plantes.

* **Fondre.** Resoudre en eau. (Le Soleil fait fondre la neige.)

* **Fondre en larmes.** C'est à dire. Pleurer amérement.

* **Fondre sur l'ennemi.** C'est charger l'ennemi ; c'est donner sur l'ennemi. Abl. Ar. On voyoit deux éperviers d'or, qui sembloient fondre l'un sur l'autre. Fondre sur le gibier.]

* **Fondre.** Ce mot se dit aussi des orages. (La tempête vient fondre sur nous. On ne sçait où ira fondre cet orage.)

* **Fondre une matiere.** C'est la digérer & la mettre dans un ordre raisonnable.)

Fondu, fonduë, adj. Ils se disent au propre des choses fermes qui deviennent liquides par le moien du feu, &c. (Metal fondu de cire fondue.

* **Fondu, fonduë, adj.** Ce mot se dit, au figuré, des personnes, & veut dire ruiné, qui a perdu tout son bien. (M. N. est un homme fondu, & c'est dommage.

† * **Cheval fondu. V. Cheval.**

Fondriere, s. f. Maniere de goufre marécageux. [Il y a de grandes fondrieres, qu'il se faloit resoudre de remplir. Vau. Quin. l. 8. c 11. Il failoit passer une fondriere. Abl. Rét. l.3. c. 3.)

FONTAINE, s. f. Source d'eau vive. (Une belle & claire fontaine. Le doux murmure des fontaines. De l'eau de fontaine. Fontaine salée, vitriolée, &c.)

Fontaine. Vaisseau de cuivre, ou d'étain qui est faite pour être dans une cuisine & qu'on étame pour mettre de l'eau. (Une petite ou grande fontaine. Une fontaine qui tient une ou deux voies d'eau.)

* **Fontaine.** C'est un robinet de bois ou de cuivre, par ou coule la liqueur qui est dans un vaisseau. La fontaine est composée d'un Tuiau gros comme le pouce, ou un peu plus, & d'une clé qui entre dans ce tuiau, & qui est élevée un peu au dessus, afin de la prendre avec les doigts pour fermer ou ouvrir la fontaine. La clé à une ouverture au milieu & le tuiau est creux par tout & il est percé de plusieurs petits trous au bout qui est dans le vaisseau. (Mettre la fontaine à un tonneau. En tournant la clé d'un côté ou de l'autre, on ferme ou l'on ouvre la fontaine.)

Fontainier, s. m. ou **Fontenier.** Celui qui a soin des eaux & des fontaines. (Un habile fontainier.)

FONTE, s. f. L'action de fondre. (Avoir soint de la fonte des métaux. Défendre la fonte des monnoies. On dit fonte est faite, C'est à dire. le métal est fondu. L'action de fondre est achevée.)

Fente. Il se dir du métail qui a été fondu. (Des chandeliers de fonte, Des canons de fer de fonte. Le fer de fonte ne se peut limer.

Fonte. Il se dit encore d'une certaine composition de métal, qui se fait avec du cuivre & de l'étain. C'est la matiere dont on fait les canons, les cloches, & divers utenciles de cuisine. (Canon de fonte. Canon de fonte verte.)

Fonte. Terme d'Imprimeur. Toutes les lettres d'un certain caractére qui composent un alphabet entier. [Une fonte de petit Romain. Une fonte de saint Augustin.]

Fonts de batême. Sorte de grand vaisseau de pierre, ou de marbre dressé sur un pié & couvert, sur lequel on tient un enfant lors qu'on le batise] Tenir un enfant sur les fonts de batême. Patru, plaid. 5.]

FOR.

FORAIN, foraine, adj. Qui est de dehors, Qui n'est pas du lieu [Marchand forain. Assemblée foraine. Patru, plaid.14.]

FORBAN, s. m. Terme de Mer. Corsaire qui n'a point de pars afecté.

Forbu, forbuë. Voi fourbu.

Forbure. Voi fourbure.

Forçat, s. m. Qui tire à la rame. Galerien. [Un malheureux forçat Travailler comme un forçat.

Forcé, forcée. Voiez forcer.

FORCE, s. f. Vertu qui est entre la crainte & la témerité. Vertu qui régle l'ame dans la rencontre des choses dificiles. Vertu qui nous fait surmonter les dificultez qui s'oposent au bien [C'est l'une des quatre vertus Cardinales.

Force. Ce mot se dit en parlant du corps ; & veut dire Vigueur.

Aaa   [La

[La force du corps eſt un avantage de la nature. Perdre ſes forces. Reprendre ſes forces. La voix & les forces lui manquent.

Force. Contrainte. Neceſsité. Puiſſance. Violence. [Tout par amour rien par force. *Abl.* Ceder à la force. Uſer de force. Repouſſer la force par la force. Emporter une place de vive force.]

Forces. Ce mot au pluriel ſignifie. Troupes. Armées. Tout ce qu'on a de force. [Ramaſſer ſes forces. *Abl.* Il le vint attaquer avec toutes ſes *forces*. Il a été défait avec toutes ſes *forces*. *Abl.*]

* *Force.* Ce mot ſe dit de l'eſprit , & veut dire *vigueur*. [La force de l'eſprit s'acquiert par la raiſon & l'étude. *La Cham.* Force d'imagination.]

Force. Il ſe dit auſſi des choſes inanimées, & qui ſont ſolides. [Il n'y a point de rampart qui ait la force de reſiſter au canon. Cette poutre n'a pas aſſez de force pour ſoutenir ce qui eſt apuié deſſus.] Jambes de force. V. *Jambes.*

On parle dans les *Mecaniques* des forces mouvantes, de multiplier par la *force* par le moien des machines, des poulies , des vis , des reſſorts, &c.

On dit en *termes de mer*, faire force de voiles, de rames , pour dire voguer auſſi vite qu'on le peut.

Force. Vertu. Faculté naturelle de faire quelque choſe. [Le feu a la *force* de diſſoudre pluſieurs choſes. Cette drogue a la *force* de purger. Les plantes ſont dans leur force à la fin du Printems.]

On dit encore la force, d'un raiſonnement. La force d'un mot. La coûtume a force de Loi, &c.

Force. Sorte d'adverbe qui ſignifie. Beaucoup. Pluſieurs. [Il ſe trouve *force* gens qui ne penſent gueres à la mort. Monſieur le Marquis dit *force* mal de la Comedie. *Mol.*

Voir cajoler ſa femme , & n'en témoigner rien.
Se pratique aujourd'hui par *force* gens de bien.
*Mol. Cocu, ſc.*17.

A force, ſorte d'adverbe. [Je me laſſe *à force* de gémir. C'eſt à dire je gemis tellement & ſi amerement que je me laſſe. Ils ont trompé le Diable *à force* de s'y abandonner. *Paſ.* l.4.]

Forces, ſ. f. Inſtrument d'acier à deux taillans , dont on ſe ſert pour tailler & couper étofes, peaux & autres choſes. (De bonnes forces.)

Forcené, forcenée, adj. Furieux. Qui eſt hors de bon ſens. (Il prit une envie forcenée à Beſſus de tuër le Roi. *Vau. Quin. l.*5.*c.*12. Ils courent tout *Forcenez* ſe jetter ſur les Centurions. *Abl. Tac. An. l.*1. *c* 1)

Fo`rcer, *v. a.* Contraindre. Violenter. (L'intemperance du malade force quelquefois le Medecin d'être cruël. *Patru, plaidoïé* 9.)

Forcer. Ce mot ſe dit en parlant des femmes, & ſignifie. Violer. Joüir d'une femme malgré elle , & par force , (Forcer une fille. *Vau. Quin. l.* x.)

* *Forcer.* Prendre par force. Force une vile. *Abl. Ret.* l.3. *c.*3. Comme on les penſoit forcer dans leur retranchement , on eut quelque deſavantage. *Abl. Ar. l.*1. *c.*7.]

* *Forcer.* Ce mot ſe dit en *termes de guerre*, & ſignifie Enfoncer. Rompre. Forcer un bataillon, un Eſcadron, *Abl.* On dit auſſi Forcer une porte. Forcer la priſon.)

* *Forcer.* Plier à force de faire faire quelque éfort. (Forcer une clé. Forcer une épé. Clé forcée.)

* *Forcé, forcée, adj.* Peu naturel. (Il fait des vers plus *forcez*, que ceux de la Pucelle. *Déproeaux, Satires.* Poïſie forcée. *Ablancourt.*)

Forclorre, v. a. Terme de *Palais.* C'eſt declarer qu'une perſonne n'eſt pas recevable à faire une choſe parce qu'elle ne l'a pas fait dans le tems preſcrit. (Forclorre quelcun de produire.

Forclos ; forcloſe, adj. Terme de *Palais,* qui n'eſt bien uſité qu'au maſculin , c'eſt-à-dire qui eſt exclus de produire , de répondre, ou de fournir des griefs, parce qu'il n'a pas fait dans le tems preſcrit les Ordonnances. (Il eſt forclos. *Il y a forcluſion contre Madame, & non pas Madame eſt forcloſe.*)

Forcluſion, ſ. f. Terme de *Palais.* Excluſion. [Forcluſion par Arrêt. Il y a forcluſion contre lui.]

Forer, v. a. Terme de *Serrurier.* Percer. [Forer une clé. Une clé bien ou mal forée.]

Foret, ſ. m. Petit inſtrument de fer pour percer une douve de muid quand on le veut goûter , ou pour percer quelque autre choſe. (Un bon foret.)

Forêt, ſ. f. Prononcez longue la derniere ſyllabe de ce mot. (C'eſt un lieu vaſte & rempli de grans bois & de bois épais (une belle forêt. Une grande forêt. Une forêt épaiſſe. Une forêt de haute futaie, c'eſt à dire remplir de hauts chênes , & d'autres grands arbres. Couper une forêt. Abatre une forêt. V. *Eaux & Forêts.*

* *Forêt.* Ce mot en parlant des perſonnes , ſe prend d'ordinaire en mauvaiſe part, & ſignifie un lieu & un endroit rempli de gens qui ne valent pas grand choſe. Cette vile eſt une forêt de brigans.)

Foreſtier, ſ. m. Les François aiant ſubjugué les Gaules , leurs Princes reduiſirent la Flandre à quelque ſorte de Gouvernement , & donnèrent la qualité de *Foreſtier* avec une partie de la Flandre à leurs plus braves Capitaines. Cette qualité de *Seigneur Foreſtier* dura juſques à Charlemagne, où ſelon d'autres juſques à Charles le Chauve , auquel tems la Flandre étant érigée en Comté on changea le titre de *Foreſtier* en celui de Comte. *Voiez l'Etat des Provinces unies du Chevallier Temple.*

† * FORFAIRE, *v. a.* Manquer. (Si elle avoit forfait à ſon honneur je l'étranglerois de mes propres mains. *Moliere, Georges Dandin*, a. 1. ſ. 4.)

Forfait, ſ. m. Crime. (Il fut touché de l'énormité de leurs forfaits. *Vau. Quin. l.* x. c. 1.)

† *Forfaiture, ſ. f.* Terme de *Palais.* C'eſt une faute que fait un Oficier de Juſtice & pour laquelle il doit perdre ſa charge. (Si un Magiſtrat étoit convaincu de concuſſion, où un Grefier de fauſſeté, ce ſeroit une *forfaiture* , & leurs ofices ſeroient vacans.)

† FORFANTE, *ſ. m.* Mot pris de l'Italien qui veut dire. Coquin. Fripon. Mechant.) C'eſt un forfante.

† *Forfanterie, ſ. f.* Tromperie Friponnerie. Charlatanerie. (Découvrir les forfanteries de la medecine. *Mol.*)

FORG`E, *ſ. f.* Lieu où les gens qui travaillent en fer ont leurs outils , & où ils forgent le metal. (une belle forge.)

Forger, v. a. Faire chauſer & rougir le métal & le battre à coups de marteau. (Forger une barre de fer. Forger de l'argent pour faire un plat.)

Forger. Terme de *Potier d'étain.* C'eſt batre la vaiſſelle. (Vaiſſelle bien forgée.)

* *Forger.* Imaginer. Inventer. (Le ſoldat oiſif forge des nouvelles. *Vau. Quin. l.*6. Forger de nouveaux mots.)

* *Forger, v. n.* Se dit des chevaux de meſnage. C'eſt à dire Avancer trop les piez de derriere. (Cheval qui forge.)

Forgeron, ſ. m. Celui qui n'a ſoin que de battre & de former le fer ſans limer. (Un bon forgeron.)

Forgeur, ſ. m. Terme de *Potier d'étain.* C'eſt celui qui bat les plats & les aſſietes.

Forgeur. Terme de *Tireur d'or.* celui qui forge l'argent. (Envoyer l'argent au forgeur.)

† * *C'eſt un forgeur de contes.* C'eſt un inventeur de contes. Forgeur de mots.

Forhus, ſ. m. Terme de *Chaſſe.* Ce ſont les petits boïaux du cerf qu'on donne aux chiens au bout d'une fourche émouſſée , & cela durant le printems, & l'été. *Sal.*

† *Forligner, v. n.* Dégenerer. (Je l'étranglerois de ma main s'il faloit qu'elle forlignât. *Moliere, George Dandin* , a. 1. ſ. 4.)

† *Se Forjetter, v. n.* Terme d'*Architecture* , qui ſe dit des bâtimens qui ſe jettent en dehors , en ſaillie & hors d'alignement.

† *Forlonger, v. n.* Terme de *Chaſſe.* Il ſe dit du cerf qui tire de longue, & qui s'éloigne fort des chiens.

Se Formaliſer, v. r. Se fâcher. Se choquer. S'ofencer. (Je ne me ſaurois formaliſer de cela. *Voit.* 84. Vôtre chagrin ſe formaliſe de tout. *Voit. poëſ.*

Formalité, ſ. f. Formule de droit. Obſerver les formalitez de juſtice. Toutes les formalitez de juſtice ont été exactement gardées.)

Formalité. Il ſe dit auſſi de l'exactitude qu'on garde de certaines ceremonies. (Il faut garder avec lui toutes les formalitez & même juſques aux moindres ceremonies.)

Formaliſte, ſ. m. & f. Celui ou Celle qui fait des façons & des ceremonies. C'eſt un formaliſte , s'il vous va voir, ne manquez pas de le reconduire. Elle eſt un peu formaliſte.)

† *Formariage, ſ. m.* Vieux mot, qui eſt un *Terme de quelques Coutumes.* C'eſt un mariage qui eſt fait ſans l'aveu du Seigneur, ou qui eſt fait entre des perſonnes de condition inégale. (Il eſt dû un droit à quelques Seigneurs pour le *Formariage.* Voi le Dictionnaire civil.)

Formation, ſ. f. Terme de *Grammaire.* Maniere de former. (La formation des verbes Grecs n'eſt pas fort dificile. La formation d'un mot.)

Formation. Terme d'*anatomie.* (La formation de l'enfant dans la matrice.)

On dit auſſi , la formation des métaux dans les entrailles de la terre.)

† *Formatrice, adj.* Terme de *Phiſique.* (Vertu formatrice.)

Forme, ſ. f. Figure. Tant que vous paroitrez ſous la *forme* de Demoiſelle , il n'y en aura point de ſi accompliſe que vous. *Voi. l.* 48. Donner une forme convenable à un bâtiment. Prothée changeoit de forme , ou prenoit diverſes formes. Les Païens repreſentoient les Dieux ſous une forme humaine.)

Forme. Certaine maniere reglée. Maniere de faire , ou de dire. (Garder la même *forme* de gouvernement. *Abl. Ar.* 1. La *forme* des vœux ſe fera ainſi. *God.* Donner un bal dans les *formes.* Recherche de mariage dans les *formes. Mol.* Mettre un argument en forme. Cet Acte eſt en bonne & duë forme. Sans autre forme de procès. Terme de *pratique.*)

Forme. Terme de *Lutier.* Modelle de luth, ou de guitare. (Faire la forme d'un luth.)

Forme. Terme de *Paveur.* Etenduë de ſable qu'on met avant que de poſer le pavé. (faire la forme. Remuer la forme. Fouïller la forme.)

Forme. Terme de *Chapelier.* Morceau de bois aſſez maſſif de peu plat par le dessus, rond par les côtez & tout à fait plat par dessous, & de la grosseur de la tête de l'homme, dont les chapeliers se servent pour enformer leurs chapaux. Mettre un chapeau sur forme.

Forme. Partie de chapeau élevée au dessus des bords du chapeau qui entre dans la tête, & qui est directement sur la tête, lors qu'on se couvre. (Gâter la forme d'un chapeau.

Forme Terme de *Cordonier*. Morceau de bois qui a la figure du pié, & qui sert à monter un soulié. (Monter un soulié sur forme.)

Forme. Terme de *Bonnetier* C'est un petit ais de la grandeur de la jambe qu'on met dans le bas, afin de l'enformer.

Forme. Terme de *Chasse* La manière dont se tient, ou autre pareil animal est dans son gîte. (Prendre un lièvre en forme.)

Forme. Terme d'*Imprimerie*.. C'est une planche sur laquelle sont rangées les lettres en plusieurs pages selon la sorte de volume qu'on imprime. (Toucher une forme. Lever une forme. Une fueille d'impression est composée de deux formes. Il faut remanier cette forme pour la corriger.)

Forme. Terme de *Philosophie*. Principe qui donne une manière d'être aux choses. (On est composé de matière & de forme.) *Forme substantielle.* Acte qui détermine les choses à être telles. Il y a bien des Philosophes qui ne reconnoissent point de *formes substantielles*, & qui ne sont diférer les choses que par le diférent arrangement des parties. Ils en exceptent *l'ame raisonnable.*

Forme. Tumeur qui vient sur le paturon du cheval entre la corne & le boulet sur les deux tendons, qui se joignent en cet endroit. *Solesel.*

* *Forme.* Terme de *Mer*. C'est une partie d'Arsenal de mer, où l'on construit & radoube les Vaisseaux, & où l'on fait entrer la mer par une écluse, quand les œuvres vives sont faites pour mettre le Vaisseau à flot.

Formel, formelle, adj. Ce qui fait qu'une chose est telle, (l'ame est la cause formelle de la vie.)

Formel, formelle. Qui est en termes exprés. (Nôtre écrit y est formel. *Patru plaid. 6.* Désaveu formel. *Le Mal.* Cela est écrit en termes formels dans la Loi. Un texte formel.)

Formellement, adv. En termes exprés. (L'acte porte formellement qu'en ces processions ils n'ont point leurs croix. *Patru plaid.* 15.

Former, v. a. Faire la figure de quelque chose. Faire. (Il commence à former ses lettres, & néanmoins il n'y que 8. jours qu'il écrit. Dieu a formé l'homme à son image. *Arn.* Former un triangle.

Former. Terme de *Grammaire*. Faire la formation d'un verbe, ou de ses tems (Former le tems d'un verbe.)

* *Former.* Façonner, instruire. (Former à la vertu.)

* *Former.* Prendre pour modéle, (Il formoit son esprit sur les actions des grans hommes. *Abl.* Il a formé son stile sur celui de Ciceron.)

* *Former.* Faire. (former de grans desseins. Former un siége. Se former des chimeres.)

Former, v. a. Façonner. Terme de *Jardinier.* (Il faut prendre soin de bien former des arbres.)

Formées. Voyez *Fumées.*

FORMIDABLE, *adj.* En Latin *formidabilis.* Qui est à craindre. (Puissance formidable. *Vau. Quin. l.6.* Etre formidable à ses voisins. *Abl.* Des hommes formidables & violens me cherchent pour m'ôter la vie. *Port-Royal. P. 53.*)

Formier, s. m. Artisan qui ne fait que des formes de soulié pour hommes & pour femmes.

FORMULE, *s. f.* Certaines régles prescrites pour les procedures.

Formulaire, s. m. Ecrit qui contient de certaines formules & de certaines conditions qu'il faut observer. (Faire signer le formulaire.)

† *Fornicateur, s. m.* Ce mot ne se dit que dans les matieres de pieté, dans des discours graves, ou Chrétiens, & il signifie *celui qui frequente des femmes de mauvaise vie.* Celui qui est dans la débauche des femmes. (Les fornicateurs, ni les idolatres ne seront point héritiers du Royaume du Ciel. *Port-Royal, Nov. Test. Epît. aux Cor.c.6.*)

Fornication, s. f. Ce mot ne se dit que dans des matieres graves & saintes, & signifie *action de fornicateur.* La fornication est un commerce illegitime qu'un garçon & une fille ont ensemble. C'est une simple fornication.

(Les œuvres de la chair sont l'adultere, la fornication, l'impudicité. *Port-Royal. Nov. Test. Epître aux Gal. c.5.* Fuir la fornication. *Arn.*)

FORS. Préposition hors d'usage, au lieu de laquelle on dit *hormis, excepté*, ou de ces mots *si ce n'est.*
(Il faut avoüer avecque vérité
Il me passoit en tout, fors en fidelité.
Racan, bergeries a. 5.

FORT, *forte, adj.* Qui a de la vigueur & de la force. Qui est robuste. (Il est fort. Elle est forte.)

* Les ennemis sont forts en infanterie. *Abl. Ar.* C'est-à-dire, ont force infanterie.

* *Fort, forte.* Ce mot se dit des monnoyes & des choses qu'on pese & veut dire *qui a trop de poids,* (Etre fort de poids.)

* *Fort, forte.* Ce mot se dit du vin, il veut dire, *qui a de la force.* (Vin fort.)

* *Fort, forte.* Ce mot se dit quelquefois de certains esprits, mais alors il emporte quelque idée d'une fermeté un peu libertine, ou d'un homme qui a de la pénétration d'esprit, mais qui est un peu relaché sur les sentimens de la Religion. (Il fait l'esprit fort. C'est un de ces esprits forts qui atend pour croire en Dieu, que la fièvre le presse.)

* *Fort, forte.* Ce mot se dit quelquefois des femmes, & veut dire *qui a du courage.* (Les femmes fortes. S'il y a des *femmes fortes*, on peut dire que Madame une telle est du nombre.

Fort, forte. Habile en une certaine chose, adroit, expérimenté, (C'est le plus fort écolier de la classe. Je suis fort sur l'impromptu, *Moliere.*)

* *Fort, forte.* Ce mot se dit du beurre, & veut dire qui ne vaut rien. Qui sent mauvais. (C'est du beurre fort.) On dit une odeur forte.

* *Fort, forte.* Ce mot se dit quelquefois pour marquer que les choses qu'on dit. sont un peu ofensantes. (L'épitete est un peu forte, *Moliere.* Ce que vous dites-là est un peu fort. *Ablancourt.*)

† *Fort, forte.* Ce mot signifie quelquefois *gros.* (Cette éclanche n'est pas assez forte Achetez une pièce de bœuf un peu plus forte qu'à l'ordinaire. On dit au même sens *Un bouillon fort*, un bon bouillon, c'est à dire suculent & qui soit *fort* de viande, c'est à dire qu'il ait été fait avec force bonne viande.)

Fort. Adverbe qui signifie *tres*, *Beaucoup.* (Il est fort mon ami. J'estime fort les gens de mérite.)

Fort. Adverbe dont on se sert pour marquer qu'on viendra à bout de quelque chose : qu'on fera réüssir cette chose comme on le souhaite. (Il se fait fort de cela. Elle se fait fort de cela. *Vau. Rem.*)

Fort, s. m. Force. Vigueur. [Dans le fort de ma colere je n'ai point fait de plainte contre vous. *Voit. let.* 55. Il est dans le fort de sa maladie. *Abl.*]

Fort, s. m. Petit lieu de Campagne fortifié. (Un fort revêtu de bonnes murailles. Faire un fort. Bâtir un fort.)

Fort, s. m. Terme de *Chasse*, Buisson fort & épais où quelques bêtes sauvages se retirent. Le sanglier est dans son fort.)

Fort, s. m. Terme de *Chasse.* Buisson fort & épais où quelques bêtes sauvages se retirent. (Le sanglier est dans son fort.)

Fort, s. m. Ce mot se dit en parlant d'épée, & veut dire la partie de la lame qui est à un pié de la garde de l'épée. (Atraper le fort de l'épée. Gagner le fort de l'épée. Parer du fort de l'épée.

Fort, s. m. Milieu.

(Pendant ce tems heureux passé comme un éclair,
Je me couchois sans feu, dans *dans le fort de l'hiver.*
Moliere Cocu sc.2.

Ces mots peuvent aussi signifier dans le plus grand froid de l'hiver.

Fort de pique. C'est le milieu de la pique. Se saisir du fort de la pique.

Fort, s. m. Terme de *Jouëur de boule.* Le mot de *fort* en parlant de boule vient de cet endroit de la boule plus pesant que les autres, & lequel on tâche de mettre au milieu de la boule quand on la jette afin qu'elle roule plus droit.

* *Fort. s. m.* La chose en quoi on excelle particulierement. Ce qu'on fait & qu'on fait le mieux (C'est là son fort. Je sai son fort. Je connois son fort.)

Fortement, adv. (Il en est fortement persuadé.)

Forteresse, s. f. Place forte. (C'est une forteresse imprenable.)

Fortification, s. f. L'art de fortifier les places. (Il entend la fortification. Il signifie aussi l'action de fortifier, & les choses qui fortifient une place. [La fortification est achevée.

Fortifier, v. a. Terme D'*ingenieur.* Rendre une place plus forte Enfermer une place de telle sorte que les lieux de son contour soient vus en flanc l'un de l'autre & qu'ils puissent resister aux attaques des ennemis. (Fortifier une Ville, Place regulierement fortifiée. *Abl.* Fortifier une place regulierement Voiez Deville, traité de la fortification.)

Fortifier. Donner de nouvelles forces. Rendre plus fort. Fortifier d'armes & de troupes. *M. de la R. F.*)

* *Fortifier.* Augmenter les forces. Afermir. (Le bon vin fortifie le cœur. Fortifier son parti. *Abl.* Fortifier une accusation. *Vau. Quin. l. 3.* Elle fut fortifiée dans cette opinion par le Duc. *Memoires du Mr. le Duc de la Roche-foucaut.*)

Fortifier. Terme de *Peinture*. Donner plus de force, soit dans le dessein, ou dans les couleurs. (Fortifier les teintes d'un tableau.)

Fortin, s. f. Petit fort de campagne.

FORTUIT, *fortuite, adj.* Arrivé par hazard. (Cas fortuit.)

Fortuitement, adv. Par hazard. (Chose arrivée fortuitement.)

Fortune, s. f. Déesse à qui les Païens donnoient la disposition de toutes les choses du monde. (Fortune capricieuse, aveugle, contraire. La fortune rit aux sots. La fortune fait & défait les Monarques. Craindre les caprices de la fortune. *Abl.* Un revers de fortune *Scaron.*)

Fortune. Hazard. (La place couroit fortune d'être prise. *Ablanc. Art. l. 5.* Je mets ma lettre entre les mains de la fortune. *Voit. l. 22.*)

Aaa 2 *Fortune*

Fortune. Avanture. (Je désire que toutes mes fortunes soient jointes aux vôtres. *Voit. l. 35.*
Fortune. Bonheur. Agrandissement. (Songer à sa fortune, *Abl.* Travailler à faire sa fortune. *Abl.* Un sot & un fripon fera plûtôt *fortune* qu'un habile homme & un honnête homme. De bonne fortune elle n'avoit pas encore trouvé condition. *Voit. l. 17.*
Fortune. Effort qu'on fait pour réüssir. Pousser sa fortune auprés d'une belle. *Moliere.*
* *Fortune.* Gens à qui la fortune a été favorable, Grandeur, Princes, Souverains. Je ne vais point au Louvre adorer la fortune. *Dépr. Sat. 2.*
* *Bonne fortune.* Les dernieres faveurs que font les Dames à leurs Amans. Les témoignages sûrs de l'amour des Dames. (Nul ne fut sans bonne fortune. *Voit. poëf.* Henri troisiéme faisoit part de ses bonnes fortunes & ses favoris. Etre homme à bonne fortune. *Sar.* S'il eût porté l'épée il eût eu de bonnes fortunes.
* *Soldat de fortune.*
* *Fortune de vent.* Terme de Mer, C'est un gros tems où les Vents sont forcez. (Une *fortune de vent* nous obligea de nous mettre à sec.)
† *Fortuné, fortunée, adj* Ce mot commence à n'être plus guere en usage. Il signifie *heureux.* (Ce fortuné Marchand de botes possede un parc trés-beau. *Mai poëf.*)
Les Iles fortunées. C'est l'ancien nom des sept Iles de la mer Athlantique, qu'on appelle aujourd'hui les Canaries.
Forûre Terme de *Serrurier.* C'est le trou de la clé. (Une forûre de clé mal faite.)

FOS

Fossɛ, *s. f.* Creux qu'on fait dans une Eglise, ou dans un cimetiere pour enterrer une personne, grand comme le corps du corps mort & profond d'environ quatre piez. (Creuser une fosse. *Abl. Luc.* faire une fosse.)
* † *Etre sur le bord de la fosse. Avoir un pié dans la fosse.* C'est à dire, n'avoir plus gueres à vivre, soit qu'on soit vieux ou malade.
Fosse. Terme de *Vigneron,* & de *Jardinier.* Creux qu'on fait auprés d'un sep où l'on couche du bois de la vigne qu'on couvre de terre, afin de peupler la vigne dans le tems. Les Jardiniers font des fosses pour planter des arbres & autres plantes.
Fosse. Terme de *Marine.* On donne ce nom à des reduits qui sont le dessus des vaisseaux, où l'on met diverses choses. (La fosse aux cables. La fosse qui est à l'avant du Vaisseau s'apelle *fosse à lion,* où l'on serre le funin, les poulies & les maneuvres de rechange & où on loge le Contremaitre.)
Fosse Terme de *Potier d'étain:* Sorte de grande chaudiere où l'on fond l'étain (Mettre le feu à la fosse.)
Fosse. Terme de *Tanneur.* Ouverture ronde en terre, ou cuve enterrée où l'on couche les cuirs travaillez, & où on les couvre de tan & les abreuve. (coucher un cuir dans la fosse.
Fosse. Cachot noir & obscur de quelque prison, où l'on met ceux qui sont tout à-fait criminels. Etre dans les basses fosses.
† * Etre dans un cu de fosse.]
Fosse, s. f. m. Terme de *guerre.* Espace creusé entre la place & la campagne, d'où l'on tire la terre pour l'elevation du rampart & pour l'esplanade du chemin couvert. (un fossé à fond de cuve. Faire une fossé. Seigner un fossé.)
Fossé. Creux profond de 4. ou 5. piez & l'arge d'autant ou environ qu'on fait autour d'un champ de terre, d'une vigne, ou d'un pré pour empêcher les bêtes & les hommes d'entrer.
Fossette, s. f. Ce mot se dit en parlant de certaines parties du visage, comme des joües & du menton. C'est un petit creux au bas du menton. Ce sont aussi deux petits creux agréables qui se font aux joües de quelques personnes lorsqu'elles rient. (Il avoit une fossette au menton qui faisoit une assez agréable effet. *Le Comte de Bussi.*
Fossete. Petit creux dans terre où les enfans jettent des noiaux pour se divertir. (joüer à la fossette.)
Fossile, adj. Ce mot est Latin & est un *terme de Phisique,* qui se dit des corps qu'on trouve dans la terre aprés l'avoir creusée. Tous les mineraux & les métaux sont des corps fossiles. Sel fossile, Salpetre fossile.]
† *Fossoier* V. *Fouïr, Creuser.*
Fossoieurs f. m. Celui qui fait les fosses pour enterrer les morts

FOU.

Fou, Cet adjectif fait à son masculin *fou* & *fol,* mais *fol,* est peu usité, & à son feminin il fait *fole.* Le mot de son veüe d'œil, qui a perdu l'esprit. Qui n'a plus de raison. Il est devenu fou. Elle est devenuë fole.
Fou, folle Sot. Impertinent. (Etre fou à marotte. *Abl.* Action fole.] Voïés *fol.*
Charles - Quint disoit que les François paroissoient *foux* ; & étoient *sages.* On dit parmi plusieurs nations, en manière de proverbe *fou comme un François.*
Fou, foy, Qui a perdu le sens. Qui n'a point de conduite. Les foux sont les fêtes & les sages en ont le plaisir.)

Foüace, *s. f.* Sorte de gros gateau bis, qui se fait ordinairement au vilage.

* † A la pauvrette il ne fit nul'e grace
Du tatîon, rendant à son époux
Feves pour pois & pain blanc pour foüace.
La Fontaine, Nouvelles.

Foucade. Voiez *fougade.*
Foudre *Ce mot dans le propre est masculin, & feminin, mais plus souvent feminin.* C'est un tonnerre accompagné de fracas. (La foudre tombe plus ordinairement sur les corps les plus elevez. La foudre peut bruler les habits & les cheveux d'une personne, sans lui faire aucun mal *Roh. Phi.*)
* *Foudre. Ce mot dans le figuré est plus ordinairement masculin que féminin.* (C'est un foudre de guerre A peine a-t-il vû le foudre de parti pour le mettre en poudre. *Mal. 1 oëf.* Braver le *foudre* & le fer, *Sar. Poëf.*) (Le Prince qui tous les printems le voit avec *la même foudre, Voiture t oëf.* Il forgent *une foudre dont le coup me sera fatal, Theo. Poësies.*)
* *Foudre.* Il signifie la colere de Dieu.

[Tout chargé de lauriers, craignez encor la foudre. *Corneille. cid.*]

† *Foudre.* Il se dit des excommunications de l'Eglise. (Les foudres de l'Eglise. Les foudres du Vatican. Il a été frapé des foudres de l'Eglise. *Patru, pl. 18.* C'est-à-dire, il a été excommunié.)

Foudroier, *v a.* Fraper de foudre. Lancer la foudre sur quelcun. [Jupiter foudroia les Tirans. Foudroier les méchans, *Abla court, Luc. Tom. 1.* Tu laisses impunis les parjures, & t'amuses à foudroïer des chênes & des rochers. *Abl. Luc. T. 2.*
* *Foudroier.* Battre à grans coups de canon (L'Artillerie a foudroié tous les travaux des ennemis. Foudroier les galeres à coups de canon, *Abl.*]
* *Foudroier.* Renverser. Ruïner. Terrasser. C'est l'anatême dont il fut foudroïé, *Patru, plaidoié* 8. Les Conciles foudroient les heresies. Il foudroie tous les jours l'ignorance ennemie, *Voit. oëf.*
* *Foudroier, v n.* Tempêter, Mener du bruit, faire de grans éforts pour venir à bout de quelque chose. [Il ne pense qu'à la grandeur de son Roi, pour cela il tonne, il foudroie, il mêle le ciel & la terre. *]
* *Foudroier, v. n.* faire de l'éclat, & du bruit dans le monde. Il est resolu de vous laisser foudroier tout seul. *Coss.*]
Foudroié, part. Qui foudroïe.
Foudroiant, foudroiante adj. Plein de feu d'artifice & de cloux qui foudroïent tout. | Une bombe foudroïante.]
* *Foudroiant, foudroiante, adj.* plein de colere. Terrible [Regards foudroians. Yeux foudroians. Paroles foudroiantes.]
On a dit de Pericles que c'étoit un Orateur foudroiant.
* *Foudroiement, f. m.* L'action de foudroier. Le foudroiement des Geans.]
Foüet, *f. m.* Prononcez *foit.* Verges dont on foüette. [Un bon foüet. Un gros foüet. Il a pris le foüet & lui en a donné cent coups. Il en aura le foüet fait deja clac, *Marigni.*]
Foüet. Les coups de foüet. Il a eu le foüet. Mériter le foüet. (Ils sont exposez au foüet & à la potence. *Pas. l. 6.* Etre condamné au foüet. Donner le foüet. Avoir le foüet.)
Foüet. De avec quoi les Cochers & les chartiers touchent leurs chevaux, & qui est composé d'un manche & d'une corde de chanvre, ou de cuir. Le cocher lui donne de son foüet par les oreilles.
Foüet, Terme de *Cordier & de Cocher.* Petite ficelle. Petit morceau de ficelle au bout du foüet du cocher.
† * *Elle fait bien claquer son foüet :* C'est à dire, qu'elle a bien fait du bruit dans le monde. Sa beauté a fait du bruit. Elle a fait de l'éclat dans le monde, on en a fort parlé.
Foüeter, v. a. Prononcé *foiter.* Donner des coups de foüet. [Foüeter un enfant.]
Foüeter, Terme de Maçon. Jetter le plâtre contre le mur, ou contre une cloison avec le balet. [Foüeter le plâtre.]
* *Foüeter,* Tirer du coup de foüet avec violence en quelque lieu. Il se dit aussi des Canons, & signifie *batre.* [Les Canons qu'on avoit logez sur ce Cavalier foüetoient dans la campagne & empêchoient les aproches.]
Foüeter, Terme de *Relieur.* Lier un livre avec de la ficelle en marquer les nerfs. [Foüeter un livre.]
Foüeteur, f. m. Celui qui aime à foüeter. Un tel regent est un grand foüeteur.]
Crême foüetée. V. *crême.*
Boucade, *fougade, f. f.* Quelques uns disent *foucade* pour *fougade,* mais mal L'usage est pour *fougade.* Petite mine, ou fourneau pour faire sauter une muraille. [faire joüer une fougade. La fougade à joüé.]
Fougere, *f. f.* Plante qui croit aux forêts & aux montagnes, qui ne porte ni fleur, ni fruit, & qui a les feüilles découpées & étenduës en aile d'oiseau. | Fougere mâle, fougere femelle. Etre couché sur la fougere *Scaron.*]
* *Fougere.* Verre fait de fougere. Le vin rid dans la fougere. *Depreaux, Satires.*
Fougon, *f. m.* Terme de Mer. C'est la cuisine du vaisseau. [Il se consume force bois au fougon.]
Fougue, *f. f.* Ce mot se dit du cheval, & veut dire, Emportement

ment. (Prévenir la fougue d'un cheval. C'est un cheval qui a trop de fougue.)Il se dit aussi de quelques autres animaux.
* Fougue. Colere. Vigueur. (Tant que l'on est dans la fougue de l'âge, on chante, on rit, Benserade, Rondeaux. Il est en fougue contre lui.)
* Fougue. Ce mot se dit en parlant de l'esprit des Poëtes, & signifie feu d'esprit, Verve & transport agreable & charmant de l'esprit.

Quand la fougue me quite
Du plus haut au plus bas mon vers se précipite.
Regn. Sat. 1.

Brebeuf dans sa traduction de la Pharsale, pousse la fougue de Lucain, en nôtre langue, plus loin qu'elle ne va dans la sienne. S Evremont, réflexion sur les Traducteurs.)

Fougueux, fougueuse, adj. Ce mot se dit du cheval,& veut dire qui a de la fougue. (Cheval fougueux. Cavale fougueuse.)
* Fougueux, fougueuse, adj. Capricieux, Emporté. (Il est fougueux. Esprit fougueux. Elle est fougueuse.)

Fouille, s. f. Ce mot n'est que de deux silabes. Action de celui qui fouille la terre.) Faire la fouille des terres. Faire une fouille.)

Fouiller, v. a. Terme de Maçon. Chercher dans la terre, une terre propre pour une fondation. (Fouiller les terres pour bâtir.)

Fouiller. Chercher dans quelque chose. Chercher sur quelqu'un. (souiller dans un cofre. Fouiller les sépulcres, Ablancourt, Apoph. Fouiller quelqu'un, Voit. l. 91.)

[Fouiller dans les monumens de l'antiquité, Patru, plaidoié 7. Il fouilloit jusques dans la plus obscure antiquité, Flechier, vie de Commenden, liv. 1. chap. 17.)

Fouille-merde, s m. Escarbot. Insecte qui vit de fiente & d'ordure.

Fouïne, s. f. Mattre domestique qui est d'une couleur fauve qui tire sur le noir. Elle a le dessous de la gorge blanc & est grosse comme un chat, mais elle est plus longue. La fouine mange les poules, les pigeons & les poulets, & en avale les œufs.)

Fouïr, v. a. Creuser. Fouïr la terre. (Continuë de fouïr, tu trouveras un trésor, Ablancourt, Luc.)

Foule, s. f. Multitude. Quantité (Il y a une foule de gens à sa porte, Ablancourt, Luc. Une foule de mots barbares ; Ablancourt, Luc. La foule des visitées l'acable, Scaron.)

La foule adv. En grande quantité, en grand nombre à la fois. (Venir en foule.)

A la foule adv. En foule. (Entrer à la foule. Sortir à la foule

Foulées, s. f. Terme de chasse. Traces d'un cerf sur l'herbe, ou sur les feuilles.)

Fouler, v. a. Marcher à dessein sur quelque chose afin de la gâter. (Fouler des fleurs aux piez.)

Fouler Terme de Vigneron. C'est écraser les grapes de raisin avec les piés. (Fouler une cuve.)

Fouler. Terme de bonnetier. C'est manier & acommoder avec de l'eau la besogne dans la fouloirie.

Fouler. Terme de Chapelier. C'est manier le chapeau à force de bras sur la fouloirie. (Foulet un chapeau. Chapeau bien foulé.)

Fouler. Ce mot se dit des chevaux, & veut dire fatiguer extrêmement. (Fouler un Cheval. Cheval las & foulé.)

Fouler. Ce mot se dit aussi des nerfs des chevaux, & de ceux des hommes & veut dire qui est ofensé, Blessé. (Nerf foulé.)

Fouler. Terme de Jardinier. Il se dit des oignons, des carotes, des panais & autres racines, dont on romt les montans & les feuilles vers le commencement d'Aout, pour empêcher que la seve n'y monte pas davantage, & qu'ainsi elle demeure au dedans de la terre, & soit emploiée à grossir la racine. (Fouler des oignons, des carotes, &c.)

† Fouler aux piez. Mépriser. (Ils foulent aux piez les privileges des mendians, Patru, 5. plaidoié.)

*Ceux de Crete étoient foulez par les garnisons, Vau.Quin.l.4. c'est à dire étoient oprimez.

Foulée, s. f. Terme de Chapelier. Endroit de la maison où l'on foule les chapeaux. (Porter des chapeaux à la foulerie.)

Fouleur, s m. Celui qui foule les grapes de raisin. (Les fouleurs sont dans la cuve.)

Fouloir, s. f. Terme de chapelier. Table qui va un peu en penchant sur une chaudiere pleine de lie chaude, sur laquelle on foule les chapeaux.

Fouloire. Terme de Bonnetier. Maniere de gros cuvier, où il y a un ratelier garni de dens de bœuf pour fouler les bas & autres choses.

Foulon, s. m. Ouvrier bonnetier qui foule les bas & autres choses de laine, & les blanchit. (Un tel maître a tant de foulons chez lui. Ses vêtemens parurent blancs comme la neige & d'une blancheur que nul foulon sur la terre ne pourroit jamais égaler, Port-Roïal, Nouveau, Testament, S. Marc, c.9. Envoiez au foulon, Ablancourt.)

Foulure, s.f. Ce mot se dit en parlant de Chevaux. Mal qui vient à un cheval pour avoir été trop foulé. Pour avoir quelque nerf foulé.

Four, s m. Endroit briqueté, & voûté qu'on chaufe avec du bois pour cuire toute sorte de pain & de patisserie. (Un four banal. Chaufer le four. Mettre le pain au four. Tirer des pains du four. Le four est chaud. Le pain a eu trop de four,

c'est à dire, il a eu trop de feu, il est trop cuit.)
Four. Terme de Comédiens. Ils disent nous avons fait un four, c'est à dire, nous n'avons eu personne pour voir la Comédie, ou nous en avons eu si peu, que nous avons été contrains de rendre l'argent ; parce que si nous eussions joué, nous n'en eussions pas eu pour paier nos fraix.

Fourbe, adj. Trompeur. Celui qui sous couleur d'amitié découvre les sentimens d'une personne pour en user mal dans la suite. (Il est fourbe comme un Italien. Esprit fourbe. Elle est fourbe.

Fourbe, s m. Fourbe. (C'est un insigne fourbe. Il n'estimoit d'habiles que les fourbes. Ablancourt, Ret. l. 1. c.4. Du Clerat est un fourbe de la première classe. On n'a pour les fourbes, ni confiance, ni éstime. Chezardie, instruction pour un Seigneur.)

Fourbe, s. f. Fourberie, Tromperie. (Faire une fourbe à quelqu'un.)

Fourber, v. a. Faire quelque tromperie à une personne. (Les Lapons fourbent les gens avec plaisir. Voiez Schefler, Histoire des Lapons.)

Fourberie, s. f. Tromperie. (Une insigne fourberie. Je ne trouve par tout que lâche flaterie & que fourberie, Moliere.)

Fourbir, v.a. Terme de Fourbisseur. C'est polir & éclaircir avec de l'émeri. (Fourbir une lame d'épée.)

† * Fourbir. Terme libre, bas & burlesque, qui signifie ce que les Latins apellent coire.

Fourbisseur, s. f. Artisan qui garnit, monte & vend de toutes sortes d'épées. (Un bon fourbisseur.)

Fourbissure, s. f. L'action de fourbir, & de netteier des armes.

Fourbu, fourbuë, forbu, forbuë, adj. L'un & l'autre se dit, mais fourbu est plus en usage, & il veut dire, Qui est incommodé d'une fourbure. (Cheval fourbu. Cavalle fourbuë.

† * Que je sois fourbu & perclus,
Quand je ne boirai plus. Scaron, Poës.

Fourbure, forbure, s. f. L'un & l'autre se dit : mais fourbure est le plus en usage. (La fourbure vient aux chevaux par une extraordinaire chaleur causée par quelque exercice violent, une fatigue insuportable, ce qui fait fondre les humeurs qui décendent aux parties afoiblies ; de sorte que les nerfs se bouchent, les muscles s'enflent & les jambes se roidissent, Sololeisel, Parfait Maréchal.)

Fourche, s. f. Instrument champêtre qui a un manche long de trois, ou quatre piez avec 2. ou 3. fourchons de bois, ou de fer au bout de ce manche. (Fourche rompuë.)

† * Penser les chevaux à la fourche. C'est les panser mal, & les batre au lieu de les étriller.

† * Faire une chose à la fourche, c'est la faire mal & négligemment.

† * Etre traité à la fourche. C'est à dire, être maltraité.

Fourche. Instrument qui a deux ou trois fourchons de fer, & qui sert à remüer du fumier.

Fourches patibulaires. Terme de Palais. Piliers qui marquent quelle sorte de Justice un Seigneur fait exercer sur ses terres & qui marquent aussi quel est le titre de sa Terre, si c'est une Chatelenie, Comté, Baronie, &c.)

Fourcher, v. n. Terme de Jardinier. C'est pousser à l'extrémité de la branche taillée, d'autres branches, l'une d'un côté, l'autre de l'autre, comme si c'étoit une fourche. (Branche qui fourche bien. Rameau qui fourche. Plus les arbres sont coupez, & plus ils fourchent.) Au contraire les cheveux fourchent quand ils ne sont pas coupez, & qu'on les laisse croître.

* Fourcher. Il se dit aussi des chemins qui se divisent en deux ou trois autres chemins, à la maniére d'une fourche. (Chemin qui fourche.)

Se Fourcher, v. r. Finir en maniére de fourche.)

* Fourcher. Ce mot se dit, au figuré, de la langue, lorsque sans y penser, elle prononce un mot pour un autre. (Sa langue a fourché.)

Fourché, fourchée, adj. Voïez Fourchu.

Fourchet, s. m. Froncle, ou autre aposthume qui vient entre deux doigts, où il se fait comme une maniére de fourchetche.

Fourchette, s. f. Terme de Vigneron, qui se dit de certains filets fourchez où la vigne pousse, & par lesquelles elle s'atache aux branches qu'elle rencontre.

Fourchette, s. f. Petit instrument de métal, de bouïs, ou d'yvoire, à deux, trois ou quatre fourchons, dont on se sert à table pour prendre & manger la viande. (Fourchette fort belle & fort bien faite.) On se sert aussi à la cuisine de fourchettes de fer pour prendre la viande.

Fourchette. C'est aussi un instrument de Guerre. C'est un bâton ferré d'un fer fourchu, sur lequel on pose un mousquet fort pesant, pour le tirer avec plus de facilité.

Fourchette. C'est une partie du pié d'un cheval. C'est une espece de corne tendre, qui fait une espece d'arête sur le milieu de sa sole, & qui se partage en deux branches vers les talons, en façon de fourche. (Il vient plusieurs maladies dangereuses à la fourcherte d'un cheval.)

Fourchette d'arbalète. Ce sont deux petits morceaux de fer en forme de petit bâton, mis bout de la monture de l'arbalète, au milieu desquels il y a un fil où l'on met un grain pour conduire l'œil.

Fourchetté. Terme de Gantier. Petites bandes de cuir qui sont le long des doigts des gans. (Faire les fourchettes des gans.)

Fourchette de caroſſe. Piéce de bois en forme de fourche ſur le rond & ſous le marche-pié du cocher. Morceau de bois au bout duquel il y a un fer en fourche pour arrêter le caroſſe.

Fourchon, ſ. m. C'eſt une des branches d'une fourche, ou de celles d'une fourchette avec quoi on prend & on ôtent ce qu'on veut manger. (Une fourchette à 3. fourchons.)

Fourchon. Terme de *Jardinier.* C'eſt l'endroit où ſortent deux branches. (Il faut prendre garde que le fourchon n'éclate. *Quint. Jard. fruit.* T. 1.)

Fourchu, fourchuë, adj. Qui eſt fait en fourche.(Le mont Parnaſſe eſt fourchu, *Ablancourt, Luc.* Pié *fourchu.* C'eſt tout le bétail qui a le pié fendu, comme bœufs, moutons, &c.)

Chemin fourchu. Qui aboutit à deux ou pluſieurs chemins.

Fourchure, ſ. f. C'eſt l'endroit où une choſe commence à ſe fourcher. (La fourchure des doigts, la fourchure des cheveux, &c.)

Fourgon, ſ. m. Charette avec un timon pour porter à l'armée de la baterie de cuiſine & des proviſions de bouche. [Nôtre fourgon eſt verſé. Fourgon embourbé.]

Fourgon. Terme de *Boulanger.* Inſtrument pour remuer la braiſe & le bois du four. Le mot de *fourgon* en ce ſens n'eſt pas en uſage à Paris. En ſa place on ſe ſert du mot de *rable* qui eſt ce que les boulangers provinciaux nomme *fourgon.*

† *Fourgonner.* Mot bas, pour dire remuer la braiſe & les tiſons du feu. [Il ne fait que fourgonner dans le feu.]

Fourmi, ſ. f. Il vient du Latin *Formica.* Sorte de petite inſecte noir qui ne vole pas,& qui pendant l'hiver vit du grain qu'il amaſſe l'été. [La fourmi eſt prudente, *Abl.* Il y a des fourmis plus grandes que des renards, *Voit.* l. 90. Il y a auſſi des fourmis rouſſes & des fourmis blanches. Il y a quelques fourmis qui ont des aîles. On trouve dans les Indes des fourmis auſſi grandes que des chiens d'une médiocre taille, & ces fourmis mordent & ſont cruelles. *Cimelia literaria, ch.* 14.]

* † *Fourmiller, v. n.* Paroitre en grand nombre & en maniére d'une multitude de fourmis. [* Il faut fendre la preſſe d'un peuple d'importuns qui fourmillent ſans ceſſe, *Depreaux, Satire* 6. Tout fourmille d'eſprits folets, *Gon. Epi.* l. 2.]

Fourmilliére, ſ. f. Petit endroit de terre creuſé où ſe retirent les fourmis, & où durant l'été elles portent de quoi vivre durant l'hiver. [Fourmilliére pleine de fourmis. Les Viles me paroiſſent comme des fourmilliéres, où l'on voioit des fourmis occupées à porter des grains de blé. *Abl. Luc.* T. 1.)

FOURNAISE, *ſ. f.* Ouvrage de maçonnerie,creux & muré en forme de four avec une bouche pour y mettre le feu. [Le Cantique des trois Enfans dans la fournaiſe. Le juſte eſt éprouvé dans l'adverſité comme l'or dans la fournaiſe.]

Fourneau, ſ. m. Vaiſſeau compoſé de terre d'argile, garni d'un foïer, d'une grille & d'un cendrier propre à faire bouillir une huguenote,ou à ſervir aux opérations chimiques. [Fourneau portatif. Fourneau d'Apoticaire, Fourneau de Chimiſte, de Verrier, &c, Fourneau à chaux. Fourneau de Charbonnier. Fourneau de forge. Fourneau d'orfevre, &c.]

Fourneau. Terme d'*Ingénieur.* Trou de 10.ou 12.piez où l'on met de la poudre pour faire ſauter une muraille. [Faire joüer un fourneau.]

Fournée, ſ. f. C'eſt un four plein de pains, ou de patiſſerie.[Une groſſe fournée de pains. Une petite fournée d'échaudez. Premiére, ſeconde fournée.]

† *Il a pris un pain ſur la fournée.* Ces mots ſe diſent proverbialement d'un homme qui a fait un enfant à une fille avant la célébration de Mariage.

Fournier, ſ. m. Celui qui eſt fermier d'un Four bannal, qui fait cuire le pain des particuliers qui vont cuire à ce four.On dit auſſi *une fourniére, ſ. f.* C'eſt ou la femme du fournier,ou une femme qui fait cuire le pain dans un four bannal.

FOURNIR, *v. a.* Donner. Pouvoir de choſes néceſſaires. Le mot de *fournir* a trois conſtructions diférentes. On dit, la riviére *leur* fournit le ſel, *leur* fournit *du* ſel, & *les* fournit de ſel. Cette derniére façon de parler eſt la meilleure. *Van. Rem.*]

* *Fournir.* Il ſignifie quelquefois achever. [*Fournir ſa carriére.* Ces mots ſe diſent tant au propre qu'au figuré.

* *Fournir.* Terme de *Palais.* Il ſignifie donner & produire quelques écrits. [Foutnir de griefs, fournir de deffences.]

* *Fournir.* Il ſe dit au figuré. [Sa mémoire lui fournit toûjours dequoi entretenir la compagnie. C'eſt un eſprit vaſte & promt qui fournir à tout.]

† * *Il le faut fournir de fil & d'aiguille.*Proverbe,pour dire,il le faut fournir de toutes choſes.

Fourniture, ſ. f. Tout ce qui eſt néceſſaire pour quelque beſoin d'une maiſon, ou d'une famille particuliére. [Nous avons nôtre fourniture d'huile. Faire ſa fourniture de beurre.]

Fourniture. Terme d'*Organiſte.* Jeu qu'on mêle avec les autres jeux lorſqu'on joüe de l'orgue.

Fourniture. Ce mot ſe dit en parlant de ſalade, ce ſont les petites herbes d'une ſalade,telles que ſont le baume, l'eſtragon,la pimpinelle,le pourpier le cerfeuil,&c. [Cette ſalade eſt aſſez bonne s'il y avoit un peu plus de fourniture.Aportez-nous de la ſalade avec une bonne fourniture de toutes ſortes d'herbes.]

Fourniture. Terme de *Tailleur.* C'eſt la ſoie, le fil, les poches,& autres petites choſes. [Les fournitures d'un habit montent haut.]

Fourniture. Terme de *Gantier.* Morceaux de peau pour faire les pouces, les fourchettes & les coins de gans.]

FOURRAGE, *ſ. m.* C'eſt la paille,& le foin,ou autre pareille choſe qu'on donne l'hiver au bétail.On apelle auſſi *fourrage* les herbes qu'on va chercher pour donner aux chevaux lorſqu'on eſt à l'armée. Du bon, ou du méchant fourrage. Aler au fourrage. Envoier au fourrage, *Ablancourt, Ar.*]

Fourrager, v. a. Terme de *Guerre.* Ravager. Faire du dégât dans un païs.Enlever tous les fourrages, les ruiner. [Fourrager la campagne. *Vau.Quin.*l. 4. Fourrager le plat païs, *Ablancourt.*]

Fourrager. Il ſe dit des bêtes qui gâtent les blez, les jardins,&c. [Les cerfs, les ſangliers, les vaches ont fourragé les blez voiſins de cette forêt. Les lapins ont fourragé nôtre jardin.]

Fourrageur, ſ. m. Celui qui va au fourrage lorſqu'il eſt à l'armée. [Nos fourrageurs ont été chargez par les ennemis, *Ablancourt.*]

FOURREAU, *ſ. m.* Maniére d'étui où l'on met quelque choſe pour le conſerver. Etui dont on couvre quelque choſe de peur que rien ne ſe gâte. [Fourreau de piſtolets, bien faits. Fourreau de colonne de lit. Fourreau de robe d'enfant. Fourreau d'épée.]

† * *Il a couché comme l'épée du Roi dans ſon fourreau.* Proverbe trivial, pour dire il a couché dans ſon habit, il n'eſt point deshabillé.

Fourreau. Peau où le cheval enferme ſon vit & d'où il le fait ſortir.

Fourreau d'épi. Ce qui enferme & couvre l'épi qui n'eſt pas bien formé. [Ainſi on dit, l'orge eſt en fourreau. C'eſt à dire n'eſt pas encore épié.]

Fourreau. Terme de *Ceinturier.* Papier roulé, ou autre pareille choſe qu'on met dans les pendans du baudrier pour leur donner quelque grace.

Fourreau. Peau en forme de manchon qui couvre un peu du trait du cheval de charroi, de peur que le trait ne coupe le poil du ventre du Cheval.

Fourrelier, ſ. m. Artiſan qui fait des fourreaux de piſtolets & autres.

† *Fourrer, v. a.* Mettre une choſe dans une autre.[Il lui a fourré ſon épée dans le corps.]

Fourrer, v. a. Garnir de quelque fourrure.[Fourrer un juſte au corps de bonnes peaux de liévre.]

Fourrer. Terme de *Monoie.* C'eſt couvrir avec des lames d'or & d'argent ſoudées par les bords, un flaon qu'on paſſe enſuite dans les fers pour le monoier.C'eſt apliquer l'or & l'argent ſur un flaon,enſorte qu'il ne faſſe qu'un corps. [Fourrer une médaille. Piéce fourrée. *Bouteroüé.*]

* *Se fourrer, v. r.* Entrer. [Se fourrer par tout.Se fourrer étourdiment parmi tout le monde. *Voiture,* l. 28.]

* *Se fourrer.* S'engager dans quelque afaire, dans quelque danger. Se mêler dans les afaires d'autrui. [Vous êtes un ſot de venir vous fourrer où vous n'avez que faire, *Moliere.* * [Il foutre ſon nez par tout.]

* *Coup fourré.* C'eſt un coup qu'on ſe donne l'un l'autre.

* *Paix fourrée,* Paix diſſimulée où les deux partis ſongent à de tromper.

Fourreur, ſ. m. Celui qui fait & vend de toutes ſortes de manchons, de bonnets fourrez. Qui paſſe les peaux de certains animaux. Qui vend les peaux bien paſſées & en fait diverſes fourrures. [Un bon fourreur.]

FOURRIER, *ſ. m.* Oficier qui marque les logis que doivent prendre les oficiers & les ſoldâs.Le *Fourrier* eſt auſſi un oficier,qui avec de la craie blanche marque les logis de ceux qui ſuivent la Cour, lorſquelle voïage & quelle loge en quelque bourg, ou vile.

Fourriére, ſ. f. Lieu deſtiné à mettre le bois dans la Maiſon du Roi, ou des Princes. [Il y a un Chef de fourriére & autres oficiers.]

Fourrure, ſ. f. Peaux qui fourrent quelque vêtement. [Une bonne fourrure. Une bonne fourrure bien chaude. Une fourrure de peaux de liévre bien paſſées. Les Chinois ont des fourrures de marrte zibeline d'un prix extraordinaire. *Nouv. relation. de la Chine.*]

Fourrure. Terme de *Blaſon.*Il y a deux fourrures l'hermine & le vair. *Voiez-les en leur rang.*

*Fourrures.*Terme de *Marine.* Ce ſont des fils,ou cordons de vieux cables qu'on met en treſſe,pour couvrir & enveloper les cables & manœuvres de ſervice, & empêcher qu'elles ne s'uſent.

SE FOURVOIER, *v. r.* S'égarer. [Il s'eſt fourvoié dans le bois.] On le dit auſſi au figuré.

FOUTEAU, *ſ. m.* Arbre de haute futaie. V. *Hêtre.*

FRA.

FRACAS. Grande ruine & deſtruction qui ſe fait avec grand bruit. [Les bombes ont fait un grand fracas dans la vile. Le canon chargé à cartouche fit un grand fracas dans les eſcadrons.

Fracas, ſ. m. Bruit. Tumulte. Deſordre. [Il a fait un fracas horrible. *Abl.*

Que le bruit, que le choc, que le fracas des armes
Retentiſſe de toutes parts.
Cadmus, a. 3.*ſc.* 6.]

* *Quand*

FRA

* Quand on est belle on fait bien du fracas. *Benſ. Rond.*
Fracaſſer, v. a. Rompre. Briſer. Caſſer. (Il a tout fracaſſé.)
Fraction, ſ. f. Terme d'*Egliſe*. C'eſt l'action de rompre l'hoſtie.
(La fraction de l'hoſtie ne rompt point le Corps de Jeſus-Chriſt, parce qu'il eſt tout entier en la moindre parcelle, ſelon le ſentiment de l'Egliſe Romaine.)
Fraction. Terme d'*Arithmetique*. Une ou pluſieurs parties de quelque entier diviſible en parties égales. [Propoſer une fraction. Multiplier des fractions.]
Fracture, ſ. f. Rupture. (Fracture dans un mur. Fracture de portes.)
Fraiſure, ſ. f. Terme de *Chirurgie*. C'eſt une ſolution de continuité faite en l'os par une choſe qui meurtrit, froiſſe & rompt. (Il y a fracture à l'os.
Fragile, adj. Qui ſe peut rompre, ou caſſer facilement. Aiſé à rompre, ou à caſſer. (La porcelaine eſt fragile. Le verre eſt fort fragile.)

* Ne me plaignez pas une felicité ſi *fragile* & ſi delicate. *Benſerade.*
* La *chair eſt fragile.* C'eſt à dire foible, & ſujette à tomber dans le peché.

Fragilité, ſ. f. Facilité de ſe caſſer, ou de ſe rompre. (Comme elle à l'éclat du verre, elle en a la fragilité. *God. poëſ.*

* *Fragilité.* Foibleſſe. Pente à faillir. Trop grande facilité à condeſcendre aux volontez d'autrui. Elle avoit eu pour quelque autre la même fragilité que j'avois eu pour elle. *Le Comte de Buſſi.* La fragilité de l'homme eſt grande. *Mol.*

Fragment, ſ. m. Partie de quelque ouvrage de proſe, ou de vers. Ouvrage qui n'eſt pas achevé. (Le Roman de Zelide & d'Alcidalis eſt un fragment.)
Fragment. Terme d'*Egliſe*. Petites parcelles de l'hoſtie rompuë. (Faire la collection des fragmens de l'hoſtie.)

Frai, ſ. m. Il ſe dit des Monnoies, & c'eſt le frequent maniment des eſpeces. [Le frai diminuë le poids des eſpeces. Le poids ſe trouve alteré par le frai des eſpeces, *Voiez les Edits du Roy touchant les monnoies*.)

Frai, ſ. m. Il ſe dit du poiſſon. Ce ſont les œufs du poiſſon, & même le petit poiſſon qui eſt provenu. (On trouve du frai de carpe ſur le bord des étangs.) On dit auſſi, le *frai des grenoüilles*, & c'eſt leur ſperme, ou leurs œufs.

Frai. L'aplication des parties du poiſſon mâle deſtinées à la generation ſur celles de la femelle. Le poiſſon eſt frai (D'autres diſent *fraie*, ſ. f. & en ce même ſens.

Fraier, v. a. Ce mot ſe dit des chemins. C'eſt aler pluſieurs fois ſur la même route. Marcher à diverſes repriſes par le même endroit, de ſorte qu'il, devienne plus aiſé, & qu'il ſoit plus connu. (Fraïer un chemin.)

* *Fraier*, v. a. Au figuré, il eſt beau, & ſignifie montrer par où il faut aller en quelque lieu, ou à quelque choſe. [Ils lui fraïent le chemin de l'Ocean. Il lui fraïe le chemin à la gloire.] On dit auſſi, Se fraïer le chemin à la gloire.

Fraier v. n, Ce mot ſe dit des poiſſons lorſque le mâle applique les parties qui ſont deſtinées à la generation ſur celle de ſa femelle, ou lorſque les poiſſons mâles, ou femelles, ſe frotent les uns contre les autres aux parties deſtinées à la generation. [Le poiſſon fraie. *Rond.*]

Fraier, v. a. Terme de *Fourbiſſeur*. C'eſt froter une lame avec de l'émeri pour en ôter les traits de la meule. On paſſe les lames ſur la meule, on les fraie enſuite, & on les fourbit.

Fraier. Terme de *Venerie.* Il ſe dit des cerfs qui frotent leur bois contre des arbres, pour faire tomber par lambeaux une peau veluë qui couvroit une maſſe de chair, laquelle en s'alongeant a formé leur tête.

Fraiure, ſ. f. C'eſt l'action des cerfs quand ils fraient.

Fraior, ſ. m. C'eſt le lieu où les cerfs vont fraïer & froter leur têtes contre les arbres.

Fraieur, ſ. f. Épouvante crainte. [Donner de la fraieur à l'ennemi. Jetter la fraieur par tout. *Abl.* La fraieur de la mort ébranla le plus ferme. *Téop. poëſ.* Il y eut quelque fraieur dans le camp. *Abl. Ret. l.* 1. La fraieur me rend immobile, je ne ſçaurois plus faire un pas. *Cadmus*, a. 3.]

Frais. V. *Fraiz.*

Frais, ſ. m. Fraicheur. [Prendre le frais. *Abl.*

Frais, fraiche, adj. Qui a de la fraicheur. Qui a un froid qui & qui agrée. [Un vent frais. Eau fraiche.

Souvent près d'un *vin frais*
Sous un ombrage épais.
Le Sage à bonne grace.
Sarazin, poëſ. Ode à Chapelain.]

Frais, *fraiche, adj.* Qui a une fraicheur un peu trop ſenſible. [Les matinées ſont preſentement un peu fraiches. L'air des caparoit frais en été.]

* *Frais, fraiche.* Recent Nouveau. Qui eſt depuis peu. [Fraiche date. L'exemple eſt encor tout frais. *Abl.* Pain frais. Oeufs frais. Beurre frais. Chair fraiche, &c.

Frais, fraiche, adj. Il ſe dit de la memoire. [J'en ai encore la memoire fraiche, c'eſt à dire, je m'en ſouviens encore fort bien, & comme ſi la choſe venoit d'arriver.]

On dit d'une plaie fraiche, *qu'elle eſt fraiche*, c'eſt à dire, toute recente qui ſaigne encore.

* *Frais fraiche.* Ce mot en parlant de combat & de ſoldâs veut

FRA 375

qui eſt repoſé & vient pour combattre. [Il y venoit à toute heure des gens frais de la vile. *Abl. Ar. l. 1*.]

* *Frais, fraiche.* Ce mot en parlant de gens qui ſont vieux, ſignifie qui ne paroiſſent pas ſi âgés qu'ils le ſont. Qui ſe portent bien. Qui ont de la vigueur. [Il eſt encore frais pour ſon âge. Elle eſt encore fraiche pour ſon âge.]

* *Frais, fraiche.* Ce mot ſe dit du *tein.* Beau, agreablement coloré & ſans rides. [Avoir le tein frais.]

On dit en *Termes de Manége*, qu'un cheval a la bouche fraiche, quand il jette beaucoup d'écume.

Vent frais, en termes de Mer, c'eſt un vent favorable, qui devient plus fort & qui fait bien avancer le navire. [Dés que nous eumes doublé ce cap, nous eumes un vent frais & gaillard en poupe.]

Frais. Ce mot ſe prend quelquefois adverbialement. [Boire, frais. C'eſt du vin *frais percé*.]

Fraichement, adv. Avec fraicheur. [Nous ſommes ici aſſez fraichement.]

Fraichement, adv. Il n'y a pas long-tems. Depuis peu. N'agueres. Il eſt fraichement arrivé des bords de la Garonne *Mal Poë.*]

Fraicheur, ſ. f. Froid temperé qui plait. [La fraicheur de la nuit. *Voit. l.* 30.
* La fraicheur du tein. *Voit. Poë.*

On dit auſſi *la fraicheur des roſes* nouvellement cueillies.

Fraichir, v. n. Terme de Mer, qui ſe dit du vent, & ſignifie devenir plus-fort. (Le vent fraichit.)

Fraiſe, ſ. f. Fruit de fraiſier, qui eſt ordinairement rouge, & quelquefois blanc.) Les fraiſes ſont froides & humides.)

Fraiſe. Linge pliſſé de pluſieurs petits plis qu'on goderonnoit & que l'on portoit au tour du cou, il y a environ quarante ans.
[Porter une fraiſe

Fraiſe de veau. C'eſt à dire, les entrailles, la panſe & le piez d'un veau. [Manger une bonne fraiſe de veau.]

Fraiſe. Terme de *Chaſſe*. C'eſt la forme des meules & des perrures de la tête du cerf, du dain & du chevreüil. *Sal.*]

Fraiſe. Terme de *Fortification.* Rang de pieux panchez qui preſentent la pointe, & qu'on met aux fortifications de terre à la place qu'eſt le cordon de pierre à celles qui ſont reveruës. [Il fortifia les endroits foibles avec des fraiſes & des paliſſades. *Relation des campagnes de Rocroi & de Fribourg.*]

Fraiſer, v. Terme de *Fortification.* Mettre pluſieurs pieux de rang qui preſentent leurs pointes. [Fraiſer un boulevard.]

Fraiſer. Terme d'*Evolution militaire.* C'eſt poſter les piquiers devant les mouſquetaires, pour defendre le bataillon que la cavalerie veut rompre dans une plaine & le defaire. Les piquiers preſentent la pique à cette cavalerie pour en arrêter l'éfort. [fraiſer un bataillon, par tête & par queüe, à droit & à gauche. *Martinet, exercice pour l'Infanterie.*]

Fraiſer. Terme de *Patiſſier.* C'eſt bien manier la pâte. [Fraiſer la pâte.]

Fraiſer. Ce mot ſe dit en parlant des fêves, & ſignifie ôter la robe des fêves pour les rendre plus tendres. [Si l'on veut que ces fêves ſoient bonnes, il les faut fraiſer.]

Fraiſette, ſ. f. Petite fraiſe [On porte des fraiſettes éſilées en lieu de manchettes dans le grand deüil.]

Fraiſier, ſ. m. Petite plante qui fleurit blanc, dont le fruit eſt mûr en Juin.

Fraiſ, fraiſer, ſ. m Quelques artiſans diſent *fraiſer*, mais mal. On dit *fraiſ.* C'eſt de la cendre du charbon de terre qui demeure dans les forges des artiſans qui travaillent en fer.

Fraisque. V. *Freſque.*

Fraiz, ſ. m. Ce mot ne ſe dit point au ſingulier, & ſignifie dépens. Les fraiz funeraires ſont grands à Paris. On dit en *termes de Palais*, taxer les fraiz.]

Fraiz. Terme de Palais. Ce ſont toutes les menuës depenſes qu'on eſt obligé de faire, & qui n'entrent point en taxe.

Tous fraix faits, c'eſt à dire, aprés avoir rabatu tous les fraix avancez.

A moitié fraix. C'eſt à dire que deux perſonnes, chacun en portera ſa part.

* *Travailler ſur nouveaux fraix.* C'eſt recommencer un travail comme ſi l'on n'avoit encor rien fait.

Fraix. Dépenſe. [Se mettre en fraix. *La Fontaine, fables, l. 1.*]

Framboise, ſ. f. fruit de framboiſier. [Les framboiſes ne ſont pas ſi ſaines que les fraiſes.]

Framboiſer, v. a. Terme de *Confiturier.* Mettre du jus de framboiſe. Donner l'odeur de framboiſe. [framboiſer des ceriſes]

Framboiſier, ſ. m. Plante qui a une racine longue, qui jette tous les ans des ſurgeons, leſquels en la ſeconde année fleuriſſent & portent un petit fruit rouge qu'on apelle *framboiſe*, & qu'on mange avec force ſucre, ou qu'on fait confire.

F R A N C, *franche, adj* Exent. Libre de tout [Il eſt franc & quitte de tout dettes. C'eſt une *ville franche*, ou plutôt une *ville libre.* Les foires franches. Un heritage franc & libre de toutes charges.]

* *Franc, franche.* Veritable [Un franc pêcheur. *Paſ. l. 4.*]
* *Franc, franche.* Sincere. Candide, ſans déguiſement. Il eſt franc

franc. Humeur franche. Un esprit franc & ouvert.]

Franc. f. m. Terme de *Jardinier.* Arbre qui n'est point sauvageon. [Enter sur le franc.] *Enter franc sur franc.* C'est enter une gréfe prise d'un arbre qui a été greté, sur un arbre qui a déja été enté une autrefois.

Franc, f. m. La valeur de vingt sous. Livre. On dit pas *un franc*, mais *vinge sous.* On ne dit pas *deux francs*, mais *quarante sous.* On ne dit pas *trois francs*, mais *un écu.* On ne dit pas non plus *cinq francs*, mais *cent sous.* Hors de là on dit franc pourvu que le mot de *franc* ne soit suivi d'aucun autre nombre. [Ainsi dires, cela me coute quatre francs, six francs. Mais si vous ajoûtez quelque nombre comme cinq ou dix, &c. vous vous servirez du mot de *livre* au lieu de *franc* & direz, j'ay acheté cela quatre livres cinq sous, sept livres dix sous, & non pas *quatre francs cinq sous.* Il achete sa charge dix mille francs. Un sac de mille francs.]

Franc, adv. Sincerement. Franchement. Sans feintise & avec quelque sorte de liberté. [Je lui ai dit tout franc qu'il donnât cette commission à un autre.

Je vous parle un peu *franc*, mais c'est-là mon humeur
Et je ne mâche point ce que j'ai sur le cœur.
Mol. a 1. sc. 1.]

Franc-aleu, f. m. Terme de *Palais. Vossius, Vit. serm. l.* 2. a dit que ce mot vient du flamand ; mais mal, selon Loccenius qui soutient qu'il derive des Gots. *Alodium*, dit-il, *est vox Gotho-saxonica significans omnimodam proprietatem.* Voi *Lexicon Juris sueco. Gothiri.* Le franc-aleu est une terre exempte de toute sorte de droits Seigneuriaux, & celui qui le possede n'est obligé de faire ni foi ni hommage, ni paier aucun droit. Il y a un franc-aleu noble & un franc-aleu roturier. Le franc-aleu noble à Justice, ou quelque fief. Le franc aleu roturier n'a ni fief ni justice ; mais il est seulement exempt de tous droits Seigneuriaux. Terre qui est en franc-aleu.

Franc-arbitre. Voiez *Arbitre.*

Franc-Archer, f. m. C'étoit autrefois un Archer, qui étoit exent de guet, de gardes & de taille, & entreremu par les habitans des Parroisses, moïennant quoi il étoit tenu de s'exercer à tirer de l'arc pour servir le Roi en tems de guerre. [Une compagnie de Francs-Archers.]

Une botte franche. C'est un coup de fleuret qu'on a porté net, & qu'on n'a pû parer.

Franc Bourgeois, f. m. Termes de *Coutumes.* Il s'est dit des habitans d'une Seigneurie, qui étoient exents de certaines redevances envers leur Seigneur, & obligez pourtant à quelquelqu'autre service.

Compagnie franche. C'est une Compagnie qui n'est pas incorporée dans un Regiment, & qui prend les ordres de son Capitaine.

Franc fief. C'est un fief tenu par des gens de franche condition autres que des nobles.

† *Franc Gaulois.* Ce mot se dit d'un homme qui vit à l'antique, dans la bonne foi & dans la simplicité.

Le langage franc, ou *la langue franque.* C'est un jargon composé de François, d'Italien, d'Espagnol, &c. & qui est entendu par tous les Matelots & Marchands qui vont sur la mer Mediterranée.

† *Franche-lipée, f. f.* Repuë franche. Repas où un écornisleur ne paie rien. Et l'on dit de ces sortes de gens, *il est franc comme un maquereau.*

Franc du quarreau. Sorte de jeu. C'est un quarré marqué sur la terre, ou sur un plancher, dans lequel on tâche de jetter un palet, ou une piece de monnoïe.

Franc-quartier. Terme de *Blason.* C'est le prémier quartier de l'Ecu qui est à la droite de l'Ecu, du côté du Chef, & toutefois moindre qu'un vrai quartier d'écartelage. On y met quelques autres armes que celle de l'Ecu. [*Novion* porte d'azur à deux mains d'or, *au franc-quartier*, échiqueté d'argent & d'azur.]

Franc-real. C'est le nom d'une grosse poire d'hiver.

Franc salé, f. m. C'est le privilege que le Roi accorde à quelques Officiers, de prendre du sel sans paier d'impôts.

* *Franchement, adv.* Librement. [Parler franchement.]

Franchir, v. a. Passer en sautant. [Franchir une fosse.

Franchir, Passer. Traverser. [Il avoit franchi les montagnes de la Cilicie. *Vau Quin. l. 5.*]

* Franchir les bornes de la pudeur. *Patru, plaid. 11.*

† * *Franchir le saut Pas. l.* 4. C'est passer outre sans rien considerer.

† * *Franchir le mot.* C'est dire franchement & librement une chose.

* Franchir *une difficulté, f. f.* C'est en venir à bout, la surmonter.

Franchise, f. f. Liberté. Perdre sa franchise. *Voi. poët.* Ma franchise va danser la courante. *Mol.*]

Franchise. Azile. Un lieu de franchise.]

Franchise. Exemption de se faire passer maître. (Gagner sa franchise.)

* *Franchise.* Sincerité. (Avoir de la franchise. Un cœur plein de franchise. *Abl.*)

* *Franchise de pinceau, franchise de burin.* C'est un travail facile & avec art.

FRANCISQUE, *f. f.* Hache à deux tranchans dont les premiers François étoient armez. *Demarais, Vie de Clovis prémier.*

FRANÇOIS, *Françoise, adj.* Prononcez *Français*, c'est à dire, qui est né en France ; qui regarde les François. (Il est Français de nation. Demoiselle Françoise.]

A la Françoise, adv. A la maniere des François. [Etre habillé à la Françoise. S'habiller à la Françoise.]

François, f. m. Prononcez *Français.* C'est à dire, le langage François. La langue qu'on parle en France. [Savoir le François. Apprendre le François. Parler bien François.]

François, f. m. Ce mot signifiant un nom d'homme se prononce comme il est écrit. [Le Roi François I. Monsieur s'appelle François.]

Françoise, f. f. Ce mot signifiant un nom de femme se prononce comme il est écrit. (Françoise est fort jolie.] V. *Fanchon.*

FRANCOLIN, *f. m.* Oiseau un peu plus gros que le perdrix. Il a la tête, le cou & le croupion tirant sur le rouge avec un peu de violet & de noir, il a l'estomac & le ventre marquez de blanc & de noir, le bec & les jambes noires avec les extremitez des ailes & de la queuë, noires. Le francolin est excellent à maguer & est pour ceux qui ont l'estomac foible, ou qui ont la gravelle. Quelques uns trouvent le francolin meilleur que le faisan. Le francolin ne chante pas. Neanmoins il a un certain cri, mais ce cri n'est point proprement un chant. Il y en a beaucoup en Barbarie auprés de Tunis. Et pour cela on appelle le francolin, la perdrix de Barbarie. *Olina, traité des oiseaux.*

FRANGE, *f. f.* Soïe travaillée & mise en œuvre pour servir d'ornement aux lits, aux écharpes, aux capes, gans, &c. La frange est composée d'une chainette, d'une tête & du corps de la frange. [Une belle & bonne frange. Frange d'or, d'argent, ‚de soïe, de fil, Une belle frange. Une bonne frange.]

Franger, v. a. Garnir de Franges. [Franger une pente desix.]

Franger, v. a. Ouvrier qui fait & vend de toutes sortes de franges, de campannes, de crépines, de fleuret, de passemens, de pommes de lit, &c.

FRANGIPANE, *franchipane.* On dit par corruption *franchipane,* mais mal. Il faut dire *frangipane.* On se sert de ce mot en parlant de certains gans qu'on nomme *gans de frangipane,* nom d'un Italien qu'on appelloit FRANGIPANNI qui inventa le parfum avec lequel on parfuma, prémierement, ces sortes de gans.]

† A LA FRANQUETE, *adv.* franchement. [Agissons à la franquette. *Mol.* Parler à la franquette. *Mol.*]

FRAPER, *v. a* Battre, toucher, donner un ou plusieurs coups. (Fraper la cuisse, fraper sur la cuisse. Cette derniere façon de parler est la meilleure. *Vau. Rem.* Il l'a rudement frappé.)

Fraper. Heurter à quelque porte. Frapper à la porte. Fraper en maître, l'amour vous conduit.)

Fraper. Ce mot se dit en parlant de monoïe. (Fraper une piece de monoie. Fraper la monoïe.)

] Frapper d'anarême. *Pas. l. 3.*

* Sa beauté frape le cœur & les yeux. *Scaron,* Ces fantômes frappent les esprits. Cela lui frapa l'imagination. Cette nouvelle me frape, *c'est-à-dire*, me touche & m'étonne.]

† FRASQUE, *f. f.* Piece & tour qu'on fait à quelquun pour le choquer. [Il m'a fait une frasque.]

FRASSINELLE. V. *Fraxinelle.*

† FRATER, *f. m.* Garçon Chirurgien, & garçon Apoticaire. [C'est un frater.]

Fraternel, fraternelle, adj. Qui est de frere : Qui est entre freres. (Amour fraternel. Amitié fraternelle.]

Fraternellement, adv. En frere. [S'aimer fraternellement.]

Fraternizer, v. n. C'est avoir un rapport de frere, une union de frere avec quelcun. [Ils fraternisent & ils vivent dans la plus grande union du monde.]

Fraternité, f. f. Liaison de frere. Union & amitié fraternelle, [Ils ont emploïé les mots de communauté & de *fraternité* pour exprimer une union si sainte. *Patru, plaid.* 15.]

Fratricide, f. m. Ce mot signifie *meurtre de frere.* Fratricide a été condamné par Vaugelas, mais mal. On dit fort bien. Le fratricide est un crime horrible & detestable. L'Empire de Rome commença par un fratricide. *Tite Corneille*, notes sur *Vaug. T.* 2 *p.* 533.

Fratricide, f. m. Celui, ou celle qui a tué son frere. (Caïn a été le premier des assassinateurs des *fratricides. Le Mait. pl* 28. La puissance Imperiale ne put délivrer un Empereur fratricide d'une fin tragique. *Le Mait. pl.* 28. *p.* 515.)

FRAUDE, *f. f.* Ce mot vient du Latin *fraus*, & il signifie tromperie, fourbe. C'est un mot plus usité entre les Praticiens qu'entre les gens qui parlent bien. C'est une action de mauvaise foy [La fraude doit être punie.]

Frauder, v. a. Tromper. Tricher. [Frauder les droits du fisc. *Abl. Apoph.*]

Frauduleux, frauduleuse, adj. Ce mot est plus de pratique que du beau langage. Il signifie *trompeur,* qui contient quelque tromperie. [Contrat frauduleux. Banqueroute frauduleuse.]

FRAXINELLE, ou *Frassinelle, f. f.* Sorte de plante qui pousse des feuilles assez semblables à celle du frêne, & qui porte fleurs de couleur de pourpre.

FRI

FRE.

† FRIDAINE, *s. f.* Folie. Niaiserie. Sotise. Petits tours d'amour de galanterie & de jeunesse. N'avez-vous pas dans vôtre tems fait des *fredaines*, comme les autres ? *Mol.*)

FREDERIC, *s. m.* Nom d'homme.

FREDON, *s. m.* Terme de *Musique*. Ce mot à deux significations. C'est la valeur de la note qu'on appelle double croche. Il signifie aussi des passages, ou agrémens de musique.

L'on traine en long *fredons* une voix glapissante.
Depreaux, Sat. 3.

Les Espagnols ont une disposition de gorge admirable, avec leurs fredons & leurs roulemens, ils semblent dans leur chant disputer aux rossignols la facilité du gosier *S. Evremont, Opera.*]

Fredon. Terme de *Jeu de cartes*. Ce sont trois , ou quatre cartes; par exemple , au jeu du hoc , trois valets , ou quatre valets font un fredon qu'on appelle *fredon troisiéme, & quatriéme.* (Avoir fredon.)

Fredonner, v. n. Faire des fredons ou des passages avec la voix. [Il Fredonne bien. Frédonner agreablement. On dit que les Italiens fredonnent trop.

Et la troupe à l'instant cessant de fredonner.
D'un ton gravement fou s'est mise à raisonner.
Depreaux Satire 3.)

* *Fredonner , v. a.* [Ronsard , sur les pipeaux rustiques, vient encor *fredonner* ses Idiles Gotiques. *Dep. Poët. c. 1.*)

FRÉGATE, *s. m.* Petit vaisseau à rames & à voiles, propre à découvrir & à porter des nouvelles.

Frigaton, s. m. Terme de *Mer.* Sorte de bâtiment Vénitien.

FREIN, *s. m.* Ce mot dans le propre ne se dit presque plus , & en sa place on dit *mords, Embouchure.* Un Academicien fort fameux a pourtant écrit. [Il receut un cheval enharnaché dont le *frein* étoit d'or. Cet Academicien n'est pas en cela à imiter.]

* *Frein.* Terme de *Meunier.* Cerceau autour du rolet du moulin à vent qui arrête le moulin par le moien d'une bascule. (Abatre le frein.)

* *Frein.* Ce mot au figuré a un sens assez étendu. [Exemples, Seigneur mettez un *frein* à ma langue. *God.* Les nouvelles villes étoient un *frein* à qui voudroit remuer. *Vau. Quint. l. x. c. 2.*)

† * *Ronger son frein.* C'est repasser sur son peu de conduite en être faché & en enrager.

* † *Prendre le frein aux dents.* C'est se mettre serieusement & courageusement à faire quelque chose y étant contrain par ses propres interêts.

FRÊLE , *adj.* Fragile. Qui se peut aisément rompre & casser. (Le verre est frêle. La vaisselle de Faiance est frêle.)

* La beauté du visage est un *frêle* ornement. *Mol. femmes savantes , a. 3.*

INFLATER, *v. a.* Ce mot se dit du vin & il signifie *falsifier. Sophistiquer.* (Cabaretier qui fretate son vin. C'est du vin frelaté.)

FRELON, *s. m.* Espece de grosse mouche , qui ressemble à la guêpe , mais qui est deux fois plus grosse que la guêpe , & qui est ennemie des abeilles. (Un gros frelon.)

FRELUCHE , *s. m.* Petit ornement en manière de houpe qu'on met à côté de certains boutons qu'on appelle *boutons à freluche.*

Freluche. Maniere de petits fils qui volent en l'air au cœur de l'été.

[J'entreprendrois en un tems chaud & clair,
Le vain calcul des *freluches* de l'air.
S. Amant.]

FRÉMIR, *v. n.* Trembler de peur. Avoir peur. Avoir horreur Avoir de la fraieur. (Mes cheveux gris me font déja frémir *Mai pe.* Je ne puis sans fremir parler des aureurs d'un si execrable attentat. *Vau. Quin. l. 6.* Son nom seul fait fremir. *Racine Andromaque, a. 1. f. 2.*)

* *Fremissement , s. m.* Bourdonnement sourd que font les cloches immediatement aprés qu'elles ont sonné. (* On empêche le fremissement des parties de la cloche en la touchant d'un morceau de drap , ou en serrant le bord avec la main. *Mer. l. 7.*]

Fremissement, s. m. Ce mot se dit de la premiere agitation que donnent certaines passions, comme la crainte , l'horreur , la colere. (Il apprit cette nouvelle avec un certain *frémissement,* qui marquoit sa crainte.)

FRÊNE, *s. m.* Sorte d'arbre qui a le bois blanc & sans nœuds, qui est dur, & qui se plait aux lieux humides. (Il y a de petits frênes & de grans frênes.)

FRE'NE'SIE , *s. f.* Il vient du Grec. C'est une altération d'esprit qui est un commencement de folie. (Il est tombé en frenésie. *Vau. Quin. Curce, l. 7.*)

Frenésie, ou *phrénésie.* Les savans sont pour le dernier, mais les autres , qui suivent l'usage aiment mieux le premier. Il signifie passion ardente. Ardeur violente.

[Oui , depuis le moment que cette *frénésie.*
De ses noires vapeurs troubla ma fantaisie.
Dépr. Sat. 2.

FRI

Frénétique , adj. Qui a l'esprit alteré. Fou. (Esprit phrénétique. C'est un frénétique.]

* *Ardeur frénétique. S. Amant.* C'est à dire ardeur violente, ardente.

FREQUENT , *frequente , adj.* Prononcez *frekan.* Il vient du Latin *frequens*, c'est à dire , qui vient souvent , ordinaire.(Cela est frequent.C'est une chose assez frequente dans le monde.)

Fréquemment , adv. Souvent. (il vient frequemment au logis cela arrive trés-frequemment. V..... Va fréquemment e 1 des lieux qu'on ne peut pas dire,)

Frequentation , s. f. Prononcez *frekentacion.* Commerce d'habitude qu'on a avec une ou plusieurs personnes. (Je n'ai nulle frequentation avec un coquin de cette sorte - là. La fréquentation,des gens debauchez est dangereuse.)

Frequenter , v. a. Hanter. Converser frequemment avec une personne. Aller souvent en un lieu. (Frequenter quelcun. *Scaram.* Di moi avec qui tu frequentes, & je te dirai qui tu es.) Quand ce mot *fréquenter* se dit *des personnes*, il regit l'accusatif, comme dans les exemples ci dessus. Mais quand il se dit *des lieux*, il veut aprés soi un datif. (Il frequentroit *au* logis de l'intimé. *Patru, plaid. xi.* Il frequente plus que jamais *à la* maison. (*Scar. Rom.*) On dit pourtant aussi. Frequenter une maison. Frequenter le barreau.

FRE'RE, *s. m.* Celui qui est né d'une même pére & d'une même mére qu'un autre , ou seulement d'un même pére, ou d'une même mére. (Frére de pére & de mére. Frere de pére , ou de mére. seulement. Demi-frere. Freres consanguins. Freres uterins. Termes *de Palais. Fréres jumeaux.* Qui sont nez d'une même ventrée, *Frére naturel* , c'est à dire , illegitime, Bâtard.)

Frére de lait. Celui qui est nourri du même lait qu'un autre. Celui qui a la même nourriture. Qui a une nourrice commune avec un autre. (C'est son frere de lait.

Beau-frere. Celui dont on a épousé la sœur. Celui dont on a épousé le frere. Celui qui est d'un autre lit.

Frére. Nom qu'on donne aux Religieux novices. Nom qu'on donne aux Religieux qui ne peuvent être Péres.(Ainsi on dit , Frére Anselme est un bon Réligieux. Frere Fiacre est à la quête.)

Freres - mineurs. Ce sont les Religieux de l'Ordre de Saint François qu'on appelle Cordeliers de l'étroite observance.

Freres de la charité. Sorte de Religieux fondez par Jean Devora Portugais. Ils sont habillez de gris avec un Scapulaire de même étofe & un petit capuce. Ils n'ont pour but que de se sauver en exerçant toutes sortes de devoirs envers les pauvres.

Freres prêcheurs. Ce sont les Jacobins. V. *Jacobin.*

† *Frere frapart.* Terme de *mépris.* Pour dire un Religieux de nom seulement. Un je ne sai qui Religieux.

† *Frere coupe-choux.* Terme de *mépris.* Sorte de pauvre petit frere lai. Religieux de nul merite. Religieux de nulle consideration.

† * *C'est un bon frere.* C'est à dire, c'est un gaillard qui aime à se divertir & à faire bonne chére.

Frérie , s. f. Régal , & bonne chere qu'on fait avec ses amis. [Etre en frérie. Etre de frérie. Faire Frérie.)

Un loup étant de *frérie*
Se pressa fort de manger.
Qu'il en pensa perdra la vie.
La font. fabl. l. 3. fabl. 9.)

FRESAÏE , *s. f.* Sorte d'oiseau de nuit.

* FRESILLON , *s. m.* Arbrisseau. V. *Troêne.*

FRESQUE , ou *fraisque* Terme de *Peinture.* Sorte de peinture où l'on emploie les couleurs avec de l'eau seulement & sur un enduit fait le même jour qu'on y doit peindre , & dont le mortier n'est pas encor sec. [Peindre à fresque. Voi *de Pilles, traité de peinture.*)

FRESSURE, *s. m.* Cœur, poumon , & foie de quelque animal , comme de veau , de mouton. &c. Une bonne fressure de veau.)

FRET, *s. m.* Terme de *Mer.* Loüage de navire.

Frete , s. f. Lien de fer. [Frete d'arbre de roüe de moulin à eau. Frete de moien de roüe.)

Freté, fretée, adj. Terme de *Blason.* Garni de barreaux en forme de treillis.

Frêtes , s. f. Terme de *Blason.* Barreaux en forme de treillis.

Fréter , v. a. Terme de *Mer.* Loüer un navire pour porter de la marchandise. (Freter un navire.)

Fréteur , s. m. Terme de *Mer.* C'est le proprietaire d'un vaisseau , qui le donne à loüage à un marchand.

† *Frétillant, frétillante, adj.* Celui ou celle qui frétile. Il est fretillant. Elle est frétillante.)

† *Frétille, s. f.* Coucher sur la fretille. C'est à diere , coucher sur la paille.)

† *Frétiller , v. a.* Danser. Sauter. Remuer, être toûjours en mouvement. Remuer dru & menu. (Enfant qui fretile toûjours.)

FRETIN , *s. m.* Poisson de rebut. (Menu frétin.)

† * *Frétin.* Ce mot se dit des livres , & veut dire *livres de rebut*. Il signifie aussi *chose de rubut.* (Je me suis défait du fretin de ma Bibliotéque.)

Fretin, f. m. Terme de *Jardinier.* Ce sont des branches inutiles parce qu'elles sont petites, menuës & chifonnes, & quelquefois vieilles & usées (Il. faut à la taille ôter tout le fretin.

FRI.

FRIABLE, *adj.* Qui se peut aisément reduire en poudre, qui se peut écraser entre les doigts (Les pierres calcinées sont friables. L'alun brûlé est friable. L'agaric est friable. Le sel est un principe sec & friable.)

FRIAND, *friande, adj.* Qui aime à manger quelque chose de bon (Il est friant, elle est friande.)

Friand, friande. Délicat & bon à manger. (Morceau friand.)

† *Friand, friande.* Qui aime quelque chose. Delicat. (Il est friand des cœurs comme un poulin de grain. Scar. poës.) Friand de loüanges. *Mol.* Il n'est friand que des choses qui le font rire. Objet friand. *Scar.*

Friandise, f. f. Apetit ou peu desordonné pour les choses délicates & bonnes à manger. C'est une friandise que cela.)

Friandises. Choses delicates & bonnes à manger. (Aimer les choses friandes. Donner de petites friandises aux enfans.)

† *Friandise, f. f.* Il se dit en riant au figuré. Il signifie amour, passion pour quelque chose, pénte à quelque chose. (Il y a une certaine friandise de loüanges qu'on ne sauroit trop estimer dans un honnête homme. On dit en proverbe. C'est un gaillard qui a le nez tourné à la friandise. *C'est à dire,* qu'a du panchant à aimer.)

Fribut, f. m. Mot qui est en usage dans les Iles de l'Amerique, & qui est formé des Holandois. C'est un vaisseau armé en cours. Plusieurs disent flibot. Voiez *flibot.*

Fributiers, f. m. Prononcez *fributiez.* Gens de l'équipage de vaisseaux qu'on appelle fribut. La plûpart disent *flibutiers,* Ce sont les Corsaires des Iles de l'Amerique. (Les fributiers font à craindre Voiez *flibutiers.*)

Fricandeau, f. m. Terme de *Cuisinier.* C'est une tranche de veau mince & bien battuë, assaisonnée avec des herbes & de la graisse, & qu'on sert aux entrées de table.

Fricassée, f. f. C'est de la viande coupée en morceaux & assaisonnée qu'on fait cuire dans une poîle avec son assaisonnement. Faire une bonne fricassée de poulets. Manger une excellente fricassée de veau.)

Fricasser, v. a. Faire une fricassée. Faire une fricassée de quelque chose. (Fricasser une paire de poulets. Fricasser des œufs.

Fricasseur, f. m. Ce mot se trouve dans les Epigrammes de Maimard page 109. & signifie un Cuisinier, mais il ne se dit en ce sens que burlesquement & même il ne se dit guere. (J'ay un bon fricasseur.)

* *Fricasser, v. a.* Mot comique, qui signifie consumer entierement, perdre, manger tout à fait quelque bien. [T. D. L. est un drille fort éveillé, il a non-seulement fricassé son bien, mais aussi celui de ses pauvres dupes.

J'ay fricassé mon petit patrimoine
Et je serois bien-heureux d'être Moine.
Ligniere, poësies.]

Friche, f. m. Quelques-uns le font feminin. Terme de *Jardinier & de Laboureur.* C'est à dire terre inculte. Terre qu'on ne cultive point. Cette terre est en friche. Ce terroir est en friche.) * † Il ne faut pas laisser son esprit *en friche*

Friction, f. f. Terme de *Chirurgien.* Frotement. (La friction est souvent necessaire. User de frictions. Se servir de frictions.

Frilleux, frilleuse, adj. Sensible au froid. (Il est frilleux.Elle est frilleuse.)

Frimas, f. m. Brouillard froid & épais qui tombe blanc sur les arbres & sur la terre. Montagne couverte de nége & de frimas *Van. Quin.* l. 3. c.x. Il vient de ses noirs frimas arriister la nature. *Depr. Sat.8.*

Fringant, fringante, adj. Ce mot se dit des chevaux, & veut dire qui va d'un air fier. Qui va en sautant. Cheval fringant.

Fringant, fringante. Qui est alerte, qui danse, qui saute. (Il est fort fringant.)

Elle est pleine d'appas.
Elle est jeune & *fringante*
Elle à l'humeur riante.
Recueil de poës.

† *Fringuer, v. a.* Danser. [Ils dansent & fringuent comme il faut.)

Fringuer, v. a. Rinser un verre. Jetter de l'eau sur un verre pour le nettéïer. (Fringuer un verre. Un verre bien fringué.)

Frion. f. m. Terme de *Laboureur.* Petit fer attaché au côté du sep de la charruë.

† UN *Fripe-sauce, f. m.* Un espece d'égrillard & de goinfre.

Friper, v. a. Consumer. Gâter. User. (Friper un livre, un habit. Livre fripé.)

† * *Friper le pouce.* C'est faire la vie. Faire bonne chere, & rire. Ils ont fripé le pouce ensemble.)

† *Friper ses classes.* C'est à dire ne pas aller en classe.

Friperie, f. f. Lieu à Paris où l'on vend de toutes sortes d'habits soit vieux, ou neufs, où l'on vent des lits & tous les meubles d'une chambre. [Acheter un habit à la friperie.)

† *Se jetter sur la friperie de quelcun.* C'est se jetter sur quelcun l'outrager & le gourmer.

friper, f. m. Celui qui vend & achete de vieux habits, & qui en fait aussi de neufs. On dit aussi fripière, subst. fem.

† *Fripier d'écrits, impudent plagiaire. Moliere, femmes savantes, a 3. f.4.*

FRIPON, *f. m.* Méchant, Marant. Fourbe & coquin. Fripon comme un ..... de Paris. Quand on est né fripon, c'est une espece de petit miracle si on devient jamais honnête-homme.]

Fripon. Ce mot en parlant d'écolier, veut dire libertin, négligent qui fripe ses classes. (C'est un petit fripon.)

† *Fripon.* Terme de *caresse* dont les Dames qui aiment se sevent en badinant avec leurs galans.

† *Fripon, friponne, adj.* Ce mot se dit entre amans & amantes, mais toûjours en riant & badinant. [Yeux fripons, Sca. poës.]

Friponne, f. f. Coquine. Fourbe & mechante. (Une franche friponne. Une mechante friponne.)

P *Friponne,* Terme de *caresse,* qui se dit en riant, lors qu'on parle à une Dame qu'on aime. (Ah friponne, vos beaux yeux m'ont derobé le cœur.)

Friponner, v. a. Faire quelque friponnerie. Prendre quelque petite chose avec adresse. (Où en a-t-on vu qui aient fait mourir leur Cuisinier pour avoir friponné quelque chose. *Abl. Luc. Tom.* 1. Les Lacédemoniens permettoient à leurs enfans de friponner quelque chose. *Abl. Apoph.*)

† * *Friponner.* Terme de *caresse*, dont on se sert quelquefois en parlant à quelque jolie fille. (Vos beaux yeux ont friponné mon cœur.)

Friponnerie, f. f. Action de coquin , de fourbe & de méchant (c'est une insigne friponnerie. Faire une friponnerie à quelcun.)

Friquet, f. m. Sorte de moineau fou que les Italiens apellent *Passera mattugia.* Voi *Olina traité des Oiseaux qui chantent.* (Un friquet mâle. Un friquet femelle.)

* † *Friquet, f. m.* Il se dit d'un jeune galant qui n'a que du caquet & de l'affeterie. (C'est un petit friquet.)

Friquet. Sorte d'écumoire quarré pour tirer la friture.

Frire, v. a. Verbe défectueux, *je fris, tu fris, il frit. Nous faisons frire, vous faites frire, ils font frire. Je faisois frire. J'ai frit.* C'est faire cuire dans la friture. Frire une carpe. Frire un brochet. Goujons qui sont bien frits.)

[† * Il n'y a *pas de quoi frire.* Il n'y a *rien à frire* ; C'est à dire il n'y a rien à esperer. Il n'y a rien à gagner.

Peu de gens sachant bien écrire
Ont abondamment *dequoi frire.*
Sca. Poës.

C'est à dire que les habiles Auteurs ne sont pas d'ordinaire fort accommodez.]

* † *Tout est frit.* C'est à dire, tout est perdu, Tout est pris. Il n'y a plus rien. *Tout homme qui la voit, est frit. Voit. Poës.* C'est à dire que quiconque la regarde, en est amoureux.

Frise, f. f. Sorte de toile qui est forte & ferme & moins fine que la véritable Hollande. (Une bonne frise.)

Frise, Sorte d'étofe de laine frisée.

Frise Terme d'*Architecture.* C'est la partie de l'entablement qui est entre l'architrave & la corniche.

Friser, v. a. Ce mot se dit proprement des cheveux. C'est mettre les cheveux sous les papillotes, les serrer avec un fer, les peigner en arrangeant avec les doigts & leur donnant un tour en maniere d'onde.

* *Friser.* Terme de *Maître d'hotel.* Plier une serviete, ou du linge de table en matiere de petite onde. [Friser une servieta,]

* *Friser ,* Terme de *Drapier.* C'est faire venir de la laine à un drap en forme de coton. (Friser un Drap. d'or frisé. *Van. Quin.* l.3. c.3.

* *Friser ,* Toucher presque. Passer au prés. (La bale lui a frisé l'épaule. Friser la corde.)

* On dit au figuré qu'un petit vent frise l'eau lors qu'il ne fait que l'agiter par petites ondes.

Cheval de frise. Terme de *Fortification.* C'est une grosse piece de bois traversée de plusieurs autres pieces de bois ferrées, qui sert à boucher un passage, une bréche, &c.

Frisé, frisée, adj. [Cheveux frisez. Drap d'or frisé.] *Chous frisés,* ce sont des chous crépus & verds qui viennent en hiver.

Frisoter, v. a. Friser souvent.

† *Frisque. adj.* Mot un peu vieux & qui ne s'emploïe que dans le comique. Il signifie joli & gentil.

[J'ai vû maint homme & mainte femme
Frisques, galans en leurs atours,
Brûler de mutuelle flamme.
Nouv. Parnasse page 35.]

Frisquete, f. f. Terme d'*Imprimeur.* Maniere de chassis qu'on met sur la feuille en blanc lors qu'on tire, & cela depuit que les pages ne barbouillent.

Frisûre, f. f. Maniere dont les cheveux sont frisez. (La frisûre de cette perruque est fort bonne.)

FRISER, *v. n.* Terme d'*Imprimeur ,* qui se dit lors que les caracteres branlent pour n'être pas bien serrez dans la forme

FRI

& qu'ils marquent la lettre double, ou brouillée.

FRISSON, *s. m.* Froid qui vient au commencement d'un accés de fiévre. Mouvement soudain & véhément causé par la retraite de la chaleur. *Deg.* (Avoir le frisson. Il est dans le frisson.)

Frissonnement, s. m. C'est le frisson.

Frissonner, v. n. Avoir le frisson. (Il frissonne. Il a frissonné toute la matinée.)

[frissonner d'épouvante. *Dépr. Epit.* 4. D'une sécrete horreur je me sens *frissonner. Racine Iphigenie, a.* 2. *s.* 3.]

FRIT, *frite,* Voiez *frire.*

FRITILLAIRE *s. f.* Sorte de plante qui fleurit en Mars, qui porte deux feuilles qui pendent du haut de sa tige en forme de petites cloches tiquetées.

FRITE, *s. f.* Terme de *Verrier.* C'est l'écume qu'on ôte de dessus la matiere qu'on a fait fondre dans les creusets.

FRITURE, *s. f.* Beurre, ou huile dont on se sert pour frire quelque poisson, ou autre chose. [Cette friture est trop vieille.]

Frivole, adj. Inutile. Vain. Cela est frivole. *Vau. Rem.* Excuse frivole. *Abl.*]

FRO.

FROC, *s. m.* Terme de *Benedictin.* Habit de serge noire fort ample avec de grandes manches & un capuchon, que porte le Religieux Benedictin lors qu'il est à l'office, ou qu'il va en ville. [Froc usé.]

Froc. Ce mot est aussi *Terme de Bernardin.* C'est l'habit du Religieux Bernardin en cérémonie. C'est habit parmi les Bernardins s'appelle aussi *coule.* [Prendre son *froc,* ou sa coule pour aller à Vêpres.]

* *Quitter le froc.* Ces mots au figuré veulent dire quitter l'habit de Religion. On dit aussi au même sens *Jetter le froc aux orties.*

FROID, *s. m.* Froidure. [Le froid s'est ennemi des nerfs. Le grand froid n'est bon que pour les choux.

* *Faire le froid.* C'est à dire, ne témoigner nul empressement pour une chose. Faire le reservé. Témoigner une froideur dédaigneuse,

† * *Souffrir le chaud & le froid.* C'est à dire le pour & le contre.

Froid, froide, adj. Qui a de la froideur. (Tems froid. Vend froid. Pluie froide.

Froid, froide. Moderé. Posé. C'est un grand homme froid. Je lui parlai de sang froid.

* *froid, froide.* Qui n'a plus d'empressement qu'il avoit, ni l'ardeur qu'il avoit témoigné. (Il est fort froid là-dessus.)

* *Froid, froide.* Ce mot se dit du discours, du style & des pensées, & il veut dire trop affecté. Pueril. Sot. Qui est contraire au bon sens. *Voi. Depr. Longin, c.* 3. Stile froid. *Abl.* Pensée froide. *Abl.* Cette loüange est froide, parce qu'elle, est excessive. *Boileau, avis à Menage.*]

Froidement, adv. Dans un état où l'on sent la froidure. Nous sommes ici froidement.]

† * *Froidement, adv.* D'un sang froid. D'un sang rassis & posé. D'une maniere froide.] Vous loüez les œuvres d'autrui froidement, *Gomb. Epit. l.* 3. Il se mit à rire & me dit froidement. *Pas. l.* 1.]

Froideur, s. f. Ce mot dans le propre se prononce d'ordinaire. comme il est écrit, & est usité dans les matieres de Philosophie. On peut dire que la *froideur* est une qualité qui imprime en nous un sentiment de froid. [La chaleur dissipe & écarte, & la *froideur* assemble & ressere. *Bernie*] dans sa *Philosophie,* en parlant des qualitez dit qu'il y a des *atomes de froideur,* & que ces atomes sont piramidaux. L'eau après avoir été échaufée reprend sa froideur naturelle.]

* *Froideur.* Ce mot au figuré se prononce *fredeur.* Espéce d'aversion. Grande indifference. Parler d'une personne avec froideur. *M. de la Rochefoucaut.* La froideur des femmes Holandoises leur tient lieu de vertu. *S. Evremond.*]

* *Faire froid à quelcun.* Batre froid avec quelcun. C'est le traiter avec froideur.

* *Il me glace avec son froid ;* c'est à dire, la froideur avec laquelle il me parle me fait de la peine & je ne sçai comment agir avec lui.

† *Froidir.* Ce verbe n'est pas en usage, en sa place on dit *refroidir. Vau. Rem.*

Froidure, s. f. Froid. [La froidure est grande. La froidure est ennemie des nerfs. La froidure n'est bonne que pour les choux.

Miserable troupeau, qui durant la froidure.
Vois ces champs, sans moisson & ces prez sans verdure,
Racan, berg. a 5.]

FROISSER, *v. a.* Rompre mettre en pieces. Briser. Meurtrir (L'un me heurte d'un ais dont je suis tout froissé. *Dépreaux Sat* 6.

Froisser. Chifoner. (Sa jupe étoit un peu froissée, *Bussi.*)]

FROMAGE, *s. m.* C'est un composé de lait pris & caillé qu'on seche, qu'on sale, & qu'on mange. C'est aussi un composé de lait, de crême & de presure. [Fromage gras. Fromage aîné. Fromage à la crême. Fromage. à la pie.] *V. Chat.*

FROMENT, *froument, s. f.* Quelques auteurs du premier ordre

FRI

ont écrit *froument* pour *froment ;* mais l'usage n'est pas pour eux, on dit, & ont écrit, *froment.* C'est une plante qui vient de semence, qui pousse un tuïau noüeux au bout duquel il y vient un épi qui renferme une graine dont on fait pour la nourriture de l'homme le meilleur pain qui se fasse. (Pur froment. Bon froment.)

† *Froment, s. f.* Farine de Froment dont on fait de la boulie.

FRONCER, *v. a.* Terme de *Tailleur,* & de *Couturiere.* Faire plusieurs plis de suite & de rang avec l'éguille. (*Froncer* le poignet d'une chemise. Froncer un haut de chausse.)

Froncer le sourcil, Abl. C'est se refroigner. C'est se faire un air qui témoigne du chagrin, de la facherie.

* *Froncement, s. m.* L'action de froncer les sourcils.

Fronceure, ou *Frensure,* comme l'on prononce, *s. f.* Ce sont les plis de l'étofe qu'on a froncée.

FRONCLE, *s. m.* Tumeur impure qui naît aux parties charnuës par fluxion d'un sang grossier. *Deg.* (Il a un froncle à la fesse.)

FRONDE, *s. f.* Corde de deux, ou de trois fils, longue d'une aune, au milieu de laquelle il y a une poche faite en reseau où l'on met la pierre qu'on veut jetter, & qui sert à jetter des pierres, soit pour se divertir, ou pour se batre. (Une bonne fronde. Se batre à coups de fronde. Les brasses de la fronde. Le panier de la fronde. La fronde claque.

* *Fronde.* Le parti des Parisiens durant les dernieres guerres, qui s'étoit formé contre le Cardinal Mazarin. (La fronde rentre en rut. *Marigni, balades.* C'est à dire la fronde commence à reprendre cœur)

Fronder, v. n. Jetter une pierre avec une fronde. (C'est un petit libertin qui s'en va fronder toute la journée.)

† * *Fronder, v. a.* Pester contre quelcun, *le railler.* Ataquer quelque chose. S'en moquer. S'en rire. [Je suis le premier à *fronder* les ridicules de la Cour. *Mol.* Il ne se soucie pas qu'on fronde ses pieces. *Mol.*

Oui, l'Auteur inconnu qui par lettres vous fronde
De vôtre politique a découvert le fin.
Auteur anonime.)

Frondeur, s. m. Celui qui jette des pierres avec une fronde. Soldat qui dans le tems des anciens Grecs étoit armée d'un bouclier, d'un casque, d'une cuirasse & d'une fronde, dont il se servoit pour jetter des pierres & des bales de plomb. Ceux qui lançoient des Javelots, ne pouvoient atteindre les frondeurs de l'ennemi. *Abl. retraite des dix mille, l.* 3. *cb.* 2. Il s'en rola jusques à deux cens frondeurs. *Abl. Ret. l.* 3) Ce mot se dit des jeunes garçons qui jettent des pierres avec une fronde. C'est un petit frondeur.]

* *adeur.* Celui qui est du parti de la fronde. [Frondeurs, dont la vigueur étonna ce maître Calabrois, courage. *Voi les balades de Marigni pour la fronde.*)

FRONT, *s. m.* Partie du visage, située sur les yeux qui s'étend jusques aux temples & s'éleve jusques au commencement des cheveux. (Un beau front.)

[* *Front de poisson.* Front de truite Rond 1. *partie p.* 118

* Front de cheval. Front de chien.

* Front de cheval. *Vau. Quin. l.* 4.)

* *Front.* Imprudence. Hardiesse. (De quel front nous oposez-vous un de vous même condamnez. *Patru, plaidoié* 3.

* *Frons.* Ce mot se dit en *Termes de guerre,* & il signifie. Face Devant. (Ainsi on dit faire *front* de tous côtez. C'est à dire faire face & se présenter à l'ennemi pour se défendre. On dit aussi *le front d'un batu lion.* Pour dire la tête d'un bataillon. La cavalerie faisoit *un grand front. Abl. Ar.* l. 1. Il mena son infanterie *sur quatre frons. Abl. Ar.* C'est un défilé où il n'y a pas pour passer quatre hommes de front. *Abl. Ar.*)

Defront, adv. Par devant (Choquer l'ennemi de front. *Abl. Ar. l.* 1.)

Frontal, s. m. Sorte de bandeau avec lequel on applique sur le front quelque remede contre les meaux de tête. [Faire un frontal.)

4 *Frontal.* Sorte de gêne que les soldats font souffrir au païsans, avec des cordes dont ils leurs serrent le front pour leur faire déclarer où est leur argent.)

Fronteau, s. m. Ce mot se dit en parlant des cérémonies juives. Ce sont quatre morceaux de velin separez, sur chacun desquels est écrit un passage de l'Ecriture sainte, qu'on pose tous quatre sur un quarré de veau noir, qui a des corroies, & que les Juifs se mettent au milieu du front lors qu'ils sont dans la synagogue, & avec les corroies de ce quarté ils se ceignent la tête. [Les Juifs se mettent un fronteau lors qu'ils prient dans leur Sinagogue.) Voi le Pere *Simon Richard, ceremonies des Juifs.*

Fronteau. Morceau d'étofe dont on couvre le front des chevaux de grand deüil.

Fronteau. Terme de *Bourrelier.* Partie de la têtiere de la bride. C'est un morceau de cuir qui passe le long de la tête & au dessus des yeux du cheval.

Frontiere, s. f. Limites de pays. Bornes de Roïaume ou de contrée. (Les frontieres du Roïaume sont bien gardées. *Ablancourt.*)

Frontiere, adj. Qui est sur les limites d'un pays. (Ville frontiére

Frontispice, *s. m.* Terme *d'Architecture*, qui signifie *face de bâtiment*, mais en ce sens il est hors d'usage. En sa place on dit *face*.

* † **Frontispice du livre.** Ces mots signifient *devant de livre*, mais en ce sens il est un peu vieux, & en sa place on dit *tête*, ou *devant* de livre. On dit *Préface* pour mettre à la tête d'un livre, non pas si bien pour mettre au *frontispice* d'un livre.

Fronton, *s. m.* Ornement d'Architecture, qui paroit élevé au dessus des portes, des croisées & des niches. [Fronton brisé. Fronton ouvert.]

Frotement, *s. m.* Le toucher. Action de choses qui se touchent avec force. Manière de friction. Le frotement de deux corps qui ne sont pas fort durs produit leur embrasement. *Roh. phi.* Il usoit pour sa santé, de certains frotemens. *L'Abé Talemand.*]

Froter, *v. a.* Nettéier avec un frotoir. Nettéier. [Froter une chambre. Froter des carreaux. Froter un plancher. Froter un archet de colofane.]

† * Froter. Rosser. Batre. [Froter quelqu'un dos & ventre. *Sca.* Il a été froté comme il faut]

Se froter, *v. r.* [se froter les dents, la tête, &c. Les Anciens se frotoient le corps d'huile.

† * *Se froter à quelqu'un.* C'est à dire, S'ataquer à quelqu'un. Se jouër à quelqu'un. Se prendre à quelqu'un. [Il ne fait pas bon se froter à lui. *Abl. Luc. T. 1.*]

Froteur, *s. m.* Celui qui frote les carreaux d'une chambre. Celui qui frote & nettéie le parquet d'une chambre.

Froteuse, *s. f.* Celle qui frote les carreaux d'une chambre, ou le parquet d'une chambre.

Frotoir, *s. m.* Prononcez *frotoi*. Mot général pour dire une chose dont on se sert pour nettéier, essuier & froter. Linge carré dont on se frote & se décrasse le visage & les bras.

Frotoir. Terme de *Chapelier*. Chifons, ou autres pareilles choses couvertes d'une tripe de velours noir propre à nettéier les chapeaux & les habits.

Frotoir. Terme de *Barbier*. Linge dont le barbier essuie son rasoir lorsqu'il fait sa barbe.

F R U.

* **Fructifier**, *v. n.* Il se dit des Arbres, & veut dire porter du fruit, faire des fruits. (Cet arbre ne fructifie point. *Curé d'Enonville.* Les arbres de ce jardin fructifient beaucoup.)

* **Fructifier**, *v. n.* Profiter. [Si vous ofrez à Dieu vôtre travail, il le sera fructifier. *Arn.*]

Fructueux, *fructueuse*, *adj.* Qui porte du fruit. [Terroir fructueux.]

* **Fructueux**, *fructueuse*, *adj.* Qui est utile. [Chose fructueuse. Cela lui sera fructueux.]

* **Fructueusement**, *adv.* Avec fruit. Utilement. [Les Apôtres travaillérent fructueusement à la propagation de l'Evangile.]

Frugal, *frugale*, *adject.* Qui a de la frugalité. [Homme frugal.]

Frugalement, *adv.* Avec frugalité. [Vivre frugalement.]

Frugalité, *s. f.* Sorte de vertu qui nous fait être temperans & réglez dans le boire & le manger. Sobriété. Vertu qui consiste à se passer de peu. [Il vit dans une grande frugalité.]

Fruit, *s. m.* Ce que portent les arbres, les plantes, & la terre pour la noûriture ou pour le plaisir de l'homme principalement. [Les fruits de la terre. Fruit à noïau. Fruit à pepin. Un bon & excellent fruit. Fruit hâtif. Fruit tardif. Fruit d'été, ou d'hiver. Fruit insipide, pierreux, farineux, pâteux, grumeleux. Chair de fruit. Fruit qui a une bonne eau, la peau, la queuë, l'œil, le cœur du fruit. Le fruit a coulé. Le fruit a bien noüé. Un arbre se met à fruit, *c'est à dire*, commence à porter du fruit, après avoir été longtems sans en faire. Fruit qui tient à l'arbre. Le fruit tourne, *c'est à dire*, commence à mûrir, car le commencement de la maturité se connoit en ce que le fruit tourne & change de couleur. Arbre abondant en fruits.]

* **Fruit.** Dessert de fruit qu'on sert après la viande. [Servir le fruit.]

* **Fruit**, *s. m.* Portée de quelque animal. V. *Portée.* [Beni soit le fruit de vôtre ventre. *S. Luc*, *ch.* 1.]

* **Fruit.** Utilité. Recompense. [On ne sauroit trop estimer un si beau fruit de la probabilité. *Pasl. 6.* Je ne voudrois pas tirer de plus grand fruit de mon éloquence que. *Voi. l.* 37.]

* **Fruit.** Efet. [Les membres estropiez, les viles ruinées, les maisons brûlées, les païs déserts, &c. sont des fruits de la guerre.]

† * **Fruit.** Chose qu'on n'avoit pas, ou qu'on ne voit pas souvent. [Ce sont pour vous des fruits nouveaux. *Sar. poës.*]

Fruit. Terme *d'Architecture* & de *Maçon.* Ce mot se dit quand on n'élève pas une muraille à plomb, mais qu'on lui donne un peu de retraite à mesure qu'on l'éleve. [Donner du fruit à une muraille.]

† **Fruitage**, *s. m.* Il signifie fruit en général. Toute sorte de fruits. [Il ne vivoit que du fruitage.]

Fruiterie, *s. f.* Lieu où l'on garde le fruit. [Il ne doit point geler dans la fruiterie.]

Fruiterie, *s. f.* Ofice chez le Roi laquelle fournit le fruit aux tables avec toutes les cires & chandelles pour la maison.

Fruitier, *s. m.* Jardin où sont les fruits. (Un beau fruitier.)

Fruitier, *adj. m.* Il ne se dit qu'au masculin. Arbre *fruitier*. C'est un arbre qui porte du fruit. On dit aussi *Jardin fruitier.*

Fruitiére, *s. f.* C'est celle qui vend des herbes & de toutes sortes de fruits à Paris.

Fruste, *adj. f.* Terme *d'Antiquaire*. Il se dit des *médailles* qui sont tellement éfacées qu'on n'en peut lire la légende, & des *pierres* dont on ne peut connoître les figures, ni les inscriptions.

Frustrer, *v. a.* Priver quelqu'un d'une chose qui lui étoit comme duë. Tromper. (Frustrer l'attente de quelqu'un. *Pasl.* 3. Il les frustra de leur attente. *Vau. Quin.* Frustrer quelqu'un de sa plus grande espérance.)

Frustratoire, *adj.* Terme de *Palais*. Il signifie vain & inutile, & ce qu'on rend tel par de mauvais artifices, comme par la chicane. (Cette chicane rend l'Arrêt du Parlement *frustratoire*.)

F U G. F U I.

Fugitif, *fugitive*, *adj.* Qui fuit. Qui est en fuite. (Amour fugitif. Elle est fugitive. *Abl.* Esclave fugitif.)

Fugitif, *s. m.* Qui est en fuite. Qui est errant. (Un pauvre fugitif.)

Fugue, *s. f.* Terme de *Musique.* Imitation de chant qui se fait lorsque les parties s'entresuivent, & chantent les unes après les autres par le moïen de quelque pause. *Voiez Zerlino traité de musique* 3. *partie.* Une double fugue. Commencer une fugue. Faire une fugue.]

Fuïard, *s. m.* Soldat qui fuit après le combat perdu. Soldats qui tâchent à échaper aux ennemis par la fuite. [Poursuivre les fuïards. *Abl. Ar.*]

Fuïr, *v. n.* *Je fui, j'ai fui, je fuïs, je fuirai, &c.* Se mettre en fuite. Lâcher le pié & se sauver en courant. Tâcher à s'échaper par la fuite. [L'ennemi fuit. Fuir de peur.]

Fuir, *v. a.* Eviter. [Fuïr quelqu'un. *Abl.* Fuïr l'ocasion. *Pasl et.* Fuïr le vice. Fuïr la mort. Fuïr le travail. Fuïr le mal. Fuïr la dispute.]

Fuir, *v. a.* En terme de *Palais*. C'est dilaïer, chercher des échapatoires. Un défendeur qui a mauvaise cause fuit toûjours.]

* **Fuir.** Terme de *Peinture.* C'est s'éloigner des yeux. [Vous faites trop fuïr cette partie-là.]

Fuiant, *participe.* Qui fuit, qui s'éloigne d'un lieu. [Je l'ai vû fuiant.]

* **Fuiant**, *fuiante*, *adj.* Terme de *Peinture*, c'est à dire qui fuit, qui s'éloigne des yeux. [Cela est fuiant. Cette partie est fuiante.]

Fuir, *s. f.* Action de la personne qui fuit. Action de fuir. [Une honteuse fuite. Prendre la fuite. Mettre en fuite. *Abl.* Se sauver à la fuite. Etre en fuite.]

Fuite. Action de la personne qui évite. [La fuite des ocasions prochaines. *Pasl. 1.* La fuite des dangers.]

* **Fuite.** Echapatoire, excuse. [Cette distinction n'est qu'une fuite.]

Fuite. Terme de *Chasse.* C'est ce qui se connoit, quand les bêtes sortent & qu'elles ouvrent le pié. *Sal.*

FUL. FUM.

Fuligineux, *fuligineuse*, *adj.* Terme de *Chimie*. qui vient du Latin. Il se dit de la fumée épaisse & des vapeurs qui contiennent de la suie, ou autre matière grasse. [Dans la première fonte des métaux, il s'exhale des *vapeurs fuligineuses*, dont se fait la litarge. Le noir de fumée se ramasse des vapeurs fuligineuses des pins, ou autres bois gras que l'on brûle.]

Fulminant, *fulminante*, *part.* Ce mot vient du Latin, qui fulmine, qui crie. [J'ai oui un Prédicateur fulminant contre les vices.]

Fulminant, *fulminante*, *adj.* Terme de *Chimie*, qui se dit de l'or, & qui signifie dissout dans de l'eau régale. [Or fulminant. On fait aussi une poudre fulminante.] On les apelle ainsi à cause du bruit que ces choses font quand on les alume.

Fulmination, *s. f.* Terme *d'Eglise.* Exécution ou dénonciation d'un arrêt d'anatême, faite publiquement & avec les cérémonies ordonnées par les Canons de l'Eglise. [Faire la fulmination d'une sentence d'excommunication.]

Fulmination, *s. f.* Terme de *Chimie.* Le bruit qui se fait quand les parties volatiles de quelque mélange en sortent avec impétuosité. La *fulmination* s'apelle aussi *détonation.* L'*Emeri, Chimie.*

Fulminer, *v. a.* Terme d'*Eglise*. Prononcer une sentence d'excommunication. [Fulminer une excommunication. Fulminer un monitoire.]

* **Fulminer.** Etre fort en colére. Tempêter. [Il fulmine contre sa femme.]

Fumée, *s. f.* Vapeur qui sort du bois qui brûle, ou d'autre chose combustible que le feu consume. [La fumée gâte les meubles & fait mal aux yeux. La laideur des Lapons vient en partie de ce qu'ils demeurent dans des cabanes pleines de fumée. *Schefer, Histoire des Lapons.* S'en aler en fumée. Fumée de cuisine.]

Fumée. Vapeur obscure qui sort de la poudre & de l'artillerie lors qu'on y met le feu. [On ne se voioit pas dans le champ de bataille à cause de la fumée de l'artillerie.)

* *Fumée.* Ce mot se dit aussi de la vapeur du vin qui monte à la tête. (Il est encore rempli des fumées du vin.)

* *Fumée.* Ce mot est fort usité au figuré. (On repait les grans de vent & de fumée. *Con. Epi. l. 3.* La gloire des mortels n'est qu'ombre & que fumée. *Racan. berg. a. 3. sc. 3.* Une muse afamée ne peut pas subsister de fumée. *Dépr. poëtique ch. 4.*)

Fumées. Terme de *Chasse.* Fiente de bête fauve.

Fumées formées, ou *formées.* Ce sont les fientes des bêtes fauves en maniére de crotes de chevres. *Sal.*

Fumer, v. n. Ce mot se dit du bois qui brûle & d'autres choses qui jettent de la fumée lorsque le feu les consume. (Le bois fume. L'encens fume. Faire fumer de l'encent.)

Fumer, v. a. Pendre à la fumée. (Fumer des langues de bœuf.)

* *Fumer de colere, Scaron, poës̈.* C'est à dire, être tout en colere. On dit qu'une chambre fume & que la cheminée fume, lors que la fumée r'entre dans la chambre.

* Il se prend encore dans un sens doublement figuré, quand Corneille dit,
Ce sang qui tout versé fume encor de courroux
De se voir repandu pour d'autres que pour vous.

* *Fumer, v. a.* Prendre du tabac. (Fumer deux pipes de tabac.)

Fumer, v. a. Terme de *Laboureur* & de *Jardinier.* Engraisser la terre avec du fumier. (Fumer un champ. Il ne faut jamais *fumer* les arbres fruitiers s'ils n'en ont besoin.)

Fumet, s. f. Il signifie certaine petite fumée qui sort du vin & qui chatouille l'odorat. (Les gourmets estiment le vin qui a un fumet agréable.)

Fumet, s. m. Il se dit aussi en parlant de perdrix, & signifie prémiérement une certaine petite fumée qui flate l'odorat avant qu'on la mange. C'est aussi un certain goût de blé verd, qui est agréable & qui marque que la perdrix est excellente. (Cette perdrix a un fumet agréable qu'on prend plaisir de sentir même avant qu'on la mange. Une perdrix qui sent le fumet est un excellent manger.)

Fumet. Terme de *Traiteur.* Ragoût fait d'un bon jus de mouton, de truffes & de champignons, que l'on passe & dont on accompagne une perdrix. (Il nous a fait manger deux perdrix relevées d'un fumét surprenant. *Mol. bourg. gent. a. 4. sc. 1.*)

Fumeterre, s. f. Plante qui est fort petite, qui aime la terre grasse & humide & qui fleurit en Mars. Sa fleur est pourprée ou rougeâtre, & quelquefois blanchâtre. (Fumeterre bulbeuse. *Dal.*)

Fumeur, s. m. Celui qui prend du tabac en fumée. (Le Poëte S. Amant étoit un *fumeur*, & veut passer pour tel quand Il écrit
Assis sur un fagot une pipe à la main
Je songe aux cruautez de mon sort inhumain, &c.

Fumeux, fumeuse, adj. Qui envoie des vapeurs. (Vin fumeux.)

Fumier, s. m. Excrement de bêtes qu'on nourrit à la maison. Paille qui aprés avoir servi de litiére à quelques bêtes & être presque pourrie, se tire de l'écurie, ou de l'étable au milieu de la cour d'une ferme pour être ensuite portée sur la terre cultivée afin de la fumer. (Bon fumier. Fumier de bœuf, de cheval, de mulet. Le fumier de pigeon est fort chaud. On fait venir des melons sur les couches de fumier. Il est défendu aux Jardiniers de se servir de fumier, de pourceau. Fosse à fumier. Faire du fumier. Le fumier engraisse les terres. Lors que les gens de qualité sont malades à Paris, on couvre de fumier l'endroit de la ruë où est leur maison, afin que ce fumier empêche un peu le grand bruit des Carosses qui passent devant leur porte.)

* *Fumier.* Chose méprisable. Chose vile. (Il regarde le monde comme un fumier, *Moliere.*)

Fumiger, v. a. Terme de *Chimie.* C'est faire recevoir à un mixte suspendu des vapeurs d'un, ou de plusieurs mixtes pour le calciner, pour le corriger, ou pour lui imprimer quelque nouvelle qualité.

Fumigation, s. f. Il se dit des choses qu'on prend en fumée, ou qui se tournent en fumée. (Il est dangereux de prendre le Mercure par fumigation. La fumigation est aussi une calcination potentielle, qui se fait par les vapeurs du Mercure, qui ronge & reduit en chaux les petites lames de métal qu'on suspend au dessus. La céruse se fait par la fumination, ou vapeur du vinaigre qui ronge les lames de plom.)

FUN.

Funebre, adj. Qui regarde les funerailles. Qui se fait aux funerailles. (Oraison funebre. Pompe funebre.)

Oiseau funebre. On apelle ainsi les oiseaux de mauvais augure qui ne sortent que la nuit, comme les hibous, les orfraies, &c.

Funer, v. a. Garnir de cordage. (Funer les mâts.)

Funerailles, s. f. Ce mot n'a point de singulier & il signifie Enterrement. Corps mort qu'on porte en terre, qui est accompagné d'un convoi de Prêtres, d'une troupe de parens & d'amis. (Corps mort qu'on va enterrer & qui est suivi de parens & d'amis. (Faire de belles funerailles. *Abl.* Assister aux funerailles d'une personne.)

Funerailles. Ce mot dans la poësie signifie *la mort.*
(Je l'ai vû tout sanglant au milieu des batailles
Se faire un beau rempart de mile *funerailles.*
Corn. Cid.)

Funeraire, adj. Qui regarde les funerailles. (Paier les frais funeraires. Les frais funeraires sont les prémieres dettes qui se prennent par privilége sur les meubles de la personne morte.)

Funeste, adj. Malheureux. Accident funeste. Chose funeste. Mort funeste. Jour funeste. Cette victoire lui a été funeste.)

Funestement, adv. D'une maniére funeste. (Cela est arrivé le plus funestement du monde.)

Funin, s. m. Terme de *Mer.* C'est le cordage du vaisseau.

FUR.

Furet, s. m. Petit animal qui cherche & furette dans les trous des lapins & les en fait sortir. Le *furet* a les yeux rouges, le ventre blanc, & le reste du corps couvert d'un poil qui tient d'une couleur qui participe du blanc & de la couleur de bouïs. (Furet mâle. Furet femelle. Les petits de la femelle du furet sont trente-trois jours sans voir clair. *Jonston.*)

Fureter, v. a. Chercher par tout comme un furet. (Fureter tous les trous jusqu'au fond de la cave. *Saint Amant.*)

† *Fureteur, s. m.* Celui qui furette & qui cherche par tout. (C'est un grand fureteur.)

Fureur. Ce mot marque l'agitation du dedans, & il signifie *transport plein de colere & de rage*, (Le lion se lance en fureur, *Vau. Rem.* S'exposer contre un peuple en fureur, *Ablancourt.*)

* *La fureur de la mer, Vau. Quint. l. 4.* La fureur des vents, de la tempête, &c.)

* *Fureur.* Ce mot se prend souvent en bonne part, & signifie *transport, Entousiasme.* (Je suis transporté d'une sainte fureur, *Ablancourt, Luc. T. 1.* * Fureur martiale. Fureur divine. Fureur héroïque, *Vau. Rem.* Fureur poëtique.)

Furibond, furibonde, adj. Furieux. (Un air furibond, *Dépreaux, Lutrin, c. 1.*)

Furie, s. f. Déesse des enfers coifée de serpens, aiant dans les mains une torche pour punir les coupables. (On feint trois furies, *Alecto, Megére, & Tisiphone.*)

Furie, s. f. Ce mot marque les violentes actions du dehors & il se prend en mauvaise part. [La furie des bêtes farouches, *Vau. Rem.* Donner de furie sur l'ennemi, *Ablancourt.*]

* *Furie.* Violence. Ardeur. [La furie du combat. La furie du mal. La furie des vents.

Furieux, furieuse, adj. Plein de furie. Violant. (Le tigre est furieux. Lionne furieuse. Un taureau furieux.)

* Plus la mer s'enfle, plus elle est furieuse, *Vau. Quin. l. 4.* Une furieuse tempête.)

* *Furieux, furieuse.* Grand. Excessif. Qui est dans l'excés. (Il fait une furieuse dépence, *Moliere.* Une furieuse plaie, *Moliere.* Il a un furieux tendre pour elle, *Moliere.* Un furieux combat. Un furieux froid. Une furieuse chaleur. Un torrent furieux.)

* *Furieusement.* Fort. Beaucoup. (Il est furieusement fort, *Scaron.* Une oreille délicate pâtit furieusement à entendre prononcer ces mots-là. *Moliere.* Se mettre furieusement en colere.)

Furtif, furtive, adj. Qui est fait à la dérobée. Secret. Qui s'est fait en cachettes. (Enregistrement furtif, *Patru, plaidoié 13.* Furtives amours.)

Furtivement, adv. D'une maniére furtive. Clandestinement. En cachettes. (Cela s'est fait furtivement.)

FUS.

Fusain, s. m. Sorte de petit arbrisseau à faire des haies.

Fuseau, s. m. Petit morceau de bois léger, long d'environ un demi pié, plus gros par le milieu que par les deux bouts, qu'on tourne en filant & autour duquel on met le fil de la quenouïlle.)

Fuseau de lanterne de moulin. Ce sont les bâtons de la lanterne.
Fuseau à faire de la trece, des dentelles, &c.

Fusée, s. f. Fuseau plein de fil. (Une petite ou une grosse fusée. (Faire une fusée. Achever une fusée. Devider une fusée.)

Fusée. Terme de *Blason.* Figure en forme de fusée que plusieurs portent dans leur écu & qui est la marque de la droiture & de l'équité. (Il porte d'argent à cinq fusées de gueules, *Col.*)

Fusée. Terme d'*Horloger.* Piéce de montre, qui a la forme d'un cone canelé, à l'entour duquel s'envelope la corde, ou la chaine de la montre, & qui sert à monter & bander le grand ressor. (Remonter la fusée.)

Fusée. Cartouche pleine de poudre au bout de laquelle il y a par embas une baguette. [Jetter des fusées. Mettre le feu à une fusée.]

Fusée de tourne-broche. La partie du bois du tourne-broche où l'on met les cordes.

* *Fusée.* Terme de *Manége.* Il se dit d'une maladie de cheval, qui lui vient au canon sur le train de devant, qui naît de deux suros dangereux qui se joignent ensemble de haut en bas, & qui montent souvent au genou, & estropient le cheval.

Bbb 3 † * *Fusée*

FUS

†* *fusée.* Ce mot au figuré signifie *la vie.* (Ma fusée est achevée, Ablancourt. Quand nôtre heure aura sonné, Cloton ne voudra plus grossir nôtre fusée, *Mai. Poe.*)

†* *Fusée.* Afaire embarassée & embroüillée. (Démêler la fusée.)

Fuste,adj.f. On dit *chaux fusée,* c'est de la chaux qui s'est d'elle même reduite en poudre, & qui n'a point été détrempée avec de l'eau, alors elle est inutile, parce que toutes les parties ignées en sont sorties.

Fusele, fuselée,adj. Terme de *Blason.* Qui a des figures de fusées dans son écu. (Il porte fuselé d'argent & de gueules , *Col.*)

FUSELIER, *Fuselier , f.m.* Prononcez *fusilié.* C'est un soldat fantassin qui a pour armes, le fusil, l'épée & la baionnette. *Scar. Rom.Com.1.p.c.1,* a dit, Il a tué un *des fuseliers de l'Intendant. Saraz.histoire de Dunkerque in 12.pag.21.*a écrit,Sa Cavalerie consistoit aux Régimens de Piémont, & d'Orleans avec les Fuseliers & les Cravates. Ainsi il semble que l'*Usage* contre la raison veüille qu'on dise *fuselier.* Neanmoins, comme dans les Relations de divers Siéges, & dans les livres où les Auteurs ont traité de choses de la Guerre, on trouve toûjours le mot de *Fusilier,* je pense qu'on peut-dire aussi *Fusilier.* Monsieur Chapelle,*Relation des Campagnes de Rocroi,pag.20.* a dit, *Tout ce qui restoit de dragons & de fusiliers furent mis à gauche.* Les autres Livres où l'on rencontre le mot de *fusilier* sont *les Nouvelles Ordonnances de la Guerre. Art de la Guerre de Loüis Gaïa,* & *les Arts de l'homme d'épée de Monsieur Guillet,* qui est un homme poli & savant. Il y a un Regiment de *Fusiliers* sous le commandement de Monsieur le Grand Maître,pour la garde & le service de l'Artillerie;Mais par une Ordonnance du 6.Fevrier 1670.le Roy défend qu'il y ait plus de 10.fusiliers dans chaque compagnie du Régiment des Gardes, & plus de 4. dans chaque compagnie des autres régimens, *voyez les Nouvelles Ordonnances de la Guerre. Imprimées chez Leonard.*

FUSIBLE,*adj.* Ce mot se dit des métaux,& veut dire qui se peut fondre. (L'or est un métal fusible.)

FUSIL, ou *fus,* comme on le prononce , *f.m.* Petit morceau d'acier , avec lequel on bat une pierre à feu , pour en faire sortir des étincelles qui mettent le feu à quelque matiére fort combustible. On apelle cette sorte de pierre,*pierre à fusil.* On nomme aussi fusil la boire dans laquelle on met l'acier, la pierre , la méche & les alumettes. (Il bat le *fusil* tous les jours à deux heures après minuit & étudie.)

†* Il a batu le *fusil* sur le mont des neuf sœurs.*Marigni, Balade pour la Fronde* ; (C'est à dire , il a fait force vers.)

Fusil. Platine de fer, ou d'acier, sur laquelle il y a une piéce qu'on apelle *chien,* qui est garnie d'une pierre à feu, on bande ce chien avec le pouce sur un ressort, qui étant lâché & la pierre frappant sur une autre piece d'acier, mobile, fait du feu qui tombe sur le bassinet. On aplique cette sorte de platine vers la culasse des canons des armes à feu , en place des roüets dont on se sert pour les arquebuses. (On dit des pistolets à fusil.)

Fusil. Ce mot signifie une arme à feu, longue de quatre piez ou environ , depuis la lumiére jusques au bout du canon , auquel on a apliqué une platine de fusil. (Tirer un fusil.)

*Fusil.*Terme de *Boucher, de Rotisseur* & *de Tanneur.*Morceau d'acier qui est de forme ronde & longue , qui pend à la ceinture de ces artisans & dont ces artisans se servent pour éguiser leurs couteaux.

Fusilier. Voiez *Fuselier.*

FUSION , *f.f.* Terme de *Chimie.* Qualité par laquelle un métal est fusible. La fonte. (La fusion des métaux. Donner un feu de fusion. Tenir en fusion. *Glaf.*)

† FUSTIGER , *v.a.* Foüetter. (Il a été fustigé en enfant de bonne maison.)

Fustigation , f.f. L'action de fustiger. (La fustigation est le suplice ordinaire des soupeurs de bourse.)

FUSTE,*f.f.* Sorte de vaisseau à bas bord, à voiles & à rames.

FUT.

FUT , *f.m.* Prononcez *Fû.* Terme d'*Arquebusier.* Bois sur lequel le canon du fusil, ou d'autre arme à feu est monté. (Un bon fut de fusil. Un beau fut de mousquet.)

Fut. Terme d'*Architecture.* Ce mot se sert en parlant de colonne. C'est le corps de la colonne compris entre la bâse & le chapiteau. Cette partie de la colonne s'apelle aussi le *vif* de la colonne. (Un beau fut de colonne.)

Fut de couteau. Instrument dont le relieur se sert pour rogner les livres.

Fut de Rabot , C'est le bois du rabot.

Fut de Tambour. Terme de *Boisselier.* C'est le bois du tambour.

Fut. Goût de bois. Goût de futaille. (Vin qui sent le fut.)

Futaie, f.f. On dit bois de haute futaie, & forêt de haute futaie. C'est à dire , des bois & des forêts, où les chênes & autres arbres sont grands & épais. (Il y a là une forêt de haute futaie arrosée d'une infinité de ruisseaux. *Vaug. Q. Curce, l. 6. ch. 4.*)

FUTAILLE , *f.f.* Mui vuide. (Une futaille toute neuve.)

Futailles. Ce sont des muids à mettre des boulets & autres munitions. *Dav.*

FUTAINE, *f.f.* C'est un ouvrage de Coton qui est fait en forme

FUT

de toile, & qui sert à faire des doublures, des camisoles, des brassiéres, à couvrir des matelas & autres choses. (Une bonne futaine à gros grains.)

FUTILITÉ , *f.f.* Mot peu usité qui veut dire chose de rien. Bagatelles. (Ils bornent nos talens à des futilitez, *Moliere, Femmes savantes,a.3.s.2.*) On dit aussi *futile,adj.*mais rarement.

Futur,future,adj. Ce mot signifie *qui est à venir.* Il est beau dans la poësie, mais en prose il n'a pas tant de grace. (Que direz vous races *futures* si quelquefois un vrai discours vous recite nos avantures , *Mal. Poës.* Les biens de la vie *future.* Les présages de sa grandeur *future.*)

Futur,future,adj. Ce mot se dit en stile de Notaire,pour dire que sera , (Futur époux. Future épouse. Futurs conjoints , ce sont les personnes qui doivent être mariées ensemble.)

Futur, Terme de *Grammaire.* Tems qui marque une action à venir. (Futur prémier. Futur second. Former le futur d'un verbe Grec.)

G.

G. *S. M.* Settiéme lettre de l'alphabet. Prononcez *jé.* (Un G. Faire la queuë d'un G. Et le destin m'auroit fort obligé, s'il m'avoit dû tu vivras jusqu'au G. *Boïrobert Epit. 7.*)

G. Cette lettre s'écrit dans quelques mots, & ne s'y prononce pas ; comme en ces mots, *assigner, resigner, signer,* qui se prononcent *siner, resiner, assiner.*

Le G.se prononce comme un *j* consonne devant la voïelle *e, ea i,*de sorte qu'on prononce *gerbe, gibier* & autres mots de cette sorte comme s'ils étoient écrits , *jerbe* & *jibier, &c.*

Le G. étant devant une *n* se joint avec elle dans la même silabe pour la rendre moüillée , comme *digne , vigne, &c.*

Le G. se rencontrant avec une de ces voïelles *a, o, u,* se prononce rudement,comme *augure,gage,gorge.* Mais si l'on veut lui donner un son plus doux , on met un *e* entre le *g* & ces voïelles.Exemples,il mangea,nous mangeons,qu'on prononce *manja, manjons.* Gageure se prononce comme s'il étoit écrit *gajure.*

GAB.

† GABAN , *f. m.* Sorte de manteau qu'on portoit autrefois contre la pluie.Le mot de *gaban* n'est plus en usage au propre,& il ne se trouve qu'au figuré rarement, & même dans le genre le plus bas. (Ils ont raison ces couriers lumineux de prendre leurs *gabans.* C'est à dire se couvrir de nuages.

GABARE , *f. m.* Bateau plat & large qui va à voiles & à rames, & dont on se sert sur la riviére de Loire , au dessous de Nantes. Les gabares sont propres pour la cargaison des vaisseaux qui ne peuvent monter la riviére , faute de fond.

† GABATINE , *f. f.* Ce mot vient de l'Italien, *Gabbatina,* & il semble avoir été fait François & introduit dans nôtre langue par Sarazin.Il signifie *tromperie* & nous apelons *gabatine,*toutes les paroles flateuses & galantes qu'on dit à quelcun pour l'atraper , & lui faire acroire. *Gabatine* ne trouve sa place en nôtre langue que dans le stile plaisant.

Il est vrai nôtre patin
Donne souvent *la gabatine*,
Mais je donnerai caution
De ne point tromper Socratine.
Sar. poës.

Galans resez donneurs de *gabatine*
J'ai beau prêcher qu'on risque à vous ouïr.
Deshoulieres poës.

GABELLE , *f.f.* Impositions sur le sel. (Frauder la gabelle.Païs de gabelle.)

Gabelle. Lieu à Paris où l'on vend aux bourgeois le sel par minots. (Aller querir du sel à la gabelle.)

Gabelage,sm. Il signifie le tems que le sel demeure dans le grenier, (Il y a souvent bien du déchet pour le gabelage.)

Gabeleur,f.m. Partisan. Homme d'afaire.

† SE GABER , *v.r.* Vieux mot qui entre quelque fois dans le burlesque, & qui signifie *se moquer.* (Je me *gabe* de lui.)

GABIONS , *f.m.* Terme de *Guerre.* Ce sont de grans paniers défoncez & ronds , faits de branches entrelassées , qu'on remplit de terre & qu'on met debout pour se couvrir. (Faire de bons gabions.)

Gabionner , v. a. Couvrir de gabions.

GABRIEL , *f. m.* Nom d'homme. Il vient de l'Hébreu & signifie forteresse de Dieu.Voïez le Dictionnaire Ecclesiastique de Jean Bernard. L'Ange Gabriel fut envoié à Zacarie pour lui annoncer que son épouse concevroit & mettroit au monde un fils. *V. St. Luc. c. 1.* Gabriel de Lorge, Comte de Mongommeri blessa Henri II. Roi de France,& pour cela la Reine Caterine de Médicis sa femme solicita pour lui faire couper la tête. *V. Colomesi opuscula.*

Gabrielle,f.f. Nom de femme.Henri IV.commença en 1591.d'aimer la Belle Gabrielle d'Estrées, dont il eut 3. ou 4. enfans. La belle Gabrielle étoit pleine de cœur & officieuse en vers tout le monde parce qu'elle esperoit d'épouser Henri IV. *Histoire de Henri IV. 2. partie.*

GAC.

Gâche, *s.f.* Terme de *Serrurier*. Piéce de fer ronde ou plate, percée, attachée au poteau de la porte, ou séellée au mur, dans laquelle, lorsqu'on ferme la porte, on fait entrer le pêle de la serrure. [Une bonne gâche.]

Gâche. Terme de *patissier*. Petit instrument de bois, long d'un bon pié, large & delié par le bout d'embas, dont les patissiers se servent pour manier leurs farces.

Gacher, Terme de *Maçon*. Remuër avec la pêle, l'eau & le plâtre. [Gacher du plâtre.]

Gâchette, Terme de *Serrurier*. C'est un petit morceau de fer qui se met sous le pêle d'une serrure d'un tour & demi.

Gâchis, *s.m.* Terme de *Maçon*. Eau qui est répanduë dans l'atelier des maçons, & qui se mêlant avec le platras, le plâtre & autres choses rend l'atelier sale. (Un vilain gâchis.)

Gâchis. Eau qu'on répand par mégarde, ou autrement dans une chambre & qui se mêlant avec la poussiére de la chambre rend le lieu sale. (Faire un gâchis.)

GAD.

Gadelle, *s.f.* Sorte de petit fruit dont on fait des confitures liquides.

† Gadoüe, *s.f.* Les ordures & excrémens qu'on tire des lieux.

† *Gadoüard*, *s.m.* Le peuple de Paris nomme de la sorte ceux qui vuident les lieux, mais les *gadoüards* ne s'appellent pas de ce nom de *gadoüard*, qui leur semble injurieux. Ils se nomment entre eux *Vuidangeurs, Ecureurs*, ou *Maîtres des basses œuvres*. († Il est fait comme un *gadoüard*. Il est sale & vilain comme un *gadoüard*.)

GAG.

Gage, *s.m.* Salaire. Ce qu'on donne à quelqu'un pour avoir servi. (Donner de bons gages à un serviteur.)

Gage. Ce qu'on donne pour sûreté d'un prêt, ou d'une dette qu'on fait. (Prêter sur gage.)

* Gage. Assurance. Ce sont des *gages* de son amitié, *Ablancourt*. Elle lui a donné des *gages* de son amour.

Gager, *v.a.* Faire une gageure. Parier. (Gager cent pistoles.)

Gageur, *s.m.* Qui fait une gageure. Qui parie. [Je suis un des *gageurs*; Un hardi *gageur*.)

Gageure, *s.f.* Prononcez *gajure*. Chose gagée. Ce qu'on a gagé. (Voilà la gageure, où sont les gageurs.)

Gageure. L'action de gager. (Faire une gageure.)

Gagistes, *s.m.* Terme de *Comédien*. Bas officiers à qui les Comédiens donnent des gages, comme sont le concierge, le copiste & autres.

Gagnage, *s.m.* Ce mot se dit en termes de vénerie, & signifie les terres labourées.

Gagnage, *s.m.* Terme de *Chasse*. Ce sont les lieux où les bêtes fauves vont viander la nuit. (Cerf qui va au gagnage, *Sal.*)

Gagnant, *part*. Qui gagne.

Gagnans, *s.m.* Ce mot se dit en parlant de jeu, & signifie *celui qui gagne*. (Les gagnans & les perdans. Il est des gagnans.)

Gagne-denier, *s.m.* Celui qui gagne sa vie sur les ports de Paris à porter des hardes, des paquets & autres pareilles choses qu'on décharge de dessus les bateaux. Voiez *les Ordonnances de Paris, c. 5.*

† Gagne-pain, *s.m.* Chose avec quoi on gagne sa vie. Métier dont on gagne sa vie. (Un bucheron perdit son gagnepain. C'est sa cognée. *La Fontaine, Fables, l. 5.*)

Gagne-petit, *s.m.* Celui qui va par la ville & par la campagne avec une brouëtte, & qui gagne sa vie à émoudre des couteaux & autres choses qu'on émoud. Les gagne-petit ne s'appellent pas entre eux *gagne-petit*, mais *émouleurs à petite planchette*, pour se distinguer des couteliers qui sont aussi des émouleurs.

Gagner, *v.a.* Faire quelque gain. Faire quelque profit. (Que serviroit-il à un homme de *gagner* tout le monde & se perdre soi-même? *Port-Roïal, Nouveau Testament*. On ne gagne rien à mentir, que de n'être pas cru quand on dit la vérité, *Ablancourt, Apoph.*)

* Gagner. Obtenir. Remporter. Aquérir. (Gagner la bataille, *Abl.* La belle *gagna* sur sa modestie de faire des avances à son amant, *Le Comte de Bussi*. Gagner un procés. Gagner une cause, *Le Mait.* S'engager dans un procés où il n'y a que de la honte & de l'infamie à gagner, *Patru, plaidoïé 9.* Gagner une fluxion sur la poitrine, *Moliere*. Gagner sa vie. Gagner les bonnes graces de quelcun. Gagner le prix. Gagner le cœur, &c...)

* Gagner. Ce mot en parlant de chemin signifie *avancer*. Devancer. Faire diligence. (Gagner les devans. Gagner païs.)

* Gagner. Se retirer en un lieu, s'y sauver. (Gagner le gîte.

Il nous faut gagner ce village pour reprendre le grand chemin.)

Ils *gagnerent* les vaisseaux à la nage, *Ablancourt, Cés.*)

* Gagner. Arriver. (Le feu avoit gagné le haut des tours. *Vaug. Q. Curce.* Gagner le pié de la muraille.)

* *Gagner tems, ou gagner le tems*, c'est le bien emploïer, le ménager & faire vite ce qu'on a à faire.

* *Gagner du tems*. C'est dilaïer & éloigner quelque chose. (Les criminels & les debiteurs ne cherchent qu'à gagner du tems.)

* *Gagner le dessus du vent*. Terme de *Mer*. C'est prendre l'avantage du vent sur son ennemi.

† *Gagner au pié*. C'est à dire, *s'enfuir*. (Gagner les taillis, gagner la campagne, gagner la guerite.)

* Gagner. Atirer en sa faveur, ou en faveur d'un autre. Corrompre par présens, ou par argent. (J'ai envie de vous *gagner* par mes bienfaits, *Ablancourt, Ret.l.2.c.3.* Gagner l'inclination des soldats, *Vau. Quin. l. 3.* Gagner un Juge à force de présens, *Scaron*. Gagner les sufrages.]

Donner gagné. C'est ceder, quiter, ne vouloir point de contestation.

Gagner un œillet. Façon de parler de *Fleuriste*, pour dire que de la semence qu'on a faire, il est venu quelque œillet nouveau.

† Gagneur, *s.m.* Ce mot veut dire, *qui gagne*, qui a gagné, qui a remporté; mais il ne se dit pas seul, & même il ne se dit guére. (Ce *gagneur* de tant de batailles. *Voit. Poés.*)

Gagui, *s.f.* Fille jeune, jolie, & qui a beaucoup d'embonpoint. On appelle aussi cette sorte de fille une *dondon*. (C'est une grosse gagui. Une jolie gagui.)

GAI.

Gai, *gaie*, *adj.* Qui a de la gaieté, qui est joïeux, qui est éveillé, gaillard. [Chantez moi un air qui soit gai. Humeur gaie. Se tenir gai.]

Gaiement, *adv.* D'une maniére gaie. Avec gaieté. [Faire une chose gaiement. Il fait gaiement ce qu'il fait.]

Gaieté, *s.f.* Joïe. [Il avoit une certaine gaieté, qui brilloit dans les yeux & sur son visage. Ecrire de gaieté de cœur, *Voit. l. 19.*]

† Gaillard, *gaillarde, adj.* Gai. Plein de gaieté. Dispos. [Gaillard de corps & d'esprit. *Le Comte de Bussi*.]

* Gaillard, *gaillarde.* Eveillé. Amoureux. [Elle a la mine un peu gaillarde, *Voit. Poés.*]

† *Gaillard, s.m.* Eveillé. Egrillard. [C'est un gaillard.]

† *Gaillarde, s.f.* Eveillée. Egrillarde. [C'est une gaillarde.]

Gaillarde, s.f. Sorte de dance gaie. [Dancer une gaillarde.]

Gaillard, *s.m.* Terme de *Mer*. C'est un chateau, ou élevation qui est au dessus du dernier pont. Il y a un gaillard d'avant & un gaillard d'arriére.

† *Gaillardement, adv.* D'une maniére gaie & éveillée. Librement, plaisamment. [Il s'est tiré d'afaires gaillardement. Il lui a répondu un peu gaillardement.]

† *Gaillardise, s.f.* Sorte d'action où il y a quelque chose d'un peu hardi, d'un peu libre & d'un peu gaillard. [Ce n'est que gaillardise, *Moliere*.]

Gain, *s.m.* Profit. Avantage qu'on remporte pour avoir gagné quelque chose. [Le gain d'une bataille, *Voit l.23.*] Ne faire aucun gain. Gain honnête & légitime. Gain deshonnête, sordide & infame. Avoir gain de cause. Joüer sur son gain.]

Gaine, *s.f.* Espéce de petit fourreau pour mettre un couteau. [Gaine rompue.]

Gaînier, *s.m.* Ouvrier qui fait des gaînes, & qui avec du veau, du maroquin, ou du chagrin couvre des cassetes, des couteliéres, étuis, écritoires & autres pareilles choses qu'il figure avec des fers. [Un habile gaînier.]

GAL.

Galant, *s.m.* Amant. Celui qui aime une Dame, & qui en est aimé. [Elle a son galant & son mari, Atis étoit le galant de la mére des Dieux, *Ablancourt*. Je vous ai promis pour *galant* à deux belles Dames, *Voit. l. 77.*

Maintenant je ne représente
Qu'un *galant* d'humeur complaisante
Mais quand j'age aux desirs aura lâché la bride,
J'ai toute la façon d'aspirer au solide,
Et d'être un terrible galant.

Bensarade, balet de la nuit, 1. *p.* 7. *entrée.*
C'est un galant de la haute volée.]

* *Galant*, *s.m.* Celui qui desire ardemment quelque chose. Amoureux de quelque chose, comme de biens, &c. [Quoi que Plutus soit aveugle, pâle & défait, il a bien des galans, *Ablancourt, Lur. Tome* 1.

† *Galant*, *s.m.* Egrillard. Qui s'échape. Qui fait les choses un peu légerement. (Gardez vous de faire folie, ou je saurai vous châtier comme un galant, *Voit. Poés.*]

† *Galant, s.m.* Neud de ruban. Le mot de *galant* en ce sens ne se dit plus, & ainsi Voiture qui l'a écrit, *l.70*. n'est pas à imiter en cela.

Galant, galante, *adj.* Eveillé. Beau. Agréable. Enjoüé. Charmant.

GAL

mant. Amoureux. (Il est *galant* par tout excepté dans le cœur. Bracelet galant, *Voiture, lett.* 23. Discours qui n'est pas trop galant, *Voiture*, l. 23. Lettre galante, *Voit.* l. 25. Billet galant, *Moliere*. Cela n'est-il pas bien galant & bien spirituel, *Moliere*.

Bien que nous n'aions pas tout à fait l'air galant
Il n'est bruit que de nos conquêtes.
Balet de la nuit, 2. *partie.*)

Galant, *galante*, Qui a de la bonne grace, de l'esprit, du jugement, de la civilité & de la gaïeté, le tout sans affectation. (C'est un galant homme. C'est un homme qui a de la bonne grace, de la civilité & de l'esprit. C'est un homme galant. C'est un homme qui a de la bonne grace. Qui est bien fait & qui par ses manieres tâche à plaire aux Dames.)

Galamment, *adv*. De bonne grace. Avec esprit. Avec civilité. Proprement. (S'habiller galamment. Danser galemment. Faire toutes choses galamment, *Vau. Rem.*)

† *Galante*, *s.f.* Eveillée. Egrillarde. (Tu Dieu ! quelle galante ? *Moliere*.)

Galanterie, *s. f* Fleurettes. Douceurs amoureuses, Maniere civile & agréable de dire, ou de faire les choses. (La galanterie de l'esprit est de dire des choses flateuses d'une maniere agréable. *Mémoires de Mr. le Duc de la Roche-foucaut*. Ne vous étonnez pas de m'ouïr dire des galanteries si ouvertement, *Voit*. l. 40. Répondre à une galanterie qu'on nous écrit, *Voiture*, l. 25)

Galanterie. Amour. Amourette. Chose galante. (Avoir quelque galanterie. On lui persuada de faire une galanterie avec Madame, *Le Comte de Bussi*. Puis que je vous recherche à bon dessein, il n'y a point de galanterie que je ne puisse faire, *Voit.* l. 73. Elle se sçait bon gré d'avoir eu bien des galanteries. *Fontenelle*, *dial. des morts*)

Galanterie. Ouvrage galand, plein d'esprit & d'amour en vers, ou en prose. (Galanterie à une Dame à qui on avoit donné le nom de souris. *Sar. Poes.*)

† *Galantiser*, *v.a*. Faire la cour aux Dames. Le mot de *galantiser* ne se dit guére, & même il ne peut entrer que dans le stile le plus bas. En sa place on dit *faire la cour aux Dames, Faire le galant auprés des Dames*.

† *Se glorifier*, *v.r*. Se faire la cour à soi même. Se regarder comme un galant regarde une maitresse. (Il s'adore, il se galantise, *Mai. Poe*.)

Gale, *s.f*. Apreté de la surface de la peau seche, & farineuse avec une demangeaison, & cela à cause d'une humeur mélancolique, chaude & séche qui ronge les chairs. (Avoir de la gale. † Etre revêtu de gale, *S. Amant*. † Etre *damassé de gale*, *Reg. Sat.*)

Galbanon, *s.m*. C'est une sorte de gomme dissoluble dans le vin, le vinaigre & autres liqueurs aqueuses. Le galbanon sort par incision de la plante qui le porte & qu'on nomme *Ferule*. Il faut choisir les larmes les plus belles, qui ont un goût est amer & l'odeur desagreable. *Charas Thériaque*, *ch*. 70.

† * *Donner du galbanon*. Façon de parler proverbiale, pour dire, promettre beaucoup pour tenir peu, ou ne satisfaire pas à une demande, mais ne répondre que par galimatias.

† * *Galbanonner*, *v.a*. Terme burlesque, qui se dit seulement parmi les vitriers de Paris, & qui signifie nettéïer des vitres avec du blanc & de l'eau, sans en ôter le papier. (Galbanonner des paneaux. Je ne veux pas qu'on nettéïe tout à fait ces quarreaux, il faut seulement les galbanonner, une autrefois on les nettéïera tout à fait.

Galeace, *galeasse*, *s.f*. Château, & forteresse en mer, *Amelot*, *Histoire de Venise*. Espéce de vaisseau de mer, long, de bas bord, & plus grand que la galere.

Galée, *s.f*. Terme d'*Imprimeur*. C'est un petit ais long & large d'un pié avec des rebords & une coulisse où l'on met les lignes à mesure qu'on les compose.

† *Galefretier*, *s. m*. Gueux. Coquin. Misérable. (C'est un franc galefretier.)

Galer, *v. a*. Froter la gale de quelqu'un. (Galez moi un peu derriére le dos.)

Se galer, *v. r*. Se froter sa gale. (Il se gale jusqu'à se faire saigner.)

Galere, *s.f*. Vaisseau long de bas bord de vingt quatre à trente bans, ou rames.

Galére capitainesse. C'est la galére où est le Commandant.

Gale. Il se dit des arbres & signifie *chancre*. (Le bois de Bergamote & des petits muscats est sujet à avoir de la gale. *Quint. Jardins* T. 1.)

Gale. C'est aussi une noix qui sert à la Teinture. Voïez *noix de gale*.

† * *Vogue la galére*. Fasson de parler basse & proverbiale, pour dire, mettre les choses au hazard, sans en considérer l'événement.

Galère. Sorte de rabot de charpentier & de menuisier.

Galérien, *s.m*. Forçat. Celui qui tire à la rame. (Un malheureux galérien.)

Galerie, *s.f*. Lieu d'une maison, qui est couvert, & qui est propre à se promener. (Une belle galerie.)

Galerie. Terme de *Tripot*. Espéce de grande allée couverte où le monde voit joüer.

Galerie couverte. Terme *de guerre*. Passage couvert de tous côtez

de bonnes planches à l'épreuve du mousquet à la faveur desquelles on passe le fossé de la face du bastion lorsque l'artillerie du flanc oposé est démontée.

Galerne, *s. f*. Nom d'un vent froid qui fait geler les vignes. C'est le *Nord* est sur l'Ocean, & le *Greco* sur la Méditerranée.

Galet, *s. m*. Jeu où l'on pousse un palet, quelque plaque ou quelque clé sur une longue table, où celui dont le palet est le plus prés du bord, gagne, & celui qui tombe, perd son coup.

Galetas, *s. m*. Le dernier étage d'une maison qui n'est point carré & qui se prend en partie dans la couverture. (Une chambre en galetas. Etre logé dans un galetas.)

Galette, *s. f*. Pâte étenduë en forme de gâteau, sur laquelle on met du beurre & du sel. Une bonne galette.)

Galeux, *galeuse*, *adj*. Qui a de la gale. (Petit garçon galeux. Fille galeuse. Cheval galeux.)

* *Galeux*, *galeuse*, *adj*. Terme de *Jardinier*. Il se dit des arbres, & signifie qui a la gale. (Le bois de Bergamote est sujet à devenir galeux. *Quint. Jardin*.)

Galeux, *s. m*. Celui qui a la gale. (C'est un petit galeux.)

Galeuse, *s. f*. Celle qui a la gale. (C'est une galeuse.)

* *Une brebis galeuse gâte tout un troupeau*. Proverbe qui veut dire qu'un méchant homme peut corrompre toute une compagnie où il se trouve.

Galimafrée, *s.f*. Sorte de hachis de haut-goût. (Une bonne galimafrée.)

Galimatias, *s. m*. Discours obscur, & peu naturel, qu'on a peine d'entendre. (Lucien a fait un dialogue contre ceux qui parlent un langage qu'on n'entend point, ou comme nous disons, parlent Phebus & Galimatias. *Abl. Luc.* T. 1 *dance*. (Vous me faites-là un *galimatias* que je n'entens pas Moliere.)

Galion, *s. m*. Grand vaisseau de guerre, rond, de haut bord, & à voiles seulement.

Galiote, *s. f*. Galere de seize jusques à vingt cinq bans ou rames.

Gallican, *Gallicane*. Cet adjectif n'est usité qu'au *féminin*, & il signifie qui regarde l'Eglise de France. (Les libertez de l'Eglise Gallicane. *Patru*, *plaidoié*. 4.)

Galoches, *s.f.f*. Sorte de chaussure, ou couverture du soulier pour le tenir plus net, ou pour avoir le pié plus sec.

Galon, *s. m*. Petit ruban de soie, ou de fleuret tout uni. (Galon bien travaillé.)

Galon. Terme d'*Epicier*. Boite ronde qui vient de Flandre, où l'épicier met sa marchandise, comme poivre, muscade, alum, graines, &c. (Il faut mettre cette graine dans ces galons.)

Galonner, *v.a*. C'est mettre plusieurs rangs de galon sur un habit de gens qui portent les couleurs. (Galonner un habit de laquais.)

Galop, *s. m*. Prononcez *galo*. Train de cheval qui ne court pas de toute sa force. (Le grand galop. Le petit galop. Prendre le galop. Aller au galop. Acommoder un cheval au galop. Mener un cheval au galop, *Pluv*.)

(† * La mort nous poursuit au galop. *S. Amant*. Aler au grand galop à l'hopital.)

Galopade, *s. f*. Terme de *Manége*. La belle galopade, c'est un galop dans la main, lors que le cheval galopant est uni, bien ensemble & bien sous lui. (Cheval qui fait la *galopade* & travaille une bonne heure.)

Galoper, *v. n*. Aller au galop. (Faire galoper un cheval. Cheval qui galope faux. Galoper uni.)

Galoper. On trouve ce verbe en un sens actif dans les visionnaires de Demarais, *a.1. sc*. 3. Ils galopent déja les *humides sillons*; mais on trouve aussi que cela est un peu trop hardi &, que tout au plus on ne peut soufrir cette façon de parler qu'en poësie, encore faut-il qu'elle y soit employée avec une grande précaution.

† *Galopin*, *s. m*. Mot bas & burlesque pour dire demi-setier de vin. (Il boit tous les matins son galopin avant que de sortir.)

Galopins, ou enfans de cuisine. Ce sont ceux qui servent chez le Roi sous les Oficiers de Cuisine-bouche.

GAM.

Gamache, *s. f*. Terme de *Feuillant*, &c. Guêtre. (Gamache crotée. Mettre ses gamaches.)

Gambade, *s. f*. Espéce de saut qu'on fait en levant une jambe en l'air & se soutenant de l'autre pour marquer quelque mépris, ou quelque moquerie qu'on fait d'une chose, ou d'une personne. (Païer en gambades.)

Gambader, *v. n*. Faire des gambades. (Il ne fait que sauter & gambader.)

(† * Ils reçurent Vulcain entre leurs bras comme il gambadoit par l'air. *Abl. Luc*. Tom. 1.)

† *Gambiller*, *v.n*. Remuer les jambes fréquemment lors qu'on est suspendu, ou couché.

(L'amour est un mauvais coucheur
Helas ! bon Dieu, comme il gambille,
Sans cesse le méchant fretille.
Recueil de poësies, T. 3.)

Gâme, *s. f*. Terme de *Musique*. C'est un certain nombre de notes

GAN

tes où sont renfermez tous les principes de la musique. Le Moine Gui d'Areze en Toscane inventa la gâme, qui a été appellée de ce nom à cause qu'autrefois elle commençoit par G. qu'on nomme en Grec *gamma*, [Aprendre sa gâme. *Savoir sa gâme.*] V. *Coquille, Histoire du Nivernois.*

* *Game.* Ce mot au figuré est bas & burlesque. [C'est du Latin qui passe vôtre game. *Voic poës.* C'est à dire, vous n'entendez pas cela, vous ne vous y connoissez pas assez.]

* *On lui a bien chanté sa gâme.* C'est à dire, on l'a bien querellé, on l'a bien reprimandé. *Scar. Poët.*

Personne dans mon ciel ne me chante ma *gâme*,
De foudre & de tonnerre il ne m'en faut point là:
Mais si je m'avisois d'épouser une femme,
J'aurois bien-tôt de quoi gronder.
Balet de la nuit, 2 p.

[* *Gâme.* Ce mot signifie quelquefois, manière, façon, coûtume.

[Il gâta tout, & prit tout au rebours.
Du gent amour la belle trame.
D'himen le long & triste cours.
Introduisit *la sote gâme.*
Muses galantes, pag. 35.

GAN.

GANACHE, *s.f.* La partie de la machoire du cheval qui touche le gosier, ou l'encoulure. *Soleisel, Parfait Maréchal.*

GANCE, *s.f.* Manière de cordonnet de soie tissuë par le rubanier, qu'on met au coler du pourpoint, & qui tient lieu de boutonniere. [Faire de la gance. Eplucher de la gance. Mettre de la gance au colet du pourpoint.

GANGRENE, V. *Gangreine.*

GANIMEDE, *s. m.* Petit berger que Jupiter enleva & dont il fit son mignon.

† * *Ganimede.* Petit bardache. (C'est son petit ganimede.)

GANT, ou *gan, s. m.* Peau qui est purgée, passée dans une leveure, & paissonnée, à laquelle on donne la figure de la main, & qui sert à couvrir la main pour la garantir du froid ou du chaud, ou pour lui donner plus de grace. (Un gant lavé. Des gans de frangipane.) Le peuple dit *franchipane*, mais mal. Voiez *frangipane.*

Gant bourré. Terme de *Maître d'armes.* C'est un mechant gant, garni de crin, qu'on se met à la main quand on fait assaut, & cela pour empêcher que les coups qu'on se porte ne blesent la main. Prendre & mettre la bourré.

† * *Il est souple comme un gant.* C'est à dire il est fort soumis.

† * *Il n'aura pas les gans*, c'est à dire, il ne sera pas le premier.

Gantelet s. m. gant de fer d'un homme armé de pié en cap.

Gantelet. Terme de *Relieur.* Sorte de manique qu'on se met à la main, & dont on se sert pour mieux foüetter les livres lors qu'ils sont couverts.

Gantelier, s.f. Fleur bleuë, ou blanche qui fleurit en Août, Septembre & Octobre.

Gantier, v. a, Mettre les gans à une personne. (Soufre que je vous gante)

Ganter v. n. Il se dit des gants par raports à la main. (Voilà des gans qui ganteront fort bien ; c'est à dire, qui conviennent bien à la main.)

Se ganter, v. r. Mettre ses gans. (Prenez la peine de vous ganter vous-même.)

Ganterie, s.f. Marchandise de gans. Métier de faire & de vendre des gans. (Les gantiers sont obligez de vendre leurs marchandises de ganterie dans leurs boutiques Voiez *les Statuts des Gantiers.*)

Gantier, s. m. Ouvrier Marchand qui fait & vend de toutes sortes de gans, & de parfums. Un bon gantier.

Gantiere, s.f. Femme de gantier. Veuve de gantier. (Une belle gantiere.)

† *Gantiere.* Celle qui fait present d'un paire de gans, mais en ce sens le mot de *gantiere* est burlesque, & je ne l'ai trouvé que dans Voiture une seule fois. C'est de la sorte qu'il faut paier une *gantiere* comme vous. *Voiture, Lettres amoureuses,* l. 48.)

GAR.

GARANCE, *s.f.* Sorte d'herbes dont on se sert pour la teinture

GARAND, *s. m.* Terme de *Palais.* Celui qui est obligé de faire bon ce qu'il a promis par contrat ou autrement. (Un bon garand.

[* Allez, il ne vous en arrivera pas de mal, j'en suis garand. *Pascal.* l. 7. Etre garand d'une opinion. *Pascal.* l. 5.)

* GARANNE, *garenne, s. f.* On dit *garenne* & non pas *garanne*. Voiez *garenne.*

Garanier, garenier, s. m. On dit l'un & l'autre mais *garannier* est presentement plus en usage que *garennier*. On croit qu'avec le tems *garennier* l'emportera, mais ce tems n'est pas encore venu. Le *garannier* est celui qui a soin de la garenne

CAR

GARANTIE, *s.f.* Terme de *Palais.* Obligation de faire bon ce qu'on a cedé. (Etre obligé à la garantie.)

Garant, s. m. Celui qui est obligé à la garantie. (Avoir recours contre son garant.)

Garantir, v. a. Faire bon ce qu'on a cedé, en faire joüir. (Garantir un cheval de toutes sortes de vices)

[* Parbleu, je la garantis de restable. *Mol.*)

* *Garantir.* Exempter. (Garantir une Province de ravage. *Vau. Quin* l. 3.)

* *Se garantir, v. r.* Se preserver de quelque chose de nuisible. (Se garantir du pillage)

† GARDE, *s. m.* Mot vieux & burlesque pour dire la mine & l'air d'une personne. (Prés du sexe il est en disgrace, avec sa garde de friche & grasse)

GARBIN, *s. m.* Nom de vent, sur la Mediterranée, qu'on nomme Sud-oüest sur l'Ocean.

† GARCE, *s.f.* Celle qui est de mauvaise vie. [Une grosse garce. *S. Amant.*) Voiez plus bas *garsaillir.*

Garçon, s. m. Enfant mâle. (Elle est accouchée d'un gros garçon.)

Garçon. Celui qui n'est point marié. (D'Ablancourt est mort garçon. C'est un vieux garçon.)

Garçon. Celui qui fait son aprentissage en un certain métier, & qui n'y étant pas receu maître, travaille chez ceux qui le sont. (Un garçon Marechal. Un garçon Tailleur. Garçon de cabaret. &c.)

Garçons de la Chambre. Petits Officiers qui sont dans la chambre du Roi pour recevoir l'ordre de sa Majesté, ou de leurs Maîtres. Ces petits officiers ont soin de la cire de la chambre, ils preparent les choses necessaires à la chambre, comme la table & les sieges pour le Conseil, & ils couchent prés de la chambre du Roi contre leurs cofres.

† *Garçonnet, s. m.* Petit garçon. Le mot de *garçonnet*, se dit rarement, & lors qu'il se dit c'est en riant. (C'est un petit garçonnet.)

Garçonniere, s.f. Mot injurieux qui se dit des filles qui aiment à hanter les garçons.

GARDE, *s.f.* Ce mot se dit des fruits & de certaines autres choses, & quand on dit qu'ils *sont de garde*, cela veut dire qui se conservera. Qui se conservera. Qui est pour se garder. (Fruit de garde. Faire du vin de garde.)

Garde, s.f.f. Soin qu'on prend de garder une chose pour soi ou pour autrui. Défence. Protection. Conservation. Donner une chose en garde. *Abl. Ret.* l. 4. Se donner de garde de quelque surprise. Prendre garde à soi. *Abl,* Se tenir sur ses gardes. *Abl. Ret.* l. 1. La garde de deux filles est un peu trop pesante. *Mol.* Alez-vous en, à la garde de Dieu.)

Garde, s.f. Ce mot se dit parlant de soldats, ou de gens qui font la fonction de soldats, & il veut dire Action de soldats qui gardent. Soldats qui gardent. Chose qui garde. (Faire bonne garde. Faire garde. Monter la garde. Décendre la garde. Relever la garde. Un corps de garde. Entrer en garde. Sortir de garde. La garde qui veille aux barrieres du Louvre n'en défend point nos Rois. *Mal. Poës. Garde avancée.* Ce sont des soldats avancez pour atendre l'ennemi. Aprés avoir mis ce petit Roi sous une sûre garde, il s'ala loger vis l'Hidaspe. *Vaug. Q. Curce,* l. 8. ch. 3. Il y a deux mille hommes pour la garde de la vile.

Il n'a garde de venir, c'est à dire, il se gardera bien de venir, il n'osera pas venir.

Gardes. Regiment d'infanterie qui garde le Roi. Soldats fantassins qui ont soin de la garde du Roi. Le mot de *gardes* en ce sens se fait masculin par quelques uns; mais la plupart le croient féminin, & sur tout lorsqu'il y a un adjectif tout prés qui a raport à ce mot de *gardes*. Ainsi on dit Monsieur de la Feuillade est Colonel des gardes Françoises. On fit avancer les *gardes Ecossoises*. Etre cadet aux gardes Etre Capitaine aux gardes. C'est à dire, *au regiment des gardes.*)

Les Gardes du corps, s. m. Cavaliers qui gardent la personne du Roi & qui portent des justes au corps bleus avec des bandoulieres & des mousquetons.

Garde de la Manche, s. m. Cavaliers dont les fonctions sont d'assister à la Messe du Roi, de le garder à vuë durant la Messe de faire mettre à genoux à de certains tems de la Messe, de fermer les portes du Louvre, & d'en porter les clefs au Capitaine.

Gardes de Jupiter, ou *Satellites de Jupiter.* Ce sont quatre petites étoiles qui accompagnent toûjours Jupiter & que Galilée a découvert le premier.

Gardes, s. m. Oficiers les plus considerables des monnoies, qu'on appelle *Juges gardes.*

Gardes, s.f. fille ou femme qui garde un malade. Prendre une garde. Donner une garde à un malade.

. Garde. Ce mot au figuré est beau. Exemple. (Quand une jeune beauté aime, la pudeur est une *garde* aisément subornée. *Benserade.*)

Garde, s.f.m. qui garde. Celui qui a soin de conserver. [Un bon garde.)

Garde de port, s. m. Officier sur le port de Paris qui garde le port la nuit.

Garde de bois, s. m. Celui qui a soin qu'on ne fasse nul tort au bois.

Ccc *Garde*

Garde-pertuis, f. m Gens établis sur les passages dangereux des rivieres pour aider les voituriers.

Gardes des sceaux, f. m Officier de Justice, qui garde les sceaux, lors qu'on les a ôtez au Chancelier, ou que le Chancelier ne peut exercer sa charge.

Gardes de peson, f f. Terme de *Balancier.* Ce sont des especes de boucles attachées aux broches du peson.

Gardes, f. f. Terme de *Serrurier* Ce sont des petites lames de fer mises en cercle, qui entrent dans les fentes du paneton d'une clé, & quelques bouts de lames de fer qui se rencontrent à l'endroit des dents, quand on tourne la clé d'une serrure. (Changer les gardes d'une serrure.)

Garde, f. f. Terme de *Fourbisseur.* Partie de l'épée qui garde la main, qui est immediatement dessus de la lame & au bas de la poignée, qui est composée d'une plaque de deux anneaux & d'un quillon ; ou d'un ponte , d'une branche &. de deux anneaux. (Forger une garde. Une garde à branche Une garde à ponte.

Garde, f. f. Termes de *Maître d'Armes.* Posture dont on se campe pour porter des bottes & se défendre de celles qu'on nous portera. (Avoir la garde bonne. Se mettre en garde. se tenir en garde. Etre bien en garde. Il a une garde qui le couvre. S'ôter de garde. Combatre une garde. Se défendre d'une garde. On dit garde ordinaire, garde de prime , de seconde , de tierce, de quarte & de quinte , (quelques uns omettent la seconde) Garde Italienne , Alemande, françoise, Espagnole. Garde damgereuse , particulière , extraordinaire , &c. *Liancour , Maîtres d'armes , ch. 3. & 4.*]

* *Etre en garde contre quelcun.* C'est à dire, être toûjours sur ses gardes contre quelcun. S'en défier. [J'étois plus en *garde* de vous que de personne. *Le Comte de Bussi.*)

Gardes. Termes de *Chasse,* Ce sont les deux os qui forment la jambe de toutes les bêtes noires. *Sala.*

Garde-boutique, f. m. Marchandise dont on a peine à se défaire (Les Livres de Monsieur un tel de l'Academie Françoise sont des gardes boutique.)

Garde côté V. *Côte.*

Garde-feu, f. m. Espece de balustre de fer qu'on met autour du feu pour empêcher que les petits enfans ne tombent dans le feu, (Mettre le garde feu autour du feu.)

Garde-foux, f. m. Apuis , ou especes de balustres des deux côtez d'un pont pour empêcher qu'on ne tombe. (Pont qui n'a point de garde-foux.)

* On fait tant de faux pas dans la Jurisprudence,
Que pour en garentir ceux qui sont du metier,
On a fait au Palais, sur le grand escalier,
Un garde-fou de conséquence.

Garde-manger, f. m. Prononcez *garde-mangé.* Ouvrage de vanier qui est quarré, où le Bourgeois reserre quelque reste de viande qu'on dessert de dessus la table. (Un beau-garder manger.) On en voit dans les Provinces qui sont faits par les Menuisiers , & que l'on garnit de toile claire.

Garde-meuble, f. m. Lieu où l'on met les meubles meublans. (Il y a trois garçons du garde-meuble du Roi.)

Garde-meuble, f. m. Officier qui garde les meubles meublans du Roy.

Garde-nape, f. m Terme de *Vanier.* Porte-assiette d'osier qu'on vend d'ordinaire aux pauvres qui aiment la propreté.

Garde, f. m. Grande plaque d'argent , ou d'étain , toute plate, avec de fort petits rebords, qu'on met sur la nape, & où l'on met le pot à l'eau , le vin & le pain , pour tenir proprement la nape. Il y en a dans les Communautez des Ecclesiastiques, qui sont d'étain, & chez les personnes de qualité, il y en a d'argent, ou de vermeil doré.

Garde-noble, f. f. Terme de *Pratique.* C'est la tutelle de quelques enfans nobles. (Avoir la garde noble de ses enfans,)

Garde-note, f. m. Qualité que se donnent les Notaires , & qui veut dire , gardant les minutes & les originaux des actes.

Garderobe, f. f. Lieu où est la chaise percée. Privé. Lieux. (Aller à la garderobe.)

Garderobe, f. f. Petite chambre , ou cabinet propre à serrer des meubles. (Une belle garderobe)

Garderobe, f. f. Lieu où est le linge & les habits du Roi. [Les valets de la garderobe, couchent dans la garderobe.)

Garde-vaisselle, f. m. Oficier du Roi , qui suit les plats qu'on sert sur la table du Roi.

Avant-garde , arriére garde , contre-garde , Sauvegarde , mégarde. Voicz-les en leur rang.

Garder, v. a. Avoir soin de quelque chose. Travailler à la conservation , ou à la défense d'une chose. (Garder une vile, une place. Garder son rang, son bien.)

Garder. Conserver. On garde la cuirasse & l'habillement de tête , que portoit Henri II. quand il fut blessé , & l'on y voit encore du sang. *Thuan.* Garder du vin , des fruits, &c.)

Garder. Ne pas dépenser. Serrer. [Garder son argent. Garder ses pistoles.)

Garder. Mener paître , & avoir soin de quelque bétail. (Apollon a gardé les troupeaux du Roi Admete.

* **Garder.** Ne pas sortir d'un lieu, y demeurer sans en sortir, & sans le quiter. (Garder la chambre. Garder le lit.)

* **Garder.** Observer. Ne pas violer. Ne pas enfreindre. Garder la foi, sa paro'e , les Dimanches & les Fêtes , les commandémens de Dieu , &c.)

Garder. Ce mot, parlant de prisonniers , signifie avoir soin que le prisonnier dont on est chargé , ne s'échape. Garder bien un prisonnier.)

Garder à vuë. C'est à dire , ne perdre point de vuë celui qu'on a en garde , sans se tenir toûjours auprès de lui.

Se garder, v. n. Se conserver. Il y a des fruits qui se gardent tout l'hiver.)

† * *En donner à garder à quelcun.* C'est à dire , en faire accroire. Dire des bourdes & des contes.

Se garder, v. r. Se défendre d'une chose qui peut nuire , s'en preserver. Se donner de garde d'une chose , ou de quelque personne. (Je m'étois gardé de vos yeux. *Voit. Poëf.* C'est une chose de quoi je ne me gardois pas. *Voit. poëf.* Cela aprend à se garder d'un Philosophe hipocrite comme d'un traitre. *Abl An. l. 16*)

Se garder. S'empêcher de. (Gardez-vous de faire folie. *Voit. poëf.*)

Gardien, f. m. Mot general , pour dire , celui qui garde. (Il étoit gardien du trésor. *Vau. Quin. l. 5. c 1.*)

Gardien, f. m. Terme de *Pratique.* Celui en la garde duquel on a mis quelques biens saisis dans les formes de justice.

Gardien. Terme de *certains Religieux de l'ordre de S. François, comme des Capucins & Recolets.* C'est le Superieur du Convent de l'Ordre. (Le Pére Gardien est un fort bon Religieux.)

Gardon, f. m. Poisson de riviere qui a le corps large , le dos bleu, la tête verdâtre , le ventre blanc , les yeux graus. (Le gardon est sain, de chair molle & peu nourrissante.)

† **Gare.** C'est une espece d'adverbe , qui signifie gardez-vous, prenez garde. (Gare le corps. Gare l'eau.) Il signifie aussi retirez vous, faites place.

Garenne, f. f. Sorte de petit bois où l'on a mis des lapins. Lieu peuplé de lapins. Une belle garenne. Une garenne bien peuplée. Ruïner une garenne.)

† *Cela est de garenne.* Cela veut dire fin & fourbe.

Garennier, f. m. Celui qui garde la garenne. On dit *garennier & garannier* , mais *garannier* est plus en vogue. Ainsi le veut l'usage contre la raison. Voiez garannier.

Gargariser, v. a. Netéïer. Laver sa bouche. [Gargariser sa bouche.)

Gargarisme, f. m. Médicament externe composé d'eaux distillées , ou de décoctions de plusieurs simples, où l'on dissout des sirops, du miel, & du vinaigre pour les maladies de la bouche, des gencives & du gosier. (Gargarisme attractif.)

Gargote, f. f. Sorte de petit Cabaret à Paris où l'on donne à manger à juste prix. (Vivre à la gargote.)

† **Gargoter,** v. n. Boire dans une gargote. Boire souvent & avec des gens de néant.

Gargotier, f. m. Celui qui tient gargote.

Gargouille, f. f. Goutiere de pierre. Les troux des canaux par où coulent les eaux en bas.

Gargouille. Terme d'Epronnier. Maniere d'anneau au bout de la branche de l'embouchure.

† **Garnement,** f. m. Libertin, & dont la vie est un peu deréglée. (C'est un mechant garnement. *Scaron.* J'ay prédit autrefois que vous preniez tout l'air d'un mechant garnement. *Mol. Tartufe, acte 1.*)

Garnir, v. a. Pourvoir de tout ce qui est necessaire. Assortir. Meubler. Ajuster. [Garnir des gans. Garnir un chapeau. Garnir une épée. Garnir une Chambre Garnir des pierreries Il a la bourse bien garnie. Se garnir de bons habits fourrez. contre le froid. Se garnir de bonnes bottes pour aller à la campagne.)

[Garnir les endroits foibles avec des fraises. *Relation des campagnes de Rocroi.* Garnir de longs pieux.]

Garnison, f. f. Soldats qui sont en un lieu pour le garder , & pour y subsister. Soldats qui sont commandez pour garder quelque vile, quelque place ou forteresse. [Il y a une bonne garnison dans la place. La garnison est forte. Les habitans ont égorgé la garnison. La garnison est sortie par composition. Mettre garnison dans une place.]

* **Garnison.** Lieu où l'on va en garnison. [Nôtre garnison est à Vitri le François.]

Garnison. Terme de *Pratique.* Sergens qui gardent les meubles d'une personne lorsqu'ils sont saisis. [Il y a garnison chez lui.]

Garnisseur, f. m. Marchand qui vend des chapeaux sans le savoir fabriquer , & qui ne fait que les garnir. Les ouvriers chapeliers parlent ainsi ; mais dans le monde on apelle ces garnisseurs *Chapeliers* aussi bien que les autres.

Garniture, f. f. Assortiment. Toutes les choses qui assortissent & qui servent à embelir quelque habit , ou autre choix. [Une belle garniture d'habit. Une garniture de rubans. Une garniture de diamans]

Garniture de baudrier. Terme de *Ceinturier.* Ce sont les boucles, les bouts & le coulant du baudrier.

Garniture de cheminée. Terme de *Faïancier.* Pots de faïance , ou petites porcelaines enjolivées qui parent une cheminée. [Acheter une belle garniture de cheminée.]

Garniture de toilette de Dame. Ce sont deux petits flacons , un quaré

GAS GAU

quarré, des portes-bouquets d'argent ou de vermeil doré.

† Se GARRER, *v. a.* Mot bas & du peuple de Paris. Se détourner du chemin pour laisser passer. Prendre garde à soi de peur d'être incommodé des autres qui passent. (Crier gare, Garez-vous. Passer sans dire gare.) V. *Gare*.

Garrer, *v. a.* Terme de *Batelier*. Lier. Atacher. [Garrer un train de bois. Garrer un bateau.]

GARROT, *s. m.* se mot se dit en parlant des chevaux. Partie du cheval qui commence où se termine le crin & assemble les deux epaules par le haut. (Cheval blessé au garrot.

† *Garroter*, *v. a.* Lier. [il est lié & garrotté. Lier & garroter un prisonnier. Il se trouve pour jamais garotté contre un mur. *Sar. poës.*]

GARS, *s. m.* Ce mot signifie *garçon*, mais il ne se dit que guere à Paris & même il ne se dit que dans le bas burlesque. [Le petit gars lui vint sauter au cou. Je suis *gars* propre à la fillette.]

Garsailler, ou *garçailler*, *v. n.* Frequenter les filles débauchées.
[Il ne fait que garsailler.]
GARSON. V. *Garçon*.

GAS.

GASCON, *Gasconne*, *adj.* Qui est de Gascogne. Il est Gascon & pourroit bien avoir querellé son bon Ange. *Mai. poës.*]

Gasconnade, *s. f.* Bravoure en paroles. Fanfaronnade. (C'est ne gasconnade. Faire des gasconades.

Gas..nisme, *s. m.* Façon de parler Gasconne. (C'est un pur Gasconisme. Le Poëte Theophile est plein de Gasconismes.)

GAZON, *gazon*, *s. m.* Mote de terre pleine d'herbes. (Un verd gason. Un beau gason. Couper des gasons. Fortifier avec des gasons.]

Gasonnement, ou *gazonnement*, *s. m.* L'action de gazonner. Emploi qu'on fait des gazons pour quelque ouvrage. Faciliter le gazonnement de la demi-lune.)

Gasonner, ou *gazonner*, *v. a.* C'est en general garnir des gazons, composer quelque ouvrage de gazons. Les Jardiniers le disent, & il signifie garnir de gazons quelques endroits. (Gazonner une alée. Gasonner un parterre. Il faut arroser avec soin les endroits qu'on a gazonnez. Gazonner un bastion.)

Gasouillement, *gazouillement*, *s. m.* Ce mot se dit proprement des oiseaux, & veut dire un certain chant agréable que font les oiseaux. Leur petit ramage. (Le gasouillement des oiseaux plaît à bien de gens.

Les oiseaux éveillez s'entraînment & se flatent
Ils se cherchent l'un l'autre, & leurs *gazouillemens*
Sont les temoins publics de leurs contentemens.
La Suze poësies.

Un rossignol inquiet & volage
Dont le gasouillement étoit touchant & beau
Vouluu en aprendre un nouveau.
Boursaut, *Esope*, *a. 1. sc. 6.*]

Gasouiller, *gazouiller*. Ce verbe est d'ordinaire neutre ; & se dit des oiseaux. Il veut dire *chanter*, *ramager*, (Il y a du plaisir à ouïr gazouiller les petits oiseaux.)

† *Gasouiller*. Ce mot se dit des petits enfans, & veut dire *parler*. (Le pauvre petit commence à gasouiller.)

GASPARD, *s. m.* Nom d'homme. (Gaspard de Coligni fut tué à la journée de la S. Barthelemi.]

† *Gaspiller*, *v. a.* Dissiper son bien imprudemment & par des depenses vaines & inutiles. Ce jeune homme a gaspillé tout son patrimoine. (On dit aussi les valets ont tour gaspillé dans cette maison.)

GASTADOUR, *s. m.* Pionnier. V. *Pionnier*.

GASTON, *s. m.* Nom d'homme. (Gaston de Foix est tres-fameux. Gaston de Bourbon Duc d'Orleans, frere de Louïs XIII. naquit en 1608.]

GAT.

GATÉ. *Voi Plus bas*.

GÂTEAU, *s. m.* Morceau de pâte qu'on étend, où l'on met du sel & du beurre, & qu'on fait quelquefois cuire au feu & ordinairement au four. (Faire un gâteau de vint sous. Un gâteau d'un sou, ou de deux liards. Un gâteau feuilleté. Gateau molet. Gâteau d'amendes.

* Avoir part au gateau. C'est à dire avoir part au gain. Partager le profit. Partager une chose avec d'autres.

† *Il ne mange pas son gâteau dans sa poche.* Proverbe, pour dire il fait part du profit à ceux qui le lui ont procuré.

† *Il y a bien des gens à partager le gâteau.* Cela se dit proverbialement lors qu'il y a plusieurs personnes à partager une succession, ou le profit qui revient de quelque afaire.

Gâteau. Terme de *Sculpteur*. Morceaux de cire, ou de terre aplanis dont les Sculpteurs remplissent les creux & les pieces d'un moule où ils veulent mouler des figures.

Gâteau. Terme de *gens qui nourrissent des mouches à miel*. Morceau de cire plein de perites trous que les abeilles font dans leurs ruches, & quelles remplissent de miel.

GÂTER, *v. a.* Soulier. Tacher. (Gâter un habit. Ma jupe est toute gâtée.)

Gâter. Faire tort. Nuire. (Le grand chaud gâte de certaines pierres. *Perraut*, *Vitruve*. La grêle a gâté les blez, les vignes, &c.)

* *Gâter*. Changer de bien en mal. Corrompre Rendre pire. (La fortune gate & pervertit la nature. *Vau. Quin. l. 3.* Gâter un enfant.)

[* On se mit à le suplier de ne vouloir rien gâter par la précipitation. *Vau. Quin. l. 3.* C'est un homme en qui l'âge ne gâte rien.)

Se gâter, *v. n.* Se corrompre. (Le vin se gâte. La chair se gâte facilement quand il fait chaud.) On dit aussi, cet homme s'est gâté dans la compagnie de tels debauchez. Il s'est gâté l'esprit par la lecture des Romans.

Gâter le metier. C'est à dire, faire trop bon marché de sa peine, ou de sa marchandise ; en sorte que cela fasse tort aux autres personnes du même métier.

Gâte-metier, *s. m. & s. f.* C'est une personne qui donne à trop bon marché sa peine, ou sa marchandise.

† * *Enfant gâté*. C'est un enfant qu'on ne corrige pas parce qu'on l'aime trop.

† *Gâteur*, *s. m.* Ce mot ne se dit pas seul en François , on dit (C'est un gâteur de papier, c'est à dire *un barbouilleur*, qui ne fait rien qui vaille.)

GAV. GAU.

† GAVACHE, *s. m.* Mot Espagnol qui veut dire coquin, miserable & sans cœur. (C'est un gavache.)

GAUCHE, *adj.* C'est un terme relatif qui se dit à l'égard du coté du corps qui est oposé au droit. (La main gauche. Le côté gauche. L'aîle gauche d'une armée.)

* *Gauche*, *adj.* C'est un mot au figuré signifie. Mal-fait. Mal-tourné. Ridicule. Sot. (Esprit gauche. On le trouve si *gauche* qu'on ne daigne plus rien lui dire. Sa taille est assez *gauche*. *Mol.*)

Gauche, *s. f.* Main gauche. (Il y avoit un marais sur la gauche. *Abl.*

A gauche, *adv.* A main gauche. (Il faut tourner à gauche. La Cavalerie étoit à gauche. *Abl. Ar. l. 1* Faire demi tour à gauche.

Gaucher, *gauchere*, *adj.* Qui se sert de la main gauche. [Il est gaucher. Elle est gauchere.]

Gaucher, *s. m.* Qui se sert de la main gauche au lieu de se servir de la droite, comme c'est ordinairement la coutume. (C'est un gaucher.)

Gauchir. Ce mot dans le propre signifie *aller à la main gauche*, mais on ne croit pas qu'il soit en usage dans ce sens.

* *Gauchir*, *v. n.* Se détourner. (On lui porta un coup, mais il gauchit un peu, & cela empêcha qu'il ne fut blessé.)

* *Gauchir*, *v. n.* Baiser. N'avoir pas un procedé droit & sincere. (C'est un homme qui gauchit.)

* *Gauchir*, *v. n.* Trouver des biais pour éluder, pour échaper. (ces bons Péres vouloient gauchir, & alleguoient l'Ecriture. *Maucroix*, *Schisme*, *l. 1.* Gauchir aux dificultez. *Vau*, *Rem.*)

* *Gauchir*. Ce mot dans le figuré, se prend quelquefois dans un sens *actif*, & alors il signifie, rendre gauche, & changer en pis. (L'erudition immoderée engendre une crasse dans son esprit, & gauchit tous ses sentimens. *S. Evremons. T. 1.*

GAUDE, *s. f.* Plante qui porte une fleur vineuse en forme de grand œillet simple. C'est une drogue de Teinturier qui teint en jaune.

Gauder, *v. a.* Terme de *Teinturier*. Teindre une étofe avec de la gaude. (Les bleus teints en indigo, doivent être gaudez & ils deviennent verds.)

† GAUDIR. Vieux mot ce dit qu'en riant & qu'en cette façon de parler. * [*Gaudir le papas*, c'est à dire, être à son aise.]

† *Gaufre*, *s. f.* Il signifie quelquefois un raïon de miel.

Gaufre. Sorte de menuë patisserie, faite de fine fleur de froment, & qu'on cuit entre deux fers ; qui sont ordinairement creusez & raiez & forment quelque figure.

Gaufrier, *s. m.* C'est le fer double dans lequel on cuit les gaufres.

GAULE, *s. f.* Par ce mot on entendoit autrefois tout le païs qui est en deçà & au delà des Alpes. Gaule Cisalpine, Celtique Belgique, Chevelue, Narbonnoise. Mais aujourd'hui par le mot de Gaule on entend le Roiaume qu'on nomme *France*. [Il a les armes du Roy des Gaules sur les épaules. Phrase burlesque pour dire il a une fleur de lis sur les épaules, qui est une marque d'infamie.]

Gaule. Houssine. Fraper d'une gaule. On se sert des aides de la gaule pour faire lever le devant à un cheval. On conte qu'il y a des gaules harmonieuses. *Ablanc. Marmol. Tome 1. l. 3. c. 13.*)

Gauler, *v. a.* Barre de certains arbres avec des grandes gaules pour en faire tomber les fruits. On gaule les pommes en Normandie.

† † *Gaulé*, *gaulée*, *adj.* Ruiné. Desolé. (La campagne est gaulée.)

* † *Gaulé*, *gaulée*. Qui est hors de mode. Qui n'est plus en usage. [Sa galanterie est tout à fait gaulée. *Sar. poës.*]

† *Gauler*, *s. m.* Vieux mot pour dire celui qui mesure avec la perche

perche, ou la toife, & qu'on nomme aujourd'hui *arpenteur*. Voi *les Ordonnances de Henri II. pour l'arpentage.*

GAULIS, *f. m.* Terme de *Chaſſe.* Branche d'arbre qu'il faut que les Veneurs détournent, ou plient, quand ils veulent percer dans le fort d'un bois. (Il plioit des gaulis auſſi gros que le bras. *Mol.*]

GAULOIS, *gauloiſe*, *adj.* Qui eſt de Gaule. Qui regarde les Gaules. Qui eſt des Gaules. (Alphabet Gaulois. Nation Gauloiſe. Les Antiquitez Gauloiſes de Faucher ſont eſtimées.)

* * *Gaulois, Gauloi, e.* Vieux. Qui ſent le Gaulois. (Mot Gaulois. Façon de parler Gauloiſe.)

Gaulois, f. m. Le langage Gaulois. Parler Gaulois. Entendre le Gaulois.)

GAVOTE, *ſ. f.* Dance gaie & de meſure ſimple. [Dancer une gavote.]

† GAUSSER, *v. a.* Vieux mot qui ne peut entrer que dans le burleſque, & qui ſignifie *ſe moquer*. (C'eſt un goguenard qui ſe plait à gauſſer les gens.]

† *Gauſſerie, ſ. f.* Moquerie, raillerie. Ils perſecutent ce pauvre innocent par de continuelles gauſſeries.)

† *Gauſſeur, ſ. m.* Moqueur. Rieur. [C'eſt un vrai gauſſeur.)

† *Gauſſeuſe, ſ. f.* Moqueuſe, Rieuſe. (C'eſt une franche gauſſeuſe.)

GAUTIER, *ſ. m.* Nom d'homme.

† *Gautier Garguille.* Nom d'un fameux baladin. [* *C'eſt un franc Gautier Garguille.* C'eſt un franc ſot. Franc badin.]

GAZ.

GAZE, *ſ. f.* Sorte de toile fort claire, dont les Dames ſe font des coifes, des cornettes, &c. Sorte de petite étofe legere dont on fait des robes, des jupes & autre choſe. (De belle gaze. Gaze jaune. Gaze noire. Vous ordonnerez qu'un grand pavillon de gaze me ſera dreſſé. *Voi. l.* 9.]

GAZELLE, *ſ. f.* Animal de la grandeur & de la couleur d'un daim. Elle a les cornes fort noires & tournées comme celles d'une chevre, hormis qu'elles ſont rondes & pointuës. (La chair de la gazelle eſt bonne à manger. *Abl. Marmol. Tom.* 1.)

GAZETTE, *ſ. f.* Recit de nouvelles. (Gazette imprimée Gazette à la main. Faire la Gazette. Diſtribuer la gazette.)

† * *Gazette.* Cauſeur, ou cauſeuſe, qui redit ce qu'il entend dire, qui le raporte aux autres. (C'eſt la gazette du quartier.)

Gazetier, ſ. m. Celui qui fait la gazette. (Renaudot eſt le gazetier de France le plus fameux. Il étoit Medecin de Montpelier. Il commença à donner la gazette en 1631. Il étoit naturellement éloquent, & ſes gazettes étoient bien écrites & elles plaiſoient. On lit les Gazettes chez Ribou, & Loiſon & autres regratiers du Pont-neuf.)

Gazetier Colporteur qui vend & publie les gazettes par la vile de Paris.

Gazetiere, ſ. f. Pauvre femme qui va acheter la gazette au bureau de la grand'poſte, qui la diſtribue par mois aux perſonnes qui la veulent lire, pour trente ſols. (La gazetiére eſt venuë, La gazetiére a manqué d'aporter la gazette.)

GAZON, GAZOULIER. Voiez la colomne *Gas*.

GEA. GED. GEL.

G'EAI, *ſ. m.* C'eſt un oiſeau gai qui eſt de la groſſeur d'un pigeon, ou environ. Il a la tête & le cou de couleur rouge, mélée de verd, les ailes mêlées de bleu & de blanc, de noir & de gris. Le geai ſe plait à voler & à cacher ce qu'il a pris. Il contrefait le chien, le char, la poule, & les autres oiſeaux. Il tombe en épilepſie. (un geai mâle. Un geai femelle, Olina *traité des oiſeaux qui chantent.*

GEANS, *ſ. m.* Hommes d'une grandeur extraordinaire que les Poëtes feignent avoir voulu eſcalader le Ciel en mettant montagne ſur montagne, & qui pour cela furent foudroiez par Jupiter.

Geant, ſ. m. Homme beaucoup plus gros & plus grand que les hommes ordinaires. (Il y a un geant à la Foire S. Germain.)

† * *Géant.* Un homme bien grand. [C'eſt un géant]

Geante, geante, ſ. f. Femme de geant. La plûpart des Dames qui parlent bien, diſent *geanne* qui eſt plus doux que *geante*, neanmoins comme *geanne* n'eſt pas encore établi, je me tiendrois toûjours à la regle & je dirois *géante* avec les hommes ſavans dans la langue.

* *Géante.* Femme fort grande. C'eſt une géante.)

GEDE'ON, *ſ. m.* Nom d'homme.

† GEINDRE, *v. n.* Vieux mot qui ne peut trouver ſa place que dans le ſtile le plus bas, & encore fort rarement. On dit en ſa place. *Se plaindre. Gemir.* (Elle ne fait que geindre.

Geindre, ſ. m. Terme de *Boulanger.* Le maître garçon du boulanger. Celui qui gouverne la boutique & à ſoin du travail lors que le Maître n'y eſt pas, ou qu'il eſt en état de ne pouvoir travailler.

GEINE GEINER, Voi *Géne, géner.*

GEL.

GELE'E, *ſ. f.* Grand froid. Froid extrême. La gelée n'eſt bonne que pour les choux. Craindre la gelée. Preſerver de la gelée. Être ſujet à la gelée, Gelée blanche. C'eſt une ſorte de gelée qui blanchit les arbres & les herbes.)

Gelée, ſ. f. Terme de *Cuiſinier.* Bouillon compoſé de piez de veau bien lavez & bien blanchis, de rouëlle de veau, & de chapon, qu'on paſſe au travers d'un gros linge quand ils ſont bien cuits & qu'on dégraiſſe autant qu'on peut. On y mêle enſuite une chopine de bon vin blanc, avec du ſucre, un morceau de canelle & deux cloux de girofle, qu'on fait boüillir avec toutes ces choſes juſques à ce qu'elles aient de la conſiſtance, & c'eſt ce qui s'appelle *gelée*, qu'on donne à ceux qui ſont malades & qui ne peuvent prendre de plus ſolide nourriture. (faire de la gelée. De fort bonne gelée.) Elle a été ainſi nommée parce qu'elle eſt tranſparente comme de la glace, qu'elle ſe congéla au froid & ſe liquefie à la chaleur. Elle difere de la vraie glace en ce qu'elle n'eſt pas dure comme elle & qu'elle eſt toûjours molle, à moins qu'elle ne ſe glace par le grand froid.

Gelée de poiſſon. Poiſſons qu'on vuide, & qu'on dégraiſſe & qu'on fait boüillir, & dont on paſſe le boüillon par une étamine, enſuite on le remet dans ſon pot avec du ſucre, & pluſieurs autres ingrediens.

Gelée. Terme de *Confiturier.* Compoſition faite avec du jus de certains fruits & avec du ſucre. (Faire de la gelée de groſeilles, de ceriſes ou de verjus, &c.)

Gelé, gelée, adj. Pris par la gelée. Ataqué par la gelée. Ofenſé de la gelée. (Eau gelée. Les blez ſont gelez. Avoir les mains gelées.)

GELER, *v. n.* Faire un froid qui condenſe & ſeche la terre. faire. un froid ſi violent & ſi rude que peu à peu il prenne l'eau & faſſe dépiſſer une glace dure & épaiſſe. Il commence à geler. Il gelera fort cette nuit. S'il géle quelque tems de cette ſorte là, la riviere ſera bien-tôt priſe.)

† *Geline, ſ. f.* Vieux mot qui venoit du Latin *gallina*, pour dire *une poule.* (Une vieille geline. Geline qui couve bien ſes pouſſins.)

Gelinote, ſ. f. Quoique *geline* ſoit hos d'uſage, ſon diminutif eſt pourtant uſité, & on appelle *gelinote*, une jeune poule, tendre & graſſe. (Une bonne, une excellente gelinote. Une gelinote bien tendre.)

Gelinote de bois. Oiſeau des forêts d'Ardenne qui a le deſſus du dos gris, les groſſes plumes des ailes marquetées, deſſous de la gorge & du ventre blanc, le cou ſemble à celui d'une faiſande, le bec court, rond & noir, la queuë comme la queuë d'une perdrix (la gelinote de bois a les jambes couvertes de plumes juſques à la moitié, & la chair très-delicate. *Bel. l.* 5, *c. xi.*)

GEM. GEN.

GEMEAU, *ſ. m.* Un des douze ſignes du Zodiaque. (Le Soleil eſt dans les Gemeaux.) V. *Jumeau.*

GEMIR, *v. a.* Soupirer, gemir, & ſe plaindre de quelque malheur. (Elle ne fait que gemir depuis la mort de ſon mari.)

[* Son corps ramaſſé dans ſa courte groſſeur fait gémir les couſſins. *Depr. Lutrin, c.* 1. La rive au loin gemit blanchiſſante d'écume. *Rac. Iphig.*)

Gemiſſement, ſ. f. Soupir acompagné de pleurs, & de cris. (Pouſſer de longs gemiſſemens.)

GENCIVE, *ſ. f.* Chair immobile faite pour renfermer & afermir les dents dans leurs alcoves. (Ses gencives ſont pleines d'ulceres.)

GENDARME, *ſ. m.* Ce mot en general ſignifie un Cavalier paſantement armé. (C'eſt un bon gendarme.)

Gendarme, ſ. m. C'étoit une ſorte de Cavalerie du tems de Henri IV. & de Loüis XIII. Elle étoit armée d'armes completes, & portoit des greves, ou des genoüillères dans la bote, la cuiraſſe à l'épreuve, un eſcopette, les piſtolets à l'arçon, & l'eſtoc, ou l'épée longue ſans trenchant. Les chevaux de ces Gendarmes étoient armez de chanfreins & d'écuſſon devant le poitrail. Les Gens d'armes d'aujourd'hui ſont la Compagnie des Gendarmes du Roi, celle de la Reine, de Monſeigneur le Dauphin, &c. d'Anjou, de Bourgogne. &c. Les Compagnies des Gendarmes ont pour Capitaine le Roi, la Reine & les Princes de qui elles portent le nom. Elles ont chacune un Capitaine Lieutenant, un Sou-lieutenant, un Enſeigne, un Guidon, deux Maréchaux de logis, un Trompette & de Timbales. Les Gendarmes d'apreſent ſont tous armez de ſabre, de mouſqueton avec des piſtolets à pierre. Les Gens d'armes du Roi ſont des Cavaliers avec un juſtaucorps rouge ou il y a un petit galon d'argent, & des paſſemens de velours aux manches. [On dit M. un tel ſert dans les Gendarmes. &c.)

† * *Gendarme.* Ce mot ſe dit en parlant de certaines femmes, qui ſont hardies & qui ont un air qui n'eſt pas des perſonnes de leur ſexe : mais il ne ſe dit proprement qu'en riant, & ce mot en cette ſignification, ne peut entrer que dans la converſa

GEN   GEN

versation ou dans le stile le plus bas. (Cette femme est un vrai Gendarme.)

Gendarmerie, s. f. Tous les gendarmes...... Ce sont toutes les Compagnies d'Ordonnances du Roi, de la Reine, & des Princes. (Toute la *gendarmerie* est commandée, & elle commencera bien-tôt à marcher. Il est Commissaire de toute la Gendarmerie. *Vaug. Q. Curce, l. 7. ch. 1.*)

† *Se gendarmer*, v. r. Se fâcher. Se piquer de quelque chose. (S'en alarmer. S'en mettre en colère. (Il se gendarme dés qu'on ne le traite pas de Monseigneur.)

Gendre, s. m. Celui qui a épousé la fille d'une personne. (Louis XIV. est gendre du Roi d'Espagne. L'amour d'un gendre est semblable au Soleil d'hiver.)

Gêne, s. f. Ce mot signifie, *torture*, question qu'on donne à un criminel, mais en ce sens, le mot de *gêne* est vieux.

* *Gêne*. Fatigue, peine, travail. (Donner la gêne à son esprit.)

Généalogie, s. f. Suite & dénombrement d'ayeux. (Dresser la généalogie de quelque personne de qualité. *Abl.*)

Généalogique, adj. Qui apartient à la Généalogie. (Table généalogique. Arbre généalogique. Degré généalogique.)

Généalogiste, s. m. Faiseur de Généalogie. (Fameux Généalogiste.)

* *Gêner*, v. a. Fatiguer, donner de la peine, violenter. (Sa grace naturelle blesse mes sens, me gêne, & me bourelle. *Voi. poës.* C'est un fâcheux qui me gêne fort. *Scar.* Se gêner vainement. *Voit. poës.*)

Général, *générale*, adj. Universel. (Avoir l'estime générale des gens de lettres. Maximes générales. Il faut savoir les principes généraux des arts & des siences.)

Général, s. m. Celui qui commande l'armée en chef, & donne ses ordres pour tout & ne reconnoît d'autre maître que son Roi, &c. (Il se fit déclarer *Général* contre les Perses. *Ablancourt Ar.*)

Général, s. m. Terme de *Religieux*. C'est le Religieux de quelque Ordre que ce soit, qui est le chef de tout l'ordre.

Général. Ce mot se dit de plusieurs charges, ofices & dignitez. (Lieutenant général, Oficiers généraux. Receveur général. Controleur général des finances. Avocat général. Procureur général, &c.)

En général, adv. En gros. D'une manière générale. (Ignorer en général les régles de son devoir. *Pas. l. 4.*)

Généralat, s. m. Dignité & charge de Général d'armée, ou de quelque ordre de Religieux que ce soit. (Le Généralat du Grand Maître de l'ordre de Malte. *Charles Quint* pour tarir la source des desordres, joignit le Généralat à la Vice-roiauté. *Patru*, plaid. 1)

Généralat, s. m. Il signifie aussi la charge & la dignité d'un Général de quelque Ordre Religieux que ce soit. (S. Ignace faisant reflexion que le Général pourroit mal user de son autorité, tempera la Généralité par des contrepoids & des correctifs. *P. Bouh. vie de S. Ignace l. 3. p. 25.*)

Générale, s. f. Terme de guerre. Batement de tambour pour avertir que toutes les troupes d'infanterie aient à marcher. (Batre la générale.)

Généralement, adv. Universellement. (Cela est dit généralement. Cela regarde généralement tout le monde.)

Généralissime, s. m. Général qui commande aux autres généraux. (On l'a fait généralissime. *Sar. poës.*)

Généralité, s. f. Étenduë de païs dans lequel le receveur général fait sa fonction. Plusieurs élections. (La généralité de Paris est grande.)

Génération, s. f. Production. Conversion qui se fait en la nature d'une chose en une autre. (On traite de la génération & de la corruption en Physique.)

(* La génération des métaux se fait ordinairement sous terre. *Rob. Phis.*)

Génération, s. f. Action d'engendrer. Il se dit particulièrement des animaux qui produisent leur semblable. (Aristote a écrit cinq livres de la génération des animaux. On dissout les mariages quand d'une des parties est inhabile à la génération.) On dit en Théologie que le Pére Eternel a engendré le Verbe par voïe de génération.

Génération. Il signifie aussi généalogie, suite de personnes qui sont nez d'une même tige. (Le livre de la génération de Jesus-Christ. *S. Matth. ch. 1.*)

* *Génération*. Il se prend aussi pour des personnes qui vivent dans un même tems. (Une génération passe & l'autre vient mais la Terre demeure toûjours au même état. On dit que les biens mal aquis ne passent point à la troisiéme génération. Une génération méchante demande des signes. De génération en génération, c'est à dire, d'un siécle à l'autre.)

† *Génératif*, *générative*, adj. On dit en Phisique la vertu générative.

Généreux, *généreuse*, adj. Qui a de la générosité. ! Je ne suis pas moins généreux à ressentir cette faveur que vous avez été à me la faire. *Voi. l. 45.* C'est une fille fort généreuse. Auguste fit une action généreuse en pardonnant à ses ennemis.)

Généreux, *généreuse*. Libéral. (Mécénas étoit fort généreux envers les gens de lettres.)

Généreux, *généreuse*, adj. Il se dit de quelques animaux belliqueux, ou qui vivent de proie. (Le Lion est un animal généreux. On le dit aussi du cheval, de l'aigle, &c.)

Généreusement, adv. D'une manière généreuse. Il en a usé fort généreusement à l'égard de son ami. Se défendre généreusement.)

Générosité, s. f. Grandeur d'ame. (Avoir beaucoup de générosité. La générosité est généralement estimée.)

Générique, adj. Terme de *Logique* qui regarde le genre. (Il y a des différences génériques & des différences spécifiques.)

Génèse, s. f. Livre de l'Ecriture comprenant la création du monde. (Lire la Genèse.)

Genêt, s. m. Arbrisseau ayant des branches qui portent plusieurs verges longues, droites, & rondes, & fleurissant jaune.

Genêt commun. Plante dont les branches portent plusieurs verges propres à faire des balais.

Genêt blanc. Sorte de plante qui pousse plusieurs branches, & qui porte des feuilles blanches.

Geneftrole, s. f. Plante qui vient sans culture, & qui sert aux Teinturiers à teindre en jaune.

Genet, s. m. La dernière silabe de ce mot est brève, & il veut dire une sorte de petit cheval d'Espagne fort bien fait. (Il étoit monté sur un genet d'Espagne. Genet qui va vîte.) On apelle aussi *genet*, toute sorte de cheval d'Italie bien fait, & d'une taille petite & bien proportionnée.

Genète, s. f. Terme d'*Eprouneur*. Sorte d'embouchure de cheval. Sorte de mords à la Turque On dit aussi *gourmette à la genète*. Elle est faite d'une seule piéce.

A la genette, adv. (Porter les jambes *à la genette*, c'est à dire, les avoir si racourcies que l'éperon porte vis à vis du flanc du cheval.)

Genetin, s. m. Sorte de vin blanc qui vient d'Orleans. (Boire de bon genetin.)

Geneviève, s. f. Nom de femme qu'on dit en Latin *Genovefa*, & son diminutif est *Javote* qui signifie *petite Geneviève*. (Sainte Geneviève est la Patrone de Paris.)

Genèvre, *genièvre*, *genévrier*, s. m. En Latin *juniperus*. De ces trois mots le plus usité est *Genèvre*, en suite *genevrier*. C'est un Arbre toûjours verd de moïenne grandeur, qui a les feuilles minces, dures, petites, étroites & piquantes, le bois roux & odorant, & qui porte des baies rondes & vertes au commencement, & noires & odoriferantes lorsqu'elles sont mûres. Le genevrier aime les montagnes & porte son fruit deux ans, *Dal.*)

Genèvre, s. m. Baies de genevrier. (Le parfum de genèvre chasse les serpens. Il échauffe & provoque l'urine. *Dalech. hist. des plantes. T. 1. l. 1. ch. 20*)

Génie, s. m. Les Anciens faisoient un Dieu du génie. On a parlé du Génie, ou du Demon de Socrate : mais parmi nous c'est un certain esprit naturel qui nous donne une pente à une chose. Naturel, Inclination naturelle d'une personne. (Avoir un beau génie. *Dépr. Satire 7.* N'avoir point de génie pour les lettres. *Abl.*)

Génie. Ce mot avec une bonne ou une méchante épitére veut dire *bon esprit* ou *petit esprit*. Ce n'est pas un grand génie que M. un tel. C'est un petit génie. Pauvre génie.

Genisse, s. f. Jeune femelle de taureau laquelle n'a encore point porté. Une belle genisse. Les Païens sacrifioient des genisses blânches à Junon.)

Génital, *génitale*, adj. Qui sert à la génération. (Partie génitale.)

Génitif, s. f. Terme de *Grammaire*. C'est le second cas d'un nom substantif. (Nom qui est au génitif.)

† *Génitoires*, s. f. Ce mot n'a point de singulier; & signifie certaines parties de l'homme qui servent à la génération qu'on nomme aussi *testicules*. (On lui a coupé les génitoires fort pendantes. Génitoires pourries.)

† *Géniture*, s. f. f. Ce mot pour dire enfant qu'on a engendré, ne se dit que dans le burlesque. (C'est vôtre géniture.)

Géniture. Terme d'*Astrologie*. Il signifie horoscope, thême celeste qu'on dresse sur la naissance de quelcun. (Cardan a fait un livre qui contient cent génitures.)

Genou, s. m. La courbure où les os de la cuisse & de la jambe s'emboitent pour donner de la facilité à marcher. (Plier le genou. Se mettre à genoux. * Embrasser les genoux. *Ablancourt.*)

Genou. Il se dit du cheval, & signifie la jointure du train de devant qui assemble le bras & le canon.

Genou. Terme de *Marine*, Piéce de bois courbe, qui est entre les varangues & les alonges, pour former la rondeur & la côté d'un navire.)

Genoüillère, s. f. C'est la partie de l'armure qui couvre les genoux de l'homme armé de pié en cap.

Genoüillère. La partie de la bote qui couvre le genou. Une genoüillère de bote mal faite.

Genoüillère. Morceau de chapeau que les couvreurs se mettent sur le genou lors qu'ils travaillent.

Genoüillère. Peaux de liévre qu'on se met sur le genou lors qu'on y a froid. Ces *genoüillères* s'apellent en riant des *genoüillères de gouteux*.

Genoüillère, s. f. ou simplement *Genou*, s. m. C'est une piéce ordinairement

GEN

nairement de leton de figure spherique, enfermée dans un demi globe concave, dans lequel elle est mobile en tout sens, & qu'on arrête en l'état qu'on veut par le moien d'une vis. On met cette genoüillére au dessous des instrumens de Mathematique, dont on se sert pour faire des observations, & sur le pié qui les porte.

Genoüilleux, genoüilleuse, *adj.* Ce mot se dit des plantes qui ont des fibres & des racines épaisses ou menuës à fleur de terre, qui ne sont pas uniës, mais qui étant de plusieurs pieces se trouvent toutefois jointes ensemble à la maniere du genou qui joint la cuisse à la jambe. (Plante genoüilleuse. *Morin, traité des fleurs page 75.*)

Genre, *s. f.* Terme de *Grammaire.* C'est la marque du nom masculin, ou féminin. (L'article, la, devant le nom substantif françois marque qu'il est *féminin* & l'article, le, marque le *masculin.* (De quel genre est ce Nom.)

Genre. Terme de *Rétorique.* Ce qui regarde une certaine matiere de loüange, ou de blâme, de déliberation, ou d'afaire de barreau. (La Rétorique a trois genres, le démonstratif, le déliberatif, & le judiciaire, & chaque *genre* a sa distinction qui lui est propre.)

Genre. Terme de *Logique.* Idée commune qui s'étend à d'autres idées qui sont encore universelles; comme la substance est un *genre* à l'égard du corps & de l'esprit.

Le genre humain, c'est à dire, tous les hommes, quoi que l'homme soit une espéce qui n'a sous soi que des individus, & non pas un *genre*, à parler proprement en termes de Logique.

Genre. Sorte. Maniére. Vous ôtez le prémier homme du monde en ce genre-là. *Boileau, avis à Mén.*)

Gens, *s. m.* Ce mot signifiant domestiques, n'a point de singulier. (Mes gens sont-ils venus. *Vau. Rem.* Il est venu avec dix de ses gens. *Abl. Mar.*)

Les Gens du Roi. Oficiers du Prince en matiére de Justice. On apelle Gens du Roi, Mr. le Procureur général. Messieurs les Avocats généraux & les Avocats & Procureurs du Roi. On les nomme Gens du Roi, parce que la fonction principale de leurs charges est de prendre connoissance des afaires où le Roi a interêt. C'est à Messieurs les gens du Roi à representer à la Cour les interêts du public. *Le Mait. plaid.* 30. Messieurs les gens du Roi sont assemblez.)

Les gens de Robe. Ce sont ceux qui portent la robe au Palais; en un mot ceux qui n'ont pour vûë que de rendre, ou de faire rendre la justice aux autres, & qui exercent une profession entiérement diférente de celle de la guerre. *Les gens de robe* de quelque partie d'Alemagne, de Suéde & des autres Païs du Nord, entendent aussi bien la guerre une Capitaines. Il n'en est pas de même des gens de robe de France, d'Italie & d'Espagne, où ils se piquent seulement d'être savans & gens de bien, mais en vain trés-souvent.)

Gens de main morte. Terme de *Palais.* On apelle de nom tous les Ecclesiastiques, & les Communautez de Religieux & de Religieuses. Tous les gens de main morte ne meurent point, ils vivent toûjours. (Nous ne doutons point que les Ecclésiastiques & tous les *gens de main morte* ne se portent à païer les droits d'amortissement, ausquels nous voulons nous reduire. *Déclaration du Roi du 8. Juillet* 1689.) On dit aussi Gens de letres. Gens d'afaires. Gens de Cour. Gens de guerre. Gens de vilage, &c.

Gens. Ce mot pris pour personne est féminin quand il est précedé de quelque adjectif *tout*, qui quelquefois est masculin devant le mot de *gens.* (Ce sont de *fines gens. Vau. Rem.* Ce sont de *sotes gens. Vau. Rem.* Tous les honnêtes gens sont persuadez que la sagesse a pour principe la crainte de Dieu. *Tous les gens de bien sont de ce sentiment.*) L'adjectif *tout* est aussi féminin devant le mot de *gens.* Exemple. (*Toutes les petites gens ne sont pas capables de ces maximes.* Où qu'il y a donc à *faire là dessus. C'est de consulter l'oreille & les hommes habiles dans la Langue.*

Gens. Ce mot en la signification de personne est féminin & masculin dans la même partie de période lorsqu'il est précedé & suivi immédiatement d'un adjectif. Exemple. (Il y a de *certaines* gens qui sont bien *sots*, & non pas qui sont bien *sotes.*)

Gens. Ce mot dans la signification de personne est masculin quand l'adjectif est aprés. (Les gens de robe sont ordinairement vilains & avares. Les gens qui s'abandonnent lâchement à la paresse, se truvent acablez de misére. *Madame de Rohan, morale du sage.* Gens détachez. Gens mariez. Gens de sac & de corde. *Abl.* Gens de marine. *Ablancourt,* Les gens du monde. *Pas. l.*)

† *Gent.* Ce mot pris pour nation est féminin, mais il est un peu vieux, & a meilleure grace dans le burlesque que dans le beau stile. (O combien aura de veuves la gent qui porte le turban. *Mal. poëf.*) De cette gent farouche adoucira les mœurs. Segrais, l. 5. *de sa traduction de l'Eneide.* Le mot de *gent* dans ces exemples ne plait pas à bien des gens, & il ne faut pas en cela imiter Malherbe ni Segrais son imitateur, mais dans le burlesque le mot de *gent* en la signification de *nation* trouve encore sa place. (Ainsi Scaron parlant des pages, les apelle agréablement *la gent à grégues retroussées.*)

† *Gent, gente, adj.* Mot vieux & burlesque pour dire *propre, joli, galant.* Qui se tient propre & net. Qui a soin de la propreté.

GEN

Qui aime à être proprement ajusté. Elles ont le cœur noble & le corps *gent. Voit. poës.*

Il gâta tout, & prit tout au rebours
Du *gent* Amour la belle trame.
Parnasse nouveau, p. 35.)

Gente, *s. f.* Terme de *Charon.* Voiez *Jante.*

Gentiane, *s. f.* Plante médicinale.

† **Gente, gentille,** *adj.* Prononcez *genti.* Le mot de *genti* est burlesque, & en sa place lors qu'on parle serieusement on dit *joli.* (Un gentil enfant. Qu'il est gentil. Ce gentil joli jou d'amour chacun le pratique à sa guise. *Sar. poës.* Ce gentil joli pére. *Ménage. T. 2. de ses observ.*)

† *Gentil, gentille.* Plaisant. (En verité vous êtes gentil.)

† *Gentillatre,* ou *Gentillastre, s. m.* On l'écrit de l'une & de l'autre façon, mais on ne prononce point l's, & elle montre seulement que la penultiéme silabe est longue. Il signifie un petit Gentilhomme, dont la Noblesse est douteuse, qu'on méprise & qui n'a ni bien, ni mérite. (Ce n'est qu'un Gentillatre.)

† *Gentillesse, s. f.* Petits tours divertissans & agréables. (Ce singe fait mille petites gentillesses.)

† *Gentillesses.* Petites bagatelles jolies. (Il a acheté mille gentillesses à la foire.)

† *Gentillesses.* Ce mot pour dire *jolies choses d'esprit* est un peu vieux, & il commence à n'être plus en usage. (J'admire toutes les gentillesses de vôtre lettre. *Voi. l.* 1.)

† *Gentillesse.* Ce mot se dit en riant pour dire certaines choses libres & gaillardes. (Il y a là de certaines gentillesses qui ne se peuvent dire en François. *Boil. avis à Ménage.*)

Gentilhomme, *s. m.* Ce mot garde son *l* au singulier, & même elle s'y prononce, mais au pluriel elle se perd & par consequent elle ne s'y prononce. Le mot de *gentilhomme* signifie qui est noble d'extraction. Qui est noble de race & de naissance. (Il est gentilhomme comme le Roi. Un brave gentilhomme. Il est ne gentilhomme. Gentilhomme de nom & d'armes.)

Gentilhomme. Celui qui a quelque air de gentilhomme, mais cela se dit abusivement.

Gentilhomme servant. Celui qui ne sert que les têres couronnées & les Princes du sang, & toûjours l'épée au côté. Il y a meme six Gentilshommes servant chez le Roi, qui font alternativement la fonction d'échanson, de panetier & d'écuier tranchant.)

Gentilhomme de la chambre. Il y a quatre prémiers Gentilshommes de la chambre. Ils servent le Roi lors qu'il mange en sa chambre. Ils lui donnent la chemise en l'absence du prémier Chambelan, à moins qu'il n'y ait quelque Prince du sang pour la lui donner, & ils donnent l'ordre à l'huissier des personnes qu'il doit laisser entrer.

Gentilhomme ordinaire. Il y a 48. Gentilshommes ordinaires du Roi. Ils se doivent trouver auprés de la personne du Roi pour recevoir ses ordres, pour porter les volontez aux Parlemens, & aux Provinces, & témoigner aux Rois & aux Princes que le Roi leur maître prend part à leur joie & à leurs aflictions.

Gentilhomme au bec de corbin. Il y a des cens Gentilshommes au bec de corbin. Ils marchent aux jours de cérémonie deux à deux devant le Roi.

† *Gentilhomme,* s. f. Qualité de Gentilhomme. (Mettez un peu vôtre Gentilhomme à part. *Mol. George Dandin a. 1. f. 4.*)

† *Gentilhommiére,* s. f. Maison de campagne qui a l'air d'une maison de gentilhomme. (Sa maison de campagne est une petite gentilhommiére.)

Gentils, s. m. Les Païens. Ceux qui avant la venuë de J. Christ adoroïent les Idoles. (On croit que les Gentils ne sont pas sauvez. Saint Paul a été nommé l'Apôtre des Gentils. Annoncer l'Evangile aux Juifs & aux Gentils.)

Gentilité, s. f. Prononcez *Jantilité.* Les Gentils & les Idolatres. La conversion de la Gentilité étoit une œuvre réservée au Messie. *Bossuet, hist. universelle.*)

Gentilisme, s. m. C'est la fausse Religion des Païens.

G.E.O.

Geofroi, s. m. Nom d'homme. Prononcez *Jofroi.* (Geofroi Grisgonnelle Comte d'Anjou fut Grand-Maître de la maison de Hugues Caper, & mourut sous son régne en 988.)

Geographie, s. f. Sience qui enseigne la description de la terre. (La Geographie est curieuse. Aprendre la Géographie. Savoir la Géographie.)

Géographe, s. m. Qui fait la Géographie. Qui enseigne la Géographie. Qui fait des traitez de Géographie. (Sanson est un fameux Géographe François. Un tel est bon Géographe.)

Géographique, adj. Qui regarde la Géographie. (Table Géographique.)

Geole, s. f. Prison. Prononcez *jôle.* (Cette nouvelle geole n'étoit gueres moins fâcheuse que la prémiére, *Patru, plaidoié* 14.)

Geolage, s. m. Prononcez *jôlage.* C'est le paiment qu'on fait au geolier pour le tems qu'on a été en prison. (Païer son geolage.)

Geolié, s. m. Prononcez *Jolié.* Celui qui a la garde de la prison & des prisonniers, pris, par ordre de Justice, & qui a soin de qu'ils n'échape. (Un vigilant Geolier.)

Geoliére, s. f. Prononcez *Joliére.* La femme du Geolier. (La Geoliére est belle.)

GÉOMANCE,

GÉOMANCE, *Geomancie*, s. f. On dit l'un & l'autre, mais *Geomance* est le mot d'usage. C'est un art qui consiste à faire de la main droite & au hazard plusieurs lignes de points sur un morceau de papier, & qui par le moien des figures que font ces points, donne le jugement de toutes les questions qu'on fait sur quelque sorte de sujet que ce soit. Cét art visionnaire s'appelle *Geomance*, parce que les points qu'on jette au hazard se font sur terre. [La *Géomance* de Catan est la plus fameuse de toutes les Geomances.]

Geomancien, s. m. C'est celui qui, par le moien de quelque figure de Geomance, prétend juger de l'avenir. C'est celui qui sçait la Geomance. [L'Italie a eu de fameux Géomanciens.]

GÉOMETRAL, *géometrale*, adj. [Plan geometral.]

Géometrie, s. f. Ce mot vient du Grec, où il signifie proprement *mesure de la terre*: mais ce mot a une signification plus étendüe. C'est une science qui enseigne à mesurer toute sorte de longueurs & de distances & de corps solides. La Geometrie est belle, utile & nécessaire; c'est la principale partie des Mathematiques & le fondement de toutes les autres. Elle se distingue en théorique & en pratique. La théorique démontre la verité des propositions; & la pratique enseigne la maniere de les appliquer à quelque usage particulier. La Géometrie a été prémierement inventée par les Egiptiens, pour remedier au desordre que causoit sur leurs terres le debordement du Nil qui enlevoit les bornes de leurs héritages; & c'est pour cette raison qu'on la nomma d'abord cette Science *mesure de la terre*, & elle l'a retenu.

Géometre, s. m. Celui qui fait la Géometrie & qui la reduit en pratique. [Un bon Géometre.]

Géometrique, adj. Qui est de Géometrie.] Pas Géometrique Proportion Géometrique.

Géometriquement, adv. D'une maniére Geometrique Démontrer géométriquement une chose.]

George, s. m. Prononcez *Jorge*. Nom d'homme. [Le Cardinal George d'Amboise étoit un illustre Ministre du tems de François prémier, & c'est en sa consideration qu'on a fait ce proverbe. † * *Laissez faire à george, il est homme d'âge*, pour dire, il se faut rapporter de tout à sa conduite, & il ne fera que de bien.

† *Georgette*, s. f. Prononcez *Jorgette*. Nom de femme.

GER.

Geranion, s. m. Sorte de petite fleur de couleur de vin qui ressemble à la violette, & qui fleurit en Mai, Juin, Juillet & Aout.

Gerbe, s. f. Ce sont cinq ou six javelles qu'on lie ensemble. [une petite gerbe. Une grosse gerbe. Une gerbe de blé, de seigle, d'orge, ou d'aveine. Faire une gerbe. Mettre en gerbe. Assembler les gerbes. Liër en gerbe. Barre des gerbes]

Gerbe, s. f. Terme de *Fontenier*. Ce sont plusieurs jets d'eau, qui étant fort prés les uns des autres representent une gerbe.

Gerbée, s. f. Bote de paille à demi batuë, où il reste encore quelques grains, propre à nourrir les bestiaux. Une bonne gerbée de froment, de ségle, &c.]

† *Gerber*, v. a. *Engerber*. Mettre en gerbes. [Il faut gerber ce froment.]

* *Gerber*, v. a. Ce mot se dit entre marchands de vin qui ont quantité de muids dans leurs caves, & il signifie mettre les pieces de vin les unes sur les autres en maniere de gerbes, les rauger les unes sur les autres comme on range les gerbes. [Il faut gerber ces quarts, ces feuillettes, ces muids.]

Gerce, s. f. Petite vermine qui ronge les habits & les livres.

Gercer, v. a. Couper par petites fentes. [Le froid gerce les lévres. On dit aussi au neutre, les lévres gercent au froid.

Se *Gercer*, v. r. Il se dit du bois & des fentes. C'est se fendre. [L'enduit qui est exposé à l'air, se séchant plutôt que le dedans du mur, se gerce. Vitruve, abregé. l. par. ch. 2.]

† *Gercé, gercée*, adj. Ce mot se dit du bois, & veut dire *fendu*. [Bois gercé.]

Gerceure, gerçure, s. f. Prononcez *Jersure*. Petite fente, ou crevasse, qui se fait sur la peau, par le froid, ou autre cause. [Les gerçures se guerissent avec la pommade, ou avec du suif de chandelle.]

Gerçure. Il se d t aussi des fentes qui se font dans le bois qui se dejette. (Ce bois est bien sain, il n'a ni neuds ni gerçure.)

Gerer, v. a. Terme de *Palais*. Manier. Avoir soin. (Gerer une tutelle. Gérer le bien d'un mineur.]

Gerfaut, s. m. Oiseau de rapine de couleur fauve, qui a le bec & les jambes de couleur bleuë, les grifes ouvertes & les doigts longs. Le gerfaut est fier & hardi & celui des oiseaux de rapine qui aprés l'aigle a le plus de force. Bel. l. 2.

Germain, s. m. Nom d'homme. (Germain est mort.) Voïez *Cousin*.

Germain, s. m. Il vient du Latin *Germanus*, & signifie *Aleman*. Mais en ce sens, il ne se dit plus qu'en poësie, où il fait beauté mais en prose il est antique.

(Que ne fera-t-il point quand une foudre à la main
Il ira dans ses forts attaquer le *Germain*.
Pagot, poësies.

Pline dit que les vieux Germains adoroient le Soleil & la Lune, parce que ces Astres lui étoient favorables. La *Moye le Vaïer, de la diversité des Religions*.)

Germaine, s. f. Nom de femme. Germaine est fort sage.]

Germandrée, s. f. Plante médecinale.

Germe, s. m. La premiere poussée des plantes. Il se dit de toutes les graines, pepins & noiaux. (Un beau germe.) C'est aussi l'endroit par où la semence commence à germer. (On dit que les fourmis rongent le germe du grain qu'elles amassent, de peur qu'il ne pousse.)

Germe de féve. V. *Féve*.

Faux-germe, s. m. Chair sans forme qui s'engendre dans la matrice. (C'est un faux germe.)

Germer, v. n. Pousser un germe. (Les blez commencent à germer. Les laituës germent.)

Gerondif, s. m. Terme de *Grammaire*. C'est un des tems de l'infinitif, semblable à un participe & qui est indeclinable.

Gersure, s. f. Voïez *gerçure*.

Gervais, s. m. Nom d'homme. (Gervais est bien fait.]

GES.

Gesier, *gisier, jusier*, s. m. Tous ces trois mots se disent, mais à Paris on ne dit que *gesier* & *jusier*, le petit peuple dit *jusier*, mais les honnêtes gens, & ceux qui parlent le mieux disent *gésier*. Prononcez *gesié*. C'est un morceau de chair rond qui est au corps de la poule, du chapon & de quelque oiseau que ce soit, où décend & où se digere la mangeaille qui étoit au jabot de l'oiseau. Plusieurs croient que les gesiers sont fort bons, & ils se trompent. Le gesier & le cœur sont les parties les moins bonnes de l'oiseau. Elles sont dures & de difficile digestion.

† *Gesir*. Voïez *Gît*.

Geste, s. m. Mouvement de la main. Mouvement de la main conforme aux choses qu'on dit. [Orateur qui a le geste beau des gestes.]

Gestes, s. m. Ce mot ne se dit qu'au pluriel lors qu'il signifie des exploits de guerre, & n'a bonne grace que dans le beau stile. Vau. Rem. [Ces miracles ne se rencontrent que dans les gestes du Duc d'Anguien & d'Alexandre, *Ablancourt, Arr. epitre*. Chanter les gestes des Dieux. *Sar. Ode de Calliope*.]

† *Gesticulateur*, s. m. Qui gesticule [Les Italiens sont de grans gesticulateurs.]

† *Gesticuler*, v. n. Faire trop de gestes. Faire des gestes mal à propos. [En parlant il gesticule sans cesse.]

† *Gesticulation*, s. f. Action de celui qui gesticule. (La gesticulation n'est point agreable)

† **Gestion**, s. f. Terme de *Palais*, Il vient du verbe *gérer*, & signifie *administration* de quelque afaire. (Il a rendu compte de sa gestion. Sa gestion a été aprouvée.

GIB.

Gibeciere, s. f. Sorte de grande bourse quarrée où l'on met des bales de plomb & du petit plomb pour tirer. [Une gibeciere bien garnie.]

Tours de gibociere. Joüer de la gibeciere. C'est faire divers trous pour divertir quelque compagnie ou amuser le petit peuple.

Gibeciere de berger. Sorte de grande poche, ou de petit sac que le berger met à son côté pour mettre son pain.

Gibelet, ou *giblet*, s. m. Espece de petit foret, qui n'est pas tourné en vis, & dont on se sert pour faire une petite ouverture à un muid, pour goûter du vin.

* *Il a un coup de gibelet*, on sous entend à la tête. Proverbe, pour dire il est un peu fou.

Gibet, s. m. Potence. [Atacher au gibet. Mener au gibet. *Ablancourt*. En ce gibet Henri repose. *Scaron, Poësies*. Bocalini préfera le gibet à la longue & ennuïeuse guerre de Pise. *Guicharin. S. Evremont* in 4. *page* 483.]

Gibier, s. m. Ce qu'on a pris à la chasse avec des chiens ou des oiseaux. Ce qui a été pris en chassant. Voilà nôtre gibier. Le gibier est bon presentement. Il y a du gros & du menu gibier.

[* Nous autres fourbes nous ne faisons son jouer lorsque nous trouvons un gibier aussi facile que celui-là *Moliere*. C'est à dire une personne aussi aisée à duper.

* *Cela n'est pas de vôtre gibier* ; C'est à dire, ce n'est pas une chose dont vous deviez vous mêler. Cela ne vous regarde pas, & vous n'avez que faire d'y mettre le nez.]

† , *Gibier*, Ce mot en parlant des personnes du sexe, veut dire celle qui est de mauvaise vie. C'est du gibier.]

* *Giboïer*, v. n. Mot qui ne se dit qu'en riant & dans le burlesque. Il veut dire *chasser*. [Le Roi des animaux se mit un jour en tête de giboïer. *La Fontaine, Fables, liv. 2*.]

† *Giboïeur*, s. m. Terme de *Raillerie* pour dire *chasseur*. Ce n'est pas un grand giboïeur.]

Giboulée, s. f. Ondée de pluïée. [Une giboulée de Mars.]

GIG. GIL.

Gigantesque, adj. Qui tient du géant. [une figure gigantesque

Gigan

Gigantomachie, *s. f.* Ce mot vient du Grec. C'est le combat des Géans contre Jupiter & tous les autres Dieux. (Scaron a fait un poëme burlesque qui a pour titre la *Gigantomachie*, & c'est l'un de ses plus beaux ouvrages.)

Gigot, *s. m.* Eclanche de mouton. On dit à Paris *gigot* & *éclanche*, mais *éclanche* est le mot d'usage ordinaire, pour une personne qui dira *gigot*, il s'en trouvera mille qui diront *éclanche*. (Un bon gigot de mouton à la daube.)

† * *Gigot*. Jambe. (Il chausse ses gigots auprès du feu. Etendre ses gigots.)

Gigoté, *Gigotée*, *adj.* Terme de *Chasse*. (*Chien bien gigoté*. C'est quand un chien a les cuisses rondes & les hanches larges.)

Gigoté. Ce mot se dit aussi des chevaux, & veut dire qui a les cuisses proportionnées à la rondeur de sa croupe. (Cheval bien gigoté. Cheval mal gigoté.)

Gigue, *s. f.* Terme de *Danseur sur la corde*. Danse Angloise composée de toutes sortes de pas, qu'on danse sur la corde. (Danser une gigue.)

† **Giguer**. Danser. Sauter. († S'il faut giguer & se batre, ille en donne six pour quatre. *Gon. Epi. l. 1*.)

Gilbert, *s. m.* Nom d'homme.) Gilbert est amoureux.)

Gilles, *s. m.* Nom d'homme. (Gilles propre fils de Guillaume est le plus grand fou du Roiaume. (*orin Ménagerie.*)

† *Faire gille*. C'est s'enfuir. S'en aller vite d'un lieu. (il a fait gille.)

Gillette, *s. f.* Nom de femme. (La pauvre Gillette est morte.)

Gilonne, *s. f.* Nom de femme. (Gilonne est sage & vertueuse.)

GIM. GIN. GIP.

Gimbelette, *s. f.* Petit morceau de pâte formé en rond où il y entre des œufs, du sucre, de l'ambre & du musc. (Les bonnes gimbelettes viennent de Languedoc.)

Gimnosophiste, *s. m.* Philosophe Indien qui va presque nud, & qui, à ce qu'on dit, s'abstient de toutes sortes de voluptez.

Gingembre, *s. m.* Plante qui vient aux Indes & dans l'Amérique, & qui porte des feuilles semblables au rosier & vertes toute l'année. La racine du gingembre est pleine de neuds, il s'étend & rampe sur la terre. Il y a du gingembre mâle & du gingembre femelle ; du sauvage & du cultivé. On consit les racines nouvelles avec du sucre. *Charas*.

Gingeole, *s. f.* Prononcez *Gingole*. Espéce de fruit qui vient d'un arbre qu'on apelle *Gingeolier*.

Ginguet, *s. m.* Méchant petit vin verd. (Boire du ginguet.)

Gipon, *s. m.* Terme de *Corroieur & de Cordonnier*. Sorte de houpe de frange avec quoi le cordonnier & le corroieur cirent le cuir.

GIR. GIT.

Girafe, *s. f.* Animal sauvage qui se trouve en Afrique, & qui est grand comme un veau. La Girafe a le cou aussi long qu'une lance, la tête & les oreilles d'un chevreuil, les piez de derriére fort courts, & ceux de devant fort longs. Son poil est entre noir & blanc. On dit que la Girafe est engendrée d'animaux de diverses espéces. *Ablancourt, Marmol. Tom.* 1.

Girafe, *s. f.* Sorte d'étofe grise, mélée d'un peu de blanc, très-propre à faire de bonnes fourrures, parce qu'elle est faite du poil de l'animal qu'on apele *girafe*. (Garder, aprêter fouler de la girafe.)

Girandole, *s. f.* Chandelier de cristal à plusieurs branches avec un pié de cuivre pour mettre sur des gueridons. (De belles girandoles.)

Girofle, *s. m.* Clou de girofle. C'est un petit fruit d'un arbre aromatique qui croît aux Iles Moluques. Il porte son fruit en grape, comme le lierre, ou le genévre. Ses feuilles ressemblent au Laurier & ont presque le même goût que le fruit. Ce fruit s'engendre dans la fleur d'où il tombe quand il est mûr. Il a la figure d'un petit clou, & pour cela on l'apelle *clou de girofle*. (Donnez-moi du girofle.)

Giroflée, *s. f.* Sorte de fleur odoriférante qui est blanche, rouge, violette, jaune, marbrée, ou musquée & qui fleurit en Avril & en Mai. (Voilà de belles giroflées.) Quelques-uns disent *géroflée*, mais mal. Les fleuristes & autres gens qui parlent bien, disent & écrivent *giroflée*.

Giroflier, *s. m.* Plante qui produit des giroflées. (Giroflier blanc. Giroflier jaune. Giroflier musqué.)

Giron, *s. m.* Ce mot au propre s'écrit, mais il ne se dit guère dans l'usage ordinaire. C'est la partie de la personne vétué & qui prend depuis le nombril jusques aux genoux. (Les filles de Darius prisonniéres étoient couchées dans le giron de leur grand' mére. *Vau. Quin. l. 3*.)

* *Rentrer au giron de l'Eglise*. C'est à dire, rentrer dans la communion de l'Eglise.

Gironner, *v. a.* Terme d'*Orfévre*. Donner la rondeur à un ouvrage. (Gironner un suage.)

Gironné, *gironnée*, *adj.* Terme de *Blason*. Qui a huit piéces dans son écu. (Il porte gironné d'or, & de gueules. *Col*.)

Girouette, *s. f.* Petite enseigne de fer blanc qu'on met au haut des maisons, & que le vent fait tourner. (Il tourne à tout vent comme une girouette.)

Gisant, *s. m.* Terme de *Charon*. Ce mot se dit en parlant de tombereau. Les gisans du tombereau ce sont quatre piéces de bois en maniére de soliveau qui tiennent les ais du tombereau.

Gist. Prononcez *git*, troisiéme personne du verbe *gesir* ou *gir*, qui ne sont pas en usage. Cependant il y a quelques trems qui en sont formez & qui semblent plûtôt venir de *gir* que de *gésir*. Ils signifioient être, reposer, être couché. On dit, *Je gis*, *tu gis*, *il git*, *ils gisent*. *Je gisois*. *Je gisois* &c. *gisant*. (*Ci git* ma femme, ah ! qu'elle est bien. Pour son repos & pour le mien.

Ci git le soleil des guerriers. *Mainard poësies*. Ils firent un étrange ravage de tout ce qu'ils rencontroient, car les membres coupez *gisoient* çà & là. *Vaug. Quin. C. l. 4. ch. 15*. Il sortit du Louvre pour aler jetter de l'eau bénite sur le corps de son frére *gisant* à S. Magloire. *Vie de Henri III*. La plûpart des Epitaphes commencent par ces mots *ci git*.)

† **Git**. C'est un espéce de verbe impersonnel, il git, signifie, il consiste. (Le diférent des parties *git* à savoir &c. Tout git en cela.)

† * *Ici git le lièvre*, c'est à dire, c'est le plus important de l'afaire.

Gite, *s. m.* Terme de *Chasseur*. Lieu où se couche le lièvre. (Un lièvre en son gite songeoir. *La Fontaine, Fables, l. 1.*

Gite. Terme de *Messager & de gens qui voyagent*. C'est le lieu où l'on passe la nuit. Nous irons au gite en un tel endroit. Nôtre gite sera aujourd'hui à un tel vilage.)

Gite. Terme de *gens qui logent en auberge*. Ce qu'on donne pour avoir couché en un lieu. (Païer son gite.)

Giter, *v. n.* Terme de *Messager & de voiageur*. Coucher en un lieu. (Nous giterons aujourd'hui à Mâcon.)

Givre, *s. m.* C'est une sorte de gelée blanche, qui est si épaisse qu'elle s'atache aux branches des arbres, & y fait même quelquefois des glaçons pendans. (Un méchant, fâcheux & dangereux givre. Craindre le givre pour les arbres. *Quint. Jardins fruitiers T. 1*.

GLA.

Glace, *s. f.* Eau gelée par le froid. (La glace est épaisse. Fendre la glace. Chévaux ferrez à glace. Il passa au milieu des neiges & des glaces. *Fléchier Commendon, l. 1. c. 1.* Boire à la glace. Etre froid comme de la glace.)

* *Etre ferré à glace*, c'est à dire, être ferme sur les principes de quelque art, ou siénce. Savoir bien la chose.

* *Rompre la glace*. Faire le prémier quelque chose dificile. Surmonter les prémiéres dificultez. Fraïer le chemin. (Les Anciens ont rompu la glace dans la recherche des siénces.)

* **Glace**. Froideur de cœur. Froideur. Peu d'amitié. Peu de passion. (Mes larmes ont fondu la glace de son cœur. *Racine*.)

* Vos atraits ont touché mon ame de glace. *Voiture, Poësies*.

* Elle est pour moi toute de glace. *Suze*.

* Ecrivant pour autrui je me sens tout de glace. *Tés. Poësies.*

* **Glace**. Verre poli qui représente tout ce qu'on lui montre. (Une belle glace de miroir. Polir une glace.)

* **Glace de carosse**. Verre poli grand comme un panneau de vitre qu'on met à de certains carosses pour les embélir. (Les glaces de mon carosse sont cassées. Mettre des glaces à un carosse.)

* **Glace**. Terme de *Patissier*. Sucre & blanc d'œuf batus ensemble qu'on coule sur le biscuit quand il est dans le moule. (Une belle glace.)

* **Glace**. Terme de *Confiseur*. C'est du sucre cuit, ou en poudre qu'on méle avec un peu de blanc d'œuf sur des fruits. (Ainsi on dit une belle glace de confitures. Une glace de cerises, &c.

Glacé, **glacée**, *adj.* Pris par la glace. (Eau glacée.)

* **Glacé**, **glacée**. Froid. Sans amour. (Son cœur est glacé. Galant glacé. *Voit. Poës.*)

* **Glacé**, **glacée**. Uni. Lissé. Fort luisant. (Tafetas glacé.)

* **Glacé, glacée**. Ce mot se dit aussi des confitures, & veut dire qui a une belle glace. (Conserves bien glacées.)

Se glacer, *v. r.* Commencer à être pris, ou à se prendre par le froid. (Eau qui se glace.)

[* Je sentis dans mon corps tout mon sang se glacer. *Racine, Iphigenie, a. 2. s. 1.*)

Glacer. Ce mot au propre est ordinairement neutre. *Faire glacer*. C'est faire prendre quelque chose par le froid. (Faire glacer de l'eau. On dit aussi quelquefois *glacer de l'eau*.)

* **Glacer**. Ce mot au figuré est toûjours actif & peint bien dans les discours ordinaire. (Exemples. * Son sérieux me glace. *Scaron*. Ai-je glacé son esprit. *Dépreaux, Satire, 9*. Auteur qui nous glace. *Moliere*. Ses froids embrassemens ont glacé ma tendresse. *Rac. Phédr. a. 4. sc. 1.* Son abord glace les gens, *c'est à dire*, que dès qu'il aborde les gens, il leur donne un froid qui les tend tout de glace pour lui.)

* **Glacer**. Terme de *Patissier & de Confiseur*. Mettre du blanc d'œuf & du sucre batu ensemble sur les biscuits. C'est aussi mettre du sucre cuit, ou en poudre & méler un peu de blanc d'œuf

GLA

d'œuf sur des fruits. (Glacer des biscuits. Glacer des framboises, des groseilles, &c.)

* Glacer. Terme de *Tailleur & de Couturiere*. C'est coudre de telle sorte la doublure avec l'étofe que l'un & l'autre tiennent proprement & uniment ensemble. (Glacer une doublure.)

* Glacer. Terme de *Cordonnier*. C'est cirer un soulier avec une cirure claire & luisante. (Glacer une paire d'empeignes.)

Glacieux, glacieuse, *adj*. Terme de *Jouaillier*. Il se dit des pierreries qui ne sont pas tout à fait nettes, mais qui ont une espece de petit nuage, qui les broüille, & qui les empêche d'être tout à fait diaphanes.

Glacial, glaciale, *adj*. Ce mot se dit de l'Ocean Septentrional, & veut dire qui est gelé. (Mer glaciale.)

Glaciere, *s. f.* Sorte de petite chambre, ou de grande loge couverte de terre & de paille, & si bien fermée que le jour n'y entre point, où l'on conserve de la glace l'été afin de boire frais. (Une bonne glaciere. Les glacieres se font ordinairement dans quelque coin de jardin.

Glacis, *s. m.* Terme de *Fortification*. Esplanade qui va en penchant après le chemin couvert.

Glacis. Ce mot signifie aussi en general toute sorte de pente insensible (Ces alées de jardin sont en glacis.)

Glacis. Terme de *Tailleur*. Rang de poins pour faire tenir la doublure en état avec l'étofe. [Passer un glacis.]

Glaçon, *s. m.* Morceau de glace. (Il est froid comme un glaçon, Un gros ou un petit glaçon. glaçon de riviere. glaçon qui pend d'une goutiére.)

[* L'un est tout feu, & l'autre est tout glaçon. *Benserade Rondeaux*.]

Gladiateur, *s. m.* Esclave que certains maîtres d'exercice instruisoient afin de se batre sur l'arène & de divertir le peuple Romain.

† *Gladiateur.* Homme d'épée. Fanfaron. C'est un gladiateur qui peut vous batre comme tous les diables. *Scaron*.

Glaieul, *s. m.* Herbe longue & large, grosse au milieu & aigue aux deux cotez, qui porte une fleur de même nom. On la nomme aussi *Flambe*.

Glaire, *s.f.* Blanc d'œuf, mais, en ce sens, le mot de glaire ne se dit guere que parmi les Relieurs qui se servent de blanc d'œuf ou de glaire pour glairer la couverture des livres en veau.

Glaire. Humeur visqueuse. [Jetter de grosses glaires.]

Glaire. Terme de *Relieur*. Froter la couverture d'un livre avec une éponge pleine de glaire. (clairer un livre.)

Glarieux, glarieuse, *adj*. Terme de *Medecin*. Plein de glaires. (Eau glaireuse. Matiere glaireuse. *Deg* Humeur glaireuse.)

Glais, *glas, s. m.* Terme de *Sonneur*. Quelques-uns disent glas mais tous les autres sont pour glais. C'est un tintement de toutes les cloches pour un Prêtre mort. (Tinter le glais. Sonner le glais. On ne sonne point de glais à Paris pour les Laïques; mais seulement pour les Ecclesiastiques. [

Glaise, *adj*. Argile. Terre forte & grasse propre à faire de la poterie. (Un pot de terre glaise. On dit aussi *de la glaise*. pour dire *de la terre glaise*. On s'en sert aussi pour faire de l'eau de bâtardeaux, des bassins de fontaines, &c. parce que l'eau ne peut passer au travers lors qu'elle est bien batuë.)

Glaive, *s. m.* Ce mot veut dire épée. Sorte de courte epée; mais dans le discours ordinaire il ne se dit guere qu'en riant Son usage, soit au propre ou au figuré n'est que dans la belle poësie, ou la belle prose. [Qui frappe du glaive perira par le *glaive*. La mort, qui parmi les feux, les *glaives* & les dards vous semble belle. *Voit poët*. Contre qui s'armer, contre qui tirer le *glaive* de la justice, *Patru plaidoié 7*. Les loix ne mettent point par force le glaive à la main. *Patru, plaid. 9*.

* *La puissance du glaive*. C'est le droit de vie & de mort qui n'apartient qu'aux Souverains & à ceux qui l'exercent en leur nom. On l'appelle en ce sens, le * *glaive temporel*. * *Le glaive spirituel*. C'est le pouvoir que l'Eglise a d'excommunier les pecheurs impenitens.

Gland, *s. m.* Fruit de chêne propre à engraisser les cochons. [On dit que les premiers hommes mangeoient du gland.]

Gland Bout des parties naturelle de l'homme, à cause que ce bout ressemble en quelque sorte à un gland. *Deg*.

* *Gland*. Ornement de fil en forme de houpe qu'on met au bout des mouchoirs raisonnables. Ornement de fil qu'on attache à la gance du colet du pourpoint, ou au rabat & qu'on laisse pendre tant soit peu par dessous les devants du rabat. [De beaux glands.]

Gland de mer. Poisson à test dur qui est couvert de deux coquilles, & qui a la figure d'un gland. *Rond*.

Glande, *s. f.* Partie du corps, simple, mole, friable, spongieuse. *Deg*. [Une grosse, ou une petite glande. La glande pinéale.]

Glandée, *s. f.* Tout le gland d'une forêt ou de quelque quartier de forêt où l'on met les cochons.

Glandé, *glandée, adj*. Terme de *Marechal*. Il se dit des chevaux qui on les glandes enflées.

Gandé, *glandée, adj*. Terme de *Blason*. Il se dit des chênes chargez de gland émaillé d'un autre couleur. [Il portoit d'or au chêne *glandé* de sinople.]

Glandule, *s. f.* Petite glande. [C'est une glandule.)

GLA

Glandulenx, *glanduleuse, adj*. Terme de *Medecin*. Qui a des glandes. [Corps glanduleux. Chair glanduleuse.]

Glane, *s. f.* Une poignée d'épis. [Une grosse, ou une petite glane.)

Glane *d'oignons, s. f.* C'est une quantité d'oignons qu'on [a ataché avec leur vieille fane, autour d'un baton long d'environ un pié & demi, ou deux piez, & qu'on va ainsi vendre au marché. [Une bonne glane d'oignons.

Glaner, *v. a.* Ramasser les épis apres les moissonneurs & apres que les gerbes sont liées. (Voilà ce que j'ai glané aujourd'hui.)

* Glaner, *v. a.* Ce mot au figuré, signifie quelque petit gain dans une afaire, aprés que d'autres y en ont fait de plus grands. Traiter une matiere aprés d'autres qui l'ont presque épuisée. [Les premiers ont emporté ce qu'il y avoit de meilleur, il n'y a plus qu'à glaner pour ceux qui viendront aprés eux.]

Glaneur, *s. m.* Celui qui glane (Un pauvre glaneur.)

Glaneuse. *s. f.* Celle qui glane. Une pauvre glaneuse.)

Glapier. V. *Clapier*.

Glapir, *v. n.* Faire un cri perçant & aigu. [Le renard glapit.)

* Glapir. Ce mot au figuré se dit des personnes. C'est faire un cri aigu qui marque quelque mouvement de l'ame. (Elle glapit des qu'on la touche.)

* Glapissant, *glapissante, adj*. Qui glapit. Voix glapissante. *Depr. Satire* 3.

Glapissement, *s. m.* Cri perçant & aigu. (Le glapissement des Renards.)

Glas. V. *glais*.

GLI

Glissade, *s. f.* C'est un mouvement de pié qui apuiant sur un lieu glissant, glisse malgré qu'on en ait. (Une dangereuse glissade. Une grande glissade.)

Glissade. Terme de *Maître d'exercice militaire* C'est un mouvement de la pique en avant, ou en arriere. (Faire une glissade avec la pique)

Glisser, *v. n.* C'est mettre le pié sur une chose glissante, & chanceler pour tomber. (Mon pié a glissé & j'ai pensé tomber.)

Glisser. C'est se pousser d'abord & de dessein formé sur la glace, ou sur une glissoire, & s'y laisser ensuite aller, en se servant de ses bras pour contrepoids. (s'amuser à glisser.)

* *Se glisser.* *v. n.* Ce mot au figuré, signifie se couler ; s'insinuer, entrer dans quelque chose.

[Je sentois une secrette flame
Qui se glissoit dans mes os.
Voit. poës.

Il s'est glissé insensiblement dans les charges' Le mal se glisse de plus en plus.)

* *Glisser*, *v. a.* [Il *glisse* dans mon cœur un fatal venin, *c'est à dire*. il fait couler & entrer dans mon cœur.]

* *Glisser un mot dans un discours*. C'est à dire, l'y faire entrer adroitement.

* *Laisser glisser une méprise*, c'est la laisser échaper par mégarde.

Glissant, *glissante, adj*. Ce mot se dit des chemins & autres choses, où l'on ne peut demeurer, ou aller sans glisser malgré qu'on en ait. (Chemin glissant. Il y avoit au fond de l'eau de gros cailloux fort glissans. *Abl. Ret. l. 4. c. 2.*)

[Il est dans l'âge le plus glissant de la vie.

Glissoire, *s. f.* sorte de petit chemin glacé sur quoi on glisse. (Une grande glissoire. Une petite glissoire. Faire une glissoire.]

GLO.

Glôbe, *s. m.* Corps rond & solide. (Un beau glôbe.)

Glôbe terrestre. Corps solide & rond sur lequel on represente la terre, ses mers, ses cercles, des points, &c.

Glôbe celeste. Corps solide & rond sur lequel on represente le ciel, les planetes, les signes celestes, &c.

Glôbe. Terme de *Faïancier*. Verre de forme circulaire monté sur un pié, qu'on met sur la corniche de la cheminée pour representer en petit les objets qui sont dans une chambre.

[* Les globes de son sein sont plus blanc que la nege. *Racine*. C'est à dire, *ses tetons*.]

Globule, *s. m.* Terme de *Phisique*. Petit globe, petit corps rond [Le mercure epanché se forme toûjours en globules.]

Gloire, *s. f.* Honneur que l'on a & qu'on s'est acquis par son merite & par de grandes actions. Gloire grande, belle, éclatante, immortelle, &c. Gloire perissable, fragile, &c. La gloire est l'ame de la vertu. *abl*. *Luc*. T 2. La gloire de l'homme est comme la fleur de l'herbe *t'ort Royal Ep. S. Pierre ch. 1*. Avoir de la gloire, Conserver, ménager la gloire, Chercher, acquerir de la gloire. Etre jaloux de sa gloire. Etre comble, couronné de gloire. Etre plein d'une gloire ineffable *P. R*. Perdre sa gloire.]

* Gloire. Eclat, splendeur. [Le Fils de Dieu viendra un jour dans sa gloire, *P. R*.

Gloire. Il se dit de la beatitude dont on jouït dans le Ciel (Avec

(Avoir un avant goût de la gloire éternelle. Joüir de la gloire éternelle.

Gloire. Ornement. Honneur. [Molina est la gloire de nôtre Société, *Pasc.l.*7. Le petit M. s'imagine, tant il est sot, être la gloire du Parnasse François.]

Gloire. Le mot de *gloire* signifiant *orgueil* se prend en bonne & mauvaise part, mais se plus souvent en mauvaise. (Il a une sote gloire. & une belle gloire. *Ablancourt*. Le mot de gloire se prend en bonne part, quand la chose dont on parle, est honnête & avantageuse. (Il fait aussi gloire de servir son Prince. Il fait gloire de faire des vers / Il se prend aussi en mauvaise part. (Il fait gloire d'être ignorant *Gomb. Ep.l.*1. Il a une gloire pedentesque & insupportable. La vaine gloire.]

Gloire. Terme de *Peinture*. Ciel ouvert & lumineux avec des Anges representé dans une voute, ou un tableau.

Gloria in excelsis, *s.m*. Terme d'Eglise. Cantique des Anges. [Chanter le *gloria in excelsis*.

Glorieux, *glorieuse, adj*. Plein de gloire. Illustre. Eclatant. (Nom glorieux. Action glorieuse. Blessure glorieuse. *Abl.*)

Glorieux, *glorieuse*. Superbe. Fier. Orgueilleux. [Avoir l'air glorieux. Je ne me trouve jamais si *glorieux* que quand je reçois de vos lettres. *Voiture*. Il est tout glorieux de la mort de son ennemi. *Abl. Ret.l.*3. *c*.1.)

† *Glorieux*, *s.m*. Un vain. Un superbe. (C'est un glorieux. Un petit glorieux. *Scaron*.)

† *Glorieuse, s.f*. Celle qui est superbe.(C'est une petite glorieuse qui merite d'être joüée.)

Glorieusement, *adv*. Avec honneur. [Combattre glorieusement. *Abl*. Il s'est glorieusement tiré d'afaire. *Scar*.]

Glorifier, *v. a*. Il signifie proprement. Rendre glorieux. Combler de gloire (Dieu glorifiera ses Elus.)

Glorifier, *v. a*. Ce mot au sens actif s'emploie souvent dans les matieres de pieté, & il signifie rendre gloire à Dieu. (Glorifions Dieu de toutes choses. *Arnaud*.)

Se glorifier, *v. r*. Faire gloire d'une chose. Il se glorifie de son ignorance.)

Glose, *s.f*. Explication faite mot à mot & fidélement sur le texte. (La glose ordinaire parle de la forte. *Ecrire la glose*. Terme de Classe, *c'est écrire l'explication du texte*.]

Glose. Terme de Poësie. C'est un Poëme que les François ont imité des Espagnols & c'est une espece de paraphrase de quelque vers qu'on appelle *texte*. Voiture & Sarazin ont fait des gloses Françoises, mais on tient que c'est Voiture qui les a introduites dans nôtre poësie. (La glose de Sarazin sur le Sonnet de Job, de Benserade, est un petit chef-d'œuvre.)

Gloser, *v.a*. Interpreter. Ecrire la glose qu'on fait de quelque Auteur. (Gloser un Epitre de Ciceron. Gloser un livre de Virgile. Leçon glosée.)

* † *Gloser*. Trouver à redire. Reprendre. (Pour un maigre Auteur que je glose en passant, est-ce un crime aprés tout ? *Dépr. Sat.* 9.)

† *Glossaire, s.m*. Mot qui signifie *Dictionnaire*, mais qui ne se dit guére en parlant serieusement. (Un gros glossaire. Un petit glossaire. Un glossaire de l'ancienne & basse Latinité. Ces glossaires sont fort estimez. Du Cange en a fait un.)

Glossaire. Ce mot, quoi que très-serieux, se dit souvent en riant (Il y a cinquante ans passez que l'Academie travaille à son merveilleux glossaire, & comme elle travaille beaucoup, on espere que dans cinquante autres années, elle regalera le public d'un si beau & si surprenant glossaire.)

Glossateur, s.m. Celui qui fait une explication du texte. (Ancien glossateur. *Patru*.)

Glotte, s.f. Terme d'Anatomie. V. Languette.

† *Glouglou, s.m*. Mot imaginé pour representer le petit bruit que fait le vin, ou autre liqueur qui passe au travers d'un canal, ou tuïau étroit.

[Qu'ils sont doux ! ô bouteille ma mie !
Qu'ils sont doux, vos petits glou-gloux !
Mollere.]

LOUSSER, *Clousser*, *v.n*. L'un & l'autre se dit en parlant des poules qui ont de petits poulets. C'est le cri naturel que fait la poule lors qu'elle conduit ses poulets, ou lors qu'elle les apelle. (Poule qui glousse.)

CLOUTERON, *s. m*. Herbe qui porte de petits boutons barbus qui s'atachent aux passans.

GLOUTON, *gloutonne, adj*. Friand. Gourmand. [Il est glouton Elle est un peu gloutonne.]

Glouton, s. m. Goinfre. Gourmand. [Il mange tout, le gros glouton. *Gon. epi l*. 1. Il n'est rien tel que d'être glouton. *Scar. poës*.)

† *Gloutonnement*, *adv*. D'une maniere gloutonne. Les Loups mangent gloutonnement *La Fontaine, Fables, l*.3)

† *Gloutonnie, gloutonnerie, s. f*. L'usage est pour *gloutonnie*, & même il ne se dit ordinairement que dans le burlesque. On se sert en sa place de *gourmandise*. [La gloutonnie est digne de blâme.]

GLU.

GLU, *s.f*. C'est une composition visqueuse qu'on fait pour prendre de petits oiseaux & quelques insectes. Elle est composée de grains de gui qu'on prend avant qu'ils soient mûrs. On en fait aussi avec des écorces de houx. Ce mot vient du Latin *gluten*. [Cette glu est fort bonne]

Gluer, *v. a*. Froter du glu. Il faut glüer ces petits brins.]

Gluant, gluante, adj. Visqueux. Qui s'atache aux choses (Matiere gluante. La poix est gluante. Le miel est gluant.
[* La pauvreté est si gluante qu'on ne s'en sauroit dépetrer. *Abl. Luc. Tom.*1.)

GLUAU, *s.m*. Sorte de petite verge frotée de glu qu'on tend sur les branches d'un arbre pour atraper quelque oiseau.(Tendre des gluaux.)

GNO. GOB.

GNOMONIQUE, *s.f*. C'est la sience qui enseigne la maniére de connoître les heures par le moien des raïons de quelque astre, & particulierement du Soleil. (La Gnomonique represente sur un plan presque tous les mouvements des corps célestes. La Gnomonique est belle & curieuse. Aprendre, savoir la Gnomonique. *Blondel, Géometrie* in 4. *p*.11.)

† *Gobe*, *s. m*. Mot bas, & du peuple de Paris. C'est quelque chose d'excélent à manger. (Rotisseur qui vend de bons gobez. Manger un bon gobé qu'on ne peut paier.)

GOBE, *s. f*. C'est un morceau empoisonné dont les bergers font du mal à des moutons. Les chasseurs se servent de *gobes* pour faire mourir les renards & autres bêtes puantes.

GOBELET, *s. m*. Sorte de petit vase qui est propre pour boire, & qui est ordinairement fait d'argent, ou d'étain sonnant.

Gobelet. Espece de petit gobelet de fer blanc propre pour faire divers tours. (Joüer des gobelets. Un tour de gobelet.)

Gobelet. Office qui n'est que pour le Roi. C'est un endroit où l'on met ce qui regarde le linge, le pain, le vin & l'eau qu'on doit servir au Roi.

* *Gobelet*. Il se dit d'une maniere de petite coupe,dans laquelle sont atachez les fruits de certains arbres, comme les glands les noisettes, &c.

* *Gobelet*, Ce mot se dit aussi de plusieurs fleurs, qui ont la figure d'un gobelet.

Gobelin, *s.m*. Esprit folet, qu'on croit se divertir & rendre quelque service dans les maisons, comme de panser & étriller les chevaux, &c.

Gobelins, *s. m. pluriel*. C'est un lieu à Paris où l'on fait d'excélentes teintures & sur tout de l'écarlate, à cause que l'eau de la riviere de Bievre qui y passe est fort propre pour cette teinture. On appelle cette petite riviére, *la riviére des Gobelins*.

Vous qui comblé de trois moulins
N'oseriez ataquer en guerre
La riviére des Gobelins.
S. *Amans, Rome ridicule , parlant du Tibre*.

Ce mot est venu d'un nommé *Gobelin* qui le premier y établit la teinture en écarlate. *Ménage*.

Gobeloter, *v.n*. Ce mot est bas, & signifie boire & grenouiller dans quelque cabaret; ou autre lieu. Il s'amuse à gobeloter toute la journée.)

† GOBER, *v.a*. Avaler. Gober un œuf frais.

* † *Gober*. Ce mot au figuré, signifie croire de leger & sans y faire réflexion. (Il a gobé le morceau. Ils sont propres à gober tous les hameçons qu'on leur veut tendre. M *l. Pourceaugnac, act*,, *scene* 3.

GOBERGES *s.f* Termes de *Tapissier*. Petits ais de 4. ou 5. pouces de large, qui sont liez avec de la sangle & qu'on étend sur le bois de lit pour mettre la paillasse ou un sommier de crin Quelques-uns appellent ces Goberges *enfonsure*, mais le mot de l'art c'est *goberges*.

Goberges. Perches dont les Menuisiers se servent pour tenir l'établi leur besogne en état.

Se goberger, *v. r*. *Mot bas & burlesque*. Se choier.Se rejouir tout à son aise. [Il se goberge auprés de son feu. Il ne songe qu'à se goberger.)

GOD.

† GODELUREAU, *s.m*. Ce mot signifie jeune homme qui fait le damoiseau, & qui est propre, qui songe à plaire & principalement aux Dames. Le mot de *godelureau* n'entre que dans le burlesque & le plus bas stile, comme il paroit par les poësies de Scaron & d'autres Poëtes comiques. Il est vrai qu'on trouve souvent ce mot dans un de nos plus fameux Historiens qui est de l'Academie Françoise ; mais ce fameux Historien n'est pas à imiter en cela.

GODEMICHI, *s. m. Mentula vitrea, quâ, ut perhibent , utuntur malè fanæ virgines quam circa ipsarum pectus ulcerosum, suo it amor*.

GODENOT, *s. m*. Petit morceau de bois qui se demonte à vis, qui a la figure d'un marmouset, & dont se servent les joueurs de gobelets pour divertir le petit peuple.
[† * C'est franc godenot ; Cest à dire un folatre.]

GODET, *s. m*. Maniere de petite écuelle de terre, ou de grez (Un petit godet. Un grand godet.)

Godet. Il se dit des vaisseaux qui sont arachez aux cordes des roües qui servent à épuiser de l'eau. (Une roüe à godets.)
Godet.

GOE

Godet, Terme de *Maçon.* Petite ouverture par où l'on fait couler du mortier dans les joints montans & autres joints de pierre.

Godet, s. m. Petit vaisseau où les Peintres enlumineurs mettent de l'huile & de la gomme. Divers autres ouvriers se servent de ce mot pour signifier un petit vaisseau, quelque canal. &c.

Godet de plom. Petites goutières qu'on met aux chenaux pour jetter l'eau lors qu'il n'y a point de décente.

Godet, Terme de *Jardinier.* Ce mot se dit de certaines fleurs, & veut dire ce qui contient la fleur. (La jacinte a le godet incarnat.)

* *Godet, s. m.* Mot nouveau qui se dit en parlant du chapeau quand on le porte de telle sorte que le derriere releve & fasse une maniere de rebord. On dit porter son chapeau en godet.

Il sçait du coin de l'ongle ouvrir sa tabatiére,
Caresser son petit colet.
Tourner son chapeau de maniére
Qu'il fasse toûjours le *godet*.
Poëte Anonime.

Godivau, s. m. Sorte de pâté de chair de veau, où il entre des culs d'artichaux, & des champignons, qui est découvert, & fait en ovale. (Un godiveau tout brûlé. *Dépr. Sat.*)

† *Godon.* Ce mot étant un nom de petit garçon, qui signifie *petit Claude* est masculin. (Godon est mort) mais lors qu'il est pris pour un nom de fille, qui veut dire *petite Claude*, il est féminin. (Godon est fort jolie.)

Godron, s. m. Terme d'*Architecte* Espece de moûlure relevée en forme d'œufs. *Felibien.*

Codron, s. m. Terme de *Blanchisseur.* Plis en rond qu'on fait à la manchette lors qu'elle est empesée & qu'on la *godronne*. (Les godrons de cette manchette ne sont pas bien faits.

Godronner, v. a. Terme de *Blanchisseur de menu linge*, qui se dit en parlant de manchettes, & c'est faire de petits plis avec la main le long de la manchette lors qu'elle est empesée. (Godronner des manchettes. Manchettes bien godronnées.)

Voiez *Gaudron.*

GOE. GOG.

Gôfre, s. m. ou *gaufre.* Pâte qui a été cuite entre deux fers sur le feu, & qui se fait avec des œufs, du sucre, du beurre, & un peu de farine. C'est aussi une pâte feuilletée où l'on enferme de petites tranches de fromage fin. (Ainsi on dit des gôfres au fromage. Gôfres au sucre. Gôfres fort bonnes. Faire des gôfres.)

Gôfrer, v. a. Terme de *Découpeur.* C'est figurer une étofe avec des fers chauds. [gôfrer du velours.)

Gôfreur, s. m. Un des titres que prend le découpeur dans les lettres de maîtrise, où il se nomme *decoupeur, gôfreur, égratigneur.* C'est à dire celui qui pique le tafetas, mouchette & figure les étofes avec des fers propres à cela.

† *Gogaille, s. f. Mot burlesque.* Debauche gaie, & honnête. Bonne chere accompagnée de rejoüissance. (Faire gogaille.)

† *Gogo, s. f.* Nom de petite fille qui veut dire *petite Marguerite.* (Gogo est belle quand elle est sage.)

† *A gogo, adv. Mot burlesque*, pour dire. A son aise. Heureusement, & dans toute sorte de contentement. (Vivre à gogo. Voir. poë.)

Gogues, s. f. Humeur de rire, & de se divertir. [Il est en ses gogues.)

† *Goguenard, goguenarde, adj.* Plaisant. Railleur. Il est goguenard. Elle est goguenarde. Esprit goguenard. Humeur goguenarde.

† *Goguenard, s. m.* Qui goguenarde. C'est un franc goguenard.)

* *Goguenard, s. f.* Celle qui goguenarde. (C'est une vraie goguenarde.]

Goguenarder, v. n. Plaisanter. (Il aime à goguenarder.

Qui toûjours goguenarde
Prend en goguenardant
ce qu'on dit qu'on n'oublie
Jamais en demandant.

† *Goguettes, s. f.* Injures. Mot injurieux & satirique. (Elle lui a chanté goguettes.)

GOI. GOL. GOM.

* *Goinfre, s. m.* Sorte de gourmand. Sorte de débauché qui consume tout ce qu'il a de bien. (Ce goinfre est si fort indigent qu'il n'a pas un sou pour boire chopine. *Mai. Boë.* C'est un franc goinfre. *S. Am.*)

Goinfrer, v. a. Mener une vie de goinfre. Manger, consumer & dévorer tout, ou une partie de son bien. Faire continuellement la débauche [Il ne songe qu'à goinfrer. Il a bû, mangé & goinfré tout son bien, ou du moins la plus grande partie.]

Goinfrerie, s. f. Repas ou débauche de goinfre. [Je tâche de me ressouvenir des importantes leçons de goinfrerie que vous m'avez faites. *Main l. 51.*]

Goitre. V. *Goëtre.*

Golphe, s. m. ou *Golfe.* Terme de *Géographie.* Espace de mer embrassé de terre à peu prés en forme d'arc, ou du cu de sac. Sein de mer. Le golphe Adriatique. *Abl. Ar.*)

Golis, s. m. Terme de *Chasse.* V. *Gaulis.*

Gomme, s. f. Il vient du Latin *Gummi.* Humeur visqueuse qui sort de certains arbres. [Bonne gomme. Gomme Arabique.) C'est une espece de maladie, où de gangrene qui vient de la séve des arbres, qui étant corrompuë, s'est extravasée & est devenuë en quelque façon solide. Cette gomme sort à quelque endroit fendu, écorché ou rompu & fait mourir les parties voisines, si bien que pour empêcher qu'elle ne s'étende davantage, il faut couper la branche malade à deux ou trois pouces au dessous de l'endroit afligé.

Gommé, gommée adj. Qui a de la gomme. Où l'on a mis la gomme. [Eau gommée.]

Gommer, v. a. Remplir de gomme. (Gommer une étofe. Gommer un ruban, un chapeau, &c.)

Gommeux gommeuse, adj. Qui est rempli de gomme. Cela est est gommeux.)

GON.

Gond, s. m. Morceau de fer coudé qui sert à porter une panture. Un bon gond.)

† * *Sortir des gonds.* Cette façon de parler figurée, signifie, se mettre en grande colere.

Gondole, s. f. C'est une petite barque fort legere & fort vite un peu large au milieu, & en pointe par les deux bouts, ordinairement couverte d'une étofe noire & dont on se sert pour se promener sur les Canaux de Venise. Il y a des gondoles de toutes sortes. Prendre une gondole pour se promener.)

Gondoliers de trajet, s. m. Gens qui se tiennent à la rive des canaux de la Republique de Venise pour la commodité des passans.

† *Gontanon, s. m.* Ce mot est vieux. C'étoit une Banniere d'Eglise. C'est aussi *un terme de Blason.*

Gonfler, v. a. Enfler. Remplir. (Le millet gonfle.)

Se gonfler, v. r. S'enfler. [Les veines se gonflent.)

Gonflement, s. m. Enflure. Cela cause de dangereux gonflemens. L'éfet du remede est de dissiper les gonflemens qui sont de fâcheux accidens.)

Gonorrée, s. f. Terme de *Médecin.* Perte de semence qui se involontairement, sans erection, sans plaisir, ni pensée qu'on jouisse d'aucune femme. Il se dit aussi des femmes. Les atouchemens impurs causent aux jeunes filles des gonorrées violentes. *Morceaux, traité de l'acouchement.* Empêcher arrêter une gonorrée. Guerir quelqu'un d'une gonorrée virulente.)

GOR.

† *Goret, s. m.* Mot burlesque pour dire un cochon.(Un petit goret)

Goret, Terme de *Cordonnier.* C'est le premier compagnon de la boutique du Cordonnier, sur lequel le maître se repose.

Gorge, s. f. Le fond de la bouche qui tient au gosier. (Avoir la gorge enflée. Avoir mal à la gorge. Couper la gorge à la garnison. *Vau. Quin. l. 4.*)

Gorge. Sein de femme. (Elle a une fort belle gorge. Cachés sa gorge. Découvrir sa gorge. Montrer sa gorge. Une gorge bien taillée. Une gorge plate.)

* *Gorge.* Ce mot au figuré a un sens assez étendu. (Exemples. C'est à affaire me coupe la gorge. C'est à dire, cette afaire me ruine. Je coupe la gorge à des gens qui ne m'ont jamais fait de mal. Le Comte de Bussi. C'est à dire, je fais un sanglant afront. Un tort cruel. Il faut que vous lui ayez fait écrire cela le poignard sur la gorge. Voit. l. 57. C'est à dire, en le forçant.

* *Tenir le pié sur la gorge.* Sorte de Proverbe, pour dire forcer, contraindre à faire quelque chose malgré qu'on en ait.

* *Prendre un homme à la gorge.* C'est le contraindre avec violence à faire quelque chose.

† * *Cela ne passera pas le nœud de la gorge.* C'est à dire qu'on gardera le secret, & qu'on ne découvrira pas la chose qui a été confiée.

† * *Rire à gorge deployée.* C'est rire par excés. *Rendre gorge*, c'est vomir. *Abl. Luc.*

Gorge. Ce mot se dit entre gens qui font trafic de pigeons. C'est un pigeon qui boule, qui a une grosse gorge. (Acheter, ou vendre de belles gorges. Ce sont de belles gorges pour mettre dans les volieres.)

Gorge. Ce mot signifie l'entrée d'un païs qui est serré par des montagnes. On ne peut entrer dans la Valteline que par une gorge que laissent les montagnes.)

On dit en *Terme de chasse*, qu'un chien a belle gorge, quand il crie bien, & qui a la voix grosse & forte.

Gorge, en termes de *Fauconnerie*, c'est le sachet superieur de l'oiseau, qu'on nomme poche dans les autres oiseaux. Quand l'oiseau s'est repû, on dit qu'il s'est gorgé. *Gorge chaude*, c'est ce qu'on donne à manger à l'oiseau du gibier qu'il vient de prendre

prendre. *Grosse gorge*, c'est de la viande grossiere sans être détrempée avec de l'eau.

Gorge. Terme d'*Imager*. Morceau de bois tourné qu'on met au dessus des cartes de Géographie, ou des images sur toile. (Tourner une gorge.)

Gorge. Terme de *Potier d'étain*, qui se dit en parlant de certains pots. C'est la partie du pot qui prend depuis le couvercle jusqu'au milieu du pot. (gorge de pinte. gorge de chopine, de flacon)

Gorge. Terme d'*Orfévre & de Potier d'étain.* C'est l'ouverture ronde du bassin à barbe dans laquelle on met le cou quand on fait la barbe. (Une gorge de bassin trop étroite. La gorge de ce bassin à barbe est mal faite.)

Gorge Terme d'*Architecte.* La partie la plus étroite du chapiteau Dorique entre l'astragale du haut du fût de la colonne & des annelets. (gorge de coloune.)

Gorge de pigeon. Terme d'*Epronnier.* Nom qu'on donne à une sorte d'embouchure.

Gorge de pigeon. Il se dit des étofes qui changent de couleur selon qu'on les expose diversement au Soleil, comme cela arrive aux plumes du cou des pigeons.

Gorge de bastion. C'est la prolongation des courtines depuis les angles des courtines, & des flancs jusques au centre du bastion où elles se rencontrent.

Gorgée, s. f. Plein la gorge. (Une petite gorgée. Avaler une gorgée de bouillon.)

Gorger, v. a. Enfler. Les mules, les poireaux, les crevasses & les mauvaises eaux *gorgent* les jambes des chevaux. *Soleisel Maréchal.*)

Se Gorger, v. r. Se remplir jusques à la gorge. (Se gorger de viandes. *Vau. Quin,* l. 9. Se gorger de boire & de manger. *Pasl 9.*)

☆ Se gorger, Ce mot est élégant au figuré & peint bien. (Se gorger d'or & d'argent, *Vau. Quin.* l. 5. c. 1.)

Gorgé, gorgée, adj. Plein. Rempli. (Langue gorgée d'humidité. *Deg.*

Gorgé, gorgée, Ce mot se dit des chevaux, & veut dire enflé. (Jambes gorgées. *Soleisel, Maréchal.*)

Gorgerette, gorgette, s. f. Les femmes qui parlent le mieux disent *gorgerette,* s. f. C'est un morceau de linge en quarré qu'on met sur le cou du corps de jupe qui prend par devant & par derriere & qu'on attache avec des rubans & des epingles. Il n'y a gueres que des païsannes qui portent les gorgerettes. Une gorgette ou plûtôt gorgerette bien faite.)

GOS. GOT.

Gosier, s. m. Canal par lequel ce qu'on boit & ce qu'on mange décend dans le ventricule. Grand ou petit gosier.)

† * *Il a le gosier pavé.* On le dit d'un homme qui mange, ou avale des choses fort chaudes sans se brûler.

Gothique, ou *Gotique adj.* Qui est fait à la maniere des Gots Qui a été pratiqué par les Gots. (Architecture gothique Lettres gotiques.

Goton, s. f. Nom de fille qui veut dire *petite Marguerite.* (Goton est jolie. Goton est belle.)

GOU.

Gourdan, s. m. Terme de *Guerre.* Petite fâcine de terre trempée dans de la poix noire, cire neuve, & colofane, servant à mettre le feu aux galeries & traverses.

Goudron, ou *goudran,* s. m. Terme de *Marine.* Sorte de resine dont on se sert pour boucher les jointures du bordage, arreter les voies d'eau & donner le radoub.

Goudronner, ou *goudranner.* (goudranner les cordages, c'est les enduire & les sruer de goudran.

Gouet, ou *gouais,* s. m. Sorte de gros raisin vineux. [Le gouet est le moins delicieux de tous les raisins.) on appelle aussi de ce nom le vin qu'on en fait. (Le gouet est le moindre de tous les vins.)

Gouettre, s. f. Prononcez *goitre.* Il se dit fort souvent au pluriel. Enflure fort grosse qui vient au cou, au dessus de la gorge. [Les habitans des Alpes sont sujets aux gouettres, à cau se des neges fondues qui rendent les eaux mal-saines. Les Piémontois sont tourmentez de la goîtra. *Richard Cassel, voiage d'Italie.*]

Gouetreux, goitreuse, adj. Qui est sujet aux gouettres. (Les Valaisans sont presque tous goitreux. Elle est goitreuse.)

Goufre, s. m. Endroit d'un fleuve, ou d'une riviere fort profond, & où l'eau tournoïant, engloutit ce qu'elle peut. (Un dangereux goufre.)

* *Goufre.* Ce mot au figuré peint bien les choses. (Exemple. Se plonger dans un goufre de malheurs. *Abl. Luc.* C'est un goufre ou la pudeur ne peut éviter un triste naufrage. *Patru plaid. xl.*]

† * *C'est un goufre d'argent.* Il se dit d'un afaire où il faut toujours emploïer une grande quantité d'argent. On dit que *Paris est un goufre* qui consomme une infinité de vivres & d'autres provisions qu'on y porte.

† *Gouge,* s. f. Celle qui est de mauvaise vie. C'est une franche gouge, *Sca. poës.*)

Gouge. Terme de *Menuisier & autres artisans.* Outil de fer taillant par le bout qui est en forme de demi canal.

Goujat, s. m. Valet de soldat fantacin. (Un miserable goujat. Pison arme les goujats & les deserteurs. *Abl. Tac. An l.* 1. Il se trouva quantité de goujats. *Vau. Q.C.l* 6 .ch. 8.)

Goujat Terme de *Maçon* Celui qui porte le mortier avec lou. seau.

† *Gouïne,* s. f. Putain. C'est une franche gouïne. Il a quité sa gouïne.)

Goujon, s. m. C'est une sorte de petit poisson de mer & de riviere, couvert de petites écailles, de chair molle & sans beaucoup de goût. *Rond.* Le goujon est de bon goût, de facile coction; sa chair tient un milieu entre le sec & l'humide. On mange le goujon frit, ou bouilli.

Goujon, Cheville de fer. Terme d'*Artisan.* (Faire un goujon.)

Goujon. Terme de *Charon.* Morceau de bois rond qu'on met dans des trous des tantes pour les faire tenir ensemble.

† *Goulée,* s. f. Grande bouchée. Ce qu'on avale tout d'un coup sans reprendre haleine. (Cet homme avale une chopine d'une goulée, Il ne feroit qu'une goulée de ce pâté.)

Goulot, goulet, s. m. L'usage est pour *goulot.* C'est la partie de la bouteille par ou coule le vin ou autre liqueur, C'est la partie du pot, du vase, ou de la chevrette de l'Apoticaire par ou coule le le sirop, ou autre liqueur.

Goulu, goulue, adj. Glouton. Qui mange beaucoup & fort vite (Il est goulu. Elle est goulue.)

Goulu, s. m. gourmand (gros goulu .)

Goulu, s. m. Animal sauvage fort noir & fort luisant qu'on trouve en Laponie, & Moscovie, qui vit dans l'eau & sur terre. Il est gros comme un chien. Il a des dents de loup, le le museau d'un chat, le corps & la queuë d'un renard. Les pieds courts & la tête rônde. Il ne vit que de charogne & en mange tant qu'il devient gros comme un tambour, il se presse alors entre deux arbres pour rendre ce qu'il mange, mais il ne l'a pas plûtôt rendu qu'il s'en remplit. Pour atraper le *gouin*, les Lapons le tuent à coups de fleches lors qu'il se presse entre deux arbres pour rendre ce qu'il a mangé. *Voi l'Histoire de la Laponie de Scheffer.*

Goulument, adv. D'une maniere goulue. (Manger goulument.)

† *Goupil,* s. m. Vieux mot pour dire *renard.* A *goupil endormi rien ne lui tombe en gueule,* on dit à cette heure, à *renard endormi rien ne lui tombe en la gueule.*]

Goupille, s. f. Terme d'*Horloger & d'autres,* sorte de petite clavette. Petite piece de fer ou de léton plate en forme de languette pour mettre dans les ouvertures des heurtoirs & des chevilles de fer, &c. afin de les tenir fermes.

Goupille. Terme de *Chartier,* Cuir tortillé, ou autre pareille chose qui est au bout de l'esse de l'ettieu pour empêcher qu'elle ne sorte.

Goupille, Terme d'*Arquebusier, &c.* Petite pointe qui passe au travers du tenon, & qui tient ferme dans le fût du canon de l'arme à feu.

Goupillon, s. m. Bâton long d'un grand pié & demi, au travers du bout duquel on arache plusieurs brins de poil pour nettéier les pots où l'on ne peut fourrer la main. (Un bon goupillon.)

Goupillon, Aspersoir V. *Aspersoir.* On faisoit autresfois dans l'Eglise l'aspersion avec un goupillon de la queuë d'un renard, & pour cela on appelloit l'aspersoir, *goupillon du Latin vulpilio.*

† *Goupillonner,* v. a. Netéier un pot avec un goupillon. (goupillonner un pot.]

Gourd, Gourde, adj. Qui n'a presque point de sentiment dans quelque partie du corps à cause que cette partie est saisie d'un grand froid. (Avoir les mains gourdes.)

† * *Il n'a pas les mains gourdes.* C'est à dire, il est prompt & habile à prendre.

* *Il n'a pas les pieds gourds*. C'est à dire, il est prêt à courir.

Gourde. Espece de calebace.

Gourdin, s. m. Bâton gros, & court. (Il a eu des coups de gourdin. Donner des coups de gourdin.)

† *Gourdiner,* v. n. Donner des coups de gourdin.)On l'a gourdiné comme il faut.)

Gourgandine, s. f. Mot bas & Satirique pour dire une femme, ou fille perduë & de mauvaise vie. (Une grosse gourgandine. C'est une franche gourgandine. Elle a l'air d'une gourgandine. Epouser une gourgandine. *Scar. poës.*)

Gourgannes, s. f. Sorte de petites feves de marais qui sont douces.

† *Gourmads,* s. f. Coup de poing donné en se batant.) Ils se sont donnez des gourmades.)

Gourmand, gourmande, s. f. Qui mange beaucoup. Goulu. (Il est gourmand. Elle est gourmande.)

Gourmande, s. m. C'est un gourmand.)

Gourmande, s. f. (C'est une gourmande.)

Gourmander, v. a. Maltraiter une personne de paroles. Quereller, (Gourmander un enfant. Alexandre voïant ses gens en deroute, les gourmande & les remene au combat. *Vau. & Curce. l.* 4. c. 15.)

* *Gourmander.* Il se dit des chevaux qui sont dificiles à monter. (Ce cheval *gourmande* son cavalier, c'est à dire, ne lui obéit pas, le secouë & s'efforce de le jetter bas.)

[* Gou

GOU

(* Gourmander la valeur. Teo. Poes.)

Gourmandise, s.f. Intemperance dans le manger.(La gourmandise, selon Escobar, seroit un péché véniel, si sans nécessité on se gorgeoir de boire & de manger. Pas. l. 9.)

Gourme, s.f. Décharge d'humeurs superfluës contractées dans la jeunesse des chevaux, qui se fait ordinairement par abcés au dessous de la gorge entre les deux os de la ganache, ou par les naseaux (Cheval qui jette sa gourme. Soleisel, Maréchal.)

(* C'est un jeune homme qui sera sage quand il aura jetté sa gourme. C'est à dire, quand il sera un peu plus âgé.)

Gourmer, v. a. Atacher la gourmette à un cheval. (Gourmer un cheval.)

† * Gourmer. Batre à coups de poing. (Il gourme tous ses camarades. Ils se sont gourmez comme il faut.)

Gourmet, s. m. Celui qui goûte le vin des ports de Paris, qui voit si n'est point frelaté, & qui a soin que le Bourgeois l'achete loïal & marchand. (Un bon gourmet.)

Gourmette, s.f. Terme d'Epronnier. Espéce de chaine atachée à la branche de la bride & placée sous la barbe du cheval. (Atacher la gourmette.)

Goussaut, adj. m. Terme de Manége. Il se dit d'un cheval court de reins, qui a l'encolure épaisse & les épaules grosses. (Les chevaux goussauts ne sont bons que pour être limoniers)

† Gousse, s.f. Envelope qui couvre plusieurs sortes de légumes. V. Cosse.

Gousse d'ail, s.f. Partie de la tête d'ail. (Une grosse gousse d'ail. Si-tôt que Henri IV. fut né, son grand pére lui frota ses petites lévres d'une grosse gousse d'ail, & lui fit sucer une goute de vin. Hist. de Henri IV.)

Gousset, s. m. Manière de petit sachet qu'on atache à la ceinture du haut de chausse par dedans, & où l'on met de l'argent, ou une bourse. (Gousset troüé.)

Gousset. Terme de Menuisier. C'est un bout d'avis chantourné pour soutenir des planches. (Il faut mettre, ou atacher un gousset pour soutenir cet ais.)

Gousset.Terme de Couturière en linge.Morceau de toile en quarré lequel sert à faire tenir le corps de la chemise avec la manche de la chemise & est tout contre l'aisselle.

* Gousset, s.m. C'est une odeur fade qui vient de l'aisselle de certaines gens. (Elle est assez jolie, mais elle sent un peu le gousset.

Les vieux égouts & les puans cautéres,
Et les goussets de gens d'amour épris
Devant son pié passent pour ambre-gris.
Poëte Anonime.)

Goût, s. m. Un des cinq sens situé en la langue par lequel on juge des saveurs. (On dispute si le goût a aussi son siége au palais. Les goûts sont diférens. Avoir le goût fin & délicat. Elle a le goût dépravé.)

Entrer en goût. C'est commencer à avoir de l'apétit. (C'est un bon signe quand un malade commence d'entrer en goût.)

* Goût. Ce mot au figuré a un usage fort étendu. (Avoir le goût bon, C'est aimer ce qui est bon. Se faire le goût aux ouvrages antiques.Homme de bon goût, homme de mauvais goût. C'est à dire qui juge bien ou mal des choses. Trouver une chose à son goût. Mol. C'est à dire à sa fantaisie. Le goût de Paris s'est trouvé conforme au goût d'Atenes. Racine.)

* Goût. Terme de Peinture. Idée qui suit l'inclination que les Peintres ont pour certaines choses.Manière (Voila un ouvrage de grand goût,pour dire que tout y est grand & noble,bien prononcé & bien desiné. De Piles.)

Goût, s. m. La qualité de la chose qu'on goûte. La saveur. (Viande de bon, ou de mauvais goût. Cela donne du goût à la viande. Le goût des fruits est agréable.)

Le haut goût. C'est tout ce qui réveille l'apétit, & qu'on met dans les sauces, comme le poivre, la muscade, le citron, le verjus, &c. (Aimer le haut goût. Le haut goût n'est que pour les ivrognes, à ce que disent Messieurs les Médecins : mais la plûpart des Médecins sont aussi savans en cuisine qu'en Médecine.)

Goûter, v. a. C'est se servir du goût pour juger de la qualité d'une chose. (Goûter le vin.)

Goûter. Faire un petit repas après le dîner. (Goûter ce se sens ne se dit guére à Paris, en sa place on dit faire colation.)

* Goûter. Aprouver. Agréer. (Goûter un avis. Ablancourt, Luc.)

* Goûter. Prendre plaisir à quelque chose. (Goûter les bons mots. Scaron.)

Goûter. Essaïer. Tâter. Eprouver. Tibére lui dit, & toi Galba, tu goûteras un jour de l'Empire. Abl.Tac. An. l. 6, c. xi. Goûter la douceur de la vie. Mol.)

Goûté, s. m. Ce mot signifie le repas qu'on fait entre le dîner & le souper, mais ce mot en ce sens ne se dit guére que parmi le petit peuple & le bourgeois. En sa place on se sert à la Cour du mot de colation ; on n'y dira point (voilà le goûté de la Reine, ou de Mr. le Dauphin, mais voilà la colation de la Reine ou de Mr. le Dauphin.)

Goute, s. f. Partie de quelque liqueur que ce soit qui tombe. (Une petite goute. Une goute d'hipocras. Boire une goute

GOU 397

de vin. Une goute d'eau. La sueur lui tombe à grosses goutes.)

Goute à goute, adv. Peu à peu. (L'eau qui tombe goute à goute, creuse le plus dur rocher. Ces mots au figuré signifient que les moindres éforts souvent réiterez produisent enfin un grand éfet.)

Goute. Ce mot se dit entre vignerons. C'est le vin qu'on tire sans pressurer. (C'est du vin de la prémiére goute.)

* Goute. Ce mot se dit au figuré. Exemple. Parmi un torrent de belles paroles, il n'y a pas une goute de bon sens. Ablanc. Apoph.)

On dit, c'est une goute d'eau dans la Mer, d'une petite chose, qui étant mise dans une fort grande, celle-ci n'en est pas acruë sensiblement.

Goute, s.f. f. Douleur qu'on ressent dans les jointures & qui revient de tems en tems. (Avoir la goute aux piez. Avoir la goute aux mains. J'ai une goute crampe. Voi Poës.)

Goute-crampe, V. Crampe.

Goute-sciatique. V. Sciatique.

Goute-remontée. On l'apelle ainsi lors que la nature n'étant pas assez forte pour pousser la fluxion jusques aux parties extérieures du corps, la fluxion s'arrête aux parties nobles, ce qui est fort dangereux.

Goute-rose. C'est une maladie qui vient au nez, aux joües & quelquefois par tout le visage, avec tumeur,ou sans tumeur, & par fois avec des pustules & des croutes.

On dit d'un homme qui s'enfuit vite, qu'il n'a pas les goutes.

Goute. Ce mot est une sorte d'adverbe négatif qui signifie. Point. Rien du tout. (Ne voir goute.) * Ce dialogue est si obscur que les plus doctes n'y voient goute. Abl. Luc. T. 2. dance.

Goutes. Terme d'Architette. Petits corps en forme de clochettes qui sont sous la plate bande de l'ordre Dorique. (Tailler des goutes.)

Gouteux, gouteuse, adj. Qui a la goute. Qui est travaillé de la goute. (Il est gouteux. Elle est gouteuse.)

Gouteux, s. m. Qui est tourmenté de la goute. Qui est sujet à la goute. (Un gouteux à qui la goute fait pauvre chere, & laide mine. Scar. Poës.)

Goutelette, s. f. Diminutif. Petite goute. [Les goutelettes de la rosée.]

Goutière, s. f. Sorte de canal par où coule l'eau de dessus les toits. (Nettéïer une goutière pleine d'ordures.)

Goutiére Terme de Relieur. Creux sur la tranche du Livre quand il est rogné.

Goutiére. Terme de Sellier. Grande bande de cuir qui borde l'imperiale du carosse. (Poser la goutière. Semer la goutière de mordans. Border une goutière de carosse.)

Goutières, Terme de Chasse. Raies creuses le long des perches, ou du marrein, de la tête du cerf, du daim , ou chevreuil.

Goutières. Terme de Marine. Ce sont des piéces de bois creusées, qui servent à faire écouler les eaux d'un navire.

On dit souvent d'une personne enrumée que son nez distile comme une goutière.

Gouvernail. Ce mot est masculin & fait au pluriel gouvernaux. Timon. C'est la partie du vaisseau de laquelle on se sert pour conduire le vaisseau. Elle est composée d'une piéce de bois postée horizontalement, qui en fait mouvoir une autre qui est à plomb, atachée à la poupe d'un vaisseau , & dont le mouvement fait tourner le vaisseau du côté qu'on veut. Le gouvernail des bateaux est une simple piece de bois atachée au derrière du bateau. (Le Pilote se tient au gouvernail. Il ne faut pas embarasser le port de gouvernaux.Voi.Ordonnances de Paris, c. 3)

(* Jules qui de l'état, tenez le gouvernail. Marigni balades. Le gouvernail est pris par un fou. Benserade, Rondeaux.)

Gouvernante, s. f. La Femme d'un Gouverneur de quelque place. (Madame la gouvernante est pleine de cœur.)

Gouvernante. Celle qui a soin d'un petit enfant de qualité ; qui le prend au sortir de la nourrice & le gouverne jusques à ce qu'il ait cinq ou six ans, lorsque c'est un garçon , & jusques à 7. ou 8. ans lors que c'est une fille. (Elle est gouvernante du fils de Monsieur le Prémier, &c.)

Gouvernante. On apelle aussi de ce nom la femme qui a le soin du ménage d'un homme veuf, ou d'un garçon.)

Gouvernement, s. m. Pouvoir de gouverner. Direction. (On lui a tout donné en gouvernement. Avoir soin du gouvernement d'une place.)

Gouvernement. Manière de gouverner. (Rétablir le gouvernement populaire.Abl.Ar.l.1. Ils ont parlé sans crainte du gouvernement Voit. poes.)

On dit aussi le gouvernement d'un vaisseau.

Gouvernement. Province , Ville , ou Place forte avec l'étenduë de païs qui en dépend , & dont le Prince pourvoit afin qu'on ait soin d'y conserver ses interets & l'y servir fidélement (On a donné à Mr. le Prince le Gouvernement de Bourgogne. Le Roi a pourvu Mr. de Mombron du gouvernement d'Arras. On a ôté au Marquis Astrologue le gouvernement de ..... Il y a 30. Vilages qui dépendent de son gouvernement. Son gouvernement est d'une grande étenduë & il lui vaut 20 mille livres de rente. Mériter, obtenir, acheter un gouvernement,

Ddd 3

nement. Aspirer à un gouvernement. Les meilleurs gouvernemens sont ceux des places frontiéres.)

Gouverner, *v.a.* Avoir le soin & la direction de quelque chose que ce soit. Régir. Disposer d'une personne. (Il est assez grand, & assez sage pour gouverner son bien. Gouverner une Province. Gouverner le peuple. On gouverne aujourd'hui d'une manière toute particuliére. Comment gouvernez-vous Monsieur un tel ?

* *Se gouverner*, *v. r.* Se conduire d'une certaine maniére. Tenir une certaine conduite. (Se gouverner adroitement. Se gouverner en galant homme, en honnête homme, &c.)

Gouverner. Terme de *Mer*. C'est tourner le gouvernail & porter le cap sur le romb de vent que l'on veut suivre. (Gouverner au Nord, ou gouverner Nord.)

Gouverneur, *s. m.* Celui qui commande Souverainement dans une Place ou une Province & qui y représente la personne du Roi. (Il est gouverneur de Normandie. Il est gouverneur de Paris, Un fidéle gouverneur.)

Gouverneur. Celui qui pour le monde éléve un enfant de grande qualité, qui a soin de ses mœurs & de sa conduite, & qui lui inspire des maniéres conformes à sa grande naissance. (C'est un gouverneur sage, poli & savant.)

Gouverneur d'Hôpital. Il se dit de celui qui, aux environs de Paris, a soin de quelque dortoir, ou de quelque pavillon où sont des pauvres. Le gouverneur les fait prier Dieu, & leur fait donner le pain, la viande & le vin qu'ils doivent avoir. Quand il y a bien des pauvres, on lui donne un sous-gouverneur pour l'aider en tout ce qu'il a à faire.

GRA

† *Grabat*, *s. m.* Mot burlesque pour dire *petit lit*. (Sur lui de grabat à grabat elle décocha quantité d'œillades. *Scar. Virgile*.

J'étois seul l'autre jour dans ma petite chambre, Couché sur mon *grabat*, souffrant en chaque membre. *Scar. Epître chagrine*.)

† *Grabuge*, *s. m.* Desordre. Trouble. Vacarme. (Il auroit pu arriver quelque accident en ce grabuge. *S. Amant*, *Rome ridicule*.)

Grace, *s. f.* Plaisir. Faveur. (Faire une grace à quelcun. La grace qu'il lui a faite est toute à fait particuliére. Je vous demande en grace dans vôtre cœur une place. *Benserade*. Grace singuliére, particuliére, considérable, sensible, &c.)

Grace. Rémission que donne le Roi pour quelque crime commis. Pardon qu'on acorde. (Avoir sa grace. Le Roi lui a donné sa grace. Faire enteriner une grace.)

Grace expectative. Terme de *Cour de Rome*. Reserit du Pape qui ordonne au collateur, de donner le prémier bénéfice vaquant, de sa collation, à une personne que le rescrit désigne. *Voi. Patr. 4. plaid*.

Grace. Terme de *Théologie*. Secours divin qui regarde la vie éternelle. Inspiration de l'amour divin répandu dans nos cœurs par le Saint Esprit. (Grace éficace, ou victorieuse. Grace sufisante. Grace prevenante. Grace concomitante. Grace subséquente. Grace habituelle. Grace actuelle. Grace virtuelle. Grace congruë. Grace de perseverance.)

Grace, Ce mot se dit du langage & signifie *beauté*, (Tâcher à trouver les graces de sa langue. *Abl. Apo*. Rendre grace pour grace. *Abl*.)

Graces, Agrément. Bon air. (Avoir bonne grace. Marcher de bonne grace. Danser de bonne grace. Parler avec grace.)

Bonne grace. C'est à dire, bon air, bonne mine. (Fille qui a bonne grace. C'est une personne de tres-bonne grace.)

Bonnes graces. Amitié. Bienveillance. (Avoir les bonnes graces du Prince. *Abl*. Etre dans les bonnes graces de quelcun, *Sca*. Gagner les bonnes graces d'une Dame. Elle livra aux Romains une place de grande importance pour mettre son fils dans les bonnes graces de Pompée. *Racine*, *Mitridate*, *préface*.)

Bonne grace. Terme de *Tapissier*. Petit rideau qu'on met à côté du chevet du lit.

Graces. Ce mot au pluriel signifie *remerciement*. (Rendre graces. Rendre des actions de graces. La prémiere façon de parler est de la conversation, & l'autre n'est plus du beau stile. *Nouvelles remarques de la langue*. Je ne cesserai jamais de vous rendre des actions de graces pour cette infinie misericorde. *Arn. Conf. l. 1. ch. 15*.)

Graces, *s. f. pl.* Remerciement qu'on fait à Dieu aprés un repas. (Dire les graces.)

De grace, *adv*. On se sert de ce mot pour suplier quelcun de nous faire quelque plaisir. (De grace, faites-moi vite donner un siége. *Mol*.)

† *Graciable*, *adj*. Terme de *Chancelerie*. Il signifie rémissible, qui peut être pardonné, pour lequel on peut acorder des lettres de grace. (Ce crime est graciable.)

† *Gracieux*, *gracieuse*, *adj*. Ce mot signifie. Doux, Civil, honnête, mais il n'est pas du bel usage. (Réponce fort gracieuse, il faut dire réponce civile & honnête.) Voïez *mal-gracieux*.

† *Gracieux*, *gracieuse*. Qui est beau. Qui a de la grace. (Visage gracieux. *Voi. Poës*. Présentement on diroit *un visage charmant*.)

Gracieux, *gracieuse*. Quoi que ce mot ne soit pas fort bon dans le commerce ordinaire de la langue, il a bonne grace en parlant de peinture, on dit (Des airs de tête fort gracieux. Figure qui a l'air gracieux.)

Gradation, *s. f.* Elévation qui se fait peu à peu, de degré en degré.

Gradation. Figure de *Rétorique*, par laquelle l'Orateur éleve son discours par degrez & alégue toûjours des preuves plus fortes que les prémiéres.

Gradation. Terme de *Peinture*, qui se dit du changement insensible qui fait la diminution des teintes & des nuances.

Grade, *s. m.* Degré d'honneur. Il ne se dit qu'entre les Ecclesiastiques. (La Prêtrise est un grade fort considérable.)

Gradin, *s. m.* Terme d'*Eglise*. Sorte de petit degré sur l'Autel où l'on met les chandeliers & les bouquets. (Mettre des bouquets sur les gradins.)

Gradins, *s. m.* Terme de *Bibliotecaire*. Il se dit au pluriel. C'est une maniere de petite échelle, faite de bois de menuiserie, haute de quatre ou cinq piez, & dont chaque gradin, qui sert d'échelon, a un pié & demi de long & environ un demi de large. On se sert de gradins pour prendre des livres qui sont sur des planches à 6. ou 7. piez de haut. On fait les gradins de figure plate pour y monter & s'y tenir plus commodement que sur des échelons.

Gradine, *s. f.* Outil d'artisan, qui est une espéce de ciseau acéré & dentelé, dont se servent particuliérement les Sculpteurs.

Gradué, *s. m.* Terme d'*Université*. On apelle *gradué*, celui qui a étudié dans une Université célébre y a subi l'examen & fait les autres choses qu'il faloit faire pour être *Maître d'Arts*, *Bachelier*, *Licentié*, ou *Docteur*. Il se voit par là qu'il y a de quatre sorte de graduez. Les uns sont apelez *graduez simples*, & les autres *graduez nommez*. On donne le nom de *gradué simple* à ceux qui ne joüissent que du seul degré, & qui n'ont aucune nomination des Universitez. Les *graduez nommez* sont ceux qui joüissent du degré, & qui ont la nomination de quelque fameuse Université pour quelque bénéfice. Car les Universitez célébres ont droit de nommer à de certaines Cures, & à de certaines Chapelles. Les mois de Janvier & de Juillet sont afectez aux graduez nommez, & ces mois sont apellez *mois de rigueur* parce qu'il faut que dans ces mois le Collateur conféte le bénéfice vacant par mort au gradué le plus ancien nommé, sans qu'on puisse contester ce bénéfice au gradué, à moins que celui qui le lui conteste ne soit industriaire, ou mandataire. Les mois d'Avril & d'Octobre sont afectez aux graduez simples, & ces mois sont apellez *mois de faveur* à cause que le collateur peut conférer le bénéfice vacant par mort à qui bon lui semble des graduez. Il faut que les graduez soient François de nation, ou qu'ils aient des lettres de naturalité, & qu'elles soient enregistrées dans la Chambre des Comptes. Les graduez doivent être tonsurez, nez d'un légitime mariage, avoir étudié dans une fameuse Université de France, avoir 24. ans acomplis, si c'est pour obtenir un bénéfice à charge d'ames. Ils doivent être de la qualité du bénéfice séculier, si le bénéfice l'est, & régulier, si le bénéfice est en régle. Ils doivent aussi n'être pas remplis. C'est à dire, ne posseder pas de bénéfice de la valeur de six cens livres. Il est de plus nécessaire qu'une fois avant la vacance du bénéfice, ils aient donné copie de leurs degrez, & s'ils sont nobles, de leurs preuves de noblesse.

Gradué, *graduée*, *adj*. Ce mot en *Terme d'Université* est aussi *adjectif* & il signifie qui a pris quelque degré, mais en ce sens il ne se dit qu'au masculin. (Monsieur un tel est gradué.)

Gradué, *Graduée*. Terme de *Géographe*. Il se dit en parlant de cartes de Géographie où les degrez de longitude & de latitude sont marquez, & qui alors s'apellent *cartes graduées*. Voïez le *Mercure Géographique du P. Lubin*.

Feu gradué. Terme de *Chimie*. C'est un feu qu'on donne par degrez.

Graduel, *s. m.* Terme d'*Eglise*. Ce qu'on chante à la Messe aprés l'Epître, & qui sert de préparation à l'Evangile. (Il est apelé *graduel* parce qu'on monte au *jubé* pour le chanter.)

Graduel, *graduëlle*, *adj*. Terme d'*Eglise*. Ce mot se dit de quinze Pseaumes qu'on apelle *Pseaumes graduëls*. Ils sont nommez de la sorte, parce qu'en chantant on élevoit par degré la voix, ou parce qu'on les chantoit sur les degrez du Temple, ou, parce qu'ils contiennent le retour du peuple d'Israël, de la captivité en Jerusalem située sur les montagnes. V. *D'Arboud porchere*, *paraphrase des Pseaumes graduëls*.

Se faire graduër, *v. r.* Terme d'*Université*. C'est prendre ses degrez. (Il étudie pour se faire graduër.)

† *Grâillon*, *s. m.* Reste des choses, qu'on mange. Reste de viande ou d'autre chose mangeable. (De bons grâillons, Je n'ai que faire de vos grâillons.)

Grain, *genre*, *s. m.* C'est ce que renferme l'épi de blé, de segle, d'orge, ou d'aveine. (Un petit grain. Un gros grain. Il y a souvent de l'ivroie parmi le bon grain. *Batre les grains*, c'est à dire, les blez.)

GRA   GRA

Poulets de grain. Ce sont des poulets qu'on élève au printems & qu'on nourrit de grain.

Grain. Petite parcelle de quelque chose. Ce mot de *grain* se dit en ce sens de sorte choses. (On dit. Grain de raisin. Grain de coral. Grain de sel. Grain de chapelet. Grain de grenade. Grain de sable. Grain de lierre. Grain de poudre à canon. Grain de grêle.)

† *Grain.* La pesanteur d'un grain d'orge, ou de blé. (Cela pése un marc, deux onces & quelques grains.)

† *Avoir un petit grain de folie, Moliere.* C'est à dire, être un peu fou.

Grain. Ce mot se dit parmi les Tanneurs & Corroieurs en parlant de certains cuirs. C'est une perfection que le Tanneur donne au cuir en le coudrant & que le Corroieur achève entièrement par son travail. Faire venir le grain sur un cuir de vache, de veau, ou de mouton. Cuir beau de grain. Le grain du marroquin est plus gros que celui du chagrin.

Grain. Ce mot se dit de diverses autres choses; comme des aciers. (Le gros de Naples, ou de Tours a les grains plus gros que les autres moëres de l'acier.) (On connoit l'acier à son grain qui est plus menu que celui de fer.) On dit grain de lepre, grain de verole.

Grain de vent. Terme de *Mer.* C'est une tempête & un tourbillon qui se forme tout à coup, & qui desempare la manœuvre.

Grain d'orge. C'est le nom que divers artisans donnent à divers outils.

Grain de chapelet. † * Un Catholique à gros grain, c'est un libertin, un homme peu devot, qui ne va à l'Eglise que par manière d'aquit.

GRAINE, *grainer, grainier.* V. *gréne, gréner,* & *grénier.*

GRAISSE, ou *gresse, s. f.* Partie similaire du corps, simple, humide, & blanche, formée par le froid des parties nerveuses de la substance la plus onctueuse, qui s'exhale au travers des tuniques des veines. *Deg.* La graisse froide ne vaut rien. La graisse engendre la bile *La Cham.*

Graisse, s. f. Il se dit de ce qu'il y a de meilleur & de plus onctueux dans la terre. (La graisse des montagnes tombe dans les valées, & c'est ce qui les rend plus fertiles.)

* *Graisse.* Ce mot, au figuré, signifie ce qu'il y a de meilleur en quelque chose. (Les soldats qui ont logé dans ce païs, en ont emporté toute la graisse.)

Graisser, gresser, v. a. Froter avec de la graisse. (Graisser les roues d'un chariot. Roue bien graissée. Gresser un poulain pour descendre du vin dans une cave.)

† * *On lui a graissé la patte*, c'est à dire, on l'a gagné par presens, ou à force d'argent. *Abl.*

‡ * *Graissez les botes d'un villain, il dira qu'on les brûle.* Façon de parler proverbiale, pour dire qu'on ne se trouve pas bien de faire plaisir à un mal honnête homme.

† * *Graisser les épaules à quelcun.* Terme bas pour dire le bâtonner.

GRAISSET, *s. m.* Espéce de grenouille qui est verre & qui vit sur terre.

GRAL, *grâl.* Le Saint Grâl, c'est un plat qu'on montre à Génes avec grande cérémonie & vénération, parce qu'on dit qu'il a servi à la Céne que nôtre Seigneur fit avec ses Disciples.

GRAMEN, *s. m.* Ce mot se dit de diverses sortes de petites herbes qui viennent sans culture. Il y en a une sorte qui est une plante qui porte des feuilles blanches & vertes en forme de Ruban.

GRAMMAIRE, *s. f.* Ce mot vient du Grec. C'est l'art de bien ortographier, de bien prononcer & de s'exprimer correctement de vive voix, ou par écrit. (Une bonne Grammaire. On dit que Charlemagne avoit commencé une Grammaire de la langue de son tems.)

Grammairien, s. f. Celui qui sait la Grammaire & qui écrit selon les régles. Un bon grammairien. Suetone a fait la vie des fameux Grammairiens Romains.

Grammatical, grammaticale, adj. Qui est de Grammaire. Terme grammatical. Façon de parler grammaticale.

GRAND, *grande, adj.* Ce mot signifie qui a une étenduë corporelle & de quantité, qui a une grandeur phisique, & réelle. (Grand chemin. Une grande place. Un grand feu. Une grande statuë. Une grande alée.) *Le mot de grand féminin perd son e devant certains mots, exemples.* (La grand' chambre. A grand' peine. Grand' chère. Grand' mére. Grand' pitié, Grand' messe, & quelques autres. *Vau. Rem.*

* *Grand, grande.* Ce mot se prend quelquefois pour *excessif,* ou marque une manière d'excès, ou de magnificence. (Il nous a fait grand' chére. Faire une grande dépence. C'est une grande méchanceté. Une grande calomnie.)

* *Grand, grande.* Considérable. Remarquable. Illustre. (Avoir un grand fons de mérite. C'est un grand' homme. Les grans hommes de l'Antiquité.

On donne ce titre à divers Princes. Le grand Turc, ou le grand Seigneur Le grand Mogol. Le grand Kan de Tartarie. Le grand Negus, qui régne en Ethiopie. Le grand Duc de Moscovie. Le grand Duc de Toscane. Alexandre le grand. Le grand Pompée. Henri le grand. Loüis le grand, &c.)

Grand. Ce mot se joint à divers autres noms d'Offices & de dignitez, comme Grand Prêtre. Grand Aumônier. Grand Visir. Grand Chambelan. Grand maitre d'hotel. Grand écuier, & plusieurs autres. On en donnera quelques uns dans la suite.)

* *Grand, grande.* Ce mot se dit des paroles, & veut dire *sonnantes. Energiques.* (* Vous m'étourdissez avec vos *grands* mots Latins. *Mol.*)

* *Grand, grande.* Elevé. Noble. Généreux. (Avoir l'ame grande. *Ablancourt.* Avoir le cœur grand, le courage grand. Un grand esprit.)

* *Grands, s. s.* Les Seigneurs de qualité. (Il y a deux sortes de Grands d'Espagne. *Voi. Rélation d'Espagne.* Les Grands du Royaume. *Abl.* Les Grands de la Cour.

* *Grand s. m.* Ce mot se prend substantivement, & on soutend homme ou Seigneur. (Trancher du grand. Faire le grand.)

* *Grand.* Ce mot se dit du stile, & veut dire *le stile sublime.* (Il y a cinq sources du grand, l'elevation d'esprit, le patétique, les figures, la noblesse de l'expression, la composition & l'arrangement des paroles. *Dép. Longin. c. 6.*

Grand-croix, s. m. Une des principales dignitez de l'ordre des Chevaliers de Malte. (Il est grand-croix. Voi. *Croix.*)

Grandement, adv. Fort. Beaucoup. (C'est une chose que je n'affectionne pas grandement. *Nouv. remarques.*)

Grandeur, s. f. Quantité étenduë selon ses diverses dimensions. (Il n'y a point de grandeur infinie. Mesurer la grandeur d'une chambre. Une grandeur raisonnable & bien proportionnée.)

* *Grandeur.* Enormité. (Dieu seul connoit la grandeur du péché. *Pas. l. 4.*)

* *Grandeur.* Hauteur. Elevation. (Elle a une *grandeur* d'ame qu'on ne peut assez admirer. *Scar.* La prose ne cède à la poësie pour la grandeur des figures. *Abl. Luc.*)

* *Grandeur.* Importance. (Vous voiez assez la *grandeur* & la difficulté de l'entreprise. *Pas. l. 7.*)

* *Grandeur.* Les Grans. (Flater les grandeurs humaines. *Féchier.*

* *Grandeur.* Grand éclat. Quelque chose de majestueux & de grand. (La grandeur des choses qui l'environnent frape d'abord l'esprit.

Grandeur, s. f. Titre qu'on donne à de certaines personnes constituées en une Dignité fort considérable; comme aux Archevêques, ou Evêques, aux Ministres d'Etat, aux Gouverneurs de Province, aux Maréchaux de France & aux autres Seigneurs qui sont immediatement au dessous des Princes. (Monseigneur, dans le dessein que j'avois de me faire un illustre Protecteur, à qui me pouvois-je adresser avec plus de justice qu'à *votre Grandeur.*)

Grandeur Souveraine. C'est la Majesté & la puissance d'Empereur, de Roi & d'autre Souverain absolu.

(On ne partage point la *grandeur Souveraine* Et ce n'est pas ou bien qu'on quitte & qu'on reprenne. *Rac. Thebaïde, a 1. sc. 9.*)

† *Grandissime, adj.* Ce mot n'est que de conversation & signifie *fort grand.* Il fait une grandissime fortune.)

Grand-maitre, s. m. C'est le principal oficier & celui qui a toute la direction d'un lieu, de certaines choses & de certaines personnes.

Grand-Maitre des cérémonies. C'est un oficier qui se trouve aux sacres & aux mariages des Rois, aux barêmes des enfans de Rois, aux receptions des Ambassadeurs & aux pompes funébres des Rois, Reines, Princes & Princesses & a soin des rangs & des préseances.

Grand-maitre de l'Artillerie. Oficier qui a la direction des magazins, des poudres, du salpêtre & de l'artillerie de France. Le Grand-Maître doit conêtre le fort & le foible de tous les Oficiers de l'Artillerie, pour en instruire Sa Majesté en cas de besoin. Il doit aussi savoir les provisions qu'il faut faire, quelle est la force de son Artillerie & en quel lieu elle doit être placée avantageusement. Il presente tous les ans l'etat des Oficiers au Roi, il remplit les charges vacantes, puis le Roi confirme ou revoque cet etat, &c. Les oficiers du Grand-Maître, ce sont quatre Lieutenans generaux, un Garde general, deux Controlleurs generaux, un Trésorier general, un Maréchal des Logis, avec des Commissaires & des Garde-magasins, des Canonniers & des salpetriers. Le Grand-Maître reçoit l'ordre du General, il le déclare en suite dans son Parc & le fait observer.

Grand maitre de la garderobe. Oficier qui a soin des habits, du linge, & de la chaussure du Roi.

Grand-maitre de Malte. C'est le chef de l'ordre des Chevaliers.

Grand-maitre de Colége. Docteur qui a le soin du Colége & qui est le chef de tous les Regens & autres gens de Colége.

Il y a en Alemagne un Grand-Maître de l'Ordre *Teutonique.* V. *Teutonique.*

Grand-maitrise, s. f. Charge de grand-maitre. Dignité & charge de grand-maitrise. (La grand-maitrise étoit vacante par la mort de, &c. *Bouhours hist. d'Aubusson l. 2.*)

Grimmerci, s. m. Parole qui marque la reconnoissance qu'on a d'une grace reçuë. (Dire grandmerci à une personne.)

Grand-

Grand-mere, *s. f.* Aïeule. C'est la mére du pére ou de la mére. (Jane d'Albret, fille de Henri d'Abret Roi de Navarre, étoit grand-mére de Loüis 13. Roi de France.)

Grand pére, *s. m.* Aïeul. C'est le pére du pére ou de la mére. (Le grand-pére de Loüis 14. c'est Henri 4.

† **Grandir**, *v. n.* Devenir plus grand. Croître. (Les plantes & les animaux grandissent insensiblement.) Ce mot n'est pas d'un grand usage.

Grange, *s. f.* Lieu de la ferme où l'on met le grain en taffeau. Où l'on taffe le grain que les moissonneurs ont coupé. (Une belle grange.) En quelques Provinces, le mot de grange se prend pour une métairie. Et le mot de *granger* pour un métaier.

Granulation, *s. f.* Terme de *Chimie*. C'est la reduction des métaux en grenaille; ce qui se fait en les jettans dans de l'eau froide lors qu'ils sont fondus.

Granuler, *v. a.* Terme de *Chimie*. C'est verser goute à goute dans l'eau froide un métal fondu pour le congeler, & le reduire en grenaille. (Granuler du plomb.)

Graphometre, *s. m.* Instrument de Mathématique, qui est un demi cercle divisé en 180. degrez.

Grape *de raisin,s.f.* Ce que pousse le bois de la vigne,& où sont atachez plusieurs grains de raisin. (Une grosse, ou petite grape de raisin.)

Grape de verjus. Plusieurs grains de raisin qui ne sont pas mûrs atachez ensemble.

* **Mordre à la grape.** C'est à dire à l'hameçon. Donner dans le panneau. Etre dupé.

* **Mordre à la grape.** Ces mots se disent aussi de ceux qui écoutent avec satisfaction quelque discours, ou quelque afaire qu'on leur propose, & qui leur est agréable. (Quand les environs entendent médire, il semble qu'ils mordent à la grape.)

Grape. Ce mot se dit aussi de plusieurs autres fruits qui croissent à la maniére des grapes de raisin. (On dit grape de lierre,de sureau, d'acacia, &c.)

Grapillon, *s. m.* Petite grape.

Grape de mer. Sorte d'insecte marin qui a de l'air d'une grape de raisin. *Rond.*

† **Grapiller**, *v. a.* Chercher des grapes de raisin dans une vigne, lors qu'elle est vendangée. (Je n'ai pas grapillé grand chose.)

Grapilleur, *s. m.* Celui qui grapille. (Un pauvre grapilleur.)

Grapilleuse, *s. f.* Celle qui grapille. (Une grapilleuse.)

† * **Grapiller**, *v. a.* Mot comique & figuré,qui signifie prendre peu à peu & amasser en dérobant quelque petite chose. La plûpart des servantes & des maîtres d'hôtel de Paris grapillent toûjours quelque petite chose, & à la fin s'enrichissent un peu.

Grapin Sorte de croc qui sert à retenir & à atacher quelque chose. (Ils atachoient à des solives des crocs des grapins. *Vau. Quin. l. 4. c. 3.*)

Grapin, *s. m.* Terme de *Mer*. C'est une sorte d'ancre à quatre bras.

Grapin à main. Instrument de fer qui est fait comme un ancre à quatre bras, & dont on se sert dans les combats navals pour l'abordage. (Acrocher un grapin.)

Grapins. Terme de *Maréchal*. Ce sont certaines arêtes qui viennent sur le nerf des jambes de derriére d'un cheval, en forme de gales ou tumeurs, entre le jarret & le paturon.

Gras, grasse, *adj.* Qui a de la graisse. Qui est dans un embonpoint considérable. (Etre gros & gras. Veau gras. Bœuf gras. Femme grosse & grasse.)

Gras, *grasse.* Il se dit de certaines matiéres onctueuses. Le beurre est gras. L'huile est grasse. Fromage gras. Le vin devient gras, & l'ancre devient grasse, lors que ces liqueurs s'épaississent trop & qu'elles filent comme du sirop.

† * **Gras, grasse.** Ce mot se dit en riant & en faisant une sorte de reproche qui marque le tort d'une personne. (Vous en êtes bien *plus gras* d'avoir dit cela. Vous en êtes bien *plus grasse* d'avoir causé ce vacarme. Cause grasse *vous avez tort d'avoir dit cela.* Vous n'en tirez nul avantage.)

† * **Gras, grasse.** Un peu libre, & gaillard. (Cause grasse. Plaider la cause grasse.)

Gras,grasse. Terme de *Maçon,* c'est à dire, où il y a trop de chaux. (Mortier trop gras.)

Gras, grasse. Terme de *Charpentier* & de *Maçon.* Qui a trop d'épaisseur. (Les joints de cette piéce de bois sont trop gras, il les faut démaigrir. Les joints de cette pierre sont trop gras.)

* **Un païs gras**, c'est à dire, fertile & abondant.

* **Terre grasse**, c'est de l'argile.

* **Avoir la langue grasse**, c'est à dire,épaisse;ce qui fait qu'on ne peut pas bien prononcer de certaines lettres, comme l'*r* & le *ch.*)

Gras,grasse. Ce mot se dit encore des choses où on a mis de la graisse. Un potage gras. On dit aussi du cuir gras, des gands gras, un chapeau gras, &c.

Figue grasse. C'est une grosse figue vieille & sêche, dont on se sert pour faire supuler des abcés.

† * **Faire ses choux gras de quelque chose.** Proverbe pour dire s'en servir & s'en réjoüir.

* **Gras comme un Moine**, c'est à dire, fort gras.

* **Dormir la grasse matinée**, c'est à dire,se lever fort tard,& demeurer long tems au lit pour devenir plus gras.

Gras-double, *s. m.* Espéce de tripe,que vendent les tripiéres,C'est le second des ventricules du bœuf & des autres animaux qui ruminent.

Gras, *s. m.* Graisse. Ce qui est contraire au maigre. (Elle aime le gras. Donnez moi du gras, je l'aime mieux que le maigre.)

Gras. Ce mot se dit en parlant de personnes qui mangent de la viande le carême, ou les jours maigres. (Les jours gras, Mardi-gras.)

Faire gras. C'est manger de la viande aux jours où l'on n'en doit point manger.

Gras de jambe. C'est la partie postérieure de la jambe qui est fort charnuë.

Gras fondure, *s. f.* Maladie qui vient à un cheval gras pour avoir été échaufé & qui fondant la graisse dans le corps du cheval, l'étoufe, *Soleisel. P. M. c. 1. l. 6.*)

† **Grasser**,*v. n.* C'est parler gras. (Elle grassêie un peu, & cela ne lui messied pas.) *Grasséier* se dit; mais le plus souvent, en sa place, on dit parler gras.

Grasset, grassette, *adj.* Qui est un peu gras. (Il est grasset. Elle est grassette.)

† **Grassoüillet, grassoüillette**, *adj.* Ce mot se dit des personnes d'un corps délicat & veut dire gras. (Il est grassoüillet. Elle est grassoüillette.)

Gratecu, *s. m.* Fruit rouge du grand églantier dont l'esser est de resserrer. Sa fleur est une méchante petite rose qui vient dans les haies & les buissons. Ces gratecus sont assez jolis.

† * **Il n'y a point de si belle rose qui ne devienne gratecu.** Proverbe qui veut dire qu'il n'y a point de si belle fille, ou femme qui à la fin ne perde sa beauté.

Gratelle, *s. f.* Petite gale. (Riche du gratelle & de cloux. *S. Am.* La gratelle est fâcheuse & dégoutante.)

Grater, *v. a.* Froter la peau avec les ongles. Toucher la peau avec les ongles. Passer les ongles un peu fort sur la peau. (Gratez moi un peu sur l'épaule. Se grater.)

Grater, *v. a.* Ce mot entre dans une façon de parler burlesque & proverbiale. Il signifie *Flater finement.* Trouver l'endroit foible d'une personne & par où elle peut être prise & flatée avec adresse. Il le grate par où il lui demange *Moliere.*)

Grater, *v. n.* Il se dit de la porte des Grands. C'est froter doucement la porte avec les doigts. (Ce n'est pas savoir son monde que de heurter à la porte des chambres, ou des cabinets des Princes,il y faut *grater* seulement. Quand on *grate* à la porte chez les Rois, ou chez les Princes,& que l'Huissier vous demande qui nomme, il le faut dire, & ne se qualifier jamais Monsieur. *Civ. Franç. ch. 4.*)

* **Grater**, *v. a.* Ce mot se dit des poules, & c'est jetter & creuser la terre avec leurs doigts. (Les poules gratent la terre.)

Grater. Terme de *Tailleur.* C'est avec l'éguille tirer le poil pour en couvrir quelque couture. (Grater une rentrature.)

Grater, *v. a.* Terme de *Chaudronnier.* C'est nettéier le cuivre avec la paroire. On grate bien le cuivre avant que de l'étamer, car s'il n'étoit pas bien net, l'étain n'y tiendroit point du tout.

Gratification, *s. f.* Don gratuit. Faveur qu'on fait pour récompenser le mérite de quelque personne, ou les services qu'on a rendus. Il est riche des gratifications du Roi. Il a reçu de particuliéres gratifications de son Prince.)

Gratifier, *v. a.* Faire quelque gratification. (Gratifier quelqu'un.)

Gratin, *s. m.* Reste de boüillie qui demeure au fond du poilon. (Manger le gratin. Aimer le gratin. Le gratin est le meilleur.)

Gratis, *adv.* Gratuitement. (Enseigner gratis.)

Gratitude, *s. f.* Reconnoissance d'une grace reçuë. (Avoir de la gratitude.)

Gratoir, *s. m.* Outil de fer qui sert aux maçons. Les Orfévres, & les Graveurs appellent aussi *gratoir*, un instrument d'acier, fait en forme triangulaire & aboutissant en pointe,dont ils se servent à ratisser le métal sur lequel ils veulent releiver quelque chose. D'autres ouvriers se servent aussi de *gratoirs.*)

Gratuit, gratuite, *adj.* Qui se fait gratuitement. (Don gratuit. Liberalité gratuite.)

Gratuitement, *adv.* Sans aucun profit. (Enseigner gratuitement. *Ablancourt.*)

Gravas, *s. m.* Terme de *Maçon.* Petit morceau de plâtre ou de plâtras qui vient de quelque démolition & qu'on jette parce qu'il ne peut servir. Les maçons disent *gravas*, mais la plûpart des gens qui ne sont pas maçons disent *gravois.*

Grave, *adj.* Ce mot vient du Latin *gravois*, qui signifie pesant. En ce sens, c'est un terme de *Phisique*, où l'on dit les corps graves, c'est à dire pesants.

* **Grave**, *adj.* sérieux. Qui a de la gravité. (C'est un grand homme grave. Mine grave. Il est grave comme un Espagnol.)

* **Grave.** Ce mot se dit du son,& veut dire creux, *bas & profond.* (Une corde qui a le son grave. *Mers.*)

Gráve...

GRA — GRE

* *Grave.* Majeſtueux. (Le Roi a l'air grave & majeſtueux. Le ſtile de l'Ecriture eſt ſimple, mais de cette ſimplicité qui a quelque choſe de grave.)

‡ *Grave.* Ce mot ſe dit des Auteurs & des Docteurs. Un Docteur grave. *Paſcal. l. 5.*

* *Grave.* Ce mot ſe dit auſſi du diſcours, & veut dire *ſerieux.* Plein de choſes graves & de paroles ſerieuſes. Diſcours grave. Stile grave.]

Grave. Terme de *Grammaire*, qui ſe dit d'un certain accent qui marque rabaiſſement de voix. (Accent grave.)

Gravement, adv. Avec gravité. Marcher gravement. Parler gravement.)

GRAVELLE, *ſ. f.* Sable qui ſe forme dans les reins par le moïen d'une chaleur étrangere. (d'Ablancourt a eſté mort de la gravelle.)

GRAVELÉE, Lie ſeche & brulée dont les teinturiers & les blanchiſſeurs ſe ſervent & que les vinaigriers vendent.

Graveleux, graveleuſe, adj. Qui a la gravelle. (Il eſt graveleux. Elle eſt graveleuſe.)

Graveleux, graveleuſe, adj. Il ſe dit de la terre, & ſignifie mêlé de gravier. (Terroir graveleux. Terre graveleuſe.) On le dit auſſi du craion, dans lequel il y a des endroits trop durs & qui tiennent de la pierre. (Ce craion ne vaut rien parce qu'il eſt graveleux.)

GRAVER, *v. a.* Faire quelque gravûre ſur le metal ou ſur le bois. (Graver une planche. Graver un cachet. Graver de la vaiſſelle.)

[* Il laiſſe malgré les parques ſon nom *gravé* dans l'univers *voiroïs.* Graver ſon nom au temple de memoire. *La Suze.* La loi de nature gravée au cœur de tous les hommes, nous parle intérieurement. *Patru, plaid. 9.*)

* *Gravé, adj.* On le dit en riant du viſage, ſur lequel paroiſſent des creux qui ſont les marques de petite verole. (Viſage gravé. Nez gravé.)

Graveur, ſ. m. Celui qui ſait l'art de graver. Un excellent graveur. Un graveur à l'eau forte. Graveur de tailles-douces. Graveur en bois.)

GRAVIER, *ſ. m.* Sable de riviere. (le fleuve s'épand dans un lit de gravier. *Vau. Quin. l. 3.*

Gravier. Sable qu'on jette en piſſant. Urine ſablonneuſe & où il y a beaucoup de gravier. *Deg.*

GRAVIR, *v. n.* Grimper avec peine en des lieux hauts & dificiles, & où l'on a beſoin de ſe ſervir des mains auſſi bien que des piez. Les chats, les ours, &c graviſſent aiſément en haut des arbres & des rochers, où les hommes ne peuvent gavir qu'avec peine.)

GRAVITÉ, *ſ. f.* Ce mot vient du Latin *gravitas*, qui ſignifie *peſanteur.* En ce ſens, c'eſt un Terme de Phiſique. La gravité, ou la peſanteur du corps eſt la cauſe qui les fait aprocher du centre de la terre.)

Centre de gravité. Terme de *Mécanique.* C'eſt le point duquel ſi l'on ſuſpend un corps peſant il demeurera en équilibre & ne penchera d'aucun côté. C'eſt par ce point que paſſe la ligne de direction, qui vient du centre de la terre.

* *Gravité, ſ. f.* C'eſt le ſerieux d'une perſonne. (Il paroiſſoit avec une gravité Stoïque, *Abl.* Tenir ſa gravité. Perdre ſa gravité.)

* Gravité de diſcours.)

* *Gravité.* Ce mot ſe dit du fou. C'eſt une qualité qui rend le ſon creux, bas, & profond. [Gravité de ſon. *Merſ.*)

GRAVOIS, *ſ. m.* Morceau de plâtre ou de plâtras qui vient de quelque démolition. Il faut être ſoigneux d'ôter tous les gravois. Voïez *gravas.*

GRAVURE, *ſ. f.* Art de graver ſur le bois, avec le burin, ou ſur le metal avec le burin, avec le poinçon, ou à la pointe & à l'eau forte. La maniere de graver.) Une belle gravûre.)

Gravûre. Terme de *Cordonnier.* Raie qu'on fait autour de la ſemelle du ſoulier où l'on couche le point. Faire une gravûre Fermer la gravûre.

GRE.

GRÉ, *ſ. m.* Volonté. Deſir. Cela eſt à mon gré. Elle eſt aſſez à mon gré. Bongré malgré tout le monde. Ils n'elevoient pas les enfans au gré des peres & des meres. *Vau. Quin. l. 10.* De ſon plein gré. De gré à gré, *c'eſt à dire*, par un mutuel conſentement.)

Gré. Reſſentiment. Reconnoiſſance. Savoir gré de quelque choſe à quelqu'un. *Voit. l. 12.* Je me ſçai quelque gré d'avoir fait cela. *Rac.* plaid)

Bon-gré, ſ. m. Reſſentiment ſecret. Satisfaction, joie particuliere. (Je me ſçai bon gré d'en avoir uſé ainſi. *Abl. Luc.*

Mauvais-gré, ſ. m. Chagrin. Mécontentement (Je ne puis croire que le public me faſſe mauvais gré de lui avoir donné cette tragedie. *Racine, Berenice.*

Bongré malgré, c'eſt à dire, contre le deſir & la volonté.

(...... Il veut bongré malgré
Ne ſe coucher qu'en robe & en bonnet quarré.
Racine, plaideurs.)

GREC, *grecque, adj.* Qui eſt de Grece. (Homme Grec. Femme Grecque. Vin Grec.)

Grec, Grecque. Qui eſt écrit en Grec. [Livre Grec.]

Grec, ſ. m. Langue Gréque. (Entendre le Grec. Aprendre le Grec. Il ſait du Grec autant qu'homme de France. *Moliere. Femmes ſavantes.*)

† * C'eſt du Grec pour vous ; C'eſt à dire, cela vous paſſe, vous n'y entendez rien.

† * Il eſt Grec là-deſſus. C'eſt à dire il eſt adroit là deſſus.

GREDIN, *ſ. m.* Gueux. C'eſt à dire un franc gredin.

Gredine, ſ. f. Gueuſe, (C'eſt une franche gredine.)

GREFE, *ſ. m.* Bureau où l'on garde & où l'on expedie pluſieurs actes de juſtice,) L'Arrét eſt au grefe.

Grefe, ſ. f. ou *ente.* Terme de *Jardinier,* Grefe eſt le plus uſité. C'eſt un petit jetton d'un arbre dont ou fait cas & qu'on inſere & met ſur un autre arbre pour lui faire produire des fruits de l'eſpece dont on a pris le gréfe. (Une belle gréfe. Les gréfes en fente ont été les premieres en pratique.)

Gréfé, ſ. f. Terme de *Jardinier.* Il ſe prend pour l'arbre qui a été greffé. (Avoir pluſieurs gréfes. Mes gréfes periſſent. Vos gréfes réüſſiſſent.)

Gréfer, v. a. Terme de *Jardinier.* Mettre une gréfe. (Gréfer une pépiniere. Gréfer des poiriers pour les mettre en eſpalier, ou en buiſſons. Gréfer en écuſſon, en fente, en couronne. Gréfer des coignaſſiers. Gréfer une tige. Gréfer une branche. On ne gréfe que dans certains mois du printems & de l'été. (La plûpart des arbres ne produiſent que de méchans fruits, à moins qu'on ne les gréfe.)

Grefier, ſ. m. Officier qui garde les actes de Juſtice, qui les expedie, qui écrit à l'audiance ce que prononce le Juge, & qui dans les afaires criminelles, lit & écrit les dépoſitions des témoins. (Corrompre un greffier.)

Gréfoir, ſ. m. Prononcez *gréfoi.* Petit couteau dont on ſe ſert pour gréfer. (Le grefoir doit avoir le manche d'ivoire, ou de bois dur, dont l'extrémité ſoit plate, mince & arrondie, pour ſervir à détacher l'écorce des ſauvageons, ſur leſquels on veut apliquer les écuſſons. Les plus commodes gréfoirs ſe plient comme des ſerpettes.) On les appelle auſſi *entoirs* mais ce ce dernier mot eſt le moins uſité.

GREGOIRE, *ſ. m.* Nom d'homme. Gregoire de Tours eſt un celebre Hiſtorien François.)

Gregeois, adj. Ce mot ſignifie *Grec* : mais il n'eſt pas en uſage qu'en parlant d'un feu artificiel, qu'on appelle *feu Gregeois.* V. *feu.*

Gregorien, Gregorienne, adj. Ce mot ſe dit du Calendrier. (Calendrier Gregorien. C'eſt le Calendrier qui a été reformé par les ordres du Pape Gregoire XIII. en 1582. Reformation Gregorienne.) On dit auſſi l'office Gregorien, le chant Gregorien, qui ont été introduits dans l'Egliſe par le Pape Gregoire I.

† *Gregues, ſ. f.* Mot burleſque pour *haut de chauſſe* (Ici nous voïons un éternel concours de la nobleſſe en gregues d'écarlate & jupes de velours. *Sar. poëſ.* Tirer ſes gregues), c'eſt *s'en aller d'un lieu,* c'eſt *s'enfuir d'un lieu.* † * Il y a laiſſé les gregues, *c'eſt à dire,* il y eſt mort.)

Groins, greiner. Voïez *grêne* & *grêner.*

GRÊLE, *ſ. f.* Ce qui tombe de la nuë & qui étant en partie fondu, eſt regelé par un air froid qu'il rencontre. (Grêle plate Grêle piramidale, mince, tranſparente, épaiſſe.)

[* Une grêle de fléches. Une grêle de pierres *Ablancourt.* C'eſt à dire une grande quantité de pierres & de fleches)

Grêle, adj. Mince, *rélifé.* (Cou grêle. Voix grêle. On dit en terme d'Anatomie, les boïaux grêles, c'eſt à dire les menus boïaux, pour les diſtinguer des gros boïaux.

Grêlé, grelée, adj. Ce mot ſe diſant des choſes veut dire *batu de la grêle.* (Les blez ſont grêlez. Les vignes ſont grêlées.)

* *Grêlé, grêlée.* Ce mot au figuré ſe dit des perſonnes & ſignifie *marqué de petite verole.* [Il a le viſage bien grêlé. Elle eſt bien grêlée.]

* *Grêlé, grelée.* Qui a été riche ou accommodé, & qui eſt ruiné. (Il eſt mon gré grêlé. [Celui qui a traduit la Rétorique d'Ariſtote le continuateur de Ph. & l'atrabilaire A. ſon terriblement grêlé.]

Grêlé, grêlée, adj. Terme de *Blaſon.* Il ſe dit des Couronnes de Marquis & de Comte, leſquelles ſont chargées d'un rang de groſſes perles rondes, comme ſi c'étoit une grêle de perles qui fût tombée deſſus.

Grêler. Verbe imperſonnel. [Il grêle ; C'eſt à dire, il tombe de la grêle. Il a long tems grêlé.]

† * Qu'il vente, qu'il grêle, je me moque de tout. *Scaron.*

Grêlon, ſ. m. Gros grain de grêle. (Il y a eu des grêlons qui peſoient une livre.)

GRELOT, *ſ. m.* Maniere de fort petite boule de métal, creuſe, & trouée, où l'on met un petit morceau de metal ou d'autre choſe dure en forme de bale afin de faire une ſorte de petit bruit réſonnant.) Un gros grelot, Un petit grelot.)

GRELOTTER, *v. n.* Trembler de froid. [Il y a une demi-heure que je grelotte en vous attendant Il grelote de froid.

GREMIAL, *ſ. m.* Terme d'*Egliſe & de Chaſublier.* Eſpece de tablier qui ſert à l'Evêque lorſqu'il oficie. (Déplier le gremial.)

GREMIL, *ſ. m.* C'eſt une petite plante qu'on apelle autrement *herbe aux perles*, qui porte une petite graine comme du mil.

GRENADE, *ſ. f.* Fruit de grenadier qui eſt couvert d'une écorce rougeâtre par dehors & jaune par dedans, plein de pluſieurs grains faits à angles, rouges & remplis d'un ſuc comme du vin avec des petits noïaux dedans. Les Grenades ſont bonnes

Eee à

GRE

à l'eſtomac, mais elles échauſent un peu. Grenade vineuſe. Les grenades aigres ſont aſtringentes, temperent la chaleur de l'eſtomac, le fortifient & empêchent la pourriture. Les grenades douces enflent & ne ſont pas ſi bonnes que les aigres.)

Grenade. Petite boule de métal pleine de poudre, garnie d'une vis de fer ; ou de cuivre, percée où ſe met l'amorce lente, & dont on ſe ſert dans les ſiéges de viles contre les aſſiegeans. (Jetter des grenades.)

† * Ils jettent deſſus les gens des grenades avec les dens. *Voit. Poëſ.*)

Grenadier, ſ. m. Petit arbre qui porte le fruit qu'on apelle *grenade*. Le *Grenadier* a la feuille étroite, & bien verte, aſſez épaiſſe, ſemée de pluſieurs traits rouges, & atachée à une queuë rouge. Il fait pluſieurs branches ſouples, ſes fleurs ſont rouges & un peu longues. Il y a des grenadiers qui ne produiſent que des fleurs doubles.)

Grenadier. Soldat qui porte une grenade à la main pour s'en ſervir contre l'ennemi. Soldat qui jette des grenades. (Il étoit à la tête des Grenadiers. Il y a des Grenadiers à pié & des Grenadiers à cheval. Commander les Grenadiers.)

Grenadiére, ſ. f. Gibeciére qu'on donne à chaque Grenadier, & qu'on remplit de grenades.

Grenaille, ſ. f. Métal reduit en menus grains. (L'argent ſe reduit en grenaille, lors qu'étant fondu on le jette dans de l'eau froide. L'argent en grenaille eſt le plus épuré.)

Grenat, ſ. m. Sorte de pierre précieuſe. ('Grenat Oriental. Grenat Occidental. Grenat Surien ; ce grenat eſt de couleur violente mélée de pourpre, & c'eſt le plus beau de tous le grenats. Il y a une autre ſorte de grenat qui porte une couleur d'hiacinte.)

Grené, grene, ou graine, ſ. f. Semence de certaines plantes qui ſe forme en petits grains. (Ainſi on dit grêne de choux, de poireaux, de raves, de lin, de ſainfoin, d'écarlate, &c. La plupart des plantes ſont de la graine en été. Monter en grêne.)

Grene de melon, de concombre ; Ce ſont les pepins du melon & du concombre.

Grêne de vers à ſoie. Ce ſont les œufs du papillon blanc.

Grêner ; greiner, grainer, v. n. Ce mot ſe dit des plantes qui portent du grain, & de la grêne, c'eſt à dire, venir en graine. (Plante qui commence à grener. Dans les terroirs froids & humides, le baſilic, le perſil de Macédoine, &c. ne grainent point, ou plutôt grenent ſi tard que leur graine ne ſçauroit mûrir. *Quint. Jardins. T.* 1.) Epi gréné, c'eſt à dire bien plein de greins.)

Grèneterie, ſ. f. Commerce de marchand grénier. (La grèneterie n'eſt plus ſi bonne qu'elle étoit autrefois.)

Grènetier, ſ. m. Oficier du grénier à ſel qui aſſiſte quand on livre le ſel, & qui en tient compte ſur ſon regître.

Grènetier. Marchand qui vend toutes ſortes de graines à Paris. ſçavoir, blé, aveine, pois, fêves, &c. Les Pariſiens parlent de la ſorte, mais les gens de métier s'apellent *greniers*. Voïez *grénier*.

Grènetiére, ſ. f. Femme qui vend de toute ſorte de graines. Les Pariſiens parlent de la ſorte, mais les gens du métier apellent ces femmes *grèniéres*. Voïez *grèniere*.

Grènetis, ſ. m. Bordure & ornement des monnoies & des médailles, & qui eſt fait en forme de petits grains qu'on apelle auſſi *le chapelet*.

Grénier, ſ. m. Lieu de la maiſon où l'on met le blé & autre grain, (Mes greniers ſont pleins.)

Embarquer en grénier. Terme de *Marchand de mer*. C'eſt embarquer ſans embaler. (Embarquer du poivre en grénier.)

Grénier Lieu où l'on tient le ſel en magaſin. (Aller acheter du ſel au grenier à ſel.)

On dit d'un païs qui produit abondance de grains pour en fournir les autres que c'eſt leur grénier. (La Beauce eſt le grénier de Paris.)

* † **Grénier.** Ce mot ſe dit auſſi du dernier étage d'une maiſon qui eſt immediatement ſous les tuiles. (Il eſt logé dans un grenier.) On l'apelle auſſi *galetas*.

Grénier. Celui qui vend à Paris toutes ſortes de grènes ; Le Peuple de Paris apelle ce marchand, *un grènetier*, mais on le doit apeller *grénier*. (Les maîtres greniers ne ſe pourront ſervir pour leur grain que de meſures étalonnées. *Ordonnances de Paris*, c.6.)

Grénier. Terme de *Maître Grénier*. Armoire où l'on enferme les grains.

Greniere, ſ. f. Celle qui vend de toutes ſortes de grènes à Paris avec des meſures étalonnées. Le Peuple de Paris apelle cette ſorte de marchande *grènetière*, mais entre gens du métier on dit *grèniere*. (Elle eſt maîtreſſe greniere à Paris.)

Grenouille, ſ. f. Animal couvert de peau qui vit dans l'eau & ſur terre, qui a 4. piez dont elle ſe ſert pour nager, ou pour marcher en ſautelant lors qu'elle eſt ſur terre. (La grenoüille coaſſe l'été, elle hait la cicogne, parce que la cicogne la mange.)

† * **Grenouiller,** v. n. Boire en coquin dans quelque cabaret. (Il s'amuſe à grenouiller dans le cabaret.)

Grenouilliére, ſ. f. Lieu où il y a beaucoup de grenoüilles.

GRI

Grenu, grenue, adj. Plein de grains. (Epi grenu.) On dit auſſi *Epi grené.*

Gresil, ſ. m. Petite grèle.

* **Greſil.** Verre pilé & reduit en poudre.

Greſiller, v. n. Verbe imperſonnel.(il greſille, c'eſt à dire il tombe du greſil.

Greſillon. V. Grillon.

Grever, v. a. Ce mot commence à devenir un peu ſuranné. Il ſignifie tourmenter. Faire de la peine. (Le Pape par ſa Bule greva le Clergé. *Fevret traité de l'abus.* L'amour otroie ſa grace aux cœurs qu'il a grevez. *Voit. Poeſ.*)

Grez, ſ. m. Sorte de pierre dure. Elle eſt compoſée de pluſieurs grains de ſable colez enſemble par le moïen de quelque matiere terreſtre qui s'arête dans les pores qu'ils laiſſent entr'eux. *Roh. Phi.*)

Grez. Terme de *Chaſſe*. Ce ſont les groſſes dents d'enhaut d'un ſanglier qui fraient contre ſes défences qui ſont ſes grandes dents d'enbas. *Sal.*

GRI.

Griblette, ſ. f. Morceau de porc délié & taillé en long qu'on leve ſur la fleche de lard. (Lever des griblettes.)

† **Griéche,** adj. Ce mot n'a pas un uſage fort étendu. (On dit *Ortie griéche. Pie griéche.*)

† **Grief, griéve** adj. Fâcheux Afligtif. Rude. (il défendit ſous des griéves peines d'apelier Caterine, Reine d'Angleterre. *Maucroix, Schiſme,* l. 1.)

Grief, ſ. m. Terme de *Palais*. Ecritures où l'apellant montre le tort & l'injuſtice que lui a fait le Juge de la ſentence duquel il a apellé. (Donner ſes griefs.)

† **Griévement,** adv. D'une maniére rude & fâcheuſe. (Le mot de *grief* adjectif & de *griévement* ſont François, mais ils ne ſe diſent qu'en de certains endroits comme conſacrez. (On le punira griévement.)

† **Griéveté,** ſ. f. Ce mot n'eſt Pas généralement reçu & en ſa place on dit *Enormité. Grandeur.* (La griéveté du péché ſe pourra aiſement comprendre par cette comparaiſon, *Regnier, Rodrigues.*)

Grief, ſ. f. Ce mot ſe dit proprement des bêtes, & ſignifie eſpece d'ongle. (Les grifes du Lion. Les grifes du chat.)

(† * Vous ne ſauriez croire les avantages qu'on m'a oferts pour me faire promettre de prêter mes grifes contre vous. *Voit.l.* 28. Vos loüanges ont des ongles & des grifes. *Boileau, Avis à Ménage*.)

Grifon, ſ. m. Oiſeau plus gros que l'aigle. Il a 4. piez. Il reſſemble à l'aigle par la tête, & par le derriére au lion. Il a le dos noir, le flanc rouge & les aîles blanches. Les ſables par lent de la ſorte du grifon, mais l'hiſtoire dit que c'eſt un oiſeau vraiment fabuleux. *Jonſton.* Mr. Spon, *recherches d'Antiquité, diſſertation,* aſſure que le Griffon eſt véritablement fabuleux, & qu'il étoit conſacré au Soleil.

† **Grifonnage,** ſ. m. Sorte de méchante écriture qu'on a peine à lire. (Un grifonnage ridicule, *Gon Epi. l.* 2.)

† **Grifonner,** v. a. Ecrire mal. Faire & écrire vite. (Il s'amuſoit à lire un manuſcrit tout grifonné, *Ablancourt, Luc. Tome* 3. Vieux manuſcrits tout grifonnez, *Ablancourt, Luc. l.* 1. Mon deſſein n'étoit pas de grifonner plus d'un dixain. *Sar. Poë.*)

Gaignon, ſ. m. Mot burleſque pour dire crouton de pain. (Coupez moi un petit grignon de ce pain là.)

† **Grignoter,** v. a. Mot burleſque. Donner des coups de dent tout autour d'un pain. Ronger tout autour. Manger. [Tenez, grignotez. Enfant qui commence à grignoter.]

Gril, ſ. m. Inſtrument de fer qui a une queuë, & qu'on met ſur les charbons lorſqu'on veut faire griller quelque choſe. (Un bon gril.

Grillade, ſ. f. Viande grillée. (Faire une grillade d'une aîle de poulet d'Inde.)

† **Grillant, grillante** adj. Gliſſant. (il fait fort grillant.)

Griller, v. n. Faire cuire ſur le gril. (Faire griller des griblettes)

Grille, ſ. f. Cloiſon de fer faite en petits carreaux qu'on met aux parloirs des Religieuſes. (Mettre une grille à un parloir. Demander une Religieuſe à la grille. Les verroux & les grilles ne ſont pas la vertu des filles. *Mol.*)

Grille de feu. Ce ſont 3. ou 4. chenets atachez enſemble à quelque eſpace l'un de l'autre avec une barre de fer.

Grille de tripot. Eſpece de fenêtre au coin du jeu, élevée à 3. piez de terre. (Mettre dans la grille. Faire un coup de grille.)

Grillon, ſ. m. ou greſillon. L'un & l'autre ſe dit. Le peuple de Paris, & tous les Boulangers, qui ſont pleins de griſſons, diſent *greſillon*. Mais tous les bons Auteurs & tous ceux qui parlent bien ſont pour *grillon*. C'eſt pourquoi, ſans balance, je dirois *griller*, parce qu'il eſt plus beau & plus court ; & toutesfois je ne condamnerois pas greſillon du diſcours. Le grillon, eſt un inſecte gris, quelquefois il vit ſur le noir, qui ſe trouve dans les lieux chauds comme dans des fours & qui creuſe la terre déſéchée & chante la nuit. Le jour les greſillons mangent la farine. Les Boulangers ſont tourmentez des grillons, ou greſillons & d'autres inſectes qu'ils apellent *bêtes noires*. Je merite en l'hiſtoire & le nom & la gloire de grillon immortel. *Voit. Poëſ.*)

Grimace, ſ. f. Mouvement laid & vilain qu'on fait avec la bouche

GRI GRI

bouche & les yeux à deſſein de faire rire. Mouvement de la bouche, qui a quelque diformité, qu'on fait par habitude, ou à deſſein pour exprimer quelque ſentiment de l'ame. (Harlequin & Scaramouche font des poſtures & des grimaces aſſez plaiſantes. (Elle ſeroit aſſez belle ſi elle ne faiſoit point de *grimaces* en parlant. Quand on lui a dit cela, il a fait une *gri* *mace* qui marque aſſez que les choſes ne lui ſont pas agreables.)

* Grimace. Façon qu'on fait par feinte & par diſſimulation. (La devotion des uſuriers & autres gens qui perſeverent dans le peché, n'eſt que grimace.) Au figuré, il ſe dit ordinairement au pluriel, & en mauvaiſe part. Il ſignifie les manieres afectées de certaines gens. (Le rartufe met en vûe les grimaces étudiées des hipocrites, qui ſont des gens de bien à outrance. *Mol. Tartufe, placet.* I.)

† Grimace. Il ſe dit au figuré, des botes & des ſouliez du ſingulier & au pluriel. C'eſt une maniere de pli deſagreable que fait la bore, ou le ſoulié, quand on les a mis. (Ce ſoulier fait une vilaine grimace. Ces botes font des grimaces.)

Grimacer v. n. Faire des grimaces (Elle grimace ſans ceſſe. Il grimace en mille façons. *S. Am.*)

[* Toujours quelque accident ſubit me fait *grimacer* à la mode *Gm. épit.*

* Moliere a fait ſouvent grimacer ſes figures. *Dépreaux poëtique. c.* 3.)

† Grimacer, v. n. Il ſe dit des botes & des ſouliez. Il eſt bas & comique. C'eſt faire des grimaces. [Mes ſouliers grimacent. Ces botes ſemblent un peu grimacer.]

† Grimacier. *ſ. m.* Celui qui grimace. [C'eſt un grimacier. Harlequin eſt le plus grand grimacier du Roiaume.]

† Grimaciere, *ſ. f.* Celle qui grimace. [C'eſt une vraie grimaciere.]

† Grimaud, *ſ. m.* Terme injurieux. Ecolier. Petit marmot. Jeune homme qui ne ſait pas grand'choſe & qui eſt à peine initié dans les lettres.) Ses vers d'épitérés enflez ſont des moindres grimaux chez *Menage* ſifflez. *Dépreaux, ſatire* 4.)

† Grimauder, v. n. Ce mot eſt bas & ſatirique. C'eſt enſeigner des grimands. Quand on a de l'eſprit, & qu'on grimaude, on on le perd.]

* Grime. Terme de *College*. Quelques gens de College font ce mot de *grime* maſculin, mais ceux d'entre ces gens-là qui parlent le mieux le croient *féminin*. *Grime* ſignifie un écolier de baſſe claſſe. Une petite grime. Il eſt encore grime. C'eſt une mechante petite grime.]

† Grimelin, *ſ. m.* Grimaud. [Un petit grimelin. † * Nez grimelin.)

Grimoire, *ſ. m.* Livre plein de caracteres, de figures & de conjurations propres à faire obéïr des eſprits. [Lire le grimoire]

† Grimoire. Ce mot eſt bas & figuré, & veut dire toute ſorte de livre & de diſcours obſcurs & qu'on ne peut entendre (Quel grimoire eſt-celà. Je n'entens pas le grimoire.)

Grimper, v. a. Monter. (Ils grimpent ſur le haut de la montagne. *Abl. Ret.* 4. Quand il falut grimper les uns ſe ſoulevoient les autres ſe guindoient avec des cordes & des nœuds courans. *Vau. Q. Curce, l.* 7. *ch.* xi. Il grimpe comme un chat)

Graincement de dens *ſ. m.* C'eſt l'action de grincer les dens de colére, de deſeſpoir, ou de rage. [Jettez le dans les tenebres exerieurures, C'eſt là où il y aura des pleurs & des grincemens de dents. *Port-Royal Nouveau Teſtamant. S. Mathieu c.* 22.

Grincer, v. a. Montrer les dents de colere & de rage. (Il grinça les dents, jura, gronda. *Voit. Poëſ*)

† Gringoter, *v. a.* Il ſe dit des oiſeaux, & des perſonnes. Il eſt bas & comique. C'eſt chanter quelque air, ou quelque chanſon, de la voix, ou ſur quelque inſtrument de muſique. (Gringoter un air nouveau. J'entends à l'ombre du verre *S. Amant poëſ.* 3. *part.*) qui gringotoient un joli couplet de chanſon *France mourante.*)

Griote, *ſ. f.* Sorte de groſſe ceriſe un peu aigre (De bonnes griotes.)

Griotier, *ſ. m.* Arbre qui porte les griotes.

† Gripper, v. a, Mot burleſque qui vient du Suedois *gripa*. Il ſignifie *prendre*, Attraper ce qu'on peut. Il grippe tout ce qu'il voit. Les Procureurs & toute la racaille des Gens de Juſtice aiment à *griper* ce qu'ils peuvent ſur les miſerables qui tombent entre leurs pattes. Le pere du Preſtolet. M .... n'eſt ce qu'il eſt que parce qu'il a gripé ſur le tiers & ſur le quart.

† Grippeſon, *ſ. m.* Terme de *burleſque* pour dire celui qui reçoit à l'hotel de ville de Paris les rentes des particuliers, & qui pour ſa peine a deux liards de chaque livre. C'eſt un gripeſon.)

Gris, griſe, adj. Qui a une couleur griſe. [Mâteau gris. Robe griſe.

† Gris. Celui ou celle dont les cheveux commencent à blanchir. [Avoir les cheveux gris. (Il eſt déja tout gris. Elle a la tête griſe. Ils ſont ſouvent tout gris avant que d'être ſages.]

Gris. C'eſt une couleur qui eſt entre le noir & le blanc & qui eſt le ſimbole de la penitence. (Gris brun. Gris ſales. Gris argenté. Gris blanc. Gris de perle. Gris cendré. Gris d'eau Gris verd, &c. Etre habillé de gris.)

Gris pommelé. Il ſe dit particulierement du poil des chevaux qui eſt mêlé de blanc & de noir.

Gris, de lin, *ſ. m.* Couleur qui participe du blanc & du rouge & qui eſt le ſimbole d'un amour conſtant. Aimer le gris de lin.)

Gris de lin. Cet adjectif n'a point de feminin. [Ruban gris de lin,]

¹ *Nez, incarnat & gris de lin*. *Benſerade*.

Vin gris, C'eſt une ſorte de vin delicat, qui eſt entre le blanc & le clairet.

Papier gris. C'eſt du papier qui n'a point de cole. Il ſert à paſſer des liqueurs.

Petit-gris, C'eſt une ſorte de fourrure faite de queuë de certains écureuils.

Verd de gris. C'eſt la rouille de l'airain, dont on fait une couleur verte.

Ambre gris. V. *Ambre*.

† * *Tems gris*. Ce mot eſt bas. Il ſignifie un tems froid.

† * *De nuit tous chats ſont gris*. Proverbe, pour dire au propre, que toutes les couleurs ſont égales quand il n'y a point de lumiere, & *au figuré*, que de nuit la beauté ou la laideur des femmes ne ſe peut diſcerner, & qu'il n'y a point de difference entr'elles à cet égard.

Griſaille, *ſ. f.* Peinture faite avec du blanc & du noir. (C'eſt une griſaille.)

Griſailler, *v. a.* Enduire de couleur griſe les murailles, les planchers, &c.

Grisâtre, adj. Qui tire ſur le gris. (Poil grisâtre. Etofe grisâtre Couleur grisâtre.)

Griſette, *ſ. f.* C'eſt une ſorte d'étofe dont s'habillent les filles & les femmes du peuple & qui à cauſe de cette étofe ſont apellées griſettes. Il y a auſſi des hommes qui s'habillent de griſette. (Sa caſaque étoit de griſette. *Scar. Rom. com.* T. I. c. I.)

† *Griſette*, *ſ. f.* Jeune fille qui ne porte point de jupe ni de robe de tafetas, & qui par conſequent n'a nulle qualité. [Une jolie griſette. Aimer les griſettes.)

Griſon, *ſ. m.* Homme qui griſonne. Il eſt déja tout Griſon.

† * Il eſt griſon ſous le harnois. *Benſerade, Rondeaux*.

Un cheval griſon. C'eſt un cheval gris. (Il étoit monté ſur un beau griſon.)

Un griſon, Il ſe dit d'un âne, parce qu'ils ſont ordinairement gris.

† * *Griſon, ſ. m.* Il ſe dit des Laquais qui ne portent point de couleurs.

Griſons, *ſ. m.* Ce ſont de gros grez dont on ſe ſert à bâtir. Il commence à griſonner.

Griſonner, v. n. Commencer à avoir les cheveux gris. (Il griſonne. Il commence à griſonner.

Grive, *ſ. m.* Oiſeau de couleur plombée qui chante, & ſiſſle agreablement. La grive eſt fort bonne à manger. Il y en a de trois ſortes, la petite grive, la grive commune, & la groſſe grive qui eſt un petit moins groſſe que le geai. Une grive mâle. Une grive femelle. Voiez *Olina*.)

Grivelé, grivelée, adj. Qui eſt tacheté de blanc & de noir.

† *Grivelé v. a.* Faire de petits profits & illégitimes dans quelque emploi. Il a bien grivelé dans l'emploi qu'il a eu durant quelques années, & il eſt devenu riche.)

† *Grivelée, ſ. f.* Profit ſecret & illegitime qu'on fait dans quelque emploi.

* *grivelerie, ſ. f.* C'eſt l'action de griveler.

† *Griveleur*. *ſ. m.* Celui qui grivele, & fait des profits illegitimes.

GRO.

Groin, *ſ. m.* Ce mot ſe dit proprement des pourceaux. C'eſt la partie de la tête du pourceau qui prend environ depuis les yeux juſques en bas. (Manger d'un groin de cochon.)

* † *Groin*. Nez. Viſage. (Il lui a donné ſur le groin. Ils ſe cachent le groin. *S. Am. Rome ridicule*.

C'eſt un vrai païs à caterre
Le ciel n'y pleut que ſur des foins.
Et les plus agreables *groins*
Y rotent à l'ombre du verre *S. Amant poëſ.* 3. *part*.)

Groigner, ou grogner, v. n, Ce mot ſe dit proprement des cochons, & veut dire le cri naturel que font les cochons & qui ſert à les diſtinguer des autres animaux. (Les cochons groguent.)

† * *Groigner, ougrogner, v. n.* Gronder. Murmurer. Etre de mauvaiſe humeur. (La muſe en *groignant* lui defend ſa fontaine. *Reg. Sat.* 1.)

† * *Groigneur*, *ſ. m.* Prononcez groigneû. Celui qui grogne. (C'eſt un groigneur.

† *Groigneuſe, ſ. f.* Celle qui groigne. (C'eſt une vieille groigneſe.)

Gromeler, *v. a*. Gronder ſourdement. (Il gromele entre ſes dens. *Abl. Luc.*)

Grommeleux. V. *Grumuleux*.

* *Grondement, ſ. m.* Bruit ſourd. (Le grondement du tonnerre *Roh. Phi.*

† *Gronder*, v. a. Etre en colére contre une perſonne. Etre de mauvaiſe humeur. Groigner. Murmurer. (Gronder quelqu'un, & gronder contre quelqu'un.)

[* Le tonnerre gronde. La foudre gronde. *Ablancourt.* J'oi ſans peut gronder l'orage, *Theo Poëſ.*] En ce ſens, il eſt *neutre*

Grondeur. ſ. m. Celui qui gronde. (Un mari grondeur eſt un ſot animal. C'eſt un grondeur. C'eſt un petit grondeur.)

Grondeuſe, ſ. f. Celle qui gronde. (Femme grondeuſe. C'eſt une franche grondeuſe.)

Gros, *ſ. m.* La plus grande partie de quelque multitude. (Le

Eee 2   gros

gros de l'armée. *Ablancourt. Art.l.* 1. Un gros de la Cavalerie. Un gros d'amis. *Corneille.*

Le gros d'un ouvrage. C'est la plus grande & la principale partie d'un ouvrage. [A confiderer le gros de l'ouvrage, je me declare pour son Auteur. *Lettre 2. à une Dame Provinciale.*]

Gros, s. m. Ce mot se dit d'ordinaire en parlant de Cure & de chanoinie. C'est la plus grande partie du revenu qui provient de la Chanoinie. [Le gros de la Cure monte à deux cents Ecus.]

Gros, s. m. Monoie d'argent de Lorraine qui vaut environ dix deniers : Il faut 7. gros pour 5. sols.

Gros, s. m. Terme de *Marchand.* La huitiéme partie d'une once [Il pese un marc, deux gros.]

Gros, s. m. Droit que paient au Roi, les marchands qui vendent du vin en gros. C'est le huitiéme sou du prix du vin qui n'est pas vendu en détail. Le gros monte haut. Païer le gros. Etre exent du gros.

Gros, grosse, adj. Epais. Qui est oposé à delié. Qui a de la grosseur. (Louis le gros est le trenteciquiéme Roi de France. Un gros garçon, *Une grosse femme,* C'est à dire une femme grasse & replete ; & *Une femme grosse,* C'est à dire, une femme enceinte.

* *Gros, grosse.* Ce mot signifie qui porte un enfant dans ses flancs, & en ce sens il n'est pas usité au masculin. (Une femme grosse de 3. ou 4. mois. Elle ne s'est aperçue qu'elle étoit grosse que depuis peu. Une courtisanne lui dit qu'elle étoit grosse de lui. *Ablancourt. Apoph.*)

† *Gros, grosse,* Qui a une extrême envie de quelque chose [Je suis gros de voir le Roi.]

* *Gros, adj.* Ce mot signifie puissant, confiderable. En ce sens, il vient de l'Alemment, *grofs.* [M.N.est un gros Seigneur.]

* *Gros, grosse, adj.* Il se dit des maux & de la fiévre, & signifie grand, violent, [Il a un gros mal de tête. Il a une grosse fiévre.]

* *Gros, grosse, adj.* Il se dit des choses, & veut dire grand, considerable.(C'est un des plus gros pechez que vous puissiez faire que de demeurer si long-tems sans m'écrire. *Coft. lett.* Gros interét.]

On dit ces mots de diverses autres choses. Exemples. Uu gros livre Du gros drap. Gros fil. Des grosses joués, de gros yeux grosses lévres, grosses épaules, &c. Une grosse voix. Joüer gros jeu. du gros pain. du gros vin. De la grosse viande, &c. On dit la riviere est grosse. gros bois. Le gros Canon. Grosse dime. Grosse lettre. Grosse verole, &c.

* *Avoir le cœur gros de quelque chose.* C'est avoir le cœur plein de colere & de dépit.

(Les yeux baignez de pleurs, le cœur gros de soupirs. *Cora.*)

* *Avoir de grosses paroles avec quelcun.* C'est le quereller fortement, On dit au même sens, *Parler à quelcun des grosses dents.*

* *Toucher la grosse corde.* C'est parler de ce qu'il y a de plus important dans une afaire.

* *Se tenir au gros de l'arbre.* C'est à dire, suivre le parti le plus fort. S'atacher à celui qui a la principale autorité.

* *Faire le gros dos.* V. *Dos.*

En gros, adv. Ce qui est oposé au *détail.* (Vendre en gros & en détail.)

* Je sai l'afaire en gros. *Le Maître*

Grosse avanture, s. f. Terme de *Mer,* C'est de l'argent donné au risque de la mer & dont l'interét se paie aprés le retour du Navire. [Il a donné cent pistoles à la grosse avanture sur un tel Vaisseau.]

Gros avanturier, s. m. Terme qui se dit sur mer. Celui qui met de l'argent à la grosse avanture. (Il est gros avanturier.)

Gros bec, s. m. Sorte de petit oiseau qui a un fort gros bec, qui a le cou gris, la tête d'un jaune tirant sur le rouge. Pour du reste est assez semblable au pinçon. Le gros-bec casse les noiaux des fruits. Un gros-bec mâle. Un gros-bec femelle.

Gros tems. Terme de *Mer.* C'est un orage, lors que le vent fouffle extraordinairement & que la mer commence à s'agiter. (De gros tems on ne rend pas toutes les voiles.)

GROSEILLE, *groseille, s. f.* Quelques-uns disent & écrivent *groseille,* mais tout Paris dit *groseille.* C'est le fruit du *groselier.* (Groseille rouge. Groseille blanche. Groseille verte. Les groseilles sont froides, séches, & astringentes, elles ont une aigreur qui reveille l'apetit & rafraîchit l'estomac. (La groseille de Hollande est la plus estimée de toutes, parce qu'elle donne beaucoup de grapes, grosses & longues. Il y a une groseille noire qu'on apelle *faux poivrier.*

Groseilier, groselier, s. m. L'usage declaré est pour *groselier.* C'est un petit arbrisseau qui a la racine menuë, dure & chevelue avec plusieurs petites branches garnies d'épines droites, sa fleur est rougeâtre.

Grosse, s. f. Terme de *Pratique.* Maniére d'expedition qui est faite sur la minute, & qui commence par une commission contenant les qualitez du Prevôt, du Lieutenant Général, du Sénéchal, ou Bailli du lieu où demeure le notaire, & renfermant la substance du contract pour lui donner la force & la vertu de contraindre la partie qui refuse de satisfaire à son obligation. Cette grosse est signée des notaires & scellée du sceau ordinaire du Juge, au nom duquel la commission est faite. (Levez la grosse d'un contrat.)

Grosse de boutons. Terme de *Potier d'étain.* Ce sont douze douzaines de boutons d'étain creux. (La grosse de boutons d'étain vaut trente sous.)

Grossesse, s. f. Le tems que la femme porte l'enfant dans ses flancs. (Une heureuse grossesse. Achever sa grossesse.)

Grosseur, s. f. Ce qui rend une chose grosse. (Un bras d'une belle grosseur. C'est un homme d'une grosseur prodigieuse. Avoir une raisonnable grosseur. Prendre la grosseur d'un homme. Terme de *Tailleur,* C'est voir avec la mesure combien un homme est gros afin de lui faire un habit proportionné à sa grosseur.)

Etre en grosseur. Façon de parler de *Jardinier,* laquelle se dit des fruits. C'est avoir aquis la grosseur qu'il faut pour entrer en maturité, & demeurer en cet état sans augmenter. [On dit mes pêches sont en grosseur. *Quin. Jard.*]

Grossier, grossiere, adj. Ce mot se dit des choses de manufacture, & de quelques autres ouvrages, il veut dire grossierement travaillé. Peu fin. [Ouvrage grossier. Erofe grossiere.)

Grossier, grossiere, adj. Ce mot en parlant de certains marchands ne se dit qu'au masculin, & signifie celui qui vend en gros. [Marchand grossier.]

* *Grossier grossiere,* Qui a peu d'esprit. Qui est peu civilisé. Rustique. [Esprit grossier. Air grossier. Femme grossiere. Dans un siecle grossier. Lucien étoit un des plus beau esprits de son siecle, mai je le trouve un peu grossier dans les choses de l'amour. *Abl. Luc. dédicace* Lucien, tout ingenieux qu'il est, devient grossier si tôt qu'il parle d'amour. *S. Evremond œuvres mêlées. T.*)

Grossiérement, adv. Peu delicatement (Cela est travaillé grossiérement. * Dire grossiérement les choses.)

* *Grossiereté, s. f.* Mot de nouvelle fabrique qui n'est reçeu qu'au figuré, & qui signifie ce qui est oposé à la politesse. (Vous avez purgé nôtre langue de la *grossiereté*, & de la rudesse des siecles passez. Huét *compliment à l'Academie.*)

Grossir, v. n. Devenir gros. (Il ne croit plus, mais il commence a grossir. Je suis grossi de deux bons doigts.)

Grossir, v. a. Faire voir plus gros [Miroir qui grossit. Lunettes qui grossissent les objets.]

* *Grossir au figuré,* veut dire enfler, augmenter, faire paroître davantage. (La renommée grossit les choses.)

Se grossir, v. n. Se faire voir plus gros. S'enfler. [Il prend plaisir à se grossir.]

* *Se grossir, v. r.* Au figuré, s'enorgueillir. S'enfler. Se donner un air plus fier. [L'orgueil est une enflure de cœur, par laquelle l'homme s'étend & se grossit dans son imagination, *Nicole. Essai de morale T.* 1.)

Le Grossissement des objets en parlant de lunettes.

Grossoier, v. a. Terme de *Notaire.* Faire la grosse de quelque acte. Grossoier un contrat.)

GROTE. *s. f.* Sorte de caverne. Ouvrage de rocaillent, qui represente une vraie grote & qui est composée de pierres & de petites coquilles, qu'on met dans de certains jardins de Religieux. (Une belle grote. Faire une grote.

GROTESQUE, *adj.* Plaisant, Qui a quelque chose de plaisamment ridicule. ¡ Homme grotesque. Fille grotesque. Air grotesque. Visage grotesque. Action grotesque.)

Grotesque s. f. Ce mot n'a point de singulier & est un Terme de *Peinture.* Ce sont des figures qui representent des choses qui n'ont jamais été. Figures qui representent de certaines personnes d'une maniere plaisante & propre à faire rire. (Grotesques bien imaginées. Calot a fait de belles grotesques.

† * *Grotesques.* Imaginations un peu gaillardes. Imaginations mal fondées. (Ces grotesques sont si ridicules qu'elles ne méritent pas qu'on s'y arrête. *Patru plaidoié* 16.)

Grotesquement, adv. D'une manière grotesque. (Il est habillé grotesquement.)

GROUËTEUX, *grouëteuse, adj.* Pierreux. (Fond chaud & grouëteux. *Le gendre, maniere de cultiver les arbres. c.1.pag.*9.)

† *Grouillant, grouillante, adj.* Qui grouille. Qui remue & qui a vie. Plein de vermine. (Ce gueux est tout grouillant de poux. Ce fromage est tout grouillant de vers.)

† *Grouiller, v. n.* Remuër, Se remuër. Les vers grouillent dans ce fromage.)

[† * La tête lui grouille. *Mol.* C'est à dire il est vieux, ou elle est vieille.]

† *Grouiller, v. a.* C'est remuër. *Grouiller* est bas. [On dit, je ne sçaurois grouiller la tête. On dit aussi en parlant, ne grouillez point cela.)

Se grouiller, v. r. Se remuër. [Ils sont si étroitement logez qu'ils ne sauroient grouiller. Vous ne vous grouillez pas mal.]

* GROUPADE, *croupade, s. f.* Terme de *Manege* L'un l'autre se dit ; mais les Ecuïers qui parlent le mieux disent pour *croupade.* Voi *croupade.*

Groupe. Terme de *Peinture.* Quelques peintres font ce mot de *groupe* femenin, mais ceux qui parlent le mieux le font masculin Ils disent. [Un beau groupe, Le *groupe* est un amas de plusieurs corps assemblez en peloton. Un groupe de figures. Un groupe d'animaux. Un groupe de fruits. Telles & telles choses font *groupe* avec telles & telles autres. *Depiles. Traité de peinture.*)

Grouper, agrouper, v. n. Terme de *Peinture.* L'un l'autre se dit.

GRU

Il semble cependant que depuis peu *grouper* soit plus usité. C'est faire quelque groupe. Mettre plusieurs corps au peloton. Joindre avec adresse plusieurs corps ensemble. (Il faut que les membres soient groupez de même que les figures.)

GRU.

GRUAU, *s. m.* Terme de *Boulanger*. Ce dont on fait du gros pain. (Manger du pain de gruau.)

Gruau d'avoine, d'orge, &c. C'est de l'avoine, ou de l'orge, &c. qu'on fait sécher au four , ou au Soleil , & qu'après on fait batre de certains moulins faits exprés , & dont on sépare le son sans bluteau. On en fait de la bouillie. (Le gruau est fort sain.)

Gruau. Le petit de l'oiseau qu'on apelle *gruë*.

Gruau. Terme d'*Architecture*. Petit engin pour élever les pierres & les piéces de charpenterie.

Gruë, s. f. En Latin *grus*. Sorte d'oiseau de passage , qui a le plumage gris , un grand cou , le bec long & droit , les jambes hautes & rouges. La gruë est plus grosse qu'une oie, elle vole très haut ; & quand elles volent en troupe , elles se rangent en triangle. Quand la gruë marche , elle leve fort les piez & court si vîte , lors qu'elle n'est qu'un peu blessée , qu'il est impossible de l'atraper. Quand on la veut prendre , elle se défend vigoureusement de les aïles , & les coups qu'elle en donne , sont rudes. La gruë demeure d'ordinaire dans les lieux marécageux & se tient presque toûjours sur un pié. Elle vit de grenoüilles & de serpens. Elle n'est pas bonne à manger. On a dit que les Pigmées étoient toûjours en guerre contre les gruës, mais c'est une fable. *Voiez là-dessus Voiture, lettre 9. de la berne.*

† *Un cou de gruë.* C'est à dire , un grand cou. *Le monde n'est pas gruë* , c'est à dire. N'est pas sot. N'est pas niais.

† *Faire le pié de gruë. Sar. poës.* Se tenir sur un pié en atendant.

Gruë de mer. Sorte de poisson qui a quelque chose de la gruë terrestre.

Gruë. Machine avec une rouë , qui sert à lever les pierres lors qu'on bâtit. (Lever des pierres avec la gruë.)

Gruë. Instrument de suplice dont on se sert dans les corps-de-garde des villes de guerre. Il est composé de quatre morceaux de sers plats & larges , chacun de trois doits , & épais d'environ un bon doigt , qui par le bas sont faits en forme de bec de gruë & par le haut en maniére de carcan avec des menotes de côté & d'autre. Vraisemblablement cette sorte d'instrument a été apelée *gruë* à cause que le soldat qui est condamné à être à la gruë est de bout , & fait ce que nous apelons *le pié de gruë* , où à cause que les deux bouts d'enbas de cet instrument ont quelque raport avec le bec de l'oiseau qu'on nomme *gruë.* (On dit , un tel soldat est à la gruë. Mettre un soldat à la gruë.)

GRUGER, *v. a.* Mot burlesque pour dire manger. (Tant que j'aurai de quoi *gruger*, je veux dormir, boire & manger. Dans la faim de tous mets on grüge. *S. Am.*)

(† * On nous mange , on nous grüge. *La Fontaine Fables, l. 1.*)

Grüger. Terme de *Sculpteur*. Travailler avec la martelline. (Grüger le marbre.)

GRUIER , *s. m.* Oficier qui a soin des bois. Oficier parmi les Religieux Bernardins qui a l'œil à ce que les gardes des bois sassent leur devoir , qui assiste aux ventes , & qui marque les bois de son marteau.

Gruiére. s. m. Sorte de fromage à grans yeux. (De bon gruiére.) Il tire ce nom du païs de Gruiére en Suisse.

Gruiérie, gruir e, grurie. Ces trois mots se trouvent dans les Auteurs , mais celui qui est d'usage & qu'on rencontre dans les livres qui parlent des eaux & forêts , c'est celui de *Grurie*, qui signifie un ofice , ou charge de Gruier.

GRUME , *s. f.* Terme des *Eaux & Forêts* , qui se dit du bois qui est encore avec son écorce. (Vendre du bois en grume.)

GRAMEAU, *s. m.* Ce mot se dit de certaines choses liquides qui devant être liées se reduisent en petites parcelles désunies qu'on nomme ordinairement grumeaux. (Se mettre en grumeaux. Se mettre par grumeaux. Voila qui est tout en grumeaux.)

Grumeau de lait. Ce sont de petites duretez qui demeurent aux mammelles des nouvelles acouchées. *Deg.*

Se grumeler , v. n. Devenir en grumeaux. Se former en grumeaux. Se faire en grumeaux. (Quand la femme n'est pas assez titée , son lait demeure dans ses mammelles , & parce qu'il y demeure trop, il s'aigrit , il s'y caille & s'y grumele. *Mauriceau, maladies des femmes , l. 3. ch. 17.*)

Grumeleux, grumeleuse , adj. Plein de grumeaux. (Mammelles dures & grumeleuses. Pituite grumeleuse. *Deg.*)

Grumeleux, grumeleuse, adj. On le dit du bois quand il est âpre & rude à manier.

GRURIE , *s. f.* Charge de Gruier. V. *Gruierie.*

GUA

G U A.

GUAHEX, *s. m.* Vache sauvage. C'est un animal de couleur de chateigne obscure , un peu moindre qu'un petit bœuf avec des cornes fort noires & fort poinruës. (Le guahex est fort vîte & sa chair est tres-bonne. V. *Abl. Marmol.*

GUARAL , *s. m.* Sorte d'insecte qui est semblable à la tarantule , & qu'on trouve dans les deserts de Libie. *Ablancourt. Marmol. l. 1.*

G U E.

GUÉ , *s. m.* Endroit de la riviére ou d'un marais , &c. où l'on passe à pié, ou à cheval sans bac, ni bateau à cause que l'eau y est fort basse. (Passer une riviére à gué. *Abl. Tac. An. l. 2.* Un bon Capitaine doit savoir tous les guez d'une riviére qui couvre son camp.)

Sonder le gué. Ces mots, au propre, signifient tâcher à découvrir en quel endroit on peut passer une riviére à gué. * *Sonder le gué*, au figuré, c'est à dire , tâcher à découvrir adroitement l'ocasion de pouvoir entreprendre une chose. Connoître auparavant si on pourra réüssir au dessein qu'on s'est mis dans l'esprit de venir à bout de quelque chose.

Guéable, adj. Qu'on peut passer à gué, sans bac, ni bateau. (Le fleuve, qu'il faloit traverser , avoit 4. stades de largeur , & étoit extrémement profond , sans être guéable. *Vaug. Quint. Curce, l. 8. ch. 13.* La riviére étoit large , & n'étoit point du tout guéable. *Abl. Varm.l.1.* Le Rône est guéable en quelques endroits. *Abl. Ces. l. 1. c. 1.*)

Guéer , v. a. Baigner. Laver dans la riviére. (Guéer un cheval.) On dit aussi *guéer du linge*, c'est à dire le tremper & le laver en grande eau.

GUEDE. V. *Pastel.*

† GUENILLE, *s. f.* Habit vieux & usé. Morceau déchiré de quelque vêtement. (Refaire ses guenilles. Ses habits sont en guenilles. Il me tarde que je n'aie des habits raisonnables pour quiter vite ces guenilles. *Mol. Mar. forcé , sc. 2.*)

(† * Le corps , *cette guenille* , est-il d'une importance. *Moliére.*)

Guenillon , s. m. Vieux lambeau de linge , ou d'étofe.

† GUENIPE , *s. f.* Mot injurieux, & du peuple. Il se dit des femmes. Sorte de débauchée , de coquine & de friponne. (C'est une franche guenipe.)

GUENON , *s. f.* La guenon est une singe femelle. Voiez *Marmol. d'Ablancourt, Tome 1. l. 1. c. 23.* (Les guenons & les singes vivent d'herbe , de blé & de toutes sortes de fruits. Une guenon fort plaisante.)

† * *Guenon.* Laide femme , ou laide fille. (C'est une guenon. Elle est laide comme une guenon. Quelle guenon est-ce là ?)

† *Guenuche , s. f.* Petite guenon. (C'est une guenuche coifée. *S. Amant.*)

Guenuchon , s. f. Guenuche. Ces mots sont bas & comiques.

(Il ne me resta pas la moindre plume peinte.
La moindre guenuchon , le moindre perroquet.
Scar. D. Japhet , a. 1. sc. 2.)

GUÉPE, *s. f.* Sorte de grosse mouche ennemie des abeilles. (Une grosse guêpe. Une petite guêpe.)

GUÉPIN , *guêpine , adj.* Mot burlesque qu'on dit pour marquer qu'une persone est fine , & qu'elle est de la ville d'Orléans. Il est guépin. Elle est guépine.)

† GUERDONNER , *v. a.* Vieux mot qui entre quelquefois dans le burlesque, il signifie recompenser. (Me voila bien guerdonné.) On disoit aussi *guerdon , s. m.* Récompense.

GUÉRE , ou *guéres , adv.* Ces adverbes se joignent avec une négation. Il ne s'en faut gueres falu que. *Voi. l. 15.* C'est à dire, il ne s'en est pas beaucoup manqué. Il n'est guére savant. Les femmes ne sont guéres sages.)

De guére , adv. (Il n'est de guére plus grand que son cousin.)

GUERET , *s. m.* Terre qu'on sême de deux ans l'un.

(Nos fertiles côtaux portent deux fois l'année,
Et les moindres épis qui dorent *nos guerets*
S'égalent en grandeur aux chênes des forêts.
Rac. Berg. a. 5. sc. 1.)

GUÉRIDON , *s. m.* C'est un ouvrage de *Tourneur*, composé d'une tige torse , d'une pate soutenuë de trois ou quatre petites boules & d'un dessus pour mettre des flambeaux. Le mot de *gueridon* à ce que m'a assuré le savant M. Bouillaud fut aporté d'Afrique par les Provençaux ; & alors sur ce mot, qu'on métamorfosa en homme , on fit un vaudeville que le peuple apella *gueridon,* & qui avoit pour reprise à la fin de chaque couplet le mot de gueridon. Voici un échantillon de cet air qu'on chanta long-tems par tout le Roiaume.

Gueridon est mort
Depuis prés d'une heure
Sa femme le pleure
Helas Gueridon !

Les gueridons ne servent qu'à acompagner quelque belle table , ou quelque beau cabinet. (On dit , de beaux gueridons. Des gueridons peints , des gueridons dorez. Faire des gueridons. Tourner des gueridons.)

GUÉRIR,

GUERIR, v. a. & quelquefois neutre. Rendre la santé. Remettre en santé. Recouvrer la santé. (Guérir un malade. Guérir une blessure. Guérir une plaie.)

(Il eut de la peine à guérir de sa blessure. Ablancourt, Ar. l. 1. c. 4.)

* Guérir. Ce verbe est souvent au figuré, & il est beau. Il signifie soulager, apaiser, adoucir, modérer. (Guérir les ames par des austéritez pénibles. Pas. l. 4.

*Le tems qui guérit tout guérira tes douleurs. God. poës. 2. partie, 2 eglogue. Se guérir de sa passion. Le Comte de Bussi. Je veux guérir vôtre ennui. Voit. l. 14. L'absence ni le tems ne me sauroient guérir de mon amour. Voit. poës.

Ah ! vous êtes pour nous & trop jeune & trop belle
Atendez, petite cruelle,
Atendez à blesser que vous puissiez guérir.)

GUERISON, s. f. Rétablissement d'une personne en santé. Retour de la maladie à la santé. Cure de quelque mal, ou de quelque blessure. (Ce remède est cause de sa guérison. Travailler à sa guérison. Dieu vous donne guérison.)

* Guérison. Au figuré, il se dit de l'esprit, de l'ame & du cœur. Il signifie l'action par laquelle on les guérit & les délivre de leurs foiblesses. Il signifie aussi l'état sain & tranquille du cœur, de l'ame & de l'esprit, qui sont délivrez de leurs foiblesses.

Qui brule doucement d'une amoureuse flame
Ne doit jamais chercher sa guérison.
Recueil de pièces galantes.

On ne doit penser qu'à la guérison des blessures de son ame. Arn. Conf. Je sçai des gens qui par charité prient Dieu tous les jours pour la guérison des maladies de l'esprit de A...... mais elles ne se peuvent guérir que par miracle.)

Guérissable, adj. Il se dit particulièrement parmi les Médecins & les Chirurgiens, des maladies & de toutes les incommoditez qui viennent au corps. Il signifie que l'on peut guérir, qui peut être guéri. (C'est une surdité la plus commune & la plus guérissable. Du Vernei, traité de l'ouïe. Sa surdité n'est point guérissable.)

GUERITE, s. f. Logement en manière de fort petit cabinet pour y loger la nuit quelque sentinelle.

† (Gagner la guérite. C'est à dire s'enfuir.

GUERRE, s. f. Ce mot vient de l'Italien, ou de l'Espagnol guerra. Loccenius dit qu'il vient d'un ancien Aleman wuerre. C'est une querelle de Princes, ou de peuples, qui se vuide par les armes, en livrant des batailles, s'assiégeant & faisant les uns contre toutes les autres sortes d'actes d'hostilité. (Déclarer la guerre. Faire la guerre à un Prince. Ablanc. Rét. Soutenir la guerre, Abl. Ce fut une guerre civile fort cruelle. La guerre s'alume. Alumer la guerre entre deux Puissances. Arrêter le cours de la guerre Une guerre ouverte. Faire la guerre à feu & à sang. Etre l'arbitre de la paix & de la guerre.)

Guerre civile. C'est une guerre qui est entre les sujets d'un même Prince, ou d'une même République ; ou entre le Prince & quelques-uns de ses sujets, qui ont pris les armes contre lui ou enfin entre les Magistrats & le peuple d'une même République. (La guerre civile déchiroit la France sous le règne de Charles IX)

* La guerre civile. Ces mots se disant des gens de lettres, signifient les inimitiez & les haines qui sont souvent entre les hommes savans. (Les guerres civiles des beaux esprits sont pour l'ordinaire assez mal fondées.)

Une guerre de Religion. C'est une guerre qui se fait au sujet de la Religion, l'un des partis ne voulant point suporter l'autre.

La guerre Sainte. C'est la guerre que les Chrêtiens ont fait autrefois par des Ligues & des Croisades, pour le recouvrement de la Terre-Sainte.

La petite guerre. Ce sont des courses que font les soldats détachez pour piller, ou lors qu'ils vont en parti. (C'étoit un oison qui avoit la mine d'avoir été pris à la petite guerre. Scaron, Rom.)

Bonne guerre. C'est à dire, selon les loix & l'usage de la guerre. On dit, en ce sens, cette prise a été faite de bonne guerre.

On dit l'art de la guerre. Le métier de la guerre. Chef de guerre. Ruses de guerre. Equipage de guerre. Atirail de guerre. Munitions de guerre. Gens de guerre. Une place de guerre. Conseil de guerre. Commissaire des guerres. Un nom de guerre. La guerre, la peste & la famine sont les trois fleaux de Dieu. Les fruits de la guerre. V. Fruit.

* Guerre. Querelle. Froideur. Brouilleries.
(* Qu'il se sert d'agréables moyens
Quand la guerre est entre deux amans.
Charleval.)

* Guerre. Il se dit au figuré, en parlant du vice, du péché, &c. C'est une poursuite vive & ardente, contre le péché, contre le vice & autre pareille chose. (Faire la guerre au vice. Pas. l. x. C'est à dire, blâmer le vice. Le décrier. Etre son ennemi.)

* Guerre. Ce mot se dit quelquefois en riant, & veut dire une petite reprimande, petits reproches, sorte de petite querelle qu'on fait à une personne. (Je contai mon avanture à mon frére qui m'en fit long-tems la guerre. Abl. Luc. Tome 2. p. 446. Faire la guerre à quelcun. Voi. l. 14.)

* Les Auteurs se font une guerre d'esprit. C'est à dire, se criquent, se déchirent & se décrient. Scaliger fit une cruelle guerre à Cardan. Les guerres du Parnasse instruisent & divertisent le public.)

* Faire la guerre à l'œil. Abl. C'est à dire, épier ce qui se passe dans une afaire où l'on a interêt & se conduire selon que l'ocasion se présente.

* Qui terre a, guerre a. Sorte de proverbe qui veut dire quiconque a du bien, a des procés & des querelles pour défendre & conserver son bien.

Le mot de guerre se dit encore à l'égard des bêtes. (Les chats font la guerre aux souris. Tous les petits oiseaux font la guerre au hibou.)

Guerrier, s. m. Qui aime la guerre. Vaillant. Hardi. (Un fameux guerrier.)

Guerrier, guerrière, adj. Ce mot se dit des personnes & de leurs actions. * Peuples guerriers. La guerriere Pallas. Chanter les faits guerriers des héros. Voit. Poës.)

† Guerroier, v. n. Vieux mot qu'on ne trouve encore quelquefois dans le burlesque, & qui veut dire faire la guerre.

GUET, s. m. Action de celui qui épie, & qui prend garde. (Faire le guet. Etre au guet.)

† * Avoir l'œil au guet, Moliére. C'est à dire, regarder de tous côtez.

* Guet. Celui qui fait le guet. (Mettre un guet au clocher.)

* Guet. Troupe de gens qui épient. Qui font le guet. Cavaliers qui vont la nuit par Paris pour tâcher de surprendre quelques filoux & pour empêcher les desordres. Soldats fantassins qui vont par Paris la nuit & qui commencent leur ronde depuis huit heures en été, & depuis cinq en hiver jusques à une heure aprés minuit. (Le guet à pié. Le guet à cheval.)

Guet. Terme des Gardes du corps du Roi. C'est un détachement qui se fait de chaque brigade des Gardes du corps, pour servir auprés de Sa Majesté. (On apelle le guet, & les Gardes s'y doivent trouver.)

Guet. Terme de trompette. Son de trompette, qui avertit le Cavalier de se retirer parce qu'il est tard. (Le guet est sonné, il faut se retirer. Le trompette doit sonner le guet à une certaine heure.)

Le mot de guet. C'est une parole qui sert à dicerner les amis d'avec les ennemis. Le Commandant donne tous les soirs le mot du guet aux Oficiers & ceux-ci le donnent à ceux qui entrent en faction. Le mot du guet empêche les surprises des ennemis & la communication des traitres & des espions.)

Guet à pens, s. m. Crime fait de dessein prémédité. (Voilà, mon pére, un pieux guet à pens, Pas. l. 7.)

† Guéter, v. a. Epier. (Le chat guête la souris. Guêter au passage. Scaron. La mort nous guête. Main. poës.)

Guetteur, s. m. Celui qui épie. Il ne se dit pas dans cette façon de parler un guetteur de chemins, pour dire un voleur.

GUÊTRE, s. f. Sorte de bas de grosse toile qui n'a point de pié, & dont les laboureurs se servent lors qu'ils vont à la chaue, & dont les chartiers & quelques autres gens usent aussi pour conserver leurs bas contre les crottes. (Des guêtres toutes neuves. Mettre ses guêtres. Oter ses guêtres.)

† Tirer ses guêtres d'une vile. S. Amant. Rom. rid. C'est s'en aler d'une vile.

GUEULE, s. m. Ce mot se dit proprement de certains animaux farouches & de certains poissons. C'est l'ouverture & la partie de l'animal, où sont ses dents & sa langue & où il mâche ce qu'il prend pour vivre. (La gueule du lion. Abl. Marmol. Gueule de chien Gueule de lice. Sal. c. 17. Gueule de loup. Sal. Le crocodile a une grande ouverture de gueule. Rondeaux.

Qu'une horrible baleine ouvrant sa gueule fière,
Me fasse de son ventre une vivante bière.
Avant que ...... Ramp Idile 3.)

Gueule. Ce mot se dit aussi des monstres & des choses qu'on anime & qu'on peint en monstre.
(D'une gueule infernale
La chicane en fureur Mugit dans la grand sale.
Dépr. Sat. 8)

† * Gueule. Ce mot se dit en de certaines façons de parler burlesques & figurées. (Exemples. Vous êtes ma mie, un peu trop forte en gueule. Moliére, Tartuffe, a. 1. s. 1 C'est à dire, vous êtes trop insolente en paroles, vous repliquez trop.)

† * Gueule. Mot burlesque pour dire la bouche. (On la charme par la gueule. Gon. Epi. l. 1. Elle n'a pas six dents en gueule. Scaron.

La rieuse rit toute seule,
Tant que sa bouche devient gueule.
Gom. Epi. l. 2.

Avoir la gueule morte, c'est à dire, ne répondre mot, ne dire rien.)

* Mettre une personne à la gueule du loup. C'est à dire, l'exposer sans défense à la merci de ses ennemis.

† Il en a menti par sa gueule. On parle ainsi pour apuier fortement le démenti qu'on donne à quelcun.

GUE

† *Les mots de gueule.* C'est à dire, paroles sales & deshonnêtes.
‡ *Le mot gueule* se dit encore de diverses autres choses. Car on dit gueule de four, de puits, de pot, &c. C'est l'ouverture du jour, du puits, &c.

Gueules. Ce mot étant un *terme de Blason* s'écrit avec une *S* finale & est masculin. Il signifie *rouge*. (Le gueules est en pal. Il est le simbole de la justice & de l'amour envers Dieu & envers le prochain Il est aussi le simbole de la valeur & de la magnanimité. *Col. Sience héroïque*, c. 4. Porter de gueules.)

Gueusaille, *s. f.* Gens gueux. (Il n'y a point d'honneur à fréquenter la *gueusaille*.)

Gueuse, *s. f.* Celle qui est pauvre. Qui est dans la nécessité. (C'est une gueuse.)

Gueuse, *s. f.* Morceau de fer fait en forme de saumon pesant mile livres, ou plus, qu'on met dans la forge pour fondre & on tire les barres de fer.

Gueuser, *v. n.* & *a* Demander sa vie. Chercher de quoi vivre en demandant l'aumône. (Il gueuse pas la vie.
† * Je ne voi rien de plus sot, à mon sens,
Qu'un Auteur qui par tout va *gueuser* de l'encens.
Moliere.)

Gueuserie, *s. f.* Pauvreté. (Une grande *gueuserie*. Il y a bien de la *gueuserie* dans le ciel. *Abl. Luc. Tome* 1.)

Gueusette, *s. f.* Terme de *Cordonnier*. Sorte de méchant petit godet casse où les Cordonniers mettent tout le rouge, ou le noir, dont ils rougissent, ou noircissent les souliez.

Gueux, *gueuse, adj.* Qui est pauvre. (C'est un Gentilhomme qui est un peu *gueux*. C'est une Marquise fort *gueuse*.)

Gueux, *s. m.* Pauvre, misérable, qui est dans une grande nécessité. (C'est un gueux. Il est gueux comme un rat. *Boi. Epi.*)

(† *C'est un gueux revêtu. Gom. Epi. l. 2.* C'est à dire, *que c'est un coquin qui est devenu riche.*)

* On dit proverbialement. Il est gueux comme un Peintre, comme un rat d'Eglise, c'est à dire, il est extrêmement pauvre.

Gueux, *s. m.* Grands de Flandre qui se révoltèrent contre le Roi d'Espagne sous le gouvernement de Marguerite de Parme, & à qui le Comte de Barlemont donna par mépris & en riant le nom de gueux. V. *Strada histoire de Flandre, l.* 5.

GUI.

Gui, *s. m.* Nom d'homme. (*Gui*, Vicomte de Limoges aiant tenu prisonnier l'Evêque d'Angoulême, fut en 1003. condamné par le Pape à être attaché au cou de deux chevaux indomptez jusqu'à ce que son corps fût déchiré, & ensuite à être jetté à la voirie, *Mezerai hist. de France, vie de Robert.* L'histoire des Comtes de Poitou marque qu'il y en a eu hui qui ont porté le nom de *Gui.*)

Gui. Sorte de plante qui ne croît pas au delà d'une coudée, qui vient sur le tronc du chêne & de certains autres arbres, comme sur le tronc du poirier, du pommier, ou du sorbier, & qui jette plusieurs branches qui s'entrelacent les unes avec les autres, & qui a la feuille comme celle du buis, hormis qu'elle est plus petite. (Le gui est chaud & sec. Il amollit, resout, atire, & fait mûrir les apostumes lorsqu'il est mis en emplâtre. *Dal. l. 1. c.* 3. Les Gaulois avoient le gui de chêne en telle vénération, qu'ils l'aloient cueillir avec une serpe d'or, le prémier jour de l'an. *Spon, recherches d'Antiquité, diss.* 3.)

Guichet, *s. m.* Espéce de petite fenêtre où il y a une grille, & qui est dans la première porte des prisons. (Ouvrir le guichet.)

Guichet. Petites portes qui sont aux grandes portes des viles & des prisons. (Ouvrir le guichet. Passer par le guichet. Fermer le guichet.)

Guichet d'armoire. Terme de *Menuisier.* C'est une *porte* d'armoire. (Un guichet bien travaillé.)

Guichet. Terme de *Menuisier.* Ce mot se dit en parlant de *fenêtres* & de *vitres.* C'est le bois qui par dedans la chambre couvre le chassis, ou le panneau de vitre, & qui est de la même longueur & de la même largeur. Ce que les Menuisiers apellent *guichet*, les gens qui ne sont pas du métier l'apellent *volet.*

Guichet. Bois où sont enchassez les carreaux de verre, & qu'on ouvre. (Ouvrir, ou fermer un guichet.)

Guichet. Sorte de petit volet qui se ferme sur la jalousie du confessionnal du côté du Confesseur.

Guichetier, *s. m.* Celui qui a soin de la porte d'une prison. (Un soigneux & fidéle guichetier.)

† **Guichetière**, *s. f.* Ce mot est bas, pour dire la femme du Guichetier. (La Guichetière a été gagnée à force d'argent, & elle a donné les clez des portes de la prison.)

Guide. Ce mot signifie celui qui conduit & qui méne, est masculin. (Prendre un guide. On lui donna le guide lié. *Abl. Rét. l. 4. c.* 1. Le Roi leur commanda de l'acompagner & de lui servir de guide, *Vaug. Q. Curce, l.* 8. *ch. x.*)

Guide. Ce mot signifiant celle qui conduit est *féminin.* (Je serai moi-même ta guide. *Abl. Luc. Tom.* 2. *pag.* 85. * Il est juste que la Congregation choisisse cette sainte *guide*, *Patru, plaid.* 16. *page* 579.)

GUI

Guide. Ce mot signifiant chose qui guide, ou qui conduit est *féminin.* (Ainsi on dit la *guide* des pêcheurs, qui est un livre Espagnol plein de piété. La crainte de Dieu est une sainte *guide. Morale du Sage, page* 3. La guide des chemins, c'est un livre qui contient la route des grands chemins.)

Guides, *s. f.* Longes de cuir, ou cordons de soie dont les cochers se servent pour conduire leurs chevaux. (Tenir les guides.)

Guider, *v. a.* Conduire, mener. (Quand le sort guidera vos pas dans la chambre où les ris enferment toutes leurs merveilles, fermez les yeux. *Voit. poës.* Guider les troupes. *Abl. César.*)

Guider, *v. a.* Terme de *Cocher.* C'est conduire avec des guides. (Il sait parfaitement bien guider ses chevaux.)

* **Guider.** Ce mot se dit *au figuré*, des choses spirituelles. (Un Confesseur guide la conscience de son Pénitent. Un Maître guide ses disciples.)

Guidon, *s. m.* C'est un oficier de chaque compagnie des Gendarmes qui porte l'étendard. (Il est guidon d'une telle compagnie. Chaque compagnie de Gendarmes a un Capitaine Lieutenant, un Sou-Lieutenant, un Enseigne, *un Guidon*, &c.)

Guidon. Ce mot signifie aussi quelquefois l'étendard d'une compagnie de Gendarmes, & c'est une sorte d'enseigne d'étofe, plus longue que large, fendue par le bout d'enbas, & atachée à une lance de 8. à 9. piez. (Porter le guidon. Garder le guidon.)

Guidon. Terme d'*Arquebusier.* Petit bouton de métal qui est au bout du canon de l'arme à feu, & qui sert à guider l'œil pour tirer plus sûrement.

Guidon. Terme de *Musicien.* C'est dans les livres de musique une marque faite en forme d'f, qu'on met à la fin de chaque ligne & qui montre le degré où doit être située la première note de la ligne suivante.

Guidon. C'est le titre de certains livres. (Le Guidon des Finances, &c.)

Guignard, *s. m.* Oiseau gros comme une alouëtte, ou comme une caille. Il a le dos & la tête grise, le bec noir, le ventre blanc & rouge, & la gorge d'un gris plus blanc que le dos. Les guignards sont excellens & on les atrape l'hiver. Ils vivent dans les bois par bandes, & il y en a beaucoup dans la Beauce.

† **Guigner**, *v. a.* Regarder du coin de l'œil. (Elle guigne un peu & cela ne lui sied pas tout-à-fait mal. † * Etre guigné de travers. *Scar. poës.*)

† **Guigner.** Regarder avec dessein. (Il guigne par tout pour voir s'il ne pourra rien atraper. Il y a long-tems qu'il *guigne* cette fille.) Ce mot est bas.

Guigne, *s. f.* Fruit de guignier qui est une sorte de cerise grosse & douce. (De bonnes guignes.)

Guignier, *s. m.* Cerisier qui porte les guignes.

† **Guignon**, *s. m.* Malheur. (Porter guignon à quelcun.)

Guilée, *s. f.* Ondée de pluie. (Une petite guilée.)

Guillaume, *s. m.* Nom d'homme. (Guillaume III. Prince d'Orange est un grand Capitaine & un grand Politique.)

† **Guillaume.** Outil de *Menuisier.* Espéce de rabot.

† *Gros guillaume.* On apelle ainsi du gros pain bis dont on nourrit les valets.

Guilledin, *s. m.* Cheval d'Angleterre qui est hongre. (Il étoit monté sur un fort beau guilledin.)

† **Guilledou**, *s. m.* Ce mot se dit des personnes de l'un & de l'autre sexe qui sont dans une honteuse débauche. (*Il court le guilledou. Scaron. poës.* C'est à dire, il voit les filles débauchées. *Elle court le guilledou*, c'est à dire elle fréquente les bordels.)

Guillelmites, *s. m.* On apelloit autrefois les Augustins de ce nom à cause de Guillaume de Gascogne qui rétablit leur Ordre. *Voiez Odardo Fialetti.*

Guillemet, *s. m.* Terme d'*Imprimeur.* Ce sont de petites virgules doubles qu'on met en marge, pour marquer que ces lignes ne sont pas de l'Auteur.

† **Guillemette**, *s. f.* Nom de femme, mais ce nom est présentement bas & burlesque. (Il ne fait pas, Guillemette, la, la, la, tous vos ébas. V. *Let. Am.*)

Guillots, *s. m.* Gros vers qui s'engendrent dans le fromage. (Fromage tout plein de guillots.)

Guimauve, *s. f.* Plante qui produit des fleurs blanches, rouges, incarnates, ou pourprées. C'est une espéce de mauve.

Guimpe, *s. f.* Terme de *Religieuse.* Espéce de mouchoir rond qui couvre le sein de la Religieuse, & qui est attaché au bonnet par le moien d'une passe qui est un petit morceau de toile, lequel tient à la guimpe. (Une guimpe bien blanche. Atacher la guimpe.)

Guindage, *s. m.* Terme de *Mer.* C'est le mouvement des fardeaux qu'on hausse & baisse. C'est aussi la décharge des marchandises du vaisseau, & le salaire des matelots qui font cette décharge. *Guillet.*

Guindal, *s. m.* Machine qui sert à élever de gros fardeaux.

Guindant, *s. m.* Terme de *Mer*, qui se dit pour exprimer la hauteur, ou la longueur des voiles. On dit cette voile a tant d'aunes de guindant. Le guindant d'un pavillon, c'est sa largeur.

Guindeau,

Guindeau. Terme de *Marine.* Machine qui sert à élever des fardeaux. C'est la même chose que *capestan*, ou *virevaut.*

Guinder, v. a. Hausser, Elever en haut. (Guinder les voiles. Oiseau qui se guinde jusqu'aux nuës.)

Se guinder, v. r. s'élever.. Se pousser en haut. Se porter en haut. (J'avois des aîles assez fortes pour me guinder jusques-là. *Abl. Luc. Tom.* 2. Je me suis guindé dans le Ciel à l'aide d'un grand vent. *Abl. Luc. Tom.* 2. Les uns se soulevoient eux-mêmes, les autres se guindoient avec des cordes. *Vaug. Q. Curce, l.* 7. *ch. xi.*)

* *Se guinder.* Ce verbe *au figuré*, signifie s'élever. (Il se guinde si haut qu'on le perd de vuë. *Dépr. Lon. c.* 2.)

* Il est aisé de *se guinder* sur de grans sentimens. *Mol.*

* On dit un esprit guindé. Un stile guindé, c'est à dire, qui est toujours élevé.

Guinderesse, s. f. Terme de *Marine.* Maneuvre, ou cordage qui sert à guinder, & à élever des voiles.

Guindre, s. m. Petit instrument qui sert à devider la soie, le fil, &c.

Guinée, *s. f.* C'est une piéce d'or qui a cours en Angleterre, qui a la figure du Roi d'un côté, avec cette légende *Carolus secundus, Dei gratia*; & de l'autre deux sceptres en sautoir avec les armes d'Angleterre, d'Ecosse, de France & d'Irlande, & pour légende. *Magnus Britannia, Francia & Hibernia Rex.* La Guinée est un peu plus large & plus épaisse que le Louïs d'or. Elle vaut douze livres, dix-huit sous. On la nomme *Guinée*, à cause de l'or, dont on la fabriqua, avoit été aporté de cette partie d'Afrique qu'on apelle Guinée, & pour marque de cela, il y avoit au commencement sur *la Guinée*, la figure d'un Elefant. (Le Duc de Monmout donna six guinées au Bourreau de Londres, pour lui bien couper la tête ; mais le misérable ne méritoit pas ces Guinées, puis qu'il la lui coupa trés-mal.)

† *Guingois.* Ce mot est burlesque, & signifie. *D'une maniére malpropre, mal arrangée. Tout de travers.* (Vôtre perruque va tout de *guingois.* Vôtre mouchoir de cou est tout de *guingois.* Cela est tout de guingois.)

Guionne, s. f. Nom de femme qui se dit en Latin *Guidona.*

Guiorant, guiorante, adj. Ce mot se dit des rats & des souris lors qu'elles font un cri qui leur est naturel.

(Les rats qui craignent leur pare,
D'une *guiorante* voix
A regret quitent les noix.
Poëte Anonime.)

Guiper, v. a. Terme de *Rubanier.* C'est passer un brin de soie sur ce qui est déja tors. (On guipe l'or & l'argent comme la soie.)

Guipure, s. f. Ouvrage guipé. Maniére de dentelle de soie, où il y a des figures de rose, ou d'autre fleur, & qui sert à parer les jupes des Dames. (Une belle guipure. Sa jupe est pleine de guipure. Mettre de la guipure sur une jupe.)

Guirlande, s. f. Couronne de fleurs. (Une belle & charmante guirlande. Mêle à tes lauriers des *guirlandes* de fleurs. *Sar. poës.* En cueillant une *guirlande* on est d'autant plus travaillé que le parterre est émaillé. *Mal. poë. l.* 4.)

Guirlande. Ce mot se dit en parlant de coifure de femme en deuil. C'est une bande de crêpe en bouillon qui se met autour du bourrelet.

Guirlande. Plumes que les Dames mettoient autrefois aux côtez de la tête où elles mettent aujourd'hui des rubans.

Guirlande Terme de *Chaudronnier.* Ornement de métal qui est une petite bande façonnée autour du bord du pavillon de la trompette, du cor de la trompe.

Guise, s. f. Il vient de l'Italien *guisa.* Maniére. Façon. (Dans ce monde chacun vit à sa guise.)

* *Chaque païs à sa guise.* Sorte de Proverbe. C'est à dire chaque région a ses maniéres & ses coutumes particuliéres.

Guitarre, guiterre, s. f. On dit l'un & l'autre, mais *guitarre* est incomparablement plus en usage que *guiterre.* La *guitarre* est un instrument de Musique qui vient d'Espagne, qui est fait de bois propre à résonner avec cinq rangs de cordes, une table embelie de sa sorte, un manche & un dos composé d'éclisses. (Une belle guitarre. Joüer de la guitarre.

Nos guitarres & nôtre voix
Ne charment plus comme autrefois.
Voit. Poës.

* Pour une si belle avanture
Prens la lire de Chapelain
Ou la *guitarre* de Voiture.
Sar. Poësies.)

GUL. GUS. GUT.

Gulden, s. m. Mot Aleman, ou *Goulde*, comme on le prononce en François. C'est une sorte de monnoie d'argent qui se fabrique en Alemagne, qui vaut quarante sous de France. Il y en a de diverses sortes, chacune avec l'effigie & les armes du Prince qui les fait batre.

Gusman, s. m. Nom propre d'homme qui est commun en Espagne, & qui ne se donne point, ou rarement en France. (Gusman d'Alfarache est fameux.)

Gustave, s. f. m. Nom propre d'homme usité en Alemagne, & particuliérement eu Suéde. (Le Grand Gustave Adolphe, Roi de Suéde, fut tué à la bataille de Lutzen, en 1632.)

Guttural, gutturale, adj. Ce mot se dit de certaines lettres, & d'une certaine maniére de prononcer du gosier. (Lettre gutturale. Les Hebreux ont des lettres gutturales.)

H.

H. *Substantif Féminin.* Huitiéme lettre de l'Alphabet François. (Une H bien faite.)

L'H. Cette lettre *s'aspire* dans les mots purement François, c'est à dire, qu'elle se prononce fortement, & que la voïelle du mot qui la précède immédiatement ne se perd point. (Ainsi on dit *la harangue*, & non pas *l'harangue*, *la harangère* & non pas *l'harangère. Vau. Rem.*)

H. Cette lettre est *muette* c'est à dire, elle ne s'aspire point dans les mots François qui commencent par une *H*, & qui viennent du Latin où cette lettre *H* se rencontre au commencement du mot. (Ainsi on dit & on écrit *l'honneur*, & non pas *le honneur.*) Il y a quelques mots exceptez de cette regle qu'on remarquera dans le cours de cette lettre.

HA. HAB.

Ha! Sorte d'interjection qui *aspire* son *h*, & dont on se sert pour exprimer quelque mouvement de l'ame.

Ha ! que Philis est digne qu'on l'aime :
Voit. Poës.

Ha ! que j'ai dit de fois, en rêvant à ma peine,
Désirable repos, aimable liberté,
Unique fondement de ma félicité.
La Suze, Elégies.

Ha, ha, ha ! ma foi, cela est tout-à-fait drôle ! *Moliére.* Ha, ha ! coquins, vous avez l'audace d'aler sur nos brisées. *Moliére.*

† *Ha, ha.* Ce mot se joint avec celui de vieille pour marquer une vieille décrepite & méchante.

(Vieille haha, vôtre chien de festier en a.
Scar. Poës.)

Habile, adj. L'h de ce mot est muette *& ne se prononce pas.* Il signifie qui fait prontement quelque chose. (Il a bien-tôt fait ce qu'on lui commande, car il est *habile.*)

Habile. Adroit. (Il étoit *habile* à cacher ses entreprises. *Ablancourt.*)

Habile. Qui est savant Qui est excellent en quelque chose. (Vossius étoit un *habile* homme. Il est *habile* en l'un art. *Ablancourt.*)

Habilement, adv. Prontement. (Travailler habilement.)

Habilement. Avec adresse. Avec esprit. En *habile* homme. (Il s'est tiré d'afaires habilement.)

Habileté, s. f. Il signifie *Capacité. Science.* (Castelvetro avoit de l'habileté dans les choses de la poësie.)

Habileté. Adresse. Conduite. (C'est une grande habileté que de savoir cacher son habileté. *Mémoires de Monsieur de la Roche-Foucaut.*)

† *Habilissime, adj.* Tres-habile. (C'est un habilissime garçon. Il est habilissime.)

Habillage, s. m. Terme de *Rotisseur & de Cuisinier.* C'est la peine que le Rotisseur, ou le Cuisinier, a de plumer, de vuider, de larder, de piquer, ou de barder quelque oiseau. (Songez à l'habillage de ces oiseaux. Quand on a fourni les oiseaux au Rotisseur, & qu'il les a habillez, on lui doit païer l'habillage.)

Habillement, s. m. L'h de ce mot est muette. Il signifie en général toute sorte d'habit soit d'homme, ou de femme. (On bel habillement. Un habillement fort beau.)

Habillement de tête. Terme d'*Armurier.* Sorte de casque qui couvre & cache toute le visage & toute la tête.

Habiller, v. a. L'h de ce mot est muette. Il signifie *vétir.* (On l'habille depuis les piez jusques à la tête.)

Habiller. Fournir d'habits. (Habiller ses domestiques.)

Habiller. Faire un habit. (Ce Tailleur habille bien.)

S'habiller. Se faire faire un habit. (S'habiller de deuil.) Il signifie aussi se vétir soi-même. (Il s'habille bien tout seul.)

On dit d'un Sculpteur & d'un Peintre, qu'il habille bien ses figures. Habiller à l'antique, ou à la moderne.

Habillé, habillée, adj. Vétu. (Il a couché tout habillé. Habillé de rouge, &c.)

* Souvent *j'habille* en vers une maligne prose. *Dépr. Sat.* 7. C'est à dire, je fais des vers qui tiennent de la prose, à cause de leur simplicité.

* *Habiller* chez Francœur le sucre & la canelle. *Dépr.* C'est à dire envelopper.

* *Habiller.* Terme de *Potier.* Mettre des piez & des anses à un vaisseau de terre. (Habiller un pot.)

* *Habiller.* Terme de *Rotisseur.* Il se dit de toutes sortes d'oiseaux. (Hormis de l'aloüette, dont on dit plumer.) C'est plumer, vuider, blanchir, larder, piquer, ou barder. (Habiller une perdrix, une bécasse, &c. Habiller la volaille.)

* *Habiller.* Il se dit en parlant de poisson. C'est vuider le poisson, avant que de l'acommoder & le faire cuire. (Habille moi ces poissons,

HAB   HAC

poissons, & pour ce grand brochet, laisse le un peu joüer, dans l'eau. *Port-Roïal, Térence, Adolphes, a. 3. sc. 4.*

* **Habiller.** Terme de Cordier. Passer le chanvre par les sérans. (Habiller du chanvre.)

Habit, *s. m.* Habillement. (L'habit qu'il a sur le dos est plus vieux que le Louvre. *Mai. poës.* Couper un habit, *terme de Tailleur.* Habit court. Etre en habit court. Habit long. Etre en habit long. Habit de deuil. Habit de céremonie. Henri III. faisoit des tournois, & des mascarades, où il se trouvoit d'ordinaire en habit de femme. *Memoires de Henri 3. p. 21.*)

Habit. Vêtement de Religion. Habillement qui marque quel que ordre de Religion, & qu'on donne à ceux qu'on reçoit Religieux. (Prendre l'habit de Capucin. Donner l'habit de Chartreux à quelcun. L'habit ne fait pas le Moine.)

Un habit de cœur. Terme de *Religieuses Benedictines.* C'est une grande robe noire, plissée avec des manches longues qu'on porte aux ceremonies.

Habitable, *adj. L'h de ce mot est muette.* Il signifie qui peut être habité. (C'est un lieu qui n'est point habitable. Lieu sain & habitable. *Abl.* Rendre une maison habitable.)

Habitant, *s. m.* Celui qui demeure en quelque lieu. (On a assemblé tous les habitans du vilage.)

En poësie, on apelle les oiseaux les habitans de l'air ; les bêtes farouches, les habitans des forêts.

Habitation, *s. f. L'h de ce mot est muette.* Le lieu où l'on demeure. (Une agreable habitation. Avoir droit d'habitation, c'est à dire, avoir droit d'habiter en quelque maison, en quelque vile, &c. Il faut tant d'années d'habitation pour acquerir de certains droits.)

Habitation. Ce mot se dit de quelques petites colonies qu'on commence à faire en quelque païs. (On a fait quelques habitations chez les Iroquois.)

Habiter, *v. a. L'h de ce mot est muette.* Demeurer. Faire sa demeure en un certain lieu. (Habiter les bois. *Ablancourt.* Païs qui n'est pas habité. Les Italiens se contentent aujourd'hui éclairez du même Soleil, & d'habiter la même terre qu'ont habitée les vieux Romains S. *Evremont.*)

* **Habiter.** Ce mot se dit en parlant d'hommes & de femmes. C'est avoir commerce charnel ensemble. (Il y a de certains tems qu'un mari ne doit point habiter avec sa femme. Si la femme habite avec son mari sur le point que ses mois sont prêts de couler, & qu'elle devienne grosse, elle croira qu'elle l'est depuis la supression de ses mois. *Mauriceau, traité des femmes grosses, l. 1.*)

Habitude, *s. f. L'h de ce mot est muette.* Qualité aquise par plusieurs actes. Chose acoutumée. Acoutumance. Coutume. (L'habitude est une seconde nature. Contracter une habitude. Ce sont des maximes propres à entretenir les vitieux dans leurs mauvaises *habitudes. Pascal. l. 10.*)

Habitude. Fréquentation. (Heureux celui qui n'a nulle habitude avec les méchans. *Port-Roïal.*)

Habitude. Ce mot se dit du corps, & signifie la disposition du corps selon qu'il est sain, ou mal sain. (La mauvaise habitude du corps. *Deg.*)

* **Habitude.** Terme qui se dit de certains Prêtres de Paris, c'est être habitué dans une Paroisse. C'est avoir permission du Curé de la Paroisse, de faire quelques fonctions Ecclesiastiques. (Il a une habitude à S. Jaques de la boucherie.)

Habitué, *s. m.* Prêtre qui a une habitude dans quelque Paroisse de Paris. (Il est habitué à S. Paul.)

Habitué, **habituée**, *adj.* Acoutumé à quelque chose.

Habituel, **habituelle**, *adj.* Terme de *Téologie*, qui se dit de la grace qu'on apelle habituelle, qui n'est autre chose que l'amour de Dieu qui demeure en nous.

Maladie habituelle. C'est une maladie inveterée que l'on a depuis long-tems.

Péché habituel. C'est un peché qui se fait par la mauvaise inclination de nôtre nature corrompuë.

* **S'habituer**, *v. r.* S'acoutumer à quelque chose. (s'habituer au mal: S'habituer à malfaire.)

S'habituer. S'établir en un certain lieu. (S'habituer à Paris.)

Habler, *v. n. L'h, de ce verbe est aspirée*, & il signifie *parler trop.* Il vient de l'Espagnol *hablar*, qui signifie simplement *parler*, & il semble que les Espagnols l'ont pris du Latin *fabulari.* Etre grand parleur, ou grande parleuse. Parler en exagerant trop les choses, & de telle sorte qu'on mente. (Il hable. Les Gascons sont sujets à habler.)

Hablerie, *s. f. L'h de ce mot est aspirée.* Paroles pleines de vanité & de mensonge. (Tout ce qu'il dit n'est que hablerie. C'est pure hablerie que tout cela.)

Hableur, *s. m. L'h de ce mot est aspirée.* Grand parleur. Celui qui à force de trop parler & de trop éxagerer, ment. (C'est un grand hableur.)

Hableuse, *s. f. L'h de ce mot est aspirée.* Grande parleuse & un peu menteuse. (Elle est fourbe & hableuse.)

HAC.

Tous les mots de cette colonne aspirent leur h.

Hache, *s. f.* Cognée. Instrument fait pour fendre & couper le bois. (Une bonne hache.)

Hache d'armes. C'est une sorte d'arme ofensive, faite quelquefois comme une hache, hormis qu'elle a le manche plus long, & le tranchant plus large, plus fort & plus éguisé. Elle a d'autrefois un grand manche, en maniere de hampe de pertuisane, avec un grand fer au bout en forme de trancher de Cordonnier, bien aceré, mais bien plus long, plus grand & plus large. (Les Grenadiers a cheval de la maison du Roi ont un cimeterre, une hache d'armes, un fusi & une gibeciére remplie de grenades. On se sert de haches d'armes dans les sorties & sur les breches, pour empescher une escalade. Le Roi Jean se défendoit en homme de cœur, avec une hache d'armes, à la bataille de Poitiers. *Abé de choisi, histoire du Roi Jean, l. 1. ch. 9.*

† * **Avoir un coup de hache.** C'est à dire, être un peu fou n'avoir pas toute la conduite necessaire, & que doit avoir un homme sage.

* **Hache.** Terme d'*Imprimeur.* On dit *imprimer en hache*, quand il y a des notes, ou des gloses, qu'on commence à la marge & qui étant trop grandes sont imprimées au bas de la page sous le texte, qu'on retranche à proportion.

Les Arpenteurs, à l'imitation des Imprimeurs, se servent de ce mot pour designer des heritages qui sont les uns dans les autres à la maniere de la hache d'Imprimerie.

Hacher, *v. a.* Couper fort menu. Couper avec des couteaux à hacher. (Hacher de la viande.)

Hacher du bois. C'est le couper, ou le fendre avec la hache.

* **Hacher la viande.** Ces mots signifient quelquefois, la couper mal proprement. (Cet Ecuier tranchant ne sçait pas son métier, car il hache les viandes, au lieu de les couper proprement.)

Hacher. Terme de *Dessinateur* & *de Graveur.* C'est croiser les traits du craïon, ou de la plume les uns sur les autres. (Ainsi on dit, Hacher avec la plume. Hacher avec le craïon.)

Hacher. Terme de *Fourbisseur*, & *d'Armurier*, &c. C'est couper par petits traits avec le couteau à hacher, qui est un petit outil d'acier en forme de gros & grand canif. Les Fourbisseurs ne hachent que quand ils sont obligez d'argenter ou de dorer, & ils ne hachent que le fer, le cuivre & le léton. (Hacher un garde, un pommeau d'épée.)

Hacher Terme de *Maçon.* Couper avec la hachette. (Hacher le plâtre.)

Hachette, *s. f.* Outil de *Maçon* en forme de marteau & de petite hache pour cogner, & hacher le plâtre.

Hachis, *s. m.* Ragoût de viande hachée. Viande hachée & assaisonnée de sel, poivre blanc & autres choses qui réveillent l'apetit. (Un fort bon hachis.)

Hachoir, *s. m.* Petite table de chêne fort épaisse où l'on hache la viande avec un couperet. (Nétoïer le hachoir.)

Hachoir, *s. m.* Il signifie aussi un couteau à hacher. (Emoudre, aiguiser le hachoir.)

Hachure, ou **hacheure**, *s. f.* L'un & l'autre s'écrit, mais on prononce *hachure.* Terme de *Fourbisseur*, &c. Ce sont tous les petits traits qu'on fait avec le couteau à hacher sur le cuivre, le fer ou le laiton, lors qu'on veut argenter, ou dorer. (Voilà une hachure bien croisée.)

Hachure. Terme de *Blason.* Il y a diverses sortes de hachures, pour faire distinguer les émaux sans qu'ils soient enluminez. *La hachure en pal*, ou de haut en bas, signifie le rouge, ou *le gueules. La hachure en fasce*, qui traverse l'Ecu, signifie le bleu, ou *l'azur. La hachure en pal contrehachée en fasce* signifie le noir, ou *le sable. La hachure en bande*, ou de biais, qui va de droit à gauche, represente le verd, ou *le sinople. La hachure en barre* de gauche à droit, signifie *le pourpre.* L'écu tout blanc & uni signifie l'argent. L'écu pointillé represente l'or, &c.

HAG. HAI.

† * **Hagard**, *hagarde, adj.* Farouche. Extraordinaire. Etrange. Egaré. (Oeil hagard. *Mol.* Yeux hagards. *Démarais, Visionnaires acte 3. sc. 4.* Ses rimes sont trop hagardes. *Voit. Poësies.* Avoir l'air hagard. *Scar. poës.*)

* **Hagard.** Il se dit en termes de *Fauconnerie*, des oiseaux qui n'ont pas été pris au nid, & qu'il est dificile d'aprivoiser.

Hai. Interjection qui sert à marquer quelque mouvement de l'ame, comme le rire. (Il faisoit fort chaud dans ces lieux, mais il n'y faisoit pas si chaud qu'ici, hai, hai, hai. *Mol.*)

Haie, *s. f.* Prononcez *hée.* Ce sont des épines & autres choses piquantes qui sont en forme de muraille & qui servent à entourer quelques jardins, vignes, ou champs semez. (Une haie vive. Une haie morte. Planter une haie. Fermer une vigne de haies.)

* **Haie.** Terme de *Guerre.* Rangs de soldats. (Mettre des soldats en haie.)

Border la haie. C'est une façon de tirer qu'on fait pratiquer aux Mousquetaires, quand ils ne sont point soutenus de Piquiers. On les fait tirer les uns par dessus la tête des autres; & pour cet efet on fait tirer le premier rang à genoux, le second un peu courbé & le troisiéme tout debout.

* **Haie.** Rangée de personnes qui se mettent toutes de file, les unes auprès des autres. (Le peuple de la campagne acourut de tous côtez, & se rangeoit en haie pour voir passer le Roi.

Fff   L'entrée

L'entrée du Roi se fit au milieu d'une double haie de milice bourgeoise.

Haie. Terme de *Mer.* C'est un banc, ou une chaîne de pierres qui est sous l'eau, où à fleur d'eau.

Haie. Terme de *Laboureur.* Piece de bois planée & arrondie qui regne le long de la charruë. (Une haie de charruë malfaite.

† *Haie au bout. Maniere de parler burlesque*, qui se prononce comme elle est écrite, qui signifie *& le reste qui ne se dit pas.* [Aimable comtesse pour qui tout le monde a par tout tant de respect, & *haie au bout. Scar. poës.*)

HAILLON, *s. m.* Vieux habit. Méchant habit. (Quittez à cette heure ces vieux haillons. *Vau. Quin.l.4. c.1.*) J'ay vû le tems qu'elle n'avoit que des haillons, maintenant elle est vétué comme une Princesse, *Abl. Luc Tom.3.*)

HAINE, *s. f.* Aversion. Passion contraire à l'amour, & à l'amitié. (une haine mortelle. Une haine enracinée. La colere l'importunité & la calomnie font naître la haine. Neron n'avoit aucune haine particuliere contr Pauline. *Abl Tac. An. l. 15.* Avoir de la haine pour quelcun *Scar.*) Atirer la haine publique. La haine est souvent la fille de l'envie. Il y a des haines hereditaires entre des familles.

...... J'aurai droit de pester
Contre l'iniquité de la nature humaine,
Et de nourrir contr'elle une immortelle haine.
Mol. Mis. a 5. sc. 1.

La haine du vice & l'amour de la vertu sont les deux fondemens de la Morale.

Il se dit des animaux qui ont naturellement de l'aversion les uns contre les autres. (Il y a de la haine entre les petits oiseaux & le hibou, entre les loups & les brebis, &c.)

En haine, façon d'adverbe qui veut pire *à cause de.* (Il a été exheredé *en haine* de son mariage. On lui a fait cette injustice en haine de sa Religion.)

Haineux, adj. m. Vieux mot. Ennemi, celui qui hait. (Il s'est maintenu malgré tous ses haineux.)

Hair, v. n. Avoir de la haine. Avoir de l'aversion pour quelcun, ou pour quelque chose. *Je hai , tu hais , il hait , nous haïssons vous haïssiez, ils haïssent, j'ai haï.* (Haïr l'ingratitude. *Abl.* O que je hais la solitude. Il est haï de tout le monde *Haïr mortellement.* Haïr le vice. Les chats haïssent les souris. Le sage doit haïr ceux qui divulguent les defauts d'autrui & qui medisent des gens de merite. *Confucius morale.*

HAIRE, ou haire, *s. f.* Terme de *Capucin & d'autres Religieux.* Espece de camisole sans manches faite de crin de cheval, ou faite de chanvre & de crin. (Porter la haire. Ordonner la haire à un Religieux.)

Haire, s. m. Jeu de cartes qui se jouë ordinairement avec le jeu entier en faisant couper une carte de main en main. En ce jeu, la carte la plus basse perd , & quand il se rencontre un as, celui entre les mains duquel l'as demeure, a perdu. (Jouër au haire.)

Haire, s. m. Prononcez *hêre.* Ce mot se dit des hommes qui sont dans la misere, mais on ne s'en sert guere sans y ajoûter le mot de *pauvre.* [Ainsi on dit, c'est un *pauvre haire*, c'est à dire. C'est un pauvre diable. Un malheureux. Qui est dans la necessité

On ne sçauroit jamais par des comparaisons
Bien exprimer son caractere
Car il n'est point de fou aux petites maisons
Comparable à ce pauvre haire.
Poëte Anonime.

Ce mot vient du Latin *herus*, ou selon Ménage de l'Alemán *herr* , & c'est comme si on disoit c'est *un pauvre Seigneur.*]

HAIRON. Voiez *héron.*

*Haironneau, haironnelle.*Vol héronneau, héronnelle.

HAÏSSABLE, *adj.* Qui merite d'étre haï. Qui est digne de haine [Le vice est haïssable. Il est haïssable. Elle est haïssable.)

HAL.

HALAGE, Hâle & Hâler.

† HALBREDA, *s. m.* Terme de *mépris*, qui veut dire , *grand corps mal bâti.* (Entre autres un grand *halbreda*, nommé Mars. *Voi. poës.*]

HÂLE , *s. m.* Prononcez *longue* la premiere silabe de ce mot C'est l'éfet de la grande chaleur du Soleil en été. Il fait un grand hâle. Le hâle est fort grand. Elle se masque de peur du hâle.)

Hale , *s. m.* Prononcez *brêve* la premiere sylabe de ce mot. La hale est un lieu couvert qui est ordinairement ouvert de tous côtez , élevé sur des piliers de bois, ou de pierre au milieu des grandes places des bourgs, ou des villes. Une belle hale. Une grande hale.

Hale au vin. Lieu à Paris hors de la porte S. Bernard où l'on vend le vin qui vient par bateau.

† *Halage*, *s. m.* Droit de hale , que prennent les Seigneurs sur les Marchandises qui se vendent dans les hales.

HALEBARDE, *s. f.* La halebarde est une arme ofensive qui a une hampe, au bout de laquelle il y a un fer large, poli, façonné. (Une bonne halebarde.)

† *Halebarde.* Halebardier: (Sans cordon, jarretiére , ni gans au milieu de dix halebardes. *Theophile, poësies. On lui a don-*

né *une halebarde.* C'est à dire, on la fait Sergent d'une Compagnie.

Halebardier, *s. m.* Le halebardier est le soldat qui porte la halebarde. (Un bon halebardier.)

Halebardier. Ce mot se dit entre Architectes & Maçons, & on apelle de ce nom , ceux qui dans les grans ateliers portent des leviers pour aider à decharger les pierres de dessus les binars, & à les mettre en chantier pour les tailler.

HALEBRAN, *halebran* , *s. m.* Le halebran est un jeune canard sauvage. (Un halebran bon & gras.)

HALEBREDA. Voiez *halbreda.*

† HALECRET, *s. m.* Sorte de cuirasse qui ne couvroit que le corps d'un Piquier , ou d'un Cavalier. Le mot de *halecret* est hors d'usage aujourd'hui, & il ne peut servir qu'en parlant d'une certaine Cavalerie françoise, qu'on appelloit *hommes d'armes*, & qui étoit du tems du Roi Louis X I. ou que dans le burlesque , ou le satirique. (Les hommes d'armes portoient le *halecret* & le plastron. *Gaïa , traité des armes, l.4.*

L'une avoir un bon halecret
Et l'autre un joli cabacet.
Scar. poës. Relation sur la mort de Voiture.

On se sert aujourd'hui du mot de *corselet* , en la place de celui de halecret , & les piquiers des gardes portent la bourguignote & le corselet.

HALEINE, *haléne*, *s. f.* L'haleine est le soufle qui sort de la bouche. (Haleine douce. Haleine puante, forte, mauvaise, méchante. Avoir l'haleine forte. L'haleine d'un lepreux est contagieuse. L'haleine d'une femme qui a ses ordinaires gâte la glace d'un miroir. Nous chanterons jusqu'à perte d'haleine. *Voit. poës.* Las & hors d'haleine. *Vau. Quin.l.3.*)

Avoir bonne haleine. C'est à dire , pouvoir tenir long-tems son haleine. On cherche pour la pêche des perles ceux qui ont bonne haleine.)

Avoir bonne haleine. C'est aussi à dire , pouvoir courir & travailler de force sans perdre haleine. Ce basque a bonne haleine , il court une lieuë sans que l'haleine lui manque.)

Avoir la courte haleine. C'est avoir de la peine à respirer.

Prendre haleine. C'est reprendre son vent.

Mettre un cheval hors d'haleine.

Ne pas abuser de l'haleine d'un cheval.

Donner haleine à un cheval. Il faut tenir un cheval en haleine c'est à dire, en exercice.

* *Haleine.* Ce mot se dit des vents & signifie *soufle.* (Les vents retiennent leur haleine. *Abl. Luc. Tom.1.*)

* *Haleine.* Ce mot est encore usité au figuré.[Ainsi on dit, c'est un ouvrage de longue haleine , *c'est à dire*, de longue durée. Ce procés est de longue haleine il tiendra long-tems le bureau.)

* *Tout d'une haleine.* C'est à dire tout de suite, sans intermission.

* *Tenir en haleine* son ennemi. C'est le harceler continuellement, ne lui donner point de relâche.

† *Haleinée, haléneé*, *s. f.* Haleine soufle. [Les harpies gâtoient tout d'une infecte halénée *Bensér. Rond. pag.* 115.)

* *Haleiner*, ou *halener*, *v. a.* Terme de *Venerie.* Sentir le gibier. (Depuis que ce chien a halené la bête , il ne la quite point.)

† * *Haleiner*, *halener, v. a.* Pressentir avoir vent d'une chose. Savoir. Decouvrir une chose. (Les flateurs ne s'abandonneront point depuis qu'ils auront une fois halené ton tresor. *Abl. Luc. Tom.1. pag. 39.*)

HALEMENT, *s. m.* Prononcez *l'h.* Terme de *Charpentier.* Noeud qui se fait avec le cable & la piece de bois. (Faire un halement.)

Hâler, *v. a.* Rendre bazané, (Le Soleil hâle les gens.)

Se hâler.v. n. Devenir noir & bazané à cause de l'ardeur du Soleil. (Les païsannes se hâlent parce qu'elles vont au Soleil le visage découvert.)

Elle a le visage hâlé. C'est à dire noirci par l'ardeur du Soleil,

Hâler, v.n. Terme de *Mer.* Faire un grand cri à la rencontre deux vaisseaux & demander le qui-vive. (Nous entendîmes des matelots de la fregate qui hâloient sur nôtre vaisseau, & nous leur répondîmes.)

Hâler, v.a. Faire courir des chiens, ou des chevaux. (On a hâlé les chiens aprés lui. Il faut souvent *hâler* les chevaux qui tirent un bateau en remontant une riviere.)

Hâler. Terme de *Batelier.* Tirer un bateau avec une corde en remontant. (Hâler un bateau.)

Hâler. Terme de *Charpentier.* Ranger les cables de part & d'autre. Atacher un morceau de bois à un cable.

Haleter, v.n. Ce mot est un peu vieux, & ne se peut entrer que dans le stile bas, c'est reprendre souvent son haleine à cause de la peine qu'on a à marcher, ou à aller vite. (Il venoit tout haletant & plein de sueur. Il ne fait que haleter.)

Hâleur, Terme de *Batelier.* Celui qui remonte un bachot avec un cable (Le haleur a bien de la peine & gagne peu.)

Hâlage, *s. m.* Terme de *batelier.* C'est le travail qui se fait pour tirer un bateau, un vaisseau.

HALIER, *s. m.* Buisson fort & épais. On arrachoit d'entre les haliers ces riches possessions toutes déchirées, *Vau. Quin. l. 3. c.1*) Ils ne pourront manier leurs piques parmi les haliers des troncs d'arbres. *Abl. Tac. An. l.1.*)

Halte, *adv.* Terme de *Guerre*, qui fignifie demeurez-là, n'allez pas plus loin. V. *Alte*.

HAM.

HAMAC, *f. m.* Terme de *Rélations*. Lit de Coton. Grande couverture qu'on fufpend à deux arbres pour coucher deffus, & fe garantir par le moien des animaux farouches & des infectes.

HAMEAU, *f.m.* Quelques uns le dérivent du Grec, & d'autres de l'Aleman. Le hameau eft un petit nombre de maifons champêtres écartées les unes des autres. (Un petit hameau. Déja tous les bergers ont quité les doux hameaux. *Sar. poëf.*
Je chante le berger dont les doux chalumeaux.
Autrefois ont été l'honneur de nos *hameaux*.
  Segrais. Atis. c. 1.
Maintenant le fommeil dans nos *hameaux* affemble
Les maîtres des troupeaux & les troupeaux enfemble.
  Saraz. poëf.

HAMEÇON, *f. m.* L'hameçon eft un petit crochet de fil d'archal avec quoi on prend le poiffon, en pêchant à la ligne. (Atacher de petits poiffons aux hameçons.)

[† * Ils font propres à gober les hameçons qu'on leur veut tendre. *Mol.* Voiant que le Prince ne mordoit point à l'*hameçon* il changea de deffein. *Le Comte de Buffi.* La beauté fans efprit eft un apas fans hameçon, elle attire les galans, mais elle ne ne les arrête pas. *Mercure galant.* 1689.]

HAMPE, *hante, f.f. Hante* ne fe dit plus, il n'y a que *hampe* qui foit en ufage. La hampe eft le bois de la halebarde. (Il lui a donné un coup de la *hampe* de fa halebarde.)

Hampe. Terme de *peintre.* C'eft le manche du pinceau.

HAN.

HAN, *f.m.* Ce mot fe trouve dans les *voïages de Poulet* 1. *partie,* & dans les relations de ceux qui ont parlé du Levant. *Le Han* eft un grand lieu couvert, à peu prés comme une grange & où il y a plufieurs cheminées & plufieurs petites féparations, pour loger les caravanes. (Il y a des Hans plus grans les uns que les autres.

† HANAP, *f. m.* Vaiffeau à mettre du vin. Sorte de broc. [Boire un [grand hanap de vin. *Abl. Lucien.* Tome 1. pag. 39.

HANCHE, *f. f.* La hanche en parlant de l'homme, eft le haut de la cuiffe, & la partie de la cuiffe où vient la maladie qu'on appelle *Sciatique*.

Hanches de cheval. C'eft tout le train du derriere depuis les reins jufques au jarret. (On dit en termes de Manége. Mettre un cheval fur les hanches.)

HANETON, *f. m.* Le haneton eft une forte d'infecte volant, qui paroit au mois de Mai fur les arbres, qui vit de feuilles & d'herbes, qui eft couvert de deux grandes ailes jaunes, qui a le cou, la tête & le deffous du ventre noir, avec fi grans piez & deux cornes qui font houpées au bout & une petite queuë noire & pointuë. (On amaffera vos dépouilles comme on amaffe une multitude de hanetons, dont on remplit les foffes. *Port Roïal, Ifaïe,* ch. 3 *3.*)

HANIR, *v. n.* ou *hannir.* Ce mot fe dit des chevaux, & veut dire *faire un hanniffement.* (Le cheval hannit, l'âne brait, le taureau mugit & le lion rugit, &c.

Hanniffement, f.m. ou *henniffement.* Le cri naturel que fait le cheval, & qui fert à le diftinguer des autres animaux. (Le hanniffement du cheval fit Darius fit Darius Roi.)

HANSE, ou *Anfe, f. f,* Ce mot vient de l'Alemand, & fignifie en François *Societé,* ou *Alliance* pour le commerce. (Lubec eft la premiere des viles de la Hanfe Teutonique, c'eft à dire la premiere des viles qui fe font alliées pour le commerce.]

Hanféatique, adj. Il fe dit de certaines viles d'Alemagne & autres qui s'étoient liguées pour le commerce. (Il eft parlé des Viles Hanféatiques, dans *Limnius enucleatus.* Lubec eft la premiere des Viles Hanféatiques.) Voi *Anféatique.*

HANSIERE, *f. f.* Terme de *Marine*. C'eft un gros cordage qu'on jette aux chaloupes, qui veulent venir à bord d'un autre vaiffeau. Elle fert auffi pour remarquer les vaiffeaux, & pour les tirer à terre, aprés y avoir fait porter un ancre, &c.

HANTER, *v. a.* Frequenter. Hanter une perfonne. Hanter chez quelqu'un. Hanter le barreau. Hanter les cabarets &c.)

† *Hantife, f. f.* Fréquentation. [Elle pourroit perdre dans ces hantifes les femences d'honneur qu'elle a prifes avec nous. *Mol. Ecole des maris,* act. 1. fc. 2.)

HAP. HAQ.

HAPE-FOÏE, *f. m.* Oifeau de mer, qui a le bec fort, le deffous du bec crocu & le deffus un peu recourbé. Il ne fauroit s'élever à moins qu'il ne foit dans l'eau. Ils s'affemblent en grand nombre autour des navires des pêcheurs; & il fe fifflande foies de moruë, que ces navires jettent quand ils pêchent & habillent la moruë, qu'il a été apellé hape-foïe, à caufe de cela. (Le hape-foïe eft tres-gourmand & fa gourmandife fait qu'on le prend fort aifement avec des hameçons qu'on atache au bout d'une ligne.

† HAPELOURDE, *f. f.* Faux diamant.

† * *Hapelourde,* Lourdeau bien fait. (C'eft une hapelourde que cela. Les ambitieux font de belles hapelourdes, qui n'ont que l'aparence & l'éclat. *Baudouin Emblemes,* . . difc.)

† HAPER, *v. a.* Mot vieux & burlefque, pour dire prendre. (Si je n'avois fait le brave, ils n'auroient pas manqué de me haper. *Mol. Malade imaginaire.*)

HACQUENE'E, *f. f.* La haquenée eft une cavale ou une jument qui va l'amble. Une joli haquenée. Le Roi Jean vaincu & prifonnier entra à Londres, comme vainqueur, fur un beau cheval, avec le Prince de Galles à fon côté fur une petite haquenée. *Choifi hift. du Roi Jean,* l. 1. ch. 9)

La haquenée du gobelet. C'eft une cavalle ou un cheval qui porte par la campagne une valife du linge, de pain, des confitures, du fruit, & le couvert du dîné & du foupé du Roi.

† *La haquenée des Cordeliers.* C'eft à dire un bâton. (Il eft venu fur la haquenée des Cordeliers. C'eft à dire, à pié avec bâton à la main.)

HAQUET, *f. m.* Le haquet eft une forte de grande charreté fans ridelles & qui fert à amener du vin. (Un haquet trop chargé.)

HAR.

HARAN, *f. m.* Le haran eft un poiffon de mer qui va en troupe qui a le dos bleu & le ventre large & blanc. (Le haran a la chair dure & il fe cuit mal-aifément, & quand il eft falé, il repand un mauvais fuc dans le corps. Le haran frais n'eft pas fi mauvais.]

Haran foré. C'eft un haran falé & féché à petit feu. Elle n'a pû voir qu'avec envie la graiffe des harans foreres. *Mai. poë.*)

Harangeaifon, f. f. La harangeaifon eft le tems de la pêche & du paffage des harans

Harangere, f. f. La harangere eft une femme, qui dans les marchez de Paris vend du poiffon d'eau douce & de la moruë, du harang & du faumon. (Une groffe & graffe harangere.)

HARANGUE, *f. f.* La harangue eft un forte de difcours oratoire, court, vif & brillant qu'on fait à un Prince, à une Princeffe, ou à quelque perfonne de qualité, ou de grand merite. (Faire une belle harangue.)

Haranguer, v. n. Dire la harangue qu'on a faire à la perfonne en faveur de laquelle on l'a compofée. La lui reciter folennellement, (Meffieurs du Parlement vont aujourd'hui haranguer le Roi fur l'heureux fuccés de fes armes.)

† *Haranguer,* Ce mot, fignifiant parler en public contre quelcun, eft un *verbe neutre,* & il fe dit fouvent en riant. (L'orateur Démofthene ne fit toute fa vie que haranguer contre Philipe & contre Alexandre. *Fontanelle dial. des morts.*)

Harangueur, f. m. Le mot de harangueur ne fe dit aujourd'hui qu'en riant. Celui qui harangue. Celui qui parle en public. [Il faloit que fa rage pour comble de maux aportât dans la France des harangueurs l'ennuieufe éloquence *Dépr. Sat. 8.* Le Prefident Briffonnet étoit un affez mauvais harangueur, il regardoit toûjours aux folives. *Perroniana*)

HARAS, *f. m.* Plufieurs cavales de bon poil, bien choifies & propres à faire race avec un étalon de bon poil & bien choifi auffi. Le haras du Roi eft fort beau. Nourrir un haras. gouverner un haras.

HARASSER, *v. a.* L'*h* de ce verbe eft *afpirée,* & il fignifie. Laiffer. Fatiguer. (Haraffer un cheval. Cheval haraffé. Les troupes fe haraffent. *Abl.*

HARCELER, *v. a.* L'*h* de ce verbe eft afpirée. Ce mot fe dit en parlant de troupes & d'armées & il fignifie *fatiguer, tourmenter par des ataques frequentes.* (Ils n'ont fait que harceler l'armée dans la marche. *Ablancourt.* Il n'avoit pû fouffrir que les Barbares nous harcelaffent impunement. *Ablancourt, Rét. l. 3. c. 1.*)

HARD, *hart, f. f.* La hard eft un lien de fagot. (Lier avec un hard. Couper la hard. Delier la hard.)

† * *Hard.* Ce mot fignifie les cordes dont on étrangle une perfonne, mais ces cordes ne s'appellent pas aujourd'hui de la forte par le Bourreau de Paris. Il les nomme *tourtoufes,* & les Cordiers les apellent *mariages*: Neanmoins dans le monde on dit, on a défendu cela fur peine de hard. C'eft à dire, *fur peine de la corde.* Clement Marot dans un Epitre à François I. a écrit. *Il fent la hard de cent pas à la ronde.*

HARDE, *f. f.* Terme de *Chaffe* qui fe dit du *cerf* & des autres bêtes fauves, & fignifie *compagnie.* (Cerf en harde. C'eft à dire: Cerf qui eft avec d'autres cerfs.)

Il fe dit auffi en termes de *Fauconnerie,* des oifeaux qui vont en troupe.

Harder des chiens. Terme de *Chaffe.* C'eft mettre les chiens chacun dans fa force pour aller de meute, au aux relais. *Sal.*

Hardes, f. f. Ce mot n'aiant point de fingulier, fignifie tout l'équipage d'une perfonne, comme habits, linge, cofre. (Ses hardes font faifies. Il a de belles & bonnes hardes.)

HARDI, *hardie, adj.* L'*h* de ce mot & de fes derivez eft afpirée;

Fff 2 &

& il signifie. Qui a de la hardiesse. Qui a de l'assurance.(Un hardi soldat.Un hardi menteur. Une hardie femme. Elle est hardie comme une Amazone.

Je suis hardi quand il faut l'être,
Si quelcun en doutoit, il le pourroit connêtre.
Cadmus, *a*. 3. *sc.*1.)

Hardiment, *adv*.. Avec hardiesse. Parler hardiment. Ataquer hardiment. Marcher hardiment droit à l'ennemi. *Ablancourt*.]

Hardiesse,*s.f.* La hardiesse est une sorte de vertu qui consiste à ataquer avec prudence. Assurance qu'on a pour faire, ou pour entreprendre quelque chose. Avoir de la hardiesse. Parler ave hardiesse.)

Hardiesse. Liberté qu'on prend de faire, ou de dire quelque chose. (Il a eu la hardiesse de lui faire des reproches. Je prens la hardiesse de lui écrire.)

Hargne,*s.f.* Voiez *hergne*.

Hargneux, *hargneuse*, *adj*. Querelleux. [Il est hargneux. Elle est hargneuse.)

* *Un chien hargneux a souvent les oreilles déchirées.* Proverbe qui veut dire qu'un homme querelleux est d'ordinaire batu & mal-traité.

Haricot, *s.m.* Le haricot est une sorte de ragoût avec des navets & du mouton coupé par morceaux. Un bon haricot bien gras. *Mol.*)

Haricot. Féve blanche, Quelques païsans autour de Paris apellent ces sortes de féves, *calicots*, mais il parlent mal. A Paris on les nomme *haricots*. (Haricot dur, haricot tendre. Il y a des haricots secs, les verds sont dans les écosses, & se vendent en Eté ; & les secs sont écossez & se mangent le carême suivant. Fricasser des haricots.)

Haridelle,*s.f.* La hardiesse est un chetif cheval. (Une méchante haridelle.)

Harlequin,*s.m.* Le harlequin c'est celui qui fait le boufon dans les farces Italiennes,Boufon. (C'est un Harlequin.)

† *Harlou*. Mot dont on se sert lor qu'on veut faire chasser des chiens pour le loup. (Harlou mes bellots, harlou.)

Harmonie, *s.f.* Prononcez *armonie*. L'harmonie est une convenance & un acord de sons diferens de plusieurs parties. Acord agreable & charmant de voix ou de paroles. [Une belle & charmante harmonie. * Discours plein d'harmonie. Il y a dans les periodes de l'illustre d'Ablancourt une certaine harmonie qui plait autant à l'oreille que celle des vers *S. Evremont, refléx. sur les Trad*.]

* *Harmonie*. Ce mot au figuré, signifie union de personnes, ou de choses qui tendent à une même fin. (l'harmonie du corps. L'harmonie du monde. Les corps politiques ne peuvent subsister sans une parfaite harmonie entre les parties qui les composent, entre les Chefs & les membres.]

* *Harmonie Evangelique*. Terme de *Theologie*.Ce sont les Concordances des quatre Evangelistes,dans lesquelles on fait voir le raport des uns avec les autres.

Harmonieux,*harmonieuse*, *adj*. Plein d'harmonie. Qui a de l'armonie. Qui fait une agreable harmonie. | un son harmonieux. La harpe est harmonieuse. * Discours harmonieux.]

Harmonieusement adv. Avec harmonie. D'une maniere harmonieuse. (Les rossignols chantent harmonieusement.)

Harnachement,*s. m.* L'action de harnacher. Et ce qui est necessaire pour harnacher. Le harnachement des mulets a beaucoup coûté.

Harnacheur, *s. m.* Ouvrier qui fait les harnois des chevaux de scelle pour les selliers.)

Harnois,*s. m.* Terme de *Bourrelier*. Le harnois est le colier, la bride, & tout ce qu'on met sur le dos du cheval pour l'enharnacher, & le mettre en état de servir.

Harnois, Terme de *Selier*. C'est la tetiere, le poitral, la croupiere & les rennes du cheval de selle.

Harnois de carrosse,*s. m.* Terme de *Sellier*. C'est tout l'équipage de cuir de carrosse. (Faire un harnois.Noircir un harnois.Semer un harnois de cloux de cuivre jaune, ou de cuivre doré, de fleurons, de boucles & d'autres petits ornemens. Un beau harnois de carosse coûte cher.)

Harnois, Terme de *Chartier*. Sorte de charrette sans ridelle qui est propre à mener quelque voiture. (Harnois à charrier de pierre. Harnois à charrier du vin.On apelle d'ordinaire cette derniere sorte de harnois un *haquet*.)

* *Harnois*,Ce mot de *harnois* signifie aussi l'habillement d'un homme d'armes. mais en ce sens, il est plus de la poësie que de la prose. La mort vous sembla belle autrefois à cheval & sous le harnois *Voit poës*. Cleonime mourut d'un coup qui lui perça son harnois *Abl. Ret*.*l.*4, *c*.1. Sous le harnois le plus riche que Vulcain ait inventé, marche le Prince. *Scar. P.s.*Dormir en plein champ le harnois sur le dos.*Dépr. Sat*. 5. Endosser le harnois.

[† * Vous avez blanchi sous le harnois. *Mol.* C'est à dire, vous avez exercé long-tems la même profession.)

[*Haro*. Sorte de cri par lequel on demande secours. (Crier haro sur quelcun, c'est demander secours contre une personne qui nous oprime, ou nous maltraite, ou qui outrage autrui Faire haro sur quelcun.)

Harpe,*s.f.* La harpe est un instrument de Musique à plusieurs rangs de cordes de léton, de figure triangulaire, fort harmonieux & composé d'une table & d'un clavier. [Joüer de la harpe. Toucher de la harpe.

Harpes, Terme de *Maçon*, Pierre qu'on laisse sortir hors du mur pour servir de liaison lors qu'on les veut joindre à une autre muraille.

Harper, *v.n*. Ce mot se dit des chevaux. C'est hausser la jambe extraordinairement à cause de quelque maladie du jarret. (Il faut donner le feu à un cheval qui harpe. *Soleisel*.

Harper,Terme de *Manége*. qui se dit du train du derriere d'un cheval. (Cheval qui *harpe d'une jambe* ; c'est un cheval qui leve précipitamment l'une des jambes de derriere plus haute que l'autre, sans que le jarret plie.Cheval qui *harpe des deux jambes*, c'est à dire cheval qui leve les deux jambes tout à la fois & avec precipitation.)

Harpé, *harpée*, *adj.* Ce mot se dit des chiens, & veut dire qui a les hanches larges.(Chien bien harpé. *Sal*.

† *Harper*, *v. n*. Mot burlesque & peu usité , pour joüer de la harpe. (Dés le vieux tems qu'Orphée harpa. *Voit poës*.)

† * *Se harper* , *v. r*. Se dechirer Se blâmer. Se railler. (Les Auteurs se harpent les uns les autres.)

Harpie s. m. La harpie est une sorte de monstre, moitié femme, moitié oiseau la *harpie* est un oiseau fabuleux & monstrueux qui a le visage & la tête de femme,& qui enleve ce qu'il peut atraper.

† * *Harpie*. Femme avare, qui en prend où elle en trouve & en peut atraper. (C'est une harpie.)

† *Se harpigner*, *v.r. Mot burlesque*, qui veut dire *se batre*, [Ils ne font que se harpigner.)

Harpons, *s. m.* Mains de fer. (Ils sont forger de mains de fer qu'ils apellent *harpons*.*Vau. Quin. l.*4. *c*2.)

Harpons, Terme de *Mer*. Tranchans qu'un met au bout des vergues, & qui sont faits en forme de la lettre S. pour couper les cordages de l'ennemi. *Fournier*.

Harpon, Terme de *Mer*. On apelle aussi de ce nom ,un gros javelot ataché au bout d'une corde ,avec lequel on prend les marsouins & les baleines. [On dit lancer le harpon. Le marsouin s'atrache quelquefois du harpon. On prend aisément le marsouin quand il est frapé du harpon. Quand la Baleine a été acrochée avec le harpon, on laisse filer la corde, au bout de laquelle est atachée une courge séche qui suit le poisson & sert de marque pour conoistre où il est & pour le suivre *Harpon*. Ce mot en terme d'*Architecture*, est une grosse piece de fer, qui arrête & tient ferme les pans d'un bâtiment de charpente.

Harponneur, *s.m*. C'est celui qui dans la pêche de Mer sert du harpon pour prendre de certains poissons, balaines,marsouins, éturgeons , &c.(Si tôt que le *harponneur* aperçoit le ventre de l'éturgeon, qui se tourne tantôt d'un côté tantôt de l'autre, il le darde au defaut des écailles. *Denis* , *histoire d'Amerique T*. 2.*ch*. 17.)

Hart. Voiez *hard*.

HAS. HAT.

Hasard. Voiez *hazard*, *hazarder*, *&c*.

Hase,*s.f.* Ce mot vient de l'Aleman *hase* , qui signifie *un liévre*. La hase est la femelle du liévre , ou du lapin. (C'est une hase qui est pleine. Ce mot de *hase* se dit par mepris d'une vieille femme.

† *Hâte*, *s.f.* Ce mot signifioit autrefois *broche*, mais en ce sens il est hors d'usage à Paris, où l'on dit *broche*.

Hâte. Vitesse. Diligence.(Aler à la hâte, en grande hâte, en quelque lieu. Avoir une extrême hâte de partir.*Voit*. L.16.Faire une chose à la hâte, Ils se retirent en hâte vers la vile. *Abb Air*.| un Comedien fait à la hâte. *Abl. Luc. Tom* 1.)

Hâter, *v.a*. Dépecher. Faire avancer. Faire aler plus vite.(Hâter la mort d'une personne. *Gen*, *poës*. Faire hâter un Messager Adieu ruisseau,si par mes regrets j'ai bien peut t'arrêtrez, voilà les pleurs pour te hâter. *S. Amant*. Hâter le pas.)

Se hâter ,*v.r*. Faire quelque chose en diligence. Je me hâte le plus que je puis. Je me suis hâté de travailler. Hâtez-vous de revenir.)

Hâteur, *s. m*. Le hâteur est un oficier de cuisine bouche du Roi qui a soin du rôt.

Hatiers, *s. m*. Instrument de fer sur quoi on met la broche lorsqu'on veut faire rôtir quelque viande. On appelle aussi ces instrumens des *contre hatiers*.

Hâtif, *hâtive*, *adj*.Ce mot se dit des fruits & de certaines fleurs & veut dire *Précoce*. Qui meurit,qui fleurit, qui vient avant le tems ordinaire. [Tulipe hâtive. Abricot hâtif. Pêche hâtive. Poire hâtive. Les fruits hâtifs sont plus chers que les autres.)

Hativeau, *s.m*. C'est le nom d'une poire hâtive. (Ce sont des poires de hâtiveau.

Hâtivement ,*adv*. D'une maniere hâtive.) Il est venu hâtivement.)

Hâtiveté,*s.f.*Il se dit des fruits, & il signifie *précocité*. Il y a des fruits estimables pour leur hâtiveté & d'autres pour leur tardiveté. *Quint*. *Jardins*.)

HAU

HAU

Tous les mots de cette colonne aspirent leur h.

Havage, *s. m.* Droit que le Bourreau a de prendre sur toutes les petites denrées qui viennent des champs aux marchez. (Le havage vient haut à Paris.)

Haubans, *s. m.* Terme de Mer. Ce sont les gros cordages qui tiennent les mâts, & qui sont amarrez, ou atachez aux barres des hunes pour soutenir le mât. Il y a de grands haubans & de moindres, & à la reserve du Beaupré, il n'y a point de mât qui n'ait ses haubans.)

Have, *adj.* Hideux. Laid à voir. (Avoir les yeux haves. Visage have. *Vau Quin. l.9.c.3.* Ils étoient tous haves & défigurez. *Abl. Luc. T. 2.*)

Havée, *s.f.* Terme de *Bourreau.* C'est tout ce que prend le Bourreau pour son droit de havage sur les petites denrées au marché de Paris & de quelques autres lieux. (Faire païer les havées. Lever les havées.)

Havir, *v. n.* Ce mot se dit de la viande qu'on rotit & signifie *brûler* en faisant un trop grand feu. (Le trop grand feu fait havir la viande.)

Havre, *s. m.* Port. (Un havre.)

Havre d'entrée. Le havre d'entrée est un port où il y a de l'eau pour entrer sufisamment en tout tems.

Havre de barre ou *de marée.* C'est un port où l'on ne peut entrer que de haute mer.

† *Havre sac,* *s. m.* Mot Alemand qui veut dire *sac à l'avoine,* & parmi nous c'est une sorte de bissac de soldat fantasin.

Hausse, *s. f.* Terme de *Cordonnier.* Morceau de cuir qu'on met sur les formes quand on monte une paire de souliez. C'est aussi un morceau de cuir que le Savetier met à un côté d'un soulié, ou d'une bôte pour le hausser de ce côté-là. (Mettre une hausse.)

Hausse, *s. f.* Terme de *Lutier.* Petit morceau de bois sous l'archet de la viole & du violon. (Une hausse d'archet de viole ou de violon.)

Hausse. Terme d'*Imprimeur.* C'est le papier que l'on côle sur le grand timpan, afin que l'impression vienne également.

Hausse-col, hausse-cou, *s.m.* L'un & l'autre se dit, mais il semble que *hausse-col* soit plus en usage que *hausse-cou.* C'est une sorte de petite plaque, qui est ordinairement de cuivre doré que les officiers d'Infanterie portent au dessous du cou. (Les armes des Officiers d'Infanterie sont l'épée, la pique & le hausse-cou. *Gaia, tr. des armes, l. 4.*)

† *Haussement,* L'action de hausser & d'élever. (Le haussement d'un mur.) On dit aussi le haussement de la voix.

Hausser, *v. a.* Elever. (Hausser la voix. *Abl.*) Hausser nôtre chevet avec une escabelle. *S. Am.* Hausser un mur. Hausser une machine d'un cran.)

Hausser, *v. a.* Il se dit de la valeur des choses. Hausser la monoie. Hausser le prix du blé. Hausser la paie des soldats.

Hausser, *v. n.* Croître. (La riviére hausse, c'est à dire, s'enfle, croît.)

* Hausser les épaules. Ces mots signifient un geste que l'on fait pour témoigner de l'étonnement & le mépris qu'on fait d'une chose. V. Epaules.

Se hausser, *v.r.* S'élever sur le bout des piez. (Haussez-vous si vous voulez voir.)

† * Le tems se hausse. C'est à dire, le tems s'éclaircit.

Haut, *s. m.* La partie la plus haute & la plus élevée de quelque chose. (Gagner le haut des montagnes. *Vau. Quin. l. 3.* Il grimpa sur le haut de la coline. *Abl. Rét. l. 4.*)

Haut, *s.m.* Hauteur. (Tomber de son haut. *Voit. poëſ.* Un mur de cent piez de haut. *Abl. Rét. l. 3. c. 3.*)

Haut, *s.m.* Il se dit de ce qui est fort peu élevé & qui a quelque peu de pente. (Le haut de la ruë. Le haut du pavé.)

Haut, *s. m.* Ce mot se prend quelquefois pour la bouche. (Un déyoiement par haut & par bas. Une décharge de bile par haut & par bas.)

Le Tres-haut. C'est à dire Dieu.

(*Il faut du haut & du bas dans la vie. Mol.* C'est à dire, que la vie ne doit pas étre toute unie.)

Haut, haute, *adj.* Qui est élevé de terre. (Une maison fort haute. Un toit trop haut. Haut de cent piez.)

* *Etre haut en couleur,* C'est à dire, avoir beaucoup de couleur.

Haut, haute. Ce mot se dit du Soleil, & veut dire qu'il est déja fort ardent & fort élevé au dessus de l'horison. (Le Soleil étoit déja fort haut.)

* Haut, haute. Grand à cause de sa dignité. Considerable. Haut & puissant Seigneur. Haut merite. Haute pieté. Haute vertu.

* Haut, haute. Glorieux & dificile. Grand & considerable. Une haute entreprise. *Vaugel. Quin. liv. 3.* Une haute fortune.)

* Haut, haute. Sublime. (C'est un orateur d'une haute éloquence & d'un profond savoir.)

* Le haut Alemand. C'est le langage Alemand le plus délicat & le plus poli, tel qu'on le parle en Misnie.

Le haut bout d'une table. C'est l'endroit le plus honorable.

HAU

Haut, haute. Magnanime. Courageux. Fier. Noble. (Avoir le cœur haut. *Voit. poëſ.*)

* *Haut, haute.* Ce mot se dit en parlant du Carême & de Pâque, c'est à dire, qui ne vient pas si-tôt qu'à l'acoûtumée. (Le carême est haut cette année.)

* *Haut, haute.* Ce mot se dit en terme de jeu de cartes, & veut dire une carte qui vaut plus qu'une autre. Qui l'emporte sur une autre ; (Ainsi au piquet les as sont les plus hauts.)

* *Haut, haute.* Ce mot se dit de *la mer,* & des eaux & veut dire *enflé.* (La rivière est haute. Les eaux sont hautes. La mer est haute.)

Haut, haute. Il se dit des Païs les plus éloignez de la Mer, à l'égard de ceux qui en sont plus voisins. (Le haut & le bas Languedoc, la haute Normandie. La haute Alemagne. Il se dit aussi des païs qui sont dans les montagnes. (Ainsi l'on dit, La haute Auvergne.)

* *Haut en paroles.* C'est à dire, qui parle impérieusement.

* *Haut à la main,* c'est à dire, qui frape pour se faire obéir.

* *Viande de haut goût.* C'est à dire, qui a une saveur piquante & relevée.

* *Un chien de haut nez.* Terme de *Vénerie.* C'est un chien qui a le sentiment & l'odorat fort bon.

* *Le haut stile.* C'est un langage rempli de termes nobles & d'expressions riches & magnifiques.

Haut, adv. D'une voix haute. D'une voix élevée. (Parler haut.)

* *Haut, adv.* D'une manière belle, & un peu fiére. (Le porter haut.)

* *Haut, adv.* D'une manière haute. Avec éclat.

(*Si haut je veux loüer Silvie*
Que tout autre en meure d'envie.
Voit. poëſ.)

† *Haut la main, adv.* D'une manière haute & absoluë. (Il fait ce-la haut la main.)

* *Hautement, adv.* Courageusement. Hardiment. (Il a hautement soutenu le parti de son ami.)

* *Hautement, adv.* Clairement. (L'amour que les justes ont pour la vertu témoigne hautement, &c. *Pas. l. 4.*)

Hautain, hautaine, *adj.* Fier. Superbe Orgueilleux. (Il est hautain. Elle est hautaine. Esprit hautain. Humeur hautaine.)

Haut-bois, *s. m.* Instrument de musique à anche & à vent, qui a plusieurs trous & qui est semblable à une flûte douce. (Joüer du haut-bois. *Mers.*)

Haut-bois. Celui qui joüe du haut-bois. (Le Sieur un tel est l'un des haut-bois du Roi. C'est une sorte d'Oficier qui joüe du haut-bois devant le Roi aux bonnes fêtes & quand le Roi le veut. Il y a douze haut-bois du Roi. Ils sont établis il y a près de huit cens ans, &c.

Haute contre, *s.f.* Terme de *Musique.* C'est une partie de Musique plus haute que la Taille, & plus basse que le Dessus. On apelle en Latin la haute contre. *Altus,* ou *Contra-Tenor.* Qu'elle ne Chanter la haute contre.)

Haute-contre, *s. m.* Ce mot entre Musiciens, veut dire aussi celui qui chante la haute-contre ; mais, en ce sens, il est *masculin,* & on dit, Monsieur un tel est *un haute-contre.*

Haute-contre, *s. f.* Terme de *Lutier,* & de *violon.* C'est une des parties du violon qui est entre le dessus & la taille. Car dans les beaux concerts de violon, il y a d'ordinaire cinq parties, le dessus, la haute-contre, la taille, la basse & la quinte. (Toucher la haute-contre. Joüer de la haute-contre.)

Haut-de-chausse, *s.m.* Partie de l'habit de l'homme qui prend depuis les reins jusqu'au genou, & qui est composée d'une ceinture, d'un devant & d'un derriére.

† * *Sa femme porte le haut de chausse.* C'est à dire, qu'elle est la maîtresse & que son mari n'a nul pouvoir au logis.

Haute-Justice, *s.s.* Sorte de Jurifdiction qui comprend la moïenne & la basse, & qui connoit de tous les crimes punissables de mort, & de toutes les causes civiles, excepté les cas Roiaux & privilégiez.

Haut-Justicier, *s.m.* C'est celui qui a haute, moïenne & basse Justice, qui connoit de tous les crimes punissables de mort, & de toutes les causes civiles, qui ne sont ni Roïales, ni privilégiées, & de toutes les fautes dont l'amande ne va pas au delà de soixante sous Parisis. (Le Seigneur haut-Justicier succéde à un bien que personne ne reclame, *Patru, plaid. 8.*)

† *De haute lute, adv.* Hautement. Haut la main. (Son cœur est pris de haute lute. *Benser, Rondeaux.*)

Haut-mal, *s.m.* Mal caduc. C'est un mal qui ataque le cerveau, qui fait perdre le jugement & le sentiment, & jette la personne qui en est attaquée dans de grandes convulsions. On l'apelle *haut-mal,* parce qu'il ataque *la tête,* ou qui fait tomber la personne de son haut. On le nomme aussi *mal caduc,* ou *épilepsie.* (Les Médecins ne voient goute au haut mal. On dit que Jules César tomboit du haut mal.)

Hauto-futayo. V. Futaye.

Haute marée, *s. f.* C'est le plus grand accroissement de la marée.

Haut, haute. Ces mots se disent encore de diverses autres choses. Exemples.

Le maître des hautes œuvres. C'est le bourreau.

Les hautes clases. Terme de *Colége.* La haute & la basse Latinité. Le haut & le bas Empire. On dit en terme de *Guerre.* Les hauts & les bas Oficiers.

Fff 3   Haute-

Haute-garde. Terme d'*Escrime.*
Haute-lice. Terme de *Tapissier.*
Haut-côté de mouton. Terme de *Rotisseur.* Chapon de haute graisse.
Le haut du Ciel. Terme d'*Astrologie.* C'est le Zenith. *Le haut du jour.* C'est le tems où le Soleil est le plus ardent. *Haute heure,* c'est quand le Soleil est haut sur l'horison & qu'il aproche du Meridien.
Là haut. Il signifie souvent *au Ciel.*
* *Il se porte haut.* C'est à dire, il fait l'homme de qualité, il agit avec superiorité.
* *Traiter les gens du haut en bas,* c'est à dire, avec mépris.
* *Danser par haut.* C'est faire des sauts & des capricles en dansant.
Haut le pié. C'est à dire, marchez. *Haut le bras,* c'est à dire, commencez à travailler.
Haut le bois. Il se dit à la guerre, quand on fait lever les piques.
Il a le cœur haut & la fortune basse. Cette façon de parler est proverbiale.
On dit d'une femme laide, que le *haut* deffend le *bas.*
Hautesse, s. f. Titre qu'on donne au grand Seigneur. Le grand Seigneur, Le grand Turc. (Il déclara aux assiégez qu'il ne seroit plus tems de capituler quand sa *Hautesse* seroit arrivée. *Bouhours, Aubuiss.* l. 3.)
Hauteur, s. f. Distance qu'il y a depuis le bas jusques au haut. La hauteur de la tour étoit prodigieuse. L'ouvrage étoit élevé à la hauteur d'une montagne. *Vaug. Quin.* l. 4. La hauteur des blez. *Abl. Ar.*)
Hauteur. Ce mot en terme de *Géographie* est usité. (Ainsi on dit prendre la hauteur du pôle.)
* *Hauteur.* On le dit du paralelle sur lequel on croit être quand on navige en pleine Mer. (Nous étions à la hauteur du Cap verd, c'est à dire sous le paralelle qui passe par le Cap verd. La flote étoit à la hauteur de l'Ile de Viglit.)
Hauteur. Ce mot se dit en parlant de *bataillon.* C'est la longueur du bataillon depuis la tête jusques à la queuë. (Il donna beaucoup de hauteur à sa bataille. *Abl. Ar.*)
Hauteur. Petite coline. (Il vit une troupe qui tenoit une hauteur par où il devoit passer. *Abl. Ar.*)
* *Hauteur.* Grandeur de courage. Sublimité. Excellence. Grandeur. Perfection. (Feu d'Ablancourt avoit une hauteur d'ame qu'on ne sauroit assez admirer. Elle se moque de la hauteur de leurs spéculations. *Abl. Luc.* T. 1. C'est en vain qu'un téméraire Auteur pense de l'art des vers atteindre la hauteur. *Dépr. Poëtique,* c. 1.)
* *Hauteur.* Maniére absoluë. Empire. Autorité. (Ils tachérent d'emporter par hauteur de qu'ils ne pouvoient gagner par justice. *Bouhours, Aubusson,* l. 1. Il a traité cet homme de grande hauteur. J'ai gagné mon procès de belle hauteur.)
Il est tombé de sa hauteur, ou de son haut. C'est à dire, sans être élevé de terre & étant seulement debout.

HAZ.

Les mots de cette colonne aspirent leur h.

HAZARD, *hasard,* s. m. Péril. Risque. (On est bien fou de mettre sa vie *au hazard* pour les biens du monde. S'exposer au hazard. *Abl. Arr.* Il a couru *hazard* de se perdre. *Abl. César.* Ce n'est point *le hazard* qui conduit les choses du monde, mais la fortune se régle par l'esprit des hommes. *Durier Fronsh.* l. 1. ch. 1.)
Par hazard, adv. Par accident, fortuitement. (Chose qui arrive par hazard.)
Hazarder, hasarder, v. a. Mettre au hazard. Tenir le hazard. (Hazarder la bataille. *Abl.* Hazarder sa vie. Ceux qui su hazardoient de faire passer les chevaux. *Vau. Quin.* l. x c. 1. Ils hazardent de lui aprendre la conduite de sa maîtresse. *Le Comte de Bussi.*)
Se hazarder, v. r. S'exposer au hazard. (Personne n'osa *se hazarder* à lui donner un conseil fidele. *Maure. Schis.* l. 1.
Hazardeux, hazardeuse, adj. Ce mot se dit des personnes, & des choses. Il veut dire *qui hazarde trop. Dangereux.* (C'est un Médecin trop hazardeux. *Ablancourt, Apo. p.* 554. Action hazardeuse.)
Haze. Voiez *hase.*

HE. HEA.

HE. Sorte d'interjection qui *aspire son h,* & qui sert à exprimer quelque mouvement de l'ame. (He! morbleu, ne me faites pas parler là dessus. *Mol.* He! vite, hola quelcun. *Mol. cocu imag. sc.* 2.)
Heaume, s. m. Le heaume est un pot en tête qui couvre la tête, le visage, & même le cou de l'homme armé.
Heaumier, s. m. Prononcez *Haumié.* C'est un des titres des atmuriers qui se nomment *armuriers heaumiers.* C'est à dire faiseurs de heaumes. Le heaumier est celui qui fait & qui vend des casques, des cuirasses, des brassars & de toute sorte d'armures pour couvrir un soldat. (Les heaumiers, ou plûtôt les armuriers sont peu de chose quoi que la guerre soit alumée par tout.) Voi. *Armurier.*

HEB. HEC. HEE.

HEBDOMADAIRE, s. m. Terme de certains *Religieux.* Celui qui est en semaine pour oficier. (Je suis hebdomadaire.)
† HÉBERGER, v. r. Loger. (Par tout où nous avons *hébergé,* nos hôtes n'ont point fait de dificulté de prendre de l'argent de nous, *Voiture, lett.* 85.)
Hébergé, hébergée, adj. Mot vieux & burlesque. (Il est plaisamment hébergé, pour dire, logé.)
HEBETÉ, *hebetée,* adj. Qui est devenu stupide. (Il est tout hébeté. Elle est hébetée.)
Hebeter, v. a. Rendre bête & stupide. Hebeter un enfant.)
HÉBRAIQUE, adj. Qui est d'Hebreu, ou des Hebreux. (Les caractéres hebraïques. Il y a des accens dans la langue Hébraïque. *Boileau, Avis à Ménage.*)
Hébraïsme, s. m. L'hébraïsme est une façon de parler hebraïque.
Hébreu, adj. Qui est hébreu. (Moyse par le conseil de son beau-Pére Jétro divisa le peuple Hébreu en douze tribus, *Port-Roial.*)
Hébreu, s. m. Qui est écrit en caractéres hebreux. (Manuscrit hebreu.)
Hébreu, s. m. Langue Hébraïque. (Savoir l'Hébreu. L'Hébreu est aisé à aprendre.)
HECATOMBE, s. f. Il vient du Grec. Sacrifice de cent bêtes que faisoient les anciens Grecs & Romains. (Humer la fumée d'une grasse hécatombe, *Ablancourt.* Vous crucifiez celui qui est cause que vous avez des autels & des hécatombes. *Abl. Luc.* T. 1: *Prométée.*)
HÉE! Sorte d'interjection qui sert à interroger & marquer de la colére & quelque chose d'aigre. (Hée! Que dis tu?)

HEG.

HÉGIRE, s. f. Terme de *Cronologie.* L'hégire est l'Epoque dont se servent les Arabes & les Turcs pour compter. (L'hegire des Arabes & des Turcs est fameuse. Voïez *Calvisius.*)

HEL.

HELAS. Sorte d'interjection propre à exprimer quelque mouvement de douleur. *L'h du mot helas est muette.* (Belle Hermionne, Helas! puis-je être heureux sans vous. Voïez *la Tragedie en musique de Cadmus & d'Hermionne,* a. 5. s. 1.)
Helas, s. m. (Voila un helas bien passionné. *Moliere.*)
HELEINE, s. f. Nom de femme. (La belle Heleine.)
HELICE, s. f. Terme de *Géometrie & d'Architecture.* C'est une ligne tracée en forme de vis autour d'un cilindre. (Un escalier en hélice est composé de marches gironnées, atachées les unes sur les autres autour d'une colonne de bois ou de pierre.
HELIOTROPE, s. f. Plante qu'on apelle ordinairement *Soleil,* ou *tourne-sol.*
Heliotrope. Pierre prétieuse de couleur verdâtre, marquée de taches de sang, qui étant jettée dans un vase rempli d'eau, rend des reverberations lumineuses. Voïez *le Mercure Indien.*
HELL BORE, ou ellebore, s. m. Plante qui pousse une petite tige au haut de laquelle il y vient des fleurs blanchâtres, & cet hellebore s'apelle *l'hellebore blanc,* mais il y en a un autre qu'on nomme hellebore noir. Voïez les proprietez de l'ellebore dans *Dalechamp.* Voïez aussi *Ellebore.*

HEM. HEN.

HEM. *Interjection* pour apeller. (Hem. hem.)
HEMINE, s. f. Vaisseau servant de mesure chez les Anciens. C'est la mesure de la portion du vin qu'on doit donner à chaque repas aux Religieux de l'Ordre de S. Benoît.
HEMEROCALE, s. f. Sorte de fleur rouge, gris de lin, ou jaune. (L'hemerocale est belle & même elle est bonne à plusieurs maux. Voïez *Dal.*)
HÉMISPHERE, s. m. Ce mot est Grec, & il signifie demi globe. La moitié d'un globe divisé par un plan qui passe par son centre. Moitié du monde. Moitié du globe, ou de la mapemonde. (Hemisphère superieur ou visible. Hemisphère inferieur.
HEMISTICHE, s. m. Il vient du Grec. L'hémistiche est un demi-vers François Alexandrin, ou commun. (Un bel hémistiche.)
HÉMORRAGIE, *aimorragie,* ou *morragie.* Ce mot vient du Grec, & tous les Savans veulent qu'on écrive hémorragie, s. f. Perte de sang par le nez. (Provoquer l'hémorragie pour guérir le mal de tête.)
HÉMORROIDES, s. f. Il vient du Grec, & n'a point de singulier. Ce sont des tumeurs rondes aux extremitez des veines qui sont autour du fondement remplies de sang mélancolique. (Les hémorroïdes viennent d'un sang grossier, & melancolique & échaufé. Les hémorroïdes fluent, ou coulent. Etre tourmenté des hémorroïdes. Apliquer des sangsues pour décharger les hémorroïdes. On dit en Phrase proverbiale, en parlant

parlant des hémorroïdes ; quand on a les hémorroïdes, on est à plaindre, mais quand on ne les a pas on doit craindre. On dit les veines hémorrodiales intérieures & extérieures.)
(Apliquer des sansuës pour décharger les hémorroïdes.)
Hémorroïsse, s. f. Femme qui a une perte de sang depuis long-tems. (Jesus-Christ guérit l'hémorroïsse, *Port-Roial, Nouveau Testament.*)
Hendecasilabe, adj. Qui se prend souvent comme *un substantif.* Ce mot est Grec & signifie qui est d'onze silabes. Il se dit des vers. L'Abé de Morales *remarque sur la* 43. *piéce de Catulle,* dit que les Endecasilabes sont des vers propres à faire des Satires. Catulle est le Poëte Latin le plus fameux en matière d'endecasilabes. Vos Endecasilabes sont doux & charmans. Les graces que j'ai trouvées dans vos Endecasilabes chatouilloient l'ame la plus ennemie des vers & de la Musique. *Balzac, lettres choisies, t. 2. p. l. 3. lett. 6.*)
Henri, s. m. Ce mot aspire son *h,* & est un nom d'homme. (La vie de Henri le grand a été faite par Mezerai, sous le nom de Monsieur de Péréfixe.)
Henriette, s. f. Nom de femme. L'*h* de *Henriette s'aspire.* Cependant Moliere a fait l'*h* de Henriette muette, mais il en est repris par quelques-uns. (Oui, son cœur est épris des graces d'Henriette. Voiez *Femmes savantes, a. 2. s. 3.*) La premiére femme de Monsieur le Duc d'Orleans s'apeloit Henriette, fille de Charles I. Roi d'Angleterre.

HEP. HER.

HÉPATIQUE, *s. f.* Plante qui fleurit blanche, violette ou rouge. (Il y a une *hépatique double,* & une *hépatique simple.*)
Hépatique, ou *épatique, adj.* Terme de *Médecin.* Qui vient du foie. Qui est causé par le foie. Qui regarde le foie. Qui est bon pour le foie. (Rameau hépatique. *Roh. Phi.* Flux épatique. Remède hépatique. Tisane hépatique.)
HEPTAGONE, *adj.* Terme de *Géometrie* qui est Grec & qui se dit d'une figure qui a sept côtez & sept angles. (Figure heptagone. Décrire un heptagone.)
Heptapone. En termes de Fortification. C'est une place fortifiée de sept bastions. (C'est un heptagone irrégulier.)
HERALDIQUE, *adj.* Qui regarde le heraut. Qui apartient *au héraut.* Qui regarde les armes & les blasons des personnes de qualité. (Ainsi on dit, *la sience heraldique pour dire le blason.*)
HÉRAUT, *s. m.* Prononcez *héro.* C'est un Oficier d'un Prince souverain, qui lors qu'il fait la fonction de sa charge, est revêtu d'un hoqueton, ou d'une cote d'armes, qui fait de la part de son Prince les défis publics, déclare la guerre, publie la paix, & assiste aux grandes Cérémonies. (On envoia un héraut pour sommer les habitans de se rendre *Vaug.Q.Curce, l. 3. ch. 1.* Le hérault faisoit les défis publics, les tréves & les traitez de paix, & annonçoit les tournois. *Abé de Choisi, hist. de Phil. de Valois.*)
* *Héraut.* Ce mot se rencontre dans un sens qui tient du figuré (Exemple. Je suis le médecin de l'ame & le héraut de la liberté & de la verité. *Abl. Luc. Dialogue des Philosophes à l'encas.* C'est à dire, je guéris les hommes de leurs passions vicieuses, & je fais une profession ouverte d'être libre, sincère & véritable, & en un mot, de faire la nique à la contrainte & de me moquer de tout.)
HERBAGE, *s. f.* Herbes. (Mener à l'herbage. *God. Poë.* Ils sont devenus semblables aux herbages que les troupeaux paissent. *Port-Roial. Isaïe ch.* 37.)
Herbe, s. f. Toute plante qui n'a point de tige, qui fait feuille & que la terre produit, ou d'elle même, ou quand elle est cultivée. (De la bonne herbe. Mettre un cheval à l'herbe. Cueillir des herbes.)
† *Etre cocu en herbe,* C'est à dire. Etre un petit commencement de cocu. Etre taillé pour être un jour un maître cocu.
† *Manger son blé en herbe,* C'est manger & consumer les revenus avant le tems.
†* *Couper l'herbe sous les piez, à quelcun.* C'est le supplanter, & le priver d'un avantage qu'il avoit esperé.
Herber, v. a. Terme de *Maréchal,* C'est mettre au milieu du poitrail d'un cheval qui a quelque mal de tête ou quelque avant cœur, un morceau de racine d'hellebore qui fait enfler & supurer. (Herber un cheval.)
† *Herbette, s. f.* Mot burlesque pour dire l'*herbe.* (Guillot endormi sur l'herbette dormoit. *La fontaine, fables, l. 3.*)
Herbier, s. m. C'est le premier des ventricules du bœuf & des autres animaux qui ruminent, où se reçoit l'herbe qu'ils paissent.
Herbiére. s. f. Celle qui va dans les jardins & dans les prez pour y cueillir des herbes pour les vaches, pour les lapins, &c.
Herboriser; arboriser; herbolisier, v. n. Ces trois mots se disent, mais *herboriser* semble le plus sûr & le meilleur à bien des gens. C'est aller chercher dans la campagne des herbes & des racines pour s'en servir dans diverses maladies.
Herboriste; arboriste; herbolisie, s. m. Ces trois mots se disent. Le peuple dit *arboriste,* quelques savans hommes disent *herbolisie,* & d'autres, du sentiment desquels j'ose me mettre, disent

herboriste. L'*herboriste* est celui qui va chercher des herbes & des racines pour s'en servir dans les maladies. (Les modernes herboristes. Voiez *Dalechamp, Tome* 1. *histoire des plantes, liv.* 2. *chap.* 29. *page* 729. *&* 730.)
Herbu, herbuë, adj. Qui est garni d'herbes. (Pré herbu. Chemin herbu.)
HERCE, *s. f.* La herce est une sorte de porte-coulisse d'où sortent, en manière de dents, plusieurs morceaux de fer pointus.
Herce. Terme de *Parcheminier.* Sorte d'assez grand chassis avec des chevilles sur lequel on étend le parchemin en cosse pour le raturer.
Herce. Terme de *Laboureur.* Instrument de bois qui a plusieurs rangs de dents duquel les Laboureurs se servent pour fendre les motes, pour les rompre & les casser.
Herces. Terme d'*Architecte.* Barriéres qu'on met devant les logis. *Félibien.*
Hercer, v. a. Terme de *Laboureur.* Rompre & briser les mores d'un champ en faisant passer plusieurs fois la herce par dessus les motes de ce champ. (Hercer un arpent de terre labourée. Champ bien ou mal hercé.)
Herceur, s. m. Celui qui herce quelque terre. (Un bon herceur.)
HÉRE. Voiez *haire.*
HEREDITAIRE, *adj.* Ce qui vient aux héritiers. Ce dont on hérite. Ce qui vient des péres & méres aux enfans, ou autres proches héritiers. (Bien héréditaire. Le Roïaume de France est héréditaire. * La vertu est héréditaire dans la famille de Messieurs Bignons.
† *Hérédité, s. f.* Terme de *Palais,* qui signifie héritage. Voiez *héritage.*
HERESIARQUE, *s. m.* L'hérésiarque est celui qui invente quelque nouvelle hérésie. C'est le chef d'une secte hérétique. (C'est un hérésiarque. Les hérésiarques ont souvent été de grands hommes. Arius étoit un fameux hérésiarque. Socin est aussi un fameux hérésiarque, c'est l'atriarche des Sociniens. *hist. critique du vieux Test.*)
Hérésie, s. f. L'hérésie est une opinion qui est erronée en fait de religion, & à laquelle on s'atache opiniâtrément. (Une dangereuse hérésie. Faire des hérésies. Une hérésie matérielle, grossiére, fine, délicate, subtile, spirituelle. Tomber dans une hérésie. Combatre une hérésie. Renouveller, ou faire revivre une hérésie.)
Hérétique, s. m. Qui suit une opinion erronée en fait de religion. (C'est un hérétique fort opiniâtre.)
Hérétique, adj. Erroné. Qui erre en matiére de Religion. Qui est dans l'hérésie. (Il est hérétique. Elle est hérétique. Sentiment hérétique. Opinion hérétique.)
HERGNE, *hernie, harnie, s. f.* Ces trois mots se disent. Les Chirurgiens & les Médécins disent & écrivent *harnie* & *hargne.* De Bligni vient d'imprimer un livre qui a pour titre *Traité des harnies.* Tevenin dans ses traitez de Chirurgie écrit *hargne.* Degori écrit *hargne* aussi. Cependant parmi le monde poli on dit plûtôt *hergne* que *harnie* ni que *hargne.* La hergne est une tumeur aux bourses, ou une tumeur en l'aine par l'instestin. (Hergne vraie. Hergne fausse.)
HERISSER, *v. n.* (*ce mot se dit proprement des cheveux & du poil de certains animaux,* & il signifie *dresser.* (Cela fait hérisser les cheveux à la tête.)
(* Il est tout hérissé de pointes, *Ablancourt.*
* L'hiver hérissé de glaçons. *Racine.*
Un pédant hérissé de Grec & de Latin. *Depreaux, Satire* 5.)
Hérisson, s. m. Le hérisson est un animal qui a la bouche semblable à celle du liévre, & des oreilles semblables à celles de l'homme, qui a quatre dents, & qui a sur le dos & aux flans, des piquans en partie blancs & en partie noirs, qu'il baisse, ou léve quand il lui plaît. L'hérisson vit parmi les ronces &, les buissons & mange des fruits & des racines. Il se cache tout l'hiver, & ne chasse à manger que la nuit. (L'hérisson est fort bon à manger.)
Hérisson de mer. Poisson rond, couvert de coque, & garni de piquans qui lui servent de piez, *Rond.*
* *Hérisson.* Terme de *Menuisier* Morceau de bois de cinq ou six pieds de long, à deux ou trois branches pour faire égouter la vaisselle. On apelle dans le monde cét *hérisson,* un *égoutoir* & il n'y a que les gens qui parlent dans les termes de l'art qui disent *hérisson.*
* *Hérisson.* Roue dentelée de plusieurs chevilles de bois, fichées dans la circonstance de la rouë.
Hérisson, s. m. Terme de *Guerre & de Fortification.* C'est une barriére faite d'une poûtre armée de quantité de pointes de fer & qui par le milieu est portée & balancée sur un pivot autour duquel elle tourne.
HERITAGE, *s. m.* L'héritage est le bien propre d'une personne. Bien immeuble d'une personne. Patrimoine. (Héritage féodal, censuël, noble, roturier.)
Hériter, v. a. Succeder aux biens de quelqu'un qui nous est proche parent, ou simplement parent. (Il a hérité de cinq cens livres de rente par la mort de son pére. (Il a hérité cinq cens livres de rente.
Héritier, s. m. Celui qui hérite d'une personne. (Héritier qui n'est pas fort afligé. Talestris, Reine des Amazones, avoüa à Alexandre

Aléxandre qu'elle se croïoit digne de donner des héritiers à son Empire. *Vaug. Q.Curce. l.6. ch.5.* Se porter pour héritier de quelcun. *Patru, pl.*)

(* Il est héritier des vertus de ses ancêtres. *Ablancourt.*)

Héritière, *s.f.* Celle qui hérite d'une personne. (Les femmes parmi nous sont les principales héritières. *Patru. plaidoié.* 9.

Herman, *s.m.* Nom d'homme entre les Alemans.

Hermaphrodite, *adj.* Qui a les parties de l'homme & de la femme. (Elle est hermafrodite.)

* Anemone hermaphrodite. *Morin Traité des fleurs.*

Hermetique, *adj.* C'est à dire Chimique. On dit *l'Art hermétique,* pour dire, la Chimie, qui a été ainsi apellée d'Hermes Trismegiste l'un de ses plus fameux Inventeurs. (Seau hermetique.)

Hormetiquement, *adv.* D'une manière particulière à la Chimie. (Un vaisseau de verre est seellé hermetiquement, quand on a soudé son cou en le tordant, après qu'il a été amoli & presque fondu par le feu. Luté hermetiquement.)

Hermine, *s.f.* L'hermine est un petit animal qui est le simbole de la pureté. C'est une sorte de petite belette qu'on trouve dans lespaïs Septentrionnaux, qui a le bout de la quicuë noir, qui est blanche l'hiver & qui sur la fin de Mai reprend sa couleur ordinaire qui tire sur le verd de mer & le roux éclatant. (L'hermine prend les souris.)

Hermine. Terme de *Blason.* Fourrure. Moucheture sur un fond blanc. (La Bretagne porte d'hermine.)

† * Vôtre peau est d'une hermine. *Voit. Poës.*)

Hermitage, *s.m.* Il vient du Grec. L'hermitage est le lieu où l'hermite se renferme , & c'est ordinairement une petite maison qui est acompagnée d'une chapelle & d'un jardin, & qui est bâtie dans un lieu solitaire. (Un petit hermitage.Un bel hermitage. Se retirer dans un hermitage.

Déserts, où j'ai vécu dans un calme si doux
Pins, qui d'un si beau vourd couvrez mon *hermitage*
La Cour depuis un an me sépare de vous.
    Main. Poësies.)

Hermite, *s.m.* L'hermite est celui qui vit & qui fait pénitence dans quelque désert. (Un saint hermite. Les Péres hermites étoient de saints hommes. Voiez *leur vie par Arnaud d'Andilli.*)

† * *Hermite.* Celui qui vit en particulier. Qui se retire presque du commerce du monde, & qui ne sort presque point de son hermitage. Arnaud d'Andilli a fait la vie des hermites. On apelloit Balzac l'hermite de la Charante , & d'Ablancourt l'hermite de la Marne.

Sans une ingrate cruauté
Non, France, tu ne peus en cacher le mérite.
Ton langage n'a pris sa force & sa beauté
Que du charmant désert de ce fameux hermite.)

Hermites de saint Augustin. Ce sont les grands Augustins. Voiez *Augustin.*

Hermites de saint Paul. Religieux qui vont déchaussez, qui sont habillez de blanc & qui suivent la régle de S.Augustin. Il n'y a point de ces Religieux en France. Ou, s'il y en a, ce sont les Hermites du Mont Valerien, à deux lieuës de Paris.

Hermite de saint Jerôme. Religieux qu'on nomme *Hieronimites.* Voiez *Hieronimite.*

Hernie. Voiez *Hergne.*

Heroïne, *s.f.* L'héroïne est une Dame qui a du courage, de la fermeté & du mérite au delà de toutes celles de son séxe. (C'est une héroïne. On doute si une femme peut être l'héroïne d'un poëme épique.)

Héroïque, *adj.* Qui est digne d'un héros. Courageux. Grand. Noble. (Courage héroïque. Action héroïque.)

Héroïque. Ce mot se dit de certains Poëtes & de certaine poësie, & il veut dire *sublime.* Elevé. (Stile héroïque. Poëme héroïque. Poësie héroïque. Le meilleur poëte héroïque Grec c'est Homére, & le meilleur poëte héroïque Latin, c'est Virgile.)

Héroïque, *s.m.* Le sublime. Le stile élevé. (Il y a de l'héroïque dans cét ouvrage. L'enjoüé est mêlé à l'héroïque dans le poëme du Luttrin de Mr. Déspreaux.)

Heron, *s.m.* Le Héron est une sorte d'oiseau cendré, ou blanc, qui a le bec & les jambes longues , la queuë courte, qui mange force poisson , & est en but à tous les oiseaux de proie. (Le héron est fort bon à manger. Héton mâle. Héron femelle.)

Héronneau, *s.m.* Petit héron.

Héronniére, *s.f.* Sôrte de loge élevée en l'air le long de quelques ruisseaux & couverte seulement à claires voies. Voi. *Belon. l. 4. c. 2.*

Heros, *s.m.* Le héros est celui qui par ses belles actions a mérité d'être mis au rang des Dieux. (Hercule est un des plus fameux héros de l'antiquité.)

Héros. Homme d'une rare valeur , ou d'un rare mérite. Homme qui mérite d'être proposé en exemple. (Il est héros d'une douce manière.

Il en est de justice, il en est de bréviére. *Sar. Poës.*)

Héros. Ce mot se dit en parlant de poësie épique & dramatique, & c'est le principal personnage du poëme tragique , ou épique , ou d'un Roman. (Le héros du Roman cômique de Scaron fut pendu à Pontoise.)

Herse. Voi. *herce.*

HES. HET.

Hesiter, *v.n.* Ne lire,ne parler pas hardiment. Balancer. Chanceler pour voir si on fera , ou entreprendra quelque chose. Quelques-uns aspirent l'*h* du verbe *hésiter* , mais la plûpart la sont muette , parce qu'il est plus doux d'en user ainsi. (Si est ce que *hésitant* & tremblant il ne dit que bien peu de ce qu'il avoit prémédité. *Vau. Quin.* l.7. c.1. Abraham se trouvant qu'il n'avoit ce fils que de Dieu, n'hésita point. *Port-Roial histoire de la Bible* Comme elle savoit que cét enfant ne lui venoit que de Dieu, elle *n'hésita* point. *Port-Roial Nouveau Testament.* Hésiter à prendre. *Abl.* Je n'hésite point à cela. La plûpart des gens sur cette question n'hésitent pas beaucoup. *Mol.* Il hésitoit entre le désir & la honte. *Vaug. Q. Curce. l.2. chapitre 6.*)

Heterociens, *s.m.* Terme de *Geographie* qui est Grec. Habitans des Zones tempérées, qui en toutes saisons n'ont qu'une sorte d'ombre lorsqu'il est midi.

Heteroclite, *adj.* Il est grec. Terme de *Grammaire.* L'*h* du mot *héteroclite est* muette , & il signifie *Irrégulier.* Qui ne suit pas les régles générales & ordinaires. (Il y a des noms hétéroclites dans toutes les langues.)

† * *Hétéroclite.* Sot. Ridicule. Qui ne vit pas & qui ne se conduit pas comme la plûpart des autres. (C'est un esprit fort hétéroclite. Il est un peu hétéroclite dans ses maniéres.)

Heterogene, *adj.* Terme de *Philosophie.* Il vient du Grec, & signifie qui est d'un autre genre. Qui est d'une autre espèce. Qui est d'une autre sorte. (Chose hétérogéne.) On apelle aussi *hétérogénes* les corps qui sont composez de parties différentes. (Le lait est un corps hétérogéne parce qu'il est composé de beurre , de fromage & de petit lait.)

Hetre, *s.m.* Le hêtre est un arbre haut qui a le tronc droit & sans nœuds, les branches en rond , les feüilles grosses & un peu larges,& qui porte pour fruit une sorte de noiau de forme triangulaire. (Le bois de hêtre est fort & blanchâtre, & il est bon à faire des meubles.

Le nom de vos Ancêtres
Par moi devroit monter au dessus de nos hêtres.
    Segrais , poëme pastoral, c. 1.)

HEU. HEX.

Heu. Interjection qui sert à exprimer quelque maniére d'admiration. (Heu ! voilà ce que c'est d'étudier. *Mol.*)

Heu, *s.m.* Terme de *Mer.* Sorte de Vaisseau marchand , qui tire peu d'eau. (Le heu est propre à transporter des marchandises sur des grandes riviéres.

† *Heur,* *s.m.* Ce mot signifie *bon-heur* , mais il est bas, & peu usité, & *se prononce sans faire sentir son* h. (Je hai la solitude , car elle pourroit me ravir l'*heur* de te voir & te servir. *S. Am.*)

Heure, *s.f.* L'heure est une des vingt-quatre parties du jour & elle est divisée en soixante minutes. (Il est une heure sonnée. Il est deux heures. Il est trois heures.)

Heure. Momens. Tems. (Je vis l'heure que .... *Abl.* Veillez, parce que vous ne savez pas à quelle heure le Seigneur doit venir. *Port-Roial Nouveau Testament.* Il lui prit envie à l'heure même d'achever cette avanture. *Vau. Quin.* l. 3. Dés que nôtre heure aura sonné, Cloton ne voudra plus grossir nôtre fusée. *Mai. Poës.*)

Heure. Ocasion. (Trouver l'heure du berger. Ces mots *d'heure du berger* signifient l'ocasion & le moment favorable pour obtenir d'une belle , ou de quelque maîtresse une faveur particulière. Avec du mérite & de la jeunesse on n'est pas longtems à soupirer sans rencontrer *l'heure du Berger.* La naissance de l'aurore est à l'égard des Muses *l'heure du Berger. Sar. Poës.* L'heure du berger se rencontre d'ordinaire que tête à tête. *Le Comte de Bussi.* Il crut qu'il étoit à l'heure du berger.

Le Comte de Bussi.
L'art de plaire est un art ou foible ou mensonger
S'il ne nous instruit pas de l'heure du berger.)

Heures. Ce mot au pluriel signifie souvent un livre de prières. (De jolies heures De belles heures.)

Les quarante heures. Ce sont des priéres qui durent 40. heures, & qui se font pendant 3. jours, où le S.Sacrement est exposé par toutes les Eglises.

D'heure à autre, *adv.* Peu à peu. (L'espérance du pillage multiplie *d'heure à autre* le nombre des révoltez. *Patru, plaidoié* 7.)

D'heure en heure, *adv.* C'est de moment en moment. (Tour ce que vous lui avez vû d'aimable augmente d'heure en heure. *Voit. l.* 67.)

A toute heure, *adv.* A chaque heure. A tout moment. (On fera à toute heure des confitures. *Voit. l.* 9.)

A cette heure, *adv.* Présentement. Alors. (A cette heure j'avois la tête en bas. *Voit. l.9.* Un même soin n'a garde d'animer les Nimphes d'à cette heure. *Benserade, Rondeaux.* C'est à dire, les Nimphes de ce tems.)

Tout à l'heure, *adv.* Sur l'heure. Présentement. (Je partirai tout à l'heure.

Il est heure indue. C'est à dire il est trop tard.
De bonne heure, adv. Le plûtôt qu'il est possible. (S'acoutumer de bonne heure à haïr l'injustice. Voit. l. 9.
A la bonne heure adv. Sorte d'adverbe qui sert à marquer quelque sorte de joie, & qui signifie j'en suis ravi. Tant mieux. (S'il est riche à la bonne heure. A la bonne heure pour lui, & je m'en réjoüi.)
A la male-heure, adv. Malheureusement. (Cela est arrivé à male-heure.)
† * Chercher midi à quatorze heures. Proverbe, pour dire, chercher une chose où elle n'est pas.
§ Nos heures sont comptées. C'est à dire, Dieu a réglé le cours de nôtre vie.
HEUREUX, heureuse, adj. Prononcez üreux ; Ce mot veut dire du bonheur. (personne absolument ne se peut dire heureux, Ablancourt. Il est heureux à se vanger de ses ennemis. Voiture lettre 74. Anne d'Autriche a été heureuse. Elle étoit fille de philippe III. sœur de philippe IIII. femme de Louis XIII. & mére de Louis XIIII.

Heureux qui vit en paix du lait de ses brebis,
Et qui de leur toison voit filer ses habits.
Racan bergeries.

Heureux ceux qui sont purs dans leurs mœurs & dans leur vie. Heureux celui qui donne & qui prête au pauvre. Heureux celui à qui les iniquitez sont pardonnées. Port-Roial, Ps.31. & autres. Un coup heureux. Heureux au jeu. Vie heureuse.)
* Heureux, heureuse, adj. Qui est excellent. (Un climat heureux. Un regne heureux. passer d'heureux jours. L'année a été heureuse, c'est à dire abondantes & fertile. On dit une memoire heureuse, c'est à dire, bonne & qui fournit au besoin. D'heureuse memoire il se dit des princes qui sont morts depuis peu & dont la memoire est encore en veneration.
Un genie heureux. Une rencontre heureuse. Une rime heureuse, c'est à dire, qui vient fort à propos. Un vers heureux
† * Il est plus heureux que sage. proverbe qui signifie, il réüssit malgré ses imprudences
Heureusement, adv. Avec bonheur. prononcez üreusement. (Il est arrivé heureusement. Tout lui réüssit heureusement. Il a vécu & il est mort heureusement. Il imagine heureusement les choses. Rimer heureusement.)

HEURLER, hurler, v. a. L'h du mot est aspirée. Tous deux sont bons, & se disent des loups & des personnes. Faire des cris qui aient quelque chose d'éfroiable. [* On a beau se plaindre, heurler & crier, Voit. Poës. Il faut hurler avec les loups.) Voiez hurler.
Heurlement, hurlement, s. m. L'un & l'autre se dit, mais hurlement est plus usité. Un cri qui a quelque chose d'afreux. Grand cri. (Ce ne furent alors que pleurs & que hurlemens Embouure Aubusson, l.6. pag.74.)

HEURT, s. m. Choc. V. choc.
HEURTER, v. a. L'h du mot est aspirée. Fraper. Toucher. Heurter à la porte. (On se heurte toûjours où l'on a mal. Heurter contre les murailles. Moliere.)
Heurter en maître. C'est à dire, heurter fort à la porte & comme si l'on étoit le maître. Car quand on n'est pas maître, on heurte doucement.
* Heurter, v. a. Il signifie au figuré, Choquer, offenser, blesser. (Heurter le sens commun. Patru Plaid. 1.)
Heurtoir, s. m. Marteau pour fraper à la porte. Les honnêtes gens appellent ordinairement ce heurtoir un marteau.
Hexagone, adj. Terme de Géométrie. L'h du mot est Grec & il se dit des figures qui ont six angles & six côtez. En termes de Fortification, Vn héxagone c'est une place fortifiée de six bastions.
HEXAMETRE, adj. Terme de Poësie Latine. Il vient du Grec, & veut dire qui a six mesures ou six piez. On ne parle de vers hexamétres que dans la poësie Grecque, ou Latine. Ils servent à faire des poëmes Epiques & des dramatiques, des Satires, des Metamorphoses, des Elegies, des Eglogues ; & ce sont les vers les plus héroïques. Vn vers hexamétre.

HI

HI, HI, HI. Sorte d'interjection qui sert à faire voir la joie de l'ame par le rire. (Hi, hi, hi, comme vous voila bâti. Moliere. Je vous demande pardon, mais vous êtes si plaisant que je ne saurois me tenir de rire. Hi, hi, hi, Moliere)

HIA

HIACINTE, s. m. Nom d'homme. Apollon tua Hiacinte en joüant au palet.)
Hiacinte, s. f. Ce mot est féminin lorsqu'il signifie une sorte de fleur, & même alors il s'écrit jacinte. Voyez la lettre I. colonne. J ac.
Hiacinte, s. f. Sorte de pierre précieuse Orientale. Il y a de quatre sortes d'hiacintes. La premiere, qu'on apelle hiacinte belle, tire en quelque façon sur la couleur du rubis ; la seconde est d'un jaune doré, la troisiéme d'un jaune de citron, & la quatriéme est de couleur de grenat. On dit que l'hiacinte excite le sommeil, fortifie le cœur réjoüit l'esprit &c. On fait

d'une de ces hiacintes une confection fort bonne qu'on apelle confectioin d'hiacinte

HIB

HIBOU, s. f. m. Le hibou est un oiseau de nuit gros comme un chapon. Il est de couleur fauve. Il a comme une couronne de plumes qui lui entoure le dessus des yeux, qui lui prend par les deux côtez de la tête & par le dessous de la gorge & fait une maniere de colier. Il a les yeux enfoncez & noirs, le dessous du ventre blanc, marqué de tâches noires, le fer blanc, les ongles crochus & les jambes couvertes de plumes le dos mouché de tâches blanches. Le hibou prend les souris comme un chat, & pour cela on le nomme chathuant.
† * Hibou. Ce mot se dit de celui qui fuit les compagnies, qui ne voit personne & qui fuit le commerce de la société.(C'est un vrai hibou. Vn mari hibou. C'est un humeur de hibou.)

HID

HIDEUX, hideuse, adj. L'h. de ce mot est aspirée & ce mot signifie Laid. Afreux. Diforme. (Regardez ces visages haves & ces corps hideux de plaies. Vau. Quin. l.9. c.3. Avoir l'air hideux, Dépreaux, Lucrin.)
Hideusement, adv. D'une manière hideuse. (Elle me parut hideusement laide.)
HIDRAULIQUE, adj. Ce mot est Grec, & signifie qui agit par le moïen de l'eau. (Vne machine hidraulique. L'art hidraulique est admirable.)
Hidraulique, s. f. C'est l'art hidraulique. C'est à dire l'art de conduire & d'élever les eaux par le moien des machines. (Savoir l'hidraulique. Il est impossible de conduire une riviere d'un lieu à un autre, sans être habile dans l'hidraulique. Quand on veut faire aler une riviere d'un lieu à un autre, on perd sans l'hidraulique, le tiers où la moitié de l'eau. Morland, de l'élevation des Eaux.)
HIDRE, s. f. L'hidre est une sorte de serpent acatique, gros comme le bras, marquetée de couleur de cendre, ou tirant sur le verd, dont le venin est très-dangereux. Cette sorte d'hidre vit de serpens & de grenoüilles. L'hidre est très-venimeuse dans l'Abissinie, & principalement lors que les marais où elle demeure ordinairement sont desséchez. On se garantit de l'efer du venin de l'hidre, en avaiant de l'excrement d'homme détrempé dans l'eau. V. Ludolf, histoire de L'Abissinie, ch.8. (Une hidre mâle. Une hidre femelle.
Hidre. C'est aussi une petite couleuvre qui a le cou & la queuë fort delez, & qui est trés-venimeuse. Il y a une grande quantité de cette sorte d'hidres dans les deserts de la Libie. Ablancourt. Marmol.
Hidre. Dragon qui a deux piez & sept têtes, un grande ouverture de gueule & la queuë une fois aussi grande que tout le corps, qui est sur le dos d'une couleur entre verd & jaune, & qui a le dessous du ventre blanc. Cette hidre tuë de son soufle & est celle, qui, à ce que contant les Poëtes, fut tuée par Hercule. Voiez Jonston.
Hidre. Ce sont vingt cinq étoiles qu'on s'est imaginé qui faisoient au Ciel la figure d'une hidre.)
* Hidre. Ce mot est beau au figuré & peint bien quelque trouble, ou desordre, ou quelque embaras. (On vit renaître bien tôt toutes les têtes de l'hidre, Patru, quatriéme plaidolé. Commé si cette afaire n'étoit pas une hidre. La Fontaine, Contes.)
HIDROCELE, s. f. Terme de Medecine. (Tument aqueuse des membranes qui environent les testicules. Deg.)
Hidrographie, s. f. Il vient du Grec. (L'hidrographie est la description des eaux.)
Hidrographique, adj. Qui apartient à l'hidrographique. (Carte hidrographique.)
Hidrophobie, s. f. Terme de Medecin. C'est un mot Grec qui signifie crainte de l'eau. Ce mot d'hidrophobie se donne à la maladie de la rage qui vient aux personnes qui ont été mordus de quelque bête enragée.
Hidromantie, s. f. Prononcez hidromancie. L'hidromantie est un art de deviner par le moien de l'eau. (Savoir l'hidromantie.)
Hidromel, s. f. Ce mot est Grec. L'hidromel est un bruvage d'eau & de miel, propre à ceux qui ont mal à la poitrine. (Hidromel rouge ou blanc. Hidromel excellent.)
Hidropisie, s. f. Ce mot vient du Grec. L'hidropisie est une tumeur contre nature qui quelquefois ocupe tout le corps & quelque fois le ventre seulement, où les jambes. (Hidropisie ascite. Hidropisie timpanite. Il est mort d'hidropisie. Son hidropisie est dangereuse.)
Hidropique, adj. Qui a une hidropisie. (Il est hidropique. Elle est hidropique.)
Hidropique, s. m. Qui est malade d'hidropisie. (Les hidropiques se voient mourir peu à peu.)

HIE.

Hie, *s. f.* La hie est un billot de bois pour enfoncer les pieux. C'est aussi une piece de bois de cinq ou six piez de haut, rond, & ferré par les deux bouts aiant comme deux anses au milieu. Les paveurs apellent cet instrument *hie* ou *demoiselle*. [Une hie bien ferrée.

Hieble, *s. f.* L'hieble est un herbe qui fait des tiges longues, grosses & droites, qui porte des grains comme ceux du sureau, & qui pousse des feuilles qui sont d'un verd obscur. (La fumée de l'hieble chasse les serpens. On dit que des hiebles cuites avec du son de farine, mises dans des sachets & appliquées sur les parties afligées de la goute, les soulagent beaucoup.)

Hiene, *s. f.* Animal sauvage qui a la vûe mechante, qui est velu, courbé vers le milieu de l'épine du dos, marqueté de petites bandes noires, & qui a la queuë longue. (L'hiene est l'ennemi redoutable des chiens. Les hienes sont tantôt fonction de mâles & tantôt de femelles. *Opian traité de la chasse l.3, p. 148.*)

Hier, *v. a.* Ce mot étant de deux sylabes, est un Terme de *Paveur & aspire son h*. Il signifie enfoncer le pavé avec la hie. (Hier la besogne.)

Hier, *adv.* Il vient du Latin *heri*. Ce mot ne fait qu'une silable, & il a son *h* muëtte. Il signifie le jour d'auparavant celui où l'on parle. (Il arriva hier matin. Hier au soir.)

Hierarchie, *s. f.* Prononcez *ierarchie*. Le mot de *hierarchie* aspire son *h*. Mot Grec qui signifie *Saint gouvernement*. (Hierarchie celeste. Hierarchie ecclesiastique. La hierarchie celeste est un ordre de substance spirituelle. Il y a 3. hierarchies des Anges. La hierarchie ecclesiastique est un ordre de personnes sacrées qui sont obligées à faire quelque fonction ecclesiastique. Le Pape se dit le Chef de la hierarchie de l'Eglise en qualité de successeur de S. Pierre. *Le Maît.*)

Hieroglife, *s. m.* Prononcez *ieroglife*. Il vient du Grec qui veut dire *Sacrée figure*. Le hieroglife est un simbole qui consiste en quelque figure d'animaux, ou de corps naturels & qui sans l'aide des paroles, marque le caractere d'une personne ou d'une action divine, ou sacrée. Ainsi l'on represente le Saint Esprit en forme d'une colombe ; la providence par une baguette sur laquelle il y a un œil, hieroglife beau, saint, sacré, ingenieux. Imaginer un Hieroglife. Pierius & Kirker ont fait des hieroglifes & en ont composé des livres)

Hieroglifique, *adj.* Qui tient du *hieroglife* qui apartient au hieroglife. [Figure hieroglifique, rendons-nous hieroglifiques. *Patru*.]

Hierôme. *Jerôme*, *s. m.* L'un & l'autre se dit, & s'écrit de cette façon. Le mot de *Hierôme* est un nom d'homme. (S. Jerôme.)

Hieronimites, *Jeronimites*, *s. m.* C'est une espece de Religieux qu'on apelle *Hermites de S. Hierôme*. Ils suivent la regle de S. Augustin, & sont habillez d'un gris tanné, il y a de ces Religieux en Espagne, en Italie, & même en France à S. Quentin de Vermandois.

Hierusalem, *Jerusalem*, Prononcez *Jerusalem*. C'est le nom de la ville capitale de la Judée. Ce mot au figuré signifie *le Ciel, le Paradis*. Il est feminin. (* La sainte Jerusalem.

HIL. HIM.

Hilaire, *s. m.* Nom d'homme. (Hilaire est devenu riche.)

Himen, *s. m.* Terme d'*Anatomie*. L'himen est une petite membrane aux parties naturelles des filles qui est entrelassée de petites veines lesquelles étant rompuës au premier congrez jettent du sang à ce que content quelques-uns.

Himen, Dieu que les Poëtes Grecs Latins, & depuis eux, les autres Poëtes ont feint le Dieu de mariage. Voïez l'habillement de ce Dieu dans une des epitalames de Catule.

* *Himen* Ce mot signifie *le mariage*, mais en ce sens il ne se dit qu'en vers, ou en des discours de prose qui tiennent de la Poësie (Si les choses dépendoient de moi, cet *himen* ne se feroit pas. *Mol. avare, a. 3. s. 7.* Rompons avec plaisir un *himen* qu'il difere. Presser un himen. *Racine Iphigenie, a. 3.*

Ce triste himen, au bout de quinze jours
Avoit déja leur flamme terminée. *Poëte anon.*
La chaine de l'himen m'étonne
Je crains les plus aimables neuds.
Un cœur devient fort malheureux
Quand la liberté l'abandonne. *Armide a. 1.*)

Himenée, *s. m.* Ce mot pour dire *le mariage* n'est usité qu'en vers ou des en ouvrages de prose qui ressentent la poësie. (Un heureux hymenée. *Scaron.* Un triste, un malheureux, un fâcheux himenée.

Tant qu'ils ne sont qu'amans nous sommes souveraines
Et jusqu'à la conquete ils nous traitent de Reines ;
Mais après l'himenée ils sont Rois à leur tour.
Corn. Pol. a. 1. sc. 3.)

Himne. Ce mot est masculin & feminin, mais bien plus ordinairement *féminin*, le mot d'*himne* est Grec, signifie *un chant*

HIP.

C'est un poëme originairement consacré à la loüange de Dieu, des misteres de la Religion & des Saints. On se sert neanmoins de cette Poësie pour loüer les vertus des hommes & l'excellence des choses naturelles. (Les himnes de Ronsard ont été commentées par N. Richelet. Les himnes de l'Eglises sont traduites par M. de Sâci en beaux vers.

Hiperbole, *s. f.* L'hiperbole est un *terme de Rétorique* qui vient du Grec. C'est une figure qui consiste à exagerer, ou à diminuer quelque chose. (Pour vouloir porter trop haut une hiperbole, on la détruit *Dépr. long. c. 31.* Une heureuse, une belle, une judicieuse hiperbole. Une froide hiperbole. Hiperbole trop poussée. Hiperbole outrée. Le stile de Balzac & de son singe le pére le Moine sont pleins d'hiperboles. Faire des hiperboles. Vos grandes actions ont surpassé les exagerations & les hiperboles.)

Hiperbole, *s. f.* Terme de *Geometrie*. C'est une figure d'écrite par la section d'un Cone coupé par un plan qui, n'est pas parallele à l'un de ses côtez, mais qui s'en éloigne du côté de la base du Cone.

Hiperbolique, *adj.* Qui exagere ou diminuë. (Discours hiperboliques. Maniere de parler hiperbolique.)

Hiperboliquement, *adv.* D'une maniere hiperbolique. (Parler hiperboliquement de quelque chose. *Abl. Luc.*)

Hiperbolique, *adj.* Terme de *Geometrie*. Qui tient de l'hiperbole. Une figure hiperbolique. Un miroir hiperbolique c'est à dire taillé en hiperbolique. Une ligne hiperbolique ne pour jamais toucher une ligne droite, qu'on nomme asimptote, quoi qu'elle s'en aproche toûjours.)

Hipercritique, *s. m.* Ce mot vient du Grec, & il signifie un critique au souverain degré, un homme qui est très-critique, & peut être plus critique qu'il ne faut.

A nos Seigneurs Academiques,
Nos Seigneurs les *hipercritiques*,
Souverains arbitres des mots.
Ménage, Requête des Dictionnaires.

Un Poëte anonime a fait depuis peu une parodie de cette requête de Ménage, & debute ainsi.

A vous, nouveaux Academiques,
Impertinens hipercritiques
Pauvres faiseurs d'avant - propos.

Hipocras, *s. m.* L'hipocras est un breuvage fait avec du vin, du sucre & de la canelle. L'hipocras est chaud & bon à l'estomac, Faire de l'exelent hipocras.

Hipocondres, *s. m.* Mot Grec. Parties au dessous des dernieres côtes, où sont le foie, la rare. (Il a ses hipocondres durs mous, &c. Maladie qui vient du vice des hipocondres. *Mol.*

Hipocondre, *adj.* Hipocondriaque. (Cent fois la bête a vû l'homme hipocondre adorer le metal. *Dépr. Sat. 8.*)

Hipocondriaque. Bizarre. Foux. Capricieux. [Maladie hipocondriaque. *Deg.* Melancolie hipocondriaque. *Mol. Pourceaugnac.*)

Hipocrisie, *s. f.* Il vient du Grec. L'hipocrisie est une fausse devotion, c'est l'action trompeuse de la personne qui feint de mener une vie sage & devote. (Sa devotion n'est que qu'hipocrisie. L'hipocrisie est un hommage que le vice rend à la vertu l'hipocrisie est aujourd'hui la vertu de toutes les Cours.

Hipocrite. Ce mot est *feminin* lors qu'on parle d'une femme, & *masculin* lors qu'on parle d'un homme. (Un franc hipocrite, une franche hipocrite. Un mechant hipocrite, une detestable hipocrite. Un dangereux ou une dangereuse hipocrite Laurent, mettez le zele feinr.
Passe pour vrai mérite,
Croit d'être devenu Saint
A force d'être hipocrite.
Poëte anon. Poës.

Hipocrite, *adj.* Qui tient de l'hipocrite. Qu i a de l'hipocrite. (Charité hipocrite. *Mol.* Il est extremement hipocrite. Sentiment hipocrite.)

Hipodrome, *s. m.* Mot Grec, qu'on a donné à une place de Constantinople , où l'on faisoit des courses de chevaux.

Hipogrife, ou *hipogriphe*, *s. m.* Mot qui vient du Grec & qui veut dire un animal en partie cheval & en partie grifon. Un cheval ailé, qui a des ailes comme un grifon. Mais cela est fabuleux, (Oui l'hipogrife est un oiseau fort laid. Tels palefrois font peur aux Demoiselles. *Sar. poës* L'aile gauche plia & ne peut soutenir le choc des hipogrifes. *Ab. Luc.T.2. hist. L.1.*)

Hipolite, *s. m.* Nom d'homme. [Il y avoit un Hipolite fils de Tésée.]

Hipolite, *s. f.* Nom de femme. (Hipolite étoit Reine des Amazones.)

Hipostase, *s. f.* Mot Grec. Terme de *Medecin*. Dépôt. Matiere, ou épaisseur qu'on voit au fond des urines. *Deg.*

Hipostase. Terme de *Téologie*. C'est à dire substance. Personalité (Croire toutes hipostases.

Hipostatique, *adj.* Terme de *Téologie*. (Union hipostatique. *God.* Les Saints Peres ont declaré Nestorius heretique parce qu'il nioit

HIR　　HIS

noit l'union hipoſtatique du Verbe avec l'humanité ſainte & qu'il mettoit deux perſonnes en Jeſus Chriſt.)

HIPOPOTAME, ſ. m. Ce mot eſt Grec. C'eſt un cheval marin. V. *Marmol. d'Ablancourt*, Tome 1. c. 23. On dit que c'eſt un animal fort grand, qui eſt gris, brun & de la figure d'un cheval, qui ſe nourrit dans le Niger & dans le Nil. Voiez auſſi la lettre C de ce Dictionnaire ſur le mot de *cheval*.

HIPOTENUSE, ſ. f. Mot Grec, qui ſignifie *ſoutenante*. Terme de *Géometrie*, qui ſe dit de la baſe d'un triangle rectangle, & c'eſt le côté oppoſé à l'angle droit, & qui le ſoutient. (Le quarré de l'hipotenuſe eſt toûjours égal aux quarrez des deux jambes d'un triangle rectangle, pris enſemble.]

HIPOTEQUE, ſ. f. Mot Grec, Terme de *Palais*. L'hipoteque eſt l'engagement d'un bien. (Avoir hipoteque ſur une maiſon. Son hipoteque eſt fort bonne. Perdre ſon hipoteque.)

* Hipoteque, ſ. f. C'eſt une compoſition de jus de ceriſe, de ſucre, de clou & de canelle que diſtribuent en gros les vendeurs d'eau de vie de Paris, & que les vendeuſes d'eau de vie des coins de ruës de Paris diſtribuent en détail dans de petites taſſes à ceux qui en veulent. (Boîte de l'hipoteque. Faites-moy pour un ſou d'hipoteque. Donez-moi pour deux ſous d'hipoteque.)

† Hipoteque, ſ. f. C'eſt auſſi une eau clairette rouge faite de ceriſes, d'eau de vie, de ſucre, & d'autres choſes agreables que vendent les Limonadiers, & qu'ils appellent auſſi *Ratafia* & quelquefois *Racabi*. [L'hipoteque eſt bonne & agreable.

Hipotequer, *adv.* Terme de *Palais*. C'eſt engager. (Hipoteque ſon bien. Heritage hipoteque. Son bien eſt hipoteque pour les dettes de ſon pere.)

On dit auſſi hipotecaire, adj. & hipotecairement, *adv.*

Hipoteſe, ſ. f. Terme de *Philoſophie*. L'hipoteſe veut dire *ſuppoſition*. (Faire une hipoteſe. Examiner une hipoteſe. Cette hipoteſe vous ſemble étrange. *Patru, Plaid.* 5)

On apelle hipoteſes en Aſtronomie, les diferentes ſupoſitions qu'on a faites touchant la ſituation des parties du monde.) (Les plus fameuſes hipoteſes ſont celles de Ptolomée, de Copernic, de ticho Braté, de Décartes, &c.)

HIPOTIPOSE, ſ. m. Ce mot vient du Grec, & eſt un Terme de *Rétorique*. C'eſt une deſcription vive & patétique de quelque choſe. Il y a de belles & de touchantes hipotipoſes dans quelques Oraiſons de Ciceron. L'hipotipoſe ſert à exciter les eſprits, mais il la faut faire à propos.

HIR. HIS. HIV.

HIRONDELLE, *herondelle* ſ. f. L'uſage eſt pour *hirondelle*. L'hirondelle eſt un oiſeau de couleur noirâtre avec une tache blanche ſous la gorge, qui fait ſon nid dans les cheminées & ſous le couvert des maiſons, & qui a ſi bonne veuë qu'elle voit une mouche d'un demi quart de lieuë. *Bel. l.* 7. *c.* 33. On dit que l'hirondelle eſt amie de l'homme, & la plus babillarde de tous les oiſeaux. L'hirondelle, parmi les Anciens, étoit fort celebre dans les préſages.)

Hirondelle de mer. Poiſſon qui a des nageoires étenduës ſemblables aux ailes de l'hirondelle avec une tête quarrée & du reſte tout le corps couvert d'écailles dures & tachetées.

HISOPE, ſ. f. L'hiſope eſt une ſorte d'herbe odoriferante, chaude, ſeche au troiſiéme degré. Il y a pluſieurs eſpeces d'hiſope. Hiſope commune, hiſope ſauvage. V. *Dalecamp*. L'hiſope cuit la pituite groſſiere & purge la poitrine & les poumons.)

HISTOIRE, ſ. f. C'eſt une narration continuée de choſes vraies, grandes, & publiques, écrite avec eſprit, avec eloquence & avec jugement pour l'inſtruction des particuliers & des Princes, & pour le bien de la ſocieté civile. (La verité & l'exactitude ſont l'ame de l'hiſtoire. Ecrire l'hiſtoire. Savoir l'hiſtoire. Il y a pluſieurs ſortes d'hiſtoires, la ſacrée, la nouvelle la civile, la particuliere, l'univerſelle.

Hiſtoire. Diſcours ſur la nature de certaines choſes, comme des poiſſons, des plantes. Dalechamp a écrit l'hiſtoire des plantes, Jonſton celle des animaux, Bellon l'hiſtoire des oiſeaux, & Rondelet celle des poiſſons.)

Hiſtoire. Terme de *Peinture*. Tableau d'hiſtoire. Tableau qui repreſente quelque hiſtoire. (Peintre qui fait bien l'hiſtoire.)

Hiſtorié, hiſtoriée, adj. Embelli de petites figures. Choſe bien hiſtoriée.) En ce ſens on dit hiſtorier, *v. a.*

Hiſtorien, ſ. m. L'hiſtorien eſt celui qui écrit l'hiſtoire. Il doit être exact, fidele, eloquent, judicieux & d'un eſprit grand, vaſte & ſolide. (Les hiſtoriens Grecs & les Hiſtoriens Latins ſont generalement eſtimez: mais les hiſtoriens François ſont louez de peu de perſonnes de bon ſens. Ils n'ont di art, ni langage, qui ſoit conforme à la dignité de leurs matieres. Un noble Venitien a été l'hiſtorien de la Republique de Veniſe *L'Abé Taleman*, préface ſur l'hiſtoire de *Nani*. Tout hiſtorien eſt un menteur de bonne foi. *Nicole, Eſſais de Morale*.]

† *Hiſtoriette,* ſ. f. Petite hiſtoire mêlée de quelque peu de fiction. Un hiſtoriette d'Amour.)

Hiſtoriographe, ſ. m. Celui qui écrit l'hiſtoire. (Un fameux Hiſtoriographe.

Hiſtorique, adj. Qui eſt d'hiſtoire. Qui regarde l'hiſtoire. Qui eſt propre à l'hiſtoire. Narration hiſtorique. Stile hiſtorique.)

Hiſtoriquement, adv. D'une maniere hiſtorique. Il y a des gens qui racontent hiſtoriquement leurs reflexions comme des faits. *Nicole, eſſais de Morale.*]

HIVER, ſ. m. L'hiver eſt une des quatre ſaiſons de l'année, & la plus froide de toutes. C'eſt le tems que le Soleil emploie à paſſer par les ſignes du Capricorne, du Verſeau, & des poiſſons. (Un froid hiver.)

* L'hiver de ta vie eſt ton ſecond printems, *Mai poët.*

Façon de parler poëtique, pour dire la *vieilleſſe*.

* *Hiver*. Mot poëtique pour dire *année*. (Peu d'hivers viennent à bout de ces libertins. *Gon, Epi. l.* 3. Ne veux tu pas pas donner de beaux jours à mes derniers hivers. *Mai poët*.)

Hivernal, hivernale. Terme de *Fleuriſte*. Qui eſt d'hiver. Qui vient l'hiver. (Ciclamen hivernal. Fleur hivernale. *Morin, traité des fleurs*.)

Hiverner, v. n. Ce mot ſe dit en parlant de ſoldats, & ſignifie paſſer ſon quartier d'hiver en quelque lieu; mais pluſieurs croient qu'il commence à vieillir.(Il dit qu'il tâcheroit d'hiverner ailleurs. *Sar. Prof*. On diroit plûtôt, il dit qu'il tâcheroit de *paſſer ſon quartier d'hiver ailleurs.)*

HO. HOB.

Ho. Interjection propre à marquer quelque mouvement de l'eſprit, quelque admiration, ou quelque ſurpriſe. (Ho, ho! dit le Pere, vous commencez à pénétrer; j'eu ſuis ravi *Paſ. l.* 7. Ho, ho! qu'elle eſt égrillarde ! *Mol*.)

HOBREAU, ſ. m. Le hobreau eſt un oiſeau de leurre, qui vole fort haut, qui prend de petits oiſeaux, qui a le bec bleu, les jambes & les doigts jaunes, qui eſt marqueté ſous le ventre qui a le dos & la queuë noirâtres, les plumes de deſſus les yeux noires & le haut de la tête entre noir & fauve. *Bel. l.* 2. *c.* 19. (De tous les oiſeaux de Fauconnerie, il n'y en a aucun qui ſoit moins gros que le hobreau & l'émerillon. Le hobreau fuit les Chaſſeurs & tâche d'atraper les alouettes & autres petits oiſeaux que les chiens font élever. Voi *le recueil des oiſeaux de proie de G. B*.)

† * *Hobreau*. Mot burleſque & ſatirique pour dire *un Gentilhomme de campagne*. (C'eſt un méchant petit hobreau qui tranche du Grand Seigneur. De ma vie je ne l'ai trouvée ſi raiſonnable, ni ſi bien coiffée : malheur à tous les hobreaux qui la verront. *Richelet ; recueil de letres*.

HOC

Hoc, ſ. m. Le hoc eſt une ſorte de jeu qu'on jouë à deux cartes lors qu'on eſt à, à quinze, lors qu'on eſt davantage. (Le Cardinal Mazarin aporta le hoc en France, & les François, à qui il l'avoit enſeigné, y jouërent bien-tôt mieux que lui.)

Hoc. Terme de *jeu de hoc*. Carte qui eſt aſſurée, & qu'on peut prendre. (Tous les Rois ſont *hoc*.)

† * Hoc. Mot burleſque pour dire. Qui eſt ſûr. Qui eſt aſſuré. Le Paradis vous eſt *hoc*, pendez le Roſaire au croc.)

HOCA ſ. m. Jeu qui vient de Catalogne. Il eſt compoſé de trente points marquez de ſuite ſur une table, & il ſe jouë avec trente petites boules dans chacune deſquelles on en ferme un billet de parchemin où il y a un chifre. Quand on jouë, on remue ſes boules dans un ſac, on en tire une dont on fait ſortir le billet qu'on deplie aux yeux de tout le monde pour voir ce qu'on perd, ou ce qu'on gagne.

HOCHE. V. *Coche*.

HOCHE-QUEUE, ſ. m. Le hoche-queuë eſt un petit oiſeau fort joli qui a le bec noir & bien fait, qui eſt marqué de blanc & de noir, qui remuë toûjours la queuë & qui vit trois ou quatre ans. A Paris on apelle ce petit oiſeau *hoche-queuë*, mais le plus ſouvent on l'appelle *bergeronette*. (Un hoche-queuë mâle. Un hoche-queuë femelle.) V. *Olina*.

HOCHER, v. a. *L'h de ce mot aſpirée &* il ſignifie *remuer. Branler.* (Hocher la tête. *Scar*. Vous riez en hochant la tête. *S. Am.*]

Hochement de tête, ſ. m. C'eſt l'action de hocher la tête.

HOCHET, ſ. m. Le hochet eſt d'ordinaire un morceau d'argent gros comme le petit doigt, & deux fois auſſi grand, au bout duquel on enchaſſe une dent d'ivoire, ou du verre qu'on garnit de trois ou de quatre petites ſonnettes & qu'on pend au cou d'un enfant au maillot pour le divertir & l'amuſer. (Un beau hochet.)

HOI. HOL.

HOIAU, ſ. m. Le hoiau eſt un inſtrument de fer large & épais avec un manche de bois, [Un beau hoiau. Emmancher un hoiau. Le hoiau ſert aux vignerons & aux pionniers.

HOIR, ſ. m. Terme de *Palais*, qui ſignifie *heritier*.[Fruſter ſes hoirs.) On dit auſſi *Hoirie*, ſ. f. Succeſſion, heredité. (HOIRIE jacente.

HOLA, *adv. Le mot de hola aſpire ſon h.* On ſe ſert du mot hola pour

Ggg 2

HOM

pour prier, ou pour commander d'agir plus doucement. (HOLA, ne preſſez pas tant. Mol.)

Hola. On ſe ſert de ce mot pour apeler. (HOLA, ho, cocher, petit laquais. Mol.)

Hola. On ſe ſert de ce mot en voulant entrer dans un logis & pour dire qui eſt là. (HOLA, n'y a t-il perſonne ici) Mol.)

Hola hola, adv. C'eſt aſſez. (HOLA hola, il faut avoir pitié des gens. Scar.)

Hola, ſ. m. Ce mot ſe dit en parlant de bruit & de querelle, & veut dire apaiſer la querelle. Empêcher qu'on n'en vienne aux mains. (Mettre le hola. Abl.)

HOLANDE, ſ. f. (La Holande eſt une des ſept Comtez des Païs bas.)

* Holande. Ce mot entre lingeries eſt en uſage pour dire de la toile de Hollande. Mais dans le monde ceux qui parlent bien diſent toile de Holande. (Cette holande eſt tres-bonne. Holande parmi les Faïanciers veut dire auſſi porcelaine de Holande. (C'eſt de la vieille, ou nouvelle Holande. Mais les gens qui ne ſont pas du métier, diſent porcelaine de Hollande vieille ou nouvelle.)

Holander, v. a. Terme de Marchand Pâpetier qui ſe dit en parlant de plumes. C'eſt preparer la plume lors qu'elle eſt arrachée de l'aîle de l'oie, & la paſſer par les cendres chaudes pour ôter la graiſſe & l'humidité du tuïau. (HOLANDER une plume. Plume bien holandée.)

Holandois ſ. m. Prononcez Holandais. C'eſt le langage qu'on parle en Holande. (Le Holandois eſt trés-doux & trés-agréable dans la bouche des belles Holandoiſes qui le parlent bien.)

HOLOCAUSTE, ſ. m. Prononcez Olocoſte. Mot Grec. Sacrifice où toute la victime étoit brûlée. Sacrifice. [Un ſaint holocauſte. Arn. Que le Seigneur rende vôtre holocauſte parfait Port-Royal, Pſeaumes. Ces ſaintes holocauſtes ne ſont plus des holocauſtes s'il en reſte quelque choſe. Patru, Plaidoié 15. pag. 418. Vous n'êtes jamais plus aiſe que quand vous pouvez aler humer la fumée de quelque holocauſte. Abl. Prométhée.

Alors tu recevras l'holocauſte enflamée
Et des bœufs conſacrez l'odorante fumée
Ira fraper tes yeux.)

† HOLOGRAFE, adj. Ce mot eſt Grec & eſt un Terme de Palais & de Notaire. Il ſignifie en parlant de Teſtament holografe, qui eſt entierement écrit & ſigné par le Teſtateur, & qui eſt valable en France ſans autres formalitez.

HOM.

L'HOMBRE, ſ. m. Jeu de cartes, pris des Eſpagnols, qui ſe joüe a 2, a 3. à 4, & a 5. perſonnes, avec quarante cartes, aprés avoir ôté du jeu les huit, les neuf & les dix, & avoir donné à chaque joüeur neuf cartes trois à trois & par ordre. L'hombre a été appellé ainſi du mot Eſpagnol hombre, qui ſignifie l'homme, comme ſi l'on vouloit dire que ce jeu eſt ſi excellent qu'il merite ſeul, entre tous les jeux de porter le nom de l'homme. Les principaux triomphes de ce jeu s'apellent matadors, qui veut dire meurtriers, dont les premiers ſont ſpadille, manille, beſte &c. Les autres mots particuliers à l'hombre, ce ſont la bête, la poule, reſpueſta, guano.

L'hombre, ſ. m. Signifie auſſi dans le jeu de l'hombre, celui qui fait joüer. On dit Mr. N. c'eſt l'hombre, ſi l'hombre nomme une couleur pour l'autre, il ne doit pas ſe retracter V. le livre du jeu de l'hombre du Ch. Meré.

HOMELIE, ſ. f. L'homelie eſt une ſorte d'inſtruction familiere & Chrétienne des Peres de l'Egliſe. (Les homelies de ſaint Criſoſtome au peuple d'Antioche, ſont belles & bien traduites en François.)

HOMICIDE, ſ. m. L'homicide eſt un meurtre. (Concevez mes peres, que pour être exempts d'homicide il faut agir par l'autorité de Dieu & ſelon la juſtice de Dieu. Paſ. l. 14. J'ai communiqué les lettres de remiſſion qu'il a obtenuës pour cet homicide Patru, plaid. 5.)

Homicide. Meurtrier. (Un vainqueur homicide. Racine, Iphigenie, a. 2. ſ. 1. Dieu défend d'être homicide. S. Ciran. Theol. Etre homicide de ſoi-même Corn. notes ſur Vaugelas, c'eſt à dire, ſe tuër ſoi-même.)

Homicide, ſ. f. Ce mot marquant une fille, ou une femme, eſt feminin. C'eſt elle qui tuë, ou qui fait mourir.

(Tout l'Erébe entendit cette belle homicide
S'excuſer au Berger qu'elle ne daigna l'oüir.
Mauer. & la Font. ouvrages de poeſie & de proſe.]

HOMMAGE, ſ. m. Il vient d'homagium, l'hommage eſt la ſoumiſſion que le vaſſal fait à ſon Seigneur pour lui marquer qu'il eſt ſon homme & pour lui jurer d'une entiere fidelité. (Hommage ſimple. Plein hommage. Faire hommage à ſon Seigneur.)

* Hommage. Reſpect. Honneur. Marques exterieures de ſoumiſſion & d'obéïſſance. [Fleurs, allez rendre hommages au beau teint de Philis. Voi. poëſ. Tous les beaux eſprits lui reſident hommage Voit. l. 25. L'hommage des cœurs eſt ce qu'elle aime.]

HOMMASSE, adj. Ce mot ſe dit des femmes & veut dire qui

HON

tient de l'homme. (Elle eſt hommaſſe.)

Homme, ſ. m. L'homme eſt un compoſé d'un corps & d'une ame raiſonnable. [Seigneur, qu'eſt-ce que l'homme pour être un objet de vos ſoins. Faire l'homme d'importance. Vous connoiſſez l'homme & ſa pareſſe. Moliere. Homme de cœur. Homme d'honneur. Homme d'eſprit. Un galant homme. Homme bien pris dans ſa taille. Homme bien fait, civil, honnête, ſage, prudent ; étourdi, ruſé, fin, curieux, ambitieux, &c. L'homme eſt le plus malin & le plus perfide & le plus cruel de tous les animaux. Voiez la Satire de B. ſur l'homme. Un galant homme. Un grand homme d'Etat. Homme d'afaires. Homme de chambre.)

* Homme. Ce mot eſt en parlant de fief veut dire. vaſſal. (Le Seigneur feodal, faute d'homme, peut mettre en ſa main le fief mouvant de lui.)

Les Bons-hommes. C'eſt à dire les Minimes, à cauſe que Louis XI. apeloit ainſi leur Fondateur S. François de Paule. Voiez L'hiſtoire de Louis X I.

Bon-homme. Ces mots ne ſe diſant point en raillerie, veulent dire un honnête homme, qui a de la vertu & qui ſeroit bien marri de faire tort à qui que ce ſoit. Le mot de bon-homme, dans ce ſens, eſt très - rare aujourd'hui, & Diogene avec ſa lanterne auroit peine à en trouver en plein jour.

* Bon-homme. Ces mots en riant, ou en ſe moquant, marquent que celui dont on parle ; eſt un bon ſimple, & qui n'a pas grand eſprit. (Il faut qu'il ſoit bon-homme pour croire tout le bien qu'on lui dit de lui.

† Hommée, ſ. f. Travail qu'un homme peut faire dans un jour comme un vigneron en cultivant les vignes, un faucheur &c.

HOMOGENE, adj. Terme de Philoſophie, qui veut dire de ſemblable genre. (Matiére homogene. Un ſujet homogene.)

† HOMOLOGATION, ſ. f. Terme de Palais. Elle conſiſte à autoriſer, aprouver & ratifier. L'homologation du contrat eſt faite dans les formes.

Homologue, adj. Terme de Géometrie. On nomme cotez homologues de figures ſemblables, ceux que l'on compare enſemble dans la propoſition. Port-Royal.

Homologuer, v. a. Terme de Palais. Autoriſer. aprouver. Ratifier. Homologuer un contrat. Homologuer un accord fait entre les parties.)

HOMONIME, adj. Terme de Logique. Qui eſt de même nom, De ſemblable nom. (Termes homonimes.)

HON.

HON, HON. Interjection propre à marquer quelque mouvement de l'ame. (Hon, hon, vous êtes un mechant Diable, Mol. Hon, hon, il a remis à païer ſes creanciers. Mol. Hon, que cela ſent bon. Mol. Cocu imag. ſc. 6.)

HONGRE, ſ. m. Le hongre eſt un cheval châtré. C'eſt un cheval hongré. (C'eſt un hongre.)

Hongreline, ſ. f. Sorte d'habillement de femme, fait en maniere de chemiſette, qui a de grandes baſques.

Hongrer, v. a. Ce mot ſe dit en parlant des chevaux & de quelques autres bêtes. Il veut dire châtrer. [Hongrer un cheval Les Africains qui veulent avoir de bons chameaux, les ongreant. Abl. Marmol. Tom. 1.

Point d'Hongrie. C'eſt une ſorte de tapiſſerie, faite par ondes.)

Hongrois, hongroiſe, adj. Qui eſt de Hongrie. (Le peuple hongrois.

Hongrois, ſ. m. Les peuples de hongrie. [Les hongrois ſont aſſez braves.)

HONNÊTE, adj. Ce qui eſt ſouhaitable à cauſe de lui-même, & qui merite de la loüange. (La vertu eſt honnête.)

Honnête, adj. Qui eſt de l'honnêté, de la civilité & de l'honneur (l'honnête homme eſt celui qui ne ſe pique de rien. Paſ. Penſ. C'eſt une ſorte honnête femme.

Honnête. Ce mot ſe dit des choſes, & ſignifie. Civil, plein d'honneur, Galant. Qui marque de la conduite. Qui eſt raiſonnable. Qui eſt fait avec jugement. [Le preſent eſt fort honnête. Procedé honnête. Action honnête.)

Honnête, ſ. m. Ce qui eſt ſouhaitable de lui même & qui merite de la loüange. (Joindre l'utile avec l'honnête.)

Honnêtement, adv. Avec civilité. En honnête homme. Avec honneur. (Il en a uſé fort honnêtement. Vivre honnêtement.)

Honnêteté, ſ. f. Civilité. Maniére d'agir polie, civile ; & pleine d'honneur. Procedé honnête & qui marque de la loüange. (L'honnêteté eſt ce qui gagne davantage le cœur des Dames. Il lui fait mille honnêteté.)

Honnêteté. Il ſignifie auſſi à l'égard des femmes, la chaſteté, la pudicité, la pudeur, la modeſtie. (L'honnêteté eſt bienſéante aux femmes.)

Honnêteté. Ce mot ſignifie encore un preſent mediocre qu'on fait à ceux qui nous ont rendu quelque ſervice. C'eſt une eſpece de ſalaire, dont on n'eſt point convenu & qu'on donne de bonne volonté.

Honneur, ſ. m. L'honneur eſt un témoignage d'eſtime qu'on rend à ceux qui ſont bien-faiſans, & aux perſonnes de merite. [C'eſt un homme d'honneur ; c'eſt à dire qui merite d'être honoré,

HON

honoré, parce qu'il a de la vertu, & qu'il se conduit honnêtement. L'honneur acquis est caution de celui qu'on doit aquerir. *Mémoires de Monsieur le Duc de la Rochefoucaut.* Avoir de l'honneur. Aquerir de l'honneur. Perdre l'honneur. Conserver son honneur.)

HONNEUR, *s. f.* Ce mot parlant de filles, signifie virginité, pudicité. (Une fille qui a perdu son honneur, a perdu sa fortune. Les braves Capitaines recommandoient aux assauts, l'honneur des Dames.)

HONNEUR. Gloire. Ornement. Estime. Vogue. Reputation. (Elle est l'honneur de la Cour. *Vois. poët.* Etre sourd à l'honneur. *Scar.* Ravir l'honneur. *Pas. l. 7.* Oter l'honneur. *Pas. l. 7.* J'espere que vous mettrez nôtre famille en honneur. Se faire honneur de quelque chose. *Ablancourt.* Un homme, ou une femme de bien & d'honneur.)

HONNEURS. Ce mot au pluriel signifie souvent, Civilitez, Ceremonies pleines de civilitez qu'on se fait dans le commerce du monde. (Faire les honneurs de la maison.) On dit aussi, Faire des honneurs funèbres à quelcun.

HONNEURS. Ce mot au pluriel signifie aussi, *Charges. Dignitez*.

) Le mot est bien vrai, *Messeigneurs*,
Que les honneurs changent les mœurs.
Vois. Poë.)

Les honneurs du Louvre. Ce sont de certains privileges affectez à de certaines Charges ou Dignitez.

† HONNI, *honnie*, *adj*. Plein de confusion & de honte. (Honni soit qui mal y pense.)

HONORABLE. Digne d'honneur. (Action honorable. Cela est honorable. Charge honorable.)

HONNÊTE. Qui fait de l'honneur. (Homme honorable. Cela est honorable. Charge honorable.)

* Amende honorable. C'est un suplice honteux & infamant, où le bourreau conduit en de certains lieux, un criminel nud en chemise, la corde au cou & une torche ardente à la main, pour y confesser son crime & en faire reparation. (Il a été condamné à faire amende honorable.)

Honorablement, *adv.* D'une manière honorable. (On l'a traité fort honorablement.)

Honoraire, *adj.* Qui n'exerce que par honneur. (Medecin honoraire. Tuteur honoraire. Conseiller honoraire.)

Honoraire, *s. m.* C'est le salaire qu'on donne aux Avocats. (Recevoir son honoraire.)

HONORÉ, *s. m.* Nom d'homme. (Saint Honoré.)

HONORER, *v. a.* Faire de l'honneur à une personne, lui témoigner par des marques exterieures & civiles qu'on l'honore, qu'on l'estime, qu'on la respecte. (Honorer quelcun; Honorer une personne de grans presens. *Abl. Ar.*)

HONTE, *s. f.* En Latin *pudor*. Il vient de l'Italien *onta*. L'*h* de ce mot est *aspirée*. La honte est un trouble d'esprit qu'on a pour quelque malheur qui semble nuire à la reputation, soit qu'un tel malheur soit arrivé, ou doive arriver. (Une grande honte. Une legere honte. Une honte secrette, cachée. Une honte fâcheuse, cruelle, mortelle. Diminuër, ou augmenter la honte. On a de la honte pour tous les maux & tous les malheurs qui doivent tourner à nôtre deshonneur. Une telle décision soulage la honte de confesser ses rechutes. *Pas. l. x.* J'aurois toutes les hontes du monde s'il falloit que..... *Mol.* Couvrir de honte, *Abl.* Il s'en est alé avec sa courte honte. Si le Dictionaire de Richelet ne fait pas sa fortune, Richelet aura au moins la consolation de voir que son Dictionaire fera la honte de l'Academie. *M. de la Monnoie, lettre à l'Abé Nicaise.*)

Avoir bû toutes ses hontes. Façon de parler proverbiale, pour dire, n'avoir plus de honte.

Honteux, *honteuse*, *adj*. Qui a de la pudeur & de la honte. (Il est honteux. Elle est honteuse devant les personnes qu'elle ne connoit pas.)

Honteux, *honteuse*. Ce mot se disant des choses, veut dire qui n'est pas honnête. (C'est un procedé honteux. Action honteuse. Un suplice honteux. Une mort honteuse.)

* Les parties honteuses. Ce sont les parties naturelles.

* On dit d'une personne qu'elle est *la partie honteuse d'un corps*, dont elle est membre, lors qu'elle n'y est pas considerée, soit à cause de son ignorance, ou d'autres défauts.

†* Le morceau honteux. On apelle ainsi le dernier morceau qui demeure dans un plat & que personne n'ose prendre.

Honteusement, *adv.* Avec ignominie. Avec oprobre. Avec afront. (Se conduire honteusement. Finir sa vie honteusement. Fuïr honteusement.)

HOP. HOQ.

HÔPITAL, *s. m.* ou *Hospital*, *s. m.* L'un & l'autre s'écrit, mais on prononce *hôpital*, sans faire sentir l'*s.* Il vient du Latin, & c'est une maison fondée où se retirent les pauvres malades qui n'ont pas moïen de subsister, où on les nourrit, & où l'on a soin de leur santé & de leur salut. (Un hôpital bien fait & bien propre. Un hôpital bien renté. Etablir un hôpital, fonder un hôpital. L'hôpital n'est point sujet aux dîmes. On ne peut bâtir un hôpital sous le titre de benefice sans la permission de l'Evêque, & sans lettres patentes du Roi. *Voi. Feuret Traité des abus, l. 2.* Il y a dans l'hôpital, des Directeurs

HOP

qui ont soin du temporel, des sœurs converses qui ne songent qu'aux malades & des Medecins qui les visitent. Mais bien-heureux les pauvres qui n'ont point de Medecins qui aient & la capacité du sieur l'Abé, & du sieur Finaut. Deux Historiens François Chamier & du Verdier sont morts à l'hôpital, & l'Historien Chimerique marche sur leurs pas. Nicolas Rolin Chancelier de Bourgogne aiant fait bâtir l'hôpital de Beaune ; le plus bel hôpital de France ; & Louïs XI. voïant cet hôpital, dit qu'il étoit juste que Rolin aïant fait tant de pauvres durant sa vie, fit, avant que de mourir une maison pour les loger. *Columesius, mélanges Historiques p. 60. & 61.* Pegase est un cheval qui porte les grans Poëtes à l'hôpital. *Main. Poë.*)

* Hôpital, *s. m.* Ce mot est pris *au figuré*, mais il ne se dit qu'en riant. Il veut dire, pauvre homme n'aïant pas grans biens.

Hôpital allant & venant,
Des jambes d'autrui cheminant
Des siennes n'aïant plus l'usage.
Scar. poë. Requête à la Reine.

HOQUET, *s. m.* Le hoquet est un mouvement convulsif de l'estomac qui s'élance pour chasser ce qui l'inquiète & est attaché à ses tuniques. (Avoir le hoquet.) † Quelques-uns disent en ce sens. *Hoqueter*, *v. n.*

HOQUETON, *s. m.* Le hoqueton est une sorte de casaque que portent de certains cavaliers de la garde du Roi. (Ainsi on dit, le hoqueton d'un garde de la manche.)

HOR.

HORAIRE, *adj.* Terme de *Gnomonique*. (Cercle horaire.)

HORDE, *s. f.* Terme de *Géographie.* Il se dit des troupes de peuples errans, comme sont des Arabes & des Tartares, qui n'ont pas des viles, ni des habitations fixes ; mais qui logent sous des tentes, ou sur des chariots, pour changer de demeure, lors que leur bétail a mangé un quartier de païs.

† HORION, *s. m.* Le horion est un grand coup qu'on décharge sur quelque personne.

(Mimas d'un puissant horion
Fait sauter la rondache à Mars.
Scar. Poë.)

HORISON, *s. m.* Terme de *Géographie*. L'horison est ce qui termine nôtre vûë, & qui separe la partie du Ciel que nous voïons d'avec celle que nous ne voïons pas. (Desigñer l'horison d'un lieu particulier. Horison rational. Horison sensible.)

Horisontal, *horisontale*, *adj.* Terme de *Géographie*, qui est parallele à l'horison. (Ligne horisontale. Cadran horisontal.)

Horisontalement, *adv.* Dans une situation parallele à l'horison (Il faut placer horisontalement ce cadran.)

HORLOGE, *s. f.* L'horloge est une sorte de machine composée de rouës, de ressorts, de balancier & d'autres choses pour sonner les heures. (Une bonne horloge.)

Horloge. Terme d'*Horloger.* Petite montre que les gens qui ne sont pas du métier, apellent *montre sonnante.*

Horloge de sable, *s. m.* Petite machine de verre où d'un côté il y a du sable qu'on laisse tomber dans l'autre vuide, & qui mettant un certain espace de tems à passer ; marque les heures, ou les demi-heures. Cette sorte d'horloge s'apelle ordinairement *sable*, sans lui ajouter le mot d'*horloge*. Il y a de ces horloges pour un quart d'heure, pour une demi-heure, pour trois quarts & pour une heure, &c.

Horloger, *Horlogeur*, *s. m.* L'usage est pour *Horloger.* C'est artisan qui fait & vend de toutes sortes de montres sonnantes ; & non-sonnantes, qui fait & racommode les horloges, & a soin de les bien faire aller. (Un excellent horloger.)

Horlogère, *s. f.* La Femme de l'Horloger. (Une jolie Horlogère.)

Horlogerie, *s. f.* Commerce, trafic & métier d'Horloger. (L'horlogerie n'est plus bonne comme autrefois. Il n'y a que la Chirurgie & l'Horlogerie qui soient regûës au Levant : *Ponlet, rélation*, *T. 1*.)

HORMIS. Préposition qui régit l'acusatif & qui signifie *excepté.* (Capable de tout faire, *hormis* une amitié. *Voi. poë.* Celle qui vous ressemble, *hormis* qu'elle est moins belle. *Voi. Poë.*)

Horographie, *s. f.* Il vient du Grec. Prononcez *orografie.* C'est l'art qui enseigne à faire des cadrans. L'horografie est belle & curieuse, & il faut de l'esprit & de l'étude pour y réüssir.

HOROSCOPE. Ce mot est *masculin* & *féminin*, mais le plus souvent *masculin*. L'horoscope consiste à chercher le moment de la naissance d'une personne & à voir sous quelle planette est née cette personne, pour lui prédire le bonheur & le malheur qui lui arrivera avec la durée de sa vie. (Horoscope bien dressé. *Vau. Rem.*)

HORREUR, *s. f.* L'horreur veut dire *aversion*; Une sainte horreur. Port-Roïal. Le peuple avoit de l'*horreur* pour la personne du Cardinal. *Mémoire de M. le Duc de la Roche-Foucaut*, Il est important de donner au monde de l'*horreur* de vos opinions. *Pas. l. 14*.)

Ggg 3   Horreur

Horreur. Désolation. Confusion. Désordre horrible & cruël. (Je traine avec moi l'horreur & le carnage. *Démarais.* En moins de rien tout fut rempli d'horreur & de sang. *Vau. Quin. l. 3. c. xi.*)

Horrible, adj. Epouvantable. Qui fait horreur. (Monstre horrible. Crime horrible.)

* *Horrible.* Grand. Excessif. (Une horrible dépense. *Vau. Rem.*)

Horriblement, adv. Afreusement. Fort. Beaucoup. (Il est horriblement laid.)

† Hors. Cette préposition signifiant *hormis* ne se dit d'ordinaire qu'en vers. (Nul n'aura de l'esprit *hors* nous & nos amis. *Mol.* Hors cette ocasion il n'y a jamais eu de loi qui ait permis de tuër. *Pasc. l. 14.*)

Hors. Préposition qui marque exclusion dans le propre. (Hors de Paris il n'y a point de salut pour les honnêtes gens. *Molière.*)

* Je suis hors de vos ateintes & propre à combattre vos erreurs, *Pasc. l. 17.* Chose hors de raison. *Pasc. l. 3.*)

† Hortolage, *s. m.* Ce mot signifie les plantes, les legumes & les herbes potagéres, qu'on cultive dans un jardin. M. de la Quintinie dit que le mot d'*hortolage* est Provincial, & il est bon de le croire.

Hortolan. V. *Ortolan.*

HOS.

Hospitaliers, *s. m.* Religieux habillez de noir comme les Prêtres avec une croix blanche sur la robe & sur le manteau, établis par le Pape Innocent III. pour retirer les pauvres pélerins, voïageurs, enfans trouvez, & les pauvres.

Hospitaliéres, *s. f.* Ce mot, en général, veut dire des Religieuses qui reçoivent & assistent les pauvres femmes & filles malades, qu'on porte dans leur maison. Il y a à Paris plusieurs sortes d'hospitaliéres, les unes s'apellent *les hospitaliéres de la charité de Nôtre-Dame,* & les autres *les hospitaliéres de la charité de Jesus.* Les hospitaliéres de la charité Nôtre-Dame, ce sont Religieuses de l'Ordre de Saint François qui portent l'habit de S. François avec le Scapulaire blanc à l'honneur de la Vierge, le voile noir, & au chœur un manteau gris-brun semblable à leur habit. Les hospitaliéres font quatre vœux, obéïssance, pauvreté, chasteté & hospitalité, & elles sont fondées depuis environ cinquante ans par Madame Favre. On dit en parlant de ces Religieuses, *une telle s'est faite hospitaliére,* elle est entrée aux hospitaliéres; & en parlant des malades de leurs hôpitaux, on dit, *une telle est malade aux hospitaliéres de Nôtre-Dame, elle est morte aux hospitaliéres.* On dit aussi, *une telle est à la charité des femmes, ou aux hospitaliéres de Nôtre-Dame.* Les hospitaliéres *de la misericorde de Jesus,* sont des Religieuses de l'Ordre de S. Augustin au Fauxbourg S. Marceau de Paris, fondées par M. d'Herbelet Doïen des Maîtres des Requêtes. Elles ont l'eté une robe blanche, une guimpe, & un rocher de fine toile de lin, & l'hiver, elles portent un grand manteau noir par dessus cela, lors qu'elles sont au chœur, ou qu'on port l'Extrême-onction à quelque pauvre malade de l'hôpital. Elles font vœu de chasteté, de pauvreté, d'obéïssance, & d'hospitalité : ce dernier vœu consiste à servir, à soulager les pauvres filles, ou femmes malades, gratuitement & sans autre vuë que d'en avoir un jour la recompense au Ciel. Ces bonnes Religieuses sont gouvernées par Monsieur l'Archevêque de Paris, & à ce qu'elles m'ont assuré, leur Supérieure rend compte du bien des pauvres à Monsieur de Paris, ou à l'Eclésiastique qu'il lui plait de donner pour cela à la Supérieure. En parlant des femmes, ou des filles malades qui sont dans l'hôpital de ces Religieuses, on dit, *une telle s'est fait porter aux hospitaliéres de la misericorde de Jesus.* Elle est morte aux hospitaliéres de la misericorde de Jesus. Le petit peuple de Paris apelle pourtant tous ces hôpitaux gouvernez par les hospitaliéres *la charité des femmes,* & il dit une telle ne fait que de sortir de la charité des femmes, & presque toujours une telle est sortie des hospitaliéres de la charité Notre-Dame, ou de la misericorde de Jesus. On croit que s'en chapitre, on peut parler comme le petit peuple, sur tout en conversation ; mais que les autres expressions sont plus nobles & plus du bel usage. Il y a encore à Paris d'autres hospitaliéres.

Hospitalité, *s. f.* C'est la charité qui consiste à recevoir & retirer quelcun chez soi. (Demander l'hospitalité. Violer l'hospitalité. *Abl. Ret. l. 3.*)

Hostie, *s. f.* Ce mot vient du Latin *Hostia* & signifie une victime qu'on immoloit en Sacrifice à la Divinité, les Païens à leurs fausses Divinitez, & les Juifs au vrai Dieu. On dit que Jesus-Christ s'est offert en Sacrifice comme une *Hostie immaculée* & un Agneau sans tache. L'Eglise Romaine apelle du nom d'Hostie, une piéce de pain à chanter qui est consacrée, & qu'elle croit avoir eté changée au Corps de Jesus-Christ & qu'il est contenu sous l'espéce du pain. (Rompre une Hostie.) On apelle quelquefois *Hosties* ce pain à chanter avant même qu'il soit consacré. (Un Pâtissier a des fers pour les grandes & pour les petites hosties. Consacrer une hostie.

Hostilité, *s. f.* Action d'ennemi. (Nos soldats ont fait toutes sortes d'hostilitez sur les terres des ennemis. *Ablancourt.*)

Hostilement, adv. Avec hostilité. A la façon des ennemis. En ennemi. (Agir hostilement contre une vile. Traiter quelcun hostilement.)

HOT.

Hôte, *s. m.* Prononcez la prémiére silabe de ce mot, *longue.* L'hôte est celui qui reçoit chez lui les personnes, qui les loge & leur donne à manger. Le mot d'*hôte* signifie aussi celui qui loüe quelque chambre, quelque apartement ou quelque maison à quelcun. (Nôtre hôte est un fort bon homme.)

† *Conter sans son hôte.* Proverbe qui veut dire, n'avoir rien fait qu'il ne faille encore voir & éxaminer. Se fonder mal sur quelque personne. (Conter sur vous, c'est conter sans son hôte. *Benserade, Rond.*)

Hôte. Ce mot signifie aussi celui qui est reçu dans une maison. (Feu d'Ablancourt a eté quelque tems l'hôte de Conrart.)

Hote, *s. f.* Prononcez *bréve* la prémiére silabe de ce mot. La hote est un ouvrage de vanier qui a des bretelles & qu'on porte derriére le dos. (Une hote bien faire.)

Hotée, *s. f.* La hotée est une hote pleine de quelque chose. (Une grosse hotée de raisins.

* *Hote de cheminée.* C'est la pente de la cheminée en dedans.

Hôtel, *s. m.* L'hôtel est la maison de quelque Seigneur de qualité. Ainsi on dit, l'hôtel de Longueville est beau. L'hôtel de Rambouillet, est bien placé.) On disoit autrefois. L'hôtel du Roi.

Hôtel. Ce mot se dit abusivement pour dire *une grosse auberge.* Une fameuse auberge de Paris. (Il loge à l'hôtel saint Paul.)

Maitre d'hôtel. Voiez *Maitre.*

Hôtel. Lieu où les Echevins & les gens de police d'une vile s'assemblent pour les afaires de la ville. (L'hôtel de vile de Paris est beau & grand.)

Hôtel-Dieu, *s. m.* L'hôtel-Dieu est un lieu fondé & bâti pour les pauvres malades. Lieu où ceux qui n'ont pas le moïen de se soulager, étant malades, se font porter pour y être traitez. (Il est mort à l'hôtel-Dieu.)

Hôtelerie, *s. f.* L'hôtelerie est une maison où pour de l'argent on loge & mange lorsqu'on va en voïage. Gros Cabaret où pour de l'argent tout le monde boit & mange. (Une bonne hôtelerie.)

Hôtelier, *s. m.* Celui qui tient hôtelerie. (Les hôteliers sont responsables des hardes qu'on leur doune.)

Hôtelier. Religieux Bernardin qui a soin des hôtes & leur fait accommoder des chambres.

Hôteliére, *s. f.* C'est la maitresse de l'hôtelerie.

Hôtesse, *s. f.* L'hôtesse est la femme de nôtre hôte, c'est celle qui nous loge. (Nôtre hôtesse est morte.)

Hoteur, *s. m.* Le hoteur est celui qui porte la hote. (Un bon hoteur.)

HOU.

Hou, hou. Terme dont le valet de limier use parlant à son limier quand il le laisse courre un loup, ou un sanglier. *Sain.*

† *Hou,* hou. Ce mot se joint avec celui de vieille pour dire une méchante petite vieille.

(* *Vieille hou hou,* vieille ha ha, vôtre chien se fessit en a. *Scaron, poës.*)

Houage, *s. m.* Terme de Mer. La trace qui paroit encore sur l'eau lorsque le navire est passé. *Four.*

Houblon, *s. m.* Le houblon est une sorte d'herbe qui s'étend fort loin & qui grimpe sur les arbres ou autres apuis qu'elle peut rencontrer, qui fleurit en Août & en Septembre, & qui a la vertu de purifier & de rafraichir le sang. (On se sert de houblon pour faire de la biére, & c'est la fleur du houblon qui aide à la conserver.)

Houblonniére, *s. f.* Lieu où croit force houblon. (Il y a de grandes houblonniéres en Flandre.)

Houë, *s. f.* La houë est un instrument qui a un manche de bois & un fer plat & large, ou fourchu dont les vignerons se servent pour labourer la vigne.

Houër, *v. a.* Terme de *Vigneron.* C'est travailler avec la houë. C'est bécher la terre avec la houë. (Il est tems de houër la vigne.)

Houille, *s. f.* Terre grasse & noire qui sert, en divers pays, de charbon de terre aux Forgerons.

Houle, *s. f.* Terme de Mer. Vague d'une mer qui est agitée. *Four.*

Houlette, *s. f.* La houlette est une maniére de bâton de six ou sept piez avec un fer large par le bout & un crochet par le haut dont se servent les bergers en gardant les moutons. (Les parties de la houlette ce sont la hampe, le crochet, la douïlle & la fueillure. Une bonne houlette. Manier bien la houlette. Se servir adroitement de la houlette.) *Houlett.*

Houlette. Terme de *Jardinier*. Petit instrument qui a un fer pointu & un manche de bois d'environ un pié de long, qui sert à lever les oignons des fleurs & autres petites choses.

Houpe, *s. f.* Touffe de soye dont on se sert pour jetter la poudre de cipre. Touffe de soye qu'on met sur les bonnets carrez.

Houpe. Terme d'*Eguilletier*. La houpe est un petit bout de ruban qui passe au dela du fer de l'éguillette.

† **Houpe.** Il se dit aussi du haut d'une plante qui est en bouquet & qui ressemble à une houpe. (La houpe du fenoüil, du millet, &c.

Houper, *v. a.* Terme d'*Eguilletier*. Faire en petites houpes.

Houper, *v. a.* Terme de *Chasse*. C'est lorsqu'un veneur apelle son compagnon lorsqu'il trouve une bête qu'on peut courre, qui sort de sa quête, & entre en telle de son compagnon. (Houper un mot long ou deux.)

† Vieux mot. **Houpelande**, ou **houplande**, *s. f.* Sorte de casaque. (Mon cher ami que je prise, plus que ma houpelande grise, S. *Amant*.)

Hourdage, *s. m.* Terme de *Maçon*. Le hourdage est une maçonnerie grossière.

Hourder, *v. a.* Terme de *Maçon*. Maçonner grossièrement. Il faut hourder cette cloison. On hourde avant qu'on maçonne.

Houret, *s. m.* Sorte de chien de chasse. (Un houret galeux.)

Hours. Voyez *Baudets*.

Hourvari. Voyez *Ourvari*.

Se Houspiller, *v. r.* Prononcez l'h. Se prendre & se batre en se jettant & se renversant l'un sur l'autre. (Chiens qui se houspillent comme il faut.)

Housse, *s. f.* Ce mot aspire son h, & a plusieurs significations. La housse est une couverture de tapisserie, de drap, de serge, ou d'étofe de soie qu'on met sur des chaises garnies & rembourées. (Une fort jolie housse. Une housse proprement faite. Mettre les housses. Agrafer une housse.)

Housse. Garniture faite de serge qui couvre & entoure quelque beau lit. Elle se met aussi au lieu de rideaux autour du bois de lit, en attendant qu'on fasse quelque rideaux d'étofe de soie, ou d'autre belle étofe, mais il n'y a guére que le petit bourgeois qui se contente d'une simple housse.

Housse. Couverture de velours, ou d'écarlate que les Princesses & les Duchesses font mettre quand il leur plaît sur l'imperiale de leur carosse.

Housse. Terme de *Sellier*. Couverture qu'on met sur la croupe du cheval de selle. Il y a de plusieurs sortes de housse pour le cheval de selle, il y a une housse à la cravatte. Une housse de main. Embelir une housse. Atacher une housse.

Housse. C'est aussi une couverture de cuir pour conserver la selle.

Housse. Terme de *Bourrelier* & de *Chartier*. C'est une peau de mouton, ou de chévre qu'on met sur le colier des chevaux de harnois.

Housser, *v. a.* Nétéier avec un houssoir, ou autre pareille chose. (Housser une tapisserie.)

Housseur, *s. m.* Le housseur est celui qui housse.

Housseuse, *s. f.* La housseuse est celui qui housse.

Houssine, *s. f.* La houssine est une verge de bois de houx. C'est aussi une petite baguette.

† **Houssiner**, *v. a.* Terme bas & comique pour dire, donner des coups de houssine. (On a houssiné au dos du Parnasse le pauvre rimailleur T.)

Houssoir, *s. m.* Le houssoir est une sorte de grand balai de plumes dont on housse les tapisseries, & les tableaux d'une chambre, &c.

Houx, *s. m.* Le houx est un arbrisseau, ou espéce de buisson toûjours verdoiant. Son tronc & ses branches sont lisses, couvertes d'une double écorce dont l'extérieure est verte & celle de dessous, pâle. Le bois de houx est dur, pesant & va au fond de l'eau. Ses feuilles sont vertes & garnies de piquans tout autour.

HUB. HUC.

Hubert, *s. m.* C'est un nom d'homme. (S. Hubert est le patron des chasseurs, & on croit qu'il guérit de la rage.)

Huche, *s. f.* Terme de *Boulanger*. La huche est une sorte de grand cofre de bois où l'on patrit & où l'on met le pain: mais en ce sens, le mot de *huche* ne se dit qu'en Province, car à Paris les Boulangers disent *patrin*.

Huche. Terme de *Meûnier*. Maniére de cofre sans couvercle où tombe la farine.

† **Se hucher**, *v. a.* Vieux mot qui entre quelquefois dans le burlesque, & qui signifie, *s'apeler se nommer*. (Ton serviteur, je me huche.)

† **Huchet**, *s. m.* Le huchet est une sorte de cor. Le mot de *Huchet* est vieux, en sa place on dit *cor*.

(Dieu préserve en passant, toute sage personne
D'un porteur de huchet qui mal à propos sonne.
Mol, Fâcheux. a. 2. sc. 6.)

HUE.

Hue. *Sorte d'interjection*, dont se servent les Chartiers pour commander aux chevaux d'avancer.

Huée, *s. f.* La huée est un cri tumultüeux de plusieurs personnes. (Il s'éleva une huée qui fit rire tout le monde. *Abl.* Il se fit une huée qui le défèrra. *Abl. Apoph.*)

HUG.

Huguenot, *s. m.* Le Huguenot est celui qui suit les sentimens de Calvin. (C'est un franc Huguenot.)

Huguenote, *s. f.* Celle qui est dans les sentimens de Calvin. Une jolie Huguenote. Une franche huguenote.

Huguenot, Huguenote, adj. Qui est de Huguenot. Qui est dans les sentimens de Calvin. Sentiment Huguenot. Il est Huguenot. Elle est Huguenote.

(Les trois Seigneurs qui ont eu le plus d'aversion pour les Huguenots ont eu tous trois des femmes Huguenotes. Ils s'apellent le Duc de Montpensier, le Duc de Guise & le Maréchal de Saint André. Le premier épousa Jaquette de Longvi, le second Anne d'Est, & le troisiéme Marguerite de Lustrac. *Columbusius, mélanges historiques, p. 48.*)

Huguenote, *s. f.* La huguenote est une marmite de métal, ou de terre, qui est sans piez, & qu'on met ordinairement sur un fourneau. C'est aussi un fourneau de terre à faire bouillir le pot. Acheter une huguenote.

Huguenotisme, *s. m.* C'est la doctrine & le sentiment des Huguenots sur la Religion.

Hugüe, *s. m.* Nom d'homme. (Hugue Capet en 987. fut couronné Roi à Reims le troisiéme Juillet.)

HUI.

Huile, *s. f.* L'huile est une liqueur grasse, chaude & onctueuse qui se tire de certaines choses. Ainsi on dit *de bonne huile d'olive*, qui est une liqueur qui se tire des olives. Huile de camomille. Huile de noix, Huile de vedre, c'est une huile qui se tire des pommes de cédre. Huile de violettes. Huile Rosat. Huile d'iris, &c.

† * **Huile de cotret**, *s. f.* Mots bas & burlesques, qui ne s'écrivent guére que dans le stile comique le plus bas, & qui signifient *coups de bâton*. Il a eu de l'huile de cotret. Donner de l'huile de cotret à quelcun.

Les saintes huiles. Ce sont des huiles bénites par l'Evêque qui servent dans les Sacremens de Batême, de Confirmation & d'Extrême onction.

* **Huile.** Peine, travail qu'on prend, ou qu'on a pris à faire quelque chose. (On reprochoit à Demosthene que ses discours sentoient l'huile. *Abl. Apoph.*)

Huiler, *v. a.* Ce mot ne se dit pas ce semble des personnes; en sa place, on diroit *froter d'huile*. Cependant un fort habile Academicien a écrit, ils firent du feu, prés duquel ils *huilerent*. Cet habile Académicien n'est pas à imiter en cela.

Huilet. Froter d'huile. (Huiler des chassis. Chassis qui ne sont pas assez huilez.)

Huiler. Terme de *doreur sur cuir*. Froter d'huile. Huiler le dos d'un livre pour y poser l'or.

Huileux, huileuse, *adj.* Qui tient de la nature de l'huile. (Les noix séches sont de dificile coction, à cause de leur substance huileuse.)

Huileux, huileuse, adj. Ce mot se dit de l'urine, &c. & veut dire, qui est en maniere d'huile (Urine huileuse. *Deg.*)

Huilier, *s. m.* Prononcez *huilié*. L'huilier est celui qui fait & ne vend que de l'huile.

Huilier, *s. m.* Vase où l'on tient de l'huile, pour s'en servir à table. (Un huilier d'argent, de vermeil doré, de verre, ou de terre.)

† **Huis**, *s. m.* Ce mot est vieux & ne se dit plus guére qu'en matière de Palais. Il signifie porte. (Plaider à huis clos.)

† **Huis.** Se dit encore quelquefois en riant & dans le burlesque. (Pendons nous devant son huis. *Benserade*, *Rondeaux.*)

Huissier, *s. m.* L'Huissier est un Sergent.

Huissier Audiencier. C'est un Sergent qui assiste aux Audiences des Juges, & qui garde la porte & l'entrée du barreau, qui fait faire silence, &c.

Huissier de la Chambre du Roi. C'est un oficier qui entre dans la chambre du Roi un peu aprés que le Roi est levé, & qui prend la porte jusques à ce que le Roi ait pris sa chemise, ensuite il laisse entrer, & fait faire silence quand on parle trop haut dans la chambre du Roi.

Huissier de Nôtre-Dame. Bedaut qui porte un petit bâton & qui sert à garder le chœur de l'Eglise & à faire faire place aux Chanoines.

Huit. Nom de nombre indéclinable, qui vaut deux fois quatre. L'*h* de ce mot & des derivez, est aspirée. (Ils sont huit. Elles sont huit. Huit jours. Huit heures. Huit fois. Huit cent. Huit mille.)

Huitain, *s. m.* Le huitain est une stance de huit vers.

Huitaine;

HUM **HUM**

Huitaine, *s. f.* Terme de *Palais*, &c. Huit jours. (Les parties reviendront à la huitaine.)
Huitiéme, *adj.* Nom de nombre ordinal. (Il est le huitiéme. C'est la huitiéme.)
Huitiéme, *s. m.* C'est le huitiéme jour. (La lettre est du huitiéme. C'est aujourd'hui le huitiéme du mois.)
Huitiéme, *s. m.* La huitiéme partie. (Il n'avoit qu'un huitiéme dans la ferme. *Patru 6. plaid.*)
Huitiéme. Terme de *Gabelle.* Droit que les Cabartiers de Paris paient au Roi pour chaque muid de vin qu'ils vendent à pot, ou à assiette. (Païer le huitiéme.) Ce droit monte à quatre frans pour chaque demi queuë.
Huitiéme. Terme de *Piquet.* Ce sont huit cartes de même couleur & qui se suivent.
Huitiéme. Terme de *Marchand.* Partie de l'aune. (On divise l'aune en huit huitiémes.)
† Huitiémement, *adv.* Il ne se dit guére. On dit en sa place, En Huitiéme lieu.
Huitre, *s. f.* L'huitre est un poisson couvert de test dur, & qui a la chair plus mole que tous les autres poissons à écaille. (Une huitre bien grasse. De toutes les huitres, celles de Bretagne sont les meilleures. Une huitre fort grasse. Une huitre de mer, une huitre d'étang. Ouvrir une huitre. L'écaille d'une huitre. L'huitre a la chair grossiére, dure & gluante On mange les huitres cruës avec du poivre, ou frites, avec du bon jus d'orange aigre.)

HUM.

Humains, *s. m.* Ce mot pris substantivement & au pluriel, est poëtique & veut dire les hommes. (Je m'estimois le prémier des humains. *Voit. poës.*
  Heureux entre tous les humains
  Celui qui voit entre ses mains
  Ces armes naturelles.
     God. poës. 2. *p.*)
Humain, humaine, *adj.* Qui regarde l'homme. Qui apartient à l'homme. Qui est d'homme. (Nature humaine. Sentiment humain.)
* Humain, humaine. Doux. Honnête. (Une mort plus humaine. *Voit. Poë.* C'est un Prince fort humain.)
* Humainement, *adv.* A la maniére des hommes. Comme l'homme. (Pour parler plus humainement, il étoit entre cinq & six. *Scar. Rom. 1. partie.*)
* Humainement. Honnêtement. Doucement. (On l'a traité fort humainement.)
† Humaniser, *v. a.* Rendre quelcun plus humain, plus traitable, plus familier. (Humaniser quelcun.)
† * S'humaniser, *v. r.* Se régler sur les autres hommes, s'y conformer. S'adoucir. Devenir plus humain & plus honnête. (Il commence un peu à s'humaniser. Elle est un peu humanisée.)
* † Ne paroissez pas si savant, humanisez vôtre discours. Moliere. C'est à dire, parlez comme les autres hommes.
Humaniste, *s. m.* Celui qui sait les humanitez. Qui sait les Poëtes & les Orateurs. (C'est un bon humaniste. Un excellent humaniste.)
Humanité, *s. f.* Terme de *Téologie.* L'humanité est la nature humaine. (L'humanité de Jesus-Christ. Je vois l'ouvrage du Saint Esprit en vôtre humanité que nul péché n'a corrompuë God.)
† * Reposer son humanité. C'est à dire, se reposer.
* Humanité. Douceur. Honnêteté. (C'est un homme qui a beaucoup d'humanité. Il l'a traité avec beaucoup d'humanité. Avoir de l'humanité. Il est dépouillé de toute sorte d'humanité. *Abl.*)
Humanitez, *s. f.* Ce mot au pluriel signifie la connoissance des Poëtes & des Orateurs, & il se dit particuliérement en parlant des classes de seconde & de Rétorique. (Il a enseigné les humanitez au Colége de Plessis-Sorbonne. Jean Calvin fit ses humanitez au Colége de la Marche à Paris & il réussit heureusement. *Mainbourg, hist. du Calvinisme.*)
Humbert, *s. m.* Nom d'homme.
Humbles, *s. m.* Ceux qui ont de l'humilité. (Les humbles recevront la terre pour leur héritage. *Port-Roial, Pseaumes.*)
Humble, *adj.* Qui a de l'humilité. Modeste. Soumis. (Il est fort humble. Elle est fort humble. Un esprit fort humble.)
Je ne me trouve jamais si humble que quand je veux répondre à ses lettres. *Voi. l. 42.*
* Humble. Ce mot est poëtique pour dire, *Bas.* Qu'il n'est pas haut. Petit. (Les humbles bruiéres. *Racine.*
  Heureux qui satisfait de son humble fortune
  Vit dans l'état obscur où les Dieux l'ont caché.
    Racine Iphigenie, a. 1. sc. 1.)
Humblement, *adv.* Avec modestie. Avec soumission. (Suplier une personne humblement. Demander une grace fort humblement. Répondre humblement.)
Humecter, *v. a.* Mouiller & rafraîchir. (Cela humecte les poumons. Il faut humecter le corps. La rosée humecte la terre.)

Humecter son pinceau. (C'est le mettre sur le bord des lévres & le serrer un peu avec la langue.)
Humectation, *s. f.* Terme de *Pharmacie.* Préparation qu'on sait d'un médicament en le laissant tremper quelque tems dans l'eau pour l'amolir, pour empêcher la dissipation de ses parties subtiles, ou en d'autres ocasions.
Humer, *v. a.* Avaler quelque chose de liquide.
(† Humer une pinte de biére. (Humer du bouillon.)
† * Humer. Ce mot, au figuré, est un peu comique, & signifie prendre. (Elle a humé l'air prétieux. *Mol. Prétieuses.* Il n'aura pas plûtôt humé l'air de Paris qu'il sera tout changé. *Sar. nouvelles.*)
Humeur, *s. f.* Substance fluide. (Les plantes se nourrissent de l'humeur de la terre.)
Humeur. Terme de *Médecin.* (Il y a quatre humeurs dans le corps des animaux. Le sang, la bile, la mélancolie & le flegme, ou la pituite. L'humeur est une des qualitez du temperament. Ceux qui ont l'humeur sanguine, sont gais & agréables. *La Cham.* Le sucre subtilise les humeurs grossiéres & gluantes. Le sel desséche les humeurs. Les truffes engendrent des humeurs grossiéres, parce qu'elles sont terrestres. Epaissir les humeurs. Evacuer les humeurs.)
† Humeur de hibon. C'est à dire. Temperament de celui qui est chagrin, retiré & fâcheux.
Humeur. Certaine disposition d'esprit. Fantaisie. Naturel. Humeur impérieuse. Méprisante. Fiére. Altiére. Insuportable.
  Il est de méchante humeur,
  Est devenu mauvais rimeur.
    Voi. poës.
Dans l'humeur où je suis, je ne dois plus converser avec les vivans. *Voit. l. 1.* Entrer en mauvaise humeur. *Pas. l. 3.* Etre en humeur d'étudier. C'est à dire, être en état d'étudier. Etre d'humeur à tout soufrir, c'est à dire, être d'un temperament tout soufrir.
Humeur cristaline. Corps mou & transparant de l'œil. Les deux autres humeurs de l'œil sont l'humeur vitrée & l'humeur aqueuse.
Humeur. Fluxion. (Un humeur froide s'est jettée sur son bras. Empêcher, arrêter, détourner une méchante humeur.)
Humide, *adj.* Qui a de l'humidité. Qui est encore plein d'eau. Qui est moüillé. (La terre est humide. Lieu humide. Linge humide. Avoir le cerveau humide.)
Humide radical, *s. m.* Terme de *Médecin.* C'est une certaine humeur qu'on croit avoir été la prémiére dans le corps, qui est le principe de la vie & la cause de sa durée. (L'humide radical est consumé.
  L'humide radical dans mon cœur se dissipe.
  Mon esprit s'en altére, & mon corps s'en constipe.
    Scar. D. Japhet, a. 3. sc. 4.)
Humidement, *adv.* Avec humidité. Fraichement. (On est ici un peu humidement.)
Humidité, *s. f.* Chose humide. Espéce de fluidité. Une des prémiéres qualitez de l'air. (Une grande humidité. L'humidité est contraire au fruit. L'humidité modérée est cause du poil. Le sel se fond à l'humidité, quand il est dans un lieu humide.)
Humiliation, *s. f.* L'humiliation est un terme de piété. C'est un état d'abaissement. (Il est dans l'humiliation. L'humiliation est utile & nécessaire. Dieu, qui donne à ses serviteurs le pouvoir de guerir les maladies, permet qu'ils y soient sujets pour leur humiliation particuliere. *Vie de S. Ignace, l. 1.*)
Humilier, *v. a.* Soumettre. Rendre humble. (Une Reine à mes piez se vient humilier. *Racine Iphigenie, a. 2.*)
* Humilier. Mortifier. Abaisser. Ils pensoient déja nous voir humilier. *Voit. Poës.* Ne puis-je pas d'Achille humilier l'audace. *Racine Iphigenie act. 4.* Dieu à permis cet aveuglement pour humilier ce fanfaron. *Boileau Avis à Ménage.* Le meilleur moien d'humilier l'homme, c'est de le convaincre de sa foiblesse. *Nicole, essais de morale. T. 1.* Il y a des gens qui, sous pretexte d'humilier l'orgueil de l'homme l'ont voulu reduire à la condition des bêtes. *Là-même.*
Humilité, *s. f.* L'humilité est une vertu Chrétienne qui est le fondement des autres vertus. [Une grande humilité. Une humilité veritable, sincere, exemplaire. Humilité feinte, fausse, artificielle, deguisée. C'est un artifice de l'orgueil qui s'abaisse pour s'élever, & qui n'est jamais plus capable de tromper que lors qu'il se cache sous la figure de l'humilité. *Reflexion morale 154.* Etre illustre par son humilité. Avoir beaucoup d'humilité.]

HUN. HUP.

Hune, *s. f.* Terme de *Mer.* La hune est la cage qui est au haut du mât du navire, où l'on met une personne pour découvrir terre, &c. (Monter à la hune.)
Hunier, *s. m.* C'est le mât qui porte la hune. (Le grand hunier, le petit hunier.)
Hupe, *s. f.* La hupe est un oiseau fort beau, de la grosseur d'une grive, ou environ. Elle a le bec noir, long & délié, un peu crochu,

crochu, les jambes grises & courtes. Elle a sur la tête une aigrette de plumes fort jolies, & de diférente couleur, qu'elle baisse & hausse comme il lui plaît. Elle a le cou & l'estomac tirant sur le roux, & les aîles & la queuë noire avec des raïes blanches. *Olina.*

Hupe. Toufe de plumes sur la tête de certains oiseaux.

Hupé, hupée, *adj.* Qui a une hupe. (Alouëtte hupée.)

† *Hupé, hupée , adj.* Ce mot se disant des personnes est figuré & comique, ou n'entre que dans le stile familier. Il signifie, Fin. Adroit. (Bien hupé qui pourra m'atraper sur ce point. *Mol.*)

Il signifie aussi considérable , aparent.

(Combien en a-t-on vû , je dis des plus hupez
A soufrir dans leurs doigts à ma cour ocupez.
Rac. plaid. a. 1. sc. 4.)

H U R.

Hure, *s. f.* La hure c'est la tête d'un gros brochet, d'un saumon, ou d'un sanglier. (Une grosse hure de brochet. Une grosse hure de sanglier.)

† *Hure.* Tête d'homme. Tête d'homme mal peignée. (Il poudre quelquefois sa hure.)

† *Hurlade, s. f.* Grand cri. (Faire cinq ou six hurlades. *Voit. l. 18.*)

Hurlement, heurlement, s. m. L'un & l'autre se dit, mais *hurlement* est plus usité. Cri de loup. Grand cri de personne. (Elles pleuroient sa mort avec des cris & des *hurlemens* épouvantables. *Vau. Quin. l. 3. c. 12.* Avec *hurlemens* & cris, Céphale mit son épouse Procris dans le monument. *Scar. poës.* Mon ombre viendra remplir ta maison de *hurlemens* funèbres, *Dépreaux, Lutrin, c. 2.*)

Hurler, heurler, v. n. Faire des hurlemens. L'un & l'autre se dit, mais *heurler* semble plus usité que *hurler.* (On entend ici les loups hurler dans la forêt.)

H U T.

Hute, *s. f.* La hure est une cabane de soldat. (Une bonne hute. Faire une hure.)

Se huter, v. r. Se loger dans des hutes. (Le soldat se hute.)

Huter. Terme de *Mer.* C'est de grand tems croiser les grandes vergues avec le mât , en amenant l'un des bouts jusques sur le tibord où on l'atache fermement , de peur que le Vaisseau ne se tourmente. *Fournier , navigation.*)

H Y.

Voïez la colonne HY. où vous trouverez les mots qui s'écrivoient par *hy*,

I.

I. *Substantif Masculin.* C'est la neuviéme lettre de l'Alphabet François. (Faire un petit *i.* Faire un grand *I.* On trouve en françois de deux sortes d'*i* ; un *i* qu'on nomme voïelle, & un autre qui est un *j* consonne, qu'on apelle un *j* à queuë, parce en effet, qu'il en a une. Cét *j* se rencontre dans ces silabes *ja, je, ji, jo, ju,* il se prononce comme un *g* se prononce devant les voïelles *e* & *i* , & même il se met quelquefois en la place du *g,* comme *jerbe,* ou *gerbe, jenisse,* ou *genisse, jesier* ou *gesier, &c.*) Quand la lettre *i* voïelle se trouve entre deux autres voïelles & qu'elle se prononce presque comme si elle étoit double , on met deux points sur cet *i* comme dans ces mots, paie, aions, aïex, croïez, voïons , & autres , mais quand cet *i* voïelle ne se prononce pas double, on n'y met qu'un point , encore qu'il soit entre deux voyelles par exemple , dans toutes les troisièmes personnes du pluriel du tems imparfait des verbes, *ils avoient, ils étoient, elles aimeroient, voudroient, &c.* & dans divers mots , comme *voie , monnoie , plaie , &c.*

JA. JAB.

† Ja. Ce mot est une sorte d'adverbe qui est fort vieux , & qui tout au plus ne peut entrer que dans le bas burlesque , & même il y a des gens qui n'y peuvent soufrir. Il signifie *point, déja.* (Il est *ja* deux heures. Quand tel ribaud seroit pendu ce ne seroit *ja* grand dommage. *Voit. Poës.*)

Jable, *s. m.* Terme de *Tonneli. r.* Rénure, ou entaillure qu'on fait dans les douves , à quelques doigts du bout d'un tonneau ou autre vaisseau pour y mettre & arrêter les pièces du fond. (Faire le *jable* des douves.)

Jabler, v. a. Terme de *Tonnelier.* Faire le jable des douves. (Jabler les douves d'un muid.)

Jabloire, s. f. Outil dont le tonnelier se sert pour *jabler.*

Jabot. C'est une sorte de peau en forme de bourse , ou de fort petit sachet qui est sous la gorge de quelque oiseau que ce soit , & où d'abord se reçoit la mangeaille pour être en suite portée dans le sac du gesier où elle se digère tout à fait. Le On apelle aussi ce *jabot*; poche , mais le mot de *jabot* est le mot d'usage , sur tout lors que l'oiseau est en vie. Ainsi l'on dit. (Ce pigeon a bien mangé, il a le *jabot* fort plein. Cette poule n'a point de jabot. Voïez *Poche.*)

† * *Jabot.* Dentelle atachée sur la fente de la chemise. Le mot de *jabot* en ce sens est presque hors d'usage , & même quand il avoit grand cours il ne se disoit qu'en riant.

J A C.

Jac. Voïez Jacht.

Jacée, *s. f.* Fleur rouge , ou blanche qui est en manière de petite rose & qui fleurit en Mai. Il y a une sorte de *jacée* blanche double qui fleurit en Juillet.

† *Jacent, jacente, adj.* Il vient du Latin *jacens*; & c'est un terme *de Palais* , qui se dit des succéssions abandonnées, quand personne ne se veut porter pour hériter d'une personne décédée. (On établit un Curateur à une hoirie jacente.)

Jachal , s. m. Animal gros comme un chien, dont on voit de grandes troupes en Perse. Ils percent les murailles des maisons pour y entrer & ouvrent les sepulcres pour en tirer les corps morts, qu'ils dévorent comme des vautours. *Herbert , voyages.*

Jachere , *s. f.* Terme de *Laboureur.* Terre labourable qu'on laisse reposer un an pour y semer du blé l'année suivante.

Jacherer, v. a. Terme de *Laboureur.* Donner le premier labour à un champ.

Jacht , *s. m.* Mot Anglois , ou Holandois , qui se prononce *iac* en François. Il y a des iachts Anglois & des iachts Holandois. Le Jacht Anglois est un bâtiment à mats & à voiles, propre pour aler sur mer , embeli d'apartemens commodes & jolis par dehors & par dedans. On ne done ces iachts à personne sans un ordre exprés du Roi d'Angleterre. Les iachts Holandois ne sont propres que pour aler sur les rivières , & outre que d'ordinaire, ils n'ont point de voiles, ils ne sont pas entièrement comme les Jachts Anglois. Les Jachts Holandois se tirent par des chevaux, & les petits Jachts n'ont qu'un petit apartement , mais à cela prés , fort beaux , bien dorez, bien peints , & très commodes. Son Altesse le Prince d'Orange a ses Jachts. Chaque colége , & chaque ville de Holande qui a séance aux Etats , a le sien pour s'y rendre. On ne voïage en Jachts que par la permission des Messieurs qui en sont les maîtres. On se sert d'iachts pour passer la mer , ou des rivières , pour se promener ; ou faire quelque petite course. On ne reçoit dans les Jachts ni balots , ni marchandises ; & il y a d'autant plus de plaisir à se promener en iachts.

Jacinte. Plusieurs fleuristes disent le Jacinte & ils ont quelque raison : car il vient de Jacinte changé en fleur. Selon la fable. Cependant presque tout le monde le fait féminin , & j'aimerois mieux parler comme tout le monde que comme quelques habiles fleuristes que je ne condanne pourtant pas. La Jacinte est une fleur rouge, bleuë, violette, verte, ou blanche, avec le godet incarnat. Une belle, une charmante, une agréable , une aimable Jacinte. Il y a de diférentes jacintes, il y en a d'orientales, d'étoilées, de brumales, & de panachées. La Jaciate orientale fleurit blanc, elle a un grand godet & sent bon. Je vois les jacintes orientales que le jour seme à son reveil. *Voit. poës.* La Jacinte étoilée est d'Alemagne , elle fleurit en Avril, & en Mai & la Jacinte panachée on à panache fleurit en Mai , & est belle. Voïez *hiacinte.*

Jacorée, *s. f.* Sorte de plante boiseuse qui fleurit fort blanc.

Jacobins , *s. m.* Religieux fondez par Saint Dominique. Ils portent une robe de serge blanche avec un scapulaire de même couleur, & par dessus, une chape avec un chaperon noir. On apelle ces Religieux Dominicains. Fréres prêcheurs, ou *Prêcheurs.* Mais à Paris on ne les apelle que *Jacobins* ou *Dominicains.* Quand on parle , ou d'ordinaire *Jacobins* & même quand on écrit d'une manière simple & familière , on dit *Jacobins*, mais dans le stile grave on dit *Dominicains,* & non pas *Jacobins.*

Jacobines, s. f. Religieuses de Saint Dominique, qu'on apelle aussi Filles de Saint Dominique.

Jacobites. Ce sont de certains Chrétiens qui vivoient en Egipte & dans la Terre Sainte, apellez *Jacobites* parce qu'ils étoient disciples d'un Jaques Patriarche d'Antioche.

Jacobus , *s. m.* Pièce de monoïe qui avoit autrefois cours en Angleterre & qui valoit quatorze livres dix sous.

Jacot , *s. m.* Nom de garçon qui veut dire *petit Jaques.* (Jacot est fort.)

Jacques. Voïez *Jaques.*

Jaculatoire, adj. Terme qui se dit dans de certaines matières de piété, & en parlant des diférentes sortes d'oraisons. Oraison jaculatoire ; C'est à dire où l'esprit s'élance vers Dieu.

Jaculatoire. Il se dit en terme d'*hidraulique* des Fontaines qui font des jets d'eau qui s'élèvent en l'air. (Une fontaine jaculatoire. On dit plus souvent *un jet d'eau.*)

J A D.

Jade, *s. f.* Pierre précieuse fort dure, verdâtre, dont les Turcs & les Polonois embélissent la poignée de leurs sabres.

JADIS, adv. Autrefois. Ce mot de jadis est vieux, & a peu de grace en prose, mais il en a beaucoup en vers lorsqu'il est bien placé & qu'on s'en sert sans afectation dans la grande poësie & dans le comique. (O Soleil ! ô grand luminaire ! si jadis l'horreur d'un festin fit, &c. *Malherbe Poë. liv.* 2.)

† *Jadis*. Ce mot se dit en riant & parlant familiérement. (Cela étoit bon au tems *jadis*. Cela se faisoit jadis, mais présentement, non.

Jadis un renard afamé
Rodant par ci par là pour faire bonne quête
Entra dans la maison d'un peintre renommé.
Boursaut, Esope a. 1. sc. 3.)

JAI. JAL.

JAIET, s. m. Sorte de pierre noire, légére, fragile, qui a grand raport avec le bois & qui lorsqu'on le brûle, rend une odeur qui tient du soufre. (Beau jaiët. Noir comme jaiët.)

JAILLIR, v. n. Sortir par jet. Rejaillir.Ménage dans ses observations a décidé que *jaillir* étoit tres bon, parce, principalement que Ronsard & lui s'en étoient servis, & Vaugelas dans ses remarques croit que *jaillir* n'est pas du bel usage, & qu'en sa place on dit *rejaillir*. Les bons Auteurs & ceux qui parlent le mieux sont d'ordinaire du parti de Vaugelas. Cependant il y en a beaucoup qui ne condamnent point Ménage, & sur tout en vers.

Il fait en cent façons, ou couleur dans les plaines
Ou jaillir dans les airs le cristal des fontaines.

Voyez *rejaillir*.

JAILLISSANT, *jaillissante*, adj. Eau qui fait des jets. (Eaux jaillissantes.)

JALAP, s. m. Plante médicinale, dont on aporte de la nouvelle Espagne, la racine coupée par rouëlles.

JALET, s. m. Petite boule de terre grasse cuire qu'on met dans le panier de l'arbalête à jalet.

JALONS, s. m. Terme de *Jardinier*. Bâtons bien droits & d'une longueur raisonnable, armez en tête de linge, ou de papier blanc, ou seulement blanchis de peinture, pour être vûs plus distinctement & mieux servir aux alignemens. On plante les *jalons* de distance en distance sur des lignes qu'on veut avoir bien droites, soit pour planter des arbres, ou pour faire des alées, ou des trenchées.

JALONNER, v. n. Terme de *Jardinier*. C'est planter des jalons de distance en distance sur des lignes bien droites pour faire des alées & des trenchées, ou pour planter des arbres. (Nous jalonnames tout ce matin. *Quint. Jardins.* T. 1.)

JALOUSÉ, *jalousée*, adj. Qui a un treillis de bois qu'on apelle *jalousie*. (Fenêtre jalousée.)

JALOUSIE, s. f. Déplaisir causé par la crainte qu'on a de perdre ce qu'on aime. (Avoir de la jalousie. La jalousie tient lieu de finesse. *Le Comte de Bussi*. Etre tourmenté de la jalousie. Scaron.)

* *Jalousie*. Ardeur & passion qu'on a pour quelque chose. (La jalousie du commandement excita ces troubles, *Patru, plaidoié* 1.)

* *Jalousie*.Ce mot se dit en parlant de certaines fenêtres d'Italie & nous est venu des Italiens. C'est une fenêtre où il y a un treillis de bois percé à jour qui sert à voir sans être vû. (Elle regardoit par la jalousie.)

* *Jalousie*. Ce mot se dit en parlant de confessionnaux.(C'est un petit ouvrage à jour fait de petites tringles de bois à demi rondes, & mises de travers sur lesquelles le confesseur pose l'oreille pour écouter le pénitent. On apelle aussi *jalousie* une sorte d'ouvrage fait de tringles à demi rondes & mis de travers, qu'on voit à de certains jubez de maisons religieuses & qui sert à voir & à n'être pas vû & à ouïr la Messe & les Vêpres sans être vû de ceux qui sont à l'Eglise.

JALOUX, *jalouse*, adj Qui a de la jalousie. Qui est tourmenté de jalousie.(Il est jaloux. Elle est jalouse.

En vain, Cloris, tu me fais les doux yeux,
On n'est plus bon, quand on est vieux,
Que pour être *jaloux*, ou dupe.
Lignéres, Poësies.)

* Une honnête femme doit être jalouse de sa réputation. *Le Comte de Bussi*.

JAM.

JAMAIS. Sorte d'adverbe de tems, négatif. (Je ne l'avois jamais vû.Je ne l'avois jamais ouï dire.Je ne le verrai jamais.Vous ne vites jamais rien de plus beau, ou de plus magnifique.)

A jamais, pour jamais, adv. C'est à dire, pour toûjours. (C'est fait de lui à jamais, ou pour jamais.

Le ciel veut ce ce jour soit célébré à *jamais*.
Cadmus, a. 5. sc. 2.

Les chagrins ont eu leur tems
Pour *jamais* le ciel les chasse.
Cadmus, a. 5.)

JAMBAGE, s. m. Terme d'*Architecture*. Prononcez *jambage*. Piez droits. (Un jambage de cheminée, de porte, &c.)

Jambage. Terme d'*Ecrivain*. Trait perpendiculaire qui fait une pattie de la lettre. (Faire le jambage d'une N, ou d'une M. Voilà de fort beaux jambages. Former un jambage.)

Jambe, s. f. C'est une partie organique du corps laquelle s'étend depuis les hanches jusques au bout du pié qui est le principal instrument du marcher & le soutien du corps. La jambe a trois parties, la cuisse, la *jambe proprement dite*, & le pié. *Deg.* (Une belle jambe. Une jambe bien faite.L'os de la jambe. Le gras de la jambe. Les Turcs & les Japonois mangent assis & les jambes croisées, comme les Tailleurs travaillent ici. *Etre toûjours sur ses jambes*, c'est se tenir debout & ne se pas asseoir. Jambe cagneuse. Jambe courte.)

* *Jambe de bois*. C'est une piéce de bois en forme de jambe qu'on aplique au genou de celui qui a perdu une jambe, ou le pié.

Jambe de cheval. C'est ce qui soutient le corps du cheval & en fait le mouvement lorsqu'il marche. On dit. (Les quatre jambes du Cheval.*Ce cheval n'a point de jambes*.C'est à dire, les jambes de devant ruinées.La *jambe molit à ce cheval*, c'est à dire il bronche. Cheval qui a les jambes arquées ; C'est à dire qui a les genoux courbez en arc. Cheval qui a *les jambes gigées* ; c'est à dire, enflées.)

Jambes Terme de *Manége*. C'est une aide qui consiste à aprocher plus, ou moins le gras de la jambe contre le flanc du cheval, & à l'en éloigner peu, ou beaucoup, selon qu'il est nécessaire. (Cheval qui connoit *les jambes*, qui prend les aides des jambes. Cheval qui obéit aux jambes.)

† * *Avoir ses jambes de quinze ans*.C'est avoir bonnes jambes & bien marcher.)

† * *Faire jambes de vin*. C'est à dire bien boire pour marcher mieux.

* *Jambes de force*. Terme d'*Architecte*. Chaines de pierre de taille qui dans les murs portent les poutres.

Jambes, ou forces. Piéces de bois qui servent à soutenir la couverture d'un bâtiment.

* *Jambe*. Ce mot se dit du compas, & c'est une des parties du compas.

Jambette, s. f. Sorte de méchant petit couteau sans ressort.

Jambettes. Terme d'*Architecture*. Petits poteaux qui soutiennent les chevrons.

Jambon,s.m. Cuisse de porc quelquefois avec le pié, qui est salée. Epaule de porc, quelquefois avec le pié assaisonnez de sel & fumez. (Un bon jambon. Un jambon de Mayence. Saler un jambon. Fumer un jambon.)

Jambe, s. f. Prononcez le en trois silabes. *iambe*. Terme de poësie Latine & de la Gréque. C'est une sorte de pié, ou de mesure dans les vers, composé de deux silabes, l'une bréve & l'autre longue. On apelle *vers iambiques*, ceux où il entre plusieurs *iambes*.

JAN.

JAN, ou *Jean*, s. m. Voi. *Jean*.

† JANIN, s. m. Mot comique, qui veut dire Cocu. (C'est un franc Janin. C'est un double Jânin. Il est dangereux de se marier à Paris,à moins que de vouloir être de la confrérie des Janins; car Paris en est pleins,& aujourd'hui ce n'est qu'une galanterie d'être janin.

Ci gît maître Antoine Guillin
Qui de trois femmes fut Janin,
Et si la mort ne l'eut gripé
Sans cesse Janin eut été.
Poëte anonime.)

JANISSAIRES, s. m. Les meilleurs & les plus considérables soldats du Grand Seigneur, qui sont des soldats à pié.

JANNETON, s. f. Voi. *Jenneton*.

Janne, s. f. Voi. *Jeanne*.

JANOT, s. m. Voi. *Jeannot*.

JANSENISME, s. m. L'opinion de Saint Augustin touchant la grâce que Jansenius a enseignée & que de savans Hommes ont soutenuë à Paris & ailleurs. (Le Jansenisme n'est en hors d'usage depuis quelque tems.

Jansenistes, s. m. Le peuple apelle *Jansenistes* les Docteurs,& autres savans Hommes qui soutiennent la doctrine de Saint Augustin touchant la grâce que Jansenius a enseignée, mais ces Messieurs se nomment les disciples de Saint Augustin, ou les disciples de la grace. (Un savant Janseniste. Un habile Janseniste.)

† *Jansenistes*, s. m. Bouts de manches simples & sans dentelles que portent les femmes modestes & qui ont aparemment renoncé à la bagatelle. Le mot de *Janseniste* en ce sens, est hors d'usage depuis quelque tems.

Janseniste, adj. Qui est dans le sentiment des disciples de Saint Augustin. (Esprit Janseniste. Main Janseniste.)

JANTES, s. f. Terme de *Charron*. Les parties des rouës sur quoi le bandage est attaché avec de gros cloux. (De bonnes jantes. Aux côtez des jantes il y avoit des faulx. *Vang. Q. Curce, l. 4. ch.* 9.)

Jantille, s. f. Ce sont de gros ais qu'on aplique autour des jantes & des aubes de la rouë d'un moulin pour recevoir la chute de l'eau, & la faire mouvoir plus vîte.

Jantille,

JAP JAQ JAR   JAS JAT JAU

Jantiller, v. a. Mettre de la jantille autour d'une rouë de moulin. (Jantiller une rouë.)

Janvier, f. m. Le premier mois de l'année. (Janvier est froid.)

* *C'est un Soleil de Janvier,* c'est à dire, qui n'a ni force ni vertu, il se dit d'une personne qui n'a guére de pouvoir.

JAP. JAQ.

Japer, v. n. Ce mot se dit proprement des chiens, & veut dire *aboïer.* (Le chien jape.) On le dit aussi du renard. (Quand le renard & le quincajou chassent ensemble , le quincajou monte sur un arbre & *le renard jape* pour détourner la bête & la faire passer sous l'arbre. *Denis. hist. de l'Amerique,* T. 1. ch. 21.)

Japement, f. m. L'action de japer. (Le japement des chiens.)

† *Jaque, f. f.* ou *Jaque de Maille.* Vieux mot qui ne se dit que dans le burlesque , & qui veut dire une sorte d'habillement de guerre fait de mailles en forme de camisole.

Jaqueline, f. m. Nom de femme, mais ce nom se donne rarement. (Jaqueline Comtesse de Hainaut disoit que le Duc de Brabant n'étoit point son mari, parce qu'il n'avoit point consommé le mariage. *Voi. hist. de Charles 6.*)

Jaques, Jâque, f. m. Nom d'homme. L'un & l'autre se dit, mais plus *Jâques* que *Jâque.* Son diminutif est *Jacot.* (Jaques II. Roi d'Angleterre & Roi d'Ecosse 7. de ce nom , succeda en 1685. à son frére Charles II. qui mourut d'apoplexie. Les Ecossois croïoient qu'il y a quelque chose de fatal dans ce nom, parce que tous les Rois d'Ecosse qui l'ont porté , ont été malheureux.)

Jaquette, f. f. Nom de femme, qui se donne rarement, & même ce n'est qu'à des filles du petit peuple.

† *Jaquette, f. f.* Ce mot, pour dire une robe d'enfant, ne se dit plus par les couturiéres ni par la plûpart des gens du monde, & il semble que le mot de *jaquette* ne soit plus usité qu'en cette façon de parler. (C'est un enfant à la jaquette.)

Jaquot. Voïez *Jacot.*

JAR.

Jar, f. m. C'est le mâle de l'oïe. On apelle aussi de ce nom de *jar* une sorte de fort beau cours qui est entouré d'eau & plein de fort beaux arbres à Chalons en Champagne. (Aler au jar. Se promener au jar.)

Jardin, f. m. Ce mot semble venir de l'Espagnol *jardin,* ou de l'Italien *giardino.* Lieu où sont diverses fleurs & qui est embéli de bouis & de quelque compartiment. Endroit où sont les herbes qu'on mange & les arbres fruitiers & autres choses. (Un beau , un grand , un spacieux jardin. Un jardin potager. Cultiver le jardin. Faire le jardin.)

* † On apelle Tours, *le jardin de la France, Voiture,* l. 86. C'est à dire le plus beau lieu.

† * *Vous jettez des pierres dans mon jardin.* Proverbe qui veut dire , vous m'ataquez , ou vous m'acusez avec adresse.

Jardinage, f. m. Science qui aprend à cultiver les jardins. (Entendre le jardinage. On a fait plusieurs livres du jardinage , mais il n'y en a guére de bon. La Quintinie Jardinier du Roi étoit savant dans le jardinage. Le Curé d'Enonville entendoit bien le jardinage.)

Jardiner, v. n. Faire le jardin. Cultiver le jardin. (J'aime à jardiner. Quand Arnaud d'Andilli avoit étudié & composé 7. ou 8. heures chaque jour, il s'amusoit le reste de la journée à jardiner.)

Jardinet, f. m. Ce mot ne se dit que dans le discours familier, & encore ne s'en sert-on pas beaucoup. En sa place , on dit *un petit jardin.* Jardinet vient de l'Italien *giardinetto.* (Il a un petit jardinet assez agréable.)

Jardinier, f. m. Celui qui a soin de cultiver un jardin. Celui qui cultive le jardin. (Un bon jardinier. Un jardinier bien entendu. La Quintinie étoit l'un des plus renommez jardiniers de Loüis XIV. On dit. Un jardinier fleuriste. Jardinier pepinieriste , botaniste , &c.

Jardineux , jardineuse , adj. Ce mot se dit en parlant de quelques pierres precieuses. Les donnent ce nom aux Emeraudes quand elles ont quelque chose de sombre & de mal net , comme s'il y paroissoit des arbrisseaux.

Jardon, f. m. Tumeur caleuse, causée de matiére flegmatique & visqueuse , qui faute de chaleur pour se resoudre, presse les nerfs & les tendons qui, font le mouvement du cheval , lui cause une grande douleur , l'amaigrit , & le rend souvent boiteux & presque toûjours étroit de boïaux. Le mot de *jardon* signifie aussi l'endroit du Cheval où vient cette sorte de maladie *Soleisel , parfait Maréchal.*

Jargon, f. m. Sorte de langage particulier & fait à plaisir. Sorte de langage grossier qui ne peut être apellé un véritable langage. (Je ne saurois parler vôtre jargon. *Moliere.* Ils se tuënt à parler ce jargon obscur. *Moliere.* Quel diable de jargon entens-je ici. *Moliere.*

Sans livre , ils chantent par routine
Un jargon qu'à peine on devine.
Boisrobert. T. 1. ep. 12.)

Jargon. Il se dit originairement du bruit que font les oiseaux : & l'on croit qu'il vient du mot de *Jur.*

Jargonnelle, f. f. Sorte de poire un peu longuette , qui vient au commencement de l'automne , & qui est bonne à cuire.

† *Jargonner, v. n.* Parler un certain jargon & un certain langage rude & grossier qu'on n'entend pas. (Je n'entens pas ce qu'ils disent , ils jargonnent entre eux. Ils ne font que *jargonner* toute la journée, & j'en ai la tête rompuë.)

† * *Jargonner.* Ce mot se dit des petits enfans, & veut dire, commencer à former quelques paroles. (Le pauvre petit commence déja à *jargonner.*)

Jarre, f. f. Terme de Chapelier. C'est le poil qui sort de la vigogne & du castor. (La vigogne & le castor jettent un jarre.)

Jarre, Terme de *Meunier à eau.* C'est une sorte de futaille dans quoi tombe le son.

Jarret, f. m. La partie postérieure du genou. *Deg. page 72.* (Plier le jarret.)

Un coupe-jarret, f. m. C'est une personne qui menace de batre, d'assassiner, de couper les jarrets.

(* *N'avoir point de jarrets.* C'est à dire demeurer sans vigueur sur un cheval. *Avoir de bons jarrets.* C'est être vigoureux & en état d'aider son cheval. (Jarret de bœuf. Jarret de cheval.

Jarrets. Terme d'*Architecture.* Inégalité. (Il y a des jarrets dans cette voute.)

* *Jarret d'arbre, f. m.* Terme de *Jardinier.* C'est une branche d'arbre fort longue & dépoüillée d'autres branches à droit & à gauche. Il n'y a de si vilain que de voir ces jarrets, tant dans un buisson que dans un espalier. *Quint. Jardins fruitier. T. 1.*

Jarretiére, f. f. Ruban , ou morceau de cuir façonné , embeli & large d'environ deux doigts dont on se lie la jambe lorsqu'on a chaussé son bas. (De belles jarretiéres à la mode.)

† * *Jarretiére.* Coups de foüet sur les jambes. (Donner des jarretiéres à quelqu'un.)

JAS.

† *Jaser, v. n.* Causer. Caqueter. (Elle ne fait que jaser toute la journée.)

Jaseur, f. m. Causeur. (C'est un vrai jaseur.)

† *Jaseuse, f. f.* Causeuse. (C'est une grande jaseuse.)

Jasmin, f. m. Sorte de plante qui fleurit blanc, rouge, ou jaune, & qui sent bon. (Il y a du jasmin de Catalogne , & du jasmin d'Espagne. Le jasmin d'Espagne sert à faire des bordures. Le jasmin jaune des Indes sent fort bon.)

Jaspe, f. m. Espéce de marbre. (Jaspe fort beau.)

Jaspe. Terme de *Relieur.* Verd , & vermillon. Verd. (Faire le jaspe.)

Jasper, v. a. Terme de *Relieur.* C'est avec un pinceau jetter du jaspe sur le cuir & sur la tranche du livre. (Jasper le verd sur tranche. Jasper sur cuir. Jasper le vermillon sur tranche.)

Jaspûre, f. f. Terme de *Relieur.* Jaspe jetté sur la tranche d'un livre. (Voilà une belle jaspûre.)

JAT. JAU.

Jate, f. f. Les Relieurs apellent *jaté* une sorte de grande écuelle de bois où ils mettent leur côle.

* *Cu-de-jatte, f. m.* C'est un pauvre estropié qui n'a ni cuisses ni jambes , & qui est obligé de se trainer sur ses fesses posées dans une jate. (Scarron s'apelloit *cu-de-jate,* parce qu'il étoit tellement paralitique qu'il ne pouvoit sortir de sa chaise.)

Javart, f. m. Maladie de cheval. C'est une tumeur contenuë entre cuir & chair. Elle vient d'ordinaire au dessous du boulet, ou du pâturon du cheval. (Javart encorné: *Soleisel , Parfait Maréchal.*)

Javelle, f. f. Ce sont trois, ou quatre poignées de blé ou de seigle qu'on coupe avec la faucille. (Une grosse javelle. Une petite javelle. Il faut 7. ou 8. *javelles* pour faire une gerbe.)

Javeline, f. f. Arme environ de cinq piez & demi de long avec un fer au bout. Sorte d'épieu. (Il lui fit donner une javeline , qu'il prit de la main gauche. *Vaug. Q. C. l. 7. ch. 1.*)

Javelot, Substantif , Masculin. Les Anciens apelloient de ce nom tout ce qui se pouvoit lancer. C'étoit proprement une sorte de fléche qu'on avoit au bout & enhaut un fer large, délié, & pointu , & qui au bout d'embas étoit quelquefois garnie de plumes : Il y avoit parmi les Anciens diverses espéces de *javelots,* qui avoient tous de diférens noms. Mais comme ces noms ne se peuvent rendre en François, je les passe. (Lancer le javelot. *Ablancourt, Ret. l. 1.*)

Javelot, f. m. Sorte de dard que la cavalerie Romaine lançoit avant que de mettre la main à l'épée. (Lancer le javelot. *Ablancourt, Ret. l. 1.*)

Javelot. Terme de *Moissonneur.* Brassée d'aveine fauchée & ramassée.

massée avec le faucheur. Les quatre ou cinq brassées font la gerbe. (Un gros javelot d'aveine.)

JAUGE, *s. f.* Mesure de bois, ou de fer, qui est une maniére d'aune brisée où sont marquez les setiers de vin que contient un vaisseau. (Etre de jauge.)

Jauge. Métier & éxercice de *jaugeur*. (Faire la jauge.)

Jauge. Action de mesurer avec la jauge. (On est reçû à demander nouvelle jauge.)

Jauge, s. f. Terme de *Fontenier*. C'est une mesure d'eau pour en savoir la quantité de pouces.

Jauge, s. f. Terme de *Jardinier.* Espace de terre qu'on laisse vuide, en faisant un labour profond. *Jauge*, parmi les jardiniers signifie aussi une foüille de tranchée afin que dans cet espace, on ait la commodité d'y jetter des terres qui sont à labourer, faisant si bien qu'il reste une jauge pareille à la première jusqu'à la fin de la tranchée, & alors on remplit cette derniére jauge, soit avec les Terres qu'on a mis hors de la tranchée pour faire la prémiére jauge, soit avec des terres prises d'ailleurs. *Quin. Jardin fruitier.* T. 1. 1. *partie.*

Jauge, s. f. Il se prend aussi en termes de *jardinier*, pour la mesure de la profondeur qu'on veut donner à une tranchée & c'est un bâton d'une longueur semblable à celle de cette profondeur. Il faut toûjours suivre cette mesure pour entretenir la même profondeur & la même superficie sans y rien changer ; (Ainsi l'on dit, avoir sans cesse sa jauge pour ne se point tromper en faisant la Tranchée. *Quin. Jardins fruitier*. T. 1.

Jauge. Terme de *Charpentier*. Petite régle de bois dont se servent les charpentiers pour tracer leurs ouvrages & couper sur le traie.

Jauger, v. a. Mesurer avec la *jauge*, & voir combien il y a de vin dans un vaisseau. (Jauger un muid de vin.)

Jauger. Terme de *Tailleur de pierre.* Regarder si une pierre est d'épaisseur. (Jauger une pierre.)

Jaugeur, s. m. Celui qui au moment que le vin & le cidre sont arrivez, va sur les bateaux où sont le vin & le cidre, *jauge* tous les vaisseaux, & marque sur le fond du vaisseau avec sa roüanne les pintes de vin, ou de cidre que contient le vaisseau, si le vaisseau est de jauge; il marque un *bis* il n'est pas de jauge, il marque en chifre les pintes qui manquent.

JAÛNE, *s. m.* Couleur semblable à la couleur de l'or, ou à celle du Soleil. (Un beau jaûne. Jaûne doré. Jaûne enfumé. Jaûne blanchissant. Jaûne pâle mêlé de feuille morte.)

Jaûne d'œuf, s. m. La partie de l'œuf qui est en boule jaûne & qui est enfermée par le blanc dans la coque. (Délaier un jaûne d'œuf. Le jaune d'œuf nourrit beaucoup, il est de bon suc & de facile coction.)

Jaûne, adj. Qui a une couleur qui tire sur celle du Soleil, ou de l'or. (Ruban jaûne. Fleur jaûne : L'ocre est une couleur jaûne. Le safran est jaûne.)

Jaunâtre, adj. Qui tire sur le jaune. (Teint jaunâtre.)

Jaunir, v. a. Teindre en jaune. (On jaunissoit autrefois les maisons en signe d'infamie. L'été n'a pas encore *jauni* les blez.)

Jaunir, v. n. Devenir jaune. (Quand les coins commencent à *jaunir* ils commencent à mûrir. Proche de son teint vermeil on voit *jaunir* les lis. *La Suze.*)

Jaunisse, s. f. Bile répandue par tout le corps. Pâles couleurs. (Avoir la jaunisse. Pour guérir une fille de la jaunisse il la faut marier.)

JAVOTE, *s. f.* Nom de petite fille qui veut dire *petite Geneviéve*. (Javote est tout à fait jolie.)

ICE. ICI. ICN. ICO.

ICELUI, icelle. Pronom adjectif & démonstratif qui est vieux & hors d'usage. On dit *celui* & non pas *icelui.*

ICI. Adverbe de lieu qui marque le repos & mouvement. (Je me trouve *ici* fort bien. Voilà Madame qui vient *ici*. *Mol.*)

Ici-bas, adv. (Venez *ici-bas.* Voit. *Poëf.* Les plaisirs *d'ici-bas* sont fort frêles.)

† *Ce tems-ici.* Le mot *ici* après un nom substantif est un peu vieux, on dira *ce tems-ci*, cet homme ci.

ICNOGRAPHIE. Terme de *Fortification.* C'est un mot Grec qui signifie la figure que la plante du pié imprime sur la terre. Dans l'usage c'est la déscription du plan géometral d'un bâtiment, d'un rempart, &c.

ICONOGRAPHIE, *s. f.* Il vient du Grec. C'est la connoissance des statuës antiques de marbre & de bronze, des bustes, des demi-bustes, des Dieux Penates, des peintures à fresque, des mosaïques, & des mignatures anciennes. Plusieurs personnes de mérite se sont apliquez à l'Iconographie. Les modernes illustres dans l'Iconografie, ce sont Michel Ange, Fulvius Ursinus, Pietro Sante & autres habiles Italiens. *Spon, voïage de Grèce.*

Iconoclaste, s. m. Ce mot est Grec, & signifie celui qui brise les images.

ICONOLOGIE, *s. f.* Mot grec, qui veut dire discours sur les images. C'est un art qui enseigne de quelle maniére on peint les Dieux, les Déesses, les élemens, les saisons, les vertus, les vices, les Provinces & les Royaumes. (L'Iconologie est trés nécessaire aux dessinateurs, aux Peintres & aux gens d'esprit. Celle de Cesar Ripa est estimée.)

IDE. IDI.

IDÉE, *s. f.* Image de quelque chose qui se forme dans nôtre esprit par l'entremise d'un objet extérieur, ou de quelque autre maniére de concevoir. (Quand je considére un corps, l'idée que j'en ai, me représente une chose, ou une substance.)

* *Idée.* Opinion. Pensée. (J'ai une haute idée de son mérite.
* Donner une grande idée de l'excellence d'un ouvrage. *Pas. l. 5.* Avoir quelque chose dans l'idée.)

IDES, *s. f.* Terme dont les anciens Romains se servoient pour conter les jours des mois. Les *Ides* étoient le treiziéme jour de certains mois, & le quinziéme de quelques autres. (Les Ides de Mars sont venuës, mais elles ne sont pas passées.)

IDILE. Terme de *Poëte.* Quelques bons auteurs font le mot d'idile *masculin,* mais la plûpart des autres le croient *féminin*. L'*Idile* est un mot Grec qui signifie une petite image. C'est un poëme qui contient ordinairement quelque plainte ou quelque avanture amoureuse. (Les idiles les plus courts sont d'ordinaires les meilleurs. *Boileau avis à Ménage.* Une élegante idile. *Boileau Déproeaux, poétique chant.* 2.)

IDIOME, *s. m.* Ce mot vient du Grec, & signifie langage d'un pays particulier, ou d'une province. (De quel idiome vous servez-vous pour expliquer vos pensées. *Mol. mar. for. &, sc.* 4.)

IDIOT, *Idiote*, adj. Benêt. Sot. (Il est idiot. Elle est idiote.)

Idiot, s. m. Sot. Niais. Qui a peu d'esprit. (C'est un idiot.)

Idiote, s. f. Sote. Niaise. Innocente, (C'est une franche idiote.)

IDO. IDR.

IDOLATRE, *adj.* Mot Grec. Qui adore quelque fausse divinité. (Il est idolâtre. Elle est idolâtre. Peuple idolâtre. Nation idolâtre. On ne peut être idolâtre sans être superstitieux.) Honneur idolâtre.

* *Idolâtre, adj.* Il veut dire au figuré, qui aime éperdûment.(Il est idolâtre d'une femme qui le fait cocu.

Pour bannir l'ennemi dont j'étois *idolâtre*
J'afectai les chagrins d'une injuste marâtre.
Rac. Phedre, a. 1. sc. 3.

On dit aussi rendre des devoirs idolâtres.)
Honneur idolâtre. Devoir idolâtre.

Idolâtres, s. m. Ceux qui ont adoré des idoles parce qu'ils n'étoient pas éclairez des lumieres de la foi. (On croit que les idolâtres sont damnez.)

* *Idolatrer, v. a.* Aimer avec une passion démesurée. Aimer uniquement & passionnément. (Je l'aime, que dis-je aimer ! je l'idolâtre. *Racine Britannicus,* a. 1. *s.* 2.)

Idolatrie, s. f. Il vient du Grec. C'est un culte divin qu'on rend à la Créature, ou à quelque partie de la créature. (Idolatrie absurde, ridicule, horrible, &c. Condamner, ruiner l'idolatrie. L'idolatrie est une véritable superstition le plus grand péché qu'on puisse commettre contre Dieu, l'idolatrie ségale la créature au Créateur, & en cela elle est déstable. Il y a de l'idolatrie à invoquer le sécours des Démons. *Thiers, superst,* C'est manquer de sens que de vivre dans l'idolatrie. *S. Ciprien.*

Idole. Quelques uns font ce mot *masculin* mais tous ceux qui parlent & écrivent le mieux, le font toûjours *féminin.* L'idole est la réprésentation d'une fausse divinité. (Idole rompuë & mise en piéces. *God.*)

* *Idole.* Amour. Objet qui est la cause d'une grande afection. (Elle renonce à cette idole d'iniquité qu'elle s'est faite dans sa colére. *Patru plaidoié* 1. L'or est la brillante idole des avares. *Godeau poësies.* On crut que tout fléchiroit devant cette Idole de la Cour. *Patru, plaidoié* 13 Mes plaisirs ont été mes *idoles. God. Poësies.*)

IDROGRAPHIE, *s. f.* La déscription des eaux. (L'idrographie de fournier est bonne, mais elle n'est pas complette.) *Voiez Hidrographie.*

J E.

JE. Pronom qui signifie *moi*, & qui marque la prémière personne singuliére d'un verbe. (Je languis, je soupire apres cette cruelle.)

Je. Ce pronom mis après le verbe marque l'interrogation, & alors si à la prémiére personne du verbe finit par un *e féminin* il se change en é *masculin* : Ainsi on dit *pensé-je* & *celasté*, non pas *pense-je* ? Que si la prémiére personne du verbe n'est pas un *e féminin,* elle ne se change en *e masculin* que quand à la prononciation *je* se trouve après la prémiére personne du verbe rude, ou fait équivoque. C'est pourquoi on ne dit point *sens-je*? *dors-je*? *sers-je*? *troms-je*? Mais *sens-je*? *dormé-je*? *sers-je*?

JEA JEN JER JES   **JET JEU**

vi-je trompé-je? & au contraire on dit *doi-je? fai-je? fuis-je?* à cause que cette prononciation n'eſt pas vicieuſe & ne fait point equivoque. Et même ceux qui parlent bien, & qui ont de la délicateſſe pour la langue, condamnent auſſi ces façons de parler, *ſenté-je, mangé-je, dormé-je, rompé-je*, &c. & ſe ſervent plûtôt d'un détour, & ils diront *eſt-ce que je mange, que je dors, &c.*

Je ne ſai quoi. Certaine choſe. (Elle a un *je ne ſai quoi* qui la fait aimer.)

Je ne ſai qui. Ces mots ſignifient *je ne puis dire qui.* (J'ai vû *je ne ſai qui* aujourd'hui qui m'a parlé de vous.)

Un je ne ſai qui, Mots injurieux qui veulent dire, *Un ſot, Un fat.* (C'eſt un je ne ſai qui.)

JEA.

JEAN, *ſ. m.* Prononcez *Jan*. Ce mot vient du Latin *Joannes*. C'eſt un nom d'homme. (Saint Jean diſciple de nôtre Seigneur a été Apôtre & Evangeliſte, il a écrit des Epîtres & l'Apocalipſe. Jean Roi de France fut pris priſonnier à la bataille de Poitiers & fut mené à Londres. Jean 3. régne en Pologne, c'eſt un tres vaillant Prince, à qui le monde Chrétien a de grandes obligations.)

JEANNE, *ſ. f.* Nom de femme. (Le Roi Jean épouſa en ſecondes noces Jeanne veuve du Duc de Bourgogne. Jeanne d'Albret Reine de Navarre, mére de Henri IV. fut empoiſonnée à Paris quelques jours avant l'horrible maſſacre de la S. Bartelemi.)

JEANNETON, *ſ. f.* Prononcez *Janeton*. Diminutif de Jane, qui veut dire *jeune Jane*. (Janeton eſt éveillée, & elle ſemble déja avoir l'œil tourné à la friandiſe.)

JEANNOT, *ſ. m.* Prononcez *Janot*. Diminutif, qui veut dire jeune Jean, petit Jean. (Jeannot eſt beau & ſage.)

JEN.

JENISSE. Voïez *Geniſſe*.
JENTE. Voïez *Jante*.

JER. JES.

JERBE. Voïez *Gerbe*.
Jerber, ou *gerber*, *v. a.* Terme de *Marchand de vin*. C'eſt mettre des piéces de vin les unes ſur les autres. (Il faut *jerber* ce vin, ou il faut *jerber* ces piéces de vin.) On dit auſſi dans un ſens neutre. Jerber en ſecond. Jerber en troiſiéme. Voi. *Gerber*.

JEREMIE, *ſ. m.* Nom d'homme. (Jeremie étoit un fameux Prophete.)

† *Faire le Jeremie.* C'eſt à dire, Faire le pleureur.

JEROGLIFE, *Jeroglifique*. Voïez *Hieroglife*.

JEROME, *Jeronimites.* Voïez la lettre H, & la colonne Hie.

* JERUSALEM, *ſ. f.* Ce mot pris figurément ſignifie *l'Egliſe.* (On dira de Jéruſalem, mile & mile ſerviteurs de Dieu y ſont nez, *Port-Roïal*, *Pſ.* 86.)

JESUATES, *ſ. m.* Religieux fondez par le bienheureux Jean Colombin en 1367. Ils vont déchaux. Ils portent une robe blanche & par deſſus ils ont un manteau de couleur minime avec une capuce blanc. Il n'y a point de ces ſortes de Religieux en France.

JESUITES, *Jéſuite, ſ. m.* On ne prononce point l'*s* au mot de *Jéſuite*, & il eſt même inutile de l'écrire. Les Jeſuites ſont des Religieux fondez par *Ignace de Loïola* Gentilhomme Eſpagnol né en la Province du Guipuſcoa. Il vint à Paris en mile cinq cens vingt huit, & il y fit des compagnons qu'il obliga par vœu à Mont-Marte dans une Chapelle ſouteraine à ne ſe point quitter, & à travailler de concert au ſalut du prochain. Ce fut en ce lieu là qu'il jetta les fondemens de l'ordre dont aprés il fut le premier général. Il lui donna le nom de *la compagnie de Jeſus*, & le Pape Paul III. confirma ce nom en mile cinq cens quarante. Les Jeſuites font vœu de pauvreté, de chaſteté, d'obéïſſance, & un quatriéme vœu d'aller par tout où le Pape les envoira. Saint Ignace leur Parriarche qui a fait leurs conſtitutions, a établi trois diférens états dans l'ordre de ces Peres; celui *des écoliers aprouvez*, l'autre *des coadjuteurs*, & le troiſiéme *des profés*. On nomme *écoliers aprouvez*, ceux qui ſont dans la voie durant leurs études. La compagnie ne s'oblige point à eux que ſous condition, quoi que de leur côté ils s'engagent abſolument à la Societé en promettant d'y vivre & d'y mourir dans l'obſervation des trois vœux, & en s'obligeant par un vœu exprés, d'accepter le degré, ou l'état qu'on trouvera dans la ſuite leur être le plus convenable. Il y a deux ſortes de coadjuteurs, les *coadjuteurs ſpirituels & temporels*. On apelle *coadjuteurs ſpirituels* ceux qui font en public les vœux de chaſteté, de pauvreté & d'obéïſſance, mais qui ne font pas le quatriéme qui regarde les miſſions qu'il plaira au Pape leur ordonner. Les *coadjuteurs temporels*, ce ſont les ſimples frères qu'on apelle coadjuteurs temporels parce qu'ils aident la Societé dans les choſes ſerviles & qui ſont les moins importantes. On donne le nom de *profés* à ceux qui font publiquement les trois vœux ſolennels de Religion, en y ajoutant celui d'une obéïſſance particuliére au Pape pour

le regard des miſſions parmi les Fidelles & les Idolâtres. Les *profés* font l'eſſentiel de l'Ordre, & ils ſont obligez à une obſervation exacte de la pauvreté Evangelique. Les Dignitez & les Oficiers de la Compagnie de Jéſus ſont un Général, 4. ou 5. Aſſiſtans, des Provinciaux, des Recteurs, des Préfets de Coléges, & des Supérieurs de Maiſons Profeſſes. Le Général eſt perpetuel & abſolu, & il ne peut être depoſé à moins qu'il n'y ait du déréglement dans ſa conduite. Les aſſiſtans ſont les Miniſtres du Général, qui obſervent pourtant ſa conduite, & ſervent à temperer ſon autorité. Au reſte les Jéſuites n'ont point d'habit particulier. Celui qu'ils portent eſt d'une étofe noire, & il conſiſte en une robe, & un manteau, mais ils ne portent ordinairement le manteau que quand ils vont eu ville. Ils n'ont point de chœur, ni d'auſterité d'obligation, & ils ſont gouvernez d'une maniére monarchique. Ils commencérent en 1546. à enſeigner dans l'Europe les Humanitez, la Philoſophie & la Téologie, & c'eſt ce qui a beaucoup contribué à leur donner le crédit qu'ils ont. Ceux qui voudront ſavoir davantage ſur ce chapitre n'ont qu'à lire *Ribadeneyra*, *Maffée*, *Bartoli*, *Bouhours*, & les livres qu'on a faits pour & contre les Jéſuites & dont il ſeroit aiſé de faire une petite Bibliotéque.

JESUS-CHRIST, *ſ. m.* Le Fils de Dieu qui eſt mort en Croix pour le ſalut des hommes. Croire en Jeſus-Chriſt & à la Sainte Egliſe.)

JET.

JET, *ſ. m.* C'eſt l'action de jetter quelque choſe. L'eſpace au bout duquel on jette. (Un jet de pierre. L'arbre étoit éloigné d'un bon jet de pierre. *Abl.*)

Jet. Ce mot ſe dit en *Terme de Mer*. (Faire le jet. C'eſt de gros tems jetter en mer la marchandiſe & le canon pour ſoulager le vaiſſeau, de crainte qu'il ne faſſe naufrage.) On dit auſſi, *Jet de voile*, pour dire l'apareil complet de toutes les voiles d'un vaiſſeau. *Guillet*, *Arts de l'homme d'épée.*

Jet de fontaine. Petit filet d'eau que jette la fontaine. (Un beau jet d'eau.)

Jet d'arbre. C'eſt la pouſſe de l'arbre. C'eſt un bourgeon qui pouſſe ſur une tige. (Un nouveau jet. Pouſſer un jet. Arbre qui féte de beaux jets.)

Jet. Terme de *Fondeur en bronze*. Tuiau de cire, qui eſt fait d'une certaine groſſeur, & qu'on aplique dans les moules & contre les ouvrages qu'on veut jetter en métal. (Un beau jet.)

Jetter, ou *jéter*, *v. a.* Eloigner de ſoi une choſe avec quelque ſorte d'éfort. (Jéter une pierre. Jéter un pot à la tête d'une perſonne. Jéter de l'eau au nez. Jetter de l'eau ſur une perſonne. Choſe qui eſt jettée d'enhaut.)

Jetter bas les armes pour ſe ſauver. C'eſt jetter à terre.

Jetter par terre. C'eſt à dire, terraſſer. (Jetter un Géant par terre.)

Jetter hors de la maiſon. C'eſt pouſſer par force hors d'un logis.

Jetter une fille dans un Couvent. C'eſt la mettre, & la renfermer dans un Couvent. *Jetter*, *mettre*. (Il jetta deux chevaux ſur les ailes. *Ablancourt*, *Ar. l.* 1. C'eſt à dire, il mit, &c.)

Jetter en moule. C'eſt mettre dans un moule, quelque choſe pour l'y former. (Jetter du métal en moule.)

* *Cela ne ſe jette pas en moule.* C'eſt à dire, cela ne ſe fait pas ſi facilement qu'on le pourroit croire.

Jetter. Calculer. Supurer. Compter avec les jettons. (Jetter une ſomme. Somme mal jettée.)

* Quand on commence à compoſer, il faut jetter ſur le papier tout ce qui vient en l'eſprit.

* Pluſieurs m'aprouvoient pas qu'on me jettât dans les lettres, *Abl. Luc.* J'ai jetté des propos de guerre pour voir ſi je n'aprendrois rien.

* *Jetter*, *v. n.* Il ſe dit des mouches à miel. C'eſt eſſaimer. C'eſt faire un eſſaim. C'eſt ſortir de la ruche & s'aler poſer ſur quelque branche. Il n'y a que les jeunes mouches qui jettent, & c'eſt au mois de Mai, qu'elles jettent le mieux; quand elles ont jetté, on les va prendre & on les remet dans une ruche où elles font de la cire & du miel.

Se jetter, *v. r.* Se lancer. (C'eſt ſe jetter ſur quelcun. Il s'eſt jetté entre les bras de ſon Pére. *Abl.* Ils ſe *jetterent* dans une chaloupe. *Vau. Quin. l.* 4.)

Se jetter. Se mettre. Se retirer en un lieu, s'y renfermer pour y vivre. (Se jetter dans un Couvent. *Scar.*)

JETTON, *ſ. m.* Piéce de cuivre, ou d'argent, ou d'argent doré en forme de piéce de quinze ſous, dont on ſe ſert pour jetter. (Jettons bien faits.)

JEU.

JEU, *ſ. m.* Exercice où l'on ſe divertit en joüant. (Un beau jeu. Un jeu agréable, divertiſſant, honnête, légitime, &c. Jeu deshonnête, défendu, illicite, &c. On perd au jeu le tems & l'argent, & la vertu tres-ſouvent. Il y a des circonſtances qui rendent le jeu mauvais. Il y a des jeux qui ſont ſcandaleux.)

Thiers des jeux. Etre aché au jeu. Les jeux de hazard ont été condannez

condannez par les Péres & par les Conciles. Les jeux de ba-lon, de billard, de longue paume & de quilles font bien-féants aux Laïques ; mais ils font défendus aux Ecléfiafti-ques. Joüer un jeu. Inventer un jeu. Aimer, ou abhorrer le jeu.)

* Jeu d'amour. Le joli jeu d'amour.

Jeux publics. Fêtes & réjoüiffances publiques où il y avoit des courfes, des tournois, & autres chofes pour divertir le peu-ple. (On célébroit les jeux en l'honneur de quelque Dieu, ou de quelque Déeffe. *Abl.* Les jeux Olimpiques. Jeux Pi-thiens, &c.)

Le jeu des cannes. Jeu que les Efpagnols ont apris des Mores. C'eft une efpéce de tournois, où en tournant avec des che-vaux, on fe jette des cannes l'un contre l'autre & où les com-batans fe couvrent de leurs boucliers pour recevoir les can-nes.

Jeu. La chofe qu'on joüe. (Joüer gros jeu. Mettre au jeu. Joüer beau jeu.)

Jeu de cartes. C'eft un certain nombre de cartes avec lefquelles on joüe. (Le jeu n'eft pas entier.)

Jeu. Lieu où l'on joüe. (Un jeu de mail. Un jeu de paume. Jeu de l'arquebufe, lieu où les Chevaliers de l'arquebufe, s'exer-cent à tirer les Dimanches, &c.)

Jeu. Ce mot en parlant de paume, veut dire auffi *quatre coups*, chaque coup valant quinze. (Gagner le jeu.)

Jeu. Terme d'*Organifte*. Ce qui eft compofé de quarante huit tuïaux, &qui,étant tiré,fait une particuliére harmonie. (Ti-rer un jeu. Changer de jeu. Plein jeu. C'eft un jeu compofé de plufieurs jeux diférens, qui font enfemble un fon harmo-nieux.)

Jeu. Terme de *Comédien*. Manière de répréfenter. Certaine ma-niére de répréfenter accommodée au téatre pour faire un bel éfet. (Cela faifoit un jeu de téatre fort agréable.)

* *Jeu.* Raillerie. Façon de dire, ou d'agir badine, plaifante, & un peu libre, fans pourtant deffein d'offenfer. (Prendre une chofe en jeu. Ce jeu ne me plaît pas.)

* *Jeu d'efprit.* Galanterie. Chofe d'efprit. (Regardez ce qu'on vous écrit comme un jeu d'efprit. *Scar. poëf.*)

Jeu de mots, ou de paroles pour divertir l'efprit. Sorte d'allufion qui fe fait par le moien des mots, & quelquefois par leur arrangement. (Les jeux de mots font d'un petit efprit. *Abl.*)

† * *Jeu.* Ce mot au figuré entre dans plufieurs phrafes prover-biales. (Exemples. *Couvrir fon jeu*, c'eft ne pas découvrir fes deffeins.Ne fe pas découvrir.Cacher fa conduite. *Mettre une perfonne en jeu*, c'eft la mêler dans une afaire où elle ne veut pas être mêlée.*Faire bonne mine & mauvais jeu*,C'eft diffimu-ler & faire bon vifage à quelcun pour lui faire enfuite quel-que tour. C'eft auffi cacher par une aparence trompeufe le mal qu'on a,ou le pauvre état où l'on eft.*Le jeu ne vaut pas la chandelle.*C'eft à dire, que la dépence & les frais qu'on fait montent plus que la chofe, c'eft faire plus de dépens que de profit. *A beau jeu, beau retour*, c'eft rendre la pareille. *Etre cocu de bon jeu*, c'eft être un franc cocu.*Donner beau jeu à fon ennemi*. C'eft lui donner par nôtre conduite, un beau moien de nous nuire.)

* *Etre à deux de jeu*. Ce proverbe eft tiré du jeu de paume, & fi-gurément, il fe dit des perfonnes. Il fignifie que ces perfon-nes n'ont aucun avantage l'une fur l'autre en tour ce qui s'eft paffé entr'elles.)

De franc jeu, adv. C'eft à dire, fans tromperie. (Gagner de franc jeu.)

Jeux. Ce mot au pluriel fignifie quelquefois *les petits amours*, *les ris & les graces.*

(Les jeux & les apas
Marchent à vôtre fuite
Et naiffent fous vos pas.
Voit. poëf.)

JEUDI, *f. m.* Le quatriéme jour de la femaine. (Un beau jeudi.)

Le Jeudi gras. Le dernier jeudi de charnage.

A JEUN, *adv.* Prononcez *à jûn.* (Etre à jeun. Oüir la Meffe à jeun.)

Jeûne, f. m. Il vient du Latin *Jejunium.*On écrivoit auffi jeufne, mais la lettre *f* ne fe prononce pas, & marquoit feulement que la prémiére filabe de ce mot, fe prononce *longue.* Abfti-nence commandée par l'Eglife. (Un faint jeûne. C'eft au-jourd'hui jeûner: obferver exactement les jeûnes commandez. Rompre fon jeûne. Le jeûne confifte moins en l'abftinence des viandes qu'en la fuite du péché. *Maucroix, Homelie, x. de Saint Chrifoftome.* Avoir de la peine à fuporter le jeûne. *Paf. l. 5.*)

Jeune,adj. Qui a peu d'âge. Qui n'eft pas vieux.Le mot de *jeune* en ce fens s'écrit fans accent & fe prononce *bref* pour le dif-tinguer de jeûne, ou jeûner, *abftinence*, duquel la prémiére filabe eft *longue.* (Il eft jeune. Elle eft jeune. Un jeune hom-me. Une jeune femme fort jolie.)

† * *Jeune.* Qui eft folâtre. Badin. Qui n'a pas beaucoup de con-duite. (Il y a des gens plus long-tems jeunes que d'autres. *Le Comte de Buffi.*)

Jeûner, v. n. Ce mot fignifie proprement ne point prendre d'a-liment durant quelque tems. (Les Bramines ne font jamais faigner leurs malades, mais ils le font jeûner.)

Jeûner, v. n. Garder les jeûnes commandez par l'Eglife. (Jeû-ner au pain & à l'eau. On a beau jeûner, ce n'eft rien faire, fi on ne ferme les avenues de fon cœur à la vanité. *Maucr. Homelie de S. Chrifoftome.*)

Jeuneffe, f. f. L'âge qui fuit immédiatement l'adolécence.(Une belle jeuneffe. Une floriffante jeuneffe. La jeuneffe eft aima-ble. La jeuneffe eft charmante. Fâcheufe jeuneffe. C'eft être malheureux que de paffer fa jeuneffe fans aimer.Etre à la fleur de fa jeuneffe. *Abl.* La jeuneffe en fa fleur brille fur fon vi-fage. *Dépr. Lutrin, c. 1.*)

† * *Il y a un peu de jeuneffe en cela.* C'eft à dire, il y a un peu de légéreté. Un peu de folie. Un peu de foibleffe qui vient de la fougue de l'âge.

Jeunet, jeunette, adj. Qui eft toute jeune. Il fe dit pro-prement des perfonnes. (Il eft jeunet, & n'eft pas encore en état d'être emploié. Elle eft trop jeunette pour être ma-riée.

Elle eft jeunette, elle eft fleurie,
Elle ne manque point d'apas.
La Suze.)

IEUSE, *f. f.* Arbre fauvage dur & haut, qui a les feuilles âpres, blanchâtres par deffus, vertes par deffous, & taillées tout autour en forme de dents de fcie. (L'écorce de l'ieufe eft rouffe & noirâtre, étant cuite dans de l'eau & apliquée du-rant une nuit fur les cheveux, elle les noircit.L'ieufe porte un gland plus petit que celui du chêne. Ils difent que l'ieufe n'i n'a pas les feuilles piquantes n'eft pas la vraie ieufe. *Dal. Hift. des plantes Tom. 1. l. 1. c. 4.*)

IF. IGN.

IF, *f. m.* Arbre qui croit parmi les fapins, qui a le tronc gros, l'écorce de couleur de cendre & crevaffée, les feuilles de couleur verd brun, & toûjours verdoïantes. *L'if porte des baies rouges, douces & pleines d'un fuc rouge & dangereux.* Son bois eft rougeâtre & ne fe pourrit point. (Un grand *if.* Un petit *if.* Celui-ci fert à parer les allées des Jardins. *Dal.* Ne pouvant fuporter la fatigue du combat ni de la retraite, il s'empoifonna avec de l'*if. Abl. Cefar, l. 6. ch. 3.*)

IGNACE, *f. m.* Nom d'homme. (Ignace de Loïola fondateur des Jéfuites canonifé par Paul cinquiéme)

† IGNARE, *adj.* Il vient du Latin *ignarus* & il fignifie *ignorant*, qui ne fçait rien.L'ufage de ce mot eft fort borné, & ne fe dit qu'en raint & quelquefois en ftile comique. (Meffieurs les Elus font des gens ignares & non lettrez. N... en matière de Mé-decine eft le plus ignare qui foit non feulement à Paris, mais en toute la France.)

IGNÉE, *adj.* Terme de *Phifique.* Qui eft de la nature du feu. (Il y a des parties ignées dans tous les corps. Matiére ignée.)

IGNOMINIE, *f. f.* Infamie. Deshonneur. (Couvrir d'ignominie. C'eft une grande ignominie, & qu'on aura de la peine d'é-facer.)

Ignominieux, ignominieufe, adj. Plein d'infamie. Infamant. Chofe ignominieufe. Cela eft ignominieux.)

Ignominieufement, adv. Avec ignominie. (Traiter ignominieu-fement.)

IGNORANCE, *f. f.* C'eft un manquement de fience. (Il y a une ignorance de droit, une ignorance de droit. *Paf. l. 4.* Igno-rance craffe, groffiére, invincible. Etre dans l'ignorance. Croupir dans l'ignorance. L'ignorance rend les hommes di-gnes de blâme & non d'excufe. *Paf.l.4.* L'ignorance eft hon-teufe à un honnête homme. *S. Evremont, T. 1.*)

Ignorant, ignorante, adj. Prononcez prefque *iniorant* en trois fillabes. Qui ignore. Qui ne fait pas. (Il eft ignorant. Elle eft ignorante. Les Moscovites font tres ignorans.)

Ignorant, f. m. Qui eft dans l'ignorance. (C'eft un ignorant fiéfé.)

Ignorante, f. f. Celle qui eft dans l'ignorance. (Une franche ignorante.)

† *Ignorantiffime, adj.* Trés ignorant.

Ignorer, v. a. Prononcez *iniorè.* Ne favoir pas. (Tous les méchans ignorent ce qu'ils doivent faire & ce qu'ils doivent fuir. *Paf. l. 4.*)

IL. ILE.

IL. Pronom qui fait à fon féminin *elle*, à fon pluriel mafculin *ils* & à fon pluriel féminin *elles.* Ce pronom fe met devant les troifiémes perfonnes des verbes. (*Il* aime, *ils* aiment.Elle ai-me, elles aiment)

Il n'eft point d'homme bien fage qui ne croie un Dieu immortel, ou, il n'y a point d'homme qui ne croie...... La prémiére façon de parler eft meilleure.

Il n'eft que de fervir Dieu. Arn.

Il y a des herbes venimeufes,ou,*il eft des herbes venimeufes......* La *prémiére façon de parler eft la plus reçûë.*

Il en eft des heros comme des autres hommes, ou, *il eft des heros comme des autres hommes.* La prémiére façon de parler eft au-jourd'hui la plus aprouvée,parce qu'il eft plus clair de reperer *il* avec le préfent du verbe *être.* Que fi on change de tems,&

qu'au lieu d'un present on mette un futur. Les hommes savans dans la langue croient qu'il faut retrancher la particule *en*.
Exemple.
Il sera de sa felicité comme d'un songe, & non pas, *il en sera do sa felicité comme d'un songe*.
ILE. Voiez *Isle*.

ILL.

ILLEGITIME, *adj*. Qui est contre la loi, qui n'est pas légitime. (Mariage illégitime. Chose illégitime. Passion illégitime. *Ablancourt*, *Luc*.
Fils illégitime ; *fille illégitime*. C'est à dire, Bâtard & Bâtarde.
Illégitimement, *adv*. D'une manière illégitime. (Ils ont contracté illégitimement.)
ILLICITE, *adj*. Qui n'est pas permis. (Chose illicite. Amour illicite. *Fléchier Commendon*, *l. 2. c. 19*. Écrit qui contient une doctrine *illicite* & pernicieuse. *Pas. l. 6*. Pratique illicite. *Patru*, *plaid*, 10.) Jeu illicite.
Illicitement, *adv*. D'une manière illicite.
ILLUMINATIF, *illuminative*, *adj*. Ce mot & les suivans viennent du Latin. Il signifie qui a la vertu d'éclairer. C'est un terme d'école. (Le feu a une vertu illuminative.)
Illumination. Prononcez *illuminacion*. Action d'éclairer. (L'illumination se fait presque en un instant.)
Illumination. Elle consiste en plusieurs lumières pratiquées la nuit avec adresse, & accompagnées de fois à autre de rimbales, de trompettes, de flutes, de haut-bois, & d'autres agréables instrumens qu'on joue de concert, pour marquer quelque réjouissance publique. (Ce mot d'*illumination*, est plus usité au pluriel qu'au singulier. (De belles illuminations. Les illuminations ont duré presque toute la nuit.)
Illuminer, *v. a*. Ce mot se dit proprement du Soleil, de la Lune & des Astres. Il signifie *éclairer*.
(Lune, qui de l'obscure nuit
Illumines les sombres voiles.
Godeau, *Pseaumes*.)
* *Illuminer*. Ce mot au figuré se dit des personnes, & signifie donner des lumières. Eclairer l'esprit.
(Ton éclat n'est qu'obscurité
Si ton Prince ne t'illumine.
Chapelain, *Ode à Richelieu*.)
L'esprit est illuminé par la doctrine comme l'œil par l'air qui l'environne. *Abl*, *Apo*. Cela fait voir que vous avez l'esprit extrêmement illuminé. *Boileau*, *Avis à Ménage*. Craignez les vivans qui tôt ou tard seront illuminez sur vôtre conduite. *Le Comte de Bussi*.
ILLUSION, *s. f*. En Latin *illusio*. Tromperie des sens. Fausse représentation. (C'est une pure illusion. J'ai eu quelques illusions agréables. *Godeau*. Se défaire de ses illusions.)
* Ce ravis de parens dont elle veut se couvrir n'est qu'une *illusion*, *Patru*, plaid. 9.
† *Illusoire*, *adj*. Terme de *Palais*. Simulé, fait à dessein de tromper, (Contrat illusoire. Toutes ces pièces sont illusoires.)
Illusoire. Il signifie aussi inutile & qui est sans éfet. Rendre un Arrêt vain & illusoire par des chicanes.)
ILLUSTRATION, *s. f*. Prononcez *illustracion*. Ce mot est écorché du Latin *illustratio*, & il veut dire. Explication. Discours qui met en son jour ce qu'il y a de beau & de particulier en un lieu, ou sur un sujet. Le mot d'*illustration*, en ce sens, a un usage fort borné. (Le Poëte du Belai qui étoit d'Anjou, & qui florissoit sous Henri II. a composé un livre qui porte pour titre l'*Illustration des Gaules*.)
Illustration divine: Ces mots se disent quelquefois en langage de dévots, mais il semble qu'ils ne se doivent dire qu'après s'être servi des mots de lumière, d'illumination & autres. *Illustration divine*, signifie une sorte d'illumination, ou une espéce de lumière que Dieu répand dans l'esprit, pour lui faire pénétrer des choses qu'il ne pourroit pas voir sans cette sorte de lumière. (Ces illustrations divines m'empéchoient pas de consulter les Religieux de S. Dominique. *Bouhours*, *vie d'Ignace*.)
Illustre, *adj*. Qui du lustre. Qui est fameux pour son mérite. (L'Illustre d'Ablancourt repose en ce tombeau. *Talemand des Reaux*.)
Illustrer, *v. a*. Donner du lustre & de l'éclat.
(C'est par là que Molière illustrant ses écrits
Peut-être de son art eût remporté le prix.
Dépr. Poë. c. 3.
Illustrer une histoire par des médailles. *Spon*, *rech*.)
Illustrissime, *adj*. Ce mot, qui est tiré de l'Italien *illustrissimo*, se donne aux Cardinaux, aux Archevêques & aux Evêques. (Lors que le Cardinal du Perron revint de Rome, après la négociation de Venise, il en apporta l'*Illustrissime* Cardinal & la Seigneurie *illustrissime*, mais personne n'en voulut. *Balz. Socr. Crétien*, *disc. 10*. Ce que dit ce fameux Balzac étoit vrai de son tems, mais le mot d'*illustrissime* a été reçu depuis. *Costar*. T. I. l. 108. en écrivant à Monsieur Delingendes, Evêque de l'Evêché de Sarlat, a écrit. J'avois dépit de ne vous pouvoir traiter d'illustrissime.)

IMA.

IMAGE, *s. f*. Il vient du Latin *imago*. Représentation de ce qui est. (L'homme est l'image de Dieu. Le Fils est l'image du Pére. Dieu a fait l'homme à son image. *Bossuet*, *histoire universelle*.)
Image. Ce mot est ordinairement consacré aux choses saintes, & c'est une figure de Sculpture, ou une estampe qui représente un Saint ou une Sainte. (Une belle image.)
* *Image*. Ce mot, au figuré, veut dire, idée, représentation, figure de quelque chose.
(* Il étoit agité par les *images* du malheur qui le menaçoit. *Vau. Quin*. l. 3. Leur inquiétude à quelque *image* des enfers. *Gon. Epi*. Les noces du petit Giton & de l'innocente. N........ ne vous donnent-elles pas une image d'une impudicité acomplie. *S. Evremont*, *œuvres mêlées*.)
* *Image*. Idée. (La métaphore fait une belle image.)
Imager, *s. m*. Marchand qui vend & imprime de toutes sortes de tailles douces. (Un Imager fort à son aise.)
IMAGINAIRE, *adj*. Qui n'est que dans l'imagination. Qui n'est pas dans la nature des choses. (Hérésie imaginaire.)
Imaginable, *adj*. Qui se peut imaginer. (Je sens une douleur qui n'est pas imaginable. Il a fait toutes les méchancetez imaginables.)
Imaginatif, *imaginative*, *adj*. Propre à imaginer. (Avoir l'esprit fort imaginatif.)
Imagination, *s. f*. Faculté de l'âme pour concevoir les choses sensibles. Idée qu'on se forme d'une chose. Pensée. (Avoir l'imagination vive. *Ablancourt*. Jugez s'il est possible que je vive avec cette imagination. *Voi. l. 19*. Vous n'aurez pas l'*imagination* si tendre qu'il vous faille consoler de cela. *Voit. l. 35*.) On dit *imaginative*, *s. f*. au même sens.
Imaginer, *v. a*. Concevoir. Se former l'image, ou l'idée d'une chose. (Peut-on rien imaginer de plus grand que son dessein ? Imaginer un expédient. Imaginer une chose plaisante. C'est un homme qui a pu *imaginer* un moment que vous te favorisez. *Voit. l. 33*. J'ai beaucoup de plaisir à voir les choses que j'avois imaginées. *Voit. lett. 38*.)
S'imaginer, *v. r*. Concevoir. (On ne peut rien s'imaginer de plus ridicule.)
S'imaginer. Croire. Se persuader. (Je m'imagine que vous serez de mon avis.)

IMB.

IMBECILE, *adj*. En latin *imbecillis*. Sot. Benêt. Qui a perdu un peu du bon sens. (Esprit imbécile. Elle est imbécile. Childeric III. Roi de France, étoit imbécile, & pour cela on le tondit. & on le fit Moine. Histoire de France.)
Imbécilité, *s. f*. Bétise. Foiblesse d'esprit. Simplicité d'esprit. Misère. (Il y a en moy d'imbécilité en son fait. Sa conduite marque de l'imbécilité: Il faut cacher à la vûë du monde l'imbécilité de nôtre condition.)
IMBERT, *s. m*. Nom d'homme. (Imbert est savant.)
IMBIBER, *v. a*. Ce mot se dit des choses qu'on met dans l'eau, ou autre liqueur & signifie. Boire, & atirer l'eau, ou autre liqueur par ces choses. (Il faut laisser cela imbiber quelque tems)
† *Imbriaque*, *s. m*. Mot fort bas qui ne sauroit trouver sa place que dans quelque Epigramme Satirique, ou dans le Comique le plus simple. Il signifie un Ivrogne. (Fi, c'est un coquin, c'est un *imbriaque* dont je ne veux point ouïr parler.
Imbu, *imbuë*, *adj*. Qui est imbibé. (Un vaisseau imbu de quelque méchante liqueur la garde long-tems.)
* *Imbu*, *imbuë*, *adj*. Instruit. Informé d'une chose. (On ne trouvoit personne qui ne fût imbu de ces nouveautez. *Maucroix*; *Schisme*, *l. 2*.)

IMI.

IMITABLE, *adj*. Ce mot & les suivans viennent du Latin. Qu'on peut imiter. (Action imitable. Auteur qui n'est pas imitable.)
Imitateur, *s. m*. Celui qui imite. Qui prend un excellent homme pour modèle. (Muret est un des imitateurs de Ciceron. C'est son fidelle imitateur. C'est l'imitateur des vertus de son père.)
Imiter, *v. a*. Prendre pour modéle. Prendre pour exemple & pour patron. Se conformer à une chose. (Imiter les personnes, les vertus & les actions. Belle Orante, imitez ces exemples puissans. *Sar. poës*. Alexandre afecta d'imiter Baccus, non seulement aux victoires qu'il avoit remportées sur les indiens, mais aussi en la forme de son triomphe. *Vaug. Quint. Curce*, *l. 9. ch. 10*. Corneille, fameux Poëte Tragique François, a imité les Latins, & les Espagnols.)
Imitation, *s. f*. Prononcez *imitacion*. C'est un éfort qu'on fait pour tâcher de marcher sur les pas de quelque personne qui a laissé quelque ouvrage qui mérite de servir de modèle. (Imitation naturelle, artificielle, heureuse, ingénieuse, adroite, fine, subtile. Imitation grossière.

Mon

Mon imitation n'est point un esclavage
Je ne prens que l'idée & les tours & les loix
Que nos Maitres suivoient eux mêmes autrefois.
La Font. poësies.)

I M M.

IMMACULÉ, *immaculée, adj.* Mot qui vient du Latin *immaculatus* & qui veut dire pur, qui n'est point soüillé. Il est consacré à la Vierge, & veut dire *pure*. (L'immaculée Conception.)

IMMANCABLE, *adj.* Ce mot se dit des choses & des personnes, lors qu'il est emploié pour les choses, il signifie *qui ne manque point*. (Cela est immancable. C'est un afaire immancable.) Mais lors qu'il s'apliquè aux personnes, il veut dire qu'on ne manque point de trouver, & alors son usage n'est proprement que dans la conversation & dans le stile le plus simple. (Ainsi on dit, je suis immancable tous les matins à huit heures.)

Immancablement, adv. Sans manquer, sans faute.(Vous le trouverez à table immancablement.)

Immancablement, adv. Assurément. (Je m'y trouverai immancablement.)

IMMATRICULER, *v. a.* Ecrire & enregîtrer sur la matricule.(On l'a immatriculé. Se faire immatriculer.)

IMMÉDIAT, *immédiate, adj.* Qui vient, immédiatement d'une personne. (Pouvoir immédiat.)

Immédiatement, adv. Incontinent aprés, ou devant. De la personne même. (Cela suit immédiatement. Cela vient immédiatement du Roi.)

IMMÉMORIAL, *immémoriale, adj.* Ce dont de mémoire d'homme on ne se souvient pas. (Etre en possession immémoriale. *Patru, plaid.* 3. Usage immémorial. *Port-Roïal, Lettre au Pere Adam.*)

IMMENSE, *adj.* Il vient du Latin *immensus.* Qui est d'une grandeur demesurée. (Pouvoir immense. Grandeur immense. Esprit immense.)

Immensité, s. f. Atribut par lequel Dieu est présent en tous lieux. (Dieu est présent en tous lieux par son immensité.

Je n'oserois parler de ton immensité
Tant d'éclat, tant de Majesté
Aveuglent l'humaine foiblesse.

L'Abé Tetu, Stances Crét.)

IMMERSION, *s. f.* Ce mot vient du Latin, & signifie l'action par laquelle on plonge dans l'eau, où dans quelque autre liqueur. C'est aussi un *Terme de Pharmacie.*

IMMINENT, *adj.* Il vient du Latin, & signifie qui est prêt à tomber. Peril imminent, on dit par corruption. Péril éminent.

IMMEUBLES, *s. m.* Biens qui ne se peuvent transporter. (Saisir les meubles & les immeubles.)

IMMOBILE, *adj.* Qui ne se peut remuër. (Il est immobile comme une statuë. * Tout le camp *immobile* l'écoute avec fraïeur. *Racine, Iphigenie,* a. 5. Elle demeure immobile. *Scaron.*)

Immobilité, s. f. Qualité de ce qui est immobile. (L'immobilité de la terre est contestée.)

* Immobilité d'esprit.

† IMMODERATION, *s. f.* Vice contraire à la moderation. Le mot *d'immoderation* n'est pas encore reçu.

Immoderé, immoderée, adj. Qui n'est point moderé. (Esprit immoderé.)

Immoderément, adv. Sans modération.

IMMODESTE, *adj.* Qui n'a point de modestie (Il est immodeste. Elle est immodeste.)

Immodestie, s. f. Choses contre la modestie. (Je ne puis soufrir les *immodesties* de cette piéce. *Moliére, Critique de l'école des femmes, s.* 6.)

Immodestement, adv. Sans modestie.

IMMOLER, *v. a.* Il vient du Latin *immolare.* Sacrifier. (Immoler des animaux aux Idoles.)

(* On *l'immole* à ma haine & non pas à l'état.*Racine Andromaque,* a. 4. s. 4. *Immoler* quelcun à sa douleur, *Patru,* plaidoié 9.)

* S'immoler à la risée publique. (C'est s'exposer sotement & malheureusement à être moqué, & sifflé de tout le monde. *Vau. Rem.*)

Immolation, s. f. Sacrifice de victimes. (Les anciens Juïfs ne s'unissoient pas seulement en esprit à *l'immolation* des victimes qui étoient ofertes pour eux, mais ils en mangeoient la chair sacrifiée. *Bossuet, Doctrine de l'Eglise,*)

IMMONDE, *adj.* Ce mot veut dire *Sale.Vilain,* & ne se dit ordinairement que du Diable qu'on apelle *Esprit immonde.*

(L'enfer y perd ses droits, & si le Diable en gronde,
On n'aura qu'à lui dire, alez esprit immonde.
Retirez-vous.

Poëte anonime.)

IMMONDICE, *s. f.* Ordures. (On avoit jetté cette immondice sur la Dame. *La Fontaine, Contes.*)

Immondices. Terme de *Chasseur.* Ce sont les extrémens des chiens.

IMMORTALISER, *v. a.* Donner l'immortalité, Eterniser. (Im-

mortaliser les actions des grands ho^mmes. *Abl.* Immortaliser sa mémoire.)

Immortalité, s. f. Eternité. Perpétuité. Qualité qui rend immortel & qui fait qu'on ne meurt pas dans le souvenir des hommes. (Travailler pour l'immortalité. Aller à l'immortalité. Joüir de l'immortalité.)

Immortels, s. m. Mot Poëtique pour dire *les Dieux.* (Comme les immortels vous aurez des autels. *Racine.*)

Immortel, immortelle, adj. Qui joüit de l'immortalité. Qui vivra toûjours dans le souvenir des hommes. (Gloire immortelle. Souvenir immortel.)

Immortelle, s. f. Fleur blanche, jaûne, ou gris de lin en forme de tige à feüilles veluës par dessous. (Une belle immortelle.)

IMMORTIFIÉ, *immortifiée, adj.* Ce mot se dit en matiére de dévotion, & veut dire, Qui n'est pas mortifié.(Esprit immortifié. Actions immortifiées.)

† *Immortification, s. f.* Etat de la personne qui n'est pas mortifiée.

IMMUABLE, *adj.* Qui ne change point. (La justice de Dieu est immuable. *Port-Roïal, Pseaumes.* Tous les oracles du Seigneur sont infaillibles & immuables dans la succession de tous les siécles. *Port-Roïal, Pseaumes.* C'est une Loi immuable de la nature que celui qui a donné la vie à un autre, la lui doit conserver. *Le Mais. pl.* 3.)

Immuablement, adv. D'une maniére immuable. (Jésus Christ a donné une nouvelle forme au Mariage, en reduisant cette sainte Société à deux personnes *immuablement*, & indissolublement unies. *Bossuet, Doctrine des mœurs, ch.* 9)

IMMUNITÉ, *s. f.* Exemption. Franchise. Privilege. Les Princes acordérent autrefois aux Eclésiastiques toutes sortes d'immunitez, on les exemtant de tous impôts ; mais alors les Eclésiastiques n'étoient pas si riches qu'ils sont & donnoient tout aux pauvres. *Fra Paolo, des bénéfices, ch.* 5.)

IMMUTABILITÉ, *s. f.* Ce mot se dit en parlant de Dieu. Qualité ou atribut par lequel il est immuable.

(La terre par sa fermeté
En dépeint à nos yeux l'immutabilité.

Godeau. 2. *partie, Eglogue* 2.)

I M P.

IMPAIR, *impaire, adj.* En Latin *impar.* Terme d'*Arismétique.* Il se dit des nombres & signifie qui ne se peut diviser en deux parties égales sans fraction. (Nombre impair, comme trois, cinq ou sept, &c.)

IMPALPABLE, *adj.* Qui est si menu qu'on ne le peut toucher, ni manier avec les mains. (Poudre impalpable. *Abl.*)

IMPANATION, *s. f.* Ce mot se dit en parlant de la Religion des Lutériens qui croient qu'aprés la consecration, le pain demeure & ne se change point, & que le Corps de Jésus-Christ est dans le pain. (Les Lutériens croient *l'impanation* du vrai corps de Jésus-Christ *Maucr. Schisme, l.* 2. *page* 347.)

Impané, impanée, adj. Terme de Religion des Lutériens, qui veut dire qui est *dans le pain.* (Jésus-Christ est impané.)

† IMPARDONNABLE, *adj.* Ce mot n'est pas encore reçu, & signifie. Qu'on ne peut pardonner. Qui n'est pas digne de pardon. (Faute impardonnable. Outrage impardonnable, *Segrais, Traduction de l'Eneïde.*)

IMPARFAIT, *s. m.* Terme de *Grammaire.* Le second tems de l'indicatif d'un verbe,) Conjuguer l'imparfait.)

Imparfait, imparfaite, adj. Qui n'est pas achevé. Qui est un peu parfait. A qui il manque quelque chose pour être dans son entiére perfection. (Ouvrage imparfait. *Abl.*)

Imparfait. Terme de *Relieur & de Libraire.* Livre où il manque quelque feüille. (On ne vend point de Livres *imparfaits*, ou du moins on n'en doit point vendre.)

Imparfaitement, adv. D'une maniére imparfaite.(Ce qui paroit dans le monde, est fait imparfaitement au prix de ce bâtiment. *Voit. poës.*)

IMPASSIBLE, *adj.* Mot Latin. Qui ne peut soufrir de douleur ni de changement. (Dieu est impassible. Je n'aimerai rien de ce qui est sujet à la fiévre, & je ne donnerai mon cœur qu'à des beautez impassibles & immortelles. *Cost. Let.* T. 1. Les corps glorieux seront impassibles.)

Impassibilité, s. f. Qualité de ce qui est impassible. (L'impassibilité est propre aux Anges & aux corps glorieux.)

IMPATIENCE, *s. f.* Vice contraire à la patience. Ardeur boüillante & précipitée de faire quelque chose. (Bruler d'impatience. *Vau. Quin. l.* 3. Il est dans une impatience éfroyable.)

Impatient, impatiente, adj. Qui n'a point de patience. Qui ne peut soufrir rien qui le fâche. Le mot d'*Impatient* n'a ordinairement point de regime. (Il est impatient. La jeunesse est impatiente.)

Impatiemment, adv. Avec impatience (Soufrir une chose impatiemment. *Abl.* Néron soufrit impatiemment la mort de Narcisse. *Racine préf. de Britannicus.*)

Impatienter, v. a. Faire perdre la patience. (Si un verre cassé vous impatiente, vôtre repos en dépendroit. *Nicole, Essais de Morale,* T. 1.)

S'impatienter, v. r. N'avoir point de patience. Etre dans l'impatience

tience à cause qu'on tarde trop à faire quelque chose. (C'est un homme qui s'impatiente furieusement.)

† S'IMPATRONISER, *v. r.* S'établir. (L'un avec prudence au Ciel s'impatronise. *Reg. Sat.* 14. S'impatroniser en un lieu. *Scaron.*

Certes c'est une chose aussi qui scandalise
De voir qu'un inconnu céans s'impatronise.
Mol. Tart. a. 1. *sc.* 1.)

IMPECCABLE, *adj.* Il ne se dit que des personnes, c'est à dire, qui ne peut pécher. (A le voir, c'est un homme impeccable, & au fond, c'est un franc tartufe.)

Impeccabilité, s. f. Etat de celui qui ne peut pécher. (L'impeccabilité n'est propre qu'aux bien-heureux.)

† IMPÉCUNIEUX, *impécunieuse, adj.* Ce mot veut dire qu'on n'a point d'argent, mais il n'est pas reçu.

IMPÉNÉTRABILITÉ, *s. f.* Terme de *Philosophie.* Qualité qui rend impénétrable. (On demande si l'impénétrabilité est de l'essence de la matière.)

Impénétrable, adj. Qui ne peut être pénétré. (Corps impénétrable. L'atome est un petit corps simple, indivisible, dur, solide, incorruptible & impénétrable. Voiez *Gassendi, Lucrece.*)

(* *Secret impénétrable,* Godeau. C'est à dire, qu'on ne peut découvrir.)

Impénétrablement, adv. D'une manière impénétrable.

IMPÉNITENT, *impénitente, adj.* Qui n'est point pénitent. Qui ne se repent point de ses péchez. (Vile impénitente. *Port-Roial, Nouveau Testament.* C'est un relaps impénitent.)

Impénitence, s. f. Vice contraire à la pénitence. Dureté de cœur qui fait qu'on n'a nul regret de ses fautes. (Cette miséricordieuse conduite ne toucha point leur impénitence. *Maucr. Schisme,* l. 2. L'impénitence des pécheurs a été punie. *Bossuet, hist. univ.* 1. *p.* Par vôtre dureté & par l'impénitence de vôtre cœur vous amassez un trésor de colère pour le jugement de Dieu. *Port-Roial,* S. *Paul Epitre aux Rom. ch.* 2.)

IMPÉRATIF, *s. m.* Terme de *Grammaire.* Un des modes du verbe, & celui dont on se sert, lors que l'on commande. (Mode impératif.)

Impératrice, s. f. En Latin *Imperatrix.* C'est la Princesse qui est, ou qui a été Femme d'Empereur. (Une grande, vertueuse, courageuse Imperatrice.)

IMPERCEPTIBLE, *adj.* Qu'on n'aperçoit point. Qu'on ne voit point, ou presque point. (Chose imperceptible. Atome imperceptible.)

Imperceptiblement, adv. D'une manière imperceptible. Insensiblement. Peu à peu. (Cela arrive, cela se fait imperceptiblement.)

IMPERFECTION, *s. f.* Défaut. Ce qui est contraire à la perfection. (C'est une grande imperfection.)

Imperfection. Terme d'*Imprimeur & de Libraire.* Ce sont toutes les feuilles qui manquent à un livre imprimé, & toutes les feuilles qu'il y a de trop dans quelque livre. (Je lui demande des livres entiers, & il m'envoie des imperfections.)

IMPÉRIAL, *Impériale, adj.* Qui est d'Empereur. Qui apartient à l'Empereur. (Atmée Impériale. *Voir. let.* 7. Autorité Impériale. *Abl.* Couronne Impériale.)

* *Prune impériale.* C'est une espèce de prunes des plus grosses & de figure oblongue.

Impériale, s. f. Fleur rouge, ou jaune qui tient de la tulipe, qui forme comme une couronne, qui fleurit au commencement d'Avril, & dure presque tout le mois d'Avril. (Une belle impériale.)

Impériale, s. f. Le dessus du carrosse. (Le carrosse a versé & l'impériale est toute fracassée.)

Impériale. Terme d'*Architecture.* Espèce de dôme, ou de couverture dont le dos est en pointe & qui s'élargissant par en bas représente la figure de deux S qui se joignent en haut & s'éloignent en bas. *Félibien.*

Impérieux, s. m. Armée Impériale. Troupes de l'Empereur. (Les Impériaux ont été batus. Les Impériaux sont forts & nous pourroient bien batre à leur tour.)

Impérieux, impérieuse, adj. Arrogant. Fier. (Humeur impérieuse. Esprit fier & impérieux. Ton impérieux.)

Impérieusement, adv. Fièrement. Avec orgueil. Avec empire. (Il en use impérieusement.)

IMPERSONNEL, *impersonnelle, adj.* Terme de *Grammaire* Il se dit des verbes, & veut dire qu'il est conjugué seulement par la troisième personne. (Un verbe impersonnel.)

Impersonnellement, adv. Terme de *Grammaire.* D'une manière impersonnelle. (Verbe pris impersonnellement.)

IMPERTINENCE, *s. f.* Extravagance. Sotise. Folie. (Une haute impertinence. Faire une grande impertinence.)

Impertinent, impertinente, adj. Ce mot se dit des personnes & de leurs actions, & veut dire. *Sot. Qui n'est pas sage.* (Discours impertinent. Conduite impertinente. Esprit impertinent. Jeune homme fort impertinent.)

Impertinemment, adv. Avec impertinence. Avec extravagance. (Parler, ou répondre impertinemment.)

IMPÉTRATION, *s. f.* Terme de *Palais.* Il se dit quand on obtient ce qu'on souhaite.

Impétrer, v. a. Terme *qui est d'ordinaire de Palais.* Obtenir. Avoir à force de prières, de solicitations & d'importunitez. (Il a impétré ce qu'il demandoit.)

Impétrable, adj. Qui se peut impétrer, obtenir. (Abolition impétrable. Bénéfice impétrable. Sa charge a été déclarée impétrable.)

Impétrant, s. m. Terme de *Palais.* Celui qui a obtenu, à qui on a acordé ce qu'il demandoit.

IMPETUEUX, *impétueuse, adj.* Violent. Ardent. Plein d'impétuosité. (Fleuve impétueux. *Vau. Quin.* l. 3. Vent impétueux. *Vau. Quin.* l. 4. * Esprit impétueux.)

Impétueusement, adv. Avec impétuosité. (Agir impétueusement. Pousser impétueusement son cheval.)

Impétuosité, s. f. Efort. Mouvement violent. Violence. (Ils ont une impétuosité brutale. *Abl. Tac. An.* l. 2. Torrent qui roule avec impétuosité. * Parler avec impétuosité. * Une grande impétuosité d'esprit.)

IMPIE, *adj.* Qui a de l'impiété. (Homme impie. Femme impie. Action impie.)

Impie, s. m. Qui a de l'impiété. (C'est un impie.)

Impiété, s. f. C'est le contraire de la piété. Défaut de crainte de Dieu. (Ce sont des gens qui vivent dans l'impiété.)

† IMPITEUX, *impiteuse, adj.* Qui n'a point de pitié. (L'impiteuse main du bourreau. *Tes. poes.* Impiteuse canicule. *S. Amant.*)

Impitoiable, adj. Qui na point de pitié. (Vertu impitoiable. *Voit.* l. 22. Il est impitoiable. Elle est impitoiable.)

Impitoiablement, adv. Sans pitié. (Il l'a traité impitoiablement.)

IMPLACABLE, *adj.* Qui ne peut être apaisé. (Une haine implacable. Destin implacable. *Abl.*

Est-il irrévocable
Que ta rage implacable
Accable
Une inébranlable. *Cadmus,* a. 3.

IMPLIQUER, *v. a.* Ce mot se dit parmi les Philosophes en parlant de choses qui se contredisent & signifie *enveloper.* (Cela implique contradiction.)

Implicite, adj. Terme de *Palais.* Une condition implicite, c'est à dire, qui est comprise tacitement & sous-entendue, quoi qu'elle ne soit pas exprimée.

IMPLORER, *v. a.* Demander humblement le secours de qui peut aider. (Il faut implorer le secours de Dieu dans nos misères.)

IMPORTANCE, *s. f.* Valeur, mérite, considération. Il se dit d'une chose qui importe, qui est avantageuse, qui est considérable, qui est de conséquence. (La chose est d'importance. L'importance de l'afaire est. Faire l'homme d'importance.)

Important, importante, adj. Qui est d'importance. Qui est avantageux. Utile. (Il est important de donner de l'horreur de vos opinions. *Pas.* l. 14. C'est une matière importante à toute la morale. *Pas.* l. 4. C'est une chose importante à remarquer.)

Importamment, adv. D'une manière importante. (Il m'a servi importamment.)

IMPORTER, *v. n.* Ce verbe est une manière de verbe impersonnel, & il signifie. *Il faut. Il est avantageux.* (Il importe d'étudier pour être honnête homme. Cela m'importe. La chose lui importe extrêmement.)

IMPORTUN, *importune, adj.* Qui cause de l'importunité. (Homme importun. Femme importune. Chose importune.)

† *Importunément, adv.* D'une manière importune. (Demander importunément, ou avec importunité.)

Importuner, v. a. Causer de l'importunité. (C'est un faquin de Gascon qui m'importune sans cesse. Il importune le Roi & toute la Cour, de ses méchans vers.)

Importunité, s. f. Obstacle qu'on aporte au dessein d'autrui. Action de la personne qui importune. A force d'importunitez il a obtenu ce qu'il souhaitoit.

IMPOSER, *v. a.* Enjoindre. Donner. (Imposer une pénitence. *Pas.* l. 10. Imposer silence. C'est un nom que les Apôtres ont imposé aux véritables serviteurs de Jesus-Christ. *Maucroix, Schisme,* l. 2.)

Imposer. Acuser à faux. (Il lui impose je ne sai quel attentat. *Maucr. Schis.* l. 2.)

Imposer. Tromper. En faire acroire. Il y a une certaine hipocrisie qui impose à tout le monde. *Mémoires de Mr le Duc de la Roche-Foucau.* Il ne l'auroit pas fait si vous ne lui aviez imposé & fait acroire que vous étiez Prophete. *Abl.* Il m'a imposé en cet endroit.)

Imposer, v. a. Faire quelque imposition. Mettre quelque impôt. (Imposer quelque somme sur les viles.)

Imposition, s. f. Il vient du Latin *impositio.* Prononcez *imposicion.* Action par laquelle on impose. (L'imposition des mains. Imposition d'un nom.)

Imposition. C'est aussi un droit qui se lève au nom du Souverain. Impôt. Taxe. Tribut. (On a fait une nouvelle imposition sur le tabac, &c. Mettre des impositions sur le peuple.)

Impôst. V. Impôt.

Imposte, s. f. Terme d'*Architecture.* C'est la partie d'un pié droit, sur laquelle commence un arc, & qui est ordinairement relevée de moulures.)

IMPOSSIBILITÉ, *s. f.* Chose contraire à la possibilité. Il est bien
I i i   dificile

difficile de juger de la possibilité & de l'impossibilité des choses. *Abl. Luc. T. 1.* (Il leur représenta l'*impossibilité* qu'il y avoit à se retirer. *Abl. Rét. l. 3.*)

IMPOSSIBLE, *adj.* Qui n'est pas possible. Qu'on ne peut faire. Chose dont on ne sauroit venir à bout. (L'invention fut trouvée ingénieuse, mais *impossible* à exécuter. *Abl. Rét. l. 3. c. 1.* Nos Péres peuvent faire ce qu'il est *impossible* aux autres hommes. *Pasc. l. 7.*)

IMPOSTEUR, *f. m.* Trompeur. Qui en fait accroire. Celui qui acuse à faux. (C'est un franc *imposteur*. L'*imposteur* de le Tartufe. *Mol.*)

Plusieurs parlent du livre des trois *Imposteurs*, personne ne l'a vu. *Columes. op. usc.* On dit que l'Empereur Friderie second a fait ce livre. Voi. *Grotius*, *obs. sur la Philosophie de Campanella*.

Imposture, *f. f.* Tromperie. Calomnie. Chose qu'on impose à quelqu'un. Imposture réfutée. Répondre à une imposture. *Pas. l. 14.* Détruire l'imposture. *Abl.*)

IMPÔT, *f. m.* Imposition. (Charger le peuple de gros impôts. Acabler le peuple d'impôts. Metre des impôts sur le peuple.)

† IMPOTENT, *impotente*, *adj.* Perclus. (Téobalde devint impotent & perclus de ses membres. *Mez. srai Histoire de France, vie de Childebert.*)

A L'IMPROVEU, *adv.* Une sortie à l'impourvû. *Durier.* Voici *improvisée*.

IMPRATICABLE, *adj.* Ce mot ne se dit d'ordinaire que des personnes, & il signifie qu'on ne peut pratiquer, avec qui on ne peut avoir à faire, ni converser avec lui. C'est un homme impraticable.)

IMPRÉCATION, *f. f.* Souhait qu'on fait qu'il arrive du malheur à quelqu'un, ou à nous-même, ou à quelque autre chose, comme à une ville. (Pousser des imprécations.) Faire des imprécations contre quelqu'un. Donner des imprécations à quelqu'un. *Monsieur le Duc de la Roche-Foucaut*. Saint Amant a fait une imprécation contre la ville d'Evreux où il y a plus de trente Eglises & pas un pauvre cabaret.)

IMPRENABLE, *adj.* Qu'on ne peut prendre. (Place imprenable. *Vau. Quin. l. 3.* Chateau imprenable.)

IMPRESCRIPTIBLE, *adj.* Terme de *Palais*. Qui ne se peut prescrire. Qui n'est point sujet à prescription. (Les servitudes sont imprescriptibles.)

IMPRESSION, *f. f.* Ce qui s'imprime sur le papier mis sur la forme des lettres ancrées, & pressées. Ouvrage d'imprimeur. (Une impression belle & bien nette. Impression bien correcte. Faire une seconde impression d'un livre.

IMPRESSION. Ce mot se dit en parlant de livres d'Eglise. C'est une maniére d'imprimer particuliére, qui se fait avec de l'ancre commune, de gros caractéres de léton, une patte de léton & une brosse. On pose le caractére sur une feuille de papier, en suite ou le couvre de la patte qu'on tient en la main gauche, & après avec la brosse qu'on mouille d'ancre, on frote doucement sur le caractére, jusques à ce que la lettre soit nétement marquée.

* *Un noble de nouvelle impression.* Mots burlesques pour dire, Un homme qu'on a fait noble depuis peu.

* *Impression.* Au figuré, il semble dire mouvement qu'une chose fait sur le cœur, ou sur l'esprit. Idée qu'une chose donne. (Je crains que cette censure ne donne à ceux qui en sçauront l'histoire une impression toute oposée à la conclusion. *Pas. l. 1.* C'est un langage qui produit dans l'esprit de la plûpart du monde des impressions contraires à la vénération qu'on doit avoir pour un livre si saint. *Port-Roial nou. Test. pref.* Recevoir quelque impression des méchans desseins d'une personne. *Pas. l. 1.* Je connoissois l'impression que les raisons faisoient sur son esprit, *Abl.*)

IMPRÉVU, *imprévuë*, *adj.* Qui n'est pas prévu. (Coup imprévu. Accident imprévu. Chose imprévuë.)

IMPRIMER, *v. a.* C'est composer quelque discours par le moien de divers caractéres ou lettres. Faire des formes de ces lettres ou caractéres, les poser sur le marbre de la presse, les frotter avec les bales trempées dans l'ancre & les couvrir d'une feuille de papier sur laquelle on fait rouler la presse. (Imprimer un livre. Feuille imprimée. Imprimer correctement. Bien imprimer. * Imprimer un Auteur. *Mol.*)

Imprimer. Terme d'*Imager.* C'est passer la planche ancrée & couverte de sa feuille sur la table de la presse entre les deux rouleaux. (Imprimer une estampe.)

Imprimer. Terme de *Teinturier.* Faire diverses fleurs & autres agrémens sur la toile qu'on apelle Indienne.

Imprimer. Terme de *Peintre.* Coucher une premiére couleur qui sert de fond à celle qu'on doit mettre en suite pour faire un tableau. Imprimer une toile.)

* *Imprimer.* Il signifie au figuré, donner, marquer, inspirer. (Les objets *impriment* leurs images dans les organes. *Rob. Phis.* L'Eglise a soin que les cérémonies qu'elle expose aux yeux des fidéles ayent quelque chose qui *imprime* du respect. *Port-Roial, Non Test. préface.* Son visage est animé d'une colére majestueuse qui *imprime* la terreur & le respect. Voi. *la description des tableaux de Versailles.*)

Imprimerie, *f. f.* Les caractéres, les casses, les chassis, les presses & autres choses qui servent à imprimer. (Il y a ici une imprimerie.)

Imprimerie. Lieu où l'on imprime divers ouvrages d'esprit. (Aler à l'imprimerie. Il est à l'imprimerie.)

Imprimerie. Commerce d'imprimeur. Trafic d'imprimerie. (L'imprimerie ne va plus comme elle aloit.)

Imprimeur, *f. m.* Marchand ouvrier qui, par le moien de l'ancre, des bales, des divers caractéres & des presses, imprime toute sorte d'écrits. (Un bon imprimeur. Un imprimeur fort exact. Martin est un excellent imprimeur.)

Imprimer en tailles douces. C'est celui qui imprime toutes sortes d'images & d'estampes pour les imagiers.

Imprimeur. C'est le compagnon qui travaille à la presse. (Tous les compagnons qui travaillent dans une imprimerie sont compositeurs, ou *imprimeurs.*)

Imprimeur de livres d'Eglise. C'est l'ouvrier qui imprime des livres d'Eglise.

Imprimure, *f. f.* Terme de *Peintre.* Premiére couche sur toile.

† IMPROBATION, *f. f.* Ce mot n'est pas encore reçu. C'est l'action d'improuver une chose.

IMPROMTU, *f. m.* Chose d'esprit faite sans préparation & sur le champ. (Faire un *impromtu* à loisir. *Mol.* Faire des impromtus sur tout. Metre tous les matins six *impromtus* au net. *Dépr. poët. c. 2.* Je ne dis point cela pour me piquer de l'impromtu. *Mol. fâch. préface.*)

IMPROPRE, *adj.* Ce mot se dit des paroles qui entrent dans le discours, & veut dire qui n'est pas propre. (Se servir de mots impropres.)

Improprement, *adv.* D'une maniére impropre. (Parler improprement.)

Impropriété, *f. f.* Qualité de ce qui n'est pas propre. (*C'est une impropriété.* Les Grammairiens le disent quand on s'est servi d'un mot qui n'est pas propre.

A l'*improviste*, à l'*impourvu*, *adv.* L'un & l'autre de ces adverbes se dit, mais à l'*improviste* est plus élégant qu'à *l'impourvu. Vau. Rem.* (Faire une chose à l'improviste.)

IMPROUVER, *v. a.* Ne pas aprouver. (Ils ont raison d'improuver ce sentiment. *Pas. l. 7.*)

IMPRUDENCE, *f. f.* Vice contraire à la prudence. (C'est une grande imprudence. Faire une imprudence.)

Imprudent, *imprudente*, *adj.* Qui n'est pas prudent. Il est imprudent. Elle est imprudente. Discours imprudent. Action imprudente.)

Imprudemment, *adv.* Avec imprudence. (Se conduire imprudemment. Parler imprudemment.)

IMPUDENCE, *f. f.* Efronterie. C'est le contraire de la honte.) Avoir de l'impudence. C'est une insigne impudence.)

Impudent, *impudente*, *adj.* Efronté. (C'est un jeune homme fort impudent. Elle est fort impudente. Action impudente.)

Impudemment, *adv.* Efrontément. (Parler impudemment. Répondre impudemment.)

IMPUDICITÉ, *f. f.* Vice contraire à la pudicité. (Evitez l'impudicité, car elle est honteuse.

Impudique, *f. m. & f.* (C'est un impudique. C'est une impudique.)

Impudique, *adj.* Qui n'est pas pudique. (Désir impudique. Il est impudique. Elle est impudique.)

IMPUGNER, *v. n.* Mot qui se dit entre Philosophes de classe. Combatre quelque raison, quelque point de doctrine. (Impugner une doctrine.)

IMPUISSANCE, *f. f.* Défaut naturel qui empêche la génération. (Sa femme l'acuse d'impuissance. Il y a impuissance respective.)

Impuissance. Défaut de pouvoir. (Il est dans l'impuissance de servir ses amis comme autrefois. Témoigner une impuissance honteuse. *Monsieur de la Rochefoucaut.*)

Impuissant, *impuissante*, *adj.* Qui ne peut rien. Foible. (Secours impuissant. *Abl.* Eforts impuissans. *Racine, Iphig. a. 5. sc. 4.*)

Impuissant, *impuissante.* Qui a un défaut qui empêche d'engendrer. (La pauvre femme est à plaindre, son mari est impuissant.)

IMPULSION, *f. f.* Action de pousser. (L'eau étoit poussée fort haut par la force de l'impulsion des pistons. *Perraut. Vitruve.*)

* *Impulsion.* Ce mot se prend quelquefois figurément, & veut dire action qui excite. Mouvement. (Le démoniaque nous frape par l'*impulsion* du Demon. *Port-Roial, homel. de S. Chrisostome.* Souvent même les *impulsions* des Héros ont quelque chose de divin qui est au dessus de la raison. *S. Evremont.*)

IMPUNITÉ, *f. m.* Elle consiste à ne pas châtier, à pardonner les choses qui devroient être punies. (Il gagna l'amitié des soldats par l'impunité. *Abl. Rét. l. 2. c. 4.*)

Impuni, *impunie*, *adj.* Qui n'est pas puni. (Crime impuni.)

Impunément, *adv.* Avec impunité. (Les belles sont semblables aux Cometes, on ne les voit pas impunément. *Gomb. epi. l. 1.*

On ne voit pas mes vers à l'envi de Montreuil
Grossir impunément les feuillets d'un recueil.
Dépr. Satire 7.

(La Médecine est l'art de tuër les hommes impunément. *Abl. Apoph.*)

IMPUR, *impure*, *adj.* Qui n'est pas pur, qui n'a point de pureté. (Vie impure. Esprit impur. Action impure.)

Impureté,

Impureté, *f. f.* Vice contraire à la pureté. (Se souiller d'impureté. Impureté basse & honteuse. Prenez garde mon fils, d'éviter toute sorte d'impureté. *Port-Roial.* [

Imputation, *f. f.* Elle consiste à attribuër quelque faute ou quelque chose de mal à une personne. (L'imputation qu'on lui a faite de ce crime.)

Il se dit entre gens d'afaire. C'est le compte que le Créancier tient au debiteur de l'argent qu'il a reçu, sur une partie de la dette. (Les termes de la quittance réglent l'imputation.)

Imputer, *v. a.* Attribuër quelque faute, ou quelque autre chose de mal à une personne. (Imputer une chose à quelqu'un. *Pas. l. 5.* Peché qui ne peut être imputé. *Pas. l. 4.* Une action ne peut être imputée à blâme, lorsqu'elle est involuntaire. *Pas. l. 4.* Les Païens imputoient aux Chrétiens les calamitez publiques. *Lambert.*)

I N A.

Inaccessible, *adj.* Qu'on ne peut aprocher. (Placé inaccessible, Rocher inaccessible. * Cèt auguste tribunal sera toûjours inaccessible à l'erreur. *Patru, plaid.* 15.)

Inacostable, *adj.* Fier, qui est de dificile accés, avec qui il est dificile de faire connoissance, ou de lier conversation. (Il est inacostable.)

Inacoutumé, inacoutumée, *adj.* Qui n'est pas accoutumé.) Les plaisirs inacoutumez sont les plus sensibles.)

Inaction, *f. f.* Prononcez *inaccion.* Cessation d'agir. Ce mot est nouveau & l'on s'en sert en terme de dévotion.

Inadmissible, *adj.* Qui ne peut ou ne doit pas être admis. Terme de Palais. (La preuve par témoins est inadmissible en de certains cas.)

Inadvertance, *f. f.* Peu de soin qu'on a d'une chose. (C'est une cruauté de prendre avantage de *l'inadvertance,* ou peu de soin d'autrui. *Patru, plaid.* 4.)

Inaliénable, *adj.* Qu'on ne peut aliéner. Qu'on ne peut engager, ni vendre. (Le domaine du Roi est inaliénable.)

Inalliable, *adj.* Qui ne se peut alier. Il se dit des métaux.

Inamissible, *adj.* Terme de *Science.* Il veut dire qui ne se peut perdre. (Justice inamissible. Mouvement inamissible)

Inamissibilité, *f. f.* Ce mot se dit d'une chose, qui ne se peut perdre.

Inanimé, inanimée, *adj.* Qui n'est pas animé, qui n'a ni ame, ni vie. (Les choses inanimées.)

Inanition, *f. f.* Ce qui est oposé à *repletion.* (Il est mort de pure inanition.)

Inaplication, *f. f.* Manque d'aplication. (C'est une continuelle inaplication.)

Inatention, *f. f.* C'est un défaut d'attention à quelque chose. (C'est une grande inatention. Cette inatention est un grand défaut.)

Inauguration; *f. f.* Cérémonies qu'on fait au Sacre d'un Empereur, d'un Roi ou d'un Prélat. On les apelle ainsi à l'imitation de celles que faisoient les Romains quand ils entroient dans le Colége des *Augures.* Inauguration solemnelle. [

I N C.

Incahotable, *adj.* Ce mot est nouveau & commence à se dire de certains carosses, & signifie qui ne cahote point, ou l'on ne sauroit être cahoté. (Carosse incahotable)

Incapable, *adj.* Qui n'est pas capable. (Il est incapable de sa charge. Elle est incapable de gouverner sa famille. Si les Ecclesiastiques sont incapables de faire leur charge, ils sont inexcusables d'avoir accepté une charge si importante, & dont ils ne peuvent pas s'aquiter. *Port-Roial, Logique,* 3. *p. ch.* 5.)

Incapable. Qui a trop de cœur pour faire une chose qu'il ne se doive faire. (Il est incapable de faire aucune bassesse.)

Incapacité, *f. f.* Insufisance. (Il y a de l'incapacité en son fait. On l'acuse d'incapacité. Son incapacité est connuë.)

Incarnadin, incarnadine, *adj.* Qui est de couleur incarnate fort vive. (Incarnadin d'Espagne. Incarnadin de rose. Pluche d'anemone incarnadine. Ruban incarnadin.)

Incarnat, incarnate, *adj.* Qui tire sur la couleur de chair. Qui tient le milieu entre le rouge & le blanc. (Ruban incarnat. Pluche d'anemone incarnate.)

Incarnat, *f. m.* Couleur incarnate. (Cet incarnat est fort beau.)

† **Incarnat,** *f. m.* C'est un rouge vif & beau que de certaines personnes ont aux joües.

(Jouvencelle au teint délicat
Mêlé de blanc & d'incarnat.
Scaron, poës.

Incarnation, *f. f.* Union du Fils de Dieu avec la nature humaine. (Un traité de l'incarnation. Révérer le mistére de l'incarnation.)

Incarné, incarnée, *adj.* Il se dit de Jesus-Christ, & veut dire, qui a pris un corps de chair. (Le Verbe incarné. La sagesse incarnée. Il faut se confier en Dieu seul par son Fils incarné, crucifié &

ressuscité pour nous. *Bossuet, doctrine de l'Eglise.*)

* *C'est un Démon incarné.* Cela se dit figurément d'un trés-méchant homme.

* *C'est la chicane incarnée.* Cela se dit au figuré d'un grand plaideur, ou d'une grande plaideuse.

* On dit aussi d'un fort homme de bien, *c'est la probité incarnée.*

S'incarner, *v. r.* Terme de *Piété.* Se revêtir d'un corps de chair. (Jesus-Christ s'est incarné pour le salut des hommes. Dieu ne peut rien mettre au monde de plus grand que le *Verbe incarné. God.*)

† **Incartade,** *f. f.* Brusquerie impertinente. Sorte d'insulte. (Faire une incartade à quelqu'un.) (Mon importun & lui courant à l'embrassade, ont surpris les passans de leur brusque incartade. *Mol.* Se repentir de son incartade. *Benserade.*)

Incendiaire, *f. m.* Celui ou celle qui met le feu en un lieu: (C'est un incendiaire. Il est puni comme incendiaire. Il a été condamnée comme incendiaire.)

Incendie, *f. m.* Feu qui a été mis à dessein. Le mot *d'incendie* se met d'ordinaire sans régime. On n'a jamais vû un plus grand incendie. Il y a eu cette nuit un *incendie* en nos cartiers.)

* **Incendie.** Combustion- Désordre. Trouble dans un état. (Il avoit arrêté lui même l'impétuosité de cet incendie, *Fléchier. Commendon, l.* 2. *c.* 19)

Incertain, incertaine, *adj.* Qui n'est pas certain. (Nouvelle incertaine.)

Incertain. Il se dit des chevaux de manége, & veut dire naturellement inquiet, & qui n'est pas confirmé dans le manége dont on le recherche. Confirmez vôtre cheval dans son terre à terre, car il est bien incertain. *Guillet.*)

Incertitude, *f. f.* État incertain. Sorte de perplexité. (Tirer quelqu'un de l'incertitude où il est. Être dans l'incertitude. Le Duc de la Roche-Foucaut. La plus grande partie de la Philosofie n'est qu'un amas d'incertitudes. *Nicole, Essais de morale.*)

Incessanment, *adv.* Sans cesse. (Il étudie incessanment. Il travaille incessanment.)

Inceste, *f. m.* Crime qui se commet en se souillant avec une parente, ou une personne Religieuse. (Commettre une inceste. Acuser d'inceste.)

Incestüeux, incestüeuse, *adj.* Souillé d'inceste. Où il y a inceste. (Mariage incestüeux. *Maucr. Schif. l.* 2.)

Incestüeux, *f. m.* Qui a commis un inceste. (Il y a parmi les hommes, des meurtriers, des incestüeux & des adultéres. *Ablanc. Luc. T.* 1.)

Incharitable, *adj.* Ce mot n'est pas encore bien établi. Qui n'a point de charité. (Moine incharitable.)

Incidence, *f. f.* Terme de *Géométrie.* Chute d'une ligne, ou d'un corps sur un autre. (C'est un axiome in'aillible en Optique que les angles de réflexion sont toûjours égaux aux angles d'incidence.)

Incidenment, *adv.* Terme de *Palais.* Par occasion, par suite & par connexité. (Il est deffendeur au principal & incidenment demandeur.)

Incident, *f. m.* Dificulté nouvelle. Question nouvelle qui naît dans le cours d'un procés, & qui embarasse le procés davantage, & le rend dificile à juger. (Il arriva un incident qui fit remettre le jugement du procés. *Pas. l.* 6. Faire un incident. *Le Mai.*)

Incident. Terme de poësie. Evénement ingénieux pour rendre une piéce de téatre plus agréable. (Il faut préparer, mais il ne faut pas découvrir les incidens.)

Incidenter, *v. n.* Terme de *Palais.* Chicaner en faisant naître des incidens. (Il a incidenté trois ou quatre fois.)

Inciser, *v. a.* Terme de *Chirurgien.* Couper. (Inciser un os.) On dit aussi inciser un arbre.

Incisif, incisive, *adj.* Qui pénétre, qui coupe, qui dissout les humeurs visqueuses. Reméde incisif. Vertu incisive.)

Incision. Terme de *Chirurgien.* C'est une simple coupure, & elle se dit proprement des fractures des os de la tête. *Deg.* (faire une incision.)

Incision. Terme de *Jardinier.* Coupure, où entaillure qu'on fait dans l'écorce d'un arbre. (Faire incision.)

Inciter, *v. a.* Exciter. Pousser. Encourager. (Inciter quelqu'un à mal faire.)

Incirconcis, incirconcise, *adj.* Qui n'est pas circoncis. (La foi a été imputée à Abraham, lors qu'il étoit incirconcis. Il n'y a qu'un seul Dieu qui justifie par la foi les circoncis & les incirconcis. *Port-Roial, Ep. aux Romains.*)

Incitation, *f. f.* Action de celui qui incite. Instigation. (L'incitation à un crime fait acuser de complicité celui qui a incité.)

Incivil, incivile, *adj.* Qui n'est pas civil. (Il est incivil. Elle est incivile. Action incivile. Procédé incivil.)

Incivilement, *adv.* D'une manière peu civile. Peu civilement. (En user fort incivilement. Parler incivilement. Répondre incivilement.)

Incivilité, *f. f.* Action contraire à la civilité. (Commettre une incivilité. C'est une grande incivilité que de se couvrir devant les Dames.)

INCLÉMENCE, s. f. Colére. Rigueur. (Fléchir l'inclémence des Dieux. *Racine, Iphigenie*, a. 1. sc. 2.)
* L'inclémence de l'air du tems. *Bal.*
† *Inclement, inclemente*, adj, Ce mot signifie. Qui n'a point de clemence. Qui a de la rigueur, mais il n'est pas reçu.
INCLINATION, s. f. Etat & situation d'une chose qui panche vers une autre. (L'inclination de deux lignes fait un angle oblique.)
Inclination. Ce mot se dit du mouvement du corps quand il se baisse. (Une inclination de tête.)
* *Inclination.* Il se dit au figuré, & signifie, Disposition de l'ame à se mouvoir vers un objet agréable. Nos prémiéres inclinations sont toûjours les maîtresses. *Voit. l. 21.*)
* *Inclination.* Pente qu'on a naturellement à quelque chose.(J'ai une inclination naturelle à vous obéïr. *Voi. l. 37.*Cela a touché mon inclination.)
* *Inclination.* Amitié. Cœur. Afection. (Gagner l'inclination des soldats. *Vaug. Quin. l. 3.*)
Inclination. Maîtresse. (Mademoiselle est mon inclination. Faire une jolie inclination.)
*Inclination.*Terme de Chimie. Opération Chimique par laquelle on verse doucement les liqueurs qui surnagent les matiéres. *Charas.* (Verser par *inclination.*)
Incliner, encliner, v. a. On dit *incliner* & non pas *encliner*. C'est Pancher.Baisser.Avoir de la pante à ... (Incliner vers la terre. *Roh Phis.* Inclinez doucement la tête. *Voi. poëf.* Il inclinoit à le renvoier absous. *Le Mai.*
S'*incliner*,v.r. Je m'incline, je me suis incliné. Se pancher.Pancher la tête avec respect. S'incliner devant une personne. *Mauer. Schisme l. 3.*)
INCLUS, *incluse*, adj. Enfermé,compris dans quelque chose.(Le papier inclus dans cette lettre. La lettre incluse dans ce paquet. Jusques au prémier Mai inclus)
Inclusivement, adv. D'une maniére qui enferme,qui comprenne. (On lui a donné terme jusques au 8. Juin inclusivement, c'est à dire que ce jour est compris dans le terme. (*Inclusivement* est oposé à *exclusivement.*)
INCOGNITO, adv. Sans être connu (Il est venu incognito. Elle est venuë incognito. *Vaug. Rem.* Ce mot *incognito* signifie aussi *sans cérémonie.* (L'Ambassadeur est arrivé incognito.)
* *Rire incognito.* Mots plaisans, pour dire doucement & sans être aperçu.

(Je ris *incognito*, d'abord que je le vois,
Je ne m'en puis tenir.
Boursaut, Esope, a. 1. sc. 1.)

INCOMBUSTIBLE, adj. Qui ne se brûle point. Qui n'est point susceptible de feu. (Matiére incombustible. *Ablanc. Luc. Tome 3.*)
INCOMMENSURABLE,adj. Ce mot est un Terme de Géométrie,qui se dit des quantitez qui ne sont pas entre elles comme un nombre à un autre nombre, & qui ne peuvent être mesurées exactement & sans qu'il reste toûjours quelque chose, d'une autre quantité qui leur serve de commune mesure. Voiez *La Géometrie de Port Roial,* & *les nouveaux élémens de Géometrie du P. Pardies.* (Grandeurs incommensurables.)
INCOMMODE, adj. Importun. Fâcheux. Qui aporte de l'incommodité. (Cela est fort incommode. Chose incommode. C'est un homme extrémement incommode.)
Incommoder, v. a. Importuner. Nuire. Faire de la peine & du mal. (Ils faisoient des courses qui incommodoient le laboureur. *Abl. Ar. l. 1 c. 8.* Incommoder l'ennemi. *Ablancourt, Ar.* Nos gens ne furent point incommodez de l'artillerie. *Ablancourt.*)
Incommodé, incommodée, adj. Qui reçoit de l'incommodité de quelque chose. Qui est mal. (Il est incommodé du bruit de la ruë. Il ne sort point, il est *incommodé* depuis quelques jours.)
*Incommodé, incommodée.*Pauvre. Qui n'est pas à son aise.Monastére incommodé. Personne incommodée. *Pas. l. 8.*)
† * Etre incommodé de la veine poëtique. *Mol.*
Incommodé, incommodée, adj. Ce mot se dit en Terme de Mer, & en parlant de vaisseau, & veut dire qui a perdu quelcun de ses mâts, qui a fait la maneuvre en desordre & qui est presque hors de service. (Le vaisseau se trouva incommodé au milieu du combat.)
Incommodité, s. f. Chose qui incommode. Sorte de mal. (C'est une fâcheuse incommodité. Il a une grande incommodité. Recevoir de l'incommodité de quelcun.)
INCOMMUNICABLE, adj. Qui ne se communique point & dont on ne fait part à personne. (Secret incommunicable. Il y a des choses incommunicables.)
INCOMMUTABLE, adj. Terme de *Palais.* C'est à dire, qu'on ne peut changer. ('Il est proprietaire incommutable.)
INCOMPARABLE, adj. Qui n'a point de comparaison. Qui ne peut être comparé à aucune chose. Fort excellent en quelque chose, & bien loin au dessus des autres. (C'est un homme incomparable. Action incomparable.)
Incomparablement, adv. Sans comparaison. (Il est incomparablement meilleur que l'autre. *Abl.*)
INCOMPATIBILITÉ, s. f. C'est le contraire de la compatibilité.

(Incompatibilité de bénéfices. Incompatibilité de charges.)
Incompatible, adj. Qui ne peut subsister. Qui ne peut demeurer. Qui ne peut être en repos avec un autre. (Bénéfice incompatible. Offices incompatibles. Humeur incompatible.)
INCOMPETANCE, s. f. Terme de Palais. Défaut de pouvoir connoître d'une chose. (L'incompetance est jugée.)
Incompetant,incompetante, adj. Qui n'est pas competant. A qui il apartient pas de connoître de la chose dont il s'agit. (Juge incompetant.)
INCOMPREHENSIBLE, adj. Qu'on ne peut comprendre.(Mistére incomprehensible.)
Incomprehensibilité,s.f. Ce mot se dit proprement de Dieu. Qualité qui rend sa grandeur & ses autres atributs incomprehensibles. (Il y a infinité par tout, & par consequent incomprehensibilité par tout. *Nicole, Essais de Morale.*)
INCONCEVABLE, adj. Qu'on ne peut concevoir. (Dificulté inconcevable. La peine que j'ai pris pour ce coquin, est inconcevable.)
INCONNU, *inconnuë*, adj. Qui n'est pas connu. (Cela est inconnu. Chose inconnuë.)
* *Inconnu, inconnuë*. Qui n'a point de réputation dans le monde.
INCONSIDERÉ,*inconsiderée*,adj. Peu sage.Peu prudent.Peu judicieux. (Action inconsiderée. Faire des largesses inconsiderées. *Abl. Apoph*)
Inconsidérément, adv. Etourdiment. Avec imprudence. (S'engager inconsidérément dans un lieu étroit. *Vau. Quin. l. 3.*)
Inconsidération, s.f. Imprudence.(Cet étourdi a perdu sa fortune par son inconsidération.)
INCONSOLABLE,adv. Ce mot se dit des choses & des personnes. *Vau.Rem.*(Il est inconsolable de la mort de sa maîtresse. Il est dans une douleur inconsolable.)
† * *Inconsolablement,*adv. D'une maniére inconsolable. (Il est afligé inconsolablement.)
INCONSTANCE, s.f. Vice contraire à la constance.(Belle Cloris, fuiez l'inconstance. *Scar.* Aimer l'inconstance. L'inconstance, en amour merite d'être blâmée.)
Inconstant, inconstante, adj. Léger. Qui n'a point de constance. Changeant. (Esprit inconstant.Humeur inconstante.Personne inconstante. Le tems est inconstant.)
*Inconstamment,*adv. D'une maniére inconstante. (Aimer inconstamment.)
INCONTESTABLE, adj. Qu'on ne peut contester.(C'est une verité inconstestable. *Mol.* Titre incontestable. *Patru.*)
Incontestablement, adv. D'une maniére incontestablement. (Cette maison m'apartient incontestablement. Cela est incontestablement vrai.)
INCONTINENCE, s. f. Déréglement de vie. (L'incontinence seule separa Henri VIII. de l'Eglise Catholique. *Maucroix, Schisme, l. 1.*)
† *Incontinemment,* adv. Avec incontinence. D'une maniére incontinente. (Vivre incontinemment.)
*Incontinent,incontinente,*adj. Ce mot veut dire *intemperant,*mais il ne se dit pas ordinairement, & même il ne se dit qu'en des matiéres de pieté, ou autres pareilles.
*Incontinent,*adv Aussi-tôt. Il viendra incontinent. Cela se fera incontinent.)
INCONVENIENT, s.m. Ce mot vient du Latin *inconveniens,*il ne garde pas pourtant la signification de son origine. Il se prononce *inconvénian,* & signifie en François.Sorte de malheur. Infortune. Il signifie aussi dificulté qui se présente dans une afaire. Conséquence fâcheuse. (C'est un grand inconvenient. Il est impossible de prévoir tous les inconveniens. Il n'y a point d'inconvenient à prendre ce parti. Ce sentiment est sujet à de grands inconveniens. Engager dans un inconvenient. *Bossuet.*)
INCORPORALITÉ, s.f. Ce mot se dit proprement de Dieu & des Esprits, & signifie qu'ils ne sont pas des corps. (Je les entens crier tout le jour & parler d'idées & d'*incorporalité. Abl.Luc. T. 1.* double acusation, p. 3. 10.)
Incorporation, s. f. Union & mélange d'un corps avec un autre. (Il faut mêler ces drogues & les laisser infuser jusques à une entiére incorporation.)
* *Incorporation.* Il se dit des corps politiques. (On a fait l'incorporation de ces deux Compagnies, de ces deux Provinces , &c.)
INCORPOREL, *incorporelle*, adj. Qui n'a point de corps, (Etre incorporel.)
Incorporer, v. a. C'est de plusieurs choses n'en faire qu'un corps. (Incorporer des acides avec des alkali, en sorte qu'ils ne faisent qu'un corps.)
* *Incorporer.* Annexer. (Province unie & incorporée à la couronne. *Patru,* plaid. 4.)
* *Incorporer.* Recevoir. Admettre dans quelque compagnie de personnes. (Incorporer au corps des Oficiers de la ville de Paris.)
S'*incorporer,* v. r. Se mêler en ne faisant qu'un corps. (Le plomb reduit en poudre s'incorpore facilement avec l'huile. *Glas.*)
INCORRIGIBLE, adj. Qu'on ne peut corriger.Qui est incapable de correction. (Enfant incorrigible.)

INCORRUPTIBLE,

IND

Incorruptible, *adj.* Qui ne peut être corrompu. (Le bois de Sittim est incorruptible.)

* Juge incorruptible. Une fidelité incorruptible.

Incorruption, *s. f.* Etat des choses qui ne se corrompent point. (L'incorruption sera l'une des proprietez des corps glorieux.) On dit aussi *incorruptibilité*, en ce même sens.

Incredule, *adj.* Qui ne croit pas aisément. (S. Tomas étoit incredule. Personne incredule.)

Incredulité, *s.f.* C'est le contraire de la credulité. (Il est dans l'incredulité. Son incredulité ne peut être vaincuë.)

Incréé, *incréée, adj.* Qui n'a pas été créé. (Dieu est un être incréé. Vérité incréée. God.)

Incroiable, *adj.* Qui ne peut être cru. Ce à quoi on ne peut ajouter foi. Qu'on ne sauroit croire. Qui passe la créance. (Ces choses ne sont pas incroiables d'un si grand Prince. *Ablancourt, Ar.* Accident incroiable à ceux qui ne l'ont pas veu. *Voit. l. 9.*)

Incrustation, *s.f.* Terme d'*Architecture*. C'est un ornement de pierres dures & polies, ou autres choses brillantes qu'on aplique dans des entailles faites exprés dans le corps d'un bâtiment. (Les incrustations du Louvre sont de marbre ; mais les incrustations du Château de Madrid ne sont que de poterie.)

Incruster, *v. a.* Faire une incrustation.

Incube, *s. m.* Opression nocturne qui vient des cruditez de l'estomac.

Incube. Celle qui prend à l'égard d'une personne de son séxe les privautez qu'un mari prend avec sa femme.

Incube. Diable qui prend la figure de l'homme, & qui à la faveur de certe figure, vient habiter avec une femme, à ce qu'on s'imagine.

Inculquer, *v. a.* Mettre une chose dans l'esprit à force de la répeter. (Il faut inculquer aux enfans ce qu'on leur enseigne ; Il est necessaire de bien inculquer les veritez aux Crétiens. *Fleuri, mœurs des Crétiens.*)

Inculte, *adj.* Qui n'est pas cultivé. (Terre inculte & sauvage. *Benserade, Rondeaux.*)

* *Inculte*, *adj.* Qui n'est pas poli. (Esprit inculte. Il est acoutumé à une vie inculte. *S. Evremont, Genie des Romains.*)

Incurable, *adj.* Il se dit des choses & des personnes, & signifie qu'on ne peut guérir. (Mal incurable. Plaie incurable. *God.* Le mal caduc & la goute, sont des maladies incurables. Il y a dans l'hôpital des Incurables du Faux-bourg Saint Germain une sale d'hommes incurables & une autre de femmes incurables.)

Incurables, *s.m.* Maison fondée pour les pauvres malades dont la guérison est désesperée. (Avoir une place aux incurables.)

Incursion, *s.f.* Les courses des ennemis dans un païs. (Arrêter les incursions des Barbares. *Abl.*)

† * Incursion gaillarde & amoureuse. *Terme burlesque.*

IND.

Inde, *s.m.* C'est un bois dont la décoction est fort rouge. C'est aussi le nom d'une couleur qui sert aux Peintres ; qui se fait de l'écume du pastel, que tirent les Teinturiers.

Indecence, *s.f.* Ce qui est contraire, & oposé à la bien-séance, à l'honnéteté, & à la civilité. (C'est une indecence.)

Indécent, *indécente, adj.* Qui n'est pas honnête. Qui n'est pas dans la bien-séance. (Ils recherchent la prééminence par des voies & des pratiques si indécentes. *Patru, plaidoïé 15. page 509.*)

Indécenment, *adv.* D'une maniere indécente. (On assiste indécenment au service divin, quand on n'y aporte pas tout le respect que l'on doit.)

Indechifrable, *adj.* Qui ne se peut déchifrer. Un chifré bien fait & avec une double clé est indéchifrable.) Il signifie aussi *qu'on ne peut lire.* (Les caractéres de cet obélisque sont indéchifrables.) Il signifie encore obscur & embrouillé & qu'on ne peut expliquer. (Passage indechifrable.)

Indecis, *indecise, adj.* Qui n'est pas décidé. Qui n'est pas déterminé. (Le procés est indecis. L'afaire est indécise.)

Indeclinable, *adj.* Terme de *Grammaire*, qui se dit des noms qui ne se déclinent pas. (Nom indéclinable.) Voïez *décliner*.

† **Indécrotable**, *adj.* Qu'on ne peut jamais décroter. (Un pédant est un animal indécrotable.)

Indefini, *indéfinie, adj.* Qui n'est pas défini. (La chose est indéfinie.)

Indéfiniment, *adv.* D'une maniere indéfinie. (La loi porte indéfiniment. *Patru, plaid. ix.*)

Indelebile, *adj.* Terme consacré qui se dit des Sacremens, & qui signifie. Qui ne se peut éfacer. (Le caractére du Batême est un caractére indélébile.)

Indemniser, *v. a.* Terme de *Pratique*. Prononcez *indamnisé*. Dédommager. (Indemniser une personne. Il est indemnisé. Elle est indemnisée.)

Indemnité, *s.f.* Terme de *Palais*. Prononcez *indamnité*. Dédommagement. Acte par lequel on promet d'indemniser (C'est mon indemnité.)

IND

Independance, *s. f.* Elle consiste à être à soi, & à ne dépendre de personne. (Il est dans une entière independance. Il n'y a rien de si doux que l'indépendance. *Patru, plaid. 7.*)

Independant, *indépendante, adj.* Qui ne dépend, & ne reléve de personne. (Il est indépendant. Elle est indépendante.)

Independenment, *adv.* D'une maniere indépendante. (Vivre indépendenment.)

Indeterminé, *indeterminée, adj.* Qui n'est pas determiné. (La chose est indéterminée.)

Indeterminément, *adv.* D'une maniere indéterminée. Sans rien déterminer. (Il a répondu indeterminément à cette question. Il a parlé indéterminément de cette afaire.)

Indeu. V. *Indu*.

Indevot, *indévote*, *adj.* Qui n'est pas dévot. (Il est indévot. Elle est indévote.)

Indévotion, *s. f.* Vice contraire à la dévotion. (C'est une indévotion qui mérite d'être punie.)

Indicatif, *s.m.* Terme de *Grammaire*. C'est le premier mode d'un verbe (Conjuguer l'indicatif.)

Indice, *s.m.* Ce mot vient du Latin *Index*. Table de livre. Sorte de Dictionnaire. (La Régle se voit dans l'indice de Possidonius, *Patru, plaid. 15.* L'indice de Ragueau touchant les droits Seigneuriaux.)

Indice. Ce mot vient du Latin *indicium*. Terme de *Palais*. Sorte de demi-preuve. Signes à la faveur desquels on conjecture que la personne acusée est vraiment acusée. (Les indices qu'on a, ne sont pas sufisans pour le faire mourir. Indice vrai, fort, puissant, convainquant. Indice foible, faux, prétendu, &c. Tirer des indices. Fabriquer des indices. C'est un crime acompagné d'indices certains. *Daucour.* Il n'avoit point fait arrêter ceux qu'il soupçonnoit, qu'il n'y eût été forcé par des *indices* évidens. *Vaug. Q. Curce, l. 7. ch. 1.* Ton silence est suspect, & on le prend pour un indice d'un plus grand mal. *Abl. Luc. T. 2. Jupiter le tragique.*)

Indicible, *adj.* Qui ne se peut exprimer par des paroles. (J'en ai une joie indicible. C'est un plaisir indicible)

Indiciplinable, *adj.* Qui ne peut être diciplinée. (Enfant indiciplinable. Les belles, quand elles ont pris leur pli, sont indiciplinables.)

Indiction, *s.f.* Ce mot se dit en parlant de Concile. C'est la promulgation de l'assemblée du Concile. (L'indiction du Concile est au premier jour de l'an.)

Indiction. Terme de *Cronologie.* C'est une révolution de quinze années, établie par Constantin qui ordonna que l'on ne compteroit plus par Olimpiades, mais par *Indictions*. Elle est encore en usage dans les Bules & Rescrits Apostoliques.

Indienne, *s.f.* Toile sur laquelle on imprime des figures, des fleurs & autres agrémens, & qui sert à faire des robes de chambre.

Indiference, *s.f.* Disposition d'esprit qui fait qu'on n'a pas plus de penchant pour une chose que pour une autre. (J'ai beaucoup d'indifference pour cela.)

* *Indiference.* Espéce de froideur. (Elle a une grande indiférence pour lui.)

Indiférent, *indiférente, adj.* Qui a de l'indifférence. (Humeur fort indiférente. Il est indiférent. Elle est indiférente.) Il se dit aussi de la personne pour qui, & de la chose pour laquelle on a de l'indiférence. (Il m'est indiférent. Elle m'est indiférente. Cela m'est indiférent.)

Indiféremment, *adv.* D'une maniere indiférente. (Vivre indiférenment.)

Indigence, *s.f.* Ce mot vient du Latin *indigentia,* & il signifie disette, pauvreté. Prononcez *indijance.* (Etre dans une extrême indigence. *Pas. l. 6.* L'indigence est afreuse, elle est dure & honteuse.

La crainte de se voir lui-même
Réduit à l'indigence extrême
N'arrête point la charité.
God. poës.
Quand la nature & la raison
Reglent nôtre dépense
On ne voit jamais l'indigence
Mettre le trouble en la maison.
Poëte anonime.

Dieu a rempli de biens ceux qui étoient dans l'indigence. *Port-Roïal, Cantique de la Vierge.*)

Indigent, *indigente, adj.* Il vient du Latin *indigens*. Prononcez *indijan.* Pauvre, qui est dans l'indigence. Il ne se dit guere, que dans des discours de morale & de pieté, & de même qu'il ne soit précedé du mot *pauvre* pour le mieux faire entendre. [Les Auteurs sont d'ordinaires pauvres & indigens, & les baillons du pauvre . . . . le disent assez.)

Indigent, *s. m.* Qui est dans l'indigence. Rendez justice au pauvre & à l'indigent. *Port Roïal, Proverbes de Salomon.* Ouvrez la main à l'indigent, *la même.*)

Indigestion, *s.f.* Terme de *Médecin.* Imparfaite onction. Corruption de l'aliment.

Indigeste, *adj.* Terme de *Médecin.* Il se dit des alimens, & signifie qui est dificile à digerer, & qui demeure long-tems dans l'estomac. (Les fruits crus sont indigestes. Viande indigeste. Un estomac indigeste. *C'est à dire,* qui ne digére pas bien.)

Iii 3 † * *Indigéste,*

† * **Indigeste.** Il se dit des ouvrages d'esprit mal rangez, que l'on n'a pas bien digerez, c'est à dire, mis en ordre comme ils le doivent être.. (C'est un livre encore indigeste.)

Indignation, *s. f.* Déplaisir qu'on ressent lors qu'il arrive du bonheur à celui qui ne le mérite point. Ce mot *d'indignation* signifie aussi *colére*. (Concevoir de l'indignation contre quelcun. *Patru*, plaid. 12.)

Indigne, *adj.* Qui ne mérite pas. Qui n'est pas digne. (Il est indigne de l'honneur que je lui fais.)

Indigne. Honteux. Injurieux. Qui n'est pas honnête. (Un traittement indigne.)

Indignement, *adv.* D'une manière indigne. (On l'a traité indignement.)

Indigné, *indignée*, *adj.* Fâché. Qui est en colére. (Il est injustement indigné contre lui.)

Indignité, *s. f.* Qualité qui rend indigne. Défaut de mérite. (On l'a démis de sa charge à cause de son indignité.)

* **Indignité**, *s. f.* Injure. Mépris. Chose honteuse. (Ils voudroient être morts pour se délivrer des indignitez qu'on leur fait soufrir. *Abl. Rétorique*, l. 3. 61.)

Indigo, *s. m.* Plante de l'herbe de laquelle on fait une pâte qui sert aux Teinturiers pour faire une couleur violente. Elle vient des Indes.

† **Indiquer**, *v. a.* Montrer comme au doigt. Donner à connoître. Enseigner. (On lui a indiqué cela.)

Indiquer. Ce mot se dit en parlant de Concile & veut dire, Signifier l'assemblée du Concile. (Il indiqua l'assemblée au troisiéme Novembre. *Maucroix*, *Schisme*, l. 1.)

Indirect, *indirecte*, *adj.* Qui est oposé à direct. Qui est oblique. (Avantage indirect. Voie indirecte. Harangue indirecte, c'est quand un Historien récite les principaux points de la harangue d'un de ses personnages, au lieu de le faire parler lui-même.)

Indirectement, *adv.* D'une manière indirecte. (Cela le regarde indirectement.)

Indiscret, *indiscrette*, *adj.* Qui n'a point de discretion. (Il est indiscret. Elle est indiscrette.)

Indiscrétement, *adv.* D'une manière indiscrette. (Parler indiscrétement.)

Indiscrétion, *s. f.* Imprudence. (C'est une grande *indiscrétion* à lui d'avoir fait cela)

* On n'a veu trop de ces malheureuses entretenir l'audience des *indiscrétions* de leur vie. *Patru*, plaid. xi. (C'est à dire des déréglemens de leur vie.)

Indispensable, *adj.* Ce dont on ne se peut dispenser. (C'est un devoir indispensable.)

Indispensablement, *adv.* D'une manière indispensable. Sans se pouvoir dispenser. (La Cléricature étoit indispensablement atachée à leur ministère. *Patru*, plaid. 15. Il est engagé indispensablement à la guerre. *Abl.*)

Indisposé, *indisposée*, *adj.* Qui n'est pas bien disposé. Qui n'est pas en bonne santé. (Il est indisposé. Elle est indisposée depuis deux ou trois jours.)

Indisposition, *s. f.* Mauvaise santé. Son indisposition est fâcheuse, elle est dangereuse. Elle est guérie de son indisposition. Jaques le Févre mourut à cent & un ans sans aucune indisposition, & Marguerite de Navarre le fit enterrer magnifiquement. *Colomesius*, *mélanges historiques*.)

Indissoluble, *adj.* Qu'on ne peut dissoudre, qu'on ne peut ni rompre ni défaire. (Le mariage est indissoluble. *Flechier*, *Commendon*, l. 1. c. 19.)

Indissolublement, *adv.* D'une manière indissoluble. (Les Ordres Sacrez lient une personne indissolublement.)

On dit aussi *indissolubilité*, *s. f.* Qualité de ce qui ne se peut dissoudre.

Indistinct, *indistincte*, *adj.* Qui n'est pas distinct, obscur. Le mot *d'indistinct* est peu usité, néanmoins on le croit françois. (Idée obscure & indistincte.)

Indistinctement, *adv.* Sans distinction. Indeterminément. (La loi l'ordonne indistinctement.)

† **Indisputable**, *adj.* A laquelle il n'y a pas dispute.

Individu, *s. m.* Terme de *Philosophie*. Il vient du Latin *individuum*. Le mot *d'individu* est en usage parmi les Philosophes pour marquer une chose particuliére, & pour la distinguer des choses générales qui se peuvent diviser. L'homme, par exemple, est un terme général ; & se peut diviser en Pierre, Paul, Jean, &c. qui sont individus. (Socrate est un individu.)

† * **Individu.** En riant, au figuré, il signifie le corps particulier d'une personne. (L'hiver est l'ennemi particulier de mon *misérable individu*, & il n'y a pas moïen que nous nous accommodions lui & moi. *Balzac*, *lettres famil. à Conrart*. Cela regarde mon *individu*. Cela conserve mon *individu*. Ces façons de parler se disent en riant pour dire. Cela me regarde particuliérement. Cela conserve ma propre personne.)

Indivis, *indivise*, *adj.* Terme qui est ordinairement de *Palais*, & qui veut dire, *qui n'est pas divisé*. (Nôtre substitution est conçûë en un article indivis. *Patru*, plaid. 12. La clause est une & indivise. *Patru*, plaid. 12.)

Par indivis, *adv.* Terme de *Palais.* En commun. (Posseder un héritage par indivis.)

Indivisible, *adj.* Qui ne se peut diviser. Qui ne se divise point. Qui ne peut être séparé. (Corps indivisible.)

Indivisiblement, *adv.* D'une manière indivisible. (Le ciel & la terre les ont joints indivisiblement. *Patru*, 1. plaid.)

Indocile, *adj.* Qui n'est pas docile. Qui n'a nule docilité. (Cervelle indocile. *Mol.* Esprit indocile. *Scarron.* Enfant indocile.)

Indocilité, *s. f.* Vice contraire à la docilité. (Il a une indocilité invincible.) V. *docilité.*

† **Indocte**, *adj.* Ignorant. (Ce n'est pas pour toi que j'écris *indocte* & stupide vulgaire. *Demarais*, *Visionnaires.*)

Indolence, *s. f.* Mot qui marque le caractére de certaines gens qui n'ont nulle sensibilité, que rien ne réjouït, que rien n'aflige. (C'est dans l'ame qu'il faut planter l'indolence. *Abl. Luc. Tome 1.*)

* Là parmi les douceurs d'un tranquile silence,
Régne sur le duvet une heureuse *indolence.*
Dépr. Lutrin, c. 1.)

Indolent, *indolente*, *adj.* Qui a de l'indolence. Qui a de la nonchalance pour tout. Qui n'est touché de rien. (Un Moine indolent.)

Indomtable, *adj.* Ce mot se dit des chevaux au propre & veut dire qu'on *ne peut domter.* (Cheval indomtable.) Il se dit aussi des personnes. (Peuple indomtable.)

Indomté, *indomtée*, *adj.* Qui n'est pas domté. (Cheval indomté. Cavalle indomtée.)

In douze, *s. m.* Terme *d'Imprimeur* & *de Libraire.* Sorte de livre dont chaque feuille a 24. pages. (C'est un grand in douze.)

Indubitable, *adj.* Assuré. Chose dont on ne peut douter. (Chose indubitable.)

Indubitablement, *adv.* Assurément. Sans doute. (Se méprendre indubitablement. *M. de la Rochefoucaut.* Une telle loi les exposeroit indubitablement au péril. *Pas.* l. 1. 6)

Indu, *induë*, *adj.* Ce mot a un usage fort borné. (Tems indu. Venir à une heure induë. C'est à dire venir à une heure où l'on ne devroit pas venir. *Il est heure induë*, c'est à dire, il est trop tard.

De si peu de beauté nature m'a pourvuë
Qu'en mon plus riche atour
Je crois sans me flater que je suis pour l'amour
Une heure assez induë.

Benserade, Balet de la nuit, 1. partie.)

Induction, *s. f.* Terme de *Logique & de Rétorique.* C'est un raisonnement par lequel on va de la connoissance de plusieurs choses particuliéres à la connoissance d'une vérité générale, ainsi on conclud généralement que le vin a une qualité qui enivre, parce qu'on a vu plusieurs sortes de vin causer cet efet dans plusieurs personnes. (Faire une induction.)

Induction. Conclusion qu'on tire de plusieurs choses avancées & particuliéres. (Pour confirmer toutes ces inductions on m'a communiqué deux piéces, *Patru*, 3. plaidoïé.)

* **Induction.** Persuasion. Avis. (Par l'induction de son conseil elle jugea de, *Mauer. Schisme*, l. 4. page 445.)

Induire, *v. a.* Il vient du Latin *inducere*, & il est de *Palais.* Il signifie conclurre, tirer, pour, ou contre quelcun. (Quelle que soit cette avanture, on n'en peut rien induire contre l'acusé. *D'aucour*, *factum pour le Brun.*)

† **Induire**, *v. a.* Ce mot est un peu vieux, il signifie. *Persuader.* Porter. Exciter par discours, par paroles, ou par l'exemple. (Il se laissa induire à l'aider. *Talemant*, *Plutarque.* Il l'a induit à mal faire. *Scar.*)

Etre induit. Etre porté, excité, incité, solicité. (On estimoit qu'il pourroit être induit à se rendre par le bruit de la renommée. *Vaug. Q. Curce*, l. 8. ch. 13.)

Indulgence, *s. f.* Bonté. Douceur. Facilité qu'on a à permettre, ou à tolerer une chose. (Avoir de l'indulgence pour une personne.)

Indulgence. Grace que l'Eglise fait à ceux qui sont véritablement pénitens en leur remettant la peine qui est dûë à leurs péchez, & à laquelle ils n'ont pas entièrement satisfait. (Les Indulgences se gagnent en tout tems & le Jubilé ne se gagne qu'en de certains tems & c'est une des differences qu'il y a entre le Jubilé & les Indulgences. (Donner des Indulgences. Acorder des Indulgences aux Fidelles. Indulgences Pléniéres.)

Indulgent, *indulgente*, *adj.* Bon. Doux. Qui a de la douceur & de l'indulgence. (Il est fort indulgent. Elle est fort indulgente.)

Indulgemment, *adv.* D'une manière douce & pleine de bonté. (Il le traite fort indulgemment.)

Indult, *s. m.* Terme de *Droit Canon.* C'est une grace expectative acordée par le Saint Siége à ceux qui sont dans les prémiéres charges de Magistrature du Parlement de Paris, & en vertu de cette grace le Roi donne un reserit qui sont des lettres de Chancelerie qui s'adressent aux Collateurs, & qui les obligent à pourvoir des bénéfices de leur collation à ceux que les lettres désignent. Le Pape Clément en 138i. acorda des indults à Messieurs du Parlement de Paris pour se les rendre favorables sur le chapitre des Annates. Eugéne IV. qui tint le Siége de 1431. jusques en 1447. confirma cette grace à Messieurs du Parlement, mais elle n'en fut reçuë qu'en 1538. que

INE

que Paul III. la leur confirma de nouveau. Les Messieurs du Parlement qui ont un indult, ce sont Monsieur le Chancelier, Messieurs les Présidens, les Maîtres de Requêtes, les Conseillers Clercs & Laïcs, les Grefiers en chef, les quatre Sécretaires de la Cour, & le prémier Huissier. Mais ceux de ces Messieurs qui sont mariez, ou qui le veulent être, sont obligez de nommer un Clerc qui les répresente. Il faut pour jouïr d'un indult, avoir des lettres de Chancelerie, les faire signifier à l'Archevêque, à l'Evêque, à l'Abaïe, ou au Chapitre d'où dépend le bénéfice qu'on veut obtenir, faire donner copie de ces lettres en présence de deux témoins, & les faire insinuer au Gréfe de l'Archevêque, de l'Evêque, de l'Abaïe, ou du Chapitre avant la vacance du bénéfice. Quelques-uns pensent que la Bretagne n'est pas sujete au droit d'indult, & d'autres croient un indult n'y est pas moins obligée que les autres Provinces de France. On dit en parlant des indults. (Monsieur tel Conseiller au Parlement a donné son indult. Son indult est sur une telle Abaïe; & il est fort bien placé.) Ce mot indult est plus général, & signifie grace accordée par une Bule de quelque Pape à quelque Corps, ou Communauté ou à quelque personne par un privilège particulier ; pour faire, ou pour obtenir quelque chose contre le Droit commun. Il y a de deux sortes d'indults, actifs & passifs. Les indults actifs donnent le pouvoir de nommer & présenter à des bénéfices & de les conférer : les Papes acordent ces indults aux Princes, aux Cardinaux, aux Archevêques, Evêques & autres Prélats. Les indults passifs donnent le pouvoir de recevoir les bénéfices, &c. On donne des indults pour pouvoir exercer la Médecine sans donner lieu à la vacance des Bénéfices & pour diverses autres graces particuliéres.

Indult. Ce mot est en usage parmi les Marchands qui négocient en Espagne, & il signifie les droits & péages qu'ils païent au Roi.

Indultaire, *s.m.* Celui qui a un indult du Parlement. (On en croira la nomination d'un indultaire. *Patru, plaid.* 14.)

Industrie, *s.f.* Adresse. Esprit de faire quelque chose. (Son industrie n'est pas fort grande. Avoir de l'industrie.)

Industrie, *s.f.* Ce mot se dit de certaines bêtes. (On dit que les hirondelles & quelques autres oiseaux font leurs nids avec une merveilleuse industrie. On admire l'industrie avec laquelle les Castors bâtissent leurs demeures. Les abeilles travaillent la cire avec industrie.)

Industrieux, industrieuse, *adj.* Qui a de l'industrie. (Il est industrieux. C'est une femme fort industrieuse.) Le singe est un animal industrieux.

Industrieusement, *adv.* Avec industrie. (Agir industrieusement.)

INE.

Inébranlable, *adj.* Qui ne peut être ébranlé. (Mur ferme & inébranlable.)

* Esprit inébranlable. Homme inébranlable.

Ineffable, *adj.* Qu'on ne peut dire. Qu'on ne sauroit exprimer. † (Grandeur ineffable. God. Adorer la grandeur ineffable du Verbe. *Bossuet, hist. univ.*)

Inéficace, *adj.* Qui ne produit point d'éfet. Qui n'a nule éficacité. (Ils pensent que le libre arbitre rend la grace éficace, ou inéficace à son choix. *Pasc. l.* 2.)

Inégal, inégale, *adj.* Qui n'est pas égal. (Cela est inégal. Chose inégale.)

* *Inégal, inégale*, *adj.* Qui a des inégalitez. (Esprit inégal. Humeur inégale.)

Inégalement, *adv.* D'une manière inégale. (Chose qui est inégalement sur une autre.)

Inégalité, *s.f.* Ce qui est contraire à l'égalité. (Il y a une grande inégalité entre ces choses. Les corrections en quelques endroits font des inégalitez remarquables.)

* *Inégalité.* Légéreté d'esprit. Inconstance. Bizarrerie. (Inégalité d'esprit. Inégalité d'humeur.)

Inénarrable, *adj.* Qu'on ne peut raconter. (Gémissement inénarrable, Godeau, *Méditations sur la Naissance de Jésus-Christ.*)

† *Inepte*, *adj.* Sot. Impertinent. (Cela est inepte. *Mol.*)

Inépuisable, *adj.* Qu'on ne peut épuiser. (Source inépuisable.)

Inespéré, inespérée, adj. Qui vient contre nôtre espérance. (C'est un contentement inespéré. Voit. *l.* 61. Joïe inespérée. *Ablancourt.*)

Inestimable, *adj.* Qu'on ne peut assez estimer. (Prix inestimable. *Vau. Quin. l.* 3. Son zéle est inestimable. *Chap. Ode à Richelieu.*)

Inestinguible, adj ou *inextinguible.* Ce mot est un peu écorché du Latin, & signifie. *Qui ne s'étend pas.* Quelques-uns le condannent & d'autres le soutiennent & disent qu'en parlant de certaines lampes que les Anciens mettoient dans les tombeaux, on se sert d'*inestinguible* & qu'on dit *une lampe inestinguible*, & que la lampe qu'on apelle *lampe sans fin*, ou *lampe de Cardan* n'est point ce qu'on apelle *lampe inestinguible.* La plûpart des savans Hommes que j'ai vûs, sont de ce sentiment.

INF

† *Inevident, inévidente*, *adj.* Qui n'est pas évident. Le mot d'*inévident*, n'est pas bien en usage.

Inévitable, *adj.* Qu'on ne peut éviter. (Necessité inévitable. *Pasc. l.* 2.)

Inexcusable, *adj.* Ce mot se dit des choses & des personnes. (Faute inexcusable. Elle est inexcusable. *Vau. Rem.* Dieu aïant fait connoître sa Divinité, ceux qui ne l'adorent pas sont inexcusables. *Port-Roial*, 1. *Ep. de S. Paul*, *ch.* 1. Vous vous rendez inexcusables en condannant les autres, *ch.* 2. Les Evêques qui ne travaillent point au salut des ames qu'il leur sont commises, sont inexcusables. *Port-Roial, Logique*, 3. *p. ch.* 15.)

Inexorable, *adj.* Qu'on ne peut fléchir. (C'est un homme inexorable. Un Juge inexorable.)

Inexperimenté, inexperimentée, *adj.* Qui n'est point experimenté. Qui n'a nule, ou peu d'expérience. (C'étoient des gens inexperimentez. *Abl. Ar. l.* 1.)

Inexpiable, *adj.* Il se dit des crimes & signifie qu'on ne peut expier. (Le paricide est un crime inexpiable. La Sodomie est inexpiable, & ne se peut expier que par le feu.)

Inexplicable, *adj.* Qu'on ne peut expliquer. (Dificulté inexplicable.)

† *Inexplicablement, adv.* Ce mot signifie, d'une manière qui n'est point explicable, mais il n'est pas encore en usage.

Inexprimable, *adj.* Qu'on ne peut exprimer par des paroles. (La joïe des bienheureux est inexprimable. Ciceron a un artifice & un agrément inexprimable. *Mau..... Philippiques, préface.*)

† *Inexpugnable*, *adj.* Il se dit des Forteresses & des Places fortes, & signifie qu'on ne peut forcer, ni emporter par violence. Imprenable. (On ne voit plus aujourd'hui de place qui soit inexpugnable, *ou plutôt imprenable*, si elle n'est secouruë.)

* La chasteté de cette Dame est un fort inexpugnable. La bourse de cet Avare est une place inexpugnable.)

INF.

Infaillibilité, *s.f.* Sorte de qualité qui consiste à être infaillible, à ne pouvoir faillir ni errer.

(L'infaillibilité de Dieu. Dieu a promis l'infaillibilité à l'Eglise.)

Plusieurs attribuent l'infaillibilité au Pape, mais ils ne la scauroient prouver. Dupin, Docteur en Sorbonne, dans son livre intitulé *De antiquâ Ecclesiæ Disciplinâ*, nie l'infaillibilité du Pape, & apuïe son sentiment de plusieurs raisons qu'on peut voir dans son livre, p 353. Parmi les Catoliques Romains, les uns, par pure politique, soutiennent l'infaillibilité du Pape, & les autres la lui disputent ; parce qu'ils ne le croient pas véritablement infaillible.

Infaillible, adj. Qui ne peut faillir. (Dieu est infaillible. On demande si le Pape est infaillible, & on dit que non.)

Infailliblement, *adv.* Assurément. Indubitablement. (La chose arrivera infailliblement.)

† *Infaisable*, *adj.* Qu'on ne peut faire. Qui n'est pas faisable. Le mot d'*infaisable* n'est pas reçu.

Infamant, infamante, adj. Qui rend infame. Qui difame. (Condannation infamante. *Patru, plaid.* 5.)

Infame, adj. Qui est marqué d'infamie. Qui a perdu l'honneur. (C'est bien à vous à faire, infame que vous êtes, à vouloir faire l'homme d'importance. *Mol.*)

On dit que l'usure est un commerce infame. La poltronnerie est infame à un soldat, & l'avarice à un grand Seigneur, &c. Il y a des métiers qu'on apelle infames.

Un habit infame, c'est à dire malfeant à celui qui le porte, parce qu'il est vieux ou mal fait & qu'il n'est pas conforme à sa profession.

Un logis infame, c'est à dire, obscur & mal-propre & qui n'est pas convenable à celui qui y loge.

Un lieu infame. C'est un lieu où il y a des femmes de mauvaise vie.

Infamie, *s.f.* Deshonneur. Oprobre. Ignominie. (C'est une grande infamie. Couvrir quelcun d'infamie.)

Infamie. Ce mot signifie aussi une action infame & qui atire du deshonneur. (Il feroit mile infamies pour gagner de l'argent.)

On dit aussi, il lui dit cent infamies, *c'est à dire*, des paroles injurieuses.

Infant, *s.m.* Il vient de l'Espagnol *Infante.* Il se dit des fils ainez des Rois d'Espagne & de Portugal, qui doivent succéder à la Couronne. (L'Infant d'Espagne, qui fut depuis Philippe IV. épousa Madame Elizabet de France, sœur de Louïs XIII)

Infante, *s.f.* Il vient de l'Espagnol *Infanta.* Il se dit de la fille aînée du Roi d'Espagne, & de celle du Roi de Portugal. (Louïs XIV. épousa l'Infante d'Espagne en 1660.)

† * Voici les Gouvernantes qu'on choisit pour nos Infantes. *Gon. Epi. l.* 1. L'Infante du Lude. *Scar. poës.*

Infanterie, *s.f.* Soldats fantassins. (Avoir de bonne Infanterie. L'Infanterie Espagnole est fort bonne.)

Infatigable, *adj.* Qu'on ne peut fatiguer. (C'est un homme infatigable. Esprit infatigable. Corps infatigable.)

Infatigablement

INF

Infatigablement, *adv.* D'une manière infatigable. (Il travaille infatigablement à faire des expériences.)

S'INFATUER, *v. r.* Il vient du Latin *infatuare*. Il signifie, être si fort attaché à une chose qu'on en soit comme fou. Etre coiffé de quelque opinion. Les Italiens apellent cela *incapricciarsi*. (Le petit atrabilaire s'est infatué tout seul de la beauté de ses rapsodies de politique usée.)

INFECOND, *infécondité*. Voïez *stérile & stérilité*.

INFECT, *infecte*, *adj.* Puant. Pourri. Corrompu. (L'haleine des animaux venimeux infecte. Lieu infect. Vûë infecte. *Benserade, Rond.*)

Infecter, *v. a.* Empüantir. Rendre infect. (Il a infecté l'air. Infecter une personne. Infecter une maison.)

* Le vil amour du gain *infecta* les esprits. *Dépr. poët.*

Infection, *s. f.* Puanteur. Corruption. (La maladie se mit dans le camp par *l'infection des corps morts. Vau. Quin. l. 5. c. 1.*)

INFEODATION, *s.f.* Terme de *Palais*. Acte par lequel on donne une chose en fief.

Inféoder, *v. a.* Terme de *Palais*. (Faire une inféodation.)

Inféodé, *inféodée*, *adj.* Ce mot en parlant de dîmes signifie qui est ataché à quelque fief & qui est purement laïque. (Dîmes inféodées.)

INFERER, *v. a.* Conclurre. (On infére de-là qu'il n'a rien donné qu'après sa mort. *Patru, plaid. 3.*)

INFERIEUR, *inférieure*, *adj.* Qui est oposé à supérieur. (Juge inférieur.)

* Il lui est beaucoup inférieur. Il lui est inférieur en tout. Il est d'un ordre inférieur.)

Inferiorité, *s. f.* C'est le contraire de supériorité. (Une grande inferiorité.)

INFERNAL, *infernale*, *adj.* Qui est d'enfer. (Les Dieux infernaux. *Vau. Rem.* Infernal gibet. *Voit. poës.* Rive infernale. *Rachne, Iphigénie.* Bande infernale. Fureur infernale. *Gen. Epi. l. 1.* Le serpent infernal, *c'est le Diable.*)

† *Dragon infernal.* C'est à dire méchante femme.

INFERTILE, *adj.* Qui n'est pas fertile. Stérile. Où la semence ne profite pas. (Païs infertile. Champ infertile.)

* *Esprit infertile*, c'est à dire, qui n'a point d'invention.
* *Ouvrage infertile*, qui n'aporte aucun avantage, ni aucun profit.

Infertilité, *s.f.* Stérilité. Il se dit au propre de la terre, & au figuré de l'esprit.

INFESTER, *v. a.* Incommoder, tourmenter. (Les ennemis infestoient le païs par leurs courses continuelles. Les Pirates infestent nos côtes. Les sauterelles ont infesté la Pologne.)

INFIDELE, *infidéle*, *adj.* Qui n'a point de fidélité. Qui a manqué à sa foi. (Etre infidéle à son maître. *Abl.* Elle est infidéle à son mari.)

Infidéle, *s. m.* Qui a manqué de fidélité. (Aimer un infidéle.)

Infidelle, *s.f.* Celle qui a manqué de fidélité. (C'est une infidelle. *Voit. poë.*)

Les Infidéles. On apelle de ce nom tous ceux qui ne croient pas les véritez révélées dans l'Evangile de Jésus Christ. (Faire la guerre aux Infidéles. Ce vaisseau a été pris par les Infidéles.)

Infidélement, *adv.* Avec infidélité. (Agir infidélement.)

Infidélité, *s.f.* Vice contraire à la fidélité. Sorte de trahison. (Il lui a fait une grande infidélité.)

Infidélité. Ce mot signifie aussi la fausse Religion de ceux qui ne croient pas en Jésus-Christ. (Il y a bien des Nations qui demeurent dans l'infidélité, faute de gens qui leur prêchent l'Evangile.)

INFINI, *s.m.* Terme de *Phisique*. Ce qui n'a ni commencement, ni fin. (On demande s'il y peut avoir un infini dans la nature.)

Infini, *infinie*. Il signifie aussi ce qui n'est point terminé, qui n'a point de bornes. Plusieurs ont crû que le monde est infini, & plusieurs croient encore aujourd'hui que, la matière est infinie.

Infini, *infinie*, *adj.* Qui n'est pas fini. Ce dont on ne peut trouver la fin. Grand. Nombre tres grand. (Le nombre des étoiles est infini. Chose infinie. Avoir des obligations infinies à quelcun. *Voit. l. 83.* Une peine infinie. *Voit. poës.*)

A l'infini, *adv.* Sans qu'on en puisse trouver la fin. (Cela va à l'infini. Progrés à l'infini. La quantité est divisible à l'infini.)

On dit en Géometrie, *tirer une ligne infinie*, c'est à dire indéterminée de deux côtez.

Infiniment, *adv.* Fort. Trés. Beaucoup. (Obliger infiniment. *Pas. l. 4.* Aimer infiniment. *Scar.* Le Seigneur est grand, & infiniment loüable. *Port-Roial.* Il a de l'esprit infiniment. Il a infiniment d'esprit. Il a infiniment de l'esprit. Ces trois façons de parler se disent, mais la *première* & la meilleure & la plus sûre, & la seconde après.)

Infinité, *s.f.* Grande quantité. Multitude. Grand nombre. Le mot *d'infinité* étant suivi d'un verbe veut ce verbe au singulier. que s'il y a un génitif pluriel, le verbe qui suivra immédiatement sera au pluriel. Ainsi c'est le génitif qui donne la loi au verbe & non pas le mot d'infinité. *Vau. Rem.* (Il y a une in-

INF

finité de *monde* qui n'a de la reconnoissance que par vanité. *Ablancourt.* Il y a une infinité de personnes qui n'aiment que par intérêt. *Vau.* Avoir une infinité d'afaires. *Voiture, l. 83.*)

Infinitif, *s. m.* Terme de *Grammaire.* C'est l'un des modes du Verbe ; qui ne marque aucun tems précis. *Parler, dire, faire* sont des infinitifs.

† **INFIRMATIF**, *infirmative*, *adj.* Terme de *Palais*, qui ne se dit pas ailleurs. Il se dit des jugemens supérieurs qui révoquent ceux des inférieurs. (Il a obtenu un Arrêt infirmatif de la Sentence du Juge, &c. Sentence infirmative d'un Jugement, &c.)

INFIRME, *adj.* Malade. Qui ne se porte pas bien. Qui a quelque infirmité. (Il est infirme. Elle est infirme. Corps infirme.)

† * L'esprit est foible & la chair est infirme. *Mol.*

Infirmer, *s.f.* Foiblesse de la nature de l'homme. *Mol.*

Infirmer, *v. a.* Terme de *Palais*. C'est déclarer que le Juge n'a pas bien jugé. (Infirmer une Sentence.)

Infirmer. Afoiblir. Détruire. Amoindrir. (* Il vouloit *infirmer* l'autorité de Caton. *Abl. Apoph.*)

Infirmerie, *s.f.* Lieu du Couvent où l'on met les personnes Religieuses qui sont malades pour être traitées. (Etre à l'infirmerie. Une belle infirmerie.)

Infirmier, *s. m.* Religieux qui a soin des malades & qui consulte avec les Médecins sur les moïens de les guerir.

Infirmière, *s.f.* Religieuse qui a soin des malades & qui consulte avec les Médecins sur les moïens de les guerir.

Infirmité, *s.f.* Foiblesse de la nature de l'homme. Défaut naturel à l'homme. (Il est sujet à de grandes infirmitez. Compatir aux infirmitez des hommes. *God.* Soufrir les infirmitez de son prochain. Suporter avec charité les infirmitez d'autrui. *God.* Les infirmitez de l'âge.)

INFLAMMATION, *s.f.* Chaleur contre nature. Tumeur acompagnée de douleur, de chaleur, de rougeur, causée par l'amas d'un sang pur & naturel. (Il s'est fait une grande inflammation dans toutes les parties de son sang.)

Inflammable, *adj.* Ce mot vient du Latin & veut dire qui se peut enflammer. (Le soufre & le bitume sont des mineraux inflammables.)

INFLEXIBLE, *adj.* Ce mot vient du Latin. Il se dit au propre du bois, des métaux, & des autres choses qu'on ne peut plier, ou qu'on ne peut plier sans les rompre. (Ce bois est si dur & si gros qu'il est inflexible. Le fer aigre est inflexible. Le bronze est inflexible.)

* **Inflexible**, *adj.* Ce mot *au figuré*, se dit des personnes & des choses. Il signifie qu'on ne sauroit fléchir, ou apaiser, qui est inéxorable. (Un Juge inflexible. Un Tiran inflexible. Un pére inflexible. Il est rare de trouver une mére inflexible, mais celle-là l'est.

On sçait de mes chagrins la rigueur inflexible. *Racine, Phédre, a. 4. sc. 2.*)

Infléxion, *s.f.* Ce mot se dit de la *voix*, & veut dire la manière de fléchir. (L'infléxion de la voix est agréable.)

Infléxion. Terme de *Grammaire*. C'est la variation qui se fait aux Noms qui se déclinent par les nombres & les cas, & aux Verbes qui se conjuguent par les modes, les tems, les nombres & les personnes.

INFLICTION, *s.f.* Terme de *Palais*. Prononcez *inflicsion*. Condannation à quelque peine. (Le crime est connu, il ne s'agit que de *l'inflicsion* de la peine.)

Infliger, *v. a.* Terme de *Palais*. Condanner à quelque peine. (L'Ordonnance inflige là peine de mort contre les meurtriers.)

INFLUENCE, *s. f.* Action des Astres qu'on dit qui est cause, ou du moins qui contribuë à la production des éfets qu'on remarque sur la terre. (Admettre des influences dans les Astres.)

* Etre né sous une malheureuse influence. *Abl.* (Cette guerre avoit répandu son influence & porté le fer jusques dans la Gréce. *Vau. Quin. l. 4.*)

* **Influër**, *v.n.* Ce mot se trouve usité qu'au figuré, & veut dire porter son effet. (* La clause *influë* sur tout l'acte. *Patru, plaidoïé 2. page 307.*)

INFORMATION, *s. f.* Terme de *Palais*. C'est l'acte par lequel sur la plainte du Procureur du Roi, ou de quelque partie interessée on s'enquiert dans les formes de justice contre la personne qu'on acuse, avant qu'on l'ajourne personnellement, ou qu'on lui mette la main sur le colet. (Faire une information.)

Information de vie & de mœurs. C'est l'action de s'enquerir des mœurs.

Informé, *s. m.* Terme de *Palais*. Il signifie information. (Trois Juges ont conclu à un plus ample informé. *D'Aucour, factum pour le Brun.* C'est à dire, à ce qu'il soit plus amplement informé.)

Informe, *adj.* Qui n'a ni forme ni figure. (La nature d'une matière informe produit une abeille. *Abl. Luc. Tome 1.*)

Informer, *v. a.* Terme de *Pratique*. C'est faire une information. S'enquerir. (On informe contre lui. On a délivré une commission pour informer. Informer d'un crime.)

* **Informer.** Instruire de quelque chose. Découvrir quelque

INF ING

chose à quelqu'un. (On s'informe de tout ce qui s'étoit fait. *Vau. Quin.l.x.* Informer les Juges.)

S'informer, v. r. S'instruire. S'enquerir. (Etre informé de l'état de la Cour. *Le Duc de la Rochefoucaut.* Informez-vous si l'afaire est telle qu'on la dit. Chacun s'informe de sa conduite.)

INFORTUNE, *s. f.* Malheur. Disgrace. C'est une grande infortune. Tomber dans l'infortune.)

Infortuné, infortunée, *adj.* Qui n'est pas heureux. Malheureux. (Il est infortuné. Ces hommes *infortunez* qui vous parlent, ont vu mourir leur maître, *Patru*, *p. 14.*)

INFRACTEUR, *s. m.* Celui qui viole, qui enfreint & qui n'observe pas. (Je veux le faire saisir comme déserteur de la Médecine & *infracteur* de mes ordonnances. *Mol.* Il est mort comme un parjure & un *infracteur* de la paix. *Abl. Ret. l. 2. c. 3.* Infracteur des Loix.)

Infraction, s. f. Action de la personne qui viole, & enfreint quelque traité, ou autre chose qu'on a promis d'observer religieusement. (Nous avons veu les avantures de l'armée depuis l'*infraction* du traité *Ablancourt. Ret l. 4. c. 1.* Infraction de vœu. *Patru*, *plaidoié 15*. L'infraction des Ordonnances.)

* INFRUCTUEUX, *infructueuse*, *adj.* Qui n'est point utile. Qui n'porte aucun fruit. (La guerre est rude & infructueuse. *Abl. Luc. An. l. 2. c. 4.*)

INFUS, *infuse*, *adj.* Donné par infusion. (Don infus. Science infuse.)

Infuser, v. a. Terme d'Apoticaire. Mettre durant un certain tems quelque purgatif dans l'eau. (Laisser infuser quelque purgatif cinq ou six heures.)

Infusion, s. f. Il vient du Latin *infusio*. C'est une preparation par laquelle on plonge dans quelque liqueur convenable des medicamens entiers, ou quelques parties incises, ou écrasées, pour quelque chose qui regarde la santé. Faire Une infusion. L'infusion se fait d'ordinaire pour communiquer la vertu d'un ou de plusieurs medicamens à la liqueur où ils sont infusez. L'infusion se fait aussi pour séparer la vertu de quelque medicament, pour l'augmenter, ou pour corriger les mauvaises qualitez qu'il peut avoir. *Charas, Pharmacopée, l. 3. ch. 18.* On fait des infusions à chaud où à froid. Une infusion de séné, ou de rubarbe, &c.)

‡ * *Infuser*, v. a. Il se dit aussi des dons que Dieu répand dans les ames. (Dieu a infusé dans nos esprits certaines notions ou premières veritez. Dieu infuse ses graces dans nos cœurs.

Infus. Grace que Dieu fait en donnant quelque science à quelcun, sans que ce quelcun ait la peine d'acquerir cette science à force d'étude & de travail. (Adam avoir la science par infusion. Les Apôtres avoient le don des Langages par infusion.)

ING.

INGENIEUR, *s. m.* C'est un Matématicien habile, expert, & hardi, qui sçait l'Art de l'Architecture militaire, qui va reconnoître la place qu'on veut attaquer, & en marque au Général, ou au Lieutenant Général l'endroit le plus foible, qui trace les tranchées, les places d'armes, les galeries, les logemens sur la contrescarpe & sur la demi-lune, & conduit les travaux jusques aux prés de la muraille, marquant aux travailleurs ce qu'ils doivent faire durant une nuit. L'ingenieur marque aussi les lignes de circonvalation avec des redoutes de distance en distance. Un habile Ingenieur. Un ingenieur brave & experimenté est fort necessaire.)

Ingenieux, ingenieuse, *adj.* Qui a de l'esprit. (Personne ne peut être plus ingenieux que vous à lui trouver de beaux titres *Voit. l. 44.* Une pensée ingenieuse.)

Ingenieusement, *adv.* Avec esprit. (Il écrit ingenieusement. Cette fable est ingenieusement inventée.

INGENU, *ingenuë*, *adj.* qui est né de parens libres & honnêtes gens. Qui est né de parens libres & nobles. Le mot d'*ingenu* en ce sens est peu usité.

[C'est labourer d'une tâche assiduë
Que cultiver une enfance ingenuë:
Benserade, Rond. page 443.]

‡ *Ingenu, ingenuë.* Franc. Sincere, Natif jusques à la simplicité. (Cela me semble fort ingenu. *Boil. Avis à Ménage.*)

Ingenuëment, *adv.* Franchement. Sincerement. Naïvement. Il m'a avoüé ingenuëment le tout. Je vous dirai ingenuëment ma pensée.)

Ingenuité, *s. f.* Sincerité. Franchise. Naïveté un peu sote. (Il m'a dit cela avec la plus grande ingenuité du monde. Elle a beaucoup d'ingenuité.)

S'ingerer, v. r. Se mêler de quelque chose. Vous êtes une impertinente de vous ingerer des afaires d'autrui. *Mol.* Elle me s'ingera plus de guérir personne. *Abl. Luc, Tome 3.*)

INGRAT, *s. m.* Celui qui ne reconnoit pas une grace reçuë. (C'est un ingrat.)

Ingrate, s. f. Celle qui n'a point de reconnoissance. (Aimer une ingrate *Voit. l. 10.*)

Ingrat, ingrate, adj. Qui n'a nul ressentiment des faveurs qu'il

INF INH INJ

a reçuës. Meconnoissant. (N'être pas ingrat d'une faveur reçuë, *Ablancourt, Ret. l. 2.* Etre ingrat envers une personne. *Abl. Ret.*)

Ingrat, ingrate. Ce mot au figuré se dit des choses & veut dire qui n'est point utile. (Travail ingrat. *Abl.* Guerre ingrate. *Vau. Quin. liv. 3.*

Ingratitude, s. f. Vice contraire à la reconnoissance qu'on doit avoir d'une faveur reçuë. Insensibilité envers la personne qui nous a obligez (C'est une ingratitude fort noire. C'est une ingratitude la plus grande qu'on puisse imaginer. Ingratitude honteuse.)

INGREDIENT, *s. m.* Prononcez ingredian. Qui entre dans la composition de quelque medicament. La Thériaque est un medicament où il entre de plusieurs sortes d'ingrediens. Serviteur à Monsieur l'Apoticaire, & à tous ses ingrediens.])

* C'est le dernier ingredient des afaires déplorables. *Patru, plaid. 14.*)

INH.

INHABILE *adj.* Prononcez *inhabile*. Ce mot est un, *Terme de Palais* & signifie qui n'est pas propre. Qui n'est pas capable. (Il est inhabile à succeder. Il est declaré inhabile.)

Inhabilité, *s. f.* Terme de *Palais*. Qualité qui rend une personne inhabile. (On a reconnu son inhabilité.)

INHABITABLE *adj.* Où l'on ne peut habiter. Prononcez *inhabitable*. (C'est un païs inhabitable. Region inhabitable. Maison inhabitable.

† *Inherent*, *s. m.* Terme de *Philosophie*, qui se dit de l'accident pour donner à entendre qu'il est toujours en quelque substance.

Inherent, inherente, *adj.* La blancheur est une qualité inherente à quelque sujet.)

† *Inhiber, v. a.* Terme de *Palais* qui signifie defendre, mais il est fort vieux, & pour ainsi dire, hors d'usage.

Inhibition, *s. f.* Terme de *Pratique*, qui veut dire. Défence [Faire inhibitions & défences. Inhibitions expresses. Contrevenir aux inhibitions,)

Inhospitalité, *s. f.* Ce mot est Latin & signifie le refus qu'on fait à un passant de lui donner le couvert, dont il a besoin. (L'inhospitalité ne se trouve pas même parmi les peuples les plus barbares.)

INHUMAIN, *inhumaine, adj.* Qui n'a point d'humanité. Cruel (Neron étoit inhumain.)

Inhumaine, s. f. Maîtresse cruelle. Maîtresse rigoureuse.] Adorable inhumaine. Amour fait moi raison de l'inhumaine. *Voit. poës.* Ne vous fâchez pas, trop aimable inhumaine. *La Suze.*)

Inhumainement, adv. Cruellement. D'une maniere inhumaine. [Traiter inhumainement. Trainer inhumainement au suplice. *S. Evremont.*)

Inhumanité, s. f. Action inhumaine. Cruauté. C'est une grande inhumanité. Commetre une inhumanité. Ils ont eu l'inhumanité de faire mourir un innocent, *D'Aucour*, *factum pour le Brun.*

INHUMER, *v. a.* Enterrer. (Ils n'avoient rien en plus grande recommandation que d'inhumer leurs morts. *Vau. Quin. l. 5.*

INJ.

INJECTION, *s. f.* Remede externe fait avec des huiles, des sucs des eaux & des decoctions de plusieurs simples pour guerir les plaies & ulceres. On apelle ces remedes *injections*, parce qu'on les jette dans quelques parties du corps, comme dans le cou de la matrice & dans la verge de l'homme. Faire une injection dans une plaie.)

Injection, Il signifie aussi l'action par laquelle on jette ces liqueurs dans quelques parties du corps. (Il faut repeter ces injections deux ou trois fois par jour.)

INI.

INIMAGINABLE, *adj.* Qui ne se peut imaginer. (Un amour, monstrueux & inimaginable. *Ablan. Luc. Tom. 1, Amours p. 169.*)

INIMITABLE, *adj.* Qu'on ne peut imiter. Qui est au dessus de toute sorte d'imitation. (Auteur inimitable. Action inimitable. Il faut imiter au commencement pour devenir inimitable. *Cost. lett. T. 2.*)

INIMITIE', *s. f.* C'est le contraire de l'amitié. (Une grande inimitié. Une inimitié mortelle.)

INJONCTION, *s. f.* Ce mot vient du Latin *injunctio*, & ne se dit d'ordinaire qu'en pratique. Il signifie commandement, ordre exprès de faire, ou de ne pas faire une chose. (Les Rois sont absolus sur le temporel de leurs Roiaumes, & pour cela ils font des Loix & des Edits, avec *injonction* à leurs sujets de les observer. *Fevret, de l'abus, l. 1. ch. 7.* Declaration du Roi portant injonction à ses sujets de .....

INIQUE, *adj.* Ce mot vient du Latin *iniquus*, & il veut dire, injuste. Méchant. (Peut-on rien s'imaginer de plus inique? *Maucr, Homelie 14.*

Kkk   *Iniquité*,

442 INN   INO INQ   INS

Iniquité, s. f. Ce mot d'*iniquité* & celui d'*inique*, sont ordinairement consacrez aux matiéres de piété. *Inique* vient du Latin *iniquitas*, & il signifie méchanceté. (Une grande iniquité. Une horrible, une honteuse iniquité. Heureux celui à qui les iniquitez sont pardonnées. *Port - Roial Ps. 31.* Mes iniquitez me sont venu accabler. *Ps. 39.* Commettre une grande iniquité. J'ai droit de pester contre l'iniquité de la nature humaine. *Mol. Misant. a. 5. sc. 1.*)

Initial, initiale, adj. Ce mot se dit des lettres, & signifie qui commence le mot. (Lettre initiale, Un *a* initial. Une *f* initiale.)

Initier, v. a. Ce mot se dit en parlant de la Religion des Anciens. C'est donner un commencement à quelcun dans la Religion. [Etre initié dans les mistéres de Cérès. *Abl.*)

Injure, s. f. Ce mot vient du Latin *injuria*. Il signifie tort & dommage qu'on fait à une personne par des voies de fait. [Les soufflets & les bastonnades sont des injures qu'on ne peut reparer. On ordonne des dommages & interêts à une fille violée pour reparation de l'injure qui lui a été faite. Une grande injure. Une injure atroce.

Tenir quelque chose à injure. C'est croire qu'on nous fait tort en cela.

Injure. Il signifie aussi une parole ofensante qu'on dit à quelcun. C'est un mot, ou une raillerie qui blesse une personne (Une grosse injure. Une injure fâcheuse, cruelle, sensible. Une petite, ou legere injure. Dire des injures à quelcun. Le proverbe Italien dit que de pardonner les injures c'est une action de Chrétien : mais que c'en est une d'un sot de les oublier. La Religion commande de ne point avoir de ressentiment des injures qu'on nous a faites, ou qu'on nous a dites ; mais la raison nous conseille d'en conserver la pensée, pour mieux regler nôtre conduite à l'avenir. *Coftar. Tome 1. lettre 318.*

Sa fureur contre lui se répand en injures.
Racine, Phedra, a. 4. sc. 4.)

* Les injures de l'air, l'injure du tems. L'injure de la fortune.

Injurier, v. a. Dire des paroles injurieuses à quelcun. (Injurier une personne.)

Injurieux injurieuse, adj. Qui fait tort. Qui ofence. Qui fait afront. (Action injurieuse. Parole injurieuse. Discours injurieux.)

Injurieusement, adv. D'une maniere ofensante. D'une manière injurieuse. (Traiter injurieusement.)

Injuste, adj. Qui est plein d'injustice. Qui n'est point juste (Homme injuste. Action injuste. Une guerre injuste. Un jugement injuste.)

Injustement, adv. Avec injustice. (condanner injustement.)

Injustice, s. f. Vice qui nous fait retenir le bien d'autrui contre l'intention & l'Ordonnance des Loix de l'Etat. Vice contraire à la justice. (Commettre une grande injustice.] Il signifie aussi une action injuste. (Faire une injustice. L'injustice est visible.)

INN.

Innocence, s. f. Pureté de mœurs. Integrité de vie. (Innocence baptismale. Vivre dans l'innocence.)

Innocence. Ceux qui ne sont pas coupables. (Oprimer l'innocence. *Abl.*)

Innocent, innocente, adj. Qui n'est point coupable. [Il est mort innocent. Elle est morte innocente.)

† * *Innocent, innocente.* Bon & simple. (Si je le voi, je me moquerai de lui, & l'apelerai bien innocent. *Ablancourt, Luc. Tome. 3.*)

¶ *Innocent, innocente, adj.* Il se dit des choses inanimées (*Un remede innocent,* c'est un remede doux & qui ne peut point faire du mal. *Une afaire innocente*, c'est à dire, qui ne nuit à personne.)

Innocent, s. m. Nom d'homme. Le nom d'*Innocent* à été donné à plusieurs Papes. (On croit que le Pape Innocent neuviéme est mort empoisonné deux mois après sa creation. Le Pape Innocent XI. étoit un brave & Saint Prélat, plein de courage d'intrépidité. On a dit plusieurs choses contre lui ; mais ces Ecrivains sont suspects. Il est mort au mois d'Août 1689.

Innocent, s. m. Enfans qui étoient dans l'innocence & qu'Herode fit tuër.)

Innocens, s m. La Fête des Innocens. Le jour des Innocens. (C'est aujourd'hui les Innocens.)

† * *Donner les innocens à quelcun,* c'est à dire, lui donner sur les fesses le jour des Innocens, & cela pour rire seulement.

Innocemment, adv. Avec innocence. Sans faire de faute. Sans peché. (Nôtre Pere Bauni a bien apris aux valets à rendre tous ces devoirs là innocemment à leurs maîtres. *Paf. l. 6.*)

† *Innocenter, v. a.* Mot qui se trouve dans Marot, mais qui est hors d'usage, on dit en sa place *donner les innocens.*

Innombrable, adj. Qu'on ne peut compter à cause que le nombre est trop grand. (Troupes innombrables. *Abl.*)

Innombrablement, adv. Sans nombre. Dans une quantité qui ne se peut compter.

Innover. Voiez *un peu plus bas.*

I N O.

Inobservation, s. f. Mot consacré aux Manifestes & aux traitez des Princes. C'est quand on manque d'observer & de n'executer pas. Inobservation de traité.)

Inondation, s. f. Eaux debordées qui étant sorties de leur lit naturel couvrent la campagne. Debordement d'eaux. (Une furieuse inondation. Une inondation surprenante, étonante, prodigieuse.)

Inondation, s. f. Ce mot au figuré est beau & noble. (Pour sauver son païs de l'inondation des François, il ne sçait point d'autre moien que de l'inonder des eaux de la mer. *Histoire de Loüis XIV.* Mettre un païs à couvert de l'inondation des Barbares.)

Inonder, v. a. Ce mot se dit proprement des eaux qui sortant de leur lit naturel se repandent loin & couvrent la terre. (Les eaux ont inondé tout le plat païs.)

[* Xerxes avoit inondé le païs d'un si grand nombre d'hommes & d'animaux qu'ils avoient tari les fontaines. *Vau. Quin. l. 3. e. x.* Elle atire sur elle l'orage qui va l'inonder. *Histoire de Loüis XV.* Un torrent de fausses opinions inonda toute l'Angleterre. *Fléchier, Commendon, l. 1. c. 10.* Il nous va inonder des torrens de sa plume. *Depr. Lutr. c. 3.*]

* † *S'inonder, v. r.* S'abreuver. S'humecter. Se remplir. (Chacun tour à tour s'inondant de ce jus, célébre, en beuvant, Baccus. *Depr. Lutr. chant. 3.*)

Inopiné, inopiné, adj. Ce à quoi on ne pense. Ce à quoi on n'avoit pas songé. Imprévû. (Un accident inopiné. *Teophile, poët.* Chose inopinée.)

Inopinément, adv. D'une maniere imprévuë & sans qu'on y pensât. (Cela est arrivé inopinément. De la crainte ils passerent inopinément à l'esperance. *Durier, supl. de Frenshl. a. ch. 11.*

† *Inovateur, inovateur, s. m.* Celui qui innove, *novateur*. Mais le mot d'*innovateur*, n'est pas aprouvé , on dit *novateur.*

Inovation, innovation, s. f. Nouveauté. Chose nouvelle qu'on veut introduire dans un état. [Il aprouva toutes ces inovations *Mauer, Schisme, l. 2.*)

Inover, innover, v. a. Introduire des nouveautez. (Il est dangereux d'innover. Le plus seur c'est de ne rien innover.)

Inoüi, inoüie, adj. Qu'on n'a pas encore oüi. Extraordinaire. Surprenant.) Cela est inoüi. Chose inoüie.

I N Q.

Inquiet, inquiete, adj. Chagrin. Qui est fâché. qui a quelque chose qui le chagrine. (Esprit inquiet. Il a été inquiet toute la nuit, c'est à dire , il n'a pû dormir, ni reposer.] Il signifie aussi *inconstant.*

Inquieter, v. a. Donner de l'inquietude. Son procés l'inquiete. Son mal l'inquiete.)

Inquieter, Terme de *Palais.* Troubler. [Inquieter quelcun dans la joüissance d'un bien.)

Inquietude, s. f. Chagrin. Tristesse. Soin & souci. (Etre en inquietude. *Vau. Q. l. 3.*)

* † *Inquietudes.* Mal. Avoir des inquietudes au corps.)

Inquisiteur, s. m. Un des Juges établis pour connoître des Hereriques.

Inquisition, s. f. Perquisition. Recherche qu'on fait de quelque chose. (Faire une inquisition sommaire du Jour & du vrai tems de la mort d'une personne, *Patru, plaidoié 14. pag. 362.*)

Inquisition. Tribunal établi en Italie & en Espagne pour connoître des Héretiques. [L'inquisition n'a pas été receuë en France, & n'a été établie qu'après l'an douze cens. *V. Fra Paolo Traité de l'inquisition.*)

I N S.

Insatiable adj. Il vient du Latin. Prononcez *insaciable.* Il signifie qu'on ne peut rassasier. (Homme insatiable. Enfant insatiable.

* *Désir insatiable, Abl. T. 2. An.* Il y a trois choses insatiables & une quatriéme qui ne dit jamais, c'est assez ; l'enfer la matrice sterile, la terre qui ne se soule point d'eau, & le feu qui ne dit jamais, c'est assez. *Port-Roial, Proverbe de Salomon. ch. 30.* Le peuple dit cela d'une autre façon. Il y a quatre choses insatiables, la mort, la mer, *la femme & les Prêtres.*)

Insatiabilité, s. f. Qualité de celui qu'on ne peut rassasier. (Il y a des gourmands qui témoignent une continuelle insatiabilité.)

* L'insatiabilité des avares est surprenante.

A L'INSÇU *adv.* C'est à dire. Sans qu'on le sache. [Elle s'engage à mon insceu. *Moliere.* On avoit envoié à Rome à l'insceu de la Reine , *Maucroix Schisme , l. 1. 12* avoit ouvert le passage aux Suisses à l'insceu de la Republique. *Abl. César, l. 1. ch. 1.*]

† *Insciemment, adv.* Sans savoir. Sans connoître. [Il a blessé insciemment.]

INSCRIPTION,

INSCRIPTION, f.f. Titre renfermé en peu de paroles. (Une belle inscription. L'Epigramme n'étoit en son commencement qu'une inscription. Pilate fit mettre une inscription sur la Croix de N. S. Une vieille inscription.)

Inscription. Terme de Palais. C'est l'écriture qu'une partie fait sur un Registre, où il met son nom & s'engage à faire quelque chose. (Faire une inscription.)

Inscription en faux. Terme de pratique. Acte par lequel on declare au Gréfe de la Jurisdiction où l'on doit plaider, que la piece dont la partie averse se veut servir contre nous, est falsifiée, qu'on la soûtient telle & qu'on le prouvera par experts. Celui qui fait une inscription en faux doit consigner au Gréfe une somme, qu'il perd s'il ne prouve ce qu'il avance; mais qu'on lui rend s'il le prouve. Raguenau a fait un petit livre de l'inscription en faux, qu'on estime.

Inscription. Terme de Géometrie. C'est l'operation par laquelle on inscrit une figure dans une autre. Voiez Inscrire.

Inscrire, v. a. Terme de Géometrie. C'est tracer une figure dans une autre. (Quand on inscrit un triangle, ou une autre figure rectiligne dans un cercle il faut que tous les angles de la figure aboutissent à la circonference. Inscrire un hexagone ou autre poligone regulier dans un cercle. Inscrire un Triangle dans un Quarré, &c.

On dit un Poligone inscrit, une figure inscrite.

S'inscrire, v. r. Ce mot se dit en parlant de quelque acusateur: C'est écrire son nom sur le registre du Procureur Général quand on va acuser quelqu'un. (Les delateurs s'inscrivent sur le registre du Procureur Général.

S'inscrire en faux. Patru, plaidoié 14. C'est aler au gréfe & declarer que l'acte dont on se sert contre nous, est faux, & qu'on le prouvera.

INSCRUTABLE, adj. Ce mot vient du Latin, Terme de Théologie. Il se dit des secrets de la Providence & des Jugemens de Dieu, & veut dire, que l'esprit humain ne peut pénétrer. (Les voies de Dieu sont inscrutables.)

INSÇU. Voiez plus haut insceu.

INSECTE, f. m. Animal aiant plusieurs coupures par le corps au dessus & au dessous, qui n'a point de sang, ou du moins qui en a tres peu. (Insecte marin. Insecte volant. Insecte rampant. Insecte acatique. Insecte terrestre. On a remarqué depuis quelque tems que les insectes ne sont pas des animaux si imparfaits, comme on l'avoit cru auparavant. On a aussi observé que chaque plante a ses insectes particuliers & diférens, son ver, sa chenille, son papillon. Les insectes ne s'acouplent jamais pendant qu'ils sont sous la forme de ver, ou chenille, & alors on ne peut distinguer le mâle d'avec la femelle.

On apelle aussi insectes, les grenouilles, les lezars, &c.

INSENSÉ, insensée, adj. Ce mot se dit des personnes de leurs discours & de leurs actions, & veut dire, qui n'a point de sens. Qui est fou. (Discours insensé, Patru, plaidoié 7.) Il agit comme un insensé. Passion folle & insensée.)

INSENSIBLE, adj. Qui ne sent pas. (Les choses insensibles.)

Insensible. Qu'on ne sent point. Qu'on n'aperçoit point par le sens. (Mouvement insensible. Les atomes sont si petits qu'ils sont insensibles, l'acroissement des plantes est insensible. Le mouvement de la Terre est insensible, on ne s'en aperçoit point par les sens. Il y a une infinité de choses insensibles.)

* Insensible. Qui ne ressent rien, parce qu'il est sans cœur, & sans raison. Qui ne sent rien, parce qu'il a le cœur dur & qu'il ne se laisse toucher de rien. (L'insensible & le froid Voiture, parloit d'amour comme il le sentoit. Voit. Poës. C'est un esprit insensible. Avoir le cœur insensible. La plûpart des gens de travail pensent à boire & à manger, ils sont comme insensibles à toutes les autres choses. Nicole, Essais de Morale.

Insensiblement. adv. D'une maniere presque imperceptible. (Il perdoit insensiblement la raison, Ablancourt. Entrer insensiblement en matiere Pasc. l. 5. L'aiguille d'une montre avance insensiblement quand elle ne marque que les heures; mais le mouvement de celle qui marque les minutes est sensible. L'amour entre insensiblement dans nos cœurs.)

Insensibilité, f. f. Dureté de cœur. (Une insensibilité qui merite d'être blâmée. Avoir de l'insensibilité. C'est cruelle insensibilité. Les Amans se plaignent ordinairement de l'insensibilité de leurs Maitresses.)

INSEPARABLE, adj. Qu'on ne peut separer. (Qui ne se separe point. (Ces choses sont inseparables. Amis inseparables.)

Inseparablement adv. D'une maniere inseparable. (Etre inseparablement attaché aux interêts de quelqu'un. Memoires de Monsieur le Duc de la Roche-Foucaut.)

INSERER, v. a. Il vient du Latin inserere. Mettre dans. (On fit inserer ce jugement dans les cahiers, vat. plaid. 13.] Les jardiniers inserent doucement l'œil de l'écusson dans la fente de l'arbre qu'ils entent. Un Chirurgien insere sa sonde dans une plaie.

S'inserer, v. r. Se mettre dans; (les ureteres se inserent de telle sorte auprés du trou de la vessie que l'on ne s'aperçoit d'aucun conduit par où ils versent l'urine. Roh. Phi.)

Insertion, f.f. Il vient du Latin insertio, qui signifie enture. Il veut

veut dire en général l'action par laquelle une chose est mise & inserée dans une autre. (L'insertion d'une gréfe dans la fente d'un arbre. L'insertion de la sonde dans une plaie. L'insertion d'une lettre dans un mot, ou d'un, ou de plusieurs mots dans un discours.)

Insertion, Terme d'Anatomie. C'est l'endroit ou une partie du corps va s'attacher à un autre. (C'est là que cette partie à son insertion. La veine cave a son insertion dans le ventricule droit du cœur. L'insertion des os, des muscles, des nerfs, des veines, &c. dans le corps des animaux, est merveilleuse.)

INSEZE, f. m. Terme d'Imprimeur. Livre dont chaque feuille a trente deux pages, (C'est un petit in seze.)

† INSIDIATEUR, f. m. Ce mot signifie qui rend des pieges, mais il n'est pas en usage.

Insidieux, insidieuse, adj. Ce mot veut dire plein de piege, mais il n'est pas reçu.

INSIGNE, adj. Ce mot signifie qui est fort remarquable & se prend en bonne & mauvaise part; mais plus en mauvaise. (Insigne putain. Saint Amant. Insigne fripon, Scaron. Insigne extravagance. Pasc. l. 16. Insigne calomnie. Pasc. l. 16. On dit aussi fort bien & en bonne part. Insigne pieté, insigne moderation. Maucroix, Schisme d'Angleterre, liv. 2.)

* INSINUANT, insinuante, adj. Engageant. Atirant; & gagnant avec adresse. (Avoir des manieres douces & insinuantes, Elle est fort insinuante.)

Insinuation, f.f. Ce mot est Latin. Il signifie l'action par laquelle une chose entre doucement & insensiblement dans une autre. (L'insinuation de la chaleur dans les membres du corps.

* Insinuation, Terme de Rétorique. Discours par lequel l'orateur persuade doucement ses auditeurs.

Insinuation. Terme de Palais. Enregistrement d'une action dans les Regitres publics. (Il y a des Gréfes des insinuations pour les afaires seculiéres, & pour les Ecclesiastiques.)

Insinuer, v. a. Terme de Palais. C'est enregistrer au Gréfe des insinuations. (Insinuer une donation, Patru, 3 plaid.)

* Insinuer, v. a. Au figuré, il se dit des choses & des paroles. Il signifie faire entrer adroitement dans le cœur, ou dans l'esprit. (Je lui insinuai un petit mot de cette afaire. Plutarque insinuë doucement la Sagesse. S. Evremont, Jugemens sur Sénèque. T. 5.)

S'insinuer, v. r. Entrer doucement dans quelque chose. (Le vent s'insinuë dans les fentes. Le mauvais air s'insinuë par les pores. Le chaud & le froid s'insinuent peu à peu dans les substances l'un pour les cuire, & l'autre pour les glacer.)

S'insinuer, v. r. Gagner avec adresse. S'introduire avec esprit (S'insinuer dans le cœur d'une maitresse.)

INSIPIDE, adj. Qui n'a point de goût. Fade. (Liqueur insipide. Ragoût insipide. Viande insipide. La meilleure qualité de l'eau, c'est d'être insipide.)

Insipide, adj. Au figuré il signifie, qui n'a rien qui réveille les sens; qui n'a ni goût ni esprit, fot & ridicule. (Les traductions de l'imaginaire Amelot sont insipides en comparaison, de celles de l'excellent d'Ablancourt.

Il ne sauroit soufrir qu'une phrase insipide
Vienne à la fin d'un vers remplir la place vuide.
  Depreaux, Sat. 2.

Insipidité, f.f. Qualité qui rend fade & insipide. (L'insipidité de l'air. Roh. Phi. Le sel ôte l'insipidité des viandes.)

SITER, v. n. Presser avec ardeur. Persister avec empressement

Insé avec chaleur. (Elle insista fort pour faire voir le gouvernement du Havre de Grace. Mémoire de M. le Duc de la Roche-Foucault. Il insista jusques à ce qu'il eût obtenu; Abl. Ret. l. 2. c. 3. Elle insista pour faire recevoir son apel, Maucroix, Schisme; l. 2. Il insista qu'il eust à confesser dans la torture ce qu'il avoit dit si franchement. Vau. Q. Curt. l. 6. c. 11.)

INSOLATION; f. f. Terme de Chimistes & d'autres. C'est l'échaufement des matieres qu'on expose à la chaleur des raïons du Soleil. On se sert d'insolation pour les teintures; pour les baumes, & pour les plantes qu'on veut garder. Charas, Pharm. l. ch. 23,).

INSOCIABLE, adj. Qui ne peut être joint, melé ni associé. (Il y a des corps insociables. Le feu & l'eau sont des substances insociables.)

INSOLENCE, f.f. Sorte d'insulte; Conduite où l'on manque de respect, à l'égard d'une personne pour laquelle on doit avoir de la déférence. Hardiesse éfrontée. Son insolence a été punie. Parler avec insolence. C'est une insolence insuportable. Châtier l'insolence de quelqu'un.)

Insolent, insolente, adj. Qui a de l'insolence. (Ette insolent en paroles. Elle est fort insolente. C'est un insolent coquin.

Insolemment. adv. Avec insolence Avec peu de respect, (Parler insolemment à quelqu'un.)

INSOLVABILITÉ, f.f. Impuissance de satisfaire à ses dettes. Impuissance de paier. (Il est dans une insolvabilité toute entiere;)

Insolvable adj. Qui n'est pas solvable. (Il est mort insolvable. Elle est insolvable.]

INSOLUBLE, adj. Terme qui se dit entre les Philosophes de l'Ecole

& qui veut dire, qu'on ne peut foudre. (Argument infoluble.)

INSOMNIE. Quelques Médecins font ce nom *masculin*, mais la plûpart des autres personnes le font *feminin*, & on pense que c'est le plus seur. (L'insomnie est une incommodité qui empêche de dormir. C'est une impuissance de dormir. Il est travaillé d'une perpetuelle insomnie.)

INSOUTENABLE, *adj.* Qui ne se peut soûtenir. Qu'on ne peut défendre. (Opinion ridicule & insoutenable. Pas. l.2. La sentence est insoutenable. *Patru plaid.* 10.)

† *Insoutenablement*, *adv.* Ce mot n'est pas en usage.

INSPECTION, *s. f.* Il vient du Latin *inspectio*. Prononcez *inspecsion*. C'est la forte aplication qu'on a à regarder une chose. (Faire l'inspection d'un cadavre *Rob. Phi.* Si je leur avois voulu dire à tous deux les mêmes choses, comme l'inspection des Astres m'y obligeoit. *Arnaud, Conf.* l. 7. ch. 6. (Les Chiromantiens jugent par l'inspection de la main.

* *Inspection*, *s.f.* Au figuré, il veut dire, soin qu'on a de regarder que tout aille bien. Vûë qu'on a pour la conduite de certaines choses. (Les magistrats ont inspection sur les marchandises, sur les denrées, &c. Les Précepteurs ont inspection sur les mœurs des jeunes gens. Avoir inspection sur les ouvriers.)

Inspecteur, *s. m.* En Latin *inspector*. Il signifie en général, celui qui a soin de prendre garde à quelque chose. Il se dit en parlant des ouvrages d'*Architecture*, & c'est celui qui fait exécuter le marché & qui a soin de la conduite de l'ouvrage & que tout aille comme il faut. Il se dit en parlant de *gens de guerre*. (Il y a des Inspecteurs particuliers & un Inspecteur général de l'infanterie. Ce sont des Officiers qui ont l'œil sur toutes les choses qui regardent l'infanterie. Il y a aussi pour la Marine, un *Inspecteur des Constructions* ; qui est un Oficier commis pour avoir l'œil & l'inspection sur les constructions, sur le radoub, & sur tout ce qui regarde les Vaisseaux du Roi. Il doit visiter les ports, où Sa Majesté fait construire des Vaisseaux & aprendre aux Charpentiers à en faire des plans & profils avant que d'en commencer la construction, afin de se corriger des défauts qu'on a remarquez dans ceux qui ont été ci-devant faits & de pouvoir fixer des regles certaines, &c.)

INSPIRATION, *s. f.* Il vient du Latin. Ce mot se dit d'ordinaire en parlant de Dieu. C'est une grace par laquelle Dieu éclaire nôtre esprit & pousse nôtre volonté à quelque chose. (Une sainte inspiration *Pas. l.* 4. Mépriser les inspirations que Dieu envoie. *Godeau.*)

Inspiration. Terme de *Medecine.* C'est l'action par laquelle le poûmon atire l'air. Celle par laquelle il la pousse s'apelle *expiration.*

Inspirer, *v. a*. Ce mot se dit particulierement de Dieu , des Esprits celestes, des Muses & d'autres. C'est donner quelque inspiration. Mettre une chose dans la volonté. Favoriser de son aide. (Dieu lui a inspiré le dessein de se faire Religieux.

Et maudissant cent fois, le démon qui m'inspire
Je fais mille sermens de ne jamais écrire.
Déspreaux, Satire 1.

Inspirer, *v. a.* Au figuré, il veut dire, faire naître dans le cœur, ou dans l'esprit. Il est bon d'inspirer de grands desseins aux jeunes gens de qualité. Les grands ne songent qu'à inspirer de la crainte & du respect. La grande ambition de femmes, c'est d'inspirer de l'amour. *Mol. Sicil. sc.6.* Un bon Orateur inspire dans l'ame des Juges diverses passions , la haine la colere, la compassion, &c.)

INSTABILITÉ, *s. f.* Il vient du Latin. Etat qui n'est pas stable. Etat inconstant & chancelant des choses. (Je connois l'instabilité des choses d'ici bas. *Ablanc. Luc. Tome* 1. L'instabilité du tems.)

INSTALATION, *s. f.* Action par laquelle on est mis en possession. (L'instalation doit être faite dans les formes. *Patru plaidoié* 16.)

Instaler, *v. a.* Mettre en possession. Instaler une personne dans une charge. Il est instalé.)

INSTANCE, *s. f.* Terme de *Palais.* Procés où il y a demande & défence. Action intentée où il y a des défences fournies. (former une instance au Parlement. L'instance est pendante à la grand'Chambre, Reprendre l'instance.)

* *Instance.* Empressement , Ardeur, (Prier avec instance.)
Instance. Objection. V. *Objection.*

Instamment, *adv.* Avec empressement. Ardemment (Suplier instamment.)

Instant, *s. m.* En Latin *instans.* Moment. (Il n'y a aucun instant de nature où vous commenciez d'être. *Godeau.*)

Un redoutable instant nous détruit sans reserve.
Desh. poësies.

A l'instant *adv.* Au même tems. Incontinent. Si vous ne voïez à l'instant le bel objet qui a fait naître mon amour, *Voiture Poësies.*

Instant , instante, adj. Pressant. (Instante priere, solicitation, poursuite.)

INSTIGATEUR, *s. m.* Celui qui pousse & excite à faire quelque chose de fâcheux (Il étoit instigateur de la persécution. *Mauroix, Schif.* l. 1. p. 99.)

Instigation, s. f. Action de la personne qui excite, pousse & presse

quelqu'un de faire quelque chose. (Il a fait cela à l'instigation d'un tel. Il leur demanda à l'instigation de Perdiccas, quels étoient les auteurs de la sedition. *Vaug. Quint. Curce, liv.* 8. *ch.* 14.)

INSTILER, *v. a.* Laisser tomber goute à goute quelque liqueur. (On instile des remedes dans l'oreille pour guérir la surdité.)

INSTINCT, *s. m.* ou *instinêt*. Il vient du Latin *instinêtus*, & il se dit des animaux, & veut dire Inclination naturelle. (L'instinct des animaux vaut mieux que la raison de la plûpart des hommes. Son éléfant , par un instinct de vengence , fit un carnage des ennemis. *Vau. Q. Curce,* l.8. c. 14.)

Instinct. Il se dit aussi quelquefois des personnes ; & signifie un certain pressentiment & un mouvement secret qui fait agir, sans raisonner, & comme naturellement. J'ai eu un bon instinct de n'avoir pas fait une telle chose qui m'auroit été fort nuisible.)

INSTITUER, *v. a. m.* Il vient du Latin *Instituire.* Elever. (Est il plus important qu'un cheval soit bien dressé qu'un enfant bien institué. *Patru plaid.x.*

Instituer. Etablir. (Il fit les sacrifices qu'on avoit institué à l'honneur de Jupiter. *Abl. Ar.* l.2. Il institua de nouvelles cérémonies. *Abl. Tac. An.* Instituer un ordre Religieux. *Patru plaid.*)

Instituer. Terme de *Droit civil* qui se dit en parlant d'héritier. C'est nommer quelqu'un pour être son héritier. C'est laisser par écrit qu'on veut & entend qu'un tel soit nôtre héritier. (Auguste institua Tibere & Livia ses héritiers. *Abl. T. Ankl. c.* 3.)

Les Instituts, *s. m.* ou *les Institutes*, *s. f.* C'est un livre qui contient l'abregé de la Jurisprudence Romaine. (Aprendre les Instituts. Le Sieur Démeles enseigne les Institutes, & il ne les entend pas.)

Instituaire, *s. m.* Terme d'*Ecole de Droit.* Le Régent de droit Civil & Canon qui enseigne les Institutes. (Monsieur un tel est Instituaire cette année.)

Instituteur, *s. m.* Celui qui a établi, qui a fondé , qui a institué quelque ordre Religieux. Saint Augustin ne fut jamais ni Religieux, ni Instituteur d'aucun Ordre. *Patru plaidoié* 15. M. Olier, ancien Curé de S. Sulpice de Paris, a été l'Instituteur du Séminaire de Saint Sulpice , & son premier Supérieur.)

Institution, *s. f.* Etablissement. Elle a vû les suites heureuses d'une Institution si sage. *Patru,* 1. *plaid.*]

Institution. Ce mot se dit en Terme de *Palais*, en parlant d'héritier. (C'est la faculté d'établir , Instituer, nommer & declarer quelqu'un pour son héritier. (L'institution d'heritier est en droit comme la pierre fondamentale du Testament. *Patru, pl.* 8. Institution testamentaire. *Le Mai.*)

Institution. Lieu à Paris où les Péres de l'Oratoire instruisent les novices. (Il est à l'institution.)

Institution. Enseignement. Education d'un enfant.

INSTRUCTIF, *instructive*, *adj.* Il vient du Latin. qui instruit. (chose instructive. Discours instructif. Doctrine instructive. *Pas.* l. 6. Mémoire instructif.)

Instruction, *s. f.* Enseignemens. Memoires instructifs. (Les instructions sont fort bonnes. Il lui donna des instructions pour ses Ambassades.)

Instruire, *v. a.* Enseigner. Donner des instructions. (Je l'instruirai moi-même à vanger les Troiens. *Rac. Andr. a.1.sc.4.* Il guérisoit le cœur des barbares, & les instruisoit aux armes. *Abl. Ret.* l. 1.

Instruire, *v. a.* Il se dit aussi de quelques animaux capables de dicipline, comme font les chiens, les singes,les éléfans,quelques oiseaux, &c. (Instruire un chien à la chasse. On instruit les Eléfans à danser , &c.

Instruire, *v. a.* Terme de *Palais*, C'est mettre une afaire en état d'être raportée aux Juges. (Instruire un procés.

INSTRUMENT, *s. m.* En Latin *instrumentum*. Ce mot en général signifie ce qui sert à faire quelque chose. Un outil dont un ouvrier se sert pour travailler. (Les piez sont des instrumens naturels pour marcher, les mains pour travailler.) Les marteaux , les tenailles, les limes, &c. sont des instrumens de divers artisans. Le coin, le levier , le tour , &c. sont des instrumens de *Mecanique.* Le compas, la regle , le niveau, les quarrés de cercle, les demi cercles, l'astrolabe , &c. sont des instrumens de *Mathématique.*

† *Instrument.* Parties naturelles de l'homme.

Instrument. Ce mot au pluriel veut dire quelquefois *instrumens de musique.*) Elle m'envoïa querir pour joüer des instrumens pendant leur repas. *Abl. Luc. T.* 3.)

* Il a servi d'instrument pour ruiner la République. *Abl. Tacite.* Il avoit été l'instrument de leur rage. *Vau. Q.* l.10.

† *Instrumental*, *instrumentale, adj.* Terme de *Philosof.* [Cause instrumentale.]

† *Instrumenter*, *v.n.* Terme de *pratique.* Faire des Actes publics qui fassent preuve en Justice. En ce sens on apelle ces actes des *Instrumens.*

INSUFISANT, *insufisante, adj.* Ce mot se dit dans de certaines matieres de Théologie. Il signifie qui ne suffit pas. (Cette Grace est sufisante de nom & insufisante en éfet. *Pas.* l.2.)

Insufisance, *s. f.* Incapacité. [Leur insufisance peut aporter beaucoup de confusion, *Patru plaid.* 4.]

INSULAIRE

INT   INT   445

INSULAIRE, *s. m.* Qui habite une île. (Les Anglois sont des Insulaires.)

INSULTE. Quelques uns font ce mot masculin ; mais la plûpart le font *féminin*, & c'est le plus seur. Action injurieuse & insolente qu'on fait à quelqu'un. (Une sanglante insulte. Faire insulte à une personne. Soufrir lâchement une insulte. Abl.

Insulter, *v. n. & v. a.* Faire insulte. Faire une sorte d'afront outrageux & insolent. Outrager un malheureux. S'emporter avec chaleur contre quelqu'un. (Insulter à la misere d'autrui. *Vau. Rem.* Il insulta contre le premier qui s'oposoit à son avis. *Pas.l.i.* Ami n'insulte point un mal-heureux. *Racine, Andromaque, a. 1. sc. 1.*)

Insulter, *v. a.* Terme de Guerre. C'est ataquer hautement & à découvert un poste. Les troupes du Roi insultérent en 1677. avec tant de courage & de bonheur la contrescarpe de Valenciennes qu'elles emportérent la ville même.)

INSUPORTABLE, *adj.* Qui ne peut être soufert. Intolerable. (C'est un homme insuportable. Chose insuportable. Humeur insuportable. Mot insuportable. *Vau. Rem.*)

INSURMONTABLE, *adj.* Qu'on ne peut surmonter. (Ils trouvent une dificulté insurmontable dans la Traduction. *Port Roial, Nouv. Test. préface.*)

INT.

INTARISSABLE, *adj.* Ce mot n'est pas aprouvé de forte gens qui parlent bien. Cependant il y en a qui le soufrent & qui croient qu'on peut dire une *source intarissable*, pour dire *qui ne tarit point*. Le plus seur, à l'égard du mot *intarissable*, c'est d'atendre qu'il soit un peu plus établi qu'il n'est.

INTEGRITÉ, *s. f.* En Latin *integritas*. Entiére perfection d'une chose. (Le confesseur lui doit imposer une penitence bien legére pour l'integrité du Sacrement. *Pas.l.x.* Conserver les choses dans leur integrité.)

Intégrité. Probité. Vertu. (Il s'est gouverné dans sa charge avec intégrité. *Abl.* C'est un homme qui a une grande intégrité. L'integrité d'un Juge.)

† *Intégre, adj.* Ce mot se dit quelquefois, & signifie, qui a une grande intégrité. Qui ne peut être corrompu. (C'est un Juge fort intégre.)

Intégrant, intégrante, adj. Terme de Philosophie, qui se dit des parties qui composent un tout. (Les parties intégrantes d'un corps.)

† INTELLECT, *s. m.* En Latin *Intellectus*. Les Philosophes disent quelquefois *Intellect*, au lieu d'*entendement*. Ils disent aussi *la faculté intellective*, & *intellection*, pour dire l'action par laquelle l'entendement conçoit quelque chose. (Ils disent encore des *substances intellectuelles*, pour dire spirituelles.)

INTELLIGENT, *intelligente, adj.* Qui a du bon sens, & de la pénetration. (Il est intelligent. Elle est intelligente.)

Intelligence, s. f. Connoissance des premiers principes. Connoissance de quelque art, langue, ou science. (Avoir l'intelligence des langues. *Voit. l. 71.*)

Intelligence, s. f. Bon sens. Pénetration dans le fond d'un afaire. (C'est un homme qui a de l'intelligence.)

* *Intelligence.* Amitié. Union. Paix. Liaison. Concorde. (Etre en bonne intelligence avec quelqu'un. *Mr. de la Rac. Fonc.* Ils étoient en armes pour la mauvaise *intelligence des Gouverneurs*.)

* *Intelligence.* Corespondance avec des gens d'un parti contraire au nôtre. Communication secrete avec des gens d'un parti contraire au nôtre. (Avoir quelque intelligence dans une ville. *Abl. Ar.l.1.c.7.* Prendre une place par *intelligence*. *Abl. Ar.l.2. ch. 1.* Soupçonner quelqu'un d'intelligence. *Le Duc de la R. Fouc.*)

Intelligible, adj. Clair. Qu'on peut concevoir. (Auteur qui n'est pas intelligible. Chose fort intelligible.)

Intelligiblement, adv. D'une maniére intelligible. (Parler intelligiblement.)

INTEMPERANCE, *s. f.* Vice oposé à la temperance. (C'est une intemperance. L'intemperance du vin & des femmes, est nuisible à la santé.)

Intemperant, adv. Avec intemperance. (Il vit intemperamment.)

Intemperie, s. f. Mélange inégal des quatre premiéres qualitez. (L'intemperie froide & humide du cerveau.)

INTENDANCE, *s. f.* Charge, ministére & fonction d'Intendant. Soin des afaires qui regardent le Roi dans quelque Province de France. Conduite du bien & des afaires de quelque Seigneur. (Son Intendance lui a valu cinquante mille francs. On lui a donné l'Intendance de Languedoc. Il a l'intendance de sa maison, &c.)

Intendant, s. m. Juge envoié par le Roi dans quelque Province de son Roiaume pour y connoître des afaires de Justice & de Finance. (Il est Intendant en Champagne. Il est Intendant de Languedoc.)

Intendant de la Justice, Police & Finance de la Marine. C'est un oficier qui demeure dans un port & qui a soin de faire executer les réglemens qui regardent la Marine, qui a soin que les magazins soient fournis, qui visite les équipages quand ils

sont à bord, fait châtier les deserteurs & les coupables & taxe les denrées.

Intendant. C'est aussi un homme de mérite, qui suit l'armée par ordre de sa Majesté, & tient la main à la police, au païement des troupes & à divers autres réglemens.

Intendant. Celui qui a soin des afaires d'un grand Maison, ou de quelque grand Seigneur. (Il est Intendant de Monsieur, &c.)

Intendant. Celui qui a ordre d'avoir un soin particulier d'une chose. (Ainsi on dit. Intendant des eaux & fontaines du Roi. Intendant des dances & inscriptions, des édifices, &c.)

Intendante, s. f. Femme d'intendant de Province. Le mot d'Intendante ne se dit des autres femmes d'Intendant qu'en riant, ou par raillerie. (Madame l'intendante de, &c. a beaucoup de mérite.)

INTENTER, *v. a.* Terme de *Palais*. Commencer à mettre une personne en Justice. Commencer un procés. (Intenter une action. *Patru*, plaid. 10. L'action est intentée. *Le Mai.*) On dit aussi intenter une guerre.)

Intention, s. f. Volonté. Dessein. (Avoir bonne ou mauvaise intention. Porter son intention; non au péché, mais au gain. *Pas.l.6.* Diriger son intention, c'est détourner son intention du mal dont on est l'entremetteur pour la porter au gain qui en revient. *Sa.l. 7.*)

Intentionné, intentionnée, adj. Qui a quelque intention. (Ils étoient mal-intentionnez pour la paix. *Memoires de Monsieur le Duc de la Roche-Foucaut.*)

Intentionnel, intentionnelle, adj. Terme de *Philosophie* qui ne se dit qu'en cette phrase, *les especes intentionnelles*; ce sont de petits atomes que des Anciens ont crû sortir des objets ; & qui frapent les sens.

INTERCADENT, *te, adj.* Terme de *Médecine*, il se dit du pouls dont le mouvement est déréglé & disparoit de tems en tems.

INTERCALAIRE, *adj.* Mot Latin, Terme de *Cronologie*. Il signifie qui se met entre des autres. (On met un *jour intercalaire*, au 25. de Février de quatre ans en quatre ans, dans l'année qu'on nomme *bissextile*.) † On dit aussi quelquefois des *passages intercalaires*; des *vers intercalaires*, c'est à dire, qui ont été ajoutez parmi des autres. On dit, mais rarement, en même sens ; *intercaler* un jour ; faire, ou ómettre l'*intercalation* d'un jour.

INTERCEDER ; *v. n.* Prier pour quelqu'un. (Ils intercedent pour nous.)

INTERCESSEUR, *s. m.* Celui qui intercede & prie pour autrui. (Un ardent intercesseur. Un intercesseur genereux, fidéle & courageux. Il est l'intercesseur des Muses afligées auprés des favoris de la fortune.)

Intercession, s. f. Suplication qu'on fait en faveur d'autrui. (Puissante intercession.)

INTERCOSTAL, *intercostale, adj.* Terme d'*Anatomie*. Qui est entre les côtes. (Muscles intercostaux.)

INTERDICTION, *s. f.* Défense. Interdit. (Notifier une interdiction. Prononcer une interdiction. *Patru*, laidoié, 8.)

Interdit, s. m. Terme de *droit Civil.* Il y a de plusieurs sortes d'interdits, mais en général l'*interdit* c'est une défense que faisoit le Préteur de faire quelque chose. Voiez les *institu. l. 4.*)

Interdit. Terme d'*Eglise.* Censure Ecclésiastique par laquelle l'Eglise défend l'administration des Sacremens, la célebration de l'ofice divin à cause de quelque péché & de quelque désobéïssance notable & scandaleuse, *Pinson, Traité des bénefices.* L'interdit étoit au commencement inconnu à l'Eglise. L'interdit est odieux.

Interdire, v. a. Défendre une chose à quelqu'un. Empêcher. J'interdis, tu interdis, il interdit, nous interdisons, vous interdisez, ils interdisent. J'ai interdit, j'interdirai. (Je lui ai interdit ma maison. Ce qu'on lui produiteroit interdit à mes vers l'entrée aux pensions ; où je ne prétends pas. *Despreaux, Satire 9.* Certain se mourant dormant que d'un œil *interdisoit* tout commerce à la femme. *La Fontaine, Contet.*)

INTERESSER, *v. a.* Vouloir qu'on prenne part. Engager par interêt. (Vous interessez dans vôtre démelé trop de personnes. *Racine* lettre à l'Auteur des Visionnaires. Vous prétendez *interesser* ma gloire à vous laisser périr. *Racine, Iphigénie, acte 5. Scene 2.* Un bon Orateur doit interesser les Juges.)

* *Interesser sa conscience.* C'est à dire, l'engager par une conduite injuste.

S'*interesser*, *v. r.* Prendre les interêts d'une personne. Prendre part à quelque chose. (De bon cœur je m'interesse dans tous vos maux, je vaux vos biens, *Voit. poës.* Mon cœur s'interesse pour lui. Il s'interessoit aux afaires de l'etat. *Ablancourt.* On s'interesse dans les spectacles.)

Interessé, interessée, adj. Qui aime fort ses interêts. (Il est interessé, elle est interessée.)

Interessez, s. f. Ceux qui ont interêt à quelque chose. Gens d'afaires. (Les interessez lui avoient remis leurs diférends. *Memoires de Monsieur le Duc de la Rochefoucaut.*)

Interêt, s. m. Ce qu'on doit faute de païment d'une somme certaine, dué par promesse, par obligation, ou autrement. (Les interêts sont dûs au créancier du jour de sa demande en juſtice. Paier de gros intérêts. Les intérêts montent haut. Joindre les intérêts au principal. Tirer l'intérêt des intérêts.)

* *Interêt.* Parti d'une perſonne. Part. Choſe qui regarde nos intérêts, nos avantages. (Etre dans les intérêts d'une perſonne. *Mémoires de Monſieur le Duc de La Roche-Foucaut.* Qui doit prendre à vos jours plus d'intérêt que moi, *Racine, Iphigenie, a. 3. ſ. 6.* Vous avez intérêt en cette perte. *Voit. l. 44.* Elle mit dans ſes intérêts le Duc. *Le Comte de Buſſi.*) Les intérêts des Princes & des Etats de la Chrétienté. Préférer l'intérêt public à ſon intérêt particulier.)

INTERJECTION, ſ.f. Terme de *Grammaire.* Sorte de mot, qui exprime les paſſions. Helas ! qu'il eſt miſérable. Ha ! le pauvre homme. Ho, venez ici, &c.

INTERJETTER, v.a. Terme de *Palais.* Ce mot ne ſe dit pas ſeul. (On dit par exemple, *interjetter apel* d'une *ſentence*; C'eſt apeller d'une ſentence de quelque Juge inférieur.)

Interjection d'apel. C'eſt l'acte par lequel on déclare qu'on eſt apellant d'une ſentence.

INTERIEUR, ſ.m. Ce mot ſe dit ordinairement en parlant des choſes de la conſcience & des choſes de piété. Il ſignifie *Cœur, Ame.* (Il n'y a que Dieu qui connoiſſe l'intérieur. L'intérieur des hipocrites eſt fort différent de l'extérieur. La grace de Dieu pénétre l'intérieur de nos ames.)

Interieur, interieure, adj. Ce qui eſt opoſé à exterieur. Ce qui eſt au dedans. (Les ſens intérieurs & extérieurs. *Ablancourt.* Déſir intérieur. Avertiſſement intérieur. *Paſ. l. 4.* La Superficie intérieure d'une voute. La partie inférieure d'un bâtiment.)

Intérieurement, adv. Au dedans de nous. (La loi de la nature nous parle intérieurement. *Patru, plaidoié 9.*)

INTERIM, ſ.m. Ce mot eſt un adverbe Latin qui ſignifie *cependant*, en attendant que.... Charle-Quint a mis en uſage ce mot d'*Interim* & il fut donné à un acord proviſoire qu'il fit touchant la Religion, & *en attendant* la tenuë d'un Concile. Il y a en Eſpagne des Gouverneurs par *interim*, c'eſt à dire, en atendant que le Roi ait nommé un Gouverneur.

INTERLIGNE, ſ.ſ. Ce mot ſemble venir du Latin. C'eſt ce qu'on écrit entre deux lignes, ſoit pour ſuppléer à ce qu'on avoit omis, ou pour quelqu'autre cauſe. (C'eſt une interligne qu'on ne ſauroit lire. Son écrit eſt embarraſſé d'interlignes mal écrites. Dans les Actes qui doivent faire foi en Juſtice, les interlignes ne ſont d'aucune conſidération.)

INTERLINEAIRE, adj. Il ſe dit de ce qu'on écrit entre les lignes d'un livre, ou d'un manuſcrit. On apelle *Bibles interlinéaires,* celles où le Latin eſt imprimé entre les lignes de l'Hebreu & du Grec. Il y a dans la Poliglotte de Londres une interprétation interlinéaire du téxte Hebreu, qui n'eſt point dans la Poliglotte de Paris. *Simon, Critique du vieux Teſtament. p. 583.* Il y a des autres livres où l'on a fait la même choſe, auſquels on donne auſſi le nom d'*interlinéaires.* Gloſe interlinéaire.

INTERLOCUTION, ſ.ſ. Diſcours que ſe font les unes aux autres les perſonnes qu'on a introduites dans une même piéce. (Les circonſtances du Dialogue, les caractéres des perſonnages, les *interlocutions* & les bienſéances s'y rencontrent dans un haut degré. *Maucroix & la Fontaine, ouvrages de proſe & de vers, préface.*)

† * *Interlocution.* Terme de *Palais.* Jugement préparatoire qu'on donne avant le jugement définitif.

INTERLOCUTION, ſ.m. Terme de *Palais.* Sentence ou arrêt qui ne jugeant pas une afaire au fond, ordonne qu'on prouvera quelque incident par titres ou par témoins.

Interlocutoire. Ce mot eſt auſſi adjectif, ainſi. (On dit, Un arrêt interlocutoire. Une ſentence interlocutoire.)

Interloquer, v.a. Terme de *Palais.* Donner un jugement interlocutoire. (Interloquer les parties.)

INTERMEDE, ſ.m. Terme de *Poëſie dramatique* Tout ce qui ſe joué, ſe danſe, ſe fait d'ingénieux & de conforme à la piéce de téatre, tout, dis-je, ce qui ſe fait immédiatement aprés chaque acte pour divertir, agréablement le Spectateur. (Interméde bien imaginé.)

INTERMISSION, ſ.ſ. Diſcontinuation. Interruption. (Il y a eu une intermiſſion fort conſidérable. Intermiſſion de fiévre. *Deg.*)

Intermittant, intermittante, adj. Qui donne quelque relâche. Qui a de l'intermiſſion. (Fiévre intermittante. Poux intermittant. C'eſt un poux qui bat par intervale.)

INTERNE, adj. Qui eſt au dedans. Qui ſe fait au dedans. (Le mal eſt interne. *Godeau.*)

INTERNONCE, ſ.m. Celui qui fait les afaires de la Cour de Rome lorſqu'il n'y a point de Nonce.

INTERPELLATION, ſ.ſ. Terme de *Palais.* Sommation (On lui a fait une interpellation de paier.)

Interpeller, v.a. Terme de *Palais.* Sommer. (Interpeller quelqu'un.)

INTERPOSER, v.a. Mettre entre. Emploier. Entremettre. (Mars, Jupiter & Saturne ſont rétrogrades quand la terre eſt interpoſée entre eux & le Soleil. *Roh. Phi.* * L'Empereur interpoſa ſon autorité. *Ablancourt, Tac. An.* Perſonnes interpoſées. *Ablancourt.*)

Interpoſition, ſ.ſ. Situation d'un corps entre deux autres. (L'Eclipſe de la Lune ſe fait par l'*interpoſition* de la Terre entre le Soleil & elle. L'Eclipſe du Soleil ſe fait par l'interpoſition de la Lune entre le Soleil & la Terre.

* L'interpoſition de l'autorité du Roi apaiſa toutes ces querelles.

INTERPRETATION, ſ.ſ. Explication d'une choſe dificile à entendre, ou d'une choſe que les autres n'entendent pas & qu'on leur fait entendre en parlant un langage qui leur ſoit intelligible, ou plus facile. (Interprétation fort nette, & fort claire.)

Interprete, ſ.m. Celui qui explique & interpréte une choſe dificile à entendre, ou une choſe que les autres n'entendent pas, & qu'on leur fait entendre en parlant leur langue. Celui qui explique, exprime & déclare. (Un bon Interpréte, Interprete ſavant.)

* La voix & la langue ont été données à l'homme pour être les interprétes de ſes penſées. *La Cham.*)

Interpréter, v.a. Expliquer. (Interpréter favorablement une bule. *Paſ. l. 6.* Il avoit interprété cela d'une grande famine qui devoit arriver. *Ablancourt, Tac. An. l. 11.*)

INTERRÈGNE, ſ.m. En Latin *interregnum.* Tems qui ſe paſſe entre la mort d'un Roi & la création de celui qui lui doit ſucceder. (Un long interrégne. Les interrégnes en Pologne, ſont fréquens, mais en France, ils ſont rares. Un interrégne conſidérable. Aprés la mort de Childéric 2. il y eut un interrégne de quatre ou cinq mois. Aprés celle de Thierri 2. Roi de France, Il y eut un interrégne qui dura cinq ou ſix ans, *Cordemoi, hiſt. de France. T. 1.*)

INTERROGATION, ſ.ſ. Figure de *Rétorique*, qui conſiſte à faire quelques demandes, & à interroger une perſonne. (Uſer de fréquentes interrogations. L'interrogation eſt patétique.)

On dit en térmes de pratique. *Un Interrogat.*

Interrogatoire, ſ.m. Terme de *Palais.* Procès verbal contenant les demandes d'un Juge & les réponſes de la partie. (Il a lui-même par ſon interrogatoire reconnu cette vérité. *Patru, plaidoié 3.*)

Interroger, v.a. Faire quelque demande afin de découvrir une choſe qu'on veut ſavoir. (Interroger ſur quelque choſe. On l'a interrogé ſur faits & articles.)

On dit en térmes de *Grammaire.* Un point *interrogant.* Un mot *interrogatif,* une phraſe *interrogative.*

† *Interrogateur,* ſ.m. Ce mot ſignifie celui qui interroge ; mais il ne ſe dit qu'en riant & par mépris. (C'eſt un interrogateur perpétuel.)

INTERROMPRE, v.a. *J'interrompts, j'ai interrompu, j'interrompis.* Diſcontinuer. (Interrompre ſes ocupations. *Ablancourt, Ret. l. 3. c. 3.*)

Interrompre. Détourner quelqu'un de ſon travail.

Interruption, ſ.ſ. Diſcontinuation. (Travailler ſans aucune interruption.)

Interruption. Figure de *Rétorique* par laquelle on interrompt bruſquement ſon diſcours pour marquer quelque paſſion.

INTERSECTION, ſ.ſ. Ce mot veut dire entrecoupement, & ne ſe dit qu'en parlant de lignes & de cércles qui ſe coupent. (L'angle ſe fait au point de l'interſection de deux lignes. L'interſection du Méridien & de l'horiſon marque le vrai point du Midi.

† INTERSTICE, ſ.m. Ce mot ne ſe dit guére & eſt bien Latin. Il ſignifie. Intervale. Eſpace de tems. (Un long interſtice.)

INTERVALE, ſ.m. Eſpace. Diſtance qui eſt entre certaines choſes, (Ainſi en Terme de *Guerre*, on dit remplir les intervales. *Abl. Ar. l. 3. c. 3.* L'intervale qui eſt entre ces choſes eſt trop long.)

Intervale. Terme de *Poëſie.* Eſpace qui diſtingue les actes. (Il y a 4. intervales dans chaque piéce de téatre.)

Intervale. Ce mot ſe dit en parlant de quelques foux, & ſignifie. Un eſpace de tems où de certains foux paroiſſent ſages & ne font aucune folie. (Il a de bons intervales.)

Intervale. Terme de *Muſique.* C'eſt en général la différence qu'il y a du ſon grave au ſon aigu. (Il y a ſept intervales conſidérables dans la muſique.)

INTERVENANT, *intervenante, adj.* Terme de *Palais.* Qui intervient dans le cours d'un procès. (Partie intervenante.)

Intervenir, v.n. J'intervien, je ſuis intervenu. Ce mot eſt de pratique, ſe dit de celui qui vient pendant le cours du procès & tandis qu'on plaide. (Arrêt eſt intervenu qui. Un tel eſt intervenu au procès.)

Intervention, ſ.ſ. Terme de *Pratique.* Action par laquelle on intervient dans un procès, ou dans quelque afaire. (Donner ſes moiens d'intervention. Préſenter une requête d'intervention. Son intervention a retardé le jugement du procès.)

Intervention. En parlant de Poëme Epique, il ſignifie l'entremiſe des Dieux dans l'action principale du poëme. (L'intervention des Dieux eſt néceſſaire au Poëme Epique. *S. Evremone.*)

INTESTAT, *inteſtate.* Ce mot eſt Latin & ſignifie celui qui eſt mort ſans avoir fait un teſtament On dit encore en *termes de pratique.* Il eſt mort *ab inteſtat,* héritier c'eſt à dire ſans qu'il y ait eu de teſtament.

INTESTIN

INT INV

Intestin, *intestine*, *adj.* Ce mot est Latin & signifie qui est au dedans. Qui est en quelque lieu, en quelque Etat. (Exciter, on appaiser une guerre intestine: *Durier histoire de Strada.*)

Ils chantent les riches trophées
Des dépouilles de nos mutins
Et de nos troubles *intestins*.
Chapel. Ode à Richelieu.

Intestins, *s. m.* Boiaux. (Il y a six intestins. Trois grêles & les autres sont bien plus gros.

Intime, *adj.* Mot qui vient du Latin qui signifie *fort profond*. Il se dit en françois des amis & amies, & veut dire qui est un particulier & vrai ami. Qui est ami du fond du cœur. (C'est son intime ami. J'ai perdu une amie intime.)

Intimement, *adv.* Entièrement. Tout à fait. (Nous pouvons avoir nos idées *intimement* unies à nôtre esprit. *Recherche de la verité, l. 6. ch. 2.*)

Intimé, *s. m.* Terme de *Palais*. Partie qui a gagné son procés & qui à la requête de l'apelant qui est celui qui a perdu, est ajourné en cas d'apel devant un Juge supérieur. (Je suis pour l'intimé.)

Intimation, *s. f.* Terme de *Palais*. Dénonciation qu'on fait à la partie qu'on ajourne: que faute de comparoitre au jour present, il sera procédé comme si elle étoit présente. (Assigner la partie avec intimation.)

Intimer, *v. a.* Terme de *Palais*. Faire ajourner celui qui a gagné son procés pour comparoitre devant le Juge de l'apel, & cela à la requête de l'apelant & en vertu d'un relief d'apel qu'on a obtenu. (Faire intimer sa partie. La partie est intimée.)

Intimider, *v. a.* Epouvanter. (Intimider la populace. *Abl.* Le peuple est intimidé. Il tâche d'intimider les conjurez. *Vaug. Q. Curce, l. 6. ch. 7.*

Implacable pudeur, régne sur mes désirs
Intimide ma voix, mes yeux & mes soupirs.
La Suze, poësies.

Intimidation, *s. f.* Action par laquelle on intimide. (L'intimidation rend nul un Testament qu'on a obligé de faire par cette voie.)

Intituler, *v. a.* Donner le titre à un livre, ou à quelque discours de prose, ou de vers. (Intituler un livre. *Scu.* Livre intitulé. *Pas. l. 5.*)

Intitulation, *s. f.* Il se dit des livres & des Ecrits, & signifie l'inscription, le titre, & le nom qu'on donne à un livre. (L'intitulation sert beaucoup à faire débiter un livre.)

Intolérance, *s. f.* Ce mot ne se dit point.

Intolérable, *adj.* Qu'on ne peut tolérer, qu'on ne peut soufrir. (Une humeur intolérable. Un homme intolérable.)

Intolérablement, *adv.* D'une manière intolérable, & qu'on ne peut soufrir. (Ces esclaves ont été intolérablement tourmentez.)

Intonation, *s. f.* Terme de *Musique*. C'est la diversité des sons; C'est la partie de la musique qui regarde la diversité des sons; L'intonation est la même dans la musique & dans le plein chant.) Il signifie aussi l'art par laquelle on commence à s'entonner & à chanter.

Intraitable, *adj.* Personne avec qui on ne peut traiter. (Les Alemans ont naturellement l'esprit rude & intraitable. *Flechier, Commendon l. 2. c. 4.*)

Intrant, *s. m.* Terme de l'*Université de Paris*. C'est celui qui est choisi par la Nation pour nommer le Recteur. Il y a quatre *Intrans*, parce qu'il y a quatre Nations dans l'Université, & lorsqu'il est question de faire un Recteur, chaque Nation nomme son Intrant. En suite ces Intrans se retirent en particulier pour choisir le Recteur; lorsqu'ils ne se peuvent acorder sur ce choix; le Recteur qui est encore en charge, à moins qu'il ne s'agisse de lui-même, entre avec eux pour lui faire pancher de côté, ou d'autre en donnant sa voix à l'un des partis lorsque les voix sont égales. (Choisir les intrans. Monsieur un tel est des Intrans.)

Intrépide, *adj.* Ce mot est Latin, & signifie qui ne craint point la mort, qui afronte les périls avec hardiesse. (C'est un homme intrépide. Courage intrépide.)

Intrépidité, *s. f.* Hardiesse. Assurance mâle & vigoureuse. (Avoir de l'intrépidité.)

Intrigue, *intrigue*, *s. f.* On dit *intrigue*, & non pas *intrique*. L'*intrigue* est un terme de poësie; C'est la conduite ingénieuse des afaires d'une piéce de teatre. (Intrigue bien suivie.)

Intrigue. Il signifie en général afaire, négociation, pratique qui se fait avec adresse. (Avoir de l'intrigue. Etre de l'intrigue.)

Intriguer, *v. n.* Se mêler dans le grand commerce du monde, y chercher des connoissances pour y faire quelque chose. (*Les plus habiles d'entre eux *intriguent* beaucoup, parlent peu & s'écrivent point. *Pas. l. 3.*

S'intriguer, *v. r.* Se mêler dans le commerce du monde. Se faire plusieurs connoissances pour quelque dessein qu'on a. (Si on veut faire quelque chose à Paris il faut un peu s'intriguer.)

Intrinseque, *adj.* Terme de *Philosophie*. Qui est du dedans. (Vertu intrinseque. Qualité intrinseque.) Il est oposé à extrinseque.

Introducteur, *s. m.* Celui qui introduit & facilite l'entrée d'une personne auprès d'une autre.

Introducteur des Ambassadeurs. C'est un Oficier qui reçoit & conduit les Ambassadeurs dans la chambre de leurs Majestez, de Messieurs les enfans de France & des Princes souverains.

Introduction. C'est l'action d'introduire. (L'introduction d'un Ambassadeur.

Introduction, *s. f.* Entrée. Commencement pour faire quelque chose. Livre contenant les principes de quelque doctrine. (Ainsi on dit introduction à la Geographie. Introduction à la vie devote.)

Introduction. Terme de *Prédicateur*. Exorde qui suit immédiatement l'Ave Maria & où le Prédicateur divise son sermon.

Introductrice, *s. f.* Celle qui introduit & favorise l'acès d'une personne auprès d'une autre. Je n'ai trouvé le mot d'*introductrice* que dans la seconde partie des poësies de Godeau, *Eglogue 4.* & on croit que ce mot d'*introductrice* ne se dit guere. (Elle est ou favorable, ou rude introductrice. *God.*)

Introduire, *v. a.* J'introdui, j'ai introduit, j'introduisis. Ce mot signifie *mener dans un lieu.* (Je l'ai introduit au Louvre. Introduire une personne dans les meilleures familles de Paris.)

* *Introduire.* Il se dit au figuré, & signifie faire recevoir, mettre en usage. (Introduire une coutume. Introduire une opinion dans l'école. *Pas. l. 6.*)

Introit, *s. m.* Terme d'*Eglise*. En Latin *introitus*. On dit *introit*, *s. m.* & *introite*, *s. f.* Celui-ci semble le meilleur & celui dont se servent les bons Auteurs. C'est le commencement de la Messe. (Dire l'introite. Le Prêtre est à l'introite. L'introite de la Messe contient la déclaration que Dieu a faite aux hommes, depuis le peché d'Adam, de les vouloir délivrer de la misére où ils sont tombez, & les remettre en grace en leur donnant un Sauveur. *S. Ciran, Theologie familière, explication des Ceremonies de la Messe.*) C'est le commencement de la Messe. (Dire l'introit. Le Prêtre est à l'introit.)

Intrus, *intruse*, *adj.* Il vient du Latin *intrusus*, & veut dire en général qui sans aucun droit s'est mis en possession d'une chose; mais particulièrement-il se dit parlant de bénéfices. C'est celui qui s'est emparé d'un bénéfice sans un titre légitime, & qui n'y est pas entré par les formes prescrites canoniquement. *Intrus* n'est bien usité qu'au masculin. On le regarde comme un homme Intrus dans le bénéfice. *Voiez Rebuffe.*

Intrusion, *s. f.* Il se dit principalement parlant de bénéfices. Il y a deux intrusions: La première est une action par laquelle on se tient en possession d'un bénéfice par force, & à main armée. La seconde intrusion consiste à avoir obtenu ou bénéfice ou une dignité d'une personne qui n'avoit pas le pouvoir de conférer cette dignité ou ce bénéfice. Cette derniere intrusion n'est point criminelle, mais la première l'est.

INV

Invaincu, *invaincuë*, *adj.* Ce mot veut dire qui n'a pas été vaincu, mais il n'est pas bien établi. Corneille a dit dans le Cid.

Ton bras est *invaincu*, mais non pas invincible.

Invalide, *adj.* Terme de *Palais*. Qui a des défauts qui le rendent nul. (Acte invalide.)

Invalide, *s. m.* Ou Hôtel Roial des invalides. C'est un bâtiment magnifique au bout du faux-bourg Saint Germain de Paris fondé en 1669. & commencé à bâtir en 1671. où il y a un Gouverneur, un Major & d'autres Oficiers, où l'on fait garde & où l'on observe les mêmes choses que dans les places de guerre: C'est dans ce superbe édifice qu'on reçoit tous les Oficiers & tous les Soldats qui dans les occasions glorieuses ont été estropiez au service de Sa Majesté. Là on leur donne à chacun un juste au-corps bleu qui marque la livrée du Roi; on les couche, on les nêtteie, on les blanchit & on les nourrit dans plusieurs grandes sales où sont peintes les victoires du Roi, & où le Roi même est peint à cheval. Il y a dans l'hôtel des invalides des Pères de la Mission qui ont soin d'instruire les Oficiers & les Soldats dans la crainte de Dieu; & présentement on y bâtit une tres belle Eglise pour y faire le service divin. Le Roi Louis XIV. est en relief sur le haut de la porte des *Invalides*, avec plusieurs trophées d'armes & autres ornemens dont la façade de l'édifice, est embélie. (Un soldat, ou un Oficier estropié entre aux *Invalides* quand il a des certificats de service & du lieu où il a été glorieusement estropié.)

Invalide, *s. m.* C'est un homme de guerre qui a été estropié au service du Roi, & qui a une place dans l'hôtel des Invalides. (On met à la gruë, ou sur le chevalet les *Invalides* qui méritent punition. Les *Invalides* ont permission de sortir une fois la semaine.)

Invalidité, *s. f.* Terme de *pratique.* Defaut qui rend nul quelque contract ou autre acte. (Soutenir l'invalidité d'un mariage. *Maucroix, Schisme l. 1.*)

INVARIABLE,

INVARIABLE, adj. Qui ne varie point. (La foi est une & invariable. Pas. l. 5.)
Invariablement, adv. Fermement. S'atacher uniquement & invariablement à Dieu. Pas. l. 1.)
INVASION, s. f. Action de celui qui veut s'emparer. (Défendre une Province contre l'invasion des ennemis. Abl. Tac. An. l. 1. c. 5.)
INVECTIVE, s. f. Discours injurieux. (Faire de sanglantes invectives.)
† Invectiver, v. n. Déclamer contre quelque chose. (Contre un monde de recettes il invectivoit de son mieux. La Fontaine, Contes.)
† INVENDU, invenduë, adj. Ce mot est bien nouveau & ne doit pas être hazardé que tout au plus dans le Satirique, & le Comique. Il signifieroit *non vendu, qui n'a pas été vendu*. (Le livre de A. demeure invendu, & le libraire enragé d'en distribuer l'impression à l'épicier & à la beurriere.
INVENTAIRE, s. m. Terme de *pratique*. C'est une sorte de registre fait par ordre de Justice, contenant un dénombrement des biens meubles & des titres d'une personne. (Inventaire solennel. Patru, plaidoié 14. Faire inventaire.)
Inventaire ou *Eventaire*. Terme de *Vanier & de certaines femmes qui revendent par les ruës de Paris*. Il est plus souvent féminin que masculin, parmi les petites gens & les gens du métier, & même *Inventaire* n'est pas si en usage qu'*éventaire*, parmi les habiles Jardiniers. C'est un grand panier plat sans anses, long d'environ trois piez & large de deux, sur lequel les marchandes d'herbe & de poisson portent leur marchandise par la vile. (Cette inventaire, ou plûtôt *éventaire* est garnie comme il faut. Mon inventaire est pleine.)
Inventer, v. a. Imaginer quelque chose que personne n'a encore imaginé. Trouver quelque chose à force de penser & par l'adresse & la vivacité de son esprit. (On dit que les Bergers de Sicile ont inventé l'eglogue.)
† *Inventer*. Il signifie quelquefois controuver. (Inventer des bourdes, des calomnies, &c.)
Inventeur, s. m. Celui qui invente & trouve quelque chose par le moien de son esprit. (Il a la gloire d'être inventeur. Le ventre est l'inventeur des arts.)
Inventif, inventive, adj. Qui invente. Qui trouve quelque chose par l'adresse & la subtilité de son esprit. Qui a du génie à inventer. (C'est un homme inventif. Esprit inventif. Benserade, Rondeaux. L'amour rend inventif. Moliére.)
Invention, s. f. L'invention consiste à avoir trouvé, ou à avoir imaginé quelque chose le prémier. (Voilà la recompense de la belle invention. Ablancourt, Luc. T. 1.)
Invention. Terme de *Réteur*. Elle consiste à trouver des moyens de persuader, & elle est une des cinq parties de la Rétorique.
Invention. Terme d'*Eglise*. Jour, où sainte Heléne mére de l'Empereur Constantin trouva la sainte Croix. (Célebrer la fête de l'invention de sainte Croix.)
Invention. Moien. Adresse. Subtilité. (Il me faut tous les jours trouver mille inventions pour joüir de mes maîtresses. Ablancourt, Luc. Tome 1.)
† *Inversable, adj*. Ce mot est nouveau, & se dit de certains carosses, & veut dire qui ne verse point. (Il y a du plaisir à se promener dans des voitures inversables.)
INVESTIR, v. a. Mettre en possession de quelque fief. Donner à quelqu'un l'investiture d'un bénéfice éclesiastique, ou laïque. (Investir une personne d'un fief.)
INVESTIR, Verbe Actif. Terme de Guerre. C'est entourer de telle sorte une place que rien n'y puisse entrer. C'est aussi enfermer & environner de telle façon des troupes qu'elles ne puissent s'échaper, ni tirer d'afaire sans être batuës. (Quand un général à dessein d'assiéger une place, il la fait auparavant investir par un corps de cavalerie sous le commandement d'un Lieutenant général, & d'un maréchal de camp. On commença de les investir de l'aile droite où étoit Alexandre. Vaug. Quin. liv. 5. chap. 11.)
Investi, investie, adj. Entouré, environné, enfermé par des troupes. (Ils craignoient d'être investis. Abl. Ret. l. 4.)
* Investi, investie. Ce mot entre quelquefois dans le comique. Ainsi Mainard, poësies, p. 167. a dit.

(Tes yeux investis de cire
Ne connoissent plus le jour.

C'est à dire, tu es si chassieuse que tu ne vois goute.)
Investiture, s. f. Acte qui contient la mise en possession d'un fief, ou d'un bénéfice ; & qui se fait par celui qui a le droit d'en investir un autre, & qui est suivi d'une prise de possession. (Le Roi donne l'investiture des fiefs de son Roiaume. Ce Prince a pris son investiture de l'Empereur. Il lui donna l'investiture des deux Siciles.)
INVÉTERÉ, *invéterée*, adj. Il vient du Latin. Ce mot se dit des maux & des maladies, & veut dire qui dure depuis long tems. Qui s'est enraciné dans le corps. (Farcin invéteré. Maladie invéterée.)
Invéterer, v. n. Vieillir. (Il ne faut pas laisser invéterer les maux, car ils pourroient devenir incurables.)
INVINCIBLE, adj. Qu'on ne peut vaincre. (Peuple invincible à la guerre. Vau. Quin. l. 3.)

* *Invincible*, adj. Au figuré, il signifie qu'on ne peut ôter, surmonter, ni en venir à bout. A quoi on ne peut remedier. (C'est une ignorance invincible. Dificulté, obstacle invincible.)
Invinciblement, adv. D'une maniére invincible. (Prouver une chose invinciblement. Maucroix, Homelie 2. page 173 Il persuade invinciblement les Catoliques à persister. Maucroix, Schisme, l. 3. page 502.)
INVIOLABLE, adj. Qu'on ne doit pas violer. Qu'on ne doit pas rompre. (Ma foi est inviolable. Ablancourt. Azile inviolable. God.)
Inviolablement, adv. D'une maniére inviolable. (Je suis inviolablement vôtre tres-humble serviteur. God. Nôtre derniere resolution est inviolablement à nôtre choix. Patru, plaidoié 8.)
INVISIBLE, adj. Mot Latin. Il signifie qu'on ne peut voir. (Les substances incorporelles sont absolument *invisibles*. Les corps qui s'éloignent trop de nous, deviennent peu à peu invisibles. On dit que ceux qui se font voir rarement, sont souvent *invisibles*. * On dit de ce qui a été dérobé qu'il est devenu invisible. La plûpart des operations de la nature sont invisibles.)
Invisiblement, adv. D'une maniére invisible. Sans être vû. (Il a passé invisiblement.)
INVITATOIRE, s. m. Mot Latin. Terme d'*Eglise*. Verset qui excite à adorer & à loüer Dieu.
Inviter, v. a. Exciter à faire quelque chose. Engager. Obliger à faire. (Elle l'invita à faire le voiage. Flechier Commendon, l. 4. c. 4.)
Inviter. Prier de. Convier de. (Inviter quelqu'un à souper. Moliére.)
Invitation. L'action d'inviter. Cérémonie qu'on fait pour prier des personnes considérables de se trouver à quelque action solennelle. (L'invitation des Cours Souveraines pour assister à un *Te Deum*, se fait par les Oficiers des cérémonies. Faire une invitation.)
INVOCATION, s. f. Mot Latin. Ce mot se dit en parlant de piété. C'est l'action de prier Dieu & de prier les Saints de nous servir d'intercesseurs auprés de Dieu dont ils sont les temples & les amis. (Croire l'invocation des Saints. L'invocation du nom de Dieu.)
Invocation. Terme de *Poësie*. Partie du poëme épique où le poëte invoque quelque esprit céleste, Apollon, ou quelque Muse. Vers que le poëte emploie à invoquer sa Muse. (Une belle invocation.)
INVOLONTAIRE, adj. Mot Latin. Qui n'est pas volontaire. (L'ignorance rend les actions involontaires. Pas. l. 4.)
Involontairement, adv. Sans consentement. Sans aucune volonté. (Cela s'est fait involontairement.)
INVOQUER, v. a. En Latin *invocare*. Terme de *matiére de pieté*. C'est implorer le secours de Dieu ; c'est le prier humblement de nous secourir. C'est prier les Saints, ou Saintes d'intercéder pour nous auprés de Dieu. (Il faut invoquer Dieu.)
Invoquer. Terme de *Poëte*. C'est faire une invocation à Apollod ou aux Muses afin de nous inspirer. (Invoquer la Muse. O Muse, je t'invoque, emmielle moi le bec. Reg. Sat. x.)
INUSITÉ, *inusitée*, adj. Il vient du Latin. Qui n'est pas usité. (Mot inusité.)
INUTILE, adj. En Latin *inutilis*. Qui n'est pas utile. Qui ne sert de rien. (Païs inutile aux ennemis. Vau. Quin. l. 3. Ils étoient inutiles pour le combat. Ablancourt, Rét. l. 3.)
Inutilement, adv. Sans utilité. (Travailler inutilement.)
Inutilité, s. f. Chose inutile. Le peu d'importance, de conséquence & de solidité d'une chose. (C'est une inutilité fort ennuieuse. S. Evremont. Elle étoit frapée de l'inutilité de la chose. Nicole Essais de Morale T. 1. Il ne sufit pas que l'homme s'humilie par l'inutilité de sa science, il faut qu'il confesse que ce qu'il en peut aquerir, n'est presque rien. Le même. On ne doit point reprocher à Platon, ni à Socrate, l'inutilité de leurs dialogues. Maucroix, dialogues.)
Inutilité. Il signifie quelquefois presqu'autant qu'*oisiveté*. (Les Espagnols s'abandonnent à l'amour dans l'inutilité de Madrid où rien ne donne du mouvement que cette seule passion. S. Evremont. T. x.)
INVULNERABLE, adj. Il vient du Latin, & signifie qui ne peut être blessé. (Les Poëtes ont feint qu'Achille étoit invulnerable, excepté au talon. On prétend qu'il y a des caractéres & des charmes qui rendent les personnes invulnerables.)

JOA. JOB.

JOUALIER. Voiez *Jouälier*.
JOB, s. m. Nom d'homme. (le saint homme Job. † Pauvre comme Job. Patient comme Job.
* JOBELIN, s. m. Maniére de cocu. (C'est un Jobelin.)
† *Jobelins*. On a apellé ainsi les beaux esprits qui estimoient plus le Sonnet de Job, de Benserade, que le Sonnet d'Uranie, de Voiture.

JOC. JOD. JOI.

† JOCRISSE, *s. m.* Pauvre espéce d'homme, Maniére de petit vilain & d'avare, sordide, bas & lâche. Maniére d'homme foument complaifant à fa femme. (Un franc jocrisse. Faire le jocrisse.)

† JODELET, *s. m.* Folâtre. Qui fait rire. (C'est le Jodelet de la compagnie.)

JOIAU, *s. m.* Chose prétieuse & de prix, soit bague, colier, ou petit.

(Je donnerai telle somme par mois
Outre cela, joiaux, perles de choix.
Voit. Poëf.)

JOIE, *s. f. f.* Satisfaction qu'on ressent en soi, qui marque le cœur est content & qui fait voir ce contentement par quelque signe extérieur. (Avoir une grande joie. Recevoir de la joie. Donner une fausse joie. *Pas. l. 4.* C'est vous qui faites toutes mes joies. *Voiture. l. 30.* La joie occupoit tous les esprits *Mémoires de Monsieur le Duc de la Roche-Foucaut.* La joie est ce qui contribue le plus à la santé. *S. Amant.* Imprimez, mon Dieu, la joie dans l'ame de vôtre serviteur. *Port. Roïal. Pf. 85.*

Fasse le juste ciel propice à mes défirs
Que ces longs cris de joye étouffent vos soupirs.
Corn. Pomp. a. 5. sc. 5.)

Joieux, joieuse, adj. Qui a de la joie. (Il est joieux. Elle est fort joieuse de la bonne fortune de son ami.)

† *Joieux, joieuse, adj.* Il signifie aussi, qui donne de la joye, qui comble de joie. Heureux. (Le Roi, à cause de son joieux avenement à la Couronne, nomme, au préjudice de tous les gradüez, à la première prébende qui vaque dans chaque Eglise Catédrale, ou Collégiale. *Pelletier, traité des expeditions.*)

Joignant, participe. Qui joint, qui est auprès. (Sa maison est joignante la mienne.)

† *Joignant, Préposition* qui n'est pas fort usitée, qui régit l'accusatif, & qui veut dire *Tout contre.* (Joignant le bord.)

Joindre, v. a. Mettre une chose avec une autre. Mettre une chose tout contre une autre. Mettre ensemble de telle sorte que les choses serrent & ferment proprement. *Je joins, nous joignons, j'ai joint, je joignis.* Il joignit le Général à la Vice-Roiauté. *Patru, 1. plaidoié.* Joindre les mains. Couvercle de cofre qui joint bien.)

Joindre. Se mettre avec d'autres. (Il retourna joindre le gros de l'armée. *Abl. Ar.*)

Joindre. Terme de *Tonnelier.* Unir quelque piéce de bois en la passant sur le fer de la colombe. Joindre un fond de tonneau.

Joindre. Terme de *Cordonnier.* Coudre une chose avec une autre. (Joindre une paire d'empégnes.)

Se joindre, v. r. S'unir. Se mettre. Se mêler avec un autre. (Se joindre à ses Alliez. Ces deux apartemens se joignent par une galerie. Le Rône & la Sône se joignent à Lion. Se joindre par mariage.)

Joindre. Il signifie quelquefois ajouter. (Il faut joindre l'expérience au raisonnement pour réüssir en Phisique. Joignez vos priéres aux miennes. Joignez à cela que, &c.)

Joint, jointe, adj. Qui est mis avec quelque chose & qui est bien ferré l'un contre l'autre. Mis avec d'autres. (Chose bien jointe. Les troupes sont jointes.)

Joint, s. m. Terme d'*Architecture.* Intervalle qui est entre les pierres. (Remplir bien tous les joints. Les joints des lits de pierre sont de niveau.)

† *Joint que.* Sorte de conjonction qui veut dire *outre que.* Joint qu'il y avoit en lui de certaines choses. *Vaug. Quin. l. 3. c. 6.*)

Jointé, jointée, adj. Ce mot se dit des chevaux. Cheval *long, jointé,* c'est celui qui a le pâturon long, efilé & pliant; court, jointé, qui a le pâturon court.

Jointée, s. f. Ce mot se dit en parlant de chevaux de manège. On dit une *jointée de son. Une jointée de grain.* C'est la quantité de son, ou de grain qui peut tenir dans les deux mains quand elles sont jointes. (Mettre une jointée de froment dans la mangeoire d'un cheval.)

Jointure, s. f. Ce qui assemble & qui attache. (Les doigts de la main, hormis le pouce, ont chacun trois jointures. Cet ouvrage est si bien assemblé qu'on n'en voit pas les jointures.)

Jointure. Terme de *Cordonnier.* Couture qui joint les deux cartiers de souliez.

JOL.

Joli, jolie, adj. Ce mot se dit des personnes & des choses, & signifie, Qui aproche de la beauté. Qui a un air charmant. Qui est agréable. Qui est plein d'un esprit qui plaît. (Elle n'est pas belle, mais elle est jolie. C'est une jolie femme. Elle est jolie. un joli enfant. Une jolie petite fille. Je me fais bien servir des jolies choses que j'entens dire. *Voit. l. 19.* Aimer les *jolies* choses. *Scaron.* Un joli cabinet. Une jolie garniture. Un ver se fort joli.)

Joli, jolie. Ce mot se dit souvent, par raillerie, il se dit des choses & des personnes. (La jolie décoration au mois d'Aoust qu'une robe de chambre de camelot de Holande. *Patru, plaid. 16.* Ce gentil, joli jeu d'amour, *Scaron, Poësies,* Ce gent, joli Pére. *Ménage, Observations sur la langue, seconde partie* Vous êtes un joli personnage. C'est un joli jeune homme. *Nouvelles remarques sur la langue.*)

Joli. Ce mot est quelquefois pris substantivement, ainsi on dit. (Cela passe le joli.)

Joliment, adv. D'une maniére jolie. D'une maniére agréable, & où il y a de l'esprit. (Dire joliment les choses. Danser joliment.)

JON.

Jonc, s. m. Prononcez *jon.* Il y a de plusieurs sortes de jonc, le commun, le fleuri, le large, le lisse, mais en général le *jonc* est une plante de marais, ou d'étang, qui, au lieu de feuilles, pousse des tuiaux ronds, droits, sans neuds, menus & hauts d'une coudée & demi, verds, luisans & pleins de moëlle blanche, *Dal.* On fait des balais, des paniers, des cabats, des nattes, &c. de jonc.

† *Il se tient droit comme un jonc.* Cela se dit proverbialement de celui qui se tient fort droit, & de celui qui ne se baisse point pour saluer.

Jonc. Terme d'*Orfévre.* Bague sans chaton. (Jonc émaillé. Jonc de diamans. Jonc d'émeraudes.)

Jonchée de crême, s. f. Terme de *Crêmiére.* C'est un petit panier jour qui est plein de crême, qu'on vend par les ruës de Pariz un peu aprés Pâque. (Prendre une jonchée de crême. Vendre sept ou huit jonchées de crême)

† *Joncher, v. a.* Ce mot est un peu vieux, mais les bons Auteurs Anciens & Modernes ne laissent pas de s'en servir. Couvrir de joncs, couvrir d'herbes ou de fleurs. (Joncher les chemins de fleurs. *Vaug. Q. l. 5. c. 1.*)

* *Joncher la campagne de morts. Abl.*

Jonction, s. f. Ce mot se dit en parlant de troupes, & veut dire Action de gens qui se joignent pour ne faire qu'un gros. (Empêcher la jonction des ennemis. *Abl. Ar. l. 1.*)
On dit aussi la jonction de deux riviéres. La jonction des deux mers s'est faite par le canal de Languedoc.

† *Jongler, v. n.* Folâtrer. Faire le baladin. Faire le jongleur. Le mot de jongler est vieux.

† *Jongleur, s. m. Vieux mot* qui veut dire une sorte de vieux Poëte François, qui, sur la viòle, aloit, dans la Cour des grans Seigneurs, chanter les belles actions de ces Seigneurs. *Voiez Fauchet de la langue & poëssie Françoise, c. 8.*

Jonien, Joniènne, adj. Qui est d'Ionie. (C'est un Jonien. C'est une Ionienne. La dialecte Ionienne.) Prononcez *yonien. Voiez dialecte.*

Ionique, adj. Ce mot se dit en parlant des Ordres d'Architecture & de la dialecte des Ioniens, & il signifie, Mis en usage par les Ioniens. Usité par les Ioniens. (Ordre Ionique. Dialecte Ionique.) *Voiez Ordre.*

Jonquille, s. f. Fleur blanche, ou jaune. (La jonquille simple & grand calice fleurit en Mars. Grande jonquille. Petite jonquille. Jonquille d'Espagne.)

Jonteirau, s. m. Terme de *Marine.* C'est une des piéces de bois qui entre dans la construction de l'éperon d'un Vaisseau.

JOS. IOT.

Joseph, s. m. Nom d'homme. (Joseph fut attendri à la vûë de ses freres. Joseph étoit fils de Jacob & de Rachel.)

Iota, s. m. Lettre Gréque, dont la figure est fort petite. Elle répond à nôtre *i* François.

* *Il se prend dans l'Ecriture pour une chose très-petite; quand elle dit que les Propheties de Jesus-Christ s'accompliront sans qu'il y manque un iota.* Cet ouvrage est complet, il n'y manque pas un iota. On n'ajoutera, ni otera un iota. *Voit. l. 92.*)

JOU.

Joüalier, Joalier, s. m. L'usage est pour *Joüalier.* Marchand qui trafique de pierreries. (Un riche Joüalier.)

Joüaillerie, s. f. f. Marchandise de joüalier. (Se mêler de joüaillerie.)

Joüe, s. f. La partie du visage, qui prend depuis les yeux jusques au menton. Une joüe vermeille. Avoir les joües rouges. Donner sur la joüe. Couvrir la joüe.)

† * *S'en donner par les joües.* Façon de parler populaire, pour dire. Manger son bien en débauches.

Mettre en joüe. Coucher en joüe. C'est mettre la couche d'un fusil, ou de quelque arme à feu contre sa joüe & présenter l'arme pour la tirer.

† * *Coucher en joüe.* Façon de parler burlesque, pour dire, regarder, considérer.
(La vilageoise est belle & jeune, je l'avoüe,
Don Alfonse, en passant, peut la coucher en joüe.)
Scar. D. Joseph. a. 1. sc. 1.)

Joües de peson. Terme de *Balancier.* Maniére de petites plaques qui sont de part & d'autre sur les broches du peson.

Joüer, *v. a* S'exercer au jeu. (Joüer une partie de paume. Joüer à la boule. Joüer au balon. Joüer au dez, aux cartes, aux échees, &c. Les hommes, & sur tout les Ecclésiastiques ne devroient jamais joüer avec les femmes. Il sied mal aux Magistrats & aux Ecclesiastiques de joüer en public, ou à jeux publics. On ne doit joüer que pour se délasser le corps ou l'esprit. On ne doit pas joüer par interêt. Les femmes ne doivent pas joüer l'argent de leurs maris. *Thiers, traité des jeux.*

Qui a joüé, joüera. Pour dire qu'on ne quitte jamais le jeu, quoi qu'on se promette.

Joüer. Badiner. Folatrer. (Ils se joüent avec leurs houlettes en faisant une autre dance. Elle tenoit un éventail dont elle joüoit. *Le Comte de Bussi.*)

Joüer. Ce mot se dit de l'artillerie, & veut dire, la tirer. (Faire joüer l'artillerie. *Ablancourt.*)

Joüer. Terme de Comédien. Représenter. (Joüer le Tartufe. Joüer une comédie avec aplaudissement. *Ablancourt, Luc. T. 1.*) On ne doit point joüer de Comédie ni de Tragédie dans les lieux Saints. *Thiers, traité des jeux, ch. 33.* On dit d'une pièce de Theatre qu'elle n'est pas *joüable*, c'est à dire, qu'on ne la peut pas joüer, ou qu'on ne la doit pas joüer, parce qu'elle n'a rien de plaisant, ni qui touche le cœur.

Joüer. Terme de joüeur d'instrument de Musique. C'est faire résonner l'instrument pour se divertir soi même, ou les autres. (Joüer une partie sur le clavessin, sur l'orgue, ou sur le luth.) Les Organistes disent, Joüer la Messe. Joüer Vêpres, c'est à dire. Toucher l'orgue à la Messe, ou à Vêpres.

Joüer. Ce mot se dit des eaux, & des machines, & signifie *les faire aller*. (Faire joüer les eaux. Faire joüer les machines. *Abl. Ar. l. 1.*)

* Joüer. Se moquer. Rendre une personne ridicule. Plaisanter. (Moliére a joüé les Marquis ridicules & les Faux dévots. Joüer sur la rencontre des mots. *Abl. Luc. T. 1.*)

† * Joüer à boute hors. C'est voir qui se chassera hors de quelque maison. (Valets qui joüent à boute hors.)

† * Joüer à se perdre. C'est s'exposer à se perdre, Faire des actions qui nous conduisent à nôtre perte.

† * Joüer à quitte, ou à double. C'est rompre, ou s'accommoder tout à fait avec une personne.

† * Joüer de malheur. C'est être malheureux en joüant.

† * Joüer au plus fin. C'est user de finesse, & tromper.

† * Joüer au plus seur. C'est se conduire d'une maniére seure en quelque afaire un peu délicate.

† * Joüer d'un tour à quelqu'un. Joüer un tour à quelqu'un. *Moliére.*

† * Que vous joüez au monde un petit personnage ! *Mol.*

Se joüer, *v. r.* Se moquer. Se rire de quelqu'un. (Se joüer de quelque personne.)

Se joüer. Railler. Plaisanter. Se moquer. (Se joüer sur le luxe des habits. *Abl. Luc. T. 1.* La fortune, se joüa des ordres qu'il avoit donnez. *Vau. Q. l. 3.*)

Se joüer. Se divertir. S'égaïer. En ce sens, il se dit des Auteurs. (Il se joüa en des descriptions agréables pour charmer le Lecteur. *Abl. Minut. Felix préface.*)

Se joüer à quelqu'un. C'est à dire, Se prendre à quelqu'un, l'attaquer. (Ces canailles s'osent joüer à moi. *Mol.*)

Joüet, *s. m.* Ce avec quoi on amuse les enfans. (De petits joüets d'enfant.)

* Joüet. Qui est en bute à la fortune. (Il a été long tems le joüet de la fortune.)

* Joüet. Personne dont on se joüe. Personne qui est l'objet de la raillerie & du méptis. (Etre le joüet des sots. *Abl.* Il est le triste joüet de ses ennemis. *Scaron.*)

Joüeur, *s. m.* Celui qui aime à joüer. Celui qui se divertit à joüer. (C'est un grand joüeur. C'est un bon joüeur. Un fâcheux joüeur. Il y a peu de diférence entre les joüeurs de profession & les voleurs. *Thiers, tr. des jeux, ch. 17.*)

Un joüeur de gobelets. C'est une sorte de baladin qui a vec des gobelets fait des tours afin d'amuser les passans & leur vendre quelque chose.

Un joüeur d'instrumens. Celui qui joüe de quelque instrument de musique, come de violon & autres pareils. (Un joüeur de flageolet. Un joüeur de flûte. Un joüeur de hautbois.)

† * C'est un rude joüeur. C'est à dire, un homme à qui il ne se faut pas prendre. A qui il ne se faut pas joüer.

Joüeuse, *s. f.* Celle qui aime à joüer. (C'est une grande joüeuse.)

† * Que vous êtes une rude joüeuse en critique. *Moliére.*

† Jouflu, *jouflue, adj.* Qui a de grosses joües. (Deux gros jouflus. *Mol.*)

Joug, *s. m.* Prononcez *jouc*. Instrument de bois auquel on atache les bœufs lorsqu'on les veut faire travailler. Ce qui joint & attache les bêtes qui tirent. (Jong de chariot. *Vau. Quin. l. 3.* Les chevaux commencent à se cabrer, & à secoüer le joug. *Vau. Quin. l. 3. c. xi*)

(* Plier sous le joug. *Abl.* S'afranchir du joug de la Macedoine. *Ablan. Ar. l. 1.* Porter impatiemment le joug de la domination. *Vau. Q. l. 4.* Se coüer le joug. Le joug du mariage. *Scar.*)

Jovial, *jovialè, adj.* Gai, joïeux naturellement. (On croit que l'humeur joviale vient de ce qu'on est né sous la planéte de Jupiter.)

Joüir, *v. n.* Avoir la possession d'une chose. (Joüir de son bien. Joüir d'une terre de cinq mille livres de rente.)

(* Joüir d'une maîtresse. *Abl. Luc.* C'est en avoir la derniére faveur.)

Joüir. Il se dit des ouvriers, & des autres personnes qui servent le public, & il signifie les avoir à sa disposition. En pouvoir tirer du service. (On ne joüit pas aisément des ouvriers. Il y en a qui sont acablez de besogne & l'on n'en sauroit joüir. Cet Avocat, ce Médecin a tant de pratique qu'on ne sauroit joüir de lui.)

Joüissance, *s. f.* C'est l'acte de joüir d'une chose en repos & sans trouble Avoir la possession d'une chose, de sorte qu'on en puisse librement disposer. (Avoir la joüissance de son bien.)

* Il aima peu de femmes sans en avoir la joüissance, *Mancrois, Schisme. l. 1.* Ils demeurérent non seulement la premiére nuit de leur joüissance, mais encore le lendemain & le jour d'après. *S. Evremont Matrone d'Ephese.*

Joüissant, *joüissante, adj.* Qui joüit. (Elle est joüissante de ses droits.)

Jour, *s. m.* L'espace du tems que le Soleil est sur l'hémisphére. Les Astronomes l'appellent *Jour artificiel*, pour le distinguer du *jour naturel*, qui est de vint-quatre heures, & qui comprend le jour & la nuit.) Jour civil. Jour gras. Jour maigre. Jour ouvrier. Faire jour. Il fait jour. Le jour commençoit à paroître.)

La pointe du jour. Le point du jour. L'un & l'autre se dit. (Il fit assembler ses soldats dés la pointe du jour. *Abl. Tac. an, l. 2.*)

Diferer de jour en jour. *Vau. Quin. l. 2.*

Etre de jour. Ces mots se disent entre gens de guerre, & c'est à dire servir 24. heures en qualité d'Oficier Général. (Il est de jour en qualité de Lieutenant Général.)

Les bons jours. Ce sont les Dimanches & les Fêtes célébres. (Porter tout aux bons jours. *Moliére.*)

Le jour des morts. Fête célébre de l'Eglise Romaine où l'on prie pour les morts & qu'on apelle d'ordinaire, Les Trépassez.

Les grans jours. Les jours d'été. Nous aurons bien-tôt les grans jours. *Voit. Poësies.*

Les grans jours. Ce sont des Commissaires députez par le Roi pour juger souverainement comme les Parlemens. Assemblée de ces Commissaires. (Les grans jours de Lion suivirent cette doctrine. *Patru, p. 5.* (Tenir les grans jours en un tel lieu.)

Jour. Ce mot entre dans plusieurs façons de parler proverbiales & figurées. Ainsi on dit, *vivre au jour la journée.* C'est vivre de ce qu'on gagne chaque jour.

* Viens passer avec nous les plus beaux jours que la Parque te file. *Sar. Poës.* Ne donnez pas tous vos jours à la gloire, vous en devez quelques uns aux plaisirs ; c'est à dire ne passez pas toute vôtre vie à aquerir de la gloire.

* Ouvrage indigne du jour. *Abl.* C'est à dire, qui ne mérite pas d'être imprimé.

* Se faire jour, l'épée à la main au travers des ennemis. *Abl.* (Au travers du péril un grand cœur se fait jour, *Andromaque, A. 3. S. 1.*)

Jour. Terme de *Peinture*. Parties éclairées. (Le jour d'un tableau.)

Tableau dans un faux jour. C'est à dire, que la lumière qui entre où est le tableau, n'éclaire pas bien.

Jour. Terme de *Charpentier*. Vuide qu'on laisse entre les pièces de bois de peur qu'elles ne s'échaufent.

Jour. Terme d'*Architecte*. C'est à dire ouverture.

* Jour de Dieu. Sorte de serment burlesque, & qui ne se fait que par les femmes. (Jour de Dieu, si elle avoit forfait à son honneur, je l'étranglerois. *Moliére.*)

De jour à autre, *adv.* Peu à peu. (Il recevoit de jour à autre nouveaux avis. *Patru, plaidoïé 5.* Les troubles croissoient de jour à autre. *Abl. Tac.*)

D'un jour à l'autre. Cet adverbe marque un tems défini, & signifie l'espace de deux jours en tout, ou en partie. (Du plus riche homme de la ville qu'il étoit, il est devenu d'un jour à l'autre le plus pauvre. *Vau. Rem.*)

A jour, *adv.* C'est à dire. Qui a des ouvertures. Panier à jour. Terme de *Navire*. C'est à dire, qui n'est pas plein.

Jour, *s. m.* Ce mot se dit en parlant du Louvre, des Princes, des gens de qualité, ou d'autres personnes qui sont à leur aise, come de gros & de gras Abez faineans. Et à cet égard le mot *je jour* acompagné d'une négation signifie que la personne dont on parle n'est pas encore levée ; & sans négation qu'elle est levée. (Il est jour ici. Il sera bien-tôt jour. Il n'est pas encore jour au Louvre, chez son Altesse, chez sa Majesté, &c.)

Venir au jour. C'est à dire, *naître.*

* Voir le jour, c'est *vivre.*

* Revoir le jour, c'est à dire *réssusciter.*

* Nos jours, signifie quelquefois, nôtre siécle. (Cela s'est passé en nos jours.)

† * On dit de deux choses fort dissemblables. Il y a diférence comme du jour à la nuit.

† * On dit pour loüer une femme qu'elle est belle comme le jour,

IRA IRE

jour, & pour la mépriser on dit qu'elle est belle à la chandelle, mais que le jour gâte tout.

*Faire de la nuit le jour & du jour la nuit. C'est employer le jour à dormir & la nuit à se divertir.

*Se mettre à tous les jours, c'est à dire ; Ne se ménager point & s'emploier aux moindres choses.

Journal, s. m. Recit de ce qui s'est passé de curieux chaque jour, ou chaque mois, en quelque Roiaume, ou en quelque autre Etat, durant le régne d'un Prince, ou d'une Princesse, ou durant le Gouvernement de quelque Ministre. Le Journal est écrit d'une manière simple & sans ornement. Il difère de l'histoire en ce que l'histoire est écrite avec plus de soin. On a imprimé un Journal de Henri III. où il y a quelque chose d'assez curieux. Le Journal du Cardinal de Richelieu.)

*Le Poëte, Colletet fait le journal de Paris.)

Journal. Terme de *Marchand*. Livre où ils écrivent jour par jour ce qu'ils font.

Le Journal des savans ; Feuille de papier imprimée qui se donnoit il y a quelque tems toutes les semaines & qui ne se donne aujourd'hui que tous les quinze jours, où l'on parle des livres nouvellement imprimez, de quelque expérience Phisique, ou autre curiosité de l'histoire naturelle. Le Journal des Savans commença en 1665. L'illustre M. Salo Conseiller au Parlement l'inventa. Aprés sa mort M. Galois le fit, & M. De la Roque le continuë aujourd'hui.

Journal. Terme de *Mer*. C'est un mémoire divisé par colonnes où les pilotes décrivent jour par jour la navigation d'un vaisseau.

Journalier, journaliére, adj. Qui se fait chaque jour. Qui est de chaque jour. (Mouvement journalier du Ciel. Révolution journaliere du prémier mobile. Expérience journaliére.)

(*Homme journalier. Beauté journaliére. Les armes sont journaliéres. C'est à dire, changeantes d'un jour à l'autre.)

Journaliste, s. m. Celui qui fait le Journal où l'on parle des choses qui regardent les belles lettres & les personnes curieuses. (Un Journaliste éloquent, ingénieux, agréable & qui égaie d'un air fin ce qu'il écrit. S'il étoit permis à un journaliste de faire un long éloge, je vous assure que je m'étendrois beaucoup sur vôtre chapitre. Lettre de M. Tessier à R.)

Journée, s. f. s. Jour. (Une belle journée. Il fit hier une agréable journée. Travailler à la journée, Vau. Quin. l. 4.)

Journée. Le travail du jour. (Paier les journées aux ouvriers qu'on emploie.)

Journée. Bataille. Jour de combat fameux entre deux armées. (Ils le vinrent prier de leur rendre leurs citoiens qu'il avoit fait prisonniers à la journée du Granique. Abl. Ar.)

Journée. Jour de marche. Chemin qu'on peut faire en un jour, (Etre à trois journées du Danube. Abl. Ar. Venir à grandes journées. Vau. Quin. l. 3. Venir à petites journées. Abl.)

†*Journellement, adv.* Tous les jours. (On lui fait journellement des sacrifices. Benserade, Rondeaux. Ciceron s'exerçoit journellement à faire des harangues. L'Abé Talemant.)

Joûre, s. f. Combat de deux Cavaliers, prés dans la lice, ou dans la carriere. (C'est aussi une course qu'on fait sur l'eau où il y a des araques & des combats)

† *Il entre en joûte dix ou 12. fois la nuit avec sa femme.

Joûter, v. n. Faire des joûtes. Courir avec des lances l'un contre l'autre. (Ils ont joûté avec beaucoup d'adresse.) * Que dirois tu si tu voïois joûter publiquement des coqs & des cailles. Abl. Luc. T. 2. exercices.)

Joûteur, s. m. Cavalier qui combat à la lice, avec la lance. (Il y avoit de rudes joûteurs en ce jour là.)

† *Jouvence, s. f.* Terme *burlesque* pour dire *jeunesse*. (La Fontaine de Jouvence.)

†*Jouvenceau, s. m.* Terme *burlesque* pour dire jeune garçon (Je ne croi pas que l'on blâme l'amoureuse ardeur dont m'enflame le bel œil de ce jouvenceau. Voit. poës.)

†*Jouvencelle, s. f.* Mot *burlesque* pour dire, jeune fille. (Jouvencelle au teint délicat, Scar. poës.)

IRA.

IRASCIBLE, *adj.* Terme de *Philosophie vulgaire*, qui se dit en parlant de la puissance de l'ame qui se porte contre les choses dificiles, ou qui lui déplaisent, & cette puissance s'apelle *apétit irascible*.

IRE.

Ire, s. f. f. Ce mot signifie *colére*, & est un peu vieux. Cependant, il est toûjours reçu dans la belle poësie en parlant des Cieux, des Dieux, & des Princes souverains. Cette feuille verdoyante que l'*ire* foudroiante du Ciel n'oseroit toucher. *Voiture, Poëte.* Quand on se range à son devoir, la pitié calme l'orage que l'*ire* a fait émouvoir. *Mal. poë. l. 2.*)

IRI IRO IRR 451

Ire. Ce mot n'a pas mauvaise grace aussi dans la belle prose lorsqu'il est bien placé. (Ils ont amassé un trésor d'*ire* pour le jour terrible du jugement. *Maucroix, Schisme, l. 2. page 274.)

IRI.

IRIS, *s. f.* Arc-en-ciel. (Il me semble qu'elle est une *Iris* & que c'est comme un *arc-en-ciel* qui paroit aprés l'orage. *Voiture l. 63.*)

Iris, s. f. Nom que quelques Poëtes donnent à leurs maîtresses dans les ouvrages qu'ils font pour elles. (*Iris* l'amour de la terre & de l'onde. *Voit. poë.* La belle *Iris* que j'aime constamment, est &c.)

Iris. Ce mot signifiant une sorte de fleur est fait *masculin* par quelques Fleuristes. Morin don traité des fleurs a toûjours écrit *Iri. bulbeux, Iris hâtif*, néanmoins les gens habiles dans la langue, & les Dames qui parlent bien font le mot d'*iris féminin*, & c'est le plus seur. (L'*Iris* est une sorte de fleur changeante dans sa couleur, & dans ses feuilles, qui est d'ordinaire bleuë, blanche, ou jaune, & de plusieurs autres maniéres. L'*iris bulbeuse*, fleurit en Mai, & a d'ordinaire neuf feuilles en chaque fleur. L'*iris jaune* & variée qu'on apelle *Iris d'Angleterre* fleurit en Juin. L'*iris de Portugal* fleurit bleuë, ou blanche. L'*iris de Perse* est une fleur tres agréable qui a des feuilles d'un bleu enfoncé fort beau.)

Iris. C'est aussi le nom d'une pierre qu'on met au rang des précieuses, & des Opales, laquelle, étant exposée au Soleil, renvoie un lustre & une lumiere de diverses couleurs. Elle n'est pas de grande valeur. Sa couleur est un gris de lin fort transparent, dans lequel il paroit du rouge.

IRO.

IRONIE, *s. f.* Raillerie fine. Figure de Rétorique qui consiste à se moquer avec esprit. L'ironie étoit la figure favorite de Socrate. *Cost.* (Il a une facilité merveilleuse à manier l'ironie. *Depreaux Longin. c. 18.* Se servir avec esprit de l'ironie. Faire une agréable ironie. Pousser l'ironie. Emploier l'ironie. Manier l'ironie avec une facilité charmante. *Thiers, traité des jeux, ch. 2.*)

Ironique, adj. Qui tient de l'ironie. (Ton ironique.)

Ironiquement, adv. D'une manière ironique. Par ironie. (Cela a été dit ironiquement & non pas sérieusement.)

IRR.

IRRADIATION, *s. f.* Action du corps lumineux qui jette des raïons. (L'Iris se fait par l'*irradiation* du Soleil sur les goutes de pluïe qui tombent d'une nuë.)

IRRAISONNABLE, *adj.* Qui n'a point de raison: (Animal irraisonnable. C'est un homme irraisonnable.)

† *Irraisonnablement, adv.* Ce mot est peu usité, & il signifie d'une manière irraitonnable, sans raison. (Il en a usé fort irraisonnablement.)

IRRATIONNEL, *irrationnelle, adj.* Terme de *Géometrie*. Il se dit des lignes incommensurables qui n'ont aucun raport exact entr'elles, ou avec une autre ligne d'une longueur connuë & determinée. (Le côté d'un quarré & sa diagonale sont des lignes irrationnelles.)

IRRECONCILIABLE, *adj.* Qui ne veut point de reconciliation. Qu'on ne peut reconcilier. (Il est irreconciliable. Elle est irreconciliable.)

Irreconciliablement, adv. D'une manière irreconciliable. (Ils ont rompu ensemble irreconciliablement.)

IRREFRAGABLE, *adj.* Qu'on ne peut contredire. (Témoignage irréfragable. *Ablancourt. Luc.*)

IRREGULARITÉ, *s. f.* Ce qui est contraire à la régularité. Ce qui n'est pas conforme aux régles. (Ouvrage où il y a beaucoup d'irrégularité. C'est une grande irrégularité.)

Irrégularité. Terme d'*Eglise*. Empéchement canonique pour recevoir, ou exercer les saints ordres. (Encourir irrégularité. Tomber en irrégularité. Il est en irrégularité.)

Irrégulier, irréguliére. Qui n'est pas selon les régles. Ce mot se dit des choses. (Un bâtiment irrégulier. Fortification irréguliere. Construction irréguliere. Verbe irrégulier.)

Irrégulier, irréguliére. Terme d'*Eglise*. Qui ne peut recevoir, ni exercer les saints Ordres. (Il est irrégulier.)

Irréguliérement, adv. D'une manière irréguliere. (Les Clercs qui vivent irréguliérement causent un grand scandale.)

IRRELIGIEUX, *irreligieuse, adj.* Qui n'a point de religion, ou qui en a trés peu. (C'est une compagnie qui, sous des habits religieux, couvre des ames fort irréligieuses. *Pasc. l. 15.*)

Irreligion, s. f. Manquement de religion. (C'est une grande irreligion: Il y a de l'impieté & de l'irreligion à ne pas croire que... Vie de S. Ignace. La négligence qu'on aporte à communier, meine à l'impieté & à l'irreligion. *Arnaud, fréquente communion, préface.*)

IRREMEDIABLE, *adj.* Ce mot se dit des maux & des maladies, & signifie à quoi on ne peut pas remédier. (Le mal caduc est un mal irrémédiable.)

Lll 2   IRREMISSIBLE

ISA ISL ISO

IRREMISSIBLE, adj. Qui n'est point pardonnable.(Crime irrémissible. *Ablancourt. Luc.*)

Irrémissiblement,adv. Sans remission. (Condamner irrémissiblement.)

IRREPARABLE, adj. Qu'on ne peut réparer. (C'est une perte irréparable.)

Irréparablement, adv. D'une maniére irréparable. (L'affaire est ruinée irréparablement.)

IRREPREHENSIBLE,adj. Qu'on ne peut reprendre d'aucune faute. (C'est un homme irréprehensible.)

IRREPROCHABLE, adj. A qui on ne peut faire nul reproche. (Témoin irréprochable. Les gens qui se mêlent de faire des reproches aux autres, doivent être eux mêmes irréprochables.*Thiers, sauce robert,* 1.*p.* Il est irréprochable dans les mœurs. *D'Aucour.* Sa conduite est irréprochable.)

IRRESOLU, *irresoluë,adj.* Qui n'a pas encore pris de ferme resolution. (Elle me parut irrésoluë sur le retour de Monsieur à la Cour. *Mémoires de M. le Duc de la R. F.*)

Irrésolution, s. f. Etat flotant de l'esprit. Incertitude d'esprit qui fait qu'on ne prend point de ferme résolution. (Cela le tint dans une irrésolution qu'il ne put surmonter. *Le Duc de la Roche-Foucaut.*)

IRREVERANCE, *s. f.* Peu de respect. Défaut de respect. (C'est une irréverance qui mérite d'être punie. Assister avec irréverence au service divin.)

Irrévérent, irrévérente, adj. Qui manque de respect & de réverence pour les choses ou pour les personnes à qui il en doit.

Iréveremment, adv. Avec irréverance. D'une maniére irréverente. (Parler irréveremment des mistéres de la Religion.)

IRREVOCABLE, adj. Qui n'est pas revocable. (Ma parole est irrévocable. Arrêt irrévocable.)

Irrévocablement, adv. D'une maniére irrévocable. (Juger irrévocablement.)

† IRRISION,*s.f.* Ce mot est un peu vieux, mais il ne laisse pas de se dire encore quelquefois. Il signifie *Moquerie*, *Mépris*. (Chasser avec irrision.)

IRRITER, *v. a.* En Latin *irritare.* Provoquer, exciter la colére d'une personne. (Les péchez des hommes irritent le Créateur.) (* On irrite les Taureaux pour les faire combatre.)

* *Iriter.* Augmenter. Aigrir. Rendre plus fâcheux. (Irriter le mal. Irriter une passion. Irriter la douleur. *Abl. Luc.*)

S'iriter, *v. a.* Se mettre en colére. (Si du peu que je vaux vôtre grand cœur s'irrite. *Sar. poës.*)

Irritation, *s. f.* Action qui irrite le mal, au lieu de le guérir. (L'irritation de la bile.)

IRRUPTION, *s.f.* En Latin *irruptio.* Prononcez *irrupcion.* Course sur les terres des ennemis. (Les Tartares font souvent des irruptions en Pologne. Ce païs est sujet aux irruptions des ennemis.)

ISA

ISABEAU, *s. f.* Nom de femme. (C'est fait de moi, car *Isabeau* m'a conjuré de lui faire un roudeau. *Voit. poës.* Isabeau de Baviére, mére du Roi Charles 7. étoit une mére aveuglée & dénaturée, qui lui voulut arracher le sceptre. *Le Mair. pl.* 7.)

Isabéle, s. f. Nom de Femme. (Isabéle fille de Philippe le bel Roi de France épousa Edoüard second Roi d'Angleterre.)

Isabéle, s. m. Sorte de couleur qui participe du blanc & de la couleur de chamois. (Isabéle rougeâtre, Isabéle blanchissant.)

Isabéle, adj. Qui est de couleur isabéle. (Cheval isabéle. Ruban isabéle. Fleur isabéle.)

ISAIS ; *Esaïe, s. m.* Nom d'homme, l'usage est pour *Isaïe.*(Isaïe a été un saint Prophéte. Il étoit Prince du sang des Rois de la Maison de David, & il a Prophétisé presque un siécle entier. *Port-Roïal, Isaïe , préfa.*)

ISL. ISO.

ISLE, *s. f.* Prononcez *île.* C'est une terre environnée de mer, d'une riviére, ou de quelque fleuve. (L'Angleterre est une isle fort fameuse.)

Isolé, Isolée, adj. Terme *d'Architecture.* C'est à dire qui n'a rien qui le touche de tous côtez. (Colonne isolée.)

Isoler, *v. a.* Terme *d'Architecture.* Faire une piéce d'Architecture qui ne touche point à une autre. (Isoler un apartement. Isoler une colonne.)

ISOPERIMETRE, *adj.* Terme de *Géometrie*, qui se dit des figures & signifie qui sont d'un égal circuit. (Faire un Triangle Isopérimétre à un quarré. Ce sont des figures *Isopérimétres* , c'est à dire d'un égal circuit.)

ISOSCELE, *adj.* Terme de *Géométrie* , qui se dit des Triangles qui ont deux jambes ou deux côtez égaux. (Faire un Triangle Isoscéle. Dans tout triangle isoscéle les angles sur la base sont égaux.)

ISS IST ITA ITE JUB JUC

ISS. IST.

ISSANT, *issante*, adj. Terme de *Blason*. Il se dit du Lion & des autres animaux qui se mettent sur l'écu, & qui ne paroissant qu'à demi corps, semblent *sortir* de derriére quelque maison quelque bois, &c.

ISSER, *v. a.* Terme de *Mer.* Tirer en haut. (Isser les vergues, les voiles, le pavillon.)

† ISSIR. Ce mot signifie *sortir*, mais il est hors d'usage à son infinitif, & n'est usité qu'à son *préterit*, je suis *issu.* C'est à dire, Je suis sorti. Je suis descendu. (Il est *issu* d'un sang fécond en demi dieux. *Depreaux, Satire* 5. Les Rois dont il est *issu*, ont aquis le titre de Tres-Chrétien. *Patru*, plaidoié 15.)

Issu de germain. Né d'un cousin germain. (Il est son cousin *issu* de germain. Nous sommes cousins *issus* de germain, ou nous sommes *issus* de germain.

Issuë, s. f. Endroit par où l'on sort. (Ruë qui n'a point d'issuë. Il commanda d'environner la maison, de peur qu'il n'échapât par quelque issuë dérobée. *Vaug. Q. Curse l. 6. ch. 8.*)

* *Issuë*, Evenement. Succés. Fin. (Elles s'enquerioient quelle avoit été l'issuë du combat. *Vau. Quin. l.* 3. *c.xi.* Prévoir l'issuë d'une afaire. *Mol. Dépst. am. a.* 4. *sc.* 1.)

ISTME, ou *isthme, s.f.* La partie de la terre qui empêche qu'une presqu'isle ne soit entiérement isle. Partie de terre entre deux mers. (L'Istme de Corinte est fameux.)

ITA

ITALIQUE,*adj.* Ce mot se dit entre Imprimeurs,& c'est une sorte de lettre particuliére dont on se sert pour imprimer quelque nom, quelque explication , ou quelque passage , d'un caractére diférent du corps du livre. (Il faut faire cela d'italique. Ce passage doit être d'italique. Il faut mettre cela en Italique.)

ITE

† ITEM , *conj.* Terme de *Pratique.* Ce mot est Latin , il signifie *& aussi* , il s'emploie pour distinguer divers articles d'un Inventaire , d'un compte , &c.

† On dit aussi *Un item*, pour dire *un article.*

ITERATIF, *iterative*, adj. Qui se fait une seconde fois. Le mot d'*iteratif* est de pratique. (Ainsi on dit un commandement iteratif.)

† *Iteration, s. f.* Ce mot n'est pas en usage , & en sa place on dit *réiteration*.

ITINERAIRE , *s.m.* Ce mot est Latin & signifie, description d'un voïage. (On a fait plusieurs Itineraires.)

JUB.

JUBÉ, *s. m.* Terme d'*Eglise.* C'est une tribune d'Eglise, qui est un lieu élevé pour chanter. (Un beau jubé. Monter au jubé.)

† * *Faire venir quelqu'un à jubé* ; c'est faire venir une personne au point qu'on desire.

JUBILÉ, *s. m.* Ce mot signifie *tems de réjoüissance.*Il y a le *Jubilé* de l'ancienne Loi,& le *Jubilé* de la nouvelle Loi.Le *Jubilé* de l'ancienne Loi arrivoit de 50. ans en 50. ans & étoit institué de Dieu seul. Le Jubilé de la nouvelle Loi est celui que le Pape accorde aux fidelles pour la remission de leurs pechez. Le Pape Boniface huitième est le premier qui a institué le Jubilé,comme nous l'avons aujourd'hui, & *ce Jubilé* est une indulgence pléniére & générale à tous ceux qui iront durant une certaine année,visiter les Eglises de Rome. La première année de cette indulgence fut en 1390.mais le nom de Jubilé n'a été donné à cette indulgence que depuis 1473. du tems du Pape Xiste quatrième. Le grand Jubilé. Le Jubilé universel. Faire son Jubilé. Ouvrir le Jubilé. Chaque Pape donne présentement un Jubilé l'année de sa consécration. *Port-Roïal.*)

Jubilé,jubilée,adj. Terme de *certains Religieux*, & veut dire qui est exemt d'aller au chœur , parce qu'il est vieux & qu'il a enseigné la Théologie quinze ans , ou qu'il a exempte du chœur. (Le Pére N. n'a plus qu'une année de Théologie à enseigner & puis il sera Lecteur Jubilé. Un Cordelier jubilé.)

† * *Jubilation, s. f.* Réjoüissance, débauche. Il ne se dit qu'en riant. (Ce sont des enfans de Jubilation: Maison de Jubilation.)

JUC

Juc, *s. m.* Terme de maison de campagne. Il signifie le lieu où les poules juchent, & se perchent la nuit pour dormir. (Les poules ne sont pas encore au juc. Elles sont sorties du *juc.*) Voïez *Juchoir.*

JUCHER, *v. n.* Ce mot se dit des *poules* & signifie *percher.* (Faire jucher les poules. Les poules se vont jucher dans le poulaïer.)

† * *Jucher,*

† * *Jucher*. Monter. Etre monté & assis sur quelque chose. (Il est *juché* sur son cheval. Où se va-t-il *jucher* ? Elle étoit *juchée* comme une poule au haut du bagage. Scaron, Rom.)
Juchoir, s. m. Lieu où les poules se perchent. (Les poules sont au juchoir.)

J U D.

Judaïque, adj. Qui est de Juif. Méchanceté Judaïque. Cérémonie Judaïque. Superstition Judaïque. *Abl. Minut. Fol.* 195. Il dit en langue Judaïque, écoutez la parole du Roi. *Port-Roial. Is. ch.* 36.)

A la Judaïque, adv. Selon les cérémonies des Juifs. (Vivre à la judaïque.)

Judaïser, v. n. Etre dans les sentimens des Juifs. (Il Judaïse.)

Judaïsme, s. m. Doctrine des Juifs. (Ceux qui ont composé le nouveau Testament étant Juifs, il est impossible de l'expliquer que par raport au Judaïsme. Voïez *le livre des coutumes des Juifs.*)

Judas, s. m. Nom d'homme. L'Apôtre qui trahit nôtre Seigneur s'apelloit Judas. De là vient qu'on dit Traitre comme Judas, il est damné comme Judas. Et parce que Judas trahit Jesus-Christ en le baisant. *Un baiser de Judas*, signifie les caresses qu'on fait à une personne pour la trahir. *Poil de Judas*, c'est un poil roux.

Judicature, s. f. Ce mot ne se dit pas seul. (Ainsi on dit. Un ofice de judicature. Une charge de judicature. C'est à dire. Une charge, ou un ofice de Juge, de Magistrat.)

Judiciaire, adj. Terme de *Pratique*, qui est selon l'ordre de justice. Qui est dans les formes de justice. (Ordre judiciaire. *Patru*, *plaidoié* 13. Bail judiciaire.)

Judiciaire, Terme de *Rétorique*. Qui regarde les actions criminelles, ou civiles. (Le genre judiciaire.) Voïez *genre*.

Judiciaire, Terme d'*Astrologue*, mais ce mot ne se dit pas seul, on dit *Astrologie judiciaire* qui est une sience par laquelle on prétend prédire l'avenir en observant les astres.

† *Judiciaire*, s. f. Jugement. (Il n'a jamais eu l'imagination bien vive & c'est par là que j'ai toûjours bien jugé de sa judiciaire. *Moliere.*)

Judiciairement, adv. Selon les formes de justice. (Cession qui se fait judiciairement.)

Judicieux, *judicieuse*, Qui a beaucoup de jugement. (Homme judicieux. Cela est judicieux. Action judicieuse.)

Judicieusement, adv. Avec jugement. Avec esprit. (Parler judicieusement.)

Judith, s. f. Nom de femme. (Judith est belle.)

J U E. J U G.

Jues, s. m. Nom d'homme.

Juge, s. m. Celui qui est revêtu d'une charge de judicature. (Juge comptant. Juge sincére. Juge suspect. Juge recusable.)

Juge cartulaire. C'est un notaire. On apelle de ce nom les Notaires parce que dans leurs actes ils se servent quelquefois de ces mots, *Nous condamnons les parties du consentement à éxécuter le contrat.*

Juge-mage. On apelle de ce nom en Languedoc le Lieutenant général du Présidial.

Les Juges des causes. Terme d'*Augustins*. Ce sont les Religieux qui dans les chapitres provinciaux éxaminent le droit de ceux qui prétendent avoir voix & qui jugent d'autres petites afaires qui leur sont envoïées des Couvens.

* Vous vous êtes en ma faveur trompé en une chose de laquelle vous êtes si bon juge. *Voi. l.* 37.)

Jugement, s. m. Partie de l'ame par le moïen de laquelle on juge. (Le jugement n'est que la grandeur de la lumière de l'esprit. *Mémoires de Monsieur le Duc de la Roche-Foucaut.*)

Jugement. Sentiment. Opinion. Pensée. (Ils répondirent qu'ils ne faisoient pas même jugement que lui de la place. *Vau. Quin.* l. 3.)

Jugement de Justice. Tribunal de Justice. Poursuivre quelqu'un en jugement. *Patru*, *plaidoié* 9.)

Jugement. Sentence renduë par des Juges inférieurs. (Jugement provisionnel, interlocutoire. Jugement définitif. Rendre un jugement. Il a été condamné par un prémier jugement. Apeller d'un jugement. Rien ne peut diminuer l'atrocité de ce jugement. D'*Aucour*. (Se tenir au jugement qui a été rendu. *Le Mai.*)

* Combien y a-t-il de gens qui apelleront de vos jugemens. *Boileau*, *Avis à Ménage.*)

Jugement. Ce mot en parlant de Dieu se dit absolument. C'est le dernier jugement où Dieu punira les méchans & recompensera les bons & les justes. *Les jugemens de Dieu.* Ce sont les châtimens que Dieu envoye sur les hommes à cause de leurs pechez.

Jugement téméraire. C'est une pensée mal fondée & précipitamment prise touchant les qualitez d'une personne, dont on juge trop légérement. (Les sources qui produisent les jugemens témeraires, ce sont la malignité & la précipitation atachée à nos sens. Il faut être fort retenu dans les jugemens qu'on porte du mérite des hommes. Il est dificile d'éviter la témérité des jugemens, lorsqu'on se fonde sur la propre lumière. *Nicole*, *Essais de Morale.*)

Juger, v. a. C'est faire par l'esprit l'assemblage, ou la désunion de deux choses selon qu'il les conçoit en l'afirmant de l'une qu'elle est l'autre ou niant de l'une qu'elle soit l'autre. Quand nous disons que la terre est ronde, ou que nous nions qu'elle soit ronde, cela s'apelle *juger.*

Juger. Déterminer par arrêt ou par sentence. (On a jugé son afaire. Juger un procés. Il est jugé, & condamné à avoir tête coupée.)

* *Jugesse-mage*. La femme du Juge-mage. On parle ainsi en Languedoc, mais à Paris on ne croit pas qu'on parle ainsi quelque correctif.

Jugulaire, adj. Terme d'*Anatomie*. Veine jugulaire, qui est à la gorge.

J U I. J U J.

Juif, s. m. Qui est né Juif. Un savant Juif.)
Juive, s. f. Qui est née Juive. (Une belle Juive.)
Juif, *juive*, adj. Qui est de Juif. (Monnoïe Juive. Livre Juif.)
A la Juive, adv. Selon les mœurs des Juifs. (Vivre à la Juive.)

Juillet, s. m. Un des mois de l'été. (Le mois de Juillet est chaud. Nous sommes en Juillet. Le 5. 6. 7. de Juillet. Il est né en Juillet. Le savant Jean Calvin naquit à Noyon le 10. Juillet de l'année 1509.)

Juin, s. m. Un des mois de l'été. (Le mois de Juin est beau. Il est mort en Juin.)

Jujube, s. f. Fruit que porte le jujubier. (Les jujubes sont bonnes pour l'estomac.)

Jujubier, s. m. Arbre qui est grand comme un prunier, & qui est tout garni d'épines longues & piquantes. Il y a encore une autre sorte de jujubier qu'on apelle *jujubier blanc* & qui est plus grand que le *jujubier.*)

J U L.

Jule, *Jules*, s. m. L'un & l'autre se dit. Nom d'homme. (Le prémier César s'apelloit *Jule* & c'est de lui que les autres Césars ont pris ce nom. Voi. *Cimelia literaria ch.* 32.
  Jule, à qui l'avenir se montre de si loin
  Que tout nôtre destin est dans ta connoissance.
      Mai. poësies.
  Jules, qui de l'état tenez le gouvernail.
      Marigni, *Balades.*

Julep, s. m. Potion composée avec des eaux destilées & avec des sirops, ausquels on ajoute quelquefois des électuaires, des confections, des poudres & autres médicamens. (Faire un julep cordial.)

Julien, s. f. m. Nom d'homme. (Julien l'Apostat. L'Empereur Julien étoit un éloquent souverain. Il en a donné des marques dans ses Césars, L'excellent Mr. Spanheim les a heureusement traduits en François, & les a embélis d'agréables & de savantes notes.)

Julienne, s. f. f. Nom de femme. (Julienne est fort jolie.)
Julienne, s. f. f. Fleur blanche qui vient en forme de bouquet. (Voilà une belle julienne.)

Voïez *Periode.*

† *Julion*, s. f. Nom de garçon qui veut dire *petit Julien.* (Julion est beau & sage.)

J U M.

Jumeau, s. m. Un des enfans mâles nez d'une même couche. (Enfans jumeaux. Ce sont deux jumeaux.)

Jumelle, s. f. f. Une des filles nées d'une même couche. (Elles sont jumelles. Ce sont deux jumelles fort jolies.)

* *Cerise Jumelle.*

Jumelle. Espéce de boite de fer qui assemble par en bas les deux parties d'un étau.

Jumelle. Terme d'*Imprimeur.* Grosse piéce de bois à chaque côté de la presse. (Les deux jumelles de la presse doivent être bonnes & fortes.)

Jument, s. m. La femelle du cheval. (Jument poulinière. C'est une cavale pleine, ou destinée à faire race.
  Lors qu'un franc campagnard avec longue rapiere
  Montant superbement sa *jument poulinière*
  Qu'il honoroit du nom de sa bonne jument
  S'en est venu nous faire un nouveau compliment.
      Mol. Fách. a. 2. *sc.* 6.)

Jument. Terme de *Faux monnoïeur.* C'est une sorte d'instrument particulier qui est en forme de fers de gaufres, & qui sert à faire & à marquer l'espéce au même-tems. (Cette jument fait pendre son maître & c'est tout dire.)

IVO IUP IVR IUR — JUS

I V O.

Ivoire, *s. f.* C'est la matiére des grandes dents, ou deffences de l'Eléfant. (Ivoire fort blanche. *Vau. Rem.*)
(* Son corps eſt un grand temple d'ivoire. *Voit. poëſ. Cou d'ivoire.* C'eſt à dire ; cou fort blanc.)

J U P.

Jupe, *s. f.* Sorte d'habillement de femme qui prend depuis les reins & décend juſqu'à terre. (Une belle jupe. Une jupe magnifique.)

Jupe d'entre deux, C'eſt la jupe que les Dames mettent entre la robe & la jupe deſſous.

Jupe du deſſous, C'eſt la jupe qui eſt ſous la jupe d'entre deux.

Jupon, *ſ. m.* Petite jupe de femme qui ne ſe voit pas. Petite jupe que les femmes mettent ſur leur chemiſe & ſous la jupe d'entre deux. (Un jupon bien chaud.)

Jupon. C'eſt une ſorte de juſte-au-corps à l'Eſpagnole. (Un jupon bien fait & fort propre.)

I V R. J U R.

Ivraïe, *ivroie, ſ. f.* On prononce & on écrit préſentement *ivraïe.* C'eſt une plante qui croit parmi le blé , les ſégles & les orges. Elle a la feuille longue & veluë & la tige menuë, au deſſus de laquelle il y a un épi & dont le grain n'eſt bon que pour les poules & autres animaux. Car s'il y en a en quantité parmi le blé dont on fait du pain, il eſt fort nuiſible à la ſanté, il enivre & charge l'eſtomac. (Expliquez nous la parabole de l'ivraie ſemée dans le champ. *Port-Roial. Nouveau Teſtament.*)

Ivre, *adj.* Celui qui a perdu la raiſon par excés de vin. (Il eſt ivre. Elle eſt ivre.)

Ivreſſe, *ſ. f.* L'état de celui qui eſt ivre. (Il a fait cela durant ſon ivreſſe. C'eſt à dire , pendant qu'il étoit ivre.)

Jurement, *ſ. m.* Blaſphême. (Un exécrable jurement. Faire des juremens.) On doit punir avec ſévérité les juremens des hommes.)

Jurer amitié enſemble. C'eſt ſe promettre une amitié réciproque.

Jurer, *v. a.* Aſſurer avec ſerment. Promettre avec ſerment. (Jurer amitié. *Voit. Poëſ.*)
(* Juret la ruïne d'une perſonne. *Voit. l. 6.*)

Jurement. Serment. V. *Serment.*

Jurer. Blaſphemer. (Malheur à ceux qui jurent le Saint Nom de Dieu. Jurer comme un chartier embourbé. *Scaron.*)

Juré, *jurée, adj.* Aſſuré avec ſerment. (La paix eſt jurée.)
Juré, *jurée, adj.* Déclaré. (Ennemi juré. Ennemie jurée.)
Juré, *jurée.* Terme d'*Univerſité*, & qui ne ſe dit qu'au maſculin, en parlant d'écoliers. (Un écolier qui a une atteſtation qui marque qu'il a étudié dans l'univerſité.)

Juré, *jurée, adj.* Ce mot ſe dit des gens de quelques ofices , ou métiers , & veut dire celui qui eſt reçu dans quelque profeſſion, & a prêté le ſerment de fidélité qu'il s'aquiteroit de ſon devoir: (Ainſi on dit. Un juré jaugeur. Juré courrier. Juré vendeur de vin. Juré crieur , &c.)

Juré, *ſ. m.* Terme de *gens de métier.* C'eſt celui qui a ſoin de faire obſerver les réglemens de ſon art. (Ancien Juré. Nouveau Juré. On élit tous les ans deux Jurez , & cette élection ſe fait à la pluralité des Voix des maîtres du Corps.)

Jurées, *ſ. f.* Terme de *Lingére.* Celles d'entre les lingéres qui ont l'œil ſur ce qui ſe patte dans le corps des lingéres , qui reçoivent les filles lingéres devant le Procureur du Roi du Chatelet, & qui ont ſoin qu'il ne ſe faſſe rien contre les ſtatuts. Il ſe dit auſſi entre les Bouquetiéres. (Les Jurées veillent à l'obſervation des Statuts , & ont ſoin que les maîtreſſes n'emploient aucun écu flétrié, &c.) Ce mot de *Jurée* ſe peut dire non ſeulement des Lingéres & des Bouquetiéres, mais auſſi de tous les métiers qui ſont exercez par les femmes , & qui font un Corps.

Jureur, *ſ. m.* Qui jure. Qui blaſpheme. (Un grand jureur.)

Jureſſe, *ſ. f.* Celle qui jure. (C'eſt une jureuſe.)

Juridiction, *ſ. f.* En Latin *Juriſdictio.* Il ſignifie le pouvoir public acordé à un Juge Roïal, ou Ecléſiaſtique , pour juger des diférends des perſonnes qui plaident devant lui , & qui ſont dans les lieux où s'étend ſon autorité. Il y a deux ſortes de Juridiction : une Juridiction contentieuſe & une Juridiction volontaire. La contentieuſe s'exerce par l'autorité du Magiſtrat , & elle renferme un débat des parties pour leurs propres intérets ; La Juridiction volontaire s'exerce ſans conteſtation de côté & d'autre , comme ſont les adoptions & les manumiſſions. La Juridiction Ecléſiaſtique contentieuſe s'exerce aux Oficialitez , & la Juridiction Ecléſiaſtique volontaire s'emploie aux Collations & aux proviſions des Bénéfices. *Fevrot , traité de l'abus l. 2. ch. 1.* Il n'a nulle autorité, nulle juridiction ſur nous. *Patru , plaidoié 5.*)

Juridique, *adj.* Qui eſt dans les formes de la juſtice. (En cela nos Rois n'ont rien fait que de juridique. *Patru, plaidoié 4.*)

Juridiquement, *adv.* D'une maniére juridique. (Il a été condamné fort juridiquement.)

Juriſconſulte, *ſ. m.* Qui ſçait le droit. Qui interpréte les Loix. (Cujas étoit un ſavant juriſconſulte.)

Juriſprudence, *ſ. f.* C'eſt une connoiſſance des choſes divines & des choſes qui ſont juſtes & injuſtes. (La Juriſprudence eſt belle.)

† **Juriſte**, *ſ. m.* Ce nom ſe dit des Docteurs en Droit.

† **Juron**, *ſ. m.* Façon particuliére que les peuples , ou des perſonnes particuliéres ont de jurer. (Le juron de Henri IV. étoit de dire *Ventre ſaint gris*. Il a juré ſon grand juron.)

Ivroie. Voiez *Ivraïe.*

Ivrogne, *ſ. m.* Celui qui eſt ſujet à l'ivrognerie. (C'eſt un ivrogne. Un infame ivrogne.)

Ivrognerie, *ſ. f.* C'eſt le vice des perſonnes qui boivent du vin par excés. (L'ivrognerie doit être blâmée. L'ivrognerie eſt honteuſe , infame & indigne d'un honnête homme. L'ivrognerie eſt dangereuſe , car elle a perdu un Antoine l'un des Triumvirs. *Le Maiſt. plaid. 24.*)

Ivrogner, *v. n.* Se remplir de vin. Boire du vin par excés. (Il marcha durant ſept jours ivrognant & ſe gorgeant de viande. *Vaug. Q. Curce, l. 9.*)

* C'eſt une *ivrognerie* qui vaut mieux que la ſobriété. *Ablancourt , Luc. T. 1.*

J U S.

Jus, *ſ. m.* Liqueur qui ſort de quelque fruit. Subſtance liquide qui ſort de quelque viande qu'on preſſe , qu'on fait rotir. (Ils épréguoient du *Jus* de ſeſame. *Vau. Quin. l. 7.* Jus de regliſſe. Le jus de citron rafraichit.)
(† Prendre du jus de la vigne. *S. Amant.*) Voiez *Inonder.*

Juſtur. Voiez *Geſier.*

Juſques, *juſque.* On dit l'un & l'autre, ſans une ſ finale , ou avec une ſ finale. *Juſques & juſque* ſont prépoſitions qui régiſſent le datif, & qui marquent le tems, ou le lieu. (Joſeph demeura en Egipte juſqu'à la mort d'Hérode. *Port-Roial.* Juſques à cette heure. Juſqu'à cette heure. *Vau. Rem.* Juſques à quand , Seigneur , attendez vous à me ſecourir. *Port-Roial.* L'echelle de Jacob s'étendoit depuis la terre juſqu'au Ciel. De Paris juſqu'à Rome.)

Juſſion, *ſ. f.* En Latin *Juſſio.* Mot dont on ſe ſert en parlant de Pape , & ſignifie Commandement. Ordre. (Le Pape aprés avoir repeté ſes longues Bulles d'admonition, de *Juſſion*, citation. *Maucroix Schiſme, l. 2. p. 208.*) Il ſe dit auſſi au Palais & ſignifie commandement fait à une Cour ſouveraine. (Cet Edit ne fut vérifié qu'aprés pluſieurs Juſſions reïterées.)

Juſte, *adj.* Ce mot ſe diſant des perſonnes , il ſignifie qui aime la juſtice. Qui rend à chacun ce qui lui apartient. Dieu eſt juſte. Il y a quelques hommes juſtes , mais il y en a peu.)

Juſte. Ce mot ſe diſant des choſes ſignifie conforme à la Juſtice & aux Loix. (Action juſte. Jugement juſte.)

Juſte, *adj.* Proportionné. Egal. Qui a de la juſteſſe. (Allegorie bien juſte. *Paſ. l. 5.* Des bottes fort juſtes. Des ſouliers fort juſtes.)

Juſte. Ce mot ſignifie quelquefois , qui eſt raiſonnable, & conforme au bon ſens & à la raiſon. (C'étoient des plaintes de quelques particuliers qu'il n'étoit pas juſte d'imputer au Corps. *Paſ. Provinciale 5.*)

* **Juſte.** Il ſignifie quelquefois exact. (Une obſervation juſte. Un compte juſte. Une voix juſte ne fait point de faux ton. Celui qui a l'oreille juſte diſcerne fort bien les acords.)

* **Juſte.** Il ſe dit à l'égard du poids. (Une balance juſte demeure en équilibre & trébuche au moindre poids qu'on y ajoute d'un côté. Une piéce de monnoie eſt juſte quand elle ne trébuche pas.)

On dit qu'une arme à feu eſt juſte , quand elle n'a point de défaut.

Juſte, *ſ. m.* Homme de bien. Perſonne vertueuſe & qui a véri ſaintement. (Les juſtes ſont dans la main de Dieu comme dans leur lieu de refuge. *Morale du ſage.* Le juſte eſt plus heureux avec le peu qu'il poſſéde que ne ſont les méchans avec leurs grans biens. *Port-Roial , Pſeaumes.*)

Juſte, *adv.* Avec juſteſſe. Avec eſprit. (Ecrire juſte. Parler juſte. *Ablancourt.* On penſe juſte par tout où il y a des hommes. *Théophraſte. Caractéres des mœurs.*)

Juſte-au-corps, *ſ. m.* Eſpéce de vêtement d'homme, qui eſt proportionné au corps , qui ſe boutonne comme un pourpoint, & qui décend preſque juſques aux genoux , qui a des manches longues & retrouſſées qu'on ſe met dans le bras , qui a des poches par devant & des boutons aux côtez & derriére, mais les boutons de derriére , ni des côtez ne ſe boutonnent pas.

Juſte-au-corps de femme. Sorte d'habillement proportionné au corps des femmes qui eſt fendu par derriére & vient juſques à mi-cuiſſe.

Juſtement, *adv.* Avec juſtice. (Il a été puni juſtement. On l'a juſtement condamné.)

Juſtement,

Justement, *adv.* Précisément. A point nommé. (Il arriva justement au point que les Perses mettoient le feu. *Vau. Quin. l.* 3. C'est prendre justement le Roman par la queuë. *Mol.* Justement, suivant cette doctrine cette grace est sufisante sans l'être. *Pas. l.* 2.)

Justesse, *s. f.* Raport ingénieux que doivent avoir les choses d'esprit. C'est aussi le temperament qui se trouve entre l'excès & le défaut. Il y a donc deux sortes de *justesse*, l'une dépend du goût & du sentiment & fait sentir en chaque chose les mesures qu'il y faut garder ; & l'autre consiste dans le vrai raport que doivent avoir les choses. (Prêcher contre la justesse. Voiez. *Un traité de la justesse du Chevalier de Meré*.)

Justice, *s. f.* Volonté de rendre à chacun ce qui lui apartient. (La justice est le fondement de toutes les autres vertus. Justice commutative, distributive. Rendre justice à chacun.)

Justice. Il signifie quelquefois autant que faveur, ou grace. (Faites moi la justice de croire que je suis avec une afection aussi ardente que vous le pouvez penser, vôtre tres humble serviteur. *Costar. T.* 1. *lett.* 111.)

Rendre justice au mérite. C'est à dire, en juger favorablement,ce mérite se trouvât il dans son ennemi.

† *Justice*. Ce mot se dit en riant pour dire poids ou mesure. (Si vous croiez n'être pas bien mesuré, nous avons ici la *justice*, vous allez avoir satisfaction.)

Justice. Judicature. (Ils ne pourront exercer aucune charge de justice. *Patru*, *plaidoié*.)

Justice. Juridiction. (Il y a trois sortes de Justice, haute, moïenne & basse. *La haute Justice* comprend la moïenne & la basse ; Elle connoit de tous les crimes punissables de mort & de toutes les causes civiles dont les cas ne sont ni Roïaux ni privilégiez. *La moïenne Justice* connoit de toutes les actions civiles réelles , personnelles & mixtes & des fautes , dont l'amende ne passe pas soixante sous parisis. *La basse Justice* est une Juridiction qui connoit de toutes matières personnelles jusqu'à soixante sous parisis , & des Cens dûs au Seigneur , & des fautes dont l'amende ne va pas au delà de six sous parisis.)

Justice fonciére. C'est une sorte de Juridiction qui connoit des censives qu'on doit au Seigneur & de toutes les choses dont connoit la basse Justice. Et ainsi l'on croit que la basse Justice & la Justice fonciére ne sont qu'une même chose. *Ferriere*, *introduction à la pratique p.* 189.

Justice. Tribunal de justice. Lieu où l'on rend justice. (Apeller quelqu'un en justice. *Abl. Apo.*)

Justice. Exécution d'arrêt ou de sentence criminelle. (On va faire justice. On fera justice aujourd'hui. On lui livra le coupable pour en faire justice. *Abl. Apoph.*)

Justiciable, *adv.* Sujet à la justice de quelque Juge. (Il est justiciable du diocezain. *Patru*, *plaidoié*, 15. Il n'est pas son justiciable.)

Justicier. Voiez *Haut Justicier*.

Justificatif, *justificative*, *adj.* Qui justifie. (Etre reçu à ses faits justificatifs. Piéce justificative. *Le Maît*.)

Justification, *s. f.* Défence qui montre qu'une personne n'est pas coupable. (Il a été contraint d'en user de la sorte pour sa justification.)

Justification. Terme de *Téologie*. Rétablissement d'un pécheur dans la grace.

Justification. Terme d'*Imprimeur*. Elle consiste à égaler les pages, tant en largeur qu'en hauteur. (Prenez garde à la justification des pages.)

Justifier, *v. a.* Montrer qu'une personne n'est point coupable. Montrer que la chose dont on entreprend la défence, n'est point criminelle. Montrer qu'une chose est vraiement dite. (J'ai bien justifié le Proverbe, que l'oisiveté est mére du vice. *Le Comte de Busfi*. Justifier une personne. *Abl*.)

Justifiant, *justifiante*, *adj.* Qui justifie. (C'est un fait justifiant. Preuve justifiante. Circonstance justifiante. *D'Aucour*, *factum pour le Brun*.)

Justifier. Terme de *piété*. Mettre au nombre des justes. (La grace justifie le pécheur.)

Justifier. Terme d'*Imprimeur*. Ce rendre les pages également hautes & larges. (Justifier les pages. Page bien justifiée.)

Justinien, *Justilian*. Nom d'homme. Il faut dire *Justinien*, & non pas *Justinian*, Quintilien, Domitien,&c. & non pas *Quintilian*, *Domitian*, &c.

K.

K *s. m.* Dixiême Lettre de l'Alphabet François. (Un K bien fait. Le K est presque tout à fait bani de nôtre Langue, & en sa place on se sert de la lettre C. Ainsi on n'écrit plus *Karat*, mais *Carat*, & il faut chercher au *C*, les mots qu'on écrivoit autrefois par K.

Kalendes. Voiez *Calendes*.

KAR.

KARABE', ou *ambre jaûne*, *s. m.* C'est une résine, ou bitume fort pur qui s'écoule des veines de la terre dans la mer où il s'endurcit par la force de l'esprit coagulatif du sel de la mer. (Karabé blanc, jaune, ou noir. *Glas. l.* 2. *c.* 21.)

KARAT. Voiez *Carat*.

KER.

KER. Mot Breton qu'on met d'ordinaire devant les noms propres, & qui signifie *ville*.

KIR.

KIRIELLE, *s. f.* Il vient du Grec. Liste, ou dénombrement,
(J'ai pris cette liberté
D'en extraire à vôtre beauté
Une petite Kirielle.
Sar. poës.)

Vous verrez dans la vie du S. A. une assez jolie Kirielle de toutes ses folies, & elle vous fera rire.)

Kirielle. Terme de *Poësie Françoise*. Sorte de vieille rime Françoise qui consiste à répeter un même vers à la fin de chaque couplet, ou de chaque stance.

KIRIE-ELEISON, *s. m.* C'est la partie de la Messe où l'on invoque Dieu. (Chanter le Kirie-éleison. Le Kirié-éleison est commencé.) Ce mot est Grec, & signifie, Seigneur, ayez pitié. Seigneur , faites misericorde. Le *Kirié-éleison* se dit trois fois en l'honneur de la tres-sainte Trinité. Voiez là dessus *M. de S. Ciran*, *Theologie familiére*.

L.

L *s. f.* La onziême Lettre de l'Alphabet. Prononcez *Elle*
{ Faire une L. Une L bien faite.
B, *C*, *S*, armez avec *L*
& *P*, *T*, joints à la querelle
Espérent se mettre en credit.
Voit. poësie.

LA.

LA. Article du nom féminin, sur lequel on ne met point d'accent. (Exemples. *La* prudence est le partage des hommes, & *la* beauté celui des femmes.

Là, *s. f. m.* Terme de *Musique*. Une des principales voix de Musique. (C'est un *la*) La prononciation de ce mot doit être longue.

Là. Sorte de particule démonstrative qui se marque d'un accent grave. (Ces maraux-là ont dessein de me briser. *Moliér*. Ah mon Dieu ! que direz-vous-là ? *Moliere.* En ce tems-là En ce lieu-là.)

Là. Sorte d'adverbe de lieu qui se marque d'un accent grave , & qui signifie. *En cet endroit.* En ce lieu. (Exemple. Séiez-vous-là. *Ablancourt*. Vous êtes-là assez mal assis. Allez-vous-en là, & revenez vite.)

† Là là. Sorte d'adverbe qui sert à exhorter, & qu'on marque d'un accent grave. (*Là là*, continuez. *Là là* ne faites pas tant de bruit. *Là là*, ma mie, ne faites point tant la farouche, vous n'en mourrez pas.)

† La, la, la, la, la. Sorte d'interjection pour marquer quelque mouvement de l'ame comme la joie, & dont on se sert lorsqu'on commence à chanter, ou à Danser. La, la, la, la, la, la. *Moliére.*

LAB.

LABEUR, *s. m.* Du Latin *labor*. Ce mot signifie *travail*, & ne se dit guére que dans la grande poësie, & la belle prose. (Exemples. Donc un nouveau *labeur* à tes armes s'aprête, prens ta foudre, Louïs. *Malherbe, poësies.* Quelles sévéres loix ont jamais ordonné qu'un *labeur* soit extrême & qu'il soit inutile. *Gombaut*, *Poësies.*)

LABIALE, *adj. s. f.* Terme de *Grammaire*, qui est Latin. (Lettres labiales, c'est à dire qui se prononcent des lévres.)

† *Ofres labiales*. Terme de *Palais*. C'est à dire, ofres qu'on ne fait que de bouche. (Les ofres labiales ne sont point considerées en Justice.)

LABILE, *adj.* Du Latin *labilis*. Ce mot se dit de la mémoire, & veut dire *qui ne peut rien retenir*, & dont tout coule & s'échape. (Avoir la mémoire fort labile.)

LABIRINTE , *s. m.* Ce mot vient du Grec. Lieu où il y a tant de chemins entrelassez les uns dans les autres qu'on s'y égare & qu'il est comme impossible d'en sortir lorsqu'on y est une fois entré. (Minos enferma le Minotaure dans le labirinte.)

* *Labirinte.* Embarras. Dificulté embarassante. (Nous avons en droit deux régles pour nous démêler de ce labirinte. *Patru*, *plaid.* 3.)

LABORATOIRE.

LAC

LABORATOIRE, *s. m.* Terme de *Chimiste*. C'est le lieu où sont les fourneaux chimiques, & autres choses pour faire des operations chimiques, & l'endroit où le chimiste travaille. (un laboratoire bien propre.)

Laborieux, laborieuse, *adj.* Qui travaille beaucoup. Qui fatigue. (C'est un garçon fort laborieux. Fille laborieuse. On profite des recherches laborieuses des excellens Traducteurs. *S. Evr.*)

† **Laborieusement**, *adv.* Avec grand travail. Il vit laborieusement.)

Labour, *s. m.* Travail de laboureur avec la charuë afin de cultiver la terre. (Premier labour. Donner un premier labour à la terre. Une terre qui est en labour.)

Labour. Travail de Vigneron ou de *Jardinier* avec sa bêche. (Donner un labour à la vigne. Donner un labour aux espaliers.)

Labourable, *adj.* Qu'on peut labourer. Qui est propre à être labouré. Terre labourable.)

Labourage, *s. m.* Exercice de laboureur avec sa charuë afin de rendre la terre capable de porter du fruit. Agriculture. (Il se plaît extrêmement au labourage. Le labourage fait tout son plaisir.)

Labourer, *v. a.* Fendre la terre avec la charuë. (Labourer un champ de terre. Champ bien ou mal labouré. *Labourer à blé*. C'est donner le quatriême labour à la terre.)

Labourer. Terme de Vigneron & de *Jardinier*. C'est remuer la terre avec la bêche, ou la houë. (Labourer la vigne. Labourer les espaliers. Vigne bien labourée. Espaliers mal labourez.)

Labourer. Il se dit improprement des animaux qui fouillent la terre comme les cochons, les taupes, &c. (On dit les cochons & les taupes ont presque tout labouré ce pré.)

Labourer. Terme de *Plombier*. C'est mouiller & remuer avec un bâton le sable qui est dans le chassis autour du moule. (Labourer le sable.)

Laboureur, *s. m.* Celui qui cultive la terre avec la charuë. (Un bon laboureur. Un riche laboureur.)

LAC.

LAC, *s. m.* En Latin *Lacus*. Grande étenduë d'eau qui ne se dessêche jamais. Lieu dans la terre, profond & toûjours plein d'eau lequel ne se communique à la mer que par quelque riviére. (Le lac de Geneve est fort fameux.)

LACER. Voyez *Lasser*.
LACET. Voyez *Lasset*.

Lacéré, lacérée, *adj.* Il vient du Latin *laceratus*. Ce mot ne se dit qu'entre gens de Palais & il signifie déchiré. (Ecroué bifé & lacéré.)

† On dit aussi *Laceration*, *s. f.* Le Juge a ordonné la laceration du libelle.

† **Lacerer**, *v. a.* Déchirer.

* **Lache**, *adj.* Qui n'est pas assez tendu. (Corde trop lâche.)

* **Lâche**, *adj.* Qui n'a point de cœur: Qui a l'ame basse. Bas & honteux. Qui n'a point de courage, ni de vigueur pour faire quelque chose. (Esprit lâche. Elle est lâche. Procédé lâche. *Scaron*. Une lâche complaisance. *Abl. Tac. An. l. 1.*)

* **Lâche**, *s. m.* Celui qui n'a point de cœur. Qui n'a ni courage, ni honneur. (C'est un lâche. Le monde est plein de lâches. L'épée d'un lâche ne sait point de fait. *Port-Roial*)

Lâchement, *adv.* D'une manière lâché; ce qui veut dire qu'une chose n'est pas tendue. (Ce galon est cousu trop lâchement.)

* **Lâchement**, *adv.* Négligemment. D'une madière lâche & molle. (Les ouvriers qui travaillent à la journée font lâchement en besogne, sur tout quand on ne les voit pas.

* **Lâchement**, *adv.* Honteusement, d'une manière basse & lâche. Sans cœur. D'une manière éfeminée. Mollement. (Il s'est rendu lâchement. Se batre lâchement. *Abl.*)

Lâcher, *v. a.* Détendre un peu ce qui est bandé, lié & serré. (Il faut quelquefois lâcher un peu la ligature. *Deg.* Lâchez un peu la corde, il faut lâcher la bride à un cheval.)

* Mais on dit figurément *Lâcher la bride à quelcun*, pour dire l'abandonner à sa conduite, lui laisser faire ce qu'il lui plait.

On dit *lâcher les écluses*, c'est à dire, lever la bonde & laisser courir l'eau.

Lâcher un trait, une fléche, c'est à dire, la décocher. Lâcher un coup de canon, de fusi, &c. c'est le tirer.

* **Lâcher**. Mettre en liberté. Laisser aller. Laisser & ne plus tenir. (Lâcher un prisonnier. *Abl.* Lâcher prise. *Scaron.*)

Lâcher. Laisser échaper. (Lâcher un soupir. Lâcher un mot. Lâcher des vents.)

Lâcher de l'eau. C'est à dire, pisser, se décharger de son urine.

Lâcher, *v. a.* Il signifie aussi lâcher courir aprés quelcun ou aprés quelque bête. (Lâcher les Sergens aprés un larron. Lâcher les chiens. Lâcher une bête farouche.) On dit en Terme de *Fauconnier*, Lâcher l'autour.

Lâcher. Donner un bénéfice de ventre. (Les pruneaux lâchent le ventre. *Moliére*.)

Lâcher le pié. C'est fuir. (La cavalerie lâcha le pié. *Ablanc. Ar. l. 1.*)

Lâcheté, *s. f.* Foiblesse de corps. (On sent quelquefois une grande lâcheté en tous les membres.)

Lâcheté. Negligence au travail (Travailler avec lâcheté.)

* **Lâcheté**, *s. f.* Poltronnerie. Bassesse d'ame. Peu de courage. (C'est une grande lâcheté à lui. *Scaron.* Il a fait une lâcheté. *Moliére.*)

LACIF, lacive, *adj.* Qui a de la lacíveté. (Le bouc est lacif. La chévre est lacive. Homme fort lacif. Action lacive. Posture lacive.)

Lacivement, *adv.* D'une manière lacive. (Elles se jouent lacivement & sans pudeur. *Patru, plaid.* 15.)

Laciveté, *s. f.* Mouvement indécent de corps & d'esprit en matiére d'amour charnel. (Laciveté honteuse. Il fut chassé du ciel pour sa laciveté. *Abl. Luc. T. 1.* Je n'ose soutenir de mes mœurs la trop grande licence & la laciveté. *Benserade.*)

LACIS. Voyez *Lassis*.

LACONIQUE, *adj.* Ce mot se dit du stile, & il veut dire, Serré. Vif & Preffé. (Un stile Laconique. *Abl.*)

Laconiquement, *adv.* D'une manière Laconique.(Parler Laconiquement. *Abl. Apoft.*)

Laconisme, *s. m.* Langage court, Stile ferré, vif & presfé. Maniére de s'exprimer briévement & sensément, à la maniére des anciens Lacedémoniens. (C'est un Laconisme.)

LACRIMAL, lacrimale, *adj.* Ce mot ne se dit que d'une certaine maladie qui vient à l'œil qu'on apelle *fistule lacrimale*.

Lacrimatoire, *s. m.* Les Anciens donnoient ce nom à un vaisseau, ou à une petite fiole, où on receuilloit les larmes qu'on avoit versées pour une personne décédée, & qu'on enfermoit dans son tombeau. (On voit encore des Lacrimatoires dans les cabinets de quelques curieux.)

LACTÉ, lactée, *adj.* Terme d'*Astronomie*. Il n'est en usage qu'au féminin & il se dit de certaines veines qui contiennent un suc blanc. (Les veines lactées sont répanduës dans toute l'étenduë du mésentere. *Rob. Phis.*)

LACUI, *s. m.* L'Auteur de la nouvelle relation de la Chine *p. 345.* dit que le *Lacui* s'apelle aussi *oiseau de bec de cire*, parce que son bec en a la couleur. Le Lacui est un petit oiseau cendré, gros comme un merle. Le lacui aprend bien, peine et qu'on lui montre. Il pôrte un masque, manie une épée, joué aux échets, fait la reverence & plusieurs autres actions, & même représente une comedie lui seul.

LACUNE, *s. f.* Lignes qui manquent dans quelque livre & qui interrompent la suite du discours. (Une grande lacune. Une petite lacune. On trouve des lacunes dans les anciens auteurs. Ce livre est tout plein de lacunes.)

LAD.

LADRE, *adj.* Qui est malade d'une maladie qu'on apelle *ladrerie*. (Il est ladre. Elle est ladre.)

Ladre. Ce mot se dit des *cochons*. Un cochon ladre, c'est un cochon qui a sous la langue de petits grains blancs & dont la chair est pleine de ces grains.

Ladre. Terme de *Chasse* qui se dit des liévres. (Un liévre ladre, c'est un liévre qui habite aux lieux marécageux. *Sal.*)

Ladre. Ce mot se dit des chevaux, & veut dire *marques blanches* autour de l'œil & au bout du nez d'un cheval. (Cheval qui a des marques de ladre.)

† * **Ladre** *s. m.* Vilain fiéfé. Avare fiéfé. Avare sordide. Qui n'a ni cœur, ni honnêteté. (C'est un franc ladre.)

Ladrerie, *s. f.* Maladie de ladre, qui a sa source dans le foie. *La Cham.*

Ladrerie blanche. C'est une maladie de l'habitude du corps qui fait paroitre sur la peau quantité de taches blanches qui ont leur racine dans la chair, & cela à cause d'une abondance de sang pituiteux, corrompu, & blanc qui inonde tout le corps. *Deg. p. 92.*

† * **Ladrerie**. Avarice sordide & vilaine. (C'est une ladrerie la plus grande du monde. *Scaron.*)

* On dit *proverbialement*. La pauvreté n'est pas un vice, mais c'est une éspéce de ladrerie, chacun la fuit.

LAI.

LAI, **laïe**, *adj.* Laïque. (Conseiller lai. Cour laïe. Patron lai.)

Lai, laïe, *adj.* Ce mot se dit de certains Religieux & veut dire Religieux qui fait seulement vœu de stabilité & d'obéissance dans la maison, & qui, ne pouvant être Pére, fait les œuvres serviles de la maison. (Frere lai, on dit aussi sœur laïe.)

Lai, *s. m.* Terme de Poësie Françoise. C'est une sorte de Poëme qui contient quelque chose de triste, d'amoureux, ou de moral. Il y a deux sortes de lais. *Le grand lai* qui est un poëme composé de douze couplets de vers de diférente mesure sur diverses rimes. *Le petit lai* est un poëme de 16. ou de vint vers, divisés en

LAI

en quatre couplets, presque toûjours sur deux rimes. Ces *lais* étoient la poësies litiques de nos vieux poëtes François. (Alain Chartier a fait de grans *lais* & Molinet en a composé plusieurs petits qui ne sont pas fort bons.)

Lai, *s. m.* Terme de *Marchand Drapier*. Voiez *lé*.

Laid, *laid, adj.* Difforme. Qui a de la laideur. (Il est laid. Elle est laide de visage. *Abl.* Cela est laid à voir. *Scaron.* Les nez camus sont laids en Europe, mais en Afrique & en Amérique, il les trouvent beaux.)

Laide, *s. f.* Celle qui a de la laideur. (Il divertit & la *laide* & la belle. *La Fontaine, nouveaux contes.*)

Laid, *laide*, Il se dit aussi des bêtes, On dit que le singe, l'ours le hibou, &c. sont de laides bêtes.

Laid, *laide*, Il se dit des choses, & signifie, vilain, dés-agréable & incommode. (Une laide maison, c'est une maison obscure & mal-bâtie. Cette mode est laide. Cet habit est laid. L'hiver est une laide saison. Le vice est laid.)

Laideur, *s. f.* Difformité. Qualité ou figure dés agréable à la vûë, & contraire à l'idée que nous nous sommes formez de la beauté. La laideur & la beauté dépendent beaucoup du caprice & de l'imagination des hommes. La beauté est l'image du paradis & *la laideur* l'image des enfers. On dit aussi la laideur du vice & d'une action.)

Laidron, *s. f.* Fille laide. (Une petite laidron.)

Lais, *s. f.* Femelle de sanglier. Laie pleine. (On a pris la laie & ses petits.)

Laie, Terme de *Tailleur de pierre*. C'est un marteau bretté.

Laie, Terme de *Forêtier*. C'est une route coupée dans une forêt. Les Arpenteurs font des laies larges de trois pieds pour porter & tendre leur chaîne dans une forêt. Ce mot *laie* signifie aussi la marque des coupes, & celle des lais, ou baliveaux qu'on doit laisser.

Laie, *v. a.* Terme de *Tailleur de pierre*. Travailler la pierre à une laie.

Laier, Il signifie aussi faire des routes dans une forêt. Et marquer les lais, ou baliveaux qu'il faut laisser lors qu'on coupe une forêt.

Laiete, *s. f.* Petit cofre de bois qui n'a qu'une simple serrure, & qui n'est couvert ni de peau ni de cuir. Une grande, ou petite laiete.

Laietier, *s. m.* Artisan qui fait des laietes, des boites, de toutes sortes de caisses, & autres ouvrages de bois sans les couvrir d'aucun cuir, ni d'aucune peau. (Il est maître laietrier à Paris.)

Laine, *s. f.* Poil de brebis. Partie de toison de brebis. Toison de brebis.) Voilà de bonne laine. Marchand de laine. Vendre des laines de brebis. On fait diverses étofes de laine & des tapisseries. On mêle la laine avec de la soie, du poil &c.)

Lainage, *s. m.* Marchandise de laine. (Faire trafic de lainages.)

Laineux, *laineuse*, *adj.* Qui a beaucoup de laine. (Mouton laineux.)

Lainier, *s. m.* Marchand ouvrier qui achete la laine en écheveaux blancs, qui la teint en toutes sortes de couleurs & qui la revend en blanc, ou teinte, en écheveau où à la livre pour en faire des tapisseries, ou autres ouvrages. Presque tout Paris apelle ces sortes de Marchands *lainiers*, mais entre eux & dans leurs letres de maitrise ils se nomment *teinturiers de laine*, (Un riche lainier.

Lainiere, *s. f.* Femme, ou veuve de lainier qui acheté, vend & fait teindre de la laine en toutes sortes de couleurs pour travailler en tapisserie. (C'est une lainiere qui fait un grand trafic de laines.)

Laïque, *adj.* Qui vit dans le monde & qui n'a point d'engagement en aucun ordre Ecclesiastique ou Religieux. Une personne laïque. Les laïques n'ont pas les mêmes privileges que les Ecclesiastiques. (On dit un habit Laïque. Voiez *Lai*.)

Lais, *s. m.* Jeune baliveau, qu'on laisse pour devenir grand, lors qu'on coupe une forêt. (Marquer les lais. Il ne faut pas couper les lais. On laisse tant de lais par arpent.)

Laisser, Terme de *Chasse*, C'est la fiente du loup & des bêtes noires. *Sal.*

Laisser, *v. a.* Quitter. Abandonner. Abandonner par mépris ou par quelque ressentiment. Je *laisse*, je *laisserai* & non pas je *lerai*, je *laisserois* & non pas je *lairrois*. *Vau. Rom.* (Il a laissé sa femme & ses enfans & s'en est allé. Laisser son bien à l'abandon. *Abl.* Laisser le monde.)

Laisser, *v. a.* Etre nonobstant quelque empêchement. Il est pauvre, mais il ne laisse pas d'être honnête. Vous n'en avez point eu d'avis, mais cela ne laisse pas d'être certain. (Quoi que cela vous fâche, je ne laisserai pas de vous dire que, c'est à dire, je ne vous le dirai pourtant, je ne m'abstiendrai pas de vous le dire.

Laisser *v. a.* Donner, ceder. (Il lui a laissé dix mille Ecus par son Testament. Je lui laisse toute la gloire.)

Laisser. Ne pas empêcher de faire quelque chose
(Laisser lui rosser sa femme tout son saou. *Mol.* Laissez-le courir *Abl.* Laissons le faire. Il le faut laisser vivre à sa fantaisie. Laissez aler les choses comme elles vont.)

LAI 457

Laisser. Ce mot en des façons de parler où il signifie rester demeurer. (Ce vin laisse un mauvais goût, après qu'on l'a bû. Les parfums laissent une bonne odeur dans le lieu où on les a brûlez. Les bêtes laissent après elles des vestiges, & même quelque odeur, ce qui fait que les chiens les suivent.)

On dit les ennemis ont laissé tant de miliers d'hommes sur la place, pour dire qu'ils y sont demeurez, ayant été tuez.

Laisser courre les chiens. en termes de *Chasse*, c'est les lâcher après le gibier,

Se laisser. Ce verbe réciproque se joint à quelques autres (Exemples, se laisser aller en dansant, c'est ne se pas soutenir, n'être pas ferme sur ses jambes, Ce cheval se laisse tomber fort souvent, Se laisser mourir. On dit aussi, ce malade est si foible qu'il laisse tout aler sous lui.

Ces mots se laisser, se joignent à divers autres, même en des façons de parler proverbiales. On les trouvera sous les mots qui en déterminent la signification.

Laisse. Voiez *lesse*.

Laitance. Voiez *laite*.

Laitance, *s. f.* Terme de *Maçon*. Chaux qui, étant détrempée fort clairement, ressemble à du lait. On l'appelle aussi lait de chaux.

Lait laitance, *s. f.* On dit à Paris *laite* & non pas *laitance*. Le mot se dit en parlant de poissons & c'est la partie du poisson qui distingue le poisson qui a des œufs d'avec celui qui n'en a point. (Voilà de bonnes laites de carpe.)

Laité, *laitée*, *adj.* Ce mot se dit des poissons & signifie qui a des laites. (Haran laité. Carpe laitée.)

Lait. *s. m.* Liqueur blanche qui vient aux mammelles de la femme pour nourrir ce qu'elle a produit, ce qu'elle a mis au monde. Lait de femme. Lait de vache. Lait de brebis. Lait d'ânesse. Avoir de bon lait.

Petit lait. Lait clair. Prendre du petit lait tous les matins pour se rafraîchir les entrailles. Il est réduit au lait d'ânesse. Les Medecins lui ont ordonné du lait de vache.)

* *Lait*. Ce mot au figuré a un usage assez étendu. (Exemples.

* *Veau de lait*, C'est un veau qui tette encore.

* *Dent de lait*. Ce sont les premieres dents qui naissent aux hommes & aux animaux, qui tombent aprés un certain tems & en la place desquelles il en revient de plus fortes & de plus dures.

* *Avoir une dent de lait contre une personne*. Cette façon de parler se prend dans un sens plus figuré, & signifie avoir quelque ressentiment contre une personne; C'est vouloir mal à une personne à la suite & à cause de quelque démelé qu'on a eu, à cause de quelque autre chose.

* *Un enseignement qu'on a sucé avec le lait*. C'est à dire, qu'on a apris dés le bas âge.

* *Faire une vache à lait de quelque afaire*. C'est à la tirer en longueur pour en tirer toûjours du profit.

* *Le vin est le lait des Vieillards*. Proverbe pour dire que le vin leur est convenable.

† * *Troubler le lait à une nourrice*. C'est lui faire un enfant.

† * *Avaler quelque chose comme du lait*. C'est à dire, le soufrir sans oser se plaindre, ni s'en ressentir.

* *Frere de lait*. C'est celui qui a été nourri du même lait qu'un autre. C'est mon frere de lait.

Sœur de lait. C'est celle qui a été nourrie du même lait qu'un autre. Elle est sœur de lait d'un tel. C'est sa sœur de lait.)

* *Lait*. Ce mot se dit de plusieurs liqueurs, naturelles ou artificielles. Lait de titimale, lait de figuier. Les œufs frais cuits à propos rendent du lait. *Lait d'amendes*, c'est le suc qu'on tire des amendes pilées; Lait de chaux. Voiez *Laitance*.

Lait Virginal. C'est une composition d'esprit de vin où on fait infuser du coral, du borax, benjoin, cloux de girofle, canelle, musque & ambre, propre à blanchir l'eau & se laver le visage.

La voie de lait. C'est une trace blanche qu'on découvre au ciel, quand il est serain durant la nuit, & qu'on apelle communément le chemin de S. Jacques. Cette blancheur est causée par la lumiere d'une infinité de petites étoiles qu'on ne peut distinguer qu'avec un telescope.

Laitage, *s. m.* Lait. Tout ce qu'on fait seulement de lait & qu'on mange. (Je me lasse de laitage. Allez couper vos jones & presset vos laitages *Déprêaux, Sat.4.*)

Laiterie, *s. f.* Lieu de la maison où l'on met le lait, où l'on fait le fromage & où l'on toutes les choses qui servent au laitage. (Une laiterie bien nette.)

Laiteux, *laiteuse*, *adj.* Il se dit des plantes qui ont un suc blanc comme du lait, telles que sont les titimales, le figuier. *Laiteuse*, se dit aussi des Opales. Voiez *Opale*.

Laitiere, *s. f.* Femme qui par Paris porte un grand pot de lait sur la tête, le crie & le vend à mesures étalonnées aux personnes qui lui en demandent. (Apellez la laitiere.)

Laiton, ou *leton*, *s. m.* Cuivre mêlé avec de la calamine lequel est jaune comme l'or. (Ce laiton est fort beau.)

Laituë, *s. f.* Sorte d'herbe froide humide & rafraichissante dont il y a plusieurs sortes. (Laituë cultivée, Laituë sauvage. Laituë amére, Laituë Romaine qui est la meilleure de toutes. Laituë pommée.)

LAM

LAMANEURS, f. m. Terme de *Mer.* Pilotes qui demeurent dans des ports dont les entrées ne font par nettes, & qui en leur donnant quelque chose, conduisent les vaisseaux qui veulent mouiller dans les parages, où il y a du danger. (Le travail du lamaneur s'appelle *Lamanage, f. m,*)

LAMBEAU, f. m. Petite piece d'étofe qui pend & qui tient un peu à une autre chose. Guenille. (Son habit s'en va en lambeaux.)

* † Mettre les passages des Auteurs en pieces & par lambeaux *Boileau, Avis à Menage.*)

Lambeau, Terme de *Chasse.* C'est la peau veluë du bois du cerf & que le cerf dépouille. *Sal.*

Lambeau. Terme de *Chapelier.* Morceau de toile sur quoi on couche le chapeau afin de lui donner la forme.

LAMBEL, ou *lambeau,* f. m. Terme de *Blason.* Lambel & *lambeau* sont des termes de Blason & c'est une sorte de brisure. La Colombiere fameux dans l'Art du Blason a dit en son *Livre de la Science Heroïque,* chap. 11. *pag.* 73. premiere Edition Celui des enfans de France qu'on nomme le *Duc d'Orleans porte le lambeau d'argent* ; & *chap.* 25. page 223. Il a écrit, *Gaston de Bourbon porte d'azur à trois fleurs de lis d'or brisé d'un lambeau d'argent.* Neanmoins comme la plûpart des Modernes qui ont traité du blason, emploient seulement le mot de *lambel,* je parlerois comme eux sans condamner ceux qui en blasonnant, ou écrivant du blason, se serviroient du mot de *lambeau.* L'Auteur de *l Art heraldique* ch. 8. *pag.* 137. dit que le mot de *lambel* se rend en Latin par le mot de *Tigillum,* & *chap.* 4. *artic.* 4. *pag.* 113. il écrit, *Philippe de France Duc D'Orleans porte de France au lambel d'argent.* Le Pére *Ménétrier* celebre en la sience du blason, a écrit dans un livre qu'il vient de mettre au jour & qui porte pour titre, *le veritable art de blason,* a écrit, dis-je, *Tome second* , *pag.* 197. Il lui donne un rateau mis en bande à côté de fleurs de lis au lieu d'un lambel de quatre pendans en chef avec trois fleurs de lis, parce que les Italiens nomment le lambel, *rastello.*

Aussi-tôt maint esprit fécond en rêveries
Composa tous ces mots de oimier & d'écart
De pal, de contrepal, de *lambel* & de face.
Dépreaux, Satire 5,

LAMBOURDES, f. f. Termes de *Charpentier.* Pieces de bois qu'on met sur les planchers pour y atacher des ais, ou du parquet. Piéces de bois qui sont aux côtez des poutres, & où il y a des entailles pour poser des solives. Lambourde arrêtée. Planter des lambourdes. Lever des Lambourdes. Voi *l'experience de l'Architecture militaire.*)

LAMBREQUIN, f. m. Terme de *Blason.* C'étoit comme un habillement de tête dont les anciens Chevaliers couvroient leurs casques, mais à présent ce n'est qu'un ornement autour de l'écu des armes *Col.* c. 41.

LAMBRIS, f. m. Terme de *Menuisier.* Toute sorte de plat-fond de bois, Ouvrages de menuiserie dont on revêt les murailles. (Atacher un lambris. Un beau lambris. Un lambris de menuiserie.)

Lambris. Terme de *Maçon.* Lates couvertes de platre. (Un lambris de platre. Faire un lambris.]

Lambrissage, f. m. Ouvrage du maçon , ou du menuisier qui a lambrissé. (Je demande tant pour mon lambrissage.)

Lambrisser, v. a. Revêtir d'un lambris. Revêtir de bois par le haut & par les côtez. (Lambrisser une sale. Chambre bien lambrissée.)

LAMBRUCHES, f. f. Il signifie la vigne sauvage & qui n'est point cultivée. Il signifie aussi le fruit qu'elle produit. (Cette vigne au lieu de fruit ne produit que des lambruches. *Isaïe,* ch. 5.)

LAME f. f. Terme de *Fourbisseur.* C'est tout le fer de l'épée forgé & fourbi, qui est plat, étendu, ou formé en dos, à demi dos ou en arête , & qui est pointu au bout. (Lame étroite, lame large, lame vuidée, lame à dos , à demi dos, ou à deux arêtes. Forger, vuider & fourbir un lame. Passer une lame sur la meule. Monter une lame. Une lame doit être de deux piez & demi, ou de trois piez tout au plus. Casser une lame Cette lame sera plûtôt cassée que faussée.

Lame. Terme de *Coutelier.* Tout l'acier & tout le taillant de certaine besogne de coutelier. (Lame de ciseaux. Lame de couteau , de canif, de rasoir , de lancette.)

Lame. Petite plaque de metal déliée à peu prés comme un petit jetton, ou autre petite piece de monnoie. (Métal mis en lame. Couvert de lames d'or, *Ablancourt.*)

Lame. Terme de *Tireur d'Or.* Or ou argent vrai , ou faux plat mince & étroit que l'on mêle parmi le fil dans les dentelles, ce qui leur donne plus de brillant que si elles étoient toutes de fil tortillé autour de la soie.

Lame. Terme de *Rubanier.* Espece de petites lates qui soutiennent les marches & qui se baissent & se haussent comme les marches à Mesure qu'on remuë les piez.

Lame. Terme de *Tisserand.* Plusieurs fils de rang qui servent à faire croiser la toile & qui sont atachez sur deux licz pendus à deux poulies.

Lame. Terme de *Mer.* Ce sont les houles , ou vagues de la Mer qui coulent les unes sur les autres. (Les lames entrent dans le Vaisseau.

† * On dit proverbialement , & en raillant, dans le bas stile. *C'est une bonne lame,* ou *une fine lame* pour dire une personne fine & adroite. Il se prend en mauvaise part.

LAMENTABLE, adj. Déplorable. Dolent. Qui se plaint. (On entend en l'air des voix lamentables. *Voit. l.* 53. Confusion lamentable. *Patru plaidoié* 4. Histoire pitoïable & lamentable. La fin lamentable de ce Prince excite de la compassion.)

Lamentablement, adv. D'une manière lamentable, pitoïable & triste, (Conter un fait lamentablement. Se plaindre lamentablement.)

Lamentation, f. f. Plainte , Cri & gemissement. (Faire des lamentations. Les lamentations de Jeremie. Le bon homme Enée, dans Virgile, s'abandonne trop aux lamentations, S. *Evremont* , *reflexions sur les Traducteurs.*)

Lamenter, v. a. Déplorer. (Lamenter son malheur, Cette veuve lamente la mort de son mari.)

* Lamenter tristement une chanson bachique. *Depreaux, Satires,* c'est à dire le chanter d'un air triste & lamentable.

Se lamenter , v. r. Se plaindre. Déplorer son malheur. (Elle se lamente sans cesse. Vous vous lamentez en vain, la mort est inexorable, elle ne rend point ce quelle a pris. Ils se lamentent de leur misére. S. *Evremont.* trad.

LAMENTIN, f. m. C'est un gros poisson de mer, très bon à manger. On en trouve quantité vers la riviére des Amazones, en Amerique. Il a le corps fait comme une Baleine, avec la queuë qui est plate & arrondie. Sa tête est comme celle d'une taupe , son museau comme celui d'une vache , les yeux comme ceux d'un porc , ses machoires comme celles d'un cheval, excepté qu'il n'a point de dents devant , mais seulement une carnosité dure comme un os , avec quoi il pince l'herbe. Il n'a que très-peu de cervelle. Il n'a point de langue. Il entend fort bien. Sa chair est comme celle d'un veau, sa graisse a du rapport à celle du porc. On en peut voir diverses autres particularitez dans les relations de l'Amerique & des îles Antilles , où il s'en fait un grand profit.

LAMIE, f. f. Monstre marin. Voïez Rondelet, *histoire des poissons.*

LAMINOIR, f. m. Terme de *Monoie.* Machine où l'on fait passer les lames d'or ou d'argent, & où on leur donne l'épaisseur dans laquelle l'espéce doit être fabriquée.

LAMPAS, f. m. Terme de *Manege.* Tumeur au palais du cheval. (Il faut faire brûler le *lampas* à mon cheval.)

LAMPASSÉ, *lampassée* adj. Terme de *Blason.* Il se dit des animaux dont la langue paroît hors de leur gueule lorsque l'émail de la langue est diferent de celui du corps. (Luxembourg porte d'argent , au lion de gueules , armé, *lampassé* couronné d'or.)

LAMPE, f. f. Vase qui est ordinairement du métal où l'on met de l'huile avec une mêche de coton pour éclairer. (Une lampe perpetuelle. Un Grec acheta trois mille dragmes la lampe de terre dont Epirecte s'étoit servi. *Cost.* Une lampe à plusieurs mêches. La *Lampe de Cardan.* C'est une lampe de l'invention de cet Auteur , laquelle se fournit elle-même de l'huile, à mesure qu'il s'en consume. C'est un petit cilindre de metal , ou de verre , qui n'a qu'un trou au bas par où l'huile tombe dans le goulot , où est la mêche.)

Lampe d'Eglise. Cette lampe est toûjours de métal , d'argent , ou de cuivre , & suspenduë avec une corde dans le chœur de l'Eglise. Elle est composée de parties que les orfévres apellent *panache, colet , grand culot, petit culot* & *chaines.* C'est dans le grand culot qu'on met un lampron de verre ou de cristal où l'on met de l'huile & une mêche pour éclairer & pour alumer les cierges de l'Eglise.

Feu de lampe. Terme de *Chimie.* C'est le feu lent & égal d'une lampe alumée , qu'on met sous quelque vaisseau. L'émail se travaille à la flamme d'une lampe, qu'on soufle continuellement avec un tuïau.

Il ne faut point mettre la lampe alumée sous un boisseau. S. Luc ch. 8. C'est à dire qu'il faut faire paroître la lumiere de l'Evangile & celle des bonnes œuvres.

Les Sages Vierges avoient leurs lampes alumées. S. Matth. ch. 25. C'est à dire, qu'elles veilloient & se tenoient prêtes pour entrer avec l'époux au jour des noces.

Lampe inestinguible. Voïez *inestinguible.*

* *Lampe d'argent au ciel pendu.* God. Description poëtique pour dire la Lune.

* *Cul de lampe,* Ornement d'*Architecture,* qui pend en bas. (Les clez des voûtes sont quelque fois ornées d'un cul de lampe, & font une saillie pendante. (C'est aussi un ouvrage de Menuiserie & de sculpture qui pend d'un plancher.

* *Cul de lampe,* Terme d'*Imprimeur.* C'est une figure dont il se remplit de lettre qu'on met dans une page, à la fin du livre, ou de quelque partie d'un livre.

* On dit d'une vieille personne qui se meurt par défaillance de nature, *il n'y a plus d'huile dans la lampe,* c'est à dire, il n'y a plus d'humide radical , ni de principe de vie.

† *Lampée,* f. f. Mot burlesque pour dire un grand verre tout plein de vin. (Une grande lampée. Boire des lampées.)

† *Lamper,*

† *Lamper*, v. a. Boire de grans coups. (Nous avons lampé tout le jour.]

LAMPON, *s. m.* Sorte de crochet d'or, & d'argent, ou de cuivre dont on se servoit il y a environ 20. ou 25. ans pour retrousser le chapeau. (Retrousser son chapeau avec un lampon.]

Lampons, *s. m.* Sorte de chanson qui veut dire *buvons*. [Chanter des lampons Sca. *Virgile travesti*, l. 1.

LAMPROIE, *s. f.* Il y a deux sortes de lamproies, une lamproie de riviere & une lamproie de mer. 1. La *Lamproie de riviere*, est un petit poisson qui vit d'eau & de fange, & qui est de la grandeur d'un doigt, ou d'un gros ver de terre. La *Lamproie de mer* est un poisson cartilagineux qui ressemble à l'anguille, qui au commencement du printemps entre aux rivieres, qui a le ventre blanc, le dos semé de taches bleues & blanches, qui a la peau lisse, qui n'a point dos, & qui a la chair molle & gluante. La lamproie ne vit que deux ans. Rond. *Histoire des Poissons* l. 13.

LAMPRON, *s. m.* Terme de *Faïancier*. Vase de cristal où l'on met l'huile & la méche d'une lampe d'Eglise.

Lampon, Sorte de cu de lampe de terre où l'on met de l'huile & qui se vend deux liards chez les chandeliers de Paris.

LAN.

LANCE, *s. f.* Sorte d'arme offensive qui est de bois, longue de 10. ou 12. piez, un peu moins, ou un peu plus & qui va toûjours en diminuant de grosseur depuis la poignée jusqu'au bout où il y a un fer émoulu. La lance est composée de la fléche des aîles & de la poignée. (Bien placer sa lance. Bien manier sa lance. Lever la lance de bonne grace. Tenir bien sa lance. Abaisser la lance.)

Lance. Ce mot en parlant d'étendart de cavalerie & de drapeau d'infanterie, c'est un morceau de bois qui est en forme de lance, long de huit ou de neuf piez, bien tourné, ou l'étofe du drapeau, ou l'étendard est attachée. (La *lance de l'étendard*, ou *du drapeau est rompuë*.)

* *Lance.* Ce mot en parlant de Gendarmerie Françoise du siecle passé, signifie un Soldat qui est armé d'une lance qu'on appelloit aussi *lancier*, (Le Roi croiant avoir agagé ce Seigneur, lui donna une compagnie de cent lances. Le Roi fit entrer quatre cens lances dans le païs. *Mez. hist. de Charles VIII.* Il étoit Capitaine de cent lances.

Lance à feu, Terme d'*artificier*. C'est une sorte de fusée de feu d'artifice. (Faire, jetter, alumer des lances.)

Lance à feu. C'est aussi une sorte de lance pleine de feu d'artifice au bout d'en haut.

Lance. Outil servant aux ouvriers qui travaillent en stuc.

† * *Etre à beau pié sans lance.* Façon de parler proverbiale, pour dire être démonté & désarmé.

Lancer, v. a. Jetter une chose avec éfort. Darder. (Lancer un dard, *Ablancourt*, Cirus étoit adroit à lancer le javelot. *Abl. Ret. l. 1. c. 9.* C'étoit l'heure du jour où le Soleil lance ses raïons avec plus de violence. *Vau. Quin. l. 3.* Dieu *lance* le tonnerre *Ablane*.)

Lancer. Terme de *Chasse*. C'est faire partir la bête du lieu où elle se retire ordinairement. (*Lancer un cerf*, C'est le faire partir de la *réposée*.)

Lancer un loup; C'est le faire partir du *liteau*.

Lancer un liévre; C'est le faire partir du *gîte*.

Lancer un sanglier; (C'est le faire partir de la *bauge. Saln.*)

Se lancer, v. r. Se jetter de colere, ou de furie sur quelqu'un, ou sur quelque chose. Le Lion se lança sur lui & le mit en piéces, *Abl.*

Lancette, *s. f. Instrument de Chirurgien* propre à saigner, composé d'une chasse & d'une d'acier fort pointuë. (Une bonne lancette. Donner un coup de lancette.)

* *Lancier*, *s. m.* Cavalier armé d'une lance, (Le Roy ordonna aux lanciers de n'avoir que des lances de cinq piez de long *Abé de Choisi, hist. du Roi Jean. l. 3. ch 9*.)

† * *C'est un chaud lancier.* Cela se dit en raillant, pour dire, c'est un fanfaron qui se vante de beaucoup de choses qu'il ne peut pas faire, & particulierement en fait d'amour.

LANDE, *s. f.* Terre sablonneuse & sterile qui n'est pas labourée (Les landes de Bourdeaux sont renommées.)

LANDGRAVE, *s. m.* & *f.* Ce mot est Aleman, & signifie *Comte d'un Païs* qu'on appelle *Langraviat*. C'est le Prince ou la Princesse qui possede un *Landgraviat*. (Mr. Le Landgrave de Hesse est un trés brave Prince, Madame la Landgrave doüairiere de Hesse si long-tems la guerre avant la paix de Munster.)

LANDIS *landit*, *s. m.* Vaugelas a décidé qu'il faloit écrire *landis* & prononcer *landit*. L'usage veut qu'on dise & qu'on écrive *landi*. Le landi étoit ce qu'on payoit autrefois au Recteur de l'Université de Paris, & ce qui se donnoit pour le *landi*, se mettoit dans sa bourse commune pour fournir aux frais du Recteur qui aloit à saint Denis au tems de la foire en cérémonie, accompagné d'un grand nombre d'écoliers. Mais l'Arrêt de reglement de 1608. a aboli ce droit de *landi*. Voïez les *antiquitez de saint Denis.l.4. c.* 18. p. 159. Le *landi* signifioit aussi le salaire que les Ecoliers donnoient à leurs maitres au tems de la foire. S. Denis.

† LANDIER, *s. m.* Ce mot signifie une sorte de grand chenet, mais en ce sens il est *vieux* & ne subsiste plus, ce semble qu'en ce proverbe, *il est froid comme un landier*.

LANDI. Voiez *landi*.

LANERET, *s. m.* Sorte d'oiseau de proie qui est plus petit que le faucon & qui est le mâle du lanier.

LANGAGE, *s. m.* Langue de quelque nation particuliere. Langue de quelques gens particuliers. Discours. (Les étrangers n'entendent pas nôtre langue. Le vieux langage. Un langage bas & populaire. Un langage pompeux, fleuri, net, &c. Avoir soin de la pureté du langage.) Les chats en ruminant, le langage des Gots, nous éclairent sans cesse, *S. Amant*.

Mon langage net & franc fait la figue à la contrainte. *Mai. Poës.* (Cessez de tenir ce langage. Racine *Iphigenie.*)

* Le *langage des Dieux*. C'est la poësie qui est la langue dans laquelle les Dieux s'expriment.

* Le *langage des yeux*. C'est la maniere dont les yeux expliquent les pensées du cœur. (Entendre le langage des yeux, *Racin.*

Le langage des yeux est un charmant langage.
Et c'est le seul dont l'usage
Est à la mode en tous lieux.
La Suze, poësies, T. 1.

Le langage des yeux n'est pas celui qui persuade le moins. Ce langage est expressif, amoureux, languissant & extremement hardi. *Pelisson, recueil des pieces galantes.* T. 1.)

* Soupirs, devoirs, petits soins, en amour tout est *langage*.

* Le *langage des Cieux*. Cela se dit figurement pour signifier que la beauté, l'arrangement, le cours & la varieté des astres qui y brillent, nous disent dans un *langage muët* que Dieu qui les a faits, est infiniment puissant & sage. (Les Cieux publient par un langage muët la gloire du Seigneur. *Pseaume* 18.)

* Les animaux ont un certain langage entr'eux, par lequel ils font connoitre leurs passions.

LANGE, *s. m.* Terme de *nourrisse*. Grand morceaux de toile, qui est piqué qu'on met sur la couche de l'enfant. Grand morceau de drap pour emmailloter l'enfant. Il y a trois *langes*. 1. Le premier est de toile simple ou de toile piquée & ce lange s'apelle lange piqué, & les deux autres sont ordinairement de drap, ou le second lange est quelque fois un lange de futaine, mais le troisiéme est toujours un lange de drap. Acheter de fort beaux langes. Aprêter les langes d'un enfant.)

Lange. Terme d'*Imprimeur de tailles douces* Morceau de drap qui sert à faire presser la feüille qui est sur la planche gravée.

Langé Terme de *Cartonnier*. Morceau de drap fait en quarré qu'on met sur les formes à carton.

LANGE, *s. m.* Melon de Langé qui est une petite ville en Touraine. (Un bon langé.)

LANGOUREUX, *langoureuse*, *adj.* Languissant. Plein de langueur (Il est tout langoureux. Mener une vie langoureuse.)

Bien souvent un cœur amoureux
Par un air triste & *langoureux*.
La Suze poësies.

Langoureusement, *adv.* D'une maniere langoureuse. Il vivoit langoureusement & presque tous jours malade.

LANGOUSTE, *s. f.* Poisson qui n'a point de sang, qui est couvert de test mou, qui a devant les yeux deux longues cornes garnies d'éguillons avec deux autres cornes au dessus plus déliées & plus courtes. La *langouste* a le dos rude & plein d'éguillons; elle a cinq piez de chaque côté, la queuë comme les écrevices, & elle se dépouille de sa couverture de même que le serpent de sa peau. *Rond.*

LANGUE, *s. f.* Partie de la bouche, qui sert à former la voix, à gouter les choses & à faire la distinction des diferentes sortes de saveurs. Ce mot de langue se dit proprement des hommes & des animaux, mais au figuré il ne se dit que des hommes. La substance de la langue est une partie mole & charnuë, qui n'a aucunes fibres, de sorte qu'il n'y en a point de semblables en tout le corps. Elle est couverte d'une membrane servante & il y a sous le milieu un ligament sur lequel elle porte & qui la fait remuer & alonger. Au bout de ce ligament il y a un petit filet, qu'on apelle le *frein de la langue*. Ses parties sont le pié de la langue, ou la foulangue; la surlangue, ou le dessus de la langue; & le bout de la langue. L'homme a la langue la plus fine & le gout le plus fin de tous les animaux. (Une petite langue. Une grosse langue. Une langue de carpe, de mouton, de beuf, de porc, &c.) On perce la langue aux blasphemateurs. La langue juge de saveurs Seigneur, ma langue annoncera vos merveilles. *Port-Roïal. Pseaumes.*

* *Tirer la langue.* C'est la faire sortir hors de l'ouverture de la bouche.

* *Il vous verroit tirer la langue d'un pié qu'il ne feroit rien pour vous*, C'est à dire, il vous verroit dans le besoin qu'il ne vous assisteroit pas.

* *Tirer la langue*; Se moquer d'une personne en lui tirant la langue sans qu'il le voie.

* *Prendre langue. Ablancourt.* C'est s'enquerir.

* *Avoir bien la langue, Moliére.* C'est être grand causeur, ou grande causeuse.

* *Avoir la langue grasse, Ablancourt.* C'est bégaïer, c'est quand on ne peut pas bien prononcer de certaines lettres comme l'r.

* *C'est une méchante langue.* ; C'est à dire, c'est une personne qui médit & déchire les gens.

On dit aussi *une langue serpentine.*

Il est impossible d'arrrêter la langue des Poëtes, Boileau, avis à Ménage. C'est à dire, il est impossible d'empécher les poëtes de parler & de railler les gens.

* *Avoir la langue liée.* C'est à dire, n'oser parler de quelque chose.

* *Avoir la langue bien penduë.* C'est parler facilement & éloquemment.

* *Avoir une chose sur le bout de la langue.* Cela se dit d'une chose qu'on sçait, mais dont on ne se souvient pas à l'heure qu'on le veut nommer.

* *Un homme sage doit être maître de sa langue,* & savoir parler ou se taire à propos.

* *Langue.* Ce mot signifie aussi le *langage* particulier qu'on parle en un païs. (Il est autant possible de fixer la langue Françoise qu'il est possible de fixer l'humeur des François. Qui pourra croire qu'un valet qui n'entent que quelque mots de nôtre langue, ait pu concevoir ou executer ce dessein. *Patru plaid.*11.)

La langue sainte, c'est la langue Ebraïque. La langue Latine. Faire des remarques sur la langue Françoises. Professeur aux langues Orientales. Un Maître des langues.

Langue vivante, c'est la langue que quelque peuple parle encore aujourd'hui. *Langue morte,* c'est celle qu'aucun peuple ne parle à présent & qui ne subsiste que dans les livres. L'usage est le tiran des langues vivantes. Langue maternelle, langue étrangere. On peut disputer à l'Academie Françoise le droit de regler nôtre langue comme il lui plait. La langue Latine s'est corrompuë sous les Empereurs. Ablancourt , Patru & Vaugelas ont mis la langue Françoise dans sa perfection *S. Evremont, œuvres mélées.*)

Langues de feu. C'étoit une matiere qui avoit la figure d'une langue & la couleur du feu , que le S. Esprit fit decendre & se poser sur chacun des Apôtres, lors qu'il leur donna la faculté de parler divers langages, au jour de la Pentecôte.

Les aides de la langue. Terme de *Manége.* C'est un certain cri que fait le Cavalier pour animer un cheval.

Langue. Ce mot en parlant des Chevaliers de Malte veut dire *nation.* Ces Chevaliers Italiens n'étoient pas les plus braves de leur *langue.* La langue d'Espagne ne prétend pas posseder en chef la charge de capitaine général. *Bouhours , Hist. d'Aubusson l.*3.

* *Langue* Terme de *Flouriste.* Il se dit, en parlant de l'iris bulbeuse de trois feüilles de centre fleur, desquelles l'extremité se releve en haut & qui sont jointes à trois, autres feüilles dont l'extremité panche vers la terre & qui se nomme *menton.* (Iris qui a les *langues* d'un bleu clair. *Morin, traité des fleurs*)

* *Langue.* Pointe de terre qui avanco dans la mer. (Ces deux mers venant à serrer la terre de deux côtez, font une *langue*, qui atache à la terre ferme cette Province, *Van. Quin. l.*3.)

Langue. Terme de *Vitrier.* Fente qui se fait sur le verre lors qu'on le coupe.

* On donne ce nom de langue à diverses plantes à cause de leur figure.

Langue de cerf. Langue de bouc & langue de bœuf. Voïez *buglose* & *bourrache.* Langue de cheval langue de chien, c'est une espece de glouteron. Langue de Serpent &c.

Langué , Languée, adj. Terme de *Blason.* C'est la même chose que *lampassé.*

Langueïeur, s. m. Celui qui, tous les jours de marché, se rend sur la place où se vendent les cochons, pour voir s'ils sont & qui en voit & considere la langue pour voir s'ils sont en état d'être vendus & s'ils ne sont point ladres. (Un bon langueïeur.)

Langueïer, v. a. Voir & considerer la langue des cochons afin de certifier s'ils sont vendables, ou non. (Langueïer le marchandise. Langueïer un cochon.)

Languette, s. f. Ce mot se dit en plusieurs choses & est commun à plusieurs arts & signifie ce qui est taillé & façonné en forme de langue petite.

Languette , Terme de *Potier de d'Etain.* Morceau d'etain gros comme le doigt qui est au milieu du couvercle des pots, des pintes, &c. qui est enchassé à l'anse, & sur lequel on met le doigt pour lever le couvercle.

Languette, Terme d'*Orfévre.* C'est un petit morceau d'argent qu'on laisse exprés hors d'œuvre, que l'Afineur retranche & éprouve , avant que de contremarquer l'ouvrage , plât en façon de la vile.

Languette. Terme de *Menuisier.* Morceau de bois qui entre tout le long de la rénure.

Languette de balon. Petit morceau de bois rond , percé des deux cotez auquel on atache la veslie & par lequel on souffle le balon.

Languette. Terme de *Lutier* & *de Fabriqueur d'Orgues.* (Languete de fauteréau, de clavecin, languete de tuïau d'orgue. On dit aussi languette de trompe , &c.)

Languette de balance. Felibien dans ses principes d'Architecture écrit de la sorte , mais c'est une petite faute à Dieu qu'il n'y en eut point de plus grosse dans son ouvrage. Les balanciers de Paris & la plûpart des honnêtes gens apellent *Eguille de balance* & *de trebuchet* & non pas *languette* qui est provincial.

LANGUEUR. *s. f.* Foiblesse causée par quelque infirmité ou maladie. Peu de santé. Manquement de force qui vient de quelmaladie. Etre Languissant. (Il me semble qu'elles me sont inutiles dans ma langueur, *Pas. l.* 2. Je traîne ma vie en langueur. *Mai. poës.*)

(*. Je tombe dans des douces langueurs, Dépr. Long. c.*8.)

* Se défendre des langueurs de l'amour, *Voi. l.*43. Je meurs de langueur, *Voit. Poës.* Elle a bien du merite puisqu'elle a causé de la langueur à un homme si froid.

LANGUIER, *s. m.* Partie d'un cochon qui contient la gorge & la langue, qu'on sale & qu'on séche à la fumée. (Les languiers du Mans sont en reputation.)

LANGUIR, *v. n.* Vivre en langueur. Avoir très-peu de santé. Je languis de foiblesse, *Port-Roial , Pseaumes.*)

Languir. Ce mot se dit en parlant de bourreau & de patient & veut dire ne pas expédier promtement. (Faire languir un patient. Ne faire pas languir un patient.)

† *Languir.* Ce mot, pour dire s'ennuïer, ne vaut rien. On ne dit point aprés avoir été quelques tems à Paris , vous languissez pour dire, vous vous y ennuïez, *Vau.*

* *Languir.* Mener une vie pauvre & pleine de langueur, parce qu'on n'a pas dequoi subsister. Etre dans une grande pauvreté. (Languir dans la misére. *Abl. luc. l.*10.)

* *Languir.* Mourir d'amour , soupirer pour quelque belle. (Philis, permettrez moy de languir à vos piez *Rac.* Je *guis* du beau feu qui brule dans vos yeux. Elle ne laissa pas long tems languir l'Abé. *Bussi.*)

Languissant , languissante, adj. Plein de langueur. Qui a peu de santé. (Avoir une santé languissante. *Gon. Epil.* 9. Il mene une vie languissantte.)

* *Languissant, languissante.* Foible. (Secours languissant. *Tioph. Poës.*)

* *Languissant , languissante.* Plein d'amour. Amoureux. Plein d'une langueur amoureuse. (Yeux languissans. Je me feignis languissant & blessé. *Voit. Poës.*)

* *languissant , languissante.* Ce mot se dit du stile & du discours & signifie. qui n'a rien de vif . Qui est mou , énervé & sans forme. (Stile froid & languissant. *Abl. Luc.* Ecrits languissans. *Dépreaux. Sat.* 2.)

Languissement , adv. D'une maniere foible & languissante, tendre & passionnée. (Regarder languissamment. parler languissamment.)

† LANICE *adj.* Il se dit de la bourre. *Bourre-lanice.* C'est la bourre douce qui se tire de la laine de mouton avec le peigne des Cardeurs , avec le chardon des Bonneriers , & par les Tondeurs de draps & de couvertures. On fait de bons matelâs avec de la bourre lanice.)

LANIER, *s. m.* Sorte d'oiseau de proie qui a le bec & les piez bleus, les plumes de l'estomac mélées de noir, & de blanc, qui est plus petit que le faucon & qui est la femelle de le neret.

Laniere, s. f. Petite bande de cuir dont les enfans se servent pour foüetter leur corniche & leur sabot , C'est aussi une sorte de corroie. Ils imaginerent une espece de lanice, ou corroie. *Dépreaux. Longin remarques in* 4. *pag.*93.)

Laniére. Longe de cuir dont on se sert pour tenir l'oiseau de proie le poing, ou à la perche.

Laniere. Terme de *Mercier.* Cuir large de deux doigts qu'on emploie pour border les corps de cotte des servante , & les femmes de village.

LANQUERRE, *s. f.* Peau en forme de gros & de large bourlet qui qui se met au dessus des reins , en forme de ceinture & qui soutient un homme sur l'eau. La lanquerre est inventée de depuis peu , & on en a vu paroitre l'efet aux yeux de tout Paris le 14. de Septembre 167....

LANSPEADES ou *Anspegade, s. m.* Soldat qui aide le caporal , & qui est appellé par les Italiens , *lanzaspezzata.* Voïez *Garzoni, piazza universale, discorso* 82. prononcez *Ansspegade.* Les Auteurs du Recueil des nouvelles ordonnances de la guerre, & Gaïa *Traité de la guerre* écrivent *lo lanspegade* , mais mal. L'usage ancien & moderne est pour *anspegade.* Binet, *essais des merveilles de nature* , chapitre 17. écrit *l'Anspegade* est celui qui &c. du Praissac , *Discours militaires , chapitre* a dit les *anspegades* doivent soulager les caporaux & être conseillers Lieutenans. Les Sergens de gardes que j'ai consulté sur le mot d'*anspegade* m'ont dit & m'ont prononcé que chaque compagnie avoit cinq *anspegades* & que les *anspegades* étoient ordinairement exempts de factions , excepté, des rondes & des sentinelles perduës.

LANSQUENET, *s. m.* Sorte de jeu de cartes qui ne se joué ordinairement que par des laquais & par des petites gens. Ce jeu se joüé à 2. ou à plusieurs personnes. On donne une carte à chacun des joüeurs & sur cette carte on couche ce qu'on veut joüer. Ensuite celui qui donne , retourne le reste du jeu de cartes & gagne lorsqu'il retourne une carte pareille à celle qu'il a donné à quelqu'un des joueurs.

Lansquenet,

LAP   LAQ LAR   461

Lansquenet, *s. m.* Mot Alemand qui veut dire, simple soldat & qui se prend parmi nous pour un soldat Alemand fantacin.

Lanter, *v. a.* ou *lenter*, mais on prononce *lanté*. Terme de Chaudronnier. Il se dit en parlant de cuivre. C'est faire avec la tête du marteau de petites façons & de petits agrémens sur le culvre qu'on a mis en œuvre. (Lanter un chaudron. Lanter le couvercle d'une marmite.)

Lanterne, *s. f.* Instrument composé d'ordinaire de verre, & de corne ou autre matière transparente, au dedans duquel on alume de la chandelle ou autre pareille chose pour éclairer. Instrument composé de verre & de plomb au milieu duquel on met une chandelle ou une lampe. (Une petite & grosse lanterne.)

Lanterne sourde. Sorte de petite lanterne qu'on porte la nuit, qui n'a qu'une ouverture, qu'on ferme quand l'on veut. (Avec une lanterne sourde on peut voir sans être vû.)

On fait aussi des espèces de lanterne de papier, & de toile.

Lanterne de moulin. Sorte de petite machine en forme presque de lanterne, garnie de ses fuseaux & au travers de laquelle passe un fer qui fait tourner la meule du moulin.

Lanterne. Terme d'*Architecte*. Petit dome au dessus d'une maison.

Lanterne. Terme d'*Orfèvre*. C'est la partie de la crosse d'un Evêque, ou d'un bâton de Chantre, qui est grosse & à jour, & qui en quelque façon répresente une *lanterne.*

Lanterne. C'est aussi un petit cabinet de menuiserie, qu'on éléve dans quelques Auditoires, pour y placer quelques personnes, qui veulent écouter sans être vûes. (Il se plaça dans la Lanterne de la Grand'Chambre pour ouïr le raport de son procés.)

Lanterne Magique. C'est une petite machine d'Optique, qui fait voir dans l'obscurité, sur une muraille blanche plusieurs spectres & monstres afreux : de sorte que celui qui n'en sçait pas le secret, croit que cela se fait par art magique.

Lanterne. Terme d'*Essaieur d'or & d'argent.* C'est une espèce de petit cabinet garni de verre, afin que le vent n'agite point le trébuchet qu'on place dans cette *lanterne.*

†* *Lanternes.* Il signifie des discours & des choses de nulle valeur. (Tout ce que vous dites, ce sont *des lanternes.* On dit au même des lanterneries. (Il ne s'amuse qu'à des lanterneries.) Ces mots sont bas & du petit peuple.

Lanterne de cuivre batu, garnie de hampes & de boites de bois pour charger les pièces d'artillerie.

† *Lanterner*, *v. a.* Vetiller. Tracasser. Importuner à force de dire des *peuvretez*, ou d'autres choses qui ennuient & qui déplaisent.

   (Ma Melpoméne en verve sans pareille
    Ne veut non plus *lanterner* ton oreille
     de graves traits. *S. Am.*
   Morbleu, ne me *lanternez* pas, car je vous.
        Scar.

† *Lanternier*, *s. m.* Ce mot peut dire un faiseur de lanternes ne se dit pas, car ceux qui font des lanternes, ce sont les taillandiers en fer blanc, ou les vitriers.

† *Lanternier.* Celui qui alume les lanternes des rües. Cét homme s'apelle commissionaire du Commissaire, mais il est peut-être le seul qui se donne ce nom. Le peuple de Paris l'apelle lanternier ; témoin le Vau-de-ville. *Abaissez La lanterne, Monsieur le lanternier.*

† *Lanternier.* Vetilleur. Tracasseur. Importun ridicule. (C'est un franc lanternier.

    Un petit peuple, mais sage
    Ne l'estime qu'un grand sot
    Qu'un *lanternier*, un falot.
        Recueil de piéces galantes.

† *Lantiponage*, *s. m.* Mot bas & burlesque pour dire. Fracas. Importunité ridicule. Sote conduite qu'on tient à l'égard d'une personne. (Monsieur le Médecin, que de lantiponage. *Moliére. Médecin malgré lui. a. 2. s 2.*)

† *Lantiponer*, *v. a.* Chicaner une personne, l'ennuier, & la fatiguer par un procédé ridicule. (Vous me lantiponez.)

Lanture, *s. f.* Terme de Chaudronnier. Ce sont les petits agrémens qu'on fait avec le marteau sur le cuivre, lors qu'il est travaillé. (Lanture belle & bien rangée.)

Lanturlu. Mot dont on se sert pour se moquer des choses qu'on nous dit & qu'on fit entrer en un Vaudeville du tems du Cardinal de Richelieu. Sorte de fameux Vaudeville fait du Cardinal de Richelieu. (Le Roi leur a répondu *lanturlu. Voit. poës.* On a fait défense de plus chanter *lanturlu. Voit. poës.*)

L A P.

Laper, *v. a.* Ce mot se dit proprement des chiens & autres pareils animaux, comme loups, renards, & signifie boire en prenant l'eau avec la langue. (Le drole eut lapé le tout en un moment. *La Fontaine. Fables l. 1.*)

Lapereau. V. *Lapreau.*

Lapidaire, *s. m.* Marchand qui achette & vend de toutes sortes de pierres prétieuses. (Un riche lapidaire. (C'est aussi l'ouvrier qui taille ces pierres.

Lapidation, *s. f.* Suplice qu'on fait soufrir en jettant des pierres contre une personne. (La lapidation étoit un suplice ordinaire aux Juifs. S. Paul assista à *la lapidation de S. Etienne.*)

Lapider, *v. a.* Tirer à coups de pierre. (Lapider quelqu'un. Le Roi les fit lapider. *Ablancourt.*)

✚ Caillou qui lapidez un million d'amans. *Sar. Poë.*

Lapidifier, *v. a.* Terme de Chimie. Reduire les métaux en pierre par le moien de leur calcination.

On dit aussi *lapidification*, *s. f.* Qui est l'action par laquelle les Chimistes convertissent quelque substance en pierre.

Lapidifique, *adj.* (Suc lapidifique. Il y a des fontaines *lapidifiques*, dont l'eau se convertit en pierre.)

Lapin, *s. m.* Sorte d'animal fort connu qui s'aprivoise aisément, qui tire sur le roux, ou qui est noir, blanc, gris, couleur de cendre, ou marqueté, qui a les oreilles droites, une petite queuë & qui à force de grater la terre se fait un petit trou où il se retire & d'où il ne sort que le matin & le soir, & même il ne s'en éloigne guére. (Le lapin s'apelle aussi quelquefois *connin*, qui vient du Latin *cuniculus.* Le Lapin est doux & joli, & sa chair est beaucoup meilleure que celle du liévre, qui est séche & mélancolique. Il y a des *lapins de clapier*, qui sont des animaux domestiques, & des *lapins de garenne.* Ceux-ci sont bons, mais les autres ne valent rien. Il y en a aussi que les Rotisseurs nomment *buissonniers*, parce qu'ils se tiennent toûjours dans des buissons) & ils sont meilleurs que les clapiers, mais de beaucoup moins excellens que ceux de garenne. On chasse le lapin avec l'épagneul, avec de petits lévriers, ou avec le furet & des filets. Voïez *Fouilloux, Vénerie Roinle*, p. 100. & 122. Voïez *Connin.*

   Gentil lapin de la belle Duchesse,
   Petit lapin, ton aimable maitresse,
   En te voiant par moi tant souhaité
   A reconnu que je t'ai mérité.
   Gentil lapin, à mes vœux on te donne,
   A mes désirs enfin l'on t'abandonne,
   Petit lapin, enfin vous êtes mien
   Et nul à vous ne peut prétendre rien.
        Muse coquette, page 61.

On dit, *barbe de lapin.* C'est le grand poil qu'il a au museau.
Poil de lapin, c'est le petit poil doux & joli qui lui couvre la peau. L'épaule, la cuisse, le rable d'un lapin.

Lapine, *s. f.* Femelle de lapin. Quelques uns des plus habiles dans la langue condamnent le mot de *lapine*, & prétendent qu'on dit *femelle de lapin* & non pas *lapine.* Néantmoins comme *lapine* est dans la bouche de plusieurs Dames qui parlent bien, je ne le condamnerois point, sur tout en parlant, ou dans le stile le plus simple.

Lapis, *s. m.* Sorte de pierre prétieuse qui est ordinairement ovale, ou quarrée, qui est opaque, & marquetée de petits points d'or, qui croit en Chipre, en Barbarie & en Egipre, & qui sert à orner les cabinets & autres ouvrages. *Rônel, Mercure Indien.*

Lapreau, *s. m.* Petit lapin. (Un bon lapreau.)

Laps, *s. m.* Ce mot est écorché du Latin *lapsus.* Il se dit du tems, & n'est en usage que dans la Pratique. (*Le laps de tems* est un grand espace de tems écoulé qui change l'usage, ou qui éface la mémoire de quelque chose. (On ne prescrit point contre le droit naturel par quelque *laps de tems* que ce soit. Cette coutume s'est établie par le laps de tems. Se faire relever du laps de tems.)

L A Q.

Laqs, ou *las*, *s. m.* Soit qu'on écrive *las*, ou *laqs*, on doit prononcer *las.* Il vient du Latin *laqueus.* Neud. Lien noüé de telle sorte qu'il se ferme de lui-même par la pesanteur des bouts qui pendent, ou de ce qui y est attaché. Faire des lâs d'amour. Les muëts du Serrail étranglent avec des laqs de soie les Grands Oficiers, par le commandement de sa Hautesse. On prend du gibier avec des laqs. Dans les laqs de la chévre un cerf se trouva pris. *La Font. fables. l. 1.*)

* *Laqs.* Embuches. Piéges. (L'amour le tient dans ses laqs. *Benserade, Rondeaux, page 317.* Il est tombé dans mes laqs. *Ablancourt.*

Laqais, *s. m.* Jeune garçon qui porte les couleurs de la personne qu'il sert, qui la suit & lui rend toutes sortes d'ofices serviles. (Un laquais bien fait. Laquais habillé proprement. Laquais soigneux, fidèle, négligent. Etre laquais. Avoir été laquais.)

Laque, *s. f.* Sorte de couleur qui sert aux peintres & qui est un milieu entre l'outremer & le vermillon. Sorte de gomme tirant sur le rouge qui sert à faire de la cire d'Espagne, du vernis, &c. (La laque est plus douce que rude.)

Laquelle. Voïez *Lequel.*

L A R.

Larcin, *s. m.* C'est l'action de prendre & s'aproprier injustement le bien d'autrui contre la volonté du maître & sans

Mmm 3   qu'il

LAR

qu'il le fache. (Faire un larcin. Acuser de larcin. Convaincre de larcin, *Abl.*)

Larcin. Il signifie aussi la chose qui a été dérobée.(On a trouvé le larcin. Récéler un larcin.)

* *Larcin amoureux.* C'est un plaisir dérobé, pris en cachette & à l'improviste, comme un baiser dérobé.

* *Larcin.* Il se dit aussi des Auteurs qui prennent d'un autre sans le citer. (Son livre est rempli de quantité de larcins. Le larcin est différent de l'imitation.)

LARD, *s. m.* Graisse ferme qui tient à la coëne du cochon & qui s'étend tout le long de l'épine de son dos. (Lard bien salé. Petit lard. C'est le lard qui est entrelardé. C'est le lard d'un petit cochon qui n'est pas tout à fait gras.)

*Lever le lard.*C'est le tirer du saloir & le pendre pour le faire sécher. Être gras à lard. C'est à dire, être fort gras.

Larder, v.a. Piquer de la viande avec une lardoire & y laisser le lardon. (Larder un chapon, une longe de veau, &c.)

† * *Larder.* Il signifie quelquefois *percer*.(Il étoit tout lardé de fléches. Ils se sont lardez.)

† *Larder,* Il se dit aussi lors qu'on met dans de la chair d'autres choses que du lard. (Larder un jambon, de canelle, de clous de girofle, de tranches de citron , &c.) En ce sens on dit plûtôt *piquer*.)

† * A quoi servent ces rubans dont vous voilà *lardé*. *Moliere* , *Avare a.* 1. *s.* 4.

Lardoire, s.m. Petit instrument de bois, ou de léton,pointu par le bout & fendu par le haut où l'on met le lardon lorsqu'on veut larder quelque sorte de viande que ce soit. (Petite lardoire. Grosse lardoire. Lardoire fine. Lardoire à piquer. Lardoire à venaison.)

Lardon, s. m. Petit morceau de lard qu'on met entre les ailes de la lardoire lorsqu'on veut piquer la viande. (Petit lardon. Gros lardon. Couper des lardons. Faire des lardons.)

† * *Lardon.* Mot piquant. (Il lui a donné un petit *lardon* en passant.)

LARGE , *adj.* Qui a de la largeur. (Fosse large de 45. piez. *Abl. Ar. l.* 1.)

* Opinion large. *Pasc. l.* 5. C'est à dire,opinion qui n'a rien de rigoureux , ni de gênant en matiére de morale.

† Il a la conscience *large* comme la manche d'un Cordelier.

Large. Ce mot entre en quelques façons de parler de mer (On dit *courir au large. Se mettre au large.* C'est s'éloigner de la côte, ou de quelque vaisseau. *Engager l'ennemi au large.* C'est s'éloigner des côtes & le tirer à la mer.)

Large. Ce mot se dit en terme de manége. (On dit, cheval qui *va au large,* c'est à dire,qui gagne le terrain,en s'éloignant du centre de la volte.)

Au large, adv. A l'aise & sans être pressé , ni incommodé. (Se mettre au large.)

* Nous voici bien *au large* graces à vos opinions probables. *Pasc. l.* 2.

Largement, adv. Pleinement. Entiérement. (Ils sont tous dispensez largement de restituër. *Pasc. l.* 8.)

Largesse, s.f. Liberalité. (Faire de grandes largesses au peuple. *Ablancourt.*)

Largeur, s. f. Elle consiste dans la distance entre deux lignes & qui se mesure par une ligne droite. *Port-Roial élemens de Géometrio p.* 282. (La largeur d'un rectangle. Donner à un habit la largeur qui lui est nécessaire. La largeur d'une ruë,d'un chemin , &c. Un drap de deux largeurs.)Ce mot se distingue ordinairement d'avec la longueur, & signifie une distance d'un côté moindre que celle d'un autre côté. (La longueur de ce rectangle est de trente piez & la largeur de douze.)

LARGUE , *s.m.* Ce mot se dit *sur mer.* Tenir le largue. Vent largue,ou vent de quartier. Ce sont tous les airs de vent compris entre le vent-arriére & le vent de bouline.)

Larguer, v. a. Terme de Mer. C'est lâcher de certaines cordages lors qu'ils sont hâlez. (Larguer les écoutes. Larguer les manœuvres.)

LARIGOT. Mot vieux & burlesque. Les uns croient qu'il signifie le gosier & les autres un flageolet , ou une petite flute. Le dernier sentiment semble le meilleur , de sorte que *boire à tire-larigot* ce seroit à dire , boire de grands verres de vin hauts comme de petites flutes. Ceux qui ne sont pas de cét avis,disent que boire à tire-larigot signifie , *boire à tire-gosier.*

† * *Larigot.*J'ai trouvé ce mot au figuré dans un sens un peu trop libre & trop gaillard. (Daubant du gigot dancer le branle double au son du larigot. *S. Am.*)

LARME,*s.f.* Eau qui tombe des yeux causée par la tristesse ou la douleur,par le rire ou par la joye. (Larme feinte.Larme puissante. Donner des larmes au malheur d'un ami. *Ablancourt.* Fondre en larmes. *Vaug.Quin. l.*9. Elle laissa couler quelques larmes. *Abl.Tac. An.* Verser des larmes. Répandre des larmes. Essuier ses larmes. *Abl Tac. An.* Les larmes lui tomboient des yeux à grans flots. *Vaug. Q. Curce , l.* 6. *ch.* 9.

Jaloux, pleurez à chaudes larmes
Tant d'apas , d'atraits & de charmes
Pour vous ne sont pas destinez.

Benserade , Balet de la nuit , 2. *partie.*

LAS

* *Larmes.* Il se dit au figuré & signifie *la tristesse.* (Il faut pleurer ses péchez avec des larmes. Nous sommes le soir dans les larmes & le matin dans la joie.*Port. Roial.Pseaumes*.Elles prioient avec des larmes de sang leur pudicité violée, *Vaug. Q. Curce , l. x.*)

On parle des larmes de S. Pierre. La Madeleine arrosa de ses larmes les piez de Jesus-Christ.

Larmes. Il se dit aussi du suc qui distile goute à goute de certaines plantes. (Les larmes de la vigne , des gommes , les resines , le mastic sont des sucs qui distilent de diferens arbres.

Larmes de Cerf. Terme de Chasseur. Eau qui coule des yeux du cerf dans ses larmiéres , où elle s'épaissit en forme d'onguent qui est de couleur jaunâtre & qui est fort souverain pour les femmes qui ont le mal de mére , en délaiant cét onguent & le prenant dans du vin blanc, ou dans de l'eau de chardon benit. *Salnove , Vénerie c.* 2.

LARMIER , *s. m.* Terme d'*Architecture*. C'est un membre de corniche duquel l'usage est de faire couler l'eau & la faire tomber goute à goute & comme par larmes loin du mur.

Larmier. Terme de *Maçon.* Haut de muraille fait en talus pour donner l'égout aux eaux. Cette derniere sorte de larmier s'apelle aussi *chaperon , couronne , couronnement*,ou *chapeau. Félibien.*

*Larmiers.*Ce mot se dit en parlant de *cheval.* Ce sont les parties à côté des yeux du cheval , ou un peu au dessus. Temples de cheval.

*Larmiéres , s. f.*Terme de *Chasse.* Ce sont deux fentes qui sont au dessous des yeux du cerf où tombent les larmes du cerf , & où s'épaississent elles se forment en une maniére d'onguent qui tire sur le jaune. *Sal.*

* *Larmes de Holande.*Ce sont des *larmes de verre*,c'est à dire des piéces de verre un peu rondes & qui ont une queuë. Elles se font avec une grosse goutte de verre fondu qu'on laisse tomber dans de l'eau, *Ces larmes* sont assez dificiles à casser; mais si l'on en romt seulement le bout de la queuë , elles se brisent incontinent en une infinité de parties , & se reduisent en poussiére. On a fait quantité d'expériences sur ces larmes.

* *Larmes de crocodile.*On apelle ainsi les larmes de ceux qui pleurent sans être véritablement affligez.

† *Larmoier, v. n.* Ce mot se dit rarement. Il signifie jetter des larmes. Pleurer à chaudes larmes. Elle larmoïoit en parlant de la mort de son mari.)

Larmoiant, larmoïante, adj. On dit *un œil larmoiant.* (Demandez une grace d'un œil larmoïant.)

LARRON , *s. m.* Celui qui vole & qui dérobe le bien d'autrui en cachette. (Un petit larron. Un larron domestique. L'ocasion fait le larron. *Prov.* Donner au plus larron la bourse. *Prov.* Ils s'entendent comme larrons en foire. *Prov.*

* Guerre mortelle à ce *larron* d'honneur. *Mal. poës.*

* *Larron de plume* Maniére de petite peau mince & tortillée dans le tuiau de la plume.

Les Relieurs apellent *larrons* les fueillets qui se trouvent pliez quand on rogne les livres , parce qu'ils ont plus de papier qu'ils n'en devroient avoir.

Larronneau,s.m. Petit larron. (C'est à faire à ces petits *larronneaux* de se servir des ruses que tu me conseilles. *Vaug. Quin. l.* . . . . *c.* 13.)

Larronnesse, s.f. Celle qui prend le bien d'autrui. (Une franche larronnesse.)

LAS.

LAS, *s. m.* Voïez *Laqs.*

Las , *adv.* Ce mot pour dire *helas* est hors d'usage dans la prose. Mais les Poëtes s'en servent encore quelquefois.

(Le destin veut que j'aime , il le faut satisfaire ,
Je ne résiste plus. *Las !* que pourrois-je faire ?
La Suze, Elégies.

Las, Lasse, adj. Ce mot vient du Latin *lassus*.Qui est fatigué.Qui a eu bien de la peine de faire quelque chose. Il régit le génitif quand il est suivi d'un substantif. (Je suis un peu *las* du voiage.*Voit. l.*20.)& *l'infinitif* avec la particule *de,*lors qu'il précéde immédiatement un verbe.) Gonbaud , dans ses Epigrammes.*l.*2.a dit des avares,qu'ils ne sont jamais *las d'aquerir* des richesses pour ceux qui souhaitent leur mort.

* *Las, lasse,adj.* Il signifie aussi ennuyé.(Il est las de vivre.Elle est lasse de pleurer. Je suis las de parler à des sourds qui ne veulent pas ouir mes discours. Je suis las d'ouïr & d'endurer vos reproches. Ils sont las de plaider.)

Lassant, lassante , adj. Fatiguant. Ennuieux. (Cela est lassant.)

Lasser, v. a. Fatiguer à force de donner de la peine. Ennuïer. (Je l'ai lassé à force de le faire courir à travers les champs.Je m'acoutume à fatiguer de longues lettres & j'ai peur de vous lasser. *Voi. l.* 23.)

Se lasser , v.r Se fatiguer. S'ennuïer. On se lasse presque autant à être debout qu'à marcher. Se lasser à polir une rime. *Depr. dis. au Roi.* Ils commencoient à *se lasser* de fournir des chevaux. *Abl. Tac. An. l.* 2.)

Lasser, Passer un lasset au travers d'un corps de jupe op d'autre pareille chose. Les Demoiselles suivantes lassent leurs maistresses.

Lasser. Terme de *Tailleur*. Passer du ruban tout autour du bas du haut de chausse, des canons, de quelques roiales. A cette heure qu'il n'y a que les gens du bon vieux tems qui portent des hauts de chausses, on ne parle plus de lasser des hauts de chausses: mais on parle fort aujourd'hui de lasser des tabliers. C'est passer proprement au bas du tablier quelque joli ruban. (Lasser un tablier de rouge, de bleu, de vert, &c.)

Lasset, *s. m.* Petit cordon rond de fil, ou de soie, aux deux bouts duquel il y a un petit morceau de fer blanc arrondi & acommodé par l'éguilletier afin d'entrer sans peine dans les œillets des corps de jupe. (Lasset rompu.)

* *Lasset*. Piége. Lacqs. Embuches.

* Il est pris comme un lasset. *Voir. poëſ.*

Lassure, *s. f.* Terme de *Tailleur*. Ruban passé autour du haut de chausse, au haut des canons, ou des manches, &c. (Une lassure bien faite.)

Lassitude, *s. f.* Etat où est la personne qui se trouve lasse à cause de quelque travail qu'elle a fait, ou à cause de quelque autre chose qui vient de la disposition des humeurs qui sont dans le corps. (J'ai une grande lassitude. Je sens des lassitudes par tout le corps, & on dit que c'est un signe de maladie.)

Last, *s. m.* Terme de *Marine*. C'est un mot Alemand, qui est particulierement en usage dans la Mer du Nord. Il signifie la mesure & le poids de la charge d'un Navire.

LAT.

Late, *s. f.* Petit ais de chêne fort délié dont on se sert pour la tuï. (Coucher la late sur le chevron.)

Late. Terme de *Marchand de bois*. Petit morceau de late qu'on met entre les ais pour leur donner de l'air afin qu'ils se séchent & qu'ils ne pourrissent pas.

Latet. Terme de *Meusnier*. Maniére d'échelons qui sont aux volans des moulins à vent, & sur quoi on tend les toiles.

Later. Terme de *Couvreur*. Coucher la late & l'atacher avec des cloux. Couvrir de lates. (Later sur les chevrons. Later une couverture.

Latin Terme de *Marchand de bois*. Mettre de petits morceaux de bois entre les ais pour empêcher qu'ils ne se gâtent. (Later des ais.)

† *Lateral*, *laterale*, *adj*. Qui regarde le côté. (Les parties laterales d'un chapiteau. *Perraut*, *Vitruve*. Vents lateraux. Défenſe laterale.

Latin, *s. f.* Langue Latine. (Entendre le Latin. Aprendre le Latin.)

Latin, *latine*, *adj.* Qui est de la langue Latine. (Façon de parler Latine. Mot Latin. L'Eglise Latine.)

† Pays Latin. Ces mots se disent en riant, & signifient l'*Universsité*, qui est l'endroit de Paris où sont les Colleges & les Régens. (Il est au païs Latin. Galand comme un homme du païs Latin.)

† Il y a perdu tout son *Latin* ; C'est à dire, il n'en sauroit venir à bout.

† C'est du *Latin* qui passe vôtre game. *Voiture poët*. C'est à dire, vous n'entendez pas cela.

† Dame, je n'entens pas le *Latin*, *Moliére*. C'est à dire, je n'entens pas ce que vous dites.

Latineur, *s. m.* Espéce de pedant qui ne fait que dd Latin. Un Latineur est ridicule chez les graces & chez l'amour. *Cotin*.

† *Latiniser*, *v. n.* Parler presque sans cesse Latin. (Un Pédant qu'on apelle Gilles, pense avoir atrapé nôs filles quand il a bien Latinisé. *Cotin*, *Ménagerie*.

† *Latinisme*, *s. m.* Expression Latine. (C'est un Latinisme.)

Latinité, *s. f.* Mot qui n'a point de pluriel & qui veut dire le stile dont une personne s'exprime en Latin. (La Latinité de Catulle est belle. La Latinité de Ciceron est charmante.)

Latis, *s. m.* Terme de *Couvreur*. Couverture de lates. (Faire un latis.)

Latitude, *s. f.* Terme de *Géographie*. Eloignement d'un lieu à l'égard de l'Equateur en allant vers l'un ou vers l'autre pole. (Trouver la latitude d'un lieu. *Sanson*; L'Ile de l'Ascension est à huit degrez de latitude du Sud & à sept degrez quinze minutes de longitude. *Tachard*, *voiage de Siam. l.* 5.) On dit aussi en termes d'Astronomie, la *latitude* d'une étoile ; & c'est son éloignement de l'Ecliptique en tirant vers l'un où l'autre pole du Zodiaque.

Latrie, *s. f.* Terme de *Teologie*. Ce mot de *latrie* signifie le culte souverain qu'on rend à Dieu, mais on n'emploie guére ce mot seul, on dit ordinairement *culte de latrie*.

† *Latrines*, *s. f.* Vieux mot pour dire *Lieux*, *Privé*, où l'on va décharger son ventre.

LAV.

Lavabo, *s. m.* Terme d'*Eglise* & d'*imager*. Carte qu'on met au côté droit de l'autel où sont écrites ces paroles. *Lavabo manus*. (Mettre le Lavabo au côté droit de l'autel.)

Lavande, *s. f.* Sorte d'herbe qui fleurit bleuë & en piramide & qui étant odoriferante se met parmi le linge dans les coffres. (La lavande sent assez bon.)

Lavandier, *s. m.* Oficier du Roi qui a soin de blanchir le linge.

Lavandiére, *s. f.* Celle qui fait de grosses lessives. Le mot de *lavandiére* en ce sens n'est pas si ordinaire que celui de *blanchisseuse*. Mais on dit bien une *lavandiére* pour dire une femme qui aide la blanchisseuse à laver la lessive, & les blanchisseuses parlent de la sorte.

Lavandiére. Ce mot pour dire un petit oiseau assez joli qui remuë toujours la queuë & qui est souvent sur le bord des rivieres, est hors d'usage. A Paris, en sa place on dit *bergeronnette*, & quelquefois *hoche-queuë*.

Lavange, ou *lavanche*. V. *Avalanche*.

† *Lavasse*, *s. f.* Pluïe subite & impétueuse. (Les lavasses ont fait déborder les torrens.

Laudanum, *s. m.* Terme de *Pharmacie*. Il se dit de plusieurs compositions qui ont l'opium pour base.

Laudes, *s. f.* Terme d'*Eglise*. Partie de l'office qui est apellé *Laudes*, parce qu'on y loue Dieu & qu'on s'y répand particulierement en actions de graces pour le reconnoitre de la protection qu'on a reçuë durant la nuit. (Mes *Laudes* sont dites.)

Lavement, *s. m.* Action de la personne qui se lave. (Le lavement des mains du Prêtre signifie la pénitence des fautes quotidiennes de nôtre infirmité. *S. Cir*. Le lavement des doigts du Prêtre. *S. Cir*. Cette derniére façon de parler se dit plus ordinairement que le lavement des mains. *Port-Roïal*.)

Le lavement des piez. Terme d'*Imager*. C'est une estampe où image qui represente nôtre Seigneur qui lave les piez aux Apôtres.

Lavement. Terme d'*Apoticaire*. C'est tout ce qui est envoié dans le ventre par le fondement pour purger le ventre. (Donner un lavement. Prendre un lavement. Elle aima mieux mourir que rendre un lavement qu'elle avoit pris. *Scar. poëſ.* Faire un lavement.)

Laver, *v. a.* Nettéier avec de l'eau. (Laver les mains. Donner à laver. Lavons les mains. On dit aussi *lavons*, pour dire, *lavons les mains* & cette façon de parler est plus ordinaire que l'autre. Laver une barbe. Une barbe bien lavée est à moitié faite.)

† * *Laver la tête à quelqu'un*. C'est le quereller ; le réprimander.

Laver. Terme de *Chimie*. Oter par le moien de l'eau les impuretez grossiéres de quelque mixte. *Glas. liv.* 1.

Laver. Terme de *Charpentier*. Oter une bosse d'une poutre avec la scie afin de l'équarrir. (Laver une poutre. *Félibien*.)

Laver. Terme de *mignature*. Coucher les couleurs à plat sans les pointiller, soit sur le velin, ou sur le papier. Laver un dessein.)

Se laver, *v. r.* Se nettéïer avec de l'eau. (Se laver les mains, les bras, le corps, &c.)

* *Se laver d'un crime*. C'est montrer qu'on est innocent du crime dont on est accusé.

Laveton, *s. m.* Sorte de petite laine courte qu'on tire de dessus l'étofe avec le chardon, & dont on se sert pour faire des matelas & autres choses.

Lavette, ou *Lavette*, *s. f.* Terme de *Laveuse d'écuelle*. Petit linge dont on lave la vaisselle avec l'eau claire lorsqu'elle est écurée. (Ma lavette ne vaut plus rien.)

Laveur de toison, *s. m.* Celui qui lave & nettéïe les toisons de brebis tondues.

Laveure, *s. f.* Terme de *Gantier*. Prononcez *lavûre*. C'est une composition d'eau, d'huile & d'œufs batus ensemble dans qui on trempe la peau dont on veut faire des gans. (Passer une peau dans une laveure.)

Laveure d'écuelles. C'est l'eau qui a servi à laver les écuelles. (Jetter les laveûres d'écuelles.)

Laveure. Terme d'*Orfévre*. C'est l'action de laver les cendres provenant de la forge, & les ordures de la boutique, où il se trouve de l'or, ou de l'argent, & repasser ces cendres plusieurs fois par les moulins avec de l'eau & du vif argent pour en tirer la limaille. (Faire la laveure.)

Laveuse d'écuelle, *s. f.* Celle qui écure & qui lave la vaisselle. C'est une laveuse d'écnelles.

Lavis, *s. m.* Terme de *peinture*. C'est une, ou plusieurs couleurs détrempées dans de l'eau. (Dessein fait avec du lavis.)

Lavoir, *s. m.* Grande pierre quarrée & creusée par un maçon, au bout de laquelle il y a une goulote, & qui sert à laver, à écurer la vaisselle & à faire couler les eaux d'une maison dans le ruisseau de la ruë. Cette sorte de *lavoir* s'apelle aussi *évier*. Le *lavoir* est encore une grande chaudiére sur des piez, où il y a un petit rond pour mettre du charbon afin d'échaufer l'eau dont on doit laver la vaisselle. On apelle encore *lavoir* une sorte de vase rond, ou en forme de tuïau où il y a une ou plusieurs canules qu'on remplit d'eau & qu'on met dans quelques sacristies, & quelquefois aux autres lieux pour laver ses mains. Enfin autour de Paris, on nomme *lavoir* un lieu

lieu couvert d'un toit & soutenu de piliers, où il y a de l'eau & où l'on lave le linge de lessive. (Un beau lavoir.)
LAURENT, *s. m.* Nom d'homme (Laurent est mort.)
Laurence, s. f. Nom de femme. (Laurence est enjoüée.)
LAURIER, *s. m.* Arbre toûjours verd, qui a la feüille longue & large au commencement, & aiguë au bout & qui croit aux lieux pierreux. Il y a plusieurs sortes de lauriers. (Un laurier mâle. Un laurier femelle. Un laurier cerisier. Un laurier tin. Un laurier d'Inde. Un laurier rose. Ce laurier est beau.)
* *Laurier.* Ce mot, au figuré, signifie la victoire, l'honneur & la gloire d'un triomphe. Une couronne de laurier. Elle se donnoit autrefois aux victorieux. On en donnoit aussi aux Poëtes, parce que le Laurier étoit consacré à Apollon. (Il est revenu chargé de lauriers. Mêle à tes *lauriers* des guirlandes de fleurs. *Sar. poësies.*
* Mainard qui fit des vers si bons, eut du *laurier* pour recompense. *Scaron, poës.*
* Desires-tu qu'à l'ombre des *lauriers* nous soions pour jamais à couvert des tempêtes, demeure encor aimé. *Mai. poës.*
* Il sait l'art de la guerre & ses heureux exploits l'ont couvert de lauriers. *Mai. poës.*
LAUREOLE, *s. f.* Sorte de plante boiseuse & toûjours verte qui est de la hauteur d'une coudée. (Laureole mâle. Laureole femelle. Voiez *Dalechamp. liv.* 7.)
LAVURE. Voiez *lavenre* plus haut.

LAX. LAZ.

LAXATIF, *laxative, adj.* Qui lâche le ventre. (Remède laxatif. Tisanne laxative.)
LAZARE, *s. m.* Ce mot est un *nom d'homme* dont il est parlé dans l'Evangile, mais il ne se dit point sans article. Le Lazare ; & non pas *Lazare.*
Ce mot pris généralement, & signifiant un nom propre d'homme, n'a point d'autre défini. Il n'en a que comme des autres noms d'homme de & à. (Lazare Baïf, Poëte François a été estimé en son tems. Les œuvres de Lazare Baïf sont aujourd'hui presqu'autant bâiller que celles de Thomas de Lorme.)
Lazaret, *s. m.* On donne ce nom à divers hôpitaux en Italie.

LE.

LE, *s. m.* Article qui se met devant les noms masculins François & qui s'écrit sans accent & se prononce fort doucement. Voiez *les remarques sur la lettre* E. (Le jeûne consiste moins en l'abstinence des viandes qu'en la fuite du péché *Maucroix, Homel. de S. Crisostome.* Puisqu'il veut marcher dans *le* chemin des Justes, il faut que je *le* lui montre. *Arn.* Helas ! *le* malheureux qu'il est, ne pense pas seulement à Dieu.)
LÉ, *s. m.* Largeur d'étofe, ou de toile entre deux lisières. (Voilà le *lé* de cette toile. Ce sont des draps de trois lez.)
LI, *s. m.* Ce mot se dit aussi de l'espace d'environ 14. piez, qu'on doit laisser libre le long des rivières navigables, pour faire remonter les bateaux avec des chevaux.

LEC.

LECHEFRITE, *s. f.* Manière de vase plat & long de métal, ou de terre cuite qu'on met sous la viande qui rôtit pour en recevoir la graisse qui en tombe. (Léchefrite qui n'est pas nette.)
LÉCHER, *v. a.* C'est froter une chose avec la langue. (L'ourse lèche ses petits. *Abl.*)
* *Tableau léché.* C'est à dire, travaillé avec soin & avec peine.
† *Lèche, s. f.* Morceau de quelque chose bonne à manger. (Une lèche de pain.) Voiez *Tranche.*
LEÇON, *s. f.* Texte de livre correct. (La leçon ordinaire est la vraie. Nôtre leçon vaut mieux que celle des manuscrits. *Traduction nouvelle de la Cité de S. Augustin, Remarques.*)
Leçon, *s. f.* Chose prescrite pour aprendre. Chose que prescript le maître à son écolier. Instruction que donne quelque maître que ce soit à son Ecolier, afin de le former aux choses qu'il lui montre. (Une petite leçon. Une grande leçon. Expliquer une leçon. Donner une leçon. Faire leçon. Prendre leçon d'un maître d'armes. Un maître d'armes, ou de dance donne leçon à ses écoliers.)
Leçon. Terme de *Manége.* C'est l'instruction qu'on donne à un cheval lorsqu'on l'éleve. (Donner leçon à un cheval. Il faut continuer à un cheval la même leçon pour l'assurer davantage. *Pluvinel, prém. par. p.* 38.)
Leçon. Terme de *Bréviaire.* Ce sont de petites parties du Vieux, ou du Nouveau Testament, & de la vie du Saint, dont on célèbre la fête. Ce sont aussi quelques parties des Sermons, ou des Homelies des Péres de l'Eglise. Celui qui doit dire la *leçon* en demande permission au Prêtre par ces paroles. *Jube Domine.*

Leçon de Théologie. C'est l'explication de quelque principe, ou de quelque point Théologique. (Une docte, savante & belle leçon. Expliquer nettement & faire bien entendre une leçon de Théologie.)
* Le malheur est une excellente *leçon* pour aprendre la patience. *Maucr. Homelie.*
* Ah ! que mon mariage est une *leçon* bien parlante à tous les païsans qui veulent s'alier à la maison d'un Gentilhomme. *Mol. G. Dandin.*
† * *On lui a bien fait sa leçon.* Façon de parler proverbiale, pour dire. On l'a réprimandé en lui aprenant son devoir.
* *Lecteur*, *s. m.* Celui qui lit. Celui qui aime à lire. (Je ne suis pas grand lecteur.)
Lecteur. Terme d'*Eglise.* Un des petits ordres de l'Eglise. C'est aussi celui qui dans l'ancienne Eglise lisoit le texte de l'Ecriture sainte à celui qui l'expliquoit, ou qui lisoit l'Ecriture lui même au peuple assemblé. *Godeau, Disc. des ordres.*
Lecteur de la chambre & du cabinet du Roi. C'est l'oficier qui lit dans la chambre & dans le cabinet du Roi.
Lecteur Eclesiastique. Celui qui lit au Roi des livres de piété.
Lecteur pour les Matématiques. Celui qui lit au Roi des choses qui regardent les Matématiques.
Lecteur. Terme de *Capucin & de quelques autres Religieux.* C'est le Religieux qui enseigne la Philosophie, ou la Théologie. (Un tel Pére est lecteur en Théologie. Un tel Pére est lecteur en Morale. Un tel Pére est lecteur en Philosophie.)
Lecture, *s. f.* Action de celui qui lit. (S'apliquer à la lecture. *Ablancourt, Luc.* Aimer la lecture. *Sca.* Emploier à la lecture des journées entières. *Abl. Luc.*)

LEG.

LÉGAL, *légale, adj.* Qui est en la loi. (Contrariété légale. *Patru, plaid.* 12. *p.* 512.)
Légal, légale, adj. Terme de *Théologie.* Ce qui regarde l'Ancienne Loi que Dieu avoit donnée aux Juifs, & particulièrement quand on opose cette Loi à l'Evangile. (Commandement légal. Cérémonie légale.)
† *Légalement*, *adv.* Selon les Loix. (On a agi légalement dans cette afaire.)
Légalisation, *s. f.* Terme de *Pratique.* Certificat donné par autorité de Justice & confirmé par l'atestation, le seing & le sceau d'un Magistrat, afin qu'on y ajoute foi par tout. (Un acte sans légalisation, ne fait point de foi dans un Etat étranger.)
Légaliser, *v. a.* Terme de *Pratique.* Rendre un Acte autentique afin qu'on y ajoute foi dans un autre païs. (Le magistrat legalise l'Acte d'un Notaire, en certifiant que ce Notaire est un Notaire public dans le lieu où l'Acte a été fait, en suite il apose son sceau à ce certificat.)
LÉGAT, *s. m.* Ambassadeur de Pape. Il y a trois sortes de Legats. Un *légat à latere.* Un *de latere* & Un *légat né.*
Le Légat à latere. C'est un Cardinal choisi dans le sacré Colége des Cardinaux, & c'est le plus considérable de tous les Légats. Il a en France il a la préséance devant les Princes du sang quand le Roi tient son lit de Justice au Parlement. *Rochesavin le* 7 *des Parlemens.* Le Légat *à latere* peut conferer des bénéfices sans mandat. Il peut légitimer des bâtards pour tenir des bénéfices, mais non pas pour tenir des ofices roïaux. Il ne peut faire porter sa croix devant lui dans le Roiaume de France avant la verification de son pouvoir, mais lors que son pouvoir est verifié, il peut faire porter la croix devant lui, à la reserve du lieu où le Roi est en personne. Le pouvoir du Légat doit avant toutes choses être présenté au Parlement qui l'éxamine, qui l'enregistre & le fait publier sous les modifications que la Cour trouve à propos pour le bien du Roiaume & la conservation des libertez de l'Eglise Gallicane. Voiez *Chopin.* Le Légat jure au Roi, qu'il ne se servira du pouvoir de sa légation qu'autant de tems qu'il plaira à sa Majesté. Voiez *Rochesavin.*
Le Légat de latere. C'est celui qui n'est pas Cardinal, & qui est pourtant de la légation Apostolique.
Légat né. C'est celui à qui on ne donne aucune légation, mais qui, en vertu de sa dignité & non pas à cause de sa personne, est né Légat. L'Archevêque d'Arles & celui de Reims sont nez Légats. Voiez *Fevret, traité de l'abus l.* 3. *c.* 1.
Légat à latere. C'est le Cardinal qui est presque toûjours au côté du Pape.
Légataire, *s. m. & f.* Terme de *Palais.* Celui ou celle à qui on a légué. (C'est un des légataires. *Le Mai.* Tout cela apartient à la légataire. *Patru, plaidoié* 2. *p.* 317. Il est légataire universel de défunt son frére. *Patru, plaidoié* 3.)
Légation, *s. f.* Fonction de Légat. Charge de Légat. (Il quita l'habit de Cardinal & routes les marques de la légation. *Richier vie de Commendon, l.* 1. 15. Le Pape honora l'Evêque de Liége de la légation de Flandres. *Maucroix, Vie du Cardinal Polus.* La légation d'Avignon. Il exposa à l'Assemblée tous les articles de sa Légation.)
LEGATINE, *s. f.* Sorte d'étofe, moitié fleuret & moitié soie.
LÉGE, *adj.* Terme de *Mer.* Il se dit des Vaisseaux vuides & sans charge.

LEG　LEG　　　　LEM　LEN

charge. (Le Vaisseau retourna *lége*, c'est à dire sans charge de marchandises.)

LEGENDE, *s. f.* Mot qui vient du Latin *legenda*, qui signifie qu'on doit lire. Livre contenant la vie des Saints. (Lire la legende & l'Ecriture. Legende dorée. C'est un livre contenant la vie des anciens Saints, composé par Jacobus de Voragine.)

Legende. Terme de monoie. Ecriture gravée autour de la figure proche les bords, ou dans le milieu de la piece. (Il fit fabriquer des sous d'or qui avoient pour legende Téodebert. Nos écus ont pour legende *Sit nomen Domini benedictum*.)

* *Legende.* Ce mot se dit ironiquement d'un long écrit, ou discours, qu'il est ennuieux de lire ou d'ouir. (Il nous a allegué une grande Legende de Loix & d'autorité. Il a lu une longue légende de vers.)

LEGER, *legere*, adj. Qui tend en haut. Qui ne pése guére. (L'air est leger. Corps leger. Habit fort leger. Etofe légère.)

Leger, legere. Ce mot se dit de certains soldats, & veut dire qui ne sont pas pesamment armez. (Cavalerie legere. Chevaux legers *Ablancourt, Ar.*)

Leger, legere. Ce mot en parlant d'or ou d'argent monoié veut dire qu'il n'a pas le poids qu'il doit avoir. (Ecu d'or leger. Pistole legere.)

* *Leger, legere.* Qui n'est pas grand, qui n'est pas considerable. (Imposer une penitence légère. *Pas. l.x.* Faute legere. *Abl. Cost.* Une légère blessure. Avoir une legere connoissance de quelque science..)

* *Leger, legere.* Inconstant, Volage. (Esprit leger. *Abl.* Esprit plus leger que le vent. *Voit. Poës.* Leger comme un François.)

* *Leger, legere.* Ce mot se dit en terme de manège en parlant des chevaux, & veut dire *vite & dispos*. On dit ce cheval, est fort leger. On dit aussi un cheval *leger à la main*, c'est à dire un cheval qui ne pese pas sur le mords.)

Liger, légère. Ce mot se dit de la taille des chevaux, & veut dire déchargé de taille. (Cheval qui est de legere taille,)

De legere. Facilement. Aisément. Il croit de légère.)

A la légère, *adv.* Legèrement. (Etre vêtu, ou armé à la légere.)

A la légere, *adv.* Au figuré, il veut dire, sans beaucoup de consideration. (Entreprendre une chose à la legere. Faire une chose à la légère. Bien de gens aiment mieux, dans ces exemples, *legèrement*, qu'*à la légère*, qui n'est pas d'un si bel usage.)

Legérement, adv. Ce mot en parlant des coups & de blessures veut dire un peu. (Etre legerement blessé. *Vau. Quin. l. 3. c. xi.*

Legérement, Inconsiderément. Imprudemment. (S'engager legerement à un siege *Voit. l.74.* Décider légèrement sur quelque ouvrage. *Abl.*)

Legérement. Il signifie aussi sans s'arrêter à quelque chose, & sans l'aprofondir. (Traiter légèrement une question. Passer legerement sur des choses qu'on pourroit fort étendre.)

Legéreté, s. f. Ce mot au propre ne se dit guere que dans les matieres de Phisique. C'est la qualité qui est dans une chose, qui fait que cette chose tend en haut. La legereté du feu, de l'air, &c.

Legéreté, Vitesse, égalité, promtitude à agir. (La légéreté des piez ou des mains.)

Legéreté. Inconstance, Imprudence. (C'est une légéreté que tout le monde condamne. *Le Duc de la Roche-Foucaut.* La legereté de la Fortune. Legéreté d'esprit. On accuse les François de legereté.)

Legéreté. Il signifie aussi le peu de consideration que demande une chose. La legereté d'un ofense. La legereté d'une blessure.

LEGION, *s. f.* Terme de *milice Romaine.* C'étoit un gros d'Infanterie pesamment armée, qui du tems de Romulus étoit de trois mille hommes, qu'on divisoit en trois corps, qui faisoient autant d'ordres de bataille. Chaque corps étoit composé de dix compagnies, ou manipules qu'on rangeoit à quelque distance les uns des autres sur un même front. Chaque corps avoit deux Oficiers Généraux pour le commander qu'on apelle *Tribuns*, & chaque manipule, deux *Centurions*. La Legion, sous les Consuls, étoit de quatre mille hommes qui faisoient 4. corps qui étoient commandez par un *Consul*, ou par un de ses Lieutenans, & chaque légion avoit sa Cavalerie qui étoit de deux cens, ou trois cens maîtres. Ensuite & du tems de Marius, on remit en un, ces quatre petits corps de la *Legion*, on les augmenta & on en fit des cohortes, ou des regimens de cinq à six cens hommes, chacun sous l'autorité d'un Tribun, ou meftre de Camp. Chaque cohorte fut composée de trois compagnies, ou manipules & la legion partagée en dix cohortes, qui faisoient autant de bataillons separez qui se batoient sur trois lignes, de sorte qu'alors la legion étoit de cinq ou six mille hommes, si les dix cohortes étoient chacune de cinq cens hommes, la legion étoit de cinq mile hommes, & si elles étoient chacune de six cens hommes, la legion enavoit sixmille, Voiez *Ablancourt, Stratagèmes de Frontin & Saumaise.*

Legion. Ce mot se dit quelquefois en parlant de Diables & veut dire un grand nombre. (Une légion de Diables.)

Légions. Les Poëtes se servent quelquefois de ce mot, au lieu de celui d'*armées*, ou de gens de guerre.

[Il voit comme fourmis marcher nos *Légions*.
Dans ce petit amas de poussiére & de boué
Dont nôtre vanité fait tant de regions.
Racan, poës.]

Légionnaire, adj. Qui est de legion. (Un soldat legionnaire. *Voit. l.39.*

LEGISLATEUR. *s. m.* Celui qui fait des loix. (Solon étoit un fameux legislateur *Ablancourt.* Le Legislateur des Juifs n'étoit pas un homme vulgaire, *Dépreaux, Longin, l.7.*

Légiste, *s. m.* Docteur és Loix, qui les enseigne ou qui en écrit. C'est un savant Légiste.)

LEGITIMATION, *s. f.* Action par laquelle on rend legitimes les enfans naturels. Quand le pere & la mére en se mariant, mettent leurs enfans sous le poile, c'est une espece de legitimation. La Legitimation se fait par des lettres du Prince ; celles que le Roi donne doivent être verifiées en la chambre des comptes & par elles les enfans naturels sont mis au rang des legitimes. Legitimation vraie & qui est dans les formes. La legitimation entretient le concubinage & pour cela on doit tâcher de l'abolir. On n'obtient des lettres de legitimation qu'avec peine.

Legitime, s. f. Terme de *Palais.* Portion de bien que la loi reserve aux enfans. (Avoir sa légitime.)

La légitime du Patron. Portion de bien que la loi reserve au patron sur les biens de son afranchi. (On confisque la legitime du patron. *Patru plaidoié 9.*

Legitime, adj. Juste. Equitable. Qui est selon les loix. Qui est permis. (Cela est legitime avec cette intention, *Pasl. 7.* C'est un mariage legitime. *Abl.* S'il y a de legitimes sujets de pleurer, pleuret ce qu'on aime est sans doute le plus legitime, *Patru, l.4. à Olinde.*)

Légitimement, adv. Justement, Avec raison. (C'est argent m'est légitimement dû.)

Legitimer, v. a. Ce mot se dit en parlant d'*enfans naturels* &, veut dire les faire legitimes. Donner de lettres de legitimation. (Il n'y a que le Roy qui puisse legitimer dans son Roiaume les enfans naturels. On legitime un enfant, ou par ces lettres que le Chancelier donne au nom du Roi, ou en se mariant, si l'on en est en état, avec celle de qui on a eu l'enfant.)

LEGS, *s. m.* Terme de *Palais.* Ce qui est laissé par testament à une personne. (Un legs pieux. Faire des legs. Le *Maît.* Limiter un legs *Patru Plaidoié 12.* Les Legs pieux sont favorables dans le Chriftianisme. *Le Mai. pl. 18.*)

Léguer, *v. a.* Terme de *Palais* Laisser par testament. (On lui a légué une terre de dix mille livres de rente.)

LEGUME, *s. m.* Mot général qui signifie toute sorte de fruit qui vient dans une cosse comme sont *poids, féves & nentilles* On trouva de l'orge & des légumes. *Ablancourt, Ret.l.4. c.3.* Vivre de legumes. *Arm.*)

LEM. LEN.

LEMME, *s. m.* Terme de *Geometrie.* Proposition qui n'est au lieu où elle est que pour servir de preuve à d'autres qui suivent. *Port-Roial, Elemens de Geometrie.*

Lende. Voiez *lente.*

LENDEMAIN, *s. m.* Le jour suivant. (Le lendemain ils se rangérent en bataille. *Ablancourt, Tac. An. l.1.* Faire le lendemain des noces. *Scaron.* Il ne faut pas remettre les afaires au lendemain. Nul n'est assuré du lendemain.)

† *Lenifier, v. a.* Ce mot signifie adoucir & est un vieux mot qui ne se dit qu'entre Médécins. & le plus souvent même en riant. (Par la douceur de l'harmonie nous adoucissons & *lenifions* laigreur de ses esprits *Moliere. Pourceaugnac. a.2. s.8.*)

Lénitif. s. m. Terme d'*Apoticaire.* C'est un remede qui adoucit.

* *Lenitif.* Adoucissement.

LENT, *lente*, adj. Du Latin *lentus*. Qui a de la lenteur. Qui est tardif. Qui n'avance guere de chemin. Qui fait peu de travail. (Cet ouvrier est fort lent. Le mouvement des Planetes paroît lent en un tems qu'en un autre, * Lent, à punir. *Ablancourt, Luc. Tome 1.*]

* L'état de mes afaires ne demande pas de remedes lens, *Vau. Quin. l. 3.*

Les Médécins disent un poulx lent, une fiévre lente, un poison lent, un remède lent.

Les Chimiftes parlent d'un feu lent, c'est à dire, qui n'est pas violent.

Lentement, adv. Avec lenteur. (Cet ouvrage va fort lentement. Cette riviere coule fort, lentement.) * Se hâter lentement. *Voi. poës.*

LENTE, *s. f.* Petit insecte tirant sur le blanc qui s'atache aux chéveux des persones, aux crins des chevaux, & aux poils de quelques autres animaux & dont s'engendrent les poux. Une petite lente. Une grosse lente.

LENTER. Voiez *Lanter*.

Lenteur, s. f. C'est le trop de tems qu'on met à faire, ou à dire quelque

Nnn

quelque chose. (Acuser la lenteur du sacrifice. *Racine Iphi-genie, a. 5.* * La Justice marche avec beaucoup de lenteur Lenteur d'esprit. La lenteur est bonne dans le conseil, mais la promptitude dans l'exécution.)

LENTILLE; *nentille*, *s. f.* L'un & l'autre se dit & même l'entille est le plus régulier, mais il n'est pas le plus en usage. (Lentille est un espece de legume. Voiez *Nentille*.) C'étoit un choqui ne paroissoit pas plus grosse qu'une lentille *Ablancourt Luc.*)

* *Lentille.* Terme d'*Optique.* C'est un verre taillé en forme de lentille & qui sert au lunettes. Il est ordinairement convexe de deux côtez. Par fois aussi, il est plat, ou concave d'un côté.

† * *Lentille.* Ce mot se dit aussi des raches & rousseurs qui viennent au visage & qui ressemblent à des lentilles.

† LENTILLEUX; *se, adj.* Visage lentilleux, c'est à dire, semé de ces taches qu'on apelle lentilles.

Lentille d'eau. Sorte d'herbe qui croit dans les marais.

LENSTIQUE, *f. m.* Sorte d'arbre qui a la feuille toûjours verte l'écorce rougeâtre, visqueuse & pliable. Le Lentisque porte son fruit en grape de raisin, & il sort du lentisque une resine qu'on apelle ordinairement *mastic*. La feuille & le fruit du lentisque ont une vertu astringente qui sert contre le crachement de sang & la dissenterie. *Dal.*

LEO.

LEON, *f. m.* Nom d'homme. [Saint Leon.)
LE'ONARD, Nom d'homme.
Leonarde f. f. Nom de femme.

LE'ONIN. *léonine adj.* Qui est de lion. (Societé léonine. Cette façon de parler est proverbiale, & signifie une societé où toute la perte est d'un côté, & tout le profit de l'autre.)

Léonin, léonine. Ce mot se dit aussi en parlant de certains vers Latins qui ont une même consonance au milieu qu'à la fin. (Faire des vers léonins.)

Léonin, léonine. Ce mot se dit aussi en parlant de la vieille poëſie françoise, on disoit une rime léonine qui étoit ce que nous apellons aujourd'hui, une rime riche. On apelloit rime léonine, plusieurs vers de suite sur une même rime. Voiez Fauchet L. de la poësie françoise. c.8.

Léonor, f. f. Nom de femme. (Léonor Duchesse de Guienne acompagna son mari en la guerre sainte. *Brantome. Dames galantes, T.1.*)

LE'OPARD, *f. m.* Animal cruel & farouche, marqueté sur la peau de diverses taches. Il a les yeux petits & blancs, le devant de la tête long, l'ouverture de la gueule grande, les dents aiguës, les oreilles rondes, le cou & le dos longs, une grande queuë avec cinq grifes fort aiguës aux piez de devant & quatre à ceux de derriére. Le Léopard hait mortellement l'homme jusques là s'il en voit seulement un en peinture il se jette dessus & le met en piéces. Il hait aussi le coq & le serpent. *Jonston, Histoire des animaux. Marmol 1. Histoire d'Afrique* n'est pas tout à fait du sentiment de Jonston. Car il écrit que les Leopard ne font point de mal aux hommes, si les hommes ne leur en font, & qu'ils. sont particulierement ennemis des chiens & des *adives* qu'ils devorent. Voiez *Marmol.*

LEP. LEQ.

LE'PRE, *f. f.* Aprêté de la peau assez profonde en maniere d'écailles, avec une démangeaison considerable. C'est une sorte de gale qui couvre tout le corps. (Son corps étoit couvert de la plus horrible lépre qu'on pût s'imaginer.)

Lépreux, f. m. Celui qui est malade de la lépre. (Il dit au lépreux soiez guéri, & sa lépre disparut au même tems. *Port-Roïal Nouveau Testament.*)

Léproserie, f. f. Hôpital pour les lépreux. On le nomme communément *Maladerie.*

LEQUEL, *laquelle*. Pronom adj. Ce pronom *lequel* & *laquelle* est rude au nominatif tant au singulier que pluriel & on se doit plûtôt servir du pronom *qui*, à moins que le *qui* ne fasse quelque équivoque [Exemple. C'est un éfet de la divine providence, *qui* est conforme à ce qui nous a été predit. Ce premier *qui* faisant équivoque avec providence & avec éfet, il est mieux d'employer le pronom *lequel* & dire. C'est un éfet de la divine providence, *lequel* &c. Voiez *Vaugelas. Remarques.*

LES.

L'ESIARD, *f. m.* Sorte de petit serpent verd. (Tüer un lésard.)

Lésard. Poisson de mer, de couleur verte, qui a la tête grosse, la bouche couverte, les dents pointuës & qui devient long d'une coudée.

Lésards ou *lésardes.* Terme de Maçon. Crevasses, ou sentes qui sont dans les murs *Felibien.*

LESE *lesée, adj.* V. *Lézé.*

† LN'SINE, *f. f.* Conduite basse & sordide à l'égard du ménage qu'on fait de son bien. La lesine de certaines gens de robe merite d'être blâmée.)

† *Lesiner, v. n.* User de lésine. (C'est une femme qui lesine fort.)

LESION. V. *Lézion.*

LESSE, *f. f.* Sorte de cordon de chapeau qui est une espece de petite corde de soie, de laine, de crin, d'or, ou d'argent qui fait trois ou quatre tours au bas de la forme du chapeau dans l'endroit que les chapeliers apellent le lien ou la ficelle. (Une lesse d'or. Une lesse d'argent. Une lesse de crin bien faite.

Lesse. Terme de *Chasse.* Corde de crin longue de trois brasses, ou environ, dont on tient les levriers. [Mener les levriers en lesse. Tenir les levriers en lesse. *Sal.*]

LESSIVE, *f. f.* Linge sale couvert de son charrié plein de cendres assis dans un cuvier, garni de son pistot & sur lequel on jette de l'eau presque boüillante afin d'oter les grosses ordures du linge. (Asseoir la lessive. Faire la lessive. Couler la lessive. Echanger la lessive. Jetter la lessive. Laver la lessive. La lessive coule.)

† *Lessiver. v. a.* Mettre à la lessive. Lessiver de la toile fine.)

LEST, *f. m.* Terme de *Mer.* Sable. Cailloux, ou autre chose qu'on met au fond du vaiss. au pour le faire tenir droit lorsqu'il est en l'eau. Ce mot de *lest* parmi les Anglois & les Flamans signifie un poids de quatre mille livres. *Fourn.* Voiez. *last.*

L'ESTE, *adj.* Propre en habits. (Il est leste. Tous ses gens sont lestes, Troupes fort lestes. *Ablancourt.*)

Lestement adv. Proprement en matiere d'habits. [Il est habillé fort lestement.]

LESTER, *v. a.* Terme de *Mer.* Mettre du sable, des cailloux, ou autres choses au fond d'un vaisseau pour le faire tenir droit lorsqu'il est en l'eau. Lester un vaisseau. *Ablancourt.*]

LET.

LETARGIE, *f. f.* Maladie qui contraint de dormir continuellement.

Létargique, f. m. Celui qui est attaqué de l'étargie. Je ne me dois non plus plaindre de mon destin que les létargiques de ceux qui les pinsent. *Voiture, lettre* 40.

LE'TON. Voiez *laiton.*

LETTRE, ou *letre. f. f.* Un des caracteres de l'alphabet, par exemple, *a, b, c, &c.* [Une petite lettre. Une grosse Lettre. Lettre majuscule. Lettre initiale. Lettre ronde. Lettre italienne, Bâtarde, Françoise. Lettre de compte. Il y a des lettres qui ont tête & queuë, d'autres qui n'ont que des têtes, & d'autres qui n'ont que un corps, sans tête, ni queuë. On croit que Moïse a trouvé les lettres Hébraïques; que les Phéniciens ont inventé les lettres Grecques, que Nicostrate a inventé les lettres Latines; Abraham, les Siriaques & les Caldéennes, Isis, les Egiptiennes; & Gulfila les lettres des Gots Voiez *Mentel de typographia origine.*

* *Lettre.* (ce mot au figuré entre dans plusieurs phrases proverbiales & familieres.

* *Aider à la lettre.* C'est à dire il faut lire comme il y doit avoir puisqu'on n'en peut venir à bout autrement.

* *Prendre au pié de la lettre.* C'est à dire prendre tout à la rigueur.

* *Rendre les choses à la lettre.* C'est à dire, les rendre mot pour mot.

Lettre Terme d'*Imprimeur.* Caractere de métal qui represente une des lettres de l'alphabet & dont on se sert pour imprimer.

Lettre. Entretien qu'on a par écrit avec les absens. (Les lettres de Voiture sont ingenieuses. Les lettres Provinciales sont solides, plaisantes & délicates. Ecrire une lettre. Adresser une lettre à quelqu'un.)

* *Ce sont lettres closes.* C'est à dire ce sont des choses qu'on ne fait pas. (Il parle de tout capablement, mais, s'il est bon, ce sont lettres closes. *Voit. Poësies.*)

Lettre Dominicale. Terme de *Calendrier.* C'est la lettre qui marque le jour du Dimanche ; & qui se marque de rouge dans les Almanaks. V. *Dominicale.*

Lettres. Ce mot se dit des lettres qu'on écrit, soit de pratique ou de finance. Le mot de *lettre* en tous ces sens est *feminin,* si ce n'est lorsqu'on parle de certaines lettres qu'on apelle *lettres roiaux* La raison voudroit qu'on dit *lettres roiales*, mais l'usage est contraire à la raison en ce seul exemple.)

Lettre de paix. Ce sont des lettres que les Anciens Evêques écrivoient à leurs Confreres, sur les matieres de la foi ; pour faire connoitre aux Fideles, les Prelats & les peuples avec qui ils étoient unis, & avec qui ils pourroient communiquer. (On lisoit autrefois les Lettres de paix dans les Jubez. *Thiers diss. des Jubez, ch.5.*)

Lettres de grace. Ce sont des lettres obtenuës en la petite, ou à la grande Chancellerie par des criminels pour être renvoiez absous, par lesquelles ils confessent d'avoir tué, mais à leur corps deffendant ; & à tous ceux qui ont fait de grands crimes.

Lettres de récision. Lettres du Roi qu'on obtient en la petite Chancellerie pour casser un contrat & remettre les parties en l'état où elles étoient avant que d'avoir contracté.

Lettres

LEV

Lettre d'abolition. Lettres par lesquelles le Roi remet de pleine autorité l'ecrime au criminel qui avoué son crime. Ces lettres ne se donnent point aux criminels de leze Majesté, aux voleurs de grans chemins, ravisseurs, assassins, &c.

Lettre de profession.. Ce sont les vœux d'une Religieuse signez par la Religieuse aprés qu'elle les a prononcez solennellement & que toutes les cérémonies de la profession ont été faites. *Port-Roïal, Constitutions, ch. 39.*

Lettre de change. (On croit que le commerce des lettres de change a commencé à Lion. Voiez *le Parfait Negotiant; c. 9.* Lt. Tirer une lettre de change. Accepter une lettre de change.)

Lettre de Naturalité. Voiez *Naturalité.*

Les belles lettres. C'est la connoissance des Orateurs, des Poëtes & des Historiens. (Savoir les belles lettres Françoises. C'est un homme de belles lettres.)

Lettré, lettrée, adj. Il est mediocrement lettré. (Les personnes lettrées.)

LEV.

LEVAIN, *s. m.* Pâte qu'on reserve & qu'on accomode avec de l'eau & de la farine & quelquefois avec un peu de vin, de vinaigre, ou de sel pour faire lever le pain, & le rendre plus leger. (Faire le levain. Delaier le levain. Mettre en levain.

Levain. Terme de *Chimie, &c.* Il signifie en général un acide qui fait lever, fermenter ou bouillir quelque sorte de corps humide. (Le vin, le cidre & la bière ne bouillent qu'à cause d'un levain qu'ils contiennent. Il reste dans le foin qui n'est pas bien sec, un certain levain qui le fait fermenter, qui le corrompt & le fait fumer.

Les Médecins attribuent diverses maladies & particulierement les fièvres à un certain *levain* qui fait fermenter le sang.

Levain. Ce mot au figuré, signifie un principe de corruption dans les choses morales. *Levain de peché,* c'est l'inclination à malfaire qui est dans nôtre nature corrompuë. Les passions laissent un levain dans le cœur & sur tout la haine & l'envie.

LEVANT, *s. m.* La partie du monde qui est à l'Orient. (Venir du Levant. *Ablancourt.*) Ce mot. *Levant* en parlant de nôtre marine veut dire *la mer Mediterranée.* Et en ce sens on dit (Escadre du Levant.) Mer du Levant.)

Levantins, s. m. Les Nations du Levant. Les gens du Levant. C'est aussi un *terme de nôtre marine* & il signifie, qui est sur la Mediterranée. Qui vient de la Mediterranée. (Oficier Levantin. Equipage Levantin.)

Levant. adj. Qui le leve. Il ne se dit qu'en cette phrase, le Soleil levant, c'est à dire à l'heure qu'il se leve.

LÉVE, *s. f.* Terme de *Jeu de mail.* Instrument qui a un assez grand manche, qui est fait en forme de cuiler, & dont on se sert pour passer quand on jouë au mail. (La léve est rompuë.

Levée, s. f. Sorte de chaussée. (Une levée de terre. Rompre une levée. *Vau. Quin. l. 4.*

Levée. C'est l'action de s'en aler du lieu où l'on s'étoit mis & le quiter. (Ainsi on dit la levée du siege de Charleroi, la levée de la Cour de Parlement.)

Levée. Ce mot se dit en parlant de soldats & signifie. Enrôler des soldats pour servir le Roi. Il se dit aussi en parlant de tailles, & c'est l'action de celui qui prend sur le peuple. Faire des levées de soldats. *Ablancourt. Ar. l. 1.* Faire des levées sur le peuple.)

Levée. Argent qu'on leve sur le Clergé de France pour les interêts du Roi. (Depuis l'établissement de la Monarchie on a fait de tems en tems, & dans les necessitez de l'Etat diverses levées sur le Clergé. L'Eglise accorde des levées au Roi. Il s'est fait de grandes & frequentes levées sur le Clergé *Patru, Assemblées du Clergé.*)

Levée. Terme de *Batelier.* Sorte de petit plancher composé de trois, ou quatre ais attachez au dessus du nez, ou du cu du bachot, du batelet, ou du bareau. (s'asseoir, ou se mettre sur la levée du bateau.)

Levée. Ce mot se dit en ôtant à de certains jeux de cartes, C'est une main de cartes. (Faire une, ou deux levées de cartes.)

Levée. Terme de *Couturiere en linge.* Tout ce qu'on ôte du rabat quand on le taille, & qu'il y a plus de toile qu'il n'en faut pour le rabat. (Il y a trop de toile, il faut faire une levée.)

† *Faire une levée de boucliers.* C'est tenter une chose qui ne réüssira pas. C'est entreprendre une chose qui n'a point de succés.

Lever, v. a. Prononcez *levé.* Soulever, & tirer de bas en haut. (Lever un gros fardeau avec un cable.)

Lever. Haußer. (*Drusus leva* la main pour fraper *Séjan. Abl. Tac. An. l. 4.*)

Lever. Ce mot, en parlant de soldats, signifie enrôler. Faire des levées. (Lever de troupes. *Vau. Quin.* livre 3. lever des Soldats, *Ab.*)

Lever. Enlever. (C'est pour l'ordinaire les Ecclesiastiques qui levent le corps & le conduisent, *Vatru, plaid. 8.*)

LEV

Lever. Ce mot en parlant de tailles & d'impôts. C'est prendre sur le peuple quelque argent. (Lever la taille.)

Lever. Oter. (Nexun lui leva toutes sortes de défiance par ses caresses. *Ablancourt, Tac. An. l. 14.* Lever toutes sortes de scrupules. *Pas. l. 8.* Que cet éclaircissement lève des dificultez. *Pas. l. 8.*)

Faire lever. Ce mot se dit en Terme de *Chasse;* & il signifie *Faire partir, Faire envoler. Faire sortir du gîte.* (Faire lever une compagnie de perdrix. Faire lever un liévre.)

Lever. Ce mot se dit en Terme de *Palais.* Prendre au grefe la copie de quelque arrêt, ou sentence, ou autre reglement de juge. (Lever un arrêt. Lever une sentence au grefe.)

Lever. Ce mot se dit en joüant *aux Cartes;* & signifie prendre & ôter des cartes joüées & jettées sur la table. (Lever une carte.)

Lever. Terme de *Tailleur,* qui signifie. *prendre.* (Lever l'étofe chez le marchand.)

Lever. Terme de *Potier.* (Lever la terre par rouleau.)

Lever. Terme de *Cordonnier.* Prendre & couper dans une peau (Lever une paire d'empeignes.)

Lever. Couper & ôter. (Lever des griblettes.)

Lever. Terme de *Boulangers,* il se dit en parlant de *pâte,* & signifie *se renfler.* Pâte qui commence à lever. Pâte bien levée.)

Lever, v. n. Terme de *Laboureur,* il se dit des grains semez & il signifie qu'ils commencent à poußer & à sortir de terre. (Pluie qui fera lever les aveines. Les aveines sont *levées.* Cette graine leve bien.

On dit en termes *de guerre.* Lever le siege. Lever le camp. Lever le piquet, c'est à dire, *déloger.* Lever le canon avec des coins de mire, &c.

On dit en termes de *Marine,* Lever l'ancre. Lever les voiles, c'est à dire, les haußer.

On dit dans la *Geométrie pratique.* Lever le plân d'une ville, d'un bâtiment, d'un païs, pour dire en faire la representation sur le papier exactement & avec toutes les mesures.

Lever le masque. C'est agir ouvertement & sans se cacher. Il se prend le plus souvent en mauvaise part.

Lever le menton à quelcun. C'est le protéger, le soûtenir & l'aider en ses afaires.

Lever les épaules. Cela marque qu'on soufre quelque tort sans oser se plaindre.

Prendre quelcun au pié levé. C'est lui vouloir faire faire quelque chose sur le champ sans lui donner le loisir de se reconnoître.

Lever. Ce mot se dit en terme de *Manége,* & veut dire *faire manier,* (Lever un cheval à courbettes. Lever un cheval à capriolles.)

Se lever, v. r. Ce mot se dit d'une personne qui étant assise se met sur ses piez. (On se léve quand on est assis, lorsqu'il entre, où l'on est, quelque personne de qualité, ou de mérite.)

Se lever. Sortir de son lit. Je me vais lever. Madame ne se léve qu'à onze heures.

Se lever. v. r. Ce mot se dit au figuré, du Soleil, de la Lune & des étoiles, & il signifie paroître à paroître sur l'horison. (Le soleil se lève & se couche. Étoile qui vient de se lever.)

Se lever. v. r. Il se dit aussi des vents, & signifie commencer à soufler. (Le vent se leve plus impetueux, *Vau. Quin. l. 4.*)

Lever, s. m. Le tems qu'on se leve & sort de son lit. (Prendre homme à son *lever.*)

Le lever de l'aurore. Voit. *Poès. Le lever des étoiles,* du Soleil, de la lune, &c. c'est le tems que l'aurore commence a paroitre vers le levant, & le tems que les Astres commencent à partre sur l'horizon. (Calculer le lever & le coucher du Soleil pour tous les jours de l'année. La table du lever & du coucher de la Lune. Découvrir le lever des étoiles. Voiez le livre qui a pour titre *la Connoissance des tems.*)

Leveure. Voiez *Levure.*

Levier, s. m. Sorte d'instrument de bois ou de fer avec quoi on souleve les choses pesantes.

LEVIGER, *v. a.* Terme de *Chimie.* Rendre un mixte en poudre, impalpable sur le porphire, ou sur l'écaille de mer.

LEVRAUT, *s. m.* Petit liévre. (Un bon levraut.

LÉVRE, *s. f.* Ce mot se dit proprement de l'homme. C'est l'extrémité musculeuse & charnuë qui ferme & ouvre la bouche Lévres rouges, vermeilles, belles, fraiches, pâles, mortes *Abl. Luc.*)

* *Accorder une levée du bout des lévres. Voit. l. 75.*
* *Les lévres d'un Cheval. Solesel.*
  Les lévres d'une plaie *Teu.*
* *Les lévres des parties naturelles de la femme. Deg.*
* *La carpe a les lévres grosses & grasses. Rond.*

LEVRETTE, *lévrete, s. f.* La femelle du levrier. (Une bonne levrete.)

LEVRIER, *s. m.* Chien pour courre le liévre. [Un bon levrier Un grand levrier. Un levrier d'atache.

LEVRON, *s. m.* Jeune levrier.)

† *C'est un jeune levron.* C'est à dire, un jeune homme folâtre & badin. Mais ces mots sont bas & peu usitez.

LIURE, *s. m.* Ce qui est fait en manière de faucon avec deux ailes deux autres oiseaux accompagnées d'un ..... dont le fauconnier se sert pour rapeller le faucon. (Un oiseau de leurre. Presenter le leurre au faucon. Acharner le leurre. Faucon qui vient au leurre. Avant que de faire voir le leurre au faucon nouveau, il faut être sûr des chiens, des gens & des chevaux, & que le faucon ait faim. Voiez *le recueil des Oiseaux de proie pag.*124.)

* *Leurre.* Adresse dont on se sert pour atraper quelqu'un. (C'est un leurre pour atraper la dupe.)

* *Leurre.* Ce mot au figuré signifie aussi apas, plaisir qui atire & qui gagne. (Depuis que le St. M. s'est laissé prendre au doux *leurre* de faire des vers, il s'est souvent rongé les ongles pour donner la migraine à ses charitables Lecteurs.)

Leurrer, v.a. Terme de *Fauconnerie*. Acoutumer le faucon à venir sur le leurre. (Leurrer un faucon.[

† * *Leurrer.* Au figuré, il signifie amuser, atraper par finesse. Dire, ou faire quelque chose à quelqu'un afin de le faire un peu donner où l'on veut. (Amoins que de le leurrer de quelques vaines esperances, on ne l'amenera jamais où l'on desire. On l'a leurré là-dessus.
  Mon pere est un bon homme à se desesperer
  Et d'une cause en l'air il le faut bien *leurrer*.
  *Rac. plaid.a.*3. *sc.*1.)

* *Leurré, leurrée, adj.* Ce mot au figuré, veut dire aussi qui est fin, rusé & dénialé à cause des divers tours qu'on lui a faits. (Un Auteur qui a passé deux ou trois fois par les mains du Libraire Barbin devient leurré à l'égard des autres Libraires Narquois, & ils ne lui peuvent faire gueres de ruses qui soient à l'épreuve de celles qui lui a faites le grand Barbin.)

Levûre, s.f. Ce mot se dit en parlant de pain. C'est l'écume de Biére détrempée avec de la farine dont les boulangers de Paris se servent pour faire du pain molet.

Levûre de lard. C'est ce qu'on léve de dessus le lard lors qu'on veut faire des lardons & qu'on veut larder. (Vendre des levûres de lard.)

Levûre de filet. Terme de *Pêcheur.* C'est une certaine partie du filet. (Faire la levure d'un filet. Voiez *les ruses innocentes, c.*5.)

LEX. LEZ.

LEXIVE, Voiez *Lessive.*

LEZARD. Voiez *lesard.*

LEZE, *lezée, adj.* Terme de *Palais*, qui vient du Latin *lasus* qui signifie, qui a été blessé, & ofensé, qui a reçu du dommage, à qui on a fait tort. (Un marchand est lezé lors qu'il a vendu sa marchandise beaucoup moins qu'elle ne vaut. Elle est lezée en cela.)

Lezé, adj pour dire *lézée.* Léze ne se dit que dans cette seule façon de parler.

Léze-majesté. C'est à dire, souverain qui est ofencé.

Etre criminel de leze majesté. C'est à dire, être criminel envers le Roi, en un mot envers le souverain.

Etre criminel de leze-majesté divine & humaine. C'est à dire, avoir commis quelque crime contre Dieu & contre le Souverain.

† *Il est criminel de leze-faculté.* Mol. C'est à dire, il a commis quelque crime contre la faculté de Medecine. Il a été rebelle aux ordonnances de ce vénérable corps.

‡ * *Vous n'êtes plus criminelle, si ce n'est de leze-amour. Sar. Poës.* C'est à dire, vous n'avez plus offensé que l'amour & ce petit Dieu est fâché contre vous parce que vous ne voulez point aimer.

Lézion, s.f. Il vient du Latin *lasio.* C'est un terme de *Palais*. On On dit il y a lezion d'outre moitié du juste prix, c'est à dire que les choses dont on parle, ont été venduës la moitié moins qu'elles ne valent.

LIA.

LIAIS, *s.m.* Sorte de pierre qui se tire aux environs de Paris, & qui sert à faire des âtres, des jambages de cheminées, des fourneaux, &c. (Le *haut liais* est propre à faire des corniches. *Sav.c.*37.)

Liaison, s.f. Ce qui sert à lier de certaines choses. (Cela donne quelque sorte de liaison aux ingrediens qu'on pile ensemble. La liaison de l'or & du fer ne se fait que par le moien du cuivre.

Liaison. Terme de *Maître à écrire.* Petit trait de plume qui lie les parties, des lettres les unes aux autres. (Faire bien les *liaisons* des lettres.)

Liaison, Terme de *Grammaire*, Ce mot qui sert à lier les parties des périodes, & les periodes mêmes les unes avec les autres. (*Ensuite, après, enfin, mais, toutefois cependant* & autres particules sont des liaisons du discours.)

L'aison. Terme de *Maçon.* Sorte de maçonnerie où les pierres sont posées les unes sur les autres & on les met de niveau en sorte que le joint du second lit pose sur le milieu de la pierre du premier. (Une maçonnerie en *liaison.*)

Liaison. Terme de *Paveur.* Ce sont les pavez disposez d'un certain sens pour resister aux roües des harnois, des chariots & des carosses.

Liaison. Ce qui a raport & connéxité (avec un autre. (Cela n'est point de liaison avec ses principes, *Pas. l.*5)

* *Liaison.* Terme de *Fauconnerie.* Il se dit des ongles & des serres des oiseaux de proie, & de l'action avec laquelle ils lient & enlevent le gibier.

* *Liaison.* Amitié. Union de cœurs. Sorte d'intelligence & d'union qu'on a avec des personnes. (Faire étroite *liaison* avec quelqu'un. *le Duc de la Roche Foucaut.* Les Liaisons & les amitiez de la Cour sont fragiles, *le Duc de la Roche Foucaut.* Il avoit des *liaisons* secrettes avec les Espagnols. *Fichier, vie de commendon. l.*1*c.*17.)

LIARD, *s.m.* Petite piece de monnoie blanche qui vaut trois deniers & qui avoit cours du tems de François I. Voi *l'Ordonnance.*

Liard. Trois deniers. [Il s'en faut un liard. Il y a à dire un liard.)

† *N'avoir pas vaillant un liard.* C'est être fort pauvre.

† *Liarder, v.n.* Boursiller. [On a plusieurs fois liardé à l'Acadêmie Françoise pour M. Colletet le Fils.

LIASSE, *s.f.* Terme de *Procureur & de gens d'afaire*, Papiers cottez & liez ensemble. On apelle aussi liasse ce qui sert à lier, les papiers. Donnez-moi la liasse de l'année 1657. Donnez une liasse pour lier ces papiers.

Pouvant charger mon bras d'un utile *liasse*,
J'alai loin du Palais errer sur le Parnasse.
*Depr. epit.*5.

LIB.

LIBATION. *s.f.* Prononcez *libacion.* Ce mot semble venir du Grec, & les Latins disent *libatio.* & c'est de là que les François l'ont pris. C'est un terme dont on se sert en parlant des anciens Sacrifices. C'est l'action de celui qui dans les Sacrifices, faisoit les effusions & en goutoit, comme du bout des levres. [Faire les libations. Alexandre immola un Taureau à Neptune, pour faire une ofrande aux Dieux Marins, il jetta dans la Mer le vase d'or, dont il s'étoit servi pour ses libations *Durier, supl. de Quint Curce*, l.1. *ch.*3.)

LIBELLE ; *libèle, s.m.* Ecrit injurieux qui est le plus souvent sans nom d'Auteur. (Faire un libelle diffamatoire contre quelqu'un. L'Ordonnance de Moulins veut qu'on punisse ceux qui font & ceux qui publient des libelles disamatoires. Cette sorte d'Ecrit, parmi les Romains, étoit puni de mort, depuis il ne fut puni que du fouët.)

Libeller, libéler, v.a. Terme de *Sergens.* Bien dresser un exploit & le faire dans les formes prescrites. (Libeler un exploit. exploit bien ou mal libelé.)

LIBÉRAL, *liberale, adj.* Qui donne volontiers. Qui fait de liberalizes. Qui donne avec magnificence. Jules César étoit liberal. Les grans doivent être liberaux. La liberalité marque la grandeur de leurs ames. Elle est liberale de ses faveurs à tout le monde. *Ablancourt.* Etre libéral de loüange Voi.*l.*35. Il est liberal de ce qui ne coute rien. *Abl. Apo.* Un naturel liberal.)

Libéral. Ce mot signifiant honorable, ne se dit guere qu'au masculin. (La Grammaire est un art liberal. Il y a sept arts liberaux.)

† *Libéral, arbitre.* Voiez Arbitre.

Libéralement, adv. Avec liberalité. [Donner libéralement, *Ablancourt.*)

Liberalité, s.f. Vertu qui ne regarde les richesses que pour en faire du bien & pour obliger les personnes qu'on aime ou qui nous ont servi ou rendu de bons ofices. (La liberalité est la vertu des Rois.)

LIBERATEUR, *s.m.* Celui qui délivre de quelque servitude, de quelque domination fâcheuse, ou autre chose de cette nature. [Il le conjure de vouloir être le liberateur de l'Alemagne. *Ablancourt. Tac. An.l.*1. S'aquerir le titre de liberateur. *Vau. Quin. l.*3.)

On dit *liberatrice, s.f* en parlant d'une femme ; mais on le dit rarement.

† *Liberation, s.f.* Terme de *Jurisprudence.* C'est la décharge de quelque dette, ou de quelque servitude. (Obtenir, acorder la liberation de quelque dette, &c.)

† *Libérer, v.n.* Terme de *Jurisprudence.* Décharger de quelque dette de quelque servitude, ou autre obligation.

Se libérer, v.r. Se délivrer. Se liberer de la tiranie d'un Pere. *Moliere, Amour médecin. aƈt.*1. *scene* 4.)

Liberté. Pouvoir de faire ce qu'on veut, à moins qu'on n'en soit empêché par la force, ou par les loix. Tout ce qui est contraire à la servitude & à la captivité.(Etre en pleine liberté. Joüir de sa liberté. Mettre en liberté.)

Liberté. Pouvoir. Permission. (Se donner la liberté d'examiner les choses par la raison. *Pas. l.*3.)

Liberté de conscience. C'est en France la permission de choisir sa religion Reformée ou la Religion Catolique, Apostolique & Romaine. [Le Roi donne liberté de conscience.)

Liberté. Privauté. Familiarité. Franchise. Hardiesse honnête. [Prendre des libertez avec une femme. *Maucroix Schismel.*) En user avec liberté. Parler avec liberté contre le dérèglement des mœurs *Ablancourt.*)

Liberté

LIC. — LIE.

Liberté. Terme de *Téologie.* Indiférence de la volonté à vouloir ou à ne pas vouloir. (La grace n'ôte point la liberté.)

Liberté de l'Eglise Gallicane. C'est un droit que s'est donné la France de ne pas recevoir aveuglément tout ce que les Papes ont voulu & qui a semblé contraire à l'ancienne discipline de l'Eglise. Voïez *Le Traité des Libertez de l'Eglise Gallicane de M. Pitou, commencé par M. Du Pui.*

Liberté. Terme de *Peinture.* Facilité. (Tableau peint avec une grande liberté de pinceau. On dit aussi liberté de burin.)

Liberté de langue. Terme d'*Epronnier.* C'est une ouverture au milieu de l'embouchure, tant pour donner place à la langue que pour fortifier l'embouchure.

Libertin, libertine, adj. Impie. Qui est dans le libertinage. Débauché (Esprit libertin. C'est un homme autant libertin qu'on le sauroit être.)

† *Libertin, libertine.* Ce mot se dit en riant & signifie. Qui suit sa pente naturelle sans s'écarter de l'honnêteté. (J'ai l'esprit libertin, & je n'aime point à traduire. Je suis née libertine. Il y a dequoi s'étonner qu'un homme aussi *libertin* que moi se hâte de quiter tout cela. *Voi. l. 39.*

Libertinage, s. m. Déréglement de vie. Désordre. (Il est dans un honteux libertinage.)

† *Libertinage.* Ce mot se dit quelquefois en riant. (Tout le monde sçait vôtre libertinage.)

Libouret, s. m. Terme de *Mer.* Ligne à pêcher des maquereaux. *Four.*

Libraire, s. m. Marchand de livres. Celui qui est reçu devant le Procureur du Roi de Paris & qui a pouvoir d'imprimer, ou de faire imprimer, de relier & vendre toutes sortes de livres avec permission du Roi. (Un bon Libraire. Un riche Libraire)

† *Librairesse, s. f.* Mot burlesque pour dire *Femme de Libraire.* (Il demeure auprès de nôtre Dame, où la *Librairesse* Margot lui chante bien souvent sa game. *Cotin. Menagerie.*)

Librairie, s. f. Marchandise de Libraire. Commerce de livres (La librairie va mal. La librairie est à bas. La librairie est une profession honnête)

† *Librairie, s. f.* Vieux mot pour dire *Bibliotèque.* (Henri IV. dit à Casaubon qu'il vouloit qu'il eût soin de sa librairie. *Columes. mélanges historiques*)

Libration, s. f. Terme d'*Astronomie.* C'est un balancement, qu'on apelle mouvement de *libration*, ou de *trépidation*, que les Astronomes ont reconnu dans le Firmament, par lequel la Declinaison du Soleil & la latitude des Etoiles change de tems en tems. On atribuë aussi à la Lune un mouvement de libration qui a été reconnu par le moïen du Télescope, mais que l'on n'a pas encore bien déterminé.

Libre, adj. Qui n'est point en servitude. Qui jouït de la liberté. (Vous êtes libre & ce qu'il vous plaît. *Port-Roial.* On est libre chez soi. Elle est libre, eut elle n'est plus en condition.)

Libre. Exemt. Débarassé. Qui n'a rien à faire. (Libre d'amour. *Ablanc.* Je suis libre l'après-dinée. Il n'est point d'homme libre en sa condition. *Rac.* Mon cœur est libre de passion. *Déproaux, Sat. 2.*)

* *Libre.* Sincére. Franc. Hardi à dire ce qu'il pense. (C'est un homme *libre* qui vous dira nettement sa pensée.)

* *Avoir le ventre libre.* Terme de *Médecin.* C'est n'être pas constipé.

Librement, adv. Franchement. Avec liberté. Avec hardiesse. Sans aucune crainte. (Parler librement de tout. Dire librement sa pensée. Il va librement par tout. Entrer librement dans la chambre du Roi.)

LIC.

Licantrope, s. m. Mot qui vient du Grec, & qui veut dire. *Loup-garou.* Qu'on m'apelle licantrope, ou misantrope, c'est dequoi je ne me soucie point. *Abl. Luc.*)

Licantropie, s. f. Maladie qui vient de mélancolie & qui trouble tellement l'esprit de certains hommes qu'ils s'imaginent être devenus loups, hurlent, sont furieux, & exercent toutes sortes de cruautez sur le bétail & principalement sur les enfans qu'ils étranglent. Voïez *de l'Ancre, l. 4. des Sorciers.*

Lice, s. f. Lieu fermé de barriéres où l'on fait les courses, tournois & autres célébres exercices. (Rompre une lance en *lice* contre quelqu'un. Entrer dans la lice. *Abl.*)

* *Fuir la lice.* *Vaug. Quin. l. 3.* C'est fuir le combat.
* Il n'osa *entrer en lice* avec ce savant homme. *Maucroix, Sch. l. 2.*
* *En tres en lice* contre quelqu'un. *Pasl. 3.*

Lice. Femelle de chien de chasse, destinée à faire race. (Une belle lice. Une bonne lice. Faire couvrir une lice. *Lice noüée. C'est à dire*, une lice pleine.)

Lice. Terme de *Cordier.* Espéce de bâton qui est au haut du machepié, & qui sert lors que le cordier fait de la sangle.

Lices. Terme de *Rubanier.* Plusieurs fils soutenus par un licero.

Licence, s. f. Le mot de *licence* signifie en général *permission*, mais en ce sens il est vieux.

† *Licence.* Désordre. Trouble. Déréglement de vie. (Licence éfrenée. *Vau. Quin. l. x.* Arrêter la *licence* par la terreur du suplice. *Patru, plaid. x.* Si on ouvre la porte à la *licence*, comment se défendre de la calomnie ? *Patru, plaid. xi.*)

Licence poëtique. C'est à l'égard du langage une liberté que prend le poëte en faisant des vers, laquelle n'est pas reçuë dans la prose éxacte & réguliére. (Les poëtes Grecs & les poëtes Latins prenoient des *licences* que les poëtes François n'oseroient prendre.)

Licence. Terme de *Téologie.* Les deux ans pendant lesquels les Bacheliers sont sur les bancs pour donner des preüves de leur capacité avant que d'être reçûs Docteurs. Elle s'ouvre de deux ans en deux ans, & est précédée d'un rigoureux éxamen sur les Conciles, sur l'Ecriture, & sur toute la Téologie Scolastique. (Entrer en licence. Faire sa licence. Etre en licence.)

Licences. Terme d'*école de Droit.* Ce sont les letres qu'on obtient de la faculté de Droit Civil & Canon, à la faveur desquelles on se présente au barreau, à l'audience pour prêter le serment de fidélité dans la fonction d'Avocat, & par lesquelles la faculté de Droit donne permission de lire & d'expliquer publiquement. (Prendre ses licences. Entrer en licences. Etre en licences. Sortir des licences. Avoir, obtenir ses licences.)

Licencié, s. m. Terme d'*école de Téologie.* C'est celui qui a fait sa licence. (C'est un licencié.)

Licenciment, s. m. Ce mot se dit en parlant de soldat & signifie permission de se retirer. (Aprés le licenciment des troupes, il ordonna que. *Abl.*)

Licencier, v. a. Donner pouvoir de s'en aller. Donner permission de se retirer. (Licencier les troupes. *Abl.*)

* *Se licencier, v. r.* Faire des choses qu'on ne devroit pas faire. S'émanciper. Sortir de son devoir. (* Il s'étoit licencié à quelques paroles *Maucroix, Schis. l. 1.*)

Licentieux, licentieuse, adj. Qui est dans le déreglement. Qui prend trop de liberté. (Mener une vie licencieuse.)

Licencieusement, adv. En libertin. Vivre licencieusement. *Ablanc.*

Licitation, s. f. Terme de *Pratique.* Contrat de vente forcée d'une maison, ou héritage entre plusieurs propriétaires. Voïez *Rousseau métode de la pratique.* (Vendre une maison par licitation.)

† *Licite, adj.* Ce mot est Latin, & signifie permis. Il se dit rarement. (Cela n'est pas licite.)

† *Licitement, adv.* D'une maniére licite & permise. (Cela se peut faire licitement.)

Liciter, v. a. Terme de *Pratique.* Faire vendre en Justice par licitation.

Liceron, s. m. Terme de *Rubanier.* Petit morceau de bois plat qui soutient les lices.

Licou, s. m. ou *licol.* Mais on prononce *licou.* Morceaux de cuir ajustez à la tête du cheval pour l'atacher à la mangeoire avec la longe. (Le licou est rompu.

Licorne, s. f. Sorte d'animal qu'on trouve dans les montagnes de la Natolie Etiopie. La licorne est de couleur cendrée. Elle ressemble à un poulain de deux ans, hormis qu'elle a une barbe de bouc & au milieu du front une corne de trois piez, polie, blanche & raïée de raïes jaunes. Ses piez ont de l'air de ceux d'un éléfant & sa queuë tient quelque chose de la queuë d'un sanglier. La licorne est si vite & si fine qu'on ne la peut prendre, & sa corne à ce qu'on croit, sert de contrepoison *Abl. Marmol.*

Licteur, s. m. Sorte d'éxécuteur qui marchoit devant le Magistrat de l'ancienne Rome avec une hache & des faisseaux acommodez autour de cette hache & qui par l'ordre du Magistrat punissoit ceux qui étoient coupables.

LIÉ.

Lie, s. f. Vin épaissi au fond d'un muid. La matiére la plus épaisse & la plus grosse qui demeure au fond de quelque liqueur. (Dessécher de la lie. Lie blanche. Lie rouge. On boit le bon vin jusques à la lie. *Abl. Apoph.*)

* *La lie du peuple.* C'est le petit peuple. C'est le peuple le plus vil. (Etre de la lie du peuple. *Vau. Quin. l. 6.*)

Liége, s. m. Sorte d'arbre de moïenne hauteur qui a le tronc gros, l'écorce grosse, qui jette peu de branches & porte un petit gland. (Le liége est celui de tous les Arbres qui ne meurt pas aprés qu'on l'a dépouillé de son écorce, parce que son écorce revient lorsqu'elle a été coupée. La cendre du liége desséche éxtrémement. *Dal.*)

Liége. Ecorce de liége. Bois de liége. (Une semelle de liége.)

Liége. Terme de *Sellier.* Morceau de bois en forme de petite aile qui est aux deux côtez du pommeau de la selle & qui lorsqu'il est couvert de cuir & embéli de cloux s'apelle *Catte.* (Le liége est décolé.

Liéger, v. a. Terme de *Pêcheur.* Mettre le liége au filet. (Liéger un trameil. *Ruses innocentes c. 5.*)

Lien, s. m. Ce avec quoi on lie quelque chose. Un bon lien. Un lien fort. Couper, rompre un lien.)

* La possession de la beauté qu'on aime, est un *lien* qui atache l'amour. *Scaron, Pro.*

* Le *lien* conjugal. Les liens du Mariage.
* Les loix font le *lien* de la société civile.
* Tirer des *liens* ceux qui y sont condannez. *Port-Roial, Pseaumes.*
* J'ai rompu mes *liens* adorable Silvie. *Rac.*
* † On n'est pas échapé quand on traine son *lien*. *Proverbe.*

Lien. Terme de *Vitrier*. Petit morceau de plomb qui lie la verge de fer qui est le long du panneau & pose sur le chassis de bois.

Lien. Terme de *Chapelier*. Ce qui est au bas de la forme du chapeau & où l'on met la ficelle lors qu'on enficelle le chapeau.

Liens. Terme de *Charpentier*. Ce sont des morceaux de bois qui ont un tenon à chaque bout & qui étant chevillez dans les mortaises entretiennent la charpenterie.

Lier, v.a. Atacher avec quelque lien. (Lier les bras. Les moissonneurs lient le blé quand ils sont des gerbes.)

Lier. Terme de *Tonnelier*. C'est faire tenir les douves avec des cerceaux. (Lier une cuve, un muid.)

* Lier. Engager. Atacher. Causer quelque liaison. (Cela ne lie ni le donataire, ni l'héritier. *Patru, plaid.* 2. Les Régles nous l'ont. *Patru, plaid.* 2.)

* Cét entretien *lia* peu à peu entre eux une étroite familiarité. *Abl.Tac. An.l.*4. Lier commerce, lier conversation. Lier une partie.

* Lier. Terme de *Cuisinier*. Faire une sauce. (Lier une sauce.)

* Lier. Terme de *Maçon*. Joindre. (Lier les pierres.)

* Se *lier, v.r.* Se joindre. S'unir. (Se lier avec les Princes d'Alemagne. *Patru, plaidoïé* 4. Etre lié aux interêts de son Maître. *Ablanc.*)

LIERRE, *s. m.* Arbrisseau qui jette des branches dures & pleines de bois couvertes d'une grosse écorce grise, avec lesquelles il s'atache aux arbres. Le lierre porte une manière de fruit en forme de grape de raisin. (Les poëtes étoient couronnez de *lierre* avant que Dafné fût changée en laurier.)

† LIESSE, *s.f.* Vieux mot qui signifie *joie*, & qui entre encore dans le burlesque & le stile le plus simple. (Dieu garde en joie & en liesse. *Voit. poës.* On dit pourtant sérieusement. *Nôtre Dame de liesse*, mais c'est une façon de parler consacrée qui ne tire point à conséquence.)

LIEU, *s. m.* Terme de *Philosophie*. Espace qui contient quelque corps.

Mauvais lieu. Bordel. (Il avoit honte de sortir d'un mauvais lieu. *Abl. Apo.* Une taverne & un *mauvais lieu* sont également infames. *Patru, pl. xi.*)

Lieu. Endroit (Il a été tué en ce lieu-là. Ce seroit ici le lieu de vous loüer. *Abl. Apo.*)

* Faire l'amour en *bon lieu. Scaron.* Aimer en bon lieu. *Ablanc.* C'est à dire, avoir de l'atachement pour quelque belle qui le mérite.

Lieu. Ocasion. Sujet. Raison. Place. (Avoir *lieu* de se glorifier. *Mol.* Donner lieu à quelque accommodement. *Abl Ar. l.* 1. Leur pruderie leur tient *lieu* de jeunesse. *Moliére.* Tenir *lieu* de pére. *Abl.*)

Lieu. Ce mot sert à nombrer : mais il ne se faut jamais sous-entendre, & quand on s'en est une fois servi, il le faut toûjours répeter. (En premier lieu Mr. est sage ; en second lieu , honnête ; en troisième lieu , très-savant ; & en quatrième lieu , l'homme le plus modeste.)

Lieu. Ce mot se dit en termes de *manége* , & signifie la *situation de la tête d'un cheval.* (Voilà un cheval qui porte en beau lieu. C'est à dire', qui tient la tête levée & bien placée.)

Au lieu de. Sorte de conjonction qui signifie la même chose que en place de. (Donnez moi un tel emploi au lieu de l'argent que vous m'aviez promis. On a établi un autre au lieu de lui.)

Au lieu de. Il signifie aussi *bien loin de*. (Je confesse ma faute, au lieu de la deffendre. Au lieu de se vanger, on doit aimer son prochain.)

Cet homme n'a ni feu ni lieu. Façon de parler proverbiale, pour dire qu'il est gueux, & vagabond.

Dans ces bas lieux. C'est à dire, ici bas sur la terre, par oposition au ciel.

On l' a mis en lieu sur. C'est à dire on l'a mis en prison.

Lieux oratoires. Certains moïens généraux qui peuvent servir à prouver toute sorte de sujet.

Lieux de Logique. Ce sont des chefs généraux ausquels on peut raporter toutes les preuves dont on se sert dans les diverses matières qu'on traite. Ces sortes de lieux de Rétorique & de Logique sont, à ce qu'on croit, fort inutiles, parce qu'ils ne servent qu'à ralentir la force de l'esprit. *Voiez là dessus la Logique de M. Bon.* 3. *partie c.* 16.

Lieux de Métaphisique. Ce sont de certains termes généraux convenans à tous les êtres, ausquels on raporte plusieurs argumens, comme les causes, les éfets , le tout , les parties , les termes oposez. *Bon. logique* 5. *partie c.* 17.

Lieu Géométrique. C'est une étenduë dont chaque point peut résoudre indifféremment un Problème proposé : quand on le veut résoudre par la Géométrie. Il y a diverses sortes de lieux. Lieu simple, ou lieu à la ligne droite. Lieu plan, lieu à la surface, lieu au cercle, lieu solide, &c. Voiez Ozanam, *Dictionaire Mathématique pag.* 4. 5. *&c.*

Lieu. Terme d'*Astronomie*. Lieu apparent, véritable ou moïen du Soleil, ou de la Lune.

Lieu d'entrepôt. Terme de *Marine*. C'est un port de Mer, où l'on établit des magasins pour recevoir les marchandises qu'on y conduit & pour les transporter dans les païs étrangers. *Ozanam, Dict. Math. p.* 231.

Lieu de reste. Terme de *Marine*. C'est le lieu de la derniére décharge, & où se doit terminer le voïage.

Lieux. Endroit de la maison où l'on décharge son ventre. (Je m'en vais aux lieux. Elle est aux lieux.)

LIEUË, *s. f.* Espace de chemin qui contient plusieurs pas géométriques. La lieuë des anciens Gaulois étoit de mille cinq cens pas géométriques. Les autres croïent que les lieuës ont chacune quatre milles. Voiez *Ablancourt Préface sur Cesar & Sanson remarques sur la carte de l'ancienne Gaule.* Faire une lieuë, 4. lieuës. *Abl.* Les lieuës sont plus ou moins grandes en de différens pays. Les lieuës communes sont d'une heure de chemin. Voiez *Mile.*

LIEUR, *s. m.* Ouvrier qui lie les gerbes pendant la moisson.

Lieure, s. f. Prononcez *liûre.* Corde qui sert à lier des balots, des gerbes, &c.

Lieure. Terme de *Mer.* Ce sont plusieurs tours de corde qui assemblent deux choses. *Lieure de beaupré* , c'est celle qui tient l'éguille de l'Eperon avec le Mât de beaupré.

Lieures. Terme de *Charpenterie.* Ce sont des piéces de bois courbes par un bout qui servent à élever les bords d'un bateau foncer avec les clans.

LIÉVRE, *s. m.* Sorte d'animal fort vite qui a 4. piez, qui est fort connu, qui a le poil long & tirant sur le roux , les oreilles droites & longues , & le corps souple. Il dort les yeux ouverts. Il a l'ouye subtile. Il est très-timide & très-fin. (Le liévre connoit mieux tous les changemens de tems que le meilleur Astrologue. Voiez *Jonston & Salnove.* Lancer un liévre. Faire lever un liévre. Forcer un liévre. Courre le liévre.)

* *C'est là où gît le liévre.* Proverbe pour dire, c'est là le fin, le secret de l'affaire.

* *Vouloir prendre le liévre au son du tambour.* C'est divulguer un dessein qu'on devroit tenir secret jusqu'à l'éxecution.

Liévre marin. Poisson qui a le museau comme un liévre avec de petites oreilles. *Rond.*

* *Liévre.* Terme d'*Astronomie.* C'est le nom d'une constellation Méridionale.

LIEUTENANCE, *s. f.* Charge de Lieutenant. (Il a eu la lieutenance de la Compagnie.)

Lieutenant, s. m. Ce mot signifie en général l'oficier qui exerce en la place d'un autre.

Lieutenant. Ce mot en parlant de compagnies de soldats , c'est celui qui est immédiatement au dessous du Capitaine , & qui lorsque le Capitaine est absent, le représente & exerce en sa place. (Il est lieutenant de la Colonelle. Un tel Capitaine a un brave Lieutenant.)

Capitaine Lieutenant. On nomme ainsi le Capitaine d'une Compagnie d'Ordonnance , ou de Mousquetaires, dont le Roi est le vrai Capitaine.

Lieutenant. Ce mot se dit des Généraux d'armée , à l'égard du Prince qu'ils servent. (Le Roi a conquis telles Provinces par ses Lieutenants.)

Lieutenant de Roi. C'est celui qui comande dans une place aprés le Gouverneur.

Lieutenant Colonel de Cavalerie. C'est le prémier Capitaine d'un régiment de Cavalerie étrangére.

Lieutenant Colonel d'un régiment d'Infanterie. C'est le second Oficier d'un régiment, qui le comande en l'absence du Colonel , & qui dans un combat se met à la tête des Capitaines. *Guillet.*

Lieutenant de Cavalerie. C'est un Oficier créé par le Roi dans chaque compagnie de Cavalerie pour la comander en l'absence du Capitaine.

Lieutenant d'Infanterie. C'est un Oficier créé par le Roi dans chaque compagnie d'infanterie pour la comander en l'absence du Capitaine.

Lieutenant de la Colonelle. C'est le second Oficier de la compagnie colonelle de chaque régiment d'infanterie. Le Lieutenant de la colonelle du régiment des Gardes Françoises, joüit de la commission de Capitaine , & tient rang du jour de sa commission. Tous les autres Lieutenants des compagnies colonelles des régimens d'infanterie tiennent rang de derniers Capitaines , soit dans leurs corps , ou à l'égard des autres corps. *Guillet.*

Lieutenant Général. C'est le Lieutenant du Bailli, & celui dans la Province est le juge des causes civiles.

Lieutenant Général. Celui qui a le comandement de l'armée aprés le Général.

Lieutenant Général, s. m. Ces mots en parlant d'armée marquent un Oficier qui doit être vaillant & experimenté , capable de faire la charge de Général, & qui fait tout ce que les généraux lui ordonne. Il y a souvent plusieurs Lieutenants généraux d'armée dans une seule armée. Leur nombre n'est pas limité, mais quand ils sont plusieurs, le Général leur ordonne à cha-

LIG

cun ce qu'ils ont à faire, & les emploie selon que l'ocasion se présente.

Lieutenant Général des armées navales du Roi. C'est un Oficier qui précède les chefs d'escadre & qui leur donne l'ordre pour le distribuër aux Oficiers inferieurs.

Lieutenant Criminel. C'est à Paris le Lieutenant du Prévôt & le Juge des causes criminelles.

Lieutenant Civil. C'est à Paris le Lieutenant du Prévôt & celui qui est le Juge des causes civiles.

LIG.

LIGAMENT, *s. m.* Terme d'*Anatomie.* Partie similaire qui lie, atache, contient, & couvre les parties, & compose les muscles.

Ligamenteux, ligamenteuse, adj. Terme de *Fleuriste.* Il se dit des plantes qui ont leurs racines plus grosses que les fibreuses, c'est à dire, comme menus cordages, ou ligamens. (Plante ligamenteuse. *Morin, traité des fleurs.*)

Ligature, s. f. Terme de *Chirurgien.* Morceau d'écarlate dont les Chirurgiens bandent le bras avant que de saigner. (Aprêtez la ligature.) Il se dit de toutes sortes de ligatures que font les Chirurgiens pour les plaies, les fractures, &c. qui sont diférentes selon les divers membres du corps.

Ligature. Ce mot se dit en parlant des sorciers, & signifie *transformation.* C'est un sortilège qui fait cesser quelque fonction du corps. (Ligature naturelle. Ligature magique. Voiez *De l'Ancre traité des sorciers l. 4.*)

Ligature. C'est aussi une sorte de bande qu'on s'atache au cou, au bras, à la jambe, ou à quelque partie du corps des hommes, ou des bêtes, pour détourner ou chasser quelque maladie ou quelque accident. Ces ligatures sont condannées par l'Eglise. *Thiers, superst. ch. 18.*

Ligature. Terme d'*Imprimeur.* Ce sont les lettres qui se tiennent.

Lige, adj. Ce mot se dit en terme de coutume & signifie *Vassal.* (Un tel Marquis est *homme lige* du Roi. Il a fait hommage lige d'un tel Duché. C'est à dire, hommage plein.)

† *Lige ment, adv.* Terme de *fief.* (Tenir une terre ligement, c'est à dire, avec les conditions des fiefs liges.)

† *Ligence, s. f.* Terme de *fief.* Qualité d'un fief qu'on tient nuement & sans moyen d'un Seigneur, & par laquelle on devient son homme lige.

† LIGNAGE, *s. m.* Ce mot signifie *Race, Extraction*, mais il est un peu vieux. (Il est de son lignage. Issu d'un illustre lignage.)

† *Lignager, adj.* Mot de coutume, qui veut dire, Qui regarde le lignage. (Droit lignager. C'est un droit que la coutume done au plus proche parent d'un vendeur de retirer dans un certain tems une chose immobiliaire sur l'aquereur, lui ofrant bourse déliée tant pour le sort principal que pour les loïaux coûts.

LIGNE, *s. f.* Terme de *Matématicien.* Longueur sans largeur, ni profondeur. (Ligne droite, courbe, oblique, perpendiculaire, paralele, circulaire, spirale, finie, infinie, aparente, oculte. Ligne tangente, secante. Tirer, mener une ligne. Diviser une ligne, &c.)

Ligne. C'est aussi la plus petite des mesures de la longueur. C'est la douzieme partie d'un pouce, ou divisé pourtant quelquefois la ligne en six points. La ligne est à peu près de la largeur d'un gros grain d'orge.)

Ligne de foi. C'est un petit fil fort délié qu'on met sur une alidade pour faire de plus justes observations.

Ligne. Ce mot se dit en parlant d'*écriture* & de caractéres d'imprimerie, & signifie rangée de lettres, ou de caractéres servant à imprimer. (Une ligne d'écriture. Page qui contient plusieurs grandes lignes.)

Ligne. Terme de *Pêcheur.* Scion d'épine ou de nésier au bout duquel il y a 3. ou 4 brins de crin de cheval, tortillez, à quoi on atache un hameçon auquel on met quelque ver, ou autre chose pour atraper le poisson.

Ligne. Terme de *Chiromance.* Petites raies dans la main par où l'on prétend juger du temperament & de la fortune des gens. (Une belle ligne de vie. Ligne mensale. Ligne double. Voiez *Tricasse, ch. 1. de sa Chiromance.*)

Ligne. Terme de *Metoposcopie.* Raie le long du front par laquelle on prétend juger de la bonne & de la mauvaise fortune des gens. (On croit que les lignes du front ont raport aux sept planetes. Voiez la *Metoposcopie de Spontoni.*)

Ligne de direction. Terme de *Statique*, ou *Mécanique.* C'est la ligne qui passe par le centre de gravité d'un corps pesant & par le centre de la Terre. Elle doit aussi passer par le point qui soutient ce corps, autrement il tombera.

En termes d'*Optique* & de *Perspective*, on parle de la *ligne visuelle*, de la *ligne de Terre*, &c.

En *Astronomie*, & dans la *Gnomonique*, on parle de la ligne horizontale, de la ligne Meridienne, de la ligne verticale, &c.

Ligne. Terme de *Géografie.* Equateur. Grand cercle que l'on conçoit sur la surface de la terre vis à vis de l'Equateur du Ciel. Ce cercle s'apelle aussi *Equateur terrestre.* Ligne équinoctiale. (Il doit faire plus chaud sous la ligne qu'en toute autre contrée.)

LIG 471

Ligne. Terme de *Généalogie.* Suite de gens qui décendent d'une certaine source directement, ou indirectement, ainsi on dit. (Ligne directe. Ligne collaterale. Ligne masculine. Il vient en droite ligne de l'illustre lion qui commandoit sur la montagne de Caucase. *Voit. l. 4.* Il décend en ligne masculine de, &c. *Ablancourt.*)

Ligne. Terme de *Maçon.* Cordeau dont les maçons se servent pour prendre les alignemens. Tendre les lignes. Tirer une muraille à la ligne.

Ligne. Terme de *Guerre.* Grande & longue file, ou grand rang de troupes en présence de l'ennemi & en état de combatre. (Il rangea son armée sur deux lignes. *Abl. Ard. 1.* Le Duc tourna sa la gauche avec la seconde ligne de Cavalerie. *La Chapelle, rélation de Rocroi.* Combatre sur deux lignes apuiées d'un corps de réserve. *La Chapelle, rél. de Rocroi.*)

Ligne. Terme de *Fortification.* Ce mot de *ligne* lors qu'on travaille à faire un plan sur le *papier* signifie un *trait* tiré d'un point à un autre. (Ligne fondamentale. Ligne capitale, &c.) Et lors qu'on travaille sur le *terrain*, le mot de *ligne* est pris quelquefois pour un fossé bordé de son parapet, & quelquefois pour un *arrangement de gabions*, ou de *sacs à terre* qui s'étendent en longueur sur le terrain pour s'épauler, ou se couvrir contre le feu de l'ennemi. (Ainsi on dit, quand la tranchée fut poussée à trente pas du glacis nous tirâmes deux lignes, l'une à droit, l'autre à gauche. *Guiller.* Il poussa une ligne le long d'un bois de sapin. *La Chapelle, rélation de Fribourg.* Il fit tirer une longue ligne. *Abl.*)

Ligne de défense, Terme de *Fortification.* C'est la ligne tirée depuis l'angle de défense jusques à la pointe du bastion. Cette ligne représente le cours de la bale du mousquet selon la situation, où il doit être pour défendre la face du bastion. *La ligne de défense* se divise en ligne de *défense fichante*, & en ligne de *défense flanquante*, ou *razante.* Voiez là dessus Deville, fortification.

Ligne. Ce mot se dit en terme de *Mer.* C'est la disposition des postes d'une armée navale le jour du combat, qu'on met autant que l'on peut sur la longueur d'une seule ligne. (Garder sa ligne. Venir à sa ligne. Se rendre sur sa ligne.)

Ligne de l'eau. Terme de *Mer.* C'est l'endroit du dehors du vaisseau qu'on apelle *bordage*, où l'eau se vient terminer quand le vaisseau a sa charge & qu'il flotte.

Ligne d'amarrage. Terme de *Mer.* Cordes qui servent à lier le cable dans un gros anneau de fer qu'on apelle *arganeau.*

Ligne de la sonde. Terme de *Mer.* Cordeau qui est ataché à la sonde.

Ligne, ou *lignes.* Ce mot se dit en parlant de camp & de siége de place & signifie *retranchement.* Il y a de plusieurs sortes de lignes; Il y a les lignes ou la ligne de *circonvalation.* C'est le retranchement qui entoure le camp. Il y a des lignes de *contrevalation.* Qui sont des retranchemens qu'on fait autour de la ville & contre la ville qu'on assiége pour se parer contre l'insulte des sorties, quand la garnison de la place est forte. Enfin il y a des lignes qu'on apelle. *Lignes de communication.* (On dit *combler* les lignes. *Ablanc.* Il marqua l'endroit où il voulut conduire la ligne de circonvalation. *Rélation de Rocroi.*)

Il y a une infinité d'autres lignes, sur tout en Mathématique, qui ont des noms particuliers, & qu'il seroit trop long de décrire. On les trouvera la plûpart sous les mots avec lesquels on les joint.

* *Ligne.* Ce mot entre dans quelques façons de parler proverbiales & figurées. (On dit par exemple, *mettre en ligne de compte*, pour dire compter pour quelque chose. Moliére a écrit, je ne *mets pas en ligne de compte* tant de gens savans qui sont à la Cour. C'est à dire je ne compte pas, je ne parle pas de tant de gens qui sont à la Cour.)

Lignée, s. f. Race. Enfans. (Tant que vous vivrez je ne croirai pas être sans lignée. *Vau. Quin. l. 6. c. 9.* Suciter lignée à quelqu'un. *Maucroix, Sch: l. 4.* Talestris Reine des Amazones alla trouver Alexandre pour avoir de sa lignée. *Vau. Quin. Cl. 6. c. 5.* L'onzième d'Avril de l'année 1585. Le Roi Henri 3. & la Reine Louïse son épouse alérent à pié à Chartres, & à Nôtre-Dame de Clairi, pour prier la Vierge de leur donner lignée. *Journal de Henri 3.*)

Ligner, v. a. Terme de *Chasse.* Il signifie couvrir la Louve.

Ligneul, s. m. Cordon composé de plusieurs fils poissez dont se servent les Cordoniers pour coudre le cuir.

Ligneux, ligneuse, adj. Terme d'*Agriculture.* Il se dit de la partie la plus ferme des plantes qui forme le bois. (Un corps ligueux. Une plante ligneuse.)

LIGUE, *s. f.* C'est une union solennelle & confirmée par serment, qui se fait entre des personnes puissantes pour se défendre & se secourir les uns & les autres, quand il en sera besoin. (Il les obligea d'entrer dans la ligue contre ses ennemis. *Abl.* Faire une ligue.)

Ligue. Parlant de l'histoire de France & du régne de Henri 3. & de Henri 4. On done le nom de *Ligue* à ce grand nombre de personnes de Paris & des autres viles du Roïaume qui s'unirent sur la fin du régne de Henri 3. pour défendre la Religion Catolique, contre Messieurs les Reformez & le Roi de Navarre qu'on accusoit de la vouloir ataquer. (La suite de Mr.

le Duc d'Alençon de la Cour de Henri III. fit éclore la Ligue. La Ligue avoit aussi dessein d'agir contre Henri III. quoi qu'il fut Catholique. *Histoire de France, Vie de Henri III.*)

† * La ligue ofensive & defensive de Messieurs les auteurs. *Moliere.*

Se liguer, *v. r.* Faire une ligue. Ils sont liguez contre le Roi.

* Ils se liguent tous deux contre le premier. *Pasc. l. 2.*

Ligueur, *f. m.* Celui qui est de la ligue. (C'est un ligueur il sera pendu.)

Ligueur. Celui qui étoit de la Ligue que de certains Catholiques avoient formée contre les gens de la Religion. (Les ligueurs avoient dessein d'empêcher que Henri de Navarre ne parvint à la Couronne. *Memoires de Henri III.*)

LIL

LILAS, *f. m.* Sorte d'arbre qui porte une maniére de fleur blanche, bleuë, violette, ou grise. (Un Lilas violet. Un lilas blanc. Un lilas de Perse.)

LIM.

LIMAÇON, ou *limasson, f. m.* Insecte rampant, de couleur rouge, grise, noire ou noirâtre & marqueté quelquefois, qui a quatre cornes, deux petites & deux autres plus grandes, dont il se sert pour se conduire. (On dit que le *limaçon* a dans la tête une pierre qui guérit de la fiévre quarte. Le *Limaçon* va la nuit chercher à paître dans les champs, dans les Jardins, dans les celiers & dans les caves.)

Limace, *f. f.* On donne ce nom à une machine qu'on apelle, La Vis d'Archimede.

Limaçon. Terme d'*Architecture*. Espece de trompe, ou de voûte.

LIMAILLE, *f. f.* Petite poudre fort déliée qui tombe du métal lorsqu'on le lime. (Limaille de cuivre. Limaille d'argent. La limaille est aussi ce qui tombe du fer lorsqu'il est batu avec le marteau.)

LIMANDE, *f. f.* Espece de poisson plat, qui a la chair blanche, mole & humide. (La limande bien assaisonnée est assez bonne.)

LIMAS, *f. m.* Sorte de petite insecte qui ronge les feuilles & mange les fruits. (Limas à coquille. Limas noir & sans coquille.)

LIMBE, *f. m.* Ce mot vient du Latin *limbus*, qui signifie bord. Les *Astronomes* s'en servent quelquefois, pour dire le bord disque, ou du corps du Soleil ou de la Lune.

LIMBES, *f. m.* Terme de *Teologie* Endroit où étoient les Patriarches & autres saints personnages en attendant la venuë de Jesus-Christ. Lieu où vont ceux qui meurent avant que d'être baptisez. Les limbes sont ouverts.

Le limbe & le Purgatoire
Prés d'elle sont des lieux de gloire. *Voir. Poës.*

Le mot de *Limbe* au singulier est une licence qu'on ne doit pas imiter.

Ces *Limbes* s'apellent les limbes des Péres. Les Catholiques Romains croient encore qu'il y a un autre lieu où sont les ames des enfans decedez sans Batême, lequel ils apellent les limbes des enfans.

On appelle les limbes de ce nom, parce qu'on croit qu'ils sont auprés & comme aux bords des Enfers. *Du Gange.*

LIME, *f. m.* Instrument d'acier fait pour polir le fer ou autre chose dure & solide. (Lime douce, quarrée, sourde, ronde, ovale, coudée, &c.)

* Un petit mot qu'on m'a aporté de vôtre part m'a fait reprendre la *lime. Voit. poës.*

Lime de marée. Terme de *Mer.* C'est l'écume des bords de la mer & des havres que la mer emporte en se retirant. *Four.*

Limer, *v. a.* Travailler avec la lime. (Limer du fer, du cuivre, de l'argent.)

* Limer. Polir, perfectionner un ouvrage, y mettre la derniere main. (Limer un discours. *Abl.*)

* Plus je me *lime* & plus je me rabote,
Je croi que le monde radote. *Reg. Sat. 14.*

Limeure, ou *limure, f. f.* L'action & la maniere de limer. (Cet ouvrier a la limure fort belle & fort juste.

LIMIER, *f. m.* C'est le chien qui detourne le cerf & autres grandes bêtes. (Un bon limier.)

LIMINAIRE, *adj.* Ce mot se dit en parlant des discours, ou épitres qu'on met à la tête des livres. (Il est difficile de faire une bonne épitre liminaire. [Ce mot vient du Latin.

LIMITATION *f. f.* Restriction. Modification. Donner une limitation à l'ordonnance. *Patru plaid. 9.*

Limites, *f. f. pl.* Bornes. [Il les resserra dans leurs anciennes limites.)

* Son ambition étoit sans limites. *Vau. Quin. l. 10. c. 5.*

* Dieu a prescrit aux Empires de certaines *limites* de puissance & de durée. *M. le Duc de la Roche-Foucaut.*

Limiter, *v. a.* Borner. Restreindre. Modifier. (L'amour se doit limiter à l'union des cœurs. *Saraz. Dialogue.* Ces paroles *limitent* nôtre substitution, *Patru, plaid. 12.* Limiter un legs *Patru plaidoié 12.*

* Esprit fort limité. *Voit poësies.*

* Je vois que vôtre vanité n'aura plus rien de limité, *Mal. Poës.*]

† LIMITROPHE, *adj.* Ce mot se dit des païs dont les limites se touchent & signifie voisin, mais on ne s'en sert guere. (Païs limitrophe.)

LIMON, *f. m.* Sorte de fruit qui ressemble au citron, hormis qu'il est un peu plus long, qu'il n'a pas l'écorce si grosse & qu'il est plus plein de suc & même d'un suc plus aigre que celui du citron. (Un gros ou un petit limon.

Limon. Sorte de terre grasse. Bourbe. L'eau de cette riviere est toûjours trouble & mauvaise à boire à cause qu'elle traine quantité de limon. *Vau. Quin. l. 7.* Fleuve qui traine beaucoup de sable & de limon, *Ablancourt. Ar.l.7. c. 2.*)

* On diroit que le Ciel l'ait pairi d'autre *limon* que moi. *Depreaux, Satire 5.* C'est à dire l'ait formé d'une maniere plus noble & plus excellente.

Limon, Terme d'*Architecture*. Piece de bois qui sert à porter les marches d'un limon, ou d'un escalier.

Limon. Terme de *Charron & de Charretier*. C'est le devant du brancard, du chariot, ou de la charrette où est attelé le cheval qui porte une selle. (Mettre un cheval au limon.)

Limonade, *f. f.* Liqueur composée d'eau, de sucre & de bons limons, ou citrons. (La limonade rafraichit, & on en boit l'été.)

Limonadier, *f. m.* Celui qui fait & vend de la limonade, de la tisanne, du chocolate, du café & de toutes sortes de liqueurs. Le limonadier ne vent, ni sucre, ni dragées, ni confitures, ni frommages, hormis du Parmesan. Les Epiciers, à Paris, font commerce de sucre, & les Confiseurs de dragées & de confitures.

Limonneux, *limonneuse, adj.* Plein de bourbe. Plein de limon. (Ils ne pouvoient asseoir la plante des piez à cause des pierres rondes & limonneuses qui les faisoient glisser. *Vau. Quin. liv. 4. chapitre 9.* Barbe limonneuse, *Depreaux, Epitre 4.*)

Limonier, *f. m.* C'est l'arbre qui porte les limons *Dalechamp.*

Limonnier, *f. m.* Cheval qui est au limon. (Faire reculer le limonnier.)

† LIMPIDE, *adj.* Mot écorché du Latin qui veut dire clair. (Eau limpide.)

† Limpidité, *f. f.* Mot écorché du Latin, qui signifie la qualité d'une liqueur qui est claire & limpide. (La limpidité de l'eau.)

LIMPHATIQUE, *adj.* Ce mot se dit de certaines veines. Veines limphatiques. Ce sont les veines qui contiennent une espece de liqueur assez semblable à l'urine. *Roh. phis.*

LIN.

LIN, *f. m.* Sorte de plante qui vient en petites tiges rondes & déliées, qui a des feüilles longues & aiguës, qui porte ses fleurs au haut de ses tiges & aprés ses fleurs, il se forme de petites têtes rondes & larges où est enfermée la graine du lin. (Le lin sert à faire de la toile fine & de bon usé qu'on apelle *toile de lin.*)

Lin. Graine de lin. (Semer du lin.)

Lin. Fil de lin. (Acheter du lin pour faire de la toile.)

Lin, *f. f.* Sorte de petit Vaisseau dont on se sert sur la Mer & qui va à tous vents & sans peril.

Linaire, *f. f.* Drap de toile qu'on met sur le matelas, ou le lit de plume pour se coucher dans le lit. Drap de toile servant à ensevelir. Le mot de *linceul* ne se dit pas dans l'usage ordinaire, en sa place on dit *drap.* Neanmoins il y a de certaines matieres graves & pieuses où l'on croit que le mot de linceul vaut mieux que celui de *drap*. (Joseph d'Arimathée aiant acheté un linceul, décendit Jesus de la Croix & l'envelopa dans le linceul. *Port. Roial. Nouveau Testament, S. Marc. c. 15. v. 46.*)

LINÉAMENT, *f. m.* Ce mot signifie trait de visage, mais il est un peu vieux & en sa place on dit *trait.*

Linéament. Ce mot ne se dit presque point en peinture ni sculpture, en sa place, on dit *trait*. (Former les premiers traits d'un visage, ou d'une figure, & non pas les premiers linéamens.)

LINGE, *f. m.* Mot général qui veut dire *toile.* (Toute sorte de linge, forts draps, chemises, serviettes, &c. Vendre du linge. C'est une lingere qui a le plus beau linge de Paris, mais elle est un peu chere.

Linge, *f. m.* Ce mot entre blanchisseurs & blanchisseuses veut dire

dire tout le linge sale de quelque personne, ou de quelque maison. (Comter le linge. Ecrire le linge. *Acoupler le linge*, c'est le coudre pour le mettre à la lecive. Echanger, couler, laver, batre, tordre le linge. Païer le linge au blanchisseur.)

Linge. Morceau de toile, ou de quelque chose fait de toile. (Je me suis coupé au doigt, donnez-moi un peu de linge pour l'envelopper.)

Linge à barbe. Manière de grande serviette que le barbier met devant celui à qui il fait le poil & dont il lui entoure le cou en l'arachant avec une épingle. (Un linge à barbe qui n'est pas assez blanc.)

Linger, *s. m.* Marchand qui trafique de toutes sortes de toiles, qui fait & vend des rabas, chemises, chaussettes, camisoles & autres choses de toile. (Un pauvre linger.)

Lingére, *s. f.* Femme qui vend de toute sorte de toile, qui fait & vend de toute sorte de linge. (Une bonne lingére.)

Lingére. C'est la Religieuse qui a soin du linge & qui donne aux sœurs tout le linge dont elles ont besoin pour toute la semaine. (La mére telle est lingére.)

Lingerie, *s. f.* Lieu dans quelques Couvens de Religieuses où l'on met le linge blanc & le linge sale. (Je m'en vais à la lingerie. La sœur telle est à la lingerie.)

Lingerie. Commerce de linge. Trafic de toile. (La lingerie ne vaut plus rien.)

Lingot, *s. m.* Terme *d'Orfévre*. Barre d'or, où d'argent d'environ un pié & demi. (Jetter un lingot.)

Lingot. Terme *de Potier d'Etain*. Morceau d'étain qui pése 3. ou 4. cens, & qui vient d'Angleterre.

Lingot. Morceau qui a été jetté dans la lingotiére.

Lingotiére, *s. f.* Terme *de Potier d'Etain*. Moule où l'on jette l'étain pour en faire des lingots.

Linguet, *s. m.* Terme *de Mer*. C'est une piéce de bois atachée sur le tillac pour arrêter le capestan de peur qu'il ne se détourne & ne se dévire. On l'apelle aussi *Guinguet*.

Liniére, *s. f.* Femme qui achette du chanvre habillé pour le revendre aux particuliers.

Liniment, *s. m.* Terme *d'Apoticaire*. Médicament externe fait d'huiles seules, mêlées avec d'autres médicamens pour adoucir, humecter, ramolir, resoudre, fortifier, restraindre, rafraichir & faire dormir.

Linon, *s. m.* Sorte de toile fine. (C'est du linon fort beau & fort bon.)

Linote, *s. f.* Petit oiseau très joli, qui est de couleur de terre, qui chante très agréablement & qui si l'on en a grand soin, vit 5. ou 6. ans. Voiez *Olina*, *Traité des Oiseaux*. (Une bonne linote.)

Linot, *s. m.* C'est le mâle de la linote. (Le linot est joli & éveillé. Un linot, depuis peu, charmé de vôtre note, A fait divorce aveque sa linote. *Pelisson recueil*.)

Linteau, *s. m.* Terme *d'Architecture*. Dessus de porte & de fenêtre. Partie supérieure d'une porte, ou d'une fenêtre.

Linx, *s. m.* Sorte d'animal sauvage qui a la tête petite, les yeux étincelans, la vûë excellente, l'air gai, les oreilles couittes, la barbe comme celle d'un chat, les piez fort velus, le fond du ventre blanc avec quelques raches noires & les extrémitez du poil de dessus le dos, tirant sur le blanc avec des mouchetures sur tout le corps. Le linx ne vit que de chair de bêtes & que de chairs sauvages. Il se cache quelquefois dans les arbres, & de là il se jette sur des cerfs & autres gros animaux à quatre piez. Il leur mange la cervelle & leur suce le sang. Aussi-tôt que le linx a pissé, son urine se glace & il s'en forme une maniére de pierre luisante. Le linx qui fait cela couvre son urine de terre, cét animal est le même qu'on apelle *loup cervier*. Voi. *Jonston*.

* *Avoir des yeux de linx*. C'est *au propre*, avoir la vûë très-bonne, & *au figuré* être fort pénétrant dans les afaires & découvrir les desseins secrets d'autrui.

* *Nous sommes linx envers nos pareils. La Fontaine fable l. 1.* C'est à dire, nous voions jusques aux plus petits défauts d'autrui.

LIO.

Lion, *s. m.* Animal furieux, & de longue vie. Il tire sur le roux. Il a le devant de la tête, quarré, le museau plat & gros, les yeux afreux, l'ouverture de la gueule, grande, le cou gros, grand, couvert d'une criniére, la poitrine large, le ventre grêle, les cuisses fortes & nerveuses, cinq ongles à chaque pié de devant & 4. à ceux de derriére avec une grosse & grande queuë. Le *lion* est le plus fier, le plus cruel, le plus courageux & le plus fort de tous les animaux. Il est chaud & sec, il dort les yeux ouverts, & remuë la queuë en dormant. Il apréhende le feu & même le chant du coq. Il aime le Dauphin & hait les adives. L'hiver les lions entrent en amour, & alors se batant à toute outrance, il est tres-dangereux de les rencontrer. Voiez *Jonston*. & le *Marmol d'Ablancourt. l. 1. ch. 27.* (Le lion rugit.)

* *C'est le lion*. C'est à dire, c'est un homme hardi & courageux.

Lion marin. C'est un animal qui ressemble à un lion & qui vit sur la terre & dans l'eau. On en a pris vers le Cap de Bonne Espérance.

Lion. Un des 12. Signes du Zodiaque. (Le lion ardent te ménace. *Sar. poës.* Il a le lion à son ascendant.)

Lion. Espéce de monoie d'or Françoise qui avoit cours du tems de François 1. qui avoit pour legende *sit nomen Domini benedictum*, & pour figure un Lion, qui pesoit trois deniers, cinq grains, & qui valoit cinquante trois sous, neuf deniers. Voiez *l'ordonnance de François 1 sur les monnoies*.

Lionceau, *s. m.* Le petit de la lionne. (Il y avoit avec eux quelques lionceaux. *Voi. l. 4.* Les lionceaux rugissent aprés leur proie. *Port-Roial*, *Pseaumes.*)

Lionne, *s. f.* La femelle du Lion. Elle est distinguée de son mâle en ce qu'elle n'a point de criniére. (La Lionne est furieuse quand elle a des petits & malheur à celui qui l'aproche.)

LIP. LIQ.

Lipe, *s. f.* Quelques uns apellent de ce nom les lévres du cheval, mais ils ne parlent pas bien; on dit *lévre* de cheval & non pas *lipe*.

† *Lipée*, *s. f.* Vieux mot qui ne se dit pas seul & qui n'entre que dans le burlesque, il signifie *bouchée*, *repas*.

† *N'avoir de franches lipées. La Fontaine, Fables, liv. 1.* C'est un chercheur de *franches lipées*, *Scaron*. C'est à dire, un écornifleur.

SE LIQUEFIER, 1. Se liquéfier, *v. r.* Devenir liquide. Quelques uns écrivent *liquifier* mais mal. L'usage est pour *liquefier*. (Voilà qui commence à se liquéfier.)

Liquefaction, *s. f. f.* L'action par laquelle une chose est liquéfiée, ou devient liquide. (La liquefaction de la cire, du beurre, du suif se fait avec une chaleur modérée. La liquefaction des métaux s'apelle *fusion*.)

Liqueur, *s. f.* Tout ce, qui est liquide, comme vin, eau, &c. (Une douce, une charmante, une agréable, une traitresse liqueur.)

Liqueur. Ce mot se dit en parlant du vin & veut dire. Qui est mixtionné, Qui est doucereux. (C'est du vin qui a de la liqueur.)

Liqueurs. Ce mot au pluriel veut dire vins extraordinaires, comme Muscats, vin d'Espagne, rossolis, & toutes sortes d'eaux composées de choses douces. (Les Dames aiment les liqueurs.)

Liquidation, *s. f. f.* Terme *d'afaire*. Taxe. Réglement. (Il est établi pour la liquidation de toutes sortes de comptes.)

Liquide, *adj.* Qui a de la liquidité. Qui céde au toucher des mains. (Un corps liquide.)

Liquide. Terme de *Palais*. Il signifie clair, débarassé & sans contestation. (Son bien n'est pas liquide. Vôtre revenu est clair & liquide. Païer en deniers clairs & liquides.)

† *Liquidement adv.* D'une maniére claire & liquide. Il lui est dû *liquidement* deux mile Ecus.

* *Liquider*. Terme de *Palais*. Taxer. Régler. (Liquider les dépens.)

Liquifier. Voiez *liquéfier*.

Liquidité, *s. f.* Terme de *Philosophie*. (La liquidité consiste dans l'agitation continuelle des parties insensibles du corps liquide. (La liquidité est la forme essentielle de l'eau. *Roh. Phis.*)

LIR.

Lire, *v. a.* Faire lecture de quelque chose. Je *lis. Tu lis, nous lisons. J'ai lu*, *je lus*. *Que je lûsse*. (On ne sauroit trop lire la Bible.)

Lire. Il signifie quelquefois seulement, savoir, conoître & comprendre la figure & le son des caractéres écrits, ou imprimez de quelque langue que ce soit. (Savoir lire quelque sorte d'Ecritures. (Lire le François, le Latin, l'Hebreu, &c.)

* *Lire*. Ce mot figuré veut dire. Découvrir. Voir. Il est plus des vers que de la prose. (Je lis dans ses yeux tout en larmes un rendez-vous à mon rival. Sa douleur se *lit* dans ses yeux, Je *lis* dans vos regards la fureur qui vous presse. *Racine, Iphigenie, a. 3. s. 5.*)

Quand on aproche d'une belle
Et qu'on soupire pour elle
On doit *lire* d'abord son humeur dans ses yeux.
La Suze, poësies.

Lire, *s. f.* Instrument de musique qui se touche avec un archet, qui n'est diferent de la viole que parce qu'il a le manche plus large, & qu'il est composé de quinze cordes dont les deux plus grosses sont hors du manche. (Le son de la *lire* est languissant & propre à exciter la dévotion. *Mers. l. 4.*)

* *Muse il faut prendre ta lire*, Armand nous aime. *Mal. Poës.* Prens la *lire* de Chapelain & la *guitarre* de Voiture, *Sar. poës.* Je ne donnerois pas un clou à souflet, de lui, ni de sa *lire*.

Lirique, *adj.* Ce mot se dit principalement en parlant de poësie Gréque, ou Latine, & veut dire qui se chantoit sur la lire. (Les Odes de Pindare, d'Anacréon & d'Horace sont au rang de la poësie lirique des Anciens. On n'apelle proprement en François *poësie lirique*, ou *vers liriques* que les chansons & toutes les vers à chanter que font les Poëtes François, qui en ce genre de poësie sont excellens.)

LIS.

Lis, *s. m.* Sorte de fleur qui pousse une assez haute tige, qui sent bon, & qui fleurit blanc, ou orange. Les lis fleurissent en Mai & en juin. (Il y a de plusieurs sortes de lis. Il y a un lis blanc. Un lis rouge. Un lis orangé. Lis asfodelle jaune. Lis de nôtre dame. Les vales qui est une sorte de muguet des bois. Le lis est le simbole de la pureté.)

* *Lis*. Ce mot se dit au figuré en parlant du teint du visage, & signifie *blancheur*.

(* Un teint de Roses & de lis. *Voit. Poës.*

* *Les lis, les œillets & les roses couvroient la nége de son teint. Voit. Poës.*

Hier je rencontrai ma charmante Philis
Les yeux étincelans & la bouche alumée
Elle avoit sur son teint cent roses contre *un lis*.
Mont. poës.)

Lis. Ce mot au figuré se dit aussi en parlant des Rois de France & de la France, mais en ce sens, il est de la poësie & du stile sublime.

(* Elle a pris naissance des lis, Voit. poës. C'est à dire, elle descend des Rois de France.

* Cette valeur extrême par qui refleurissent nos *lis*, ne sera rien. Voit. Poës. C'est à dire par qui les afaires de France prosperent.

* jamais Prince qui *lis* ne fut triumphant, Mai. Poës. C'est à dire, jamais Roi de France.)

Lis d'or. Piece d'or valant sept livres. Cette espece a d'un côté deux maniéres d'Auges qui soutiennent un écusson, ou il y a trois fleurs de lis & de ce même côté elle a pour legende. *Domine elegisti lilium tibi* & pour millesime 1656. Elle a de l'autre côté une croix cantonnée de quatre fleurs de lis & pour legende, *Ludovicus decimus quartus Dei gratiâ Franciæ & Navarræ Rex.*

Lise, s. f. Nom de femme, mais on ne s'en sert que dans la poësie burlesque, ou satirique. (Lise la marmiteuse au teint de pomme cuite. *Gau.*)

Liseron, ou *liset*, s. m. Herbe portant une fleur blanche comme un lis, & faite en forme de petite cloché.

Lisette, s. f. Nom de femme dont on se sert dans ses chansons & dans les épigrammes. (La jeune Lisette a laissé aller le chat au fromage.

Lisette, s. f. C'est un petit insecte verdâtre, qui en Mai & en Juin gâte les jeunes jets des arbres fruitiers, & de la vigne. On apelle aussi la lisette, *coupe-bourgeon*, (La lisette a gâté tous les jets de nos arbres, *Quint. Jard. fr.*)

† Liseur, s. m. Qui aime à lire. (C'est un grand liseur.)

† *Liseuse*, s. f. Celle qui se plait a lire. (Je suis une grande liseuse de Romans.)

Lisible adj. Qui se peut aisément lire. Facile à lire. (Une écriture fort lisible.)

Lisiblement, adv. D'une maniére lisible. (Ecrire lisiblement.

Lisiere, s. f. Extremité de l'étofe, qui est d'ordinaire d'une autre couleur que l'étofe. Extremité de la toile. Couper la lisiere d'un drap.

Lisiere, s. f. Bandes de cuir ou d'étofe qui sont atachées à la robe d'un petit enfant, & dont on se sert pour le promener.

* *Lisière*. Ce mot se dit des bornes ou des extremitez d'un champ, d'une forêt, d'une Province, d'un Païs, &c.

Lisoir, s. m. Terme de Charron. Piece de carrosse sur laquelle posent d'autres pieces qu'on apelle *moutons*. (Il y a deux lisoirs.)

Lisoir de chariot. Piece de chariot sur laquelle pose le brancard. [Lisoir de devant. Lisoir de derriere.]

Lisse, adj. Poli. Uni. (Chose lisse. Moire lisse.)

Lisse, s. f. Terme de Tapissier, & de Rubannier. Assemblage de plusieurs longs filets de soie où de la laine étendus sur les métiers de Tapisserie de haute lisse, ou de basse lisse.)

Lisser, v. a. Ce mot se dit des choses & veut dire *polir*. Les cartiers & les papetiers disent *lisser du papier*. (Lisser les cartes. Papier lissé. Les cordonniers & les lingers disent. Lisser un talon. Lisser le linge & les dentelles.)

Lissoire, s. f. Instrument qui sert à lisser. Morceau de verre, ou de marbre pour lisser le papier, le linge, les dentelles, &c. (Acheter une lissoire.)

Liste, s. f. Sorte de catalogue. Une grande liste. Faire une liste. Voila la liste des morts, des blessez, &c. Liste générale ou particuliere. Liste alphabétique des Villes de France.

LIT.

Lit, s. m. Ce qui est fait pour se reposer & pour dormir commodément la nuit. Un beau lit est composé de son bois, ou à quatre colonnes torses, ou unies, de tringles, de fiches, de quatre pans, de son dossier de bois, de verges de fer, avec les anneaux, de goberges, ou enfonçures, de vis, & d'une clé pour monter le bois de lit. Outre cela le lit est composé de son dossier de serge, ou d'étofe, de son fond, qui est de serge, ou d'étofe aussi, de son chever, ou de traversin, d'oreillers, de rideaux, de bonnes graces, de cantonnieres, ou de rideaux de pié, de pantes ou pentes, ou défofes, enjolivées, de fourreaux, de soubassemens, de pommes de lit, de bouquets de plumes, de draps, de matelas, d'un lit de plumes, d'un sommier, ou d'une courte pointe avec une housse pour conserver les rideaux & autres ornemens.]Etre au lit. Se mettre au lit. Garder le lit. Etre au lit de la mort. *Patru, plaidoïé.*)

Lit de plume. Taie de coutis pleine de plumes qu'on met ordinairement entre deux matelas sur le bois de lit. Un bon lit de plumes.]

Lit d'Ange. C'est un lit en maniere de pavillon ataché au plancher avec des cordons qui soutiennent les rideaux qui sont liez avec des rubans faisant d'agreables nœuds.

Lit de parade. (J'ai veu Jules dans son lit de parade, & je l'ai veu tout à mon gré. *Boisrobert.*)

Lit de repos. Sorte de petit lit pour se reposer aprés le diner.

Lit de sangles. Sorte de méchant lit pour coucher un laquais ou une servante.

Lit de veille. Lit dressé pour veiller quelque malade.

Lit de Justice. C'est lorsque le Roi est au Parlement assis sur le trône.

† *Lit de grandeur.* C'est un grand lit de gens mariez.

† L'on dit, se mettre au lit. Se lever du lit. Garder le lit, c'est se tenir au lit à cause de quelque maladie. Etre au lit de mort. Faire un lit, &c.

* *Soüiller un lit*. C'est y faire des choses contre la chasteté & contre l'honnêteté du mariage. On dit que Nectanebus Roi d'Egipte avoit trompé Olimpias, & avoit soüillé le lit de Philipe son hôte. *Durier, Fren sh. l. 1. ch. 1.*)

* *Lit*. Ce mot au figuré a un usage assez étendu.

* *Enfant du premier lit*. C'est à dire, d'un premier mariage.

* *Enfant du second lit*. C'est à dire d'un second mariage.

* *Lit de fleuve*. C'est le canal. (Fleuve serré dans son lit. *Vau. Quin. l. 9.*

* *Lit de pierres*. Rang de pierres. Les joints des lits sont de niveau.) On dit aussi à l'égard des choses qu'on trouve en foüissant la terre, Un lit de marne, d'argile, d'ardoise, de plâtre, &c.

Lit de vent; ou *vent de bouline* Terme de Mer. C'est un air de vent éloigné du lieu de la route de cinq ou six rumbs. (Tenir le lit du vent. Etre au lit du vent. *Guillet.*)

Lit de fumier. Terme de Jardinier. C'est un étage de plusieurs fourchées de fumier sur une certaine largeur. (Pour faire une couche de 5. piez de large & de trois piez de haut, il faut mettre quatre lits de fumier l'un sur l'autre.

Litanies, s. f. Ce mot n'a point de singulier, & il veut dire priéres qu'on fait à Dieu, en invoquant les Saints, (Dire, chanter les Litanies de la Vierge, de Jesus, des Saints.)

Litarge, s. f. C'est un composé de plomb. Il y en a de deux sortes, l'une qu'on nomme *litarge d'or*, parce qu'elle a la couleur de l'or, & l'autre qu'on apelle *litarge d'argent* à cause qu'elle en a la couleur).

Lite, s. m. Sorte de fromage.

Liteau, s. m. Terme de Chasse. C'est le lieu où se couche & se repose le loup durant le jour. (Trouver un loup dans son liteau. *Sal.*]

Literal, *literale* adj. Qui est à la lettre. Qui est expliqué literalement. (Sens literal. *Preuve literale.* C'est une preuve qui se fait par écrit.

Literalement ou. En un sens literal. (Expliquer literalement un Auteur Grec ou Latin.)

Literature, s. f. La science des belles lettres. Honnêtes connoissances. Doctrine. Erudition. (Monsieur Arnaud le Docteur est un homme d'une grande literature.)

* *Literature*. Tout le corps des gens de letre. (J'ai à défendre le patrimoine de savans & la gloire de toute la *literature, Patru, plaidoïé* 4.)

Litiere, s. f. Paille qu'on jette dans les écuries & dans les étables pour les chevaux, bœufs, brebis. (Cette litiere est trop vieille.]

Litière de vers à soie. Voiez *Isnard pag.* 178. Ce sont les crotes de vers à soie.

Litière. Espece de brancard couvert de cuir, qui est soutenu par deux mulets, & qui sert à porter en quelque lieu un malade, ou une personne incommodée.

† * Il y a deux jours qu'il est sur la litiére. C'est à dire, qu'il est couché & qu'il est au lit.

Litigieux, *litigieuse*, adj. Contentieux. Sujet à procés, *Dépreaux 2. Epître.*

† *Litige* s. m. Terme de Pratique. Il vient du Latin *litigium*. Il signifie Contestation en Justice. Procés. Differend. (Son bien est en litige. Ce bénéfice est en litige. C'est un litige fâcheux. Il est tombé malade durant le litige. Il n'étoit pas permis de consacrer au culte de quelque Divinité une chose en litige. *Le Mai Ph. 8.*

Litre, s. f. m. Grande bande noire qu'on peint autour de l'Eglise par dedans & par dehors, ou sont les armes d'une personne de qualité. (Un beau litre. (On met des litres autour des Eglises pour honorer la mémoire des patrons, ou des Seigneurs qui sont morts.)

Litron, s. m. Sorte de mesure qui est de la grandeur d'une chopine, où l'on vend les choses qui ne sont pas liquides, comme sel, chataignes. (Le litron est la sixième partie du boisseau. Acheter un litron de sel, de chataignes, &c. Un demi litron.)

Liturgie, s. f. Mot qui est d'Eglise, & qui vient du Grec. C'est la maniére de dire & de celebrer la Messe. (Ainsi on dit parmi les Grecs. *La liturgie de Saint Chrisostome* & parmi les Latins. *La liturgie de Saint Pierre.* Gilbert Docteur en Théologie a traité de diverses Liturgies. Liturgie ancienne. Liturgie nouvelle.)

LIV.

Livide, adj, Terme de Chirurgien. Il se dit de la peau, & signifie noir à cause de quelque coup. (Voilà qui est tout livide.

† Livraison, s. f. Terme de *marchand*, &c. Action par laquelle on livre & remet entre les mains de quelqu'un, une chose mobiliaire. (Faire la *livraison* des marchandises à un Facteur. La livraison des elez n'a pas été faite au tems porté par le contrat)

LOB LOC

Livre, *s.f.* Ce mot en parlant des poids de Paris veut dire seize onces, ou deux marcs. (Cela péſe une livre.) Les livres ſont fort différentes ſelon les viles & les païs.

Livre, *s.f.f.* Vingt ſous. (Avoir vingt mile livres de rente. Elle a cinquante mile livres de rente. Il a quatre mile livres de penſion. Cela m'a couté quatre livres douze ſous, où quatre livre quinze ſous, & jamais *quatre frans douze ſous*, ou quatre *francs quinze ſous*. Le mot *franc* dans la ſignification de *livre* ne ſe met ni avec ſous, ni avec mille, & rente, mais il veut ordinairement être ſeul. Ainſi on dit indifféremment il doit cinq cens livres, ou cinq ſcens frans. Une livre, deux livres, trois livres ne ſe diſent qu'en comptant, mais en parlant ou dit vingt ſous, quarante ſous, un ſou.

Livre *ſterlin, s.f.* Sorte de monoie d'Angleterre, qui vaut douze livres, dix ſous & quelquefois un peu plus.

Livre, *s.m.* Sorte de volume gros, ou petit, imprimé, ou non, qui eſt compoſé de pluſieurs feüillets, & dont les parties, quand il eſt relié, s'apellent tranchefile, nerfs, tête, queuë, trenche, couverture, dos. (Il y a de pluſieurs ſortes de livres. Des in folio, in quarto, in octavo, in douze, in ſeize, in vingt quatre, &c. Livre qui a grand cours. Les livres de Charpentier & de Chapelain ne ſe ſont point débitez; on a vendu aux beurrières l'impreſſion de leurs livres. Livres ſacrez. Livres ſpirituels, ou livres de dévotion. Livres d'Egliſe. Livres profanes. Livres cenſurez. Livres héretiques. Livres imprimez. Livres manuſcrits. Livre ancien, ou moderne. Un livre de raiſon. Livre en blanc. Livre journal. Livre de compte. Livre de muſique. Livre de plein chant. Chanter à livre ouvert. Relier un livre.)

C'eſt un livre uſé. Façon de parler *de Libraire*, pour dire, un livre dont on a fait pluſieurs impreſſions, & qui à cauſe de cela ne ſe demande guère, à cauſe que preſque tout le monde en a.

Livre. Les Reliurs ſe ſervent de pluſieurs façons de parler, où ils font entrer le mot de livre. Ils diſent, étendre un livre, aſſembler un livre. Plier, batre, coudre un livre. Gréquer un livre. Le donner à coudre, l'epointer, le rouler. Fouëtrer, défoüetrer un livre. Ficeler un livre. Le paſſer en carton, en parchemin ou en veau, &c. Coler, preſſer, rogner, jaſper, tranchefiler un livre, le marbrer, le dorer, polir, &c.

Le livre de Vie. Terme de *Théologie.* C'eſt le décret de Dieu touchant les Elus.

Le grand livre du monde. Ce ſont tous les ouvrages de la nature, où l'on voit la Grandeur, la ſageſſe, la puiſſance & la bonté de Dieu.

† *Le jeu de cartes s'apelle en riant le livre des Rois.*

Livrée, *s.f.* Les couleurs qu'une perſonne choiſit pour ſe diſtinguer des autres perſonnes. Livrée jaune, rouge, &c. Une belle livrée. Prendre la livrée. Porter la livrée. Quiter la livrée.

Le laquais eſt pétulant
Et d'une humeur évaporée;
C'eſt un ſort ſot animal,
Mais tant qu'il a la livrée;
Il ne fait jamais grand mal.
Baraton, contes.

* *Livrée.* On s'en ſert dans un ſens un peu figuré, & l'on dit M. un tel, qui fait aujourd'hui tant s'entendu, *a porté la livrée*, c'eſt à dire, qu'il a été laquais.

* *Livrée.* Tous les gens de livrée. Gens qui portent la livrée. (Faites ſuivre la livrée. La livrée doit avenir.)

Livrer, *v. a.* Mettre une choſe en la poſſeſſion de quelqu'un. (Livrer une place aux ennemis. *Ablancourt, Ar. liv.* I. Sa deſtinée l'a livrée à ſes ennemis. *Vau. Quin. l. 3.*)

Se livrer, v. r. Se donner. Se rendre en la poſſeſſion de quelqu'un. Se rendre à quelqu'un. (Elle ſe livra toute entière. *Le Comte du Buſſi.*

Livret, *s.m.* Un petit livre.

Livret. Terme de Maître *écrivain* qui enſeigne l'Aritmétique. Ils apellent auſſi ce que les Mathématiciens apellent *Table Pitagorique.* Ce livret contient la multiplication des prémiers nombres les uns par les autres; & va, pour le moins; juſques à dix.

LOB. LOC.

Lobe, *s.m.* Terme d'*Anatomie*, qui ſe dit en parlant du foie, & du poumon. (Les lobes ſervent à rendre le mouvement du poumon aiſé & plus léger. Lobe ſupérieur. Lobe inférieur.)

Lobe. Il ſe dit auſſi du bout de l'oreille qui eſt plus gras & plus charnu que le reſte.

Lobe. Il ſe dit des grains & ſignifie les deux parties qui compoſent le corps de certaines graines, comme de féves, de mélons, & autres.

Local, *locale, adj.* Terme de *Phiſique & de Palais.* Qui regarde le lieu. (Mouvement local. Coutume locale.)

Locataire, *s.m. & f.* Celui ou celle qui tient à prix d'argent quelque apartement, ou quelque chambre d'un particulier.

LOD LOF LOG LOI. 475

Celui ou celle qui tient du propriétaire d'une maiſon & à qui on peut donner congé, ſi le propriétaire veut occuper les lieux, ſi le locataire, ou la locataire ménent une vie ſcandaleuſe, s'il ne païent point, & s'ils détruiſent ou démoliſſent quelque choſe. (Un nouveau locataire. Une nouvelle locataire.)

† Locati, *s. m.* Caroſſe de loüange. (Prendre un locati pour s'aler promener.)

Loche, *s.f.* Poiſſon de rivière, rond & charnu, de la longueur d'un doigt, qui a le bec aſſez long, le corps jaunâtre & marqué de petites taches noires. (Loche franche. *Rond.*)

† Locution, *s. f.* Ce mot ne ſe dit pas ordinairement, mais il eſt François. Il ſignifie *façon de parler, expreſſion.* (Locution plébée. *Balzac.*)

LOD. LOF.

Lods *& ventes, s. m.* Terme de *Coutume.* Droit Seigneurial qu'on païe au Seigneur pour reconnoiſſance de ſa Seigneurie. (Les *lods* & ventes ſont païez.)

Lof. Ce mot ſe dit en terme de *Mer.* (Aler au *lof*, ou à la bouline. C'eſt aler auprès du vent, chercher l'avantage du vent. Etre au *lof.* C'eſt être au vent; être ſur le vent pour ſe maintenir. Tenir le *lof*, ou ſe tenir au *lof.* C'eſt garder le vent, prendre le vent de côté. *Guillet.*)

LOG.

Logaritme, *s.m.* Terme d'*Aritmétique.* Les Logaritmes ſont des nombres rangez ſelon la proportion Aritmétique & qui ſont joints & ſervent d'expoſans à des nombres rangez ſelon la proportion Géometrique. Par le moïen de ces Logaritmes on fait par l'addition & par la ſouſtraction avec beaucoup de facilité diverſes ſuputations qui ne ſe feroient qu'avec une grand' peine par la multiplication & par la diviſion. Voïez *les nouveaux élémens de Géometrie du P. Pardies*, *l.* 8.

Loge, *s.f.* Epécé de petite cabanne ouverte par devant & faite ordinairement de branchages, ou de terre avec de la paille. (Une petite, ou une grande loge. Les Jardiniers maréchais d'autour de Paris font dans leurs marais de petites loges couvertes de groſſe paille.)

Loge. Ce mot en parlant de *comédie* & *d'opera.* C'eſt un reduit fait d'ais, capable de tenir 5. ou 6. perſonnes, élevé aux côtez du parterre & ouvert par devant, afin de voir les acteurs ſur le téatre. (Retenir une loge. Aller aux loges.)

Loge. Terme de *Facteur d'orgues.* (La loge des ſoufflets de l'orgue.)

Logement, *s. m.* Apartement. Lieu où on loge. (Il a ſon logement au Louvre. On lui a donné par pitié un *logement* au colège Mazarin.)

Logement. Terme de *Guerre.* Retranchement qu'on fait lorſqu'on a gagné la contreſcarpe, ou quelque autre poſte pour empêcher les ennemis de regagner ce qu'on a pris ſur eux. (Faire un logement ſur la contreſcarpe. *Ablancourt.* Chaſſer l'ennemi de ſon logement. *Ablancourt.*)

Loger, *v. n.* Demeurer en quelque logis, y être nourri & couché. (Je loge au Palais Roïal.)

Loger, *v.a.* Donner à loger à quelque perſonne. Recevoir dans ſon logis. (Une femme qui loge des étrangers.)

Loger. Terme de *Facteur d'orgues.* (Loger les ſoufflets de l'orgue. C'eſt les placer où ils doivent être.)

Se loger, *v. r.* Prendre un logis. Choiſir un logis en quelque lieu. (Il s'eſt logé au plus beau cartier de Paris.)

Se loger. Terme de *Guerre.* Se faire un logement. Faire un trou pour ſe mettre à couvert des ennemis. (Le mineur ſe loge. Se *loger* ſur la contreſcarpe.)

Logette, *s.f.* Petite loge.

Logique, *s.f.* Art de conduire ſa raiſon. (La Logique eſt néceſſaire. Il la faut ſavoir en honnête homme, & non pas en pédant. Voïez *la Logique de Bon.*)

Logicien, *s. m.* Terme de *Colége.* Ecolier qui étudie en Logique. Ecolier qui fait la Logique. (Etre bon Logicien.)

Logis, *s. m.* On apelle ainſi toute maiſon qui eſt dans une ville. (C'eſt un beau logis. Il eſt venu au logis. Il a diné au logis.)

On parle en terme de guerre d'un Maréchal des logis, qui a ſoin de marquer les logis, c'eſt à dire, les maiſons où doivent loger les gens de la Cour quand le Roi fait voïage, & où les troupes qui ſont en marche, doivent loger.

Logis, *s. m.* Il ſignifie auſſi une hôtelerie, une maiſon où on loge ceux qui font voïage.

Logogrife, *s. m.* Sorte de ſimbole en paroles Enigmatiques. (Expliquer un *logogrife.*)

LOI.

Loi, *s.f.* Tout ce qu'à la prière d'un Magiſtrat, le peuple Romain aſſembloit dans les formes, ordonnoit pour le bien de la République, où pour les intérêts des particuliers. Le mot de *loi* ſignifie auſſi toute ſorte de droit écrit. La *loi* punit ceux qui tuent les voleurs. *Paſ. l. 14.* La *loi* porte qu'il n'eſt pas permis de tuër. *Paſ. l. 14.* La *loi* des douze tables. La *loi* Salique fut

Ooo 2   compoſée

composée par Pharamond. Il y a deux sortes de lois ; la loi particuliere, & la commune. *La loi particuliere* est celle qui sert de regle dans un Etat. *La loi commune*, ou *naturelle* est celle que la raison nous découvre & qu'il semble que la nature elle-même nous ait dictée pour suivre sa loi.

Loi. Ordonnance. Precepte. Commandement. (Jesus Christ n'est pas venu pour detruire la loi, mais pour l'accomplir. Paf l. 14. La loi de Moïse. La loi de l'Evangile. *Paf. l. 14.*)

* J'ai rangé sous mes *loix* une grande partie de l'Asie. *Vau. Quin. l. 4.* Philis je suis sous vos *loix*, *Voit. Poëſ.*]
* Les *loix du devoir* m'empêchent de vous suivre. *Sarasin, Poëſ.*]
* Il fait de son plaisir une suprême loi. *Déproaux Satire 4.*

Les loix de la guerre. Ce sont de certaines maximes dont les ennemis mêmes conviennent pour faire la guerre.

Les loix de la nature. *Les loix du mouvement.* Terme de Physique.

Loïal, loiale, *adj.* Fidéle. Le mot *loial* est un peu vieux dans l'usage ordinaire, & il a plus de cours dans le burlesque que dans le sérieux. (Elle se moquoit de ma *loiale* amie, *Voi l. 57.* Cœur ferme & loial, *Voi Poëſ.*)

Loial, loiale. Ce mot se dit du vin & de quelque autre marchandise, & signifie. Qui est tel qu'il doit être pour être vendu. Vin loïal & marchand.)

Loial, loiale. Ce mot se dit des chevaux de manége. (*Cheval loial* ; C'est celui qui obéit de toute sa force & qui ne se défend point, quoi qu'on le maltraite.)

Loïalement, *adv.* Ce mot signifie *fidellement*, mais il ne se dit pas si souvent que *fidellement.* (Servir loïalement. Vendre loïalement.]

Loïauté, *ſ. f.* Ce mot signifie *fidelité*, mais il ne se dit pas si ordinairement que *fidelité*, & il semble qu'il vieillit. (La perfide se moque de ma loïauté.]

Loïer, *ſ. m.* Ce mot signifie *prix & recompense* & est plus en usage en vers qu'en prose. Pour digne loier de la Bible éclaircie, il te paie d'un je vous remercie. *Déproaux, Satire 8.*

Loïer. Châtiment. [Seroit ce la raison qu'une même folie n'eût pas meme loïer, *Mal. Poëſ.*]

Loin, *adv.* Ce mot sert à marquer quelque éloignement & quelque distance. [S'enfuir fort loin. Il est loin d'ici. Nous sommes de loin.]

Loin. Ce mot est quelquefois une *préposition* & il regit un cas. Loin des yeux, loin du cœur. Prov. Il est loin de sa maitresse. Prés de l'Eglise, loin de Dieu. *prov.*]

Loin. Ce mot se met quelquefois au lieu du mot *éloigné.* (Loin d'esperance & de crainte.

J'avois de moins rudes atteintes. *Voiture, Poëſies.* On n'est pas *loin* d'aimer quand on est bien persuadé d'être aimé. *Le Comte de Buſſi.*]

* Il ne le portera pas loin. C'est à dire il sera bien-tôt puni.

Loin. Ce mot est quelquefois une *conjonction*, & se met au lieu de la conjonction *bien loin* ; mais en ce sens il n'est en usage qu'en vers.

Loin de lui rien comparer.
Le monde le doit adorer, *La Suze.*
Climéne prude & sage,
Haïssoit tant les badins,
Que le moindre badinage.
Lui causoit mille chagrins ;
Mais je badine avec elle
Et *loin* de la chagriner
J'ai si bien fait que la belle
Voudroit toujours badiner.

Loin à loin *adv.* Dans une distance considerable. [Placer les colonnes loin à loin, *Ablancourt.* Or est un monosilabe dont il ne faut user que de *loin à loin.* *Vau. Rem.*]

De loin à loin, *adv.* Il signifie aussi dans une espace de tems considerable. [Tous les secours qu'on a tirez des Ecclesiastiques pour les besoins du Roïaume, ne sont tirez que de loin à loin. *Patru, œuvres diverses, p. 810.*

De loin, *adv.* Mot qui sert à marquer quelque éloignement. (Appercevoir une chose de loin.)

Bien loin de. Sorte de conjonction qui veut dire *au lieu de.* [Bien loin de le frequenter vous devriez fuir sa compagnie, parce qu'il est en mauvaise odeur dans le monde, *S. Cir.* Bien loin d'atenter à sa pudicité, il n'y eut sorte de soin qu'il n'apportât afin, *Vau. Quin. l. 3. c. 12*]

Loin, *ſ. m.* Terme de *Peinture.* C'est le plan éloigné d'un tableau. Le *loin* d'un tableau.]

* Lointain lointaine *adj.* Ce mot signifie *éloigné*, mais on ne s'en sert pas fort frequemment dans l'usage ordinaire. On dit plutôt *éloigné* que *lointain.* [Les païs lointains.]

Lointain, *ſ. m.* Terme de *Peinture.* éloignement d'un tableau. Ce qui paroit le plus loin de la vûë. (On voit dans le *lointain* de ce tableau plusieurs petites figures.]

Loir, *ſ. m.* Sorte de petit animal qui durant tout l'hiver dort, se repose, & s'engraisse dans le creux d'un arbre. Il a le museau & les oreilles aigües, la queue grande, le ventre un peu gros, & les côtez d'une couleur qui tire sur la couleur de cendre, & qui quelquefois est rougeâtre. Il vit de glans, & de noix. Il nourrit son pere & sa mere lorsqu'ils sont vieux, & qu'il ne peuvent plus chercher de quoi vivre. La graisse du loir fait dormir lorsqu'on en frotte la plante des piez. On dit même que ses excremens guerissent la gravelle quand on les boit dans quelque sorte de liqueur que ce soit. Voiez *Jonſton.* On l'appelle aussi Rat des Alpes.

† Loisible, *adj.* Mot qui n'est plus en usage parce qu'il est trop vieux. *Vau. Rem* Il signifie, qui est permis. (Cela n'est pas loisible. Chose loisible.) Il a vieilli ; mais on le trouve pourtant dans de bons Auteurs. Lors que ne se trouve devant un Verbe qu'il gouverne, il regit l'infinitif avec la particule *de*. (Il est *loisible* de prendre de étofes au Levant mais non pas de s'y faire circoncire. *Balzac, œuvres diverses, diſc. 7*)

Loisir, *ſ. m.* Prononcez *loiſ*. C'est le tems qu'on est débarassé d'afaires & qu'on ne fait rien.

(Avoir du loisir.
Je n'ai aucun loisir.

Auguste donna à Virgile un honnête *loisir.* C'est à dire, lui donna dequoi vivre afin de ne plus songer à autre chose qu'à faire des vers.)

† * On dit proverbialement d'un homme fort ocupé, il n'a pas le *loisir de ſe moucher.*

à Loisir, *adv.* Tout à son aise & sans se presser. (On ne fait rien qui vaille lorsqu'on ne travaille point à loisir.)

LOM

Lombes, *ſ. m.* Terme d'*Anatomie.* Partie de l'épine, composée des cinq plus grandes vertebres, située entre le dos & l'os sacrum. *Deg. pag. 114.*

Lombis, *ſ. m.* Terme de *Rocailleur*, Grosse coquille vermeille.

LON.

L'on. Sorte de particule Voiez *On.*

† Lon la la. Sorte de mot qui entre dans les chansons à dancer.

* En chantant *lon la la*, il vous quittera *là. Buſſi.*

Long, *adj.* Qui a de la longueur. Chemin fort long. Les lieuës d'Alemagne sont plus longues que celles de France. Avoir quinze toises de long sur neuf de large.)

* Long, longue. Qui tarde beaucoup. Qui est long-tems à faire quelque chose. (C'est un homme fort long. Lors qu'il est suivi d'un verbe, il le régit à l'infinitif avec la particule à (Les Ouvriers sont ordinairement longs à travailler ; mais souvent on est plus long à les payer qu'ils ne sont long à faire. (Lors qu'il est accompagné du verbe *être* pris personnellement il veut le verbe qu'il regit, à l'infinitif avec la particule *de*. (Il seroit trop long de reprendre cela dés le tems d'Apollon. *Abl. Luc. dial. du coq* Mais lors que le mot *long* est suivi d'un nom, il veut après soi la proposition *en*, ou *dans*. (C'est un homme fort *long* en tout ce qu'il fait. Il a été *long* dans son discours.)

* Long, longue. Qui dure long-tems. Qui dure beaucoup.(Longs regrets. *Voir poëſ.* Longue absence. *Abl.* Aprés dinée fort longue. *Moliere.*

Long-jointé, long-jointée, *adj.* Ce mot se dit des chevaux & ne se dit gueré qu'au masculin. C'est à dire, qui a le paturon long éfilé & pliant. (Vôtre cheval est long-jointé.)

Le long. Préposition qui regit le génitif. (L'une des branches du Rhin se va rendre dans la Muse le *long* des Gau es sous le nom de Wahal. *Abl. Tac. An.l. 2.* Nations qui habitent *le long* du Danube. *Abl. Ar.*)

De son *long, tout de son long, adv.* Tout étendu (Il est couché tout de son long.)

Au long, tout au long, *adv.* D'une maniere prolixe. D'une façon difuse. (Expliquer une chose fort au long *Ablanc.*)

De long, *adv.* (Il est vêtu de long.)

De long, *adv.* De longueur. (Robe qui porte cinq quartiers de long.

Longe, *ſ. f.* Bande de cuir qu'on attache à l'aneau du licou [Longe rompuë.]

Longe de veau. Partie du quartier de derriere d'un veau,[Manger une longe de veau de riviere en ragoût.]

Longer un chemin. Terme de *Chaſſe.* Se disent, des bêtes qui vont d'assurance, ou qui fuient. [Bête qui longe le chemin. *Sal.*]

Longitude, *ſ. f.* Terme de *Geographie.* L'éloignement d'un lieu à l'égard de la ligne du premier Meridien en alant vers l'Orient. [Comter les longitudes.) On a trouvé les longitudes par le moïen le plus sûr & le plus court donc se servent autour-d'hui les Astronomes, c'est par l'observation des Eclipses des Satellites de Jupiter, qui sont tres-frequentes & un tres-grand

grand nombre, parce qu'il y en a plus de treize cents par an. Cette vile est situéë à vingt six degrez de longitude, & quarante six de latitude. On dit aussi en Terme *d'Astrono-mie*. La *longitude* d'une étoile & c'est l'arc de l'Ecliptique.

Longue, *s. f.* Terme de *Musique*. C'est une note blanche figurée par un quarré avec une queuë, qui vaut le tiers d'une maxime, ou de quatre mesures.

A la longue, *adv.* Avec le tems. (*A la longue* elle esperoit de tirer de grands avantages, *Bussi*. Il est dificile qu'une haute élevation *à la longue* se soutienne *Dépr Longin*.)

De longue. Cet adverbe ne se dit guere qu'il ne soit acompagné du mot tirer, ou aller, & alors il signifie. *Avancer. Gagner païs*.

† *Tirer de longue*. Il commence à aller de longue, c'est à dire, à faire du chemin & avancer. *Vau. Rem*.]

† *Longuement*, *adv*. Durant un long-tems. [Il a vécu longuement.)

† *Longuet*, *longuette*, *adj*. Un peu long.

Longuette, *s. f.* petit livre couvert de basane que vendent les merciers de paris & dont se servent les petits enfans qui commencent à aller à l'école.

Longueur, *s. f.* Espece ou étenduë qu'il y a depuis l'un des bouts d'une chose jusques à l'autre. (Chose qui a une longueur considerable Ils n'aprehendoient pas tant les blessures que la *longueur* du chemin. *Abl. Tac. Au l. 2*.)

Longueur. Tems que dure une chose. (La longueur du siège en faisoit attendre une mauvaise issuë. *Voit. l. 74*. La *longueur* de sa maladie le chagrinoit. *Abl*.]

* *Tirer en longueur*, c'est à dire qu'il se passera beaucoup de tems avant qu'on voie la fin de la chose qui tire en longueur *Vau, Rem*. (Tirer la guerre en longueur *Abl. Ar*.)

* *Aller en longueur*. C'est tirer en longueur. (L'afaire tire, ou va en longueur.)

Marquer les longueurs d'une Jupe. Terme de *Tailleur*.

LOO

Loom, *s. m*, Sorte d'oiseau de riviere des païs Septentrionnaux. Il a le bec court & pointu, les piez fort courts, & pour ce là il ne peut marcher sur terre, de sorte qu'il vole, ou nage toûjours. Voïez *La Lapenie de Schefer*.

LOP

Lopin, *s. m*. Mot populaire, qui vient du Latin *lobus*. On dit en sa place *morceau*, *piéce*. On apelle *lopin*, une partie coupée de la piece entiere. (Un gros ou petit lopin de pain, on diroit un gros morceau de pain, une petite piece de pain.)

LOQ

Loquet, *s. m*. Fer plat & delié ataché par dehors un peu au dessus de la serrure d'une porte composé d'un batant & d'un crampon, servant à fermer & à ouvrir sa porte lorsqu'elle n'est pas fermée à la clé. [La porte n'est fermée qu'au loquet.]

Loquet. Terme de *Mer*. Ce sont des barres pour fermer les écoutilles, cabannes & choses semblables. *Fourn*.

Loqueteau, *m. s.* Loquet qu'on met dans un lieu où l'on ne peut commodement ateindre avec la main, qui s'ouvre avec un cordon & se rabaisse par un ressort qui le renvoie. (On se sert du loqueteau pour fermer les volets & contre-vents des fenêtres.]

LOR

† *Lorgner*, *v. a.* Regarder fixément & de travers. (Plus je la *lorgne*, & plus je la trouve jolie.)

Loriot, *s. m*. Oiseau de couleur jaûne tirant sur le verd, & grand comme un merle. (Le loriot vit dans les bois & frequente le bord des ruisseaux. *Bel. l. 6*.

Lormier, *s. m*. Titre que les éperoniers prennent dans leurs lettres de maitrise, & qui signifie qui travaille en petites choses de fer. Le mot de *Lormier* ne se dit presque dans le monde.

† *Lors*, *adv*. Ce mot est vieux & en sa place on dit *alors*. (Je perdis lors le titre de vainqueur, il faut dire, je perdis *alors Vau. Rém*.)

Lorsque. Sorte de conjonction qui signifie, *quand dans le tems que*, qui régit l'indicatif. *Lorsque* vous étes devant les méchans mettez un trein à vôtre langue.]

LOS

† *Los*, *s. m*. Vieux mot qui signifie *loüange*, & qui n'est proprement en usage que dans le burlesque. [Ta prud'homie excite *au los* ma chalemie *S. Amant*. Vôtre *los* le portera dans terres étranges. *Voi. poës*.]

Losange, *s. f. f.* Piece de verre dont ont fait les panneaux de vitres, & qui finit en pointe par haut & par bas. [Une losange rompuë. (La losange a la figure d'un rhombe.

Losange. Terme de *Blason*. Figure en losange qu'on porte dans l'écu & qui signifie Constance, Sagesse, & justice. (Porter de gueules à trois d'osanges dor. *Col*.]

Losangé, *losangée*, *adj*. Terme de *Blason*. Qui a des losanges, dans l'écu de ses armes. [Il porte *losangé* d'argent & de gueules, *Col*.]

LOT.

Lot, *s. m*. La part & portion de l'un des cohéritiers. Portions (Le meilleur lot lui est échu. Avoir le gros lot, ou le petit lot,]

Lot. Terme de *Loterie*. C'est tout ce qu'on gagne, dans une loterie. (Elle est heureuse, elle a eu le gros lot. Les lots sont considerables dans cette loterie, le moindre est de quinze pistoles.)

Lote, *s. f*. Poisson de riviere & de lac, qui a la queuë de sa figure d'une épée, qui a le corps rond, épais, glissant, couvert de petites écailles tirant sur le roux & sur le brun. Cette sorte de poisson s'apelle aussi *Motelle Rond*. On dit communement; une femme engageroit sa côte pour manger d'une lote.

Loterie, *s. f*. Sort ingenieux acompagné de vers, de sentences, ou de devises pour distribuer des bijoux, des pierreries autres pareilles choses. [Tirer une loterie. Ouvrir une loterie. Fermer la loterie.]

Lotion, *s. f. f.* Terme *d'Apoticaire*. Il vient du Latin *lotio*. Elle consiste à laver & à plonger un médicament dans l'eau; ou dans quelque autre liqueur, (La lotion se fait pour plusieurs vuës; & l'on y verse souvent par inclination. Lotion légère & superficielle. Lotion pénétrante.]

Lotion; Ce mot signifie aussi un remède qui lave & qui tient le milieu entre la fomentation & le bain: On fait des lotions pour déterger les plaies pour fortifier quelque membre pour amolir quelque tumeur. Lotion rafraichissante & somnifere Lotion pour les cheveux, &c.

† *Lotir*, *v. a*. Ce mot signifie, partager, mais il se dit assez rarement. *Partager* est le mot ordinaire. (Les héritiers vont *lotir*, ce qui leur est écheu de la mort de leur père.)

† * Helas! ma pauvre enfant que vous êtes mal *lotie* d'avoir un mari sot & bigot.

† *Lotisseur*, *s. m*. Celui qui fait les lots des marchandises qu'on veut partager entre divers marchands ou maitres de quelque métier. Il y a des lotisseurs de cuirs, créez en titre d'ofice par Edit du 1 Juin 1627.

Lotus, *s. m*. C'est une plante médicinale, qui croît en Egipte au bord du Nil. Son fruit ressemble à la feve, & il pousse de quantité de feuilles entassées blanches comme le lis. Elles se resserrent & se plongent dans l'eau quand le Soleil se couche, & elles se redressent quand il revient sur l'horison. Les Egiptiens en font du pain. Il y a quelques autres sortes de Lotus, dont parlent les Bonatistes:

LOU

Loüable, *adj*. Digne de loüanges. Qui mérite des loüanges. (Son procedé est loüable. Son action est loüable.)

Sang loüable, Terme de *Chirurgien* & de *Médecin*. C'est à dire, sang qui est bon.

† *Loüablement*, *adv*. D'une maniére loüable. [Il se conduit loüablement.)

Loüange, *s. m*. Ce qu'on paie pour s'être servi de certaines choses qu'on loüe. (Un carosse de loüage. Un cheval de loüage.)

Loüange, *s. f*. Discours qui donne à connoître quelque haute vertu. (Donner des loüanges à quelqu'un. *Ablan. Tac*. Il y a des loüanges empoisonnées. *Memoires de M. de la Roche-Foucaut*.

Loücher, *v. a*. Regarder un peu de travers. [Elle *loüche* pour mieux frapet au cœur.]

Louche adj. Qui a les yeux un peu de travers. [Il est louche. Elle est louche.]

* *Construction*, *loüche*: C'est celle qui semble regarder d'un côté & regarde de l'autre. *Vau. Rem*.]

Loüer, *v. a*. Je loüe, j'ai loüé, je loüai, je joüerai. Prendre à loüage. Donner à loüage. [Loüer une chambre. J'ai loüé ma maison à un honnête homme.]

Loüir. Donner des loüanges à quelque chose que ce soit. [On n'aime point à loüer & on ne loüe personne sans interêt.*Memoires de Mr. le Duc de la Roche-Foucaut*.)

Loüer, *v. a*. Terme de *Mer* qui se dit des cables. C'est mettre un cable en rond en façon de cerceau. [Loüer un cable.)

Se loüer de quelqu'un. C'est à dire. Témoigner qu'on est fort satisfait du procedé que tient une personne à nôtre égard. Être satisfait, être content d'une personne.

Loüis, *s. m*. Nom d'homme. [Loüis douziéme fut excommunié par le Pape Jules second.]

Loüis. Piece d'or valant onze livres & à present onze livres cinq sols, qui a pour legende d'un côté *Ludovicus XIII*. ou *Ludovicus XIV*. Avec la figure de l'un de ces Rois couronné de laurier, & de l'autre cette piece d'or a pour legende *Christus regnat vincit, imperat* avec une croix cantonnée de 4. couronnes & de 4. fleurs de lis. (J'ai cent mile vertus en *Loüis* bien comptez.

comptez. *Depreaux,épit.*)Les nouveaux Louys valent douze livres & plus.

Louïse, *s.f.* Nom de femme. (Henri III. épousa Mademoiselle Louïse de Vaudemont, qui fut une très-vertueuse Princesse. Voiez *Brantome.*

† *Louïson,s.m.* Nom de jeune garçon. *Petit Louïs*. (Louïson est devenu grand en peu de tems.

† *Louïson*, *s. f.* Nom de jeunne fille qui veut dire *petite Louyse*. (Louïson est fort jolie.)

LOUP, *s.m.* Animal sauvage qui ressemble à un gros matin. Le loup a les yeux bleus & étincelans, les dens inegales, rondes, aiguës & serrées, l'ouverture de la gueule grande, & le cou si court qu'il ne le peut remuër. De sorte que s'il veut regarder de coté, il est obligé de tourner tout le corps. Sa cervelle, à ce qu'on dit, croît & décroît selon le cours de la lune. Le loup étant dégouté se purge avec de l'herbe, ou du blé en vert. Il mange de la terre glaise, qui lui sert quelquefois d'aliment & quelquefois de rémède. Lors que les loups sont fort pressez de la faim, ils se mangent, à ce qu'on croit, les uns les autres. Etant vieux ils sont blancs, de gris qu'ils étoient dans leur jeunesse. Ils deviennent même quand ils sont âgez, gouteux, & enragez. Lors qu'ils sont blessez & qu'ils seignent, ils arrêtent le sang en se veautrant dans la boüe. Ils vont à la chasse sur le soir durant les brouillars & lorsqu'ils sont obligez de passer quelque fleuve à la nage ils le traversent à la file se prenant avec les dents par la queuë de peur que l'eau ne les entraine. Il n'y a point de loups en Angleterre, mais les pays Septentrionaux en sont pleins, & même ils sont plus méchans en ces régions là qu'aux autres. En Laponie ils ataquent les hommes, & les femmes enceintes, & mangent les petits enfans. Le loup est le plus goulu, le plus carnacier, le plus fin, le plus mefiant des animaux & celui qui a le meilleur nez de tous. Voiez *Jonston histoire des animaux,& Salnove de la Chasse du loup,ch.*1.2.(Aller en quête pour le loup.*Sal.*Détourner un loup. *Sal.* Forcer un loup, *Abl.*Lancer un loup,*Abl.*Chasser un loup.*Sal.*)

* *Ce sont au dedans des loups ravissans.* Port Roïal. Nou.Testament. C'est à dire, ce sont des méchans & des scélerats, qui paroissent honnêtes gens.

† † *La faim fait sortir le loup du bois*. Prov. C'est à dire, la necessité oblige les gens à travailler & à chercher dequoi vivre.

* † *Enfermer le loup dans la bergerie*. Prov. C'est à dire, ne pas bien guerir une plaie, ou autre mal.

Donner les brebis à garder au loup. Proverbe pour dire, mettre quelque chose entre les mains d'une personne infidele. Donner la bourse au plus larron.

† * *Quand on est avec les loups, il faut heurler*. Prov. C'est à dire, qu'il faut faire comme ceux avec qui nous sommes en compagnie, pourveu qu'ils ne fassent rien contre l'honneur, ni contre le bon sens.

† * *Tenir le loup par les oreilles.*Ce proverbe se dit de celui qu'on tient embarassé dans une afaire d'où il aura peine de se tirer.

* *Marcher en pas de loup. Prov.* C'est marcher doucement en pas de larron pour surprendre quelqu'un.

† * *Quand on parle du loup, on en voit la queuë*. Prov C'est à dire, quand on parle de quelqu'un, il vient, ou il paroit.

† * *Qui se fait brebis, le loup le mange.*Prov.C'est à dire,que quand quelqu'un montre de la douceur, on prend delà sujet de l'insulter encore davantage.

† * *On le regarde comme un loup gris.*Prov.C'est à dire, on le regarde avec ressentiment, avec chagrin & comme une personne dont la présence choque & déplait.

Loup, Terme de *Librairie*. Instrument de bois fait en maniere de triangle dont on se sert pour dresser les paquets de livres lors qu'ils sont cordez.

*Loup-Cervier.*C'est un animal sauvage fort farouche qui a la vuë tres-bonne & qui a été apellé loup cervier parce qu'il ataque les cerfs avec furie. C'est le même que celui qu'on apelle linx. Voiez *Linx.*

Loup d'étang & de mer. C'est un poisson gras & le meilleur de ceux qui entrent dans ces étangs.Il peut être grand d'environ trois coudées. *Rond.*

*Loup de mer.*Poisson qui est semé de taches, qui a le dos blanc & bleu, qui est grand, gras, épais, couvert de moïennes écailles, ayant une grande & longue tête avec une grande ouverture de gueule.

Loup-garou. On apelle de la sorte celui qui est tourmenté d'une espace de manie, ou de maladie mélancolique qui lui rend les yeux étincelans, la langue séche, le visage afreux & l'oblige à aller roder la nuit autour des cimetiéres & à heurler comme un loup.

† * *C'est un vrai loup garou.* C'est une espéce de fou mélancolique qui ne veut voir personne. Loup-garou au figuré veut dire aussi Sauvage. Farouche. Afreux. Solitaire. Qui n'aime point à voir les gens.* † On nous traite par tout comme des loups-garoux.*Voi.poëf.* Mari loup-garou. *Moliere.* Ils veulent que leurs femmes vivent comme des loups-garoux. *Moliere.*)

* *Loup.* Ulcere qui vient aux jambes. (Avoir des loups aux jambes.

* *Loup.* Masque pour femme lequel est de velours noir avec une mentonnière. (On lui a arraché son loup.)

† * *Loup* Petit morceau de lare au bout duquel les enfans atachent une corde qui est longue d'environ une demie aune, & dont ils se servent pour faire tourner dans l'air ce petit morceau, qui faisant un bruit qui a quelque chose du hurlement du loup, a été apellé loup par les enfans.

Loupe,s.f. Tumeur ronde faite de diverses humeurs grossiéres. (Il a une loupe au front.)

Loupe. Verre rond, enchassé en forme de lunettes pour voir les objets. Il y a de deux sortes de loupe, l'une concave & l'autre convéxe. La loupe concave diminuë les objets & la loupe convéxe les grossit.

Loupe. Terme de *Joüaillier*.Ce sont des perles ou des pierres précieuses imparfaites.

Loupe de bois. Ce sont des bosses ou gros neuds qui s'élevent sur l'écorce des arbres.

LOURD,*lourde, adj.* Pesant. Qui marche pesamment. (Cofre lourd. Caisse un peu lourde.

Il a le ventre d'un tambour,
Ce qui le rend tant soit peu lourd.
Voit. poës.

Les beufs, les ânes, les Eléfans sont des animaux lourds & pesans.

* *Lourd, lourde.*Grossier. Qui a l'esprit pésant.[Avoir l'esprit lourd. Suivre la muse est une erreur bien lourde. *Cotin, Menagere.*|

*Lourdaut,s.m.*Espece de niais & de sot.[C'est un franc lourdaut. Que Menalogue est lourdaut !

*Lourdement,adv.*D'une manière pésante & peu adroite. (J'apuïai lourdement sur le ciseau.*Abl. Luc.*)

* *Lourdément.* Grossiérement. Sotement. (Se tromper lourdement.)

LOUTRE, *s.f.* Animal amphibie,à quatre piez, qui a le poil court, épais, tirant sur la couleur de chatégne, la tête & les dens semblables presque aux dents & à la tete d'un chien de chate & la queuë ronde,grosse & finissant en pointe. (La loutre vit d'herbes & de fruit & principalement de poissons qu'elle aque avec beaucoup d'adresse. *Jonston.*)

Louve,s.f. C'est la femelle du loup. La *louve* ne porte que deux deux mois & fait 5.6. ou 7. petits qui sont aveugles lorsqu'ils viennent au monde. Elle aime si éperdument les louveteaux qu'elle ne les quitte point jusques à ce qu'ils voïent clair, & pendant ce tems-là le loup qui a couvert la louve lui aporte à manger.*Chasse du loup,t.* 4.

* *Louve.* Femme insatiable dans la débauche. (La plupart des femmes sont tin peu louves.)

* *Louve.* Putain. (C'est une franche louve.)

Louve. Terme de *Maçon*. Morceau de fer forgé quarrément, mais plus large en bas qu'en haut qu'on engage dans un trou taillé exprés dans une pierre & qui a à l'autre bout un anneau par lequel on l'atache au cable d'une gruë pour lever cette pierre.

Louve. Terme de *Mer.*Barri défoncé mis sur l'une des escoutilles dans les navires des terres neuves, par lequel passent & tombent les morüés lors qu'elles sont habillées.*Fourn.*

Louve Terme de *Pêcheur*. Sorte de filet rond pour prendre du poisson. Ce filet est une maniere de petite raste, ou plutôt ce n'est proprement que le cofre de la rasle qui est une espéce de filet avec quoi on prend force poissons. (Tendre la louve. Pêcher avec la louve.*Rufes innocentes.*5.)

Louver, v. n. Terme de *Maçon*: Faire un trou dans une pierre, & y mettre *la louve*. pour lever la pierre. (Louver une pierre.

*Louvet,adj.*Ce mot ne se dit guére qu'au masculin & en parlant du poil de certains chevaux. Il veut dire une sorte de poil qui tire sur le poil louve.*Soleisel.*

*Louveteau, s. m.*Le petit d'une louve. (Louveteau mâle. Louveteau femelle.Louveteau gras & râblé. Quand les louveteaux commencent à être forts & qu'il leur faut plus de carnage le loup & la louve vont à la chasse ensemble.*Sal.*)

*Louveteau.*Terme de *Maçon*. Coins de fer qu'on met à côté des louves & qui servent à les retenir.

Louvetier, s. m. Oficier qui a la surintendance de la chasse du loup.

*Louveterie,s.f.*Tout ce qui regarde la chasse du loup.(Il est lieutenant de la louveterie.)

*Louveurs, s.m.*Terme de *Maçon* & de *Tailleur de pierre.*Ceux qui accomodent les louves dans la pierre.

Louvier, ou *louvoïer, v.n.* Terme de *Mer*. C'est sourir plusieurs bordées, ou faire plusieurs roûtes, tantôt à stribord, tantôt à bas-bord, C'est à dire, tantôt à main droite, tantôt à main gauche, en portant quelque tems le cap d'un côté pour revirer & le porter de l'autre.(Il n'y a point de batiment qui louvie mieux que la hourque,qui est une espéce de vaisseau Holandois.*Guillet.*)

Louvre,s.m. Lieu où loge le Roi lors qu'il est à Paris.(Louïs XIV.a fait rebâtir le Louvre tout à neuf.)

LOX.

LOX.

LOXODOMIE, s. f. Terme de Mer. C'est une science qui par un calcul Geometrique, enseigne à trouver sur mer le lieu où le vaisseau est arrivé, en donnant pour fondement du calcul les rumbs de la route & le chemin que le vaisseau a fait. Voiez *Guillet*, & *les tables de l'hidrographie de Fournier*.

LOZ.

LOZ Voiez *Los*.
LOZANGE, Voiez *Losange*.

LUB.

† LUBIE, s. f. Folie. Fantaisie ridicule. (Il lui prend souvent des *lubies* qui font enrager les gens.) Ce terme est bas & populaire.
† *Lubieux, lubieuse*, adj. Qui a des lubies. Il est lubieux: elle est lubieuse.)

LUBRICITÉ, s. f. Au lieu de *lubricité* on dit ordinairement *incontinence, impudicité*, ou quelque autre mot de cette sorte; neanmoins lubricité ne laisse pas d'être François, mais son usage n'est que dans le satirique, le burlesque & le comique.

Lubrique, adj. Qui est sujet à la lubricité. Le mot de *lubrique* ne se dit que dans le satirique, ou comique. Et en sa place on dit *incontinent* dans le stile ordinaire.

[Ils voudroient ramener au jour
De l'Espagnol outré d'amour
La bizarre & *lubrique* flamme.
S. Amant Rome Ridicule, stance 52.]

Lubriquement, adv. D'une maniere lubrique & impudique.

LUC.

LUC, s. m. Nom d'homme. (Saint Luc étoit d'Antioche & il a écrit son Evangile l'an de Jesus-Christ. 56. *Port. Roial Nouv. Testament*.]

LUCARNE, s. f. Ouverture qu'on fait au dessus de l'entablement des logis pour donner jour aux chambres en galatas , ou aux greniers. Une lucarne flamande. Lucarne fetiére. Lucarne demoiselle.)

LUCE, s. f. Nom de femme. (Luce est belle.)

LUCIDE, adj. Terme de Phisique. Qui jette de la lumiere. (Le Soleil , les astres, le feu, &c. sont des corps lucides.)

* *Intervale lucide*. Terme de *Médecin*. Il se dit des furieux & signifie le tems auquel leur folie les quitte & leur permet l'usage de la raison. On s'en sert au Palais, quand l'on dit que les furieux peuvent faire un testament dans les *intervales lucides*.

LUCIFER, s. m. C'est ainsi que les Poëtes Latins apelloient l'étoile de Venus, qui elle paroit le marin.

Lucifer. On donne ce nom au Chef des Diables, quoi qu'on l'apelle d'ailleurs le Prince des ténebres ; mais il se transforme quelquefois en Ange de lumiere.

LUCRATIF, *lucrative*, adj. Qui aporte du profit. [Ofice lucratif. Charge lucrative.]

Lucre, s. m. Profit. Gain. [Faire un lucre considérable.]

LUE. LUG. LUI.

LUETTE, s. f. C'est un petit morceau de chair fongeuse & molasse de la figure & de la grosseur d'un grain de raisin , pendant dans la gorge justement à la bouche du canal qui va du nez au palais pour aider aux diferens tons , à l'agrément de la voix & pour empêcher que le boire & le manger ne regorge dans le nez. Il n'y a que de quelques oiseaux qui ont de la disposition à parler qui aient une luette. (Avoir la luette alongée. *Deg. p. 34.*)

Lueur, s. f. Lumiere. Eclat. Clarté. Sorte de splendeur. [Une lueur fort vive. La lueur des armes jettoit comme des éclairs. *Vau. Quint Curce l. 4. ch. 13.* Marcher à la lueur des flambeaux. *Ablancourt Luc. T. 2.*]

LUGUBRE, adj. Triste, qui marque de la tristesse. (Vers lugubre. Habit lugubre.]

* Esprit lugubre. Homme lugubre. Morale lugubre.)

†* Chambre un peu lugubre.

Lugubrement, adv. d'une manière triste & lugubre. [Chanter lugubrement.]

LUIRE, v. n. Jetter une lüeur. Avoir de la lüeur. Avoir de l'éclat. *Je luis, tu luis, il luit, nous luisons, &c. Je luirai, Que je luise. Je luirois*. Ce mot se dit des planètes, des étoiles, de la flamme & de certaines autres choses. (Le Soleil luit. La Lune luit. On voioit luire la flamme. Les vers *luisans* sont apellez de la sorte parce qu'ils *luisent* dans les ténebres.)

* *Luire*. Ce mot signifie *Briller*. Paroître & il semble plus de la poësie que de la prose au figuré
[* Vôtre feinte luit dans vos yeux *Gon. epi. l. 2.*
* Iris l'amour de la terre & de l'onde
Si vos beautez ne *luisoient* point au monde.
Voi poësies.)

Luisant, luisante, adj. Qui luit. (Le soleil est luisant. Vers luisans. Etoile luisante.)

Luisant, s. m. Terme de *Rubannier*. Petite figure sur de certains galons de livrée. (Luisant noir. Luisant rouge.)

LUITES. Terme de *Chasse*, qui se dit des testicules d'un sanglier.

LUM. LUB.

LUMIERE, s. f. Sentiment que nous avons quand nous regardons le Soleil , ou la flamme. Impression de la matiere subtile qui ébranle nos yeux & nous donne le sentiment de la lumiere. *Lumiere primitive*, ou radicale, c'est la lumiere qui est dans les objets lumineux. *Clarté*. (Le Soleil ne donnoit de ses raions qu'autant qu'il en faloit pour faire une lumiere douce & agréable. *Voi. l. x.*)

Lumiere. Chandelle. Clarté. (Aportez de la lumiere. La lumiere est éteinte. Cachez la lumiere. *Scaron*. Le soldat aperçut de la lumiere dans le monument. *S. Evrem. Matr. d'Eph.*

* *Lumière*. Ce mot au figuré signifie *la vie*, le jour, la clarté du Soleil (Jouïssez des avantages de la lumiere tant qu'il vous sera permis. *S. Evrem. Matr. d'Eph.*

* *Lumiere*. Ce mot se dit pour marquer quelque grand personnage qui est illustre par son merite & par ses propres connoissances. (* Une lumiere du Christianisme. *Patru, plaid. 3*. C'est la lumiere de son siécle. *Le Mai.*

* *Mettre en lumiere*, Ces mots se disent en parlant de livres, & signifient *faire imprimer*. Mettre au jour.
(Sitôt que Chapelain met un œuvre en lumiere,
Chaque lecteur d'abord lui devient un Lumière.
Déspreaux, Satire 9.)

* *Lumiere*. Ouverture qu'on a pour quelque chose. Vûë & connoissance qu'on a sur quelque chose. (Je n'ai aucune lumiere particuliere sur cette afaire. Je lui ai donné toutes les lumieres que j'avois là dessus.)

* *Lumière*. pénétration. Clarté. Belles connoissances. [Il y a des gens qui voient mal les choses à force de lumiere. *Mol.*

* Nos Peres ont besoin de toutes leurs lumieres pour trouver des expédiens. *Pas. l. 7.* Je vois bien qu'il a eu des *lumieres* particulieres & bien éloignées de celles de S. Augustin. *Pas. l. 7.*

Lumiere. Terme de *Peinture*. Le mot de lumiere se prend pour ce qui est éclairé & pour les endroits éclairez. (Les lumieres de ce tableau sont bien placées , bien répandües, bien ménagées. Savoir bien répandre la lumiere sur tous les corps.)

Lumiere, Terme d' *Architecture*. Trou dans lequel on met le mamelon d'un treuil.

Lumiere, Terme d' *Arquebusier* Petit trou par où se communique le feu au canon, (La lumiere d'un canon, d'un fusil, d'un pistolet. La lumiere est bouchée, gâtée, &c.

Lumiere. Terme de *Faiseurs d'instrumens* à vent. Trou par où entre le vent & qui est au dessus de l'embouchure de l'instrument. (Lumiere de flageolet, de flute, de haut bois.)

Lumiere Terme de *Mer*. Trou en chaque membre d'un vaisseau au dessus de la quille , au travers desquels trous ; passe une corde afin d'empécher qu'ils ne se bouchent & d'entretenir la communication de l'eau pour l'usage des pompes.

Lumignon, s. m. La patie de la méche de la chandelle, ou de la lampe qui brûle & qui est allumée. (La lumignon de cette chandelle est trop grand, il la faut moucher.)

Luminaire, s. m. Terme d' *Eglise*. Torches, Cierges & flambeaux qui servent à un enterrement d'une personne & qu'on met autour du corps ou de sa représentation. (Païer le luminaire. Fournir le luminaire.)

Luminaires. Le Soleil & la Lune. (Dieu créa deux grands luminaires , l'un pour éclairer durant le jour & l'autre durant la nuit.)

† *Luminaires*. Mot burlesque pour dire *les yeux*. On lui a poché les luminaires.)

Lumineux, lumineuse, adj. Certain je ne sai quoi par le moien duquel la flamme, ou le Soleil, font naître en nous le sentiment de la lumiere. Un corps lumineux.)

Lumineux, lumineuse, adj. Eclatant, Brillant Plein de lüeur, Plein d'éclat & de clarté. (Lumineuse troupe des Anges. *God. poë.*

Il garde son sommet tranquille & lumineux.
Chap. Ode à Richelieu]

LUN. LUP. LUS.

L'UN & l'autre le fera, l'un & l'autre le feront. Ces deux façons de parler sont bonnes. *Vau. Rem.*

LUNAISON, s. f. C'est l'espace de tems qui est depuis une nouvelle Lune jusques à l'autre.

Lunaire,

Lunaire, *s. f.* Sorte de petite herbe dont les fueilles sont faites en forme de croissant de Lune, & qui a la vertu d'arrêter les ordinaires des femmes. (Il y a de plusieurs sortes de lunaires. La petite lunaire, ou la lunaire bleuë & la lunaire jaune. Voi. Dal.

Lunaire, *adj.* Qui appartient à la Lune. Qui regarde la Lune. (Année lunaire. Mois lunaire.)

Lunatique, *adj.* Il y en a qui disent *lunetique*; mais mal, *lunatique* est le seul qui soit en usage. Il vient du Latin *lunaticus*, & signifie qui tient de Lune, fou, insensé, fantasque, extravagant. (Il est lunatique. Elle est lunatique. La nature a maltraité A. elle lui a donné dans son air & dans sa Phisionomie quelque chose de *lunatique* : les aparences ne sont point trompeuses en lui, car sa conduite est au moins, aussi *lunatique* que la mine. Cheval lunatique. Lunatique beauté,) On attribuë au temperament à la Lune ; mais il n'y a pas aparence qu'elle soit la cause des fantaisies & des extravagances des lunatiques. Che.

Lundi, *s. m.* Le premier jour de la semaine lequel signifie autant que si on disoit le jour de la Lune. (Un beau lundi, Le lundi gras. Le lundi Saint.)

Lune, *s. f.* Planete qui reçoit sa lumière du Soleil & qui éclaire la nuit durant une partie de son cours, qui fait le mois. [Pleine Lune. Nouvelle Lune. La Lune est plus petite que la terre. Le cours de la Lune dans le Zodiaque est de 27. jours. 7. heures, &c. Elle ne r'atteint le Soleil que dans 29. jours, 12. heures, &c. Le Premier s'appelle cours périodique, & le second cours synodique, ou de conjonction. On voit des taches dans la Lune, qui viennent de l'inégalité de sa surface, dont quelques Anciens même ont douté. La lune est à peu près quarante fois plus petite que la Terre. Voiez *Aboier*.

Nouvelle lune. C'est lors que la lune, étant en conjonction avec le Soleil & se rencontrant au même dégré du Zodiaque avec le Soleil, & n'en étant éclairée que du côté que nous ne voyons pas, ne nous montre aucune lumière. [Il y aura après demain nouvelle lune.]

Pleine lune. C'est lors que la lune se trouvant opposée au Soleil; duquel elle est éloignée alors de la moitié du Zodiaque ; ou de 180. degrez, nous montre toute sa partie éclairée & nous paroit tout à fait lumineuse. (Il y aura demain pleine lune.)

Pleine lune, C'est la rencontre de 180. degrez de la distance du Soleil: (Nous aurons demain pleine lune.)

L'âge de la lune. Ce sont les jours qui se sont écoulez depuis la nouvelle lune. On trouve l'âge de la Lune, par le moyen de sa distance du Soleil.)

Lune, Ce mot signifioit chez divers peuples Anciens, l'espace d'un mois. [Il revint trois lunes après son départ. Il y a déja plusieurs lunes qu'il est mort.

* **Lune**. En termes de *Chimie*, signifie l'argent.

Demi-lune, *s. f.* Terme de *Fortification*. Espece de ravelin, qui a des flancs & qui est arondi en dedans vers la pointe du bastion où on les construit ordinairement ; ce qui fait qu'on leur a donné le nom de demi-lune. [On emporta la demi-lune au second assaut.] Voiez *Ravelin*.

Les Géometres cherchent la quadrature des lunes , c'est à dire des croissans qui se forment par l'intersection de quelques demi-cercles.

† * **Lune**. Folie. [Les femmes ont des lunes dans la tête.]

† * **Tenir de la Lune**. C'est à dire, Être un peu fou, ou un peu fole. Avoir de la légéreté.

† * **Vouloir prendre la Lune avec les dents**. *Le Comte de Bussi*. C'est vouloir faire une chose impossible.

* † **Coucher à l'enseigne de la lune**. C'est à dire. Coucher à l'air, coucher dehors, n'avoir point de lieu pour se retirer.

* **Lune**, Terme de *Bâtier*. Plaque de métal ronde qui est devant & aux côtez de la tête des mulets, & où sont gravées les armes de la personne de qualité à qui apartiennent les mulets.

Lunettes, *s. f.* Instrument qu'on se met sur le nez & devant les yeux pour lire & écrire lorsqu'on a la vuë trop foible, ou qu'on est vieux, & qui est composé d'un chassis de corne, de deux petits morceaux de verre ronds, enchassez dans cette corne, au milieu desquels est ce qu'on apelle *le nez des lunettes*. [Les meilleures lunettes sont celles d'Angleterre. Se servir de lunettes. Ces lunettes font trop gros, ou trop menu.

Lunettes agées, c'est à dire, propres pour les personnes vieilles. Lunettes jeunes. Enchasser des lunettes. Mettre des lunettes.

Lunette d'aproche, ou de longue vûë. C'est une sorte de lunette en forme de tuiau, à chaque bout duquel & quelquefois au milieu il y a un petit verre afin de voir les objets de loin. Voiez *Telescope*.

Lunette à facette. Sorte de lunettes qu'on met au nez, qui sont taillées en pointe de diamans &qui multiplient un même objet & le font virer ramassé ou écarté.

Lunette à puces. Sorte de lunette dont on se sert pour voir de petits objets. Voiez *Microscope*.

Lunette de chapon. Ce sont deux os au dessus de l'estomac du chapon qui représentent un compas ouvert. [Manger une lunette de chapon.]

Lunettes de cheval, Termes de *manége*. Ce sont deux espéces de petit chapeau de feutré que le palefrenier met sur les yeux d'un cheval qui est trop gai, ou vicieux. On met des lunettes à un cheval lors qu'on le sort de l'écurie pour le laver, ou qu'on le mêne au manége, & on lui ôte les lunettes lorsque l'Academiste est dessus & qu'il est tenu ; & alors on le domte, tout vicieux, ou tout gai qu'il soit.

Lunette. Terme de *Capucin*. Cuir, ou étofe en forme de lunettes qu'on donne aux jeunes Capucins dont les regards n'ont pas été modestes. (Porter les lunettes)

Lunette. Terme de *Tapissier & de Tourneur*. C'est un rond de bois que fait le tourneur pour mettre su la chaise percée, & que le tapissier ensuite garnit de bourre, ou de crin, couvre d'étofe, & nomme aussi *lunette*.

Lunette, Terme de *Maçon*. Le siege du privé. Le siége de ces lieux où les mortels d'une posture fiere, vont par mépris tourner le derriere.

Lunette. Terme d'*Architecture*. Petite fenêtre qu'on fait dans les toits.

Lunette. Terme d'*Horloger*. Partie de la montre dans quoi se met le cristal.

Lunetier, *s. m.* C'est l'un des titres des miroitiers qui se nomment dans leurs lettres de maîtrise, *miroitiers lunetiers*.

Lupin, *s. m.* Pois plats & amer. (Il n'y a que des lupins. *Ablancourt. Luc.* Tome *I*. Il me commanda de ne point manger de lupins. *Abl. Luc.* T. 2. *hist. vérit*.

Lustral, *lustrale*, *adj*. Ce mot vient du Latin, & il ne se dit qu'au féminin. Eau *lustrale*. C'étoit une eau qui servoit aux anciennes cérémonies des Payens, pour en arroser le peuple, *L'eau bénite*, des Catholiques Romains a été mise en usage dans les Eglises à l'imitation de *l'eau lustrale* des Païens.

Lustre, *s. m.* Ce mot signifie l'espace de 5. ans, mais en ce sens, il est poëtique. (Je vais bien-tôt frapei à mon neuvième lustre. *Dépr. Ep.* 5. Huit lustres ont suivi le jour que je fus ta conquete, *Mal Poës*. Il mérite d'être mis au rang des foux les plus illustres qu'on ait veus depuis 30. lustres. *Gon. Epit. l.* 11.)

Lustre. Sorte de chandelier de cristal dont on se sert dans les assemblées, & dans les réprésentations. (Un beau lustre.)

Lustre. Terme de *Peletier*. Composition où il entre de la coperose, de l'alun de Rome & autres drogues pour rendre les manchons luisans.

Lustre. Terme de *Chapelier*. Eau preparé avec du phillon, de la graine de lin, du bois d'Inde & du verd-de gris, pour rendre les chapeaux luisans. (Faire du lustre.)

* **Lustre**, Éclat. Splendeur.)

(* **LE lustre de la gloire**, *Van. Quin. l.* 9. Je vous veux fait voir dans tout son lustre nôtre grande métode de diriger l'intention, *Pas. l.* 7. Cela donne du *lustre* à ce que vous avez fait pour moi. *Voit. l.* 132.)

Lustrer, *v. a.* Terme de *Chapelier*. C'est mouïller une brose dans du *lustre* & en froter plusieurs fois un chapeau pour le rendre beau, poli & luisant. (Lustrer un chapeau.)

Lustrer, Terme de *Peletier*, C'est accommoder & ajuster un manchon avec du *lustre* pour le rendre beau & luisant. Lustrer un manchon.)

Il y a aussi d'autres artisans qui se servent, au même sens, du mot *lustrer* & de celui de *lustre*.

LUT. LUX. LUZ.

Lut, *s. m.* Terme de *Chimie*. Pâte mêlée de terre grasse & de ciment pour faire de fourneaux. Matiere dont le fourneau chimique immobile est composé.

Lute, *luite*, *s. f.* L'usage est pour *lute*. Sorte de combat de deux personnes sans armes, & corps à corps, pour tâcher à se terrasser l'un ou l'autre. (S'exercer à la lute.

† Pour arrêter cette *lute* barbare on crie. *Dépr. Satire.* 3.

Luter, *v. n.* S'exercer à la lute. (Licurgue voulut que les filles lutassent toutes nuës pour paroître plus robustes. *Ablancourt, Aph.*

* Il faut dans la plaine salée.
Avoir *luté* contre Malée, *Mal. poës. l.* 3.

Il *lute* comme eux en son cœur, *S. Amant*.

Luter, *v. a.* Terme de *Chimie*. Enduire de lut. (Luter un vaisseau.)

Luter, Terme de *berger*. Ce mot se dit des brebis lorsque le belier couvre sa femelle. (Le belier lute les brebis.

Luteranisme, *s. m.* Ce sont les sentimens du Docteur Luther sur la Religion. L'histoire du Luteranisme est curieuse & agréable ; elle est belle quand on la raporte fidellement. L'Ex-Jesuite Mainbourg a composé un histoire du Lutheranisme, quelques-uns la louënt & les autres n'en font pas grand cas.

Luteur, *lutteur*, *s. m.* L'usage est pour *luteur*. C'est celui qui s'exerce à la lute. (Un mauvais luteur. *Ablancourt. Apoph.* Les luteurs font tous leurs éforts. *S. Am, Rom. ridicule stance* 16.)

Luth, *s. m.* Prononcez. *Lu*. Instrument de musique à cordes, composé d'une table de bois propre à resonner, d'un corps d'une rose, d'un manche, de touches & de chevilles. Un beau luth. Monter un luth. C'est à dire, y mettre des cordes. Accorder un luth. Joüer du luth. Toucher du luth.

Luthier, *s. m.* Prononcez *lutié*. Artisan qui fait & vend de toutes sortes d'instruments de musique à cordes, comme luth, poche, tuorbe, violon, &c. Le peuple de Paris apelle ces artisans *Luthiers*, mais dans leurs lettres de maîtrise ces artisans se nomment *Faiseurs d'instrumens de Musique*.

Lutin, *s. m.* Esprit folet. Il est aussi farouche qu'un Lutin. *Voi. poët.*
Lutin. Espece de petit enragé qui fait du bruit, & une sorte de tumulte qui fâche & qui rompt la tête. Faire le lutin. C'est un petit lutin.

Lutrin, *s. m.* Pupître sur lequel on met les livres dont on se sert à l'Eglise pour chanter au chœur. [Chanter au lutrin.]

Luy, ou *lui*. Pronom personnel de la troisième personne qui fait son feminin *elle*. Moi, toi, lui. C'est lui.

Luxation, *s. f.* Terme de *Chirurgie*. C'est un deboitement des jointures par lequel les os sont déplacez de leur assiete naturelle & portez en un lieu non accoutumé avec empêchement du mouvement voluntaire *Tev.* (La luxation arrive peu à peu, ou violement. Luxation lente, ou violente. Luxation entiere. Luxation complette. Luxation interieure ou externe.)

Se luxer, *v. r.* Terme de *Chirurgie*. Il se dit des os du corps C'est se démetre, se deboiter, se disloquer. Tous les arteuils se peuvent luxer de toutes manieres. *Verduc, traité des fractures, ch.49.*)

Luxe, *s. m.* Dépence superfluë, soit à l'égard des habits, ou de la bouche (Harangue contre ceux qui sont couchez sur les tables. *Abl. Apoph.* Parler contre le *luxe* des bains. *Ablancourt, Apoph.* le luxe des femmes.)

† **Luxure**, *s. f.* Ce mot est vieux & ne se dit plus que dans le stile comique ou satirique. Il signifie incontinence. (La chasteté fait la luxure. *S. Am. Rome ridicule.* Bachus mon gros faloi, pardonne à ma luxure. *S. Am.* De ma frelure d'ame luxure ja s'emparoit. *La Fontaine nouveaux contes.*)

† **Luxurieux**, *luxurieuse*, *adj.* Ce mot a vielli, & signifie qui est sujet à la luxure. Les jeunes gens sont ordinairement luxurieux. On diroit presentement, ils aiment le plaisir des femmes. Ils ne vivent pas toûjours dans la continence,)

Luzerne, *s. f.* Sorte de foin qui fleurit violet & qu'on fauche d'ordinaire trois fois l'année. C'est aussi une espece de graine jaune tirant sur le millet.

M

M SUBSTANTIF FEMENIN. La douziéme Lettre de l'Alphabet François. Prononcez *emme*. (Une petite *m*. Une grande *M* Faire bien une *m*.

La lettre *m* se prononce comme une *n*, lorsqu'elle est immediatement suivie d'une *m*, d'un *b*, d'un *p*, Exemples, Emmener. Tromper, qu'on prononce *anbrassé*, *anméné*, *trompé.*

La Lettre m. se prononce comme une *n* à la fin des mots comme *renom parfum, faim*, qu'on prononce de même que s'ils étoient écrits *renon parfun, fain.*

La Lettre m prend aussi le son de l'n lorsqu'elle se rencontre immediatement dans quelques mots devant l'n. Exemples, *condamner, solemnel,* &c. qu'on prononce *condanné, solannel*, &c.

MAC.

M A. Pronom personnel féminin. [MA mere. MA tête. MA main.] Quand ce pronom *ma* se rencontre devant des mots qui commencent par une voïelle on dit *mon*. Exemples, *mon ame, mon épée*, & non pas *ma ame, ni ma épée.*

Macaron, *s. m.* Mot qu'on fait venir de l'Italien *macaroni*, comme qui diroit *mets heureux*, en le faisant venir du Grec. Que ce mot vienne du Grec, ou de l'Italien, les macarons sont une sorte de patisserie faite d'amandes douces, de sucre & de blancs d'œufs. (Faire de bons macarons)

Macaroni, *s. m.* Mot Italien qu'on commence à faire François Petits morceaux de pâte déliez & coupez par tranches, que l'on fait cuire & boüillir dans de l'eau, du sel, du beurre, du lait & un peu de bon fromage Parmesan rapé placé sur le plat où on les a mis, étant tirez. (Plusieurs trouvent les *macaroni* fort bons & d'autres n'en sauroient gouter. Les Limonadiers de Paris vendent des *macaroni*.

Macronique *adj.* Il se dit d'une espece de poësie Latine burlesque mêlée demots écorché d'une langue maternelle, ausquels on donne une terminaison Latine.

Macerer, *v. a.* Terme de *Chimie*. Il signifie concasser les plantes & les écraser afin que le Suc en sorte plus facilement.

Macerer, *v. a.* Faire des macerations. (Macerer son corps.

Maceration, *s. f.* Terme de *Chimie* L'Ecrasement des plantes qu'on expose à l'air pour faire changer la disposition de leurs sucs & de leurs parties.

* **Maceration**, *s. f.* Elle consiste à affliger son corps de jeûnes, de disciplines & de diverses peines pour l'amour de Dieu, Mortification. (Saintes macerations, *Patru plaidoié* 15. La maceration de la chair.)

Mache, *s. f.* Sorte de plante.

Mâchefer, *s. m.* Sorte de crasse dure que fait l'acier, ou le fer lorsqu'on le forge. Ecume de fer qui sort du fer ou de l'acier lors qu'on le forge & qui sert aux taillandiers pour éclaircir leur besogne.

Machelier, *machelière*, *adj.* Ce mot se dit de certaines dents, & veut dire *Qui sert à mâcher*. [Une dent machelière, *Voit.* l, 59.)

Machemoure, *s. m.* Terme de *Marine*. Biscuit brisé & reduit en miette, dont les plus grosses sont comme des noisettes.

Mâcher, *v. a.* C'est couper & broïer avec les dents ce qu'on veut manger. (On mâche la viande avant que de l'avaler, afin que la digestion s'en fasse plus aisément.)

* Cheval qui prend plaisir à *mâcher* son mords.

Machiner, *v. a.* Former quelque mauvais dessein. Rouler quelque méchant dessein en son esprit. Il machine quelque trahison, *Ablancourt; Tac.* Il avoit déja machiné ma mort avant que je vinsse à la couronne. *Vau. Quin. Curc. l. 8. chap. 8.*

Machiner, Terme de *Cordonnier*. Passer le machinoir sur les points du soulier. (Machiner les points.)

Machine, *s. f.* Assemblage de plusieurs piéces tellement jointes qu'elles puissent servir à augmenter, ou à diminuer les forces mouvantes. Sortes d'assemblage de bois bien joints, pour faire joüer, ou mouvoir quelque chose. (Faire joüer les machines. Asseoir les machines. *Vau. Quin. l.4.* Aprocher les machines, *Abl.*

* *La Machine ronde*. Termes *Poëtiques* pour dire le *monde.*

* *Machine*. Tours. Adresse pour tromper. Choses dont on se sert pour venir à bout de quelque chose. (Quirons nôtre habit de Flaman pour songer à d'autres machines, *Moliére Pourceaugnac, a. 2. s. 3.* Il n'a besoin de ressorts, ni de machines pour faire entrer la raison dans les ames; *Boileau, Avis à Ménage.* Ils feront joüer les ressorts *de la noire & forte Machine. Teo. poë.* C'est à dire, des Jesuites.)

Machine. Terme de *poësie dramatique & épique*. Artifice par lequel on a recours à quelque puissance superieure pour rendre probable une action qui est au dessus des forces de la nature.

Machine, Terme de *Cordonnier*. Soufre preparé avec de la cicire blanche pour blanchir les points du talon du soulié.

* **Machinateur**, *s. m.* Ce mot ne se dit qu'au figuré; & il se dit rarement. Il signifie celui qui fait quelque entreprise, ou quelque conspiration. (Ils sont les machinateurs de cette entreprise.) Mais ce mot se dit rarement.

* † **Machination**, *s. f.* Action par laquelle on conspire & machine quelque entreprise. (Ils sont les auteurs de cette machination.) Il se dit rarement.

Machiniste, *s. m.* Celui qui fait des machines pour les ballets, les teâtres, les eaux, &c. (Un habile machiniste Le S. La Croix machiniste Florentin est fameux, & il a tant plû au Roi qu'il lui a donné sa medaille d'or.)

Machinoir, *s. m.* Terme de *Cordonnier*. Outil dont on se sert pour blanchir les points du derriére du soulié.

Machoire, *s. f.* Il se dit de l'homme & des animaux. L'os où sont les dents. Une grosse machoire. Une machoire d'homme. Une machoire d'âne. Une machoire de poisson, *Rond.*

† Didon dit *benedicité*, puis on joüa de la machoire. *Scaron. Virgile l. 1.*

Machiné. Terme d'*Arquebusier*. Ce sont les deux morceaux de fer qui serrent la pierre que tient le chien de l'arme à feu.

Machoires d'étau. Les extremitez des deux pieces de fer de l'étau qui s'élargissent par le moien d'un ressort, & se raprochent & se serrent avec un vis.

* **Machurer**, *v. a.* Ce mot ne se dit que par le peuple & particulierement entre les Imprimeurs. Il signifie barbouïller ou noircir quelcun ou quelque chose. (On lui a machuré le visage. Il a machuré cette feuille.)

Macis, *s. m.* C'est une petite écorce rouge & agréable à voir qui est couverte d'une autre grosse écorce & qui envelope la noix muscade lorsqu'elle est mûre, &, qui, lorsque la noix est séche, s'ouvre & devient d'un jaune doré. Le *macis* est bien plus cher que la muscade. *Dalechamp; Histoire des plantes t. 1. l. 18. c 32.*

Macle, *s. f.* Fruit d'une herbe marécageuse qui est de la grosseur d'une noix & qui est poinçuë en quatre ou cinq endroits c'est une espece de chategne d'eau.

Macle, *s. f.* Terme de *Blason*. Sorte de petite figure qui est en maniére de losange, & qui est le simbole de la prudence, de la constance & de la justice. (Rohan porte de gueules à neuf macles

MAÇON, *f. m.* ou *maſſon*; mais la plus ordinaire façon d'écrire ce mot, c'eſt maçon. Le maçon eſt un artiſan qui fait toutes ſortes de maiſons & de bâtimens de pierre. (Un bon maſſon gagne plus dans ce ſiecle que les autres ouvriers Un maſſon experimenté fait ſa fortune. Les inſtrumens d'un maſſon ſont la truelle, le marteau, lauge, &c.

Maçonner, on *maſſonner* Mais on écrit ordinairement *maçonner* Ce verbe eſt actif & quelquefois auſſi *neutre*, il ſignifie travailler à faire quelque mur avec des pierres & du mortier, ou avec du plâtre. (On doit maçonner cela d'une autre ſorte. On ne maçonne jamais à ſec. Il faut maçonner uniment.)

Maçonnerie, ſ. f. C'eſt l'arrangement des pierres avec le mortier. (Bonne maçonnerie. Une maçonnerie en forme de reſeau. Maçonnerie maillée maçonnerie en liaiſon. Voiez *liaiſon*. La maçonnerie aſſiſe ſur un roc doit étre encaſtrée de quatre ou cinq pouces dans le roc vif. Voiez *l'experience de l'Architecture militaire*.)

Maçonné, maçonnée, adj. Terme de *Blaſon*. Il ſe dit du mortier qui paroit en forme de filet entre les pierres de tailles;ou les briques d'un bâtiment. (On le dit d'ordinaire de ſable. Les maçons l'apellent trait de ruſtique. Un mur d'argent maçonné de ſable.)

MACREUSE, *ſ. f.* Sorte d'oiſeau qui reſſemble en quelque ſorte au canard & qu'on mange les jours maigres & le carême, à cauſe qu'il eſt d'un ſang fort froid & qu'il paſſe pour une maniere de poiſſon. (Il y a des macreuſes noires, & d'autres qui ſont griſes; celles-ci ſont les meilleures ; mais en général la macreuſe eſt tres - dure, &. c'eſt un méchant manger.)

MACULATURE, *ſ. f.* Terme *d'Imprimeur en tailles douces*. C'eſt une feuille de papier qu'on met entre l'image & le lange.

Maculature. Terme *d'Imprimeur en lettres.* C'eſt du gros papier gris qui ſert à envelopper. Ce ſont auſſi des feuilles mal-imprimé, & qui ne ſervent & ne ſont bonnes qu'à faire des envelopes.

Maculature. Terme de *Papetier.* C'eſt du méchant papier qu'on fait avec du drapeau où l'on mêle du charbon pour le rendre noir.

Maculer, v. a. Il vient du Latin *maculare*. Terme *d'Imprimeur.* Le mot de *maculer* ſe dit des marges lorſqu'elles ſont noires & il ſignifie Barboüiller. (Voila qui macule. Feuille maculée. Epreuve maculée.) Ces dernieres façons de parler ſe diſent entre les Imprimeurs en taille douce, & ſignifient Barboüillé par derriere à cauſe que l'impreſſion s'eſt déchargée.)

† *Macule, ſ. f.* Du Latin *macula* qui ſignifie *tache.* Terme *d'Aſtronomie.* Il ſe dit des taches qui paroiſſent au Soleil.

* *Macule.* Terme de *Théologie.* L'agneau ſans *macule.* C'eſt Jeſus-Chriſt, qui eſt ainſi apellé, pour dire qu'il a été exemt de peché.

M A D.

MADAME, *ſ. f.* Titre qu'on donne aux Reines & aux Impératrices. (Madame, je ſai bien que Vôtre Majeſté n'a que faire de toutes nos dedicaces. *Moliére, à la Reine Mére en lui dediant la Critique de l'Ecole des Femmes.* Madame ſi l'Academie prend la hardieſſe de ſaluër Vôtre Majeſté. *Patru Harangue à la Reine de Suede.*)

Madame. Lorſqu'on ſe ſert de ce mot tout ſeul & ſans y rien ajoûter on entend parler de la femme de monſieur le Frére unique du Roi, qu'on apelle *Son Alteſſe Roiale.* (ainſi on dit, Racine a dediés la tragédie d'Andromaque à Madame. Feu Madame eſt morte d'un miſeréré, On ſait, Madame, & Vôtre Alteſſe Roialle a beau s'en cacher. *Racine, Epître à Madame, en lui dediant Andromaque.*)

Madame. On apelle de ce nom les filles des Rois de France. Madame Maguerite de France fut mariée en 1572. à Henri Prince de Navarre.

Madame. On donne auſſi ce titre aux femmes qui ont épouſé des Princes, des Ducs, des Seigneurs, ou des hommes Nobles & d'un rare merite, qui ont des charges conſiderables dans la robe, ou dans l'épée. (Ainſi on dit Madame la Princeſſe eſt morte, Madame la Ducheſſe de. Madame la Baronne de. Madame la Comteſſe de Mombron, Madame la Marquiſe de Riberpré, Madame la premiere Préſidente de Bretague a beaucoup de cœur. Madame la Procureuſe Generale. Madame l'Avocate Générale Bignon a un grand fonds d'eſprit & de vertu. Madame la Gouvernante de. Madame la Marechale de. Madame l'Intendante de, &c.

Madame. Quelques flateurs du ſiecle donnent ſotement cette qualité de Dame damée à quelques femmes de riches Commis, ou Partiſans de nulle naiſſance, mais c'eſt un abus que le Roi corrigera par un bel édit quand tel ſera ſon bon plaiſir.

Madame. Ce mot ſe dit auſſi des ſimples femmes ou filles qui ſont du petit peuple. (Ainſi *Voiture l. 40.* a écrit, diſpoſez Madame, à une. s'accommoder avec eux. La pauvre Madame eſt une bonne femme & il faut tâcher à lui faire gagner ſa vie.)

Cuiſſe madame. Ceſt le nom d'une ſorte de poire.

Tripe-madame. C'eſt le nom d'une petite herbe qu'on mange en ſalade.

Trou-madame. Sorte de jeu , où l'on joüe avec des bales de plomb qu'on tâche de faire entrer dans les trous marquez de different nombre.

MADELAINE, *ſ. f.* Nom de femme. (Le Docteur Launois prétend avoir prouvé que la *Madelaine* n'a jamais été en Provence.)

Madelon, ſ.f. Nom de fille. Petite Madelaine. (Madelon eſt jolie.

MADEMOISELLE, *ſ.f.* Lorſqu'on ſe ſert de ce mot ſans y rien ajoûter, on entend Mademoiſelle , fille de Monſieur Frére unique du Roi. (Ainſi on dit Mademoiſelle eſt une belle Princeſſe. La Roi a rendu viſite à Mademoiſelle. Mademoiſelle a un cœur qui marque aſſez ſa naiſſance.)

Mademoiſelle., Hormis les filles des Rois de France qu'on apelle Madame, on qualifie Demoiſelle toutes les autres filles qui ont de la naiſſance, ou qui ſortent de Pére conſiderables dans la robe, ou dans l'épée.

Mademoiſelle. On apelle auſſi de ce nom une femme ou une fille qui eſt belle & bien miſe, ou qui paroit riche , mais c'eſt un abus que l'amour & la flaterie ont introduit.

† MADRÉ, *Madrée, adj.* Fin. Ruſé. (Il eſt madré. Elle eſt fort madrée.)

Madré, madrée, adj. Ce mot ſe dit principalement du bois de heſtre, & ſignifie. Qui a comme de petites taches brunes, dures & ſolides. (Bois madré. *Félibien.* Il ſe dit auſſi des taches qui ſont ſur la peau de quelque animal & ſignifie *tacheté.*)

Madreure, ou *madrûre, ſ. f.* Tache ou marque ſur la peau de quelque animal. Il ſe dit auſſi particulierement des veines du bois qui eſt madré.

MADRIERS, *ſ. m.* Terme *d'Ingenieur.* Planche de bois de chêne fort épaiſſes. (Il fit un grand amas de planches, de madriers, de ſacs à terre. *Voiez Relation de Rocroi.*)

MADRIGAL, *ſ. m.* Terme de *Poëſie Italienne , Françoiſe & Eſpagnole.* C'eſt une eſpece d'épigramme amoureuſe compoſé le plus ſouvent des vers inégaux. Elle a pour matiere l'amour. Son caractere c'eſt d'être tendre, polie & délicate. (Un beau madrigal. Un joli madrigal. Le Guarini & le Taſſe ſont ceux que tous les poëtes Italiens qui ont le mieux fait des madrigaux, les Eſpagnols ont apris à faire des madrigaux des Italiens. Melin de S. Celais eſt le premier qui a introduit le nom de *madrigal* dans nôtre poëſie.)

M A E.

MAESTRAL, *ſ. m.* Terme uſité ſur la Mer Méditerranée. C'eſt le vent qui ſouflle dans le Septentrion & le Couchant, qu'on apelle Nord-oveſt ſur l'Ocean.

M A G.

MAGAZIN, *magaſin, ſ. m.* Lieu où l'on met une quantité de marchandiſe. Endroit où l'on conſerve un grand nombre de choſes de même , ou de diferente eſpece. (Un beau & grand magazin. Un mazazin d'armes , de poudre , de livres de toile, d'étofés , de blé , de ſel, &c.)

MAGDALEON. Terme *d'Apoticaire,* C'eſt un rouleau d'emplâtre.

MAGDELAINE. Voiez *Madelaine.*

Magdelon Voiez *Madelon.*

MAGE, *ſ. m.* Interpréte des choſes divines. Qui a de la véneration pour les choſes qui regardent Dieu. Sorte de Sacrificateur. Sorte de Philoſophe parmi les Perſes. Quelques-uns croient que les trois mages qui vinrent adorer Jeſus Chriſt étoient Rois, & les autres non. *Balzac Socrate Crétien, diſcours.xi.* Mais voiez-là deſſus *l'Apologie de Naudé pag. 601. & 602.* qui croit, & vraiſemblablement c'eſt l'opinion la plus ſeure, que le nom de Mage eſt Perſan, qu'il veut dire *Sage* & que les trois Mages étoient trois Sages & trois perſonnes pleines de vértu & d'honneur.

Juge mage. V. *Juge.*

MAGICIEN, *ſ. m. ,* Sorcier qui a recours à la magie pour venir à bout de quelque choſe. C'eſt un grand Magicien. La plûpart des grans hommes ont paſſé pour des magiciens. Voiez *l'Apologie de Naudé.*)

Magicienne, ſ. f. Sorciére qui ſert de magie pour venir à bout de ſes deſſeins. (C'eſt une franche magicienne.)

Magie, ſ. f. Il y a de 4 ſortes de magie , la divine , la blanche, la naturelle & la noire. La *magie divine* eſt celle qui ſurpaſſe nos forces, dépand abſolument de l'Eſprit de Dieu qui ſoufle où il lui plaît. La *blanche* eſt celle qui ſous couleur de religion commande les jeûnes & autres bonnes œuvres afin que l'on veut communiquer avec les eſprits ſuperieurs n'en ſoit pas empêchée par ſes ſoüilleures. *Voiez Naudé apologie des grans hommes, page 30. La magie naturelle* eſt une ſience qui par la conſideration des cieux , des étoiles, des plantes , des minéraux & de la tranſmutation des élemens , découvre les plus rares ſecrets de la nature. La *Magie noire* eſt celle qu'on apelle oculte, ou diabolique qui a recours à des ſortileges

MAG MAH MAI MAJ   MAI

sortileges & autres choses dannable. Cette *magie* n'est pratiquée aujourd'hui que par des miserables qui finissent d'ordinaire malheureusement.

Magique, adj. Qui est de magie. Qui ressent la magie. (Caractére magique. Art magique. Carte magique. Ancre magique. C'est une ancre qui fait paroître des lettres, ou caractéres, qui ne paroissoient point auparavant & qui efase les caractéres qui se voient.)

* Ses yeux ont un *secret magique* pour gagner les coeurs. Voit. Poës.

Magistrat, *s. m.* Celui qui exerce un office de Judicature, ou de police. [Un bon Magistrat. Un Magistrat sévere & exact.

    L'argent seul au Palais peut faire un magistrat.
                          Dépr. Epît. 5.

Magistrature, s. f. Dignité de magistrat. Charge de magistrat. (Vieillir dans la magistrature avec éclat. Pàtru, plaidoié 9.)

Magnanime, *adj.* Qui a de la magnanimité. Qui a l'ame grande. Qui ne forme que de grands desseins. (Guerrier magnanime. Prince magnanime. Reine magnanime. Coeur magnanime. *Abl.*)

† *Magnanime, s. m.* Ce mot se dit en riant & signifie *Fanfaron* Faux brave. [Qu'ai-je fait à ce *magnanime* qui me regarde de travers. *Gon. epi.*]

Magnanimité, s. f. Grandeur de courage, c'est une vertu qui plaît obliger dans les grandes choses & aux occasions importantes. [Prince qui a de la magnanimité.]

Magnesie, *s. f.* Pierre minerale fossile, noire, ou tirant sur la couleur de fer, qui ne contient aucun métal, mais un soufre fixe. Elle entre en la composition du verre. On en donne aussi la couleur aux pots de terre, si avant leur cuite on les peind de cette *magnesie* dissoute. On l'apelle aussi *manganese*.

Magnetique, *adj.* Ce mot se dit de certains emplâtres & veut dire, Où il y a de l'aimant pilé. (Emplâtre magnetique.) On dit aussi en terme de *Philosophie.* Vertu magnetique. C'est à dire semblable à celle de l'aimant.

Magnificence, *s. f.* Vertu qui aime l'éclat & à faire de grandes dépences. (Les Dames aiment la magnificence , mais elles ne la pratiquent guere. Sa magnificence éclate. *Vau. Quin. l.*)

Magnifier, *v. a.* Ce mot signifie *Exalter, Loüer d'une manière particulière*, mais il est fort vieux; & je ne vois point qu'on l'emploie dans aucun discours. Vaugelas dit pourtant qu'il peut passer dans quelque ouvrage d'haleine, mais il n'apartient qu'aux Auteurs du premier ordre à hazarder de mot. Maucroix s'en est servi, dans sa traduction des Homelies de S. Chysostôme. On magnifie la puissance de Dieu , & la constance des martirs. *Homel. 6. p.* 126.

Magnifique, adj. Qui a de magnificence. (Il n'appartient pas à tout le monde d'être magnifique. Un Prince magnifique. Une Reine magnifique.)

Magnifique, *adj.* Paré. Orné. Riche à cause de l'appareil & de l'ajustement. (Un habit magnifique. *Ablancourt.* Son chariot n'étoit en rien plus magnifique que les autres chariots. *Vau. Q. l.* 3.

Magnifiquement, *adv.* Avec magnificence. D'une manière magnifique (Regaler magnifiquement. Il est magnifiquement habillé.)

Magot. Voiez *Mugot.*

Magot. Gros singe. Prononcez *mâgot.* (C'est un mâgot.)

† Vous discourez plus grave qu'un *mâgot Voir poës.*

† * *Magot*, Sot, Malfait, Impertinent. Ridicule & mal bâti (Quel *magot* est-cela ; Ah ! le vilain *mâgot* que c'est , & le moien qu'une belle fille se puisse resoudre à le prendre pour mari.)

Maguei, *s. m.* Arbre qui croit dans les Indes Occidentales. Les Espagnols l'apellent *chardon,* parce que ses feuilles sont épineuses & fort ameres en leurs extremitez. Elles sont grosses & longues d'une demi-aune. On en fait une espece de chanvre dont on fait des cordes. Voiez *l'histoire des Incas*, & *la relation du P. Blas Valera*.

MAH.

Mahometisme, *s. m.* C'est la créance de Mahomet, en matière de Religion. (Les Turcs, les Persans ; quelques Indiens quelques peuples d'Afrique & autres suivent le Mahomecisme. Introduire, embrasser le Mahometisme. Abjurer le Mahomerisme. La doctrine d'Arius est fort aprochante du Mahometisme. *Perrotiana p.*10.

Mahonne, *s. f.* Vaisseau Turc ; fait en forme de Galere.

MAI. MAJ.

Mai, *s. m.* En Latin *Maius.* Il a été ainsi apellé de la Déesse, *Maia,* mére de Mercure. C'est le cinquiéme mois de l'année, & même l'un des plus beaux & des plus agréables. Il a toûjours été regardé comme un tems propre à faire l'amour. (Il fut tué le premier jour de mai. Le second de mai. Joli mois de mai, quand reviendras tu ?)

Mai. Arbre qu'on plante le premier jour de mai devant la porte d'une maitresse, ou de quelque personne de marque, qu'on veut honorer particulierement. Planter le mai devant la porte d'une maitresse.

Le Mai des Imprimeurs. Grande feuille de papier qui contient les loüanges de S. Jean l'Evangeliste, du Roi & de l'Imprimerie & cela en Caldéen, en Hebreu, Siriaque, Grec, Latin & François. Cette sorte de *mai* se faisoit le jour de la S. Jean porte-Latine; mais cette coutume a été abolie en 1664. ou 1665.

Majesté, *s. f.* Air grand, vénérable & plein d'autorité. (Avoir de la majesté. Un air plein de majesté. *Ablancourt.*)

* L'éloquence le cede à la poësie pour la *majesté* de l'expression. *Abl. Luc. Tome* 3.

Majesté. Titre qu'on donne aux Empereurs & aux Rois. Empereur. Roi. (Sa *Majesté Imperiale,* c'est l'Empereur. Sa Majesté *Catholique*, c'est le Roi d'Espagne, Sa Majesté Très-Chretienne,C'est le Roi de France, qu'on apelle aussi , le fils ainé de l'Eglise. Sa *Majesté Britannique,* c'est le Roi d'Angleterre. Sa *Majesté Suedoise*, c'est le Roi de Suede. Sa *Majesté Danoise,* c'est le Roi de Danemarc. Leurs Majestez arrivées en Suéde reçurent les soumissions de *Mémoires de M. le Duc de la Roche-Foucaut.*

Lése-Majesté. V. *Lése.*

Majestueux, *majestueuse, adj.* Qui a de la majesté. Qui a un air grand, noble, qui atire le respect & marque quelque chose de vénérable , de grave & de charmant. (Princesse qui a un air tout à fait majestueux.)

Majestueusement, adv. Avec majesté. (Marcher majestueusement.)

Majeure, *s. f.* Terme de *Logique.* La premiére proposition d'un silogisme. [Prouver une majeure. Nier une majeure. Majeure vraie. Majeure fausse.]

Majeure, s. f. Terme de *Theologien.* L'un des plus grans actes des Bacheliers de Theologie de la Faculté de Paris qui sont en licence , dans lequel ils doivent soutenir de la Theologie positive, de l'histoire Ecclesiastique, ou de la controverse, & qui se commence à huit heures du matin & finit à six heures du soir. (Faire sa majeure.)

Majeur, majeure, adj. Terme de *Palais,* Celui , ou celle qui selon les coutumes du païs est en âge de joüir de ses droits. (Il est majeur, Elle est majeure. Les Rois de France sont majeurs à quatorze ans.)

Majeur, majeure, Ce mot se dit en terme d'*Eglise* en parlant d'excommunication. (Excommunication majeure , c'est la plus terrible des excommunications & celle qui a quelque chose de plus que l'excommunication mineure.)

Majeur, majeure, Ce mot se dit en *musique.* (Ton majeur. Tierce majeure.)

Maigre, *adj.* Qui a de la maigreur. (Il est maigre. Elle est maigre. Oiseau fort maigre, Chien maigre.)

Maigre, *s. m.* Chair où il n'y a point de graisse, (J'aime le maigre, donnez m'en, je vous prie.

Maigre. Abstinence de viande. Faire maigre. Un jour maigre.)

* *Un maigre auteur. Depreaux.* C'est à dire, un chetif auteur. Un stile *maigre.*

* *Maigre* adj. Il se dit des terres legeres & sablonneuses. Cette terre est maigre. C'est un païs fort maigre.)

Maigre. Terme de *Maçon* & *de Charpentier.* C'est à dire ; Qui ne remplit pas tout-à-fait. (Cette pièce est trop maigre.)

On dit maigre comme un squelete, ou comme un harang saur. Il va du pié comme un chat maigre, c'est à dire , il est bon pieton. *Maigrement, adv.* D'une manière maigre. (Nous avons été traitez fort maigrement.)

Maigreur, s. f. C'est ce qui est contraire à l'embonpoint. (Elle a une grande maigreur. Sa maigreur est éfroiable.)

† * *Maigreur*, Fille ou femme maigre. (Loin d'ici Vénus & les graces ; cedez à ces pâles maigreurs. *Gom. epi l.*)

Maigue, *s. f.* Sorte de poisson de mer, que les Italiens apelent *umbrino* & les Latins *umbra;* & en bas Latin *mesga.*

Mail, *s. m.* Ce mot fait au pluriel *mails.* Sorte de maillet ferré qui a un manche de quatre, ou cinq piez de long. (On dit *la masse du mail.* c'est ce morceau de bois ferré par les deux bouts avec quoi on pousse la boule lorsqu'on joüe. Mon *mail* est rompu par le milieu.)

Mail. Lieu où l'on joüe au mail. (Le mail qui est auprès des Célestins de Paris n'est pas trop beau. S'aler promener au mail.)

Maille, s. f. Partie de denier. Voiez *Bouterouë traité des monoies de la premiere race des Rois de France* , *p.* 163.

Maille. Quelques-uns croient que c'étoit une sorte de petite monnoie quarrée. Voiez *Clerac traité des monnoies*. Pour moi je trouve que dans l'ordonnance des vieilles monnoies que M. Boissard m'a prétée, il y avoit du tems de François I une monnoie d'or en forme de petit écu d'or qu'on appelloit maille de Lorraine qui avoit cours en France pour trente trois sous six deniers & pesoit 2. deniers 4. grains. Cette maille avoit d'un côté pour figure la tête du Duc de Lorraine & de l'autre côté elle avoir une croix, & d'autres pieces dans son écu.

Maille. Il se dit du tissu de plusieurs fils de fer, dont on faisoit, autrefois des chemises de maille, ou des jaques de maille, qu'on portoit sur le pourpoint , ou sur la casaque, pour se garantir des coups d'épées. On faisoit aussi des gants de mailles

Ce mot se dit encore généralement de toutes les ouvertures qui se rencontrent entre des choses tissuës ou entrelassées, comme les quarrez ou les lozanges qui paroissent entre les barres ou les fils de treillis de fer, ou entre les échalas que les Jardiniers lient les uns aux autres, & en d'autres rencontres.

Maille. Ce mot vient du Latin *macula*, lors qu'il signifie une tache qui vient sur la prunelle de l'œil.
Il se dit aussi des taches qui paroissent aux plumes des perdreaux *Mailleux*.

Maille. Terme de *Jardinier*. Il se dit des melons & des concombres, & signifie l'œil d'où sort le fruit *Quin. Jardin. T. 1.*

Maille. Terme de *Blason*. C'est une boucle sans ardillon.

† *Il y a toûjours maille à partir entre eux.* Proverbe pour dire il y a toûjours quelque querelle entre eux.)

Maille. Terme de *Tricoteuse*. Ce qu'on prend avec l'aiguille lorsqu'on tricote. (Maille rompuë. Reprendre une maille.)

Maillé, maillé. Terme de *Maçon*. Il se dit d'une certaine maçonnerie particuliere où l'on apelle *maçonnerie maillée*.

Mailler. Ce verbe est ordinairement neutre. C'est un terme de *faiseur de filets de pêcheur*, & il signifie *faire des mailles de filets*.[Mailler en lozange. Mailler par dessus le pouce. Mailler sous le petit doigt.

Mailler. Il se dit des perdreaux, lors qu'ils deviennent plus forts & que leurs plumes changent de couleur.

† *Se mailler, v. r.* Ce mot signifioit autrefois s'armer & se couvrir d'une cote de mailles.

Mailleure, mailluro, s. f. Terme de *Fauconnerie*. Il se dit des taches, des mouchetures & de la diversité des couleurs, que paroit sur les plumes de l'oiseau de proie. On les apelle aussi *émaillures, & tavelures*.

Mailles, s. m. Prononcez *maillé*. Marteau de bois qui a deux têtes. (Un gros maillet. Un petit maillet. Un maillet plat.)

Maillet. Le fendeur de bois se sert d'un maillet pour fendre le bois, & ce maillet est composé d'une tête & d'un manche long d'environ trois piez.

MAILLOT, *s. m.* Terme de *Nourrice*. Couche, langes & bandes dont on emmaillotte un enfant. (Etre au maillot. Depuis le maillot je n'ai pas eu un jour de repos. *Voi. l. 50.*

MAIN, *s. f.* Partie de l'homme qui est au bout du bras, qui est divisée en *cinq doigs*, & en ce qu'on apelle *paume de la main*, dont on se sert pour prendre, empoigner, repousser & deffendre les corps. (La feu Reine Anne d'Autriche avoit de fort belles mains. *Donner la main à une Dame.* C'est *lui servir d'écuier.* C'est l'aider à marcher, où à monter en carosse. Mener un cheval en main. *Voit. poës*. Il avoit la medecine à la main. *Vau. Quin. l. 3.*

Avant main, Arriére-main. C'est le dedans & le dessous de la main.

Main de fer. C'est une main artificielle que les Chirurgiens apliquent au bras dont la main a été coupée. Elle a presque tous les mouvemens de la main naturelle par le moyen des pignons, broches, gachettes, estoquoirs, bourons & ressort, dont la figure & la description se trouvent dans les œuvres d'Ambroise Paré.

* *Main.* Ce mot au figuré a un usage fort étendu. *Faire main basse sur l'ennemi. Abl.* C'est tuër tout.

* *Etre aux mains avec l'ennemi. Abl. Ar.l.1.* C'est se batre.
* *Venir aux mains avec l'ennemi. Abl. Ar. l. 1.*
* *Combatre de pié ferme & main à main. Vau. l 3. c.11.*
A main armée, adv. C'est à dire, avec les armes à la main. (Il ne manqueroit pas de l'aler recevoir sur la frontiére, mais ce seroit à main armée.*Vau. Q. C. l. 8. ch. 13.*)
* *Remettre sa franchise en ses mains. Voit. poës.* C'est recouvrer sa liberté perduë.
* *Nôtre gloire est dans nos propres mains. Racine, Iph. a. 1. s. 2.*
Avoir une chose en main. Voit. poës. C'est à dire, en son pouvoir.
* *Telle personne s'est sauvée de mes mains qui ne m'échaperoit pas à cette heure. Voi.* l.10 *Tomber entre les mains de ses ennemis. Abl. Ar. l.3. c.1.*
* *Il mit en la place un gouverneur de sa main. Abl. Ar. l.1.* C'est à dire, un gouverneur à sa dévotion.
* *Ville fortifiée de longue main. Abl. Ar.* C'est à dire, *depuis long tems.* Ils sont amis de longue main. *Scaron*. Alexandre s'étoit proposé de longue main d'égaler en tout la gloire de Bacus. *Vau. Q. C. l. 9. ch. 10.*)
† *Je baise les mains à Mademoiselle Atalante. Voi.l.41.* C'est à dire, je me recommande.
* *Laisser à main gauche. Abl. Ar.* C'est à côté gauché.
* *Prendre à main droite. Abl.* C'est à dire, à côté droit.
* *Prendre à toutes mains. Abl. Apo.* C'est prendre de toutes les manières.
* *C'est un ouvrage qui vient de bonne main.* C'est à dire, d'une personne qui fait bien.
* *Mettre la derniére main à un ouvrage. Abl. Apo.* C'est à dire lui donner la perfection qu'on lui peut donner.

Tandis qu'il vivoit nous avons *eu les mains liées Patru,* 3 plaid. C'est à dire, nous n'avons aucun pouvoir.
* *Donner les mains, Patru plaid.9.* C'est ceder.
* *Faire une chose haut la main. Scar.* C'est à dire, hautement & absolument.
* *Muse, c'est en vain que la main vous demange. Depreaux Satire.* C'est à dire, c'est en vain que vous desirez de railler.
Les mains lui demangent. Moliere. C'est à dire, il a envie de faire quelque chose.
* *Mettre la main à quelque chose.* C'est à dire, y travailler.
* *Main.* Ce mot en poësie dramatique signifie *mariage. Pretez moy vôtre main*, je vous donne l'empire. *Corneille*. Se donner la main. *Moliére*. Se promettre mariage. Helas suis-je en état de vous *donner la main* ! *Racine*.
* C'est un *homme de main. Abl.* C'est à dire un homme d'execution.
* *Sous main,* C'est à dire, secrétement.
* *Ne toucher pas de main morte.* C'est à dire fraper avec vigueur.
* *Gens de main morte.* Ce sont les Eglises, les Chapitres, les Couvents, les Colleges & les Communautez. On les apelle ainsi parce qu'ils ne meurent point. (Les gens de main morte paient au Roi des droits d'amortissement. Voiez *les Ordonances.*)
* *Main.* Ce mot est commun à plusieurs professions. Exemples.

Main levée. Terme de *Palais.* Avoir *main levée* de quelque heritage.)
Main forte. Terme de *Palais.* Secours qu'on doit donner à la justice. Donner main forte à des sergens. *Le Mai*, on prétend les assujettir à toutes les charges de vile, & même à la main forte, *Patru, 1. Plaid.*
Main mise. Terme de *Palais*. Saisie de fief mouvant, faute d'hommage, ou de droits.
Main. Ce mot entre dans plusieurs façons de parler de manége, mettre un cheval dans la main. *N'avoir point de main.* C'est à dire, ne s'aider pas de ses mains, à propos. Cheval qui entend la main & les talons. Cheval qui ne sort point de la main. Cheval qui obéït à la main. Cheval pesant à la main, ou leger à la main. Cheval qui force la main. *Cheval qui bat la main*. C'est à dire qui branle la tête en s'arrêtant. Sentir un cheval dans la main. Tenir un cheval dans la main & dans les talons.
La main de la bride. C'est la main gauche du Cavalier.
La main de la lance. C'est la main droite.
Cheval de main. C'est un cheval qu'on méne à la main sans monter dessus.
Batre des mains. C'est donner un témoignage d'aplaudissement, en frapant des mains l'une contre l'autre.
* *Faire un coup de main.* C'est faire un coup hardi & dangereux.
* *Il a fait un coup de sa main.* C'est à dire, il a fait quelque chose avec temerité, de sa tête & sans consulter personne.
* *Faire sa main.* C'est faire un profit injuste dans quelque emploi.
Imposer les mains. V. Imposer & imposition.
Main tierce. Voiez *Tierce.*
Un tournemain. Voiez *Tourner.*
Main. Terme de *Blason*. Deux mains jointes ensemble sont le signe de la foi.
De main en main, c'est à dire d'une personne à l'autre.
Sous-main, adv. C'est à dire secretement, & sans que la chose paroisse.
A pleines mains, adv. C'est à dire, abondamment. Liberalement.
Main. Terme de *Sellier*. Gros cordons de soie qui sont attachez aux côtez des portieres du carrosse qui servent à monter en carrosse & à se tenir lorsqu'on est en carrosse.
Main de *Banquier & de Commis aux receptes des Géneralitez*. Manière de petite pelle de métal avec des rebords dont on se sert pour prendre de l'argent & le mettre dans les sacs.
Main de papier. Ce sont 25. feüilles de papier.
Main de cartes. C'est une levée de cartes.
Main de fer. Sorte de croc, ou d'S. Pièce de fer courbé en diferentes manières dont il sert à accrocher des louves, des cables, &c.
Main de poulie. C'est le bois, ou le fer qui environne la poulie.
Main Morceau de bois, ou de fer en forme de crochet qui est ataché à la corde du puits & où l'on met le seau lorsqu'on veut tirer de l'eau.
† MAINT, *mainte adj.* Vieux mot burlesque qui veut dire *plusieurs. (Maint*, Auteur antique & recent. *Scar. poësies*. Vous faites le bigot pleurant nos maux aveque *maint* sanglot. *Voit poës.*)
† *Maintefois, adv.* Vieux mot qui n'entre que dans le burlesque & veut dire *Plusieurs fois, Souvent. Vau. Rem.*
MAINTENANT, *adv.* Présentement. A cette heure. (Il se faut maintenant

maintenant fter à peu de perſonnes.)

MAINTENIR, v. a Je maintien, J'ai maintenu. Je maintins. Je maintiendrai. Que je maintienne, que je maintinſſe. Soutenir. Défendre. Faire ſubſiſter. Conſerver. (Maintenir un établiſſement, Patru 1. plaid. Maintenir la juſtice. Abl. Tac. Maintenir ſon honneur. Paſſ. l. 7.)

Maintenuë, ſ. f. Terme de Palais. Acte par lequel on eſt maintenu en la poſſeſſion de la choſe. (Demander la maintenuë. Patru, plaid. 12.

Maintien. ſ. m. Mine. Air. (A ſon maintien jaloux je l'ai reconnu Poëte. Dépr. Sat. 3.)

† Maion, ſ. f. Nom de fille, qui veut dire petite Marie. (Maïon eſt belle.)

Major, ſ. m. C'eſt un Oficier qui tient un rang conſiderable ſoit dans toute l'armée, ou dans quelcune de ſes brigades, & quelque régiment, en queque place de guerre, ou en quelque corps de ſoldats que ce puiſſe être. Ainſi il y a pluſieurs ſortes de majors. Le premier eſt celui qu'on apelle Major général de l'armée. C'eſt un Oficier vaillant & experimenté qui prend tous les ſoirs l'ordre du Général, ou du Lieutenant Général qui le diſtribuë aux majors des brigades de cavalerie d'infanterie, & de dragons, qui regle avec eux les gardes, les convois, les partis, les détachemens, inſtruit en particulier les commandans des détachemens ſur ce qu'ils ont à faire, & leur donne des guides pour les conduire. Le Major général a été créé par Louis XIV. & cet Oficier peut entrer à toute heure chez le Général, & pour cela il eſt logé auprés de lui. Le Major général doit avoir un rôle de tous les brigadiers, meſtres de camp, colonels & majors ſuivant leur ancienneté, & le rang de leurs regimens. Il doit avoir auſſi un état de la force de chaque brigade en général, & de chaque régiment en particulier.

Major de Brigade. C'eſt un Capitaine experimenté qui doit toûjours être prés du Général, ou des oficiers généraux, qui prend tous les ſoirs l'ordre, & le mot du major-général, qui le porte aux commandans de la brigade, qui le diſtribuë aux majors, ou aux aides majors de chaque régiment, les aſſemble & regle avec eux les partis, les convois, & les détachemens qu'il faut faire. Il y a des majors de brigade de cavalerie, & des majors de brigade d'infanterie qui doivent tous avoir un état des regimens de leurs brigades, en ſavoir le fort & le foible & avoir un rôle des commandans, des majors & des aides-majors ſelon leur ancienneté & le rang de leur regiment.

Major de regiment d'infanterie. C'eſt un oficier qui a tous les ſoirs prendre l'ordre du Commandant, & qui lorſqu'on eſt en corps d'armée, prend l'ordre du major-général, des majors de brigade, le raporte au camp à ſon colonel, & aſſemble les ſergens des compagnies pour leur diſtribuer l'ordre qu'il a reçu, & auquel ils doivent obéïr ponctuellement. Il aſſigne l'heure de la marche, & commande aux tambours de batre, & dreſſe ſon bataillon. Il reconnoît le logement de ſon regiment, il poſte la garde du camp, les corps de garde ; en un mot il prend un ſoin particulier du Régiment dans la marche, & dans les divers campemens. En un jour de bataille il eſt à cheval tantôt à la tête & tantôt à la queuë pour faire les commandemens néceſſaires, faire exécuter les ordres de ſon colonel, & ralier le regiment s'il vient à plier. Il tient un rôle des officiers du Regiment & de leur rang, il fait le nombre des ſoldats & prend ſoin de les dreſſer dans l'exercice du mouſquet, de la pique, & autres choſes, qui regardent le devoir d'un bon ſoldat. On apelle auſſi major à Sergent major.

Major de régiment de cavalerie. C'eſt toûjours le premier capitaine du Regiment, qui commande en l'abſence du meſtre de camp, & qui a ſoin du régiment lorſque le meſtre de camp n'y eſt pas.

Major d'une place de guerre. C'eſt l'oficier qui a ſoin de la garde de la place, & qui donne ordre aux rondes, aux patroüilles, & aux ſentinelles. C'eſt le troiſiéme oficier d'une place & qui y commande aprés le Lieutenant de Roi. Tous les Majors & Aides-majors des régimens ceſſent de faire leurs fonctions, lorſqu'ils entrent dans une place de guerre où il y a des majors établis de la part du Roy aux conſeils de guerre aſſemblez pour juger un ſoldat criminel, les majors de la place donnent leurs concluſions préferablement aux majors des regimens qui ſe trouvent dans la place où les majors ſont établis par l'ordre du Roi.

Major des Gardes du corps. C'eſt l'oficier qui fait ſervir les gardes auprés du Roi & qui a l'œil ſur les corps de garde pour faire obſerver exactement l'intention de ſa Majeſté.

Major-dome du Pape, C'eſt le maître d'hôtel du Pape.

Aide-major. V. Aide. Sergent-major. V. Sergent.

Majorité. ſ. f. C'eſt le tems où les Rois de France ſont Majeurs c'eſt l'âge où l'on eſt majeur & capable de joüir de ſes droits. (Sonner ſur la majorité du Roi. A rendre la majorité du roi. Etre en majorité.

Maire, ſ. m. C'eſt le premier Oficier, ou magiſtrat de police de quelque ville ou de quelque bourg. Le mot de Maire vient du Latin major. (Un bon Maire. Un Maire juſte, un Maire reſpecté, honoré, eſtimé. Les Maires de Bourdeaux ſont fameux & conſiderables parce qu'ils ſont perpetuels. Dans les autres viles de France, où il y a des Maires, les Maires n'y ſont pas ſi conſiderables à cauſe qu'ils ne ſont point à vie, & qu'ils ne doivent exercer leur charge qu'un certain nombre de mois. Etre Maire, élire un Maire, choiſir un Maire. prendre pour Maire.

Nos plus honnêtes Officiers
Portent des cloux à leurs ſouliers
Et ces coquins pleins de miſére
Ont pourtant un Monſieur le Maire,
Avec cinq ou ſix Echevins.
Auſſi gueux que des quinze-vints.
Boiſr. Tom. 2. ep. 12.

Maire du Palais, ſ. m. C'étoit le premier Oficier de la couronne des Rois de France de la prémiére race, qui diſpoſoit de toutes les chrges de la Cour, & avoit connoiſſance de toutes les afaires de l'Etat. (Maire cruël, méchant, perfide, ſcélerat, ruſé, adroit, habile. Pepin eſt l'un des plus fameux Maires du Palais de nos anciens Rois de France. Il étoit politique & courageux. Il prit le titre de Duc des François, & aprés avoir gouverné ſous pluſieurs Rois, il détrona Childeric 1. & fut élu en ſa place par la Nobleſſe de France & le conſentement du Pape Zacharie. Mez. hiſtoire de France. T. 1.)

Mairie, mairerie, ſ. f. L'une & l'autre ſe dit, mais les habiles gens ſont pour mairie, parce qu'on le trouve le plus doux. C'eſt la charge & la dignité de Maire, (Avoir une Mairie, obtenir, donner, eſperer, perdre une Mairie. Willimer qui étoit un perfide, mourut la ſeconde année de ſa Mairie. Mez. hiſt. de France T. 1. Du tems de Tierri ſecond, on ôta la Mairie à Rainfroi. Mez. hiſt. de France. T. 1. vie de Tierri.)

Mairie ; ſ. f. Terme qu'on a exercé la charge de Mairie, (Il s'eſt acquis beaucoup de réputation durant ſa Mairie. Il s'eſt fait un grand nom ſa Mairie durant. Il s'eſt acquis l'afection & l'eſtime de tous les peuples pendant ſa Mairie. (La Mairie de Dijon eſt conſiderable.)

beaucoup de reputation durant ſa mairie.

MAJUSCULE, adj. (Lettre majuſcule. C'eſt une groſſe letre.

MAIS. Sorte de conjonction qu'on ne doit répéter que de loin à loin, à moins qu'elle ne ſoit en grace, ou ne faſſe figure.

Mais même. Quelques-uns trouvent ces mots rudes & en leur place mais auſſi.

† Mais que, Ces mots ſignifient lorſque, ou quand, mais ils ne ſe diſent qu'en parlant, & même ils ne ſont guére que dans la bouche du petit peuple. (Venez-moi quérir mais qu'il ſoit venu.)

† Je n'en puis mais. C'eſt à dire, ce n'eſt pas ma faute que la choſe ſoit arrivée de la ſorte & je ne l'ai pû empêcher. Si cela eſt arrivé il ne s'en faut pas prendre à moi, je ne pouvois faire davantage que j'ai fait pour l'empêcher. (Par exemple. Pour être cocu, qu'on ne le difame pas, eh ! le pauvre homme n'en peut mais, il ne l'eſt que par ſa femme.)

(C'eſt un homme qui n'a ni ſi, ni mais. C'eſt à dire, un homme franc & qui ne cherche point d'excuſe ni de pretexte pour ne pas faire une choſe.

MAISON, ſ. f. Bâtiment dans une ville ou aux champs (Monſieur Débordes a fait bâtir à Paris une fort jolie maiſon dans l'Ile. Acheter une maiſon auprés du Palais. C'eſt une fille fort riche, elle a quatre ou cinq maiſons à Paris. Sa maiſon de compagne eſt tres belle. Il a une maiſon de bouteille aux environs de Paris.

* C'eſt une maiſon fort réglée. C'eſt une maiſon ruinée. C'eſt à dire Famille réglée. Famille ruinée.

* Faire une bonne maiſon. Etablir ſa maiſon. C'eſt à dire, amaſſer force bien.

* La maiſon de Bourbon. La maiſon de Jagellon qui avoit régné prés de deux cens ans dans la Pologne, fut éteinte. Flechir, Vie de Commendon, l. 4. ch. 1. Maiſon en ces exemples veut dire race.

* Maiſon, Terme d'Aſtronomie. Signe du Zodiaque. (Les douze maiſons du Soleil. Ce ſont les douze ſignes du Zodiaque.) Les Aſtrologues diviſent tout le ciel en douze portions qu'ils nomment les douze maiſons du Ciel, auſquelles ils atribuent diverſes proprietez.

Les petites maiſons. C'eſt un hôpital pour les fous & pour de certains pauvres de Paris.

MAISTRE DE CAMP, ſ. m. Celui qui a un regiment de Cavalerie.

MAISTRE, ſ. m. Celui qui a des domeſtiques. Celui qui commande à des ſerviteurs. (C'eſt un fort bon maître, il avance ceux qui l'ont ſervi.)

* Faire le maître, Ablancourt. C'eſt entreprendre de commander aux autres.

* Etre maître de la campagne. Ablancourt. Terme de Guerre. C'eſt tenir la campagne ſans que l'ennemi oſe paroître pour faire tête,

MAI

* *Se rendre maître d'une place*, *Ablancourt*. C'est s'emparer d'une place.

* *Se rendre maître de l'esprit du peuple*, *Abl*. C'est gagner l'esprit du peuple.

* *Il croioit demeurer le maître de ce qu'il ocuperoit*, *Vau. Quin. l.4.* C'est à dire, qu'il pensoit possder toûjours ce qu'il prendroit.

Maître Soldat cavalier. (Les compagnies de cavalerie sont ordinairement chacune de cinquante maîtres. Le Prince lui donna une escorte de vint-quatre Dragons & de cinquante Maîtres. *Terlon memoires*.

† *Maître*. On se sert quelquefois de ce mot dans le burlesqué en l'atribuant à quelques animaux. (Maître Corbeau sur un arbre perché lui tint à peu prés ce langage, *La Fontaine*, *Fables*, *l.1*.)

Maître. Celui qui enseigne quelque chose que ce soit. Celui qui éleve & qui instruit. (Ainsi on dit , Un maître à écrire. Maître de dance. Maître des exercices militaires. Maître de musique. Maître de Matématique. Maître des enfans de chœur. Maître des novices.)

Maître és arts. Celui qui aiant fait son cours de Philosophie en une Université & qui aiant êté examiné sur la Philosophie & sur quelques Auteurs Latins d'humanité a receu des lettres de cette Université qui marquent sa capacité & qui lui donne permission d'enseigner la philosophie & les humanitez & en vertu de ses lettres il se fait gradüer sur de certains benefices.

Maître d'armes, *s. m.* C'est celui qui montré à faire des armes & à voltiger sur le chevalet. (Les maîtres d'armes n'ont que deux Jurez dans leur profession, & ils ne doivent avoir que chacun un Prevôt. Châque maître d'armes doit être François & Catolique de Religion & ne peut - être reçu qu'à vint-quatre ans acomplis. Le S. Liancour a fait un livre des exercices du maître d'armés , lequel on estime.)

Maître. Celui qui a fait son aprentissage de quelque métier & qui aprés avoir fait un chef-d'œuvre aprouvé, est reçu. (Maître menuisier. Se faire passer maître cordonnier.) En matiére d'amour, qui est écolier, est maître.

Maître des Requêtes. Juge qui conoit des afaires des oficiers privilegiez.

Maître des comptes. C'est un oficier qui examine les comptes.

Maître. Le principal Oficier & Intendant d'une chose. (Ainsi on dit Le maître des ceremonies. Le maître de la chapelle du Roi.

Maître des ponts. C'est celui à qui on païe un certain droit pour aider les bateaux qui passent sous les ponts en avalant & en montant.

Maître d'hôtel. C'est celui qui a soin de servir les plats sur table.

Maître des hautes œuvres. C'est le bourreau.

Maître des basses œuvres. C'est un écureur de puits. C'est aussi un gadoüard. Un qui nettéie les lieux.

Maître. Ce mot se dit aussi en mauvaise part de ceux qui se signalent par quelque mechante qualité. (Ainsi l'on dit un maître fourbe , un maître sot , un maître yvrogne, &c.)

* *Maître adj*. Il se dit quelquefois de ce qui est le principal & le plus considerable de diverses choses. (Le maître autel d'une Eglise. La maîtresse voûte d'un bâtiment.)

Grand-Maître. *s.m.* Terme de l'*Université de Paris*. C'est le Chef de l'Université. On peut voir sa puissance & ses fonctions dans l'histoire de l'Université de du Boulai. Il y a du profit & de l'honneur à être Grand-maître.

Grand-Maître de l'Ordre des Chevaliers de Malte . C'est le Chef de cet Ordre.

† On emploie ce mot , maître , en divers Proverbes. Tel le maître, tel le valet. Les bons maîtres font les bons valets.

De bien servir & loïal être.
De serviteur on devient maître.

Le charbonnier est maître dans sa maison. Qui a compagnon a maître. On dit qu'on a *passé Maître* quelcun, lors qu'on ne l'a pas atendu au repas.

Maitresse. Celle qui a des domestiques. La femme du maître de quelque logis. (La maitresse du logis est belle & enjoüée.)

Maitresse. Celle qui enseigne quelque chose. Celle qui instruit & qui a l'œil sur la conduite de quelques jeunes filles. (Une maitresse d'école. La maîtresse des Pensionnaires. La maîtresse des novices.

Maitresse. Celle qui est particulierement aimée de quelque homme. Celle pour qui on a un atachement particulier , soit que cet atachement soit galant , ou sincere. (Ma maîtresse est belle, mais elle est cruelle. François premier étoit bien aise que les Gentilshommes de sa Cour fissent des maitresses. Voïez *Bratome*. Les Amans atachoient autrefois des festons d'olive & de lierre sur la porte de leurs maitresses. Nicolas Richelet, *notes sur les Sonnets de Ronsard*. Cleopatre Reine d'Egypte étoit la maîtresse de Marc-Antoine , & elle le charmoit par la nouveauté des plaisirs qu'elle lui presentoit tous les jours. *Citri , Triumv. T.2.*)

MAI MAL

† * *Une maîtresse femme*. C'est une femme de cœur & qui a de la fermeté & de la résolution.

Maîtrise, *s.f.* Pouvoir d'être maître en quelque profession. (Il y a une maîtrise d'école à paris. Se faire recevoir marchand dans les viles où il y a maîtrise. Aspirer à la maîtrise.)

Maîtriser, *v. n.* Etre maître. Etre plus fort. L'emporter sur quelqu'un. (La France sous tes lois maitrise la fortune, *Déspreaux, Discours au Roy*.

Par ta force invincible & tes atraits puissans
Tu *maîtrises*, Tircis , ma raison & mes sens.
La Suze , Poësies.)

MAL.

MAL, *s. m.* Chose contraire au bien & à la vertu. Le mot de *mal*, en ce sens n'a point de pluriel. (Fuïez le mal & faites le bien, *Arnaud*. Quel mal y a-t-il d'aller dans un champ & de s'y promener en atendant un homme ? *Pas.l.7*. Songer à mal, *Moliere*. Pour moi , je n'y entens point de mal. *Moliere*.)

* *Metre à mal*. Cette façon de parler est basse & figurée. Elle se dit particulierement des femmes & des filles , & elle signifie les porter tout à fait au libertinage , les débaucher. (Metre une femme à mal. *Mal*. *Festin de Pierre*, a. 5. sc. 6)

Mal. Ce mot a un pluriel en ce sens. (Dire du mal d'autrui. *Depreaux Satire 7*. Ne parler d'une personne ni en bien ni en mal. *Voi.l.63*. C'est à dire ne parler point du tout d'une personne , ni la loüer, ni la blâmer. Ils ont dit tous les maux du monde de la comédie, *Moliere*.)

Mal. Déplaisir. Dommage. Peine. Le mot de *mal* dans ce sens à un pluriel. (Le mal qu'on dit d'autrui ne produit que du mal. *Depreaux Satire 7*. La guerre cause bien de maux. Ce sont les gens du monde les plus adroits pour faire du mal. *Vouloir du mal à quelqu'un*. *Voit.l. al. 40*. C'est avoir de la haine pour quelqu'un & lui souhaiter quelque déplaisir.)

Mal. Douleur. Le mot de *mal* en ce sens a un pluriel. (Je soufre mes maux patiemment, *Ablancourt*. Je sens du mal par tout le corps.)

Mal. Sorte d'infirmité. Sorte de maladie. Le mot de *mal* en ce sens a un pluriel. (L'homme est sujet à une infinité de maux. Il a un mal incurable.)

Mal caduc, *s. m.* Ce mot n'a proprement point de pluriel. (C'est un mal du cerveau qui fait perdre le jugement , & le sentiment, on apelle ce mal *épilepsie* & *Haut mal*, parce qu'il saisi la tête. On l'apelle aussi *mal de saint*, ou *mal de S. Jean* parce que quand on a une fois ce maudit mal, on n'en sauroit guerir que par miracle , & qu'à l'aide de quelque Saint. De Sorte que les Medecins qui promettent de le guérir, sont tous Charlatans. *Voïez Epilepsie*,

Mal de tête. C'est la migraine.

Mal de ventre. C'est la Colique.

Mal de cœur. C'est un soulevement de cœur qui est causé par quelque dégout.

* On le dit , dans un sens figuré, du déplaisir qu'on a de voir faire une chose pour laquelle on a de l'aversion.

Mal d'enfant. C'est le travail d'une femme qui acouche.

Mal saint main. C'est la gale.

Mal de mere. C'est une sufocation de matrice qui empêche la respiration.

Mal contagieux. C'est une maladie qui se communique par l'atouchement d'une personne infectée , ou par la respiration d'un air corrompu ; comme sont la peste , la lepre , la verole, &c.

Mal de mer. C'est un bondissement d'estomac qui fait aler par haut & par bas ceux qui ne sont pas acoutumez à aler sur mer.

Mal de Naples. C'est le nom qu'on donne en France à la grosse verole , parce que les François l'aporterent autrefois du Siége de Naples. Les Italiens l'apellent au contraire, *Le mal François*. On l'apelle quelquefois simplement *mal*. (Le commerce avec les femmes débauchées donne du mal.

Mal de rate. C'est une maladie causée par les vapeurs qu'on croit que la rate envoie au cerveau.

Mal de terre. C'est le Scorbut. *Voïez Scorbut*.

Mal subtil. Terme de *Fauconnerie*. C'est une maladie des oiseaux qui les fait tomber dans la maigreur.

Mal d'avanture, *s. m.* Petit mal qui arrive par hazard.

Mal. adv. C'est en un mauvais état. En mauvaise santé. (Il se trouve mal depuis 3. ou 4. jours. Aler de mal en pis. *Ablancourt*. L'afaire va mal. Il est mal à la Cour.)

Mal. Cet adverbe a encore un sens assez étendu. (Exemples. Je vous mettrai mal avec les Poëtes Scaron. C'est à dire, je vous brouillerai avec les Poëtes, *Etre mal auprès de quelqu'un*, *Ablancourt*. C'est à dire N'être pas aimé d'une personne. *Etre mal dans ses afaires*, *Pas.l.6*. C'est à dire , commencer à devenir pauvre. Manquer de bien. *Cela vous sied mal*. C'est à dire, cela ne vous convient pas.)

MALACHITE,

MAL

MALACHITE, *s. f.* Pierre opaque qui participe du jaspe & de la turquoise. Il y a quatre sortes de malachites. La prémière est mêlée de plusieurs couleurs. La deuxiéme des veines blanches mêlées de taches noires. La troisiéme est de couleur bleuë mêlée, & la quatriéme, qui est la plus estimée, est celle qui aproche davantage de la turquoise.

MALADE, *adj.* Qui se porte mal. (Il est malade du poumon, de la goute & de la pierre. Gon. Epi. Elle est malade à mourir, Ablancourt.

* *Avoir l'esprit malade.* C'est être un peu fou. Avoir quelque chose dans l'esprit qui ne va pas bien.

† Je crois de cette beauté que plus elle aura de santé, & plus elle sera de *malades*, La Suze. C'est à dire, & plus elle fera d'amoureux.

Malade, *s. m.* Celui qui est malade. (Assister les pauvres malades, Ablancourt.

Malade, *s. f.* Celle qui est malade. (Voilà une malade qui n'est pas dégoutante, Moliére.)

†*Malade*, *adj.* Il se dit quelquefois, au figuré des choses inanimées. (Une bourse est malade, quand il n'y a plus d'argent. Une cause est bien malade, c'est à dire, qu'on n'en espére aucun bon succés, & qu'on ne soutient par des piéces que ne valent rien. On dit aussi qu'un aiman est malade, pour dire qu'il n'a guére de force.)

Maladerie, *maladrerie*, *s. f.* L'un & l'autre se dit, mais *maladerie* est le plus-doux & le plus usité. C'est un lieu fondé pour les personnes malades de lépre. (Le grand Aumônier donnoit autrefois les provisions des maladeries. Et cela se voit par un Edit de François I. du 21. Novembre 1535. Mais aujourdhui Loüis XIV. aiant rétabli en France l'Ordre de S. Lazare, on connoit par les Edits & Déclarations de 1672. que c'est lui qui a érigé en Commanderie les *Maladeries* & les Léproseries de son Roïaume, & sous ce beau titre de Commanderie, il les donne aux Oficiers qui l'ont bien servi dans les guerres qu'il a eües contre les ennemis de sa Couronne.

Maladie *s. f.* Indisposition contre nature qui blesse directement les actions de tout le corps, ou de quelque partie. Etat des parties de nôtre corps qui rend ces parties incapables de bien faire leurs fonctions. (Une dangereuse maladie. Avoir une grande maladie. Les maladies viennent du mauvais régime de vie, ou de ce que nous veillons trop, ou trop peu ; ou que nous agissons trop, ou trop peu.)

C'est se déclarer, c'est faire voir la *maladie* & qu'on est cruëllement ulceré de ce bâteme. Patru, plaidoié 5.

Maladif, *maladive* *adj.* Qui est sujet à être malade. (Il est fort maladif. Elle est maladive.)

Maladrerie. Voiez *maladerie.*

MAL ADROIT, *mal-adroite*, *adj.* Qui n'a point ou peu d'adresse. (Il est tout-à-fait mal-adroit. Fille fort mal-adroite.)

Mal-agréable, *adj.* Qui déplaît, Qui n'est pas agréable. (Cela est fort mal agréable.)

†*Mal-aisé*, *s. m.* Etat fâcheux, deplaisant & chagrin. (Selon qu'il est en *mal aise*, le meilleur sera qu'il se taise, Voit. Poës.)

Malaise. Dans les prisons, c'est un cachot étroit & bas, où l'on ne se peut tenir ni debout ni couché qu'avec peine.

Mal-aisé, *mal-aisée*, *adj.* Dificile. (Il est mal-aisé de prendre une résolution sans s'en repentir, Mémoires de Monsieur le Duc de la Roche-Foucaut. Il est mal aisé à celui qui écrit des afaires du tems de conserver sa passion si pure qu'il, &c. Le Duc de la Roche-Foucaut.)

†*Mal aisé*, *mal-aisée*, Pauvre. (Un Marquis mal-aisé, Scarron. Comtesse mal aisée. Scarron.)

Mal-aisément, *adv.* Dificilement. (On ne se persuade pas mal-aisément ce qu'on desire. Le Comte de Bussi.)

MALANDRES, *s. f.* Crevasses qui se forment au pli du genou du cheval, doû il coule des eaux rousses & mordicantes qui lui causent de la douleur, qui le font souvent boiter, ou lui tiennent la jambe fort roide au sortir de l'ecurie, Soloisel, Parfait Marechal.

MAL-AVISÉ, *mal-avisée*, *adj.* Imprudent. Sot. (C'est un mal avisé. C'est une mal avisée. Il est mal avisé de se marier à 60 ans.)

Mal-bâti, *mal-bâtie adj.* Qui n'est pas bâti régulierement. (Maison mal-bâtie. Temple mal-bâti.)

* *Mal-bâti*, *s. m.* Homme mal-fait. (C'est un grand mal-bâti.)
* *Mal-bâti*, *mal-bâtie*, *adj.* Ce mot se dit des personnes & veut dire Mal-fait. Diforme. Ridiculement fait. (C'est un corps assez mal-bâti pour faire rougir la nature, Mal. Poës.

Mal-caduc. Voiez *mal.*

Mal-content, *mal-contente*, *adj.* Qui n'est pas content. (Il est mal content. Elle est mal contente.)

[La Cour ne manque pas de mal-contents. Mémoires de Monsieur le Duc de la Roche-Foucaut.]

MALLE, ou *malle*, *s. f.* Cofre rond & couvert de cuir pour le voiage. (Une malle pleine de hardes.)

Mâle, *s. m.* Celui qui contribuë à la génération avec la femelle (Un bon mâle. Elle veut le mâle.)

* *Mâle*, *adj.* Noble. Vigoureux. (Le stile de feu d'Ablancourt est un stile veritablement mâle. Courage mâle.)

MALLEABLE, *malleable*, *adj.* Matiére qui soufre le marteau sans se briser. (L'or & l'argent sont malleables. Le verre n'est pas malleable.

MAL 487

MALEDICTION, *s. f.* Imprécation. (Il lui a donné mille malédictions. Charger de malédictions.)

† * **MALEFICE**, *s. m.* Il vient du Latin *maleficium.* C'est, en général, toute sorte de crime & de méchante action : mais , en particulier , c'est un art de nuire à quelcun par la puissance du Demon. (Maléfice amoureux, somnifique, détestable, horrible, exécrable. User de maléfice. Il n'est pas permis d'ôter un maléfice par un autre maléfice. Lors qu'on est afligé de quelque maléfice, il faut avoir recours à Dieu. L'Ecriture défend de se servir de maléfice envers qui que ce soit.

Maleficié, *maleficiée*, *adj.* Ensorcelé, enchanté, a qui l'on a donné quelque sort, à qui on a nui par quelque maléfice. (Les Magiciens, si Dieu le permet, peuvent empêcher qu'un homme maleficié, ou une femme maleficiée ne puisse engendrer son semblable. Thiers, superst. ch. 15.)

† *Maleficié*, *maleficiée*, *adj.* Mot du petit peuple, & qui entré dans le comique ; c'est à dire, qui ne se porte pas bien, qui a toujours quelque mal, (On ne le regarde que comme un pauvre maleficié, & un miserable cancere.)

Malefique adj. Ce mot se dit en termes d'*Astrologie.* Il se dit des planetes, & il signifie, qui a des influences mauvaises. (Saturne & Mars sont des planétes maléfiques. Il y a aussi quelques étoiles & constellations que les Astrologues étoient être maléfiques, comme sont la tête de Meduse, le cœur du Scorpion ; &c.)

Male-gouverne, *s. f.* Terme de Feüillan. Refectoir des valets.

* **Males-graces**, *s. f.* Inimitié. Mauvaises graces. (Etre dans les males graces d'une personne.)

† **Male-mort**, *s. f.* Ce mot est du peuple, & il signifie une mort tragique & funeste. (Il mourra de male-mort.)

† **MALENCONTRE**, *s. f.* Malheur. Disgrace. Quelque chose de fâcheux. (Fusions que ce sou ne nous cause quelque malencontre, Ablancourt, Lhs. Tome 1.)

† *Malencontreux*, *malencontreuse*, *adj.* Malheureux. (Se marier en un jour malencontreux , Port Roial , Cité de S. Augustin; tome 1. page 261. Un sort malencontreux. Depréaux, Satire 6.)

MALENDAES. Voiez *malandres*.

† *Malencontreusement*, *adv.* Malheureusement.

† *Mal en point.* Sorte d'adverbe, qui est du peuple. (Il est mal en point, c'est à dire, il est en mauvais état.

MALENTENDU, *mal-entendue*, *adj.* Qu'on n'a pas bien entendu. (Discours mal entendu. Parole mal entendue.)

† *Mal-entendu*, *s. m.* Erreur. Faute. Méprise. (Il y a du mal-entendu en cette afaire.)

† *Male-nuit*, *s. f.* Ce mot se dit quelquefois pour signifier une mauvaise nuit & particulierement une nuit qu'on passe sans dormir & avec inquiétude, & que des Charlatans , ou des Magiciens se vantent de pouvoir donner à des personnes eloignées, par le moien de quelques charmes. (Donner la male-nuit a quelcun.)

* *Male peste.* Sorte d'exclamation & d'imprécation.

† **MALFAÇON**, *s. f.* Défaut dans la façon de quelque ouvrage ou travail. (Il y a de la malfaçon en cela.

MALITÔTE. Voiez *maltôte.*

Maletôtier. Voiez *maltôtier.*

MALETIER, *s. m.* Ouvrier qui fait des cofres & des mâles. Voiez *Cofretier.*

Malette, *s. f.* Terme de *Capucin.* C'est une sorte de petit sac de grosse toile que le Capucin porte au bras, & où il met ses Sermons, lorsqu'il va prêcher en campagne. Le Capucin porte quelquefois une malette de chaque côté.

Malette, *s. f.* Ce mot signifie aussi une petite male.

MALFAISANT, *malfaisante*, *adj.* Désobligeant. Nuisant. (Esprit malfaisant. Humeur malfaisante. Ablancourt.

Malfaiteur, *malfaiteuse* ; *malfaiteur*, *s. m.* Le meilleur de ces trois mots est *malfaiteur*, & le seul qui soit en usage. Le malfaiteur est celui qui a commis quelque crime. (Punir un mal-faiteur. Les Magiciens sont appellez mal faiteurs; car ils peuvent nuire aux hommes en sept maniéres. Thiers, superst.)

Malfait, *malfaite*, *adj.* Qui n'est pas bien fait. (Bâtiment mal-fait. Maison mal-faite.)

Malfait, *malfaite.* Qui n'a pas bonne grace. Qui a méchant air. (Un gentilhomme fort mal-fait. Une fille des plus malfaites de France.)

* *Malfait*, *malfaite*. Ce mot se dit de l'esprit & du cœur, & veut dire mal tourné. (Esprit malfait. Cœur malfait. Voit. Poës.

† *Mal-famé*, *mal-famée*, *adj.* Qui est en mauvaise réputation (Les personnes mal-famées ne doivent pas être admises aux charges publiques, ni être reçuës dans les honnêtes compagnies.)

Malgracieux, *malgracieuse*, *adj.* Ce mot se dit des personnes, & signifie Peu civil. Peu honnête. (Vous êtes bien malgracieux. Vau. Rem. C'est le plus malgracieux de tous les hommes, Mol. Avare.)

† *Mal-gracieusement*, *adv.* D'une maniere mal-gracieuse, rude, incivile & mal-honnête.

MAUGRÉ. *Préposition qui régit l'accusatif,* & qui veut dire *en dépit de.* (Se marier malgré les gens. Mol. Malgré lui & malgré ses dens. Scarron.)

Malgré que. *Conj.* (Malgré que vous en aiez je passerai outre, Vau. Quin. l. 9.)

† *Botti*

† *Bon-gré, malgré qu'il en ait.* C'eſt à dire , ſoit qu'il le prenne en bonne ou en mauvaiſe part.

MALHABILE, *adj.* Qui n'eſt point habile. Ignorant, ſot. (C'eſt un malhabile homme.)

MALHEUR, *ſ. m.* Prononcez *maleur.* Accident. Diſgrace. Infortune. (Cela porte malheur. Les belles cauſent ſouvent de grans malheurs. *Scaron* Suportez ſon malheur avec conſtance. *Ablancourt.*)

† *A la malheure*, *adv.* Malheureuſement. (Il eſt arrivé à la malheure.)

Malheureux,malheureuſe adj. Prononcez *maleureux.* Qui a du malheur. Qui d'heureux qu'il étoit a eu de fâcheux accidens qui ont fait tort à ſa fortune. Déplorable. Le mot de *malheureux* ſe dit des choſes & des perſonnes. (Choſe malheureuſe. Action malheureuſe. Entrepriſe malheureuſe. *Ablancourt.* Etre malheureux au jeu. Un courtiſan malheureux.)

Malheureux , malheureuſe. Miſerable. Méchant. (Vie malheureuſe. Malheureux que vous êtes , à quoi penſez-vous ?)

Malheureux , malheureuſe , adj, Il ſe dit auſſi de ce qui cauſe du malheur. (C'eſt une ſuperſtition de croire qu'il y a des étoiles malheureuſes , des jours malheureux & des perſonnes malheureuſes, c'eſt à dire , qui portent du malheur à d'autres ſans qu'ils y contribuënt par leur faute.)

† On dit que *le gibet n'eſt fait que pour les malheureux*, parce que les riches l'évitent par leur argent, leur crédit & leur adreſſe.

* La conſolation des malheureux , c'eſt d'avoir beaucoup de ſemblables. *Proverbe.*

† Qui eſt malheureux au jeu,ſera heureux en femme. Façon de parler proverbiale.

Malheureuſement , adv. Par malheur. Avec malheur , dans la miſere. (Vivre malheureuſement. Finir malheureuſement. Cela s'eſt fait malheureuſement.)

MAL-HONNÊTE, *adj.* Qui n'eſt point honnête. (Un mal-honnête homme. Mal-honnête femme.)

Mal-honnêtement , adv. D'une façon mal-honnête.Il en uſe fort mal-honnêtement envers moi.)

Mal-honnêteté , ſ. f. Vice contraire à l'honnêteté. (Il ſentit la mal-honnêteté de Raveſtin. *Hiſtoire d'Aubuſſon l.6. p.322.*)

MALICE *ſ.f.* Mechanceté. Friponnerie, Fourberie, Fineſſe. Artifice. (Sa malice eſt découverte. *Voit. Poëſ.*Reconnoître la malice d'une action. *Pſal. l.4.* C'eſt une malice fort noire & qui mérite châtiment. *Ablancourt.*)

† * *Malice.* Sorte d'action plaiſante & galante qu'on fait à une perſonne amie. (Si mon mal ſe pouvoit reparer par une grande de apréhenſion , cette malice pourroit être bonne à quelque choſe. *Voi. l.23.* Elle fait mille agréables *malices* à ſes amis.)

Malicieux, malicieuſe, adj. Méchant , Malin. (Il eſt malicieux. Elle eſt malicieuſe.) Il eſt malicieux comme un vieux ſinge. *Proverbe.*

Malicieuſement , adv. Avec malice. (Lettre écrite malicieuſement. *Voit. Poëſ.*

MALIER, *ſ. m.* Cheval qui porte la malle & ſur lequel le poſtillon eſt monté. (il n'a not plus de ſens que ſon malier. *Gon. Poëſ.*)

MALIN,*maligne adj.* Qui a de la malignité. Qui a l'eſprit méchant. (Il eſt malin. Elle eſt maligne.)

* Fiévre maligne. *La Cham.* La malignité de l'air. La malignité des influences.

*Malin eſprit.*C'eſt le demon. (Il a été tenté du malin eſprit.)

† *Malin, ſ. m.* Démon. (Pour Dieu! penſez que c'eſt *le malin* qui vous tente. *Sar. Poëſ.*)

Malignement , adv. Avec malignité.Avec malice. Avec méchanceté. Avec mauvaiſe volonté. (Cela eſt malignement dit.)

Malignité, ſ. f. Malice , mauvaiſe volonté de nuire à quelqu'un ſans qu'il en revienne aucune utilité à la perſonne qui tâche à nuire. (Je n'ai pas cette baſſe *malignité* de hair un homme à cauſe qu'il eſt au deſſus des autres. *Voi. l. 74.*)

MAL-INTENTIONNÉ, *mal intentionnée adj.* Qui a mauvaiſe volonté. (Il y eut des gens mal intentionnez qui tâcherent à le mettre mal dans l'eſprit du Pape. *Maucroix, Vie du Cardinal Polus.*)

MALJUGÉ, *ſ. m.* Terme de *Palais.* Arrêt mal rendu. Sentence mal renduë. (Les Seigneurs ſont tenus du *mal-jugé*. *Patru. plaidoié.*)

MALLE. Voiez *male*.

Malleable. Voiez *maléable.*

MALMENER, *v. a.* Maltraiter. Tourmenter. Faire de la peine. (Malmener une perſonne.)

† MALOTRU,*malotruë, adj.* Pauvre malheureux qui eſt en un état qui fait pitié. (Tout malotru,tout pliſſé, il s'étoit ſauvé, &c. *Hiſtoire amoureuſe de France.* C'eſt un malotru forgeron. *Abl. Luc.*)

Malplaiſant , malplaiſante , adj. Qui eſt fâcheux. Qui n'eſt pas agreable. Cela eſt tout à fait malplaiſant. C'eſt une action mal-plaiſante.)

Mal-propre , adj. Qui n'a point de propreté. Ce mot ſe dit des perſonnes & de certaines choſes. (Il eſt mal propre. Elle eſt mal-propre. Viande mal-propre.)

Mal-proprement,adv. D'une manière mal-propre. (Manger mal-proprement.Nous ſommes ici mal-proprement.)

Mal-propreté, ſ. f. Vice conrraire à la propreté. (C'eſt la plus grande mal-propreté du monde. C'eſt une mal-propreté étonnante,éfroiable, horrible, inſuportable.)

Mal-ſain mal-ſaine, adj. Qui n'eſt pas ſain. Ce mot ſe dit des choſes & des perſonnes. (Le melon eſt fiévreux & mal-ſain. C'eſt un enfant mal-ſain. Une femme mal-ſaine.)

Malſéant, mal-ſeante , adj. Qui ſied mal. Qui ne ſied pas bien; Qui n'eſt pas honnête. (Action mal-ſeante. Cela eſt tout à fait mal-ſéant.)

Maltôte, ou *maletôte, ſ. f.* Sorte d'impôt & d'exaction, (Mettre une maltôte ſur le peuple. Etablir une maltôte. *Scaron. Roman comique 1. partie. v.xi.* a dit établir une malctôte, mais il a mal dit.

† *Maltôte , maletôte.* Grand bateau ſur la rivière, où il y a un bâtiment pour loger les commis à deſſein de prendre garde à ce qui vient à Paris par la rivière de Seine. (Les commis ſont à la maltôte.)

Mal-tôtier,maletotier ,ſ.m. Terme *injurieux.* Celui qui léve une maltôte ſur le peuple. (Le caractére d'un *maltôtier*eſt d'être un franc coquin. C'eſt un miſerable ; c'eſt le fils d'un maltôtier & c'eſt tout dire.)

Maltoutier, Scaron Roman comique a écrit *maltoûtier* , Tout le monde dit *maltôtier.*

MALTRAITER, *v. a.* Traiter mal. Outrager. (Maltraiter une perſonne.)

Mal-traiter. Faire mauvaiſe chére. Régaler mal. Mais ce mot en ce ſens ne ſe dit guére qu'au paſſif. (Nous ſommes maltraitez dans nôtre auberge.)

MALVEILLANT,ou *mal-veillant, ſ. m.* Ennemi. Celui qui hait quelqu'un. (Nos malveillans avoient fait courir un bruit Maucroix, *Schiſme.* l.3.)

Mal-veillance. ſ. f. Haine. Mauvaiſe volonté. (S'atirer la malveillance du peuple:Les mots de *malveuillant* & de *malveuillance*vicillilliſent & il eſt bon de ne s'en ſervir que rarement. (Il s'eſt atiré le blâme , la malveillance, ou plûtôt l'horreur de tout le monde. *C'eſt*. T.1.*lett.*170.)

MALVERSATION , *ſ. f.* Mauvaiſe conduite de celui qui eſt dans un emploi public. (On l'acuſa de malverſation dans ſa charge. *Talemant Plutarque.*

Mal-verſer, v.n. Se conduire mal dans quelque emploi. Commettre des malverſations. (Il a mal-verſé dans ſa charge.)

MALVOISIE,*ſ.f.* Sorte de vin qui vient de Candie.(Boite de bonne malvoiſie.)

*Mal-voulu,mal-voulue,adj.*Celui ou celle à qui on veut du mal. Qui eſt haï. (Il eſt mal-voulu de tout le monde.)

M A M.

† MAMAN, *ſ. f.* Parole d'enfant pour dire *mére.*(Ma bonne maman. Elle eſt ſous l'aîle de ſa maman. *Gon. Epit.*)

† *Maman teton.* Mot d'enfant pour dire *nourrice.* (Maman teton eſt fâchée.

Mamelle, mamelle, ſ.f. C'eſt au ſein de la femme, une partie qui eſt ronde , graſſe , charnuë , compoſée de corps glanduleux avec une infinité de vaiſſeaux, & qui contient le lait dont la femme nourrit ſon enfant. Les femmes n'ont que deux mamelles , parce qu'elles ne portent au plus que deux enfans. Elles ſont placées ſur le ſein , afin que la femme puiſſe porter ſon enfant entre ſes bras, le voir , le baiſſer en l'alaitant & redoubler ainſi l'amour qu'elle a pour lui. (Enfant qui eſt à la mamelle.)

Mamelle. Ce mot ſe dit des hommes. Partie au ſein de l'homme, compoſée , de graiſſe, de peau & d'un mamelon ſans faire aucune fonction naturelle.

Mamelle. Ce mot ſe dit des femelles de certains animaux Ce ſont de petites parties ſpongieuſes & glanduleuſes qui ſont au ventre & entre les cuiſſes des femelles des animaux & qui ſe rempliſſent de lait pour la nourriture de leurs petits.[Les mamelles d'une lice. *Sal.*)

* *Mamelle.* Terme de *Sellier.* C'eſt l'endroit où finit l'arcade que les Selliers appellent les mammelles de l'arçon.

Mamelon, ſ. f. Ce mot ne ſe dit que de l'homme & de la femme. C'eſt le bout de la mamelle. Le mamelon aux femmes eſt une manière de petit canal par lequel l'enfant ſuçant avec ſes lévres tire le lait. [Un mamelon vermeil comme une ceriſe.]

* *Mammelon.* Terme d'*Artiſans.* Ils donnent ce nom à l'extremité ronde de quelques piéces de fer , ou de bois, qu'on fait entrer dans un trou, où elle doit être mobile *Le mammelon d'un gond* , c'eſt la partie ronde du gond qui entre dans la penture. *Le mammelon d'un treuil,* c'eſt l'extremité du cilindre ſur laquelle il ſe meut.

† *Mamelou*,*f.f.* Mot burleſque pour dire celui qui eſt bien fourni de tetons. [Une groſſe mameluë, *Scaron.*]

Mammillaire , adj. Terme d'*Anatomie.* Il ſignifie qui reſſemble à des bouts de mammelle.*Les apophyſes mammillaires,* ce ſont deux petits boutons , qui ſont ſous les ventricules antérieurs du cerveau, & qu'on tient être l'organe de l'odorat.

† MAMESELLE,*ſ.f.*De certaines gens qui rafinent diſent *Mameſelle* pour *Mademoiſelle*, mais il n'y a que le Pariſien qui eſt badaut, ou les Provinciaux qui parlent de la ſorte.

* M'AMIE,ou plûtôt *mamie, ſ. f.* Terme de *Careſſe*, qui veut dire *mon Cœur, ma chère amie*, mais ce mot ne ſe dit guére qu'en parlant

MAN   MAN   489

parlant à des servantes, ou qu'entre de petits bourgeois. (Je voudrois mamie que vous eussiez été ici tantôt. *Molier, Malade imaginaire*, a. 2. f. 6. Mamie, faites cela, je vous en prie.)

MAN.

MANANT, *f. m.* Païsan. (Un gros manant.)

MANCELLE, *f. f.* Terme de *Chartier*. Petite chaîne qui tient au collier du cheval, au bout de laquelle il y a un gros anneau qu'on met au limon & qu'on arrête avec l'attelloire, ce qui sert tout à fait pour tirer.

MANCHE, *f. m.* Partie par où l'on empoigne de certains instrumens, comme couteau, serpe, hache, rechaut, cuillier, fourchette, &c. (Ainsi on dit un beau manche de couteau, un manche de serpe, de hache, de cuilier, de fourchette, &c. On dit qui a un manche trop long, ou trop court.)

Manche, *f. m.* Ce mot se dit de certains instrumens de musique & signifie la plus haute partie de l'instrument & celle où les cordes sont attachées aux chevilles. Ainsi on dit, un beau manche de guitare, de luth, de mandore, de tuorbe, de violon, de poche, &c.

‡ *Jetter le manche après la coignée*. proverbe. Se dépiter. Abandonner une afaire parce qu'elle ne réüssit pas d'abord.

Manche, *f. f.* La partie de la chemise, ou de l'habit qui couvre le bras. La partie de l'habit ou de la chemise qu'on se met dans le bras. (manche courte, grande, ample & large.

Manches, *f. f.* Demi-manches de toile fine avec des poignets & arriere-points à chaque bout, (une belle paire de manches.)

† * Vous qui tenez incessamment,
Cent amans dedans vôtre *manche*,
Tenez-les au moins proprement. *Voit. poës.*

C'est à dire, vous qui avez cent amans.

Du temps qu'on se mouchoit sur la manche. C'est à dire, au bon vieux tems ou le monde n'étoit pas rafiné.

† * *C'est une autre paire de manches*. C'est à dire, c'est une autre chose.

* *Manche* Terme de *Guerre*. Aile de bataillon qui est composée, de mousquetaires, (Manche de main droite & manche de main gauche Bataillon qui défile par manches.

* *Manche*. Terme de *Mer*. C'est une longueur de Mer entre deux Terres. [La manche Britannique, c'est la mer entre la France & l'Angleterre.]

Garde-manches. Ce sont des fourreaux qu'on met sur les manches, pour les conserver.

Bouts de manches. Ce sont des garnitures de rubans, ou dentelles qu'on met entre le bout de la manche & la manchette.

Bouts de manches, Ce sont de petites manchettes qui sont couluës au bout des manches du pourpoint, des Ecclésiastiques. ou des gens qui portent le grand deüil, *Cordeliers à la grand manche*.

MANCHERONS, *f. m.* Ce mot en parlant de charruë signifie les parties de la charruë qu'on tient avec les mains lors qu'on laboure. Il y a des gens qui apellent ces parties de la charruë *le manche de la charruë*. Elles s'apellent peut-être ainsi en Province, mais à Paris & aux environs de la Seine on les nomme *mancherons*, & on dit (Tenir les mancherons de la charruë)

MANCHETTE, *f. f.* Petit linge plissé & godronné avec un poignet embelli d'arriere-points, qu'on porte sur le poignet de la chemise & qu'on attache avec des rubans, ou des boutons d'argent. [Des manchettes empesées. Des manchettes fort fines & fort blanches. Une paire de manchettes doubles:]

MANCHON, *f. m.* Sorte de demi-manche de la peau de quelque animal que le peletier a passée, & accommodée avec le poil & dont on se sert l'hiver par grace & pour garantir ses mains du froid. (Un manchon de chien. Un manchon de chat. Un manchon de petit gris. Monter un manchon.)

MANCHOT, *manchote*, *adj.* Qui ne se peut aider de la main, parce qu'il est estropié. Qui manque d'une main. (Il est manchot Elle est manchote.)

† * *Il n'est point manchot*. C'est à dire, Il est adroit. Il a de l'esprit. C'est *une femme qui n'est pas manchotte*. C'est-à-dire, Qui est adroite.

MANDAT, *f. m.* Terme de *Cour de Rome*. certain rescrit du Pape par lequel il donne à quelques personnes certains bénéfices vaquans par mort seulement.

Mandataire, *f. m.* Celui qui est fondé sur un rescrit du Pape par lequel il lui afecte des certains bénéfices qui vaquent par mort seulement.

Mandement, *f. m.* Terme d'*Eglise*. Ecrit de l'Evêque diocésain aux Archiprêtres de son Diocèse, par lequel il les avertit des choses qu'il faut faire pour le bien de l'Eglise & le salut des peuples qu'ils ont à gouverner.

Mander, *v. a.* Faire venir avec quelque forte d'autorité. Apeller avec quelque sorte de commandement: (L'autre jour Jupiter manda tous les Dieux *Voit. Poës.*)

Mander. écrire à quelqu'un. (On lui a mandé la mort de son ami. Ne croiez pas ce qu'on vous mande. *Voit. Poës.*)

Mendiant, *mandier*, Voiez Mendiant & mendier.

MANDILLE, *f. f.* Sorte de casaque de laquais. (Il a porté la mandille à Paris. *Dépr. Sat.* 5.)

MANDORE, *mandole*, *f. f.* L'un & l'autre se dit, mais les Luthiers qui parlent le mieux disent *mandore*. C'est un instrument de musique qui est de bois propre à résonner, qui a quatre, cinq, ou plus de cordes, & qui a quelque raport avec le lut. (Une mandore luthée.

MANDRAGORE, *f. f.* Herbe qui jette des feuilles assez semblables à celles des laituës, qui est froide au troisième degré, & qui, parce qu'elle assoupit est consacrée au Soleil. [Mandragore mâle, ou blanche. Mandragore femelle, ou mandragore noire. *Dal.*)

MANDRIN, *f. m.* Terme de *Tourneur*. C'est l'arbre qui tourne, au bout duquel on atache les pièces qu'on veut tourner.

Mandrin, Plusieurs Artisans apellent de ce nom les poinçons avec quoi ils percent le fer & les autres métaux sur lesquels ils travaillent.

MANDUCATION, *f. f.* Terme de *Théologie*. Ce mot vient du Latin *manducatio*, qui signifie l'action de manger: mais il ne se dit qu'en parlant de l'Eucharistie. Manducation orale & corporelle. Manducation spirituelle qui se fait par la foi.

MANEAGE, *f. m.* Terme de *Mer*. Travail qui se fait avec les mains par les matelots qui déchargent un Navire.

MANE. Voiez manne.

MANES, Voiez plus bas.

MANEGE, *f. m.* Lieu où l'on exerce les chevaux de selle. Lieu où on les fait travailler, & où on les dresse à toutes sortes d'airs. Un beau manége. Un grand manége.)

Manége. Exercice & travail d'un cheval dans le manége. Faire faire le manége à un cheval.)

Manége par haut. C'est la façon de faire travailler les sauteurs, qui s'élévent plus haut que la terre, & qui manient à courbettes, à croupades & à balotades, qu'on apelle les airs relevez.

Manége de guerre. C'est le galop inégal, dans lequel le cheval change aisément de main en toutes les occasions où l'on en a besoin.

* C'est un manége dificile. *Nouvelles remarques*. C'est à dire, Une afaire dificile à menager.

MANEQUIN, *f. m.* Ouvrage d'osier. Panier haut & rond où l'on a porte du fruit à Paris. (Manequin fort creux. Manequin, plein, *c'est à dire*, dont les branches d'ozier sont fort serrées; Manequin à claire voie. Il est fait de grosses branches d'osier fort peu serrées.)

† * *Elle joue des maneguins*. Façon de parler burlesque pour marquer une fille qui est dans la débauche des hommes.

Manequin. Terme de *peinture*. Statuë qui est ordinairement de cire, & quelquefois de bois, de laquelle les jointures sont faites d'une maniere à lui pouvoir donner telle attitude qu'on desire.

MANES, *f. m.* Ce mot n'a point de singulier & signifie seulement l'ame d'une personne, qui est hors du corps. (Mes manes contens aux bords de l'onde noire, se feront de ta part une agréable histoire. *Dépr. Lutrin*, c. 5.)

MANŒUVRE, *f. m.* Valet de maitre maçon. Il se dit aussi plus généralement des gens qui ne vivent que du travail de leurs mains, & qui n'ont aucun bien, ni aucune industrie & ne font aucun commerce. (un pauvre manœuvre. Un vil manœuvre.)

Manœuvre, *f. m.* Terme de *Mer*. Toutes les cordes qui servent à un navire excepté les cables & les hansiéres. (L'estai est la plus grosse corde de toutes les manœuvres. *Four.*) Il y a des manœuvres fixes, qu'on apelle *dormantes*, & d'autre *coulantes*, qu'on remuë souvent.)

Manœuvre, Terme de *mer*. Il signifie aussi l'usage & la maniere de se servir de ses cordages, qu'on apelle *manœuvres*. (En ce sens, on dit Faire la manœuvre. Ce matelot entend bien la manœuvre. Il signifie encore les matelots qui s'en servent. (Les manœuvres sont en désordre durant la tempête.)

† * *Faire une bonne, ou mauvaise manœuvre*. Cela se dit aussi dans un sens figuré, pour dire, faire une bonne, ou mauvaise démarche dans la conduite de quelque afaire.

† *Mangeable*, *adj*. Qui peut être mangé. Cela est mangeable, ou plutôt cela se peut manger.

MANGEAILLE, *f. f.* Le manger qu'on donne aux oiseaux. (Donner de la mangeaille aux oiseaux.)

† *Mangenaille*. Viande & autres chose dont l'homme se nourrit. (Assasiner les gens à force de mangeaille. *Moliere. Avare*, a. 3. f. 1.)

Mangeoire, *f. f.* Chêne, ou autre arbre de bois, dur, dolé, plané & creusé qui va le long de l'écurie, ou de l'étable où l'on donne à manger aux bœufs, aux brebis & principalement aux chevaux. (Il faut tenir la mangeoire bien nette. Alexandre commanda qu'on fit les mangeoires des chevaux plus hautes qu'à l'ordinaire. *Vau. Q. Cruce l. 9. ch. 3.*

Manger, *v. a.* Mâcher & avaler quelque aliment. (Manger du pain de la viande, &c.) *Manger seul*, c'est manger comme les lions & les loups ; *avec les inconnus*, ce n'est que ceremonies. *avec des importuns*, est un suplice ; *si bien qu'il faut plus prendre garde avec qui l'on mange qu'à ce que l'on mange. S. Evremont. in 4 p. 522.*)

Manger. Médire. Maltraiter de paroles. Haïr. Vouloir du mal.(En quel siécle suis-je venu, l'on se déchire, l'on se mange. *Gon. Epi. l. 1.*

Q q q   *Manger*,

MAN

v. *manger*. Confumer. (Manger tout son bien *Abl. Apo.*)

* *Manger*. Ronger. Le fel armoniac mange la blancheur qui vient dans l'œil d'un cheval. Être mangé des vers. Les poux & la vermine mangent ce gueux. Jefabel fut mangée par des chiens. L'eau forte mange les métaux.

† *Se manger*, v. r. Se dévorer. Les loups ne fe mangent pas les uns les autres.

* *Ils fe mangent*, ils fe querellent. C'eft à dire, ils font aux épées & aux couteaux.

† *Se manger des yeux*. C'eft à dire, fe regarder l'un l'autre attentivement, avec paffion.

* *Se manger*. Terme de *Grammaire*. Se perdre. (Voïelle qui *fe mange* devant une autre voïelle.)

* *Manger les mots*. C'eft ne les prononcer pas tous, ou n'en prononcer pas bien toutes les fîlabes. (Il y des Religieux qui *mangent* la moitié de leur Office en le difant.)

* *Manger*. Voyez *brebis* & *loup*.

† † *Voila ce que les rats n'ont point mangé*. Cela fe dit proverbialement quand on fait voir quelque chofe qu'on avoit gardé fecretement.

Manger, mangé, f. m. L'un & l'autre fe dit. Ce qu'on fert pour fe nourrir. (Le mangé eft prêt. Le Nectar eft bruvage des Dieux, & leur *manger* l'Ambroifie, *Abl. Luc. T. 1.*)

† *Mangerie*, f. f. Goinfrerie.

† * *Mangerie*. Exaction injufte, Concuffion.

Mangeur, f. m. Celui qui mange. (C'eft un grand mangeur.)

* *Mangeur de Crucifix*. C'eft à dire, Un Tartufe, Un bigot.

Mangeures, f. f. Terme de *Chaffe*. Prononcez *manjures*. Ce font les pâtures des loups & des fangliers. (Le loup & la louve choififfent un lieu propre afin d'avoir leurs mangeures plus commodément. *Sal.*)

Mangeures. Endroit où la vermine, ou les fouris ont mangé.

† *Mangeufe*, f. f. Qui mange bien. C'eft une grande mangeufe.

† *Une mangeufe de Crucifix*. C'eft à dire, une bigote.

MANIABLE, adj. Ce qu'on manie aifément. (Une étofe douce & maniable. Un cuir bien aprêté eft maniable.)

* *Maniable*, adj. Traitable. Qu'on peut aifément manier avec les mains. (La cire eft maniable.)

MANIAQUE, adj. Furieux, Emporté. V. *Manie*. (On apelle les poffedez, maniaques.)

MANICLES, f. f. Ce font les fers qu'on met aux mains d'un prifonier. (De groffes manicles.)

MANICORDION, f. m. Inftrument de mufique à cordes qui a beaucoup de raport avec le clavecin, qui a comme le clavecin, un clavier de cinquante touches ou environ, qui a cinq chevalets fur la table & qui rend un fon fourd & doux.

MANIE, f. f. Maladie caufée par une rêverie, avec rage & fureur fans fièvre, qui vient d'une humeur atrabilaire.

* *Manie*. Emportement fougueux & inquiet qui démonte l'efprit. Forte aliénation d'efprit fans fièvre. Sorte de fureur. (Rien n'eft égal à leur manie. *Voi. poëf.*)

* *Manie*. Paffion. Fantaifie, Volonté ardente. (J'ai cette manie de vouloir donner fur tout ce qu'il y a de beau. *Molière, précieufes*, f. 9. Chacun a fa manie. Aimer jufqu'à la manie. Il a la manie du jeu, &c.)

MANIEMENT, f. m. Voïez plus bas *maniment*.

Manier, v. a. Tenir avec les mains. Tâter. (Il lui manioit les bras d'une manière un peu trop paffionée.

* *Manier*. Gouverner, Bien conduire. (Manier une afaire avec efprit. Manier un cheval de bonne grace. *Abl.*)

Manier, v. n. Ce mot fe dit en terme de *manége*; mais il eft ordinairement acompagné du verbe *faire*. (Ainfi l'on dit, *faire manier un cheval*; c'eft lui faire faire le manège. On dit auffi fans y joindre le mot *faire*, Voila un cheval qui manie bien à courbet tes, à cabrioles ou caprioles, &c.)

Manier. Terme de marchand de blé. C'eft remuer avec la pêle. (Manier le blé.)

* † *On ne peut manier le bourre fans s'engraiffer les doigts*. Proverbe, pour dire qu'on profite prefque toujours à manier de l'argent, & que le Financier en retient toujours quelque partie.

MANIERE, f. f. Sorte, Façon, Guife. (Chacun dans ce monde vit à *fa maniere*. Il a de l'efprit *à fa maniere*. Se faire une *maniere* d'efprit fin & délicat. *Abl.*)

Maniére. Façon de Faire. (Ses petites maniéres m'ont tout-à-fait charmé. Il le faut corriger de fes maniéres baffes & frivoles. Il en veut aux Dames de fes plus haute qualité, parce que les maniéres de la grandeur ajoutent quelque grace à la beauté naturelle. Avoir des maniéres douces & infinuantes.)

anière. Terme de *Peinture*. Habitude qu'on a prife dans le maniment du pinceau & dans les principales parties de la peinture qui font *l'invention*, *le deffein* & le *coloris*. (Bonne manière. Connoitre les maniéres. C'eft connoitre de plufieurs tableaux l'ouvrage de chaque peintre en particulier. *Art de peinture.*)

De manière que. Cette conjonction qui avoit été hors d'ufage commence d'avoir cours. Elle fignifie *de forte que*. (C'eft un homme qui vit, en vrai dévot, *de manière qu'*on a un grand refpect pour lui.)

MANIEURS *de blé fur banne*, f. m. Gens fur les ports de Paris qui remuent le blé avec des pêles & qui gagnent leur vie à cela.

MANIFESTATION, f. f. Ce mot vient du Latin *manifeftatio*, & fe prononce *manifeftacion*. Il ne fe dit guère que dans des difcours férieux & de piété. Il fignifie connoiffance qu'on donne. Aparition. (Le Seigneur fit une manifeftation de fa gloire fur la montagne. Vous amaffez un tréfor pour le jour de la colere & de la manifeftation du jugement de Dieu. *Port-Roial, Epit. de S. Paul aux Romains, ch. 1.*)

Manifefte, f. m. Ecrit où l'on découvre fon deffein, où l'on fe juftifie de quelque chofe. (Publier un manifefte.)

Manifefte, adj. Clair & connu. (Cela eft manifefte. La chofe eft toute manifefte à tout le monde.)

Manifeftement, adv. Clairement. (Faire voir manifeftement quelque vérité.)

Manifefter, v. a. Faire voir. Il étoit piqué de fe voir contraint de manifefter au monde une dépendance fi foumife. *Mémoires de M. le Duc de la Roche Foucaut*.

† MANIGANCES, f. f. Intrigue. Manière d'agir fine & fourbe. (Le mari ne fe doute point de la manigance. *Mol. George Dandin, a.i.fi.2.*)

Maniment, f. m. Action de manier, de tâter, de tenir avec les mains. (Vous meritez le maniment d'une autre verge que la fienne, *Voit. poëf.* Prendre une bonne habitude dans le maniment du pinceau.)

* *Maniment*. Gouvernement, Conduite d'afaire, ou de bien. (Exclurre quelqu'un du maniment des afaires. *Mémoires de M. le Duc de la Roche-Foucaut.* Avoir le maniment de fon bien. *Le Mai.*)

MANIQUE, f. f. Sorte de racine des Indes Occidentales, dont on fait du pain.

MANIPULE, f. m. Terme d'*Eglife*. Manière d'étole que le Prêtre fe met au bras gauche quand il s'habille pour dire la Meffe. Les Chafubliers apellent auffi ce maniibule *fanon*, mais il faut parler en cela comme les Prêtres.

Manipule. Terme de milice Romaine. C'étoit une compagnie d'infanterie qui du tems de Romulus étoit de cent hommes, & qui du tems des Confuls & des prémiers Céfars étoit de deux cens fantaffins. Le manipule avoit deux Centurions qui le commandoient, & dont l'un étoit comme Lieutenant de l'autre. (Ces Centurions étoient ce que nos Capitaines font aujourdui. Voïez *Abl. Fro- tin.*)

Manipule, f. m. Terme de *Médecin*. C'eft autant qu'on peut ferrer avec la main. C'eft une poignée.

Manipulette, f. f. Efpece de poivre, dont on fait trafic du côté de Senega, qui eft moindre que le poivre des Indes.

MANIQUE, f. f. Terme de *Cordonnier* & de quelque autre artifan, comme de *Chapelier*, &c. La manique eft un morceau de cuir, ou d'autre chofe qu'on fe met dans la main, ou dont on fe couvre la paume de la main, ou le bras afin de travailler plus commodément. (Prendre fa manique pour travailler.)

MANIVELLE, *manivele*, f. f. Ce mot, en parlant de roue, eft un morceau de fer rond qui paffe au milieu d'une roue, qui eft recourbé & dont on fe fert pour la faire tourner. C'eft auffi une forte de manche de bois, fervant à faire tourner quelque roue. Poignée avec quoi on tourne quelque preffe, ou quelque roue. (Manivelle trop petite.)

Manivelle. Terme de mer. C'eft la piéce de bois que le Timonier tient à la main, & avec laquelle il fait tourner le gouvernail.

MANNA, f. f. Drogue medecinale, *Iuc*, ou liqueur blanche, douce & condenfée par les raions du Soleil, qui coule d'elle même en forme de larme, du tronc, des branches, des rameaux, des feuilles mêmes des frênes ordinaires & des fauvages, *Galois Journal des favans*, D'autres difent que la manne eft une rofée condenfée & épaiffie en petits grains ronds & qui eft chaude. Enfin la plupart croient que la manne eft une liqueur qui tombe en forme de rofée dans le tems des équinoxes fur les arbres & fur les herbes où elle fe condenfe en petits grains. (La manne pour être bonne doit être blanche & douce.)

Dieu donna une *manne* miraculeufe, au peuple d'Ifraël, dans le défert, durant l'efpace de quarante ans.

Manne. Ouvrage de Vanier. Qui eft une manière de panier grand & plat avec des anfes à chaque bout & où l'on met la vaiffelle lors qu'on a deffervi. Cette forte de manne fe nomme une *manne à deffervir*.

Manne d'enfant. Ouvrage de *vanier* en forme de berceau avec une anfe à chaque côté de la tête & quatre piez deffous, où l'on met coucher un enfant au maillot.

Manne à marée. Sorte de panier, grand, rond & creux où l'on met de la marée.

† MANOIR, f. m. Mot burlefque pour dire *Maifon*, *Logis*, *Lieu où l'on demeure*. (N'es tu pas un felon de favoir mon *manoir* & de n'y pas venir. *Scaron. Poëf.* J'irai te dire en ton vaft: *manoir* cent grand mercis. *S. Am. Poëf.*)

† MANNE

MAN — MAP MAQ MAR

† MANON, s. f. Nom de fille lequel veut dire *petite marie*. (Manon est jolie parce quelle est sage.)

MANOEVRE. Voiez *manœuvre*.

MANQUE. Ce mot signifie Faute. Défaut, & tient de l'adverbe & du nom substantif. Mais lorsqu'il est nom, il est masculin. (C'est *manque* de soin & d'aplication, *Bensera de*. Que pourroit-il y avoir *de manque* après tant d'habiles gens ? *Pas. l.* 8. Ce n'est pas *manque* de savoir *Pas. l.* 7. Je voi beaucoup de *manque* & d'inégalité. Voir. *Poës.*)

Manquement, s. m. Défaut. Action de manquer. (Se vanger d'un manquement de foi. *Mémoires de M. le Duc de la Roche-Foucaut*.)

Manquer, v. a. Faillir. Il a manqué à traduire deux vers *Port-Roïal lettre au Pere Adam*. Pourquoi avez-vous manqué de rendre à la Vierge l'honneur qui lui est dû ? *Port-Roïal*. Manquez, manquez un peu à le bien recevoir. *Mol. cocu imaginaire s.* 1. Ils ne manqueront pas de retourner leurs forces contre nous. *Patru 4. Plaid*. Manquer à la parole.

Manquer, v. a. Laisser échaper. Ne pas, rencontrer. (Manquer l'homme qu'on cherchoit. Manquer son coup. Manquer un animal qu'on vouloit tuër.

* Il l'a *manqué belle*. Proverbe, pour dire il a laissé échaper une belle occasion, ou il a échapé un danger.

Manquer, v. a. Avoir besoin. Etre en necessité de quelque chose (manquer d'argent, de loisir, &c. Il manque toûjours quelque chose dans une maison. Manquer de cœur. Le cœur lui manque.)

MANTE, *f. f.* Terme de *faiseur de deuil*. Sorte de grand voile trainant que les femmes de qualité se mettent sur la tête lorsqu'elles sont en deuil. (Cette mante est trop courte.)

Manteau. s. m. Sorte de vétement ample & large avec un petit collet, qu'on porte sur l'habit, ou sur la robe, souvent plus par bienseance que par necessité. (MANTEAU court, manteau long. Manteau roïal. Manteau de chevalier de l'ordre. Manteau à queuë. Manteau de Capucin, de Recollet, d'Augustin dechaussé. Les manteaux de ces Religieux sont courts & sans collets.)

Manteau de femme. Sorte de longue robe plissée que portent les femmes.

Manteau. Vetement ample de certaines Religieuses pour aller au chœur, comme les Bernardines & de Benedictines.

Manteau de cheminée. Tout ce qui couvre la hote de la cheminée.

† *Mantel, s. m.* mot vieux & burlesque pour dire un manteau.

* *Manteau*. Couverture. Pretexte. Il se couvre du manteau de devotion.

Mantelé, adj. Terme de *Blason*. Il se dit d'un Ecu chargé d'une chape un peu étenduë. On dit aussi un *lion mantelé*.

Mantelet, s. m. Espece de petit manteau violet que mettent les Evêques de France par dessus leur rochet lorsqu'ils vont au devant de quelque Legat.

Mantelet, Terme d'*Ingenieur*. Converture de grosses planches qu'on met contre une muraille lors qu'on la veut saper ou miner. Les mantelets parmi les Anciens étoient bâtis de bois leger, hauts de 8. ou 9. piez, larges d'autant, long de 16. couverts à double étage, l'un de planches & l'autre de claies avec le côtez d'osier & revêtus par dehors de cuirs crus trempez dans l'eau de peur de feu. Voiez *Davelours traité de l'artillerie*.

Mantelet. Piece de cuit qui s'abat sur la portiere des carrosses pour la garantir du vent & de la pluie.

† MANUEL, *manuele, adj.* Qui est fait avec la main. (Seing manuel, c'est à dire seing dont on a accoutumé de servir.)

† *Manuellement, adv.* De main en main. On le lui a remis manuellement.

MANUFACTURE, *s. f.* Le travail & la peine que l'ouvrier a pris à fabriquer quelque chose. (La manufacture d'or d'argent & de soie est la plus noble de toutes les manufactures.)

Manufacture, s. f. Lieu où l'on travaille en manufacture. (Il y a ici une manufacture de flambeaux. Etablir une manufacture Je m'en vais à la manufacture roïale. Il y a dans la manufacture des glaces plus de trois cens ouvriers.)

Manufacturer, v. a. Travailler manuellement à quelque sorte d'ouvrage. (Il a fait manufacturer diverses sortes d'étofes.

Manufacturier, s. m Celui qui a entrepris quelque manufacture. Celui qui a droit de faire fabriquer quelque chose. (Un manufacturier fort riche.)

MANUSCRIT, *s. m.* Chose écrite à la main. C'est un manuscrit de consequence. Manuscrit perdu. Manuscrit trouvé.)

Manuscrit, manuscrite, adj. Qui est écrit à la main. (C'est une chose manuscrite. Papier manuscrit.)

MANUTENTION, *s. f.* Terme de *Palais*. Soin qu'on prend afin qu'une chose s'execute. (Le Concile & l'ordonnance apellent les ordinaires à la *manutention* de la dicipline, *Patru, plaidoié 5*.)

MAP. MAQ

MAPEMONDE, *s. f.* Terme de *Géographie*. C'est une carte générale du monde. (Chercher une vile dans la mapemonde. Une belle mapemonde.)

MAQUEREAU, *s. m.* Celui qui débauche, qui vend, & prostitue les femmes pour de l'argent (C'est un maquereau fieffé. Un franc maquereau.)

Maquereau, Sorte de poisson de mer, qui vit en troupe & croit jusques à une coudée. Il est rond, épais charnu & n'a point d'écailles, aiant le museau & la queuë pointus. [On nous a servi au diné de fort bons maquereaux. Maquereaux tout frais. Pêcher des maquereaux.

* *Maquereaux*. Petits cercles rouges qui viennent aux jambes & aux cuisses.

Maquerelle, Celle qui débauche & prostitue les filles & les femmes pour de l'argent. (Maquerelle fouëttée par la main du bourreau.)

[† Vive, vive la maquerelle, que vulgairement on apelle, une bourse pleine d'écus, *Mai Poës*.)

Maquerelage, s. m. Commerce de maquereau, commerce de maquerelle, c'est un franc maquerelage.)

MAQUIGNON, *s. m.* On apelle ordinairement de ce nom celui qui trafique de chevaux. Courtier de chevaux. (Un riche maquignon. Maquignon trompeur.)

Maquignon de chair humaine, *Scaron*. C'est un maquereau.

* Je croi que tu es quelque maquignon d'enfant, *Ablancourt. Luc*.

* *Maquignon de bénéfice*. Celui qui trafique de bénéfices.

* *Maquignons de la gloire* ils en sont le partage, *Gon. Epi. l.*

† * *Maquignonner, v. a.* Trafiquer en maquignon. Trafiquer d'une maniere indigne. [Maquignonner des bénéfices C'est trafiquer de bénéfices.)

MAQUILLEUR, *s. m.* Terme de *Mer*. Bateau de simple tillac qui va à la pêche du maquereau.

MAR.

MARAIS, *s. m.* Eau qui n'est pas profonde & qui croupissant en de certains lieux, se desseche souvent l'été par la trop grande ardeur du Soleil. (Passer un marais. Marsal est une vile en Lorraine, toute entourée de grands marais. Dessecher des marais.

Marais. On apelle aussi, marais à Paris les jardins qui sont autour de la ville le long des fossez qui ne sont pas loin de la riviere. Acheter un marais. Loüer un marais cinquante écus. (On nomme *marêchais* les jardiniers qui cultivent ces marais.

MARANE, *s. m.* Terme injurieux dont nous apellons les Espagnols & qui signifie *Mahometan*. C'est un marane.

MARATRE. *s. f.* Belle mere cruële. Mere cruële. (Une cruële marâtre. Ce n'est pas une mère, c'est la plus terrible de toutes les marâtres.]

* Il ne peut s'imaginer que la France, où l'hospitalité fut toûjours si sainte, devienne pour lui la *marâtre* des étrangers, *Patru, plaidoié xi.*)

MARAUD *s. m.* Coquin. Bélitre. Fripon. [Ma foi, marauds, vous ne vous rirez pas de nous, *Moliére*. Faire le maraud en seigneur. *Gon. Epi. l.* 1. Les plus grands marauds du monde, se nomment les honnêtes gens, *Gon. Epi. l.* 1.)

Maraude, s. f. Coquine Friponne. (C'est une maraude.]

MARAVEDIS, *s. m.* Petite monoie qui est de cuivre & qui a cours en Espagne.

MARBRÉ, *marbrée, adj.* En façon de marbre de diverse couleur. Papier marbré. Livre marbré sur tranche. Fleur marbrée. Girofflée marbrée.

Marbre, marbre, s. m. Le petit peuple de Paris dit *marbe*; mais toute la Cour & tous les gens qui parlent bien, disent & écrivent *marbre*. (C'est une sorte de pierre dure & luisante qui vient de Grece, d'Egipte, des montagnes d'Italie & des Pirenées. (Marbre blanc, noir, rouge, incarnat, marbre fier. Sier le marbre. Gruger le marbre.

Marbrer, v. a Faire en façon de marbre.

Marbrer, Terme de *Relieur*, Jetter avec le pinceau du noir & l'eau forte sur la couverture d'un livre en veau & le façonner comme du marbre. (Marbrer la couverture d'un livre. Marbrer sur cuir. Marbrer sur tranche)

Marbrer. Terme de *Bonnetier*. Mêler si agréablement le blanc & le gris ensemble dans les bas que ce melange ressemble en quelque façon du beau marbre (marbrer des bas.)

Marbrer. Terme de *Marbreur*. Faire le papier ou la tranche livrés en façon de marbre. (marbrer le papier. Marbrer la tranche d'un livre.)

Marbreur, s. m. Artisan qui marbre la tranche des livres & fait le papier marbré.

Marbrer, v. a. Ouvrier qui travaille en marbre, ou en façon de marbre & qui tire le marbre des carriéres.

Marbriére, s. f. Quelques-uns apellent de ce nom le lieu où l'on tire le marbre, mais ils parlent mal. On dit *Carriére de marbre*.

Q q q 2 *Marbrure*

Marbrure. Terme de *Relieur.* Noir & eau forte jettez sur la couverture d'un livre en veau. Voila de belle marbrure.)

Marc, *s. m.* Prononcez *mar.* Ce qui demeure après qu'on a tiré toute la substance d'une chose. (Marc d'olives. Marc de raisins.)

Marc. Terme d'*Orfévre.* Poid de huit onces. Le marc d'argent vaut aujourd'hui 28. livres)

Marc. Ce mot signifie un nom d'homme se prononce comme il est écrit, & en faisant sonner le *c.* (Saint Marc a écrit son Evangile à Rome.)

Marc-Antoine. Nom d'homme. (Marc-Antoine fit couper la tête à Ciceron par des satellites.)

Marcassin, *s. m.* Le petit de la laie. Petit sanglier. (On a tué la laie & tous les marcassins.)

Marcel, *s. m.* Nom d'homme.

Marchand, *s. m.* Celui qui trafique de quelque marchandise que ce soit. (*Marchand grossier,* celui qui trafique en gros. Un bon marchand. De tous les marchands les plus fripons les plus scelerats ce sont les, &c. Un marchand Libraire. Un marchand de bois. Un marchand Joaillier Un marchand de toile cirée. Un marchand de drap, &c.

† * **Marchand, marchande,** adj. Qui sent le bourgeois & la maniere d'agir de marchand. Il n'y a rien de plus marchand que ce procedé *Moliere. Prétieuses, sc.* 4.)

* **Marchand, marchande,** adj. Ce mot se dit de certains lieux où il se fait un grand trafic. (*Vile marchande* ; C'est à dire, Vile où il y a un commerce considerable.)

* **Marchand marchande.** Ce mot se dit des rivieres & veut dire qui a assez d'eau pour porter de la marchandise. (La riviere est marchande. La riviere n'est pas marchande.)

Marchande, *s. f.* Celle qui trafique de marchandise. (Une riche marchande.)

Marchander, *v. a.* Tâcher d'avoir bon marché de quelque chose qu'on veut acheter. (marchander du drap, de la toile, &c.

† * **Marchander.** Tâcher de gagner. Tâcher d'avoir. (Si quelqu'un vient prés de vous marchander vôtre cœur pour dentelle, ou tabis, refusez ces presens. *Sar. poës.*)

† * **Marchander.** Chanceler Hesiter. Tarder. Balancer. (Je me meurs, c'est trop *marchander* pour vous dire ma peine extrême. *Sar. poës.*)

Marchandise, *s. f.* Chose dont on trafique. Tout le bien qui est en commerce qui s'achette & qui se vend. Tout ce qui s'expose pour être acheté & vendu. (Acheter ou vendre de fort bonne marchandise)

Marchandise de contrebande. C'est de la marchandise, ou autre chose qui est defendue par les loix d'un état, d'enlever sans l'ordre exprés du Prince. (Trafiquer de marchandise de contrebande.)

Marchandise. Il signifie aussi le trafic même. (Faire marchandise d'étofes de cuir, de drogues. &c.)

* **Marcher.** Il se dit des choses qui doivent succeder les unes autres, &c. Il ne faut pas marier la cadette la premiere, il faut que l'ainée marche devant. Ces deux afaires marchent du même pié. C'est un afaire qui marche toute seule.

* Marcher à grand pas à la gloire, à l'immortalité, &c.

* Quand l'argent marche, tout va bien. *Prov.*

* **Marcher sur des épines.** C'est aler lentement & avec une grande circonspection dans une afaire délicate, ou dangereuse.

Marcher, *v. n* Prononcez *marché.* Aller Faire quelque pas. Être en marche. (L'armée marche. Les troupes commencent à marcher. Homme qui marche bien. Cheval qui marche de bonne grace. Marcher à pié.

[* Vous craignez peu de *marcher* dans des routes nouvelles. *Port-Roïal, Lettre au Pere Adam. Marcher sur les pas des grans hommes. Abl.* C'est imiter les grans hommes. La valeur & la justice sont deux vertus qui ne *marchent* guére ensemble. *Voit.* 83.)

Marcher. Mettre le pied sur quelque chose. (Marcher sur le pié d'une personne.)

Marcher, *v. a.* Terme de *Chapelier.* Rouler les mains sur une capade. [Marcher une capade, Capade bien marchée.

Marcher. Terme de *Potier.* Fouler la terre avec les pied. (Marcher la terre avec du sable jaûne, ou blanc. Terre bien marchée.

* On dit que les Etoiles marchent, les unes plus vites que les autres. Cette horloge marche trop lentement.

* Il faut *marcher* droit devant un maître severe.

Marché, *s. m.* Prononcez *marché.* L'allure, la marche d'une personne. (On connoit les gens à leur marche. *La Cham.*)

Marche, *s. f.* Les pas qu'on fait en marchant. [La marche de l'armée. L'armée est en marche. *Abl.* Couvrir la marche de l'armée. *Abl. Ret. l.* 4. On fit vint lieuës en trois jours de marche. *Abl. Ret. l.* 1. L'armée continuë la marche à travers une plaine. *Abl. Ret. l.* 3. Retarder la marche d'une armée. *Abl. Ret. l.* 3. L'armée se mit en ordre de marche *Abl. Ret. l.* 4. Il prit sa marche le long du lac. *Abl. Ar. l.* 1. *c.* 5.)

Marche. Terme de *Tambour.* Son de tambour par lequel on connoit que les soldats marchent, ou qu'ils sont prets à marcher en ordre. (Batre la marche.)

† **Marche.** Degré d'escalier, ou d'autel. Mais en ce sens, le mot de degré est plus usité que celui de marche. (On dit plus ordinairement les degrez de l'escalier sont beaux, que les marches de l'escalier sont belles, qui ne se dit presque point.)

Marche. Terme de *Tourneur.* Morceau de bois sur lequel le tourneur met le pié lorsqu'il tourne.

Marche. Terme d'*Organiste.* Ce qu'on touche avec les piez qui fait résonner les pedales.

Marche Terme de *Tisserand, de Ferrandinier, &c.* Morceau de bois qu'on touche avec le pié quand on fait de la toile, ou de l'étofe, & qui fait aler les lames. (Faire aler les marches.)

Marché, *s. m.* Place publique où de certains jours reglez on expose de la marchandise à vendre, & où l'on vend & achete la marchandise qui est sur la place, (Le marché aux chevaux, Le marché aux bœufs. Le marché au pain, &c. Aller au marché. Frequenter les marchez. Les marchez & les foires ne se peuvent établir que par la permission du Roi. *Furet. traité de l'abus, l.* 1. *ch.* 9.

* **Marché.** Le prix qu'on vend les choses au marché. (Savoir le cours du marché. Acheter selon le cours du marché. Courir sur le marché de quelcun.)

Bon marché. Vil prix. (Avoir une chose à bon marché. On dit aussi à grand marché.)

* Il est *bon marché* d'une si grande & si memorable victoire. *Vau. Quin. l.* 3. *c.* XI.

* La moderation que je connois en vôtre esprit me fait esperer que vous aurez *meilleur marché* de cette afliction qu'un autre. *Voi. l.* 14.

† * **Faire bon marché de sa peau.** C'est à dire exposer sa vie legerement.

* **Sortir d'une afaire à bon marché.** C'est à dire, avec une legere perte.

Marché. Stipulation verbale. Contrat par lequel on s'oblige à quelque chose devant les Notaires. (Passer un marché. Faire un marché. Arrêter un marché. Conclure un marché.) Voiez *Vin.*

Marche-pié, *s. m.* Sorte de petit banc bas sur quoi on pose se piez.

Marche pié de carosse. Partie qui est devant le siege du cocher, & sur quoi posent les piez du cocher lorsqu'il est sur le siege du carosse.

* **Marchepié.** Il se dit au figuré, dans l'Ecriture Sainte. (La terre est le marchepié du Seigneur.)

Marcher. Voiez *plus haut.*

Marchette *s. f.* Terme d'*Oiselier.* C'est un petit baton qui tient une machine en état, sur laquelle l'oiseau venant à marcher se pend, ou, du moins, il fait que la machine se détend. *Rases innocens, l.* 1.

† **Marcheur,** *s. m.* Celui qui marche bien. Qui va bien du pié. (C'est un bon marcheur. Un grand marcheur. Il est mauvais marcheur.)

† **Marcheuse** *s. f.* Celle qui marche bien. (Les femmes ne sont pas bonnes marcheuses.)

Mardelle, *s. f.* Est une pierre ronde & percée, posée à hauteur d'apui, qui couvre tout le bord d'un puits ou son ouverture superieure.

Marechal des logis, *s. m.* Ces mots se disent en parlant de cavalerie & d'infanterie. En parlant de cavalerie le *Marechal des logis* est un oficier qui marque les logis des oficiers & des soldats de sa compagnie, qui tient un rolle des cavaliers, & de leur logemens, qui visite les écuries, & aux brides des cavaliers, ne manque aux selles, & aux brides des cavaliers. Il pose les corps de garde aux lieux ordonnez, & quand la compagnie marche il est à la queuë pour empêcher les cavaliers de quitter leur rang. Chaque compagnie de gendarmes a deux marchaux des logis ; chaque compagnie de chevaux legers, autant &* chaque compagnie de mousquetaires, six.

Marechal des logis d'infanterie. C'est un oficier qui marque les logis de tout le regiment ; car il n'y a dans l'infanterie qu'un maréchal des logis pour chaque regiment.

Maréchal de camp. Ces mots en parlant de l'armée, signifient un officier considerable qui marque les routes & les camps de l'armée, & qui doit savoir tous les jours du Général la route que l'armée doit tenir, & aler au campement avec le marechal de camp qui est de jour, & étant arrivé, le marechal des logis partage le terrain & le distribuë aux maréchaux de tous les regimens. Il choisit un endroit pour quartier du Roi, il y marque les logemens des oficiers géneraux, il donne une place commode pour le parc de l'artillerie, une pour les vivres, & dans la marche, il avertit le Général des passages, & des défilez. Chaque armée doit avoir un maréchal des logis & ce maréchal des logis doit être experimenté, judicieux, & savant en Géographie.

Maréchal de camp. C'est un oficier general qui tient rang immediatement aprés le Lieutenant général, & que la veille du départ des troupes, va avec le Maréchal des logis recevoir du Général les ordres de la route, & du campement, qui, étant arrivé au lieu où l'armée doit camper, met la grande garde & fait savoir au Général tout l'état du camp. Il y a des chau-

chaux de camp plus, ou moins suivant que l'armée est grande & ils roulent entre eux. Les Maréchaux de camp doivent être braves, experts & judicieux, parce qu'outre l'intelligence qu'ils doivent avoir à bien camper l'armée, & à faire les autres fonctions de leur charge, on leur donne souvent des détachemens à commander & quelque ataque à faire dans un siege.

Maréchal de bataille. C'est un oficier considerable qui marque aux maréchaux des logis les postes, où il faut mettre les corps de garde d'un campement, qui concerte avec le maréchal de camp qui est de jour; l'ordre de la marche de l'armée, & qui a soin de ranger une armée en bataille lorsque l'ocasion s'en présente. C'et oficier est suprimé, & il n'y a plus de maréchal de bataille que dans le régiment des gardes, & encore ne s'exerce-t elle pas. Neanmoins il y a un oficier de merite qui en a le titre & les apointemens.

Maréchal de France. Oficier d'armée qui pour recompense de sa valeur & de ses services, porte un baton semé de fleurs de Lis qu'on apelle *baton de Maréchal de France*, & qui en vertu de sa charge commande l'armée en l'absence du Roi, ou des Princes du sang. (Le Roi l'a fait *maréchal de France*. La charge de Maréchal de France ne fut pas d'abord à vie, & les Maréchaux n'étoient que les premiers Ecuiers du Roi, sous le Conetable : mais depuis ils devinrent Lieutenans du Sénéchal, & ensuite les premiers dans les armées, & alors les Rois en augmenterent le nombre. *Choisi, Vie de Philippe de Valois, liv.* 1.)

Maréchal des filles de la Reine. Oficier qui a soin de loger les filles de la Reine & de leur faire servir sur table.

Marechaussée, s.f. C'est la jurisdiction des Maréchaux de France qui connoit des matieres civiles & criminelles qui regardent la guerre.

MARÉCHAIS, *s.m.* Ce sont de certains Jardiniers qui se sont établis autour de Paris, & de la plus part des bonnes viles, pour n'élever que des herbages & des légumes qu'ils portent vendre dans les marchez publics. *Quint. Jardin. Tom.* 1 *V. Marais.*

MARÉE, *s.f.* Poisson de mer. (La marée est chére. Il n'y avoit aujourd'hui point de marée au marché.)

Marée. Le mouvement réglé de la mer lorsqu'elle monte vers un certain lieu. (La marée est basse, La marée est haute. Atendre la marée.)

Marée qui porte au vent, v.r. C'est lorsque la mer roule contre le vent.

Marée d'aval. C'est celle qui roule avec le vent. *Four.*

* MARELLE. Voiez *merelle.*

MARGE, *s.f.* C'est le blanc qui est au haut, au bas & aux côtez de chaque page, soit de livre, ou de quelque écrit. C'est le blanc qu'on laisse tout au tour de la taille douce. C'est le haut, le bas & les côtez d'une planche gravée. (Une grande marge. Une belle marge. Une petite marge. Faire la marge d'une planche.)

Marge. Terme d'*Imprimeur en taille douce.* C'est une feuille de papier qui se met sous la planche de cuivre pour servir à marger l'estampe.

Marge. Ce mot est usité entre anatomistes; qui disent *la marge de l'anus.*

* MARGELLE. Voiez *mardelle.*

MARGER, *v. a.* Terme d'*Imprimeur en taille - douce.* C'est faire la marge d'une planche. (Marger une planche.)

Marginal, marginale, adj. Qui est à la marge. Notes marginales. Mot marginal. Addition marginale. Explication marginale. *Colom. opusc.*

† MARGOT, *s.f.* Nom de fille qui veut dire *Marguerite.* (Margot est grosse & grasse.)

* *Margot.* Sorte d'oiseau qu'on apelle une pic. (Une jolie Margot.)

Margoter, v.a. Terme de *Chasseur.* Ce mot se dit des cailles; C'est faire un certain cri enroué de la gorge avant que de chanter. (Les cailles margotent. Rufes innocentes, livre 3. Avertissement au Lecteur.)

Marguerite, s.f. Nom de femme. Il vient du Latin *Margaritas* Ses diminutifs sont *Margot, Gogo, Gogon,* qui veulent dire *petite Marguerite.* (Marguerite de Parme fut Gouvernante des païs-bas. Voi *Strada, hist. de Flandre.* Marguerite Reine de Navarre, sœur du Roi François I. aimoit les lettres avec passion & étoit éloquente. *Colom. mél. historiques.*)

Marguerite. Sorte de petite fleur rouge ou blanche qui fleurit en Mai. Il y a aussi des marguerites panachées, qui sont fort jolies. Le mot de Marguerite, en ce sens, a un pluriel ; mais quand il signifie un nom propre de fille, ou femme, on ne lui en donne point.

MARGUILLIER, *s.m.* Tresorier de la fabrique de l'Eglise. Administrateur des choses qui apartiennent à l'Eglise Les Marguilliers doivent être laïcs & du tiers état. Ils doivent être élus au nombre de deux par les paroissiens qu'on assemble entre la mi-carême & le Dimanche des Rameaux. Quand ils sont élus, ils jurent à l'autel entre les mains du Curé, ou de son Vicaire d'exercer fidélement leur charge & de rendre compte dans l'an, & s'obligent devant les Notaires de la paroisse chacun d'eux & un seul pour le tout, sans division,

ni ordre de discussion, &c. Voiez *Chenu, Recueil* 1. *des Réglemens.*

Marguillérie, s.f. Fonction de marguillier. [Il s'est bien gouverné dans sa marguillierie.)

MARI, *s. m.* Celui qui a pris femme en face d'Eglise. Celui qui a épousé une femme. (Il est marri tres-mari. Le meilleur mari du monde n'est bon qu'à néier. Les Bramines croient qu'une femme ne peut pas demeurer en vie après la mort de son mari. On disoit que César étoit la femme de tous les maris & le mari de toutes les femmes. *S. Evremont, comparaison de Cesar & d'Alexandre. p.* 15. *in* 4.)

Mariable, adj. Qui est en âge d'être marié. Qui peut être mariée. (Un garçon est mariable à quinze ans. Une fille est mariable à douze ans parce que c'est en ce tems-là qu'elle commence d'avoir ses ordinaires.)

Mariage, s.m. Sacrement qui établit une sainte aliance entre l'homme & la femme, afin d'élever Crétiennement les enfans qui en naîtront. Contrat civil qui établit une société inseparable entre l'homme & la femme. (Celebrer un mariage. Faire un mariage. Rompre un mariage. Conclure un mariage. Les malheurs du mariage troublent l'esprit le plus fort.)

† *Mariage.* Ce mot se dit par le peuple & il se trouvé dans plusieurs Coutumes, pour signifier la dot, le bien qu'une femme aporte en mariage. (En ce sens on dit. Il a trouvé un grand mariage. Le mariage est de cent mille Ecus. Un bon mariage paiera tout.

† * *Mariage.* Terme de *cordier.* Les jurez cordiers apellent de la sorte la corde qu'ils sont obligez de fournir au bourreau de Paris pour étrangler les personnes qui doivent être pendués.)

MARIE, *s.f.* Nom de femme. Ses diminutifs sont *Manon, Marote Marion* & *Maion.* Mais *Maion* se dit le moins de tous.

Marie Magdelaine, s.f. Nom de femme.

MARIER, *v. a.* Joindre par mariage. Faire un mariage. (On les a mariez en face de la sainte Eglise. Marier une fille sans lui rien donner.

Helas ! Que ne veut-on aussi me marier.
Ce ne seroit pas moi qui se feroit prier.
Moliere, Cocu, imaginaire, sc. 2.)

Se marier, v.r. Prendre femme. Prendre un mari. (Il est bon de songer toute sa vie à se marier. Se marier, en dépit de Venus & des Graces, *Ablancourt, Aph.* Se marier à quelqu'un, *Moliere Précieuses, sc.* 4.

* Mariez vous, ma sœur, à la Philosophie, *Moliere.*

Marié, s. m. Celui qui vient d'être marié. Celui qui est marié depuis peu. (Un nouveau marié. Le marié est bien fait.)

Mariée, s.f. Celle qui vient d'être mariée. Celle qui est mariée depuis peu. (Une nouvelle mariée. La mariée est jolie, & charmante. Ils partiront an rez par l'amour de leurs nouvelles mariées. *Durier Supl. de Q. Curce, l.* 2. *ch.* x.

† * Il se plaint que la mariée est trop belle; C'est à dire, qu'il se plaint à tort d'une chose qui a toutes les qualitez qu'elle doit avoir.

† *Marieur, s. m.* Faiseur de mariage. (C'est un marieur.)

† *Marieuse, s. f.* Faiseuse de mariage. C'est une marieuse.)

MARIN, ou marrein. Voiez *merrin.*

Marin, marine, adj. qui est de mer. Qui sert pour la mer. (La baleine est un monstre marin. Une carte marine. Sel marin qui se fait avec l'eau de la mer.

Nimphes qui residez sous ces humides voutes,
Marines Deitez, je vous invoque toutes.
Rampale, Idilles.

Vent marin. On apelle ainsi dans quelques Provinces, le vent qui soufle du côté de la Mer.

Trompette marine, C'est un instrument de bois qui imite le son de la trompette ordinaire, & dont on se sert sur les vaisseaux.

Voiez *Trompette.*

Marine, s.f. Ce mot se prend quelquefois au même sens que celui de mer. (Gens de marine, *Ablancourt, Ar. l.* 1. *c.* 7.)

Mariner. Terme de *Cuisinier.* Acommoder avec du vinaigre, du sel & du poivre afin de faire garder la viande, ou le poisson. (Mariner un morceau de cuisse de sanglier.

Marinade, s. f. Assaisonnement de haut goût avec du vinaigre du sel, du poivre blanc & de bonnes herbes. Une bonne marinade.)

Marinier, s. m. Voiturier par eau. (Être bon marinier.)

Oficiers mariniers. Voiez *Oficiers.*

Mariné, marinée, adj. Terme de *Blason.* Il se dit des animaux dépeints sur les écus, & qui ont la moitié du corps de poisson Cerf mariné d'or.)

MARJOLAI n, *s. f.* Plante d'odeur forte qui fleurit deux foi l'année, qui porte des fleurs qui d'abord sont vertes, qu jaunissent

niſſent quelque tems enſuite & qui enfin pâliſſent.

† MARJOLET, ſ. m. Mot vieux & burleſque pour dire damoiſeau. (.C'eſt un franc marjolet, Scarron. Enfin le fort ami du marjolet. écarte, &c. La Fontaine, Nouveaux conт es.)

† MARION, ſ. f. Petite Marie. (Marion pleure, Marion crie, Marion veut qu'on la marie.)

MARIONNETTE, ſ. f. C'eſt une ſorte de petite figure en mode de poupée, qu'on fait paroître ſur une eſpece de petit téâtre, & qu'on fait parler d'une maniére comique pour divertir prin cipalement le peuple. (Aler aux marionnettes.)

MARITIME, adj. Qui eſt auprès de la mer. Païs maritime. Vile maritime Région maritime, Vau. Quin. l. x.)

MARMLADE, ſ. f. Mot qui vient d'Eſpagne & qui ſignifie une eſpece de coriguat. C'eſt auſſi une maniére de confiture de fruits avec de l'eau & du ſucre. (Une bonne marmelade d'abricots, marmelade de pêches, &c.)

MARMENTEAU, ſ. f. Terme des Eaux & Forêts. C'eſt un bois de haute futaie, qui eſt en reſerve & qu'on ne taille point.

MARMITE, ſ. f. Vaiſſeau de terre ou de métal avec des piez, où l'on fait cuire de la viande. (Une belle & bonne marmite.)

† *Le feu des vers ne fait plus bouillir la marmite Mai. Poëſ.

† Marmiteux, marmiteuſe, adj. Vieux mot qui ne peut entrer que dans le burleſque, ou ſatirique. Il veut dire piteux. (Ga ne vit onc un tel gouteux, qui ſans paroître marmiteux, comme toi, ſa goute ma tiné, Sar. Poëſ. Liſe la marmiteuſe au teint de pomme cuite, Gon. Epi. Un engin marmiteux & qui baiſſe la tête, S. Amant.)

Marmitier, ſ. m. Terme de Rotiſſeur de Paris. C'eſt le garçon qui dans la boutique du Rotiſſeur, a ſoin de faire revenir les viandes, de les mettre en broche & de les faire proprement rotir. Les Marmitier gagne plus que les autres compagnons rotiſſeurs. Celui qu'on apelle marmitier chez les Rotiſſeurs, s'apelle hâtier chez le Roi.

Marmiton, ſ. m. Valet de cuiſinier. (Un ſale marmiton.)

† MARMONNER. V. Marmoter.

† Marmot. ſ. m. Eſpéce de gros ſinge à longue queuë. (Un vilain marmot.)

† Marmot. Il ſe dit des petites figures laides & malfaites, que font les aprentis des peintres Voïez croquer le marmot.

† * Marmot. Petit écolier. Petit garçon. (C'eſt un fort dépiteux marmot, Voit. Poëſ.)

* † Marmote, ſ. f. Petite fille. (C'eſt une franche petite marmote.)

MARMOTE, ſ. f. Ce mot vient de l'Italien marmotta, Animal de la la grandeur d'un chat, qui eſt fort commun dans les montagnes de Dauphiné & de Savoie. Il a la tête comme un liévre & de fort petites oreilles. Elles amaſſent du foin pour leur hiver, pendant lequel elles dorment ſix mois, comme les loirs, & elles deviennent extrémement graſſes. Quand elles amaſſent du foin, on dit qu'une d'entr'elles ſe met ſur le dos que les autres la chargent de foin & la traînent ainſi dans leur taniére. Pendant qu'elles font ce travail, il y en a une qui fait ſentinelle pour les autres.

Marmoter, v. a. Gronder. Parler entre les dents. (Que marmotez-vous la petite impertinente, Moliere.)

MARMOUSET, ſ. m. Sorte de petite figure grotesque & mal faite qui a quelque air d'homme ou de femme. Figure ridicule & mal faite. (Faire des marmouſets.)

Marmouſet. Sorte de figure haute d'un pié, qui a l'air d'une perſonne, qui eſt de bois, & qui eſt à chaque bout du barreau de la grand' Chambre du palais de Páris. Voïez là deſſus dans les recueils de Poéſies de Serci, une Satire qui porte pour titre, dialogue d'un Avocat avec un marmouſet du barreau de la grand Chambre.

† Marmouſet. Laid. Sot & mal-fait. (Quel petit marmouſet eſt-celà ? Faut il qu'un marmouſet, ur maudit étourneau faſſe cocu les gens, Moliere.)

MARNE, ſ. f. Sorte de terre propre à engraiſſer les champs. Matiére graſſe & argileuſe, qui eſt proprement la graiſſe de la terre & qu'on en tire pour engraiſſer celle qu'on cultive. (Marne blanche, griſe, griſâtre, noire, jaune, bleuë. Il y a de ces ſortes de marne en Irlande, & mê me la marne n'y eſt pas fort avant dans la terre, & on l'y trouve lorſqu'on a fouillé un pié & demi; mais en France, la marne eſt bien plus avant dans la terre. La marne augmente la bonté naturelle de la terre. Boate hiſt nat. d'Irlande. Si l'on met trop de marne ; elle brûle la terre & la rend ſtérile. Il y a de la marne qui ſert auſſi à faire de la chaux, & que l'on fait cuire comme les pierres. (Tirer de la marne d'une marniére.)

Marner, v. a. Mettre de la marne ſur de la terre qu'on cultive, afin de rendre cette terre meilleure & plus fertile. Quelques uns diſent qu'il ne faut marner la terre qu'une fois, & d'autres qu'il la faut marner trois fois en vint ans. On marne en Irlande la terre au commencement de Mai; enſuite ils la laiſſent. en cet état cinq ou ſix ſemaines, après il la herſent & la labourent. Boate, hiſt. nat. d'Irlande.) Marner un champ.

Marniere, ſ. f. Lieu d'où l'on tire de la marne. (Tomber dans une marniére.)

MAROQUIN. Voïez marroquin.

MAROT. ſ. f. Poupée extravagante au bout d'un bâton laquelle eſt la marque de la folie. (Etre fou à marote, Gon. Epi. l. 1. Tous les fous ne portent pas des marotes.)

† * Marote. Paſſion violente qui cauſe quelque dérèglement d'eſprit aprochant de la folie. (Chacun a ſa marote, Chaque fou à ſa marote. Il eſt entêté d'une telle choſe, c'eſt là ſa marote.)

† Marote. Nom de petite fille qui veut dire petite Marie. (Marote eſt fort gaie.)

Vive mon aimable Marote.
Pour ſes yeux doux.
Nous ſommes tous
Foux à marote.
Muſe coquette, 2. partie.

† MAROUFLE, ſ. m. Miſérable, Sot. Impertinent. (Vous aprendrez, maroufle, à rire à nos dépens, Moliere.)

Marque, ſ. f. Signe qui fait réconnoitre une choſe. Signes extérieurs qui marquent la dignité d'une perſonne. Note pour reconnoître quelque choſe. (Il quita les Marques de la Magiſtrature, Ablancourt. Faires là une petite marque afin de reconnoître la choſe. Les marchands & les artiſans ont des marches particuliéres. Quand un homme ne ſçait pas ſignèr, on lui fait faire ſa marque.)

On ſe ſert à divers jeux, au trictrac, au jeu de paume & c.

Marque. Tache. (La marque y eſt encore.)

Marque. Sorte de preuve, de témoignage & d'enſeigne. [Je ſuis devenu grand Téologien en peu de tems, & vous en allez voir des marques, Pſal. l. 1. Vous lui direz pour marque de cela que, &c.]

Marque, Terme d'Orfévre, & de Potier d'Etain. Poinçon avec quoi on marque l'or, l'argent & l'étain. Poinçon avec quoi on marque la monnoie. (La marque ſe met dans la légende des monoies.

* Marque. Conſidération. Autorité. Pouvoir. Crédit. Mérite. (C'eſt une perſonne de marque. Ablancourt, Ar. l. r. 7.)

Marquer, v. a. Faire quelque marque. Faire quelque ſigne pour reconnoitre. [Marquer le feuillet d'un livre. On marque les balots & les tonneaux de marchandiſes. On marque le bois dans les forêts. On marque la tâche qu'on donne aux ouvriers. Un Arpenteur marque les bornes d'un champ, &. Un Ingénieur marque l'aſſiette d'un camp, le deſſein d'un travail & d'une fortification, comme quand il en déſigne les extrémitez par des piquets & par quelques autres marques. On prétend auſſi que le Diable marque les Sorciers & qu'ils ont une partie de leur corps, laquelle eſt inſenſible. On marque les coupeurs de bouts après leur avoir donné le fouet.]

Marquer. Ce mot ſe dit au paſſif en parlant de femme groſſe. [Si Madame ne mange pas de ce fruit, ſon enfant en ſera marqué. C'eſt à dire, en portera la marque, en aura la marque ſur ſon corps.]

Marquer. v. n. Ce mot ſe dit dés chevaux, c'eſt-avoir une dent qui vient après les dents de lait, à laquelle il y a une petite marque qui dure 7 ans & qui découvre l'âge du cheval. (Ainſi on dit C'eſt un cheval qui commence à marquer. C'eſt à dire qui eſt tout jeune. C'eſt un cheval qui marque encore. C'eſt à dire qui n'a pas encore 7 ans.)

Marquer, v. a. Mettre la marque ſur la vaiſſelle & ſur la monoie. [Marquer la vaiſſelle. Marquer la monnoie.]

Marquer, Terme de Tailleur. C'eſt faire une raie ſur l'étofe avec de la craie avant que de couper l'étofe. [Marquer l'étofe.]

Marquer, Terme de Maître d'armes, Donner à plein un coup dans le corps. [Coup qui marque.]

Marquer, v. n. Terme d'Acoucheur de Sage-femme. On ſe ſert du mot marquer quand la femme eſt prête à acoucher ; qu'il lui prend un tremblement & que les humiditez qui coulent de la matrice ſont teintes de ſang. [On dit, Mad marque, elle acouchera bien tôt. Mad. va acoucher, car elle marque.]

Marqueter. v. a. Marquer de diverſes petites taches. [La nature a marqueté agreablement ce petit animal.]

Marqueté, marquetée, adj. Semé de petites taches. [Oiſeau marqueté de verd, on dit plus ordinairement marquis de verd.]

Marqueté, marquetées. Adj. Il ſe dit de la peau de certains fruits, & veut dire, ſemé de petits points diferens du fond de la peau ſur laquelle ils ſont. Dans le même ſens, on dit tiqueté, ou tavelé. [La poire de Bugi a la peau marquetée, tiquetée, ou tavelée Quint. Jardins fruitiers. T. 1.]

Marqueterie. ſ. f. Terme de Menuiſier. Eſpéce de Moſaïque & d'ouvrage de raport qu'on fait de pluſieurs & de diferens bois avec leſquels on repréſente des figures & autres ornemens. (Une belle marqueterie. travailler en marqueterie.)

Marqueur, ſ. m. Terme de tripot. Celui qui marque & qui compte le jeu de ceux qui jouent partie dans un jeu de paume. [Un bon marqueur.]

MARQUIS, ſ. m. Ce mot ſe prenoit autrefois pour un Capitaine qui gardoit quelque frontiére, mais aujourdhui c'eſt un Seigneur qui a rang après les Princes & les Ducs. (Un génereux Marquis.)

Marquiſe, ſ. f. Femme de Marquis. [Une belle Marquiſe.]

† ſe Marquiſer, v. r. Se qualifier Marquis. Il ne ſe dit qu'en raillant.

MAR

† Depuis que de son chef chacun s'est Marquisé
On trouve à chaque pas un Marquis déguisé.
Scarron.]

Marquisat, s. m. Terre de marquis. [Un bon & riche marquisat.]

Marquote, marcote, s. f. Terme de Jardinier. C'est une branche d'arbre qu'on a couchée, cinq ou six pouces avant dans la terre, qui y a pris racine & qui est après séparée de l'arbre où elle tenoit. Quelques uns disent margote : mais ces quelques-uns sont de méchans parleurs.

Marquote, ou marcote, s. f. Terme de Fleuriste. Il se dit particulièrement des œillets. C'est un brin d'œillet auquel on a fait une petite entaille au dessous d'un nœud qu'on a remplie d'un peu de terre fine & qu'on a entourée de deux ou 3. pouces de même terre soit dans un corner de fer blanc araché en l'air, soit dans un pot, ou en pleine terre. (Il lui a donné une douzaine de belles marquotes. La Quintinie Jardins fruitiers & potagers. l. p. Grosse ou petite marquote. Faire des marquotes. Planter enterrer, emporter, arroser, coucher des marquotes dans des pots. Marcote qui réussit bien marquote qui vient heureusement, cultiver des marquotes. Voiez La culture des fleurs.)

Marquoter, marcoter, margoter, v. a. Terme de Jardinier & de fleuriste. Margoter ne vaut rien. Pour les deux autres il sont seuls en usage & s'écrivent de l'une ou de l'autre façon. C'est faire des marquotes. (Marcoter un figuier, un Coignasier. Marquoter des œillets, on marquote l'œillet quand il sort de sa fleur. Voi culture des fleurs. C. 6.)

Marre, s. f. Creux plein d'eau & de bourbe. (Une marre profonde, Une marre fort bourbeuse.)

Marrain. Voiez *marrin*.

Marreine; marraine, s. f. Celle qui tient un enfant sur les fonts. (Une bonne Maîtraine. Il avoit accordé cette faveur à condition que Madame l'Abesse seroit la marraine Patru, plaidoié. Je n'entens point que vous aiez d'autres noms que ceux qui vous ont été donnez par vos parrains & marraines. Molière.)

Marri, marrie, adj. Fâché. Qui est en colère. (Il est marri. Elle est fort marrie de la mort de son galand.)

Marron, s. m. C'est la plus excellente sorte de châtaigne, & il est un peu plus gros que la châtaigne.

† **Marron**. Terme de Coifeuse. Boucle de cheveux qui est sur l'oreille, & qui est nouée avec un ruban. (Elle a des marrons aux oreilles.)

Marronnier, s. m. Arbre qui porte les marrons.

Marronnier d'Inde. Arbre qui porte des fleurs blanchés en forme de bouquet & qui produit un marron qui ne vaut rien à manger. (Il y a des marroniers d'Inde hauts de sept ou huit piez.

Marroquin, s. m. Peau de bouc, ou de chevre passée en confit & en galles, que le corroieur travaille ensuite. (Marroquin noir marroquin rouge. Il y a une autre sorte de marroquin qu'on apèle marroquin de Levant.)

Mars, s. m. Ce mot signifie le Dieu de la guerre, mais, en ce sens; il est poëtique. (S'éloigner des hazards où courent les enfans de Mars. Mai. Poës.)

Mars. Une des sept planètes. (Il a Mars à son ascendant.)

Mars. Un des douze mois de l'année. (Il est mort en Mars, Contrat passé le premier jour de Mars.)

Mars. En termes de Chimie, il signifie le fer.

Marsiliane, s. f. Sorte de Vaisseau, dont se servent les Venitiens Il a la poupe quarrée, & le devant fort gros, Il porte jusqu'à quatre mâts & est du port de 700. tonneaux.

Marsouin, s. m. Poisson de mer qui a le museau plat, & qui est une sorte de pourceau de Mer qu'on fait cuire dans un court-bouillon avec du vin rouge. Le Marsouin a quatre ou cinq piez de long & est gros à proportion. Il n'a point d'ouies & en place, il a deux trous aux deux côtez de la tête, pour recevoir l'air qu'il respire comme les autres animaux. Le Marsouin va toûjours du côté du vent & léve la tête de tems en tems hors de l'eau. Les Marsouins se dévorent les uns les autres. On les pêche avec le harpon, qui est un gros javelot attaché au bout d'une ligne ; mais il s'arrache quelquefois du harpon. Le Marsouin a la chair chaud, & n'a pas la chair délicate car elle sent un peu l'huile. Tachard, voiage du Siam, l. 1.

Martagon, s. m. Sorte de fleur blanche, pourprée, orangée, ou rouge vermeille, qui ressemble en quelque façon au lis. La tige du Martagon a près de trois piez de haut. Il fleurit large comme une pièce de quinze sols. Il est en fleur au mois de Juin, & est agréable.

Martagon de montagne. Sorte de fleur pourprée.

Marte, s. f. Nom de femme. (Marte me semble fort belle, Gon. Epi.) Son diminutif est Marton.

Marteau, s. m. Masse de fer au milieu de laquelle y a un trou qu'on apèle œil & qui sert à remuer un manche: [Marteau rond. Mateau breté.

Marteau d'assiette. Instrument de paveur.

Marteau à deux pannes. Instrument de paveur.]

Marteau de porte. Sorte de marteau de fer attaché à quelques portes pour fraper & avertir ceux du logis qu'ils aient à ouvrir.

† **Martel**, s. m. Ce mot, qui signifioit un marteau, ne se dit plus aujourdhui en ce sens, & n'est en usage qu'au figuré & même dans le stile simple, ou dans le comique. Avoir martel en tête. C'est à dire inquiet.

Martelage, s. m. Termes des Eaux & Forêts Il se dit de la marque que les Officiers font sur les arbres avec un marteau. (La Garde marteau doit faire le martelage en personne.)

† * **Marteler**, v. a, Au propre, il signifie Battre à coups de marteau; mais il ne se dit guere. Au figuré il signifie, Tourmenter Inquieter. (Je viens pour soulager le mal qui me martelle, Voiture, Poësies.

Martelet, s. m. Diminutif de marteau. C'est un petit marteau.

Marteline, s. f. Sorte de marteau de sculpteur, qui est en pointé d'un côté & qui de l'autre a des dents fortes.

Martial, martiale, adj. Guerrier. Courageux. (Avoir l'ame martiale, Ablancourt.)

Martin, s. m. Nom d'homme qui vient du Latin Martinus. (Le Pape Leon X. disoit que Martin Luther étoit un tres-bel esprit, Voi. Kemelia literaria, p III.

La Saint-Martin. C'est la fête de Saint Martin. (Faire la Saint Martin, c'est boire & se réjouir.)

Martin pêcheur. Petit oiseau qui vit quatre, ou cinq ans ; qui a le bec long, fort & aigu, la tête couverte de plumes bleues clair-res, les ailes bleues & semées de blanc, le corps blanc & un peu vert & l'estomac couleur de rouille. On croit que cet oiseau étant mort & sec & attaché en un garde-meuble empêche qu'il ne s'y engendre des vers dans les habits, Oline. (Un martin-pêcheur mâle. Un martin-pêcheur femelle.)

Martin sec. Sorte de poire pierreuse (De bon martin-sec.)

Martine, s. f. Nom de femme. (Martine est méchante.)

Martinet, s. m. Sorte de petit chandelier de bois. (Martinet perdu.)

Martinet. Espéce de petite hirondelle qui a la gorge & le ventre blanc & le dos noirâtre. Bel. l. 7. c. 35.

Martinet. Il se dit des grands marteaux qui sont meus par la force de l'eau, comme ceux des moulins à papier, à foulon, à tan, &c. Et particulièrement des grands marteaux de forges. Et l'on croit que ces sortes de grandes forges ont pris leur nom de martinet ; de ce qu'il y en a plusieurs à Vienne en Dauphiné, proche de l'Eglise de S. Martin & dans la Paroisse de S. Martin.

Martingale, s. f. Terme de Manége. C'est une longue courtoie de cuir, attachée par un bout aux sangles sous le ventre du cheval, & l'autre au dessous de la muserole, pour empêcher que le cheval ne porte au vent, & ne batte à la main.

Martir, s. m. Celui qui soufre la mort pour la foi. (Il est mort martir.)

* L'amour donne de sécrets plaisirs à tous ses martirs. Voit. poës.

Martire, s. m. Celle qui soufre la mort pour la foi. (Une Sainte martire.)

* Cloris pendez le rosaire au croc, s'il est vrai que vôtre époux est impuissant & jaloux, cela vous doit sufire, vous êtes vierge & martire. Furetiere.

Martire, s. m. Mort soufert pour la foi. (Soufrir le martire. Pas. l. 2.)

† **Martir**. Peine Tourment [* Martire amoureux. Voi. poës.
Je béni mon martire & content de mourir, je n'ose murmurer. Voi. poës. Faveur qui pourroit me tirer du martire. Voi. poës.

† **Martirer**, v. a. Vieux mot pour dire tourmenter. (Ce traître honneur veut pour me martirer, nos deux cœurs déchirer. Voi. Poës.)

Martiriser, v. a. Ce mot signifie faire soufrir le martire, & ne se dit guere au propre dans un sens actif. (Ainsi on dira un tel Empereur fit martiriser un tel Saint. Quoi que martiriser ne se dise pas bien au propre dans un sens actif, il ne laisse pas d'être usité au passif, & on ne dit tous les jours un tel Saint fut martirisé sous un tel Empereur.)

† * **Martiriser**, Ce mot au figuré se dit dans un sens actif, mais en ce sens il n'entre pas ordinairement dans le beau stile & signifie, Tourmenter. Outrager. Maltraiter. (Ils ont martirisé ce pauvre garçon.)

Martirologe, s. m. Histoire des martirs. Papiers Journaux de l'Eglise. (Martirologe Romain. On ne sçait pas précisement quand on a commencé de lire le Martirologe dans le Chœur des Eglises, ou dans les Chapitres des Chanoines ou des Moines. Thiers, des Jubez, ch. 7.)

Martre zibeline, s. f. Animal sauvage fait en forme de grosse belette qui se trouve dans les forêts de Laponie, qui se nourrit d'oiseaux & d'écureuils. La martre à le poil doux & noir, sa peau est fort estimée, & on en fait de tres-bonnes fourrures. Voiez Schefer. Hist. des Lapons. Les Chinois ont des fourrures de martres zibelines d'un prix extraordinaires. Voi La nouvelle relation de la Chine. p. 175.

† * Prendre martre pour renard. Proverbe. C'est se tromper.

MAS.

Mascarade, s. f. Divertissement agréable, & ingénieux de carnaval, où l'on se masque. Troupe de personnes masquées. (Un

MAS

(Une belle,une superbe,une magnifique mascarade. On fait des mascarades pour quelque réjouissance publique, comme pour la naissance des Princes & autres choses. Ménétrier a fait un traité des mascarades, mais il est un peu long.) On donne aussi ce nom à des vers qu'on a fait pour les personnages qui sont de ces mascarades.

MASCARET, *s. m.* Terme particulier qu'on donne à un reflus particulier & violent de la mer qui remonte impetueusement dans les Rivières de Garonne & de Dordogne, & qui fait le même éfet sur ces rivières que celui qu'on apelle *la barre* sur la Seine.

MASCULIN. *masculine*, *adj.* Qui convient à un mâle. C'est proprement un *terme de Grammaire*, où l'on parle du *genre masculin*. Il y a des nôms qui sont masculins. En *poëfie* on apelle vers masculins ceux qui se terminent par une rime masculine, laquelle se trouve dans tous les mots qui ne se finissent pas par un *e* féminin, par *es* ou *ent*. On observe dans les vers réguliers de ne mettre pas plus de deux vers masculins de suite. Les *Astrologues* parlent des qualitez, d'influences & de planettes *masculines* d'aftres *masculins*.

MAZETTE. Voiez *mazette*.

MASQUE, *s. m.* Chose qui répréfente le visage & dont on se couvre le visage. On s'en sert au carnaval pour se déguiser. (Un beau masque, Un vilain masque.)

Masque. Morceau de velours noir où l'on fait un nez & deux yeux dont les Dames se couvrent le visage quand elles vont en campagne, ou en ville. (Les Dames n'ont commencé à se servir des masques que sur la fin du dernier siecle. *Brantome, Dames galantes.*)

Masque. Visage séparé du reste du corps, qui sert dans les ornemens de peinture & de sculpture.

* *Masque, s. m.* Personne masquée en un jour de carnaval. (Aller voir les masques. On verra de beaux masques ce carnaval.)

* *Masque.* Ce mot au figuré a d'autres sens fort beaux (Ce fut là qu'il *leva le masque* & qu'il se donna en proie à toutes ses passions. *Vau. Quin. l. 5.* C'est à dire, Ce fut là qu'il ne garda aucunes mesures, que sans feinte & tout ouvertement il s'abandonna à ses passions.)

* Son honnêteté n'est qu'un *masque* pour tromper plus finement. *Abl.* C'est à dire,son honnêteté n'est qu'un voile, qu'une adresse, un prétexte pour tromper.

* Il tiroit *le masque* aux vices de son tems. *Dépreaux, Satire 7.* C'est à dire, il faisoit connoître les faux vertueux. Il découvroit les les vicieux.

* *Masque, s. f.* Injure pour dire. Laide. Sotte & malfaite. (Que la peste soit la masque, *S. Aron*.)

Masquer. Ce mot signifie aller en masque. Il est actif & neutre, mais il est ordinairement neutre au propre & actif au figuré. (Peu de gens masquent présentement.)

* *Masquer, v. a.* Couvrir, (Ils *masquent* leur foiblesse d'un faux zéle. *Depr. Discours au Roi.*)

Se masquer. v. r. Se mettre un masque sur le visage.

Se masquer. Faire quelque mascarade. Aller en masque & se déguiser. (Elle se masqua quatre ou cinq fois avec son mari. *Le Comte de Bussi.*

* Bien qu'il *se masque* toujours, on le prend toujours pour lui-même. *Gen. Epi. l. 1.*

MASSACRE, *s. m.* C'est l'action de tuer cruellement. (Le massacre de la Saint Bartelemi se fit sous le Regne de Charles neuviéme à la folicitation de Messieurs de Guife. Ce massacre, & celui qui fut fait de tous les François dans la Sicile, à l'heure des Vêpres, ce sont les deux plus grands massacres qui aient été faits en pleine paix dans l'Europe.)

Massacre. Terme de *Chasse.* C'est la tête du cerf,du daim & du chevreuil, séparée du corps. *Saln.* En ce sens, *massacre* est aussi un terme de *Blason.*

Massacre, v. a. Tüer cruellement. (En 1572. le jour de la Saint Bartelemi on massacra durant la nuit tous les Huguenots qui étoient venus à Paris pour voir les noces de Marguerite fille de France, avec Henri Roi de Navarre.)

Massacreur, s. m. Celui qui fait un massacre. (On vit le lendemain les massacreurs se promener par la ville & se glorifier d'une action qui leur faisoit plutôt mériter le nom de Bourreaux que celui de Soldats.)

MASSE, *s. f.* Amas de plusieurs choses qui ensemble composent un tout. (La masse du monde, La masse de la terre & de l'eau. Le Cahos des Poëtes, n'étoit qu'une masse de matiére confuse & informe.

Masse. Chose grosse & massive. Quantité indéterminée de quelque chose. (Où trouver d'assez grosses masses de pierres pour remplir ses abîmes. *Vaug. Quin. l. 4.* Une grosse masse de sel. Une masse de pâte, La masse des biens. *Patru, 4. plaid.* Rafraichir la masse du sang. *Le Chamb.* Décharger la masse du sang *Deg.* Une masse de chair.)

Masse. Terme de *Balancier* Contrepoids de métal qui est attaché à un anneau & qui sert à faire voir la pesanteur des choses qu'on pése avec le peson.

Masse. Gros marteau dont le sculpteur dégrossit son ouvrage en frapant sur les ciseaux.

Masse. Terme de *Blason.* C'est un bâton à tête, garni d'argent, qu'on porte en quelques cérémonies.

MAT

Masse d'armes. Arme d'hast, dont on se servoit autrefois à la guerre, & qui est à préfent hors d'usage Elle avoit comme une grosse tête de fer au bout d'un bâton.

Masse. Terme de *Charpentier.* C'est une longue piéce de bois qui sert à faire tourner le gouvernail d'un bateau foncet.

Masses. Terme de *Peinture.* Parties qui contiennent de grandes lumieres, ou de grandes ombres. (Quand il est tard on ne voit que les masses d'un tableau.)

† *Masse.* Terme *Bachique*, dont on se sert en choquant le verre & buvant des santez. (Masse à l'honneur du grand Seguier, *Maletope, cric, & croc, Saint Amant.*)

Ces mots *masse* & *tope* sont aussi des termes de jeu de dez.

Masser, v. a. Terme de *jeu de dez.* C'est dire ce que l'on veut jouër à un coup de dez. (Il a massé une grosse somme.)

† *Masser,* Terme *Bachique.* C'est dire *masse*, en buvant à la santé d: quelcun.

Masse-pain, s. m. Pâtisserie composée d'amandes, d'avelines, de sucre, de pistaches & de pignons. (Faire un bon masse-pain.)

MASSICOT. Couleur jaune pour peindre.

† *Massier, s. m.* Celui qui porte une masse. (Il y a des Massiers qui acompagnent Monsieur le Chancelier, Le Recteur de l'Université est précédé, quand il marche, de ses Bedeaux & Massiers.)

MASSIF, *massive, adj.* Gros & solide (Cela est massif, Chose massive.)

Massif, s. m. Terme de *Maçon.* Chose pleine & solide. (Un massif de pierres.)

Massivement, adv. D'une maniére massive. (Les Gots bâtissoient massivement, mais depuis on a bâti plus délicatement.)

MASSON, *massonner. massonnerie.* Voiez ci-devant *Maçin, &c.*

MASSORE, *s. f.* Terme de *Théologie Judaique.* C'est une Critique du Texte Hebreu que les Anciens Juifs ont inventée, par le moien de laquelle il ont compté les versets, les mots & les lettres du Texte. Ce mot signifie tradition. Ce furent les Juifs d'une Ecole fameuse qu'il avoient à Tiberiade; qui firent, ou du moins commencerent cette *Massore.*

MASSUE, *s. f.* Masse d'armes qui a le bout fort gros. (On dépeint Hercule avec une massuë, & une peau de lion.) On assome des beufs avec une massuë. On se sert d'une massuë pour fendre du gros bois.

MAST. Terme de *mer.* Prononcez *mât* long, comme si ce mot s'écrivoit sans *s.* C'est l'arbre qui tient les voiles d'un navire, ou autre pareil bâtiment. (Il y a ordinairement quatre masts dans chaque navire & quelquefois cinq. Le grand mast, la misaine, ou borcet, le trinquet, le beaupré, & l'artimon, *Four.*

Mast. Terme de *Tapissier.* Piéce de bois servant aux tentes & aux pavillons. (Une tente à 2. masts. Une tente à 3. masts.)

Mast désarmé. Terme de *Blason.* C'est un mât peint sans voiles.

Master, v. a. Prononcez *mâté.* Mettre les mâts à un vaisseau. (On a mâté tant de Vaisseaux)

MASTIC, *s. m.* C'est un composé de cire de résine & de brique pilée qui sert aux ménuisiers, & aux lapidaires. On apelle aussi *mastic*, une sorte de résine qui sort du lentisque, *Dal.* (Voilà du bon mastic.)

MASTICATOIRE, *s. m.* Terme de *Médecin.* Médicament externe composé de médicamens acres & de subtile substance, reduits en poudre & mêlez avec du miel, ou quelque Suc, ou liqueur & formez en pâte, ou boules rondes, ou longues pour mâcher afin d'attirer & purger la pituite qui abonde dans le cerveau. (Ufer de masticatoire.)

Mastiquer, v. a. Coler avec du mastic.

Mastigadour, s. m. Terme de *Manége.* C'est une espéce de mors uni, garni de petites patenôtres, & d'anneaux, qu'on donne à mâcher à un cheval, pour lui faire écumer, & pour lui rafraîchir la bouche.

MASTURE, *mâture, s. f.* C'est la maniére de poser les mâts dans les Vaisseaux. (La mâture est diférente selon les vaisseaux. La mâture de ce vaisseau est fort bien faire. La mâture des Jacks est en fourchue.)

MASURE, *s. f.* Maison qui est en ruïne. (Une méchante masure.)

* L'amour a brûlé sa maison & n'en a fait qu'une masure. *Gen. Epi. liv. 1.*

MAT.

Mâr, Voiez *mast.*

Mat, *mate, adj.* Terme d'*Orfevre.* Ce mot est bref. Qui n'est ni clair, ni bruni, ni poli, mais blanc & en forme de chagrin (Or mat, Argent mat, Eguiere mate, Voilà qui est mat. Besogne mate.)

Mat. Terme *du jeu des échets*, qui se dit du Roi, & qui signifie qui a eu échec *& mat*. (Le Roi est mat.)

Echec & mat. Termes *de jeu des échets*, qui veulent dire *le Roi est mort.*

mort. [Donner échec & mat au Roi ennemi ; C'est attaquer de telle sorte le Roi qu'il ne se puisse défendre, & ainsi gagner la partie.)

† *Donner échec & mat aux plats*, Abl. Phrase burlesque, pour dire prendre de tous les plats avec avidité. Manger avec ardeur & donner sur les plats avec quelque sorte de furie.)

MATAMORE, *s. f.* On croit que ce mot est Arabe. C'est une prison où l'on renferme sous terre les esclaves toutes les nuits. La *matamore* est tres-incommode & tres-cruelle, & il semble qu'elle n'ait été inventée que pour tourmenter les esclaves. On y decend par 20. ou 30. degrez, on n'y peut point recevoir d'air ni de lumiere que par un petit trou. Les Esclaves y sont horriblement pressez, & souvent ceux qui en sortent, meurent, parce qu'ils ne peuvent suporter le grand air. Ils y étouffent quelquefois de chaleur, & ils y sont presque toûjours mangez des puces & des poux. Voi. *A. Gallard, histoire d'un Esclave.*

MATASSE, *s. f.* Terme de *Marchand de soie*. C'est de la soie qui est encore par pelotes & sans être filée.

MATASSINS, *s. m.* Sorte de dance folâtre. (Danser les matassins.)

† *Matassinade, s. f.* Folatrerie Action folâtre. (Elle fit cent matassinades.

MATELAS, *materas, s. m.* Mainard, *poësies, pag.142. a dit*, si n'étois un grand Prince, Pegase n'auroit pour litiere que des materas de satin. *Materas*, en ce sens, ne se dit pas, on dit *matelas* comme l'a écrit *Voit. l. 44.* (Acheter un lit, des matelas, & des couvertures. Le *matelas* n'est autre chose que vingt-cinq ou trente livres de bourre lanice, de laveton ou de laine que le tapissier coud, & pique entre deux pieces grandes & larges de fustaine, ou de toile bleuë pour mettre sur quelque bois de lit. Il est couché sur deux bons matelas de mere laine. Piquer un matelas.

Matelasser, v. a. C'est garnir un carrosse de petits matelas. (Matelasser un carrosse.

MATELOT, *s. m.* Celui qui fait profession de frequenter la mer. Celui que le Capitaine du navire donne à chacun pour l'assister. (Un matelot fort expert. Un tel est mon matelot, *Fourn.*)

* Laissez l'étât & n'en dites plus mot;
Il est pourveu d'un tres-bon matelot.
Voi poës.

Matelotage, s. m. Salaire de matelot. (Le matelotage de ce vaisseau coûte tant.)

Matelote, s. f. C'est la maniere d'accommoder, à la maniere des matelots du poisson frais-péché, avec du sel & du poivre.

A la matelote, adv. A la maniere des matelots. Vivre à la matelote) Chaussés à la matelote. (Vivre à la matelote, ce sont des chausses serrées sur la cuisse.

MATEMATICIEN, *s. m.* Celui qui sait les Matematiques. (Un fameux Matematicien.)

Matematiques, s. f. Ce mot n'a point de singulier ; C'est une deuce qui enseigne les choses par de veritables demonstrations. (Les matematiques sont fort belles.)

Matematique, adj. Cela est vrai dans la rigueur matematique.)

Matematiquement, adv. A la maniere des Matematiciens. D'une maniere certaine & Géometrique. Il y a des veritez qu'on pe peut demontrer Matematiquement.)

MATER, *v. a.* Terme de *jeu des échets*. C'est donner échec & mat au Roi. (Deux chevaliers seuls ne peuvent mater le Roi.)

† * *Mater*, Ce mot se dit des personnes & signifie *mortifier*. Acabler de déplaisir. (Je vous mâte à force de lire. *Sarazin jeu des échets.*] p. 252.]

MATERIAUX, *materaux, s. m.* Il n'y a que ceux qui ne savent pas parler qui disent *materaux* au lieu de *materiaux* tout ce qui sert à bâtir, comme le bois, la brique, la chaux & le sable. [Materiaux fort bons. Bien emploier les materiaux.]

Materiel, materielle, adj. de dont chose est formée.(Ainsi on dit. Principe materiel. Cause materielle.)

* *Materiel, materielle.* Grossier. Esprit materièl. Elle est un peu materielle.)

Materiellement, adv. Terme de *Philosophie*. C'est le contraire de formellement. [La nature est materiellement une dans les individus.)

MATERNEL, *maternelle, adj.* Qui est de mere.) L'amour maternel est grand, mais il n'est pas toûjours fort sage.

Maternellement, adv. D'une maniere maternelle. [Elle n'a pas traité son fils maternellement.)

MATHURINS. Voiez Maturins.

MATHIAS, *s. m.* Nom d'homme.

MATIERE *premiere*. Terme de *Philosophie*. Principe dont les êtres naturels sont composez. (Les atomes sont la matiere premiere de toutes choses.)

Matiere, s. f. Ce dont une chose est composée. Le salpêtre est la matiere de la poudre.

Matiere, Sujet de quelques discours. Chose Sujet. [Il lui a donné de la matiere pour faire un discours. C'est une matiere tres-importante, à toute la morale. *Pas. l.4.* Entrer en matiere. *Pas. l.5.*)

Matiere. Ce mot a encore quelques autre sens. (Exemples. Les inclinations sont libres *en matiere* de mots. Abl. C'est à dire, *en cas*. En matiere de guerre la reputation fait tour. *Vau. Quin. l. 3.*
C'est à dire *en fait.*)

* *Matiere.* Pus qui sort d'une plaie. (Matiere puante.)

Matiere. Terme de *Cartonnier.* Rognure pour faire le Carton (Piler la matiere.)

MATHIEU, *s. m.* Nom d'homme. (S. Mathieu a été Apôtre & Evangeliste.)

MATIN. Gros chien. (Un grand vilain matin. *Abl.*

Matin, s. m. Matinée. (je suis *tout le matin* au logis. J'étudie *le matin*, l'apresdinée je me promene.)

* *Matin.* Ce mot dans la signification de *jour* est poëtique.
* C'est dans peu de *matins* que je croitrai le nombre de morts
Mai poës.)

Matin, adv. (C'est quand il n'y a pas fort long-tems qu'il est jour. Il est bien matin. Il se leve matin.

* *Qui a bon voisin, à bon matin.* Proverbe, pour dire, qu'on vit en repos avec de bons voisins.

* *On a beau se lever matin quand on a le renom de dormir tard.* Proverbe, pour dire, qu'on a de la peine à recouvrer une bonne reputation quand on l'a perduë.

† On dit d'un homme fin qu'il faudroit se lever bien matin pour l'atraper.

Demain matin. Demain au matin. Tous deux sont bons, mais le premier est plus usité Quoi qu'on die *demain au matin*, on ne dit pas *jusques à demain au matin*, mais *jusques à demain matin. Vau. Rem.*

Matinal, matinale, adj. Ce mot se dit seulement des personnes mais il n'est pas si usité que matineux, *Vau. Rem.* [Il est matinal. Elle est matinale. Il se leve matin.)

Matinée, s. f. Tout le tems du matin. (Les matinées sont presentement un peu fraiches.)

† * *Dormir la grasse matinée*, c'est dormir bien tard.

* † *v. a.* Gourmander. (mâtiner une personne.)

† * *Matiner* Matiner la goute. *Sar. poës.*

Matines, s. f. Ce mot n'a point de singulier. Il signifie une des heures canoniales qui consistent à dire le matin un certain nombre de Pseaumes & de leçons. (Mes matines sont dites.)

Matineux, matineuse, adj. Ce mot se dit seulement des personnes, & veut dire *qui se leve matin.* Il est matineux.Elle est matineuse.

Matinier, matiniere, adj. Ce mot est vieux & hors d'usage sur tout au masculin, & tout au plus il ne se peut dire qu'au feminin & encore en cet exemple *Etoile matiniere Vau. Rem.*)

MATIR, *v. a.* Terme d'*Orfévre*. Ce mot se dit de la besogne qui n'est ni polie ni brunie. † Il faut envoier *matir* cette besogne.

Matoir, s. m. Petit outil de fer qui sert aux Graveurs & Damasquineurs pour amatir l'or & le faire tenir dans les cizelures.

† MATOIS, *matoise, adj.* Fin. Rusé. (Un amant bien disant & matois. *Voit poës*.) Elle est un peu matoise.

† *Matois, s. m.* Fin. Rusé. (C'est un fin matois.)

MATOU, *s. m.* Gros chat. Chat mâle & entier. [Un beau matou.]

MATRAS, *s. m.* Ancien trait d'arbalête ; lequel étoit gros & ne faisoit que meurtrir.

Matras: Vaisseau chimique propre pour digerer & extraire. (Un grand matras.)

MATRICAIRE, *s. f.* Plante fibreuse qui a une odeur forte & un goût amer qui fleurit blanc en Juillet en forme de petite marguerite. [La matricaire est belle.] On l'apelle aussi *esparçoin.*

MATRICE, *s. f.* Les parties naturelles de la femme. La partie de la femme qui reçoit la semence de l'homme & de la femme pour la generation. La matrice est d'une figure longue & semblable en quelque façon à celle d'une poire. On dit le cou de la matrice, le corps de la matrice, le fond de la matrice. La matrice monte, decend, ou tombe, se dilate, se resserre, &c. Voi *Mauriceau : & autres qui ont fait des traitez des femmes grosses*. La plûpart des maladies des femmes viennent de la matrice. Elle, la matrice ulcerée. La matrice ne retient qu'une fois. *La chambre.*]

Matrice. Terme de *monnoie*. C'est le moule & le cachet où se forment les sceaux & autres choses. Coin où se forme la monnoie. Voiez *Bouteroüe, traité des monnoies p.142. Matrice de poinçon des poids du Roi*. C'est l'original sur lequel on tire le poinçon

Rrr

poinçon dont on marque les poids, & qui a une fleur de lis au milieu.

* Matrice. Terme de fondeur & d'Imprimeur. C'est une petite piéce de cuivre, sur laquelle le poinçon de la lettre a été frapé. (Une matrice bien frapée.)

† Matrice. Il se dit, au figuré, des lieux propres à la génération des végétaux, des minéraux & des métaux. (La Terre est la matrice ou les plantes germent. La marcassite est la matrice des metaux.

* Matrice, adj. f. Ce mot se prend aussi comme un adjectif, & se dit des choses principales d'où quelques autres ont été formées. Exemples.

Une *langue matrice*, C'est une langue ancienne & originaire d'un païs, d'où quelques autres ont été dérivées, comme la langue Hébraïque de laquelle ont été formées la Chaldaique, la Syriaque, &c. La langue Celtique, quelques autres.

Une *Eglise matrice*. C'est la plus ancienne Eglise d'un païs, ou d'un Ordre Religieux, à l'imitation de laquelle plusieurs autres ont été bâties.

Couleurs matrices. Terme de Teinturier. Ce sont les couleurs simples, dont toutes les autres sont composées, savoir le bleu, le rouge, le fauve, ou couleur de racine & le noir.

MATRICIDE, *s. m. & f.* C'est la personne qui a tué sa mere. *Matricide* n'est pas encore reçu. *Fratricide* est un mot François; mais pour *matricide*, je ne croi pas qu'on le puisse dire. *T. Cornei le, notes sur Vaugelas p. 513.*

Si *matricide* étoit en usage, il pourroit aussi signifier le crime de la personne qui a tué sa mere.

MATRICULE, *s. f.* Ce mot en parlant *d'avocats* est un arrêt par lequel la Cour ordonne que Messieurs les gens du Roi aiant veu les lettres qu'un particulier a obtenuës en l'école de droit, ce particulier sera le serment accoutumé & sera reçu au nombre des Avocats. (J'ai veu ses matricules, & elles sont en tres-bonne forme.)

MATRIMONIAL, *matrimoniale, adj.* Terme de Palais. Qui est de mariage. (Conventions matrimoniales. Cause matrimoniale.)

MATRONE, *s. f.* Femme grave. Femme sage & un peu âgée. (C'est une matrône. Une matrône Romaine. La matrone d'Ephése.)

† *Matrone sage femme.* Dans ce sens, il est vieux, & il ne se dit à cette heure que dans des lettres de reception des sages-femmes. Hors de là, on ne le trouvera que dans les vieux livres. (On la fit visiter par les Matrones, qui raportérent qu'elle étoit grosse. *Cronique scandaleuse de Louis 11.*) Elle a été visitée par les matrones.)

MATURIN, *s. m.* Nom d'homme. † *Malade de S. Maturin.* C'est à dire un fou. *Le mal Monsieur saint Maturin. Scar. poëf.* C'est à dire, la folie.

Maturine, s. f. Nom de femme.

Maturins, s. m. Religieux vétus de blanc avec une croix rouge & bleuë sur leur robe, qui ont été instituées par le Pape Innocent 3. afin de rachetter des esclaves des mains des infidelles. on apelle aussi les Maturins. Religieux de la sainte Trinité & de la rédemption des captifs.

Maturins, Couvent des Maturins. (Ouïr la messe aux Maturins.)

MATURITE', *s. f.* Ce mot se dit proprement des fruits qui sont mûrs. (Le fruit est en sa maturité. *Port-Roial.*)

* Vous verrez le progrès d'une opinion nouvelle depuis sa naissance jusques à sa maturité. *Pasc. l. 6.*

* Etre parvenu en âge de maturité, c'est à dire, à un age mûr.

† *Maturation, s. f.* Terme Chimique. C'est une espece de coction des fruits & des remedes qui ont été cueillis avant leur maturité. Cette coction est quelquefois humide. [Les Chimistes traitent de la maturation.]

MATUSALEM, *Matusalé, Matieusalé*. Nom d'homme. Le peuple dit *Matieusalé*, mais il dit mal, Pour *Matusalé* & *Matusalem* ils se disent tous deux ; mais *Matusalem* est le plus en usage. [Son Fils fut nommé Matusalem. *Giri*, *histoire de Sulpice Severe.*]

M A U.

MAUDIRE, *v. a. Je maudi, tu maudis, il maudit, nous maudissons, vous maudissez, ils maudissent. Je maudissois, j'ay maudis, je maudis.* C'est donner des imprécations à quelque chose. [Il maudit l'heure qu'il est venu au monte. Maudire quelqu'un. Etre maudit de Dieu, & des hommes.)

† *Maudit, maudite, adj.* Exécrable. Détestable. (C'est un maudit homme.)

Maugréer, v. n. Jurer, pester. [Les joueurs sont sujets à maugréer.]

† MAUPITEUX, *maupiteuse, adj.* Fâcheux. Qui n'a point de pitié. Cruel. [De Bacchus & de Ciprine, nâquit cet enfant maupiteux. *Conrart.*

MAUSOLE'E, *s. m.* Tombeau magnifique & à peu près semblable à celui que la Reine Artemise fit dresser à son mari Mausole. Le mot de *Mausolée* est pris du nom du Roi Mausole, & est plus de la poësie que de la prose ; cependant en prose il a bonne grace quelquefois, quand il est emploié avec jugement sans affectation. (On ordonna que la religion éleveroit un magnifique Mausolée au grand maître. *Bouhours Histoire d'Aubusson. 6. p. 349.* Les six vers que j'ai promis au marbre de ton Mausolée feront pleurer toute la terre. *Mai. Poës.* Un superbe, fameux, illustre, celebre, admirable Mausolée. Le premier Mausolée étoit si admirable qu'il a passé pour une des sept Merveilles du monde. La nouvelle rélation de la Chine dit qu'il y a dans ce païs-là 685. fameux Mausolées. Louïs XIV. fit dresser, en 1686. dans l'Eglise de Notre Dame de Paris, un superbe Mausolée à sa niece Louïse-Marie d'Orleans, Reine d'Espagne.]

MAUVAIS, *mauvaise, adj.* Ce mot se dit des choses & des personnes, & veut dire qui n'est pas bon. (Mauvais homme. Mauvaise femme. Mauvais poëte. Mauvaise vie. *Ablancourt.* Chose mauvaise. *Pas.l. 4.* Mauvais mot. *Vau. Rem.* Mauvaise lettre. *Voit. l. 4.* Mauvaise santé. *Ablancourt.* On apelle le mauvais riche celui qui n'avoit point de pitié des pauvres & qui se consistoit en ses richesses, dont il est parlé dans une parabole de l'Evangile.

Mauvais, mauvaise. Incommode. Fâcheux. (Mauvais tems. Mauvais chemin. *Voit. l. 44.* Mauvaise humeur. *Pas. l. 3.*)

Mauvais. Sorte d'adverbe qui sert à marquer qu'on desaprove une chose. (Je trouve mauvais la liberté que vous avez prise. *Nouvelles remarques sur la langue.*)

MAUVE, *s. f.* Sorte d'herbe qui a une chaleur temperée & qui sert à ramolir le ventre. Il y a de plusieurs sortes de mauves, de la cultivée & de la sauvage, de la mauve rampante & de la mauve sauvage qui est grande. Voiez *Matiole.*

Mauvis. s. m. C'est le nom de quelques sortes d'oiseaux.

MAUX. Voiez *Mal.*

M A X.

MAXIME, *s. f.* Sorte d'axiome. Sorte de sentence generalement reçuë. [C'est une maxime reçuë de tous les Philosophes.]

Maxime, Sorte de regle & de sentimens. [Exemples. Maxime douce, severe, favorable, principale. *Pas. l. 6.* Nous avons des maximes pour toutes sortes de personnes, pour les gens mariez, pour les gens d'Eglise. *Pas. l. 9.* Notre principal but avoit été de n'établir point d'autres maximes que celles de l'Evangile, *Pas. l. 6.* Maxime dangereuse. Maximes d'Etat.]

Maxime s. f. Terme de *Musique.* C'est la plus grande de toutes les notes de Musique, qui est figurée par un quarré long avec une queuë. Elle vaut douze mesures & selon quelques uns seulement huit.

M A Z.

MAZETTE, ou *masette, s. f.* Méchante monture. Méchant cheval sur lequel on est monté. (Depuis huit jours entiers nous sommes à piquer des chiennes de mazettes. *Moliere. Cocu imaginaire, s. 7.*)

† *Mazille. s. f.* Ce mot signifie de l'argent, mais il est fort bas & ne s'écrit guere, même dans le stile le plus comique. (Il a de la mazille.)

M E C.

MECANIQUE, *s. f.* La sience des machines. (Rien ne se pratique dans les arts sans le secours de la méchanique.)

Mécanique, Ce mot se dit aussi de la maniere d'expliquer les actions naturelles des animaux & des plantes. Monsieur Perraut Medecin a fait un excellent traité de la Mécanique des animaux, où il explique les ressorts & les causes de leurs actions.

† * Sa table famélique fait dire à nos esprits gaillards qu'il entend bien la *mécanique. Gou. épi. l. 1.* C'est à dire, qu'il entend la lésine.

Mécanique, adj. Qui est de mecanique. Opération mécanique.)

Mecanique, adj. Ce mot en parlant de certains arts signifie ce qui est oposé à liberal & honorable. (Les arts se divisent en arts liberaux, & en arts mecaniques.)

† * *Mécanique, adj.* Bas. Vilain & peu digne d'une personne honnête & liberale. (Cela est mecanique. Esprit mécanique.)

Mecaniquement, adv. D'une maniere mécanique. (Il vit fort mécaniquement.) Ce même mot en Termes de Mécanique, est oposé au mot de Géometriquement. Et il se dit lors qu'on résoud un Probleme en tâtonnant avec le compas, ou d'autres instrumens, & non pas dans une entiere exactitude & par le raisonnement seul.

MECENAS, *Mécéne s. m.* En prose on dit *Mécenas* & en vers *Mécénis* & *Mécéne,* Nom d'un Chevalier Romain, qui du tems de l'Empereur Auguste étoit en faveur & apuïoit les gens de lettres de son crédit. (Feu Mécenas étoit un illustre homme.)

MED

Mecenas, *Mécene*, Protecteur de personnes de lettres. (Muses ne faites plus de Poëtes, ou faites leur de mécenas. *Gon. Epi.l.3.*

Où chercher un patron dans le siecle ou nous sommes
Il est de grands Esprits, il est de savans hommes.
Mais il n'est point de Mécenas. *Poëte anonime.*

ME'CHANT, méchante, *adj.* Qui ne vaut rien. Qui n'est pas bon. (méchante comedie. *Moliere.* Faire assez bien de méchans vers. *Scaron Rom.*

Méchant, méchante. Mauvais. Malin. (Etre de méchante humeur. *Ablancourt.* Vous êtes un méchant Diable. *Moliere.* Lorsque vous ne voulez pas être méchante, vous êtes la plus accomplie personne du monde. *Voit. l.22.*)

Méchant, *s.m.* Qui fait toute sorte de méchancetez. (Heureux celui qui ne se laisse point aler au conseil des méchans. Les méchans sont semblables à de petites pailles que le vent emporte. Le Seigneur regarde d'un œil favorable les œuvres des justes; mais les œuvres des méchans périront. *Port-Roïal, Ps.* Le Seigneur exterminera les méchans. *Ps. 9.*

Méchant, méchante. Perfide. (C'est un méchant que je deteste *An.* Il ne faut point être méchant à demi. C'est-à-dire il ne le faut point être du tout, ou il le faut être tout à fait.)

Méchanceté, *s.f.* Action noire. Action méchante. Crime. (Faire une insigne méchanceté. Commettre un horrible méchanceté.)

Méchanceté. Ce mot se dit quelquefois en riant. (C'est une grande méchanceté de me faire tant la guerre. *Voit. l. 24.* Il m'a fait mille méchancerez.)

Méchamment *adv.* D'une maniere méchante, scelerate & perfide. Avec méchanceté. (Nous serions bien lâches de nous fier en leur parole après qu'ils l'ont si méchamment violée. *Ablancourt, Rét.3.c.1.*

MECHE, *s.f.* Bout de corde alumée que le mousquetaire fantassin porte entre ses doigts pour tirer son mousquet. (Compasser la méche. Mettre la méche sur le serpentin. Souffler la méche & tirer. Sortir d'une ville, tambour batant & méche alumée.)

* *Découvrir la méche.* C'est découvrir l'intrigue, le secret de l'afaire, ou de l'entreprise. *La méche est découverte*, C'est à dire, on a connu & on a découvert la trame & le secret de l'entreprise, les pratiques sourdes & secretes.)

Méche Terme de *Chandelier.* Coton coupé propre à faire de la chandelle. (Tordre la méche. Mettre le coton en méche.)

Méche de chandelle. C'est un petit bout de coton qui n'a pas été trempé dans le suif auquel on met le feu lorsqu'on veut alumer la chandelle.)

Méche. Méchant linge brûlé pour faire du feu avec la pierre & fusil.

Méche. Terme de Mer. Gros tronc sur lequel on ente 4. ou 5. sapins pour composer un gros mast. *Fourn.*

Méche de *ville-brequin.* Terme de *Menuisier.* C'est le bout du villebrequin. C'est le fer du vilebrequin.

Méche Terme de *potier d'étain.* C'est la partie du flambeau où l'on met la chandelle. Cette partie se nomme par les orféves Embouchure, mais les gens du monde qui ne sont pas du métier ne disent ni méche ni embouchure. Ils ne disent pas, mettez de la chandelle dans la méche ou dans l'embouchure de ce flambeau, mais mettez de la chandelle dans ce flambeau.

Méche. Terme de *Clinquailer.* C'est la bobéche du chandelier ou du martinet, laquelle est la partie du chandelier ou du martinet où l'on met de la chandelle. Le mot de *méche* dans ce sens ne se dit guere que par les gens de la profession, ou autres gens qui savent le véritable nom des choses.

Méche. Terme de *Taillandier en fer blanc.* C'est un petit morceau de fer arrondi avec de grands rebords au haut, qu'on met dans le flambeau pour y tenir ferme la chandelle lorsqu'elle n'est pas assez grosse pour bien remplir l'embouchure du flambeau. (Mettez une méche dans ce flambeau, la chandelle est trop menuë.

† MECHEF, *s.f.* Mot burlesque qui signifie *disgrace.* (Je n'ai fait aucune chose qui ait merité sur mon chef un si déplorable méchef *Benserade poësies.*

MECOMPTE, *s. m.* Prononcez *mécon.* C'est à dire, Erreur. (Il y a ici du mécompte. *Patru, plaidoïé 15.* On a trouvé beaucoup de mécompte.)

* Vous trouverez du mécompte aux douceurs qu'elle étale *Moliere. Psiché a. 1. s. 2.*

Se mecompter, *v.r.* Prononcez *se méconté.* Se tromper. § N'oseroit-on dire que Benoit douzième & Eugene quatrième se sont mécomprez, *Patru plaidoïé 15.*

* Son orgueil se mécompte. *Benserade, Rondeaux.*

MECONNOITRE, *v. a.* Ne pas reconnoître une personne. *Je me connoi, tu méconnois, il méconnoit, nous méconnoissons. J'ai méconnu. Je meconnus.* (Je vous jure que je vous méconnoissois avec l'habit que vous avez.)

Méconnoître. Etre ingrat. N'avoir point de ressentiment, ni de reconnoissance. (Il méconnoit les bons Ofices qu'on lui a rendus. Elle commence de méconnoître la main qui l'a tant de fois afermie. *Hist. de Loüis. XIV.*

Se méconnoître, *v.r.* Faire le fat & le glorieux. (C'est une

MED

personne qui se méconnoit extrêmement.)

Méconnu, méconnuë, *adj.* qui n'est pas connu. Il est tout à fait méconnu avec cette perruque & ce chapeau.)

Méconnoissable, *adj.* Qui n'est pas reconnoissable. (Il est méconnoissable. Elle est tout à fait méconnoissable.)

Méconnoissance, *s. f.* Ingratitude. (Il n'y a qu'une indigne méconnoissance qui nous puisse fermer la bouche, *Patru, plaidoïé, page 250.*

Méconnoissant, meconnoissante, *adj.* Ingrat. (Il est méconnoissant. Elle est méconnoissante.)

MECONTE. Voïez *mécompte.*

Mecontent, mécontente *adj.* Malcontent. (Je suis fort mécontent de son procédé à mon égard.)

Mécontens, *s. m.* Princes factieux du tems de François second. (Les *mécontens* ont été rangez à leur devoir.) Ce mot de mécontens signifie aussi ceux qui murmurent contre le gouvernement. (La fermeté de la Reine & le respect qu'on avoit pour elle apaiserent les mécontens. *La Chapelle, relation de Rocroi*.)

Mécontentement, *s. m.* Nulle ou peu de satisfaction qu'on a d'une personne. je n'ai que du mécontentement de sa conduite. Donner du mécontentement à quelqu'un.

Mécontenter, *v. a.* C'est n'est pas contenter. Ne donner nulle satisfaction. (Mecontenter quelqu'un.)

ME'COMPTER. Voïez *mecompter.*

ME'CRE'ANT, *s. m.* Celui qui n'est pas dans la véritable créance. Infidele. (Il sembloit donner le mecreant pour racheter le fidele. *Patru Plaidoïé, 3.pag. 56.*

ME'CRE'DI. *mercredi*, *s. m.* Autrefois on disoit *mercredi*, mais aujourd'hui il n'y a que *mecredi* qui soit en usage. (Le mécredi est le troisième jour de la semaine.)

MÉCROIRE, *v. a.* Ce verbe signifie *ne pas croire*, mais il n'est pas guere usité. (Il m'en mécroit, Je l'en m'écroiois).

MED.

ME'DAILLE, *s. f.* C'est une piece de métal qui est fabriquée, en forme de monnoie, & où est gravée la figure de quelque Prince, ou de quelque Saint. (Une belle medaille.

† *La medaille est renversée.* C'est à dire, les choses ne sont plus en l'état où elles étoient, la fortune est changée.

† *Tourner la medaille.* C'est à dire, Considerer la chose d'un autre biais, d'un autre maniere, d'un autre sens.

Medaillon *s. m.* Grande medaille. (Un beau medaillon. Un medaillon, rare, curieux, estimé. Fraper un medaillon. Vossius gardoit un medaillon d'Erasme en cuivre. Il y a d'un côté de ce medaillon la figure d'Erasme, & de l'autre celle du Dieu Terminus, avec ces mots, *Concedo nulli Terminus. Columesius, particularitez, p.130.*

MEDECIN, *s. m.* Celui qui exerce la medecine. Celui qui possede l'art de rendre & de conserver la santé, & qui n'épargne ni soin, ni veille, ni travail pour le secours des malades. (Un bon medecin. Un excellent médecin. On dit que le Sieur Finot est un cherifmedecin. Ce médecin Finot s'apelloit Jean & étoit Lorrain & l'on ne le doit point confondre avec Monsieur Raimond Finot, de Beziers celebre medecin de la Faculté de Paris. *Voïez Nouvelles de la Rep. des lettres, mois de Mai 1685. p. 539.*

† *Fut-il de la Faculté*, c'est *un vrai medecin d'eau douce. Scar, Poë.* C'est à dire, un pauvre medecin & qui n'est pas fort habile.

† *Aprés la mort le médecin.* C'est à dire, du secours lorsqu'on n'en a plus de besoin. Secours qui vient trop tard, & lorsque tout est desesperé.

Heureux le médecin qui vient sur le déclin de la maladie, parce-qu'il a l'honneur de la cure qui se fait par les forces naturelles.

Médecin, guéri-toi, toi-même. Proverbe de l'Ecriture sainte, pour dire à ceux qui se mêlent de vouloir guérir les autres & qui sont eux-mêmes malades & auroient besoin d'être guéris.

* *Le medecin des ames.* Celui qui guérit les maladies des ames.

Medecinal, medecinale, *adj.* Salutaire & qui porte médecine. (eau medecinale. Herbe medecinale.

Medecine *s. f.* C'est une sience qui nous donne la connoissance des diverses dispositions du corps afin. de lui conserver la santé, ou de la lui rendre lorsqu'il l'a perduë. Le sujet de la médecine est le corps de l'homme entant qu'il peut être guéri. La fin de la médecine est la santé. Ses parties sont la phisiologie, la patologie, la terapentique. Le mot de *médecine* n'a point de pluriel, en ce sens. Ceux qui se moquent de la médecine disent que c'est un art de tuër les hommes impunément, *Abl. Apop.*

* Médecine. Quelques personnes se servent du mot de médecine pour dire la femme d'un Médecin. Ils diront Madame la Médecine, ou Mademoiselle la médecine est accouchée. Ces personnes parlent comme les Provinciaux qui ne savent pas parler. On dit à Paris, *la femme d'Médecin*.

Rrr 2 *Médecine*

MED

Medecine. Potion préparée & faite de decoction de plusieurs medicamens simples, & d'infusions de medicamens purgatifs avec leurs correctifs & avec un mélange d'électuaires, confections & sirops pour purger les mauvaises humeurs. Le mot de *medecine* en ce sens a un pluriel. (Une bonne medecine. Medecine un peu trop forte. Il a pris depuis deux mois plus de huit medecines.)

Médecine. Terme de *Chimie.* Il se dit de la grande teinture minerale, ou du grand œuvre.

Argent comptant porte médecine. Proverbe.

Se médeciner, v. r. Ce mot se dit, mais il est fort bas & ne s'écrit point, en sa. place on dit Prendre médecine, *Vau, Rom.*

MÉDIANE, *s. f.* Terme de *Chirurgien.* C'est le nom d'une veine qui paroit dans le pli du coude. La veine mediane. On dit aussi, il le faut saigner à la mediane, en faisant ce mot substantif.

MEDIANOCHE, *s. f.* Ce mot est venu d'Italie, & se dit d'une sorte de soupé où l'on mange de la viande & qu'on fait un samedi après minuit sonné. (Faire la médianoche.)

† MÉDIAT, *mediate.* Terme de *Philosophie.* Ce mot est relatif à deux autres entre lesquels on le considere, & il est oposé à *immediat.* (Genre mediat. Cause mediate,)

† *Médiatement, adv.* D'une maniere médiate. (Agir mediatement.)

MEDIATEUR, *s. m.* Celui qui s'entremet pour faire réüssir quelque afaire. Entremeteur. Celui qui se mêle du moïen duquel on fait quelque afaire. (Il étoit médiateur dans cette afaire. Il n'y a que Jesus-Christ qui puisse être médiateur entre Dieu & les hommes, *Port-Roïal.*

Mediation, s. f. Entreprise. (Il accepta la médiation de, &c. *Bouhours, Histoire d'Aubusson, l. 4.*)

Mediatrice, s. f. Celle qui s'entremet pour faire que des personnes réüssissent en quelque afaire, ou terminent quelque afaire.

MÉDICAMENT, *s. f.* C'est tout ce qui peut alterer nôtre corps & le remettre en santé. Un medicament simple. Un medicament composé, Un medicament externe. Un medicament interne Medicament purgatif, ramolissant, chaud, froid, sec, ou humide. La matiere des medicamens est prise des végetaux, des animaux, & des mineraux. Les Pharmaciens se servent, pour preparer les medicamens de la lotion, de la trituration, de l'infusion & de la coction.

MEDIOCRE, *adj.* Qui est entre le trop & le peu. Qui est dans une certaine mediocrité. (Esprit mediocre. Cela est mediocre, Stile mediocre. faire une fortune mediocre.)

Mediocrement, adv. Avec mediocrité. (Avoir du bien mediocrement. Avoir de l'esprit mediocrement.)

Mediocrité, s. f. C'est un milieu entre le trop & le peu, (Il y a une heureuse mediocrité. Cette mediocrité est louäble.)

ME'DIRE, *v. n.* Mal parler de quelqu'un. *Je Medi, tu médis, il médit, nous médisons, vous médisez, il médisent, je me disois, J'ay médit.* (Je les meprise si fort que je n'ose medire, *Gon. Epl.* Medire de quelqu'un. *Ablancourt.*

Lorsme medit de moi, mais je n'en fais que rire
Une chose pourtant me donne de l'ennui
Il est ma foi, si fot qu'on n'en sçauroit médire
Quelque mal qu'on dise de lui,
Richelet poësies,

Médisance, f. f. Paroles injurieuses & fausses qu'on dit d'une personne. (Désitez-vous une vie heureuse, gardez vôtre langue de la médisance, *Port-Roïal, Pseaume* 33. Empêcher les médisances. *Pas l. 7.* Il est prêt de repandre ses médisances si on ne le tuë. *Pas. l. 7.* Il y a une certaine douceur dans la médisance, qui prévient nôtre esprit, & il faut avoir une grande droiture de cœur pour n'y pas laisser surprendre *Auteur anonime.* Les vers de Bibaculus & de atulle étoient remplis de médisance contre les Cesars. *Abl. Tac, Ann. l. 14. ch. 15.* Les médisances s'oublient quand on les neglige; la défense qui semble autoriser la verité, en conserve la memoire. *Abl. Tac. l.*

Médisant, s. m. Celui qui médit. (Il se conclud de nos maximes qu'on peut tuër les médisans en seureté de conscience. *Pas l. 7.*)

Médisant, médisante, adj. Qui medit. (Esprit medisant, elle est médisante,)

MÉDITER, *v. a* Elever son esprit à la contemplation des choses sublimes, ou divines. Songer profondement à quelque chose. Heureux l'homme qui met son afection en la loi du Seigneur & qui la médite le jour & la nuit. *Port-Roïal, Pseaume* 1. Mediter sur quelque chose, *Ablancourt.* * *Méditer.* Avoir dessein de faire quelque chose. (Il medite sa suite. Mediter une trahison. Meditant un Sonnet, il medite un Evêché, *Reg. Sat. 2.*)

Méditation, s. f. Action de l'esprit qui medite. (Il est dans une profonde méditation. Etre en meditation, Faire quelque meditation sur les miseres de la vie, *Aua. ud.* La question est dificile , elle demande une longue meditation.) Ce mot se

dit aussi des Ecrits qui contiennent ce que les Auteurs ont medité. [Meditations Chrétiennes. Les Meditations de Descartes sont excellentes.)

Méditatif, meditative, adj. Qui s'aplique souvent à mediter. (Esprit méditatif. Vie méditative.)

MEDITERRANE'E, *s. f.* Ce mot est proprement adjectif & signifie, *qui est enfermé entre des terres.* On le dit particulierement de cette grande Mer, qui a communication avec l'Ocean par le détroit de Gibraltar, qui s'étend bien avant entre l'Afrique au midi, & l'Europe & l'Asie au Nord jusques en Sirie & en Egipte, & qui même se communique au Pont-Euxin qu'on apelle la Mer noire. On l'apelle *la Mer Méditerranée,* & souvent *la Méditerranée* en prenant ce mot comme un substantif.

* *Voïager sur la Mediterranée,* C'est la mer Méditerranée.

MEF.

† ME'FAIRE, *v. n.* Ce mot signifie faire mal envers quelqu'un, mais ce n'est un mot usé.

ME'FIANCE, *s. f.* Action de personne qui se méfie. (La méfiance est la mére de sureté, *la Fontaine*, *Fables, l.* 3. Dans l'amour la tromperie va presque toujours plus loin que la méfiance. *M. de la Rochfe-Foucaut.*

Méfiant, méfiante, adj. Qui ne se fie pas. Qui se défie. Le monde devient méfiant, *Pas. l.* 1. Humeur mesiante, *Ablancourt.* Le loup est le plus méfiant de tous les animaux, *Sal.*

Se méfier, v. r. Je me méfie, je me suis méfié, je me méfiai. Avoir de la méfiance. Ne le fier pas. (se méfier d'une personne. Se méfier de tout, *Abl.*

MEG

ME'GARDE. Ce mot se prend adverbialement, & signifie *inadvertance.* (Faire quelque chose par mégarde, *Vau, Quin. l. y.* Faire une omission par mégarde, *Patru, plaid. 6,*

ME'GIE, *s. f.* Art de passer les peaux en alun, qui est le mêtier de megissier. (Passer les peaux en megie.

Mégissier, s. m. Artisan qui fait tomber la laine de dessus la peau des brebis & des moutons, & qui passe aussi les peaux à poil avec de l'alun.

Mégisserie, s. f. Trafic & commerce de mégissier, qui consiste en laine & en peau de brebis & de moutons. (La mégisserie n'est pas si bonne qu'elle étoit autrefois.)

MEI.

MEILLEUR, *meilleure, adj.* Ce mot se dit des personnes & des choses. Qui a plus de bonté. Qui vaut mieux. Qui est plus excelent. (Il est meilleur que son frere. Le melon est le meilleur de tous les fruits.)

Meilleur, s. m. Le plus expedient. Ce qui est plus à propos de faire. Ce qui vaut mieux. (Le meilleur est de n'imprimer jamais, *Benserade Rondeaux.* Le meilleur est d'écouter & de peu patier. *Abl.*)

MEL.

MELANCOLIE, *s. f.* Espece de délire sans fiévre, accompagné de crainte & de chagrin sans raison aparente à cause que l'imagination & le jugement sont blessez par l'abondance d'une bile noire & brûlée. Tristesse. La melancolie fait mourir les gens. *Scaron.* Je n'engendre point de mélancolie. *Molieres.* Avoir de la mélancolie dans le cœur & dans les yeux, *Voiture*) *l.* 8. Je suis dans des sombres & noires mélancolies. *Voi. l.* 55.

Mélancolique adj. Triste Chagrin. Afligé. [Avoir l'air melancolique, *Abl.*)

Mélancolique, s. f. Celle qui a de la mélancolie. (Je veux donc sans replique que l'on me rende promptement la divine mélancolique, *Sar Poës.*)

Melancolie, s. m. Qui a de la melancolie. (Les melancoliques sont ordinairement plus ingenieux que les autres hommes.)

Melancoliquement adv. D'une maniere melancolique. Tristement. (Ils joüoit le reste du rôle fort mélancoliquement, *Abl. Luc. Tome.* 11.)

ME'LANGE, *s. m.* Ce sont plusieurs choses mêlées ensemble. (Faire un agreable mélange. Un mélange charmant. Le melange des couleurs.)

Mélanger, v. a. Mêler. [melanger les couleurs.]

† MÉLE, *s. f.* Fruit de neflier. Le mot de *mêle* est Provincial, à Paris on dit *nesle*. Voïez *nesle*.

Melé, mélée, adj. Mélange. Mis & confondu avec d'autres choses. (Ces choses sont bien mêlées. Cela est mêlé avec d'autres choses de pareille nature.)

Melée, s. f. Combat de deux partis qui en sont venus aux mains (La mêlée fut grande autour de sa personne, *Ablancourt, Ar. l.* 1.)

Mêler, v. a. Mettre plusieurs choses ensemble. Mélanger. (Mêler l'argent d'autrui avec le sien, *Scaron.* Mêler les couleurs.)

Se mêler, v. r. Se mélanger! (Ces choses commencent à se mêler.)

MEL   MEN   501

Se mêler de quelque chose, C'est s'entremettre de quelque chose. [Le plus seur est de ne se mêler que de ses propres afaires, *Scaron.*]

Melese, ou **mélese,** *s. f.* Sorte d'arbre fort haut qui a l'écorce épaisse, crevassée & rouge par dedans, qui a ses branches disposées autour de sa tige comme par degrez, qui pousse des fleurs odoriferentes, & d'un tres-beau rouge & qui porte des pommes longues & assez semblables à celles des ciprés. [Le meilleur agaric croit sur la melese. *Dalechamp* On recueille souvent sur la mélese de la manne blanche, qui ressemble à des grains d'anis confit.]

Melilot, *s. m.* Sorte d'herbe qui croit à la hauteur d'une coudée, qui pousse des fleurs jaunes & petites, & porte des gousses où il y a une graine menuë, roussâtre & d'assez bonne odeur. *Dal.*

Melisis, mélise, *s. f.* Plante qui sent le citron & qui a cause de cela s'apelle aussi *citronnelle.*

Melisse, ou **Mélice.** Nom que quelques Poëtes donnent à leurs maitresses lorsqu'ils leur adressent des vers. [Adorable Mélice, ornement de la cour. *Racine.*]

† **Melioration,** *s. f.* Action par laquelle on rend une chose meilleure. [Il lui faut rembourser les méliorations qu'il a faites à cette terre.]

† **Meliorer,** *v. a.* Rendre meilleur. (Méliorer une métairie. Il a trouvé une piéce qui *meliore.* son droit.]

Melodie, *s. f.* Douceur de chant, ou de son. (Une charmante melodie. Aimer la mélodie. Faire une agréable mélodie.)

Melodieux, Melodieuse, *adj.* Plein de mélodie. (Chant mélodieux.)

Melodieusement, *adv.* Avec mélodie. (Je pris une harpe & chantai puis quis, &c. & continuai le reste si melodieusement qu'il, &c. *Voi. l. 10.*)

Melon, *s. m.* Sorte de fruit qui range comme le concombre & les courges, mais qui est bien plus excellent. La figure du melon est ovale & canelée. Sa feuille ressemble à celles de la vigne.

Melon lisse. C'est un melon dont l'écorce est toute unie, & qui n'a point de broderie.

Melon brodé; C'est un melon sur l'écorce duquel il y a des entrelats. (Un bon , un excellent , un divin melon.)

Melon frapé, C'est celui qui a des marques de maturité.

Melon noüé, c'est à dire , qui est grossi au sortir de la fleur.

Melon d'eau. C'est une sorte de melon , qui est rouge par dedans & qui se fond tout en eau , quand on le mange. Il y a en Italie quantité de ces sortes de mélons. Au reste on dit , œil de melon , maille de melon , bras de melon , écorce de melon , oreilles de melon , & ce sont les deux premiéres feüilles qui sortent de la graine. Voiez *le poëme de Saint Amant sur le melon.* Entamer un melon. Acheter un melon à la coupe, Vendre un melon à la coupe.

Melonnier, *s. m.* Marchand de melons. Celui qui à Paris dans de petites boutiques, ou sur des tables dans des coins de ruës vend toutes sortes de melons. Le mot de *melonnier* se dit par le peuple , mais les honnêtes gens qui parlent bien, disent ordinairement *vendeur de melons,* & presque jamais *melonnier.*

Melonniére, *s. f.* Endroit du jardin où l'on fait venir les melons.

MEM.

Mémarchure, *s. f.* Efort que fait un cheval en ne mettant pas le pié droit à terre, *Soleisel, Parfait maréchal.*

Membrane, *s. f.* Terme d'*Anatomie.* Peau dure qui envelope les chairs & autres parties du corps des animaux. Tunique (Les membranes peuvent s'étendre & se retirer sans danger. Une vraie membrane.)

Membraneux, membraneuse, *adj.* Corps membraneux. *Deg.* Partie membraneuse , *La Chamb.*)

Membre, *s. m.* Partie du corps. Partie qui entre dans la composition du corps. [Etre parcelu de tous ses membres.]

† *Membre.* Partie naturelle de l'homme.

Province qui devient membre du grand Empire du monde. Patru, plaidoié. 4. Les membres du Parlement d'Angleterre. Il est membre d'un tel Chapitre. Les membres de Jésus-Christ. Les mauvais citoïens sont des *membres pourris* qu'il faut retrancher de la République.

Membre. Terme de *Retorique.* Partie de période. (Une période de deux, de trois, ou de quatre membres.)

† *Membre.* Terme d'*Architecture.* Parties qui composent les principales piéces , comme sont les doucines , les cimaises , &c.

† *Membres de maison.* Ce sont les diverses piéces , ou les divers apartemens qui la composent.

Membru, membruë, *adj.* Qui a de gros membres. Qui a les parties du corps grosses , grasses & charnuës. (C'est une fille forte & membruë , *Voit. l. 63.* Il est fort & membru.]

Membrure, s. f. Terme de *Mouleur de bois.* Piéces de bois longue de quatre piez & hautes d'autant , éloignées l'une de l'autre d'environ quatre piez , au milieu desquelles on met les bois lorsqu'on le corde à Paris. [Mettre le bois en membrure.]

MEME. Pronom adjectif , qui veut dire *Pareil.* (Celui là même, J'ai le même droit que lui, De joüir du même privilege. Avoir la même autorité que, &c. C'est le même homme que nous vîmes l'autre jour.)

Même, mémes, *adv.* L'un & l'autre est bon sans une *s* finale, ou avec une *s* finale. [Les choses mêmes que je vous ai dites me justifient assez. La chose même que je vous ai dite me justifie, *Vaugelas, Remarques.*]

† *A même,* *adv.* Mettre quelqu'un à même ; C'est mettre quelqu'un en pouvoir & en état de faire ce qu'il lui plaira à l'égard de certaines choses. [Exemple. Voilà de l'argent sur cette table , je vous mets à même.]

Je me veux faire un gendre Médecin afin d'être à même des consultations & des ordonnances, *Moliere malade imaginaire.*]

† *Mêmement,* *adv.* Ce mot ne se dit presque plus, & en sa place on se sert de même, *Vau. Rem.*

Memoire, *s. f.* Ce mot n'a point de pluriel lorsqu'il signifie la puissance de l'ame qui conserve les choses qu'on a aprises. [Avoir bonne memoire. Ma memoire ne me trompe point, Sa memoire est fort infidéle. La memoire se perd quand on est vieux.

Comme M... un jour se vantoit hautement
D'avoir une heureuse memoire
Vous auriez, dit Damon, honte d'en faire gloire
Si vous aviez un peu de jugement.
De *Vaugé.*]

Memoire, s. f. Partie de Retorique, qui consiste à faire souvenir des choses & des paroles d'un discours.

Memoire , s. f. Souvenir. Ressouvenir. Le mot de *memoire* en ce sens n'a point de pluriel. [Exemple. Je n'ai aucune memoire de cela. La memoire des riches périra avec eux , *Port-Roïal.* J'ai perdu la memoire de toutes ces choses, *Voit. l. 15.* J'ai trop d'obligation à Euripide pour ne pas prendre quelque soin de sa memoire, *Racine.* On rend toutes sortes d'honneurs à son nom & à sa memoire. *Vaug. Q. Curce, l. x. ch. x.*]

Memoire, s. m. Ce mot a un pluriel lorsqu'il signifie un petit papier où l'on écrit les choses dont on se veut souvenir. [Il est écrit sur son memoire. J'ai perdu mon memoire. J'ai fait plusieurs petits memoires de cela.]

Memoires, s. m. Rélation des choses écrites simplement. Diverses choses qu'on fait , ou qu'on donne pour servir de matiére à quelque histoire , ou à quelque autre ouvrage de cette nature. En ce sens le mot de *memoires* n'a point de singulier. [Les memoires de Du-Tiller sont beaux & sauvans. Voiez là dessus *les lettres de Fra Paole.* Il a écrit sur de bons, ou de méchans memoires.]

Memorable, *adj.* Chose dont on se doit souvenir. (Les choses memorables de Socrate.)

Memorable. Chose qui mérite d'être racontée. (C'est une chose memorable à la posterité, *Ablancourt.*)

† **Memorative,** *adj.* Qui se peut souvenir de quelque chose. (La Cour peut être memorative des Arrêts qu'elle rendit sur un semblable fait.)

† **Memorial , memoriale.** Qui regarde la memoire. (L'aritmetique memoriale.)

Memorial, *s. m.* Une chose qui sert à conserver la memoire de quelque evénement. Jesus-Christ nous a donné l'Eucharistie pour être un memorial de sa passion.) Il signifie quelquefois *un memoire.* L'Ambassadeur de France a donné divers memoriaux aux Etats de Holande.)

MEN.

Menacant, menacante, *adj.* Qui menace. (Voix menacante, *Racine Iphigenie , a. 4. sc.* Lettre menacante , *Voit.* l. 50.

Menace, *s. f.* Discours fait en colere & avec quelque sorte d'injure à une personne qu'on lui fera du mal. (User de menaces contre quelqu'un, *Maucroix, Vie de Campege.*)

Menacer, *v. a.* Faire des menaces. (Il les menacoit de se joindre au Roi, *Maucroix Vie de Campege.* Il l'a menacé d'une grêle de coups de bâton, *Ablancourt.*]

Menade, *s. f.* Femme que Bachus mettoit en fureur. [Une fole Ménade.]

Menage, *s. m.* Meubles. Vaisselle & baterie de cuisine. [Un joli menage.]

Menage, s. m. C'est l'état où l'on vit en son particulier & à ses frais en joüant une chambre ou une maison. (Etre en menage Se mettre en menage. Nous tenons notre menage ensemble , *Voit. l. 13.* Rompre son menage. Quitter son menage.

Menage. Gouvernement de famille. Epargne. Economie. (Elle entend bien le menage , *Scaron.* Vivre de menage. *Moliere.*)

*Ce sont des jeunes gens qui font un trés-bon menage. C'est à dire , qui vivent en paix. Faire mauvais menage, avec sa femme. C'est vivre en trouble & en querelle.

* Même dans ces prochains vilages il se fit d'étranges menages ; *Voi. Poësies.* C'est à dire d'étranges choses.
* *Menagemens , s. m.* Egards. Consideration. Retenuë. (Il faut qu'une femme ait des grans menagemens

gemens pour ceux qui l'ont aimée. *Le comte de Bussi.*)

Ménager, s. m. Qui épargne. Qui a de l'œconomie. (Il est ménager en choses de rien. Estre bon ménager.)

Ménager, v. a. Espargner. (Ménager sa bourse.)

* Menager. Ce mot au figuré, a un sens fort étendu, (Exemples.

* Ménager une entreveuë, Ménager sa santé.

* Ménager les troupes. *Ablancourt. Ar.* C'est avoir soin des troupes.

* Ménager son crédit. C'est user de son crédit avec jugement.

Ménager ses amis, C'est ne leur être pas importun.

* Ménager les bonnes graces d'une maistresse. C'est les conserver avec soin. Avoir pour elle beaucoup de respect.

* Ménager une personne ; C'est avoir de la complaisance pour une personne.

Il n'y a plus rien à ménager avec lui. C'est à dire il n'y a plus de mesures à garder avec lui.

Ménager ses couleurs, ménager ses teintes. Terme de *Peinture.* C'est les conserver fortes & claires pour les parties les plus proches.

* Se ménager, v. r. Se choïer. Avoir soin de soi. Ceux qui relevent de maladie se doivent un peu ménager.

* Se ménager. Se conduire avec esprit Se gouverner avec jugement. (Se ménager avec quelqu'un)

Ménagere, s. f. Fille, ou femme qui épargne. (C'est une bonne ménagere.)

* Ménagere. Qui distribuë. Qui dispense avec raison. La nature est une grande ménagere des choses qu'elle fait. *La Chambre.*)

Ménagerie, s. f. C'est un lieu an Chateau de Versailles où l'on voit tout ce qui peut rendre la vie champêtre agreable & divertissante pour la nourriture des animaux de toutes sortes d'especes. (La ménagerie de Versailles est tres-belle & merite fort d'être veuë.)

MÉNASSER. Voiez *Menacer.*

MENDIER, v. a. Prononcez *mandié.* Chercher sa vie. Demander l'aumône. (Colleret croté jusqu'à l'échine va maudicer son pain de cuisine en cuisine *Déspreaux Satire.*)

* Mendier. Chercher avec soin. (J'ay mendié la mort chez des peuples cruels. *Racine Andromede, A. 4. f. 2.* Mendier des loüanges. *L'Abbé Talement, Plutarque, tome 5.*

Mendiant, mendiante, adj. Qui mendie, qui cherche sa vie & demande l'aumône. (On enferme en des hôpitaux les gueux mendians.)

Mendians, s. m. Prononcez *Mandian.* Celui qui mendie. (Il y a quatre anciens Ordres de Religieux qu'on appelle les quatre Mendians. (Ce sont les Carmes, les Jacobins, les Cordeliers & les Augustins. Les Capucins, les Recolets, Minimes & autres sont aussi des Religieux mendians. Ils n'ont à la quête & ont permission de demander l'aumône parce qu'ils ne sont point, ou au moins fort peu rentez. On surcharge les villes en en multipliant les Monasteres des mendians. *Fevret de l'abus, l. 2. ch. 1.*)

Mendicité, etat miserable de celui qui est reduit à demander l'aumône pour vivre. (Les procés ont reduit plusieurs personnes à la mendicité.)

† MENDOLE. Voiez *Mandore.*

MENEAU, s. m. Terme d'*Architecture.* Croisillon, ce qui separe les croisées des fenêtres.

MENÉE, s. f. Pratique secrette de gens qui ont conspiré pour faire réüssir quelque entreprise. (On a découvert les menées des conspirateurs. Une secrette menée.)

Menée. Terme de *Venerie.* C'est la droite route du cerf qui suit. Suivre la menée.

MENER, v. a. Conduire d'un lieu à un autre. Conduire mener au combat. *Abl. Ar. l. 1.* C'est vous mesme, au bout de Paris en carrosse qui me ramenera. Mener une dame à la promenade. *Scaron.* Mener l'avant-garde. *Abl. Ret. l. 4. c. 1.* Mener le carrosse.

Mener son cheval au galop, c'est le conduire & le faire aller au galop. Mener un branle. Mener du bestail. †

La bonne vie mene en Paradis. La prodigalité mene à l'hôpital.

Mener. Ce mot en parlant de bruit signifie faire. (Chantons, rions, menons du bruit, *S. Amant.*)

† L'or & l'argent ne les menent pas. Vau. *Quin. l. 5. c. 2.* C'est dire que l'or & l'argent n'ont nul pouvoir sur eux.

* Mener une vie scandaleuse. C'est faire une vie scandaleuse.

* Mener quelqu'un rudement. C'est le maltraiter, en user rigoureusement envers lui.

* Mener. Ce mot en parlant d'armée veut dire batre rudement Les Perses menoient rudement la cavalerie Thessalienne. *Vau. Quin. l. 3. c. xi.*)

Mener, Chasser en batant. (Il menoit batant & taillant en pieces une multitude d'ennemis. *Vau. Q. l. 3. c. xi.*)

Mener les bras, C'est à dire, travailler à force de bras.

† Meneur, s. m. Celui qui mene. Heurter. Gocher. (Madame avoir un meneur, mais mademoiselle, n'en avoir point. Le trop hardi meneur ne savoit pas de Phaëton l'histoire & piteux cas. *Voi. poës.*)

Meneuse, s. f. On appelle à Paris d'une meneuse, celle qui mene aux recommandéesses, des nourrices qui sont dès environs, & jusqu'à dix ou douze lieuës de Paris, & la quelle a dix ou douze lieuës de Paris & la quelle a qui a trouvé un nourrisson donne 25. ou 30. sous pour la peine, & s'il n'y a presque point de quartier où peu éloigné de Paris qui n'ait sa meneuse, à qui toutes les femmes qui veulent être nourrices s'adressent pour les conduire à Paris. La meneuse va tous les mois, ou tous les deux ou trois mois, chez les pères & les mères des nourrissons guerir les mois de la nourrice, & on lui donne, outre le mois, un sou pour livre. La recommandéresse ne donne rien à la meneuse ; mais quelquefois, & par honnêteté seulement, si la meneuse lui a donné des bonnes nourrices, elle donne des étrennes à la meneuse. (Une bonne & fidelle meneuse.

MENÉTRIER, s. m. Joüeur de violon. Le mot de menétrier est vieux & ne se dit guere qu'en burlesque, dans la satyre, ou dans quelque façon de parler consacrée. (Aussi on dit Saint Julien des ménétriers.)

MENIPÉE. Voïez *Satires.*

† MENOTE, s. f. Mot burlesque pour dire main. Main d'enfant. [Donnez-moi ta petite menote que je la baise. *Moliere.*]

Menotes. Fers qu'on met aux mains des prisonniers & des criminels. (On lui a mis les menotes.)

MENSAL, mensale, adj. Ce mot qui vient de *mensalis* est seulement en usage au feminin, est retenu de *Chiromance.* La ligne mensale est une ligne qui traverse le milieu de la main ; depuis le second doigt jusques au petit.

Mense, s. f. Prononcez *manse.* Ce mot se dit en parlant d'Evêques, d'Abez & Chanoines ; & il signifie, *Reverso. Table.* (Mense Abatiale. On a retranché les bénéfices qui sont unis à la mense, où des Evêques, ou des Chapitres, *Patru, pl. 4.*)

MENSOLE, s. f. Terme d'*Architecture.* Clé de voute. C'est la pierre qui est au milieu d'une voute, qui la ferme, & qui l'arrête, & qui est quelque fois en saillie.

MENSONGE, s. m. Prononcez *mensonge.* Bourde. Menterie concertée. Chose faussée & étudiée. (C'est un mensonge. Il est ennemi du mensonge. *Arnauld.* Le mensonge ne tombe point assemment dans l'âme d'un Prince. *Abl. Ar. l.* Le mensonge est indigne d'un honnête homme. Le mensonge est tellement connu pour un vice, que ceux qui aiment le plus à mentir, le condamnent *La Suite, recueil de pieces galantes.* Le mensonge est odieux. Faire des mensonges ; c'est mentir, Dire des mensonges ; c'est raporter des mensonges dont on n'est pas l'auteur.)

Faire mensonge, & dire un mensonge, c'est mentir.

Mensonger, mensongere, adj. Qui ment, qui trompe, faux. (Illusion mensongere. *S. Cir.*

Vous êtes tous arrêt, foible, vaine, légere,
Inconstante, bizare, ingrate, mensongere.
Voit. Poës.

Les gemissemens ne sont bien souvent que de vaines montres d'une douleur mensongere. *Patru. l. 4. à Olinde.*

MENSTRUAL, menstruale, ou menstruel, menstruelle, adj. L'on & l'autre, se dit, mais menstruel est le plus doux. Prononcez menstruel. Ce mot est usité en parlant du sang dont la Nature purge tous les mois les femmes & les filles qui sont en âge & qui se portent bien. (Les bonnes nourrices ni les femmes grosses n'ont point de sang menstruel.)

Menstrues, s. f. pl. Prononcez, *manstruës* Ce mot n'a point de singulier, il vient du Latin, & il n'est pas si usité que ceux de *mois,* ou *purgations ordinaires.* Il signifie les purgations que la femme qui se porte bien & la fille qui est en âge, ont tous les mois. (De tous les animaux, si l'on en excepte quelques guenons, il n'y a que les femmes qui aient des menstrues. Elles à les menstrues, & c'est une marque de santé. Ses menstrues commencent à couler. Ses mois ruës se sont arrêtées. *Mauriceau, traité des femmes grosses.*)

MENTAL, mentale, adj. Prononcez *mantal.* Qui se fait en esprit & sans proferer de paroles. (Oraison mentale. *S. Cir.* Restriction mentale. *Pas. l. 9.*)

Mentalement, adv. D'une manière mentale. (Ils enseignent de rapporter mentalement à l'image de Jesus-Christ les adorations qu'ils rendent à l'idole. *Pas. l. 5.*)

MENTE, s. f. Prononcez *mante.* Sorte d'herbe odoriferante. Il y a de plusieurs especes de mentes. (Il y a de la mente cultivée, de la mente sauvage, de la mente panachée.)

MENTERIE, s. f. Prononcez *manterie.* Bourde, mensonge. (C'est une grande menterie. Dire des menteries.)

Menteur, s. m. Qui ne dit pas vrai. Bourdeur. C'est un vrai menteur. Les Poëtes Anciens ont été de grands menteurs. Les voïageurs sont souvent menteurs.

Il faut qu'un menteur ait bonne memoire. *Proverbe.*

Il est menteur comme une Oraison funébre, un Panegirique, ou une Epitre dedicatoire. *Proverbe.*

Il ment comme un arracheur de dents. *Proverbe.*

Menteur, menteuse, *adj.* Trompeur. Qui semble promettre quelque chose de bon, & n'a rien de tel en effet. (Un signe menteur. Sa phisionomie est menteuse, car il a la mine d'un honnête homme & c'est un fripon. L'Almanac est souvent menteur.)

Menterie, *s. f.* Bourdeuse. (C'est une franche menteuse.)

Mentir, *v. n.* Dire des bourdes. [Il est honteux de mentir. Il lui a dit qu'il avoit menti. On ne gagne rien à mentir que de n'être pas cru quand on dit la verité. *Abl. Apoph.* Il y a des dévots indiscrets qui mentent par charité en faveur des Saints qu'ils aiment tendrement. *Thiers, diss. sur le portail des Cordeliers de Reims, ch. 1.*]

Mention *s. f.* Prononcez *mancion.* Faire mention, c'est parler & se ressouvenir de quelqu'un, ou de quelque chose. (Il a fait mention de cela dans ses écrits. Faire une mention honorable de quelqu'un. *Abl.*

Mentionné, mentionnée, *adj.* Ce dont on a parlé. (L'avis ci-dessus mentionné. *Maucroix, Schif. l. 1. p. 118.*)

† Mentionner, *v. a.* Il signifie *faire mention*; mais il ne se dit guére.

Menton, *s. m.* Prononcez *manton.* Ce mot se dit proprement des personnes. C'est une éminence aiguë au dessous de la levre de la machoire inférieure.

* Pourquoi faut faire de menaces & lever si haut le menton ? *Sar. poës.*

* Lever le menton à quelcun. C'est le soutenir, & l'apuier de son crédit.

Menton. Terme de *Fleuriste.* Ce mot se dit d'une certaine fleur qu'on apelle Iris bulbeuse, & il signifie les extremitez des trois feuilles qui panchent vers la terre. Iris qui a les mentons jaunes mêlez de blanc. *Morin. Traité des fleurs, p. 201.*

Menton. Ce mot se dit d'un cheval. C'est la partie de la lévre de dessous. *Soleisel, Parfait maréchal.*

Menton. Un habile Academicien pense que le mot de *menton* se dit aussi du busse. Il a écrit *dans la vie de Commendon, l. 2. c. 13. p. 34.* Lorsque le buste est irrité, une touse de poil lui pend au menton, Le mot de *menton* ne vient pas fort bien là, & quand cet habile Academicien auroit pris une autre tour il n'auroit peut-être pas mal fait.

Mentonniére, *s. f.* Morceau de tafetas, de velours où de toile qu'on met au bout d'un masque coupé. C'est aussi un morceau de linge large de trois doigts qui à deux petits cordons & qui sert à bander le menton des Dames lorsqu'elles se coifent. (Une belle mentonnière. *) Quelques-uns appellent cette mentonnière *un bridoir,* mais la plupart sont pour *mentonniére.*

Menu, menuë, *adj.* Délié. Peu gros. (Avoir la jambe menuë. Cela est menu. Couper bien menu.) On dit du menu bois, du menu linge. Poussiére menuë. Dragée menuë. Lettre menuë. Vendre le gros & le menu. Vendre en gros & en menu, &c.

Menus droits, *s. m.* Terme de *Chasse.* Ce sont les oreilles d'un cerf, les bouts de sa tête, le musle, les dentiers, le franc boïau & les nœuds. *Sal.*

Menu, *s. m.* Terme de *Rotisseur* Ce sont les foies & les aîles des poulets & des chapons qu'on vend aux bourgeois, pour fricasser. (Du bon menu. Une fricassée de menu.)

* Menus, *s. m.* Ce mot en parlant du Roi signifie *menus-plaisirs.* (Avoir quatre cens livres de gages sur les menus, Trésorier des menus)

* Menus plaisirs. Petits divertissemens. (Il a cent écus pour ses menus plaisirs.)

Menu, menuë. Ce mot se disant du peuple, signifie *le petit peuple.*

(* Le menu peuple s'expose à discourir de toutes choses, *Voit. Poës.*)

† Par le menu. C'est en détail. (Compater en détail & par le menu. *Talemant, Plutarque, Tome 2.* Tu le sauras en considérant par le menu pourquoi on a besoin de chaque chose. *Ablancourt, Luc. Tome 3.*)

Menuet, *s. m.* Sorte de danse courante. (Dancer un menuet.)

Menuiserie, *s. f.* Ouvrage de menuiserie. (Une belle menuiserie.)

Menuisier, *s. m.* Artisan qui travaille en bois & fait plusieurs sortes d'ouvrages travaillez delicatement & servent à l'Architecture civile. Un bon menuisier.

MEP.

Se Meprendre, *v. r.* Je me méprens, je me suis mépris, je me méprij. Se tromper. Il s'est lourdement mépris. Il se méprend en plusieurs choses.

Mépris, *s. m.* Jugement, opinion & action d'une personne qui ne fait point de cas d'une chose. Il y a trois sortes de mépris, le dedain, l'importunité & l'afront. (Un grand mépris. Tomber dans le mépris du peuple par quelque lâcheté. *Memoires de Monsieur le Duc. de la Roche-Foucaut.* Faire mépris de quelcun, *Ablancourt.* Il a traité cela de mépris. Il a dans l'ame du mépris pour la plupart des grands. *Cleopatre*

asin d'obliger Antoine à être magnifique, afectoit des airs de mépris pour ses repas. *Citri Triumvirat 3. partie, chapitre 11.*

Méprisable, *adj.* Digne de mépris. Un homme méprisable. Cela rend les gens méprisables.

Méprisant, méprisante, *adj.* Qui méprise. (Elle a l'humeur fiere & méprisante, *Ablancourt.*)

Méprise, *s. f.* Erreur. Faute. (une méprise grossiére. Une grande méprise. Une terrible méprise. Reprenons ce que vous m'avez dit de peur de méprise. *Pas. l. 7.* Comment avez-vous laissé glisser une méprise si grossière, *Boileau, Avis à Ménage.*)

Méprisé, méprisée, *adj.* Chose ou personne qu'on méprise. (il est méprisé de tout le monde, Les richesses ont été méprisées par des hommes fort sages.)

Mépriser, *v. a.* Avoir du mépris pour une personne, ou pour quelque chose. (Mépriser les richesses. Mépriser l'orgueil. Mépriser le faste. Mépriser ceux qui nous méprisent.)

MER.

Mer, *s. f.* Assemblage de toutes les eaux qui sont sous le Ciel (La mer proprement est une partie de l'Ocean qui prend son nom des terres qu'elle arrose. *Fourn.* La mer croît & décroît, hausse & baisse. Mettre trente Vaisseaux en mer. *Voit. Poës.* La mer répond par ses mugissemens *Racine Iphigenie. 5.* Tenir la mer. *Ablancourt.* C'est un bon homme de mer.)

Tenir la mer. C'est courir en haute mer, loin du port & de la rade. On n'ose tenir la mer devant les Anglois & les Holandois joints ensemble.

Il n'y a plus de mer. C'est à dire, la mer est calme.

Coups de mer. Ce sont des agitations violentes des *houles*, c'est à dire des vagues que le vent pousse les unes contre les autres.

Tems de mer. C'est à dire, un orage, une tempête.

Mettre à la mer. C'est faire voile.

La mer monte. C'est le commencement du flot.

La mer refoule. C'est le reflus de la marée.

La pleine mer, ou la haute mer. C'est celle qui est éloignée des rivages.

On peut voir les noms particuliers des diverses mers qui sont autour & au dedans des grands Continens, dans les traitez d'Hidrographie & de Geographie.

* Mer. Ce mot est fort usité au figuré. Exemples.

[* Nous avons si long tems vû dans la mer de ce monde. Errer au gré des flots nôtre nef vagabonde *Racan. Bergerie.*

* Je m'embarquai dessus la même mer.
Où j'ai pensé tant de fois abimer. *Voit. Poës.*

* Courir les mers d'amour de rivage en rivage. *Sarasin.*

* Pour moi sur cette mer qu'ici bas nous courons. Je songe à me pourvoir d'esquifs & d'avirons, *Depreaux, Epitre* 5.

* Avaler la mer & les poissons. C'est à dire absorber tout.)

* Porter de l'eau à la mer. C'est à dire, porter quelque chose en un lieu où il y en a déja quelque abondance.

Mercenaire, *adj.* Qui sert pour recompense. Qui sert pour de l'argent. (Il ne faut pas tenir le salaire des mercenaires. Le monde est plein de personnes mercenaires. * Ame mercenaire. *Moliere.* Avoir l'esprit bas & mercenaire. *Ablancourt.*

Mercerie, *s. f.* Toute sorte de marchandise de mercier, laquelle consiste en serges, tafetas, rubans, fil, soie, &c. (La mercerie n'est pas si bonne aujourd'hui qu'elle étoit autrefois.)

* Mercerot, *s. m.* Petit mercier Mercier de campagne, ou de menuë marchandise. C'est un mercerot.) Et il se dit le plus souvent par mépris (Ce n'est qu'un mercerot.)

Merci, *s. f.* Ce mot n'a point de pluriel & signifie *Pardon. Pouvoir. Pitié. Misericorde.* (Crier merci. Remettre quelqu'un à la merci de son vainqueur. *Voit. l. 9.* Se mettre à la merci de la mer & des Pirates. *Voit. l. 37.* Etre à la merci des bêtes farouches. *Vau. Quin. 13.* Fai d'eux sans aucune merci ce que les Grecs firent à Troie. *Sar. Poës.*

Il n'est orgueil endurci
Qu'à tes piez elle n'aterre
S'il n'implore *ta merci*.
Mal. poës.)

Merci. Grace. (J'en suis quitte Dieu merci. *Gom. Epit.*)

Mercier, *s. m.* Prononcez *mercir*. C'est un marchand, qui, au drap prés, trafique de toute sorte de serge, de tafetas, de ruban, de soie, de fil, &c. (Un riche mercier.)

Mercredi. Voïez *Mécredi.*

Mercure, *s. m.* C'étoit selon les fables des Païens, un Dieu Fils de Jupiter & de Maie & celui qui faisoit tous les Messages des Dieux. On croit que c'étoit ce *Mercure* que les Anciens Gaulois adoroient sous le nom de *Theutates.*

Ce nom de *Mercure* à été donné à plusieurs Livres, comme le Mercure François, le Mercure Indien, le mercure galant. *Mercure*

Mercure. C'est le nom d'une des Planettes, qui est la plus petite & la plus proche du Soleil.

Mercure. C'est l'un des trois principes actifs de Chimie, on le définit. Une substance liquide, acide, subtile & aërée, capable de pénétrer les corps les plus solides, tirée des mixtes par le moien du feu. Mercure purifié. Mercure sublimé. Voiez *Glaser*, l.1. & 2. On le nomme ordinairement *vif argent*.] Fixer le Mercure.

* **Fixer le Mercure.** Ces mots au figuré signifie arrêter l'inconstance & la legereté d'un esprit.

Mercurial, mercuriale, *adj.* qui est de la nature du mercure. C'est un terme d'*Astrologues*, qui disent une étoile, ou une constellation mercuriale. Une personne mercuriale. Les *Chimistes* parlent d'*esprits mercuriaux*. Et les *Pharmaciens* apellent *miel mercurial*, celui où l'on mêle de l'herbe dite *mercuriale*.

Mercuriale, *s. f.* Sorte de plante qui croit parmi les chams & aux lieux cultivez. La *mercuriale* est une petite plante purgative qui a été apellée *mercuriale* parce qu'on raconte que Mercure l'a découverte. Il y a une mercuriale mâle, & une *mercuriale femelle*. Dalechamp dit des merveilles de la vertu de cette petite plante. Voiez *Tome 2. de l'histoire des plantes, l.16. c.1.*

Mercuriale. Terme de *Palais*. Discours du premier Président, ou de l'un des Avocats generaux dans les assemblées qui se font à la grand'Chambre le premier mécredi d'après la S. Martin & le premier mécredi d'après Pâque, ou le premier Président & l'Avocat general font quelques remontrances aux Avocats &. aux Procureurs sur les choses qui regardent le devoir des Avocats & des Procureurs Les Mercuriales de Monsieur le premier President sont belles. Les Mercuriales de Monsieur Talon sont savantes & celles de Monsieur Bignon polies & pleines de bons sens.

† * **Mercuriale,** *s. f.* Reprimende. (On lui a fait une rude mercuriale.)

† **Merdaille,** *s. f.* Terme populaire. Ce mot se dit en parlant de jeunes enfans. (Quelle merdaille est-ce là? pour dire, quels petits breneux sont-ce là?)

Merde, *s. f.* Excrement d'homme. [Merde puante.]

Mere, *s. f.* Celle qui a mis au monde quelque enfant. L'animal femelle qui a fait des petits. [Une bonne mere. Une mere pleine de tendresse. Une mere vigilante.]

Belle-mere, *s. f.* Celle de qui nous avons épousé la fille. Celle que nôtre pere a épousée en secondes nôces.

Grand-mere, *s. f.* Aïeule. (Une bonne grand'mere.)

* **Mere** Titre qu'on donne à la superieure d'une maison Religieuse. (La mére Abbesse.) Le mot de mére est aussi une qualité qu'ont la plus part des religieuses & que de certaines Religieuses se donnent les unes aux autres lors qu'elles se parlent. (On demande au parloir la mére telle.)

On apelle la Vierge Marie, *la mére de Dieu*.

La Reine-mere. C'est la Reine Douairiere.

Chez les Païens, *la Mére des Dieux* s'apelloit Cibele.

La mere des Amours & des graces, c'étoit Venus.

* L'oisiveté est la mere de tout vice. *Le comte de Bussi.* La méfiance est la mere de sureté. *La Fontaine, Fables, l.3.* Cette nouvelle Babilone, [cette mere d'impureté, *Patru, plaidoié, 4.*

Mére-laine. Terme de *Mégissier*. C'est la laine qu'on prend de dessus le dos des brebis & qui est la meilleure de la toison pour faire les matelas.

Mére-goute. Terme de *Vigneron.* C'est le vin qui vient sans avoir été pressuré.

Mére-perle. Terme de *Jouailler.* C'est celle qui conduit toutes les autres qui sont plus petites. Ils apellent aussi *mére de rubis, mére d'émeraude,* les matrices, ou les pierres, dans lesquelles elles commencent à se former.

Mére-nourrice. C'est une nourrice qui donne à tetter à un enfant au lieu de la vraie mére.

* La Bourgogne & la Beauce sont les *méres-nourrices* de Paris, c'est à dire, qu'elles lui fournissent du pain & du vin.

* **Mére.** Terme de *Chasse.* Il se dit du trou de la taniere d'un renard, ou autre bête. (Une renardiere n'a jamais qu'une *merè.*)

* **Mere.** Terme de *Médecin.* C'est la matrice. On dit qu'une femme à *des maux de mere.* On parle en Anatomie de deux membranes du cerveau, qu'on nomme la *pie-mere* & la *dure-mere.*

Mereau, *s. m.* Marque qu'on distribue à des gens pour leur servir à être admis en quelque lieu, ou pour témoignage qu'ils y ont été. Ceux qu'on distribuë aux Ecclesiastiques pour marque qu'ils ont assisté à l'Ofice sont ordinairement de plomb.

Merelle, marelle, *s. f.* L'usage est pour *merelle.* On dit *le jeu des merelles* qui est une sorte de jeu de petit garçon, fait en maniere d'échelle formée avec de la craie où les enfans qui joüent, marchent à cloche pié en poussant avec le pié une espece de palet. (Joüer aux merelles. *Sar. poës.*)

Merelle, *s. f.* C'est aussi un jeu qu'on joüe sur un tablier distingué par plusieurs lignes, avec des dames ou autres marques, dont il faut qu'il se trouve un certain nombre en ligne droite.

Meridiane, méridienne, *s. f.* Ce mot nous est venu de l'Italien *Meridiana.* On dit l'un & l'autre; mais on ne s'en sert gueres qu'en parlant & dans des discours familiers, quelques personnes aiment mieux dire *méridienne* que *méridiane.* Cependant les gens qui aiment à conserver les origines des mots sont pour *meridiane.* Et j'en vois beaucoup de ce parti. La *Meridiane* est le tems qu'on doit agréablement l'après-dîné lors qu'on a pris son repas. Mais le chagrin Medecin N... condamne sans apel à mourir de mort subite ceux qui font *la Meridiane.*

Méridien, méridienne, *adj.* Il vient du Latin *méridianus.* C'est un terme d'*Astronomie & Gnomonique.* Il signifie qui regarde le midi. (Cercle meridien. Plan meridien. Ligne meridienne.

Meridien, *s. m.* Terme d'*Astronomie & de Geographie.* Ce nom se donne à des cercles de la sphére qui passent par les deux poles, par le Zenit & le Nadir & qui coupent l'Equateur à angles droits. On compte ordinairement trois cens soixante méridiens, dont chacun passe par un degré de l'Equateur. Le méridien de Paris. Les Tables Rodolphines ont été calculées pour le méridien d'Uranibourg, qui est le même que celui de Rome.

Le grand méridien. Terme de *ceux qui parlent de la Sphere.* C'est un grand cercle fixe dans l'horison, dans lequel cercle le globe est suspendu à l'endroit des deux poles, & qui par le mouvement du globe, ce de la sphére sert à désigner le meridien particulier de chaque endroit de la terre, & sur lequel sont marquez les dégrez de latitude.

Le premier meridien. C'est celui des meridiens qui passe par l'Ile de fer qui est l'une des Canaries, & duquel on commence à compter les degrez de longitude tirant de l'Occident vers l'Orient.

Meridional, meridionale, *adj.* Austral. Qui est au midi, qui regarde le midi. (Plan meridional. Amerique meridionale. Le Pole meridional. Latitude meridionale. Vent meridional.)

Merise, *s. f.* Petite cerise. (De bonnes merises. Cueillir des merises.)

Merisier, *s. m.* Cerisier qui porte les merises. (Un petit, ou un grand merisier.)

Meriter, *v. a.* Etre digne de bien, ou de mal. (Meriter punition. *Ablancourt.* Il merite d'être honoré de tout le monde.

Bien meriter de nôtre langue. Phrase qui est plus Latine que Françoise.

Meriter à chef de terme. Terme de *Banquier* & *d'Aritmetique.* C'est quand le principal gagne à chef de terme, & puis le principal & le gain de terme en terme jusques à la fin du paiement.

Merite, *s. m.* Ce mot se dit des personnes & des choses, & il signifie qui a en soi quelque chose d'excellent, ou de bon. C'est un homme d'un rare merite. *Ablancourt.* Avoir du merite. C'est une preuve du merite & de l'excellence de ses ouvrages qu'ils se soient conservez jusques à nous, *Ablancourt, Luc Epître Dedicatoire.*

Tes rivaux sont vaincus, tu n'as point de pareil
Tout l'Univers François adore ton merite.
Main, poës.

* **Merite.** Personne de merite. Gens de merite. (Recompenser le merite. Respecter le merite. Aliener le merite. François I. étoit un Prince qui adoroit le merite.

Merites. Ce mot au pluriel signifie les éfets de la grace. (Les merites de Jesus-Christ. Les merites, ou le mérite des bonnes œuvres.

Meritoire, *adj.* Terme qui se dit en des matieres de pieté. (Faire des actions méritoires. Cela est meritoire pour moi, c'est à dire, cela mérite quelque recompense. Ils disputoient si la vie active étoit moins excellente, ou plus meritoire que la vie contemplative. *Patru plaid.*

† **Meritoirement,** *adv.* Avec merite (Pour faire une action meritoirement, il faut qu'elle se fasse sans interêt & sans ostentation.)

Merlan, *s. m.* Poisson de la mer Océane, qui a les yeux grans & clairs, les dents petites, qui est couvert de petites écailles, qui a la bouche moienne & la chair molle & legere. (Un merlan tout frais.)

Merle, *s. m.* Oiseau qui a raport avec la grive. (On dit un merle mâle & un merle femelle. *Le merle mâle* est noir, & il a le bec & les jambes jaunes, il a le bec est d'un Jaune qui tire sur le rouge. *Le merle femelle* est de couleur de suie & a l'estomac semé de petites tâches d'un blanc sale. *Olina pag. 29.* dit qu'il y a des merles tout blancs en Norvege, *In Norvegia sono merle del tutto bianche.* Le merle est excellent à manger. Il chante agreablement & aprend diverses chansons en les lui enseignant avec un sifflet. Il bat le tambour & joüe de la trompette. (Un beau merle. Un joli merle.)

Merle. Poisson semblable à une perche de riviere, qui a la bouche garnie de dents pointuës & crochuës & qui est d'une couleur entre bleu & noir.

Merlesse, *s. f.* La femelle du merle. On dit aussi *merle femelle*, la

MER

la femelle du merle, mais à Paris les oiseliers disent une *merlesse.*

Merlette. *s. f.* Ce mot signifie *petit merle*, & ne se dit qu'en terme de blason. [Porter d'or à l'orle de huit merlettes de sable, Col.

Merlons, *s. m.* Terme de *Fortification.* monceaux de terre qui sont entre les embrasures, dans le plein du parapet.

Merlus, *s. m.* poisson de haute mer & qui croit jusques à une coudée. Il a le dos gris cendré, le ventre blanc, la queuë quarrée, la tête avancée & aplatie, les yeux grans & l'ouverture de la bouche grande avec des dents aiguës, & courbes [Le merlus à la chair mole & son foie est tres-delicat. Rond.]

Merovingiens *s. m.* On apelle de ce nom, les Rois qui descendent de Merovée, troisiéme Roi de France. Et ces Princes sont la premiere race des Rois François. Les Merovingiens ont regné depuis l'an 418. jusqu'en 752. Childeric III. est le dernier Prince de la race Merovingienne. *Mezerai. hist. de France. T.*

Merrin ; mairrin ; marrin, *s. m.* Marrin ne se dit que par ceux qui parlent mal. Mais merrin ou mairrin sont bons tous deux; Le merrin est une sorte de bois qui n'est point propre pour bâtir & dont on ne se sert que pour des panneaux & d'autres ouvrages de menuiserie. (merrin dûr.)

Merrein. En termes de *Chasse*, il signifie la tête, ou la ramure du cerf, la tige & la perche de chaque corne.

Merveille, *s. f.* Chose merveilleuse. Chose qui merite l'admiration. (C'est une merveille que cela.)

† *promettre merveilles à quelqu'un, Voit. l. 18.* C'est lui promettre tout ce qu'on peut pour le flater, ou pour lui faire accroire qu'on se servira fort.

† *Elle est la merveille de nos jours. La Suze.* Par tout où doit passer cette jeune merveille, les zephirs parfument les airs *La Suze.* Belle Philis, adorable merveille.

† *A merveille, ou à merveilles, adv.*

Il est farouche à merveilles.

Il est sans yeux & sans oreilles, *Voit. poës.* Elle est plus belle que leurs figuïers, beaux à merveille, même que le port de Marseille. *Voit Poës.]*

Merveilleux, merveilleuse, adj. Plein de merveilles. Admirable. (Il n'y a rien que de merveilleux en vôtre personne. *Patru, Harangue à la Reine de Suede.)*

Merveilleux, *s. m.* Terme usité dans la poësie Epique & Dramatique. Tour ce qui surprend l'esprit & lui donne ne admiration, qui le charme. (Ils ont introduit dans leur Opera, *un merveilleux* faux & obeïssant. *S. Evremont opera.* L'Arioste a outré *le merveilleux* de ses poëmes par un fabuleux incroiable *là-même.*

Merveilleusement, *adv.* Avec admiration. Fort bien. (Euripide fait merveilleusement exciter la compassion. *Racine, Preface sur Iphigenie.*

MES.

Mes. C'est le pluriel du Pronom possessif *mon, ma.* (Les biens, mes livres, mes afaires, mes douleurs.)

Mes. Particule qui se joint à plusieurs mots, noms ou verbes & qui change leur signification en pis, comme si l'on disoit *mal.* Les exemples se trouveront aprés en leur rang.

† Mesaise, *s. f.* Vieux mot pour dire *Chagrin. Inquietude.* Etre fâcheux. (Etre en mesaise.)

Mesalier, *v. r.* S'alier mal. Faire une aliance indigne de soi. Il ne faut pas se mesalier. Il s'est mesalié & il en est blâmé de tout le monde.)

Mesange. Voiez *Mezange.*

Mesentere, *s. m.* Terme *d'Anatomie.* Taïe où sont atachez les intestins.

Mesariver, *v. n.* Arriver mal. Mésavenir. (Il a cru qu'il en pouvoit mésariver, *Patru plaid.*)

† Mesavenir, *v. n.* Mésarriver. (Prenez garde qu'il n'en mesavienne.)

† Mesaventure, *s. f.* Mot vieux & qui ne se dit guere. Il signifie *Mauvais évenement. Malheur.*

† Mesestimer, *v. a.* N'estimer pas. (Mesestimer une personne. Mesestimer quelque chose.)

Mesintelligence, *s. f.* Mauvaise intelligence. (Cette petite mesintelligence ne lui ôta point l'esprit de justice, *Patru plaid. 16. 611.*

Mesofrir, *v. n.* Ofrir moins que la chose ne vaut. (Si vous aviez dessein d'acheter vous ne mésofririez pas tant.)

† Mesplat, mesplate, adj. Terme *d'Artisan*, qui se dit des pieces d'ouvrage, qui ont plus d'épaisseur d'un côté que d'autre, & particulierement des pieces de bois de sciage.

Mesquin, mesquine, adj. Qui n'est pas liberal. Qui est vilain. Qui est bas & avare. C'est un homme fort mesquin. C'est une femme toute - à - fait mesquine. Cela est mesquin.)

Mesquin, mesquine, Terme de *Peinture, &c.* (Qui n'a point de bon goût. Qui est de petit goût.)

Mesquinerie, *s. f.* C'est un vice contraire à la magnificence. (C'est une mesquinerie basse, honteuse, & sordide.)

Mesquinement, *adv.* D'une maniere mesquine & basse. [Vivre mesquinement.)

MES

Message, *s. m.* Ce qu'on ordonne à un messager de dire. Nouvelle. (Un heureux, un agreable message. Ils lui vinrent conter leur message, *Ablancourt, Ret. l. 2.* S'ils ne font pas tous les messages où leurs maîtres les envoient, ils perdent leur fortune, *Pasl. 6.*

Messager, *s. m.* Celui qui fait un message. Celui qui porte des lettres & autres choses, & va pour la commodité du public d'un certain lieu à un autre.) Envoïer un paquet par la voie du messager. Un messager seur & fidele. Chez les Païens, Mercure étoit le messager des Dieux.)

Messagere, *s. f.* Femme de messager. Celle qui fait quelque message. (La messagere est fort seure & fort exacte. Une messagere d'amour, Iris étoit la messagere de Junon.)

* L'Aurore est la messagere du jour.

Messagerie, *s. f.* Les messagers publics. (La Messagerie de Paris pour Lion continuëra de partir pour la commodité du public.)

Messagerie, *s. f.* Office de messager public. Revenu qui vient des messageries. (L'Université de Paris subsiste en partie des messageries.)

Messagerie; Lieu à Paris où logent regulierement certains messagers de Province, ou de Ville qui viennent à Paris pour la commodité du public. Voilà la messagerie de Lion, la messagerie d'Orleans.)

Messe, *s. f.* Le sacrifice du corps & du sang de Jesu-Christ contenu sous les especes du pain & du vin, avec la representation de sa passion, instituë & ofert par Jesus Christ en l'honneur de Dieu & pour le salut des hommes. (La Sainte Messe. Dire la messe. Chanter, ou celebrer la Messe, ouïr la messe, & ouïr Messe.)

† *Messe de Chasseur,* C'est une messe basse qui se dit à la hâte †*Messe.* Prêtre qui sort de la sacristie pour aller dire la messe! (Voilà une messe qui sort de la sacristie. Voilà une messe qui passe, alons la entendre)

Messeant messeante adj. Qui n'est pas seant. Cela est tout - à - fait messeant. Chose messeante. Les Siamois croient qu'il est messeant à un homme d'avoir les dents blanches & dans cette pensée, ils les noircissent avec du vernis fait exprés. *Tachar, voiage de Siam l. 6.*

Messie, *s. m.* Ce mot signifie *oint* & *sacré.* Il s'attribuë aux Sacrificateurs & aux Rois; mais par excellence il se dit de Jesu-Christ. Voïez *Caninius de locis Scripture hebraicis.* C'est un des douze articles de la Foi des Juïfs qu'il viendra un Messie. Voïez *le Livres des coutumes des Juïfs.*)

Messier, *s. m.* Celui qui garde les blez pendans par les racines. Celui qui garde la vigne lorsque les grapes de raisin sont mûres. (Un messier fort vigilant.

Messire, *s. m.* Sorte de titre d'honneur qui veut dire *Mon Sire;* & qui se donne aux Chevaliers. (Haut & puissant Seigneur Messire un tel Chevalier.) Le mot de *Messire* se dit aussi de certaines personnes de qualité, soit de robe ou d'Eglise. (Ainsi on dit, Monsieur Patru a fait l'éloge de Messire de Believre premier President de la Cour de Parlement de Paris Messire Hardouin de Perefixe Archevêque de Paris a composé l'histoire de Henri IV.)

† Messire: Ce mot se dit de quelquefois en riant & alors il signifie *meme chose que Sire.* (Messire Ambroise ne croit rien & sa femme croit toutes choses. *Gom. Epi. l. 2.*

Messire - Jean, *s. m.* Sorte de poire mûre en Octobre & en Novembre. (Du bon messire-jean.)

Mestre de camp, *s. m.* On prononce ce mot de *mestre* comme il est écrit, en faisant sonner la terre ? Il n'y a pas encore long-tems qu'on appelloit *Mestre de camp*, celui qui avoit, & qui commandoit un régiment d'infanterie; mais depuis la supression de la charge de Colonel général de l'infanterie Françoise, qui arriva incontinent aprés la mort du Duc d'Epernon, les commandans des regimens d'infanterie ont quitté la qualité de Mestre de camp, & ils ont pris celle de Colonel. Cependant, la qualité de mestre de camp subsiste encore; mais elle ne se donne aujourd'hui qu'au second officier général de la cavalerie legere, & qu'aux commandans des régimens de cette cavalerie.

Le mestre de camp général de la cavalerie legere est un oficier fort considerable qui en l'absence du Colonel général de la cavalerie legere commande absolument, & a la même authorité que le général de cette cavalerie. (Il n'y avoit d'aparence que n'étant depuis douze ans mestre de camp général de la cavalerie legere, Je... *Lettre de Monsieur le Comte de Bussi à Monsieur le Duc de Saint Agnan.*

Mestre de camp. On apelle aussi de ce nom l'oficier qui commande un régiment de chevaux legers. Et en ce sens, on dit que le mestre de camp doit marcher à la tête de son régiment & le mener au combat à l'endroit que le general lui aura marqué. Le mestre de camp est obligé aussi d'avoir l'œil sur les Capitaines de son regiment, & de voir si leurs compagnies sont completes, & en bon état. (Mr. un tel est Mestre de camp d'un des meilleurs regimens de toute la cavalerie legere.

Mesurage, *s. m.* Action de mesurer. (Paier le mesurage. Lors que le mesurage étoit defectueux, l'arpenteur étoit tenu des dépens dommages & interests interets, des parties qui l'avoient employé. Ecole des Arpenteurs.)

Mesure. s. f. Terme de Géométrie & d'Arithmétique. C'est un certain nombre, ou une certaine quantité, qui étant répetée plusieurs fois égale précisément une autre nombre, ou une autre quantité, à quoi on les raporte. (Ainsi 3. est la mesure de 9. étant pris 3. fois, 4. est la mesure de 20. étant pris 5 fois; & 5. est aussi la mesure de 20. étant pris 4. fois: mais 5 ne peut être la mesure de 24. parce qu'étant pris 4. fois, il est moindre que 24. mais étant pris 5. fois, le produit est plus grand que 24. Mesure quarrée. Mesure. cubique.

Mesure, s. m. Sorte de vaisseau avec quoi on distingue & on détermine la quantité de certaines choses & de certaines marchandises. Ainsi les vendeurs de sel & tout le peuple dit (Une mesure de sel de six blancs. Une mesure de sel de cinq sols. Le pot, la pinte, la chopine & le demi-setier sont les différentes mesures du vin qu'on vend en détail. Mesure étalonnée. La mesure est bonne. Faire bonne mesure.)

Mesure. Action de mesurer. Action de prendre les longueurs, les grosseurs, & les largeurs d'une chose. (Prendre les mesures avec le compas. Prendre la mesure du pié pour faire un soulié.)

* Mesure. Ce mot au figuré est beau & assez nouveau, (Exemples. Prendre bien ses mesures pour réüssir dans une afaire. Il a rompu toutes nos mesures.)

* Il n'y a point des mesures à prendre avec un fourbe.

*Distribuer ses graces avec choix & mesure. Ablancourt. Apoph.)

La mesure est pleine Cela se dit des méchants dont les crimes sont venus à l'excés, quand Dieu les punit.

Mesure. Terme de poesie françoise. Ce sont deux silabes. Les grands vers François qu'on apelle Alexandrins sont composez de si mesures.

Mesure. Terme de musique. Certain mouvement réglé qui se fait avec la main pour conduire selon les tems graves, ou légers de la musique & elles se marquent par de certaines figures au commencement de la piéce de musique. Voiez Zarlino 3 partie de musique c. & l. &. Il faut batre également tous les tems de la mesure. Batre la mesure à tems graves, à tems lents, & à tems légers. Mesure binaire, ternaire.)

Mesure. Terme de Dance. Sorte de cadence & de mouvement réglé. (Couper la mesure. Rompre la mesure.)

Mesure, Terme de maitre d'armes. Distance juste pour porter. (Etre en mesure. C'est être en une distance proportionnée pour se batre. Rompre la mesure. C'est faire manquer le coup de son ennemi en se reculant. Revenir à la mesure. Serrer la mesure. Liencour, maitre d'armes.) Rompre la mesure se prend aussi au figuré. Voiez plus-haut.

Mesure. Terme de Tailleur. Morceau de parchemin ou de papier long & étroit sur lequel le tailleur marque les longueurs de l'habit qu'il veut faire. (Prendre la mesure d'un habit. Jetter sa mesure sur l'étofe.

Mesure. Terme de Boucher & de Chandelier Ce sont cinq livres, ou cinq livres & demi de suif fondu & fait en forme de jatte que les bouchers vendent aux chandeliers pour faire de la chandelle. (Acheter une mesure de suif. Vendre une mesure de suif.)

A mesure que. Sorte de conjonction qui veut dire selon que. (Dieu vous benira à mesure que vous deviendrez humble, Arnaud.)

Mesurer, v. a. Se servir de la mesure pour reconnoitre quelle est la grandeur & la quantité de quelque chose, & pour distribuer de la marchandise. (Mesurer du drap, de la toile, du blé, du sel, du charbon, &c,)

* Mesurer. Faire comparaison. Comparer. (mesurer l'étenduë de la puissance Divine à notre foiblesse, Ablancourt, Luc. Tome. 1.)

* Se mesurer, v. r. Se comparer. (C'est chose dangereuse d'oser se mesurer avec les Dieux, Benserade Rondeaux.)

Mesureur, s. m. Celui qui mesure les grains & les farines qui arrivent sur les ports, & qui a droit de les visiter. Etre juré mesureur de grains.)

Mesureur de sel. Celui qui mesure le sel.

Mesureur de charbon. Celui qui mesure le charbon.

Mesuser, v. r. C'est en mal user. (Il mesuse de son crédit.)

MET.

METAIER, s. m. Ce mot est fort peu en usage à Paris, & en sa place on dit fermier. (Un pauvre métaier.)

Métairie. s. f. C'est une ferme. Le mot de métairie se dit, mais à Paris on dit plus souvent ferme que métairie.(Qui Diable vous a fait aviser, de vous debarser & d'un vieux tronc pourri de vôtre métairie vous faire dans le monde un nom de Seigneurie. Moliere.)

METAL métal, s. m. L'un & l'autre se dit, mais métail est le plus usité. Le métal est un corps mineral sujet à fusion & qui peut s'étendre sous le marteau. Les métaux se tirent des minieres

& Il y en a 7. l'or, l'argent, le plomb, le cuivre, l'étain, ausquels on ajoûte le vif argent. Rob. Phil. Les Chimistes leur donnent les noms des sept Planettes. L'or répond au Soleil l'argent à la Lune, le plomb à Saturne, le cuivre à Venus, à Mars, l'étain à Jupiter, & le vif argent à Mercure. Un métal fort dur. Les metaux sont ductiles & malleables. La fonte & le bronze qui sont des mélanges de metaux, s'apellent aussi du métal. Un miroir de métal.)

Métaux, Terme de Blason. Ce sont l'or, qui est represente par le jaune, & l'argent qui est represente par le blanc. (Dans un Ecu, il ne doit pas y avoir métal sur métal, autrement on voit que les Armes sont fausses.)

Métallique adj. Qui concerne le métail. Qui est composé de métal. (Corps metallique. Partie metallique.) Couleur metallique, c'est à dire, qui vient des metaux. Science metallique. L'histoire metallique de Bisot est estimée.)

MÉTAMORPHOSE, s. f. Ce mot est Grec Prononcez métamorphoze C'est le changement qu'on croioit avoir eté fait par un Dieu, ou par une Déesse d'une personne en quelque autre forme. (La métamorphose de Daphne en laurier.

Métamorphose, s. f. C'est aussi un ouvrage en Vers, & quelquefois en prose qui explique avec esprit, le changement qu'on croioit qu'un Dieu, ou une Déesse avoit fait de quelque personne en quelque autre chose. Ovide a composé quinze livres de Métamorphoses. (Il y a eu aussi des métamorphoses véritables & sacrées, comme celle de la femme de Lot en statuë de sel, & celle de Nabucodonosor en bête.)

* Métamorphose. Ce mot se dit aussi de divers changements de condition & des déguisements d'habits. (Vous verrez bien d'autres métamorphoses.)

Metamorphoser, v. a. Changer une personne en une forme toute autre que celle que cette personne avoit. Changer. (Les Dieux & les Déesses ont métamorphosé plusieurs personnes en diverses especes d'animaux.)

METAPHISIQUE, s. f. Ce mot est Grec. Prononcez Metafizique, La partie de la Philosophie qui nous donne la conoissance de l'être en general, & des êtres qui sont au dessus des choses corporelles comme de Dieu & des Anges.

Metaphisique. Classe de Philosophie où l'on doit enseigner la Phisique & la Metaphisique. (Etre en Metaphisique. Il a fait sa Metaphisique.)

Metaphisique, adj. Qui apartient à la science apellée Metaphisique. (Un cas Metaphisique.) Il signifie aussi trop abstrait, trop subtil. C'est un raisonnement subtil & Metaphisique. Ce sont des preuves abstraites & Metaphisiques. Nicole, Essais de morale, l. 2.)

Metaphisiquement, adv. D'une maniere metaphisique, élevée au dessus de la matière & des choses corporelles & sensibles. (Il y a des choses qu'on ne peut concevoir que Metaphisiquement.)

METAPHORE, s. m. Terme de Rétorique. Ce mot est Grec. Prononcez Metafore. Figure par laquelle en prenant un mot qui marque proprement une chose on s'en sert de ce mot pour exprimer une autre chose qu'on veut representer avec plus de force & plus de grace. (La metaphore doit être suivie & tirée des choses honnêtes. Faire une metaphore. Se servir de métaphores Il ne parle que par métaphores.)

Metaphorique adj. Qui est figuré Qui vient de la metaphore. Les mots ont presque tous deux sortes de sens, l'un propre & l'autre figuré, ou métaphorique.)

Metaphoriquement, adv. Figurément. (Mot pris métaphoriquement.)

METEIL, s. m. C'est du blé mêlé de froment & de seigle. (Blé meteil. Le bon ou le gros meteil est celui qui contient plus de froment que de seigle, & au contraire, le petit meteil a plus de seigle que de froument.

METEMPSICOSE, s. f. Mot Grec. C'est le passage que l'âme fait du corps en autre. (Pitagore a crû la métempsicose; mais cette créance n'est qu'une pure folie. Il avoit pris cette opinion des anciens Bracmanes, & elle dure encore parmi les Idolatres des Indes & de la Chine, qui en consequence ne tuent aucune bête & n'en mangent point.

Ma'TEUR. Voiez metteur.

METEORE, s. m. Terme de Philosophie. Ce mot est Grec, & il signifie haut, élevé, sublime. Ce sont des mixtes imparfaits qui s'engendrent dans l'air & se forment des vapeurs & des exhalaisons qui sortent de la terre, tels que sont la grèle, les éclairs, le tonnerre, &c. (Les plus étonnans des meteores ce sont le tonnerre, les éclairs & la foudre. Rob. Phil.)

METIER, s. m. Ce mot signifie generalement, Art, profession. Il se dit particulierement des arts mécaniques. (Les gens de métier. Il y a plusieurs corps de métiers. (Aprendre un bon métier. Savoir un metier. Etre en metier. Mettre un enfant en metier.)

Entreprendre sur le métier. Il se dit des compagnons qui travaillent le métier hors de chez les maîtres. (Un gâte-metier. C'est celui qui donne sa peine, ou sa marchandise à trop bon marché. Il entend bien le métier.)

Métier, Terme de certains artisans, Ce sur quoi quelques artisans travaillent. Maniere de machine composée de plusieurs pieces de bois sur quoi de certains artisans font leur besogne comme

MET

comme *Brodeurs, Paffementiers, Rubanniers Ferandiniers, Tifferans, Tapiffiers, Couverturiers*. Par exemple, le metier de brodeur est fait de deux ensouples de bois garnies de sangles, de deux lates, de quatre chevilles de fer, qui servent à tendre le metier. (La besogne est sur le metier. Mettre la besogne sur le metier.

Metier à faire des bas de soie. Machine de fer qui vient d'Angleterre, & où il y a environ trois mille trente sept pieces.

Metier. Terme de *Vinaigrier*. C'est un cuvier oule vinaigrier pressure la lie de vin, & la met dans des moules pour faire du vinaigre.

✱ *Metier*. Ce mot au figuré est noble, beau & frequent. Il signifie profession. (Le métier de ceux qui commandent est le plus difficile de tous. La Roïauté n'est pas un metier de faineant, elle consiste toute dans l'action. *Vie de Henri 4*. Cleandre à toûjours aimé le métier des armes. *Abl. Ret. l.1.*

Vs, ne prêche jamais, fais un autre metier
Assez de gens sans toi, nous sauront ennuier.
Art. de prêcher, ch.1.

C'est un méchant métier que celui de médire
A l'Auteur qui l'embrasse, il est toûjours fatal.
Dépr. Sat. 7.

Quand on est en doute sur quelque point de science, il faut consulter *les Maîtres du métier*. Chacun doit tâcher d'être habile dans son métier.)

Petit-métier, s.m. Pâte faite de farine, de sucre, d'œufs & d'eau détrempée ensemble qu'on fait cuire entre deux fers sur le feu & qu'on roule ensuite si l'on veut, en petits cornets. (Faire du petit-métier.)

Metode, s.f. Certaine maniere facile & arrêtée pour faire quelque chose. (Une belle metode. Avoir une bonne metode pour enseigner. N'avoir nulle metode.)

Metode. Regle pour aprendre quelque chose, comme quelque Langue. (Nouvelle metode pour la langue Grecque.

✱ *Métode*. Adresse. Subtilité. Moien pour faire quelque chose. (Ce principe merveilleux est nôtre grande metode de diriger l'incertion. *Pasc. l. 7.*

Metodique adj. Qui a de l'ordre. (Demonstration métodique. *Port-Royal. Geometrie.* Esprit metodique.

Metodiquement, adv. Avec metode. (Enseigner metodiquement quelque chose.

Metonimie, s.f. Ce mot est Grec, & est un *terme de Retorique*. On fait une metonomie toutes les fois qu'on se sert d'un autre nom que de celui qui est propre. Ainsi quand on dit, *Tout le monde lit Ciceron*, il est seur qu'on veut dire que toute le monde lit les Ouvrages de Ciceron, & l'on fait une métonimie.

Metoposcopie, s.f. Ce mot est Grec. C'est une sorte d'art qui par la considération atentive des lignes du front & de leur situation prétend decouvrir aux personnes, non seulement les choses qui leur sont arrivées, mais aussi celles qui leur doivent arriver. *Ciro Spontoni* qui a traité de la mésoposcopie dit qu'on le considere 7. lignes au front & que chaque ligne à sa Planete particuliere. La prémiére ligne est celle de Saturne, la 2. de Jupiter, la 3. de Mars, la 4. du Soleil, la 5. de Venus, la 6. de la Lûne & la 7. de Mercure.

Metropole, s.f. Ce mot ne se dit gueres que dans des discours graves & serieux, il signifie *vile Capitale*. Saint Luc étoit d'Antioche qui est la *metropole* de Sirie, *Port-Roial N.Test. Preface sur l'Evangile de S. Luc*.)

Metropolitain, s.m. Terme d'*Eglise*. Le mot de *Metropolitain*, vient du Grec. C'est le premier & le plus ancien titre qu'on ait ajoûté à celui d'Evêque pour designer l'Evêque de la ville capitale d'une province. *Le Metropolitain* est une personne seculiere Ecclesiastique qui est constituée en dignité, qu'on apelle aujourd'hui Archevêque, & qui a sous lui des sufragans qui sont Evêques des villes de la Province où le metropolitain est établi. Monsieur l'Archevêque de Reims est le metropolitain de toute la Champagne. Monsieur l'Evêque de Châlon, Monsieur l'Evêque de Troie, & autres sont ses sufragans, on les traite de Monseigneur; mais quand on parle seulement d'eux dans des discours qui ne regardent pas directement ni eux ni leur charge, on se contente de leur donner du Monsieur.

† *Metre, s.m.* Mot burlesque qui vient du Grec, en Latin metrum, & en François vers. Il ne se dit qu'en riant, & mêmes il ne se dit pas d'ordinaire.

[Vous montrez bien par vôtre letre
Que vous m'avez écrit en metre
Que trois péres peuvent souvent
Faire ensemble un fort bel enfant.
Voiture poës.

MET

Mets. s. m. Viande qu'on porte & qu'on sert sur la table. (Un bon mets. Mets fort exquis. On nous a servi d'excellens mets.

Que sert, quand on est dégouté
L'abondance des mets & leur delicatesse?)

† *Métable, adj.* Qui se peut mettre. Qu'on peut faire passer. Il se dit des pieces de monnoie. (Cet Ecu n'est pas metable, c'est à dire, ne peut pas passer, ni être emploié.) Il se dit aussi des personnes. C'est un homme metable, c'est à dire, un honnête homme dont on aprouve la conduite.

Metteur en œuvre, s.m. C'est une sorte d'Orfevre qui émaille les œuvrages d'Orfévrerie & qui met en œuvre les pierres precieuses. Quiconque veut être un habile *metteur en œuvre*, doit savoir parfaitement le dessein.

Metteur à port. Ouvrier sur les ports de paris, qui decharge le foin, le vin & autres provisions & les mets sur le port pour être debitées.

Mettre, v. a. Je mets, tu mets, il met, nous mettons, vous mettez, ils mettent. Je mettois. J'ai mis. Je mis, tu mis, il mit, nous mîmes, vous mîtes, ils mirent. Que je mette, que je misse. Je mettrois. Ce verbe mettre signifie *Poser*. (Mettre son pié sur une chaise. Je vous mettrai en un lieu d'où vous pourrez voir tout. Je mets en fait qu'une honnête femme, peut voir cette comedie. *Moliere. Voiez. mis*.

Dieu a mis les Etoiles au Ciel. mettre toutes choses dans un bon ordre. Il mit ses troupes en bataille, c'est à dire, il les rangea. Il s'est mis en son rang. Mettre quelque chose à part. Mettre la tête à la fenêtre. Mettre pié à terre. Mettre le linge dans un cofre. Il y a trois mois que je n'ai mis les pieds chez lui. Il est si las qu'il ne peut mettre un pied devant l'autre. Mettre un soldat en sentinelle.

Mettre. Il se dit en parlant des personnes & des choses, suivant leurs differens mouvemens & dispositions.(Mettre en métier, mettre un valet en aprentissage. Mettre un enfant à l'école. Mettre les humeurs en mouvement. *Terme de Médecin*. Mettre sa conscience en repos. Mettre la main à l'épée. Les Medecins l'on mis au lait. Mettre un plon en prise. *Terme de jeu des échets*;)

Mettre. Enfermer. (Mettre de l'argent en bourse. Mettre une personne en terre. Mettre un liévre en pâte.)

Mettre hors, signifie chasser; faire sortir. (Il a mis ce valet hors de chez lui. Il faut mettre hors les mauvaises humeurs.)

Mettre en fuite les ennemis. C'est les chasser.

Mettre une personne hors de combat. C'est la reduire à ne pouvoir plus resister.

Mettre des troupes sur pié. C'est les assembler.

Mettre de l'argent à quelque afaire. C'est l'y emploier. (Quand on poursuit une mauvaise dette, il faut mettre de bon argent parmi du mauvais. Mettre son tems, son soin & sa peine à faire quelque chose. Mettre une somme en commun.)

Mettre la main à la bourse. C'est en tirer de l'argent.

Mettre la main à l'œuvre, c'est à dire, travailler;

Mettre fin à quelque chose. C'est l'achever.

Mettre à mort, mettre en pieces, mettre par terre, mettre au pillage, mettre tout à feu & à sang. Mettre une personne à bout, &c.

Mettre de l'argent à rente, à interêt, &c. Mettre à profit.

Mettre. Ce mot se dit de la monnoie, & veut dire, *Faire passer*. *Faire accepter*. *Donner cours* (Je tâcherai à *mettre* cette pistole quoi qu'elle soit un peu légére.)

Mettre bas. Ces mots, se disent des femelles de certains animaux & signifie *faire des petits*. (Les Rennes femelles mettent bas environ la mi-Mai. *Histoire de Laponie*.)

✱ *Mettre une personne en credit*. C'est donner de la reputation & du credit à une personne.

✱ *Ils ont tâché de nous mettre mal ensemble, Abl. Rét: l.2. c. 4.* C'est à dire, de nous broüiller.

✱ *Monsieur d'Avaux* commença le premier à *mettre Voiture dans le monde*.C'est à dire, à le faire connoître des honnêtes gens.

Mettre en œuvre. Terme d'*Orfevre*: Il se dit des pierres precieuses qu'on enchasse dans quelque ouvrage d'orfevrerie.

Se mettre. Ce mot signifie souvent commencer à, & quelquefois il se met seulement par élegance. (Exemples, chacun se mit à le suplier. *Vau. Quint. l*. C'est à dire, chacun le suplia. Tous se mirent à faire d'horribles cris. *Abl*. C'est à dire, tous firent d'horribles cris. *Se mettre à faire quelque chose*. C'est à dire commencer à la faire.)

Mettre. Ce mot entre dans plusieurs façons de parler prises dès arts. Ainsi les *Vitriers* disent mettre en plomb, les *Menuisiers* mettre le bois d'épaisseur. Les *Teinturiers*, mettre en couleur. Mettre en violet, en rouge, en jaune, les *Bateliers*, mettre à Port, &c.

MEU

Se mettre, v.r. Se placer.) Se mettre à son aise,) Il ne sçait où se mettre.
* Se mettre bien auprès de quelqu'un.
* Se mettre mal dans l'esprit du Prince. *Abl.*
* Se mettre à faire quelque chose.
* Se mettre au barreau. Se mettre à l'étude de la Philosophie. *Abl.*
* Se mettre l'esprit en repos.
* Se mettre à l'abri, à couvert, au large.
* Se mettre dans les remèdes.
* Se mettre en campagne, aux champs, en chemin, en devoir de, &c.
* Se mettre en frais.

Mettre. Ce mot entre encore dans plusieurs façons de parler de manége & signifie *dresser*, ou *aprendre* un cheval à manier. (Mettre un cheval à courbettes, à capriotes. Mettre un cheval au pas, au galop. C'est le faire aler au pas, &c.

Mettre. Il se dit en *Terme de Palais*. (Mettre une appellation au néant. Mettre hors de Cour & de procez. Mettre un procés en état. Mettre en possession. Mettre en la main du Roi & de justice. Mettre en ligne de compte. Mettre à l'amende. Mettre en prison. Mettre en cause, &c.

Mettre, il se dit en *termes de mer*. (Mettre en mer, mettre à la voile, mettre à port, mettre à terre. Mettre pavillon bas, &c.

Il se dit encore en plusieurs autres façons de parler diferentes selon les mots qu'on joint à ce mot *mettre*, & qui se trouveront en leur rang.

MEU

MEUBLE, *s. f.* Tout ce qui sert à meubler une chambre, ou une maison qui se peut remuër & transporter.(Precieux meubles. Beaux meubles. Meubles magnifiques.)

* La vertu sans l'argent n'est qu'un *meuble* inutile *Deprenaux, Epitre* 5.

Meubler, v. a. Garnir de meubles. (Meubler une chambre, une maison, une apartement.

† MEVENTE, *s. f.* C'est une vente qui n'est pas assez haute, qui est trop modique. (Il y a de mévente.

* *Mevendre*, v. a. Ne pas vendre assez. Mevendre de la marchandise.)

MEUGLER, v. n. Ce mot se dit proprement des bœufs, des vaches & des taureaux & signifie faire quelque meuglement. (Taureau qui meugle. Vache qui ne fait que meugler.)

Meuglement, *s. m.* C'est le cri naturel du bœuf, du taureau & de la vache. (Un furieux, un afreux, un horrible meuglement.)

MEULE, *s. f.* C'est une pierre plate, ronde, & percée au milieu qu'on fait tourner à force d'eau, avec le pié, avec la main, avec un cheval, ou autrement [Une grosse meule. Une petite meule. Une meule de moulin. Une meule à éguiser.)

Meule à polir. C'est une sorte de petite meule de bois sur laquelle on passe les couteaux, les ciseaux, &c. emoulus.(Passer sur la meule.) Les Lapidaires se servent de meules de plomb, d'étain, & quelquefois d'acier.

Meule de foin. Voiez *Mule*.

MEULE. Terme de *Chasse*. C'est le bas de la tête d'un cerf, d'un dain & d'un chevreuil, & qui est le plus proche du massacre. *Sal.*

MEUR, *meure*, adj. Voiez *mûr*.

Meure. Voiez *mûre*.

Meurir. Voiez *mûrir*.

Meurs. Voiez *mœurs*.

MEURTRE, *s. m.* Homicide. Mort cruelle. Tuerie. (Faire, ou commettre un meurtre. Se souiller d'un meurtre horrible)

Meurtrier, *s. m.* Celui qui a fait un meurtre. (Le meurtrier a été puni.

Meurtrier, meurtriere, adj. Qui tuë. Qui est cruel. Qui est détestable à cause de sa cruauté, (Parque meurtriere. *Scaron*. Loix meurtrieres. *Racine, Iphigenie*, a. 4. sc. 4. Vos decisions meurtrieres sont en aversion à tout le monde. *Pas. l. 14.*)

† Vos yeux belle Philis, se mettent sur leur *garde meurtriere* *Moliere.*

Meurtrir, v. a. Tuer. Faire mourir. (Le criminel échape, & l'on meurtrit l'innocent. *Abl. Tac. An. l. 1. c. 5.*)

Meurtrir: Faire quelque meurtrissure. (Il lui a meurtri le bras. Se meurtrir le visage *Maucroix, Homele* 15.)

* *Meurtrir le marbre* Terme de *Sculpteur*. C'est le fraper à plomb avec le bout de quelque outil.

Meurtrissure, *s. f.* Marque livide causée par quelque coup. (Il y a meurtrissure. Ce n'est qu'une meurtrissure.)

MEUNIER, *mûnier*, *s. m.* On dit l'un & l'autre, mais *meûnier* est bien plus en usage que *mûnier* est celui qui gouverne le moulin, fait moudre le grain qu'on y porte, & en prend pour sa peine une petite mesure qu'on apelle *mouture*. (Plus enfariné qu'un meunier. *Gon. epit. livre* 3. Si tu n'avois servi qu'un meunier, comme moi, tu ne serois pas si malade. La *Fontaine, Fable, l. 1.*

Meûnier. Sorte de poisson qui a la tête grosse & grande ; la bouche sans dents & quatre ouïes de chaque côte. *Rond.*

Meûniére, *s. f.* Femme de meûnier. La meûniere est assez jolie.)

MEUTE, *s. f.* Compagnie de chiens courans. (Une belle meute de chiens.)

MEZ.

MÉZANGE, ou *mesange*, *s. f.* Petit oiseau qui vit quatre ou cinq ans, qui est gros comme la fauvette, qui a la tête noire & blanche, l'estomac rirant sur le verd, & l'échine d'un violet obscur. La mezange a un chant fort désagréable. Il y a une mezange commune & une mezange à longue queuë. Cet oiseau s'apelle en Latin, *Parûs major*, & en Latin parûssûs *spermûs, zola, testa mûra*, Voiez *Olina*.

MEZELINE, ou *meseline*, *s. f.* Terme de *Marchand*. C'est une de petite étofe qu'on apelle dans le monde *étofe de la porte de Paris*, qui est une sorte de petite brocatelle faite de laine & de fil, & qu'on fabrique en Flandre. Voilà une mezeline fort jolie.)

MIA.

MI, *s. m.* Terme de *Musique*. C'est le nom de la troisiéme note de la game. (Ut, re, mi, fa, &c. c'est un mi.)

Mi. Cette particule entre dans la composition de quelques mots, & marque la moitié de ce dont on parle, & elle se joint quelquefois au mot suivant avec un tiret. Mi-Août, mi-chemin, &c.

MI-AOÛT, *s. f.* Prononcez *mi Ou*. C'est le milieu du mois d'Août. (A la mi-Août le Soleil est encor au signe du Lion.) On le dit aussi des autres mois. La mi-Septembre, la mi-Octobre, &c.

MIAULER, v. n. Ce mot se dit proprement des *chats* lorsqu'ils poussent un cri qui leur est naturel & qui les distingue de autres animaux. (Les chats miaulent.)

† * *Miaulant miaulante*, adj. Qui soupire. (Mon ame dolente, sotes les nuits est pour vous *miaulante*, *Voit. poës.*)

Miaulement, *s. m.* C'est le cri naturel des chats. (On entend toute la nuit un grand miaulement.)

MIC.

MI-CARÊME, *s. f.* Le milieu du carême. (Etre à la mi-carême.)

MICHE, *s. f.* Mot qui ne se dit guere qu'en Province, & qui signifie du pain qui est blanc. Manger de la miche.)

MICHEL, *s. m.* Nom d'homme. (Michel est devenu savant. Michel Ruiter Amiral Hollandois, fut tres-brave & tres-fameux. Il fut blessé d'un coup de canon prés d'Augusta, & rendit l'esprit le 29. Avril. 1676. *Voiez sa vie.*

Michelle, *s. f.* Nom de femme. (Michelle est bien jolie.)

MI-chemin, *s. f.* La moitié du chemin. (Nous sommes à la mi-chemin.)

MICHON, *s. m.* Nom de petit garçon, qui veut dire *petit Michel.*

MICHON, *s. f.* Nom de jeune fille (Michon est adroite. Michon est gaie.

† *Michon*, *s. m.* Mot du petit peuple de Paris qui veut dire *quelque peu de bien*. (Avoir du michon. Elle songe a avoir du michon pour ses vieux jours.)

Mi-côté. *Ami côte*, adv. C'est l'endroit & la situation qui marque le milieu d'une coline aisée. (Les Jardins qui sont à mi-côte fournissent le plaisir d'une belle vuë. J'aimerois à avoir une maison à mi-côte. *Quint. Jardin. T. 1.*)

MICROCOSME, *s. m.* Mot qui vient du Grec, & qui veut dire *petit monde*, (L'homme est un microcosme plein de merveilles.)

MICROSCOPE, *s. m.* Mot qui vient du Grec. Quelquesuns disent *microcope*, mais *microscope* est plus régulier, & selon l'étimologie. C'est un Instrument d'optique, dont on se sert pour grossir les objets. Il y a un verre, deux & quelquefois trois verres, pour voir les petits corps. (Un microscope bien fait. Un bon microscope.)

MICQUEMAC, *micemac*, Voiez *miquemac*.

MID.

MIDI, *s. m.* Le milieu du jour. L'heure qui marque qu'on est au milieu du jour. (Il est midi. Il est midi passé. Midi à sonné.

Midi. Partie méridionale. (Lieu qui regarde le midi.)

Midi. C'est l'endroit où le Soleil, ou quelque autre Planete est en sa plus haute élévation lors qu'elles passent par le Meridien. Le Soleil est à son midi.

MIE

Midi. On le dit au figuré, des personnes & de leur fortune.) Cette beauté est à son midi. La fortune de ce favori est à son midi.

† *Chercher midi à quatorze heures*. Proverbe, pour dire, chercher une chose où elle n'est pas.

‡ *Chercher midi quand il n'est qu'onze heures*. Il se dit des écornifleurs qui viennent avant l'heure du dîné, pour ne le manquer pas.

MIE.

MIE, *s.f.* La partie du pain, qui est enfermée entre les deux croûtes. (Aimer la mie.)

† *Mie*. Terme de *Caresse*, qui signifie *Amie*. (Je voudrois ma mie que vous eussiez été ici. *Moliere*. J'aime mieux ma mie que tout cela. *Moliere*.)

† *Mie*, adv. Non. Point. Le mot de *mie* en ce sens n'entre que dans le bas burlesque, & même il est très-vieux. (Je ne la voi *mie*, & pourtant je brûle pour elle. *Scaron*.)

MIEL, *s.m.* Ouvrage d'abeille qui est une liqueur jaune & fort douce & qu'elles font dans leurs ruches avec la cire, dans les cellule de laquelle elles mettent le miel. (Le Miel de Narbonne est fort bon. Miel rosat. Ciel *sauvage port-Roial*. Mouche à miel. Raion de miel.)

* *Miel*. Douceur. Plaisir délicieux. (Mon ame étoit alors sur mes lèvres pour savourer le miel qui étoit sur les vôtres. *Voit. poët.*)

Mielleux, mielleuse, *adj.* Il se dit des choses qui ont le goût du miel.

MIENNE, *adj.* Qui est à moi. Qui m'appartient. (Vous avez acheté vôtre charge & moi j'ai acheté la mienne. Vous avez vôtre bien & moi j'ai le mien aussi.)

MI-ETE, *s.f.* Le milieu de l'été. (Nous sommes à la mi-été. Il a été passé.)

MIETTE, *miete*, *s.f.* Petite mie de pain. (Une miéte de pain.)

MIEUX, *adv.* Plus-parfaitement. Avec plus de grace, d'esprit, ou d'adresse. (Il joüe mieux du luth que lui. Il danse mieux, il parle mieux, il écrit mieux que tous ceux que je connois.)

De mieux en mieux, *adv.* (Tout va de mieux en mieux. Il se porte de mieux en mieux.)

‡ *Un tien vaut mieux que deux tu l'auras*. Proverbe. Argent contant porte medecine. Il vaut mieux tenir qu'esperer.

MIG.

† MIGNARD, *mignarde*, *adj.* Ce mot signifie *Joli. Mignon. Délicat. Agréable*. Il est un peu vieux, & ne peut servir que dans le stile simple, ou la conversation. (Elle a le visage mignard.) On le dit des enfans. On le dit aussi des ouvrages, & du langage.

† *Mignardement*, *adv.* D'une maniere délicate. (Ce peintre travaille fort mignardement. On eleve cet enfant trop mignardement.

† *Mignarder*, *v.a.* Traiter avec delicatesse. (Les meres mignardent trop leurs enfans.)

† *Mignardise*, *s.f.* Quelque chose de mignard. (Lucien a par tous de la mignardise & de l'agrément. *Ablancourt. Luc.* La volupté vient avec toutes les *mignardises* & la parure des graces.) *La Chambre*. Toutes ces mesures de période n'ont qu'une certaine *mignardise*, & un petit agrement, qui n'émeut point l'ame, *Depreaux, Longin*. On dit aussi qu'un enfant a été élevé avec trop de mignardise, *c'est à dire* de flaterie & de délicatesse.

Mignardise. Espece d'œillet gris, rouge ou blac, qui fleurit en Avril & en Mai. (Mignardise fort jolie.)

MIGNATURE, *s.f.* On prononce *miniature* & même plusieurs l'écrivent, & on croit qu'ils ne font pas mal. La *mignature* ou *miniature* est une peinture dont les couleurs se détrempent avec de l'eau gommée, qu'on fait en petit, sur de velin, ou sur des tablettes, qui veut être regardée de près & qui est plus délicate que les autres sortes de peintures.) Il y a aussi une sorte d'ouvrage en *mignature* qu'on fait avec de l'émail de Holande rafiné sur la petite besogne d'orfévrerie délicatement travaillée.

MIGNON, *s.f.* Favori. Galand de Dame. (Les mignons de Henri troisiéme.)Elle fit asseoir le Philosophe auprès de son mignon, *Ablancourt, Luc. Tome* 1.)

† *Mignon*, *s.m.* Ce mot se dit d'un enfant qu'on caresse. (Ne pleure point, mon petit mignon, *Ablancourt, Luc Tome* 1.)

† *Mignon*. Ce mot se dit quelquefois lorsqu'on est un peu en colere. (Je vous trouve un plaisant mignon. Vous êtes un joli mignon pour cela. *Boileau, Avis à Ménage*.)

† *Mignon de couchette*, *s.m.* Jeune homme bien fait pour être le galand d'une belle. (C'est un petit mignon de couchette. *Ablancourt, Luc. Tome* 1.)

† *Mignonne*, *s.f.* Terme de *Caresse*, dont on se sert à l'égard d'une petite fille jolie. (Venez çà, ma petite mignonne.)

† *Je vous trouve une jolie mignonne*. Ces mots sont un peu piquans

(Ils signifient, je vous trouve malhonnête. Peu sage.)

Mignon, mignonne, *adj.* Joli. Beau. Bien fait. Délicat. (Ganimede est si beau & si mignon, *Ablancourt, Luc. Tome* 1. Elle a quelque chose de mignon dans le tour du visage. Il se voit des portraits en miniature touchez d'une maniere aussi noble quoi que plus *mignonne* & plus d.licate qu'en huile. Une beauté mignonne. Un visage mignon. Une bouche mignonne. Un ouvrage fort mignon.)

Mignonnement, *adv.* D'une maniere mignonne & délicate. (Travailler mignonnement.)

† *Mignoter*, *v.a.* Ce mot est bas & signifie *caresser*. (Elle mignote trop ses enfans.)

† *Mignotise*, *s.f.* Caresses. Flaterie. (Il a gagné son cœur par de petites mignotises & flateries.)

MIGRAINE, *s.f.* Ce mot vient du Grec, où il signifie douleur de la moitié de la tête ; & en général la migraine veut dire douleur de tête. (Avoir la migraine. Etre sujet à la migraine.)

Migraine. On apelle de ce nom une petite coquille qui, à ce qu'on croit, guerit de la migraine.

MIJ.

MIJAURÉE, *s.f.* Mot bas & méprisant qui se dit d'une femme pour marquer qu'elle n'a rien de beau. (Voila une belle mijaurée. *Moliere, Bourgeois Gentilhomme, a. 3. s. 9.*)

MIL.

MIL. Nom de nombre indéclinable qui signifie dix cent, mais qui ne se dit qu'en parlant d'année. Ainsi on dit l'an *mil six cens soixante & dix huit*, & non pas l'an *mile* &c. (Nous avons d'anciens arrêts des années *mil trois cens*, *Patru, plaid.* 15.)

* *Mil*. Ce mot vient du Latin *milium*. Il n'est pas si usité que le mot de *millet*. C'est une petite graine ronde & jaune qu'on donne aux oiseaux & qu'on mange aussi quand il est bien mondé, c'est dire, qu'on en a ôté la peau. (Le mont ne me paroissoit pas si grand qu'un grain de mil, *Abl. Luc. T. 2. Icaromenippe, p.* 299. Sou large soupirail se pourroit aisément boucher d'un grain de mil. *Marigni*.) V. *Millet*.

† * *C'est un grain de mil dans la gueule d'un âne*. Proverbe, qui se dit quand on donne peu à manger à un goulu, ou peu de chose à une personne qui désire ou a besoin de beaucoup de choses.

MILAN, *s.m.* Oiseau de proie fort léger qui vôle haut, qui est de couleur fauve, ou noire, & qui a pour ennemi le duc & le sacre qui sont deux autres oiseaux. *Bel.*

Milan. Poisson de Mer qui vole un peu au dessus de l'eau & qui a la chair dure & séche. *Rond.*

Milan. Sorte de fromage qui a des yeux & qui a la côte rouge. On dit aussi *fromage de Milan*. Si on veut acheter de cette sorte de fromage, on demande à la personne qui le vend, donnez moi du *milan*, ou du *fromage de Milan*.

Mille. Nom de nombre indéclinable, qui signifie dix fois cent. (Un mile, deux mile, trois mile.) Voiez *mil*.

mile. On se sert de ce mot pour marquer une multitude indéterminée. (Il fait mile jolies choses, *Scaron, Rom.*) Après mile peines &, mile fatigues, je suis enfin venu à bout de mes desseins, *Vaug. nouv. rem.*)

Mile. Après ce mot dans le bas burlesque on sous entend quelquefois *diable* quand il est précédé de l'adjectif *tout*. (Cela me fait mal comme tous les *miles*.)

Mile, *s. m.* Ce mot au pluriel & se décline ton; où il signifie une étendüe de mile pas Geometriques, ou de cinq mile piez. Iton traité d'Aritmétique fait le mot de mile féminin, 3 5, mais il est tout seul de son côté & tant pis pour lui. On dit *un mile* & non pas *une mile*. (Il y a de Lisbonne aux Terceres huit cens cinquante miles.)

Mile-feuille, *s.f.* Plante qui croit dans les champs & produit des fleurs blanches par ombelles.

Mile-fois, *adv.* On l'emploie pour dire *très-souvent*. [Je l'ai oui dire mile fois.]

Mile-grainé, *s. f.* Sorte de plante, qui est une épéce d'armoise.

Mile-pertuis. Sorte de plante, dont les feuilles sont percées de quantité de trous. Ses feuilles sont semblables à celles de la ruë, sa fleur est jaune, mais étant pressée, elle rend un suc rouge, & étant mise dans de l'huile, elle la teind de couleur rouge. Cette herbe de mile-pertuis a beaucoup d'usages dans la Medecine.

Milenaire, *s.m.* Terme de Cronologie. Il signifie *mile-ans*. [Il s'est passé plus de quatre Milenaires depuis la création du Monde jusqu'à la venuë de Jesus-Christ. Le Déluge arriva dans le second milenaire.]

Milenaires, *s. m.* On entend ce nom certains Chrétiens, qu'on traite d'héretiques, parce qu'ils croioient que Jesus Christ devoit revenir sur la Terre, & qu'il y combleta les fidéles, pendant mile ans, de toutes sortes de biens temporels.

Milésime, *s.m.* C'est le nombre des années, qui ont couru depuis la Nativité de nôtre Seigneur. [Les dates des Actes faits du tems de Charlemagne n'avoient point encore de milésime.

Milézime. C'est particuliérement un *terme de Monnoie.* C'est le chifre qui marque le tems de la fabrication des monnoies. Le tems de la fabrication, nommé *milézime,* étoit autrefois exprimé par le nom des Magistrats, & du Prince. *Bouteroüe, Traité des monnoies, p. 8.*

† **Miliaire,** *s. m.* Ce mot vient du Latin *miliarium.* Il se dit quelquefois en termes de Géografie, & il signifie mile pas. Voiez *mile, s. m.*

Miliar, *s. m.* Terme d'Aritmétique. Mile milions.

† **Miliasse** *s. f.* Il signifie une grande quantité. (Une miliasse d'hommes. Des miliasses de fourmis.)

Milice, *s. f.* Il vient du Latin *militia.* Soldats levez dans un païs au dépens du païs même. Gens de guerre. (Le conseil s'éforce d'anéantir la milice des enrôlez. *Patru* 1. *plaidoié.* La milice des Turcs est de deux sortes, l'une tire sa subsistance de certaines terres que leur donne le grand Seigneur, & l'autre reçoit sa paie en argent comptant. *Briot, Histoire Otomane.*)

Milices. Il se dit particuliérement des habitans d'un païs qui s'arment pour deffendre leur païs. En ce sens les *milices* sont oposées aux *troupes réglées.*(On a commandé les milices pour défendre les côtes contre la décente que les ennemis y veulent faire.)

Miliéme. Adjectif de nombre ordinal. (Il n'est pas le miliéme. Elle n'est pas la miliéme qu'il n'a pas aimé son mari 15. jours.)

Milier, *s. m.* Mile. (Un milier d'épingles.)

* Faire un *milier* de malheureux, *Patru, plaidoié* 7. C'est à dire, un grand nombre de malheureux.

* Afrouter des *miliers* d'hommes & d'éléfans, *Vau. Quin.* l. 9.

Milieu, *s. m.* Ce qui est également éloigné des deux extrémitez. (Cela est justement au milieu. Vile qui est au milieu du Roïaume. La rivière passe par le milieu de la vile. Le milieu d'un vers. Le doigt du milieu. Prendre quelcun par le milieu du corps.)

Au milieu. Signifie *parmi.* (Il s'est jetté au milieu des ennemis. Je l'ai perdu au milieu de la foule.

* Il est demeuré court au milieu de son Sermon.

* **Milieu.** Temperament & moïen qu'on trouve dans les afaires pour les regler. (J'ai trouvé un *milieu* pour les acomoder.)

* Il y a un milieu dans les choses. La vertu consiste dans le milieu. Les sages doivent tenir le milieu en toutes choses.

Milion, *s. m.* Dix fois cent mille, ou mile fois mile (Consumer des milions d'or. *Voit.* l. 74.

* **Milion.** Grand nombre. (Vous venez de sauver un *milion* d'ames, *Voit.* l. 68.)

Militaire, *adj.* Qui regarde la guerre. Qui concerne le soldat. (Tribun militaire. Exercice militaire. Art militaire.)

Militant, *militante, adj.* Ce mot se dit de l'Eglise qui est en terre. [Eglise militante. *Patru. pl.* 5]

Millet, *s. m.* Prononcez presque *mi-liet.* en deux silabes. C'est la même chose que *mil.* V, *Mil. s. m.*

Millet mondé. C'est à dire, netteïé, batu & pelé. On le mange ordinairement avec du lait. [Faire cuire du millet.]

Milord, *s. m.* Mon Anglois qui veut dire *Monseigneur.*[Un riche Milord.[

MIM

† **Mime,** *s. m.* Sorte de farce, ou de Comedie boufonne. C'é, toit aussi celui qui contrefaisoit de telle sorte les gens qu'il faisoit rire & divertissoit les spectateurs au depens d'autrui.

MIN

† **Minage,** *s. m.* Ce mot se dit en parlant de coutume où l'on parle de droit de *minage,*qui est le droit que le Seigneur prend sur la *mine* de blé pour le mesurage.

† **Minauder,** *v.n.* Prononcez *minôdé.*Ce mot se dit des femmes & veut dire, Faire l'agréable. Faire de petites mines pour avoir quelque air charmant.[Elle minaude. Elle ne fait que minauder.]

† **Minauderie** *s. f.* Prononcez *minôderie.* Toutes les petites maniéres que fait une femme pour paroître plus agréable. (Elle fait mille petites minauderies.)

Mince, *adj.* Menu. Délié, Qui n'est pas épais. Léger. Qui est petit & n'est pas grand chose. [Un habit fort mince. Une étofe fort mince. Vase fort mince & fort fragile, *Patru,pl.*7. La païe est mince, un diné, ou un soupé fort mince. *Scar.*]

Mine, *s. f.* Sorte de mesure contenant la moitié du sétier. [Mine étalonnée.] Ce mot se dit aussi en parlant de *charbon,* & veut dire sorte de *mesure pour le charbon.* [Il y a du charbon plein la mine.] Voilà une mine de farine en blanc. Vendre une mine de charbon. Acheter une mine de blé.

† **Mine.** C'est aussi une mesure de terre,dont l'étenduë demande deux minots de grain pour être semée. Elle revient environ à un demi arpent de Paris.

Mine. Façon, maniére & action d'une personne. Air d'une personne. [Dans toutes les professions chacun afecte une mine & un exterieur pour paroître ce qu'il veut qu'on le croie. *Mémoires de Monsieur le Duc de la Roche. Foucaut.* Avoir bonne mine. Avoir mauvaise mine. Il a la mine de n'être pas fort entendu. Il avoit la mine d'être constipé. *Abl. Apoph.* Elle fit toutes les mines qu'elle vouloit faire quand elle vouloit plaire à quelqu'un. *Le Comte de Bussi.*]

Mine. Visage bon, ou mauvais qu'on fait paroître aux gens selon qu'ils nous plaisent, ou selon qu'on se porte bien, ou mal. [Faire bonne mine à quelqu'un. *Faire triste chére & laide mine. Sar. Poës.* C'est avoir un visage chagrin à cause qu'on se porte mal. *Faire la mine.* C'est gronder, & être en colere contre une personne. *Faire une mine grise. Suron poësis.* C'est gronder contre quelqu'un]

Mine. Semblant. (Faire mine de prendre quelque chose. Il se mine d'être amoureux. *Le Comte de Bussi.* Ils font mine de trouver à dire à l'argent. *Patru,plaid.* 5.]

Mine. Monnoie des Juifs pesant un certain nombre de sicles. *Bouteroüé,Traité des monnoies,p.*15.

Mine Attique. C'étoit le poids de cent dragmes, à Athénes.

Mine, ou mine de plomb. Couleur d'un orangé, fort vif & qui sert pour peindre en mignature.

Mine. Sorte de craïon & de pierre pour marquer. [Cette mine est bonne.]

Mine. Lieu dans la terre d'où l'on tire le métal. [Une mine d'or, d'argent, de cuivre, d'étain, de fer. Trouver une mine.]

Mine. Il se dit aussi de la terre,glébe ou pierre qu'on tire de la mine pour la porter dans les fourneaux, où on la fond, on l'épure & l'on en tire le métal qu'elle contient. On l'apelle en terme propre *marcassite.*

Mine,Terme de *Fortification.* C'est une maniére de chambre soûterraine qu'on fait sous le rempart de la face d'un bastion à laquelle on va par des détours, & qu'on charge de la poudre qu'on juge être nécessaire selon la hauteur & la pesanteur des corps qu'on veut élever & renverser pour aller à l'assaut *Félibien.* [Mettre le feu à la mine. Faire joüer la mine. Découvrir la mine.]

* **Mine.**Intrigue. Pratique sourde & secrette qu'on fait pour venir à bout de quelque chose.]La mine est éventée.]

Miner *v.a.* Faire une mine. Faire un creux sous une mutaille pour y mettre de la poudre & faire sauter le mur en mettant le feu à cette poudre qui est dans ce creux, ou espece de chambre qui est sous le rempart & la muraille. (Il faut miner la place par cet endroit-là.)

* **Miner.**Détruire. Consumer. (Le mal mine. *Sar poës.* Le tems mine peu à peu & détruit ce qui est fait de la main des hommes. *Vau. Quin.* l. 5. Balzac par son afectation, *minoit* la beauté naturelle de ses pensées. *S. Evremont, œuvres mélées, in* 4. *p.* 175. c'est à dire, perdoit l'agrément naturel des pensées. Ce travail mine ses forces,c'est à dire, les afoiblit peu à peu.)

Minéral, *s. m.* Tout ce qui vient dans les mines. (Il y a une quantité innombrable de minéraux. *Rob. Phis*)

Minéral, *minerale, adj.* Qui est de mine. (Soufre mineral. Eau minerale.)

Mineur, *s. m.* Celui qui mine sous quelque muraille pour faire sauter cette muraille ; ou autre chose par le moïen de la poudre à laquelle on met le feu. (Un adroit mineur. Atacher le mineur à la muraille.)

Mineur, *s. m.* Terme de *Droit* Celui qui est en tutelle. (Un pauvre mineur, Un riche mineur. Un mineur ruiné.) Ce mot de *mineur* est oposé à majeur.

Mineure, *s. f.* Fille qui est en tutelle. (Elle est mineure & elle ne peut contracter sans le consentement de son tuteur.)

Mineure, *s.f.* Terme de *Logique.* La seconde proposition d'un silogisme. (La mineure est claire. Nier une mineure. Prouver une mineure)

Mineure, *s.f.* Terme de *Téologie.* C'est le plus courte de la sicence , qui commence à une heure aprés midi, & finit à six heures, & dans lequel on soutient ordinairement de la Téologie positive.[Faire sa mineure. Il a réüssi dans sa mineure.]

Mineur, *mineure,* adj. Ce mot signifie *Moindre, Petit.* Qui n'est pas si grand. [Ainsi on dit en termes d'Eglise, *Les quatre mineurs,* pour dire les quatre petits Ordres. *Prendre les quatre mineurs.* L'Asie mineure. On dit aussi en terme de musique; *ton mineur.*)

Mineur, *mineure.* Ce mot se dit en parlant d'excommunication. On dit [Excommunication mineure qui est une certaine Eclesiastique qui prive de la participation passive des Sacremens,ou du droit de pouvoir être élu , ou présenté à quelque bénéfice, ou à quelque dignité Ecclesiastique.)

Miniature. Voiez *Mignature.*

Miniére. *s. f.* Lieu d'où l'on tire les mineraux. [Une miniére de soufre, ou de bitume.]

Minimes, *s. m.* Religieux fondez par Saint François de Paule, qui étoit de Calabre & confirmez par le Pape Sixte quatriéme en 1439. Ils portent un habit de couleur tannée avec un petit capuce, un scapulaire rond & un manteau de même couleur. On apelle quelquefois à Paris ces sortes de Religieux, *les Bons hommes* & principalement en parlant des Minimes de Chaliot,

MIN MIR

Chaillot, à cause que Louis XI. qui fonda les Minimes en France, apelloit S. François de Paule *bon-homme*.

Minime, *adj.* Qui est d'une certaine couleur grise obscure. (Drap minime.)

Ministere, *s. m.* Fonction. Charge. Devoir. La peine que prend une personne pour quelque chose. (La necessité de leur ministere les dispense des charges de vile, *Patru*, 1. plaidé.)

Ministere, *s. m.* Ce mot en parlant d'Etat, de Roïaume, ou d'Empire, c'est celui que le Souverain a pour principal Conseiller dans les afaires d'Etat. (Un fidele, vigilant Ministre d'Etat.)

* On étoit bien-aise que sa colere retombât sur ceux qui en avoient été les Ministres. *Vau. Quin. l. 8.*

Ministre. Celui qui prêche la Parole de Dieu à ceux de la Religion. Celui qui prêche la Parole de Dieu aux Luteriens. On apelle aussi cette sorte de Ministre *Pasteur.* Un savant Ministre. Un habile Ministre.

Ministre. Terme de *Religieux Maturin.* C'est le Superieur d'un Couvent de Maturins. (Le pere Ministre est fort doux.) Sa charge s'apelle *Ministrerie.*

Minoder, *minoderie.* Voïez *minauder.*

† **Minois**, *s. m.* Mot burlesque pour dire *visage.*

{ Sous ce *minois* qui lui ressemble,
Chassons de ces lieux ce causeur. *Moliere.*

Il a un vilain minois. *Scaron.*) Voïez *mine.*

* **Minon.** Mot dont on se sert pour apeller un chat. (Tien minon, tien.)

Minon, *s. m.* Sorte de petite fleur champêtre qui fleurit jaune.

Minorité, *s. f.* Le tems que le Roi de France est mineur. (Il y a eu des guerres durant la minorité du Roi.) On le dit aussi des autres Rois.

† Il faut autre chose pour vôtre beauté qu'une *minorité.* Cette façon de parler est de Benserade, & elle veut dire qu'il faut un autre galant à la Dame qu'un Roi mineur.

Minorité. Ce mot se dit aussi à l'égard de toute sorte de mineurs. C'est l'âge d'un mineur. C'est le tems pendant lequel on n'a pas l'administration de son bien. (On se fait relever des Contrats faits pendant la minorité.)

Minot, *s. m.* Sorte de mesure dont on se sert pour mesurer le sel, le charbon & qui est proprement la moitié de la mine.

Minot. C'est un minot plein. (Minot de sel. Un minot de charbon.)

Minot. Terme de *Mar. Boute-hors, Défense.* C'est une longue piece de bois, garnie par le bout d'un crampon de fer dont les matelots se servent pour éloigner du Navire l'ancre, quand on la leve, depeur qu'elle n'endommage l'avant du Bordage. *Ozanam, Dict. Mathem.*

Minotaure, *s. m.* Monstre demi-homme & demi-taureau: (Tésée tua le Minotaure.) C'est le nom d'une constellation méridionale, qu'on apelle aussi Centaure.

† **Minuties**, *s. f. f.* Petites bagatelles qui regardent le stile. (Ceux qui n'ont pas de goût pour la langue se moquent des minuties des Grammairiens.)

Minuit, *s. m.* Le milieu de la nuit. L'heure qui marque le milieu de la nuit. (Il est minuit sonné. Il est arrivé à minuit.)

Minuscule, *adj.* Ce mot se dit des lettres & signifie fort petite. (Lettre minuscule) Ce mot est opposé à lettre *majuscule*, ou *capitale.*

Minute, *s. f.* Partie de l'heure. (L'heure est divisée en soixante minutes. *Roh. Phis.*)

Minute. Terme de *Geometrie.* C'est la soixantiéme partie d'un degré, qui est la 390. partie d'un cercle. (Les Tropiques sont éloignez de l'Equateur de 23. degrez & 30. ou 31. minutes.)

Minute. Terme d'*Architecture.* C'est la 60. partie du module.

Minute. En fait de poids: La minute est la 24. partie d'une prime, qui est la 24. partie d'un grain, &c. *Ozanam. Dictionaire Mathem.*

Minute, *s. f.* Le premier acte qui se fait entre les parties où sont leurs signatures avec celles des Notaires. (Les minutes des actes de consequence demeurent dans l'étude des Notaires.)

Minute. Petite lettre dont on se sert pour écrire les actes originaux & publics. Petite lettre dont se servent les gens de pratique. (C'est la minute: Ecrite en minute.)

Minute. Ce mot se dit d'un broüillon sur lequel on fait le plojet de quelque ouvrage. (Mettre au net une minute.)

Minuter, *v. a.* Terme de *Notaire.* Faire la minute & l'original de quelque acte. (Minuter un contrat.)

† **Minuter**, *v. a.* Tramer. Machiner. Songer à entreprendre quelque chose. Minuter secretement une entreprise. *V. n. Quin. liv. 2. c. 2.*

Inuti. Voïez *minucie.*

* **Mion**, *s. m.* Mot qui vient du Grec & qui signifie *Plus petit*, il signifie parmi nous *un petit garçon.* (Quel petit *mion* est-ce là.)

MIP. MIQ.

Mipartir, *v. a.* Partager par le milieu, ce mot *mipartir* est François, & se dit, mais on dit plus ordinairement *Partager par le milieu* que *mi-partir.* Il faut mi partir cela.)

Mi-parti, *mi-partie.* Il se dit des Robes & des manteaux de deux couleurs diférentes. (Les Echevins portent des Robes mi-parties de rouge & de noir. Les Bedeaux & autres Oficiers ont aussi des robes mi-parties.)

Mi-parti. Terme de *Blason.* Il se dit de deux Ecus coupez par la moitié & joints ensemble en un seul Ecu. *Mi-parti.* Il se dit lors que l'Ecu étant coupé, il est parti seulement en l'une de ses parties.

Chambre-mi-partie. C'est une Chambre de l'Edit composée de Juges moitié Catholiques & moitié de la Religion.

† **Miquemac**, *micmac*, *s. m.* L'un & l'autre se dit, mais on croit que *micmac* est plus de la prose & *miquemac* plus de poësie. Le micmac signifie Sorte de tracas, Intelligence vile & basse entre des personnes. Je ne sai quelle action misterieuse. (Je n'entens point ce miquemac. *Scaron.* De mitres il fait troc, car il n'en donne point sans quelque miquemac. *Marignī.*)

MIR.

Miracle, *s. m.* Chose qui ravit. Qui est au dessus des forces de la nature & qui est faite par Dieu, ou par ses Saints. (Jesus-Christ a fait de grans miracles. C'est un miracle étonnant à, surprenant, extraordinaire, certain.)

* **Miracle.** Chose admirable, belle, surprenante. Merveilles. (Il fit des *miracles* de sa personne dans le combat. Arenie, où je contemple tant de *miracles* divers ; *Voit poës.* Achille à qui le Ciel promet tant de *miracles* : recherche. *Racine.*)

† **Miracle.** Ce mot se dit quelquefois en riant pour marquer qu'on a fait quelque petite chose de mal, comme d'avoir cassé, ou brisé quelque vase, verre, &c. (Il a fait miracle.)

Miraculeux, *miraculeuse*, *adj.* Qui s'est fait par miracle. (Chose miraculeuse.)

* **Miraculeux**, *miraculeuse.* Surprenant. Admirable. (Action miraculeuse.)

Miraculeusement, *adv.* Par miracle. (Il a été guéri miraculeusement.)

Miraillé, *adj.* Terme de *Blason.* Il se dit des marques que les paons ont sur leur queüe, & les papillons sur leur ailes, qui ont quelque ressemblance à des miroirs, lors qu'ils sont representez sur les Ecus. (Il portoit d'argent, à un paon roüant d'azur, miraillé d'or.)

Mircoton. Voïez *Mirlicoton.*

Mire, *s. f.* Quelques uns apellent *mire* une maniere de petit bouton qui est au bout du canon des fusils, mais ils parlent mal. Le mot de *mire* en se sens est hors d'usage, en place on dit *Guidon.*

Mire. Quelques uns disent aussi *la mire d'un canon*, mais ces quelques uns disent mal aussi. Il y a bien un coin de mire qu'on met sous la culasse du canon quand on le pointe, mais il n'y a ni *mire* ni *guidon*, au bout de la volée du canon. Cependant on dit quelquefois en terme de canonier *mettre une piece en mire*, mais c'est à dire *la pointer* pour donner où l'on veut. On dit encore selon quelques-uns *chercher sa mire*, mais c'est en pointant son canon voir où l'on pourra donner.

Mirer, *v. a.* Bien des gens croient ce mot usé & disent en la place *viser.* Cela est vrai en parlant de fusils & d'autres armes qu'on met en joüe, mais en parlant de pieces d'artillerie on pense qu'on peut dire. (Le canonier mire en pointant.)

Se mirer, *v. r.* Se regarder dans un miroir. (Narcisse devint amoureux de lui même en se mirant dans une fontaine. Narcisse oublia l'amour de soi-même pour se mirer en vôtre cu. *Voit poës.*)

* Il se mire dans son ouvrage. *Mai. Poës.* C'est à dire, il se considere & s'admire dans son ouvrage.

Mirlicoton, *s. m.* Ce mot est un peu Gascon, & vient de l'Espagnol. C'est une sorte de pêche jaune, qui murit sur la fin de l'Automne. (Le mirlicoton est gros, & est aussi une maniere de pavie beau & jaune ; qui est assez bon. *Quint. Jard. fruitiers. T. 1.*)

Mirlirot, *s. m.* Sorte d'herbe champêtre qui fleurit jaune ; qui pousse une tige haute & qui a une odeur assez forte. (Le mirlirot vient dans les aveines & les terres fortes.)

† J'en dis du Mirlirot. C'est à dire, Je ne m'en soucie point. Je m'en moque. Mais cette sorte de façon de parler n'est que du petit peuple de Paris.

Mirmicoleon, *s. m.* Petit animal qui vit dans le sable, qui ne voit jamais la lumiere, qui est tout l'hivet, qui est tacheté de blanc & de roux, qui a 12. cornes, qui est gros comme une abeille & qui vit des mouches qui passent sur le sable où il est caché.

† * **Mirmidon.**

† MIRMIDON, *f. m.* Petit. (Quel petit mirmidon est-ce là ?)

MIROBOLANS, *f. m.* Certaines especes de prunes froides au 1. degré, & seches au 2. qui fortifient, purgent & resserrent tout à la fois.

MIROIR, *f. m.* Glace de verre, où l'on se mire. (Miroir plat. Miroir convexe, concave, ardent. Miroir de toilette. Miroir de poche.)

* Un discours trop sincere aisément nous outrage.
  Chacun dans ce miroir pense voir son visage.
  Depreaux Satire 7.

* Les peintures ridicules qu'on expose sur les teatres, sont des miroirs publics où il ne faut jamais témoigner qu'on se voie. *Moliere.*

Miroir. Terme de mer. Lieu sur la galerie où est la tutelle & dieu conduit du navire. *Four.*

Miroir. Terme de *d'oiselier.* C'est un morceau de bois taillé en arc, où il y a plusieurs entailles dans quoi sont de petits miroirs colez & qui sont soutenus d'une cheville, au milieu de laquelle il y a un trou pour mettre une ficelle, afin de faire tourner ce miroir qu'on fiche en terre entre deux napes pour prendre des ortolans, & principalement des aloüettes. (Prendre des aloüettes au miroir. *Ruses innocentes liv. 3. c. 13. & l. 33.*)

Miroitier, *f. m.* Ouvrier marchand qui fait & vend de toutes sortes de miroirs, de lunettes, de glaces, de globes de verres les miroitiers, s'appellent dans leurs lettres de maîtrise miroitiers lunetiers.

Miroitiere, *f. f.* Femme de miroitier.

Miroüeté, miroüetée, *adj.* Ce mot se dit en parlant du poil de certains chevaux & veut dire bai à miroir. (Cheval miroüeté. *Soleisel.*)

MIRRE, *f. f.* Gomme odorante d'un arbre qui croit dans l'Arabie heureuse, qui est plein d'épines, & haut d'environ cinq coudées, la bonne mirre est luisante & transparante, chaude & seche. On dit qu'elle tuë les vers qui sont dans le corps & qu'elle rafermit les dents si l'on s'en lave la bouche avec du vin & de l'huile.

MIRTE, *f. m.* Sorte de plante qui a les branches souples, l'écorce rouge, les feuilles un peu longues, odorantes & toûjours vertes La fleur du mirte est blanche & sent bon. Son fruit est astringent. (Un mirte sauvage, Un mirte domestique. Un mirte double. Le mirte est consacré à Venus.)

* Vien mêler le mirte d'amour
  A la palme de la victoire, *Sar. poës.*

* Les couronnes de mirte ne coutent pas tant & sont plus charmantes que celles de laurier. *Voit. l.*

M I S.

MISAINE, ou mizaine, *f. f.* Terme de Mer. C'est la voile qui est entre le beaupré & la grande voile du grand mât d'un navire.

MISANTROPE, *f. m.* Mot qui vient du Grec & qui veut dire qui hait les hommes. (C'est un franc misantrope.)

MIS, *mise, adj.* Placé. Posé (Son argent est bien mis. Cette chose est bien mise là dessus.)

Mal-mis, mal-mise. Mal placé. Mal posé. (Cela est mal-mis.)

* Mal-mis, mal-mise. Mal-vêtu. Le Poëte Chapelain étoit toujours mal-mis.

* Bien-mis, bien mise. Bien vêtu ; Leste. (C'est un jeune homme fort-bien mis. Elle est tout à fait bien-mise.)

Mise, *f. f.* C'est la dépence qu'on fait en emploïant & fournissant quelque argent. C'est les articles de la dépence de quelque compte. (On fera voir au visiteur l'état temporel du Monastere tant de la *recette* que de la *mise*. La Célériere écrira soigneusement la *recette* & la *mise*. *Port-Roïal, Constitutions, ch. 34.* La mise excede recette.)

Mise. Ce mot se dit de la monnoie, & veut dire qui est reçu, mis, & debité. Qui a cours. (Argent qui est de mise. Monoie de mise. Espéce de mise. Piéce qui n'est pas de mise.) C'est une raison qui n'est pas de mise, c'est à dire, qu'on ne peut admettre,

* Un homme de mise. C'est à dire, qui a bonne mine, qui a de la capacité, & qui peut rendre de bons services.

Mise, Il signifie aussi une enchere. [Une premiere seconde, ou derniere mise.]

† * Aller dans l'autre monde est tres-grande sotise
Tant que dans celui-ci on peut être de mise.
Moliere, Cocu imag. sc. 4.

MISERABLE, *adj.* Pauvre Malheureux. Qui est dans un état fâcheux. (On devient miserable en perdant beaucoup.)

Miserable, *f. m.* Pauvre. Malheureux. Les joyes des miserables ne durent guére. *Voit. l. 25.*

Vos regars sont mortels, leurs coups sont redoutables,
En faisant des Amans ils font des miserables,
La Suze, poësies.

Miserable. Vil. Méprisable. Qui n'a point de merite. (Un miserable, faiseur de vers. *Patru, Oraison pour Avthias.* N'avez-vous point de honte de me mettre en état d'aprehender auprés de vous un miserable bourgeois. *Le Comte de Bussi.* Ne leur enviez point de miserables honneurs ausquels vous avez renoncé. *Racine.*)

Miserable. Ce mot se dit aussi des ouvrages d'esprit & signifie Qui est mal fait. (On a imprimé un livre d'éloges, mais ces éloges sont miserables. Son stile est miserable. Ce sont de miserables vers.)

Miserable, *f. m.* Qui n'a nul merite. Coquin. Pour qui on n'a point de consideration. (C'est un miserable. On le traite comme un miserable.)

Miserablement, *adv.* Malheureusement. Par malheur. (Il est tombé miserablement entre les mains d'un mal-honnete-homme qui l'a gâté.

* Miserablement. Ce mot se dit en parlant des ouvrages d'esprit qui sont mal-faits. (C'est un Auteur qui écrit miserablement.)

* Miserablement, Ce mot se dit aussi de toutes sortes d'ouvriers & d'artisans qui travaillent mal. (Il peind miserablement.)

Misére, *f. f.* Malheur. Infortune. Disgrace. Etat miserable & malmalheureux. (C'est une misere pour lui d'être trop beau. Il est tombé dans la misére. Se tirer de la misére. C'est une misere que de passer sa vie avec des sots.)

Misére. Pauvreté. Disette. (Si l'on me donnoit le choix de l'une, ou de l'autre mort, je choisirois celle de misére, quoi qu'on ne la choisisse guére. *Scaron poë.*)

MISERÉRÉ, *f. m.* maladie des intestins, qui est une revolution du mouvement naturel des boïaux grêles pendant laquelle les matiéres ni les vents ne sortent point par le fondement, ce qui met une personne en grand danger de mort & dont même on meurt si on n'est promptement secouru. (Mourir d'un miserere, *Deg.*)

MISERICORDE, *f. f.* Terme de *Téologie.* Pitié, compassion. (La misericorde de Dieu est fort grande.)

Misericorde, *f. f.* Pardon (Il faut esperer que Dieu lui fera misericorde A tout peché misericorde.)

Misericorde. Ce mot se dit en terme d'Eglise, & il signifie bonté, François par la misericorde de Dieu & la grace du Saint Siége. Salut.)

Misericorde. Terme de Chartreux. Lieu où l'on met les habits.

Misericorde. Terme de Chartreux. Repas que fait le Chartreux une fois la semaine au pain & à l'huile.

Misericorde. Lieu aux fauxbourg Saint Marceau de Paris où on éléve cent pauvres filles orphelines. (Elle est à la misericorde.)

Misericorde. Sorte d'interjection, ou d'exclamation qui sert à marquer quelque malheur. (Ah ! mon Dieu ! misericorde ! qu'est-ce donc que cela ? *Moliere.*)

Misericordieux, misericordieuse, *adj.* Qui a de la pitié & de la compassion. (Soïez misericordieux & charitable autant que vous le pouvez être. *Port-Roïal.* Misericordieuse marraine. *Patru, plaidoié. 7.*)

Misericordieusement, *adv.* Avec misericorde. (Dieu traite misericordieusement les pécheurs.)

MISSEL. *messel, f. m.* L'usage est pour *missal*. C'est le livre qui contient les priéres de la Messe & dont se sert le Prêtre qui célebre. (Un beau Missel. Un missel bien conditioné & bien relié.)

MISSION, *f. f.* Ce mot vient du Latin *missio*, qui signifie envoi, & en parlant d'Apôtres, C'est l'ordre & le pouvoir que Jesus-Christ leur donna de batiser & de prêcher l'Evangile. (La mission des Apôtres. *Arn.*)

Mission. Ordre & pouvoir que donne un Ecclesiastique superieur à un inferieur pour aller instruire, prêcher, &c. (Il lui demande la mission Apostolique pour travailler à l'heritage de Jesus-Christ *Patru, pl. 3.*)

Mission. C'est aussi une assemblée d'Ecclésiastiques qui vont catéchiser & prêcher en des lieux éloignez. (Il s'est mis avec les Peres de la Mission.)

Missionnaire, *f. m.* Ecclesiastique qui est envoïé pour catéchiser & pour prêcher (Un zélé Missionnaire.)

† MISSIVE, *f. m.* Ce mot a vieilli & signifie une lettre qu'on écrit à quelqu'un. (Une longue missive.)

MISTERE, *f. m.* Chose cachée & difficile à comprendre. (Un auguste mistere. Ils cachent le mistere de la croix à ceux qu'ils instruisent. *Pasc. c. l. 5.* Les misteres sont au dessus de l'esprit, & l'on cherche inutilement ce qui ne peut être connu : la seule Grace peut inspirer la créance des Misteres, & la coutume en autorise le discours. *S. Evremont.*)

* Que de misteres s'offrent à moi, *Pasc. l. 4.* C'est à dire, que choses mal aisées à comprendre.

* Faire mistere de quelque chose. C'est faire le secret sur une chose qui ne le mérite pas.

* Je lui demandai l'explication de ce mot, mais il m'en fit un *mistere*. *Pasc. l. 2.*

C'est un mistere que cela. C'est une chose secrete.

* Il semble que ces regles soient les plus grans misteres du monde *Moliere.*

Misterieux, misterieuse, adj. Plein de mistere. Incarnation misterieuse.

‡ *misterieux, misterieuse, adj.* Il se dit au figuré, & entre dans le stile familier. Il signifie plein de façon. C'est un homme tout misterieux. C'est une severité misterieuse.

* *misterieux, misterieuse, adj.* Au figuré, il signifie aussi, difficile à comprendre. (C'est un mot misterieux, auquel on donne divers sens. *Pal. l. 1.*)

* *misterieux, s. m.* Celui qui fait des façons où il n'est pas besoin. Celui qui fait le secret des choses de rien (C'est un misterieux.)

misterieusement, adv. D'une façon misterieuse. D'une maniere particuliere. D'un air singulier. D'une sorte excessive & au delà de ce qu'il faut. [C'est un politique, qui se concerte sur tout, & qui est misterieusement soupçonneux. *S. Evremont, discours sur la Comedie Angloise,*]

MIT.

† *Mitaine, s. f.* Sorte de gans fourrez qui n'ont que le pouce & la main & qui se servent d'ordinaire qu'aux charniers, laboureurs & autres gens de cette sorte.

* Mon laquais la prit sans mitaine. *Mai Poës.*

Mite, s. f. Sorte de fort petit insecte qui ronge les habits & mange toute la fleur de la farine.

Mitigation, s. f. Ce mot est Latin & ne se dit que par quelques Medecins.

Mitigation de fiévre, C'est la diminution de la fiévre.

Mitigé, mitigée, adj. Ce mot se dit en parlant des ordres Religieux & signifie adouci. (Ordre mitigé. Carmes mitigez.)

Mitoien, mitoienne, adj. Terme de *Pratique.* Qui est entre deux & comme si on disoit *mien* & *tien.* Un mur mitoien. Le nair.)

Au manege, on appelle dents mitoiennes du cheval qui a quatre dents qui poussent entre les pinces & les coins, aprés que les dents de lait sont tombées, ce qui arrive lors qu'il a passé trois ans.

Mitologie, s. f. Ce mot vient du Grec. C'est la connoissance de l'histoire fabuleuse des anciennes Divinitez des Payens. [La Mitologie est absolument necessaire aux Poëtes. On doit entendre la mitologie, parce qu'elle est utile à tout le monde.)

Mitologiste, Mitologien. Ce dernier est le moins usité. Il vient du Grec. C'est celui qui raconte & qui explique l'histoire fabuleuse. Celui qui fait l'histoire des Faux Dieux. Etre un habile Mitologiste. Noël le conte est un fameux Mitologiste.

Mitonner, v. a. Terme de *Cuisinier.* Faire boüillir fort doucement sur la cendre chaude. (Il faut *mitonner* ce potage. Laisser *mitonner* le potage. Potage bien *mitonné.*)

† * Il faut *mitonner* cette afaire. *Scaron.* C'est à dire, la laisser avancer, mûrir & venir à sa perfection.

† * J'ai crû *mitonner* cette belle pour moi durant treize ans. *Moliere, Ecole des femmes, a. 4. sc. 1.* C'est à dire, l'élever tendrement, la choïer, la caresser, &c.

Mitraille, s. f. Leton dont on se sert pour souder. Les chaudronniers apellent aussi *mitraille* du vieux cuivre, morceaux de vieux chaudrons, de chenets, chandeliers & de marmites de cuivre.

Mitraille. Toutes sortes de vieux clous & autres sortes de morceaux de fer dont on charge les perriers, *Fourn.*

Mitre, s. f. Ornement de tête d'Archevêque, d'Evêque & de quelque Abez oficiant solemnellement. La mitre est faite de satin, doublée de satin & couverte d'étofe richement brodée. Elle est composée d'un devant & d'un derriere, de deux glans qui sont au haut de la mitre & de deux fanons qui pendent sur le dos de celui qui la sur la tête. (Qui tons une vile où le vice va la mittre en tête & la crosse à la main. *Déprauux, Sat. 1.*

Mitré, mitrée adj. Qui a une mitre. Qui a droit de porter la mitre sur la tête. (Abé crossé & mitré.)

* *mitre.* C'est un grand bonnet de papier qu'on met en Espagne sur la tête de ceux que l'Inquisition fait mourir pour crime d'heresie.

Mitron, s. m. C'est un nom qu'on donne aux maîtres garçons chez les Boulangers.

MIX.

Mixte, s. m. Terme de *Phisique.* Corps mixte. C'est à dire, composé de plusieurs autres sortes de corps. (On ne sauroit recüeillir toutes les parties d'un mixte. *Rob.* Reduire les mixtes en leurs principes. *La Chambre.*)

Mixte. Terme de *Géometrie.* Angle mixte, c'est-à-dire, angle dont les lignes qui le composent sont l'une droite & l'autre courbe. Le *Triangle mixte* est fait par des lignes droites & courbes. On les appelle aussi *mixtes lignes*, du mot Latin *mixtilineus.*

Mixte, adj. Composé de diverses choses & de diverses qualitez (Corps mixte.)

ixte, s. f. Terme de *Pratique.* C'est ce qui participe du reel & du personnel. (Action mixte.)

Mixtion, s. f. Mélange. (Il y a de la mixtion dans cette liqueur.)

Mixtionner, v. a. Faire quelque mixtion. Il ne faut point mixtionner le vin.)

Mixtionné, mixtionnée ; adj. Melangé. Vin mixtionné.

MOB.

Mobile. Qui peut se mouvoir. (Un astre mobile *La Chambre.*)

* La Fortune est mobile, légere & inconstante.

Mobile. Ce mot se dit des Fêtes de l'Eglise, & signifie *qui change.* (Fête mobile.)

Mobile, s. m. Corps qui se meut. Le mouvement dépend necessairement du mobile. *Rob.*)

Le premier mobile. Terme d'*Astronomie* La premiere & la plus haute des spheres celestes qui donne le mouvement à toutes les inferieures.

* Le coadjuteur étoit le *premier mobile* de la guerre. *Memoires de M. le Duc de la Roche Faucaut.*

Mobiliaire adj. Terme de *Palais.* [Biens mobiliaires: On appelle ainsi tout ce qui n'est point heritage, & tout ce qui est de chose semblable censée immeuble. On dit aussi *succession mobiliaire.* C'est la succession des biens meubles.)

MOD.

Mode, s. f. Vogue que le consentement presque général du monde le plus poli donne à de certaines choses qui regardent la maniere de s'habiller, de s'ajuster, ou de parler. (Inventer une nouvelle mode. Une belle mode. Un habit à la mode Un mior à la mode. Les François n'ont rien de plus fort que leur mode. Les modes changent tous les ans. Mode qui ne dure guere. Suivre la mode. Il y a autant de foiblesse à fuir la mode qu'à l'afecter. *Theophraste, caracteres des mœurs.*

> Les modes sont certains usages
> Suivis de foux &. quelquefois de Sages.
> Que le caprice invente, & qu'aprouve l'Amour.
> *La Suze, poësies.*)

Mode, s. f. Il signifie maniere, façon, & entre dans des manieres de parler adverbiales. Il étoit vêtu à la mode du païs. *Ablancourt, Ar. l. 1.* Dans ce monde chacun vit à sa mode. *Scaron.*

> Je sai vivre à ma mode, & rien ne m'importune
> *Benser, balet de la nuit.*)

Mode, s. m. Terme de *Philosophie.* Façon d'être. C'est un accident que l'on conçoit necessairement dependant de quelque substance. *Rob. Phis.*)

Mode, s. m. Terme de *Musique.* Ton. C'est aussi la façon, l'ordre & la forme qu'on tient en l'invention des chants. Cet ordre consiste à commencer, continuer, passer & finir sur de certaines cordes, ou notes afectées, à chaque mode, ou ton. (Mode majeur, Mode mineur.

Mode, s. f. Terme de *Grammaire.* Maniére diferente d'exprimer l'action du verbe que l'on conjugue ; & qui contient un certain nombre de tems. Le premier mode d'un verbe est l'indicatif.)

Modele, ou *modelle, s. m.* Terme de *Peintre* & de *Sculpteur.* Tout ce que le peintre & le Sculpteur se proposent d'imiter. Figure de terre, ou de cire qu'on ne fait quelquefois qu'ébaucher pour servir de dessein & faire une plus grande figure.

Modele. Celui qui dans l'Académie de peinture & de sculpture s'expose tout nud devant les écoliers pour dessiner d'aprés lui.

* *modele.* Ce mot au figuré se dit des actions & des personnes ; & signifie Regle. (La vie de Jesus-Christ est le *modele* des Chrétiens. Jesus-Christ est le *modele* des Crétiens, ses paroles & ses discours doivent être le *modele* de nos paroles & de nos discours. On ne fait rien de beau que si vôtre *modele. Voit. Poë* Il est inutile de se proposer un grand modéle, si on ne l'imite *Vie de Henri IV.*

Modeler, v. a. Terme de *Sculpteur.* Ce verbe est neutre & actif. C'est avec de la terre, de la cire, ou du plâtre faire le modele de quelque figure, pour faire ensuite cette même figure de marbre, de bois, ou d'autre matiere. Un Sculpteur dira, j'ai modelé toute la journée. Je n'ai fait aujourd'hui que modeler. Le verbe *modeler,* dans ces exemples est *neutre:* mais il est aussi actif. (Ce Sculpteur *modèle toutes ces figures* en cire, ou en plâtre, avant que de les tailler en marbre.)

Modeler, v. a. Il signifie aussi Tirer en creux. Faire des moules sur les illustres ouvrages de l'Antiquité. (Le Roi a fait modeler la colonne de Trajan, & on en a apporté les creux en France. On a modéla les plus belles figures de l'Antiquité, & on en a fait des copies en plâtre dans les creux tirez sur l'original.)

MODERATEUR, *s. m.* Ce mot & les suivans, viennent du Latin. Il signifie celui qui régie, gouverne & modère. (Dieu est le souverain moderateur de toutes choses.)

Moderation, s. f. C'est une sorte de vertu qui sert à nous régler & à prescrire à nos actions de certaines bornes au deçà & au delà desquelles la raison ne veut pas qu'elles aillent. (Il n'a nulle modération. La vie n'est heureuse que dans la *modération*. de nos passions, & par le bon usage que nous faisons de notre fortune.)

Modérer, v. a. Temperer. Régler. Mettre de certaines bornes aux actions & aux passions. (Modérer son ressentiment. Modérer sa colère. Modérer son amour. Modérer les impôts.)

Se modérer, v. r. Avoir de la moderation. Se tempérer. Se régier. (C'est l'homme de France qui sait mieux se modérer.)

Modéré, modérée, adj. Temperé, Adouci. (Son ressentiment est fort modéré. Sa passion est un peu modérée.)

* *modéré, modérée*. Sage. Retenu. Posé. Réglé. (C'est un esprit fort modéré. Ablancourt.)

Modérément, adv. Avec modération. Avec retenuë. (Boire & manger modérément.)

MODERNE, adj. Nouveau. Qui est de notre tems. (Auteur moderne. Les poëtes Anciens & modernes. Architecture moderne.)

MODESTE, ad-. Qui a de la modestie. (Jeune homme modeste. Jeune fille fort modeste.)

* *Modeste, s. m.* Terme de *dévot précieux*. C'est une sorte de mouchoir de cou; de soie pure, ou de laine & de soie, raïé ou uni, dont les jeunes Dames se couvrent le cou. On l'apelle modeste, parce qu'il sert à cacher leur sein. (Un joli modeste, un modeste, uni ou raïé, un modeste fort propre, fort galant & qui sied bien.)

Modestement, adj. Avec modestie. (On doit parler de soi modestement, mais sans afectation.)

Modestie, s. f. Vertu qui nous enseigne à nous loüer avec retenuë & à nous conduire avec discretion dans toutes nos actions. (Avoir une grande modestie.)

MODIFICATION, s f. Limitation. Restriction. (On a aporté quelque modification aux édits.)

Modifier, v. a. Limiter. Restreindre. Régler. (On a modifié la taxe.)

Modifier, v. a. Terme de *Philosophie*. Donner aux êtres un certain mode. Rendre les substances d'une telle sorte. (Les accidens modifient les substances.) Voiez mode.

MODILLON, s. m. Prononcez modillon de trois silabes. Terme *d'Architecture*. Partie qui dans la corniche Corinthienne, ou composite soutient la saillie du larmier.

MODIQUE, adj. Médiocre. Petit. Léger. (La taxe est modique. Dépence modique. Cela est bien modique.)

Modiquement, adj. Ce mot signifie *petitement*, mais il ne se dit guère. (Nous en avons peu modiquemen.)

Modicité, s. f. Quantité modique. Petite quantité. (La modicité de son revenu ne lui permet pas de faire une grande dépense. La modicité d'une somme, d'un larcin, &c.)

MODULATION, s. f. Terme de *Musique*. Il se dit des changemens d'un son à un autre, selon de certaines notes ou consonances agréables à l'oreille.

Moduze, s. m. Terme *d'Architecture*. Mesure qu'on prend pour régler les proportions d'un bâtiment. C'est la moitié du diametre de la colonne Dorique. C'est le diametre de la colonne des autres ordres.

M O E.

Moële Voiez *moile.*
Moëleux. Voiez *moileux.*

Mœurs, s. f. Prononcez *mœurs*. Le mot de *mœurs* n'a point de singulier, & il signifie la manière bonne ou mauvaise dont vit une persone. La façon de vivre, & d'agir d'une personne. (Avoir de fort bonnes mœurs. Ses mœurs sont mauvaises. Nous prenons les mœurs de ceux que nous fréquentons. *Port-Roial.* Cotrompre les mœurs. Réformer les mœurs, *Pas. l. 5.*)

M O I.

MOI. Ce mot est le prémier *pronom personel* qui se joint au nominatif avec la prémière personne du verbe, si ce n'est en de certaines phrases consacrées où il se met avec la troisième personne. (Exemples. C'est *moi* qui l'ai dit. Si c'étoit *moi qui eusse fait cela*, ou si c'étoit *moi qui eût fait cela. L'un & l'autre se dit*, mais la premiere phrase est la plus régulière, *Vau.*

Rem. Est ce *moi*? Ce n'est pas *moi. Moi*, je serois une telle bassesse, je mourrois plutôt. Je ne suis pas de cét avis, *moi. Molière.* J'ai ouï dire, *moi*, que vous aviez été autrefois un bon compagnon, *Molière.*)

Pour moi. A mon égard. (Pour *moi*, je l'avouë, je ne la puis voir sans l'aimer, ni l'aimer sans mourir.)

De moi. Ces mots sont plus de la Poësie que de la prose. *Vau. Rem.* (*De moi*, que tout le monde à me nuire s'apréte, je ne suis résolu d'atendre le trépas, *Dal. Poës.l. 5.*)

A moi. On s'en sert pour apeler quelcun, & pour dire, venez à moi.

Moi même. Pronom composé, qui marque mieux la personne qui parle.

MOIEN, *s. m.* Manière. Voie pour faire quelque chose. (C'est un moïen seur de les reduire tous *Pas. l. 1.* Trouver moïen de faire fortune. Il lui a donné le *moïen*, de devenir habile homme. Il s'est enrichi par de mauvais moïens.)

Moïen. Ce mot se dit au *Palais* entre les Avocats, & signifie raison qu'on a pour défendre la cause de sa partie. (Ses moïens sont bons. Ses moïens sont fort méchans. Dire les moïens de la cause.)

Moïen, moïenne, adj. Qui n'est ni grand ni petit. Qui est entre deux extremitez. (Moïenne grandeur. Moïenne taille. Une moïenne fortune. On parle en *Aritmétique* de trouver un ou plusieurs nombres moïens proportionnels entre deux autres proposez. Et en *Géometrie* ; on trouve aisément une ligne moïenne proporrionnelle entre deux lignes données. Mais on cherche encore le moïen d'en trover Géométriquement ou plusieurs moïennes proportionnelles. On parle d'un terme moïen dans un Sillogisme , par lequel on joint ensemble le sujet & l'attribut de la conclusion)

Moien, moienne, adj. On parle *de l'air*. La moïenne région de l'air, *Voit. l. 9.* C'est à dire, la région où se font les foudres, les tonnerres & les éclairs, &c.)

Moïens, s. m. pl. Richesses. (Il a de grands moïens.)

Au moien de. C'est à dire, par le moïen de telle chose.

Moïennant. Préposition qui régit l'acusatif. (Nous y donnerons ordre *moïennant* quelque argent. Voit. l. 13. Maïennant une somme considérable. *Ablancourt.*)

Moïennement, adv. D'une façon moïenne entre deux extrémitez. Il est moïennement grand, savant, riche, &c.)

Moienner, v. a. Trouver moïen de. (Moïenner l'accord du mérite & de la fortune.)

MOÏEU, *s. m.* Terme de *Charron*. Partie de rouë qui est une pièce de bois arrondie & percée par le milieu au travers de laquelle passe l'essieu du carosse, du chariot, du harnois, &c.

Moieu. Il se dit aussi du jaune d'un œuf.

MOILE *moële, moële*, s. f. Ce mot s'écrit de toutes ces façons, & veut dire une substance simple, humide, grasse & insensible, contenuë dans les concavitez des os, (Sucer la moïle des os. La moile de cerf est souveraine pour les humeurs froides.)

Moile. C'est aussi une substance mole & spongieuse qui vient au dedans de plusieurs arbres. (Moile de sureau. Moile de casse, celle-ci est un médicament.)

* *La moïle d'un livre*, cela, au figuré, signifie ce qu'il y a de meilleur dans un livre. L'extrait d'un livre.

* *C'est là que les soldats mangèrent de la moile de palmier, Ablancourt, Rét. l. 1. c. 2.*)

Moileux, moileuse; moëleux, moëleuse, adj. Qui est plein de moïle. (Os moïleux.)

Moileux, moileuse. Ce mot se dit en parlant d'étofe, & signifie qui est de bonne laine. (Etofe moëleuse.)

MOILON, *moëlon*, s. m. Pierre à bâtir. (Murailles faites de gros moilons, *Alancourt, Marm.*)

MOINDRE, adj. Plus-petit. (La *moindre* part, *Voi. l. 2*5. Il n'est rien ici bas. Qu'on doive comparer à ses *moindres* apas. *La Suze*.)

MOINE, *s. m.* Mot qui vient du Grec & qui signifie Celui qui est retiré dans un lieu solitaire & qui ne songe qu'à son salut ; mais aujourd'hui on apele Moine un Religieux de cloître & de convent. Le mot de Moine se prend quelquefois en bonne part, mais ordinairement il se prend en mauvaise. C'est pourquoi en la place du mot de Moine on se sert du mot de *Religieux.* Saint Basile & Saint Benoit sont les pères des Moines. Le mot de Moine en cét exemple peut se prendre en bonne part; mais en ces exemples il se prend en mauvaise. (C'est un Moine, & c'est tout dire. Sentir le Moine ; C'est sentir une odeur fade & qui sent le relant. L'habit ne fait pas le Moine, proverbe qui veut dire qu'il ne faut pas juger des gens par l'habit. Il ne faut pas juger de la vertu d'un Moine par son habit. Il est gras comme un Moine. On se doit garder d'un Moine de tous côtez. Fou qui se fie à un Moine. Fin & adroit comme un Moine.

Mes Moines sont cinq pauvres Diables,
Portraits d'animaux raisonnables ;
Mais qui n'ont pas plus de raison
Qu'en pourroit avoir un oison.
Ils ont courte & maigre pitance,

MOI

Mais ils ont grosse & large panće,
Et par leur ventre je connois.
Qu'ils ont moins de souci que moi.
Sans livres ils chantent par routine.
Un jargon qu'à peine on devine.
On connoit moins dans leur canton
Le Latin que le bas-Breton :
Mais ils boivent, comme il me semble,
Mieux que tous les Cantons ensemble.
Boisrobert. Epitre T. 1. Epitre 12.]

MOINEAU, *s. m.* Petit oiseau gris, ou couleur de terre qui vit neuf, ou dix ans, qui est solitaire & fort chaud en amour. On dit que les œufs & la cervelle de moineaux pris dans quelque électuaire sont bons pour donner de la vigueur à ceux qui en ont pas assez pour les choses du mariage. Voiez Olina, *Traitez des oiseaux qui chantent.* Un moineau franc. Un moineau à gros bek. Poulet, *voiage du Levant* 2. *partie,* dit que le moineau ne boit point tandis qu'on lui broie du chenevi avec du pain & de l'eau. Voiez *Passereau*
† *Tirer sa poudre aux moineaux.* Proverbe, pour dire, tenter une chose qui ne réussisse pas.

MOINERIE, *s. m.* Tout le corps des Moines. Tous les Moines (Il a quitté la Moinerie.

Moinesse, s. f. Terme de *mépris,* au lieu duquel on dit *Religieuse.* C'est une franche Moinesse.)

MOINS, *s. m.* Ce mot se prend quelquefois substantivement, & il signifie la moindre chose, la moindre somme. (Que le plus & le moins & mette diference, *Reg. Sat.* 15. C'est le moins que vous puissiez faire pour lui, *Ablancourt.*]

Mains, Sorte d'adverbe négatif qui étant devant un nom substantif demande un génitif.
(Au milieu de sa carriere.
Le Soleil à moins de lumiere. *Voiture, Poësies.* Vous ne l'aurez pas à moins de dix pistoles.)

Moins, Ce mot étant un adverbe de comparaison veut la particule *que* après lui.) Il est *moins* honnête homme *que* son pére. Il est moins raisonnable que jamais, *Sevron.* Je l'estime *moins que* je ne faisois.

En moins de rien. C'est à dire, En peu de tems. En un moment. (Ils ont *en moins de rien* repandu leur opinion par tout *Pasl.x.* On dépeuple l'état *en moins de tien,* Ablancourt.)

A tout le moins, adv. (Je vous conjure *à tout le moins* de vous souvenir.]

A moins, adv. (Si vous ne le voiez aujourd'hui, prenez au moins la peine de le voir demain.

Du moins, adv. (Du moins souvenez-vous cruëlle que je meurs pour vous, *Scaron.*

Pour le moins adv. (Si vous ne voulez pas m'aimer, souffrez pour le moins que je prenne la liberté de vous dire je vous adore.)

A moins que, Sorte de conjonction qui veut dire si on ne. (On ne devient guere savant *à moins que d'étudier* tous les jours cinq, ou six heures. On dit aussi, on ne devient guere savant *à moins qu'on n'etudie* tous les les jours cinq, ou six heures.

Bien moins. Ces mots doivent toûjours être avec un sens negatif. (Les hipocrites ne sont rien moins que ce qu'ils paroissent.)

Pas moins. On se sert de ces mots de ces façons de parler négatives. (L'homme est si foible depuis son péché qu'il ne faut pas moins que la grace toute puissante du Sauveur pour le relever de sa chute. *Réflexions sur la langue Françoise.*)

MOIRE, *s. f.* Sorte d'étofe de soie dont les hommes & les femmes s'habillent l'été. (Porter la moire.)

Moire tabissée, C'est une moire qu'on a fait passer sous la calendre, pour y faire paroître des ondes, comme au tabis.

MOIS, *s. f.* Espace de trente jours, ou environ. (Les trois mois de soleil change de maison. Le mois de Septembre a été fort beau cette année.)

Le mois des graduez. Ce sont *quatre mois de l'année où* les bénéfices vaquans qui sont à la collation des Evêques, ou des autres ordinaires apartiennent aux graduez. Il y a entre ces 4. mois deux mois de rigueur & deux autres qui ne se sont pas.

Mois de rigueur. Les mois de Janvier, & de Juillet sont affectez aux Graduez nommez ; ces mois s'appellent *mois de rigueur,*parce qu'il faut que dans ces mois le Collateur confere le benefice vacant par mort au Gradué le plus ancien nommé, sans qu'on puisse contester ce benefice au Gradué à moins que celui qui le lui conteste, ne soit Indultaire ; ou Mandataire. Les mois d'Avril & d'Octobre sont affectez aux *Graduez simples,* & ces mois s'appellent *mois de faveur,* à cause que le Collateur peut donner le benefice vacant par mort, à qui bon lui semblera des Graduez.

Mois Romains. Ces mots sont en usage en Alemagne. Il signifient une taxe que l'Empereur leve sur les Sujets de l'Empire dans la necessité. Ce nom vient de ce que l'Empereur, alant autrefois à Rome pour s'y faire couronner on faisoit une taxe sur tout l'Empire pour les frais de son voiage & de son séjour, pendant un certain nombre de mois, qu'on nommoit mois *Romains,* & ce nom à passé à toutes les autres taxes.

Mois. Ce mot signifie *ordinaires des femmes.* Elle a ses mois. Les femmes n'ont pas leurs mois lorsqu'elles sont grosses, ou du moins c'est peu de chose.

MOÏSE, *s. m.* Prononcez *Moüisé.* C'est le nom du Legislateur des Juifs.

MOISIR, *v. n.* Contracter de la moisissure. L'humidité fait moisir le pain.)

Se moisir. Devenir moisi. (Le pain se moisit. Mon pain s'est moisi. Le pain moisi n'est pas bon.)

Moisissure, s. f. Espece de poil folet bleu qui vient au pain & à d'autres matieres, par trop d'humidité. (La moisissure est degoutante.)

MOISSON, *s. f.* Terme de *coutume.* C'est la part du grain que le fermier est obligé de paier à son maître, parce qu'il tient ses terres.

MOISSON, *s. f.* La coupe & la recolte qu'on fait des blez mûrs pendans par les racines. Le tems que dure cette recolte des blez durant le mois d'Aoust. Les laboureurs, & les gens des champs d'autour de Paris apellent cette *moisson,* l'*août* qu'on prononce *l'oû.* (La moisson est belle. Faire la moisson. Il est moiri. durant la moisson.)

Moisson. Il se dit quelquefois des grains qu'on a moissonné qu on pendent encore par les racines. (On à fait saisir la moisson.)

* Songez à ces *moissons de gloire.*
Que vous presente la victoire. *Moissons de lauriers,* Racine, *Iphigénie acte* 5. *s.* 2.

* *Mettre la faucille en la moisson d'autrui.* C'est à dire, entreprendre sur le métier ou l'emploi d'un autre, & vouloir profiter de ce qu'il a fait.

MOISSONNER, *v. a.* Faire la moisson. (On a moissonné les blez & les seigles.)

* *Comme tu semeras, tu moissonneras,* Ablancourt, *Apoph.* C'est à dire, comme tu feras tu sera recompensé.

* *Moissonner, v. a.* Au figuré, il signifie aussi restituer. Consumer. Perdre. Aneantir.

Le cours des ans qui tout moissonne.
Vous fait si laide que personne
Ne veut se mettre dans vos fers. *Main. poës.*

MOISSONNEUR, *s. m.* Celui qui coupe le blé avec la faucille. Ce mot de moissonneur se dit & s'écrit par les honnêtes gens qui parlent bien, mais les laboureurs d'autour de Paris apellent les moissonneurs, *scieurs* & *coupeurs.* (Voi dormir dans ces bois couchez les moissonneurs halez. *Sar. Poës.*)

Moissonneuse, s. f. Celui qui coupe le blé. Les gens qui parlent bien, disent *moissonneuse,* mais les laboureurs d'autour de Paris disent une *ouseuse.*

MOITE, *adj.* Humide. Mouillé. Le mot de moite est françois, mais on dit plus souvent humide que moite, qui vient assez rarement en usage. (Lieu moite. Terre moite.)

Moiteur, s. f. Petite humidité. (La moiteur des draps qui n'ont pas été bien sèchez peut causer du mal.)

MOITIÉ, *s. f.* Une partie de quelque chose que ce soit dont les deux parties font le tout. (Avoir la plus grosse moitié. Couper par la moitié. Partager par moitié.) La moitié se dit proprement des choses partagées en deux parties égales. Ainsi une demi-livre, c'est justement la moitié d'une livre. Un diametre coupe un cercle par la moitié.

[Il a trop souffert *de moitié.* Voit. *Poës.* Dés que la lumiere vous sera ravie, vous en vaudrez moins *de moitié.* Voit. *Poës.* Il étoit *de moitié* dans le quatr, *Patru plaidoit.* 7. Faire de moitié avec quelqu'un. *Ablancourt, Apoph.*)

Moitié. A demi, en partie. (Un hermaphrodite est moitié homme, moitié femme. Les Centaures sont décrits par les Poëtes, moitié hommes, moitié chevaux.)

* *Moitié,* Ce mot se prend pour la *femme d'un homme marié.*
Une moitié chaste & pleine d'apas est un tresor. Benserade, Rondeaux.)

† * *Moitié figue, moitié raisin.* C'est à dire, d'une certaine maniere qui n'est pas trop bien.

† * *Moitié chair moitié poisson.* Cela se dit d'une personne dont le naturel est inconstant, & qui se mêle de diférentes prosessions.

MOL.

MÔLE, *s. m.* Terme d'*Architecture.* Rempart, ou forte muraille qu'on fait dans les ports de mer contre l'impetuosité des vagues. (Faire un môle.)

Môle, s. f. Masse de chair informe qui se fait dans le ventre d'une femme. Elle est accouchée d'une môle.)

Mol. mole adj. Ce mot se dit devant une consonne fait à son masculin *mou,* & il signifie ce qui paroit moien entre le dur & le liquide, & qui semble participer de l'un & de l'autre. (Un corps mou.

Mol, mole. Ce mot se dit des fruits, & veut dire Qui à perdu sa dureté

MOL MOM

dureté. Qui se gâte. Qui se pourrit. [Cet abricot est mou. Une poire mole.)

* *Mol, mole.* Lâche efeminé. Trop délicat.(Il n'emploïoit pas son argent dans les moles voluptez, *Ablancourt. Ret. l.1.c.4.*)

† *Molasse adj.* Qui est trop mou. Qui n'est pas ferme. Il ne se dit que des chairs, *Chair molasse.* Il y a quelque poisson qui ont la chair molasse, comme sont le barbeau, le merlan, &c.)

Molement, adv. Doucement. (Il est couché assez molement. *Ablancourt, Luc.Tome 3.*)

* *Molement.* D'une maniere trop effeminée. (Troupe molement patée, *Vau. Quin.l.3.*]

Molement. Lâchement. D'une maniere peu courageuse. (Il s'est porté *molement* à cela.)

Molesse, s. f. Terme de *Philosophie.* Sorte de qualité qui se dit des choses dont la superficie est liée & continuë de telle maniere qu'étant pressée du doigt, ou de quelques autres corps elle ne se rompt pas, mais elle s'enfonce & cede seulement en dedans envers les parties interieures.(Corps qui a de la molesse Voiez la *Phisique de Gassendi.*)

* *Molesse.* Sorte de délicatesse lâche & efeminée. Maniere douce & éfeminée. Maniere trop mole & trop délicate qui sent plus la femme que l'homme & qui n'a rien de fort. (Sardanapale étoit plongé dans la molesse. *Ablancourt.* Vous qui chassiez de votre cour toutes les mollesses d'amour, d'où vous sont venus ces traits. *Voir. Poës.* Ta parole a trop de molesse de ses habitans, qui avoient banni les coqs de peur d'en être éveillez. *Fontanelle Dial. des morts.*)

† *Molester, v. a.* Mot un peu vieux qui signifie *tourmenter, chagriner.* (Molester une personne.)

Molet, molette, adj. Qui n'est pas dur. Qui est doux. (Lit molet. Cela est doux & molet.)

Molet, molette. Ce mot se dit du *pain,* & signifie qui est Tendre. Frais. (Pain molet.)

Molet, f. m. Sorte de petite frange dont on embellit des rideaux & autres choses.

Molet, f. m. Terme d'*Orfévre.* Pincette pour manier la besogne.

Molette, ou *molete, s.m. Terme d'Eperonier.* Petit fer d'éprou en forme d'étoile avec quoi on pique le cheval. (La molette de son éperon est pleine de sang.)

Molette, Epi (Le cheval doit avoir un épi, ou molette au front *Voit. Epit.*)

Molette. Tumeur tendre, mole & grosse comme une noisette, sans douleur situee entre le nerf & l'os au côté du bouler sous le cuir. [Oter une molette, Le repos guérit les molettes. *Soleisel parfait Maréchal.*)

Molette Terme de *Cordier & de Rubanier.* Petite poulie de bouis avec un fer recourbé qui passe au milieu & qui sert à retordre.

Molette. Terme de *Mironetior.* Petit morceau de bois en forme de bondon sur quoi on met le verre de la lunette pour le travailler.

* *Molette, adj.* Terme de *Jardinier.* Il se dit des melons & des concombres, c'est à dire, mal fait, menu & étranglé.(Melon molette Concombre molette. *Quint. Jardins.*)

Moleton, s.m. Etofe de laine pour doubler & faire des camisoles (De fort bon moleton.)

Moli, s. m. Fleur blanche, ou jaune qui fleurit en Mai. [Moli blanc. Moli jaûne.)

Molinisme, f. m. C'est le sentiment des molinistes. (Le Jansenisme & le molinisme ont bien fait du bruit dans le monde savant.

Moliniste, f. m. Qui est dans le sentiment de *Molina* touchant la grace éficace & inéficace. (Les molinistes sont intrigans.

Molir, v. n. Ce mot se dit proprement des fruits, & veut dire *devenir mou,* (Poire qui commence à molir.)

* *Molir.* Terme de *manêge,* qui se dit des chevaux qui bronchent. (Cheval qui molit extrémement.)

* *Molir.* N'être pas ferme dans la resolution qu'on a prise. Se relâcher C'est un homme qui commence à molir, *Moliere.*)

MOLUË. Voïez *moruë*

M O M

MOMENT, *f. m.* Fort petit espace de tems.(Il se perd d'heureux momens. Quand la guerre est entre deux amans. Cela s'est fait en un moment.

A tout moment, *adv.* Sans cesse, en tout tems, à toute heure.

† *Momentanée, adj.* Ce mot est écorché du Latin, c'est un *terme de Philosophie,* qui se dit des actions qui se font dans un moment, (L'action de la lumiere n'est pas tout-à-fait momentanée, comme on l'avoit crû.)

Momerie, s. f. Boufonnerie. Railleries. Bons mots. (C'est toi qui par tes momeries as reprimé l'orgueil du bourgeois insolent. C'n'est qu'une pure momerie. *Vau. Quin.l.p.*)

Momie, s. f Corps embaumé. Sorte de composé de cire & d'amomum, dont on se sert pour conserver les cadavres des personnes mortes.

Momon, s. f. Ce mot selon quelques-uns vaut autant que si l'on disoit *mot, mot,* & selon d'autres ; il vient de *Momus,* qui à ce que racontent les Poëtes, étoit le fou des Dieux, Le mot de *momom.* viendra d'où il plaira à Messieurs les Etimologistes, mais il signifie aujourd'hui parmi nous l'argent que les masques joüent aux dez & sans revanche durant le carnaval lors qu'ils vont le soir chez les particuliers de leur connoissance. (Est-ce un momom que vous allez porter, *Moliere, Bourgeois Gentilhomme.*

MON.

MON, *ma,* Pronom *adjectif,* qui signifie *Qui m'apartient. Qui est mien.* (Mon livre, Mon ami, Ma maitresse est belle, mais elle est cruelle, & c'est tout mon malheur.

Mon, ma. Ce mot *mon* qui est un adjectif masculin se met immediatement devant les noms *feminins,* qui commencent par une voielle, & cela pour éviter le mauvais son que feroit le feminin *ma.* (Les Matematiques sont toute *mon* inclination. Mon amie, *mon* ame, & non pas *ma* inclination, ma amie, ma ame.

Monacal, monacale, adj. Ce terme est injurieux, & signifie qui est de Moine. (Air monacal. Esprit monacal. Sentiment monacal. Pensée monacale, Vie monacale, votre monacal.)

Monacalement, adv. D'une maniere monacale, à la façon des moines (Vivre monacalement.

Monaco, s. m. Monoie d'Italie qui vaut un écu & qui à été apellée de la sorte d'un château & d'un port de mer en Italie où l'on fabrique cette sorte de monnoie.

Monaco. Sorte de petite tasse faite en ovale valant un écu, ou un peu plus. [J'ai fait faire un beau *monaco.*)

Monarchie, s. f. Mot Grec qui veut dire un état gouverné par un Roi. (Aimer la Monarchie. Hair la Monarchie.)

Monarchique, adj. Qui est gouverné par un Monarque. (Un etat monarchique.)

Monarchiquement, adv. D'une façon monarchique. (Gouverner monarchiquement.)

Monarque, s. m. Mot qui vient du Grec, & qui signifie. Celui qui est Seul Souverain. (Un bon Monarque. Un puissant Monarque. Un grand Monarque.)

Monastere, s. m. Demeure solitaire de Religieux. (Un beau monastere. Il a été chassé de son monastere pour ses desordres. *Pas. l.6.*

Monastique, adj. Qui regarde les moines & les Religieux.(Discipline monastique. Professer la vie monastique.

Monceau, s. m. Tas. (Un petit monceau. Un gros monceau. Mettre en un monceau Amasser en un monceau.)

Mondain, mondaine, adj. Qui a trop l'air du monde. Qui sent le monde. Pour une devote, elle a l'esprit un peu trop mondain.

† * *Mondainement, adv.* D'une façon mondaine. (il vit fort mondainement, C'est à dire, il mene une vie fort mondaine.)

† *Mondainise, s. f.* Vanité mondaine.

Monde, s. m. La terre, les cieux & ce qui est entre la terre & les cieux (On demande en Philosophie si le monde a commencé. Il est impossible qu'il y ait plusieurs mondes.)

Le nouveau monde. On apelle de la sorte les Indes Occidentales ; C'est l'*Amerique.*

Le monde souterrain. C'est le titre que le P. Kirker a donné à un Livre où il parle des choses qui sont renfermées dans la terre, & au dessous de sa surface. Comme sont les feux, les eaux, les mineraux, les métaux, les pierres ; & même, à ce qu'il prétend, les pianettes & les animaux.

Monde. Ce mot signifie encore une Sistême particulier touchant la construction du monde. (Le monde de Descartes est ingenieux.)

* *Monde.* Les gens du monde. Le monde est aveugle il ne connoit pas la vertu. Voir le monde. (Entrer dans le monde. Quitter le monde.)

* *Monde.* Plusieurs personnes ensemble. Plusieurs personnes amassées. il y a quantité de *monde* devant sa porte.)

* *Le grand monde.* Les gens de qualité. (Il frequente le grand monde.)

Le monde poli ; *le beau monde.* Ce sont les honnêtes gens & les gens de qualité, qui d'ordinaire sont propres, polis & bien mis. (C'est à dire qu'on ne laisse entrer que le *beau monde* aux Tuilleries & au Luxembourg)

Le monde savant. Les gens de lettres.

† * *Monde.* Ce mot entre dans plusieurs façons de parler. (Il paroit le plus civil du monde, *Moliere,* c'est à dire, des hommes.)

* *Monde.* Domestiques. Gens qui sont à nous. (Tout *mon* monde n'est pas venu. Il vaut mieux dire *tous mes gens* ne sont pas venus *Van Rem.*)

† * *Monde.* Infinité. Grande quantité de quoi que ce soit. (On vit un *monde* de prodiges. Il est mieux de dire une *infinité* de prodiges.)

* *Il est allé à l'autre monde.* C'est-à-dire il est mort. Penser en l'autre monde. Songer au Paradis. Penser à la mort.

venir

MON MON

Venir au monde. C'est naître.

† *Depuis que le monde est monde.* Façon de parler proverbiale, pour dire de tout tems.

† *Ainsi va le monde. Il faut laisser le monde comme il est.* Façon de parler proverbiale.

Monde, adj. Ce mot vient du Latin *mundus, munda, mundum,* qui signifie & pur & net. Il ne se dit qu'en l'opposant à *immonde* qui signifie *souillé, impur,* & en parlant des anciennes ceremonies des Juifs. [Il y avoit des bêtes mondes, & des bêtes immondes ; & il leur étoit permis de manger & de sacrifier de celles-là, & défendu de manger & de sacrifier de celles-ci.]

Monder. v. a. Oter la peau de certaines choses (Monder l'orge) Monder les quatre semences. Orge mondé. Noix mondée. Semence mondée. Millet mondé.)

Monder. En terme d'*Apoticaire*, Il se dit particulierement en parlant de la casse. (Monder de la casse, c'est casser les bâtons de casse, prendre ce qui est dedans, qui s'apelle la pulpe, & le faire passer par le tamis avec une épatule de bois.)

Mondifier. v. a. Nettoyer. Les Chirurgiens le disent en parlant des plaies.

Monetaire, s. m. Intendant de la monnoie Bouteroüe, traité des monnoies p. 379. V. *Monoie.*

Monition. s. f. Prononcez *monicion.* Terme d'*Eglise.* Action de celui qui publie le monitoire. [Monition canonique. Faire trois monitions. *Eve. chap.* 18.] Il signifie quelquefois *admonition.*

Monitoire, s. m. Terme d'*Eglise.* Lettres où sont contenus les faits en vertu desquels on demande excommunication avec commandement du superieur Ecclesiastique , obligeant en conscience de reveler, de restituer, & d'obéïr à l'Eglise sur peine d'excommunication. [Les monitoires se publient au prone 3. Dimanches de suite par le Curé, ou son Vicaire.] Fulminer un monitoire. *Eve. c.* 18. Obtenir un monitoire.]

On dit des *lettres monitoriales,* c'est à dire, qui portent la permission de publier un monitoire.

Monocorde. s. m. Instrument de *musique* monté sur du bois resonant, où il y a des cordes & des chevalets, qui est tres-propre pour régler les sons & qui a été apellé *monocorde,* non pas qu'il n'ait qu'une corde, mais parce que toutes ses cordes sont à l'unisson. *Mers.*

Monogramme. s. m. C'étoit une maniere de chifre qui contenoit les lettres du nom des Rois François des deux premieres races, & que ces Rois faisoient à la fin de leurs lettres patentes & autres actes. [Teodebert fit fabriquer sous son nom des sous d'or, aiant d'un côté le *monograme de Christus,* & pour legende Teudeberte. Voiez Bouteroüe, traité des monnoies pages 124.]

Monoiage, s. m. Action de monoier. (Pas un Auteur n'a parlé de la maniere avec laquelle le monoiage étoit fait. Bouteroüe, traité de la monoie, p. 107.)

Monoie. s. f. Espece d'or, d'argent, ou d'autre métal, qui a cours. Portion de matiere à laquelle l'autorité publique a donné un poids & une valeur certaine pour servir de prix & égaler dans le commerce l'inégalité des choses. Bouteroüe, traité des monnoies, p. 8. La fin de la monoie est l'utilité publique, & sert à faire connoître le Prince qui l'a fait fabriquer & en conserver la memoire. [Battre la monoie. Fraper la monoie. Donner cours à la monoie. Debiter des monnoies étrangeres.

* Il faut bien se paier de la même monoie. *Abl.* C'est à dire, leur rendre la pareille.

Monoie, Lieu où l'on fabrique les monoies. Il y avoit une monoie dans le Palais où le Roi faisoit sa principale résidence. (Il y avoit dans chaque monoie un Oficier nommé *monetarius* dont la fonction étoit en quelque façon semblable à celle de nos fermiers des monoies & des gardes ensemble, Bouteroüe, *traité des monnoies* p. 37.) Il y a en France une *Cour des Monoies,* qui juge souverainement ce qui regarde les monoies.

Monoier. v. a. Donner au métal d'or, ou d'argent la forme de monoie, le faire en monnoie. [Monoier les matieres. par la voie du marteau. Bouteroüe, traité des monnoies, p. 376.)

† * *Ses loüanges sont monoyées.* Moliere. C'est à dire, il a donné de l'argent à celui, ou à ceux qui l'ont Loüé.

Monoyer, ou monoyeur, s. m. Ouvrier qui travaille à la fabrique de la monoie.

Faux-monoyeur. Celui qui fait de la fausse monoye. Il se dit aussi de ceux qui alterent la monoye, & qui la rognent.

Monopole. s. f. Mot qui vient du Grec, & qui originairement signifie se rendre maître de quelque marchandise à la vendre seul ; mais presentement il veut dire un impôt qu'on met sur le peuple. (Un fâcheux monopole. Mettre un monopole sur quelque marchandise.)

Monopoleur, s. m. Terme qui vient du Grec & qui est injurieux pour dire un *traitant.* (C'est un franc monopoleur.)

Monosillabe. s. m. Terme de *Grammaire.* Il est composé du Grec & du Latin, & signifie, un mot qui n'a qu'une sillabe. (Il ne répondoit que par des monosillabes.)

Monotonie, s. f. e mot vient du Grec, & il se dit en parlant de gens qui lisent ou qui récitent. Il veut dire *un même ton,* un même accent. [La monotonie est ennuieuse, dégoutante, desagreable, fâcheuse. Sa monotomie est insuportable.]

Monseigneur, s. m. Ce mot fait au pluriel *Messeigneurs,* & est un titre qui se donne en parlant, où en écrivant à celui qui on est vraiment sujet, ou à ceux qui sont les plus-éminens dans l'Eglise, dans la robe, ou dans l'épée, comme Princes, Ducs, &c.

[Monseigneur, en ce triste état
Confessez que le cœur vous bat.
Voït. poes.]

A Monseigneur le Dauphin. A Monseigneur l'Eminentissime Cardinal de Richelieu. A Monseigneur le premier Président. A Monseigneur l'Archevêque de Paris. A Monseigneur Godeau Evêque de Vence 9.

Monsieur, s. m. Lors qu'on se sert de ce mot, sans y rien ajouter, il signifie le *Frere unique du Roi.* [Monsieur est un des meilleurs Princes du monde. Monsieur a épousé en secondes noces une Princesse Alemande. Verneuil est Lieutenant des gardes de Monsieur. Benserade, faisant parler ce Prince, a dit.

Mon rang & ma beauté par tout se font connoître
Et petit que je suis, je ne laisse pas d'être.
Tout le plus grand *Monsieur* qui soit.
Balet de la nuit, 1. part. 7. entrée]

Monsieur. Ce mot mis absolument, & sans y rien ajouter, signifie le maître de la maison, mais il ne se dit que d'une personne considerable. [Monsieur est-il au logis ? Monsieur est sorti.]

Monsieur. Terme de civilité dont on se sert dans le commerce du monde civil. [Assurez-vous Monsieur, de mon tres-humble service.]

Faire le Monsieur.

* *Monsieur.* Ce mot se dit quelquefois en colere, ou en riant. [Ce n'est pas ce que je vous dis. Monsieur le sot. O Monsieur le respectueux, que vous avez peu de sens de n'avoir pas poussé vôtre fortune.]

Monson, ou Monçon, ou Mousson. s. f. Terme de *mer.* On nomme de ce nom les vents réglez qui soufflent durant un certain tems dans la mer des Indes.

Monstre. s. m. Animal qui est né avec des parties beaucoup plus grandes, ou beaucoup plus petites que naturellement elles ne doivent être. Animal qui est né avec plus de parties, que la nature n'en demande. [Il est arrivé un monstre à la foire saint Germain. Un monstre étonnant.]

Monstre marin. Sorte d'animal qui tient de la figure de l'homme ou de quelque bête terrestre. *Rond.*

* On dira au figuré d'une *femme* laide à faire peur, que c'est un *monstre.* Et d'un *bâtiment,* où il n'y a aucune simmétrie, que c'est un monstre en Architecture.

* Ce vieillard est un monstre d'avarice.

* Neron étoit un monstre en cruauté.

* Un peuple séditieux est un monstre à cent têtes.

* Cela est un *monstre* dans la morale.

* C'est un *monstre* qu'il faudroit exterminer.

Monstrueux, monstrueuse, adj. Qui tient du monstre. [Union monstrueuse. *Abl. Luc.* Tom. 1. Animal monstrueux. Poisson monstrueux.]

Monstrueusement, adv. Prodigieusement. (Il est monstrueusement grand, ou gros.).

Mont, s. m. Montagne. Les monts Pirenées. Le mont Saint Claude, Le mont Parnasse.)

Mont Terme de *Chiromance.* Petite éminence au bas de la racine de chaque doigt. (On croit que le mont du Pouce est consacré à Venus, le mont du Second doigt à Jupiter, le mont du doigt du milieu à saturne. Voiez *Tricasse c. 14.*

Mont-Venus. Terme d'*Anatomie.* Eminence charnuë qui est immédiatement au dessus des parties naturelles de la femme *Mauriceau tr. des femmes grosses.* Il n'y a que les Anatomistes qui parlent serieusement du *mont-Venus,* les autres ne s'en servent d'ordinaire que dans des discours un peu libres.

Montagne, s. m. Terme de *Batelier.* Action de celui qui fait remonter. (Faciliter le *montage* des bateaux. Ordonnances de Paris.)

Montagnard, s. m. Celui qui habite les montagnes. (C'est un montagnard.

Montagne, s. f. Mont. Grande élévation de terre, ou de rochers au dessus du niveau ordinaire de la terre. (Une montagne fort haute. Grimper sur une montagne. *Abl.* Les montagnes d'Auvergne.)

* *Il n'y a point de montagne sans vallée.* Proverbe.

* *La montagne est acouchée d'une souris.* Ancien proverbe qui veut dire

MON

dire, qu'un grand dessein qui avoit donné de belles esperances, n'a point du tout réüssi.

Montant, s. m. Terme de Menuisier. Piece de bois qui est au milieu de la croisée, & sur laquelle portent les batans des chassis. Pieces de bois dressées debout.

Montant, s. m. Terme de Raquetier. L'une des cordes qui va le long de la raquette. (Montant rompu.)

Montant, s. m. Terme de Jardinier. Il se dit des plantes & signifie la tige. Voilà un beau montant. Ces plantes sont un montant qui plaît. Curé d'Enonvile, Jardin fruitier.)

Montant. Terme de Marchand. Le montant d'un compte, c'est la somme à quoi il se monte.

Montant. Participe signifiant qui monte. (Il reçut un coup de fléche montans à l'assaut. Abl.)

Montant, participe. Se dit en Termes de Blason. du Croissant, qui est representé les pointes en haut. Il se dit des écrevices & autres choses tournées vers le chef de l'Ecu.

Montée, s. f. Lieu qui va en montant. (La montée de cette montagne est fort roide. La montée d'un côtau est facile.)

Montée, s. f. L'action de monter. (La montée est plus dificile que la décente.)

Montée, s. f. Degrez, Escalier. (une belle montée.)

Montée de moulin à vent. Escaliers de bois pour monter au molin.

Montée de voute. C'est l'exhaussement de la voûte.

Montée de colonne. C'est la hauteur de la colonne.

Montée Terme de Fauconnerie. Il se dit du vol de l'oiseau qui s'éleve en haut.

Monté, montée, adj. Terme de mer, qui se dit pour exprimer le nombre des pieces d'artillerie d'un vaisseau. (Navire monté de quarante pieces de canon.)

Monter, v. n. & a. Je monte. Je montai. Je suis monté. Aller vers le haut. monter les degrez. Abl. Monter la montagne. Monter par une échelle. Monter sur un arbre Monter de hautes colines. Abl. Marmol. Monter sur des rochers.)

Monter v. n. & v. a. C'est se mettre sur. (Monter un bon cheval. Monter à cheval de bonne grace. Bucephale ne soufrit point qu'un autre qu'Alexandre le montât, & quand il le sentoit aprocher, il se mettoit à genoux. Vau. Q. Circé, l. 6. ch. 5.)

* Monter. Parvenir. (Monter à la souveraine puissance, Vau Quin. l. 4.] Ce mot en termes de guerre, signifie Passer d'une moindre charge à une plus grande. Il est monté de la derniere compagnie à la premiere. (Ce mot entre écoliers signifie. Aler d'une basse classe à un plus haute. (Il espere faire deux classes en un an & monter de quatriéme en seconde.)

Monter un Vaisseau. Termes de Mer. C'est être embarqué (Monter une fregate. C'est s'embarquer sur quelque vaisseau pour aler sur la mer.

Monter, v. a. Ce mot en termes de manége signifie. Aprendre à monter à cheval. C'est un Gentilhomme qui monte sous un excellent maître.

Monter à dos, monter à poil. C'est monter un cheval sans selle. (Monter un cheval à dos, ou à poil.

Monter en troupe. C'est monter derriere un autre qui est sur la selle.

Monter. Ce mot se dit des choses que l'on compte. L'argent monoié se trouva monter à deux cens mille talens, Vau. Quin. l. 3. On faisoit monter l'armée à deux cens mille hommes, Ablancourt, Reh.)

Monter. Ce mot se dit des herbes qui deviennent en graine, & signifie S'élever. (Aprés qu'il a été semé, il monte jusques à devenir plus grand que les autres legumes. Port-Roial, Nouveau Testament.)

Monter, v. a. Terme de Jardinier. Il se dit des plantes, & signifie faire tige. Ces laituës montent & ne sont plus bonnes à manger. Quint. Jard.)

Monter, v. a. Ce mot se dit entre plusieurs ouvriers en parlant de leur besogne. [Monter une raquette, un baudrier, un fusil, un pistolet, & autres pareilles armes. Monter un luth, un clavecin, une épinette, de cordes, & autres semblables instrumens. Monter un habit. monter un bonnet. Monter une chemise. Monter un manchon. Monter un soulié sur forme. Monter une épée. Monter une montre, une horloge, c'est en bander le ressort, en relever le poids. Monter de la charpente. Monter un lit, &c.]

On dit en termes de Guerre, Monter la garde

On dit, en Astronomie des astres monter sur l'horizon.

Monter sur le theatre. Il se dit des Comediens, des Farceurs, Baladins & Charlatans.

Mont-joie, s. m. Roi d'armes, à qui on donnoit le nom de Mont-joie, & qui aloit de la part du Roi sommer les villes, & declarer la guerre. (Mont-joie alors premier Roi d'Armes, homme discret, tres-elegant en termes, fut par le Roi à Venise transmis. Iean Marot, Voyage de Venise, pag. 141.)

Mont joie, s. f. Ce mot dans nos vieux livres François, signifie aussi de petits monceaux de pierre sur lesquels on mettoit des croix ou des botes d'herbes pour marquer le chemin aux pelerins qui aloient aux lieux Saints, & on apeloit cela montes gaudii

MON

parce que quand les pelerins apercevoient ces mont-joies ils commençoient à se réjouir sur l'assurance qu'ils étoient arrivez aux lieux où ils avoient souhaité de se rendre. Les tours qui étoient sur les grans chemins se nommoient aussi les tours de mont-joyes, comme les croix qui sont sur le chemin de Saint Denis. (Les tours de mont-joies de Saint Denis. Le P. Menetrier, Art du Blason.)

† Mont-joie, s. f. Ce mot au figuré en vieux langage François signifie chemin. Ainsi Maistre Alain Chartier a dit la droite mont-joie de l'honneur, pour dire, le véritable chemin pour aller à l'honneur.

† Mont-joye, s. f. Ce mot dans le stile bas & burlesque & qui tient quelque chose de l'ancienne façon de parler de nos péres signifie Grand nombre, Grande quantité.

(Je prie Dieu qu'il vous envoie
D'ebatemens une mont-joie. Sar. Poës.)

Mont-joie Saint Denis, s. f. Cri de guerre que faisoient les Anciens François, & qui vouloit dire qu'il faloit suivre la baniere de Saint Denis, qui conduisoit la marche de l'armée & que c'étoit sous l'enseigne de ce Saint qu'il faloit se ralier. Ces mots mont-joye Saint Denis signifient aussi une marque d'heureux presage ou de quelque secours d'enhaut. A l'imitation de ce cri de joye de nos premiers Rois, les Princes du sang se sont servis du même cri-en y ajoutant le nom de la branche dont ils étoient sortis, ou le nom du Saint à qui ils se confioient davantage. Les Ducs de Bourbon crioient mont-joye Bourbon, les Ducs d'Anjou mont-joye Anjou. La Colombiére Science héroïque, c. 45. Monsieur le Daufin a au dessus de ses armes, mont-joye Saint Georges. On peut voir la description des armes de ce Prince dans une histoire de France de Brianville, page 337.

Montier, s. m. Vieux mot qui ne se dit plus que dans quelques Provinces, comme fut les confins de Champagne & en Lorraine, & même il ne s'y dit guere. Il signifie Eglise paroissiale. (Aller au montier.)

Montoir, s. m. C'est l'apui du pié gauche du cavalier sur l'étrié du côté gauche. (Cheval facile au montoir. Assuré un cheval au montoir. Le pié du montoir. C'est le pié gauche du cheval. On apelle aussi. ce pié de l'étrier, le pié de la main, ou le pié de la bride. Le mot Le pié hors du montoir. C'est le pié droit du cheval.)

Ce mot montoir. peut aussi signifier une pierre, ou une piéce de bois, sur laquelle une personne foible monte & s'éleve pour se mettre plus facilement sur la selle d'un cheval.

Montre. s. f. Petite machine, qui est en partie de léton & d'aciet & qui a aussi des pieces de cuivre, d'argent ou d'or, composée de petis, & de grans ressorts, de diverses rouës, de platines, d'un cadran avec son éguille, qu'on porte à la poche & qui sert à faire voir les heures. [Une montre à pendule, Une montre sonante, Les horlogers apellent cette sorte de montre une horloge. Monter une montre.

On apelle une montre d'ivrogne, celle qu'on peut monter en tournant à droite, ou à gauche.

Montre. Mot general qui veut dire ce que le marchand, ou l'artisan fait voir devant sa boutique pour montrer la marchandise dont il trafique, ou les choses qu'il fait. [Ainsi on dit une montre d'orfevre, qui est un petit cofre au devant duquel il y a une vitre où les orfevres étalent sur leurs boutiques & où ils mettent de la marchandise.]

Montre de Patissier. Sorte de gros vase d'étain sur la boutique de patissier.

Montre de Mercier. Espéce de cofre couvert d'étofe verte sur la boutique du mercier. [Cette la montre. Oter la montre.]

Montre de cartes. Carton pendu à la boutique du cartier, où il y a des trefles, des carreaux, & quelque autre couleur.

Montre. Terme de Marchand Drapier, Linge, & autres qui trafiquenten étoffes. Oeil de marchandise, aparence. [La montre de cette marchandise est belle.]

Ne me faites point de montre. Terme de gens qui achetent & qui prient le marchand de leur faire voir d'abord de bonne marchandise. La montre consiste à faire voir de la marchandise & à la presenter pour la vendre. On dit encore tout cela n'est que de la montre, je n'en veux point.

Montre. Terme de Facteur d'orgue. C'est le jeu de l'orgue qui est en vuë. Ce sont les grans tuyaux de l'orgue, sur lesquels d'abord on jette les yeux quand on regarde l'orgue.

* Montre. Ce mot est figuré quelquefois. (Faire montre de son courage. Abl. Ar. l. 1.)

Montre. Sorte de revûë de soldats. (Faire montre. Passer à la montre.)

Montre. Paye de gens de guerre. (Recevoir montre.)

Montrer, v. a. Faire voir, Découvrir, Donner à connoitre. (Montrer sa folie à tout le monde. Elle a montré à tout le monde ce que l'honneteté veut qu'on cache. Montrer son courage.)

Montrer. Enseigner. (Montrer en vile. Montrer la Géographie. On lui a montré les fortifications.

Montrer les talons à quelcun. C'est s'enfuir de devant lui.

Montrer

Montrer les dents à quelcun. C'est lui resister en face.

Montueux, montueuse, adj. Il se dit des païs qui ne sont pas unis, mais pleins de colines & de montagnes. (On ne peut pas voyager en carosse dans les païs montueux. On ne s'y sert guere chariots ; mais on y voiture sur tout des bêtes de charge.)

Monture, s. f. Cheval sur lequel on monte ordinairement, (Sa monture est bonne.) Le mulet & la mule est aussi une sorte de monture en divers endroits. Au Levant les ânes & les chameaux servent de monture. Aux Indes ils se servent de bœufs & d'Elefans.

Monture, Terme commun à plusieurs artisans Monture de sie C'est le bois de la sie. Monture de fusil, de pistolet, &c. C'est le fût du fusil, & du pistolet. Monture d'éron. C'est un morceau de cuir qui est sur le cou du pié de la botte.

Monument, s. m. Le mot pour dire tombeau est poëtique, ou de la prose sublime.(Ce sera pour les figures de pierre qui feront vôtre monument, Voit. Poë.).Nous devons servir de pature aux vers du monument, Mai. Poëf. La Matrone d'Ephese pleura cinq jours auprès du monument de son mari, sans vouloir prendre aucune nourriture, S. Evremont. Sur la plûpart des monumens anciens, on voit d'ordinaire ces lettres initiales, D. M. qui veulent dire Diis Manibus; Le monument aiant été consacré aux Dieux Manes. Nicaise, explication d'un ancien monument ch. 5.)

Monument. Marque de souvenir. (En cette contrée le tems avoit efacé plusieurs monumens que les Poëtes ont celebrez. Vau. Quin. l. 3.

M O Q.

Se Moquer, v. r. Se rire d'une personne ou d'une chose. Ne s'en pas soucier. (Il se moque de tout. Lucien s'est moqué plaisamment des Philosophes de son tems, Ablancourt. On se moque de lui.)

Se moquer. Il signifie aussi n'agir pas raisonnablement. (Il se moque de soutenir une chose si absurde. Vous vous moquez de vouloir sortir par un si mauvais tems. On dit à un marchand qui surfait sa marchandise, & à l'acheteur qui en ofre trop peu, vous vous moquez.

Moquerie, s. f. Raillerie. Une sanglante moquerie. Faire des moqueries de quelque personne , ou de quelque chose.)

Moquerie, Il se dit aussi de ce qui n'est pas raisonnable. C'est une moquerie de nous faire une proposition si deraisonnable.)

Moquette, s. f. Etofe velüe qui se fait de diferente couleur & qui est propre à couvrir des chaises (Chaises couvertes d'une jolie moquette.)

† Moquette, Ce mot pour dire raillerie est bas & du petit peuple de Paris. (Ce ne sont pas des moquettes.)

Moqueur, s. m. Celui qui se moque. Railleur. S'il se dit vôtre amant, traitez-le de moqueur, Sar. poës. C'est un vrai moqueur.)

Moqueuse, s. f. Railleuse. (C'est une franche moqueuse)

M O R.

Moraille, mouraille, s. f. Quelques-uns disent & écrivent mouraille , mais plusieurs habiles maréchaux que j'ai vûs sur ces mots m'ont tous dit moraille. Je dirois donc moraille, sans pourtant condamner mouraille. C'est pour l'ordinaire, un instrument composé de deux branches de fer pour serrer le nez du cheval ; afin d'empêcher se debatre quand on lui met le feu, ou qu'on lui fait quelque incision. Une bonne moraille.

Moraillon, s. m. Terme de Serrurier. C'est le morceau de fer ataché au couvercle d'un cofre, qui entre dans la serrure. Et dans les serrures à bosse , c'est le fer ataché au verrou qui entre aussi dans la serrure.

Morale, s. f. C'est la partie de la Philosophie où l'on parle des vertus, des vices , &c. (Lire la morale d'Aristote, Pas. l. 4. La morale d'Aristote à Nicomaque est fort belle:)

Morale, s. f. L'art de bien vivre & de vivre Chrétiennement Les Péres étoient bons pour la morale de leurs tems, Pas. l. 5. Leur morale est toute payenne, Pas. l. 5.

Morale l. 5. Ce sont des reflexions morales & instructives. (Une bonne Morale Une morale ingénieuse, spirituelle, agréable, plaisante, nouvelle, instructive; maligne, satirique, &c. C'est un prédicateur qui a une belle morale.)

Moral, morale, adj. Qui regarde les mœurs. Qui est instinctif sur le chapitre des mœurs. Discours moral. Doctrine morale.)

Moralement, adv. Selon la maniere de vivre & d'agir des gens d'honneur & de probité. Il vit moralement bien.

Moraliser, v. n. Dire des choses morales. C'est assez moralisé, S. Amant.)

Moralité, s. f. Réflexion morale. chose morale.

Si vous n'aviez leu que ces moralitez
Vous sauriez un peu mieux suivre mes volontez,
Moliere Cocu imag. sc. 8.

Moralité. Sorte de vieux poëme dramatique François qui representoit une action serieuse & morale.

† Morbieu. Sorte de jurement burlesque.
(† Morbieu comme il pleut là dehors. S. Amant.
† Morbleu. Sorte de jurement burlesque.
(† Morbleu , je trouve la piece detestable, Mol.)

Morceau, s. m. Ce qu'on prend une fois dans la bouche pour manger. Ce qu'on coupe pour manger. Piece de quelque chose. (Un petit un gros morceau. Couper ses morceaux Manger un morceau. Un morceau d'étofe. Un morceau de pain. Vase rompu en mille morceaux.

* † Morceau à la Brinvilliers. Façon de parler burlesque, & nouvelle pour dire , du poison, parce que la Brinvilliers étoit une femme qui en donnoit, & qui, pour cela fut brulée en Greve, il a environ 18. ou 20. ans.

(Cher ami, si vôtre santé
Etoit forte & gaillarde,
Comme elle est chez les Cordeliers ;
Dieu vous la maintienne & vous garde
Des morceaux à la Brinvilliers.
Stussans, billets en vers ; pag. 129.)

* † Le morceau d'Adam. C'est la partie du carrilage, apelé larinx qui avance au devant du cou, aux hommes plus qu'aux femmes.

* On dit d'une chose considerable & excellente , c'est un bon friand, ou excellent morceau.

* Compter, rogner ou tailler les morceaux à quelcun. C'est épargner la vie à quelcun, lui plaindre sa vie & ne lui donner que justement ce qu'il faut pour vivre.

Mordache, s. f. Terme de Capucin. Espece de petit bâton que les novices se mettent en la bouche pour avoir rompu le silence. (Potter la mordache.)

† Mordacité, Terme de Phisique. Qualité corrosive, qui passe son acide , mord , ronge & divise les corps. (L'eau forte a une grande mordacité.)

Mordicant, mordicante, adj. Piquant, Acre. (humeur mordicante.)

Mordant. Participe signifiant qui mord. (Le sanglier, l'ours, le loup, la loutre, le blereau, &c. sont des bêtes mordantes.)

* Mordant, mordante, adj. Piquant. Satirique Esprit mordant. Ablancourt.)

Mordant, s. m. Terme d'Imprimeur. Petit morceau de bois fendu, qui tient la page sur le visorion & qui montre la ligne de la copie qu'on compose. (Donnez moi un mordant.)

Mordant, s. m. Les selliers appellent de ce nom des cloux à deux pointes ; qui ne se mettent que sur le cuir des harnois & des carrosses.

Mordre, v. a. Je mord. J'ai mordu. Je mordis. Je mordrai. Que je morde. Je mordusse. C'est prendre avec les dents. (Il m'a mordu la jambe. Il m'a mordu au bras. Il y a des chiens qui mordent les passans. Mordre dans une tarte. Mordre dans un petit pâté.

* Mordre. Il se dit aussi de la vermine. (Les puces les poux, &c. mordent.

* Mordre. Il se dit aussi des choses inanimées. (L'eau forte comunue ne mord point sur l'or; mais elle mord sur le cuivre. Les limes ne mordent point sur l'acier bien trempé. La fievre trouvera bien à mordre sur le corps de cet homme gras & replet.)

* Mordre. Médire. Piquer de parole. Trouver à redire quelque chose. (Il trouve à mordre aux choses les plus - belles. Boi. Avis à Menage. Mordre en riant. Ablancourt.)

* Un aveugle y mordroit. Ablancourt. Apoph. C'est à dire; Ceux qui voient le moins verroient cela. La chose est visible & sensible, elle est facile à comprendre

* Mordre la poussière. Termes Poëtiques , pour dire, être tué dans un combat.

* Mordre ses ongles. Ces mots au figuré signifient, se gêner l'esprit à faire des vers & à chercher quelque rime, pendant quoi on mord souvent ses ongles, de dépit.

* On dit à maçonnerie, cette piece de bois ne mord pas assez dans le mur, c'est à dire , qu'elle n'y avance pas assez pour y tenir ferme.

Cela ne mord ni ne rüe. Proverbe pour dire , c'est une chose indiferente, qui ne fait ni bien ni mal.

Mords, s. m. Embouchure de cheval. (Un bon mords.)
Mords d'étau. Ce sont les parties de l'étau qui serrent le fer.
More, s. m. Celui qui est de Mauritanie, Ablancourt Mar. (Mores batus.)
More, s. m. Le langage des Mores. (Savoir le more.)
Moreau, adj. Dont le féminin n'est pas en usage. Ce mot se dit de certains chevaux noirs & veut dire un cheval qui est d'un poil noir fort vif, (Cheval moreau.)

Moreau, s. m. Terme de Batier. Espece de cabas de corde dans quoi on donne à manger du foin aux mulets lors qu'ils marchent.

Morelle, s. f. Sorte d'herbe , dont il y en a de plusieurs sortes
Moresque, s. f. Femme de Mauritanie. Une Moresque qui avoit bonne grace, Ablancourt Marm.)

Moresque

Moresque, adj. & s. f. Peinture faite à la manière des mores; sont des grotesques & des figures qui n'ont rien de regulier. (Voilà de belles Moresques.)

MORFIL, s. m. Terme de *Coutelier* & *de Taillandier*. Barbe, ou inégalité d'acier qui demeure au taillant des outils après avoir été éguisez. (Oter le morfil en passant les outils sur la pierre à huile)

MORFONDRE, v. n. Gagner du froid. Vous me laissez ici morfondre.)

* *Morfondre*, v. a. Faire atendre sans rien faire. (Voila bien des acheteurs, il ne les faut pas laisser *morfondre*. *Ablancourt Luc*)

Se morfondre, v. r. Je me morfond, je me suis morfondu. C'est gagner du froid. (Je me morfondis ici à vous atendre par le froid qu'il fait.)

* *Se morfondre*. Atendre envain. (Il laissa le créancier se morfondre à la porte. *Déspreaux Sat*. 5.)

* *Se morfondre*. Ce mot se dit des Auteurs & veut dire, être froid & languissant. (J'aime mieux Bergerac, que ces vers où motin se morfond & nous glace. *Lépreaux*.)

† MORGUE, s. f. Ce mot ne se dit guere qu'au figuré. C'est l'action de la personne qui eu brave & morgue un autre. (Faire la morgue à quelqu'un.

Morgue. Terme des *prisons de Paris*. C'est une maniere de petit bouge, ou de grande cage grillée, où l'on met un prisonnier d'abord qu'on l'ameine en prison pout en faire remarquer le visage aux guichetiers & le mettre ensuite au lieu où il doit être [Mettre un prisonnier à la morgue. Etre à la morgue. Les Archers qui ameinent des gens en prison ne se servent pas du mot de *morgue* mais ils disent seulement aux guichetjers. *Faites passer Monsieur ou Madame*. C'est à dire, faites passer Monsieur, ou Madame à la morgue.

† *Morguer* v. a. Faire la morgue à quelqu'un. Braver quelqu'un, s'en moquer avec insolence, & avec un regard fier, fixe & méprisant. (De son large dos il morguoit les spectateurs. *Moliere*. Morguer le ciel. *S. Amant*. Le L. L. fier comme un Ecossois & rustre comme un Suisse, morgue insolemment de sa caléche, son petit Auteur qu'il rencontre souvent par les ruës croté jusqu'à l'échine.)

Morgueur, s. m. Celui qui morgue. [un morgueur inhumain *Theo*. Poës.] On dit aussi un *morguant*, au même sens.

MORIBOND, *moribonde*, adj. Tout mourant, (Il est tout moribond.)

MORIGENER, v. n. Corriger. Former les mœurs. Instruire. (Si vous aviez en brave Pere bien *morigené* vôtre fils, il ne vous auroit pas joüé le tour qu'il vous a fait. *Moliere*.)

Morigené, *morigenée*, Adj. Bien instruit. Celui ou celle qu'on a bien élevé en lui formant les mœurs. (Enfant bien morigené. Fille mal morigenée.)

MORILLES, s. f. Espece de champignon qui croit entre les pierres environ le mois de Mai, qu'on lave bien, & qu'on fait bouillir pour mettre dans les ragoûts. (Les morilles sont bonnes.)

MORILLON, s. m. Sorte de raisin doux & noir, qui fait de bon vin.

MORION, s. m. Terme de *Haumier*. Armure de tête. C'étoit un casque rond avec une crête, mais il y a plus de quarante ans qu'on n'en fait plus, & qu'au lieu du morion on se sert de bourguignotes Françoises. (Ils se couvriront l'estomac de la tête de plastrons & de morions. *Col*.)

Morion. Grands coups de crosse de mousquet qu'on donnoit sur le cu dans le corps de garde à un soldat qui avoit manqué. (Le morion ne se donne plus depuis environ 30. ou 35. ans.

MORNE, adj. Pâle. Obscur. Qui n'a rien de vif. Le mot de *morne* se dit des couleurs. (Cette couleur ne me plait pas, elle est trop morne.)

* *Morne*, Pensif. Mélancolique. (Esprit morne. Regard morne, *Ablancourt*.)

† MORNIFLE, s. f. Coup de la main sur le visage. (Il lui a donné une bonne mornifle pour lui aprendre à être sage. (Ce mot est fort bas.

MORPION, s. m. Petit insecte qui mord & se niche aux sourcils aux aines, sous les aisselles & aux lieux du corps où il y a du poil.

MORS. Voiez *mords*.

MORSURE, s. f. Plaie qui se fait avec les dents. [Morsure de bête venimeuse. *Ablan*. *Apoph*.]

MORT, *morte* adj. Qui a perdu la vie. (Il est mort. Elle est morte de sa blessure.)

† * *Avoir la langue morte*. C'est ne dire mot.

* *Levres mortes*. *Ablancourt*, *Luc*. C'est à dire, levres pâles & défaites.

* *Argent mort*, c'est à dire, qui ne porte ni interêt ni profit.

* *Chair morte*. C'est de la chair pourrie & insensible qui est dans les écartes des plaies & qu'on fait manger avec de la charpie.

* *Couleur morte*. C'est une couleur sombre & qui n'a point d'éclat.

Eau morte. C'est à dire qui ne coule point.

* *Feuille morte*. Couleur qui ressemble à une feuille séche.

* *Main-morte*. Voiez *Main*.

La Mer morte. C'est un lac de la Palestine, qu'on apelle le lac *Asphaltite*.

* *Oeuvres mortes*. Terme de *Mer*. Ce sont les parties du Vaisseau qui sort au dessus de l'eau.

* *Tête morte*. Terme de *Chimie*. C'est ce qui reste au fond d'un vaisseau après la distilation.

Mort, s. m. Celui qui a perdu la vie. Celui qui a été tué en quelque bataille. (On l'a trouvé parmi les morts. La liste des morts & des blessez.)

Mort, s. f. entiere extinction de la chaleur naturelle. Séparation de l'ame d'avec le corps. (Mourir de mort violente. Mort de mort naturelle. Mort longue, cruëlle, affreuse, honteuse, glorieuse. Mort subite & imprevuë. Courir à la mort. Afronter la mort. Une mort funeste. La mort n'est pas un mal que le prudent évite, *Mai Poës*.

Mort civile. C'est quand on n'est plus de la societé civile, ainsi le bannissement, la condannation aux galeres, &c. sont des morts civiles.

Morts. Ce mot se dit hiperboliquement des grandes douleurs, qui meinent à la mort, qui font languir & qui font haïr la vie. (On lui a fait souffrir mille morts. C'est mourir d'une longue mort que d'être toûjours travaillé de la goute, & de la pierre & d'autres maux violens.)

* *Mort*. On dit souvent ce mot pour signifier quelque peine, ou quelque chagrin. (C'est une mort que d'attendre si long-tems. C'est une mort que d'avoir afaire aux Avocats, aux Procureurs, &c.

Les Poëtes parlent de la mort comme d'une personne, & ils disent que la mort est sourde à nos cris, qu'on a arraché une personne d'entre les bras de la mort, &c. Les Peintres peignent la mort comme un squelete avec des grifes, & une faulx à la main.

Mort aux rats. Poison qui fait mourir les souris & les rats.

MORT-DIEU, s. f. Sorte de jurement pour lequel on punissoit autrefois griévement, & pour lequel on devroit encore punir ceux qui jurent de la Sorte.

MORTADELLE ; *mortadelle*, s. f. Espece de gros saucisson. (Les mortadelles sont bonnes & réveillent l'apétit.

MORTAISE ; *mortoise*, s. f. Terme d'Architecture. L'usage est pour *mortaise*. C'est une ouverture qu'on fait dans le bois pour y assembler des tenons. (Mortaise piquée, simple & juste en about.)

Mortalité ; s. f. Naturé mortelle. Etat mortel. [L'homme sent d'un côté la mortalité & de l'autre la grandeur & l'éternité de Dieu. *Pasc*. l. 18.)

Mortalité, s. f. Ce mot se dit lorsqu'en un petit espace de tems il meurt plusieurs personnes, ou plusieurs animaux (La mortalité a été grande cette année. La mortalité est sur les brebis cette année.)

Mortel. Ce mot pour dire un homme est plus de la poësie que de la prose.

(Voiture, ce pauvre *mortel*.

Ne doit plus être apellé tel. *Sar Poës*. Mortel, ne garde point une haine immortelle. Il faut quiter le séjour des mortels. *Mai Poës*.)

Mortel, *mortelle*, adj. Sujet à la mort. Qui cause la mort. Dangereux. (Coup mortel Plaïe mortelle. Maladie mortelle. Peché mortel. * Vos regards sont mortels, charmante Iris.)

* *Mortel*, *mortelle*. Ce mot en parlant de gens qui se haïssent signifie. Grand. Capital. (Il est l'ennemi mortel des sors.)

* *Mortel*, mortelle. Ce mot se dit aussi des choses & veut dire *Grand*, *Sensible*. *Extrême*. Voit *Poës*. (Mortel déplaisir, *Voit*. *Poës*.)

Mortellement ; *mortélement*, adv. A mort, d'une maniere mortelle, D'une façon qui cause la mort. Beaucoup. (Il est mortellement blessé. Pécher mortellement. Haïr mortellement.

Morte-saison, s. f. Le tems où la pratique cesse. Le tems où l'on ne fait rien. (C'est la plus morte-saison de l'année pour les ouvriers.)

Morte-paie, s. m. Soldat que le Roi paie en tout tems & qu'il entretient dans les garnisons. (C'est un morte-paie. Il y a dans cette ville des troupes de garnison ordinaire, ou de morte-païes entretenuës.)

MORTIER, s. m. Vaisseau de métal, de marbre, de pierre ou de bois dans lequel on pile quelque sorte de chose. (Un bon mortier.

Mortier. Sorte de piece d'artillerie, courte, renforcée, & de gros calibre, & que l'on charge de bombes. (Tirer un mortier. Mettre le feu au mortier.)

Mortier, s. m. Ce mot se dit en parlant de certains Présidens des Parlemens. C'est un bonnet de velours noir, rond, plat, & large bordé par en haut d'un large galon d'or à la distinction du mortier du premier Président qui a deux galons d'or, l'un en haut, & l'autre en bas. Aux audiences celebres de la grand Chambre qui sont les Lundis, les Mardis, & les Jeudis au matin, les Présidens de cette Chambre ont leur robe rouge avec leur fourrure, & leur mortier à la main, & un bonnet quarré

MOR

fut la tête comme les autres oficiers du Parlement. Il y a huit Présidens au mortier au Parlement de Paris en y comprenant Monsieur le prémier Président. Monsieur Chasse-bras du Breau Conseiller à la Cour des Monoies, habile dans la connoissance des chartres & dans tout ce qui regarde les choses du Palais me la dit ainsi.

Mortier. Terme de *Maçon.* Chaux détrempée avec du sable ou du ciment. (Faire du mortier. Corroier le mortier. Raboter le mortier. Batre le mortier. Traiter de la maniére d'employer le mortier pour l'enduit.)

Mortification, s. f. Terme de *Chimie* & de *Médecine.* Action par laquelle une chose s'altére, se corromt & se mortifie. (La mortification des corps se fait par l'humidité , en les laissant un peu pourrir. La mortification des chairs se fait par les Chirurgiens , pour diminuër la douleur de quelque incision, ou autre operation violente. La mortification du Mercure se fait quand on lui ôte sa fluidité.)

* Mortification, s. f. C'est l'action de mortifier sa chair par la haire, la discipline le cilice, le jeune. (Faire de grandes mortications : Mortification extérieure de l'esprit & des passions. Mortification extérieure du corps & des sens. C'est un homme d'une grande mortification.)

* Mortification. Honte. Déplaisir qu'on reçoit. (Ce fut une cruele *mortification* pour cinq, ou six Religieuses. *Patru, plaidoié.* 1. Il a reçu une mortification tres-sensible. C'est une grande mortification, de demander pardon à son ennemi.)

Mortifier, v. a. Terme de *Chimie.* C'est changer la forme extérieure d'un mixte. Il se dit aussi des esprits , & c'est les mêler avec d'autres qui lient ou détruisent leur force. (Mortifier les esprits. *Emeri , Chimie.*)

Mortifier. Sécrer un corps naturel , le rendre plus tendre & plus mou. (On mortifie les drogues par infusion. Les Chirurgiens mortifient la chair des membres, & les endorment, lors qu'ils veulent faire quelque incision.)

Mortifier. Il se dit de la chair qu'on mortifie en la batant avec un bâton, ou la mettant quelque tems à l'air, pour la laisser un peu faisander, c'est à dire, la laisser un peu corrompre pour l'atendrir. (Laisser mortifier la viande au froid.)

Mortifier, v. a. Douter, Reprimer. (Il faut un peu *mortifier* sa chair durant ce saint tems de carême. Mortifier ses sens , sa volonté. *Port-Roial.*)

* Mortifier ses passions, Maucroix, Homelie 1. C'est les reprimer.

* Mortifier. Faire quelque honte, ou quelque déplaisir à quelqu'un en le blâmant, le raillant, le joüant , ou en lui faisant voir la sotise. (Mortifier une personne. La comédie des Femmes savantes de Moliére a bien mortifié Monsieur Trissotin & Monsieur Ménagius.)

MORTOISE. Voiez *mortaise.*

MORTUAIRE, *adj.* Terme d'*Eglise.* Qui regarde les morts. Qui sert pour les morts. (Extrait mortuaire *Patru, plaidoié* 14. C'est un extrait du registre des morts. Registre mortuaire. François prémier ordonna en 1539. que les Curez dresseroient des Registres mortuaires de toutes les personnes qui mourioient dans l'étenduë de leurs paroisses. *Le Mait. pl.* 7. On dit aussi drap mortuaire, c'est un drap qu'on met sur les morts. On apelle aussi ce drap poile.)

Mortuaire, s. m. Terme d'*Eglise.* Service pour un mort.

MORUE, *molue, s. f.* On dit présentement morue & non pas moluë. La morue est un poisson de l'Ocean, qui est large d'un pié & qui croit jusques à une coudée. La morue a de grans yeux & néantmoins elle ne voit guére clair. (Morue fraîche. Morue blanche.)

Morve, s. f. Ce mot se dit proprement des chevaux. C'est un écoulement d'humeurs flegmatiques, visqueuses, blanches, roufses, ou jaunâtres par les naseaux. (Faire jetter la morve.)

Morve, s. f. Il se dit des laituës & de la chicorée. C'est une pouriture qui se met à ces sortes de plantes & qui les fait périr. (Nos laituës ont la morve.)

Morver, v. n. Terme de *Jardinier.* Il se dit de la laituë & de la chicorée. C'est avoir la morve, se pourrir. (Notre chicorée morve, Nos laituës morvent. *Quint. Jard. fruit. T.* 1.)

Morveux, morveuse, adj. Qui a la morve. (Cheval morveux. Cavale morveuse, Seleisel, Parfait maréchal.)

Morveux, s. m. Ce mot se dit d'un petit garçon qui a de la morve au nez , qui fait quelque étourderie ou autre petite faute. (Un petit jeune homme. (Un petit morveux. Un plaisant morveux.)

Morveuse, s. f. Petite fille qui a la morve au nez. Petite fille qui fait quelque petite sotise. Jeune fille qui n'a nulle expérience & qui n'est pas capable de grande chose. (Une petite morveuse. C'est encore une plaisante morveuse pour cela.)

† ** Il vaut mieux laisser un enfant morveux que de lui arracher le nez.* Sorte de proverbe, pour dire qu'il vaut mieux soufrir un petit mal que l'empirer par un remede.

MOS.

MOSAÏQUE, *s. m.* Terme d'*Architecture.* Ouvrage marqueté fait de petites piéces & de morceaux de diférentes couleurs soit de pierre ou de bois proprement raportées. (Un ouvrage à la Mosaïque.)

MOSETTE, ou *mozette* Terme de *Cordelier & de Recolet.* C'est un morceau d'étofe, qui est de même sorte que l'habit du Cordelier & du Recolet, & qui étant taillé en rond , lui couvre toutes les épaules & tout le devant de l'estomac. Les Cordeliers donnent aussi le nom de *chaperon* à la mozette.

Mosquée, s. f. Lieu où les Turcs s'assemblent pour prier Dieu & invoquer Mahomet ; & qui est pour l'ordinaire superbement bâti & bien fondé. (Il y a des *mosquées* royales & des mosquées qui sont fondées par des particuliers. Les mosquées royales sont les plus magnifiques & les plus riches de toutes. Voïez Ricaut , *Histoire de l'Empire Otoman* , livre 2. Petite , ou grande Mosquée. Au dessus des Mosquées il y a un croissant. *Poulet.*)

MOT.

Mot, s. m. Tout ce qui se prononce , & s'écrit à part. (Un mauvais mot. Un méchant mot. Transcrire mot pour mot. *Ablancourt.* Il a pris cela de mot à mot de Suárés. *Pas. l.* 4. Un mot à double sens.)

Un bon mot. Chose plaisante. Chose dite avec esprit. Chose qui surprend & fait rire. (Dire de bons mots. Il aime mieux perdre cent amis qu'un bon mot.)

Mot. Quelques paroles. Peu de lignes. Un petit billet, Une petite lettre. (Dire un mot à une personne. Ecrire un mot à un ami, Il ne lui dit pas un mot de consolation , *Voiture* , *l.* 25. Encore un mot. *Ablancourt.* Ne dite mot de quelque chose.)

Entendre à demi mot. C'est comprendre promtement ce qu'une personne veut dire dés qu'elle a comencé de parler.

Un mot à deux ententes. C'est un mot qui a un double sens. Le mot de *conin* est de ces sortes de mots. Il signifie , dans un sens, un petit lapin, & dans l'autre il se prend pour les parties naturelles d'une jeune fille.

* Mot gras. Ce sont des mots qui contiennent quelque impureté, & qu'on ne doit point dire dans une honnête compagnie , & sur tout de femmes. (C'est aussi la raison pour laquelle on en a omis quelques uns, sur tout des plus grossiers.)

* Mots de gueule. C'est à dire, qui ne se disent que par des débauchez, ou par des personnes incivilies.

* Trancher le mot. C'est à dire parler hardiment & avec toute sorte de liberté. (A la fin, il tranche le mot, & lui avoua franchement qu'il ne pouvoit vivre sans elle. *Abl. Luc. T.* 2. *Amitié.*)

Prendre au mot. C'est accepter ce qu'une personne dit & la prendre à sa parole.

* Il n'y a qu'un mot qui serve. C'est à dire, il faut parler franc & sans déguisement & dire une parole sur quoi on puisse faire quelque fonds.

* Je ne vois pas où est le mot pour rire. C'est à dire, je ne vois rien de joli en cela. Je ne vois rien qui aille au cœur & qui chatouille l'esprit.

* Avoir le mot pour rire. Etre plaisant.

Mot. Terme de *Gens de guerre.* C'est ordinairement quelque nom de Saint que l'Aide-Major reçoit du Commandant & qu'il donne ensuite aux autres Oficiers pour se conoitre de nuit dans les rondes & autres rencontres. (Donner le mot. Recevoir le mot.)

* Avoir le mot. C'est être averti de quelque chose. Etre d'inteligence avec quelcun. (Cet homme , *qui avoit le mot* , se fit semblant de rien, & pour mieux joüer son personnage , &c.)

MOTE, *s. f.* Morceau de terre dans les chams labourez. (Une grosse mote. Une petite mote. Rompre les motes. Casser les motes.)

Mote d'arbre. Terme de *Jardinier,* C'est une certaine quantité de terre qui tient aux racines , de sorte qu'elles ne sont pas découvertes. (Lever un arbre en mote: Retrancher à un arbre une partie de sa mote. *Quint. Jardin fr. T.* 1.)

Mote. Coline. Eminence. (On les voioit brouant sur le haut d'une mote. *Volt. Poes.*)

Mote. Petite éminence au dessus des parties naturelles des homes & des femmes ; mais le mot de *mote* se dit plus ordinairement des femmes.) Mote ferme & relevée. V *Mont de Vénus.*

Mote à brûler. Tan use que les tanneurs forment en manière de grande assiette qu'ils font vendre par Paris, & que les pauvres gens achetent l'hiver pour se chaufer. (Les motes font un bon feu.)

Motelle Voiez *lote.*

SE MOTER, *v. r.* Terme de *Chasse,* qui se dit des *perdrix,* & qui signifie se cacher derriére quelque mote. (Les perdrix se motent.)

Vuu MOTET,

MOU

MOTET, *f. m.* Terme de *Muſicien*. Certaine compoſition de muſique des paroles Latines qui ſont de dévotion. (Un beau motet. Chanter un motet.

MOTEUR, *f. m.* Ce mot ſe dit de Dieu. Il ſignifie *qui meut*, & il eſt plus de la poëſie que de la proſe. [Sage Moteur de l'univers, God. Poë.]

* Moteur. Celui qui fait mouvoir & agir. Celui qui eſt le chef de l'intrigue. (Tout votre parti vous conſidére comme le chef & le prémier moteur de ces conſeils, *Paſ. l.* 18.]

MOTIF, *f. m.* Fin. Deſſein. But. Raiſon. Cauſe. [Je ne ſai quel eſt ſon motif. Découvrir les motifs de la guerre, *Ablancourt*. On ne fait rien ſans quelque motif. Il n'a point d'autre motif que la gloire.]

† MOTION, *ſ. f.* Terme de *Phiſique.* Mouvement.

Motive, ou motrice, *adj.* Terme de *Phiſique,* lequel veut dire *qui meut.* [La faculté motrice des muſcles.]

M O U.

Mou. Cét adjectif fait à ſon féminin mole. Ce mot ſe dit des choſes dont la ſuperficie eſt liée & continué, de telle maniere qu'étant preſſée du doigt elle ne ſe romt pas, mais elle s'enfonce. (Ainſi ont dit un corps mou.) Voiez *mol.*

Mou, *f. m.* Poumon de beuf. (Acheter du mou pour donner à manger à quelque chat.)

† MOUCHARD, *f. m.* Sorte d'eſpion de vile. Homme qui va par tout dans un lieu pour y épier une perſonne, voir ce qu'elle fait & la prendre, s'il eſt beſoin. (On a mis des mouchards à ſes trouſſes & tôt ou tard, il tombera dans leurs filets. Ne voilà pas de mes mouchards qui prennent garde à ce qu'on fait. *Moliere, Avare, acte* 1. *ſcene.* 3.]

Il y en a qui diſent auſſi mouche, au même ſens.

Mouchard, *f. m.* Le peuple apelle auſſi mouchards, ceux qui ſont gardes aux portes des viles, & qui viſitent les marchandiſes qui entrent & font payer les droits qu'elles doivent. On apelle ordinairement ces gens-là, commis, ou gardes.

Mouche, *ſ. f.* Sorte d'inſecte volant qui pique particuliérement les hommes & qui nait dans les lieux maréçageux.) Une groſſe mouche.

Mouche guêpe. Groſſe mouche ennemie des abeilles.

Mouche acatique. C'eſt une mouche qui fréquente les bords des fleuves & des eaux. Voiez *Jonſton l.* 3. *c.* 1.

Mouche à miel. C'eſt une abeille.

Mouche luiſante. C'eſt une ſorte de mouches qui luiſent la nuit en certains païs, & qui couvrent les arbres qui ſont le long des rivières. (Nous vimes une multitude de mouches luiſantes, dont les arbres qui bordoient la rivière étoient ſi couverts qu'ils paroiſſoient comme des luſtres. *Tachard, voyage de Siam, l.* 3. *p.* 200.)

† Faire d'une mouche un éléphant. *Ablancourt, Luc.* C'eſt à dire. Groſſir les choſes & parler d'une petite bagatelle comme d'une grande choſe & d'une choſe conſidérable.

* On ne ſait bien ſouvent quelle mouche le pique. *Deprenaux, Satire* 9. C'eſt à dire, On ne ſait quel eſt le ſujet de ſa colére, ou de ſes railleries. Il s'irrite pour rien.

* C'eſt une fine mouche ; *Abl.* C'eſt à dire, C'eſt une femme fine, adroite & ruſée.

* Prendre la mouche. *Ablancourt.* C'eſt ſe fâcher promtement.

* Mouche. Petit morceau de tafetas noir de la grandeur d'environ l'aile d'une mouche que quelques Dames, & de fois à d'autres, que de jeunes hommes mettent pour ſe viſage dans la penſée que cela leur donne un petit air plus agréable. (Elle porte des mouches. Il y a de certains endroits au viſage où les mouches ne ſient pas mal. L'antiquité n'a jamais connu l'uſage de mettre des mouches ſur le viſage des belles, Mle, de *Scuderi, tirannie de l'uſage.*

Moucheron, *f. m.* Petite mouche qui ſe met dans le vin, dans les yeux, &c. (Moucheron néyé dans le vin. Il m'eſt entré un moucheron dans les yeux.)

MOUCHER, *v. a.* Nétéier le nez. (Moucher un enfant.)

Moucher. Ce mot en parlant de *chandelle*, c'eſt couper la mèche de la chandelle alumée lorſque cette mèche eſt trop grande & empêche la chandelle de bien éclairer. (Prenez les mouchettes, & mouchez la chandelle.)

Se moucher, *v. r.* Se nétéier le nez. (Il eſt bon de ſe moucher ſoigneuſement tous les matins.)

MOUCHET, *f. m.* Oiſeau de proye qui eſt le mâle de l'épervier. Bel, *Hiſtoire des oiſeaux, livre* 2. *chapitre* 18. *&* 21.

Moucheter, *v. a.* C'eſt marquer de pluſieurs petites taches noires un fond blanc. (Moucheter un fond blanc.)

Moucheter, *v. a.* Terme de *découpeur.* Faire ſur l'étofe diverſes petites figures avec des fers. [Moucheter de l'étofe.]

Moucheter. Ce mot ſe dit de la toile de coton. Faire des fleurs, des petits carreaux & autres, agréables figures ſur de la toile de coton. (Moucheter de la futaine.)

Moucheter, *v. n.* Terme de *Fleuriſte.* C'eſt à dire, être broüillé de pluſieurs petites taches de diférente couleur, qui ſe mêlent. (L'œillet ne doit point moucheter.)

Mouchettes, *ſ. ſ.* Ce mot n'a point de ſingulier & ſignifie un inſtrument de métal avec quoi on mouche la chandelle, & qui eſt compoſé de deux branches, au bout de chacune deſquelles il y a un anneau & d'un fond pour tenir la mèche que l'on coupe.

Mouëchettes. Terme de *Menuiſier.* Sorte de rabot.

Mouchettes. Terme d'*Architecture.* Couronnement ou larmier de corniche.

Moucheture, *ſ. f.* Pluſieurs petites marques noires ſur un fond blanc. (Une agréable, une belle moucheture.)

Moucheture. Ouvrage moucheté fait avec des fers de découpeur. (Une moucheture bien faite.)

Moucheture d'hermine. Terme de *Blaſon.* C'eſt une manière de queuë d'hermine mouchetée. (Il porte d'argent ſemé de mouchetures. Col.)

Moucheture, *ſ. f.* Terme de *Fleuriſte.* C'eſt un mélange de pluſieurs petites taches de diférente couleur. [L'œillet broüillé de moucheture n'eſt pas beau. On doit ſouhaiter que l'œillet n'ait point de mouchetures.]

† Moucheur de chandelle, *ſ. m.* Sorte de bas Oficier parmi les Comediens, qui à la fin de chaque acte mouche les chandelles.

MOUCHOIR, *ſ. m.* Linge dont on ſe ſert pour ſe moucher. [Un mouchoir fort blanc.]

Mouchoir de cou. Linge dont les Dames ſe cachent le cou & qu'elles portent pour ſe parer & s'ajuſter. (Un beau mouchoir de cou. Un mouchoir de point de France.)

† Mouchoir. Torche-cu. (On ſe fait des mouchoirs des ouvrages de C.)

Mouchure, *ſ. f.* Ce qu'on retranche du lumignon de la chandelle, quand on le mouche. (Les mouchures des chandelles ſont propres à éclaircir la glace d'un miroir.)

MOUDRE, *Je mouds, tu mouds, il moud, nous moulons, vous moulez, ils moulent. Je moulois, j'ai moulu. Je moulus. Je moudrai. Que je moule. Je moudrois. Je mouluſſe.* C'eſt jetter du grain dans une trémie de moulin pour être écraſé & reduit en farine par la meule. (Moudre du blé. Moudre gros. Moudre bas. V. Moulu.

† Moué, *ſ. f.* Sorte de mine & de grimace qu'on fait en alongeant les deux lévres enſemble, ce qui ſe fait ordinairement pour ſe moquer d'une perſonne. (Elle fait la moué pour montrer une petite bouche. *Moliere.* Faire la moué à quelqu'un, *Sacr. poéſ.*)

Mouël. Voiez *moîle.*

Mouëleux. Voiez *moîleux.*

Mouëlon. Voiez *moîlon.*

Mouette, *ſ. f.* Poule d'eau. Il y en a de diverſes couleurs, de blanches, de noires & de cendrées.

MOUFLE, *ſ. f.* Sorte de gans fourrez dont ſe ſervent les gens qui travaillent fortement avec les mains durant l'hiver. (De bonnes moufles.)

* † On dit d'une entrepriſe dangereuſe où il ne faut pas s'engager ſans avoir des forces ſufiſantes pour en venir à bout, *qu'il ne faut pas y aler ſans moufles.*

Moufle. Terme d'*Emailleur.* Petit arc de terre qu'on met au feu ſous lequel on fait parfondre les émaux.

Moufle. Terme d'*Architecture.* Inſtrument dont on ſe ſert pour élever les fardeaux. La moufle eſt compoſée de deux piéces de bois percées en façon de mortaiſes, dans leſquelles il y a des poulies de cuivre. *Perrault, Vitruve.*

Moufle ferrée. Cette moufle eſt garnie de poulies de cuivre, de boulons, & de cordages pour monter les piéces d'artillerie à l'éléçoir. *Dav.*

MOUFTI, *f. m.* C'eſt le chef de la Religion Mahometane & celui qui reſout toutes les queſtions dificiles de la Loi, *Briët, Hiſt. des Turcs.*

MOUILLAGE, *ſ. m.* Endroit de mer propre à donner fond, où à jetter l'ancre. (Il a bon mouillage par tout le canal.)

Mouiller, *v. a.* Tremper dans l'eau. Remplir d'eau. (Mouiller le linge. Pluie qui mouille.)

* Mouiller. Il ſe dit quelquefois au lieu d'*arroſer*, baigner, en parlant de la Mer & des rivières. La mer Méditerranée mouille toute la côte de l'Afrique.

Mouillé, *mouillée, adj.* Trempé dans l'eau. Rempli d'eau.

* † *Il ſe couvre d'un drap mouillé.* Proverbe. C'eſt à dire, il allégue une méchante excuſe, qui aggrave ſa faute, au lieu de l'amoindrir.

Mouiller, *v. n.* Terme de mer. C'eſt jetter l'ancre. (Nous mouillâmes en tel endroit.)

† Mouillete, *ſ. f.* Trenche de pain longue & menuë préparée pour tremper dans des œufs à la coque.

Mouille-bouche. C'eſt le nom d'une ſorte de poire qui a beaucoup de ſuc.

Mouilloir, *ſ. m.* Sorte de petit vaſe d'argent, ou de fer blanc que les femmes qui filent atachent à leur tablier pour ſe mouiller les doigts lorſqu'elles tirent le chanvre de leur quenouille. (Un joli mouilloir.)

Mouillure, *ſ. f.* Qualité de ce qui eſt mouillé. (La mouillure eſt néceſſaire au papier qui ſert à imprimer.)

Mouillure, *ſ. f.* Terme de *Jardinier.* C'eſt un ample arroſement. (Il faut donner une bonne mouillure à ces plantes. *Curé d'Eſneville.*

MOU   MOU

d'Enonville, cult. des arbres. C'est à dire, il les faut arroser amplement.)

Moulage, s. m. Terme de Potier. Carreaux moulez. (Voilà bien du moulage.)

Moulant part. Qui vient du verbe *moudre.* Qui fait moudre. Quand on le fait substantif masculin, il signifie le garçon du Meunier qui est occupé à faire moudre le grain. (Ce meunier a un bon moulant.)

Moule, s. m. Mot général qui veut dire ce dans quoi on jette une chose pour la former. Creux à jetter les figures de bronze, de plomb, &c. (Jetter une figure en moule.)

Moule, Terme de *Chandelier.* Bois de noier creusé & raboté proprement, où l'on fait couler du suif tout chaud par un totau de fer blanc lors qu'on fait de la chandelle. (Nettoïer le moule.)

Moule Terme de *plombier.* Table faite de grosses pièces de bois bien jointes, longue quelquefois de 18. piez & large de 3. ou 4.

Moule. Terme de *Potier.* Bois de chêne de neuf pouces en quatré sur un pouce d'épais.

† Cela ne se jette pas en moule, Façon de parler proverbiale, pour dire que la chose n'est pas si facile à faire que l'on croit.

† On dit d'une chose gatée ou perduë, dont on ne doit pas regretter la perte, que le moule n'en est pas rompu.

Moulée, s. f. Poudre, ou bouë épaisse qui se recueille sous la meule des Taillandiers, & qui est composée des petites parties qui se détachent de la pierre & des ferremens qu'ils aiguisent. On emploie de la *moulée* pour la Teinture en couleur noire; mais il est défendu aux Teinturiers de s'en servir, parce qu'elle rend la couleur fausse, & qu'elle fait trop peser les étofes, & sur tout la soie.

Moules, s. f. Sorte de petits poissons enfermez entre deux coquilles qui croissent contre les rochers, qui par dehors sont noires & qui par dedans paroissent entre blanches & bleuës. *Rond.*

Moules d'eau douce. Petit poisson de test dur couvert de deux coquilles noires & unies. *Rond.*

Moules. Coquilles pour faire des grottes.

Mouler, v. a. Jetter en moule. Faire couler la matière dans le creux. (Mouler en bronze, en cuivre, en étain.)

Mouler. Terme qui se dit en parlant de faux monnoieurs. C'est jetter des pièces fausses dans du sable bien préparé, & proprement mis avec des jets & des planches entre deux chassis; ou mouler, (Mouler des Louis d'or, des quatruples, des écus blancs, &c. Cette pièce est moulée. C'est à dire elle est fausse. Elle est jettée en sable.)

Mouler. Terme de *Potier.* Mettre la terre dans le moule. (Mouler du catreau.)

Mouler. Terme de *marchand de bois des ports de Paris.* Mesurer & mettre du bois dans les membrures, (Mouler du bois.)

Se mouler, v. r. Se former dans le moule. (Les pièces d'artillerie se moulent sur le modèle de bois. Dav.)

* *Se mouler sur quelqu'un.* Prendre quelqu'un pour son modèle; se former sur quelque excellente personne. (Se mouler sur les grans hommes de l'antiquité.)

Moulettes, s. f. Sorte de petites coquilles. *Felibien.*

Mouleur, de bois, s. m. C'est un Oficier qui visite le bois; qui reçoit les déclarations des marchands de bois & raporte ces déclarations au bureau de la ville, qui mesure les membrures; le bois de compte, les fagots, cotterets, met les banderoles aux bateaux & piles de bois, contenant la taxe du bois, des fagots & des cotterets. *Ordon. de Paris, c.20.*

Moulin, s. m. Il y a plusieurs sortes de moulins. Le *moulin à eau* est une machine composée d'une meule, d'une *larce*, d'une lanterne, d'une trémie, d'une huche, d'un frion & d'une rouë qui tourne par le moïen de l'eau, & qui faisant aller le reste de la machine sert à moudre le grain. (Un bon moulin. Faire aller le moulin. Moulin qui moud beaucoup.)

Moulin à vent. Machine composée d'une cage, d'une meule, d'un frein, & de volans habillez de treillis, qui lorsque le vent les fait tourner, font aller toute la machine pour faire moudre le grain. (Vétir un moulin à vent. C'est mettre les voiles aux volans. Il faut cent quatre années de treillis pour vétir un moulin à vent. Tirer le moulin au vent. Mettre le moulin au vent. Vétir le moulin en voie; Etre vétu comme un moulin à vent, phrase burlesque pour dire. Etre habillé de toile.)

Moulin à papier. Sorte de moulin servant à battre le vieux linge pour en faire du papier.

Il y a diverses sortes de moulins à huile, à tan; à foulon, &c. Il y a des moulins à fabriquer la monnoie; & à reduire le métal en lames. Les tireurs d'or ont des *moulins,* qui sont des machines composées de deux cilindres d'acier entre lesquels, à l'imitation de ceux des moulins à fabriquer la monnoie, ils font passer le fil d'or ou d'argent, pour l'aplatir & le reduire en lames. Ils ont aussi des moulins à dévider pour mettre le fil sur de la soie, ils sont composez de plusieurs rangs de bobines qui tournent en même tems.

Il y a aussi des moulins à dévider la soie.

Un moulin de *lapidaire* sert à tailler des pierres.

Moulin à poivre. Moulin à faire de la moutarde. C'est une petite machine dans laquelle il y a des rouës dentelées qu'on fait tourner avec une manivelle pour faire moudre le poivre, la moutarde &c. qu'on y met & pour les reduire en poudre.

Moulinage, s. m. Terme de *Négoce.* Le moulinage de la soie est la façon qu'on lui donne en la faisant passer par le moulin.

Mouliner, v. a. Terme de *Fleuriste.* Il se dit des vers & de la terre, & veut dire *creuser.* [Quand le pot à fleur est posé à terre plate, le ver entre par le trou des pots, moulline, & renverse incessamment la terre. *Culture des fleurs, ch. 5.*]

C'est à peu près dans ce sens, qu'on dit *bois moulliné,* c'est à dire corrompu, gâté ou pourri par le moïen des vers qui s'y sont mis.

Moulinet, s. m. Les meuniers des moulins à vent appellent de ce nom une petite rouë autour de laquelle il y a des morceaux de late que les meuniers mettent à la cage de leur moulin pour connoître quand le vent tourne.

Moulinet, s. m. Sorte de rouleau, au travers duquel il y a deux barons en croix pour tirer sur le haquet les muids de vin & pour y serrer les balots & autres pareilles marchandises. Ce mouliner s'aplique à la plupart des Machines avec lesquelles on élève des fardeaux. (Tourner le moulinet.)

Moulinet. Sorte de bâton, dont on se sert pour serrer une corde afin de tenir une charretée, ou un chariot chargé de foin, ou de blé en gerbe.

Moulinet à faire du chocolat. Sorte de petit bâton pour remuer le chocolat.

Moulinet. Croix de bois qui tourne de niveau sur un pieu de bois & se met dans le dehors des places fortifiées à côté des barrieres par où passent les gens de pié.

Moulinet. Il est aussi d'une petite piece de carton que les enfans aratchent avec un clou au bout d'un bâton pour la faire tourner en la portant au vent.

Moulinet en trenchoir. Terme de *Vitrier.* Ce sont des pièces de vitre.

Moulinet. Sorte de tour d'*escrime.* qu'on fait en maniant autour de soie une halebarde, ou autre arme pareille pour empêcher qu'on ne vous aproche. (Faire le moulinet. Ta fureur t'a couté la vie lorsque tu faisois le *moulinet* sur un troupeau de moutons. *Abl. Luc. T. 1.*)

Moulinier, s. m. Ouvrier à qui on donne la soie pour la filer.

Moulu, moulue, adj. Réduit en farine par la meule. (Grain moulu.) Blé bien moulu. Voiez. *Moudre.*)

Or moulu. C'est de l'or amalgamé, c'est à dire, reduit en poudre & mêlé avec du vif argent mortifié, dont on se sert pour dorer.

Moulu de coups. C'est à dire, froissé.

* *Ils détruisoient d'être brisez & moulus sous leurs dents.* God.

* On dit qu'on a *le corps moulu,* quand on sent des douleurs par tout le corps, pour avoir trop fatigué, couru la poste, couché à la dure, &c.

Moulure, s. f. Terme d'*Architecture & de menuiserie.* Parties éminentes, quatrées & rondes, droites, ou courbes qu'ne servent d'ordinaire que pour les ornemens. (Une belle moulure.)

Mourant, s. m. Celui qui meurt. (Tout cet apareil des mourans, des valets tristes & pleurans nous font voir. *Voiture, Epître à Monsieur le Prince sur son retour d'Alemagne.* Les morts & les mourans qui sont encore sur le champ de bataille font un horrible spectacle.)

Mourant, mourante, adj. Qui meurt; languissant. (Vie mourante. *Abl.* Une voix mourante.)

* *Teint mourant.* * *Bleu-mourant.* C'est un bleu pâle. *Yeux mourans,* ce sont les yeux d'une personne qui se meurt; & au figuré, ce sont des yeux languissans & qui marquent de la passion & de la douleur.

Homme vivant & mourant. Terme de *Jurisprudence feodale.* C'est un homme qui les gens de main morte qui tiennent des fiefs donnent au Seigneur, & cet homme venant à mourir, ils sont obligez de paser les droits & d'en donner un autre pour conserver toûjours les profits du fief.

Mourir, v. n. *Je meurs; tu meurs, il meurt; nous mourons; vous mourez, ils meurent. Je mourus, je suis mort; je mourrai. Que je meure. Je mourrois, je mourisse.* Ce mot signifie expirer. Perdre la vie. Etre tué en un combat. (Il meurt fort contrit. Avant que de mourir, il donna la bénédiction à son fils. *Arnaud.* Il mourut d'entre les Généraux des Perses Niphates. *Abl. Ar.* Il est mort de ses blessures. Il mourut du coup qu'il reçut. Il est mort de faim, de maladie, de poison. Mourir d'une mort naturelle, violente. &c.)

* *Mourir au monde.* C'est quiter tous les plaisirs du monde.
* *Mourir d'amour.* (Parîte brunette vous me faites mourir.)
* *Mourir de douleur, de déplaisir, de misère. Scaron.*

Mourir civilement. Voiez *mort civile.*

Se mourir, v. r. *Je me meurs. Je suis mort.* Expirer, Rendre l'esprit, Etre fort malade & n'atendre plus que la mort, Perdre peu à peu la vie. (C'est un homme qui se meurt. Nous mourons tous les jours.

[Je me meurs tous les jours en adorant Silvie, *Voit. poëf.*
Je me meurs, c'est trop marchander,
Pour vous dire ma peine extreme. *Sar. poësies.*
Je lui jurai que je mourois pour elle. *Voit. poëf.*

Mourir. Il se dit des plantes, qui cessent de végeter, c'est à dire, de se nourrir, de croitre & porter des feuilles, des fleurs & des fruits. (Nos Oliviers moururent presque tous l'hiver passé. La plus-part des arbres meurent quand on leur ôte l'écorce.)

* *Mourir.* Il se dit encore des choses inanimées. Et il signifie cesser d'agir. (Le feu mourra si on ne le couvre. La chandelle est morte. On dit aussi le commerce est mort en ce païs, *c'est à dire,* il ne va plus. Le credit est mort.)

* On dit aussi, vous devriez mourir de honte d'avoir fait une telle action.

* *Mourir de rire.* C'est rire avec excés.

* *Mourir d'envie, de désir, d'impatience de voir quelque chose,* c'est à dire, la désirer ardemment.

** Les envieux mourront, mais l'envie ne mourra jamais. *Proverbe.*

On dit qu'*un homme mourra en sa peau,* pour dire qu'il ne quittera point ses vieilles habitudes & qu'il ne se convertira point.

Mouron, s. m. Sorte d'herbe. Le mouron mâle produit une fleur rouge & le mouron femelle produit une fleur bleuë. Il y a encore plusieurs autres sortes de mouron.

Mourre, s. f. Jeu qui vient d'Italie, qui se joüe en montrant les doigts & en faisant déviner un certain nombre, & la personne qui le devine, gagne. (Joüer à la mourre.)

Mousquet, s. m. Arme à feu composée d'un fût, d'un canon, d'un serpentin & d'une détente & à laquelle on met le feu avec de la méche. (Tirer un coup de mousquet. Essuier une grêle de coups de mousquet, *Ablancourt,* Porter le mousquet.)

Mousquet, Fusil. Arme à feu qui sert de mousquet & de fusil.

* *Mousquet.* Mousquetaire. (Faire défiler les mousquets.)

Mousquetade, s. f. Quelques uns croient ce mot un peu vieux & en sa place ils disent *un coup de mousquet.* On croit ces Messieurs un peu trop délicats. Ablancourt & tous les bons Auteurs modernes écrivent essuier une grêle de mousquetades.

Mousquetaire, s. m. Soldat fantassin qui porte le mousquet. (Un rang de mousquetaires. Mousquetaires, aprêtez vous.)

Mousquetaires, s. m. Cavaliers à cheval qui servent plus à pié qu'à cheval & qui ont une casaque bleuë & une croix blanche sur cette casaque.

* *Mousquetaires gris.* Cavaliers qui sont montez sur des chevaux gris & qui servent à pié & à cheval.

Mousquetaires noirs. Cavaliers montez sur des chevaux noirs, servant à pié & à cheval.

Mousqueton, s. m. Sorte de fusil de deux piez & demi qu'on porte à la ceinture, ataché à une bandouliere. (Un fort bon mousqueton. On lui a tiré un coup de mousqueton. Il a été tüé d'un coup de mousqueton.)

Mousqueterie, s. f. Decharge de mousquets. Plusieurs coups de mousquet, (La mousqueterie fut terrible.)

Mousse, s. f. C'est une maniere de petite herbe frisée, crepuë & jaunâtre, qui ne croît guére en hauteur & qui vient sur la superficie de quelques terres incultes, de certains bois & même sur des rochers. La mousse vient aussi autour des fontaines, sur l'écorce de certains arbres fruitiers & principalement des poiriers, des pruniers & des cerisiers. Il faut ôter soigneusement la mousse des poiriers, parce qu'elle leur est nuisible & qu'elle fait un grand désagrément à la vuë. La mousse sert à calfeutrer les bateaux.

Mousse terrestre. C'est une plante qui jette de longs filets garnis de petites feuilles longuettes, & qui se traine fort loin.

† * *Pierre qui roule, n'amasse jamais mousse.* Proverbe, pour dire qu'on ne profite point si on ne s'arrête à un dessein & à une profession.

* *Mousse.* Il se dit aussi des petits bouillons qui se font par l'agitation des liqueurs, & qui s'furnagent. (La biére fait beaucoup de mousse, ou d'écume. Mousse de savonette. Sorte d'écume de savonette. On dit aussi *mousse de savon,* qui est l'écume de savon.

Mousse, adj. Il se dit des ferremens dont le tranchant ou la pointe sont usez, ou mal aiguisez, ou ausquels il y a encore du morfil. (Le tranchant est trop mousse. Ce couteau est mousse, il le faut éguiser.)

* *Mousse*, adj. Il se dit au figuré, de l'esprit, & signifie lourd & pesant. (Cet homme a l'esprit mousse, il a de la peine à comprendre ce qu'on lui dit.)

Mousseline, s. f. Sorte de toile fort fine pour faire des cravates. (Une belle mousseline. Belle mousseline.)

† *Mousser*, v. n. Ce mot se dit de la *savonette* & du *savon* qu'on met dans l'eau qu'on agite & signifie *jetter une sorte d'écume blanche.* (Cette savonette est bonne, elle mousse bien. Savon qui mousse.) Il se dit aussi de la biére, du vin, &c.

Mousseron, s. m. Espéce de champignon tout blanc qui vient au mois de Mai, caché sous la mousse, d'où il a pris son nom & qu'on mange aprés les avoir fait boüillir avec des cibouiles, du sel, du beurre & un filet de vinaigre.

Moussu, moussuë, adj. Plein de mousse. (Arbre fort moussu, Branche fort moussuë.)

Moustache, s. f. Barbe qu'on laisse au dessus de la lévre d'en-haut. (Faire la moustache à la Roïale.)

† *Moustache.* Il se disoit aussi autrefois des longs cheveux qu'on laissoit pendre le long des joües.

* J'ai cru mitonner cette belle pour moi durant 13 ans afin qu'un jeune fou me la vienne enlever jusque *sur la moustache. Moliere.*

Mout, s. m. mou. C'est du vin doux.

Moutarde, s. f. Composition faite de senevé, & de poivre qu'on détrempe vingt quatre heures dans du vinaigre. (Faire de la moutarde. Broïer de la moutarde.)

* † *C'est de la moutarde aprés diné.* C'est à dire, on n'a plus besoin de cela, la chose est présentement inutile.

† * *Il vaut mieux sucrer nôtre moutarde.*
L'homme a un caprice est sot qui se hazarde *Reg. Sat.* 2. C'est à dire, il vaut mieux adoucir nôtre raillerie & nôtre satire.

Moutardier, s. m. C'est un petit vase d'argent, ou d'étain, où l'on met quelque peu de moutarde. (Un beau moutardier. Un moutardier bien fait.)

Mouton, s. m. Mot général qui signifie une *bête à laine,* mais proprement le mot de mouton veut dire un *agneau mâle qui est châtré,* & qui a trois ans. Quand le petit de la brebis n'a pas un an achevé on l'apelle *agneau,* quand il en a deux les laboureurs le nomment *antenet,* & quand il en a trois & qu'il est châtré, *mouton.*) Un bon mouton. Un mouton bien gras. La chair de mouton est chaude & fait un tres-bon sang.)

Mouton de cinq quartiers. Sorte de bête à laine d'Afrique qui ne differe de nos moutons qu'aux cornes & en la queuë. La graisse de cet animal est toute en sa queuë qui est large & ronde, & s'alonge à mesure qu'il s'engraisse. Voiez *Ablancourt, Marmol.* l. 1. c. 25.

Mouton marin, s. m. Espéce de poisson blanc & qui a les cornes recourbées comme le mouton terrestre.

* *Moutons.* Terme *de Charron.* Piéces de carosse qui sont de petits piliers de bois où il y a des mains de fer au travers desquelles passent les supentes du carosse & qui servent à soutenir le corps du carosse. (Il y a 4. moutons à chaque carosse deux devant, & autant derriere.)

Mouton Terme *d'Architecture.* Espece de billot qu'on élève par le moïen d'une machine & qu'on laisse tomber sur les pieux pour les enfoncer. (Batre des pieux avec le mouton.)

Mouton. C'est aussi une grosse piéce de bois dans laquelle on fait entrer les anses d'une cloche, pour la pendre.

† * *Retournons à nos moutons. Reg. Sat.* 2. C'est à dire, retournons à nôtre discours.

† * *moutonnaille*, s. f. Terme burlesque qui se dit dans cette façon de parler, le peuple n'est que *franche moutonnaille*, c'est à dire, il se laisse conduire comme des moutons. *La Fontaine, contes.*

* † *Moutonne.* Sorte de coiffure dont les femmes se servoient. C'étoit une tresse de cheveux touffuë & frisée qu'elles se mettoient sur le front.

Moutonner, v. n. Terme de *Mer,* qui se dit, lorsque l'écume des houles, c'est à dire, des vagues blanchit, qu'il y a beaucoup de mer & que les houles paroissent comme des moutons. (On dit la mer moutonne.)

Mouture, s. f. Ce que prend le meunier pour faire moudre du grain. (Prendre la mouture.)

Mouture. Farine moulue. (Voilà de la bonne mouture.)

Mouvance, s. f. Terme de *pratique* qui se dit en parlant de fief & qui signifie *dépendance.*

Mouvant, mouvante, part. Qui meut. (Principe mouvant. Cause mouvante. Forces mouvantes. Ce sont des termes de *Phisique* & de *Mécanique.*

Mouvant, mouvante, adj. Terme de *Palais.* Dépendant & relevant. (Fief mouvant d'un autre.)

Mouvant, mouvante, adj. Qui n'est pas ferme. Qui se peut mouvoir. (Terre mouvante. Les roües s'enfonçoient dans le sable mouvant. *Vaug. Q. Curce* l. 4. ch. 6.)

Mouvement, s. m. C'est la façon d'être d'un corps qui est mû, & le mouvoir non consiste dans l'aplication successive de ce même corps aux diverses parties des corps qui l'avoisinent immédiatement. Action de se mouvoir. (Le mouvement de la Lune, des étoiles, du Soleil, du cœur, du sang, du chile, &c.)

MOU   MNA

Mouvement de trépidation. Terme dont se servent les Astronomes qui suivent l'opinion de Ptolomée, & qu'ils attribuent à un Ciel qu'ils ont imaginé entre le firmament & le prémier mobile, & qu'ils nomment *Ciel cristalin*, qui par son mouvement propre ne fait que balancer d'Orient en Occident, puis d'Occident en Orient, ce qui fait que le mouvement des étoiles fixes est quelquefois hâté & quelquefois retardé.

Mouvement. Volonté. Gré. (Cela n'étoit pas venu de son prôpre mouvement. *Ablancourt. Cés.*)

Mouvement. Pensée, Sentiment Tout ce qui touche & meut le cœur.

* Il n'a aucun mouvement de prier Dieu, *Pass.* 14.
* Il n'a aucun mouvement sur cela, Il ne souhaite pas sa mort par aucun mouvement de haine, héros est aspirée & elle est *muëtte en héroïne*, car on *Pass.* 17.
* Le mouvement des passions. Exciter les mouvemens. Ce sont des termes de *Rétorique, & de Poësie.*

Mouvement. Terme de *Musique.* C'est la maniere de batre la mesure pour hâter ou retarder la prononciation des paroles, ou le jeu des instrumens, marqué par les notes. On le dit aussi du mouvement du corps dans la danse.

Mouvement. Troubles. Guerres. (Pacifier les mouvemens d'une Province. Memoires de M. le Duc de la Roche-Foucaut. Ecrite une relation des mouvemens passez. *Mémoires de M. le Duc de la Roche-Foucaut.*)

Mouvement. Terme de *guerre.* Ce mot se dit en parlant de troupes & d'armée. Ce sont les changemens de poste que fait une armée pour la commodité du campement, pour engager l'ennemi au combat, ou pour éviter le combat. (Faire divers mouvemens, faire tous les mouvemens de l'exercice militaire.)

Mouvement. Terme de *guerre* imaginé heureusement depuis quelques années, qui signifie l'action, la marche & tous les tours qu'on fait faire à des troupes dans quelque combat, ou quelque bataille. (Rien n'est si perilleux que de faire de grans mouvemens devant un ennemi, puissant sur le point d'envenir aux mains. *La Chapelle, relation des campagnes de Rocroi.*)

* Il s'est bien donné du mouvement là dessus. C'est à dire, il s'est fort intrigué pour faire réussir une chose.

Mouvement. s. m. Terme d'*horloger.* C'est la machine qui fait mouvoir l'aiguille, sans y comprendre le quadran, la boîte & autres pieces qui lui servent d'ornement. (Cet horloger est habile, il fait un mouvement en quatre jours.)

Mouver. v. a. Terme de *Jardinier.* Il vient du Latin *movere.* C'est donner une maniere de petit labour à la terre qui est dans un potager que cette terre étant ainsi *mouvée* & rendue meuble, soude atroflément y puisse entrer avec plus de facilité. (On *mouve* la terre des pots, ou des caisses, avec un petit outil de fer, ou de bois, & cette sorte de petit labour est tres utile, *Quint. Jard. fr. T.* 1.)

Mouvoir. v. r. Je meus, tu meus, il meut, nous mouvons, vous mouvez, ils meuvent. J'ai meu, Je meus. Qu'il meuve. Mouvant. Meu. voir. Ce verbe signifie au propre remuer, donner du mouvement, faire changer de place. (Aristote a cru que les Intelligences faisoient mouvoir les Cieux. Archimede ne demandoit qu'un point fixe pour mouvoir la Têrre. Et au figuré, il signifie *Exciter, Pousser, Porter* à quelque chose, & n'est gueres usité qu'aux tems que je marque. (La grace éficace *meut* le libre arbitre. *Pass. l.* 18. Nous sommes enflamez suivant les divers objets qui nous meuvent. *Vaug. Q. C. l.* 2. *ch.* 1. Il a été meu à cela par vôtre conseil.

Se mouvoir. v. r. Se remuër. (Il ne sauroit se mouvoir. Je ne puis me mouvoir.)

Mostras V. *Mostreo.*

MUA.

Muable, adj. Qui est sujet au changement. Qui change. (Les choses *muables* & passageres. *Port-Royal.*)

Muance. s. f. Terme de *Musique.* Changement de nôte. (Il faloit faire une *muance* en cet endroit.)

MUE.

Mue. s. f. Ce mot se dit proprement des oiseaux & c'est lors que les oiseaux changent leurs plumes. (Les oiseaux sont en *muë.* Il faut dans la *muë* avoir un grand soin des oiseaux.)

Mue. Ce mot se dit aussi des *vers à soie.* C'est la dépouille de la peau des vers à soie. *Isnard, traité des vers à soie.*

Mue. Terme de *vanier.* Espece de cage sans fond où l'on met la poule avec ses poulets. (Acheter une *muë.*)

Muër, v. n. Ce mot se dit proprement des *oiseaux* & des *vers à soie.* Quand il se dit proprement des oiseaux, il veut dire changer de plumes, & quand il se dit des *vers à soie*, il signifie *changer de peau.* (Les oiseaux & les vers à soie muent tous les ans.) Il se dit aussi des chevaux & de quelques autres animaux, quand ils changent de poil.

Muet, muette, adj. Qui ne sauroit parler. (Il est muet. Elle est muette.)

* *Muet, muette.* Qui ne replique point, parce qu'il est confondu, ou pour quelque autre cause accidentelle. (Il est demeuré muer devant ses Juges.)

Muet. s. m. Celui qui ne peut parler. (Jesus-Christ rendoit la parole aux muets. On lui fait son procés comme à un muet.)

Muette. s. f. Celle qui ne peut parler. (Une charmante muette.)

Muet, muette, adj. Terme de *Grammaire.* Cela se dit de l'h devant laquelle la derniere voïelle du mot qui la précede se mange. (L'h dans *héros* est aspirée & elle est *muette en héroïne*, car on dit *le héros* & *l'héroïne. Vau. Rém.*)

MUF.

Mufle. s. m. Ce mot se dit proprement des bœufs, des vaches & autres pareils animaux. C'est la partie la plus basse de la tête, où sont les naseaux, & qui couvre les dents. (Un gros mufle. Taureau qui a le mufle tout ensanglanté.)

* *Mufle.* Mot bas & burlesque pour dire le nez avec toute la partie extérieure de la bouche. (Il lui a donné bien serré sur le mufle.)

Mufle de Lion. Plante qui pousse une tige haute & déliée, & qui lorsqu'on l'ouvre, représente en quelque façon la gueule d'un lion. (Le mufle de lion fleurit bleu, blanc, rouge, ou de quelque autre couleur.)

Mufle. Terme d'*Architecture* & de *Sculpture.* Ce sont des ornemens qui imitent le mufle des animaux, du Lion, & de l'Ours, &c.

MUG.

Muge. s. m. Sorte de poisson qui a la tête grosse & grande, & qui est de mer, d'étang, & de riviere.

Mugir. v. n. Ce mot se dit des vaches, bœufs & taureaux. C'est un cri qui distingue les bœufs, les vaches & les taureaux des autres animaux. (Le taureau mugit. Le bœuf commença de mugir à la vuë du loup.)

[* D'une voix infernale
La clicane en fureur mugit dans la grand' sale.
Déspreaux, Satire 8.]

La mer mugit d'une maniere éfroiable. *Entretiens d'Ariste & d'Eugene.*

Mugissement. s. m. C'est le cri naturel du taureau, de la vache, ou du bœuf. (Le mugissement du taureau est terrible lors que le taureau est en furie.

* Leurs cris imitent les *mugissemens* de la mer, *God. Poësies*, *2 partie, églogue.*

* Tous les bois d'alentour retentissoient avec un *mugissement* éfroiable. *Relation des campagnes de Rocroi & de Fribourg*, *page* 126.

Mugler. Voïez *meugler.*

† *Mugot, mugot. s. m.* Le peuple de Paris dit *mugot*, mais on croit que le véritable mot c'est *magot*, qui signifie l'argent qu'une personne a serré & caché. (Oh lui a dérobé son mugot.)

Muguet. s. m. Sorte de plante qui sent bon, qui fleurit en mai & qui porte plusieurs petites fleurs blanches en forme de godets ronds. (Muguet qui sent fort bon. Aimer le muguet.)

† *Muguet. s. m.* Ce mot est un peu vieux, & n'entre guere que burlesquement, & satiriquement, ou comique. Il signifie *un galand*; *un mignon.* (L'assemblage étoit ridicule d'un *muguet* & d'un Philosophe. *Ablancourt. Luc. T.* 1. Je veux qu'un discours des *muguets* elle forme l'oreille. *Moliere, école des maris, a.* 1. *s.* 1.)

Mugueter. v. a. Faire le galant. Cajoler. (Il y a long-tems qu'il la *muguette* cette fille, c'est à dire, qu'il la recherche.)

† *Mugueter. v. a.* Il se dit aussi au figuré en parlant du dessein qu'on a de se rendre maître de quelque chose. (Les Princes voisins muguettent cette place.)

MUI.

Mui. s. m. ou muid, du Latin *modius.* Ce mot en parlant de vin veut dire une sorte de vaisseau fait par le tonnelier & composé de douves & de fonds, contenant deux tens quatre-vingt pintes, ou environ, mesure de Paris. (Mettre un mui de vin en perce.)

Vuu ij   Mui

Mui. Ce mot se dit en parlant de *grains*. C'est *douze setiers* mesure de Paris. (Un mui de blé, d'avoine, d'orge, de seigle.)

Mui. Ce mot se dit aussi en parlant de *sel*, & veut dire *douze setiers*. (Un mui de sel)

Mui de charbon de bois. Ce sont *vingt mines*.

Mui de plâtre. Ce sont *trente cinq sacs*.

MUL.

Mule, *s. f.* Animal de somme qui est engendré d'un âne, & d'une cavale, ou d'un cheval & d'une ânesse, qui est sterile, & fantasque & sujet à ruer.

† Elle est fantasque comme une mule.

† *Ferrer la mule, Ablancourt, Apoph.* Ces mots se disent des valets & des servantes, & signifient *voler son maître ou sa maîtresse* en leur disant qu'on a un peu plus acheté les choses qu'ils nous on donné ordre d'acheter que veritablement on ne les a acheteés. L'Origine de cette façon de parler vient d'une action que fit autrefois le muletier de l'Empereur Vespasien, comme le raporte Suétone. Il se avoir audience de l'Empereur à une personne, à qui il l'avoit promise pour de l'argent faisant arrêter la litière de Vespasien, sous pretexte de ferrer une des mules qui étoit déferrée. Ce que l'Empereur aïant apris, il voulut partager avec son muletier le profit qu'il avoit fait à *ferrer la mule*. Suétone. *Vie de Vespasien*.

Mules. Pantoufles. (Les pages de la chambre donnent les *mules* tous les matins & tous les soirs au Roi. Faire des mules à une Dame de qualité. Des mules bien garnies & bien enjolivées. Baiser la mule du Pape.)On apelle aussi de ce nom une couverture de soulier qu'on met pour la propreté,ou pour se garantir des crottes.

Mule. Ulcere, ou tumeur qui vient en hiver pendant le grand froid au talons. (Avoir les mules aux talons.)

Mules traversiéres.Maladie qui vient au boulet & au pli du cheval & qui cautérise cet endroit,si bien qu'il en sort une humeur acre & maligne qui s'entretient par le mouvement que fait le cheval en marchant & qui ouvre & ferme continuellement ce pli. *Soleisel.*

Mule, meule. Terme de *Faucheur & de Laboureur*. Quelques-uns disent *meule*, mais mal. Toutes les gens du métier disent *mule*. C'est un gros tas de foin qui n'est pas botelé & qu'on amasse au milieu d'un pré,de peur que la pluie ne le gâte. Gros tas de paille au milieu de la cour d'un laboureur. (Faire une petite, ou une grosse mule de foin,ou de paille.)

Mule,*s.f.* Terme de *Jardinier*. C'est un amas de fumier chanci que les maréchais ont fait en défaisant leurs couches. (Ils font des mules pour avoir des champignons. Ils font ces mules aurant longues qui peuvent, larges & hautes de quatre ou cinq piez, & en dos-d'âne. Faire des mules de fumier neuf, ou de vieux fumier. *Quint. Jard. fr. T.* 1.)

Mulet, *s. m.* Sorte d'animal de somme, qui est engendré par un cheval & une ânesse, ou par un âne & une cavale, & qui a quelque chose des qualitez de l'âne & du cheval. (Le *mulet & la mule* ont l'odorat tres-fin & ont de la simpatie avec les oiseaux acatiques. On dit que le *mulet* ne ruë pas quand il boit du vin. *Jonston, Histoire des animaux.*)

† *Garder le mulet*. C'est atendre longtems.

Muletier,*s.m.* Celui qui a soin des mulets, & qui est chargé de les conduire. (Un bon muletier. Un fidéle, adroit & vigilant muletier.)

Mulette,*s. f.* C'est le gesier des oiseaux de Fauconnerie.

Mulot, *s. m.* Sorte de souris champêtre. (Un gros mulot. Il y a de certaines conjurations superstitieuses, dont on se sert pour chasser les mulots, & les serpens. *Thiers, superst.* ch. 34.)

Multiple, *adj. & s. m. & f.* Terme d'*Aritmétique*. Il se dit des nombres & des autres quantitez c'est à dire ; qui en contient une autre plusieurs fois. Ainsi le nombre 12. est multiple de 3. parce qu'il le contient 4. fois. *Raison multiple*, c'est celle qui est entre des nombres & des quantitez,dont les unes sont multiples des autres. Ainsi la raison de 20.à 5 & de 15.à 3. sont des raisons multiples.

Multipliable,*adj.* Qui peut être multiplié. (Toute quantité est multipliable par quelque nombre que ce soit. Tout nombre est multipliable par lui même.)

Multiplicateur,*s.m.* Terme d'*Aritmétique*. C'est le nombre par lequel on multiplie.

Multiplication,*s. f.* Terme d'*Aritmétique*. L'augmentation d'une somme & d'autant de fois sa valeur que le *multiplicateur* contient d'unitez. (Savoir la multiplication.)

Multiplicité,*s.f.* Multitude. (Il n'y a rien de plus oposé au principal but des substitutions que la *multiplicité* des possesseurs. *Patru, plaidoié* 12.)

Multiplier. Ce verbe est *actif* ordinairement, mais il est *neutre* aussi quelquefois. Il signifie Augmenter. Croître. [Multiplier une somme. Cela multiplie à l'infini.]

Multitude,*s. f.* Grand nombre. Grande quantité de personnes. (Une grande multitude d'ennemis. Une éfroïable multitude de peuple vient au devant de lui. *Ablancourt.*)

MUN.

Municipal, *municipale, adj.* Ce vot vient du Latin *municipalis*. C'est un terme de la *Jurisprudence Romaine*. Il signifie,Qui est d'une vile, ou qui regarde une vile qui se gouverne selon ses loix & ses coûtumes, & qui jouïssoit des honneurs & des Droits de Rome. (Les Decurions étoient des Magistrats municipaux, c'est à dire, des Juges qui rendoient la justice dans ces sortes de Viles. Droits municipaux. Loix municipales. Ofices municipaux.) Il se dit encore aujourd'hui des Viles qui ont des coûtumes, des droits & des priviléges particuliers.

Munier, Voïez *meûnier*.

† Munificence, *s. f.* Ce mot est Latin, Et il se dit quelquefois de la liberalité de quelque Prince.

Munir, *v. a.* Pourvoir & fournir de toutes les choses qui sont necessaires. (Munir une vile. Place bien munie.)

* *Se munir de résolution*, & *de constance*, &c.

Munitionnaires, *s. m.* Ceux qui ont soin des munitions & des vivres de l'armée.

Munition : amonition, *s. f.* Quelques uns disent *amounition* pour *munition*, mais ils parlent tres mal. Il faut dire *munition* & prononcer *municion*. On apelle *munition* en termes de guerre la poudre, le plomb, les boulets, les fourrages, le bois, le blé, le vin, le pain & la chair. (Les ennemis n'ont point de munitions. Ils manquent de munitions. Distribüer le pain de munition aux soldats.)

MUR.

Mur, *s. m.* Muraille. (Un petit mur. Faire un mur. Un mur mitoïen. Mur de séparation. Mur de face.)

Mûr, mûre, & meure, *adj.* On écrit mûr & meur,mais quoi qu'on écrive meur on prononce mûr. Ce mot se dit promptement des fruits, & il veut dire qui est en sa maturité. (Fruit mûr. Abricot mûr. Pêche mûre. Pomme mûre.)

* *Age mûr, Ablancourt.* C'est à dire.L'âge où l'on doit être sage
* *C'est un homme mûr*. C'est à dire. Sage.

* *Mûrement, adv.* Ce mot ne se dit se semble, qu'au figuré, & signifie, Sagement. Avec prudence, *& sans précipitation*. (Il faut mûrement penser au mariage.)

Muraille, *s.f.* Mur. (Une bonne muraille. La muraille blanche est le papier des foux. Muraille de pierre; de moïlon, de brique.)

† *Mural, murale, adj.* Il n'est en usage qu'au *féminin*. Les Romains apelloient *couronnes murales*, celles dont ils honoroient ceux qui étoient montée les premiers sur les murailles des ennemis.

Mure, ou *meure*,*s. f.* L'un & l'autre s'écrit de la sorte, mais quoi qu'on écrive meure, on prononce mûre. C'est le fruit que porte le mûrier & qui est noir, ou blanc lorsqu'il est entiérement mûr. (Les mûres lâchent le ventre, mais elles se corrompent aisément dans l'estomac.)

† Mûrene, *s. f.* En Latin *murena*. Poisson fort estimé chez les Romains. Il étoit fort semblable à la lamproie, mais il étoit plus large & avoit la gueule plus grande.

Murer, *v. a.* Environner de murailles. Boucher par le moïen de quelque maconnerie. [Vile murée. Murer une porte, une fenêtre.]

Murier, ou *meurier*, *s. m.* On écrit l'un & l'autre, mais on prononce toujours *murier*. C'est l'arbre qui porte les *mures*, & qui est apellé *l'arbre sage*, parce qu'il bourjonne le dernier de tous les arbres qu'on éleve, & qu'il atend à bourjonner que le froid soit passé. [Un murier noir, Un murier blanc. *Dal.*]

Mûrir, *meurir*, *v. n.* L'un & l'autre s'écrit, mais quoi qu'on puisse écrire *meurir*, on prononce pourtant *mûrir*. C'est venir en maturité. (Les cerises commencent à mûrir. Le Soleil fait mûrir les fruits.)

* *Le tems a mûri mes desirs*, *Depreaux, Epitre.* 5.
[* J'avance cette opinion, mais parce qu'elle est nouvelle, je la laisse mûrir au tems, *Pasc.l.*6.]

Murmurateur,*s. m.* Ce mot signifie qui murmure, Il se trouve quelquefois dans les ouvrages de *Port-Roial*. Monsieur Arnaud dans l'histoire de Joseph a écrit, ces *murmurateurs* afectoient la souveraine Prêtrise. L'Abé de Roiaumont, *Histoire de la Bible* a dit, Dieu commanda de se separer des *murmurateurs*.

Murmure, *s. m.* En Latin *murmuratio*. Plainte secrette de quelque tort qu'on croit nous avoir été fait. C'est l'action de gronder. (Apaiser le murmure des soldats.)

* *murmure*. En Latin *murmurare*. Le petit bruit que font les eaux [* Le doux

MUS

[* Le doux murmure des fontaines. Sar. Poëf.]
Murmurer, v.n. en Latin murmurare. On s'en sert dans un sens actif, & dans un sens neutre. étant pris activement, & il ne se dit que des choses, & il signifie dire quelque chose en grondant, parce qu'on est mal satisfait. [écoutons ce qu'il murmure entre ses dents. Abl. Luc. T. 2. dial. du coq.] Au sens neutre il se dit des personnes, & signifie gronder.

[Je bénis mon matitre, & content de mourir
Je n'ose murmurer contre sa tirannie. Voit. sonnet.]

* Murmurer, v.n. Au figuré, il se dit des eaux & des vents, & signifie faire un peu de bruit. Faire un bruit qui agrée.
[Le vent qui rompt le silence, murmure dans les buissons. Sar. Poëf. C'est à dire, fait un petit bruit en agitant les feuilles.]

MUS.

MUSARAIGNE, s. f. en Latin mus araneus. Sorte de petit rat ou de taupe qui se trouve à la campagne, & dont la morsure est venimeuse.

MUSC. Voiez Musque.

MUSCADE, s. f. C'est le fruit d'un arbre des Indes qui est assez semblable au pêcher, & qui porte une fleur qu'on nomme macis, au dedans de laquelle vient la muscade qui est séche & chaude au second degré, qui est bonne à l'estomac & qui se râpe sur de certains ragoûts pour leur donner une petite pointe qu'ils n'auroient pas sans un peu de muscade. Voiez Matiole, l. 1 chapitre 142.

Muscadelle, s. f. C'est le nom d'une sorte de poire qui sent un peu le musc. On dit aussi une poire muscadelle.

MUSCADET, s. m. Sorte de gros raisin blanc assez bon. [Un petit muscadet. Un gros muscadet.

Muscadin ; muscadin, s. m. L'usage est pour muscadin. C'est une sorte petite friandise, où il y a du musque & de l'ambre & du sucre qu'on mange pour avoir bonne haleine & pour se réjouir le cœur [Au tems des vieux Paladins on disoit toujours muscadins. Voi. dans l'Histoire de l'Académie.] Mais aujourdui on dit & on écrit muscadin.

Muscat, s. m. Raisin muscat. (Ce muscat est excellent, mangezen.)

Muscat, s. m. Vin fait de raisins muscats. (Boite du muscat, excellent muscat.)

Muscat, muscate, adj. Qui tient du musc. (Rose muscate.

MUSCLE, s. m. Terme d'Anatomie. Instrument du mouvement volontaire, tissu de fibres & de chair. (Muscle ofensé.)

Musculeux, musculeuse, adj. Plein de muscles. (Chair musculeuse. La peau du visage est toute musculeuse.)

MUSE, s. f. Divinité de Parnasse à qui les Poëtes ont donné pour frere Apollon. Il y a neuf Muses Clion, Euterpe, Talie, Melpomene, Terpsicore, Erato, Polimnie, Uranie & Calliope. Les Muses sont filles de Jupiter & de la Nimphe Mémoire. On les peint jeunes, belles, éveillées & modestes, vétuës agréablement & couronnées de fleurs. Elles célébrent par de charmans vers les victoires des Dieux & enseignent la poësie & le langage des Dieux aux personnes qui ont un heureux génie Voiez l'Iconologie de Ripa. On dit que les Poëtes sont les nourrissons des Muses.

* Muse. Ce mot se prend figurément. (Qu'arriva-t-il de sa muse abusée, il revint de la Cour, couvert de boue & de fumée. Despreaux, Satire 1. Suivre la muse est une erreur bien lourde. Cotin ménagerie.)

† Muse. Voiez plus bas Muser.

MUSEAU, s. m. Ce mot se dit proprement de certaines bêtes. C'est la partie la plus basse de la tête qui renferme les naseaux & & qui couvre la bouche, ou la gueule. (On m'a donné deux chiens qui ont le museau si long qu'ils valent bien une Demoiselle. Voi. l. xi. Le Saumon du lac de la Garde a le museau plus long que celui de la Truite. Rond. 1. partie page 115. Le museau des grenouilles finit en pointe. Rond. Museau de ver à soie. Isnard, page 178.)

† * Museau, Nez. Visage. [J'ai reçu deux coups de ciseau en un lieu bien loin du museau. Voit. Poëf. Se graisser le museau. Moliere. Je m'enlumine le museau de ce trait que je bois dans eau. S. Amant)

* Museau de clé. Terme de Serrurier. C'est la partie du panneton de la clé, où il y a plusieurs fentes, qu'on nomme les dents.

Muselière, s. f. Terme de Sellier. Morceau de bride qui passe sur le nez du cheval, & qui est ataché de part & d'autre à la tétière (Une muselière malfaite.)

Muselière, s. f. Terme de Bourrelier. Morceau de cuir avec de petits clous qu'on met sur le nez des jeunes poulains & sur le musle des jeunes veaux qu'on veut sevrer.

† MUSER, v. n. Vieux, mot, qui signifioit au propre, avoir le visage sèché vers un endroit, se distraire de son travail & s'amuser à regarder, à faire, où à dire quelque chose d'inutile. (Quand on donne un message à faire à ce valet, il muse à chaque pas & il met long tems à revenir.)

MUT

† Tel refuse qui après muse. Vieux proverbe, qui se dit des personnes qui regrettent en vain les bonnes occasions dont ils n'ont pas sçû profiter. En ce sens , on appelloit un homme mussard.

Muse, s. f. Il se dit, en termes de Vénerie, de la triste contenance, où se trouve le cerf, lors qu'il est en amour.

Muserole, s. f. Partie de bride qui passe sur le nez du cheval. Le mot de muserole se dit, mais les selliers , ni les bourreliers ne s'en servent pas si souvent que de celui de muselière. (Une jolie muserole.)

MUSETTE, ou musète, s. f. Sorte de cornemuse. Instrument de musique à anches & à vent, composé d'une peau, d'un bourdon, de deux chalumeaux & d'un porte-vent où l'on fait entrer le vent par le moïen d'un souflet. (Musette organisée. Joüer de la musette.)

MUSICAL, musicale, adj. Qui tient de la musique & de l'harmonie. (Ton harmonieux & musical, Abl. Luc. Tome 2.)

Musicalement , adv. Harmonieusement. (Chanter musicalement.)

Musique, s. f. f. Celui qui fait la musique. Celui qui fait la musique & qui gagne sa vie à la montrer , ou à chanter. (Un bon musicien. Un méchant musicien.)

Musicienne, s. f. Celle qui fait la musique. (Elle est musicienne.)

Musique , s. f. f. en Latin musica. C'est une harmonie qui naît des sons & des voix. Sa fin est de délasser agréablement l'esprit & de lui donner de nouvelles forces pour s'apliquer ensuite avec plus de feu au travail, Zarlino, 1. partie. (Une bonne, une excellente musique. Une musique enragée, une méchante musique. Chanter la musique. Aprendre la musique.)

Musique. Concert de voix & d'instrumens, qu'on fait en faveur de quelque personne. (En espagne & en Italie les Galans donnent la nuit la musique à leurs maîtresses.)

L'Amour veut qu'un Galand se pique
De donner quelquefois le bal & la musique.
La Suze poësies.

MUSQUE , musc, s. m. L'un & l'autre est bon , mais le meilleur c'est musque. Quelques-uns appellent musque l'animal des Indes qui produit le musque , Matiole, l. 1. c.20. croit que l'odeur qu'on nomme musque s'engendre au nombril d'un animal des Indes qui étant en amour devient tout furieux , qu'alors son nombril s'enfle & s'emplit d'un sang grossier, que cet animal court , s'agite & se mord tant de mouvemens que cette ensture creve , d'où sort un certain sang à moitié corrompu qui aïant pris l'air devient bien-tôt après odoriferant. (Le musque est chaud au second degré & sec au troizième. Il fortifie le cœur , recrée le cerveau & deséche l'humidité des yeux.)

Musquer, v. n. Donner une odeur de musque à quelque choix. (Il faut musquer cela. Musquer des noix.)

Musquée, adj. Qui sent le musque. Qui a une odeur de musque. (Chardon musqué. Plante de violette musquée. Des noix confites bien musquées.)

† Musqué, musquée, s. f. Ce mot signifie quelquefois visionnaire ridicule. (C'est une fantaisie musquée.)

† SE MUSSER, v. r. Vieux mot qui signifie se cacher , & qui n'est reçu que dans le burlesque. (Les souris se mussent dans la nate.)

MUSULMANS, s. m. Les Turcs. C'est un nom que les Mahometans se donnent & qui signifie Vrai-croyant. (Les Turcs prennent à honneur d'être apellez Musulmans.)

Musulman , musulmane , adj. Turc. (Troupes musulmanes, Ablanc.)

MUE.

MUTABILITE, s. f. état des choses qui sont sujettes au changement. (La mutabilité de la fortune.)

MUTANDE, s. f. f. Mot pris de l'Italien, & terme de Capucin & de Fouillant. C'est un caleçon. (Une vieille mutande qui est toute usée.)

MUTATION, s. f. Changement. Révolution. (Le païs d'Athenes est est le moins sujet aux mutations. Abl. Tac. l. 1. c. 1.)

MUTILATION, s. f. Prononcez mutilacion. Il vient du Latin mutilatio. C'est lors qu'il manque quelque chose aux lévres, aux oreilles, aux narines. Deg. p. 84. C'est aussi l'action de celui qui se mutile. (La mutilation d'Atis Galant de la mére des Dieux. Port-Royal.)

Mutilation. Terme d'Architecture. Défaut dans les bâtimens qui consiste à avoir des parties mutilées. Estropiment dans les édifices.

Mutilé, mutilée , adj. Personne qui a quelque manquement en quelque partie. Châtré. (Il est mutilé.)

Mutilé mutilée. Terme d'Architecture. Rompu, Estropié. (Partie mutilée. Membre mutilé.)

Mutiler, v. a. Il vient du Latin mutilare, & il signifie tronquer. Couper , retrancher quelque membre, estropier. (Alcibiade mutiloit d'une main sacrilege les statuës des Dieux. Abl. Luc. T. 2. amours.)

Ss

MUT NAB NAC NAD NAG.   NAI

Se mutiler, v. r. Se châtrer. (Il y a des hommes qui *se mutilent*. Port Roial.)

Mutin, mutine, adj. Opiniâtre. Obstiné. (C'est un mutin. C'est une mutine.)

Mutin, f. m. Séditieux. (Les mutins ont été punis.)

Mutiner, v. n. Révolter, Soulever. (Faire mutiner le peuple.)

Se mutiner, v. r. Faire le mutin. Se fâcher. Se mettre en colére. (Il se mutine pour rien.)

Se mutiner, v. r. Se révolter. Se soulever. (La populace commence à se mutiner.)

Mutinerie, f. f. Sédition. Trouble. Mouvement. (Apaiser une mutinerie)

† *Mutir, v. n.* Quelques uns disent & écrivent ce mot en parlant des oiseaux de proïe qui se déchargent le ventre, mais ils parlent mal. Le mot de *mutir* est vieux, & en sa place les oiseliers de Paris disent *fianter*. (Le faucon *fiante* : l'aigle *fiante*, le pigeon *fiante*, le merle *fiante*, & ils ne disent jamais l'aigle *mutit*, ni le pigeon *mutit*.)

Mutüel, mutüelle, adj. Ce mot signifie *reciproque*, & se dit proprement de plusieurs & de deux aussi. (Les Crétiens se doivent aimer d'une afection mutüelle, *Vau. Rem.* Le mari & la femme se doivent aimer d'un amour mutuel, *Vau. Rem.* Il y a un don mutuel entre la femme & le mari. Faire un don mutüel. *Le Mais.*)

Mutüellement, adv. Réciproquement. (Il se faut servir mutüellement.)

Mutulus, f. f. Terme d'*Architecture*. C'est une espéce de modillon quarré dans la corniche de l'ordre Dorique. (On apelle cette sorte de mutule *corbeau*. Voiez *Perraut, Vitruve*.)

N

N *SUBSTANTIF FEMININ*, Prononcez *enne*. (Une petite *n*, une grande *N*.)

N. Cette lettre ne se prononce pas dans les troisiémes personnes des verbes au pluriel. (Par exemple, on prononce *aiment, chantent*, comme s'ils étoient écrits, *aime chante*.)

NAB.

† *Nabot, f. m.* Nain. Terme *de mépris*, qui veut dire *petit*. (C'est un nabot. On dit eussi, c'est un petit nabot.)

* *Esprit nabot. Scaron.*

† *Nabote, f. f.* Terme *de mépris*, qui veut dire *petite*. [C'est une nabote. Une petite nabote.]

NAC.

Nacarat, f. m. Couleur rouge fort vive. [Ce nacarat est beau.]

Nacarat, nacarate, adj. Qui est d'un rouge fort vif. [Ruban nacarat.]

Nacelle, ou nacéle, f. f. Sorte de petite barque dont on se sert sur les riviéres. [La nacelle fait eau. Mener une nacelle.]

Nacre de perle, f. f. Coquille grande, épaisse, ronde par le bas, jaunâtre par dehors & fort jolie, & de couleur d'argent par dedans, où l'on trouve de fort belles perles. *Rond. Histoire des poissons 1. partie, chap.* 30. D'autres disent que la nacre de perle n'est à proprement parler que le neud qui est au bout d'une coquille, Voiez *Ronel, Mercure Indien, l. 1. c. 3.*

Nacter. V. Naqueter.

NAD

Nadir, f. m. Terme d'*Astronomie*. C'est le point qui est oposé au Zenith & qui est le plus éloigné de l'horison dans l'hémisphére inférieur.

NAG.

Nage, f. f. Terme de *Batelier de Paris*. C'est le morceau de bois du bachot où pose la platine de l'aviron losrque l'auneau de l'aviron est au tourer.

A nage, à la nage, adv. L'un & l'autre se dit, mais à *la nage* me semble plus usité, & signifie *à force de nager*. [Se sauver à la nage, *Vangelas, Quin. livre 9 chapitre 9*. Ils voulurent montrer leur adresse à la nage, *Abl. Tac. An. l. 2.*]

Nageoire, f. f. Calebasse, ou vessie pleine de vent qu'on se met sous les bras pour se soulever sur l'eau, & aprendre peu à peu à nager tout seul. [De bonnes nageoires.]

Nageoire. Ce mot se dit en parlant des *poissons*, c'est une maniere de petite aile sur le haut du dos & à chaque côté du corps du poisson, à la faveur desquelles le poisson nage.

Nageoire. Terme de *Porteur d'eau.* Sorte d'assiette de bois que les porteurs mettent sur leur seau lorsqu'il est plein pour empêcher qu'il ne tombe point d'ordure dans l'eau de leur sceau. Quelques-uns appellent cette espece de nageoire un *tailloir*, mais le mot le plus reçu c'est celui de *nageoire*.

Nager v. n. Ce mot se dit des poissons & des autres animaux & c'est fendre l'eau & se glisser çà & là dans l'eau par le moïen des nageoires, c'est remüer de telle sorte les piez que l'eau soutiene & méne l'animal où il veut aller.

Nager, Ce mot se dit des hommes, & signifie mouvoir de telle sorte les bras, & les jambes dans l'eau, ou sur l'eau qu'on aille où l'on veut. [Nager une lieuë. Il est bon de savoir nager.]

Nager, v. n. Il se dit des choses inanimées, qui, par leur légéreté, se tiennent au dessus de l'eau, sans enfoncer. [L'huile nage sur l'eau. Le liége, le sapin & quelques autres bois nagent sur l'eau, mais le buis, l'ébéne, &c. n'y nagent pas.

* Il voïoit *nager dans son sang* celui qu'il venoit de voir à la table. *Vau. Quin. l.* 3. Vous nagez dans les biens, *Dép. Sa. préface* 4. Son pié nage en un vieux souïlé qu'on a refait cent fois. Voïez le *poëme des noyers*. Nager en pleine vengeance, *Benserade, Ron.* Poisson qui *nage* largement dans le beurre, *Sar. poës.*

Nager. Terme de *plusieurs Bateliers de Paris*, qui signifie *ramer*, je dis de plusieurs, parce qu'il y en a assez qui disent ramer, & principalement ceux qui sont aux environs du pont de la Tournelle. (Allons, batelier, dépêchez vous, prenez vos avirons & nagez de toute vôtre force.)

Nager. Terme de Mer. C'est *voguer*] Rameurs qui nagent debout. C'est à dire, qui voguent sans être assis. *Faire nager un brulot.* C'est à dire, contraindre un brulot de porter à la mer, de se mettre au large de tirer à la mer.]

Nager f. m. Celui qui nage. [Un bon nageur.]

Nageur. Batelier qui rame. [Nous primes hier un bachot auprès du pont rouge & pour aller plus-vite nous voulumes qu'il y eût trois nageurs sur la levée du bachot.]

† *Naguére.* Ce mot signifie *depuis peu*, mais il est vieux & bas. [Il étoit naguére arrivé, *Vau. Rem.*]

NAI.

Naïades, f. f. Ce sont les Nimphes des fontaines & des riviéres. [Une charmante Naïade.]

Nais, naïve, adj. Naturel. [Caractére naïf. Description naïve. *Abl.*]

Naïf, naïve, adj. Trop ingénu. Un peu niais. Un peu sot, [Il est bien naïf. Elle est fort naïve.]

Naïvement Voïez *plus bas*.

Naïveté Voïez *plus bas*.

Nain, f. m. Celui qui est petit au delà de ce que naturellement il doit être. Prononcez *nein*. [C'est le nain du Roi.]

Arbre nain. C'est un arbre fruitier qui ne croît pas fort haut, qu'on éléve en buisson, , & qui toutesfois porte de beau fruit & en quantité. [Les arbres nains ne durent pas si longtems que les grands arbres qu'on éléve en plein venr.]

Naine, f. f. Prononcez *neine*. Celle qui est petite au delà de ce que naturellement elle doit être. (La neine de la Reine est assez spirituelle.)

Neine. Sorte de petite féve qu'on ne rame point & qui est fort bonne

Naissance, f. f. Prononcez *nessence*. C'est le tems & moment qu'on naît & qu'on jouit de la vie. (Naissance heureuse, malheureuse. Célébrer le jour de sa naissance. *Abl.* Antioche étoit le lieu de sa naissance, *Port-Roial, Nouveau Testament*,)

Naissance. Le Race. Famille. Le mot de *naissance*, se prend en bonne part en ce sens à moins qu'il ne soit accompagné de quelque épitéte injurieuse. (Etre de basse naissance. *Comte de Bussi.* Etre de naissance. *Scaron*. Mes enfans, vous êtes d'une naissance si illustre que vos biens & vos maux font les biens & les maux de la République. *Abl. Tac. An. l.* 1. Sa naissance a de grandes suites dans le Roiaume. *Memoires de M. le Duc de la Roche-Foucaut.*)

* La naissance *de l'aurore*, *Sar. poës.* * La naissance *du monde. Sar. poës.* Sejanus dans la naissance de sa fortune ne se vouloit pas faire connoître par des cruautez, *Abl. Tac. l.* 4 [Il ne voulut pas consentir que les larmes à la naissance de la douleur. *Abl. Tac. An. l.* 4. La naissance des vices. *Ablanc. Tac. An. l.* 3. De là ont pris naissance les loix séditieuses. *Ablancourt, Tac. An. l. 3,.*)

* *Naissance.* Terme d'*Architecture* & de *Menuiserie.* C'est l'endroit où commence à paroître un corbeau, une poutre, une voute, ou quelque autre chose. (Pierres qui montrent le commencement & la naissance d'une voûte. On dit, lieu où est fondée la naissance d'une poûtre, d'un pilastre, &c.)

Naissant. Participe. Qui vient de naître. Qui naît.

Naissant, naissante, adj. Prononcez *néssant.* Qui commence à paroitre. Qui commence à se faire connoitre, à se former. (Un Poëte naissant. *Dépreaux, Epitres.* * Une beauté naissante. *Ablan.*)

Naissant, naissante, adj. Terme de *Blason.* Il se dit des Lions & de quelques autres animaux, dont on ne voit que la tête, les épaules & les piez de devant, le reste de leurs corps étant caché derriére l'Ecu.

Naître

NAN NAP NAQ NAR NAS

Naître, v. n. Prononcez *nêtre*. C'est venir au monde. Commencer à avoir vie. *Je nai, tu nais, il nait, nous naissons, vous naissez, ils naissent. Je naissois. Je naquis, tu naquis, il naquit, nous naquîmes, vous naquîtes, ils naquirent. Je suis né. Je naîtrai. Que je naisse, que je naquisse. Je naîtrois. Naissant.* (Les enfans naissent la tête la première.)

[* Mot qui vient de naître. *Vau. Rem.*

* Faire naître de l'amitié. Faire naître de la haine. *Abl.*

* Un si doux traitement fit *naître* en moi quelque ressentiment d'amitié. *Voit. poës.*

*Il naît des fleurs sans nombre sous ses pas. *Voit. poës.*

Naissance, Voiez plus haut.

Naissant, naissante. Voiez plus haut.

Voiez **Né.**

* **NAIVEMENT,** Sorte d'adverbe qui vient du mot *naïf,* & veut dire *Franchement. Sans déguisement & sans détour.* (Dit naïvement sa pensée.

Naïveté, s. f. Quelque chose de naturel & d'aisé. (Il y a en tout ce qu'il dit une naïveté charmante.)

Naïveté Trop grande ingenuité. Simplicité niaise. (La naïveté avec laquelle le pauvre homme mandoit ces nouvelles, la fit rire, *Le Comte de Bussi.* Elle dit des naïvetez à faire crever de rire.)

NAN.

* **NANAN,** *s. m.* Terme dont se servent les petits enfans qui commencent à parler lorsqu'ils demandent à manger. (Taisez-vous & vous aurez du nanan.)

NANETE, ou **Nanette,** *s. f.* Nom de fille qui veut dire *petite Anne.* (La blonde Nanete n'est plus mon amour.)

Nanon, s. f. Nom de fille qui signifie *petite Anne.* (Nanon est belle. Nanon mes amours, aimons-nous toûjours.)

Nantir, v. a. Terme de *Palais.* Donner une chose à quelqu'un Pour assurance d'une dette. [Nantir une personne de quelque chose de prix.]

Se nantir, v. r. Terme de *Palais.* Se saisir de quelque chose duë. [Je me suis nanti pour valeur de la somme que j'ai prêtée. Elle est nantie de fort bonnes nipes.]

† *Je suis encore nanti de la belle. Molière.* c'est à dire, j'ai encore la belle.

Nantissement, s. m. ce qu'on donne à un créancier pour assurance d'une dette. (Je lui ai donné de bons gages pour nantissement de ce qu'il m'a prêté.)

NAP.

Nape, *s. f.* Linge dont on couvre la table lors qu'on veut faire quelque repas. [Une nape bien blanche. Une nape sale. Mettre la nape. On ôte la nape quand on a desservi.]

Mettre la nape. ces mots se disent de celui qui reçoit une compagnie chez soi, quand les autres y aportent dequoi manger, & qu'il fournit le couvert, le pain, la chandelle, &c. On dit que celui qui *met la nape* est toûjours le plus foulé.

Nape de cuisine, Gros linge qu'on étend sur la table de cuisine lorsque les domestiques veulent dîner ou souper.

Nape de communion. Linge fin & blanc qu'on met autour de la balustrade de l'Autel devant les communians de peur que l'Hostie ne tombe lorsqu'ils la reçoivent de la main du Prêtre.

Nape d'Autel, Linge benit dont on couvre un Autel. (Benir une nape d'autel. Avant le 15.siecle, on ne couvroit ordinairement l'autel que d'une nape ; mais à cette heure, on le couvre de trois, ou de deux au moins, dont il y en a une pliée en double. *Thiers, dissert. des Autels, c. 21.*)

* *Nape-d'eau.* Terme de *Fontenier.* Eau qui coule en forme de nape. [La nape d'eau de la Samaritaine de Paris est assez belle.]

* *Nape,* Terme de *Laboureur,* qui dit, *voilà une belle nape,* pour dire, les blez qui sont pendans par les racines, sont fort beaux.

* *Nape,* Terme de *Venerie.* c'est la peau des bêtes fauves, qu'on étend quand on donne la curée aux chiens. [Cette nape de cerf est petite.]

Nape, terme d'*Oiselier* C'est une sorte de filet de mailles à losange, faites de bon fil delié & retors en deux brins servant à prendre des aloüettes, des ortolans & même des canards. [Quand on va à la chasse auxaloüettes, on pose le miroir entre deux napes. Voiez *les Rusés innocentes.* livr. 1. chap. 33. & 36.dliv.3.ch.33.]

NAPHTE, s. f. Prononcez *nafte:* c'est une sorte de bitume si ardent qu'il brûle même ce qu'il touche sans qu'il puisse être éteint qu'avec grand'peine par quelque liqueur que ce soit (Les assiegez l'incommoderent extrêmement par la quantité de naphte qu'ils jetterent avec de certaines machines. *Le Président Cousin, Hist. Rom.*)

NAQ

NAQUET, *s. m.* Vieux mot qui est un Terme de *Jeu de Paume,* la place duquel on dit presentement un *Marqueur.*

Il signifie aussi un petit garçon, un valet de pié, un laquai.

* *Naqueter, v. n.* Prononcez *naeté.* ce mot signifioit suivre les Grands, leur faire sa cour servilement. (Il y a bien des gens qui vont naqueter à la porte des Grands.) *Faire naqueter quelcun.* ces mots ne s'écrivent guere : mais ils se disent en riant, ou en se fâchant. C'est faire longtems attendre une personne avant que de lui parler. (La plus part des Grands par une sorte fierté, *font naqueter* ceux qui ont afaire à eux: ainsi bienheureux qui n'en a que faire, & plus heureux qui ne les voit guere. Je viens de chez un Fat, qui m'a fait naqueter deux heures, avant que de lui parler, que &c...

NAR

NARCISSE, *s. m.* Nom d'un beau garçon qui se voiant dans une fontaine devint amoureux de lui - même & fut changé en une fleur qui porte son nom. Voiez *Metamorphoses d'Ovide*

† *Narcisse.* Beau garçon. (Je vis comme tombé des cieux ce Narcisse objet de ma flamme. *Voit. Poës.* Que fait nôtre Narcisse ? il se va confiner aux lieux les plus cachez. *La Fontaine, Fabl. liv.3.*)

Narcisse, fleur en laquelle fut changé Narcisse qui est une sorte de fleur blanche, jaune, ou de couleur de citron. (Une Narcisse blanc à calice orangé. Narcisse blanc double. Narcisse simple. Narcisse jaune simple. Narcisse jaune double. Tous ces narcisses fleurissent en Mars ; en Avril & en Mai; mais le Narcisse de Perse automnal fleurit au mois de Septembre.

NARD, *s. m.* Sorte de fleur odoriferante. Il y a de plusieurs espéces de nard. On trouve du nard de montagne & du nard Celtique. V.*Dalechamp, liv* 1.

NARGUE. Mot dont on se sert lorsqu'on veut marquer du mépris pour une personne ou pour quelque autre chose. († *Nargue du Parnasse & des Muses S. Amant.* Nargue pour lui *Scaron.*)

NARINE, *s. f.* L'une des deux ouvertures du nez de l'homme par lesquelles le cerveau se décharge de la pituite & qui servent à flairer & à respirer. (Vne narine large & ouverte. Ouvrir les narines.)

* *NARQOIS, s. m.* Le jargon des gueux. (parler narquois.)

NARRATION, *s. f.* Terme de Rétorique. C'est la partie d'un discours oratoire qui contient le fait de l'afaire. La narration n'a proprement lieu que dans le genre judiciaire, & elle doit donner à conoitre les mœurs de celui qui parle. Elle doit être courte, claire, belle, variée, vraie, ou vrai semblable. (Tacite a laissé ses narrations imparfaites. *Ablancourt, Tac.*)

Narré, narrée, adj. Raconté. (Un bien fait narré. Une avanture bien narrée. *Abl.*)

Narré, s. m. C'est le recit de quelque afaire. (Ue plaisant narré. Un beau narré. Un beau narré bien fait. Un petit ou long narré.)

Narrer, v. a. Raconter. Faire le recit d'un fait, d'une action. (Tucidide narre mieux que Tacite. *Ablancourt, Tac.*)

NAS.

† **NAZARD,** *adj.* Qui nasille. Qui parle du nez. Ce mot de *nasard* est adjectif, mais il ne se dit guere au feminin. (Lire d'un ton nasard. *S. Amant.*)

Nasarde, ou *nazarde, s. f.* Chiquenaude sur le nez. (C'est un faquin à nazarde. *Molière.* Il lui a donné une rude nazarde. *Abl. Luc.*)

† *Nasarder, nazarder, v. a.* Donner des nasardes.

† *Se moquer, se vire de quelqu'un comme si on le nasardoit.* (Me dûsse je rompre les doigts, si faut-il que je le nasarde, *S. Amant.* Il nasarda d'Espagnol. *Voit. Poës.*)

NASEAU, *Nazéau, s.m.* Ce mot se dit proprement des animaux & signifie les ouvertures par ou les animaux respirent. (Naseaux fort ouverts. Naseaux fendus. Les naseaux d'un cheval, d'un bœuf, d'une vache, &c.

† *Naseau.* Ce mot dans le burlesque & dans le satirique signifie *narine* d'homme. Un fendeur de naseaux.)

* *Nasiller, v. n.* Parler du nez. (Il nasille.)

Nasiller, v. n. Il se dit du sanglier, & signifie fouiller avec le groin. (Le sanglier fouille & nasille dans la boüe.)

† *Nasilleur, s. m.* Terme injurieux pour dire. Qui parle du nez, Qui nasille. (C'est un franc nasilleur.)

† *Nasilleuse, s. f.* celle qui parle du nez. (c'est une nasilleuse.)

Xxx   NASSE

NAT

NASSE, *s.f.* Terme de *Pêcheur*. Espece de manequin qu'on pose dans l'eau où entre le poisson & où étant il ne peut plus sortir. Manière de filet en forme de manequin. Une petite nasse. Une grande nasse. Etre dans la nasse.)

† * *L'homme se tient dans la nasse. Sar. poëſ.* C'est-à dire, il est pris, il est arrêté dans les liens du mariage.

NASSELLE. Voyez *nacelle*.

NAT.

NATAL, *natale, adj* Qui est du lieu où l'on est né. (Païs natal. Prendre l'air natal. *Abl.*)

Natal, *natale*, Terme de *Jacobin*. Maison natale ; C'est-dire Maison de profession. (Retourner en sa maison natale.)

NATE, *natte, s.f.* Tissu de paille ou de jonc. (Faire de la nate.

Nater, *natter, v.a.* Couvrir de nate. Atacher de la nate à quelque muraille de Chambre, de cabinet, ou de pareil lieu. Nater une chambre, un cabinet.)

Natier, *nattier, s.m.* Artisan qui fait de la nate. Un bon natier.)

Natiére, *s.f.* Fille ou femme qui fait de la nate. (une habile natiere.)

NATIF, *native adj.* Ce mot veut dire qui est né en un certain lieu, mais il vieillit un peu. (Ablancourt étoit natif de Châlons en Champagne, ou plûtôt, Ablancourt étoit de Châlons en Champagne, ou Ablancourt étoit né à Châlons en Champagne.

Nation, *s. f.* Tous les gens d'un certain païs. (Une nation belliqueuse, courageuse, fiere, farouche, sauvage, barbare, cruelle, méchante, lâche, perfide. Etre Grec de nation, Ablancourt, *Tucid.* Il n'y a point de nation qui fasse voir plus de courage dans les hommes, plus de beauté dans les femmes & plus d'esprit en l'un & l'autre sexe que les Anglois, *S. Evremont, opera*.)

Nation. La plûpart de tous les gens d'une certaine profession. (La nation des Poëtes & sur tout des mauvais Poëtes est une nation farouche & qui prend feu tres-aisément. *Depr. Preface sur ses Satires*.)

Nation. Prononcez nacion. Terme de *l'Université de Paris*. C'est une partie de la Faculté des Arts. Car les Arts sont divisez en 4. Nations, qui sont la nation de France, de Picardie, de Normandie, & d'Alemagne ou des étrangers. Chaque nation à son Procureur, son Receveur, son Censeur, ses Doiens, ses Officiers de Chapelle & ses bedeaux. (On dit, Un tel est d'une telle nation. Il est de la Nation d'Alemagne, ou de France, &c.

National, *nationale, adj.* Qui regarde la nation. Qui est de la nation. Sinode national. Conciles nationaux.)

Nativité, *s. f.* Terme de *Devotion*, lequel veut dire *naissance*. (La nativité de Jesus-Christ.

Nativité, Ce mot se dit aussi entre *faiseurs d'horoscope*, pour dire *naissance*. (Afin de faire son horoscope, il faut savoir le tems de sa nativité.

NATRON, *s. m.* C'est une espece de sel noir & grisâtre, qu'on tire d'un lac d'eau morte minerale, dans le territoire de Terrana en Egipte, dans laquelle eau tous les os & toutes les pierres mal-cuites, qu'on y jette, se convertissent en cette espece de nitre qu'on apelle *natron*. Etant mêlé avec des acides, il fait une grande efervescence. On s'en sert au blanchissage des toiles ; mais il les brûle, s'il n'est pas corrigé par d'autres cendres.

Naturaliser, *v. a.* Terme de *droit François* C'est donner des lettres de naturalité à quelqu'un. Le Roi naturalise les étrangers qui veulent être naturalisez.)

(* Ce mot exprime bien ce qu'on lui fait signifier de sorte qu'on n'aura pas de peine à le naturaliser, *Van. Rem.* La coutume naturalise, pour ainsi dire, les vices

Naturaliste, *s.m.* Phisicien. Celui qui connoît les choses de la nature. Celui qui a parlé des merveilles & des secrets des choses naturelles. (Pline le vieux est un fameux naturaliste)

Naturalité, *s.f.* Ce mot ne se dit pas seul, on dit *lettre de naturalité*. Ce sont les lettres d'un Souverain par lesquelles un étranger est déclaré du païs du Prince qui lui donne des lettres. (Il faut avoir des lettres de naturalité. Obtenir des lettres de naturalité.)

Nature. *s. f.* C'est le principe de toutes les choses qui sont. † * C'est le principe actif qui est en nous & qui par ses propres forces engendre, conserve, & exerce toutes les fonctions du corps vivant ; & dans les autres corps naturels, la nature est la base de leur être & de leur mouvement. *Deg.* Ordre, esprit & pente de faire des choses créées. (La nature est une bonne mere. Penetrer dans les plus hauts secrets de la nature, *La Chamb*. Faire une chose contre nature. La nature publie qu'il y a un Dieu, *Arnaud.* Paier le tribut à la nature. C'est mourir.)

Nature, Propriété essentielle. Disposition essentielle. Etat d'une chose. La nature de la terre. Remettre une terre en nature de pré. Parler de la nature des couleurs, *Abl.*

La nature divine. La nature humaine.

Nature. Sorte. Manière. [Monsieur Ménage recherche les origines de la langue Suedoise, ou de quelqu'autre de cette nature, *Boileau, Avis à Menage*.]

Nature corrompuë. Termes de *Theologie*. etat de la volonté de l'homme après le peché. (Considerer l'homme dans l'état de la nature corrompuë. *Port-Roial. Poëme de S. Prosper*.)

Nature. Parties naturelles de l'homme & de la femme. Le mot de nature en ce sens ne se dit guere qu'en parlant des maladies qui peuvent venir à ces parties. (Elle est morte d'un ulcere qui s'étoit formé dans la nature.)

Nature, *s. f.* Terme de *Musique*. Chancer par nature. C'est passer du b mol au b quarre par nature. Ce sont des termes de l'ancienne gâme.

Naturel, *s. m.* Complexion. Humeur naturelle. Maniere d'agir qui nous vient de la nature. (Il est violent de son naturel, *Ablancourt, Tac. An. l. 2.* Un bon naturel, *Voit, l. 13.* un naturel fort doux, *Scaron.*)

Naturel. Caractere naturel. (Imiter le naturel.)

Au naturel. Il se prend adverbialement & il se dit des portraits. Peindre au naturel. C'est faire bien ressembler à l'original.

Naturel. Complexion. Humeur naturelle. (Le liévre est timide de de son naturel. *Sal.*

Naturel. Disposition que nous a donné la nature & qui nous rend plus propre à une chose qu'à une autre. (Theophile avoir un beau naturel pour la poësie & c'est dommage qu'il n'ait pas assez châtié ses vers. Il faut cultiver le naturel quand on l'a bon. *Ablancourt*. Ciceron avoit plus de naturel pour l'Eloquence que Demosthéne ; mais celui-ci avoit plus aporté d'aplication.

Naturels *s. m.* Ceux qui sont nez dans le païs. On ne reçoit dans cette milice que les naturels du païs *Patru, plaidoié 1*.

Naturel, *naturelle, adj.* Qui vient de nature. Qui est produit par la nature. [Le dormir est naturel. Désir naturel. Les parties naturelles sont necessaires pour la conservation de l'espece dans ce qui a vie. Voicz *parties naturelles*, lettre P. Cheveux naturels. Source naturelle.)

* Naturel, *naturelle*. Natif. Sincere, qui n'est point déguisé. [C'étoit la femme la plus naturelle & la plus emportée du monde. Le *Comte de Buſſi*. C'est un homme naturel, qui est sans fard.)

* Naturel, *naturelle*. Ce mot se dit des vers & de la prose. (Un vers naturel. Une poësie naturelle, *Scaron*. Un discours aîle & naturel. *Abl.*)

Fils naturel. C'est à dire, illegitime, bâtard. V. *Fils*.

Naturellement, *adv.* Selon la pente naturelle. Selon l'inclination naturelle. (Le liévre est naturellement timide.)

* Naturellement. Facilement. (Ecrire naturellement.)

NAV.

NAVAL, *navale, adj.* Qui regarde *la mer & les navires*. Qui est de navire & de mer. Qui se fait sur mer & dans le navire. [Donner un combat naval. *Ablancourt*. Armée navale, *Ablancourt*.]

Naveau, *s. m.* Ce mot signifie *navet*, mais il ne se dit que dans les Provinces. On dit à Paris *navet*. Cependant un Academicien assez fameux a dit *naveau*, au lieu de *navet*, mais tant-pis pour lui.

Non ici, Lamragne & Bonneau
N'auroit pas credit d'un naveau.
Bois. Epitr. T: 1. p. 62.

Navet, *s. m.* Sorte de racine dont on mange & qui est en quelque façon semblable à la rave. (Les navets ne sont pas fort sains parce qu'ils engendrent des vents.

Navet, *s. f.*, m. Terme de *Fleuriste*. C'est la racine d'une plante. [Couper le navet d'un œilleton. *Culture de l'oreille d'ours. ch. 3.*

Navette, *navête, s. f.* Espece de graine ronde noire dont on fait une huile qu'on apelle *huile de navette*.

Navette. Terme d'*Eglise*. Sorte de petit vase qui est de métal & qui est fait en ovale où l'on conserve l'encens & d'où l'on prend l'encens avec une petite cuilier pour le mettre dans l'encensoir.

Navette. Terme de *Tisserand*. Petit instrument de bois en forme de Navire où le tisserand met sa trême, qu'il passe au travers de la chaine lorsqu'il fait la toile.

Navette. Terme de *Plombier*. Morceau de plomb qui est en forme de *navette* qui pese cent cinquante, ou soixante.

NAUFRAGE, *s. m.* Rupture de navire, ou d'autre vaisseau de mer contre quelque écuëil, ou autre chose de cette nature (Un grand naufrage. Faire naufrage.)

* Naufrage. Ruïne. Debris de fortune. Perte de biens. Perte d'honneur. Perte, & malheur. Je ne fus jamais plus prés de la captivité, ni du naufrage. *V. l. 50*. Qui n'eût crû que cette inonpére alloit engloutir tout le Roüergue, cependant un homme seul le garantit de ce naufrage. *Patru plaidoié. 7.* * Son plaisir étoit son naufrage, *V. poëſ*. Faire un glorieux naufrage. * Faire

faire naufrage au port. Proverbe qui signifie échouër quand on est hors de peril & qu'on est arrivé. Réüssir mal sur la fin de quelque afaire.

NAVIGABLE, *adj.* Ce mot se dit en parlant de mer & de riviére *considerable*, & signifie sur quoi on peut naviger. Sur quoi on peut aller avec navire, ou vaisseau. [Fleuve navigable.]

NAVIGATEUR, *s. m.* Il vient du Latin *navigator*. Celui qui fait des voiages de long cours sur mer & qui y fait de nouvelles découvertes, Celui qui fait profession de naviger sur mer & qui y fait diverses traites.] Les modernes ont été de plus grans *navigateurs* que les Anciens: J'ay apris de plusieurs habiles *navigateurs* qu'on se trompe souvent dans les routes. *Tachard, voiage de Siam, ch. p. 358.*)

NAVIGATION, *naviguation, s. f.* L'un & l'autre se dit. Les gens de mer disent *navigation*, mais tous les autres disent & écrivent *navigation*, qui est bien plus doux que *naviguation*. Chemin ou cours qu'on fait sur mer. [Navigation heureuse.]

NAVIGER; *naviguer, v. n.* Ces mots signifient *faire route sur l'eau*, & se disent tous deux. *Naviguer* se dit par tous les gens de mer, & mème il commence à être dans la bouche de ceux qui ne frequentent pas la mer, & il pourra avec le tems l'emporter sur *naviger* qui se dit & s'écrit par la plupart des personnes qui n'entendent pas les termes de marine, mais ceux qui parlent dans les termes de l'art, disent & écrivent *naviger au Nord* & jamais *naviguer au Nord*.) Tout étoit prêt à *naviger. Abl. Cef. l. 5.*)

NAVIRE, *s. m.* Grand bâtiment dont on se sert sur mer pour traficquer, ou pour faire la guerre & qu'on fait aller avec des voiles & un gouvernail. Un navire bien équipé. Un navire de charge. Un navire de guerre.)

* Ce mot signifie quelquefois figurément. *Empire, Etat, Republique, Roiaume*, mais on ne s'en sert alors que dans le stile sublime ou dans la belle poësie.)

Tout nous rit & nôtre *navire*
A la bonace qu'il desire, *Mai. Poëf. l. 3.*

NAUMACHIE, *f. f.* Prononcez, *naumakie*. Ce mot vient du Grec & veut dire *course, combat & exercice qu'on fait sur l'eau*. Voiez Ménétrier, Traité des Tournois.

NAVRER, *v. a.* Vieux mot qui signifie *blesser*, & qui ne se dit plus qu'en riant & dans le burlesque (Cœur navré, *Voit. l. 18.*) J'ay le cœur navré. *Scaron.*)

Navrer. v. a. Ce mot, en termes de Jardinier, n'est point vieux. C'est donner un coup de serpe à l'endroit d'un échalas ou d'une perche, qui n'est pas assez droit. Ce coup entrant dans la perche ou dans l'échalas, fait qu'ils obeïssent, pour les platrer de la maniere qu'on veut. [Si vous voulez bien planter cet échalas, il le faut un peu navrer. *Quin. Jardin fruitier. T. I.*)

† NAUSER, *f. f.* Ce mot vient du Latin *nausea*. Prononcez *nozée*. Il veut dire des raports qui viennent de l'estomac, qui n'a pû bien faire la digestion des viandes qu'on a mangées. (Il faloit qu'il n'eût pas l'estomac si delicat, car une sorte de remede fit son operation, le pauvre homme eut des *nausées* & des sueurs tres-violentes; Dom *Quichot, nouv. trad. T. I. ch. 17.* C'est aussi l'effort qu'on fait pour vomir.

NAUTONNIER, *s. m.* Ce mot n'est plus beau en vers qu'en prose, il veut dire *marinier*. (C'est la patrone des nautonniers. *Abl. Luc Tom. I.*)

N A Z.

Voiez la colonne *Naf.*

N E.

NE, *adv.* Prononcez presque *neu* & fort doucement. Cette particule se met ordinairement avec la negative *pas*, ou *point.* [Craignez Dieu & vous ne pecherez pas. Ne savez-vous pas qu'en 1594. Jean Chastel fut tiraillé & tiré à quatre cheveaux ; Voiez *Davila, Histoire de France, l. 14.*)

Quand cette particule *ne* se trouve devant un mot qui commence par une voielle, elle perd son *e* & s'y joint avec une apostrophe. [Exemples. Il n'a point d'argent. Je n'entens pas ce que vous dites. Tu n'iras pas avec lui. Nous n'osons pas le dire. Il n'usurpe rien sur ses voisins. N'y a t'il pas moien d'avoir une telle chose.)

NÉ, *née, adj.* Qui est venu au monde. (Louïs quatorzième est né le cinquième de Septembre en 1638. Esprit né pour le grandes choses. *Depreaux.* Il est né à tout ce qu'il veut entreprendre. *Scaron.* Ils sont nez à la servitude. *Gom. Epît. l. 3.*)

* Un mot *né* sous une heureuse constellation, *Vaugelas, Remarques.*

N E A.

NÉANMOINS. Sorte de *conjonction*, qui veut dire *Toutefois*. [Cependant. (Vous dites que vous croiez en Dieu, & néanmoins vôtre conduite est d'un impie.)

NEANT, *f. m.* Rien, aucune chose. Le néant ou le rien n'a aucune proprieté. *Roh. Phis.* Les enfans des hommes ne sont qu'un neant. *Port Royal.*)

* Faire entrer un homme dans son *néant.*

* Un homme de *néant.* C'est à dire Un coquin. Un miserable.

Mettre toute la procedure au *néant.* Termes de Palais. C'est casser la procedure & l'aneantir.

N E B.

NEBULEUX, *nebuleuse, adj.*) Il se dit du tems & du ciel lors qu'il est couvert de nuages. (Il fait un tems nebuleux. Il fit hier un jour nebuleux. Le ciel est nebuleux. Air nebuleux.

Nebulé ; *Nebulée.* Terme de *Blason.* Il se dit des parties de l'écu chargées de figures qui representent des nuées. (Fasce nebulée. Bordure nebulée.

Nebuleuse, adj. s. Etoile nebuleuse. Terme d'*Astronomie.* C'est une étoile plus petite qu'une étoile de la sixiéme grandeur & qu'on a peine à découvrir. On a découvert par le moien du telescope, que ces étoiles qu'on apelle *nebuleuses*, sont un amas de plusieurs petites étoiles qui ne font paroître qu'une certaine blancheur qui ressemble à un petit nuage.

N E C.

NECESSAIRE, *s. m.* Choses dont on a besoin. Choses utiles & necessaires. (N'avoir que le necessaire. *Abl.*

Nécessaire; *adj.* Utile. (La femme est nécessaire à l'homme, & l'homme est necessaire à la femme. Le bien est necessaire dans le monde.

Nécessaire adj. Ce qui doit arriver. Ce qu'on ne peut éviter. Ce qui est absolument necessaire. (On dit qu'il est necessaire d'aimer une fois en sa vie ; comme il est necessaire de mourir.

Necessairement adv. Absolument. De necessité. (Il faut necessairement bien vivre pour gagner le Ciel.)

Necessité, s. f. Déesse à qui tout obeït. Chose à quoi on ne peut resister. (Fatale necessité.)

Necessité. Sorte de puissance absoluë qui necessite à quelque chose. Cette recherche marque en lui une furieuse *necessité* de vous aimer. *Le Comte de Bussi.*)

Necessité. Pauvreté. disette. Besoin extrème. Necessité cruelle, dure, fâcheuse, honteuse. Nous savons mieux que les anciens Peres les necessitez pressantes de l'Eglise. *Paff. 16.* Les soldats cherchoient à chercher leurs petites necessité. *Ablancourt, Ret. l. 3. v. 3.*) Se reduire à une honteuse necessité Patru, 3. *plaid.*)

† *La necessité n'a point de loi.* C'est à dire que la necessité force & contraint de faire des choses qu'on ne feroit pas si on n'étoit extraordinairement contraint.

† *Faire de necessité, vertu.* C'est s'acommoder au tems & faire librement & gaiment ce qu'on est contraint de faire.

Necessiter, v. a. Obliger. (Ils necessitoient les plus zelez d'aquiescer à la paix. *Memoires de Monsieur le Duc de la Rochefoucaut. page 80.*)

Necessiteux, necessiteuse, adj. Pauvre. Qui est dans la necessité. (Il est inoüi que les favoris des Rois soient pauvres & necessiteux. *Patru; sermon de S. Chrisostome Reine, necessiteuse Ar.*)

NECROMANCIE, *necromance ;* Ces mots se disent, mais ceux qui parlent le mieux, disent & écrivent *necromancie.* Ce mot vient du Grec & veut dire une sorte de devination qui se pratique en faisant retourner l'ame dans le corps de ceux qui sont morts depuis peu pour en savoir quelque chose. Voiez *Ablancourt, dialogue de Lucien sur la necromancie.*)

Necromantie, s. m. Celui qui emploie la necromancie pour deviner.

NECTAR, *s. m.* Le boisson des Dieux de la fable. [Nectar delicieux. Ganimede verse le nectar aux Dieux. *Ablancourt, Luc. Tome 2.*)

† *Nectar.* Bon vin. Vin excelent. [Si tôt que du nectar la Troupe s'est abreuvée. *Depreaux, Lutrin, chap. I.*

* *Nectar.* Ce mot se dit encore au figuré, mais ce n'est qu'en poësie. Exemples. C'est comme leurs faveurs ont adouci mon sort & païé le *nectar* que je leur ai fait boire, *Mai. Poëf.*)

* Elle étoit ivre du *nectar* qui charmoit ma raison. *Voit. Poëf.*)

N E F.

† NEF, *f. f.* Ce mot signifie *navire*, mais il ne se dit en ce sens dans le beau langage qu'en vers & qu'au figuré : Car en pro-

se le mot de *nef* pour dire *navire* est vieux & ne ſçauroit trouver place que dans le burleſque, ou dans le vieux ſtile. [Nef échouée.]

* Nous avons aſſez veu ſur la mer de ce monde.
Errer au gré du vent nôtre *nef* vagabonde. *Rac.*

Nef. Ce mot en parlant d'Egliſe ſignifie lieu qui eſt ſeparé du chœur & des côtez qui environnent le chœur & où ſe met ordinairement le peuple. (une grande ou petite nef. Une belle nef.)

Nef. Petite machine en forme de navire, où l'on enferme le convert du Roi. (La nef du Roi eſt magnifique. Aporter la nef.)

Nefle, ſ. f. Fruit de nêflier. (Les neſles ſont aſtringentes. On dit que les noïaux des neſles pulveriſez & bûs avec du vin ſont bons pour la gravelle.)

Avec le tems & la paille les nêfles muriſſent. Proverbe pour dire qu'il faut atendre avec conſtance & avec patience l'évenement d'une afaire.

† Mais encore, ô cité de nêfles, ſi faut-il chanter ton auteur. *S Am.* C'eſt à dire *méchante & mépriſable ville.*

Neflier, ſ. m. Arbre de moïenne hauteur, garni d'épines qui ne piquent pas beaucoup, aïant les feüilles découpées comme celle du perſil & portant un fruit qu'on apelle *nêfle*, qui renferme cinq noïaux & qui eſt rougeâtre & de forme preſque ronde.

NEG.

Negatif, negative, adj. Qui nie (Précepte négatif. Propoſition négative. Terme négatif.)

Negation, ſ. f. Terme de Grammaire. Particule qui nie. Nôtre langue aime deux negations, qui n'afirment pas comme en Latin.)

Negation, ſ. f. Terme de *Philoſophie*. Ce qui eſt oppoſé à l'afirtion.

Negative, ſ. m. Terme de Grammaire. Particule qui nie.

Negative, ſ. f. Sentiment qui nie. L'afirmative & la negative de la plûpart des opinions ont chacune leur probabilité, *Paſc. l.* 6.)

Negative. Refus. (Demeurer ſur la négative. *Abl.*)

Negativement, adv. D'une maniére qui nie. (Conclure negativement. *Port Roial , Log.* 3. *p. ch.* 15.)

Nege, ou *neige*, *ſ. f.* Parcelles de nuë condenſées & formées par le froid dans la moïenne region de l'air, qui tombent ſur la terre en petits flocons blancs. La nége engraiſſe la terre. Il paſſa au milieu des néges & des glaces. *Flechier, vie de Commendon, l.* 1. *c.* 1. Il eſt blanc comme nége. Cela groſſit comme un peloton de nége.)

* *Nege*. Ce mot au figuré n'a point de pluriel & n'entre que dans la poëſie & les Romans, parce qu'ils ont quelque choſe de l'air de la poëſie & en ce ſens il ſignifie *blancheur.*

(Acordez-moi le privilege
D'aprocher de ce front de *nége.*
* Mile fleurs fraîchement écloſes
Couvroient la *neige* de ſon teint. *Voit.* Poëſ.

* *Nége.* Sorte de dentelle dont on portoit il y a dix-huit ou vingt-ans.

Nege. Terme de *Confiſeur.* Compoſition de ſucre & de jus de certains fruits, comme de framboiſes, de groſeilles, ou de ceriſes qu'on fait glacer avec de l'eau fort froide, & qu'on ſert l'été ſur la table dans de petits pots de faïance bien propres.

Neger, neiger : Ce mot eſt une ſorte *de verbe imperſonnel.* François qui veut dire *il tombe de la neige.* Il a négé tout le jour. Il nége depuis ſept ou huit jours.)

† Il a négé ſur ſa tête, *Balzac.* C'eſt à dire, il a des cheveux blancs.

Negeux, negeuſe, adj. Abondant en nége. (Un tems négeux. Un hiver négeux.)

NEGLIGENCE, *ſ. f.* Pareſſe. Peu de ſoin qu'on a de quelque choſe ou de quelque perſonne. (une petite negligence. Une grande de negligence. Une négligence honteuſe, blâmable. Vous ne me ſauriez perdre , quelque négligence que vous aiez pour moi. *Voit. l.* 17.)

* *Négligence.* Ce mot ſe dit en parlant du ſtile & du diſcours. C'eſt tout ce qui eſt contraire à l'exactitude. (Il faut éviter les négligences dans le ſtile. Voïez *Vaugelas, Remarques*.)

Negligence. C'eſt tout ce qui eſt oppoſé à la grande afectation Il y a une negligence charmante, *Abl.*

A la négligence, adv. Negligemment. (C'eſt un peu à la negligence.)

Negliger v. a. Avoir peu de ſoin de quelque choſe. S'en peu ſoucier. Mépriſer. Négliger ſa fortune. Il ne faut pas négliger ſes amis.)

Negligent negligente, adj. Qui a de la negligence. Qui a peu de ſoin. Pareſſeux. [Il eſt negligent. Elle eſt negligente.]

Negligemment, adv. Avec négligence. (Faire quelque choſe négligemment.)

NEGOCE, *ſ. m.* Trafic. Grand commerce. Negoce bon, avantageux, grand, utile, conſiderable. Faire un grand negoce. Le négoce ſe fait en gros, ou en détail.)

Negociant, ſ. m. Qui trafique. Qui fait un grand negoce. C'eſt un negociant.)

Negotiateur, ſ. m. médiateur pour faire quelque choſe de conſiderable. Celui qui s'entremet pour quelque grande afaire. Homme d'intrigue parmi les grans. Il fut un des negociateurs de la paix.)

Negotiation, ſ. f. Ce mot ſe dit en parlant de grandes afaires. Traité qui ſe fait entre Souverains. Intrigues pour réuſſir dans quelque grande afaire. (Il faloit beaucoup de tems d'argent & de negociations pour vaincre leur défiance. Chapelle, Relation de Rocroi.)

Negocier v. n. Trafiquer. Il negocie en Alemagne.)

* *Negocier v. a.* Traiter quelque afaire. [Negocier la paix. Negocier un mariage. Negocier une afaire, *Ablancourt, Al. l. t. c.* 9. On prit l'expedient de negocier par deux deputez, *Memoires de M. le Duc de* R. F.]

NEGROMANCIE. Voïez *necromantie.*

† *Necromant, ſ. m.* Ce mot ne ſe dit qu'en riant & je ne l'ai même trouvé que dans Voiture. Il ſignifie *ſorcier, magicien.* (C'eſt le diable qui vous emporte & vous fait faire inceſſamment vôtre métier de *negromant Voit.* Poëſ.

NEL

NEIGE, ; *neiger.* Voïez *nége ; neger.*

NEÏER, *noier, v. a.* L'un & l'autre ſe dit, mais *neïer* eſt le mot d'uſage & il n'y a plus guere que les Poëtes qui ſe ſervent de *noier*, y étant contraints par la rime. *Neïer* ſignifie perdre la vie dans l'eau. (Le meilleur mari du monde n'eſt pas foi bon qu'à *néïer.* Voïez *la comedie des femmes coquettes* Du tems de Loüis onze on néïoit ſouvent les criminels au lieu de les pendre. Voïez *Cronique ſcandaleuſe , pag.* 52. *&* 127

* *Néïer.* Ce mot au figuré a un uſage aſſez étendu. (Vien.
Néïer, dans nos vins muſcats ta ſoif & ta melancolie, *Mainard.* Poëſ. Néïer, ſon ſouci dans les pots. *La Fontaine, Fables.* 16. Se *néïer* le viſage de pleurs. *Coſtar.* T. 1. *lettre* 169.

Ainſi quand Mauſole fut mort
Artemiſe ſe néïa le ſort,
De pleurs ſe néïa le viſage. *Malh.* Poëſ.)

Néïer. Terme de *Peinture*: Ce mot ſe dit des couleurs & des contours. Ce mot mêler & confondre les extremitez des couleurs avec d'autres qui leur ſont voiſines. Mêler tendrement & confondre. (Savoir bien *mêler* les couleurs avec le pinceau & la broſſe.)

Néïer. Terme de *Jeu de Boule*. Pouſſer de telle ſorte une boule qu'elle entre dans le *Néïon.* Néïer une boule.)

Se *Néïer, v. r.* Perdre la vie dans l'eau. (Il s'eſt néïé en ſe baignant.

Euphorbe vous ſe feint que je m'étois néïé
De crainte qu'aprés moi vous n'euſſiez envoïé.
Corn. Cinna a. 5. *ſc.* 3.

Néïé, néïée, adj. Qui eſt mort dans l'eau. (Il eſt néïé. Elle eſt néïée.)

* Ataquer des gens *néïez* dans le vin *Vau, Quin. livre* 9. *c. x.*

C'eſt un homme *néïé* de dettes, *Abl.* C'eſt à dire. Acablé, Abîmé par les dettes.

† Il eſt niée dans ſes habits.

* Le monde éfraïé.
Vous regarde déja, comme un homme *néïé.*
Dépr. Sat. 9.

* Couleurs bien néïées.
* Boule néïée.

Néïon, ſ. m. Terme de *Jeu de boules.* Eſpace qui eſt au dedans de la barre du jeu de boules & qui eſt environ trois piez derriere le but où lorſque la boule entre on dit qu'elle eſt néïée & le joüeur a perdu ſon coup. (La boule eſt dans le néïon.

NEN.

* NENNI, *adv.* Non. Prononcez *nani.* (Nenni, je ne ſuis paſſé fot.)

NENTILLE, *lentille, ſ. f.* On dit l'un & l'autre *Lentille* eſt le plus

NEO   NEP   NER   NET

plus regulier, car il vient du Latin *lens*, ou *lenticula*, & aussi Messieurs de Port-Roial on écrit *lentille* dans l'histoire du vieux & du nouveau testament figure 23. Et Ablancourt. *Luc. T. 1. Icaromenipe, p. 299. a* dit *lentille*. Neanmoins il faut avouër que *nentille* est le plus usité, force honnêtes gens & toutes les grenétieres disent *nentille*. C'est une sorte de legume astringent, & dont toutefois la decoction lâche le ventre. Les nentilles sont de dificile digestion & elles sont contraires à la vûë si on continuë à en manger long-tems. *Dal.*

NENUPHAR, *s. m.* Mot Latin. On l'apelle aussi *nimphea*. C'est une fleur qui croît dans les étangs, qui est blanche, qui a le dedans jaune & qui est couverte d'une envelope verte. Le Nenuphar est haut d'un pié, il rafraîchit & l'on en fait du sirop, du miel, de la conserve & de l'eau. Mattiole, *l. 3. sur Dioscoride*, dit qu'il y plusieurs sortes de Nenuphar, & on raconte plusieurs autres proprietez, qu'on y peut voir. On l'apelle aussi *lis d'étang*.

NEO.

NEOPHITE, *s. m.* Ce mot se dit en parlant de la Religion Chrétienne, & veut dire *qui est nouveau né en Jesus-Christ. Qui est nouveau converti.* (Divin néophite, *Patru plaidoié.*

NEP.

NEPHRETIQUE, *s. f.* Mot qui vient du Grec, & qui veut dire maladie douloureuse qui est dans les reins & dans le baventre. (Etre tourmenté d'une néphretique.)

Nephrétique, adj. Qui regarde les reins, qui est dans les reins. Colique néphretique. Douleur néphretique. Il n'y a point de meilleur remede au monde pour les douleurs néphretiques que de boire de l'eau froide & de se faire saigner, *Patru*, lettre 84.

Nephrétique, s. f. Sorte de pierre precieuse qui a une couleur mêlée de blanc, de jaune, de bleu & de noir, *Mercure Indien, l. 3. c. 4.*

Nephrétique, adj. On a donné ce nom à un bois qui vient de la nouvelle Espagne. (Ce bois étant rapé, ou fendu en petits mourceaux & infusé dans l'eau, teind de la sorte qu'elle paroît de couleur d'or à travers le jour & d'un bleu foncé à contre-jour. Si on y mêle quelque liqueur acide, ces deux couleurs disparoissent, & si on y met de l'huile de tartre, la couleur bleuë revient. La pierre *ginasole* fait le premier éfet.)

NEPOTISME, *s. m.* Ce mot est Italien & il se dit en parlant des Neveux du Pape qu'il enrichit ordinairement des revenus de l'église & qu'il éleve à de grandes charges. (Les Papes ont souvent tâché de remedier aux abus du Népotisme & le Pape d'aujourd'hui a fait en 1692. une Bulle pour les abolir.)

NEPTUNE, *s. m.* Nom de Dieu fabuleux que l'antiquité a fait le Dieu des eaux & de la mer.

* *Neptune.* Mot poëtique pour dire *la mer.*

(Amour à cela de Neptune,
Que toûjours à quelque infortune.
Il faut se tenir preparé, *Mal. Poës. l. 5.*

Sur terre & sur Neptune. *Demarais, Cloüis, l. 4.*
NEVEU. Voiez *neveu.*

NER.

NEREIDES, *s. f.* Divinitez fabuleuses, Nimphes de la mer.

† NIRET, *adj.* On apeloit autrefois *sous nérets*, des sous qui valoient un quart moins que les sols tournois.

NERF, *s. m.* Partie spermatique qui naît du cerveau, on de la moële de l'épine du dos & qui porte l'esprit animal où il est necessaire pour faire le sentiment & le mouvement. (Nerf foulé.)

Nerf. La partie du cerf, où du taureau qui sert à la génération de l'espece.

* *Nerf.* Ce mot au figuré signifie *force*, & tout ce qui soutient & fait agir.

* L'argent est le nerf de la guerre, *Ablancourt*.

* *Nerf de voûte.* Terme d'*Architecture.* Ce sont les membres, ou moulures qui sont des corps saillans, en forme d'arêtes, ou de nerf le long des Ogives qui traversent diagonalement le dedans d'une voûte.

* *Nerf.* Terme de Botanique. Il se dit des fibres qui paroissent élevées sur les feüilles des arbres & des plantes & par où leur nourriture se communique.

Nerf. Terme de *Relieur.* C'est une ficelle qui est sur le dos d'un livre relié & qui est couverte de peau, ou de parchemin. (Les insolio ont ordinairement six nerfs, les in-quarto, in octavo & in douze, cinq, & les autres, quatre. Un nerf bien droit & bien pincé. Dresser, pincer les nerfs d'un livre.)

Nerf feruré, s. f. Terme de *Maréchal.* Ateinte violente que le cheval se donne aux nerfs des jambes de devant par la pince des piez de derriere.

NÉRON, *s. m.* Nom du sixiéme Empereur de Rome qui se tüa lui-même aprés avoir regné 14. ans & en avoir vécu 32.

* *Neron.* Mot *au figuré*, veut dire une sorte de tiran cruël (C'est un Neron.)

Nervé, adj. Terme de *Blason.* Il se dit de la fougere & autres herbes, dont les nerfs sont d'un autre émail.

Nerver, v. a. Garnir de nerfs quelque chose pour la rendre plus forte. (On nerve les panneaux de carosse, les arçons de selle, & autres choses pour les rendre plus fermes. Cela se fait avec des nerfs de boeuf batus qu'on cole sur le bois.)

Nerveux, nerveuse, adj. En parlant de quelque partie du corps ; il signifie, ou il y a beaucoup de nerf. (Partie nerveuse. Un bras nerveux.)

Nerveux, nerveuse, adj. Fort vigoureux, (Les Barbares sont trés-nerveux & trés forts. Paisan nerveux.)

* *Nerveux nerveuse, adj.* Il se dit *du stile* & signifie fort. (Un stile mâle & nerveux. Un discours nerveux.)

NET.

NET, *nette adj.* Nettéié. (Lieu net. Place nette.) C'est le contraire de *sale.*

Net, nette. Clair qui n'a nulle ordure. Qui n'a nulle tâche. (Verre net. Diamant net.)

* *Net, nette*, Pur. Innocent. A qui la conscience ne reproche rien (Je ne crain rien, mon procedé est net. Une conduite nette & irreprochable. Sa vie est bien nette, & bien pure, *Patru Plaid.* 5.)

* *Net, nette.* Ce mot se dit du stile & du discours, & veut dire *Qui est clair. Qui est sans embarras & sans obscurité.* [Abl. a le stile nerveux, fort vif & fort élegant.

Au net, adv. Ce mot ne se dit pas seul. (On dit par exemple. Mettre un *sonnet au net.* C'est le transcrire sans qu'il y ait aucune rature.)

* *Net.* Franchement. Sincerement & sans aucun deguisement

[Il ne fait pas bien seûr, à vous le tranchet *net*,
D'épouser une fille en dépit qu'elle en ait,
Mol. Femmes savantes, *s. f. 1.*

* *Tout net, adv.* Franchement & sans aucun detour. (Dire tout net sa pensée, *Ablancourt*)

La belle repondit tout net,
Ménage vous êtes coquet.
Cotin, *Ménagerie.*

Nettement, adv, D'une maniere nette. Proprement. (Se tenir nettement. Manger nettement. Cela est nettement tracé.)

* *Nettement.* Clairement. Sans embaras. (Patru écrit nettement & éloquemment.)

* *Netteier, nétoier, v. a.* L'un & l'autre se dit, mais le grand usage de *nettoier*, car pour *nettoier* il ne se dit guere que par les Poëtes, encore sont - ils obligez par la tirannie de la rime.

Netteier signifie *oter les ordures.* [Netteier les souliers.)

* *Netteier* la mer des Corsaires. *Vau Q. l. 4. c. 8.*
Netteier. Ce mot entre dans quelques façons de parler de guerre. C'est tirer sur toute l'étenduë d'une ligne droite. C'est batre toute l'étenduë d'une ligne droite ou d'un espace. Cela s'apelle aussi *enfiler.* (Netteier le rempart, ou enfiler le rempart. Netteier la courtine, ou enfiler la courtine. Netteier le fossé, la tranchée, &c.)

Netteieur, s. m. Celui qui nettéie. Netteïeur de dents, c'est celui qu'on nomme plus ordinairement *Arracheurs de dents.*

Netteté, s. f. Propreté qui regarde les choses. Clarté. Le cristal de Venise a une grande netteté.)

* Il ne tombe jamais de torrent qui trouble la *netteté* de son eau. *Vau. Q. l. 3. c. 4.*

* *Netteté.* Ce mot se dit du langage & signifie *l'arrangement des mots & ce qui rend l'expression claire & nette.* Discours qui a beaucoup de *netteté.* La *netteté* est une de plus grandes vertus du stile. *Vau Rem.*

Nettoier. Voiez *nettéier.*

NEU

NEU.

NEUD, ou nœud, du Latin *nodus*, f. m. Prononcez *nou*. C'est l'entrelaffement d'une chofe pliable, comme le fil, une corde une courroie, un ruban & chofes femblables. Les Couturieres & lingeres font des nœuds pour arrêter le fil, ou la foie. Les Tifferands font auffi des nœuds pour joindre les fils rompus. Un nœud ferré, un nud coulant, un nud double. Un neud de rubans, un neud de cravate, un neud d'épaule, un neud de foulié.

Neud Gordien. (Alexandre retrancha le neud Gordien d'un coup d'épée. Ablanc. Ar. l. 2.)

Les neuds des doigts. Ce font les trois os qui font en chaque doigt Deg.

* *Neud. d'Amour.* Sorte d'entrelas.

* *Ris qui ne paffe pas le neud de la gorge.* C'eft à dire, *ris forcé*.

* *Je romps tous les neuds qui m'atachent à vous*, Rac. Iphig. a. 4.

* Le mariage eft un neud facré qui lie le mari & la femme.

* *Savoir le neud de l'afaire*, Pafcal, l. 1. C'eft à dire la dificulté.

Neud. Terme de Poëfie. C'eft un obftacle à l'action du Heros du Poëme.

Neuds. Terme de *Chaffe.* morceaux de chair qui fe levent aux quatre flancs du cerf. [Cerf qui a de gros neuds.]

Neud d'arbre. C'eft la partie par où il pouffe fes branches. (Le bois eft plus fort & plus dur dans fes neuds qu'au tronc & aux branches. Bois qui eft plein de neuds.)

Neud. Il fe dit des plantes qui font une tige & particulierement des tuïaux de blé & des rofeaux & des autres plantes qui croiffent par l'entortillement de leurs feuilles, & il fignifie cette liaifon ou jointure qui paroit à chacun de leurs jets. Les neuds des plantes font faits pour fortifier les plantes & pour filtrer le fuc qui les nourrit & qui forme l'épi, les fleurs & la graine des plantes. Les farments de la vigne ont auffi des neuds.)

Neuds. Terme de *Jeu de paume.* En parlant d'une raquette, l'un de fes côtez s'apelle les droits, & l'autre les neuds

* *Neud* Terme d'*Aftronomie.* L'orbite de la Lune. c'eft à dire, le cercle fur lequel elle fait fon cours, *coupe* l'Ecliptique en deux points, qu'on apelle *neuds*, & autrement la tête & la queuë du Dragon, dans lefquels, ou proche defquels il faut que la Lune fe rencontre, quand il y a Eclipfe de l'un de ces luminaires.

Le Neud afcendant & Boreal s'apelle la tête du Dragon. Il fe trouve au paffage de la Lune à travers l'Ecliptique vers au Septentrion.

Le neud defcendant & Auftral s'apelle la queuë du Dragon. Il fe trouve au paffage de la Lune à travers l'Ecliptique du Septentrion au midi.

Les cercles des autres Planettes coupent auffi l'Ecliptique en deux points qu'on apelle *neuds.*

* *Neuds.* Terme de *Medecine.* C'eft une tuberofité qui fe forme aux jointures des vieux goutteux.

NEVEU, f. m. C'eft le fils du frere, ou de la fœur. Mon neveu eft fage.)

* *Nos neveux.* C'eft à dire, Ceux qui naîtront après nous. Les écrits de ..... feront fifflez par nos neveux. Ces mots en ce fens, font plus de la poëfie que de la profe.

Arriere - neveu, f. m. C'eft le fils du neveu.

Cardinal neveu. Il fe dit du Cardinal qui eft le neveu d'un pape vivant.

NEUF. Nom de nombre indéclinable. (Trois fois trois font neuf. Il y a neuf Mufes.)

NEUF, neuve, adj. Qui n'a pas encore fervi. Manteau neuf. Robe neuve. Cheval neuf.)

* *Neuf, neuve.* Etonné, furpris. (Qu'un Auteur eft neuf la premiere fois qu'on l'imprime. Moliere précieufes.

* *Neuf* neuve, Simple. Niais. C'eft un homme tout neuf. C'eft une fille fort neuve.

La belle dont le cœur eft tout neuf en amour
Vous fait mal-à-propos foupirer plus d'un jour.
Il eft plus facile de prendre.
Un cœur tout neuf qu'un cœur ufé. *La Suze, poëfies.*
Ce feroit-être une fille bien neuve
Que de prendre un époux fans en faire d'épreuve.
De Vouge, poëfies.

* *Neuf, neuve.* Nouveau. (* Ce font ici des chofes toutes neuves pour moi. Moliere. Faire corps neuf. Abl.

Terres neuves. On apelle ainfi les Terres nouvellement découvertes vers le Canada en Amérique, auprès duquel il y a un grand Banc, qu'on apelle *le Banc des Terres neuves*

† *Neuf.* On le dit quelquefois au lieu de *neuvième*. (Charles neuf. Clement neuf.)

Etre habillé de neuf. C'eft porter un habit neuf.

* *Ce valet fait le balai neuf.* Proverbe, pour dire qu'il fert bien les premiers jours.

Neufième. Voiez *neuvième*.

NEUROGRAPHIE, f. f. Ce mot eft Grec, & eft un terme d'Anatomie, qui fignifie la defcription des nerfs. (Duncan Medecin de Montpellier a fait un livre qui porte pour titre *La Neurographie raifonnée*.)

NEUTRALITÉ, f. f. Convention qu'on fait avec des gens de diferens partis, de n'être ni de l'un ni de l'autre des partis qui font en guerre. [Accepter la neutralité. Abl. La neutralité fait grand bruit. Voit. Poëf.]

Neutre, adj Terme de *Grammaire Grécque & de Grammaire Latine* lequel veut dire, Qui n'eft, ni mafculin, ni féminin. (Genre neutre. Nom neutre.) On dit auffi *verbe neutre* en termes de Grammaire Françoife, &c.)

* *Neutre*, Qui a accepté la neutralité. Qui n'eft d'aucun parti. (Lieu neutre. Ville neutre. Etre neutre. Demeurer neutre. Ablancourt, Ar. l. 1)

NEUVAINE, f. f. Terme D'Eglife Romaine. Prière qu'on fait pendant neuf jours. (Faire une neuvaine.)

† *Neuvaine.* mot burlefque pour dire les neuf Mufes.

J'en jure par la neuvaine.
Qui boit de l'eau de l'hipocréne.

Neuvième adj. Nom de nombre ordinal. Il eft le neuvième Elle eft la neuvième.

Neuvième. Terme de *piquet.* Ce font neuf cartes qui fe fuivent & qui font de même couleur. [J'ai une neuvième.)

NEZ.

NEZ, f. m. C'eft l'organe de l'odorat. C'eft la partie qui dans l'homme eft le fiege de l'odorat & qui eft au milieu de vifage. [Le haut du nez, ou le dos du nez. Le bout du nez. Un grand nez, un petit nez. Nez camus. Nez épaté. Maitre nez. Un nez à triple étage. Nez aquilin. Parler du nez. Donner fur le nez.]

* *Il n'ofe montrer le nez.* C'eft à dire il n'ofe fe faire voir, ni paroitre en public.

Fermer la porte au nez. C'eft fermer la forte à une perfonne.

† *Nez de bette-rave.* Mai poëf. C'eft à dire , Nez rouge & d'ivrogne.

* *Mener par le nez.* C'eft à dire , Gouverner une perfonne comme on veut.

* *Demeurer avec un pié de nez.* Avoir un pié de nez. Moliere. C'eft à dire demeurer confus.

* *Avoir bon nez.* Abl. C'eft être prudent & fage.

* *Ne voir pas plus loin que fon nez.* C'eft au propre. N'avoir aucune veuë. * Et au figuré. Ne prévoit aucune chofe.

* *C'eft pour livrer beau nez*, Reg. fat. 13. Ces mots fe difent par raillerie & veulent dire, Ce n'eft pas pour eux. *Ce n'eft pas; pour votre nez.*

* *Tirer le vers du nez. Abl.* C'eft faire caufer quelqu'un pour découvrir quelque chofe ; C'eft adroitement faire parler une perfonne afin d'en favoir quelque chofe.

* *Eft-ce à vous à y mettre le nez. Moliere.* C'eft à dire, à vous méler de cela. Sont-ce vos afaires ?

* *Faut-il qu'on fe jette au nez* le fcandaleux afront. Q'nune femme friponne imprime fur fon front. *Moliere.* C'eft à dire, faut-il qu'on fe reproche, &c.

* *Vous me jettez toûjours mon âge au nez*, Moliere. C'eft à dire vous me reprochez toûjours mon âge.

* *Elle fait au plus mauvais donner du nez en terre.* Reg. Sat. 14. C'eft à dire , Elle eft échouée, Elle eft caufe qu'on ne réuffit pas.

* *Saigner du nez.* Ces mots au figuré, fignifient n'ofer executer une chofe qu'on avoit entreprife, ou promife.

* *Rire au nez de quelcun.* C'eft fe moquer de lui en fa prefence.

* *Je n'ai pas tout à fait le nez tourné vers la galanterie.* Benferade.

* Autiez vous le courage
D'ofer foutenir à mon nez
Que je fois fi beau de vifage.
Benferade, balet de la nuit, 2. partie.

Nez. Ce mot fe dit de certains animaux & c'eft la partie qui dans l'animal eft le fiege de l'odorat. (*Le nez d'un cheval.* C'eft la partie de la tête du cheval qui eft plus bas que les nafeaux.)

Nez. Ce mot en parlant de certains Animaux eft figuré & fignifie *Sentiment. Odorat.* (* Le loup eft celui de tous les animaux qui a le meilleur nez *Salnove*, *chaffe du loup* c. Chien qui a le nez fin.)

* *Nez.* Terme de *Batelier.* C'eft la premiere partie du bachot qui finit en pointe, & où eft la levée fur laquelle fe met le batelier, lorfqu'il fe fert des avirons.

NI.

Ni Disjonctive. (Ni la douceur, ni la force n'y peuvent rien. Ni la douceur, ni la force n'y peut rien. Ces deux façons de parler sont bonnes *Vaugelas Rem.*

Il n'est point de mémoire d'un plus furieux, & d'un plus rude combat. Monsieur Patru croit qu'il y faut la particule *ni* & *non pas &*, & il a raison & la façon de parler est plus belle & plus soutenuë avec *ni.* que sans *ni.* Voiez les remarques de Vaugelas.

Il n'y eut jamais de Capitaine plus vaillant *ni* plus sage que lui. *Vau. Rem.*

[Les oiseaux du Ciel ne sement *ni* ne moissonnent. *Port-Roial: Nouveau Testament.* On peut dire aussi en ôtant la particule *ni* les oiseaux du Ciel, ne sement point, ils ne moissonnent point.]

Ni plus ni moins, adv. Tout autant. Justement. (Il y a cent écus, ni plus, ni moins. *Vaugelas Rem.*

NIA.

Niais, *s. m.* Sorte de benêt & d'innocent. Celui qui a de la simplicité. [Il y a des niais qui emploient habilement leur niaiserie. *Memoires de M. la R. F.*]

C'est un niais de Sologne. C'est à dire, C'est un rusé.)

Niais, niaise, adj. Benêt. Innocent. Simple. (Un garçon fort niais. Une beauté niaise, *Gom. Poës.* Mine niaise , *Voit l.* 42. Avoir le visage niais, *Voit. l.* 78. Un ton de voix languissant & niais, *Moliere.* Larmes niaises, *Moliere.*)

Niais, adj. Ce mot se dit de quelques oiseaux de proie qui n'ont pas encore volé & qu'on a pris au nid. (Un faucon niais. Un épervier niais.)

Niaisement adv. D'un air niais. D'un air badin. (Je ne finirois pas niaisement comme je fais en disant que je suis vôtre serviteur. *Voit. l.* 40. Se radoucir niaisement. *Le Comte de Bussi.*

† *Niaiser, v. n.* Agir d'une maniére basse & badine. [Il ne fait que niaiser. S'amuser à niaiser.)

Niaiser, s. f. Action niaise. (Quelque chose de niais: (Les pieces comiques sont des niaiseries, *Moliere.*)

NIC.

Nicaise, *s. m.* Nom d'homme qui vient d'un mot Grec qui signifie *victoire.* (Nicaise est mort.)

† *Nice, adj.* Vieux mot qui trouve encore sa place dans le burlesque, & le comique. (Il signifie *simple. Niais.*)

[Tant ne *nice* encore que *nice* fût.
Madame Alix que le jeu ne lui plût.
La Fontaine, Nouvelles, 1. partie.]

† *Niche*, *s. f.* Tour & malice qu'on fait à une personne. Sorte d'injure qu'on fait à quelqu'un pour lui faire déplaisir.

(† Le Diable leur fait tant de niches.
Qu'ils sont malheureux d'être riches *Gon. Epi* liv. 1.

Faire niche sur niche à quelqu'un, *Mol.*)

Niche. Cavité, ou enfoncement qu'on pratique dans l'épaisseur des murailles pour placer des statuës, ou autres pareilles choses. Nous découvrimes dans une niche une Diane à l'âge d'onze ou douze ans, *Voiture lettre* x.]

Niche'e, s. f. Nid où il y a plusieurs oiseaux. (Prendre toute la nichée]

Se nicher, v. r. Ce mot se dit des oiseaux, & veut dire *faire son nid.* Les moineaux se nichent dans des pots.) On dit aussi *nicher.*

[Là sur des vieux ciprés denuez de verdure
Nichent tous les oiseaux de malheureux augure.
Habert, Temple de la mort.

* † *Se nicher* Se placer. Se mettre. Se cacher. Où s'est-il niché? *Scaron,* Il se *niche* dans une huche ; *La Fontaine, Fable, la* 3.

Nichoir. Terme *d'Oiselier.* Prononcez *nichoi.* C'est une maniére de cage particuliére propre pour mettre couver des serins. (Un nichoir fort propre.)

Nichon, s. f. Nom de fille qui veut dire *petite Anne.* (Nichon devient grande.

Nicolas, s. m. Nom d'homme qui vient du Grec & qui signifie *vainqueur du peuple.* Son diminutif est *Colin & Colas.* [Nicolas poussin qui est un excelent peintre est mort en 1665. Voiez *Bellori* Nicolas Perrot *d'Ablancourt*, qui étoit un fameux traducteur, avoir pris naissance en 1606. le 5. d'Avril, à Châlons en Champagne.)

Nicole, s. f. Nom de femme, dont le diminutif est *Cocole.* [Nicole est laide.)

Nicotiane, *s. f.* Prononcez *Nicociane.* C'est une sorte d'herbe dont la vertu est singuliere pour guerir toutes sortes de plaies d'ulceres, de chancres & de dartres. La *nicotiana* a été appellée ainsi de Jean *nicot* qui étant Ambassadeur pour le Roi Tres-Chrêtien en Portugal envoia le premier en France cette espece de plante, Voiez là dessus *Le second livre de la maison Rustique:* La Nicotiane s'appelle aussi *tabac*, ou *herbe à la Reine.* Voiez *Tabac*

NID.

Nid, *s. m.* Prononcez *ni,* Petit réduit fait de diverses matieres, ajusté proprement ensemble où l'oiseau couve & éleve ses petits. (Les oiseaux font leur nid du printems lorsque tout entre en amour;)

† * *Prendre la pie au nid.* C'est trouver ce qu'on cherche, & ce qu'on croit être avantageux.)

† * *Etre logé dans un nid à rats.* C'est à dire, dans un méchant logis.

NIE.

Nie'ce, *s. f.* La fille du frere, où de la sœur. Une jolie niéce. Elle est niéce de Monsieur un tel. Elle est ma niéce.) Ce mot est relatif à ceux *d'oncle & de tante*

Nielle, s. f. C'est une humeur humide & maligne qui tombant sur le blé qui est sur pié, & qui étant tout à coup échaufée par l'ardeur du Soleil, noircit & gâte le blé. La niéllé a gâté le blé.) Ce mot se met aussi sur le pié & sur les feüilles des melons, sur la chicorée & sur les contombres, & elles se fait petit *Quin. Jard. fruit.* T. 1

Nielle, s. f. C'est une sorte de plante, dont il y a de plusieurs especes. La *nielle des jardins* pousse une tige branchuë, haute d'un pié & porte au bout de sa tige ses fleurs qui sont d'un bleu pâle. La *Nielle citrine* produit des fleurs de couleur de pourpre noire. Voiez *Dal. Hist. des plantes* t. 1. l. 7. c. 11. La *nielle sauvage* a des tiges droites & veluës & des fleurs rouges. Elle est bonne pour la gratelle & pour les fistules. *Dal.* t. 1. l. 4. c. 33. & l. 7. c 11

Nieller, v. a. Gâter par la nielle. (Le tems qu'il fait pourroit bien nieller les blez.)

Nier, v. a. Dire qu'une chose n'est pas ou n'est pas vraie. Dire que non (Nier un proposition. Nier un crime. *Ablancourt.* Les Epicuriens nioient la providence divine, *Pasl.* 4. Je ne nie pas que je ne l'aie dit.)

NIG.

† *Nigaud*, *s. m.* Sot. Benêt. Impertinent. Niais. (Ce sont de bons nigauds que ces gens là, *Moliere.* On ne peut faire un pas sans trouver des nigauds. *Moliere.*)

† *Nigaude, s. f.* Sorte. Niaise. [C'est une franche nigaude.]

† *Nigauder, v. n.* S'amuser à des bagatelles. (Il ne fait que nigauder,]

† *Nigauderie, s. f.* L'action d'un nigaud. Sotise impertinente. Niaiserie. (Ce sont des nigauderies.)

† *Nigromancie.* Ce mot ne se dit pas. Voiez *necromancie.*

NIL.

† *Nilie, s. f.* Terme *de Vigneron.* Sorte de petit filet rond qui sort du bois de la vigne lorsque la vigne est en fleur. (Rompre une nilie.)

† *Nillon, s. f.* Nom de fille qui veut dire *petite Anne.* (Nillon est bien faite.]

NIM.

Nimphe, *s. f.* Déesse des payens. Il y avoit de plusieurs sortes de Nimphes. Les unes s'appeloient *Nayades*, & c'étoient les Nimphes des fontaines & des eaux, & les autres Nereides, & c'étoient les Nimphes de la mer, &c.

† *Nimphe potagere.* Mots burlesques pour dire *fille des champs:* Jardiniere jolie.

Nimphe Ce mot signifie quelquefois *maitresse*, & sur tout en poësie. [La Nimphe que j'adore l'autre soir aparut si brillante en ces lieux, *Voit. Poës.* C'est une Nimphe redoutable *Voit. poës.*

Nimphes. Terme *d'Anatomie.* Ce mot est pris dans un sens metaphorique par les Anatomistes, & se dit en parlant des parties naturelles de la femme. Ce sont des manieres de petites ailes membraneuses qui sont à côté du conduit de l'urine : & elles s'appellent *Nimphes*, parce qu'elles president aux eaux & quelles les conduisent. *Mauriceau.*

NIN.

† Ninon, *s. f.* Nom de fille qui veut dire *Petite Anne*. (Ninon est belle.)

NIP.

Nipes, *s. f.* Sortes de petits meubles, comme hardes, linges, bagues & autres pareilles choses. (Il a de bonnes nipes, *Ablancourt*.)

NIQ.

† Nique, *s. f.* Mouvement de tête pour marquer le mépris qu'on fait d'une personne.
(† Faire la *nique* à quelqu'un.)
† * Faire la *nique* aux richesses, *Abl. Luc.* La prose & les vers sont au croc, car le monde leur fait la *nique*, *Gom. Epi. l. 1.*

NIT.

Nitre, *s. m.* Sorte de salpêtre qu'on tire de la terre qui est chaud, sec, de couleur blanchâtre & qui a la saveur du sel. *Dav.* (Nitre naturel. Nitre artificiel.) Voyez *Salpêtre*.

NIV.

Niveau, *s. m.* Terme d'*Architecte & de Maçon*. C'est un instrument dont le maçon se sert pour dresser ses ouvrages. Instrument qui est utile au maçon pour *poser horisontalement* les pierres & autres pieces servant à l'Architecture & generalement pour dresser & aplanir tout ce qui doit être horisontal. (Mettre de niveau. Mettre à niveau. Être de niveau. C'est à dire, n'être pas plus haut à un endroit qu'à l'autre. Ainsi l'on dit, cette allée est de niveau, on n'est pas de niveau.)
* *Dresser une allée suivant son niveau de pente.* C'est à dire, qu'il faut que la pente soit égale dans toute la longueur de l'alée, en sorte qu'elle paroisse unie d'un bout à l'autre.
On fait diverses sortes de Niveau, entre lesquels le plus commode est *un Niveau d'air*. C'est un peu d'air enfermé dans un cilindre de verre plein d'eau & scellé hermétiquement par les deux bouts. Quand cette *goute d'air* s'arrête justement au milieu du cilindre, le cilindre se trouve posé horisontalement.
Niveau de la campagne. Terme de Fortification. C'est une situation de terrein toute plate & qui ne panche ni de part ni d'autre. Le talus & le déclin d'une hauteur sont le contraire de niveau de la compagne. *Guillet, Art. milit.*)
* † *Ajusté au niveau.* C'est à dire, bien fait. *V. poës.*
Niveler, *s. m.* Terme de Maçon. C'est voir par le moien du *niveau*, si ce qu'on fait dans la regularité & la justesse que l'art demande. C'est chercher la diference des hauteurs pour connoître les diférentes élevations pour la conduite des eaux ou autres besoins. (Il faut niveler cela.)
Niveleur, *s. m.* Celui qui se sert du niveau pou placer quelque chose horizontalement, pour unir le terrein, ou pour conduire les eaux.
Nivellement, *s. m.* C'est l'action de niveler. (Le nivellement d'un terrein est difficile, quand il est d'une grande étendue.)

NOB.

Nobiliaire, *s. m.* C'est un registre des Nobles de toute une Province, ou d'un pays.
Noble à la rose, *s. m.* Sorte de monnoie d'or qui est fort connuë en Angleterre, & qu'Edoüard troisiéme fit batre en 1344.
Noble à la rose. On voit par l'ordonnance de François premier touchant les monnoies, qu'il y avoit en France une sorte de monnoie d'or qu'on appelloit *noble à la rose*, qui étoit grande & large comme un fort grand écu d'or. Il avoit au milieu une maniere de rose enjolivée de petites couronnes de fleurs de lis, & autres agrémens. Ce *noble à la rose* pesoit six deniers & valoit cent deux sous.
Noble-Henri, *s. m.* Monsieur Boissard qui est un des plus habiles Conseillers de la Cour des monnoies de Paris, m'a fait voir que le *noble-Henri* étoit une vieille espece de monnoie d'or François du poids de cinq deniers dix grains, valant quatre livres quatorze sous. Cette monoie avoit cours du tems de François premier, & on tailloit trente cinq *noble-Henri* au marc. Ce *noble-Henri* étoit grand & large environ comme un écu blanc, & avoit d'un côté pour figure un Prince sur son trône avec une épée à la main, & d'un autre côté une croix au milieu de laquelle il y avoit une H, & tout autour de cette croix, de petits lions couronnez.
Noble, *s. m.* Ceux qui sont nez d'une famille qui a de la noblesse. (Les nobles sont ambicieux & méprisans.)
Noble *adj.* Qui a de la noblesse. (Il est noble. Elle est noble.)

Noble. *adj.* Qui apartient à la noblesse. [Un fief noble. La garde noble des enfans d'un Gentilhomme.
* Noble, Grand. Courageux. Qui a quelque chose qui sent sa personne de qualité. (Action noble. Cœur noble.)
* Noble. Ce mot se dit du stile & du discours. [Expression noble. *Abl.* Stile noble.] On dit aussi une pensée noble, un sentiment noble. Une noble audace. Un noble orgueil. une noble fierté.)
* Noble Terme d'*Anatomie*. Il se dit de certaines parties du corps, & veut dire, Qui est absolument necessaire à la conservation de l'individu. Le cerveau, le foie & le cœur sont les parties nobles. Quelques-uns ajoutent à ces parties les testicules parce qu'ils sont les principaux instrumens de la generation. Voiez *Bartolin*.
Noblement *adv.* D'une maniere noble. [Vivre noblement. Fief tenu noblement.)
* Noblement, D'une maniere noble. (S'exprimer noblement.)
Noblesse, *s. m.* Honneur & éclat qui vient d'une ancienne & illustre famille. (Noblesse ancienne. Noblesse moderne.)
Noblesse. Tous les nobles. (Il vouloit emmener toute la *noblesse* des Gaules. *Abl. Ces. l.* 5. *c.* 2.

NOC.

Noce, & noces, *s. f.* Festin qui se fait après les épousailles. (Ils ont fait de belles noces. Aller aux noces. Être des noces. Epouser en premiere noce. Epouser en seconde noce. Être de la noce.)
* Noce. Mariage. (La noce m'a donné la plus impudente des garces, *Benser. poës.*)
* *Ce ne sont que noces.* C'est à dire, ce ne sont que fêtes que rejouissances & festins.
Nocher, *s. m.* Mot poëtique pour dire *batelier*. [Ta sœur nous a quittez, & le pâle *nocher* la porte dans sa barque. *Main. poë.* Le chant des Sirenes perdoit autrefois le nocher qui l'entendoit. *V. poës.*]
† Nocier, *nociere adj.* Ce mot ne se dit qu'en riant & dans le bas stile, & je ne l'ai même trouvé que dans Voiture. (Sa torche *nociere* ondoiante lançoit mille divins éclairs. *Voit. poësies.*)
Nocturlabe, *s. m.* Instrument par lequel à tout heure de la nuit on peut trouver combien l'étoile du Nord est plus haute, ou plus basse que le Pôle. *Fourn.*
Nocturne, *s. m.* Terme de Breviaire. Ce mot se dit en parlant de *matines*, & veut dire priéres pendant un certain tems de la nuit. (Premier nocturne. Second nocturne.)
Nocturne, adj. Qui arrive de nuit. Qui apartient à la nuit. (Assemblée nocturne. Oiseau nocturne. Plaisir nocturne. Pollution nocturne.)
Nocturne, Terme d'*Astronomie*. Arc. nocturne, c'est l'arc du cercle que parcourt le Soleil ou un autre Astre pendant la nuit.

NOE.

Noé, *s. m.* Nom d'homme. (Le Patriarche Noé étoit un saint homme. C'est de ses enfans que tous les hommes sont descendus aprés le Déluge. *Voi la morale de Confucius.* 1. *partie* page 4.)
Noël, *s. m.* Prononcez. Noël, Ce mot veut dire les Fêtes pendant lesquelles on célébre la nativité de Jesus Christ, & en ce sens le mot de Noël n'a point de pluriel. (Nous aurons noël dans un mois. Il n'y a plus que trois semaines jusques à Noël.)
† *On a tant crié* Noël *qu'enfin il est venu.* C'est à dire on a tant parlé d'une chose qu'enfin elle est arrivée.
Noël, *s. m.* Chanson spirituelle sur la Nativité de Jesus-Christ Le mot *Noël* en ce sens a un pluriel. (Un beau Noël. Des noëls bien touchans. Les Noëls du Sieur François Colletet sont de plaisans Noëls.)

NOI.

Noiau, *s. m.* Maniére d'os qui naît dans de certains fruits & dans lequel se conserve la semence de ces sortes de fruits. Tels sont les noyaux d'olives, de pêches, d'abricots de cerises, &c (Un gros, ou un petit noyau. Casser un noyau.)
Noyau. Terme de *Fondeur*, Se dit de en parlant de fonte de canon. C'est ce qui fait le calibre de la piece de canon lors qu'elle est en moule.
* *Noyau.* Terme d'*Architecte*, La partie du milieu de planchers des anciens. *Perrant, Vitruve.*
Noyau, ou vis démontée. Piece. de bois où toutes les marches sont en mortaisées & tournent autour en ligne spirale.
Noira. Voiez *Néier*.
Noyer, *s. m.* C'est un grand arbre aiant de longues racines, le tronc haut avec plusieurs branches, l'écorce grisâtre & crevassée quand il est vieux. Le bois du *noyer* est beau & plein de veines agréables. Ses feuilles sont larges & ont une odeur forte. Le noyer aime les montagnes & haît les eaux. Son ombre est nuisible.
Noir, *noire. adj.* Ce qui est opofé au blanc. (Drap noir. Etofe noire. Couleur noire. Poil noir. Yeux noirs.)

* *Noir.*

NOI   NOM

* *Noir, noire.* Méchant. Infame. Scelerat. (Ils font tous blancs au dehors & tous *noirs* au dedans *Depreaux ; discours au Roi.* Les Dauſinois ont le corps blanc & l'ame noire.)

* *Noir, noire.* Obſcur. Sombre. (Noire forêt. Voit. poëſ. Priſon noire. *Voit. poëſ.*)

Noir, noire, adj. Les Chirurgiens apellent noir , ce qui eſt meurti & livide. (Il eſt tout noir de coups.) On apelle les dents noires , lorſqu'elles ne ſont pas bien blanches.

* *La bile noire.* C'eſt la mélancolie.

* *Vapeurs noires,* Ce ſont des vapeurs mélancoliques qui montent au cerveau.

* *Du noir chagrin.* C'eſt une triſteſſe profonde & melancolique.

Noir, ſ. m. Terme de *Teinturier.* Couleur faite de galle , de cotperoſe, de bois d'inde , & d'autres drogues , qui ramaſſe & fixe la veuë. (Un beau noir. Un mauvais noir. Donner le noir bien à propos à une étofe. *Mettre en noir* , c'eſt teindre en noir.

Noir, ſ. m. Il y a de pluſieurs eſpeces de noir , il y a du *noir de fumée* dont ſe ſervent les Imprimeurs en lettres , il y a du *noir d'os,* ou d'ivoire brûlé qui ſert aux peintres & du *noir en pierre* qui eſt fait de lie. &c.

* *L'homme va du blanc au noir, Dépreaux. Sat. 8.* C'eſt à dire, il eſt inconſtant & prend preſque du même moment des ſentimens tout opoſés.

Noirâtre, adj. Qui tire ſur le noir. (Couleur noirâtre.)

Noiraud, noiraude, adj Le feminin de ce mot eſt peu en uſage. [Il eſt noiraud, C'eſt à dire, il a les cheveux noirs.]

Noiraud, ſ. m. Celui qui a les cheveux noirs. C'eſt un gros noiraud.)

Noirceur, ſ. f. C'eſt ce qui eſt opoſé à la blancheur.

[Ce Dieu qui ſeul m'eſt toutes choſes,
Aime mieux ma *noirceur* que vos lis & vos roſes.
Godeau, Poëſ. 1. part. eglogue 1.]

* Cela éface la *noirceur* de ſon action. *Moliére , Ecole des femmes, a. 5. ſc. 4.*

Noircir, v. a. Rendre noir Faire noir. [Noircir un cadre. Noircir le talon d'un ſoulié.]

Noircir, v. n. Devenir noir. [Il y a des pierres qui noirciſſent, ou ſe noirciſſent à l'air.

* *Noircir.* Difamer. Oter la reputation. [Il eſt permis aux Prêtres de prevenir ceux qui les veulent noircir par des medicates en les tuant. *Paſc. l. 7.* On croit ſouvent noircir autrui qu'on ſe *noircit* ſoi-même. *Benſerade, Rond.*]

Noirciſſure, ſ. f. Enduit de noir. [La noirciſſure de ce Caroſſe coute tant. Une noirciſſure faite de vernis.]

Noire, ſ. f. Terme de *Muſique* Sorte de note qui n'a rien de blanc, & qui ne vaut que la moitié d'une blanche. (C'eſt une noire.)

† *Noiſe, ſ. f.* Querelle. Diſpute. [Bien-tôt nos gens ont *noiſe* ſur ce point. *La Fontaine, Nouv. Contes.* Il vit ſans bruit , ſans debat, ſans *noiſes* & ſans procés. *Dépr. Sat. 8.*]

Noiſette , ſ. f. Fruit de noiſetier. (Une petite noiſette. Une groſſe noiſette. Les noiſettes nuiſent à l'eſtomac.

* *Preſenter des noiſettes à celui qui n'a plus de dents Proverbe.* C'eſt lui ofrir une choſe dont il n'eſt pas en état de ſe ſervir.

Noiſetier, ſ. m. Arbre qui porte les noiſettes & qui eſt le même que celui qu'on apelle *coudrier.* Voiez *coudrier.*

Noix, ſ. f. Fruit de noyer. (Une bonne noix. Une méchante noix. La noix ſeche eſt chaude. Les noix frêches nuiſent moins à l'eſtomac que les noix ſeches. Abatre des noix. Ecaler des noix. Huile de noix.)

Noix confites, Ce ſont des noix vertes qu'on a cuites & acommodées avec du ſucre , de l'écorce de citron, de l'ambre, du muſque, &c. (Faire des noix confites. Ambres , muſquer des noix confites. Les meilleures noix confites ſont celles de Rouën.)

Noix d'Inde. Ce ſont de groſſes noix qui viennent à un arbre ſemblable au palmier. Voiez *Mattiole.*

Noix vomique. Terme de *Droguiſte.* On dit qu'elle fait mourir ſur le champ les chiens, ou les loups qui en mangent.

Noix de galle. Sorte de fruit de chêne , Il y a de noix de galle fort froides & ſeches & ſervent à faire de l'ancre & à teindre.)

Noix muſcade. Voiez *Muſcade.*

On apelle *noix* la partie du reſſort d'un fuſil qui eſt faite en demi cercle & qui ſert à le débander. On diſoit auſſi *noix d'arbaléte.*

NOL

Noli me tangere. Ces mots Latins ſont le nom que les Medecins donnent à un ulcere malin , qui vient au viſage & qui eſt un eſpece de chancre.

Noliſis ou *noliſſement, ſ. m.* Terme de *Marine*, c'eſt ſur la Mediterranée la même choſe que ce qu'on apelle *fret* ſur l'Océan. Voiez *Fret.*

NOM.

Nom, ſ. m. On peut dire , généralement parlant, que le *nom* eſt un mot qui ſert à *nommer* chaque choſe. Mais ſi on déſcend dans le particulier & qu'on regarde le *nom* en *Grammairien,* on le divisera en *nom ſubſtantif* & *nom adjectif.* Le *nom ſubſtantif* eſt un mot qui a genre, nombre & cas Le *nom adjectif* marque d'ordinaire quelque maniere d'être ; ou quelque qualité, bonne , ou mauvaiſe. Etre long , large , noir , bon , mauvais ſont des noms adjectifs. (Un nom propre , un nom commun, appellatif, derivé, Voyez là-deſſus *Voſſius , Scioppius & Sanctius, &c.*

(Un beau nom. Un nom glorieux, Un nom vilain ; ridicule. Un nom de batême. Apeller par nom & ſur nom. Donner un nom. Prendre un nom. Porter un nom illuſtre. *Ablancourt.* Nom de Seigneurie Nom de guerre. Nom de Religion. Nom de Roman.

* *Nommer les choſes par leur nom.* C'eſt à dire , en parler franchement. Elle ſe défend du *nom* , mais non pas de la choſe. *Moliere.*

* *Nom.* Reputation. (Toute mon ambition eſt de rendre ſervice aux gens de nom & de merite. *Moliere, Sicilien, ſ. 1.*)

* *Nom de Jeſus, ſ. m.* Terme de *Papetier.* Papier fin de toutes les manieres (Donnez moi du nom de Jeſus.)

Au nom de Dieu , faites moi cette grace. C'eſt une maniere de conjurer quelcun. Les Chrétiens batizent au Nom du Pere, du Fils & du S. Eſprit.

Les Apôtres faiſoient des miracles au Nom de Jeſus , & ils prononçoient le pardon des pechez en ſon Nom.

Il eſt défendu au troiſiéme commandement de prendre le Nom de Dieu en vain.

Agir au nom de quelcun , C'eſt à dire, ſuivant le pouvoir qu'il a doné.

Les cautions ſolidaires s'obligent en *leur propre & privé nom.* Terme de *pratique.*

Nomancie, nomance , ſ. f. Bien des gens diſent l'un & l'autre, mais le grand uſage eſt pour *nomancie.* C'eſt un art qui par le moien des lettres du nom de batême d'une perſonne devine ce qui peut arriver de bonheur, ou de malheur à cette perſonne. (Caran a écrit avec reputation de la nomancie , il s'eſt des gens , en qui je crois aſſez, diſent que ce qu'il en a écrit n'eſt que folie & que ce ſont autant d'efets d'une pure viſion Italienne.)

Nombre, ſ. f. Terme d'*Aritmétique.* Aſſemblage de pluſieurs unitez. (Un grand nombre. Nombre pair. Nombre impair. Nombre entier. Nombre rompu. Nombre premier , nombre compoſé. Nombre plan. Nombre ſolide. Nombre quarré , cubique , &c. Nombre parfait. Nombre ſourd ou irrationnel , &c.

Nombre. Rang. (Pouſſin eſt au nombre des excellens Peintres. Ablancourt eſt au nombre des excelens Auteurs François.)

Nombre Terme de *Grammaire.* C'eſt le ſingulier , ou le pluriel du nom. (*Nombre ſingulier.* C'eſt un nombre qui ne déſigne qu'une ſeule perſonne , ou une ſeule choſe. Pour le *nombre pluriel* , C'eſt celui qui marque pluſieurs choſes , ou pluſieurs perſonnes.)

Nombre. Terme de *Retorique.* Harmonie qui vient de l'arrangement des mots. (La diction veut être renfermée dans quelque nombre, & la proſe a un nombre qui eſt diferent de celui de la poëſie.)

Nombre Terme d'*Aritmétique.* Chifre. Marque de chifre.

Nombre d'or, ou le grand ciéle de la Lune. Terme de Cronologie. C'eſt une revolution de dix-neuf ans, trouvés par Meton Aténien pour tâcher d'acorder l'année Lunaire avec celle du Soleil , au bout deſquels on trouvoit que les nouvelles Lunes revenoient aux mêmes jours que la Lune recommençoit ſon cours avec le Soleil à une heure prés , & quelques minutes. Ce nombre a été apellé *nombre d'Or* , où à cauſe de ſon utilité , ou parce que ceux d'Alexandre l'envoieroient aux Romains dans un calendrier d'argent , où les nombres depuis un juſques à 19. étoient en lettres d'or. *Port. Roïal, Métode Latine.*

Nombres. Livre du vieux Teſtament où Moyſe fait le dénombrement du peuple de Dieu par tribus. (J'ai leu les Nombres.)

Nombrer, v. a. Terme d'*Aritmétique.* Dire la valeur des nombres. Exprimer la valeur d'un ou de pluſieurs caracteres aritmétiques mis en ordre. (Nombrez cela.)

Nombreux , nombreuſe , adj, Qui eſt en grand nombre. (Peuple nombreux, Une armée nombreuſe. *Abl.*)

* *Nombreux, nombreuſe.* Ce mot ſe dit du langage & c'eſt un terme de Rétorique qui ſignifie Plein d'harmonie. Qui a du nombre , (La langue Eſpagnole a quelque choſe de nombreux, Une période nombreuſe. *Ablancourt.* La proſe de Patru eſt nombreuſe.)

Nombril, ſ. m. Eſpece de neud qui lie les inteſtins , & qui paroit preſque au milieu du ventre.

† *Nomenclateur, ſ. m.* C'étoit parmi les anciens Romains celui

Yyy

lui qui faifoit profeffion de connoître tous les citoiens afin qu'on les pût apeller par leur nom en les faluant. Voiez *Abl. Apoph. plaifans* p. 494. *in douze*.

† *Adam le nomenclateur. La Fontaine, Nouveaux contes*, C'eſt à dire, Adam qui donna les noms.

† *Nomenclature, f. f.* C'eſt une liſte, ou dénombrement de pluſieurs noms. [Faire une nomenclature.]

NOMINATAIRE, Perfonne nommée par le Roi à quelque Archevêché, Evêché ou Abaïe. Le mot de *nominataire* eſt *maſculin* quand on parle d'un *homme* & quand on parle de quelque *fille* que le Roi nomme à quelque Abaïe de Religieuſes, il eſt *féminin*. [C'eſt un *nominataire* de Sa Majeſté. Il refoud que le *nominataire* qui a pour elle les fufrages de la communauté, &c. *Patru, Urbaniſtes*, p.104.]

Nominatif, f. m. Terme de Grammaire. C'eſt le premier cas ſingulier, ou pluriel d'un nom ſubſtantif.

NOMINATION, *f. f.* Prononcez *nominacion*. Mot général qui vient du Latin *nominatio*. La nomination conſiſte à nommer une perſonne pour quelque charge, ou quelque emploi. Ainſi Monſieur le Duc de la Roche Foucaut a dit dans ſes mémoires. *Les conferences ſe penſerent rompre ſur la nomination que fit la Reine du Cardinal pour député.*

Nomination. Ce mot ſe dit en traitant d'ofices & de charges. C'eſt le droit de nommer & de préſenter à quelque charge. C'eſt le pouvoir de nommer à quelque ofice. [La nomination de quatre oficiers. *d'Abl. Tac. An.* l.1.c.3.]

Nomination. Ce mot, en parlant des charges de juſtice de France, ſe dit des ofices de Juſtice ordinaire du Domaine aliéné. C'eſt le droit qu'a un Seigneur ſur ſes terres de nommer une perſonne capable d'exercer un ofice. [*Les Seigneurs ne doivent pas être privez de la nomination* des ofices de Juſtice de leurs terres, parce que ce droit eſt un fruit inſéparable de la Seigneurie. *Loiſeau, tr. des ofices*, c.4. & 5.]

Nomination. Ce mot eſt fort uſité dans les matières bénéficiales. C'eſt en général le droit de nommer à un bénéfice qui vaque, une perſonne véritablement capable de poſſeder un bénéfice, & d'en faire les fonctions avec honneur. Il y a deux ſortes de nominations, la Roïale & la Scolaſtique.

La Nomination Roïale. C'eſt la préſentation qne dans le tems & en vertu du Concordat, le Roi de France fait au Pape, d'une perſonne capable afin qu'il poſſéde un Archevêché, Evêché, ou autre Bénéfice de Prélature. Il y a auſſi des nominations accordées par ſa Majeſté à Meſſieurs du Parlement de Paris en vertu de leur indult ſur des bénéfices qui ne vaquent point, mais qui vaqueront. *Chopin liv.* 2. *du Domaine, Titre* 10. Les Rois de France à leur joyeux avenement à la Couronne ont droit auſſi de nommer à chaque Evêque & à chaque Collateur de leur Roïaume, une perſonne pour être pourvuë de la première prébende qui viendra à vaquer. De plus quand un Archevêque, ou un Evêque eſt pourveu d'une Archevêché, ou Evêché & qu'il a prêté ſerment de fidelité au Roi, ſa Majeſté eſt en droit de lui nommer une perſonne pour la première prebende qui vaquera, afin que cette perſonne en ſoit pourvuë dans le tems, & après que la nomination du Roi aura été ſignifiée à l'Evêque, ou l'Archevêque. Voyez là deſſus le livre de droit Canon François.

Nomination Scolaſtique. C'eſt la préſentation qui à cauſe du concordat ſe fait en France au Diocéſain, d'un Eccléſiaſtique gradué pour poſſeder un bénéfice qui a vaqué dans un certain tems de l'année. (Il ſe réſerva la nomination de quatre oficiers. *Abl. Tac. An.* l.1.c.3. C'eſt un bénéfice de la *nomination* du Roi. Ce bénéfice eſt à la *nomination* d'un tel.)

Nominaux. On a donné ce nom à une ſecte de Philoſophes Scolaſtiques qui ſont les ſectateurs d'Ocam, & ils ont été ainſi nommez parce qu'ils donnoient des noms à pluſieurs choſes, & à pluſieurs rélations qui ſont entre les choſes & à diverſes manières de les concevoir, ſans donner une claire explication de tous ces noms, dont la plûpart ſont barbares & ont été forgez par ces Philoſophes.

Nommer, v. a. Donner le nom à quelque enfant. Dire le nom de quelque choſe que ce ſoit. (Le parrein, ou la marreine nomment l'enfant ſur les fonts de batême.) [C'eſt une ſorte de pierre précieuſe qui ſe *nomme* agate.]

Nommer, Faire mention de quelqu'un. Dire le nom de quelqu'un. Elle le *nomma* pluſieurs fois avant que de mourir. *Abl.* Il y a ſix mois que je ne les ai pas ſeulement ouï nommer. *Voit. lettre* 32.)

Nommer. Ce mot ſe dit en parlant de bénéfices & de charges. C'eſt préſenter un homme pour poſſeder un bénéfice ou une charge. Le Roi de France nomme à tous les Bénéfices qui ſont de fondation roïale, & qui étoient électifs avant le Concordat. *Fevret, de l'abus*, l.1.c.8. Le Roi pour ſon joïeux avénement à la Couronne, nomme aux premières Prébendes des Egliſes Catedrales & Collegiales vacantes par mort. *Vol. Bénéfice.*

Nommer d'ofice. Terme de Palais. Cela ſe dit lorſque le Juge ordonne & nomme de ſon autorité des gens pour voir ou viſiter quelque lieu, ou autre choſe & en faire leur rapport. (Le Juge a nommé d'ofice des jurez, ou des experts.)

Nommé, nommée, adj. Qui a eu le nom. A qui on a donné un nom.

(Il a été *nommé* Pierre ſur les fonts de batême.)

Nommé, nommée. Celui, ou celle dont on a fait mention. (Il l'a é é nommé entre les conjurez. *Abl.*)

Nommé nommée. Préſenté pour quelque charge, ou quelque bénéfice. (Monſieur un tel a été nommé par le Roi à l'Archevêché de Paris.)

Nommé, nommée. Determiné. Précis. (A jour nommé. *Ablant. Venir à point nommé.* C'eſt à dire, venir préciſément & au tems determiné.)

Nommément, adv. Particuliérement. (Cela eſt nommément défendu *Patru, plaidoié*. Deshériter nommément un fils. *Patru, plaidoié* t 1. Le Roi le demandoit *nommément*. *Maucroix, Vie de Campége*, page 186.)

Nompareil, nompareille, adj. Qui n'a point de pareil. (Eſprit nompareil. *Abl.* Beauté nompareille.)

Nompareille, ſ. f. Sorte de petite dragée. (Donnez moi de la nompareille.)

Nompareille, ſ. f. Terme d'*Imprimeur.* Sorte de petite lettre. (C'eſt de la nompareille.)

NON.

NON. Sorte d'*adverbe négatif.* (On n'a qu'à répondre *oui* & *non* à ſon cho.x. *Paſ.* l. 5.)

Je ſçai vivre à ma mode & rien ne m'importune
A tout ce que je veux on ne dit jamais *non*.
Benf. balet de la nuit. 2. *partie.*)

NONNAIN. Voiez plus bas.
NONNANTE. Voiez plus bas.

Non pas, Sorte d'*adverbe négatif*. (Exemples. On ne doit prendre pour regle que l'Ecriture & la tradition, & *non pas* vos Caſuiſtes. *Paſ.* 5.

Il eſt plus aiſé qu'un chameau paſſe par le trou d'une eguille que *non pas* qu'un riche entre dans le royaume du Ciel. *Port-Roial, Nouv. Teſtament.*)

Non plus. Sorte de *conjonction* qui ſignifie, *Tout de même*, (Il ne ſe ménage *non plus* qu'un ſimple ſoldat.)

Non-vuë. Terme de *Mer.* C'eſt à dire, faute d'avoir découvert & eu connoiſſance du partage. (On mit en panne pour ne pas périr par non vuë. *Guillet, Termes de Mer.*)

NONAIN, *ſ. f.* Mot qui ne ſe dit qu'en riant & qui ſignifie une *Religieuſe.* (La pauvre *nonnain* baiſſoit les yeux. *La Fontaine,* Une jolie nonain.)

NONAGENAIRE, *adj.* Qui eſt âgé de nonante ans, ou de quatre vints-dix ans. [Il eſt décrepit & il eſt preſque nonagenaire.]

NONANTE. Nom de nombre indéclinable, au lieu duquel on dit quatre vingt-dix.

Nonantième, adj. En la place de ce mot on dit d'ordinaire quatre vingts & dixième, mais, quand on parle des choſes anciennes, on dira plutôt en la *nonantième* Olimpiade qu'en la quatre vingt & dixième.

Quart de nonante. Inſtrument de Mathématique. C'eſt un quart de cercle diviſé en ſes nonante degrez, avec une alidade & des pinnules, &c.

NONCE, *ſ.* m. Ambaſſadeur de Pape. [Envoïer un Noncé en France.]

NONCHALANCE, *ſ. f.* Négligence. [Il eſt dans une nonchalance tout-à-fait honteuſe.]

Nonchalant, nonchalante, adj. Qui eſt dans la nonchalance. (Il eſt nonchalant. Elle eſt nonchalante.)

Nonchalant, ſ. m. Négligent. (C'eſt un nonchalant.)

Nonchalamment, adv. Ce mot eſt condamné par Vaugelas, mais mal, Il ſignifie *avec nonchalance*. (Il étoit couché nonchalamment dans ſon caroſſe. *Bouhours, nouvelles remarques.* Laiſſer nonchalamment dans les bras de l'amour, la prudence & la retenuë. *Benſerade poëſies*.)

NONCIATURE, *ſ. f.* Charge de Nonce, dignité de Nonce. Tems qu'un Cardinal a été Nonce. (Grégoire troiſième choiſit Laurent Campége pour la *nonciature* de Naples. Il confirma la nonciature de Milan à Campége. Il a réüſſi dans ſa *nonciature*. *Maucroix vie de Campége.* Pendant ſa *nonciature* de Veniſe il merita les aplaudiſſemens de cette Republique. *Flèbier. Vie de Commendon. Préface.*)

Nonciature, ſ. f. Ce mot ſe dit de quelques Juriſdictions que le Pape a établies dans ſes états & qui ont une certaine étenduë de païs, avec un certain nombre de places ſur leſquelles la Nonce exerce ſa Juriſdiction, & en ce ſens on dit. (Une telle Nonciature eſt conſiderable. La Nonciature d'Avignon eſt conſiderable. *Le Pere Lubin, Mercure Géographique.*)

† *Nones, ſ. f.* Ce mot ne ſe dit plus que dans le burleſque, ou le ſtile le plus bas. (Dans un Couvent de *Nones* frequenteroit un jouvenceau ſriand de ces oiſeaux. *La Fontaine, nouveaux contes.*)

Nones, ſ. f. Terme d'*Egliſe.* Ce mot n'a point de ſingulier & ſignifie une des heures canoniales qui répond à trois heures après midi. (Mes nones ſont dites.)

NOR NOT NOT NOV

Nones, *s. f.* Mot qui n'a point de singulier & qui a été employé par les anciens pour compter les jours des mois. C'étoit le setiéme jour d'Octobre, de Mars, de Mai, & de Juillet, & dans les autres mois, c'étoit le cinquiéme jour. (Les nones sont passées.)

† **Nonette,** *s. f.* Mot burlesque pour dire petite none. (Pas une n'est qui montre en ce dessein de la froideur, soit noné, ou nonette. La Fontaine, nouveaux contes.)

Nonnain. Vieux mot qui signifioit autrefois religieuse.

Nonobstant. Préposition qui régit l'acusatif. (Nonobstant la paix, Ablancourt. Il fut massacré dans le temple nonobstant la sainteté du lieu. Vau. Quin. l. 10.)

NOR.

Norbert, *s. m.* Nom d'homme. (Saint Norbert fondateur des Prémontrez.)

Nord, *s. m.* Terme de *Géographie.* Septentrion. Le côté du Monde qui est oposé au midi. Vent qui souffle du Septentrion au midi. (Le vent du nord; Le vent de nord. L'un & l'autre est bon, Vau. Rem.

Nord-est, *s. m.* Terme de *Géographie.* Le côté du Monde qui est au milieu d'entre le Nord & l'Orient, & qui est à 45. degrez du Septentrion & du Levant. Vent qui souffle de ce côté-là. Ce vent est froid & sec.

Nord-oüest, *s. m.* Le côté du Monde qui est à 45. degrez du Nord & du Couchant. Vent qui vient de ce côté là. Ce vent est froid & violent. On le nomme aussi le *Balai du Ciel.*

Nord-nord-est. C'est le côté & le vent qui est entre le Nord & le Nord est, à 22. degrez & demi du Nord.

Nord-nord-oüest. C'est le côté & le vent qui est entre le Nord & le Nord oüest, à 22. degrez & demi du Nord.

Nord quart au Nord-est. C'est le vent qui est à onze degrez & un quart du Nord du côté de l'Est.

Nord quart au Nord-oüest. C'est le vent qui est à onze degrez & un quart du Nord, du côté de l'Oüest.

Nord-est quart au Nord. Vent qui est à 33. degrez & demi du Nord, du côté de l'Est.

Nord-oüest quart au Nord. Vent qui est à 33. degrez & demi du Nord, du côté de l'Oüest.

Normand, *Normande.* Qui est de Normandie l'une des plus riches Provinces de France, & celle, après le Daufiné, où il y a de plus grands fourbes & de plus grands coquins.

† *C'est un Normand.* C'est à dire, C'est un homme fourbe & fin, & à qui il ne se faut pas fier sans caution bourgeoise. (Reprenons la, faisons tours de Normans, dédisons nous: La Fontaine, nouveaux contes. C'est un faux Normand; C'est à dire, un fin & un méchant Normand.)

¶ **Nos.** Voiez **Nôtre.**

NOT.

Notable, *adj.* Remarquable, Considérable. (Chose notable. Un notable bourgeois, *Patru, plaidoié 9.*)

Notables, *s. m.* Les plus notables personnes d'un lieu. (Les plus notables du lieu lui vinrent ofrir leurs presens.)

Notablement, *adv.* Considérablement. (Cette action contribue notablement à la gloire, *Patru, plaidoié 5.*)

Notaire, *s. m.* C'est une personne publique qui reçoit & écrit les conventions de ceux qui contractent. (Un bon notaire.)

Notaire Apostolique. Personne publique pour de certaines choses qui regardent la Cour de Rome.

† **Notamment,** *adv.* Vieux mot au lieu duquel on dit *particuliérement* ou *principalement.* Vaugelas Remarques.

Notariat, *s. m.* Le tems qu'on a exercé l'ofice de notaire. Fonction & ofice de notaire (Durant son notariat il fit des afaires de conséquence. Le notariat oblige au secret.)

Note, *s. f.* Marque qu'on fait pour se rapeller quelque chose dans l'esprit. (Méttez la une note.)

Note. Marque d'infamie. (Il a été condamné à faire réparation d'honneur, & c'est une *note* que cette condannation.)

Note d'infamie. Marque d'Infamie. Cette sentence est une *note d'infamie* pour lui.)

Note. Observation, Remarque. (Faire des notes pour servir d'éclaircissement. *Abl. Apoph.* Il a fait de petites notes très-savantes sur Longin Dep.

Note. Terme de *Musique.* Diférence & changement de voix. La marque de ce changement de voix. (Note blanche. Note noire. Note éloignée. Chanter à note à livre ouvert. Entoner les notes. Est assuré de la note.

Note. Chant. (La douce linote.

Agréable en ses tons & savante en sa *note*,
Ménage, Poësies.

† * *Faire changer de note.* C'est à dire, Faire changer de discours ou de dessein. (Je vous ferai bien changer de note, chiens de Philosophe. *Mol.*)

Noter, *v. a.* Terme de *Palais.* Marquer d'infamie. (La sentence l'a noté. C'est un homme noté.)

Noter. Terme de *Musique.* Marquer les notes sur un livre de tablature afin de chanter dans les regles. (Noter un livre. Noter une chanson. Livre noté. Chanson notée.)

† **Noter,** remarquer. Il faut noter cela.

Notice, *s. f.* Ce mot semble consacré à de certaines matiéres & signifie une sorte de livre qui donne la connoissance des lieux, d'un païs, d'une province, d'un diocése (Cela paroit par la notice de l'Empire. La *notice* du diocése de Châlons.)

† **Notice.** Terme de *Palais.* Connoissance. (Cela n'est pas encore venu à la notice des Juges. Quand cela viendra à notice, c'est à dire sera connu.

Notification, *s. f.* Terme de *Palais.* Déclaration. (Edit de notification. Lettres de notification.)

Notifier, *v. a.* Terme de *Palais.* Faire savoir. Déclarer à quelqu'un qu'une chose a été faite. (Le lendemain vous avez notifié l'interdiction à l'Abesse. *Patru, plaidoié 5.*)

Notion, *s. f.* Connoissance qui regarde les siences, ou les arts. (Donner une notion de quelque chose, Port-Roial, Élémens de Géométrie. Il a quelque notion de la Grammaire, *Maucroix, Schisme, l. 2.*)

Notoire, *adj.* Terme de *Palais.* Connu. Manifeste. Evident. Clair. (La chose est notoire. Le Maître.)

Notoirement, *adv.* Terme de *Palais.* Visiblement. Manifestement (Il a *notoirement* du bien pour porter cette dépense. Patru plaidoié 9.)

Notoriété, *s. f.* Terme de *Palais.* Evidence. Connoissance. (Cela est de *notoriété* dans la maison. *Patru plaidoié 16.* Cela est de notorieté publique. Le Mair. plaid. 10.)

Nôtre, *adj.* Qui nous apartient. (Nôtre vie est dans nôtre sang. *La chamb.*) Il fait à son pluriel nôtres quand on le dit seul par raport au substantif qui a précédé. (Ce ne sont pas vos afaires, ce sont les nôtres.) Mais quand il se joint à un substantif on dit *nos.* (Nôtre maison, nos maisons, nos livres, nos amis, nos biens, nos femmes & nos enfans.

Nos Seigneurs du Conseil, du Parlement &c.

Nôtres, *s. m.* Ceux de nôtre parti. (Les nôtres aussi-tôt courent aux armes, *Abl. Ces. l. 5.*)

Nôtre-Dame, *s. f.* Fête de la Vierge, il y a plusieurs nôtre-Dames. (La Nôtre-Dame d'Oût. La Nôtre-Dame de Septembre, &c.)

NOV.

Novales, *s. f.* Ce mot n'a point de singulier. Dîmes que les Curez, ou autres Ecclesiastiques ont coutume de lever sur les terres qui ont été défrichées depuis un certain tems. Les novales lui sont contestées.)

Novateur, *s. m.* Ce mot se dit en parlant de Religion, & signifie celui qui invente quelque nouvelle opinion, ou quelque nouvelle secte en matiéres de Religion. (Les novateurs de toutes les sectes lui écrivirent. *Maucroix, Schisme, l. 2.*)

Novelles, *s. f.* Livre où sont les loix & les constitutions de quelques Empereurs (Les novelles de Justinien sont reçues de tous les Jurisconsultes.)

Novembre, *s. m.* L'un des douze mois de l'année. (La Saint-Martin est toûjours en Novembre.)

Noüer, *v. a.* Faire un neud. Arrêter par le moien d'un neud (Noüer un ruban.)

Noüer l'éguilette. Manière de sortilége qui empêche les nouveaux mariez de consommer leur mariage. On dit *le noüement d'éguilette.*

Noüer l'éguillette; en Termes de *Manége,* c'est quand un cheval s'épare & rué de toute sa force du train de derriére.

Noüer, *v. n.* Terme de *Jardinier.* Il se dit des fruits. (La poire noüe quand au sortir de la fleur, elle paroit toute formée. Le melon noüé & s'arrête quand au sortir de la fleur il grossir. On connoit aux fruits à noiau, qu'ils ont noüé, quand la petite aiguille du milieu s'alonge plus que les feuilles de la fleur. *Quint. Jard. Fruit. T. 1.*)

Noüé, noüée, *adj.* Qui est arrêté par un neud. (Cordon noüé. Ruban noüé. On dit qu'un boïau est noüé, quand il est replié dans la colique qu'on nomme *miserére.*)

Noüet, *s. m.* Terme de *Médecin.* Petit paquet de quelque drogue enfermée dans un noüet de linge blanc.) Les Cuisiniers méttent aussi dans leurs sausses un noüet rempli d'épiceries ou d'herbes aromatiques.

Noüeux, noüeuse, *adj.* Plein de nœuds. (Une puissante & noüeuse massué. *Vau. Quin. l. 9. c. 7.* Un bâton noüeux. *Dep. Luz.*)

Novice. Ce mot est masculin quand on parle d'un homme, & féminin quand on parle d'une fille. Il signifie celui ou celle qui fait son noviciat, *c'est à dire,* qui est encore dans son année de probation, & qui n'a pas encore fait les vœux de Religion. (Un novice bien-humble. Une novice bien-obéïssante.)

* *C'est un franc-novice. Scaron.* c'est à dire, Un ignorant.

* **Novice,** *adj.* (Esprit novice. *Ablancourt.* Guillaume enfant de chœur prête sa main novice. *Dép. Lutrin.* Les vieux soldats de Philippe novices aux voluptez détestoient, *Vaug. Quin. livre 6. chap. 6. c. 6.*)

Yyy 2   *Noviciat,*

NOV.

Noviciat, s.m. Terme de *Religieux & de Religieuse.* Le tems qu'on est novice. (Le noviciat est rude parmi les Chartreux. Faire une année de noviciat.)

Noviciat, Lieu du couvent où demeurent les novices. (Je vais au noviciat.)

Nourrir ; norrir, v. a. Force gens disent *norrir*, mais force gens disent mal aussi. Ceux qui parlent & qui écrivent le mieux disent & écrivent *nourrir*. C'est donner des alimens pour vivre. [Nourrir un pauvre.]

* *Nourrir sa mélancolie dans la solitude. Ablancourt, Tac an. l 3.* Tibere nourrit la guerre par ses incertitudes. *Abl. Tac. An l. 3.* Ils lancent des torches ardentes & telles autres choses propres à *nourrir* le feu. *Vau. Quin. l. 4. c. 3.* Son espérance nourrit son orgueil. *Eloge de Louis. 14.*)

Se nourrir, v. r. Prendre des alimens pour vivre. [Se nourrir de racines. La nourriture se doit nourrir de viandes qui faisent de bon sang, de veau, de mouton, de pigeonneaux & de pain frais.]

* Se nourrir de la Parole divine. *Maucroix homelie, x.*

Nourri, adj. A qui on a donné des alimens pour vivre (Il est nourri aux dépens du public. *Ablanc.*)

* *Nourri nourrie* Elevé. (Il a été *nourri* dans le barreau. *Ablanc. Tac. An. l. 5.* Etre *nourri* dans la pauvreté. *Abl. Luc.*)

* *Nourri, nourrie.* Terme de Peinture. (Un tableau bien *nourri de couleurs* ; C'est à dire, bien empâté, qui n'est pas legérement chargé de couleurs.)

Nourri, s. m. Tout le bétail qu'on nourrit comme poules, cochons, vaches. (Faire un petit *nourri* dans une maison de campagne.)

Nourrissant, nourrissante, adj. Qui nourrit. (Viande trop nourrissante. *Ablancourt, Apoph.* Le bon rôti est délicat & nourrissant.)

Nourrisse, norrisse, s.f. Le peuple dit *norrisse*, mais les gens d'esprit & tous les bons auteurs disent & écrivent *nourrisse*. C'est la femme qui nourrit de son lait un enfant qui n'est pas à elle. (Une jolie nourrisse. *Moliere.* La bonne nourrisse doit être saine & d'un bon temperament, avoir bonne couleur & la chair blanche. Elle ne doit être ni graisse ni maigre. Il faut qu'elle soit gaie, gaillarde, éveillée, jolie, sobre, chaste, douce & sans aucune violente passion. La nourrisse, pour être bonne, doit être acouchée depuis peu. La plus excellente de toutes les nourrisses, c'est la mére. *Voiez le traité de la nourrisse de Valambert.*)

Nourrissier, norricier, s. m. Lors qu'on veut parler comme les honnêtes gens on dit *nourrissier* & jamais *norrissier*. C'est le mari de la nourrisse. (C'est mon Pere nourrissier.)

Nourrisson, norrisson. s. m. Il faut dire *nourrisson* & non pas *norrisson*. C'est l'enfant qu'on nourrit. (Il l'aimoit non seulement comme son Roi, mais comme son *nourrisson. Vau. Quin. livre 3. chapître 6.*)

* Sacrez *nourrissons* de Phébus. *Voi. Poës.* Cette derniére façon de parler est burlesque & poëtique.

* Vous voiez à vos piez un *nourrisson* du grand S. Benoit. *Patru, plaidoié. 5.*

Nourriture, norriture, s.f. L'usage est pour *nourriture* & non pas pour *norriture* qui ne se dit que par le petit peuple ; C'est ce dont on se nourrit. Alimens. (Une bonne, excellente & succulente nourriture. Ils firent tant à force de priéres qu'il prit de la nourriture, *Vaugelas, Quin. liv 8.* Etre condamné au paiement des nourritures d'un cheval, *Patru, plaidoié 10.*)

* *Nourriture.* éducation. (N'avoir point de nourriture.)

* *Nourriture.* Tout ce qui entretient. (L'honneur est la *nourriture* & le plus ardent désir des ames bien nées, *atru, plaidoié. 1.*) Il faut donner de la *nourriture* au feu pour le conserver, *La Chamb.*)

* *Nourriture, s.f.* Ce mot se dit principalement parmi les *nourrisses*, & signifie un enfant bien nourri. (Voilà une belle nourriture. C'est une femme qui a fait de belles nourritures)

Nous Pronom. C'est le plûriel du pronom *Moi.* (NOUS sommes. Il nous l'a dit ; Ce nous est *nous deux.* Nous-mêmes.)

Nouveau, nouvel. Mot *adjectif* qui fait à son feminin *nouvelle* & à son masculin *nouveau* & *nouvel*, mais non pas indifferemment, signifie qui est depuis peu. (Un nouveau livre, Nouvelle charge, Nouvel an, *Vaugelas; Remarques.* Etre nouveau à la Cour, *Vaugelas, Remarques,* & non pas être *nouvel* à la Cour. Nouveau marié. Un n'ot nouveau.)

Nouveau, nouvel, nouvelle. Ce mot signifie presque la même chose que le mot *autre, ou encore.* (Un Prêtre peut-il recevoir de nouvel argent pour la même Messe, *Pasc. l. c.*)

Nouveau ; nouvel, nouvelle. Ce dont on n'a pas ouï parler. Ce qu'on n'a jamais veu. Ce qu'on ne savoit pas encore. (Cela vous est-il nouveau ? *Pascal. l. 4.* Je ne dirai rien de nouveau.)

Le nouveau monde. C'est l'Amérique qui a été nouvellement découverte. On apelle aussi *le nouveau Continent*, par oposition à l'Ancien, qui comprend l'Europe, l'Asie & l'Afrique.

* *Nouveau monde.* Oeillet qui pousse une vintaine de boutons arrangez en rond. (Le nouveau-monde n'est point estimé des connoisseurs *Culture des fleurs, ch. 1.*)

Nouveau converti, s. m. Celui qui depuis peu a quitté sa religion pour en embrasser une autre. On apelle aujourdui parmi les Catholiques Romains *nouveau-converti*, tout Protestant, ou tout Réformé qui a quité, ou qu'on a obligé de quiter sa religion, pour faire profession de la Romaine. On le nomme aussi *réüni*, ce n'est qu'au Palais & dans des discours de Religion.

De nouveau, adv. encore (Païer de nouveau.)

Nouveau né, s. m. Qui est né depuis peu. (Un enfant nouveau né.)

Nouveau-venu, s. m. Qui est venu depuis peu. (Monsieur est nouveau venu.)

Nouveauté, s. f. Chose nouvelle (J'aime bien la nouveauté.)

* *Nouveauté.* Changement. [Etre ami de la nouveauté. *Vau. Quint.* Cléopatre avoit trouvé l'art de rafiner les plaisirs par les agrémens de la nouveauté. *Citri, triumvirat. l. 2. ch. 12.*

La nouveauté vous plaît ; il ne se passe jour,
Que vous ne fassiez naître ou mourir quelque amour.
Voit. Poësies.

* *Nouveautez.* Troubles. Remûmens & brouilleries qui changent la face d'un Etat. (Nôtre nation a une pente naturelle aux nouveautez, *Memoires de Monsieur le Duc de la Roche Faucaut.* Porter les esprits à des nouveautez. *Durier, supl. de Q. Curce. l. x. ch. xi.*)

Nouveauté, s. f. Terme de *Jardinier.* On apelle de ce nom, les fruits & les légumes, qui par le soin & l'industrie du Jardinier, viennent dans leur perfection avant la saison ordinaire, & sur tout en hiver & au printems. (Ainsi c'est de la nouveauté que d'avoir des fraises au commencement d'Avril. Un bon Jardinier doit avoir de la passion pour les nouveautez.)

Nouvelle s. f. Chose qu'on fait depuis peu de tems. (Nouvelle vraie, sûre, certaine, assurée, Fausse, incertaine, bonne, méchante, mauvaise, agreable, fâcheuse. Dire des Nouvelles. Débiter des nouvelles, *Scaron.* Aimer les nouvelles.)

Nouvelle. Avis sur ce qui regarde quelque personne, ou quelque chose. (Avoir des nouvelles de l'armée, avoir des nouvelles du siége, *Ablancourt.* Aprendre des nouvelles de la mort de quelqu'un. *Arnaud.* Darius eut nouvelles de la mort de Memnon, *Vau. Quin.* C'est à dire, fut certain, fut sûrement averti que Memnon étoit mort. Aléxandre avoit des nouvelles que Darius arrivoit, *Vau. Quin.* C'est à dire, étoit certain.)

Envoier aux nouvelles Termes de Guerre. C'est commander quelques Cavaliers pour batre l'estrade, pour prendre quelque prisonnier & pour découvrir ce que font les enemis.

* *Nouvelles.* Maniere de vivre de quelqu'un. Conduite que tient une personne dans le monde. (Philis, si je ne vous vois plus, C'est que je fais de vos nouvelles. *Gon. Epit.*)

Nouvelle, s. f. C'est le récit ingénieux d'une avanture agreable. La matiére des nouvelles, ce sont les finesses & les tromperies galantes & tout ce qui se passe de surprenant & de gaillard dans le commerce du monde amoureux. Le caractere des nouvelles doit être enjoüé & naturel. Leur but, c'est d'être utiles & plaisantes. (Bocace a fait des *nouvelles* en Italien fort plaisantes. Cervantes en a fait douze en Espagnol fort belles, & la Fontaine a fait heureusement revivre les nouvelles parmi les François.)

† *Nouvelle.* Maniere de tres-petit bouton fort ronge & fort vif qui se forme dans la mêche de la chandelle lorsqu'elle est alumée. (Il y a des nouvelles à vôtre chandelle.)

Nouvelle-convertie, s. f. Femme ou fille, Calviniste, Lutérienne, ou de quelque autre Religion qui a embrassé une autre Religion que la sienne, (C'est une nouvelle convertie. Madame N. est nouvel-le-convertie.)

Nouvelles-converties, s. f. Sorte de Couvent, où des filles Catoliques Romaines gouvernées par une Superieure, qui instruisent un certain tems, les pauvres femmes & les pauvres filles Calvinistes, ou Lutériennes, qui ont changé de Religion. On les enseigne trois mois dans cette maison, où elles sont nourries aux dépens du Roi. (Mettre aux nouvelles-converties. Entrer aux nouvelles converties. Sortir des nouvelles-converties.)

Nouvellement, adv. Depuis peu. (Livre nouvellement imprimé.)

Nouveliste, s. m. Celui qui dit des nouvelles. Qui aime à entendre, à dire, & à aprendre des nouvelles. [C'est un grand nouvelliste.]

NUA.

Nüage, s. m. Vapeur humide qui obscurcit l'air. (Nüage épais. *Voi. l. 9.*)

† *Nuage.* Multitude & quantité de choses qui sont comme un nüage. [* Je voi former de loin un *nüage* de coups de bâton, qui crevera sur mes épaules, *Moliere.* éja de traits en l'air s'élevoit un nüage. *Racine Iphigenie. 5*)

* *Nüage.* Ténébres Obscurité. (Les esprits des hommes sont pleins de nüages & de faux jours. *Port-Roial Logique, l. p. c. 19*

* *Nuage.* Sorte de tristesse sombre & obscure. (D'où vient qu'un triste nüage semble ofusquer l'éclat de vos yeux. *Moliere. Psiché. a. 4. s. 3.*)

NÜANCE,

NUB NUD

NUANCE, s. f. Terme de *Tapissier*. Tissu de couleurs depuis la plus claire jusques à la plus brune, ou au contraire. (Une belle nuance.)

Nuance, f. f. Terme de *Perruquier*. Mélange de cheveux de diférente couleur qui ont du raport & qui fait par ce moien un je ne sçai quel agrément qui plaît. (Une belle nuance. Faire des nuances à une perruque. Il faut qu'il y ait des nuances à une perruque, car elles en font une partie de la grace.)

Nuance, f. f. Terme de *lainier & de teinturier*. C'est dans la soie & la laine un mélange adroit & agréable de couleurs diférentes & assortissantes. (Cette nuance est belle & relève l'éclat de cette soie.)

Nuance, f. f. Terme de *Fleuriste*. C'est dans de certaines fleurs, un mélange naturel de couleurs diférentes & aprochantes. (Cette fleur a des nuances qui charment.)

Nuancer, v. a. Terme de *tapissier*. C'est mêler dans une tapisserie de laines de diférente couleur & qui aiant du raport les uns avec les autres font une union qui agrée & qui fait une manière d'ombre. (Prenez garde à bien nuancer ces tapisseries, car les nuances en relevent la beauté.)

Nuancer, v. a. Terme de *teinturier & de lainier*. C'est donner la soie & la laine. Le mélange de diférentes & d'assortissantes couleurs que la laine & la soie doivent avoir. (Aiez soin de nuancer comme il faut ces soies & ces laines.)

Nuancer, Terme de *Perruquier*. C'est mêler adroitement dans une perruque, des cheveux de diférente & d'assortissante couleur, Pour donner plus d'agrément à la perruque. (Nuancer agréablement une perruque.)

Nuancé, nuancée, adj. Terme de *fleuriste*. Il signifie qui a un certain mélange de couleurs diférentes & aprochantes. (Les tulipes les plus nuancées sont les plus beaux panaches. Ces fleurs sont agréablement nuancées. Voi *la culture des fleurs.*)

Nuancé, nuancée, adj. Il se dit des tapisseries, des perruques des soies & des laines, & il signifie, qui a le mélange des couleurs diférentes & aprochantes qu'il doit avoir pour être agréable (Laine bien nuancée, soie agréablement & naturellement nuancée. Perruque bien nuancée, adroitement & proprement nuancée.)

Nuance. Ce mot est beau & nouveau dans le figuré. (Exemple, l'extrême dificulté ne paroît qu'à penser sur chaque sujet ce qu'il y a de meilleur, à dire, & à trouver dans le langage je ne sai quelles nuances, qui dépendent de se connoître en ce qui sied le mieux en fait d'expression. *Le Chevalier Méré, Conversations page 20.*)

NUB.

† NUBILE, *adj.* Ce mot est Latin, & est un terme de *Jurisprudence*. Qui est en âge de se marier. (Les garçons sont nubiles à quatorze ans & les filles à douze.)

NUD.

NUD, nuë, adj. Prononcez nu Qui est dépouillé. Qui n'est couvert d'aucune chose. (Mettre tout nud. Il l'a mis nud comme la main, *Ablancourt*. Si vous ne me condannez qu'au fouët, je vous irai trouver nud en chemise, *Le Comte de Bussi*. Elle se laissa voir toute nuë. *Le Comte de Bussi.*)

Avoir la tête nuë & les pieze nuds. Demi-nu * Une épée nuë, c'est à dire qui est hors du fourreau. Une maison nuë, c'est à dire dégarnie de meubles. Les murailles sont nuës quand elles ne sont point tapissées. Les arbres sont nuds, quand ils n'ont point de feuilles.

* *Nud, nuë.* Mal-vêtu. Pauvre qui a de méchans habits. (Le mérite va souvent tout nud. On ne considere pas dans le monde la vertu toute *nuë. Moliere.*]

Nud, f. m, Terme d'*Architecture*. Surface à laquelle on doit avoir égard pour déterminer les faillies. (Les feuillages du chapiteau doivent répondre au *nud* de la colonne.)

Nud, s. m. Terme de *peinture & de Sculpture* La partie de la figure qui n'est couverte d'aucune draperie. [Le nud d'une figure.]

* *A nud,* Sans déguisement, tout à fait. [Découvrir à nud leur crainte & leur espérance, *Ablancourt, Tac. an. l. 2.*

Nudité, s. f. Parties naturelles de l'homme ou de la femme découvertes.

[Vénus tâchoit à découvrir la nudité, *Ablancourt. Luc.Tom.1.* Les Americains, ni les Bramines des Indes ne cachent point leur nudité.]

Nudité. Ce mot se dit en parlant de certaines figures de peinture, & veut dire *figure d'homme, ou de femme dont on voit les parties naturelles.*

[Les ordures y sont sans envelope & les yeux les plus hardis sont éfraiez de leur nudité, *Moliere. Critique de l'école des femmes, s. 3.*

NUE NUI

* *Nûment, adv.* Franchement & sans détour. (En fidele historien je vous raconterai nûment les choses, *Voit. l. 10.* Raporter nûment tous les chefs de l'accusation, *Ablancourt. Luc. Tome 1*)

Nûment, adv. Terme de *Palais*. On dit d'un apel qu'il ressortit nûment à la Cour & d'un *fief* qui releve nûment du Roi, c'est à dire, immédiatement & sans moien.

Nud piés, adv. Les piez nuds. (Marcher nud piez, *Ablancourt*, Aller nud piez, *Vau. Rem.*)

Nud-piez, f. m. Factieux de la basse Normandie que Gasson défit. Voiez *l'Histoire de Louis XIII.*

NUE.

NU, nuë, *adj*. Terme de *Fleuriste*. Il se dit de certaines fleurs & signifie qui a des manieres de nüance. (L'espece d'anemone pluchée qu'on apelle *albertine* est nuée d'incarnat, *Morin, Traité des fleurs.*)

Nue, f. f. Vapeurs amassées & arrêtées ensemble qui obscurcissent l'air. (La nuë marche, décend, tombe. Il se forme souvent plusieurs nuës les unes au dessus des autres.)

† * *Etre tombé des nues.* C'est à dire. Ne savoir où l'on est. Etre inconnu. être étonné parce qu'on est parmi des gens qui ne nous connoissent point & que nous ne connoissions point.

* Cette nuë grosse de foudres & d'éclairs vint fondre sur la Picardie, *Voiture, l. 74.* C'est à dire, cet orage, cette tempête vint fondre sur la Picardie.

Nuée, s. f. Nuë. (Une grosse nuée La nuée, chemine, *Voit. l. 9.* La nuée m'eût porté de côté & d'autre, *Voit. l. 6. L:* Soleil se couchoit dans une nuée d'or & d'azur, *Voit. l. x.*

† * *Ils lancèrent sur lui une nuée de traits.* C'est à dire, ils jetterent une telle multitude de traits qu'elle obscurcissoit l'air.

* On dit aussi une *nuée* de sable, de poussière, que le vent emporte, ou que les piez de quelques animaux, ou le mouvement de quelques chariots elevent en l'air en grande quantité.

* Une nuée d'oiseaux, de sauterelles, &c.

† *Nuée, s. f.* Terme de *Lapidaire*. Il se dit des parties sombres qui se trouvent dans les pierres precieuses & autres corps transparans, qui diminuent l'éclat & la valeur. (Le cristal est sujet à avoir des nuées.)

† NUER, *v. a.* Voiez *Nuancer.*

NUI.

NUILE. Voiez *Nielle*, Terme de *Jardinier.*

NUIRE, *v. n.* Causer du dommage. Faire tort. (Nuire à la réputation de quelqu'un, *Pas. l. 7.* Nuire à sa santé, *Sar, Poes.*)

Ne pas nuire. Ces mots signifient quelquefois, *aider servir* (Le credit & les amis ne nuisent pas, c'est à dire, servent en diverses rencontres.)

† *Nuisance, s. f.* Ce mot est vieux, & il signifioit l'action de nuire, dommage. (Il ne faut rien faire qui porte *nuisance* à ses voisins.)

Nuisible, adj. Qui peut nuire. (Il n'y a point de vent qui ne soit nuisible. *La Chamb.*)

NUIT *s. f.* Espace de tems que le Soleil est sous l'horison. (Une belle nuit, Une nuit claire, Une nuit obscure. La nuit s'avance, *Ablancourt,* La nuit s'aproche. *Ablancourt. Rét. l. 3.* La nuit s'aproche. *Ablancourt. Ar.* La nuit vient. On la voit nuit fermée entrer seule dans de petites ruës. *Patru. plaidoié xi.* La nuit s'écoule. La nuit est passée.

Douce & plus paisible nuit de tes plus sombres voiles
Cache bien mes dsseins.

Benserade, balet de la nuit.

* *Nuit.* Obscurité. Ce qui est oposé à la clarté & à la lumière [Son discours est une *nuit* veuve de Lune & d'étoiles. *Mainpoés.* Il n'y peut avoir de nuit dans votre esprit. *Voi. l. 61.* Dans la nuit du tombeau j'enfermerai ma honte. *Racine Iphigenie a. 2. s. 1.*)

De nuit, adv. Durant la nuit. [Marcher de nuit. *Ablancourt.*]

Nuit & jour, adv. C'est à dire, toujours.

On dit, des oiseaux de nuit, des voleurs de nuit. Un bonnet de nuit. Les plaisirs de la nuit.

* *La Déesse de la nuit.* Terme de *Poësie*, pour dire *la Lune.*
* *Les feux de la nuit.* Ce sont les étoiles.
* *Le voile de la nuit.* C'est l'obscurité de la nuit.

La nuit porte conseil, façon de parler proverbiale, pour dire, qu'il faut penser mûrement à une afaire avant que de l'entreprendre.

De nuit tous chats sont gris. V. Gris.

Nuitamment, adv. De nuit. Il ne se dit qu'en termes de *Palais.*

† *Nuitée, s. f.* L'espace d'une nuit. Ce mot est vieux.

NUL.

Nul, *nule*, *adj.* Aucun. Personne. [Je n'ai nul embaras. Il n'a nule aspiration. Le bien est de nule consideration devant Dieu, Mais non pas devant les hommes. *Pas. l. 9.* Nul n'est venu ici.]

Nul, *nule*, *adj.* Terme de Palais. Qui n'est pas dans les formes. Invalide. [Contrat nul. Stipulation nule. *Patru, plaidoié.*]

Nule, *s. f.* Sorte de mets, composé de jaunes d'œufs, & de sucre.

Nulement, *adv.* En aucune maniére. [Cela n'est nulement vrai. *Ablancourt.*]

Nulité, *s. f.* Terme de Palais. Défaut dans les formes. [Il y a nulité d'acte. *Patru 13. plaidoié.* Ce ne sont qu'abus, ce ne sont que nulitez. *Patru, plaidoié,* 5. C'est un moien de nulité.]

NUM.

Nûment. Voiez la colonne *nud.*

Numéral, *numerale*, *adj.* Terme de Grammaire. Qui marque quelque nombre. (Il y a des noms numeraux.)

Numerateur, *s. m.* Terme d'Aritmétique. L'un des deux nombres par lesquels on écrit & on exprime une fraction & qui marque la quantité des parties qu'on doit prendre dans la nombre entier. Le nombre qui designe toutes les parties du nombre entier, s'apelle *dénominateur.*

Numeration, *s. f.* Terme d'Aritmétique. C'est l'art d'exprimer la valeur de tout nombre proposé en se servant de certaines figures.

Numero, *s. m.* Terme de Marchand, qui veut dire *nombre.* (C'est le numero sept. Voiez le *numero dix.*)

† * *Entendre le numero.* C'est avoir de l'adresse & de l'intelligence pour certaines choses.

Numeroter, *v. a.* Terme de Marchand. Marquer le numero sur quelque marchandise.

Numeroté, *numerotée*, *adj.* Chose sur laquelle on a marqué le numero. (Toutes ces bales sont numerotées.)

Numismatographie, *s. f.* Ce mot est Grec, & il signifie, la description & la connoissance des medailles d'or, d'argent & de bronze des Empires & des siecles éloignez. (Fulvius Ursinus, Augustin, Evêque de Tarracone ; *Erizzo*, Noble Venitien ; Sambucus, Gentilhomme Polonois, ont donné un grand lustre à la Numismatographie. *Spon, voiage de Gréce.*)

NVP NVQ

Nuptial, *nuptiale*. Qui regarde les noces. Qui est pour les noces. (Lit nuptial. Couche nuptiale. *Voit. Poës. Ablancourt.* Le Soleil en son aurore se montre aussi paré qu'un époux qui sort de sa chambre nuptiale ; & c'est en quoi consiste toute la sainteté du Mariage. *Le Mait. plaid. 22.*)

Nuque. *s. f.* Partie élevée derriére le cou. (Il l'a frapé sur la nuque du cou.)

NVT.

Nutritif, *nutritive*, *adj.* Ce mot signifie *nourrissant.* Mais il ne se dit que rarement & même souvent en parlant de choses de médecine. (Un bouillon nutritif.)

Nutrition, *s. f.* Prononcez *nutricion*. Entretien du corps dans un même état par les parties qui se changent en notre propre substance. (La nutrition se fait par le moien du sang. *Rob. Phis.*)

Nutrition, *s. f.* Terme de Pharmacie. Il se dit de la préparation des médicaments auxquels on ajoute quelque suc, ou quelque décoction pour les nourrir, pour ainsi dire, & en augmenter la force.

O

O, *s. m.* Une des lettres de l'Alphabet & une de sept voïelles de la Grammaire. (Un petit o, un grand O. Il ne s'est pas aperçû que toutes les voielles n'étoient pas dans le nom de *Neufgermain* & qu'il y manquoit un O. *Cost.*)

O ! Sorte d'interjection qui sert à exprimer quelque mouvement de l'ame. (O ! mon Pere ! voilà qui est prudemment ordonné. *Pas. l. 5.* O ! mon pere ! lui dis je, tout éfraié, ces gens là étoient ils Crétiens ! *Pas. l. 5.*)

O, Il se joint quelquefois au mode optatif des verbes. (O ! que plût à Dieu. O ! que n'ai-je fait une telle chose.)

O, *s. m.* Terme d'Eglise. (Une des neuf antienes qu'on dit neuf jours avant la veille de Noël. (L'o est chanté. Sonner l'o. Dire l'o. Aller à l'o. Les O selon l'usage de Paris & de Rome ont ont été traduits en François. On apelle ces Antienes *Os*, parce qu'elles commencent par l'exclamation O.

O, *s. m.* Terme d'Aritmétique. C'est un zéro. Voiez *zéro.*

† * *C'est un o en chiffre.* Cela se dit d'une personne dont on ne fait point de cas, & dont on ne considére point le sufrage.

OBE.

Obedience, *s. f.* Prononcez *Obedience.* Terme de *Religieux & de Religieuse.* Vœu solennel qu'on fait d'observer les trois vœux de la vie religieuse. (La vie religieuse consiste en trois parties essentielles, pauvreté, *obedience*, chasteté, *Patru, plaidoié* 15. Faire vœu d'obédience, *Le Mait.*)

Obedience. Terme de *Capucins, de Recolets & de quelques autres Religieux.* Permission des principaux de l'Ordre, laquelle se donnent par écrit à un Religieux pour voyager, ou pour aler s'établir Gardien en quelque Couvent ; qui lui est marqué. L'obedience qu'on donne aux Peres est Latine, & aux Freres, est Françoise. (Obtenir une obedience. Montrer son obedience.)

Obedience. Ce mot se dit parmi de certaines Religieuses, & signifie ce qui est enjoint de faire tous les jours. (S'en aller à son obedience. Voiez *obeïssance.*

Obedience. Sujection. (Demeurer sous l'obedience & à la garde des reguliers, *Patru, plaidoiez.*)

Ambassadeur d'Obedience. Il se dit des Ambassadeurs que le Roi d'Espagne envoie au Pape, au sujet du Royaume de Naples, qui releve du Saint Siége.

Pays d'Obedience. C'est en France un païs, ou une province, qui n'est pas comprise dans le Concordat. (La Bretagne & la Lorraine sont des pays d'obedience. En pays d'obedience, le Pape a huit mois de l'année, dans lesquels il confere les Benefices vacans de plein droit.

Obedientiaire, *s. m.* Religieux qui va desservir un Bénéfice dont il n'est pas titulaire.

† *Obédienciel, obediencielle, adj.* Terme de Téologie. Qui obeït par un ordre exprés de Dieu. [Puissance obédiencielle.]

Obeïr, *v. n.* J'obeïs, tu obeïs, il obeït, nous obeïssons. J'ai obeï. J'obeïs : Ce mot se dit des personnes, des animaux & des choses, & il signifie *faire ce qu'on ordonne.* Se soûmettre. [Obeïr aveuglement à son Prince, *Ablancourt.* Se faire des loix auxquelles on obeït exactement. *Pas. Pens.* Celui qui commande aux Anges obeït à la voix d'un homme, *Godeau.* Obeïr à justice, *Le Mait.* Obeïr aux ordonnances canoniques & morales des Saints Peres, *Monsieur Arnaud*, Fréquente communion. Cheval qui obeït à la main. Cheval qui obeït au talon. [Ces derniéres façons de parler sont des *termes de Manége.*

* *Obeïr.* Ceder. [Obeïr à la nécessité.]

* *Obeïr.* Plier sans rompre. [Lame d'épée, qui obeït tant qu'on veut. Alumelle de couteau qui obeït. Osier qui obeït. La cité obeït & prend la figure qu'on lui veut imprimer.]

Obeï, obeïe, adj. Personne à qui on obeït. [Le Roi est obeï dans tout son roïaume. Elle est exactement obeïe dans sa maison.]

Obeïssant, obeïssante, adj. Qui fait ce qu'on lui commande. [Les Soldats & les Chartreux sont également obeïssans, *Pas. Pens.* Alexandre avoir des troupes tres-obeïssantes, *Vau. Quin. l. 3.*]

Obeïssance, s. f. Ce mot signifie l'action de celui, ou de celle qui obeït, habitude d'obeïr. Le mot d'*obeïssance* dans le langage ordinaire & qui est dans le commerce du monde n'a point de pluriel. [Une obeïssance particuliére, pronte, humble, fidele aveugle. Se ranger sous l'obeïssance du Roi, *Vau. Quin. Rem.* Remettre une Province dans l'obeïssance, *Patru, plaidoié* 1. Ils étoient persuadez qu'on devoit une obeïssance aveugle à la Cour, *Memoires de M. le Duc de la Roche-Foucaut.* Asûrer quelqu'un de sa tres-humble obeïssance. *Vau. Rem.*]

Obeïssance. Ce que l'on commande de faire sur l'heure. Ordre qu'on donne de faire quelque chose. Ce mot d'obeïssance en ce sens est un *terme de Religieuse*, & a un pluriel. [Les diverses obeïssances du monastere donnent sujet aux sœurs de parler ensemble, *Port-Roial. Constitutions, page* 50. Elle vient de son obedience. On dit aussi en ce sens *obedience.*]

† *Obeïssance.* Quelques uns disent *obeïssance* pour *obedience*, pour dire un des trois vœux de religion, mais en ce sens le mot d'obeïssance n'est pas si fort en usage que celui d'obedience qui est le mot generalement reçû.

Obelisque, *s. m.* C'est une superbe & magnifique pierre, tres-haute & d'un marbre fort dur & fort beau qui est taillé en forme piramidale, qui a ordinairement quatre faces, qui vont diminuant depuis le pié jusques au haut & se termine en pointe. On apelle les *obelisques*, les doigts du Soleil parce qu'ordinairement les obelisques lui étoient dédiez. Ceux qui ont parlé des obelisques racontent qu'ils sont tres anciens & que les fils de *Seth* en dresserent deux en Sirie, l'un de pierre & l'autre de brique, sur lesquels ils gravérent les siences. On grave sur les obelisques les principaux preceptes de la Philosophie representez par des caractéres hieroglifiques. On se servoit aussi des obelisques pour immortaliser les actions des grands hommes. Il y a une superbe obelisque à Arles en provence. Je voi par l'histoire de l'Eglise d'Arles, de l'Abbé Duport que cet obelisque a été posé le 20 Mars 1675. sur un pié d'estal, qui est consacré à Louis XIV. qui a cinquante deux piez de haut, qu'à sa pointe il a un globe, & au dessus de ce globe un Soleil avec la devise du Roi, *Nec pluribus impar*, &c.

OBERÉ, *obéré*, *adj*. Il vient du Latin *oberatus*, & n'a on grand usage que dans les discours de Palais. Il signifie qui est en detté, qui est acablé de dettes. (Le pauvre Patru est mort oberé. On dit, l'etat est oberé. La République est obérée.)

Obérer, *v.a.* Charger de dettes. (Il a oberé sa famille.) S'*obérer*. C'est s'endetter.

OBJ.

Objet, *s. m.* Chose où l'on arrête les yeux. (Objet beau, charmant, merveilleux, grand, excelent, incomparable, admirable, noble, rare, divin, adorable, prodigieux, laid, vilain, odieux, infame, ridicule. Je ne vois que de vilains objets autour de moi.

Objet. Chose où l'on arrête sa pensée, son cœur, son but, ou son dessein. (L'homme est à lui même le plus prodigieux objet de la nature. *Pas. Pens.* Etre l'objet de l'invective publique. *Memoires de M. le Duc de la Roche-Foucaut*. Avoir pour principal objet de maintenir son credit. *Pasc. l. 12.* Ces gens là avoient le même objet que les autres. *Memoires de M. le Duc de la Roche Foucaut.*

Objet. Ce mot en parlant de *sience*, ou *d'art* veut dire la *matiere de la sience* ou *de l'art* Le fin de la sience, ou de l'art. (Objet materiel, principal, formel. On ne sait pas en quoi consiste l'agrément qui est l'objet de la poësie. *Pas. Pens.* Les objets de la la vuë, de l'ouïe, du toucher, &c.)

† *Objets* & *reproches*. Terme de pratique.

Objecter, *v.a.* Opposer quelque chose à une opinion pour la combatre. Faire une objection à quelqu'un sur quelque matiere. (Objecter une dificulté à un Philosophe.)

Objection. *s. f.* Ce mot qu'on opose pour détruire une opinion. (Objection forte, puissante, ingenieuse, judicieuse, raisonnable, fine, delicate, pressante, vaine, ridicule, frivole, chimerique. Faire une objection. Réfuter une objection. Détruire une objection. Fondre une objection.)

Objectif, *objective*, *adj*. Terme d'Optique. Le verre objectif, c'est celui qu'on met à une des grandes lunettes, du côté des objets.

Obier, *s. m.* Voyez *Aubier*.

† *Obit*, *s. m.* Terme d'Eglise. Service qu'on fait pour une personne morte quelque tems après sa mort (Faire dire un obit. Fonder un obit.)

OBL. OBM.

Oblat, *s. m.* Il semble venir du Latin *oblatus*. Soldat qu'avant la fondation des Invalides, le Roi mettoit en quelque Abaïe de son Royaume, & que l'Abaïe étoit obligée de nourrir comme un veritable Religieux. On ne faisoit cette grace à ce soldat que pour reconnoitre les services qu'il avoit rendus à sa Majesté & il n'y avoit point d'Abaïe qui n'eût son oblat ou qui ne donnât pension de deux cents Ecus, de mille ou onze cents livres à quelque pauvre soldat estropié, & nommé par le Roi. Ces *oblats*, s'apelloient *Moines lais*. Ils ont commencé dés le regne des Capets, & n'ont cessé qu'à l'etablissement de l'hotel des Invalides, où on les a tous mis, en y transferant leurs pensions, pour les y entretenir d'une maniere tout à fait honnête, commode & honorable: de sorte qu'aujourdui on ne les nomme plus Moines lais, ni oblats, mais Invalides. Voiez *Invalides*.

Oblation, *s. f.* Prononcez, *oblacion*. Ce mot ne se dit que dans les matieres de pieté & signifie *ofrande*. (C'étoient les décendans d'Aron qui dans le temple faisoient les oblations. *Port-Roial*. La seule oblation du corps de Jesus-Christ faite sur la Croix peut sanctifier les hommes. *Port-Roial*, explication des *cérémonies de l'Eglise*. Les anciens Juifs mangeoient la chair sacrifiée, ce qui leur étoit une marque de la part qu'ils avoient à cette oblation. *Bossuet, Doct. de l'Eglise, ch. x*)

Obligation. *s. f.* Sorte d'acte qui se fait devant notaires entre deux ou plusieurs personnes, dans lequel une ou plusieurs personnes s'obligent envers quelque autre de s'aquiter des choses portées par l'obligation. (Faire une bonne obligation à quelqu'un. Passer une obligation.)

† *Obligation*. Devoir. Sorte de nécessité qu'il y a de faire, ou de ne pas faire. (Obligation étroite, particuliere, ancienne, pressante. Détruire l'obligation de donner l'aumone de son superflu. *Pas. l. 12*. Je restens comme je dois les solides *obligations* que j'ai d'être vôtre serviteur. *Voit. l. 40*.)

Obligation. Bon ofice reçu pour lequel on est obligé à quelque ressentiment. (Tout le monde prend plaisir à s'aquiter des petites obligations. *Memoires de M. le Duc de la Roche-Foucaut*. Donner quelque chose à l'ancienne amitié & aux étroites obligations qu'on a aux gens. *Memoires de M de la Roche-*

Foucaut, Avoir une particuliere, avoir une étroite obligation à une personne. *Abl.*

Obliger, *v.a.* Engager quelqu'un par quelque acte devant notaire ou par quelque autre acte de justice. (Obliger quelqu'un corps & biens. *Le Mait.* Obliger une personne à la garantie. Obliger de païer, ou obliger à païer. *Patru.*)

* *Obliger*. Contraindre, engager par une sorte de devoir, ou de bien-séance. Forcer à faire, ou à ne pas faire. (C'est trop peu de chose pour vous obliger à quelque ressentiment. *Voit. l. 4*. Personne n'est *obligé* à changer l'ordre de ses repas, *Pas. l. 5*. Si un homme doute qu'il ait vint ans, est-il obligé de jeuner. *Pasc. l. 5*. Il est obligé par sa propre conservation à &c. *Memoires de M. le Duc de la Roche-Foucaut.*)

* *Obliger*. Faire plaisir, Rendre un bon ofice. (Personne n'a jamais sceu obliger de meilleure grace que Cirus. *Abl. Rét. l. 1. c. 9*. Il faut essaier d'obliger les personnes de qualité. *Memoires de M. le Duc de la Roche-Foucaut.*)

S'obliger. S'engager par obligation devant notaire. (S'obliger pour quelqu'un.)

* *S'obliger*. S'engager par une sorte de devoir, ou de nécessité. Je m'oblige à faire tout ce qu'il vous plaira. Il s'est obligé à païer pour son ami.)

* *S'obliger* l'un l'autre par de mutuels services.

* *Obligé*, *obligée*, *adj*. Qui a reçu un bon ofice. Qui a obligation à une personne parce qu'il en a reçu quelque plaisir. (Voilà un beau commencement, les juges vous feront bien obligez. *Pasc. l. 8*. Elle lui fit présent de ce qu'elle avoit porté la Reine à. *Memoires de M. de la Roche-Foucant*. L'abesse lui fait réponse qu'elle & ses filles se sentent infiniment obligées de ses bontez. *Patru, 5. plaid.*)

Obligé, part. Valet par lequel on répond pour un valet qui entre en service, ou pour un garçon qu'on met en aprentissage.

Obligeant, part. Qui engage. Qui oblige.

* *Obligeant*, *obligeante*, *adj*. Oficieux Honnête. Qui fait volontiers plaisir. (Conduite obligeante. *Pas. l. 5*. Dire une chose *obligeante* à quelqu'un. *Boil. avis à Menage*. Humeur obligeante. C'est un homme fort obligeant.)

* *Obligeamment*, *adv*. Prononcez *obligeamment*. Oficieusement. Honnêtement. (* Recevoir quelqu'un obligeamment. Traiter quelqu'un obligeamment. *Abl.* Elle tendit la main à celui qui les invitoit si obligeamment. *S. Evremont. Matrone d'Ephese.*)

Oblique, *adj*. Terme de *Géometrie*. Qui n'est pas droit. Qui n'est pas perpendiculaire. (Ligne oblique. Angle oblique. Sphere oblique. *Port-Roial.*)

* Je rends obliques des harangues diréctes. *Abl. César préface.*

* *Oblique*. Qui n'est pas juste. Méchant. (Se détourner du droit chemin pour suivre les voies *obliques* & corrompuës. *Port-Roial. Pf. 14 v. 5*.)

Oblique. Terme de *Grammaire*. On apelle de ce nom tous les cas qui ne sont pas le nominatif. (Un cas oblique.)

Obliquement, *adv*. D'une maniere oblique. D'une maniere qui n'est pas dirécte. (Tomber obliquement. Les joints vont obliquement. Il est parvenu à ses fins, mais obliquement. Je le lui ai reproché, non pas directement, mais obliquement. L'Ecliptique coupe obliquement l'Equateur.

Obliquité. Disposition d'une chose qui est posée obliquement. (L'obliquité du Zodiaque est de vint trois degrez & demi. L'Obliquité de la Sphère cause l'inégalité des jours & des nuits & le changement des Saisons.)

Obliquité. Maniere d'agir qui n'est pas juste. (L'obliquité de son procedé fait connoître sa mauvaise intention.)

Oblong, *oblongue*. Qui est un peu long. Terme de *Géometrie*. (Figure oblongue Rectangle oblong, ou Quarré long.)

Obmettre, *obmission*. Voiez *Omettre* & *omission*.

OBO.

Obole, *s. f.* Il vient du Grec. En Latin *obolus*. Sorte de petite monoie, c'est la moitié d'un denier. Mais autrefois il y avoit une espece de monoïe blanche qu'on apelloit obole, & qui valoit sept deniers, & selon *Galant Tr. du franc aleu.* Il y avoit aussi une *obole d'or*. (Il n'a pas vaillant un obole. *Scaron.* C'est à dire, il est trés pauvre. Vous ne sortirez point de là que vous n'aiez païé jusqu'à la derniere obole. *Port-Roial, Nouveau Testament.* C'est à dire que vous n'aiez tout païé.)

Obole. *s. f.* C'est aussi en *termes deMédecine*, un poids de dix grains ou d'un demi scrupule.

Il y a eu chez les Anciens encore d'autre sortes de poids apellez oboles.

OBR.

Prononcez le B. de tous les mots de cette colonne.

† *Obreptice*, *adj*. Ce mot est Latin, & il ne se dit qu'en termes de *Palais* & parlant d'afaires. Il signifie *qu'on a eu par surprise*. Lettres obreprices.)

Obreption, *s. f.* Terme de *Palais*, qui veut dire *surprise*. (Pour fermer la voie de l'obretion, il dit que. *Patru, pl. 15*.)

Obron, *s. m.* Terme de *Serrurier*. C'est un morceau de fer percé par

par le milieu qui est attaché à l'obronniere du cofre, & dans lequel par le moïen de la clé on fait aller le pêle de la serrure quand on ferme le cofre. Il y a d'ordinaire trois ou quatre obrons arachez à l'obronniere d'un cofce fort. (River les obrons sur l'obronniere.)

Obronnière, s.f. Terme de *Serrurier*. Bande de fer à charniere, qui est attachée dedans au couvercle d'un cofre fort. Espece de petite plaque qu'on attache par dedans au haut du couvercle du bahut, au bout de laquelle il y a un obron. (Faire une une obronniere. Atacher une obronniere.)

OBS.

Prononcez encore tous les B des mots de cette colonne.

† Obscene, *adj.* Ce mot vient du Latin, & se dit par quelques uns & veut dire *sale*. (Mot obscène. Parole obscène.)

† *Obscénité, s.f.* Ce mot non plus qu'obscène n'est pas generalement reçu. Il signifie *Paroles sales, Ordures.* (Il y a de l'obscenité dans la plu-part des ouvrages de Lignieres.)

Obscur, *obscure adj.* En Latin *obscurus*. Qui n'est pas clair. Ténebreux. Couvert de nuage. (Tems obscur. Chambre obscure)

* *Obscur, obscure.* Rempli de ténebres. (Les esprits des hommes sont ordinairement foibles & *obscurs*. *Port-Roial, Logique*, 3. *partie, c. 19*.)

* *Obscur, obscure*. Qui n'a nulle réputation. Qui n'est pas connu. Qui n'a point d'éclat. (Son nom est un nom fort obscur. Naissance obscure. *Abl.* † Mourir d'une mort obscure. *Vaug. Quin. l. 3*.

Heureux qui satisfait de son humble fortune
Vit dans l'état *obscur*, où les Dieux l'ont caché.
Racine. Iphig. a. 1. s.1.)

* *Obscur, obscure*. Difficile à entendre. Qu'on ne peut comprendre qu'avec peine. Peu intelligible. (Mot obscur. Façon de parler obscure.)

* *Obscurement, adv.* D'une manière obscure, peu claire, peu intelligible (Parler obscurément. Ecrire obscurément.)

Obscurcir, *v. a.* Couvrir de nuages. Rendre obscur. (Nuage qui obscurcit le Soleil.)

* *Obscurcir*. Ternir Efacer. Diminuer l'éclat de quelqu'un. (Les Jansenistes n'obscurciront non plus l'éclat de la Société qu'un hibou celui de la lumiere. *Pasc. l. 7*. Obscurcir la réputation d'une personne. *Ablancourt*, Obscurcir la gloire de quelqu'un. *Voi. poës.*)

* *Obscurcir*. Ce mot se dit du langage. C'est embarasser de telle sorte une phrase, une période, ou une pensée qu'on air de sla peine à comprendre ce qu'on veut dire. Rendre obscur. (Les longues parentéses *obscurcissent* le discours. *Vau. Rem*. Obscurcir une pensée. *Abl.*)

S'obscurcir, *v. r.* Se couvrir de nuages, Devenir obscur & tenebreux. (Le tems s'obscurcit. Le Soleil commençoit à s'obscurcir.)

* *Son esprit commence à s'obscurcir*. C'est à dire, que son esprit n'est plus si beau ni si brillant qu'il étoit.

Obscurcissement, *s. m.* Etat d'une chose obscurcie. Obscurité. Ténèbres. (Il fait un grand obscurcissement. Un étrange, un surprenant obscurcissement. L'éclipse de la Lune est remarquable dans son plus grand obscurcissement.)

Obscurité, s.f. Ténèbres. Privation de lumiere. (Une grande obscurité couvroit la vile. *Voi. Iox*: Seigneur, l'obscurité des tenebres n'est point obscure pour vous *Port-Roial*, *Ps*.)

* *Obscurité*. Ce qui est oposé à l'éclat, au bruit & à la réputation qu'on aquiert en se faisant connoitre. (Je dois demeurer dans l'obscurité pour ne pas perdre ma réputation. *Pas. l. 3*.)

* *Obscurité*. Ce mot signifie *embaras*, & ce qui est contraire à la clarté, à *netteté du discours*, & à l'intelligence des choses. (L'obscurité est un des plus grands défauts du langage. *Abl*. Ce terme jette dans l'obscurité. *Pas. l. 1*)

Obseder, *v. a.* Etre assidûment autour d'une personne avec desein de l'épier, ou d'en obtenir quelque chose. (Le Diable dès ce tems là commençoit à l'obseder. Les amans l'obsedent. *Moliere, Misan. a. 2. s. 1.*)

* *Apollon m'obsede. Reg. Sat. 15*. C'est à dire, me solicite de faire des vers ; me met en humeur de rimer.

Obseques, *s.f.* Ce mot semble un peu vieux à quelques personnes, mais comme il se trouve encore dans les bons Auteurs, on ne peut raisonnablement le condamner dans un stile grave & & noble, après sur tout qu'on a emploié plusieurs fois le mot de *funerailles*. Ce mot d'*obseques* signifie les cérémonies qu'on fait aux funérailles d'une personne morte, Derniers honneurs qu'on rend a une personne. Funerailles. (Obseques belles, magnifiques, honorables, superbes, roiales. Les obseques achevées, il envoïa vers. les Reines les avertir qu'il les vouloit visiter. *Vau. Quin. l. 1. c. 12*. Il fit ses obseques avec tout l'honneur & tout le deuïl qu'il étoit deu. *Port-Roial*, *Bartelemi des Martirs*. 13. *ch. 17*. Ses obseques durerent trois jours. *Maucr. Vie du C, Polus, p. 92*.

Observance. *s.f.* Ce mot se dit en parlant de Religion & de Religieux & signifie *Règle Sénius. Observation* de la règle. Réforme, Cérémonies légales. (Etre instruite de toutes les *observances* de la vie religieuse, *Patr., pl. 16*. Se dispenser de l'*observance*, *Patru., pl. 15*. Manquer à quelque heure de l'office, du refectoir, ou d'autres *observances*. *Port-Roial, constitutions*, Cordelier de l'étroite observance, Religieux de Citeaux de *l'étroite observance*. Il ne prétend pas vous engager à toutes les *observances* de l'ancienne Loi, *Port Roial*.

Observance. s.f. Observations. (Observance exacte, régulière, fidèle, rigoureuse, véritable, Les Pharisiens se glorifioient de l'exacte observance des ceremonies de la Loi. *Boss. hist. univ*.

Observantins, *s. m.* Ce sont les Cordeliers de l'étroite observance,

†*Observantin*. Mot burlesque qui se peut quelquefois dire en riant lorsqu'on parle de quelques hommes *de* lettres exacts & critiques, & il signifie Celui qui examine & regarde avec rigueur si les ouvrages d'esprit qu'on a faits, sont dans la dernière regularité.

[* Déferons mêmes à ces rudes critiques
Par toi nommez *freres Observantins*
Trouvant à mordre aux choses les plus belles.
Rois. ép. T. 1 épit. 1.)

Observateur *s m*. Celui qui observe. Qui prend garde. Qui épie. Celui qui est exact à faire quelque chose (Observateur passionné, exact, prudent, sage, religieux. Alexandre étoit très religieux observateur de ses promesses *Abl. Ar. l. 7. c. 13*. On les apeloit Chanoines, comme dira on diroit *observateurs* des canons. *Patru, pl. 15.*)

Observation, s. f. Action de celui qui observe. (Observation sainte. Seigneur, je demeurerai le reste de mes jours dans l'observation de votre sainte Loi.)

Observation. *s.f.* Ce que la personne qui remarque & considère avec attention, a trouvé de rémarquable & de singulier sur quelque sujet d'art ou de sience. (Il a fait diverses observations de Phisique.)

Observation: Remarque. Note. Anotation. (Observation bonne, exacte, juste, particuliere, docte, savante , judicieuse. Faire des observations sur la langue.)

Observatoire, s. m. On apelle de la sorte un superbe édifice qui est à la sortie du fauxbourg Saint Jaques & qui a été fait pour faire des *observations* de Phisique & d'Astronomie. (Observatoire Roial. Aller voir l'observatoire.)

Observer, v. a. Garder. (Mon Dieu, vos ordonnances sont admirables & c'est ce qui porte mon ame à les *observer*. *Port-Roial, Ps.* Tout homme qui *observera* les commandemens du Seigneur aura la lumière & l'intelligence. *Port-Roial*, *Ps*. Observer les commandemens que Dieu nous a donnez. *Monsieur Aru, fréq. communion*.)

Observer. Considerer. Remarquer. Epier. (Observer la marche de l'armée. *Port-Roial, Bartelemi des Martirs*. Observer une personne avec soin. *Abl*.)

Obsession, *s.f.* L'Action d'obseder, L'Etat d'une personne obsédée.

Obsidionale, *adj. f.* Ce mot est Latin & il ne se dit qu'en parlant des Anciens Romains. *Couronne obsidionale*, c'etoit une couronne qui se donnoient aux Generaux d'armée qui avoient delivré une vile assiégée par les ennemis, ou une armée Romaine qui se trouvoit enfermée par les Ennemis. Ce mot vient du Latin *obsidio*, qui signifie *Siège*.

Obstacle *s. m.* Empêchement, (Obstacle grand ; fâcheux, insuportable. Trouver des obstacles *Memoires de M. le Duc de Rochefoucaut*. On n'aportera nul obstacle à vôtre retour. *Abl, Rét. liv. 2. r. 2*. Surmonter toutes sortes d'obstacles. *Ablancourt. Rétor l. 2. c. 3*.

Obstination) *obstination s.f.* Le peuple de Paris dit *estination*, mais les honêtes gens disent & écrivent *obstination*, & il n'y a point à balancer la dessus, il faut parler comme les honêtes gens. Le mot *obstination* signifie *opiniâtreté*. (Une obstination grande, forte, impertinente, ridicule, terrible , éfroiable. Commendon avoir un peu trop d'*obstination* & d'aigreur, *Flechier, Vie de Commendon l. 4. c. 7*.)

Obstiner, *obstiner, v. a*. Il faut dire *obstiner*, & non pas *estiner*. C'est opiniâtrer quelque chose. (Il m'a obstiné cela fort longtems.)

S'obstiner, *v. r.* S'opiniâtrer. (On s'obstine à se defendre dans le mal pour le mal même, nous rompons avec lui. *Pasc. l. 7*. S'obstiner contre quelqu'un. *Scaron*. Je voulus m'obstiner à vous être fidelle. *Racine. Andr. a. 4. sc. 5.*)

Obstiné, *obstinée*, *adj.* Opiniâtre. (Esprit obstiné. Etre obstiné à mourir. *Abl*.)

[* Malheur obstiné. Misere obstinée. *Godeau*.)

Obstiné, s. m. ép. 3. Opiniâtre. (Un petit obstiné.)

Obstinée, s.f. Opiniâtre (C'est une obstinée.)

Obstinément, adv. Avec obstination. Opiniâtrement. (Il faut obstinément ce que suit tout le monde. *Moliere.*)

Obstruction, *s.f.* Terme de *Médecin*. Ce qui bouche les conduits, ou les voies naturelles par l'abondance & la qualité

OBT OBV OCA OCC   OCE OCR OCT

des humeurs vitieuses. (Resoudre les obstructions. Obstruction fâcheuse dangereuse, mortelle. Causer des obstructions. *La Chamb.*)

Obstructif, obstructive *adj.* Qui peut causer des obstructions. (Aliment obstructif.)

OBT.

Prononcez les B. des mots de cette colomne.

Obtemperer, *v. n.* Il ne se dit que fort rarement & en termes de Pratique. (Obtemperer à Justice, c'est obéir à la Justice.

Obtenir, *v. a.* J'obtiens, tu obtiens, il obtient, nous obtenons, vous obtenez, ils obtiennent. J'ai obtenu, j'obtins, j'obtiendrai, que j'obtienne, j'obtinsse. Ce mot signifie avoir ce qu'on demande. (Il a obtenu un bon benefice. Il est difficile de rien obtenir de l'homme que par le plaisir. *Pas. Pens.* C'est une chose dificile d'obtenir de son esprit qu'il méprise la vie. *Port-Roïal, Education du Prince*, 3. partie.)

Obtention, *s. f.* Ce mot se dit quelquefois en terme de *Palais*, & en parlant d'afaires. (Travailler à l'obtention de quelques lettres de Chancelerie. Après l'obtention de ses lettres, il s'est presenté à la Cour.

Obtus, *Obtuse, adj.* Terme de *Géometrie* qui vient du Latin *obtusus*, qui se prononce en François *obtu*, & qui n'est ordinairement usité qu'au masculin. Ausi on dit un *angle obtus*. *Angulus obtusus.* C'est un angle qui est plus ouvert qu'un angle droit. *Elemens d'Euclide.*

† *Obtus obtuse.* Ce mot se dit au figuré, mais il est bas, & il n'est usité que dans le langage le plus simple, & même en goguenardant. Il n'est en usage qu'au masculin & il signifie, Qui a peu de penetration d'esprit, Qui est un peu hébeté. Qui a l'esprit lourd & grossier. *A juger de l'imaginaire Géographe. Car.* ** par son encoulure & par sa belle & fine maniere de critiquer les ouvrages d'erudition il n'y a personne qui ne dise que son esprit est des plus obtus, & des plus enfoncez dans la matiere.

OBV.

Obvier, *v. a.* Prévenir. Aller au devant. Empêcher. (Pour obvier à la chicane, Lisandre ne vouloit point qu'il y eut des loix écrites. *Abl. Apoph.* Pour obvier à cette diformité ils imaginerent. *Depreaux Longin.*)

OCA.

Ocasion, *s. f.* on Ocasion. Prononcez *ocazion*. Déesse qui, au sentiment des anciens, favorisoit les actions hardies, qui étoit peinte en femme, sur un globe avec des ailes au piez, le derriere de la tête chauve, & un rasoir à la main. Voiez *Ripa Iconologie.*

Ocasion. Heureux moment pour faire quelque chose. Tems propre afin d'entreprendre, ou de renfer quelque chose. (Ocasion belle, heureuse, favorable, propice, avantageuse. Se servir de l'ocasion, *Ablancourt.* Comme il s'ocupoit continuellement de ce dessein, il se presenta une ocasion qui l'y confirma. *Port-Roïal, Bartelemi des Martirs*, *l.3. c.5.* Perdre l'ocasion de faire sa fortune. Atendre une ocasion favorable. *Ablancourt*.

L'ocasion fait le larron; proverbe.)

Ocasion. Rencontre. Conjoncture. Peril. (Avoir de la fermeté dans les ocasions, *Memoires de M. le Duc de la Roche Foucaut.* Ce Prince avoit de la foi & de la probité aux grandes ocasions, *Le Comte de Bussi.* Il ne perdoit point le jugement dans les ocasions, *Ablancourt.* Les plus habiles blâment les finesses pour s'en servir en quelque grande ocasion, *M. le Duc de la Roche Foucaut, Reflexions* Il se servent des maximes Evangeliques dans les *ocasions* qui leur sont favorables *Pas. l.5.*

Ocasion, ce mot en terme de *Guerre* signifie *combat*. (Il donna des marques de son intrepidité dans la derniere *ocasion*. Il est brave dans l'*ocasion*,)

Ocasion. Sujet. Cause. Matiere. Moïen. Lieu. (Donner ocasion de faire quelque chose. Ils avoient été chassez à son ocasion, *Ablancourt*. *Ar. liv* 2. Chercher l'ocasion de rendre un son ofice à quelqu'un, *Ablancourt*. Trouver ocasion de servir une personne. *Arnaut*. Je m'eusse pas tant diferé à vous remercier si j'en eusse trouvé l'ocasion, *Voiture, Letre 22.*)

Ocasionnel, o casionnelle, *adj.* Qui donne occasion. (Il y a cinq causes occasionnelles de nos erreurs. *Roch. de la verité*)

† Ocasionner. V. *act.* Donner occasion.

OCC.

On prononce les deux c. des mots de cette colomne.

Occident, *s. m.* Une des quatre parties du monde qui est du côté où le Soleil se couche. Plusieurs viendront d'*Orient* & d'*Occident* & auront leur place dans le Royaume du Ciel, *Port-Roïal, Nouveau Testament.*

Occident. Terme d'*Astronomie* & de *Geographie*. L'une des quatre parties de l'horison à l'endroit où le Soleil se couche lorsqu'il est le tems des Equinoxes. Il y en a encore un Occident d'été & un Occident d'hiver. *L'Occident d'été*, c'est l'endroit de l'horison où le Soleil se couche lorsqu'il entre au signe de l'Ecrevice, qui est le tems où sont les grands jours. *L'Occident d'hiver*, c'est l'endroit de l'horison où le Soleil se couche lorsqu'il entre dans le signe de Capricorne, qui est le tems où les jours sont les plus courts. Ces *Occidents d'été & d'hiver* ne sont pas également eloignez en tout païs de l'Occident des équinoxes, mais cet eloignement est d'autant plus grand que la Sphere est plus oblique; C'est à dire, que le pole est plus elevé sur l'horison, ou que les païs sont plus eloignez de la ligne équinoctiale.

Occidental, occidentale. adj. Qui est d'Occident. Qui est à l'Occident. Qui regarde l'Occident. (Eusébe de Verceil fut le premier des Evêques Occidentaux, *Patru*, plaidoié 15. Les Indes occidentales.)

† *Occire*, *v. a.* Vieux mot qui entre quelquefois dans le burlesque & qui signifie *tuer*. (Monseigneur Satan m'eme porte, je te le dis de sens rassis, si tu sors, je t'occis, *Benserade. Poës.*

† *Occision, s. f.* Grande tuerie. Grand massacre.

OCE.

Ocean, *s. m.* Amas d'eau, qui environent toute la terre ; Ocean qui borne le monde, ne borne pas vôtre gloire. *Voiture Letre 44.* Les vagues de l'ocean s'elevent avec bruit, *Port-Roïal*, *ofeaumes* La Gaule s'étend depuis la Marne & la Seine jusqu'au Rône & à la Garonne & depuis le Rin jusqu'à l'ocean, *Ablancourt, Ces. l. 1.* L'ocean Atlantique, Etiopique, Britannique, &c.

OCR.

Ocre, *s. f.* C'est une terre minerale dont on fait des couleurs, il y a de *l'ocre jaune*, qu'on apelle ocre de Beri; qui est de bonne ocre. Il y a de l'ocre de Rut qui est d'un jaune brun, & de l'ocre rouge, qui vient d'Angleterre, & qu'on appelle ordinairement *Brun d'Angleterre*

OCT.

Le C des mots de cette colomne, se fait sentir.

Octaedre, *s. f.* Ce mot est Grec & est un terme de *Géometrie.* C'est un des cinq corps reguliers qui a huit faces égales, dont chacune est un triangle equilateral. (Mesurer la solidité d'un Octaedre)

Octave, *s. f.* Terme d'*Eglise*. Huit jours durant lesquels on on dit un même ofice. (Prêcher une octave.

Octave. Terme de *Musique*. L'*Octave* que les Grecs apellent *diapason*, les Latins *octava*, & les Italiens *ottava* est la repetion du premier son, parce que dans la Musique il y a sept intervalle diférens, & le huitieme qui est la repetition du premier est nommé octave. (en parlant de l'octave en termes de Musique, on dit Faire l'octave, entonner une octave, être à l'octave, Monter à l'octave. Parcourir tous les degrez d'une octave.)

Octave, *s. f.* Terme d'*Aritmetique* & de *Marchand*. C'est la huitième partie d'aune. (Une aune & cinq octaves. Un taferas de trois octaves, c'est à dire, larges de huitiémes partie de l'aune

Octave. *s. m.* Nom d'homme. (Octave Auguste a été le second empereur Romain.)

Octave, *s. f.* Nom de femme. (Octavius pere de l'Empereur Auguste laissa trois enfans, octavie lainé, octavie la cadette & Auguste qui fut le second Empereur de Rome.)

Octobre, *s. m.* L'un des douze mois de l'année. (Il est mort en Octobre.)

Octognaire, *adj.* Qui a quatre vint ans. (Il y en a un qui est octogenaire, *Maucroix, Schisme, l.3. p.248.*)

Octogone, *s. m.* Terme de *Matématique*, qui vient du Grec & qui veut dire qui a huit angles. (C'est une octogone. C'est d'une figure qui a huit cotez. & huit angles.

Octogone adj. Qui a huit angles & huit cotez, (Une figure octogone.

Octogone, *s. m.* Terme de *Fortification.* (*Octogone regulier* c'est une place, ou un fort qui a tous ses huit cotez & tous ses huit angles égaux. *Octogone irregulier.* C'est celui dont les cotez & les angles ne sont pas égaux. Fortifier une octogone.

Octroier, *v. a.* Donner. Acorder. (Vous avez tous les biens & toute la joie qu'amour octroie aux vrais amans, *Voit. Poës.* Quel est ce grand secours que son bras vous octroie, *Racine Alexand.* a. 2. s. 1.)

Octroi, *s. m.* Permission, & concession de quelque Prince. (L'octroi d'une grace, d'un pardon, de lettres d'anoblissement &c.)

Deniers d'octroi. Ce sont des deniers que le Roi a permis à des viles & à des communautez de lever pour ce qu'elles mêmes pour leurs besoins & necessitez. On apelle *octroi de la ville de Lion*

la permission simple que le Roi a donnée à la ville de Lion de lever sur elle des deniers.

OCU.

OCULAIRE, adj. Qui voit de ses propres yeux. Qui voit à l'oeil. (Plusieurs témoins oculaires nous aprenent que, Monsieur Arnaud, Frequente communion.)
Oculaire, adj. Qui se voit aisément. evident. (Demonstration oculaire.)
Oculaire. Qui sert pour l'oeil. (Verre oculaire.)
Oculaire, s. m. Terme d'Optique. C'est le verre qu'on met au bout des grandes lunettes, du côté de l'oeil pour regarder.
Oculairement adv. Visiblement. sensiblement. (A l'oeil. On lui a fait connoître cela oculairement.)
OCULISTE, s. m. Medecin qui fait profession de soulager, ou de guerir le mal des yeux. (Oculiste experimenté, adroit, habile, savant, excelent, fameux.
OCULTE, adj. Il vient du Latin occultus, qui signifie caché. Terme de Philosophie. Inexplicable & dont on ne peut rendre raison. Propriété oculte.)
Science occulte. Il se dit de la Cabale & de diverses sortes de Magie.
Ligne occulte. Terme de Geometrie. C'est une ligne qu'on à peine d'apercevoir & qui est tracée avec la pointe d'un compas, & quelquefois avec un craion. On l'appelle aussi ligne blanche, ligne ponctuée.
Oculus Christi, s. m. Sorte de fleur d'un bleu céleste qui fleurit en Septembre & qui sert à embellir les parterres.
OCUPATION, s. f. Emploi. Travail. Afaire. (Ocupation belle, grande, noble, grave, serieuse, importante, glorieuse, avantageuse, utile. Avoir une belle ocupation. N'avoir aucune ocupation. être dans l'ocupation.)
Ocupation. Il signifie aussi l'action de s'emparer & de se saisir de quelque poste avantageux, de quelque passage, avenuë, &c.
Ocuper, v. a. Posseder. Avoir. Tenir la place de quelqu'un. Tenir. (Ocuper avec des troupes l'entrée d'un détroit, Vau. Q. l. 3. Plaisirs, qui avez ocupé dans mon coeur la place qui n'étoit duë qu'à Jesus-Christ, sortez de mon souvenir. Godeau, Prieres. On ne lui peut dire guere deschoses d'assez grande importance pour ocuper toute son attention, Le Comte de Bussi.)
Ocuper, v. a. Amuser. Arrêter. Employer. (Je m'ocuperai à mediter sur vos ordonnances, Port-Roial, Pseaumes. L'esprit des hommes est trop grand, leur vie trop courte, leur tems trop précieux pour l'ocuper à mesurer des lignes. Port-Roial, Logique Preface. Ils ocupoient la garde de la tranchée par une grande sortie, Chapelle, Relation de Rocroi.)
Ocuper, v. n. Terme de pratique. C'est être pour une personne & representer ses intérêts comme si elle y étoit elle même (Les procureurs occupent pour leurs parties.) En ce sens, on dit un Procureur ocupant, c'est à dire qui est constitué pour l'instruction d'un procés.
S'ocuper, v. r. Je m'ocupe, je me suis ocupé, je m'étois ocupé. S'emploier à faire quelque chose. S'arrêter. S'amuser. Avoir si fortement une chose dans l'esprit qu'elle nous posséde entierement. (Le plaisir de l'ame consiste à agir & à s'ocuper de quelque objet qui plaise, Port-Roial, Education du Prince. Tout le monde étoit ocupé aux jeux, à voir courir, Ablancourt, Ar. l. 7. Ils étoient ocupez à se retrancher, Ablancourt, Cos. l. 5. c. 4. Elle étoit si ocupée de cette ressemblance qu'elle avoit quelque joie en le regardant. Segrais, Zaïde. On conçoit par une bête un animal qui ne pense, qui ne pense pas, & qui s'ocupe de pensées confuses, & grossieres. Nicole, Essais, T. 1.)
OCURRENCE; occurrence, s. f. Rencontre. Conjoncture. (Il s'emploioit suivant les diferantes ocurrences. Histoire d'Aubusson, l. 3. Se servir du credit de quelcun dans les ocurrences, Memoires de M. le Duc de la Roche Foucaut.)

ODA.

ODAR, s. m. Ce mot est un nom d'homme, mais il se porte assez rarement.

ODE.

ODE, s. f. Mot qui vient du Grec & qui a été introduit dans nôtre langue par Ronsard. Le mot d'ode signifie chanson. C'étoit parmi les Anciens un poëme qui comprenoit la loüange des Dieux, des Heros & de ceux qui avoient gagné la victoire, soit dans les jeux, ou dans les combats. Elle contenoit aussi des matieres bachiques, amoureuses & autres, mais parmi nous, l'ode embrasse rarement le vin & l'amour. elle est le plus souvent qu'un panégirique. Voiez Nicolas Richelet, Commentaires sur Ronsard, & les Odes de Malherbe.
ODET, s. m. Ce mot est un nom d'homme, mais il est assez rare.
ODEUR, s. f. Sentiment particulier qui resulte en nous de l'impression que certains corps font sur nôtre nez. Pouvoir qu'à un corps odorant d'exciter en nous le sentiment d'odeur. (Il excita par l'odeur du vin ses esprits languissans, Vau. Quin. l. 3

Le sentiment d'odeur n'est pas semblable en toute sorte de personnes. Il y a des corps qui n'ont aucune odeur. Sentir une agreable odeur. Abl.
* Odeur. Estime. Reputation. (Mourir en odeur de sainteté. Godeau. Se mettre en bonne odeur. Arnaud. Se mettre en mauvaise odeur dans le monde, Abl.

ODI.

ODIEUX, odieuse, adj. Qui est en haine. Haï. Detestable. (Ce qui est agreable à Dieu est odieux aux Démons. Monsieur Arnaud, Frequente communion. La cause étoit odieuse pour son Altesse Roiale. Memoires de M. le Duc de la Roche Foucaut, page 53.)
Odieusement, adv. D'une maniere odieuse. (Vivre odieusement. Ablancourt.

ODO.

ODORAT, s. m. Un des sens destinez par la nature pour sentir les odeurs. (Les hommes n'ont pas l'odorat si parfait que les animaux. Avoir l'odorat subtil, Abl.

A côté de ce plat paroissoient deux salades
Dont l'huile de fort loin saisissoit l'odorat.
Lépreaux, Satire 3.]

Odorant, odorante, adj. Odoriferant. Qui a une bonne odeur, qui sent bon. (Pere des fleurs, le teint de ma Philis à l'éclat bien plus paré que tes odorantes moissons, Sar. Poës.)
Odoriferant, odoriferante, adj. Qui sent bon. Qui a une agreable odeur. Le mot d'odoriferant se dit particulierement des plantes qui sentent bon en toutes leurs parties, dans leurs fleurs, dans leurs feüilles, tranches, tiges & racines: (Plante odoriferante.

OEC.

OECONOMIE. Voiez Economie.
Oecumenique, adj. Prononcez, & même écrivez écumenique, qui veut dire Général Universel. (Concile œcumenique, Païm plaid.

OEI.

OEIL, s. m. ou plûtôt oeil. Ce mot fait au pluriel yeux. Prononcez oeil. Partie organique destinée pour la vuë. Voiez yeux. (Un bel œil. Un œil vif, ardent, brillant, doux, amoureux, languissant, éveillé. Avoir l'œil beau & riant. Il a perdu un œil. Insensez que vous êtes celui qui a formé l'œil ne voit il pas? Port. Roial, Nouveau Testament. obéit au moindre clin d'œil. Vau. Q. l. 3.)
En un clin d'œil. C'est à dire, dans un moment.
A veuë d'œil. C'est à dire sensiblement. (Ce malade diminuë à veuë d'œil. Sa foiblesse lui suscitoit des ennemis à vuë d'œil. Mem. de M. de la R.)
Oeil. Ce mot au figuré a un usage assez étendu. exemples
* On se voit d'un autre œil qu'on ne voit son prochain. La Fontaine, Fables, l. 1.
* Regarder d'un œil de pitié, d'envie, &c. d'un œil indiferent, interessé, curieux, jaloux, &c. Regarder d'un œil sec, la larme à l'œil.
* Regarder à œil nud. Terme d'optique, c'est regarder un objet sans le secours des lunettes. Cette façon de parler est tirée du Latin.
* Faire la guerre à l'œil. Voiez guerre.
* Vous avez apris qu'il a été dit œil, pour œil, Port-Roial. Nov. Testament. C'est à dire, peine pour peine ; faite du mal à ceux qui nous en font
* Le Seigneur regarde d'un œil favorable celui qui est pur & innocent, Port-Royal. Ps. C'est à dire, regarde avec afection, aime celui qui est innocent.
* Voir de bon, ou de mauvais œil. C'est voir volontiers ou ne pas voir volontiers.
* Avoir l'œil sur les actions de quelqu'un. Abl. Ar. l. 3 c. 8. C'est à dire, observer les actions d'une personne.
* L'œil du maitre engraisse le cheval. Proverbe qui veut dire que les choses vont mieux quand le maitre y prend un peu garde lui même.
† Avoir l'œil au guet. C'est à dire, avoir l'œil à l'erte.
* Le Soleil est appelé l'œil du Monde en termes de Poësie.
* Oeil. Terme d'Architecture. C'est le milieu de la volute Jonique qui se taille en petite rond.
* Oeil. Terme d'Eprennier, c'est la partie de la branche de la bride; qui est plate & percée pour joindre la teciere à la branche & pour y atacher la gourmete.
De même plusieurs autres Artisans apelent du nom d'œil, certains trous qui sont à leurs outils. L'œil d'un marteau, c'est le trou par où est emmanché. L'œil d'un étau, c'est le trou par où passe la vis, &c.

* Oeil

OEI

* Oeil. Il se dit de la grosseur des lettres d'Imprimerie. (Lettre de gros œil, ou de petit œil.)
* Oeil. Terme de *Marchand de Drap*. Lustre. Couleur vive. (Ce drap a un bel œil.)
Oeil de bœuf. Terme d'*Architecture*. Lucarne ronde dans les couvertures des maisons pour éclairer les galetas & les greniers.
Oeil de bœuf. Terme de *Peintre*. Petit vaisseau rond de Faïance, où les Peintres détrempent leurs couleurs.
* Oeil de bœuf. C'est aussi le nom de quelques sortes d'herbes. Il y en a aussi qu'on apelle œil de vache, œil de chat, de cerf, &c.
† Oeil. Terme de *Jardinier*. Il se dit du melon, & c'est l'endroit d'où sort le bras du melon. Cet œil se nomme aussi la maille. Quint. *Jardins*.
Oeil. Il se dit des poires & des pommes. C'est l'extremité oposée à la queüe. Cet œil fait comme une petite couronne aux unes & aux autres.
* Oeil. Terme de *Fleuriste*. Il se dit de l'*oreille d'Ours*. C'est le petit rond du milieu, qui est presque toûjours jaune, ou couleur de citron. (L'oreille d'ours est agréable quand elle a l'œil grand & bien arrêté. *Culture de l'oreille d'ours, ch. 2.*)
Oeillade, s. f. Prononcez *euillade*, qui signifie *un coup d'œil*, (Oeillade amoureuse, *Ablancourt*.
Jetter des œillades à quelque belle, *Scaron*.)
† euillader, v. a. Jetter des œillades. Regarder.

(* Je vai jusques sur la nuë œillader l'Univers
Pour chercher de l'emploi dans les climats divers.
Desmarais, Visionnaires, acte troisiéme scene deuxiéme.)

Oeilliere, adj. Prononcez *euilliere*. Ce mot se dit en parlant de certaines dents qu'on nomme *dents œillieres* parce qu'elles reçoivent quelques rameaux des nerfs qui meuvent l'œil.

Oeilliere, s. f. Terme de *Bourrelier*. C'est un petit morceau de cuir qui est attaché à la bride du cheval de carosse & qui lui couvre l'œil. (Oeilliere bien-faite.)

Oeillet, s. m. Prononcez *euillet*. C'est une sorte de fleur qui fleurit en Mai, & en Juin, blanche, rouge, violette & de toutes couleurs. (Il n'y a pas plus de 17. ou 18. ans que l'on connoit en France, les beaux œillets, Un gros, ou petit œillet. Un œillet simple, double, commun, rare, velouté, panaché. Un bel œillet. Un œillet fort beau doit être large & avoir 14. ou 15. pouces de tour, il doit être garni de plusieurs feüilles & pommer en forme de houpe. Plus un œillet est net, plus il est beau. L'œillet de toutes couleurs est agréable. L'œillet beaucoup denté n'est pas agréable. L'œillet broüillé de mouchetures ne plait point du tout L'œillet veut une terre fraiche nourrissante & médiocrement legére. Semer, planter, cultiver, élever, gouverner, conserver l'œillet. Il ne faut pas l'arroser d'eau froide, mais échaufée par le Soleil. Les grands froids font mourir les œillets. Le chancre mange l'œillet, & pour cela il en faut soigneusement netteïer le pié. *Culture de l'œillet*.)

* Oeillet. Ce mot au figuré n'est guere en usage que dans la poësie, ou dans les ouvrages de prose qui ont quelque air de poësie, comme sont les Romans & autres de cette sorte. (Ce lis, les œillets, & les roses couvroient la nege de son teint, *Voit. poës.*)

Oeillet. Terme de *Tailleur & de Couturiere*. Petit trou entouré de soïe qu'on faisoit au haut des basques du pourpoint. Petit trou entouré de fil qu'on fait au cou des chemises. (Percer les œillets. Faire un œillet.)

Oeillet. Terme d'*Emailleur*. Bouillons qui s'élevent quelquefois sur les plaques émaillées lorsqu'on les met au feu.

Oeilleton. Terme de *Fleuriste & de Jardinier*. C'est un rejetton d'œillet. C'est un rejetton d'artichaut. Ces sortes de rejettons empêchent l'œillet de bien croître & l'artichaud de bien produire son fruit ; c'est pourquoi on les ôte. (Un œilleton nouveau, un œilleton fort. Mettre en terre des œilletons, &c.)

Oeilletonner, v. a. Terme de *Fleuriste & de Jardinier* C'est ôter un œilleton d'un artichaut, ou d'une plante d'œillet. (Il faut œilletonner cette plante.)

OEsophage, s. m. Terme d'*Anatomie*. Prononcez *ézofage*. Ce mot est Grec. C'est la conduit par où que l'on mange & ce qu'on boit entrent dans l'estomac.

OEU

Oeuf, s. m. Prononcez *eu*. Ce mot se dit proprement des poules & des oiseaux femelles. C'est ce que pond la poule, ou l'oiseau femelle & qu'en un certain tems la poule, ou l'oiseau femelle couvent pour en faire éclorre leurs petits. (Un bel œuf frais. Un gros œuf. Un petit œuf. Pondre un œuf. Prendre un œuf. Manger des œufs à la coque. Faire des œufs pochez. Faire des œufs au verjus. Faire des œufs filez, des œufs au miroir, &c. En Egipte, on fait éclorre des œufs dans un four, où l'on en met plusieurs milliers à la fois. Un blanc d'œuf. Un jaune d'œuf.)

† Oeuf. Ce mot entre dans quelques façons de parler proverbiales qui ont cours dans le stile burlesque, ou plaisant.

† * C'est ce qu'on apelle goûter la vie, & pondre ses œufs, *Benserade Rondeaux*. C'est à dire, c'est être à son aise, & mener une vie douce & heureuse.

* La grenoüille qui n'étoit en tout grosse *comme un œuf, La Fontaine, Fables, l. 1.* C'est à dire, la grenoüille qui étoit fort petite.
† Il est rond *comme un œuf*. C'est à dire, il a tant mangé qu'il a le ventre rond comme un œuf.
Oeuf. Ce mot se dit aussi des poissons femelles, des fourmis & de quelques autres, c'est ce d'où naissent les petits des fourmis, ou des poissons.
* † *Avoir des œufs de fourmis sous ses piez.* Cela se dit d'une personne qui ne se peut tenir dans une place.
* † *Donner un œuf pour avoir un bœuf.* Proverbe, pour dire, faire de petits présens pour en atirer de grands.
* On dit d'un avare, qu'il tondroit sur un œuf.

Oeuvé, œuvée, adj. Prononcez *euvé*. Ce mot se dit des poissons & veut dire, Qui a des œufs. (Une carpe œuvée. Harang œuvé.)

Oeuvre. Prononcez *euvre*. Vaugelas dans ses remarques a décidé que le mot d'*œuvre* signifiant livre, volume, ou quelque composition étoit masculin au singulier & toûjours féminin au pluriel. Cette remarque s'observoit de la sorte du tems de Vaugelas. Aujourdui le mot d'*œuvre* dans la signification de livre ou de composition est masculin & féminin au singulier, mais au pluriel il est toûjours féminin, ainsi que l'a fort bien remarqué Vaugelas. (Exemples.

Quand le bon Patelin met un œuvre en lumiere;
Cha que lecteur d'abord lui devient un Linière.
Deépreaux Satire 9.
Un bel œuvre *Van. Rem.*
Verras-tu bien sans pitié *une œuvre si mal polie.*
Main. Poët page 288.
La pucelle est encore *une œuvre bien galante*,
Depreaux, Satire 3.
Le monde à peine imagine
Qu'un homme en tourment si piteux
puisse faire œuvre si divine, *Sar. Poës.*)

Si les *œuvres sérieuses* de Voiture sont médiocres, c'est de cette loüable médiocrité qui. *Cost.*)
Oeuvre. Vaugelas a décidé dans ses remarques que le mot d'*œuvre* signifiant *action* étoit toûjours féminin, cela est ordinairement vrai, mais il y a des rencontres où le mot d'*œuvre* au singulier & dans la signification d'*action* est beaucoup plus élégant au masculin qu'au féminin, sur tout lorsqu'il est pris dans un sens figuré, ou dans un sens où le figuré est un peu mêlé avec le propre. (Pourquoi tourmentez vous cette Femme ? ce qu'elle vient de faire envers moi est *une bonne œuvre*. Port-Roïal, Nouveau Testament, Saint Matieu, chapitre vingt-sixième. *Une sainte œuvre, Patru, plaidoïé 3.* Voilà quel fut le commencement d'un ordre qui depuis prés de cinq siécles travaille si heureusement à *ce grand œuvre, Patru ; plaidoïé 5. page 56.*)
Oeuvre. Ce mot en terme de Chimie signifie *la pierre philosophale*, & alors il est toûjours masculin. (Le grand œuvre, *Van. Rem.* Travailler au grand œuvre, *Glaf.*)
Oeuvre. Ce mot étant pris pour le banc des Marguiliers est féminin. (Une belle œuvre pour Messieurs les Marguiliers.)

* Oeuvre. Ce mot est féminin aussi signifiant tout ce qui sert à l'entretien & à la reparation de l'Eglise. Le temporel laïque de l'Eglise. (Il a laissé par testament cent écus à l'œuvre. N'oubliez pas l'œuvre. L'œuvre de la paroisse Saint Paul est fort belle.)
Oeuvre. Terme de *Metteur en Oeuvre*. Action & ouvrage de celui qui enchasse, travaille & acommode quelque pierre précieuse. (Mettre une pierre précieuse en œuvre, *Vau. Quin. livre 3*. Pierre précieuse délicatement mise en œuvre, *Ablancourt.*)
Mettre une pierre hors d'œuvre. C'est la tirer de son chaton, & de la bague où elle étoit enchassée.
* Mettre en œuvre. Ces mots au figuré sont beaux, & signifient emploïer. (Exemples.
* Mettre toutes sortes de remedes en œuvre. *Vau. Quin. l. 3.*
* Cette façon de parler est agréable de la sorte qu'elle est *mise en œuvre, Cost.*
* L'intérêt met en œuvre toute sorte de vertu, *M. le Duc de la Roche-Foucaut, Réflexions.*
* La nature fait le mérite, & la fortune le *met en œuvre, M. le Duc de la Roche-Foucaut, Réflexions.*)
Se jetter hors d'œuvre. Termes d'*Architecture*. Etre en saillie. Sortir en dehors.
* Les Prologues sont des pieces hors d'œuvre. Les digressions sont hors d'œuvre.

Zzz 2 Oeuvres

Oeuvres de marée, Terme de Mer. C'eſt le redoub, ou talfat qui ſe donne au vaiſſeau échoué ſur les vaſes pendant que la marée eſt baſſe. *Fournier.* (Donner les œuvres de marée à un bâtiment.)

Oeuvres vives. Ce ſont toutes les parties du navire depuis la quille juſqu'à la liſſe du vibord, *Fournier.*

Oeuvres mortes. Ce ſont les parties qui ſont depuis le vibord juſques en haut, *Fournier.*

* *Maître de baſſes œuvres* C'eſt celui qui nettéie les lieux.

* *Maître des hautes œuvres.*C'eſt le nom honorable qu'on donne au bourreau.

* *La fin couronne l'œuvre.* Proverbe, pour dire, ce n'eſt pas aſſez d'avoir bien commencé, il faut auſſi bien achever. Il ne ſuffit pas d'avoir bien vécu, il faut bien mourir.

* *A l'œuvre on connoit l'ouvrier.* Proverbe.

OFE.

OFENSANT, *ofenſante*, *adj.* Choquant, Injurieux. (Procedé Ofenſant. Choſe ofenſante.)

Ofenſe, *ſ. f.* Faute. Peché. (Mes ofenſes paſſées me tiennent dans une agitation continuelle, *Port-Roial*, *Pſeaumes*. Expier ſes ofenſes. *Paſ. livre* x. Mon Dieu pardonnez-nous nos ofenſes, *Port-Roial*. Mon Dieu purifiez-moi de mes ofenſes, *Port. Roial.*

Ofenſe. Injure. Tort. Sorte d'afront. (Prendre vengence d'une ofenſe qu'on a reçûe. *Le Comte de Buſſi.*)

Ofenſé, *ſ. m.* Celui qui a reçu une ofenſe. Celui à qui on a fait une injure. [Si-tôt qu'on fait paroître que l'on ſe ſent ofenſé, l'on rend l'ofenſeur plus irreconciliable, car il s'imagine que l'*ofenſé* ne manquera pas de ſe vanger, dés qu'il en trouvera l'ocaſion.

En cet afront mon pére eſt l'*ofenſé.*
Et l'*ofenſeur* eſt pere de Chimene.
Corn. Cid.]

Ofenſer, *v. a.* Nuire. Incommoder. Bleſſer. Faire tort. (Ofenſer quelcun. Je n'ai pas dit cela pour vous ofenſer.)

Ofenſer Dieu. Terme de Theologie. c'eſt violer les commandemens de Dieu.

S'ofenſer, *v. r.* Se tenir pour ofenſé. (Je vous prie de ne vous point ofenſer de ce que je vous dirai. S'ofenſer de quelque choſe. Vous vous ofenſez de tout.)

Ofenſeur, *ſ. m.* celui qui ofenſe. (L'ofenſeur eſt le pére de Chimene, *Corneille*, *Cid. Act.* 1. Sceene 7. Plus l'ofenſeur m'eſt cher plus je reſſens l'injure. *Racine Tebaide*, *a.* 1. *ſ.* 5.)

Ofenſif, *ofenſive*, *adj.* Qui ataque. Qui ofenſe. [Ligue ofenſive & defenſive. Fortification ofenſive & defenſive. Armes ofenſives & defenſives.)

OFERT, *oferte*, *adj.* Preſenté.(Preſent ofert. Choſe oferte.)

† *Oferte*, *ſ. f.* Terme d'Egliſe Qui ne ſe dit plus à Paris. On ſe ſert en ſa place du mot d'*ofrande*.

Ofertoire, Terme d'Egliſe. Quelques Eccleſiaſtiques font le mot d'*ofertoire feminin*, mais les plus habiles de ces Meſſieurs le croient *maſculin*, & je croi que c'eſt le meilleur. On apelle *ofertoire* l'endroit de la Meſſe où l'on ofre. [Oſertoire tiré du Pſeaume vintiéme.]

OFI.

OFICE, *ſ. m.* Service. Plaiſir. Le procedé de ſon amant, détruiſoit tous les bons *ofices* que je lui rendois auprés d'elle. *Le Comte de Buſſi.* Rendre un bon ofice à quelqu'un. *Ablancourt.* Rendre un mauvais ofice à une perſonne.)

Ofice, *ſ. m.* Charge publique, grande ou petite , pour laquelle il faut avoir des proviſions du Roi. (Acheter un Ofice de Conſeiller au parlement, un Ofice de maître des requêtes. Faire des nouvelles *creations d'Ofices*. *Memoires de M. le Duc de la Roche Foucaut.* La venalité des Ofices n'eſt pas fort ancienne.]

Ofice, *ſ. m.* Place, ou emploi qu'on achete pour ſervir chez le Roi, la Reine, Monſieur, ou chez les enfans des Rois. (Il y a un Ofice chez monſieur. Son Ofice chez le Roi lui coute 15. mille livres.)

Ofice, *ſ. m.* Terme de l'*Egliſe* Romaine. prières qu'on dit un certain jour, ſoient quelles ſoient pour Dieu, pour la Vierge, ou quelque Saint. (Dire ſon ofice. L'ofice du nom de Jeſus. L'ofice du couronnement de la Vierge.)

Ofice, *ſm.* Service divin. prieres ſolennelles qu'on fait dans l'Egliſe, à certaines heures. (Sonner l'ofice. Aller à l'ofice. Chanter l'ofice. L'ofice de l'Egliſe ſe réduit à trois choſes , à loüer Dieu, à s'inſtruire de ſa parole & à le prier *Port-Roial*, *expl. des ceremonies de l'ofice.*)

Ofice, *ſ. m.* Petit livre qui contient les prieres d'un certain jour, ſoit quelles ſoient pour Dieu, pour la Vierge ou pour quelque Saint. (On a imprimé depuis peu un ofice du couronnement de la Vierge qui eſt fort beau.

Le ſaint ofice. Ces mots ſignifient ordinairement *L'Inquiſition*. Il a été condamné par le ſaint Ofice.]

Oſice. Fonction. Charge. [Fai l'ofice de Sergent & apelle les marchands. *Abl. Tac. T.* 1.)

Oſice. Devoir & charge de Magiſtrat & de celui qui a quelque ſuperiorité. [C'eſt de l'ofice d'un Juge de Police de mettre le taux aux denrées. Il eſt de l'ofice d'un Curé de prêcher à ſes paroiſſiens. Les Juges peuvent informer d'ofice, quand il n'y a point de partie.]

Faire quelque choſe d'ofice. C'eſt la faire ſans en être requis.

Ofice, *ſ. f.* Chambre où dans les maiſons de qualité, & autres, qui ſont riches on met la vaiſſelle d'argent. (On y voit des ofices taillées dans le roc. *Mademoiſelle des Jardins lettres p.*132. Une jolie ofice. Une belle ofice. une petite ou une grande ofice.

Je ſuis fourni de poivre & j'ai tout du Perlet
Roulé dans mon ofice en cornets de papier.
Depreaux, *Sat.* 3.

Oſice, *ſ. f.* C'eſt auſſi le lieu, proche de la Cuiſine, ou mangent les domeſtiques. (Aler dîner à l'ofice.)

Ofices, au pluriel, ſe dit de toutes les chambres qui ſervent pour la commodité d'une grande maiſon, comme ſont la cuiſine, la dépenſe, la ſommelerie, &c.

Oficial, *ſ. m.* C'eſt le juge de l'oficialité. C'eſt l'oficier de l'Evêché plûtôt que de l'Evêque. L'*oficial* eſt conſtitué en dignité Eccleſiaſtique. Pour être *oficial*, il faut être pourvû par l'Evêque, Prêtre ſeculier & gradué & François de nation. Un Religieux ne peut être *oficial*. Les appellations des ſentences de l'*oficial ordinaire* relevent devant l'oficial metropolitain. Voiez *Loiſeau traité des ofices Eccleſiaſtiques* l. 5.

Oficialité, *ſ. f.* C'eſt la juſtice de l'Evêque, ou de l'Archevêque (Aller à l'oficialité.)

Oficier, *ſ. m.* Ce Mot en general veut dire celui qui fait quelque ſorte d'ofice On prononce *oficié*.

Oficier, *ſ. m.* Ce mot en parlant de la Juſtice, eſt celui qui a obtenu quelque charge dans les formes. Perſonne en France, ne peut être Oficier qu'il n'ait ſes proviſions, qu'il n'ait été examiné ſur ſa capacité, qu'on ne ſoit pleinement informé de ſes mœurs, qu'il n'ait l'âge marqué par les Ordonnances, qu'il n'ait prêté le ſerment & ne ſoit reçu. Ainſi on dit oficier de la Chambre des comptes. Oficier en Parlement. Oficier de Juſtice, de Finance, &c.)

Oficier, *ſ. m.* Celui qui a acheté quelque emploi pour ſervir le Roi, Monſieur, la Reine, les enfans des Rois, ou les Princes. (Il eſt oficier chez Monſieur. Etre Oficier chez la Reine.)

Oficier de Santé. On apelle de ce nom les Medecins, Apoticaires , Chirurgiens , Operateurs qui ſervent chez le Roi & chez Monſieur.

Oficiers de la bouche. Ce ſont ceux qui ont les ofices qu'on apelle *bouche* chez le Roi. Il y a encore chez le Roi, chez la Reine & chez monſieur pluſieurs ſortes d'Oficiers tels que ſont les Oficiers de la chambre de la Reine, les Oficiers de l'écurie, &c.

Oficier, *ſ. m.* Ce mot ſe dit auſſi des domeſtiques de quelques perſonnes de quelque qualité elles ſoient c'eſt par abus ou par raillerie. [Montagne nous a fort inutilement averti qu'il avoit un page, qui eſt un oficier aſſez inutile en ſa maiſon d'un Gentilhomme de ſix mille livres de rente *Port-Roial*, *Logique*, 3. *partie.*)

*Oficier de la marine.*Ce ſont des gens d'épée propres, pour le combat, qui ont autorité par ſubordination de l'un à l'autre. Le principal *Oficier de la marine* c'eſt Monſieur l'Amiral, les autres ſont les Vices-Amiraux, les Lieutenans généraux, Les Chefs d'eſcadre, les Capitaines des vaiſſeaux , les Majors, Lieutenans, Enſeignes, &c.

Oficiers mariniers. Ce ſont une partie des gens de l'équipage choiſis pour la conduire & pour le radoub. Ces Oficiers ſont le maître, le pilote, le maître voilier, &c. *Guillet*, *art. de la navigation.*

Oficier. Ce mot en parlant de gens *de guerre*, ſignifie proprement celui qui a brevet, ou commiſſion du Roi. *Oficier ſubalterne*, C'eſt celui qui eſt au deſſous du Capitaine. *Bas oficiers.* Ce ſont ceux qui ſont au deſſous des Lieutenans Sous-Lieutenans, Cornettes & Enſeignes.

Oficier, *v. n.* Terme d'Egliſe. Faire le ſervice divin avec cerimonie. (Celui qui doit oficier, eſt obligé ſuivant la Loi d'être pur & chaſte. *Arn. Joſeph*. l. 3. *c.* 8: Quand l'Evêque oficie pontificalement, il doit être aſſiſté de quinze Eccleſiaſtiques, *Marinel. Ceremonial des Evêques.*) |

Oficiant, *adj. & ſ. m.* Celui qui oficie. (Un Evêque étoit l'oficiant. C'eſt à l'Oficiant de donner la benediction.]

* *Oficier*, *v. n.* Bien manger. Faire bien ſon devoir quand on eſt à table. C'eſt un homme qui oficie encore bien pour ſon âge.]

Oficier, *ſ. f.* Terme de *Religieuſe.* C'eſt en general la Religieuſe qui a un Ofice , une charge ou un emploi dans le Couvent. Les Oficiers ſe tiendront un peu de tems dans l'aſſemblée afin que les ſœurs aient le tems de leur parler. *Port-Roial. Conſtitutions, page* 52.

Oficier,

OFR OFU OGI OGN OH　　OIE　　OIG ONI 549

Oficieux, oficieuse, adj. Honnête. Obligeant. Qui rend volontiers un bon ofice. (Qu'il soit doux, complaisant, oficieux, sincere, on le veut, j'y souscris. *Depreaux, Satire. 9.* C'est une femme fort oficieuse.)

Oficieusement, adv. Obligemment. (Il en a usé le plus oficieusement du monde. Je lui proposai *oficieusement* de se pendre à quelque haut arbre S. *Evremont, œuvres mêlées.* Ceci est dit en raillant.)

OFR.

Ofrande, s. f. Terme d'Eglise. Elle consiste à donner & à ofrir quelque chose au Prêtre de Paroisse qui oficie solennellement & qui au même tems fait baiser en signe de paix une patene à la personne qui lui a donné quelque chose. (les *Ofrandes* qu'on fera au nom de ceux qui mourront en état de penitence, seront reçûës. *Arnaud, frequente communion.* Leurs ofrandes sont abominables. *Arnaud, frequente communion.* Aller à l'ofrande. Revenir de l'ofrande. Les Rois de France ont coutume de donner des ofrandes au Curé dans la paroisse duquel ils couchent. *Le Mait. pl. 9.* Si tous les cocus de la paroisse de Paris aloient à l'ofrande, je plaindrois Messieurs les Curez, car ils seroient trop longtems sur leurs jambes.

Ofre, s. f. L'Abé de Roiaumont, histoire de la Bible a fait le mot *ofre masculin*, mais c'est une faute d'impression. Quoi qu'il en soit, les bons écrivains font le mot d'*ofre féminin*, & c'est tout ce que presente & tout ce qu'ofre une personne. (Une belle ofre. Une grande ofre. Une petite ofre. Une ofre obligeante. Faire une ofre. *Scavon.* L'esperance qu'elle eut, lui fit balancer à refuser les ofres du Roi. *Le Comte de Bussi.* J'ai de la peine à accepter l'ofre que vous m'avez faite. *Segrais Zaide, Tome I.* Ses ofres furent également mal reçûës. *Mémoires de M. le Duc de R. F.*

Ofrant. Voiez plus bas.

Ofrir, v. a. Presenter une chose. J'ofre, tu ofres, il ofre, nous ofrons, &c. J'ofrois. J'ofris. J'ai ofert. J'ofrirai. Que j'ofre. J'ofrirois. *J'ofrisse. Ofrant.* (Ofrez à Dieu des sacrifices spirituels qui luisoient agreables. *Port-Roial, Nouveau Testament.* Si Caïn n'eût ofert à Dieu un sacrifice pour apaiser sa colere, il l'auroit châtié. *Arn. Joseph. l. 2, c. 2.* Simon le magicien ofrit de l'argent comme un motif pour se faire donner un bien spirituel. *Pasc l. 12.* Je m'ofre à soûtenir que. *Voit l. 46.* Il s'ofrit de passer l'armée. *Ablancourt, Ref. livre 3. chap. 3.* S'ofrir à la mort.)

Ofrant, Participe. Qui veut dire, qui ofre.

Au plus ofrant. Termes de *huissier-crieur*, qui se disent quand on vend des meubles & qui signifient à celui qui en ofrira le plus. (Vendre au plus ofrant.)

* Je ne sai point vendre *au plus ofrant*; mon encens & mes vers. *Dep. Sat. 1.*

OFU.

Ofusquer, v. a. Empêcher de voir nettement. Embarrasser & empêcher la vûë. (Cela m'ofusque la vûë.)

* *Ofusquer.* Il se dit au figuré, & signifie. Obscurcir, troubler. Cacher les lumieres de l'esprit. (Les grandes passions ofusquent l'entendement. Les fumées du vin lui ont ofusqué le cerveau. Ofusquer la gloire de quelqu'un.)

OGI

Ogive, s. f. Terme d'*Architecture.* Arceau qui passe en dedans d'une voute d'un angle à l'autre en forme d'arrete.

OGN

Ognon ; oignon, s. m. Prononcez presque, *oignon* en deux sylabes. Sorte de plante qui a une racine bulbeuse & chevelûë, au haut de laquelle est une maniere de pomme ronde couverte de plusieurs peaux qu'on apelle *ognon.* (L'oignon est incisif, fait venir les larmes aux yeux quand on le pêle & le coupe, & est chaud au 4. degré. Ognon, ou oignon blanc. Oignon rouge. Les oignons blancs plaquez de clous de girofle valent mieux que les herbes dans le potage.

Oignon de fleur. C'est la tête d'où naît la fleur. (Les taupes rongent les ognons des fleurs. On doit conserver avec soin les oignons des belles fleurs. Il faut enfoncer les oignons avec le plantoir. Eplucher les oignons. L'arosement humecte l'oignon quand il fait sa fleur.)

* *Oignon, s. m.* Dureté qui vient au côtez du pié & sur le gros orteil. (Ognon douloureux, incommode, fâcheux. Guerir un oignon.

OH

Oh ; Sorte d'interjection dont on se sert pour reprimander &, pour marquer quelque chose. (Oh ! vraiment tout cela n'est rien au prix du Fils. *Moliere* Oh, oh. peste la belle, Oh, oh, oh, cela ne s'entend point du tout, *Moliere.*)

Oh ! Interjection, qui marque qu'on ne trouve point mauvais ce qui s'est passé. Oh ! Monsieur, il n'y avoit point de mal à cela *Mol. mar. forcé, sc. 9.*)

Oh ! que. Sorte d'interjection qui marque qu'on desaprouve. Oh ! que diable, vous demeurez tout interdit. *Mol. Scapin, a. 1. sc. 3.*

OIE.

La diftongue *oi* de tous les mots de cette colonne ; se pronon ce comme elle est écrite.

Oie, s. f. Il y avoit une oie privée & domestique & une oie sauvage, L'oie privée est un oiseau qui nage sur l'eau & vit sur terre d'herbes & de grains. Elle a le cou assez long, la plume grise, ou blanche, le bec gros & les jambes grosses. L'oie est stupide. Les oies blanches sont les meilleures pour le profit. L'oie a la chair visqueuse, faisant beaucoup d'excremens. La meilleure oie est le.foie. Pour l'oie sauvage elle est meilleure à manger que l'oie privée. Cependant elle se nourrit des mêmes choses que l'oie domestique.

La Merde d'oie gâte les prez & brûle l'herbe.

Merde-d'oie Ce mot se dit d'une couleur jaunâtre mêlée de verd, parce qu'elle ressemble à l'excrement des oies.

Patte-doie. Ce mot se dit en termes *de Mer.* Mouiller en patte d'oie, c'est jetter trois ancres, l'une au vent & les autres à droit & à gauche, ensorte que cela fasse un triangle ressemblant à une patte doie.

Oie. Jeu auquel on joûë avec deux dez sur un carton, & qui a été apellé oie à cause que sur ce carton il y a 63 cases ou cellules marquées diversement, & de neuf en neuf des figures d'oie.

Petite oie. Ces mots se disent en parlant d'habits, & on entend par ces mots les rubans, la garniture & tout ce qui sert à l'embelissement de l'habit. (Que vous semble de ma petite oie *Mol. pret. s. 9.*)

* *Petite oie.* Ces mots se disent en terme d'amour & signifie toutes les petites faveurs que fait une maîtresse à son amant (je n'ai eu de la belle Iris aucune faveur solide, mais j'en ai eu toute la petite oie.)

Petite oie. Terme de *Rotisseur.* C'est le cou, les ailes, le foie, le foie & autres petites choses d'un oiseau de riviere. Achetez une petite oie pour faire une fricaslée.

OIG. OIN.

Oignon. Voiez *Ognon.*

Oindre, v. ai. J'oins, tu oings, il oingt, nous oignons, &c. J'oignois. J'oignis, J'ai oint. Joindrai. Oignant. C'est froter avec quelque sorte d'huile, ou d'autre pareille chose octueuse; (Oindre d'huile les malades.)

* *Oindre, Sacrer.* (J'ai trouvé David mon Serviteur, je l'ai oint de mon huile sainte. *Port-Roial Pseaumes.*)

S'oindre, v. r. Je m'oings. Je me suis oingt, &c. C'est se froter de quelque chose d'onctueux. (Les anciens se servoient de certains parfums dont le vrai usage étoit de s'en oindre quelques parties du corps. *Vau. Rem.*)

Oint, ointe, adj. Qui est froté de quelque huile, ou autre pareille chose. (Bras oint, Partie ointe.)

Oint, s. m. Celui qui est sacré d'une huile sainte, celui qui a reçû une sainte onction. Tels que sont les Souverains, les prêtres & autres ministres de la parole de Dieu. (J'ai reconnu que le Seigneur garde son Christ & son *Oint.* *Port-Roial. Ps.* Ils ont osé toucher à l'*Oint* du Seigneur, *Patru Plaid. 15.* Ne touchez pas à mes *Oints* & ne faites point de mal à mes Prophetes. *Port-Roial Pseaumes.*

Déja l'Oint du Seigneur remporte la victoire,
Et nous voions que Dieu veille à sa sureté.
poëte anonime.)

Oing, s. m. .Graisse de porc qui tient aux reins. Les Médecins l'apellent *axonge*, On se sert de *vieux oing* pour en froter les essieux des roûës, les rouleaux des presses, &c.

OIS.

La diftongue *oi* de tous les mots de cette colonne se pronon ce comme elle est écrite.

Oiseau, s. m. animal qui vole & qui est couvert de plumes. (Le cinquiéme jour Dieu créa les *oiseaux* qui volent dans l'air. *Arn. Joseph. l. 1.* Le Phenix s'il y en a, passe pour le Roi des oiseaux.

Oiseau niais. C'est un oiseau qui a été pris au nid, & qui n'a pas encore volé.

Oiseau hagard, c'est celui qui est plus farouche

Oiseau de poing, c'est celui qui fond sur le poing, dés qu'il est reclamé.

Oiseau de leurre, c'est celui qui fond sur le leurre, si-tôt qu'on le lui jette.

Oiseau pillard, c'est celui qui en pille un autre.

Zzz

Les Oiseaux de *riviere*, ce sont les canards, sarcelles & autres.
Les Oiseaux de *bois* ce sont les faisans; les gelinotes, &c.
Les oiseaux passagers, ce sont les cailles, les becasses.
Les oiseaux *domestiques*, ce sont les coqs, les poules, les chapons, les canes, les oies, &c.
Oiseaux de *vollere*, ce sont ceux qu'on nourrit en cage.
En parlant des *oiseaux de Fauconnerie*, on dit les serres, les griffes, les mains. On dit aussi le parement, le manteau & le plumage d'un oiseau, mais on ne le dit que des beaux oiseaux.

Petits oiseaux des bois, que vous êtes heureux !
De plaindre librement vos tourmens amoureux
Racan, bergerie. a. 1.

Que vôtre sort est diferent du nôtre,
Petits oiseaux qui me charmez,
Voulez-vous aimer ? vous aimez,
Un lieu vous déplait-il ? vous passez dans un autre.
M. Deshoul. Idile 3.

Oiseau moqueur. C'est une sorte d'oiseau qu'on trouve dans la Virginie & qui contrefait la voix naturelle de l'homme & celle de tous les oiseaux, de sorte qu'il se déguise par le moïen de cette voix & trompe les chasseurs. *Galois, Journal des savans.*

Oiseau rouge. Sorte d'oiseau qu'on trouve dans la Virginie & qui est de couleur de sang sur tout son corps & sur tout son plumage. *Galois Journal des savans*

Oiseau murmure. Oiseau qui se trouve dans la Virginie & qui n'étant pas plus gros qu'un hanneton fait un fort grand bruit en volant. *Galois, Journal des savans*

Elever un oiseau. C'est le nourrir & en avoir un soin particulier.

† * Sage eût été l'oiseau qui de ses rets se fût sauvé. *La Fontaine nouvelles.* C'est-à-dire, la personne la plus fine y eût été atrapée.

† * Etre comme l'oiseau sur la branche. C'est à dire, n'être pas assuré.

* Petit à petit l'oiseau fait son nid. C'est à dire, les choses se font peu à peu.

* Cela n'est pas viande pour vos oiseaux. C'est à dire cela n'est pas pour vous.

* Il a batu les buissons, & un autre a pris les oiseaux V. *Buisson.*

* Il est batu de l'oiseau. Proverbe, pour dire, il a divers malheurs qui lui ont abatu le courage.

* L'oiseau s'est envolé. On le dit au figuré, d'un prisonnier qui s'est échapé des prisons.

* Voilà une grande cage pour un petit oiseau, *c'est à dire*, voilà un homme de peu de consideration qui est logé dans une maison trop magnifique pour lui.

* Voilà un bel oiseau. On le dit d'une personne qu'on veut mépriser.

* On dit que l'oiseau en a dans l'aîle, quand il a receu un coup qui l'empêche de voler. * On dit au figuré en parlant d'un homme, *il en a dans l'aîle*, pour dire que sa santé ou ses afaires sont ruinées.

* Ils me fuïoient comme un oiseau de mauvais augure. *Abl. Luc.*

Oiseau. Terme de Maçon Petit ais posé sur deux morceaux de bois qui débordent & qui sont comme deux bras, que les goujats mettent sur leurs epaules pour porter du mortier aux maçons.

Oiseau. Terme de *Sculpteur.* Espece de palete où l'on met le mortier pour travailler en stuc.

Oiselerie, s. f. Commerce d'oiselier. (L'oiselerie ne va plus presentement (L'oiselerie n'est pas grand chose à cette heure.)

Oiselet, s. m. Petit oiseau. V. *Oisillon.*

Oiselier, s. m. Celui qui gagne sa vie à chasser aux oiseaux, à vendre des cages & des oiseaux, & à élever toutes sortes d'oiseaux. (Il est maître oiselier à Paris. La plûpart des oiseliers de Paris demeurent sur le quai.)

Oiseleur, s. m. Ce mot se dit de celui qui n'est pas de profession *oiselier*, mais qui pour son plaisir seulement s'amuse à chasser aux oiseaux, car celui qui vend les oiseaux & qui s'exerce à les chasser pour gagner sa vie ne s'apelle point *oiseleur*, mais *oiselier*, comme on le peut voir par les lettres de maitrise des *oiseliers* & par l'usage des gens du métier qui ne s'apellent point *oiseleurs*, mais oiseliers. Les honnêtes gens même ne disent point en parlant, j'ai envoié chez tous les *oiseleurs* de Paris pour trouver un veritable serin de Canarie, mais j'ai envoïé chez tous les *oiseliers.* Cependant *oiseleur*, comme je l'ai marqué, se dit quand on parle d'un homme qui se plaît seulement à chasser aux oiseaux. [On dira fort bien Monsieur Menage a fait une Idile, qu'il cite souvent lui-même, & qui a pour titre *l'oiseleur*, elle est belle, mais elle ne s'est pas tant que la requête des Dictionnaires à Messieurs de l'Academie. M. un tel est devenu *oiseleur* depuis qu'il est à la campagne.) Je dis de plus qu'écrivant & parlant en general de la chasse des oiseaux, le mot d'*oiseleur* est plus beau que celui d'*oiselier.* [Ainsi *Port-Roïal Pf.* XC. A écrit, Il me délivrera du filet de l'oiseleur. *Liberabit me de laqueo venantium.*

Oiseux, oiseuse, adj. Ce mot signifie *oisif*, mais il n'est pas ordinairement usité, & il est un peu vieux, on pense qu'il ne doit proprement avoir cours que dans le stile burlesque & plaisant. (Plume oiseuse. *Dépr. Lutrin.*)

Oisif, oisive, adj. Qui est dans l'oisiveté. (Il est oisif. Elle est oisive. Une vie oisive.

Qui est oisif dans sa jeunesse
Travaillera dans sa vieillesse. *Proverbe.*)

† *Oisillon, s. m.* Petit oiseau. (Maint oisillon se vit esclave; *La fontaine subl. l. 5.*)

Oisiveté, s. f. Repos vicieux. Sorte de paresse. Une honteuse oisiveté. L'oisiveté est la mere de tous les vices. *Le Comte de Bussi.* Etre dans l'oisiveté.

Oisiveté honnête. C'est un repos honnête d'homme de lettres, ou autre qui travaille à son aise. (Il joüir des douceurs d'une oisiveté agreablement occupée.)

Oison, s. m C'est le petit de l'oie. (Un oison bien gras & bon à manger, Un oison farci. Rotir un oison. Mettre un oison à la daube.)

* *Oison.* Sot, ou soté. Niais, Qui est fat & innocent. (Qui Guillot medecin d'eau douce est un franc *oison bridé.* Il ne se faut pas laisser mener comme un oison. *Moliere.* Lisle n'étoit qu'un miserable oison. *La Fontaine nouveaux contes.*

Mes Moines sont cinq pauvres diables
Portraits d'animaux raisonnables,
Mais qui n'ont pas plus de raison
Qu'en pourroit avoir un oison
Bois. T. 1. epit. 12.)

OLE.

Oleagineux, oleagineuse, adj. Ce mot vient du Latin & signifie qui tient de la nature de l'huile. Dont on peut exprimer de l'huile. Plante oleagineuse. Les pins, les sapins, &c. sont des arbres oleagineux, Les bois oleagineux brûlent mieux que les autres. Les olives, les noix, les amandes, &c. sont des fruits oleagineux.

OLI. OLO.

Oligarchie, s. f. Mot qui vient du Grec & qui veut dire *le Gouvernement de peu de personnes.*

Oligarchique, adj. Qui est gouverné par peu de personnes. (Etat oligarchique.)

Olimpe, s. m. Ce mot est poétique pour dire le Ciel, & on ne s'en peut servir en prose que dans un stile enjoüé & burlesque, ou dans quelque Roman. (Venus est une des meilleures & des plus douces Déesses de tout l'Olimpe. *Costar, apologie de Voiture pag. 129.* L'Olimpe son front devoila *Voiture. Poës.*)

Olimpe, s. m. Ce mot est un nom de plusieurs montagnes, dont la plus célebre est extremement haute, & sépare la Thessalie d'avec la Macedoine. Le mot Olimpe est fameux dans les ouvrages des Poëtes.

Olimpe s. f. Nom que les Poëtes ou les amans donnent quelquefois à leurs maitresses en faisant des vers en leur faveur, ou en leur écrivant. (La belle Olimpe est en ces lieux. *Volt. Poës.*)

Olimpiade, s. f. C'est le cours de quatre ans entiers, espace de quatre ans. Les Anciens comptoient par Olimpiades & la premiere *Olimpiade* a commencé en la cinquiéme année du siécle lunaire & en la dix-huitiéme du siécle solaire. Alexandre le grand est mort la premiere année de la cent quatorziéme Olimpiade. Voiez *Calvisius. Cronologie 1. partie, chap. 16.*

† * *Olimpiade.* Ce mot se dit quelquefois en riant & en parlant de quelque personne, ou à quelque personne & signifie l'âge d'une personne. (Il me semble que je vous vois avec vôtre visage de Plénipotentiaire me reprocher encore mes Olimpiades. *Voit. l. 198.*)

Olimpien, adjectif. Qui ne se trouve ordinairement qu'au masculin, qui se dit de Jupiter, & qui veut dire de l'Olimpe. (Jupiter Olimpien. *Abl. Ar. l. 15.*)

Olimpique, adj. Ce mot se dit de certains Jeux qu'Hercule institua auprés de la ville d'Olimpie à l'honneur de Jupiter, qui se célebroient de quatre en quatre ans & où il y avoit des courses & diverses sortes de combats. (Les Jeux Olimpiques.)

Olinde, s. f. Nom que les poëtes & les amans donnent quelquefois à leurs maitresses dans leurs vers, ou dans leurs billets en prose. (Belle Olinde,)

Olinde. Terme de *Fourbisseur.* C'est une sorte de lame d'épée, qui est des plus fines & des meilleures & qui a pour marque une corne. (Cette olinde est trés-bonne.)

Olive, s. f. Fruit d'olivier, qui est composé d'un noiau, de chair, d'huile & de lie. [L'olive fraiche est bonne à l'esto-

OLI   OMB

mac, mais elle nuit au ventre Dal. Les olives nouvelles
sont meilleures que les vieilles. Une olive bien charnuë est
excellente.(
† Un visage couleur d'olive. Cotin menagerie. C'est à dire visa-
ge plombé & olivâtre.):
* Olive. Ce mot au figuré est poëtique, & signifie La paix.
Reviens planter sur nos bords l'olive tant souhaittée.
Sar. Poës̈.
Olive. Ce mot se prend quelquefois pour olivier, mais c'est en
des façons de parler qui semblent consacrées. Ainsi on dit
la montagne des olives pour dire la montagne des oliviers.)
Olives. Termes déprennier. C'est une sorte d'embouchure.(Oli-
vet à coupler.)
Olivaison, s. f. Saison où l'on fait la recolte des olives.
Olivâtre adj. Qui tire sur la couleur d'olive. C'est un jaune
mêlé de noir. Il a le teint olivâtre.)
† Olivet, s. m. Lieu planté d'oliviers. Quelques-uns on dit le
mont-Olivet, pour dire la montagne des Oliviers.
Olivier, s. m. Arbre qui a les feuilles longues & aiguës, qui
porte des fleurs blanches en maniere de grape, d'où sort
son fruit. Olivier franc. Olivier sauvage.)
Olivier, Nom d'homme. (Olivier de la marche nous a laissé
assez curieux memoires.) Olivier Cromvel Protecteur
d'Angleterre. Olivier patru Avocat au Parlement & Doien
de l'academie Françoise, nous a laissé 17. plaidoïers &
quelques autres ouvrages. Il étoit homme de son tems, qui
savoit le mieux sa langue Il est mort à 77. ans, en 1681.&
il a eu le destin des gens qui aiment trop les lettres, c'est à
dire, qu'il n'a pas été trop accommodé, mais il a vécu en
trés-galant & trés honnête homme.
Olographe, adj. Terme de Palais, qui se dit en parlant de
testament, & qui veut dire. Qui est entierement écrit de la
main du testateur. (Un testament olographe.)

O M B.

Ombelle, s. f. Ce mot est Italien. C'est un terme de Blason,
qui se dit d'une espece de parasol que le Doge de Venise
met sur ses armes, par une concession du Pape Alexandre 3.
quand il se refugia à Venise.
Ombelle. Terme de Botanique. Il y a des plantes à ombelle,
c'est à dire, tout le bout de la tige se divise en plusieurs menuës branches, au bout desquelles il y a de la graine, & qui
sont disposées en rond à la maniere des bâtons d'un parasol,
qu'on appelle en Latin, Umbella. Le fenoüil, l'anis, &c. sont
des plantes à ombelle.
Ombrage, s. m. Corps qui fait de l'ombre & sous lequel, ou
auprés duquel on se met pour être à l'abri de la chaleur &
de l'ardeur du grand jour lorsque le Soleil est fort haut en été.
Ombre. (Souvent prés d'un vin frais sous un ombrage épais
le sage à bonne grace. Sar. Poës̈. Nous alons tour à tour à
l'ombrage des bois Sar. Poës̈. Chercher de l'ombrage. Ablancourt.
Ombrage, Soupçon, Crainte que le merite, ou les bonnes
qualitez de quelqu'un ne nous fassent tort en quelque chose
auprés d'une personne que nous considerons, ou de qui
nous atendons quelques graces. * (Il est fort & me fait ombrage, car elle est forte comme lui.
Prendre de l'ombrage. Scaron. Le merite de ses amis lui donnoit de l'ombrage. Ablancourt.)
Ombrager, v. a. Couvrir de son ombre. (On les voioit comme moineaux ombrager toute la campagne Voit poës̈.

Venez, lauriers, mirtes & lis.
Ombrager le front de Philis.
La Comtesse de la Suze.)

Ombrageux, ombrageuse, adj. Ce mot se dit de certains chevaux
& veut dire qui se cabre, qui s'épouvante. (Cheval ombrageux. Cavalle ombrageuse.)
*Ombrageux, ombrageuse. Ce mot au figuré se dit des personnes
& signifie qui prend de l'ombrage. (Loüis onziéme étoit
fort ombrageux. Une humeur ombrageuse & triste altera le
teint de Philis. Gon. Epi. l. 2.)
Ombre, s. f. Obscurité que font des corps oposez directement
au jour & à la lumiere.(L'ombre du noir n'est pas saine. On
va chercher le frais de l'ombre & du Zephire. Sar. poës̈.
Mes jours s'en vont comme l'ombre qui s'évanouit au soir.
Port-Roial Pseaumes. Lieu où l'on trouve du frais & de l'ombre. Ablancourt, Luc. Tome 1. Je me repose à l'ombre d'une
montagne. Voi l. 38. Chercher l'ombre. Etre à l'ombre. Se
promener à l'ombre.)
Ombre. L'ame d'une personne morte. C'est une assez fâcheuse
venë la nuit qu'une ombre qui se plaint. Sar. poës̈. Je vois
passer le reste des ombres. Abl. Luc. Qu'on entendra souvent les plaintes de mon ombre, Mal Poës̈.)
* Ombre. Prétexte. [Il n'y eut sorte de soin qu'il n'aportât
afin que sous ombre que le lièvre étoit captive, personne n'o-
sât, s'émanciper en la moindre chose, Vau. Quin. l. 3. Sous om-
ombre que vous avez une quantité d'afaires, Voit. l. 33.]

OME   OMI OMO ON

* Ombre. Ténébres. Obscurité. (Il n'y a que la lumiere des
siences qui puisse percer ces ombres, Patru, plaidoïé 4.)
* Ombre. Ce mot a encore d'autres sens fort étendus au figuré
Exemples. Prendre l'ombre pour le corps, Ablancourt, Luc
C'est à dire, une chose vaine pour une chose solide. La loi
n'avoit que l'ombre des biens à venir, Port-Royal Nouveau.
Testament, C'est à dire, n'avoit que l'aparence.
On ne peut trouver aucune ombre de profanation dans ce
passage, Costar, Apologie de Voiture, C'est à dire, la moin-
dre marque, le moindre vestige de profanation dans ce
passage.
* L'homme passe sa vie dans des ombres & dans des images,
Port-Roial Pseaumes. C'est à dire, dans les choses vaines &
aparentes.
* Ils adoroient encore l'ombre & les traces de sa gloire passée,
Vaugelas, Quin.l. 5. C'est à dire, les aparences & les vesti-
ges de sa gloire.
* La France respira à l'ombre d'une protection si puissante, Patru plaidoïé 4. C'est à dire à la faveur.
* Ombre. Terme de Peinture. Ce sont les endroits les plus bruns
& les plus obscurs d'un tableau qui servent à rehausser l'éclat
des autres. (Donner de grandes & de fortes ombres.)
* Ces petits defauts sont comme des ombres qui servent à re-
hausser l'éclat des choses excellentes, Boileau. Avis à Mé-
nage.
Ombre. Sorte de jeu Espagnol. Voiez hombre
Terre d'ombre. Terre de Peintre. C'est une sorte de terre dont on
fait une couleur obscure qui sert à ombrer les tableaux.
* Il a peur de son ombre. C'est à dire; il craint où il n'y a
point de danger.
* Tout vous fait ombre. C'est à dire, tout vous fait peur.
* Il le suit comme l'ombre fait le corps. C'est à dire, il l'acom-
pagne toujours. En ce sens; on appelloit autrefois ombre; le
Parasite qui aloit à un repas à la suite d'un des conviez
Ombrer, v. a. Terme de Peinture. Mettre les ombres où elles
doivent être. (Ombrer le blanc des yeux. Il faut ombrer da-
vantage cet endroit.)

O M E.

Omelette, aumelette; amelette, s. f. L'un & l'autre se dit,
mais le mot d'usage est omelette. Ce sont des œufs cassez, batus & cuits dans une poêle avec du beurre. (Une omelette au
lard. Une bonne omelete. Faire une omelette au sucre.
C'est un Docteur qui ne sçait ni lire ni écrire; mais qui
sçait faire des aumelettes à l'ambre & de ces potages que
nôtre ami prefere au Panégirique de Pline. Balzac, entretiens.)
Omelette à la Celestine. C'est une sorte d'omelette particuliere
qu'on dit que font les Celestins. Elle est de douze œufs &
faite dans une poële plus haute & plus étroite que les poëles
bourgeoises, afin de rendre l'omelette plus épaisse. Toute
omelette plus épaisse que les ordinaires s'apelle une omelette à la Celestine.
Omettre, obmettre, v. a. Quelques-uns disent obmettre, mais
ceux qui parlent le mieux prononcent omettre,& même ils
l'écrivent, & c'est en éfet comme il faut parler & comme il
faut écrire. J'omets, tu omets, il omet. Nous omettons, &c. J'ai
omis. J'omis. Que j'omette; j'emettrois; j'omisse; j'omettrai.
Ce n'est pas faire. C'est manquer de faire. Laisser
passer. (Vous omettez ce qui est de plus important pour moi
Ablancourt. N'omettre aucun soin, ni aucune pratique pour
exciter le peuple Memoires de M. le Duc de la Roche. Foucant.
Vous meritez qu'on vous blâme d'avoir omis à expliquer
deux vers, Port-Roial lettre au P. Adam. L'Eglise omettant
de donner cette gloire, a voulu, Port-Roial.)

O M I.

Omission. s. f. Défaut ou manquement de la personne qui
omet. (C'est une omission fort considerable. L'omission
d'un principe mene à l'erreur, Pas. Pens. Faire une omission
par mégarde, Patru, plaidoïé 6. Un peché d'omission Pascal, lettre 4.)

O M O.

Omologation, s. f. Terme de Palais. Voiez homologation.
Omologuer, v. a. Terme de Palais. Voiez homologuer.
Omoplate, s. f. Terme de Chirurgie & d'Anatomie, qui ne se
dit guere dans le discours ordinaire, qu'en riant & qui signifie épaule. (On lui a rossé les omoplates.)

O N.

On & l'on L'un & l'autre se dit, mais on est le meilleur. Monsieur patru est tellement pour on que dans tous ses plaidoïez
il n'y a pas un seul l'on. La regle générale qu'on peut donner là dessus, c'est qu'il faut mettre on, ou l'on selon que
l'un, ou l'autre est plus doux à l'oreille & que l'un ou l'autre

tre fait un son plus ou moins agreable. Voiez *Vaugelas*, Remarques.

On. Ce mot se met devant le verbe quand on n'interroge pas. [On y rit , on y dance , on s'y divertit.]

On. Ce mot se met aprés le verbe quand on interroge. [Dit-on cela ?] Mais si le verbe finit par une voielle devant on comme prie-on, alla on, il faut prononcer & écrire un *t* entre-deux , prie-*t*-on ; alla *t*-on ; *Vau. Rem.*

On. Se met en un sens nouveau pour la premiere personne *je*: car pour dire *je songerai à vos interêts*, je dirai fort bien en écrivant, ou parlant familierement, *on songera à vos interêts, en aura foin de vous.*

ONC.

† Onc, ou *onceque, adv.* Vieux mot qui signifiait *jamais*, & qui ne se disent qu'en riant, & dans le burlesque. (Onc. il ne flata personne. *Voiture poësies.* On ne vit *onc* un tel goureux *Sar. poës.*)

Once, *s. f.* Sorte de petit poids qui est la seizième partie de la livre & la huitiéme partie du marc. L'once est composée de huit gros, & la demi-once de quatre.

Oncle, *s. m.* Le frere de nôtre pere, ou le frere de nôtre mere. [Oncle paternel, oncle maternel.]

Oncle à la mode de Bretagne. C'est celui qui a le germain sur un autre. (Ainsi l'on dira. Un tel est mon oncle à la mode de Bretagne, car lui & mon pere étoient cousins germains.

Onction, *s. f.* L'action d'oindre. L'onction est l'une des principales cérémonies de l'ordination des Prêtres de la nouvelle Loi, car dans l'ancienne Loi il n'est parlé d'autre chose dans l'ordination des Prêtres que de l'imposition des mains *Godeau Traité des ordres , disc. 13.* Nous avons un profond respect pour cette onction sacrée qui vous élevé dans l'Eglise à un si haut rang. *Patru plaid. 5*)

[* Comparez vos vers avec les autres vers des heures de Port-Roial , si forts, si éloquens & si pleins d'*onction* & de pieté, *Port-Roial, Lettre au Pere Adam,* p.17. Il n'a point d'*onction*.]

Extrême-onction. Voiez *extrême.*

Onctueux, onctueuse, *adj.* Ce mot se dit de certaines liqueurs & veut dire *gras.* (L'huile est une liqueur onctueuse.)

OND.

Onde, *s. f.* Il vient du mot Latin *unda.* Il signifie l'élevation & l'abaissement de la surface de l'eau agitée doucement par le vent, ou meuë par son propre cours. (Les ondes de la riviere , de la mer, &c. Une pierre qui tombe dans l'eau fait des ondes en rond.)

Onde, *s. f.* Ce mot est plus de la poësie que de la prose quand il signifie *l'eau.*

[De tout ce que le ciel enserre
Sous l'*onde* , dans l'air, sous la terre,
Il n'est rien qui soit fans amour, *Voit. poëf.*
Iris l'amour de la terre & de l'*onde. Voit. Poës.*
Se cacher sous les *ondes. Vau. Quin. l. 4.*)

* Onde. Ce mot se dit au figuré de ce qui étant agité se meut à la maniere des ondes , comme la flamme.

* Le feu, dont la flamme en *onde* se déploie ;
Fait de nôtre cartier une seconde Troie.
Déspreaux Sat. 6.

* Onde. Il se dit encore de tout ce qui represente des ondes & qui en a la figure. (Les colonnes torses sont faites en ondes spirales. Il y a des ondes sur le bois, qu'on apelle aussi des veines. Plusieurs étofes & des tapisseries sont faites à ondes Quand on veut tabiser une étofe il faut faire des ondes dessus.

Ondé ondée, *adj.* Qui est fait en onde. (Camelot ondé)

Ondée, *s. f.* Pluie passagere qui tombe en abondance. (Il a fait une grosse ondée.

* † Nous allons faire pleuvoir sur toi une *ondée* de coups de bâtons. *Moliere.*

Ondoiant, Voiez *plus bas.*

Ondoier, *v. n.* Ce mot se dit proprement de *l'eau* & il signifie *faire des vagues*, mais il est un peu poëtique. (Sous les avirons le fleuve en ondoiant. blanchit. *Sar. Poëf.*

Ondoier, *v. a.* Batiser fans faire les cérémonies. [Ondoier un enfant. Enfant ondoïé.]

Ondoiant, Participe, qui veut dire *qui ondoïe.*

* Ondoiant , ondoiante, *adj.* Qui va en onde. Qui ondoïe Qui fait des maniéres d'onde. (Sa torche noircie *ondoïante*, lançoit mille divins éclairs. *Voit. poëf.* De longs cheveux à boucles ondoïantes. *Benserade.*]

Oidulation , *s. f.* Terme d'*Optique.* C'est une sorte de mouvement de la lumiere qui se meut en rond & comme par ondes qui se font dans l'air, comme il s'en fait sur l'eau & fur d'autres corps liquides.

Onereux, *onereuse, adj.* Facheux. Qui est à charge. (Pacte onereux. Condition onereuse.)

ONG.

Ongle, *s. m.* Espece de corne qui croit, qui est tendre, déliée & étenduë sur le bout de chaque doigt de la main & du pié de l'homme, & qui sert à afermir la chair des doigts. (Avoir de grands ongles. couper ses ongles. Rogner ses ongles, netteier ses ongles.)

Ongles velouteux. C'est à dire, ongles sales & pleins d'ordure ; ce qui est trés-mal propre & sent le crasseux. Voiez velouteux.

Ongle. Ce mot se dit des oiseaux qui ne sont pas de proie & de quelques autres animaux. (Ongles de canard. *Rond.* Ongles de poules d'eau. *Bel.* Les ongles de l'outarde sont fort courts. *Bel. lib. 5.* Le crocodile a quatre piez divisez en doigts garnis d'onglets forts.

Ongle , ou *grife de Lion.* L'un & l'autre se dit, mais la plûpart sont pour *grife.* Un lion tenant un bouvillon sous ses grifes un voleur survint. *Port-Royal , Phedre , l. 2* Fable 1. Monsieur Maucroix , Homelies de Saint Chrisostome , Homelie 11. p. 191. a écrit le lion n'est jamais sans ongles. Et la fontaine a dit , mais en riant, Eux venus , le lion par ses ongles compta. *Fables livre 1. Fab. 6.*

† * Avoir bec & ongles. c'est à dire , se revancher de paroles & autrement, *bien attaqué bien defendu.*

* Vos loüanges ont des ongles & des grifes. *Boileau avis à Menage.* C'est à dire , elles sont empoisonnées & données de telle sorte qu'elles blâment sous pretexte de loüer sincerement.

† * Avoir du sang aux ongles. C'est à dire , avoir du courage & de la fermeté. Se roidir & se defendre contre ceux qui nous ataquent.

† * Il a falu ronger ses ongles pour faire de si beaux vers C'est à dire, il a falu rever & travailler beaucoup.

* Rogner les ongles à quelcun. C'est au figuré, lui ôter beaucoup de son pouvoir, de son credit & de son bien

* A l'ongle on connoit le lion. Proverbe imité du Latin, pour dire qu'on juge d'un tout à proportion de ses parties.

Ongle. Terme de *Fauconnerie.* C'est une taye qui vient dans l'œil de l'oiseau.

Ongle. Terme de *Medecin.* C'est aussi une maladie de l'œil, & une excroissance de la membrane conjonctive qui s'étend dés le coin de l'œil jusques sur la prunelle , qu'elle couvre & obfusque.

Onglé , onglée , *adj* Terme de *Blason.* Il se dit des ongles ou cornes des animaux au pié fourchu quand. elles sont d'un émail diferent de celui du corps. Mais on dit *armé* , à l'égard des grifes des aigles, lions , grifons , &c.

Onglée, *s. f.* Froid qu'on sent au bout des doigts. [Avoir l'onglée. *Boileau.*

Onglet , *s. m* Terme d'*Imprimeur.* Deux pages qu'on imprime de nouveau, parce qu'il s'étoit glissé des fautes dans deux autres pages qu'on avoit imprimées auparavant. (Faire un onglet.)

Onglet. Terme de *Relieur.* Bande de papier qu'on relie avec d'autres feüilles, pour s'y pouvoir ensuite coler quelque figure, ou quelque carte.

Onglet. Terme d'*Orfévre.* Sorte de poinçon taillé en ongle. Il difere du burin qui est taillé en losange.

Onglet. Terme de *Fleuriste* & de *Medecin.* C'est la partie blanche des feüilles de la rose & de quelques autres fleurs, qui tient au calice, & qu'on retranche quand on les prepare pour les medicamens.

Onguent, *s. m.* Medicament exterieur composé pour l'ordinaire d'huiles, de decoctions de cire, de poudres, de vegetaux de métaux, & de minereux pour soulager les parties afligées. Il y a un onguent froid, chaud, rosat , refrigeratif, &c.

ONI.

Onix, *s. m.* Pierre précieuse , qui est une espece d'agate.

ONO.

ONOMANCIE. *Onomance. Nomancie*, f. f. Ces mots viennent du Grec. Quelques Savans disent *onomancie*, ou *onomance*; mais tous ceux qui s'atachent à cette sorte de science & qui en écrivent disent tous *nomancie*. Ainsi quand je parlerois à des personnes savantes, je dirois *onomance*, & quand j'aurois commerce avec des gens du métier, je dirois *nomancie*.

L'*Onomance* est un art qui enseigne à deviner, par le nom d'une personne, le bonheur ou le malheur qui lui doit arriver L'Onomance est ridicule; elle est condannée par les Canons, & par les Pères. *Thiers superst. ch. 19.* Voiez *Nomancie*.

ONZ.

ONZE, Nom de nombre indéclinable. (Les onze mille Vierges.)

Onze. Ce mot se met quelquefois pour le nombre ordinal *onziéme*, (Ses lettres sont du *onze* & non pas du *onze*. Loüis onze étoit adroit.)

Onziéme, adj. Sorte de nombre ordinal. (Il est l'onziéme. Elle est l'onziéme. En parlant de la sorte on parle régulièrement, mais l'usage est contraire à la regle en plusieurs rencontres. On dit la onziéme année de son règne. *Monsieur Arnaud. Joseph. liv. 1.*)

Onziéme, f. m. C'est le onziéme jour. (C'est aujourd'hui le onziéme du mois. Sa lettre est du onziéme de ce mois, & non pas sa lettre est de l'onziéme. Il vivoit au onziéme siècle.

† *Onziémement*, adv. Dites en onziéme lieu.

OPA.

OPACITÉ, f. f. Ce mot se dit dans les matières de *Phisique*. Qualité essentielle des corps opaques. C'est ce qui est oposé à la transparence. (Pierre prétieuse qui a de l'opacité. *Rohol, Mercure Indien.*)

Opaque, adj. Terme de *Phisique*. On apelle corps opaques ceux qui interrompent l'action des corps lumineux, ou colorez, au travers desquels la lumière, ni les couleurs ne se font pas sentir.

OPALE, f. f. Espèce de pierre prétieuse qui renferme plusieurs couleurs fort-agréables. Il y a trois sortes d'opales, *l'opale Orientale, l'opale de Bohême & la girasole*; mais la plus estimée & la plus belle de toutes est l'Opale Orientale.

Opale. Terme de *Fleuriste*. Esp. ce de tulipe de quatre couleurs, de colombin chargé, de jaune doré, de rouge & de blanc. (Une belle opale Opale très-claire. *Voit. poëf.*)

* Je vois les changeantes *opales*.
Que le jour sème à son réveil. *Voit. poëf.*

OPE.

OPERA, f. m. Ce mot n'a proprement point de pluriel: C'est une sorte de Comédie en musique ; que nous avons imitée des Italiens. Le premier Auteur de ces poëmes parmi les François c'est Perrin. Ce fut l'an 1659. (Faire l'*opera*. Un bel opera. L'opera de l'année passée fut trouvé assez beau. Aller à l'opera. Il faut aller à l'opera une, ou deux fois tous les ans.)

† * *Opera.* Chose dificile. (C'est un opera que de lui parler. *Bouhours, Remar.*)

* *Opera.* Ce mot se dit en riant pour dire une chose excellente. Une sorte de chef d'œuvre en matière d'esprit. C'est un opera que cela. *Bouhours, Remarques.* Vos deux lettres sont des choses admirables dignes d'être aprîses par cœur, & en un mot ce qu'on apelle des opera. *Scaron, Lettres.*

OPERATEUR, f. m. Sorte de Medecin chimique, qui ordinairement vend, ou fait vendre du baume & d'autres sortes de drogues sur un téatre dans les places publiques des villes. (Un bon operateur.)

Operation, f. f. Terme de *Philosophie*. C'est l'action de l'esprit. (Les Philosophes admettent trois opérations de l'esprit. La prémière conçoit, la seconde juge, & la troisiéme raisonne.)

On dit aussi en terme de *Théologie*, l'opération de la grace sur le cœur de l'homme. La Vierge a conçu par l'opération du Saint Esprit.

Opération. Terme de *Chirurgien.* C'est une aplication métodique de la main sur le corps de l'homme pour lui rendre, ou lui conserver la santé. (Une belle opération.)

Opération. Ce mot se dit en parlant de Médecine & de remède, & signifie l'éfet du remède ou de la médecine. (La médecine commençoit à faire heureusement son opération. *Vau. Quin. l. 3.*)

† *Operatrice*, f. f. Mot de raillerie pour dire celle qui fait l'ofice d'*operateur*. (Voilà l'*operatrice* aussi-tôt en besogne. *La Fontaine, Fables, liv. 3. Fable 9.*)

Opérer, v. a. Faire, Exécuter. (O Jésus, il ne faloit qu'un mot de vôtre bouche pour *opérer* toutes ces merveilles. *Godeau.* La vertu divine a opéré ce miracle. *Pas. l. 22.*)

Opérer. Ce mot se dit en parlant de remede & signifie faire quelque opération, faire quelque éfet. (Mon lavement d'aujourd'hui a-t-il bien opéré. *Molière.* Laisser opérer un remède. *Vaug. Quin. liv. 3.*)

OPH.

OPHTALMIE, f. f. Mot qui vient du Grec & qu'on prononce *ofalmie*, il signifie *maladie des yeux*.

Ophtalmique, adj. Mot qui ne se dit qu'entre Medecins & Chirurgiens. Il signifie *qui regarde les yeux.* (Maladie ophralmique)

OPI.

OPIAT, f. m. *Opiate*, f. f. (Ceux qui ont écrit de cette drogue disent & écrivent *opiate.* Cependant les hommes habiles dans la langue disent *opiat* excellent, & je serois volontiers de leur avis. C'est un remède composé de conserve, de sirops, d'électuaires, pour purger les mauvaises humeurs. C'est aussi une composition pour blanchir les dens. Voiez *Charles de S. Germain Méd. Roial. 2. part. c. 11.*)

OPILATION, f. f. Terme de *Médecin*. Obstruction. (C'est une opilation de rate.)

* *Opilatif, opilative,* adj. Qui peut opiler, & boucher les conduits du corps des animaux.) Les viandes visqueuses sont opilatives.)

Opiler, v. a. Boucher les conduits du corps des animaux. Causer des obstructions. (Il y a des viandes qui opilent le foie ou la rate.)

Opilé, opilée, adj. Terme de *Médecin.* Qui a quelque obstruction. (Avoir la rate opilée.)

OPINER, v. n. Ce Mot se dit en parlant de Juges & de gens qui delibèrent & qui signifie *dire son avis* sur une afaire lorsqu'on la juge à l'audience, ou dans la Chambre. (Il opine du bonnet comme un Moine en Sorbonne *Pas. l. 2.* Ils s'en retournèrent pour opiner sur ce refus. *Mémoires de M. le Duc de la Rochefoucaut.* Un des plus considérez de la compagnie opina qu'il étoit d'avis que. *Pas. l. 6.* Opiner à la ruïne d'une vile. *Ablancourt, Ar. livre 1. cha. 4.* Ils opinèrent à excommunier la Reine. *Maucroix, Schif. 31.*)

Opinant, adj. & f. m. Celui qui opine. (Il y a eu tant d'opinans dans cette assemblée.)

Opiniâtre, adj. Ce mot se dit proprement des personnes & veut dire *qui est atachè à son propre sentiment.* (Vous êtes opiniâtre, me dirent ils, vous le direz, ou vous serez hérétique & Monsieur Arnaud aussi. *Pas. let. 1.* Elle est opiniâtre en diable. *Scaron.*)

Opiniâtre. Ce mot se dit des animaux, & veut dire Qui résiste. Qui ne veut pas obéïr, ni faire ce qu'on voudroit. (La mule est un animal opiniâtre.)

* *Mal-opiniâtre. La Chamb.* C'est à dire, *un mal qui résiste au remède.*

Opiniâtrement, adv. Avec opiniâtreté. (Dom Sébastien se précipita opiniâtrement dans une entreprise malheureuse. *Port-Roïal, Bartelemi des martirs. l. 3. c. 17.* Poursuivre opiniâtrément. *Voit. l. 9.*)

Opiniâtrer, v. a. S'atacher à quelque chose avec opiniâtreté. Contester opiniâtrement. (Opiniâtrer le combat. *Ablancourt.*)

* *Opiniâtrer*, v. a. Se rendre opiniâtre. (Il ne s'opiniâtrè point dans sa passion. *Le Comte de Bussi.* Quand ils ont failli, ils s'opiniâtrent à le défendre. *Abl. Ar. l. 7.*)

Opiniâtré, opiniâtrée, adj. Contesté avec opiniâtreté. (Combat opiniâtré. *Ablancourt.*)

Opiniâtreté, f. f. Obstination. (La petitesse de l'esprit fait l'opiniâtreté. *Memoires de M. le Duc de la Roche-Foucaut.*)

* Opiniâtreté de maladie. *La Chamb.*

OPINION, f. f. Sentiment qu'on a sur une chose. Pensée qu'on a de quelque chose que ce soit. (Opinion saine, sure, vraie, probable, problematique, ortodoxe, large, impie, hérétique, fausse, extravagante, pernicieuse, contagieuse. Embrasser une opinion. *Pas. l. 2.* Combatre une opinion. *Monsieur Arnaud, fréquente confession.* Déguiser une opinion. *Mr. Arnaud fréquente Communion.* C'est une opinion ortodoxe, tous les Tomistes la tiennent, moi-même je l'ai soutenuë. *Pas. let. 1.* S'atacher à une opinion. *Pas. l. 5.* Un seul Docteur grave peut rendre une opinion probable. *Pas. liv. 5.* Avoir une opinion probable. *Pas. l. 5.*)

Opinion. Ce mot se dit des personnes & des choses qui regardent les personnes. Il signifie Éstime. (Ils ont assez bonne opinion d'eux-mêmes pour croire qu'il est utile que *Pas. l. 5.* Bonne opinion de soi. *Abl.* Diminuer dans l'esprit du monde l'opinion qu'on a d'une personne. *Mémoires de M. le Duc de la Roche-Foucaut.* Avoir bonne opinion de son crédit. *Mémoires de M. le Duc de la Roche-Foucaut.* Il y en eut peu qui n'eussent assez bonne opinion de leurs services. *Memoires de M. le Duc de la Roche-Foucaut.*)

Opinion, f. f. Ce mot se dit en parlant de Juges, & est un mot de

OPO. OPR.

de *Palais*. Il veut dire la voix d'un Juge sur une afaire, son sentiment & son avis sur la chose dont il s'agit (Dans les matiéres criminelles les opinions étant partagées , le criminel est absous & le moins rigoureux à la douceur ; mais quand il s'agit d'afaires civiles , & que les opinions sont égales, le Procès est departi.)

OPIUM, *s. f.* C'est un suc distilé des grosses têtes de pavots de la Grece, incisées avant leur maturité, qui est en forme de lait, & qui se recueille dans des vaisseaux, ou dans des vessies. Cette liqueur s'étant épaissie , on la pile dans un mortier,& l'on en fait des trochisques, (Le meilleur *Opium* est de couleur tannée. On employe l'opium dans la thériaque, mais on ne l'employe pas sans le bien préparer auparavant. Faire évaporer la partie sulfureuse de l'opium. Fortifier les parties de l'opium jusqu'à ce qu'elle soient ruiblables aux doigts. Séparer les terrestréitez de l'opium. Faire l'extrait de l'opium. La chimie découvre le défectuosité de l'opium ordinaire.)

OPO.

† OPORTUN , *oportune* , adj. Favorable. Propre. (Ocasion oportune.)

† *Oportunité*, *s. f.* (L'oportunité des ocasions.) Ces mots ne se disent guére.

OPOSANT , *oposante* , *adj*. Terme de *Palais*. Celui qui s'opose à l'exécution de quelque acte de justice. (Il a été reçu oposant. Elle est reçue oposante.)

Oposé. *oposée* , *adj*. Contraire à quelque personne , ou à quelque chose. Je vous admire de penser que nous soïons oposez à l'Ecriture, au Pape, ou aux Conciles. *Pasc.* l.5. Abel & Caïn étoient de deux humeurs entiérement oposées. *Arn. Joseph, l. 1. c. 2.* S'interesser dans un parti oposé. *Memoires de Mr. le Duc de la Roche Foucaut.*)

Oposez, s. m. Terme de *Rétorique*. Choses entre lesquelles il y a quelque contrarieté , comme la vertu & le vice.

Oposer , v. a. Présenter & ofrir au contraire & pour combatre. (C'est une sorte d'impieté de manquer de mépris pour les fausseteż que l'esprit de l'homme opose aux veritez que Dieu a revelées. *Pasc.* l. 12. Il leur faut oposer des forces pareilles aux leurs. *Vau.* *Quin.* l. 3.)

S'oposer, *v. r.* Faire ses éforts pour empêcher une chose. Etre contraire & tâcher de traverser une personne , ou quelque chose que ce soit. (Combien nôtre ordre s'est-il opose ardamment à la doctrine de Molina. *Pasc. l. 1.* S'oposer aux déréglemens. *Abl.* S'opóser à la faveur. S'oposer à une entreprise. *Memoires de M. de la Roche Foucaut.* S'oposer aux differens des ennemis. *Abl.*)

S'*opôser*, Terme de *Palais*. C'est protester de se pourvoir comme il apartiendra. Protester au contraire. S'oposer à l'exécution d'une sentence.

A l'oposite, Ce mot est une *préposition* , qui signifie *vis à vis* & ce que les Latins apellent *è regione*. Elle régit le Génitif en François. (On enfonçoit deux pieux à coups de hie, à l'oposite de deux autres qu'on mettoit plus bas. *Ablancourt. Ces. livre* 4. *chap.* 2.)

A l'oposite. Ce mot se prend quelquefois adverbialement & sans régime. (Il est à l'oposite.)

Oposition, s. f. Quelque chose qui est directement oposé. (Il y a une *oposition* invincible entre Dieu & nous. *Pasc. Pens.*)

Oposition. Ce mot en parlant de la Lune marque l'endroit du ciel où elle se trouve éloignée du Soleil de 180. degrez, lors qu'elle est pleine. Or la Lune est pleine au tems de l'oposition , parce qu'au tems de l'opositon la Lune a toujours sa partie basse tournée vers le Soleil & vers nous. *Roh. Phis.* T. 1. 1. part. c. 9.

Opôsition. Terme de *Palais*. Action de la personne qui s'opose. (Former une opósition. *Le Maît.* Faire son opósition. Donner ses causes d'opósition. *Patru.* Se désister de son opósition. *Le Maît.*)

OPR.

OPRESSION , *s. f.* Action de celui qui oprime. (Délivrez-moi Seigneur , des calomnies & de *l'opression* des hommes. *Port-Roial* , *Ps.*)

Opression de poitrine. Maladie qui acable la poitrine. (Une bonne opression de poitrine. *Mol.*)

Opresser , v. a. Il ne se dit que par les Médecins en parlant d'opression de poitrine. (Cette fluxion opresse la poitrine , ou opresse le malade & l'empêche de respirer.) On dit aussi, il est opressé, il est fort opressé.

Oprimer, v. a. Acabler. (Seigneur ne permets point que la malice de mes ennemis m'oprime. *God.* C'est une étrange & longue guerre que celle où la violence essaïe d'oprimer la verité. *Pasc.* l. 12. Prendre en sa protection ceux qu'on oprime. *Voit.* l. 9.)

OPROBRE , *s. m.* Il vient du Latin *opprobrium*, & signifie , honte , deshonneur. (Tous les jours mes ennemis me couvrent d'oprobre. *Port-Roial. Ps.* Il est l'oprobre & l'excrement de l'Eglise Gallicane. *Mai. poës.* Le Seigneur éfacera de dessus la Terre l'oprobre de son peuple. J'ai fait tomber Israël dans l'oprobre. *Port. Roial, Isaie c. 15. & 43.* Ils se réjoüissoit

OPT. OPU. OR.

en son cœur d'avoir part aux oprobres de la Croix. *Bouh. Vie de S. Ignace.*)

OPT.

OPTATIF, *s. m.* Terme de *Grammaire*. C'est l'un des modes du Verbe par lequel on exprime quelque désir. (Plût à Dieu qu'il vint. Je souhaiterois que vous fussiez en bonne santé.)

OPTER. Ce verbe signifie Choisir & est *actif* & le plus souvent *neutre* dans l'usage ordinaire. Il vient du Latin *optare* , & se dit plus dans les matiéres du Palais qu'en toutes autres , & quand on s'en sert dans d'autres sujets , ce n'est ordinairement qu'en riant. (Il fut obligé d'opter cela. C'est à vous d'opter. (Il fut obligé d'opter cela. C'est à vous d'opter. Il n'a pas à ceci pas à cela plaidoïez, si Monsieur d'Ablancourt a dit , Apollon sera contraint d'opter s'il veut être prophete, médecin, ou violon. *Lucien, T. 1.*)

OPTICIEN , *s. m.* Celui qui sait l'optique. (Il est bon opticien.)

OPTION, *s. f.* Choix. (Cela est à son option.)

OPTIQUE , *s. f.* Science qui considere la vûë entant qu'elle est directe. (L'optique est belle & curieuse.)

Optique, *adj.* Ce mot se dit en parlant d'*Optique*. (On dit, par exemple , *pinceau optique* qui est une multitude de raïons à la faveur desquels l'œil voit un point. Il y a quelques opticiens qui se moquent de ce *pinceau optique*, & qui soutiennent que l'hipotése des pinceaux optiques est une pure imagination.)

Optique, adj. Terme d'*Anatomie*. Ce mot se dit de certains nerfs qui prennent leur origine du cerveau postérieur & qui se viennent rendre par les trous du crane au centre des yeux. (Les deux nerfs optiques sont la premiere paire de nerfs qui part du cerveau.)

OPU.

OPULENCE, *s. f.* En Latin *opulentia*. Richesses. (Vivre dans la gloire & dans l'opulence. *Abl. Luc.*)

Opulent, *opulente* , *adj.* Ce mot se dit des hommes, des Roïaumes , des Provinces , des Viles , &c. (Une vile opulente. *Vau. Quin.* l. 5. Le Roi de France est l'un des plus opulens Princes de toute l'Europe. L'Angleterre est un Etat fort opulent.)

Opulemment, adj. Richement, (Il a été opulemment recompensé. Vivre opulemment.)

OPUSCULE , *s. m.* Petit ouvrage d'esprit. (Les opuscules de la Mote le Vaïer sont pleins d'érudition. Les Opuscules de Paul Colomesius sont quelquefois divertissans & curieux.)

OR.

OR , *s. m.* C'est le métal le plus jaune & le plus précieux de tous les métaux. (Or pur , bruni , moulu , batu , potable. Or en feuille. Or fulminant. Apliquer l'or & l'argent. Batre l'or. Filer de l'or.)

Or mat. C'est de l'or qui ne brille pas. Or vierge. Or moulu. Or trait. Or d'orfevre. Or monnoïé. Or calciné. Or potable. Une tonne d'or. Le nombre d'Or. La Bule d'or. La plus part de ces mots sont expliquez chacun en son lieu.

* Or. Ce mot est souvent pris figurément. [Exemples.

* L'or même à la Laideur donne un teint de beauté. *Depreaux, Satire* 8. C'est à dire , les richesses font que les personnes laides paroissent belles.

* *Acheter au poids de l'or. Abl.* C'est à dire , acheter cher.

* *Ce n'est qu'or & que pourpre dans vôtre armée. Vau. Quin.* 3. C'est à dire , ce n'est que magnificence.

† *Et si l'éclat de l'or ne relève le sang.*
En vain on fait briller la splendeur de son rang.
Depreaux , Sat. 5.

* *Dire d'or. Voir. poës.* C'est parler comme il faut & comme on souhaite.

* *Voïez les lignes que j'ai marquées avec du craion , elles sont toutes d'or. Port-Roial. liv. 4.* C'est à dire , tout à fait belles & admirables.

* *Elle arracha l'or de ses cheveux. Mal. poës.* Cette façon de parler est poëtique , pour dire ses beaux cheveux d'un blond doré.

* *Préferer le cliquant du Tasse à tout l'or de Virgile. Depreaux. Sat. 9.* C'est à dire, le faux brillant du Tasse aux véritables & solides beautez de Virgile.

† * *Quand l'or parle, la langue n'a qu'à se taire. Port-Roial.*

* *Promettre des montagnes d'or*. C'est à dire , faire de grandes & vaines promesses.

* On dit d'une marchandise de bon débit que c'est de *l'or en barre.*

† *Il faut faire un pont d'or à ses ennemis.* C'est à dire , ne les pousser pas à bout , ne les reduire pas au desespoir & leur faciliter la retraite.

Je ne vois rien si agréable que l'or. Jupiter s'en sert pour gagner les bonnes graces de ses Maîtresses. L'or en éfet est

est un métal qui ne rend pas seulement l'homme illustre & glorieux ; mais qui lui donne aussi cent vertus qu'il n'a pas. *Abl. Luc. Dial. du coq.*

Or. Ce mot en Terme de *Blason* signifie *jaune* & il est simbole de la charité & de l'éclat. [La maison de Majorga en Espagne porte d'or seulement.]

Or. Sorte de *conjonction* qui signifie *mais*. On ne se doit servir de ce mot *or* en ce sens que rarement & de loin à loin. *Vau. Rem.*

Orça. Voicz la colonne *ore*.

ORA.

Oracle, *s. m.* Faux Dieu qui rendoit des réponces sur les choses qu'on lui demandoit. (Il avoir été prédit par l'oracle que. *Vau. Quin.l.3.* Alexandre envoia à l'oracle d'Hammon pour avoir permission de sacrifier à Ephestion, mais l'oracle le défendit. *Ablancourt. Ar. liv.7.* Consulter l'oracle. *Abl. Ar. liv.7.*)

* Oracle. Réponce que rendoit le faux Dieu que l'on consultoit. (Il y a eu des oracles rendus aux Macédoniens touchant l'honneur qu'ils devoient faire à Alexandre. *Ablancourt. Ar. liv.7. chap.3.* Acomplir l'oracle. *Vau. Quin. l 3.* Etudier l'oracle. *Ablancourt.*)

* Oracle. Ce mot signifie parmi les Chrétiens les paroles de Dieu, ou des Prophétes. (Tous les oracles du Seigneur sont constans & infaillibles. *Port-Roial,Pf* Nous avons les oracles des Prophétes ausquels vous devez vous arrêter. *Port-Roial.* Seigneur vos oracles ont été mes consolations & mes délices. *Port-Roial.*)

* Oracle. Sentiment qui contient quelque chose de beau & de solide. (Toutes ses paroles sont autant d'oracles.)

* Oracle. Homme fort éloquent. Celui dont les sentimens & les discours sont grans & extraordinaires. Personne éloquente, aux décisions & au jugement de laquelle on défére. (Ils croient que passant de la chaire d'une classe à celle de l'Eglise on les doit revérer aussi tôt comme des oracles , *Mr. Arnaud, Fréquente communion , avertissement.* Dans la naissance des mouvemens il étoit consulté comme l'oracle de la fronde. *Mémoires de M. le Duc de la Roche-Foucaut.* On le compte entre les oracles de la langue.)

Orage, *s. m.* Tempête. (Il s'éleva tout à coup un *orage* qui pensa nous faire périr. Il fit un furieux orage. Faire cesser l'orage.)

Orage. Grosse pluie mélée d'éclairs & de tonnerres. (L'obscurité des bois jointe à celle de l'orage leur déroboit la lumière, *Vau. Quin. l.8. c.4.* L'air est plein d'orage , *Voi. Poës.*)

* Orage. Sédition. Trouble, Désordres. Confusions.(En moins de 10. jours l'orage est calmé. *Patru.7. plaidoié.* Il emploia la dignité de son caractére pour calmer les orages.*Mémoires de M. le Duc de la Roche-Foucaut.* Je vois fondre sur moi un orage soudain d'impétueuses reprimandes. *Moliere.Fourberies de Scapin, a.1.s.1.*)

Orageux,*orageuse*, *adj.* Plein d'orage, Fâcheux. (Dans un tems si orageux il n'y avoit rien qui me pût secourir, *Voit. l.63.* Une mer orageuse.)

Oraison, *s.f.* Priére à Dieu , à la Vierge, ou à quelque Saint. (Oraison ardente, fervente, mentale, jaculatoire, Mon Pére, lui dis je, l'Eglise a bien oublié de mettre une oraison à cete intention dans ses priéres. *Pas. l.7.*)

Oraison. Plaidoié de quelques anciens Orateurs , comme de Démostene , de Cicéron & d'autres. (Les oraisons de Ciceron , si vous en exceptez trois, ou quatre , sont les moins considérables de tous les ouvrages , *Port-Roial , Education du Prince 2. partie.*)

Oraison *funébre.*C'est un discours oratoire en faveur d'un mort de qualité, ou de grand mérite. Il est dificile de faire une belle oraison funébre. Il ment comme un compliment , ou comme une *oraison funébre.*)

Oraison. Terme de *Grammaire*, lequel signifie *discours*. (Il y a huit parties d'oraison, l'article, le nom, le pronom , le verbe, l'adverbe, la préposition, la conjonction, & l'interjection.)

Oral, *orale*, *adj.* Ce mot se dit de la loi des savans Rabins Juifs & signifie *qu'un exposé de bouche.* (Ainsi on dit , *la loi orale des Rabins*, parce que cete loi s'enseignoit seulement de bouche & par tradition. *Richard Simon, Coutumes des Juifs.*)

Orange, *s.f.* Fruit rond de la couleur de l'or, qui a la chair blanche, & pleine de suc doux, ou aigre. (Orange douce, Orange aigre.)

Orangé, *orangée*, *adj.* Qui est de couleur d'orange. (Ruban orangé.)

Orangeade, *s.f.* Plusieurs petits morceaux d'orange confis avec du sucre qu'on sert sur table au dessert.

Orangeade *s.f.* C'est aussi de l'eau avec du sucre & avec le jus de 4. ou 5. bonnes oranges dont on boit pour se rafraîchir. (J'aime l'orangeade, elle réjoüit le cœur.)

Oranger, *s. m.* Petit arbre qui porte des oranges , & qui demeure toujours verd aiant les feuïlles lisses , épaisses, odorantes & finissant en pointe & portant des fleurs blanches & odoriférantes. (L'oranger fleurit en Juin & sent bon.

Un bel oranger. L'oranger a toujours des feuïlles , des fleurs & des fruits.)

Orateur, *s. m.* C'est un homme de probité & qui parle en bons termes. (Orateur fameux, grand , touchant , véhément , puissant , fécond , éloquent , brillant , patétique , vif , vigoureux , languissant , froid , sec , stérile , &c. César n'étoit pas moins grand Capitaine que grand Orateur. *Ablancourt , Préface sur les Commentaires de Cesar.* Les livres de l'Orateur de Ciceron sont fort beaux, mais le stile en est un peu long , *Port-Roial , Education du Prince 2. partie.*)

Orateur. Celui qui a fait le théâtre françois, *l. 3.p. 226.* a écrit que les Comédiens apelloient *orateur* celui qui anonce les pieces, fait les harangues & compose les afiches. Les Comédiens ne sont pas du sentiment de cet Auteur , au moins Rosimont qui est l'un de ces Messieurs qui parle le mieux, me l'a assuré positivement. Ils disent , c'est la Grange qui anonce & fait les complimens ; & jamais ce n'est la Grange qui est *l'orateur.*

Oratoire, *adj.* Qui est d'orateur. (Le stile oratoire.)

Oratoirement , *adv.* En orateur, D'une maniére oratoire. (Ces grans hommes se sont expliqué *oratoirement. Patru, plaidoié 15.*)

Oratoire. Ce mot est *masculin* & *féminin*,mais le plus souvent *masculin*, au moins si l'on en croit les Péres de l'Oratoire dont la plupart le sont *masculin*. L'Oratoire est une petite chapelle devant laquelle on prie Dieu. (Un joli *oratoire*, & selon quelques autres , *une jolie oratoire*)

† Oratoire. Congrégation des Prêtres de l'Oratoire. Le mot *d'oratoire* en ce sens ne se dit guére seul que dans le discours familier , car en écrivant on dira toujours la congrégation des Prêtres de l'Oratoire, mais en parlant familiérement on dit. Il est entré , il s'est jetté dans l'Oratoire. Il est sorti de l'Oratoire.

Oratoire, *s. m.* C'est la maison où demeurent les Péres de la Congrégation de l'Oratoire. (Je vai à l'Oratoire. J'ai diné à l'Oratoire.)

ORB.

Orbe, *adj.* Terme de *Chirurgien*. Il se dit des coups qui font de la contusion & qui meurtrissent sans entamer la peau. (Ils vinrent tuer l'un de quatre Barons,& lui donnérent plusieurs coups orbes. Cronique de Loüis onze, *p 9*)

Orbe, *s.m.* Terme *d'Astronomie* C'est un corps rond, qui a deux superficies, l'une convexe & l'autre concave, il y a des orbes concentriques & d'autres excentriqués. Chaque Planete est son orbe. L'orbe du firmament. Les orbes célestes. Le grand orbe, selon Copérnic , dont le raion s'étend depuis le Soleil à la Terre , n'est qu'un point au regard du Firmament ou de la sphére des Etoiles fixes.

Orbiculaire, *adj.* Qui est de figure ronde & sphétique.

Orbites, *s. f.* Terme d'*Astronomie.* C'est la trace du chemin que décrit le Centre d'une Planéte dans le Ciel. (L'orbite des Planétes n'est pas circulaire, mais elliptique.)

Orbite, *s. f.* Terme *d'Anatomie.* C'est le creux rond dans lequel un œil est placé.

ORC.

† Orça. Sorte d'adverbe dont on ne se sert que dans le stile le plus simple & en parlant familiérement. [† Orça , tout de bon je commence , *Scaron , Poësies.* Orça par vôtre Dieu , le ferez-vous. *La Fontaine , Nouveau contes.*)

Orcanete, *s. f.* Sorte d'Herbe servant aux Teinturiers pour faire un rouge brun.

Orchestre , *s. f.* Prononcez *orkestre.* Le mot *d'orchestre* parmi les Romains étoit le lieu où se plaçoient les Sénateurs, & parmi les Grecs c'étoit la place où l'on dançoit les balets. Mais présentement on apelle *orchestre* parmi nous le lieu où l'on enferme la simphonie & tous les joüeurs d'instrumens de musique qui joüent entre les actes des piéces dramatiques & les entrées des balets. (Les violons sont dans l'orchestre. Il est entré dans l'orchestre avec la simphonie.)

ORD.

Ord, *orde, adj.* On croit que ce mot vient du Latin *sordidus*, sale. (Ils se sont nourris de tout ce qu'il y a de plus ord & de plus sale dans la nature. *Patru, plaidoié 10. page 287.*)

Ordinaire , *adj.* Usité. Commun. Fréquent. (Xénophon raconte les choses ordinaires d'une façon qui ne l'est pas. *Ablancourt , Préface sur la retraite des dix mile.* Il est ordinaire de voir les plus zélez s'emporter. *Pas. l. 4.* Le cours , ou le train ordinaire des choses. Sa dépense ordinaire monte tant tous les ans. C'est sa maniére d'agir ordinaire. Nouvelles ordinaires. La question ordinaire, ou extraordinaire.

D'ordinaire , *adv.* Fréquemment. Souvent. (On honore d'ordinaire ceux qu'on craint.)

pour l'ordinaire, adv. Le plus souvent. (Les femmes font *pour l'ordinaire* enrager les pauvres maris.)

A l'ordinaire, adv. Selon la manière acoutumée, comme on a de coutume. (Ils travaillent *à l'ordinaire*. Il se porte *à l'ordinaire*.)

Ordinairement, adv. Fréquemment. Souvent. (La plûpart des hommes sont *ordinairement* ingrats & méconnoissans.)

Ordinaire, *f. m.* Ce qu'une personne a réglément à son diné & à son soupé (Son ordinaire est bon. Faire un bon ordinaire. L'ordinaire de sa table vaut un superbe festin. *Mai. Poës.*)

Ordinaire, *f. m.* Courrier qui va en poste & porte les lettres & qui part & arrive réglément à de certains jours. (Je vous écrivis par le dernier ordinaire, *Voit. l.25.* Ecrire à quelqu'un par le premier ordinaire, *Pas. l.2.*)

Ordinaire, *f. m.* C'est un Gentilhomme *ordinaire* du Roi, servant à sa Majesté pour porter ses ordres & ses volontez aux Parlemens, aux Provinces, & pour témoigner aux autres Rois & aux autres Princes sa part que prend le Roi son maître à leurs joies & à leurs afflictions. On apelle aussi cet ordinaire, *Gentilhomme ordinaire*. (Ainsi on dit, il est *ordinaire chez le Roi*, ou *Gentilhomme ordinaire chez le Roi*. Cette dernière façon de parler s'écrit, & l'autre ne se dit guere qu'en parlant.)

Ce mot *ordinaire* se dit encore de plusieurs autres Oficiers de la Cour, de Judicature, de Guerre, &c. & est oposé à extraordinaire.

Ordinaire, *f. m.* Terme de Pratique. C'est le juge naturel d'une personne. (On l'a renvoié devant l'*ordinaire*, ou plûtôt on l'a renvoié devant son *juge ordinaire*.)

Ordinaire, *f. m.* Terme d'*Eglise*. C'est l'Evêque diocésain. (La visite de la cloture apartient de plein droit à l'*ordinaire*. *Partru, plaidoïé. 5.*)

Ordinaire. Terme de *Gargotier de Paris*. C'est une portion de viande, ou de poisson qu'on donne dans les gargotes de Paris à ceux qui y vont manger. (Prendre un *ordinaire* de trois sous.)

Ordinaire. Ce mot se prend aussi comme un substantif & signifie. Coutume *ordinaire*. (C'est son ordinaire de mentir. C'est l'ordinaire des Courtisans de flater. C'est son ordinaire de s'endormir incontinent après le repas.)

Ordinaires, *f. m.* Ce mot n'a point de singulier, & veut dire les purgations que les femmes & les filles qui ont l'âge de puberté, ont réglement chaque mois. Les Dames en riant appellent leurs ordinaires *cardinaux*, & disent avoir ses ordinaires, ou avoir *les cardinaux*.

Ordinairement. Voyez plus haut.

ORDINAL, *ordinale*, adj. Terme de Grammaire, & il se dit du nombre qui marque l'ordre, l'arrangement des choses comme *prémier*, *second*, *troisième*, &c. (Un nombre *ordinal*. Les nombres *ordinaux*, & *cardinaux*.)

ORDINANT, *f. m.* Terme d'*Eglise*. Evêque, ou autre Prélat qui confère les saints Ordres. (L'ordinant doit célébrer la Messe & faire les céremonies selon les Ordres qu'il donne.)

Ordination, *f. f.* Terme d'*Eglise*. C'est l'action de conferer les saints ordres. (Il sera Prêtre à la prémière *ordination* qui se fera.)

ORDONNANCE, *f. f.* Loi. Statut. Réglement. (Ordonnances nouvelles de la ville de Paris. On dit aussi, au pluriel, *Ordonnances Roïaux*. Mais c'est une vieille façon de parler de pratique, que l'on n'a pas changée. Car si l'on vouloit parler régulièrement, on diroit *Ordonnances roïales* ; ce qui n'est pas encore reçu, *Vaug. rem.*

La nouvelle Ordonnance de l'an 1667. s'apelle *le Code Loüis*. Il y a des Ordonnances qui se font par les Juges & par les Commissaires.

Ordonnance. Ce mot se dit en parlant de choses Ecclésiastiques, morales & de choses de piété. (Ordonnance sainte, canonique, morale. Il est nécessaire pour le salut de ne s'écarter en rien des *ordonnances de Dieu* & des Saints Pères. *Monsieur Arnaud*, Fréquente communion. Heureux ceux qui gardent les *ordonnances* du Seigneur ; *Port-Roial, Pseaumes*. Seigneur vos *ordonnances* sont admirables, & c'est qui me porte à les obsèrver, *Port-Roial, Pseaumes*.)

Ordonnance. Terme de *Médecin*. Ce que prescrit un Médecin pour la guérison d'un malade, ou pour la conservation de la santé d'une personne. (Le Médecin Guillot est si broüillé avec le bon sens que même jusque dans les ordonnances on ne voit point de sens commun.)

Ordonnance. Ce mot se dit en parlant de *finances*, C'est un ordre de la part du Roi au trésorier de l'épargne de donner une certaine somme d'argent à une personne. (Il lui donna une ordonnance de 3. mile écus. *Ablanc.* Aquiter une ordonnance. *Mai. Poës.*)

Ordonnance. Ordre. D. position. (Tous mes sors à l'instant changeant de contenance, ont loüé du festin la superbe *ordonnance*. Depreaux, *Satire 3.*)

Ordonnance. Ce mot se dit en parlant de *peinture*. C'est la disposition des figures & des choses qui composent le tableau.

Ordonnance. Ce mot se dit en Terme d'*Architecture*. C'est tout ce qui fait que les parties d'un édifice ont une grandeur convenable, soit qu'on les considère séparément, ou par raport à tout l'ouvrage.

Ordonnance. Ce mot se dit en Terme de *Guerre* en parlant de certaines compagnies. On apelle *compagnies d'ordonnance* celles qui n'entrent point en corps de régiment & qui consistent en gens-d'armes & chevaux légers tant du Roi que de la Reine, & de Monsieur.

Ordonnateur, *f. m.* Ce mot peut signifier en général, celui qui ordonne. Mais en particulier, il signifie celui qui est le Chef de tous les Architectes du Roi, qui leur commande, qui règle & qui ordonne ce qu'ils doivent faire pour les bâtimens de sa Majesté. (M. de Seignelai est Surintendant & Ordonnateur général des Bâtimens du Roi.)

Ordonner, *v. a.* Commander. Régler. Prescrire. Donner ordre, (Alexandre *ordonna* un deüil général à la mort d'Ephestion. Ablancourt, *Ar. l. 7.* Ordonner sur peine de damnation. *Pas. l. 5.* Dieu ordonna à Noé de bâtir une arche à quatre étages. *Arn. Joseph l.3.* Je vous abandonne l'ouvrage pour en ordonner ce qu'il vous plaira. *Cost.*)

Ordonner, *v. a.* Il se dit des remedes que les Médecins prescrivent à leurs malades. (Il lui a ordonné un lavement, une saignée, une purgation, &c.)

Un Testateur ordonne par son Testament, à son héritier de faire telle chose. On ordonne de payer de certaines sommes.

Ordonner. Terme d'*Eglise*. C'est donner les ordres sacrez. (Ordonner un Diacre, un Sou-diacre, un Prêtre. *Gateau discours sur les ordres sacrez*.)

Ordonné, *ordonnée*, adj. Rangé, disposé par ordre. (Un ménage bien ordonné, *c'est à dire*, bien réglé. Ce bâtiment est mal ordonné.)

Ordonné, *ordonnée*. Terme de *Géometrie*. Il se dit des lignes, qui dans une Ellipse, ou autre section Conique, sont tirées par un Diametre parallele à la Tangente de ce Diametre, qui les coupe toutes par la moitié. On apelle souvent *ordonnées* la moitié de chacune de ces lignes. *Voiez Ozanam, Dict. Mathematique.*

ORDRE, *f. m.* Commandement. Volonté. Intention. (Recevoir les ordres du Roi. Executer les ordres du Roi. *Ablancourt.*) On dit en *terme de Guerre*. [L'aide-Major va recevoir l'ordre du Commandant. Donner l'ordre.)

Ordre, Réglement. (Il s'étonnoit que les chefs ne seussent point d'ordre à faire subsister les troupes. *Ablancourt, Rét. l.6.c.3.* Le prémier Président a porté un ordre pour empêcher que. *Pas. liv 8.*)

Ordre. Arrangement. Disposition. (Mettre les choses dans un bel ordre. Il faut qu'il y ait de l'ordre en toutes choses. *Ablancourt, Un bel ordre de bataille*. C'est une belle disposition des bataillons & des escadrons d'une armée rangée sur une ou sur plusieurs lignes.)

Ordre. Congrégation de Religieux, ou de Religieuses qui vivent selon de certaines constitutions. (Un Ordre saint, fameux, éclatant, célèbre, durable, régulier, sévère. Allez, mon Père, vôtre Ordre a reçu un honneur qu'il ménage mal. *Pas. l.1.* Il est Religieux de l'ordre de Saint Benoit. Il est entré dans l'ordre de S. Bruno. Il a choisi l'ordre de S. Bernard, parce qu'il n'est pas si sévère que celui des Carmes déchaussez. Pour soufrir qu'un Ordre Religieux s'établisse dans quelque vile, il faut des lettres patentes du Roi, la confirmation de cette vile, & l'homologation de ces lettres au Parlement *Fevret, de l'abus, l.2.* L'Ordre des quatre Mendians consiste aux Augustins, aux Cordeliers, aux Jacobins ou Dominicains & aux Carmes. La diference des quatre branches de l'Ordre de S. François consiste en barbe & piéce, piéce sans barbe, barbe sans piéce & ni piéce ni barbe. *Barbe & piéce*, ce sont les Capucins ; *piéce sans barbe*, les Recolets ; *barbe sans piéce*, les Piquepuces ; *ni piéce ni barbe*, les Cordeliers.)

Ordre. Ce mot se dit en parlant de *Chevaliers*. C'est une compagnie instituée par quelque Souverain en forme de confrairie & composée d'un chef qui est le Prince & de quelques Oficiers (Il n'y a présentement en France que trois Ordres de Chevaliers ; *l'Ordre du Saint Esprit*, *l'Ordre de Saint Michel* & celui de *Saint Lazare*. Prendre l'Ordre de Chevalerie. C'est le Roi que donne l'Ordre de Chevalerie.)

Ordre des côteaux. Mots Comiques. On appelle de ce nom tous les frians en bons vins, & qui ont le goût si délicat que quand ils boivent d'un vin, ils disent aussi-tôt, ce vin est d'un tel côteau. De ces gens, les uns sont pour la montagne de Reims, les autres pour le côteau de S. Thierri, les uns pour Versenai & les autres pour Silleri, ou l'hermitage. Et lors qu'on parle de ces frians là, on dit Monsieur un tel est de l'Ordre des côteaux.

[Sur tout certain hableur à la gueule afamée
Qui vint à ce festin conduit par la fumée ,
Et qui s'est dit *profés en l'ordre des Côteaux*,
A fait, en bien mangeant, l'éloge des morceaux.
Dépr. Sat. 3.]

Ordre. Ce mot en parlant du Sénat Romain, c'est un rang de personnes honorables séparées du peuple. (Ainsi on dit, l'Ordre des Sénateurs, L'Ordre des Chevaliers.)

Ordre. Ce mot signifie quelquefois une dignité, ou aptitude à la puissance publique, ainsi la *cléricature* est un Ordre qui de soi ne donne aucune puissance publique, mais qui rend celui qui est dans la cléricature capable de bénéfices & d'offices Eclesiastiques. La *Noblesse* aussi est un Ordre qui n'est point une charge publique ; mais qui donne à celui qui est noble une disposition à plusieurs belles charges & à de certaines Seigneuries qui ne sont afectées qu'aux nobles. Voiez *Loiseau, Traité des ordres.*

Ordre. Terme d'*Eglise.* On divise les ordres, en ordres séculiers ou petits ordres & en ordres sacrés, éclesiastiques ou grands Ordres. *Les petits ordres* sont la tonsure, les mineurs, l'ordre de portier, l'ordre de lecteur, l'ordre d'exorciste & l'ordre d'acolite. Voiez *Godeau, Discours des ordres. Les grands ordres* ou les ordres sacrez, ce sont les ordres de Soudiacre, de Diacre & de Prêtre qui sont un Sacrement par lequel les hommes reçoivent la puissance de faire plus facilement & plus particulièrement les fonctions Ecclésiastiques. Vaugelas dans ses remarques sur le mot *d'ordre* a décidé que le mot *d'ordre* au sens qu'on le prend ici, étoit féminin quand il étoit précédé d'un adjectif, & qu'on disoit *les saintes ordres* & non pas *les saints ordres.* Cette décision n'est pas reçuë aujourd'hui. Le mot *d'ordre* est toujours *masculin,* soit qu'il soit précédé, ou suivi d'un adjectif. (Tout le monde dit & écrit *les petits ordres,* & jamais *les petites ordres. Godeau, Discours des ordres.* Les saints ordres, *S. Cyran.* Présenter aux ordres. On ne donne les ordres ni à ceux qui ont été matiez deux fois, ni à ceux qui ont des défauts considérables.)

Ordre. Terme d'*Architecture.* C'est une regle pour la proportion des colonnes & pour la figure de certaines parties qui leur conviennent selon les proportions diférentes qu'elles ont. (Il y a cinq ordres d'Architecture, l'ordre Toscan, le *Dorique,* l'*Ionique,* le *Corintien,* & le *Composite.* Voiez *Palladio & Vignole.*)

Ordre. Ce mot est usité en termes de *Marchands.* (On dit, vous paierez à Monsieur un tel, ou *à son ordre,* la somme de cinquante pistoles. C'est à dire, vous paierez à Monsieur un tel, ou *à quelcun qui aura charge de lui.*)

ORDURE, *s. f.* Excrément d'une personne. (Il a fait son ordure au milieu de la place.)

Ordures. Balistres. (Jetter les ordures dans un coin de la chambre. Pousser les ordures dans quelque lieu où l'on ne les voie pas.)

* *Ordures sales.* (C'est une comédie pleine *d'ordures* & de saletez. *Moliere.* Ces ordures ne se disent point à une femme de ma condition. *Moliere.* Petrone a trouvé l'art d'enveloper les ordures d'une manière très-fine & très-délicate. *S. Evremont, œuvres mêlées T. 5.*)

* *Ordures.* Infamie. Déreglement de vie. Honte. Deshonneur. (Elle a rendu croiables toutes les *ordures* dont on a voulu noircir la mémoire de son mari. *Patru, plaidoié 9.*)

ORDURES, *s. m.* Petite machine de bois qui est fort légere, qui a un manche de bois & dont on se sert pour mettre les balustres d'une chambre, ou de quelque autre lieu de cette sorte qu'on batit. Les Carmes dechaussez apellent cette petite machine *porte-immondice,* mais tous les autres Religieux que j'ai consultez, la nomment *ordurier,* & disent. (Voila un ordurier très-bien-fait.)

ORE.

† OREE, *s. f.* Vieux mot qui signifioit bord. (A l'orée d'un bois.)

OREILLARD, *adj.* Ce mot se dit des chevaux, & il ne se dit qu'au *masculin,* & il signifie qui, à la naissance, a le bas de l'oreille placé trop bas & l'oreille trop large. (Cheval oreillard.)

Oreille, s. f. C'est une partie organique du corps destinée à l'ouie dont elle est l'organe. (Oreille fine, bonne, délicate, subtile, dure. Avoir bonne oreille. Tirer l'oreille. Pincer l'oreille. Percer l'oreille. Donner sur les oreilles à quelqu'un. L'oreille exterieure, l'aile de l'oreille, le bout de l'oreille, le trou de l'oreille. L'oreille intérieure. Le tambour, la caisse, les osselets, dont l'un s'apelle le marteau, l'autre l'enclume, & le 3. l'étrier. Les muscles de l'oreille. Le vestibule de l'oreille &c.)

* *Oreille.* Ce mot a un usage très-étendu au figuré, & se dit de plusieurs choses. (Exemples.)

* *Oreille de livre.* C'est une petite partie du haut ou du bas d'un feuillet d'un livre qu'on a plié, ou qu'on plie. (Lisez la page où il y a une oreille. *Pascal,* l. 4. Faire des oreilles à un livre. Les oreilles gâtent les livres.)

* *Oreille de liévre.* Terme de *Mer.* C'est une voile apareillée en oreille de liévre.

* *L'oreille de l'ancre.* Terme de *Mer.* C'est la largeur des pates de l'ancre.

* *Oreilles d'écuelle.* Ce sont deux petites plaques qu'on aplique aux deux bords de l'écuelle, pour la tenir plus facilement. (Une écuelle à oreilles. Ecuelle qui n'a qu'une oreille.) Ce mot se dit encore de diverses autres choses par divers artisans.

* *Oreilles d'abricots.* Ce sont des abricots confits, d'où l'on a ôté les noiaux, & remis les deux moitiez l'une sur l'autre.

* *Oreilles de soulié.* Ce sont les parties du soulié où sont atachées les boucles ; les parties des souliers où sont passez les rubans qui lient le soulié sur le cou du pié.

* *Oreille de canon.* Terme de *Tailleur.* C'est un morceau d'étofe, embélie de rubans ; qu'on atache aux côtez des Roiales, des Espagnoles & des culotes qui sont des sortes de haut de chausse. (Oreille de canon fort enjolivée.)

* *Oreille de balot.* Terme d'*Embaleur.* C'est le coin de la toile qui envelope le balot, & que l'embaleur laisse en forme d'oreille, quand il coud la toile ; afin que par cette oreille on puisse prendre le balot pour le remuer. (Prendre que les oreilles, ou par les coins. Il y a quatre oreilles à un balot) On les apelle aussi *des coins.*

* *Oreille de peigne.* Terme de *Peignier.* C'est la partie du peigne qui est après la dernière dent de chaque peigne. (Oreille de peigne rompuë.)

* *Oreille d'ours.* Fleur qui croit dans les prez de quelques Provinces de France, & qu'on fait aussi venir dans les jardins. Les Oreilles d'ours champêtres n'ont presque aucune belle couleur & au contraire celles des jardins sont agréables à voir. L'oreille d'ours est une fleur blanche ; rouge, ou gris de lin, noire, qui est fort odoriférante, & qui fleurit en Avril. Oreilles d'ours double, panachée, polianrée, satinée, veloutée, &c. Plus les cloches de l'oreille d'ours sont grandes & ouvertes, plus elles sont considérées. Les oreilles d'ours les plus rares. & les plus chéres sont celles qui sont jusqu'à trois clocles les unes dans les autres. Les Flamans ont de charmantes oreilles d'ours & ce sont eux qui les ont cultivées les premiers. *Culture de l'oreille d'ours, ch. 1. 2. 3. 4.*

Oreille. Terme de *Jardinier.* Il se dit des melons, des coucombres, des laituës. Ce sont les deux premières feuilles qui sortent de la graine semée, & qui sont diférentes de celles qui viennent après. (On dit, les bras qui sortent des oreilles de melon ne valent rien. On peut planter en pepinière, de petites laituës, dés qu'elles ont les oreilles un peu grandes. *Quint. Jardin. 1. p. page 111.*)

Oreille d'âne. Oreille de rat. Ce sont des noms de plantes.

* *Oreille.* Ce mot entre en plusieurs façons de parler figurées, burlesques & proverbiales, étant pris dans la signification d'organe. (Exemples.

* *Façon de parler qui choque l'oreille. Ablancourt.* C'est à dire. Façon de parler rude. Expression peu délicate.

* *Cela écorche l'oreille. Scaron.* Cela est très-rude & très-peu agréable.

* *Il fera le Diable à quatre si cela vient à ses oreilles. Moliere.* C'est à dire. Qu'il fera du bruit s'il vient à ouïr parler de cela ; s'il sçait cela.

* *Viens sçà, ne te fais point tirer l'oreille. Ablancourt. Luc.* C'est à dire, Ne te fais point contraindre, ni violenter.

* *Ne m'échauffez pas les oreilles.* C'est à dire, Ne me mettez pas en colere.

* *Les oreilles lui cornent. Moliere.* C'est à dire, Il croit entendre ce qu'il n'entend pas.

* *Prêter l'oreille aux fleurettes. Sar. Poës.* C'est à dire. Ecouter les cajoleries.

* *Ouvrir les oreilles. Voit. Poës.* C'est écouter avec attention.

* *Fermer l'oreille aux discours de quelqu'un. Ablanc.* C'est à dire, N'écouter point ce qu'on nous dit.

† * *Cela est entré par une oreille, & sorti par l'autre.* C'est à dire, Qu'on n'a rien reténu de ce qu'on nous a dit, que cela a passé fort vite.

* *Avoir l'oreille du Prince.* C'est à dire, Etre favorablement écouté du Prince.

† * *Faire la sourde-oreille.* C'est à dire, faire semblant de ne pas entendre.

* *Ventre afamé n'a point d'oreille.* Proverbe pour dire qu'une personne qui a faim, ne s'amuse pas à ouir des discours & ne se rassasie pas de paroles.

* *Tenir le loup par les oreilles.* Proverbe. N'être pas assuré de venir à bout de son dessein.

* *Mettre à quelcun la puce à l'oreille.* C'est lui dire quelque chose qui excite en lui du desir, de la crainte, ou des soupçons.

* *Il se joué des oreilles de tout ce qu'on lui dit.* C'est à dire, il ne s'en soucie point, il le méprise.

* *Le vin d'une oreille,* C'est le bon. *Le vin de deux oreilles ;* c'est le mauvais.

* *Il est endetté jusqu'aux oreilles, il est croté jusqu'aux oreilles,* c'est à dire, il l'est extrêmement.

* *Se gratter l'oreille.* C'est, au figuré, une marque de chagrin.

Oreillé, oreillées, adj. Terme de *Blason.* Il se dit des Dauphins, &c. lors que les oreilles sont d'un émail diferent de celui du corps.

Oreiller, s. m. Prononcez *oreillé.* C'est une taie remplie de duvet couverte d'une autre taie plus fine qu'on met sur le chevet du lit & sur quoi on pose sa tête pour dormir, ou reposer. (Un bon oreiller.)

Oreillete, s. f. Petit linge qu'on met derrière l'oreille d'un enfant lorsqu'il y a quelque chose d'écorché, & cela de peur que le mal n'augmente. (Il faut mettre une oreillette à cet enfant.)

Oreillette. Il signifie aussi un petit cercle de métal, que les femmes, qui ne veulent pas se faire percer les oreilles, y apliquent pour soutenir les boucles & les pendans d'oreille.

Oreillon Terme de *Fortification*. Voyez *orillon.*

Oreillons, s. m. Sorte de fluxion qui se jette sur l'oreille, ou au tour de l'oreille, & qui se fait sentir sur les machoires. (Avoir les oreillons.)

† *Oremus, s. f.* Mot d'Eglise qui est Latin, où il signifie *prions.* Il veut dire *prière.* (Une belle oremus.

Le chantre aux yeux du Chœur étale son audace,
Chante les oremus, &c. *Depr. Lutrin. ch. 1.*)

† *Ores, adv.* Vieux mot qui veut dire *présentement*, & qui quelquefois a encore cours dans le burlesque.

[Ne faites pas tant de prouësse
Ores que le tems n'en est pas, *Voit. Poës.*]

† *Ores que.* Conjonction hors d'usage. Dites *bien que*, *encore que.*

ORF.

Orfelin. Voiez *Orphelin.*

Orfevre, s. m. C'est celui qui travaille en or & en argent & qui fait de plusieurs sortes d'ouvrages avec ces métaux. (Un riche orfévre. Un bon marchand orfévre. Les Orfévres sont obligez, par Arrêt du Conseil de 1684, à païer le droit de marque au Roi, pour les ouvrages d'or & d'argent neufs qu'ils fabriquent, & pour la vieille vaisselle qu'ils revendent. Ils doivent enregistrer jour par jour, par poids & par espèce seulement, la vaisselle qu'ils achetent, celle qu'on leur porte pour racommoder, & celle qu'on leur donne pour nantissement, & en communiquer le registre au fermier qui a la ferme du droit de marque. Ils donnent quarante sous pour chaque marc d'argent neuf, & huit Ecus pour chaque marc d'or, qu'ils fabriquent.

Orfévrerie, orfevrie, s. f. Régulierement parlant on doit dire *orfévrerie*, néanmoins pour une plus grande douceur plusieurs disent *orfévrie*, mais comme ce ne sont pas des Auteurs Classiques, je ne les citerois point, & j'écrirois toujours *orfévrie* jusques à ce qu'*orfévrie* soit tout à fait usité par les bons Auteurs & par ceux qui parlent bien. L'*orfévrerie* signifie le commerce & le trafic de l'orfévre. Marchandise d'orfévre. (Un habile Academicien qui a traduit les Dialogues que Ciceron adresse à son frère Quintus, a écrit , *Dialogues premier pag. 85.* Si vous aviez envie de voir les ameublemens & les pièces d'*orfévrerie*, vous prieriez le maître du logis)

Orfraie, s. f. Sorte d'oiseau de rapine de couleur brune, qui a les jambes courtes & couvertes d'écailles & les ongles ronds, qui mange les poissons d'étang & de mer, & qui a un cri fort lugubre. (Ce n'est pas un cigne de nos canaux, c'est une orfraie de nos rivières. Voicz *Balzac, Barbon.*)

Orfroi, s. m. Terme de *Chasublier.* Ce sont les ornemens de devant des chapes qui sont d'ordinaire semez de broderie. C'est le milieu des chasubles qui dans les beaux ornemens, est le plus souvent embeli de broderie. (Un bel orfroi.)

ORG.

Organe, s. m. Il vient du Grec Terme d'*Anatomie.* C'est une partie qui a une figure propre à faire l'action à laquelle elle est destinée. Organe principal. Organe extérieur , ou intérieur. L'œil est une organe & son action est la vûe. De tous les organes qui ont des fonctions des animaux, les organes des Sens sont les moins connus.)

[* Après les Apôtres, les Saints Pères ont été les *organes* du Saint Esprit. *Monsieur Arnaud, Fréquente communion.*

* La sience de l'*organe* le plus nécessaire pour la conduite & pour l'instruction des hommes, *Patru*, plaidoié 4.

Organique, adj. Terme d'*Anatomie.* Ce mot vient du Grec. Instrumental. Qui est d'instrument. Qui est fait par l'organe. Qui vient de quelque organe. Qui est utile à l'action. Qui a des organes. (L'homme est un corps organique animé. Les muscles sont des parties organiques, Action organique.

Organiser, v. a. Il se dit en parlant des corps. C'est animer un corps & en former les organes (Organiser un corps.)

Organisé, organisée, adj Terme d'*Anatomie.* Qui a les organes nécessaires. (Corps organisé.)

Organiste, s. m. Celui qui touche l'orgue durant le service Divin. (Un bon organiste. Un savant, habile , excellent Organiste. Les plus estimez organistes de mon tems, ce sont Le Begue, Tumelin , Nivers.)

Organiste. Ce mot est féminin quand on parle d'une fille ou d'une femme qui joüe de l'orgue. (Il y a à l'abaïe du Bois une excellente organiste.)

Organsin, s. m. Terme de *Manufacture de soie.* C'est de la soie torse, aprêtée & bien conditionnée , qui a passé deux fois par le moulin. (Les plus belles étofes, les fils du velours & du satin doivent être faits d'*organsin* de Boulogne.) Ce mot vient de l'italien *organsino.*

Organeau. Voïez *Arganeau.*

Orge. Quelques-uns font ce mot *féminin*, mais les bons Auteurs & ceux qui parlent le mieux le font *masculin.* L'orge est une plante qui jette une simple tige avec des feüilles longues & larges, & qui porte son grain au haut de sa tige dans un épi. (Les orges sont beaux cette année. L'orge est en fourreau.)

*Orge. *Graine d'orge. (Cet orge est beau & gros. L'orge est nourrissant. *La Cham.*)

Orge mondé, C'est de l'orge dont on a ôté l'écosse & qui est propre pour rafraîchir & faire de la tisane.

† *Il a bien fait ses orges.* C'est à dire. Il a bien gagné. Il a bien fait ses affaires.

† * *Il faut mourir petit cochon, il n'y a plus d'orge.* C'est à dire, Il n'y a plus moïen de reculer, il faut absolument passer le pas.

* *Grain d'orge.* On nomme quelquefois de ce nom la grandeur d'une ligne qui est la douzième partie d'un pouce.

* *Grain d'orge.* Terme d'*Imprimeurs.* Ils nommment ainsi les notes de plein chant qui sont en l'ozange & qui valent la moitié d'une mesure.

* *Futaine à grains d'orge.* C'est une sorte de futaine figurée & qui a des figures faites comme des grains d'orge.

Orgeade, s. f. Terme de *Limonadier.* Prononcez *orjade.* C'est de l'eau d'orge où il entre de la semence de melon , du sucre & quelque eau de senteur. (Les Limonadiers font l'orgeade & la vendent vint sous la pinte. L'orgeade est rafraîchissante.

Orgies, s. f. Mot qui vient du Grec & qui veut dire *Fête de Bachus.* (Méprisez les orgies de Bachus. *Benserade,* Rondeaux. Les Pères reprochent aux Païens les cérémonies infames & ridicules des Orgies , parce qu'en éfet les Orgies méritoient d'être blâmées.)

Orgies. Petit Poëme François à la loüange de Bachus, ou du vin. (S. Amant a fait un poëme qui a pour titre *orgies.*)

Orgue. Ce mot est *masculin* & *féminin* au singulier, mais au pluriel il est toujours *féminin.* C'est un instrument de musique, qui est composé d'un sommier, de tuïaux de bois, de plomb , ou de tres-fin étain, qui font diverses sortes de jeux, qui s'ouvrent par le moïen des registres. Il est composé aussi de claviers , de pédales, de soufflets , de porte vent & de plusieurs choses qui toutes ensemble contribuënt à faire une harmonie propre à chanter les loüanges de Dieu dans l'Eglise. (Un *orgue portatif*, ou *portative.* De belles orgues. De bonnes orgues. Accorder l'orgue. Joüer tendrement de l'orgue. Toucher l'orgue. *Mers.* Le Begue a l'orgue de S. Meri, ou touche l'orgue de S. Meri , c'est à dire , il est organiste à S. Meri. Ouvrir les volets de l'orgue, ou les fermer.

On appelle aussi *Orgues,* le lieu de l'Eglise où sont les orgues. (Aler aux orgues.)

* *Orgues.* Ce sont plusieurs arquebuses à croc , ou plusieurs canons de musquets , rangez les uns auprés des autres dans un fusil de bois, & qui se tirent ensemble, ou séparément. *Dav.*

* *Orgues.* Terme de *Fortification.* Ce sont de longues & de grosses piéces de bois ferrées par le bout, détachées les unes des autres, & suspendues par des cordes au dessus des portes d'une ville pour les laisser tomber à plom sur le passage & empêcher l'ennemi d'entrer. (Les orgues doivent être préférées aux herses.

Orgues. Terme de *Mer.* Manières de goutières le long des tillacs & des sabords pour l'écoulement des eaux.

Orgueil, s. m. Prononcez *orgueil.* Ce mot signifie *vanité*, & se prend toujours en mauvaise part à moins qu'il ne soit acompagné de quelque épitete qui le relève. (Il y a un *sot* orgueil & un *noble* orgueil. L'orgueil est égal dans tous les hommes. *Mémoires de M. le Duc de la Roche-Foucaut.* Etre enflé d'orgueil. *Pas.* l. 10. Rabatre quelque chose de son orgueil, *Abl. Ar. l. 7.* Mettre au jour son orgueil. *Mémoires de M. le Duc de la Roche-Foucaut,* Rabaisser l'orgueil de ses ennemis, *Ablancourt. Ret. l. 6. c. 2.*)

* *Orgueil.* Ce mot en poësie veut dire quelquefois *hauteur.* Aplanir l'orgueil des montagnes. *Voit. Poës.*

Orgueil, s. m. Terme d'*artisan.* Pierre , ou billot qu'on met sous un lévier, pour l'apuïer dessus. Et c'est le centre de son mouvement. On l'apelle aussi cale, *Ozan. Dict. Matem.*)

Orgueilleux, orgueilleuse, adj. Vain. Fier. Altier. Superbe. Il est fortement orgueilleux. Elle est extrêmement orgueilleuse. Elle est orgueilleuse de rien.)

Orgueilleux, s. m. Celui qui a de l'orgueil. (C'est un fat , & un orgueilleux.)

Orgueilleuse, s. f. Celle qui a de l'orgueil. C'est une orgueilleuse)

Orgueilleusement, adv. D'une manière orgueilleuse. Avec orgueil

orgueil. Fiérement. (Il parle fort orgueilleusement.)
S'enorgueillir, *v. r.* Devenir fier, superbe & vain. (Il commence à s'enorgueillir un peu trop.)

ORI.

ORICULAIRE. Voiez *auriculaire*.

ORIENT. *f. m.* C'est un des quatre quartiers du monde à l'endroit du Soleil levant. La partie du monde où le Soleil se leve. (Ce nombre prodigieux d'hommes dont vous avez épuisé l'orient, pourroit. *Vau. Quin. l. 3.*)

Orient. Partie qui regarde les régions Orientales. (La Gaule Belgique regarde le Septentrion & l'Orient. *Ablanc. Cef. l. 1.*)

Orient. Terme *d'Astronomie & de Geographie*. L'une des quatre parties de l'horison à l'endroit où le Soleil se leve lorsqu'il est dans l'Equateur, qui est le tems des équinoxes. Il y a encore un Orient *d'été*, & un Orient *d'hiver. L'Orient d'été.* C'est l'endroit de l'horison, où le Soleil se leve lors qu'il entre au signe de l'Ecrevice, qui est le tems où se font les plus grands jours. *L'Orient d'hiver*, c'est l'endroit de l'horison où le Soleil se leve lors qu'il entre dans le signe du Capricorne, qui est le tems où les jours sont les plus courts. Ces Orients *d'été & d'hiver* ne sont pas également éloignez en tous païs de l'Orient des équinoxes, mais cét éloignement est d'autant plus grand que la Sphere est plus oblique ; C'est à dire, que le pole est plus élevé sur l'horison, ou que les païs sont plus éloignez de la ligne équinoctiale.

Orient. Terme de *Géographe*. Ce mot se dit en parlant de cartes Géographiques. C'est le côté de la carte que nous avons à notre main droite qu'elle est devant nos yeux.

Oriental, *Orientale*, *adj.* Qui est à l'Orient, qui vient de l'Orient Qui est d'Orient. (Les Indes Orientales. L'Opale Orientale est fort belle. Langues Orientales. Vent Oriental. L'Ocean Oriental.)

Oriental, *orientale*, *adj.* Qui est tourné vers l'Orient. (Quadran Oriental.)

Orientaux, *f. m. pl.* Ce sont les peuples Orientaux, qui habitent les païs qui sont à notre Orient.

Orienter, *v. a.* Terme de *Geographe*. Marquer sur une carte de Geographie la vraie situation des parties de la terre à l'égard de l'Orient & des autres quartiers du monde. (Orienter une carte. Carte bien, ou mal orientée.)

ORIFICE, *f. m.* Terme *d'Anatomie*. Entrée. Bouche. Ouverture. (Orifice intérieur de la matrice.)

ORIFLAME, *f. f.* L'oriflame étoit l'enseigne générale de France. On l'appelloit oriflame à cause des flammes d'or dont elle étoit toute pleine. Elle étoit dans l'Eglise de l'Abaïe de Saint Denis en France, & elle n'en sortoit que quand on alloit à quelque grande expédition. Le Roi la recevoit des mains de l'Abé de Saint Denis avec grande dévotion, & il la faisoit porter devant lui par le plus vaillant chevalier de son armée. On nommoit ce chevalier le garde de l'oriflame, & cette charge étoit fort considérable. *Du Tillet, recueil des Rois de France, leur Couronne & Maison.* L'oriflame est appellée par quelques uns *la baniére Saint Denis.* Elle étoit effectivement en forme de baniére de procession, d'une étofe rouge semée de flammes d'or, longue d'environ douze piez, pointuë & fenduë par le bas & attachée au haut d'une lance. *Mezerai histoire de France, vie de Philipe Auguste* écrit que l'oriflame étoit gardée par les communes. On ne cessa de la porter à la guerre que sous Charles VII. Quelques anciens historiens & quelques anciens Romans François appellent l'oriflame, enseigne roiale, baniére de France, oriflor, oriflour & ils disent porter l'oriflor. Un tel chevalier portoit l'orifour. Voiez *le Roman de Guitecelin & autres*.

ORIGINAIRE, *adj.* Qui tire son origine de. Qui prend son origine de. (Les Bonzi sont originaires de Florence. Mot originaire de Grece, *Ablancourt*.

Originaire. Il se dit des défauts de la naissance. (Vice originaire. Maladie originaire.)

Le Demandeur originaire. Termes de *Palais*. C'est celui qui a fait la première demande, qui a le prémier intenté le procés.

Originairement, *adv.* Qui est d'origine d'un certain lieu. Qui vient d'origine d'un certain lieu, ou de certaines gens. (Les Messieurs Fouquets sont originairement d'Anjou. *Le Comte de Bussi*.)

Original, *f. m.* Chose qui est première en son genre. Ecrit dont on tire copie. (Il fit copier toutes les lettres de sa maitresse, & puis il alla montrer les originaux, *Le Comte de Bussi*. J'avois peine à croire cela, & je priai le Pére de me le montrer dans l'original. *Pas. l. 6.* Cela est dans l'original Hébreu. Ce tableau est un original.)

* *Original.* Ce mot est encore dans un sens un peu diférent de celui dont on vient de parler. (Ainsi on dit & on écrit tous les jours, *Savoir une chose d'original. Voi. Poës.* C'est à dire, Savoir une chose de source, Savoir une chose certainement & de ceux qui la savent à fond & avant tout autre.)

* *Original*, *f. m.* Ce mot se dit en riant d'une personne qui a quelque chose de singulier & d'un peu extravagant dans l'esprit (Gui Guillot, Médedin imaginaire est un original achevé.)

* *Original*, *f. m.* Ce mot se dit en bonne part, & veut dire qui est le prémier par excellence en une sorte de chose. (Voiture est l'unique *original* des choses galantes. *Pelisson Préface sur les œuvres de Sarasin.* Job est un *original* de patience. Ce n'est qu'un foible *original* de loüange & de raillerie, *Mai. Poës.*)

Original, *originale* ; *adj.* Ce mot se dit des pièces prémières & fondamentales d'une afaire ; Il se dit aussi des langues, & des poids qui servent de modele pour tous les autres poids (Ainsi on dit, Les piéces originales d'une afaire. Les langues originales. On garde les poids originaux dans la Cour des monoies de Paris.)

* *Original*, *originale.* Ce mot se dit des personnes, des esprits & des actions qui ont quelque chose de nouveau & de particulier qui les distingue des autres. (Voiture est un Auteur original ? Il y a peu d'Auteurs originaux.)

Origine, *f. f.* Commencement de quelque chose, ou de quelque famille. Ce dont une chose vient & prend son principe. (Origine heureuse, superbe, noble, obscure, malheureuse. Tirer son origine de, *Vau. Quin.* Raporter son origine aux Dieux, *Ablancourt. Ar. l. 7.* Jesus Christ est la source & l'origine de tous nos biens, *Arnaud.* Il fait voir que les nerfs tirent leur origine du cerveau, *Port-Roïal, Logique, Préface.*

Son cœur dément en lui sa superbe origine.
Depreaux, Satire 5.)

Origine. Ce mot se dit en parlant de *langue*, & signifie étimologie des mots ; leur dérivation (On dit que vous cherchez présentement les origines de la langue Suédoise ; *Boileau, Avis à Ménage.*)

Originel, *originelle*, *adj.* Terme de *Téologie*, qui se dit de la souillure, & de la tache contractée par nos prémiers parens, & découë dans leur postérité ; cette souillure s'appelle *péché originel.* (Comme nous naissons avec le péché originel dérivé d'Adam, ainsi nous serions nez avec la grace originelle, qui eût découlé sur nous du même Adam. *S. Ciran. Téol. ch. 2.*)

† * Les François ont le *péché originel* pour être Papes.

† * Il est Normand & c'est tout dire, il a le *péché originel*, je ne veux nulle liaison avec lui.

Originellement, *adv.* Dés l'origine. Dès le commencement. (Plusieurs mots de notre langue viennent originellement du Grec, du Latin, ou de l'Aleman.)

ORIGNAC, *original*, *f. m.* L'un & l'autre se dit au singulier ; mais au pluriel, on dit *qu'orignaux.* Et quand on se sert *d'orignac*, on ne fait point sentir le *c*. L'orignac est un animal aussi puissant qu'un mulet, & dont le mâle porte sur la tête un panache bien plat & fourchu. Il a le cou long & déchargé, les jambes hautes & sèches, le pié fourchu & le poil gris-bland, ou roux & noir. Sa femelle porte un an. Il est sujet à tomber du haut mal : mais lors que cela lui arrive, il se grate l'oreille du pié gauche. Dans cette pensée, on croit que le pié gauche de l'orignac, est bon pour le mal de tête & pour le mal-caduc. Sa chair est plus excellente que celle du cerf. Denis, *Amérique.* T. 1. *ch. 21.* raconte qu'on court l'orignac à cheval, que le carcajou & le renard chassent ensemble l'orignac, & batent le bois pour en trouver la piste. La Pologne est pleine *d'orignaux* ; & c'est le même animal que celui qu'on appelle *Elan.* De ses peaux bien passées, on fait de bons buffles, des tapis de table & d'autres ouvrages. Voiez *Elan.*

ORILLON, *f. m.* Terme de *Fortification.* Masse de terre rêvétuë de muraille, qu'on avance sur l'épaule des bastions à casemate, pour couvrir le canon qui est dans le flanc retiré & empêcher qu'il ne soit démonté par l'assiégeant. Il y a des orillons de figure ronde, & d'autres à peu près de figure quarrée, qu'on apelle épaulement, *Guillet, Arts de l'homme d'épée.*

ORIPEAU, *f. m.* Léton batu en feuille, dont on se sert pour faire des habits, des poupées & autres choses de peu de conséquence (Oripeau fort brillant.)

* † *Oripeau* Chose qui a de l'aparence & qui est de peu de valeur. Choses qui ont une belle aparence & qui au fonds ne sont rien.

[Vers ramassez éclatans d'oripeau
Qui font donner la Cour dans le paneau.
Scaron, *Epitre chagrine*.]

ORIZON, *Orizontal.* Voiez *horison.*

ORL.

ORLE, *f. m.* Terme de *Blason.* C'est une manière de ceinture autour du dedans de l'écu, à quelque petite distance des bords. (Porter de gueules à l'*orle d'argent. Col.*)

Orle. Voiez *Ourlet.*

O R M.

ORME, s. m. Gros & grand arbre qui a les racines longues, les branches étenduës, la feüille large, un peu longue & épaisse, le bois dur, jaune & peu agréable à voir. (Un grand orme. U . gros orme.)
Ormeau, s. m. Orme, ou petit orme.

[Muse, quitons ces prairies.
Et pendons à ces ormeaux
Ces rustiques chalumeaux, Sar. Poës.]

Ormaie, s. f. Lieu planté d'ormes. (Une grande ormaie. L'ormaie de Bourdeaux.)
ORMIN, s. m. Plante qui a de grandes feüilles larges, qui sent fort, & qui produit des fleurs bleuës. (Un bel orme.)
† ORMOIRE, s. f. Presque tout le petit peuple de Paris, & même quelques honêtes gens disent ormoire, mais ils disent mal. L'usage de ceux qui écrivent & qui parlent bien est pour armoire.

O R N.

ORNE, s. m. Arbre qui a l'écorce lisse, épaisse & rougeâtre, la racine avant dans la terre, & qui se plait dans les montagnes & dans les forêts.
ORNEMENT, s. m. Tout ce qui sert à orner, embélissement, parure. (Le quatriéme jour Dieu créa le Soleil, la Lune, & les autres Aîtres, & les plaça dans le Ciel pour en être le principal ornement. Arn. Joseph. l. 1.)
(* Pierre le chantre est l'un des plus grands ornemens de l'Eglise de Paris. Paschal, liv. 12. La vertu & le savoir sont les plus beaux ornemens. Ablancourt, Luc.)
* Ornement. Terme de *rétorique*. Figure qui embélit le discours. (Il faut emploier avec esprit les ornemens dans le discours.)
* Ornement, s. m. Terme d'Architecture. Ce sont l'architrave, la frise & la corniche. Perraut, Vitruve.
Ornement. Terme de Blason. Il se dit de tout ce qui est hors de l'Ecu, comme les timbres, les bourrelets, les lambrequins, les cimiers, les supports, coliers, manteaux, pavillons, &c.
Orner, v. a. Embélir. Parer. (Orner un autel, un cabinet, une chambre, une cheminée.)
[* J'ornerai ton ame de vertu & de savoir, Ablancourt, Luc. Orner d'une gloire immortelle, Voit. Poës. Orner un discours.]
ORNIERE, s. f. Trace creuse que font les roües des chariots & autres harnois sur la terre dans les grans chemins. (Une grande orniere.)
ORNITOGALE, s. f. ou Ornitogalon, s. m. Sorte de fleur blanche en forme de grape, qui fleurit en Juin, & qui commence par le pié, & qui enferme une espece de petit bouton verd. (Une belle ornitogale.)

O R P.

ORPHELIN, s. m. Qui a perdu son pére & sa mére, Qui a perdu son pére, ou sa mére. (Etre orphelin de pére & de mére. Ils massacrent les orphelins, Port Roial, Pseaumes. Le Seigneur protege les orphelins & les veuves, Port-Roial, Pseaumes. Rendez justice au pauvre & à l'orphelin. Port-Roial, Pseaumes.)
Orpheline, s. f. Celle qui a perdu son pére & sa mére. Celle qui a perdu son pére ou sa mére. (Elle est demeurée orfeline fort jeune.)
ORPIN, s. m. On dit aussi orpiment & en Latin auripigmentum. Couleur jaune, métallique & naturelle dont on se sert pour peindre en mignature & qui est une espece de poison.
ORQUE, s. f. Monstre marin.

O R S.

ORSE, s. f. Terme de Mer, dont on se sert sur la Mer de Levant. Il signifie la main gauche & ce qu'on apelle bas-bord sur l'ocean (Aller à orse.)
Orser, v. n. Aller à orse. Robbe traité de Navigation.
† ORSUS. Sorte d'adverbe dont on se sert dans le stile le plus bas. (Orsus, travaillons tout de bon.)

O R T.

ORTEIL, s. m. ou arteil. Prononcez orteüil. L'un & l'autre se trouve, mais orteil est le mot d'usage. Doigt du pié. [Le petit orteil. Le gros orteil a ses muscles particuliers qui le fléchissent, & l'étendent. Les os des arteils se peuvent luxer de toute maniére. Verduc. Traité des fractures. Verduc eût mieux dit, s'il eût écrit les os des orteils se peuvent luxer. Mais, entre Chirurgiens, on ne regarde pas de si prés au bel usage.
ORTIE, s. f. Plante qui a la tige ronde, creuse, tortuë, âpre, veluë & les feüilles piquantes & brulantes. (Ortie commune, sauvage, morte, püante, Dalechamp.)
ORTODOXE, adj. Mot qui vient du Grec & qui veut dire, Qui a une vraie & legitime connoissance de la verité. Qui a une bonne & saine opinion, aujourd'hui on entend par le mot d'Ortodoxe ce qui est opsé & qui est contraire à Hérétique. Ce qui est vraiement Catolique. [Ce qui étoit hérétique dans les semi-Pélagiens devient Ortodoxe dans les écrits des Jésuites, Pascal, l. 3. Opinion ortodoxe, Pas. l. 1.]
ORTOGRAPHE, s. f. Ce mot vient du Grec. Prononcez Ortografe. C'est l'art d'écrire les mots correctement. [Une bonne ortographe. Aprendre l'ortographe. Savoir l'ortographe, Vaugelas, Remarques. La vieille ortographe, La nouvelle ortographe. L'ortographe qui n'est ni tout à fait vieillie, ni entierement nouvelle est la meilleure.]
Ortographie, s. f. Terme d'Architecture. C'est la représentation d'un ouvrage selon ses largeurs, ses épaisseurs, ses hauteurs & ses profondeurs, tel qu'il paroîtroit s'il étoit coupé à plomb depuis la plus haute jusques à la plus basse de ses parties. On apelle aussi l'ortographie. Profil.
Ortographier ; ortographer, v. a. Il faut dire ortographier & non pas ortographer, Vaugelas, Remarques. C'est écrire correctement & ne manquer à l'ortographe. (Ortographier un mot comme il faut.)
ORTOLAN, s. m. Oiseau qui est gros environ comme une aloüette, qui chante agréablement, & qui est fort bon à manger. Les plumes de sa tête, de son cou, & de sa gorge tirent sur le jaûne & les grosses plumes de ses ailes & de sa queuë tiennent du jaune & du noir. L'ortolan vit trois, ou quatre ans, & meurt souvent de trop de graisse. Olina, Traité des oiseaux qui chantent.

O R V.

ORVIETAN, s. m. C'est une sorte de contrepoison qui a été apellé orvietan du nom d'un Operateur d'Orviette, qui est une ville en Italie. L'orvietan est souverain pour plusieurs maux.)
Orvietan. Operateur qui fait & vend l'orvietan. (Je vai chez l'orvietan acheter de sa drogue. L'orvietan est riche.]

O S.

OS, s. m. La partie du corps la plus dure, la plus seche & la plus terrestre qui sert à afermir & à soutenir les parties du corps. (Un gros os. Un petit os. Les os sont sujets à trois accidens, la dislocation, la fracture & la carie.)
L'esquille d'un os. C'est une partie qui s'en sépare par quelque fracture.
Les dents sont des os & même les plus durs.
Ce qui tient le lieu des os dans les poissons s'apelle arête. On dit pourtant des os de baleine, de Crocodile Os de séche, les Orfévres en font des moules.
Os pubis. Cet os s'apelle de la sorte en parlant du corps des hommes, & en parlant des femmes il s'apelle barre.
Os sacrum. C'est un os grand & large qui est au bas de l'épine du dos.
Os coronal. C'est l'os du front.
* Ce mot est pris figurément en quelques façons de parler. [Exemples.]
† * Il ne fera pas vieux os. Ablancourt, C'est à dire, Il ne vivra pas long-tems.
* Les os lui percent la peau. Ablancourt. C'est à dire, Il est fort maigre. On dit aussi il n'a que la peau & les os.
* On dit en riant & parlant d'un païs maigre & où il y a des roches qui sortent de la terre ; que les os lui percent la peau.
* Mes os tiennent à ma peau à force de gémir, Port-Roial, Pseaumes. C'est à dire, Je suis déséché & amaigri à force de soupirer.
* Mes pechez m'ont réduit à être agité & inquieté jusques dans les os, Port-Roial, Pseaumes. C'est à dire, Etre Entiérement Inquiété.
† * Je te casserai les os, C'est à dire, Je te batrai cruëllement.
* Le boureau lui a cassé les os, C'est à dire, Il a été roüé sur un échafaut & exposé sur la roüe.]
* Jetter un os à la gueule de quelcun. C'est lui donner quelque chose pour l'obliger à se taire.
* Donner à quelcun un os à ronger. C'est lui susciter quelque mauvaise afaire, qui lui donne de la peine, qui l'ocupe & le détourne de quelqu'autre chose.

O S E.

OSÉ, osée, adj. Ce mot signifie, Hardi. Téméraire. [Les Péres Observantins furent si osez que de la destituër. Patru, Urbanistes.)
OSER, v. a. Avoir la hardiesse de. J'ose vous prédire que. Pas. l. 1. Je ne sai qu'un homme en France qui de la sorte osât rimer, & l'osant, osât se nommer. Voit. Poës. Lors qu'on

qu'on se sert de ce verbe *oser* avec lui la négative *ne*, le meilleur est de suprimer le *pas*, ou le *point* qui acompagne d'ordinaire cette négative. *Vaug. remarques.*

[Je bénis mon martire & content de mourir.
Je *n'ose* murmurer contre sa tirannie.
Voit. poësies.

Ils *n'osoient* sortir de leurs tentes, ni s'assembler, ni demeurer autour des drapeaux, *d'Ablancourt Tacite, Annales l. 10. c. 4.* La Reine en parla à Monsieur le Prince qui *n'osa* contredire cette proposition. *M. le Duc de la Roche-Foucaut, Mémoires guerre de Paris, p. 86.*)

Osier. Voiez *Ozier*.

OSS.

Ossec, *s. m.* Terme *de Mer*. C'est la sentine, ou le fond du Vaisseau, où s'écoulent les eaux. [Vuider l'ossec. *Robbe, navigation.*]

Osselet, *s. m.* Ce mot se dit en *Terme d'Anatomie*, & veut dire *petit os*. [Les trois *osselets* de l'oreille. *Gelée Anatomie, l. 2. c. 15.* Il y a dans la caisse du tambour de l'oreille, cinq choses, deux conduits, deux ouvertures, quatre *osselets*, trois muscles & une branche de nerf. *Du Vernei traité de l'ouïe I. p.*]

Osselet, *s. m.* Ce mot en parlant de Jeu est un petit morceau d'ivoire façonné en forme *d'os*. Il faut quatre *osselets* & une petite boule d'ivoire pour faire un jeu *d'osselets*; qui est un jeu où il n'y a que les petites filles qui joüent. Pour y joüer, on jette avec la main la petite boule d'ivoire environ la hauteur d'une personne & on prend adroitement un des *osselets* lorsque la petite boule est tombée à terre, & fait un bond. [Joüer aux osselets] *Gombaud Epigramme. lib. 11. ép. 83.* s'est servi du mot *d'osselet* assez plaisamment.

Son corps est fait de chapelets
Et c'est joüer aux osselets
Que de se joüer avec elle.

C'est à dire que cette femme est très-maigre, très-sèche; qu'elle n'a que la peau & les *os* & qu'on n'a nul plaisir à se divertir amoureusement avec elle.

Osselets. Terme *d'Archer du Guet*. Petit bâton au travers duquel on passe une corde, où il y a un neud coulant qu'on met au doigt de celui qu'on mène prisonnier. [Donner les *osselets* à un prisonnier.]

Ossement, *s. m.* Os des gens morts ou tuëz. [De monceaux *d'ossemens* nos plaines sont couvertes. *Godeau, Poës. 1. partie.* Les hipocrites sont semblables à des sépulcres blanchis qui au dehors paroissent beaux, mais qui au dedans sont pleins *d'ossemens* de morts, *Port-Roïal*, *Nouveau Testament.*]

Osseux, osseuse, *adj.* Terme *d'Anatomiste*. C'est à dire, qui a quelque chose de la dureté de l'os. [Parties *osseuses*. Ce qu'on apelle le conduit de l'ouïe est formé du conduit cartilagineux & du conduit *osseux*, mis l'un au bout de l'autre. *Du Vernei*, organe de l'ouïe. La dent, dans sa partie *osseuse*, a de la sensibilité par l'esprit animal que le nerf y porte & y répand. *Martin, dissertation sur les dents.*]

Ossu, *ossuë*. *adj.* Qui a de gros os & peu de chair.

OST.

† Ost, *s. m.* Vieux mot qu'on prononce *ôt*, & qui signifioit une armée.

Ostentateur, *adj.* Ce mot ne se dit guère. Cependant il se peut trouver des endroits où il aura bonne grace. Il signifie *Magnifique*. *Superbe*. *Vain*.

(Quel est ce bel esprit à la perruque antique,
Dont l'art *ostentateur* à nos yeux éblouïs
Donne un mauvais Sonnet pour trois cens bons
Louïs ?
Auteur anonime.)

Ostentation, *s. f.* Vanité. Vaine gloire. Orgueil. (C'est une vaine & ridicule *ostentation*. Faire une chose par *ostentation*.)

Ostéologie, *s. f.* Ce mot vient du Grec. C'est la partie de l'anatomie qui traite des os. (L'*ostéologie* est curieuse. Savoir l'*ostéologie*.)

Ostracisme, *s. m.* C'est un mot Grec. C'étoit une sorte de bannissement qui étoit en usage parmi les Athéniens, qui duroit ordinairement dix ans, & dont on se servoit envers ceux qui étoient trop puissants, & qui étoient à craindre à cause de leur richesse & de leur crédit.

Ostrelins, *s. m.* Terme *de Mer*. Les Anglois apellent de ce nom ceux qui sont Orientaux à l'Angleterre & principalement les villes confédérées d'Alemagne, dont la capitale est Lubec, *Fournier*.

Ostrogot, *s. m.* Ce mot est Suédois, & veut dire qui est de la Province d'Ostrogotie, qui est la Gotie Orientale. (Les *Ostrogots* sont braves.)

OTA.

Otage, *s. m.* Ce mot se dit entre *gens de guerre* & gens de parti contraire qui ont été vaincus, ou qui se sont rendus. Personne que le parti qui s'est rendu, ou qui a été vaincu donne pour assurance qu'il tiendra les conditions faites. (Il lui répondit qu'il ne prit pas en *otage* des vieillards. *Ablancourt*, Retor. l. 7. Donner pour *otage*. Donner en *otage*. *Ablancourt*. Les deux partis ennemis étant sur le point de conclurre quelque traité, se donnent aussi réciproquement des *otages*, pour assurance de l'éxécution de ce qui sera acordé.)

Viles d'otage. Ou places de sureté. Ce sont des viles qu'on remet entre les mains d'un parti pour assurance de l'éxécution de la paix qui a été faite.

Otarde. Voiez *Outarde*.

OTE.

Oté. Préposition qui signifie *Hormis*, *Excepté*: mais on ne s'en sert guère que dans le stile simple. (*Oté* l'heur de vous plaire & de vous adorer, il ne se voit rien de solide. *Benserade.*

Elle est charmante, elle est acorte.
Et tout ce que la belle porte
Lui sied bien, *ôté* son mari.

Oter, *v. a.* Ravir. Enlever. Priver. (Ce procedé *otera* à la Sorbone l'autorité qui lui est necessaire. *Pasc. l. 1.* Pour punir le serpent de sa malice, Dieu lui *ota* l'usage de la parole. *Arn. Joseph. l. 1.* Oter la vie à une personne. *Pas. l. 7.*)

Oter. Tirer quelqu'un d'auprès d'un autre. Délivrer. Arracher (Il avoit trop consideré pour l'*oter* d'auprès de la Reine, *Mémoires de M. le Duc de la Roche-Foucaut.* *Oter* quelqu'un de peine *Pascal. l. 9*)

Oter. Lever de dessus. Tirer de dessus. (*Oter* son chapeau, *Le Comte de Bussi.*)

OU.

Où. Ce mot étant un *adverbe de lieu* doit être marqué d'un accent grave. (Où est-il ? Où est elle allée ? Aller sans savoir où.)

Où. Ce mot se met élégamment pour le pronom rélatif lequel, laquelle; tant au singulier qu'au pluriel & se marque d'un accent grave. (La haine & la flaterie sont les écueils *où* la verité fait naufrage. *Mémoires de M. le Duc de la Roche Foucaut*. C'est à dire ; contre lesquels la verité échouë.

Ou. Ce mot étant une de ces particules qu'on apelle *disjonctives*, ne se marque d'aucun accent. (Exemples. *Ou* la douceur ; *ou* la force le fera ; *ou* le feront. Il faut dire le fera à cause qu'il n'y a que deux disjonctives, *Vaugelas*, *Remarques*. Peut-être qu'un jour, *ou* la honte, *ou* l'occasion, *ou* l'exemple leur donneront le meilleur avis ; *ou* leur donnera. L'un & l'autre est bon ; néanmoins à cause de l'accumulation des choses, qui présente diverses faces diférentes à la fois ; Il est plus élégant de dire *donnèront* que *donnera* ; *Vau. Rem.*)

OUA.

Oüais. Sorte *d'interjection*, qui marque l'action d'une personne qui se reprend sur une autre, & qui désaprouve d'un ton de maître ce que cette autre fait. (Oüais, ce maître d'armes vous tient fort au cœur. *Molière.*)

Oüaille, *s. f.* Ce mot est toujours figuré & veut dire. Personnes commises à la garde de quelque Curé, de quelque Evêque, ou de quelque ministre, de quelque personne superieure dans un couvent, ou maison Religieuse. (Comme elle voit la plu-part de ses *oüailles* perduës, elle implore le secours du Ciel. *Patru*, *Plaidoié 16*. Il résida à son Eglise pour y prendre soin des oüailles que Dieu avoit commises à sa garde *Maucroix*, *Vie de Polui*.)

Ovaire, *s. m.* Ce mot est formé du Latin *Ovarium* ; C'est un terme d'Anatomiste. Il signifie dans les oiseaux, la partie où se forment les œufs. Les Anatomistes modernes trouvent aussi des *ovaires* dans le corps des femmes.

Ovale, *adj.* Terme *de Géometrie*. Il se dit d'une figure un peu irrégulière, renfermée par une seule ligne courbe ; dont les deux diametres qui se croizent, sont inégaux, & dont la rondeur est moins large à un bout qu'à l'autre. On l'apelle *figure ovale*, ou simplement *une ovale*, prenant ce mot comme un substantif.

Ovale, *adj.* Qui a une figure qui tire un peu sur le long. (Forme me ovale Ablancourt. Anne de Boüien avoit le vifage ovale, Maucroix, Schifme.)

OÜATE, f. f. C'eſt de la bourre de ſoie dont on ſe ſert pour fourrer des veſtes, des camiſoles & autres choſes. (Voilà de l'oüate bien blanche.

On aporte à l'inſtant ſes ſomptüeux habits
Où fur l'oüate molle éclate le tabis.
Déspreaux, Lutrin, page 172.)

OVATION, f. f. C'eſt un mot Latin dont on parle dans l'hiſtoire Romaine. Il ſignifie un petit triomphe, qui ſe faiſoit avec moins d'éclat que les grands triomphes.

OUB.

OUBLI, f. m. Il conſiſte à ne ſe pas reſſouvenir. Etre dans l'oubli. Ablancourt. Selon cette doctrine les péchez qu'on fait dans un entier oubli de Dieu ne pourroient être imputez. Paſcal, l. 4. Mettre en oubli les bien faits qu'on a reçus. Seigneur, ne mettez point en oubli le pauvre. Pſ. 9.

† Oubliance, f. f. Ce mot eſt vieux. Il faut dire. Oubli.)

OUBLIE, f. f. Pâte faite de farine, d'œufs, de ſucre & d'eau qu'on fait cuire entre deux fers ſur le feu. (De bonnes oublies. Acheter une main d'oublies. Faire des oublies.

Oublieur, f. m. Celui qui fait & vend des oublies. Le mot d'oublieur eſt un des noms que le pâtiſſier a dans ſes lettres de maîtriſe, où il s'apelle pâtiſſier oublieur, mais à Paris on entend proprement par le mot d'oublieur le garçon pâtiſſier qui ſur les huit heures du ſoir va l'hiver par Paris crier des oublies.

OUBLIER, v. a. Ne ſe pas ſouvenir de quelque choſe. (J'ai oublié de manger mon pain, Port-Roial, Pſeaumes, je ne vous oublierai pas. J'ai oublié que j'étois engagé. Je n'oublie jamais de prier le Ciel pour vous, mais j'oublie ſouvent de vous prier pour moi, Coſtar. Elles ont oublié ce qu'elles devoient à leur ſéxe & à leur profeſſion, Patru, plaidoié 16. J'oubliai ma colére & ne ſceus que pleurer. J'ai oublié à vous dire qu'il y a des Elcobars de diférente impreſſion, Paſcal, lettre 8. Il n'a rien oublié pour le perſuader, Ablancourt. C'eſt à dire, Il a emploié toutes choſes pour le perſuader.)

* S'oublier, v. r. Ne ſe ſouvenir plus de ce qu'on étoit. Devenir fier & inſuportable. Faire le fat & le glorieux. (Le méchant s'oublie dans la proſperité. Maucroix, Bernelles. Les gens de baſſe condition s'oublient d'ordinaire dans une fortune élevée.)

* S'oublier. Manquer de reſpect. Perdre le reſpect qu'on doit à une perſonne. [* Pourquoi s'oublier contre un homme de merite. Vous vous oubliez, mon petit ami.

* S'oublier. Manquer à ſon devoir, faire des fautes. (Elle s'eſt oubliée en cette rencontre. Bouh. Nouv. rem. Xenophon & Platon qui ſont ſortis de l'école de Socrate s'oublient bien quelquefois eux-mêmes. Dépr. Longin, ch. 3.)

* S'oublier. Se perdre. S'égarer. Se laiſſer tranſporter (* L'eſprit dans ce nectar heureuſement s'oublie. Dépr. Sat. 4.)

OUBLIETTE, f. f. Priſon perpetuelle où l'on condamnoit autrefois certains criminels en France. Etre condamné aux oubliettes. Voiez les antiquitez de Paris.

OUBLIEUX, oublieuſa, adj. Qui oublie aiſément. Qui perd la mémoire. Qui ne ſe ſouvient plus. (Jupiter fut oublieux en pluſieurs ocaſions. Coſtar, Apol. de Voit. p. 39.)

OUE.

OÜEST, f. m. Terme de Géographe. C'eſt l'endroit opoſé à l'Eſt. Vent du couchant qui a une chaleur & une humidité temperée.

OUF.

OUF, Sorte d'interjection, Qui ſert pour exprimer quelque ſentiment de douleur. (Ouf ! tu m'étrangles, fat, Moliere.)

OUI.

OUI. Sorte d'adverbe afirmatif qui veut dire Il eſt vrai. Je l'a voüé, & qui ſe prononce fortement. (Les anciens diſoient qu'oui mais les nouveaux diſent que non, Paſc. l. 5. Minerve dit oui dà, oui dà, je l'eſtime, Voit. Poëſ. Oui, mais non pas ſi chaud qu'ici. Ont-elles répondu que oui & non ? Moliere.)

Oui. Régulierement parlant, la voïelle qui précede le mot oui ſe doit perdre, néanmoins il ſemble aujourd'hui qu'il ſoit libre de la manger, ou de ne la pas manger. (On lui dit que oui. Abl. Apoph. Je croi que oui. Moliere, Bourg. Gentil-homme, act. 3. ſc. 4. Il répondit qu'oui. Vau. q. 5. c. 11. p. 42.)

Oui, ad. Il ſignifie, j'y conſens, je le veux, j'en tombe

d'acord. (Si vous ne dites oui, vous ne ſerez jamais mariée.)

Oui. Ce mot eſt quelquefois une maniere de ſubſtantif. (Ah! cet oui ſe peut-il ſuporter ? Moliere, Fem. ſav. a. 1. ſc. 1. Le t de ce mot cer ne ſe prononce pas, on prononce ce oui. Il ne faut qu'un oui pour rendre un homme heureux. Vau. Rem. Ne prononcez pas un nani, mais un oui. Il diſoit oui, ne prononcez point, ils diſoit ſ oui, mais oui.)

Oui, ouie, adj. entendu. (Sermon ouï. Meſſe ouïe.)

Oui-diré, f. m. Choſe qu'on a entendue dire, & qu'on ne donne pas pour vraie. Ce mot n'eſt en uſage que dans le diſcours familier. (C'eſt un oui dire que cela, Ce n'eſt qu'un oui dire. Il eſt ſavant par oui dire.)

Ouye, f. f. Un des cinq ſens & celui par lequel le ſon paſſe, (Avoir l'ouye un peu dure. Il faut faire entrer les inſtructions qu'on donne aux enfans non ſeulement par l'ouïe mais auſſi par la vue. Port-Roial, Educ. du Prince, 2. partie. Conſerver l'ouye. Perdre l'ouye. Afoiblir l'ouye. Du Vernet, org. de l'ouye, 2. p.)

Ouye. Ce mot ſe dit des poiſſons. Ce ſont comme des poils diſpoſez par ordre, & atachez à un demi cercle d'os à chaque côté de la tête du poiſſon par le moïen deſquelles le poiſſon rejette l'eau qu'il a priſe par la bouche. (Il y a des poiſſons dont les ouyes ſont couvertes & d'autres dont les ouyes ſont découvertes. Rond.)

Ouye. Terme de Lutier. Ce mot ſe dit en parlant de certains inſtrumens de muſique, comme de la viole, & ce ſont les deux ouvertures preſque en forme de la lettre f, qui ſont ſur la table de la viole. Quelques lutiers apellent auſſi ouyes les deux ouvertures qui ſont ſur la table du violon & de la poche, mais elles s'apellent plus ordinairement f.

† Ouille, f. f. Sorte de potage fait de diverſes herbes & ſans beurre, qu'on ſert quelquefois les jours maigres.

OUIR, v. a. J'oi, tu ois, il oit, nous oions, vous oiez, ils oient. J'oiois. J'ai oui. J'ouis, j'oirai, que j'oye, j'oirois, j'ouïſſe. Ce verbe eſt un peu rude en de certains tems & il ſe dit proprement d'un ſon, ou d'un bruit qui ne dure pas beaucoup. Il ſignifie entendre des oreilles. (Ce n'étoit que gemiſſemens qu'on ouïoit de tous côtez. Vaug. Q. liv. 5. ch. 11. p. 151. O! mon Pére, on ne peut ouyr ſans horreur les choſes que je viens d'entendre. Paſ. let. x. J'avois ouy dire que c'étoit un habile homme. Paſ. l. 4. Ouy quelque choſe de ſes oreilles. Vau. Rem. Je ſens que votre modeſtie s'alarme en vous ciant loüer. Sar. poëſ. Il n'y aura jamais de poſterité fi éloignée qui n'oye le bruit de vos loüanges. Vaug. Q. Curce. l. 5. c. 8.

Dans le tems où le mot ouyr eſt un peu dur, on ſe ſert d'entendre.

Ouyr un Profeſſeur. C'eſt fréquenter ſes leçons & étudier ſous lui.

* Le ſang innocent répandu crie vengeance & ſe fait ouyr juſques dans le ciel.

* Ouyr. Il ſignifie quelquefois exaucer. (Dieu a oüi les gemiſſemens de ſon peuple.)

OUL.

OULE, houle, f. m. Terme de Matelot. Vague de mer, Fournier. Il s'écrit plus ordinairement par h.

OUR.

OURAGAN, ou houragan, f. m. Vent de tempête duquel l'avant coureur eſt un gros air qui dure quelques ſemaines avec un grand calme ſur mer. Ce vent regne principalement dans le iſlot, il abat les arbres, & les maiſons & cauſe de furieux orages ſur mer, auſquels les vaiſſeaux réſiſtent malaiſément. L'ouragan en 24 heures fait tout le tour de la bouſſole.

OURDIR, v. a. Terme de Ferandinier & de Tiſſerand. C'eſt mettre la chaine ſur l'ourdiſſoir à 10. fils & à la fois. (Ourdir une chaine.

Ourdir. Terme de Vanier. Tourner l'oſier à l'entour du moule du panier. Tortiller l'oſier. (Ourdiſſez-moi cela.)

* Elle rompra la trame qu'elle a ourdie, Patru, pl. 2.

Ourdiſſoir, f. m. Outil de Ferandinier, de Rubanier & de Tiſſeran, ſur quoi ils mettent la ſoie, ou le fil lorſqu'ils ourdiſſent. (Mettre la chaine à l'ourdiſſoir.)

Ourdiſſure, f. f. L'action d'ourdir. (L'ourdiſſure de la toile.)

OURLER, v. a. Terme de Couturière en linge, qui veut dire faire des ourlets. (Ourler un rabat, une cravate, &c.)

Ourlet, f. m. Terme de Couturière en linge. C'eſt le bord, ou l'extrémité du linge qu'on plie & qu'on coud proprement afin que le linge qu'on fait ne s'éfile pas & qu'il ait même plus de grace. (Un ourlet mal fait. L'ourlet de ce rabat eſt trop large. Faire un ourlet.

Ourlet. Terme de Vitrier. Petit rebord qui eſt ſur l'aile du plomb des panneaux de vitre.

OURS, f. m. Gros animal ſauvage couvert d'une peau épaiſſe & velüe, dont le poil eſt gris. L'ours a le muſeau long & en quelque ſorte reſſemblant à celui d'un gros cochon, les oreilles courtes, les yeux petits, & qui ſe remuent fort

OUT.   OUT. OUV.

fort vîte, la gueule longue avec des piez qui reſſemblent preſque à des mains. L'ours vit de plantes, d'arbuſtes, de fruits, de légumes, de miel, de chair. Quelques-uns penſent que l'ours croit toûjours & qu'il s'en eſt trouvé qui avoient cinq coudées de long & qui étoient gros comme des bœufs. On dit auſſi que l'ours aime les filles & tâche d'en joüir. Il eſt en amour en Février, & ce qu'on dit, il s'acouple avec la femelle à la maniére des hommes & des femmes. Il hait le bœuf marin, les cadavres & le ſanglier. Il ataque le taureau par devant & tâche à lui déchirer les naſeaux & à l'acabler par ſa peſanteur. On aprivoiſe les ours & ils ſont capables de diſcipline. Ils danſent, ſautent & font mille petits tours. Il y a des ours blancs. La chair de l'ours eſt bonne, & ſur tout des petits.

Il ne faut pas vendre la peau de l'ours avant qu'on l'ait pris, c'eſt à dire, Il ne faut pas diſpoſer d'une choſe qu'on ne poſſéde que par eſpérance. Il ne faut pas partager le butin dans l'eſpérance de gagner la bataille ; ni partager une ſucceſſion avant qu'on la poſſéde.

† *Ours*. Homme velu. (C'eſt un ours. Il eſt velu comme un ours.)

Ourſe, ſ. f. La femelle de l'ours. Elle ne porte que trente jours. On dit que quand elle a mis bas, elle leche, elle manie, & acoûtume ſi bien ſes petits qui ne ſont qu'une maſſe informe, qu'elle leur donne la figure qu'ils doivent avoir. Ce qu'on dit là, eſt un conte. Les petits ours naiſſent tous formez, mais ils viennent au monde enveloppez dans l'arriere faix & à force de ſe lêcher la mere les tire de leur envelope.

* *Ourſe*. Sorte de conſtellation. (Il y a deux conſtellations qu'on apelle *ourſe*. La grande ourſe & la petite ourſe.)

* *Ourſe*, ſeptentrion. [La plûpart d'entre eux s'étoient retirez juſques ſous l'ourſe. *Voit. l.* 144.

Oui, ton nom du midi juſqu'à l'*ourſe* venté,
Ne devra qu'à leurs vers ſon immortalité.
Dépreaux, Satire 5.)

OUT.

OUT, ſ. m. Voiez *Août*.

OUTARDE, ſ. f. *Outarde*. Perrault dans ſon livre qui a pour titre, *Mémoires pour ſervir à l'hiſtoire des animaux*, dit *otarde*, mais Perrault n'eſt pas infaillible. L'Outarde, c'eſt le plus grand oiſeau qui vive ſur la terre aprés l'autruche. L'outarde a le bec fort, la tête & le cou de couleur cendrée & fort longs. Elle eſt de couleur raunée & noire ſur le dos ; blanche ſous le ventre & ſous les aîles, ſinon que les extrémitez ſont noires. Elle a les jambes groſſes comme le pouce, longue de demi-pié, & toutes couvertes d'écailles. Elle a trois doigts à chaque pié & à les ongles fort courts, *Bel. l.* 5. L'outarde ne pond que de deux ans en deux ans ; & l'année qu'elle ne pond point elle ſe déplume. Elles ne pondent qu'à quatre ans. Elles font quinze ou ſeize œufs, & ont leur aire dans les Iles, ou dans des marécages, à terre & quelquefois ſur des arbres. Leurs petits éclos ſe mettent ſur le dos du pére, qui les porte à l'eau, à une ou deux fois & la nuit la mere les reméne à terre pour les couver. La chair des outardes eſt bonne boüillie, rotie, & ſalée, ſur tout de celles qui n'ont point pondu. Elles vivent dans des marécages ; ou dans des prairies ſur le bord de la Mer. Paiſſant en troupes, deux ou trois ſont en ſentinelle, & ſi elles entendent ou voient quelque choſe, elles font un grand cri pour en avertir celles qui paiſſent, & auſſi tôt elles s'élévent toutes. L'outarde ne ſe perche point. Le renard lui fait la guerre, Les Sauvages ſont des robes d'outarde. *Denis, hiſt. d'Amérique ; T.* 1. *c.* 18.

OUTIL, ſ. m. Ce qui ſert, ou qui eſt utile aux ouvriers pour travailler. (Ses outils ſont perdus.)

OUTRAGE, ſ. m. Excés, ſoit en parole, ou autrement. Injure. Ofenſe. Choſe outrageante & ofenſante. [Un fâcheux, un ſanglant outrage. Un cruel outrage. Se vanger ſur quelqu'un des outrages qu'on a reçus. *Mémoires de M. le Duc de la Roche-Foucaut*. Je ne ſai point en lâche eſſuïer les outrages d'un orgueilleux faquin. *Dépreaux Sat.* 2. Faire un cruel outrage à quelqu'un. *Abl.* Tous ces outrages retombent ſur lui. *Monſ. Arnaud, Freq. comm.* Je lui veux montrer que je ſuis Crétien, en ſoufrant ſes outrages avec patience. *Balzac, relation à Menandre.* 2. *p.*)

Outrager, v. a. Faire outrage. Ofenſer.

[Un diſcours trop ſincére Aiſément nous outrage, *Dépreaux Sat.* 7.

Celui qui aura outragé l'un de ſes citoiens, ſera traité comme il aura traité l'autre. *Port-Roïal, Levit.* 24.)

Outrageux, outrageuſe, adj. Qui fait outrage, tort, ou injure. (Cela eſt outrageux. Ces paroles ſont outrageuſes.)

Outrageuſement, adv. Avec outrage. D'une maniére outrageuſe. (Ils ataquerent *outrageuſement* la mémoire de votre pére. *Vau. Quin. l.* 8. *c.* 1.)

A OUTRANCE, *à toute outrance*, *adv.* L'un & l'autre eſt bon, & ſignifie *A la rigueur, Avec violence.* (Pourſuivre quelqu'un à toute outrance. *Coſtar*, Ce vous eût été peu de gloire de mener à *outrance* un homme déja outré. *Voit. l.* 52. Tourmenter quelqu'un à outrance. *Abl. Luc. T.* 2.)

OUTRE, *oudre*, ſ. f. L'un & l'autre ſe dit ; mais le prémier eſt infiniment plus uſité. En Latin *uter*. C'eſt une peau de bouc préparée & couſuë pour y mettre quelque liqueur. En Eſpagne & en quelques Provinces de France on y met du vin, ou de l'huile. On en faiſoit autrefois en forme d'un gros flacon. Homere a teint qu'Eole enferma les vents dans *une outre*, & en fit préſent à Ulyſſe. Monſieur d'*Acier*, trad. d'Horace, l. 1. Ode 3. On prendroit cet eſclave pour une outre. *La Font. fables, vie d'Eſope*. Les danſeurs de corde vinrent à l'ocaſion des outres qu'on faiſoit ſauter & ſur leſquels on danſoit. *Spon, recherche d'antiq. diſſ.* 28.

Outre, ſ. f. Il ſe dit des mêmes peaux de bouc qu'on emplit de vent, & qui ſervent de groſſes calebaces. (En Orient, on ne paſſe la plûpart des riviéres que ſur des outres. On navige ſur l'Eufrate avec des radeaux portez ſur des outres.)

D'outre en outre, adv. De part en part. (Il eſt percé d'outre en outre. Il eut le dos percé d'outre en outre. *Abl.* Il perça les montagnes d'outre en outre *Vaug. Q. Curſe, l.* 5. *c.* 7.)

Outré, outrée. Voiez plus bas.

† *Outrecuidance, ſ. f.* Vieux mot qui ſignifie hardieſſe & qui entre quelquefois dans le ſtile ſimple & burleſque.

[Celine fut puni de ſon outrecuidance.
Benſerade, Rond. p. 97.]

Outre mer, ſ. m. Sorte de couleur bleuë céleſte, qui ſe fait d'une pierre d'azur, dont il y a de plus belles les unes que les autres. Les Peintres s'en ſervent. On la nomme *outre mer* parce qu'elle vient du Levant. (Outre-mer fort-beau. Vrai outre-mer. Outre-mer trés-fin.

Outré, outrée, adj. Qui eſt fort fâché. Irrité. (Être outré de colere. * *Diſcours outré*. Figure outrée. C'eſt à dire, trop pouſſé. Une métaphore outrée.)

* *Outré, outrée*. Ce mot ſe dit des chevaux, & veut dire épuiſé. (Cheval outré.)

* *Outrer*. Pouſſer une choſe plus loin qu'elle ne doit aller. (Outrer une comparaiſon. Outrer une iperbole.) On dit auſſi. Outrer un cheval.

† * *Outrecuidance*. Voiez plus haut.

OUV.

OUVERT, *ouverte*, *adj.* Qui n'eſt pas fermé. (Porte ouverte. Fenêtre ouverte. Le jardin eſt ouvert.)

* *Ouvert, ouverte*. Sincére. Franc. Candide. (C'eſt un homme ouvert A cœur ouvert.)

Sa maiſon eſt ouverte à tous les honnêtes gens.

* *Ouvert, ouverte*. Déclaré. Maniſeſté. (Guerre ouverte. *Abl.* Porter quelqu'un à une rupture ouverte. *Mémoires de M. le Duc de la Roche Foucaut*.

Tranchée ouverte. C'eſt à dire, commencée.

Un païs ouvert. C'eſt un païs qui n'eſt pas défendu par des places fortifiées & où les ennemis peuvent entrer facilement.

Une vile ouverte. C'eſt une vile qui n'eſt point fortifiée ; ou une vile à laquelle on a fait une brèche.

Le Jubilé eſt ouvert. C'eſt à dire, il eſt commencé.

Un compte ouvert. C'eſt entre marchands un compte qui n'eſt pas arrêté.

Tenir table ouverte. C'eſt avoir quelque nombre de couverts pour recevoir & donner à manger à ceux qui ſurviennent.

On dit d'un *cheval* qu'il eſt ouvert, lors que les jambes de derriere ſont éloignées l'une de l'autre.

A bras ouverts. Voiez *bras*.

A cœur ouvert. Voiez *Cœur*.

Ouvertement, adj. Sans déguiſement, publiquement. (On les acuſoit ouvertement d'être hérétiques. *Paſc.* l. 3. Se déclarer ouvertement. *Abl.*)

Ouverture, ſ. f. Fente. Trou vuide, ou jour qu'on fait dans quelque corps ſolide. (Ouverture de porte. Ouverture de fenêtre. Ouverture de ſoulié. Ouverture de bonnet.)

Ouverture, ſ. f. Action d'ouvrir. (Il ſ'a vû à l'ouverture du livre. Je me ſuis trouvé à l'ouverture de votre lettre.

* *Ouverture de Parlement*. C'eſt la rentrée de Meſſieurs au Parlement. Il y a deux ouvertures de Parlement tous les ans.)

* *Ouverture de tranchée*. C'eſt le commencement du travail d'une aproche. [Faire l'ouverture de la tranchée.)

* *Ouverture de téatre*. C'eſt l'abord des Comédiens ſur le téatre, en état de réciter.

* *Ouverture de quartier de l'hotel de vile de Paris.

* *Ouverture de Jubilé*. Commencement de Jubilé.

* *Ouverture de Chapitre*. Commencement de Chapitre.

BBbb ij   * *Ouverture*

* *Ouverture de carrousel.* Commencement de Carrousel.

* *Ouverture de cœur.* C'est à dire, Franchise sincerité (* Il expose l'etat de sa conscience avec la même sincerité & la même *ouverture de cœur* que s'il parloit à Jesus-Christ. *Pasc. l. x.*)

* *Ouverture.* Lumière & connoissance pour quelque chose que ce soit. Moyens pour réüssir en quelque chose. Il m'a donné de bonnes *ouvertures* pour mon afaire. Je n'ai aucune *ouverture* pour cela.

* Il y a *ouverture en régale.* Terme de Palais, C'est à dire, Il y a des moyens de régale.

OUVRABLE, *adj.* Ce mot se dit des jours, & signifie Jour de travail. Jour ouvrier. (Jour ouvrable. C'est demain un jour *ouvrable.*)

OUVRAGE, *s. m.* Production de la main. Production de la nature. Production de la fortune, ou d'autre pareille chose. (Un bel ouvrage, Un ouvrage excellent. Seigneur, les Cieux sont l'ouvrage de vos mains, *Port-Roial, Ps.* Le septiéme jour, Dieu cessa de travailler au grand *ouvrage* de la création du monde. *Arn. Joseph. l. 1.* C'est un *ouvrage* de la nature. *Vau. Rem.*

Ouvrage. Terme *d'Architecture militaire.* Travail de fortification qui prend son nom de la figure de la chose qu'il represente à peu près. (Un ouvrage à tenaille simple, ou double. Un ouvrage à queuë d'ironde. Ouvrage à corne. Ouvrage à couronne.)

Ouvrage. Production d'esprit, soit livre, ou autre composition. (Ainsi on dit un ouvrage plein d'invention. Abl. Il est défendu d'imprimer aucun *ouvrage* de nos Pères sans l'aprobation des Téologiens de notre compagnie. *Pasc. l. 9.* Il ne sort aucun ouvrage de chez nous qui n'ait l'esprit de la Société. *Pasc. l. 9.*

Ainsi recommençant un *ouvrage* cent fois,
Si j'écris quatre mots j'en éfacerai trois.
Depreaux, Sat. 2.

Ouvrage de l'esprit. C'est ce que l'on invente dans les arts & dans les siences.

Ouvrage d'esprit. C'est un ouvrage de la raison polie.

Ouvré, ouvrée, adj. Ce mot se dit du linge & veut dire Travaillé, Façonné & figuré. (Linge ouvré. Serviettes ouvrées.)

Ouvré, ouvrée. Ce mot se dit aussi de l'argent & du cuivre, &c. Il signifie travaillé & mis en œuvre, (Argent ouvré. Cuivre ouvré.)

Ouvrer, Voiez *Travailler.*

Ouvreur de loge, s. m. C'est parmi les Comédiens une sorte de petit oficier qui a soin d'ouvrir les loges. On dit aussi, une ouvreuse de loges.

Ouvrier, s. m. Prononcez *ouvrié.* Celui qui travaille dans quelque métier honnête. Manœuvre. Celui qui gagne sa vie à la sueur de son visage. (Un bon ouvrier. Loüer des ouvriers pour travailler à la vigne. *Port-Roial, N. Test.* Ouvrier en soïe. Ouvrier en laine, en cire d'Espagne, &c.)

* *Ouvrier.* Ce mot au figuré est beau & n'entre que dans le stile le plus élevé. (Jusques à quand tous ces *ouvriers d'iniquité* se répandront ils en de vains discours. *Port-Roial, Ps.* Dieu est l'ouvrier de toutes choses & le Souverain artisan du monde. *Cost.* Qui n'admirera cet esprit céleste qui fut l'ouvrier de tant de fictions ingénieuses. *Patru, plaid.*)

Ouvrier. Ce mot étant adjectif signifie *ouvrable,* & ne se dit ordinairement qu'au masculin (Jour ouvrier.)

Ouvriere, s. f. Celle qui gagne sa vie à travailler. (Je ne puis rien soufrir qui ne soit de la bonne ouvriére. *Moliére.*)

* *Ouvriére.* Ce mot au figuré n'entre que dans le stile sublime. (La sagesse est l'*ouvriére* de toutes choses. *Costar.* Elle est l'ouvrière d'un mensonge si monstrueux. *Patru, pl. 1.*)

OUVRIR, *v. a.* J'ouvre, J'ouvris, J'ai ouvert, J'ouvrirai, que j'ouvre, j'ouvrirois, j'ouvrisse. C'est le contraire de fermer. (On ouvrira à celui qui frape à la porte. *Port-Roial, N. Test.* Ouvrir une porte, un cofre. Ouvrir sa bourse. *Abl.* Hircan fit ouvrir le sépulcre de David. *Arnaud, Joseph. l. 7.*

Ouvrir une lettre. C'est la décacheter & la déplier pour la lire.

Ouvrir un mur. C'est le percer, y faire quelque ouverture.

Ouvrir un livre. Ouvrir la veine, pour saigner.

* *Ouvrir la tranchée.* Terme de *Guerre.* C'est commencer à creuser pour faire les aproches.

Ouvrir une mine, une carrière, une marnière, &c. C'est commencer à y fouiller.

* *Ouvrir la campagne par le siège de quelque place.* Ouvrir la carrière, Ouvrir le Parlement, les Etats, le Concile, le Jubilé, &c. C'est à dire, *commencer.* Ouvrir boutique, C'est commencer à faire négoce.

* *Ouvrir son cœur à un ami,* Voit. l. 34. C'est découvrir son cœur à un ami.

* Ce bon homme *ouvroit les avis* les plus rigoureux, *Mémoires de M. le Duc de la Roche-Foucaut.* C'est à dire, Donnoit des ouvertures rigoureuses. Il étoit le prémier qui les proposoit.

* *Ouvrir, v. a.* Il se dit de l'esprit. Ouvrir l'esprit, c'est donner des lumières à l'esprit. Le meilleur moien de se rendre habile, c'est de s'entretenir souvent des choses qui ouvrent l'esprit. *Le Chevalier de Meré, Conversations,* C'est à dire, Que pour devenir habile, il faut souvent parler des choses qui subtilisent l'esprit, qui lui donne des lumières, & le rendent plus vif & plus pénétrant.

* *Ouvrir les files,* ou *les rangs.* Terme de Guerre. C'est élargir les files, ou les rangs.

* *Ouvrir une peau.* Terme de *Gantier.* C'est l'élargir en la paissonnant.

* *Ouvrir les yeux.* Ces mots, au figuré, signifient. Reconnoître quelque vérité. Sortir de l'aveuglement où l'on étoit. (Il a enfin ouvert les yeux & a reconnu qu'il étoit dans l'erreur.)

* *Il n'ose ouvrir la bouche.* C'est à dire, il n'ose parler.

S'ouvrir, v. r. Je m'ouvre, je me suis ouvert. (Plusieurs sepulcres s'ouvrirent. *Port-Roial, Nouveau Testament.* Porte qui s'est ouverte.)

* *S'ouvrir.* Il se dit de certains fruits, comme des pèches, des prunes, des abricots, & il signifie, *se fendre.* (On dit, l'abricot s'ouvre net, mais le plus souvent on dit, se fend net.)

* *S'ouvrir un chemin au trône, Abl.* C'est se fraier, se faire un chemin au trône.

* *S'ouvrir,* Découvrir ses pensées à quelcun. (S'ouvrir à une personne. *Abl.* S'ouvrir à un ami. *Le Comte de Bussi.*)

S'ouvrir. S'élargir. (* Peu à peu les montagnes vinrent à s'ouvrir. *Vaug. q. l. 3.*

* *L'infanterie s'ouvrit* pour lui faire passage. *Abl. Rét. l. 1. c. 1.* C'est à dire, Se fendit.)

Ouvroir, s. m. Lieu ou quelques ouvriers travaillent.

O X I.

OXICRAT, *s. m.* Remède facile & prompt, composé d'eau commune & de vinaigre, propre à adoucir les ardeurs des inflamations & à guérir les douleurs qui viennent de chaleur.

OXIGONE, *adj.* Ce mot est Grec. Terme de Géométrie, Il se dit des triangles, & signifie, qui a les trois angles aigus. (Triangle oxigone, ou acutrangle.

OXIMEL, *s. m.* C'est un mot Grec. Et il signifie, miel préparé avec du vinaigre & cuit jusqu'à consistence de syrop.

O Z E.

OZEILLE, oseille, *s. f.* Le bel usage est pour *oseille,* & il n'y a que le badaut qui dise *ozeille.* L'oseille est une sorte de plante dont il y a plusieurs espèces. Il y a de l'oseille sauvage ou de l'oseille cultivée, qui est une sorte d'herbe qu'on sème dans les jardins, qu'on mange qui est aigrette & rafraichissante.

OZERAIE, *s. f.* Lieu où viennent plusieurs petits saules noirs dont on fait les oziers. Une grande ozeraye. Une belle ozeraye.)

O Z I.

OZIER, *s. m.* Branche de jeune saule qu'on pèle en Avril pour faire divers ouvrages de vanerie, (Ozier franc. Il est franc comme ozier, Proverbe qui veut dire Qu'une personne a de la franchise, de l'honnêteté, & qu'elle est libérale. Mouiller l'ozier, Tremper l'ozier, tordre l'ozier, tortiller l'ozier.)

P.

P, *s. m.* Une des Lettres de l'Alphabet François. (Faire un P. Un *p* mal fait.)

Le *p* acompagné de *h* se prononce comme une F. Ainsi on prononce Fisique de même que si ce mot étoit écrit Fisique.

Le P ne se prononce pas en plusieurs mots. Par éxemple compte, loup, sept, se prononcent comme s'ils étoient écrits *cou, sep, coute.*

P A C.

PACAGE, ou *pascage, s. m.* L'un & l'autre s'écrit, mais quoi qu'on écrive *pascage* avec une *s,* il ne la faut point prononcer. Elle ne sert qu'à montrer que la silabe est longue. On apelle *pâcage* le lieu où le bétail va paître.

Pacfi, ou *Pass, s. m.* Terme de *Mer.* On donne ce nom aux deux Voiles basses, le grand Pacfi, c'est la grande voile. Le petit Pacfi. C'est la voile de mizaine, *Ozan. Dict. Mai.*

† PACHE, *s. m.* Ce mot ne vaut rien & en sa place on dit Pact. *Vau. Rem.*

PACIFICATEUR, *s. m.* Qui fait des traités de paix. Qui fait la la paix. (En cent lieux il me dégrada, ce *pacificateur* d'A-vaux. *Voit. Poëf.*)

Pacification, *s. f.* Prononcez pacification. Ce mot a un usage aſſez borné. (On dit, *Un Edit de pacification* pour dire Un edit qui tend à apaiſer & à pacifier les troubles & les brouïlleries du Roïaume, mais il ne ſe dit que des troubles qui furent excitez en 1562. ſur le ſujet de la Religion. Voiez là deſſus *l'Hiſtoire des troubles.* Il y a des gens qui ſoûfrent par des Edits de pacification ; mais leurs dommages ſont recompenſez par l'utilité qui en revient à l'Etat. *Le Maît. pl. 19.*)

Pacifier, *v. a.* Apaiſer. Acorder. Mettre en paix. Donner la paix. (Pacifier l'Europe. *Ablancourt.* Pacifier la France, l'Italie, l'Alemagne. *Ablancourt.* Pacifier les mouvemens de quelque Roïaume. *Mémoires de M. le Duc de la Roche-Foucaut.*)

Pacifique, *adj.* Païſible. Qui aime la paix. Qui eſt en paix. (Eſprit pacifique. Ombre pacifique. *Deſpreaux, Satire 9.*)

La Mer pacifique. C'eſt la mer du Sud, qui eſt au delà de l'Amerique. On l'apelle pacifique, parce qu'il s'y fait moins de tempêtes que dans la Mer du Nord, qui eſt l'Ocean Atlantique.

Pacifique, *s. m.* Qui aime la paix. (Bien heureux ſont les *pacifiques*, parce qu'ils ſeront appellez enfans de Dieu. *Port-Roïal, Nouveau Teſtament.*)

Pacifiquement, *adv.* Païſiblement. D'une manière pacifique. En paix, ſans guerre. (Vivre pacifiquement. Regner pacifiquement.)

PACOS, *s. m.* Animal du Pérou, qui eſt aprivoiſé & qui porte beaucoup de laine extrémement fine.

† PACT, *s. m.* Ce mot ſignifie *Acord, Convention*, mais il ne vaut rien du tout. *Vau. rem.*

Pacte, *s. m.* Acord. Convention. (On dit que les ſorciers font un pacte avec le Diable. *Vaug. Rem.*)

Paction, *s. f.* Mot aujourd'hui ne ſe dit ordinairement qu'en parlant d'afaires, & il ſignifie *Acord & Convention* qui ſe fait entre quelques perſonnes. (Faire une paction avec quelqu'un. *Vau. Rem.*)

Pactiſer, *v. n.* Faire un pacte, ou une convention. (Pactiſer avec quelqu'un.)

PAD.

PADELIN, *s. m.* Terme de *Verrerie.* C'eſt un grand creuſet où l'on fait fondre la matière de verre.

PADOU ; padoux ; padoüé, *s. m.* Les uns croient qu'il faut écrire *padoüé*, & prononcez *padou.* Cette ſorte de ruban, diſent ils, nous eſt premièrement venuë de la ville de Padoüe en Italie, *bella ragione.* Quelques autres, qu'on doit écrire & prononcer *padoux.* Enfin les derniers ſoutiennent qu'il faut dire & écrire *padou.* Que c'eſt l'uſage où le veut ainſi, que tous les marchands de pére en fils l'ont toûjours pratiqué de cette manière, & que par conſéquent c'eſt le plus ſeur & le meilleur. Si j'oſe dire mon ſentiment là-deſſus, je me range du côté de ces derniers ſans pour cela condanner ceux qui écrivent *padoüé* & prononce *padou.* Le padou eſt une ſorte de ruban de fil, ou de ſoïe dont on ſe ſert pour faire des nœuds de ſouliez, des jarretières, &c. (Padou gris, Padou noir, Padou blanc.)

PAG.

PAGANISME, *s. m.* Religion des Païens. Religion Païenne. (Les Dieux du *Paganiſme* étoient des hommes. *Port-Roïal.*)

PAGE, *s. f.* Tout le côté d'un feüillet de livre, ou tout le côté d'une feüille de papier. (Une petite, une grande page. Faire de grandes pages.)

Page, *s. m.* C'eſt ordinairement un Gentilhomme de 12. à 13. ans, qui ſert une perſonne de qualité. (Un page bien fait. Etre page de la grande écurie, être page de la petite écurie. Etre page chez Monſieur. Quitter les chauſſes de page. On dit auſſi *quitter les chauſſes*, & cette dernière façon de parler eſt la plus ordinaire. *Etre éfronté comme un page de Cour.* Sorte de proverbe, pour dire être fort éfronté. * *Loüis onzième a mis les Rois de France hors de page.* Cette façon de parler eſt figurée pour dire il les a rendus maîtres abſolus & ne leur a plus de faire & de dire ; il faut cela pour les beſoins de l'Etat & tel eſt nôtre bon plaiſir.)

Page. Ce mot chez le Roi ſe donne encore à quelques jeunes gens qui ſervent ou qu'on inſtruit. (Ainſi on dit, être page de la muſique. Etre page de la chambre. Les pages donnent les mules au Roi.)

Pages, *s. m.* Terme de Mer. Garçons qui ſont dans le navire pour le netéïer, pour monter aux perroquets & ſervir les matelots. Voiez *Fournier*, *Hiérographie.*

† PAGNOTE. Ce mot ſe dit ordinairement des hommes ; néanmoins en ce ſens quelques uns le font *feminin* ; mais la plûpart le croient *maſculin.* (C'eſt un franc pagnote. C'eſt une vraie pagnote, c'eſt à dire. C'eſt un homme qui n'a point de cœur, qui eſt lâche, qui n'eſt pas hardi.)

† *Pagnote.* Ce mot ſe diſant quelquefois des *femmes*, comme il y a des rencontres où il ſe peut dire & ſans conteſtation *feminin*, mais ce n'eſt d'ord naire qu'en riant que le mot de pagnote ſe dit des femmes. (Pour moi, ſe dira une femme, je ſuis une franche pagnote, j'ai peur quand je vois ſeulement la figure d'un piſtolet.)

Mont pagnote. Terme de *Guerre.* On apelle ainſi un lieu élevé qu'on choiſit hors de la portée du canon des ennemis, & où ſe placent ceux qui ſont curieux de voir un camp, un ſiège, ou un combat, ſans être en danger. On l'apelle auſſi *le poſte des invulnerables.*

Pagnoterie, *s. f.* Poltronnerie. Lâcheté.

PAGODE, *s. m.* C'eſt un nom que les Portugais ont donné aux Temples des Indiens, qui ſont idolâtres. (Un magnifique Pagode.)

Pagode. C'eſt auſſi le nom d'une monnoie qui a cours dans les Indes, & qui vaut à peu près un Ecu-d'or.

PAI.

PAÏABLE, *adj.* Prononcez *peable.* Qu'on doit païer. (Lettre de change païable à un tel. Somme païable dans ſix mois.)

Payant, *adj. & ſubſt. m.* Celui qui païe. (Il y a eu quatre payants à ce repas.)

Paye, *s. f.* Prononcez *pée.* Choſe duë pour avoir ſervi & travaillé. Ce qu'on donne au Soldat pour avoir porté les armes au ſervice de ſon Prince. (La paye eſt bonne. Nous ne vous ſervirions pas ſeulement pour la *paye* comme des mercenaires, mais par afection. *Ablancourt, Rét. l. 1. c. 3.*)

Paye, *s. f.* Payeur qui paye mal. (C'eſt une mauvaiſe paye.)

Morte-paye. Voiez le en ſon rang ſous la lettre M.

Payement, *s. m.* Prononcez *paiemau.* Somme qu'on paie. (Il voulût avoir cinquante talens pour le *payement* des troupes. *Ablancourt. Ar. l. 1. c. x.* Donner ; prendre, recevoir en payement.)

Payement. Il ſignifie dans le commerce, certains termes fixes, où les négocians doivent aquiter leurs dettes, ou renouveller leurs billets. (Il y a quatre Payemens à Lion.)

* *Payement.* Recompenſe. Salaire. Punition. (Il donne des excuſes en payement. Il a reçu le payement de ſes crimes.)

PAÏEN, *s. m.* Prononcez ce mot comme il eſt écrit. Il ſignifie celui qui eſt adorateur des faux Dieux. (Les Païens étoient aveugles, *S. Cir.*)

Payenne, *s. f.* Prononcez ce mot comme il eſt écrit. Il ſignifie celle qui adore les faux Dieux. (C'eſt une Payenne.)

Payer, *v. a.* Prononcez *péier.* Donner ce qu'on doit. (La plûpart des gens de qualité ne payent pas trop bien leur dettes. Quand ſes valets lui parlent de les payer, il menace de coups de bâton. Payer à trente jours de veuë. Payer à jour nommé. Payer à lettre veuë. Payer en billets, ou autre valeur. Payer à quelqu'un ſa dette à ſon ordre.)

Payer en l'aquit de quelcun. *Patru ; Aſſemblées du Clergé.* C'eſt à dire, payer pour aquiter quelcun. On dit auſſi payer à l'aquit de quelcun. C'eſt payer à ſa décharge, pour le décharger. *Le Maî. plaid.*

On dit de la marchandiſe qu'*elle paie* un tel droit, c'eſt à dire, qu'on le païe pour elle. Une Paroiſſe païe tant de taille. Un Bénéfice paie les decimes. Un Oficier du Roi païe la Paulette , pour empêcher que ſa charge ne devienne vacante par mort. Payer à dîner. Payer ſa bien-venuë ; Payer ſa rançon.

* *Ils firent payer la peine du crime à celui qui en étoit auteur. Vau. Quin. l. 3. c. 13.* C'eſt à dire ; ils punirent l'auteur du crime.

* * *Je te ferai payer*, c'eſt à dire. J'en aurai du reſſentiment ; Je te rendrai quelque mauvais ofice.

† * *Te voilà payé de ta raillerie. Moliere.* C'eſt à dire, Te voilà puni.

* Payer la foſe en chère. Payer les pots caſſez.

* *Payer.* Reconoitre par quelque choſe d'honnête, ou d'utile. Avoir du reſſentiment d'une choſe par un autre qui ſoit obligeante. (Les Holandois *payent* la fidelité de leurs femmes par un grand aſſujetiſſement. *S. Evremont. in 4. p. 207.*)

* *Je le ſuis venu trouver pour payer ſes faveurs*, de quelque ſervice. *Ablancourt. Rét. l. 1. c. 3.* Payer d'excuſes & de réverances. *Ablancourt, Luc.* Il faut *payer de ſa perſonne. Gon. Epi. 11.* Les yeux qui m'ont pris *payeront* tous mes maux avec un ſouris. *Voit. Poëſ.*

Le batu paye l'amende. Voiez *Batu.*

Qui répond, paye. Proverbe.

Payer en monnoie de ſinge. Proverbe. V. *Singe.*

* *Payer en Loüïs.* Il ſe dit au figuré, & en raillant de ceux qui ont obtenu des lettres de répit, qui commencent par ce mot *Loüïs.*

Se payer, *v. r.* Se ſatisfaire ſoi-même en prenant ce qui nous eſt

PAI.

eſt deu. (Se paier par ſes mains. Il n'eſt rien tel que de ſe paier ſoi-méme quand on en trouve une occaſion honnéte & legitime.)
* *Se payer de raiſon.* C'eſt à dire , Se contenter de raiſon.
* *Se payer d'excuſes.* C'eſt ſe contenter des excuſes qu'on nous dit.
* *Ce ſont là de ces ſortes de choſes qui ne ſe peuvent payer* Moliere. C'eſt à dire , qu'on ne ſauroit jamais aſſez reconnoître.
Payeur, ſ. m. Prononcez *péeur.* Celui qui paie. (Un tel ſera mon payeur. Un méchant païeur. Un bon païeur.)
Payeur de rentes. C'eſt un oficier qui paie les rentes aſſignées ſur l'hôtel de ville de Paris, du fonds qu'il a reçu des fermiers du Roi, ou du Receveur general du Clergé.
† *C'eſt un payeur d'arrerages.* Ces mots ſe diſent en riant pour marquer un homme vigoureux, & bien capable de contenter une Dame en matiére d'amour.
Payeuſe, ſ. f. Prononcez *péeuſe.* Celle qui paie. (C'eſt une méchante païeuſe.)
PAILLARD , *paillarde , adj.* Lacif. (Il ſoûle le paillard deſir qui dans ſon ſein velu ſe couve. S. Amant , *Rome ridicule.*)
† *Paillard , ſ. m.* Débauché après les femmes , Homme fort & robuſte propre à bien ſervir une Dame en matiére d'amour.

[Deux forts *paillards* ont chacun un bâton;
Qu'ils font tomber par poids & par meſure.

† *Paillarde, ſ. f.* Celle qui aime fort les plaiſirs de la chair Celle qui eſt impudique , laſcive , qui eſt dans la débauche des hommes. (C'eſt une franche paillarde.)
† *Paillarder, v. n.* Ce mot de *paillarder* , de *paillard* , de *paillarde* & *paillardiſe* ne ſe diſent que dans le burleſque & dans le ſatirique le plus bas. *Paillarder* ſignifie être dans la débauche des femmes. Fréquenter des femmes débauchées. Prendre des plaiſirs défendus avec des perſonnes de mauvaiſe vie. (La Loi de Dieu défend de paillarder.)
† *Paillardiſe , ſ. f.* Impudicité , Commerce charnel qu'on a avec des perſonnes débauchées. Plaiſir charnel. (La paillardiſe eſt la perte de l'ame , du corps & de la réputation.)
PAILLASSE , *ſ. f.* Ouvrage de groſſe toile, creux, & fendu par le milieu , qu'on remplit de paille & qu'on met ſur le bois de lit & ſous le matelas , ou le lit de plume. (Il n'y a pas aſſez de paille dans cette paillaſſe. Il n'y a point de *paillaſſe* dans les lits des perſonnes un peu à leur aiſe , mais des ſommiers de crin.)
† * *Paillaſſe de corps de garde.* Ces mots au figuré veulent dire une femme ou fille de mauvaiſe vie qui s'abandonne indiféremment à tous les ſoldats.
Paillaſſon. Terme de *Jardinier.* Eſpéce de couverture de paille qu'on met ſur les fleurs & ſur les orangers , l'hiver pour les conſerver du froid. (Faire des paillaſſons.) On apelle auſſi *paillaſſons* des couvertures de paille ſous leſquelles on met quelque choſe à l'abri. (Le vin dans les halles de Paris eſt quelquefois à couvert ſous des paillaſſons.)
Paillaſſon, ſ. m. ou *nate à fenétre , ſ. f.* C'eſt une piéce de nate couverte par dehors d'une groſſe toile qu'on met l'été devant les fenêtres pour empêcher l'ardeur du Soleil , & qu'on hauſſe & baiſſe avec des cordes , autant qu'on veut.
PAILLE , *ſ. f.* C'eſt le tuïau du blé , ou d'autre grain lorſque le grain en eſt dehors (Petite paille. La grande paille. De bonne paille. Donner de la paille aux chevaux , aux bœufs, aux vaches.)
† * *Rompre la paille.* Ces mots ſe diſent des perſonnes & veulent dire. Ceſſer d'être amis. *La paille eſt rompuë.* C'eſt à dire , Ils n'ont plus d'amitié l'un pour l'autre.
* *Paille.* Petit défaut dans quelque pierre prétieuſe. (Il y a une paille dans ce diamant.)
* *Pourquoi voïez vous une paille dans l'œil de vôtre frére* lorſque vous ne vous apercevez pas d'une poûtre qui eſt dans le vôtre. *Port-Roïal , Nouveau Teſtament.*
Aller à la paille. Terme de *Soldat fantaſſin.* C'eſt, lorſqu'on eſt dans un bataillon, poſer les armes pour aller aux néceſſitez de la digeſtion, les reprendre au premier coup de tambour & ſe remettre au poſte qu'on avoit quitté.
Paille. Mot *adjeſtif* qui ſe dit proprement du vin, & qui n'eſt pour l'ordinaire uſité qu'au *maſculin.* Il veut dire *qui tire ſur la couleur de paille* (Vin paillet.)
Paillete, ou paillete, ſ. f. Ce mot ſe dit de l'or & de l'argent, & ſignifie, Une tres petite & tres legere partie d'or ou de l'argent. (Les paillettes d'or ou d'argent ſont prétieuſes.)
Paillette. Il ſe dit des petits grains d'or ou d'argent , aplatis & percez , qu'on aplique ſur la broderie , pour lui donner plus d'éclat.
Paillette de fer. C'eſt ce qui tombe du fer lorſqu'on le bat. La forge eſt toute pleine de paillettes.)
Pailleur, ſ. m. Celui qui vend & fournit de la paille à de certaines maiſons de Paris qui ont des chevaux. (Le pailleur nous a amené de fort bonne paille)
Paillier , ſ. m. Prononcez *paillié.* C'eſt une cour de quelque

PAI.

ferme , où ſont les chapons & les volailles, & c'eſt dans ce ſens qu'on dit. (Un bon chapon de paillier.)
† * *Il eſt ſur ſon paillier.* C'eſt à dire , Il eſt chez ſoi. On eſt bien fort ſur ſon paillier.)
Pailliers, ſ. m. Terme d'Architecture. Les pailliers ſont les eſpaces qui ſont entre les degrez des eſcaliers pour ſe repoſer en montant , ou pour entrer dans les apartemens.
Paillon de ſoudure , ſ. m. Terme d'Orfeure. C'eſt un petit morceau de métal mince & allié pour ſouder. (Mettre ſes paillons , poſer ſes paillons.)
PAIN , *ſ. m.* Prononcez la ſilabe *pain* des mots qui ſuivent dans cette colonne comme ſi elle étoit écrite avec un *e* au lieu de l'*a.* Ainſi prononcez *ez pein.* On apelle proprement & ordinairement *pain* un compoſé de farine , de levain , ou de leveure de biére , qu'on paîtrit, & qu'on fait cuire dans un four pour la nouriture de l'homme principalement. (Bon pain , Méchant pain. Pain bis, Pain blanc , Pain noir, dur , ſec, moiſi , molet , tendre , raſſis. Petit pain. Pain chaland. Pain de Goneſſe , Pain de chapitre , *Pain à la Reine* , Ce pain n'a été apellé de ce nom que depuis la venuë de la Reine Marie de Medecis en France. Faire du pain. l'ain cornu , Mie de pain. Croûte de pain.)
Pain de rive. Terme de *Boulanger de Paris.* C'eſt du pain qui n'a point de biſeau , ou qui en a tres-peu. (Il ne manqueroit pas de vous parler d'un pain de rive , relevé de croûte croquante ſous la dent. *Mol. Bourg. gent. a. 4. ſc.* 1.)
Pain de munition. Terme de *Soldat.* C'eſt une ration de pain cuit , raſſis , entre bis & blanc , peſant 24. onces, qu'on donne à chaque ſoldat.
Pain de mouton. Morceau de pâte cuite , un peu plus grand qu'un écu d'argent , fait avec du beurre & du fromage que font les paticiers de Paris & qu'on vend & crie par Paris, un peu devant & un peu après le jour de l'an. (A mes petis pains de mouton, Madame;)
Pain de blanc à blanchir. C'eſt un morceau de blanc qu'on vend chez les chandeliers de Paris , & dont on ſe ſert pour blanchir & donner de l'éclat à la vaiſſelle. (Froter la vaiſſelle avec du blanc.)
Pain à chanter. Hoſtie grande , ou petite qui ſe fait en détrempant de la farine de pur froment avec de l'eau , qu'on met après entre deux fers figurez ſur le feu , & dont on ſe ſert au ſacrifice de la Meſſe , à la communion & à quel que autre uſage.
Pain azime. Termes conſacrez pour dire *pain ſans levain* dont on ſe ſert préſentement dans l'Egliſe Latine pour conſacrer (On ne peut conſacrer dans l'Egliſe Latine qu'avec du pain azime. Les Juifs mangeoient l'Agneau Paſcal avec des pains azimes.)
Pain-benit. C'eſt du pain que le Prêtre benit & qu'on coupe par morceaux pour le diſtribuër aux fidelles durant une Meſſe ſolennelle. (Prendre du pain benit. Donner le pain benit. Faire le pain benit. Recevoir le pain. benit. Avoir le pain benit.)
† * *C'eſt pain benit que d'eſcroquer un avare,* Moliére. C'eſt à dire , c'eſt bien fait que d'eſcroquer un avare.
Pain de propoſition. C'étoit un pain qui étoit expoſé dans le temple & que les Prêtres de l'ancienne Loi , ofroient à Dieu. (Dieu, dans le vingt-cinquiéme chapitre de l'Exode verſet 30. commande à Moïſe de mettre ſur la table des pains de propoſition.)
Pain de bougie. C'eſt un demi quarteron , un quarteron , une once , un peu plus, ou un peu moins de bougie pliée , & arrangée proprement qu'on vend chez tous les ciriers de Paris. On dit auſſi un pain de cire.
Pain de ſucre. C'eſt du ſucre formé en maniére de piramide , qui contient trois , quatre , cinq ſix ; ſept, huit, neuf, dix , ou douze livres de ſucre tout au plus & qu'on vend à Paris chez tous les épiciers. (Couvrir un pain de ſucre. Pain de ſucre en papier gris , & pain de ſucre en papier bleu.
Pain de vieux oing. C'eſt une maſſe de vieux oing en forme de pain que font les charcutiers & qui ſe vend à Paris chez les charcutiers & les chandeliers pour graiſſer les rouës de carroſſes , de chariots , de charettes , de tombereaux , &c. (Acheter un gros , ou un petit pain de vieux oing.)
Pain de lie. Terme de *Vinaigrier.* Lie acommodée en forme de tuile faitiére dont les chapeliers ſe ſervent pour fabriquer leurs chapeaux.
* *Pain* Ce mot entre dans quelques fraſes figurées & dans quelques proverbes. Exemples.

(* Tandis que Coletet croté juſqu'à l'échine,
Va *mendier ſon pain* , de cuiſine en cuiſine.
Déproaux , Satire premiére.

C'eſt à dire , Va manger tantôt chez l'un & tantôt chez l'autre.
† *Je lui ai mis le pain à la main.* C'eſt à dire , Je lui ai donné moïen de ſubſiſter & de gagner ſa vie.
* *Sans moi il n'auroit point de pain.* C'eſt à dire , Sans moi il ſeroit gueux & n'auroit pas dequoi ſubſiſter.

*LA

PAI.   PAI.   567

* *La sotise du peuple lui donne du pain.* Ablancourt. C'est à dire, Le fait subsister.

* *Feu du Rier travailloit pour du pain.* C'est à dire, Travailloit pour subsister seulement.

† * *Il a eu sa maison pour un morceau de pain.* C'est à dire, A tres-vil prix. Pour peu de chose.

† * *Manger son pain blanc le prémier.* C'est avoir du repos au commencement & de la peine aprés ; C'est faire bonne chére d'abord, & ensuite ne la faire pas fort bonne.

† * *Emprunter un pain sur la fournée.* C'est à dire, Obtenir la derniére faveur de quelque belle avant que de l'épouser.

† * *Avoir du pain cuit.* C'est à dire, Avoir dequoi subsister. Avoir des provisions. Il se dit au sujet de diverses choses.

† * *Manger son pain dans son sac.* C'est manger seul comme un vilain sans faire part à personne de ce qu'on a de bon.

† * *Manger du pain du Roi.* C'est à dire, Etre en prison, ou en galére.

* *A mal enfourner, on fait les pains cornus.* Proverbe pour dire que quand on commence mal une afaire, il est dificile d'y remédier.

† *Il ne vaut pas le pain qu'il mange.* Cela se dit d'un valet fainéant.

† * *Liberté & pain cuit.* Proverbe, pour dire qu'on est heureux quand on a du bien, & qu'on n'est sujet à personne.

† * *Cela est long comme un jour sans pain.* Proverbe qui se dit d'une chose qui ennuie.

† * *Il promet plus de beurre que du pain.* Proverbe. Il donne de vaines espérances.

Pain d'épice, s. m. C'est un composé de miel, de fleur de ségle & des quatre épices qu'on fait cuire au four & qu'on vend à la livre par pain, ou par petite piéce. (Faire de l'excellent pain d'épice. Le meilleur pain d'épice est celui de Reims en Champagne.)

Pain d'épice à la Dominé ; Il s'apelle ainsi du nom de son Inventeur M. Dominé de Vitri le François.

* *Il aime le pain d'épice.* Il se dit, au figuré, d'un Juge qui taxe trop haut ses vacations.

Pain d'épicier, s. m. Celui qui fait & vend des pains d'épice. C'est un des meilleurs & des plus riches pains-d'épiciers de Paris.]

Pain de pourceau, s. m. C'est une herbe, qui est une espéce de ciclamen.

Pain de coca, s. m. Espéce d'herbe qu'on mange en salade.

PAIRS, s. m. Prononcez *Pérs.* Les fiefs étant devenus héréditaires, on apella Pairs un certain nombre de vassaux du fief dominant qui étoient obligez de tenir la Cour du Seigneur & de juger des causes féodales. Voiez *Du Tillet*, Recueil des Rois de France.

Pairs de France. C'étoient douze grands Seigneurs tant Ducs que Comtes, dont il y en avoit six Ecclésiastiques, & six qui ne l'étoient pas. Ils fûrent créez par le Roi Loüis le Jeune pour assister au Sacre & au Couronnement des Rois de France & juger les causes de la Couronne. Les Pairs Ducs Ecclésiastiques sont, l'Archevêque de Reims, l'Evêque de Laon & l'Evêque de Langre. Les Pairs Ecclésiastiques Comtes, sont l'Evêque de Beauvais, l'Evêque de Châlons & celui de Noïon. Les Pairs Ducs Séculiers étoient les Ducs de Bourgogne, de Normandie & de Guienne. Les Pairs Comtes Séculiers étoient les Comtes de Flandre, de Champagne, & de Toulouse. Voïez *Du Tillet.* Mais aujourd'hui on apelle proprement *Pair*, le Seigneur d'une terre érigée en Pairie.

Pair. Mot *adjectif*, qui vient du Latin *par* & qui ne se dit ordinairement qu'au *masculin*, & qui signifie *égal, pareil*, Il est *sans pair.* C'est à dire, il n'a point d'égal.

Pair. Il se dit de quelques oiseaux qui s'aparient pour la génération, comme des pigeons, des tourterelles, &c. (La tourterelle ne va jamais sans son pair : On dit que quand elle a perdu son pair, elle mene une vie languissante.)

Pair. Terme d'*Aritmétique.* (Nombre *pair.* C'est à dire, un nombre qui se divise en deux parties égales en nombres entiers, & sans fraction.)

Nombre *pairement pair.* C'est un nombre pair qui ne se peut diviser que par des nombres pairs & non pas par des impairs. Tels sont le nombre 4. celui de 8. & tous ses multiples 16. 24. 32. &c.

Nombre *pairement impair*, ou plutôt *impairement pair.* C'est un nombre pair, qui se peut diviser par un nombre pair & par un impair. Tels sont tous les multiples de 2. qui ne sont pas multiples de 4. comme 6. qui se peut diviser par 2. & par 3. & de même 10. 14. 18. 10. &c.

Nombre *pairement & impairement pair.* C'est un nombre pair qui se peut diviser par deux nombres pairs, & aussi par un nombre pair & par un impair. Tels sont tous les multiples de 4. qui ne sont pas multiples de 8. comme 12. 20. 28. &c.

Pair & non pair, s. m. C'est une sorte de jeu où l'on cache plusieurs piéces de monoie dans la main & où l'on fait deviner à quelqu'un le nombre des piéces qu'on cache

est pair, ou non. (Joüer à pair & non pair. Il y a nou pair. Il y a pair.)

Pair à pair ; *adver.* (Nous voilà *pair à pair.* C'est à dire égaux.)

Du pair, *adv.* D'égal. De même ait, De même maniére. (Aller *du pair* avec quelqu'un, *Patru*, plaidoïé 6. Il y a des gens obscurs & d'un mérite fort mediocre qui veulent *aller du pair* avec les personnes illustres & d'un haut mérite.)

Paire, s. f. f. Deux choses de même espèce dont l'une ne va pas, ou ne va guére sans l'autre. (Une bonne paire de souliers. Une méchante paire de bottes. Une paire de sabots. Une paire de gans, de pistolets, &c. Une paire de pigeons, de beufs, &c.

On dit aussi une paire de ciseaux, de pincettes, de caleçons & d'autres choses composées de deux parties égales & semblables.

Paire. Ce mot se dit en Terme d'*Anatomie*, & en parlant des nerfs. (Il part du cerveau sept paires de nerfs.)

Pairement, *adv.* Voiez sous pair.

Pairie, s. f. Prononcez *périe.* C'est une sorte de grande Seigneurie annexée seulement aux Duchez & aux Comtez. C'est un droit de Pair. C'est une qualité de Pair. *Loiseau*, Traité des Seigneuries Subalternes, chap. 5. (Eriger un Duché en Pairie. Les Rois de France peuvent seuls dans leur Roïaume ériger des Terres en Pairie. *Choisi.* Vie de Philipe de Valois.)

Païs, s. m. Prononcez *péis.* Ce mot qui vient de l'Italien *paëse*, signifie *Région*, *Contrée*, *Patrie*, Lieu de la naissance d'une personne. On dit de l'Italie que c'est un bon pays, mais que les gens qui l'habitent ne valent guére. Avant que d'entrer dans un pays, il se faut informer des moeurs des habitans, & des diférentes coutumes du pays. Autant de pays, autant de coutumes. Reconnoître le pays. *Ablancourt.* Le Sage n'a point de pays particulier. Ils sont de même pays.)

Pays montueux. Pays plat & uni. Pays de bois. Pays de chasse. Pays maritime, marécageux, abondant en paturages. Pays fertile, sterile, sec & maigre. *Païs d'Etats*, ce sont, en France, les Provinces qui ont conservé le droit de faire des impositions sur eux par leurs Deputez & par les Notables de la Province, comme la Bourgogne, la Bretagne & le Languedoc. *Païs d'Election*, c'est une Province ou les impositions se font par les Elus & autres Oficiers créez à cet éfet. Pays de Concordat. Pays d'obédience. Voyez ces mots en leur rang.

Pais de Droit écrit. Ce sont les Provinces & les endroits de la France où l'on décide les afaires par l'autorité du Droit Romain. (La Provence est un pays de Droit écrit.)

Pays coutumier. Ce sont les endroits de France où l'on décide les afaires civiles par les coutumes locales des lieux. (L'Ile de France, la Picardie, la Champagne, la Normandie sont des Pays de Droit coutumier.)

† *Pays Latin.* Termes burlesques pour dire l'*Université de Paris*, ou quelque autre lieu de cette nature. (Il y a peu d'honnêtes gens dans le pays Latin C'est un homme du pays Latin & c'est tout dire. Les Rois du Pays Latin ont pour sceptre une férule. Mais. Poës.)

† *Pays de sapience.* On apelle ainsi en riant la Normandie, parce que la coutume des fidelles Normans est l'une des plus sages coutumes de France, ou selon quelques-uns, la Normandie est apelée le *pays de sapience* parce que c'est le pays de la fourberie & de la dissimulation qui est la prudence des enfans du siecle.

† *Pays de cocagne.* C'est à dire, Un pays abondant en toutes sortes de biens & de choses pour la vie.

(* Le Pays de Caux est un *pays de Gocagne.* Sar. Poësies.)

Paris est pour un riche *un pays de Cocagne*, Dep. Sat. 6.)

† *Il est bien de son pays.* C'est à dire, Il est fort neuf. Il est fort niais.

† * *Gagner pays.* C'est fuyr.

† * *Courir le pays.* C'est voyager en divers lieux.

† * *Il lui a bien fait voir du pays.* C'est à dire, il l'a mené loin. Il lui a donné de la peine. Il l'a embarrassé, ébicané. Il lui a fait des piéces.

Plat-pays, s. m. La campagne. Le plat pays est tout à-fait perdu. Faire le dégat dans le *plat pays.* Ablancourt ; Ar. Fourrager le *plat-pays.* Vaug. Quin. l. 8. c.1. Le plat pays étoit sans bois.)

† *Le pays d'adieu sias.* Mots burlesques pour marquer le Languedoc & la Gascogne. (Il est du *pays d'adieu sias*.)

† * *Juger à vue du pays.* C'est juger d'une chose dont on n'a pas une connoissance certaine.

Paysage, s. m. Les peintres prononcent *pésage*, mais ceux qui ne sont pas peintres prononcent *péïsage.* C'est un tableau qui représente quelque campagne. (Un beau païsage. Aimer les païsages.)

Paysage. Il signifie proprement l'aspect d'un pays, ou d'un territoire, aussi loin que la vue se peut étendre. (Les bois, les colines & les rivières rendent les paysages fort beaux.) C'est ce que les Peintres représentent dans leurs paysages.

Paysagiste,

Paysagiste, *f. m.* Prononcez *péïsagiste*. Peintre qui ne travaille qu'en peysages. [C'est le plus fameux paysagiste de Paris. Les plus renommez paysagistes de Paris, ce sont le jeune Francisque, VVouverman, & Maugobert.]

Paysan, *f. m.* Prononcez *péysan*. Ce mot vient de l'Italien *paesano*. C'est celui qui est de quelque village de la campagne. (Les paysans ne sont pas si polis que les gens des villes ; & les gens de la vile ne sont pas tant que ceux de la Cour. Les paysans sont fins & méchans, & principalement ceux des environs de Paris. Les paysans de France, quoi que pauvres, sont souvent plus heureux que ceux de Pologne, qui sont tous esclaves de leurs Seigneurs.)

Paysan, *paysanne*, *adj.* Il se dit par mépris, & signifie rustre, grossier, peu civil, peu honnête. (Avoir l'air paysan. Avoir la mine paysanne. Avoir des manières paysannes. Sa conduite est paysanne, & je ne la puis souffrir.)

Paysanne, *f. f.* Prononcez *péysane*. Villageoise. (C'est une jolie paysane ; c'est à dire, c'est une villageoise jolie. C'est une franche paysanne, c'est à dire, c'est une rustre.)

PAISIBLE, *adj.* Prononcez *pésible*. Il signifie *Tranquile*, & il se dit des choses & des personnes. (Paisible nuit, helas ! ne demande que le repos que tu donnes à tous. C'est un esprit fort paitible. L'État est fort paisible.)

Paisible. Ce mot se dit principalement en parlant de bénéfices, & veut dire. Qui n'est pas troublé dans sa possession, qui a possedé trois ans, aprés lesquels on ne le peut plus troubler, & qui pour cela est apellé *paisible possesseur*. Il se dit aussi des autres personnes qui ne sont pas troublées dans leur possession.

Paisiblement, *adv.* D'une manière paisible. D'une façon douce & tranquille. (La nature ne tend qu'à vivre paisiblement.)

† PAISSEAU, *f. m.* Ce mot ne se dit que dans les Provinces, & en sa place on dit à Paris *échalas*.

† *Paisseler*, *v. a.* Mettre des paisseaux. Dites *Echalasser la vigne*.

PAISSON, *f. m.* Terme de *Gantier & de Peaucier*. Morceau de fer, ou d'acier délié qui ne coupe pas, fait en manière de cercle, large d'un demi pié, ou environ, & monté sur un pié de bois servant à déborder & à ouvrir le cuir pour le rendre plus doux.

Paissonner, *v. a.* Terme de *Gantier & de Peaucier*. C'est étendre & tirer une peau sur le paisson. (C'est la tirer & l'étendre sur le paisson, (Paissonner une peau.).

PAÎTRE, *v. n.* Je pais, tu pais, il pait, nous paissons, vous paissez, ils paissent. Je paissois, je paitrai, que je paisse, paissant. Ce mot est un verbe neutre & défectueux. Il se dit proprement des bêtes & veut dire manger. (C'étoient des chevaux de bagage qui paissoient. *Ablancourt*, *Rétor. l. 2. c. 2.* Mener paître les pourceaux. Un grand nombre de pourceaux paissoient le long des montagnes. *Port-Roïal, Nouveau Testament.*

Helas ! petits moutons que vous êtes heureux !
Vous paissez vos chams sans souci, sans alarmes.
Deshoui, poësies.)

Paitre, *v. a.* Ce verbe est quelquefois actif. (Paître l'herbe.)

Paitre, *v. a.* Ce verbe est toujours actif, lors qu'il signifie. *Mener paitre*. Faire paître. (Voïant un vainqueur des jeux Olimpiques paître des troupeaux, il dit. *Ablancourt. Apoph. page 51.*)

Paitre un oiseau. Terme de *Fauconnerie*. C'est lui donner à manger.

* *Paitre*, *v. a.* Il se dit au figuré, & signifie enseigner & conduire. Jesus C. dit à S. Pierre, *Paissez mes agnaux, paissez mes brebis. Port-Roïal. Nouveau Testament.*)

† *Envoyer paitre quelqu'un*. C'est à dire, Chasser une personne, l'envoier promener comme un sot.

* *Allez paître de l'herbe*, *Sar. Poës.* C'est, allez vous promener vous n'êtes qu'une bête.

Se paitre, *v. r.* Se nourrir. (Les corbeaux se paissent de charognes. Les bons oiseaux se paissent sur le vif.)

* *Se paitre d'imaginations*, *de chimères*, *de vent*. C'est à dire, entretenir son esprit & le nourrir de choses vaines & peu solides, & d'espérances mal fondées.

PAÎTRIN, *f. m.* Terme de *Boulanger*. C'est une sorte de grande huche où les boulangers de Paris & d'autour de Paris font le pain. (Un grand, ou petit paîtrin.)

Paîtrir, *v. a.* Faire de la pâte pour en faire ensuite du pain. (On paîtrit la farine avec de l'eau, en la remuant & la mêlant long-tems. Paîtrir la pâte pour faire du pain. Il faut encore *paitrir* cela autrement.)

On dit aussi Paîtrir l'argile pour faire des ouvrages de terre.

† On diroit que le Ciel *a paitri* d'autre limon que moi. *Dépreaux, Satire 5.*

* Être *paitri* d'ignorance & de vanité ; C'est être sot & vain.

PAIX, *f. f. Tranquilité publique*. Ce mot n'a point de pluriel. (Ofrir, conclure, faire la paix. *Ablancourt, Rétor. l. 3.* Rompre la paix. *Ablancourt, Rét. l. 3.* Donner la paix à toute l'Europe, Acheter la paix. Vivre en paix. Entretenir la paix.)

Paix. Repos. Douceur. Tranquilité d'esprit & de vie. (Elle nourrit dans son sein une paix éternelle. *Depreaux, Lutrin.* Ainsi où en ces beaux lieux la paix régne en mon cœur)

* *Paix*. Reconciliation. Elle consiste à se remettre bien avec quelqu'un. (Faire la paix avec quelqu'un, *Voit. l.8.*)

* *Une paix fourrée*, *ou plâtrée*. C'est à dire, qui n'est faite qu'en aparence & pour un tems, dans le dessein de recommencer la guerre à la première ocasion favorable.

Paix. Terme d'*d'Eglise*. Manière de petite plaque légère, d'argent ou de vermeil doré, qui a une poignée par derrière, & au milieu la figure de Jesus-Christ, ou de quelque Saint que le Diacre, après l'*Agnus Dei* de la Messe, donne à baiser au Célébrant, ensuite au Soudiacre & à l'Acolite pour la faire baiser aux autres Eclésiastiques & au Peuple. Baiser la paix avec respect. Quand le grand Aumonier se trouve à la chapelle, il fait baiser la paix au Roi.)

Paix. Sorte d'*adverbe* dont on se sert pour faire taire ; pour prier ou pour commander qu'on ne fasse point de bruit & qu'on n'interrompe point. Le mot de *paix* en ce sens veut dire *silence*. (Paix-là, paix là, je vous prie Messieurs.)

* *Paix*. *f. f.* Le peuple apelle de ce nom un os plat & large qui forme l'épaule d'un mouton, d'un veau, &c Les Anatomistes, parlant du corps de l'homme apellent cet os *omoplate*.

PAL

PAL, *f. m.* Ce mot est un Terme de *Blason*. C'est une piéce qui se tient perpendiculairement droite, & qui partit l'écu en long depuis le haut jusques au bas. (Il porte de sinople à un *pal* d'or. Il porte d'argent à deux *pals* de sable. *Col.*)

PALADIN, *f. m.* Chevalier errant de la table ronde. (Les anciens Paladins sont fameux.)

PALAIS, *f. m.* Bâtiment magnifique propre à loger quelque Roi ou Prince. (Bâtir un superbe, un magnifique palais. *Ablancourt*, *Luc.*)

Palais Roïal. C'est une belle maison dans la ruë S. Honoré où loge aujourd'hui Monsieur Frère unique du Roi.

Palais Cardinal, C'est la maison qu'on apelle aujourd'hui *Palais Roïal*, & où logeoit autrefois le Cardinal de Richelieu, qui à cause de cela s'apeloit *palais Cardinal*. Balzac a repris autrefois cette façon de parler *palais Cardinal*. Elle est contre les régles de la Grammaire, on l'avouë, mais elle est à l'usage & c'est usité dire.

Palais d'Orleans. Belle maison avec un jardin, qui est situëe au Faux bourg Saint Germain & où demeure aujourd'hui Mademoiselle de Monpensier.

† * *Palais*. Maison belle & propre. (Sa maison est une maison enchantée, on diroit que c'est un petit palais.)

Palais. C'est un bâtiment grand & vaste divisé en plusieurs chambres, où sont distribuez Messieurs les Présidens, Maîtres des Requêtes & les Conseillers pour rendre la justice aux particuliers. (Le palais est beau & grand.)

* *Palais*. Ce mot est un peu figuré dans plusieurs façons de parler. (Se mettre au palais. *Mourir de faim au palais*. C'est à dire, Ne rien faire dans la profession d'Avocat. *Blondeau crote sa robe au palais*. C'est à dire, N'y fait rien. Pour faire quelque chose au palais il faut dormir entre les bras de la fille d'un bon procureur. * *Le palais n'enrichit aujourd'hui* personne. C'est à dire la profession d'Avocat n'est plus ce qu'elle étoit autrefois, & on n'y fait que rouler.)

On dit, Gens de Palais. L'usage du Palais. Le stile du Palais, &c.

L'Almanac du Palais, c'est un petit livre où sont marquez les jours qu'on ne plaide point.

Palais. Ce mot se dit des hommes & des animaux, & veut dire la partie supériéure du dedans de la bouche.

On vit un triste jeu,
Quand à Paris Dame Justice,
Se mit tout le palais en feu.
Pour avoir trop mangé d'épice. *S. Amant.*

Palais de beuf. Palais de brochet. Palais de carpe. *Rond.* Palais de cheval. *Soleisel.*

PALAMENTE, *f. m.* Terme de *Mer*. C'est tout le corps d'une rame de Galère.

PALANS, *f. m.* Terme de *Mer*. Cordes dont on se sert pour enlever des balots de marchandise & quelques autres fardeaux. *Fourn.*

Palanquin, *f. m.* Petit palan.

Palanquer, *v. n.* Se servir du palan.

PALASTRE, *f. f.* Terme de *Serrurier*. C'est la piéce de fer qui compose la partie extérieure, sur laquelle s'assemblent toutes les piéces & les ressorts qui la sont agir.

PALARDEAUX, *f. m.* Terme de *Mer*. Bouts de planche que l'on couvre de bourre & de goudron pour boucher les trous du bordage.

PALATIN

PAL.   PAL.   569

PALATIN, *s. m.* Titre que prenoient les Comtes François sous les prémiers Rois & sous les prémiers Empereurs de France. On apeloit *Comte Palatin.* Celui qui en qualité de Juge prenoit connoissance des afaires & qui les décidoit, à moins qu'il ne les jugeât d'une manière à être discutées en présence du Roi. Il y avoit en Alemagne, en Pologne aussi bien qu'en France, des *Comtes Palatins.* Il y en avoit aussi en Champagne qui ne relevoient que des Rois de France. Car depuis Charles le Chauve on croit que les Rois de France n'ont point fait de *Comtes Palatins* & les *Comtes Palatins* de Champagne n'ont cessé que lorsque la Champagne a été réunie à la couronne. Voiez *Pirou, Coutume de Troies.*

Palatinat, s. m. Ce mot se dit en parlant de Pologne. C'est la Province d'un Sénateur de Pologne. (Le Roïaume de Pologne est divisé en Palatinats. Après qu'on a déliberé à Varsovie, chaque Senateur s'en retourne à son Palatinat.)

Palatinat. Ce mot se dit aussi en parlant d'Alemagne. C'est un païs posledé par un Prince qu'on apelle Palatin Il y en a deux en Alemagne, le haut & le bas Palatinat, ou le Palatinat du Rhin & celui de Baviére. *Samson, introd. à la Geographie. l. p 64.*

Palaine, s. f. Peau de martre ou de foüine bien passée, doublée de tafetas & acommodée en forme de mouchoir de cou pour les Dames. (Elle a une palatine fort jolie.)

PÂLE, *adj.* Qui a de la pâleur. Le mot de *pâle* à la prémière silabe longue & c'est pourquoi quelques-uns écrivent *passe,* mais l's ne se prononce pas. (Il est pale. Elle est pale, Visage pâle. *Ablancourt.* La pâle main de la mort. *Mal. poës.*) Il demeure tout le jour courbé sur un livre, toûjours pâle & defait, au lieu qu'auparavant il avoit le teint frais & vermeil. *Abl. Luc.*

On dit des *roses pâles,* pour distinguer les roses communes d'avec celles de Provins, qui sont d'un rouge plus vif & plus enfoncé.

Couleurs pâles. Ce sont celles qui sont lavées, ou qui sont mêlées de blanc. (Rouge pâle, Bleu pâle, Jaune pâle, &c.)

On dit que le *Soleil est pâle,* quand il est couvert de quelque petit nuage qui diminue sa clareté.

Pâles couleurs, s. f. Jaunisse. Epanchement d'humeur bilieuse par le corps. (La belle Philis est morte des pâles couleurs à seize ans. On la plaint de mourir d'une maladie dont il est tant de Médecins.) C'est ordinairement la maladie des filles.

Pale, ou palle, s. f. Ce mot à la prémière silabe bréve, & c'est un Terme d'*Eglise.* C'est un carton carré couvert de linge qu'on met sur le Calice. (Cette pale est trop grande. Couvrir le Calice de la pale. Mettre la pale sur le calice.)

Palée, s. f. Terme de *Batelier.* C'est le bout de l'aviron qui est plat. (Palée mal-faite.) On l'apelle aussi la pale de la rame, ou de l'aviron.

Pale, s. f. C'est une piéce de bois qui sert à boucher un biez de moulin, ou la chaussée d'un étang. (Lever la pale.) On l'apelle aussi *la bonde.*

PALEFRENIER, ou *palfrenier, s. m.* En vers on fait ce mot de trois, ou quatre silabes, mais en prose on le fait de quatre on doit prononcer de trois, & si on le fait de quatre on doit prononcer fort doucement l'e de la seconde silabe. *Palefrenié.* Le *palfrenier* est celui qui panse les chevaux de carosse. Ce mot vient du vieux mot *palefroi,* qui signifioit cheval. (Un Roi de Trace disoit qu'il lui sembloit qu'il ne diféroit en rien de son palfrenier lorsqu'il ne faisoit pas la guerre. *Ablancourt, Apo. page 403.*) On apelle *valets d'étable,* ceux qui pensent les chevaux dans les hoteleries.

† PALEFROI, *s. m.* Vieux mot qu'on trouve dans les Amadis & autres vieux Romans, & même dans Sacazin. (C'est le cheval que montoit une Dame & sur lequel elle alloit où elle vouloit. Elle monta sur son palefroi. Voiez l'*Amadis des Gaules l. 1. c. 3.*

Tels paléfrois font peur aux Demoiselles.
Sar. Poës.)

Paleron, s. m. Terme de *Charcutier.* C'est la partie du porc qui est jointe au jambon de devant.

PALES, *s. m.* La Déesse des Bergers dont on célébroit tous les ans la fête à la campagne, & que les Poëtes boucoliques invoquent quelquefois dans leurs ouvrages, Voiez *Georgiques de Virgile, l. 8.*)

Palés, s. m. Terme d'*Architecture.* Pieux qui servent aux ponts de bois au lieu de piles de pierre.

PALESTRE, *s. f.* C'étoit le lieu où les luiteurs s'exerçoient. Voiez *Vitruve.* (Ici dans la *palestre* unie, les luiteurs font tous leurs éforts. *S. Amand, Rome ridicule.*)

PALET, *s. m.* C'est un morceau de pierre, ou de tuile, plat, rond & uni dont on se sert pour joüer & pour le jetter auprès d'un petit but fiché en terre. (Mon palet est rompu. *Joüer au palet.* C'est jetter un palet le plus proche qu'on peut d'un but fiché en terre avec dessein de gagner quelque chose à une, ou plusieurs personnes qui joüent avec nous. (Joüer une piéce de trente sous au palet. Apollon tüa Hiacinte en joüant au palet.)

Palette, ou *paléte, s. f.* Manière de petit batoir rond dont on se sert lorsqu'on joüe au volant pour recevoir, ou jetter le volant. (Une jolie palette.)

Palette. Sorte de petite sauciére d'étain, ou d'argent pour recevoir le sang de ceux qu'on saigne. (Ces pallettes sont fort bien faites.)

* *Palette.* Ce mot en parlant de saignée signifie le sang qui est dans la palette. (Quand le Médecin aura vû ces palettes où les jettera.) Il signifie aussi plein la palette. (Combien faut-il tirer de sang à Monsieur, deux, ou trois palettes. On lui a tiré trois bonnes palettes de sang.

Palette. Instrument de fer en manière de fort petite palette de fer dont on se sert dans les Imprimeries pour relever l'ancre.

Palette. Espéce de petite pèle de fer dont les forgerons se servent pour tisonner leur feu.

Palette. Terme d'*Anatomie.* L'os plat qui est sur le genou.

Palette. Terme de *peintre.* Petit ais délié & uni, ou les peintres mettent leurs couleurs lorsqu'ils travaillent.

Palette. Terme de *Doreur sur bois.* C'est un tuiau de plume au bout duquel il y a du poil, & dont on se sert pour coucher les feüilles d'or sur le bois.

Palette. Terme de *Doreur sur bois.* C'est un outil de fer emmanché de bois dont on se sert pour faire de petits ornemens au bout des derniers filets du dos, de la tête & de la queüe des livres.

Palette aux nerfs. Terme de *Doreur sur cuir.* Instrument de fer à manche de bois pour pousser les nerfs.

Palette. Terme de *Doreur sur cuir.* Petit ornement à un ou à plusieurs filets, ou de quelque autre manière semblable qu'on pousse quelquefois sur le dos des livres en haut & au bout de chaque bouquet. (Pousser une palette.

PÂLEUR, *pasleur, s. f.* L'un & l'autre s'écrit, mais il ne faut pas prononcer l's. Couleur pâle. Certaine blancheur fade & morte que la peur fait paroître sur le visage de certaines persones. C'est aussi une certaine blancheur fade & dégoutante qui est naturelle à certaines gens, ou qui leur vient de quelque maladie. [Une grande pâleur. Une pâleur dégoutante, fâcheuse, chagrinante. Ca... la pâleur. Ôter, chasser la pâleur.

De mon teint abatu la mortelle pâleur
Te dira mon amour sans blesser ma pudeur.
La Suze, poësies.)

PÂLEZ. Voiez *pâlés.*

PALIATION, *palliation, s. f.* Couleur adroite & ingénieuse dont on se sert pour faire voir qu'une chose qu'on croit méchante, ou défendue, ne l'est pas. (Ne sufisoit il pas d'avoir permis aux hommes tant de choses défendues par les paliations que vous y aportez. *Pascal. l. 10.*)

Paliatif, paliative, adj. Terme de *Médecin.* Reméde paliatif Cure paliative, c'est à dire, qui ne guérit le mal qu'en aparence & ne fait que l'adoucir.

Palier, ou *pallier, v. a.* Couvrir ingénieusement. Donner quelque couleur à une chose afin qu'on la voie tout d'un autre sorte qu'elle n'est véritablement, afin qu'on ne découvre pas ce qu'elle a de méchant, de pernicieux & de fâcheux. (De quelque manière qu'ils palient leurs maximes, elles ne vont qu'à favoriser les Juges corrompus. *Pas. l. 8.*)

PALINODIE, *s. f.* Mot qui vient du Grec, & qui veut dire desaveu de ce qu'on avoit dit, chant contraire au prémier. La *palinodie* est une sorte de poëme qui contient une retractation en faveur de la persone que le Poëte a ofencée. On dit que le Poëte Stesicore est le prémier Auteur de la *palinodie.* Horace a composé une *palinodie* qui commence, *ô matre pulchrâ filia pulchrior.* Je n'ai trouvé le mot de *palinodie* parmi nous que dans les poësies de Tristan l'hermite.

† *Chanter la palinodie.* C'est se retracter, Dire autant de loüanges qu'on avoit dit d'injures. Voiez, si vous voulez, là-dessus *Scaliger, Poëtique, l. 3. c. 115.*

† PALMAIL, *s. m.* Mot vieux & hors d'usage, au lieu duquel on dit *mail.* (Joüer au mail, & non pas au palemail.)

PÂLIR, *palir, v. n.* L'un & l'autre s'écrit, mais il ne faut pas prononcer l's: dans le mot *pasir,* parce qu'elle ne sert qu'à faire longue la silabe où elle se trouve. *Pâlir* signifie devenir pâle. (La moindre chose qu'on lui dit d'un peu fâcheux le fait *pâlir.* Il pâlit à la veüe d'une épée nuë.)

* Le plus afreux péril n'a rien dont je pâlisse, *Racine, Iphigenie, a. 5. f. 5.*

Je pâlis, je frémis quand ma douleur cruelle
Me reproche en secret que j'aime une infidelle.
Marigni, recueil.)

PALLIATION, *pallier.* Voiez *paliation* & *palier* plus-haut.

* PALIS, *s. m.* Il se dit des pieux qui sont plantez pour faire quelque clôture.

PALISADE, *s. f.* Terme de *Fortification,* C'est un rang de pieux pointus, & plantez tout droit, près à près dans les travaux de terre. (Garnir les endroits foibles avec des fraises & des
CCcc

des palissades. Les palissades doivent être serrées de sorte qu'il n'y ait de l'espace entre elles, que pour passer un mousquet, ou une pique.)

Palissade. Terme de *Jardinier*. Arbres qui font face de deux cotez bordant ordinairement une allée, & la séparant de quelque parterre. (Palissade haute. Palissade basse. Palissade d'apui. Afermir une palissade. Mettre en palissade.)

Palissader, v. a. Terme de *Fortification*. Mettre des palissades en quelque endroit qui peut être emporté d'emblée. Planter des palissades aux postes foibles & dégarnis. (Palissader une berme, un parapet, la gorge d'une demi lune, &c.)

Palisser, v. a. Terme de *Jardinier*. Atacher des arbres contre une muraille avec des liſieres de drap, ou des morceaux d'éguillette de cuir de chien, ou de chamois atachez avec de petits cloux ſur des chevilles mises entre les joints des pierres, ou ſur des morceaux de chêne mis dans la muraille lorſqu'on la fait. (Palisser des arbres. Arbres palissez contre une muraille.)

PALLIUM, ſ. f. Terme d'*Egliſe*. C'étoit dans l'ancienne Egliſe un habillement semé de croix qui couvroit tout le corps depuis le cou juſques aux talons, qui étoit ſans manches & n'étoit ouvert que par en haut, & par en bas. Le *pallium* dans la Grèce étoit commun aux Evêques, Archevêques & Patriarches. Mais aujourd'hui le *pallium* ne ſe donne qu'aux Métropolitains. C'eſt une bande large de trois, ou quatre doigts, chargée de croix noires & atachée à un rond qui ſe met ſur les épaules par deſſus les habits pontificaux & duquel pendent deux morceaux longs d'un pié, l'un par devant & l'autre par derriére. Le *pallium* repréſente Jesus Christ qui eſt le Paſteur Eternel. On croit que le Pape a donné le premier le *pallium* aux Métropolitains.

PALMA CHRISTI, ſ. f. C'eſt une plante qui monte fort haut & qui porte des fleurs & des fruits couverts d'une couverture pleine de piquants.

PALME, ſ. f. Petite branche de palmier. (Une petite palme. On porte des palmes à la Procession du Dimanche des Rameaux, en mémoire de l'entrée de Nôtre Seigneur à Jerusalem.) Ce mot de *palme* ſe dit auſſi ſouvent de l'arbre qu'on apelle *palmier*.

* *Palme*. Ce mot, au figuré, ſignifie Victoire. Honneur. Gloire. (Célébrons cette palme qui nous invite à chanter. *Sar. Poëſ*. Un palme n'eſt vulgaire n'eſt pas pour un tel champion. *Voit. poëſ*. Muſes, à vos ſoins immortels je conſacre les palmes. *Segrais*, Eglogue 7.)

Palme, ſ. m. Ce mot vient du Latin *palmus*. Terme de *Géometrie pratique*. C'eſt une meſure de l'étendue de la main, il contient neuf pouces. On apelle auſſi un Empan.

PALMIER, ſ. m. C'eſt l'arbre qui porte les dates, qui eſt beau & grand, qui a le tronc droit & rond ; mais l'écorce toute rabouteuſe. Il ne jette point de branches qu'à la cime & elles ont le bout tourné contre terre. Ses feüilles ſont longues & en façon de roſeaux, & ſes fleurs blanches atachées en forme de grape de raiſin. Le *palmier* eſt toûjours verdoïant, fleurit au printems & ſon fruit eſt mûr en automne. Il y a un palmier mâle, & un palmier femelle. Il y a outre le *grand palmier*, une autre ſorte de palmier, qu'on apelle le *petit palmier*. Celui-ci n'a pas plus d'une coudée de haut. Il a les feüilles ſemblables à celles du palmier & la partie la plus près de ſa racine eſt pleine d'un gros germe rond qu'on apelle cervelle de palmier. *Dal. l. 3. c. 28*. (Le juſte fleurira comme le palmier. *Port-Roïal*, Pſeaumes.)

PALOMBEAU, ſ. m. C'eſt un morceau de bois plané, long de deux piez & demi ou environ, au bout duquel on met des traits pour tirer le caroſſe, ou quelque afût de piéces d'artillerie. (Mettre le trais dans le palomneau.)

† *Palot*, adj. & ſ. m. Ce mot eſt vieux, Provincial & bas, & ſignifie lourd, groſſier, ruſtique. (C'eſt un gros palot.)

PALPABLE, adj. Senſible. Qui ſe voit & qui ſe connoît par les ſens. (Cela eſt palpable. *Ablancourt*. Supoſition palpable *Patru*, plaidoié 15.)

PALPITATION, ſ. f. Dilatation & ſecouſſe ſoudaine & contre nature des parties molles du corps par l'éfort d'une vapeur, ou d'un vent qui cherchant à ſortir, & ne trouvant point d'iſſuë, éleve ces parties molles du corps & les fait bondir à proportion de la force de ſon impétuoſité. (Palpitation fâcheuſe & incommode.)

Palpiter, v. n. Ce mot ſe dit principalement du cœur, & ſignifie remuer vite & continuellement. (Quand un animal eſt fraîchement tué & qu'on tire ſon cœur dehors de ſon ventre, ſon cœur palpite encore.)

LE PALUS MÉOTIDE, ou la *palus Méotide*. Monſieur le Préſident Couſin, *Hiſtoire Romain* page 569. a écrit. (Comme les Scites avoient paſſé en ce tems là la *Palus Méotide* la Phaſe ; Tacite fondoit ſur eux.) On croit que ſi on avoit à exprimer la même choſe que Monſieur *Couſin*, il faudroit dire au pluriel *les Palus Méotides*, & que même il ſeroit mieux de dire *le Palus Méotide* que *la Palus Méotide*. Ceux qui jugent charitablement diſent que *la Palus Méotide* eſt une faute d'impreſſion.

PAM.

PÂMER, ou *paſmer*, v. n. L'un & l'autre s'écrit mais on ne prononce-pas l'ſ dans *paſmer*, elle ne ſert qu'à montrer que la ſilabe où l'ſ ſe trouve eſt longue. Pâmer ſignifie Défaillir, Tomber en pâmoiſon.

(Aux yeux de ſa belle maîtreſſe
Il pâmoit de triſteſſe. *Ségrais*, Eglogue 5.]

Pâmoiſon, ſ. f. Défaillance. (Tomber en pâmoiſon. *Moliere*: Cocu imaginaire, ſ. 2.)

PAMPE, ſ. f. Eſpèce d'herbe plate en forme de petit ruban qui vient au niuau du blé & autre graine lorſqu'il eſt pendant par les racines & qu'il ſe forme en épi. (Ainſi on dit la *pampe* du blé. La *pampe* de l'orge, de l'aveine, &c.)

PAMPHILE, ſ. m. Nom d'homme qui vient du Grec & qui veut dire, Qui aime tout. (D'Ablancourt a dédié ſa traduction de Minutius Felix à Conrart ſous le nom de Pamphile, parce qu'en éfet le bon homme Conrart aimoit & careſſoit tout le monde.)

PAMPRE, ſ. m. Quelques vignerons que j'ai vûs ſur ce mot le font féminin, mais mal. Tous ceux qui parlent bien & qui l'ai conſultez ſont ſans conteſtation le mot de *pampre*, *masculin*. C'eſt le jeune bois de l'année que pouſſe la vigne & qui eſt revêtu de feüilles. (Baccus eſt couronné de pampre verd.)

PAN.

PAN, ſ. m. Le Dieu des Bergers auquel les Poëtes donnent des cornes ſur la tête, avec des piez de chèvre & qui a été principalement révéré en Arcadie. (Pan a ſoin des brebis. Pan a ſoin des Bergers. Voïez *les Eglogues de Virgile*.

Pan. Partie de la robe qui répond à ce qu'on apelle lé. (Il y a un pan de ſa robe déchiré.)

Pan. Ce mot, en parlant de *mur*, ſignifie quelquefois une partie de la muraille. (Un pan de mur abatu.)

Pan. Ce mot ſe dit entre Architectes. C'eſt à dire, face, (Une tour à pluſieurs pans. Faire des pans & des faces plates. *Abregé de Vitruve*, p. 114. Pan de baſtion c'eſt la face d'un Baſtion.

Pan, ſ. m. Terme de *Tapiſſier & de Menuiſier*. Le mot de pan ſe dit en parlant de lit. C'eſt une piéce de bois large de quatre pouces, épaiſſe de deux, & longue conformément au lit. (Il y a dans un bois de lit quatre pans, deux de longueur, & autant de largeur.)

Pan. Voïez paon.

Pan. Sorte de filet qui ſert à prendre des lapins & des liévres, & qu'on apelle plus ordinairement *paneau*. Voïez paneau.

Pan de vers. Ce ſont les filets avec quoi on prend les grandes bêtes Sauvage.

PANACÉE, ſ. f. C'eſt un mot Grec, qui eſt le nom de certaines plantes dont on parle en Médecine. Mais aujourd'hui, il ſignifie un remede univerſel propre à toute ſorte de perſonnes, & qui étant pris en petite quantité, guerit les maladies les plus opiniâtres, cuiſant doucement les humeurs, purifiant les entrailles, & ôtant d'une maniére naturelle les cauſes des maladies. (Il n'y a que les remedes qu'on tire des mineraux qui puiſſent devenir panacées. l'panacée raſraîchiſſante, purgative, apéritive, ſudorifique. La Panacée priſe à propos guerit les longues maladies. M. Maſſard a fait un traité des panacées.)

PANACHE, ſ. m. Terme de *Plumaſſier*. C'eſt un bouquet de plume à deux rangs. On apelle auſſi ce *panache*, bouquet de plume, mais entre plumaciers le mot de *panache* eſt le vrai mot. (Relevant ſa mouſtache & ſon feutre à grands poils, ombragé d'un panache. *Depreaux*, *Sat.* 3.)

Panache de lit. Terme de *plumacier*. Bouquet de plumes au haut de la colonne du lit. Quelques Dames apellent cette ſorte de panache bouquet de plumes ; mais les ouvriers diſent panache.

† * *Panache de cerf*. Mots burleſques qui ſe diſent en parlant des gens qui ſont cocus, & qui ſignifie cornes.

[D'un panache de cerf ſur le front me pouvoir
Voilà qui eſt vraiment un beau, venez-y voir.
Moliere Cocu.

Panache. Terme d'Orſevre & de potier d'étain. Partie de la tige, ou de la branche du flambeau qui eſt élevée au deſſus du pié, & qui s'étend en forme de petite aile autour de la tige, ou de la branche du flambeau. (Panache bien fait.)

Panache. Terme de *Fleuriſte*. C'eſt un agréable mélange de couleurs dans une fleur. (Anemone qui a un beau panache. Un panache qui n'eſt point tranché. Un panache broüillé ne vaut rien. Un panache bien enrichi, Panache qui ſe nettoïe & rectifie. Les tulipes les plus nuancées
font

PAN. PAN. 571

font les plus beaux panaches. Un panache net est agréable.)

Panache de mer. Sorte d'insecte, ou de petit animal marin. Rond.

Panaché, panachée, adj. Terme de Fleuriste. C'est à dire, Qui est de diverse couleur. (Fleur panachée. Tulipe panachée de gris de lin, de jaûne & de rouge. Panaché de verd. Rose agréablement panachée. Oeillet panaché.)

Panacher, v. n Terme de Fleuriste. Avoir un aimable mélange de couleurs. Prendre une diversité d'agreables couleurs. Les tulipes qui panachent, sont préferables aux autres. Atendez que vos hazards aient panaché nettement. Cette fleur ne panache pas net. La feuille de la tulipe s'alonge en panachant. Quint. Jardins, & Culture des fleurs.

Se panacher, v. r. Terme de Fleuriste. Prendre un agréable mélange de couleurs. (Rose qui commance à se panacher. Tulipe qui se panache. Morin. Traité des fleurs, p.196. Se pancher de deux ou trois couleurs bien distinctes.)

PANADE, s. f. Pain rapé mis dans un succulent boüillon à la viande. (Cardan dit que Cornaro a vécu près de cent ans en ne maugeant que de la panade. On fait encore de la panade avec du pain & des œufs, & cette panade est bonne pour la santé. On peut vivre longtems en ne mangeant que de la panade, du pain & un œuf. C'est le sentiment du fameux Venitien Cornaro.)

Se panader, v. r. Se carrer. Marcher avec une sorte de gravité fiére. Se carrer en faisant montre de ce qu'on a de plus beau. (Le Pape alors se panada. Voit. poë͞s. Il se panada tout fier parmi d'autres paons. La Fontaine, Fables, l...)

PANAGE, s. m. Terme de Coutume. Droit de paisson. Droit de faire paitre les cochons dans quelque forêt, pour y manger le gland, la faine, &c.

PANAIS, s. m. Sorte de plante domestique, ou sauvage dont on ratiffe la racine qu'on mange dans le potage à la viande, dont qu'on fait cuire pour la frire. (Le panais est chaud & apéritif. Voiez Diosc. & Mat. l. 3. c. 54.)

PANARIS, s. m. Il vient du Grec. C'est un terme de Médecine, & le nom d'un mal qui vient à la racine des ongles, d'une cause interne.

PANCARTE, s. f. f. Vieux papiers écrits. Paperasses. Ecrit qu'on afiche à un poteau & où sont contenus quelques droits de péage. (Ce ne sont point de vieux restes de pancartes toutes mangées qui vous parlent. Patru, pl. 15. Ceux qui prétendent droit de péage doivent faire en un lieu éminent, public & accessible un tableau, où pancarte. Voiez Ragueau, Indice des droits Roiaux.)

PANCE, s. f. C'est la partie du ventre des animaux qui renferme les alimens qu'ils ont mangé. (Une pance de porc, de bœuf, de mouton, &c.)

† Pance, s. f. Ce mot pour dire le ventre d'une personne est burlesque.

[* Ils ont courte & maigre pirance
Mais ils ont grosse & large pance.
Boileau, Epitre.]
Peut-on voir sans courroux & sans étonnement
Que des Religieux nez pour la pénitence
Loin de se contenter du plus simple aliment.
prennent tant de soin de leur pance.
Baraton. contes.]

† Pance d'A. Ces mots signifient quelquefois le corps de la lettre A, & quelquefois étant pris généralement ils signifient lettre. (Si je voulois recevoir vos quatre mille livres sans faire aucune pance d'A, n œuvre de mes mains, vous seriez. Voit. let. 184.)

PANCER, ou panser, v. a. Ce mot se dit des chevaux. C'est étriller nettéier des chevaux & en avoir soin. (Pancer bien un cheval. Les palfreniers doivent pancer les chevaux.)

Pancer, Ce mot se dit des oiseaux. C'est nettéier les oiseaux & leur donner à boire & à manger. (Si on veût élever des oiseaux on les doit pancer soigneusement.)

Pancer, panser. Terme de Chirurgien. C'est acommoder une plaie, y faire & y apliquer les choses nécessaires. C'est aussi lever l'apareil de quelque plaie, la nettéier & y mettre d'autre apareil. Pancer une plaie. Pancer les blessez.

† * Allez vous faire pancer, Voit. poës. Cette façon de parler est libre, & burlesque, & se dit par mépris à une personne pour lui marquer qu'elle est sotte & impertinente, qu'elle s'aille promener & qu'on n'a que faire d'elle.

† On envoie le Pére pancer, avec son art de panser. Lignieres, poës. Voiez penser.

† Pancement, s. m. C'est l'action de pancer, soit à l'égard des malades & des blessez, soit à l'égard des chevaux, mulets, &c.

PANCHANT, s. m. Pante. Maniére d'être dans un corps qui panche. (C'est une montagne d'un panchant fort aisé. Ablanc. Donner du panchant à quelque corps. Le panchant d'une coline.

Assise au bord de la Seine
Sur le panchant d'un côteau,
La Bergere Célimene
Laisse paitre son troupeau.
Desh. poë͞s.)

* Panchant, s. m. Inclination. Pente naturelle. (Son panchant le porte à l'amour, Scaron. Il a un furieux panchant à la guerre. Il a du panchant pour la musique.

Helas ! de son panchant personne n'est le maître
Le panchant de nos jours est toûjours violent
J'ai sçû faire des vers avant que de connoitre
Les chagrins atachez à ce maudit talent.
Deshoul. poë͞s.
D'un si juste panchant bien loin de me défendre
Je fai gloire de l'avoüer. Desk.)

Panchant, s. m. Ce mot au figuré, se dit encore dans un autre sens & en parlant de perte, de ruine, & de destruction. Il signifie moment fatal où une chose est prête à périr, à décliner, à tomber en désordre & en décadence. (Etre sur le panchant de sa ruine. Abl. Ar. l. 1. c. 4.)
Panchant, panchante, adj. Qui panche. (Corps panchant.
* Panchant, panchante, adj. Qui menace de ruine. Qui va en décadence. Qui déperit. (Il s'aloit acabler sous les ruines d'un empire panchant. Vaug. Quin. liv. Age panchant. Ablancourt.)

Panchement, s. m. L'état d'une chose qui panche. (Le panchement d'un mur. Le panchement du corps.)

Pancher, v. a. & v. n. Incliner. Etre d'une maniére qui panche. Prendre sa pante d'un certain côté. (Il faut un peu pancher cela davantage. Muraille qui panche. Chose qui panche, qui va en panchant. Le moindre poids fait pancher une balance qui étoit en équilibre. Pancher le corps. Pancher la tête d'un côté. Les branches d'un arbre chargé de fruit panchent vers la terre.)

* Pancher. Incliner. Donner un certain panchant, ou une certaine inclination. (Dieu répand dans l'ame quelque amour qui la panche vers la chose commandée. Pasc. l. 4. Il panche à déclarer la guerre. Pancher à la douceur. Abl.)

* Cette recommandation fait pancher la balance de son côté.

PANCREAS, s. m. Terme d'Anatomie. Corps charnu situé au milieu du mesentere pour asturer & favoriser les divisions des veines. Deg.

† Pançu, s. m. Qui a un gros ventre. (Un gros pançu.)

PANDECTES, s. f. f. Mot qui vient du Grec & qui signifie Livres contenans toutes choses. Le mot de pandectes est un Terme de Jurisconsulte. Il signifie un volume de droit divisé en cinquante livres, contenant les réponses des anciens Jurisconsultes. Ce volume s'apelle aussi digeste. [Les pandectes & le code sont de pais inconnus. Mai. Poës. C'est à dire, c'est un homme de palais fort ignorant.]

PANDORE, s. f. Instrument de musique à cordes de léton qui n'est plus en usage & qui ressembloit au lut, hormis qu'il avoit le dos plus plat. Mers. liv. 2.

* C'est la boîte de Pandore. C'est à dire, la source de plusieurs maux. C'est un vieux proverbe fondé sur une fable des Payens.

PANÉ, panée, adj. Ce mot se dit de l'eau où l'on a mis du pain & qu'on a versé d'un vase à un autre. (Eau panée. Faire de l'eau panée.

PANE, ou panne, s. f. Graisse de porc qui n'est ni batuë ; ni fonduë, mais que l'on bat, & que l'on fond quand on veut faire du sain doux pour faire des bignets. (Tirer la pane du ventre d'un porc. Batre la pane.)

Pane, Sorte d'étofe de soie de même qualité, & de même largeur que le velours façonné. (Pane grise, bleuë, ou noire.)

Pane. Terme de Blason. Fourrure de vair, ou d'hermine. Peau de vair, ou d'hermine. Il y a deux panes dont on parle dans la sience du blason. Voiez la dessus la Colombiere, Science héroïque, c. 6.

[Le blason composé de différens émaux.
N'a que quatre couleurs, deux panes, deux métaux.]

Pané, Terme de Mer. (Mettre un vaisseau en pané. C'est faire pancher un vaisseau sur un bord avec ses voiles pour étancher quelque voie d'eau qui se trouvera de l'autre bord, du côté que le vent vient. Fourn. Etre en pane.)

Pane. La partie du marteau la plus mince. (Fraper de pane.)

PANZEAU, ou panneau, s. m. C'est un filet qui lors qu'il est tendu, paroit comme un pan de muraille & dont on se sert pour prendre des lapins, des liévres, des renards, des blaireaux, des chats & même des loups. (Paneau simple. Paneau double, ou paneau contremaillé. Ce filet s'apelle aussi pan.

Voicz les Ruses innocentes, l. 4 .c 3. & 4.)
† * Donner dans le paneau. C'est à dire, Donner dans le piège,
CCcc ij qu'on

PAN. PAN.

qu'on nous tend. Se laisser prendre aux finesses de quelque fourbe. Se laisser attraper à quelque faux éclat, à quelque beau dehors. (C'est un homme à donner dans tous les paneaux qu'on voudra. *Mollére.*

Vers ramassez éclatans d'oripeau
Qui font donner dans *le paneau.*
Scaron, Epit. chagr.)

Paneaux. Terme de *Sellier.* Ce sont deux coussinets pleins de bourre, ou de crin qu'on met sous la selle pour empêcher que la selle ne blesse le cheval. (Rambouter des paneaux.)

Paneaux. Terme de *Bourrelier.* Piéce de cuir qui embrasse tout le dos d'un cheval, ou de la bête de somme, où il y a un lit de paille & de bourre, & sur quoi sont posez les fûts du bât. (Les paneaux de ce bât sont bons & bien faits.)

Paneau. Terme de *Vitrier.* Plusieurs morceaux de verre dont les uns s'appellent bornes, & les autres piéces quarrées, ou losanges misés en plomb, soit qu'elles soient atachées au non, sur un chassis de bois. (Un paneau de bornes. Un paneau de losanges. Arâcher un paneau.)

Paneau. Terme de *Menuisier.* Ce mot en parlant de carosse, c'est le bois du devant & du deriere du carosse. (Les paneaux de ce carosse sont de tres bon bois.)

Paneau. Voiez *paoneau.*

PANEGIRIQUE, *s. m.* Mot qui vient du Grec. C'est un discours oratoire qui renferme les loüanges d'une personne considérable, de quelque Saint ou Sainte, & qui se recite en public. (Il n'y a point de plus beau panégirique des grans hommes que leurs actions. *Abl. Réé.* On dit que Pline fit son panégirique en faisant celui de Trajan.)

Panégirique, adj. Ce mot se dit du discours, & veut dire. Qui loué. (Un discours panégirique.)

Panégiriste, s. m. Celui qui a fait un panégirique. Celui qui a donné des loüanges à quelqu'un. (Pline second est un fameux panégiriste.)

PANEREE, *s. f.* Plein un panier. (Une petite panerée. Une bonne panerée. Pour bien faire venir ces fleurs, il faut metre trois panerées de terrau sur quatre panerées de terre franche. *Cult. des fleurs.*)

PANÉTERIE, *s. f.* C'est un ofice chez le Roi où l'on distribué le pain. (Il est à la panéterie. Allez à la panéterie, on vous donnera ce que vous demandez.)

Panetier, s. m. C'est l'un des plus considérables Oficiers de la bouche du Roi. Le *grand panetier* est celui qui a l'oeil sur tous les Oficiers de la panéterie de la maison du Roi. Il a jurisdiction & droit de visite sur le pain des boulangers de la vile & faux-bourgs de Paris. Les boulangers de Paris lui doivent un certain droit que quelques-uns apellent *bon denier* & *le pot au romarin.* Voiez *du Tillet, Recueil des Rois de France.*

Panetiére, s. f. Espéce de grande poche, ou maniére de petit sac de cuir où les bergers mettent leur pain. On apelle dans les Eglogues & les Romans où on nomme Bergeries cette espéce de sac de cuir, *panétiére*, mais les bergers d'autour de Paris, que j'ai consultez l'apellent *gibeciére.*

PANETON, *s. m.* Terme de *Serrurier.* C'est la partie de la clé où sont les dens. (Paneton de clé rompu.)

PANICAUT, *s. m.* Herbe qui a des feüilles épineuses. Espéce de chardon, qu'on apelle à cent têtes.

PANIER, *s. m.* Ouvrage de vanier qui est rond, ovale, plain, ou à jour, qui est ordinairement fait d'osier, qui sert à divers usages & qui est toûjours composé d'un corps, ou d'un couvercle, ou de tous deux ensemble. (Un panier plain. C'est à dire, Qui n'est pas à jour. Un panier à jour, c'est à dire, Qui n'est pas plain. Un panier à claire voie. C'est à dire, un panier qui n'est pas plain, & qui est à jour. Panier à aller à l'école. Panier à fumier. Panier de bagage. Panier de service. Panier à pain benit. Panier à porter des verres, &c. Faire des paniers.)

Panier d'arbalete. C'est le milieu de la corde de l'arbalete à jalet qui est fait en creux; & où l'on met la balle, ou le jalet lorsqu'on veut tirer.

Panier à feu. Espéce de machine qui se jette avec un mortier. (Jetter des paniers à feu.)

Panier. Il se dit aussi de ces sortes de panier qu'on met sur les bêtes de somme & sur des chevaux de bât, pour porter des provisions, des marchandises, &c.

Panier. Il se dit quelquefois d'une ruche d'abeilles. (On vend tant le panier.)

Panier. Il signifie aussi une *panerée*, plein un panier. (Acheter un panier de cerises.)

Anse de panier. Terme de *Maçon.* Ils disent qu'un arcade est faite en *anse de panier*, lors que le dessus est un peu abaissé, & qu'elle n'est pas faite en pleine cintre.

† *Il est fait comme un panier percé.* Sorte de proverbe du petit peuple de Paris, pour dire, il est fort fou.

* *A petit mercier petit panier.* Proverbe, qui signifie, qu'un homme qui a peu de bien ne doit pas faire grande dépense.

* † *Il ne faut pas mettre tous ses oeufs dans un panier.* Proverbe, pour dire qu'il ne faut pas risquer tout son bien à une fois.

PANIQUE, *adj.* Ce mot se dit en parlant de gens qui craignent tout d'un coup & sans fondement. Il ne se dit qu'avec le mot de *terreur.* (Une terreur panique s'empara des esprits. *Ablan.* C'est à dire, une crainte soudaine & sans raison saisit les esprits.) La terreur panique est ordinairement presque générale dans un païs, une vile, une armée, &c.

PANIS, *s. m.* Sorte de blé, qui est de petits grains comme ceux du millet, mais il est en des grappes, & c'est en quoi cette plante difere de celle du millet.

PANNE, *V.* Pane.

PANNELLES, *s. f.* Terme de *Blason.* Il se dit des feüilles du peuplier peintes sur un Ecu.

PANNICULE, *s. m.* Terme d'*Anatomie.* Membrane qui est sous la graisse & qui envelope les parties du corps des animaux. (Pannicule charnu.)

PANONCEAU. Ce mot à Paris ne se dit pas en la signification de girouette, on dit girouette & non pas panonceau.

Panonceau. Mot qui se dit en terme de Pratique en parlant de vente & de criées. C'est une afiche où sont les armes du Roi qu'on met à l'entrée d'une maison qui est en criées & saisie par ordre de Justice. (Quand on fait les criées de quelque ofice on doit mettre des panonceaux contre la porte de l'Eglise où se font les criées & contre la maison du saisi. *Loiseau*, *des ofices venaux*, *c.7.*

PANSARD. Voi. *pansu.*

PANSER. Terme de *Chirurgien* & *de palfrenier.* Voiez *pancer.*

PANTALON. Sorte de caleçon, ou de haut de chausse qui tient avec les bas.

Pantalon. Celui qui dance quelque pantalonnade, & qui est habillé en pantalon. (Deux gros jouflus, six pantalons, apoticaire, lavement, jamais je n'ai été si saou de sotises. *Moliére*, *Pourceau*, *a.2. (c.4.)*

Pantalonnade, *s. f.* Sorte de dance boufonne, dance de pantalon. (Dancer une pantalonnade.)

PANTAMETRE, *pentametre*, *adj.* Mot qui vient du Grec & qui se dit de certains vers Latins. Il veut dire *qui a cinq piez.* (Les vers pentametres se joignent aux hexametres pour faire des Epigrammes, des Elegies, &c.

Panse. N. pance.

PANTE, *s. f.* Panchant. La maniére d'être d'un corps qui va en panchant, Maniére dont on fait pancher quelque chose. (La *montagne* avoit une pante fort douce. *Abl.* Donner de la pante à quelque corps. Donner un demi pié de pante à quelque corps. *Sau.*

PANTE, *s. f.* Terme de *Tapissier.* C'est un morceau d'étofe qui entoure le lit & qui a d'ordinaire de la frange. Il y a trois pantes dans chaque lit. Le mot de pante se dit aussi en parlant de dais, mais en chaque dais il y a quatre pantes, & la pante du dais est un morceau d'étofe qui environne le dais. (On dit en parlant des pantes des lits, & des dais, la pante de dehors, la pante de dedans, la pante de longueur de la pante de largeur, Frangez les pantes d'un lit, ou d'un dais. Atacher la frange aux pantes d'un dais ou d'un lit.)

Pante. Ce mot se dit des personnes & signifie inclination d'une personne à quelque chose. (Avoir de la pante à la poésie.)

* Vous vous abandonnez, sans remords, sans terreur
À vôtre pente naturelle,
Point de loi, parmi vous, ne la rend criminelle.
Deshoul. poés.

* *Pante.* Certaine maniére délicate & presque imperceptible. (Il n'étoit question que du langage, néanmoins par une *pante* douce & presque insensible vous avez dépeint les gens. *Chevalier Méré, Converf.*)

PANTECÔTE. Voiez *Pentecôte.*

PANTELER, *v. n.* Palpiter. Il se dit de ceux à qui le coeur bat trop fort, pour avoir trop couru, ou pour avoir eu quelque émotion extraordinaire, causée par la peur, par la colere, &c.

PANTEON, *s. m.* Mot qui vient du Grec & qui signifie un temple de l'ancienne Rome, dédié à tous les Dieux. Le Panteon n'avoit qu'une porte & une ouverture en haut, par laquelle il recevoit le jour. Le Panteon étoit large, élevé & de forme ronde, parce qu'il répresentoit la figure du monde. Ce fut M. Agrippa qui fit construire le Panteon, & qui l'embelit de superbes colones par dehors; mais par dedans il fut enrichi de magnifiques figures des Dieux & des Déesses. Le Pape Boniface 4. a expié le Panteon de l'a consacré à la Vierge, à tous les Saints & à toutes les Saintes.

PANTERE, *s. f.* Sorte d'animal farouche & furieux qui a la peau marquetée de diverses couleurs & qui n'est distingué du Léopard que par la blancheur. *Jonston.*

PANTIÉRE, *s. f.* Terme d'*Oiselier* & d'*Oiseleur.* C'est une sorte forte de filet fait en mailles à losanges, ou en mailles quarrées pour prendre des bécaffes. Pantiére simple Pantière volante. Pantière à bouclettes. Pantière entremaillée, ou contremaillée. Tendre une pantière. *Ruses innocentes. liv. 1. c. 27. & 28.*)

PANTOMETRE, *f. m.* Mot qui vient du Grec. C'est un instrument Géométrique propre à prendre toutes sortes d'angles, à arpanter & à mesurer toutes sortes de distances & de figures, inventé depuis peu par Monsieur Buter. Il a fait un petit livre de l'usage du Pantometre. Il sert aussi à divifer les figures planes & à tracer le plan des édifices, aussi bien dans l'Architecture civile que dans la militaire. Voiez *le Journal des Savans, de l'an 1676.*

PANTOMIME, *f. m.* Mot qui vient du Grec & qui veut dire *boufon* & plaisant, qui imitoit avec les piez & avec les mains toutes sortes d'actions de personnes. Voiez la *Poëtique de Scaliger & de Vossius, l. 1. c. 31. l. 1. c. x.* (Les Boufons Italiens font inimitables, & je ne sçai si les Mimes & les Pantomimes des Anciens ont eu beaucoup d'avantage sur eux. *S. Evremont, discours de la Com. Italienne.*)

PANTOUFLE, *f. f.* Espèce de soulié sans quartiers, qui n'a ni garniture, ni autre enrichissement, car lorsqu'il en a, ou qu'au lieu d'empègne de cuir, il y a du velours, on ne l'apelle plus *pantoufle*, mais *mule*. (De bonnes pantoufles. Les femmes & les filles du petit bourgeois mettent des pantoufles dans la maison, & les femmes de qualité, des mules)

Mettre son soulié en pantoufle. C'est plier les carriers du soulié & les coucher dans le soulié sur la première semelle, ce qu'on fait lorsqu'on a les mules au talon, qu'on y a quelque autre mal.

† *Pantouflier*, *f. m.* Mot burlesque & factice qu'on ne trouve que dans le Lucien du fameux d'Ablancourt & qui signifie, *qui a des pantoufles.* (Dieu te gard maitre pantouflier. *Lucien tome 1. p. 144.*)

PANTURE, *f. f.* Terme de *Serrurier*. Ce sont des barres de fer qui servent à soutenir les portes, ou les fenêtres sur les gonds. Morceau de fer plat qui est ataché par dedans à la porte & dans quoi entre le gond. (Une bonne & forte panture. Atacher une panture.)

Panture de tableau. Cette panture est ordinairement de cuivre jaune Elle est composée d'un anneau & d'une petite plaque percée de trois petits trous, au haut de laquelle passe l'anneau. Tout cela ensemble s'apelle *panture*. (Voilà une panture fort propre & fort bien faite.)

Voiez *la colonne*, PEN.

PAO.

PAON, *f. m.* Prononcez *pan* & même il n'y auroit pas grand mal quand on l'écriroit, mais comme cette sorte d'ortographe n'est pas encore bien établie, je ne l'ai osé hazarder. Le *paon* est une sorte d'oiseau dont la chair est très-excellente, & qui a un très beau plumage. Il fait la roüe & se mire dans sa queüe aux raïons du Soleil. (On dit que les paons haïssent leurs petits jusques à ce que les plumes leur viennent à la tête. Les Paons sont jajoux & glorieux. Quand on les loue & de leur beauté ils étalent leurs plumes. On croit que le paon vit 25. ans. La plus grande beauté du paon est dans sa queüe. Ovide & les autres Poëtes en content des merveilles, que les yeux d'Argus ont été atachez à la queüe du paon, & qu'il est dédié à Junon.)

Paonneau, *f. m.* Prononcez *panneau* & même on ne feroit pas mal de l'écrire. Cet *o* dans le mot de *paonneau* ne sert qu'à embarasser. Le paonneau est le petit du paon & est un manger fort délicat. (Il nous a fait manger d'excellens paonneaux.)

PAP.

† PAPA, *f. m.* Terme d'Enfant, qui veut dire *père*. (Mon petit papa mignon. *Moliére.*)

† *Grand papa*. Terme d'Enfant pour dire *grand père*. (Son grand papa l'aime fort.)

Papa, *f. m.* Divers Peuples de l'Amérique & des Indes ont donné le nom de *Papas* aux Souverains Prêtres de leur Religion.

PAPAL, *Papale*, *adj.* Qui est de Pape. Qui apartient au Pape. Qui relève du Pape. (Terre Papale. *Voi. lettres. Bénédiction Papale.*)

Papauté, *f. f.* Dignité de Pape. (Elever à la Papauté.

Pape, *f. m.* Le prémier Pasteur de l'Eglise Romaine, Le Chef de l'Eglise Catolique & Apostolique, & celui qui la gouverne souverainement. Le titre de Pape a été autrefois commun à tous les Evêques & le nom de Pape n'a été afecté au Souverain Pontife que vers le commencement du sixième siècle. *Le Pere Tomassin, Diciplne Ecléfiastique.* (Le Pape est le prémier des Evêques. Le Pape est l'Evêque de Rome.

Papegai. Voiez plus bas.

† *Papelard*, *f. m.* Hipocrite. Faux dévot. Tartufe. (C'est un franc papelard à qui on ne doit point se fier.)

† *Papelardise*, *f. f.* Hipocrisie. Fausse dévotion. (Nous vimes que son fait étoit *papelardise*. *La Fontaine, Contes.* Quelques-uns disent *papelardie* au lieu de *papelardise* mais il n'est pas si aprouvé que *papelardise*, qui lui-même ne l'est pas beaucoup que dans le bas burlesque.)

Papegai, *f. m.* Ce mot signifioit autrefois un *Perroquet*. Il signifie à présent en plusieurs Provinces, un oiseau peint sur du carton, ou du bois, qu'on met au bout d'une perche, pour servir de but à ceux qui tirent de l'arc, ou de l'arquebuse. Celui qui abat le *papegai* emporte le prix.

Papeline, *f. f.* Sorte d'étofe tramée de fleuret. (Papeline façonnée.

† *Paperasses*, *f. f.* Vieux papiers. Papiers de rebut & qui sont écrits. (De vieilles Paperasses. Chercher parmi des paperasses, Fouiller dans des paperasses.)

† *Paperasser*, *v. n.* Ce mot ne se trouve que dans Scaron. Il signifie *faire écriture sur écriture, écrit sur écrit.*

[Nul d'eux ne se peut passer
D'incessamment paperasser. *Scaron. Poës.*]

Papesse, *f. f.* On a connu de nom au Pape Jean 8. qui étoit Anglois, & qu'on a nommé *La Papesse Jane*. Martin Polonus a écrit la vie de la Papesse Jane. Il y a dans la Catédrale de Sienne une statuë de la Papesse Jane. *Colomez. opusc.*

PAPETERIE, *f. f.* Lieu où l'on fait le papier. (Une belle & grande papeterie.)

Papetier, *f. m.* On apelle de ce nom à Paris, le marchand qui vend de toutes sortes de papiers, d'ancre, de canifs, d'écritoires, de plumes & de livres de papier en blanc. (Un papetier fourni de tout.)

Papetier forain. C'est un marchand papetier qui fait faire le papier, qui l'amène à Paris, & qui le vend aux marchands papeiers, aux merciers & autres.

Papetier-coleur, *f. m.* Artisan qui fait le carton. Ces sortes d'artisans s'apellent entre eux *papetiers coleurs*, mais les autres gens du monde les nomment *cartonniers*; & jamais *papetiers-coleurs*.

Compagnon papetier. C'est l'ouvrier qui fait le papier. Mais c'est hors de la papeterie qu'on les nomme ainsi; car dans la papeterie les compagnons ont chacun leur nom, l'un s'apelle *coucheur*, l'autre *leveur*, &c.

Papier, *f. m.* Composition faite de linge, acommodée & façonnée avec tant d'adresse qu'on écrit dessus. Le *papier* a été apellé de la sorte d'une plante qu'on nomme *papirus* qui croit en Egipte dans des marais & dans des fossez autour du Nil. Voiez les merveilles que *Dalechamp* raconte de cette plante, *Tome 2. Histoire des plantes, liv. 18. chap. 67.* (Il y a diverses sortes de papier. Il y a du papier réglé. Papier lavé. Papier de compte Papier in-octavo. Papier à humecter. Papier gris. Papier bleu, rouge, fin. Papier vavant, Papier au raisin. Papier à dessiner. *Papier à quarter.* C'est du papier sans marque. *Papier brouillard.* C'est du gros papier dont on se sert pour mettre sur la tête; pour faire des paquets & pour mettre sur l'écriture de peur qu'elle ne s'éface.

Papier marbré. C'est un papier peint de diverses couleurs. Il se fait en apliquant une feuille de papier sur de l'eau dans laquelle on a détrempé plusieurs couleurs avec de l'huile & du fiel de bœuf, qui en empêche le mélange. Et selon la disposition qu'on leur donne avec un peigne on fait les ondes & les panaches.

Papier timbré, Terme de *Palais*. On l'apelle aussi *papier marqué*. C'est du papier sur lequel on a imprimé une marque roïale, sur lequel seul il est permis d'écrire tous les actes de Justice & les Contrats des Notaires.

Mettre en papier. Ces mots se disent entre de certains marchands qui envelopent leur marchandise avec du papier, & ils apellent cela *mettre la marchandise en papier.*

Papier blanc, Termes d'imprimeur. C'est le prémier côté de la feuille qu'on couche sur la forme. (Nous commençons le *papier blanc*.)

papier volant. Termes qui se disent au *Bureau* pour marquer un *papier qui ne fait point de foi en justice*. (Ce n'est qu'un papier volant qui ne peut être consideré en justice. *Patru, plaidoïé.*)

Papiers, Ce mot au pluriel signifie quelquefois les *manuscrits*: (Après la mort de Monsieur Pascal on trouva quelques papiers qu'on fit imprimer, il y a 15. ou 16. ans.)

PAPILLON, *f. m.* Sorte d'insecte qui vole, qui a les ailes marquetées de quatre couleurs, & qui s'atache sur tout à tirer le suc de la mauve. On dit que depuis qu'il s'est acouplé avec la femelle il vit en langueur. *† † Se bruler à la chandelle comme un papillon.* C'est se jetter dans le péril inconsidérément. C'est quiter un azile pour se mettre en danger d'être pris.

PAPILLOTTE, *f. f.* Terme de *coifeuse & de Perruquier*. Petit morceau de papier, ou de tafetas pour enveloper une boucle de cheveux. (Mettre les cheveux dans les papillotes. Papillotes qui sont défaites.)

C C c c iij   *Papli*

Papilloter, *v. a.* Terme de *Perruquier.* Mettre les cheveux en papillote. (Il faut papilloter cette perruque.)

Papillotage, *s. m.* Terme de *Perruquier.* Ce sont des papillotes de quelques frisures, ou de quelque perruque. (Faire ou defaire un papillotage.)

Papin, *s. m.* Mot vieux & provincial au lieu duquel à Paris on dit *bouillie.* (Faire, donner, manger du papin.)

† **Papiste**, *adj.* Qui est Catolique Romain. (Il est Papiste. Elle est papiste.)

† **Papistes**, *s. m.* Les Catoliques Romains. Ceux qui reconnoissent, & suivent les sentimens du Pape. (Les Huguenots n'aiment pas fort les Papistes qui ne cherchent qu'à les traverser.)

Papolatre, *s. m.* C'est à dire, qui adore le Pape. Ce terme est injurieux. (Les Lutériens & les Calvinistes apellent les Catoliques Papolatres, & disent que le Pape est l'Ante-Christ *Lettre au P. Annat, page 7.*

PAQ.

Paque, **Pasques**, *s. f.* L'un & l'autre s'écrit, mais on prononce *pâque.* C'étoit dans la Religion des Juifs une cérémonie célébre où l'on faisoit la Céne Pascale, où l'on mangeoit l'agneau qu'on apelle l'*agneau Pascal.* Manger la Pâque. Faire la Pâque. Préparer la Pâque. *Port Roial, Nouveau Testament, S. Matieu, c. 26.*) La Pâque est aujourdhui une fête où l'on célébre la résurrection de Jesus-Christ.

Pâque fleurie, *s. f.* C'est le jour des *Rameaux*, qui est le Dimanche immédiatement avant *Pâque.* La *Floride* a été apellée de ce nom à cause qu'elle fut découverte le jour de Pâque fleurie, le 27. de Mars de l'année 1513. Voiez *Garcilasso de la Vega*, *Découverte de la Floride.*

Pâque, *s. m.* Ce mot pris pour marquer le *propre jour de Pâque* est *masculin*, & n'a point de pluriel. (Pâque est haut cette année. Pâque étoit fort bas il y a quelques années. Pâque est passé.)

Pâque, Ce mot est *féminin* pour dire le dernier jour de la quinzaine de Pâque, qui est le jour de la quasimodo. (C'est aujourdhui *Pâque close*, & jamais c'est aujourdhui *Pâque clos.*)

Pâques, *s. f.* Ce mot est *féminin* & toujours *pluriel* pour dire les dévotions qu'on fait pendant la quinzaine de Pâque. (Mes *Pâques* sont faites. Faire d'abord ses *Pâques.*)

Paquebot, *s. m.* Mot Anglois. C'est un petit Vaisseau de passage qui sert aux passans & aux Messagers.

Paquet, *s. m.* Plusieurs petites choses atachées, jointes, acouplées, ou envelopées ensemble. (Faire un gros, ou un petit paquet. Fermer un paquet de lettres. Ouvrir un paquet de lettres. Recevoir un paquet de lettres. *Voiture, l. 30.* Acheter un paquet de chanvre, de hardes. Perdre, changer, égarer un paquet de linge.)

†* *Donner le paquet à quelqu'un.* C'est repliquer d'une maniére plaisante & satirique à quelqu'un.

* *Donner le paquet à quelqu'un.* Ces mots signifient aussi, Donner congé à quelqu'un, & lui dire qu'il fasse son paquet pour s'en aler.

*† On dit en parlant d'une fille qui est grosse, qu'elle a *donné le paquet à un tel*, pour dire qu'elle l'a acusé, & & qu'elle dit qu'elle est enceinte de son fait.

* *Il faut hazarder le paquet.* Proverbe, pour dire ; il faut hazarder & poursuivre quelque entreprise.

†* *Le paquet de l'épouse.* Ce sont les parties naturelles de l'homme. Dans ce même sens on dit en parlant bassement & burlesquement, *si, le vilain il montre son paquet.*

PAR.

Par, Sorte de préposition qui regit l'*acusatif*, & qui veut dire, *Au travers*, *Par dedans.* (Passer par la France. Passer par une Eglise. *S. Cir.*)

Par. A cause. (Les richesses ne sont pas si considerables par elles mêmes que *par* l'estime qu'on en fait. *Ablancourt, Luc.* Le plaisir de l'amour est d'aimer & on est plus heureux *par* la passion que l'on a que *par* celle qu'on donne. *Mémoires de Monsieur le Duc de la Roche-Foucaut.*

Par. Pendant. Durant. (Ils partirent environ deux mile *par* une grande pluie. *Ablancourt, Rétorique, livre 4. c. 1.*)

Par Avec. Il prit le diademe par la permission d'Alexandre. *Vau. Quin. l. 8. c. 12.* Il a fait cela par envie, par colére, par vengeance, par finesse, &c. Tout par amitié, rien par force. Par le conseil des Avocats, Par ce moien.)

On dit. Aler par eau, par terre, par le coche, &c. Par tout, par le monde, par mer & par terre, &c. Par dessus, par dessous, par devant, par derriére, par le haut de la montagne, &c.

* Il se laisse mener par le nez.

Par fois, *c'est à dire*, quelquefois.

Par hazard, par avanture, par accident, par bonheur, par raillerie, &c.

Jetter par terre quelqu'un, ou quelque chose.

Par. Cette préposition se met au lieu de ces mots *à la considération*, ou *en considération de.* (Je vous conjure par notre amitié, &c. Elle est considérable par sa vertu, par sa beauté, &c.

Par. Cette préposition se met avec un *verbe passif*, & tient lieu de la préposition Latine *à* ou *ab.* (Il a été tué par un de ses meilleurs amis. Il se laisse mener par sa femme. Il a commencé son discours par une interrogation.)

Parabole, *s. f.* Espéce de similitude, & de comparaison. On peut dire que la *parabole* est une ressemblance de petite histoire qu'on imagine pour marquer une vérité de Morale, ou de Réligion. La parabole a deux parties le corps & l'ame. Le corps est le récit de l'histoire qu'on a imaginée, & l'ame le sens moral, ou mistique, caché sous les paroles du récit. (Faire une parabole. Jesus-Christ parloit en paraboles. Expliquer une parabole. Entendre une parabole. *Port-Roial, Nouveau Testament.*)

Parabole. Terme de *Géométrie.* C'est une figure Geometrique, qui est courbe & infinie & l'une des sections coniques, qui se fait quand un plan coupe un cône hors de son sommet & qu'il est parallele à l'un des côtez du cône.

Parabolique, *adj.* Terme de *Géométrie.* (Figure parabolique.)

Paracentese, *s. f.* Terme de *Chirurgien.* C'est une opération chirurgique pour évacüer l'eau du ventre des hidropiques. (La *paracentèse* est dangereuse pour le malade. Faire une paracentese.)

† **Parachever**, *v. a.* Ce mot signifie achever, terminer, mettre fin à quelque ouvrage & le rendre parfait. (Parachever un batiment.) On dit plus ordinairement *achever.*

† **Parachevement**, *s. m.* Achevement, fin & perfection de quelque ouvrage.

Parade, *s. f.* Ornement. Habits superbes & magnifiques. L'armée des Macédoniens néglige cette vaine parade & elle n'a soin que de se couserver inébranlable. *Vau. Quin. l. 3. c. 2.*)

Chambre de parade. Lit de parade. (On expose les Princes morts sur un lit de parade.) Habits de parade. Chevaux de parade. Porter des présens en parade, porter les dépouilles des ennemis en parade. Faire parade de quelque chose, &c.

Parade, *s. f.* Terme d'*Oficier d'Infanterie.* Ce mot de *parade* se dit lors qu'un Capitaine d'Infanterie, ou autre Oficier se rend au meilleur état qu'il peut à son bataillon, à son régiment, ou à sa compagnie pour y prendre son rang & y faire les fonctions de sa charge. (Les Capitaines sont obligez de faire parade.)

Parade. Terme de *Danseur de corde & d'autres gens de cette sorte.* Le mot de *parade* se dit, lorsque les facétieux & quelques danseurs de la troupe paroissent devant la maison où ils joüent sur une sorte de balcon qui est fait de grands, & de gros ais, & qui est d'ordinaire élevé à sept ou huit piez de terre & que sur ce balcon où il y a le plus-souvent des violons qui joüent, les facétieux disent mille froides plaisanteries & font diverses sortes de postures pour atirer le badaut & le bourgeois & le faire entrer au lieu où ils joüent en donnant à la porte deux, trois, quatre ou cinq sous au plus. (Faire parade.)

Parade, *s. f.* Terme de *maitre d'armes.* C'est la maniére de parer le coup qu'on porte. (Savoir toutes les bonnes & méchantes parades. Les parades en forme de cercle sont bonnes & utiles. Faire une parade. S'atacher à une bonne parade. Négliger la parade de l'épée. Revenir à la parade, &c. *Liancourt*, maitre d'armes. Il y a autant de sortes de parades que de coups & d'ataques.)

Paradis, *s. f.* Lieu où sont les bien-heureux. (Il est en Paradis.)

Paradis terrestre. Lieu délicieux où Moïse raconte que Dieu avoit mis Adam & Eve.

* Veuïsse se doit nommer à cette heure le *paradis* de la terre. *Voit. l. 86.*

* Ses yeux sont le *paradis* des ames. *Voit. poes.*

* Elle m'a fait voir le *paradis* dans l'*enfer* où je suis. *Voit. poes.*

* En me tirant d'erreur il m'ôte du *paradis*, *Dépr. Sat. 4.*

Paradis. Terme de *Comédien.* Espéce de galerie au dessus des loges de l'hotel des comédiens, d'où l'on entend la comédie.

Paradis, *s. m.* Terme d'*Eglise Romaine.* C'est une Chapelle qu'on pare la Semaine sainte plus qu'à l'ordinaire, qu'on va visiter, & devant laquelle on prie pendant les jours qu'on va à ténébres. (On dit. Il y aura la semaine sainte un beau Paradis au Val de grace. Le Paradis de Nôtre-Dame étoit fort joli. Aler voir les Paradis. Visiter les Paradis.)

Le Paradis de Mahomet. C'est un lieu que ce faux Prophéte a feint & imaginé, où il fait espérer à ceux qui suivront sa Loi, toutes sortes de plaisirs sensuels.

Oiseau de Paradis. C'est une sorte d'oiseau qu'on dit qui n'a point

PAR. PAR. 575

point de piez, qui vole presque toujours & ne vit que de mouches. *Graine de Paradis.* Voiez *Maniguette.*

PARADOXE, *s. m.* Mot qui vient du Grec & qui veut dire *sentiment contraire à l'opinion commune.* (C'est un paradoxe que cela.)

PARAGE, *s. m.* Terme de *Navigation.* Etenduë de mer. (connoître le parage où l'on est)

SE PARAGONNER, *v. r.* Terme de *Fleuriste.* Il se dit des tulipes, & signifie, revenir tous les ans avec un panache beau & net. (Quand les plaques demeurent bien distinctes des couleurs & du panache, on doit esperer que la Tulipe se paragonnera tous les ans. *Culture des fleurs, ch. 1.*)

PARAGRAPHE, *s. m.* Mot qui vient du Grec & qui parmi les Jurisconsultes est pris pour une partie d'une loi, d'un chapitre, ou d'un titre. (La loi seconde, au paragraphe second, dit, *Patru*, 6. *plaidoié*.)

†PARAGUANTE, *s. f.* Mot qui vient de l'Espagnol & qui veut dire. Une sorte de gratification. Une sorte de don. Voiez *Covarruvias.* (Il a eu sa paraguante. On lui a donné sa paraguante.)

†PARAINSI, *adv.* Mot hors d'usage au lieu duquel on dit *Ainsi, Vaugelas, Remarques.*

PARAIN. Voiez *parrain.*

PARALAXE. Terme d'*Astronomie & de Phisique.* Plusieurs font ce mot *féminin*, mais quelques uns le croient *masculin.* C'est la distance qu'il y a du lieu artificiel d'une étoile au lieu aparent. C'est l'angle fait par deux raïons qui partent l'un du centre de la Terre, & l'autre d'un endroit de sa surface & qui se traversant dans les corps d'un astre vont aboutir à deux points du Firmament, entre lesquels on prend un arc d'un grand cercle, qui est la mesure de cet angle de la paralaxe. (Il y a diverses sortes de Paralaxe, de hauteur, de latitude, de longitude, d'Ascension droite, de déclinaison, &c. La Paralaxe de la Lune au Soleil. Lors qu'un Astre est plus proche de la Terre, sa paralaxe est plus grande. La plus grande de toutes les paralaxes, c'est l'orizontale. Lors qu'un Astre est vertical, il n'y a point de paralaxe. *Ozanam*, *Dict. Math.*)

[Connoître la paralaxe du Soleil. *Roh. Phis.*
Que l'astrolabe en main un autre aille chercher
Si Saturne à nos yeux peut faire un paralaxe.
Déspreaux, Epître à Monsieur de Guilleragues.]

Paralèle, *adj.* Terme de *Géométrie & de Géographie.* Ce qui est également distant de quelque autre chose. (Ligne paralèle. Cercles paralèles les uns aux autres. *Roh. Phis.*)

Paralèle, *s. f.* Ligne paralèle. (Tirer une paralèle.)

Paralèle, *s. m.* Comparaison qui se fait d'une personne avec une autre. (Le parallèle d'Alexandre & de Cesar. *Vau. Rem.*)

Parallélipipède, *s. m.* Terme de *Géométrie.* Corps solide enfermé par plusieurs faces paralèles les unes aux autres. C'est un Prisme terminé par six Parallélogrammes, dont les opposez sont de deux en deux semblables, paralèles & égaux. *Ozan. Dict. Math.* (Paralèle réctangle, ou oblique.)

Parallélisme, *s. m.* Terme de *Géométrie & d'Optique.* C'est la situation de deux lignes, ou surfaces paralèles. Il se dit particulièrement en termes d'Optique, où l'on parle du parallélisme des raïons.)

Parallélograme, *s. m.* Terme de *Géometrie.* C'est une figure plane, terminée par quatre lignes droites dont les oposées, deux à deux sont égales & paralèles. (Parallélograme réctangle, ou oblique. Décrire un parallélograme. *Port-Roïal, Elemens de Géométrie.*)

PARALISIE, *s. f.* Terme de *Médecin.* Maladie qui ote le sentiment à une partie du corps. (Fâcheuse, dangereuse paralisie. Avoir une paralisie.)

Paralitique, *s. m.* Qui a une paralisie. Qui est percluz de ses membres, ou de quelques unes des parties de son corps. (Jésus dit au paralitique, vos péchez vous sont remis. *Port-Roïal, Nouveau Testament.*)

†*Hé bien! me dit elle, pauvre paralitique êtes-vous venu ici tout entier? *Histoire amoureuse de France*, p. 100.

Paralitique, *adj.* Qui est ataqué de paralisie. (Il est paralitique. Elle est paralitique de tout le corps.)

PARALOGISME, *s. m.* Mot qui vient du Grec & qui veut dire mauvais raisonnement. Sophisme. (Il n'est pas inutile de répréfenter les principales sources des mauvais raisonnemens qu'on apelle sophismes, ou *paralogismes.* *Port-Roïal, Art de parler*, 3. *partie chapitre* 18. Il y a sept, ou huit sortes de *paralogismes* qui méritent d'être remarquez.)

†*PARANGON, *s. m.* Vieux mot qui ne se dit plus dans l'usage ordinaire qu'en riant & qui veut dire *comparaison, paralèle.* (Mettre une personne en parangon avec une autre.)

†*Parangon.* Vieux mot qui ne peut entrer aujourdhui que dans le comique, & qui veut dire *Modele achevé* sur lequel on se doit conformer. († C'est un parangon de sa-

gesse & de doctrine. *Ablancourt, Luc. tome* 1. *page* 40.)

Parangon. Espéce de marbre fort noir. (Quelle sorte de marbre est cela? C'est du *parangon.*)

†*Parangonner*, *v. a.* Vieux mot qui tout au plus ne peut entrer que dans le burlesque, & qui veut dire *Comparer.* Faire comparaison.

†*Se parangonner*, *v. n.* Ce mot est vieux. Dites, *se comparer.*

PARANIMPHE, *s. m.* Ce mot est originairement Grec & il veut dire celui qui étoit proche de l'épousée. Celui qui avoit la principale conduite des noces. Voiez *Racines Grèques de Port-Roial.* Le mot de paranimphe en ce sens n'a point d'usage en notre langue.

Paranimphe. Terme de *Téologien.* Cérémonie qui se fait de deux ans en deux ans à la fin de la licence où l'on fait l'éloge de chaque licencié, (Faire les paranimphes. Le paranimphe qu'on a fait à Monsieur un tel, étoit fort beau, & il étoit même plaisant en plusieurs endroits.)

PARAPET, *s. m.* Terme de *Fortification.* C'est une élévation de terre par dessus le rempart pour couvrir le canon & les hommes qui combatent. (Les mousquetaires bordent le parapet.)

Paraphe. Quelques uns font ce mot *féminin*, mais mal. Le bel usage le fait *masculin.* Prononcez *parafe.* Paraphe veut dire la signature d'une personne, le seing d'un particulier. (Un beau paraphe. Mettez-là vôtre paraphe. Faire son paraphe.)

Parapher, *v. a.* Mettre son paraphe au bas de quelque acte, ou autre écrit qui doit faire foi. (Parapher un contrat, une obligation, &c.)

Paraphernaux, *adj. m. pl.* Ce mot est Grec; c'est un terme de *Jurisprudence.* Biens paraphernaux. Ce sont les biens qui sont échus à une femme depuis son mariage par succession, ou autrement, & que le mari a reçus outre la dot.

Paraphrase, *s. f.* Mot qui vient du Grec & qui veut dire *interprétation* qui est selon le sens & non pas selon les paroles. (Monsieur Godeau a fait en vers, plusieurs belles paraphrases des Pseaumes de David. Le Cardinal de Richelieu trouva les paraphrases de Monsieur Godeau si charmantes qu'il lui fit donner l'Eveché de Grâsse.

Les *Paraphrases* d'Erasme sur le nouveau Testament sont si belles que je crois qu'elles lui ont été divinement inspirées. *Colomesius*, *mélanges historiques.* p. 95.)

Paraphraser, *v. a.* Faire quelque paraphrase. Interprêter selon les paroles. (Paraphraser un passage de l'Ecriture, paraphraser un Pseaume, &c.)

Paraphraste, *s. m.* Mot qui vient du Grec; & qui signifie *Celui qui fait une paraphrase*, mais *métaphraste* signifie *Traducteur.* Interprete. (Le Sieur Godeau le *paraphraste*, le bon Baudouin le *métaphraste* ont maintenant tous ces beaux mots. *Ménage, Requête des Dictionnaires.*)

†PARAPLUIE, *s. m.* Quelques Dames commencent à dire ce mot, mais il n'est pas établi & tout au plus on ne le peut dire qu'en riant, & c'est ce qu'on apelle un *parasol.*

PARAPRES, *adv.* Ce mot est hors d'usage, en sa place où dit *après.*

PARASANGE, *s. f.* C'est le nom de la mesure des chemins parmi les Perses. La Parasange contient communément trente stades, ou environ quatre mile pas Géometriques; car il y avoit des parasanges de vint à soixante stades. *Ozanam, Dict. Math.* (Il faut que ton songe ait duré long-tems, pour avoir tant couru de stades & de parasanges. *Abl. Luc.*)

PARASELENE. Voiez *parelie.*

PARASITE, *s. m.* Ce mot est Grec; Il signifie, Ecornifleur; Celui qui vit aux dépens d'autrui. (Il n'y a point de maison à Paris un peu honnête ou un peu élevée au dessus du bourgeois qui n'ait son parasite & son flateur. Les Berans & les Daubenas sont des plus pauvres & des plus fameux parasites de la grande vile de Paris. Le Parasite doit être honnête & toujours de bonne humeur. Le Parasite n'a point d'embarras, car il trouve toujours la nape mise; sans se mettre en peine de rien. Le Parasite aprend son art, sans perdre son tems en riant, car on ne le voit point alé tout triste à un festin, comme un enfant à l'Ecole. Les Artisans fêtent de certains jours de réjoüissance; mais pour le Parasite, c'est tous les jours fête. Les Artisans font leur chef d'œuvre à jeûn & le parasite fait le sien à table. *Abl. Luc. Dial. du Parasite.*)

Parasitique, *s. f.* On apelle ainsi l'adresse de vivre sans qu'il en coûte rien. L'art de vivre aux dépens d'autrui. (J'ai montré que la *parasitique* étoit un art, & il reste à montrer que c'est le meilleur. *Abl. Luc.*)

PARASOL, *s. m.* Toile cirée, coupée en rond, & soutenuë sur de petits morceaux d'osier & sur une baguette tournée, au bout de laquelle il y a un petit bâton tourné pour alonger le parasol, dont l'usage est de se défendre du Soleil & de la pluie en le portant au dessus de la tête Il n'y a que les femmes qui portent des parasols, & même elles n'en portent qu'au printems, l'été & en automne. (Un beau parasol.)

†*PARATIF*

† PARATITLAIRE. *f. m.* Docteur, ou fifleur qui enseigne les paratitles. Celui qui aprend les paratitles sous quelque Docteur de droit, ou sous quelque sifleur.

PARATITLES, *f. m.* Terme de *Jurisconsulte.* C'est une explication succincte des titres & des matieres que contiennent les titres. (Les paratitles de Cujas sur le Code sont estimez.)

PARAVENT, *f. m.* C'est un ouvrage de menuisier & de tapissier. Il est composé d'un bois haut de six, ou sept piez, qu'on apelle chassis, qu'on plie par le moien de quelques fiches, en quatre ou cinq parties dont chacune s'apelle feuille, que le tapissier couvre ordinairement de serge, ou de drap, qu'il embélit de quelque galon de soie, d'or, ou d'argent pour mettre dans une chambre l'hiver afin d'empécher le vent qui vient de la porte. (Un beau paravent. Un paravent jaune, rouge, vert, ou blanc. Monter un paravent. On vent ou on achete pour l'ordinaire les paravens par feuille.)

† PARAVENTURE, *adv.* Mot hors d'usage, & en sa place on dit *peut-être.*

† PARBLEU. Sorte de *serment* burlesque qui veut dire *en verité.* (Parblen, je garanti la piéce détestable. *Moliere.*)

† *Parbieu.* Sorte de *serment* burlesque qui veut dire *Par ma foi, En verité.*

(Parbieu, j'en tien, c'est tout de bon
Ma libre humeur en a dans l'aile. *S. Amant.*)

† PARBOUILLIR, *v. n.* Voïez *bouillir.* Il se dit des herbes que les Pharmaciens sont bouillir quelque tems pour en tirer le suc, ou des liqueurs qu'ils veulent épaissir.

PARC, *f. m.* Lieu où l'on nourrit des bêtes sauvages. (Le parc de Vincennes est beau & grand.)

Parc. Terme de *Berger.* Lieu où parquent les moutons. (Les moutons sont dans le parc.)

Parc. Terme de *Chasse.* C'est où l'on fait le contre pour faire venir les bêtes noires quand on les a enfermées dans les toiles. *Sal.*)

Parc. Terme de *Pêcheur.* Il se dit des pêcheries construites sur le bord de la mer, & de certains grands filets qu'on y tend, pour y retenir les poissons que la marée y aportez.

Parc. Terme de *Mer.* C'est un espace qu'on renferme de planches entre deux Ponts, pour y mettre les bestiaux que les Oficiers embarquent pour leur provision.

On apelle aussi *Parc*, un lieu dans un Arsenal de Marine, où l'on renferme les Magasins generaux & particuliers, & où l'on construit les Vaisseaux du Roi. *Ozan. dict. Math.*

Parc de l'artillerie. Termes de *Guerre.* C'est dans un camp, un lieu hors de la portée du canon d'une place assiégée, qui est fortifié, & où l'on met les poudres, & les autres instrumens d'artifice. (Le parc de l'artillerie est gardé par des piquiers. Il y a aussi le *parc des vivres* qui est le lieu du camp où sont les vivandiers & les marchands qui étalent les choses dont le soldat a besoin. Les parcs des vivres sont à la queuë de chaque regiment.)

PARCELLE, *f. f.* Petite partie de quelque tout. (Diviser une chose en plusieurs parcelles. *Patru*, plaidoié 12.)

PARCEQUE. Conjonction qui signifie *à cause que* & qui régit l'indicatif. (Ils étoient chargez de fers parce qu'ils étoient rebelles à la parole de Dieu. Port-Roial, *Pseaumes.*)

† *Par ce que.* Ce mot se sépare par quelques-uns, & fait trois mots, & signifie *par les choses.* Mais en ce sens & lorsqu'il est ainsi séparé, il ne vaut rien du tout. *Vau. Rem.*

† *Parchasser*, *v. n.* Quelques uns l'on dit pour signifier, finir & terminer la chasse par la prise de la bête qu'on a chassée.

PARCHEMIN, *f. m.* Peau de mouton raturée qui sert à écrire, à faire des éventails, ou à couvrir des livres. (Parchemin bien, ou mal raturé. *Parchemin en cosse.* C'est la peau de parchemin sortie de chez le megissier & qui n'est pas raturée. Parchemin timbré.)

Parcheminier, *f. m.* Ouvrier marchand qui achete des megissiers des peaux de mouton qui sont passées en mégic & qui ensuite les étendant sur la herse & les arrêtant avec le clan, les rature avec des fers à raturer pour faire du parchemin dont il vend une partie en gros & en détail & l'autre il la porte au bureau des aides pour être timbrée & être après distribuée aux grefiers, notaires & autres.

Parcheminerie, *f. f.* Il signifie l'art de faire le parchemin, & le lieu où l'on fait, & où l'on vend le parchemin. (Il y a à Paris une ruë de la parcheminerie.)

PARCLOSES, *f. f.* Termes de *Mer.* Ce sont des planches posées sur les Vironnières, & qu'on leve & baisse quand on veut voir s'il n'y a rien qui empéche le cours de l'eau vers les Archipompes. *Ozan. Dict. Math.*

PARCOURIR, *v. a.* Aller depuis un bout jusques à l'autre. Visiter d'un bout à l'autre. Aller en divers endroits d'un païs. (Il a *parcouru* toute l'Alemagne. Le Soleil paroît *parcourir* l'Ecliptique, d'Occident en Orient. *Roh. Phi.*)

Parcourir. Ce mot en parlant de livres veut dire, *lire promtement*, & sans faire beaucoup de réflexion. (Il y en a qui croient être savans pour avoir parcouru les livres, & ces gens-là sont tous seuls de leur sentiment.)

* *Parcourir quelqu'un des yeux.* C'est regarder quelqu'un avec attention depuis les piez jusqu'à la tête. (Il l'a parcouru des yeux, sans l'avoir pû reconnoître.)

PARDERRIERE, *adv.* Par la partie de derriere. (Il l'a pris en traïhison, il l'a pris par derriere. Elle n'est bossuë que par derriere & c'est peu de chose que cela, puisqu'elle est belle au cofre.

Par dessus. Adverbe qui signifie *sous.* (Cela est par-dessous.)

Par dessous. Ce mot est *préposition* quand il a un régime. (Passer par dessous la jambe.)

Pardessus. Ce mot est *adverbe* lorsqu'il est mis sans régime. (L'eau coule par-dessus.)

Pardessus. *Preposition* qui régit l'*acusatif.* (Avoir de l'eau par-dessus la tête.)

Pardevant, *adv.* Ce mot dans le stile ordinaire est un *adverbe*, & signifie *par la partie de devant.* (Il est bossu pardevant & par derriere. Il avoit déja reçu neuf blessures pardevant & par derriere. *Vaug. Q. C. l. 8, ch. 14.*)

Pardevant. Ce mot en terme de *Pratique* est une *preposition* qui régit l'*acusatif* & qui signifie *en présence*, mais en ce sens il est fort vieux & les Avocats qui parlent comme Monsieur Patru disent un contrat passé *devant* Notaires & jamais *pardevant* Notaires.)

Par devers. Preposition qui régit l'Acusatif, mais qui ne se dit guere. (Il a retenu par devers lui la moitié de cet argent.)

PARDON, *f. m.* Sorte de remission & de grace qu'on fait à une personne qui nous a offensé. (Demander pardon de quelque faute. Obtenir pardon.

Pardon. Il se dit quelquefois par simple civilité. (Je vous demande pardon, si je ne suis pas de vôtre avis.

Pardon. Remission que le Pape acorde de certains péchez. (Gagner les pardons. Les Papes donnent des pardons.)

Pardon. Ce sont trois, ou quatre coups du barant de la cloche sur le bord de la cloche pour avertir les Catoliques Romains de dire quelques *Pater*, & quelques *Ave Maria*, ou autre courte prière afin d'obtenir de Dieu misericorde, & remission de leurs péchez, & que Dieu leur fasse la grace de les assister le reste du jour. (On sonne ordinairement les pardons dans les paroisses trois fois le jour, au matin, à midi & à 7. heures du soir.)

Pardonnable, *adj.* Ce mot ne se dit que des choses, & signifie *qui merite pardon.* (Crime qui n'est point *pardonnable.* *Ablancourt.* Faute qui n'est point *pardonnable.* *Vau. Rem.*

Pardonner, *v. a.* Donner pardon. Faire grace. N'avoir nul ressentiment d'aigreur contre une personne. *Je pardonne*, *Je pardonnai*, *j'ai pardonné*, *je pardonnerai* & non pas *je pardonnerai*, *Vaug. Rem.* (En l'état ou je suis, je lui dois pardonner, mais je ne le dois point croire. Il est généreux de pardonner à ses ennemis.)

Pardonner. Il se dit quelquefois par simple civilité. (Pardonnez moi, si je n'acepte pas l'offre avantageuse que vous me faites.

PARÉATIS, *f. m.* Terme de *Palais.* C'est un pouvoir de mettre un, ou plusieurs actes à éxécution dans un territoire dépendant d'un autre Juge que de celui qui l'a rendu. (Prendre un paréatis. *Patru.*)

PAREAU, *f. m.* Grande barque des Indes, qui a le devant fait comme le derriere, où l'on met indiferemment le gouvernail, quand on veut changer de bord. *Ozan. Dict. Math.*

PAREIL, *pareille*, *adj.* Semblable. (Bouche qui n'eut jamais sa pareille en vivins atrais. Voir. *Poés.*)

Pareille, *f. f.* La même chose. (Rendre la pareille.)

A la pareille, *adv.* (Je vous remercie, à la pareille. C'est à dire, je vous rendrai la même chose. Adieu, à la pareille. C'est à dire, atendez-vous que je vous traiterai comme vous m'avez traité.)

Pareillement, *adv.* Semblablement. [Cela est pareillement vrai.]

PAREIN. Voïez *parrein.*

PARÉLIE, *f. f.* Terme de *Phisique.* C'est un mot qui vient du Grec, & qui veut dire l'aparence d'un, ou de plusieurs Soleils autour du véritable Soleil, dans l'intersection de certaines cercles, dont les uns sont concentriques au véritable Soleil & les autres au Zenith, & s'il arrive la même chose autour de la Lune on le nomme *paraselene.*

PAREILLE, *f. f.* On apelle ainsi en divers lieux l'ozeille des jardins.

PAREMENT, *f. m.* Ce mot généralement pris signifie un *ornement* dont on embélit & dont on rehausse la beauté d'une chose. (Un beau & magnifique parement.)

Parement, *f. m.* Ce mot en parlant d'habit, signifie un ornement qui sert pour parer le reversis de la manche du pourpoint: C'est par exemple un morceau de tafetas uni, ou piqué, un morceau de tabis, ou d'autre étofe à peu près de cette nature. [Mettre des paremens aux manches.]

Parement

PAR. PAR. 577

Parement de manteau de femme. C'est un tissu de soie qui est de côté & d'autre sur le devant du manteau, & qui prend depuis le haut du manteau jusques au bas. [Un joli, un beau parement.]

Parement d'autel. C'est un ornement d'étofe de soie, qui est enrichi de broderie & de frange de soie, d'or ou d'argent qu'on met pour parer le devant de quelque autel. (Un riche parement d'autel.)

Parement de muraille. Terme de *Maçon.* Ce sont des pierres qui s'élèvent également droit les unes sur les autres & qu'on apelle dressées à la règle. *Perraut Vitruve, l. 2.* (Parement bâti de pierres de taille. Pierre qui fait parement.)

Parement. Terme de *Paveur.* C'est l'arrangement uniforme des pavez. [Un beau parement de pavez.]

Parement, s. m. Terme de *Rotisseur.* Ce mot se dit en parlant d'agneau. C'est la graisse qui est autour de la pance d'un agneau, & qu'on étend proprement sur les quartiers de derrière, pour leur donner plus de grace. (Il faut mettre le parement à cet Agneau. Ce parement n'est pas bien.)

Parement. Terme de *Faucounerie.* Il se dit des mailles, & de la diversité des couleurs.

Parent, s. m. Personne qui nous est unie par le sang. (Nos *parens* ne sont pas toujours nos meilleurs amis. C'est son proche *parent.* A ses côtez marchoient environs deux cents de ses plus proches *parens. Vau. Quin. l. 3. c. 3.*)

Parent. Ce mot signifie quelquefois *le père & la mère*, mais quelques-uns ne trouvent pas ce mot élegant dans cette signification. *Nouvelles Remarques de la langue Françoise.* Dieu a choisi quelques animaux où il a voulu tracer les images de l'amour & de la piété que les enfans doivent à leurs *parens. La Chambre..* Dieu lui donna des *parens* vraiemens Crétiens. *Fléchier.*

Parentage, s. m. Parenté. (Cousine du Pape & du Roi, cherche un autre mari que moi, avec ton haut *parentage. Mai. Poës.*)

Parenté, s. f. Celle qui nous est jointe par le sang. (Elle est mon amie & ma parente.)

Parenté, s. f. Race. Famille. Proximité & alliance que le sang a établi entre de certaines personnes. (Il est d'une grande parenté. Sa parenté est assez considérable. Sa parenté lui donne du crédit par tout)

Parentèse, s. f. Terme de *Grammaire.* Ce sont des mots qu'on insere dans quelque période, & qui font un sens à part. (Les longues *parentèses* obscurcissent le discours. Notre langue est ennemie des *parentèses.* Les *parentèses* dans les vers doivent être très courtes & même elles doivent être ingénieuses, ou parfaitement les sont insuportables. Le plus-seur dans notre langue; c'est de ne point faire de parentèse.)

Parer, v. a. Orner, Ajuster. (Si on se pare seulement pour satisfaire l'inclination naturelle qu'on a à la vanité, ou ce qu'on n'a qu'un péché véniel, ou si c'est point par du tout. *Pascal. l. 9.*

Parer. Terme de *maitre d'armes.* C'est Eviter. Empêcher avec adresse, ou de quelque façon que ce soit que le coup qu'on nous porte, ne nous atrape. (Parer le coup. Parer de la main. En parant il ne faut pas éloigner l'épée de devant soi. Parer de la pointe de l'épée, parer du foible, ou du fort de l'épée. *Liancour, maitre d'armes, ch. 6 11. 16. & 17.*) Il se dit encore plus généralement pour dire Eviter quelque coup. Et même au figuré pour dire détourner quelque malheur.

* J'ai fort bien fait de *parer* la déclaration d'un désir que je ne suis pas résolu de contenter. *Molière. Amour Médecin a. 1. s. 5.*)

Parer. Terme de *Mer.* Il se dit en parlant de *cap* & signifie *doubler le cap & aller au delà.* (Nous fumes longtemps à parer le cap.)

Parer. Terme de *Maréchal.* C'est couper la corne & la sole du pié d'un cheval avec le boutoir quand on veut ferrer le cheval. (Parer le pié d'un cheval. Pié bien, ou mal paré.)

Parer. Terme de *Relieur.* C'est lever le couteau à parer, les extremitez & quelquefois le dos d'un morceau de peau dont on vient couvrir un livre. (Parer une couverture. Couverture bien parée.)

Les Corroieurs & les Parcheminiers disent au même sens: Parer une peau. Parer le parchemin. Cuir paré. Vache parée.

Parer. Terme de *Rotisseur.* C'est lever la graisse qui est sur la pance d'un agneau, & l'étendre sur les quartiers de derrière de l'agneau. (Parer un agneau.)

Se parer, v. r. S'ajuster. (Les femmes aiment à se parer.)

Se parer des pensées d'autrui.

Paré, parée, adj. Orné, ajusté. (Elle est bien parée aujourd'hui.)

† *Parée, adj. s.* Terme de *Palais.* On dit qu'une pièce porte *une exécution parée*, c'est à dire, qu'on peut contraindre en vertu de cette pièce : sans une ordonnance du Juge.

Pièce de bœuf parée. Terme de *Boucher.* C'est la pièce qui se lève à la tête de la surlonge.

Paresse, s. f. Nonchalance. Négligence. Lenteur blâmable. (Satisfaire à sa paresse. La paresse toute languissante qu'elle est, ne laisse pas d'être souvent la maitresse des autres passions. Elle usurpe sur tous les desseins & toutes les actions de la vie. *Memoires de Monsieur le Duc de la Rochefoucaut.* Un Auteur Italien a bâti un temple à la Déesse *Paresse.* Vous connoissez sa *paresse* naturelle à soutenir la conversation. *Molière.*)

Paresseux, s. m. Négligent. Lent. Nonchalant. (Il n'y en a point qui pressent tant les autres que les paresseux. *Mémoires de M. le Duc de la Roche-Foucaut.*)

Paresseux, paresseuse, adj. Nonchalant. Négligent. Qui est sujet à la paresse. Qui a du panchant à la paresse. Qui aime la paresse. (Vous êtes *paresseuse* à un point qui ne se peut souffrir. *Voit. lett. 17.*)

Paresseuse, s. f. Sorte de coifure de femme qui s'aplique sur la tête comme une perruque, par le moïen de laquelle une femme paresseuse, qui se leve tard, est coifée dans un moment.

* *Ventre paresseux.* La *Chamb.* Les lavemens rendent la nature paresseuse.

Pareure. Voyez parure.

† *Parfaire, v. a.* Ce mot signifie *achever.* Mettre en sa perfection, mais il n'est pas fort en usage parce qu'il a vieilli.

[Faires-vous toute belle & rachez de parfaire
L'ouvrage que ses Dieux ont si fort avancé.
Voit. Poës.

Faire & parfaire le procès à quelqu'un. Terme de *Palais.* C'est instruire le procès jusques à sentence définitive. Son procès fera fait & parfait.

Parfait, parfaite, adj. Qui a de la perfection. Accompli. Achevé & fini dans toute la perfection. (Entre les vivantes images de la Divinité c'est la première, la mieux ressemblante & la plus parfaite. *Bensserade compliment à M. de Mème.* Il est impossible de faire rien de parfait. *Ablancourt.*)

Nombre parfait. En termes d'*Aritmétique.* C'est un nombre dont toutes les parties aliquotes ajoutées ensemble font ce même nombre. Ainsi 1, 2 & 3 parties aliquotes de 6. font ensemble 6. Et même, 1, 2, 4, 7 & 14 parties aliquotes du nombre 28. font ensemble 28. On trouvera la même chose au nombre 496, &c.

Un acord parfait, en termes de *Musique*, c'est l'unisson.

Préterit parfait, en termes de *Grammaire.* C'est le tems passé & défini, comme *Je parlai*, & *j'ai parlé.* Le préterit *plus que parfait*, comme *j'avois parlé.*

Parfaitement, adv. D'une manière parfaite. Il faut aimer Dieu parfaitement. *S. Cir.* Il joüe parfaitement du luth.)

† *Parfaute, adv.* Ce mot est de *Palais* & est un peu vieux & en sa place on dit *faute de.* (Parfaute de païer, dites *faute de païer.*)

Parfois, adv. Ce mot signifie *quelquefois*, mais il n'est pas si usité que *quelquefois.*

[Et si parfois d'amour votre ame est alumée,
C'est un feu passager. *Voit. Poës.*).

Parfondre, v. a. Terme d'*Emailleur.* C'est mettre la besogne au feu, Faire fondre l'émail également par tout.

* *Se Parforcer, v. r.* C'est faire un effort violent & presque au delà de ses forces. Ce mot vieillit ; & il faut dire *s'eforcer.*

† *Parfournir, v. a.* Achever de fournir ce qui est nécessaire pour rendre une chose complette. (Un Libraire est obligé de parfournir les feuilles qui manquent à un livre qu'il a imprimé.)

Parfum, s. m. Senteur, Odeur artificielle. Composition odoriferante qui étant échaufée, ou échaufée rend une agréable odeur. (Un excellent parfum. Faire de bons parfums. Aimer les parfums. Elles achetèrent des parfums pour embaumer Jésus. *Port-Roial, Nouveau Testament.*)

Parfum. Terme d'*Apoticaire.* Ce sont des médicamens externes composez de gommes & de poudres, qui, mêlées ensemble & mises sur des charbons ardens rendent une fumée propre à la guérison de plusieurs maladies. (Préparer un parfum.)

Parfumer, v. a. Communiquer l'odeur d'un agréable parfum à quelque chose qui en soit susceptible. Faire prendre à quelque sujet l'odeur d'un parfum. Répandre l'odeur d'un parfum. [Parfumer des gans. Parfumer l'air Parfumer des liqueurs.]

Parfumeur, s. m. Marchand ouvrier qui fait, vend, & emploie toute sorte de parfums, qui vend & fait de la poudre de cipre, des savonnettes, des pastilles, eau d'ange & autre eau de senteur, vend de toutes sortes de gans parfumez, essences, pommades, &c. [Le métier de parfumeur est très-ancien & il a été en vogue parmi les anciens Romains. Voiez là-dessus *Garzone piazza universale.*]

Par ici, adv. De ce côté-ci. [Il faut passer par ici, C'est par ici.]

DDdd PARI,

PARI, *f. m.* Ce qu'on a gagé. Le pari est considerable, il est de cent pistoles.

Parier, *v. act.* Gager. [Parier une pistole, un bas de soie, un castor, une paire de gans, &c.]

Parieur, *f. m.* Celui qui parie. [Il y a plus de parieurs que de joueurs.]

PARIAGE, *f. m.* Terme de *Coutume.* Tenir une Justice, ou un fief *en pariage* avec un autre, c'est à dire, *en societé.*

PARIETAIRE, *f. f.* C'est une herbe qui croit naturellement sur les murailles. Il y en a de diverses sortes. Ce mot est aussi adjectif. [*Ruë pariétaire,* c'est à dire, qui croit sur les murs & en des lieux secs & pierreux.]

PARISIS, *f. m.* Terme de *Palais.* C'est l'addition de la quatriéme partie de la somme au total de la somme ; par exemple parisis de seize sous, ce sont *quatre sous* ; ainsi quatre sous parisis ce sont cinq sous. Le Roi par sa derniere ordonnance a ôté le parisis. En termes de *Finance* on apelle *quart en sus* ce qu'on apelloit au palais le *parisis.*

PARITÉ, *f. f.* Terme de *Rétorique, & de Philosophie.* On apelle *lieu de parité* lorsqu'on argumente sur des choses égales entre elles & où il ne se trouve ni plus ni moins.

PARJURE, *f. m.* Faux serment. [Punir le parjure. *Patru. Urbanistes.* Je ne croi pas qu'un homme puisse vivre en paix qui se sent coupable d'un parjure. *Ablancourt, Ret. l.* 2. *c.* 3 Est-ce ainsi qu'au parjure, on ajoute l'outrage, *Racine, Iphigenie, acte* 4. *scene* 6.]

Parjure, *adj.* Qui a fait un faux serment. Qui s'est parjuré ; Qui est sans foi.

[Mon ame *parjure*
Ne put jamais vous faire cette injure, *Voit. Poëf.*
Mon cœur même aujourdhui
De son *parjure* amant lui promettoit l'apui.
Racine, Iphigenie, a. 2. *f.* 5.]

Parjure, *f. m.* Qui a fait un faux serment. [C'est un coquin. C'est un parjure. Il n'y eut jamais tant de parjures & de sacrileges. *Abl. Luc.*

On sçait de cent beautez les tristes avantures
Et l'Empire amoureux est rempli de parjures.
La Suze, Elégies.]

Se parjurer, *v. r.* Faire un parjure. Commettre un parjure. [Il s'est honteusement parjuré. Il faut être un misérable & n'avoir ni foi, ni loi, pour se *parjurer.*]

PAR LA, *adv.* Par cet endroit. Par ce lieu. [Il vient de passer par là. *Scaron.*]

Parlà. Sorte de conjonctive , qui veut dire *ainsi, par ces choses.* [Je voi parlà que. *Pascal, l.* 1.]

PARLANT, parlante , *part. & adj.* Qui parle.

Trompette parlante. C'est un grand tuiau de fer blanc , fait en maniére de trompette , par le moïen duquel on porte la voix articulée à une lieuë loin, ou environ. L'invention des trompettes parlantes est venuë d'Angleterre. On a dit qu'Albert le Grand avoit une *tête parlante.*

Armes parlantes. Terme de *Blason.* C'est quand les piéces dont l'Ecu est chargé, disent le nom de celui qui porte ces armes, comme une tour, dans les armes des Sieurs de la Tour, &c.

PARLEMENT, *f. m.* Le mot de Parlement veut dire *conference & pourparler,* mais , en ce sens, il n'est pas en usage. Le *Parlement* est une Cour Souveraine, établie par nos Rois pour rendre la Justice à leurs Sujets. Cette Cour, à sa naissance, étoit l'assemblée des Princes, des Oficiers de la Couronne, des Prélats & des plus grans Seigneurs du Roiaume qui rendoient la Justice aux Sujets du Roi deux ou trois fois l'année en un lieu que le Roi désignoit lui même, mais enfin en 1302. Philipe le Bel rendit cette assemblée sédentaire à Paris , & parce qu'il logeoit dans le palais du Roi qu'on apelle *curia* en Latin , il a retenu depuis le mot de *Cour.* Voicz *Joli & Miraut.* (Les Parlemens de France sont Paris , Toulouse , Bordeaux , Aix , Grenoble, Dijon, Roüen, Rennes , Pau & Mers. Etre Avocat au Parlement. *Vaug. Rem.* Etre Avocat en la Cour de Parlement. *Patru.*)

Le *Parlement.* En Angleterre , c'est l'Assemblée des Etats du Roïaume, que le Roi assemble, congédie , ou proroge quand il lui plaît. Elle est composée de deux Chambres, la Haute, où sont les Seigneurs ; & la basse, où sont les Députez des Viles.

Parlementaire, *f. m.* C'est celui qui tient le parti du Parlement. Ce mot ne se dit qu'en parlant de ceux qui ont suivi le Parlement d'Angleterre qui étoit oposé au Roi.

Parlementer, *v. n.* Ce mot se dit des places assiégées & veut dire, Parler, *Conferer avec les assiégeans* pour leur livrer la ville à de certaines conditions & dans un certain tems. (La ville parlemente.

[† * A peine Marc se présenta
Que la belle parlementa.
La Fontaine Contes.]

* *Vile qui parlemente est à demi renduë.* Façon de parler proverbiale , pour dire qu'une fille ou une femme qui écoute des propositions, n'est pas éloignée de les accepter & de se rendre.

Parler, *v. n.* C'est expliquer ses pensées par des signes que les hommes ont inventés à ce dessein, comme font les voix & les sons. Expliquer sa pensée par paroles. (Parler en langage inconnu. *Ablancourt.* Parler bien une langue. Parler haut. Parler bas, Parler aux oreilles de quelqu'un. Parler du nez. Parler gras. Parler entre ses dents. *Parler Balzac, parler Voiture.* C'est s'exprimer à peu près comme Balzac , ou Voiture. *Parler blason, parler chasse.* C'est s'exprimer en termes de *blason* & de *chasse.* On aime mieux dire du mal de soi même que de n'en point parler. Les petits esprits ont le don de beaucoup parler, & de ne rien dire. *M.D.L.R.F.*)

Parler. Discourir. [Parler de quelque chose. Parler bien , ou mal , de quelqu'un. On en parle diversement. Faire parler le monde. Il y a une grande facilité à parler. Parler pour quelqu'un. Je n'en ai jamais oüi parler. Parler du cœur parler tout de bon. Parler en maître. Parler en public à tort & à travers.]

* *Faire parler les arbres , les rochers, &c.* C'est les introduire dans un discours comme si c'étoient des personnes qui parlassent.

* *La chose parle d'elle-même.* C'est à dire. La chose est évidente.

Se parler par lettres. C'est se communiquer ses pensées par lettres.

Parler par signes, comme les muets.

Parler du ventre. C'est une adresse qu'ont de certaines personnes de parler d'une certaine maniére qu'il semble que leur voix vienne de loin.

* *Parler, v. n.* Ce mot se dit des tuiaux d'orgues. (Tuiau qui *parle bien.* C'est à dire, tuiau qui a une harmonie franche , & naturelle comme il la doit avoir. *Merf. l.* 6.)

Parler, f. m. Mot qui signifie *langage,* mais qui ne se dit qu'en poësie.

[Ses regards sont par tout des vainqueurs glorieux
Et sa bouche qui forme un *parler* gracieux
A l'éclat & l'odeur d'une rose nouvelle. *Sar. Poëf.*
Ah ! que je l'estimai belle
A son *parler* si gracieux. *Voit. Poëf.*]

† *Parleur, f. m.* Celui qui parle. Celui qui discourt. Qui cause. (Il n'y a point de plus *grands parleurs* que les demi-Savans. *Ablancourt.* C'est ce *divin parleur* dont le fameux mérite a trouvé chez le Roi plus d'honneur de d'apui. *Main. Poëf.*)

† *Parleuse, f. f.* Ce mot se joint ordinairement à quelque épitéte, & ne se dit pas seul. [Ainsi on dit, C'est une *grande parleuse* pour marquer que c'est une fille , ou une femme qui parle beaucoup.]

Parloir, f. m. Lieu du Couvent où l'on parle aux Religieuses à travers une grille. (Un petit parloir. Un grand parloir. Un joli parloir)

Parloir. Ce mot parmi les Feuillans est une petite chambre ouverte de tous côtez qui est à chaque bout du dortoir , où les Réligieux parlent ensemble, parce qu'il n'est pas permis de parler au dortoir.

PARMESAN, *f. m.* Sorte de bon fromage qui vient de Parme en Italie. [Le parmesan est fort bon.]

PARMI. *Préposition qui régit l'acusatif* & qui signifie *Entre, Au milieu.* (Il n'est pas possible de faire la Cour aux Muses parmi l'embaras des afaires & les tracas du ménage.) Etre parmi l'honnestes gens. *Ablancourt.*

PARNASSE, *f. m.* Mont qui est en Grèce, qui a deux pointes fort hautes , & qui est consacré aux Muses. (Grimper sur le *Parnasse* comme Coletet, sans pourpoint ni manteau.)

PARODIE, *f. f.* Sorte de poëme, où pour joüer quelque personne on tourne à sens contraire & en un sens railleur & agréable les vers de quelque grand Poëte. La parodie a été inventée par les Grecs. Nous avons deux *parodies* assez fameuses en notre langue, celle de Bertelos contre Malherbe & l'autre qui a pour titre *Chapelain décoifé.*

Parodies, v. a. Faire des parodies. Cette piéce a été parodiée.

PAROI, *f. f.* Ce mot, pour dire un mur, est hors d'usage & en sa place on dit *mur,* ou *muraille.* [Une paroi mitoienne. On dit présentement *un mur mitoien.*]

Paroi, f. m. Ce mot en terme *d'Anatomie* est masculin. [C'est ce cloison des deux narines , depuis le haut du nez jusques à la lévre. *Deg.*]

Paroir, f. m. Instrument avec quoi le Maréchal pare le pié des chevaux. On l'apelle aussi un *Boutoir.*

Paroire, f. f. Terme de *Chaudronnier.* Instrument d'acier , large & épais comme une piéce de trente sous , qui est emmanché & dont le Chaudronnier se sert pour grater le cuivre avant que de l'étamer. [On grave le cuivre avec la paroire.]

PAROISSE, *f. f.* Eglise gouvernée par un Curé qui a charge d'ames. [Aller à la paroisse tous les Dimanches & toutes les Fêtes. On est obligé à Pâque de se confesser & de communier à sa paroisse. Les paroisses de la campagne n'ont

PAR. PAR.

n'ont commencé qu'au quatriéme siécle & celles des villes sont plus anciennes. *Dicipline de l'Eglise*, 1. p. c. 21.)

Paroisse. f. f. Tout le lieu ou démeurent les paroissiens & paroissiennes. Toute l'étendue des lieux où s'étend la juridiction spirituelle du Curé. [Visiter sa paroisse. Les paroisses de S. Paul & de S. Eustache sont les plus grandes & les plus grosses paroisses de Paris.]

‡ * *C'est le coq de la paroisse.* C'est à dire, c'est le plus considérable. C'est le premier du lieu.

Paroissial, paroissiale, adj. Qui est de la paroisse. (Eglise paroissiale *Patru, plaidoiez*. Messe paroissiale.]

Paroissien, paroissienne, adj. Ce mot se dit des personnes, & veut dire *qui est de la paroisse*. [Il est son paroissien. Elle est sa paroissienne.]

Paroissien, f. m. Celui qui est de la paroisse. [Un bon paroissien entend le prône de son Curé tous les Dimanches.]

Paroissienne, f. f. Celle qui est de la paroisse. [C'est une des meilleures paroissiennes de Mr. le Curé.]

Paroitre, v. n. Prononcez *parêtre*. *Je paroi, tu parois, il paroit, nous paroissons. Je paroissois. Je parus, je parûtrai. Je paroisse, je parusse, je paroitrois, paroissant.* Ce mot se dit des personnes & des choses, & signifie, *Se montrer, Se faire voir.* Avoir de l'éclat, de l'aparence, du lustre. Avoir un certain air, une certaine mine. (Paroitre en public. Il ne paroit point, s'il paroissoit, il y a ordre de l'arêter. Il a paru une nouvelle étoile. Les Cométes paroissent de tems en tems. Le ruban bleu paroit fort sur le noir. On n'est pas toujours ce qu'on paroit *Madame de Sablé*. Les Espagnols *paroissent* sages & ils sont fous, & les François *paroissent* fous & ils sont sages. Voilà dessus *une petite relation de Madrid*.)

Parole, f. f. Mot. Explication de sa pensée par le son, & la voix. Voix articulée. Discours. (Les paroles de vos tertres sont choisies. *Lettre du Cardinal de Richelieu à Balzac*. A la Cour on ne se sert guére des paroles que pour déguiser ses sentimens *Balzac, Lettres choisies*. Il n'y a qu'une parole qui serve. *Mol*. Entre gens d'honneur une parole est un contrat. *Port-Roial*. Il n'y a pas dit une seule parole. *Scaron*. L'honneur qu'on rend en paroles coute peu & vaut beaucoup. *Port-Roial*. Prendre la parole. *Abl. Luc*. C'est à dire, le discours. Reprendre la parole. *Pasc*. l. 4. C'e à dire, le discours.)

Parole. Ce mot entre encore dans quelques façons de parler. (Exemples. C'est *un homme de parole*. C'est à dire, qui n'est pas Normand & tient ce qu'il a promis. Les Normans *donnent leur parole & ne la tiennent pas*. C'est à dire, promettent & ne s'aquitent point de leurs promesses. *Se souvenir de sa parole*, *Balzac*, C'est à dire, de sa promesse. *Reprendre, retirer, dégager sa parole*. C'est se dédire ; se retracter civilement & dans le teins prescrit. *Engager sa parole & sa foi. Abl*. C'est promettre quelque chose avec assûrance. *Violer sa parole. Ablanc. Rot*. l. 3. C'est à dire, ne pas tenir ce qu'on avoit promis. *On lui porta parole de mile écus. Abl*. C'est à dire, on lui promit mile écus. Celui qui *portoit la parole, parla en ces termes. Abl. Rét*. l. 5. C'est à dire, celui qui discouroit. *Se prendre de paroles*, C'est à dire, se piquer de paroles. Se dire quelque chose avec choquante, *Plus de paroles que d'ofets*. C'est dire qu'on sera beaucoup, & pourtant ne faire pas grand chose. On dit, au même sens, *n'avoir que des paroles*, qui signifie aussi en parlant d'amoureux, ne contenter les Dames que par des paroles & des complimens.

Oui, les femmes sont vos idoles,
Mais à grand tort vous les aimez
Vous qui n'avez que des paroles.
Mad. Desloge à Malherbe.

* Etre *de deux paroles*. C'est se retracter de ce qu'on avoit promis.

Parole. La voix. Le ton & l'inflexion de la voix. (Perdre la parole. Reconnoitre quelqu'un à sa parole. Il ne manque à ce portrait que la parole.)

La Parole de Dieu. C'est ce que Dieu a révélé aux hommes par les Prophétes & les Apôtres, & qui est contenu dans l'Ecriture Sainte.

Paroli. Terme de *Jeu de cartes*.

Parotide, f. f. Terme de *Medecin*. Glande qui vient aux côtez de l'oreille pour la décharge du cerveau. (Une petite parotide.]

Paroxisme, f. m. Terme de *Medecin*. Accès de fiévre qui redouble avec violence.

† *Parpaillot,* f. m. Mot injurieux, pour dire un homme de la Religion. On croit que les gens de la Religion ont été apellez *Parpaillots* parce qu'au commencement des troubles excitez pour la Religion, ils se jettoient dans le danger comme les *papillons* se jettent à la chandelle. On croit que Messieurs de la Religion furent apellez *parpaillots* au siége de Clérac, après que les assiégez eurent fait une sortie, couverts de chemises blanches, en un tems où l'on voioit beaucoup de papillons en l'air, qu'on apelle en Gascogne *parpaillos*.

† *Parpaillote*, f. f. Huguenote. C'est une parpaillote.)

Parpain, parpaigne, adj. Terme de *Massonerie*. Il se dit des pierres de taille, qui tiennent toute l'épesseur d'un mur de sorte qu'elle fait deux paremens, l'un en dedans, l'autre en dehors.

Parque, f. f. Déesse, qui, à ce que content les Poëtes, préside à la vie. (Il y a trois Parques, Cloton, Lachesis, Atropos. L'une tire le fil de nos jours, l'autre tourne le fuseau, & l'autre coupe la trame.

Parquer, v. n. Terme de *Berger*. Ce mot se dit des brebis & signifie coucher en quelque lieu. (Les brebis parquent à cette heure. Les bergers font parquer les moutons en un certains tems de l'année.

* *Parquet,* f. m. Terme de *Menuisier*. C'est un assemblage de plusieurs morceaux de bois qui font un compartiment en quarré ou d'une autre maniere, pour servir au lieu de pavé dans les chambres, les cabinets & les sales qui sont propres. (Froter le parquet. Le parquet de ma chambre est beau.)

Parquet. Terme de *Palais*. C'est le lieu du Palais où Messieurs les Gens du Roi donnent audience. (Messieurs sont au parquet. J'ai communiqué au parquet à Monsieur l'Avocat Général Bignon.)

Parquetage, f. m. Terme de *Menuisier*. C'est un ouvrage fait avec du parquet. (Ce parquetage est beau & agreable.)

Parqueter, v. a. Mettre du parquet en quelque cabinet ou autre lieu qu'on veut rendre propre. (Parqueter une chambre. Je veux faire parqueter mon cabinet. Chambre proprement parquetée.)

† *Parquoi,* conj. Ce mot est vieux, On dit en sa place *c'est pourquoi*.

Parrein, parrain, f. m. L'un & l'autre s'écrit, mais on prononce *parrein*, Celui qui tient un enfant sur les fonts de Batême. (Le parrain défere à la marraine l'honneur du nom.

Parrein. Soldat choisi pour punir un soldat qui a deserté. (Choisir un parrain.)

Parricide, f. m. En Latin *parricida*. Ce mot est *masculin* quand on parle d'un homme, & *féminin* quand on parle d'une femme. Le mot de *parricide* signifie celui, ou celle qui a tué son pére, ou qui a commis un crime de cette sorte. *Vaug. Rem*. (Néron est *un parricide*. Comment est ce qu'un parricide, & qui se voit découvert, peut dormir un si bon somme. *Vaug. Q. Curce*. C'est *une parricide* détestable (elle a tué son enfant & elle sera pendue.)

Parricide, f. m. En Latin *parricidium*. Meurtre horrible, Crime énorme & denaturé comme seroit le meurtre d'un pére, d'une mére, d'un frére, de son Prince, ou de quelque autre espece. (Votre guérison me va justifier du *parricide* dont on m'acuse. *Vaug. Q*. l. 3. Un mari qui tuë sa femme commet un parricide exécrable en ôtant la vie à celle pour qui il doit exposer la sienne. *Le Maît. plaid*. 26.

Parsemer, v. a. Semer çà & là. Répandre çà & là. (Parsemer un lit de fleurs. Parsemer une chambre de roses. Petit chemin tout parsemé de roses. *Mol. Femmes sav*. a. 3. f. 2.

Part, f. f. Portion. Ce qui apartient. Ce qui revient à quelqu'un d'une chose. (Grosse, ou petite part. Faire la part au plus jeune.)

La plus part. Voiez *plus*.

La plus grand part. Voiez plus.

Part. Endroit. lieu. (Aller quelque part. Je ne vais nulle part. *Autrepart*, ailleurs.

Part. Côté. (D'une part, là la Loi de l'Evangile ordonne de ne point rendre le mal pour le mal & de l'autre les loix du monde défendent de soufrir les injures. *Pas*. l. 7.)

De part & d'autre. C'est à dire, des deux cotez, des deux pars.

Part. Ce mot entre dans plusieurs façons de parler qui ont un sens diferent. Cela vient *de bonne part. Voit*. l. 19. C'est à dire, de bon lieu. Commander dans une ville de *la part du Roi. Ablancourt. Ar. l*. 7. C'est à dire par l'ordre du Roi. Vous lui direz *de ma part*, que tout va bien. *Scaron*. C'est à dire, vous lui direz que je lui mande que tout va bien. Je n'ai rien oui *dire de leur part. Voit*. l. 3. Ces mots signifient, ils ne m'ont rien fait dire. Vous lui ferez *de ma part* mille baisemains. *Scaron*. C'est à dire, Vous lui direz que je vous ai prié de lui faire mes baisemains. J'y ai contribué *de ma part. Prendre part* à la gloire de quelqu'un. *Voit*. l. 47. C'est à dire, s'intéresser dans la gloire d'une personne. *Ablanc*. C'est à dire, il n'avoit *nulle part* dans cette afaire. *Ablanc*. C'est à dire, elle ne participoit point dans cette afaire.)

Prendre quelque chose en bonne, ou *en mauvaise part*. C'est à dire, agréer quelque chose, ou s'en tenir ofensé.

A part, adv. Séparément. (Se mettre à part. Se tenir à part. Faire bande à part. *Tirer quelqu'un à part. Ablanc. Apoph*. C'est à dire, Prendre en particulier. Tirer à quartier.)

DDdd ij   Mettre

PAR. PAR.

Mettre à part. C'est à dire, Cacher. Serrer. Mettre à couvert. (Mettre un peu d'argent à part.)

Laissez la mine à part. Reg. Sat. 13. C'est à dire, ne vous souciez pas de la mine, ni de l'air d'une personne ; ne la considerez pas par ce côté là.

De part en part, adv. De l'un à l'autre côté du corps, tout à fait. (Percez de part en part. *Mol. precieus. sc.* 11.)

PARTAGÉ, *partagée*, adj. Divisé. (Biens partagez. Maison partagée entre les héritiers.)

* *La Cour fut fort partagée. Memoires de M. le Duc de la Roche Foucaut.* C'est à dire, Des gens de la Cour, les uns furent d'une opinion ou d'un parti & les autres de l'autre. La vile fut partagée en deux factions.

Partage, s. m. Division. Action de partage. Faire un partage. Les partages sont bien faits & personne n'a sujet de s'en plaindre.

Partage. Terme de *Palais.* Il se dit quand les Juges sont de différent avis & en nombre égal de part & d'autre. (Il y a eu partage dans la première Chambre sur cette affaire.)

On dit le *partage des eaux.* C'est l'endroit d'où on en peut faire couler une partie d'un côté, & l'autre d'un autre côté.

Partager, v. a. Faire quelque partage. (Partager les biens de quelqu'un. Partager une succession.)

Partager, Terme d'*Arithmetique.* Diviser. (Partager une somme.)

Partager le vent, ou *Chicaner le vent.* Terme de *Mer.* C'est prendre le vent en louvrant, c'est à dire, en faisant plusieurs bordées, tantôt d'un côté, tantôt de l'autre. Ozan. *Diction. Math.*

* Cela *partagea* la Cour. *Abl.*

Partagé, *partagée.* Voiez plus haut.

PARTANT. Sorte de *conjonction*, qui signifie *c'est pourquoi*, & que quelques uns trouvent un peu vieille. Cependant on la rencontre dans de fort bons Auteurs; il n'y auroit pas grand mal à être retenu à la condamner. (Et *partant* ces divins esprits qui , *Patru*, pl. 9.)

PARTANCE, Terme de *Mer.* C'est le départ du vaisseau. (Ainsi on dit *le coup de partance*, c'est le coup de canon qu'on tire en mettant à la voile.)

† *Partement*, s. m. Ce mot pour dire *départ* a vieilli. (Etre à la veille de son partement. *Voit. l.* 30. On diroit aujourd'hui être à la veille de son départ.)

Parterre. s. m. Ce mot en général signifie une aire plate & unie. Le sol &. rez de chaussée. (Un grand, ou un petit parterre.)

Parterre. Terme de *Jardinier.* C'est la place du jardin, où est ordinairement la broderie de bouïs. Place du jardin où sont les planches & les carreaux. (Un beau parterre. Un parterre coupé. Un parterre en broderie, ou un parterre de broderie. Un parterre en pièces coupées, ou un découpé. Voiez *Découpé.*)

Parterre. En parlant du lieu où l'on joüé la comédie. C'est l'endroit où l'on entend la comédie de bout. C'est le lieu uni & sans siéges où l'on entend la comédie sans être assis. (Billet pour entrer au parterre. On est mieux aux loges qu'au parterre. Quand il va à la comédie il va toujours au parterre.)

* *Parterre.* Les Spectateurs qui sont au parterre tandis qu'on joüé la comédie. (Le parterre n'ose contredire. *Moliere*, *Précieuses, sc.* 9. Ces Messieurs ne veulent pas que le parterre ait du sens commun. *Moliere, Critique de l'Ecole des Femmes, scene* 5.)

Parterre. Il signifie aussi un billet pour aler au parterre & y entendre la Comédie. (Un parterre coute d'ordinaire quinze sous. J'ai pris trois parterres pour trois de mes amis.)

PARTI, s. m. Avantage. Ofre. Condition qu'on présente à quelqu'un. Chose avantageuse, utile & considerable pour une personne. (Il a refusé de bons partis. Cette fille là est un parti fort avantageux. Une riche vieille & mal-saine n'est jamais un mauvais parti. *Mai. poët.* J'accepte le parti que vous m'ofrez. *Le Comte de Bussi, Hist. amour.*)

Parti. Personnes oposées à d'autres en quelque chose & qui font deux partis. Gens oposez les uns aux autres à cause de certains interêts & qui sont divisez en deux corps. Faction. (Le parti des Jansénistes & celui des Jésuites faisoient, il y a quelque tems, grand bruit dans le monde. Le parti des Frondeurs & celui des Mazarins sont fameux dans l'histoire des guerres de Paris. Le parti grossit tous les jours. *Ablancourt.*)

Etre du parti de son coeur. Moliere, critique de l'école des Femmes, scene 9.

Parti. Défence La protection que l'on prend d'une personne. Querelle. Démêlé qu'on a avec une ou plusieurs personnes ou s'engagent souvent force gens. (Prendre le parti des gens de bien. *Abl.* C'est à dire *la défence.* Atirer quelqu'un dans son parti. *Abl. Ar.* C'est à dire, *dans ses interêts*, *dans sa défence*, *dans son demêlé.* Il prend le parti des gens de métire contre tous ceux qui les ataquent. S'engager dans un parti. S'atacher à un parti. Suivre un par-

ti. *Abl.* Prendre parti entre deux personnes. *Abl.*)

Parti. Ce mot en matière d'afaire. C'est un traité qu'un partisan fait avec le Roi pour recevoir des droits qui apartiennent à sa Majesté. (On aferme aujourdhui le parti. Le parti des gabelles est afermé.)

Parti. Terme de *Blason.* C'est la séparation de l'écu également par le milieu depuis le haut jusques au bas. Il y a quatre divisions de l'écu, *le parti*, *le coupé*, *le tranché* & *le taillé.* Voiez *la Colomb. c.* 1^.)

Parti. Ce mot se dit en parlant de *Guerre.* C'est un petit corps de Cavalerie ou d'Infanterie, commandé pour entrer dans le païs ennemi pour y faire des prisonniers, & obliger les ennemis à contribuer. (Commander un parti. Envoier un parti à la guerre. Defaire un parti. Tomber dans quelque parti ennemi. Aler en parti.)

Parti. Ce mot signifie quelquefois l'action de s'engager & de se déterminer à quelque condition, ou à quelque état qui fixe. (Prendre parti dans les troupes. *Abl. Ar. l.* 1. Elle a pris parti ailleurs. *Scaron.*)

Parti. Il se dit des résolutions qu'on prend sur des afaires dangereuses. (C'est le seul parti qu'il y avoit à prendre sur cette afaire. Prendre son parti sur le champ. Il a long-tems balancé avant que de prendre parti.)

* *Faire un mauvais parti à quelqu'un.* C'est le mal traiter, ou lui procurer quelque méchante afaire.

Parti, *partie*, adj. Qui s'en est allé. Qui est sorti pour ne pas revenir sitôt. (Il est parti. Elle est partie de Rome.)

Parti, *partie.* Ce mot se dit en terme de *Blason*, & signifie divisé en deux parties égales depuis le haut de l'écu jusques au bas. (Il porte parti d'argent & d'azur. *Col.*)

Partial, *partiale*, adj. Prononcez *parcial.* Qui favorise un parti. (Il est partial. Esprit partial.)

Partialité, s. f. Prononcez *parcialité.* Afection & pante particuliere qu'on a pour un parti. Faveur pour quelque parti. (Il y a de la partialité. On n'aime guère la partialité.)

PARTICIPANT. Voiez plus bas.

Participe, s. m. Terme de *Grammairien.* C'est un tems de l'infinitif. (Il y a un *participe actif* & un *participe passif.* Le participe *actif* est indéclinable en François. Exemple, Je les ai trouvées *mangeans.* Je les ai trouvées *aiant* la verue à la main. *Vau. Rem.* Le participe *passif* est déclinable. Ainsi on dit nous nous sommes *rendus*; mais quand ce participe est immédiatement suivi d'un verbe il devient indéclinable. Exemple. Mes iniquitez me sont *venu* acabler. *Port-Roial, Ps.* 39. *v.* 16.)

† *Participe*, s. m. Terme de *la Mer du Levant.* On y apelle ainsi ceux qui ont part au corps d'un navire marchand. On les apelle aussi Parsonniers, & sur l'Ocean, *combourgeois.*

Participer, v. n. Avoir part. Tenir de l'un & de l'autre. (Il est dificile de participer à ce plaisir. *Port-Roial.* L'hermaphrodite *participe* de l'un & de l'autre séxe.)

Participant. Gérondif du verbe *participer.*

Participant, *participante*, adj. Qui participe. Il l'a fait participant de sa gloire. Elle en est *articipante*)

Participation. Prononcez *participation.* Elle consiste à participer à quelque chose. Avoir eu part à quelque dessein d'une personne. (Elle n'étoit pas capable d'entreprendre une afaire de cette importance-là sans la participation. *Memoires de Monsieur le Duc de la Roche-Foucaut.*)

PARTICULARISER, v. a. Marquer les particularitez d'une chose, en marquer le détail. (Particulariser un fait. Il a particularisé jusques aux moindres choses & nous a fort ennuié.)

Particularité, s. f. Choses particulieres. Détail de quelque chose. Circonstance. (C'est une particularité fort considerable. *Ablancourt.* Il marqua toutes ces particularitez là. *Pascal. livre* 6. Ecrire toutes les particularitez de ce qui s'est passé. *Memoires de Monsieur le Duc de la Roche-Foucaut.*)

Particule, s. f. Petite partie. (Ramasser les particules de l'hostie.)

Particule, s. f. Terme de Grammaire. Sorte de petit mot tel que sont les conjonctions, les prépositions & autres de cette nature. (On ne peut pas un petit sécret dans le discours que de savoir omettre, ou rejecter avec esprit une *particule.*)

Particulier, s. m. Homme privé. (Un particulier n'a pas droit sur la vie d'un autre. *Pascal, l.* 14.

Particulier, *particuliere*, adj. Qui n'est pas commun. (Bien particulier. Lic particulier. Chambre particuliere. C'est un cas particulier.)

L'aimant a cela de *particulier*, qu'il atire le fer.

Particulier, *particuliere*, adj. Singulier. Secret. (Conduite particuliere. Demander une audience particuliere.)

Lieutenant particulier. C'est un Magistrat qui juge en l'absence du Lieutenant Civil à Paris, ou Lieutenant général des autres Présidiaux.

On dit aussi, Assesseur particulier. Maitre particulier des Eaux & Foiests, &c.

En particulier, adv. (Chacun en particulier se mit à le suplier. *Vau. Quin. l.* 3. C'est à dire, chacun de son côté, &c.)

Particulierement, adv. Singulierement. D'une manière particuliere.

PAR.   PAR.

particuliére. (Pour se faire un stile raisonnable en François, on lit particuliérement Voiture, les lettres provinciales de Pascal, Ablancourt, Vaugelas, la Chambre, Patru, Messieurs de Port-Roïal, &c. Feu d'Ablancourt aimoit *particulierement* ses amis ; & c'étoit un honnête homme.)

PARTIE, *s. f.* Part, portion de quelque chose. Une des choses en quoi le tout se divise. (La partie ne doit pas être si grande que le tout.) Le mot de *partie* en matiére d'Anatomie est un corps qui est araché au tout, qui joüit d'une vie commune avec lui & qui est fait pour son usage. (Ainsi le bras est une partie du corps. Les Anatomistes divisent les *parties* du corps de plusieurs maniéres.)

Parties nobles. Ce sont celles qui sont absolument nécessaires à la conservation de l'individu ; ces parties nobles sont le cœur, le cerveau & le foie & selon quelques-uns, les testicules.

Parties naturelles. Ce sont les parties de l'homme, ou de la femme destinées à la génération. Il y a une espéce d'hommes qui naissent comme des plantes ; mais ceux-là n'ont point de parties naturelles. *Abl. Luc. T. 2. hist. l. 1.* L'âne sauvage est très jaloux. Sa femelle étant en travail, il l'observe ; si elle fait un mâle, il se jette dessus, tout enragé, & lui coupe à belles dents, les parties naturelles. *Opian, l. 2. de la chasse.*)

Parties honteuses. Ce sont les parties naturelles. Voiez *l'examen de la Mote le Vaier.* (Il faut conoitre les parties honteuses de la femme, pour remédier aux maladies qui leur arrivent. Voi *Du Laurens*, Anatomie, & Mauriceau, traitté *des femmes grosses.*)

* Gui Guillot est la partie honteuse de la Médecine.

Partie similaire ou *partie simple* est celle qui se divise en d'autres parties qui sont de même espéce & qui paroissent telles au sens. (Ainsi les chairs se divisent en parties similaires.)

Partie dissimilaire, ou *composée* est celle qui se divise en parties de diférente espéce, de diférente substance & de diférente dénomination. On apelle aussi cette partie, *organique.* (L'œil est une partie dissimilaire & un organe.)

Parties de l'oraison. Termes de *Grammaire.* Ce sont les mots dont tout discours est composé. L'article, le nom, le pronom, le verbe, l'adverbe, la préposition, l'interjéction, la conjonction. On dit aussi en termes de *Grammaire, Faire les parties d'un discours.* C'est dire si un mot est un verbe, ou un nom, une préposition, ou autre chose.

Partie. Terme de *Palais.* Le demandeur, ou le défendeur, la défenderesse. Le mot de *partie* en ce sens est ordinairement *féminin*, néanmoins si ceux contre qui, ou pour qui on plaide, sont des hommes, le pronom & le nom qui se raportent à ce mot de partie se mettront élégamment au *masculin*, à cause de la chose signifiée. On observe la même chose si le mot de partie est pris généralement. (Exemples. Les parties ont été apoïntées. *Le Mai.* Ma partie est particuliérement interessée dans l'afaire. *Le Mai.* Ma partie, au sortir de l'enfance s'est *consacré* au ministére de l'autel, Patru, *plaidoié 12.* Pour contracter une société *toutes les parties* doivent sans doute y consentir, mais ils peuvent *tous* donner leur consentement de diférente maniére. *Patru, plaidoié 6. pag. 180.* Les Juges peuvent recevoir des présens des parties quand ils leur donnent par amitié. *Pes. l. 8. page 2. Avoir à faire à forte partie.* C'est plaider contre une personne puissante. Ces mots au figuré *avoir à faire à forte partie* signifient avoir un puissant ennemi en tête. *Qui n'entend qu'une partie, n'entend rien.* Sorte de proverbe pour dire qu'il faut entendre les parties qui sont interessées dans une afaire, ou dans une querelle. *Prendre un Juge à partie.* C'est ataquer un Juge en son propre & privé nom parce qu'il n'a pas bien agi. Prendre quelqu'un à partie. *Patru plaidoié 9.* Se porter partie contre quelqu'un. *Patru, plaidoié 9.*

Parties casuelles. Termes de *Finance & de gens de Palais.* Ce sont les charges & les ofices qui par hazard reviennent au Roi & dont le Roi dispose parce que les oficiers sont morts sans avoir paié la paulette. (Sa charge est aux parties casuelles.)

Partie. Terme de *Musique.* C'est le dessus, la haute-contre ; la taille, ou la basse, qu'on apelle les quatre parties de la musique. (Chanter sa partie. Airs à quatre parties.)

Partie de nombre. Terme d'*Aritmétique*, Il y a des parties aliquotes & des parties aliquantes. Parties semblables, aliquotes ou aliquantes. Ainsi 3. & 4. sont les parties aliquotes semblables de 15. & de 20 parce que chacune est la cinquième partie de son tout. Ainsi 7. & 14. sont des parties aliquantes de 12. & de 14.

Parties. Terme de *Marchand & de quelques Artisans & Ouvriers.* Mémoire de ce que le marchand, l'artisan, ou l'ouvrier a fourni à un particulier ou à une communauté. Le mot de *parties* en ce sens est toûjours *pluriel.* (Les *parties* d'un marchand doivent être arrêtées. Arrêter les *parties* d'un tailleur.)

Partie. Terme de *Jeu de paume.* Ce sont ordinairement quatre, cinq, ou six jeux. [Joüer partie. Gagner partie & revanche. Il a joüé trois parties aujourd'hui & les a gagnées.]

Partie. Compagnie de certaines gens qui se mettent ensemble pour quelque dessein de plaisir, ou de réjoüissance. Compagnie de gens qui se sont mis ensemble de dessein formé. Afaire & dessein qu'on a & qu'on veut faire avec quelqu'un. [Ce sont furent par tout que galanteries, & *parties* de plaisir, *Scaron.* Faire une *partie* de chasse. *Moliere.* Tout malade qu'il étoit, il voulut être de la partie. Etre de la partie. Remettre la partie. C'est diférer l'afaire, ou le dessein qu'on avoit.]

* *Partie.* Complot. Dessein formé pour nuire, ou perdre quelqu'un. C'étoit une *partie* faite pour le perdre.]

Parties. Ce mot pris pour qualitez aquises, ou naturelles n'a point de singulier. [Clearque avoit les parties qu'il faut pour commander. *Ablancourt, Rét. l. 2. c. 4.*]

En partie, adv. [L'ouvrage est en partie fait. C'est à dire, est presque tout fait. Il a eu en partie ce qu'il souhaitoit. C'est à dire il a presque eu ce qu'il desiroit.]

Partir, v. a. Ce mot signifie *partager*, & se conjugue ainsi. Je pars, tu pars. Il partit, *nous partissons.* J'ai parti, je partis, je partirai, que je partisse. Je partirois. Ce verbe n'est pas usité en tous ses tems, mais dans les tems où il n'est pas usité, on se sert du mot *partager.* On dit *en parlant blason*, partir l'écu en d'eux, Parti & tranché de sable. Voiez parti.]

Partir. Verbe neutre passif. Je pars, tu pars, *nous partons*, *vous partez*, *ils partent.* Je partis, *en partis*, il partit, *nous partimes.* Je suis parti, *j'étois* parti. Je partirai, *que je parte.* Je partisse, je partirois. Je sois parti. C'est quiter un lieu pour aller en quelque voïage, ou en quelque autre lieu éloigné de celui où on quire. [Je pars demain pour Londres qui est le lieu du monde où le peuple est le pl s méchant. Il est parti pour l'Espagne. Le Courier est parti]

* *Partir.* Venir. Procéder. [Il n'est pas dificile aux Grands de reconnoitre quand les loüanges qu'on leur donne *partent* de la flaterie. *Abl. Ar. l. 4.*]

* Ce sont des fautes illustres qui *partent* d'une grande ame. *Boileau, Avis à Ménage.*

Partir, v. n. Ce mot se dit en terme de *Manége.* (Faire partir un cheval c'est à dire, le faire échaper de la main ; le pousser de vitesse. On dit aussi. Faire *partir* un cheval de bonne grace. C'est un *cheval* qui *partez* ; c'est à dire Poussez & piquez vôtre cheval.)

Partir, s. m. Terme de *manége.* C'est le mouvement du cheval quand on le chasse vite. (Cheval qui a un beau *partir.* Animer son cheval *au partir.*)

Partir, v. n. Terme de *maître d'armes.* Il signifie, avancer le corps & pousser en même tems. Le mot partir n'est ordinairement usité que quand le maître d'armes parle à son Ecolier. (Il lui dit, en garde, *partez*, c'est à dire, avancez & poussez. Prenez garde que la main parte la premiére en tous vos coups. Atirer son ennemi par des feintes pour le faire partir. Il faut après la parade, partir d'un tems, droit au corps. *Liancour*, *maître d'armes, ch. 7. l. 1.*)

PARTISAN, *s. m.* Fermier du Roi. Le mot de *partisan*, en ce sens, n'a ordinairement point de régime. (C'est un riche partisan. Les partisans sont tous riches, & s'ils ne sont les plus honnêtes gens du siécle, ils sont au moins les plus heureux.)

Partisan. Terme de *Guerre.* Celui qui est adroit à commander & à conduire un parti. (C'est un excélent partisan.)

* *Partisan.* Qui tient le parti d'une personne. Qui la défend. Qui la protege & entre dans ses interêts. Le mot de *partisan*, en ce sens, à un régime. (C'est l'un des plus zélez partisans de Monsieur un tel. Lorsque les Jansénistes & les Jesuites étoient broüillez, il y avoit d'honnêtes gens qui étoient *partisans* des uns, & d'honnêtes gens qui étoient *partisans* des autres.

PARTITION, *s. f.* Mot écorché du Latin, & qui se prononce *partition.* C'est à dire *partage, division*, mais il ne se dit qu'en de certaines matiéres. La Colombiére a parlé de la *partition* de l'écu, mais c'est en termes de *blason.*) On dit, en parlant de *Rétorique*, les *partitions de Ciceron.* C'est un dialogue entre Ciceron & son fils, où Ciceron lui donne quelque teinture de l'Art Oratoire. (Dans ce dilemme, la proposition qui doit contenir la partition, est sous entenduë. *Pori-Roïal, Logique, 3 partie, ch 15.*)

Partition. Terme d'*Aritmétique.* C'est la division, la 4. régle de l'Aritmétique V. *Division.* Le Particuler, *c'est à dire*, le Diviseur.

Partition. Terme de *Musique.* C'est la disposition de plusieurs parties d'un air de Musique ; notées sur une même feüille.

Partition. Terme de *Blason.* C'est la division de l'Ecu.

PAR TOUT, adv. En tout lieu. (Dieu est par tout. (Le Sieur Beraut ressemble au pourceau Saint Antoine, il se fourre par tout.)

PARVENIR, *Verbe neutre-passif.* Je parviens, tu parviens. Je parvins.

parvins. Je suis parvenu, je parviendrai, que je parvienne. Je parviasse. Je parviendrois, que je sois parvenu. Ce mot signifie arriver, venir, être élevé à quelque dignité. Monter à quelque dignité. (Parvenir à l'Empire. Ablancourt. Il est *parvenu* aux plus hautes charges du Roïaume.)

PARVIS, *f. m.* C'est la place qui est devant le portail d'une Eglise. (Un beau & grand *parvis*. Le *parvis* de Nôtre Dame de Paris est plein de lard, de jambon, & de chair salée tous les ans le Jeudi Saint.)

PARURE, *f. f.* Ornement & tout ce qui sert à parer & à ajuster.

[L'or de sa blonde chevelure
Son port celeste, & sa *parure*
Le faisoient assez remarquer.
Voit. poës.]

* Elle a perdu ces riches *parures*, ces ornemens si prétieux qui la rendoient vénérable aux yeux du vulgaire. *Patru*, plaidoié 4.)

Parure. Il se dit aussi de la ressemblance, ou convenance des choses dont on fait parade. (Ainsi l'on dit, les atelages de chevaux doivent être d'une même parure, *c'est à dire*, de même taille & de même poil Gardes d'une même parure, c'est à dire, qui portent de mêmes armes & qui sont vetus d'une même livrée. La tapisserie de la chambre & celle de l'Alcove sont de différente *parure*.)

Parures. Terme de Relieur. C'est les extremitez de la peau qu'on ôte avec le couteau à parer. Tout ce qu'on coupe d'une peau avec le couteau à parer lorsque les couvertures, sont taillées. Le mot de *parure* en ce sens n'a point de *singulier*. (On jette les parures parce qu'elles ne servent de rien. On les brûle aussi quelquefois. On les fait boüillir pour en faire de la cole. Et l'on en garnit aussi des carreaux.)

PAS.

PAS, *f. m.* C'est une sorte de mesure de *Géographie*, de *Fortification*, &c. (Le pas commun est de deux piez, & le pas géométrique de cinq piez de Roi. Le mile d'Italie est de mile pas Géométriques.)

* [Voilà tantôt six ans écoulez, & nous ne sommes encore qu'*au premier pas. Patru plaidoïé*. C'est à dire, nous ne sommes qu'au commencement.]

Pas. Le marcher d'une personne. La manière d'aller d'une personne. Le mouvement des piez en les posant & en les levant. Enjambée. (Aller bon pas. Retirer un pas en arrière. Marcher à grands pas. *Se retirer au petit pas. Ablancourt, Ar.* C'est à dire. Se retirer doucement. Retourner sur ses pas. *Ablancourt.*)

Faire un faux pas. C'est ne poser pas bien le pié. Et au figuré manquer de conduite. Broncher à chaque pas.

Pas. La marque du pié qui se voit lorsqu'une personne a marché. [Voilà son pas. Les alarmes naissent sous les pas.*Voit. poës.*]

Donner le pas à une personne. C'est déférer par civilité à une personne, & lui permettre qu'elle passe ou entre la prémière en quelque maison, ou autre lieu.

Prendre le pas devant. C'est entrer, ou passer le prémier en quelque maison, ou autre lieu sans presenter par civilité la porte à ceux qui sont avec nous.

Pas de balet. Termes de *Maître de Dance*. C'est un pas figuré qu'on fait dans les balets. [Dancer un pas de balet. Le pas droit, grave, ouvert, batu, tourné, tortillé. Pas relevé, balance, coupé, dérobé, glissé, tombé, &c. Pas mignardez. Pas de danse. Dancer les cinq pas.]

Pas. Ce mot se dit des *animaux*, & principalement du cheval. C'est la manière ordinaire dont marche un cheval. [Le pas de ce cheval est beau. Cheval qui a un bon pas. Aller au pas. On dit en Termes de *Manége*. Commencer une leçon au pas, finir une leçon au pas. Cheval de pas.]

Marcher à pas de loup, à pas de tortuë, pas à pas. C'est à dire, fort doucement.

Marcher à pas comptez. C'est à dire, gravement & doucement.

Pas de porte. C'est le seüil de la porte. [Elle est tout le jour sur le pas de sa porte.]

Pas. Passage dificile. Passage, ou détroit dificile de montagne. [Gagner le pas de la montagne. *Vaugelas, Rem.* Le pas des Termopiles. Le pas de Suze. *Vaugelas, Rem.* Le pas de l'Ecluse.]

* *Pas.* Démarche. (Dès le premier *pas* il se laisse éfraïer. *Racine, Iphigenie, a. 5. f. 3.*)

Suivre quelcun pas à pas. C'est le suivre toûjours & ne le quiter point de veuë.

* *Il voïoit à deux pas de lui* la prison & la mort. *Voit. l. 34.* C'est à dire, il voïoit qu'il étoit fort exposé à la mort, ou à la prison.

* *Pas dificile.* C'est à dire, afaire embarassante & épineuse. Afaire dangereuse & où il faut aller bride en main, où l'on doit se conduire avec beaucoup de circonspection. (* Pour se tirer d'un *pas* si dificile il faut de l'esprit. *La Chamb.*)

* *Pas.* Peine. (Vous n'y perdrez que vos *pas*, & le Diable ne le fait pas. *Voit. poës.*)

* *Pas.* Voie. Vestige. (Marcher sur les pas de Téocrite & de Virgile. *Boileau, Avis à Ménage.* C'est à dire prendre pour modèle Virgile & Téocrite. Se faire estropier sur les pas des Césars. *Depreaux, Satire 3.* C'est à dire, en faisant de belles actions à la guerre.)

† * *Pas de clerc.* Bévuë. Faute. (Faire un pas de clerc.)

Pas. Ce mot joint avec celui de passer, veut dire d'ordinaire mourir. *Faire passer le pas à quelqu'un* ; C'est le faire mourir, le tuër.)

Passer le pas. Cette façon de parler a encore un autre sens que celui de *mourir*, comme il paroit par ces vers.

[Et dès que son caprice a prononcé tout bas
L'arrêt de nôtre honneur, il faut *passer le pas.*

Molière, Ecole des Femmes, acte 3. scene 3. C'est à dire, Il faut que cela soit, il faut que nous soïons au nombre de Messieurs les cocus.]

Pas. Terme de *Tisserand.* C'est le passage du fil dans la lame. *Etre hors de pas.* C'est prendre un fil pour un autre.)

Pas-d'âne. Terme de *Fourbisseur.* Sorte de plaque de garde d'épée. (Pas d'âne bien travaillé.)

Pas d'âne. Terme d'*Epronnier.* Sorte de mords qu'on donne aux chevaux qui ont la bouche forte.

Pas-d'âne. C'est une petite *plante* qui croit dans les lieux acariques, qui est bonne contre la toux, qui porte des feüilles larges & cotonnées & des fleurs jaûnes.

Pas. Terme de *Géographie.* Détroit de mer qui est entre Calais & Douvre. (Le pas de Calais. On passe le pas de Calais pour aller en Angleterre.)

Pas de souris, Terme de *Fortification.* C'est le petit relais, ou espace qu'on laisse sur la muraille au dessus du cordon, pour donner du pié au parapet.

Pas de vis. Terme de *Mécanique.* C'est chaque tour de la canelure du cilindre tourné en vis. C'est la distance qui est entre les filets, ou arêtes d'une avis.

Pas d'âne. C'est, sur les Navires un anneau avec une queuë.

Pas de Haubans. Terme de *Matelot.* Ce sont petites cordes qui traversent les haubans, en manière d'échelons.

Pas à pas adv. Doucement. (Suivre quelqu'un pas à pas. Aller pas à pas.)

* Le moien d'arriver à la gloire de son original n'est pas de le suivre pas à pas. *Ablancourt, Tac.* C'est à dire, de le suivre exactement, scrupuleusement.

De ce pas adv. Tout d'un tems. (Il me mena *de ce pas* chez lui, *Ablancourt, Luc.* Il croïoit qu'il viendroit de ce pas ataquer l'armée. *Ablancourt, Rétorique*.)

Pas. Sorte de *négative* qui ne nie pas tant que *point*, & qui ordinairement ne se met pas devant la particule *de*.

[On n'aime pas long tems quand on n'est pas aimé.
Vous n'avez point Caliste,
Et moi je ne vois rien quand je ne la vois pas.
Mal. poës. l. 5.]

Pas-un, *pas une*, *adj.* Nul. Aucun. (On ne trouve plus dans le cours pas une personne agréable, pas-un visage raisonnable.)

PASCAGE. Voiez *Pacage.*

Pascal, Pascale, adj. Qui est de *Pâque.* Qui regarde la fête de Pâque. (Manger l'agneau Pascal. Céne Pascale. *Port-Roïal, Nouveau Testament, Saint Matieu, c. 26.*)

PASLE. Voiez *pâle.*

Pasleur. Voiez *pâleur.*

Paslir. Voiez *pâlir.*

PASMER. Voiez *pâmer.*

Pasmoison. Voiez *pâmoison.*

PASQUE. Voiez *Pâque.*

Pasquette. Pâquerette, f. f. petite fleur blanche qui vient au tems de Pâque. Elle ressemble à une marguerite.

PASQUIN. Statuë que les Italiens apellent *Pasquin*, qui est dans une des places de Rome & à laquelle ceux qui sont mal satisfaits du gouvernement, ou des personnes d'autorité, vont atacher quelque vers, ou quelque raillerie qu'on nomme *pasquin* du nom de la statuë à laquelle on les atache. Voiez *les antiquitez de Rome.* Mais parmi nous, le *pasquin* est une espèce de satire. Ses sujets sont les particuliers illustres dont on acuse la conduite. (Le caractère du *pasquin* c'est d'être plaisant. Brantome, *Histoire des Dames galantes, Tome 2. discours 1.* dit que les *pasquins* eurent grand cours en France du tems de Charles neuvième & de Henri troisième. Faire un *pasquin* contre une personne.) *Melin de Saint Gelais* a introduit le nom de *pasquin* dans nôtre poësie comme il ne sera bien tôt voir dans un traité de la poësie que les François ont imitée des Italiens & des Espagnols.

Pasquinade,

PAS.   PAS.

Pasquinade, s. f. C'est une satire qui contient quelque chose de l'histoire médisante du siècle. (La *pasquinade* n'a pour but que de déchirer le particulier, & la satire de le corriger. Faire une pasquinade. Les *pasquins* & les *pasquinades* ne vivent guère parce que peu de gens les entendent.)

* PASSABLE, adj. Tolérable. Qui est raisonnable & mérite d'être souffert. (Vous verrez

De vôtre derniére avanture
Une assez passable peinture. *Voit. poës.*)

* *Passablement*, adv. Tolérablement. (Faire des vers passablement. *Voiture, poës.* Ils se figurent qu'il n'y a qu'à s'expliquer passablement pour devenir bon historien. *Ablancourt, Luc. Tom. 2.*)

PASSACAILLE, s f. Terme de *Musique*. Piéce de Musique à trois tems composée de couplets.

† *Passade*, s. f. Aumône qu'on donne aux pauvres passans pour les aider à passer chemin & à se rendre où ils ont dessein d'aller. (Donner la passade à un pauvre voïageur. Demander la passade)

Passade, Terme de *Manége*. C'est une étenduë de chemin borné, ou non, par où le cheval doit passer & repasser sans qu'il lui soit permis de s'en écarter. (Faire des passades. Cheval qui ferme bien une passade. Ajuster un cheval sur les passades. Il y a des passades relevées, des passades en pirouette, des passades de cinq tems, des passades d'un tems, &c)

PASSAGE, s. m. C'est l'alée d'un lieu à un autre. Voïage qu'on fait d'un lieu à un autre. (Le passage des troupes est incommode.)

Passage, Lieu par où l'on passe. Chemin pour passer. Permission de passer. (Le passage est libre. Donner passage. Acorder le passage. Livrer passage aux troupes. *Ablancourt, Rét. l.4. c.3.* Reconnoître un passage. *Ablancourt, Ar. l.5.* Il étoit aisé d'empêcher le passage à toute l'armée. *Ablancourt, Rét. l.1.* Envoïer saisir les passages. *Ablancourt, Rét. l.2. c.3.* Disputer le passage du fluve. *Ablancourt, Rét. l.1. c.3.*)

Passage, Endroit de chemin, ou de route par où il faut passer quand on va en quelque lieu. (Voici un dangereux passage.)

* *Passage*, Rome qu'on se fait passer & pour avancer chemin, qu'on se fait vigoureusement au travers de quelques troupes, ou de quelque gros d'ennemis. (Se faire passage, l'épée à la main. *Ablancourt, Rét. l.3. c.1.*)

* *Passage*, Endroit de discours, ou de livre. (Expliquer un passage de l'Ecriture. Le passage est précis & étoit décisif.)

Passage, Terme d'*Architecture*. C'est un petit lieu qui ne sert qu'à dégager une chambre d'avec un autre.

Passager, v. a. Terme de *Manége* Promener, mener au pas, ou au trot. (Passager un cheval sur les voltes. Passager un cheval au trot. Quelques-uns disent *passager* un cheval, mais *passager* est le mot ordinaire.)

Passager, passagère, adj. Qui ne fait que passer. Qui passe vite. (Oiseau passager. Chagrin passager. Fleur passagère. Biens passagers. Poisson passager.)

Passager, s. m. Terme de *Mer*. Celui qui paie fret pour le port de sa personne & de ses hardes. *Fournier.*

Passant, Participe pour dire *qui passe*.

Passans, Participe qui signifie *qui surpasse*, *surmonte*. (Prélat, passant tous les Prélats passez. *Voit. poës.*)

Passant, s. m. Personne qui passe son chemin. (Araquer les passans.)

En passant, adv. En faisant chemin, sans venir exprès. (Saluer quelqu'un en passant. Je n'ai vû cette ville qu'en passant. Boire un coup en passant, c'est à dire, sans s'arêter.)

Passavant, s. m C'est une sorte d'écrit qui permet à ceux qui voiturent de passer outre. (Prendre un passavant. Voiez le bail des cinq grosses Fermes, *art. 38.*)

Passé, passée, adj. Chose au delà de laquelle on a passé. (Fleuve passée. Rivière passée.)

Passé, passée, adj. Qui n'est plus. (Cela est passé. Mode passée.)

* *Passé, passée*. Ce mot en parlant des *personnes*, vëut dire *vieux*. Qui n'est plus considérable pour les qualitez du corps. (Il est bien passé. Elle est bien passée.)

* *Passé, passée*, adj. Ce mot se dit des *couleurs*, & veut dire qui a perdu son lustre Qui n'a plus son éclat ordinaire. (Couleur passée.)

Passé en sautoir. Terme de *Blason*. C'est à dire, mis en sautoir.

Passé, s. m. Tems écoulé. Chose qui s'est passée. (Le passé n'a point veu d'éternelles amours. Savoir le passé & l'avenir. *Voit. lettre 80.*)

Passe. Ce mot se dit des *personnes*, & veut dire : Sur le point. Etat. (Nous ne sommes pas encore connuës, mais nous sommes en passe de l'être. *Moliere, prétieuses, s.9.* Etre dans une belle passe. *Scar.*)

Passe, s. f. Terme de *Maitre d'Armes*. Elle consiste à passer le pié gauche devant le droit en portant le coup. (Il y a de diférentes passes, de tierce, de quarte, &c. Une passe bien faite, & dans son tems, est un très-bon coup. Il y a aussi des *passes au colet*, qui consistent à se saisir d'une manière prompte & adroite du corps de son ennemi, pour en tirer avantage. *Liancour, maitre d'armes, ch.14*)

† * *Faire une passe au colet* à quelque jolie grisette.

Passe. Terme de *Billard*. Petit fer rond en forme de porte au travers duquel on fait passer la bille.

Passe. Terme de *Jeu de Mail*. Petit fer rond en forme d'arc qui est à chaque bout du mail. (*Etre en passe* : C'est être assez proche de la passe, pour y pouvoir faire passer la boule d'un seul coup.)

Passe. Terme de *Jeu de Cartes*. On le dit pour témoigner qu'on ne veut pas jouër ce coup là, où qu'on veut voir venir les autres. (Passe, passe pour y revenir. Quand tous les Joüeurs ont dit *passe*, il faut refaire.)

Passée. Terme de *Banquier*, *& autres gens qui reçoivent*. Sur plus pour faire le compte rond. (Le compte y est, il ne faut plus que la passe.)

Passe. Terme de *Faiseuse de bonnets*. C'est un devant de bonnet de femme.

† On dit encore *passe* pour dire, Cela peut passer.

Passe-droit, s. m. Grace & faveur que l'on fait à quelqu'un en relâchant de son droit, ou de la rigueur des Loix. (Je fais cela par un passe-droit.)

Passée, s. f. Quelques-uns se servent de ce mot en termes de *Chasse*, pour dire *le pas d'une bête*. Voilà les *passées* de la bête.

Passée. Ce mot se dit en parlant de *gens de guerre*; & veut dire *passage de gens de guerre* par un lieu. (Ils ont eu plusieurs passées de gens de guerre qui les ont fort incommodez. Les passées des gens de guerre enrichissent quelques personnes & ruïnent une infinité d'autres.)

Passée. Terme de *Perruquier & de Tresseuse*. C'est environ trois douzaines de cheveux qu'on tresse sur les soies lorsqu'on fait quelque perruque. (Savoir la passée. Aprendre la passée.)

Passe-fleur, s. f. C'est une anémone. V. *Anemone*.

Passéger, v. n. Voiez *passager*. Terme de *Manège*.

PASSEMENT, s. m. C'est un ouvrage de passementier, qui est fait de fil, de laine, ou de soie & qui est travaillé en manière de ruban. (Un beau, un bon passement. Faire du passement.)

† *Passementer*, v. a. Mettre du passement sur quelque habit Garnir de passement. (Ce mot de passementer en ce sens ne se dit presque point, & en sa place on dit mettre du passement sur un habit.)

* Il méritoit qu'une étriviére *passementât* son marroquin. *S: Amant. Rome ridicule.* C'est à dire, qu'on le fouëtât dos & ventre.

Passementier, s. m. C'est celui qu'on apelle ordinairement *Rubanier*, & qui fait de toutes sortes de rubans & de passemens. Il est métier passementier. Les passementiers sont presque aujourd'hui tous pauvres.)

Passe-parole. C'est un commandement qu'on fait à la tête de l'armée & qu'on fait passant de bouche en bouche jusqu'à la quëuë.

PASSE-PAR TOUT, s. m. Terme de *Serrurier*. C'est une serrure où il y a ordinairement deux clefs & deux entrées.

Passe-par tout, s. m. C'est ce qui sert à ouvrir plusieurs serrures. (Mon passe-par tout est perdu.)

Passe-par tout. Terme de *Scieur*. Scie propre à scier de gros arbres.

Passe-passe. Tours de passe passe. Ce sont des tours d'adresse & de subtilité de main ; par lesquels les Charlatans font paroître & disparoître diverses choses.

Passe-pié, s. m. C'est un air de *Musique*, à trois tons fort vîtes, qui commence par une noire hors de mesure. *Ozan. Dict. Math.*

† *Passe-poil*, s. m. Terme de *Tailleur*. C'étoit une petite bande de fain, ou de tafetas de couleur qu'on mettoit dans les coutures d'un habit & qu'on faisoit un peu avancer pour le relever.

Passe-pomme, s. f. Espéce de pomme précoce, qui est sans pépins.

PASSEPORT, s. m. Ordre par écrit d'un Souverain, ou de celui qui a le pouvoir d'un Souverain, de laisser entrer, sortir & démeurer un certain tems sur ses terres une, ou plusieurs personnes étrangères. (Avoir un bon passeport. Le passeport est fini. Expédier un passeport.)

Passer. Ce verbe est actif & quelquefois *neutre passif*, d'autrefois *neutre*. Ne pas de *passer* veut dire. Aller d'un lieu en un autre sans s'arêter tout-à-fait qu'on ne soit où l'on veut aller. Le verbe *passer* est pris en ce sens & qu'il a un régime, ou qu'il a un raport aux lieux, ou aux personnes à son préterit composé avec le verbe *avoir*. Et on dit *j'ai passé*, mais quand le *verbe passer* n'a ni régime, ni raport aux choses, il se conjugue ordinairement à son préterit composé avec le verbe auxiliaire *je suis*. (Exemples *du verbe passer lorsqu'il a un regime*. Il a passé

PAS.

passé la riviére. *Abl.* Par tout où l'armée a passé elle a fait un grand dégât. *Nouvelles remarques sur la langue.* Exemples *du verbe passer* entant qu'il est , *neutre passif*, & *qu'il n'a point de régime.* Le bagage est passé. L'armée est passée. *Abl.*)

Passer par les armes. Ces mots se disent en parlant de soldats criminels. C'est faire tuër à coups de mousquet par trois ou quatre soldats à la tête du regiment qui est en bataille, un soldat condamné du conseil de guerre. (Passer un soldat par les armes.)

* *Passer.* Estre transporté. Estre transferé. (L'Empire passa des Medes aux Perses. *Abl. Rét. l.3. c.3*)

* *Passer.* Aller au delà. (La plupart des Idiles de Théocrite ne passont guére cent cinquante vers *Boileau, Avis à Ménage.* Je ne passerai pas cinquante pistoles. Elle a beaucoup passé mes esperances. *Voit. l.15.* Quand cela *passe* trois mois, ma foi, je m'ennuie. *Voit. poës.*)

* *Passer.* Omettre. (Vous passez une ligne. Vous passez un mot.)

* *Passer.* Surpasser. (Prélat passant tous les Prélats passez, *Voit. poës.*)

* *Passer.* Retoucher. Voir. Examiner. (Que pourroit il y avoir de manque, après tant d'habiles gens qui y ont passé, *pasc. l.6*)

* *Passer.* Dire légérement. Parcourir. Raconter en peu de paroles. (Ceux de Smirne après avoir *passé légerement* sur leur origine, dirent *Abl.Tac.An.l.4.* Dire une chose en passant. *pasc. l.6.*)

* *Passer.* Satisfaire. Dissiper. Chasser. (Passer son envie. Passer son chagrin, sa mélancolie. *Scar.*)

* *Passer.* Ce mot se dit souvent du tems qui s'écoule & qui se consume à estre en quelque lieu, ou à faire quelque chose. Et il signifie *Demeurer , Employer, Consumer.* (Passer l'hiver à Paris & l'été à la campagne. *Scaron.* Passer les jours sans fermer les yeux. *Voit. l.38.* Passer ses jours autour de Rome. *Ablancourt, Tac. An. l.4.*)

* *Passer.* Ce mot joint à celui de tems , a encore quelques autres sens. (Ainsi on dit, C'est un homme qui ne songe qu'à *passer son tems.* C'est à dire qu'à se divertir & qu'à couler doucement la vie. *Il passe mal son tems.* C'est à dire, il a de grands chagrins , ou de grands maux.)

Passer. Couler quelque liqueur au travers d'une chose (Passer une liqueur Passer un bouillon dans un linge) On dit des liqueurs qu'elles passent par quelque conduit. Et des riviéres qu'elles passent par un tel lieu.

* *Passer.* S'écouler. (Le joüi passe insensiblement. *Abl.* Voiez comme le tems passe.)

* *Passer.* Mourir. (Il est passé, il a plié bagage. Il va passer.)

* *Passer.* Ce mot se dit des *dictions* particuliéres, & veut dire Estre admis. Estre reçu. (Le mot a passé. *Vau.Rem.*) On le dit aussi des *monoies.* (Cette pistole est bonne, elle passera. J'ai fait passer cet écu. (Passer une pistole qui étoit légére.)

* *Passer.* Ce mot se dit des *Juges* lorsqu'ils opinent ou des gens assemblez pour resoudre quelque chose & signifie Se conclure. S'arrêter. (Cela a passé tout d'une voix. *Abl.* La chose passa à la pluralité des voix. Il leur promit de faire passer la chose en plein conseil.)

* *Passer.* Estre aboli. (Ce mot est passé. La mode des vertugadins est passée il y a long-tems.)

* *Passer.* Ce mot se dit entre *Notaires* & autres gens de pratique & veut dire , *Faire. Acorder.* (Passer un contrat. Passer un acte au grefe. Passer condamnation.)

Passer, v. n. Estre estimé. Il passe pour un grand Philosophe. Vous ne me ferez pas passer pour dupe.)

* *Passer.* Perdre de son lustre. (La beauté passe, ou se passe.)

* *Passer.* Ce mot sert à marquer une sorte de volonté, ou de nécessité absoluë. (Allons , il en faut *passer par la. Moliére.* Allons, *il faut que cela passe. Moliére.* C'est à dire , il faut que cela soit.)

* *Passer.* Ce mot se dit entre *Soldats*, en parlant de montre. C'est donner à un oficier la paie d'un, ou de plusieurs hommes comme s'ils étoient éfectifs. (Passer trois hommes à un Capitaine.

* *Passer.* Ce mot se dit entre *Architectes & Maçons*, & signifie *mettre.* (On passera par dessus , une composition de chaux pour remplir les joints.)

* *Passer.* Cesser. (Laissons passer la pluie.)

* *Passer.* Ce mot entre encore au figuré dans plusieurs façons de parler. (Exemples. Le feu de son esprit ne passa point dans ses ouvrages. *Ablancourt, Tac. An. l.4,* C'est à dire, ne se communiqua point à ses ouvrages. Après avoir instruit ses disciples sur les veritez de la foi , il a *passé* à la réformation des mœurs. *Godeau.* C'est à dire, il est venu à parler. *Il ne lui laisse rien passer.* C'est à dire , il le corrige de tour. *Il laisse tout passer.* C'est à dire , il ne corrige , il ne reprend rien. Passer par dessus toutes sortes de considérations. *Voit. l.29.* C'est à dire , ne rien considérer.)

Passer , v. n. Il se dit des pierres précieuses , & c'est un terme de Joüaillier, & de metteur en œuvre. C'est perdre

PAS.

l'éclat de sa prémiére couleur. (Il y a des pierres précieuses qui passent bien plûtôt les unes que les autres.)

Passer. Ce mot est en usage dans plusieurs *métiers.* (Exemples. *Passer en mégie.* C'est acommoder une peau comme un mégissier. *Passer une peau.* C'est lui donner les façons nécessaires. *Passer le carreau* sur les rentraitures. Terme de *Tailleur.* Passer un livre en parchemin. Terme de *Relieur.* C'est percer le carton avec un poinçon & mettre les nerfs dedans.)

Passer à la claie. Terme de *Jardinier.* Voiez *Claie.*

* *Se faire passer maitre , Docteur, &c.* c'est à dire Se faire recevoir. Voiez *maitre.* Passer *maitre.*

Passer, v. a. Ce mot signifie encore *faire passer.* (Passer un ruban dans un anneau. Passer l'épée dans les pendans du baudrier. Passer le lacet dans les œillets. Passer un bouton dans une gance.) On dit aussi passer son bras dans une manche. Passer sa chemise par dessus sa tête.

* *Passer par diverses charges , ofices & emplois.* C'est les exercer les uns après les autres.

* *Il a bien passé des afaires par ses mains.* C'est à dire, il a fait plusieurs afaires.

* *Se passer, v. r.* Se faire. (Tandis que ces choses se passoient, ils &c. *Ablancourt, Ar. l.1. c.4.*)

* *Se passer.* Perdre de son lustre. (La beauté de Mademoiselle une telle, se passe fort. On dit aussi, *elle est bien passée*)

* *Se passer.* S'écouler. (Une partie de la vie *se passe* à désirer l'avenir. *Morale du Sage.* On est fort sot de hazarder son salut pour un plaisir qui *se passe* en un moment. On dit aussi pour un plaisir qui passe en un moment.)

* *Se passer.* Vieillir. Diminuër. Cesser d'être si frais, & si vigoureux qu'on étoit. (Il commence fort à se passer. La pauvre coquette se passe fort.)

* *Se passer.* Il se dit du *fruit.* On dit qu'il se passe , c'est à dire que la saison où il devoit être mangé s'est écoulée, qu'il n'a plus son vrai goût & qu'il est devenu insipide & mou. (La pêche trop mûre est passée. Il y a des pommes & des poires qui passent bien plûtôt les unes que les autres.)

* *Se passer.* N'avoir pas besoin. Ne se soucier pas. (Je me passerai de tous les autres biens tant que je joüirai de ceux-là. *Voiture , l. 15.* Les Chameaux d'Afrique sont meilleurs que les autres parce qu'ils se passent d'orge jusques à 40. & 50. jours *Ablancourt , Mar. Tome 1. l.1.*)

* *Se passer.* S'abstenir. (Vous vous pourriez *passer* de me dédier vôtre livre. *Boileau , Avis à Ménage.*)

* *Se passer.* Se contenter. (Je me passe à peu. Il se passe à ce qu'on lui donne.)

PASSERAGE, *s. f.* Plante médicinale.

PASSEREAU , *s. m.* Ce mot s'écrit , mais il ne se dit guére en parlant. On se sert en sa place du mot de *moineau* qui signifie la même chose que celui de *passereau.* (Un Auteur Italien dit que le passereau coche sa femelle quatrevingts & six fois de suite. *Il maschio del passero monta le femine etsanta sei volte senza arrestarsi.* Voiez *Grov. l. 4. c. 6. della minera del mondo.* Je me trouve comme un passereau qui est tout seul sur le toic d'une maison. *Port-Roial, Pseaumes, Cl. verset 2.*)

PASSEROSE , *s.f.* Sorte de *plante* qui pousse une tige d'une coudée & qui porte des fleurs de couleur de pourpre, mais d'une couleur vive & éclatante. (Il y a des passe-roses cultivées & des passe-roses sauvages.)

PASSE-TEMS , *s. m.* Plaisirs. Divertissement. [Ce sont des passe-tems permis. Passe-tems honnêtes. Donner du passe-tems à quelqu'un.

Assez commodémént , de peur qu'il ne m'ennuie,
Je prens les passe-tems les plus délicieux.
Benserade, Balet de la nuit. 1. p.)

† PASSEROUTE , *s. f.* Ce mot se dit des tours d'adresse , & des finesses , & signifie le tour & la finesse qui l'emporte par dessus les autres tours & les autres finesses. (C'est des plus merveilleux tours la passeroute & la maîtrise. *Sar. poës.*]

PASSE-VELOURS , *s. f.* On apelle aussi cette *fleur* , *amarante, ou fleur d'amour.* C'est une fleur qui est de velours cramoisi & qui garde longtems son lustre. [La passe-velours est belle & agréable.]

Passevogue, s.f. Terme de *Mer.* Vogue de Galère redoublée avec grand éfort de rameurs.

PASSE-VOLANT , *s. m.* Homme qui passe en revuë & qui n'est pas enrôlé. [Par l'ordonnance de 1668. Sa Majesté a ordonné que les passe-volans seroient marquez à la joüe par le Bourreau avec un fer chaud fleurdelisé.)

Passeur-d'eau , s. m. Celui qui *passe* sur la riviére depuis le Soleil levant jusqu'au couchant ceux qui veulent passer. A Lyon ce sont des femmes qui passent les gens , sur la Riviére de Sône , & on les apelle *passeuses-d'eau.*

PASSIBLE, *adj.* Ce mot est tiré du Latin. Il signifie, qui peut soufrir. [Nos corps sont *passibles Godeau.*

PAS. PAS. PAT.

Pour les maux étrangers nos ames sont *passibles*,
Et nos propres malheurs nous trouvent insensibles.
Hubert, Temple de la mort.]

Passibilité. Terme de Phisique. C'est la qualité d'un corps passible, qui peut souffrir quelque douleur, recevoir, &c.

Passif, *passive*, adj. Terme de Phisique. C'est ce qui est oposé à actif. [Principe actif. Principe passif.]

Passif, *passive*. Terme de Palais, qui se dit en parlant de dettes. [Une dette passive. C'est une dette qu'on doit. *Detto ative*, dette qui est dûe.]

Passif, *passive* Terme de Grammaire. Il se dit en parlant des verbes qui se conjuguent en François avec le verbe auxiliaire *je suis*. [Ainsi on dira que, *je suis aimé*, *je suis batu*, sont des *verbes passifs* François, parce qu'ils se conjuguent avec le verbe *je suis* & qu'ils signifient qu'on est l'objet qui reçoit quelque effet de l'action, ou de la passion d'autrui.]

Passif, *s. m.* Verbe passif. (Conjuguer le passif. Le passif en François n'est pas dificile à conjuguer quand on sait les deux verbes auxiliaires.)

Passivement, adv. Terme de Grammaire D'une manière passive. (Ce mot se prend passivement.)

Passion, *s. f.* Mot général qui veut dire *agitation* qui est causée dans l'ame par le mouvement du sang & des esprits à l'ocasion de quelque raisonnement. D'autres disent qu'on apelle passion tout ce qui étant suivi de douleur & de plaisir, aporte un tel changement dans l'esprit qu'on en cet état il se remarque une notable diférence dans les jugemens qu'on rend. *Rétorique d'Aristote, livre 2.* (L'Orateur excite les passions. Les passions sont dangereuses, lors même qu'elles paroissent les plus raisonnables. *Memoires de M. le Duc de la Roche Foucaut.* Les anciens poëtes tragiques, tels que sont *Sophocle* & *Euripide* avoient trouvé l'art d'émouvoir les passions, & il les faut lire, si on veut aprendre à bien toucher une passion.)

Passion. Ce mot pris généralement signifie *panchant*, *pante* qu'on a pour une chose. (Les impies ont de la *passion* pour les vices. *Pas. l. 4.* Avoir de la passion pour l'éloquence. *Alanc. Luc.*)

Passion. Ce mot se prend pour *amour*, *ardeur*, *zèle*. (Monsieur le Duc de la Roche-Foucau a dit, la passion est un Orateur qui persuade toûjours. *Voiture* a écrit *lettre 38. & lettre 40.* Rien ne peut éteindre la passion que j'ai à vous honorer. Par un honneur qu'on se fait d'être constant, on entretient plusieurs années les misérables restes d'une passion usée. *S. Evremont, in 4. p. 106.* C'est ce que j'avois à dire pour justifier ma passion. *Abl. Luc. T. 2. dance.*)

Passion. Ce mot signifie aussi quelquefois *emportement* brusque & causé par quelque ressentiment. Colère, Haine. C'est un brutal qui agit avec passion. Quand on veut parler contre quelqu'un qu'on n'aime pas, il faut adroitement cacher sa passion car souvent la passion gâte tout.)

Passion Terme d'Eglise. Les soufrances de Jésus-Christ. (Lire la passion de Jésus-Christ. Mediter sur la passion de Jésus-Christ. Prêcher la passion de Jésus Christ.)

Passion. Sermon sur la passion de Jésus Christ. (Aller à la passion. Oüir la passion.)

Passionné, *passionnée*, adj. Touché, poussé de quelque passion & ce sens le mot de *passionné* ne se dit que des personnes. (Être passionné pour la gloire *Ablancourt*. Quelque passionnez que vous soyez pour les richesses, elles vous quiteront un jour malgré vous. *Port-Roial.* C'est une femme passionnée, & c'est tout dire.)

Passionné, *passionnée.* Ce mot se dit des choses qui ont raport aux personnes & veut dire *Touchant*, *Tendre*, *Amoureux*. (Air passionné. Expression passionnée.

Passionnément, adv. Fort. Très. Beaucoup. D'une manière tendre & amoureuse (Aimer passionnément.)

Passionner, v. a. Ce mot pour dire *desirer*, ou *aimer avec passion* n'est pas reçu. (Passionner une chose. Il faut dire *desirer une chose avec passion. Van Rem.*)

* *Passionner.* Animer ce qu'on récite, ou ce qu'on chante. Le mot de *passionner* en ce sens est nouveau, on dit. (Elle passionie les airs qu'elle chante. Poisson & Rosimond sont de bons comédiens, ils sont pleins de feu & *passionnent* admirablement ce qu'ils récitent.)

Se passionner, v. r. Se laisser aller à sa passion. S'emporter. (Il ne sauroit parler sans se passionner. Il se passionne & s'emporte pour rien.)

* *Se passionner pour ses amis.* C'est avoir du feu & de la chaleur pour ses amis.

Passoire, *s. f.* Sorte de vase rond, ou ovale qui est de métail, ou de terre, qui est percé de plusieurs trous, qui d'ordinaire un manche & dont on se sert pour passer des boüillons, &c. [Une petite passoire. Une grande passoire.]

Paste. Voiez *pâte.*

Pasté. Voiez *paté.*

Pastel, *s. m.* Prononcez la lettre S dans ce mot. Il vient de l'Italien *pastello.* C'est une pâte composée, de plusieurs couleurs broiées & gommées, dont on se sert pour dessiner. Pastel gris, rouge, bleu, verd, jaune. Faire des craions de pastel. Dessiner au pastel. On fait de beaux portraits au pastel.

Pastel. Sorte de plante qui vient d'une graine qu'on sème tous les ans au commencement de Mars, qui a les feüilles semblables à celles du plantin, qui croit en Languedoc & est très-propre pour les teinturiers lorsqu'elle est bien aprêtée. Il se fait tous les ans quatre recoltes de *pastel.* (Bon pastel. Pastel en pile. Pastel en cocaigne, ou en cocs. C'est à dire, en boule. Pastel en poudre. Aprêter le pastel pour l'emploier dans la teinture. *Instruction pour la teinture, 1.2. partie, article 159.*)

PASTENADE, *s. f.* Voiez *Panais.*

PASTENAQUE, *s. f.* Poisson de Mer qui a la figure d'une raie.

PASTEUR, *s. m.* Ce mot signifie *Berger*, mais il se dit guère au propre, & même quand il s'y dit, on ne l'empoie d'ordinaire que dans des églogues, dans des discours graves & le plus souvent pieux. (Les pasteurs sont venus adorer Jésus-Christ. *Monsieur Godeau, Prières, Oraison sur la crèche.*)

Un Roi qui naît dans un érable.
De pasteurs composé sa Cour.
Godeau, poësies 2. partie.
Pan a soin des brebis, Pan à soin des Pasteurs.
Segrais, Eglogue 1.)

* *Pasteur.* Curé. Ministre de la parole de Dieu. (Le Pasteur va prendre le corps & lui donne la sépulture. *Patru*, plaidoié à Monsieur Daillé, Monsieur Claude sont de fameux Pasteurs parmi Messieurs de la Religion.

J'ai de nos vieux Pasteurs consulté le plus sage
J'ai mis toutes ses conseils vainement un usage.)

Pastille, *s. f.* Sorte de composition odoriferante qu'on fait en manière de pâte & qu'on forme ordinairement en petites piéces plates qu'on brûle dans une chambre pour y répandre quelque bonne odeur. (Ces pastilles sont excelentes.)

Pastorale, *s. f.* Terme de poësie. C'est une sorte de poëme qui est originaire d'Italie & qui a été inconnu aux Anciens. (La pastorale tire son origine de l'éloque & de la satire. C'est un poëme dramatique qui réprésente une action de bergéres & de bergers amoureux & qui se termine heuresement. La matiére Pastorale, c'est l'amour des bergers & des bergéres. Le Tasse inventa en 1573. la pastorale. Voiez la dessus *Bocealini*, *Raguaglio*. Faire une pastorale. On apelle quelquefois la pastorale, *bergeries.* On dit les *Bergeries de Racan.*)

Pastoral, *pastorale*, adj. Ce mot au propre n'a pas un usage fort étendu. Il signifie *qui est de berger.*

(Tour à tour ils plaignoient leur amoureux souci
La muse pastorale parle toûjours ainsi.
Segrais, Eglogue 2.)

* *Pastoral*, *pastorale*, adj. Qui est de Pasteur d'Eglise. Qui regarde celui qui a soin de la conduite des ames. (Vigilance pastorale. *Lambert*, *Saint Ciprien.* Soin pastoral. Bâton pastoral.)

Pastoralement, adv. Avec une bonté pastorale. (Il l'a traité pastoralement.)

PASTURAGE. Voiez *pâturage.*
PASTRE. Voiez *pâtre.*
PASTURE. Voiez *pâture.*
PAS-un. Voiez *pas.*

PAT.

PAT, *s. m.* Terme de Jeu des Echets, qui se dit lors que l'un des joüeurs n'étant pas en échec, ne sauroient joüer qu'il ne se mette en échec. Le pat diffère du mat. On est *mat*, & l'on a perdu, quand on ne se peut pas ôter d'échec; mais on est en *pat*, lors qu'on ne se peut pas joüer sans se mettre en échec; Et alors la partie est à refaire, & pas si l'un ni l'autre ne gagne.

PATACHE, *s. f.* Terme de Mer. Vaisseau pour le service des grans navires, pour faire découverte & harceler l'ennemi *Fourn.*

PATAGON, *s. m.* Mot qui vient de l'Espagnol *patacon*, & c'est une espéce d'argent qui se fabriquoit en Flandre. Elle étoit grande comme un écu blanc. Elle avoit pour légende *Albertus & Elizabetha Dei gratiâ*, avec une manière de croix Saint André, au milieu de laquelle il y avoit une couronne & de l'autre côté elle avoit pour légende *Archiduces Austria, Duces Burgundia & Brab.* avec un écusson couronné, au dedans duquel étoient de petis lions.

Patagon, *s. m.* C'est aussi une espéce de monoie d'argent grande & épaisse comme un Loüis d'un écu, mais qui n'est pas ronde, & que pour cela le peuple de Paris apelle *piéce cornuë*, ou *écu cornu*. Ce patagon a d'un côté une grande croix & de l'autre des armes. Il a eu cours en France jusques au mois d'Avril de l'an 1679. qu'il fut décrié par une déclaration du Roi donnée à Saint Germain en Laie le 28. de Mars 1679. avec ordre de se porter sa monoie pour être changé & en recevoir la valeur en la monnoie qui a cours.

† PATA PATA PAN. Mots imaginez pour représenter le son du tambour.

† PATATA PATATA. Mots imaginez pour représenter le galop d'un cheval. (J'ai vû un homme monté sur un cheval qui couroit patata.)

PATÉ, *pasté*, *s. m.* L'un & l'autre s'écrit, mais on prononce *pâté*. C'est une piéce de patisserie composée d'une abaisse & d'un couvercle qui renferme de la chair, du poisson, ou autre chose. [Faire un pâté. Ouvrir un pâté. Entamer un pâté. Un pâté de godiveau. Un pâté à la mazarine, Un pâté de requête.]

Pâté en pot. C'est de la viande hachée & assaisonnée comme si on la vouloit mettre en pâté, & qu'on fait cuire dans un pot. [Faire un pâté en pot bien garni de marons. *Moliere. Avare. a. 3. s. 1.*]

Pâté. Terme de *Fortification*. Ouvrage de fortification fait pour couvrir la porte de quelque ville de guerre. [Ataquer, Insulter, Prendre, Emporter un pâté. Défendre un pâté. Le pâté est fort bien pallissadé.]

Pâté. Terme de *perruquier*. Ce sont des cheveux mis en un pâté de gruau qu'on fait cuire au four pour faire prendre aux cheveux une bonne frisure.

* *Pâté*. Ancre tombée de la plume sur le papier. [Livre plein de pâtez.

Pâte, paste, s. f. L'un & l'autre s'écrit, mais on prononce *pâte*. C'est de la farine détrempée avec un peu de levain, ou de leveure, & avec de l'eau & quelquefois avec du lait & autres choses qu'on pétrit ensemble pour en faire du pain, ou de la patiserie. [Pâte bise. Pâte fine. Pâte feüilletée. Faire de la pâte.]

† *Etre de bonne pâte*. C'est à dire. Etre de bon temperament. Etre d'une constitution forte & robuste. (Cétoit un homme de bonne pâte. *Moliere*. Une femme de bonne pâte.)

† * *Mettre la main à la pâte*. C'est à dire, aider les autres à travailler ; Contribuer de ses forces à faire quelque chose.

Pâte de fourneaux. C'est le lut des fourneaux, C'est la terre dont sont faits les fourneaux chimiques.

Pâte d'amandes. *Pâte d'abricots*. Ce sont des amandes, ou des abricots formez en maniére de pâte.

Pâte. Terme de *Cordonier*. Eau & farine mêlée ensemble dont on se sert pour faire tenir les morceaux de cuir des talons des souliez.

Pâte. Il se dit de plusieurs choses broiées, ou pulverisées, qu'on a mises en masse en les humectant. (Pâte de couleurs. Pâte de stuc. Il y en a qu'on fait avec des émaux dont on fait du cristal qui ressemble à des pierres précieuses. (Pâte d'émeraude, pâte d'ametiste .)

Pâtée, s. m. Les poulailers & les rotisseurs apellent *pâtée*, une pâte qu'ils font avec des recoupes de son, dont ils donnent à manger à la volaille pour l'engraisser. (Donner de la pâtée à des chapons. Engraisser des poulets avec de la pâtée.)

Pate, ou *patte, s. f.* La prémiére silabe de ce mot se prononce *bréve*. Le mot de *patte* se dit proprement de certains animaux, & c'est le pié de certains animaux. (On dit la pate d'un loup. La pate d'un chat. Le chat fait sa pate de velours de peur de blesser. *Abl. Luc*.)

† * *Pate*. Mot burlesque pour dire *main*. (Graisser la pate au clerc d'un raporteur. *Scaron*. Je demeurai sept heures de cette sorte sans remuer ni pié, ni pate. *Voit. l. 129*.)

Pate. Petit instrument à plusieurs pointes, qui sert à régler les livres de musique, & à faire plusieurs raies tout d'un coup.

Pate. Terme de *Charon*. Bout de rais de roüé, qui entre dans le moieu.

Pate. Terme de *Marchand Chaudronnier*. C'est un morceau de fer qu'on sçelle pour faire tenir la plaque du feu au contre-cœur de la cheminée.

Pate. Ce mot se dit en parlant de *verre*. C'est la partie sur laquelle se soutient le verre. (Verre qui a la pate cassée.)

Pate de haut bois ; *pate de flute*. C'est le bas bout du haut-bois & de la flute. (Plus la pate des instrumens est ouverte, & plus ils résonnent. *Mers*.)

Pate de flambeaux. C'est la partie la plus basse du flambeau.

Pate de gueridon. C'est le bas du gueridon. (Pate de gueridon rompuë.)

Pate de fente de haut de chausse. Terme de *Tailleur*. C'est une petite bande d'étofe où il y a quatre ou cinq boutoniéres & qu'on atache par dedans le long du côté de la fente des hauts de chausses.

Pate d'oïe. Voiez Oïe & *moüiller*.

Pate, *s. f.* Terme de *Fleuriste*. Il se dit des *anemones* & des *rénoncules*. L'ognon ou la racine des anemones & des rénoncules ressemble en quelque façon à la pace d'un petit animal ; & pour cela on apelle leurs racines de la pate, & elles se multiplient comme les caïeux des autres fleurs. Les graines d'anemones simples étant semées font de petites pates, qui, au bout d'un an, de deux ou de trois, deviennent assez fortes pour fleurir.

Pates d'ancre. Terme de *Mer*. Ce sont deux branches de fer soudées sur la croisée de l'Ancre, courbées, aiguës & propres à mordre le terrein, au desous de l'eau, pour arrêter le Vaisseau. Les deux coins de la pate d'une Ancre s'apellent *Oreilles*. *Ozanum*, *D. M.*

Pate de bouline. Terme de *Mer*. Ce sont des petites cordes qui tiennent à de plus grosses qu'on apelle *Boulines*.

† *Patée*, ou *Pâtée*, *s. f.* Terme de *Colége*. Coup de foüet, ou de férule que le Régent donne sur la main. (Il a eu deux bonnes patées.)

† *PATELIN*, *s. m.* Trompeur fin & adroit. (C'est un patelin.)

† *Pateliner*, *v. a. & n.* Tromper doucement & avec esprit. Tromper en flatant. (Les Gascons & les Normans sont maîtres en l'art de pateliner. Voiez ce fourbe comme il patelinne ce pauvre bonhomme.)

PATÉNE, *s. f. f.* Terme d'*Eglise*. Manière de fort petite assiete d'argent, ou de vermeil doré qui couvre ordinairement le Calice lorsqu'on dit la Messe. (Une belle paténe.)

PATENÔTRE, *s. f. f.* Grain de chapelet. Un *pater*. Ce mot de *patenôtre* se prend aussi pour les *ave* & les *pater* qu'on dit sur les grains de chapelet. (Comment apelle-t-on ce gros grains de chapelet, une patenôtre. Il marmote toûjours certaines patenôtres, où je ne comprens rien. *Racine, Plaid. a. 1. s. 1.* Dire ses patenôtres. *Téo. poès*.)

PATENOTRÉ, *patenôtrée*, *adj.* Terme de *Blason*. Fait en forme de grain de chapelet. (Il porte d'azur à la croix patenôtré. *Col.*)

Patenotrier, s. m. Ouvrier qui fait, qui enjolive & vend de toutes sortes de chapelets. (Il y a des *patenotriers* assez acomodez.

PATENTES, ou *lettres patentes*, *s. f.* Ce sont des lettres en forme & sélées du grand seau. (Obtenir des lettres patentes)

Patente, *de Languedoc*, *s. f.* Sorte de droit que le Fermier des cinq grosses fermes exige en Languedoc des marchandises & danrées qui sortent par eau & par terre du Languedoc. (Joüir de la ferme de la *patente*. Voiez le bail des gabelles.)

PATER, *s. m.* Terme de *patenotrier*. Gros grain de chapelet qui est au bout de chaque dizain.

Pater noster, *s. m.* Ce mot n'a point de pluriel en François. Dire cinq *pater noster*.

Pâter, *v. a.* Terme de *Cordonnier*. Etendre de la pâte sur les morceaux de cuir des talons des souliers afin de les faire tenir. (Pâter un talon.)

PATERA, *s. f.* Ce mot est écorché du Latin & se dit en parlant des *funérailles des anciens* C'étoit un *vase* d'or ou d'argent, de marbre, de bronze, de verre, ou de terre qu'on enfermoit dans les urnes avec les cendres du mort, aprés avoir servi aux libations du vin, ou des autres liqueurs qu'on faisoit aux funérailles.

PATERNEL, *paternelle*, *adj.* Qui est de pére. Qui regarde le pére. (Soin paternel. L'amour paternel est plus sage que l'amour maternel. Charité paternelle.)

Paternellement, *adv*. D'une manière paternelle. Avec une affection paternelle. (Il reçut son fils paternellement & lui pardonna.)

Paternité. Ce mot se dit en des matiéres de Téologie & en des discours comiques. C'est à dire, titre de *pére*. Pere. (On demande si la *paternité* en Dieu est distinguée réellement, ou formellement de ses autres atributs. Tant & tant fut par la *paternité* dit d'oraisons. *La Font. Nouv. contes.*)

PATÉTIQUE, *adj.* Qui remuë, Qui excite les passions. (Discours patétique. Cet endroit de la piéce est beau & *patétique*,)

Patétique, *s. m.* Tout ce qui excite & remuë les passions, (En racontant il est bon de s'atacher au *patétique*.)

Patétiquement, *adv.* D'une manière touchante. (Prêcher Patétiquement.)

PATEUX, *pâteuse*, *adj.* Il signifie plein de pâte. (Il a encore les mains toutes pâteuses.)

* *Pâteux*, *pâteuse*, *adj*. Ce mot se dit en parlant de bouche de malade, & signifie plein d'humeurs gluantes. (Bouche pâteuse.)

Pâteux, *pâteuse*. Terme de *Jardinier*. Il se dit de certains fruits, qui étant trop mûrs, ont, pour ainsi dire, une chair de pain à démi cuit. (Ainsi l'on dit, de quelques pêches, ou de quelques poires d'épine, qu'elles ont la chair pâteuse. *Quint. Jard. fruit. T. 1.*)

† *PATIBULAIRE*, *adj.* Qui sent, qui regarde la potence. (Avoir les inclinations patibulaires. Mine patibulaire. *Scar. Air patibulaire.*

PAT.   PAT.   587

patibulaire. C'est une phisionomie patibulaire que celle de A....)

PATICERIE, *s. f.* Piéces de four comme sont pâtez, flans, darioles, tartes, tourtes, & autres friandises. (La patisserie n'est pas bonne pour la santé.)

Paticier, *s. m.* Artisan qui fait, & vend de toutes sortes de patisseries, pâtez, tartes, tourtes, gâteaux, biscuits, macarons. (Un bon patissier.)

†*Paticiére*. Femme de patissier. (La paticiére est fort jolie.)

PATIENCE, *s. f.* Prononcez *paciance*. C'est une vertu qui nous fait souffrir constamment. (Patience grande, particuliére, extrême, Crétienne. La patience de Job est illustre. Avoir patience. *S. Cir.*) Le mot de *patience* dans ce sens n'a d'ordinaire point de pluriel. C'est pourquoi Balzac a repris l'un des plus grands hommes de l'Académie d'avoir écrit dans un Sonnet tout à fait délicat.

[On voit aller des *patiences*
plus loin que la sienne n'alla.]

L'on croit pourtant qu'il y a des endroits où les Prédicateurs se peuvent servir de *patience* au pluriel.

Patience. Sorte d'herbe à feüilles larges qu'on met dans le porage, & dans quelques farces. Le mot de *patience* dans ce sens, n'a point de *pluriel*.

Patience. Terme *de certains Religieux*, comme de *Bénédictins*, *Augustins déchaussez*, & *Feüillans*. Les *Augustins déchaussez* apellent *patience* un morceau d'étofe que portent les novices & qui pend par devant & par derriére, un bon pié Les *Bénédictins* nomment *patience* une sorte de scapulaire sans capuchon qu'on donne aux Religieux malades. Et parmi les *Feüillans*, la *patience* est une sorte de petit *scapulaire* que le novice porte durant son noviciat, & qui pend par devant & par derriére. La *patience* est aussi parmi les *Feüillans* une chemise qui n'a point de poignets & qu'on donne aux Religieux malades. (Il faut donner une *patience* à un tel, car il se porte mal.) Le mot de *patience* dans le langage des Religieux a un *pluriel*.

Patient, *patiente*, *adj.* Prononcez *paciant*, *paciante*, Qui soufre, Qui endure. Qui a la force & l'esprit de dissimuler ses ressentimens & de ne point s'emporter brutalement. (Le Sâge est patient. L'homme patient vaut mieux que le courageux. *Port-Roïal*, *Sal. Prov. ch.* 16. Il est fort patient. La charité est patiente. *S. Cir. Théol. famil.*)

Patient, *s. m.* Celui qui est condamné à mort & qu'on va exécuter. (On est curieux de voir passer les *patiens*. Le Confesseur, 'le Ministre n'abandonne point le *patient*. Exorter le *patient* à mourir courageusement.

Patiemment, *adv.* Prononcez *paciamment*. Avec patience. Avec douceur & sans emportement. (Soufrir patiemment la pauvreté. Porter patiemment le malheur. *Abl.*)

Patienter, *v. n.* Prononcez *paciené*. Prendre patience. Atendre paciemment. (Patientez un peu , & on vous satisfera.)

PATIN , *s. m.* Soulier de femme qui a des semelles fort hautes & remplies de liége, afin de paroître de plus belle taille. (Quand cette femme quitte ses patins , elle perd une partie de sa taille.)

Patins, *s. m.* C'est une chaussure particuliére dont les Holandois se servent pour aller sur la glace. Ce patin est composé de bois avec un morceau de fer dessous pour couper la glace.

Patin. Sorte de fer sous lequel on a soudé une demi-boule concave , & dont on se sert pour un cheval éhanché , ou qui a fait quelque éfort. (Atacher un patin à un cheval.)

Patins. Terme d'*Architecture*. Piéces de bois qui se mettent dans les fondations sur les pieux , ou sur un tertain qui n'est pas solide. *Félibien.*

On apelle aussi *Patin*, ou Socle , la base du piédestal d'une colonne. *Ozan. Dict. Math.*

†PATINABLE , *adj.* Qu'on peut manier. Qu'on peut tâter. (Beauté patinable. *Scaron*, *poës*.)

†*Patiner*, *v. a.* Manier. Tâter. (Il aime les grisettes , parce qu'il les *patine*. Il aime à *patiner*.)

Patineur, *s. m.* Celui qui manie. Qui tâte.

[Les patineurs sont fort insuportables,
Même aux beautez qui sont très-patinables.
Scaron, *Epit. chag. à Mr. d'Albret.*

PATIR , *v. n.* Je pâti , j'ai pâti. Je pâtis ; je pâtirai. C'est Soufrir. Endurer. Porter quelque peine. Recevoir dommage. [On voit que de tout tems , les petits ont pâti des sotises des grans *La Font. Fables* , *livre* 1. Les bons pâtissent pour les mauvais Il ne pouvoit abandonner cette contrée sans que l'île en pâtît. *Hist. d'Aubusson.*

PATOIS , *s. m.* Sorte de langage grossier d'un lieu particulier & qui est diférent de celui dont parlent les honnêtes gens. (Les Provinciaux qui aiment la langue , viennent à Paris pour se défaire de leur *patois* Il parle encore le patois de son vilage. Parler patois.) Voiez *Jargon.*

PATOLOGIE, *s. f.* Terme de *Médecin*. C'est la partie de la Médecine qui considére la nature , & la diférence des maladies, leurs causes & leurs simptomes. Voiez *Fernel*. (Le traité de la patologie est curieux.)

PATON , *s. m.* Terme de *Cordonnier*. Petit morceau de cuir en demi-rond qu'on met en dedans au bout de l'empeigne du soulié, afin d'en conserver la forme. (Monter un Paton. Le pâton de mon soulié me blesse.

PATRE, *pastre*, *s. m.* L'un & l'autre s'écrit, mais on prononce *pâtre*. C'est celui qui a soin de mener les bêtes au paturage. (Les pâtres de Nubie. *Dépr. Sat.* 8. *in quarto* , *p.* 48.

PATRIARCAL, *Patriarcale*, *adj.* Qui apartient au Patriarchat. Qui est de Patriarche (Il porte d'argent à la croix patriarcale d'azur Col. Trône patriarcal. Dignité patriarcale. *Tomassin*, *Discip. Ecclésiastiq.*)

Patriarcat, *s. m.* Dignité de Patriarche (Elever quêlqu'un au Patriarcat. *Tomassin*, *Discipl. Ecclés*)

Patriarche, *s. m.* Mot Grec qui veut dire le *Premier des Peres*. C'est celui qui posséde la seconde dignité de l'Eglise & c'est comme si on disoit celui qui préside aux quatre parties principales du monde. (Il y a cinq Patriarches, celui de Rome , d'Alexandrie , d'Antioche , de Jérusalem , & celui de Constantinople. Un Saint Patriarche. (On donne encore ce nom de Patriarche aux Saints personnages qui ont vécu avant la venüe de Jesus-Christ.)

PATRICIEN, *patricienne*, *adj.* Qui vient de Senateur Romain. (Race patricienne. Famille patricienne.)

Patrice, *s. m.* C'étoit le nom des Gouverneurs que les Empereurs de Constantinople envoioient en Italie , en Sicile & en Afrique. Ce nom de *Patrice* a aussi été donné par honneur à d'autres personnes. (Charlemagne reçut du Pape Adrian le nom de *Patrice de Rome* , avant qu'il prit celui d'Empereur.)

Patricias, *s. m.* Dignité de Patrice , laquelle a été dans l'Empire Romain , depuis Constantin le grand.

PATRIE , (*s. f.* Païs où l'on a pris-naissance. Il est naturel d'aimer sa patrie. Le sâge n'a proprement point de patrie. La patrie est une vision. La patrie est par tout où l'on est bien. Les anciens étoient fortement infatüez de l'amour de leur patrie.)

Patrimoine, *s. m.* Bien qui vient du pére & de la mére. (Avoir du bien de patrimoine. Tous les biens de l'Eglise sont le *patrimoine des pauvres* , ils ont été originairement consiez ensuite par l'Eglise aux Bénéficiers pour être les administrateurs du patrimoine des pauvres. Le Pére Tomassin , *Discipline de l'Eglise* , 1. par. l. 4. c. 5.)

Patrimonial, *patrimoniale*, *adj.* Qui est de patrimoine. (Héritages patrimoniaux. Fiefs patrimoniaux.)

†PATROCINER , *v. n.* Mot burlesque écorché du Latin. C'est parler à une personne pour la porter à quelque sentiment qu'on voudroit qu'elle prît , en blâmant le sentiment que cette personne a , & soutenant celui qu'on lui veut faire prendre.

[Préchez , patrocinez jusques à la Pentecôte ,
Vous serez étonné , quand vous serez au bout,
Que vous ne m'aurez rien persüadé du tout.
Moliére, Ecole des femmes a. 1. sc. 1.]

Il signifioit autrefois *plaider*.

PATRON , *s. m.* Ce mot en général signifie modéle. (Un beau patron de dentelle. Un patron de pointe de France. Acheter un patron. Suivre son patron. Faire un patron. Tracer un patron.)

†*Patron*. Ce mot, se disant des personnes , est figuré & veut dire *exemple*. (Si on a à prendre patron sur quêlqu'un , il faut que ce soit une personne de mérite.)

Patron. Terme de *Droit civil*. C'étoit celui qui donnoit la liberté à quelque esclave. C'étoit tout homme qui avoit le pouvoir d'afranchir ses esclaves. (Le patron , ou le maître afranchissoit son esclave quand il le faisoit asseoir à sa table avec lui , quand il l'adoptoit, &c. Voiez là dessus les *Inst. l. 1. tit. 5.*)

Patron. Terme de *Droit canon*. C'est celui qui a droit de présenter à l'ordinaire , un Ecclésiastique capable de remplir le bénéfice que lui , ou ses prédécesseurs ont fondé. (Il y a un *patron* Laïque & un *patron* Ecclésiastique. Le patron ne peut sans l'autorité de l'Evêque établir un Ecclésiastique dans son bénéfice. Le Roi est Patron de toutes les Eglises Catédrales & Collégiales , des Abaïes & des Monastéres , s'il n'y a point de titre au contraire. *Fevret* , *de l'abus* , *ch.* 8.)

Patron. Terme de *Mer*. Celui qui commande aux voiles du vaisseau & généralement à tous les gens du vaisseau. *Fournier* , *Hidrographie*. D'autres disent que c'est un Oficier marinier qui commande tout l'équipage & toute la manœuvre. *Pantero-Pantera* qui a fait un traité de la marine , dit que le patron est un Oficier de galére qui distribüe les racions & autres choses nécessaires à ceux qui rament , qui a soin de tout ce qui regarde le service de la galére & même des marchandises qu'on y embarque. (Il y a un patron

EEee ij

patron dans chaque galere. Voiez *Pantero*, l. 1. c. 11. page 317.)

† * **Patron**. Le maître du logis. Le mot de *patron* en ce sens est bas & burlesque, & est pris des Italiens qui apellent le maître du logis *padrone*. (Le patron est il ici? Où est le patron?)

Le Cardinal Patron. C'est celui qui gouverne à Rome.

* **Patron**. C'est le Saint que quelque Roïaume, Vile, Vilage, ou les gens de quelque profession, honorent particulièrement & dont ils célebrent tous les ans la fête. (Saint Denis est le patron de la France, Saint Jaques celui d'Espagne, Saint Nicolas le patron des gens de mer. Saint Pierre celui de Rome. On se réjouit comme il faut à la fête des Patrons.)

* **Patron**. Protecteur. Défenseur. Celui qui s'interesse dans nôtre fortune, & qui tâche à la pousser. (Quand on n'a ni grands biens, ni grande naissance, on ne sait rien dans le monde sans patron. Un patron tient souvent lieu de mérite à bien des gens. Se faire un patron.)

Patronage, *s. m.* Terme de *Droit canon*. C'est le droit de présenter un Ecléfiastique au bénéfice vacant. (On aquiert le droit de patronage lorsqu'on a fondé le bénéfice. On a droit de patronage sur une Eglise lorsqu'on a emploié son bien à bâtir l'Eglise, ou lorsqu'on l'a fondée. On dit ce bénéfice est en patronage laïque. Le patronage des Laïques a commencé en Orient & l'Ecléfiastique en Occident. *Dicipline de l'Eglise*, 1. partie, l. 2. c. 7.)

Patronne, *s. f.* Protectrice. Celle qui nous défend, qui nous favorise & qui nous apuie. (Sainte Geneviéve est la patrone de Paris.)

* **Patronne**, *s. f.* Il signifie figurément, celle qui nous pousse dans le monde, & qui nous favorise de son crédit. (Une bonne patronne fait souvent valoir les gens plus qu'ils ne valent en effet. *Réfléxions critiques & morales*, ch. 5.)

Patronner, *v. n.* Enduire de couleurs par le moien d'un patron. Il se dit de ceux qui metteat les couleurs aux cartes à joüer.

† **Patronnier**, *s. m.* C'est un faiseur de patrons. C'est celui qui fait & vend de toutes sortes de patrons pour les dentelles & les points de France. (C'est un habile patronnier.)

Patrouille, *s. f.* Terme de *Guerre*. Ce sont cinq, ou six soldats qui sont commandez par un sergent & qui sortent de leur corps de garde pour voir ce qui se passe la nuit dans les ruës d'une ville & empêcher que rien ne trouble le repos de la ville. (La patroüille marche toutes les nuits. Etre pris de la patroüille.)

† **Patroüiller**, *patoüiller*, *v. n.* Quelques-uns disent *patoüiller* & peut être qu'on devroit parler comme eux, mais l'usage est pour *patroüiller*, qui signifie *marcher dans la boüe* (Voilà un enfant qui patroüille dans la boüe, il y a un bon quart d'heure.)

Patte. Voiez *pate*.

Patu, *patuë*, *adj.* Ce mot ne se dit d'ordinaire qu'au masculin & en parlant de certains pigeons. Il signifie, qui a des plumes sur les piez. (Un pigeon patu.)

Paturage, *pasturage*, *s. m.* L'un & l'autre s'écrit, mais on prononce *pâturage*. C'est le lieu où les bêtes vont paître. Il y a de beaux & de bons pâturages en Normandie, & c'est presque tout ce qu'il y a de beau dans cette Province.

Climéne, il ne faut pas méprisier nos bocages,
Les Dieux ont autrefois aimé nos pâturages.
Segrais, Eglogue 1.

Pâture ; *pasture*, *s. f.* L'un & l'autre s'écrit, mais on prononce *pâture*. C'est à dire, la nourriture qu'on donne aux bêtes ; mais le mot de *pâture* est peu usité au propre.

* **Pâture**. Au figuré, il se dit de la nourriture de l'ame. (La parole de Dieu est la pâture de l'ame. La connoissance de la vérité est la pâture de l'esprit.)

† **Pâturer**, *v. n.* Paître. Il se dit des bêtes qui paissent. (Celui qui envoïe pâturer ses bestiaux dans le pré d'autrui.) V. *Paître*.

* C'est une necessité de servir de *pâture* aux vers du monument. *Mai. poës.*)

Paturon, *s. f.* C'est la partie du bas de la jambe du cheval qui est entre le boulet & la couronne. (Pâturon long. Pâturon court. Cheval qui a quelque incommodité au pâturon.)

PAV.

Pavane, *s. f.* C'est une sorte de branle ancien. (Danser la pavane.)

Pavé, *s. m.* Gré, ou pierre quarrée faite par les carriers pour paver. (Vieux pavé. Pavé neuf. Pavé Poser le pavé. Metre un pavé. Asseoir un pavé. Tailler, cimenter, dresser le pavé. Afermir un pavé. Garnir un pavé de sable. Arracher le pavé. Ebaucher le pavé ; C'est ôter quelque chose du pavé pour l'ajuster & le mettre en état de servir.)

† * *Prendre le haut du pavé*. C'est à dire le rang le plus honorable lorsqu'on marche avec quelqu'un.

Bateur de pavé. Voiez *Bateur*.

Pavé, *pavée*, *adj.* Qui est garni de pavés. (Cour pavée. Eglise bien pavée.)

† * *Avoir le gosier bien pavé*. Ces mots se disent des personnes qui avalent des choses fort chaudes. (Le gointre a le gosier pavé.)

Paver, *v. a.* C'est faire des rangées de pavé, les poser d'un certain sens, les garnir de choses nécessaires pour les afer.nir. (Paver une ruë.)

Paveur, *s. m.* Artisan qui pave les ruës, les cours, les Eglises, les chemins, & autres lieux qu'on pave. (Le paveur pour gagner sa vie, se sert de pioce, de hie de truelle & de diverses sortes de marteau. Etre paveur.) Les Paveurs s'apellent par raillerie lapidaires en grez ; mais c'est un langage qui n'est pas usité par d'autres.

Pavie ; *pavi*, *pavis*, *s. m.* C'est une sorte de pêche qui ne se tient pas. Les uns écrivent *pavie*, & les autres *pavi*, ou *pavis*. L'Auteur du Jardinier François page 64. & tous les autres qui ont écrit du jardinage, écrivent *pavie*. Néanmoins, entre les habiles gens en langue vulgaire, les uns sont pour *pavi*, & quelques autres pour *pavis*. S'il m'est permis de dire mon sentiment sur l'ortografe de ces mots j'écrirois & je dirois *pavie* à l'éxemple des savans jardiniers & des fruitiers qui parlent le mieux. Pour *pavi* & *pavis*, on croit que *pavi* est le meilleur. Toutefois je n'ai trouvé écrit *pavi*, ni *pavis* dans aucun bon Auteur, ainsi j'inclinerois pour *pavie*. Quelques Dames font le mot de *pavie* féminin, mais mal. (On dit de bons *pavies*, de beaux *pavies*, & jamais de bonnes, ni de belles *pavies*. Le pavie ne quitte pas le noïau. On dit, l'eau, la chair, la peau, le gout du pavie.) Il se dit aussi du pêcher qui porte les pavies.

Paviers, *Pavois*, *s. m.* ou *Pavesade*, *s. f.* Termes de Mer. On les apelle aussi *Bastingue*. Ce sont de grandes bandes de toile, ou d'érofe, que l'on tend autour du Plat-bord des Vaisseaux de guerre pour cacher les soldars, & ce qui se passe sur le pont, pendant un combat. *Ozan. Dict. Matth.*

Pavillon, *s. m.* C'est une sorte de tente quarrée, dont on se sert dans les campémens pour se garantir de l'incommodité du tems. Le pavillon est aussi une sorte de housse pour un petit lit, faite en piramide. (Dresser un pavillon dans une chambre. *Voit. l. 9.*)

Pavillon. Terme de Mer. Baniére qu'on arbore ordinairement à la pointe de quelque mast, qui est d'une couleur particuliere & qui est chargée des armes de la Nation & de l'Oficier qui commande. (Porter le pavillon. Arborer le pavillon. *Faire pavillon blanc*. C'est arborer un pavillon blanc pour demander quartier dans un combat. *Faire pavillon blanc à la veuë d'une côte étrangère* ; C'est faire un signal de paix pour montrer qu'on veut avoir commerce. *Faire pavillon de France* ; C'est arborer le pavillon de France. *Amener le pavillon*. C'est le baisser, ou le mettre bas par respect à la rencontre de quelque vaisseau qui merite cet honneur. On dit aussi *baisser le pavillon*. On le dit même au figuré. Un tel eut si pique de feu ésprit *baisse le pavillon devant Monsieur un tel*. C'est à dire, il lui défere & ne parle devant lui qu'avec retenuë.)

† * *Mettre pavillon bas*. Ces mots se disent en raillerie par ceux qui étant à table, ôtent leur chapeau, quand ils veulent boire à la santé de quelque personne, à qui ils veulent témoigner du respect.

Pavillon. Terme de *Blason*. C'est ce qui couvre & envelope les Armoiries des Empereurs, des Rois & de quelques autres Souverains, à qui il apartient seulement de porter le pavillon. Il est composé de deux parties, du comble, qui est son chapeau, & des courtines, qui en font le manteau.

Pavillon. Terme de *Chaudronnier*. C'est le gros du cor, de la trompe, & de la trompette où est l'ouverture qui est au bas du cor, de la trompe, & de la trompette. (Pavillon de cor, bien fait.)

Pavillon. Terme d'*Architecture*. Corps de logis qui acompagne la maison principale & qui est au bout de quelque galerie. C'est aussi un corps de logis seul qui est nommé pavillon à cause de sa couverture qui ressemble à celle des pavillons, ou des tentes d'armée.

Paul, *s. m.* Nom d'homme. (Paul vivoit & Paul est mort.)

Paule, *s. f.* Nom de femme. (Paule fille du Comte de Pontieure fut assiegée dans Roie par le Comte de Charolois, & elle se défendit courageusement. Brantôme, *Dames galantes*, tome 2. p. 387.)

Paulette, *s. f.* C'est l'argent de la soixantiéme partie du prix tie l'ofice, que donne au Roi tous les ans au commencement de l'année chaque Oficier de Justice & de Finance afin de pouvoir pendant l'année disposer de son ofice. Ce droit a été apellé *paulette* d'un nommé Charles Paulet Secretaire de la chambre du Roi, qui au commencement de ce siécle mile six cens, inventa le *droit de paulette* qui fut autorisé par arrêt du privé Conseil le douziéme de Décembre 1604. *Loiseau*, *chapitre 10. des Ofices*. (Quand un Oficier meurt

PAU.   PAU. PEA.

meurt sans avoir paié la *paulette*, son office va aux parties casuelles & est perdu pour ses héritiers. La *Paulette* est ouverte. On n'est plus reçu à la *paulette* après un certain tems réglé par la déclaration du Roi.)

PAULOT, *s. m.* Nom d'enfant, ou de petit garçon qui veut dire petit Paul. (Paulot est beau & bien fait.)

PAUME, *s. f.* Prononcez *pôme*. Il vient du Latin *palma*. C'est le dedans de la main. C'est la seconde partie de la main, qui prend depuis les rasettes jusques aux jointures des doigts. (Il a la *paume* de la main toute pleine de calus.)

Longue-paume, *s. f.* Maniere de jeu de paume où il n'y a qu'un toit pour servir, sans galeries ni murailles & où l'on joue avec de petites balles & des batoirs. (Jouer à la longue-paume.)

Courte paume. Ces mots sont un peu surannez. (On disoit autrefois joüer *à la courte-paume*, mais presentement on dit, *joüer à la paume*; C'est à dire, joüer dans un tripot, ou jeu de paume avec des raquettes & des balles.)

Paume. On se sert de ce mot en parlant de la taille des chevaux destinez pour la guerre & c'est la mesure de la hauteur du poing fermé. (Un cheval est de bon service pour la guerre lorsqu'il a seize paumes, ou un peu plus.)

† *Paumer*, *v. a.* Ce mot est bas & du petit peuple de Paris. Il veut dire *souffleter*. (Elle lui a paumé la gueule. Je te paumerai la gueule.)

Paumier, *s. m.* Ce mot signifie *le maître du jeu de paume*, mais il ne se dit guere seul. On dit *paumier raquetier*, & même il n'y a proprement que ceux du métier qui parlent de la sorte, ou ceux qui veulent parler du métier dans les propres termes; car parmi les autres gens du monde, on dit *maître du jeu de paume*. Le paumier raquetier est celui qui tient un jeu de paume, qui fait & vend des bales & des raquettes, mais qui ne peut vendre des raquettes à moins qu'elles n'aient frapé la bale. Voiez *Raquetier*.

PAUMELLE, *s. f.* Espece d'orge qui n'a que deux rangs de grains.

Paumelle. C'est aussi une espece de panture de porte qui s'atache sur le bois & qui tourne sur un gond.

Paumelle. Terme de *Mer*. C'est le dé que les Treviers ont à la main quand ils cousent les Voiles.

PAUMURE, *s. f.* Terme de *Chasse*. C'est le sommet des têtes de cerf où le bois se divise en plusieurs branches, qui étant au nombre de cinq, représentent la paume de la main.

PAVOIS, *s. m.* Vieux mot pour dire *bouclier*. On ne se peut servir du mot de *pavois* qu'en riant, ou qu'en parlant de choses fort éloignées de nôtre siécle. (Lorsque les Seigneurs avoient élu les Rois, ils les élevoient sur un grand *pavois*, & les faisoient porter dans le camp, où le peuple étant assemblé en armes, confirmoit le choix. *Mezerai, Histoire de France, vie de Pharamond.*)

PAVOT, *s. m.* Il y a des pavots sauvages, & des pavots cultivez. Ces pavots sont rouges, blancs, ou noirs, & tous refrigeratifs & propres à faire dormir. Le pavot cultivé est une espece de fleur rouge, blanche, ou panachée en forme de houpe. Voyez *Ponceau*.

* *Comparer la rose au pavot*. Façon de parler proverbiale, pour dire comparer des choses qui ne sont point comparables.

PAUPIERE, *s. f.* Prononcez *pôpiere*. Il vient du Latin *palpebra*. C'est qui couvre les yeux & qui les défend par devant contre l'air, le vent, la fumée, les moucherons & autres incommoditez. Il y a deux paupieres en chaque œil, l'une en haut & l'autre en bas. Elles se meuvent vite afin de récréer la veuë & de ne pas empêcher l'œil de voir. Elles sont composées de nerfs, de cartilage, de muscles, de membranes, & de poils qui sont rangez & défendre les yeux des choses les plus legeres, comme de la poussiere & des moucherons. Voiez *Bartolin, Anatomie.*

PAUSE, *s. f.* Prononcez *pôse*. La pause consiste à prendre quelque repos. C'est l'action de se reposer. (Il faut faire une *pause* ici, & puis nous continuerons notre chemin.)

Pause. Terme de poësie Françoise. C'est à dire, *Repos*. (Les vers de douze sillabes doivent avoir une pause. Les stances de six & de dix doivent aussi avoir des *pauses*. Voyez *Repos*.)

Pause. Terme de *Musique*. Certaine marque dans les livres de musique qui veut dire qu'il faut qu'une partie cesse de chanter pendant que les autres continuent. Il y a des pauses de quatre mesures, de deux, d'une, &c. les plus petites pauses s'appellent soupirs & demi-soupirs. *Ozan. Dict. Math.*

† *Pausé, pausée, adj.* Prononcez *pôsé*. Voiez *posé*.
Pausément; adv. Voiez *posément*.

† *Pauser*, *v. n.* Faire une pause. Il ne se dit qu'en termes de Musique.

PAUVRE, *s. m.* Celui qui est dans la disette & la nécessité. (Les vrais pauvres sont les membres de Jesus-Christ.)
Il y a des *pauvres honteux*, des gens de famille, qui souffrent beaucoup de nécessité, sans oser la découvrir.

Pauvre, *adj*. Qui est dans la nécessité. Qui souffre à cause de la pauvreté où il est. Qui n'est pas riche. (Malherbe est mort pauvre, Le Tasse a été pauvre, & n'est pas mort plus riche que Malherbe.)

* *Pauvre d'esprit*. C'est un imbecile qui manque de jugement & de vivacité d'esprit pour comprendre les choses.

Pauvres en esprit. Terme de l'Ecriture sainte. Ce sont les esprits simples & humiliez par le sentiment de leur misere spirituelle. (Bienheureux sont les pauvres en esprit, car le Roiaume des cieux leur appartient. *S. Matt. ch. 5.*)

* *Pauvre volontaire*. C'est celui qui renonce volontairement aux biens du Monde.

* On dit d'une *langue* qu'elle est *pauvre*, quand elle manque de plusieurs mots & des expressions dont elle auroit besoin en plusieurs rencontres.

Pauvre. Afligé. Malheureux. Désolé. (Ces pauvres Princesses ne pouvant les empêcher, ne faisoient point de réponce. *Vau. Quin. l. 3. c. 12.*)

Pauvre. Ce mot se dit des personnes qui travaillent de l'esprit, ou des mains, & signifie *Chétif*. Qui ne fait rien qui vaille.

[Ménage ce *pauvre Poëte*.
Dit qu'il a fait mon Epicterre.
Boileau, Avis à Ménage.]

Pauvre. Ce mot se dit des choses, & veut dire *Chétif. Miserable*. (Les soupirs & les langueurs sont à mon gré une pauvre galanterie. *Le Comte de Bussi, Histoire amoureuse.*)

Pauvre. Ce mot se dit aussi des personnes, & veut dire *Naïf, Simple*. Qui n'entend nule finesse. (La naïveté avec laquelle le *pauvre homme* mandoit ces nouvelles, fit rire cette folle. *Le Comte de Bussi, Histoire amoureuse.*)

Pauvre. Miserable. Qui ne sait pas bien user de son bien. (Vous êtes riche en effet & l'on vous tient pour un *pauvre homme*. *Gon. Epi. l. 1.*)

Pauvre. Ce mot se dit par un sentiment de compassion d'amour, ou d'amitié qu'on a pour une personne. (Ce pauvre garçon avoit gardé jusques à ce mouchoir. *Le Comte de Bussi*. Que je plains, le pauvre garçon.)

Pauvre. Ce mot se dit en Terme de *caresse*, & signifie *Bien-aimé, Cher*. (Ma pauvre Toinette, crois-tu qu'il m'aime *Moliere*.)

Pauvrement, *adv*. Avec pauvreté. (Vivre pauvrement.)

† *Pauvret; pauvrette, adj.* Chétif. Malheureux. Qui est dans la pauvreté & dans la disette.

[Il soufre un étrange suplice,
Mais le pauvret est sans malice, *Voit. Poës.*

La pauvrette n'a pas un doub'e. *Le Comte Bussi.*]

PAUVRETÉ, *s. f.* Disete. Nécessité. (On mérite beaucoup lorsqu'on soufre la pauvreté Chrétiennement & à mon gré de Jesus-Christ. *S. Cir.* La pauvreté, à qui est né quelque chose, est plus-dure & plus-odieuse que la mort. *Patru, plaidoié 6.*)

Pauvreté. Un des trois vœux de Religion par lequel le Religieux renonce à tous les biens du siécle & de ne posseder rien en propre. (La régle de S. François est celle qui fait plus rigoureusement observer la pauvreté. Garder la pauvreté. Faire vœu de pauvreté.)

On dit proverbialement, Pauvreté n'est pas vice, mais c'est une espece de ladrerie; tout le monde la fuit.

† * *Pauvreté*. Ce mot se dit au figuré, & n'entre une dans le stile simple & la conversation, & il signifie *Sotise*. *Paroles sotes & vuides de bon sens*. (C'est un homme qui dit les plus grandes *pauvretez* du monde.)

PEA.

PÉAGE, *s. m.* Terme de *Coutume*. C'est un droit Seigneurial qui se prend sur le bétail, ou sur la marchandise qui passe pour entretenir les ponts, les ports & les passages, & savoir ce qui se transporte, & ce qui passe d'une contrée en une autre. (Le péage est deu. Les enfans de France & les Princes du sang sont éxems de tout péage. On ne peut imposer aucun péage sans la permission du Roi. Voyez *Ragueau, des droits Roiaux*. Arrest portant supression de péage. *Le Maît.*)

Péager, *s. m.* Fermier de péage. Celui qui exige le péage. (Les péagers doivent faire mettre des tableaux & des pancartes en lieu éminent, public & accessible pour faire connoître les droits qui sont dûs.)

PEAU, *s. f.* Prononcez *pô*. Dépoüille d'animal. (Une peau de mouton, de loup, de lievre, de renard. Une peau de poiſſon. Une peau d'anguille. Une peau de grenoüille, &c.)

Peau. Ce mot entre en pluſieurs façons de parler de mégiſſier, de pelletier, gantier, peaucier, corroïeur, &c. (Mettre une peau en couleur. Termes de peaucier. Paiſſonner une peau. Termes de gantier & de peaucier. C'eſt tirer & étendre une peau ſur le paiſſon. Fouler une peau. Termes de corroïeur. Paſſer une peau. Termes de corroïeur & d'autres gens qui travaillent en peau. Luſtrer une peau, Termes de pelletier. Pommeller une peau. Termes de pelletier, &c.)

Peau. Ce mot ſe dit des hommes, c'eſt tout ce qui couvre ſuperficiellement la chair (Avoir la peau toute écorchée.)

† * Peau. Ce mot entre dans quelques façons de parler proverbiales & figurées. (Exemples.

† Qui n'enrageroit dans ſa peau. S. Amant. C'eſt à dire, qui ne ſeroit faché dans ſon ame.

La peau vous demange, vous voulez être batuë. Moliere. C'eſt à dire, vous ne vous ſauriez contenir, vous me pouſſez à vous roſſer.

N'avoir plus que la peau & les os. Ablancourt. C'eſt à dire, être fort maigre.

Il mourra dans ſa peau. C'eſt à dire, il ne changera pas.

Sa peau ne me tente guère. Moliére. C'eſt à dire, ſa perſonne ne me plaît pas fort.

Je ne voudrois pas être en ſa peau. C'eſt à dire, je ne voudrois pas être en ſa place)

On dit d'un poltron, qu'il a peur de ſa peau.

On dit d'un homme qui s'eſt retiré ſain & ſauf de quelque occaſion dangereuſe. il a été bienheureux d'en raporter ſa peau.

* Il faut coudre la peau du renard à celle du Lion. Ancien Proverbe, pour dire, il faut joindre la prudence à la force.

Peau. Ce mot ſe dit des fruits. C'eſt ce qui les couvre ſoit au dehors, ou au dedans. (Ainſi l'on dit, la peau des ceriſes, des prunes, des pommes, des poires, &c. La peau d'un noïau de pêche, d'abricot, d'amande, &c. Il y a des fruits qui ont la peau douce, les autres l'ont rude, les uns l'ont liſſe & d'autres ont la peau veluë, comme les coings. On dit auſſi la peau des melons & des concombres, &c.) On dit auſſi qu'il y a une peau ſous l'écorce des arbres. On dit encore les peaux de l'oignon, la peau des porreaux, &c.

Peau. On le dit encore de ce qui ſe forme ſur diverſes liqueurs, comme ſur l'ancre & ſur les ſirops, & même ſur le lait qu'on a fait bouillir.

Paucier, ſ. m. Prononcez pôcié. Marchand ouvrier qui prend du megiſſier & du tanneur des peaux de veau & de mouton, qui donne les façons néceſſaires à ces peaux, les met en couleur, & les vend enſuite aux Relieurs aux gantiers, & autres ouvriers, ou marchands particuliers qui en ont beſoin. (Un bon peaucier. Un riche peaucier.)

Muſcles peauciers. Terme d'Anatomie. Ce ſont les muſcles qui font mouvoir la peau où ils ſont attachez.

† Peautre, ſ. m. Vieux mot qui ſignifioit le gouvernail d'un Vaiſſeau

Peautré, peautrée, adj. Terme de Blaſon. Il ſe dit de la queuë des poiſſons, quand elle eſt d'autre couleur que le corps, parce qu'en effet la queuë des poiſſons eſt leur gouvernail. (Il portoit d'argent au dauphin de ſable, peautré d'or.)

PEC.

† Pecadille, ſ. m. Mot burleſque qui eſt écorché de l'Eſpagnol pecadillo qui veut dire Un petit péché. Une faute légère. (Ce n'eſt qu'un pécadille.)

Peccant, peccante, adj. Terme de Médecin. Qui pèche en quelque choſe. (Humeur peccante. La Chambre.)

Peche, peſche, ſ. f. L'un & l'autre s'écrit, mais on ne prononce point l's. C'eſt le fruit du pêcher. (Les pêches bien mûres ſont bonnes, à l'eſtomac, & au ventre. Il y a de pluſieurs ſortes de pêches. Il y a des pêches communes qui laiſſent le noïau, qui ont la chair pleine de ſuc. Il y a des pêches qu'on apelle preſſes. Pêches noix. Pêches coins. Pêches rouges, alberges, pavies, &c.)

Pêche, peſche ; ſ. f. L'art de prendre les poiſſons. Manière de prendre & de tirer de l'eau, des perles. (La pêche eſt bonne. Aller à la pêche. Entendre la pêche La pêche des perles eſt admirable. Voïez la Florida de Garcillaſſo de la Vega.)

Péché, ſ. m. Faute contre Dieu. (Un gros péché. Un péché véniel C'eſt à dire, un péché léger & qui eſt digne de pardon. Faire un péché véniel.)

Péché mortel. C'eſt un péché qui donne la mort à l'ame & qui la prive de la graace de Dieu. (Commettre un péché mortel.)

Péché originel. C'eſt le péché du prémier homme qui paſſe dans tous les autres hommes. Voïez originel.

Péché actuel. C'eſt un péché fait par quelqu'un. Il eſt oppoſé à péché originel.

Un péché d'omiſſion. Paſcal l. 4. Un péché de commiſſion. Paſc. l. 4. Un péché de ſurpriſe. Paſc. l. 4. (Demeurer dans le péché. Paſc. l. 10 Tomber dans le péché. Paſc. l. 4. On diſoit, en raillant du Pére Bauni, qu'il étoit celui qui ôtoit les péchez du monde. Paſcal, l. 4. Commettre un péché contre nature. Le péché de la chair, &c. Chacun le met au rang des péchez efracez. Regnier, Satire 14. C'eſt à dire, on ne ſe ſouvient plus de lui.)

Pécher, v. n. Faire un péché. (Pécher avec connoiſſance. Pecher ſans connoiſſance. Pécher ſans connoiſſance. Paſcal, l. 4. Pécher par ignorance. Paſcal. l. 4.)

* Pécher. Ce mot au figuré veut dire manquer. (* Sa comédie pêche contre toutes les règles de l'art. Moliere, Criſique de l'Ecole des Femmes. Pécher contre le ſens commun. Ablancourt. On pêche contre la Grammaire quand on fait des ſoleciſmes. On pêche contre la puretté de la langue quand on ſe ſert de mots barbares. Un Poëte Latin peut pécher contre la quantité & un Poëte François contre la rime, &c.)

Pécher. Terme de Médecin. Il ſignifie n'être pas tel qu'il devroit être. (Le ſang pêche en qualité. Il pêche auſſi quelquefois ſeulement en quantité.)

Pécher, peſcher, v. a. On ne prononce pas l's. C'eſt prendre des poiſſons, ou autre choſe de cette nature dans l'eau avec des filets, ou autre inſtrument ſervant à la pêche. Faire couler l'eau de quelque lieu où il y a du poiſſon pour prendre enſuite le poiſſon. (Pécher une carpe, pêcher un plat de poiſſon Pécher un étang, un vivier. Pécher avec la ſeine & le tramail. Pécher à la ligne. La manière de pécher les perles eſt fort à fait extraordinaire.)

† * Où as-tu été pêcher cela ? C'eſt à dire, où a-t-il été prendre cela ?

Pécher, peſcher, ſ. m. L'un & l'autre s'écrit, mais on ne prononce pas l's. C'eſt un petit arbre qui porte les pêches, qui croit dans les vignes, les jardins, & les vergers, & qui a des feuilles un peu dentelées, & un peu plus grandes que celles de l'amandier. (Voilà un pêcher bien chargé de pêches.)

Pécherêſſe, ſ. f. Celle qui fait des péchez. (Je ſuis une grande pécherêſſe. Une vieille pécherêſſe. Scaron, Poëſ. Elle imite avec ſes pleurs la Sainte pécherêſſe. Regnier, Satire 13. C'eſt à dire, la Madelaine.

Pécheur, ſ. m. Celui qui fait des péchez. (Franc pécheur. Pécheurs eudurcis. Pécheurs ſans mélange, pleins & achevez. Paſcal, l. 4.)

Pécheur, peſcheur, ſ. m. On ne prononce pas l's. Celui qui pêche. Celui qui fait métier de pêcher & qui s'entend à la pêche. (Vn bon pêcheur.)

Pêcher à verge. C'eſt celui qui pêche à la ligne. (Etre reçu pêcheur. Les pêcheurs ont pour leur fête la Saint Nicolas.)

Pêcheur. Sorte d'oiſeau qu'on apelle ordinairement en François martin pêcheur & les Italiens ucello ſanta maria. Voïez Martin.

* Pécore, ſ. f. Ce mot au propre ſignifie. Un animal. Une bête, mais il eſt bas & burleſque. (La chetive pécore s'enfla ſi bien qu'elle creva. La Fontaine, Fables, l. 1.

* Pécore. Ce mot au figuré eſt bas, & ſignifie Sot. Sote. Qui n'a point, ou peu d'eſprit. (C'eſt une groſſe pécore. C'eſt une petite pécore.)

Pecque, ou peque, ſ. f. Mot burleſque & injurieux qui ne ſe dit que des femmes & des filles & qui veut dire Miſérable, Mal-bâtie. Sote. (A-t-on jamais veu deux pecques provinciales faire plus les rencheries. Moliére.)

Pectoral, ſ. m. Piéce de broderie que le grand Prêtre des Juifs mettoit ſur ſon habit devant ſon eſtomac. (Le pectoral du grand Prêtre étoit beau. Voïez là deſſus Port-Roial. Hiſtoire de la Bible.

Pectoral, pectorale, adj. Qui pend ſur l'eſtomac (En ce ſens, on dit, une croix pectorale. C'eſt la croix que les Evêques ſe mettent au cou quand ils ſont en état d'oficier.

† Pectoral, pectoralé, adj. Qui eſt bon pour la poitrine, qui la rejouit & la fortifie. [Cela eſt pectoral. Sirop pectoral.)

Muſcle pectoral. Terme d'Anatomie. C'eſt un muſcle très-fort qui eſt ſur la poitrine, & qui ſert à remuer le bras en devant.

Péculat, ſ. m. Vol qu'on fait des deniers du Roi & du Fiſc. [Acuſer de péculat. Etre convaincu de péculat.)

Pécule, ſ. m. En Latin peculium. Terme de Droit. Tout le bien qu'on a acquis par ſes ſoins & par ſon travail. Bien qu'acquiert un fils de famille par ſes ſoins. Le pécule en ſe confondant avec la maſſe de ſes biens, perd le nom de pécule. Patru, plaidoïé 4.)

Pécune, ſ. f. Il vient du Latin pecunia. Mot bas & burleſque

PED.　　　　　PEG. PEI.

lesque pour dire *argent*. (Une personne sans *pécune* est un corps sans ame. C'est un pauvre homme il n'a point de pécune.)

Pécuniaire, adj. Qui regarde l'argent. Qui consiste en argent. (Condamner à une peine pécuniaire. Ame de pécuniaire.)

† *Pécunieux*, *pécunieuse*, adj. Ce mot n'est guére en usage. Il signifie Riche en argent. Celui & celle dont le bien consiste en argent. (Il est fort pécunieux. Elle est pécunieuse.)

PED.

Pédagne, s. m. Terme de Mer. C'est une espèce de marchepié, sur lequel, en vogant, demeure toujours le pié du forçat qui est enchaîné.

Pédagogue, s. m. Mot qui vient du Grec, & qui veut dire qui a la conduite d'un, ou de plusieurs enfans. Régent. Précepteur. Celui qui instruit. Le mot de *pédagogue* est injurieux & il se prend en mauvaise part à moins qu'il ne soit accompagné de quelque épitète favorable, & encore faut-il que cela se fasse avec retenuë, & même qu'on ait déja dit quelque chose qui fasse qu'on reçoive favorablement le mot de *pédagogue* pris en bonne part. (Le sieur Loüis Gracien est un franc pédagogue. Otez moi les maris pédagogues, si, je n'en veux point.

Et pourquoi, s'il vous plaît,
Lui donner un Savant qui sans cesse épilogue,
Il lui faut un mari, non pas un *pédagogue*.
Moliere, *femmes savantes*, a. 5. s. 3.

[Il fut élevé sous la discipline de ce divin *pédagogue*, Patru *plaidoié* 16. pag. 553. Saint Benoît ce *divin pédagogue* de la vie monastique ne defend rien de tout cela. Patru, 15. plaidoié.]

Pédale, s. f. Terme de *Facteur d'orgue & d'organiste*. Il y a diverses sortes de pédales, il y a des pédales de flûte & des pédales de trompette. On peut voir là dessus Monsieur le Long habile Facteur d'orgues, mais en général on apelle *pédale* tout ce qui se touche avec le pié lorsqu'on touche l'orgue. [Toucher une pédale.

Pédant, s. m. Mot qui vient du Grec, & qui est injurieux. Ce mot en général signifie tout homme qui enseigne, qui conduit quelque enfant de qualité. Tout homme qui enseigne dans quelque colége, qui est régent de quelque classe. (Un tel est le plus grand pédant de l'Université de Paris. De tous les animaux domestiques à deux piez, qu'on apelle vulgairement *pédans*, du Clerat est le plus misérable, & le plus canere ; il sent le pédant de deux lieuës à la ronde.)

Pédant. Ce mot se prend pour un savant mal poli, qui afecte d'étaler une sience mal digerée.

(Que la doctrine est raboteuse
Dans les écrits de ces *pédans* ;
Si j'en dis tout ce qu'il me semble
Ce sont de doctes ignorans. Gou, Epi. l. 4.)

Pédant. Ce mot signifie aussi celui qui a un caractère d'esprit sot, qui s'atache opiniâtrement à soutenir quelque point de sience, à critiquer sur des bagatelles & des choses de nul usage. En un mot, c'est celui qui est fortement opimiâtre & en ce sens le mot de *pédant* s'étend fort-loin. Car il y a des *pédans* de toutes robes, de toutes conditions & de tous états. Voiez *la Logique de Port-Roïal*, *Discours* 1. *page* 11.

(Les *pédans* sont d'envieux animaux,
Misantropes, chagrins, lâches, présomptueux,
Contestans, aheurtez, fourbes, malicieux,
Ennemis du mérite, & lui faisant la guerre
Et qu'on doit mettre au rang des malheurs de la
terre.
Scaron, *Epitre chagrine*.)

Pédant, *pédante*, adj. Qui tient du pédant. (Esprit pédant.)

Pédante, s. f. Femme qui a l'esprit pédant. (C'est une pédante. Boil.)

Pédanterie, s. f. Action de pédant. (C'est une pédanterie insuportable.)

Pédanterie. Caractère d'esprit pédant. Vice d'esprit qui consiste à contester sotement sur des bagatelles, à entasser du Grec & du Latin sans jugement. [La pédanterie est un vice d'esprit & non pas de profession. Port-Roïal, *Logique*, *Préface*.]

Pédantesque, adj. Qui est de pédant. Discours pédantesque.)

Pédantesquement, adv. D'une manière pédantesque. [Agir pédantesquement.)

† *Pédantiser*, v. n. Tenir un procédé de pédant à l'égard de quelqu'un. [Il n'aime point qu'on le pédantise.]

Pédantisme, s. m. Ce mot vient de l'Italien *pedantismo*. C'est l'esprit & le caractère de pédant qui trouve sotement à redire à tout, qui s'atache à des bagatelles & passe légérement ce qui est de plus solide. Ebauchant cette définition, j'avois dans l'esprit les manières du misantrope & atrabilaire A..., car elles le peignent d'après nature. [J'aime la justesse, mais je hai le *pédantisme* & l'afectation. Balzac, *œuvres diverses*, ch. 7. Ils semblent reputer pour *pédantisme* tout ce qui peut marquer de l'érudition. Ségrais, *lettre à Huër*.]

Péderaste, s. m. Ce mot est Grec. Sodomite. (Ce sont des discours de *pederaste* Ablancourt, Luc.)

Pedestre, adj. Ce mot vient du Latin *pedestris*. Qui est à pié. Il se dit des statuës, & veut dire, qui pose sur ses piez. (Il y a dans l'hotel de vile d'Arles une statuë pédestre de Louis 14.)

Pédiculaire, adj. Terme de Medecin. Il vient du Latin *pedicularis*. (Maladie pédiculaire ; C'est lorsque les poux sortent par toute la peau en grande quantité & fourmillent par tout le corps. Silla est mort d'une maladie pédiculaire.)

† *Pédicule*, s. m. Terme de Botaniste. Il est formé du Latin *pediculum*. Il se dit de la queuë qui atache les fleurs & les feuilles à leurs branches.

PEG.

Pégase, s. m. C'est un cheval que les Poëtes ont feint avoir des ailes & avoir en frapant du pié fait sourdre une fontaine, qu'on apelle *hipocrene*. (Pégase est le cheval des Poëtes.)

Pégase. C'est le nom d'une constellation Septentrionale, composée de vint & quelques étoiles. Les Poëtes ont feint qu'après que Bellerophon se fut servi de Pégase, quand il combatit la Chimère, ce cheval s'envola au Ciel.

PEI.

Peigne, s. m. Instrument de corne, de boüis, d'écaille de tortuë, ou d'ivoire composé de dens, de dos, ou de champ, dont on se sert pour nettéïer & peigner la tête, ou la perruque. (Un bon peigne. Peigne de boüis, de corne, d'écaille de tortuë, d'ivoire &c. Faire un peigne. Donner un coup de peigne. C'est à dire, peigner un peu.)

* Donner un coup de peigne à un ouvrage. Ces mots se disent au figuré & signifient revoir un ouvrage pour le corriger & le polir.

Peigne de cardeur. Ce sont des cardes. Voiez *cardes*.

Peigne. Terme de *Tisserand*. Partie du métier du tisserand laquelle est de roseau, ou de canne, qui est faite en forme de peigne & au travers de laquelle passe le fil de la chaîne.

Peigne. Terme de *Tonnelier*. Morceau de douve qu'on remet au bout d'une douve rompuë.

Peignes. Terme de *Maréchal*. Maladie qui vient aux chevaux causée par une crasse aduste & maligne qui sort par la racine du poil & s'atache sur le cuir, par son acrimonie elle fait dresser le poil à la couronne & au dessus & enfin elle le fait tomber entierement. *Soleisel*, *Parfait Maréchal*, c. 73. Cheval qui a des peignes au pâturon.)

Peigner, v. a. Démêler & ajuster les cheveux avec un peigne. Nettéïer la tête avec un peigne. (Peigner un enfant. Peigner une perruque.)

Se peigner, v. r. S'ajuster les cheveux avec un peigne. Se nettéïer la tête avec un peigne. (On ne sauroit trop se peigner.)

Peigner. Il se dit de la laine, de la soye, du chanvre, & signifie *carder*.

* *Peigner*. Au figuré, il signifie, rendre bien propre & bien ajusté. [Peigner un ouvrage.]

† On dit en langage populaire que *le chat a peigné le chien*, lors qu'il lui a donné quelques coups de grife. On dit aussi en riant que deux femmes *se sont peignées*, pour dire qu'elles se sont prises aux cheveux, & qu'elles se sont décoiffées & égratignées.

Peigné, *peignée*, adj. Qui a été peigné. [Perruque bien peignée. Cheveux mal peignez.]

On le dit aussi de la laine, du chanvre, &c. qui ont passé par la main des cardeurs. (Laine peignée. Chanvre peigné)

* Ouvrage bien peigné. C'est à dire, poli & bien fait.

Peignier, s. m. Prononcez *peignié*. Celui qui fait & vend de toutes sortes de peignes. Le mot de *peignier* est le vrai mot & il se dit par les gens du métier & par quelques autres, mais la plupart des personnes du monde qui ne savent pas les mots propres disent *faiseur de peignes*. [C'est un des plus fameux & des plus riches *peigniers* de Paris.]

Peignir, s. m. Prononcez *peignoi*. Espèce de petit morceau de toile blanche & fine qu'on se met sur les épaules le matin lorsqu'on est en deshabillé & qu'on le peigne, & que les femmes portent ordinairement dans la chambre lors qu'elles sont en deshabillé. [Un peignoir à dentelle. Un fort beau peignoir. Un peignoir bien fait.]

Peignures, s. f. Cheveux qui tombent quand on se peigne. On se servoit autrefois des peignures pour faire des perruques.]

PEINDRE, v. a. Je peins, tu peins, il peint, nous peignons, vous peignez, ils peignent. Je peignois. J'ai peint. Je peignis. Ce mot en général signifie *employer les couleurs*, & en particulier il signifie les *mêler* & les *unir avec le pinceau pour représenter quelque objet*. [Peindre en détrempe, en huile, à fraisque, au pastel. Peindre en émail. Peindre en grand, ou en petit. Peindre d'après nature. En peignant aujourdhui Cloris, tu ne *peindras* qu'une peinture. *Gou. Epi. l.* 1. Alexandre voulut qu'il n'y eût qu'Apelle qui le peignit. *Suplement de Quinte Curce, l.* 2. *ch.* 6.]

Peindre. Il signifie quelquefois simplement enduire avec de la couleur. [Peindre du bois. Peindre du fer de peur qu'il ne se rouille.]

* *Peindre.* Il se dit souvent au figuré. Exemples.

* Les objets se peignent au fond de l'œil sur la rétine, comme sur de la toile. Ils se peignent aussi sur tous les corps polis, comme sur la glace d'un miroir & sur l'eau.

* Il portoit sa douleur peinte sur le front. *Voug. Q. l.* 6.

* Virgile peint souvent les choses dans les descriptions qu'il fait, & les bons Poëtes le doivent imiter en cela.

* *Il est fait à peindre. Chevalier de Muré, première conversation.* C'est à dire, il est bien fait.

† * *C'est pour l'achever de peindre.* C'est à dire, C'est pour achever de l'acabler, de le ruiner, ou de le perdre tout à fait.

† * *Cela vous va à peindre.* C'est à dire, cela vous sied bien.

* *Peindre.* Ce mot se dit en parlant d'écriture. Car on dit d'un bon écrivain qu'il peint fort bien, & qu'il y a quantité de gens qui Peignent fort mal.

PEINE, s. f. Travail. Tourment. Soin.

[Je ne puis m'empêcher de voir
Les beaux yeux qui causent ma peine.

On veut trouver des coupables, & on ne veut pas se donner la peine d'éxaminer les crimes. La peine qu'on prend pour le persuader aux autres, fait voir que cette entreprise n'est pas aisée. *Memoires de Monsieur le Duc de la Roch Foucaut.* Prendre peine à dire des sotises. *Moliere.* Cette composition demande de la peine.]

Peine. Inquiétude. Ennui. Chagrin. Fâcherie. [Tirez moi de la peine où je suis. *Balzac.* Se mettre en peine de quelque chose.]

Peine. Chatiment. Punition. [Peine corporelle. Peine pécuniaire. Les Dieux ne tardérent guéres à faire païer la peine de ce crime à celui qui en étoit l'auteur. *Vau. Quin. l.* 3. *c.* 13. C'est à dire, ils ne tardérent guère à donner à l'auteur du crime le chatiment qu'il méritoit.]

A peine, adv. [A peine y ent-il une seule maison illustre qui n'eût part à cette calamité. *Vau. Quin. l.* 3. *ch.* 13. C'est à dire, il n'y eut presque pas une seule maison qui, &c.]

A peine, adv. Ce mot se trouve souvent dans les Edits & déclarations du Roi. C'est à dire, *sur peine de.* [Obligez les d'absoudre les criminels qui ont une opinion probable à peine d'être exclus des Sacremens. *Pascal. l.* 6.]

A grand peine, adv. (A grand peine m'obligeriez vous en cela, que vous ne voulez pas seulement &c. C'est à dire, vous n'auriez garde de m'obliger en cela, puisque vous ne, &c.)

Sur peine. (On les oblige *sur peine* de péché mortel à absoudre. *Pascal. l.* 5. Ordonner *sur peine* de danation. *Pascal. l.* 6. C'est à dire, on les oblige à absoudre à moins que de pécher mortellement.)

Sous peine; sous des peines. (Cela est défendu sous peine de mort On le défend *sous des peines* très rigoureuses. *Pascal. l.* 9. C'est à dire, on le défend à moins que d'être puni rigoureusement.)

Peiner. Ce verbe est neutre & quelquefois actif aussi. C'est faire avec peine. Travailler & se donner beaucoup de peine pour faire une chose. (Il peine fort lorsqu'il fait des vers. Il peine extrémement tout ce qu'il fait. Cette derniere façon de parler est un peu hardie au sentiment de bien de gens, qui néanmoins ne la condamnent pas.)

Se peiner, v. r. Prendre de la peine. (C'est un garçon qui se peine beaucoup Se peiner pour ne rien faire.)

PEINT, peinte. Voiez *peindre.*

Peintre, s. m. Celui qui, avec des pinceaux & des couleurs, imite ce qu'il y a de beau dans quelque sujet. (Un peintre doit être savant dans la fable & dans l'histoire. Le Vasare a fait la vie des peintres, des sculpteurs & des architectes les plus fameux.)

Peintre en émail, s. m. C'est celui qui avec des pinceaux & des couleurs d'émail imite sur des plaques d'or, ou de cuivre émaillées de blanc tout ce qu'il y a de beau dans la Nature. Les couleurs du peintre en émail sont le noir d'écaille, l'azur, le jaune, le gris de lin, le rouge, le pourpre d'or, le pourpre de vitrier, &c. Monsieur Bordier & Monsieur Perrirot sont des plus fameux peintres en émail de Paris, & les prémiers qui ont fait des portraits en émail. On ne faisoit avant eux que des fleurs & autres petites gentillesses. Un portrait en émail grand comme la paume de la main vaut quarante, ou cinquante pistoles quand il est fait par un habile peintre, & le plus petit, 15. & 20. pistoles.

Peinture, s. f. Art qui imite avec les couleurs ce qu'il y a de beau dans un sujet. (Il y a diverses sortes de peinture. La peinture à huile est celle dont les couleurs sont détrempées avec de l'huile de noix, ou de lin. La peinture en *détrempe* est celle dont les couleurs sont détrempées avec de l'eau & de la colle, ou bien avec de l'eau & des jaunes d'œufs batus avec de petites branches de figuier. La *peinture à fraisque* c'est celle qui se fait contre les murailles & les voûtes fraichement enduites de mortier fait de chaux & de sable Il y a aussi une peinture sur le verre & une peinture en émail. Les *froteurs* apellent aussi peinture une sorte de composition où il y entre de l'ocre, de la pierre de mine & autres choses pour froter les planchers.)

Peinture en émail, s. f. C'est un art qui imite avec des couleurs d'émail ce qu'il y a de beau dans un sujet. Elle se fait sur des plaques d'or, ou de cuivre émaillées de blanc par les orfévres metteurs en œuvres, & on peint sur ces plaques avec des pinceaux & avec toutes les couleurs d'émail qui peuvent agréablement imiter la nature. Mais il est besoin de donner aux émaux qu'on emploie un feu propre afin de le parfondre sur la plaque & de leur faire prendre le poliment qu'ils doivent avoir & pour cela l'ouvrage doit aller sept, ou huit fois au feu. La peinture en émail n'est point sujette à changer, & le tems qui fait de si grans changemens en la plupart des choses, ne peut rien sur elles, parce que c'est une espéce de vitrification.

Peinture. Tableau. (Voilà une belle peinture.)

* *Peinture.* Ce mot se dit au figuré & en divers sens. (Exemples.

† * *Etre brave en peinture. Ablancourt, Apo.* C'est être un faux brave.

* Je ne crain point d'être cherchée dans les *peintures* qu'on fait des femmes qui se gouvernent mal. *Moliere.* C'est à dire, dans les descriptions qu'on fait des femmes.

* Ce n'est pas un *Monarque en peinture. Moliére.* C'est à dire, c'est ce qu'on apelle un véritable Roi, vaillant, agissant, &c.

Peinture. Ce mot se dit en joüant aux cartes, & veut dire Carte d'une certaine couleur. (De quelle peinture voulez-vous joüer? est ce du cœur, ou du carreau)

Peinturé, peinturée, adj. Qui n'est couvert que d'une seule couleur. (Un plancher peinturé de jaune, de rouge, de bleu, &c. Les piroüettes sont peinturées.)

PEL.

PELADE, s. f. Mot injurieux qui se dit des veroles. (Avoir la pelade. C'est avoir la tête toute pélée à cause qu'on a sué.

(Que la tigne avec la *pelade*
Se jette dessus ma salade. *S. Amant.*

PÉLAGE, s. m. Il se dit de la couleur du poil de quelques animaux. (Ils sont de different pélage, c'est à dire, la couleur de leur poil est diferente.)

PELATRE, s. m. C'est la partie de la pêle qui est la plus large & qui a ordinairement des rebords. Un pelâtre mal fait.)

Pêle, pesle, ou *pêne*, s. m. Terme de Serrurier. On dit *pêne* ou *pêle*, mais le plus usité de ces deux mots c'est *pêle.* C'est un morceau de fer qui est dans la serrure, qui ferme la porte, ou le couvercle d'un coffre & que la clef fait aller. (Le *pêle* entre bien avant dans la gâche. Le *pêle* de cette serrure va bien.

Pêle, ou *pelle*, s. f. Instrument de fer dont on se sert pour prendre du feu, des cendres, des balieures & autres choses qui sont à peu près de cette nature. Cette sorte de *pêle* est composée d'un manche, au bout duquel il y a ordinairement un bouton de fer & d'un *pelâtre* avec des rebords. (Pêle rompuë. Faire une pêle.)

Pêle, ou *pelle*, s. f. Instrument de bois qui est composé d'un manche

manche & d'une partie qu'on opelle le plat de la pêle, dont on se sert pour prendre diverses choses, comme gravas, fumier, terre, & dont on se sert aussi pour remuer diverses petites choses comme blé, aveine, &c.

Il y a des pêles de fer qui ont un manche de bois, desquelles on se sert pour remuer la terre. (Faire provision de pics & de pêles pour un siége.)

Pelé, pelée, *adj.* Qui est pelé, Qui n'a plus de poil, qui n'a plus de peau. (Cochon de lait pelé. Amande pelée.)

Pelé, *s. m.* Terme *injurieux*, pour dire qui a peu de cheveux à la tête. Qui a la tête fort dégarnie de cheveux. C'est un *vieux pelé* tout jaune, & qui n'a plus de dents. *Abl. Luc.* Qui est cet autre pelé. *Abl. Luc.*)

Il n'y avoit aux Etats que trois tigneux & un pelé. Voiez le *Catolicon d'Espagne.* C'est à dire, il n'y avoit que des gens de nulle consideration.

Pêlée, *s. f.* Plein la pêle.) Prendre une pêlée de feu. Donner une pêlée de feu.

Pêle mêle, *adv.* Confusément & en désordre. (Entrer pêle-mêle dans une vile. *Abl. Ar. l. 1. c. 4.* Ils entrerent pêle-mêle dans la place. *Vaug. Q. l. 4.*)

Peler, *v. a.* Prononcez la premiére silabe de ce mot courte & fort doucement. Oter le poil. Oter la peau. Arracher l'écorce. (Peler des amandes, peler l'osier. Quelques-uns se servent de ce mot en parlant de cochons de lait & en ce sens *peler* signifie ôter la peau avec de l'eau chaude, mais en ce sens, le mot de *peler* n'est pas le mot d'usage & en sa place on dit échauder un cochon de lait & jamais peler un cochon de lait. C'est ainsi que les traiteurs les plus fameux de Paris que j'ai veus là-dessus, l'ont décidé.

Pélerin, *s. m.* Celui qui va en pelerinage & qui a le bourdon & le coletin. (Etre pelerin. Vivre en pelerin. Un pauvre pelerin.)

† * Pélerin. Mot bas & comique, *au figuré.* Il se dit des personnes, & selon les choses dont on parle, il a un sens satirique & ofensant. Si l'on dit d'un jeune homme qui aime les belles, & qui en a quelquefois des faveurs c'est un *bon pélerin*, c'est à dire, un galant, un éveillé, qui fait son possible pour se bien divertir. Quand on parle d'un homme qui ne songe qu'à venir à bout de ses desseins par toutes sortes de maniéres libres & gaillardes. Le mot de *pélerin* est choquant, & veut dire, libertin, gaillard, fripon & scelerat. C'est dans ce sens qu'il semble que Moliére ait dit, *Festin de Pierre*, *a. 1. sc. 1.* Si tu connoissois *le pélerin*, tu trouverois la chose assez facile pour lui.

Pélerine, *s. f.* Fille, ou femme qui va en pelerinage. (C'est une vraie pelerine. C'est une pelerine fort dévote.)

Pélerine. Ce mot, dans le Comique, signifie une gaillarde, une éveillée & déniaisée. (C'est une bonne pelerine. Je connois la pelerine, il y a long tems.)

Pélerinage, *s. m.* Voiage qu'on fait par dévotion en quelque lieu, où repose quelque corps Saint. Voiage qu'on fait par dévotion en lieu où il y a quelque chose de Saint. (Aller en pelerinage à Saint Jaques.)

Péleron, *s. m.* Petite pêle de bois dont les boulangers de Paris se servent pour enfourner le petit pain. (Péleron brûlé.)

Pêletée, *s. f.* C'est la quantité de terre qu'on prend avec une pêle. (Une petite pêletée. Une bonne pêletée. Prendre la terre à pêletées.)

Peleterie, *s. f.* Marchandise de peletier, telle que sont manchons, peaux, fourrures. (La peleterie ne va plus aujourdhui comme elle alloit autrefois.)

Peleterie. Ruë de Paris où apartement demeuroient, ou travailloient autrefois les peletiers.

Peletier, *s. m.* Cet *artisan marchand* s'apelle dans ses lettres de maîtrise *peletier fourreur*; C'est celui qui acommode la peau & le poil de certains animaux pour servir de fourrure, d'ornement, ou de quelque autre chose aux persones. & qui vend ces peaux en gros, ou en détail & en fait des manchons & autres ouvrages de peleterie. (Un peletier assez à son aise.)

Pélican, *s. m.* Vaisseau chimique pour corporifier les esprits ou volatilizer les corps par circulation.

Pélican, *s. m.* Oiseau de riviere, de lac, ou d'étang, qui a une espèce de hupe, qui est semblable au cigne; si ce n'est qu'il a un sac ou poche de cuir sous la gorge. Le pelican fait son nid autour des lacs & le serpent lui tuë ses petits. *Bel.* On dit que le *pélican* a un amour extraordinaire pour ses petits jusques à se faire mourir pour leur conserver la vie. Voiez *la Minera de Luigi Grosto, l. 4.*)

Pélisson, *s. m.* Sorte de jupe de peaux. (Un bon pélisson, un vieux pélisson. Le pélisson est chaud & n'est propre qu'aux vieilles qui sont surannées & qui ont renoncé à la mode.)

Pellicule, *s. f.* Terme d'*Anatomie.* Diminutif de peau. C'est une peau fort mince & déliée. (L'épiderme est une pellicule qui couvre la peau. Les valvules des arteres & des veines sont des pellicules presque insensibles.)

Pélotoir, *s. m.* Terme de *Mégissier.* Prononcez *peloi.* C'est une sorte de rouleau de bois long d'environ un pié & demi avec quoi le mégissier fait tomber le poil de dessus la peau des brebis, & des moutons qu'il passe en mégie.

Pelote, ou *plote*, *s. f.* Ce mot & les suivans peuvent être prononcez en deux ou trois silabes. Ce mot se dit en parlant de nége. C'est une sorte de petite boule de nége qu'on forme avec les mains & qu'on jette à de certaines personnes, ou que de jeunes gens se jettent les uns aux autres pour rire. (Une grosse ou petite pelote de nége. Jetter une pelote de neige à quelque servante, ou à quelque laquais.)

Pelote, ou *plote*. Ce mot se dit en parlant de coton. Les Chandeliers de Paris apellent *plote*, du coton en forme de boule, ou de pelote ronde. (Une grosse, ou petite pelote de coton Devider une pelote de coton.)

Pelote, *plote*. Sont plusieurs petites recoupes de drap envelopées d'un morceau de velours, ou d'autre étofe bien proprement cousuë qui ont posé sur la toilette d'une Dame pour y mettre les épingles dont on se sert quand on la coife, ou dont elle se sert quand elle se coife elle-même.

Pelote, *plote*. Terme de *pêcheur des environs de Paris.* Petite boule composée de terre & de vers qu'on jette aux poissons pour les amorcer.

Pelote, *plote*. Ce mot se dit de certains *chevaux*; & c'est la même chose que si on disoit *étoile.* (On dit, c'est un cheval qui a une pelote, ou étoile au front. *Soleisel*; *parfait Maréchal.*)

Peloter ou *ploter*. Terme de *Jeu de paume.* Prononcez *ploté.* C'est joüer pour se divertir seulement. (Peloter en atendant partie. Alons peloter une douzaine de balles.)

Peloter ou *ploter*, *v. n.* Jetter des pelotes de nége. (Alons peloter pour nous échaufer.)

Peloter ou *ploter*, *v. n.* Terme de *pêcheur d'autour de Paris.* C'est jetter de petites pelotes de triangeaille pour poissons pour les amorcer.) Il faut peloter quelque tems avant que pêcher.) Ils disent aussi *écher*, mais c'est en parlant de leur ligne; & il veut dire amorcer. Il faut écher vôtre ligne.

* Peloter, *v. a.* Mot bas & burlesque pour dire batre. (Il l'a peloté comme il faut.)

Peloter, *ploter*, *s. m.* Prononcez *ploton.* C'est une maniére de fort petit coussinet rempli ordinairement de son & couvert de serge, d'étofe, de broderie, ou de soie, ou l'on met des épingles que de petites filles & autres portent pendu à la ceinture pour y ficher des épingles. (Un joli peloton.)

Peloton, *ploton*. Terme de *Raquetier.* C'est le fond de la bale, lié avec de la ficelle. (Couvrir un peloton, lorsque le peloton est couvert, c'est une balle.)

† Peloton, *ploton*. Terme de *Guerre.* Ce sont quarante, ou cinquante fantassins qu'on poste dans les intervales des escadrons pour soutenir la cavalerie. (On mit un peloton entre chaque intervale des escadrons. *Rélation de Rocroi*; Poster des pelotons dans les intervales des escadrons. Les pelotons ont fait un grand feu.)

Il se dit aussi d'autres qui s'assemblent par petites troupes, dans les ruës.

† * C'est un peloton de graisse. Ces mots en parlant d'oiseau veulent dire que l'oiseau dont on parle, est bon & gras.

Pelouse, *s. f.* Prononcez presque *plouse*: mais on le peut faire de trois silabes, en prononçant la premiére fort contre & fort doucement. C'est une sorte d'herbe courte & douce.

(L'autre étourdi tombe à l'envers
Quilles à tout sur la *pelouse*.
S. Amand, Rome ridicule.)

† Pelu, *peluë*; *adj.* Chargé de poil. Pate peluë. Ces mots se disent au figuré, d'un hipocrite qui est flateur & trompeur. On dit plus souvent *velu* que *pelu.*

Peluche, *s. f.* Prononcez presque *pluche.* C'est une sorte de panne à grand poil, servant à faire des doublures. (Peluche verte, grise, & noire, bleuë, rouge, &c.)

Peluche. Terme de *Fleuriste.* C'est le velouté de la fleur de l'anemone (Anemone à peluche rouge. Fond de peluche d'anemone Le calice, le cordon & la pluche font une belle anemone; & ce qui rend une anemone parfaite, c'est que ces trois choses sont de diferente couleur.)

Peluché, peluchée, *adj.* Terme de *Fleuriste.* Qui est embeli d'une peluche. (Une anemone peluchée. Morin, traité des fleurs; p. 78.)

Pelure, *s. f.* Prononcez presque *plure.* C'est la peau qu'on ote de dessus quelque fruit, ou quelque fromage. (Grosse pelure. Petite pelure, de poire, de pomme, de fromage, &c.)

PEN.

‡ PENARD, *s. m.* Le mot de *penard* se joint ordinairement à celui de vieux & donne l'idée de quelque vieux homme qui est cassé. (Elle a épousé un *vieux penard* qui la fait enrager quand elle regarde seulement un homme entre les deux yeux. C'étoit un *vieux penard*, qui n'étoit guere le fait d'une Demoiselle, mais elle l'a pris pour ses écus.)

PENATES, *s. m. pl.* C'est le nom que les anciens Païens donnoient à leurs Dieux domestiques.

† PENAUD, *penaude*. Ce mot est vieux & bas. Il signifioit, triste, confus & étonné de quelque accident qui étoit arrivé. (Il est penaud comme un fondeur de cloches. Elle a été fort penaude quand on l'a prise sur le fait.)

PENDABLE, *adj.* Prononcez *pandable*. Qui mérite la corde. Digne de potence. (C'est un cas pendable)

Pendant, *s. m.* Prononcez *pandant*. Terme de *Ceinturier*. Il se dit parlant du *baudrier* & de *ceinturon*. Les deux *pendans* du baudrier, ou du ceinturon, ce sont les parties du baudrier qui pendent en bas du baudrier, & au travers desquelles on passe l'épée. La plûpart des soldats appellent ces *pendans*, couillons, mais ce mot ne se dit qu'en riant, & entre gens un peu libres.

Pendant. Terme *d'Horloger*. C'est la partie de la montre où est attaché un anneau dans lequel on passe un ruban.

Pendant. Terme de *Mer*. Banderole qu'on arbore ordinairement aux vergues pour faire quelque signal, ou servir de quelque embellissement.

Pendant d'oreille, *s. m.* C'est quelque chose de joli ou de précieux, comme perle, ou autre pareil ornement qu'on attache à l'oreille. Pour parer la personne qui le porte. (Cléopatre avoit deux perles en pendans d'un prix inestimable. Cesar eut, après la mort de Cléopatre, une de ces perles, & il la fit scier, pour en faire deux pendans à la statuë de Venus. *Citri, triumviras, 3. p. ch. 13.*)

Pendant, *s. m.* Terme de *Blason*. Il se dit des parties qui pendent au lambel.

Pendant, pendante, adj. Terme de *Palais*. Qui signifie *Qui n'est pas encore décidé. Qui n'est pas encore jugé*. (Procès pendant à la Cour. Procès pendant à la grand Chambre.

Pendant. Préposition, qui régit l'acusatif, & qui veut dire, *durant*, par un certain espace de tems. (Pendant le sermon, Pendant la paix, ou la guerre.

    Pendant une aimable jeunesse
    On n'est bon qu'à se divertir,
    Et quand le bel âge nous laisse
    On n'est bon qu'à se convertir.
    La Suze, poësies.)

Pendant que. Sorte de *conjonction* qui régit l'*indicatif*, & qui signifie *Tandis que*. (Pendant qu'on fait des livres on n'a guere d'argent.)

† PENDARD, *s. m.* Prononcez *pandar*. Méchant. Coquin. Fripon. Scélerat. (Nous verrons cette afaire, pendard, nous verrons cette afaire. Le pendard de Scapin m'a par une fourberie atrapé cinq cens écus. *Moliere.*)

† *Pendarde*, *s. f.* Prononcez *pandarde*. Méchante. Coquine. Scélerate. (Parlez bas, pendarde. *Moliere.*)

PENDELOQUE, *s. f.* Prononcez *pandeleque*. C'est un petit morceau de cristal qui est taillé en poire & dont on se sert pour orner les corbeilles, où l'on porte quelque bouquet. (De jolies pendeloques.)

Pendiller, *v. n.* Prononcez *pandillé*. Etre pendu à quelque chose. (On auroit vu sous un cordeau *pendiller* ta tete folle, si, &c.)

Pendeur, *s. m.* Terme de *Mer*. C'est un bout de corde de moienne longueur, qui soutient une poulie, où l'on paste la maneuvre.

Pendoir, *s. m.* Prononcez *pandoi* Terme de *Charcutier*. C'est un morceau de corde pour pendre le lard. (Il faut mettre un *pendoir* à cette fléche de lard, & la pendre.)

Pendre, *v. a.* Prononcez *pandre*. Atacher en haut. *Je pend, J'ai pendu, je pendûs*. (Pendre le lard au plancher. Pendre une cloche.)

Pendre. Etrangler à une potence, à un giber. (Il y a un Roi en Asie, ou en Afrique qui tient à gloire de pendre lui même ses sujets. *Furetiére, Roman bourgeois.*)

    De trois serpens pendez-en deux
    Le monde n'en sera que mieux.
    Et quand Pierre sera pendu,
    Le monde n'aura rien perdu.

† *Dire pis que pendre*. C'est à dire, chanter pouilles à quelqu'un, & lui dire toutes sortes d'injures. Il a mérité le pendre. Il ne vaut pas le pendre. Il semble que dans ces façons de parler, le mot de pendre est pris comme un substantif.

* *Pendre l'épée au croc*. C'est à dire, quiter l'épée & le métier des armes.

† * *La bigote a pendu le rosaire au croc, si tôt qu'elle a été mariée*. C'est à dire, elle a levé le masque & a cessé de faire la devote.

Se pendre, *v. r.* S'étrangler soi-même. (Ils n'ont pas un courage d'Iscariot pour se pendre eux mêmes. *Furetiére Roman bourgeois.*)

Pendu, *penduë*, *adj.* Ataché en haut. Ataché à une potence. (Lard pendu. Femme penduë.)

Pendu, *penduë au croc*. Ces mots se disent en parlant d'afaires & de procès & veulent dire. Qui a cessé. Qui n'est point poursuivi. Qui est laissé.

[* *Le procès est pendu au croc*. C'est à dire, il ne se poursuit plus. Il a cessé.

† *L'affaire est penduë au croc*. C'est à dire, elle ne se poursuit plus ; elle est laissée.)

† *Pendu, penduë au croc*. Ces mots se disent en parlant d'épée & d'autres choses & signifient, qui ne sert plus & qu'on a abandonné. (Son épée est penduë au croc, il y a plus de dix ans. Rosaire pendu au croc.)

Pendu, *s. m.* Celui qui a été ataché & étranglé à la potence par le Bourreau. Les corps des *pendus* apartiennent au Bourreau, qui les vend aux Chirurgiens pour en faire des dissections. (De cent pendus il n'y en a pas un perdu. *Roman bourgeois, Epitre au Bourreau.* C'est à dire, la plûpart des gens qu'on pend, sont sauvez. On dit, quand un homme fait bien ses afaires, qu'il *a de la corde de pendu*. *Romans Bourgeois, Epitre au Bourreau.*)

Pendule, *s. f.* Prononcez *pandule*. C'est une sorte d'horloge qui est meilleure que les horloges ordinaires & qui fut inventée en 1657. par Monsieur Huguens Matématicien Holandois. (Une belle & bonne pendule. Une pendule à ressort. Une pendule à ancre.)

Pendule de poche, *s. f.* Sorte de petite montre de poche dont Monsieur Huguens a donné l'invention. (Cette pendule est chere.)

Pendule, *s. m.* Prononcez *pandûle*. C'est une verge de fer qui sert à faire les vibrations de la *pendule*. (La vibration du pendule est trop grande, ou trop petite.

Le mot de *pendule* est encore plus général. Et c'est un *terme de Phisique*, qui signifie un poids attaché à une corde, ou à une verge de fer, suspendue à un point fixe, qu'on apelle le centre du mouvement. Et ce poids étant une fois agité, & mis hors de la ligne de direction, fait plusieurs vibrations, jusqu'à ce qu'il se soit remis en repos. Les vibrations du pendule se font en des especes de tems égaux, quoi que les espaces que parcourt le pendule, soient inégaux. Galilée est le premier qui a fait des observations sur le mouvement du pendule. La longueur du pendule détermine le temps dans lequel se fait chacune de ses vibrations. Un pendule long de cinq piez de Roi fait 1846. vibrations simples dans une heure. *Ozan. Diff. Math.* Un pendule long de trois piez, huit lignes & demie marque les secondes, à chacune de ses vibrations. Voiez *vibration*.

PENE. Voiez *pexne*.

PENE, *s. m.* Terme de *Serrurier* qui veut dire *pêle* de serrure. Voiez *pêle*.

Pênes ; Terme de *Mer*. Ce sont de certains bouchons de coton, ou de laine atachez au bout d'un bâton pour suifer, goudraner, & braier un navire. *Fourn.* On apelle ces bâtons. *Bâtons à vadel.*

PENETRABLE, *adj.* Qui peut être pénétré, percé. On dit de diverses choses soit au propre, ou au figuré, qu'elles *ne sont pas pénétrables*. Mais on dit plus souvent qu'elles sont impénétrables. Voiez *impénétrable*.

Pénétrant ; *pénétrante*, *adj.* Qui pénétre, qui entre dedans. (Le mercure est pénétrant. L'action du feu est pénétrante. Un froid pénétrant, c'est à dire, violent & qui se fait sentir.)

* *Un esprit pénétrant*. C'est à dire, subtil & élevé.

Pénétration ; *s. f.* Prononcez *pénétracion*. C'est l'action par laquelle une chose entre dans une autre, ou occupe la même place. (La pénétration de l'eau dans une éponge, ne fait que chasser l'air qui étoit dans ses pores Mais la vraie pénétration des corps, par laquelle deux corps seroient ensemble en une même place, est impossible & absurde en Phisique.)

* *Pénétration*. Ce mot au figuré se dit de l'esprit & signifie vivacité, Lumiere d'esprit. Intelligence. (N'avoir aucune pénétration d'esprit. C'est un homme qui a de la pénétration.)

Pénétrer, *v. a. & v. n.* Entrer avant. Entrer & enfoncer dedans. Percer. (Pénétrer jusques au centre du païs. La pluie a pénétré mon juste-au-corps. L'esprit de vin, les baumes, les huiles, &c. pénétrent la peau & passent dans la chair, & jusqu'aux nerfs & aux os. Les clous pénétrent dans le bois. Il y a du cuir si fort que l'eau ne le peut pénétrer. Ce coup d'épée a pénétré jusqu'au cœur.)

* *Pénétrer*, *v. a.* Outrer. Toucher de passion.

[* *Elle avoit le cœur pénétré de ces tristes nouvelles. Ablancourt.* Cela m'a pénétré jusques au cœur.]

* *Pénétrer*. Concevoir. Aprofondir. * (Pénétrer ce qu'il y a de bien & de mal dans une action. *Pascal, l. 4.* Ho, ho, ho, dit le Pére, vous commencez à-pénétrer. *Pascal. l. 7.*]

Pénible, *adj.* Dificile. Qui donne de la peine. (Un pénible ouvrage. *Voit. Poëſ.* Chose pénible. *Ablancourt.*]

† *Péniblement*, *adv.* D'une manière pénible. Avec peine. (On voïage péniblement dans les païs marécageux.)

† **Penil**, *ſ. m.* Vieux mot qui ne peut entrer que dans le burleſque. C'est la partie qui eſt au deſſus des parties naturelles & qui eſt couverte de poil à un certain âge.

Peninsule, *ſ. f.* Terme de *Géographie.* Ce mot eſt Latin. On dit plus ſouvent en François *presqu'île.* Voiez *presqu'île.*

Pénitence, *ſ. f.* Terme d'*Egliſe*. Prononcez *pénitance*. Le mot de pénitence vient du Latin *pænitentia*, & il ne ſe dit ordinairement dans nôtre langue qu'en des diſcours où l'on parle de pieté. C'eſt une vertu qui nous fait concevoir de la douleur de nos péchez ; C'eſt un retour du pécheur à Dieu avec une ferme réſolution de ne plus pécher à l'avenir. (Et dans ce ſens on dit que la pénitence doit être véritable, conſtante, courageuſe, & non pas lâche, endormie, ni ſujette aux rechutes. *Pascal, lettres provinciales, l. x.* Exhorter à la pénitence. Porter à la pénitence. *Maucroix, homelies de S. Crisoſtome.*)

Pénitence. Ce mot en terme d'*Egliſe* Romaine, ſignifie un Sacrement que Dieu a inſtitué pour remettre en ſa grace ceux qui l'ont perduë par les péchez qu'ils ont commis depuis le batême. *Monſieur de Saint Ciran, Téologie familière, leçon* 16. Jeſus-Chriſt a inſtitué le Sacrement de pénitence. *Eve*. Expliquer le Sacrement de pénitence. Il y a des livres qui traitent de la matiére, de la forme, & des éſets de la pénitence. Les Miniſtres de la pénitence ; ce ſont les Prêtres.

Pénitence. Terme d'*Egliſe*. Peine que le Prêtre impoſe au pénitent pour tâcher dans ce monde à ſatisfaire en quelque ſorte à la Juſtice de Dieu, & à apaiſer ſa colère. (On dit en ce ſens, Donner une pénitence. Impoſer une pénitence. *Saint Ciran.*)

Pénitencerie, *ſ. f.* C'eſt la cour, ou le tribunal du grand Pénitencier & des pénitenciers du Pape. (C'eſt un bref émané de la pénitencerie.)

Pénitenciel, *pénitencielle*, *adj.* Ce mot n'eſt proprement uſité qu'au pluriel & il fait à ſon pluriel *pénitenciaux*, & non pas *pénitenciels*. Il veut dire qui concerne, & qui regarde la pénitence. (Les Pſeaumes pénitenciaux. *Vaugelas, Remarques.* Un des Pſeaumes pénitenciaux. Les Canons pénitenciaux. *Le Père Tomaſſin, Diciplane de l'Egliſe*, I. partie, *chap.* 20.)

Pénitencier, *ſ. m.* C'étoit autrefois un Prêtre qui étoit le Vicaire général de l'Evêque pour l'adminiſtration de la pénitencé, & pour cela on apelle le Pénitencier l'oreille de l'Evêque. *Le Père Tomaſſin, Diciplane de l'Egliſe*. Le mot de *Pénitencier* ſignifie aujourd'hui la même choſe qu'autrefois ; car c'eſt le grand Vicaire de l'Evêque pour tout ce qui regarde le tribunal de la conſcience. Il abſout des cas dont il n'y a que l'Evêque, ou l'Archevêque qui puiſſe abſoudre. (Se confeſſer au Pénitencier.)

Pénitent, *pénitente*, *adj.* Qui eſt matri d'avoir péché. Qui eſt fâché d'avoir commis quelque faute. (Homme pénitent. Fille pénitente.)

Pénitent, *ſ. m.* Celui qui ſe répent d'avoir ofenſé Dieu. Celui qui donne des marques qu'il a régret d'avoir péché. (Un pénitent Laïque. Un pénitent Eclésiastique Exorter un pénitent à changer de vie. *S. Ciran.* Le prêtre doit voir ſi ſon pénitent s'eſt bien préparé. Interroger un pénitent. Abſoudre un pénitent.)

Pénitens du tiers ordre, *ſ. m.* Religieux du tiers-ordre de Saint François fondez à ce qu'on dit par le Pape Nicolas quatriême. Ils ſont habillez d'un gros gris comme les Capucins ; mais ils en diferent parce qu'ils n'ont point de capuce en pain de ſucre & qu'ils ont des hautes ſandales. On apelle à Paris ces Religieux *pique-puces* du nom d'un petit vilage qui eſt au bout du Fauxbourg Saint Antoine & qu'on nomme *pique-puce.*

Pénitens. Il ſe dit auſſi de certaines confréries de gens ſéculiers qui s'aſſemblent pour faire des priéres & des Proceſſions nuds-piez, & qui ſe donnent auſſi la dicipline. Il y a des Pénitens blancs, noirs, bleus.

Pénitente, *ſ. f.* Celle qui fait pénitence. Celle qui ſe confeſſe à un Prêtre. (Abſoudre une pénitente. C'eſt une de mes pénitentes. Il confeſſe une de ſes pénitentes.)

Pennache. Voiez *pannache.*

Pennacher. Voi *panacher.*

Penne, *ſ. f.* Plume d'oiſeau de proïe. Groſſe plume d'oiſeau de fauconnerie. (Penne rompuë. Penne artachée.) Voiez *Fouilloux, Fauconnerie.*

Pennage, *ſ. m.* Il ſignifie en général toutes les plumes qui couvrient le corps de l'oiſeau de proïe. Le pennage eſt de diverſe ſorte de couleur, noir, roux, cendré, &c.

Penne. Terme de *Blaſon*. Il ſe dit des plumes de l'oiſeau qu'on met ſur un chapeau dans les Ecus.

Penne. Terme de *Mer.* C'eſt le point, ou le coin des voiles Latines.

Pénombre, *ſ. f.* Terme d'*Astronomie.* Ce nom eſt formé des mots Latins, *penè umbra*, c'eſt à dire *presqu'ombre*. C'eſt la partie de l'ombre, qui eſt entre la vraïe ombre & la lumière éclatante, dans laquelle il eſt preſqu'impoſſible de déterminer préciſément où la lumière finit & où l'ombre commence : & c'eſt ce qui rend la plûpart des obſervations dificiles & incertaines.

Pénon, *ſ. m.* Terme de *Blaſon*, qui veut dire *armoirie.* (Un pénon de pluſieurs alliances. *Col chap.* 8. p. 62.)

On parle à Lion de *Penons*, qui ſont les Capitaines des Compagnies du Quartiers, qu'on apelle *Pénonnages.*

Penſée, *ſ. f.* Prononcez *panſée.* Action de l'eſprit qui penſe. (Nous ſavons par expérience que nous ſommes capables de diverſes penſées. *Roh. Phil l. I. c. 2.* Bonne ou mauvaiſe penſée. Dieu connoit nos penſées.)

Penſée, *ſ. f.* Prononcez *panſée*. Ce mot ſignifie *Sentiment. Opinion. Créance. Deſſein.* (N'avoir aucune penſée de ſon ſalut. *Paſc. l. 4.* Serois-je ſi malheureux que vous aïez certe penſée de moi. *Mol.* Cette conduite donna au Cardinal des penſées contre la liberté, &c. *Memoires de M. de la Roche-Foucaut.* C'eſt là ma penſée. Les ſecondes penſées ſont ſouvent les meilleures.)

Penſée. Ce mot ſignifie quelquefois. Un beau ſentiment. Une bonne réflexion. (Il y a pluſieurs belles penſées dans les écrits de S. Auguſtin, de Senéque, &c. Les penſées de Mr. Paſcal. Une penſée ingénieuſe. Il y a dans ce diſcours preſque autant de penſées que de mots.)

Penſée. Terme de *Peinture*, qui veut dire *Esquiſſe*. C'eſt une premiére penſée. C'eſt à dire, un deſſein qui n'eſt pas fini.

Penſée. Sorte de fleur compoſée de cinq petites feuilles, chacune deſquelles eſt embelie de couleur de pourpre, de jaune & de blanc. La penſée eſt auſſi une petite fleur jaune, ou violette fort jolie. (Il y a des penſées ſauvages & des penſées cultivées.)

Couleur de penſée. C'eſt une ſorte de violet tirant ſur le pourpre.

Penſer, *v. a. & v. n.* Prononcez *panſé.* Faire réflexion ſur une choſe. Avoir quelque penſée. Croire. Songer. (Je ne penſois pas à faire un livre. Penſer à Dieu. *Paſcal. l. 4.* Penſer à la mort, à l'éternité, &c. Le mariage eſt une choſe à laquelle on doit penſer mûrement. *Mol.* Je l'aime plus qu'on ne ſauroit penſer. *Voit. Poëſ.* Penſez mieux à vous ménager. *Voit. Poëſ. Je penſe, donc je ſuis.* C'eſt, ſelon M. Décartes, la prémiére & la plus certaine de toutes les véritez.)

Penſer. Ce mot ſignifiant *croire* ſe met avec l'infinitif ſans particule. (Il penſe être habile homme & n'eſt qu'un ſot. *Gomb.*)

Penſer. Ce verbe pour dire, *il s'en eſt peu falu*, ne veut point de particule après lui. (Ainſi on dit. Il a penſé être tüé, il a penſé mourir, & jamais, penſé de mourir, ni à mourir. J'ai penſé être étoufé à la porte. *Moliere.* Je m'embarque ſur la même mer, où j'ai penſé tant de fois abimer. *Voit. Poëſ.*)

Sans y penſer, c'eſt à dire, ſans y prendre garde. (Il l'a bleſſé ſans y penſer.) Voiez *Honni.*

Penſer. Voiez *pancer.*

† *Penſer*, *ſ. m.* Mot qui n'eſt uſité qu'en vers, & qui veut dire *penſée.*

[J'étouferai dans mon âme
Tous les *penſers* qui nourriſſent ma flamme. *Voit. Poëſ.*
Tu n'as ni *penſer*, ni déſir
Qui tiénde à rie faire plaiſir. *Boiſſ. T.* I. *ep.* 12.]

Penſif, *penſive*, *adj.* Prononcez *panſif.* Qui ſonge. Qui rêve. (Être tout penſif. Elle eſt toute penſive.)

Pension, *ſ. f.* Prononcez *panſion* Une certaine ſomme d'argent, ou d'autre choſe de pareille valeur qu'on donne pour être logé, nourri, & quelquefois enſeigné. (Païer une bonne penſion. Se mettre en penſion. Etre en penſion. On eſt mal en penſion dans les colèges.)

Penſion. Terme d'*Egliſe*. C'eſt une portion modique d'environ la troiſième partie du revenu d'un bénéfice, qui par une autorité ſupérieure eſt aſſignée pour cauſe & pour un tems à un Eclésiaſtique. (Les anciennes *penſions* ne conſiſtoient qu'en des fonds dont on laiſſoit l'uſufruit, aujourd'hui la penſion conſiſte en argent.)

Penſion, Ce qu'un Roi, Prince, ou grand Seigneur donne à quelqu'un pour être dans ſes interêts. (Il a deux mille écus de penſion du Roi d'Eſpagne.)

Penſionnaire, *ſ. m.* Prononcez *panſionnaire.* Ce mot en parlant d'homme eſt *maſculin.* Celui qui paie penſion pour être logé, nourri & quelquefois enſeigné. (Un bon penſionnaire. Etre penſionnaire dans un colège.)

Penſionnaire, *ſ. f.* Celle qui paie penſion pour être logée, nourrie & quelquefois inſtruite. (Avoir de petites penſionnaires. Elle eſt penſionnaire aux Urſulines.)

Penſionnaire. Celui, ou celle qui reçoit penſion de quelque grand pour être dans ſes interêts. Ainſi on dit. (Il eſt *penſionnaire* d'Eſpagne, de France, &c.)

Pantagone, *ſ. m.* Terme de *Géométrie* & de *Fortification.* Mot grec qui veut dire une figure de cinq côtez & de cinq angles. (C'eſt un pentagone.)

Pentamètre. Voiez *Pantamètre.*

PANTE. Voiez *Pante.*
PANTURE. Voiez *Panture.*
PENTECÔTE, *s. f.* Prononcez *Pantecôte.* Mot Grec qui veut dire le cinquantiéme jour d'après Pâque, Fête qu'on célèbre dans l'Eglise en mémoire de la décente du Saint Esprit sur les Apôtres. (La pentecôte est passée. C'est demain la Pentecôte.)
PENULTIEME, *adj.* Ce mot est Latin & signifie presque le dernier. Le dernier moins un. (Il est le penultiéme de sa classe. La penulriéme silabe d'un mot.)
Ante penultiéme. C'est à dire, celui qui est avant le penultiéme, le dernier moins deux.

P E P.

PÉPIE, *s. f.* Maladie qui vient à la langue des oiseaux de fauconnerie, parce qu'ils ont mangé de la chair sale & puante. Voiez *Tardif, Fauconnerie.*
Pépie, *s. f.* Maladie qui vient sous le bout de la langue des poules & de quelques oiseaux & qui est comme une petite peau blanche. (Ôter la pépie. Poule qui a la pépie. Arracher la pépie. La pépie vient aux poules.)
† * C'est un petit bec qui *n'a pas la pépie*. C'est à dire, c'est une petite fille qui cause bien.
Pépior, *v. n.* Ce mot se dit des *moineaux* lorsqu'ils poussent un cri naturel & qui les distingue des autres oiseaux. (Le moineau pépie.)
PEPIN, *s. m.* Maniére de petit grain qui est dans le cœur de certains fruits comme dans le cœur des pommes & des poires. (Semer des pepins. On dit qu'un Empereur s'étrangla avec un pepin.
Pépiniére, *s. f.* Terme de *Jardinier.* Plan d'arbres sur une même ligne, ou sur plusieurs pour être greffez & levez lorsqu'on en aura afaire. (Faire une pépiniére de poiriers. Faire une pépiniére de pommiers. Planter des pépiniéres. Entretenir des pépiniéres. Elever une pépiniére.
[* L'Academie est comme une *pépiniére* d'où le barreau & la chaire ne tirent pas moins d'hommes que le Parnasse. *Vaug. Rem. Epître dédicatoire.* On dit que la France est une pépiniére de soldats.]
Pépiniériste, *s. m.* Terme de *Jardinier.* C'est celui qui ne s'atache qu'à élever des pépiniéres. [Il passe pour un bon pépiniériste.] Ce mot est aussi adjectif, & l'on dit c'est un Jardinier pépiniériste. *Quint. des Jardins, préface.*

P E Q.

† PÉQUE. Voiez *pecque.*

P E R.

* PERÇANT, *perçante*, *adj.* Ce mot, en parlant de froid, veut dire *violant.* [J'ai soufert un hiver plus perçant que celui de France, *Voiture, lettre 23.*]
* *Perçant*, *perçante*, *adj.* Qui pénétre. Qui voit loin. (Esprit perçant. Yeux perçans. *Voi. Poës.* Voix perçante.)
Perce-lettre, *s. m.* Petit instrument d'acier dont on se sert pour percer les lettres. (Un perce-lettre bien fait.) On ne s'en sert presque point aujourd'hui.
Perce-nège, *s. f.* Fleur fort blanche qui vient durant l'hiver.
Perce-oreille, *s. m.* Sorte d'insècte qui pique l'oreille & la gâte. Le perce-oreille est aussi un autre petit insècte qui nait dans les jardins, dans les fleurs & à plusieurs plantes & leur fait tort. Le perce-oreille se prend la main ou avec de petits cornets de papier.
Perce-pierre, *s. f.* Sorte d'herbe qu'on mange en salade, confite dans le vinaigre.
Perce, *s. f.* Il ne se dit qu'en cette façon de parler *mettre en perce* en parlant de muid, c'est à dire, le percer, & y mettre une broche, pour en tirer du vin ou autre liqueur. Voiez *percer.*
PERCEPTION, *s. f.* Terme de *Philosophie.* C'est l'action de connoître & d'apercevoir par l'esprit & par les sens.
Perception, *s. f.* Terme de *Palais.* Il signifie recette, récolte. (La perception des fruits d'une terre, d'un bénéfice, &c.)
Percer, *v. a.* Trouër. Faire un trou à quelque chose. (Percer un ais. Percer à jour.)
On dit aussi *Percer une muraille*, c'est à dire, y faire quelque ouverture.
Percer un bâtiment. C'est y faire des ouvertures pour lui donner du jour. (Une maison bien percée.)
Percer à jour. C'est à dire, de part en part, d'un côté à l'autre.
Percer d'un coup d'épée. Percer d'un coup de lance. C'est blesser d'une telle sorte avec une lance, ou une épée que le coup pénétre dans le corps
On dit aussi, ce soldat fut tout percé de traits. Le Navire fut tout percé de coups de Canon. Percer une apostume, un abcès, &c.)
Percer. Ce mot en parlant de muid, de vin, de biére, de vinaigre, &c. C'est mettre en perce. (Percer un muid de vin, une piéce de vinaigre. Percer un muid de biére, de cidre. Percer du vin.)
Percer. Ce mot se dit de la pluie & de la violence des vents, & signifie *pénétrer.* (La pluie a percé mon chapeau. Il soufloit un vent de bise qui perçoit jusqu'à la chemise. *Voit. Poës.*)
Percer, *v. n.* Ce mot se dit des dents qui commencent à venir aux enfans. (Les dents commencent à *percer* à cet enfant. C'est à dire, commencent à *sortir* des machoires.)
* *Percer.* Prévoir. Pénétrer. (Que j'en voi de belles conséquences ; je perce dans les suites. *Pas. l. 4.*)
Percer. Terme de *Chasse.* C'est lors qu'une bête tire au long, & s'en va sans s'arrêter étant chassée. Le mot de *percer* se dit aussi lorsque le piqueur perce dans le fort. *Sal.*
On dit au même sens, *percer les escadrons des ennemis.*
Percer, *v. a.* Terme de *Jardinier.* Percer une couche. C'est avec un bâton pointu y faire des trous exprès pour y semer quelque graine.
* *Percer de douleur.* C'est au figuré, causer une vive douleur & qui pénétre jusqu'au cœur.

(. . . Percé jusques au fond du cœur
D'une atteinte imprevuë aussi bien que mortelle.
Corn. Cid. a. 1.

* *Il est bas percé.* C'est à dire, il n'a plus guère d'argent. Voiez *Panier.* Voiez aussi *crible.*
PERCEVOIR, *v. a.* Terme de *Palais.* Recevoir, ou recueillir quelques fruits & quelques revenus. (Ce sont des fruits qu'il a perçus, les autres sont encore à percevoir.)
PERCHANT, *s. m.* Terme d'*Oiselier.* Oiseau que l'oiselier atrache par le pié & qui voltige autour du lieu où il est atraché pour y faire venir les autres oiseaux, & donner ocasion à l'oiselier de les atraper.
Perche, *s. f.* La perche est une mesure diférente, selon les lieux. Il y en a de vint piez, d'autres en ont moins. Mais la véritable longueur doit être de trois toises ou 18 piez, mesure du Chatelet de Paris. Voi *l'Ecole des Arpenteurs p. 26.* Mesurer à la perche. (La perche est aussi un morceau de bois gros comme le bras, ou plus, plané ordinairement & long de sept ou huit piez & quelquefois d'avantage pour étendre du linge, &c.)
Perche. Sorte de poisson de lac & de riviére, qui a la bouche petite & sans dents, le corps large & aplati, couvert de petites écailles avec deux nageoires au dos, deux auprès des ouies, deux au ventre, & une auprès du trou des excremens. (La perche est fort bonne.)
Perches. Terme de *Chasse.* On apelle perches les deux grosses tiges du bois de la tête du cerf, du daim, ou du chevreuil, où sont atachés les andouilles (Quand le cerf en sa seconde année, il pousse deux petites *perches* & en sa troisiéme année les *perches* qu'il pousse, sont semées d'andouillires. *Sal. c. 25.*)
Se percher, *v. r.* Ce mot se dit proprement des oiseaux & veut dire *s'asseoir.* (Un aigle se vint percher sur le joug du chariot. *Abl. Ar. liv. 2. ch. 2.* Ils se venoient percher sur la vile, ou pour lors étoit Bouteville. *Voit. poës*)
Perchis, *s. m.* Terme de *Jardinier.* C'est une clôture qui se fait avec des perches dont les unes sont fichées un demi-pié avant dans terre, & espacées d'environ 8. à 9. pouces; & les autres mises en travers à la même distance. (On ne peut entrer dans un endroit où l'on a fait un bon perchis.)
Perchoir, *s. m.* Terme d'*Oiselier.* Prononcez *perchoi.* C'est le bâton de la cage où se perche l'oiseau. (Le perchoir de cette cage est rompu. Il faut mettre un perchoir à cette cage.)
PERCLUS, *percluse*, *adj. Etre perclus de ses membres.* C'est à dire, ne se pouvoir aider de ses membres. Elle *est percluë d'un bras.* C'est à dire, elle a perdu l'usage d'un de ses bras. On dit aussi *percluse* au féminin.
† * *Tout dévot n'a le cerveau perclus.* *Dépr. Sat. 4.* C'est à dire, Tout faux dévot est fou.
PERÇOIR, *s. m.* Terme de *Tonnelier & de Vinaigrier.* C'est une espèce de villebrequin dont on se sert pour percer les piéces de vinaigre & les muids de vin. (Perçoir perdu.) Quelques-uns disent *perçoire*, *s. f.* Les Serruriers ont des perçoirs pour forer les clez, & les Armuriers se servent aussi de perçoirs pour forer les canons des armes à feu.
PERCUSSION, *s. f.* Terme de *Phisique.* Impression d'un corps qui en frape un autre, ou qui tombe sur un autre (Mouvement de percussion. La percussion de l'air. Il faut considérer la force de la percussion & de la repercussion. On dit un *instrument de percussion*, & c'est à dire, un corps qui fait du bruit & rend un son sensible lorsqu'il est frapé. Les cloches sont les plus excellens instrumens de percussion. *Mers. l. 7.*)
PERDANT, *s. m.* Qui perd au jeu. (Monsieur est un des perdans. Les gagnans & les perdans.)
PERDITION, *s. f.* Ce mot ne trouve ordinairement sa place que dans

PER.

dans les discours de pieté ou qu'en parlant le langage de l'Ecriture. [Dieu met au jour tout cet ouvrage de perdition & de tenebres. *Patru plaid.* 5. Retirer quelcun du chemin de perdition.] Prononcez perdicion.

Perdre, v. a. Je perds, J'ai perdu, je perdis. Faire perdre quelque chose. (Perdre son argent. Perdre son bien. Il a perdu beaucoup de sang. Perdre la vie Perdre sa cause, son procés. *Perdre la bataille.* C'est être vaincu. On dit aussi perdre l'esprit, la mémoire, la connoissance, la vuë, &c. Il a perdu son pére, sa mére, &c. *c'est à dire qu'ils sont morts.*)

[* Vous ne me sauriez *perdre* quelque négligence que vous aiez pour moi. *Voit. L.* 17. C'est à dire, je vous aimerai & je vous estimerai toûjours, quoique vous me négligiez fort.]

* *Perdre*. Dissiper. Consumer. Emploïer mal. (Perdre son tems. Perdre sa peine. *Ablancourt.* Perdre son pas. *Voit. poës.*)

* *Perdre*. Ruïner. Décrier. Oter l'honneur. (Perdre quelqu'un. *Pascal, l.* 3. Si Narcisse ne se fût hâté de *perdre* Messaline, Messaline le *perdoit* lui même. *Ablancourt, Tacite, An. liv.* XI. Il ne se soucioit pas de la perdre. *Le Comte de Bussi.*)

* *Perdre*. Débaucher. Mettre dans le désordre. (Heureux celui qui ne hante point les impies, car ils *perdent* les gens.

* *Perdre*. Egarer. (Perdre un homme dans les bois.)

* *Perdre de veuë.* C'est à dire. Ne voir plus. (A tous coups ils me *perdoient* de veuë & m'envoïoient plus haut que les aigles. *Voiture, l.* 9.)

* On le perd *de veuë.* Ces mots se disent de certains Auteurs qui s'élevent tellement en écrivant qu'on ne sait plus où ils vont, qu'on ne voit plus la suite de leurs discours.

Se perdre, v. r. Ce mot se dit des choses dont on fait perte. (Le bien se perd, s'argent se perd aisément. Les Dames se gagnent par les voies que nous sommes gagnez & se *perdent* de même. Voiez *le Chevalier de Meré,* première *Conversation.*)

Se perdre. Se dissiper. (Les belles connoissances se perdent avec l'âge.)

Se perdre. S'égarer. (On se perd assez souvent dans les ruës de Paris.)

* *Se perdre dans ses raisonnemens.* C'est s'égarer dans ses raisonnemens.

* *C'est un homme qui se perd.* C'est à dire qui se débauche, qui se ruïne, ou qui tient une mauvaise conduite.

PERDREAU, *s. m.* C'est le petit de la perdrix. (Ces perdreaux sont dodus, ce n'est qu'un ploton de graisse.)

PERDRIGON, *s. m.* C'est une sorte de pruue noire, violete, ou blanche. (Voilà de l'excelent perdrigon. Perdrigon violet.)

PERDRIX, *s. f.* Oiseau qui se perche jamais sur aucun arbre, & qui est fort bon à manger. (Il y a des perdrix blanches, des rouges, & des grises qui sont celles qu'on voit ordinairement. La perdrix grise est plus petite que la rouge. Mais la rouge est la plus belle de toutes ; elle est agréablement marquetée & elle a le bec & les piez rouges. On conte que la femelle de la perdrix pond ses œufs en deux endroits, que le mâle en couve une partie & la femelle l'autre. *Bel. liv.* 5. Une perdrix mâle. Une perdrix femelle. Une bonne perdrix est un excellent manger. Les vieilles perdrix sont admirables au pot.)

[*Perdrix, fumet.* V. *Fumet.*]

PERDU, *perduë, adj.* Chose dont on a fait perte. (Argent perdu. Ocasion perduë. Tems perdu.)

* *Fille perduë.* C'est à dire. Débauchée. Prostituée. (Leurs maximes ne vont qu'à favoriser les femmes perduës. *Pascal, l.* 8.)

* *C'est un perdu,* c'est à dire, un débauché.

* *Enfans perdus.* Voiez. *Enfans.*

PÉRE, *s. m.* Ce mot se dit proprement des hommes. C'est celui qui a engendré. (C'est celui qui a pére.)

Pére putatif. C'est celui qui passe pour pere bien que quelquefois il ne le soit pas.

Pére de famille. Celui qui a femme & enfans. (Etre pére de famille.)

Beau pére, s. m. C'est le mari de la femme qui est nôtre mére. C'est aussi le pére de la femme que l'on a épousée. (Un méchant beau-pére.)

Grand pére, s. m. Le pére de celui, ou de celle qui sont nôtre pére, ou nôtre mére. [Son grand-pére est riche.]

* Homére est le *pére* des Poëtes. *Ablancourt.*

* *Pére.* Titre qu'on donne à de certains grans Saints de l'Eglise qui ont écrit sur diverses matiéres de pieté. (Les Péres Grecs. Les Péres Latins.

* *Les Péres* étoient bons pour la morale de leur tems. *Pascal, l.* 5.)

* *Pére.* Titre qu'on donne aux Religieux qui sont Prêtres (Le Pére Lubin est un bon Géographe & le meilleur homme du monde.)

Le Pére Correcteur. C'est le Supérieur d'un couvent de Minimes.

Le Pére Ministre. C'est le Supérieur d'un couvent de Maturins.

PER.

Le Pére Recteur. C'est le Supérieur d'un convent de Jesuites.

Le Pére Gardien. C'est le Supérieur des Capucins, des Recolets, & des Cordeliers.

Le Pére Maître. C'est le maître des Novices des Capucins.

Le Pére Temporel. C'est une personne séculiere déleguée du Pape pour manier les aumônes qu'on fait aux Capucins.

Nos Péres. Ce sont nos majeurs. Ceux qui nous ont précédé. (C'étoit la coutume de nos péres. Il ne faut pas toûjours suivre l'exemple de nos péres. Du tems de nos péres.)

Péres de l'Oratoire. Ce sont des Religieux qui sont habillez de noir comme des Prêtres séculiers & qui vivent sous un Général & des Supérieurs particuliers, & cela sans faire les vœux de Religion. Ils furent premiérement fondez en Italie en 1550 par S. Philipe de Néri Florentin & aprouvez du Pape en 1576. Ensuite à l'éxemple de S. Philippe de Néri le Cardinal de Bérule les fonda à Paris en 1611. le jour de S. Martin, & le Pape Paul V. confirma la fondation du Cardinal de Berule en 1615.

* *C'est le pére aux écus.* C'est à dire, un homme riche, & qui a de l'argent.

PEREMPTION D'INSTANCE, *s. f.* Ce mot vient du Latin *péremptio.* Prononcez *perancion.* Il n'est en usage que dans la *pratique.* Il y a péremption d'instance lorsque les parties ont laissé écouler trois ans entiers sans poursuivre les procédures qui étoient commencées. (L'Ordonnance a établi la péremption. Il y a péremption. La péremption a lieu en Cour d'Eglise.)

† *Péremptoire, adj.* Terme de *pratique.* Decisif. (Une raison péremptoire. Une éxception péremptoire porte la décision de la cause.)

† *Péremptoirement ; adv.* D'une maniére péremptoire & decisive. Définitivement. (La prescription a été aquise péremptoirement.

PERFECTION, *s. f.* Ce qu'il y a de plus parfait en quelque chose. Achevement parfait. Accomplissement entier & parfait. Excellent. (Ateindre à la *perfection. Ablancourt.* S'est interessé en la *perfection* de la langue. *Monsieur Benserade, Compliment à Monsieur de Mesme.* Aprocher de la perfection. Chercher la perfection. *Le Chevalier de Meré, Conversations.* Aquerir la perfection. Arriver à la perfection. *Ablancourt.* Tendre à la perfection. *Ablancourt.* Porter une chose au plus haut degré de perfection.)

Perfections. Au pluriel. Il se dit de l'assemblage de toutes sortes de bonnes qualitez. (Il a toutes les perfections qu'on scauroit souhaiter.)

Perfectionner, v. a. Rendre plus parfait & plus acompli. (La fin de l'histoire est de *perfectionner* la vie civile. *Flech. Préface sur la vie de Commendon.*)

Se perfectionner, v. r. Se rendre plus parfait. (On ne se *perfectionne* que bien peu à moins que d'être aidé par un ami intelligent & sincére, ou du moins qu'on ne s'observe soi-même & bien sévérement. *Le Chevalier de Meré.*)

PERFIDE, *adj.* Déloial. Qui est sans foi. (Le Seigneur du Clerat de Vienne en Dauphiné assure que les Dauphinois sont *perfides,* qu'ils ont l'ame noire & le corps blanc, du Clerat raisonne mal de juger des gens de son païs par lui-même.)

Perfidement, adv. Avec perfidie. (Il l'a perfidement trahi. Il en use perfidement.)

Perfidie, *s. f.* Déloiauté. (Une perfidie insigne. Il m'a fait une perfidie.

PERGOUTE, *s. f.* Sorte de fleur blanche qui a quelque chose de la marguerite. (Une jolie pergoute.)

PERICARDE, *s. m.* Terme d'*Anatomie.* Mot qui vient du Grec, & qui veut dire. Une membrane qui envelope le cœur. (La figure du pericarde ressemble à celle du cœur.)

† PERICARPE, *s. m.* Mot Grec, qui est un terme de *Botanique,* & qui se dit d'une pellicule, ou membrane qui envelope la graine de quelque plante.

† PERICLITER, ; v. n. Ce mot signifie courir quelque hazard. Il ne se dit qu'en termes de *Palais,* dans le stile le plus simple. (On periclite fort. *Benserade Rondeaux, page* 305.)

† PERICRANE, *s. m.* Terme d'*Anatomie.* Membrane qui environne le crâne.

PERIDOT, *s. m.* Sorte de pierre prétieuse qui n'est pas fort considerable, qui tire sur une couleur qui tient du verd & qui se trouve grande & nette. (Le peridot est dificile à tailler & son usage est rare.)

PÉRIER, *s. m.* Oiseau de la couleur & de la grandeur d'une alouëtte comune. (Un périet mâle. Un périer femelle.)

PÉRIGÉE, *s. m.* Terme d'*Astronomie.* Mot Grec. C'est le point de l'excentrique du Soleil ou des autres planettes où il est le plus prés de la terre.

PERIHELIE, *s. f.* Ce mot est Grec, & les Copérniciens s'en servent pour désigner la plus grande aproche de la Terre ou de quelqu'une des planètes vers le Soleil. Ainsi lors que dans les autres hipotéses on dit que le Soleil est en son perigée, ils disent que la terre est en son perihélie. On dit aussi le perihelie de Mars, ou d'une autre Planete.

PÉRIL, *s. m.* Danger. (Etre dans un péril éminent. *Vau. Rem.* Il est en péril. Le péril est grand. S'exposer au péril. Se tirer du péril.)

Au peril de ma vie. (Je me charge de faire réussir cette affaire au peril de ma vie.)

† *Aux risques, périls & fortune de quelcun.* de Terme de pratique.

Périlleusement, adv. Dangereusement.

Périlleux, périlleuse, adj. Dangereux. (Cela est périlleux. Chose perilleuse.)

PERIMETRE, *s. m.* Terme de *Géométrie*. Le Perimetre d'une figure, c'est le circuit.

PERINÉE, *s. m.* Terme d'*Anatomie*. C'est l'espace qui est entre la verge & le derriere. On l'apelle aussi *l'entrefesson*.

PERIODE, *s. m.* Le plus haut point, ou la fin de quelque chose. Le mot de *période* en ce sens, est un peu vieux. (Etre au dernier période de sa vie. *Vau. Rem.* Etre parvenu au plus haut période de sa grandeur, de sa fortune, de sa gloire.)

Période, s. m. Terme de *Phisique, d'Astronomie & d'autre Sience.* Espace de tems durant lequel un Astre fait son tour. Le tems du *période* de Mercure est d'environ un an, *Roh. Phis.* Jupiter fait son période en 12. ans. *Bari, Phisique, Tome prémier, page 397.*)

Période Julienne, s. f. Termes de *Cronologie*. La période Julienne est composée de trois cicles multipliez les uns par les autres ; savoir de l'Indiction, du nombre d'Or, & du cicle du Soleil, ou lettres Dominicales, de 15. pour l'Indiction, de 19 pour le nombre d'or, & de 28. pour les lettres Dominicales, ce qui fait 7980. ans. La période Julienne a été inventée par *Joseph Scaliger*, & apellée *Julienne* parce qu'elle est accommodée à l'année de Jules César. On parle dans la Cronologie, d'autres périodes ; mais la Periode Julienne est la plus considérable & du plus grand usage.

Période, s. f. Terme de *Grammaire* & de *Rétorique*. Il y a deux sortes de période, la *simple* & la *composée*. La *période composée* est une sorte d'élocution achevée & parfaite pour le sens, qui a des parties distinguées & qui est facile à prononcer tout d'une haleine. La *période simple* n'a qu'une partie. (La période ne doit être ni trop courte, ni trop longue. Période ronde. Période quartée. Période de deux, de trois, de quatre, & de cinq membres. Les plus belles périodes Françoises n'ont ordinairement que trois membres, & elles doivent avoir un certain nombre de silabes. Par éxemple soixante & neuf, ou soixante & quinze. Voicz *la prémiere période du 16. plaidoiré de Patru.* Chaque mot dans les traductions de l'excellent d'Ablancourt est mesuré par la justesse des périodes ; & un mot de plus, ou de moins, en ruïneroit je ne sçai quelle harmonie, qui plaît autant à l'oreille que celle des vers. *S. Evremont, discours sur les Traducteurs.*)

Périodique, adj. Terme de *Rétorique*, qui veut dire Nombreux, Harmonieux. Qui a un tour de période. (Discours périodique.)

Périodique. Terme de *Phisique & d'Astronomie.* Espace de tems durant lequel il se fait un certain retour & une certaine révolution. (Ainsi on dit un mois périodique. C'est à dire, le tems de vingt-sept jours & démi ou environ, que la Lune parcourt dans un cercle qui coupe l'éclitique & qui s'en écarte de part & d'autre de cinq degrez.)

PERIECIENS, *s. m.* Terme de *Géographie*. Ce mot est Grec. Les *Périéciens* sont les habitans de la Terre qui sont sous un même parallele & sous un même Cercle Meridien, mais en deux differens demi-cercles de ce même. Meridien : de sorte qu'ils ont les mêmes saisons en même tems ; mais les heures opposées, comme par exemple, quand les uns ont midi, les autres ont minuit, &c. Voiez *Ozan. Dict. Math.*

PERIOSTE, *s. m.* Terme d'*Anatomie*. Ce mot est Grec. C'est une membrane qui envelope quelque os.

PERIPHERIE, *s. f.* Terme de *Géométrie*. Ce mot est Grec, & il signifie *circonference*.

PERIPETIE, *s. f.* Terme de *poësie dramatique*. Prononcez *peripécie*. C'est un changement inopiné de l'action & un événement tout contraire à celui qu'on atendoit. (La peripétie doit être ingénieusement fondée.)

PERIPHRASE, *s. f.* Ce mot vient du Grec. Il signifie Circonlocution. C'est une figure de Rétorique qui consiste à exprimer avec plusieurs paroles ce qu'on peut dire en un mot. (Il n'y a rien dont l'usage s'étende plus loin que la *périphrase* pourvû qu'on ne la répande pas par tout sans choix & sans mesure. *Dep. Long.* 14.)

Periphraser, v. a. Se servir de circonlocution. (En matière de langage on ne doit point periphraser sans que la périphrase soit nécessaire, ou qu'elle fasse beauté.)

PERIR, *v. a.* Je péri, je périssois. Je péris, j'ai péri, je périrai. Que je périsse. Aller en décadence. Tomber en déca-

dence. Déperir Se dissiper. Se ruiner. Se perdre. (Maison qui périt. Tout son bien va périr si on n'y donne ordre. À la fin tout périt.)

* C'est un homme qui périt sans resource.

Périr. Mourir par quelque accident. Prendre fin. Soufrir quelque perte. (C'est un coquin qui périra malheureusement. Il a péri malheureusement. Périr dans l'eau. Périr sur mer. Périr par le feu. Périr de misère. *Faire périr l'armée.* C'est la ruïner.)

Périssable, adj. Qui peut périr. Frêle. Fragile.

[Le bien de la fortune est un bien *périssable*
Quand on bâtit sur elle, on bâtit sur le sable.*Rac. poët.*]

PERISCIENS, *s. m.* Terme de *Géographie*. Ce mot est. Grec. C'est le nom qu'on donne aux habitans des Zones froides, eu égard à ce que l'ombre du Soleil tourne autour d'eux durant une partie de l'année.

PERISTALTIQUE, *adj.* Terme d'*Anatomie*. Ce mot est Grec & c'est le nom que les Medecins donnent au mouvement des intestins, &c.

PERITOINE, *s. m.* Terme d'*Anatomie.* Membrane qui ocupe tout le ventre inférieur.

PERLE, *s. f.* Sorte de pierre prétieuse ronde, longue, plate, en forme de poire, ou de bouton, qui se forme en mer dans la chair des coquilles qu'on pêche aux Indes dans de certaines saisons. Voiez là-dessus, *Garcilasso de la Vega, Rélation de la Floride, & Acosta livre 4. de l'histoire des Indes.* Quelques-uns disent que les perles sont conçues de la rosée qui tombe dans de certaines coquilles & que selon que cette rosée est pure, les perles sont blanches, ou de belle eau. *Rondelet, Histoire des poissons, chap.* 44. pense que cette opinion est fabuleuse. Les perles que Cléopatre avoit en pendans, étoient d'un prix inéstimable, soit pour l'eau, pour la grosseur & pour la figure. César en fit scier une pour faire des perles pour pendans à la statuë de Venus. *Citri, Triumvirat.* Les perles se forment à la manière des oignons.

Perle baroque. C'est une perle dont la figure est irrégulière.

Perle parangon. C'est une perle d'une grosseur extraordinaire.

Mére-perle. C'est la coquille des perles.

Nacre de perle. C'est le nœud de la coquille.

Gris de perle. C'est une couleur semblable à celle de la perle.

Perle d'arbalête. On apelle ainsi un grain qu'on passe au travers d'un fil qui est araché à la fourchette de l'arbalête. Cette *perle* sert de guidon à celui qui tire.

On se sert aussi de perles enfilées pour l'usage de divers instrumens de Gnomonique.

† * *C'est la perle des beaux esprits.* Ces mots sont un peu vieux & ne se disent guère qu'en riant.

Perlé, perlée, adj. Ce mot se dit de certaines choses & veut dire qui est embéli de perles, qui a des perles. (Diadême perlé. Croix perlée. Voiez *Bouteroüé, Traité des monoies, page* 183. *&* 221, Couronne perlée. Ce sont aussi des termes de *Blason.*

Perlé, perlée. Ce mot se dit en parlant de bouillon, & veut dire blanchi d'un bon lait d'amandes qu'on a broïées avec de bon jus de mouton & qu'on a mises sur le potage. (Il nous a fait manger, pour son opera, une soupe à *bouillon perlé*, soutenuë d'un jeune dindon. *Mol. bourg. gentil.* a. 4.)

Perlures, s. f. Terme de *Chasse*. Grumeaux qui sont le long des perches & des andouillers de la tête du cerf, du daim, ou du chevreuil. *Sal.*

PERMANENT, *permanente, adj.* Prononcez *permanan*. Qui dure. Durable. (Rien ici-bas n'est permanent. Dieu seul est permanent.)

PERMETTRE, *v. a. Je permets, j'ai permis. Je permis, je permettrai. Que je permette. Je permisse. Permettant, permis.* C'est donner permission. Acorder Consentir. (Il ne faut pas, pour quelque considération que ce soit, *permettre* le mal. Je vous permets de me maltraiter quand j'aurai recours à vous. Dieu a permis que les méchans tombassent dans la misère. *S. Cir.*)

* *Permettre.* Ce mot se dit dans un sens un peu figuré. Et il signifie, soufrir. Donner la liberté, le moien, &c. de faire ou de dire quelque chose. (Exemples. Le tems ne me permet pas de sortir. Le respect ne me permet pas de parler. L'état de ses afaires ne lui permet pas de faire une grande dépense.)

Permis, permise, adj. Qu'on peut faire avec justice, avec raison. (Cela est permis. Chose permise.)

Permission, s. f. C'est le pouvoir & la liberté qu'une personne supérieure acorde à son inférieur de faire quelque chose. Privilége. (Demander la permission de faire quelque chose. Acorder, obtenir la permission de faire batre monoïe. *Ablancourt.*)

Permissionnaire, s. m. On apelle ainsi à Paris celui qui a permission du chantre de nôtre-Dame de tenir de petits pensionnaires

PER.   PER.

fionnaires & de leur enseigner la Grammaire & les humanitez. (C'est un permissionnaire.)

Permutant, *s. m.* Terme d'Ecléfiastique. C'est le bénéficier qui permute, qui change son bénéfice avec un autre par la permission du Supérieur. (Si l'un des permutans vient à mourir avant la prise de possession, le survivant n'est pas obligé de quiter son bénéfice.)

Permutation, *s. f.* Terme de *Bénéficier Ecléfiastique*. Changement qui se fait d'un bénéfice avec un autre par la permission du Supérieur. (La permutation doit être libre & autorisée du patron laïc. Voiez *Rebuf.*)

Permuter, *v. a.* Terme de *Bénéficier*. C'est changer son bénéfice avec un autre par la permission du Supérieur. (permuter un bénéfice contre un autre.)

Pernicieux, *pernicieuse*, *adj.* Détestable. Nuisible. (Maxime pernicieuse. Exemple pernicieux. S. Ciran.)

Pernicieusement, *adv.* D'une manière pernicieuse. (Il vit pernicieusement.)

†**Peronnelle**, *s. f.* Mot bas & burlesque pour dire, Sotte Mal-bâtie. Idiote. († Taisez-vous peronnelle. *Moliere*, Femmes savantes, acte troisième, scene 6.)

Peroquet, *s. m.* ou *Perroquet*. Oiseau qui vient des Indes, qui est ordinairement verd, & qui imite le langage des hommes & le cri des animaux. Marmol, *Histoire d'Afrique*, *liv. 1.* raconte que dans les montagnes d'Etiopie il y a des peroquets de diverse couleur, & qu'il s'en trouve qui ont la queuë longue d'un pié & demi & plus, mais que ces peroquets à longue queuë n'aprenment point à parler. (Un peroquet mâle. Un peroquet femelle. *Olina* dit que le peroquet aime la conversation des enfans, qu'il est sujet à la goute & qu'il vit environ vint ans; quand Olina auroit dit cinquante, ou soixante, il n'auroit pas mal dit.)

Peroquet, *perroquet*, Terme de Mer. Dom on se sert pour l'Océan. C'est l'arbre de la seconde hune de quelque mât. *Fournier.*

Peroraison, *s. f.* Terme de *Rétorique*. C'est la conclusion d'un discours oratoire qui doit être vive & patétique. (La *peroraison* doit contenir en peu de mots & avec esprit, ce qu'on a dit de plus fort dans le corps du discours. (La peroraison est nécessaire, lorsqu'on fait un long discours, & qu'on se défie de la mémoire de ses auditeurs. On croit que les plus belles peroraisons des Orateurs modernes François; ce sont celles des plaidoiers de Monsieur Patru.)

Perot, *s. m.* Terme des Eaux & Forêts. C'est une sorte de baliveau.

Perpendiculaire, *adj.* Terme de *Géometrie*, &c. Prononcez *perpandiculaire*. On dit qu'une ligne droite est perpendiculaire à une autre ligne droite lorsqu'elle y tombe à angles droits. Une ligne est perpendiculaire à un plan, à un cercle, à une sphère, si elle ne panche pas plus d'un côté que de l'autre. On dit aussi au même sens qu'un plan est perpendiculaire à un autre plan. On dit aussi qu'une ligne, ou un plan sont perpendiculaires à l'horison lorsqu'ils tombent à plomb. On dit aussi qu'une ligne droite est perpendiculaire à une ligne courbe, comme à un cercle, à une parabole, &c. lors que cette ligne droite est perpendiculaire à la tangente de cette ligne courbe à un même point.

Perpendiculaire, *s. f.* Ligne perpendiculaire. (Tirer une perpendiculaire. Elever une perpendiculaire.)

Perpendiculairement, *adv.* D'une manière perpendiculaire. (Tomber perpendiculairement. *Ablancourt*. Un diamètre qui coupe perpendiculairement un autre diamètre divise le cercle en quatre parties égales.)

Perpendicule, *s. m.* C'est en général une ligne perpendiculaire à l'horison. Et en particulier on apelle *perpendicule* le filet qui tend en bas par le moien d'un poids qui lui est ataché, & dont on se sert pour divers instrumens de mathematique, comme pour le niveau, &c.

Perpétué, *perpétuelle*, *adj.* Continuel. Qui ne cesse point. Qui dure. Qui est à vie. (Il institue un chef d'or ire qui est à vie, ou perpétuel. Patru, *Urbanistes*. La dignité d'Abé & d'Abesse de soi est perpétuelle, Patru, *Urbanistes*.)

Perpetuellement, *adv.* Toûjours. Incessamment. (Il étudie perpétuellement. Ils sont perpétuellement ensemble.)

Perpétuer, *v. a.* Rendre perpétuel. Eterniser. Immortaliser.

[Que la flame du Ciel me tuë
S'il avient que je perpétuë
L'honneur de vôtre souvenir. *Mal. poës.*]

Perpétuité, *s. f.* Durée qui ne cesse point. Continuation de longue durée. [Cela ne détruit ni le titre, ni la perpétuité du titre. Patru, *Urbanistes.*]

A perpétuité, *adv.* Pour toûjours. [Condamner aux galères à perpétuité. Fonder une Messe à perpétuité.]

Perplexe, *adj.* ou *perplox*, au masculin, & *perplexe* au féminin. Irrésolu. Chancelant & incertain de ce qu'il veut faire.

[Deux Avocats qui ne s'acordoient pas.
Rendoient *perplexe* un Juge de province.
La Font. Contes.]

Perpléxité, *s. f.* Irrésolution. Incertitude de ce qu'on doit faire. Etat irrésolu & inquiet où se trouve une personne. [Alexandre se trouva en une grande perpléxité. *Vaug. Quin. liv. 4. ch. 3.* Mettre quelqu'un en une étrange perpléxité. *Vau. Quin. liv. 3*]

Perquisition, *s. f.* Prononcez *perkizirion*. Recherche. Il n'est en usage qu'en termes de *Palais*. (Faire une exacte perquisition de quelque personne, de quelque vol, &c.)

Perrete, *s. f.* Nom de femme qui ne se donne guère qu'aux femmes du petit peuple. [Perrete s'est mariée.]

†*Perrichon*, *s. f.* Petite Perrete. [Perrichon est bien jolie.]

Perrier. Voiez *Pierrier*.

Perron, *s. m.* Terme d'Architecture. C'est un lieu élevé devant un logis où il faut monter plusieurs marches de pierre. [Un beau perron. On trouve d'abord, je crois que c'est un perron, non non, c'est un portique, je me trompe, c'est un perron. Par ma foi, je ne sai si c'est un portique, ou un perron. *Voiture*, *l. 95.*]

Perroquet, Voiez *peroquet*.

Peruque, *s. f.* C'est une coife de reseau autour de laquelle on range avec tant d'adresse des cheveux qu'ils représentent la coifure naturelle d'une personne. [Il y a des peruques à calote dont les cheveux sont achez autour d'une calote & ces peruques ne sont que pour les enfans malades, pour les vieillards ou pour quelques Ecléfiastiques. Les autres peruques s'appellent simplement *peruques*. Les peruques blondes sont les plus chères. La peruque est composée d'une coife de reseau dont le dessus garni de cheveux, s'apelle *plaque*; les autres parties sont le devant, le derrière & les coins.]

Peruquier, *s. m.* C'est celui qui fait des peruques pour hommes, des tours & demi-tours de cheveux pour femmes & des coins pour hommes (Un bon peruquier. Les peruquiers ont été erigez en corps de maîtrise en 1674. & pour distinguer leurs boutiques de celles des chirurgiens, ils mettent à leurs enseignes des *bassins blans*, & les chirurgiens des *bassins jaunes*. Les perruquiers dans leurs lettres de maîtrise s'appellent *barbiers*, *baigneurs*, *étuvistes* & *perruquiers.*)

Perruquiere, *s. f.* Femme ou fille qui fait des peruques.

†**Pers**, *perse*, *adj.* C'est à dire bleu. (Yeux pers. Couleur perse.)

Persécuter, *v. a.* Prononcez *percécuté*. Ce mot signifie tourmenter. Faire souffrir persécution. Les mots qui commencent par *per* & qui ont immédiatement une *s* après ce mot *per*, veulent qu'on prononce cette *s* comme un *c*. *Vaug. Rem.* (Néron Domitien, Trajan, Adrien, Marc Aurele, & Severe, Maximin, Decius, Valerien, Dioclerien, Maximien sont les Empereurs qui ont persécuté l'Eglise. Voiez *Sulpice Severe Hist. Sacrée liv. 3.*)

Persécuter. Importuner. Presser. Soliciter. Tourmenter. Ne laisser point en repos. (Il le persécutoit furieusement. *Pas. l. 6.* Il fait des vers seulement pour donner à gagner aux Libraires qui le persécutent. *Moliere préviens.*)

On dit d'un importun qu'il est fort persécutant.

Persécuteur, *s. m.* Prononcez *percécuteur*. Celui qui persécute. (Un persécuteur de l'Eglise. *Pascal*, *l. 4.* Néron, Diocletien & Maximien ont été les plus cruels persécuteurs des Crétiens. Ils faisoient semblant d'arrêter mes persécuteurs sur le penchant de ma ruïne. *Teo. poës.*)

†* Un *persécuteur d'oreilles Sar poës*. C'est à dire, qui fatigue l'oreille, parce qu'il parle mal.

Persécution. Prononcez *Percécucion*. Action de persécuter. Tourment. Peine & guerre qu'on fait à une ou plusieurs personnes parce qu'on les hait. (Commencer la persécution & la ruïne d'une personne. La persécution que j'avois soufferte, étoit une espece de recompense. *Mémoires de M. le Duc de la Roche-Foucaut*. L'Eglise a souffert neuf persécutions, la première sous Néron & la neuvième s'éteignit lorsque les Empereurs commencèrent à faire profession du Cristianisme. Voiez *Sulpice Severe*, *Histoire Sacrée.*)

Persévérance, *s. f.* Prononcez *percévérance*. C'est la constance qu'on a à faire le bien. (La persévérance mérite d'être couronnée. La persévérance n'est digne, ni de blâme, ni de loüange parce qu'elle n'est que la durée des goûts & des sentimens qu'on ne s'ôte, & qu'on ne se donne point. *Mémoires de Monsieur le Duc de la Roche-Foucaut.*)

Perseverant persévérante, *adj.* Prononcez *percévérant*. Qui a de la persévérance. Qui continuë sans interruption. (Il faut être persévérant. Elle est persévérante.)

Persévérer, *v. n.* Prononcez *percévéré*. Avoir de la persévérance. Persister. Etre ferme, & constant dans son sentiment.

ment. (Il persévère courageusement. Il persévère dans la résolution qu'il a prise.)

PERSIL. Prononcez *persi*. C'est une sorte de petite plante bonne à manger qui porte des fleurs blanches, qui a une racine odoriférante & qui est chaude & apéritive. (Le persil commun. Persil cultivé. Persil sauvage. Persil des marais, &c. Voiez *Dalec. T. 1*. Le persil de Macédoine est le meilleur de tous, Son goût est aromatique & son odeur agreable. *Charas, tériaque, ch. 35*.)

Persillé, persillée, adj. Il se dit de certains fromages, & il ne se dit d'ordinaire qu'au masculin. Il signifie, qui a une sorte de moisissure, qui a un verd de persil. (Le fromage persillé est bon pour les buveurs.)

Persillade, s. f. Terme de *Cuisinier*. Assaisonnement fait avec du persil. Du bœuf à la persillade, c'est à dire, qu'on mange avec du persil crud.)

PERSISTER, *v. n.* Prononcez *persisté*. Demeurer ferme dans quelque sentiment. Continuer. Persévérer. (Il persiste dans sa déposition. Il persiste à dire & à faire les mêmes choses qu'auparavant.)

PERSONNAGE, *s. m.* Prononcez *personage*. Ce mot au propre se dit seulement des *hommes* & veut dire *homme*. (Un grand un illustre, un fameux personnage. Ablancourt étoit un excellent personnage.)

Personnage. Ce mot dans la signification d'*homme* se joint aussi avec des épitétes qui marquent quelque *blâme*.) Ainsi on dit c'est un *sot personnage*, c'est un *ridicule personnage* C'est à dire, un franc sot, un ridicule achevé.)

Personnage. Ce mot s'emploie aussi sans épitète & toûjours en mauvaise part. (Si vous aviez vu de quelle maniére la nature a dessiné le *personnage*, vous ne pourriez vous empêcher de rire.)

Personnage. Terme de *Comédien*. Acteur. Celui, ou celle qui représente quelque personne à l'action de la piéce qu'on joué. (Les personnages de la piece sont *Sganarelle*, *Lucinde*. (Le mot d'*Acteur* en ce sens, est plus usité que celui de *personnage*.

* Il joue dans le monde le personnage d'un sot. C'est à dire, c'est un sot.

* Il a fort bien joué son personnage dans toute l'afaire. C'est à dire, il a fort bien fait ce qu'il devoit faire.

Personnat, s. m. Ce mot se dit de certains Chapitres de France. C'est un Chanoine qui a un degré au dessus d'un simple Chanoine.

Personne. Ce mot signifie l'ame & les corps joints ensemble & en ce sens il est *masculin*, ou *féminin* selon que la chose signifiée le demande.

Personne. Ce mot est toûjours *masculin* lorsqu'il est pris pour *nul* ou pour *aucun*, & alors il n'a point de *pluriel*, & est une manière de *nom indéclinable*. On ne l'emploie même, en ce sens, qu'avec une négative, ou avec une interrogation. (*Personne n'est venu ici* & aussi *personne n'est venu. Vaug. Reg*. Personne a-t-il jamais fait ce que vous faites ?)

Personne. Lorsque ce mot ne signifie pas *nul*, mais l'homme & la femme tout ensemble il est toûjours *féminin*, a il a un *pluriel*. (Exemples. J'ai veu la *personne* que vous savez. C'est une *belle personne*. Les personnes qualifiées. Il faut porter du respect aux personnes constituées en dignité. *Vau. Rem*.)

Personne. Ce mot ne signifiant pas *nul*, mais l'homme & la femme tout ensemble est *féminin* & *masculin* dans une même periode, c'est à dire, que le *pronom* qui se raporte au mot de *personne féminin*, le met au masculin. *Vau. Rem*. (Exemples. J'ai eu cette consolation dans mes ennuis qu'une infinité de *personnes* qualifiées ont pris la peine de me témoigner le déplaisir *qu'ils* ont eu. *Vau. Rem*. Il y a des *personnes* qui se sont perdues par une chaleur de dévotion, parce qu'ils ont voulu plus faire qu'ils ne pouvoient. *Port-Roïal, Imitation de J. Christ*.)

Personne. Ce mot se prend souvent pour la figure, ou l'extérieur du corps, & en ce sens, il est toûjours *féminin*. (Sa personne me plait extrémement. Il est bien fait de sa personne. *Abl*. Sa personne est pleine d'apas *Voit. poëf*.)

Personne. Ce mot se dit en Téologie & en parlant de Dieu; C'est la nature Divine avec ses raports & ses relations reellement distinctes. (Ainsi la personne de Jesus est la Divinité de Jesus - Christ. Il y a un Dieu en trois personnes.)

Personne. Terme de *Grammaire*. C'est une particuliére diference du nombre du verbe, laquelle est triple en chaque nombre. (La premiére personne du nombre singulier du verbe, c'est *je*, &c.)

En personne. Sorte d'adverbe. (Il commandoit en personne. C'est à dire, Il commandoit lui-même & non point par autrui.)

Personnel, personnelle, adj. Qui regarde de la personne. (Les fautes sont personnelles. Ajournement personnel.)

Personnellement, adv. (Je suis personnellement vôtre ami, C'est à dire pour moi, je suis vôtre ami.)

Personnellement, adv. En personne. (Comparoître personnellement. Terme de *Palais*. S'établir personnellement. Terme de *Notaire*.)

Personnifier, v. a. L'usage de ce mot n'est pas grand. Il signifie seulement Parler des choses, ou des qualitez comme si c'étoient des personnes. (Les Poëtes ont personnifié toutes les passions, comme l'Envie, la Vengeance, la Gloire, la Fortune, la Discorde, le Sommeil, &c.)

PERSPECTIVE, *s. f.* Il y a deux sortes de perspective, l'une *spéculative* & l'autre *pratique*. La *spéculative* est une connoissance de l'esprit par laquelle l'esprit considérant de certains objets connoit les raisons de leurs diverses apparences selon les diverses positions de l'œil qui regarde. La perspective *pratique* qui est une connoissance de l'esprit aidée des sens extérieurs & exécutées par la main à la faveur de laquelle la *perspective pratique* nous enseigne à représenter dans un tableau ce qui paroit à nos yeux ou ce que l'entendement conçoit en la forme que nous le voïons. Le mot de *perspective* signifie aussi des tableaux faits pour répresenter des objets en perspective.

PERSPICUITÉ, *s. f.* Ce mot est Latin & signifie clarté, netteté. Il se dit du discours. (La perspicuité du stile, du discours.)

PERSUADER. Ce verbe régit un *acusatif* quelquefois, & quelquefois un *datif*. Il semble qu'il régisse l'acusatif quand il signifie. Amener une personne au sentiment qu'on désire. Convaincre une personne à force de raisons, l'entraîner par des puissantes considérations. (Exemple. L'Orateur persuade ses auditeurs par la solidité de son raisonnement. *Ablancourt*. Je n'ose lui parler d'amour de crainte de la persuader *Gon. Epi*.) Mais lorsque persuader signifie Conseiller, Porter à croire. Faire croire, il semble qu'il veuïlle un datif. (Cette conduite persuadoit à la Reine que. *Memoires de M. de la Roche-Foucaut*. Il lui persuada de prendre la robe.)

† *Persuasible*, adj. Qui peut être persuadé. Qu'on peut aisément faire croire. (Cette opinion n'est pas persuasible.)

Persuasif, persuasive, adj. Qui persuade. Qui a la force de persuader. (Discours persuasif. *Ablancourt*. Avoir une éloquence persuasive. *Mol. Critique de l'Ecole des Femmes, s. 5*. On dit aussi d'un homme éloquent, il est fort persuasif.)

Persuasion, s. f. Conviction de l'esprit causée par la force & la vérité des raisons. Créance. Solicitation. (La persuasion n'a pour l'ordinaire sur nous qu'autant de puissance que nous voulons. *Dépreaux Longin. c. 1*. Il sera porté à manger de ces viandes avec la persuasion qu'il a quelles sont souillées. *Port-Roïal Nouveau Testament, première Epitre de S. Paul aux Corintiens*. Il a fait cela à la persuasion de Monsieur un tel.)

PERTE, *s. f.* Dommage qu'on a soufert en perdant quelque chose. (Faire de grandes pertes. Faire des pertes considérables. Réparer sa perte. *Ablancourt*. Recouvrer sa perte. *Abl*. Une perte de sang. La perte d'une bataille.)

Perte ou gain, tout est égal. Scaron. C'est à dire, ne se soucier, ni de perte, ni de gain, recevoir l'un & l'autre d'un visage égal.

A perte de vuë, Adv. C'est aussi loin que la vuë se peut étendre. Une allée à perte de vuë.)

† * *Parler à perte de vuë*. C'est à dire, parler sans réflexion. C'est un homme qui parle de tout *à perte de vuë*, & qui souvent se fait siffler.

On dit aussi *courir à perte d'haleine*.

PERTINENT, *pertinente*, adj. Convenable. Qui est à propos. (Il a alégué une raison pertinente. Ses ofres ont été déclarées pertinentes.)

Pertinemment, adv. Prononcez *pertinaman*. Convenablement. Raisonnablement Fort à propos. (Il a répondu pertinemment à toutes les demandes qu'on lui a faites.)

PERTUIS, *s. m.* Ce mot signifie *un petit trou*, mais il n'est guére usité en le langage ordinaire. (Boucher un pertuis, On dit pûtôt *boucher un trou*.)

* *Pertuis*. Passage sur une rivière, où les bateaux ne peuvent passer que les uns aprés les autres, & où quelquefois on ne passe pas sans quelque danger à cause que le passage est dificile. (Passer un pertuis.)

PERTUISANNE ; *pertuisanne*, *s. f.* On trouve dans quelques livres imprimez le mot de *pertusanne*, mais il faut croire que c'est une faute d'impression. Car on ne dit que *pertuisanne*. C'est une arme qui est composée d'une hampe & d'un fer large, aigu, & tranchant au bout de la hampe & qu'on donne à de certains soldats de chaque compagnie d'infanterie. (Une bonne pertuisanne. On commence à ne se plus servir de pertuisanes parce qu'elles ne font pas un grand éfet.)

Pertuisannier ; pertuisannier, s. m. On dit *pertuisannier* & non pas *pertusannier*. C'est le soldat fantassin qui est armé d'une pertuisanne. (Un bon pertuisannier.)

PERTURBATEUR, *s. m.* Il vient du Latin *perturbator*. C'est celui qui trouble. Qui met le desordre, & la division
perturbateur

PES.

perturbateur du repos public. *Voiture*, lettre 1. C'est un perturbateur.

Perturbatrice, s. f. Celle qui trouble & met en desordre. (Elizabet étoit une perturbatrice du repos de l'Eglise, a dit *Maue. Schisme*, livre 3. page 477.)

PERVENCHE, s. f. Ce mot vient du Latin *pervinca*. C'est une plante médicinale, qui rampe, dont les feüilles sont d'un beau verd & les fleurs blanches.

PERVERS, *perverse*, adj. Ce mot se dit des personnes & veut dire Méchant, Scélerat, & ne se dit bien qu'au *masculin*. (Esprit pervers.)

Pervers, s. m. Méchant. Scélerat. (C'est un pervers.)
Il est l'apui des bons, la terreur des pervers.)

† *Perversion*, s. f. Ce mot est écorché du Latin. Il ne se dit guére. Il signifie l'action par laquelle on pervertit quelcun, & par laquelle on rend plus méchant, ou devient plus méchant.

Perversité, s. f. Mot écorché du Latin, qui signifie *méchanceté* & qui peut trouver sa place dans quelque discours grave & serieux. (Il a triomphé de la perversité de ses ennemis.)

pervertir, v. a. Ce mot se dit proprement des *personnes* & veut dire *Gâter*. Mettre dans les mauvaises voies. (Sous couleur de l'instruire il l'a *perverti*. Les flateurs & les méchans *pervertissent* beaucoup de monde.)

PES.

PESADE, s. f. Terme de *Manège*. Action du cheval qui lève les piez de devant sans remuër ceux de derriere. (La pesade est le fondement de tous les airs.

P. SANT, s. m. Terme de *Chasubtier*. C'est un assez gros morceau de fer, ou de plomb envelopé de toile, ou d'étofe qu'on met sur la besogne pour la tenir lorsqu'on travaille. (Mon pesant est perdu)

Pesant, pesante, adj. Terme de *phisique*. C'est tout ce qui est porté comme de soi même en bas. Qui tend en bas, (Le mouvement des choses *pesantes* ne vient pas tant d'un principe interne que d'un externe.)

Pesant, pesante, adj. Lourd. Qui pése. Corps pesant. L'eau est pesante.)

Pesant, pesante, adj. Il se dit des pieces de monnoie, & veut dire qu'elles sont du poids réglé dont elles doivent être. (Cet Ecu est pesant. Une pistole pesante.)

* *Pesant, pesante*, adj. Ce mot se dit des personnes & veut dire Lourd. Qui a peu de feu & de vivacité. Peu de brillant. (Esprit pesant.)

Pesant, pesante. Fâcheux. Onereux, Embarrassant. (La garde de deux filles est un peu trop *pesante*. *Moliere*. Il s'avança avec toute la diligence dont étoit capable une armée aussi *pesante* que la sienne. *Vau. Quin. l. 3. c. 7*.)

Pesant, pesante, adj. Ce mot se dit de *certains chevaux de selle*. C'est un cheval *pesant à la main*. C'est à dire, qui s'abandonne sur la bride.)

Pesamment, adv. D'une manière pesante. (Il n'avoit que lui que les soldats *pesamment* armez. *Ablancourt, Rét*.)

Pesanteur, s. f. Terme de *Phisique*, qui n'a point de *pluriel*. C'est une qualité, ou vertu par laquelle une chose pesante est portée en bas. (Une pierre tend en bas par sa propre *pesanteur*.)

Pesanteur. Charge lourde. Poids. (Soulevez un peu ce balot & vous en sentirez la *pesanteur*.)

Pesanteur de tête. Maladie qui vient de l'abondance du sang, ou d'autres vapeurs grossiéres. (Cela cause des pesanteurs de tête. Il a une pesanteur de tête qui l'incommode fort.)

PISCHÉ, PESCHER, &c. Voïez ci-devant Péche. Pêcher, &c.

Pesée, s. f. C'est tout ce qu'on pése en une seule fois. (Une bonne pesée. Faire plusieurs pesées.)

* *Peser*, v. a. Voir la pesanteur d'une chose avec les poids. (Péser une pistole. Péser du chanvre, du lin, de la laine, &c.)

Péser, v. n. Avoir de la pesanteur. (Cofre fort qui *pése* beaucoup.)

* *Péser*, v. n. Etre onereux, fâcheux & embarassant (La Couronne lui pese sur la tête.)

* *Peser*, v. a. Considérer. Examiner. Voir. (Péser la diférence qu'il y a entre les choses. *Pascal, l. 2*. Lisez & pésez chaque mot. *Pascal. l. 4*. Péser un crime. *Patru*, plaidoié.)

* *Péser*, v. n. Ce mot se dit de certains *chevaux de selle* & veut dire, S'abandonner trop sur la bride. (Cheval qui pése à la main.)

Péser. Terme de *Chasse* Ce mot se dit quand une bête enfonce beaucoup de ses piez dans la terre, ce qui est une marque que la bête est grande. *Salnove*.)

Peseur, s. m. Celui qui pése. Mais il signifie, proprement, Celui qui est établi par autorité publique pour peser de certaines choses. (Un bon peseur. Un peseur exact & fidéle.)

Péson, s. m. C'est une sorte d'instrument qu'on apelle aus-

PES.

si *balance Romaine* & avec quoi on pése ce qu'on ne peut commodément péser avec des balances & qui est composé d'une verge, d'une masse, d'un crochet & d'autres petites choses que les balanciers apellent broches, joués, gardes & tourrets. [Un bon peson. Un peson fort juste.]

Pèse-liqueur, s. m. C'est un instrument, par le moïen duquel on connoit de combien une liqueur est plus pesante qu'une autre. C'est une fiole de verre, à demi pleine de vif argent, sur le cou de laquelle il y a plusieurs divisions. Quand on la plonge dans quelque liqueur, plus elle enfonce, l'on juge que la liqueur est moins pésante, & au contraire, &c.

PESSAIRE, s. m. Terme d'*Apoticaire*. Médicament externe propre pour le cou, & le corps de la matrice, composé de racines, d'herbes, de semences, de fleurs, & de sucs tirez de ces choses, & incorporez avec gommes, oignons, confections, poudres, miel & coton. Le tout pour guérir les maladies de la matrice, pour provoquer, ou arréter les mois. [Pessaires remollients. On croit que les femmes ont plus besoin de pessaires rafraichissans que de toutes autres sortes de pessaires, &c.

† *Passe*, s. f. C'est une sorte de sapin. V. *Sapin*.

PESTE, s. f. Maladie populaire & contagieuse qui est celle de toutes les maladies qui emporte le plus de monde. C'est une tumeur qui nait sous la gorge, aux oreilles & aux aines. [Le *Bernin* a fait deux plaisans *Capitoli* sur la peste. La peste se mit dans l'armée, emporta une partie des plus braves soldats. Le méchant air, la méchante nourriture & la trop grande chaleur engendrent la peste. Avoir la peste. Donner la peste. Aporter la peste dans un pays. La peste se gagne & se communique]

* Il ne manquoit pas de flateurs, *peste*, fatale ; qui renverse plus d'états que les armes des ennemis. *Vaugelas, Quin. l. 8. c. 5*.

 (La discorde aux crins de couleuvres
 Peste fatale aux Potentats
 Ne finit. *Mal. poës. l. 3*.)

* *Peste*. Ce mot se prend quelquefois en bonne part & sur tout en parlant d'amour. (Exemple.
* C'est un subtil venin, c'est une douce *peste* qui veut charmer nos sens. *Benserade, poësies*.)
* *Peste*. Ce mot sert à faire quelque imprécation & à exprimer quelque mouvement de l'ame.

 (La *peste* étoufe le rimeur. *Voit. poës*.
 La *peste* soit du fou. *Moliere*.
 Ah j'oublioïs, *peste* de ma mémoire
 Celui qui fait grand cancan de l'histoire.
    Scaron, poës.
 Oh, oh *peste* la belle *Moliere*.)

* *Peste*, v. n. Dire du mal. Injurier. S'emporter contre une personne, ou quelque autre chose, mais avec des paroles injurieuses & outrageantes. (Pester contre le genre humain. Il peste contre les Medecins & avec raison car ils ont tué sa maitresse à force de la saigner & de la purger.

 On se soulage quand on peste
 Et l'on ne sauroit trop pester contre l'amour.
    Cadmus a. 3.)

† *Pesterie*, s. f. Mot bas & burlesque. (Tu ne pouvois mieux rencontrer dans ton humeur de *pesterie*. S. *Amant, Rome ridicule*. C'est à dire, dans l'humeur où tu étois, de dire rage & de pester.)

Pestiferé ; pestiferée, adj. Qui a la peste. Infecté. Contagieux. (Endroit pestiferé.)

Pestiferé, s. m. Qui a la peste & qui la peut donner. (Au lieu de vous fuir comme un péstiferé, on a veu beaucoup de gens de naissance ne faire point de dificulté d'aller boire avec vous. *Roman Bourgeois, Epitre au Bourreau*.)

Pestilentiel, pestilentielle, adj. Qui a une qualité maligne, envenimée & qui tient de la peste. (Fievre pestilencielle. *La Chamb*.)

Pestilent, pestilento, adj. *Pestilenciel*. (Maladie pestilente. *Bouhours, Anbusson, l. 5. p. 289*. Fiévre pestilente.)

PESTRIN. Voïez petrin.

Pestrir. Voïez petrir.

PET.

PET, s. m. Vent qui sort du fondement avec bruit. (Faire un pet.)

† Déja plus fier qu'un *pet en coque*, il avoit fagoté vos murs de biqueoque. S. *Amant, Rome ridicule*.

Pétarade, s. f. Quantité de pets que fait le cheval en levant le derriére. (Le cheval fit la pétarade. La Fontaine, *Fables, liv. 6*.)

† * Faire la petarade. C'est se moquer en faisant des gambades. (Il lui a fait la pétarade)

PETARD, s. m. Sorte de machine à anses qui est de métal, qui est faite en maniere de grand gobelet , qui est creusé de sept pouces , ou environ, & large par la bouche à peu près de cinq, qu'on emplit de poudre fine & battuë qu'on couvre ensuite fort bien & dont on se sert pour faire sauter les portes & les barrieres des viles qu'on veut prendre d'emblée , pour rompre quelque pont levis, des chaines , & autre obstacle (Charger un petard. Mettre le feu au petard. Atacher le petard.)

Petard. C'est une carte où l'on met de la poudre , qu'on plie bien dans cette carte & qu'on pique de plusieurs coups d'épingle. Ensuite on la pose sous le talon du soulier avec une trainée où l'on met le feu , & cela fait du bruit. Les jeunes garçons s'amusent à faire de ces sortes de petards pour se divertir. (Tirer des pétards.)

Petarder, v. a. Faire sauter quelque porte , ou quelque barriére avec le petard Se servir du pétard pour rompre quelque obstacle que ce soit. Petarder un pont levis. Petarder une barriere. Petarder une porte.)

Petardier. s. m. Celui qui petarde Celui qui va atacher le perard à quelque sorte d'obstacle. (Les petardiers sont en danger)

PETER, v. n. Faire un pet. (Iris, vôtre belle bouche est faite pour chanter , & vôtre beau cu pour peter.)

† * Peter. Ce mot se dit de la poudre & veut dire faire du bruit en tirant. Eclater avec bruit. (Le charbon fait peter la poudre.)

† * Peter. Ce mot se dit des marons qu'on met au feu sans les fendre , & il signifie. Faire un bruit presque semblable à celui que fait , un petit pistolet lorsqu'on le tire Eclater avec bruit. (Les marons petent si on ne les fend avant que de les mettre au feu.)

Peteur , s. m. Celui qui péte. (Vilain peteur.)

L'un aveecque prudence au Ciel s'impatronise,
Et l'autre en fut chassé comme un peteur d'Eglise.
Reg. Satire 14.)

Peteuse, s. f. Celle qui pete. (Grosse peteuse. Ei , la peteuse. Une petite peteuse.)

Petillant , petillante , adj. Ce mot se dit proprement du feu & veut dire qui étincelle avec bruit.

* Enfant petillant. C'est à dire, enfant vif & plein de feu.

* Yeux petillans. C'est à dire, vifs & brillans.

Petiller , v. n. Ce mot se dit proprement du feu. C'est jetter avec bruit de petites étincelles. (Le feu petille.)

* Petiller. Briller Eclater (On voit petiller en elle je ne sai quoi de brusque. Benserade , poësies.)

* Petiller. Ce mot se dit du vin, & signifie étinceller.

(Vrai Dieu ! que le vin est bon
Qu'il est frais dans mon verre ! il petille. Scaron, poës.)

Il se dit aussi des yeux. Et signifie qu'ils sont vifs & étincelans (On estime les yeux qui petillent)

PETIT, petite , adj. Ce mot se dit des choses & des personnes & veut dire. Qui n'est pas grand. (Petit lieu. Petit cabinet. Petite chambre. Petite vile. Petit homme. Petit garçon. Petite femme. Petite fille.)

Petit, petite. Qui n'est pas de conséquence. (Vous ne manquerez pas de recevoir ma lettre par ce bonheur que vous dites que vous avez dans toutes les petites choses. Voit. l 11.)

Petit , petite. Ce mot en parlant d'enfant veut dire sort jeune [j'étois petit quand cela arriva. Il est chargé de quatre petits enfans.].

* C'est un petit esprit. C'est à dire. Qui a peu de génie. Qui n'est point considerable pour l'esprit.

* Tout petit Prince a des Ambassadeurs. La Fontaine , Fables, Li. c'est à dire. Tout chetif & tout pauvre Prince. Tour Prince peu considerable.

* Mon petit Monsieur, je vous trouve plaisant. Ces mots se disent en colere pour marquer à un homme qu'il manque de respect & de sens. (Ainsi Moliere a écrit , mais, mon petit Monsieur, prenez un peu moins haut ; Voïez Misantrope , a 2.)

* Petit, petite, adj. Peu considerable en comparaison d'un autre plus grand. (N'en déplaise aux Grands, ils sont petits devant les Dieux. Benserade.)

Petit lard, s. m. C'est une sorte de lard entrelardé & qui n'est pas épais comme le lard à larder. (Le petit lard est excellent.)

Petit métier, s. m. Pâte faite de farine, de sucre , d'œufs & d'eau détrempez ensemble qu'on fait cuire entre deux fers sur un feu clair, & qu'on roule ensuite, si l'on veut, en petits cornets. (Faire du petit métier.)

Ce mot petit se joint encore à divers autres mots , avec lesquels il changent un peu de signification. Petit lait. Petite oie. Le petit lit. Le petit coucher. Mon petit cœur. Petits piez. Etre reduit au petit pié. Petit-fils. On les trouvera expliquez chacun en son rang.

Petit , s. m. Le peuple. Le petit peuple.

* (On voit que de tout tems,
Les petits ont pâti des sotises des Grands.
La Fontaine , Fable, l. 2.)

Petits, s. m. Mot général dont on se sert souvent pour dire les animaux nouveaux nez qui sont nourris par leur mere.

Petits-choux , s. m. Pâtisserie faite de fleur de pur froment, d'œufs, de fromage & d'un peu de sel. (Les petits choux sont bons.)

† Un petit , Adv. Tant soit peu. Un peu. (Aimez-moi par charité un petit. Voit. poës.)

† Petit à petit , adv Peu à peu. (Il en viendra à bout petit à petit)

† Petitemens , adv. D'une maniere petite & pauvre. (Il vit petitement.)

Petitesse, s. f. Petite taille. (Ma petitesse m'a été reprochée plusieurs fois. Voiture , l. 5 .)

* La petitesse de l'esprit fait l'opiniâtreté. Memoires de M. le Duc de la Roche-Foucaut.

* Ce seroit une petitesse de cœur plûtôt qu'une véritable modestie. Le Chevalier de Meré.

PETITION , s. f. Prononcez pericion. Ce mot vient du Latin petitio , qui signifie demande. Mais il n'est pas en usage en ce sens général.

Il est usité dans les Machematiques, où il signifie une demande claire & intelligible , dont l'éxécution & la pratique ne requierent aucune démonstration. La Géométrie est établie sur les définitions, les axiomes & les pétitions. Les pétitions servent de disposition à la Géometrie pratique. Le Clerc , principes de Géometrie.

† Petition. Terme de Palais. Demande , ou action en Justice. La plus petition , c'est une demande plus grande qu'on ne la doit faire de droit.

† Pétition de principe. Terme de Logique. Il se dit lors qu'on suposé & met pour chose certaine ce qui n'est pas & qui a besoin de preuve.

† Petitoire , s. m. Terme de Palais. Action par laquelle on demande la propriété de quelque chose. Il est oposé à possessoire. (Il faut juger le possessoire avant le pétitoire.)

† Peton , s. m. Mot burlesque qui est souvent en la bouche des nourrices & qui veut dire pié. (Ah ! les beaux petits petons, ah , que j'en sai, belle nourrice , qui se tiendroient heureux de baiser seulement les petits bouts de vos petons. Moliere Medecin maigrelui, n. 3. s. 3.)

Petoncle, s. f. Espéce de petit poisson à coquille. Rondelet.

Petoncle. Terme de Rocailleur. Sorte de petite coquille grisâtre & plate. (Une petite , ou une grosse petoncle. Une jolie petoncle.)

PETEAU, s. m Terme de Jardinier. C'est le sauvageau qui repousse du pié de quelque arbre que ce soit. Ainsi l'on dit que les pruniers repoussent beaucoup de pétreaux. Quint. jardins fruitiers.

Petreol, s. m. Ce mot vient de l'Italien Petroglio. C'est de l'huile qui sort d'un rocher. Il s'en trouve dans l'Ile de Zante & dans quelques Iles de l'Archipel. On dit le petreol, & huile de petreol. (Ce petreol est fort inflammable & l'on s'en sert à la composition des feux d'artifice qui brûlent dans l'eau. L'huile de pétreol a une odeur forte & désagréable.)

Petrifier , v. a. Convertir en pierre. (Il y a de certaines fontaines qui ont la vertu de pétrifier de certains corps durs qu'on y jette. Rob. l'hos.)

* Quel tort lui fai-je enfin ? ai-je par un écrit
Pétrifié sa veine & glacé son esprit ?
Depreaux , Satire 9.

C'est à dire, ai-je durci sa veine ? Suis-je cause que Chapelain fait des vers durs, rudes & raboteux , & qu'il n'a point de feu d'esprit ?

Se pétrifier , v. r. Devenir pierre. (Phinée se pétrifia à la vuë de la tête de Méduse. Benserade.

Pétrification , s. f. Ce mot, en termes de Phisique , signifie le changement qui se fait , quand l'eau, le bois , ou quelque autre corps se convertit en pierre. (La pétrification du bois est dificile à expliquer.)

Pétrification. Ce mot se dit aussi pour signifier les corps mêmes qui ont été couverts en pierre. (Il y a des cavernes où l'on voit plusieurs sortes de pétrifications. Les cabinets des curieux sont pleins de diverses pétrifications.)

PETULANCE, s. f. Mot qui est pris du Latin , & qui veut dire une maniere d'agir où il y a de l'emportement , de l'insolance & de l'éfronterie , & qui regarde les actions & les paroles. (C'étoit un autre Lucien par ses bons mots, par sa raillerie & par sa pétulance sans pareille. Manuscrit, Schisme d'Angleterre, l. 1. p. 1. 4.)

Pétulant

PEU.

Pétulant, pétulante, adj. Mot tiré du Latin signifiant qui a de la *pétulance*, qui a une sorte de conduite emportée & insolente. (Un esprit pétulant. Humeur pétulante.)

Pétulamment, adv. Avec pétulance. (Agir pétulamment.)

† *Pétun*, s. m. Tabac. (Prendre du pétun.)

Pétuner, v. n. Prendre du tabac. Fumer avec la pipe.

(Aujourd'hui l'aveugle fortune
Est pour qui boit, pour qui *pétune*, *Scar. poë*.)

PEU.

Peu, adv. Qui signifie. En petit nombre. En petite quantité. (Il a *peu* de bien. Il a *peu* d'argent. Il y a *peu* de questions où vous ne trouviez que l'un dit oüi, & l'autre dit non. *Pascal*, l. 5.)

Un peu, adv. (Cela est *un peu* ridicule. Cela est *un peu* fort.) Voiez plus-bas le mot *peu* pris substantivement.

Un tant soit peu, adv. (Donnez m'en *un tant soit peu*.)

Un peu moins, adv. (Il y a *un peu moins* que vous ne dites.)

Un peu plus, adv. Un peu d'avantage. (Il y a *un peu plus* que vous n'avez écrit.)

Un peu après, adv. Presque aussi tôt. (Il est venu *un peu après*.)

Un peu auparavant, adv. Cela est arrivé *un peu auparavant*.

Peu à peu, adv. Insensiblement. (On devient bon, ou méchant *peu à peu*.)

A peu près, adv. Presque. En partie (Je vous raporterai *à peu près* la substance de son discours. *Vau. Rem*.)

Peu s'en faut que. Sorte de conjonction qui régit le *subjonctif*. (*Peu s'en faut que* je ne dise que les hommes sont fous de se donner tant de peine & de faire mille bassesses pour amasser du bien, quand une fois ils en ont autant qu'il en faut pour vivre honnêtement.)

Peu-souvent, adv. Assez rarement. [Il arrive *peu-souvent* que l'amitié qui est entre les hommes soit de longue durée, parce qu'elle n'a d'ordinaire pour fondement que le seul intérêt.]

Tant soit peu, adv. [Considérez *tant soit peu* ce que c'est que la colere, & vous ne vous y abandonnerez pas si facilement.]

Peu, s. m. Ce mot est quelquefois *substantif*, & il a divers sens. Lors qu'il signifie *peu de chose*, & il est le nominatif du verbe, il veut le verbe au singulier. Mais lors qu'il signifie un petit nombre & qu'on sous entend un génitif pluriel aprés *peu*, il demande le verbe au pluriel. [Faites part aux pauvres & avec joie *de ce peu* que vous avez. *Port-Roïal*. Peu avec la justice *vaut mieux que* de grands biens avec l'iniquité. Proverbes de *Salomon*, ch 16. Peu agissent rondement, c'est à dire, *peu de gens* en usent sincerement. Les Jésuites ont gagné, le monde se paie de paroles, *peu aprofondissent* les choses. *Pasc. lettre* 2. C'est à dire, de peu de personnes se donnent la peine d'examiner les choses.]

Peuille, s. f. Terme de *Monoie*. Morceau de piéces de monoie que l'essaïeur a rompués pour en faire essai. [Voilà une peuille. Amasser les peuilles.]

Peuplade, s. f. Gens envoiez d'un païs pour peupler un lieu particulier. Colonie de gens qu'on a envoie pour peupler un lieu. [Envoyer des peuplades en quelque lieu. *Ablancourt*.]

Il signifie aussi le lieu où l'on a fait quelque peuplade. (On a envoïé un Gouverneur & des Missionnaires dans les peuplades du Canada.)

Peuple, s. m. Ce mot en général signifie. Une multitude de personnes qui habitent dans un même lieu en y comprenant les personnes de qualité & autres. (Ainsi on dit, il y a bien du peuple à Paris. Il y a une infinité de peuple à Paris.)

Peuple, s. f. Ce mot se prend dans un sens moins vague pour dire Tout le corps du peuple, sans y comprendre ce qu'on apelle les gens de qualité & les gens de l'esprit & de la politesse. (Ce c'est en ce sens, que d'Ablancourt a écrit que le *peuple étoit amoureux de la nouveauté*.)

Peuple. Ce mot se prend aussi dans un sens plus resserré pour dire toutes les personnes qui sont d'une même paroisse. (Saint Eustache est la paroisse de tout Paris où il y a le plus de peuple)

Le petit peuple. C'est toute la racaille d'une ville. C'est tout ce qu'il y a de gens qui ne sont pas de qualité ni bourgeois aisez, ni ce qu'on apelle honnêtes. (Le petit peuple de Londres est méchant.)

† * *Peuple poëtique*. C'est à dire. La multitude des petits poëtes. (Il y va de l'honneur de vous autres héros du Parnasse de ne point souffrir qu'un outrage le *peuple poëtique*.)

* *Peuple*. Ce mot se dit au figuré dans un sens assez nouveau. (Il faut être bien *peuplé* pour se laisser ébloüir par l'éclat qui environne les Grands. Les Princes Lorrains avoient si bonne mine qu'auprès d'eux les autres Princes paroissoient peuple. C'est à dire , bourgeois. *Nouvelles Remarques sur la langue*.)

Peupler, v. a. Remplir de peuple. Mettre des gens dans un lieu pour l'habiter. (On dit qu'un des fils de Cam peupla l'Etiopie. *Ablancourt*, *Marmol*.)

Peupler, v. n. Ce mot se dit souvent entre *marchands de poisson* dans un sens *neutre*, & signifie multiplier. (La carpe peuple fort.)

Peuplier, s. m. Il y a deux sortes de *peupliers* , un blanc & un noir. Le *peuplier* blanc est un arbre grand & haut qui a le tronc gros, l'écorce des branches lisse & blanchâtre, son bois est blanc & tendre & ses feüilles comme celles de la vigne. Le *peuplier* noir est celui qu'on apelle ordinairement tremble. Voiez donc tremble. (Le *peuplier* aime les lieux marécageux. *Dal*.)

Peur, s. f. Il vient du Latin *pavor* & l'on disoit anciennement *paour*. Crainte. Aprehension. Fraieur. (Avoir peur. Donner de la peur à qu'elqu'un. La peur le saisit, & il se troubla si fort qu'on ne se put jamais remettre. Trembler de peur. *Ablancourt*.)

Avoir peur de son ombre. C'est à dire, avoir peur de rien.

De peur de. Sorte de conjonction qui régit le verbe à l'*infinitif*. (Quand on n'est pas habile , le plus seur est de peu parler *depeur* de faire connoître son foible.)

Depeur que. Conjonction. qui demande le verbe *au subjonctif*. (Le plus seur c'est de ne point parler des Grands, *depeur* qu'ils ne se vangent si on en parle mal, & qu'ils ne s'ofencent, si on n'en parle pas avec toute la bonne opinion qu'ils ont souvent tous seuls d'eux mêmes.)

Peureux, peureuse, adj. Qui craint. (Il est peureux. Elle est peureuse.

Aminte , tu me fuis , & tu me fuis volage
Comme le faon *peureux* de la biche sauvage.
Segrais , Eglogue 4.)

Peureux, peureuse. Ce mot se dit des chevaux & veut dire Ombrageux. (Cheval qui est peureux.)

Peut-être, adv. Par hazard. (Monsieur Ménage avoüe en quelque endroit de ses ouvrages qu'il n'a point de génie pour les vers & cela est *peut-être* plus vrai qu'il ne le dit.)

PH.

PH. Ces deux Lettres *P* & *H* jointes, ensemble se prononcent comme une F.

Il y a quelques mots qu'on écrivoit par *ph*, selon leur étimologie, qu'on écrit à present par un F. On les trouvera en leur rang.

PHA.

PHAETON , s. m. Fils du Soleil & de Climéne. (Phaëton fut temeraire, mais il fut aussi malheureux.)

PHALANGE , s. f. Terme de *Milice Grèque*. C'étoit l'infanterie des Grecs ; pesamment armée. *Abl. Traitté de la bataille des Romains*. D'autres disent que la *phalange* étoit un corps d'infanterie de huit mille hommes.

PHANTOME. Voiez Fantôme.

* *Se former des phantômes* , ou fantômes. *Patru*, pl. 2. C'est à dire , se former des chimeres.

PHARE, s. m. Ce mot vient du Grec *pháros*, que les Latins ont rendu en leur langue par celui de *pharus* ; les François par celui de Feu, de Fanal, ou de Phare. Les Espagnols apellent le phare *farol*, & les Italiens *fanali*. Voiez le Dictionaire de Couvarruvias & celui de la Crusca. Ce qu'on connoit autrefois *phare* étoit une tour sur un rocher dans une Ile de ce nom, bâtie par l'ordre de Ptolomée Philadelphe, où l'on alumoit des feux afin que ceux qui navigeoient, pussent régler surement le cours de leurs vaisseaux. Et aujourd'hui, par raport à cet ancien Phare, on apelle de ce nom une tour qui est élevée sur la côte, & dont le haut porte un fanal, qu'on alume la nuit pour montrer la route aux vaisseaux & les empêcher de donner contre la côte.

PHARMACIE, s. f. Mot originairement Grec qui veut dire l'Art de guerir par des remédes. Il y a deux sortes de pharmacie , la Galénique & la Chimique. La *pharmacie Galénique* est la partie de la Médecine qui enseigne le choix, la preparation & la mixtion des médicamens. *La Pharmacie Chimique* est un art qui enseigne à resoudre les corps mixtes , à diviser & à connoître les parties dont ils sont composez pour en separer celles qui sont mauvaises , en exalter les bonnes & les unir lorsqu'il est besoin. (La matiére de la *pharmacie* est le remède , son sujet le corps humain, & sa fin la connoissance des remédes & la santé. Les principes de la pharmacie Chimique sont le soufre , le mercure , le phlegme & la terre)

Pharmacien , s. m. Celui qui fait la pharmacie. (Il est bon pharmacien. C'est un excellent pharmacien. Le Pharmacien a une double fin : La première , c'est la vraie connoissance & la parfaite preparation du médicament ; la 2. c'est la santé de l'homme , pour laquelle le Pharmacien choisit , prepare & mêle tous les médicamens. *Charas, Phar.* l. p. c. 1.)

Pharmacopée, s. f. Livre qui donne la connoissance de la pharmacie. (La pharmacopée de Monsieur de Charas est parfaitement bonne.)

PHRASE,

PHASE, *s. f.* Terme d'*Astronomie*. Ce mot est Grec. Et il se dit des diverses illuminations, ou aparances de la Lune, dont la lumiere croit & décroit. Les principales phases de la Lune sont lors qu'elle est en opposition au Soleil, & qu'elle en paroit toute éclairée, & lors qu'elle est dans les quadratures & qu'elle n'est éclairée qu'à moitié. On remarque aussi de semblables *phases* dans la planete de Venus.

PHE.

PHEBUS, *s. m.* Apollon.

[Phébus, ni son troupeau
Nous n'eumes sur le dos jamais un bon manteau.
Regn. Sat.)

Phebus, s. m. Sorte de langage affecté, peu naturel & qu'on n'entend presque pas. (Le Phebus de nôtre langue ne se raporte presque point à celui des Grecs. *Abl. Luc.T.3. dance.*)

PHÉNIX, *s. m.* Belon *Hist. des oiseaux, lib. 6.35.* dit que le *phénix* est un oiseau grand comme une aigle, que les plumes d'autour de son cou sont dorées & que ses autres plumes sont de couleur de pourpre, que sa tête est embelie de plumes élevées en forme de crête, qu'il compose son nid de rameaux de casse odoriférante & de rameaux d'encens, que le Soleil venant ensuite à alumer tout cela, le *phénix* brûle & renait quelque tems après de ses cendres. *Jonston, hist. des oiseaux, dit* que tout cela est fabuleux & on croit qu'il a raison.

† *. *hénix.* Ce mot au figuré est comique. (Diana apelle Vasquez le *phénix* des esprits. *Pasc. l.5.* Sauval est le *phénix* des esprits relevez. *Dep. Sat.9.*)

PHÉNOMENE, *s. m.* Terme de *Philosophie.* Mot qui vient du Grec. C'est une aparance qu'on découvre dans le Ciel & dans tous les éfets sensibles de la nature. (Les éclipses sont des *phénomenes*. Les mouvemens des planetes, leurs aproches, leurs aspects, leurs opositions, sont des *phénomenes* du Ciel. La secheresse de la Tetre & du feu. Découvrir un nouveau *phénomene*. Chercher la cause d'un *phénomene*.)

PHI.

PHILACTERE, *s. m.* Prononcez, & même écrivez *filatére.* Ce mot vient du Grec. *préservatif.* C'est un remède superstitieux, qu'on atache au cou, aux bras, aux jambes des hommes, ou des bêtes, pour chasser ou empêcher quelque maladie, ou quelque fâcheux événement. Les philactères sont défendus, & ont été condamnez par les Pères & par les Conciles. *Thiers, superst.* Il y a des philactères qui se font par des paroles, mais ils sont ridicules.

PHILIPE, ou *Philipes, s. m.* Nom d'homme, dont le diminutif est Philipot, qui veut dire *petit Philipe.* (Philipe de Valois Roi de France mourut en 1310 âgé de 50 ans.]

Philipat, s. m. Petit Philipe. (Philipot devient Gros.)
Philipote, s. f. Nom de fille, qui veut dire Petite *Philipe.* Philipote est belle.)

PHILOLOGIE, *s. f.* C'est une litérature universelle qui s'étend à toute sorte de sciences & d'Auteurs. Ce mot est Grec.

PHILOSOPHE, *s. m.* Mot qui vient du Grec, & qui veut dire *Amateur de la sagesse.* Sage. Prudent. Mais comme dans ce sens, le nombre des philosophes d'aujourd'hui est fort limité, on l'étend un peu d'avantage, & on nomme *philosophe* celui qui sait, qui croit savoir, ou qui se pique de savoir la Logique, la Morale & la Phisique. (Le sieur Paquier est un grand Philosophe, il dit que *l'accident n'est qu'une infortune*, & la *substance* qu'un *suc.* Lucien a mis les anciens Philosophes à l'encan, & à son imitation on feroit un plaisant dialogue sur les Philosophes modernes.)

Philosophe, s. m. Celui qui fait une particuliere profession de sagesse. Celui qui s'est detraché des choses du monde par la connoissance qu'il a de leur peu de valeur. (Le mépris des richesses étoit dans les Philosophes un désir caché de vanger leur mérite de l'injustice de la fortune. *Memoires de M. le Duc de la Roche-Foucaut.*)

† *Philosophe.* Ce mot se prend quelquesfois en mauvaise part, & alors il signifie Une espèce d'esprit qui ne se soucie de rien. Une maniere de fou insensible. (C'est un philosophe, & c'est tout dire.)

Philosophe, s. f. Celle qui fait la philosophie. Celle qui connoît la nature des choses.

('A vôtre fille ainée
On voit quelque dégout pour les nœuds d'himénée.
C'est une Philosophe. *Moliere, femmes savantes, a.1.s.8.*

Le mot de *Philosophe* dans ce sens de Moliere, est un peu méprisant & on ne le dit guére d'une femme pour s'en moquer.)

Philosophe. Les Chimistes prennent ce nom & se l'atribuent par préference à tous les autres. (Les principes des Philosophes sont le sel, le soufre & le mercure.)

Philosopher, v. n. Raisonner des choses qui regardent la Philosophie. Bernier, après avoir philosophé cinquante ans, avoüa qu'il doute des choses qu'il avoit crû les plus certaines. S. *Evremont œuv. mel.* in 4. *p.*407.)

Philosophie, s. f. Mot qui derive du Grec, qui veut dire *amour de la sagesse.* C'est une connoissance claire & certaine des choses naturelles & divines qu'on aquiert à force de réflexions & de raisonnemens sur ces sortes de choses. (Il y a une philosophie utile & nécessaire, qui est celle de Décartes & de Gassendi & un autre qui est querelleuse, chicaneuse & toute afreuse qui est celle des gens de colége. On divise la *philosophie* en Logique, Morale, Phisique, & Métaphisique.)

* *Philosophie.* Etude de la sagesse. Certaine maniere de vivre sage & réglée qui roule sur certains principes d'honneur & de morale. (La philosophie triomphe aisément des maux passez, mais les maux présens triomphent d'elle. *Mémoires de Monsieur de la Roche-Foucaut.* Chacun se forme à son goût, une philosophie. *Reg. Sat.*14.)

Philosophie. Terme *d'Imprimeur.* C'est un caractère entre le Cicero & le petit Romain. (De quel caractère est cela? C'est de *philosophie*.

Philosophique, adj. Qui est de philosophe. Qui apartient à la philosophie. (Définition philosophique.)
Philosophiquement, adv. En Philosophe. A la maniere d'un Philosophe. Comme un Philosophe. (Raisonner, écrire, disputer philosophiquement.)
Pierre Philosophale. Voiez Pierre sur la fin.

PHILTRE, *s. m.* Prononcez *Filtre*, & même écrivez ce mot comme on le prononce. Il vient du Grec. C'est ce qu'on donne à boire à une personne pour l'obliger d'en aimer une autre, qui l'aime, & qu'elle n'aime pas, ou qu'elle n'aime pas assez. (Un philtre amoureux, Un filtre dangereux, violent, puissant, agreable, &c. La femme de Valstein lui donna à boire un de ces filtres qui troublent l'esprit, au lieu de le gagner. *Sarazin, conspir. de Valstein.*

Je suis près du trépas
Pour un filtre amoureux que j'ai pris par l'oreille.
Démarais, Visionnaires, a.3. s.1.).

Philtrer, v. a. Terme de Chimie. C'est clarifier. C'est passer une liqueur par un entonnoir de papier, soutenu d'un entonnoir de verre. (Philtrer une liqueur.) V. *filtrer,* &c.

PHISICIEN, *s. m.* Celui qui fait la Phisique. Celui qui étudie la Phisique. Qui est écolier de Phisicien. (Descartes & Gassendi sont les Phisiciens modernes les plus fameux. C'est un jeune Phisicien de colége.)

Phisiciens. Ce mot signifioit autrefois. *Medecins.* (Phisicietus ne mourir. *Sur. poët.*)

PHISIOLOGIE, *s. f.* Terme de *Medecin.* C'est une partie de la Medecine, qui observe & considére la nature de l'homme depuis sa naissance jusques à la mort. La phisiologie considère les choses qui composent le corps humain & qui lui sont nécessaires pour ses diverses fonctions. Voiez *Riviere, Traité de Médecine.*

PHISIONOMIE, *s. m.* Science qui par les traits du visage, juge de l'humeur d'une personne. Science qui juge du naturel des gens en considérant les traits de leur visage & de certaines parties de leurs corps. (Aristote & Avicenne & plusieurs autres ont traité de la phisionomie. Ils en diront tout ce qu'il leur plaira, mais la phisionomie est fort incertaine & fort trompeuse.)

* *Phisionomie.* Certain air de visage qui d'abord plaît, ou déplait, qui donne bonne, ou mauvaise opinion, ou qui incline à avoir quelque sentiment de la personne qu'on voit (C'est un jeune Gentilhomme qui a une *phisionomie* fort heureuse. Sa *phisionomie* n'a rien de bon. Avoir mauvaise phisionomie, Guillot a une phisionomie la plus grotesque du monde.)

Phisionomiste, s. m. & f. Celui qui fait la phisionomie. Celui qui s'entend en phisionomie. Celle qui sait, ou qui se connoit en phisionomie. [Monsieur est bon Phisionomiste. Mademoiselle est bonne phisionomiste.]

PHISIQUE, *s. f.* C'est la science des choses naturelles. C'est une science qui nous enseigne les raisons & les causes de tous les éfets de la nature. (Etudier la phisique. *Roh. Phis.*)

Phisique. Terme de *Colége.* C'est la classe où l'on enseigne la phisique, ou du moins où on la doit enseigner. (Il est en phisique. Faire sa Phisique sous Monsieur de Chantelou qui est l'un des plus habiles Régens de Phisique de l'Université de Paris.)

Phisique, adj. Naturel. Qui regarde la science de la phisique. (Une question Phisique. *Roh. Phis.* Discours phisique. Dissertation phisique. *La Chambre.*)

Phisiquement, adv. Naturellement.

PHL.

PHLÉBOTOMIE, *s. f.* Ce mot vient du Grec & ne se dit au propre qu'entre Chirurgiens & Médecins, & signifie *l'art de saigner*. (Il entend fort bien la phlébotomie.)

* **Phlébotomie**. Il se prend quelquefois au figuré & veut dire La saignée que la Politique fait faire, en faisant couper la tête des personnes de qualité qui troublent l'Etat. Le mot de *phlébotomie* ne trouve bien sa place que dans le stile mediocre, ou de conversation. (La phlébotomie est quelquefois nécessaire dans un Etat, mais il faut qu'elle se fasse avec esprit. *France mourante.*)

Phlébotomiser. Ce verbe est *neutre* d'ordinaire, il vient du Grec, & ne se dit qu'en riant. Il veut dire *tirer du sang.* (Je me ferai phlébotomiser demain matin.)

PHLEGME, *s. m.* Terme de *Chimie.* C'est un principe passif fort volatil qui se présente le prémier & sort par la moindre chaleur du feu en forme d'eau claire & insipide. (Le *phlegme* est propre à tempérer l'acrimonie des esprits. *Glas. Chimie, livre 1. chap. 3.*)

Phlegme. Ce mot, dans le langage ordinaire signifie un crachat épais.

* **Phlegme.** Il se dit au figuré pour signifier une humeur sérieuse & tranquille qui ne s'émeut point (Il a souffert cette injure, il a aprés cette fâcheuse nouvelle avec un grand phlegme, avec son phlegme ordinaire.)

Phlegmatique, *adj.* Pituiteux. Abondant en pituite. (Tempérament phlegmatique.)

Phlegmon, *s. m.* Terme de *Chirurgie & de Médecin.* Ce mot est Grec. C'est une tumeur avec inflammation. (Un gros phlegmon.)

PHLIBOT, *s. m.* Vaisseau Flamand qui est arondi même du côté de la poupe.

PHO.

PHOSPHORE, *s. m.* Ce mot est Grec, & signifie *qui porte la lumiére.* On a donné premiérement ce nom à la *pierre de Bologne*, qui conserve durant quelque tems dans les tenebres, la lumiére qu'elle a reçûe du Soleil. On a aussi fait depuis quelque tems des *Phosphores artificiels*, qui sont des liqueurs qui luisent dans les ténébres, & qui rendent lumineux divers corps qui en sont frotez, sans se bruler.

PHR.

PHRASE, *s. f.* Mot qui vient du Grec & qui veut dire *façon de parler.* (Une belle phrase. Faire des phrases.)

PHRENESIE, ou *frénésie*, *s. f.* Forte & violente aliénation d'esprit avec fiévre.

Phrenétique, ou *frénétique*, *adj.* Aliéné d'esprit. (Il est phrenétique.) Voiez *Frénétique* écrit par F.

PHT.

PHTISIE, *s. f.* Ce mot se dit entre *Médedins.* C'est un entier amaigrissement du corps. C'est une éxulceration du poumon avec une fiévre lente qui rend le corps fort maigre. *Deg.* (Tomber en phtisie.)

Phtisique, *adj.* Celui qui est ateint de la Phtisie.

PIA.

† **PIAFE**, *s. f.* Mot vieux, bas & burlesque qui veut dire *morguer.* (Faire la piafe aux gens.)

† **Piafer**, *v. n.* Ce mot dans l'usage ordinaire & en parlant des personnes, est bas & burlesque ; il signifie Marcher d'un air sot, fier & morguant.

[Je le voi piafer. *S. Amand*, *Rome ridicule.*]

Piafer. Ce mot se dit en parlant de certains chevaux de selle qui en marchan ont du feu & plient les jambes jusqu'au ventre ce qui a bonne grace. (Cheval qui piafe.)

† **Piafeur**, *s. m.* Ce mot se dit de certains chevaux de selle ardens, & veut dire Qui piafe (Cheval piafeur.)

PIAILLER, ou *piailler*, *v. n.* Prononcez *piaillé.* Ce mot se dit proprement des poules, des poulets d'Inde, des oies, & de leurs petits. C'est faire un cri qui témoigne que ces animaux souffrent, ou ont besoin de quelque chose.

† * **Piailler**, *v. n.* Ce mot, au figuré signifie Crier. Pleurer. Enfant qui ne fait que piailler. Elle piaille une partie du jour & fait enrager tous les gens du logis.)

† **Piaillerie**, *s. f.* Criaillerie. Pleurs. (Ce ne sont que piailleries. On est las de toutes ses piailleries.)

† **Piailleur**, *s. m.* Crieur. Pleureur. C'est un piailleur. Taisez-vous petit piailleur.)

† **Piailleuse**, *s. f.* Crieuse. Pleureuse. (C'est une franche piailleuse. Une petite piailleuse.)

PIASTRE, *s. f.* Espéce de monnoie d'Espagne, qui vaut un Ecu.

† **PIAUTRE**, *s. m.* Ce mot est ofensant & de la lie du peuple de Paris, qui dit, (Envoier quelqu'un au *piautre*, C'est à dire, l'envoier promener d'une maniére méprisante & injurieuse.)

PIC.

PIC.

PIC, *s. m.* Terme de *Taillandier, de Pionnier & d'autres gens* qui travaillent à foüir la terre. C'est un outil de fer qui n'a qu'une pointe & qui sert à foüir la terre. Pic rompu. Sans songer au péril, ils abatent le mur à coups de pics & de pieux. *Vaug. Q. Curce l. 9. c. 5.*)

Pic, *s. m.* Sorte d'oiseau qui a le bec long, dur, fort & propre à percer l'écorce des arbres. (Le pic vit de vers & fait son nid dans le creux des arbres. Il y a de plusieurs espéces de *pies*. Il s'en trouve des noirs qui sont comme de petites corneilles, il s'en trouve aussi de verds, de gris, de couleur de cendre & d'autres qui sont marquetez de noir & de blanc. *Bel. l. 5.*)

Pic-verd, *pi-verd*, *s. m.* On écrit d'ordinaire *Pic-verd*, mais on prononce *pi-verd*. Il y a un pic-verd jaune, & un pic-verd rouge. Le *pic-verd* jaune a le bec fort & dur & les jambes courtes, les ongles crochus & aigus, il a deux marques rouges sur les yeux, le dessus de la tête rouge & le reste du corps verd & jaune Il monte sur le tronc des arbres & se nourrit de leurs excremens. Le *pic-verd* rouge a le dessus de la tête, & les côtez des temples rouges, & le dessus du dos brun avec un peu de blanc dans ces aîles.

Pic, *s. m.* Terme de *jeu de piquet.* C'est une sorte de coup qui est remarquable au piquet, & qui vaut soixante points. (Empêcher le pic & repic)

† * **Vous allez faire** *pic & repic*, ce qu'il y a de galand à Paris. *Moliere.*

A Pic, *adv.* Terme de *Mer.* C'est à dire, à plomb, perpendiculairement. (Etre à pic sur une Ancre, c'est être droit sûr elle, quand on la dégage.

Se trouver à pic du Soleil. C'est à dire, se rencontrer perpendiculairement sous le Soleil.)

Le Pic de Teneriffe. C'est une montagne trés-haute dans l'une des Iles Canaries.

PICHET, *s. m.* ou *Piché.* Les marchands de vin apellent de ce nom, une sorte de petite cruche de terre à bec, dont ils se servent pour tirer du vin & remplir les piéces. (Un piché tout neuf, cassé, fêlé, &c.

PICINE, *s. f.* Mont consacré dans l'Ecriture qui veut dire *Lavoir.* Reservoir d'eau. Lieu où l'on se lave. (Il y avoit à Jérusalem une *picine aux brebis*, l'Ange du Seigneur déscendoit en un certain tems dans cette *picine*, & en troubloit l'eau. *Port-Roial, N. Test. Evang. de S. Jean, ch. 5. v. 2. 4. &c.*)

† **PICORÉE**, *s. f.* Ce mot se dit en parlant de *guerre* & est vieux & n'est point en usage dans le beau stile, ni dans le commerce ordinaire des gens d'épée. (On dit *aller à la petite guerre* & non pas *à la picorée.*)

† **Picorer**, *v. n.* Ce mot ne se dit plus au propre & en sa place, on dit *aller à la petite guerre.*)

† **Picoreur**, *s. m.* Vieux mot pour dire *celui qui va à la petite guerre.*

† * **Picoreur**, *s. m.* Sorte de *plagiaire* qui prend çà & là dans les Auteurs.

[Ce picoreur Grec & Latin
La tigne des Auteurs, *Ménage.*

Corin, *Ménagerie.*]

PICOT, *s. m.* C'est une petite pointe qui reste du bois coupé prés de terre, & qui blesse souvent les piez quand on marche dessus sans y prendre garde.

Picot. C'est le nom d'une sorte de filet dont se servent les pêcheurs sur les côtes de Normandie. [Le picot est fait come la drège, mais il est plus petit.)

Picot. Picot signifie aussi une petite engreleure qu'on fait au bout des dentelles.

Picoté, *picotée*, *adj.* Ce mot se dit des gens, qui sont marquez de la petite verole, & il signifie Qui a un visage quelques marques de petite verole. (Il a le visage *picoté*. Elle est un peu *picotée*.)

Picoté, *picotée*, *adj.* Terme de *Blason.* Il signifie *marqueté*, & se dit particulièrement des truites pour les distinguer des autres poissons.

† * **Picoter**, *v. a.* Tâcher de mettre en colére. (Incessamment je le picore. *Comb. Epi. l. 3.* De tous côtez on le picote. *Scaron.*)

† * **Picoterie**, *s. f.* Petite querelle. Petite ataque qui se fait de paroles. Petite pique. Semence de division. (Il y a toujours entre eux quelques petites picoteries.)

PICOTIN, *s. m.* Sorte de petite mesure faite d'osier pour donner

PIE.

donner l'aveine aux chevaux. (Donner un picotin d'aveine à un cheval.)

PICQUER. Voiez *piquer*.

PICVERD. Voiez plus-haut *pic*.

PIE.

PIE, *s. f.* Sorte d'oiseau blanc & noir, qui a la chair dure & qui ne vaut rien à manger. (La pie pond neuf ou dix œufs, & fait son nid d'une manière fort ingénieuse. Elle est capable de quelque diciplîne & parle lorsqu'elle est instruite. *Bel. l. 5.*)

Pie griêche. Oiseau qui a un cri fâcheux & qui n'est guére plus gros qu'un merle. La *pie griêche* a la tête un peu grosse & un peu large, le bec dur, noir & gros, un peu courbé par le bout. Elle a la tête & le dos gris avec le dessous de la gorge, du ventre & de la queue blanc. Sa queuë est longue. Ses ailes noirâtres, ses jambes & ses piez noirs. La petite pie-griêche est celle qui mange les mulots & les souris des champs *Bel. l. 1. c. 23.*)

† *C'est une pie-griêche*. Ces mots se disent d'une femme criailleuse, & fâcheuse. (Elle est bonne femme, mais elle est un peu *pie-griêche.*)

† Elle cajole comme une *pie borgne*, ou comme une *pie dénichée*. C'est à dire, que c'est une grande causeuse.

Pie, *s. f.* Sorte de cheval qui a du blanc & d'autre poil, & qui s'apelle *pie*, à cause de la ressemblance qu'il a avec l'oiseau qu'on apelle *pie*. Une véritable pie doit être blanche & noire. Cependant il y en a d'autres sortes, car on dit *une pie noire, une pie baie, une pie alzane*.) Quelques-uns font le mot de *pie masculin*, en ce sens, & disent voilà un *beau pie*. L'usage ordinaire est de le faire *féminin.*

Pie, *s. m.* Nom propre qui s'est donné à quelques Papes Pie quatrième. Pie cinquième mourut en mil cinq cens soixante & douze.

† *Pie*, *adj.* Mot qui signifie *pieux*, & qui ne se dit guére qu'en langage du *Palais*. (Une œuvre pie.)

Pie-mére, *s. f.* Terme d'Anatomie. C'est une membrane qui envelope le cerveau & en soutient les vaisseaux. (La pie mére est ofensée.)

Pié, *s. m.* ou *pied*. L'un & l'autre s'écrit, mais le *d* ne se fait point sentir, & l'on prononce toujours *pié*.

Ce mot se dit des hommes & des animaux. C'est la partie que la nature a donnée aux hommes & aux autres animaux pour marcher. Le *pié de l'homme* est une partie de la jambe composée de beaucoup d'os, comme de chevilles, de talon, de doigts, &c. (Poser le pié à terre. Tourner bien le pié. Avoir les piez tournez en dedans, ou en dehors. Avoir des cors aux piez. Le cou du pié, la cheville du pié, la plante du pié, &c. Le *pié du cheval*, comprend le sabot qui est tout ce qu'on voit de corne lorsque le cheval a le pié posé à terre. *Faire pié neuf*. Ces mots se disent des chevaux lorsque le sabot tombe & que le petit pié demeure nud. *Cheval pié nud*. C'est à dire qui n'est point ferré. *Cheval qui a le pié usé*. C'est à dire, cheval qui a la corne du pié usée.)

Pié. Ce mot en parlant de l'homme entre dans plusieurs façons de parler. (Exemples. *Mettre pié à terre. Ablancourt, Ar.* C'est décendre de cheval, ou de carosse. *Avoir le pié à l'étrier*. C'est être prêt à monter à cheval, & à partir.)

Prendre pié, trouver pié, c'est trouver le fond d'une riviére, & n'être plus obligé de nager. L'eau n'étoit pas si profonde qu'on n'eût pié ou de certains endroits. *Ablancourt*. Il avoit mille hommes de pié *Ablancourt, Ar. l. 1.* C'est à dire, de soldats servant à pié. Voiés *plus bas* le mot de *pié au figuré.*)

Pié. C'est une sorte de mesure de douze pouces, chaque pouce aiant douze lignes, Et cette mesure s'apelle *pié de Roi*. (Avoir huit piez de long sur cinq, ou six de large. *Pié quarré*. C'est un quarré dont chaque côté est de la longueur d'un pié. *Pié cubique*. C'est un Cube dont chaque côté est d'un pié, & dont chaque face est un pié quarré. Un pié courant contient douze pouces quarrez, mais le pié quarré en contient 144.)

Pié. Ce mot se dit des arbres, des montagnes & des murailles C'est la partie la plus basse de l'arbre, du mur; ou de la montagne. (Se camper au pié d'une muraille. *Ablancourt, Ar. l. 1.* Couper un arbre par le pié. Cette vile est située au pié des Alpes.)

Pié Ce mot se dit aussi des arbres & des autres plantes, & signifie la plante même. Les Jardiniers disent, j'ai tant de piez d'œillets. Il y a quatre cens piez d'arbres fruitiers dans ce verger. On dit aussi, il y a tant de piez d'arbres dans cette forêt.)

Pié. Tout ce qui soutient une chose. Ce surquoi une chose pose pour la soutenir. (Ainsi on dit. Le pié d'un cofre fort. Les piez d'un bahu. Un beau pié de cassette. Pié de verre. Pié de lit, &c.)

On dit en termes de *Blason*. Le pié de l'Ecu, c'est sa pointe & sa partie inférieure.

PIE.

Pié coupé. Il se dit d'une fleur de lis dont il ne paroît que les trois fleurons, & dont le pié a été retranché.

Pié Terme de *poësie Gréque*. Terme de poësie Latine. C'est une certaine mesure de quelques silabes selon lesquelles le vers semble marcher par cadence. [Le Spondée, l'Iambe & le Trochée sont des piez de deux silabes : les piez de trois silabes sont le Dactile, l'Anapeste &c. Piez simples. Piez composez. Tous les vers Grecs & tous les vers Latins sont composez de piez, & les vers François de mesures.]

* *Pié*. Manière de penchant qu'on donne à une chose. (Ne posez pas cette échelle toute droite, donnez lui un peu de pié.)

* *Pié*. Ce mot au figuré entre encore dans plusieurs sortes de façons de parler nouvelles & dans quelques autres qui sont proverbiales. (Exemples.)

* *Gagner au pié*. C'est fuir.

* *Lâcher le pié. Ablancourt, Ar. l. 1.* C'est à dire, s'enfuïr. Le bon Pére commença à lâcher le pié. *Pascal, l. 4.* C'est à dire : à ne pas tenir ferme.

† * *Il est à la Cour sur un bon pié*. C'est à dire, il est bien à la Cour.

* *On ne le regarde pas sur le pié de bel esprit*. C'est à dire, on ne le considére pas comme bel esprit.

† * *Quand on est sur ce pié là*, on ne se soucie plus de rien. C'est à dire, lorsqu'on est dans cet état-là, on ne s'enquiert plus de rien.

* *Les choses ne sont pas sur ce pié-là*. C'est à dire, les choses ne sont pas en cet état-là.

† * *J'ai acheté ma charge sur le pié de dix mille écus*. C'est à dire, à raison de dix mile écus.

* *Etre armé de pié en cap*. C'est à dire, armé de toutes piéces.

* *Aller de pié comme un chien maigre*. C'est à dire, marcher fort bien.

* *C'est un pié plat*. C'est à dire, un misérable, un coquin, un rustre; un grossier. (Avèque ce *pié plat*, faudra t-il que j'en vienne à quelque grand éclat. *Moliere, Tartufe.*)

* *Avoir les piez chauds*. Ces mots *au figuré* veulent dire, être à son aise. Avoir toutes ses petites commoditez.

† * *Alor faire le pié de veau*. C'est à dire. Faire la révérence.

† * *Sentir le pié de messager*. C'est avoir le pié püant.

Le messager d'une petite vile
N'a pas le pié plus püant que Doris.
Poete anonime.

Il sort de son pié plat une très mauvaise odeur.

† * *Etre reduit au petit pié*. C'est à dire. Etre reduit dans un état misérable.

† * *Aller à beau pié sans lance*; C'est aller de son pié.

† * *J'en aurai pié*, ou *aile*. C'est à dire. J'en aurai quelque chose.

* *Ce n'est pas un homme qui se mouche du pié*. C'est à dire, C'est un adroit : C'est un fin. Un rusé.

* *Tenir pié à boule*. C'est à dire, s'atacher au travail, s'y assujetir.

† * *Avoir bon pié, bon œil*. C'est à dire, être ferme & dispos, être sain & gaillard. Prendre bien garde à soi.

* *Faire le pié de gruë*. *Scaron, Poës.* C'est se tenir sur un pié, C'est être longtems debout & sur ses piez.

[Quand il faut à tâtons courir de ruë, en ruë,
Ou dessous un balcon *faire le pié de gruë.*
Scaron, Poës.]

† *Faire un pié de nez à quelqu'un*. C'est à dire, Se moquer d'une personne.

† * *Il a eu un pié de nez*. C'est à dire. Il a été hontensement refusé, on s'est moqué de lui.

† * *Prendre au pié levé*. C'est ne donner point de tems. Vouloir qu'une chose se fasse promtement.

† * *Avoir un pié, dans la fosse*. C'est à dire, être vieux & n'avoir pas encore long-tems à vivre.

† * *Tenir le pié sur la gorge*. C'est à dire, Traiter à la rigueur.

† * *Sécher sur le pié*. C'est être en un triste & pauvre état.

† * *Se trouver toujours sur ses piez. Voit. Poës.* C'est à dire, se trouver dans le même état où l'on étoit, ne pouvoir être abatu d'aucun accident.

[Il ne crut pas, versant, pouvoir malfaire.
Car chacun dit que quoi que vous fassiez
Vous vous trouverez toujours dessus vos piez.
Voit. Poës.]

† * *Ne savoir sur quel pié danser*. C'est à dire, Ne savoir que devenir.

† * *Faire*

†* *Faire des piez de mouche.* C'eſt à dire, Ecrire mal. Ecrire ſi mal qu'on ait peine à lire ce qu'on a écrit.

†* *Chercher à pié & à cheval.* C'eſt à dire, Chercher par tout & avec ſoin.

†* *Prendre les choſes au pié de la lettre.* C'eſt à dire, Conſidérer les choſes comme elles ſont écrites, & s'en tenir là ſeulement.

* *Etre en pié.* Termes qui ſe diſent en parlant de *gens de guerre* entretenus, conſervez & continuez dans le ſervice. *Capitaine en pié. Compagnie en pié.* C'eſt à dire, compagnie conſervée. On dit auſſi *compagnie retenuë ſur pié. Compagnie conſervée ſur pié.*

De plein pié, adv. Ce mot ſe dit *des chambres* & veut dire, Chambres de même hauteur & toutes proches l'une de l'autre. (Il eſt bien logé, il a trois chambres de plein pié.)

De pié ferme, adv. Sans bouger. Sans quiter le lieu où l'on eſt. (Le combat étoit de pié ferme. *Ablancourt*, Ar. Atrendre quelqu'un de pié ferme.)

A pié-ſec, adv. Sans mouiller le pié. (Paſſer une rivière à pié-ſec.)

Pié à pié, adv. Ces mots en termes de *guerre* ſignifient par les formes ordinaires de l'art militaire. (Gagner le terrain pié à pié. Faire un logement pié à pié.)

†* *Pié à pié*, adv. Peu à peu. (Avancer pié à pié.)

Pié fourchu, ou *pié fourché*. Ce ſont les moutons, les vaches & les chèvres, & autres bêtes qui ont la corne du pié un peu fenduë. (Le *pié fourchu* doit tant d'entrée. Le pié fourchu paie l'entrée.

Pié fourché. Il ſignifie auſſi les droits qui ſe tirent de l'entrée de ces ſortes de beſtiaux. (Le Roi tire beaucoup du pié fourché. Païer le pié-fourché.)

Petit pié, ſ. m. Os entouré de la corne, de la fourchette & de la ſole, & qu'on ne voit point que quand le cheval eſt deſſolé. *Soleiſel*, c. 1.

Reduire une figure au petit pié. C'eſt faire la copie d'un grand tableau en petit, en gardant les mêmes proportions.

De petits piez, ſ. m. Ce ſont de toutes ſortes de petits oiſeaux excellens à manger. [Il nous a fait manger de petits piez. Je ſuis las de viande de boucherie, je voudrois bien avoir ce ſoir des petits piez.]

Pié d'alouëtte. C'eſt la partie que la nature a donnée à l'aloüette pour marcher. C'eſt auſſi une ſorte de *fleur*, dont la tige eſt déliée & haute d'environ deux piez, qui eſt rouge, blanche, couleur de chair, ou violette, qui fleurit en Juin, Juillet & Aout & dont on ſe ſert pour embelir les plates bandes des jardins. (De beaux piez-d'alouëtte.)

Il y a diverſes autres plantes qui ſe nomment avec ce nom de pié; comme ſont le *pié de chat*, de la fleur duquel on fait du ſirop & des conſerves pour les pulmoniques. *Pié de cheval*, ou *pas d'âne*. *Pié de lièvre. Pié*, ou *patte de Lion*, qui croît parmi les blez. *Pié d'oiſeau. Pié d'oie. Pié de veau. Pié de geline*. Voïez *Fumeterre.*

Pié de biche. C'eſt une barre de fer, qui ſert à fermer les portes cochères, qui eſt attachée à la muraille & qui à l'autre bout ſe diviſe en deux crampons qui entrent dans les ferrures de la porte.

Pié de chèvre. C'eſt une barre de fer, ou une pince qui ſert à remuer des pierres & autres fardeaux. Elle a un bec aigu, courbé & refendu. Les Imprimeurs apellent pié de chèvre, l'outil dont ils ſe ſervent pour démonter les bales.

Pié de chèvre. Terme de *Méchanique*. C'eſt une troiſième pièce de bois qui ſert à apuyer deux autres qui compoſent le montrant de la machine qu'on apelle *Chèvre*, & qui eſt propre à élever des fardeaux.

Pié de griffon. Inſtrument de Chirurgien qui a deux crochets de fer. On s'en ſert dans les accouchemens difficiles, à retirer la tête de l'enfant qui étoit demeurée dans le ventre de la mère.

* *Pié.* Terme de *Teinturier*. Il ſe dit des premières couleurs des étofes à qui on en donne après d'autres de plus d'éclat & de durée.

*On dit d'une perſonne gaie, qu'elle a toujours *un pié en l'air.*

Les Sergents diſent par manière de proverbe, *la vache a bon pié*, pour ſignifier que la partie pour laquelle ils agiſſent eſt riche & qu'elle les pourra bien païer, ou pour dire que la choſe qu'ils ont ſaiſie, eſt ſuffiſante pour tous les frais qu'ils pourront faire.

Pié. Il ſe dit auſſi de la valeur & de la proportion des Monnoies. (Toutes les pièces d'or ſe règlent pour leur poids & valeur *ſur le pié de l'écu-ſol* & à proportion de ſon titre. On a fait cette impoſition ſur le pié de dix mille Ecus.)

**Mettre ſous les piez les injures qu'on a reçuës*, c'eſt les oublier, & ne vouloir pas s'en reſſentir.

Pié-marin. Terme de *Marine*. On dit d'un homme qu'il a le *pié-marin*, ou qu'il eſt *pié-marin* pour ſignifier qu'il eſt habitué ſur la mer, qu'il aime la marine & qu'il entend la navigation.

Pié de Vent. Terme de *Mer*. C'eſt une *Eclaircie*, ou un endroit du ciel qui paroît clair au milieu des nuages, & d'où le vent ſemble venir.

Pié du ſtile. Terme de *Gnomonique*. C'eſt le point du plan, ſur lequel tombe une ligne abaiſſée du bout du ſtile, perpendiculairement ſur le plan du cadran.

PIÈCE, ſ. f. Ce mot pris généralement ſignifie. Une partie ſéparée de quelque tout. (Une bonne pièce de chair. Mettre au pot une groſſe pièce de chair. La pièce de bœuf.)

Pièce. Petit morceau d'étofe, de toile, ou d'autre pareille choſe qu'on met en quelque endroit uſé d'un habillement, d'une chemiſe, ou autre pareille beſogne. (Perſonne ne met une *pièce* de drap neuf à un vieux vêtement. *Portroial, Nouveau Teſtament.*)

Pièce. Ce mot en parlant d'étofe, de toile, ou de ruban. C'eſt une quantité d'étofe ou de toile, ou d'étofe qui ne ſont point coupées. (Vendre, acheter une pièce de ruban. Une belle pièce de toile. Entamer une pièce de drap.)

Pièce. Morceau d'étofe, brodé, long d'un tiers, environ que les Dames atachent devant elles ſur leur corps de jupe lorſqu'elles ſont en manteau. (Une jolie pièce.)

Pièce. Ce mot ſe dit en parlant *d'artillerie* & ſignifie *canon.* (Une pièce de campagne. Une pièce de baterie. Une baterie de ſix pièces. Tirer les pièces. Rafraichir les pièces. Démonter les pièces., enclouer les pièces.)

Pièce. Ce mot ſe dit en parlant de monoie, & il ſignifie, Une eſpèce particulière de monoie d'or, ou d'argent. Pièce de cinq ſous. Pièce de quinze ſous. Pièce de trente ſous. On commença à fabriquer les pièces de quatre ſous & de deux ſous en l'année mille ſix cens ſoixante & quatorze & elles ont ceſſé en mille ſix cens ſoixante & dix huit, La pièce de quatre ſous, eſt une eſpèce d'argent qui d'un côté a l'éfigie du Roi avec cette légende *Ludovicus XIV. Dei gratiâ*, & de l'autre elle a pour lége de *Franciæ Rex & Navarræ*, de ce même côté là elle a au milieu une ſorte de croix compoſée de quatre fleurs de lis, qui ont une couronne. Aujourdhui que je retouche cet ouvrage (en 1690.) il n'y a plus de pièces de quatre ſous, & elles ne valent que trois ſous & demi, mais les pièces de cinq ſous valent cinq ſous & demi; celles de quinze, quinze ſous & demi, & les pièces de trente ſous en valent trente-un, Le vieux Ecu vaut un Ecu & deux ſols. Et l'Ecu nouveau vaut trois livres ſix ſous. Les pièces de cinq ſous, de quinze ſous & de trente ſous ont commencé à être fabriquées ſous Loüis XIII. comme on l'a marqué ailleurs.

Pièce. Ce mot ſe dit en parlant de luth, de tuorbe, de guitarre & de pluſieurs autres inſtrumens de muſique, Compoſition de muſique pour le luth, le tuorbe, ou autre inſtrument de muſique. (Cette pièce eſt belle ſur le luth.)

Pièce. Ce mot ſe dit en parlant des ouvrages d'eſprit, comme de poëſie. C'eſt quelque ſorte de poëme que ce ſoit, comique, tragique, ou autre. (Il a fait une telle pièce, On a déja repréſenté la pièce cinq ou ſix fois, Morbleu, la pièce eſt déteſtable; *Molière.*)

Pièce. Ce mot ſe dit auſſi d'ouvrages de peinture & de ſculpture. C'eſt un ouvrage de peinture, ou de ſculpture. (Les Antiques ſont des pièces achevées, & elles doivent ſervir de modelle.)

Pièce. Muid, ou feuillette de vin, de bière, ou de cidre. (Mettre une pièce de vin, de bière ou de cidre en perce.)

On dit auſſi une pièce de terre.

On dit en termes de Chaſſe qu'un oiſeau, ou un chien ſont tout d'une pièce, pour dire qu'ils n'ont qu'une couleur.

On dit d'une perſonne qu'elle eſt *toute d'une pièce* pour ſignifier qu'elle ſe tient trop droite & qu'elle n'a pas la taille libre & dégagée.

†* Il ſignifie auſſi *être franc & ſincère*, ne point déguiſer les ſentimens, & être incapable de tromper les autres.

Pièce de four. Pâtiſſier. C'eſt une tourte, tarte, ou autre ſorte de pâtiſſerie un peu conſidérable. (Commander une pièce de four. Faire une bonne pièce de four.)

Pièce. Terme de *Palais & de Pratique*. Papier écrit: C'eſt toute ſorte d'écriture qui ſert à quelque procès. (La pièce qu'on m'a communiquée, c'eſt le teſtament du défunt. *Patru*, plaidoié 3. Pièces étiquetées. Pièces inventoriées. Pièces paraphées & cotées. Le Mait.)

Pièce. Terme de *Relieur*. Morceau de maroquin qu'on colle quelquefois ſur le dos du livre pour mettre le titre du livre. (Coller une pièce ſur les dos d'un livre.)

Pièce. Ce mot ſe dit dans le *jeu des échets.* C'eſt un échet.
(Prendre

(Prendre une piéce. Joüer une piéce. Couvrir une piéce. Les piéces marchent par l'échiquier.

Piéce quarrée. Terme de *Vitrier.* C'est un petit morceau de verre en quarré qui est entre deux bornes dans un paneau de vitre.

Piéce. Terme de *Cordonnier.* C'est un morceau de cuir large qui couvre le cou du pié & qu'on coud au bout de l'empeigne du soulié. [Mettre une piéce de maroquin de levant à une paire de soulicz.]

† * *Faire piéce à quelqu'un.* C'est en user mal envers quelqu'un.

† * *Cette fille est une grosse piéce de chair.* C'est une fille grosse, grasse, & qui n'est qu'une masse de chair.

† * *Emporter la piéce.* C'est railler cruellement.

† * *Il a eu sa maison pour une piéce de pain.* C'est à dire, pour peu de chose.

† * *On a donné la piéce au clerc du raporteur.* C'est à dire, on a graissé la patte, on a corrompu par argent le clerc du raporteur.

PIÉDESTAL, ou *piédestail*, *s. m.* Ce mot fait au pluriel *piédestaux.* Le piédestal est composé de sa base, de son dé, & de sa corniche & c'est la partie qui soutient la colonne. (Un beau piédestal.)

Piédouche, *s. m.* C'est un petit piédestal, qu'on met sous un buste, ou sous une autre petite figure, dans un cabinet, une galerie, &c. On en fait de marbre, de bois, &c.

Piédroit, *s. m.* Terme d'*Architecture.* C'est un pilier quarré qui est en partie engagé dans un mur. *Perraut, Vitruve.*

Piédroit de porte, *s. m.* C'est le jambage de la porte. *Félibien.* Il se dit aussi des fenêtres, & des cheminées.

PIÉGE, *s. m.* Terme de *Chasseur.* C'est une sorte de machine de fer ou de bois pour atraper des renards, des blereaux & des loups. (Tendre un piége. Prendre un blereau au piége. Atirer un renard au piége. Voiez *les Ruses innocentes.*)

(* La concupiscence *tend des piéges aux justes. Pascal, l. 4.* Il étoit tombé dans le piége qu'il avoit dressé à son ennemi. *Vangelas, Quin. liv. 10. c. 8.* Une Nimphe redoutable y *tend un piége inévitable. Voiture, Poés.* Semer des piéges sur la voie des envoïez, *Patru, plaidoié.* 1.)

PIE GRIECHE. Voiez pie.

PIE-MÉRE. Voiez pie.

PIERRE, *s. m.* Nom d'homme, qui marque quelque sorte de fermeté, & qui a été donné au Prince des Apôtres. (Saint Pierre a été le prémier Pape & Linus le second.)

Pierre, *s. f.* C'est un corps mixte inanimé, dur, qui ne se liquifie point & que sans beaucoup d'altération, la nature a formé d'une terre simple. (Une grosse pierre. Pierre dure, tendre, bonne. Pierre à bâtir. Pierre de taille. Pierre vive. Pierre brune, &c. Pierre à éguiser.

† *Vous jettez des pierres dans mon jardin.* Proverbe pour dire vous m'attaquez, vous m'accusez indirectement.

† *Faire d'une pierre deux coups.* Proverbe, pour dire faire deux afaires ou deux choses dans un même tems, & par le même moien.

* *C'est une pierre de scandale.* C'est une chose qui scandalise, ou donne sujet de scandale. (C'est une pierre d'achopement & de scandale pour la maison d'Israël. *Port-Roial, Isaïe ch. 8.*)

Pierre de touche, *s. f.* Sorte de pierre dont les orfévres se servent pour voir si l'or est bon. (Pierre de touche fort bonne.)

† * *L'impromptu est justement la pierre de touche de l'esprit. Moliere, prétieuse, sc. 9.* C'est à dire que l'impromptu est la marque qui fait connoître la vivacité de l'esprit.

Le jeu est la pierre de touche qui fait connoître l'humeur & l'avidité d'une personne.

Pierre-ponce, *s. f.* Sorte de pierre fort légére, & poreuse, qui sort des Volcans. On s'en sert pour poncer. (Piler, broier de la pierre ponce.)

Pierre de tuf. C'est une pierre tendre & grossiére.

Pierre à papier. Morceau de marbre rond ou quarré, au dessus duquel il y a un bouton de marbre pour le prendre, & dont on se sert pour mettre sur le papier. (Acheter une pierre à papier.)

* *Pierre angulaire.* Ce mot au propre signifie une pierre qui soutient le coin d'un bâtiment. Il se dit au figuré de Jesus-Christ. (Ils rejettent cette *pierre angulaire*, cette pierre choisie, que les Juifs ont rejetée *Saci S. Prosper, ch. 37.* Je m'en vai mettre pour fondement de Sion, une pierre angulaire. *Port-Roial, Isaïe 17.*)

Pierre prétieuse, *s. f.* C'est une petite pierre qui est rare, & dure & qui mérite le nom de *belle*, parce qu'elle est ordinairement d'une couleur diafane & transparente. [Les pierres prétieuses les plus belles viennent des Indes Orientales Le Soleil, l'eau & la terre, étant dans une certaine disposition toute particuliére, forment les pierres prétieuses qui sont de diférente couleur à cause du mélange de la matiére & de la diférence du tems où les exhalaisons peignent cette matiére cuite par la chaleur & arrosée par l'eau. Le Diamant, le Rubis, le Saphir, l'Emeraude, l'opale sont les pierres prétieuses les plus dures. L'agate, la sardoine, l'onix, l'amériste sont des pierres prétieuses. Celles-là & les autres se trouveront chacune dans leur rang.

La pierre d'aiman. Voiez Aiman.

Pierre, *s. f.* Mal qui s'engendre dans les reins, ou dans la vessie. Epaississement d'une humeur terrestre & visqueuse qui se pétrifie par l'activité de la chaleur. (Avoir la pierre. Mourir de la pierre. Jetter de petites pierres.)

Il y a des pierres qui croissent dans le corps de certains animaux, ausquelles on atribuë plusieurs vertus medecinales.

* *La pierre infernale.* Terme de *Chimie.* C'est une dissolution faite par l'eau forte, qu'on fait cuire en consistence de pierre.

Pierre philosophale, ou simplement *la pierre.* C'est un secret de faire de l'or par art que les Chimistes cherchent depuis long-tems. On nomme certaines personnes qu'on dit avoir trouvé cette pierre philosophale ; mais on a peine à le croire, & l'on se persuade au contraire qu'on ne trouvera jamais ce secret.

Pierre à feu, *pierre à fusil.* C'est une sorte de pierre avec quoi l'on alume un feu.

Pierre d'atente. Terme de *Maçon* Voiez *Atente.*

Pierre de chaux. Voiez *Chaux.*

Pierre. Ce mot se dit de certains fruits, dont le cœur est dur & comme rempli de gravier. Cet amas de gravier se nomme carriére.

Pierreries, *s. f.* Pierres prétieuses. (Le Roi a de belles pierreries. Il y a veu toutes les pierreries de la Couronne. Le joug du Chariot étoit tout semé de pierreries, *Vaugelas, Quin. l. 3. c. 3.*)

† *Pierrette*, *s. f.* Petite pierre.

Pierreux, *pierreuse*, *adj.* Plein de pierres. (Lieux pierreux. *Port-Roial, Nouveau Testament.* Cultiver un champ pierreux. *Ablamcourt, Luc.* Ils se couchoient par-ci par là dans des lieux pierreux. *Vaug. Quin. Curce. l. 17. ch. XI.*)

* *Chemin pierreux.* Il signifie au figuré plein de peine & de travail.

(Chemin pierreux est une rêverie
On sçait ici un chemin de velours.
Toute ancienne.

* *Pierreux*, *pierreuse*, *adj.* Il se dit de certaines poires & des coings, qui ont des espéces de petites pierres vers le cœur. (Ainsi on dit, le bon Chrêtien d'hiver est pierreux, quand il est petit & contrefait. L'amadore est pierreuse. *Quint. Jardins. T. 1*)

Pierrée, *s. f.* Terme de *Jardinier.* C'est un petit conduit qu'on fait sous terre, avec du moilon sec par embas & couvert de mortier par en haut, pour faire écouler des eaux soûterraines, qui rendroient la terre d'un jardin trop humide & trop froide. (Faire une pierrée. *Quint. Jard*)

Pierrier, *s. m.* Sorte de petite piéce d'artillerie de bronze, ou de fer qui sert dans les vaisseaux & dans les petites places où l'on ne se peut servir de grosse artillerie. Le pierrier est composé d'une volée, d'une culasse, de tourillons, d'un renfort, & des mêmes choses qu'un autre canon. (Tirer un pierrier.)

Pierriére, *s. f.* Carriére d'où l'on tire la pierre. Voiez *Carriére.*

PIERROT, *s. m.* Nom de petit garçon qui veut dire *petit Pierre.* (Pierrot est joli.)

Pierrure, *s. f.* Terme de *Chasse.* Il se dit des petites pierres qui sont sur la meule de la tête du Cerf.

PIÉTÉ, *s. m.* Culte de Dieu. Dévotion. (Une haute, une grande, une particuliére piété. Piété envers Dieu. Faire des œuvres de piété. Etre dans la haute piété. C'est un homme de piété. Il travaille à témoigner à Dieu sa reconnoissance par les actions d'une piété solide. *Arnaud, fréq. comm. préf.*)

† PIETER, *v. n.* Terme de *Joüeurs de boule*, de quiles, &c. Il signifie mettre le pié à la distance du but qui a été marqué

† PIÉTINER, *v. n.* Fraper des piez la terre, ou autre chose. (Il ne fait que piétiner.)

PIÉTON, *s. m.* Ce mot a vieilli, en sa place on dit, *fantacin.*

† *Piéton*, *piétonne*, *adj.* Il signifie. Celui, ou celle qui marche bien à pié. (Il est bon piéton. Les femmes sont mauvaises piétonnes, c'est à dire, elles ont peine à marcher longtems à pié.) Ces mots sont du peuple.

† PIÉTRE, *adj.* Chétif. En mauvais état. En méchant équipage. (Il est bien piétre.)

† *Piétrement*

PIF. PIG.

† *Piétrement*, *adv.* Chétivement. En mauvais état. (Il est vêtu piétrement.) Ces mots sont bas.

† *Piétrerie*, *s. f.* Chose chétive. Chose qui ne vaut rien. (C'est de la piétrerie.)

PIEU, *s. m.* C'est une piéce de bois qui est ordinairement grosse comme la cuisse & qu'on éguise par le bout, ou par les deux bouts pour faire des fraises & des palissades. (Ficher un pieu en terre.)

PIEUX, *s. m.* Terme de *Chasse.* Ce sont les bâtons dont on frape & tuë les bêtes noires quand elles sont dans le parc. *Salnove.*)

Pieux-fourchus. Terme de *Chasse.* Ce sont les bâtons dont on se sert pour tendre les toiles.

Pieux, *pieuse*, *adj.* Qui a de la piété. (C'est un homme fort pieux. La Reine est une Princesse fort pieuse.)

Pieusement, *adv.* Avec piété. D'une maniére dévote. (Vivre pieusement.)

† * Je le crois pieusement. C'est à dire, je le crois bien éxaminer au fond si la chose est ainsi qu'on le dit, je le crois sur la bonne foi des gens & sans me vouloir donner la peine de pénétrer davantage pour m'éclaircir de la vérité.

P I F.

† PIFRE, *s. m.* Goulu. Gourmand. Goinfre. (Le gros pifre Ah ! le pifre !)

† *Se Pifrer*, *v. r.* Manger excessivement. Manger démesurément. (C'est un goinfre qui se pifre aussi tôt qu'il est à table.)

P I G.

PIGEON, *s. m.* Prononcez *pijon*. Oiseau domestique qui est fort connu, & qui connoit toutes sortes d'oiseaux de proie. Lorsqu'il en est ataqué, il est défendu par la creserelle si elle s'y trouve. Le pigeon ne coche jamais sa femelle qu'il ne la baise à chaque fois. Les pigeons mâles se batent pour les femelles les uns contre les autres & les pigeons femelles se cochent les unes les autres au défaut des mâles. Le sang du pigeon est souverain pour les yeux. Bel. *l.* 6. *c.* 23. Voiez *pigeonneau.* (Le pigeon rocoule.)

Pigeon de voliére. C'est un pigeon qui est nourri à la main, qui est élevé à la maison dans une voliére sans aller chercher sa vie aux champs & qui ne sort de la voliére que pour s'égaier. Les pigeons de voliére sont plus chers que les autres, parce qu'ils sont meilleurs, & sur tout quand ils ne mangent que du chenevi, & du millet. Les pigeons soit de voliére, ou autres couvent leurs œufs dix-huit jours, le mâle & la femelle tour à tour pendant la journée, mais la femelle toute la nuit. Ils font ordinairement de petits tous les mois. Il les nourrissent un mois durant ; mais dès que leurs petits ont dix ou douze jours ils commencent à se tirer au bec, & à se cocher. Leurs petits mangent seuls lorsqu'ils ont trois semaines. Ils rocoulent à deux mois, & à six ou environ ils commencent à profiter & à se préparer pour faire des petits.

Pigeons cauchois. On apelle ainsi une sorte de pigeon plus gros, & plus gras que les pigeons ordinaires.

[Je trois de le voir avec sa mine étique
En lapins de garenne ériger nos clapiers
Et nos *pigeons cauchois* en superbes ramiers.
Depreaux, Satire 3.]

Pigeon fuïard. C'est un pigeon qui s'élève dans une fuïe & qui va chercher sa vie à la campagne.

Pigeon ramier. C'est un pigeon sauvage qui se perche sur les arbres.

Pigeon pattu. C'est à dire, qui a des plumes aux piez.

Pigeonne, *s. f.* Prononcez *pijonne*. C'est la femelle du pigeon. Luigi Ciero d'*Adria* dit, que quand les *pigeonnes* se cochent les unes les autres, ne se jettent point de semence & qu'elles ne laissent pas pourtant de faire des œufs dont elles font éclore des petits. *Quando le colombe usano tra loro non gettano seme, & non dimeno partoriscono l'ova, da cui nascono polli.* Les Italiens étant sujets à caution, on n'est pas obligé de croire le *Ciero.*

Adieu pour jamais, mignoune,
Périssent tous les jaloux,
Pleurez, Amour, avec nous,
Pleurez l'aimable pigeonne. *Pelisson.*)

Pigeonneau, *s. f.* Prononcez *pijonneau.* Jeune pigeon. Les *pigeonneaux* & les pigeons aiment les paons, & haïssent l'aigle, l'épervier & toute sorte de corps morts. On conte que le *pigeonneau*, étant grand, chasse son pére & coche sa mére. *Caccia fuori il padro & esso si congiunge con la madre.* Voiez *Ciero d'Adria*, *minora del mondo.* (Les

PIG. PIL.

pigeons & les *pigeonneaux* ont la chair chaude & saine.)

Pigeonner. Terme de *Maçon.* Prononcez *pijonné.* C'est élever avec du plâtre, pur au dessus du comble de la maison les tuïaux d'une cheminée. (Pigeonner une cheminée.)

Pigeonnier, *s. m.* Lieu où l'on tient des pigeons. Il ne se dit que des volets, & des fuïes : car on apelle coulombier, un bâtiment à pié qui a des boulins jusques au bas, pour y tenir un grand nombre de pigeons.

PIGMÉ, *s. m.* Mot qui vient du Grec, & qui veut dire haut d'une coudée. Les pigmées au sentiment de quelques Auteurs, sont de certains peuples de Trace, grands d'une coudée, ou deux, à qui les grues font la guerre, qui engendrent à cinq ans, & vieillissent à huit, & selon d'autres, les pigmées passent pour des peuples fabuleux, en vérité, je connoi bien de gens qui sont fort de cet avis. Voiez *Aldrovandus hist. des monstres* p. 38. (Les grues ne prirent pour un pigmée avec lesquels vous savez qu'elles ont guerre de tout tems. Voiez *Voiture, l.* 9.)

† * *Pigmée* Ce mot *au figuré*, pour dire un petit homme, ou un petit garçon, est *masculin* (Elle a épousé un petit bout d'homme, mais c'est un *pigmée.*)

† * *Pigmée.* Ce mot *au figuré*, pour dire une petite fille, ou une petite femme, est *féminin.* (Sa maîtresse a le visage assez beau, mais c'est une *petite pigmée*, qui doit une partie de sa petite taille à ses souliez.)

PIGNET, *s. m.* On donne ce nom à un arbre qui ressemble au pin, & au sapin. On le nomme aussi *Fosse.*

PIGNOLAT, *s. m.* Ce sont des pignons confits & couverts de sucre.

PIGNON, *s. m.* Noïau de pomme de pin qui est doux, agréable & d'une substance grace & huileuse.

Pignon purgatif. Ce sont des pignons qui viennent aux Indes dans de grosses pommes & dont les Indiens se purgent.

Pignon. Terme d'*Architecture.* C'est la partie qui va en triangle & sur laquelle on expose l'extremité de la couverture.

† * *Avoir pignon sur ruë.* C'est avoir une maison à soi.

Pignon. Terme de *Mecanique.* C'est un arbre, dans le gros duquel sont plusieurs caneleures ou s'engrénent les dents d'une rouë que le pignon fait tourner. Les pignons à fuseaux s'appellent des *lanternes.*

Pignon. Terme d'*Horloger.* Arbre de rouë, dans les caneleures duquel s'engrénent les dents d'une autre rouë.

Pignon de quatre. Terme d'*Horloger.* C'est un petit morceau de métal à quatre dents enchâssé dans la grande rouë qui sert à faire tourner la rouë de quadran.

Pignon. Terme de *Chanvrier & de Cordier.* Tout ce qui sort du cœur du chanvre lors qu'on l'habille.

Pignonné, *pignonnée.* Terme de *Blason.* C'est à dire, qui represente un pignon de muraille.

P I L.

PILASTRE, *s. m.* Terme d'*Architecture.* C'est un pilier quarré qui a une base & un chapiteau. (Un pilastre isolé.)

PILE, *s. f.* Ce mot signifie en général une masse de plusieurs choses rangées les unes sur les autres, & il se dit particuliérement de bois coupé, ou scié. Ce sont plusieurs ais rangez les uns sur les autres. Ce sont plusieurs souches & plusieurs rondins entassez proprement les uns sur les autres dans un chantier, ou dans un bucher (Faire une pile d'ais. Mettre du bois en pile. On dit aussi une pile de livres, &c.)

Pile. Terme qui se dit en parlant de monoie. C'est le côté de l'espéce où est la tête du Prince, d'où vient cette façon de parler (Joüer à croix, & pile.)

Pile. Terme d'*Architecture.* C'est un massif de maçonnerie.

PILER, *v. a.* Batre avec pilon. (Piler de la soute. Piler des drogues..)

† * *Piler.* Bien manger. (C'est un homme qui *pile* bien. Piler comme il faut.)

† * *Pileur*, *s. m.* Qui mange bien. (C'est un grand pileur, pour dire, c'est un grand mangeur.) Ces mots sont bas, en ce sens.

PILIER, *s. m.* C'est une sorte de colonne. Sorte de massif qui aide à soutenir la voute de quelque édifice. (Un gros & grand pilier. Les pilliers de l'Eglise Nôtre Dame sont forts & massifs. Les pilliers du Palais sont fort gros. Aprés l'audience les Avocats consulans & autres se mettent aux piliers. Je m'en vai au pilier. Vous me trouverez au troisième pilier.)

* *Pilier*, *s. m.* Ce mot au figuré, se dit des personnes, & signifie soutien, apui, protecteur. (Ce Prelat est un Pilier de l'Eglise. Ce ministre est un des piliers de l'Etat.) En ce même sens, il est aussi comique. (Il fit banqueroute au plaisir, & devint un pilier de Colége. *Abl. Luc. T.* 2. *double chicane.*)

HHhh † * C'est

PIL.

*† *C'est un pilier de cabaret*. C'est à dire, un ivrogne, qui est sans cesse au cabaret.

*† *C'est un pilier de bordel*. Façon de parler basse & satirique. C'est à dire, Il est le soutien des lieux de débauche, & il est sans cesse dans ces endroits-là

† * *Avoir de bons gros piliers*. C'est à dire, de grosses jambes. Cette façon de parler est basse & comique.

Pilier. Terme de *Vanier*. C'est le bâton du milieu du vertier.

Pilier, Terme d'*Horloger*. Petites pièces de métal qui soutiennent la platine de la montre. On dit aussi les piliers d'une table, d'une escabelle, &c.

Pilier. Terme de *Manége*. C'est le centre de la volte, autour duquel on fait tourner le cheval, soit qu'il y ait un pilier de bois ou non. On dit travailler autour du pilier. On fait aussi travailler un cheval entre deux piliers de bois.

Pilier de moulin à vent. C'est ce qui porte le corps du moulin à vent.

PILLAGE, *f. m.* Action de piller. Dégât & désordre de gens qui prennent, qui volent, qui enlèvent & emportent tout ce qu'ils trouvent. (Abandonner une ville au pillage. *Abl. Rét. l. 2. c. 3.* Mettre une ville au pillage.)

Pillage. Terme de *Mer*. C'est la dépouille des coffres & des hardes de l'ennemi pris, & l'argent qu'il a sur lui jusques à trente livres. *Fourn*.

*Sa bouche, son ris & ses yeux
Mettent tous les cœurs au *pillage*.
Voiture, poësies.

C'est à dire, que sa bouche, ses ris & ses yeux sont si charmans qu'ils ravissent les cœurs.

Piller, *v. a.* Prendre. Emporter tout ce qu'on trouve. (Les soldats pillèrent la ville. *Ablanc*. Piller une maison.)

* *Piller*. Il se dit des Auteurs qui prennent quelques discours dans des livres sans les citer & se les aproprient. (Les Auteurs modernes pillent souvent les Anciens, & s'attribuent leurs pensées.)

† *Piller*. Ce mot se dit *en parlant de chien*, & veut dire, Prendre. Mordre. (Il l'a fait piller par son chien. C'est à dire, il l'a fait mordre. On dit aussi en parlant a un chien, pille ; C'est à dire prend ce qu'on te jette.)

Piller. Ce mot se dit en Terme de *jeu de cartes*, & signifie prendre, enlever. (Lorsqu'on joué à la triomphe, l'on pille ordinairement.)

Pillerie, *f. f.* Il se dit des éxactions que font les gens de Justice, comme Procureurs, Sergens, &c. & les Commis de quelque recette. (Il se fait bien des pilleries dans les basses Justices.)

Pilleur, *f. m.* Il signifie en général celui qui pille, & particulièrement celui qui pille, & prend de côté & d'autre dans les Auteurs. (C'est une épigramme contre le *pilleur*, Menalque.)

PILON, *f. m.* C'est un instrument de métal, ou de bois, dont on se sert pour piler. (Nettéier le pilon. Pilon qui n'est pas net.)

PILORI, *f. m.* C'est une sorte de suplice qu'on fait quelquefois soufrir à ceux qui n'ont pas merité la mort, ni autre fâcheuse punition. Coquille, *Coutume de Nivernois, traité du just. art. 15.* dit qu'on se sert de ce suplice en Cour Laïque & en Cour Eclesiastique, & qu'un Oficial condamne au pilori un homme qui a épousé deux femmes au même tems. Le *pilori* est une marque de haute Justicier. L'ofice d'un *des Seigneuries*, c. 5. Le pilori est ordinairement un poteau où l'on arache un homme en lui mettant un carcau au cou ; mais à Paris c'est une tour de pierres dans l'une des places des halles avec de larges ouvertures par le haut, au milieu de laquelle il y a une piéce de bois toute droite, où pose une machine qu'on fait tourner & qui, à l'endroit des ouvertures de la tour, a une manière de cerceau composé de deux grands ais qui se lèvent, dans lequel il y a des trous pour passer la tête & les bras des criminels que l'éxécuteur fait en suite tourner plusieurs fois afin de les faire connoître & les exposer à la risée du peuple. C'est dans le pilori qu'on met souvent les criminels qui sont éxécutez en attendant qu'on les enterre, ou qu'on les vienne prendre pour les disséquer. L'endroit du pilori où l'on met ces criminels s'apelle *la chambre des morts*.

Pilorier, *v. a.* Mettre un criminel au pilori. (On piloria, il y a environ 17. ou 18. ans, deux insignes fripons dont l'un étoit procureur.)

PILOTAGE, *f. m.* Ouvrage de fondation sur lequel on bâtit dans l'eau. (Ce pilotage est bon.)

Pilote, *f. m.* C'est celui qui commande à la route, *Fourn. Hidrogr.* C'est celui qui par le moien de la boussole donne ses ordres pour conduire sûrement le vaisseau. (Le pilote doit avoir une parfaite connoissance de la Sphère, de l'A-

PIM. PIN.

strologie & de la carte marine. *Vedi il libro dell' armata navale del Capitan Pantero*.)

Piloter, *v. a.* Terme d'*Architecture*. C'est ficher & enfoncer des pieux en terre pour afermir les fondemens d'un édifice, quand le terrain ne se trouve pas assez ferme. (Il faut piloter cet endroit.)

Pilotis, *f. m.* Terme d'*Architecture*. Ce sont les pieux qui composent le pilotage. (Faire des pilotis. Enfoncer un pilotis. *Ablanc*)

PILULS, *f. f.* Terme d'*Apoticaire*. Les *pilules* sont des médicamens en forme de petites boules, ou de petites plotes, faites de plusieurs médicamens simples, ou composez, purgatifs, & confortatifs, reduits en poudre & formez avec sirop, ou miel, gomme, eau distilée, vin, sucre, ou liqueur convenable. (Pilules purgatives, Prendre des pilules.)

† * *Dorer la pilule*. C'est dire à quelqu'un avec des paroles caressantes & flateuses une chose qui, sans ce tour, lui déplairoit.

† * *C'est une fâcheuse pilule*, Moliere, Ecole des Femmes *act. 1. sc. 4.* C'est à dire, c'est une chose fâcheuse à soufrir sans en dire mot.

PIM.

† PIMPANT, pimpante, adj. Ce mot est bas & burlesque. Il se dit des personnes & signifie propre, ajusté, brave. (Elle est leste & pimpante. Moliere, Ecole des Maris, a. 1. sc. 2.)

PIMPRENELLE, *Pimpernelle*, *pimpinelle*, *f. f.* Quelques Auteurs écrivent *pimpinelle*, & on croit qu'on devroit parler ainsi ; mais l'usage plus fort que la raison, fait dire à Paris *pimprenelle*. Quelques Parisiens disent aussi *pimpernelle*, mais le grand usage est pour *pimprenelle*. C'est une petite plante qui a des feuilles un peu longuettes & dentelées, qui porte des fleurs d'une couleur tirant sur le rouge brun, qui est dessicative au troisième degré, & froide & astringente au second. Il y a de la pimprenelle sauvage & de la pimprenelle cultivée. La pimprenelle se mange en salade & donne bon goût au vin. *Dalechamp*.)

PIN.

PIN, *f. m.* Ce mot vient du Latin *Pinus*. Il y a de trois sortes de pins. Un *pin domestique*, un *pin sauvage* & un *pin maritime*. Le *pin domestique* est une sorte de grand arbre qui jette plusieurs branches au haut de son tronc, revêtuës de feuilles épaisses, menuës, longues & aiguës, d'une couleur qui tient du verd & du blanc. (Le *pin* aime les lieux chauds & exposez au Soleil. Son bois est rougeâtre & pésant. Ses feuilles ne tombent point. Le *pin* porte des pommes qu'on apelle *pommes de pin*, qui sont grosses, solides & composées de plusieurs écailles hautes & élevées, où il y a de petits pignons longs & couchet dans leur lit. *Dal*.

Déserts, où j'ai vécu dans un calme si doux,
Pins, qui d'un si beau verd couvrez mon hermitage,
La Cour depuis un an me sépare de vous
Mais elle ne sçauroit m'arrêter d'avantage.
Main. poësies.

† PINACLE *de temple*, *f. m.* Mots qui ne se disent plus, & au lieu desquels on dit *le haut du temple*.

† * *Mettre quelqu'un sur le pinacle*. Façon de parler figurée, mais basse & vieille pour dire, Loüer fort quelqu'un, l'élever à force d'en dire du bien.

Pinasse, *f. f.* C'est un petit vaisseau fait ordinairement de pin, long, étroit & léger. (La *Pinasse* est propre à la course, à faire quelque découverte & à descendre du monde en une côte.)

PINCE, *f. f.* Terme de *Couturiére en linge*. Pli en forme de pointe qu'on fait sur les rabats. (Faire une pince.)

Pince. Terme de *Relieur*. Petite tenaille dont se servent les Relieurs pour pincer comme il faut, c'est à dire, pour acommoder adroitement les nerfs des livres. (Prenez la pince, & pincez ces livres.)

Pince. Terme de *Fondeur*. C'est le bord ou l'extrémité inférieure de la cloche où frappe le batant.

Pince. Terme de *Maçon*. C'est un levier de fer pour remuer les pierres, ou autres fardeaux.

Pince, *Instrument de paveur*. C'est une barre de fer ronde & grosse comme le bras, grande d'environ trois piez & pointuë par le bout dont on se sert pour arracher le pavé. La *pince* est aussi une barre de fer qui sert à serrer de grosses pierres dans les harnois.

Pince. Terme de *Maréchal*. Ce mot se dit en parlant du cheval. C'est le devant du pié du cheval. (On ne doit point si hardiment brocher au talon qu'à la pince des

des piez.) D'où vient ce *proverbe de maréchal.* (Pince devant & talon derrière.)

Pinces. Ce mot se dit des *dents de chevaux.* (Ce sont les dents de devant du cheval avec lesquelles il paît l'herbe. *Soleisel.*

Pinces. Terme de *Chasse.* Ce sont les deux bouts des piez des bêtes fauves. (Lorsque les pinces sont usées, c'est signe que la bête est vieille. *Sal.*)

† * C'étoit un Juge qui avoit bonne *pince.* *La Fontaine Contes.* C'est à dire, qui prenoit de toutes parts ; qui rongeoit bien les pauvres plaideurs.

† * *Sire, vôtre argent est sujet à la pince.* C'est à dire, à être volé.

PINCEAU, *s. m.* Instrument dont se servent les *peintres* pour prendre les couleurs sur la palette & les apliquer sur la toile & autre sujet. (Le pinceau est composé de poil, & de la hampe. Un beau & bon pinceau.)

* D'un assez délicat *pinceau*
Je vous en ferai le tableau. *Benf. poës.*

C'est à dire, d'une plume assez délicate je vous le décrirai.

Pinceau. Terme de *Relieur.* C'est une sorte de brosse composée d'un manche de bois & de poil de sanglier, ou de cochon. (Un pinceau à la colle, & un pinceau à jaspeur.)

Pinceau de mer. C'est une sorte d'insecte en forme de tuiau, qui est atachée aux rochers, & qui au dedans a une substance charnuë, jaune & quelquefois d'autre couleur. *Rond.*

PINCÉE, *s. f.* Ce qu'on prend tout d'un coup avec le bout des doigts. (Une petite, ou une grosse pincée de sel. Prendre une petite pincée de poivre. Je n'ai mis dans cette sausse qu'une petite pincée de sel.)

PINCELIER, *s. m.* Terme de *peintre.* Godet, ou autre petit vase où l'on nettoïe les pinceaux. (Mon pincelier est perdu.)

† *Pince-maille, s. m.* Vieux mot. C'est un avare, atâché à ses interets, qui ne quitteroit pas une maille, & qui tâche de faire quelque petit profit sur tout ce qu'il peut.

PINCER, *v. a.* Prendre & serrer avec le bout des doigts. (Pincer le bras.)

Il se dit aussi de diverses autres choses qui serrent. (On pince avec des pincettes, des tenailles, &c. Les oiseaux pincent avec le bec. La porte lui a pincé les doigts qu'il tenoit dans la feuillure.)

* *Pincer les cordes d'un luth.* C'est joüer du luth.

* *Pincer.* Railler. Ofenser. Donner quelques coups de langue. (Il se plaît à pincer les gens.)

* *Pincer sans rire.* C'est ofenser sans faire semblant qu'on n'ait la pensée.

* *Pincer en riant.* C'est ofenser plaisamment & d'une manière galante. (Horace pinçoit en riant, les sots de son siécle.)

Pincer. Terme de *Joüeur d'instrument* de musique à cordes. C'est tirer une corde une seule fois. (Pinter la chanterelle.)

Pincer. Terme de *Relieur.* C'est serrer & bien acommoder les nerfs d'un livre avec la pince. (Il faut pincer ces livres.)

Pincer. Terme de *Jardinier.* Il se dit des pêchers, &c. C'est rompre avec l'ongle, dans le mois de Mai, de Juin & de Juillet les gros jets des pêchers, pour n'y laisser que trois ou quatre pouces de longueur ; afin qu'érant ainsi tompus, ils repoussent trois ou quatre autres jets de médiocre grosseur, au lieu d'un trop gros ; & que par ce moien on ait plus de branches à fruit. (Il ne faut point pincer les petites branches. *Quint. Jard. fr.* Il faut pincer les branches qui s'élevent trop, & cela, pour les faire fourcher, & leur faire garnir le corps de l'arbre. *Le Curé d'Enonville ; manière de cultiver les arbres ; ch. 9*)

PINCETTES, *s. f.* Instrument de fer poli, composé d'une tête, d'un bouton, de deux branches & d'une pate. Quand les pincettes ne sont que de fer qui n'est pas poli, elles n'ont d'ordinaire ni tête ni bouton. (De fort belles pincettes. Faire des pincettes. Polir des pincettes. Eclaircir, brunir, & plier les pincettes. Faire les partes des pincettes.) Toutes ces façons de parler sont des *Termes de Taillandier.*

Pincettes. Petit instrument qui est composé de deux branches qui sert à arracher le poil & la barbe. (De jolies pincettes. De belles pincettes. Le poil ne revient pas si tôt quand il est arraché avec des pincettes que quand il est fait avec le rasoir.)

PINÇON, *s. m.* Prononcez *pinson.* Sorte de petit oiseau qui a le bec fort & un peu gros. Sa tête & son coû tirent sur le bleu, son échine est couleur de chataîgne, son croupion verd, son estomac entre rouge & gris, & ses ailes marquées de blanc avec du noir & du blanc aux ex-

trémitez & au milieu. Le pinçon est fin & ne donne jamais dans le piège qu'il a découvert. Il est sujet à devenir aveugle, & vit sept ou huit ans. Outre cette espace de pinçon il y en a un autre qu'on nomme *pinçon de montagne* que les Italiens apellent *frinquello montanino.* Voiez Olina, traité des oiseaux qui chantent.

(J'aime les rossignols, les verdiers, les *pinçons,*
Je chante pour leur plaire, & j'en prens des leçons.
Pelisson, recueil de piéces galantes.)

Pinçonne, s. f. C'est la femelle du pinçon. La pinçonne à la tête plus jolie que son mâle, mais elle n'a pas de si vives couleurs ; principalement sur l'estomac.

† *Pinçon, s. f. m.* Petite blessure, qui laisse une marque noire sur la peau, quand elle a été pincée avec violence. (Il s'est fait un pinçon en fermant cette porte, ou avec des tenailles.)

PINDARISER, *v. n.* Parler d'une manière qui sente l'afectation, mais une afectation un peu ridicule. (Elle veut pindariser. Il pindarise.)

† *Pine, s. f.* Parties naturelles d'un petit garçon. (Elle lui prend la pine.)

PINÉALE, *adj. f.* Terme d'*Anatomie.* On dit *glande pinéale.* Et c'est le nom que Décartes a donné à une glande qui est vers le troisième ventricule du cerveau, parceque sa figure ressemble à celle d'une pomme de pin.

† *Pinocher, v. n.* Ce mot se dit d'une personne dégoutée, à ne vouloir Prendre quelque petite chose des viandes qui sont servies devant nous. (Elle ne fait que pinocher.)

† *Pinocheur, s. m.* Celui qui pinoche. (C'est un franc pinocheur.

Pinocheuse, s. f. Celle qui pinoche. (Quelle petite pinocheuse êt ce-là ?)

PINTE, *s. f.* Vase qui contient deux chopines, & dont on se sert ordinairement pour mesurer le vin, la biére, le lait, & quelques autres liqueurs. La pinte d'étain est composée d'un corps, d'une anse, d'une languette & d'un couvercle.

* *Pinte.* Plein la pinte. Pinte pleine. (Tirer pinte. Aller querir pinte. Païer pinte. Boire pinte.)

† * *Il n'y a que la première pinte qui couste.* Proverbe qui veut dire, Il n'y a que le commencement qui couste & fasse de la peine.

Pinter, v. n. Ce mot est bas. Il veut dire, vuider des pintes, boire beaucoup. Faire débauche. Ils ont bien pinté.

PINULE, ou *pinnule, s. f.* Terme de *Matématique.* C'est une petite plaque de métal élevée perpendiculairement sur une alidade, ou sur un instrument à observer, laquelle est percée d'un petit trou, ou a une petite fente, au travers dequoi passent les raïons de la lumière, ou de la vûë.

PIO.

PIOCHE, *s. f.* Outil de fer, gros & pointu, qui a un manche de bois, propre aux mineurs, sapeurs, carriers & pionniers, pour remuer la terre. (Pioche rompuë.)

Piocher, v. a. Travailler avec la pioche. (Ils ont déja pioché tout cela.)

† *Piolé, ée, adj.* Moitié d'une couleur, & moitié d'une autre. (Il est piolé comme la chandelle des Rois.)

PION, *s. m.* Piéce du jeu des échets, qui prend son nom de la piéce devant laquelle elle est. Ainsi on dit, Le pion du Roi. Le pion de la Reine. Le pion du fou. (Pousser un pion.)

† * *Pion.* Misérable. Pauvre hére. Vous n'êtes qu'un pion. *Voit. poës.*

† * *Il est pion.* C'est à dire, Il est soû Il a beu. Ce mot est bas.

† * *Damer le pion à quelqu'un.* Proverbe. C'est emporter sur quelqu'un une chose pour laquelle on est en concurrence avec lui.

PIONNIER, *s. m.* C'est un ouvrier du corps de l'artillerie qui fait les esplanades, abat les terrasses, fait les tranchées, &c. (Choisir de bons pionniers.)

† *Piot, s. m.* Ce mot dans le burlesque veut dire le *vin.* (Le poëte Saint Amant aimoit un peu le piot. Il a un peu trop pris de piot.

Mon fricasseur regne au païs des soupes
Et mon piot surpasse l'hipocras. *Mai. Poës.*

PIP.

PIPE, *s. f.* Instrument de terre cuite, fait en forme de petit tuiau & dont on se sert pour prendre du tabac en fumée. La pipe est composée d'un corps, qui est le tuiau, & d'une embouchure qui est la partie où l'on met le tabac & le feu lorsqu'on fume. (Pipe rompuë.)

Pipe. Ce mot se dit entre *marchands de vin.* C'est un muid & demi de vin. (Acheter une pipe de vin.)

Pipeau, s. m. Chalumeau.

(On diroit que Ronsard sur ses *pipeaux* rustiques
Vient encor fredonner ses Idiles Gotiques.
Déspreaux, poëtique c. 2.
C'est pour elle qu'il prend le soin de ses troupeaux
Pour elle seulement resonnent les pipeaux.
Desh. poës.)

Pipeau. Terme *d'Oiselier.* Bâton moins gros que le petit doigt, long de trois pouces, fendu par le bout pour y mettre une feuille de laurier & contrefaire le cri du vaneau. (Quelques uns se servent de pipeau pour apeller les vaneaux. *Ruses innocentes, liv. 3. c. 14.*)

Pipée, s. f. Chasse aux oiseaux qui, durant la vendange, se fait dans des bois taillis de cinq, ou six ans de coupe dès la pointe du jour, ou demi heure avant le coucher du Soleil. On coupe le jeune bois des branches d'un arbre, on fait des entailles sur ces branches pour mettre des gluaux Ensuite trente ou quarante pas autour de cet arbre on coupe le bois taillis, on fait une loge sous l'arbre où sont tendus les gluaux, on s'y cache, & on y contrefait le cri de la femelle du hibou avec une certaine herbe qu'on tient entre les deux pouces & qu'on lève, en poussant son vent & en les pressant l'une contre l'autre. Les oiseaux entendent ce cri, qui contrefait celui de la femelle du hibou, s'amassent autour de l'arbre où l'on est caché, & se viennent le plus souvent percher sur l'arbre où sont tendus les gluaux, & s'engluent les ailes, ils tombent à terre & on les prend. (Aller à la pipée. On prend à la pipée des geais, des merles & des pinçons. *Ruses innocentes, l. 1. c. 17. 18. & 19.*)

† * Je m'en alois rêvant
L'ame bizarrement de vapeurs occupée,
Comme un poëte qui *prend les vers à la pipée,*
Reg. Sat. x.

Piper, v. n. C'est contrefaire le cri de la chouëtte pour atirer les oiseaux qui la haïssent & les obliger à se venir percher sur un arbre où l'on a tendu des gluaux & où s'engluant les ailes, ils tombent par terre & on les atrape. Il n'a pas *pipé* un demi-quart d'heure que quatre, ou cinq geais, autant de merles sont venus fondre sur l'arbre où il étoit caché & où il pipoit.)

† * *Piper,* v. a. Tromper. (*Piper* une personne au jeu. *Molière, Pourceaugnac, acte premier, scène douzième.* Dieu nous garde des gens qui pipent. *Scaron, poës.*)

† * *Pipé, pipée, adj.* Falsifié, marqué. (Dé pipé. Carte pipée.)

† *Piper les dez.* C'est à dire, falsifier les dez.

† * *Piper.* Rafiner. Exceller. (Belle Dame que j'estime, non pas pour la Rime, quoi que vous *pipiez* en cela. *Scaron, poës.* Il rétitroit une epigramme qu'il pensoit avoir *pipé. Cotin, Ménagerie.*)

† * *Piperie,* s. f. Tromperie. (Tout cela n'est que piperie. *Ablancourt, Luc.* C'est une franche piperie. *Scaron.*)

* *Pipeur,* s. m. Trompeur. Fourbe. (On dit que les Daufinois, les Gascons, & les Normans sont de francs pipeurs, mais vision tout cela, il y a des pipeurs par tout, le monde en est plein, on peut dire. *Pipeuse, s. f.*)

P I Q.

PIQUANT, s. m. Ce mot se dit de certaines choses, & veut dire tout ce qui pique & blesse dans ces choses qui ont de petites parties aiguës & pointuës. (Les piquans d'un porc-épic, d'un buisson. Les piquans d'un chardon. Les piquans des épines, des rosiers & autres choses de cette nature.)

Piquant, piquante, adj. Qui pique, parce qu'il y a quelque pointe aiguë. (Chardon fort piquant. Epine piquante.)

* *Piquant, piquante.* Il se dit des choses qui ont de l'acrimonie, de la pointe & qui piquent la langue. (Le sel & le poivre sont piquants. Ce vin est doux & piquant.)

* *Piquant, piquante, adj.* Ofensant, choquant. (Elle méloit toujours dans ses plaintes quelque chose de piquant contre le Cardinal. *Mémoires de M. de la Roche-Foucaut.*)

* *Piquant, piquante.* Qui réveille l'esprit. Qui plaît. Qui a je ne sai quoi de galant & de touchant. (Une blonde est plus brillante & une brune a quelque chose de plus piquant. *Le Chevalier de Meré, 1. Conversation.*)

PIQUE, s. f. Sorte de petite querelle qui cause du refroidissement entre gens qui s'aimoient. (Il y a entre eux quelque petite pique. (Ils sont en pique l'un contre l'autre.)

Pique, s. f. Sorte d'arme qui est composée d'un bois long de treize à quatorze piez, arrondi, plane, & gros, à peu près comme le bras, au bout duquel il y a un fer forgé, limé, aplati, & pointu. On se sert de la pique dans l'infanterie pour arrêter la furie des cavaliers. (Pique traînante. Pique de biais. Pique en terre. Haut la pique. Présenter la pique. Presenter la pique en avant. Alonger la pique. Porter la pique haute. Baisser la pique. *Ablancourt, Ar.* Darder la pique.)

* *Pique.* Ce mot en Terme *d'Evolution* se prend souvent pour *Piquier.* (Faire défiler les piquiers. Voïez *l'exercice général de l'infanterie.*)

Pique. Il signifie la longueur d'une pique. (Il y a en cet endroit là une pique d'eau.)

Pique, s. Terme de *Cartier.* Point noir qu'on met sur les cartes à joüer & qui a été appellé *Pique* parce qu'il a quelque raport avec le fer de la pique. (Carte qui a des pointes de pique, ainsi on dit Joüer du pique. Tourner du pique. La triomphe est de pique.)

Pique-puce. Voïez *Pénitent du tiers ordre.*

Piquer, v. a. C'est percer légèrement avec une chose aiguë. (Elle m'a piqué la main avec une épingle. Piquer une feuille de papier.)

Piquer. Il se dit des épines, de certaines herbes & de tout ce qui a des piquans qui blessent légèrement. (Cette épine m'a piqué le doigt. Cette ortie m'a piqué la main. Chardon qui pique fort. Les piquans du porc épic piquent extrêmement.)

Piquer. Il se dit de quelques animaux, comme de l'aspic, du scorpion & de quelques insectes. (Cléopatre se fit piquer par un aspic. Les scorpions piquent de leur queuë. Les mouches, les puces, &c. piquent. Les oiseaux piquent avec leur bec.)

Piquer. Il se dit des choses acres & acides. (Le sel, le poivre, &c. piquent la langue. Le vin, le cidre, &c. piquent fort quand ils sont nouveaux.)

Piquer. Terme de *Cuisinier & de Rotisseur.* C'est larder d'un certain sens. (Piquer bien la viande. Piquer une longe de veau.

On dit aussi, piquer une orange avec des cloux de girofle Piquer des noix confites avec l'écorce de citron.

Piquer. Ce mot en parlant de *cheval,* C'est donner de l'éperon au cheval pour le faire courir, ou aler plus vite. Il piqua contre Mitridate & le porta par terre. *Ablancourt, Ar. l. 1. Piquer des deux ;* C'est donner des deux éperons à un cheval.)

Piquer. Terme de *Découpeur.* C'est percer & figurer avec un petit fer. (Piquer du tafetas.)

Piquer. Terme de *Tapissier.* C'est coudre avec de la ficelle & une éguille à piquer (Piquer un matelas.

Piquer. Terme de *Ceinturier* C'est mettre un brin de ficelle du cuir & faire de part & d'autre à côté de cette ficelle une rangée de points bien faits. (Piquer une sangle, un baudrier, des jarretières.)

Piquer. Terme de *faiseuse de bonnets.* C'est faire avec l'éguille plusieurs petits points quarrez en œil de perdrix, ou autrement. (Piquer un bonnet.)

Piquer. Terme de *Cordonnier.* C'est faire des rangs de points tout autour de la gravure de la première semelle. (On ne pique que les souliers.)

Piquer. Terme de *Charpentier.* C'est marquer. (Piquer le bois.)

* *Piquer d'honneur.* C'est encourager & exciter une personne à quelque chose en lui représentant qu'elle a du cœur & de l'honneur. Il y a de jeunes gens dont on ne peut rien faire, si on ne les pique d'honneur. Voïez *plus bas.*)

* *Piquer.* Ce mot se dit quelquefois des choses belles & jolies & veut dire *Agréer, Enflammer.* (Sa résistance me pique & je suis plus amoureux d'elle que jamais. *Voiture, lettre 135.*)

* *Piquer.* Ofencer. Irriter par quelque action, ou quelques paroles. (Son procédé me pique.)

† * *On ne sçait quelle mouche l'a piqué.* Proverbe, pour dire, On ne sçait quel est le sujet de sa colère, ou de son dépit.

Il ne sent point quand on le pique. Il se dit, au propre, d'un ladre, & au figuré d'un homme qui est insensible aux afronts qu'on lui fait.

Pique-bœuf, s. m. C'est un chartier qui mène des bœufs, qu'il pique avec un aiguillon pour les faire marcher.

Piqué, piquée. Il se dit de certaines choses, comme des livres, &c. qui sont piquez par les vers & percez de petits trous. Il se dit aussi des étofes sur lesquelles l'humidité fait venir des petites taches.

Se piquer, v. r. Se blesser à queque chose de piquant. (Je me suis piqué la main en voulant cueillir une rose.)

* Se

PIQ. PIR.   PIR. PIS.

* Se piquer, v. r. Se fâcher. Se mettre en colere. (On ne va pas se piquer pour si peu de chose. Moliere.)

* Se piquer au jeu. Ces mots signifient. Se fâcher en joüant & s'échaufer au jeu. (Il s'est piqué au jeu & a perdu tout son argent.

* Se piquer de quelque chose. C'est faire profession d'exceller en une chose, de savoir une chose en galant homme. (Un honnête homme fait tout & ne se pique de rien. Mémoires de M. de la Roche-Foucaut.)

* Se piquer d'honneur. C'est faire profession d'avoir de l'honneur & d'être considérable & de l'honneur qu'on a. (Les plus grands coquins sont le plus souvent ceux qui se piquent d'avantage d'honneur. Se piquer d'honneur. Ces mots se disent encore dans un autre sens. Exemple. Ils se piquérent d'honneur à table en racontant leurs belles actions. Ablancourt, Ar. l. 1. C'est à dire, ils vinrent s'échaufer en parlant de leurs belles actions.)

PIQUET, s. m. Terme d'ingénieur. Sorte d'instrument qui est une manière de bâton, long quelquefois d'un, ou de deux piez & quelquefois de quatre, ou cinq, dont les uns servent pour aligner & les autres pour rendre les cordeaux. Ainsi on dit. (Un petit piquet. Un grand piquet. Tracer sur le terrain toutes sortes de circonférences avec les cordeaux & les piquers. Ficher un piquet.)

Piquet. Grosse épingle dont on se sert quand on montre à un écolier à tracer un plan.

(†* Il a planté son piquet en cet endroit-là; C'est à dire, il s'est établi là.)

Piquet. Jeu de cartes qui se joüe à trente six cartes. (Joüer au piquet. Gagner, ou perdre une partie de piquet.)

Piquette, s. f. Mot comique pour dire du méchant vin. (Il donne de la piquette à ses valets.)

PIQUEUR, s. m. Terme de Chasse. Homme à cheval établi pour faire chasser les chiens (Suivre les piqueurs.)

Piqueurs Terme d'Architecture. Gens qui sont préposez dans les bâtimens sur les autres ouvriers, qui ont soin de les faire travailler, qui en tiennent les rôles & qui marquent ceux qui manquent à venir aux heures.

PIQUIER, s. m. Soldat qui porte la pique & qui s'en sert à la guerre contre la cavalerie. (Il y doit avoir dans chaque compagnie d'infanterie le tiers de piquiers & les deux tiers de mousquetaires. Voiez les réglemens & les ordonnances de la guerre. Piquiers, prenez garde à vous, présentez la pique à la cavalerie, à droit, à gauche. Voiez pique, & l'exercice pour l'infanterie.)

PIQUOT, s. m. Terme de faiseuse de pointes. Petits morceaux de fil façonnez en pointe qui sont rangez en égale distance au bas des pointes & des dentelles. (Faire des piquots. Piquots bien faits.)

PIQUOTIN. Voiez picotin.

PIQÛRE, s. f. Le petit trou qu'on fait dans la chair avec une chose aiguë. Solution de continuité faite dans la chair avec une chose aiguë. Deg. (Ce n'est rien, ce n'est qu'une piqûre.)

Piqûre. Terme de Couturière. Corps de toile qui est rempli de baleines, & bien piqué, qu'on met aux enfans pour leur conserver la taille. (Une piqûre bien faite.)

PIR.

PIRAMIDAL, piramidale, adj. En façon de piramide. (Les obelisques sont taillez en forme piramidale.)

Piramide, s. f. Terme de Géometrie. Corps, ou solide qui a une base, des extrémitez de laquelle il s'élève en diminuant toujours jusques à la pointe. Si la base est ronde, ou circulaire, la piramide l'est aussi, & alors elle s'apelle un cône. Si la base a plusieurs cotez, la piramide en a toujours autant. Chacun de ces côtez est un triangle, & tous ces triangles, en quelque nombre qu'ils soient aboutissant tous à un même point, qui est le sommet de la piramide. (Piramide droite, oblique, triangulaire, quadrangulaire, &c. La piramide est aussi une figure massive & fort haute, qui, depuis le bas jusques en haut, va toujours en diminuant, & se termine en manière de flame. (Les plus fameuses piramides sont celles qui étoient en Egipte & sous lesquelles on enterroit les Rois d'Egipte. Voiez là-dessus Jolin. On dit que les piramides ont été inventées par les Rois d'Egipte & qu'on y gravoit en lettres jerogliphiques les préceptes des plus belles siences.)

Piramide. Terme de Gantier. C'est un morceau de bois tourné en pommettes, gros comme le bras & haut d'un pié, dont on se sert pour élargir les gans à l'aide des bâtons à gans.

Piramide. Terme de plombier. C'est un morceau de plomb formé en piramide qu'on met sur les pavillons des maisons.

Piramide Terme de Fer-blantier, de limonadier & de paticier. C'est une piéce de fer-blanc, d'environ un pié & demi, plus large par le bas que par le haut, qui finit en pointe. Les limonadiers & les paticiers, se servent de piramide pour mettre tout autour des biscuits & des macarons & autres petites choses. (Une piramide bien faite.) On dit aussi servir des viandes & des confitures en piramide, c'est à dire, les ranger les unes sur les autres, de sorte quelles aillent en diminuant. Une piramide de perdrix, de fruits, de confitures &c.

PIRATE, s. m. Corsaire. Voleur de mer. Celui qui fait des courses sur mer pour prendre, voler & emporter tout ce qu'on peut prendre. (Un fameux pirate. Etre pris des pirates.)

Pirater, v. n. Faire le métier de pirate. (Corsaire qui s'est enrichi à pirater.)

Piraterie, s. f. Métier de pirate. Cours de pirate. (Toutes ces pirateries avoient fort diminué le revenu du grand maître Histoire d'Aubusson, livre 2.

PIRE, adj. Ce mot se dit des personnes & des choses, & veut dire. Plus-méchant. Plus mauvais. Plus-fâcheux. (Sa femme est pire qu'un démon. Rendre sa condition pire. Ablancourt. Lui pouvoit-il arriver rien de pire. Benserade, Rondeaux. Le dernier mal est pire que le premier. Moliere.)

Pire. Ce mot est aussi quelquefois une espèce de substantif & veut dire malheur. (Les barbares se retirent après avoir eu du pire. Ablancourt, Rétorique, L. 3. c. 3.)

PIRÉNÉES. Sarasin. Ode sur la bataille de Lens a fait ce mot masculin, mais on le croit féminin.

(Et les troupes basanées
Aloient des hauts Pirénées
Tomber comme des torrens.

Les Pirénées sont des montagnes qui séparent la France de l'Espagne, & qui ont été apellées Pirénées du feu qui s'y aluma. Voiez Mariana, Histoire d'Espagne, l. 1. D'autres croient plus probablement que les Pirénées ont été nommées ainsi du mot Phénicien Pura qui signifie branche ou bois. Voiez Bochart, Colonies des Phéniciens. (Les Pirénées sont fort hautes)

PIROÜETTE, s. f. Terme de poupetier. Morceau de carton peinturé d'un côté, fait en forme de piéce de quinze sous & percé par le milieu, au travers duquel passe un petit morceau de bois qu'on apelle bâton & qui sert à faire tourner la piroüette. (Les poupetiers font & vendent les piroüettes. Faire tourner une piroüette.) On fait aussi des piroüettes de métal.

Piroüette. Terme de Manége. Tour qu'on fait faire au cheval. (Il y a de plusieurs sortes de piroüettes. Faire des piroüettes de la tête à la queuë), c'est faire des piroüettes d'une piste & presque en un seul tems, de sorte que la tête du cheval se trouve où étoit la queuë. Piroüette de deux pistes, ce sont des tours de deux pistes.)

†Piroüetter, v. n. Ce mot se dit en riant & dans le burlesque, & veut dire sauter en tournant & en dançant. (Sautant, dançant, voltigeant, piroüettant, capriolant, nous arrivâmes au logis. Voiture, lettre x.)

PIS.

PIS, s. m. Ce mot se dit des femelles de certains animaux & principalement des vâches, des chévres & des brebis. C'est la partie de la femelle qui contient le lait, & les traions par où coule, ou sort le lait du pis. (Cette vâche a un beau pis. Ces brebis ont le pis bien plein. Cette Chévre a un gros pis.)

Pis, adv. Plus-mal. En plus mauvais état. (C'est pis que jamais. Ils ne pouvoient pis faire que de se rendre. Vau. Quin l. 8. Ils ne lui sauroient pis faire. Benserade, Rondeaux. C'est à dire, ils ne lui sauroient faire un plus grand mal. Les choses n'en seront ni pis ni mieux. Moliere. Voiez pendre.)

Aller de mal en pis. C'est à dire, aller de plus mal en plus mal. Aller en empirant.

† Le pis aller, s. m. C'est ce qui peut arriver de plus fâcheux. C'est où l'on donne, quand on ne fait pas où donner de la tête. (Tout cela est le pis aller. C'est son pis aler. Elle est mon pis aler.)

† Au pis aller. C'est à dire. Quelque malheur, ou quelque chose de fâcheux qu'il puisse arriver: Exemple. [Au pis aller, je puis avoir ici une belle maîtresse. Voit: l. 63.]

PISSAT, s. m. Ce mot signifie urine & n'a point de pluriel. Il se dit proprement en parlant des bêtes & des personnes, mais plus proprement en parlant des bêtes. [Le pissat des vâches, des chévres.

Torrent fait de pissat de bœuf. S. Am. Rome ridicule.

Jetter un pot de pissat sur la tête d'un passant. [Voila qui sent fort le pissat.]

Pissenlit, s. m. Sorte de petite fleur qui vient dans les prez & qui fleurit jaune. [Cueillir des pissenlits.] On l'apelle aussi dent de Lion, ou dent de chien.

† Pissenlit, s. m. Petit garçon qui pisse au lit lorsqu'il dort & qu'il est couché. [Un petit pissenlit.]

† Pissenlit, s. f. Petite fille qui pisse au lit lorsqu'elle dort &

HHhh iij

& qu'elle est couchée. [C'est une petite pissenlit.]

Pisser, v. a. Uriner. Jetter de l'urine par le conduit naturel. [Il a pissé plein un pot de chambre. Pisser au lit. *Pisser du sang*. C'est jetter par le conduit naturel de l'urine, du sang, ou une urine rouge de sang † * *Elle a pissé des os*, & veut néanmoins passer pour pucelle. C'est à dire, qu'elle a fait un enfant & qu'elle veut passer toutefois pour honnête fille.)

* *Pisser*. Ce mot se dit au figuré des liqueurs qui sortent de quelque corps, ou d'elles mêmes, où étant pressées. (Ainsi l'on dit d'une fontaine, elle pisse gros comme le bras, & d'une éponge qu'elle pisse étant pressée, &c.)

† *Je pisserai sur ta fosse*. C'est à dire, je vivrai plus que toi.

† On dit d'un homme qui se mêle trop des petits soins du ménage, qu'il mène pisser les poules.

† *Pisseur*, s. m. Celui qui pisse. (Un bon pisseur en fait pisser un autre.)

† *Pisseuse*, s. f. Celle qui pisse. (C'est une grande pisseuse.)

† *Pisseuse*, s. f. Mot burlesque pour dire Fille ou femme. (Elle est accouchée d'une pisseuse.

Cette pisseuse si gentille
Qui se fait mener par les bras
Si elle étoit entre deux draps
Elle en lasseroit plus de mille.
Poëte anonime.)

† *Pisseux*, adj. pisseux. C'est à dire, qui sentent le pissat.

† *Pissotière*, s. f. Lieu destiné à pisser.

Pistache, s. f. Fruit de pistachier, qui sort en façon de grape de raisin, qui est composé de deux écorces, avec une jointure qui va par le milieu & qui s'ouvre quand le fruit est mûr. Il y a au dedans de ces deux écorces, une écaille blanche qui renferme un noiau semblable à celui d'une noisette, couvert d'une petite peau, rouge; doux, & faisant bonne haleine. (Les meilleures pistaches sont les plus lourdes & les plus pesantes.)

Pistache. Noiau de pistache couvert de sucre. (De belles & de bonnes pistaches.)

Pistachier, s. m. Sorte d'arbre qui a les feüilles d'un vert tirant sur le jaûne, & qui porte pour fruit les pistaches. (Pistachier fleuri.)

Piste, s. f. Ce mot se dit proprement du loup. C'est la marche, ou la voie du loup. (Suivre un loup, ou une louve à la piste. *Sain*) Mais il se dit aussi de quelques autres bêtes, de la trace des chariots & même quelquefois des personnes. (Pour découvrir où sont allez des gens qui sont à cheval, ou en carrosse ou qui conduisent des chariots, on suit la piste des chevaux & les ortiéres des roües. Les Archers suivent la piste des voleurs, ou suivent les voleurs à la piste.

Piste. Terme de *Manège*. Trace que le cheval marque sur le terrain où il passe. (Faire des pirouettes de deux pistes. Observer la piste. Suivre la piste. On dit qu'un cheval manie, où travaille de deux pistes, lorsqu'il en marque une par le train de devant & l'autre par celui de derriére.)

Pistole, s. f. Piéce d'or qui n'est point batuë au coin de France & qui vaut onze livres & quelques sous. (Il y a des pistoles d'Italie & des pistoles d'Espagne. Une pistole legére. Une pistole bonne & de poids.) Les pieces d'or ou marquées au coin de France, qui valent autant que les pistoles d'Espagne, s'apellent des Loüis d'Or.

Pistolet, s. m. Arme à feu qu'on tire d'une main & dont se servent ordinairement les Cavaliers. Le pistolet est composé d'un fût, d'une poignée, d'une baterie, d'un canon, &c. (Il y a des pistolets à roüet, & des pistolets à fusil. Tirer un coup de pistolet.)

Faire le coup de pistolet. Cela se dit quand un Cavalier sort des rangs, & va défier quelcun d'ennemis à se batre avec lui à coups de pistolet.

Piston, s. m. C'est la partie des pompes qui entre dans le tuiau, ou corps de pompe, & qui étant levée, ou poussée, aspire, ou pousse l'eau en l'air. (Pousser le piston) Il y a aussi des pistons dans les siringues, dans la machine pneumatique, & autres.

PIT.

Pitance, s. f. Ce qu'on donne à chaque Religieux pour son repas. Le mot de *pitance* se dit, mais il n'est pas si usité que celui de *portion*. Et pour un Religieux qui dira *pitance* cent autres diront *portion*. L'usage du mot de *pitance* est dans le stile simple & comique.

(Ils ont courte & maigre *pitance*,
Mais ils ont grosse & large pance.
Boisrobert, Epîtres.)

Pitance. Ce mot signifioit autrefois la chair, ou le poisson qu'on mange dans les repas, outre le pain. Mais il ne se dit plus guère. On disoit. Il mange plus de pitance que de pain. On apelle aussi dans les communautez Religieux *Pitancier*, s. m. Celui qui avoit le soin de distribuer la pitance aux Religieux, & *Pitancerie*, s. f. Le lieu où l'on tenoit la pitance.

† **Pitaud**, s. m. Mot bas & burlesque pour dire Ruste. Paisan. Malfait & mal-bâti. Qui sent le village.

(Ce *pitaud* doit valoir pour le point souhaité
Bachelier & docteur ensemble.
La Fontaine, nouveaux contes.)

† *Pitaude*, s. f. Mot bas & burlesque & qui veut dire Rustre. Paisanne. Grossiére. Mal-bâtie.

(En vain l'amoureux tout surpris
De sa *pitaude* oïant les cris
Se rend la trogne furibonde.
S. Amant, Rome ridicule.)

Pite, s. f. C'est la moitié d'une obole. (Deux pites valent une obole.)

† *Piteux*, piteuse, adj. Déplorable. Misérable. Malheureux. [Il ne savoit pas de Phaëton l'histoire & piteux cas. *Voit. poëf*.]
Faire le piteux. Faire la piteuse.

Le monde à peine s'imagine
Qu'un homme en tourment si *piteux*.
Puisse faire œuvre si divine. *Sar. poëf*.)

Pitié, s. f. Compassion. Douleur qu'on a du mal d'autrui. [La *pitié* est souvent un sentiment de nos propres maux dans les maux d'autrui. C'est une habile prévoiance des maux où nous pouvons tomber. *Mémoires de M. de la Roche-Foucaut*. La fin de la tragédie est d'exciter la pitié & la terreur Le pauvre Gui Guillot *fait pitié* quand il se mêle de raisonner.)

Pitoiable, adj. Qui a de la pitié. [Etre pitoiable envers les pauvres]

Pitoiable. Digne de pitié. [Il est dans un pitoiable état. *Ablancourt*.

Je n'espérai jamais qu'un jour elle eût envie
De finir de mes maux le *pitoiable* cours.
Segrais Eglogue 5.]

Pitoiable. Méchant. Malfait. Misérable. Qui fait pitié tant il vaut peu. [Il fait de pitoiables vers. Sa comédie est pitoiable.]

Pitoiable. Qui excite à la pitié par des paroles tendres & passionnées. Le mot de *pitoiable* se trouve en ce sens dans Voiture, mais il semble peu usité. [Si j'osois écrire de ses lettres *pitoiables*, je dirois des choses qui vous feroient fendre le cœur: *Voiture*, lettre 19.]

Pitoiablement, adv. D'une manière pitoiable, misérable, chétive. [Il plaide pitoiablement. Il écrit pitoiablement.]

Piton, s. m. Terme de Serrurier. Clou dont la tête est percée en anneau. Sorte de fiche au bout de laquelle il y a un anneau. [Un gros, ou un petit piton.]

Pituite, s. f. Humeur froide & humide. [Une pituite douce, aigre, salée.]

Pituiteux, pituiteuse, adj. Plein de pituite. (Sang pituiteux. Humeur pituiteuse.)

Pituiteux, s. m. Flegmatique. Plein de pituite. (Les pituiteux n'ont pas l'esprit si vif, ni si plaisant que les bilieux & les sanguins.)

PIV.

Piverd, s. m. C'est une sorte de petit oiseau qui monte sur les arbres, il y a deux maniéres de piverd Voici pic-verd.

Pivoine. Ménage, Observations sur la langue Françoise a décidé que *pivoine* signifioit un oiseau étoit *masculin*, & cela vrai-semblablement pacce qu'il a dit dans son oiseleur, *le pivoine aux yeux noirs*. Les oiseliers que j'ai consultez sur le mot de *pivoine* le font au moins autant féminin que masculin. On suivra là-dessus le sentiment qu'on voudra, en atendant que de sa toute puissance, l'Académie détermine un jour à quoi il s'en faut tenir : mais bienheureux qui verra ce jour. Le Pivoine donc, ou la Pivoine est un fort bel oiseau de la grosseur & de l'air d'un pinçon. Elle a le bec court, large & un peu crochu, & luisant. Elle a la tête & la queuë noire, & les extremitez des grosses plumes de ses aîles de la même couleur. Elle a un filet blanc au milieu des aîles, la gorge & l'estomac d'une couleur qui tire sur le vermillon. La pivoine vit environ six ans. (Une pivoine mâle. Une pivoine femelle. Les Latins apellent la pivoine *rubicilla* & les Italiens *cifuletto*

PLA.

foletto Voiez Olina, *Traité des oiseaux qui chantent.*)

Pivoine, *s. f.* Sorte de fleur qui est rouge, blanche, ou de couleur de chair, & qui fleurit en Mai. (Une belle pivoine.)

Pivot, *s. m.* C'est un morceau de métal dont le bout est arrondi en pointe pour tourner facilement dans une virole. Ce sur quoi touche quelque chose. (Les portes cochéres tournent sur un pivot. Les globes tournent sur deux pivots.)

* *Pivot.* Ce mot, au figuré, signifie, soutien. (La France & l'Eglise tournent sur vous comme sur leur pivot. Voir, poët.)

PLA.

Placage, *s. m.* Terme de *Tourneur* & de *Menuisier.* C'est une sorte de menuiserie qui consiste à plaquer du bois scié par feüilles sur des fonds faits de moindre bois, & à le coler par compartimens avec de bonne colle. (Le *placage* est une feüille de bois de Grenoble que les tourneurs apliquent sur du bois de sapin. (Une table de placage. Travailler de placage. C'est du placage que cela.)

Placard, ou *Pannonceau Roïal, s. m.* Armes du Roi qui se mettent au commencement des afiches pour crier les immeubles à vendre par décret & que le sergent met à la porte de la paroisse du lieu où les biens sont réellement saisis.

† *Placard.* Sorte d'écrit qu'on afiche. Sorte d'écrit injurieux qu'on atache pour être lû.

(Mes vers à vos placards servent de passe port. *Searon. poës.*)

Place, *s. f.* Lieu découvert, & sans bâtiment. (Une belle, une grande place. Une place pour bâtir. La place Roïale de Paris est un des plus beaux quartiers de toute la ville. Cette place est belle; mais elle n'est ni si agréable ni si gaie que la place du commun jardin de Londres.)

Place. Espace, ou lieu pour passer, ou pour se mettre. (Place, place. Faire place Mettez vous là, il y a de la place assez & s'il n'y en a autant qu'il en faut, on vous en fera.)

Place. Lieu où est une personne. (Prendre la place d'une personne. Céder, ou donner sa place à quelqu'un.)

Je ne voudrois pas être en sa place, C'est à dire ; en l'état où il est.

Place. Ce mot, en parlant de guerre & de Baterie; signifie Champ de bataille. Lieu où l'on s'est batu. (Il y demeura environ quinze cens hommes sur la place. Il en demeura quelque cinq cens sur la place. *Ablancourt. Ar. l. 1.*)

Place. Ville. Forteresse, ou autre pareille chose. (Forcer; prendre; secourir une place.)

Place de guerre. C'est une forteresse. (C'est une place de guerre qui n'est pas dificile à défendre. C'est une place de guerre considérable, importante, fameuse, &c. Place réguliére ou irréguliére.)

Place basse, place haute. Il se dit des bateries de Candii qui sont dans les casemates, ou flancs retirez.

Place d'armes d'une ville de guerre. C'est un train libre & spacieux où s'assemble la garnison en cas d'alarme, ou quand il survient quelque chose.

Place d'armes de Camp. Terrein où l'on range les troupes en bataille.

Place d'armes de compagnie. C'est le lieu où s'assemble la compagnie.

La place d'armes d'une ataque, où d'une tranchée. C'est un poste où on loge de la cavalerie & de l'infanterie pour soutenir les sorties de la garnison & favoriser le travail des tranchées.

†*En place marchande.* C'est à dire. En lieu public, & exposé à tous les passans. (Erre en place marchande.)

La place. La place du Change. C'est le lieu où s'assemblent les Marchands pour parler de leurs afaires.

†* *La place n'est pas tenable,* C'est à dire la place est incommode.

† * *Faire place à un verre de vin.* C'est à dire Pisser.

* *Place.* Ce mot signifie encore un emploi, une charge. (Demander, briguer une place vacante.)

Place. Il signifie le rang & l'ordre dans lequel les choses doivent être. (Il est hors de sa place. Mettre chaque chose en sa place. Cette pensée est belle, mais elle n'est pas en sa place.)

Placer, v. a. Mettre. Poser. [Placez cela en cet endroit. Il a placé son argent sur l'hôtel de vile]

Placet, s. m. Siége sans dossier. [Un beau placet.]

Saint Amant n'eu du Ciel que sa veine en partage,
Un lit & deux placets composoient tout son bien
Déspreaux, Satire 1.]

PLA. 615

Placet. Ecrit qu'on présente à un juge, ou à quelque personne de grande autorité pour la suplier de quelque chose, ou pour la faire ressouvenir de quelque chose qui nous importe, [Présenter un placet au Roi, à Monsieur Colbert, à Monsieur le prémier Président, &c.]

Placet. C'est une maniére de petit poëme François qu'on fait en forme de *placet*. (Voiture & Scaron ont fait de jolis placets.)

Placier, placiere, s. m. & s. f. Fermier de quelque place de de marché. Celui, ou celle qui loüe les places aux haragéres, fruitieres & autres qui étalent leurs marchandises. Le placier est tenu de hertéfer le marché.)

Pla-fond. Voiez *plat fond.*

Plage, *s. f.* Terme de Mer. Rivage de mer où les navires ne peuvent aborder parce qu'il n'y a ni assez d'eau, ni assez de fond. (La plage n'est pas bonne. La plage est dangereuse.)

Plage. Ce mot vient du Latin *plaga.* Il signifie Lieu. Endroit.

(Est-il dans l'univers de plage si lointaine.
Où sa valeur ne te puisse porter ; *Dép. Epit. 4.*)

Plagiaire, *s. m.* Ce mot est tiré du Latin *plagiarius.* Auteur qui s'atribuë les ouvrages d'autrui. (C'est un franc plagiaire.)

Allez, fripier de vers; impudent *plagiaire*
Allez cuistre. *Mol. Femmes sav. a. 3. s. 3.*

Pollien étoit un plagiaire. *Colum.*)

Plaider, *v. a.* Faire la fonction d'Avocat. Soutenir en justice le droit de sa partie en qualité d'Avocat, ou de Procureur. Défendre & soutenir en justice son bon droit. (Plaider une cause à la grand' Chambre, aux Requêtes, à la Cour des Aides, &c.)

Plaider, v. n. Etre en procès avec quelqu'un. [Ils plaident ensemble il y a plus de six mois.]

Plaider, v. a. Faire un procès à quelqu'un. [Plaider son tuteur.]

Se plaider, v. r. Etre en procès avec quelqu'un. (Les Moines Reformez & non reformez d'un même ordre se plaident souvent les uns contre les autres, & cela est honteux.)

Plaideur, s. m. Ce mot se prend souvent en mauvaise part & signifie. Qui aime à chicaner. Chicaneur. Il signifie aussi qui a quelque procès. [Les Normands sont des plaideurs. Les plaideurs sont à plaindre, car les Procureurs les sucent jusques aux os.]

Plaideuse ; s. f. Ce mot signifie. Celle qui aime à chicaner. Chicaneuse. Celle qui a quelque procès. [C'est une plaideuse Avoir pitié d'une pauvre plaideuse]

Plaidoié ; plaidoier, s. m. L'un & l'autre se dit. Messieurs de Port-Roïal semblent être pour *plaidoié* & l'Académie pour plaidoier, mais qu'on écrive *plaidoié* ou plaidoier, il faut prononcer plaidoié. Le plaidoié est une afaire qu'on a plaidée. Cause plaidée. [On s'estime dans nôtre Langue en matiére de plaidoier pour les plaidoiez de Monsieur le Maître & ceux de Monsieur Patru.]

Plaidoirie, s. f. Action de plaider. Tout ce qui se dit de part & d'autre dans une cause qu'on plaide. Exercice d'Avocat fréquentant le barreau. Exercice de Procureur dans le barreau (Se donner tout entier à la plaidoirie. *Citri ; Traduction des illustres Orateurs de Ciceron.* L'audience favorable que la Cour me donne, m'emporte au delà des bornes d'une juste plaidoirie. *Patru 3. plaidoié.*]

† *Plaids, s. m.* Vieux mot qui est de *pratique*, & qui signifie l'audience, ou les jours ordinaires qu'on plaide. (Tenir les plaids. Aller aux plaids)

On dit aussi en termes de Palais un *jour plaidoiable*, c'est à dire, auquel on peut plaider

Plaie, *s. f.* Ouverture faite au corps par quelque coup. (Une plaie grande, petite; dangereuse ; mortelle. Penser une plaie. Laver, hertéïer une plaie. Rafraichir une plaie Plaie qui n'a pas été bien guérie & qui s'ouvre quelquefois. La plaie commence à se fermer.)

Plaie. Ce mot se dit aussi des cicatrices qui restent sur le corps après qu'une plaie est guérie. Ainsi l'on dit ; ce vieux soldat peut montrer plus de vint plaies sur son corps.

* *Plaie.* Afliction. Peine. (Dieu afligea l'Egipte de dix plaies; *Arnaud.*

* *Les remédes les plus doux qui touchent à ma plaie,* irritent ma douleur. *Téo. poës.* C'est à dire, qui touchent à la maladie amoureuse que j'ai.

† *Ne demander que plaie & bosse.* Sorte de proverbe pour dire. Ne chercher, ne souhaiter, ne demander que querelles; & que débats.

Plain, *plaine, adi.* Il vient du Latin *planus*, & signifie; qui est plat, uni & sans aucune inégalité. (Un païs plain. En plaine campagne.)

Plain. V. *plein.*

Plaid-

Plain-chant. Voiez *plein-chant.*

PLAINDRE, *v. a.* Avoir pitié. Avoir compassion. *Je plain, tu plains, il plaint, nous plaignons, vous plaignez, ils plaignent. Je plaignois. Je plaignis. J'ai plaint.* (Plaindre quelqu'un. *Ablancourt.* Je plain bien le pauvre Moliére d'être atiré sur les bras Messieurs de la faculté.)

Se plaindre, v. r. Je me plain, tu te plains, il se plaint, nous nous plaignons. Je me suis plaint. Faire des plaintes. Se lamenter. Soupirer. (Il se plaint de la Cour. Se plaindre à une personne. *Ablancourt.* Le poëte Mainard se plaignoit incessamment de sa fortune.

Acoutumez-vous à la veuë
D'un homme qui soufre & se plaint. *Benf.*)

PLAINE, *s. f.* Etenduë de païs sans montagnes. [Une belle plaine Une grande plaine. Une plaine vaste & spatieuse. *Ablancourt.*]

Plaine. Terme de *Blason.* C'est la pointe de l'Ecu, lors qu'étant coupé en quarré, il reste sous le quarré une partie qui est d'autre couleur, ou émail que l'Ecu.

Plaint, plainte, adj. Ce mot est fort peu usité au *féminin.* [Il est plaint de tout le monde, parce qu'il est honnête homme. C'est à dire, on a pitié & compassion de lui.]

Plainte, s. f. Lamentation. Action de se plaindre, de se lamenter. Gémissement. Soupirs. Paroles qui expriment quelque douleur. Discours où l'on se plaint. [Entendre les plaintes des personnes afligées. Plainte de la France à Rome. La plainte des Nimphes de Vaux.

Chantez petits oiseaux, nul danger, nule crainte,
N'interrompe jamais vôtre amoureuse *plainte.*
Segrais, Eglogue 4.)

Plainte. Mécontentement. Sujet de mécontentement. Paroles qui témoignent le peu de satisfaction qu'on a de quelqu'un, ou le tort qu'on a reçu. [Former les plaintes contre quelqu'un. Faire des plaintes contre une personne. Porter ses plaintes à la Cour.]

Plaintif, plaintive, adj. Qui se plaint, qui se lamente. Triste. Dolent. (Voix plaintive. *Ablancourt.* Une humeur jalouse & craintive, se mit dans vôtre ame *plaintive, Voiture, poës.*

Que fais-tu dans ce bois ? *plaintive* tourterelle.
Je gemis, j'ai perdu ma compagne fidelle.
Poëte anonime.)

PLAIRE, *v. n.* Avoir de l'agrément, des charmes. Charmer par quelques belles qualitez, ou autrement. Agréer. (Elle plait à son amant parce qu'elle est riche. Elle lui plaisoit extrêmement parce qu'elle étoit belle, honnête & spirituelle. La poësie plait.

Philis, j'ai tout fait pour vous *plaire*
Et si ce n'est pas il faut mourir
Je ne sai plus ce qu'il faut faire.)

Plaire. Ce mot signifie souvent *vouloir*, & alors veut la particule *de* après lui, lorsqu'il exprime une volonté absoluë. (Il me plait de faire cela. Il ne me plait pas d'y aller. *Vau. Rem.* Il a plu à Dieu de punir les méchans. *Pascal, l.* 14. Plût à Dieu que vous eussiez dit vrai.)

Plaire. Quand ce mot signifie *vouloir* & qu'on l'emploie par honneur, il ne veut point ordinairement la particule *de* après lui. *Vau. Rem.* Afin qu'il lui *plaise* me faire l'honneur de m'aimer. S'il lui plaisoit m'honorer de ses commandemens. *Vaugelas. Remarques.* On dit pourtant trés bien, *s'il lui plaisoit de mourir*, & c'est comme il faut parler lorsqu'il n'y a pas lieu de mettre un autre *de* après *plaire.*

Se plaire, v. r. Trouver du plaisir, & de la satisfaction en quelque chose, en quelque lieu, ou avec quelque personne.

(Ce Berger acablé de son mortel ennui,
Ne se *plaisoit* qu'aux lieux aussi tristes que lui.
Segrais, Eglogue 1.)

† *Plaisance, s. f.* Ce mot ne se dit qu'en ces façons de parler. *Une maison de plaisance*, un jardin de plaisance. C'est une maison, ou un jardin qu'on embelit en vuë de s'y divertir & non pas pour en tirer du revenu.

Plaisant, s. m. Celui qui plaisante. (Il est dificile d'être bon plaisant. Etre mauvais plaisant. *Moliere.* Un froid plaisant est ennuieux & insuportable à bien des gens.)

Plaisant, plaisante, adj. Divertissant. Agréable. (Les contes de Bocace & ceux des cent nouvelles, sont plaisans. Les fables de la Fontaine sont plaisantes. Lucien étoit un esprit fort plaisant. Force gens croient être plaisans qui ne sont que ridicules. *Balzac, lettres.* Ce mot *plaisant* joint avec le verbe *être*, & suivi d'un *que* régit le subjonctif. (Il se-

roit plaisant qu'un mort fit des prédictions. *Fontenelle, nouveaux dialogues des morts.* Il est plaisant que vous croiez être plus habile que les autres *Abl. Luc.* T.I.)

Plaisant, plaisante, adj. Il se dit quelquefois par injure. (Vous êtes un plaisant homme, un plaisant far, &c. Je vous trouve plaisant de me faire ce discours.)

Plaisamment, adv. D'une maniére plaisante. D'un air agréable. (Pascal écrit plaisamment & solidement dans ses lettres provinciales. Il y a force choses plaisamment dites, & plaisamment imaginées dans l'Histoire du Concile de Trente de *Fra Paolo.*)

Plaisanter, v. n. Railler. Faire le plaisant. Dire les choses d'un air goguenard, d'une maniére enjoüée. (Il est dificile de bien plaisanter. *Moliere.* La jolie façon de plaisanter pour des courtisans. *Moliere.*)

Plaisanterie, s. f. Raillerie. Chose plaisamment dite, faite, ou imaginée. (Une plaisanterie fade, basse, froide. Plaisanterie ingénieuse. Tourner en plaisanterie. *Moliere.* Pousser la plaisanterie.)

Plaisir, s. m. Joie. C'est une aimable émotion de l'ame. C'est un changement qui arrive tout à coup, qui se rend sensible & qui met la nature en l'état qu'elle demande. Satisfaction. Contentement. (C'est le moindre péché de tous & le plus grand *plaisir* du monde. Presque tout le monde prend plaisir à s'aquiter des petites obligations. *Mémoires de la Roche-Foucaut.* Nous prîmes plaisir à ce conte. *Pascal, lettre* 6. J'ai eu un plaisir extrême à lire. *Voit. l.*19.

Quand ce n'est que de l'or que mes plaisirs me coûtent
Mes plaisirs ne me coûtent rien.
Benserade, balet des plaisirs 1. *p.*

Cléopatre étoit de tous les plaisirs d'Antoine. *Citri, Triumv.* 3.*p. ch.*12. Quand on a eu, Mad. le plaisir de vous voir & de vous parler le soir, il ne faut pas s'atendre à celui de bien dormir. *S. Evremont*, 4. *p.* 531.)
(*Le plaisir de la chair.* C'est la satisfaction qu'on a dans les privautez amoureuses. Si j'aimois *les plaisirs de la chair* je me plaindrois d'avoir été trompée. *Le Comte de Bussi.*)

Plaisir. Bon office qu'on rend à quelqu'un ; grace & faveur qu'on lui fait. (Les plaisirs qu'on fait aux gens sont souvent interessez. Il est d'un honnête homme d'être sensible aux plaisirs qu'on lui a faits.)

A plaisir, adv. Par plaisir. De dessein formé. (C'est une chose faite à plaisir. C'est de vous faire voir quel avantage vous avez sur ceux mêmes qui ont été formez *a plaisir* pour être l'exemple des autres. *Voiture.*)

Par plaisir, adv. A plaisir. Pour se divertir. Pour rire. (Travailler par plaisir. Ecoutez moi, je vous suplie, charmante Iris, quand ce ne seroit que par plaisir & pour voir seulement comme je m'y prendrois.)

Plaisir. Volonté, discrétion. (Il peut faire de cette chose à son plaisir. C'est à dire, comme il lui plaira.)

Sous le bon plaisir. Façon de parler qui sert au Palais, c'est à dire, avec l'agrément & le consentement. (Cela se fera sous le bon plaisir de la Cour.)

PLAN, *s. m.* C'est la représentation du trait fondamental de quelque ouvrage d'architecture civile, ou militaire. Il y a un plan géométral, & un autre plan que les Imagers apellent Plan *a vuë d'oiseau* (Tracer un plan. Lever le plan d'une place de guerre ; c'est, par le moien des cordeaux & des instrumens de Géométrie, voir par quelles sont les fortifications d'une place.)

Plan. Ce mot, au figuré, signifie *dessein*, projet de quelque ouvrage. (Faire le plan d'un histoire, d'un poëme, d'une harangue, &c.)

Plan. Terme de *Géométrie.* Surface plane. *Port-Roïal, liv.* 3. *art.* 4. *Pardies, liv.* 1. *art.* 5. (Ligne perpendiculaire à un plan. Ligne oblique sur un plan.)

Plan, terme de *Géométrie.* (Angle plan. Surface plane. Nombre plan. Figure plane. Superficie plane. Construire des figures planes. *Le Clerc, Géom. l.*2.)

PLANCHE, *s. f.* Ais. Partie d'arbre sciée en long, qui a peu d'épaisseur, & qui porte de largeur un bon pié, ou un peu plus. (Une bonne planche.)

† * *Faire la planche aux autres.* C'est montrer le chemin aux autres ; c'est leur montrer l'exemple, c'est les porter à faire de même que nous. Voilà un arret qui fait la planche à bien des desordres.

* C'est une planche qu'il a sauvée de son naufrage : c'est à dire, ce qu'il a pû conserver de son bien qu'il a tout perdu.

* Se fier sur une planche pourrie. C'est s'assurer sur une chose incertaine, sur des espérances mal-fondées, ou sur une personne qui peut manquer.

Planche. Terme de *Vinaigrier.* C'est une sorte de solive qui presse la lie.

Planche. Terme de *Graveur.* C'est une feüille de cuivre, sur laquelle on grave pour tirer des estampes. (Une belle planche. Une planche bien gravée. Graver une planche.)

Planche.

PLA.

Planche. Terme d'*Imprimeur en taille douce*. C'eſt une feüille de cuivre ſur laquelle on a gravé une figure. (Ancrer une planche. Eſſuïer une planche. Oter le ſuperflu d'une planche. Paſſer une planche ſur le rouleau.)

planche. Terme de *Jardinier*. Morceau de terre, cultivé, long de quinze à vingt piez & large de quatre, ou environ. (Planche bordée de bouïs. Une planche d'aſperges. Une Planche de poirée. Mettre en planche. Faire une planche. Labourer une planche avec le rateau. Prépârer, dreſſer, cultiver une planche. *Voïez la culture des fleurs*.)

Plancheïer, v. a. Faire un plat-fond. Couvrir proprement de planches qu'on arache & qu'on ajuſte comme il faut les unes contre les autres. (Plancheïer une chambre au lieu de la carreler.)

Quelques uns diſent ſeulement *plancher*, au lieu de *plancheïer*.

Plancheïeur, ſ. m. C'eſt un oficier ſur les ports de Paris qui depuis le bord de la rivière, juſques ſur les bateaux chargez met de fortes planches ſur des tréteaux afin d'aller & de venir ſur les bateaux & d'en décharger la marchandiſe.

Plancher, ſ. m. Terme d'*Architecture*. C'eſt la ſéparation des étages des logis en dedans. Les planchers ont deux faces, l'une au deſſus ſur laquelle on marche, & l'autre en deſſous, qu'on nomme plat-fond, lors qu'elle eſt lambriſſée. Les uns ſont ſur le rez de chauſſée, les autres entre deux étages, & d'autres au haut des maiſons. Il faut faire un plancher avec grand ſoin. *Vitruve*, abrégé 1. p. ch. 2. Un étage eſt entre deux planchers. Atacher un luſtre au plancher. Tomber ſur le plancher.

* *Le plancher des vaches*. Mots fort bas & du petit peuple pour dire la terre.

Planchette, ſ. f. Terme de *Tourneur* & de *Vanier*. C'eſt une petite planche que le tourneur & le vanier mettent devant leur eſtomac lorſqu'il percent quelque choſe d'un peu dificile à percer. La planchette en terme de *Vanier* ſe dit auſſi de certaines hottes. Ce ſont trois brins d'oſier de bout & travaillez à plein au dos de certaines hottes. (Une planchette de hotte de boulanger. Une planchette de hotte de jardinier.)

Plane, ſ. m. Sorte d'arbre grand & haut qui a de longues racines. Ses branches ſont grandes & étenduës. Il a l'écorce groſſe & épaiſſe, les feüilles fort larges & atachées à une longue queuë. Le plane porte des baies rondes & groſſes comme une noiſette, & il ſert ſeulement d'ombre. On dit que les feüilles tendres du plane, cuites dans du vin & apliquées ſur les yeux en apaiſent l'inflammation. *Dal.* l. 1. c. 18.

Plane, ſ. f. Terme de *Charron*, de *Tonnelier*, & de quelque autre *Artiſan*. C'eſt un outil à acier large de deux bons doigts , ou environ & long à peu près d'un pié & demi , qui a ordinairement deux tranchans, qui a une poignée à chaque bout & dont on ſe ſert pour unir , polir & aplanir uniment le bois. (Une plane ronde. Une plane à taïller des fonds.)

Plane, ſ. f. Terme de *plombier*. Morceau de cuivre qui eſt quarré, qui a une poignée d'un côté & qu'on fait chaufer pour planer le ſable. Quelques plombiers diſent *plaine*, mais ils diſent mal. Le grand uſage eſt pour *plane*. (Une belle plane. Une plane bien unie.)

Planer, v. a. Terme de *Charron*, de *Tonnelier*, de *Tourneur*, &c. C'eſt polir le bois avec la plane. Oter du bois avec la plane. (Planer un morceau de bois. Planer une douve.)

Planer, Terme d'*Orfevre*, de *Chaudronnier* & de *Potier d'étain*. C'eſt unir la beſogne à force de petits coups de marteau. (Planer un plat , une aſſiette, une caſſerole.)

Planer. Terme de *Plombier*. C'eſt paſſer la plane lorſqu'elle eſt chaude ſur le ſable du moule afin de l'unir & de le rendre égal par tout. (Planer le ſable. Quelques plombiers diſent *plainer le ſable*, mais ils diſent mal. Ceux de ces artiſans qui parlent le mieux, diſent *planer*.)

* **Planer**, v. n. Ce mot ſe dit des oiſeaux qui volant en l'air ne remüent preſque point les aîles.

Ils planent ſur le bord d'une mer poiſſonneuſe.
Segrais, *Eglogue* 7.

* On le dit auſſi d'un nageur, qui demeure étendu ſur l'eau ſans remüer les piez , & qui ne fait que remüer un peü les mains.

Planette. Etoile errante. (Il y a ſept planettes ; le Soleil, la Lune, Mercure, Venus, Mars, Jupiter & Saturne. Le Soleil & la Lune ſont les principales Planettes.)

Planétaire, adj. Terme d'*Aſtronome* & d'*Aſtrologue*. La région planétaire. C'eſt l'eſpace où les planetes ſe meuvent. *Heures planétaires*. Ce ſont les heures, pendant leſquelles les Aſtrologues s'imaginent que chaque Planette domine à ſon tour.)

Planeur, ſ. m. Terme d'*Orfevre*. C'eſt l'artiſan qui gagne ſa vie à planer la vaiſſelle Ce que les orfévres apellent *planeur*, les potiers d'étain l'apellent *forgeur*.

Planimetrie, ſ. m. Terme de *Geométrie pratique*. C'eſt l'art de meſurer les plans & les ſurfaces.

Planisfère, ſ. m. Terme de *Geographie*. C'eſt une carte plate de la terre. C'eſt auſſi en termes d'*Aſtrono-*

PLA. 617

mie , Une deſcription du globe celeſte ſur une ſurface plate.

Plant, ſ. m. Terme de *Jardinier* & de *Vigneron*. Jeune arbre pour planter. Jeune vigne pour planter. (Avoir de beau plant. Elever du plant.)

Il ſignifie auſſi racine , tige. (Cette graine pouſſe ſon plant. Quand vôtre plan a pouſſé à la place où vous l'avez ſemé, & qu'il eſt haut d'un doigt , ôtez le pour le replanter. *Quins. Jard. fr. Tome 2.*)

Plantage, ſ. m. Terme de *Jardinier*. C'eſt tout ce qu'on a planté (Faire un bon plantage. Changer ſon plantage.)

Plantain, ſ. m. Sorte d'herbe , ou de plante dont il y a de pluſieurs eſpéces , qui croit dans des lieux humides , frais, ou pleins d'ombrages & qui eſt aſtringente, deſſicative & ſouveraine pour pluſieurs maux. (Le grand plantain & le petit plantain.)

Plante, ſ. f. Corps mixte, vivant, qui tient un milieu entre l'animal & le mineral , aïant ſuc ; & racine , à la faveur de laquelle il ſe nourrit. (*Plante parfaite* ; C'eſt une plante qui porte fruit ; ou ſemence. *Plante imparfaite*. C'eſt celle qui ne porte ni fruit ni ſemence. Plante boïſeuſe , fibreuſe ; bulbeuſe, tubereuſe, charnuë, genoüilleuſe, *Morin*, *tr. des fleurs*. On dit auſſi plante ligamenteuſe. Plante à racine. Cette plante eſt compoſée de pluſieurs filets qui prennent leur nourriture dans la terre)

La plante du pié. C'eſt le deſſous du pié de l'homme. C'eſt la partie inférieure du pié qui touche la terre. (Pierre l'aïant pris par la main droite, il le leva, & auſſi tôt les *plantes de ſes piez* devinrent fermes. *Port-R. Act. des Ap. c. 3.*)

* Il cultive avec plaiſir cette *plante* admirable *Boirob. Epit* tom. 1. *Epi.* 5. C'eſt à dire, il cultive ce *jeune homme* avec joye.

Planter, v. a. Mettre une plante en terre pour lui faire prendre racine. & lui donner de l'acroiſſement. (Planter des choux, de la chicorée , du plant.)

† * *Planter*. Ce mot, parlant de maîtreſſe , ou de quelque autre perſonne à qui l'on eſt araché, veüt dire, laïſſer, abandonner. (Planter là une maîtreſſe.)

* *Planter des cornes.* En parlant de maris dont on aime les femmes ; c'eſt mettre des cornes ſur la tête. C'eſt faire coü. (Jupiter admit Ixion à ſa table , & Ixion, pour reconnoître cet honneur, lui voulut planter des cornes. *Abl. Luc. T.* 3.)

* Il lui *planta* la javeline fort avant. *Abl.* C'eſt à dire, il la pouſſa fort avant dans ſon corps.

* Il ſe vint *planter* à l'embouchure du port. *Abl. Ar. l.* 1.

* *Planter* les échelles. *Abl.*

* Cheval qui ſe *plante* bien ſur les membres. *Soleïſel* ; *Maréchal.* ch. 18 .

Planter la Foi. C'eſt enſeigner & établir la vraie Religion en quelque lieu. S. Auguſtin Abé planta la Foi en Angleterre. On dit auſſi *planter des colonies*. *Abl.* C'eſt à dire, établir des colonies en quelque lieu.

* On l'a envoïé *planter des choux*. C'eſt à dire, on l'a rélegué à la campagne.

Plantoir, ſ. m. Terme de *Jardinier*. Outil en forme de fort petit bâton aiguiſé ; au bout duquel y a du fer pour faire un trou en terre lorſqu'on veut planter de la chicorée & quelque autre choſe. Le plantoir des planteurs de bouïs eſt plus grand & plus gros que le plantoir ordinaire.

† **Planturéux**, *planturéuſe*, adj. Abondant. Copieux. Où il y a quantité de choſes. (Après le repas , qui fut aſſez long & *planturéux*, ils s'entretinrent de tout. *Abl. Luc.*)

† **Planturéuſement**, adv. Copieuſement. Avec abondance. (Il y en a planturéuſement.)

Planure, ſ. f. C'eſt le bois que la plane coupe & qui tombe au pié de l'artiſan qui plane. (Planures trop groſſes. Bruler des planures.)

Plaque, ſ. f. Morceau de fer, ou de fonte , figuré, épais d'environ un bon pouce , haut d'un bon pié & demi & quelquefois plus, & large d'autant, ou environ, que l'on arache avec des morceaux de fer qu'on apelle pares au contrecœur de la cheminée afin que le feu ne ſe gâte pas. (Une bonne plaque.)

Plaque. Terme d'*Arquebuſier*. C'eſt un morceau de fer delié qui eſt au bout de la poignée du piſtolet, de la couche du mouſquet , & du fuſil. (Une belle plaque de fuſil, ou de piſtolet.)

Plaque. Terme de *Fourbiſſeur*. C'eſt la partie de la garde de l'épée qui couvre la main.

Plaque. Terme de *Perruquier*. C'eſt le deſſus de la perruque. (Plaque de perruque mal garnie.)

Plaquer, v. a. Prononcez *plaké*. Mettre , apliquer proprement une choſe contre une autre pour ne faire qu'un corps. (Plaquer proprement ſur du noïé blanc des feüilles de bois de noïer.)

Plaquer. Terme de *Maçon.* C'eſt jetter le plâtre ſur une doſſe.

Plaſtras. Voïez *Plâtras.*

Plaſtre. Voïez *Plâtre.*

Plaſtrer. Voïez *Plâtrer.*

Plaſtrier. Voïez *Plâtrier.*

Plaſtrière. Voïez *Plâtrière.*

Plaſtron, ſ. m. Terme de *Maître d'Armes*. C'eſt une eſpèce

I I i i

de corselet qui est rempli de bourre, & couvert de cuir que le maître d'armes met devant son estomac lorsqu'il enseigne. (Donner dans le plastron.)

† * *Un plastron de bordel.* Mots burlesques pour dire une petite putain, qui est à tous venans & qu'on presente aux premiers venus qu'on ne connoît pas.

PLAT, *s. m.* Sorte de vaisselle qui est creusée, qui a des rebords, & qui est faite de métal, de faiance ou de terre, dans quoi on sert le potage & la viande sur la table. (Un petit plat. Un grand plat.)

Plat de rotisseur. C'est un plat profond & avec peu de rebords. On l'apelle aussi un *plat bassin.*

* Chacun aporte son *plat* quand on va souper chez lui. C'est à dire, que chacun aporte son soupé.

† * *Donner un plat de son métier.* C'est donner quelque chose de ce qu'on fait, ou de ce qu'on sait. Un maître de musique qui donnera un concert *donnera un plat de son métier.*)

† * *C'est un plat de son métier* Ces mots signifient aussi quelquefois Tromperie, Fourberie, Tours qu'on fait à quelqu'un. (Il a eu commerce avec un Gascon, & ce Gascon l'a volé, & lui a fait voir *un petit plat de son métier.*)

Plat. Il se dit aussi d'un bassin de Balance. V. *Bassin.*

Plat. Il se dit du verre. C'est un grand rond de verre uni, tel qu'il vient des verreries, & qu'on taille en plusieurs pièces pour faire des paneaux de vitre.

Plat, s. m. Ce mot se dit particulièrement en parlant d'épée, & veut dire, La partie de la lame qui est plate & unie. Tout ce qui est uni dans quelque lame. (Il lui a donné des coups de plat d'épée. Il a reçu fort patiemment 7. ou 8. coups de plat d'épée. Il lui a donné du plat du couteau sur les doigts.

C'est en ce sens qu'on dit au figuré, *donner du plat de la langue* c'est à dire, flater, avoir quelque sorte de babil un peu specieux.

Plate peinture. C'est une représentation qui n'a aucun relief.

Plat, plate. Qui est posé sur terre. Qui est couché de son long. (Il est étendu tout plat dans le lit. Coucher un bois de plat, & non pas de bout.)

Plat, s. m. Terme de *Vitrier & de Marchand Verrier.* C'est un grand morceau de verre rond en forme de grand bassin à laver les mains pour faire des paneaux de vitre.

Plat, plate, adj. Uni. Qui n'est point élevé plus en un endroit qu'en un autre. (Aplati. Cela n'est pas encore assez plat Chose qui est plate. Un païs plat.)

* *Plat, plate.* Ce mot se dit des pensées du langage, & des productions de l'esprit, il veut dire Mal dit. Mal tourné. Bas. Rampant. Qui n'a rien de vif. Qui n'a rien qui pique; ni qui arrête l'esprit. Discours fort plat. Vers fort plat. Ce qu'il dit, est fort plat.)

† * *Tout à plat, adv.* Librement. Franchement. Nettement. Sans déguisement & sans détour. (Refuser tout à plat. Dire tout à plat ce qu'on pense.)

Pie-plat. Voiez pié.

Servir à plats couverts. V. *Couvert.*

PLATANE, *s. m.* Il vient du Latin. *Platanus.* C'est un plane, Voiez *plane, arbre.* Le Platane est un arbre qui étend ses branches, & qui est propre à faire d'agréables ombres. Leurs oreilles sont des feuilles de platane. *Abl. Luc. T.1.)*

Plateau, s. m. Prononcez *plató.* C'est le fond de bois des grosses balances propres à peser de lourds fardeaux. (Mettez le poids sur l'un de ces Plateaux & la marchandise qu'on doit peser sur l'autre.)

Plateau. Terme de *Boulanger.* C'est une manière de petit plat de bois, qui n'est pas si creux que les plats ordinaires de metal ou de faiance, & qui sert aux Boulangers pour mettre le pain mollet. (Ils disent Mettre le pain mollet dans les plateaux. Il faut netteïer ce plateau.)

Plateau. Terme de *Jardinier.* Ce sont les cosses des pois qui ne sont défleuries que depuis peu de jours, ces cosses sont tendres & longuettes. Les pois n'étant qu'à peine formez dedans. (On dit, mes pois ne sont encore qu'en plateau. *Quint. Jard. fr. T.1.*)

Plateaux. Terme de *Chasse.* Ce sont les fumées des bêtes fauves qui sont plates & rondes.

Plate-bande, s. f. Terme de *Jardinier.* C'est un morceau de terre assez étroit qui règne le long du parterre, & où l'on met d'ordinaire des fleurs & des arbustes. (Une belle plate-bande.)

Plate-bande. Terme de *Fondeur.* C'est une partie de la culasse d'une piéce d'artillerie. Voiez *Praissac, Discours militaires,* page 111.

Plate-bande, Terme d'*Architecture.* C'est un membre quarré qui termine l'architrave de l'ordre Dorique. C'est aussi la face des chambranles.

Plate-forme. s. f. Terme de *Fortification.* Hauteur de terre où l'on met le canon sur le rempart. Elevation de terre sur le rempart où l'on plante le canon.

Plates-formes, Terme d'*Architecture.* Grosses planches de cinq ou six pouces d'épaisseur qui sont comme une espéce de plancher & qui servent pour les fondemens sur les pilotis. On apelle aussi *plates-formes* des piéces de bois qui soutiennent la charpente d'une couverture & qui se posent sur le haut de la muraille où doit être l'entablement.)

Plate-forme de batterie. Ce sont de grosses & de larges solives & des ais gros & larges où est le canon en baterie.

Plat-fond, s. m. Terme d'*Architecture.* Prononcez *plafon.* Le plancher d'enhaut des portiques & des chambres. (Un beau plat-fond. Le plat-fond cache les poutres & les solives.)

Plat-fond. Terme de *peinture.* Ouvrage qui est fait pour être veu des bas en haut pour être placé au dessus de la veuë & dont les figures doivent être racourcies & veuës en dessous. *Depiles, Traité de peinture.* (Un plat-fond doit être fait avec grand soin. *Vitr. abregé.* Le plat-fond de la Chapelle du Séminaire de S. Sulpice de Paris est agréablement fait. Il est peint par le Brun, & c'est l'un de ses plus beaux ouvrages.)

Plat-païs. Voiez *Païs.*

Plate-longe, s. f. Terme de *Manége.* C'est une longe de fil large de trois doigts, fort épaisse & longue de 3, ou 4. toises, dont on se sert pour abatre un cheval, ou pour lever ses jambes dans un travail, pour faciliter plusieurs operations du Mareschal.

Plate-longe. Terme de *Chasse.* C'est une bande de cuir longue qui se met au cou des chiens trop vîtes pour les arrêter. On les apelle aussi *Bricoles.*

PLATINE, *s. f.* Rond de cuivre avec des piez de fer, sur lequel on acommode & on séche le linge. (Border une platine. Monter une platine.)

Platine. Terme d'*Imprimeur.* C'est un morceau de fer, ou de fonte quarré qui est atache à la boîte de la presse & qui pose sur le timpan lorsqu'on imprime. (Sans la platine on ne sauroit imprimer.)

Platine. Terme d'*Horloger.* Petite plaque déliée qui soutient les rouës de la montre. Il y a dans une montre, *la platine des piliers & la platine du balancier.*

Platine de loquet. C'est une manière de plaque de fer, plate & déliée atachée à la porte au dessus de la serrure.

Platine. Terme de *Paticier.* Ouvrage d'étain, composé d'un pié, & d'une Plaque d'étain, qui est sur la boutique du paticier & qui sert à soutenir les claions chargez de paticerie, & à parer la boutique, avec les montres qui sont de côté & d'autre.

PLATRAS, *plastras, s. m.* L'un & l'autre s'écrit, mais on prononce *platras.* Le platras est un morceau de plâtre qui a été emploïé. (Un gros, ou petit platras. Abatre des platras.)

PLATRE, *plastre. s. m.* L'un & l'autre s'écrit, mais on prononce *plâtre* Le plâtre est une sorte de pierre cuite & mise en poudre avec une batte. (Faire du plâtre. Batre du plâtre. Les maçons disent *remüer le plâtre.* C'est le remüer avec la trüelle dans l'eau. *Gâcher le plâtre.* C'est le remüer avec la pelle. Foüetter le plâtre, &c.)

† *Batre quelqu'un comme plâtre.* C'est le batre dos & ventre.

Plâtrer, plastrer, v. a. L'un & l'autre s'écrit, mais on prononce *plâtré.* C'est enduire de plâtre. (Plâtrer un tonneau d'huile.)

* *Plâtrer ses défauts.* C'est les couvrir & les cacher par de belles aparences.

Platrier, plastrier, s. m. L'un & l'autre s'écrit, mais on prononce *platrier.* Le platrier est un ouvrier qui fait le plâtre. (Nous trouvâmes six grands plâtriers tous nuds. *Voit. l.10.*)

Plâtrière, plastrière, s. f. L'un & l'autre est bon, mais on prononce *plâtrière.* C'est le lieu où l'on fait le plâtre.

PLAUSIBLE, *adj.* Il vient du Latin *plausibilis.* Prononcez *plôsible.* Qui peut être aplaudi. Qui mérite de l'aprobation. (C'est une opinion fort plausible.)

† *Plausibilité, s. f.* Il ne se dit que dans le stile dogmatique. (Cette doctrine a quelque peu de plausibilité.)

P L E

PLEBEÏEN, *plebeyenne, adj.* Il vient du Latin *plebeius.* Il ne se dit qu'en parlant des anciens Romains. Et il signifie qui est du peuple. (Les anciens Romains étoient divisez en trois Ordres, de Senateurs, de Chevaliers & de Plébeïens. Il étoit d'une race ou d'une famille plebeyenne, c'est à dire, qu'il n'étoit pas Noble.)

PLEÏADE, *s. f.* Terme d'*Astronomie* Ce sont sept étoiles qui sont au derrière du signe du Taureau. (Le lever des Pléyades est vers la fin du prinremps, & vers le commencement de l'eté. C'est pourquoi elles marquent le tems propre à la navigation.)

* *Pléïade poétique.* On appelloit ainsi sept poëtes Grecs qui étoient en réputation du tems de Ptolomée Philadelphe, qui furent appelez, *leïade* à cause du nombre des sept étoiles qui portoient ce nom. Voiez *Vossius, Traité des poëtes Grecs.*

* *La Pléïade poétique Françoise.* C'étoient sept poëtes François qui florissoient du tems de Henri second, de Charles neuvième & Henri troisième. Ronsard inventa la Pléyade poétique Françoise. Les poëtes de cette pléyade sont Ronsard, du Bélai, Pontus de Tiard, Jodelle, Belleau, Bayf, & Dorat.

PLEIGE, *s. m.* Terme de *pratique.* Caution, répondant, qui s'oblige de représenter quelqun, ou de païer pour lui. (Il s'est rendu ple ge pour son ami.)

PLE.   PLE.

† *Pleiger*, v. a. Se rendre pleige. Cautionner en Justice. (Il a pleigé son valet.)

PLEIN, *s. m.* En Latin *plenum*. Ce mot se dit entre *Philosophes* & veut dire ce qui est opofé au vuide. (On demande en Philosophie si les corps se peuvent mouvoir dans le plein. Les Gassendites soutiennent qu'il n'y peut avoir de mouvement dans le *plein* & qu'il faut necessairement admettre de petits vuides. Et les Cartesiens sont d'un sentiment contraire.)

Plein, s. m. Terme de *Maître à écrire*. C'est une certaine largeur, ou grosseur du trait de la plume selon que la plume est maniée diférement. (Il y a quatre sortes de *pleins* ; le plein parfait, le plein imparfait, Le demi-plein & le délié. *Barbe d'or, Traité de l'Ecriture.*)

Le plein de la Lune. La pleine Lune. Voiez LUNE.

Plein, s. m. Terme de *Tanneur*. Espéce de cuve , ou de cuvier dans terre où il y a de l'eau & de la chaux pour mettre les cuirs. (Vieux plein. Plein neuf. Nouveau plein.)

Plein-chant, s. m. Il consiste à savoir & à connoître les notes, à les savoir entonner & à savoir-joindre au ton des notes les paroles qui doivent être chantées, qui est ce qu'on apelle d'ordinaire. Chanter la lettre. (Aprendre le plein-chant. Savoir le plein-chant.)

Plein, pleine, adj. Qui est rempli. Qui n'a point de vuide fort sensible. (Bouteille pleine de vin. Si tout est plein dans le monde, comment les corps se peuvent ils mouvoir ?

Plein, pleine, adj. Abondant , qui a quantité d'une chose. (Un corps plein d'humeurs. Un champ plein d'épines & de chardons.) On dit au même sens d'un homme qu'il est plein d'esprit. Une Ile pleine de richesses.

* *Il est plein de foi.* C'est-à-dire ; il vit encore & il se porte bien.

Plein, pleine. Ce mot se dit en parlant des femelles de quelques animaux & veut dire. Qui a un, ou plusieurs petits dans le ventre. (Chate pleine. Chienne pleine. Lice pleine.)

Plein, pleine. Ce mot étant immédiatement précédé de la préposition *en*, se dit en parlant de certains lieux publics & de quelque autre chose & en désigne. comme. le lieu. (En plein palais. Le Maît. C'est ce que les Latins apellent *frequenti curia.* En pleine Sorbonne. *Pascal, l. 1.* En plein Sénat. *Abl.* En plein marché. En pleine rue. *Scaron.* C'est à dire, au milieu de la rue, dans la rue En pleine paix. *Ablancourt.* C'est à dire , au milieu de la paix ; la paix étant faite. tout étant en repos. En plein midi. En plein jour. En plein marché.)

* *Plein, pleine.* Entier. Absolu. (Pleine autorité Plein pouvoir. *Pascal, l. 5.* Pleine puissance. *Ablancourt.* De plein droit.)

* *Donner à pleines mains*. C'est donner abondamment & libéralement.

* On dit d'une plante qu'elle est *en pleine terre*, pour dire qu'elle n'est pas dans une caisse. Qu'un arbre est *en plein vent*, pour dire qu'il n'est pas en espalier , ni en buisson. Tailler en plein drap, bâtir en plein champ , c'est n'épargner point une chose qu'on a en abondance.

* *En plein hiver*, c'est à dire, au plus fort de l'hiver.

* *En Pleine marée*, c'est lors que le flux est le plus haut.

* *En pleine Mer*, c'est à dire, loin des côtes.

* *Voguer à pleines voiles.* C'est à dire avec un vent fort & favorable.

* *Crier à pleine tête.* C'est crier de toute sa force.

* *Franchir un fossé de plein saut*, c'est à dire , le passer d'un seul saut.

* *Etre plein de sa grandeur*, Racine, Iphigenie, a. 1 s. C'est à dire , en être enorgueilli.

* *Il est plein de lui même*. C'est à dire , il a un peu trop bonne opinion de lui même.

Plein, pleine. Terme de *Vanier*. C'est toute la besogne qui n'est pas à jour. Panier plein. Besogne pleine.)

Tant plein que vuide. Terme de *maçon*. On toise un bâtiment tant plein que vuide , c'est à dire, aussi bien l'espace où sont les portes & les fenêtres que les gros murs.

A plein, adv. Entièrement. Tout à fait. (Il se retire dans sa tente , d'où il découvrit à *plein* l'armée. *Vaug. Q. C. l. 4. ch. 12.* Il a été absous à pur & à plein.)

Tout plein, V. *Tout.*

Plein-chant, s. m. Voiez *plus haut.*

Pleinement, Adv. Abondament. Tout à fait. Entièrement. (On la pleinement satisfait.)

PLÉION, *s. m.* Les natiers de Paris apellent *pléion* de la paille botée qu'on vend chez les chandeliers pour mettre dans les paillasses de lit & dont se servent les natiers pour faire les nates & des châises de paille. Les gens qui ne sont ni chandeliers, ni natiers & qui ne parlent pas dans les termes de l'art apellent *bote de paille* ce que les autres apellent *pléion.* (Voilà de bon pléion.)

Pleion. Terme de *Jardinier*. C'est de la paille de ségle longue & ferme , dont on couvre les petites salades sur couche, & dont on fait les paillassons. On se sert aussi de pléyons pour lier la vigne. *Quint. Jardins fruit. T. 1.*

PLÉNIER, *pléniére, adj.* Terme d'*Eglise*, qui veut dire entier & parfait. Le mot de *plénier* ne se dit qu'au *féminin*. (Il y a indulgence pléniére aux Carmes déchaussez.)

Plenipotentiaire, Ce mot est écorché du Latin. Prononcez pléni-

potanciere. C'est l'Envoyé d'un Souverain qui a un plein pouvoir pour quelque négociation , & pour faire quelque traité de paix, ou autre accord. (La premiére chose qu'on examina dans les Conférences , ce furent les pouvoirs des Plenipotentiares.)

Plénitude, s. f. Terme de *Médecin.* On apelle *plénitude* lorsque les veines sont remplies d'une telle quantité de sang qu'elles en souffrent violence & sont quelquefois en danger de se rompre. *Deg.* (Il y a plénitude dans ses vaisseaux.)

Plénitude. Pleine & entiére perfection. Acomplissement plein , entier & parfait. (L'Episcopat est la plénitude & la Souveraineté spirituelle du Sacerdoce. *Tomassin Discipline de l'Eglise.*)

PLEONASME , *s. m.* Ce mot vient du Grec, & est un Terme de *Rétorique.* C'est une façon de parler , par laquelle il semble qu'on s'explique en plus de mots qu'il n'étoit nécessaire, comme lors qu'on dit. Je l'ai vû de mes yeux. Je l'ai oüi de mes propres oreilles.

PLEURE , *s. f.* Terme d'*Anatomie.* Côtes , ou os de la poitrine qui forment une espéce de voûte aux côtez. de la poitrine. *Deg.* ou plûtôt une membrane qui environne toutes les parties contenuës dans la poitrine. Elle est très-mince, mais cependant très forte. (Pleure enflammée.

PLEURER , *v. n.* Jetter des larmes. Répandre des pleurs. (Loin de blâmer vos pleurs je suis prêt de pleurer. Je pleure & je soupire & ne reçois aucun soulagement. *Voir poës.*

On pleure , on s'ennuie ,
On souffre en aimant ,
Mais quelle aure vie
Passe plus gaîment.
Sur ma parole
On se peut assurer
Qu'amour enfin console
Ceux qu'il a fait pleurer.)

Pleurer à chaudes larmes. Pleurer de joye. C'est être si vivement touché d'une joie intérieure que ce mouvement émeuve le cerveau de sorte qu'on jette quelques larmes. Car on pleure de joie comme de tristesse. Ces mots *pleurer de joie* signifient aussi rire si fort que les larmes en viennent aux yeux.

Pleurer comme une femme. Se mettre à pleurer , c'est-à-dire , commencer à pleurer. Faire pleurer.)

Pleurer, v. a. Ce verbe se prend aussi dans un sens actif. (Car on dit. Pleurez quelcun. Pleurer la mort de son ami , *c'est-à-dire*, à cause de la mort.)

On dit d'un avare *qu'il pleure le pain qu'il mange*, pour dire qu'il se plaind sa nourriture , & qu'il dépense à regret ce qu'il lui faut pour se nourrir.

On dit que *pleurer arrive à quelcun* lors qu'ils a une fistule lacrimale , où pour quelque fluxion lui fait tomber de l'humidité des yeux. En ce sens, on dit des *yeux pleurans.*

* *Pleurer, v. n.* Ce mot se dit , au figuré , de la *vigne.* C'est à dire qu'au mois d'Avril , le tems s'étant adouci, la séve monte en abondance , & il sort des goutes d'eau, comme des larmes par l'endroit où l'on a taillé la vigne. (La vigne commence à pleurer.)

Il se dit de quelques arbres qui jettent des sucs & des gommes.

PLEURESIE, *s. f.* Terme de *Médecin.* C'est une inflammation de la pleure ou de la membrane qui environne les côtes. *Deg.* (Il est mort d'une pleuresie. Avoir une pleuresie. On a acoutumé de saigner pour la pleuresie.) V. *Pleure.*

PLEUREUR , *s. m.* Celui qui pleure. Celui qui pleure aisément. (Un petit pleureur.)

Pleureuse, s. f. Celle qui pleure facilement. (Une petite pleureuse.)

Pleureuses. C'étoit parmi les anciens , des femmes qui dans les funerailles acompagnoient le convoi d'un illustre mort & pleuroient la perte qu'on faisoit d'une personne si considerable.

PLEURS. Ce mot est *masculin* & n'a point de singulier. Il signifie, Larmes. Eau qui tombe des yeux parce qu'on est afligé, ou quelquefois quand on est dans la joie & à force de rire. (Répandre des pleurs *Voit. poës.* Son intérêt lui arrache des pleurs. *Rac. Iphig. a. 1. s. 5.*

Que loin de ma belle
Mon amour fidelle
Me coûte de pleurs.)

On ne dit pas *des pleurs de joye* quoi on dise *pleurer de joye* mais on dit *des larmes de joye.*

N'accusez pas du Ciel les ordres rigoureux
Et de vos tristes *pleurs* n'arrosez pas vos charmes
L'enfant que vous pleurez joüit d'un sort heureux
C'est plaindre son bonheur que de verser des larmes.

PLEUVOIR , *v. a. & v. n.* On. apelle *pleuvoir* toutes les fois qu'il tombe de l'eau du Ciel. (Il y a deux jours qu'il pleut. Il a plu tout le jour.)

* *Les Barbares voiant pleuvoir des dards de tous côtez, abandonnent la ville. Abl. Ar. l. 6.*

* Dieu fera *pleuvoir les piéges* sur les méchans. *Port-Roial.*

* *Les Barbares firent pleuvoir des flèches sur les radeaux. Vau. Quin. liv. 7.*

IIii ij   † * Morble

† * Morbleu, comme il *pleut là dehors*, faifons pleuvoir dans nôtre corps du vin. S. *Amant.*

* Que de biens, que d'honneurs fur toi s'en vont *pleuvoir. Dépreaux*, Satire 8.

PLUT-À-DIEU. Voiez *Plaire.*

PLI.

PLI, *f. m.* Il confifte à mettre proprement une, ou plufieurs fois en double une chofe qui fe peut plier. (Ce pli n'eft pas bien fait. Il ne faut faire que deux, ou trois plis pour cela.)

Pli. Marque qui demeure dans une chofe où à été pliée. Ce jufte-au-corps n'a pas été bien plié, on y voit encore de certains *plis* qui n'ont pas fort-bonne grace, mais ces plis s'en iront, peu à peu dès qu'on l'aura porté quelques jours.)

* *Prendre un mauvais pli.* C'eft à dire, Une mauvaife habitude. (L'efprit naturellement le mieux fait prend de mauvais plis.)

Pliage, f. m. La maniere dont quelque étofe, ou autre pareille chofe eft pliée. (Le pliage des étofes doit être dans la derniére propreté. *Sçavrai parfait marchand.*)

Plie, f. f. C'eft un poiffon de mer plat & large, qui a la bouche petite, & qui eft fans dents. (La plie entre aux étangs de mer & de riviére.)

Plier, ploier, v. a. On dit l'un & l'autre, mais *plier* eft incomparablement plus doux & plus ufité que *ploier*, qui eft fi vieux qu'il n'en peut plus. C'eft mettre proprement par plis. (Plier des étofes, du linge, des ferviettes. Les Relieurs plient les feüilles des livres qu'ils veulent relier.)

Plier. Terme de *marchand de galon.* Plier fur la main. C'eft faire tenir les mains fufpendües & un peu éloignées l'une de l'autre, & faire paffer tout autour de la foie, ou du galon pour en faire un écheveau. *Plier en écheveau.*

* *Plier.* Faire obéïr. Faire céder. Courber. Succomber. Le mot de *plier* dans ce fens eft *actif* & *neutre.* Et on dit. (Faire plier la lame d'une épée & plier la lame d'une épée ; Plier l'ofier & faire plier l'ofier. Voila qui plie. Planche qui plie & non pas *ploie* comme on le difoit du tems de Vaugelas. Quelque jour ce nom redouté, fous qui la fiére Efpagne *plie. Voit, poëf.*)

* *Plier.* Ce mot fe dit en termes de *guerre* & c'eft fuïr, céder & abandonner fon pofte & en ce fens le verbe *plier* eft toûjours neutre. (L'infanterie plia. *Ablancourt.* La cavalerie fut contrainte de plier. *Ablancourt.* Faire plier la cavalerie. Faire plier l'infanterie.)

† * *Plier.* Ce mot entre en quelques façons de parler proverbiales & figurées. (Exemples.)

* *Il vaut mieux plier que rompre.* C'eft à dire, il vaut mieux céder, obéïr & s'accommoder que de réfifter, que d'être opiniâtre & faire tort à fes interêts.

† * *Plier la toilette.* C'eft Dérober. Voler une perfonne & lui prendre ce qu'elle avoit dans fon logis & s'enfuïr.

† * *Plier bagage.* C'eft s'enfuïr & s'en aller. (Il a fait gilles ; il a plié bagage.)

Plieur, f. m. Celui qui fait le métier de plier du linge.

Plieufe, f. f. Ouvriere qui plie les livres en blanc avant que de les coudre. (Il faut porter ces livres à la plieufe.)

PLINGER, *v. a.* Terme de *Chandelier.* Il fe dit de la premiére trempe qu'on donne à la méche lorfqu'on fait de la chandelle. (On plinge la méche lorfqu'on commence à faire de la chandeille.)

PLINTE, *f. f.* C'eft un membre d'*Architecture*, quarré & plat, partie fupérieure du chapiteau Tofcan. (La plinte eft une partie quarrée qui fait le fondement de la bafe des colonnes.) *Pourant* dans tous les livres d'*Architecture* fait le mot de *plinte mafculin*, mais il eft feul de fon parti.

PLIOIR, *f. m.* Prononcez *pliói.* Terme de *Relieur.* C'eft un petit inftrument de boüis, ou d'ivoire, & délié dont on fe fert pour plier les feüilles des livres (Un joli plioir.)

Plifer, v. a. Ce mot fe dit entre *Tailleurs & couturieres* & veut dire faire plufieurs petits plis de rang & en long avec l'éguille. (Pliffer un tablier. Pliffer les poignets d'une chemife. Plifer une jupe.)

Plifure, f. f. La maniere de pliffer, & le travail qu'on y fait. (La pliffure d'un furplis eft difficile & coûte beaucoup.)

PLO.

PLOC, *f. m.* Terme de *Marine.* C'eft une compofition de verre pilé & de poil de vache, dont on garnit le deffous du doublage, tant pour la confervation & la durée du Vaiffeau, que pour empêcher que les vers ne s'y engendrent, & ne criblent le Vaiffeau, comme il arrive en navigeant dans la Zone torride. *Oz. Dict. Math.*

Ploc. Il fignifie auffi du fil de poil de vache. (On fait des couvertures à la ploc.)

PLOIER. Voiez *plier.*

PLOMB, *f. m.* Prononcez *plon.* Sorte de métal fort connu qui tient du blanc & du noir, qui eft le plus-mou, le plus fragile, le moins confidérable de tous les métaux, & dont fe fervent principalement les plombiers, les vitriers, les potiers d'étain dans leurs ouvrages. Le meilleur plomb vient d'Angleterre par navettes & par faumons, & il naît feul dans la terre, où on le trouve avec quelque mine mêlé avec de l'argent. Les plombiers en travaillant & parlant du plomb, difent. (Etamer le plomb. Jetter le plomb en moule. Fondre le plomb. Ecremer le plomb. C'eft en ôter l'écume. Les vitriers en faifant leur befogne difent *mettre en plomb.* C'eft loger le verre dans le plomb. Ouvrir le plomb.)

Plomb. Terme de *plombier.* C'eft tout le plomb qu'on met fur les toîts & autres endroits, de la maifon. (Pofer le plomb.)

Plomb, f. m. Terme de *Maçon & de Charpentier.* Ce dont les maçons & les charpentiers fe fervent pour niveler & prendre les aplombs. C'eft un morceau de plomb pendu à un filet, lequel par fon poids, il tient toûjours dans une fituation verticale & perpendiculaire à l'horizon.

Le plomb, en termes de *Mer*, c'eft la fonde. (Il faut avoir toûjours avoir le plomb à la main, quand on aborde des côtes inconnuës.)

* *Plomb.* Ce mot entre en quelques façons de parler figurées. (Exemples. *Le plomb* ni *le fer* des Efpagnols ne nous peuvent faire de mal. *Voiture*, lettre 84. C'eft à dire, les armes, les coups de canon, ni de moufquets, ni les coups d'épée.)

* *Le pauvre homme eft en plomb.* C'eft à dire, eft mort & eft couché tout de fon long dans un cercueil de plomb.

A plomb, adv. (Le Soleil donnoit à plomb fur fa tête. *Scaron Rom.* C'eft à dire, donnoit tout droit fur fa tête.)

* *Le plomb vole à l'inftant & pleut de toutes parts. Dépreaux*, Epitre 4. C'eft à dire, on tire auffi tôt force coups de moufquet.

On parle en *Chimie*, où l'on nomme le plomb, *Saturne*, du fel de plomb, ou de faturne ; du magiftere de plomb ; du baume de faturne ; du plomb brûlé, du plomb lavé, &c. *Voiez les traittez de Chimie.*

Le plomb d'une horloge. Ce font les contrepoids.

On feelle avec du plomb dans la Chancelerie de Rome. D'où vient que l'on dit que le plomb de Rome eft fort fec. (Cet.)

† *Plombateur, f. m.* Terme de la *Chancelerie de Rome* : C'eft celui qui met le plomb aux Bules.

Plombé. Terme de *Relieur.* C'eft une compofition de mine de plomb, de colle & d'eau bien détrempée dont on fe fert pour plomber de certains livres. (Broïer le plombé.)

Plombée, f. f. C'eft une compofition faite avec de la mine de plomb, de laquelle plufieurs Artifans fe fervent pour colorer en rouge.

Plomber, v. a. Terme de *Potier.* C'eft pofer le plomb fur la poterie. (Plomber un pot, une cafferole. Voiez *plommer.*)

Plomber & devenir louches. Termes d'*Emailleur.* (Les émaux clairs, mis fur un bas or plombent & deviennent louches. C'eft à dire, qu'il y a un certain noir comme fumée qui obfcurcit la couleur de l'émail.)

Plomber. Terme de *Pêcheur.* Mettre du plomb aux filets. (Plomber les filets.)

Plomber. Terme de *Commis de Doüanes.* C'eft mettre un plomb fur les balots avec la marque du Roi afin que les commis des doüanes par où pafferont les balots, ne les ouvrent point. (Plomber les balots.)

On plombe les Bules qu'on expédie à la Chancelerie de Rome.

Plomber. Terme de *Maçon.* C'eft voir fi quelque ouvrage de maçonnerie eft droit, ou a du fruit. (Plomber un mur.)

On dit auffi *plomber un Vaiffeau.* C'eft voir avec un inftrument, fi le Vaiffeau eft droit, fçavoir s'il eft fur l'Arriére, ou fur l'Avant.

Plomber. Terme de *Relieur.* C'eft mettre le plombé fur la tranche d'un livre & le brunir lorfqu'il eft fec. (On ne plombe que les livres de deüil & quelques livres de priéres, comme font ceux qu'on relie pour les Religieux & Religieufes.)

Plombier, f. m. C'eft celui qui fond de plomb, qui travaille en plomb & qui fait toutes les fortes d'ouvrages qui fe peuvent faire avec le plomb. Pour travailler de fon métier, le plombier a une foffe où il met fondre fon plomb & il fe fert de moule, de fable, de feu, de tables, de maillets, de ferpettes, de poële de fer, de cuiller de fer, d'écremoiré, de plane, de fourneau & d'étain pour étamer le plomb. (Un bon plombier.)

Plommer, plomber, v. a. Terme de *potier.* L'un & l'autre fe dit, les plombiers difent fouvent *plommer* que *plomber*, mais les gens qui ne font pas du métier ne fe fervent d'ordinaire que de *plomber.* C'eft apliquer le plomb fur la poterie, pofer le plomb fur la poterie. (Il faut plomber cette poterie.)

PLONGEON, *f. m.* Efpéce d'oifeau. Il y a deux fortes de plongeons : un plongeon de riviére, & un plongeon de mer. Le *plongeon de riviére* eft un oifeau qui eft noir fur le dos, blanc fous le ventre, qui a le bec long & rouge, les plumes fort déliées, trois doigts en chaque pié, les ongles plats, & qui eft plus petit que le canard. Le *plongeon de mer* eft

PLO. PLU.

est gros comme une sarcelle. Il a le bec, les jambes & le dessus du corps noirs. Il a le ventre blanc & la queuë courte & noire & est couvert d'un duvet très fin. *Bel.*

* *Faire le plongeon.* C'est se plonger dans l'eau. C'est se mettre la tête dans l'eau, s'y cacher entièrement & imiter en quelque sorte l'oiseau qu'on apelle *plongeon* qui nage en se plongeant.

Plonger, v. a. Mettre, enfoncer & cacher dans l'eau. (Plonger une personne, ou autre chose dans l'eau.)

* *Plonger*, v. n. Faire le plongeon. (C'est un homme qui plonge bien.)

* *Plonger*. v. a. Fourrer. Mettre. Enfoncer. (Plonger un couteau dans le sein, *Racine Iphigenie*, a. 5. T'ayant son ennemi au défaut des armes, il lui plongea le poignard dans le flanc. *Vaug. Q. Curce l. 9. ch. 5.*)

* *Plonger.* Ce mot se dit du canon qui tire de haut en bas. (Coup de canon tiré en plongeant. Ils étoient au pié du rempart & le canon qui tiroit ne les incommodoit pas, parce qu'il ne pouvoit assez plonger.)

Se plonger, v. r. Se cacher dans l'eau. (Il se plongea dans l'eau de peur qu'on ne l'apperçût.)

* *Se plonger*, v. r. Au figuré, il veut dire s'adonner aveuglément à quelque chose de mal, s'enfoncer dans le déréglement. (Se plonger dans le déréglement. Se plongeant dans l'impureté, ils ont deshonoré eux mêmes leurs propres corps. *Port-R. Epit. aux R. ch. 1.* Se plonger dans toute sorte de vice. *Abl. Luc. T. 1.* Se plonger dans la débauche. Se plonger dans toutes sortes de dissolutions. *Vaugelas, Quin. livr. x.* Etre plongé dans l'avarice, dans l'impudicité, dans les sacrileges. *Pascal, l. 4.* Etre plongé dans de nouveaux troubles. *Racine, Iphigenie, a. 2. s. 7.*

Plongeur, f. m. Celui qui plonge dans l'eau. Un bon plongeur. Un excélent plongeur. Il fit commander à quelques plongeurs d'aler entre deux eaux *Hist. du Triumvirat.*

PLOTE. Voiez *pelote.*

Ploter. Voiez *Peloter.*

Ploton. Voiez *peloton.*

PLU.

PLUCHE. Voiez *peluche.*

PLUÏE, f. f. C'est l'eau qui tombe du Ciel. (Pluïe chaude, froide ; grosse, petite. *Pluïe de sang,* c'est de l'eau qui paroit de couleur rousse. Causer de la pluïe. Il va tomber de la pluïe. Vent qui amène la pluïe. Une goute de pluïe. (Les Poëtes ont feint que Jupiter se changea en *pluïe d'or,* pour entrer au lieu où étoit Danaé pour dire qu'il gagna les gardes par argent.

PLUMATEAU, plumasseau, f. m. Terme de *Chirurgien & de Maréchal.* C'est la charpie qu'on met aux plaies. Tente sur quoi on met de l'onguent pour penser des plaies. (Faire des plumaceaux.)

Plumasseau, f. m. Terme de *Rotisseur.* C'est le bout de l'aile d'une oie duquel le Rotisseur se sert quelquefois pour souffler doucement les charbons, sur quoi il faut revenir sa v ande.

Plumacier, f. m. Marchand ouvrier qui accomode les plumes d'autruche, qui monte des aigretes, vend & loue des coifures de balets & de toutes sortes de branches de plumes. (Un pauvre plumacier.)

Plumage, f. m. Ce mot se dit proprement des oiseaux. Ce sont les plumes de quelque oiseau. (Un beau plumage.)

Plumail, f. m. C'est un petit balai de plumes.

Plume, f. f. Duvet qui couvre quelque sorte d'oiseau que ce soit. (Bonne plume.)

† * *La belle plume fait le bel oiseau.* Proverbe, pour dire les beaux habits parent bien une personne.

Les grosses plumes qui servent aux oiseaux pour voler, & qui ont un tuiau, s'apellent *pennes* en termes de Fauconnerie. V. *penne.*

Plume. C'est ordinairement un tuiau de l'aile de quelque oie, ou de quelque cigne & quelquefois de corbeau, qu'on hollande si bien qu'on le rend propre pour écrire lorsqu'on l'a taillé. (Une plume nette. Une plume bien holandée. On vend les plumes par carteron & par demi carteron, mais les merciers & les papetiers les achètent par milliers. Cette plume est bonne, elle écrit bien. Tailler une plume. Tenir sa plume de bonne grace.)

Holander une plume. C'est passer le tuiau dans les cendres chaudes, pour en ôter la graisse & l'humidité.

* *Plume.* Ce mot se prend quelquefois au figuré & veut dire celui qui s'explique par écrit. (Monsieur Patru est une des meilleures plumes de France.)

* *Mettre la main à la plume.* Ces mots au figuré signifient Composer quelque ouvrage d'esprit.

* *Ma plume est une putain, mais ma vie est une sainte. Mai. poës.* C'est à dire, je nomme les choses par leur nom, ma muse est un peu trop libre, mais je vis en fort honnête homme.

† * *Passer la plume par le bec. Molière, Scapin, a. 3. sc. 5.* C'est amuser une personne en s'en moquant.

† * *Il y a laissé des plumes,* c'est à dire, il lui en coute.

* *Il faut plumer la poule (l'oie) sans la faire crier.* C'est à dire, que quand on fait des concussions il faut prendre

PLU.

garde de ne donner pas occasion à des plaintes.

* *Il est au poil & à la plume.* Cela veut dire que la personne, dont on parle, est capable de différens emplois.

Plume. Terme de *Plumacier.* Sorte de plume de quelque bel oiseau étranger dont les gens d'épée parent leurs chapeaux. (*Batre la plume.*) C'est lui faire venir le poil. Friser les plumes. Brouiller les plumes.

Plume d'enfant. C'est un brin de plume de quelque bel oiseau étranger dont on pare le bonnet d'un enfant.

Plumée, f. f. Plein la plume d'ancre. (Prendre une plumée d'ancre. Donnez moi une plumée d'ancre.)

Plumer, v. a. Ce mot se dit proprement des oiseaux, c'est arracher la plume. Oter la plume. (Plumer un oiseau.)

† * *Plumer.* Ce mot se dit au figuré des personnes & signifie faite dépenser de l'argent & du bien à quelqu'un. Oter du bien. Ronger. (La mére & la fille le plument maintenant. *Ablancourt, Luc. Tome 3.* Il a été plumé par ses sujets. *Bensérade Rondeaux.*)

Plumet, f. m. C'est une plume simple autour du chapeau. (Acheter un plumet. Ce plumet est fort beau. Il a un plumet sur son chapeau. Porter un plumet.)

† * *Plumet.* Ce mot se dit d'un cavalier, ou de quelque autre homme d'épée qui porte des plumes, & il marque quelque mépris de celui dont on le dit & veut dire. Homme d'épée cavalier ou quelque molesse, qui tient plus du galand que d'un véritable homme d'épée. (Ouï, toujours le plumet aura la préférance. *La Fontaine, Contes.*)

Plumet. Terme de *Muletier & de Bâtier.* Ce sont des plumes de coq qu'on met sur la couverture des mulets. (Mettre les plumets.)

Plumet. C'est celui qui sert le juré porteur & qui porte dans un sac sur sa tête & sur son dos le grain & le charbon que le bourgeois achette sur les ports de Paris. (Il ne sufit pas d'avoir achetté du charbon, il faut des plumets pour le porter au logis. Je cherche par tout un *plumet,* & je n'en trouve point. Le bourgeois qui achette des voies de charbon les paye au plumet, & le plumet en paie le maître porteur, le mesureur & le marchand.)

Plumeté, en termes de *Blason,* c'est la même chose que moucheté & découpé.

PLU-PART. Voiez *plusart.*

PLURALITÉ, f. f. Plus grand nombre. (La chose passa à la pluralité des voix. La pluralité des Messes aporte de la gloire à Dieu. *Pascal, l. 6.*)

Pluralité. Ce mot se dit en parlant de *bénéfices,* & veut dire Possession de plusieurs bénéfices. [La pluralité des bénéfices à charge d'ames, a toujours été trouvée mauvaise en France, mais la pluralité des bénéfices simples y a toujours été reçuë.]

Pluriel, ou *plurier,* f. m. Terme de *Grammaire.* Nombre qui marque plusieurs. (Décliner le pluriel d'un nom Conjuguer le pluriel d'un verbe. Nom qui est au pluriel.)

Pluriel, plurielle ou *plurier, plurière,* adj. Qui marque le pluriel. [Nombre pluriel, ou plurier. Terminaison *plurielle,* ou plutôt, terminaison *du pluriel.*]

Plus. Terme de *Comparaison* qui veut que après lui, & qui signifie *davantage* & qui vaut le *magis* des Latins. [L'amour propre est plus habile que le plus habile homme du monde. *Mémoires de la Roche-Foucaut.* Se croire quelque chose plus que les autres.]

Plus. Ce mot précédé d'un article à la force d'un superlatif. [L'homme le *plus* simple qui a de la passion persuade mieux que le *plus* éloquent. *Mémoires de la Roche-Foucaut.*

Le plus, n'est pas fois qu'un comparatif, comme quand on dit. [C'est le plus âgé de deux frères.]

Plus. Ce mot se dit absolument & signifie *davantage.* [N'espérons *plus,* mon ame, aux promesses du monde. *Mal. Poës.*]

Plus. Ce mot servant à exprimer une quantité discrete veut Souvent un génitif. (Son armée étoit de *plus* de cinq mille chevaux. *Ablancourt, Ar.* Il a demeuré plus de six mois dans Paris. Il n'en faut pas dire plus, de peur que je fasse plus de cas.]

Plus. Ce mot est souvent une espèce d'adverbe qui se dit en comparant en détail, & qui signifie *Outre cela. Encore.* [*Plus* une éguille à racomoder les voiles, quatre sous. *Ablancourt, Luc. T. 1. l. 2.*]

Plus. Ce mot se met également pour *d'autant plus.* [*Plus* on est élevé, *plus* on court de danger. *Racan. poësies.*]

Au plus, adv. Tout au plus. (On ne lui doit *au plus* que cinquante écus.)

De plus, adv. Encore plus. Outre. (On doit *de plus* se souvenir qu'il est plus généreux de pardonner que de se vanger.)

Plus du tout, adv. Ces mots se mettent avec une négative & signifient Point, Pas, Nullement. (Ne penser *plus du tout* à une chose. *Pascal, l. 4.*)

De plus en plus, adv. Toujours plus. (Il aime *de plus en plus,* son amitié augmente tous les jours *de plus en plus.*)

Le plus, adv. C'est celui qu'elle aime le plus, c'est à dire, plus que tous les autres.)

Le plus, f. m. Davantage. (Que *le plus* & le moins y mettent diférence. *Reg. Sat.*)

Un peu plus, c'est à dire, quelque peu de plus. (Il faut mettre un peu plus de miel dans cette composition.)

PLU. POC.

Plus-part, *s. f.* Prononcez & même écrivez, si vous voulez, *la plu-part*. C'est à dire, la plus grande partie. Ce mot là *plu-part* régit toujours le pluriel lorsqu'il n'est suivi d'aucun génitif singulier. (Exemple. *La plu-pa t se laissent emporter à la coutume. Vaugelas. Rem. La plu-part ne jugent que par passion*, & *la plu-part jugent mal aussi. Ablancourt.*)

La plu-part. Lorsque ces mots sont immédiatement suivis d'un génitif singulier ils ne demandent plus le pluriel du verbe qui se suit immédiatement, mais le singulier, parce qu'alors, contre toutes les règles de la grammaire, c'est le génitif qui gouverne le verbe & non pas le nominatif. (Exemples. *La plus-part du monde fait cela. Vaug. Rem. La plus-part du monde est aujourd'hui sans foi.*)

La plus-part. Ces mots suivis immédiatement d'un génitif pluriel régissent le verbe au pluriel, parce qu'alors c'est le génitif qui donne la loi au verbe; & non pas le nominatif. (Exemples. *La plus part des hommes font. Vaug. Rem. La plus-part des riches qui n'ont point de naissance sont des fripons. Ablancourt.* La plu-part des femmes aiment mieux qu'on leur conte de l'argent que des fleurettes.)

La plus-part du tems. Le plus souvent. (Il passe la plusspart du tems à jouër.)

La plus-grand part. Ces mots régissent toujours le singulier. (La plus-grand part se laisse emporter à la coutume. *Vaug. Rem.*)

Plusieurs, *adj.* Un grand nombre. Une grande quantité. (Il y a plusieurs dévots à qui il ne se faut pas fier, & sur tout quand ce sont des dévots de profession. On fait une même chose en plusieurs façons.)

Plusieurs fois, *adv.* Une quantité de fois. (Ils m'ont promis plusieurs fois de m'obliger, & plusieurs fois ils ont oublié ce qu'ils m'avoient promis.)

PLÛT A DIEU QUE. Sorte de conjonction qui régit le *substantif*. (Plût à Dieu que les riches qui n'usent pas bien de leurs richesses, tombent dans la pauvreté afin qu'au moins ils cessent d'être fous, & apprennent à vivre. Plût à Dieu que Montreüil fût sage.)

PLUTÔT, ou *plustost*, *adv.* L'un & l'autre s'écrit, mais il faut prononcer *plutôt*. (Plutôt mourir que de changer.
Plutôt les froids Lapons boiront l'onde du Gange.
Que je cesse jamais de chanter sa loüange.
Segrais, Egiogue 7.)

Au plutôt, *adv.* Vite. Promtement. (Convertissez vous au plutôt de crainte que la mort ne vous surprenne dans le malheureux état où vous êtes. Accordez vous au plutôt avec vôtre adversaire. *Port-Roial, S. Mat. ch. 5.*)

PLUVIAL, *s. m.* Terme d'Eglise & de Chasublier. C'est une chasuble d'Evêque, ou d'autre Prélat. (Un beau pluvial.)

† *Pluvial*, *pluviale*, *adj.* Qui est de pluie. Il ne se dit qu'au féminin: *Eaux pluviales* ce sont des eaux de pluie. (Les citernes se remplissent des eaux pluviales.)

PLUVIER, *s. m.* Sorte d'oiseau qui est en quelque façon semblable au vanneau. C'est une espèce d'oiseau brun qui est marqueté de jaune, & qui est de la grandeur d'un pigeon. Il a le bec noir, rond & court & n'a que trois doigts aux piez. *Bel. l. 5.* (Un pluvier mâle Un pluvier femelle. Des pluviers bien gras sont fort bons. Tendre aux pluviers. Apeller les pluviers avec un sisler.)

PLUVIEUX, *pluvieuse*, *adj.* Sujet à la pluie. (Tems pluvieux. Saison pluvieuse.)

POC.

POCHE, *s. f.* Espèce de sachet de toile, ou de peau au dedans du haut de-chausse pour mettre de petites choses comme couteau, mouchoir, clé, petit livre, &c. (Une grande, ou une petite poche. Atacher les poches, Border les poches.)

* † *Acheter chas en poche.* Voyez *chat*.

† * *Il tient cette afaire dans sa poche.* C'est à dire, il est assuré du succès de cette afaire.

Poche. Terme de *Chasseur* & *d'Oiselier.* C'est une sorte de filet avec lequel on prend des lapins au furet, on y prend aussi des faisans & des perdrix. On apelle encore ce filet *pochette*. Tendre une poche. Voyez *les Ruses innocentes*, *livre prémier, ch. 13. & ch. 29.*)

Poche, *s. f.* Terme de *Lutier*. Manière de violon qui est un instrument de musique que les maîtres à dancer portent en ville dans leur poche lorsqu'ils vont montrer leurs écoliers, & qui n'a été apellé *poche* que parce qu'on la met dans la *poche*. (La poche est composée d'un colet, d'un manche, de touches, d'une table, de deux ouïes, d'un chevalet, d'une queuë, de cordes & d'un corps. Il y a des poches rondes & des poches quarrées. Joüer de la poche.)

Poche. Terme de *Rotisseur.* Espèce de peau en forme de bourse qui est dans la gorge des chapons, des volailles, &c. (Tirer la poche.)

Poche. Terme de *Maitre à écrire.* Marque plus grosse & plus ronde que le trait qui fait le corps de la lettre. (Poche bien arrondie. Arrondir une poche.)

Poché, *pochée*, *adj.* Ce mot se dit des œufs & veut dire. Qui est cuit dans du beurre qu'on a fait bien noircir sur le feu. (Faire des œufs pochez.)

POD. POE.

† *Poché*, *pochée.* Ce mot ne se dit proprement qu'au *masculin* en parlant des yeux, & veut dire. Qui est noir tout autour à cause de quelque coup de poing. (Œil poché. Avoir les yeux pochez.)

† *Pocher*, *v. a.* Ce mot se dit en parlant des yeux. C'est les faire devenir noirs en leur donnant quelque coup de poing. (Pocher les yeux à quelqu'un.)

* *Pocher.* Terme de *Maitre à écrire.* Faire une poche de lettre. [Pocher sa queuë d'un *g*.] Il signifie aussi, charger une écriture de trop d'ancre, y faire des pâtés.

Pochette, *s. f.* C'est une sorte de filet. Voyez *poche.*

Pochette, *s. f.* Espèce de sachet de cuir, ou de toile au dedans du haut de chausse pour mettre diverses petites choses. Voyez *poche.*

[Mars perdit par un trou l'argent de sa pochette.
S. Amant.]

Poché, *pochée*, *adj.* Il se dit des choses qu'on a portées dans la poche. [Ces papiers sont pochetez, c'est à dire, ils sont sales pour avoir été trop portez dans la poche. On a du dégout pour les fruits qui ont été pochetez.]

POD.

† PODAGRE, *s. f.* Terme de *Médecin.* Ce mot est Grec & signifie la maladie qu'on apelle la goutte aux piez.

† *Podagre*, *s. m.* Terme de *Médecin.* Celui qui a la goute aux piez Il ne se dit dans le langage ordinaire qu'en riant. [C'est un pauvre podagre.]

PODESTAT *Potestas*, *s. m.* Ce mot vient de l'Italien *Podestà*. Bouís qui a écrit l'histoire d'Arles dit *Potestat*, mais l'Abé Duport qui a fait l'histoire de l'Eglise de cette Ville, a dit *Podestat*; & c'est comme il faut dire. A Venise *Podestat* est un Magistrat Vénitien qui administre la Justice dans les lieux de son département. Ce Magistrat répond au Préteur Romain. Voyez *Amelot Histoire de Venise.* On apelloit aussi autrefois à Arles & du tems que cette Ville étoit Républiaue. *Podestat*, le prémier Consul & le chef de toute la ville d'Arles. Ce Magistrat étoit souverain dans ses jugemens. Il étoit élu par le corps des habitans & après un an d'exercice dans sa charge il pouvoit être continué, ou déposé.

† PODOMETRE, *s. m.* Terme de *Mécanique.* Ce mot est Grec, & signifie *Compte pas.* C'est un instrument composé de plusieurs roües dentelées, qui entrent l'une dans l'autre & qui sont dans un même plan, lesquelles, par le moien d'une chaîne atachée au pié d'un homme qui marche, avancent d'un cran à chaque pas qu'il fait; ou cette chaîne étant atachée à la roüe d'un carosse; les roües de l'instrument avancent aussi d'un cran à chaque tour que fait la roüe du carosse. Et par ce moien l'on peut savoir combien de chemin l'on a fait. On aplique ce même instrument à une roüe atachée à un bateau, laquelle est dans l'eau & qui tourne à mesure que le bateau avance, &c.

POE.

POELE ; *poêle*, ou *poîle*, *s. f.* De quelque manière qu'on écrive, on prononce *poèle* ou *pouèle*. C'est un instrument de fer qui sert à la cuisine, qui est composé d'un corps rond & creux avec des rebords, au bout duquel il y a une assez grande queuë. (Ecurer une poêle. Essuïer une poêle.)

* *Il n'y en a point de plus empêché que celui qui tient la queuë de la poêle.* C'est à dire, qu'il est bien aisé de parler, mais qu'il est mal aisé de faire.

* † *Tomber de la poîle dans le feu.* C'est à dire, tomber d'un petit mal dans un grand.

Poêle, ou *poësle*, *s. m.* C'est une sorte de grand fourneau de terre, ou de metal qui est posé sur des piez, qui est souvent embelli de petites figures & qu'on chaufe l'hiver à force de bois qu'on met par une ouverture que ce fourneau a dans une chambre qui est tout contre. On ne se sert guère en France de poêles pour échaufer une chambre l'hiver, mais c'est en Alemagne, en Suède & autres païs septentrionaux, où les poêles sont fort communs, & pour l'ordinaire assez beaux toujours très-commodes & on s'étonne que les François qui sont les singes des autres nations, n'imitent pas les Alemans en cela.

Le mot de poîle signifie plus souvent la chambre qui est échaufée par le moïen du fourneau, que le fourneau même. Comme quand on dit. Entrer dans un poîle.

Poêle, *poîle*, *s. m.* Drap dont on couvre le cercueuil des morts. (Les hommes & les femmes ont le poêle noir, & les filles & les garçons, le poêle blanc.)

Poêlon, ou *poëslon*, *s. m.* Prononcez *pouêlon*, ou *poïlon.* C'est une petite poêle qui est de fer, ou de cuivre. (Un grand, ou un petit poêlon.)

† *Poêlonnée*, *s. f.* Plein le poêlon. (Faire une bonne poêlonnée de bouillie.)

POEME, *s. m.* C'est toute sorte de sujet mis en vers. (Il y a de petits & de grans poèmes. L'Epigramme est un petit poème, l'Idile en est un plus grand. Mais les plus grands & les plus beaux de tous les poèmes, ce sont les poèmes Epiques & les Dramatiques tels que sont les Tragédies, les Comédies, les
Pastorales

Paftorales & les Poëmes où l'on raconte quelque action héroïque & qui ont pour but l'inftruction des Souverains tels que font le poëmes Epiques bien faits.

Poësie, f. f. Scaliger, *livre 1. de fa poëtique* dit que la poësie eft la verfification qui explique le fujet, d'autres difent que la poësie eft un art qui imite les actions des hommes & qui en repréfente les paffions en vers agréables dans les règles. *Cafselvetro dans fa poëtique, partie 1. particule 1.* foutient que la poësie eft un récit de quelque action confidérable qui probablement a pu arriver. Mais cette définition de Caftelvetro ne regarde que la poësie Epique, ou Dramatique, & les autres définitions de la poësie font plus générales. On prendra le mot de poësie en quel sens on voudra, mais fages gens difent qu'elle eft de toutes les folies la plus contagieuse & la plus dangereuse. Il y a de plufieurs fortes de poësies, (Poësie divine, morale, ou naturelle qui traite de la nature, ou de fes merveilles. Poësie Lirique. Poësie Dramatique.)

Poëte, f. m. Prononcez poëëte. Mot qui vient du Grec & qui fignifie proprement *celui qui fait*. C'eft pourquoi on apelloit autrefois en France nos Poëtes, *Facteurs*, ou *Fatiftes* & leurs œuvres, *faits*. Voiez *du Chêne*, *préface fur les œuvres d'Alain Chartier*. Le mot de Poëte veut dire aussi celui qui feint, mais il n'a été confidéré, en ce sens, que peu à peu, car l'ancienne poësie n'avoit point de fictions. Voiez *Voffius, poëtique, chapitre 1. de artis poëtica naturâ*. (Poëte Lirique, Dramatique, Epique. Etre né Poëte. Malherbe difoit qu'un bon Poëte n'étoit pas plus néceffaire à l'Etat qu'un excellent joûeur de quilles. Un bon, excellent, agréable poëte. Un poëte ingénieux. Un méchant poëte. La plu-part des Poëtes que je connois, & qui vivent, font des francs je ne fai qui ... Je leur vois l'esprit, mais peu de grandeur d'ame. Lignière eft un bon garçon, mais il eft un peu ivrogne, & Santreüil un peu fou, &c...)

† *Poëtereau*, f. m. Mot burlefque pour dire un méchant petit Poëte. (Poëtereau que je fuis, je ferois Marquis à la mode. *Scaron, poëf*.)

Poëtique, f. f. C'eft l'art qui enfeigne la manière de faire des poëmes. (La poëtique d'Ariftote eft belle, elle comprend les préceptes du poëme Epique & du poëme Dramatique. Caftelvetro a commenté la poëtique d'Ariftote. Picolomini l'a expliquée auffi, & Horace a compofé une poëtique qu'il a renfermée en trois Epitres. Vida a fait une poëtique en vers à l'imitation d'Horace. Scaliger & Voffius nous ont laiffé chacun une fort docte poëtique. Le cinquième & fixième livre de la poëtique de Scaliger font meilleurs que les autres, quoi qu'il juge quelquefois affez mal de quelques Auteurs.)

Poëtique, adj. Qui a l'air & le caractère de la poësie. (Stile poëtique. Phrafe poëtique. Mot poëtique.)

† *Poëtique*. Qui n'eft pas fait prudemment, ni fagement. Le mariage du bon-homme Colleret avec fa fervante étoit un mariage vraiment poëtique.)

† * *Poëtique*. Mal-fait. Mal-bâti. Bizarre. Qui fent le Poëte. Habit poëtique.]

Poëtiquement, adv. En Poëte. D'une manière qui tient du poëte. (Cela eft dit poëtiquement. On doit s'exprimer dans l'Ode poëtiquement & dans la Satire plaifamment.)

† * *Poëtiquement*. Folement. Un peu inconfidérément. (Se marier poëtiquement.)

POG.

POGE. Terme de Marine de Levant. *Pôge*, fignifie la main droite & *orfe* la main gauche. C'eft ce qu'on apelle fur l'Ocean ftribord & bas-bord.

POGNARD. Voiez la colonne *Poi*.

POI.

POIDS, f. m. Ce mot vient du Latin *pondus*, & le *d* qu'on ne prononce point, y eft refté pour diftinguer ce mot de *pois*, qui eft un légume, & de *poix* qui eft une réfine. Prononcez *poi*. C'eft ce qu'on met dans des balances & dans des trébuchets pour péfer quelque chofe & qui eft marqué. (Mettre les poids dans les balances. Ces poids font juftes. Faire bon poids. C'eft à dire, péfer bien. *Piftole de poids*, c'eft à dire qui péfe.)

Poids. Il fignifie auffi l'inftrument avec quoi l'on méfure la péfanteur des corps, par le moien des marques, qu'on apelle auffi *des poids*, dans l'article qui précède. (Péfer au poids du Roi, au poids public.)

Poids. Terme de Monoie. C'eft l'épreuve de la bonté des efpèces de monoie. *Monfieur Boifard*.

Poids de marc. C'eft un poids dont on fe fert en France pour l'achat, la mife & la recette des métaux & marchandifes, qui eft compofée de 4608. grains, qui eft divifé en huit onces, ou 64. gros, ou 192. deniers, &c. Voiez *Monfieur Boifard*.

Poids originaux. Ce font des poids de cuivre avec leur boëte de même métal fort proprement travaillez que le Roi Jean qui régnoit en 1350. fit faire, qui font en dépôt à la Cour des monoies de Paris, & dont on fe fert en cas de néceffité pour régler tous les autres poids.

Poids. La péfanteur d'une chofe. [Le poids de cela eft confidérable. Soulevez un peu ce balot, & vous en connoîtrez à peu près le poids.)

* *Poids*. Ce mot au figuré, fignifie, *grandeur*. Il ne peut porter cette charge, fon *poids* l'accableroit.

* Il foutint le poids des négotiations les plus importantes. *Fléchier Préface fur Monfeur Commendon*. C'eft à dire, il s'aquita des négotiarions les plus grandes & les plus confidérables.

* *Poids*. Ce mot, au figuré, fignifie auffi *importance, confidération, confequence, autorité*. (Le témoignage d'un tel homme eft de grand poids pour nous affurer. *Pafc. l. 5.* Il n'eut pas fi tôt prononcé fa fentence fur une afaire *de ce poids*; que les conviez aplaudirent. *Vaug. Q. Curce. l. 5. c. 2.*)

Vendre au poids de l'or. Voiez *Vendre*.

* POIGNANT. Voiez *Piquant*.

POIGNARD, *poignard*, f. m. On écrit l'un & l'autre, mais le premier eft le plus ordinaire. C'eft une arme longue d'un bon pié, ou environ, avec un manche de bois, d'os; ou de corne & une lame qui coupe des deux cotez, large au milieu & fort aiguë au bout. (Etre percé de trois coups de poignard. *Voiture, lettre 9.* On le trouva faifi d'un grand poignard. *Abl.*

* *Poignard*. Ce mot eft beau au figuré. Exemples. C'eft avec refpect enfoncer le poignard. *Dépr. Sat. 9.* C'eft à dire, Mal-traiter; outrager en faifant femblant du contraire.

* C'eft lui mettre moi-même un poignard dans le fein. *Racine, Andromaque. z. f. 5.* C'eft à dire; c'eft m'afliger; l'accabler moi même.

* Avoir le poignard dans le fein. *Benf. poëf.* C'eft avoir de la douleur, & même une douleur tres-vive.

* Elle favoit qu'autant de momens qu'elle différeroit à chaffer fon rival, elle donneroit autant de coups *de poignard* dans le cœur de celui qu'elle aimoit. *Le Comte de Buffi*.

Poignarder, poignarder, v. n. C'eft tûer à coups de poignard. (Poignarder une perfonne. Jule Céfar fut poignardé dans le Senat de 24. coups de poignard.)

* C'eft me poignarder que d'en ufer de la forte. C'eft à dire, c'eft m'outrager cruellement. C'eft me faire routes fortes d'injures & d'outrages. C'eft me perdre, m'accabler & m'affaffiner que d'en ufer ainfi.

POIGNÉE, ou pognée, f. f. C'eft tout ce qu'on peut tenir dans la main fermée. Prendre une poignée de pièces de quatre fous. Une poignée de blé. Prendre à poignée.)

Poignée de piftolet. C'eft la partie par laquelle on tient le piftolet. (Une poignée de piftolet bien faite.)

Poignée d'épée. Partie par laquelle on tient l'épée. (Une belle poignée d'épée.)

Poignée de loquet. C'eft un fer plié qu'on empoigne pour ouvrir le loquet.

Il fe dit de divers autres inftrumens & fignifie toujours la partie par laquelle on les empoigne.

Poignée. Terme *d'Embaleur*. C'eft un petit morceau de toile en forme d'oreille que l'embaleur laiffe aux coins des balots pour les manier.

* *Poignée*. Peu de gens. Peu de troupes (Vous n'avez acoutumé de combatre que contre une poignée de gens. *Vaug. Q. l. 9. ch. 2.* Acourir au fecours d'une place avec une poignée de gens. *Voit. let. 89.*)

Poignet, pognet, f. m. On écrit l'un & l'autre. C'eft la jointure qui lie la main avec l'os du bras. *Deg.* (Avoir le poignet fort. Avoir le pognet bon)

Les maitres d'armes font entrer ce mot dans plufieurs façons de parler de leur profeffion. Ils difent tourner le poignet. Baiffer le poignet. Tourner le poignet de feconde. Elever le poignet. Les Italiens fe mettent en garde, le poignet de quarte, &c:

Poignet, pognet. Terme de *Couturière en linge*. C'eft la partie de la chemife, ou d'autre ouvrage de toile, où font les arrière-points & les pommettes. (Poignet de chemife bien fait.)

On apelle auffi *poignets* des fauffes manches qu'on met quelquefois pour conferver les poignets des chemifes & ne les pas falir.

POIL, f. m. Petite partie menuë, longue, flexible, & fèche qui fort de la peau comme un filet. (Poil-folet, c'eft le premier poil qui vient en la lèvre d'enhaut d'un jeune homme. On apelle auffi poil-folet le prémier poil qui vient aux joûës. Il a l'eftomac plein de poil. Avoir les bras pleins de poil. On dit que le poil eft une marque de force)

Poil. Ce mot fe dit auffi des animaux. C'eft ce qui fort par les pores des animaux à quatre piez & qui les couvre entièrement. (Le poil du lion eft comme roux. Le poil du cerf eft fauve, &c.)

Poil. Barbe. (S'arracher le poil avec des pincettes. Les Barbiers font fi durs, votre poil n'eft pas bien fait.)

Poil. Ce mot fe dit des étofes, des chapeaux, & de quelques autres chofes, ouvrages de péleterie, draperie, chapelerie, &c. (Tirer le poil d'une étofe. Prendre une étofe à poil. Manchon dont le poil eft tombé. Coucher le poil d'un chapeau. On fait le camelot de poil de chèvre & de chameau

chameau. On fait des chapeaux de poil de caſtor, de lapin, &c. La bourre eſt faite de poil de bœufs & de vaches.

Poil. Ce mot en parlant de *cheval* veut dire *couleur*. (Si on demande de quel poil eſt ce cheval. On répond, bai, alzan, gris, pommelé. Poil de ſouris. Poil d'étourneau. Poil zain. Poil Roüan, &c.)

Poil. Ce mot entre dans pluſieurs façons de parler de *manége*. (*Monter un cheval à poil.* C'eſt le monter ſans ſelle. *Avoir l'éperon au poil.* C'eſt l'avoir au flanc du cheval. *Froter un cheval à poil.* C'eſt le froter ſelon que naturellement le poil eſt couché.)

† * *Il eſt au poil & à la plume.* C'eſt à dire, il eſt bon à pluſieurs choſes.

† * *Avoir le poil à quelqu'un.* C'eſt à dire, Châtier, punir & maltraiter quelqu'un comme il le mérite.

* *C'eſt un brave à trois poils.* Mots burleſques pour dire Un brave d'une certaine manière & toute particulière, & qui eſt un peu fanfaron.

† *Prendre du poil de la bête.* C'eſt boire le jour d'après qu'on a bien bu. On dit auſſi, Il eſt mort *parce qu'il a un peu trop pris du poil de la bête.* C'eſt à dire, parce qu'il a trop baiſé de femmes.

POILE. Voyez *Poêle.*

POINÇON, ſ. m. Petit inſtrument rond qui eſt de fer poli dont on ſe ſert pour percer. (Un poinçon bien fait.)

Poinçon d'eſſaie. Terme de *Monoie.* C'eſt un long morceau de fer en forme de poinçon ſur lequel l'effigie du Prince eſt gravée par le tailleur général des monoies.

Poinçon. C'eſt une eſpéce de ciſeau propre aux graveurs, & aux ſculpteurs.

Poinçon. Terme d'*Orfévre.* Petit inſtrument d'acier gravé en creux dont on ſe ſert pour marquer la vaiſſelle d'argent. Chaque orfévre à ſon poinçon qui contient la marque particulière de chaque orfévre. On apelle auſſi *poinçons*, les fers acerez avec quoi on travaille les matrices des caractéres d'imprimerie.

Poinçon. C'eſt auſſi ce qu'on apelle *une aiguille de tête*, dont les femmes ſe ſervent pour arranger leurs cheveux quand elles ſe coifent. (Un beau poinçon de diamant.)

Poinçon, Terme de *Manége.* Pointe de fer dans un manche de bois pour piquer un cheval à la croupe. (Donner les aides du poinçon à un cheval ſauteur.)

Poinçon. C'eſt auſſi le nom qu'on donne en quelques Provinces à une meſure de choſes liquides. (Un poinçon de vin. Un poinçon d'huile. Le poinçon vaut une demie queüe de Paris.)

Poindre, v. n. Ce mot ſe dit des herbes & du jour. C'eſt commencer à paroitre. (Le jour commençoit à poindre. *Voit. l.* 129. Sortons, voilà le jour qui poind. *Abl. Luc. coq.*

* De tous les maux on vit *poindre* l'engeance. *Benſerade*; *Rondeaux.*

Poindre, v. a. Ce mot pour dire *piquer*, *ofenſer*, eſt François, mais peu uſité. (Ne t'ofence pas des vers dont l'aigreur te poind. *Téo. poëſ.*

† * Oignez vilain, il vous *poindra* ; *poignez* vilain il vous oindra. Vieux proverbe, qui fait connoître l'humeur des païſans, & du petit peuple, qui eſt ingrat des biens qu'on lui fait, & ſe ſoumet baſſement quand on le mal-traite.

POING, ſ. m. Prononcez *poin.* Il vient du Latin *pugnus.* On y laiſſe le *g* quoi qu'on ne le prononce pas. C'eſt la main fermée. C'eſt auſſi le poignet. (Montrer le poing à quelqu'un. Donner des coups de poing à une perſonne. Il fut condamné à avoir le poing coupé. Il a eu le poing coupé & a fait amande honorable.)

POINT, ſ. m. Terme de *Matématique.* Endroit de la quantité. Extrémité de la ligne. (Le point doit être conçu individu-ble *Port-Roial. Géométrie*, page 81. Le point Mathématique eſt un endroit de la quantité, dont on ne conſidére ni la longueur, ni la largeur, ni la profondeur. Quand on la conſidére & qu'on regarde le point comme indiviſible, ou l'apelle point Phiſique. Point d'attouchement. Point de ſection. Point central. Elever une ligne à un point. Tirer une ligne d'un point à un autre. Mener une ligne par deux points donnez. Décrire une circonférence par trois points donnez, qui ne ſoient pas en ligne droite. Point vertical, &c.)

Point. Terme de *Grammaire.* Petite marque ronde qui ſe fait avec le bec de la plume pour montrer que le ſens du diſcours eſt achevé & que la période eſt finie. (*Un point interrogant* ſe fait ainſi ? & un point admiratif en cette ſorte !)

Les Hebreux marquent leurs voielles par des points. (On diſpute fort ſur l'antiquité, ou la nouveauté des Points.)

La Géomancie ſe ſert de points. Voyez *Géomancie.*

Point. Ce mot ſe dit en parlant de *diſcours oratoires.* C'eſt l'une des parties du diſcours oratoire. (L'Orateur diviſe ſon diſcours en deux ou trois points qu'il prouve, ou au moins qu'il doit prouver par de bonnes raiſons.)

Point. Ce mot ſe dit en parlant d'*afaires* & de *diſpute.* C'eſt la principale choſe de l'afaire, ou de la diſpute ; La dificulté, ou le neud de l'afaire, ou de la diſpute. La choſe dont il s'agit dans l'afaire, ou dans la diſpute. (Décider un point. *Paſc. l.* 4. Point débatu entre les parties. *Paſc. l.* 2.

Point. Ce mot ſe dit auſſi en parlant d'hiſtoire, ou d'autre pareille choſe & ſignifie, choſe particulière, endroit, ou queſtion particulière de l'hiſtoire. (C'eſt un point d'hiſtoire fort obſcur. *Ablanc.* Voilà un point de Téologie bien ſurprenant. *Paſc. l.* 9.)

Point d'honneur. Choſe particulière qui regarde l'honneur. Ce ſont les régles & les maximes deſquelles les gens du monde croient que leur honneur dépend. (La paſſion dominante des Gentishommes c'eſt le point d'honneur. *Paſc. l.* 7.)

Point. Moment. Tems preſcrit. Tems juſte. Tems déſiré. (Sur le point de venir aux mains, il ſe retira. *Abl. Ar. l.* 1. Il arriva juſtement au point que les Perſes mettoient le feu. *Vaugelas Quin. l.* 3. *c.* 4. Ils étoient ſur le point de paſſer un article qui n'étoit pas aſſez examiné. *Maucroix, Vie de Campege.*)

Point. Conjoncture. Etat. (Vous voiez en quel point ſe la fortune me prend. *Vaug. Quin. l.* 3. *c.* 5. Se remettre au même point où l'on avoit été. *Abl.*

Point du jour. Commencement du jour. (Le lendemain dès le point du jour ils paſſérent le Tigre. *Ablancourt, Ret. liv.* 2. *ch.* 5. Voiez *pointe.*

Point. Certain terme ; Certaine borne au deçà & au delà dequoi il ne faut pas aller. (Il eſt bon d'exagérer les choſes juſques à un certain point.)

Etre inſolent au dernier point. Moliere. C'eſt à dire, être fort inſolent.

Point. Ce mot ſignifie quelquefois *élévation*. (Etre au plus haut point de ſa gloire. *Abl. Luc. l.* 1. *c.* 1.)

† *En bon point.* En bonne ſanté. (Etre en bon point.) Voiez *Embonpoint.*

Point. Terme de *Monoie.* C'eſt un petit point qui ſe met ordinairement ſous les lettres des légendes pour marquer le lieu de la fabrication. Le point ſecret doit être dans la monoie de Paris ſous le ſecond *e* de ce mot *Benedictum* qui eſt la dixhuitième lettre de cette légende *Sit nomen Domini Benedictum.* Le point ſecret ne ſe met plus à préſent ſi exactement. Voiez Monſieur *Boiſſart.*

Point. Terme de *Cartier.* C'eſt une marque qui eſt toute rouge, ou noire ſur les cartes & qu'on apelle pique, tréfle, cœur, ou carreau, parce que ces points ont quelque raport avec le cœur, le tréfle, le carreau, & les fers de pique.

Point. Terme de *Jeu de Piquet.* (Marquer ſon point. Compter ſon point. Avoir ſon point. Gagner le point. Quatre As, 4. Rois, 4. Dames, 4. Valets, ou 4. dix, valent 14. de point.

Les Dez ſont marquez de *points*, depuis un juſqu'à ſix en chacune de leurs faces. On parle de point au jeu de Trictrac.

Point de voile. Terme de *Mer.* C'eſt le coin d'embas d'une voile auquel les écoutes ſont arachez. *Four.*

Point. Terme de *Tailleur*, de *couturière* & d'*autres gens qui couſent.* C'eſt ce qu'on fait avec l'éguille enfilée. (Faire un point. Tirer un point. Il faut mettre là un point. Coudre un point.)

Point. Terme de *Cordonnier.* Ce mot ſe dit en parlant de la grandeur des ſouliez. (Un ſoulié à ſix points. Il faut un ſoulié à Monſieur, de ſept à huit points.)

† * *Ils ſe chauſſent tous à un même point.* C'eſt à dire, qu'ils conviennent tous en une certaine choſe.) On dit qu'en matière d'amour, les femmes ſe chauſſent toutes à un même point.)

Point. Terme de *faiſeuſes de point.* C'eſt une ſorte de paſſement de fil qui ſe fait preſque toujours à l'éguille. (Il y a de pluſieurs ſortes de points. Point coupé. Point d'Alançon, de Sédan, d'Aurillac. Point à la Reine, Point d'Eſpagne. Point de France. Point de Hongrie. Point de Paris. Point de Genes. Point de Veniſe. *Point d'eſprit*, cette dernière ſorte de point ſe fait aux fuſeaux, mais tous les autres que j'ai juſques ici nommez ſe font à l'éguille. Fille qui gagne ſa vie à faire du point. Racommoder un point.)

Point. Terme de *faiſeuſe de point.* Pluſieurs petits points qui ſont faits à l'éguille, rangez proprement les uns auprès des autres & dont le diférent arrangement fait autant de diverſes figures. (Il y a le point clair, le point ferme, le point riche, le point de deux, le point de loſange, le point vitré, &c.

Point de côté. Douleur de côté. (Avoir un point au côté.)

Point, adv. Sorte de *négative* qui ſignifie *pas*, mais qui ſemble nier plus fort que la négative *pas.* (On ne ſe doit point fier à un ennemi reconcilié. Je n'ai point d'argent.)

† *Point, point*, adv. Nullement. (Point, point elle ne monte pas encore & elle ne ſauroit rien entendre. *Moliere.*)

Point du tout, adv. Sorte de *négative* qui veut dire *Nullement.* *Pas.* [Il ne la conſidére *point du tout.*)

De point en point, adv. Exactement. (Il a éxécuté de point en point ce qu'on lui avoit commandé de faire.)

A point nommé, adv. Préciſément, Juſtement, & à tems. (Il eſt venu à point nommé.)

† *De tout point*, adv. Entièrement & comme il faut. [Il eſt accommodé de tout point.)

POINTAL, ſ. m. Terme de *Charpentier.* C'eſt une groſſe pièce de bois poſée debout entre deux Verins pour redreſſer la

POI. POI.

la charpente de quelque bâtiment. *Ozan. Dict. Math.*

POINTAGE, *s. m.* Terme de *Marine*. C'est la designation que fait le Pilote sur la Carte marine, du lieu où il croit que le vaisseau est arrivé. (Un Pilote, doit savoir bien faire le pointage de la Carte.)

Pointe, s. f. Ce qui est aigu & pointu au bout de quelque chose que ce soit. (La pointe d'un canif, d'un ciseau, d'un couteau, d'une épée. Une pointe rompue. Une pointe emoussée, &c. Les Piramides se terminent en pointe. La pointe d'un Diamant bien taillé, &c.

Pointe. Ce mot se dit en parlant de *montagnes*, & veut dire *Sommet.* (Une des pointes de la montagne de Tarare vous empêcha de me voir. *Voit. l. 9.*) On dit aussi la pointe des Clochers.

Pointe, Clou sans tête qui arache le paneau des vitres avec le bois du chassis. Espèce de petit clou sans tête. (Il faut mettre une pointe là.)

Pointe. Terme de *Graveur.* C'est un instrument dont on se sert pour graver à l'eau forte. (Gravet avec une pointe.)

Pointe. Terme de *Manége.* Action de cheval qui en maniant sur les voltes fait une espèce d'angle. (Vôtre cheval ne s'arrondit pas bien & fait des pointes.)

Pointe. Terme de *Coutelier & de Barbier*. C'est la partie la plus grosse & la plus large du rasoir qui est vers le bout. Raser la pointe.)

Pointe. Terme de *coifeuse de deuil*. C'est la partie de la coifure de deuil qui vient sur le front. (Vôtre pointe ne va pas bien, il la faut mettre autrement.)

Pointe à corriger. Terme d'*Imprimeur.* C'est un instrument de fer en forme de petite aleine pour corriger les formes & les pages & pour serer les lettres.

Pointe de timpan. Terme d'*Imprimeur.* Elle est composée d'une branche & d'un aiguillon & est atachée au timpan avec deux vis, afin d'aider à faire les registres.

* *Pointe.* Rencontre spirituelle. Bon mot. (Vous êtes en colère & vous faites des pointes. L'Epigramme doit finir par une pointe ingénieuse. Il est ridicule de *parler par pointe*, parce que cela n'est pas naturel & qu'on donne souvent dans le froid.)

* *Pointe.* Ce mot se dit du *vin* & veut dire un je ne sai quoi dans le vin, qui plaît & qui chatouille. (Ce vin a une *pointe* agréable.)

* *Pointe.* Dessein. Entreprise. (Poursuivre sa pointe. *Ablancourt, Ar. l. 1.*)

A la pointe de l'épée. (Avoir quelque chose à *la pointe de l'épée.* C'est à dire, de vive force & à la rigueur, en combatant, araquant & se défendant.)

* *Pointe.* Ce mot se dit en parlant du *jour* & de quelque autre chose, & il signifie le commencement. (On dit la pointe du jour, & le point du jour. *Ablancourt, Ar. l. 10.* La pointe des herbes)

* *La pointe de la digue. Vaug. Q. l. 4. ch. 3.* C'est le bout le plus avancé de la digue.

* *Pointe.* Ce mot se trouve dans d'Ablancourt en parlant de *guerre* pour dire *Tête* de quelques troupes. (Il mit son regiment à la pointe de l'aile droite. *Abl. Ar. l. 1. c. 10.* Il dit aussi la pointe de l'aile gauche *Ar. l. 1.*)

Pointe de Bastion. Terme de *Fortification*. C'est l'endroit du Bastion le plus avancé, où se rencontrent les deux faces inclinées l'une vers l'autre.

La *pointe* d'un coin se forme de même par la rencontre de ses deux faces.

Pointe. Terme de *Fauconnerie.* On dit qu'un oiseau fait pointe, lors qu'il va d'un vol rapide, en s'élevant ou en s'abaissant.

La pointe de l'Ecu. Terme de *Blason*. Il y en a de diverses sortes en bande, en barre, en face, &c.

†* *Faire des querelles sur la pointe d'une éguille.* Sorte de *proverbe* pour dire Faire des querelles pour rien, pour très-peu de chose.

Pointer, v. a. Piquer de la pointe ; Donner de la pointe. (Il a mis l'épée à la main & *l'a pointé.*)

Pointer. Terme de *Canonier.* C'est dresser & mettre le canon en état de tirer. (Pointer le canon.)

Pointer. Terme de *Boucher.* Ce mot se dit principalement en parlant de *bœufs.* C'est leur mettre le couteau dans la gorge & les tuer. [Pointer un bœuf.]

Pointer. Ce mot est un terme de *Mer*, & se dit en parlant des cartes marines. C'est trouver dans la carte le point & l'endroit où l'on pense qu'est arrivé le navire. *Fourn.*

Pointille, s. f. Vaine subtilité. (Cette pointille dont la daterie fait toute sa défence sur le sujet d'une guerre très mémorable. *Patru, pl. 84.*)

† *Pointiller, v. n.* Contester sans raison [Il pointille sur rien. Ils s'amusent sottement à pointiller là-dessus.]

Pointiller, v. a. Terme de *peintre en mignature*. Faire plusieurs petits poincs ronds, ou longs. Travailler par points.

Pointilleux, pointilleuse, adj. Qui aime à contester. Qui conteste sottement. (Sans être trop pointilleux, je le pourois trouver mauvais. *Voit. l. 46.*)

Pointu, pointuë, adj. Aigu. Qui a une pointe. [Lame trop pointuë. Couteau trop pointu.]

Pointure, s. f. Terme de *Mer*. C'est le racourcissement de la voile qui se fait de gros tems pour prendre moins de vent.

POIRE, *s. f.* Cidre de poires qu'on fait en Normandie. (Faire de bon poiré. Boire du poiré.)

Poire, s. f. Fruit de *poirier* qui est ordinairement plein de petites pierres. [Les poires ne sont pas si saines que les pommes. Il y a de plusieurs sortes de poires, les plus communes sont les poires de fin or, bonnes en Juillet & en Aout, Poires de mouille bouche, bonnes en Aout & en Septembre. Poires de beurré, bonnes en Septembre & en Octobre. Poires de messire-Jean, bonnes en Octobre & en Novembre, Poires de virgouleuse, bonnes en Octobre & Novembre, Poires à deux têtes. Poires de fusée. *Poires d'angoisse.* Ces poires ont été ainsi apellées d'un village du Limosin qui s'apelle *Angoisse.* Il y a quantité d'autres sortes de poires, qu'on peut voir en détail dans les traitez des Jardins fruitiers. On en trouve la pla part dans ce Dictionnaire, chacune en son rang. Voiez *Carriere.*

* *Poires d'angoisse.* C'est une espèce de cadenat, qui par le moien de certains ressorts, qui se lâchent, quand on l'a mis dans la bouche de quelque personne, l'obligent à tenir la bouche ouverte & l'empêchet de crier.

†* *Manger des poires d'angoisse.* C'est être dans la misère & soufrir plusieurs maux.

† *Entre la poire & le fromage.* C'est à dire. Au dessert. A la fin du repas. (On commence à causer quand on est entre la poire & le fromage.)

† *Garder une poire pour la soif.* C'est conserver quelque chose pour la nécessité

Poire. Manière de boire en forme de poire où l'on met de la poudre à tirer & que les gainiers de Paris font & vendent. [Une poire trop grande. Faire une poire.]

Poires secrètes. Terme d'*Eperonier.* C'est une sorte d'embouchure.

POIREAU, *porreau, s. m.* Régulièrement, il faut dire & écrire *porreau*. La plupart des habiles Jardiniers le disent & l'écrivent, & on peut sans craindre parler comme eux. Néanmoins l'usage général de Paris est pour *poireau*, & c'est aussi de la sorte que parlent Messieurs de Port-Roial, *Histoire de la Bible, figure 43.* [Ils préférèrent à cette nourriture les *poireaux* & les oignons de l'Egipte.]

Poireaux, porreaux. Ce sont des espèces de verruës qui viennent aux boulets & aux paturons, aux piez de derrière des chevaux & qui supurent. *Soleisel.*

Poireau, ou *porreau.* C'est une petite tumeur composée d'une pituite épaisse & endurcie qui vient sur la peau. [Couper la tête d'un poireau.]

Poirée, ou *porrée, s. f.* Sorte d'herbe potagère à larges feuilles & dont on mange les côtes qu'on apelle *Cardes de poirée.* (Cueillir de la poirée.)

POIRIER, *s. m.* Arbre de moienne hauteur, qui a le tronc gros, plusieurs branches & les feuilles rondes & lisses par dessus. (*Poirier sauvage*, c'est un arbre branchu qui pousse plusieurs rejettons, & qui a l'écorce de son tronc toute crevassée. Un poirier fort chargé de poires.)

POIS, *s. m.* C'est une sorte de légume fort connu. (Pois verds. Manger des pois verds. Les pois verds sont chers d'abord. Pois nain. Pois à longue cosse. Pois à grosse cosse. Pois en cosse. Pois hatif. *Pois lupins*, ce sont des pois plats & amers qui servent à la médecine. *Pois chiches.* C'est une sorte de pois ronds qui servent à la médecine.)

Pois ramez. Ce sont des grands pois, auprès desquels on met des (rames) branches d'arbre, ausquelles ils s'acrochent.

POISON, *s. m.* Venin. Tout ce qui empoisonne & donne la mort. (Un poison lent. Un poison violent. Faire donner du poison à quelqu'un. *Abl. Tac. An. l. 4.* Poison subtil. Poison dangereux. Le poison qui s'engendre en Macédoine est si subtil qu'il consume le fer, & ne se peut porter que dans la corne du pié d'un mulet *Vaug. Q. Curce l. x. ch. x.*)

* *Poison.* Puanteur. (Son nez est fertile en poison. *Main. Poês.* Quel poison est-ce-là.)

* *Poison.* Desordre. Maj. Dereglement. (Ne soufrez point que ce poison gagne les entrailles de la France. *Patru, pl. 9.*)

* Les mauvaises doctrines sont le poison de l'ame.

* *Poison.* Ce mot se dit quelquefois en bonne part, & sur tout en parlant d'amour, & de choses qu'on aime, & il signifie Apas, charme, enchantement. (Elle est le plus agréable poison que la nature ait fait,

C'est vous qui donnez le *poison*.
Qui chasse ma foible raison. *Voit. Poês.*

Qui auroit pu penser qu'on pût si tôt vaincre un poison si charmant. *Rac. And. a. 2. s. 5.*

Il est d'autres erreurs dont l'aimable poison
D'un charme bien plus doux enyvre la raison.
Depreaux Sat. 4.

Tu seras si amoureux de ce doux poison que tu n'en voudras point faire de part aux autres. *Ablanc. Luc. T. 2. dance.*)

POISSER, *v. a.* Enduire de poix Remplir de poix. (Poisser des moieux de rouë. Rou: poissée. On poisse les Navires, les bateaux & les cables pour empêcher qu'ils ne se pourrissent dans l'eau. On poisse les tonneaux pour empêcher que

que la liqueur ne s'écoule. Avoir les mains poissées. C'est à dire, barboüillées, & pleines de poix.)

POISSON, *s. m.* Mot général qui convient à la plupart des animaux qui naissent & qui vivent dans les eaux, mais plus proprement on apelle poisson, un animal qui vit dans l'eau, qui a la chair couverte d'écailles, qui a des oüies & des nageoires sur le dos & à quelques autres parties du corps, pour fendre l'eau & nager. (Poisson de mer. Poisson d'eau douce. Poisson d'étang. Poisson plat. Poisson rond. Poisson qui a la chair ferme. Prendre le poisson avec le feu, ou prendre le poisson au feu. Prendre le poisson avec des filets.)

† *Muet comme un poisson.* C'est à dire, qui ne parle point.

† *Il est comme un poisson dans l'eau.* C'est à dire, il est fort à son aise.

† *Les gros poissons mangent les petits.* Les puissans ruïnent les petits.

† *Jetter un petit poisson pour en avoir un gros.* C'est faire un petit présent pour en recevoir un plus considérable.

† * *Il avaleroit la mer & les poissons.* Proverbe, qui veut dire c'est un goulu.

† * *La sauce vaut mieux que le poisson.* C'est à dire, l'accessoire vaut mieux que le principal.

Poissons. Ce mot se toujours pluriel, lorsqu'il signifie l'un des douze signes célestes dans lequel le soleil entre au mois de Février (Avoir pour ascendant les poissons. Il est né sous les poissons.)

Poisson, s. m. Mesure qui tient la moitié d'un demi-setier & dont on se sert pour mesurer quelque sorte de liqueur comme le lait. (Prendre un poisson de lait à la prémière laitiere qui passera.)

Poissonnerie, s. f. Lieu à Paris, où se vend le poisson les jours maigres & le carême. [Aller à la poissonnerie. La poissonnerie est bonne, on y trouve dequoi.]

Poissonneux, poissonneuse, adj. Qui est plein de poissons. Qui a force poissons. (Ils planent sur les bords d'une mer poissonneuse. *Segras, Eglogue.* Lac fort poissonneux, *Ablancourt.*)

Poissonnier, ou Marchand de poisson, s. m. Celui qui fait trafic de poisson. Le mot de *poissonnier* se dit, mais on dit plus souvent *marchand de poisson* que *poissonnier.* (Il n'y avoit point de poissonniers au marché, c'est pourquoi le poisson étoit cher. Elle est fille d'un marchand de poisson, & plus-rarement & moins bien, elle est fille d'un des plus riches poissonniers des hâles.)

Poissonniere, s. f. Celle qui vend du poisson de mer dans les marchez de Paris les jours maigres & le carême. (Une riche poissonniere. Une grosse & grasse poissonniere.)

Poissonniére, s. f. Vaisseau de cuivre qui est fait en long, médiocrement creux avec des rebords & une anse qu'on étame proprement & dans quoi on fait cuire du poisson. (Les chaudronniers font les poissonniéres.)

POITRAL; poitrail, *s. m.* L'un & l'autre se dit. C'est la partie au dessous du gosier & au devant des épaules du cheval. (Il est blessé au poitral.)

Poitral, ou *poitrail.* C'est une bande de cuir qui passe par devant le poitrail du cheval pour tenir la selle ferme quand le cheval monte. (Poitral rompu.)

Poitral, ou *poitrail.* Terme d'*Architecture.* Grosse piéce de bois portée sur des colonnes, des pilastres, ou des gros murs. Ce mot de poitral s'apelle ordinairement *sabliere.*

POITRINE, *s. f.* Ce mot se dit en parlant de veau, de bœuf, & de mouton. C'est la partie de devant du veau, ou du mouton. (Mettre une poitrine de veau en ragoût. Mettre au pot une bonne poitrine de mouton.)

Poitrine. Ce mot se dit en parlant de l'homme, entant que cette partie de son corps est blessée, ou malade & c'est la partie de l'homme qui enferme le cœur. Etre blessé à la poitrine. La fluxion est tombée sur sa doitrine. *Vaug. Rem.*

POIVRADE, *s. f.* Sauce avec du vinaigre & du poivre. (Faire une bonne poivrade. Aimer la poivrade)

Poivre, s. m. Aromate fort conu, & chaud au troisiéme degré, dont on se sert dans les ragoûts, qui vient dans des gousses sur un arbre des Indes qu'on apelle *poivrier,* ou, *l'arbre du poivre.* (On dit que le Soleil noircit le poivre & qu'il est blanc lorsqu'il est dans les gousses. Poivre blanc. Poivre noir. Poivre long. Poivre mâle. Poivre femelle. Mettant le poivre noir dans de l'eau de la Mer & l'exposant au Soleil, on le fait devenir blanc. *Charas, Pharm. ch.* 30. On raconte que pour se guérir d'un cours de ventre il n'y a qu'à avaler trois grains de poivre blanc.

Pour moi j'aime sur tout que le *poivre* y domine,
J'en suis fourni, Dieu sait, & j'ai tout Pelletier
Roulé en mon ofice en cornets de papier.
Dépreaux, Satire 3

Il y en a qui lisent autrement ce second vers & qui disent,
J'en suis fourni, Dieu fait, & j'ai tout du Perrier
Roulé en mon ofice, &c.)

Poivré, poivrée, adj. Chose qu'on doit manger, & où l'on a mis du poivre pour lui donner un goût un peu plus relevé. (Ragoût trop poivré. Pâté trop poivré. Sauce qui est un tant soit peu trop poivrée.)

† * *Poivré, poivrée, adj.* Qui a pris quelque mal avec des femmes débauchées. (Il s'en est allé follement divertir avec des filles de joie & il en tient, le pauvre diable, car il est *poivré* comme il faut.)

Poivrer, v. a. Mettre du poivre dans quelque chose qu'on doit manger afin de lui relever le goût. On ne doit pas manger afin de lui relever le goût. On ne doit pas trop poivrer les ragoûts, les cervelats, ni la chair de pâté, ni aucune chose qu'on mange.)

† * *Poivrer.* Ce mot se dit en parlant de *filles de joie* qui donnent du mal à ceux qui ont commerce avec elles.
(Toi, louve, toi, guenon, qui m'as si bien *poivré,*
Que je ne croi jamais en être délivré.
S. Amant.)

Poivrier, s. m. Arbre des Indes qui porte le poivre, & qui selon quelques-uns ne difere du geneyrier qu'en ce qu'il porte sa graine dans des gousses.

Poivrier. Petit ouvrage d'*Orfévrerie* en forme de petit sucrier, où l'on met un peu de poivre blanc. (Un poivrier bien fait.)

On apelle aussi *poivrier,* celui qui broie le poivre au moulin.

Poix, s. f. C'est un suc gras qui coule de soi même de quelque arbre & dont on se sert pour plusieurs choses. (Poix noire. Poix blanche. Cuire la poix. Voïez *Dalechamp, livre* 1. *des plantes, ch.* 27.)

Poix résine. Voïez *Résine.*

Poix de Bourgogne. C'est de la poix blanche qui sort de certains arbres qui croissent dans les montagnes de la Franche-Comté, vers le mont Jura. Elle est fort tenace, & on l'emploie à faire des emplâtres déssicatifs.

POL.

POLACRE, ou *Polaque, s. m.* Vaisseau Levantin de médiocre grandeur qui a des Voiles Latines à la Mizaine & à l'Artimon & les autres quarrées.

POLAIRE, *adj.* Qui est auprès du pole. (Cercle polaire artique & cercle polaire antartique. Etoile polaire.)

POLE, *s. m.* Terme d'*Astronomie & de Geographie,* C'est le point de la superficie du ciel qui ne décrit aucun cercle & qui tourne simplement en soi-même. (Le pole artique. Le pole antartique. Les poles du Ciel, les poles de la terre.)

Poles. Terme de *Géometrie.* Ce sont les deux bouts d'un axe, autour duquel on conçoit qu'une Sphère tourne; & plus généralement ce sont deux points de la Sphère également éloignez de la circonference d'un grand cercle de la Sphère. En général les pole d'un cercle, grand ou petit, décrit sur une Sphère, c'est un point qui est également éloigné de tous les points de la circonference, & sur lequel on pose la pointe du compas pour décrire ce cercle.

* La peine & la recompense sont *les deux poles* sur lesquels tourne le genre humain, *Ablancourt, Apoph.*)

POLI, *s. m.* C'est une sorte d'éclat & de lustre net, clair, uni & luisant tout ensemble. (Cela donnoit aux enduits *un poli* qui les faisoit luisans comme des miroirs. *Abregé de Vitruve* p. 84.)

Poli, polie, adj. Net. Rendu plus beau. Rendu luisant. (Marbre bien poli. Lame de couteau bien polié.)

* *Poli, polie, adj.* Civilisé. Honnête. Qui a quelque chose de galand. (C'est un homme fort poli. Avoir les mœurs polies.)

* *Poli, polie.* Ce mot se dit du stile & du discours & veut dire Exact. Châtié. (C'est un discours extrêmement poli.)

Poliamé, poliantée, adj. Ce mot est un Terme de *Fleuriste,* qui vient du Grec, & qui signifie qui a plusieurs fleurs. On apelle une oreille d'ours *poliantée,* celle qui fait un gros bouquet de cloche, haut de sa tige. Voiez *la culture de l'oreille d'ours, ch.* 1. & 3.

POLICE, *s. f.* Mot qui vient du Grec & qui veut dire *règlement de vile.* La police consiste à faire divers règlemens pour la commodité d'une ville, & des divers règlemens doivent regarder les denrées, les métiers, les ruës & les chemins. (La police de Paris est fort bonne.)

Police, Terme de *Mer.* Il se dit sur la Méditerranée & sur les côtes & signifie un billet de change.

Police de chargement. Terme de *Mer.* On apelle ainsi sur la Méditerranée, ce qu'on apelle sur l'Ocean *connoissement.* C'est un billet par lequel le Maitre du Vaisseau confesse d'avoir chargé telles marchandises sur son bord, avec soumission de les porter au lieu destiné.

Police d'assurance. Terme de *Mer.* C'est un contrat par lequel on promet assurance des choses qui sont transportées par mer d'un païs en un autre, au moien de tant pour cent que l'assuré paie d'avance à l'assureur. *Fournier.*

Policé, policée, adj. Bien réglé. Où il y a une bonne police. (Un Etat bien policé. République bien policée. Peuples fort policez, *Ablancourt.*

POLICHINELLE, *s. m.* Sorte de boufon qui joue les roles comiques dans les farces Italienes. C'est aussi une sorte de marionnette boufonne. (Polichinelle est plaisant, mais il l'est d'avantage par ses postures que par ses paroles, qui souvent sont fort froides.)

Policreste

POL.   POL. POM.   627

Policreste, *s. m.* Terme de *Pharmacie*. Ce mot est Grec & signifie qui a plusieurs usages, qui sert à plusieurs choses. On a donné ce nom aujourd'hui à un sel artificiel. *Sal policreste.*

Poliedre, *s. m.* Terme de *Géometrie*. Corps qui a plusieurs faces. (Poliedre irrégulier. Il y a cinq poliedres, ou corps réguliers, le tetraedre, qui a 4. faces, le cube qui en a 6, l'octaedre, qui en a 8, le dodecaedre, qui en a 12, & l'icosaedre qui en a 20.)

Un poliedre gnomonique. C'est ordinairement une pierre à plusieurs faces, sur lesquelles il y a diverses sortes de quadrans.

Poliedre, *adj.* Lunette poliedre. C'est une lunette taillée à plusieurs facettes & qui multiplie les objets.

Poligamie, *s. f.* Mot qui vient du Grec *Mariage* que contracte un seul homme avec plusieurs femmes. Voyez *Téophile Aletus, Traité de la poligamie*. (La poligamie est un cas pendable. Moliere.)

Poligame, *adj.* Il se dit des hommes, & signifie qui a épousé plusieurs femmes. Le mot *poligame* n'est pas fort usité; cependant on trouve qu'il se peut dire, & que la Grece n'est pas à reprendre pour avoir écrit que les Bramines étoient poligames. *Hist. des Bramines*, ch. 15.

Poliglotte, *s. f.* Mot qui vient du Grec, & qui se dit en parlant d'une certaine Bible, & qui signifie *une, Bible en plusieurs langues.* (La *Poliglotte* est la meilleure Bible, mais elle vaut cent écus. Acheter une *poliglotte* bien conditionnée.)

Poligone, *s. m.* Mot qui vient du Grec, & qui signifie *qui a plusieurs angles.* (C'est un poligone. Faire un poligone. Poligone régulier. Poligone irrégulier.)

Poligraphie, *s. f.* Ce mot est Grec. Il signifie l'art d'écrire en plusieurs manières & de faire diverses sortes de chifres.

* **Poliment**, *adv.* D'une manière belle & polie. (Ablancourt écrivoit poliment.)

Poliment, *s. m.* Prononcez *poliman*. Terme de *Diamantaire & de Lapidaire*, qui signifie l'éclat & le lustre qu'on donne aux pierres prétieuses, ou que les pierres prétieuses ont d'elles mêmes. (L'aigue marine a pris le poliment égal à celui du saphir. *Mère, Ind.* Pierre qui a perdu son poliment. Le poliment du diamant se fait sur la roüe.)

Poliment, *s. m.* Lustre, Eclat. (Les ouvrages d'émail prennent un beau poliment dans le feu.)

Polipe, *s. m.* Ce mot vient du Grec, & signifie *qui a plusieurs piez.* C'est le nom d'un poisson de mer qui a plusieurs piez. Pline l. 9. ch. 30. Quelques Auteurs ont parlé des poissons l'apellent *poulpe*, V. *Rondelet, histoire des poissons.*

Polipe. Terme de *Médecine*. Chair superfluë dans les narines qui nuit à la respiration. (Elle a un polipe dans l'une des narines. Ce mal a été ainsi apellé à cause de la ressemblance qu'il a avec le pié du Polipe marin.

Polipode, *s. m.* Ce mot est Grec, Terme de *Botaniste*. C'est une plante médecinale, dont les feuilles ressemblent en quelque façon à celle de la fougere. Elle croit sur des pierres mousües & sur des troncs d'arbre. On l'apelle aussi *polite.*

Polir, *v. a.* Netteier. Rendre plus beau, plus net & plus poli. (Polir un marbre. Ablancourt, *Lucien.*)

Polir, *v. a.* Terme de *Polisseur.* C'est donner plus de lustre aux glaces de miroir, les rendre plus luisantes, avec de l'eau & de la potée, qui est une terre rouge, dont on se sert pour le poliment du verre. (Polir une glace.)

Polir. Terme de *Coutelier & d'Emouleur.* Passer par dessus la polissoire. (Polir un rasoir. Polir un couteau.)

* **Polir.** Civiliser. Rendre plus civil, plus galand & plus honnête. (Il faut polir les mœurs & l'esprit, c'est là le point. *Bensérade, Rondeaux.*)

* **Polir.** Ce mot se dit en parlant de discours & de stile. (Polir un discours. Polir son stile. Ablancourt. C'est se rendre plus exact & plus châtié.

* *Se polir soi-méme.* Ablancourt, *Luc.* C'est se rendre plus parfait.

Polisseur, *s. m.* Terme de gens qui travaillent aux glaces des miroirs & c'est l'ouvrier qui polit les glaces. (Le polisseur a de la peine.)

Polissoir, *s. m.* Instrument dont le polisseur se sert pour polir les glaces.)

Polissure, *s. f.* C'est l'action de polir.

Polisyllabe, *adj.* Terme de *Grammaire.* Il se dit des mots & signifie qui a plusieurs sillabes. Il se dit seulement des mots qui ont plus de trois sillabes. Car s'ils n'en ont qu'une, on les apelle *monosillabes*, & s'ils en ont deux, *dissillabes*; & s'ils en ont trois, *trisillabes*, & tous ceux qui en ont davantage le nomment *polisillabes.*

Polissoire, Acier *&c.* Terme de *Coutelier & d'Emouleur.* C'est une meule de bois dont les couteliers & les emouleurs se servent pour polir les outils émoulus.

Polissoire. C'est aussi une sorte de grosse brosse de jonc pour polir les quadres & les bordures des miroirs & des tableaux.

† **Polisson**, *s. m.* Mot bas & burlesque qui se dit des jeunes écoliers, & autres petits garçons mal-propres, & un peu fripons. (C'est un petit polisson.)

Politeisme, ou *politheïsme*, *s. m.* Ce mot est Grec & signifie Pluralité des Dieux. Il a été introduit dans notre langue depuis peu. (Le P. Gilbert a prouvé l'Unité de Dieu, aiant parlé contre le politeïsme en général.)

Politée, ou *politheé*, *s. m.* Celui qui croit qu'il y a plusieurs Dieux. (L'unité de Dieu se doit décider contre les Politheés par les seules lumiéres de la raison.)

* **Politesse**, *s. f.* Ce mot ne se trouve point au propre. Il consiste à avoir quelque chose d'honnête, de civil, de poli & de galand. Civilité honnête & polie. Exactitude châtiée, polie & galante. (La politesse de l'esprit consiste à penser des choses honnêtes & délicates. *Memoires de Monsieur le Duc de la Roche-Foucaut.* La politesse de ses écrits est l'image de celle de ses mœurs. Avoir de la politesse.)

Politique, *s. f.* C'est l'art de gouverner les Etats. (La politique a pour but d'établir un état naissant, de conserver heureusement l'état qui est établi, de soutenir celui qui est sur son penchant & d'empêcher qu'il ne tombe en décadence. La prudence est l'ame de la politique.)

Politique, *s. f.* Livre qui contient les préceptes de politique. (La politique d'Aristote est prise en partie des dialogues de la République de Platon.) Voyez *la Bibliographie, du Naudé.* Il y juge des livres de politique de plusieurs Auteurs & marque ceux qu'on doit lire pour se rendre habile dans cet art, Lipse, *l. 1. de ses politiques*, dit-que, Philippe de Comines mérite d'être comparé à quelque historien que ce soit des Anciens.

* **Politique.** Conduite fine & adroite dont la fin est de se maintenir, ou devenir heureux. (Leur objet n'est pas de corrompre les mœurs, mais ils n'ont pas aussi pour unique but de les réformer, ce seroit une mauvaise politique. *Pascal, l. 11.*)

Et l'Auteur inconnu qui par lettres voü. fronde
De vôtre politique a découvert le fin.)

Politique, *adj.* Qui est selon la politique. Qui est de politique. Qui regarde la politique. (Gouvernement politique. Discours politique.)

* **Politique**, *adj.* Ce mot se dit des choses & des personnes, il signifie Fin. Adroit. Qui a pour but de se maintenir heureux, en se gouvernant d'une manière adroite, fine & prudente. (Esprit politique. Conduite politique. Ils couvrent leur prudence humaine & politique du prétexte d'une prudence Divine & Chrétienne. *Pascal, l. 5.*)

Politique, *s. m.* Qui est savant dans l'art de gouverner les Etats. (Un politique doit être un prudent achevé. Il doit connoître à fond les mœurs & le caractere de l'esprit des peuples qu'il gouverne, & avoir toûjours en vuë la félicité de l'Etat.)

* **Politique**, *s. m.* Qui se gouverne d'une manière fine & adroite dans le commerce qu'il a avec le monde. (Le connoi, c'est un politique & un dévot, & c'est tout dire.)

Politiquement, *adv.* Selon l'esprit de la politique. Les Téologiens disent que l'ordre est un Sacrement de l'Eglise, mais en parlant politiquement on ne prend pas le mot d'ordre ainsi. Voyez *Loiseau, Traité des ordres.*

* **Politiquement**, *adv.* D'une manière fine & adroite. (Il faut agir un peu plus politiquement que vous ne faites.)

Pollution, *s. f.* En Latin *pollutio.* Prononcez *polucion.* Ce mot se dit de l'homme. C'est une perte de semence, qui d'ordinaire, est causée volontairement, & qui quelquefois arrive la nuit se sans qu'on y ait contribué. (La pollution volontaire est un péché de misérable, & elle est maudite de Dieu. Tomber dans des pollutions nocturnes.)

On dit aussi *polluer*, *v. a.* Souiller, profaner. & *pollu, polluë, adj.* mais il ne sont guere en usage.

Poltron, *s. m.* *poltrone*, *s. f.* Lâche. Bas. Peu courageux. (Aiant en horreur les actions poltronnes
J'extermini dés lors toutes les Amazones.
Desmarais, Visionnaires, acte 1, scene 1.
Je renonce à la prudence si elle est si poltronne & si scrupuleuse. *Balzac, lettres.*)

Poltron. En terme de *Fauconnerie.* Il se dit d'un oiseau de proie auquel on a coupé les ongles des pouces, qui sont ses ongles de derrière, pour lui ôter le courage, & empêche qu'il ne vole les gros gibier.

Poltron, *s. m.* Lâche. Qui n'a point de cœur. Qui n'a ni courage, ni hardiesse. (C'est un grand poltron. Passer pour un poltron.)

Poltronnerie, *s. f.* Sorte be bassesse & de lâcheté. Vice opalé à la hardiesse, au courage, & à la fermeté de cœur. (Faire une poltronnerie la plus grande, la plus honteuse qu'on se puisse imaginer.)

P O M.

Pommade, *s. f.* Composé de panne de porc & de diverses senteurs, duquel on se sert pour les lévres, les mains, les cheveux, &c. (Faire de la bonne pommade. Vendre l'excellente pommade pour les lévres. Pommade de jasmin, de tubereuse, &c.)

† **Pommader**, *v. n.* Ce mot ne se trouve que dans les Précieuses de Moliere, *scene 2.* & il ne se peut dire qu'en riant. Il signifie *s'amuser à faire la pommade.* (C'est trop pommader, dites leur qu'elles décendent.)

KKkk ij   *Pommade*

Pommadé, pommadée, adj. Il se dit des choses où l'on a mis de la pommade. On le dit des cheveux, & ce mot est comique.

(Il est bien fait, de bonne mine,
Dont le poil à la blondine
Bouclé, poudré, pommadé,
Cache un visage fardé.

Pelisson, recueil de pièces galantes.)

† *Pommade*, s. f. Terme de Voltigeur. C'est un saut qu'on fait en tournant sur le cheval de bois, en appuyant seulement la main sur le pommeau de la selle. (Faire une pommade.)

POMME, s. f. Fruit de pommier, qui est de bonne chair & qui est sain, lorsqu'il est mûr, mais lorsqu'il ne l'est pas, il est froid, de mauvaise nourriture & de difficile digestion. Il y a de plusieurs sortes de pommes, & les plus connues ce sont les pommes qu'on apelle Pommes de capendu qui sont de bon goût & réjouissent le cœur. Les reinettes, qu'on apelle plutôt d'apie, comme l'écrit *Daléchamp liv. 3. de l'Histoire des plantes, pag. 243*. Pommes de paradis, qui sont de petites pommes douces. Pommes de caleville qui sont des pommes rouges & de belle aparence. Pommes de Rambourg qui sont de grosses pommes rondes. Pommes douces. Pommes aigres. Pommes châtaignes. *Pommes jumelles*, on apelle de la sorte des pommes qui viennent atachées l'une avec l'autre.

* *Pomme de discorde*. Il se dit au figuré d'une chose que plusieurs prétendent avoir. C'est par allusion à la pomme dont parlent les Poëtes, qui mit de la jalousie & de la discorde entre trois Déesses des Païens, Junon, Venus & Pallas.

* *Pomme*. Ce mot se dit en parlant de choux. C'est proprement le cœur du chou. (Mettre une pomme de chou dans le pot.) On dit aussi une pomme d'orange. Une pomme de grenade, &c.

* *Pomme*. Ce mot se dit en parlant de lits & de plusieurs autres choses. C'est tout ce qui est fait en manière ronde & sphérique. (Ainsi on dit *une pomme de lit*. C'est ce qu'on met au haut de chaque colonne de lit, qu'on couvre d'étofe, ou qu'on enjolive de franges & d'autre chose. On dit aussi *pomme de chenet*, une pomme d'arrosoir, &c.)

Pommé, *pommée*, adj. Ce mot se dit des choux, & des laitues. C'est se former en manière de pomme. (Chou pommé. Laitue pommée.)

Pommé, s. m. En Normandie, qui est le païs des pommes, on apelle pommé, le cidre qui se fait avec des pommes. (Excellent pommé. Faire du pommé. Boire du bon pommé.)

Pommeau, s. m. Ce mot se dit en parlant de selle de cheval, d'épée & de fleuret. C'est ce qui est en forme de petite pomme au bout de la poignée de l'épée. C'est ce qui est en manière de pomme au haut & sur le milieu du devant de la selle du cheval. (Un pommeau d'épée fort beau. Un pommeau de selle bien fait. Un pommeau de fleuret.)

Pommèle, s. f. Terme de Corroïeur. Instrument de bois sur lequel il y a une manique de cuir, qui est long d'un pié, large d'environ au milieu, épais d'un bon pouce, plein de plusieurs dents qui font au travers de la pommèle & à quelque distance les unes des autres, dont on se sert pour faire venir le grain au cuir. (Tirer à la pommèle.)

Pommèlé, *pommelée*, adj. Ce mot se dit en parlant de poil de cheval. (Un cheval gris pommelé. C'est un cheval qui est tavelé, ou sur le croupe du gris & du blanc mêlé comme roüelles.)

* *Pommèlé*, *pommelée*. Ce mot se dit en parlant du Ciel. (Le Ciel est pommelé. C'est à dire, il est plein de nuages disposez en de petites figures rondes & en manière de petites pommes qui passent vîte, d'où vient le proverbe, Ciel pommelé & femme fardée, ne font pas de longue durée.)

Pommer, v. n. Terme de Jardinier. Il se dit des choux & des laitues. C'est se former en manière de pomme. (On plante des choux & des laitues pour pommer. On dit aussi au réciproque. (Les choux se pomment. Les laitues commencent à se pommer.)

* *Pommer*, v. n. Terme de Fleuriste. Il se dit de l'œillet, & signifie, s'arrondir en s'élevant. (L'œillet est beau quand il pomme en forme de houpe. *Culture des fleurs de l'œillet*.)

Pommeraie, s. f. Lieu où il y a beaucoup de pommiers plantez par ordre. (Une belle pommeraie. Il y a d'agréables pommeraies en Normandie.)

Pommette, s. f. Terme de Couturière en linge. Ce sont de fort petits plotons de fil, placez également sur les poignets des chemises & de quelque autre besogne entre les arrière-points. (Ces pommettes sont bien faites. Faire un rang de pommettes.)

Pommettes. Terme de Tourneur. Bois tourné en forme de petites pommes. (C'est une table à pommettes. Les pommettes ne sont plus à la mode.)

Pommeté, *pommetée*, adj. Ce mot se dit quelquefois en Terme de Blason, & il signifie qui a de petites pommes. (Il porte de gueules à trois losanges pommettées d'argent.)

Pommier, s. m. C'est l'arbre qui porte les pommes, qui est un arbre qui aime les lieux gras, qui devient assez haut & n'a

qu'un tronc dont il jette des branches qui s'étendent au large. Ses branches & son tronc sont couvertes d'une écorce assez épaisse qui tire sur la couleur du gris cendré. Ses feuilles sont verdoiantes, longuettes, aiguës, un peu dentelées. Elles tombent au commencement de l'hiver & reviennent en Mai. (Les feuilles du pommier sont blanches. Un beau pommier. Un pommier bien chargé de pommes.)

* *Pommier*. Petit instrument de métal, ou de terre ou l'on met cuire des pommes devant le feu. (Il ne peut tenir dans ce pommier que trois, ou quatre pommes.)

POMPE, s. f. Apareil superbe & magnifique qui se fait par ostentation, ou pour quelque autre dessein. (La pompe consiste dans l'ordre, la varieté & la magnificence.)

Pompe. Ce mot se dit en parlant de *carroussel*, ou de *mascarade*. C'est la marche magnifique & réglée de quelque carrousel, ou mascarade. (Décrire la pompe d'un carrousel.)

Pompe Sacrée. Ce sont les processions & solemnitez Ecclésiastiques.

Pompe Roïale. C'est le couronnement, l'entrée, ou le mariage des Princes, ou Princesses.

Pompes militaires. Ce sont les triomphes des anciens Capitaines & Empereurs.

Pompe funèbre. C'est à dire, tout ce qui se fait de magnifique pour les funérailles de quelque personne de qualité.

* *La pompe de l'Éloquence. Ablancourt*. C'est une éloquence haute & magnifique.

Pompe. Machine pour élever l'eau. Elle est composée d'un tuiau, qui est le corps de la pompe, & d'un piston qui s'élève & s'abaisse par le moien d'une manivelle, qu'on apelle *brimbale*, le pot de la pompe, c'est l'endroit par où l'eau vient dans la pompe. Il y a une soupape, qui s'ouvre en dedans pour laisser entrer l'eau, & qui se ferme pour l'empêcher de sortir. C'est aussi une petite machine de verre courbé qui jette l'eau. On se sert de la *pompe* pour évacuer l'air. Il y a des pompes aspirantes & des pompes respirantes.

Pompe. Terme d'Oiselier. Espèce d'auget qu'on peut faire de bois, mais qui est ordinairement de plomb, qui a une ouverture au milieu pour passer la tête de l'oiseau, & une autre au haut où l'on fait entrer proprement le goulot d'une fiole, pleine d'eau ou de mangeaille & qui est renversée perpendiculairement sur la pompe. (Une pompe bien faite.)

Pomper, v. n. C'est tirer & pousser le piston qui est dans la pompe ou dans une seringue, pour aspirer, ou pour pousser l'eau, ou l'air, ou quelque autre chose de liquide. (Il faut pomper longtems, avant que d'avoir tiré tout l'air d'un récipient. Quand un Navire fait eau, il faut pomper.)

Pompeux, *pompeuse*, adj. Qui a de la pompe. Qui est magnifique, Leste, Bien paré.

(Elle sort pompeuse & parée
Pour la conquête d'un Amant.
Mais. poët. l. 3.)

(† Vers *pompeux*. *Ablancourt*. Stile *pompeux*. *Ablancourt*. Éloquence *pompeuse*.)

Pompeusement, adv. D'une manière magnifique & pompeuse. Avec pompe. Avec un superbe apareil. (Elle est pompeusement parée.)

POMPON, s. m. Nom d'homme. (Le sage & le fameux Pompon n'est plus qu'un peu de poudre.)

PON.

PONANT, s. m. Ce mot est un Terme de Géographie qui signifie Occident, mais il ne se dit pas présentement par ceux qui écrivent bien, on dit *Occident*.

Ponant. Terme de Mer. Il veut dire la mer Océane distinguée des mers du Levant par le détroit de Gibraltar. (On dit Vice-Amiral de ponant. Escadre du Ponant.)

† *Ponant*. Nom bas & burlesque pour dire le cu.

Ponantin, *ponantine*, adj. Terme de Mer. Qui est de la mer Océane. (Officier ponantin. Matelot ponantin.)

PONCEAU, s. m. Sorte d'herbe qui vient parmi les blez & les seigles, qui fleurit rouge, & quelquefois blanc en forme de simple tulipe, & qui alors s'apelle *coquelicot*, ou *pavot sauvage*, qui est une espèce d'herbe réfrigérative & qui lorsqu'elle est cueillie & prise en breuvage provoque le sommeil. (On fait du sirop de ponceau. Ruban de couleur de ponceau.)

Ponceau. C'est à dire, de couleur fort rouge.

Ponce, s. f. Terme de Maitre à Écrire. Morceau de toile, ou de serge où il y a du charbon broié dont on se sert pour poncer le papier pour aller droit quand on écrit. (Donnez moi, s'il vous plaît, la ponce pour poncer mon exemple.)

Ponce. Voici pierre ponce.

Poncer, v. a. Terme d'Orfèvre. C'est rendre la vaisselle mate avec de la pierre ponce. (Poncer la vaisselle.)

Poncer. Terme de Destinateur & de Graveur. C'est piquer un dessein, & le frocer avec du charbon en poudre. (Poncer un dessein.)

Poncer. Terme de Maitre à Écrire. C'est régler le papier avec la ponce. (Je ne puis aller droit quand j'écris, si je ne ponce mon papier auparavant.)

PONCIRE,

PON.　　　POP. POR.　　619

PONCIRE, f. m. Gros citron qui a l'écorce fort épaisse & n'a que fort peu de jus. (L'écorce de citron confite est prise des Poncires.)

Poncis, f. m. Terme de Dessinateur & de Graveur. C'est un dessein piqué & frotté avec du charbon en poudre.)

Poncis. Terme de Maitre à Ecrire. C'est une mi-feuille de papier, coupée avec le canif & la règle le plus droit qu'il est possible, qu'on met sur le papier où l'on veut écrire afin d'aller droit.

PONCTUALITÉ, f. f. Grande exactitude. (On ne peut assez estimer la ponctualité. C'est une ponctualité qui va jusques au scrupule. C'est une ponctualité la plus grande qu'on se puisse imaginer.)

Ponctuation, f. f. C'est la science de mettre les virgules, les points, les lettres capitales & les minuscules. (Apprendre la ponctuation. Savoir la ponctuation.)

Ponctuel, ponctuelle, adj. Exact. (Il faut qu'un honnête homme soit ponctuel. Elle est extrêmement ponctuelle.)

Ponctuellement, adv. Exactement. A point nommé & sans manquer. (Payer ponctuellement tous les ans. Patru, plaidoié, 3. Il n'y a personne qui exécute plus ponctuellement les ordres de la justice que vous. Roman, Bourgeois, Epitre au Bourreau.)

Ponctuer, v. a. Mettre les virgules & les points. (Ponctuer une lettre. Ponctuer un discours écrit.)

PONDRE, v. a. Ce mot se dit des oiseaux & des poules, & il signifie faire des œufs. Je pond, j'ai pondu. Je pondis. Nos poules ont pondu deux douzaines d'œufs cette semaine. Les oiseaux commencent à pondre & à couver au printems.

PONT, f. m. Ouvrage d'Architecture qui se fait sur une rivière, sur quelque fossé, ou autre chose de cette sorte, afin de pouvoir passer sur la rivière, le fleuve, ou le fossé. (Le pont neuf de Paris est un fort beau pont. On fait des ponts de bois, & on en fait aussi qui sont tout de pierres.)

Pont de bateaux. Ce sont des bateaux qu'on assemble avec des ancres près à près & qu'on couvre de planches pour faire passer quelque rivière à des troupes. (Faire un pont de bateaux. Construire un pont de bateaux.)

Pont de joncs. Plusieurs bottes liées ensemble qu'on couvre de planches pour faire passer des troupes dans des lieux marécageux.

Pont-levis. C'est un pont qui se lève & se baisse.

Pont-levis. Terme de Manège. Action du cheval qui se cabre si fort & se dresse si fort sur les jambes de derrière qu'il est en danger de se renverser. (Cheval qui fait des ponts-levis fort dangereux.)

Pont-dormant.

Pont-volant, f. m. C'est un pont qu'on fait à la hâte sur quelque petit passage de quatre ou cinq toises, & qu'on pousse avec un engin.

Pont. Terme de Mer. C'est un plancher qui sépare les étages d'un Vaisseau. Il y a des Navires qui n'ont qu'un pont, d'autres deux & d'autres trois. Le premier pont est le plus proche de l'eau & s'apelle franc tillac. Les autres sont au dessus. Pont volant, c'est un pont de Vaisseau qui est léger & sur lequel on ne saurait poser de canon. Pont coupé, c'est un pont qui n'a que la castillage de l'avant & de l'arrière, sans régner de la proue à la poupe. Pont de cordes. C'est un entrelassement de cordes qui couvrent tout le haut d'un Vaisseau en figure d'un pont, sur les Vaisseaux qui n'ont qu'un Tillac. Ce qui n'arrive ordinairement qu'aux Vaisseaux marchands, pour se défendre de la bordage des Corsaires, &c. Ozan. Dict. Math.

Pont l'Evêque. C'est une forte de petit Fromage qui vient du païs des fideles Normans.

Pont aux Anes. On apelle ainsi dans les Sciences une légère difficulté qui arrête d'abord les ignorans & les stupides.

Il faut faire de pont d'or & son ennemi. Façon de parler proverbiale, pour dire, qu'il lui faut donner la facilité de se sauver, quand il veut s'enfuir.

PONTE, f. f. Terme d'Oiselier. Ce sont les œufs que pondent les oiseaux. (Les Oiseaux font leur ponte dans une certaine saison de l'année. La ponte des oiseaux est faite.)

PONTÉ, f. m. Terme de Fourbisseur. C'est la partie de l'épée qui couvre le corps de la garde. (Un ponté bien fait. Une garde à ponté.)

Pontenage, f. m. Droits qu'il faut paier au passage d'un pont, soit pour les personnes, pour le bétail, ou pour des marchandises. (Paier le pontenage.)

Pontière, f. f. Ouverture par où la pompe rend les eaux.

PONTIFES, f. m. Parmi les Paiens c'étoit un Ministre des choses saintes institué par Numa Pompilius. Il y avoit de grands & de petits Pontifes, & au dessus de tous les Pontifes, il y en avoit un qu'on apelloit le Souverain Pontife. Voiez Rosinus. Parmi les Juifs en l'ancienne Loi. Il y avoit un grand Pontife. C'étoit le Souverain Sacrificateur, mais en la nouvelle le mot de Pontife est pris dans Saint Paul Epitre aux Hébreux, 5. pour celui qui offre des dons & des sacrifices à Dieu pour ses péchez & pour ceux du peuple. Il signifie, Sacrificateur, & il se prend dans ce sens en Jesus-Christ qui est le grand, le parfait & le saint Pontife. On atribue aujourd'hui le titre de Pontife au Pape pour dire qu'il est le Vicaire de Jesus-Christ.

Pontifical, f. m. Livre qui contient les cérémonies qui regardent le ministere de l'Evêque. (Pontifical Romain.)

Pontifical, pontificale, adj. Qui est de Pontife. Qui est de Pape. Qui apartient au Pape, qui regarde l'Evêque, ou quelque autre Prélat. Habit Pontifical. Messe Pontificale. Vêpres Pontificales. Il étoit revêtu de ses habits pontificaux. Durier. Supl. de Q. C. l. 3. chap. 1.

Pontificalement, adv. En Pontife. D'une manière Pontificale. (Le Pape étoit vêtu Pontificalement. Maucroix Vie de Polus. Quand un Evêque oficie pontificalement il est assisté de quinze Ecclésiastiques. Marinel, cérémonial des Evêques.)

Pontificat, f. m. Dignité de Pape. Papauté. Tout le tems qu'on a été Pape. (Parvenir au Pontificat. Elever au Pontificat. La vie du Cardinal Commendon comprend l'histoire de quatre Pontificats. Fléchier, Preface sur la vie de Commendon. Mainbourg a fait l'histoire du Pontificat de S. Grégoire. Célestin V. se déposa du Pontificat. Costar, T. 1. let. 55. Célestin V. renonça au Pontificat & fonda l'Ordre des Célestins. Le P. Bourrier, hist. des Célestins de Paris.)

PONTILLES, ou Espontilles. Terme de Mer. Ce sont des pièces de bois, qu'on met debout sur le plat-bord, pour soutenir les Paviers & les Gardes corps.

PONTON, f. m. Terme de Guerre. C'est un pont composé de deux bateaux à quelque distance l'un de l'autre, qui sont couverts de bonnes planches aussi bien que la distance qui les sépare, qui ont des ais & des garde-fous. (Faire passer des troupes & de la cavalerie sur un ponton.)

Ponton. Terme de Mer. Grand bateau plat qui a 3. ou 4. pied de bord & qui sert à soutenir les vaisseaux lorsqu'on les carène.

POP.

POPULACE, f. f. C'est le petit peuple. C'est la partie la moins considérable du peuple, en prenant le mot de peuple dans un sens vague & étendu pour une multitude de personnes qui habitent dans une même ville. (La populace étoit irritée. Mémoires de M. de la Roche-Foucaut.

Populaire, adj. Ce mot se dit des personnes, & signifie qui tâche de gagner les bonnes graces du peuple, l'amitié du peuple. (Cicéron étoit populaire. Caligula à son avénement à l'Empire fut fort populaire. Voiez Suétone.)

Populaire. Ce mot se dit en parlant de politique & de certaine forme de gouvernement. (Ainsi on dit gouvernement populaire. Ablancourt, Ar.)

Populaire. Ce mot se dit en parlant de maladie & signifie Commun. Qui ataque en même tems plusieurs personnes. (La peste est une maladie populaire. Il y a plusieurs sortes de maladies populaires.)

Populairement, adv. D'une manière populaire, & capable de gagner les bonnes graces du peuple. (Gouverner populairement.)

Populo, f. m. C'est une espèce de rossolis.

POR.

PORACÉ, poracée, adj. Terme de Médecin, qui se dit ordinairement de la bile & veut dire qui retire sur la couleur de porreau. (C'est une bile poracée.)

PORC, f. m. Prononcez por. Ce mot signifie Cochon. Pourceau, & trouve mieux sa place dans un stile un peu soutenu que le mot de cochon, ou de pourceau.)

(Immolez un porc noir avec des chastes mains
A la mère des Dieux.
Le Président Cousin, Histoire Romaine.)

Au reste on se sert du mot de porc quand on parle de chair de cochon. (On dit toujours. Acheter du porc frais. Faire rotir un morceau de Porc frais. Le porc frais c'est pas trop sain; & il est dangereux d'en trop manger.)

Porc. Sorte de poisson de mer qui est plat & qui est couvert d'écailles fort rudes. Rond.)

Porc épic, f. m. Prononcez por-épi. Sorte d'animal qui est grand comme un lapin, qui est tout couvert de piquans, qui peut demeurer très-long-tems sans manger, & qui vit d'ordinaire de pommes & de grains de raisins. C'est une espèce de gros hérisson, qu'on trouve en Afrique. Il hait l'ours, le renard & la vipère. Jonston.

PORCELAINE, pourcelaine, f. f. L'un & l'autre se dit, mais le premier est plus usité. La porcelaine est une terre qui vient de la Chine & du Japon, & dont on fait des vases qu'on apelle porcelaine du nom de la terre dont ils sont composés. (Il y a peut-être pour cinquante francs de fausses porcelaines. Patru, plaidoié 10. 3. 8.

Chercher jusqu'au Japon la porcelaine & l'ambre.
Depreaux, Satire 8.

A-t-elle, pour donner matière à votre haine
Cassé quelque miroir, ou quelque porcelaine.
Moliere, Femmes Savantes, a. l. f. 7.

Votre long poil étoit ondé
Vous me sembliez être acondé
Sur un vase de porcelaine.
S. Amant. Rome ridicule.

† Porcelaine. Sorte de petite coquille blanche qu'on trouve dans les éponges. Rond. l. 2. La porcelaine est aussi une espèce de coquille qu'on apelle coquille de Venus, cette coquille est belle

KKkk iij

& unie, un peu ovale, plate le long de la fente, blanche au dedans & du reste fort dure. *Rond.*

† *Porceline.* La plupart des faïanciers de Paris & presque tout le petit peuple dit *porceline*, mais c'est le mauvais usage. Le bel usage veut qu'on dise *pourcelaine*, ou plûtôt *porcelaine*.

† *Porcelaine*, ou *pourcelaine.* On donne ce nom en quelques Provinces à j'herbe qu'on apelle *Pourpier.* V. *pourpier.*

PORCHAISON, *s. f.* Terme de *chasse*, qui se dit en parlant du *sanglier.* C'est le tems que le sanglier est gros & gras. [Ainsi on dit, le sanglier sera bien tôt en pourchaison.]

PORCHE, *s. m.* Terme d'*ancienne Architecture.* C'étoit un lieu couvert à l'entrée de la plûpart des temples. (Un grand porche.)

PORCHER, *s. m.* Celui qui garde les cochons & les mène paître. (Le porcher est mort.)

Porchére, s. f. Celle qui garde les cochons & qui a soin de les faire paître. [Une petite porchére qui n'est pas tant déchirée.]

PORE, *s. m.* Ce mot se dit au singulier, mais le plus souvent au pluriel. Ce sont des ouvertures comme invisibles qui sont dans la peau par où sortent le poil & les sueurs. [Les *pores* sont plus ouverts l'été que l'hiver. Ouvrir les pores.] Ce mot de pores se dit aussi de tous les petits trous, ou de toutes les petites ouvertures qui se trouvent de toutes sortes de figures entre les parties de la matiére des corps. (Suposons que la seringue a des pores. *Roh. phis.* 1. c. 12.

Poreux, *poreuse*, *adj.* Qui a des pores. (Corps poreux. La terre est poreuse.)

PORFIL. Voiez *Profil.*

PORFIRE, *s. f.* C'est une sorte de marbre qui est rougeâtre & marqué agréablement de blanc.] Beau porfire.]

PORISME, *s. m.* Terme de *Mathématique.* Ce mot est Grec. C'est un Théoréme tiré par ocasion d'un autre Théorême fait & démontré. *Proclus.* V. *Oz. D. M.*

PORQUES, *s. f.* Terme de *Marine.* Ce sont de grosses piéces de bois qu'on met sur le plat & sur les Genoux des Vaisseaux de guerre pour les fortifier.

Ce sont aussi des piéces de bois cintrées, qui se mettent sur la Cartingue parallelement aux Varangues pour lier les membres du Vaisseau. (Porques de fond. Porques aculées *Ozan. Dict. Math.*

PORRÉE. Voiez *poirée.*

Porreau. Voiez *poireau.*

PORT, *s. m.* Terme de *Mer.* Lieu où moüillent les vaisseaux & où ils sont en asseurance contre les tempêtes, & les vents. (Un beau port. Fermer les ports. Ouvrir les ports. Creuser un port. *Abl.*)

* *Fermer les ports.* C'est empêcher la sortie des bâtimens qui y sont.

Avoir un port sous le vent. Terme de *Marine.* C'est avoir un lieu de retraite pour le besoin.

Port. Terme de *Mer.* On se sert du mot de *port* pour exprimer la capacité des bâtimens de mer. (C'est un vaisseau du port de cinq cens tonneaux.) Voiez *tonneau.* On dit aussi portée, *s. f.* en ce sens,

Port. Lieu où abordent & où l'on vend à Paris sur le bord de la Seine, de certaines marchandises comme foin, charbon, bois, &c. (Mettre à port. Le port au foin. Le port au charbon, &c.)

* *Port.* Repos. Asseurance Etat où l'on joüit d'une aimable tranquilité, Retraite heureuse. [Il est dans le port, il est hors des ateintes de l'injustice & de l'envie. *Patru. l. 4. à Olinde.*

* Nous avons assez veu sur la mer de ce monde,
Errer au gré des vents nôtre nef vagabonde,
Il est tems de joüir des délices du port.
Racan, Bergeries.

* Avec un peu d'éfort.
On arrive toûjours au *port.*
Quand on sait conduire sa barque.)
Ne sçaurois-je trouver un favorable port
Pour me mettre à l'abri des tempêtes du sort.
Racan, Bergeries a. 5. sc. 1.

Port. Ce mot se dit en matiére de lettres. C'est ce qu'on paie au bureau de la poste, ou au distributeur pour la lettre qu'on reçoit & qui a été aportée par l'ordinaire. (Paier le port d'une lettre. Il m'en coute tous les ans plus de vingt écus en ports de lettres.)

Défendre le port des armes. C'est à dire, Défendre de porter les armes.

* *Port.* Mine. Air & façon d'une personne. (Avoir le port vénérable. *Abl. Luc.* Elle a sa vie, son port & sa façon. Port céleste. Port adorable. *Voit. poës.*

Port. Terme de *jeu de cartes.* Ce sont les cartes qu'on reserve après avoir écarté quelques unes. (Un beau port. Mon port est de carreau, de cœur, &c.)

Port de voix. Terme de *Musicien.* C'est la facilité de faire avec la voix des passages, des fredons & autres agrémens de la Musique. Il y a diverses sortes de ports de voix.

* *Faire naufrage au port.* Cela se dit quand on dessein, ou quelque ouvrage se ruine & se détruit sur le point qu'on le croioit achevé.

Portage, *s. m.* Action de porter. Peine & travail qu'on a à porter. (Faire le portage du charbon. *Ordonnances de la ville de Paris, c. 23.*)

Portage, *s. m.* Terme de *Mer.* C'est la permission qu'a chaque oficier, ou chaque matelot de mettre pour soi dans le navire jusques au poids de tant de quintaux ou jusques à un certain nombre de barils. *Fourn.*

PORTAIL, *s. m.* C'est la grande porte d'une Eglise, ou d'un temple. (Le portail de S. Gervais est un des plus beaux portails de tout Paris.)

PORTANT, *s. m.* Terme de *Serrurier* & de *porteur de chaise.* Fer courbé & ataché aux cotez des chaises des porteurs où l'on met les bâtons pour porter les chaises.

Portant. Terme de *Serrurier* & de *Bahutier.* C'est le fer en forme d'ance, ataché aux cotez, des cofres, des cassetes & des bahuts pour s'en servir pour les soulever & les porter où l'on veut. (Prendre un cofre, un bahut, ou une cassete par les portans.)

Portant. Terme de *Ceinturier.* C'est la partie du baudrier qui pend depuis la fin d'un des cotez de la bande jusques aux pendans & qui sert à racourcir, ou à alonger le baudrier. *Portant*, *adj.* (L'un portant l'autre. Le fort portant le foible.)

A bout portant. Voiez *Bout.*

Portatif, *portative*, *adj.* Qu'on peut porter. (Livre portatif. Orgue portative. On mene à la guerre des moulins & des fours portatifs. Cadran portatif.)

Portatif, *s. m.* Terme de *Commis aux Caves.* C'est le livre que les commis aux caves portent toûjours avec eux & où ils mettent le nombre des muids de vin des cabaretiers pour en faire le raport au bureau.

PORTE, *s. f.* Mot général pour dire l'ouverture par où l'on entre dans un lieu. Assemblage d'ais atachés avec des pentures & loutenus par des gonds pour fermer cette ouverture. (Etre le sueil de la porte. Ouvrir ou fermer la porte. Pousser la porte. Les jambages d'une porte. Le sueil de la porte, ou le pas de la porte.) *Faire la porte*, Terme de *Religieux*; C'est être portier.

Porte de devant. C'est la porte de l'entrée du logis.

Porte de derriére. C'est une porte pour sortir par le derriére de la maison.

Porte brisée. C'est une porte qui s'ouvre en deux que les menuisiers apellent porte à deux manteaux, ou porte à deux batans.

Porte cochére. Assemblage de grandes planches atachés les unes auprés des autres & soutenues par de bons gonds, de bonnes bandes & de bonnes pentures pour fermer l'ouverture qu'on fait lorsqu'on bâtit une maison où doivent entrer des carosses, des chariots, &c. (Une belle porte cochére.)

Porte de carosse. Ce qui bouche l'ouverture qui est au milieu de chaque carosse vitré par laquelle on monte en carosse & par laquelle on décend de carosse.

Fausse porte. Voiez *Poterne.*

Porte d'éclusse. C'est une grande clôture de bois qui arrête l'eau dans les écluses.

Porte d'agrafe. C'est la partie de l'agrafe qui est tournée en forme d'arc & de cintre.

Porte. Passage entre deux montagnes. (Les portes Caspiennes. La porte de fer est un passage pour entrer de Hongrie en Transilvanie. (On dit dans un sens un peu plus figuré, que le Roi Pignerol a une porte en Italie.)

Porte. C'est la Cour du grand Seigneur. Faire un accommodement honorable avec la Porte. Se broüiller avec la Porte. Les Grans de la Porte. Etre tributaire de la Porte. *Boulours*, *Hist. d'Aubusson, l. 4.*)

* *Porte.* Ce mot au figuré, n'entre que dans le stile soutenu. [Exemples. C'est ouvrir la porte à une infinité de larcins. *Pasc.* L. En atribuant à lui seul l'autorité des loix il ouvrir la porte à mille désordres. *Abl. Ar. Tac. 1. 11.* Quelques particuliers pratiquent pour se dessein ouvrir une la porte, à cette usurpation. *Patru, 1. pl.*)

De porte en porte, ou *De maison en maison.* (Chercher son pain de porte en porte.)

Aller de porte en porte alarmer un quartier.)

Porte. Ce mot au figuré, signifie l'entrée, le moien d'entrer & de parvenir à quelque chose. [Ainsi l'on dit, la porte du Paradis. Jesus-Christ se nomme la porte, c'est à dire, le moien par lequel les brebis, qui sont ses fideles, entrent dans la bergerie, qui est l'Eglise. La Grammaire est la porte des sciences, & la Géométrie est la porte de toutes les Mathématiques.]

PORTEE. Ce mot se dit en parlant d'armes qu'on tire, soit armes à feu ou autres, comme arbalétes, frondes, &c. C'est l'endroit jusques où porte l'arme lors qu'on la tire. (Il étoit à la portée du pistolet, de l'arbaléte, de la fronde, &c. A la portée du trait. Il a été tué à une portée de mousquet de la vile. Ils sont hors de la portée du canon. Il ne faut pas se camper à la portée du canon d'une place de guerre.)

Portée. Terme d'*Arpenteur.* C'est une mesure qui est la longueur de la chaine de l'Arpenteur, laquelle il porte d'un piquet à l'autre.

Les ouvriers qui travaillent en étofes & en rubans, parlent aussi de portées & disent que la chaine est de tant de portées, dont chacune est d'une certaine longueur.

Portée. Il se dit de l'étenduë à laquelle certains corps peuvent agir,

POR.

agile, ce qu'on nomme en Philosophie la Sphere d'activité. (La portée de la voix, &c.)

Portée. Ce mot se dit des femelles des animaux. Ce sont tous les petits que la femelle fait & met au monde. (C'est sa prémiére portée. C'est sa seconde portée. Lice qui a eu quatre chiens d'une portée.

Portées. Terme de *Chasse.* Action du cerf qui passant dans un bois épais, jeune & tendre, fait plier & tourner les branches avec sa tête. (Le Cerf de dix cors commence à faire des portées de la tête à la mi-Mai. *Salnove.*)

* *Portée.* Ce mot se dit des personnes, & veut dire *Capacité.* Ce que peut faire une personne ; ce que peut produire son esprit. Force. Avantage qu'on a par dessus une autre personne, soit que cet avantage vienne de l'esprit, de quelques qualitez particulieres, ou de la fortune (En matière de lettres galantes, on peut dire qu'il n'y a personne de la *portée* de Voiture, & que *Montreuil* & *le Pais* ne sont que ses singes, & ses singes les moins considerables. Je connois la portée de son esprit.)

Portée, s. f. Terme de *Mer.* Voiez *port.*

Porte. Ce mot se joint à divers autres, & signifie celui qui porte, ou ce qui porte. Exemples.

Porte-arquebusse, s. m. Oficier qui fournit de poudre & de plomb pour la chasse du Roi & qui a 300. livres de gages avec toutes les vieilles armes du Roi, comme fusils & pistolets. (Il y a deux porte-arquebusses servans par semestre.)

Porte-assiete, s. m. Rond de métal, ou d'osier en forme de colier dont on se servoit ordinairement il y a 18. ou 20. ans pour mettre sous les assiettes à ragouts.(Il a de beaux porte-assiettes d'argent. Porte-assietes d'étain sonnant. Porte-assiettes d'osier bien faits. On apelle aussi ces sortes de *porte-assietes* des *coliers.*

Porte-baguette, s. m. Terme d'*Arquebusier.* Ce sont deux petits morceaux de fer en rond ataché au fût de l'arme à feu, sur lesquels pose la baguette du fusil, du pistolet & du mousquet.

Porte-bouquet, s. m. Espéce d'assiette d'argent où l'on met des gans & des bouquets, & qui sert à parer la toilette des Dames. Un beau *Porte-bouquet.*)

* *Porte-cahier, s. m.* C'est un porte-feuille large par le dos, qui a des filets où l'on passe plusieurs feuilles de papier. Voiez *Porte-feuille.*

Porte-chape, s. m. Celui qui porte la chape dans les Eglises, pour y faire l'ofice de Chantre, &c.

Porte-craion, s. m. Petit instrument gros comme un bon tuiau de plume, long de sept ou huit pouces où il y a un craion.

Porte-croix, s. m. Celui qui porte la croix.

Porte-crosse, s. m. Ecclésiastique qui porte la crosse devant un Prélat lorsqu'il oficie.

Porte-Dieu, s. m. On apelle ainsi à Paris le Prêtre qui porte le Viatique aux malades. Le Porte-Dieu est sous le daix, le ciboire à la main précedé de deux falots & d'un Clerc, qui sonne une clochette, pour avertir le peuple de se mettre à genoux.

Porte-dîné, s. m. Terme de *Potier d'étain.* Sorte de pot d'érain, fait pour porter à diner à de certains ouvriers comme aux maçons, charpentiers, &c.

Porte-drapeau, s. m. Celui qui porte le drapeau de l'Oficier. Enseigne dans les gardes Françoises. On disoit autrefois, *Porte-enseigne.*

Porte-epée, s. m. C'est une espéce de sangle, ou de ceinturon dans quoi on met son épée lorsqu'on la porte. (Une porte-épée bien faite.)

Porte-eperon. Terme de *Cordonnier.* C'est un petit morceau de cuir, 3. ou 4. doigts au dessus du talon de la bote, mis pour soutenir l'eperon du Cavalier. (Un bon ou méchant porte-éperon.)

Porte-étendard, s. m. C'est le garde de la brigade qui porte l'étendard.

Porte-étrier, s. m. Terme de *Sellier.* Petit bout de courroie ataché au derriére de la selle pour trousser les étriers quand on est décendu de cheval, ou que le cheval est à l'écurie.

Porte-faix, s. m. C'est celui qu'on apelle ordinairement *crocheteur,* & qui gagne sa vie à porter des fardeaux avec les crochets sur ses épaules.

Porte-feuille, s. m. C'est un ouvrage de Relieur, composé de deux ais de cartoû, couverts de parchemin, de veau, de mouton, ou de maroquin, avec quelques enjolivemens de doreur sur la couverture. (Un beau porte-feuille.)

Porte-immondice, s. m. Ordurier. V. *Ordurier.*

Porte-lettre, s. m. C'est une espéce d'étui ou de bourse, de cuir, ou de broderie, qui sert aux gens d'afaires à mettre leurs papiers, lettres, mémoires, &c. & les porter dans leurs poches sans qu'ils se gâtent.

Portelots, s. m. Terme de *Charpentier.* Ce sont des piéces de bois qui regnent au pourtour des bateaux foncets ou autres Vaisseaux au dessous du Plat-bord.

Porte-mail, s. m. C'est l'Oficier qui va querir un mail, une passe & des boules quand le Roi veut jouer au mail.

Porte-manchon. C'est un gros anneau d'argent, avec un gros bouton de même métal, qu'on met au manchon, & au travers duquel anneau passe un ruban qu'on se met au cou & qui sert à soutenir le manchon. (Un beau porte-manchon.)

POR. 631

Porte-manteau, s. m. Petit ouvrage de menuiserie long d'un pié, ou environ, à la place avec deux clous à quelque chose & où l'on met son manteau lorsqu'on l'ôte de dessus ses épaules. (Un porte-manteau assez joli.)

† Tous mes habits sont sur ma peau.
Bref je suis mon porte-manteau.
Benserade, poësies.

Porte-manteau de Madame. C'est celui qui porte la queuë du manteau de Madame.

Porte-manteau. Oficier qui tous les matins se doit trouver au lever du Roi, qui prend la garderobe du manteau de Sa Majesté & se tient proche de sa Personne pour le lui donner, ou le lui ôter quand Elle le demande. Le Porte-manteau a soin aussi de garder les gans, le chapeau, l'épée & le manchon du Roi & les lui rendre quand il les lui demande. Il y a douze Porte-manteaux du Roi servans par quartier & qui prennent tous la qualité d'Ecuier. (Avoir une charge de Porte-manteau. Il est Porte-manteau chez le Roi.)

Portement, s. m. Prononcez, *porteman.* Ce mot se dit parmi les Peintres & les connoisseurs, en parlant de la Croix de Jesus-Christ. Ils apellent *portement de Croix,* une peinture de Jesus-Christ qui porte sa croix. (Melan a fait un portement de Croix, qu'on estime beaucoup, parce qu'il est très-beau.)

Porte-Missel, s. m. C'est une sorte de petit pupitre avec un pié & des rebords qu'on met sur l'Autel & dont on se sert pour soutenir le Missel lorsqu'on dit la Messe. (Un porte-Missel bien fait.)

Porte-mitre. C'est celui qui lorsque l'Evêque, l'Archevêque, ou autre Prélat oficie, donne la mitre à l'Aumonier pour la mettre sur la tête de l'Evêque, ou de l'Archevêque.

Porte-mouchettes, s. m. Instrument de métal qui a des rebords, qui est de la longueur des mouchettes, & où l'on met les mouchettes; quand on ne s'en sert pas. (Un porte-mouchettes bien fait.)

† * *Porte-paquet, s. m.* C'est un terme injurieux qu'on dit des causeurs ou des flateurs, qui vont raporter à d'autres ce qu'on aura dit secretement d'eux dans quelque petite compagnie, à leur desavantage.

Porte-piéce, s. m. Terme de *Cordonnier.* Outil dont le cordonnier se sert pour percer les souliers.

† * *Porte-respect, s. m.* Ce mot se donne par une espéce de raillerie à un mousqueton de gros calibre, parce qu'il oblige celui à qui on le présente de porter respect & de céder à la violence que lui fait son ennemi.

Porte-trait, s. m. Terme de *Bourrelier.* C'est un petit morceau de cuir plié en deux pour soutenir le trait des chevaux de carosse

Porte-vent, s. m. Terme de *Faiseur de musette.* C'est un chalumeau qui est sur la cornemuse & qui sert à l'enfler avec la bouche. C'est la partie de la musette par où l'on fait entrer le vent avec un souflet.

Porte-vent. Terme de *Facteur d'orgue.* C'est une sorte de quarré qui est des sept, ou huit creux, qui est ordinairement tout colé de parchemin par dedans & qui sert à porter le vent dans les souflets de l'orgue.

Porte-verge, s. m. C'est le bédau d'une Eglise de paroisse.

Porte-vergues, s. m. Terme de *Mer.* Ce sont des piéces de Charpenterie cintrée, où l'assemblage de plusieurs piéces de bois qui font une portion de cercle & la partie la plus élevée de l'Eperon, & qui règnent sur l'Aiguille depuis le Chapiteau jusques aux Bosseurs. *Ozan. Dict. Math.*

Porte-voix, s. m. Sorte d'instrument de métal dont on se sert pour porter la voix plus loin. V. *Trompette parlante.*

Porter v. a. Avoir sur soi quelque sorte de charge, ou de fardeau. Tenir. Avoir sur soi. (Mulet qui porte cinq cens pésant. Porter un cierge à la procession. Porter une épée. Porter un pistolet. Porter de l'argent.

* *Porter la pique. Porter le mousquet.* C'est à dire, Etre piquier. Etre mousquetaire.

Porter. Terme de *Blason*, qui signifie Avoir dans ses armes une certaine couleur. (Il porte de gueules, d'or, & d'argent, &c.)

Porter. Transporter d'un lieu à un autre. Conduire. Mener. [Il porta les enseignes Romaines au delà de l'Elbe. *Abl. Tac. An. l. 4.* Tuiau qui porte l'eau dans les bains. *Savot.*)

Porter. Se dit aussi en parlant d'artillerie, d'armes & d'instrumens qu'on jette, ou qu'on tire & dont le coup s'étend loin & va jusques à un certain lieu. (Canon qui porte un bon quart de liouë. Leurs frondes portoient loin. *Ablancourt, Rétor. l. 5. c. 3.*)

Porter. Ce mot se dit en parlant de gens qui marchent, ou qui dancent. (*Porter son pié en dehors.* C'est jetter son pié en dehors lorsqu'on marche. *Porter son pié en dedans.* C'est le jetter trop en dedans, ce qui est un défaut. *Porter bien le pié, le corps, la tête.* C'est jetter son pié de bonne grace. C'est tenir son corps & sa tête agréablement. On dit aussi au même sens & en parlant de certains animaux comme des chevaux. *Voila un cheval qui porte bien sa tête.*

Porter. Poser. (Les cordes du luth portent sur le filet Colonne qui porte sur le cou.)

Porter, Terme de *Maitre d'Armes.* Alonger. Pousser. Porter une bote. On dit aussi au même sens porter un coup d'épée.)

Porter à faux. C'est manquer son coup.

Porter

POR.

Porter. Ce mot se dit *des femelles des animaux* qui sont pleines un certain tems régié lorsqu'elles ont été couvertes. (Les cavales portent les poulains onze mois & autant de jours qu'elles ont d'années. *Soleisel, parfait Maréchal.*)

Porter. Ce mot se dit des *fonds de terre & des arbres* & veut dire *produire.* Etre fertile. (La terre porte des fruits. Arbre qui porte de beaux fruits.)

Porter. Ce mot se dit en Terme de *Manège.* C'est faire avancer. (Porter son cheval de côté & d'autre. On dit aussi en Termes de Manège. Cheval *qui porte bas.* C'est à dire, qui baisse trop la tête. On dit aussi Cheval *qui porte haut.* C'est à dire, qui a une encolure de cigne & qui porte la tête haute & de bonne grace

Porter. Ce mot se dit en Terme de *Mer*, & signifie *faire route.* (Vaisseau qui porte au Sud. *Porter un cap,* ou doubler un cap, c'est passer un cap, & le laisser en arriere, ou à côté.

Porter à route, ou faire droite route, c'est courir en droiture au paiage où l'on veut aler, sans relâcher ni dériver si l'on peut.

Porter toutes ses voiles. C'est les avoir toutes apareillées & toutes au vent.

* *Porter.* Contenir. (L'arrêt portoit que ses livres seroient brûlez. *Ablancourt, Tac. An. l.4.*)

* *Porter.* Pousser. Obliger. Faire pancher. Incliner. (Ils portérent son esprit à la cruauté. *Ablanc.*)

* *Porter.* Diriger. (Porter son intention au gain & non pas au péché. *Pascal, l.6.*)

* *Porter.* Suporter. Soufrir. (Portez patiemment le malheur. *Ablancourt.* Faire porter aux méchans la peine de leur crime. *Ablancourt, Rét. l.2. c.3.*)

* *Porter.* Ce mot entre encore dans plusieurs façons de parler qui ont chacune un sens particulier. (Exemples. *Il ne le portera pas loin. Scaron.* C'est à dire, il sera bien-tôt puni. *Vous en porterez le péché.* C'est à dire, vous êtes cause du mal que je fais & vous en serez puni.)

Porter parole de quelque chose à quelqu'un. C'est engager sa parole à une personne pour assurance de la chose dont on lui parle, pourvû que de son côté cette personne veüille faire ce qu'on lui propose.

* *Porter témoignage.* C'est rendre témoignage.

* *Porter de l'afection,* de l'amitié, ou de l'amour d'une personne. C'est avoir de l'afection, de l'amitié, ou de l'amour pour une personne.

* *Porter la robe.* Fréquenter le palais en qualité d'homme de robe. On dit au même sens *porter l'épée.* C'est suivre les armes & faire la profession d'homme de guerre & de cavalier.

* *Le porter beau. Le porter en beau lieu.* Ces mots en parlant des personnes, signifient avoir une certaine propreté & un certain ajustement qui marque qu'on est accommodé.

* *Porter.* Apüier. Favoriser. (Il le porte, il le soutient, il le favorise, il l'apuie.)

* *Porter envie à quelcun.*

* *Porter bonheur,* ou *malheur.*

* *Porter.* Il se dit du vin. (Ce vin porte bien l'eau, c'est à dire, il ne perd pas beaucoup de sa force, quoi qu'on y mette de l'eau.)

Se porter. Ce verbe est aussi reciproque & entre dans plusieurs façons de parler figurées & de divers sens.

[* *Se porter bien.* C'est être en bonne santé. On dit qu'il se porte mieux. Pourquoi tant s'informer de quelle année est-elle, quand on se porte bien & qu'on est toûjours vieille. *Bens.*]

Se porter mal. C'est n'avoir point de santé. Etre mal.

* *Se porter à quelque chose.* C'est avoir de la pente & de l'inclinarion à une chose. (Il se porte à la poësie. Il se porte à la guerre. Il se porte au bien. *Ablanc.*)

* *Se porter.* S'apliquer. S'emploier. (Se porter mollement pour les interêts d'un ami. Se porter avec ardeur à une chose. *Ablancourt.*)

* *Se porter.* Se gouverner. Se conduire. (Il commanda à la noblesse de le suivre, & de se porter en gens de cœur. *Ablancourt, l.1.*)

Se porter. Ce mot se dit en Termes de *Palais.* (*Se porter partie contre quelcun. Se porter pour apelant.* C'est à dire, Se rendre, Se déclarer appellant, ou partie. *Se porter pour héritier.* C'est se déclarer héritier.

* *Puis que vous êtes tout portez ici.* C'est à dire, puis que vous vous trouvez ici, puis que vous êtes venus.

Porteur, s. m. Mot général qui veut dire celui qui porte. (On a donné des coups de bâton au porteur. Donner quelque chose au porteur.)

Porteur. Oficier des ports de Paris qui a soin de faire porter les marchandises. (Un juré porteur.)

Porteur. C'est un porteur de chaise. (On dit *porteur,* ou *porteur de chaise,* & plûtôt *porteur,* que *porteur de chaise.* Allez dire à mes porteurs qu'ils se trouvent ici, à dix heures, car je veux aller en vile.)

Porteur. Terme de *cocher & de postillon.* C'est le cheval de devant sur lequel monte le postillon qui conduit les prémiers chevaux d'un carosse à six chevaux

Porteur de lettre de change. C'est celui qui porte une lettre de change. *Ablancourt.* (Etre porteur d'une lettre de change.)

Porteur de charbon, s. m. Oficier des ports de Paris qui fait porter par des plumets le charbon que le Bourgeois achete. (Juré porteur de charbon.)

Porteur d'eau s. m. Celui qui gagne sa vie à vendre & à porter de l'eau par Paris. (Un bon porteur d'eau. Un porteur d'eau qui ne trompe point; car les porteurs d'eau donnent souvent de l'eau de puits, ou de rivière, pour de l'eau de fontaine. Le porteur d'eau a deux seaux, des cerceaux & une sangle.)

Porteur de chaise. Celui qui avec des sangles au cou qu'il met dans chaque bâton de sa chaise porte en chaise par Paris ceux qui se veulent faire porter.

Porteuse d'eau, s. f. Celle qui gagne sa vie à porter de l'eau dans les maisons.

Portier, s. m. Celui qui garde la porte, soit d'une grand maison, d'un Colége, ou d'un Couvent, & qui a soin de l'ouvrir & d'avertir ceux du logis qu'on demande (Portier rebartatif. Voulez vous parler à Monsieur, graissez la pate à son portier. *Ablancourt.*)

Portiére, s. f. C'est une Religieuse qui a soin d'ouvrir les portes. (La Mere une telle est portiére.)

Portiére, s. f. C'est un morceau d'étofe pendu à une tringle qu'on met devant la porte d'une chambre & qui est aussi long & aussi large que la porte. (Faire une portiére. Mettre une portiére.)

Portiére de Carosse. C'est une ouverture qui est au milieu de chaque côté d'un carosse qui n'est pas vitré & par laquelle on monte en carosse, ou l'on décend de carosse. (Se mettre à la portiére. Etre à la portiére du carosse.)

Portiére, adj. f. Il se dit des brebis & des femelles de quelques autres animaux. (Une brebis portière. Une lice portière; c'est à dire, qui est en âge & en état de porter des petits.)

PORTION, *s. f.* Il vient du Latin *portio.* Prononcez *porcion.* Ce mot signifie *partie de certaine chose,* comme de terre, & de maison. (Portion de maison à loüer, portion de maison à vendre. Je sai une bonne portion de pié de vigne à vendre.)

Portion. Terme de *Géometrie.* (Diviser une ligne en tant de portions égales, ou inégales. Une portion de cercle, on dit aussi un segment, ou un secteur. Voiez ces mots en leur rang. Les verres de lunette portent plus loin ou plus prés selon que le verre objectif est portion d'une plus grande ou plus petite sphère.)

Portion. Terme de *Religieux Bernardins & de plusieurs autres.* C'est ce qu'on donne de vin & de viande à un Religieux par chaque repas. (Une bonne portion. Une portion de viande. Une portion de vin. Etre privé de sa portion.)

Portion congruë. Termes qui se disent en parlant de *Bénéfices,* des Cures. C'est ce qu'on asigne à un Curé pour vivre en desservant une Cure. (La portion congruë est au moins de cent écus. On lui donne une portion congruë. Faire une portion congruë.)

PORTIQUE, *s. m.* Lieu long & ouvert par une voûte, ou pat un plancher soutenu par des colonnes. (Un beau portique. Faire, Construire, Bâtir un portique. Dresser des portiques. *Ablancourt.*)

PORTOIR, *s. m.* Terme de *Chartreux.* Prononcez *portoi.* C'est une sorte de machine de bois qu'on tient à la main & où l'on porte à manger aux Chartreux.

PORTRAIRE, *v. a.* Ce mot signifie *peindre,* mais il est vieux & par conséquent peu utilé. Au lieu de ce mot on dit *peindre.*

Portrait, s. m. Ce mot se dit des hommes seulement & en parlant de *peinture.* C'est tout ce qui représente une personne d'après nature avec des couleurs. (Un beau portrait. Aléxandre permit à Apelle seul de faire son portrait. *Durier, sup.ld Q. C. l.1. ch.6.*)

Portrait chargé. Termes de *peintre.* C'est un portrait satirique. C'est un portrait qui représente tellement les défauts d'une personne qu'il les augmente. (Faire un portrait chargé.)

* *Portrait.* Ce mot, au figuré, signifie représentation, figure. (Mes Moines font cinq pauvres Diables Portraits d'animaux raisonnables, &c. *Boist. T.I. Ep.11.*)

† *Portraitiste. Portraiteur.* Faiseur de portraits, *s. m.* Bien des gens disent indiferemment tous ces mots, mais à tort. *Portraiteur* ne vaut rien. *Portraitiste* se soufre avec moins de peine, cependant il ne vaut grand chose, & il n'est pas encore autorisé, fait atendre qu'une belle bouche, ou une personne respectable s'en serve. En atendant la bonne fortune de ce mot, on dira *faiseur de portraits.* C'est un Peintre qui ne fait point l'histoire & qui n'est pas passagiste; mais qui s'aplique seulement à faire des portraits, & qui y gagne de quoi bien boüillir son pot, parce qu'il n'y a point de bourgeoise un peu coquette & un peu à son aise qui ne veüille avoir son portrait. Les plus fameux portraitistes qui soient de mon tems à Paris, ce sont Mr. Arzilliére, Ferdinand, Rigaud, Vignon & de Troie.

POS.

Posade. Voiez *pesade.*

Pose. Voiez *pause.*

POSER, *v. a.* Mettre. Placer. Asseoir. (Poser les pierres. Poser la prémière pierre d'un bâtiment. *Ablancourt.* Poser de bonne grace la main sur le luth.) On dit aussi poser son camp dans une plaine. Poser un corps de garde. Poser un soldat en sentinelle.

* *Poser en fait.* C'est assurer qu'une chose est véritablement ce qu'on en dit.

P O S.

Poser. Ce mot se dit dans un sens neutre entre *Architectes* & autres, & veut dire *porter sur quelque chose*. (Cette piéce pose sur le mur. Cela ne pose sur rien de solide.)

† *Posez que cela soit.* C'est à dire. Suposé que cela soit. Prenez le cas que cela soit.

Posé, posée, adj. Mis. Placé. (Colonne posée sur sa base. Cofre posé sur ses piez.)

* *Posé, posée.* Sage. Prudent. (Esprit posé. Jeune homme fort posé.)

* *Posément*, adv. Doucement. Sagement. (Ils marchérent au combat posément. *Ablancourt*, *Retorique*, l. 1. c. 6.)

Poseurs, s. m. Terme d'*Architecte & de Maçon*. Ce sont ceux qui dans les grans ateliers posent les pierres lorsqu'on bâtit.)

POSITIF , s. m. Terme de *Facteur d'Orgues*. Petite orgue qui a plusieurs petits jeux au bas de la grosse orgue. (Toucher le positif.)

Positif, s. m. Terme de *Grammaire*. Adjectif qui reçoit *plus* , ou *tres* devant soi, en François.

Positif, positive, adj. Vrai. Efectif. Solide. Réel. (Cela est positif. La beauté positive des édifices consiste en l'égalité du raport des parties.)

Positive, s. f. Téologie qui consiste dans l'intelligence de l'Ecriture, des Peres, des Conciles & de l'histoire Ecclésiastique. (Enseigner. Savoir. Etudier la positive.) Elle est oposée aux chicanes de la scholastique , & aux disputes de la Controverse.

Positivement, adv. (Cela est positivement vrai.

POSITION , s. f. Prononcez *posicion*. Situation. (La posicion de la clé de musique. On parle en Astronomie de la diférente position de la sphére, qui est droite, parallele ou oblique, ce qui cause l'inégalité des jours & la diférente élévation du pole sur l'horison.

On parle en Aritmétique de la régle de *fausse position*, ou de deux fausses positions,& c'est quand on calcule sur les proporsions des nombres faux & qu'on prend à discretion , pour trouver le vrai nombre inconnu que l'on cherche.

Posision Terme d'*Architecture*. C'est la situation & la disposition d'un bâtiment en général , & de chacune de ses parties en particulier.

On se sert encore de ce mot en *termes de Danse*, & il se dit de la maniére de poser les piez l'un à l'égard de l'autre. Il y a quatre sortes de posisions réguliéres , &c.

POSSEDER , v. a. Avoir la joüissance de quelque chose ; en être le possesseur. (Posseder un bénéfice, une charge. Helas ! comme souffrir qu'un autre la possede. Posséder un grand païs. Posseder de grands biens.)

Posseder. Ce mot se dit en parlant du *Diable* lorsqu'il tourmente & agite quelque personne.

† * Quelle fureur vous possede ? La colére le possédoit tellement qu'il n'étoit pas maître de lui.

* *Posseder bien une science*. C'est l'entendre & la savoir bien.

Se posseder, v. r. Être à soi, être maître de soi même. Ne se pas troubler. (Il se possede fort. Il ne se possede pas, tant il est en colere.)

Possedé, possedée, adj. Chose dont on joüit. (Bénéfice possedé paisiblement trois ans.)

Possedé, possedée, adj. Tourmenté du démon. [Il est possedé. Elle est possedée depuis un an.]

† * Il est possedé de quelque démon amoureux, car il brûle pour toutes les filles qu'il voit.

Possedé, s. m. Celui dont le corps est tourmenté du démon. (Chasser le diable du corps de quelque possedé. Il y a bien des gens qui ne croient pas qu'il y ait des possédez.]

Possesseur , s. m. Celui qui possede ; celui qui joüit d'une chose [Etre possesseur de bonne foi. Le *paisible possesseur*. C'est celui qui a possedé trois ans en bénéfice , en faveur duquel rems il y a prescription contre celui qui ataque le possesseur. Etre paisible possesseur.]

Possesif, possessive, adj. Ce mot est un Terme de *Grammaire*. Il ne se dit proprement qu'au masculin , & il marque quelque possession. [Les pronoms possessifs sont , *mon , ton , son , nôtre , vôtre* , &c.]

Possession, s. f. Action de posseder. La joüissance qu'on a d'une chose. [Une possession triennale. Une paisible possession. Une possession annale.]

Possession. Ce mot se dit en parlant des *Bénéfices*. Installation. Cérémonies qui se pratiquent lorsqu'on instale un Ecclésiastique dans un bénéfice. [Prendre possession d'un bénéfice. Mettre un Prêtre en possession d'une cure. Etre en possession d'un bénéfice.]

* *Possession*. Fonds on terre qu'on possede. (Cet homme a de grandes possessions. Il rétablit les citoiens dans leurs anciennes possessions.)

Il est en possession de tout dire & de tout faire , de mentir , &c. C'est à dire, il en a pris la coutume , & il semble qu'il ait droit que cela lui est permis.

Possessoire, s. m. Terme de *Palais & de matiére Bénéficiale*. C'est récréance. C'est la possession d'un bénéfice. (Juger le plein possessoire. *Patru, plaidoié* 13. C'est juger le fond.)

Possibilité. s. f. (Il est dificile de juger de la possibilité & de l'impossibilité des choses. *Ablancourt*, *Luc*.)

Possible, adj. Ce mot vient du Latin. Lors qu'il se trouve devant un verbe qu'il gouverne , il régit l'infinitif avec la particule

P O S. 633

de. *Possible* signifie ce qui peut ariver. (C'est une chose possible. Cela est possible. Il n'est pas possible d'écrire beaucoup & de bien écrire. Est il possible que nous travaillions à la structure & à la cadence d'une periode comme s'il y aloit de nôtre vie. *Balz*. *Entr*. 13. Toutes choses sont possibles à Dieu.)

Possible, s. m. J'ai fait mon possible pour réüssir. C'est à dire j'ai fait tout ce que j'ai pû.

Possible, adv. Peut-être Le mot de *possible* en ce sens est un peu suranné & on dit plutôt *peut-être*. Il ne faut donc pas imiter Voiture qui dans ses Poésies a dit , possible est il plus vrai qu'il ne le dit. On diroit aujourd'hui , peut être est-il plus vrai qu'il ne le dit.

POST-COMMUNION , s. f. Terme d'*Eglise*. C'est une sorte de priére que le peuple chante après la communion du Prêtre.)

† POSTCRIT, s. m. Quelques-uns apellent ainsi (le tirant du Latin *Post scriptum*) ce qu'on ajoûte à une lettre ou à un mémoire, parce qu'on s'en est le plus souvent après avoir écrit la lettre. Plusieurs marquent cette addition par ces deux lettres P. S.

POSTE ; s. f. Lieu où l'on porte & où arrivent les lettres. (Envoier querir ses lettres à la poste.)

Poste, s. f. f. C'est le lieu où sont les chevaux sur quoi on court & sur quoi on fait un certain espace de chemin. (Je m'en vais à la poste La poste n'est pas loin- d'ici.)

Poste, s. f. Ce mot signifie aussi une certaine course que font les chevaux de poste. L'espace que font les chevaux de poste lorsqu'on court. (Courre la poste. *Vau*. *Rem*.)

† * *Aller en poste à l'autre monde*. *Ablancourt*.

* † Il lui dit que s'il étoit marié avec elle , il feroit huit postes la nuit de leur noces.

Poste , s. m. Terme de *Guerre*. L'endroit où le soldat se trouve lorsqu'il est sous les armes & en état de combatre. (Abandonner son poste. *Ablancourt* , *Ar*. Quiter son poste. *Ablancourt*.]

Poste, s. m. Terme de *Guerre*. Lieu où les soldats sont retranchez pour se batre. (Emporter un poste. Insulter un poste l'épée à la main. Déloger l'ennemi de son poste. *Ablancourt* , *Rét*. Couvrir un poste. *Relever les postes*. C'est à dire , relever la garde des postes. Forcer un poste. Se rendre maître d'un poste. Prendre un poste. *Ablancourt*, *Ar*.)

Poste avancé. Terme de *Guerre*. Lieu dont l'on se saisit pour mettre à couvert les postes qui sont derriére. (Garder un poste avancé. Etre dans un poste avancé.)

† *Poste*. Lieu avantageux pour la fortune, pour les interêts d'une personne. (Il est dans un fort bon poste.)

† *Poste*. Ce mot se dit d'un petit garçon & veut dire petit garçon éveillé & un peu fripon qui ne songe qu'à courir. (C'est un petit poste.)

Poste, s. f. Baie de plomb dont on charge quelques armes à feu (Charger un fusil de cinq grosses postes.)

† *Poste*, s. f. Volonté. Fantaisie. (Il faudroit faire un médecin à nôtre poste. *Moliere*, *Malade imaginaire*, a. 3. s. 3.)

Poster , v. a. Ce mot se dit proprement en Termes de *Guerre*, C'est mettre en un poste. (Poster un soldat. Je les ai bien postez.)

* Le lion *le posta* fort bien. *La Fontaine* , *Fables* , l. 1. C'est à dire , le plaça bien.

† * On *l'a bien posté*. C'est à dire , on l'a mis en un lieu bon & avantageux.

† * *Poster* , v. a. Ne faire que courir & se divertir. [Petit garçon qui ne fait que poster.]

POSTÉRIEUR, *postérieure*, adj. Qui est après. Qui est derriére. (La partie antérieure & la partie posterieure du cerveau. Leur regle est posterieure à la nôtre de cinq cens ans. *Patru* ; *plaidoié* 15.)

† *Posterieurement*, adv. Après d'autres. (Etre colloqué dans une discution *posterieurement* à un autre, Termes de *pratique*, c'est à dire , après un autre)

† *Posteriorité*. s. f. Terme de *pratique*. Rang de ceux qui sont après d'autres. (Posteriorité de date.)

POSTÉRITÉ, s. f. Ceux qui viendront au monde après nous. Enfans qui naîtront d'une personne & qui lui survivent. (Le Juge sans reproche est la posterité. *Regnier*, *Satire* 15. Il faut que les Princes & les grans Hommes aient toûjours la *posterité* devant les yeux. C'est devant la *posterité* qu'ils doivent répondre , & c'est elle qui jugera de leurs actions sans flaterie. Les enfans de Henri huitiéme mourirent tous sans laisser *aucune posterité*. *Maucroix Schisme*, l. 2.)

POSTHUME. Voiez *plus bas*.

† POSTICHE, adj. Ce mot se dit quelquefois des cheveux qui ne sont pas naturels & qu'on aplique sur la tête. On dit aussi des dents postiches , pour dire qu'elles sont mises à la place des dents naturelles.

POSTILLON, s. m. Celui qui conduit les chevaux de poste. Celui qui porte en poste les lettres des particuliers. (Le postillon n'est pas encore arivé.)

Postillon, s. m. Celui qui méne les chevaux de devant du carosse lorsque le carosse est tiré à six chevaux.

Postillon, s. m. Terme de *mer*. C'est un petit bâtiment léger qu'on entretient dans un port pour aler à la découverte & pour aprendre des nouvelles.

† * *Les postillons d'Eole, Voiture*, poësies. Façon de parler burlesque & poëtique peut dire les vents. (Eole a déchaîné ses vites postillons. *Démarais, Visionnaires*, a.t. s.3.)

† * POSTPOSER, v.a. Ce mot vient du Latin *postponere*. Au propre il signifie, mettre après. [Ce relieur a postposé ce feuillet qui devoit être mis devant.]

† * *Postposer le soin de son salut aux afaires du monde.* C'est faire moins d'état de son salut que des choses du monde.

POSTULER, v. n. Demander empressément pour être Réligieux , ou Réligieuse. [Il postule pour être Capucin. Elle a postulé pour être Carmelite.].

Postuler. Ce mot se dit des Avocats de certaines Provinces. C'est faire la fonction d'Avocat & de Procureur. (Il postule au Présidial de Châlons.)

Postulant, postulante, adj. Ce mot se dit en parlant de ceux qui demandent à prendre l'habit de Réligion , & il signifie celui, ou celle qui demande avec ferveur & avec constance à être reçu Réligieux , ou Réligieuse. (Il est postulant. Elle est postulante.)

Postulant. Ce mot se dit en parlant des *Avocats* de certaines Provinces de France, qui fait l'ofice d'Avocat & de Procureur tout ensemble. (Etre Avocat postulant au Présidial de Vitri le François.)

Postulant, s.m. Celui qui demande à être reçu Réligieux. [C'est un postulant qu'on recevra bien-tôt. Les Chartreux & les Capucins ont beaucoup de postulans.]

Postulante, s. f. Celle qui demande à entrer dans quelque Couvent de fidelles pour y être Réligieuse : (Eprouver une postulante. *Port-Roïal, Constitutions.*)

Postuler. Voicz *plus-haut.*

POSTUME, adj. ou *posthume*. Il vient du Latin *posthumus*. Il signifie qui est né après la mort de son père. (Enfant postume. On dit aussi c'est un postume.)

* *Posthume.* Il se dit aussi des ouvrages qu'on a mis au jour , & qu'on a fait imprimer après la mort de celui qui en étoit l'Auteur. (Les œuvres postumes d'un tel Auteur)

POSTURE, s. f. C'est une certaine situation du corps. Etat du corps qui est d'un certain sens & d'une certaine manière. (Posture lacive. Sote posture. Posture indécente.

Ils mêlent cent gestes badauts
A cent postures dissoluës.
S. Am. Rome ridicule.

Les postures de l'Aretin sont scandaleuses , ridicules & contre les bonnes mœurs.)

† *Posture.* Etat. (Etre en bonne posture de faire fortune.)

POT.

POT, *s. m.* Mot général qui signifie un vaisseau de métail , ou de terre destiné pour mettre quelque liqueur à boire. (Ainsi on dit un pot à l'eau.)

Pot. Ce mot se dit généralement aussi pour marquer quelque sorte de vase de terre , de faïance , ou de verre , grand ou petit, propre à contenir quelque liqueur , ou quelque autre chose. (Ainsi on dit, Un pot à huile. Un pot à beurre. Un pot à gelée. Un pot à confitures. Un pot à traire les vaches. Pot à charger. Pot à moineau. Pot à pigeons. Un pot de girosflée. Un pot d'œillers. C'est à dire, un pot où il y a de la girofle ; Pot où il y a des œillets.)

Pot de chambre, s. m. C'est un pot à pisser. (Xantippe voiant que Socrate ne se soucioit point de toutes ses criailleries , lui jetta un pot de chambre sur la tête. *Abl.* Donnez moi un pot de chambre.)

Pot. Ce mot se prend pour une certaine mesure tenant deux pintes de quelque liqueur. Cette mesure entre potiers d'étain s'apelle *quarte*.

Pot. Ce mot joint immédiatement avec quelque nom de liqueur signifie *pot plein de la liqueur* dont il s'agit. [Ainsi on dit tirer un pot de vin , de cidre , ou de biere.]

Pot. Ce mot signifie souvent la même chose que *marmite.* (Ainsi on dit mettre le pot au feu. Faire boüillir le pot. Ecumer le pot. Avoir soin du pot.)

† **Pot.* Ce mot dans le sens de *marmite* signifie aussi tout ce qui est dans le pot. (Mon pot est assez bon & quand vous voudrez en venir manger , vous me ferez plaisir & nous dirons mile folies.)

Pot à feu. C'est une grenade bien chargée & enfermée dans un pot de terre rempli de fine poudre & bouché de parchemin, ou de peau de mouton qu'on jette avec une anse. (Jetter un pot à feu.)

Pot en tête. C'est un casque qui a une ouverture par devant & qui est à l'épreuve du mousquet. (Avoir le pot en tête.)

Pot de vin. Ce mot se dit en parlant de petits marchez qu'on fait. C'est ce qu'on donne outre le marché. (Il y a dix écus pour le pot de vin.)

[*Un pot pourri.* C'est un ragout composé de plusieurs morceaux. Faire un pot pourri. On dit aussi au figuré, *faisons un pot pourri de tout cela.* C'est à dire , confondons & mêlons tout cela ensemble pour faire ensuite un bon acord.

* *Etre toûjours parmi les pots & les plats.* C'est être toûjours dans la débauche du vin.

† * *Tourner autour du pot.* C'est à dire . Ne dire pas franchement sa pensée. Agir d'une manière fine & couverte.

† * *Découvrir le pot aux roses.* C'est à dire , découvrir le secret de l'afaire.

† * *Etre à pot & à rôt avec quelqu'un.* C'est vivre presque toûjours avec une personne.

† * *Il ne font qu'un pot & un feu.* C'est à dire , ils vivent, boivent & mangent ensemble.

* *Païer les pots cassez.* C'est à dire. Païer tous les frais.

* *C'est un pot de terre contre un pot de fer.* Cela se dit d'un homme foible & qui a peu de crédit, qui a quelque chose à demêler contre un homme puissant & qui a beaucoup d'autorité & de crédit.

POTABLE, adj. Ce mot vient du Latin *potabilis.* Il signifie, qu'on peut boire , qu'on peut prendre en bruvage. Qui est liquide. (Or potable. Onguent potable. *Soleisel.*)

† Il pourroit aussi signifier qui est bon à boire : mais il n'est pas en usage en ce sens. On ne dira jamais le vin de Bourgogne est un *vin potable bon à boire*, il se laisse boire.

Potable. Ce mot se dit aussi d'une certaine eau composée de plusieurs drogues & regalisée, dont se servent quelques faux-monoieurs dans leurs ouvrages. (Il se servoit *d'eau potable* pour blanchir les espéces.)

POTAGE, *s. m.* Boüillon du pot , soit gras , ou maigre , qu'on verse sur des soupes de pain coupées fort proprement & qu'on sert ensuite au commencement du dîner. (Un bon , un succulent potage. Un poule , un jarret de veau, une piece de bœuf & une queüe de mouton font un excellent potage. Il y a des potages aux herbes , des potages au lait, des potages à l'oignon , &c. Les Chinois ne manquent point de potage, soit aux herbes , au lait , ou à la viande. *Nouv. relation de la Chine.*)

† * *Ce n'est qu'un fou pour tout potage Scaron, poës.* C'est à dire, enfin, tout bien considéré ce n'est qu'un fou.

† * *Il ne rencontra pour tout potage que. La Fontaine, Fables*, l.1. C'est à dire, pour toute chose il ne rencontra que.

Potager, potagére, adj. Ce mot en parlant de *jardin* veut dire lieu où sont les herbes qu'on mange au potage. (Un jardin potager. On dit aussi *herbe potagére.* C'est à dire qui est propre au potage.)

Potager, potagére, Ce mot se dit de la vaisselle, & veut dire, Où l'on met le potage. (Plat potager. Assiette potagére.)

Potager. C'est le jardin ou quarré dans lequel viennent les herbes qu'on mange au potage & en salade. (Un beau potager. Un grand potager.)

Potager. Sorte de grand fourneau à plusieurs réchaux qu'on met dans les cuisines un peu raisonables & qui servent à mitonner les potages & à faire les ragouts. (Faire un potager. Un potager dans une cuisine est fort commode.)

Potager. Terme de *Potier de terre & de potier d'étain.* Pot de terre , ou d'étain où l'on porte à dîner aux manœuvres & aux compagnons maçons , carriers , &c. Un potager bien fait.)

Potager. C'est l'oficier de la cuisine bouche du Roi qui a soin des potages.

† On dira d'une personne qui aime fort le potage, *c'est un grand potager.*

† POTÉ, adj. Ce mot se dit des mains & veut dire Courte & grosse. (Avoir les mains potes. Les mains potes ne sont pas belles.)

POTEAU, *s.m.* C'est une sorte de piéce de bois de moïenne grosseur fichée en terre. [Il faut planter là un poteau. Il faut mettre là un poteau.]

POTÉE , *s. m.* Plein un pot. Pot plein de quelque chose. [Il lui a jetté une potée de pissat sur la tête. Il lui a une potée d'eau au nez]

* † *Il est éveillé comme une potée de souris.* Proverbe du petit peuple, pour dire qu'un jeune enfant est gaillard & éveillé.

Potée. Terme de *Potier.* C'est de l'eau épaissie où il y a de l'acre rouge pour faire prendre le plomb au pot. (Bonne potée. Faire de la potée.)

Potée. Terme de *Chimie.* C'est de la chaux d'étain , ou de l'étain calciné. On s'en sert pour polir les miroirs d'acier. On apelle aussi *potée* , une certaine sorte de terre rouge , qu'on détrempe avec l'eau , pour froter les glaces de miroir & les rendre plus luisantes. (Prenez de la potée & polissez ces glaces.)

Potée d'émeri. C'est la poudre qu'on trouve sur les roües des lapidaires,& qui ont servi à tailler des pierreries avec de l'émeri. On se sert de cette potée pour polir divers métaux.

Potée. Terme de *Fleuriste.* Un pot plein de fleurs, de marcotes ou d'oignons. (Potée qui vient bien. Potée qui ne prend pas racine.)

POTELÉ , *potelée,* adj. Ce mot se dit des personnes & signifie Gros, gras & en bon point. (Bras potelé. Main potelée.)

POTELEUR , *s. m.* Les Commis des Aides apellent ainsi les Bourgeois qui vendent leur vin à pot & à pinte, sans tenir taverne , ni cabaret.

POTENCE, *s. f.* Gibet. (Potence à un bras. Potence à deux bras. Etre exposé au foüet , & à la potence. *Pascal*, l.6. Dresser une potence.

POT. POU.   POU.

Potence. Béquille. (Marcher avec des potences. Les estropiez n'ont pas plus besoin de leurs potences pour cheminer qu'il a besoin de lieux communs pour faire des livres. *Balzac, lett.*)

Potence. Terme de *Chaudronnier.* Il se dit en parlant de trompettes. Ce sont les bouts des branches de la trompette qui sont formez en arc. (Potence bien faire.)

Potence. Terme de *Charpentier.* C'est une étaie, ou un poteau qu'on met sous une poutre pour soutenir un plancher trop chargé.

Potence. Il se dit aussi des pièces de fer, ou même de bois qui sont en saillie pour y atacher quelque chose. (Potence de lanterne. Potence à quoi est atachée l'enseigne qui pend devant la boutique d'un marchand, ou d'un artisan. Une poulie en potence, c'est à dire pendue à une potence.)

Potence. Terme d'*Academiste.* La potence, est un certain bâton où l'on met le canon de la bague lorsqu'on court la bague. (Brider la potence. Ces mots se disent lorsque la lance de celui qui court la bague, touche, ou frape la potence, ce qui est une mal-adresse.)

Potencé, potencée, adj. Ce mot se dit en terme de *Blason* & signifie qui est fait en forme de béquille qu'on apelle aussi *potence*. (Il porte de sable à la croix potencée d'argent. *Cal.*)

Potenciel, potencielle, adj. Terme de *Médecin.* Ce mot opose à actuel. Il y a deux sortes de *cautère*, le *cautère actuel*, qui est le bouton de fer rougi au feu, & le *cautère potenciel*, qui se fait avec la chaux & d'autres drogues caustiques. Les choses acres & piquantes, comme le poivre &c. ont un feu potenciel.)

† *Potenciellement, adv.* Terme de *Philosophie.* Ce mot est oposé à actuellement, & il signifie, qui est en puissance.

POTENTAT, *s.m.* Monarque. Roi. Prince absolu & souverain.

(Le Potentat le plus grand de nos jours
Ne sera rien qu'une ombre
Avant qu'un demi siécle ait achevé son cours.
Main. poës.)

POTERIE, *s.f.* Marchandise de potier. (La poterie est fragile.)

POTERNE, *s.f.* Terme de *Fortification.* C'est une fausse porte qu'on fait pour sortir deux à deux.

POTIER, *s.m.* Marchand qui fait & vend toutes sortes de poterie de terre.

Potier d'étain, s.m. Marchand ouvrier qui travaille en toute sorte d'étain, qui fait & vend de toute sorte de vaisselle, d'étain. (Fremont ruë S. Honoré, est l'un des plus acommodez & des plus habiles potiers d'étain de Paris.)

POTIN, *s.m.* Leton jaûne dur, cassant & sonnant. Ce n'est que du potin. Ce potin n'est pas beau.

POTION, *s.f.* Prononcez *pocion.* Terme d'*Apoticaire & de Chimiste.* Toute sorte de remède liquide qu'on prend par la bouche pour conserver, ou pour rétablir sa santé. (Une potion purgative, cordiale, astringente, pectorale, aperitive, anodine, somnifère, diuretique, hépatique, carminative, Preparer une potion. Doser une potion. Voiez la *pharmacie de Baudran.*)

POTIRON, *s.m.* C'est une sorte de citrouille. C'est une plante qui a une tige trainante & qui produit un fruit rond, gros & couvert d'une écorce qui tient du jaûne & du rouge. Les potirons sont de dificile digestion. Il y en a de bons à manger & les autres ne valent rien. Ceux qui sont bons à manger se cuisent, se fricassent & se mettent quelquefois au potage. C'est aussi une sorte de champignon.

POU.

Pou, s.m. Vermine qui pique & qui s'engendre de la chair principalement dans la tête & quelquefois dans les chemises & dans les habits de laine & sur tout l'été, à cause de la crasse & de la sueur. Le Roi Loüis treiziéme aiant pris *un pou* sur l'habit du Maréchal de Bassompierre, le voulut montrer à tout le monde : n'en faites rien, Sire, reprit le Maréchal, cela vous feroit tort, chacun diroit qu'on ne gagne que des poux à vôtre service. Voiez là dessus *Costar, défense des ouvrages de Voiture, page 91.* On dit que les poux s'ensuient de ceux qui sont morts & que lorsqu'ils naissent à la tête d'un malade c'est bon signe. Les poux s'engendrent aussi dans la plûpart des bêtes. On dit qu'ils tourmentent si fort le lion qu'ils le mettent comme en rage. Voiez *Jonston, chapitre 3 des insectes.* On dit aussi que les ânes n'engendrent jamais de poux, ainsi on n'a que faire d'avoir peur de se froter contre le Médecin Guillot & le Sifflet le Gendre.)

† *Il écorcheroit un pou pour en avoir la peau.* C'est à dire, il est fort ladre & fort avare.

† *C'est un pou afamé.* C'est à dire, c'est un pauvre diable qui tâche d'en ataper.

On dit d'une personne mal-propre qu'il *se laisse manger aux poux.*

Peu. Insecte de mer. Insecte d'étang, de mer qui tourmente le poisson. *Rond.*

† *Pouäcre, adj.* Ce mot est bas & se dit des personnes il veut dire. Sale. Vilain. Dégoutant. (C'est un petit pouäcre. C'est un vilain pouäcre. Le mot de *pouäcre* & ceux-ci *pouäcrerie* & *pouäcresse* se disent, mais ils sont très-bas & ils ne s'écrivent pas.)

† *Pouäcrerie, s.f.* Chose vilaine & dégoutante. (Quelle pouäcrerie est-cecì ?)

† *Pouäcresse, s.f.* Celle qui est sale & dégoutante. (Petite pouäcresse.)

Pouäs. Sorte d'interjection dont on se sert pour marquer qu'une chose est fort dégoutante. (Pouäs, vous m'engloutissez le cœur. *Moliere.*)

POUCE, *s.m.* C'est le plus fort, & le plus gros des doigts de la main. (Avoir le pouce coupé.)

† *Joüer du pouce.* Mot fort bas, pour dire *compter de l'argent.*

† *Serrer les pouces à quelqu'un.* C'est tourmenter & maltraiter quelqu'un pour l'obliger d'avoüer quelque chose.

† *Se mordre les pouces de quelque chose.* C'est se repentir de quelque chose qu'on a faite.

Pouce. Mesure qui comprend douze lignes dont chacune est large de la grosseur d'un grain de blé. (Cet ais a quatre piez, cinq pouces.)

Poucier, f. *m.* Terme d'*Eguilletier, & de Tireur d'or.* C'est une manière d'ongle de fer blanc dont quelques eguilletiers se couvrent le pouce afin de se conserver l'ongle. C'est aussi une espèce de pouce de métal dont se servent les tireurs d'or pour travailler & dont ils se couvrent le pouce. (Mon poucier est perdu.)

POUDRE, *s.f.* Terre déliée & si menuë qu'elle peut être emportée par le moindre petit vent. Petite chose tres-menuë & tres-déliée soit de bois, ou d'autre chose. [La poudre vole au cœur de l'été lorsqu'il fait fort chaud. Reduire en poudre Mettre en poudre. Mettre de la poudre sur le papier de peur que l'écriture ne s'éface.]

† * *Jetter de la poudre aux yeux. Ablancourt.* Ce proverbe se dit des gens qui pour tout fond de mérite n'ont que de belles aparences. C'est tromper, c'est éblouïr par de belles aparences ceux qui ne se connoissent pas bien aux choses. [Ainsi on dira fort bien le Philosophe Launai jette de la poudre aux yeux des étrangers par son babil.]

Poudre, Ce mot se dit en Termes de *Tanneur.* [On dit, Donner trois poudres au cuir. Le cuir est en premiere, en seconde, le cuir est en troisiéme poudre.]

Poudre de plomb. C'est du fort petit plomb de forme ronde qu'on vend chez les armuriers de Paris, & qui sert à tirer do petits oiseaux, ou autres petits animaux. (On nétéïe. fort bien le verre & la faïance avec l'eau & de la poudre de plomb.)

Poudre Terme de *Salpetrier.* Poudre à conon. C'est un composé de soufre, de charbon de bois de saule & de salpêtre. Le salpêtre fait péter, le soufre & le charbon alument. (Il y a environ trois cens ans que la poudre à canon est trouvée. Poudre fine. Bonne poudre. On croit que la poudre blanche est beaucoup fabuleuse.)

Poudre de simpatie. C'est du vitriol qui est calciné, & dont on se sert pour arrêter le sang.

(Voiez vous bien ce tout, il n'est pas si commun.
De deux cœurs il n'en fera qu'un.
Par la poudre de simpatie, perrault, poësies.)

Poudre de Cypre, poudre de Chipre. L'un & l'autre se dit, mais le premier est le meilleur. Poudre qu'on vend chez les parfumeurs. C'est un composé de racine d'Iris, de civette, de musc, dont on se sert pour desécher & poudrer les cheveux.

Poudre, Ce mot se dit entre *Apoticaires & Chimistes.* On apelle *poudre* des médicamens preparez de plusieurs médicamens simples, ou composez de plusieurs purgatifs, ou comfortatifs pour purger ou fortifier. En un mot, on apelle *poudres* toutes les matieres seches lorsque naturellement, ou par artifice elles se trouvent reduites en particules distinctes les unes des autres. [Le pharmacien a besoin de poudres. La poudre de vipére purifie & renouvelle le sang, conserve la chaleur naturelle & redonne l'embonpoint.

† *Poudre d'escampette.* Mot bas & du petit peuple de Paris pour dire. Fuite. (Prendre de la poudre d'escampette. C'est à dire fuïr.)

Poudre de prelinpinpin. C'est un remède inutile & qui n'a nul éfet.

Poudre de projection. Voïez *projection.*

Poudrer, v. a. Ce mot se dit en parlant des cheveux & veut dire, jetter de la poudre de Cipre sur les cheveux. (Poudrer une perruque. Poudrer quelqu'un. Poudrer les cheveux.)

† *Poudrer.* Terme de *Chasse.* Ce mot se dit du liévre qu'on chasse lorsque dans un tems de secheresse il passe dans des chemins poudreux & dans des terres nouvellement labourées où il fait voler la poudre qui recouvre ses voies & diminuë beaucoup le sentiment des chiens.

Poudrette, s.f. Terme de *Jardinier.* C'est de la matiere fécale fort seche & reduite en poudre. (Il y a des Jardiniers qui se servent de poudrette, pour encaisser leurs Orangers; mais ils font mal. *Quint. Jard. fr. T. 1. La poudrette ne vaut rien à l'anemone. Culture des fleurs, ch. 3.*)

LLll ij   *Poudrenx*

636 POU. POU.

Poudreux, poudreuse, adj. Plein de poussière. (Avoir les piez poudreux. *. *Vainqueur poudreux*, c'est à dire. Plein ou couvert d'une poussiere glorieuse.)

Poudrier, f. m. C'est dans une écritoire de table ou de valise, une maniere de petite boîte ronde ou quarrée, de bois, ou de métal percée par le haut de plusieurs petits trous, dans laquelle on met de la poudre, ou du sable qu'on jette sur ce qu'on écrit afin que l'écriture ne s'efface pas. Quelques papetiers disent *sablier*, au lieu de dire *poudrier*, mais ils disent mal, tous les autres papetiers avec le reste des gens du monde qui parlent bien, disent *poudrier*. (Voilà un poudrier bien fait. Un joli poudrier.)

Se poüiller, v. n. Chercher ses poux & les tuër. (Les gueux se poüillent souvent. Les singes se poüillent eux-mêmes.)

Poüillerie, s. m. Terme d'*Hôpital de Paris*. C'est le lieu de l'hôpital où l'on met les habits des pauvres. (Aller à la poüillerie pour y prendre les habits de quelque pauvre. Mettre les habits à la poüillerie.)

† *Poüilles*, s. f. Ce mot n'a point de singulier. Il n'entre que dans la conversation & le stile simple, ou burlesque. (Chanter poüilles à quelqu'un. *Scaron.*

Mars traita le Sort de faquin,
Lui dit cent poüilles, & la Gloire
Rompit son cornet à bouquin. *Mai. poëf.*)

Poüilleux, poüilleuse, adj. Qui a des poux. (Il est poüilleux. Elle est poüilleuse.)

Poüilleux, s. m. Celui qui a des poux. (Un petit poüilleux.)

Poüillé, s. m. Terme d'*Eglise*. C'est un Ancien nom, & c'est un Catalogue, registre ou inventaire de tous les bénéfices d'une Province de France, qui en marque les revenus, les Collateurs & les Patrons, (Poüillé général, ou particulier. Poüillé roial. Le Poüillé général est en neuf volumes & il contient tous les bénéfices, avec leurs revenus & leurs Patrons. Le Poüillé particulier renferme les Bénéfices de chaque Diocèse. Le Poüillé roial contient les bénéfices qui sont à la nomination du Roi. Chercher un bénéfice dans le Poüillé. Il faut avoir un livre qu'on apelle la clé du Poüillé.)

Poulain, s. m. C'est le petit de la cavale lequel est apellé *poulain*, jusques à ce qu'on le monte, ou qu'on le fasse travailler. (Faire un poulain. Elever un poulain. Mettre un poulain au manége.)

Poulain. C'est une sorte de tumeur maligne qui vient à l'aîne, parce qu'on a eu commerce illégitime avec quelque femme, ou fille débauchée qui avoit du mal. (Il a été au bordel, & a gagné un poulain. Il a un poulain dont il aura peine à guérir parce qu'il est fort dangereux.)

Poulain. Terme de *Tonnelier*. Instrument de tonnelier propre à traîner, ou à décendre du vin dans la cave, composé de deux barres & de quatre épats qui passent en haut & au bas du poulain, & aux travers des barres & qui servent à les faire tenir ensemble. (Décendre du vin dans une cave avec un poulain.)

Poulalier, s. m. C'est le lieu où couchent les poules, & où elles pondent ordinairement dans de petits paniers d'osier remplis de paille. (Les poules sont encore au poulalier. Voiez au poulalier s'il n'y a point d'œufs frais.)

Poulalier. Marchand qui vend de la volaille. (Les poulaliers viennent à Paris tous les jours de marché. C'est un poulalier assez à son aise.)

Poularde, s. f. Poule jeune & grasse. (Une bonne poularde. Une excellente poularde. On nous a servi une poularde rotie qui étoit la meilleure & la plus-tendre du monde.)

Poule, s. f. Sorte d'oiseau domestique, fort connu qui fait des petits qu'on apelle *poulets*. (Une bonne poule. Une poule grasse. Mettre une poule au pot.)

Poule d'Inde. C'est la femelle du *coq d'Inde.*

Poule de Guinée. C'est un oiseau d'un fort beau plumage, qui est noir & semé de plusieurs taches blanches. Il est gros comme une poule ordinaire, mais il est egalement plus haut. *Bel.*

Poule d'eau. Oiseau de rivière, qui est noir, bien garni de plumes aiant la tête presque semblable à celle de la poule privée avec une crête blanche, ou rouge. (Les poules d'eau sont grasses l'hiver, leur chair est de bon goût, mais elle est de dificile digestion. *Bel.*)

† *Faire la poule mouillée.* C'est à dire. Manquer de cœur & de hardiesse. N'avoir point de courage.

† * *Plumer la poule.* C'est vivre soldat & vivre chez le paisan. C'est voler avec quelque sorte d'autorité.

* *Plumer la poule sans la faire crier.* V. *Plumer.*

* Un bon renard ne mange jamais les poules de son voisinage, *pour dire que* quand on veut faire quelque mal, il ne faut pas être en un lieu où l'on soit connu.

Poule. Terme de *reversi.* C'est l'enjeu qu'on met en joüant au reversi, & qui ne peut-être gagné que par le quinola. (Tâcher à sauver la poule.)

Poulet, s. m. C'est le petit de la poule. (Un bon poulet de grain. Faire une fricassée de poulets.)

* *Poulet.* Billet galant. Billet amoureux. Petite lettre d'amour qui doit être tendre, ou galante & agréablement tournée. Le mot de *poulet*, en ce sens, n'est pas si en usage qu'il étoit autrefois. (J'aurois à cette heure de quoi vous écrire un beau poulet. *Voit. l. 38.* Répondre au plus-

obligeant poulet du monde. *Voiture, l.14.*)

Poulet. Terme de *papetier.* Sorte de petit papier pour écrire de petits billets amoureux, ou autres. (Acheter du poulet.)

Poulette, s. f. C'est une fort jeune poule qui n'a pas encore pondu. (Une belle, une jolie poulette. On tuë les cochets & on garde les poulettes.)

† *Poulette.* Jeune fille pour le plaisir d'amoureux. (C'est une poulette que cela. Nous venons de voir une jolie poulette.)

Pouliche, s. f. Petite femelle de cavale. (Une belle pouliche.)

Poulie, s. f. C'est une roue de bois, ou de métal canelée, & enchassée dans un morceau de bois, ou de fer, sur laquelle passe une corde pour lever & abaisser quelque fardeau gros, ou petit selon la grosseur de la poulie. (Une grosse, ou petite poulie.)

† *Poulier*, v. act. Elever quelque fardeau par le moien d'une poulie. (Poulier des gerbes dans une grange.)

Pouline, s. f. Petite femelle de cavale. (Les poulains, à deux ans, ou à deux ans & demi, commencent à s'échauffer après les poulines. *Soleisel, Parfait Maréchal, c.147.*)

Pouliner, v. n. Ce mot se dit des *cavalles.* C'est faire un poulain. (Cavale qui vient de pouliner.)

Pouliniére, adj. Ce mot se dit qu'au *féminin*, & en parlant de *cavalle.* Il signifie cavale qui est pleine. Cavale destinée à faire race, ou qui a un poulain. (Une jument pouliniére. Voiez *Jument.*

Pouliot, s. m. Sorte d'herbe odoriférante. (Pouliot citroné, cultivé, roial, commun. Pouliot mâle. Pouliot femelle. Le pouliot est chaud & ami des poumons.)

Poulpe. V. *Polipe.*

Poulverin, s. m. C'est une maniere d'étui qui est couvert de cuir, ou de velours, qui pend avec des charges à la bandouliére & où l'on met la poudre fine & deliée qui n'est propre qu'à amorcer. (Souflez au bassinet, prenez le poulverin. *Martinet, Exercice Général pour l'Infanterie, p.9. & 51.*

Poulverin. Il signifie aussi un horloge de sable; mais en ce sens, il n'est pas usité comme le mot de *Poudrier.* V. *Poudrier.*

Poulmon, s. m. Chair mole & spongieuse qui est l'instrument de la respiration & de la voix (Etre incommodé du poumon. Avoir un bon poumon. Le poumon est situé dans la poitrine. User ses poumons à force de crier.)

Poumon de mer. C'est une sorte d'insecte marin couvert de cuir dur qui a de l'air des poumons de l'homme.

Poupard, s. m. Terme de *Marchand popetier.* Poupée qui n'a point de bras. Poupée emmaillottée qu'on apelle aussi *maillot*, en Terme de poupetier. (Un joli poupard Un beau poupard.)

Poupe, s. f. En Latin *puppis.* Terme de *Mer.* La derniere partie du navire qu'on apelle aussi *arriere.* (Une belle poupe de navire, ou la bonne arriere de navire. Poupe quarrée. Poupe ronde.)

* *Avoir le vent en poupe. Voiture, lettre 42.* Etre heureux. Avoir tout à souhait. Réüssir dans ce qu'on entreprend.

Poupée, s. f. Terme de *poupetier.* C'est une figure de petite fille qui est faite de gros drapeaux & de blanc d'Espagne & qui est habillée. (Une jolie poupée.

Achille beau comme le jour
Pleura neuf mois pour son amour
Comme un enfant pour sa poupée. *Sar. poëf.*)

Poupée. Terme de *Sculpteur.* Piéce de bois d'égale grosseur & proportionnée aux jumelles du tour des sculpteurs.

Poupelin, s. m. Terme de *Patissier.* Patisserie faite de fleur de pur froment, de fromage, d'œufs & de sel, qu'on beurre lorsqu'elle est cuite. C'est à dire, qu'on fait tremper toute chaude dans du beurre. (Faire un poupelin. Commander un poupelin. Beurrer un poupelin.)

Poupelinier, s. m. ou *pouplinier.* Terme de *patissier.* Prononcez *pouplinié.* Maniere de bassin de terre, d'étain sonnant, ou de cuivre étamé où l'on fait fondre du beurre pour beurrer les poupelins. (Un pouplinier bien fait.)

Poupetier, s. m. Marchand qui fait, ou qui fait faire de toutes sortes de poupards & de poupées. (Un riche poupetier.)

† *Poupon*, s. m. Mot burlesque pour dire *petit enfant.*
(Sœur Jeanne aiant fait un poupon
Toûjours étoit en oraison.
La Fontaine Contes.)

† *Pouponne*, s. f. Mot bas & comique dont on se sert pour caresser les femmes qu'on aime, & qui veut dire *mignonne, jolie* & aimable.

(Va, pouponne, mon cœur, je reviens tout à l'heure.
Oüi ma pauvre fanfan, *pouponne* de mon ame. *Moliere.*
N'êtes-vous pas bien-aise de ce mariage, ma aimable pouponne. *Moliere. Mariage forcé, sc.1.*)

Pour. Préposition qui régit l'*acusatif.* (On lui donne une belle maison pour dix mille livres.)

Pour. Ce mot se met souvent au lieu de la préposition *à cause.* (On vous défie de montrer aucun droit divin, ni humain qui permette de tuër *pour* l'honneur, *pour* son souflet, *pour* une injure & sa médisance. *Pascal, l.14.* On n'admira jamais les Centaures *pour* leur beauté, mais *pour* leur extravagance. *Ablancourt, Luc.*)

Pour. Signifie *A la considération. En faveur.* (On doit tout soufrir pour Dieu. *Arnaud.* Je n'ai qu'un filet de voix & ne chante que pour Silvie. *Sarasin, poësies.*)

Pour-

POU.

Pour. Se met immédiatement devant l'infinitif, & signifie *afin de*, & alors c'est une *conjonction* plus en usage qu'*afin de*. (Il n'y a jamais eu de loi qui ait ait permis de tüer *pour*. *Pascal*, *l.* 14. Il l'envoia *pour* le faire connoitre aux soldats & lui aprendre le métier des armes. *Ablancourt*, *Tacite*.)

Pour. Ce mot avec un adjectif, suivi d'un *que* régit le subjonctif, & signifie *bien que*, *encore que*. (Exemples. *Pour* grand que fût le péril, ils s'éforcérent tous à l'envi d'aler dégager le Roi. *Vaug. Q. Curce*, *l.* 9. *ch.* 4.)

Pour moi. A mon égard. De moi. *Pour moi*, est de la prose, & *de moi* de la poësie. *Vaugelas*, *Rem*.

Pour. Pendant. (Cela subsistera *pour* un tems.)

Pour le tems. Eu égard au tems. (Cela est passable *Pour le tems.*)

Pour, *s. m.* Ce mot se prend quelquefois substantivement. (Un bon Orateur doit savoir *le pour* & *le contre*. *Ablancourt*. *Le pour* & *le contre* sont probables & seurs par consequent. *Pascal*, *l.* 6. On peut choisir *du pour* & *du contre*. *Pascal*, *l.* 6. Pénétrer dans *le pour* & *le contre* d'une question. *Pascal. lettre* 6.)

POURCEAU, *s. m.* Ce mot signifie, *Porc*. *Cochon* ; mais il ne se dit guère en parlant familièrement & serieusement, & en sa place on dit ordinairement *porc*, ou *cochon* ; mais en écrivant on se sert du mot de *pourceau*. On emploie aussi ce mot de *pourceau* quand on parle familièrement & qu'on rit, ou qu'on injurie. (Exemples. Je vois dans Plutarque un *savant pourceau* qui ne cede guère au docte Romain qui fut apellé le *pourceau des lettres*. *Costar* : *défence des oeuvres de Voiture*. On a dit des *pourceaux* que l'ame ne leur servoit durant leur vie que comme le sel après leur mort, pour les empêcher de se corrompre. *Costar*. En recompense je ne vous apelerai plus *pourceau*. *Voiture*, *lettre* 148. Fi, c'est un *gros pourceau*. On dit aussi en proverbe. C'est le *pourceau* de S. *Antoine* ; C'est un homme qui se fourre par tout pour y boire & manger. C'est une maniere de parasite banal.)

POURCELAINE. Voiez *porcelaine*.

POURCEQUE. Sorte de *conjonctive* hors d'usage dans le beau stile. Elle ne sert que dans le comique quelquefois & dans de certaines façons de parler plaisantes & agréables. Hors delà, on dit en sa place, *car*, *parce que*, & quelquefois *d'autant que*.

(Quand j'épousai ma femme, aussi n'étoit-ce pas
Pour son teint, sa jeunesse, ou ses autres apas.
En voulez-vous savoir la raison ? ce fut *pource*
Qu'elle avoit une bourse.
Benf. balet de la nuit. 1. *p. ent.* 8.)

POURCHASSER, *v. a.* Poursuivre. Tâcher d'avoir. Tâcher d'atraper. (Pourchasser un cerf, un sanglier.)
* On dit aussi au figuré *Pourchasser un emploi*.

POUR L'HEURE. Sorte d'*adverbe* hors d'usage, en la place duquel on dit *presentement*.

POUR LORS. Sorte d'*adverbe* qui vieillit, & en la place duquel on dit *alors*.

POURPARLER, *s. m.* Conférence qu'on a sur une afaire. (Il traversoit le pourparler de la paix. *Mémoires de M. de la Roche-Foucaut*.)

POURPENSER, *v. n.* Ce mot est un peu vieux, & qu'est pas en usage qu'en riant. Il signifie, penser, songer à quelque chose. Faire réflexion sur une chose. (Il faut un peu pourpenser à cela.)

Pour peu que. Conjonction qui demande le subjonctif, pour dire *si peu que*. (Pour peu que je m'étendisse sur cette matiére, je pourrois... *Abl. Luc.* Pour peu de défence que vous eussiez voulu aporter, la meilleure partie de moi-même vous resteroit encore. *Voit. lett*.)

POURPIER, *s. m.* Sorte de plante qui a une tige ronde, des feuilles grosses & larges & de petites fleurs jaunes ou tirant sur le pâle. (Il y a pourpier sauvage, marin & cultivé. Le pourpier est bon aux reins, & à la vessie. Il est froid & humide & bon à plusieurs maux. Voiez là-dessus *Dalechamp*.)

POURPOINT, *s. m.* C'est la partie de l'habit de l'homme, qui couvre le dos, l'estomac & les bras & qui est composée du corps du pourpoint, des manches, d'un colet, de busques & de basques. (Un pourpoint bien fait.)
† * Il faut que tu vêtes un pourpoint de pierre. *Ablancourt*, *Luc.* C'est à dire, que tu entres en prison.
‡ * Sauver le *moule du pourpoint*. C'est se sauver soi-même, son corps & sa personne.

POURPOINTIER, *s. m.* Artisan qui ne fait que des pourpoints, mais il n'y a plus aujourd'hui d'artisans qui ne fassent que des pourpoints. Et les pourpointiers sont unis au corps des fripiers, de sorte qu'ils font & vendent des habits complets comme les fripiers.

POURPRÉ, *pourprée*, *adj.* Ce mot se dit de certaines maladies où il paroit du *pourpre*. (Une bonne fièvre pourprée. *Moliere.*)

Pourpre, *s. m.* Ce mot n'a point de pluriel & signifie une sorte de maladie qui consiste à avoir le corps couvert de taches bleües, ou noirâtres qui viennent ensuite d'une fiévre maligne. (Il est mort du pourpre. *Vaug. Rem*.)

POU.

Pourpre, *s. f.* Espèce de poisson enfermé dans une coquille de la grosseur d'un oeuf. Cette coquille est ridée, de couleur de cendre, quelquefois jaunâtre & quelquefois entre verte & cendrée & au dedans jaune, semée de plusieurs pointes en forme de cloux avec un long bec en maniere de tuïau, au devant duquel il y a un couvercle. La *pourpre* vit de poisson & d'herbes. Elle naît sans operation de mâle & de femelle & sans oeufs. La précieuse liqueur de la *pourpre* est quelquefois, noirâtre & quelquefois rouge & est au milieu du cou. *Vaugelas* croit ce mot de *pourpre masculin* en ce sens, mais je suis son serviteur. *Rondelet*, *Belon* & autres savans hommes qui en ont parlé le font tous *féminin* & doivent plûtot être creus, que *Vaugelas*.

* *Pourpre*. Ce mot au figuré se dit des personnes de grande dignité, des Rois, des Cardinaux, & des Juges Souverains, & en ce sens il est toujours féminin & signifie la dignité de ces personnes, marquée par l'étofe rouge qu'ils portent. C'est par ce titre que le Cardinal de Richelieu a creu rehausser l'éclat de sa *pourpre* & de sa vie. *Vau. Rem. Epitre Dédicatoire*.)

* *Pourpre*. Braverie. Superbe apareil. Magnificence pompeuse & éclatante. (Ce n'est qu'or & que *pourpre* dans vôtre armée. *Vaugelas*, *Quin l.* 3. *c.* 2.)

Pourpre, *s. m.* Ce mot en Terme de *Blason* est *masculin*. Le *pourpre* est composé de l'azur, du gueules, du sable, & du sinople, & il est en barres dans les armes de ceux qui en portent. Le *pourpre* signifie la foi, la charité, la temperance & la pieté. *Col. chapitre* 4. (On dit en parlant de *Blason*. Parti de pourpre & d'hermine. *Col. chapitre* 12. Il porte de pourpre au chevron abaissé &c. *Col. chapitre* 13.)

Pourpre, *s. m.* Ce mot pour dire la couleur de pourpre est fait *masculin* par les *Fleuristes*. Ils disent. *Pourpre clair*. *Haut pourpre*, *Pourpre brun*. Voiez *Morin*, *Traité des fleurs*, & autres *Vaugelas* croit qu'en ce sens *pourpre est adjectif*, mais on croit qu'il croit mal. On ne dira pas *du satin pourpre* comme il le pense ; mais *du satin couleur de pourpre*.

* *Pourpre*. Ce mot se dit en parlant des couleurs dont le Soleil peint le ciel, & en ce sens il est *masculin*, & ne se dit qu'en vers. (Exemple :

Il couvrit l'horison d'or & luisant & pur
Pour y répandre ensuite & le pourpre & l'azur.
Perraut, *poësies*.)

POURPRIS, *s. m.* C'est l'enceinte d'un lieu. Le mot de *pourpris* n'est pas si usité *qu'enceinte*, *que clos* ou quelqu'autre mot de cette sorte. (Il est dans les pourprits de la maison. Cependant il y a des endroits où pourprits est tout à fait propre. Ainsi en parlant des abeilles & de leur ruche, on dira fort bien, que

L'abeille va piller le crocus & la rose
Puis s'envolant dans le *pourpris*
De son petit Palais rustique
Avec grand soin elle s'aplique
A serrer tout ce doux butin. *Mercure galant*.

† *Pour que.* Conjonction qui régit le Subjonctif, & qui signifie *pour*, *afin de*, & *afin que*. Pour que n'a jamais été bien établi & ne l'est pas encore. (Il est trop honnête homme pour qu'il ne fasse pas reflexion sur ce que je lui dirai. On dit il est trop honnête homme pour ne point faire de réflexion sur ce que je lui dirai.

POURQUOI. Adverbe qui sert à interroger. A cause de quoi ? Pour qu'elle raison ?)
Pourquoi prenez-vous tant de peine
A vous coifer de faux cheveux ?
Si ma femme a failli, qu'elle pleure bien fort,
Mais *pourquoi* moi pleurer ? puisque je n'ai pas tort.
Moliere, *Cocu*, *sc.* 17.
Pourquoi non ?)

C'est pourquoi. Conjonction qui signifie *ainsi*, *de sorte que*, & qui ne change jamais. (Vous étes sage & réglé, c'est pourquoi Dieu vous bénit. Il a travaillé toute sa vie ; c'est pourquoi il a de la reputation.) Il signifie aussi *C'est la raison pour laquelle*.

† *Pourquoi*, *s. m.* Ce mot se prend aussi par fois substantivement, & alors il signifie la cause. (Je veux savoir le pourquoi.)

Pour quoi que ce soit. C'est à dire pour quelque cause, ou quelque chose que ce soit.

POURRIR. Ce verbe est actif & neutre. Il signifie corrompre. Gâter. Consumer beaucoup. Reduire dans une maniere de pourriture, dans un état pourri & presque consumé. (On pourrit les chifons pour faire du papier. La pluïe pourrit la charpenterie. *Perraut*, *Vitruve*. L'humidité fait pourrir les fruits. Faire pourrir de cuire. C'est à dire, faire cuire autant qu'il est possible.)

* *Pourrir en prison*. *Ablancourt*, *Luc.* C'est demeurer longtems en prison, y croupir miserablement.

Se pourrir, *v. r.* Se gâter. Se corrompre. (Le fruit commence à se pourrir, il y faut prendre garde.)

Pourriture, *s. f.* Putrefaction. Corruption. Infection. (La pourriture est à craindre bien fort.

POURSUITE, *s. f.* Ce mot se dit en parlant d'ennemis qu'on poursuit. C'est l'action de poursuivre. Chasse qu'on donne à quelqu'un en le preſſant & courant après lui avec ardeur. (Il s'étoit engagé à la pourſuite des ennemis. Ablancourt, Rét. l. 1. c. x. Arrêter la pourſuite de l'ennemi. Ablancourt, Rét. l. 4. c. 5.)

Pourſuite. Sollicitation ardente. (Redoubler les pourſuites. Faire les pourſuites néceſſaires pour voir la fin d'un procès.)

Pourſuivre, v. a. Je pourſui, j'ai pourſuivi. Je pourſuivis, je pourſuivrai. Preſſez. Pouſſez. Donner la chaſſe. Aller après quelque perſonne, ou quelque bête. (Pourſuivre l'ennemi. Ablancourt, Rétorique, livre 4. chap. 1. Pourſuivre quelqu'un de près. Pourſuivre à cor & à cri. Il le pourſuit l'épée dans les reins. Cela ſe dit au propre, & au figuré d'un créancier qui preſſe fort un débiteur de païer.)

* *Pourſuivre.* Tâcher d'avoir. [Soit que vous pourſuiviez Evêché, femme, ou fille v'hâtez vous lentement. *Voiture Poëſ.*]

Pourſuivre. Continuer. [Pourſuivre ſon chemin, ſon diſcours. Pourſuivant ſa pointe, il donna juſques au camp. *Ablancourt, Rét. l. 1. c. x.*]

Pourſuivre. Ce mot ſe dit en parlant de *pratique.* C'eſt après avoir intenté une action, preſſer le jugement de l'afaire ; c'eſt ſoliciter. [On peut ruër dans une embuſche un calomniateur qui nous pourſuit en juſtice. *Paſcal, l. 7.* Pourſuivre l'audience. Pourſuivre un procès.]

Pourſuivant, ſ. m. Celui qui pourſuit quelqu'un. Il ſe dit au Palais de celui qui pourſuit un procès.

POURTANT. *Conjonction.* Cependant. Tourefois.

[Si dans le mal qui me poſſede
Je languis ſans en dire rien
Philis, *pourtant* je ſçai fort bien
Quel en doit être le remède.
Segrais, Chanſon 33]

† *Pourtour, ſ. m.* Terme de Maçon. C'eſt le tour & la meſure d'un corps. (Le manteau de cette cheminée a tant de pourtour.)

POURVU, *ſ. m.* Terme qui ſe dit *en matière de bénéfice.* C'eſt celui qui eſt pourvû d'un bénéfice. Celui à qui on a conféré, ou qui a eu un bénéfice. [Un bénéfice vaquant par l'incapacité du pourvû. *Maſſac, Traité des Bénéfices.*]

Pourvu, pourvuë, adj. Fourni. [Il eſt pourvu de tout ce qui lui eſt néceſſaire.]

* *Pourvû, pourvuë.* Orné. Paré. Qui poſſede [Une Divinité de mile attraits pourvuë tient mon cœur en ſes fers. *Voit. poëſies.* Un gros âne pourvu de mile écus de rente. *Reg. Sat. 4.*]

Pourvu que, pourveu que, Conj. L'un & l'autre eſt bon, mais quoi qu'on écrive *pourveuque,* il faut prononcer *pourvuque.* Cette conjonction régit le ſubjonctif.

(Pourvu qu'enfin j'arrive, & qu'au moins je la voie,
Que je meure auſſi-tôt, je mourrai plein de joie.
Segrais, Eglogue 3.

Pourvûque l'honneur n'y ſoit pas ofenſé on peut ſe libérer un peu de la tiranie d'un père. *Molière, Amour Medecin, a. 1. ſ. 4.*)

Pourvoieur, ſ. m. Celui qui a fait la proviſion. (Pourvoieur qui eſt devenu riche à force de ferrer la mule.)

Pourvoir, v. a. Je pourvoi, tu pourvois, il pourvoit. Nous pourvoions, vous pourvoiez, ils pourvoient, je pourvois. J'ai pourvu, je pourvus, que je pourvoie, je pourvoirois, ou je pourvuſſe. Donner. En ce ſens, il régit l'Acuſatif. (Pourvoir quelqu'un d'un gouvernement. *Vaugelas Quin. l. 3. c. 4.* Le Pape eſt obligé de pourvoir celui que le Roi nomme pour un bénéfice. *Maſſac, Droit Eccléſiaſtique, c. 4.*)

Pourvoir, v. n. Donner ordre à quelque choſe. Avoir ſoin. En ce ſens il régit le Datif. (Il pourvût de bonne heure à ſa retraite. *Ablancourt, Ar. l. 2.* Elle ne s'employe pas moins à pourvoir aux biens des autres qu'aux ſiens mêmes. *Voiture, lettre* 22. Le Pape pourvoit aux Evêchez qui vaquent par mort arrivée en Cour de Rome. Dieu y pourvoira.)

Se pourvoir, v. r. Se fournir de quelque choſe. (Faire proviſion de blé, de vin, & des autres choſes néceſſaires.)

Se pourvoir, v. r. Ce mot en Terme de *Palais* ſignifie S'adreſſer. (Ils ſeront obligez de propoſer leur déclinatoire ſans qu'ils puiſſent ſe pourvoir à la capitainerie. *Patru, plaidoiés.*)

Pous, ſ. m. En Latin *pulſus.* Le batement des artères. C'eſt le mouvement des artères. (Avoir le pous lent, inégal, déréglé. N'avoir point de pous. Le pous bat fort. Guillot & Fi. non redoublent la fièvre de leurs malades au leur tatant le pous. (*Voiez Médecin.*)

† * *Tater le pous à quelqu'un.* Au figuré. C'eſt preſſentir ce qu'il a dans l'eſprit.

Pouſſe, ſ. f. Terme de *Maréchal,* qui ſe dit en parlant de chevaux. C'eſt une dificulté de reſpirer cauſée par l'embarras des poumons, par l'obſtruction de l'égoût du poumon qui ſe fait par le conduit des reins, le tout acompagné d'un batement de flancs & de dilatation de narines particulièrement lorſque les chevaux courent, ou montent. [Cavalle qui a la pouſſe. *Soleiſel.*]

Pouſſe. Terme de *Jardinier.* C'eſt le jet d'un arbre. (La pouſſe de cette année eſt belle. Cet arbre a fait une belle pouſſe.)

Pouſſé, pouſſée, part. du verbe *pouſſer.*

* *Vin pouſſé.* C'eſt à dire. Vin gâté pour avoir bouilli hors de la ſaiſon par trop de chaleur, ou par quelque agitation.

† *Pouſſe-cu, ſ. m.* Valet de ſergent qui porte l'épée & qui aide le ſergent, l'huiſſier, ou le commiſſaire à mener les priſonniers en priſon. (Les pouſſe-cus ſont de miſérables qui n'ont point de pitié de ceux qu'ils trainent en priſon.)

Pouſſée de voute, ſ. f. Terme *d'Architecture.* C'eſt l'éfort que peut faire la voûte par ſa peſanteur contre les murs qui la ſoutiennent.

† * *Je lui ai donné la pouſſée.* C'eſt à dire, je lui ai dit une choſe qui lui a fait peur, qui l'a ému.

Pouſſer, v. a. Faire avancer avec force. (Il faut pouſſer cela plus avant. Vous l'avez pouſſé, & il eſt tombé.)

Pouſſer. Terme de *Maître d'Armes.* C'eſt porter un coup avec force. (Pouſſer un coup. Pouſſer une eſtocade. Pouſſer hardiment, vigoureuſement, de toute ſa force. Pouſſer droit. Pouſſer de ſeconde, de quarte. Pouſſer de tierce le long de l'épée. *Liancourt, maitre d'armes, ch.* 2. 4. *& 12.*)

Pouſſer. Ce mot en parlant de *cheval* veut dire *donner l'éperon.* (Pouſſer vertement un cheval. *Ablancourt.*)

Pouſſer. Ce mot ſe dit en parlant *d'ennemis.* C'eſt faire fuir. C'eſt faire reculer. (Pouſſer l'ennemi. *Ablancourt, Ar. l. 1.*)

* *Pouſſer.* Pourſuivre ardemment. Preſſer vivement. Porter & faire aller une choſe auſſi loin qu'elle peut aller. [Pouſſer vivement une afaire. *Molière.* Ne pouſſez point vôtre folie plus loin que la derniere n'alla. *Sar. Poëſ.* Pouſſer ſa victoire au delà des bornes d'Hercule. *Vaug. Quin. l.* 3. Je ne pouſſois pas ma vengeance ſi loin. *Rac.*]

* *Pouſſer ſa fortune.* C'eſt à dire, s'avancer dans les honneurs & les biens.)

* *Pouſſer.* Exciter. Contraindre. Obliger à force de ſollicitation & d'inſtance. [Si on ne le pouſſe, il ne fera rien.]

* *Pouſſer.* Obliger quelqu'un à ſe fâcher parce qu'on l'outrage, qu'on l'ofenſe, & qu'on le pique. Entreprendre quelqu'un pour lui faire tort. [Il l'a ſuplié de ne point pouſſer ſon fils. *Le Comte de Buſſi.* Il n'eſt pas d'un galant homme de pouſſer les gens.]

* *Pouſſer.* Ce mot ſe dit en parlant de *vœux, de ſoupirs & de ſanglots,* & veut dire, Faire. [Pouſſer des vœux, des ſoupirs, des ſanglots. *Rac.*]

* *Pouſſer* en parlant de certaines choſes ſignifie. Epuiſer. Dire ce qu'on peut penſer ſur une certaine matière. L'aprofondir. [Nous ſommes ici ſur une matière que je ſerai bien aiſe que nous pouſſions. *Molière.*]

* † *Pouſſer à la roûe.* C'eſt à dire, aider.

* *Pouſſer, v. n. & a.* Ce mot ſe dit des *plantes* & ſignifie jetter. Produire. Croître & paroître.] Poirier qui pouſſe beaucoup de bois. Plante qui commence à pouſſer. Tout pouſſe au printems.]

Pouſſer. Terme de *Doreur ſur cuir.* C'eſt prendre de l'or avec ſe fer à dorer, & l'apliquer ſur la couverture du livre. [Pouſſer les bouquets, les fleurs, les nerfs.]

Se pouſſer, v. r. C'eſt ſe faire aller & avancer avec force. (C'étoit une pitié de voir comme on ſe pouſſoit aujourd'hui à la proceſſion.)

* *Se pouſſer.* Tâcher de faire quelque choſe dans le monde. Tâcher de faire fortune. [C'eſt un intriguant, il ſe pouſſera, ou il mourra à la peine.]

† *Pouſſeur de beaux ſentimens, ſ. m.* Celui qui ſe pique de dire de jolies & de belles penſées. Celui qui dit de jolies choſes, des choſes galantes.

Pouſſeurs d'argue, ſ. m. Ce ſont des manœuvres qui pouſſent & font aler l'argue lorſqu'on dégroſſe les bouts d'or & d'argent.

† *Pouſſeuſe de beaux ſentimens, ſ. f.* Sorte de précieuſe qui ſe pique de dire de belles choſes. *Molière.*

Pouſſier, ſ. m. Il ſe dit en parlant de charbon. C'eſt tout le menu charbon, ou la pouſſière de charbon qui demeure au fond du bateau. (Acheter un pouſſier de charbon. Les Doreurs ſur livre ſe ſervent de pouſſier de charbon.)

Pouſſière, ſ. f. Choſe ſi déliée & ſi menuë qu'elle peut être emportée par le vent. (La pouſſière vole au cœur de l'été lorſqu'il fait bien chaud. Faire de la pouſſière en balaiant. La pelle fait aler de certaines pierres en pouſſière. Couvert de lueur & de pouſſière. *Vaug. Qu. l.* 1.

Ont-ils rendu l'eſprit, ce n'eſt plus que pouſſière
Que cette Majeſté ſi pompeuſe & ſi fière.
Mal. poëſ. 1.)

* *Eſſuyons la noble pouſſière qui couvre les lauriers,* c'eſt à dire, Travaillons pour obtenir la victoire & pour gagner des lauriers. Voiez Lauriers.

Pouſſif, pouſſive, adj. Ce mot ſe dit *des chevaux,* & veut dire Qui a la pouſſe. (Cheval pouſſif.)

* † *Pouſſif, pouſſive.* Ce mot ſe dit des perſonnes mais en mal. Il veut dire, Qui a courte haleine. Il eſt pouſſif. On dit auſſi ſubſtantivement. C'eſt un gros pouſſif.]

Pouſſin, ſ. m. Le petit, d'une poule. (Poule qui a fait des pouſſins. La poule apelle & mène ſes pouſſins.)

Pouſſinière, ſ. f. C'eſt ce qu'on apelle en termes *d'Aſtronomie les Pléiades ;* qui ſont ſept étoiles qui ſont derrière le ſigne du Taureau.

Pouſſoir, ſ. m. Inſtrument dont le Chirurgien ſe ſert pour pouſſer

POZ. PRA.   PRA. PRE.

pousser dehors la dent qu'il a décharnée. Le poussoir est un fer à trois pointes.

POUSSOLANE. Voyez plus bas *pozzolane*.

POUTRE, *s. f.* Terme d'Architecture. Grosse piéce de bois qui porte les solives. (Equarir une poutre. Poser une poutre.)

Poutrelle, s. f. Petite poutre.

POUVOIR, *v. a. Je puis, tu peux, il peut, nous pouvons, Je pouvois, j'ai pû, je pus. Je pourrai, je puisse, je pourrois, je pusse.* Avoir pouvoir. Avoir puissance, le crédit. Etre en état de. (Vous pouvez tout sur Monsieur. *Voit. poës.* Je puis ce que je veux, & tout ce que je veux, ne va qu'à passer le tems en honnête homme.)

† *N'en pouvoir plus.* C'est à dire, être vieux, foible & cassé.

† *N'en pouvoir mais.* C'est à dire, n'être pas cause qu'une chose qui ne se devoit pas faire, soit faite.

(*Je n'en puis mais.* C'est à dire ce n'est pas ma faute, je n'en suis pas cause.)

Pouvoir, s. m. Force. (Aimable amour, ôtez moi la volonté, puisque vous m'avez ôté le pouvoir, ou rendez moi le pouvoir, puis que vous me laissez encore la volonté.)

Pouvoir, s. m. Puissance. Crédit. Autorité. Etat de pouvoir faire. (Son pouvoir est fort borné. Avoir du pouvoir. Il est en pouvoir de faire du bien à ses amis, mais il n'a pas assez de cœur pour leur rendre un bon office. S'employer de tout son pouvoir à servir un ami.)

POU-DE-SOIE, *s. m.* Sorte de Férandine. Sorte d'étofe de soie dont on s'habille. (Il est habillé de pou de-soie. Ce pou-de-soie est très-beau, & d'un très bon usé.)

POZ.

POZZOLANE, *poussolane, s. f.* Quelques-uns disent & écrivent *poussolane*, mais mal, à ce qu'on croit ; *pozzolane* est le vrai mot. C'est une sorte de sable qui se trouve dans le territoire de Pouzzól vile d'Italie auprès de Baïes, qui n'est pas éloignée de Naples ; qui est propre à faire de bon mortier. Sorte de sable qu'on tire de terre en Italie lorsqu'on fait des puits. (La pozzolane est propre à faire de bons enduits. *Perrault, Abregé du Vitruve, p.* 52.

PRA.

PRAGMATIQUE SANCTION, *s. f.* Prononcez *pragmatique sanction*. Ces mots viennent du Grec, & du Latin, & on apelle *pragmatique sanction*, de certaines ordonnances, de certaines constitutions, ou de certains édits généraux sur quelques afaires particuliéres qui touchent ordinairement l'interêt public, quelque corps, ou quelque vile. *Doujat ; specimen juris, Tome I. préface.*

Pragmatique sanction. Ces mots sont aussi un terme de droit Canon François. Cette pragmatique est une ordonnance de Louïs IX. de l'année 1268. qui regarde la collation des bénéfices & le choix des personnes Ecclésiastiques pour les posseder & qui conformément aux anciens Canons, donne aux Collateurs ordinaires, aux Evêques, aux Abaïes, & aux Chapitres le pouvoir d'élire leurs Supérieurs. Monsieur Patru parle ainsi de cette pragmatique, *plaidoié* 4. *page.* 63. Vous savez quel étoit l'état déplorable de l'Eglise Gallicane quand Saint Louïs par la pragmatique qui porte son nom, lui donna comme une face nouvelle, en rendant aux Collateurs ordinaires, aux Chapitres, aux Evêques, tout ce que la confusion des siécles passez leur avoir ôté. Voyez encore *Fell, Traité des ofices, T.* 1. titre 33. Il y a outre cette pragmatique de S. Louïs ou de Louïs IX. une autre pragmatique de Charles VII. faite avec les Grands du Roiaume & les personnes les plus intelligentes dans les matiéres Ecléfiastiques, par laquelle Sa Majesté entend, que suivant les anciens Canons renouvelez par un des décrets du Concile de Bâle tenu sous les Pontificats de Martin cinquiéme & d'Eugéne quatriéme, chaque Eglise & chaque Communauté aura droit d'élire son Chef & son Supérieur. Que le Pape ne pourra plus user de graces expectatives, ni de réserve à l'égard des Eglises Métropolitaines, Catédrales & Collégiales ; qu'il ne pourra aussi user de graces expectatives, ni de ré serve à l'égard des Monastéres : les Dignitez & Prélatures venant à vaquer, qu'on y pourvoira par élection ; & qu'à l'avenir tous les Papes s'obligeront par serment à leur avénement au Pontificat de garder cette ordonnance, conformément aux anciens Canons. (Etablir la *pragmatique sanction* Apuïer, soutenir la *pragmatique*. Détruire la pragmatique. Louïs onze s'obligea par serment sur le Saint Evangile à détruire la *pragmatique sanction*. Combatre, ataquer la pragmatique. Le concordat qui se fit entre le Pape Léon dixiéme & le Roi François premier abolit les principaux chefs de la pragmatique sanction.)

PRALINES, ou *amandes à la praline, s. f.* Ce sont des amandes rissolées dans du sucre. Amandes qu'on fait bouillir dans du sucre jusques à ce qu'elles soient un peu séches & qu'elles croquent sous la dent. (Ces pralines sont fort bonnes.)

PRAIRIE, *s. f.* Voyez *prérie*.

PRATICABLE, *adj.* Ce mot dans sa prémiére signification, veut dire, qui se peut pratiquer, qui peut être mis en usage

& en pratique. (Ce conseil n'est pas praticable. Cette machine est d'une belle invention, mais elle n'est pas praticable.) Le mot de *praticable*, en ce sens, n'est pas bien en usage, & l'on dira plûtôt ne se peut pas mettre en pratique.

Praticable. Ce mot, parlant de chemin, veut dire, *bon*, par où l'on peut aller. (Les chemins commencent d'être praticables. Les chemins sont à cette heure praticables. Les chemins ne sont pas praticables à cause des neges. *Renaudot,* Gazette du mois de Mai 1690)

* *Praticable, adj.* Parlant de personnes, veut dire, avec qui on peut avoir commerce. Sociable, avec qui on peut avoir afaire. (C'est un homme qui n'est nullement praticable ; que le bon-homme A...)

PRATICIEN, *s. m.* Celui qui entend bien les diverses sortes de procédures. Celui qui conduit & instruit un procès Celui qui fréquente les divers siéges des Juges, & qui sait les diferens stiles qui regardent les procès. (Un bon praticien.)

Pratique, adj. Qui n'est pas spéculatif. Qui est dans l'éxercice & dans l'action. (Il y a une géometrie pratique & une géométrie spéculative.)

Pratique, s. f. Action de pratiquer. Exercice. Usage. (Cette opinion n'est pas sans probabilité dans la théorie, mais il faut suivre le contraire dans la pratique ; *Pasc. l.* 7. Il y a plusieurs pratiques pour faire des opérations de Mathématique & de Mécanique. Il a une pratique toute particuliére. La pratique continuelle d'un métier, rend un Artisan habile.)

Pratique, s. f. Terme de Palais. C'est l'usage des coutumes & des diférentes sortes de procédures. (Aprendre la pratique chez les procureurs. Savoir la pratique. Entendre la pratique.)

Pratiques. Ce mot se dit en parlant de gens qui gagnent leur vie à servir le public, & il signifie Afaires qui viennent des chalans ou des cliens qu'on a. Gens qu'on sert en qualité de personne publique. Afaire qu'on donne à une personne afin qu'on lui en fasse quelque profit. (Donner des pratiques à un Avocat, à un Procureur. Il a acheté l'étude de la pratique d'un Procureur au Parlement. Chirurgien qui a de bonnes pratiques. Médecin qui a les meilleures pratiques de tout Paris. Avoir des pratiques en vile.)

Pratique, s. f. Ce mot se dit en terme de Mer, & signifie *Commerce. Communication.* (A la veüe de la côte nous fimes pavillon blanc pour avoir pratique.)

* *Pratique.* Intrigue. Cabale. Adresse. Menée. (Ses pratiques nous firent avoir une armée de cinq mille hommes. *Voit. l.* 74. On faisoit des pratiques pour le perdre. *Voit. let.* 74. Etre averti des pratiques d'un parti. *Mémoires de M. le Duc de la Roche-Foucaut.*

Pratiquer, v. a. Faire souvent. Exercer. Mettre en usage. Réduire en pratique. (Faire pratiquer aux hommes les devoirs extérieurs de la Religion. *Pasc. l.* 5. Tous les bons Auteurs le pratiquent ainsi. *Vau. Rem.*)

Pratiquer. Fréquenter. Hanter. (On s'atache volontiers aux honnêtes gens, pasce qu'on a du plaisir & de l'honneur à les pratibuer. *Le Chev. de Meré, Converf.*)

Pratiquer. Suborner. Tâcher de gagner. Tâcher d'atirer à soi parti. (Il envoioit sous main pratiquer les Perses. *Vau. Qu. l.* 5. Mon pére à ce qu'il est assassiné par ceux qui les vôtres ont pratiqué avec des sommes immenses. *Vaug. Q. l.* 4. *c.* 1.)

Pratiquer. Ménager. (Les Architectes pratiquoient des lieux pour y mettre des vases d'airain. *Abregé de Vitr. p.* 18.)

PRÉ.

PRÉ, *s. m.* Piéce de terre qui ne se laboure point, & où il vient de l'herbe qu'on fauche tous les ans dans une certaine saison de l'année, & on ensuite on fait paître les chevaux & les bœufs. (Un beau pré. Faucher un pré.)

* *Se trouver sur le pré.* C'est se trouver en un lieu pour se batre en duel.

PRÉ-ADAMITES, *s. f.* Hommes que quelques-uns ont crû avoir été avant Adam, mais leur opinion est condamnée par l'Eglise. La peirere qui mourut il y a environ treize ans aux Vertus ; petit vilage auprès de Paris, a fait un livre des *pré-Adamites*, pour lequel il pensa pêtir à Brussélles. Voici l'Epitaphe de ce savant homme

Ici gît la Peirére, ce bon Israélite
Catolique, Huguenot, enfin Pré-Adamite ;
Quatre Religions lui plurent à la fois,
Et son indiférence étoit si peu commune,
Qu'après quatre vints ans qu'il avoit à faire un choix
Le bon-homme pertit & n'en choisit pas une.

PRÉALABLEMENT, *Au préalable.* Ces adverbes signifient toutes choses, mais ils sont hors d'usage. *Vau. Rem.* On a dit aussi *c'est en préalable,* c'est à dire, une chose qu'il faut faire avant toutes les autres. Ces mots ne se disent plus en terme de pratique.

† *Pré-allegué, prealégué, adj.* Qui a été déja allegué auparavant. (Cela se trouve ainsi dans l'Auteur préallegué.

PRÉAMBULE, *s. m.* Discours qu'on fait pour entrer en matiére. Discours qu'on fait avant d'entrer tout à fait en matiére, & qui souvent est assez superflu. Discours inutile qu'on pourroit aisément retrancher. (Parlé en peu de mots,

&

& sans préambule. *Abl. Luc.* Tout ce long préambule ne tend qu'à étaler la sotte vanité de l'Auteur.)

† PREAU, *s. m.* Petit pré. (Ils se sont batus sur le preau.)

PREAU. Ce mot se dit en parlant de *prison* & de *prisonniers.* C'est la cour de la prison. (Prisonnier qui se promène au preau. Mettre un prisonnier sur le preau. Avoir la liberté d'être sur le preau.)

PRÉBENDE, *s. f.* Sorte de bénéfice qui est ordinairement attaché au Canonicat. Revenu Ecclésiastique qu'on donne à une personne & qui est attaché à un autre bénéfice. (Prébende Cardiale. Prébende Colégiale. Il faut avoir quatorze ans acomplis pour posseder les prébendes des Eglises Catédrales, & pour celles des Eglises Collégiales dix ans achevez. *Maissac, Droit Eclésiast.*)

Prébende, *s. m.* Celui qui a une prébende. (Il rejettoit la cause de leurs malheurs sur d'inutiles mandians qu'il apelloit Prélats, Chanoines, Prebendez *Maucr. Schisme,* l. 1.)

† PRÉCAIRE. Terme de Droit. Il se dit de la manière de posseder quelque chose. *Posseder par précaire.* C'est ne posseder pas comme proprietaire, mais seulement comme usufructuaire, à condition de restituer, ou en païant la rente. (Un douaire & un usufruit ne se possedent que par précaire. Dans les lettres de constitution de rente, on y met la clause de constitut de précaire.)

PRÉCAUTION, *s. f.* Prononcez *précaucion.* C'est une veuë des inconveniens qui peuvent arriver. (Négliger des précautions qui seroient bien nécessaires. Prendre d'autres précautions que celles dont on s'est servi. Prendre ses précautions auprès de quelqu'un *Mémoires de M. de la Roche-Foucaut.* C'est à faire aux Grecs d'y aporter des précautions. *Vaug. Quin. Curce.* l. 1. ch. 8.)

Se précautionner, *v. r.* Prononcez *se précaucionner,* C'est user de précaution. (Se précautionner contre un ennemi.)

PRÉCÉANCE. Voiez *préséance.*

PRECEDER, *v. a.* En Latin *praecedere.* Aller au devant. Avoir le pas devant quelqu'un. (Ils concluoient à ce qu'il fût dit qu'ils nous précéderoient. *Patru,* pl. 15.)

Précedent, *précedente.* Qui précède. Qui a été auparavant. (Les siécles precedens. Je l'avois vû les jours précedens. L'année précedente. Au livre précédent. A la page précedente.)

† *Précedemment, adv.* Antérieurement. Avant un autre. Terme de pratique. (Ce Créancier a été colloqué précédemment à un autre.)

PRÉCEINTES, *s. f.* Terme de *Mer.* Voiez *Ceintes.*

† PRÉCENTEUR, *s. m.* Terme dont on se sert en quelques Eglises de France. Il est formé du Latin *Praecentor,* qui signifie celui qui chante avant les autres. Le Maître du chœur.

PRÉCEPTE, *s. m.* Il vient du Latin *praeceptum.* Instruction qu'on donne pour aprendre quelque chose. Principe, fondement de quelque langue. Dogme, Instruction. (Aprendre ses préceptes. Savoir ses préceptes. Donner de bons préceptes.)

Précepte. Commandement. (Dieu a établi le précepte de ne point tuer. C'est un précepte afirmatif. C'est un précepte négatif.)

Précepteur, s. m. Celui qui est chargé de la conduite d'un jeune enfant riche, ou de qualité & qui le doit élever dans la vertu & dans les lettres, & qui pour sa peine a quelques gages du père, ou de la mère, ou des parens de l'enfant. (Monsieur Bossuet, qu'on apelle présentement Evêque de Meaux, a été précepteur de Monseigneur le Daufin.)

* *Précepteur.* Il est quelquefois figuré & signifie celui qui donne des préceptes qui regardent les mœurs & la conduite de la vie. (Il semble que tu n'aies jamais sû la vie de ces grands précepteurs du genre humain. *Ablancourt, Tome* 2. *paraste.*)

PRÉCESSION, *s. f.* Terme d'*Astronomie.* Il se dit des Équinoxes qui avancent vers l'Orient. Le mouvement lent de la huitième Sphère qui avance vers l'Orient fait que les points des Equinoxes que les Anciens Observateurs avoient placé au premier degré d'Aries se trouvent à présent au 29. degré 7. minutes & quelques secondes de ces mêmes signes. Copernic qui estime que les étoiles fixes sont immobiles, apelle ce changement la *précession des Equinoxes,* & dit que c'est parce que l'Equateur coupe tous les ans l'Ecliptique en des points plus prochés de l'Orient, &c.

PRECHE; *presche, s. m.* L'un & l'autre s'écrit, mais on prononce *prêche.* Terme de *Messieurs de la Religion.* Il signifie *Sermon,* ou *Prédication,* mais, en ce sens, il ne se dit pas guère à Paris en la place du mot de *Sermon,* ou de celui de *Prédication.* (Monsieur Claude a fait un beau Sermon, ou une belle prédication, & plus rarement Monsieur Claude a fait un beau Prêche, mais Sermon. Ainsi on dit, les Sermons de Monsieur Daillé sont fort estimez & jamais les *Prêches* de Monsieur Daillé sont fort estimez.)

Prêche, s. m. Terme dont quelques-uns se servent pour exprimer que ces Messieurs de la Religion apellent *temple,* mais mais il vieillit en ce sens, & on emploie ordinairement à Paris le mot de *temple* au lieu de celui de *prêche.* (Er l'on dit. (Aller au temple. Il est au temple ; presque plus, il est au prêche. Aller au prêche.)

Prêcher; prescher, v. a. Annoncer la parole de Dieu au peuple. (Prêcher l'Evangile au peuple. Prêcher la parole de Dieu. Prêcher les Dominicales. Prêcher un Avent, un carême, une octave.)

* Après cela, viens nous *prêcher* ton innocence. *Ablancourt, Luc.*)

* Alez-vous en un peu prêcher cela à Rüel. *Voit.* l. 91.

* Son teint mortifié *prêche* la continence. *Reg. Sat.* 13.

Prêcheur; prescheur, s. m. L'un & l'autre s'écrit, mais on prononce *Prêcheur.* Ce mot signifie *celui qui prêche,* & se dit quelquefois en parlant des *Jacobins* qu'on apelle *Frères Prêcheurs,* mais on ne les apelle pas de la sorte dans le commerce ordinaire, on les nomme *Dominicains,* ou *Jacobins* à Paris, mais dans quelques Provinces on les apelle *Prêcheurs.*

* *Prêcheur.* Ce mot pour dire *Prédicateur,* est bas & de mépris. (Monsieur l'Abé un tel est un *plaisant Prêcheur.*)

PRECIEUX, *précieuse, adj.* Voiez *prétieux.*

PRECIPICE, *s. m.* Il vient du Latin *Praecipitium.* Grande & profonde ouverture de terre. (Un afreux précipice. Jetter dans un grand précipice.)

[* Ta couronne & ta vie sont au bord du *précipice. Vaug. Q. l.* 5. Il vouloit profiter de tous évenemens pour jetter le Prince dans le précipice. *Mémoires de M. de la Roche-Foucaut.* Conduire dans le précipice par un chemin agréable. *God.*)

PRECIPITAMMENT, *adv.* Avec précipitation. (Quand on est bien sage on ne fait rien précipitamment.)

† *Précipitément, adv.* Ce mot signifie *précipitamment,* mais il n'est pas si en usage que *précipitamment. Vaug. Rem.*

Précipitation, s. f. Prononcez *précipitacion.* (La trop grande précipitation ôte pour l'ordinaire une partie du jugement.)

Précipitation. Terme de *Chimie.* Elle se fait lorsque le médicament qui avoit été dissout par quelque sel fixe corrosif, ou par quelque esprit acide, ou par quelque esprit volatile, quite le dissolvant & se précipite au fond du vaisseau. Voiez *Char. Pharmacopée.*

Le mercure précipité. C'est une dissolution de mercure qui se fait au feu de lampe durant deux mois, qui le réduit en poudre rouge & brillante.

Précipiter, v. a. Jetter dans un précipice. Jetter d'un lieu haut & élevé en bas, jetter de quelque lieu en bas. (Précipiter quelqu'un du haut d'une tour. Dieu a précipité Lucifer dans les enfers.)

* Il ne faut rien précipiter. *Abl. Ar.* C'est à dire, Il ne faut rien hâter, ni faire trop vite.

* *Précipiter dans le malheur. Abl.* Faire tomber vite dans le malheur.

* *Précipiter.* Terme de *Chimie.* C'est séparer le mixte dissout & le faire tomber en poudre au fond de son dissolvant. *Gloss. tr. de Chim. l.* 1.)

Se précipiter, v. r. Se jetter d'un lieu élevé en bas. (Il s'est précipité du haut d'un rocher dans la mer.)

* Fleuves qui *se précipitent* dans la mer. *Vaug. Qu. l.* 5. C'est à dire qui coulent vite.

* *Se précipiter dans le péril. Vaug. Qu. l.* 2. C'est à dire, Se jetter dans le péril.

Précipité; précipitée, adj. Hâte. (Départ précipité.)

PRECIPUT, *s. m.* Terme de *Palais.* Ce mot est pris diféremment. C'est un présent que les mariez se font mutuellement & donnent à celui des deux qui survivra. C'est ce que le mari, ou la femme prennent sur toute la commuanuté hors part & avant le partage. C'est aussi ce qu'ainé à sous son droit d'aînesse dans une terre Seigneuriale. (Prendre son préciput. Elle a un préciput considérable.)

PRECIS, *s. m.* Abrégé de substance d'une afaire. Sommaire. (Voilà le précis de l'afaire.)

Précis; précise, adj. Particulier. Juste & distinct. (Circonstance précise. *Pasc.* l. 6. Témoignage bien précis. Donner des marques précises qui distinguent une chose d'une autre. *La Chambre.*)

Précisément, adv. Justement, Exactement. Ni plus ni moins, dans le tems juste. Dans le tems qu'il faut. (Dire précisément ce qu'il faut. Il est venu précisément à trois heures. On soupe précisément à six heures dans les Convents & les Communautez.)

Précision, s. f. Terme de *Philosophie.* Abstraction. C'est l'action de nôtre esprit qui ne pouvant comprendre parfaitement les choses un peu composées, les considère par parties & par les diverses faces que ces choses peuvent recevoir, c'est ce qu'on peut généralement apeller Connoitre par abstraction, ou par précision. Voiez *La Logique de Monsieur Ben, première partie, ch.* 4.

Précision. Exactitude. Justesse. (La Géométrie est la seule science qui va jusqu'à la dernière précision, c'est à dire, justesse & exactitude, non seulement sensible, mais aussi à celle qui se peut imaginer.)

PRECOCE, *adj.* Mot qui vient Latin *praecox,* & qui se dit des fruits mûrs avant le tems. (Fruits précoces. Cérises précoces. On dit substantivement *des précoces.*)

* On dit au figuré, à l'imitation des Latins un *esprit précoce,* en parlant d'un enfant qui fait paroître de l'esprit de trop bonne

PRE.   PRE.   641

bonne heure. Et l'on en dit comme des fruits précoces qu'il ne dure pas longtems.

PRÉCOMPTER, ou Préconter, v. a. L'un & l'autre se peut écrire, mais on prononce préconté. Terme de pratique, qui signifie compter auparavant & déduire d'abord certaines sommes. (Les enfans qui viennent à la succession de leur pére, ou de leur mére doivent précompter ce qu'ils ont reçu en avancement d'hoirie. Il faut précompter les fraix, &c.)

PRÉCONISATION, s. f. Terme de *matiére bénéficiale*. Prononcez *Préconizacion*. Raport que fait le Cardinal protecteur au Pape & aux Cardinaux en plein consistoire que celui que le Roi de France a nommé à un bénéfice, a les qualitez requises pour posséder le bénéfice. *Massac Droit Ecclés.* c. 4.

Préconiser, v. a. Terme de *matiére bénéficiale*, qui se dit du Pape, & des Cardinaux qui font leur raport en plein consistoire que la personne nommée à quelque bénéfice, a les qualitez requises pour le posséder. Le Pape, ou le Cardinal préconisa un tel pour l'Evêché de, &c.

Préconiser. Il signifie quelquefois loüer une personne & dire qu'il est digne d'être préconisé dans les formes. (Il a quantité d'amis qui le préconisent à la Cour de Rome.

PRÉCURSEUR, s. m. Ce mot se dit en terme de piété, & veut dire. *Qui est venu devant*. (S. Jean a été le précurseur de JESUS-CHRIST. Ce mot ne se dit que de lui.)

PRÉDÉCEDER, v. n. Ce mot est écorché du Latin & signifie mourir avant un autre, avec qui on a quelque rélation, ou liaison d'interêt. Il ne se dit que dans le stile des Notaires (On fait des conventions dans les Contrats de mariage pour régler ce qu'il faudra faire selon que l'un ou l'autre du mari ou de la femme précédera.)

PRÉDÉCÈS, s. m. Terme de *Pratique*. Mort d'une personne avant celle d'un autre, avec qui elle a quelque liaison d'interêt. (On a mis cette clause en cas de prédécès de l'un ou de l'autre des conjoints. Le *prédécès* de l'un ou de l'autre des conjoints. Le *prédécès* du mari a beaucoup nui à ses enfans du premier lit.)

PRÉDÉCESSEUR, s. m. Celui qui a precedé un autre en quelque lieu, en quelque charge, ou en quelque ofice. (Il n'est pas si estimé que son prédecesseur.)

PRÉDESTINATION, s. f. Prononcez *prédestinacion*. Terme de *Téologie*. C'est un dessein que Dieu a de toute éternité, de donner la gloire éternelle à ceux qu'il a choisis. (Aprendre le traité de la prédestination. Il a savamment parlé de la prédestination. Croire la prédestination.)

Prédestiné, v. a. Ce mot se dit en parlant de Dieu & de ses élus. Choisir de toute éternité une personne pour lui faire partage de la béatitude éternelle. (Dieu l'avoit prédestiné pour être sauvé.)

Prédestiné; *prédestinée*, adj. Qui est choisi de Dieu pour être sauvé. (Il est prédestiné. Elle est prédestinée.)

Prédestiné, s. m. Elu de Dieu pour être un jour bien-heureux dans le ciel. (Bien-heureux sont les prédestinez.)

PRÉDICABLE, adj. & quelquefois s. m. C'est un put terme de *Logique* qui se dit de certains atributs généraux qui se peuvent dire à l'égard de certaines choses.

PRÉDICAMENT, s. m. Terme de *Logique*. C'est une des dix catégories ausquelles Aristote a voulu raporter tous les objets de nos pensées. (Les *prédicamens* sont fort peu importans pour former le jugement & la raison, & c'est pourtant le but de la vraie Logique. Ces prédicamens sont la substance, la quantité, la qualité, les habitudes, la forme, la figure, la relation, la situation, quand, &c.)

† * *Etre en bon*, ou *en mauvais prédicament dans le monde*. C'est à dire, en bonne, ou mauvaise réputation.

† PRÉDICANT, s. m. Mot de mepris pour dire un Ministre de la parole de Dieu. (C'est un petit *Prédicateur de vilage* qui fait l'entendu & n'a pas le sens commun.)

Prédicateur, s. m. C'est un Ecclésiastique qui est, ou qui doit être un homme de probité, d'une vie exemplaire & d'un grand sens, & qui d'une maniére grave, ornée & touchante, enseigne les veritez Evangeliques pour la gloire de Dieu, pour son propre salut & pour celui du prochain. Voiez là-dessus la *Rétorique de Grenade*. (Le Prédicateur doit être sçavant. Il ne peut annoncer la parole de Dieu sans le consentement des Archevêques, des Evêques, ou de leurs grands Vicaires chacun dans leurs Dioceses. Les Curez de Paris avec leurs Marguilliers présentent à l'Archevêque le Prédicateur qu'ils ont choisi.)

Prédication, s. f. Prononcez *Prédicacion*. C'est à dire, *Sermon*. C'est une instruction Crétienne qu'un Ecleziastique fait au peuple en stile oratoire. (La fin de la *Prédication* est, de convertir les ames à Dieu. Faire une belle Prédication. Entendre, ouïr la Prédication. Aller à la Prédication, s'adonner à la Prédication.)

PRÉDICTION, s. f. Prononcez *prédiction*. C'est une maniére de profétie. C'est une divination par laquelle on dit & on marque ce qui doit ariver. (L'éfet confirma la prédiction. *Abl. Ar.* l. 7. Il y a bien des gens qui se moquent de toutes les prédictions des Astrologues & qui croient fort vaines, & ils ont raison.)

Prédire, v. a. C'est dire ce qui doit ariver. Deviner. (On lui a prédit que s'il se marioit avec la jeune Climéne, il auroit un panache de cerf. On lui a plusieurs fois prédit le malheur qui lui est arrivé.)

PRÉDOMINER, v. n. Dominer particuliérement. (Il y a des choses ou des élémens *prédominent* plus que dans d'autres. *Roh. phis.*)

Prédominant, *prédominante*, part. & adj. Qui prédomine. Qui agit, ou qui paroit le plus. (Qualité prédominante. C'est la passion prédominante.)

PRÉÉMINENCE, s. f. Droit. Privilége. Prérogative. (Il ne peut moins faire que de défendre les prééminences de son Abaïe. *Patru*, pl. 15. Il faut qu'ils quittent une prééminence que leurs prédécesseurs ont toujours gardée. *Patru*, plaidoyé 19.)

† *Prééminent*, *prééminente*, adj. Plus haut, plus grand, ou plus excellent. (Dignité prééminente.)

PRÉFACE, s. f. Discours qu'on met à la tête d'un livre & où un Auteur rend raison de la conduite qu'il a tenuë dans son ouvrage. (La préface qui est à la tête des Remarques de Vaugelas est très belle. Celle qui est à la tête des ouvrages de Sarafin est belle aussi, mais il y a quelque chose de faux. Les préfaces des ouvrages de Monsieur d'Ablancourt sont fort estimées.)

Préface. Terme d'*Eglise*. C'est la partie de la Messe qu'on dit immédiatement devant le Canon, & qui se chante aux grandes Messes. C'est l'entrée du canon de la Messe. (Chanter la préface. On est à la préface de la Messe.)

PRÉFECTURE, s. f. Charge & dignité de Préfet qui étoit fort considerable dans l'Ancienne Rome. Voiez plus bas *Préfet*.

PRÉFERABLE, adj. Qui doit être préferé. (Les Platoniciens sont préferables pour la Logique à tous les autres Philosophes. *Port-Roïal*.

Préference, s. f. Elle consiste à préferer une personne à une autre. C'est un choix qu'on fait d'une personne plutôt que d'une autre pour lui donner, ou faire faire une chose. (Donner la préference à quelqu'un. *Abl.* Minerve eut la préference sur Neptune, à qui donneroit le nom à Athènes. *Benser.* Demander la préference. Païer quelqu'un par préference.)

Préferer; v. a. User de préference à l'égard des choses, ou des personnes. Estimer davantage. (Il a le goût mauvais en matiere de poësie, puisqu'il préfere le Tasse à Virgile, & Juvenal à Horace. On l'a préferé à son rival, à son concurrent, à son aîné, &c.

PRÉFECT, ou *Préfet*, s. m. L'un & l'autre s'écrit, car ce mot vient du Latin *Præfectus*. Prononcez *Préfet*. C'étoit autrefois un des premiers Magistrats de Rome, qui la gouvernoit en l'absence des Consuls, ou des Empereurs. On le nommoit *le Préfet de la Vile*. Le *Préfet du Prétoire* étoit le Chef de la Legion Prétorienne destinée à la garde de l'Empereur. Voiez *Prétoire*.

Il y a aujourd'hui à Rome un *Préfet*, qui est une espèce de Gouverneur. Il y a aussi des Préfets de la signature, des Brefs, &c.

PRÉFET, s. m. Terme de *Jésuite*. C'est le Jésuite qui a soin des classes. (Le pére un tel est préfet. Un sévere, un exact préfet. On l'a fait préfet des classes d'humanitez.)

Préfet. Jésuite précepteur d'un enfant de qualité qui est pensionnaire dans leur colége. (Les Jésuites donnent autant qu'ils peuvent, des *préfets* à tous les enfans de qualité qu'ils ont en pension.)

PRÉFIX, *préfixe*; adj. Déterminé. Conclu. Arrêté. Ils se rangérent en bataille au jour préfix sous l'obéïssance du Roi. *Vau.* Qu. l. 3. c. 1. Il n'y a point de tems préfix.)

Préfixion de préfet, Terme de *Palais*. Pour toute préfixion de délai, on lui a donné deux mois. C'est à dire, *pour tout délai*; *pour dernier délai*.

PRÉJUDICE, s. m. Perte. Tort. Dommage. (Cela lui a fait un notable préjudice. Cela lui cause un préjudice considérable.)

Préjudiciable, adj. Qui porte préjudice. Nuisible. (Cela lui est tout à fait préjudiciable. L'impiété est préjudiciable à la fortune, à la réputation, &c.)

Préjudicier, v. a. Faire du tort. Causer du tort. Nuire. (La débauche préjudicie à la santé. Le mauvais succès de son livre a fort préjudicié à sa réputation. L'amour préjudicie souvent à la fortune.)

PRÉJUGER, v. a. Terme de Palais. C'est prononcer sur une chose qui prépare à juger au fond & définitivement une afaire. C'est ce que vous avez *préjugé* quand vous avez mis l'apelant hors des prisons à caution. *Patru*, 11. pl.)

Préjugé, s. m. Terme de *Palais*. Ce qu'on a jugé d'une afaire sans juger le fond, & qui marque en quelque façon que ce-lui en faveur de qui on a jugé gagnera entièrement son procès. (On lui a ajugé la récréance du bénéfice & c'est un favorable préjugé pour lui.)

Préjugé, Sorte de connoissance antérieure qu'on a d'une chose, ou d'une personne. Prévention.

[* Se voir un Auteur érigé
    Est un sinistre préjugé. *Scaron*, poës.
* Quand on veut bien aprendre quelque chose il se faut défaire de ses préjugez.]

PRÉLART, s. m. Terme de *Marine*. C'est une toile godronnée, qu'on met sur les Escaliers, Panneaux, Fronteaux, Caillebotis

tis,&autres endroits ouverts d'un Vaisseau. On *Dict. Math.*

PRÉLAT, *s. m.* Qui possede un bénéfice à Prélature.

(Prélat passant tous les Prelats Rois,
Cas' les presens seroit un peu trop dûë.
Voit. poëf.)

PRÉLATURE, *s. f.* Toutes les grandes dignitez de l'Eglise, comme de Patriarche, d'Archevêque, d'Evêque, d'Abé & autres principales dignitez. (Ils nommerent aux Prelatures. *Patru*, *plaidoié 4.* La confession des ames est la plus noble fonction de la Prélature. *Maucroix. Homelies.*)

PRÊLE, ou *prelle s. f. f.* Plante qui a une tige creuse & ronde & qui est une espece de jonc qui sert aux tourneurs pour adoucir le bois.

Prêler, v. a. Terme de Tourneur & de Vernisseur. Froter avec de la prêle. (Prêler le bois.)

† PRÉLÉGUER, *v. a.* Terme de Notaire. Faire un legs qui doit être paié avant le partage de l'hérédité.

† * PRÉLEVER, *v. a.* Terme de Pratique. Lever quelque somme avant le partage d'une succession, ou d'une Societé. (Il faut prélever les dettes passives.)

PRÉLIMINAIRE, *adj.* Ce mot vient du Latin *præliminaris.* Il signifie ce qu'il faut éxaminer & savoir avant le sujet principal d'une affaire. Ce qui est la tête de quelque livre, ou de quelque ouvrage d'esprit. (Discours préliminaire. Une question préliminaire *Roh. phif.*)

Préliminaire, *s. m.* Ce mot se prend encore comme un substantif, qui signifie ce qui se doit éxaminer, juger, ou terminer avant que l'on traite un affaire sur le fond. (Il y a divers préliminaires qu'il faut éxaminer avant que de traiter de la paix. C'est un préliminaire qui donnera bien de la peine & fera perdre du tems.)

† PRELUDER, *v. n.* C'est commencer à joüer un peu sur quelque instrument de musique pour le mettre en train. (Avant que de chanter il faut que je prélude un peu. *Moliere. Malade imaginaire, 1. intermede.*)

† * *Preluder.* Ce mot se dit aussi en raillant, & en parlant de manger. (En attendant le diner, on nous a aporté un ragoût, mais ce n'étoit que pour préluder.)

Prélude, *s. m.* Mot assez nouveau pour dire, sur ce qui se joüe d'abord sur quelque instrument de musique pour se concilier les gens devant qui on doit joüer. (Ces préludes sont beaux & charmans. Faire quelques petits préludes.)

(† * Après quelque *prélude* de plaisanterie sur les bonnes fortunes du Comte, il, &c. *Le Comte de Bussi.* C'est à dire, après quelque commencement de plaisanterie. Il danse lui seul comme par prélude, la, la. *Moliere, prétienses. s. a.*)

† * PRÉMATURÉ, *prématurée*, *adj.* Ce mot vient du Latin *præmaturus* qui se dit au propre des fruits & signifie qui est trop tôt mûr. Il n'est en usage, en François, qu'au figuré & signifie qui se fait, ou qui arrive plutôt qu'il ne devroit. Ainsi l'on dit, *Une mort prématurée*, c'est à dire, qui arrive dans le bas âge, ou dans la jeunesse. *Une demande prématurée*, c'est à dire, faite avant qu'on ait la faire, avant le tems, auquel on auroit droit de la faire.

† * *Prématurément*, *adv.* D'une maniere prématurée. Avant le tems. (Les entreprises qu'on fait prématurément ne réüssisent pas.)

PRÈME-D'EMERAUDE, *s. f.* Sorte de pierre précieuse qui est à demi transparente & à demi opaque. (Il y a quatre sortes de prême-demeraude. L'une qui tient du jaune & du verd, l'autre, de la couleur de la fougere, & la troisiéme est d'une couleur blanche, & bleuë avec quelques taches qui tirent sur le noir. Ces quatre sortes de pierres se trouvent dans les Indes Orientales & Occidentales, dans l'Europe, & dans la Boheme. *Voïez le Trésor des Indes.*)

PRÉMÉDITER, *v. a.* Méditer auparavant sur une chose. Penser auparavant à une chose, la rouler en son esprit. (Préméditer un dessein. Il a prémedité de faire un voïage.)

Préméditation, *s. f.* Prononcez *préméditacion* Action de l'esprit qui prémédite. (Une longue & sérieuse préméditation. On ne doit rien faire en matiere d'esprit sans beaucoup de préméditation.)

PRÉMICES, *prémices*, *s. f.* Il faudroit dire *prémies* du Latin *primitia* d'où vient le mot *premices*, cependant l'usage y est contraire, on dit & on écrit *premices* & même toujours au pluriel. (Les prémices sont les premiers fruits que porte tous les ans la terre & qu'on ofroit anciennement à Dieu. Les prémices étoient la portion des biens de la terre que Dieu s'étoit réservée dans l'ancienne Loi. Les prémices doivent servir à nourrir & non pas à enrichir les Clercs. Elles doivent servir à les délivrer de tous les soins temporels & non pas à les y engager. *Le Pere Tomassin Discipline de l'Eglise.*)

J'aurois de mes troupeaux immolé les prémices.
Mais tu ne plais point à d'autres sacrifices,
Qu'à ceux d'un cœur contrit.
Charpentier, poëf.

* *Prémices*, *s. f.* Ce mot est beau au figuré, & il signifie *Commencement.*

Toujours la tirannie a d'heureuses prémices.
De Rome pour un tems Caïus fut les délices.
Racine, Britanicus, a. 1. s. 1.

Prémier, *prémiere*, *adj.* Terme de nombre ordinal qui signifie, Celui qui marque quelque commencement. (Il est le prémier. Elle est la prémiere. Adam est le prémier homme, Eve la premiere femme.)

* *Prémier*, *prémiere*, *adj.* Considérable. (C'est l'un des prémiers Gentilshommes de France.)

* *Prémier.* Ce mot se dit des personnes & ne signifie pas seulement celui qui est à la tête, qui tient le prémier rang, mais celui qui est le plus considérable. (C'est le prémier de tous les Poëtes. C'est le prémier de tous les Orateurs.)

Prémier, *prémiere.* Ce mot se dit de ce qui est passé. (*La prémiere femme* d'un homme c'est celle qu'il avoit épousée en prémieres nôces. Les métaux fondus recouvrent leur prémier éclat. Il est bien déchu de sa prémiere fortune.)

La matiere prémiere. Termes de Philosophie. C'est la matiere des corps, que l'on considere n'aiant aucune forme, & cela se fait par abstraction.

Prémier, *s. m.* Terme de Jeu de paume. C'est un des endroits de la galerie des jeux de paume. (Il y a deux prémiers dans chaque galerie de jeu de paume. L'un de ces prémiers est le plus près de la porte & l'autre de la corde. La balle est au prémier.)

Prémiérement, *adv.* En prémier lieu. (Il faut prémiérement adorer Dieu & en second lieu aimer son prochain comme soi-même.)

† * *Prémier que.* Sorte d'*Adverbe*, qui signifioit Avant que, mais il est à présent hors d'usage.

Nombre prémier. Terme d'Aritmétique. On apelle ainsi tous les nombres qui ne peuvent être divisez par aucun autre nombre sans fraction.

Monsieur le prémier. C'est le prémier Ecuïer de la petite écurie de la maison du Roi. Mais *Monsieur le grand* c'est le prémier Ecuïer de la grande écurie, qu'on apelle aussi *le grand Ecuïer.*

PRÉMISSE, *s. f.* Il vient du Latin *præmissa*, & c'est un terme de Logique. C'est l'une des deux prémieres propositions d'un Silogisme. *Port. R. Logique 3. partie.*

PRÉMONTREZ, *s. m.* Religieux fondez environ l'an 1140. par Saint Norbert Gentilhomme Alemand. Ils ont pris leur nom d'un lieu apelé *Prémontré* dans l'Evêché de Laon où ils ont été prémierement établis. Ils suivent la régle de Saint Augustin, & ils sont habillez de blanc. (Il s'est allé rendre Prémontré. Les Prémontrez sont fort riches.)

SE PRÉMUNIR, *v. r.* C'est se précautioner. Se pourvoir de bonne heure contre quelque chose de fâcheux. (Il faut se prémunir contre les maux que l'on prévoit. Se prémunir contre le froid, contre le mauvais air, &c.)

PRENANT. Voici plus bas aprés *prendre.*

PRENDRE, *v. a.* Ce mot vient du latin *Prehendere.* Je pren, tu prens, il prend: Nous prenons, vous prenez, ils prennent. J'ai pris, je pris, je prendrai, je prenne, que je prisse, je prendrois. Se saisir d'une chose, d'une personne. Mettre quelque chose en son pouvoir. Dérober. (Il a pris un bâton & lui en a déchargé un grand coup sur les épaules. Prendre un prisonnier. D'Alba avoüa qu'il avoit pris quelques plats d'étain à nos Pères. *Pascal, l. 6.*)

Prendre. Avaler. (Prendre une médecine. *Vaugelas, Quin.* Prendre un boüillon. *Ablancourt.* Prendre de la nourriture. Il y a trois jours que ce malade n'a rien pris. Prendre son repas.)

Prendre. Emporter, Enlever. Obliger une place à se rendre. (Prendre une ville. *Ablancourt, Rétorique; liv. 3.* Prendre une place d'emblée. *Ablancourt, César.* Prendre par famine. *Ablancourt.*)

Prendre. Ce mot veut dire en Termes de Guerre, détacher quelques soldats, ou quelquesuns, troupes & se mettre à la tête. (Il prit son régiment des gardes & courut à l'aîle gauche. *Ablancourt*, *Art.*)

* *Prendre.* Il se dit *au figuré*, parlant de la colere, & il signifie s'emparer, se saisir d'une personne, la transporter, l'exciter. (Le courroux me prend. *Mol. cocu, sc. 17.* L'impatience le prit, & il se jetta dans le péril. *Vaug. Q. C.* L'épouvante le prit, & il quitta son poste. *Abl. César.*)

* *Prendre.* Réputer. Croire qu'une personne est ce qu'elle n'est pas. (Ils me prennent pour un Docteur. *Pascal, l. 8.*)

* *Prendre.* Tromper. Atraper. (Il s'est laissé prendre comme un sot.)

Prendre. Ce mot entre en plusieurs façons de parler qui ont des sens diférens. (Exemples. *Prendre en bonne part*, ou *en mauvaise part.* C'est se fâcher, ou ne pas se fâcher de ce qu'on nous dit, ou qu'on nous fait. *La prendre bien* ou *la prendre mal.* C'est prendre bien, ou prendre mal le sens d'une chose. C'est bien, ou mal recevoir ce qu'on nous dit, ou fait. Puisque vous le prenez ainsi, je ne puis vous refuser. *Pascal, l. 7.* C'est à dire, puisque vous le trouvez bon. Trace quelque figure pour voir comme tu t'y prendras, *Ablancourt, Luc.* C'est à dire, pour voir comme tu feras; tu commenceras. *Prendre d'épée.* C'est s'engager dans l'épée. C'est prendre la profession des armes. *Prendre la robe.* C'est s'engager à porter la robe & être homme de robe de profession.)

Prendre. Ce mot entre encore dans plusieurs façons de parler ordinaires. (Exemples.

Prendre

PRE.   PRE.   643

Prendre langue. C'est s'informer.
Prendre jour. C'est arrêter un jour pour faire quelque chose.
Je vous prens tous à témoins. C'est à dire, vous témoignerez tous pour moi.
Prendre son tems. C'est à dire, épier l'ocasion & ne la pas manquer.
Prendre terre. Termes de *Mer*. C'est à dire, décendre du vaisseau pour aler à terre.
Prendre sur le fait. C'est surprendre une personne qui fait mal.
Prendre quelqu'un au mot. C'est vouloir s'en tenir à la parole d'une personne & consentir à ce qu'il veut sur quelque chose qu'on a avancé.
Prendre pitié de quelqu'un. Voi. *Poës*. C'est avoir compassion d'une personne.
Prendre garde à quelque chose. C'est avoir soin. (Prenez garde à vôtre bourse.)
Prendre garde. Ces mots signifient aussi Se défier, se mettre sur ses gardes à l'égard de quelqu'un. (Prenez garde à vous on vous filoutera. Voiez *Garde*.
Prendre la fuite. C'est s'enfuir.
Prendre du repos. C'est se reposer. (Il ne prend aucun repos.)
Prendre courage. *Prendre patience*. *Prendre la poste*, *Prendre congé*. *Prendre une chose à cœur*. *Voiez cœur*. *Prendre la fièvre*, c'est commencer à avoir la fièvre, &c.
* *Prendre*. Térme de *Jardinier*. Il se dit des arbres. *Prendre racine*, c'est faire & pousser de bonnes racines. Quintinie dit qu'en ce sens, *reprendre* seroit plus usité. Voiez *Reprendre*.
On s'en sert aussi en parlant des fruits qui commencent à grossir. On dit, *ce fruit prend chair*, c'est à dire, il grossit.
Se prendre, v. r. Se dérobet, s'enlever, s'emporter. (Cela se prendra fort aisément.)
Se prendre. Ce mot se dit des remèdes & autres choses qu'on avale, ou qu'on reçoit de quelque autre façon. (C'est un remède qui se prend par la bouche.)
* *Se prendre*. Se figer. (La graisse se prend lorsqu'elle n'est plus chaude.)
* *Se prendre de paroles*. C'est se quereller. (Ils se sont pris de paroles comme des coquins. *Ablancourt*.)
* *Se prendre à quelqu'un*. C'est s'ataquer à quelqu'un. (Dépreaux a rossé à grands coups de plume tous ceux qui se sont pris à lui, Quand on a du bon sens commun on ne se prend ni à Poëte, ni à Peintre, ni à Prédicateur, ni autres gens de cette sorte.)
* *On a tout de moi quand on s'y prend de la bonne sorte*. *Moliere*. C'est à dire, quand on tient à mon égard une conduite honnête.
* *Se laisser prendre*. *Moliere*. C'est se laisser gagner l'esprit par les choses. Permetre que les choses fassent impression sur nous sans être prevenu de rien.
Prenant, prenante, adj. Celui ou celle qui prend. En termes de finance, *la partie prenante* c'est celle qui reçoit les deniers.
Carême-prenant, s. m. C'est le Mardi gras ; la veille du jour où le Carême commence.
† *Preneur*, s. m. Celui qui prend. Celui qui reçoit quelque chose d'un autre. (Comme il est plus-honnête de donner que de recevoir, je ne refuse pas d'être preneur afin qu'il soit le donneur, *Ablancourt, Luc.*)
Preneur de tabac. Ces mots se disent en mauvaise part, & signifient qui est acoutumé à prendre du tabac. (Les honnêtes femmes n'aiment guéres ces preneurs de tabac. Fi, c'est un preneur de tabac.)
† *Prenotion*, s. f. Terme de *Philosophie*. Notion, ou conoissance qu'on a d'une chose avant que de la bien comprendre. Voiez *Notion*.
Préocupation, s. f. Prononcez *préocupacion*. C'est une sorte de prévention. (Pour bien juger il ne faut avoir aucune préocupation.)
Préocuper, v. a. Ce mot se dit des personnes & veut dire prevenir. S'emparer auparavant. (Il faut tâcher de lui préocuper l'esprit.)
Se préocuper, v. r. Être prévenu. Se laisser aller à la préocupation. (Se préocuper de son mérite. *Ablancourt*.)
Preopinant, s. m. Celui qui a opiné avant un autre. (Il est toujours de l'avis des préopinans.)
Preparatif, s. m. Apareil. (De beaux, de grands, de magnifiques préparatifs. De superbes préparatifs. Faire des préparatifs pour une grande guerre. *Ablancourt, Ar. l. 1.*)
Préparation, Terme de *Mathématique*. C'est l'une des parties de la Démonstration. Si c'est une Proposition de Géométrie, ce sont quelques lignes qu'il faut tirer dans la figure, si c'est une proposition d'Aritmétique, c'est quelque suposition qu'il faut faire pour venir plus facilement à la Démonstration. *Ozan. Dict. Mathem.*
Préparation, s. f. Prononcez *préparacion*. L'action de se préparer. (Il n'a pas fait tout ce qu'on atendoit de lui après une si longue préparation.)
Préparation. Préparatifs. (On fait de grandes préparations.)
Préparation, Terme *d'Apoticaire & de Chimiste*. C'est un travail artificiel par lequel on réduit le médicament en l'état où il doit être pour être emploié.
Préparant, adj. Qui prépare. Qui sert à préparer. Il n'est en

usage qu'en termes d'Anatomie, où l'on dit qu'il y a des vaisseaux préparans, tels que sont les prostates & les parastates à l'égard de la semence.
Préparer, v. a. Aprêter. (Préparer le dîné. Préparer le soupé.)
Préparer. Terme d'*Apoticaire*. Faire la préparation de quelque médicament. (Préparer un médicament. On prépare un médicament en ajoutant, retranchant & changeant)
Préparer les terres. Terme de *Jardinier*. C'est les cultiver & les disposer & les rendre propres à être ensemencées & pour y planter quelques arbres, racines, &c.
Préparatoire, adj. Terme de *Palais*. Jugement, ou sentence *préparatoire*, c'est à dire, qu'on donne avant que de juger une afaire au fond, & en atendant un jugement déffinitif.
Se préparer, v. r. S'aprêter. Se disposer. (Préparez-vous à me voir presque aussi Philosophe que vous. *Voit. l. 26.* Se préparer au combat, à la mort, &c.)
† *Preposer*, v. a. Terme de *Gramaire*. Il se dit des mots & des particules qu'on met devant quelques autres mots. (On compose les mots en leur préposant quelque particule comme *relire défaire*, &c.)
Preposition, s. f. Prononcez *Préposicion*. Terme de *Gramaire*. Mot qui se met devant un nom substantif & qui en régit quelque cas. (*Pour* est une préposition qui demande l'acusatif. Pour vos beaux yeux, je languis, je soupire. *Voiture, poës*.)
Prepuce, s. m. Peau qui couvre la tête des parties naturelles d'un enfant & d'un homme. (Couper le prepuce.)
Prerie, s. f. Une grande étendue de prez. Plusieurs prez de suite & sans discontinuation. (Il y a une assez belle prerie entre Vitri le François & Châlons en Champagne.)
Prerogative, s. f. Prééminence honorable. [C'est une prerogative qui lui apartient. *Voiez Loiseau, Traité des Offices, en général, ch. 7.* Que peut-on imaginer de plus absurde que de juger à un homme les prérogatives d'une terre qui n'est point à lui *Patru, pl. 13.*)
Pres, Préposition qui régit le genitif & qui signifie *auprès*. (Se camper près de la ville. *Abl. Ar. l. 1.*)
Pres, Préposition qui veut dire *environ*. (J'avois près de quinze ans. *Ablancourt, Luc.* Il fut près de trois jours à consulter. *Vau. Quin. l. x. c. 8.*)
Il y a plus de six mile ans que Dieu a créé le monde. *Giri, Sulp. Sévere, l. 1.*)
A peu près, adv. Presque. (Voilà à peu près ce que j'avois à dire. Il écrivoit à peu près en ces termes.)
A cela près. C'est à dire *excepté cela*, hormis. (La suite, à deux ou trois pensées près, ressemble au commencement. *Maniere de penser, dial. 2.*)
De près, adv. Tout contre. (Voir l'enemi de près. Regarder de près.)
* *De trop près*, adv. (Regarder de trop près aux choses. *Ablancourt*,)
* *Ni près, ni loin*, adv. Point du tout. (Cet écrit ne parle ni près ni loin de société, *Patru, pl. 6.*)
Près à près, adv. L'un contre l'autre. Tout contre. (Il faut ranger ces choses près à près. Labourer près à près. Planter des arbres près à près.)
De tant près que. *Conjonction*. Encore que. (De tant près que vous aiez vu la mort, elle ne vous a jamais fait peur. *Voiture, l. 35.*)
Présage, s. m. Signe d'une chose à venir. Augure. Pressentiment. (Donner des présages. Il le consulta touchant Aléxandre & reçut le même présage. *Ablancourt, Ar. liv. 1.* Prendre une chose à bon présage. *Pascal, l. 2.* Faire un mauvais présage d'une chose. *Vaugelas*.)
Présager, v. a. Donner quelque présage. (Cela présageoit la ruine de cette ville, *Vau. Quin. l. 4.* Cette clarté présageoit la splendeur de la gloire d'Alexandre. *Vau. Quin. l. 3.*)
Presbiteral, presbiterale, adj. Qui regarde le Curé. Qui apartient au Curé. Qui est à Curé. (Voilà la maison presbiterale.)
Presbitère, s. m. Ce mot vient du Grec. C'est le logis du Curé de la paroisse qui est ordinairement près de l'Eglise. (Un beau presbitère. Il se dit également près du logis d'un Curé de vile, ou de campagne.
Presbitériens, s. m. On apelle ainsi en Angleterre ceux qui gouvernent leurs Eglises par des Ministres & des Anciens, & qui n'ont point d'Évêques, comme l'Eglise Anglicane.
Presche. Voiez *prêche*.
Prescher. Voiez *prêcher*.
Prescheur. Voiez *prêcheur*.
Prescience, s. f. Prononcez *Préscience*. C'est une conoissance antérieure que Dieu a du destin, de toutes les créatures raisonables, & de toutes choses. (La préscience de Dieu s'acorde avec nôtre liberté. *Lambart, Saint Ciprien*. Jesus-Christ vous a été livré par un ordre exprés de la vôté de Dieu & par un décret de la préscience. *Port-Roial, Actes des Apôtres, chap. 2.*)
Prescrire, v. a. *Je prescris, nous prescrivons*. *J'ai prescrit*, *je prescrivois*, *je prescrirai*. C'est à dire, régler, ordonner. (On lui a prescrit ce qu'il avoit à faire. Je ne me mêle point de prescrire rien à personne, mais je ne veux pas aussi qu'on me prescrive aucune chose.)

M M m m ij   *Prescrire*,

Prescrire, *v. n.* Terme de *Palais*. Aquerir par prescription. (On prescrit contre une personne qui après avoir été trente ans sans nous demander, s'avise au bout de ce tems-là de nous demander quelque chose.)

Se prescrire, *v. r.* S'aquerir par prescription. (Les ofices se prescrivent en France par l'espace de cinq ans, mais ces cinq ans ne se comptent que du jour de l'installation, *L'oiseau, Traité des Ofices, chapitre* x. La Noblesse se prescrit par une possession immémoriale.) On dit aussi qu'une obligation *se prescrit* quand par l'espace de trente ans on n'a fait aucune poursuite en justice.

Prescription, *s. f.* Terme de *Palais*. Prononcez *prescription*. C'est une exception que l'on alégue contre celui, ou celle qui nous inquiéte, ou qui nous demande lorsqu'il s'est écoulé un certain espace de tems après quoi les loix & les ordonnances portent qu'on ne nous pourra inquiéter, ni demander avec justice. (Il y a prescription contre celui qui demande un bénéfice qu'un Ecclésiastique a possédé trois ans paisiblement.)

Prescriptible, *adj.* Qui est sujet à prescription. Qui se peut prescrire. (Il y a des droits qui ne sont pas prescriptibles.)

PRESSANCE, *s. f.* Prononcez *préceance*. C'est le rang le plus honorable. (Contester, disputer la préseance. *Patru* 3. pl. Donner, ajuger la préseance. Prendre la préseance. *Patru* 3. pl.)

PRÉSENCE, *s. f.* Prononcez *prézance*. C'est ce qui est oposé à l'absence, c'est la veuë qu'on a d'une personne, ou de quelque autre chose. (Fuir la présence de quelqu'un. *Rac. Iph.* acte 4. sc. 1. (Qu'il n'ofre point ici sa présence importune. *Rac*. La présence d'un maître fait bien travailler les ouvriers.)

Etre en présence. Termes de *Guerre*, qui se disent en parlant de deux armées ennemies, qui sont à la veuë l'une de l'autre. (Les deux armées demeurérent long tems en présence, *Abl. Ar. l.* 1.)

* *Présence*. Il se dit au figuré de l'esprit, de la mémoire, &c. (C'est homme a une grande présence d'esprit, de mémoire, c'est à dire, qu'il a l'esprit subtil, qu'il ne se trouble point, mais se sert à propos de son esprit & de sa mémoire qui lui fournit sur le champ, ce qu'il a à dire.

Présent, *s. m.* Tout ce qu'on donne gratuitement pour marque d'amitié, d'estime, ou de reconnoissance. (Honorer quelqu'un de grans présens. *Abl. Ar*. Faire de beaux & de magnifiques présens. Le présent est fort honnête.)

Présent, *s. m.* L'état présent des choses. (Le présent déplait & on espére mieux de l'avenir. *Van. Q. l.* 4.)

Présent, *s. m.* Terme de *Grammaire*. C'est le prémier tems de quelque mode d'un verbe. (Conjuguer le *présent* de l'indicatif. Conjuguer le *présent* du subjonctif. Dire le *présent* de l'infinitif.)

Présent, *présente*, *adj.* Qui n'est pas absent. Qui est continuellement devant nos yeux. Qui est actuellement dans nôtre esprit, ou dans notre mémoire. (Il est présent à ma mémoire. *Ablancourt, Lucien*. Dieu est présent en tous lieux. *Saint Cir*. Un bon Général doit être présent par tout.)

L'état présent des choses. Le règne présent.

* *Un esprit présent*. C'est à dire, qui se posséde bien, qui a la conception promte & la repartie vive.

A. présent, *adv.* Présentement, à cette heure. Maintenant. Dans le tems où nous sommes. (On ne fait plus à présent des choses qu'on faisoit autrefois.)

Présentation, *s. f.* Prononcez *prézantation*. Ce mot prémiérement se dit en *Droit Canon*. La Présentation consiste à présenter une personne capable au Seigneur ordinaire pour la faire pourvoir d'un bénéfice vacant. Les présentations doivent être faites dans un certain tems. Le Patron laïque a 4. mois, & le Patron Ecclésiastique 6. pour faire leurs présentations. Voiez *les definitions du droit Canon*. (La simple présentation est un Acte imparfait & n'est pas un titre canonique pour posséder un bénéfice, *Loisean ofse. des Seig. l.* 5.)

Présentation. Ce mot se dit en termes de *Pratique*. C'est l'acte de comparition du Procureur qui se constitué au grefe pour défendre en justice les intérêts de sa partie. (Les Procureurs doivent faire leurs présentations au grefe.)

Le Regître des présentations. On apelle de ce nom un grand régitre où il est fait mention des Procureurs qui se sont présentez au grefe pour défendre leurs parties en justice. (Le Regître des présentations est plein.)

† *Présentateur*. Il signifie celui qui présente quelque personne à un Bénéfice & il ne se dit qu'en le distinguant de celui qui le confère. (Le Patron laïque est le *présentateur* à un Bénéfice & l'Evêque en est le *collateur*.)

Présentement, *adv.* Maintenant. Aujourd'hui. A cette heure. (La plûpart des hommes sont des perfides, & il n'y a *présentement* parmi eux ni bonne foi, ni amitié.)

Présenter, *v. a.* Ofrir. (Il lui ont présenté de l'argent; mais il n'en a point pris. Présenter un Eclésiastique au Diocésain.)

Présenter. Ce mot se dit des gens & de certains animaux qui se mettent en état de se défendre. C'est entrer droit à son ennemi. S'oposer droit à son ennemi. (Présenter la pique à la valerie. Présenter la pique en avant. Le taureau lui a présenté les cornes.)

Présenter. Terme de *Marine*. Présenter un bordage, ou un membre, c'est le poser au lieu où il doit être, pour savoir s'il sera juste. Présenter la grande bouline, c'est la passer dans la poulie coupée, pour être hâlée.

Se présenter, *v. r.* Venir à la présence de quelqu'un. Se faire voir. Se rendre visible. (Se présenter au jour de l'assignation. Il n'oseroit se présenter devant lui. La verité se présente d'elle même. *Patru*, plaidoié 11.)

† *Présentes*, *s. f.* Vieux mot qui ne se trouve que dans les édits & déclarations du Roi, & qui veut dire *lettres*. [Louis à nos amez & féaux les Prevots des marchands & Echevins de notre bonne ville de Paris, Mandons *par ces présentes* signées de notre main, &c.]

PRESERTATIF, *s. m.* Tout ce qui préserve. [Un souverain préservatif. User de préservatif.]

Préservatif, *s. m.* On apelle aussi quelquefois de ce nom, certains remèdes superstitieux, qu'on apelle aussi *philactères*, & qu'on pend au cou, aux bras ou aux jambes des hommes, ou des bêtes, pour les mettre à couvert de quelque fâcheux événement. Ces préservatifs sont défendus & condannez. *Thiers, superst. chapitre* 30.

Préserver, *v. a.* Garentir de mal. Garder qu'il n'y arrive aucun mal. [Préserver du froid, de la gelée, de la grêle, de la pluie, &c. Prions Dieu qu'il nous préserve en ce monde de faim, d'un importun, de froid & de souci, & d'un Tartufe aussi.]

PRÉSIDENT, *s. m.* C'est le chef, ou l'un des chefs d'une compagnie de Juges. [Le prémier président. Le second président. C'est le prémier président qui va aux avis & qui prononce. Monsieur Philippeaux de Pont-chartrin prémier président de Brétagne a prononcé & entend divinement son métier.]

Président au mortier. Président à mortier, *s. m.* Quelques-uns disent *Président à mortier*, mais on pense que ces quelques-uns ne sont pas de grans docteurs en langue vulgaire. La raison & l'usage veulent qu'on dise, & qu'on écrive *Présidens au mortier*. On apelle Président au mortier, le Président qui a droit de porter le mortier lorsqu'il est dans la fonction de sa charge : Il y a huit Présidens au mortier au Parlement de Paris, en y comprenant Monsieur le prémier Président. (Il ménaça de coups de bâton un Président au mortier. *Balzac lettres à Chapelain, livre* 5. lettre 12. Son père déja sur l'âge quite sa charge de Président au mortier. *Monsieur Patru, plaidoiez, éloge de Monsieur de Belliévre*, page 639. Voiez *mortier*.]

Président. Terme d'*Ecole de Téologie*, *de Médecine* & d'autre sience dont on fait des thèses. C'est le Docteur qui préside à quelque acte de Téologie, qui est dans une chaire au dessus du Répondant, qui juge de la dispute & qui, lorsque l'ocasion le demande, prend la parole pour soutenir le Répondant. (Il a pour président Monsieur un tel. Monsieur un tel est son président.)

Présidente, *s. f.* Femme de Président à laquelle on donne la qualité de Dame, si elle est femme de quelque président de Cour Souveraine. (Ainsi on dit, Madame la prémière Présidente de Lamoignon est fort pieuse. Madame la Présidente Philippeaux est sensible & généreuse.)

† *Présidental*, *présidentale*, *adj.* Qui regarde un Président. Il ne se dit guéres qu'en riant. (Il marche avec une gravité présidentale.)

Présider, *v. n.* Etre chef d'une compagnie de Juges. Faire l'ofice de Président. (Qui est-ce qui préside ce matin? C'est Monsieur un tel, car Monsieur le prémier Président se trouve mal.)

Présider. Terme d'*Ecole de Téologie*. Faire l'ofice de président de Téologie. (Présider à un acte de Téologie.)

Présider. Etre le chef de quelque compagnie, de quelque assemblée. (Il présidoit à l'assemblée du Clergé.)

Présidial, *s. m.* Ce mot ne se fait au pluriel *Présidiaux*. C'est une juridiction dont les Juges peuvent juger en matière civile jusques à deux cens cinquante livres, & dix-livres de rente en dernier ressort & sans apel, & cinq cens livres & vingt livres de rente par provision nonobstant apel. (Les Juges du Présidial en matière criminelle jugent de tout cas hormis du crime de Lèse-Majesté. *Rousseau*, T *des procédures*. Il y a un Présidial à Arles. Etablir un Présidial en une ville. Savoir l'histoire des établissemens de tous les Présidiaux de France. Voiez *Joli*, & *Girard*, *Traité des ofices*.)

Présidialement, *adv.* Terme de *Palais*. C'est à dire sans apel. (Juger un homme présidialement.) Voiez *Prevotablement*.

Présidiaux, *s. m.* Juges de présidial. (Les présidiaux, ou juges présidiaux ne doivent point comparaître à la Cour, qui tiennent, évoque & renvoie ce qu'il lui plait. *Loiseau*, *Justices Roiales*, c. 13. Les présidiaux ne doivent point condanner à l'amande les Seigneurs pour le mal-jugé de leurs Juges.)

PRÉSIENCE. Voiez *Prescience*.

PRÉSOMPTION, *s. f.* Prononcez *présomcion*. Orgueil. (Une sote présomption. Une présomption mal fondée. Avoir de la présomption. Etre plein de présomption.)

Présomption. Terme de *Palais*. Conjectures que l'on tire des choses que le sens commun fait connoître. (Présomption probable,

probable, téméraire, violente, nécessaire. La présomption est pour le séxe le plus-foible *Patru*, plaidoié 11. Les présomptions naturelles sont considérables lors qu'elles sont grandes. *Le Mait. plaid.* 30.)

Présomptueux, *présomptueuse, adj.* Qui a de l'orgueil. (Esprit présomptueux. Humeur fière & présomptueuse.)

Présomptueux, *s. m.* Qui a un orgueil ridicule. (Un jeune présomptueux. Un petit présomptueux.)

Présomptueusement. Sorte d'*adverbe* qui est peu usité. Il signifie *Avec orgueil. Avec vanité. Arrogament.*

Présomptif, *présomptive, adv.* Terme de Palais. Un héritier présomptif, c'est à dire, qu'on présume devoir hériter de quelcun, s'il n'en est empêché par une disposition contraire du Testateur, c'est le plus proche parent d'une personne & qui doit hériter si elle meurt ab. intestat.

Presque, *prèque, adv.* Ces mots signifient *quasi*. Mais il n'y a que *presque* qui soit bon, & pour *prèque* sans *f*, il ne se dit que par des gens du païs d'Adieusias, & aussi destestables parleurs que le Seigneur du Clerat, qui est le suplice des oreilles. (Le bon homme Chapelain qui étoit le plus riche de tous les Poëtes de son tems étoit *presque* habillé comme un crieur d'arrêts & le Seigneur N.... marche glorieusement sur ses pas.

Presqu'île, *s. f.* C'est un lieu qui est presque environné d'eau & de tous côtez excepté d'un seul par lequel elle tient à la terre ferme. (Une grande presqu'île , comme est l'Espagne. Une petite presqu'île, comme est la Morée)

Presqu'ombre. Voiez *Penombre*, car c'est la même chose.

Pressamment. Voiez plus bas. *Pressément.*

Pressentiment. *s. m.* Espéce de connoissance qu'on a d'une chose avant qu'elle arrive. (Il n'eut aucun pressentiment de son mal-heur.)

Pressentir, *v. a.* Avoir une espéce de connoissance d'une chose avant qu'elle arrive. [Avant que de s'engager à faire quelque chose d'importance , il est bon de pressentir ce qu'il en peut arriver.]

Presse. Voiez plus bas.

Presser, *v. a.* Serrer une chose entre deux autres. Serrer avec quelque chose. Mettre en presse. [Presser un livre. Presser du linge. Presser un drap.]

Presser. Tirer le suc, ou le jus de quelque chose qui a du suc, ou du jus. [Presser une éclanche de mouton pour en tirer le jus. Presser des herbes.]

* *Presser.* Serrer. Se mettre si près d'une personne qu'on l'incommode. [Vous me pressez un peu trop, retirez-vous plus-loin.]

* *Presser.* Contraindre, obliger, solliciter, pousser, exciter avec chaleur.[Il y a des gens dont on ne sauroit rien obtenir, si on ne les presse. On le presse de paier,mais il reculera tan qu'il pourra.]

* *Presser.* Poursuivre vivement en combatant, ou en disputant sur des choses d'esprit.[Presser par des vives raisons.*Pas. l. 2.* Presser l'ennemi. Presser les assiégez. Il le pressoit l'epée à la main, & si on ne fût venu à son secours, il le perçoit.)

Presser. Terme de *Tailleur*. Passer le carreau sur les coutures. (Presser les coutures.)

* *Se presser, v. r.* Se serrer. Se mettre plus près les uns des autres. (La foule se presse, & on le laisse passer. On se presse souvent au Sermon , mais ce n'est pas à celui de Monsieur l'Abé G.**.)

* *Se presser.* Se hâter. [La plupart des hommes sont ingrats & ne se pressent guère de s'aquiter des obligations qu'ils ont aux gens.]

Pressant, *pressante, adj.* Qui presse , grand & particulier. Qu'on doit faire & dont on se doit aquiter en diligence & avec chaleur. (C'est une afaire pressante.

Titris part, vole & fond où le *pressant* danger
Sembloit, &c.

Quelles obligations peuvent être plus-*pressantes* que. *Voiture, lettre* 133.

Presse, *s. f.* Foule. Multitude de monde. (Fendre la presse, *Ablancourt*. Fuïr la presse. La presse diminuë. Se dégager de la presse.

Pour l'aimable Comtesse,
Meurt tous les jours
Quelque Amant qu'elle laisse
Sans nul secours,
Et cependant la *presse*
Y est toûjours. *Segrais, Chanson* 7.)

Presse. Sorte de machine dont on se sert dans les Imprimeries pour imprimer les diverses feüilles d'un livre. Machine dont on se sert dans les imprimeries des imagiers pour imprimer des estampes. La presse dont se servent les Imagiers, est composée de deux jumelles, de rouleaux, de sommier , de chapron, de croisée & de table, Bosse, *Maniéres de graver à l'eau forte.* La presse dont l'on se sert pour Imprimer des livres, est composée de jumelles, de sommiers, d'étançons, d'une tablette, d'un barreau, d'un arbre ou vis, d'une boite, d'une platine, de chevalets & de ce qu'on apelle le train de la presse. (On dit, mettre sous la presse. Faire rouler la presse. La presse roule comme il faut.)

Presse. Terme de *Faux monoieur*. Instrument de fer en forme d'étrier avec une vis pour serrer les moules.

Presse. Sorte de pêche qui ne se fend point. (Manger une bonne presse. Une excellente presse.)

Pressement, *s. m.* Ce mot se dit en Terme de *Phisique*. C'est l'action de presser. (On ne sent point le *pressement* de l'eau *Roh. phis.* Il prétend que le flux de la mer dépend du *pressement* de l'air causé par le globe de la Lune. *Galois, Journal des Savans*.)

Pressoir, *s. m.* C'est le lieu où l'on pressure le vin. C'est aussi la machine qui sert à pressurer le vin. (Je m'en vais au pressoir. Conduire le pressoir.)

Pressoir. Terme de *Charcutier*. C'est une maniére de saloir où les charcutiers salent leur lard. (Mettre des fléches de lard au pressoir.)

† *Pressoirer, pressoirier, pressurier, v. a.* Ces mots signifient *pressurer* & se disent à sept ou huit-lieuës de Paris du côté de Versailles, & dans la valée de Mont-fort ; mais à Paris , on dit ordinairement *pressurer*. Voiez *pressurer*.

† *Pressorier, s. m.* Celui qui a la conduite du pressoir Le mot de *pressorier* se dit autour de Paris, mais à Paris on dit *pressurier.*

Pressurage, *pressurage, s. m.* Terme de *Vigneron*. C'est le vin qui vient à force de pressurer, qu'on apelle plus-ordinairement *vin de presse*. En quelques lieux autour de Paris on dit *pressorage*, mais à Paris on se sert du mot de *pressurage*.

Pressurage. Droit qui est deu au maître du Seigneur du pressoir bannal. (Le pressurage est deu. Prendre le pressurage.)

Pressurer, *v. a.* Terme de *Vigneron*. C'est tirer les grapes de raisin, de la cuve , les mettre sur la maï du pressoir & les presser si fort qu'on en tire toute la liqueur. (Pressurer le marc. (On dit aussi dans un sens *neutre*. (Il est tems de pressurer, allons pressurer.)

Pressurer, Terme de *vinaigrier*. C'est tirer le vin de la lie à force de presser. (Pressurer la lie.)

Pressurier, *pressorier, pressureur, s. m.* Ces mots signifient celui qui a la conduite du pressoir. Ils se trouvent dans quelques livres & se disent en quelques lieux autour de Paris ; mais à Paris , on dit ordinairement , *Pressureur.*

Pressureur, *s. m.* Celui qui a la conduite du pressoir. (Il faut Avoir de bons pressureurs.)

Prest. Voiez *prêt.*

† *Prestance, s. f.* Bonne mine d'une personne qui a une belle taille accompagnée de Majesté & de gravité. (Cet homme a une belle prestance de corps. (mais ce mot n'est guère en usage que dans le bas stile.)

Prestation, *de serment, s. f.* Prononcez *prestacion*. Acte qu'on fait en prêtant serment. (On donne tant au secretaire , ou autre oficier pour chaque *prestation de serment*.)

Prester Voiez *prêter*.

Prestiges, *s. f. pl.* Ce mot est Latin,& signifie des *illusions*.

Kestre. Voiez *prêtre*.

Prestresse. Voiez *Prêtresse.*

Prestrise. Voiez *Prêtrise.*

Présumer, *v. a.* Avoir bonne opinion de soi. Croire. Penser. Se persuader. Soupçonner. (On ne doit présumer de soi-même , ni trop, ni trop peu, l'un & l'autre semble également blâmable. On ne verroit rien qu'on ne puisse aisément présumer d'une misérable qui a franchi toutes les bornes de la pudeur. *Patru, plaidoié*.)

Présuposer, *v. a.* Poser pour vrai. Suposer pour certain. (Quand il s'agit de prouver une chose on ne doit pas présuposer ce qui est en question.)

Présuposition, s. f. Fondement qu'on pose pour vrai. (C'est une présuposition.)

Présure, *s. f.* Mulette de veau dans laquelle on met du sel & dont on se sert pour faire prendre le lait & en faire une certaine sorte de fromage. (Voilà de bonne présure. Mettre en présure.)

Pret, *prêt, s. m.* Terme de *Palais*: Chose prêtée. On écrit *prêt*, ou *prest*, mais on prononce *prèt*; long sans faire sentir l' *s*. (Nier un prêt.)

Prêt. Ce mot se dit en parlant de *gens de guerre*. C'est un paiement de solde que le Roi fait faire par avance de dix jours en dix jours, plus ou moins pour suplée aux montres & pour les atendre. [Paier le prêt. Recevoir le prêt. Toucher le prêt.]

Prêt, *prête, adj.* Préparé. Disposé. (Se tenir prêt à éxécuter le commandement du Général. *Ablancourt. Ar.* Etre prêt surtout. *Pascal , lettré quatriéme*. Les troupes étoient prêtes à marcher.)

† Prétantaine, *s. f.* Mot bas & burlesque, qui ne se dit guère qu'en cette façon de parler. *Courir la prétantaine*. *Benserade de Rondeaux.* Il signifie *courir çà & là.*

Prétendant, *s. m.* Celui qui prétend à quelque chose. (C'est un des prétendans. Un prétendant ne regarde que d'ordinaire que devant soi. *Le Comte de Bussi.*)

Prétendre, *v. a. & v. n.* Je prétens. Je prétendois , j'ai prétendu, que je prétende, je prétendrai , prétendant. C'est à dire , espérer d'avoir. Croire. Avoir quelque prétention. (Ils prétendent tous deux la même chose. Il prétend qu'on ne lui peut disputer le premier rang entre les bons Auteurs , mais il est tout-fait de son parti.

Ce galand homme
Prétend au premier chapeau
Qui nous doit venir de Rome.
Mai. poës.)

Prétention, *s. f.* Prononcez *prétancion*. Dessein qu'on a sur quelque chose.

PRE.

chose. Pensée & volonté qu'on a d'avoir, ou de pouvoir obtenir. (Il ne se contentoit pas d'apuier les pretentions du Duc sur le Gouvernement de Bretagne, il apuioit encore. *Mémoires de la Roche-Foucaut.* Avoir de grandes pretentions. *Ablancourt.* Condanner les pretentions d'une personne. *Patru, Urbanistes.*)

PRETER, ou prester, v. a. On écrit prêter & prester, mais on prononce prêté. Donner à condition que l'on rendra. (Monsieur un tel est un fort-méchant paieur, quand on lui prête, on lui donne. Quand on prête quelque somme considerable, il faut prêter surement.)

* Prêter, ou prester. Ce mot se dit proprement du cuir, & veut dire s'etendre un peu. (Cuir qui prête assez.)

† *Prêter la main.* C'est à dire aider.

† *Elle prête son devant.* C'est à dire, elle se prostitue.

La chaussée prêtoit le côté au vent. Vaub. Quin. l.4. C'est à dire, tournoit le côté au vent.

* *Prêter l'ore.lle aux fleurettes du diable, Sarasin poës.* C'est écouter le diable.

† * *Prêter le côlet à quelqu'un. Ablancourt.* C'est s'offrir à combatre, ou à disputer avec quelqu'un.

Prêter serment. C'est faire serment. [Tous les oficiers prêtent serment de fidelité.]

PRETERIT, *s. m. Terme de Grammaire.* Tems qui marque le passé. (Un préterit simple, un préterit composé. Conjuguer un préterit.

Preterition, s. f. Ce mot est Latin & il signifie *omission.* Prononcez *pretericion.* C'est un terme de pratique qui se dit quand on a omis de nommer quelque personne dans un Testament, &c. (La préterition d'un fils rend le Testament nul à son égard.)

Preterition. Terme de Rétorique. C'est une figure, par laquelle en faisant semblant de ne vouloir pas parler d'une chose, ou d'une personne, on en dit pourtant quelque chose d'essentiel en peu de mots. On loué, ou l'on blâme par préterition, quand on dit par exemple, Je ne dirai pas qu'il est vaillant, ou je ne dirai pas qu'il est fort sujet à mentir, &c. On apelle aussi cette figure *pretermission.*

Pretermission, s. f. Voiez l'article précedent, car c'est la même chose que *preterition.* On n'use que rarement de cette figure, ou si l'on s'en sert, il faut que ce soit avec adresse, parce qu'elle a quelque chose qui semble un peu afecté. (Faire une pretermission.)

PRETEUR *s. m.* Magistrat du tems de l'ancienne Rome, qui faisoit & cassoit des édits, rendoit la justice aux citoiens de Rome. Ce *preteur* etoit apelé *Prator urbanus.* Il y avoit encore un autre préteur qu'on apeloit *Prator peregrinus,* parce qu'il connoissoit des diferends qui naissoient entre les étrangers qui demeuroient à Rome. En suite, après la prise de la Sardaigne & autres contrées, on créa des *Préteurs* pour chaque province qu'on avoit conquise. Et ces Préteurs étoient des Magistrats qui gouvernoient les Provinces & y rendoient la justice. Voiez *Fenestella* & *Rosinus.*

Prêteur, s. m. ou *presteur, s. m.* On ne prononce par l's. Celui qui prête. (Un prêteur sur gages.)

† *Prêteuse, s. f.* Celle qui prête. (La fourmi n'est pas *prêteuse.* La Fontaine, Fables, l.1.)

PRETEXTE, *s. m.* Couleur. Aparence. Sujets & moiens spécieux qu'on cherche pour avoir occasion de s'excuser de faire, ou de ne pas faire quelque chose, de dire, ou de ne pas dire quelque chose. (Prendre un honnête pretexte pour s'empêcher de faire une chose. *Mémoires de la Roche-Foucaut.* Se servir de quelque prétexte. *Ablancourt.* Ils pritent le prétexte de certains articles pour décrier la paix. *Memoires de la Roche-Foucaut.* Je vous veux ôter toute sorte de prétexte. (*Ablancourt.* Il faut bien voir que qui en a afaire, parce que force gens trahissent sous prétexte de vouloir rendre de bons ofices.)

Prétexter, v. a. Ce mot signifie *prendre prétexte,* mais il n'est pas bien reçu. *Vau. Rem.*

PRETIEUX, *prétieuse, adj.* Il vient du Latin *pretiosus.* Prononcez *précieux.* Qui merite du respect. (Adorer le pretieux sang de Jesus-Christ. S. *Cir.* C'est une chose qui m'est pretieuse.)

Pretieux, pretieuse, adj. Qui est de grand prix. (L'or est le plus pretieux des métaux. Des pierres pretieuses. Des meubles pretieux.)

Pretieuse, s. f. Ce mot, à moins que d'être acompagné d'une favorable épitéte se prend toûjours en mauvaise part & lorsqu'il est acompagné d'une épitéte favorable il veut dire celle qui fasine sur le langage, qui fait quelque chose & qui se pique d'esprit, mais comme dans ce sens le mot de *prétieuse* est assez rare lorsqu'on se sert de ce mot sans épitéte, ou avec une épitéte fâcheuse, il signifie celle qui par ses manieres éxagérées & de parler mérite d'être raillée. (Les *veritables pretieuses* auroient-tort de se piquer lorsqu'on joué, les *ridicules, Molière Preface sur la comedie des prétieuses ridicules.* Et, ce qu'il y a une personne qui soit plus véritablement qu'elle, ce qu'on appelle *pretieuse* à prendre le mot dans sa plus mauvaise signification. *Moliere.* Elle est prétieuse depuis les piez jusques à la tête. *Moliere,* Critique de l'Ecole des Femmes, scene deuxième.)

† * *Pretieux, prétieuse, adj.* Ce mot se dit des *mots, & du langage,* & veut dire qui tient du langage des prétieuses. Qui a de l'air des prétieuses. (Façon de parler un peu prétieuse. Mot prétieux.)

PRE.

Prétieusement, adv. Avec amour & respect. Avec amitié Chérement. (Garder une chose fort-prétieusement.)

PRETOIRE, *s. m.* C'étoit l'hôtel du Préteur.

Prétorien, prétorienne, adj. Qui a eu la charge de Préteur. Qui est de Préteur. Qui acompagne le Préteur. (Famille prétorienne. Cohorte prétorienne *Ablancourt.* Tac.)

PRETRE, prestre, *s. m.* L'un & l'autre s'écrit, mais on prononce *prêtre.* Ce mot de Prêtre parmi les anciens Païens étoit celui qui sacrifioit à quelque faux Dieu & qui prenoit son nom du Dieu au culte duquel il s'étoit ataché. Jules César fut désigné grand Prêtre de Jupiter.)

Prêtre, ou Prestre. Terme d'Eglise Romaine. C'est celui qui a l'ordre de Prêtrise. Celui qui a le pouvoir d'offrir le sacrifice de la Messe &, de faire les autres fonctions du Sacerdoce. Il sera Prêtre à la première ordination. Les Prêtres sont ordinairement avares & cela est honteux & criminel devant Dieu & devant les hommes. Voiez *Sulpice Sévère, Histoire Sacrée,* l.1.)

† *En ces matières je ne suis pas fort Prêtre. Voiture, poësies.* C'est à dire, je ne suis pas fort habile en amour.

Prêtresse, prestresse, s. f. L'un & l'autre s'écrit. Mais on prononce *prêtresse.* Ce mot se dit en parlant des Païens. C'étoit une femme destinée aux cultes des faux Dieux des Païens. On fit une loi qui assujetissoit la Prêtresse de Jupiter à son mari pour le regard des choses de la Religion. *Ablancourt, An. Tac. l.4.* & 9. Apollon ne cesse de rendre des oracles par tout où la Prêtresse l'appelle. *Abl. Luc. T.2.*)

* † *Prêtresse, s. f.* Terme de *Faïencier.* Vase de verre où d'un côté on met le vinaigre & de l'autre l'huile. C'est aussi une sorte d'huilier & de vinaigrier tout ensemble. [Une jolie prêtresse. Faire, casser une prêtresse.]

Prêtrise, prestrise, s. f. L'un & l'autre s'écrit, mais on prononce *prêtrise.* C'est un ordre sacré dans lequel on reçoit la grace & la puissance de consacrer le corps de nôtre Seigneur Jesus Christ & de remettre les péchez. (Prendre l'ordre de prêtrise. *Godeau.*)

PRETURE, *s. f.* Charge & dignité de Préteur. (Exercer la préture. *Ablancourt,* Tac.)

PREVALOIR, *v. n.* Ce mot vient du Latin *prævalere. Je prévaux, il prévaut, nous prévalons. Je prévalois; je prévaudrai, que je prévaille, je prévalusse, je prévaudrois; prévalant.* Ce verbe a un usage fort borné. [Cette consideration *a prévalu* à celle-là. C'est à dire, a été la meilleure. L'a emporté par dessus l'autre. L'erreur & l'impieté prévalent par tout. *Bossuet, hist. univ.* Le bons sens prévaut aux illusions de la fantaisie. S. *Evremont.* C'est à dire, que le bons sens l'emporte, & que l'erreur & l'impieté ont l'avantage.

Se prévaloir, v. r. Je me prévaux, je me suis prévalu, je me prévaudrai. Tirer avantage. Se servir d'une chose à son avantage. (Se prévaloir d'une chose. *Pascal,* l. 2.

—Du desordre où j'étois loin de se prévaloir,
Le cruel ne vit rien, ou ne voulut rien voir.
Desboul. poës)

PREVARICATEUR, *s. m.* Ce mot se dit proprement en parlant d'Avocat, & de Procureur & veut dire *celui qui trahit sa patrie.* [C'est un insigne prévaricateur. Passer pour un insigne prévaricateur. (* *J'ai été prévaricateur contre moi même. Balzac premières lettres.* C'est à dire, j'ai trahi ma propre cause.)
* La loi de Dieu faisoit des prévaricateurs, *Pascal, l.6.* C'est à dire, faisoit des transgresseurs.

Prévarication, s. f. Prononcez *prévaricacion.* Trahison qu'un Procureur, ou Avocat fait à sa partie. [C'est un manifeste prévarication. Acuser de prévarication.)

Prévariquer, v. a. User de prévarication. Etre prévaricateur. (Avocat qui a prévariqué. Procureur qui est soubçonné de prévariquer.)

PREVENANT, *te, adj.* Voiez plus bas.

PREVENIR, Ce verbe est actif, & neutre passif. Je prévien, j'ai prévenu. Je suis prévenu, je prévins. Anticiper. Se saisir, s'emparer auparavant. Aller au devant d'une chose & en détourner ce qu'il y en pourroit arriver de fâcheux.
(Les vices sont prévenus leur raison. *Pascal, l.4.* Prévenir la demande d'une personne. Prévenir son ennemi. Il a été prévenu lorsqu'il s'y atendoit le moins. Prévenir le malheur qui vient.)

Prévenir, v. a. Gagner l'esprit de quelqu'un. (On l'a prévenu.)

Etre prévenu. C'est avoir de la prévention, ou de la préocupation.

Prévenant, Prévenante, adj. Terme de *Théologie scolastique.* Grace prévenante, c'est le don de l'Esprit, qui nous porte à faire de bonnes œuvres.

Prévenir, v. a. Terme de matière Bénéficiale. Pourvoir à un bénéfice vacant dans les six mois acordez à l'ordinaire pour le conferer. (Le Pape peut prévenir l'ordinaire. Voiez *Bonel, Droit Eclesiastique.*)

Prévention, s. f. Prononcez *prévencion.* C'est à dire *préocupation.* Tout ce qui prévient l'esprit & le bouche presque pour toute autre chose. (N'avoir aucune prévention dans l'esprit. Il n'est point sujet aux préventions.)

Prévention. Terme de matière Bénéficiale. Droit que le Pape a de pourvoir à un bénéfice dans les six mois acordez à l'ordinaire pour le conferer. (La prévention n'a lieu que pour les bénéfices vacans. Voiez *Bonel, Droit Eclesiastique.*)

Prévention—

PRE.

prévention. Terme de palais. Avantage que le Juge superieur a sur l'inferieur, lorsque le Juge superieur est plûtôt saisi d'un criminel que l'inferieur.

Prevenir. Voyez *prévenir.*

Prévention, s. f. Terme de *Réthorique.* Figure, par laquelle l'orateur prévient ce qu'on lui pourroit oposer, & y répond. (La prévention doit être judiciaire.)

Prevision, s. f. Terme de *Théologie.* Il se dit de Dieu & signifie. Connoissance de ce qui aviendra. (La prévision de la foi & des bonnes œuvres.)

Prévoiance, s. f. C'est l'action de prévoir. Sorte de prudence. Action de l'esprit qui considere ce qui peut ariver. (Il est bon d'avoir de la prévoiance.)

Prévoir, v. a. Je prévoi, je prévoiois, J'ai prévû, je prévoierai, prévoirai. C'est voir & considerer ce qui peut ariver. (C'est un grand avantage que de prévoir de loin tout ce qui peut ariver & de se tenir prêt à prendre parti. *Le Chevalier de Méré.*)

Prévoiant. Participe, pour dire qui prévoit.

Prévoiant, prévoiante, adj. Qui a de la prévoiance. (Il est prévoiant. Les femmes sont en de certaines choses plus prévoiantes que les hommes.)

Prévôt, prevost, s. m. L'un & l'autre s'écrit, mais on prononce prevôt. C'est le premier Juge de quelque prévôté.

Prévôt des Maréchaux. C'est un Juge Roial établi dans les provinces sous l'autorité des Maréchaux de France, qui a jurisdiction sur les vagabonds, sur ceux qui volent à la campagne, & sur ceux qui font de la fausse monoie, & qui prend connoissance des meurtres de guet à pens.

Prévôt des Marchands. C'est un des plus considerables de la vile de Paris ou d'autres viles qui fait garder & observer les arrêts, les édits & les reglemens intervenus sur le fait de la police & du commerce.

Prévôt général des monoies, & maréchaussée de France. C'est un oficier qui fut créé en 1635. pour l'éxecution des arrêts de la cour des monoies avec deux lieutenans, trois éxemts, & quarante archers. Le prévôt a séance à la cour des monoies aprés le dernier Conseiller, & il est obligé de faire juger à la cour les procés de fausse monoie qu'il a instruits *Monsieur Boisard.*

Prévôt de l'Hôtel. C'est le prévôt de la maison du Roi & qui a sa jurisdiction sur la Cour. Mais on apelle *Grand prévôt de France* l'oficier qui est le Juge Roial du Roiaume. Il juge de toutes sortes d'afaires en matieres civiles, & criminelles entre les oficiers du Roi.

Prévôt général de la Marine. Celui qui punit les crimes de gens de mer.

Prévôt marinier. C'est l'homme de l'équipage de chaque vaisseau qui a les prisoniers en sa garde & qui a soin de faire netteier le navire.

Prévôt d'armée. Oficier qui conoît des déserteurs & autres criminels, & qui saxe les vivres.

Prévôt des bandes. C'est le prévôt de l'infanterie Françoise qui est reçû à la tête du régiment des gardes.

Prévôt. Ce mot se dit en parlant de Chanoines. C'est celui qui possede la dignité de prévôt d'une Eglise collégiale ou catédrale.

Prévôt de sale. C'est celui qui enseigne à la place du maitre d'armes. [Faire assaut contre le prévôt de sale, & le bonrer.]

Prévôtablement, adv. C'est à la maniere des Prévôts de Maréchaux. C'est à dire, sans apel. (Il a été jugé prévôtablement.)

Prévôtal, prévôtale, adj. Qui regarde le Prévôt des Maréchaux de France, & dont il doit conoître. (C'est un cas prévôtal.)

Prévôté, s. f. Lieu où le prévôt rend la justice. La jurisdiction du prévôt. Etendüe de la juridiction du prévôt. (On plaide aujourd'hui en prévôté. Etre apellant d'une sentence de la prévôté Coutume du bailliage & prévôté de Paris.)

Prévôté. Charge & dignité de prévôt. La prévôté de Paris ne se vend point, c'est le Roi qui la donne.)

Prévôté de l'Hôtel. C'est la juridiction de la Cour. C'est la charge du prévôt de l'hôtel.

Prévôté. Ce mot se dit en parlant de Chanoines. C'est la dignité de prévôt dans une Eglise catédrale, ou collégiale.

Preuve, s. f. Raison qui l'on aporte pour apuier & pour confirmer une chose que l'on a avancé. (Une solide, une bonne, une forte preuve. Une preuve convaincante, démonstrative. Les Réteurs parlent de deux sortes de preuves, les unes qu'ils apellent *artificieles,* parce qu'elles dépendent de l'Orateur & qu'il les trouve à force de rêver, & les autres qu'ils nomment *sans artifice,* parce que l'Orateur les trouve sans se doner la peine de les inventer.)

Preuve. Marque. Témoignage. C'est la plus grande preuve d'afection que je puisse vous doner. *Voi. Let. s.* Doner des preuves de sa fidelité. Faire preuve de son esprit. Faire des preuves de Noblesse.)

Preuve. Terme d'Aritmétique. C'est la vérification de l'aplication d'une régle. (Faire la preuve. La vraie preuve se fait par une régle contraire. L'addition se preuve par la soustraction; & au contraire. On preuve la division par la multiplication. Les preuves de ce procedé ne sont pas certaines.)

Preuver. Voiez *prouver.*

Preux, s. m. Vaillant. Courageux. & Toûjours de preux le se nom ils ont eu. *Voiture poës.*

PRI.

PRIAPE, s. m. Fils de Bacus & de Venus reconnu pour le Dieu des jardins.

[*] Il faut qu'un priape indigent vive d'esprit, & que sa dupe soit une vieille avec force argent. *Mai. poës.* Quand Priape l'en conjure, il s'en va dauber du gigot. *Saint Amant.* Un nerveux priape.

Priapée, s. f. Ce mot se dit ordinairement en parlant de poësie, & veut dire vers libres, gaillards & qui parlent d'amour librement. (Mainard a fait des priapées; mais elles ne sont pas au jour.)

Priapisme, s. m. C'est une maladie de la verge lorsque sans aucun amour la verge s'étend, s'enfle & s'endurcit avec douleur. *Deg.* (Etre malade d'un priapisme.)

Prié-dieu, s. m. Sorte de petite chapelle dans une chambre de la maison devant laquelle on prie Dieu. (Un beau prié-Dieu. Le Roi est à son prié-Dieu.)

Prié-dieu. C'est aussi une maniere de banc d'Eglise un peu relevé, au haut duquel regne un petit ais en forme de pupitre, sur lequel où peut s'apuier & mettre son chapelet & ses heures, & devant lequel on est debout, ou à genou. Il n'y a presque point de chapelles dans les Eglises, où il n'y ait quelque priédieu. Un beau prié-dieu. Un prié-dieu bien fait.)

Prier, v. a. Demander humblement à Dieu quelque chose. (Nous devons en imitant la sainte assiduré des Prophétes, prier, servir, & adorer jour & nuit le Tout-puissant. Voiez *Patru, Sermon sur la priere.* Le Roi Edouard fit prier Dieu dans toutes les Eglises d'Angleterre, pour le repos de l'ame du Roi Jean, qui étoit mort à Londres. *Abé de Choisi hist. du Roi Jean.*)

Prier. Ce mot se dit des hommes, & signifie suplier. Demander avec respect & civilité, mais on croit qu'il n'a pas tant de force que *suplier.* [Prier un ami de faire quelque chose.

Priére, s. f. Oraison humble & respectueuse qu'on fait à Dieu; & aux Saints & Saintes pour nos besoins, ou pour ceux d'autrui. (Priére Sainte, ardente, fervente, puissante. Nous devons nous persuader qu'il n'y a point d'autre vie; ni d'autre sacrifice, qu'il n'y a point d'autres richesses; ni d'autre souverain bien que la priére. *Patru. Sermon de S. Chrysostome.* Seigneur; prétez l'oreille à ma priere. Seigneur, écoutez ma priere, soiez atentif à ma priere. Exaucez ma priere. *Port-Roïal. Pseaumes.*)

Priére. Solicitation obligeante & civile qu'on fait en demandant. Demande civile & honnête qu'on fait à une persone pour soi, ou pour autrui. (Faire quelque chose à la priere d'un ami. *Ablancourt,* Ar. Faire une priére honnête & civile à quelqu'un.)

Prieur, s. m. Terme d'Eglise. Ce mot généralement parlant signifie celui qui est chef, qui est le premier. (*Prieur claustral.* C'est celui qui est le chef d'un Couvent de Religieux. Ainsi on dit le prieur des *Augustins,* des *Bernardins,* des *Célestins,* &c. *Prieur conventuel.* C'est celui qui ne reconnoit point de superieur dans le couvent où il est. *Prieur seculier.* C'est celui qui n'est soumis à aucune régle. Il y a des grands Prieurs.

Prieur de Sorbone. C'est un Bachelier en licence, qui pendant un an est superieur de la maison de Sorbonne & ses fonctions consistent à presider aux assemblées de la maison, & à faire un discours en Latin vers ou en prose au commencement de chaque Sorbonique. (On élit tous les ans un prieur de Sorbonne.)

Prieuré, s. f. Terme d'Eglise. C'est une Religieuse qui est imediatement au dessous de l'Abesse, & qui en l'absence de l'Abesse commande à des Religieuses. Il y a des Prieures de Bénédictines, qui n'ont qu'une Prieure perpetuelle & qui n'a aucune Abesse au dessus d'elle, dans le lieu où elle est Prieure. Faire une prieuré.]

Prieuré, prieuré, s. m. Il faut dire *prieuré,* & non pas *prioré.* Le *prieuré* est une sorte de bénéfice, & il y en a de plusieurs manieres. Il y a des prieurez simples, prieurez conventuels & prieurez claustraux.

Le prieuré simple. C'est un bénéfice qui n'est ataché à aucune régle de Religieux, qui n'a nule charge d'ame, & qui n'a ni dignité conventuelle, ni claustrale.

Le prieuré conventuel. C'est une Communauté gouvernée par un prieur qui est chef de la communauté & qui a des Religieux qu'il gouverne & sur lesquels il a force.

Le prieuré-claustral. C'est la charge & la dignité du prieur claustral.

Prieuré. Il se dit en parlant de l'Ordre des Bénédictins & des Bénédictines. C'est une maison qui n'a pas le titre d'Abaie & qui est gouvernée par une Prieure perpetuelle. Le Roi nomme à ces Prieurez, quand ils sont bons.

Prima-mensis, s. m. Terme de Téologiens de Paris. C'est une asemblée de Docteurs en Téologie qui conférent des afaires de la faculté le prémier de chaque mois, ou au commencement de chaque mois. (On parlera de cela au *prima-mensis.*)

Primat, s. m. Terme d'Eglise. C'est celui qui a une Primatie. (Le Primat étoit le plus ancien Evêque de chaque Province de l'Eglise d'Afrique. Il étoit Vicaire Apostolique. Il terminoit tous les diférens qui n'avoient pû être terminez dans les Conciles Provinciaux. Il veilloit sur toutes les Eglises. Il faisoit obsérver la discipline Ecclésiastique & informoit le Pape des désordres.

désordres. *Le Pere Tomassin, Dicipline de l'Eglise. 1. partie, c. 12. Pinsson, Traité des bénéfices* dit que le Primat a été apellé *Primat*, parce que les *primats* étoient autrefois dans les *premières villes* du Roïaume. On apelle aujourd'hui *primat*, le Métropolitain qui a d'autres Métropolitains dans sa dépendance.)

Primatie, *s. f.* Prononcez primacie. Terme d'Eglise. C'est la dignité *de primat*. C'est l'étenduë de la juridiction Eclésiastique du Primat. (Le pape Simmaque donna en 514. à Saint Remi la primatie sur tout le Roïaume de Clovis nouvellement converti. Voïez le *Pere le Cointe, Antiquités de l'Eglise*. Le Primat avoit droit de convoquer le Concile de sa primatie. *Le Pere Tomassin, Dicipline de l'Eglise*.)

Primauté, *s. f.* Ce mot se dit en parlant du *Pape*. C'est la puissance qu'a le Pape de faire éxécuter les Canons de l'Eglise, & de les faire recevoir & observer.

Primauté, *s. f.* Avantage. Souveraine autorité. (Une femme ne peut posseder la primauté dans l'Eglise. *Maucroix, Schisme, l. 1*. Il n'y a en cela aucune primauté.)

Prime, *s. f.* Ce mot n'a point de pluriel lorsqu'il signifie une sorte de *jeu de cartes*. (Je ne sai, ni le hoc, ni la *prime*, ni le trictrac. *Balzac, Lettres choisies, lettre 1. l. 4*.)

Primes. Ce mot étant un *Terme d'Eglise* n'a point de singulier, & alors il signifie la première des sept heures canoniales. [Mes primes sont dites. Dire prime.]

Prime, *s. f.* Terme d'Aritmetique. C'est une dixiéme partie de l'unité.

En fait de poids. Une prime est la 24. partie d'un grain.

Prime. Terme de *Marine*. C'est la somme que l'Assuré païe à l'Assureur, pour le prix de l'assurance. Elle s'apelle ainsi parce quelle se paie par avance.

Prime. En termes de *chasse*. On dit, Un loup ne s'arrête point où il a mangé, mais s'en va de haute prime, c'est à dire *incontinent*. Cette façon de parler est tirée de l'italien *quanto prima*.

Prime. Terme de *Maître d'armes*. C'est la première & la principale des gardes. Voïez *Garde*.

† *De prime face. De prime abord. De prime saut.* Ces façons de parler sont adverbiales & vieilles, & signifient. Tout d'un coup, au premier abord, à la première vuë, incontinent.

Primer, *v. n.* Terme de Jeu de paume. C'est recevoir le premier coup de service. (C'est à Monsieur à primer. C'est Monsieur qui prime.)

† * **Primer**. Exceller, avoir l'avantage par dessus un autre. [Il prime en cela.]

Prime-vere, *s. f.* Sorte de fleur qui fleurit en Fevrier, Mars & Avril & qui a été apellée *prime-vère* à cause qu'elle, est l'une des premiéres fleurs qui annoncent le printemps. (La prime-vère a les feüilles jaünes, blanches, ou blanchâtres, de violet pâle, & de gris de lin. Les primes-veres sont chaudes & séches, & on dit que leur suc est propre à ôter les taches du visage. Il y a des prime-vères doubles, il y en a de simples, de sauvages & cultivées.

Primitif, primitive, *adj*. Ce mot se dit au *féminin* de l'Eglise, & veut dire *naissante*. (Dans la *primitive* Eglise on disoit la Messe en habit ordinaire.)

Primitif, primitive. Ce mot se dit en parlant de *Curez*. On apelle principalement *Curez primitifs* les Abez de l'Ordre de Saint Benoit qui autrefois administroient des Cures qui dependoient d'eux ou i envoïoient des Religieux qui faisoient les fonctions curiales & qu'ils revoquoient à volonté; mais le Concile de Latran aiant depuis ordonné que ces Vicaires destituables à volonté seroient perpétuels, alors vint la distinction des *curez primitifs* d'avec les *curez titulaires*, ou vicaires perpétuës. Les curez primitifs ont quelque prérogative dans l'Eglise dont ils sont curez. Ils ont droit d'y faire l'ofice au jour du patron, & aux quatre grandes fêtes de l'année.

Primitif, primitive. Terme de Grammaire, qui se dit de certains mots d'où dérivent quelques autres. (Mot primitif. Diction primitive.)

PRIMOGENITURE, *s. f.* Ce mot est Latin. Il signifie droit d'aînesse.

PRINCE, *s. m.* Le premier oficier de l'état qui a la puissance souveraine. Il y a des Princes du sang, des Princes sujets, des Princes Seigneurs & des Princes Souverains. († Les *Princes ont les mains longues*, c'est à dire, leur pouvoir s'étend loin. † *Les Princes ont beaucoup d'yeux & beaucoup d'oreilles*. C'est à dire, voient & entendent par le moïen des autres.) Les grands Princes ne se doivent jamais voir s'ils veulent demeurer amis *Comines, l. 2. ch. 8*. Il y a dans tous les Princes du bien & du mal, car ils sont hommes comme nous. *Comines, préf. de l'hist. de Loüis XI*.

※ **Prince**. Ce mot se dit quelquefois au figuré pour *rôle premier*, mais il n'est pas generalement aprouvé en cé sens. [Vous imitez l'humeur de Ciceron ce *prince* des Orateurs. *Costar, Apologie de Voiture*. Le prince des Téologiens a décidé ainsi ce point. *Pascal. l. 4*. Lisez ce qu'il cite d'Aristote & vous verrez qu'après une autorité si expresse il faut brûler les livres de ce *prince des philosophes*. *Pascal. l. 4*.]

Princesse, *s. f.* Celle qui est née d'un Roi. Celle qui décend de la famille Roïale. Celle qui a quelque Etat dont elle est Souveraine. Celle qui a épousé un prince. (Loüise de Vaudemont femme de Henri troisiéme étoit une grande princesse. L'histoire de la Princesse de Montpensier est belle. Catherine de Médecis Epouse de Henri 2. Roi de France étoit une habile Princesse. Davila son historien assure qu'elle étoit prudente & dissimulée. Marie de Médicis femme de Henri 4. a été une charmante & courageuse, mais malheureuse Princesse. Anne d'Autriche femme de Loüis 13. a été une adroite Princesse. Marie Thérèse d'Autriche que Loüis 14. épousa en 1660. fut une Princesse vertueuse & une excellente Princesse.)

PRINCIPAL, *s. m.* C'est le chef du colége. Celui qui régle tout le colége & qui a soin que les classes soient bien faites & que l'on enseigne exactement les lettres & la pieté. (Un bon principal. Etre principal de quelque colége.)

Principal, *s. m.* La chose principale. (On le peut tuer en dirigeant bien son intention, mais vous oubliez toûjours *le principal*. *Pascal, l. 7*.)

† **Principal**. La somme principale. (Païer le principal & les intérêts.)

Principal, principale, *adj*. Prémier. Considerable. Important. (Le salut est la principale chose à quoi un Crétien doit songer. *S. Cir*.)

Principalement, *adv*. Sur tout. (Il y a trois choses à quoi il faut principalement s'attacher; de vivre honnêtement à son égard & à l'égard des autres, de n'ofencer personne, & de rendre à chacun ce qui lui apartient.)

Principalité, principauté, *s. f.* Quelques gens de colége qui veulent rafiner, disent en parlant de colége *principalité* pour *principauté*, mais mal, au moins, au sentiment d'habiles gens que j'ai consulté là dessus. On dit *principauté* & c'est la charge de principauté de quelque colége. (Le dernier possesseur de la principauté de la Marche mourut le sixiéme de Septembre. Voïez *le Maitre, plaidoïé 4*.)

Principauté, *s. f.* Souveraineté indépendante & absoluë.

Principauté. Sorte de dignité féodale qui relève du Roi, & qui est au nombre des grandes Seigneuries telles que sont les Duchez, les Pairies, les Marquisats & les Comtez. (Eriger une terre en Principauté. Voïez *Loïseau des Seigneuries, c. 5*.)

Principauté. (Voïez *principalité*.

Principautez. C'est le troisiéme ordre de la hiérarchie céleste (Ni les Anges, ni les principautez ne nous pourront jamais separer de l'amour de Dieu. *Port Roïal, Nouveau Testament*.)

Les principauté d'une ville. C'est à dire, les personnes les plus considerables. (Les principaux de la ville furent au devant de lui.)

PRINCIPES, *s. m.* Terme de *Phisique*. Ce sont selon Epicure, les atomes qui sont les principes dont toutes les choses sont composées. Voïez le 1. livre de Lucrece. Les principes sont des êtres simples & incorruptibles qui entrent dans la composition des mixtes. Ce sont les première matiere des choses. (La matiere & la forme sont les principes phisiques.)

Principe. Ce mot parmi les philosophes signifie aussi Source. Cause. (Ainsi on demande quel est le prémier Principe d'agir dans les causes secondes. Le principe de la vie, du mouvement, de la sensation, &c.)

Principes. Terme de Chimistie. (Il y a les principes actifs & les principes passifs. Les *principes actifs* sont le sel, le soufre & le mercure, & les *passifs* le flegme & la terre.) Voïez *tous ces mots dans leur ordre*.

principes. Ce mot en parlant d'*arts*, comme de *Grammaire* & de quelque sience, ce sont les prémiers commencemens & les premiers elemens de l'art, ou de la sience. (Ainsi on dit. Il n'a aucun principe de Grammaire. Avoir quelques principes de Peinture, de Retorique, de Medecine, &c.)

* **Principe**. Ce mot se dit au figuré élégamment. (Exemple. Ces principes d'honneur & de probité que vous avez reçus du Ciel en naissant me charment. *Le Pere Bouhours, Nouvelles Remarques, Epitre dédicatoire*. C'est à dire, ce fonds d'honneur & de probité.)

PRINTANNIER, *printannière*, *adj*. Terme de Fleuriste, il veut dire qui naît au printems, (Ciclamen printannier. Fleur printannière. Plante printannière. La curiosité des fleurs printannières consiste dans la tulipe, la renoncule, la jacinte & le Narcisse. Nouveautez printannières. *Curé d'Enouville, culture des fleurs, &c*.)

Printems, *s. m.* C'est le tems auquel le Soleil parcourt les signes du Bélier, du Taureau & des Gemeaux. C'est la saison de l'année où tout entre en amour, qui suit immediatement l'hiver & qui commence la vintuniéme de Mars.

[L'hiver a moins de vens, le printems moins de fleurs
Qu'il ne sentit alors de mortelles douleurs,
Et le printems n'est point où l'on ne le voit pas.

* **Printems**. Ce mot au figuré signifie la fleur des jours & la verte jeunesse d'une personne. Il périt *au printems de son âge*. C'est à dire, à la fleur de son âge. A quoi souhaitez-vous d'emploïer vos beaux jours ?

Le printems pour les amours
Est plus propre que l'Automne.
Benserade, balet des plaisirs, 2. p.)

PRIS, *s. m.* Voïez *prix*.

Pris, prise, *adj*. Qui est saisi. Ce dont on a pris possession. Ce qui a été emporté, forcé. (Homme pris Bénéfice pris. Place prise d'assaut.)

* **Pris, prise**. Trompé Atrapé. (On se rit de lui, il sait le fin, & il a été pris.)

Prise, *s. f.* Ce qu'on prend, ce qu'on emporte à la guerre. Capture. Conquête

P R I.   P R I.   645

Conquête. (Après la prise de trois fortes places tout le reste du païs se rendit.)

Tout est de bonne prise. Vaug. Quin. l.4. C'est à dire, ce qui est pris est bien pris & on n'est pas obligé à le rendre.

* Jeune fille de bonne *prise*. C'est à dire, en état de donner de solides plaisirs en amour.

Prise. Endroit pour prendre une chose. Endroit par où l'on tient de certaines choses. (Ils tiroient à eux les branches qui donnoient plus de prise. Vaug. Qu. l.4.)

* Le chien étoit si acharné qu'on ne lui pouvoit faire lâcher prise. Vaug. Qu. l.7.

Prise. Terme de Pratique. Permission de se saisir d'une personne. (Avoir une prise de corps contre quelqu'un. Obtenir une prise de corps contre une personne. On a donné une prise de corps contre lui.)

Prise. Ce mot en parlant de *drogue* ou d'autre potion médecinale signifie ce qu'on prend en une seule fois pour se purger, ou pour faire quelque autre éfet dans le corps. (On ordonne rarement des juleps pour une seule prise, mais pour deux, ou trois.)

Prise de possession. Termes qui se disent en parlant de *bénéfices.* Ce sont les cérémonies qui se pratiquent lorsqu'on met un prêtre en possession de son bénéfice. (J'ai été à sa prise de possession.)

Prise d'habit. Cérémonie qu'on fait lorsqu'on donne l'habit de Religieux à celui qui se fait Religieux. (Aller à une prise d'habit.)

* *Prise.* Baterie. Combat. Etre aux prises avec quelqu'un. *Abl. Luc.* (En venir aux prises avec une personne.)

* *Prise.* Occasion de nuire. Droit & inspection sur quelqu'un. (Donner prise sur soi à son ennemi *Abl.* Si on laisse aux Prélats la moindre prise sur les exemts, toutes les éxemptions sont des graces bien funestes. *Patru.* pl. 5. L'esprit laisse de petites choses *en prise* à l'exactitude de la Critique, *Saint Evrémont.*)

* *Prise.* Querelle de paroles. (Ils ont eu quelques petites prises.)

Prisée, s. f. C'est l'estimation d'une chose. La valeur d'une chose estimée par autorité de Justice. On le lui a donné pour la prisée. Faire une prisée.

Les experts ont fait la *prisée* de ces meubles, d'une Terre, &c. Il a fait banqueroute à ses maîtres qui se sont saisis de ses guenilles, & à qui on les a ajugées pour la prisée.

Priser, v. a. Mettre à prix. (Priser de la Marchandise.)

Priser. Estimer. Faire cas. (On ne peut assez *priser* un tel avantage. *Pasc. l. 5.* Il prise en aparence tout le monde, & au fonds-il se prise personne.)

Se priser, v. r. S'estimer. (Gui Guillot Médecin visionnaire voiant que personne ne le prise, se prise lui même & prend le pas devant Hipocrate & Galien.)

Priseur, s. m. Oficier qui met le prix aux choses par autorité de Justice. (Les Sergens à verge du Châtelet sont créez Jurez priseurs & vendeurs de meubles.)

PRISME, *s. m.* Terme de *Géometrie.* C'est une figure solide enfermée entre des plans, où figures planes, dont les deux oposées sont égales, semblables & paralleles, & les autres sont des parallelogrammes. *Euclid. defin.* 13. *du liv.* 11. Quelques-uns ont cru que ce nom de *prisme* ne se donne qu'aux figures solides triangulaires, dont les deux plans oposés sont des triangles joints ensemble par trois parallelogrammes. Mais les autres donnent généralement le nom de *prisme* à toutes ces figures solides dont les plans oposés sont égaux, semblables & paralleles, soit que ce soient des triangles, des quarrez, des pentagones, &c. D'où suit que le nom de *prisme* comprend les cubes, & tous autres parallélépipedes. Voiez *Clavius sur Euclide, def.*13. l. 11.

Prisme de verre. C'est un triangle de verre avec quoi on voit les couleurs de l'arc-en-ciel. Les savans se servent du mot de *prisme,* mais les faïanciers qui vendent de ces prismes ne les apellent pas *prismes,* mais *triangles.* Le mot de *prisme* est du bas Breton pour eux.

PRISON, *s. f.* Lieu où l'on enferme les prisonniers. (Prison noire, obscure, afreuse. Mettre en prison. Meuer, trainer en prison. Envoier en prison. Pourrir, croupir en prison. Avoir la vile pour prison. Tenir prison. Ouvrir les prisons. Tirer de prison. Forcer une prison. Délivrer de prison.

Prison. Le tems qu'on est en prison. Emprisonnement. (Sa prison lui a été glorieuse. Il a durant sa prison fait paroitre beaucoup de fermeté & de constance.)

* Mon courage avec ma raison
Rompit ma chaîne & força ma prison.
Voiture, poësies.
C'est à dire, j'étoufai l'amour que j'avois pour vous.

† Il n'y a point de *belle prison,* ni de *laides amours.* C'est à dire, toutes les prisons déplaisent & toutes les maîtresses plaisent.

† Etre dans la *prison de S. Crépin ;* C'est à dire, avoir des souliers qui serrent trop.

Prisonnier, s. m. Celui qui est pris en guerre, ou par des archers, ou autres supôts de Justice. Celui qui est tenu en prison en un quelque autre lieu. (Faire des prisonniers. Il est prisonnier d'Etat.)

† * Mon cœur *prisonnier* va de souliers en souliers, *Voit. poëf.* C'est à dire, mon cœur amoureux aime divers souliers.

Prisonniére, s. f. Celle qui est en prison, pour crime, pour dette, ou quelque autre chose. [C'est une prisonniere. Se rendre prisonniere.]

† * Mon ame est vôtre *prisonniere.* *Voit. poëf.* C'est à dire, je suis amoureux de vous, mon ame est dans vos chaînes.

PRITANE'E, *s. m.* Mot qui vient du Grec & qui signifie *grenier public.* C'étoit à Atènes un lieu où l'on nourrissoit ceux qui avoient rendu de grands services à l'Etat. C'étoit aussi un lieu où les Magistrats s'assembloient, tenoient conseil & rendoient la justice. (Je meriterois d'être nourri dans le pritanée. *Abl. Luc.*)

† PRIVATIF, privative, *adj.* Terme de Grammaire. Il se dit des particules étant mises devant quelque mot, signifient que l'on ôte ce que le mot signifioit. (Les Grecs ont un A privatif.)

† *Privativement, adv.* Terme de *pratique.* Exemple. On lui a acordé le privilege de faire un tel commerce privativement à tous autres, c'est à dire à l'exclusion de toutes autres personnes.

PRIVATION, *s. m.* Perte. (Il s'est montré sensible à la privation de ce bien. *Bensérade.*)

Privation. Terme de Philosophie. C'est le non-être d'une chose. (Les Philosophes vulgaires mettent la *privation* pour le troisiéme principe des choses naturelles, mais les Cartésiens & les Gassendistes n'admettent que deux principes, la matière & la forme, & ils ont raison.)

PRIVAUTE', *s. f.* Familiarité. (Une grande, une charmante, une douce, une particuliére privauté. Il prend avec elle toutes les privautez qu'un mari prend avec sa femme. Ce sont des privautez condannables & qui méritent d'être punies.)

† PRIVE', *s. m.* Ce mot ne se dit guére, & en sa place on dit *lieux.* C'est l'endroit du logis où l'on va décharger son ventre.

(Pour chenet il n'a qu'un pavé,
D'une bote il fait un *privé.* *S. Amant.*)

Privé, privée, adj. Celui où celle à qui on a ôté quelque chose. (Il est privé de son bien. Elle est privée de son revenu. Il est privé de l'usage de ses membres.)

Privé, privée. Aprivoisé. (Pigeon privé.)

Privé, privée. Ce mot se disant des personnes signifie aussi *familier,* mais il n'est pas si en usage que *familier.* (Il est fort privé ici. Il est fort privé avec Monsieur un tel.)

Le Conseil privé. Voiez Conseil.

Privé, privée. Propre particulier. Qui n'a point de charge. Homme privé. *Vaug. Quin.* l. 3. On l'a interpellé en son propre & privé nom. Il est réponsable de cela en son propre & privé nom. *Le Maît.* Maison privée.)

† *Privément, adv.* D'une maniere fort privée. Familiérement. (Il vit fort privément avec tous ceux qui le fréquentent.)

Priver, v. a. Oter quelque chose à quelqu'un. Dépouiller une personne d'une chose. Refuser. Ne donner plus. (Les Philosophes vangeoient leur mérite de l'injustice de la fortune par le mépris des biens dont elle les prive. *Mémoires de M. de la Roche-Foucaut.*

Ne *privez* point mes yeux d'un spectacle si doux.
Racine, Iphigénie, a.3.
On l'a privé d'une partie du revenu de son bénéfice. *Saint Ciran.*

Se priver, v. r. Se frustrer. (L'Eglise n'entend pas qu'ils se privent eux-mêmes des graces qu'ils doivent atendre. *Pasc. l. 6.*)

PRIVILEGE, *s. m.* En Latin *privilegium.* Grace acordée par une puissance supérieure. Droit de celui qui en a le pouvoir. Sorte de prérogative. (Privilege gratuit, principal, général, perpétuel. L'un des privileges des Princes du sang c'est d'être Conseillers nais du Conseil privé du Roi. *Loix. tr. des Ordres.* Abolir un privilege. *Patru ;* 1. *pl.* Donner, acorder, confirmer des privileges. *Le Maît.* Les privileges des commensaux du Roi sont fort considérables. Les privileges des Foires.)

Privilegié, privilegiée, adj. Qui a quelque privilege. Qui joüit de quelque grace particuliére. (Un tel est privilegié. Marchand de vin privilegié. Créancier privilegié.)

Priviléglez, s. m. Ceux qui joüissent de quelque privileges. (Il y a un grand nombre de privileglez dans le Royaume.)

PRIX, *s. m.* La valeur d'une chose. [Abaisser de prix. Se défendre du prix. Gui Guillot est un Médecin à juste prix. Cette marchandise est à fort vil prix. Vendre à prix raisonable. Marchandise *hors de prix.* C'est à dire, trop chère, dont le prix est excessif. Etoffe de prix. Pierre de prix.]

Prix. Ce mot entre dans une façon de parler fort ordinaire. Exemple. A quelque prix que ce fût, il vouloit satisfaire ses desirs. *Le Comte de Buss.* C'est à dire, quoi qu'il en coutât, où en pût arriver il vouloit, &c.)

Prix. Récompense qu'on donne au mérite. Fruit & utilité qui revient de la peine qu'on a prise. Fruit qui résulte de quelque chose. (Leur tête sera le prix de la réconciliation. *Abl. Ar.* C'est une faveur qui ne peut avoir de prix. *Voiture, lettre* 27.)

Prix. Jugement avantageux qu'on fait d'une chose, ou d'une personne.

NNnn

personne. (Le prix qu'elle m'a donné venant d'une si bonne part me semble hors de prix. *Voit. let.* 42.)

Prix. Ce qu'on propose publiquement ou de quelque autre manière solemnelle pour être gagné, & donné à la personne qui aura le mieux fait. (Proposer un prix. Gagner le prix. Remporter le prix.)

Au prix. C'est à dire, En comparaison. (Théophile n'est rien au prix de Malherbe.)

Prix pour prix. Façon de parler adverbiale, qui signifie à proportion du prix. (Cette étofe est plus chère que l'autre, prix pour prix, c'est à dire, à proportion de ce que chacune vaut.)

PRO.

PROBABILITÉ, *s. f.* Il vient du Latin. Aparence de vérité. Vraisemblance. Doctrine des opinions probables. (Si vous entendiez nôtre doctrine de la probabilité, vous verriez bien que cela n'y fait rien. *Pasc.l.* 5. J'oserois comparer la doctrine de diriger l'intention à la doctrine de la probabilité. *Pasc.l.* 7. La plûpart des opinions ont chacune quelque *probabilité* qui peut être suivie en sûreté de conscience. *Pasc. l.* 6. Par la probabilité du pour & du contre on acorde toute sorte de contradictions. *Pasc. l.* 6.)

Probable, adj. Qui a de la vrai-semblance. Vraisemblable. Qui se peut prouver par raison (Rendre une opinion probable. *Pasc.l.* 5. Une opinion est apellée *probable* lorsqu'elle est fondée sur des raisons de quelque considération. *Pasc l* 4.)

Probable; s.m. Vrai-semblable. Tout ce qui a aparence de vérité & qui se peut prouver par raison. (Je ne me contente pas du *probable*, je cherche le seur. *Pasc l* 5.)

Probablement, adv. Avec probabilité. (Ils se sont engagez que *probablement* à obéir à leur Supérieur. *Pasc. l.* 6. C'est elle qu'on doit probablement acuser de rapt. *Patru, pl.* 11.)

PROBATION, *s. f.* Mot Latin Prononcez *probacion*. Terme de Capucin & de quelques autres Religieux. Il se dit en parlant du noviciat, & c'est proprement le tems du noviciat durant lequel on éprouve & on voit si le novice a l'esprit de religion. (Faire son année de probation. On ne peut recevoir un Religieux qu'après le tems de probation. *Patru, pl.* 15.)

PROBITÉ, *s. m.* Il vient du Latin *probitas*. Vertu. (Une haute probité. Une particulière, une grande probité. Avoir beaucoup de probité. C'est un homme d'une probité conuë. C'est une Dame d'une probité éxemplaire.)

PROBLEMATIQUE, *adj.* Qui tient du problème. Probable. Sur quoi on peut disputer de part & d'autre. (Question problématique.)

Problematiquement, adv. D'une manière problematique. (Disputer problematiquement.)

Probléme. Ce mot entre Philosophes signifie question de morale & plus ordinairement de physique, où l'on a pour but principal d'éxercer l'esprit. Question sur laquelle on dispute probablement de part & d'autre & qui par consequent n'est pas évidente. (Un beau problème. Les problèmes d'Aristote sont fort connus.)

Problème, s. m. Terme de *Géométrie*. Ce mot est Grec. Proposition qu'il faut démontrer, mais dans laquelle il s'agit de faire quelque chose & de prouver qu'on a fait ce qu'on avoit proposé de faire. *Port-Roial, Elem. de Géométrie*. (Un probléme dificile.)

Probléme. En Algébre, C'est une question, ou proposition qui demande qu'on découvre quelque verité cachée. (L'Algebre se vaute de resoudre toutes sortes de problémes. Probléme linéaire. Probléme plan, solide, &c. Probléme local. Problémes Nautiques, c'est à dire, qui regardent l'art de la navigation.)

PROBOSCIDE, *s. f.* Ce mot est Grec, & il ne se dit en François qu'en terme de *Blason*. Il signifie la trompe d'un Eléfant.

PROCEDÉ, *s. m.* Conduite que tient une personne à l'égard d'une autre. (Son procédé n'a rien qui ne sente l'honnête homme. Il est dificile de juger si un procédé net, sincére & honnête est un éfet de probité, ou d'habileté. *Mémoires de M. de la Roche-Foucaut.*

Voilà de nos maris le procedé commun,
Ce qui leur est permis, leur devient importun.
Moliere, Cocu sc. 5.)

Procéder, v. n. Venir. Dériver. (Le mal procéde de là.)

Proceder bien. C'est en user bien envers quelqu'un. (C'est un homme qui procede bien à l'égard de tout le monde.)

Proceder mal. En user mal à l'égard des gens. (C'est un misérable qui procede mal avec tous ceux avec qui il a à faire.)

Procéder. Terme de *pratique* Faire quelque procédure. Instruire quelque procès. Mettre un procès en état. (On va procéder contre lui. Procéder au jugement d'un procès.)

Procédure. s. f. Terme de *Justice & de Palais.* Tous les actes de justice faits pour l'instruction de quelque procès. (Procédure civile. Procédure criminelle. Etre apellant de toute la procédure qu'on a faite contre nous. Procédure étrange, inouïe, extraordinaire, surprenante, longue, défectueuse ; raisonnable & qui est dans les formes. Examiner une procédure, la déclarer nulle. Une omission considérable doit faire casser une procédure. Rendre une procédure suspecte. Découvrir, reparer le défaut d'une procédure. *Le Mait & Patru, plaidoié.*

Procédure. Terme de *pratique*. Manière de bien conduire un procès selon les formes de justice. (Savoir la procédure. Aprendre la procédure.)

Procès, s. m. Diférend entre des personnes, qui se termine par les voies de la Justice. C'est aussi une instance apointée qui se doit juger sur les écritures & les procédures des parties. Juger un procès.)

Procès par écrit. C'est un procès apointé & distribué à un des Conseillers des enquestes & qui est instruit sur l'apel d'une sentence ; ou jugement par raport & sur lequel il y a épices. Il y a encore des procès dont les uns sont apellez procès ordinaires, & les autres procès extraordinaires, ou criminels qu'on instruit contre un acusé criminel sur la plainte qu'on a renduë. (Instruire un procès.)

Procès verbal. Terme de *pratique*. Discours narratif de ce qui s'est fait devant un Juge. Récit de ce qui s'est fait & passé devant un Juge, un Commissaire, ou autre Oficier de justice. Ce procès a été apellé *verbal* parce qu'autrefois on ne l'écrivoit pas. (Dresser un procès verbal. Voiez *Loiseau des Oficer ch.* 4.)

† *Faire le procès à un mot. Voiture, lettre* 33. C'est le condamner.

† *Faire, sans se flater, le procès à son vice. Depreaux, Satire* 4. C'est condamner son vice.)

† *Après cela il n'y a plus rien à dire, voilà son procès fait. Moliere.* C'est à dire le voilà condamné.

PROCESSION, *s. f.* Terme d'*Eglise.* Cérémonie de l'Eglise dans laquelle le Clergé & le peuple partent d'un lieu sacré pour y retourner en chantant des priéres. (Les plus belles processions se font ordinairement à la grande & à la petite Fête-Dieu.)

Procession. Terme de *Théologie* en parlant de la Sainte Trinité. La *procession* du Saint Esprit. C'est la manière en laquelle on conçoit & on explique que le Saint Esprit procéde du Pére & du Fils.

† * On ne peut pas soner la cloche & aler à la Procession. Proverbe populaire, pour dire qu'on ne peut pas faire deux choses qui demandent la présence en des lieux diférens, en même tems.

PROCHAIN, *s. m.* Terme de *matiére de piété.* (Aimer son prochain comme soi-même. Ne faire aucun tort à son prochain. C'est à dire, à autrui.)

Prochain, prochaine, adj. Mot qui ne reçoit ni comparatif, ni superlatif. *Vaug. Rem.* (On ne dit point la maison la plus prochaine, mais la plus proche ; mais au positif, on dit , La semaine prochaine. Dimanche prochain. La ruë prohaine. C'est la maison prochaine, & en Termes de *Théologie* on dit demeurer dans les occasions prochaines du péché. *Pascal,* l.5.)

Proche. Préposition qui signifie près, auprès, & qui régit le génitif. (Ils mirent le feu aux maisons qui étoient les plus *proches* de la muraille. *Ablancourt, Ar. l.* 1. *c.* 7. *page* 55. Dieux qu'un bonheur extrême est proche du malheur. *Gon. poëf.*)

Proche, adv. Tout contre. Qui n'est pas loin. Auprès. L'ennemi est proche. *Ablancourt.* Lorsqu'ils furent proche, ils demanderent un oficier. *Ablancourt, l.* 2. *c.* 3.)

De proche en proche, adv. Presque tout près Près à près. (Il faut que cela soit de proche en proche.)

Proche, s. f. Parent le mot de *proche* dans le sens de *parens* est condanné par *Vaugelas*, neanmoins comme plusieurs bons Auteurs s'en servent dans ce sens, on peut apeller de la décision de *Vaugelas*, & se servir quelquefois du mot de *proche* en la signification de *parent.* (Plusieurs de ses *proches* y sont enterrez. *Patru, plaidoié* 8. Il se résolut de suivre le sentiment de ses *proches. Madame de la Faïette, Histoire de la princesse de Monpensier, page* 8 Mes proches se sont éloignez de moi. *Port-Roial, Pseaume* 37. *v.* 11.)

Proche, adj. Qui est prés. Qui est auprès, Qui n'est pas loin. (Le Roiaume de Dieu est proche. Ils tirent au sort les vilages les plus proches. *Ablancourt, Rét. l.* 4. *c.* 3. David se sentant défaillir jugea que sa dernière heure étoit proche. *Arn. Joseph. l.* 7. *c.* 12.)

Proche parent. C'est à dire, parent de bien près. Voïez *parent.*

PROCLAMATION, *s. f.* Ce mot vient du Latin. Prononcez *proclamacion.* Publication solennelle. (Les proclamations des bans de mariage doivent être faites solennellement & en face d'Eglise.)

Proclamation. Terme de *Bernardin & de Feuillant.* C'est l'action de proclamer. C'est le commandement que fait un Supérieur à son Religieux de se prosterner à terre. (La proclamation mortifie éxtrémement.)

Proclamer, v. a. Publier. Déclarer solennellement. Publier hautement. (Les Soldats le proclamerent Empereur dans le camp.)

* *Proclamer.* Terme de *Bernardin & de Feuillant.* C'est commander à un Religieux de se prosterner à terre. Obliger un Religieux de se jetter à terre devant son Prieur pour entendre les fautes que le Prieur lui doit reprocher. (On a proclamé un tel. Le prieur proclame. On dit aussi au passif. Il a été proclamé.)

PROCONSUL, *s. m.* Terme Latin qui se dit en parlant des Magistrats de l'ancienne Rome. On apelloit *Proconsul* un Gouverneur de province. Le *Proconsul* étoit aussi une espéce de Prési-

PRO.

fident, mais ordinairement il ne jugeoit pas les procès lui-même, il les faisoit juger par les Assesseurs, ou autres Juges qu'il ordonnoit & qui avoient pour cela des gages du public. *Loiseau, Traité des Ofices en général, l.1. c.4.*)

Proconsulat, *s. m.* Charge & dignité de Proconsul. (Il demanda le proconsulat. *Ablancourt, Tac. An. liv.4. c.15.*)

† **Procréer,** *v. a.* Ce mot est Latin, & signifie Engendrer. (Il est du temperamment qu'il faut pour précréer des enfans bien conditionnez. *Moliere.*

Procréation, *s. f.* Génération. (La procréation des enfans doit être le principal but du Mariage.)

Procurateur, *s. m.* C'est une sorte de Magistrat Vénitien à vie qui a l'administration du bien des orphelins & de ceux qui meurent sans faire de testament & sans laisser d'enfans. Voiez *Amelot, Histoire de Venise.* Procurateur de Saint Marc. Il y a des Procurateurs en d'autres viles d'Italie, comme à Gennes, &c.

Procuration, *s. f.* Prononcez procuracion. C'est un acte qui se fait devant notaire par lequel on met & constitué une personne pour faire quelque chose qui regarde nos intérêts. (Faire & passer une procuration. Donner une procuration à quelqu'un pour quelque afaire. Etre fondé en procuration.)

Procuratrice, *s. f.* Il se dit d'une femme à laquelle on a donné une procuration. (Elle agit en ce fait comme procuratrice de son mari.) Ce mot ne se dit qu'en *termes de pratique.*

Procurer, *v. a.* Causer quelque chose à quelqu'un. Faire en sorte qu'une personne ait quelque chose. Etre cause de quelque chose. (Procurer de l'honneur à quelqu'un. *Voiture, lettre 47.* Procurer du bonheur à quelqu'un. *Voit.l.23.* Procurer du bien à quelqu'un. *Memoires de M. de la Roche-Foucaut.* Procurer la paix. *S. Cir.* Il se prend aussi en mauvaise part. Procurer quelque malheur à quelcun. Ces calomniateurs lui ont procuré son banissement. Le chagrin que ce procès lui a donné, lui a procuré la mort.)

Procureur, *s. m.* C'est celui qui apuïe en justice les intérêts de ses parties. Les Procureurs furent établis du tems de François prémier. (Ce sont des animaux ravissans que la plupart de ces Messieurs les procureurs, & malheureux celui qui tombe entre leurs mains. La prémiere qualité d'un Procureur c'est de n'avoir ni ame ni conscience, & alors il meurt riche ; mais un Procureur qui a de la foi, de la conscience & de l'honnêteté, meurt comme un gueux, ou à l'hopital.) On ne meurt point par *procureur. Ablancourt, Luc.*)

Procureur fiscal. C'est un oficier de haut Justicier qui a soin de procurer l'intérêt public & l'intérêt du Seigneur, qui plaide en sa justice sous le nom de son procureur fiscal. Voiez *Loiseau, Traité des Ofices.*

Procureur du Roi. C'est celui qui représente les intérêts du Roi en chaque juridiction. (Etre procureur du Roi au présidial, au Chastelet de Paris. Etre procureur du Roi en l'élection, &c.)

Procureur général. C'est l'oficier qui doit intervenir & conclurre dans toutes les afaires ausquelles Sa Majesté, l'Eglise, ou les mineurs ont intérêt. (Monsieur le Procureur général du Parlement de Paris est dans une haute estime.)

Procureur. Ce mot parmi plusieurs Religieux c'est celui qui solicite les procès & qui a soin de tous les papiers & de tous les titres de la Maison.

Procureuse, *s. f.* Ce mot pour dire *la femme d'un procureur* ne se dit point, ou il ne se dit qu'en riant.

Procureuse générale. C'est la femme du Procureur général d'un Parlement à laquelle on donne la qualité de Dame. (Madame la procureuse générale est forte estimée.)

Procureuse du Roi. C'est la femme du Procureur du Roi de quelque juridiction considérable (Ainsi on dira, Madame la Procureuse du Roi du Chastelet de Paris est belle.)

Prodigalité, *s. f.* Dépense excessive en des choses vaines, de nulle conséquence, & peu convenables à la personne qui fait cette dépense. (La prodigalité est vicieuse, mais elle n'est pas honteuse ; elle est mille fois plus loüable que l'avarice qui marque toûjours un tres-petit cœur. Voiez *Benevent, Paraphrase sur le 4. livre de la Morale d'Aristote.*)

Prodigalement, *adv.* En prodigue. Avec profusion. (Il dépense son bien prodigalement.) Il se prend quelquefois en bonne part & signifie seulement avec abondance. (Dieu verse prodigalement ses graces sur nous.)

Prodige, *s. f.* Monstre. Signe extraordinaire d'une chose future & qui arrive contre le cours ordinaire de la nature. Choses surprenantes & contre le cours de la nature.

[Les magiciens de Pharaon faisoient des *prodiges. Balzac, Socrate Crétien.*

Il étoit survenu un prodige qui les étonnoit. *Ablancourt, Ar. l.1. c.9.*

Une pluie de pierres, ou de sang sont des *prodiges* qu'on exploite par des actes de Religion. *Balzac, Socrate Crétien.*]

Prodige. Ce mot se prend quelquefois en bonne part, mais il est bon d'y préparer l'esprit auparavant, & alors il signifie *merveille.*

Prodigieux, prodigieuse, *adj.* Monstrueux. Qui tient du prodige & qui est contre l'ordre ordinaire de la nature. (La taille des geans étoit prodigieuse. *Balzac.*)

* **Prodigieux, prodigieuse.** Ce mot se prend en bonne part, mais il faut qu'il soit amené & préparé auparavant avec esprit, &

PRO. 651

alors il signifie *merveilleux,* extraordinaire, admirable. (Il a une prodigieuse mémoire. Prodigieuse fecondité. *Costar.*)

† * **Prodigieusement,** *adv.* Beaucoup. Fort. (Sa Cloris est prodigieusement laide, mais elle est belle au cofre, & c'est tout dire.)

Prodigue, *adj.* Qui dépense excessivement & follement. Qui ne met point de bornes dans la dépence qu'il fait. (L'enfant *prodigue* de l'Evangile sera connu dans tous les siècles. Une femme prodigue est une chose assez rare, mais une femme avare & intéressée est une chose assez commune, au moins à Paris.)

Prodigue, *s. m.* Celui qui dépense excessivement, sans jugement & au delà de ce qu'il devroit. (C'est un prodigue.)

* **Prodigue.** Ce mot se prend quelquefois en bonne part & signifie extrémement liberal.

(Iris, le Ciel *prodigue* à verser ses trésors
Ne forma que trop bien ton esprit & ton corps.
La Suze, poësies.

† * **Prodigue.** Ce mot se dit quelquefois en riant & en parlant familiérement à un ami qui est libéral & magnifique. [A n'en point mentir; *vous êtes un prodigue,* la manière dont vous regalez vos amis, est trop magnifique.]

Prodiguer, *v. a.* Dépenser avec excès. [Prodiguer son bien. Prodiguer ses rentes. Prodiguer son argent.]

* **Prodiguer** ses caresses. Prodiguer ses faveurs. *Ablancourt.*

* Quand il *prodigue* son sang pour le service de son Prince, il ne prodigue pas grand chose.]

Production, *s. f.* C'est l'action de produire & la chose même qui est produite. [Les productions de la terre seront apareillement fort belles cete année.]

* **Production.** Ce mot joint avec celui d'esprit, veut dire *ouvrage d'esprit.* [Les productions de son esprit ne feront jamais bouillir sa marmite.]

Production. Terme de *pratique.* Ce sont les pièces que produit la Partie pour justifier son droit. [Il est défendu de mettre au grefe des productions en blanc. On ne peut prendre communication de la production de la partie averse si on n'a produit. On retire les productions après que les procès sont jugez. Voiez *l'ordonnance de Louïs quatorzième.*]

Produire, *v. a.* Porter des arbres & de la terre, & veut dire *pousser; mettre hors quelques fruits. Porter du fruit.* [Arbre qui *produit* de fort beaux fruits. Voilà ce que la terre *a produit* cete année.]

† **Produire.** Faire connoître une personne dans le monde, dans la Cour. Mener & introduire une personne chez des gens de qui il lui est avantageux d'être connu. [Monsieur d'Avaux produisit Voiture dans le monde. Monsieur le Marquis un tel l'a produit à la Cour. C'est un poëte que des gens de qualité produisent par tout.]

* **Produire.** Ce mot se dit de *l'esprit,* & signifie *faire, composer.* (Je tiens cete comédie une des plus plaisantes que l'Auteur ait produites. *Moliere, Critique de l'Ecole des Femmes. sc.3.*)

Produire. Terme de Palais. C'est mettre sa production au grefe. Faire voir & amener devant le Juge. (Etre obligé de produire. Produire ses titres. Produire des témoins.)

Se produire, *v. r.* Se faire connoître d'une manière belle & honorable. (Il ne songe qu'à se produire.)

Produit, *s. m.* Terme d'Aritmétique qui se dit en parlant de multiplication. C'est le resultat de deux nombres ; qu'on multiplie l'un par l'autre.

Profane, *adj.* ou **Prophane.** Ce mot se dit des choses, des lieux & des personnes, & veut dire qui n'est pas Sacré. Qui n'est pas Eclésiastique. Qui traite de choses qui ne regardent ni Dieu, ni la pieté, ni la Religion. Histoire fabuleuse, profane, ou Sacrée. Suivre les Auteurs profanes. Lieu profane. Chose profane.

Profaneur, *s. m.* Celui qui profane les choses Saintes & Sacrées. (C'est un profanateur insigne.) On dit aussi *Profanateur,* en ce même sens.

Profanation, *s. f.* Prononcez profanacion. C'est l'action de profaner. (C'est une horrible profanation. C'est une profanation qui mérite d'être punie exemplairement.)

Profaner, *v. a.* Abuser des choses Saintes & Sacrées. Soüiller & violer des choses Saintes & Sacrées. (Profaner les choses Saintes. Les Etrangers ont autrefois profané le Temple de Jerusalem. Profaner l'Ecriture.)

† **Profaner.** En mal user. (Profaner le bien de Dieu.)

On dit aussi qu'on profane les sciences quand on en parle devant les ignorans. C'est profaner une belle personne que de la marier à un homme brutal.

Proférer, *v. a.* Dire, prononcer quelque mot, ou quelque parole. (Il ne sauroit proférer aucun mot comme il faut. On ne profera pas la moindre parole de part & d'autre. *Sevron, Rom.*)

Profés, *s. m.* Religieux qui aiant achevé son noviciat a fait profession dans l'ordre qu'il a embrassé. (Un jeune profés. On dit aussi *Religieux profés.*)

Profés. Terme de Jésuïte. C'est celui qui a fait publiquement les trois vœux solemnels de Religion, en y ajoûtant celui d'obéïssance particuliére au Pape, pour le regard des Missions parmi les Infideles & les Idolâtres. (Les Profés Jésuïtes font l'essentiel de la Société.)

Profés, professe, *adj.* Ce mot, parlant de Jésuïtes, se dit de la Maison

PRO.

son où demeurent les Profès Jésuites. Le P. Ignace veut que les *Maisons professes* de son Ordre n'aient aucun revenu. Le Général des Jésuites fait les Provinciaux, les Supérieurs des maisons professes, les Recteurs des Colèges & des Noviciats. *Vie de S. Ignace, l. 3.*

† * Il *est profès* en l'ordre des côteaux. *Dépreaux, Satire 3.* Cette façon de parler est plaisante, pour marquer un homme qui est connoisseur en matiere de bon vin, & qui peut dire, en les goûtant, ce vin est d'un tel côteau, & celui-là d'un autre, & le vin de ce côteau est le plus coulant & le plus délicat.)

Professe, s. f. C'est celle qui aiant achevé le tems, de son noviciat fait profession de vivre dans l'Ordre qu'elle a embrassé. C'est une professe. On dit aussi. *Religieuse professe.*)

Professer, v. a. Faire profession de quelque art, ou science. Enseigner quelque art, ou quelque science publiquement. (Il professe la Rétorique, la Philosophie, la Médecine, &c.)

Professeur, s. m. Celui qui fait profession de quelque chose qu'il enseigne publiquement dans un lieu destiné pour cela. (Être professeur de Rétorique, Professeur en Droit Canon, en Médecine. Professeur de Philosophie. C'est un bon, un excellent, un habile, un savant professeur.)

Profession, s. f. Art, ou métier qu'on professe. (C'est une profession honorable. La profession d'Avocat est la plus belle & la plus indépendante de toutes les professions. Il est d'une profession que l'on n'estime pas. Exercer une profession. On trouve peu de gens qui soient contens de la profession qu'ils ont embrassée.)

* *Profession.* Ce mot se dit souvent au figuré. (Par éxemple on dit. *Il fait profession d'être savant.* C'est à dire, il se pique d'être savant. *Il fait profession de bel esprit. C'est un bel esprit de profession.*)

Profession. Terme de *Religieux & de Religieuse.* Elle consiste à faire solennellement les trois vœux de Religion qui sont pauvreté, obedience & chasteté. (On ne fait *profession* qu'après le noviciat & qu'après avoir eu les voix des Religieux, ou des Religieuses pour être admis à faire profession. La profession Religieuse doit être libre. Elle est nulle avant l'âge. *Le Mait. pl. 1. A. 16.*)

Profil, s. m. Terme de *Peintre.* C'est la veuë de quelque lieu entant qu'elle est oposée à ce qu'on apelle *plan.* (Ainsi, on dit, le profil de la vile de Paris. Le mot de *profil* signifie aussi *une tête venuë de côté* (On dit une tête de profil, on dit même, une figure de profil. *Depiles, Conversations.*)

Profil de bâtiment. C'est l'élévation Géometrique & ortographique de quelque bâtiment.

Profil de forteresse. C'est la coupe imaginaire d'une place à angles droits pour marquer & représenter toutes les hauteurs des remparts, des murailles, des fossez, &c. *Felibien, Traité d'Architecture.*)

Profiler, v. a. Terme de *peintre.* Faire les contours d'une figure. (Profiler une figure. (Monsieur de piles qui se connoit parfaitement en peinture & qui en écrit fort bien s'aprouve pas ce mot de *profiler.*)

Profit, s. m. Ce mot vient du Latin *profectus.* Il signifie Gain. Utilité. (Avoir de grans profits. Faire des profits considerables. Mettre tout à profit. Chacun tire à son profit. Faire son profit de quelque chose. Cela tourne à vôtre profit.)

Profit. Il se dit des interêts de l'argent.

* *Profit.* Terme de *pratique.* Un défaut emportant du profit, c'est à dire, gain de cause. Faire juger le profit d'un défaut.

* *Profitable, adj.* Utile. (Rien n'est plus *profitable* que la santé du corps & plus salutaire que celle de l'ame.)

Profiter, v. n. Tirer quelque gain, quelque profit, quelque interêt. (Faire profiter son argent, son argent profise.

* *Profiter, v. n.* Tirer quelque avantage, quelque utilité, quelque profit. (J'ai sçu profiter de la maladie que j'ai euë. *Voit. l. 91.* Il vouloit profiter de tous les évenemens. *Memoires de M. de la Roche-Foucaut.*

* *Profiter.* Ce mot se dit des personnes & des plantes. C'est faire quelque progrès. Croître. (Ce fond n'est pas bon, les arbres n'y profiteront jamais. Profiter dans l'étude de la sagesse. *Ablancourt.*)

PROFOND, *profonde, adj.* Qui est creux. Qui a de la profondeur. (Un fossé profond de vint-deux piez. *Ablancourt, Ar. l. 1.* Un abîme profond. Un puits fort profond. Une cave profonde. La riviere est profonde.

Profond, profonde. Il se dit aussi de ce qui est étendu en long. (Une forêt profonde. Cette maison n'a guére de face, mais elle est fort profonde.)

* *Profond, profonde.* Grand. Haut. Eminent. (On doit dire, Écriture avec un profond respect. *S. Gir.* C'est un homme d'une profonde érudition.)

* Le bruit de cent combats troubloit de nos bocages.
  Le silence profond.

* Être dans un profond sommeil. C'est à dire, être fort endormi.

Profond, profonde, adj. Ce mot en parlant de révérance, veut dire *grande & basse.* (Faire une profonde révérance.)

Profondément, profondement, adv. Il faut dire & écrire *profondément* Avec peine avant. D'une maniere basse & humble. (Saluër profondément. Profondément enraciné. *Port-Roial.*)

Profondeur, s. f. Maniere dont quelque chose est creuse, enfoncée

PRO.

& profonde. [On ne put passer le Tigre à cause de sa profondeur. *Ablancourt, Rét. l. 4. c. 1.* Cette canelure a trop de profondeur. *Perraut, Vitruve.*]

PROFUSION, *s. f.* Somptuosité. Largesse excessive, [Une grande profusion. Faire des profusions. Ce sont d'excessives profusions. C'est de là que sont venues ces profusions d'Ordines. *Vau. Quin. l. x. c. 1.*]

PROGRAMME, *s. m.* Mot qui vient du Grec, & qui se dit en parlant des actions publiques des Colèges. C'est un écrit qu'on afiche quelquefois & qu'on distribuë d'ordinaire, & qui contient le sujet de l'action, les noms de ceux qui la représentent, &c. [Faire un programme. Lire un programme.]

PROGRÈS, *s. m.* En Latin *progressus.* Avancement. [Faire de grans progrès. Ne faire aucun progrès considerable.]

* Est ce là, Madame, tout le *progrès* qu'Achille a fait dans vôtre ame ? *Racine, Iphigenie, Acte 3. scene 6.*

Progrès. Terme de *Musique.* Quand les notes procedent par des intervales désagreables & deffendus, cela s'apelle *mauvais progrès.*

Progressif, progressive, adj. Terme de *Phisique.* Mouvement progressif, c'est à dire, par lequel on avance, & par lequel un corps est transporté d'un lieu à un autre.

Progression, s. f. Terme de *Phisique.* Mouvement qui porte en avant. [Les animaux ont un mouvement de progression, par lequel ils se portent d'un lieu à un autre.]

* *Progression.* Terme de *Matematiq.* Il signifie une suite de quantitez qui gardent entr'elles quelque sorte de raport semblable, & chacune de ces quantitez s'apelle *Terme.* La *progression* est une proportion suivie & continuée. *Voiez proportion.* La progression Géometrique peut être augmentée & diminuée à l'infini. Mais la progression Aritmetique peut bien augmenter, mais non pas diminuer à l'infini.

PROHIBÉ, *prohibée, adj.* Ce mot est Latin & a un usage très borné, il signifie *defendu,* & se dit en Terme d'Église particulièrement. [Semainier dans les degrez prohibez. *Maucroix, Schisme, l. 3.* personne prohibée. *Le Mait.*]

Prohibition, s. f. Terme de *Palais.* Prononcez *proibicion.* Défence. [Toute prohibition d'aliéner faite avec cause & en faveur de quelqu'un, emporte fideicommis. *Patru, plaidoié 12.*]

PROIE, *s. f.* Ce mot se dit proprement des bêtes farouches. C'est tout ce, que la bête farouche emporte & prend par force pour se nourrir. [Les lionceaux sortent dès les matin pour chercher leur proie. Loup qui emporte sa proie.]

* Je fus la *proie* de tous ceux que j'avois haïs. *Tèo. poë.* Se donner en proie à ses passions. *Vau. Quin. l. 6.* Les divisions les donnoient en proie à l'avarice des étrangers. *Ablancourt, Tac. l. 1.*]

PROIECTION, *s. f.* Terme de *Chimie.* C'est une sorte d'opération Chimique qui doit être faite en petite quantité & à diverses reprises. *Voiez la pharmacopée de Charas.* Les Charatans Chimiques apellent *poudre de projection,* une certaine poudre chimérique; & ils disent que si on en jette sur quelque quantité de métal imparfait comme le plomb, ou le cuivre, elle le change en un plus parfait, comme l'or & l'argent.

Projection. Terme de *Fondeur.* Jet de métal en sable, en cire, &c. (La projection de cette statuë a bien réüssi.)

Projection. Terme de *Géographie* & de *perspective,* &c. C'est une description sur un plan, dans une certaine vuë, selon la situation des corps, & tels qu'ils paroîtroient, s'il étoit placé dans un certain point. On fait dans une Mappemonde la projection des Cercles Meridiens & paralleles, tantôt par des lignes droites, tantôt par des lignes courbes. Dans la projection de la Sphère droite, le prémier Méridien sert d'horizon & tous les autres coupent les poles par des lignes obliques. Dans la projection de la Sphère parallele, l'Equateur sert d'horizon, les Méridiens sont décrits par des raions de ce cercle & les paralleles par des cercles concentriques.

† *Projecture, s. f.* Terme d'Architecture. Il se dit des saillies & avances que font diverses parties d'un bâtiment.

† PROLATION, *s. f.* Ce mot vient du Latin. Prononcez *prolacion.* C'est un terme de *Musique.* C'est quand la voix fait sur une des cinq voielles de l'Alphabet, une fusée, c'est à dire, une durée de chant par une suite de plusieurs notes. Ce qui s'apelle aussi *Roulement.*

PROJET, *s. m.* Dessein. (Un beau projet. Faire de vains projets. Faire réüssir un projet. *Memoires de M. de la Roche Foucaut.*)

Projetter, v. a. Préméditer. Avoir dessein. (Ils résolurent d'exécuter le dessein qu'ils avoient projetté. *Vaug. Quin. l. 5. c. 4.* Vous consolliez-vous sur cette immortalité que nous avions projetté de vous donner. *Voit. poë.*)

Projetter. Terme Chimique. C'est faire la projection de quelque matière. *Charas, pharmacopée, c. 17.*

† PROLIFIQUE, *adj.* Terme de *Medecin.* Ce mot est écorché du Latin, & il signifie *qui a la force d'engendrer.* (Il poussée en un haut degré la vertu prolifique. *Moliere, Malade imaginaire.* L'enfant est engendré des semences prolifiques de l'homme & de la femme, qui sont reçuës & retenuës dans la matrice. *Mauriceau, tr. des femmes grosses.*

† PROLIXE, *adj.* Ce mot est Latin & il ne se dit qu'en parlant de *discours.* Il signifie long, étendu, difus, & quelquefois ennuieux. Un discours trop prolixe. Il est un peu prolixe dans ses discours.)

Prolixement,

PRO.

Prolixement, adv. D'une manière prolixe & diffuse. (Il a parlé trop prolixement.)

Prolixité, s. f. Longueur de discours. (Quand on parle avec prolixité on ennuie souvent quoi que l'on dise de bonnes choses.)

PROLOGUE, s. m. Il y a de plusieurs sortes de prologues, mais en général on peut dire que le *prologue* est un discours qu'on fait aux spectateurs & qui précéde la composition de la piéce. Voiez *Donat sur Térence*. (Le prologue est une piéce détachée de tout le corps de la piéce, & on croit qu'il ne lui est point nécessaire. On fait rarement aujourdhui des prologues à la tête des piéces de Téatre, à moins que les piéces ne soient des piéces à machine, ou des opera.)

* De ses rares vertus il se fait un prologue.

Dep. Discours au Roi.

PROLONGER, v. a. Diférer. Etendre davantage. (Prolonger le tems. Prolonger sa vie. *Ablancourt*. Prolonger ses malheurs *Rac*.)

Prolonger. Ce mot se dit en Termes de Mer parlant de vaisseaux & de navires. Prolonger un vaisseau, un navire. C'est s'avancer contre un autre vaisseau pour se mettre flanc à flanc & venir vergue à vergue.)

Prolongation, s. f. Prononcez *prolongacion*. Augmentation de la durée de quelque chose. (Le bon régime contribue beaucoup à la prolongation de la vie. Il a obtenu une prolongation de délai pour faire son enquête.)

PROMENADE, s. f. Action de la personne qui se proméne. (La promenade est belle & agréable, elle est utile à la santé. Etre homme de promenade. Faire une petite promenade. Aimer la promenade.)

Promener, *pourmener*; v. a. Quelques uns disent *pourmener*, mais mal. Le bel usage est pour *promener*. C'est aider à marcher. Mener doucement. (Promener un enfant.)

Promener. Ce mot se dit des chevaux. C'est les mener à la main tantôt fort doucement; & tantôt un peu plus fort. (Promener un cheval. On dit aussi en terme de *Manège*. Promener un cheval entre les deux talons.)

* *Promener sa vûe sur les objets. Ablancourt*. C'est jetter sa vûe sur diférens objets.

Se promener, v. r. Je me proméne, je me suis promené, je me promenai. Faire quelque promenade. (On se proméne avec plaisir à la fraîcheur. Se promener en carosse. Se promener à cheval.)

Promener. Il se dit dans un sens neutre. Exemples.

† * *Envoyer promener quelque personne*. C'est le chasser & lui donner congé.

Faire promener quelqu'un. C'est lui donner la peine d'aler & de venir souvent. [Ce chicaneur fait bien promener sa partie.]

Promenoir, s. m. Ce mot signifie le lieu où l'on se proméne. (Un beau promenoir. Un agréable promenoir. Proche des téatres il y avoit des promenoirs publics. *Abregé de Vitruve, page* 184. Elle voulut aller voir les promenoirs, en attendant l'heure du soupé. *Voit. l. ix*. Les ombrages des plaisirs promenoirs sont toujours rafraîchis par l'aîle du zéphire. *Sar. poëf*.]

PROMESSE, s. f. C'est tout ce qu'on promet. Engagement de paroles qu'on donne à quelqu'un. (S'il est honnête homme de garder sa promesse, le provincial Gerard est un fort mal-honnête homme, il ne promet que pour tromper. Tenir sa promesse. Satisfaire à sa promesse. Vendre avec promesse de garantir. Faire une promesse de mariage à une fille.)

Promesse. Billet sous seing privé ou l'on confesse devoir & où l'on promet donner à volonté, ou dans un tems une certaine chose, ou une certaine somme à une personne. [Faire reconnoître une promesse en justice.]

† *Prometteur*, s. m. Ce mot emporte quelque sorte de mépris de celui dont on parle, & signifie *celui qui promet beaucoup & légerement*, & qui tient peu. (C'est un prometteur.)

† *Prometteuse*, s. f. Ce mot renferme quelque idée de mépris de la personne dont on le dit & signifie celle qui promet beaucoup & légerement & qui tient peu. (C'est une franche prometteuse.)

Prometre, v. a. Il vient du Latin *promittere*. Je promets, je promis, je promis, je prometrai. Que je prometre, que je promisse. C'est donner & engager sa parole de faire, ou de ne pas faire; de dire, ou de ne pas dire quelque chose. (Nous promettons selon nos espérances & nous tenons selon nos craintes. *Mémoires de la Roche Foucaut*. Prometre une fille en mariage à quelqu'un. Il faut prometre tout ce qu'on peut prometre. Tenir ce qu'on promet.

Avant que de prometre il faut du jugement,
Et quand on a promis il faut de la mémoire.

Ducilli, poësies.)

Se promettre, v. r. Croire. Espérer. (Il se promettoit de convrir le deshonneur de sa fille. *Patru, plaidoïé* 11.)

* *Prometre beaucoup*. Donner de soi de grandes espérances. (C'étoit un enfant qui promettoit beaucoup & c'est dommage qu'il soit mort.)

* *Prometre monts & merveilles*. Façon de parler proverbiale, qui veut dire prometre des choses excessives, prometre plus qu'on ne peut tenir.

* *Promission*, s. f. Il ne se dit qu'en cette façon de parler. La terre de promission, c'est le pais de Canaan que Dieu avoit promis & qu'il donna ensuite au peuple d'Israel. On dit au figuré

PRO. 653

d'un païs abondant & fertile c'est une terre de promission.

PROMONTOIRE, s. m. Il vient du Latin *promontorium*. Terme de Mer qui signifie *cap*. Terre qui avance dans la mer.

PROMOTEUR, s. m. Terme d'Eglise. Ce mot vient du Latin *promotor*. C'est l'Eclésiastique qui dans la jurisdiction Eclésiastique fait ce que le procureur du Roi fait dans la jurisdiction Laïque. Le promoteur est établi pour faire informer d'ofice contre les Eclésiastiques qui sont en faute & pour maintenir les droits, les libertez & les immunitez de l'Eglise Voiez *Fevret*, *Traité de l'abus*, liv. 4. chap. 3. n. 25. Le promoteur a soin de faire maintenir la discipline Eclésiastique, de faire punir & de ranger les désobéïssans à leur devoir. Voiez *Fevret*.

Le promoteur des maîtres d'école de Paris. C'est celui qui interroge, met en possession & visite les maîtres d'école pour voir s'ils font leur devoir & en fait son raport au chantre.

Promotion, s. f. Prononcez *promocion*. Elévation d'une personne capable & d'un mérite reconnu à quelque dignité Laïque, ou Eclésiastique. (La promotion à l'Episcopat comprend l'institution & la consecration. *Massac, Droit Eclésiastique*. Lettre écrite à Monsieur de Guiche sur sa promotion à la charge de Maréchal de France.)

Prompt, *prompte*, adj. Il vient du Latin *promptus*. Prononcez *pron & pronte*. C'est à dire, qui est prêt. Diligent. (Etre prompt à servir les honnêtes gens. Elle me tend une main prompte à me soulager. *Racine*, *Iphigenie*, a. 2. s. 1.)

Prompt, *prompte*, adj. Il se dit des choses qui passent vîte. (Prompt comme un éclair, comme la foudre, comme le vent.

Il se dit aussi de l'Esprit. Un esprit prompt, c'est à dire, vif & actif. L'esprit est prompt & la chair est foible.)

Prompt, *prompte*. Qui se met aisément en colère. (Les Provençaux sont de bonnes gens, mais ils sont fort prompts & un peu avares.)

Promtement, adv. Tout sur le champ. Soudainement. En diligence. (Répondre promtement. Faire une chose promtement.)

Promtitude, s. f. Hâte. Facilité soudaine. Facilité qu'on a à se fâcher. (La promtitude à croire, le mal sans y avoir assez examiné est un éfet de la paresse & de l'orgueil. *Mémoires de M. de la Roche-Foucaut*. Il est bon homme, mais il a une promtitude qui gâte tout.)

PRÔNE, s. m. ou *Prosne*, mais il ne se prononce pas. Manière d'Homélie. Instruction Crétienne que fait chaque Dimanche le Curé d'une paroisse & qui tient un milieu entre le Catéchisme & la Prédication (Faire de beaux prônes. Un prône court. Un prône touchant.

Bien que Du Moulin en son livre
Semble n'avoir rien ignoré,
Le meilleur est toujours de suivre
Le Prône de notre Curé.

Racan, *poësies*.

Le Curé faisant le prône est revêtu de son surplis avec l'étole au cou, & est dans la Chaire.)

† *Prôner*, v. n. Faire le prône. Faire des prônes. (Prôner tous les Dimanches. Vicaire qui prône avec édification.)

† * *Leur entousiasme a là-dessus prôné merveilles. Saint Amant*. Il le prône par tout. C'est à dire, il se loue par tout.

† * *C'est un grand prôneur qui loue par tout quelque chose*, ou quelque personne.

PRONOM, s. m. Terme de Grammaire. C'est une partie du discours qui tient lieu d'un nom Les *Pronoms personels* sont, je, tu, il, & elle, ou moi, toi, lui, & au pluriel, nous, vous, ils & eux, elles. Les *Pronoms démonstratifs* celui, celle, & au pluriel ceux, celles. Les *Pronoms relatifs* qui, lequel, laquelle. Les *Pronoms possessifs* sont, mon, ton, son, mien, tien, sien, notre, votre, leur.

PRONONCER, v. a. Proférer. (Prononcer distinctement les mots.)

Prononcer Terme de Palais. Rendre quelque arrêt, ou sentence. (Comme il est le chef de la justice, il présidoit, & on prononçoit à son nom. *Patru*, 1. *plaidoïé*.)

Prononcer. Terme d'Eglise qui se dit en parlant d'excommunication & qui signifie *fulminer*. Prononcer une excommunication. *Eve. c*. 18.

Prononcer. Terme de *peinture*. Marquer, spécifier, débrouiller & donner parfaitement à connoître quelque partie d'une figure. [Prononcer une main, un bras, une épaule, &c.]

Prononciation, s. f. Dites *prononciacion*. Articulation distincte. Expression nette & distincte des mots & des paroles. (Mauvaise prononciation. Prononciation vitieuse. Une belle prononciation.)

Prononciation. C'est la cinquième partie de la Rétorique. Elle consiste à régler si bien sa voix & son geste qu'ils servent à persuader l'esprit, & à toucher le cœur de ceux qui nous entendent. (La prononciation est si utile qu'on l'apelle ordinairement la première, la seconde & la troisiéme partie de l'éloquence.)

PRONOSTIC, s. m. Il vient du Latin *prognosticum*. Prédiction. Présage. (Pronostic heureux, ou malheureux. Pronostic fâcheux. Ce fut un pronostic de sa mort. *Ablancourt*. *Ar. l.* 7.)

† *Pronostiquer*, v. a. Prédire. Deviner. (Il a pronostiqué ce qui est arrivé. C'est un fou qui se mêle de pronostiquer.)

* *Pronostication*, s. f. Prononcez *pronosticacion*. Prédiction qu'on fait

NNnn iij

fait par l'observation des pronostics. (Il a fait plusieurs pronostications.)

*Pronostiqueur, f. m. Celui qui fait des pronostications. (La plupart des Pronostiqueurs sont des Charlatans.)

PROPAGATION, f. f. Il vient du Latin *propagatio*. Prononcez *propagation*. Multiplication qui se fait par le moien de la génération. (Il a les qualitez qu'il faut pour la propagation. *Moliere, Malade imaginaire.* La nature tend à la propagation de l'espéce. *Bernier philof. T. 3.* L'amour des femmes est nécessaire pour la propagation du genre humain. *Abl. Luc T. 1. Amours.*)

*PROPENSION, f. f. Ce mot est Latin, & ne s'ôu'en termes de Philosophie. Il signifie *inclination, penchant.*) La propension naturelle au mal.)

PROPHETE, f. m. Celui qui prophétise. (Les grands & les petits prophétes. Quiconque veut prêcher avec fruit & avec force, doit lire sans cesse les Prophétes & méditer avec attention sur la manière dont ils touchent & enlèvent l'esprit & le cœur. Un Prophéte n'est cher qu'en son païs. C'est un prophéte de malheur, C'est à dire un méchant prophéte & qui ne voit pas bien dans l'avenir)

*Prophetesse, f. f. Celle qui prédit. Qui devine. Qui prophétise. (Il y avoit des gens qui étoient d'intelligence avec la prophétesse. *Maucroix, Schifme, liv. 3.*)

*Prophétie, f. f. Prononcez *profécie*. Prédiction. Chose prédite par un prophéte. (Les propheties sont toujours un peu obscures.)

*Prophétique, adj. Qui prophétise. Qui devine. (Mon art est prophétique. *Mai. poës.*

Ecoute, badin chimérique,
Ce qu'une langue prophétique
Dit au ventre qui t'a porté. *Mai. poës.*)

*Prophétiser, v. a. Prédire. Dire ce qui doit arriver. (Il a prophétifé le malheur qui est arrivé.)

PROPICE, adj. Il vient du Latin *propitius*. Il signifie favorable & il régit le Datif. [Le Ciel est propice à ses vœux. *S. Cir.*

Et pour rendre à ses vœux tout l'Olimpe *propice*,
Il offre seulement. *Segrais Eglogue 7.*
Fasse le juste Ciel propice à mes désirs,
Que ces longs cris de joie étoufent vos soupirs.
Corn. Pompée. a. 5. sc. 5.)

*Propitiation, f. f. Prononcez *propiciacion*. Terme qui a son usage dans les *matieres de pieté* où l'on dit. (Un *sacrifice de propiciation*. C'est à dire, sacrifice qui nous rend Dieu favorable.)

*Propitiatoire, adj. Qui sert à rendre propice. (Un sacrifice propitiatoire.)

*Propitiatoire, f. m. Ce mot est de l'Ecriture Sainte, & il se dit dans des matières de pieté & de Réligion. C'étoit chez les Anciens Juifs, la couverture de l'Arche revêtué de lames d'or par dedans & par dehors. *Bern. Savon. Dict. Eclef.* Mais aujourd'hui comme Jesus-Christ s'offre à Dieu pour nous dans l'Eucaristie, cette oblation est cause que Dieu nous devient plus propice, & pour cela nous l'appelons *Propitiatoire*. *Bessuet, Doctr. de l'Eglise, ch. 14.*

PROPORTION, f. f. Prononcez *proporcion*. Rapport. Convenance. (Cet ouvrage a peu de proportion avec la grandeur de vos lumières. *Vaugelas, Remarques.* Nous ressentons nos biens & nos maux à proportion de notre amour propre. *Mémoires de Monfieur le Duc de la Roche-Foucaut.* C'est à dire, selon le rapport de l'amour propre que nous avons.)

Proportion. Ce mot se dit en *peinture*. C'est une justesse des mesures convenables à chaque objet par raport des parties entre elles, & de ces mêmes parties avec leur tout. Ce mot se proportion se dit ordinairement du corps humain. (Pour bien dessiner il faut savoir les *proportions* & c'est dans ce sens que les *proportions* font une partie de la peinture qu'on apelle *dessein*. *De Piles, Conversations*.)

Proportion. Ce mot se dit en *Architecture*. C'est le raport que tout l'ouvrage a avec ses parties & celui qu'elles ont séparément à l'idée du tout suivant la mesure d'une certaine partie. *Perrault, Abregé de Vitruve, page 33.* La proportion en un mot est ce qui fait l'assemblage de toutes les parties & qui en rend l'aspect agréable à cause de la justesse qui se trouve entre les choses.

Proportion. Terme d'*Aritmetique, de Geometrie, & de Musique.* Il y a particulièrement trois sortes de proportions. La proportion *Aritmetique*. La proportion *Géométrique* & la proportion *Harmonique*. La proportion *Aritmétique* consiste en ce qu'il y a même différence entre deux nombres qu'entre deux autres nombres. La proportion *Géométrique* consiste en ce qu'il y a une même *raison* entre deux nombres, ou autres quantitez. Lors que la proportion continué entre plusieurs nombres ou quantitez, on la nomme *progression*. La proportion *Harmonique* est entre trois nombres, lors qu'il y a même raison du premier au troisième, que de la différence du premier & du second à la différence du second & du troisième.

*Proportionnel, proportionnelle adj. Terme d'*Aritmétique* & de *Géométrie*. Qui a de la proportion & du rapport. (Lignes proportionnelles. Nombres proportionnels. Une ligne moiénne proportionnelle entre deux autres lignes. Le problème de deux moiénnes proportionnelles entre deux quantitez données, n'a pas été trouvé Géométriquement & on ne le peut faire que mécaniquement. Les côtez homologues des Triangles semblables, sont proportionnels.)

*Proportionnellement, adv. D'une manière proportionnelle. (Toute ligne droite tirée dans un Triangle à la base, coupe les côtez proportionnellement.)

*Proportionnément, adv. Avec proportion. Par raport. (Proportionnément à la capacité du peuple, *c'est à dire*, d'une manière que le peuple le puisse comprendre.)

*Proportionner, v. a. Prononcez *proporcioné*. C'est ajuster, Egaler. Faire qu'il y ait de la proportion entre les choses. (Il faut, autant qu'il est possible, proportionner les choses. Proportionner la recompense au travail.)

*Proportionné, née, adj. Qui est fait avec proportion. (Un corps, ou un bâtiment bien, ou mal proportionné.)

PROPOS, f. m. Discours. Quelques paroles écrites, ou non. (Elle étoit outragée des propos injurieux qu'on tenoit d'elle. *Memoires de la Roche-Foucaut.* J'ai jetté des propos de guerre pour voir si je n'aprendrai rien. *Le Comte de Bussi.* Trouvez bon que je trouble votre repos par quelque propos. *Voiture, poës.* Les doux propos & les chansons gentilles gagnent les filles. *Sarasin. poës.*)

*Changement de propos réjouit l'homme. Espéce de Proverbe.

*De propos délibéré, adj. C'est à dire, A dessein. De dessein formé. (Cela s'est fait de propos délibéré.)

*A tout propos, adv. A tour moment. [Il parle de sa bravoure à tout propos & il ne voit pas qu'on se moque de lui. A tout propos vous faites le bigot. *Voiture, poës.*)

*A propos, adv. Dans l'ocasion, le moment & le tems favorable. D'une manière juste & qui quadre avec quelque chose dont il est question. (Il ne jugea pas à propos de rien entreprendre. *Ablancourt, Ar. livre 1.* Il crut qu'il étoit à *propos* de presser vivement l'afaire. Il est venu *tout à propos* pour être de la partie. *Le Comte de Bussi.*)

*Hors de propos. Mal à propos. C'est à dire, A contre-tems. (s'ôurir à quelqu'un mal à propos. *Voiture Poësies.* Il ne peut soufrir une joie si *hors de propos*. *Le Comte de Bussi.* Vous nous interrompez par des histoires hors de propos. *Pascal, l. 6.*)

PROPOSANT, f. m. Terme qui se dit en parlant de *jeunes Téologiens de la Religion.* C'est un jeune homme qui étudie en Téologie qui propose des dificultez, qui en résoud, soutient, argumente & fait tous les autres exercices qu'il faut faire pour se rendre capable d'être Pasteur. (C'est un jeune Proposant qui a de l'esprit. A Monsieur un tel Proposant en Téologie.)

*Proposer, part. Qui propose.)

*Proposer, v. a. Faire la proposition d'une chose. Dire, exposer une chose pour en déliberer. (Proposer une dificulté. On lui a proposé de fort bons partis qu'il a refusez. Il proposa l'afaire au conseil. *Ablancourt, Ar. livre 1. chapitre 9.* Elle lui Proposa d'ouvrir la cassette. *Le Comte de Bussi.*)

*Proposer. Déliberer. Avoir quelque dessein. (L'homme propose, & Dieu dispose.)

*Proposer des prix. C'est ofrir & promettre des prix & des recompenses à ceux qui feront le mieux en quelque sorte d'exercice de corps ou d'esprit. (On propose des prix pour l'Eloquence, pour la Poësie, pour l'explication des Enigmes, &c. On proposoit des prix aux jeux Olimpiques.)

*Proposition, f. f. Prononcez *proposicion*. Jugement par lequel on afirme, ou on nie. (Une proposition claire. Une proposition obscure, embarassée, embrouillée. Condamner une proposition. Examiner une proposition.)

Proposition. Tout ce qu'on dit, ou qu'on a ordre de dire à une personne pour l'engager à quelque chose qui regarde ordinairement ses interêts. (Elle aprouva la *proposition* que je lui fis de se l'aquerir. Cette proposition lui étoit assez avantageuse pour la recevoir. *Mémoires de la Roche-Foucaut.* Il rejetta la proposition qu'on lui fit. *Ablancourt.* Il écouta la proposition qu'il lui fit.)

Proposition. Terme de *Logique*. C'est l'une des trois parties d'un silogisme, qui sont, la majeure, la mineure & la conclusion. Les parties d'une proposition sont le sujet, l'attribu & la copule.

Proposition. Terme de *Géometrie*. C'est une vérité qu'on prouve par demonstration. (Les Propositions d'Euclide sont claires & certaines. Il y a deux sortes de Propositions, savoir les Théorèmes & les Problèmes.)

Pain de proposition. Voiez *Pain*.

PROPRE, f. m. Mot de *Logique*. C'est un atribut qui apartient à l'essence d'une chose, comme *visible*. est le propre de l'homme.

Propre. Terme de *Palais*. Voiez plus-bas.

Propre, adj. Particulier. Qui convient particulièrement. (La magnanimité est la vertu propre des Héros. *Ablancourt*.)

Propre, adj. Qui a de la disposition à une chose. Qui a de l'aptitude pour réussir en une chose. (Il est propre à la guerre, ou pour la guerre.)

Propre. Ce mot se dit des choses & signifie bon & tel qu'il doit être pour quelque chose. (Fruit propre à confire. Tabac propre à mâcher. Vérité propre à prêcher.)

Propre. Ce mot signifiant *net*, *ajusté*, se dit des choses & des personnes. (Une chambre fort propre. C'est une fille trop propre. Chapelain & Varillas étoient les Auteurs les moins propres, qui peut-être aient jamais été.)

Propre. Ce mot se dit en Termes de *Palais*. (Exemple. Il en est responsable en son propre & privé nom. Le mot de propre en Terme de *Palais* se prend substantivement aussi, & veut dire *héritage*.

PRO.   PRO.   655

héritage. Il y a le propre naturel & le propre conventionnel.)

* *Propre*. Ce mot se dit des *dictions particulières*, & veut dire qui convient, qui est particulier & proprement afecté à une chose. (Savoir les mots propres des choses. Se servir de mots propres.)

L'Amour propre. C'est l'amour qu'on se porte à soi-même. (L'amour propre est le plus grand de tous les flateurs.)

Nom propre. C'est le nom qui distingue une personne d'une autre & qui lui est particulier. (C'est son propre nom.)

Proprement, adv. D'une manière agréable & propre. D'une manière honnête & raisonnable Etre vêtu fort proprement. Faire proprement le poil. Etre meublé fort proprement.)

Propret, *proprette*, adj. Ce mot se dit des *personnes*, & signifie qui a une propreté étudiée. (Abé propret. Elle est proprette.)

Propreté, *s. f.* C'est le soin qu'on a de la netteté & de la bienséance en ce qui regarde les meubles & les habits. *Vaug. Rem.* (Les Dames aiment la propreté. C'est une fille qui a beaucoup de propreté. La propreté est louable, agréable, aimable, charmante, engageante, &c. La propreté est nécessaire à un honnête homme. C'est par la complaisance & la propreté que l'Amour fait les aproches du cœur des belles.

Qui néglige la propreté,
Semble négliger sa Maîtresse. La *Suze poët.*
Tous les honnêtes gens aiment la propreté.)

PROPRIETAIRE. Voïez *plus bas*.

Propriété, *s. f.* C'est la vertu, la force & le pouvoir de quelque herbe. *Vaug. Rem.* (La propriété de la mandragore est de faire dormir.)

Propriété. Ce terme en parlant de *mots* veut dire la propre & la naturelle signification des mots. (Savoir la propriété des mots.)

Propriété. Droit qui apartient *en propre* & absolument à une personne sur quelque bien, sur quelque charge ou ofice. Droit qui apartient *en propre* à quelqu'un. (La propriété du commandement est inséparable du Souverain. La vraye propriété des ofices & des bénéfices est de droit public. Voïez *Loiseau, Traité du pouvoir des ofices.*)

Propriétaire, *s. m. & f.* Ce mot est masculin quand on parle d'un homme & féminin quand on parle d'une femme. Il signifie celui, ou celle qui possède en propre. La personne qui possède en propre un fonds, un héritage, ou autre imimeuble. Le propriétaire est obligé aux grosses réparations des maisons. Les Bénéficiers, ni les Evêques ne sont ni les propriétaires, ni les maîtres, mais les dispensateurs des biens de l'Eglise. *Le Père Tomassin, Diciplline de l'Eglise, 1. partie, l. 4. c. 7.* La propriétaire est assignée. *Le Mait.*)

PRORATA. Païer au prorata de &c. Ce mot est purement Latin & ne se dit qu'en fait de comptes.

PROROGATION, *s. f.* Prononcez *prorogacion*. Terme écorché du Latin. C'est le tems qu'on donne par de là le tems préfix. (Henri second prend pour sa personne un indult de prorogation du concordat. *Patru, plaidoié 4.* Arrêt du Conseil qui porte prorogation pour le cours des espèces.)

Proroger, *v. a.* Mot écorché du latin. C'est donner du tems par delà le préfix. (On a prorogé le tems de son Consular. Le Roi d'Angleterre a prorogé le Parlement de trois mois.)

PROSCRIPTION, *s. f.* Prononcez *proscripcion*. Ordre que donne une puissance supérieure de tüer quelque personne que cette puissance supérieure hait, avec promesse de récompenser celui qui tüera, ou lui aportera la tête de cette personne. (Les diverses *proscriptions* avoient emporté les plus courageux. *Ablancourt.*)

Proscrire, *v. a.* Mettre à prix la vie de quelqu'un. Mettre à prix la tête d'une personne. Donner pouvoir de tüer un ennemi avec promesse de récompenser celui qui le tüera. (Silla *proscrivit* les plus honnêtes gens de Rome.)

* *Proscrire un mot. Pascal, l. 1.* C'est le bannir ; le condâmner.

Proscrit, *s. m.* Celui dont on a mis la tête à prix. (On mettoit la tête des proscrits au bout d'une pique.)

PROSATEUR, *s. m.* Mot qui vient de l'Italien & qui veut dire *celui qui écrit en prose*, mais qui n'a pas été bien reçu en nôtre langue. On ne dit pas Monsieur d'Ablancourt étoit un excellent *prosateur*, mais étoit un homme qui écrivoit bien en prose. Voïez le mot de *prosateur* dans les nouvelles remarques du Père Bouhours. La remarque qu'on fait sur ce mot est plaisante.

Prosaïque, adj. Qui sent la prose. (Stile prosaïque. Ces vers sont trop prosaïques.)

Prose, *s. f.* Ce mot se dit du *langage* & veut dire tout ce qui n'est pas *vers*. Le mot de *prose* en ce sens n'a point de pluriel. [La prose d'Ablancourt est vive & pressée, celle de Patru claire & châtiée. Ecrire en prose. Il n'y a point s'exprimer que la prose, ou les vers. Voïez *Moliere, Bourgeois Gentilhomme, a. 1. s. 4.* Il faut dire quelque chose d'assez plaisante sur le mot de prose au Gentilhomme Bourgeois.)

Prose, Terme d'*Eglise*. Ce mot en Terme d'*Eglise* a un pluriel. C'est un chant rimé en Latin, qui est gai & harmonieux, qui renferme quelque loüange. Cantique en rimes Latines gai & plein d'harmonie. (Les plus anciennes *proses* de l'Eglise sont du tems de Saint Augustin. Robert fils de Hugue Capet a fait plusieurs proses fort dévotes. L'Eglise Romaine n'a reçu que quatre Proses en son missel. Chanter la prose. La prose se dit à l'autel.)

PROSÉLITE, *s. m.* Terme qui se dit en parlant de *l'ancienne Eglise*. C'est à dire, qui est nouvellement converti. (Un nouveau prosélite. *Patru, plaidoié 15.*)

PROSODIE, *s. f.* Mot qui vient du Grec. C'est la mesure des silabes & le tems qu'on doit être à les prononcer. (Etudier la prosodie. Savoir la prosodie.)

PROSOPOPÉE, *s. f.* Terme de *Rétorique*. Mot qui vient du Grec. C'est une figure qui consiste à faire parler une personne. Elle consiste aussi à faire parler Dieu, un Ange, ou autre esprit celeste, quelque vertu, quelque vice, & même quelque vile, ou province. Il y a deux *prosopopées*, une *directe*, & l'autre *indirecte*. On ne se sert parmi nous de la *prosopopée* qu'avec beaucoup de retenuë, & même elle doit être fort courte.

PROSPERE, adj. Favorable. Propice.

(Que Mars vous soit *prospère*
comme j'espère.
Il est des combats
Où ce Dieu ne préside pas. *Segrais, Chanson 6.*)

Prospérer, *v. n.* Etre heureux de plus en plus. (Ses afaires prospérent. *Voiture, lettre 82.*

Ce qu'elle avoit fait prospérer,
Tombe du faîte au précipice. *Malherbe, poësies, liv. 3.*)
Il ofense quand il veut plaire
Cependant il gagne, il prospère.
Richelet poësies.)

Prospérité, *s. f.* Bon-heur. Bonne fortune. (Prendre part aux prospéritez de quelqu'un. *Voit. l. 82.* Etre dans une grande prosperité. La prosperité corrompt aisément les meilleurs naturels. *Vaugelas, Quin. l. x.*)

PROSTERNATION, *s. f.* Ce mot est imité du Latin. Prononcez *prosternacion*. C'est l'abaissement d'une personne jusqu'aux genoux d'un autre qu'elle suplie. (Il est dans un humble prosternation.)

SE PROSTERNER, *v. r.* Il vient du Latin *se prosternere*. Se jetter aux piez de quelqu'un pour le suplier de quelque grace particulière (Se prosterner aux piez du Roi.)

PROSTITUER, *v. a.* Ce mot se dit ordinairement en parlant des personnes du sexe. C'est mettre dans le déréglement. C'est livrer une femme, ou fille à quelque homme, afin que cet homme en abuse & prenne avec elle tous les plaisirs de la chair. (Elle a été punie parce qu'elle avoit prostituée sa fille.)

* *Prostituer son honneur*. C'est ne faire point de cas de son honneur & l'abandonner en faisant des friponneries & des lâchetez.

Se prostituer, *v. r.* S'abandonner à une vie infame & déréglée. (C'est une malheureuse qui se prostitue dans sa jeunesse.)

Prostitution, *s. f.* Prononcez *prostitucion*. Déréglement de vie. C'est un abandonnement illegitime que fait une fille, ou femme de son corps à une personne, afin que cette personne prenne avec elle les plaisirs défendus. (Etre dans une honteuse prostitution. Ce n'est ici qu'une infame prostitution. *Patru, plaidoié 11.*)

PROTAIS, *s. m.* Nom d'homme. (Saint Protais.)

PROTASE, *s. f.* Terme de Poësie. C'est la première partie d'un Poëme Dramatique, qui explique le sujet de la piéce.

PROTECTEUR, *s. m.* Prononcez ce mot comme il est écrit. Il vient du Latin & il signifie, Défenseur. Celui qui protège, défend & apuïe les interêts d'une personne de quelque vile, ou de quelque Etat. (Ardent protecteur. Puissant protecteur. Se faire un protecteur. Avoir un puissant protecteur. Cromvel prenoit le titre de Protecteur d'Angleterre. Les pauvres Muses, qui sont savantes, méritéroient bien d'avoir un favorable protecteur ; mais, helas ! elles ont beau chercher, elles n'en trouvent point : leurs adorables protecteurs sont morts.)

Protection, *s. f.* Prononcez *protection*. Défence. Apuï. (Rechercher la protection de quelqu'un. *Ablancourt, Tuc.* Prendre la protection des vassaux. *Ablancourt, Tuc. l. 1.* Je suis en la protection d'un des plus braves hommes du monde. *Voiture, l. 46.* Vous n'aviez pas raison de prendre sa protection contre moi. *Voiture, l. 9.* Prendre quelqu'un en protection. *Voiture, l. 9.*)

Protectrice, *s. f.* Celle qui protège. Celle qui prend en sa protection. (Il sacrifia à Pallas protectrice du lieu. *Abl. Ar. livre 1.* En 1569. aux troisièmes troubles de la Religion, la Reine Jane d'Albret se déclara Protectrice du parti Huguenot. *Péréfixe, hist. de Henri 4.*)

Proteger, *v. a.* Ce mot & les précedens viennent du Latin. Donner protection. Apuïer. Défendre. (On doit protéger les gens de bien.)

PROTET, *protest*, *s. m.* Terme de *Marchand*. On écrit *protêt, ou, protest*, mais on ne prononce pas l'*s*. C'est un acte qu'on fait faute d'acceptation, ou de païment de lettre de change. (Il faut faire le protêt par les Notaires & leur en faire garder la minute.)

PROTESTANT, *s. m.* Celui qui suit les sentimens de Luther. Qui est Lutherien. (L'armée des Protestans fut défaite. Les Protestans sont puissans en Alemagne. Ils ont été apellez *Protestans* parce qu'ils protestérent publiquement d'apeler des décrets de l'Empereur à un Concile général. Voïez *Fra Paolo, Hist. du Concile de Trente.*)

Protestant,

Protestant, *protestante*, adj. Qui est Lutherien. (Les Princes Protestans. Elle est Protestante.)

Protestant, part. Qui veut dire *qui proteste*.

Protestation, s. f. Prononcez *protestacion*. C'est un engagement de paroles qu'on fait à une personne, par lesquelles on lui promet & on l'assure de quelque chose. Assurance. Promesse. Sorte de serment. (Protestations belles, grandes, nouvelles, amoureuses. Il lui fit de nouvelles protestations d'amour, mais à force d'en vouloir faire de trop grandes & de trop belles il en fit d'impertinentes. *Scaron*, *Nouv.*)

Protestation. Ce mot se dit en terme de *Palais*. Déclaration que l'on fait dans les formes & où il faut. (Il fait ses protestations au grefe. Il a fait sa protestation devant Notaire.)

Protester, v. a. Promettre quelque chose avec fermeté. (Il lui avoit protesté de ne l'abandonner jamais. Je lui ai protesté que je le servirai en toute rencontre. Je lui ai protesté ce que je vous di & je tiendrai ma parole.)

Protester. Ce mot se dit en terme de *Palais*. (Exemples. Protester de violence chez un Notaire. Protester de tous dépens, dommages & intérêts. C'est déclarer qu'on prétend tous dépens, dommages & intérêts contre quelqu'un.)

Protester. Ce mot se dit entre *Marchands* en parlant de lettres de change. (Protester une lettre de change.)

Protocole, s. m. C'est un livre qui contient tous les actes des Notaires. (Savoir le protocole)

Protonotaire, s. m. C'étoit autrefois le prémier des Notaires de la Cour des Empereurs & des Papes. C'étoit aussi une maniére de Sécretaire ; mais aujourdhui c'est un Oficier de Cour de Rome fort privilégié qui reçoit les actes des Consistoires publics & les expédie en forme quand il en est requis. C'est lui qui reçoit les testamens des Cardinaux, & fait les informations de vie & de mœurs. Beurrier, *antiquitez, des Celestins*, ch. 5. dit que les Saints Peres instituérent les Protonotaires.

† **Prototipe**, s. m. Vieux mot qui vient du Grec, & qui veut dire modelle (C'est un Prototipe d'agesse. *Abl. Luc.*)

† **Prou**, adv. Vieux mot qu'on dit quelquefois en riant & qui veut dire beaucoup. Fort. Assez. Trop. [Je le connoi prou.
Pour Dieu ne prenez point de vilaine figure,
J'ai prou de ma fraieur en cette conjoncture.
Moliere.]

Prouë, s. f. C'est l'avant du vaisseau. La partie du vaisseau qui s'avance la prémière en mer. (*Voir par proue*.) C'est voir devant soi. Donner la prouë. C'est prescrire la route qu'on doit tenir.)

Proveditéur, s. m. C'est un Magistrat considérable de la République de Venise. Il y a deux sortes de *Proveditéurs*. Le *Provéditeur du commun*, & le provéditeur de mer Le *Provéditeur du commun* est un Magistrat de Venise qui est à peu près la même chose que l'*Edile* des Romains, que les *Consuls* de Languedoc & les *Echevins* des autres pais de France. Le *Proveditéur de mer*, c'est un oficier dont l'autorité s'étend sur la flote lorsque le général est absent. Voiez *Amelot, Hist. de Venise*.

Provende, s. m. Prononcez *Provande*. Ce sont des pois de l'aveine, de la vesce, &c. qu'on mêle ensemble & qu'on donne aux brebis & aux moutons. (Donner de la provende aux brebis. Cette provende est bonne.)

Provenir, verbe neutre passif. Ce mot se dit ordinairement des choses & veut dire Venir. Dériver. (Cela provient de là. Son malheur est provenu d'ailleurs.)

Provenant, *provenante*, adj. Qui provient, qui dérive. Les Notaires disent. Les enfans provenans de ce mariage, &c.

Proverbe, s. m. Sorte de sentence où le vrai se trouve ordinairement & qui a quelque chose de simple & de naturel. (Il faut assaisonner les proverbes quand on s'en veut servir. Relever un proverbe. User des proverbes. Il n'y a guère que le peuple qui *parle par proverbes*.
Cloris ne joüe à rien si ce n'est au proverbe. *Sar. poës.*
Un commun proverbe. Un ancien proverbe.)
Le livre des *Proverbes* de Salomon, qui est dans l'Ecriture Sainte contient les Sentences de Salomon.

Proverbial, *proverbiale*, adj. Qui tient du proverbe. (Oter aux proverbes ce qu'ils ont de proverbial. Façon de parler proverbiale. *Abl.*)

Proverbialement, adv. D'une maniére proverbiale. Cela est dit proverbialement.)

Proverbialement, adv. Comme on fait ordinairement. A la maniére ordinaire.
(Si Cloris le vouloit, nous joüirions bien tous deux,
Proverbialement, à baise-moi gendarme.
Sarasin, *poësie*.)

† **Proüesse**, s. f. Ce mot signifie *action de valeur*. Action de cœur. Action de vigueur, & a été emploié en un sens fort sérieux par un bel esprit de l'Académie, mais n'en déplaise à ce bel esprit, le mot de *proüesse* n'est plus guère en usage qu'en riant & dans le burlesque. [Il fatigue les gens à force de raconter ses proüesses. Il fit des *proüesses* à coups de poing. *Scar. Rom.* † * Voiant que toutes les *proüesses* amoureuses ne lui servoient de rien, il gagna par des présens un esclave Négre. *Scaron*, *Nouv.* Quelque ardeur qui vous presse, ne faites pas tant de proüesses. *Voit. poës.*]

Providence, s. f. Dieu. Sagesse éternelle. (Ils atendoient en crainte les ordres de la Providence. *Patru*, *plaid*. 3. Il faut se soumettre aveuglément aux ordres de la Providence. *S. Ciran.*)

Provin, s. m. Terme de *Vigneron*. Branche de sep qu'on couche dans une fosse & qu'on couvre de terre, faisant sortir le bout de cette branche hors de terre pour produire un nouveau sep. (Faire des provins.)

Provigner, v. a. Terme de *Vigneron*. Faire des provins, (Provigner la vigne.)

† * **Provigner**, v. n. Multiplier. (Ces oiseaux provignent fort. *Voit. poës. Epitre à Monsieur de Coligni.*)

Province, s. f. Les Anciens Romains appelloient *Province* tout le païs qui étoit hors de l'Italie, & que les armées Romaines avoient conquis (Ainsi on dit, les Romains reduisoient en *Province* toutes leurs conquêtes.)

Province. On apelle aujourdhui de ce nom une certaine étendue de païs où il y a des viles & des vilages & qui est gouvernée au nom du Souverain par un Gouverneur particulier. (Monsieur le Prince est Gouverneur de la Province de Bourgogne. Monsieur de Montausier est Gouverneur de la Province de Normandie. La France est divisée en plusieurs Provinces.)

Province. Terme de *Religieux*. Nombre de Couvens qui sont dans une, ou plusieurs provinces de France & qui sont gouvernez par un Religieux qu'on apelle *Provincial*. Le mot de *province* en ce sens se prend du lieu où est le principal Couvent du Saint qui en est titulaire, ou de la province de France où sont les Couvens. (Ainsi un Augustin dira, je suis de la province de Lion. Je suis de la province de France, ou de la province de Saint Guillaume.)

Province. C'est toute l'étendue de la jurisdiction d'un Métropolitain en y comprenant tous ses sufragans.) Le Métropolitain convoqua un Concile pour régler son diocese & sa province.

Provincial, *provinciale*, adj. Qui est de province. (Ils méprisent les vers qui sont nez d'une plume provinciale. *Mai. poësies*. Monsieur Tiercelin est gentil ; mais il est provincial. *Boileau*, *Lettre à Costar*.

Provincial, s. m. Qui est de province. (Quelque éfort que fassent les Provinciaux pour bien parler ils se sentent toujours de la province. Les provinciaux sont les plus incommode nation du monde. *Scaron*, 1. *part*. ch. 8.)

Provincial. Terme de *Religieux*. C'est le Religieux qui est le chef des Religieux de sa province, & qui met & change les Religieux comme il lui plaît. (Un Religieux ne peut changer de Couvent sans la permission de son Provincial.)

Provisur, s. m. Ce mot se dit principalement en parlant de *Sorbonne*. C'est une dignité à vie, dont la fonction consiste à protéger la maison de Sorbonne & en avoir soin. Le Cardinal de Richelieu étoit *proviseur de Sorbonne* & aujourdhui c'est Monsieur l'Archevêque de Paris qui l'est.

Proviseur. Ce mot se dit aussi en parlant de certains Colèges de Paris, & qui signifie celui qui prend le Colège sous sa protection, qui en apuie les intérets & qui en régle les afaires les plus importantes.

Provision, s. f. m. Fourniture de choses nécessaires pour quoi que ce soit. (Faire provision de vivres. *Abl. Rét.* l. 3. c. 2.) Faire provision de bois pour tout l'hiver. Faire ses provisions pour toute l'année.)

Provision. Ce mot se dit en parlant d'oficiers civils. Ce sont des lettres repliées & seellées du seau de la grande Chancelerie de France par lesquelles le Roi déclare qu'étant informé de la capacité d'une personne, il donne à cette personne l'ofice vacant pour en jouïr dans tous ses droits avec ordre à ceux à qui il apartient de recevoir cette personne dans la charge dont il est pourveu (Les provisions sont les portes des ofices. Il n'y a que le Roi qui puisse donner les provisions des ofices Voiez *Loiseau*.)

Provision. Terme de *Matiére bénéficiale*. Titre qu'on acorde à un Ecclésiastique capable, en vertu duquel il possede un bénéfice. (Il y a une *provision sur résignation* & une *provision en commande*. Obtenir des provisions. Avoir des provisions. On ne reçoit point en France des provisions du Pape si elles ne sont acordées sur un pur suplique. *Massac*, *Institution au Droit Ecclésiastique*, c. 19.)

Provision. Terme de *Palais*. C'est une adjudication d'une certaine somme de deniers en vertu de laquelle un créancier doit recevoir en donnant caution une somme qu'il a demandée. (La provision se donne pour pension, aliment, médicament, remboursement & poursuite de procès. *Rousseau*, *Traité de la procedure*.)

Provisional, *provisionnelle*, adj. Qui regarde la provision. Qui se fait par provision. (Cas provisionnel. Afaire provisionnelle.)

Provisionnellement, adv. Par provision Cette afaire n'a été jugée que *provisionnellement*, & non pas définitivement.)

Provocation, s. f. Action par laquelle on provoque.

Provoquer, v. a. Exciter, Obliger, Contraindre quelqu'un, le premier à faire, à entreprendre, ou à dire quelque chose. (Celui qui je suis venu chercher ma provoqué lui même un combat. *Vaug.* Q. l. 3. c. 5.)

Prouver, *prouver*, v. a. Quelques-uns disent *preuver*, mais ordinairement on dit & on écrit *prouver*. (Prouver une proposition. L'orateur doit *prouver* les points de la division de son discours.)

PROXIMITÉ

PRU. PSA.

PROXIMITÉ, f. f. Lieu proche. Voifinage. (La proximité du lieu favorifoit leur foin.)

Proximité. Degré de parenté fort proche. (Cela marque la reverence que les hommes doivent à la proximité que le fang établi entre eux. Port-Roial.)

PRU.

PRUDE, adj. Qui a de la prudence, de la fageffe. (Il eft prude. Elle eft prude. On dit auffi *fubftantivement*. C'eft un prude. C'eft une prude.)

† *Pruderie*, f. f. Ce mot fe dit proprement des *femmes* & veut dire une forte de fauffe fageffe. Une fageffe afectée. Sorte de prudence & de fageffe. (C'eft une pruderie trop fcrupuleufe. Moliere. La pruderie n'a jamais été de fi belles efclaves, *Des jardins.*)

PRUDENCE, f. f. Prononcez *prudance*. Ce mot fe dit proprement des *hommes*. C'eft la régle des actions morales *La Chamb.* (La prudence eft une vertu de l'efprit qui contribuë à nous rendre heureux. C'eft une vertu de l'efprit qu'il faut faire & ne pas faire pour être heureux. *Arifote dans fes morales à Nicomaque* dit que la prudence eft une habitude de l'efprit qui par diverfes réflexions reconnoiffant l'inconftance des chofes porte l'homme à s'atacher à celles qui le peuvent rendre heureux & à éviter celles qui lui peuvent nuire. Avoir de la prudence. Aquerez de la prudence, parce qu'elle eft plus précieufe que l'argent. Port-Roial, Prov. de Sal. ch 16.)

Prudent, prudente, adj. Prononcez *prudam, prudante*. Qui a de la prudence. Qui dicerne avec efprit ce qui le peut rendre heureux, & qui s'y atache & qui fuit ce qui le peut faire malheureux. (Tous les politiques paffent pour prudens. *Arifote* dit qu'on ne peut être prudent qu'on ne foit homme de bien, parce qu'on ne peut être prudent qu'on ne pratique les chofes qui font moralement bonnes. Arifote eft un grand Philofophe, mais il ne dit pas toujours vrai. Je ne fuis point prudent en tout ce qui eft de mon plaifir, *Voi. l. 14.*)

Prudemment, adv. Prononcez *prudanman*. Avec prudence. Avec jugement. (Je me voulois marier, mais fages gens en qui je me fie m'ont dit que c'eft faire prudemment que d'y fonger toute ma vie.)

PRUD'HOMME, f. m. Ce mot eft vieux. Il fignifioit autrefois, un homme fage, prudent & expérimenté. Il ne fe dit en ce fens qu'en riant & avec mépris. On le dit encore en termes *de pratique*, les Experts & *Prud'hommes* ont été nommez. Se tenir au dire des prud'hommes, &c.

PRUNE, f. f. Fruit de *prunier* qui eft rouge, & de chair aiant une efpéce d'os un peu long, au milieu duquel il y a un noiau amer. Il y a des prunes noires font plus faines que fes blanches, les jaunes, ou les rouges. Toutes les prunes lâchent le ventre, purgent la bile & rafraichiffent. Il y a diverfes fortes de prunes, les prunes de damas, prunes dates, perdigon. Voiez *prunier*.

* † Cela n'eft pas mis là pour des *prunes*. *Moliere*. C'eft à dire ; cela eft mis là pour raifon & deffein.

Pruneau, f. m. Prune qu'on fait fécher. (Les pruneaux de Tours font les meilleurs & les plus eftimez. Faire cuire des pruneaux. Les pruneaux lâchent le ventre. Manger des pruneaux.)

Prunelaie, f. f. Terme de *Jardinier*. Endroit tout planté de pruniers. (Une belle prunelaie. Planter une prunelaie. *Quint. Jard. fr. T, I.*)

Prunelle ; pruelle, f. f. Ce mot en parlant de l'œil, c'eft le prémier inftrument de la veuë. (La prunelle eft fujette à fe dilater & à fe refferrer.)

[*Joüer de la prunelle. Mol.* C'eft fe faire figue des yeux. C'eft fe regarder avec quelque amour.

Prunelle. Fruit de *prunier fauvage*. Ce fruit eft noir & les pauvres gens des champs en font une efpece de boiffon en le mêlant avec de l'eau. (Cueillir des prunelles. Les prunelles font aftringentes.)

Prunier, f. m. Il y a un prunier domeftique, & un prunier fauvage. Le *domeftique* eft un arbre qui croit parmi les vergers, il jette des racines à fleur de terre, fon tronc eft droit & âpre, & jette plufieurs branches, fa feuille eft un peu longue & dentelée tout autour, fes fleurs font blanches & fon fruit eft ce qu'on apelle *prune*. Le *prunier fauvage* eft un arbriffeau qui croît parmi les ronces & les buiffons & qui porte un fruit fort aftringent qu'on nomme *prunelles*. (Un prunier bien chargé de prunes.)

PSA.

PSALMISTE, f. m. Ce mot eft Grec. C'eft celui qui a compofé des Pfeaumes. On donne ce titre à David. (Le Pfalmifte a dit en tel endroit, &c.

PSALMODIE, f. f. Ce mot eft Grec. Prononcez ce mot comme il eft écrit. Il fignifie le *chant des Pfeaumes*. (Il s'exerçoient à la priére, au jeûne & à la pfalmodie. *Patru, plaidoié 15.*)

Pfalmodier, v. n. Prononcez ce mot comme il eft écrit. Il veut dire chanter les Pfeaumes. (La plupart des ordres Religieux pfalmodient diférenment, les Carmes pfalmodient d'une façon, les Chartreux d'une autre.)

PSALTERION, f. m. Prononcez ce mot comme il eft écrit, Sorte d'inftrument de mufique qui eft fort harmonieux, qui eft triangulaire, monté de treize rangs de cordes, les unes de léton, & les autres d'acier qu'on frape avec un bâton. On peut aprendre à joüer dans une heure, ou deux du pfalterion. On ne fait pas la figure de l'ancien pfalterion des Hébreux (Toucher le pfalterion. *Merf. l. 3.*)

PSAUTIER, f. m. Prononcez *fautier*. Livre qui contient les cent cinquante Pfeaumes de David. *Meffieurs de Port-Roial* ont traduit le *Pfautier*, & on dit que celui de ces Meffieurs qui l'a traduit eft le célèbre Monfieur de Saci frére du fameux Monfieur le Maître dont on a de fi beaux & de fi favans plaidoiez.

PSE.

PSEAUMES, f. m. Prononcez *Saûme*. Chant des merveilles de Dieu. Chant des ouvrages de Dieu. Chant facré qui contient quelque priére à Dieu. (Les Pfeaumes ont été confiderez de tout tems comme une des principales parties de l'Ecriture. Voiez *Port-Roial, Avertiffement fur la traduction des Pfeaumes.* Dire les fept Pfeaumes pénitentiaux, *Vau. Rem.*)

PTISANS. Voiez *Tifanne*.

PUA.

PÜANT, püante, adj. Qui put. Qui fent mauvais. (Un püant cloaque. Excrément püant. Haleine püante.)

Püamment, adv. Avec püanteur. (Veffer püamment.)

Püanteur, f. f. Mauvaife odeur Chofe püante. (C'eft une püanteur horrible, & on ne la peut fuporter.)

PUB.

PUBERTÉ, f. f. C'eft l'âge où le poil commence à pouffer autour des parties naturelles, ce qui arrive à 14. ou 15. ans. (Etre en âge de puberté. Ateindre l'âge de puberté. *Le Mait.*)

PUBLIC, f. m. Le gros de la multitude. (Qu'Apollon infpire Dépreaux, Perreau & Racine de donner quelques poëfies au public, & qu'il détourne Colleter & de Bouffeau de continuer à perfecuter le public de leurs ouvrages. Quelque décrié que foit le public, il n'y a pas un juge plus incorruptible, & tôt ou tard il rend juftice. *Boileau. Réponfe à Coftar.* * *Paroitre en public.* C'eft à dire, parler, plaider, prêcher publiquement.)

Public, publique, adj. Connu. Manifefte. (Son crime eft public & l'on en peut parler. La chofe n'eft pas encore publique, mais elle le fera bien tôt.)

On dit encore publique. Place publique. Maifon publique &c.

Public, publique. Proftitué à tout le monde. De mauvaife vie. Ce mot de *public* en ce fens fe dit des filles & des femmes. (En droit des Servantes de cabaret paffent pour publiques. *Patru, plaidoié.*)

Publiquement, adv. En public. A la veuë du monde. (Cela a été prêché publiquement dans les meilleures chaires de Paris.)

Publicain, f. m. Ce mot eft Latin, & il ne fe dit qu'en parlant des Fermiers des impots & des revenus des Romains. Les publicains étoient fort odieux chez les Juifs & paffoient pour des gens de mauvaife vie & qui étoient à détefter. (Jefus-Chrift dit à fes Diciples, que celui qui ne voudra pas écouter les admonitions de l'Eglife, doit être fui comme un Paien, ou un *Publicain*.)

Publication, f. f. Prononcez *publicacion.* Action de publier. Proclamation. (Les publications ont été faites dans les formes. La publication des Bans, n'eft pas neceffaire au mariage, & elle n'en touche point la validité. *Le Mait. plaid.* 22.)

Publier, v. a. Rendre public. Dire clairement, hautement & publiquement. Divulguer. (Publier un monitoire. *Eve.* On a publié la déclaration à fon de trompe par tous les carrefours. Il fe trouve des gens qui publient les faveurs que leur font les belles, mais ces gens là font fous, & le plus fouvent on ne les croit pas.)

PUC.

PUCE, f. f. Petit infecte qui a un éguillon, qui va en fautant & qui s'atache principalement à de certains animaux comme aux chats ; aux chiens & aux renards & qui mord auffi les perfonnes, & rend tout rouge l'endroit de la chair qui eft mordu. (L'urine & la pouffiére engendrent les puces. La nuit les puces font principalement la guerre aux perfonnes. Elles ne s'atachent jamais aux perfonnes qui font mortes, ni à celles qui tombent du haut mal, ni même aux gens moribonds parce que leur fang eft corrompu. On dit qu'il n'y a point de puces en Laponie parce qu'il n'y a prefque point d'été en Laponie & que c'eft au fort de l'été que naiffent les puces. On chaffe les puces avec de la décoction d'arfenic & de fublimé. On les chaffe auffi avec de la chaux vive mêlée dans de l'hellébore blanc. Les fleurs du pouliot, de la ruë, & de la coloquinte, la femence de rave & de cumin font auffi contraires aux puces. Voiez *Jonfton, l. de infeclis.* Une groffe puce. Une petite puce. Prendre une puce. Chercher les puces. Tüer une puce.)

† * *Avoir la puce à l'oreille.* Sorte de proverbe qui veut dire avoir quelque chose dans l'esprit qui nous donne de l'inquiétude. (Je sai ce qui vous met la puce à l'oreille. *Racan. Bergeries.*
Toute la nuit j'ai la puce à l'oreille,
Mon mari dort, cependant que je veille.)

† * *On lui a remué ses puces,* C'est à dire, on l'a batu, & étrillé comme il faut.)

† * *Avoir des puces de meunier.* C'est avoir des poux.

Herbe aux puces. Sorte d'herbe qu'on dit avoir la vertu de chasser les puces d'une maison. Voïez *Matriole.*

Lunette à puce. C'est un microscope qu'on aplique à l'œil & qui augmente les espèces des objets.

PUCELAGE, *s. m.* Ce mot se dit des *filles* & des *garçons*, & veut dire *virginité*. (Il a donné son pucelage à sa femme. Elle a eu mon pucelage. On dit que le pucelage en matière de filles est le ragoût des sots. Elle perdit son pucelage avec ses premières dents. *Balzac.* Une jeune pucelle vilageoise étant venuë à Paris, & s'en étant retournée sans son pucelage, sa mere, à son retour lui demanda, hé bien ! qu'as tu fait à Paris ? en-es-tu revenuë avec ton pucelage ? oui ; répondit-elle , avec mon pucelage , ces diables de badauds sont si afamez de pucelages, que si j'en eusse eu cinquante, je les eusse tous perdus.)

Pucelage. Terme d'*Orfévre.* C'étoit un agrément qui pendoit au demi-ceint d'argent, & qui étoit fait en manière de petit vase ; mais aujourd'hui on ne met plus de *pucelage* aux demi-ceints.

PUCEAU, *s. m.* Jeune garçon qui a encore sa virginité.

PUCELLE ; *pucèle, s. f.* Vierge. Fille qui a sa virginité. Celle qui a son pucelage. (Une jolie, une charmante pucelle, Une pucelle de quinze ans est un friand morceau , mais ce morceau est un peu rare en ce siécle, où à quinze ans nos filles sont des femmes faites.)

La Pucelle d'Orleans est célèbre dans l'histoire de France. Le Poëte Chapelain a composé un Poëme qui porte ce nom. On a quelquefois apellé les Muses , les neuf Pucelles.

PUCERON, *s. m.* Bête très petite & très-dificile à apercevoir,qui se forme dans l'œillet & dans le chèvre-feuille & les ronge. On ôte le puceron avec la plume ou avec la main. *Culture des fleurs.*

P U D.

PUDEUR, *s. f.* Bonne honte. Honte honnête. Honte que l'on a de faire quelque chose de deshonnête & de mauvais , & qui paroit à une rougeur qui monte au visage. (Avoir de la pudeur. La pudeur sied bien aux femmes , aux filles & aux enfans. C'est un misérable qui n'a aucune pudeur. Les loix ménagent la pudeur d'un homme. *Patru, plaidoié 7.* Elle a franchi toutes les bornes de la pudeur. *Patru, plaidoié 11.* Elle se retranche dans la pudeur.)

Pudicité, s. f. Chasteté. Pureté. (Bien loin d'atenter à la pudicité de la femme de Darius, il n'y eut sorte de soin qu'Alexandre n'aportât afin que personne ne fût si osé de s'émanciper en la moindre chose *Vau. Quin. l. 3.* Il défendit d'atenter à la pudicité des femmes. *Abl. Marmol. T. 1.* Il ataque avec adresse la pudicité de cette Dame. *S. Evremont , Matrone d'Ephèse.*)

Pudique, adj. Chaste. Pur. Innocent & Honnête. [Une pudique flamme. Aprenez dans nos bois mes pudiques secrets,*Godeau, poësies, 1. partie , 3. églogue.*]

P U E.

PÜER ; *puïr. Verbe actif & neutre. Puïr.* ne se dit point à l'infinitif. Et il n'y a que *pûer* qui soit en usage à l'infinitif. Ces deux verbes sont défectueux & empruntent l'un de l'autre quelques tems. (Exemples. *Je pus , tu pus, il put , nous pûmes, vous pûtes , ils pûrent. Je pûois. Je puïrai. Que je pûe. Je puïois. J'auvois pû , j'eusse pûé ; püer , avoir pûé, puant. Püer* signifie *sentir mauvais. Sentir.* Il put extrêmement ici. Voilà qui put fort. Vous pûez le vin à pleine bouche. *Molière , George Dandin.* Il put fort dans cette chambre.)

PUERIL , *puerîle, adj.* Qui est d'enfant. Qui sent l'enfant. (Action puerile.)

(* Stile puëril. Chose basse & puërile. *Déspreaux, Longin , c. 3.*)

Puërilement , adv. D'une manière puerile. (Agir puërilement.)

Puërilité , s. f. Action d'enfant. Discours d'enfant. (Ce sont de petites puërilitez)

* *Puërilité , s. f.* Ce mot se dit en parlant de *Langage* & de *stile* & signifie afectation d'écolier. Afectation basse & puërile. [* Cela le fait tomber dans la derniere puërilité. *Déspreaux Longin , c. 3.*]

P U I.

PUYR. Voïez pûer.

PUIS, *s. m.* Voïez *puits* plus bas.

Puis , adv. Ensuite. Après. (Aussi-tôt que vous serez levé , vous prîrez Dieu , vous lui ofrirez toutes vos actions de la journée, & puis , vous vous apliquerez à votre travail. *S. Cir.*)

Puisque. Sorte de *conjonctive* qui régit l'indicatif, & qui signifie *parceque ; à cause que.* (Puisque vous ne pouvez faire ce que vous voulez , tâchez au moins à faire ce que vous pouvez.)

PUISER , *v. a.* Tirer de quelque puits , ou autre creux. Tirer de quelque vaisseau. Prendre au fond de quelque vaisseau quelque sorte de liqueur. (Puiser de l'eau. Puiser un seau dans le puits. Puiser une cruche dans une fontaine.)

* *Puiser.* Il se dit *figuré* & signifie prendre, tirer (Puiser quelque doctrine ou quelque histoire dans un Auteur , c'est la prendre dans le livre de cet Auteur. On ne sçait où il a puisé tout ce qu'il dit. *Puiser dans la source,* c'est voir les originaux. On dit aussi puiser de l'argent dans la bourse d'autrui, dans le Trésor public , &c.)

PUINÉ , *puiné , puinée , adj.* Prononcez *puiné.* Il se dit des frères , ou des sœurs , c'est celui qui est né après l'autre. Cadet. Ce mot se dit quelquefois , mais le mot d'usage c'est *cadet.* [C'est son puiné.]

PUISARD. Voïez *Puits perdu.*

PUISSANT , *puissante, adj.* Qui a du pouvoir , du crédit. Qui est considérable par quelque avantage qu'il possède. [Etre puissant en biens & en autorité. *Ablancourt.*]

Puissant , puissante. Fort. Vigoureux. Gros. (Un puissant paillard. *S. Amant.* Une des plus puissantes filles qui soit dans toutes les dix-sept Provinces, a envie de faire amitié avec moi. *Voit. l. 63.*)

Puissant , puissante. Eficace. [C'est un puissant remède.]

Puissamment , adv. Prononcez *puissanman.* Fortement. Beaucoup, & avec ardeur. [Soliciter puissamment pour quelqu'un. *Mémoires de M. de la Roche-Foucaut.* La mort a puissamment établi son empire. *Mai. poësies.* Armer puissamment.]

Puissance , s. f. Pouvoir. Autorité. Crédit. [Une grande puissance. Une puissance considérable. Avoir beaucoup de puissance. La toute puissance de Dieu.] On dit en *termes de Palais* , qu'une femme est en puissance de mari , & qu'un fils est sous la puissance paternelle jusqu'à ce qu'il soit émancipé.]

* *Puissance.* Celui qui a l'autorité souveraine. Celui qui a un fort grand crédit. [Le Saint Siége , du consentement du Roi, peut changer le gouvernement d'une Eglise , mais il faut que les deux puissances concourent à cet ouvrage. *Patru, Urbanistes.*]

Puissances. L'une des hiérarchies célestes. (Les principautez , ni les *puissances* , ni tout ce qu'il y a au plus haut des cieux, ne nous pourra jamais séparer de l'amour de Dieu en Jésus-Christ. *Port-Roïal.*)

Puissance. Terme de *Philosophie.* Il se dit des facultez de l'ame. (La volonté est une puissance libre,) & on dit qu'il y a des choses qui sont en puissance & ou les distingue de celles qui sont actuellement.

Puissance. Terme de *Mécanique.* C'est la force qu'ont les corps d'en mouvoir d'autres , par leur poids, par quelque efort ou à l'aide de quelque machine. (On augmente la puissance en alongeant les leviers , en multipliant les poulies, en agrandissant les rouës , &c. Une puissance de cent livres en peut quelquefois élever cent mille)

* *Puissance.* Terme d'*Algèbre.* C'est le degré d'une quantité multipliée une ou plusieurs fois par elle-même. Le quarré est la première puissance, le Cube est la seconde , &c.

PUITS , *s. m.* Il vient du Latin *puteus.* Prononcez *puis.* Creux ordinairement rond & profond qu'on fait dans la terre jusques à ce qu'on trouve l'eau , & qu'on acommode ensuite de telle sorte qu'on y puisse tirer de l'eau avec une corde , ou autre chose quand on voudra. (Un bon puits. Un puits fort frais. Faire un puits. Creuser un puits. *Ablancourt.* Un puits d'eau vive. Curer un puits.)

Un puits perdu ou *un puisard, s. m.* C'est un puits dont le fond est plein de sable , où se perdent les eaux qui y entrent.

* *Le puits de Democrite.* Cela veut dire que le Philosophe Démocrite disoit que la vérité est dificile à trouver & qu'elle étoit cachée au fonds du puits , (La vérité qu'on a bannie du commerce, & qu'on a cachée au fond d'un puits, comme une féditieuse, change de nature dans votre bouche. *S. Evremont , in 4. page 512.*)

Puits. Terme de *Mineur.* Creux qu'un mineur fait dans les terres d'où il pousse des rameaux pour chercher les fourneaux des ennemis & les éventer. (Creuser des puits.) On fait aussi des puits pour ouvrir les mines & les carrières.

P U L.

PULMONIE , *s. f.* Maladie de poumon. (La pulmonie est dificile à guérir. Il y a des gens qui croient que la pulmonie se communique , mais c'est un erreur.)

Pulmonique , adj. Qui est malade du poumon. (Son frère est pulmonique, mais sa sœur ne l'est pas , & cela le fâche.)

Pulmonique , s. m. Qui est malade du poumon. (Si un pulmonique ne ménage un peu sa santé, & ne quite l'Amour & Bachus, il va être en poste à l'autre monde.)

PULPE, *s. f.* Ce mot est pris du Latin *pulpa.* Terme de Médecin. Il se dit de la partie des fruits , qui est bonne à manger, qu'on nomme aussi *la chair,* & qui est entre la pelure & le noïau.

PULPITRE. Voïez *Pupitre.*

† PULSATION, *s. f.* Terme de *Médecin.* Ce mot est pris du Latin & il se dit du mouvement des artères qu'on apelle le *pouls.*

PULVERISER.

PUN. PUP. PUR. PUR.

PULVERISER, *v. a.* Reduire en poudre. (Pulveriser des perles. Pulveriser des drogues.)

Pulverin. Voïez *Poulverin.*

PULULER, *v. n.* Ce mot vient du Latin, & il se dit proprement des plantes, mais il n'est pas fort usité au propre, & en sa place on dit *pousser.*

* *Pululer.* Ce mot au figuré est beau & en usage, & il signifie *prendre & pousser des racines.* (La haine pulule dans son cœur. *Benserade, Rondeaux.*)

PUN.

PUNAIS, *punaise, adj.* Ce mot se dit des personnes, & veut dire *qui a un nez, & une haleine qui sentent mauvais.* (On demande si c'est une cause légitime de séparation que d'avoir un mari punais, ou une femme punaise.)

Punais, s. m. Celui qui a la bouche, l'haleine & le nez puant. [Il faut être bien sote pour aimer un punais]

Punaise, s. f. Celle qui a un nez , une bouche & une haleine qui sentent mauvais. [Il est pauvre, il épouse une punaise, mais cette punaise est riche & c'est tout dire.]

Punaise, s. f. Sorte d'insecte plat, qui ne vole pas, qui pue, qui mord & s'engendre sur tout aux bois de lit de noier & de sapin. [*Jonston* conte que si on atache autour d'un lit les piez d'un lievre cela fait fuir les punaises.] Il y a une herbe, qu'on apelle *herbe aux punaises*, en Latin *conyza.*

† *Punaise, s. f.* Ce mot n'est guére en usage. Il signifie la maladie du nez qui rend une personne pu aise. (La punaisie est l'une des causes pourquoi on peut annuler un mariage.)

PUNIR, *v. a.* Il vient du Latin *punire.* Châtier. Faire soufrir quelque suplice. (On punit , ou l'on doit punir les méchans. On punit de mort un brigand ; un larron , un voleur , en un mot tous ceux qui choquent les loix de la Religion, de l'Etat, & de la Societé civile.)

Punissable, adj. Qui mérite d'être puni. Ce mot se dit des *choses* & des *personnes.* [On n'est point punissable en justice qu'on n'ait l'âge de raison.]

Punition, s. f. Prononcez *punicion.* Châtiment. [Une punition légére , petite , exemplaire , cruelle , rigoureuse , éternelle. La punition doit être conforme au crime , où à la faute. Il a reçu la punition de son crime.]

PUP.

PUPILE. Il vient du Latin. Ce mot quand on parle d'un jeune garçon est *masculin*, & quand on parle d'une jeune fille, il est *féminin.* Le mot de *pupile* signifie celui , ou celle qui est en minorité. (Son pupile est grand. Sa pupile est riche.)

† * *Pupile.* Jeune homme dont on a soin , qu'on éleve & qu'on protége. (Vous avez un pupile fort honnête & qui a l'air d'être un jour fort reconnoissant de tous vos soins.)

Pupilaire, adj. Terme de *Droit.* Qui est de pupile. (Age pupilaire. Substitution pupillaire.)

PUPITRE, *s. m.* Instrument de bois que fait le menuisier & dont se servent quelques gens de lettres dans le cabinet pour soutenir quelque livre & même pour écrire. (Il y a de grands & de petits pupitres.)

Pupitre. Ce mot en parlant de *l'ancienne architecture* étoit l'endroit du téatre où les anciens Comédiens joüoient devant les spectateurs.

PUR.

PUR, *pure, adj.* Chaste. Qui est honnête dans ses mœurs & dans sa vie. (Mener une vie pure.)

* *Pur, pure.* Qui est sans aucun mélange. (Boire du vin tout pur. C'est du vin pur. Liqueur pure. Or pur. Un air pur. Du pur froment.)

* *Pur, pure.* Ce mot en Terme de *Palais* veut dire qui n'a nule condition. (Une donation pure & simple. *Patru*, plaidoié 12. Une quitance pure & simple.)

On dit aussi il a été absous a pur, & à plein de ce crime dont on l'avoit acusé, c'est à dire entierement & définitivement.

* *Pur, pure.* Ce mot se dit *du stile & du langage*, & veut dire Exact Correct. (Avoir le stile pur. Son langage est pur.)

Pur, pure. Terme de *Fleuriste.* Il se dit des fleurs & signifie qui n'a aucun panache , qui n'a aucune raie blanche , jaune ou d'autre couleur. (Mes œillets font pures , mes tulipes sont pures, c'est à dire, qu'elles n'ont aucune raie,)

Pureau, s. m. Terme de *Mason, & de Couvreur.* C'est la partie de la tuile, ou de l'ardoise, qui demeure découverte après avoir été posée sur le toit , le reste, étant couvert par celles qui sont à l'entour. (Une toile , ou une ardoise ne doivent avoir que tant de ponces de pureau.]

Purée, s. f. Pois secs, qu'on fait bien cuire, avec de l'eau en un pot, qu'on passe dans une passoire & qu'on assaisonne après avec du beurre, du sel & de bonnes herbes pour faire du potage, le carême. [Il nous a fait manger de bonne purée. Faire de l'excellente purée.] On fait aussi de la purée avec des pois verds, avec des féves & d'autres légumes.

† On dit en riant que le vin est *la purée de Septembre.*

Purement, adv. Avec pureté. Chastement. [Quand on vit purement on en vit plus heureux & plus long tems.]

* *Purement.* Terme de *Palais.* Sans condition, ni protestation. [Recevoir purement & simplement. *Patru*, plaidoié 10.]

* *Purement.* Ce mot se dit du *stile*, & veut dire avec exactitude. [Ablancourt , Pascal, Vaugelas & Voiture parloient purement notre langue.]

Pureté, s. f. Chasteté. Innocence de mœurs. Honneteté de vie. [Vivre dans une grande pureté. Il a été témoin de la pureté de sa vie & de l'innocence de ses actions. *Costar, lettres.* Il faut une vertu plus qu'humaine pour conserver sa pureté parmi tant d'ordures. *Patru*, plaidoié 11.]

Pureté. C'est aussi la qualité de ce qui est pur, clair , net & sans mélange. [La pureté de l'or & des autres métaux. La pureté de l'air contribué beaucoup à la santé. Ce fleuve est considerable par la pureté de ses eaux.]

* *Pureté.* Ce mot se dit du *stile & du langage.* Elle consiste aux mots , aux phrases, aux particules & en la sintaxe. *Vau. Rem.* [La pureté est une exactitude en matiére de langage, c'est l'observation des régles qu'on doit garder pour écrire correctement & exactement, sans barbarisme & sans faute. (Il y a une grande pureté de langage dans Pascal , & dans Vaugelas.]

PURGATIF, *purgative, adj.* Qui purge. [Un médicament purgatif. Poudre purgative.] On dit aussi *un purgatif*, pour dire un reméde purgatif.

Purgations. Ce mot au *pluriel* signifie ordinairement le sang superflu que la femme jette tous les mois , mais en ce sens le mot *d'ordinaires* est plus usité que celui de *purgations.* [On dit , elle a à réglement ses purgations au commencement du mois , ou elle a réglement ses ordinaires.]

Purgation. Terme de *Chimie & d'Apoticaire*, qui se dit des médicamens. C'est la préparation des métaux , des mineraux & des autres médicamens par laquelle on les purge de leurs impuretez & de ce qu'il y a de superflu pour l'effet qu'on se propose. Oter & retrancher les superfluitez des médicamens. [Purgation de cinabre. *Glas.* La purgation du Mercure se fait en le faisant passer à travers les pores du chamois.]

Purgation. Potion qui purge. [C'est un homme qui donne à travers les *purgations* & les saignées. *Mol.*

Purgatoire, *s. m.* Terme *d'Eglise Romaine.* Lieu où l'ame des justes se purge des défauts qu'elle emporte en sortant du monde. S. Tomas assure que l'Ecriture n'assigne aucune place particuliere pour le purgatoire. Le sentiment universel est que le purgatoire est dans le fond des abimes proche de l'enfer. Par privilege qui est acordé à de certains esprits le purgatoire se fait en diferens endroits de la terre , c'est pourquoi feu Costar souhaitoit assez plaisamment & un peu trop cavalierement pour un Archidiacre de faire le sien dans la chambre d'une belle Dame. Voïez *Lettres de Costar, tome 2. lettre CCLXVIII.*

Faire son purgatoire en ce monde. C'est à dire y soufrir beaucoup.

Purger, v. a. Donner à une personne quelque reméde qui chasse du corps toutes les ordures. Faire prendre quelque reméde purgatif. (On a coutume de purger les malades lorsqu'ils n'ont plus des fiévre.)

* On ne fait point de tort à l'Etat de le *purger* d'un méchant homme. *Pascal*, *l.* 7:

* *Purger* les métaux de la matiére terrestre. *Glas.*

Se purger, *v. r.* Faire sortir les ordures de son corps par la prise de quelque reméde. (Il y a des gens qui se purgent tous les mois, & il y en a d'autres qui ne se purgent jamais, & ils sont mieux. Le corps se purge naturellement par le nez , par les sueurs ; par les excrémens, &c.)

* *Se purger d'un crime.* C'est se justifier d'un crime dont on a été acusé. On se purge par serment d'un fait dont il n'y a point de preuve.

On dit aussi en terme de *Palais*, dans un sens actif. *Purger une contumace,* ce qui se fait en refondant les dépens , dans le terme prescrit par les Ordonnances. (Purger un décret de prise de corps. Purger des hipothéques.)

PURIFICATION, *s. f.* Prononcez *purificacion.* Cérémonie que pratiquoient les Juifs par laquelle ils se purifioient de leurs souïllures. (Il pratiquoa les purifications prescrites par la Loi. Il ne veut pas nous engager à toutes les purifications légales. *Port-Roïal.* Ils avoient renfermé toute leur Religion dans quelques purifications extérieures, qui ne regardoient que le corps. *Port-Roïal.*)

Purification. C'est l'une des fêtes de la Vierge que l'Eglise célébre en mémoire de l'ancienne purification prescrite par la Loi des Juifs.

Purification. Terme de *Chimie.* Opération chimique par laquelle on rend plus pur quelque métal. (Ainsi on dit. La purification du plomb , du cuivre , du fer, La purification de l'or par l'antimoine est la plus certaine. *Glas.*]

Purificatoire. Terme *d'Eglise.* Linge avec lequel le Prêtre essuie le calice, & avec lequel aussi il essuie ses doigts après l'ablution. (Essuier le calice avec le purificatoire.)

Purifier, *v. a.* Rendre plus pur. Oter ce qu'il y a de grossier, & d'impur. (Purifier la masse du sang. *La Chambre.* Purifier l'air. *Ablancourt.*)

* Quand nous ne pouvons empêcher l'action nous *purifions* au moins l'intention. *Pascal*, *l.* 7.

* *Purifier* son ame. *Patru.* Purifier les cœurs. *Pasc. l. 2.*

Purifier. Terme de *Chimie.* Rendre plus pur. Oter ce qu'il y a

Oooo ij d'impu-

d'impur en quelque chose. (Purifiez le cinabre. Purifier l'or. Glaf. On dit aussi en terme de parfumeur, *purifier le favon*.)
Se purifier, v. r. Se rendre pur. Se rendre net. Se défaire des soüillures & de ses taches. (Les Juifs se purifioient en lavant leurs corps.)
* *Se purifier* de ses taches. *Paf. l. 5*.)
Purim, *f. m.* Fête parmi les Juifs qui arrive le quatorziéme de Mars.
Purisme, *f. m.* Il se dit du langage. Façons de parler pures & éxactes d'un auteur dans sa langue, ou dans celle qu'il professe. (Le petit atrabilaire. Amelot la Houssaie ne se soucie point du *purisme* & cette négligence est cause que ses ouvrages en font bâailler davantage. Les gens qui veulent plaire s'atachent au purisme car tous les gens d'esprit l'aiment.)
Puriste, *m. & f.* Il est masculin quand on parle d'un homme, & féminin quand on parle d'une femme. C'est la personne qui dans ses ouvrages écrit éxactement & de la maniére des plus-polies. (d'Ablancourt, Patru, Messieurs de Port-Roïal, Vaugelas, sont les plus fameux puristes François. La Comtesse de la Suse & Madame des Houliéres sont des puristes tres-renommées.)

PUS.

Pus, *f. m.* Humeur pourrie & blanchie par la substance des parties blanches, ou spermatiques. *Deg. p.* 140. Le *pus* est aussi la matiére pourrie de quelque abcès, ou de quelque ulcére, ou de quelque plaie. (Faire sortir le pus d'un abcès.)
Pusillanimité, *f. f.* C'est une bassesse d'ame. [La pusillanimité est un vice oposé à la magnanimité, *Cassandre*, *Rétorique d'Aristote*.]
Pustule, *f. f.* Elevure produite à la peau par les humeurs acres & boüillantes. Taches qui naissent sur la peau par ébulition de quelques humeurs séreuses. [Une petite pustule. Une pustule ardente. Une pustule maligne.]

PUT.

† Putain, *f. f.* Celle qui est de mauvaise vie. [Une putain perd le cœur, ruïne le corps, & vuide la bourse.] Ce mot ne se dit que par le peuple.
† * Ma plume est une *putain*, *Mai. Poëf*. C'est à dire, je parle librement de choses & sans envelope, je nomme les choses sales par leur nom.
Putanisme, *f. m.* Vie de putain. [Détester le putanisme. Avoir de l'horreur pour le putanisme. Le putanisme régna fort du tems de Loüis onziéme. Voïez *Brantome*.]
† Putassier, *f. m.* Terme bas & injurieux qui se dit d'un homme qui aime & cherche les putains, & fréquente les lieux infames.
Putatif, *putative, adj.* Ce mot se dit en parlant de pére, & veut dire qui passe pour être pére d'un enfant. [C'est son pére putatif.]
Putois, *f. m.* C'est une espéce de belette, qui a le poil brun & qui a été apellée putois à cause de sa puanteur.
Putrefaction, *f. f.* Corruption qui cause de la puanteur. Prononcez *putréfaccion*. [C'est une horrible putréfaction.]
Putrefaction. Terme de *Chimie*. Il y a plusieurs opérations & résolutions Chimiques qui se font par putrefaction, c'est à dire, en faisant pourrir & corrompre les corps.
† Putrefait, *f. m.* Punais. [Un putrefait qui vous vient aprocher est un fâcheux. *Scaron*, *poëf*.
Putréfier, *v. a.* Terme de *Chimie*. C'est resoudre les corps par pourriture naturelle par le moïen de l'humidité prédominante sur le sec. [Putréfier les corps. *Glaf.*]
Se putréfier, v. r. Se corrompre. [Cela commence à se putréfier.]
Putride, *adj.* Ce mot se dit entre Médecins en parlant de fiévre. On dit, une fiévre *putride*. C'est à dire, fiévre qui est causée par la corruption des humeurs.]

Q.

Q. *S. M.* La seiziéme lettre de l'Alphabet. [Faire un *q*. Il n'est pas même jusques au *q* qui n'en veuille être. Le *C*, le *K*, & le *Q*, ne sont qu'une même chose. *Ablancourt*, *Luc. Dialogue des lettres.*] De sorte que les mots qu'on ne trouvera pas ici dans la lettre *Q*, se trouveront dans la lettre *C*, ou dans la lettre *K*.

QUA.

Quadragenaire, *adj.* Ce mot pour dire *qui a quarante ans* ne se dit d'ordinaire qu'en riant. [Il est quadragénaîre & songe néanmoins à se marier, mais il veut augmenter la grande confrérie. Toute quadragenaire qu'elle soit, elle croit encore avoir des soupirans.
   Certain garçon quadragenaire
   Etoit jour & nuit en débat,
   Du choix qu'il devoit faire
   De l'himen, ou du célibat.]
On dit en Aritmétique un nombre quadragenaire, c'est à dire le nombre de quarante, ou quelque multiple de quarante.
Quadragesimal, *quadragesimale, adj.* Ce mot se dit assez rarement & je ne me souviens de l'avoir trouvé que dans les provinciales de Monsieur Pascal. [Etre obligé par un vœu particulier à la vie quadragesimale. *Pascal, l. 6.* C'est à dire, à faire le carême.]
Quadragesime, *f. f.* Terme d'Eglise qui veut dire le premier Dimanche du carême.
Quadrain. Voïez *quatrain*.
Quadran, *cadran, f. m.* L'un & l'autre s'écrit, mais il faut prononcer *cadran*, quand même on écriroit *quadran*. Le *quadran* est une sorte d'horloge au Soleil. C'est une description sur un plan, sur une muraille, ou quelque autre surface, de certaines lignes, sur lesquelles l'ombre d'un stile marque les heures & quelquefois les Signes du Zodiaque & diverses autres observations Astronomiques.) On fait aussi des Cadrans Lunaires, où l'ombre de la Lune marque les heures, &c. (Quadran horizontal, vertical, Occidental, Oriental, polaire, équinoctial, Méridional, Septentrional, déclinant, incliné, recliné, &c.)
Quadran. Terme d'*Horloger*. C'est la partie de la montre où est l'éguille, & où les heures sont marquées. (Roüé de quadran. C'est la roüe qui porte l'éguille & qui la fait marcher.)
Quadran. Terme de *Lapidaire*. Sorte d'instrument de bois dont on se sert pour tenir les pierres fines sur la roüe lorsqu'on les taille.
Quadrant, *f. m.* Prononcez ce mot comme il est écrit. Terme de *Trigonometrie*. C'est la quatriéme partie d'un cercle, ou une circonférence de cercle. Quand le quadrant est divisé en degrez, qu'il y a une alidade avec des pinnules & un plomb au centre, c'est un instrument de Mathematique, qui sert à faire plusieurs opérations, & particuliérement à prendre les hauteurs, tant sur la mer que sur la terre. On l'apelle ordinairement. Quart de cercle, ou quart de nonante.
Quadrangle, *f. m.* Terme de *Géométrie*. Figure qui à quatre angles & quatre côtez. (Le Quarré est un quadrangle régulier. Le trapeze est un quadrangle irregulier.) On l'apelle aussi *Quadrilatére*.
Quadrangulaire, *adj.* Ce mot se dit entre Matématiciens, & veut dire *qui a quatre angles*. (Figure quadrangulaire.)
Quadrat, *f. m.* Terme d'*Astrologie*. C'est une sorte d'aspect des Astres, qui se nomme quadrat lors qu'ils sont éloignez les uns des autres d'un quart de cercle, ou de 90. degrez. Les Astrologues disent que le quadrat est un aspect malin.
Quadratrice, *adj. & f. f.* Terme de *Géometrie pratique*. On dit une ligne quadratrice, & simplement une quadratrice. C'est une ligne mécanique qui est propre à trouver des lignes droites égales à la circonférence d'un cercle, & aux différentes parties de cette circonférence. (Quadratrice mécanique.)
Quadrat, *f. m.* Prononcez *cadrat*. Terme d'*Imprimeur*. Petit morceau de métal plat quarré & sans lettres, qui sert à faire le blanc de la fin des chapitres & des articles. (Un quadrat.)
Quadratin, *f. m.* Terme d'*Imprimeur*. Prononcez *cadratin*. Petit quadrat qui sert à faire le blanc des commencemens des chapitres & des articles.
Quadrature, *f. f.* Prononcez *Kadrature*. Terme d'*Astrologie* qui se dit en parlant de la *Lune* & qui signifie la rencontre de la Lune à 90. degrez du Soleil. *Roh. phif. T. 1. c. 9.*
Quadrature de cercle. Terme de *Géométrie*. Description d'un quarré dont la superficie seroit précisément égale à la superficie d'un cercle. (Chercher la quadrature d'un cercle.)
Quadre, *f. m.* Prononcez *cadre*. C'est une bordure quarrée qui renferme quelque ouvrage de sculpture, de peinture, ou autre choses. Le quadre se nomme *quadre* avec presque tous les gens du monde, les Imagers & les peintres l'apellent *bordure*. Ainsi on croit qu'on peut dire indiferemment *quadre* & *bordure*. (Un beau quadre. Un quadre bien doré.)
Quadre de cheminée. Terme de *Maçon & de Sculpteur*. Partie du manteau de la cheminée où l'on met quelque ornement, ou quelque tableau.
Quadre d'armoire. Terme de *Menuisier*. Maniére de bordure sur les guichets de certaines belles armoires.
Quadrer, *v. n.* Prononce *cadré*. Convenir, s'ajuster avec quelque chose. (Les livres quadrent mal avec le mariage. *Moliere.* Ne quadrer ni avec Dieu, ni avec le monde. *Lambert.*)
Quadriennal, *quadriennale, adj.* Il ne se dit qu'en parlant de quelque ofice, & signifie, qui dure quatre ans.
Quadrilatére, *adj.* ou *Quadrilateral*, *quadrilaterale, adj.* Terme de *Géometrie*. Qui a quatre côtez. (Une figure quadrilaterale, ou quadrilatére. On dit aussi substantivement, Un quadrilatére régulier ou irrégulier, *c'est à dire*, une figure quadrilaterale.)
Quadrille, *f. f.* Prononcez *cadrille*. C'est une troupe de cavaliers pour un carrousel, ou pour un tournoi. (Une belle quadrille. Une quadrille bien leste. Une quadrille magnifiquement habillée.)
Quadruple, *adj.* Il vient du Latin *quadruplus*. Il signifie qui est quatre fois aussi grand. (Cette place est quadruple de l'autre. Nombre quadruple.)
Quadruple, *f. m.* Quatre fois autant. C'est le produit d'un nombre multiplié par quatre. (Il a été condamné au quadruple, ou

QUA. QUA. 661

à païer le quadruple. Le quadruple est la peine de l'omission de recette faite par les comptables. Voiez *l'ordonnance*.)

Quadruple, quatruple, *s. m.* L'ordonnance de Loüis treizième publiée en 1641. pour le recouvrement des monoies dit *quatruple*. Mais l'ordonnance de 1640. pag.41. dit *quadruple*. On peut dire là dessus que *quatruple* est vrai mot & que c'est comme si on disoit une piéce de quatre demi-Loüis. Cependant dans le monde la plupart disent *quadruple*. Je dirois donc *quadruple*, ou *quatruple* en parlant, mais j'écrivois, j'écrirois toûjours *quadruple*. J'ai consulté d'habiles gens de la monnoie qui sont tous de cet avis & qui écrivent *quatruple* &, ne condannent pas tout à fait ceux qui disent *quadruple* par la raison *que communis error facit jus*. Quelques uns font *quadruple féminin*, mais mal. Le *quadruple* est une piéce d'or valant vintdeux livres. Le quadruple d'Espagne a une croix d'un côté & de l'autre des armes qu'on ne peut déchifrer.

Quatruple-Loüis, ou *quatruple-Loüis*. L'un & l'autre se dit, mais le plus régulier c'est *quatruple*. Le quatruple-Loüis une piéce d'or fabriquée sous le régne de Loüis treizième en 1641. Elle a d'un côté pour legende, *Christus Vincit, Regnat, Imperat*, & de ce même côté il y a au milieu de cette espéce, une croix couronnée de quatre couronnes & cantonnée de quatre fleurs de lis. Elle a de l'autre côté pour légende *Ludovicus Décimus tertius Dei gratiâ Francorum Rex*, avec la tête de Loüis treizième. On n'apelle plus aujourd'hui cette piéce *quatruple-Loüis*, mais seulement *quatruple*. Le quatruple péfe dix deniers douze grains trébuchans & ne valoit sous Loüis treize que vint livres. Voiez *l'ordonnance*.

Double quadruple, ou plûtôt *double quatruple*. C'est une piéce d'or valant quatre pistoles d'or & qui est fabriquée comme le quadruple hormis qu'elle est plus grande.

Quai, *s. m.* Prononcez *Kai*. C'est une muraille de pierre de taille, élevée sur le bord d'une riviére. (Un beau quai. Un grand quai. Faire un quai.) C'est aussi un espace sur le rivage pour la charge & décharge des marchandises.

Quaiage, *s. m.* Prononcez *Kéage*. C'est l'occupation du Quai par les marchandises.

Qualifier, *v. a.* Prononcez *Kalifié*. C'est dire qu'une chose est telle. C'est donner quelque nom à une chose. C'est donner quelque sorte de titre à une personne. (Il qualifie cela vangeance. Il prioit ses amis de le qualifier ainsi. *L'Abé Talemant, Plutarque, tom.3. vie de Cicéron*.)

Se qualifier, *v. s.* Je me qualifie, je me suis qualifié. C'est prendre quelque titre, ou quelque qualité. S'atribuër quelque titre, ou quelque honneur. (Il se qualifie Amiral. *Ablanc. Ar. l.6. ch. 1*. Gui Guillot, gueux comme un rat d'Église, s'ose qualifier Seigneur de Germigni, mais le pauvre bon-homme n'en est que le Seigneur imaginaire.)

Qualifié, qualifiée, *adj*. Qui a quelque titre. Qui a quelque qualité honorable, quelque qualité glorieuse. (C'est un homme fort qualifié. *Ablancourt*. Personne qualifiée. *Le Maître*. Il convia les plus qualifiez d'entre les Perses. *Vau. Quin. liv. 8. ch. 5.*)

On dit aussi *Qualification*, *s. f.* C'est la désignation de la qualité qu'on atribuë à quelque personne, ou à quelque chose. (Une qualification injurieuse.)

Qualité, *s. f.* Prononcez *Kalité*. Terme de *Philosophie*. Ce qui fait qu'une chose est nommée telle. Tout ce qui fait qu'on qualifie un sujet d'un certain nom. Ainsi. (La chaleur du feu est une *qualité* du feu. Les corps qui doivent nourir le feu doivent avoir des *qualitez* particuliéres. *Roh. Phis.*

Qualité. Ce mot se dit généralement de tout ce qui fait la bonté ou le défaut de quelque sujet ce soit & qui le rend tel. Chose loüable, ou blâmable dans quelque sorte de sujet. Ce mot de *qualité* en ce sens se dit des personnes & des choses. Exemples. (L'innocence, la jeunesse, & la beauté sont des *qualitez* qu'on n'a jamais ici vuës ensemble. *Voit. let. 13*. Je vois en vous des *qualitez* avec lesquelles vous ne sauriez être un homme vulgaire. *Voit. let. 34*. Ne souffrez plus en vous des *qualitez* si basses. *Voit. poës*. Vous donnez sotement vos *qualitez* aux autres. *Moliere*. La *qualité* de cette étoffe n'est pas grand' chose. La *qualité* de ces matériaux est fort bonne.)

Qualité. Naissance noble & illustre. Titre considérable & glorieux. Titre que porte une personne. Titre qu'ond prend & qu'on se donne. (L'air des personnes de *qualité* est charmant. *Scaron*. C'est une personne de la *prémiére qualité*. C'est une femme de grande qualité. *Pascal, liv. 4*. Prendre la qualité de Noble. *Le Maître*. Dire ses qualitez des parties. *Le Maître*.)

En Qualité de. Ces mots signifient *comme étant*. (Il avoit droit à l'Empire en qualité de petit fils d'Auguste. *Abl. Tac.*)

Qualité. En termes de *palais*, il se dit des titres qu'on prend pour plaider, pour agir ou pour établir son droit en quelque chose. (Prendre la qualité d'héritier. Agir en qualité de tuteur, de Procureur, &c.)

Quand. Sorte d'adverbe interrogatif & qui a du raport au tems présent, au passé, & à l'avenir, & qui signifie *en quel tems*. Prononcez *Kan*. Exemple. Quand Henri quatriéme est-il mort? Le quatorziéme de Mai en mile sit cens dix. Quand étudierons-nous le mieux? Le marin. Quand les méchans cesseront-ils de persécuter les gens de bien? Jamais.

Quand. Sorte de conjonction qui signifie *lorsque*, qui marque le tems présent, & qui régit *l'indicatif*. (Quand on considére qu'un jour il faudra rendre compte, il faudroit être extrêmement sage. Quand je considére, l'état déplorable de l'hôtel Dieu de Pontoise, je. *Patru*, plaidoié 39.)

Quand & moi. Ces mots pour dire *au même tems que moi* sont hors d'usage & se doivent prononcer *quants & moi Vau. Rem.*

Quand & quand. Ces mots pour dire *en même tems*, ne se disent plus, ni ne s'écrivent plus. *Vau. Rem.*

Quand à moi. *Quant à lui*. *Quant à nous* & autres semblables maniéres de parler vieillissent, en leur place on dit *Pour moi*, *Pour lui*. *Pour nous*. (Quant à moi je consulte avant que je m'engage. Si Malherbe qui a fait ce vers, vivoit, il diroit *pour moi* & non pas *quant à moi*.)

Se mettre sur son quant à moi. C'est à dire, faire le fier tout d'un coup. S'en orgueillir sotement & s'emporter brusquement & mal à propos.

Le quant à moi, *s. m.* C'est une vanité, ou une fierté sote & ridicule & qui arrive souvent de ce qu'on s'imagine avoir plus de merite qu'effectivement on n'en a. A... est bernable de s'être mis sotement sur son *quant à moi*, pour avoir eu la témérité de gâter de bons originaux, les mettant en François furanné & pédantesque.)

† *Quantes*. Voi. *Toutes-fois & quantes*.

Quantité, *s. f.* Terme de *Philosophie*. Prononcez *Kantité*. Accident qui fait que les corps sont susceptibles de nombre, ou de mesure. Prononcez *Kantité*.

Quantité discréte. C'est celle dont les parties ne sont pas liées, comme le *nombre*.

Quantité continuë. C'est celle dont les parties sont liées, & alors cette quantité est *successive*, comme le tems & le mouvement, ou elle est *permanente*, qui est ce qu'on apelle l'étenduë en longueur, largeur & profondeur. (On demande dans l'école si la quantité continuë est divisible à l'infini.)

Quantité. Multitude. Grand nombre. (Quantité petite, grande, prodigieuse, infinie, innombrable. Avoir une *quantité* d'or & d'argent monoié. *Abl*. Il ne faut pas toûjours considérer la *quantité*, mais la qualité des choses.)

Quantité. Il se dit en parlant des Vers Grecs & de Vers Latins. C'est la mesure de chaque silabe, & le tems qu'on doit être à prononcer les silabes, dont les unes sont longues & les autres brèves. (La quantité est aisée à prendre il n'y a proprement que les Grecs & les Latins qui aient des quantitez, savoir la quantité.)

Quantiéme, *adj*. Prononcez *Kantiéme*. C'est un terme de nombre ordinal. (La quantiéme, Philis, aimez vous? La quantiéme, la cinquantiéme.)

Quarantaine, *s. f.* Prononcez *Karanténe*. C'est à dire, *quarante*. (Ils étoient une *quarantaine* de braves soldats.)

Quarantaine. Espace de quarante jours. (On fait faire la *quarantaine* aux personnes qui viennent des lieux où est la peste.)

Quarente. Prononcez *Karante*. Mot indéclinable, qui signifie *quatre fois dix*. (Quarente, quarente & un, quarente deux &c. Son péché le fit pleurer quarente jours.)

Quarante heures. Priéres qu'on fait trois jours de suite dans l'Église, durant lesquels le Saint Sacrement est exposé.

Quarente-cinq. Terme de *jeu de paume*. Ce sont les trois quarts du jeu. (C'est un grand avantage d'avoir quarente-cinq sur sa partie.)

Quarentie, *s. f.* Ce mot se dit en parlant de la République de Venise, & signifie *la Cour des quarentes Jûges*. Prononcez *Karentie*. On dit. (La quarentie civile nouvelle. La quarentie civile vieille. Quarentie criminelle. Il fit passer dans la quarentie criminelle une nouvelle ordonnance. *Amelot de la Houssaie, Hist. du gouv. de Venise*.)

Quarentiéme, *adj*. Prononcez *Karentiéme*. Terme de nombre ordinal. (Il est le quarentiéme. Elle est la quarentiéme.)

Quaréme. Voiez *Carême*.

Quarré, *s. f.* Prononcez *carre*. Terme de *Chapelier*. Les coin du cu du chapeau. (La quatre de ce chapeau est percée.)

Quarré, *s. f.* Terme de *Formier & de Cordonnier*, qui se dit en parlant de soulié & de forme de soulié. On apelle les *quarrez* du soulié, les deux pointes du bout du soulié, & les quarrez de la forme, les deux pointes du bout de la forme. (Les quarrez de ce soulié sont percées. Les quarres de cette forme font mal faites.)

Bequarre, Terme de *Musique* Prononcez *Bécarre*. C'est un terme de Musique qui fait chanter de demi ton plus haut que quand il y a Bémol.

Quarré, quarrée, *adj*. Fait en quarré. Prononcez *carré*. (Temple quarré. Figure quarrée. Avoir deux pieds en quarré. Bataillon quarré.)

Quarré, *s. m.* Chose faite en quarré. (Faire un quarré. Former un quarré.)

Quarré. Manière de petit cofre, ou de petite cassette où l'on met les peignes, & autres petites choses qui servent au desabillé d'une Dame. On lui a fait présent d'un beau quarré d'argent.)

Quarré. Terme d'*Architecture*. C'est un membre quarré qui termine souvent quelque partie d'Architecture.

Quarré. Terme de *Jardinier*. C'est la place du jardin qui contient plusieurs planches. (Un petit quarré. Un grand quarré.)

Quarré. Terme de *Monoie*. Morceau d'acier fait en forme de dé dans lequel est gravé en creux ce qui doit être en relief dans la médaille. Fers qui portent l'empreinte de l'éfigie, ou de l'écusson dont les flaons sont monoiez.

Quarré de mouton, *s. m.* Ce sont quelques côtes de mouton que l'on

Oooo iij

QUA.

l'on fait rôtir, ou griller. Ce qu'on apelle à Paris quarré de mouton on le nomme dans quelques Provinces de France *haut-côté de mouton*, mais mal. (Un bon quarré de mouton.)

Quarré. Terme d'*Astrologie*. C'est l'éloignement de deux Planetes de la quatriéme partie du cercle où elles sont. (Quand Mars & Mercure sont regardez de quarré par Saturne, ils rendent les hommes meurtriers. (Voiez *Quadrat*, c'est la même chose.

Quarré. Terme de *Manège*. Piste qu'on s'imagine former quatre lignes droites, égales, disposées en des rangs & également éloignées du centre du Manège, sur chacune desquelles on conduit son cheval; & cela s'apelle *Travailler en quarré*.

Quarré. Terme d'*Algébre*. C'est le produit d'une quantité multipliée par elle-même.

Quarré-long, *s.m*. Terme de *Géometrie*. C'est une figure de quatre côtez qui a les angles droits, mais dont un côté est plus grand que l'autre. Les artisans l'apellent aussi *Barlong*.

Quarré Geometrique. Instrument de *Matématique*, fait en carré, ayant à l'un de ses angles droits une alidade mobile autour de cet angle avec peux pinnules, & aux deux côtez qui forment l'angle droit oposé des divisions égales en grandeur & en nombre. Il y a aussi quelquefois un quart de cercle tracé du même centre, & divisé en 90. degrez. On se sert plus aujourd'hui d'un demi cercle que du Quarré Geometrique.

Quarré magique. C'est un quarré contenant des nombres en proportion Aritmétique, tellement disposez en des rangs paralelles aux côtez du quarré dans lequel ils sont placez que les sommes des nombres qui se trouvent dans chaque rang & dans chaque diagonale, sont égales entr'elles. On l'apelle magique, parce que c'est le problême d'Aritmétique le plus dificile.

Quarré de réduction, ou *Quartier de réduction*. Terme de *Marine*. C'est un instrument qui sert à reduire les degrez d'Est & d'Oüest en degrez de longitude, & à resoudre promptement & facilement les triangles rectangles. Ozan. *Dict. Math*.

Quarré perspectif. C'est la représentation d'un quarré en perspective. Ce quarré comprend ordinairement toutes les assietes des objets qu'on veut représenter dans un Tableau, & on le divise ordinairement en plusieurs petits quarrez perspectifs, par le moyen desquels on décrit avec abregé les aparences de tout ce que l'on veut représenter dans le Tableau. V. *la perspective de M. Desargues*.

QUARRELET. Voiez *Carrelet* lettre C.

Quarrément, adv. En quarré. (Chose qui est coupée quarrément.)

Quarrer, *quarrure*. Voyez *Carrer*, *Carrure*, &c.

QUART, *s.m*. Prononcez *Kart*. C'est la quatriéme partie de quelque chose. (Ils font leur contrat d'association, tous y entrent, chacun pour son quart. Patru, *pl. 8*.

Quart de muid.
Quart de boisseau.
Quart d'heure.
Quart de chemin.
Quart de lieuë.
Quart d'aune.
Quart d'once, &c.

Quart. Terme de *Mer*. C'est le tems qu'un matelot est en faction. Fournier. Le quart contient trois, quatre ou cinq heures. Robe, *navigation*.

Quart de Vent, ou quart de Rumb. Terme de *Mer*. C'est un de vent separé d'un autre air par un arc de douze degrez & 15. minutes.

Quart de rond. Sorte de membre d'*Architecture*.

Quart en sus. Terme de *Finance*. C'est l'addition de la quatriéme partie de la somme au total de la somme.

Quart de rang. Terme d'*Exercice Militaire*. (Défiler par quarts de rang.) On dit aussi *quarts de conversion*.

† *Quart*. Terme de femme qui revend par les ruës de Paris sur des paniers qu'on apelle inventaires, il signifie *navet*. [A mes bons quarts.

† *Au tiers & au quart*. C'est à dire, à tout le monde indiferemment. [Donner au tiers & au quart. On y fait médire *& du tiers & du quart. Moliere*, C'est à dire, on y médit de tout le monde.)

Quart-aïeul, *s.m*. Terme de *Généalogie*. C'est celui qui est quatre fois aïeul, ou quatre fois grand-pére. (C'est son quart-aïeul paternel. C'est son quart-aïeul maternel.)

Quart de cercle, *s.m*. Sorte d'instrument de Matématique, qui est la quatriéme partie d'un cercle, & dont on se sert pour les observations d'Astronomie & de Géographie. On l'apelle aussi *quart de nonante*.

Quart d'écu, *s.m*. Espéce d'argent qui sous le régne de quelques Rois a valu quinze sous, & sous le régne d'autres vint sous. Elle a eu cours du tems de Henri second, de François second, de Châtles neuviéme, de Henri troisiéme, de Henri quatriéme, & a cessé sous le Regne de Loüis treiziéme. *Le quart d'écu* du tems de Henri second avoit d'un côté une croix fleurdelisée avec cette légende *Dei gratiâ sum id quod sum*. Le quart d'écu sous le régne de Henri troisiéme avoit d'un côté une croix fleurdelisée avec cette légende *Henricus tertius Dei gratiâ Francorum & Poloniâ Rex*, & de l'autre côté un écusson couronné, où il y avoit trois fleurs de lis avec cette légende *sit nomen Domini benedictum*. Le quart d'écu a eu cours sous le régne de Henri 4. & n'a commencé à n'être plus de mise que

QUA.

vers l'année 1640. ou 1641 qu'on fit des écus blancs, des piéces de trente sous, de quinze sous & de cinq sous.

† *Il n'a pas vaillant un quart d'écu*. C'est à dire, il est gueux.

Demi-quart d'écu. Piéce d'argent faite comme le quart d'écu hormis qu'elle étoit plus petite & qui valoit la moitié du quart d'écu.)

Quart de papier, *s.m*. Terme de *gens qui marquent le papier*. C'est la moitié d'une demi feuille. (On paie six deniers pour chaque quart de petit papier.)

Quartain, *quartaine*, adj. Prononcez *Kartain*. Ce mot ne se dit qu'au *féminin* en parlant de fiévre quarte & toujours en forme d'imprécation. (Quoi vous rougissez de dépit comme si je donnois de mauvaises étrennes, vos fiévres quartaines. *Voit. poës*. La fiévre quartaine puisse serrer le burreau de tailleur. *Moliere*.)

QUARTAN, *s.m*. Terme de *chasse* qui se dit du sanglier, & veut dire son quatriéme an. (Sanglier qui est à son quartan. Sanglier qui commence à être quartan.)

QUARTAUT, *s.m*. Prononcez *cartô*. C'est un quart & demi quart de muid qui est une mesure d'Orleans. (J'ai acheté un petit quartaut d'excellent vin.)

Quartaut de Champagne. C'est un tiers de muid.

Quartaut de Bourgogne. C'est un quart de muid.

Quartaut. C'est un quart de muid, mesure de Paris.

Quarte, adj. Prononcez *carte*. Ce mot se dit en parlant d'une sorte de fiévre qu'on apelle fiévre quarte qui est causée par une humeur mélancolique, & qui prend les accès chaque quatriéme jour.

Quartes de vent. Voiez *Quarts*.

Quarte, *s.f*. Sorte de mesure d'étain, contenant deux pintes. (Une quarte bien faite. Acheter, vendre une quarte.)

Quarte. Terme de *Maître d'Armes*. C'est un mouvement du Poignet en dedans. (Alonger de quarte. Toucher l'épée de quarte. Entendre la tierce & la quarte. Pousser une estocade de quarte. Pousser de quarte le long de l'épée. *Lianceur, maître d'armes; ch. 4. & 5*.)

Entendre la tierce & la quarte. Cette façon de parler se dit quelquefois en riant, & signifie savoir faire des armes comme il faut, & en quelque sorte, en maître.

Quarte. Terme de *Musique*. C'est un intervale dont les sons étrêmes sont distants de quatre degrez, & qui est composé de deux tons & demi. (Quarte diminuée. Quarte superflue. Fausse quarte.)

Quart. Terme de *Jeu de Piquet*. Ce sont quatre cartes qui se suivent & qui sont de même couleur. (Avoir une quarte. La quarte vaut quatre points. Quarte major. Quarte basse.)

Quarte, Terme de *Géographie* & d'*Astronomie*. C'est la quatriéme partie d'un Hémisphére. (Quarte Septentrionale, Orientale, c'est la partie qui est entre le Septentrion & l'Orient, & ainsi des autres.)

Quarte. Terme de *Jurisprudence*. La quatriéme partie d'une succession. (La quarte Trebellianne, la quarte Falcidie.)

QUARTENIER, *quartinier*, *s.m*. Le prémier *e* de ce mot est ordinairement un *e* muet, & on prononce *cartenié*, ou *cartinié*. Les nouvelles Ordonnances de la ville de Paris chapitre 32. disent *quartinier*, & on croit, que régulierement parlant on doit parler de la sorte, cependant de tout tems l'usage semble être plus pour *quartenier* que pour *quartinier*; Témoins ces quatre vers du Carollicon d'Espagne.

A chacun le sien, c'est justice,
A Paris seize quarteniers,
A Mont faucon seize piliers,
C'est à chacun son bénéfice.

Les Docteurs en langue vulgaire que j'ai consultez sur ces deux mots pensent qu'on peut dire l'un & l'autre, mais à ce que j'en ai pu connoître, ils semblent pancher pour *quartenier*. Les quarteniers ou quartiniers ont soin chacun en leur quartier que les portes de la vie se puissent bien fermer, que les abords en soient libres. Qu'il ne soit fait sur le rempart aucune décharge de terre, ou gravois, qu'on n'y jette aucune ordure qui infecte le voisinage, & ils doivent faire leur raport au Prevôt des Marchands sur toutes les choses qui concernent leurs charges.

Quartenier. Terme de *Marine*. Voiez *Quartier-mestre*.

Quartier, *v. n*. Ce mot se dit par les *Cochers & chartiers*, & signifie aler entre deux orniéres & les éviter parce qu'elles sont trop profondes & incommodes. (Il faut quartier en cet endroit-la.)

Quartier, *v. n*. Terme d'*Escrime*. C'est ôter son corps hors de la ligne; ce qui se fait en pirouëttant, ou tournant le corps, comme sur un pivot, pour se défendre des passes.

QUARTERON, *s.m*. Prononcez *Carteron*. Ce mot en parlant de choses que l'on compte par *cent*, veut dire *vint-cinq*. [Un quarteron de poires. Un quarteron de pommes. Un quarteron d'Abricots.)

Quarteron. Ce mot en parlant de certaines choses qu'on pése, c'est le quart d'une livre. Ce sont quatre onces. (Un quarteron de beurre. Un quarteron de fromage.) Un demi-quarteron, ce sont deux onces.)

Quarteron d'or. Terme de *Bateur d'or*. C'est un petit livre composé de vint cinq feüilles d'or par les batteurs d'or vendent aux doreurs. (Acheter un quarteron d'or.)

QUARTIER, *s.m*. Prononcez *cartié*. Quelques-uns commencent

à l'écrire

QUA.   QUA.   663

à l'écrire comme il se prononce & ils ne sont pas trop-mal. Mais cette maniére d'ottographier n'est pas encore bien receuë. Ce mot de *quartier* veut dire la partie d'une chose qui se divise en quarré. Ainsi on dit (Un quartier d'agneau. Un quartier de veau. Un quartier de mouton. Un quartier d'étofe. Un quartier de terre, &c.)

Quartier. Ce mot se dit aussi d'une chose qui n'a que deux quartiers. Ainsi on dit. (Les deux quartiers d'un soulié.) On dit aussi les quartiers d'une selle.

Quartier. Ce mot veut dire quelquefois une piéce de quelque chose. (Les Vitelliens rouloient de gros *quartiers* de pierre. *Ablancourt*, *Tac. Hist. liv. 3. c. 4.*)

Quartier. Terme de *Cartier*. Grosse piéce qui fait toute seule une voie. Quartier de pié-droit.)

Quartier. Ce mot se dit en parlant de grandes Villes, de Païs, de Provinces, &c. Et il signifie un droit de Vile, de Païs, ou de Province. (Etre logé dans un des plus-beaux quartiers de Paris. Il y a fort bonne compagnie dans mon quartier. Avoir un quartier de Maître d'Ecole à Paris. On lui dit que c'étoient les peuples les moins belliqueux de ces quartiers. *Ablancourt, Tac. An. l. 11.*)

Quartier. Il se dit pour signifier les gens du quartier. (Elle ne visite point son quartier. On a fait une chanson de tout le quartier, c'est à dire, de toutes les personnes du quartier.)

Quartier. Ce mot se dit en parlant des gens qui paient pension, & signifie *trois mois*. (Le quartier de la pension commence. Le quartier de la pension est échu. Le quartier est fini. Avancer son quartier. Païer son quartier.)

Quartier. Ce mot se dit des gens qui servent chez le Roi, chez quelque Prince, ou grand Seigneur, & signifie *trois mois*, pendant lesquels on est obligé de servir. (Etre de quartier chez le Roi. Etre en quartier chez Monsieur. Servir par quartier. Sortir de quartier.)

Quartier. Terme d'*Astrologue*. Ce mot se dit en parlant de la Lune, & signifie la rencontre de la Lune à nonante degrez du Soleil. On l'apelle aussi *quadrature*. Rohaut, *Phisique*, tome 2. chap. 9.

Quartier. Ce mot se dit en parlant du pié du cheval. Terme de *Maréchal*. Ce sont les côtez du sabot entre la pince & le talon, de part & d'autre. (Ce cheval a quelque seime aux quartiers, car il boite.)

Quartier, *neuf*. Ce mot se dit en parlant du pié des chevaux, auquels il faut couper l'un des quartiers de la corne, pour quelque mal qui leur vient au sabot. (Ce cheval a fait quartier neuf, *c'est à dire*, que la corne qu'on avoit coupée à un de ses quartiers est revenuë. S. Georges, *arts de l'homme d'épée*.)

Quartier. Terme de *Blason*. C'est une partie de l'écu où l'on met quelques armes de famille. On place dans le premier quartier les armes de la maison principale & dans les autres quartiers, les aliances. Col.)

Quartier, *s. m.* Terme de *Guerre*. C'est le certain du campement d'un corps de troupes. (Un quartier bien fortifié, bien retranché.)

†*Quartier*. Les troupes qui sont dans un quartier. (Enlever un quartier.)

Quartier de siége. C'est un campement sur l'une des principales avenuës d'une place, lequel est apellé *quartier du Roi* quand il est commandé par le Général de l'armée. (On dit établir les quartiers. Disposer les quartiers. Prendre son quartier à la portée du canon de la place. On établit les quartiers sur les plus grands passages de la place, pour empêcher le secours & les convois.)

Quartier d'assemblée. C'est le lieu où les troupes se rendent pour marcher en corps. (Le quartier d'assemblée n'est pas loin d'ici.)

Quartier de rafraîchissement. C'est le lieu où des troupes fatiguées vont se rétablir & se remettre tandis que la campagne dure encore. [On a donné aux troupes un tel lieu, ou un tel païs pour quartier de rafraîchissement.]

Quartier d'hiver. Lieu où logent les troupes pendant l'hiver. C'est quelquefois aussi l'intervale du tems compris entre deux campagnes. On dit (Marcher en quartier d'hiver. Mener les troupes en quartier d'hiver. Mettre en quartier d'hiver. Le quartier d'hiver a été court. Le quartier d'hiver sera long.)

Quartier de vivres, &c.

Quartier-mestre, *s. m.* C'est le maréchal des logis d'un régiment d'infanterie étrangère.

Quartier-mestre. Termes de *Mer*. C'est l'ofice de mer qui regarde principalement le service des pompes.

Quartier de venerie. Terme de *Veneur*. C'est le logement des chiens & des veneurs. *Salnove*.

†* *Quartier*. Ce mot se dit en terme de *Guerre*. (Donner quartier. C'est à dire, donner la vie, & traiter favorablement des ennemis vaincus.)

†* *Quartier*. Ce mot se dit dans le figuré & assez souvent en riant (*Ne donner point de quartier* signifie ne point pardonner. Ne rien accorder de ce qu'on nous demande. Obliger les gens à faire ce qu'on veut d'eux. Pousser à toute outrance. Ils persécutent la science & ne lui donnent point de quartier. *Gen. Epi. liv. 1.* Tout beau, tout beau, quartier, si du tombeau *Scaron poësies*, Point de quartier pour la pauvreté. Les absens y sont assassinez à coups de langue & on n'y fait quartier à personne. *Scaron. Roman*. Je pense que pour moi, s'il étoit nécessaire.

Elle se mettroit en quartiers
Benser. balet de la nuit, 3. p. 1. entrée.

A quartier. sorte d'*adverbe* qui signifie *à part*. Se tenir un peu éloigné de quelque chose que ce soit. Se reculer & se retirer pour en laisser passer d'autres. Quelques-uns croient que ce mot de *quartier* est un peu vieux dans tous ces sens. Neanmoins il se trouve dans de bons auteurs, & peut être aussi que ces Messieurs croient mal. [Les Adives sont si rusées qu'elles se tiennent à quartier & n'aprochent point du lion. *Ablancourt, Marmol, livre 1. chapitre 23.*)

QUARTINIER. Voïez *quartenier*.

QUASI, *adv*. Prononcez *Kasi*. Tous Messieurs les faiseurs de Remarques & d'observations sur nôtre langue ont décidé que le mot de *quasi* étoit fort peu en usage, & qu'en sa place on disoit *presque*. Il est vrai que de bons Auteurs en usent ordinairement de la sorte, neanmoins il semble que plusieurs de nos excellens Esprits aient en depuis peu pitié du destin du pauvre *quasi* & qu'ils le veuillent faire revivre malgré sa destinée. Car ils l'ont employé assez frequemment dans un livre de réputation qui a pour titre la Princesse de Cleves, & l'on trouve qu'ils ont raison & que *quasi* vient mieux & en certaines façons de parler que *presque*. (Il n'arrive quasi jamais. *Vau. Rem.* Vous ne me dites quasi rien de vous. *Voiture, l. 25.* Ce n'est quasi pas la peine de vous le disputer. *Pascal, l. 4.*)

QUASIMODO, *s. f.* Prononcez *Casimodo*. C'est le Dimanche de l'octave de Pâque. (Il est né le jour de la *quasimodo*.)

QUATERNE. Terme de *jeu de triquetrac*. Ce sont *deux quatre*.

QUATERNAIRE, *adj*. Il se dit des nombres. Nombre quaternaire c'est un nombre de quatre unitez, ou un multiple de quatre. (Le quaternaire a plusieurs proprietez.)

QUATORZE. Nom de nombre. Ce mot est indéclinable. Prononcez *Katorze*. (Ils sont quatorze. Elles sont quatorze.)

Quatorze, *s. m.* Terme de *jeu de piquet*. Ce sont quatre cartes de diferente couleur, mais de même nom & de même valeur dans chaque couleur. (Il y a un quatorze de Rois, de Dames, de valets & de dix. Ce sont les 4 as, les 4 Rois, les 4 Dames, &c. Avoir un quatorze. Compter un quatorze.)

Quatorze, se dit pour *quatorziéme*. (Loüis *quatorze*. On dit aussi Loüis *quatorziéme*. La premiére façon de parler est plus selon l'usage, & l'autre plus selon la Grammaire.)

Quatorze. Ce mot entre dans des façons de parler proverbiales. *Chercher midi à quatorze heures*. Ce proverbe suposé la coutume d'Italie, de compter les heures au delà de douze & jusqu'à vint-quatre, commençant à les compter depuis le coucher du Soleil. On & comme à Midi, même dans les plus grands jours, on compte plus de quatorze heures, en ce païs là, *chercher midi à quatorze heures*, c'est chercher une chose où elle n'est pas.

† * *Faire en quinze jours quatorze lieuës*. C'est à dire. Faire peu de besogne chaque jour.

* *Quatorzaine*, *s. f.* Terme de *Palais*. Et de coutume. C'est l'intervale de quatorze jours. Il se dit de l'intervale dans lequel on fait les criées des biens qu'on décrete.

Quatorziéme, *adj*. Nom de nombre ordinal. (Il est le quatorziéme. Elle est la quatorziéme.)

Quatorziéme. Ce mot en parlant de mois & de jours signifie *le quatorziéme jour*. (Sa lettre est du quatorziéme. On dit aussi en parlant, sa lettre est du *quatorze*.)

QUATRAIN, *quadrain*, *s. m.* Prononcez *catrain*. Quelques uns disent & écrivent *quadrain* ; mais mal. L'usage est pour *quatrain*. Ce mot est un terme de Poësie Françoise, lequel signifie une *Stance de quatre vers*. (La matiére des quatrains est la Morale & ce qui regarde la conduite de la vie. Leur caractére est simple & grave.) Voïez *les quatrins de Godeau & de Démarais*.

Quatrain. Ce mot se dit en parlant du Sonnet François & signifie *quatre vers*. (Les deux quatrains du Sonnet sont ordinairement sur deux rimes semblables.

Il veut qu'en deux quatrains de mesure pareille
La rime avec deux sons frape huit fois l'oreille.

Depreaux, Poëtique, c. 2.]

Quatrain. Ce mot se dit en parlant du Sonnet François & signifie *quatre vers*. (Les deux quatrains du Sonnet sont ordinairement sur deux rimes semblables.

Quatrain, ou *Quatrin*, *s. m.* Ancienne monnoïe qui valoit un liard.

QUATRE. Nom de nombre indéclinable. (Il y a quatre hommes qui travaillent continuellement. Les quatre élemens. Les quatre saisons de l'année. Les quatre points Cardinaux de l'horizon. Les quatre Mendians. On dit au jeu des Dez, amener quatre.)

Quatre, *s. m.* Terme de *Cartier*. C'est une carte où il y a quatre Points. (Un quatre de cœur, de pique, de carreau, de trefle.)

Quatre. Ce mot se dit pour *quatriéme*. (Henri quatre est né à Pau le treiziéme de Décembre 1553. On dit aussi Henri quatriéme est né à Pau. La premiére façon de parler est plus selon l'usage & l'autre plus selon la Grammaire.)

A quatre, *adv*. Ce mot entre dans quelques façons de parler simples, ou proverbiales. (Marcher à quatre pattes. C'est se trainer par terre sur les genoux & avec les mains. Se faire tenir à quatre. C'est faire le Méchant & l'enragé & faire plus de peine & de mal que quatre autres. *Se faire tenir à quatre*, ne l'être pas beaucoup.

QUA. QUE.

beaucoup Témoigner en aparence qu'on se veut battre & au fond n'en avoir pas grande envie.)

Tirer à quatre chevaux. Voiez *Cheval.*

* *Quatre à quatre, & le reste en gros.* Proverbe, pour dire que l'on va en confusion.

Quatre à quatre, adv. Quatre à chaque rang.

Quatre cens. Terme de nombre. C'est à dire, quatre fois cent. (Il y a quatre cens hommes dans la place.)

Quatre fois adv. (Se faire dire une même chose, quatre fois.)

Quatre mile. Termes de nombre indéclinable. (Un camp volant de quatre mile hommes. Voiez *mile.*)

Quatre tems. Terme d'Eglise. Jeune de trois jours qu'on fait une fois en chaque saison de l'année & qui pour cette raison a été apellé quatre tems. (Garder les quatre tems.)

Quatre vints. Sorte de nombre qui veut dire *quatre fois vint.* On dit, [Quatre-vints un, quatre vints deux, quatre-vints trois, &c. Le Pape Innocent diziéme mourut à quatre vints aus huit mois ; on ouvrit son corps, & l'on trouva sept bouteilles d'eau pesant quinze livres. *Priorato, hist. l. 5.*]

Quatre vintiéme, adj. Nom de nombre ordinal. (La quatre-vintriéme partie.)

Quatriéme, adj. Nom de nombre ordinal. (Henri quatriéme est né à Pau. Elle est la quatriéme.)

Quatriéme, adj. Ce mot en parlant des jours d'un mois : C'est à dire, *le quatriéme jour.* (C'est aujourd'hui le quatriéme du mois. Sa lettre est du quatriéme.)

Quatriéme, s. f. Terme de *Piquet.* Ce sont quatre cartes qui se suivent & de même couleur. (J'ai une quatriéme. Quatriéme majeure, ou quatriéme haute. Quatriéme de Roi, de dame, &c. C'est à dire qui commence au Roi, à la Dame, &c. Quatriéme basse.)

* *Quatriémement*, adv. Ce mot est hors d'usage & en sa place on dit *en quatriéme lieu.* (En quatriéme lieu, vous vous souviendrez d'adorer vôtre Créateur. *S. Ciran. Theol. fam.*)

Quatruple, s. m. Voiez *quadruple.*

QUE.

Que. Ce mot est un pronom relatif qui est indéclinable, qui devant une voielle perd son e, & qui se met pour *lequel, auquel, lesquels, lesquelles,* &c. de quoi que ce soit qu'on parle. Exemples. (C'est un méchant *que* le Ciel châtie. *Arnaud. Que* est mis dans cet éxemple pour *lequel.* Ce n'est pas à toi *que* je voudrois déguiser la vérité. *Ablancourt, Luc. Que* dans cet exemple est mis pour *auquel.* Ou à qui. Les méchans sont semblables à ces petites pailles *que* le vent emporte. *Port-Roial, Pseaumes. Que* dans cet exemple est mis pour *lesquelles.*)

Que. Ce mot est quelquefois une *conjonctive* qui se met entre deux verbes & qui pour s'exprimer en Latin se rendoit par *quòd.* (Seigneur, j'espère *que* j'entrerai dans vôtre maison & *que* je vous adorerai.)

Que. Ce mot devant l'infinitif se met quelquefois au lieu de ces mots *rien à* Exemple. (Quand on n'a *que* faire, on se divertit. C'est à dire, quand on n'a *rien* à faire. *Vaug. Rem.*)

Que. Ce mot est une maniére de *particule* & il se met au lieu de *pourquoi,* quand on interroge. Exemple. (Que n'avez vous recours à Dieu dans vôtre misere ? *Arnaud.* Mercure, que ne le détaches tu ? *Ablancourt.*)

Que. Ce mot se met au lieu de ces mots *quelque chose* Exemple. (Qu'est-ce là *que* je voi ? pour dire *quelle chose est ce là.* Que dites vous ?)

Que. Particule qui se met au lieu de *lorsque.* (Me frapa l'autre jour *que* j'étois malade. *Ablancourt, Luc.*)

Que. Particule qui se met au lieu de la conjonctive *de peur que,* ou *de crainte que.* (Reçoi un coup de bâton sans cesse, *que* je ne t'en donne un autre. *Ablancourt, Luc.*)

Que. Cette particule s'emploie pour *afin que,* (Monte vitement *que* je t'atache. *Ablancourt, Lucien.*)

Que. Particule qui sert à exprimer quelque souhait , ou quelque imprécation. [Que Dieu vous comble de bénédiction. (Que Dieu confonde les méchans.]

Que. Particule qui sert aussi à exprimer quelque sorte d'admiration, ou autre mouvement de l'ame. Exemple. (Que vous êtes heureux !

Mon Dieu mon Créateur
Que ta magnificence étoune tout le monde,
Et que le Ciel est bas aux prix de ta hauteur !
Malherbe, poësies.)

† *Qu'ainsi ne soit, qu'ainsi soit.* La derniere de ces deux façons de parler est hors d'usage, & la prémiére vieillit fort. On dit en sa place, *Bien que. De sorte que. Encore que.*

† *Que non pas.* Ces mots ont vieilli & *non pas* est superflu. On ne dit guère. Ils tiennent plus de l'architecte & du maçon que non pas de l'orateur. Il faut dire simplement , *Ils tiennent plus de l'architecte & du maçon que de l'orateur.*)

Que. Cette particule se joint à diverses autres. *Afin que, bien que, encore que, quoi que, d'autant que, parceque,* &c.

Queche, s. f. Terme de *Marine.* C'est un petit Vaisseau à un pont, & qui est mâté en fourche. *Ozan. Dict. Math.*

Que, quelle, Pronom adjectif, qui sert à distinguer les qualitez des choses ou des personnes. On s'en sert en interrogeant. Exemples. (Quel homme est ce qu'un avare ? Un fou. Quelle récompense atendez vous de vos bonnes œuvres ? Une félicité éternelle. On s'en sert aussi sans interrogation. Exemples. (Je ne sai pas quel livre vous lisez. Quel qu'il soit, je le veux aussi lire.)

Tel quel. Tellement quellement. Voiez. *Tel, telle, tellement.*

Quelcun, quelcun, Pronom adjectif qui fait à son pluriel masculin *quelques-uns,* & à son pluriel féminin *quelque-unes.* (Quelcun m'a dit cette nouvelle, mais je ne saurois dire qui c'est. On dira, en parlant à des femmes, quelcune de vous sait cela. Il y a de beaux sentimens dans ce livre, j'en voudrois bien copier quelques uns. Le livre qui porte pour titre *des pensées de Pascal* est très beau, si je l'avois, je lirois quelques pensées qu'on y trouve & qu'on estime si fort. Il se trouve des rafineurs qui soutiennent qu'il faut prononcer, *Kécun* & *Kéque.* Ces Messieurs les Rafineurs sont de france, Provinciaux ; & il n'en faut pas davantage pour assurer qu'on ne prononce point mal, quand on fera sentir la lettre *l* de ces mots *quelcun* & *quelque.* Tous les Parisiens qui parlent bien, les prononcent ainsi, & par conséquent, tant pis pour ceux qui s'opiniâtrent sotement à les prononcer d'une autre façon.

Quelconque. Pronom *adjectif,* qu'on emploie rarement & qu'on met après un nom substantif. (Je ne hazarderai en façon quelconque mon salut pour les biens de la terre.)

Quel que, ça deux mots, Voiez. *Quel, quelle.* Il n'y a que la prémiere partie, qui se décline, & qui change de genre & de nombre. Exemples. (Quel que soit son mérite. Quelle qu'en soit la cause. Quels que soient ses avantages. Quelles que soient les maximes. *Corneille, Notes sur Vaugelas.*)

Quelque. Pronom adjectif. Qui répond au *qualiscunque* de Latins. C'est un seul mot & il fait à son pluriel *quelques.* (Quelque mérite qu'on ait, il faut être heureux. Quelques avantages qu'il possede, il faut qu'il ait du bonheur. *Corneille, notes sur Vaugelas.* On doit parler de la sorte quand le pronom *quelque* n'est pas immédiatement suivi d'un *que,* mais lorsqu'il en est immédiatement suivi, on retranche du pronom *quelque* la derniére silabe qui est *que.* Exemple. (Quelle que puisse être la cause de sa disgrace & non pas *quelque que puisse être. Vau. Remarques.* Mais si entre *quelle* & *que* il y a quelques silabes qui les separent, il faut alors dire *quelque,* & non pas *quelle.* Exemple (Quelque enfin que puisse être la cause. *Vaug. Rem.*)

Quelque. Ce mot devant un *adjectif* est *adverbe* & est pris pour *encore que. Si bien que. De sorte que,* Exemple. (Quelque riches qu'ils soient, on ne les estime point.) J'ai dit que *quelque* est *adverbe* & s'écrit sans s à la fin devant l'adjectif comme en l'exemple proposé & non pas avec les substantifs. On ne dira point. (Quelque perfections qu'il ait, mais *quelques perfections* qu'il ait. *Vau. Rem.*)

Quelque. Ce mot pris pour *environ* est *adverbe,* & ainsi il s'écrit sans *s* finale. (Alexandre perdit *quelque* trois cens hommes lorsqu'il défit Porus. *Abl. Ar.*)

Quelque chose. s. m. Il se met d'ordinaire avec afirmation, (Ai-je fait quelque chose que vous n'aiez fait. *Vau. Rem.* On trouve à Versailles quelque chose qui mérite d'être vû. Il y a quelque chose de tourné bien délicatement, dans *Catulle.*)

Quelquefois, adv. De fois à autre. (C'est une chose qui arrive quelquefois.)

Quelque-part. En quelque part. La prémiére de ces deux façons de parler se dit, mais la seconde n'est pas en usage. On dit. [Je vais quelque part & non pas *en quelque part.* Quoi qu'on dise, je vais *en quelque lieu.*)

* *Quenote, s. f.* Mot burlesque pour dire *la dent d'un petit enfant.* Dent. (Ahibeau nez ! Belle petite bouche ! Petites quenotes jolies. *Moliére.*)

Quenouille, s. f. Bâton délié & tourné, autour duquel on met du chauvre, du lin, ou de la laine pour filer. (Une jolie quenouille. Filer sa quenouille.)

* *Le Roïaume de France ne tombe point en quenouille.* C'est à dire, que les femmes ne succédent point à la couronne.

† * *Tout l'esprit de cette famille est tombé en quenouille.* C'est à dire, que les filles de cette famille ont plus d'esprit que les garçons.

* *Quenouille de lit, s. f.* On dit à Paris *Colonne de lit.*

† *Quenouillette, s. f.* Ce mot dit en riant & dans le stile simple comme dans les chansons signifie *petite quenouille.* (Quand la Bergere vient des champs sa *quenouillette* va filant.

La Bergére Annette
Sur le bord d'un ruisseau
Filoit sa quenouillette
En gardant son troupeau.)

Quenouillette. Terme de *Fondeur.* Longue verge de fer dont un bout est de forme ronde & de la grosseur nécessaire pour boucher l'ouverture des godets par où les fondeurs font couler le métal dans leurs moules lorsqu'ils jettent quelque ouvrage en bronze, *Félibien.*

Quentin, s. m. Prononcez *cantin.* Nom d'homme. (Quentin est mort.)

Quentine, s. f. Nom de femme. (Quentine est belle.)

Quentine. Voiez *Cantine, s. f.* Car on le prononce & même on l'écrit toûjours ainsi, parce qu'il vient de l'Italien *Cantina.*

Querat, s. m. Terme de *Marine.* C'est la partie du Bordage comprise depuis la quille jusqu'à la plus proche des précintes. *Ozan. Dict. Math.*

QUERELLE,

QUE. QUE.

Querelle, *s. f.* Prononcez presque *Krelle* quand vous parlez mais en vers le mot de *querelle* fait trois silabes. Il signifie prise qu'on a avec quelqu'un, soit de paroles, ou autrement. Démêlé qu'on a à vuider avec quelcun. (Etre en querelle avec une personne. *Ablancourt.* Avoir querelle avec quelcun. Avoir querelle contre quelcun. *Scaron.* Apaiser une querelle. *Ablancourt.* Chercher querelle avec une personne. *Moliere.* Démêler une querelle. Soutenir une querelle. *Ablancourt. Tuc.* Du succès de cette querelle dépendroit la décision du diferend qui étoit à vuider. *Vaug. Quin. l. 4.*)

† *Faire une querelle d'Alemand à une personne.* Sorte de proverbe, pour dire, Quereller une personne pour rien, pour tres peu de chose, & à la maniere des Alemans qui pour la plûpart sont forts prompts à se fâcher; mais, du reste, sont bonnes gens & fort honnêtes gens.

Quereller, *v. a.* Prononcez presque *Krèlè* en parlant, mais dans les vers on en fait trois silabes & on prononce *Kerèlèr*, le prémier étant muët. C'est dire des choses piquantes. Choquer de parole. Maltraiter de paroles, ou autrement. (Il est Gascon & pourroit bien avoir querellé son bon Ange. *Mai. Poës.* Quereller une personne.)

Se quereller, *v. r.* Se dire des injures. Se dire des choses désobligeantes. (Se quereller avec une personne.)

Querelleur, *s. m.* Prononcez à peu près *Krelleur*, Celui qui aime à quereller. Celui qui se plaît à prendre querelle avec quelcun. (C'est un querelleur)

Querelleur. Terme de *Chasse.* Chien piaillard. *Salu.*

Querelleuse, *s. f.* Prononcez *Krelleuse.* Celle qui aime à quereller. (Une franche querelleuse)

Querelleux, querelleuse, *adj.* Qui aime à quereller. (Esprit querelleux. *S. Amant.* Humeur querelleuse. *Scaron, Roman.*)

Querir, *v. a.* Prononcez *Keri.* Ce verbe n'est usité qu'à l'infinitif & ne se dit pas seul, mais avec les verbes *aller*, *Envoier*, &c. Et il signifie *faire venir*, *Aller chercher*. (Aller querir quelcun. Envoier querir une personne. Aller querir du vin)

Questre. Voiez *plus-bas.*

Quester. Voiez quêter.

Questeur, *s. m.* Oficier de l'ancienne République Romaine qui avoit soin du trésor.

Questeur. Oficier de l'Université de Paris. C'est celui qui reçoit les deniers de quelque corps de l'Université.

Questure, *s. f.* Dignité de questeur. Charge de questeur. (Exercer la questure.)

Quéte; queste, *s. f.* L'un & l'autre s'écrit, mais l'*s* ne se prononce pas. Terme de *Chasse.* Action de celui qui va détourner une bête pour la lancer & la chasser avec les chiens courans. Prononcez *Kète.* (Aller en quête. *Sal.*)

Quête: Terme de *Religieux mendiant.* Action du frère Religieux qui cherche & qui demande par les maisons, du pain, du vin, ou de l'argent pour aider à faire subsister le Couvent. (Une bonne quête. Faire la quête. Aller à la quête. Etre à la quête. Les Quêtes des moines sont autorisées par le Roi & les Cours Souveraines. *Fevret, traité de l'abus.*)

Quête, *s. f.* Terme de *Marine.* C'est la saillie & l'Elancement que fait l'Estante & l'Erambour hors du corps du Navire aux extrémitez de la Quille.

Cens à quête. Terme de *Fief.* C'est à dire, cens que le Vassal n'est pas tenu de porter à la maison de son Seigneur, pouvant attendre qu'on le lui vienne demander.

Quêter, quester, *v. a.* L'un & l'autre s'écrit, mais il faut prononcer *Kêté.* Terme de *Chasse*, qui veut dire *aller en quête.* Chercher une bête pour la lancer, & la chasser avec les chiens courans. Aller détourner les bêtes avec le limier. Chercher. [Quêter une bête.]

Quêter. Terme de *Religieux.* Chercher, demander par les maisons & de porte en porte pour les nécessitez du Couvent. (Aller quêter. Quêter pour le Couvent.)

Quêter. Ce mot signifie aussi demander quelque argent dans une Eglise pour les pauvres, pour les nécessitez de l'Eglise même, ou pour quelque autre considération. Chercher par les maisons de la paroisse pour un Prédicateur (Quêter pour les pauvres, pour l'Eglise, pour le Prédicateur. Mademoiselle telle quêtera tout l'Avant à Saint Severin. Quêter pour les pauvres honteux.)

Quêteur; questeur, *s. m.* L'un & l'autre s'écrit, mais on ne prononce pas l's. On prononce *Kêteur.* Frère Religieux mendiant qui fait la quête par la ville. (Le Frère Fiacre est un des plus habiles quêteurs de tout Paris. Un bon quêteur est tres nécessaire dans un Couvent de mendians, & on peut dire que les adroits quêteurs sont proprement les péres nouriciers des Couvents. Les Quêteurs doivent être sûs, & ils le sont aussi presque toûjours, car on ne met pour Quêteurs que des maîtres Moines.)

Quêteuse; questeuse, *s. f.* Prononcez *Kêteuse.* Fille, ou femme qu'on choisit dans une paroisse afin de quêter en l'Eglise de cette paroisse pour les pauvres, pour les besoins de l'Eglise & quelquefois pour les maisons de la Paroisse pour un prédicateur. (Une jolie quêteuse. Une belle quêteuse.)

Question, *s. f.* Prononcez *Kestion.* Demande qu'on fait sur une personne. (Faire des questions à quelcun. 1. *A sotè question point de réponse.* Sorte de proverbe, où l'on dit plus ordinairement le mot de *demande.*) Point de quelque matière d'art, ou de sience sur lequel on peut disputer & sur lequel les gens du métier ont de diférens sentimens. (Question belle, savante, curieuse, épineuse, dificile, aisée, facile, ridicule, frivole, impertinente, Une question. *Pascal, l. 1.* Etudier une question. *Pascal, l. 4.* Agiter une question de philosophie. *Ablancourt, Luc.* Resoudre une question. *Ablancourt, Luc.* Traiter une question. *Ablancourt, Luc.*)

Question. Chose dont il s'agit. (Il n'est pas question de cela. *Mol. mar. forcé, sc. 8.*)

Question. La question est une sorte de suplice qu'on fait soufrir aux criminels pour les obliger d'avouer leur crime quand il n'y a pas assez de conviction, ou pour les contraindre de découvrir leurs complices. Il y a deux sortes de questions; la préparatoire, & la définitive. La question préparatoire est ordonnée *manentibus indiciis*, de sorte que si l'acusé n'avoüe rien du crime dont on l'acuse, il ne peut plus être condamné à mort, mais seulement, *ad omnia citra mortem.* La question définitive est celle qui est ordonnée en cas de condamnation à mort afin de découvrir les complices, & l'arrêt, ou la sentence porte, un tel condamné à mort, mais, préalablement apliqué à la question ordinaire & extraordinaire. La question ordinaire & extraordinaire se donnent à Paris avec de l'eau, ou des coins & quatre petits ais. La question qui se donne avec des ais & des coins s'apelle les brodequins. On la donne ainsi. On fait venir le criminel dans la chambre de la question, où se trouvent l'éxécuteur, le questionnaire & un chirurgien pour tâter le poux du criminel quand on lui donne la question & avertir de l'état où il est & s'il peut soufrir davantage sans mourir. L'éxécuteur fait agenoüiller le criminel, à qui le gréfier, en présence du Raporteur, lit alors l'arrêt, ou la sentence de mort. Ensuite le bourreau tire du saisissement de sa poche, les mains du criminel & lui donne une chaise, où étant assis, le questionnaire le déchausse & lui ataché les brodequins qui sont quatre petits ais bien polis, épais de deux bons pouces, larges d'un pié & longs d'un pié & demi, au travers du haut & du bas desquels passent les cordes. Ce questionnaire met deux de ces ais entre les jambes du criminel & les deux autres l'un d'un côté d'une jambe, & l'autre de l'autre. Ensuite il les serre fortement avec des cordes, après le Raporteur interroge le patient, & l'exhorte à dire la verité, s'il n'avoüe rien, le Raporteur commande au questionnaire d'enfoncer un coin qu'il fait entrer à grands coups de marteau au milieu des deux ais que le criminel a entre les jambes & il lui cause une douleur tres sensible. Lorsque le questionnaire enfonce quatre coins, c'est la question ordinaire, & lorsqu'il en enfonce huit, c'est l'extraordinaire. Pour donner la question à l'eau, on desabille le criminel. On lui lie les mains à un gros anneau de fer qui est à la muraille de la chambre de la question, Après, on lui arache les piez à un autre anneau qui est plus bas au plancher à deux ou trois piez de la muraille. On lui met ensuite une maniere de banc sous lui, qui soutient son corps, & alors le questionnaire, par l'ordre du Raporteur, ouvre la bouche du criminel, lui fait emboucher une corne où il verse peu à peu une pinte d'eau. Lorsqu'il fait avaler au criminel quatre pintes d'eau, c'est la question ordinaire, & huit, l'extraordinaire. Le criminel ayant soufert la question, on le jette sur un matelas qui est tout prêt, on lui fait du feu & on lui donne du vin. Cependant le Confesseur, ou le Ministre entre pour resoudre le patient à la mort qu'il doit soufrir quatre ou cinq heures après, & il ne le quite point qu'il ne soit éxécuté. Ce que je viens de dire est un peu long, mais je l'ai étendu exprés en faveur de Monsieur Voic de Vendestein le jeûne, Gentilhomme Alemand qui, dans ses divers voiages aiant aquis mille belles connoissances, a été bien aise que je l'instruisisse un peu à fond de la maniere dont on donne la question en France (Parlant de la question, on dit, donner la question à un criminel. Apliquer un criminel à la question. Il a eu la question ordinaire & extraordinaire. Il a soufert la question avec beaucoup de courage. Elle est condamnée à avoir la question.)

Questionnaire, *s. m.* Prononcez *Kestionnaire* celui qui donne la question aux criminels qui y sont condannez. (Etant indigné de se voir moqué de la sorte, il rapella le questionnaire. *Vau. Quin. l. 6. c. xi.*)

† **Questionner**, *v. a.* Faire des demandes à quelcun pour tâcher de découvrir quelque chose. Prononcez *Kestioné.* Il le faut questionner là-dessus. On l'a fort questionné, mais il n'a rien répondu.)

Queue, *s. f.* La partie de l'animal qui pend par derrière. La derniére partie de quelques animaux comme des poissons, ou de certains insectes. La derniére partie de quelque chose. (Une queuë longue, large, petite, étroite. Une queuë de cheval. Une queuë de vache, de mulet, de rat. Une queuë de brochet, de carpe, de morue, de saumon, de couleuvre, de dragon, de serpent. La queuë d'un muscle.)

†† **Queuë**. Dans le bas burlesque le mot de queuë signifie les parties naturelles de l'homme. Témoin ce Vaudeville, (La queuë lui pend au petit bon homme.)

Queuë. Ce qui est ataché à certaine chose, & qui sert à tenir cette chose. (Queuë de poilon. Queuë de poile. Queuë de bouchon.

bouton. Queuë de cerise, de prune, de pomme, de poire & de plusieurs autres fruits.)

* *Queuë.* Ce mot se dit en parlant d'habit long, & veut dire la partie de derriere qui traine. Quelques Dames font scrupule de dire ce mot, en ce sens, mais d'autres trouvent ce scrupule mal fondé & on pense qu'elles ont raison. (Queuë de jupe. Queuë de robe. Alons, petit garçon, qu'on tienne bien ma queuë. *Moliere.* On ne doit porter la queuë qu'aux personnes de qualité, ou qui ont quelque rang considerable dans le monde ; cependant il y a des femmes de Partisans & même des femmes de riches Commis qui sont si sotes que de se faire porter la queuë.)

* *Queuë de moulin à vent.* Termes de *Meunier.* Grosse piece de bois au dehors du moulin à vent, laquelle sert de moïen de l'engin sert à tirer le moulin au vent.

* *Queuë de lettre.* Termes de *Maître à écrire.* C'est la partie de la lettre qui est au dessous du corps de la lettre. (La queuë d'un *g.* La queuë d'un *p.*)

* *Queuë.* Terme de *Relieur.* La partie du livre, qui regarde la fin des pages.(Rogner un livre par le tête & par la queuë.)

* *Queuë.*Terme de *Luthier.* C'est un morceau de bois au bout de la table de certains instrumens où les cordes sont atachées. (Queuë de viole. Queuë de violon & queuë de poche.)

* *Queuë d'aronde.* Termes de *Menuisier.* Morceau de bois ou d'autre chose qui sert à atacher ensemble deux autres pieces. (Assembler en queuë d'aronde. (Voiez *Aronde.*)

* *Queuë de rat.* Termes de *Marechal.* Maladie de cheval qui vient le long du nerf de la jambe bien au dessous du jarret, qui s'étend jusqu'au boulet, fait tomber le poil & découvre des calus. Soleisel, *Parfait Marêchal, c.125.*)

* *Queuë de rat.* Ces mots se disent encore dans un autre sens. On dit. (Cheval queuë de rat. C'est à dire, cheval qui a la queuë dégarnie de poil.)

* *Queuë de Dragon.* Terme d'*Astronomie.* C'est l'une des deux intersections de l'Ecliptique & du cercle de la Lune, lorsqu'elle passe dans l'Ecliptique du Septentrion au Midi. (La tête, ou la queuë du dragon.)

* *Queuë de Comete.* Ce sont les raïons de la Comete qui s'étendent vers la partie du Ciel d'où son mouvement propre semble l'éloigner. Rohaut, *Phis.1 part. c.2.*(

Queuë de vin. Terme de *Marchand de vin.* Un muid & demi de vin en deux pieces (Acheter une queuë de vin. Acheter une demi queuë de Champagne.)

* *Queuë.* Terme de *Guerre.* La derniere partie d'une compagnie, d'un regiment, ou d'une armée. (On met ordinairement les meilleurs soldats à la tête & à la queuë de la compagnie. Donner sur la queuë de l'armée. *Ablancourt, Retorique livre 4.* Avoir l'ennemi en queuë. *Vaugelas, Quin. liv.7.* Avoir l'ennemi en tête & en queuë. *Ablancourt, Tac. An. l.3.* Prendre en queuë. *Scaron. Roman.* Fondre sur la queuë de l'armée *Ablancourt, Ar.* Chatger l'ennemi en queuë. *Ablancourt, Tacite, Hist l 3. c.4.*)

Queuë de tranchée. C'est le premier travail que font les assiégeans lors qu'ils ouvrent la terre & qu'ils demeure derriere à mesure qu'on pousse la tête de l'ataque vers la place [Garder la queuë de la tranchée.]

† *Le venin est à la queuë.* Ce proverbe se dit proprement du scorpion qui n'envenime que de la queuë, & figurément d'une afaire dont la fin est fâcheuse.

† *Rien n'est plus dificile à écorcher que la queuë.* Proverbe qui veut dire que la fin de la chose qu'on entreprend est dificile à faire.

† *Le renard cache sa queuë* Ce proverbe se dit d'un homme adroit qui cache ses finesses pour tromper plus sûrement.

† *A la queuë leu leu.* Sorte de jeu qui veut dire la queuë du loup. (Joüer à la queuë leu leu, cela se dit lorsque de jeunes enfans se mettent de file à la queuë les uns des autres , & que le premier de la file faisant un demi tour en rond & entrainant avec lui tous les autres tâche d'atraper le dernier de la file.

† * *Ecorcher l'anguile par la queuë.* Bridier un cheval par la queuë *Proverbes qui veulent dire, commencer une chose par où on la devroit finir.

† * *Quand on parle du loup, on en voit la queuë.* On le dit quand quelcun vient dans une compagnie où l'on parloit de lui.

‡ * *Il n'y en a point de plus empêcher, que ceux qui tiennent la queuë de la poële.* Proverbe pour dire qu'il est plus dificile de gouverner que de raisonner du Gouvernement.

† * *Commencer le Roman par la queuë.* C'est ne dire pas les choses dans leur suite naturelle.

QUEUX, *s. f.* En Latin *Cos.* C'est une pierre à aiguiser.

QUI.

QUI. *Pronom relatif* qui se met pour *lequel* en tous les cas, en tous les genres, en tous les nombres, mais hors du nominatif il ne se met que pour les personnes. *Vaug.Rem.*Exemples. (Heureux celui qui craint Dieu. *Arn.* C'est l'étude qui fait tout mon plaisir. Ceux qui méprisent les méchans comme des gens de neant, & honorent les personnes qui servent Dieu, habiteront sur la montagne de Sion.) † (C'est un cheval à qui j'ai reconnu les défauts. C'est un cheval à qui j'ai fait faire de grandes traites. Qui en ces deux derniers exemples est une faute, parce que hors le nominatif le pronom *qui* ne s'atribue qu'aux personnes. Il faut dire. C'est un cheval *dont* j'ai reconnu les défauts. C'est un cheval *auquel* j'ai fait faire de grandes traites ; mais on dira fort bien. C'est une fille *à qui* j'ai donné mon cœur. C'est un homme *en qui* je me fie. L'auteur *de qui* ils ont pris ce passage, ne dit pas cela.)

Qui. On se sert de ce *pronom* pour interroger. (Qui êtes-vous ? Qui va là ?)

Qui. On se sert de *qui* au lieu de *quiconque.* Pégase n'est qu'un cheval & pour moi je crois que *qui* le suit & lui fait fête, ne suit & n'est rien qu'une bête. *S. Amant.*

Qui se laisse ourager, mérite qu'on l'outrage
Corn. Heraclien. a.1.sc.2.

On dit aussi en maniere de proverbe. (*Qui sera bien, trouvera bien.*)

† *Qui.* Ce pronom repeté plusieurs fois pour dire les uns & les autres est hors d'usage. *Vaug. Rem.* (Qui crioit d'un côté, qui crioit de l'autre , qui s'enfuioit sur les toits , qui dans les caves. Mais présentement on s'exprimeroit en cette sorte. (Les uns crioient d'un côté, les autres de l'autre, les uns s'enfuioient sur les toits, les autres dans les caves. *Vaug.Rem.*)

† *C'est un je ne sai qui.* C'est à dire, Un miserable. Un fat. Un coquin. (Il passe pour un je ne sai qui.)

† *Un qui pro quo.* Ces mots se disent proprement des Apoticaires. C'est une faute qui cause quelque déplaisir , & qui a quelque suite fâcheuse , parce qu'on a donné une chose pour un autre. (Faire un *qui pro quo* Scaron. Je gagnai son échanson qui par malheur fit un *qui pro quo* & m'empoisonna. *Abl. Luc.*

† *A quia.* Ce mot se dit des personnes qu'on a vertement pousssées dans quelque dispute & qui sont en état de ne pouvoir répondre. († Je le perdrai, ou je le reduirai à quia. *Abl. Luc.*Il est à quia.)

QUICONQUE. Ce *pronom* n'a point de *pluriel.* Il ne se dit que des personnes & se met toûjours sans substantif. Il est bon d'observer que quand on dit *quiconque* il ne faut pas dire il après. Exemples. (Quiconque veut vivre heureux dans le monde *doit.* & non pas il doit. Quiconque est riche est tout, & non pas il est tout. Quiconque invoquera le Nom du Seigneur sera sauvé. Mais s'il suit un verbe qui fasse comme un autre membre de période, alors, pour la clarté du discours repeter *il.* Exemple. Quiconque est riche *est* tout, sans sagesse il est sage.

Il a sans rien savoir la sience en partage.
Depreaux, Sat. 5.

† UN QUIDAM. Prononcez un *Kidam.* C'est à dire, *un certain,* mais le mot de *quidam* est un peu vieux, & il ne se dit que dans le burlesque ou en plaisantant dans la conversation ou dans le stile le plus bas, comme dans l'Epigramme, dans le Vaudeville,&c.(Un certain *quidam* l'autre jour me rencontrant seulette me parla d'amour.)

QUIET, *quiéte, adj.* Prononcez *Kiét.* Tranquille. Avoir l'esprit quiet.)

Quiétisme, s. m. C'est le sentiment des Quiétistes en matiere de Religion, & il consiste dans un ravissement de l'ame à Dieu pour quelque tems. On l'a nommé *Quiétisme* par raport à la raison de quiétude & de repos que les Quiétistes font quelques momens. Molinos Prêtre & Docteur Espagnol est celui qui a tâché d'introduire le Quiétisme.

Quiétiste, s. m. & f. Lors qu'on parle d'un homme, il est masculin ; & quand on parle d'une femme , il est féminin. C'est une personne dont l'ame est quelque tems dans un ravissement à Dieu. (Molinos est un fameux Quiétiste. C'est une véritable Quiétiste. Elle est reconnuë Quiétiste.)

Quiétistes, s. m. pl. Il signifie généralement l'homme & la femme qui sont Quiétistes & qui ne prient que par une elevation de leurs ames à Dieu. Les Quiétistes s'apellent aussi nouveaux Contemplatifs , qui n'ont point de plus grands ennemis que les Moines. *Voïez la guide spirituelle de Molinos page 167.*

Quiétude, s. f. Tranquilité. Etre dans une grande quietude d'esprit. Il sortit du Conclave avec la même quietude qu'il y avoit aportée. *Maucr. vie du Card. Polus, p.46.*

QUIGNON, *s. m.* Gros morceau de pain. Prononcez *Kinion* en deux sillabes. (Il a mangé un gros *quignon* de pain à son déjuné.)

QUILLE,*s. f.* Prononcez *Killé.* C'est un morceau de bois tourné , plus gros par le bas que par le haut, dont on se sert pour joüer. (De belles quilles. Dresser les quilles. Joüer aux quilles. Rabatre les quilles. Faire cinq quilles de venuë & autant de rabat.)

Donner à quelcun son sac & ses quilles. Proverbe pour dire, lui donner congé & le chasser.

† * *Il est bien venu, comme un chien en un jeu de quilles.* C'est à dire, il est importun & on ne le voit pas volontiers.

Quille. Terme de *Mer.* Piéce de bois qui régne en bas le long du navire. (La quille du navire est rompuë.)

Quille. Terme de *Gantier.* Morceau de bois en forme de quille à joüer, qui sert à redresser les doigts des gans & à mettre les gans en couleur.

Quiller, s. m. Prononcez *Killié,* en deux sillabes. Petite place où l'on

QUI.

l'on dresse les neuf quilles lorsqu'on jouë aux quilles. (Le quiller est trop grand. Le quiller est trop petit.)

† **Quiller**, v. a. Mot bas & libre & qui marque du mépris pour la personne de qui on le dit. Il signifie s'en aller si loin qu'on ne voie plus les gens. (Qu'il s'aille quiller, où qu'il s'aille faire quiller. C'est un sot en trois lettres, l'aze le quille. S. Amant. Je yeux bien que Maillet me quille. S. Amant.

Quillon, s. m. Terme de *Fourbisseur*. Prononcez *Killon* en deux silabes. Sorte de branche qui tient au corps de la garde de l'épée. (Quillon rompu.)

Quincajou, s. m. Animal qui approche du chat, qui a le poil rouge, brun, & la queuë si longue, que la relevant, il en fait deux ou trois tours sur son dos. Il a de fortes grifes, & monte sur les arbres, & se couchant tout de son long sur une branche, il atend quelque orignac. S'il en passe quelcun, il se jette dessus, l'acole de ses grifes & lui ronge le cou un peu au dessous des oreilles, jusques à ce qu'il le fasse tomber. Quand l'orignac sent le Quincajou sur son dos, il court vite se jetter dans l'eau, & au même tems le Quincajou, qui hait cet élément, quitte prise & saute à terre. *Denis, histoire de l'Amérique, Tome 1. ch. 21.*

Quinconce, s. m. Il vient du Latin *quincunx*. On dit faire en quinconce, c'est à dire en échiquier. (Il fit des fosses de trois piez, un peu étroites & disposées de travers en quinconce. *Abl. Ces*.)

Quines, s. f. Terme de *Jeu de triquetrac*, qui veut dire *deux cinq*. Prononcez *Kines*.

Quinola, s. m. Mot qui vient de l'Espagnol. Terme de *jeu de reversis*. Prononcez *Kinola*. C'est le valet de cœur qui est la principale carte au jeu de reversis & celle qui prend la poule, qui est l'argent du jeu. (On ne peut écarter le quinola. Poursuivre le quinola. Forcer celui qui a le quinola.)

† **Quinola**, s. m. Mot burlesque pour dire un écuier de quelque Dame. (Madame une telle a un grand quinola mal-bâti. C'est un vrai quinola. *Scaron, poë*.)

Quinquagesime, s. m. Terme d'*Eglise*. C'est le Dimanche qui est immédiatement devant le Carême.)

Quinqualier. Voiez *Clincalier*.

Quinqualerie. Voiez *Clinquaillerie*.

Quinquenove, Prononcez *Kinquenove*. Sorte de jeu qui se jouë à deux dez, & qui a pris son nom de cinq & de neuf, jouër à quinquenove.)

Quinquina, s. m. Prononcez *Kinkina*. C'est l'écorce d'un arbre, ou plûtôt, selon Monsieur Spon *traité des Fébrifuges*, c'est l'écorce des racines d'un arbre qui croît au Perou, que les Indiens apellent *Kins*, & les Espagnols *palo de calenturas*, c'est à dire, le bois des fièvres. Le Quinquina guérit la fièvre quarte & la fièvre intermittente. (Préparer, doner le Quinquina en infusion ou en bol. Prendre du Quinquina. Que le Quinquina est bien préparé & que le corps est aussi préparé comme il faut, l'éfet en est immancable. Les Jésuites ont aporté les prémiers le Quinquina en Europe. *Voi Spon des febrifuges*. Voiez aussi *la guerison des fièvres par le Quinquina*.)

Quint, s. m. Prononcez *Kint*. Droit dû au Seigneur féodal quand le fief est vendu, ou aliené à prix d'argent. (Païer les quints & requints au Seigneur féodal. Voiez *l'indice de Raguean*. Il y a un quint viager. Un quint naturel. Un quint denier.

Quint. Mot *adjectif* qui veut dire *cinquième*, mais qui ne se dit d'ordinaire qu'en parlant de Charles quint. (On raconte que Charles quint n'eut pas plûtôt quitté l'Empire qu'il s'en repentit.)

Quintadiner, v. n. Terme de *facteur d'orgues*. Prononcez *Kitadiné*. Ce mot se dit des tuiaux de l'orgue lorsqu'ils resonent en manière de quinte & qu'ils ne parlent pas d'une façon harmonieuse comme ils doivent parler, ce qui est un défaut. (Tuiau qui quintadine.)

Quintaine, s. f. Prononcez *Kaintaine*. Ce mot a été dit de la sorte, d'un certain *Quintus* son inventeur. Voiez *Menétrier livre des tournois*. La quintaine est une grosse pièce de bois qui est fichée en terre, à laquelle on atache un bouclier & contre laquelle on jette en courant quelque traits, quelques dards, ou contre laquelle on rompt quelques lances. Cette sorte d'exercice n'est plus aujourd'hui en usage, en sa place on a la course du faquin & les têtes. Voiez *Pluvinel traité du manège*. (Courir la quintaine. Rompre une lance contre la quintaine.)

(* Et qui depuis dix ans jusqu'en ses derniers jours
A soutenu le prix en l'escrime d'amours,
Lasse enfin de servir au peuple de *quaintaine*
Elle. *Reg. Sat.* 13. C'est à dire, lasse de vivre dans le désordre & de se prostituër à tous venans, elle &c.)

(† Ses beaux yeux à lances d'ébène
Sur les cœurs courent la quaintaine. *Sca. poë*.)
C'est à dire, que les traits des yeux de cette belle percent les cœurs.)

Quintal, s. m. Prononcez *Kintal*. C'est le poids de cent livres. (Acheter un quintal de miel. Il a déja vendu cinq quintaux de sa marchandise.)

Quintal. Terme de *Potier*. C'est une grosse cruche de grez. Ce que les potiers apellent quintal, les gens qui ne sont pas du métier le nomment *Cruche*.

QUI. 667

Quinte, s. f. Prononcez *Kinte*. Termes de *Piquet*. Ce sont cinq cartes de même couleur & qui se suivent. (La quinte vaut cinq points. Il y a diverses quintes au jeu de Piquet. Quinte d'As, de Roi, &c. qui commence à l'As, au Roi &c. Quinte majeure. La quinte basse commence au dix.)

Quinte. Terme de *Musique*. Intervale dont les tons extrêmes sont éloignez de cinq dégrez & qui est composé de trois tons & demi. (Faire la quinte. Être à la quinte.

Quinte. Terme de *Lutier*. C'est un instrument de musique à cordes & à archet. C'est aussi la partie de la viole, ou du violon qui est entre la basse & la taille.

Quinte, s. f. Ce mot se dit des personnes qui sont sujettes à tousser. C'est un redoublement prompt, court & violent qui prend ceux qui sont tourmentez de la toux & qui oblige à tousser fortement. On apelle aussi cette quinte, *Coqueluche*. (Une fâcheuse quinte. Avoir la quinte, ou avoir la coqueluche. Elle est travaillée d'une cruelle quinte, & elle fait pitié quand cette sorte de quinte la prend.)

† **Quinte**. Sorte de caprice soudain. Sorte de coutre folie. (Il lui prend quelquefois des *quintes* à faire enrager les gens.)

Quintefeuille, s. f. Sorte d'herbe dont les feuilles sont blanches, jaunes, ou rouges & atachées cinq à cinq. Ses feüilles sont dentelées tout autour, & elles tirent sur le jaune paillé. La quinte feüille croît aux lieux aquatiques. La décoction de sa racine apaise la douleur des dents ; si on s'en lave la bouche, elle en guérit les ulcères. Le jus de la quintefeuille, quand elle est tendre, est bon aux maladies du foie & du poumon. *Dal*.

Quintelage, s. m. Terme de *Mer*. Prononcez *Kintelage*. C'est un amas de sable & de cailloux qu'on met au fond du vaisseau pour le tenir dans le contrepoids qu'il doit avoir contre les coups de Mer qui le pourroient renverser. Le quintelage s'apelle aussi *lest* ou *balast*. On le nomme en Latin, *Saburra*, en Espagnol *Lastre de la navé*, & en italien *Zavorra*. Voiez Covarruvias & la Crusca ; Mais Pantero libro d'ellarmata navale apelle le lest ou le quintelage *Savora*, ou *Savorna*. (Porter le lest ou le quintelage dans un vaisseau. Oter le quintelage d'un vaisseau. Il y a des vaisseaux qui demandent plus de quintelage les uns que les autres.)

Quinteux, *quinteuse*, *adj*. Capricieux. Qui se fâche pour rien. Fougueux. Prononcez *Kinteu*. (Il est quinteux. Elle est quinteuse.)

Quinteuse, s. m. Celle qui est capricieuse. Qui est sujette à des boutades. Quand je veux dire blanc, la *quinteuse* dit noir, *Déproux, Satire 2*.

Quintessence, s. m. Prononcez *Kintessance*. C'est toute la vertu & tout ce qu'il y a de plus excellent en une chose. (Tirer la quintessence d'une chose. * Je hais l'ardeur des fourneaux enfumez où l'on perd sa substance, & où l'on va *tirant un homme en quintessence. Reg. Sat.* 16. C'est à dire, où l'on consume un homme & où on l'épuise malheureusement. † *Je sai la quintessence de cette affaire*. C'est à dire, je sai le fin de cette afaire. † * Il a mile gentils moiens pour tirer la *quintessence* des bourses. Voiez le *Catolicon d'Espagne*. C'est à dire pour tirer l'argent des bourses.)

Quintin, s. m. Sorte de toile fort fine.

Quinze. Nom de *nombre* indéclinable. Dix & cinq. Prononcez *Kinze*, (Ils sont quinze.)

Quinze. Terme de *Tripot*. Coup qui vaut quinze. Avantage qu'on done quelquefois à celui qui est le moins fort. (Donner quinze.

Demi-quinze. Terme de *Tripot*. Avantage qu'on donne à celui avec qui on jouë ; qui se prend à l'un des deux jeux & qui vaut quinze dans l'un de ces jeux & rien à l'autre. (Donner Demi-quinze.)

† *En faire passer quinze pour douze*. C'est tromper une personne & lui en faire acroire, lui disant les choses autrement qu'elles ne sont.

Quinzain, s. m. Terme de *jeu de paume*, lequel se dit quand l'un & l'autre des jouëurs ont chacun quinze. Prononcez *Kinzain*.

Quinzaine, s. f. Le nombre de quinze, de quelque chose. (Une quinzaine d'Ecus.)

Quinzaine, s. f. Prononcez *Kinzaine*. Ce sont quinze jours. (On a ordonné que les parties reviendroient dans la quinzaine.) On dit aussi, (La quinzaine de Pâque. On doit faire ses Pâques dans la quinzaine.)

Quinze-vints, s. m. Sorte d'hôpital vers le milieu de la ruë Saint Honoré à Paris, où sont de pauvres aveugles mariez & d'autres qui ne le sont pas, & qui vont quêter par les Eglises & par les paroisses de Paris. (Loger auprès des quinze-vingts. Aler à la Messe aux quinze-vingts.)

Quinziéme, adj. Terme de *nombre ordinal*. (Il est le quinziéme. Elle est la quinziéme.

Quinziéme, s. m. Ce mot en parlant des jours d'un mois signifie le quinziéme jour. (C'est aujourd'hui le quinziéme de Janvier de l'an 1689.)

Quiosser, v. a. Prononcez *Kiossé*. Terme de *Taneur*. C'est froter le cuir à plein bras sur le chevalet, pour en faire sortir l'ordure. (Quiosser le cuir.)

Quiosse, s. f. C'est une manière de pierre à aiguiser, avec laquelle on quiosse le cuir.

Pppp ij

QUITANCE,

QUI. QUO.

QUITANCE, *s. f.* Prononcez *Kitance*. Acte par lequel le créancier confesse avoir reçu. (Quitance bonne & valable. Faire une quitance. Donner quitance.)

Quitancer, *v. a.* Mettre le reçu sur un contrat, ou autre pareil acte. (Quitancer un contrat. Contrat quitancé.)

Quiter, *v. a.* Abandonner. Céder. Laisser. (Quiter son païs. Quiter la robe. Quiter le Palais. Il a été obligé de quiter ce qu'on lui devoit. Ah ! je le quite maintenant, & je n'y voi plus de remède. *Moliere*. La fiévre commence à le quiter.)

Quiter. Il se dit en parlant du noyau des prunes & des pêches, & il signifie se détacher net de la chair de la prune ou de la pêche. (Les pêches quitent le noyau. Les brugnons & les pavies ne quitent pas le noyau, c'est à dire que le noyau de ces fruits ne se détache point de leur chair.)

Quite, *adj.* Qui s'est aquité de ce qu'il devoit faire. Qui a payé. Qui est cœur & délivré. (C'en est fait j'en suis quite. Gon. épi. Il est franc & quite de toutes dettes. Demeurer quite envers ses créanciers. *Le Mait.* Elle est quite de tous maux. Il en fut quite pour un méchant manteau. *Sca. Rom.*)

† *A quite*. Ce mot est une *sorte d'adverbe* qui se dit en cette façon de parler proverbiale. (Joüer à quite ou à double. C'est à dire. Tout risquer. Tout hazarder.)

† *Quite à quite*, *adv.* Ces mots se disent pour marquer des gens qui ont réglé des comptes qu'ils avoient ensemble & qui ne se doivent plus rien. [Nous voila quite à quite & bons amis. L'un vaut l'autre, quite à quite. *Mol.* Cette dernière façon de parler semble un peu figurée & change un peu de sens, elle signifie nous sommes bien égaux, nous ne nous devons rien sur le chapitre de la préférance, ou du mérite, l'un ne vaut pas mieux que l'autre.

QUO.

QUOI. Ce mot ne se dit que des choses & il a un usage élégant pour suplèer au proaom *lequel*, *laquelle*, en tout genre & en tout nombre. *Vaug. Rem.* (C'est le plus grand vice *à quoi* il est sujet, plûtôt *qu'auquel* il est sujet. *Vaug. Rem.* La mort est une des choses *à quoi* on doit le plus penser. A quoi est mis dans cet exemple pour *à laquelle*, son ambition n'aspire point aux cieux, c'est *à quoi* jamais il ne pense *Gon. épi.l.*1. Les tremblemens de terre *à quoi* le païs est sujet. *Vaug. Rem.* Ce sont des choses *à quoi* il faut penser. *Vau. Rem.*]

Quoi. Ce mot sert à interroger & se met au lieu de *comment*. [Quoi, vous êtes Chrétien, & vous songez à la vengeance.]

A quoi ? Ces mots se mettent à interroger & se mettent au lieu de *pourquoi*. [*A quo* bon tant de mistère ? *Mol.*]

†*Ni quoi*, *ni qu'est-ce*. C'est à dire, aucune chose. (Il ne se dit ni quoi, ni qu'est-ce.)

Ce je ne sçai quoi. C'est une influence des astres & une impression secrette de l'ascendant sous lequel nous sommes nez. C'est le panchant & l'instint du cœur pour un objet qui touche. [Il avoit une grace, *je ne sai quoi*, qui surpasse de l'amour les plus doux apas. *Vois poë.*]

Quoique. Ces mots signifient quelque chose que ce soit. [Quoi que ce soit que vous demandiez à Dieu dans la prière, il vous sera accordé.]

Quoique. Cette conjonction, qui signifie *encore que*, ne se doit mettre après la particule *que* ,parce qu'elle fait un mauvais son. Exemple. [Je vous assure *que quoi que* je vous aime. Il faut dire, Je vous asseure *qu'encore que* je vous aime. *Vaug. Rem.* Cette Conjonction régit le Subjonctif.

Quoi qu'Amour soit enfant, c'est un enfant discret
Qui ne parle jamais s'il ne parle en secret.

Quoique. Cette *conjonction* ne doit être répétée dans une même periode, sur tout dans un stile familier, ou dans un stile historique. Exemple. [Quoi qu'il n'y ait point d'innocent à couvert de la calomnie & *quoi que* les plus gens de bien soient exposez à la persécution, si est ce que] Pour bien écrire on ôte le second *quoi*. On dit [& que les plus gens de bien. *Vaug. Rem.*]

Quoi qu'il arrive. C'est ainsi qu'il faut dire & non pas *quoi qui arrive*. *Vaug. Rem.*

Quoi qu'il en soit, *quoi que c'en soit*. L'un & l'autre est bon, mais le premier est le meilleur. *Vau. Rem.*

QUOLIBET, *s. m.* Prononcez *colibet*. Misérable pointe qui ne porte d'ordinaire sur rien & où il y a presque toûjours du faux (Un vieux quolibet. Méchant quolibet. Quolibet impertinent, plat, fade. C'est un homme à quolibet. Réüssir en quolibets. Avoir l'esprit tourné aux quolibets. Il faut s'abstenir de tout ce qui a de l'air de quolibet & de turlupinade. Il ne faut point donner dans le quolibet.)

QUOTIDIEN, *quotidiane*, *adj.* Ce mot signifie *de chaque jour*. Quelques auteurs croient le mot de *quotidien* un mot consacré, & d'autres croient qu'il est vieux, & ne s'en servent pas. S'il m'est permis de dire mon avis là dessus, je ne condamne pas ceux qui emploient le mot de *quotidien* comme un mot consacré, mais j'aimerois mieux dire *mon pain de chaque jour* que mon pain *quotidien*, & je ne me servirois proprement du mot de quotidien que dans le burlesque ou dans quelques façons de parler proverbiales. Messieurs de Port-Roïal, Nouveau Testament S. Matieu chapitre 6. on écrit, Seigneur, donnez moi mon pain de chaque jour. († *C'est son pain quotidien*. C'est

QUO. RAB.

à dire, ce qu'il fait, ou ce qu'il a à chaque jour. († C'étoit ainsi que le pauvre homme défendoit les hiperboles *quotidiennes*, *Sca. Rom. t. part. c.*6.) *C'est une fiévre quotidienne*. *La Charité.*

† Il se tait de Cicéron d'autant que l'on le crie le pain *quotidien* de la pédanterie. *Reg. Sat. x.*

QUOTIENT, *s. m.* Terme d'*Aritmétique*. C'est le résultat de la division, & le nombre qui marque combien de fois le diviseur est contenu dans le nombre divisé.

R.

R *S. F.* Une lettre de l'Alphabet. (Faire une R. L'R. se plaint que l'R & l'E ont si fort afoiblie à la fin des mots qu'on ne l'entend presque plus *aller*, *ni venir*. *Ablancourt*, *Luc*. Nous ordonnons à l'R de siler doux quand elle sera la dernière, sur peine d'être chaîsée. *Ablancourt*, *Luc*.)

L'r finale des infinitifs des verbes de la première & de la seconde conjugaison ne se prononce point, si bien qu'en disant ou parlant familièrement on doit prononcer ces infinitifs, *aimer*, *charmer*, *ouïr*, *ravir* & *autres pareils* comme s'ils étoient écrits *aimé*, *charmé*, *ouï*, *ravi*, &c. *Vaug. Rem.* Ce qu'on dit de la prononciation de l'r des infinitifs de la première & de la seconde conjugaison se doit particulièrement observer dans la prose ; car en vers l'r de l'infinitif se prononce un peu plus forte & sur tout lorsque l'infinitif fait le repos d'un grand vers & que ce repos est immédiatement suivi d'une voielle. (Helas ! il faut mourir, adorable Silvie.)

RAB.

RABAIS, *s. m.* Prononcez *rabès*. Ce mot signifie *diminution de prix* ou *de quantité*. (Publier le *rabais* des monoies. Le Roi a fait un *rabais* considérable aux Fermiers des gabelles. Le rabais des tailles. Vous m'en deviez donner cent & vous me m'en donnez que soixante, il y a bien du rabais.)

Rabaissement, *s. m.* Prononcez *rabèssman*. Ce mot se dit des personnes & toûjours au *figuré*. Il signifie *abaissement*. Ils connoissent le mépris qu'on fait de ces choses, & l'état de rabaissement où l'on met les personnes. *Port-Roïal*, *Education du Prince*, 3. *partie.*)

Rabaisser, *v. a.* Abaisser. Abaisser encore. Cela n'est pas assez bas, il le faut rabaisser un peu plus.)

* *Rabaisser*. Abatre. Ravaler. Abaisser. (Les Dieux l'ont permis ainsi pour *rabaisser* l'orgueil de nos ennemis. *Ablancourt*, *Retor. l.*6. *c.* 3. Il arrivera delà que vous ne vous éleverez & que vous ne vous *rabaisserez* jamais trop. *Voiture*, *lettre* 89. Cette restriction *rabaisse* si peu leur puissance qu'elle la relève au contraire. *Pascal*, *l.* 4.)

* *Rabaisser*, *v. n.* Diminuer de prix, en qualité, ou en valeur. (Les vivres ont rabaissé de prix depuis la paix. Le Blé rabaisse ordinairement après la moisson.)

Se rabaisser, *v. r.* S'abaisser. (Si le cheval n'a pas assez de forces pour continuer à faire les courbettes, il se rabaissera aisément de lui même. *Pul.*)

RABANISTE, *s. m.* Celui qui suit l'opinion des anciens Juifs. (Il est *rabaniste*.)

RABANS, *s. m.* Terme de *Mer*. Menues cordes pour saisir & serler les voiles.

RABAT, ou *colet*, *s. m.* L'un & l'autre se dit, mais *rabat* semble plus en usage que *colet*. Le *rabat* est un linge uni, ou à dentelle qu'on arache autour du cou du pourpoint. (Un rabat bien fait. Un rabat de poiar de France. Un rabat à dentelle. Un rabat uni. Un rabat qui va bien. Rabat qui va mal.)

Rabat. Terme de *Joüeur de quilles*. Action de celui qui étant proche du quillerabat des quilles avec la boule. (Faire cinq quilles de venüe & autant de rabat.)

* *Rabat*. Terme de *Teinturier*. C'est une légère façon de teinture qu'on donne, aux étofes de peu de valeur. On leur donne un rabat de suie pour les teindre de couleur brune.

Rabat. Terme de *Vanier*. C'est le dessus de la cage.

† *Rabat-joie*. *s. m.* Personne qui rompt les mesures de ceux qui se promettent divertir. Tout ce qui empéche la joie de ceux qui en croioient avoir. (Il a eu un furieux rabat-joie. C'est un rabat-joie.

Rabatre, *v. a. Je rabats*. *J'ai rabatu*. *Je rabatis*. Ce mot signifie *Rabaisser*. *Abaisser* (Comme ils vouloient *rabatre* le bras qu'ils avoient levé, elle. *Ablancourt*, *Lucien*, *tome* 3. Rabatre les vapeurs de la rate. *Moliere*, *Amour Médecin*.)

Rabatre. Diminuer du prix. Diminuer & déduire sur ce qu'on doit. (Il n'en veut pas rabatre un sou. On lui a rabatu cela sur ses gages.)

(† * Donnez moi un petit baiser en *rabatant* sur nôtre mariage. *Moliere*.)

† * *Rabatre*. Diminuer de l'estime qu'on avoit pour quelqu'un. (Sachez que j'en *rabats* de moitié. *Moliere*.)

* *Rabatre*. Relâcher. Diminuer. (Ne rabatre rien de sa fierté. *Ablancourt*, *Lucien*. Rabatre quelque chose de son orgueil. *Ablancourt*, *Ar. l.* 7. Il commença à rabatre un peu de sa grande asseurance. *Quin. l. l. c.* 12.)

Rabatre, *v. a.* Abatre une seconde, ou troisième fois &c. (Il avoit

RAB.

avoit abatu cet apartement, il le faut encore rabatre.)

Rabatre. Terme de *Palais*. Remettre une personne en l'état où elle étoit avant le défaut, ou le congé donné. (Rabatre un défaut, Rabatre un congé.)

Rabatre Terme de *Laboureur*. C'est rouler, adoucir & aplanir la terre lorsqu'elle est mouillée & que les avoines sont levées. (Rabatre les avoines.)

Rabatre, Terme de *Tireur d'or*. C'est pat le moïen du rouër faire passer sur la Rochette, le trait qui est autour de la bobine. (Rabatre du trait Trait rabatu.)

Rabatre, Terme de *Chasse*. Ce mot se dit lorsqu'un limier, ou un chien courant tombe sur les voies de la bête qui va de tems & en donne la connoissance à celui qui le mène.

Rabatre, Ce mot se dit en Terme de *Manège* en parlant de courbettes. (Cheval qui rabat ses courbettes do bonne grace. C'est à dire, Cheval qui maniant ses courbettes porte à terre les deux jambes de derrière à la fois & qui suit tous les tems avec la même justesse.)

Rabatre, Terme de *Maître d'Armes*. Empêcher qu'un coup ne porte. (S'il n'eût rabatu le coup, il étoit percé.)

Rabatre, Terme de *Tailleur*. C'est prendre un petit morceau de l'étofe, la remplier & la coudre. (Rabatre un surjet.)

Rabatre, Terme de *Tanneur*. Jetter un cuir dans un plein. (On tire le cuir de l'eau & on le rabat dans un vieux plein.)

Rabatre, Terme de jeu de quilles. C'est le mettre auprès du quiller & abatre des quilles avec la boule. (J'ai rabatu, & j'ai fait cinq quilles de mon rabat.)

* Se rabatre, v. r. Se rabaisser. Se ravaller. (Après avoir laissé prendre l'essor à son imagination, il n'est pas à propos de *se rabatre* sur des bagatelles. Moi qui me bats contre Epicure, me serois-je bien cet outrage de me *rabatre* sur Ménage. Cotin, *Ménagerie*.)

Rabetir; *rabestir*, v. a. L'un & l'autre s'écrit; mais on ne prononce pas l's. Rendre comme bête. Rendre tout stupide. (Rabêtir un enfant)

Rabillage, *s. m.* Terme de *Pêcheur & d'Oiselier*. Action de rabiller & de raccommoder. (Travailler au rabillage des filets. Ruses innocentes.)

Rabillage. Terme d'*Horloger*, qui veut dire, *raccommodage*. (Il vous coutera tant pour le rabillage de cette montre.)

Rabiller, v. a. Habiller de nouveau. (Je l'ai déja *rabillé* deux fois. Rabiller quelque personne.)

*Rabiller. Rajustéer. (Ce n'est pas un petit secret d'entretenir une cabale qui *rabille* vos defaux. Ablancourt, Luc.)

*Rabiller un filet. Terme d'*Oiselier & de pêcheur. Ruses innocentes*. C'est racommoder un filet.

Rabdologie, *s. f.* Ce mot est Grec, & c'est un terme d'*Aritmétique pratique*. C'est la manière de faire facilement la multiplication & la division, par le moïen de certaines petites planches de bois, ou lanies de métal, sur lesquelles sont écrites les multiplications des nombres simples jusques à dix qui l'on choisit & change selon qu'il est de besoin.) Neper Ecossois, est l'Auteur de cette invention, & de celle des Logaritmes.

Rabin, *s. m.* Docteur Juif qui fait la Loi orale, qui juge des diférens civils & de toutes les matières de la religion Juive. (Un savant Rabin.)

Rabinisme, *s. m.* L'opinion des Rabins. (Entendre le Rabinisme.)

Rabiniste; Rabaniste, *s. m.* Celui qui suit l'opinion des anciens Juifs. Il faut dire *Rabaniste* & non pas *Rabiniste*, au sentiment du savant *Pere Racared* qui pourtant s'est servi du mot de *Rabaniste* dans le livre qu'il a fait des coûtumes des Juifs, première édition, mais lorsque je l'ai consulté là dessus, il m'a dit que c'étoit une faute d'un honnête homme qui avoit reveu les épreuves de son livre pendant son absence, & avoit cru que *Rabiniste* étoit plus doux que *Rabaniste*, mais que pour lui il étoit convaincu qu'il faloit dire & écrire *Rabaniste*.

Rable, *s. m.* Ce mot se dit proprement en parlant de *lièvre* & de *lapin*. C'est la partie du lièvre, ou du lapin qui est depuis les côtes jusques aux cuisses. (Vn bon râble de lièvre.)

Rable. Terme de *Plombier*. Outil de bois dont les plombiers se servent pour faire couler & étendre le plomb sur le moule.

Rable, Rouable, *s. m.* Terme de *Boulanger*. Le mot de *Rouable* n'est usité qu'en province; mais il est hors d'usage à Paris Le *râble* est un instrument qui est à manche de bois; au bout duquel il y a un fer tourbé en maniêre de crosse & qui sert à remuer les tisons & à manier la braise dans le four.

Rablure, *s. f.* ou Jarlot, *s. m.* C'est une entailliere qu'on fait dans la Quille, dans l'Etrave & dans l'Etambord d'un Vaisseau, où l'on fait entrer une petite partie du Bordage, qui couvre les membres. Ozan. *Dict. Math.*

Rabot, *s. m.* Outil dont le *menuisier* se sert pour polir le bois. (Petit rabot. Gros rabot. Donner un coup de rabot. Pousser le rabot.)

† * Il reprend vint fois *le rabot* & la lime. *Depreaux, discours au Roi*. C'est à dire, retouche plusieurs fois son ouvrage.)

Rabot. Terme de *Maçon*. Outil de bois dont le *maçon* se sert pour détremper la chaux.

Rabot. Terme de *Vinaigrier*. Bâton au bout duquel il y a une petite douve dont le Vinaigrier se sert pour remuer la lie.

Rabat, Terme de *Boüeur*. Outil de bois qui est un bâton où il y a une petite douve dont les boüeurs se servent sur

RAC.

les ports de Paris pour pousser la boüe.

Raboter, *v. a.* Terme de *Menuisier & de quelques autres Artisans qui travaillent en bois*. C'est travailler avec le rabot. Polir le bois avec le rabot. [Raboter du bois.]

† * Plus je me lime & plus je me *rabote*, je croi qu'avêque moi tout le monde radote. Regnier, *Satire* 14. C'est à dire, plus je me considère & plus je fais réflexion sur moi, je pense que les hommes sont foux comme moi.]

Raboter. Terme de *Vinaigrier*. Remuër de la lie avec le rabot. [Raboter de la lie.]

Raboter. Terme de *Maçon*. Remuër & détremper avec le rabot. [Raboter le mortier.]

Raboter. Terme de *Jardinier*. C'est unir avec le rabot. [Raboter une alée.]

Raboteux, *raboteuse*, *adj.* Qui est inégal Qui n'est pas uni. Tu quiteras ce bon homme & l'on *chemin raboteux* par où tu n'arriveras que tard. Ablancourt, Lucien. On poussoit les chariots hors des chemins par des lieux glissans & raboteux. *Vau. Quin. l. 8. c. 14.* † * Que la doctrine est *rabateuse* dans les écrits des pedans. Gom. Epi. l. 6. C'est à dire, que la sience est mal polie & mal digérée dans les écrits des savans & des gens purement de colége.]

Rabougri, *rabougrie*, *adj.* Ce mot se dit en parlant d'arbres & de plantes. Il signifie qui n'est pas venu à sa juste perfection, ni à la juste grandeur. [Arbres rabougris. C'est un pêcher rabougri, il le faut arracher. Ce prunier rechigne, il ne vaut rien, il est tout rabougri. *Voi l'instruction des Jardins.*]

Se rabougrir, *v. r.* Devenir rabougri. Ne venir pas à sa juste grandeur. [Les arbres se rabougrissent quand ils ne sont pas coupez en bonne saison.]

Rabouillere, *s. f.* Creux à l'écart où la lapine fait ses petits. [Si tôt que leurs enfans sont nez, ils les cachent dans des *rabouillères* comme les lapins font leurs petits. Ablancourt, Luc, tome 3.]

Rabroüer, *v. a.* Parler aux gens d'un ton rude & rebarbatif. [Si l'on vous fifle, *rabrouez*, les auditeurs. Ablancourt, Lucien, Tome deuxième.]

RAC.

Racage, *s. f. pl.* Terme de *Marine*. Ce sont de petites boules de bois, apellées *Raques*, & enfilées comme des grains de chapelet, qu'on met autour du mât vers le milieu de la vergue qui porte sur ces *racages*, pour la faire courir plus facilement sur le Mât.

Racaille, *s. f.* Gens de peu de considération. La lie du peuple. (Il se mit à répresenter combien de fois Philotas les avoit chassez de leurs logemens pour y mettre cette *racaille* d'esclaves. *Vau. Quin. l. 6.* La racaille de Paris tenoit son parti.)

Race, *s. f.* Lignée. Extraction Décendans. Famille. (La race des justes est benie. Arnaud. La première race des Rois de France est celle des Merovingiens. La seconde des Carlovingiens & la troisième des Capetiens. Ma fille est d'une race pleine de vertu. Moliere. Toute la race est presque éteinte. Ablancourt, Tac. An. l. 11.)

† * Race. Sorte de gens. Sorte de personnes. (C'est une race d'hommes incrédules.)

Race Ce mot se dit en parlant des *chevaux* & des *chiens*. (Un chien *de bonne race*. C'est à dire, qui décend de bons chiens. Pour faire race, il faut choisir de bonnes cavales. Soleisel. Parfait Maréchal. C'est à dire, pour avoir de bons & de beaux chevaux il faut avoir de bonnes cavales. On lui a fait couvrir des lices afin de faire race. Saluveo. C'est à dire, afin d'engendrer & d'avoir de bons & beaux chiens. Un bon chien chasse de race.)

† * Il chasse de race. Sorte de proverbe qui se dit d'ordinaire en mauvaise part & qui veut dire suivre les méchantes coutumes de ceux de qui nous sommes nez.

Rachalander, *v. a.* Redonner des chalans. (Rachalander une boutique.)

Se rachalander; *v. r.* Recouvrer des chalans qu'on avoit perdus, ou en recouvrer d'autres. (Dès qu'on est une fois décrié on a bien de la peine à se rachalander.)

Rachat, *s. m.* Terme de *Pratique & de Coutume*. Recouvrement d'une chose qu'on a vendue en païant le prix que cette chose a coûté. Remboursement du sort principal d'une rente constituée. (Vendre à faculté de rachat.)

Rachat. Delivrance en païant quelque rançon. (Faire le rachat des captifs.) Quelques uns disent *Racheti*, mais il n'est pas encore établi.

Rachetable, *adj.* Qui se peut racheter. (Fonds rachetable. Rente rachetable. Rentes rachetables de sept millions. Patru *Assemblée du Clergé*. Le Domaine du Roi est rachetable à perpétuité.)

* Racheter. Donner quelque chose pour s'exemter de quelque malheur, où pour en exemter quelque autre. Tirer de la puissance & de la domination de quelqu'un en donnant de l'argent, ou quelque autre chose. (Le Seigneur a *racheté* son peuple de la servitude. Arnaud. Il racheta sa vie, de la perte de son autorité. Ablancourt, Tacite, *Vie d'Agricola*. Laissez lui *racheter* d'un tel prix la coupable moitié. Racine, *Iphigenie*. Elle a racheté son galand de la corde.)

Racine,

RAC.

RACINE, *s. f.* Partie chevelue de quelque arbre, d'herbe, ou de fleur qui entre dans la terre & par laquelle les arbres & les plantes tirent leur nourriture. (Racine petite, menuë, deliée, grosse, épaisse, chevelue, profonde, ronde. Prendre racine. *Ablancourt, Marmol.* Jetter de profondes racines. *Abl. Marmol.* Racine qui se porte bien. Rafraîchir une racine. *La Quint. Ja. suf. T. t.* Il y a des racines bonnes à manger, comme tont les racines de persil, de panais de carotes, de salsifix, &c. Il y a aussi des racines medicinales, comme sont la rubarbe, & autres.)
On dit en Termes de *Palais*, des fruits pendans par les racines, c'est à dire, qu'on n'a pas encore cueillis, qui n'ont pas encore été coupez.

Racine. Terme de *Teinturier.* Il se dit de l'écorce de noyer, de la feuille & de la coque des noix, dont on se sert pour faire de la couleur fauve.

* *Racine.* Ce mot se dit au figuré de plusieurs choses. (Exemples.
* Les *racines* des sciences sont ameres, mais les fruits en sont doux. *Ablancourt, Apo.* C'est à dire, le commencement des sciences.
‡ L'ivrognerie est la *racine* de tous les maux. *Maucroix*, *Homelies.* C'est à dire, l'ivrognerie est la source de tous maux.
* Cette tempête ne sert qu'à afermir notre amitié, & à lui faire jetter de profondes *racines. Ablancourt, Luc.* C'est à dire, qu'à rendre notre amitié plus ferme & plus durable.
* L'Auteur grave qui a inventé l'opinion l'expose au monde, & la jette comme une semence pour *prendre racine. Pascal*, *l. 6.* C'est à dire, pour s'établir dans le monde.
* *Racine* Terme de *Médecine.* On dit des racines des dents, du poil La racine d'un cancer, d'un cor au pié, &c. On dit aussi qu'il faut tâcher de guérir un mal avant qu'il ait pris racine.
* *Racine.* Terme de *Grammaire.* Il se dit des mots primitifs, d'où les autres sont dérivez & composez. (La langue Hébraïque & la langue Greque s'aprennent par Racines. Il y a des Dictionnaires qui sont faits par ordre Alphabétique, & d'autres par racines, comme celui de l'Académie Françoise.

Racine quarrée. Termes d'*Aritmétique.* C'est un nombre qui étant multiplié par soi-même produit un autre nombre, qu'on apelle *nombre quarré.* (La racine quarrée de 16. est 4. parce que quatre fois quatre font 16. Tirer, ou extraire la racine quarrée de tout nombre proposé.) On parle aussi en Algèbre des racines cubiques, des racines quarré quarrées, sursolides, &c.

Racine Terme de *Chiromance.* C'est l'endroit où les doigts se joignent à la paume de la main. (On considère dans la chiromance la *racine* des doigts. Voiez *la Chiromance de Tricasse.*

Raciner, v. a. Terme de *Teinturier.* C'est reindre avec des racines.

RACLER, *v. a.* Emporter un peu de la superficie d'une chose. (Il semble que cela me racle les boiaux. Racler du cuir, du parchemin, de la corne de cerf, &c.)

Racler. Hausser & abaisser l'anneau de la racloire de quelque porte contre la racloire même afin que cela fasse du bruit & oblige les gens du logis à venir à la porte, (Il faut racler fort afin qu'on entende.)

Racler, ou couper. Terme de *Mesureur de grains.* L'un & l'autre se dit, mais couper est le plus usité. C'est passer la *racloire* sur une mesure de blé, ou d'autre grain lorsque la mesure est pleine. (La mesure est pleine, raclez, ou plutôt *coupez.*)

†* *Racleur de guitarre, s. m.* Mots burlesques & satiriques pour dire un méchant joüeur de guitarre. (Quels jolis racleurs de guitarre entends-je passer là dehors. *S. Amant.*)

Racloire, s. f. Racloir, s. m. L'un & l'autre se dit. Les serruriers disent *un racloir,* & pronoucent *rauloi,* mais comme force gens du monde qui parlent bien, disent & écrivent *une racloire* avec un *e* final, j'aimerois mieux faire *racloire* féminin que masculin, sans toutefois condanner ceux qui avec les gens du métier disent *un racloir.* La *racloire* est un fer cortillé gros comme le pouce ou environ, qui est araché à de certaines portes, qui donnent sur la ruë, & qui est acompagné d'un anneau de fer de même grosseur ou environ avec quoi on touche la *racloire* afin d'avertir les gens du logis qu'ils ayent à ouvrir la porte, ou que ceux qui sont dans le logis qui sont dehors aient à rentrer afin de fermer la porte. (Atacher une *racloire* à une porte.)

Racloire, s. f. Terme de *Mesureurs de grains.* Tous les mesureurs de grains que j'ai consultez, font tous le mot de *racloire* féminin. C'est une sorte de morceau de bois qui est large d'environ trois doigts avec un rebord, & qui sert à couper le blé quand on le mesure sur les ports de Païs. (Donnez moi ma racloire, que je coupe ce boisseau.)

Racloir, s. m. Terme de *Doreur sur tranche.* C'est une manière de marteau à deux pointes, dont le doreur ratisse la tranche & les bouts des livres avant que les dorer. Les doreurs prononcent *un râcloi.* (Donnez moi mon racloir.)

Racloire, s. m. Terme d'*Imprimeur en taille douce.* C'est un instrument d'acier pour grater & éfacer sur les planches de cuivre ce qu'il y a à grater, ou éfacer. Les Imprimeurs en taille douce prononcent *râcloi.* (Mon racloir est rompu.)

Raclúre, s. f. Ce qu'on enlève, ce qui est emporté, ou qui semble emporté de la superficie de quelque chose. (Ce sont comme des *raclúres* de boiaux. *Deg.* La raclúre des cuirs. Raclúre de corne de cerf)

RACOMMODER. *v. a.* Prononcez *racomodé.* C'est refaire, & rajuster.) Racommoder un habit, une chemise, un rabar, une cravate, &c.)

RAD.

* *Racommoder.* Remettre ensemble des personnes brouillées. (Je les ai à la fin racomodez.)
* *Se racommoder, v. r.* Se reconcilier, se remettre bien avec quelqu'un. (Quand la guerre est entre deux amans le dépit doit céder au plaisir de se racommoder. *Chapiveal.* Les fils se pourront racommoder avec les pères & toi tu demeureras dans la nasse. *Moliere*, *Fourb. de Scap. n. 5.*)

RACONTER, *v. a.* Faire un récit de ce qui s'est passé. Dire une chose qui s'est faite. Dire. (*Raconter* des sotises avec gravité. *Abl.* Pour *raconter* ce sujet à nôtre avantage il ne saut que *raconter* fidélement. *Sarasin, poèz.*)

Raconteur, s. m. Ce mot ne se dit pas seul, & même il ne se dit guere. Il pourroit passer en riant & dans la conversation, mais on croit qu'en écrivant il auroit de la peine à échaper.

RACORDER, *v. a.* Il se dit proprement de l'*Instrument de Musique.* C'est remettre les cordes dans l'état où elles doivent être. (Racorder un luc.)

* *Racorder.* Remettre bien ensemble des personnes brouillées. Racommoder. (Les Amans se racordent facilement.)

Racornir, v. a. Faire qu'une chose se retire & se soule en façon de corne. (Le feu racornit le parchemin, le cuir, &c.)

Se racornir, v. r. Se retirer & se rouler en façon de corne. (La couverture des livres & les souliers se racornissent quand on les tient trop près du feu. La viande dure se racornit dans le pot & à la broche.)

Racorni, racornie, adj. Retiré, replié. (Couverture de livre racornie. Chair racornie. On dit aussi un concombre *racorni,* c'est à dire, qui au lieu de venir tout droit, se replie en arc.)

RACOURCIR, *v. a.* Rendre plus court. Acourcir. (Racourcir un baudrier, un manteau, une jupe, &c.)

* *Racourcir, v. a.* Il est quelquefois figuré & signifie abreger. Faire moins durer. (Quelque Démon envieux a racourci nôtre félicité par le retranchement de nos jours, *Abl. Luc. T. 1.* Tout tend à racourcir notre bonheur dans ce monde.)

Racourci, racourcie, adj. Rendu plus-court. Diminué. Qui n'est plus si grand qu'il étoit. (Les jours sont de moitié racourcis. *Voit. poës.* Pousser *à bras racourcis.* C'est à dire, *de toute sa force.*)

Racourcissement, s. m. L'Action de racourcir. Il se dit en termes de *Peinture.* (Le racourcissement des figures est ce qu'il y a de plus dificile dans la Perspective.)

RACOUTRER, *v. a.* Il se dit proprement des habits, & signifie Racommoder, rapiécer. (Racoutrer un habit, des bas, des souliers, &c.)

Racoutrement, s. m. L'action de racoutrer un habit ou quelque autre chose.

Racoutreur, racoutreuse, s. m. & f. Celui & celle qui racoutre, rapiéce & racommode. Ravaudeur. Il se dit particuliérement de ceux qui racommodent les bas.

SE RACOUTUMER, *v. a.* Reprendre la coutume de faire quelque chose, (Se racoutumer à la vie privée. Se racoutumer au vice.)

†RACROCHER, *v. a.* Ratraper. Recouvrer. Ravoir. (Il m'étoit échapé, mais je l'ai racroché, *Scaron.*)

†* *Se racrocher, v. r.* Ce mot se dit des gens qui ont rompu ensemble, & il signifie *se racommoder,* se reconcilier, se remettre bien ensemble. Renoüer. (Il cherche à se racrocher avec Monsieur un tel. Il râche à se racrocher avec sa maitresse, Cela n'est rien, & de vous racrocher vous trouverez moien. *Moliere*, Ecole des fem. *a. 3. sc. 4.*)

RAD.

RADE, *s. f.* Terme de *Mer.* Lieu en mer propre à jetter l'ancre. (Etre à la rade. *Abl. Marm.* Les vaisseaux sont à la rade. *Abl. Ar. l. 2.*)

RADEAU, *s. m.* Plusieurs piéces de bois jointes près à près liées, & acommodées fortement ensemble en maniére de train de bois, dont on se sert pour passer des fleuves & des rivières considerables. (Les Indiens font des radeaux composez de cinq solives atachés tous aux autres dont la plus longue est celle du milieu, les autres vont toujours en diminuant afin de mieux couper l'eau. Voiez *Garcilasso*, *Floride.* Il fit passer la cavalerie sur les *radeaux. Vaugelas. Quin. livre 7. chapitre 9.* Il mit fou armée sur des *radeaux* qui étoient tout prêts *Vaugelas, Quin. livre 7. chapitre 9.*)

Radeau, s. m. Mesureur & radeur de sel.

Rader, v. n. Terme de *Mer.* Se mettre à la rade.

RADIATION, *s. f.* Terme de *Philosophie.* La production des raïons. (*Radiation* forte, ou foible.)

Radiation. Terme de *Palais,* l'action de raïer, de faire des ratures. (On a ordonné la radiation d'un tel article. La radiation d'un écrou, &c.

RADICAL, *radicale, adj.* Ce mot se dit de certaines matières de médecine & signifie ce qui est le fondement de la chaleur naturelle. (Humide radical. *Deg.* L'humidité radicale est consumée. *La chambre.*)

Radicalement, adv. Terme de *Philosophie.* C'est à dire, de sa nature & dans son principe. (L'homme a radicalement la faculté de raisonner & de rire.)

Radication, s. f. Terme de *Phisique.* Action par laquelle les plantes poussent des racines. (Examiner la radication des plantes.)

† *Radicule.*

RAD. RAF. RAG.

† *Radicule.* Terme de *Botanique.* C'est une petite pointe qui est dans toutes les graines & qui est le commencement de la racine. On l'a découverte par le moïen du Microscope.

Radié, radiée, adj. Terme de *Botanique.* Ce nom a été donné à des fleurs rondes, dont les feuilles sont disposées en manière de rayons.

On dit en termes de *Blason,* des Couronnes radiées.

Radieux, radieuse, adj. Ce mot est un peu vieux & n'est en usage qu'en poësie. Il veut dire éclatant. Brillant. Qui répand des rayons. (Le Soleil confus dans ses feux, en le voiant si *radieux,* pensa retourner en arrière. *Voiture, poësies.* La Lune luit d'un éclat moins radieux. *Voiture, poësies*)

Radoire, s.f. Voiez *Racloire,* Terme de mesureur de grains ; car c'est la même chose.

† RADOTER, *v. n.* Extravaguer. Ne savoir ce qu'on dit ni ce qu'on fait. N'avoir plus guere de sens, à cause que l'esprit a baissé. Etre fou en quelque façon. (Il est si vieux qu'il *radote.* La bonne femme commence à *radoter.* Je crois que le monde radote. *Gombaut, Epi.*)

† *Radoteur, s. m.* Celui qui radote. Sorte de vieux fantasque. Vieux bourru. (C'est un vieux *radoteur* qui fait enrager tout le monde.)

† *Radoteuse, s. f.* Celle qui radote. (C'est une radoteuse & puis c'est tout.)

RADOUB, *s. m.* Terme de mer. Travail qu'on fait pour reparer ce qu'il y a de brisé dans un vaisseau, y emploiant des ais, des plaques de plomb, des étoupes, du brai, & tout ce qui peut arrêter les voies d'eau. (Vaisseaux qui vont prendre le radoub. Donner le radoub à un vaisseau.)

Radouber. Terme de *Mer,* Donner le radoub à un vaisseau. (Les calfateurs *radoubent* les vaisseaux, ou plutôt donnent le radoub aux vaisseaux.)

Radoubeur, s. m. Ouvrier qui radoube. On l'apelle ordinairement *Calfateur.*

RADOUCIR, *v. a.* Adoucir de nouveau. (Il faut radoucir cela.)

* *Radoucir.* Rendre plus-doux, plus traitable. Rendre moins farouche. Rendre moins fier. Rendre moins cruël, moins colére. Il ne verront rien auprès de vous qui leur puisse *radoucir,* ou rabaisser le cœur. *Voiture, lettre 41.* Rien ne le peut radoucir pour moi qu'un billet de votre part. *Le Comte de Bussi.* Il se dira d'abord, en *radoucissant* la voix, est ce l'oracle d'Apollon qui vous a envoïé ici. *Ablancourt, Luc.*)

* *Se radoucir, v. r.* Prendre un air plus doux que celui qu'on avoit. Prendre un air moins sévère. Se modérer. Devenir plus doux, & plus traitable qu'on n'étoit. (Elles se radoucirent à ces paroles. *Scaron, Nouvelles.* Comme il se radoucit ? *Moliere, Tartufe.* Le Prélat *radouci* veut se lever de table. *Dépreaux, Lutrin.*

On dit aussi que le tems se radoucir.

Radoucissement, s. m. L'action de radoucir au propre. Le radoucissement d'un métal.)

* *Radoucissement.* Diminution de la violence d'une passion. (Ce conseil aportera du radoucissement à sa colére. Son radoucissement envers elle est surprenant.)

RAF.

SE RAFAISSER, *v. r.* S'afaisser derechef. Voïez s'Afaisser.

RAFALE, *s. m.* Terme de Mer. C'est un coup de vent qui souffle d'entre des montagnes & qui rompt souvent les voiles & les mâts d'un Navire qui se trouve près des côtes. *Ozan. Dict. Math.* On l'apelle aussi *Rastain.*

RAFERMIR, *v. a.* Rendre plus ferme, plus stable. (Le monde ne sera plus agité comme il étoit, le Seigneur est venu le *rafermir.* *Port-Roïal.* Rafermir un chapeau. Termes de *Chapelier.*)

* *Rafermir.* Rassurer. (Cet accident eût mis du désordre parmi les troupes si on ne les eût rafermies. *Sarasin.*)

Rafermissement, s. m. Nouvel afermissement ; tant au propre qu'au figuré. Voïez *Afermissement.*

RAFINAGE. Voïez *plus-bas.*

RAFINÉ. Voïez *plus-bas.*

RAFINER, *v. a.* Ce mot se dit en parlant de sucre, & de poudre. C'est rendre plus-fin, Rendre meilleur, & en *parlans de sucre,* C'est rendre plus fin & plus blanc. (Rafiner le sucre. Rafiner la poudre.) Il se dit aussi des métaux & signifie les afiner de nouveau, une seconde, une troisiéme fois, &c. (On rafine les métaux en les fondant plusieurs fois. On rafine le cuivre en le solidant plusieurs fois pour le rendre plus ductile & plus doux.)

Rafiner, v. n. Etre adroit. Etre entendu en quelque chose. subtiliser. (Il ne faut pas tant rafiner le langage. Rafiner en quelque chose. *Ablancourt.*)

* *Se rafiner, v. n.* Devenir plus fin & plus adroit. (Le monde se rafine tous les jours.)

Rafinage, s. m. Ce mot se dit entre épiciers de Paris, en parlant *de sucre.* C'est l'action de rafiner le sucre & de rendre le sucre plus fin & plus blanc. Il signifie aussi *sucre rafiné* de Roüen, ou d'ailleurs. (Donnez moi du rafinage de Roüen. Combien vend-on le rafinage de Roüen. Ce sucre est du rafinage de Roüen.)

Rafiné, rafinée, adj. Rendu plus fin. (Sucre rafiné. Poudre rafinée.)

* *Rafiné, rafinée.* Subtil. Fin. Délicat. (Catolique rafiné. *Maï. Poësies.* Oreille rafinée. *Maï. Poësies.*)

* *Rafiné, s. m.* Qui est entendu en quelque chose. (La troupe des rafinez, nous relève & nous ravale. *Maï. Poësies.*)

Rafiné, s. m. Adroit. Fin. Rusé. (C'est un rafiné.)

Rafinement, s. m. Qualité qui rend une chose plus fine. Ce mot de *rafinement* n'est pas si usité au propre qu'au figuré. Le Commissaire de l'artillerie doit savoir le *rafinement* & la bonté de la poudre. *Davel.*)

* *Rafinement.* Manière d'agir subtile, fine délicate, & en quelque sorte nouvelle. Manière rafinée. Finesses. (Les rafinemens de la politique. Il éxécuta par un rafinement de prudence un dessein fort capricieux. *Scaron, Nouvelles.* C'est un rafinement ridicule. *Moliere.*)

Rafineur, s. m. Voïez *Afineur.* Car c'est la même chose.

* *Rafineur, s. m. Rafineuse, s. f.* Celui & celle qui rafine. Qui est trop subtil. [C'est un grand rafineur]

RAFLE, *s. f.* Terme de *Jeu de dez.* Ce sont trois dez qui ont chacun les mêmes points. (Amener rafle.)

† * *Faire rafle.* C'est prendre. Oter. Ravir. Emporter.

Rafle. Terme d'*Oiselier & de pêcheur.* Sorte de filet triple ou contremaillé pour prendre de petits oiseaux & des poissons. (Tendre la rafle. Pêcher avec la rafle. On apelle ce filet *rafle* parce qu'étant bien tendu on prend une grande quantité de poissons. *Rusés innocentes, l. 1. c. 31.*)

Rafle. Il signifie aussi le petit rameau d'une grape de raisin avec les grains qui y sont atachez, & d'où le suc est déja sorti. (Les rafles rendent encore du jus, étant mises sous le pressoir. Ce ne sont plus que des rafles.)

† * *Rafler.* Enlever. Prendre. Ravir. [Dame Atropos raflera ma vie entre les pots. *Saint Amant.*]

RAFOLIR, *v. n.* Devenir fou. (On lui fait tant de niches qu'on le fait rafolir tous les jours.)

RAFRAICHIR, *v. a.* & quelquefois *neutre.* Prononcez *rafréchi.* C'est moderer la chaleur. Faire devenir plus frais. (Rafraichir les entrailles. *Moliere.* Le Zéphire rafraichit les lieux. *Sarasin, Poësies.* Faire rafraichir du vin.)

(Ces lieux que l'on se promène sont rafraichis par l'aîle du Zéphire.)

Rafraichir. Terme de *Canonier.* C'est boucher la lumière du canon en mettant de l'eau dans la volée, la levant un peu, & abaissant la culasse. C'est aussi mettre du vinaigre & de l'eau dans la volée du canon, ou c'est envelopper la piéce avec des toisons de mouton, en sorte que la laine touche la piéce. (Ou rafraichit le canon lorsqu'il a tiré.)

* *Rafraichir.* Ce mot se dit en parlant de *mémoire,* C'est repasser, revoir une chose qu'on a aprise il y a quelque tems. (Cela me rafraichit la mémoire de mon cher ami. *Ablancourt.*)

* *Rafraichir.* Terme de *Guerre.* C'est faire prendre du repos. Refaire, Remettre du travail & de la fatigue qu'on a soufferts. (C'étoit un Païs propre pour *rafraichir* les troupes. *Vau. Quin. l. 9.* Faire rafraichir la flote. *Ablancourt, Marmol.*)

* *Rafraichir.* Terme de *Barbier & de Tailleur.* Couper tant soit peu des extrémitez d'une chose. (Rafraichir les cheveux. Rafraichir un manteau.)

* *Rafraichir.* *v. a.* Terme de *Jardinier.* Il se dit des racines des arbres. C'est couper un peu de l'extrémité d'une racine, pour ôter ce qui pouvoit s'être seché ou rompu. (Rafraichir une racine.)

Se rafraichir, v. r. Modérer la chaleur qu'on a. Faire devenir plus frais. (Se rafraichir les entrailles.)

* *Se rafraichir la mémoire* de quelque chose. *Ablancourt.*)

* Il n'avoit aucun corps de reserve pour *se rafraichir.* *Ablancourt. Tac. Hist. l. 2.*)

* *Se faire rafraichir les cheveux.*

* *Le vent se rafraichit.* Termes de *Mer.* C'est à dire, augmente sa force. Mais quand on ne parle point de mer, *le vent se rafraichit.* C'est à dire, devient plus frais.

Rafraichissement, s. m. Modération de chaleur (Les parties Orientales de l'Afrique reçoivent du *rafraichissement* par le vent qui vient de l'Ocean Persique. *Rohault, Phisique, tome 2.* Le rafraichissement des piéces de canon emporte du tems. *Davel.*)

* *Rafraichissement.* Ce mot se dit d'ordinaire en parlant *de troupes & de soldats.* C'est tout ce qui sert à repaiter les forces comme pain, vin, viande, &c. (Elles leur portent du *rafraichissement* dans le combat. *Ablancourt, Tac. Germanic. liv. 1.* Fournir des rafraichissemens aux enemis. *Ablancourt, Hist. l. 3. 6. 4.* Prendre du rafraichissement. *Vau. Quin. l. 7. c. 5.*)

On envoie un *rafraichissement* à quelque personne de mérite pour le régaler. Il consiste ordinairement à un présent de fruits, de confitures & de liqueurs, propres à rafraichir la bouche.

RAG.

† RAGAILLARDIR, *v. a.* Mot burlesque pour dire réjouir. Cela *ragaillardiroit* à fait mes vieux ans. *Moliere.* Entre gens qui s'aiment cinq ou six coups de bâton ne font que *ragaillardir* l'amitié. *Moliere.*)

RAGE, *s. f.* Maladie qui vient aux chiens & qui leur faisant perdre la connoissance, les pousse à mordre indiféremment tout le monde. La rage est aussi une maladie qui se forme dans le sang.

sang & qui rend furieux l'animal qui en est ateint, comme chien, loup, chat. (Rage courante, tombante, endormie, étanquée. Salnove. Guérir de la rage.)

Rage. Maladie qui vient aux hommes pour avoir été mordus d'un animal enragé. (Ceux qui sont mordus d'un chien enragé donnent la rage. Ablancourt, Luc. tome 3.)

* Rage. Grand'colère. Fureur. (Leur rage se tourna en pitié. Ablancourt, Tac. l, 8. c. 4. De rage il me donna un soufflet. Ablancourt, Lucien. Etre saisi de fureur & de rage. Ablancourt, Tac. An. l, 14. c. 1. Ces nouvelles porterent la rage dans son cœur, Le Comte de Bussi.)

† * Rage. Injure. Pouilles. Outrages.] Faire rage contre une personne. Scaron. Dire rage contre quelqu'un. Voiture, Poëf.]

* † Rage. Efort qu'on fait pour servir quelqu'un en s'y emploiant avec chaleur. (Il fait rage des piez de derrière. (Voit. lettres.)

† Ragot, s. m. Petit. (Il est fils d'un petit ragot. Scaron. Poësies.)

† Ragot, ragote, adj. Court. Petit. (Bâton ragot.)

Ragot, s. m. Terme de Chartier. Sorte de crampon de fer qui est ataché au limon & où l'on accroche la chaîne de l'avaloire. (On a arraché l'un des ragots du limon.)

Ragoût, ou ragoust, s. m. L's ne se prononce pas. C'est un assaisonnement que le cuisinier fait, qui pique, qui chatouille & réveille l'apétic. [Un excellent, un bon, un merveilleux, un admirable ragout. Tous ces ragoûts n'apaisent pas la faim, mais ils nuisent à la santé, Ablancourt, Lucien.) Il nous a servi un ragoût admirable.

* Ragoût. Plaisir. Divertissement agréable, & qui chatouille les sens, l'esprit, ou quelque passion. (Ce sont de beaux morveux pour donner envie de leur peau & je voudrois bien savoir quel ragoût il y a à eux. Mol. Av. a. 1. s. 5. C'est un grand ragoût pour vous que le bruit. Le Comte de Bussi.)

† Ragoutant, te, adj. Qui donne de l'apétit. (Cette sauce est fort ragoutante.)

† * Ragoutant, te, adj. Qui donne du désir. Qui réveille quelque passion agréable. (Cette femme n'est guère ragoutante.)

Ragrandir, v. a. C'est agrandir de nouveau. (Ragrandir une jupe.)

Ragrafer, v. a. Agrafer de nouveau. (Ragrafer un corps de jupe.)

Ragréer, v. a. Terme de Jardinier. Il se dit des branches des arbres qui ont été sciées. C'est couper avec la serpette la superficie de cette partie sciée, & comme brulée par le mouvement de la scie. (Il faut ragréer les parties sciées, parce qu'elles pourriroient autrement, & ne se recouvriroient jamais. Quint. Jard. fr. l. 1)

Ragué, s. f. Terme de Marine. C'est un cable qui est gâté, écorché ou coupé. Cela se dit aussi de tout autre cordage.

RAI RAJ.

Raïaux, s. m, pl. Terme de Monnoie. Il se dit des moules, ou canaux dans lesquels on jette l'or ou l'argent, qu'on fond dans les Monnoies, pour en faire des lingots propres pour tailler des carreaux.

Raie, s. f. Prononcez rée. Sorte de ligne déliée qu'on tire sur le papier. Ligne déliée qu'on fait sur quelque chose que ce soit. (Faire une raie. Tirer une raie.)

Raie. Terme de Laboureur. Sorte de petit chemin creux que fait la charruë lorsqu'on laboure. (Suivre la raie de la charruë.)

Raie. Terme de Coëfeuse. Petite séparation qu'on fait des cheveux avec l'éguille lorsqu'on coife. (Raie bien faite.)

Raie. Séparation qui est entre les deux fesses. (Fi, elle a la raie crotée.)

Raie. Sorte de poisson de mer plat, cartilagineux & qui a la queuë piquante. (Raie ondée. Raie piquante. Raie lisse. Raie fraîche. Manger un bon plat de raie.)

Raier, v. a. Prononcez reïé. Faire des raies sur quelque chose qui est écrit. Efacer par plusieurs raies, ou par quelque raie. (Il a raïé tout ce qu'il avoit écrit. Raïez cela de dessus vos papiers. Moliere.) Cette derniere façon de parler se dit aussi dans un sens figuré, pour dire. Ne faites point de fond là dessus. Ne vous y arendez pas.

Raier. Tirer des raies sur une étofe, mais de telle sorte qu'il y ait de la proportion, de l'arrangement, & de l'agrément entre les raies. (Rayer de jaûne. Ablancourt, Mar. Rayer de blanc. Vau. Quin. l. 3.)

Rayer. Ce mot se dit en parlant de Chasse. C'est faire une faye derriere le talon de la bête. (Rayer les voies d'une bête. Salnove.)

Raier, v. a. Ce mot se dit entre Arquebusiers en parlant du canon des armes à feu. C'est une raïure, en forme de vis, dans le canon de l'arme à feu, afin que l'arme porte plus loin qu'elle ne fait lors que le canon n'est point raïé. (Raïer une arquebuse, Raïer un fusil. Mousquet raïé.)

Raieure, raiure, s. f. Terme d'Arquebusier. Raïe en forme de vis dans le canon d'une arme à feu. (La raïure fait que l'arme à feu porte une fois plus loin qu'elle n'eût porté.)

Rajeunir, v. a. Faire devenir plus jeune. Donner quelque air de jeunesse. (Son enjoûment rajeunit son vieux mari. Scaron, Nouvelles, La perruque le rajeunit. Ablancourt.)

Rajeunir, v. n. Devenir plus jeune. Prendre un air de jeune homme. (Il semble qu'il rajeunit tous les jours, Moliere.)

* C'est le moindre de mes soucis pourvu que je rajeunisse en éloquence, & que je captive tout le monde par la douceur & par la force de mon discours. Ablancourt, Lucien, tome 3. in douze, page 36. C'est à dire, pourvu que mon éloquence ait plus de vigueur & de beauté.

* Rajeunir, v. a. Ce mot se dit des cheveux & de la barbe, & il signifie peindre, noircir les cheveux quand ils sont blancs. Noircir la barbe quand elle est blanche. (Un autre se faisoit des lunettes & à quelque chose pour Voiture, rajeunissoit ses cheveux & sa barbe, Sarasin pompe funèbre.)

* Rajeunir du vin vieux avec du vin nouveau.

* Rajeunir. Terme de Jardinier. Renouveller les arbres par la coupe de quelque branche. (Il faut rajeunir les arbres peu à peu.)

Rajeunissement, s. m. L'action par laquelle on rajeûnit. (Le rajeunissement ne se fait qu'en aparence. Le rajeunissement d'Eson est fabuleux. Voi les Metamorphoses d'Ovide.)

Raifort, s. m. En Latin raphanus. C'est une espèce de rave, & qui a le goût piquant. (Le raifort tout jeûne qu'il soit, n'est point bon, & à quelque chose qui déplait. Ablancourt, Luc. l. 1.)

Railler, v. a. Moquer. Joüer. (Il se railloit de son avarice & de ses débauches. Ablancourt, Tac. hist. l. 1. c. x. Railler le vice. Ablancourt. On peut quelquefois railler les défauts du corps & ceux de l'esprit, pourvu toutefois qu'ils ne soient que médiocres. Quand on est sage, on ne raille ni les Grands ni ceux qu'il y a danger de railler, ni ses amis, ni un Ordre, ni une Nation. Thiers, des jeux, ch. 4. Il y a de la cruauté à railler les miserables.)

Railler. Ce verbe est souvent une maniere de verbe neutre & alors il signifie plaisanter. S'exprimer d'un air plaisant & enjoüé. Faire des railleries. Se divertir par des railleries. (Dans les triomphes, les soldats ont accoutumé de railler avec leur Empereur. Voi. l. 66. Lucien raille plaisamment. Abl.)

Se railler, v. r. Se rire de quelque chose, ou de quelque personne, s'en moquer, n'en faire nul cas, ne s'en pas soucier. (Il n'y a pas grand mal à se railler des sots du siécle.)

Raillerie, s. f. Maniere de bien railler. Art de railler. (Lucien s'insinue dans les esprits par la raillerie. Ablancourt, Luc. Entendre la raillerie. Abl. Luc. Raillerie, se prenant pour l'art de railler, est d'ordinaire acompagné de quelque épitete. (Il y a peu de gens qui entendent la fine & l'innocente raillerie. Lucien parmi les Anciens entend l'agréable raillerie. Nouv. Rem. sur la langue Franc.)

Raillerie. Mot plaisant & satirique. Moquerie. (Raillerie fine, noble, delicate, subtile, plaisante ingénieuse, spirituelle, naturelle, agréable, charmante, douce, utile nuisible, grossiere, basse, ridicule, froide, ambigüe, fade, méchante, plate, piquante, maligne, forte, sanglante, &c. Recevoir mal une raillerie. Scaron, Nouv. Détourner agréablement une raillerie. Ablancourt, Luc. Repousser une raillerie. Ablancourt. Il ne faut point tourner les choses de la Religion en raillerie, Pas. l. 8. C'est une raillerie que je fais contre moi même. Ablancourt, Luc. Il y a trois sortes de railleries, l'une chatouille, l'autre pince & la troisiéme égratigne. La premiére demande plus d'esprit que les autres. Il traitoit de raillerie l'autorité roiale. Mémoires de Monsieur le Duc de la Roche-Foucaut. Laissez moi là je n'entend pas raillerie ; C'est à dire je ne puis souffrir qu'on me raille. Cleopatre & Antoine aloient la voir courir la ville, ataquant les Artisans par des railleries, qui leur atiroient des reparties fort plaisantes. Cleopatre alors laissoit briller tout son enjoüment, soit à soutenir, ou à repousser une raillerie. Triumvirat, p. 3. ch. 12. Il est bon de se servir quelquefois de la raillerie dans l'ocasion, mais il faut que cette raillerie n'ait rien de bas. Thiers, des jeux, ch. 1.)

Raillevies. Ce mot au pluriel signifie satires plaisantes. Discours railleurs & satiriques. (Lucien n'a pas épargné dans ses railleries les premiers Crétiens. Ablancourt, Luc.)

Railleur, s. m. Celui qui raille, qui se moque & qui tourne les choses plaisamment & d'un air un peu satirique. [Le Bernio est un railleur. Passer pour railleur. S'ériger en railleur. Ablancourt, Luc. Une véritable railleur fait railler avec modération, & soufre que les autres raillent de même à leur tour. Un boufon croit qu'il faut railler de tout & sans mesure, Un ruffaud ne veut ni railler lui même, ni souffrir qu'on le raille. Mais un véritable railleur marche entre les deux. Thiers, des Jeux, ch. 1.)

Railleuse, s. f. Celle qui raille, & se moque plaisamment. (C'est une franche railleuse.)

Rainceau, s. m. Vieux mot, qui signifioit une branche d'arbre, & qui n'est plus en usage qu'en Termes de Blason, où l'on parle de rainceaux passez en Sautoir, & dans l'Architecture, on apelle rainceaux les branches feuillûës dont on charge les frises & dont on fait d'autres ornemens.

* Raine, s. f. En Latin Rana. Ce mot est vieux. Voiez Grenoüille.

Rainure. Voiez rénure.

Raïon, s. m. Prononcez Réion. Lüeur qui part du corps du Soleil. Eclat vif qui part d'un corps lumineux. [Raïon chaud. Raïon ardent.)

Rayon. Terme d'optique. C'est une ligne qu'on s'imagine partir de l'œil vers l'objet, ou venir de l'objet à l'œil. (Raïon visüel. Des raïons viennent de l'objet en forme de cone ou de piramide,

piramide, dont la pointe aboutit à la rétine. Les raïons souffrent de la réfraction en passant dans les humeurs de l'œil.

Rayon. Terme de *Géométrie*. C'est le demi-diametre d'un cercle. On dit qu'un cercle a tant de piez, ou de pouces de raïon.

Rayon Astronomique. Instrument qu'on appelloit aussi *Bâton de Jacob*.

* **Rayon.** Ce mot au figuré se dit en prose & en vers; mais il est plus usité *dans les vers*, que dans la prose (Vos dernieres lettres m'ont donné de la satisfaction d'esprit & quelque petit *rayon* de joie. *Balzac lettres à Conrart livre* 2, *lettre* 12. Vous pûtes tout à coup une beauté nouvelle, toute pleine d'éclat, de *rayons* & de feux. *Voit. Poë.* De vos beaux yeux les rayons s'éclipserent. *Voi. Poë.* Qui n'admireroit pas les *rayons* éclatans de cet objet céleste. *La Comtesse de la Suze.*)

* **Rayon.** Ce mot se dit en parlant de *ruches & de miel*. C'est la partie de la cire où est le miel & où sont les petites cellules dans quoi se logent les abeilles. C'est aussi le miel contenu dans la cire. (Les décrets de Dieu sont plus doux que la raïon de miel le plus excellent. *Port-Roial, Pseaumes.*) Il est sans doute qu'il faut parler de la sorte. Cependant il est à propos d'avertir que les gens des environs de Paris qui nourrissent des abeilles appellent *gâteau* ce que les bons Auteurs nomment *rayons*, & qu'ils disent. (Voulez-vous un *gâteau* de miel, & jamais un *rayon* de miel.)

* **Rayon.** Terme de *Marchand*. Il se dit des divisions des armoires en de petits quarrez, où l'on met des papiers & quelques marchandises en bon ordre & séparées les unes des autres. On apelle ces quarrez des rayons à l'imitation de ceux des ruches à miel.

* **Rayon.** Petit filet de lait qui sort des mammelles des nourrices, quand on les presse.

Raïon. Terme de *Vigneron*. C'est une sorte de fosse où l'on couche du plant de vigne lors qu'on plante la vigne.

Rayon. Terme d'*Anatomie*. C'est un des os du coude qui ressemble en quelque façon à la navette d'un tisserand.

Rayon. Terme de *Coifeuse*. C'est une sorte de cornette élevée.

Rayonnant, *Participe* qui veut dire qui rayonne. Qui répand des rayons. (Il porte d'or au chef d'azur chargé d'un soleil *rayonnant* d'or. *Col.*)

* **Rayonnant**, *rayonnante*, *adj*. Eclatant. Brillant, (Tout raïonnant de gloire.)

Rayonner, *v. n.* Ce mot se dit des corps lumineux & veut dire jetter un éclat plein de lumiere. Répandre des raïons. [Le jour commençoit à poindre & le soleil à rayonner. *Voit.*l.129.]

† **Raire**, *v. a.* Mot vieux & burlesque qui signifie *raser*. (Un barbier Rait l'autre. A barbe de fou on apprend à *raire*.)

Rais, *s. m.* Ce mot signifie *rayon*, mais il ne se dit qu'en parlant de la lumière de la Lune. *Vaug. Rem.* (Les rais de la Lune, Se promener aux rais de la Lune ; dites plûtôt se promener à la clarté de la Lune. *T. Corn. Notes sur Vaugelas.*)

* **Rais.** Terme de *Charron*. Morceau de bois rond & plané qui est attaché au moïeu & aux jantes de roües des chariots, des charetes, des carosses, &c. (Il y a un des rais de la roüe rompu. Ces rais ne sont pas assez forts.)

Raisin, *s. m.* Grape de raisin, *s. f.* Fruit qui pend au cep de la vigne, ou à quelque treille, & dont on fait du vin. On dit d'ordinaire *grape de raisin*, & non pas simplement *raisin* lorsqu'on veut marquer quelque *grape de raisin* en particulier. [Le renard tâchoit, en sautant, d'atteindre à une grape de raisin. *Port-Roial. Phedre*, l. 4. *Fable* 2.] On se sert de *raisin* au lieu de *grape de raisin* lors qu'on parle de certaines maisons où pend pour enseigne *une grape de raisin*, ainsi on dira. (Il loge au gros *raisin*. Le maître du gros *raisin* fait de bons raisoirs. (On se sert aussi de *raisin* lorsqu'on parle en général, ou que les grains des grapes de raisin sont détachez, ou accommodez sans leurs grapes, ou avec leurs grapes. Exemples. (On ne vandangera de quinze jours parce que le raisin n'est pas encore bien mûr. Raisin de Damas. Raisin de Corinthe. Raisins secs.)

Raisiné, *s. m.* Vin cuit. [Faire du raisiné.]

Raison, *s. f.* Puissance de l'ame qui sépare le faux du vrai. C'est aussi une connoissance juste de la fin & des moiens que l'homme doit avoir dans sa conduite. (Le mot de *raison* en ce sens n'a point de pluriel. La droite raison. C'est une chose éloignée de la droite raison. La Champ. C'est manquer de raison ou bien l'avoir blessée. N'avoir ni sens, ni raison. *Ablancourt*, *Luc.* Avoir l'usage de raison. *Ablancourt*, *Luc.* Gui Guillot a plus d'instinct que de raison.

† **Etre de raison.** Terme de *Philosophie*. C'est à dire, un être qui n'a rien de réel & qui ne subsiste que dans l'imagination.

Raison. Sujet. Cause. Considération. Ce mot de raison en ce sens a un pluriel. [N'avoir aucune raison de se fâcher contre une personne. *Ablancourt*, *Luc*. Sans cela je vous demanderois raison de ce que vous m'acusés. *Voi.* l. 35. Ce n'est pas à vous que j'en veux rendre raison, *Moliere*. S'il a manqué à la parole il a ses raisons pour cela. *Moliere*. Il a été contraint pour *quelques raisons* d'état de sortir de la Libie. *Voit.* l. 41.)

Raison. Tout ce qu'on alégue, qu'on dit & qu'on aporte pour prouver, confirmer & persuader quelque chose. Le mot de *raison* en ce sens a un pluriel. (Une bonne, forte, solide, puissance, claire, invincible, foible, frivole, impertinente, ridicule, captieuse raison. Une raison tirée du sujet. L'ora-

teur doit prouver par de solides raisons ce qu'il avance. *Ablancourt*, *Lucien.* Détruire les raisons qu'on aporte contre nous.)

Raison. Ce mot sert à marquer le ressentiment qu'on a d'une injure reçuë, & il signifie une sorte de vangeance, une sorte de réparation & de satisfaction à cause de l'injure qu'on a reçuë. Le mot de *raison* en ce sens n'a point de pluriel. (Les loix du monde défendent de soufrir les injures sans en *tirer raison* soi même & souvent par la mort de ses ennemis. *Pascal.* l. 7. Venez me *faire raison* de l'insolence la plus grande du monde, *Moliere.*)

Raison. Ce mot se dit en parlant de gens qu'on range, ou qui se rangent à leur devoir, & viennent au point où l'on veut qu'ils viennent. Le mot de *raison* en ce sens n'a point de pluriel. [Ranger une personne à la raison. *Ablancourt*, *Luc.* Ah! Monsieur, je suis ravi que vous vous mettriez à la raison, *Moliere.*]

Raison. Ce mot se dit entre marchands & veut dire *sur le pié* d'une certaine somme. Le mot de *raison* en ce sens n'a point de pluriel. (J'ai acheté cela à raison de dix pour cent. Demander l'interêt à raison de l'ordonnance.)

Raison. Ce mot se dit entre gens qui boivent & qui se témoignent quelque amitié & il signifie boire à celui qui a bu à notre santé. Le mot de *raison* en ce sens a un pluriel. (Faire raison à un ami. *Ablancourt*, *Luc.* Souvent on perd la raison à force de faire des *raisons*.)

Raison. Terme de *Palais.* C'est le droit qu'on a de poursuivre quelqu'un en justice. Le droit qu'on a de posséder quelque chose. (Un Donateur, ou un Cédant subroge se Donataire, ou le Cessionnaire en tous se droits, noms, raisons & actions. Cette demande est fondée en droit & *raison*.)

Raison d'Etat, raison de famille.
Se rendre à la raison. Se payer de raison. Ecouter la raison.

Raison. Terme de *Mer.* Voiez ration.

Raison. Terme de *Matematiques.* C'est le raport, ou la relation d'un nombre à un autre nombre, & en général d'une quantité à une autre. La première se nomme *l'antécédent*, & la seconde *le conséquent*. La raison marque combien de fois l'antécédent contient le conséquent, ou est contenu dans son conséquent. (Il y a deux sortes de raison, *la raison exacte*, ou de nombre à nombre, lors que les quantitez que l'on compare sont commensurables, & *la raison sourde*, lors que les quantitez sont incommensurables. *Port-Roial Géometrie* l. 2.)

Raisonnable, *adj*. Qui a de la raison, du sens, du jugement. Qui peut raisonner. (L'homme est né raisonnable.)

Raisonnable. Sage. Judicieux. (Imagination raisonnable. *Voi.* l. 5. Conseil raisonnable. *Voi.* l. 8. Gens heureux & raisonnables laissent dire les miserables. *Voit. Poë.*)

Raisonnable. Juste. Qui agit raisonnablement. (C'est un homme fort raisonnable.

Raisonnable. Qui est fait comme il faut. Bien fait. Bien proportionné. (Je ne lui voi rien de *raisonnable* que la taille & le souris. *Ablancourt*, *Lucien*. Un visage raisonnable. Une chambre raisonnable.

Raisonnable. Ce mot se dit en parlant du prix & de la valeur d'une chose, & veut dire qui n'excède pas. Qui n'est pas exorbitant. [C'est un pris raisonnable.)

Raisonnablement, *adverbe*. Avec raison. De bon sens. D'une manière raisonnable. (Il parle raisonnablement de tout. *Voi. Poë.*)

Raisonnablement. Bien. D'une manière où il n'y a rien à dire D'une manière honnête & telle qu'il se pratique dans le monde entre honnêtes gens. [Un tel est logé fort raisonnablement pour un poëte.)

Raisonnement, *s. m.* Faculté de raisonner. [Il a le raisonnement fort bon.)

Raisonnement, *s. m.* Discours raisonné. Raison qu'on aporte pour persuader, (Le raisonnement doit être clair, fort, juste & solide. Détruire un raisonnement. Afoiblir un raisonnement. *Ablancourt.*)

Raisonner, *v. n.* Parler. Discourir de bon sens. Aporter & aléguer des raisons. [Nous alons *raisonner* sur vôtre afaire. *Moliere.* Enfant qui commence à raisonner. *La Chambre*, Raisonner parfaitement. *Voi.* l. 8. Raisonner juste.)

Raisonner. Voiez *resoner*, dans une autre signification.

Raisonner. Considérer, voir les suites d'une chose. Faire réflexion.

(Lors que l'on vient à voir vos célestes apas,
Un cœur se laisse prendre & ne *raisonne* pas. *Mol.*).

* **Raisonner.** Parler d'un ton impérieux & en parlant à une personne sur qui nous avons quelque autorité, ou quelque avantage, & qui replique à ce que nous lui disons, au lieu de nous écouter avec soumission & avec respect. (Taisez-vous, Monsieur le sot. C'est bien à vous à faire le raisonné, disoit un jour une Dame de qualité au bon homme du Clérat le plus irraisonnable de tous les animaux à deux piez.)

Raisonner à la patache. *Raisonner à la chaloupe.* Termes de *Mer* qui se disent des vaisseaux qui viennent mouiller, C'est montrer à la parache, ou chaloupe qui est de garde, la permission qu'on a de mouiller dans le port, & rendre compte de la route qu'on veut faire.

Raisonné, *raisonnée*, *adj.* Chose, ou sujet sur lequel on a parlé, discouru,

RAL.

discouru, aporté des raisons, prouvé par raisons, éxaminé, & considéré à force de raisonnemens. (Discours raisonné. Grammaire raisonnée.)

† *Raisonneur*, *f. m.* Celui qui replique trop à une personne à qui il doit du respect. Celui qui pour excuser sa conduite répond à une personne qui lui est supérieure & tâche de lui faire trouver bon quelque chose. Le mot de *raisonneur* se prononce d'un ton de maître. (Vous faites ici le *raisonneur*, taisez-vous, vous n'êtes qu'un animal)

† *Raisonneuse*, *s. f.* Celle qui pour s'excuser alègue quelques raisons qui ne valent pas grand chose, ou du moins que la personne à qui elle parle n'aprouve pas. Celle qui répond un peu trop à une personne de respect, ou à qui elle est inférieure. (Mêle toi de donner à téter à ton enfant sans faire tant la *raisonneuse*, Moliere.)

RAJUSTER, *v. a.* Racommoder. Acommoder de nouveau. Ajuster. Acommoder. (Il se composa & rajusta son colet froissé. *Scaron, Nouvelles.* Rajuster sa perruque. *Scaron, Nouvelles.*)

* *Rajuster.* Acorder. Pacifier. Acommoder. [Ma femme est morte, cette perte m'est tres-sensible, je n'étois pas fort satisfait de sa conduite, mais la mort *rajuste* toutes choses. *Moliere.*]

* *Rajustement*, *f. m.* Racommodement de personnes qui étoient brouillées. (Le rajustement de ces deux personnes ne sera pas dificile.)

RAL.

RALE, ou *rasle*, *f. m.* L'un & l'autre s'écrit, mais il ne faut pas prononcer l'*s*. Oiseau un peu plus gros qu'un merle & qui est tres bon à manger. Il a le bec & le cou longs, la quëue & les jambes courtes, Le *râle* court fort vite, d'où vient le proverbe, *il court comme un râle.* Il y a de trois espèces de *râles.* Le *râle de genêt*, qui est apellé de la sorte parce qu'il mange de la semence de genêt; le *râle rouge* qui est un oiseau qui tire sur le roux, & qui vit parmi les bois taillis, & le *râle noir*, qui est ainsi nommé parce qu'il a le dos tout marqueté. (Un râle mâle. Un râle femelle. Un bon râle.)

RALEMENT, ou *raslement*, *f. m.* L'un & l'autre s'écrit mais l'*s*. ne se prononce pas. Ce mot se dit d'une personne qui est à l'agonie & qui fait du bruit de la gorge à cause du flegme & de la pituite qui tombent sur son cœur, & la sufoquent. (Le râlement le prit & il mourut un peu après.)

RALENTIR, *v. a.* Rendre plus-lent, moins ardent, moins vigoureux. (Ralentir le combat. *Ablancourt.*)

† * Ralentir l'ardeur des soldats. *Ablancourt. Cés.*

* Je ne pousserai sans qu'aucune considération humaine puisse arrêter, ni *ralentir* ma poursuite. *Pasc. l. 17.*

Se ralentir, *v. r.* Devenir plus-lent. N'avoir plus tant de feu, ni d'ardeur. (Le combat s'étoit *ralenti* tout à coup. *Vau. Quin. l. 4. c. 16.*)

* Leur ardeur commençoit à se ralentir. *Ablancourt, Ar.*]

Leur affection se ralentit tout à coup. *Ablancourt, Tacite.*)

Ralentissement, *f. m.* Diminution. (Le ralentissement du mouvement se fait insensiblement & lors que la force impulsive diminuë. * Le ralentissement de la devotion, de la charité, &c.)

RALER, *rasler*, *v. n.* L'un & l'autre s'écrit, mais on ne prononce pas l'*s*. Ce mot se dit des gens qui sont à l'agonie & qui font du bruit de la gorge à cause du flegme & des eaux qui décendent de leur cerveau & qui les sufoquent, [Il a râlé long-tems avant que de rendre l'esprit.]

RALIER, *v. a.* Terme de Guerre. Rassembler des troupes, ou des soldats que l'ennemi a mis en désordre, & les remettre en état de combatre de nouveau. (Ralier les troupes. *Ablancourt, Ar.* Ils plient de toutes parts sans se ralier en aucun endroit. *Ablancourt, Tac. hist. l. 3. c. 4.*)

Raliment, *f. m.* Action de ralier. Action de celui qui rassemble des troupes mises en désordre & les remet en état de combatre tout de nouveau. (Travailler au raliment des troupes. *Ablancourt.*)

Ralier, *v. a.* Terme de Mer. Ralier le navire au vent. C'est mettre le Navire au vent.

Se r'alier de quelque chose. Terme de Mer. S'en aprocher. (Se ralier de terre.)

RALINGUES, *s. f. pl.* Terme de *Marine.* Ce sont les cordes qui servent d'ourles aux Voiles, aux branles & aux lits des Vaisseaux, & qui renforcent les bords.

RALONGER, *v. a.* Alonger de nouveau. (Ralonger une jupe.)

* *Ralonger le tems.* C'est le prolonger de nouveau. (Jacob ralongea le tems de son service. On a ralongé le tems de son éxil.)

RALUMER, *v. a.* Alumer de nouveau une chose qui étoit éteinte. (Ralumer la chandelle. Ralumer le feu, &c.)

* *Ralumer.* Exciter de nouveau. Renflamer. [Ralumer la guerre. *Ablancourt, Tacite.* Sa beauté a ralumé mes vieux ans. *Voiture, Poësies.* D'un juste courroux il ralume sa vigueur. *Depreaux.*]

Se ralumer, *v. r.* S'alumer de nouveau. [Le feu se ralume.]

* *Se ralumer*, *v. r.* S'enflamer de nouveau Recommencer à sentir de nouveaux feux, un nouvel amour. (Sa femme lui tenant au cœur, son amour *se raluma* incontinent par le dégoût des autres. *Vaug. Quin. l. 8. c. 3.*)

R A M.

RAMADAN, *f. m.* Jeûne des Mahometans pendant lequel ils jeûnent tout le jour avec beaucoup d'éxactitude & même avec superstition, n'osant pas même se laver la bouche, ni avaler leur salive.

RAMAGE, *f. m.* C'est le chant naturel de quelque oiseau que ce soit. (Ramage doux, charmant, ravissant agréable. Oiseau qui chante toutes sortes de ramages. *Vaug. Quin. l. 8. c. 9.* Le rossignol a un ramage tout à fait charmant.)

* On dit ironiquement de diférens cris de voix des animaux. C'est un étrange ramage.

† * *Chanter un autre ramage.* C'est changer de discours, de mœurs, de profession, &c.

Ramage. Il signifie aussi quelquefois les branches des arbres. (Droit de ramage. Terme de *Coutume.* Droit que les sujets ont de couper les branches, ou rameaux d'arbres dans les forêts de leurs Seigneurs. *Ouvrage à ramage.* Il se dit des étofes en broderie, où il y a des feuilles & des fleurs.

Ramager, *v. a.* Ce mot se dit proprement des oiseaux & veut dire chanter. (C'est le matin que les oiseaux commencent à ramager.)

RAMAIGRIR, *v. a.* Faire devenir plus maigre. (Le carême ramaigrit les gens.)

* *Ramaigrir les terres.* (On mêle du sable parmi la terre en Egipte après qu'elle a été couverte de limon par l'inondation du Nil, afin de la ramaigrir. Il faut ramaigrir les terres en Amérique, pour y faire venir du blé.)

Ramaigrir, *v. n.* Devenir maigre. (Il y a des gens qui font tout ce qu'ils peuvent pour ramaigrir.)

Ramaigri, ramaigrie, adj. Devenu plus maigre.) Il est ramaigri, elle est ramaigrie de beaucoup.)

RAMANDAGE, *f. m.* Terme de *Doreur sur bois.* C'est un petit morceau de feuille d'or qu'on prend avec le pinceau pour mettre de l'or où il y en faut.

RAMANDER, *v. a.* Abaisser de prix. (Les boulangers ont ramandé leur pain.) Ce verbe *ramander* se dit absolument aussi & en forme de *verbe neutre.* (Le blé ramande. L'aveine ramande.)

* *Ramander les terres.* C'est les engraisser avec du fumier ou de la marne.

Ramander. Terme de *Doreur sur bois.* C'est mettre quelque petit morceau de feuille d'or où il y en manque. (Il faut ramander cet endroit-là.)

Ramandé, ramandée, adj. Abaissé de prix. (Le blé est ramandé. L'aveine est ramandée de vint sous par sétier.)

RAMAS, *f. m.* Plusieurs choses ramassées ensemble. Assemblage de plusieurs choses. (Faire un ramas. *Ablancourt.*)

Ramasser, *v. a.* L'Auteur des Observations sur la langue Françoise a décidé que *ramasser* ne signifioit pas *amasser* une chose qui étoit tombée. L'usage est contraire à la décision, & pour me servir de son éxemple, une Dame qui aura laissé tomber son masque dira fort bien à son laquais *ramassez* mon masque & jamais *amassez* mon masque. J'ai consulté là-dessus des Dames de qualité de la Cour & de la ville qui m'ont toutes dit *ramassez* mes gans, ou ma coife & jamais *amassez.* Scaron qui étoit visité du beau monde & qui étoit Parisien, écrit toujours *ramasser* & jamais *amasser.* (Il laissa tomber son poignard que je ramassai Scaron. *Nouvelle* qui a pour titre les *Hipocrites,* in octavo, *page* 19. Il traversa la Seine tout sanglant, *ramassant* les ornemens de sa lire. *Ablancourt, Lucien, tome 3.*)

Ramasser. Rassembler une chose qui est à terre, *Amasser.* (Ils aloient ramasser des brossailles le long du fleuve *Ablancourt, Rét. l. 4. c. 1.*)

Ramasser. Rassembler, Réünir. (Elle ramasse de tous côtez les accidens qui suivent & qui acompagnent cette passion. *Depreaux, Longin, c. 8.*)

Ramasser. Ce mot se dit en parlant *de guerre*, de troupes, & de soldats, & il veut dire recueillir ce qui est épars en plusieurs endroits, & le rejoindre. Rassembler en un corps les soldats qui sont dispersés en plusieurs endroits. (Ils avoient ramassé leurs forces pour s'opoler à leur commun ennemi. *Ablancourt, Tac. Agricola.* Il ramassa une armée de diverses nations, *Ablancourt.*)

Ramasser, *v. a.* Il se dit en parlant de ceux qui se font trainer sur la neige en passant sur la glace. On dit je me veux faire ramasser. Ceux qui ramassent dans les Alpes, s'apellent *Marrons*, dans ce païs-là. Le traîneau sur lequel on ramasse les passans s'apelle *une Ramasse, s. f.*

Ramasseur, *s. f. f.* Celui qui ramasse. *Marron*, ou Marronnier.

† * *Ramasser.* Froter. Étriller. Batre à bons coups de poing. (Comment diable il l'a ramassé.)

Se ramasser, *v. r.* Se rassembler, Se réünir, se rejoindre pour ne faire qu'un corps. (Ils *se sont ramassez* de toutes parts pour lui faire tête. *Ablancourt.*)

† * *Se ramasser.* Se batre à coups de poing. (Les mariniers des ports de Paris se ramassent souvent à grans coups de poing. Ils se sont ramassez comme il faut.)

Ramassé, ramassée, adj. Recueilli. (Gans ramassez. Coife ramassée. Ce sont des vieilles équivoques *ramassées* parmi les boües des halles, *Moliere.*)

Ramassé, ramassée. Rassemblé, mis ensemble pour ne faire qu'un

RAM.   RAM.

qu'un seul corps. (Gens ramassez de tous côtez. *Vau. Quin. l. 3.*)

Ramassé, ramassée. Ce mot se dit en parlant du corps de certaines personnes, & veut dire plus réüni , plus rassemblé, & à cause de cela plus fort & plus gros. (Ils ont le corps plus fort & plus *ramassé* que le reste des Alemans. *Ablancourt, Tacite, Agricola.* Son corps ramassé dans sa courte épaisseur fait gémir les coussins. *Déspreaux, Lutrin, chant.* 1.)

RAMBADES, *s. f. pl.* Ce sont deux postes , ou commandemens auprès de l'Éperon de la Galére & de l'arbre de Trinquet, hauts d'environ quatre piez & demi, & séparez l'un de l'autre par la Coursie, sur chacun desquels se peuvent placer quatorze ou quinze hommes pour combatre. *Ozan. Dict. Mathem.*

RAMBERGE, *s. f.* Terme de Mer. Sorte de petit vaisseau propre à faire des découvertes. Les Ramberges étoient de certains Vaisseaux de Guerre , qu'on faisoit autrefois en Angleterre. On donne encore ce nom à des Pataches qui servent sur les Rivieres de ce pays là.

RAME, *s. f.* Instrument de bois dont on se sert pour faire aller sur mer un vaisseau à rames. (Une grosse rame. C'est ce que peut faire une galére qui va à force de rames. *Rétorique, l. 6. c.* 4.) On dit aussi *Aviron.*

Rame. Terme de *Jardinier.* Petite branche , que les Jardiniers plantent dans terre pour ramer leurs pois. Voiez *Ramer.*

Rame. Terme de *Papetier.* Ce sont vint mains de papier. (Acheter une bonne rame de papier.)

Mettre à la rame. Façon de parler libraire. Elle se dit des livres qui n'ont point , ou au moins qui ont tres-peu de débit, & qu'on ne sauroit plus vendre à cause qu'ils ne valent rien. Ainsi *mettre un livre à la rame.* C'est ranger par rame le reste de l'impression du livre, & le vendre de la sorte pour très peu de chose aux épiciers, aux beurriers & à tous ceux qui en ont besoin pour envelopper leurs marchandises , ou en faire autre chose. Amelot pensa devenir tout à fait fou lorsqu'il aprit qu'on alloit mettre son Tacite *à la Rame.* Comment ! s'écria-t-il tout furieux , ah quel revers de fortune ; me mettre à la rame , moi que des sots flatoient de de l'avoir emporté sur A-blancourt. A la rame moi qui depuis vint ans nourris la librairie, moi l'orateur forcené des librairesses de la ruë Saint Jaques. Ingrats coquins, est-ce ainsi qu'on reconnoit mes peines , mes bontez , & mon amour. Quoi me mettre à la rame &me faire aler avec Charpentier , Vaumorière & Tomas de Lormes chez l'épicier & la beurriere. Cet afront me tuë. J'en meurs de rage & de déplaisir ; & n'ai le tems que de recommander mon ame à Dieu & mon épitaphe à l'obligeant Mr. Pinsson.

Rame. Terme de *Rubanier.* Ficelles qui soutiennent les lices du métier sur quoi le rubanier travaille.

RAMEAU, *s. m.* Petite branche de quelque arbre que ce soit.(Un petit rameau. Voler de rameau en rameau. *God. poës.* O tronc bienheureux ! que le Tonnerre respecte tes rameaux. *Scaron, Nouvelles.*) Il se dit d'une branche coupée pour en tirer de écussons à grefer. (Il m'a envoié un ou deux rameaux de sa belle pêche, de sa bonne prune, &c. *Quint. Jard. T.* 1.)

Le jour des Rameaux. C'est le Dimanche qui est immédiatement avant Pâques , & qu'on apelle aussi *Pâque-fleurie.*

* *Rameaux.* Terme de *Fortification.* Contremines & chemins sous terre qui vont d'un lieu à un autre.

* *Rameau.* Terme d'*Anatomie,* qui, en parlant de veines, de nerfs & de muscles, signifie *petit filet de veines.* Petit conduit. Petite veine. Petit filet de nerf, ou de muscle. (La veine cave se divise en plusieurs rameaux.)

Rameau. Il se dit aussi des veines d'or, d'argent & d'autres qui se trouvent dans les mines, lesquelles se divisent comme les veines du corps. (Ce rameau est plus abondant que les autres.)

Rameau. En termes de *Généalogie* , il signifie *branche.*

Ramée, s. f. Petites branches avec leurs feuilles. (Il le couvrit de ramée. *La Fontaine fables, l.* 3.)

Ramé, ramée, adj. Il se dit des bales de mousquet. Voiez *Baleramée, s. f.*

Ramener ; v. a. Amener de nouveau. (Vous m'amenâtes l'autre jour un fort galant homme , je vous prie de me le *ramener* la premiere fois que vous me ferez l'honneur de venir au logis.) On dit *ramener* un coup de dez. C'est faire une seconde fois un coup de dez.

Ramener. Faire revenir. Faire retourner. Amener de nouveau. (Il ramena nos jeunes gens au combat quand ils tournoient le dos. *Vaugelas. Quint. l.* 8. *ch.* 3.)

Ramener. Remettre un , ou plusieurs personnes au lieu où on les a prises, ou d'où on les a tirées. (Ramener les troupes en quartier d'hiver. *Ablancourt Arian.* Je pris hier dans notre quartier un de mes amis qui se menai au coûté eu mon carosse , & que je *ramenai* après ; chez lui.)

Ramener. Remettre dans l'état où l'on étoit avant que d'être excité de quelque passion. Réduire doucement au devoir. (Je me tuë à vouloir *ramener* des esprits qui ont de l'aversion pour moi. *Vaug. Quin. l.* 9.)

Ramener. Terme de *Manège.* C'est faire baisser le nez à un cheval qui porte au vent. C'est à dire, qui lève trop le nez. (Ramener un cheval qui porte au vent.)

Ramener. Terme de *jeu de paume.* Ramener la bale, c'est

la prendre de volée & la rechasser.

† RAMENTEVOIR, *v. a.* Vieux mot , au lieu duquel on dit *Remettre en memoire , Faire ressouvenir.*

RAMEQUIN, *s. f.* C'est une tranche de pain , sur laquelle on a étendu du fromage, & qu'ensuite on fait rôtir. (Faire, manger, rôtir des ramequins. Les ramequins font boire & ils ne font pas trop sains.)

RAMER Terme de *Mer.* Faire aller à force de rames. (Je cours fortune de *ramer* dans les galéres d'Alger. *Voiture , lettre* 42. Les forçats rament pour faire voguer la galere. *Ablancourt.*)

Ramer. Terme de *Jardinier.* C'est ficher en terre de petites branches , ou de petits rameaux pour soutenir les pois à mesure qu'ils croissent. (Ramer des pois. Pois ramez.)

* *Il entend cela comme à ramer des choux.* Ce proverbe se dit en riant , & veut dire que la personne de qui on parle n'est pas entendue en la chose dont il s'agit question.

Ramette, s. f. Terme d'*Imprimerie.* C'est un chassis de fer , qui n'a point de barre au milieu.

RAMEUR, *s. f.* Celui qui rame. Celui qui tire à la rame. (Rameur vigoureux. Les rameurs étoient tous archiers. *Ablancourt, Tac. l.* 3. *c.* 1.)

RAMEUX , *rameuse ; adj.* Fléchier de l'Academie Françoise parlant du bois de l'élan , *Vie de Commendon , liv.* 1. *ch.* 13. à écrit ses cornes sont *rameuses ;* en Termes de *Chasse* on diroit *son bois à plusieurs andoüillers.*

RAMIER, *s. m.* C'est une sorte de pigeon sauvage. On dit que le ramier vit trente , ou quarante ans & que le fréquent usage de sa chair empêche qu'on ne soit trop porté à l'amour.

RAMIFICATION, *s. f.* Terme d'*Anatomie,* qui se dit de la division des veines & des nerfs qui sortent d'une tige commune & forment divers rameaux.

Se ramifier , v. r. Terme d'*Anatomie.* Se diviser en plusieurs rameaux. Il se dit des veines , des artères & des nerfs.

* RAMILLES, *s. f. pl.* Terme de *Forêtier.* C'est le menu bois coupé qui reste dans les forêts , après qu'on a pris le bois de corde & des cotrets. (Ces ramilles ne sont propres qu'à mettre en bourrées.)

RAMINAGROBIS. Voiez *rominagrobis.*

RAMINGUE, *adj. m.* Terme de *Manège.* Il se dit d'un cheval rétif, qui résiste à l'éperon, qui est rétif & qui saute pour jetter bas celui qui le monte.

RAMOINDRIR. Voiez *Amoindrir.*

† RAMOITIR, *v. a.* Rendre moite. (La rosée , les brouillards ramoitissent le linge)

RAMOLIR, *v. a.* Rendre plus mou , plus souple. Rendre môle une chose dure. (Ramolir une tumeur, une dureté.)

* *Ramolir.* Rendre éfeminé , moins vigoureux. (On ne leur porte point ce qui *ramolit* le courage. *Ablancourt, Commentaires de César , livre* 1. *chapitre* 1. L'oisiveté *ramolit* les courages, *Vaugelas, Quin. l.* 5. *c.* 2.)

Se ramolir , v. r. Etre moins dur. Devenir plus mou. (Dureté qui commence à se ramolir.)

* Ils n'ont point été *ramolis* par le désir des plaisirs. *Ablancourt, Tac. l.* 2.

Ramolitif. s. f. m. Terme de *Médecin.* Remède qui ramolit. (Se servir de ramolitifs.)

Ramolitif, ramolitive , adj. Qui ramolit Qui rend moins dur. (Onguent ramolitif.)

† RAMON Vieux mot , qui signifioit *un balai.*

Ramoner , v. a. Ce mot se dit des cheminées. C'est nettéier une cheminée avec la ratissoire. (Ramoner la cheminée.)

Ramoneur , s. m. Pauvre Savoïard qui gagne sa vie à Paris à ramonner des cheminées. (Un petit *ramoneur* fort égrillard.)

RAMPANT. Voiez *ramper.*

RAMPART. Terme de *Fortification.* C'est une hauteur de terre qui régne par dedans tout autour d'une ville & qui est souvent revêtuë d'une muraille propre à résister aux batteries de l'ennemi. (Faire un bon rampart. Saper un rampart. *Ablancourt, Tac. Hist. l.* 3. *c.* 4.)

* *Rampart.* Défence. (Ils ont ruïné une vile qui étoit le rampart de toute la Grèce. *Ablancourt, Ar. l.* 1. *c.* 4. Un grand Prince au milieu de ses triomphes s'est conservé ce rampart. *Patru, Ier. plaidoié.* L'Hidaspe & l'Araxe étoient comme autant de ramparts de son Empire. *Vaugelas , Quin. l.* 4. Contre la médisance il n'est point de rampart. *Molière, Tartufe.* Quelle cachette, ou quel rampart trouvera-t-il contre la vangeance des Dieux. *Ablancourt. Rét. l.* 2. *c.* 3.)

Se remparer , v. r. Se fortifier. Se couvrir de quelque chose qui défende. (Ils sont ramparez par des forêts, ou par des fleuves. *Ablancourt , Tac. Germanic.*)

Se remparer. Se munir. Se fortifier. (Il nous faut *remparer* de l'oraison contre de si formidables ennemis. *Patru, Traduction, du discours de la prière de S. Chrisostome.*)

† * *Se remparer contre le froid.* Se ramparer contre l'hiver.)

RAMPE, *d'escalier , s. f.* Terme d'*Architecture.* C'est la suite des marches depuis un palier jusques à un autre.

Ramper , v. n. Ce mot se dit proprement des insectes, & il signifie se traîner sur le ventre terre à terre. Se traîner contre terre. (Serpent qui rampe sur la terre. *God. Poë.*)

* *Ramper.* Ce mot se dit aussi de la *vigne* & d'autres pareilles plantes & signifie *traîner sur terre.* (On y voit de la vigne qu'ils aiment fort, parce qu'on en tire ce qu'elle rampe pour s'adom-

moder à leur foiblesse. *Ablancourt*, *Luc. Tom.* 5.]

* *Ramper*. Entortiller tout autour en serpentant. Aller en serpentant. [Son palais est enrichi de colonnes dorées où *rampé* tout du long une vigne d'or. *Vau. Quin. l.* 8. *c.* 9.]

* *Ramper*. Ce mot se dit de l'esprit & de ses pensées. Il veut dire *s'abaisser*. Trainer bas. Aller terre à terre. [Les désirs & les pensées doivent s'élever aux cieux & ne *ramper* jamais sur la terre, *Sarasin*. On rampe dans la fange avec l'Abé de Pure. *Dépreaux. Satire* 9. Il a peur de *ramper* & se perd dans les nuës. *Dépreaux Poëtique*, c. 1.]

* *Ramper*. Ce mot se dit aussi des personnes. Avoir une conduite basse & servile.

Rampant. Participe qui signifie *qui rampe*. [Ils voïoient cent monstres marins *rampans* autour d'eux. *Vaug. Quin. l.* 9.]

* *Rampant*, *rampante*. Il se dit des plantes qui n'aiant pas le pié assez ferme pour se soutenir, trainent sur la terre , ou autour des apuis qu'on leur donne. La vigne est une plante rampanté. Les citrouilles, les concombres, les melons , &c. sont des plantes rampantes.]

Rampant, *rampante*. Terme de *Blason*. Il se dit de animaux terrestres , comme lions, ours , chiens , &c. qui sont représentez , comme s'ils vouloient s'élever & monter le long d'une rampe. [Lion rampant.]

* *Rampant* , *rampante*. Ce mot se dit de ceux qui ont le cœur bas & servile & font des actions & tiennent une conduite qui a un grand raport avec leur cœur.

[* Je ne saurois pour faire un juste gain
Aller bas & *rampant* fléchir sous Chapelain.
Dépreaux , *Satire* 1.]

* *Rampans*, *rampante*. Humble. Soumis. [C'est un coup seur d'être aimé quand on est *rampant* devant ce que l'on aime. *Le Comte de Bussi*.]

Rampant, *s. m.* Terme de *Chirurgien*. Sorte de vandage simple & inégal.

RAMPIN , *adj*. Ce mot se dit des chevaux qui marchent seulement sur la pince des piez de derriere & qui n'apuient point le talon à terre. [Cheval rampin. *Soleisel* , *Parfait Maréchal*.]

RAMURE, ou *rameure*, *s. f.* Prononcez *ramure*. Il se dit du bois du cerf.

Voïez la colonne *Rem*.

RAN.

RANCE , *adj*. Ce mot vient du Latin *rancidus*. Il se dit de la chair & particulièrement du vieux lard. Il signifie qui commence à se corrompre & qui a contracté une mauvaise odeur. [Ce lard est rance. Il sent le rance.]

Rancissure, *s. f.* Qualité de ce qui est rance. (La rancissure du lard lui donne un mauvais goût)

RANCHE, *s. f.* Terme de *Charron*. Morceau de bois qui entre dans le lisoir , qui est à côté des ridelles , qui les apuie & sert à les tenir en état.

Ranche, *s. f.* Terme de *Charpenterie*. Chevilles de bois qui servent d'échelons , & qu'on met à une longue piéce de bois, qu'on apelle *rancher*.

Rancher , *s. m.* Terme de *Charpenterie*. C'est une longue piéce de bois garnie de chevilles , qui servent d'échelons & qu'on apelle *ranches*.

† RANCŒUR , *s. f.* Ce mot est à présent hors d'usage. En sa place on dit *Rancune* , haine.

(Arrière , vaines chimères.
De haines & de rancœurs ,
Eloignez vous de nos cœurs..
Malh. poës.

RANÇON , *s. f.* Ce qu'on done aux ennemis pour se retirer soi-même quand on est prisonnier, ou pour en retirer quelque autre, lors qu'il est aussi prisonnier. (Paier sa rançon. La rançon de François prémier qui fut pris devant Pavie coûta cher à la France. Mettre à rançon. *Ablancourt*, *Luc*.)

† *Rançonner*, *v. a.* Ce mot signifie *mettre à rançon*, mais il ne se dit pas bien dans le propre, & en sa place, ou dit *mettre à rançon*.]

* *Rançonner*. Faire trop paier. Exiger plus qu'il ne faut de ceux de qui on doit prendre quelque chose. (Rançonner le Bourgeois. *Ablancourt* , *Ar. l.* 2. C'est une hostelerie où l'on rançonne les passans. *Sca*.) Il se dit encore des soldats qui exigent trop de leurs hôtes, & des monopoleurs qui vendent trop leurs marchandises.

† * *Rançonneur*, *s. m.* Ce mot n'est guère en usage. Il se dit des hôtes qui rançonnent ceux qui logent chez eux.

RANCUNE, *s. f.* Haine. Aversion. (Il dit qu'il n'aportoit à l'Empire ni haine , ni rancune. *Ablancourt*, *Tac. an. l.* 13. Alons, mettons bas toute rancune. *Mol*. Cela engendre des haines & des rancunes. *Ablancourt*, *Luc. Tom.* 3.)

RANG , *s. m.* Prononcez *ran*. Ce mot signifie *ordre*. (Mettre de rang. Etre de rang. Se mettre en son rang. Ils viendront chacun à son rang.)

Rang. Nombre & ordre auquel on met quelque personne , ou quelque chose. (J'aimerois mieux être au rang des ignorans que de me voir sçavant comme certaines gens. *Mol. Femmes savantes*.)

Rang. Plusieurs choses d'ordre. Plusieurs choses d'une même suite. (Un rang de cordes de luth. Un rang de cordes de tuoibe,

Un rang d'arrière points. Galère à trois ou quatre rangs. *Ablancourt* , *Tac*. Un rang d'arbres. Un rang de boutons.)

Rang. Terme de *Lingère* , qui se dit en parlant de *cravattes*, (Une cravate à deux rangs. Une cravate à trois rangs.)

Rang. Terme de *guerre*. Ordre établi pour la marche & pour le commandement des troupes qui sont en concurrence. (Avoir le prémier rang.)

Rang. Terme de *guerre*. Ligne droite que font les soldats rangez les uns à côté des autres sur le front du bataillon , ou de l'escadron & les autres rangs sont derrière celui-là , qui est le prémier. (Ils sçavent obeyr à leurs chefs & garder leurs rangs. *Ablancourt*, *Tac. Agricola*. Visiter les rangs. *Ablancourt. Retor. l.* 1. Sortir de son rang. Tuër par rang. *Ablan*. Doubler les rangs. *Ablancourt*. *Ar*. Enfoncer les rangs. *Vaugelas Quin. l.* 4. *c.* 13. Doubler les rangs en avant. Doubler les rangs en arrière. Rompre les rangs. *Ablancourt*, *Tac. an. l.* 13. *c.* 13. Par serrefiles , remettez vos rangs. *Martinet* , *évolutions militaires*. Ouvrir les rangs.)

* *Rang*. Terme d'*évolution militaire*. Soldats rangez sur le front du bataillon, ou de l'escadron les uns à côté des autres : ceux ci sont le prémier rang & il y en a d'autres rangs qui suivent celui-là , (Rangs qui devez doubler , prenez garde à vous Rangs, remettez vous. *Martinet* , *exercice pour l'infanterie*.)

* *Rang*. Place d'honneur & dignité. Elévation où est une personne à cause de sa naissance , de sa charge , ou de ses éminentes qualitez. (Reprendre son rang. *Ablancourt*, *Tac*. Tenir son rang. Perdre son rang. Maintenir son rang, & défendre sa dignité. *Patru* , *plaidoié* 5. Du reste des mortels ce haut rang vous sépare. *Racine Tébaïde a.* 5. *s.* 4.)

* *Rang*. Ce mot entre encore dans quelques façons de parler figurées. (Rome fut sacagée jusques à ce que Mucien & Marcellus *vinrent sur les rangs*. *Ablancourt*,*Tacite*,*hist. l. 1. c.* 42. C'est à dire , vinrent à paroître dans le monde avec crédit & dans la faveur. Ah! Dieu vous gard' la bellë ville, *vous voici donque sur les rangs*. *S. Amant Rome ridicule* , C'est à dire , voici que vous venez paroître dans la lice avec les autres. Un jeune Genevois qui ne paroissoit point sur les rangs, fit reluire beaucoup d'or aux yeux de sa mère. *Sca. Nouvelles*. Mettre quelqu'un sur les rangs. Il commença d'entrer sur les rangs, *Abl. Luc. T.* 2. C'est à dire il commença à paroître dans le monde.)

Rang. Ce mot en terme de *mer* sert à faire la distinction de la grandeur & de la capacité des vaisseaux de guerre. (Ainsi on dit vaisseau du prémier rang , du second rang, du troisiéme rang, &c.)

Rang. Ce mot en parlant des vaisseaux de bas bord signifie le travail des rangs des forçats & l'éfet des rames. (Le service des rangs sauva notre galère.)

RANGÉS , *s. f.* Ordre. Rang & suite de plusieurs choses rangées les unes après les autres. [Une rangée de pavez. Une rangée de carreaux.]

Ranger , *v. a.* Mettre de rang. Mettre d'ordre. Placer d'ordre. Mettre en ordre. Ils rangerent les bateaux en égale distance. *Ablancourt*, *Tac. hist. l.* 1. *c.* 10. Il faut ranger naturellement les mots dans les periodes. Ranger chaque chose en sa place. *Vau. Rem*. Ranger une armée en bataille. *Ablancourt*, *Ar*. Ranger les troupes sur deux lignes.)

* *Ranger*. Reduire. Mettre une personne à son devoir. (Ne vous mettrez point en peine , je la *rangerai* bien. *Mol. Malade imaginin. a.* 2. *s.* 6. Ranger quelqu'un à la raison. *Abl*.)

Ranger la côte. Termes de *mer*. C'est naviger terre à terre en cotoiant le rivage. (Vaisseau qui va *ranger la côte* pour reconnoître le terrain propre au débarquement.)

Se ranger, *v. r.* Se serrer pour faire place, ou pour laisser passer. Se retirer & se serrer contre quelque chose pour donner passage , ou pour quelque autre dessein. (Rangeons nous chacun contre un des côtez de la porte. *Mol*.)

* *Se ranger*. Se soumettre. Se mettre. (Ils vinrent au devant de lui se ranger sous son obeïssance. *Vau. Quin. l.* 8. *c.* x. Je me range du parti de Madame. *Mol*.)

Se ranger. Terme de *mér*. Ce mot se dit du vent. (*Le vent se rangea de l'avant*. C'est à dire, prit par proüe. Il *se rangea au Nord*. C'est à dire , il se fit Nord. *Guillet*.

RANGIER , *s. m*. Renne.

RANIMER, *v. a*. Redonner la vie. (Son ame vint ranimer son corps. *Ablanc. Luc. Tome* 2.)

* *Ranimer*. Exciter. Animer. Enflamer. (Cela ne faisoit que redoubler l'ardeur des assaillans & ranimer leur courage par l'esperance du butin. *Ablancourt*, *Tacite Hist. l.* 3. *c.* 4.)

Voïez la colonne *Ren*.

RAO.

Raoul, *s. m*. Nom d'homme. (Raoul est mort.)

RAP.

† RAPACE, *adj*. Ce mot vient du Latin *rapax*, ravissant. Il se dit quelquefois , en parlant des oiseaux de proie , qui vivent de rapine.

Rapacité , *s. f.* Ce mot est tiré du Latin *rapacitas*. Il signifie inclination à prendre & à ravir. (L'aigle a une grande rapacité.)

* *Rapacité*. Il se dit au figuré. (La rapacité des usuriers & des chicaneurs n'a guère de bornes.)

* RAPAISER

RAP.

* RAPAISER, *v. a.* Adoucir. Apaiser. (La douceur que vous m'avez envoiée m'a rapaisé. *Voit.* l. 57.)
On dit aussi la mer se rapaise après la tourmente. Un taureau se rapaise après que sa fougue est passée.

† RAPATRIER, *v. a.* Reconcilier. Racommoder des gens qui étoient broüillez. (Je l'ai rapatrié avec un tel)

RAPE, ou *rappe*, *s. f.* Utencile de cuisine. C'est un morceau de fer blanc, courbé en voûte, percé de plusieurs trous & monté sur du bois, pour raper de la muscade & autres choses propres à être rapées. (Une bonne rape.)

Rape. Terme de *Sculpteur*. Espéce de lime dont les sculpteurs en marbre se servent lorsqu'ils n'employent plus le ciseau & qu'ils travaillent à finir leur ouvrage.

Rape. Terme de *Potier d'Etain*. Sorte de lime pour râper la vaisselle.

† *Donner de la rape douce.* Façon parler basse proverbiale, qui veut dire flater un peu.

Rapé, *s. m.* Grapes de fort-bon raisin qui ont la queuë coupée, & dont on emplit un muid avant que de l'enfoncer des deux bouts & sur lesquelles on verse du vin qui sort de la cuve, & qu'on laisse boüillir avec les grapes. J'ai de fort bon rapé. Faire du rapé. Boire du rapé.

Rapé de copeaux. Ce sont des copeaux de hêtre bien-secs, bien lavez & bien-égoutez qu'on jette dans un muid de vin par le trou du bondon pour éclaircir le vin & lui faire perdre sa verdeur.

Raper, *v. a.* Grater avec la rape. Froter contre la rape. (Raper de la muscade. Raper du sucre)

Raper. Terme de *Potier d'Etain*. Acomoder avec la rape. (Raper l'étain.)

RAPEL, *s. m* Ordre de revenir d'éxil. (Il mourut quelque tems après son rapel.)

Rapeler, *v. a.* Faire revenir. Donner, ou envoier un ordre de retourner. Faire revenir d'un lieu où l'on avoit été envoié. (Il faisoit des projets de se mettre en un état où l'on ne put lui ôter l'emploi si la nécessité des afaires vouloit qu'on le rapellât. *Sarasin, prose.* Agrippine fit rapeller Sénéque de son banissement. *Ablancourt, Tac. an.* l. 12.)

* Rapeller. Faire revenir. Faire repasser par l'esprit, ou par la mémoire. Repasser dans son esprit, ou dans l'esprit des autres. (Il rapelloit en leur esprit le souvenir de ceux qui avoient été chassez. *Ablancourt, Tac. an.* l. 12. Quand je rapelle en ma mémoire les ocupations de ma plus tendre jeunesse, je. *Patru Oraison pour le Poëte Archias.*)

† RAPETASSER, *v. a.* Racommoder des hardes de peu de conséquence. (Rapetasser une vieille jupe.)

‡ *Rapetasser de vers.* Reg. Sat. 15. *Vaisseau rapetassé.* Sar. Poës.

‡ RAPETISSER. Ce mot se dit souvent en un sens *neutre* pour dire devenir plus petit. (Cela rapetisse. Il rapetisse tous les jours.)

RAPHAEL, *s. m.* Nom d'homme qui ne se donne guére parmi les Catoliques Romains qu'à des Religieux qui changent de nom en entrant en Religion. (Le Frére Raphaël est un saint homme.)

RAPIDE, *adj.* Ce mot vient du Latin *rapidus*. Ce mot se dit proprement des torrens, des fleuves & des riviéres, & signifie *qui coule avec violence*, avec vitesse & avec rapidité. (Un torrent rapide. *Ablancourt, Retor.* l. 4.)

* Assez d'autres sans moi d'un stile moins timide.
Suivront aux champs de Mars ton courage *rapide*.
Déspreaux, Epitre au Roi.

Rapidement, *adv.* Avec vitesse. Avec violence. Avec rapidité. (Fleuve qui coule rapidement.)

* Nos jours, comme les flots, courent *rapidement.*
Sarasin Poës.

Rapidité, *s. f.* Ce mot se dit proprement des torrens & des fleuves, & il signifie *Cours rapide & violent.* [Fleuve qui a une grande rapidité.]

* Rapidité. Ce mot, *au figuré*, signifie vitesse.

[* Il marche avec tant de *rapidité* qu'on diroit qu'il a des aîles. *Maucroix*. La rapidité des conquêtes des grans Heros. *Par.* la rapidité de ses conquêtes en Flandres, il a fait voir qu'il n'étoit pas moins excellent Capitaine que grand Politique. Tout céde à la rapidité de ses victoires. *Eloge hist. de Loüis* 14.]

RAPIECETER, *rapiécer*, *v. a.* On devroit dire *rapiécer*, mais l'usage est pour *rapiécetter*. C'est mettre des piéces à quelque vêtement, ou à quelque autre chose de cette nature. (Le Poëte Chapelain riche de ses rentes met tous les livres faisoit rapiécetter. ses habits, & Gombaud qui étoit aussi pauvre que Malherbe ne pouvoit soufrir des habits *rapiécettez*.)

† RAPIERE, *s. f.* Mot burlesque qui vient de l'Alemand, & veut dire épée. (Pendre la rapiére au croc. Prendre la rapiére.)

RAPINER, *v. a.* Voler avec adresse. Voler avec finesse. (Il y a des gens qui jugent mal de leur prochain & qui croient que les partisans ne font riche que des biens qu'ils ont *rapinez*.)

Rapine, *s. f.* En Latin *rapina*. Voilerie. Vol, Larcin. (Elle s'acusa de voilerie & de rapines. *Ablancourt, Tacite.*, *an.* l. 12. Vivre de rapine & de pillage. *Vau. Quin. liv.* 4. *c.* 9. La cresserelle défend les pigeons des oiseaux de rapine. *Bel. l. 2. c. 25.*)

RAPLIQUER, *v. a.* Apliquer de nouveau. (Rapliquer les couleurs sur un tableau. On raplique de l'or sur une bordure dédorée. Il faut rapliquer des sangsuës à ce malade.)

RAP.

* *Se rapliquer*, *v. r.* S'apliquer de nouveau. (Il se raplique à l'étude, à sa profession qu'il avoit abandonnée.)

RAPORT, *s. m.* L'action de raporter & de remettre quelque chose au lieu d'où on l'avoit portée ailleurs. (Le raport des marchandises coute tant. Le port & le raport d'une letre, d'une valise, d'un balot, &c.) Recit de bouche, ou par écrit. Le mot de *raport*, en ce sens, est d'ordinaire un mot de *Pratique*, de *Chirurgie*, ou de *Juré* de quelque métier. [Ils ont voulu s'instruire du diférend pour en faire le raport. *Patru, plaidoié* 15. Le procès est au *raport* de Monsieur un tel. Le raport des jurez porte telle chose. Les chirurgiens ont fait leur raport.]

Raport. Ce mot se dit aussi dans le langage ordinaire & sans parler pratique, ni chirurgien. Il veut dire le recit d'une chose qui s'est passée. (Faire le raport d'une chose qu'on a vuë. *Vaug. Q. C. l. 3. ch. 8.*)

Raport. Terme de *Palais*. Récit que fait un Commissaire en pleine Chambre de l'état d'un procès qu'on lui a donné à voir & à éxaminer. (Faire le raport d'un procès. Vôtre afaire est au raport d'un tel Conseiller. Oüir le raport, &c.)

Raport. Il se dit des sommes qu'on est obligé de raporter dans la masse d'une succession avant que de la partager. (Chatun des cohéritiers est obligé de faire le raport de ce qu'il a reçu en avancement d'hoirie. Il a reçu tant à charge de raport.)

Raport. Paroles basses, flateuses & malignes que quelque domestique dit à son maître à déssein de nuire à un autre domestique. Le mot de *raport* en ce sens se met ordinairement au *pluriel*. Paroles flateuses & malignes qu'on dit à des gens de qualité pour faire tort à quelcun. [Il gagnoit l'amitié des Grans par les *faux raports*, & les calomnies. *Abl. Rét. liv.* 1. *ch.* 4. C'est un lâche & un fat qui broüille toute la maison par ses raports.]

Raports. Conformité. Proportion. Liaison & regard entre les choses qui viennent, ou qui dépendent les unes des autres. Liaison qui se rencontre entre les parties d'un tout. [Les langues n'ont pas toûjours du raport. *Abl. Tac.* La Religion est liée à toutes les choses du monde par le *raport* qu'elles ont à la fin derniére qui est Dieu. *Port-Roial.* N'avoir raport à rien, *Abl. Luc.* Elle est incapable de rien aimer que par raport à elle. *Port-R.* Les arts & les sciences ont un grand *raport* avec les sens, *Talemant, vies de Plut. T.* 7. Mon humeur a raport avec la vôtre. Une copie, en matiére de peinture, est d'autant plus belle qu'elle a plus de raport avec son original. *Nov. rem. sur la langue Franç.*)

Raport. Terme de *Géometrie* & d'*Aritmétique*. C'est la rélation que les nombres & les autres quantitez ont les unes aux autres. On l'apelle aussi raison & proportion. (Le raport du petit au grand, ou du grand au petit. L'antécédent a un tel raport à un conséquent, que &c. Il n'y a aucun raport du fini à l'infini. On ne connoit pas exactement le raport que les quantitez incommensurables ont entr'elles.)

Raport. Ce mot se dit en parlant de certaines choses qu'on mange & il veut dire *vapeurs* des choses qu'on a mangées & que l'estomac renvoie à la bouche, ce qui se fait ordinairement lorsqu'on a trop mangé. Le mot de *raport*, en ce sens, se dit qu'au *pluriel*. (Cette viande m'envoie des raports. J'ai eu toute l'après-dinée des raports parce que j'ai mangé des œufs durs.)

Raport. Ce mot se dit des arbres & des fonds de terre. Revenu & profit que les arbres, ou les terres qu'on cultive, rendent aux propriétaires. Fruits que les arbres, ou les terres aportent aux possesseurs. (Diogéne voiant un arbre où il y avoit des femmes pendues, il n'y en a guére de meilleur raport. *Abl. Apo.* Terre qui n'est pas de grand raport.)

Raporter. Aporter de nouveau. Aporter. (Vous portâtes hier ma valise au coche, allez la requerir & rapportez-là moi, j'y veux prendre quelque chose. Les soldats raportoient tout le butin à leurs Capitaines. *Abl. Tac. An.* l. 12.)

Raporter. Redire. Raporter. Dire. (Jamais la renommée ne *raporte* les choses au vrai. *Vaug. Quin. liv.* 9. *c.* 2. On me vient de *raporter* que vous aviez de l'amour pour moi. *Moliere.* Vous avez été tout raporter au mari. *Moliere.*)

Raporter. Citer. Aléguer. (Il a raporté l'exemple des anciens Orateurs qui n'avoient pour but que la réputation. *Abl. Tac. An. l.* 11. Il a mis à l'entrée de ses livres la liste des Auteurs qu'il raporte. *Pasc. l.* 5. Nôtre Pére Escobar *raporte* qu'il est permis de dérober dans une extrême nécessité. *Pasc. let.* 8. Il *raporta* pour sa justification la doctrine du Pére Bauni. *Pascal, letre* 6.)

Raporter. Terme de *Palais*. C'est considérer toutes les piéces d'un procès & en faire son raport à la Chambre. (Raporter un procès. *Pasc. l. c.*)

Raporter. Conformer. (Cette attache vitieuse souïlleroit les actions les plus saintes si on les raportoit à cette fin. *Pascal, l.* 14.)

Raporter. Tendre. Avoir pour but. (Raporter tout à son profit. *Scaron.*)

Raporter. Remporter, avoir, tirer quelque avantage. (Il se mit au service de Cirus sous l'espérance d'en raporter beaucoup d'honneur. *Abl. Rétor.* l. 1. *c.* 4.)

Raporter. Faire venir. Tirer. (Aléxandre tâcha de *raporter* son origine aux Dieux. *Ablanc. Art.* l. 7. Il dit beaucoup de cho-

RAP.

ses de leur origine qu'il *raporta* au peuple d'Argos. *Abl. Tac. An. liv. 12. chap. 19.* Vous *raporterez* toutes choses au Ciel. *Voiture l.63.*)

Raporter. Ce mot se dit de la *terre*, des *arbres* & des *plantes*, & il veut dire *produire*, *porter*. (La perfection des arbres est de *raporter* du fruit. *Abl.* Cette terre raporte deux fois l'année.

† * C'est une honte qu'un tel ouvrage après un si grand bruit, ne raporte aucun fruit. *S. Amant.*)

Se raporter, v. r. Convenir. Avoir du raport & de la ressemblance. (Son humeur *se raporte* assez à la mienne.)

Se raporter. Avoir raport. (Ces paroles *se raportent* où nous prétendons qu'elles *se raportent.* *Patru*, pl. 12.)

Se raporter. Se remettre au sentiment d'une personne, en passer par son avis. Prendre quelcun pour arbitre, pour témoin de quelque chose dont il s'agit. Se tenir aux décisions d'une personne. (Cela est vrai si on *s'en raporte* à de certaines gens. *Moliere, fem. Sav.* S'il saloit *se raporter* à ce que S. Tomas écrit des bénéfices il y auroit bien des Simoniaques. *Pasc. l. 9.* Les Confesseurs sont obligez de *se raporter* à nous pour les cas de conscience. *Pasc. l.6.*)

Se raporter. Ce mot en termes de *Palais* signifie Se juger. Se décider. Se terminer. (Son afaire se raportera ce matin. Son procès ne se raportera point de ce Parlement.)

Raporté, raportée, adj. Aporté de nouveau. (La chose a été raportée.)

Raporté, raportée. Raconté. Dit. (Le fait a été raporté de la sorte.)

Raporté, raportée. Qui est composé de choses qui ont du raport & qui s'ajustent les unes avec les autres. (Une table de piéces raportées.)

Raporteur, s. m. C'est le Juge qui fait le raport d'un procés aux Messieurs de la Chambre. (Avoir un bon Raporteur. Donner un Raporteur. Corrompre un Raporteur.)

Raporteur, s. m. raporteuse, s. f. Il se prend aussi en mauvaise part & signifie celui ou celle qui fait des raports, ou faux, ou de choses qu'il auroit dû taire; & qui par ses raports met de la division entre des personnes. (C'est un franc raporteur. C'est une vraie raporteuse.)

Raporteur. Terme de *Géometrie.* Il y a en Géometrie deux sort ses de raporteurs. *Le prémier* est un petit demi cercle ordinairement de léton & quelquefois de corne, divisé par son bord exterieur en 180. degrez, servant à faire connoître le nombre des degrez d'un angle construit sur le papier, & à former des angles sur le papier de tant de degrez qu'on veut, *Le second raporteur* est un instrument composé de plusieurs cercles ou de plusieurs demi cercles concentriques tracez sur une même superficie, divisez en degrez par des raions qui vont du centre à la circonference. Cet instrument sert dans la Trigonometrie à suputer les triangles rectilignes sans calcul.

RAPRENDRE, *v. a.* Aprendre de nouveau. *Je raprens, Je raprenois, J'ai rapris, Je raprins.* (Je m'ofre de vous raprendre le Latin cet hiver. *Voit. let. 82.*)

RAPRIVOISER, *v. a.* Aprivoiser de nouveau. Il est dificile de raprivoiser les animaux qu'on a mal traitez.

* *Se raprivoiser*, *v. r.* Redevenir privé & familier. Il se dit des personnes. (On a beau chasser les écornifleurs, ils se raprivoisent aisément.)

RAPROCHER, *v. a.* Aprocher encore de plus-prés. Il faut raprocher cela.

* *Raprocher*, *v. a.* Terme de *Jardinier.* Il se dit des arbres. C'est racourcir les branches des arbres qui s'ouvrent trop, ou les branches qui aiant été laissées trop longues, ou trop étenduës, soit en espalier ou en buisson, font un desagrément dans l'arbre, en y faisant vuide un endroit qui doit étre garni. Et ainsi les branches racourcies en produisent de nouvelles à leur extremité qui rendent l'arbre plus fourni. (Il faut raprocher ces branches)

Se raprocher, *v. r.* S'aprocher de nouveau de quelque personne, ou de quelque lieu. (Il a hâte de *se raprocher* de vous. *Voit. l. 39.* Ces deux furieux *se raprochent* toûjours. *Racine, Thébaïde, a. 5. sc. 3.* Il demeuroit fort loin du Palais, mais il s'en est raproché. Le Soleil se raproche de nous après le Solstice d'hiver.)

RAPSODIE, *s. f.* Ce mot vient du Grec, & il se dit par raillerie & avec dessein d'ofenser. C'est une sorte de production d'esprit composée de plusieurs choses ramassées de divers Auteurs & de divers endroits. (Je viens de voir pour mes péchez cette méchante *rapsodie* de l'Ecole des femmes. *Moliere.* Il y a bien des Auteurs qui croient être des grans Hommes, & qui néanmoins ne font que des centons, ou des rapsodies. M. Ménage, la Mothe le Vaier & Mr. Huet nous ont donné d'agréables *rapsodies.* A... a fait certaines *rapsodies* de politique qui valent mille fois mieux que ce qu'il a composé de lui même.)

RAPT, *s. m.* Ce mot vient du Latin *raptus*, & dans les discours ordinaires il semble consacré à l'élévement des Sabines. En efet hors de là, l'on ne se sert de *rapt* qu'au Palais. (Le rapt des Sabines est fameux. L'histoire Romaine parle du rapt des Sabines. On parle encore dans les Fables du rapt de Ganimède & de celui de Proserpine.

† *Rapt, s. m.* Ce mot ne se dit d'ordinaire qu'au *Palais.* C'est l'enlévement qu'on fait d'une fille ou d'une femme. Le rapt est odieux & scandaleux. Le rapt est digne de peine. Se plaindre d'un rapt. *Patru*, pl. 11. Aculer d'un rapt. Couvrir, cacher son

RAQ. RAR. RAS.

rapt. Condamner quelcun de rapt. Les Loix punissent *le rapt* comme un crime capital. *Le Meit. plaid. 18.* Voici un Pére qui se plaint d'un rapt. *Patru*, 11. pl.)

RAQ

RAQUE, *s. f.* Terme de *Marine.* Ce sont des petites boules de bois enfilées comme des grains de Chapelet que l'on met autour d'un mât, &c. Voiez *Racage.*

Raque gougée. C'est une raque, où l'on a fait une échancrure sur le côté pour y faire entrer une corde de moienne grosseur.

Raque couchée. C'est une *raque gougée* qui a une coche tout autour, dans quoi on pose le Bitord qui sert à l'amarrer. *Ozan. Dict. Math.*

RAQUETTE, *s. f.* Instrument dont on se sert pour joüer à la paume, qui est composé d'un bois plié en rond, au bout duquel il y a un manche couvert de cuir, & sur ce bois plié en rond il y a plusieurs cordes de mouton tenduës & attachées dont les unes s'apellent *montans* & les autres *travers.* (Une raquette lourde. Faire une raquette. Monter une raquette, c'est lui mettre des cordes & garnir le manche de cuir.)

Raqueton, s. m. Raquette plus large que les raquettes ordinaires.

Raquetier, s. m. Celui qui fait & vend des balles & des raquettes, mais qui ne peut vendre des bales neuves, (Il est maître raquetier à Paris. Voiez *Paumier.*)

SE RAQUITER, *v. r.* Ce mot se dit d'ordinaire entre joüeurs & veut dire Reparer. Recouvrer. Ravoir ce qu'on a perdu. (Je perdois dix pistoles, mais à la fin j'ai joüé de bon-heur & je me suis raquité.)

RAR

RARE, *adj.* En Latin *rarus.* Qui arrive peu souvent. Qui ne se trouve pas ordinairement. Dificile à avoir parce qu'il y en a peu. (Événement rare. Livre rare. L'argent est plus rare que jamais. *Le Comte de Bussi.*)

† *Rare* Excellent, Prétieux. Singulier. Extraordinaire. La plus rare & la plus parfaite personne du monde m'honore de son souvenir. *Voiture, l. 16.* Un rare secret. Un esprit rare. Un savoir rare.)

Rare. Terme de *Philosophie.* Ce qui n'aiant que peu de matiére ocupe une grande étenduë. (Corps rare. L'air est plus rare quand il est échaufé. L'éponge & la pierre ponce sont des corps rares.) Ce mot *rare*, en ce sens, est oposé à celui de *dense.*

Rarement, *adv.* Peu souvent. (Elle sortoit rarement en public. *Abl. Tac. An. l. 13.*)

Raréfaction, s. f. Terme de *Philosophie.* On apelle *raréfaction* lors qu'un corps paroit sous une plus grande étenduë que celle sous laquelle il paroissoit auparavant, sans qu'on se soit aperçu qu'il y soit entré aucune matiére. *Roh. Phis. l. 1.*

Raréfactif, raréfactive, adj. Qui a la propriété de rarefier. (Vertu ratéfactive.)

Raréfier, v. a. Terme de *Philosophie*, Il se dit lors qu'un corps paroit sous une plus grande étenduë que celle sous laquelle il paroissoit auparavant sans qu'on se soit aperçû qu'il y soit entré aucune matiére. (La chaleur *raréfie* de certains corps. Corps raréfié.)

Rareté, s. f. Ce mot se dit des choses rares, des choses qui arrivent rarement, ou qui se font rarement, & c'est ce que les Latins expriment par ces mots *paucitas*, *infrequentia*, *raritas.* (Les bontez que font les méchantes personnes, sont beaucoup mieux reçuës & la *rareté* donne quelque prix à l'action. *Voit. l. 50.* La rareté de l'or & des diamans fait leur prix.)

* *Rareté.* Curiositez. (C'est un homme qui a mile raretez dans son cabinet.)

† *Rarissime, adj.* Mot de conversation qui veut dire *Tres-rare.* Qu'on trouve fort peu. Qui arrive peu souvent. (Cela est rarissime. C'est un manuscrit rarissime.)

RAS.

RAS, *rase, adj.* Ce mot signifie *rasé*, mais il ne se dit pas si ordinairement que *rasé*, quoi qu'il y ait des endroits où il vienne mieux que le mot *rasé.* (Elle ôta sa coifure & parut toute nuë & la *tête rase.* *Abl. Luc. t. 3.*)

* *Ras, rase.* Ce mot se dit en parlant de campagne, & il signifie *Découvert.* Où il n'y a ni bois, ni retraite pour se sauver. Le mot *ras* en ce sens ne se trouve usité qu'au féminin. (Il rencontra l'ennemi en rase campagne. *Abl. Ar.* Etre en rase campagne. *Vaug. Qu. l. 10.*)

* *Ras, rase.* Ce mot se dit des draps & des habits & veut dire qui n'a point de poil. Etofe, ou habit dont le poil est tombé, ou usé. (Velours ras. Le Poëte Chapelain qui étoit le plus riche des Auteurs de son tems portoit un manteau usé ras, & le sieur Varillas, qui n'est pas mal avec la même fortune porte un manteau qui décend en droite ligne de celui du fameux Chapelain.)

Bâtiment ras. Terme de *Mer.* C'est un bâtiment qui n'a ni pont ni tillac, ni couverture.

Ras, s. m. Sorte de serge qu'on fabrique à Châlons en Champagne. (Le ras de Châlons est d'un tres-bon usé. S'habiller d'un bon ras de Châlons.)

Ras, s. m. C'est une mesure en Piémont, qui est environ de la longueur d'une demie aune de France.

Ras, adj. Il se dit en Terme de Marine, d'un vaisseau qui n'est point ponté, & qui ne porte point de couverte, comme sont les chaloupes, les brigantins, &c. On dit qu'un Bâtiment est ras à l'eau, qui étant ponté est bas de bordage.

Table rase. Ces mots viennent du Latin tabula rasa, & ils se disent de l'esprit d'un jeune homme, pour dire que son esprit n'aiant encore point reçu d'impression, il est capable de recevoir telle doctrine qu'on voudra.

† Rase, s. f. En termes de Marine, c'est de la poix qu'on mêle avec du Brai pour calfater un Vaisseau.

Rasade, s. f. Verre tout plein de vin. Verre tout plein de quelque liqueur. (Boire de grandes rasades.)

Rasant, rasante, adj. Terme de Fortification. (Flanc rasant. Ligne rasante. Défense rasante.) Il se dit de l'endroit de la courtine, ou du flanc, dont les coups qu'on tire, rasent, c'est à dire, vont le long de la face du bastion oposé.

† Rasement, s. m. L'action de raser & de démolir. Démolition. (Le rasement d'une forteresse.)

Raser, v. a. Faire la barbe. Couper le poil des jouës avec un rasoir. Couper les cheveux ou quelques poils que ce soit avec un rasoir. (Il a l'honneur de raser le Roi. Raser une tête. C'est un garçon qui rase bien.)

* Raser. Ce mot en parlant de murailles, de viles, de fortifications, & de bâtimens veut dire Démolir. Détruire entierement. (Il rasa la vile jusques au fondement. Abl. Ar. liv. 1. ch.7. Barbare Colisée, pourquoi ne vous rase-t-on pas : Saint Amant, Rome ridicule.)

* Raser. v. a. Il se dit des corps qui passent fort prés de quelques autres & ne les touchent que légerement. (On dit au jeu de Paume, la bale a rasé la corde. On dit en termes de Fortification, qu'un coup de mousquet rase la face d'un Bastion. Ce coup de pistolet lui a rasé la moustache, c'est à dire passé fort prés de son visage.)

* Raser le tapis. Termes de Manège. C'est galoper prés de terre. (Cheval qui rase le tapis.)

Raser, v. n. Ce mot se dit en parlant des coins du cheval qui sont de certaines dents. On dit. [Cheval qui rase, ou a rasé. C'est à dire, qui n'a plus les coins creux de sorte que le creux où étoit la marque noire, est rempli & la dent est rase & unie, ce qui arrive environ à la huitiéme année du cheval.

* Raser. Terme de Mer & de gens qui navigent. Il signifie côtoier. (L'armée partit par un bon vent & rasa la côte. Ablancourt, Rétorique, livre 6. Il rasa la côte avec ses navires. Ablancourt. Ar. liv. 1. Nous commençâmes à raser la terre sans y décendre. Abl. Luc. T.2. tpb. l.1.)

Raser un Vaisseau. Terme de Marine. C'est lui ôter ce qu'il a d'œuvres mortes sur ses hauts. Oz. Dict. Math.

Rasé, rasée, adj. Qui a le poil fait, coupé. Net. Démoli. (Joüe bien rasée. Menton rasé. * Ville rasée, Mai. Poë. * La forteresse étant rasée il entra dans l'état du Roi. Vau. Quin. l. 9.)

Rasette, s. f. Terme de Chiromancie. Prémiére partie de la main, qui sont des lignes imédiatement au dela de la paume de la main & à la jointure du bras ; & qui, à ce que veulent les diseurs d'horoscope, marquent la brièveté, ou la longueur de la vie. [Tricasse c.6. de sa chiromance conte que quand les rasettes sont belles, nettes, sans rides & sans lignes qui les coupent, elles marquent que la personne est d'un bon tempérament.]

Rasette, s. f. Terme d'Organiste. C'est un fil de fer qui sert à aborder les jeux d'anche, & qui fait hausser ou baisser leurs tons selon qu'il presse plus ou moins, leurs languettes.

† Rasibus. Mot burlesque pour dire Tout net. Entierement. [On lui a coupé tout rasibus.]

Rasle. Voiez râle.

Rasler. Voiez râler.

Rasoir, s. m. Instrument composé d'un taillant d'acier fin & d'chasse de bois d'ébène, ou d'écaille de tortuë, duquel on se sert pour raser, & faire le poil. (Un bon rasoir. Un méchant rasoir. Un rasoir qui va bien, qui prend bien, qui coupe bien, qui rase bien. Essaier un rasoir. Tenir bien se rasoir. Repasser un rasoir.)

Raspatoir, s. m. Instrument de Chirurgie. C'est à racler un os, quand il est fendu, ou fracturé, pour voir jusqu'où pénétre la fente ; & aussi pour l'aplanir lors qu'il est raboteux, ou vermolu. On l'apelle aussi rugine.

Rassasier, v. a. Apaiser la faim. Beraut est un animal qui a une faim canine, on ne le sauroit rassasier, en sa bouche un chapon devient une alouëtte.]

Se rassasier, v. r. Manger autant qu'il est nécessaire pour apaiser sa faim ; & pour contenter son apetit. [Se rassasier de méchantes choses. Ablancourt]

† Rassasiement, s. m. L'action de rassasier. (Le rassasiement de cinq mile personnes avec cinq pains & deux poissons fut miraculeux.)

* Rassasier. Il se dit au figuré. (Rassasier un désir. Rassasier une ame.)

Rassembler, v. a. Assembler. Réjoindre. (Mon dessein est de rassembler en un corps tout ce qu'on a écrit d'Aléxandre.

Ablancourt, Ari. l. 1. chap. 1. Il les fit construire en sorte qu'on les pouvoit démonter, & après les rassembler. Vaugelas, Quin. l. 8. c. x.

Rassembler, v. a. Ce mot se dit en parlant de troupes & de soldats ; & il signifie Réünir. Ramasser. (Rassembler des troupes. Ablancourt. Ar. l. 1. Il avoit rassemblé huit mile Grecs du débris de l'armée. Vaug. Quin. l. 4. Mes gens sont écartez, ils faut les rassembler. Cadmus. a. 3. sc. 3.)

Se rassembler, v. r. S'amasser. (Les uns cherchent leurs drapeaux & les autres se rassemblent autour. Ablancourt, Tacite, Histoire, livre 1. chapitre 9.)

Rassiéger, v. a. Rassiéger. C'est assiéger de nouveau. Quelques uns disent réassiéger, mais mal. La raison veut qu'on dise rassiéger. (On a rassiégé la place, & la derniére fois qu'on l'a emportée.)

Rassoir, v. a. Ce mot pour dire assoir de nouveau n'est pas en usage. La derniére r de ce mot se prononce. En la place de rassoir on dit aussi s'assoir encore. Il ne se dit presque, mais c'est dans un sens de verbe reciproque. Il se conjugue comme s'assoir.

* Rassoir, v. n. Ce mot se dit de l'eau & de tout ce qui est liquide & qui a été agité. Il signifie reposer. [Il faut laisser rassoir cette eau. Faites rassoir cette eau. On dit aussi & même plus souvent, Laissez reposer cette eau. Faites reposer cette eau.] On le dit des autres liqueurs. On dit aussi il faut laisser rassoir sa bile. Laisser rassoir le tems.

Se rassoir, v. r. Ce mot pour dire. S'asseoir de nouveau. S'asseoir encore n'est pas usité.

* Se rassoir, v. r. Il se dit des liqueurs & signifie se reposer, s'éclaircir & se purifier. (L'eau reposée se rassied. Le vin demeure quelquesfois longtems à se rassoir. La mer se rassied, quand elle se calme après la tempête. On dit aussi que la poussiére que le vent avoit agitée se rassied quand le vent cesse.

* Se rassoir. Se remettre du trouble où l'on étoit.

(Ses discours insolens m'ont mis l'esprit en feu,
Et je veux prendre l'air pour me rassoir un peu. Moliere,
Tartufe, aste 2. scéne deuxiéme.)

* Rassis, rassise, adj. Ce mot se dit de l'eau & signifie reposé. (Eau rassise ; On dit aussi eau reposée.) Il se dit aussi des autres liqueurs.

* Rassis, rassise. Ce mot se dit du pain & veut dire. Qui est un pain dur. Qui n'est pas tendre. (Pain rassis. Le pain rassis de sept ou huit jours n'est pas si sain que le pain tendre. Manger du pain rassis.)

* Rassis, rassisse. Ce mot se dit de l'esprit, des sens & des personnes, & il veut dire, Posé, Tranquille. Qui n'agit pas étourdiment. (Sens rassis. C'est un jeune homme qui a l'esprit fort rassis.)

† Rassoter. v. a. Rendre sot. Faire devenir sot, bête & stupide. (La trop grande solitude rassote les gens)

Rasserener, v. a. Pour dire rendre serein. Ce mot n'est pas guére en usage.

Rassurer, v. a. Donner de l'assurance à des gens qui tremblent. Rendre plus hardi. Afermir le courage. Remettre quelcun du trouble où il est. (La victoire. rassura ceux qui branloient. Ablancourt, Tacite, An. l. 1 1. Ces paroles ne rassurérent pas seulement le Roi, mais elles lui remplirent l'ame de joie. Vaugelas, Quin. livre 3. Le bon Pére étoné d'une telle parabole ne me répondit rien, & je lui dis doucement pour le rassurer. Pas. l. 2. Rassurez-moi de ma crainte, car j'en ai besoin. Voi. l. 64.)

Se rassurer, v. r. Se rafermir le courage. Reprendre l'assurance. Se remettre de son trouble. (En un instant ils tremblent & se rassurent. Ablancourt, Tac. Agricola. Ils eurent le loisir de se rassurer de leur éfroi. Sar. prose.)

Rasure, s. f. Terme de Chartreux elle consiste à faire la barbe & à raser la tête des Chartreux. (La rasure se fait le matin, tous les 15. en un lieu du Couvent qu'on apelle Barberie. (C'est aujourd'hui la rasure.)

RAT.

Rat, s. m. Petit animal noirâtre qui a quatre piez, une longue queuë, l'ouïe subtile, qui ronge ce qu'il trouve, qui vit de grain, de légume, de fromage, de chair & qui a de l'antipatie pour le chat, la belête & l'épervier. [Un gros vilain rat. Rat domestique. Rat de jardin. Rat d'eau. (Voiez queuë de rat.) Il est gueux comme un rat d'Eglise. Sorte de proverbe pour dire il est fort gueux.

* Il a pris un rat. Façon de parler proverbiale dont on se sert à Paris quand on veut se moquer d'une personne qui a manqué son coup. Tout vôtre éclat & vôtre beauté, Philis, prendront un rat. C'est un nid à rats. Cela se dit d'un lieu étroit, obscur & sale.

Ils sont heureux comme des rats en paille. C'est à dire, ils ont abondance de vivres, & ils les mangent en repos.

* Elle a eu un rat. C'est à dire, qu'on lui a posé sur le dos la figure d'un rat pour se moquer en suite d'elle, & c'est que font à Paris les enfans aux jours gras. Ils apliquent la figure d'un rat sur le dos des femmes ou des filles qui passent, dans les ruës & qui ne leur paroissent pas Demoiselles, ni bourgeoises considérables & après il les sistent.

Rat d'eau. C'est un rat qui vit dans l'eau.

Rat d'Egypte. Sorte de petit animal qui a quelque chose de l'écureuil, qui entrant dans la gueule du crocodile se glisse dans son ventre & lui ronge les entrailles.

† * *Rat de cave.* Termes injurieux dont le petit peuple de Paris se sert pour dire *un commis aux caves*, qui est celui qui visite le vin dans les caves des cabaretiers de Paris, qui écrit sur son regître le nombre des muids, & fëüillettes qu'il a trouvez dans les caves du quartier qu'il visite, qui les roüane, c'est à dire, qui les marque & en fait son raport au bureau, afin que les cabaretiers paient au Roi les droits qu'ils doivent païer. (Un tel est rat de cave. Un rat de cave gagne tous les ans sept ou huit cens francs, tandis que le pauvre François Colletet fait Poëme sur Poëme & n'en gagne pas le quart d'autant. *Jetta Maron tuoi versi con la lira in un cesso.*)

Rat. Terme de Mer. C'est un endroit de mer où il y a quelque courant rapide & dangereux, ou quelque contre-marée, ou des marées diférentes. Un *rat* est ordinairement dans un canal ou dans une passe, ou un passage, entre des bancs, ou des terres. Il se trouve quelquefois des *rats de marée*, c'est à dire, des contremarées dans le large de la mer.

Rat. Terme de Mer. C'est une espèce de ponton composé de planches atachées sur trois ou quatre mâts pour servir aux calfateurs quand ils donnent la carenne, ou le radoub aux vaisseaux.

Rat. Terme de Mer. Ce mot se dit des maneuvres lorsque le cordage en est plus gros par en haut que par en bas. (On dit, une écoute à queuë de rat. C'est à dire, une sorte de cordage. Guillet, Termes de *navigation*.)

Rat. Terme de *Tireur d'or*. Fers à plusieurs petits trous par où grossir l'or & l'argent. (Rat à dégrossir l'or. Rat à dégrossir l'argent. Dégrossir l'or où l'argent avec des rats. Dégrosser l'or ou l'argent par des rats)

RATACHER, *v. a.* Atacher de nouveau. (Cela n'est pas bien araché, il le faut ratacher.)

† RATACONNER, *v. a.* Ce mot est bas, & signifie *rapetasser*.

† RATATINÉ, *ratatinée*, adj. Vieux. Sec ; & ridé. (Il en vint une vieille *ratatinée* qui s'étoit souvent sauvée des souricières. *Port-Roial, Traduction de Phedre*.)

Ratatiné, *ratatinée*, adj. Terme de *Jardinier*. Il se dit des plantes qui viennent mal, & sortent de terre misérablement. (Mes racines ne sortent point bien de terre, elles ne viennent, ni belles, ni grosses, ni longues, elles sont toutes ratatinées, *Quint. Jard. fruit. T.1.*)

RATE, *s. f.* Partie du corps mole, spongieuse & noirâtre, placée dans le flanc gauche & apuiée sur le fond de l'estomac. (La fonction de la *rate* est de décharger la masse du sang de sa partie noire & terrestre, tant pour la recuire que pour s'en nourrir. *Deg. Décharger la rate*, c'est la purger de ce qu'elle a de plus-grossier & de plus-impur.)

† * Il faut qu'enfin j'éclare,
Que je leve le masque & décharge ma rate,
Moliere, Femmes Savantes, acte 2. sc. 7.

C'est à dire, que je rie & dise ce que je pense.

† * Au lieu de guérir les autres du *mal de rate*, j'en mourrois. *Voiture*, l. 58. C'est à dire, au lieu de faire rire les autres.

† * *S'épanouir la rate*. C'est à dire, se réjouir.

RATEAU, *s. m.* Outil qui a plusieurs dents de fer, ou de bois, tout d'un rang avec un manche de bois, & qui sert à amasser les herbes & autres choses. Prononcez *rato*. (Tirer avec le rateau.)

Rateau. Terme de *Serrurier*. Petits morceaux de fer qui garnissent une serrure & qui passant entre les dents de la clé qui est faite pour ouvrir la serrure, empêchent qu'une autre clé ne puisse ouvrir cette même serrure.

Rateau. Terme de *Cordier*. La partie du rateau où sont les dents au travers desquelles passe le fil lorsque le cordier travaille.

† *Ratelée*, *s. f.* Autant qu'on peut tirer de quelque chose avec un rateau.

† * *Ratelée*, *s. f.* Mot bas & burlesque. (*J'en dirai ma ratelée*, *Saint Amant.* C'est à dire, j'en dirai ce que je pense, ou ce que je sai.)

* *Rateler*, *v. a.* Terme de *jardinier*. C'est ôter avec le rateau les pierres, les mores & autres choses, des planches de quelque jardin qu'on a labourées. (Il faut rateler ces planches.)

Rateleux, *rateleuse*, adj. Qui a mal à la rate (Il est rateleux. Elle est rateleuse.) Ce mot de *rateleux* ne se dit guère qu'en parlant familiérement & le plus souvent entre Médecins & autres gens du métier.

Ratelier, *s. m.* Ce qui est atâché un peu au dessus de la mangeoire des écuries & dans quoi on jette le foin & la paille pour les chevaux & autres bêtes. (Etre atâché au ratelier. *Ablancourt, Lucien, Tome 3.*)

Ratelier. Sorte de *tringle* de bois où il y a plusieurs espèces de chevilles de bois que les tourneurs apellent *roses*, ou *rosettes*, aussquelles on pend des habits & sur lesquelles on met des armes comme des épées, des fusils, des pistolets. Ainsi on dit. (Faire un ratelier de corps de garde, & un ratelier pour mettre des habits. On fait aussi des *rateliers* à mettre des formes, dont se servent les cordonniers.)

Ratelier. Terme de *Bonnetier*. Petit quarré de bois garni de dents de bœuf qu'on met dans la fouloire pour fouler la besogne.

Ratelier. Terme de *Rotisseur*. Pièce de bois de dix ou douze piez de long, accommodé d'ordinaire par un Menuisier, où il y a des chevilles ausquelles le Rotisseur pend son gibier. Le Ratelier est du côté de la ruë & presqu'au haut de la boutique. (Un ratelier bien ou mal garni. Pendez ces perdrix, ou ces liévres au ratelier.)

RATEINDRE, *v. a.* Ateindre quelcun qui a gagné les devants, qui est parti le prémier. (On a dépêché un second courier avec charge de rateindre le prémier.)

RATENDRIR, *v. a.* Il signifie la même chose qu'*Atendrir*.

RATIERE, *s. f.* Souricière. Sorte de petite trape de bois pour prendre les rats & les souris. (Une bonne ratière.)

Ratiére. Terme de *Rubanier*. C'est le métier dont le rubanier se sert pour faire de la gance.

RATIFICATION, *s. f.* Prononcez *ratificacion*. Terme de *Pratique*. Acte par lequel on aprouve quelque chose qui a été faite. (Aporter la ratification du traité de paix. S'opoler à la ratification d'un écrit. Comment ce Père a-t-il pû obliger ma partie à la ratification d'un voeu qui avoit été fait avant l'âge. *Le Mait. plaid.6.*)

Ratifier, *v. a.* Terme qui est d'ordinaire de Pratique & qui signifie. *Aprouver. Confirmer.* (Il l'assuroit que Vespasien *ratifiroit* leur acord. *Ablancourt, Tac. Hist. l.2. c.25.*)

Ratifié, *ratifiée*, adj. Aprouvé. Confirmé. (L'éléction fut ratifiée par le Senat. *Ablancourt*, *Tac. An. l.12.*)

RATINE, *s. f.* Sorte d'étofe de laine dont on se sert ordinairement pour doubler. (Ratine blanche. Ratine rouge. Juste-au-corps double d'une bonne ratine de Holande.)

RATIOCINATION, *s. f.* Terme de *Logique*. Faculté de raisonner.

RATION, *s. f.* Prononcez *Racion*. Mot qui vient de l'Espagnol & qui veut dire *une portion de pain de munition*. (Une petite, ou grosse ration. Distribuër les rations aux soldats, Le mot de *ration* se dit aussi en parlant de *fourrage* & c'est une portion de fourrage. Chaque cavalier doit avoir une ration de pain & de fourrage.)

Ration. Terme de *Mer*. Portion de boisson & de viande ; ou de quelque chose que ce soit qu'on mange & qu'on distribuë à chacun dans le bord. On apelle aussi cette sorte de ration, *raison. Fournier*.)

RATIONAL, *s. m.* Prononcez *Racional*. Ce mot est Latin, & il ne se dit point d'une pièce d'un vêtement Sacerdotal, qui étoit en usage entre les Juifs.

Rationnel, *rationnelle*, adj. Prononcez *racionel*. Terme de *Géometrie*. Il se dit des quantitez dont la grandeur est connuë, & de celles qui ont entr'elles quelque raport connu. (Quantitez rationnelles.) Le contraire est *irrationnel*.

RATISSER, *v. a.* Ôter le superflu de quelque chose avec un fer, ou instrument propre à cela. Netteïer avec une ratissoire. (Ratisser un cuir. Ratisser les montées. Ratisser les carreaux. Ratisser les allées d'un jardin.)

Ratisser. Terme de *Relieur*. C'est ôter le tan des peaux de veau avec la dague. (Ratisser les veaux.)

Ratisser. Terme de *Doreur sur tranche*. Ôter quelque chose de la tranche & des bords des livres avant que de les dorer.

Ratissoire, *s. f.* Instrument de fer à manche de bois avec quoi on ratisse les montées dans une maison & les allées d'un jardin. (Le fer de la ratissoire est rompu.)

Ratissoire. Petit instrument de fer avec quoi les ramonneurs netteient les cheminées.

Ratissoire à soulier. Morceau de fer large de deux ; ou de trois doigts à l'entrée de la premiere porte d'un Couvent, pliû en peu en rond, & scellé par les deux bouts à la muraille sur lequel les Religieux qui reviennent de ville & qui ont les piez crotez ôtent la grosse crote de leurs souliez.

Ratissure, *s. f.* Ce qu'on a ôté d'une chose qu'on a ratissée. [Jetter les ratissures.]

Ratissure. Terme de *Relieur*. Ce qu'on a ôté des peaux de veau avec la dague.

RATON, *s. m.* Diminutif de rat. Petit rat. Terme de *Patissier de Paris*. Sorte de petite tarte qu'on vend deux liars & que les aprentis patissiers, ou les servantes des patissiers vendent ordinairement sur des claions par les ruës de Paris. (Criez des ratons. Raton tout chaud. Raton tout bouïllant)

RATRAPER, *v. a.* Ateindre à force de marcher une personne qui est devant nous & qui a déjà fait du chemin. (Il l'a ratrapé à mi chemin.)

* *Ratraper*. Recouvrir. Regagner. Reprendre. (On a ratrapé les chevaux que les voleurs avoient enlevez. Il a ratrapé l'argent qu'il avoit perdu.)

Ratraper. Tromper celui qui nous a trompez. (Il m'a atrapé, mais je le ratraperai une autre fois. On ne m'y ratrapera plus.)

RATURE, *s. f.* Efaçure. Chose éfacée avec la plume. (Il faut qu'il n'y ait aucune rature dans les lettres qu'on écrit à des personnes de respect. Faire des ratures.)

Rature. Terme de *Parcheminier*. Ce qu'on ôte du parchemin avec le fer à raturer. (Les ratures de parchemin sont bonnes pour faire de la colle & les parcheminiers les vendent aux drapiers & autres.)

Rature. Terme *Potier d'étain*. Petite bande d'étain en forme de ruban étroit & délié qu'on apelle *nonpareille*, & que le crochet enléve lorsqu'on tourne l'étain sur la rouë. (Les potiers d'étain

RAV.

d'étain refondent leurs ratures & elles leur servent à faire diverses sortes de besognes.)

Raturer, v. Efacer avec la plume avec quelque canif, ou autre instrument propre à cela. (Raturer un mot.)

Raturer. Terme de *Parcheminier.* Oter le superflu du parchemin en colle avec le fer à raturer. (Raturer du parchemin, Parchemin bien, ou mal raturé.)

RAV.

RAVAGE, *s. m.* Désordre, dégat. (Faire le ravage dans une Province. *Vaug. Quin. l. 3.*)

[* L'interest est un monstre qui fait bien *du ravage* dans le monde. *Patru, plaidoïé 12.*]

Ravager, v. a. Faire le dégât. Faire du ravage. (On ravagera le païs d'un bout à l'autre. *Ablancourt, Tac. an. l. 11.* Ravager les terres de l'ennemi, *Ablancourt, Ar. l. 1.* Ravager la campagne.) Ce mot est aussi *neutre*, & l'Auteur des nouvelles Remarques de Vaugelas dit qu'on peut quelque fois écrire. *L'ennemi est venu ravager sur nos terres.* On est de son avis, mais on ne le doit suivre qu'avec beaucoup de circonspection.

RAVALER, *v. a.* Ce mot dans le propre, signifie Avaler une seconde fois. (La pilule lui est revenuë à la bouche, mais il l'a ravalée. Les animaux amassent, ou ruminent, *ravalent* l'herbe qu'ils ont remâchée.)

* *Ravaler, v. a.* En ce même sens, on dit *ravaler des paroles,* c'est à dire, s'arrêter sur le point de les dire & ne les pas proférer. Il signifie aussi se dedire des discours injurieux que l'on a tenus de quelcun. Ainsi l'on dit, qu'il aprend les discours que vous avez tenus de lui, il vous les fera bien *ravaler.*

Ravaler, v. a. Abaisser, rabaisser. Mais il ne se dit bien qu'au figuré & il signifie. *Abaisser. Rabaisser,* Ravaler la gloire d'une personne. *Ablancourt, Tac. An. l. 3.* Les riches ne cessoient de *ravaler* ce Prince à cause de sa pauvreté. *Vau Quin. l. 4.*

* *Ravaler.* Ce verbe se dit dans un sens *neutre* pour dire, diminuër de prix. (Le blé ravale. Les vivres n'ont point ravalé cette année. Il signifie aussi n'être plus considérable.

[* Aveque ce défaut si digne de mépris.
Vôtre beauté s'eface & *ravale* de prix. *Voiture, Poës.*]

Ravaler. Terme de *Maçon.* C'est finir un mur avec le crépi, ou l'enduit. C'est enduire de plâtre ou de chaux. (Ravaler un mur, Ravaler un mur de pierres de taille.) On se sert de mot *ravaler* en ce sens, parce qu'on commence cette sorte d'ouvrage de haut en bas.

Ravaler. Terme de *Bourrelier.* Rendre le cuir plus mince, & en ôter un peu avec le couteau à pié. (Ravaler une longe.)

* *Ravaler, v. a.* Terme de *Jardinier,* Il se dit des arbres. C'est les rendre plus courts & plus bas qu'ils n'étoient, en les taillant, (Il faut ravaler ces branches d'un pié. Il faut ravaler cet arbre. *Quint. Jard. fr. T. 1.*) La pluïe coule le long du ravalement de la maison.

* *Se ravaler, v. r.* s'abaisser. Se rabaisser. (Faut-il que vos bontez jusques à mon néant daignent se ravaler *Moliere, Tartufe.* La doctrine *est bien ravalée. Scaron.* C'est à dire. Bien rabaissée & bien méprisée.

Ravalement, s. m. Terme de *Maçon.* Crépi ou enduit par dehors. (Faire un ravalement.)

* *Ravalement.* Ce mot se dit au figuré & signifie, rabaissement, état moins considérable que celui où l'on étoit auparavant. (Il est dans un ravalement surprenant. Sa conduite est cause de son ravalement. Cela a contribué à son ravalement. Il y a des gens qui croient établir leur réputation par le ravalement de leurs rivaux.)

Ravalement Terme de *Marine.* C'est un des retranchemens qu'on fait sur le haut de l'arriere de quelques Vaisseaux, pour y mettre des Mousquetaires. *Ozan. Dict. Math.*

Ravauder. Voiez plus bas *Ravoder.*

RAVE, *s. f.* Racine blanche & ordinairement ronde qui est aperitive & de dificile digestion. (Rave cultivée. Rave sauvage. Rave mâle. Rave femelle. *Dalechamp, Tome 1. l. 5.*)

RAVELIN, *s. m.* Terme de *Fortification.* C'est un ouvrage de la contrecarpe devant les courtines. Il n'a que deux faces qui forment un angle saillant. (Faire un bon ravelin.)

RAVENELLE, *s. f.* Fleur qui vient dans les champs parmi les blez, & qui est comme blanche.

Ravière, s. f. Champ, ou autre terre semée de raves.

RAVILIR, *v. a.* Rendre vil & miserable. (Ravilir sa dignité.)

Ravili, ravilie, adj. Devenu vil & méprisable. (Vous ne sauriez croire combien la chevalerie *est ravilie. Voiture, lettre 85.*)

RAVINE, *s. f.* Débordement d'eau de pluïe. (Les chemins étoient tout rompus des torrens & des ravines. *Vau. Quin. l. 6. c. 4.*)

Ce mot signifie aussi quelquefois un chemin creusé par les torrens & par les ravines. (Il plaça ses troupes dans une ravine *Hist. de Louïs 14.*)

RAVIR, *v. a.* Enlever par force quelque fille, ou quelque femme. (Ce fut cette inclination naturelle pour la justice, qui porta les Romains à ravir les Sabines, *Lombard, Traduction nouvelle de la Cité de Dieu.*)

Ravir. Prendre & emporter avec violence. Oter. Détruire. (Faloir-il que ce lui *ravisse* ce frère qui étoit toute la consolation. *Vaug. Quin. l. 8. c. 1.* Il n'a pas tenu à toi que tu ne m'a-

RAV. RE.

ies *ravi* cette gloire. *Vaug. Quin. l. 8. c. 8.* L'injure du tems lui *ravit* les apas. *God. Poë. 1. partie.*

* *Ravir.* Emporter l'esprit, ou les sens par une douce violence, par un éfort doux & charmant. Charmer. Donner beaucoup de joie, & de plaisir. Plaire extrêmement.

[* La pureté du cœur le *ravit* & l'engage. *God. Poë. 1. partie.*
Toutes vos actions me *ravissent. Voit. l. 72.*)

Ravi, ravie, adj. Enlevé. Oté. Pris avec violence, contre son envie. (La *ravissante* fut *ravie. Voit. Poës.* Il se plaignoient que le plus grand Prince qui fut jamais, leur étoit malheureusement *ravi. Vaug. Quin. l. 3.*)

* *Ravi ravie.* Charmé. Enlevé & transporté par une douce violence. Qui a beaucoup de joie. Qui a un grand plaisir & une grande satisfaction.

(*O nompareil Amant!dont mon ame est *ravie, God. Poë. 1. partie.*
Je suis *ravi* que mes vers ne vous aient pas dépû. *Voit. l. 198.*
Etre ravi de joie, d'admiration, de contentement, &c)

* *Se raviser, v. r. Je me ravise, je me suis ravisé.* Changer d'avis. Changer de dessein & de pensée. (Il vouloit faire imprimer ses vers, mais il s'est *ravisé*, & a fait conscience de fatiguer davantage son siécle.)

RAVISSANT. Ce mot est le *participe du verbe ravir*, & par conséquent il est indéclinable. Il signifie *qui enleve*, & emporte avec violence.

Ravissant, ravissante, adj. Qui Ravit. Prend. Vole. Dérobe. (Jettez les yeux sur la justice, & voiez combien d'animaux *ravissans*, sergens, gréfiers, procureurs. *Moliere*.)

* *Ravissant, ravissante.* Beau Charmant. Qui donne un grand plaisir. Qui enleve agréablement & qui transporte avec joye. (La *ravissante*. Lucine s'est *ravi*, ni debonne mie. *Voit. poës.* Cela est ravissant. *Scaron.* La *ravissante* fut *ravie. Voiture, Poësies.*)

Ravissement, s. m. Ce mot ne se dit guère au propre qu'en de certaines façons de parler qui semblent consacrées, il signifie, *Rapt. Enlevement.* (Le ravissement de Proserpine par Pluton.)

* *Ravissement.* Grande joye. Grand contentement. (S'abandonner au ravissement. *Voit. Poës.* Etre saisie d'horreur & de ravissement. *Racine.*)

* *Ravissement.* Extase. (Le ravissement de Saint Paul jusques au troisième Ciel.)

Ravisseur, s. m. Celui qui enleve fille, ou femme. Celui qui ote & prend le bien d'autrui. (Les ravisseurs du bien d'autrui ne seront point héritiers du Roiaume de Dieu. *Port-Roïal, Nouveau Test.*)

RAVITAILLER, *v. a.* Terme de *Guerre.* Mettre des vivres dans une place. (Ravitailler une place.)

Ravitaillement, s. m. L'action de ravitailler. (Le ravitaillement des places maritimes est plus facile que celui des places de terre.)

RAVIVER, *v. a.* Rendre plus vif. Il ne se dit guère que du feu. (Les Forgerons jettent un peu d'eau sur le charbon de leur forge pour raviver le feu.)

RAVODER, *v. n.* Racommoder à l'éguille des bas & autres pareilles choses. (Ravoder au coin de la ruë. Elle s'amuse à *ravoder.*)

Ravodeur, s. m. Celui qui a une petite boutique portative, & qui à quelque coin de ruë de Paris gagne sa vie à racommoder des hardes & plus ordinairement toutes sortes de bas de laine, ou de soïe. (Faire le métier de ravodeur. *Abl. Luc, Tom. 3.* C'est un bon ravodeur.)

Ravodeuse, s. f. Celle qui a d'ordinaire une méchante petite boutique portative, & qui dans quelque endroit d'une ruë de Paris racommode des hardes, mais plus ordinairement toutes sortes de bas de laine ou de soïe. (Porter des bas à la ravodeuse. C'est une des meilleures ravodeuses de Paris.)

RAVOIR, *v. a.* Recouvrer. Rattraper Ce verbe *ravoir* n'est agréablement usité qu'en de certains tems. (Elle a puis à l'amour ses traits & ce Dieu pour les *ravoir* vole auprès d'elle. *Voiture, Poësies.*)

* *Se ravoir, v. r.* Ce verbe est particuliérement en usage à l'*infinitif*, & il signifie reprendre ses forces. Commencer à se mieux porter. [Il commença de se ravoir. *Voiture, lettres.* Il tâche à se ravoir. *Le Comte de Bussi.*)

Ravoir, s. m. Terme de *Pêcheur.* C'est un Parc de rets ou de filets tendus sur les Gréves que la mer couvre & découvre par son flux & reflux. *Ozan. Dict. Math.*

RE.

RE. Cette *particule* mise devant les verbes marque souvent une action qui se fait une seconde fois, comme *reconquerir,* qui signifie *conquerir de nouveau.* Mais quelquefois elle ne change rien en la signification du mot auquel elle s'atache ; Ainsi *repaître* signifie la même chose que *paître.* Elle donne seulement plus de force au mot devant lequel elle se trouve, par exemple *reluire* & *luire* signifient tous deux la même chose, mais *reluire* a je ne sai quoi de plus fort que *luire.*

Re. Cette *particule* donne de fois à autre au verbe à la tête duquel elle se joint un sens tout contraire à celui qu'il avoit, avant qu'elle y fut jointe, comme *reprouver* qui bien loin de signifier *prouver de nouveau* a un sens tout autre.

Re. Cette particule jointe aux verbes qui commencent par une consonne ne perd point son *e* ; par exemple, *regagner, rebatre, retoucher,* mais si elle est jointe aux verbes qui commencent par une voyelle, elle perd son *e* à cause de la voyelle du mot suivant auquel elle s'attache. Ainsi on dit *rembourser, rassembler.*

Re. L'*e* de cette particule se prononce muet, ou obscur quand les mots à la tête desquels elle se trouve signifient une action qui se fait une seconde fois, & que ces mots ont un même sens dans le simple que dans le composé, comme *reconquerir, revoir.*

Re. Cette particule étant à la tête d'un mot qui a divers sens se prononce toûjours de même dans toutes les différentes significations du mot. *Remettre*, par exemple, garde la même prononciation, soit qu'il signifie *mettre une seconde fois*, ou qu'il signifie *pardonner*. *Rémission* & *réprehension* sont exceptez de cette régle, car quoi que le premier *re* de *reprendre* & de *remettre* ait l'*e* obscur; cependant le premier *e* de *réprehension* & de *rémission* est clair, ou masculin.

Re. Cette particule jointe au commencement d'un verbe qui a un *e* masculin perd son *e* obscur & prend celui du verbe auquel elle s'attache. Ainsi dans le verbe *retablir*, l'*e* se prononce clair parce que l'*e* qui se prononce dans ce verbe n'est point l'*e* de la particule *re* qui est mangé, mais celui du verbe simple *établir* qui est masculin & qui doit être marqué d'un accent aigu.

Re. Cette particule étant à la tête des mots simples demande que son *e* se prononce clair, fermé, ou masculin & même cet *e* se doit marquer d'un accent aigu pour le distinguer de l'*e* obscur qui n'en doit point avoir. Ainsi Prononcez clair l'*e* de ces mots *régir & régiment.*

Ré, s. m. Terme de *Musique.* Une des sept principales voix de la musique. (Entonner un *Ré*)

REA.

RE'ABILITATION, ou *réhabilitation*, *s. f.* Terme *d'Eglise* L'un & l'autre s'écrit, mais on prononce *réabilitation*. C'est l'action par laquelle on remet un Prêtre dans l'état où il étoit avant que d'avoir encouru quelque censure Ecclesiastique. (On travaille à sa réabilitation.)

Réabilitation. Ce mot se dit en parlant de *Noblesse.* Lettres du Roi par lesquelles une personne noble est remise dans tous les priviléges & dans tous les honneurs dont elle joüissoit avant qu'on lui eût ôté le titre de noble.

Réabilitation. Ce mot se dit des *Marchands* & veut dire une lettre qu'un marchand obtient du Roi pour être relevé de la rigueur des ordonnances à cause qu'il a manqué à ses créanciers. (Obtenir des lettres de réabilitation.)

Réabiliter, réhabiliter, *v. a.* Terme *d'Eglise*. L'un & l'autre s'écrit, mais on prononce *réabilité*. Remettre un Prêtre dans l'état où il étoit avant que d'avoir encouru la censure Ecclesiastique. (Réabiliter un Prêtre.) On dit aussi en parlant de *Noblesse*. (Réabiliter un Gentilhomme. C'est le remettre en l'état où il étoit avant qu'il fût dégradé de noblesse.)

Réabiliter. Ce mot se dit des *marchands.* C'est relever de la rigueur de l'ordonnance quelque marchand à cause qu'il a manqué à ses créanciers. (Réabiliter un marchand.)

RE'ACTION, *s. f.* Terme de *Philosophie.* Prononcez *réaction*. Action d'un corps qui a reçu l'action d'un autre corps. (Il n'y a point d'action sans *réaction*.)

RE'AGRAVE, *s. f.* Terme *d'Eglise.* C'est une sorte d'excommunication nouvelle qui *réagrave* les peines de l'excommunié, qui défend aux fideles de boire & de manger avec lui ; en un mot qui ordonne de le considérer comme une personne que l'Eglise a en horreur, d'éviter sa rencontre, & de n'avoir aucun commerce avec lui. (Fulminer une réagrave. *Eve.*)

Réagraver, v. a. Terme *d'Eglise.* C'est agraver de nouveau. Augmenter de nouveau les peines. (Réagraver une sentence d'excommunication. *Eve.* Réagraver les censures Ecclesiastiques. *Maucr. Scb. l. 1.*]

RE'AJOURNEMENT, *s. m.* Terme de *Pratique.* C'est un nouvel exploit, une nouvelle assignation que donne un huissier, ou sergent. (C'est un réajournement.)

Réajourner, v. a. Terme de *Pratique.* C'est ajourner de nouveau. (On l'a réajourné sur le défaut.)

RE'ALE, *s. f.* C'est la galére où est d'ordinaire le commandant. (Il monta sur la réale à cinq rangs. *Vaugelas, Quin. l. 6. c. 3.*)

Réale, s. f. réal, s. m. L'ordonnance de l'an 1540. que François premier fit publier touchant le cours des monnoies écrit *un réal*, mais depuis on voit par les autres ordonnances des Rois ses successeurs qu'on a presque toûjours écrit *une réale*. Il faut donc toûjours faire féminin le mot de *réale*, & dite & écrire *réale.* La déclaration du Roi donnée à Saint Germain en Laie le 28. de Mars 1679 écrit *réal*, & fait ce mot masculin. Mais cela ne tire po nt de consequence. On sait que ces sortes de déclarations ne sont pas écrites fort purement. D'ailleurs l'usage des gens qui parlent bien, tant d'autres déclarations & tant d'édits font le mot de *réale* féminin, qu'on ne peut changer de sentiment pour la nouvelle déclaration. Il est seulement bon de remarquer que par cette déclaration les *réales* n'ont plus de cours en aucun endroit de France. La *réale* étoit une espéce de monoie qui étoit ordinairement d'argent, qui se batoit en Espagne, où sur les terres du Roi d'Espagne, & il y avoit de plusieurs sortes de *réales*, elles avoient cours en France du tems de François premier, & elles n'ont commencé à n'être plus si fort dans le commerce à Paris & en quelques Provinces autour de Paris que sous le régne de Loüis 13. environ l'année 1641. ou quelque peu de tems aprés. Mais aujourd'hui sous le régne de Loüis quatorziéme son fils, les *réales* ne sont plus de mise dans le cœur de la France, & à peine même les connoit-on. Je dis dans le cœur de la France. Car j'aprens que la *réale* vaut aujourd'hui un écu en Provence, & qu'elle y est de mise & même qu'elle y a grand cours. Voici ce que c'étoit que l'ancienne réale. C'étoit, du tems de François prémier, de Henri deuxiéme, de François second & de Charles neuf, une espéce de monoie blanche valant trois sous six deniers. Cette *réale* s'apelloit *simple réale*, ou *réale d'Espagne.* Elle avoit d'un côté pour légende *Ferdinandus & Elizabetha Dei gratiâ*, & de l'autre côté, *Aragoniæ Rex & Regina Castilla.* Cette réale avoit d'un côté un écusson couronné & de l'autre plusieurs fléches liées ensemble. Sous Henri troisiéme cette réale valoit trois sous, & sous Henri quatriéme, cinq sous. Voiez *les Ordonnances de Monoies de 1577. & de 1602.*

Demi-réale. Espéce de monoie grande comme un demi écu d'or & faite comme la réale. Elle valoit deux carolus ; quelquefois six blancs & d'autrefois deux sous huit deniers, mais cela en divers tems, & sous divers régnes.

Double réale, ou *piéce de deux réales.* Elle étoit large comme un écu d'or, elle valoit sept sous si deniers du tems de François premier & de quelques autres de ses successeurs, du tems de Henri trois elle valoit dix sous ; & sous Henri quatre, dix sous huit deniers.

La piéce de quatre réales valoit quinze sous tournois & étoit large comme un grand écu blanc. Elle a aussi valu depuis, vint sous.

La piéce de huit réales. Cette piéce étoit plus large qu'un écu blanc. Elle a eu cours sous le régne de Loüis treize jusques vers l'an 1642. & elle valoit cinquante huit sous six deniers.

Réale de Flandres. Espéce d'or du poids de quatre deniers, quatre grains trébuchans, qui valoit sept livres dix sous & qui avoit cours sous le régne de Loüis treize. Elle avoit d'un côté, la tête de Philipe Roi d'Espagne avec une couronne sur sa tête, & elle avoit de ce même côté, pour légende *Philippus Dei gratiâ Hispaniæ, Angliæ Rex, Dux Brabanti*. Et de l'autre côté, cette réale avoit un écusson avec des armes semées de petits lions avec cette légende, *Dominus mihi protector.* Voiez *l'ordonnance de Loüis treiziéme publiée en 1641 pour le reglement des monoies.*

RE'ALITE', *s. f.* Chose éfective & réelle. (La *réalité* de Jesus Chrit dans le Saint Sacrement.)

* *Réalité.* Quelque chose d'éfectif & de solide. (Je ne me contente pas des paroles, je veux des *réalitez. Scaron.*

Non, je ne croirai rien que vous n'aiez, Madame,
Par des *réalitez*, sçu convaincre ma flamme.
Moliere Tartufe.

REAPPOSER, *v. a.* Apposer de nouveau. (On a réapposé le scellé dans une maison, dont on avoit eu main levée par surprise.)

REASSIEGER. Voiez *Rassiéger.*

REASSIGNATION, *s. f.* Terme de *Pratique.* Nouvelle assignation. Second ajournement. Réajournement. (On a fait une réassignation sur le défaut.)

Réassignation. Seconde assignation pour un paiement. Nouvelle ordonnance, ou mandement pour faire païer une dette, la premiere ne s'étant pas trouvée bonne. (Obtenir une réassignation.)

Réassigner, v. a. Faire une assignation, ou un ajournement une seconde fois, &c. (On réassigne plusieurs fois.)

Réassigner. Il signifie aussi donner une autre assignation pour le paiement de quelque dette. (On réassigne sur un autre fonds lors qu'on n'a pû être païé sur la premiére assignation.)

REB.

REBAISER, *v. a.* Baiser de nouveau. (Je la baise & *rebaise*, & l'embrasse à souhait.)

* *Rebaiser.* Terme de *Monoie.* Il se dit quand on ajuste les carreaux pour les rendre de leur juste poids. La premiére fois qu'on se l'est fait, on dit *aprocher*, & les autres *rebaiser.*

REBANDER, *v. a.* Bander de nouveau. (Rebander un arc. Rebander un fusil. Rebander une plaie. Rebander les cables d'un Navire, &c)

†REBARBATIF, *rebarbative, adj.* Ce mot ne se dit ordinairement qu'au masculin, & il signifie qui est rude & peu civil dans les réponses qu'il fait lorsqu'on lui parle. (C'est un homme rebarbatif.)

REBATER, *v. a.* Remettre le bât sur une bête de somme. (Rebater un âne, un mulet, &c. On dit aussi qu'on a rebatez quand on leur a fait un bât neuf.)

REBATIR, *v. n.* Bâtir de nouveau, Construire de nouveau. (Rebâtir une maison, un temple. *Ablancourt, Tac. Hist. l. 3.*)

REBATISER,

REB.

Rebatiser, v. a. Batiser de nouveau. (Donat fut condamné à Rome dans le Concile pour avoir rebatisé quelques personnes qui étoient tombées dans l'idolatrie.)

Rebatre, v. a. Batre une seconde fois. *Je robus, j'ai rebatu. Je rebatis.* (Il a batu & rebatu sa femme. Rebatre le carreau, termes de Potier. Rebatre les cartes.)

* *Rebatre*. Répeter. Redire une même chose. (Rebatre les mêmes sentimens. *Ablancourt*. Faut-il vous le rebatre aux oreilles cent fois. *Moliere, Tartufe, a. 5.*)

Rebatu, rebatuë, adj. Batu de nouveau. (Carreau rebatu.)

[* Sentiment rebatu. *Ablancourt*. Il avoit l'esprit rebatu des plaintes de sa mére. *Vaugelas, Quin. l. x. c. 4.*)

Rebattemens, s. m. pl. Terme de Blason. Il se dit de diverses figures qui se font à fantaisie, qui sont oposées & semblent se *rebatre* l'une à l'autre.

Rebaudir, v. a. Terme de *Chasse*. Il se dit des chiens lors qu'ils dressent la quëue & témoignent qu'ils sentent quelque chose d'extraordinaire. (Rebaudir les chiens avec le cor.)

Rebec, s. m. Sorte d'instrument de musique qui est hors d'usage, & qui n'avoit que trois cordes, Voiez *Mersenne*, livre 3. *de l'harmonie.* Le mot de rebec se dit encore en riant, & il se prend alors pour luth, ou autre pareil instrument à corde. (O Muse, je t'invoque, bande les nerfs de ton rebec. *Reg. Sat. x.*)

Rebelle, s. m. Celui qui refuse d'obéïr à son Souverain. (Il laissa le châtiment des rebelles à ses Lieutenans. *Ablancourt, Tacite, Histoire, livre 4. c. 11.*)

Rebelle, adj. Qui refuse d'obéïr à son Souverain, ou à celui qui a droit de commander. (Camp rebelle au Roi. *Racine, Iphigenie*. Cette seule Eglise est rebelle à mes ordres. *Dép. Lut.*)

Rebellion, s. f. Soulévement contre l'obéïssance qu'on doit à son Prince. (Etouffer la rebellion. *Ablancourt, Tac.* Couvert quelque rebellion. *Ablancourt ; Tac. Hist. l. 2. c. 9.* Egorger la rebellion. *Mai. Poës.*)

* Il vient d'abatre les remparts que *la rebellion avoit élevez*. C'est à dire, que *les rebelles avoient élevez.*)

Se rebeller, v. r. Ne pas obéïr à son Souverain. (Se rebeller contre ses ordres. Donter les peuples qui se sont rebelléz.)

* *Se rebeller*. Il se dit au figure en parlant des choses. (Les passions se rebellent souvent contre la raison.)

Rebenir, v. a. Benir une seconde fois. (Rebenir une Eglise, une cloche.)

† * **Rebéquer**, v. n. Ce mot est bas & burlesque & signifie. Repliquer. Répondre. (Comment ! vous osez rebéquer. Elle lui a rebéqué comme il faut.)

Reblanchir, v. a. Blanchir de nouveau. (Reblanchir du linge, de la vaisselle, &c.

Reboire, v. a. Boire beaucoup. (Boire & reboire. J'ai tant bu & rebu que &c.) *Reboire une santé.* C'est boire une seconde fois la même santé. Les buveurs obligent à reboire une santé, lors qu'on ne l'a pas buë la prémiére fois dans toutes les régles qu'ils se sont préscrites.

* *Reboire sa sœur.* C'est à laisser rentrer dans le corps, lors qu'on ne change pas de linge. (Il ne faut pas reboire sa sœur, il faut s'essuïer, se faire froter, & changer de linge.)

Rebondir, v. n. Faire un second bond. (La balle rebondit. Rebondir plusieurs fois.)

† *Rebondir*. Ce mot se dit en parlant de tetons, mais c'est en riant & signifie *renfler*. (Cela fait rebondir les tetons aux jeunes filles.) On dit aussi *des tetons rebondis* pour dire des tetons fermes & beaux.

Rebondissement, s. m. C'est le mouvement d'un corps qui rebondit & se refléchit après avoir touché la terre. (Le rebondissement d'une bale, d'un balon, d'une pierre, &c.)

Rebord, s. m. Bord. (Un petit rebord. Son livre demi-rongé par les rebords du pont-neuf. *Dépreaux, Satire 9.* Ce n'étoit qu'un simple rebord couvert qui régnoit tout autour. *Vaugelas, Quin. l. 9. c. 4.*)

Reborder, v. a. Border une seconde fois. (Reborder une jupe, des poches, &c.)

Reborder, v. a. Terme de *Jardinier.* C'est retirer avec le rateau un peu de la terre d'une planche & la relever tout autour de sa longueur, pour retenir dans le milieu l'eau des arrosemens & de la pluïe. (Il faut reborder toutes ces planches. *Quint. Jard. fr.*)

Se reboter, v. a. Remettre ses botes. (Il ne se furent pas plutôt débotez qu'on leur commanda de se *reboter*.)

Reboucher, v. a. Boucher une seconde fois Prononcez longue la seconde silabe de ce mot *reboucher*. (Reboucher un trou.)

Reboucher. Prononcez brève la seconde silabe de ce mot reboucher pour dire, *émousser*. (Reboucher une pointe.) On dit aussi *se reboucher* pour dire *s'émousser*. (Pointe qui se rebouche. *Voiture, Poësies*. Il leur remonta que leurs armes étoient rebouchées. *Vau. Quin l. 4. c. 16.*)

Rebouillir, v. n. Bouillir une seconde fois. (Ce sirop n'est pas assez cuit, il le faut rebouillir. Faire rebouillir le pot, la viande, &c.)

† **Rebourgonner**, v. n. Pousser de nouveaux jets, ou bourgeons. (La vigne & d'autres plantes rebourgeonnent au Printems.) Il se dit aussi des bourgeons, pustules & boutons qui rebourgeonnent souvent lors qu'ils sembloient être passez.

† **Rebours**, adj. Ce mot est vieux. Il signifioit revêche, dificile à gouverner, & à persuader.

A Rebours, adv. Au contraire. D'une autre maniére qu'il ne faut. (Il nous arrive *tout au rebours* lorsque nous pensions nous reposer, nous travaillons le plus. *Voit. l. 44.*)

Reboutonner, v. a. Boutonner de nouveau. (Reboutonner un pourpoint.)

Rebourser, v. a. Terme d'*Artisans* qui aprêtent des Draps. C'est relever le poil du drap, le froter à rebours. (Rebourser le poil d'un Drap.)

Reboursoir, s. m. Peigne, ou outil à relever à rebours le poil du Drap.

Rebras, s. m. Vieux mot qui signifioit le rebord, ou le repli de quelque habit.

† On dit encore Pousser une bale à *double rebras*. Donner un soufflet à *double rebras* c'est à dire, de toute sa force, à *tour de bras*.

Rebrasser, v. a. Brasser de nouveau. Réïtérer le brassage. (Rebrasser une liqueur, un monceau de blé.)

Rebrasser, v. r. C'est rehausser, & retrousser ses manches. (Se rebrasser jusqu'au coude.)

Rebrider, v. a. Remettre la bride. (Ce cheval est débridé ; il le faut rebrider, Rebridez promtement, car nous voulons partir).

Rebroder, v. a. Broder de nouveau. . Ajouter quelque nouvel ornement à une broderie. (On dit du point rebrodé.)

Rebroïer, v. a. Prononcez *rebroïé*. Broïer de nouveau. Broïer plusieurs fois. (Rebroïer les couleurs. Rebroïer la moutarde.)

Rebrouiller, v. n. Brouiller de nouveau, au propre & au figuré. (Rebrouiller des papiers. Rebrouiller des personnes qui s'étoient racommodées.)

Rebroussir, v. a. Retourner sur ses pas. Retourner par l'endroit où l'on est venu. Remonter contre son cours naturel. (Rebrousser chemin. *Ablancourt, Art. l. 1.* La riviére rebroussa plus vite que ne roule un torrent dans une vaïée, *Vaugelas, Quin. l. 9. c. 9.*

* On a beau faire des priéres,
Les ans, non plus que les riviéres,
Ne rebroussent jamais leur cours.
Recueil de poësies T. 3.)

Rebrunir, v. a. Terme de *Tireur d'or*. Brunir de nouveau. (Rebrunir l'or ou l'argent avec la sanguine, ou l'agate)

† **Rebufade**, s. f. Paroles rudes dont on se sert pour rebuter quelcun, ou lui refuser quelque chose. (Soufrir les *rebufades* d'un portier. *Ablancourt, Lucien.*)

Rebus, s. m. Sorte de simbole qui a pour corps des figures parlantes. (On trouve plusieurs éxemples de *rebus* dans le Sieur des Acords & les Jésuïtes en font faire tous les ans à leurs écoliers aux afiches. Un sot rebus. Faire un rebus.)

[† *Rebuts tout cela.* C'est à dire. Folie. Visions. Pensées chimériques. Il me conte des *rebus.*]

Rebut, s. m. Chose dont on ne veut point. Chose qu'on méprise comme étant peu considérable. (Marchandise de rebut.)

* Le *rebut* de Madame est une matchandise
Dont elle auroit grand tort d'être si fort éprise.
Moliére, Misantrope.

Ces peuples ont toûjours été le rebut des nations. *Ablancourt, Tac. Hist. l. 5. c. 1.*)

Rebuter, v. a. Repousser en arriére. Rejetter comme une chose dont on ne veut point, parce qu'elle ne plaît pas, & qu'il y a quelque chose à dire (Dans le païment que je lui ai fait, il ne m'a *rebuté* que trois pistoles. Ils imploroient l'aide d'un traitre qui les *rebutoit* insolemment. *Ablancourt, Tac. Hist. l. 3 c. 4.*)

* *Rebuter*. Faire perdre courage. Dégouter. (Cet événement ne rebuta point les Chefs. *Ablancourt*. Le dessein capital que vôtre Société a pris pour le bien de la Religion est de ne re*buter* personne. *Pascal, l. 6.*]

* *Se rebuter*, v. r. Se dégouter de quelque chose. Perdre courage. (Il ne se rebute pour rien.)

† *Rebutant, rebutante*, adj. Qui rebute, méprise & rejette ce qu'on lui propose. [C'est un homme fort rebutant.]

Rebutant, id. Il signifie aussi. Qui rebute, qui dégoute & fait perdre courage. (C'est un travail rebutant, *c'est à dire*, qui n'est pas agréable & auquel on ne s'aplique pas volontiers.]

REC.

Recacher, v. a. Cacher une seconde fois. [Recacher son trésor.]

Ricachetter, v. a. Cacheter de nouveau. [Recachetter une lettre.]

Recapitulation, s. f. Terme de *Rétorique*. Dénombrement vif, court & ingénieux des raisons dont on s'est servi dans le corps du discours. [La *récapitulation* a été introduite à la fin d'un discours d'haleine pour soulager la mémoire des auditeurs. Voïez-là dessus. *Quintilien*. (Faire une récapitulation de ce qui a été dit.]

† *Récapituler*, v. a. Faire la récapitulation. [Récapituler les principaux points d'un discours.]

Ricarreler, v. a. Carreler de nouveau. [recarreler une chambre]

Recarreler des botes, c'est les remonter & y mettre de nouvelles semelles.

Recelé, s. m. Voïez plus bas.

Receler, ou receler, v. a. C'est cacher & céler ce qu'un autre a pris,

[Recelé

REC.   REC.

[Recéler de la vaisselle d'argent. Recéler de la marchandise.]
* Les charmes que l'amour en vos beautez *recele*.
Etoient plus puissans que jamais. *Voi. poë.*
Il peut dans un jardin tout peuplé d'arbres verds
Recéler le printems au milieu des hivers.
Depreaux Satire 6.

Recéler, Terme de Chasse. Il se dit d'une bête qui a demeuré deux ou trois jours dans son fort, ou dans son enceinte sans sortir.

Recélé, recélée, adj. Caché & célé. [Argent recélé. Vaisselle recélée.]

Recélé, s. m. Action de la personne qui cache & qui céle quelque vol. [Il fut banni pour crime de recélé. *Patru, plaidolé x.*]

Recélement, s. m. Action par laquelle on recéle des choses dérobées, ou des criminels. [Le recélement est punissable.]

Recéleur, s. m. Celui qui recéle des choses volées. [Les recéleurs sont pendus.] Voiez là dessus *l'ordonnance.*

Recéleuse, s. f. Celle qui cache quelque chose qui a été volé. [Si elle est recéleuse, gare la corde, cela sera pendué.]

[† * Elle a part à ce larcin & elle en est la *recéleuse. Voit. Poë*.]

RÉCENT, *récente, adj.* Il vient du Latin *recens* & signifie qui vient de se faire. Qui vient d'arriver. [L'afaire est encore toute récente. *Vaug. Quin. L.7.*]

Recemment, adv. Nouvellement. Depuis peu. [Cela est arrivé recemment.]

RECEPER, *v. a.* Terme de *Jardinier.* Il se dit des arbres. C'est leur couper entierement la tête, pour les gréfer, ou seulement pour leur faire pousser de nouvelles branches. [Il faut récéper ces arbres. *Quint. Jard.*]

RÉCÉPISSE, ou *récepicé, s. m.* Il vient en droite ligne du Latin *recepisse*, qui signifie *avoir reçu.* Le meilleur de ces deux mots, c'est le premier. Il signifie un billet par lequel on reconnoît que l'on s'est chargé de quelques papiers, ou d'autres choses, qu'on promet de remettre entre les mains de la personne qui les a confiées, & cela lors qu'il en sera besoin. Le récepissé doit être signé. Corneille ; *remarques de Vaugelas*, assure que *recepissé* n'a point de pluriel, & qu'on ne dit pas on m'a mis *trois recepisses* entre les mains, mais trois recepissé. Plusieurs gens de pratique, qu'on a consultez sur ce sentiment de Corneille, disent que M. Corneille est un grand Clerc sur le Parnasse, mais qu'il n'a pas le même destin au Palais de Thémis, & qu'on met fort bien une *s* avec un accent, ou un *x* sur *recepissé* au pluriel.[Ils écrivent tous les jours. Retirer les recepissés qu'on a donnez. Demander des récepissés. Refuser un recepissé.]

RÉCEPTACLE, *s. m.* Lieu où se retire quelque chose. Retraite.
[Rome étoit le *réceptacle* de toute sorte d'ordure & de corruption. *Ablancourt, Tac. An. l. 14. c. 4.* Selon apellöit les villes le *réceptacle* de la misère humaine. *Ablancourt, Apoph.* Ces ouvrages sont environnez de cavernes fort profondes pour servir de *réceptacles. Vau. Quint.* La Mer est le réceptacle de toutes les eaux.]

RÉCEPTION, *s. f.* Acueil qu'on fait à une personne, soit amie, ou de qualité qui nous vient voir, qui nous visite. Acueil qu'on fait à quelcun. (On lui a fait une belle réception.)

Réception. Ce mot se dit des gens qu'on admet dans les charges. C'est un acte par lequel un homme étant trouvé capable est reçû dans un corps pour y faire fonction de la charge le lui prescrit. [Le jour de sa réception au Parlement, ce fut une grande joie dans toute sa famille.]

Réception. Terme de *Religion.* C'est une aprobation de la plûpart des Religieuses d'un Couvent pour recevoir une personne en Religion. [Déliberer sur la *réception* d'une sœur novice. *Port-Roïal, Constitutions.*]

RECERCELÉ, *ée, adj.* Terme de *Blason*, qui se dit de la croix ancrée, tournée en cerceau, ou en volute, & de la queuë des lévriers & des cochöns.

Recete, s. f. Chose reçuë. Argent reçû. Action de recevoir. [Voilez l'argent de la récete. La récete monte haut. Faire la récete du grenier à sel.]

Récetes. Bureau où l'on reçoit de l'argent pour le Roi. (Aller à la récete)

Récete. Secret pour faire un remède. Certain remède qu'on donne pour guérir une personne. Remède pour guérir quelque bête, comme chien, cheval, &c (Une bonne récete. Une récete excelente, infailible, éprouvée, dangereuse, méchante. Enseigner une récete à quelcun. Se servir d'une récete. C'est une bonne récete pour le farcin.)

† * *Récete.* Invention. Moien. (Tout ce breuvage n'étoit qu'un peu de jalousie, use de cette récete, & tu t'en trouvera bien. *Ablancourt, Lucien.*)

Recevable, adj. Qui peut être reçû. Qui peut être admis. (N'être pas recevable en ses demandes. *Le Maitre.*) C'est la vérité des faits qui rend les buses recevables. *Pasc. l.11.*)

Recevoir, v. a. Je reçoi. J'ai reçu, je reçûs. Je recevrai. Que je reçoive, que je reçûsse , recevant. C'est prendre ce qu'on donne. (Nous nous plaisons plus à donner qu'à recevoir. *Ablancourt, Tuc. liv* 1. Recevoir du bien de ses amis. *Ablancourt, Tuc. l.1.*)

Recevoir. Admettre au rang. Mettre au nombre. (Il a fait recevoir son fils Conseiller au Parlement. Recevoir un Religieux ou une Religieuse.)

Recevoir. Donner entrée dans un lieu. Admettre. Permettre d'entrer. Donner retraite à qtelqu'un ; le retirer chez soi. (Il ne jugeoit pas qu'il fût de la bienseance de recevoir un homme de consideration dans sa place. *Sar. prose.* Il étoit banni de son païs, & à charge à tous ceux qui le recevoient. *Ablancourt, Tac. hist. l.2.*)

Recevoir. Faire un obligeant acueil à quelcun. Faire beaucoup d'honnêtetez à une personne lorsqu'on la reçoit. (Aïant à recevoir le Roi, il lui fit dresser un festin. *Vaug. Quin. l.8.* Elle recevoit bien tous ceux qui la venoient voir. *Ablancourt, Lucien, Tom.3.*)

Recevoir. Traiter rudement & avec coups en acueillant quelcun. (Ils avancerent un pas tout harassez pour trouver un enemi tout frais qui les venoit recevoir. *Vaug. Quin. l.3. c.11.*)

Recevoir. Accepter. Agréer. (Il permet non seulement de recevoir, mais encore d'ofrir le duel. *Pascal, l. 7.* Recevoir les excuses d'une personne. *Ablancourt.* Recevoir agréablement les ofres qu'on nous fait. *Scarron.* Recevoir à composition. *Ablancourt, Tacite, m. l.2.* C'est à dire, prendre à composition.)

Recevoir. Avoir. Ressentir. Sentir. (Recevoir de grans honneurs, de grans avantages. *Ablancourt.* Il fut porté par terre d'un coup de mousquet qu'il reçût à la tête. *Sarasin, Prose.* On lui demanda ce qu'il vouloit pour recevoir un sousset, il répondit un casque. *Ablancourt, Apoph.* Il reçût ordre de se rendre maître de la place. *Ablancourt.* Recevoir un sensible déplaisir de la mort d'un ami. *Arnauld, Lettres.*)

Recevoir. Recueillir. Amasser. (Recevoir l'argent des tailles.)

Recen, recuë. On prononce & on écrit aussi *reçû & reçûé, adj.* Ce mot signifie accepté. Admis. Recueilli. (Présent reçû ou reçû. Conseiller reçû. Lettre reçûé. Reçû à composition.)

Reçeu, ou reçû, s. m. C'est un écrit par lequel on confesse avoir reçû quelque chose. (Voilà son reçû qui le convaint. Tirer un reçû d'une personne.)

Receveur, s. m. Celui qui est commis pour la récette de quelque argent, de quelque droit, &c. (Receveur général. Receveur particulier. Receveur des tailles.)

Receveur des Novices. Terme d'*Augustin déchaussé.* C'est celui qui dans le Couvent reçoit les Religieux de l'Ordre qui voïagent & qui en prend le soin.

RECHANGE, *s. m.* Ce qui est dû à cause du refus qu'a fait celui qui devoit aquiter une lettre de change. C'est le gros change d'une lettre sur protêt. Voiez *le Traité des lettres de change, p.65.* (Le rechange est dû.)

Rechange. Terme de *Mer.* C'est un suplément de voiles, ou de vergues. (Voile de rechange. Vergue de rechange.)

Rechanger, v. a. Changer de nouveau. (Rechanger un chapeau. Il change & rechange souvent d'avis.

RECHANTER, *v. a.* Chanter une seconde fois. (Rechanter un air, une chanson. Il rechante la fin quatre ou cinq fois de suite. *Moliere, fâcheux.*)

RECHAPER, *v. a.* Ce mot se dit d'ordinaire en parlant de maladies fâcheuses, & veut dire se tirer de la maladie dont on est ateint. N'en pas mourir. (Je te pardonne à la charge que tu mourras, mais je me dedis de ma parole si tu rechapes. *Moliere.*)

RECHARGE, *s. f.* C'est une surcharge. Une augmentation qui recharge. (Une recharge d'impots.)

Recharger, v. a. Charger de nouveau. (Recharger le canon, un fusil. Recharger un crocheteur.)

* *Recharger l'enemi.* C'est batre de nouveau. Batre de nouveau l'enemi.

RECHASSER, *v. a.* Repousser une personne au lieu d'où elle vient. (Il rechassa précipitamment les enemis jusqu'aux portes de la ville. *Ablanc. Ar.l.1.c.4.* Il le rechassa jusques à la prochaine vile. *Vau. Quin. l.8. c.11*)

Rechasser les bêtes dans les forêts. C'est y faire rentrer les bêtes qui en sont sorties ; & qui se sont écartées dans les buissons.

Rechasser la bale. Le vent rechasse la fumée dans la chambre.

RECHAUFER, *v. a.* Chaufer de nouveau. Le *re* du mot *rechaufer* en ce sens est bref & il ne doit point avoir d'accent. (Rechaufer le diné.)

Rechaufer. Ce mot signifie échaufer encore & en ce sens, la particule *Ré* a un *é* clair qui doit avoir un accent aigu. (Par une compassion cruelle envers lui même il mit la couleuvre dans son sein pour la rechaufer. *Port-Roïal Phedre.*)

* *Rechaufer.* Exciter de nouveau. Ranimer. (Alexandre voiant les siens en déroute, les courageant, les exhorte & réchaufe lui-même le combat. *Vau Quin l 4.*

Se rechaufer, v. a. S'échaufer encore. (Il avoit si froid lorsqu'il se mit au lit qu'il ne songea qu'à se rechaufer.)

* *Il s'étoit rechaufé pour elle. Le Comte de Bussi, amours des Gaules, page 56.* C'est à dire, il avoit repris de l'amour pour elle.

Réchaufement, s. f. Terme de *Jardinier.* Il se dit d'un lenier de couche, ou d'une planche, lequel on remplit de fumier neuf, de sorte que ce fumier venant à s'échaufer, communique sa chaleur à la couche, ou planche, ou aux deux couches, s'il y en a une d'un côté & l'autre de l'autre, & fait que les plantes qui y sont poussent malgré le froid de l'hiver. (On dit remuer, changer renouveller *un rechaufement. Quint. Jard. T. 1.* L'industrie du Jardinier peut faire venir l'hiver, des asperges, par un *rechaufement* de fumier. *Voi le Jardinier François.*)

Rechaut, s. m. Instrument de cuisine qui est de terre , ou de métal dans quoi on met du feu pour rechaufer , ou tenir chaud quelque ragoût, ou pour faire cuire quelque chose entre deux plats. Le bon rechaut est fait de fer de cuirasse & composé d'un d'un corps de trois piez, d'une grille, d'un fond, d'une fourchette & d'un manche.

RECHAUSSER, v. a. Chauffer de nouveau. (Rechauffer des bas.)

* *Rechauffer les arbres* C'est leur mettre au pié de la terre nouvelle, ou du fumier

* *Rechauffer*. Terme de *Monnoie*. C'est rebatre une piéce de métal afin de la rendre plus épaisse & de moindre volume. (Rechauffer les carreaux, c'est les arondir & en rabatre les pointes.)

RECHERCHE, f. f. Il ne se dit proprement qu'*au figuré*, & signifie l'action de la personne qui cherche avec une extrême soin. Efort de celui qui fait perquisition, qui s'éforce de faire la découverte. (Quelque recherche qu'on ait faire on n'a jamais pu trouver que. *Pascal. l. 1.* C'est une recherche de mariage, dans les formes. *Moliere*, *Précieuses*. Travailler à la recherche de la verité. *La Chambre*. Faire la recherche des faux Nobles. Il autorizoit la recherche des tresors de la terre. *Hist. de l'Academie*.)

Rechercher, v. a. C'est chercher une seconde fois. (On n'a pas bien cherché par tout, il faut rechercher. *Remarq. nouv. sur la langue Fr.*

Rechercher, v. a. Chercher avec soin Chercher avec exactitude. (Elle fit rechercher le testament de. *Ablancourt*, *Tac. an l. 14. c. 1.*)

Rechercher. Tâcher d'avoir, Demander avec instance Chercher avec soin & pour venir à bout d'une chose. Tâcher de gagner quelqu'un & le presser de quelque grace, enfin de quelque chose. (Puisque c'est à bon dessein que je vous recherche, il n'y a point de galanterie que je ne puisse faire. *Voiture*, *l. 7.* Vous ne devriez pas seulement acorder la paix, mais la rechercher. *Vaugelas, Quin. l. 4. c. 11.* Il disoit qu'il ne le faloit pas rechercher après un si long divorce. *Ablancourt, Tac. An. l. 12.* Il a falu que vous aiez rechetché de faire condanner Jansénius sans l'expliquer. *Pascal. l. 17.* Rechercher de paix une personne. *Vaugelas. Quint. l. 4. c. 11.* Rechercher quelqu'un d'acord. *Ablancourt, Tacite, Hist. l. 3. c. 11.*)

Rechercher. Faire rendre compte à quelqu'un de son administration ; l'inquieter sur la conduite des afaires qu'il a maniées. (Depuis quelque tems on commence faire à rechercher les partisans. On dit aussi du *passif*. (Il avoit stipulé en se tenant, qu'il ne seroit recherché d'aucune chose, ni obligé de rendre compte. *Ablancourt, Tacite, An. l. 13. chap. 14.*)

Rechercher. Faire recherche de quelqu'un pour lui causer du mal, pour le punir. (Il fit *rechercher* & mourir tous les coupables. *Ablancourt, Tacite, Hist. l. 1. c. 7.*)

Recherché, *recherchée*, adj. Cherché avec soin. Cherché afin de rendre compte, ou d'être puni. Cherché avec afectation. (Secret fort recherché. Partisan recherché. * Pensée trop recherchée.)

† *Rechercheur*, f. m. Celui qui fait une recherche. Il se prend presque toujours en mauvaise part. (C'est un rechercheur de droits aliénez & litigieux.)

RECHIGNER, v. n. Prononcez presque *rechiniè*, en trois silabes. Gronder. Etre de mauvaise humeur. (Il rechigna toujours. C'est une vieille qui ne fait que rechigner.)

Rechigner, v. n. Terme de *Jardinier*. Il se dit des plantes qui ne poussent pas vigoureusement, & des Arbres qui languissent & qui ne font que de petits jets foibles acompagnez de petites feuilles jaunâtres. (Mes artichaux rechigent. Cet arbrisseau commence à rechigner. *Quint. Jard. l. 1.*)

† *Rechigné*, f. m. Qui gronde. Qui est de mauvaise humeur. (C'est un vieux rechigné.)

Rechigné, *rechignée*, adj. Qui gronde & qui est de mauvaise humeur. (La vieillesse est acompagnée d'assez de l'aideur sans se tenir encore mal propre & rechignée. *Moliere*.)

RECHOIR, v. n. Au propre c'est retomber. Tomber une seconde fois.

* *Rechoir*. Il se dit au figuré. (Rechoir dans une maladie. Rechoir dans la même faute. Ce malade est rechû deux ou trois fois.)

RECHUTE, f. f. Ce mot signifie nouvelle chûte, mais en droit que dans le propre il ne se dit pas ordinairement, & qu'on prend un autre tour en se servant du verbe retomber.

* *Rechute*. Reprise de maladie. Retour dans la même faute. Retour à la même passion. [Les rechutes en matiére de maladies sont fort dangereuses. Confessez-les rechutes. *Pascal*, *lettre x*. Déclarez ses rechutes à son Confesseur. *Pascal, lettre x.*)

† * *C'est une rechute amoureuse. Sarron.*

Récidive, f. f. C'est la même chose que *Rechute* dans le sens figuré.

† *Récidiver*, v. n. Ce mot est vieux. C'est retomber dans la même faute. (Il faut prendre garde de *récidiver*. Il a récidivé & c'est à son malheur. Ce faquin récidive toujours. *Scaron. D. Japhet. a. 3. s. 4.*)

RECIPE, f. m. Terme de *Médecin* ce mot est Latin. Sorte de caractère de Médecin qu'on met à la tête de l'ordonnance. (Faire un récipé.) Le mot de *récipé* se prend aussi pour l'ordonance même.

RECIPIENDAIRE, f. m. Celui qui doit être reçu en quelque charge Qui doit être interrogé sur la loi du jour pour mieux répondre se fait instruire par un Docteur en Droit, qu'on apelle ordinairement à Paris *un sisteur*. (On dit que le Gendre qui n'est qu'un miserable Sifleur logé dans un galetas auprès de Notre-Dame, a tous les ans plus de *récipiendaires* que Bocage qui est un habile Docteur.)

RECIPIENT, f. m. Il vient du Latin *recipiens*. Terme de *Chimiste*. Vaisseau qui reçoit la liqueur qui sort de l'alambic. (Le récipient est plein. Vuider le récipient.)

RÉCIPROQUE, adj. En Latin *reciprocus*. Ce mot se dit proprement de deux, & signifie mutuel. (Le mari & la femme se doivent aimer d'une amour réciproque. *Vaugelas, Remarques.* Il la porta à un divorce avec son mari sous une promesse réciproque de s'épouser. *Abl. Tac. An. l. 13. c. 15.*)

Réciproque. Terme de *Géometrie*. De quatre lignes proportionelles on compare la prémiére & la quatriéme avec la seconde & la troisiéme, c'est à dire, les extrêmes avec les moienes, on dit alors que les unes sont reciproques aux autres. [Chercher les lignes réciproques. *Por-Roïal, Géometrie livre 11.*]

Réciproque. Terme de *Logique*. Termes reciproques, c'est à dire, qui ont la même signification & qui se peuvent convertir, comme sont homme & animal raisonnable.

Réciproque. Terme de *Grammaire*. Il y a des *verbes réciproques*, comme, s'aimer, s'admirer. Et des *Pronoms réciproques* comme, moi-même, toi-même &c.

Réciproquement, adv. Mutuellement. (Ils se donnérent la foi réciproquement. *Ablancourt, Ar. l. 1.*)

Réciproquer, v. n. Rendre la pareille, le réciproque. Ce mot n'est pas guère en usage, on dit rendre la pareille.

† *Réciprocation*. Action par laquelle on rend ou reçoit le réciproque. Il y a de la réciprocation entre les rélatifs. C'est un terme de Logique.

Le flus & le reflux sont dans une continuelle réciprocation, c'est à dire, reviennent toujours l'un après l'autre.

RECIRER, v. a. Cirer de nouveau. (Recirer une paire de souliez.)

RECISION, f. f. Mot latin, & Terme de *Palais*. Lettres qu'on obtient du Prince pour casser quelque acte. Voiez *Lettres*. (Obtenir des lettres de recision.)

RÉCIT, f. m. Le narré de quelque chose qui s'est passé. (Récit court, bref, succint, long, ample, difus, ennuieux, enjoué, agréable, charmant, ingénieux. Vous m'avez fait un magnifique récit de tous les beaux exploits. *Scaron. Lettres.*

Il ne faut point mentir pour la rendre plus belle.
Le plus simple *récit*, pourvû qu'il soit fidelle
Est assez éloquent pour ravir votre esprit.
God. poë. Assomption. l. 2.)

Réciter, v. a. Dire par cœur. (Réciter sa leçon. Réciter son rôle. Réciter un discours.)

Récitateur, f. m. Il vient du Latin *Recitator*, & n'est pas encore bien établi. C'est celui qui a apris quelque chose par cœur & le récite. (Ils ont apris des sentences par cœur, ils les alléguent de quelque autre : on nomme ces gens là *Auteurs* improprement, car ce sont de véritables *Récitateurs. Balzac.*)

Récitatif, f. m. C'est le récit qu'on fait d'une chose dans quelque ouvrage. (Un récitatif bien entendu, bien varié. Qui peut résister à l'ennui du *récitatif* dans une modulation qui n'a ni le charme du chant, ni la force agréable de la parole ! Ne réfusent leur aténtion à un long récitatif. Le récitatif ordinaire ennuie extrêmement. *S. Evremont, opera.*)

RECLAME, f. f. Terme d'*Imprimeur*. Mot, ou demi-mot qu'on imprime à la derniére page de chaque feüillet pour montrer le commencement de la page suivante. (On prend garde aux reclames quand on colatione quelque livre.)

Reclamer, v. a. Apeller à son secours. Apeller à son aide. Tâcher de se prévaloir de quelque chose.

(C'est vous qui chacez le poison
Qui chasse ma foible raison.
Qu'en vain maintenant je réclame, *Voit. Poë.*
Elle eut beau *réclamer* la memoire de Germanicus, on l'étoufa. *Ablancourt, Tacite, Ar. l. 14. c. 13.*)

Réclamer. Crier contre quelque chose d'injuste. S'écrier contre quelque chose. Le mot de *réclamer* est en ce sens une maniére *de verbe neutre*. (Ils réclament contre cette nouveauté. *Maucroix, Schisme, l. 5.*)

Réclamer, v. a. Terme de *Palais*. Redemander. Poursuivre. (Réclamer l'épave. Réclamer un vassal.)

Reclamation, f. f. Terme de *Palais*. L'action de réclamer. (On n'eut point d'égard à la réclamation d'un tel.)

Reclamer Apeller. Le mot de *réclamer* est un Terme de *Chasse* & se dit des perdrix quand le mâle, ou la femelle s'entrapellent, ou que la mére rapelle ses petits que les chasseurs ont écartez. *La perdrix réclame*, & selon quelques-uns *la perdrix apelle. Ruses innocentes, l. 2.*)

Se réclamer, v. r. *Je me réclame*, je me suis réclamé. C'est tâcher d'adoucir & de se rendre favorable une personne en lui parlant de gens qu'elle conoit ou dont elle fait cas. (Lorsqu'il se vit pris, il se reclama de Monsieur un tel, on le traita fort doucement.)

RECLAMPER, v. a. Terme de *Mer*. C'est racomoder. (Reclamper un mast rompu. *Fournier*.)

RECLINER, v. n. Ce mot est Latin & est un terme de *Gnomonique*. C'est pancher en arriére. Il se dit de la situation d'un plan, & de la face supérieure de ce plan, qui se détourne du vertical & incline, ou panche de l'autre côté vers l'horizon.

(Ce plan recliné de trente degrez & par conséquent est incliné à l'horizon d'un angle de soixante degrez.)
On dit un plan récliné, un quadran réclinant Un quadran déclinant & récliné tout ensemble, c'est à dire, qui n'est ni à plomb, ni tourné vers aucune des principales parties du monde.

RECLOÜER, *v. a.* Cloüer de nouveau. [Recloüer un ais qui s'est décloüé.]

RECLUS, *f. m.* Celui qui ne sort jamais & qui s'est engagé à une retraite perpetuelle, mais le mot de *reclus* en ce sens ne se dit que de celui qu'on apelle le *Reclus du mont Valerien* qui est environ à trois petites lieües de Paris.

† * *Reclus.* Qui sort rarement. (C'est un reclus, on ne le voit point.)

† * *Recluse,* f. f. Fille, ou femme qui sort peu, ou point. Religieuse, mais ce mot de *recluse* en ce sens ne se dit qu'en riant, (Votre beau présent de parfum, hors du commun, belle *Recluse*, m'acuse de pauvreté. *Scaron. Lettres.*]

† RECLURRE. Voiez *Enfermer.* [On l'a fait reclurre dans un Couvent.]

RECOGNER, ou *recoigner*, *v. a.* Coguer de nouveau. (Recogner un clou, une cheville, &c.)

* *Recogner*, *v. a.* Ce mot se prend aussi *au figuré* & signifie repoulser quelque personne. (Recogner les ennemis avec courage. *Abl. Luc. T. 1.* Ce Docteur avança une telle proposition, mais il fut bien recogné.)

RECOIFER, *v. a.* Coifer une seconde fois. [Recoifer une Dame.]

* *Recoifer* une bouteille. C'est la reboûcher.

RECOIN, *f. m.* Perit coin. (Il décendit dans les vilages qui étoient épars çà & là dans le recoin des valons. *Ablancourt, Rétorique*, livre 4. chap. 1.]

† * Il poursuivit un raisonnement jusques dans les derniers *recoins* de la Logique. *Moliere. Malade imaginaire, a. 2. f. 3.*

RECOLER, *v. a.* Coler une seconde fois. (Recoler un feüillet décolé.]

Recoler. Terme de *Palais.* Lire à des témoins ce qu'ils ont déposé pour voir s'ils n'y veulent rien ajoûter, s'ils n'en veulent rien diminuër, ou s'ils veulent persister dans leur déposition. (Recoler des témoins. *Le Maitre.* Témoin recolé & confronté)

RECOLLECTION, *f. f.* Terme de *Dévotion.* C'est un recueillement d'esprit. (Faire une petite recolection)

RECOLEMENT, *f. m.* Terme de *Pratique.* Lecture qu'on fait à un témoin de la déposition, après quoi celui qui instruit le procès lui demande s'il ne veut rien ajoûter & ce qu'il a déposé, ou s'il n'en veut rien retrancher, en un mot s'il désire persister dans toutes les choses qu'il a dites en justice, (Les témoins signent leur recolement. Faire un recolement.)

RÉCOLET, *f. m.* Religieux de Saint François qui va déchaussé avec des manières de grosses & de hautes sandales qu'on apelle *sors*, & qui est vêtu d'une robe de grosse étofe grise, avec un petit capuce & une ceinture & par dessus la robe, un manteau de même étofe que la robe. (Se faire Recolet.)

RÉCOLTE, *f. f.* Elle consiste à recueillir les fruits & les grains que la terre produit. Moisson. (Une abondante récolte. Faire une bonne récolte. *Ablancourt.*]

RECOMMENCER, *v. a.* Commencer une seconde fois. (Voulez-vous recommencer nos brouilleries. *Pascal, l. 1.* Recommencer un discours. *Ablancourt.* Vous verrez que ce sera toujours à recommencer. *Moliere.*]

RACOMMANDABLE, *adj.* Loüable. Estimable. (Il a cela de recommendable qu'il ne se pique pas d'honneur, *Pascal, l. 18.*)

Recommandaresse, *f. f.* Femme qui dans Paris se mêle de donner des nourrices & des servantes & qui gagne sa vie à cela. (J'ai donné ordre à une recommandresse de me trouver une jolie nourrice.)

Recommandation, *f. f.* Prononcez *recommandacion.* Prière qu'on fait à quelqu'un pour quelque chose, ou quelque personne. (Sa recommandation est puissante auprès de Monsieur le prémier Président. Il a eu son emploi à la recommendation de Monsieur un tel. On lui a donné une lettre de recommandation auprès de vous.)

Recommandation, *f. f.* Estime ; considération. (C'est une chose qui mérite de la recommendation *Nouv. rem. de Vaugelas.* Il est en grande recommandation à ses Paroissiens. Les Ecoliers de Pitagore avoient le silence en grande recommandation.)

† *Recommandation.* Ce mot au pluriel signifie *baisemains.* (Faites mes recommendations à votre ami lorsque vous lui écrirez.)

Recommendation. Terme *d'Orfévre.* Billet qu'on envoie chez tous les orfévres de Paris lorsqu'on a perdu quelque vaisselle d'argent, afin que si on leur porte cette vaisselle perduë, ils la retiennent & arrêtent la personne qui la leur veut vendre. [J'ai vû toutes mes *recommendations*, & je n'y trouve pas celle dont vous me parlez)

Recommendation, *f. f.* Terme *d'Eglise.* C'est un avis que les Curez font dans leurs prônes de donner quelque aumône, de faire quelques prières, pour des personnes qu'ils nomment.

Recommendation, *f. f.* Terme de *Palais.* Nouvel arrêt qu'on fait de la personne d'un prisonnier dans une geole. (L'écrou de ce prisonnier tient encore pour deux ou trois recommendations.)

Recommender, *v. a.* Prier d'avoir soin d'une personne ou de quelque chose que ce soit. (Il leur présenta son fils & le leur recommanda. *Ablancourt, Tac. Hist. l. 3. c. 11.* Je vous recommende ma maison.)

Se recommender, *v. r.* Faire ses baisemains à quelqu'un. Prier d'avoir soin, d'avoir pitié. (Se recommender à quelqu'un. *Voit. Poës.* Il se recommanda à Dieu & mourut aussi-tôt.)

RÉCOMPENSE, *f. f.* Prix. Salaire. (C'est la récompense que j'ai renduë à ma nourrice. *Vaug. Quin. l. 8. c. 2.* Tirer recompense de ceux dont on défend la vie & les biens. *Ablancourt, Tac. An l. 13. c. 14.* Recevoir la recompense de son travail. *Ablancourt.* La mort lui ora la recompense de ses services. *Sarasin, Prose.*)

Recompense. Ce mot se prend quelquefois pour *punition, châtiment.*

Ton insolence
Téméraire Vieillard, aura sa recompense.
Corn. Cid. a. 1.)

Récompense. C'est une certaine somme d'argent de trois ou quatre cens livres qu'on donne à un laquais après avoir servi trois ou quatre années sans gages. (Laquais qui est à recompense. Avoir sa recompense. On lui a donné sa recompense. Servir à recompense.)

En *recompense.* Ces mots se prennent quelquefois comme un adverbe, & signifient d'autre côté, d'ailleurs, (Il m'a servi dans cette afaire, mais en *recompense* je l'ai servi en d'autres ocasions. Cette femme n'est pas belle, mais en recompense elle est vertueuse.)

Recompenser, *v. r.* Reconnoître de quelque grace les bons ofices ou les services d'une personne. (Le monde recompense plus souvent les aparences du mérite que le mérite même. *Mémoires de M. de la Roche-Foucaut.*)

Se *recompenser*, *v. r.* Se satisfaire soi même des services qu'on a rendus. (Jean d'Alba n'étant pas content de ses gages déroba quelque chose pour se recompenser. *Pascal, l. 6.*)

RECOMPOSER, *v. a.* Composer de nouveau, (Les Imprimeurs recomposent les pages quand elles sont rompuës. Recomposer une feüille.) Les Ecoliers recomposent quelquefois leurs thêmes. Les Chimistes recomposent les corps mixtes qu'ils avoient décomposez.)

RECOMPTER ; *reconter*, *v. a.* L'un & l'autre s'écrit, mais on prononce *reconté.* Compter une seconde fois. (Recompter son argent)

RÉCONCILIATION, *f. f.* Prononcez *reconciliacion.* Retour en amitié. Amitié qui est renduë. (Une réconciliation feinte, trompeuse, vraie, sincère. Il voulut célébrer la réjoüissance de leur réconciliation. *Vaugelas, Quin. l. 8. c. 3.* La réconciliation avec nos ennemis n'est qu'une crainte de quelque mauvais événement *Mémoires de M. de la Roche-Foucaut.*)

Reconciliateur, *f. m.* Celui qui reconcilie & remet en bonne intelligence des gens qui étoient mal ensemble. Celui qui racommode des personnes qui avoient rompu ensemble. (Dieu a proposé son Fils pour être le *reconciliateur* des hommes par la foi qu'ils ont en son sang. *S. Paul, Rom. ch.* 3.)

Reconcilier, *v. a.* Remettre en bonne intelligence. Racommoder des gens qui ont rompu ; qui sont brouillez ensemble. (Je les ai reconciliez.)

Se réconcilier, *v. r.* Se bien remettre. Se racommoder avec quelqu'un. (Je croirai que la fortune se veut reconcilier avec nous, si &c. *Voiture, lettre* 65. Se réconcilie avec une personne. *Ablancourt.*) Quelques uns disent se reconcilier à une personne, mais on ne parle pas ainsi.

RECONDUIRE, *v. a.* Ce mot se dit en parlant de visites qu'on se rend les uns aux autres dans le commerce du monde, & signifie *acompagner la personne* qui nous est venu voir & la conduire jusques à la prémière porte de nôtre logis. (Je vous laisse aler sans vous reconduire, *Moliere, Sicilien, f. 11.* Ce n'est plus aujourdhui la mode de reconduire les gens avec qui on vit familierement. Les autres leur font civilité & les reconduisent jusques à la ruë. *Scaron, Epitre à Dame Guillemette.*)

† RÉCONFORT, *f. m.* Ce mot signifie *consolation,* mais il est un peu vieux & est mieux reçu en vers qu'en prose. (Hors de tout espoir du salut & de la vie, Priam reçut du reconfort. *Malherbe, Poësies, livre* 6. Son ame fut dépourvuë d'espoir & de reconfort. *Gom, Epi. l. 3.*)

† *Reconforter*, *v. a.* Ce mot signifie *consoler,* mais il ne se dit guére dans le beau stile. (Je l'ai un peu reconforté.)

RECONFRONTER, *v. a.* Confronter de nouveau, une seconde fois, (On lui a confronté & reconfronté les témoins.)

RECONNOISSABLE, *adj.* Qu'on peut reconnoître. Facile à reconnoître. (Il n'est pas reconnoissable.)

Reconnoissance, *f. f.* Prononcez *reconnoissance.* Ressouvenir d'un grace reçuë. Gratitude ; ressentiment de quelque faveur. (Je lui pardonne tout le mal qu'elle me fait en reconnoissance du bien que vous en recevez. *Voi. l.* 35. Donner des marques de sa reconnoissance. *Ablancourt.* Les bienfaits obligent à la reconnoissance. *Vaugelas, Quin. l. 8. c.* 8. Témoigner de sa reconnoissance à quelqu'un. *Ablancourt.* On donne aisément des bornes à la reconnoissance. *Memoires de M. de la Roche-Foucaut.*)

Reconnoissance. Aveu. Action de la personne qui avoüe, qui reconnoit, & qui confesse une chose. [A quoi serviroit-il d'exiger cette reconnoissance *Pas. l. 18.* Cette humble reconnoissance de leur faute leur en obtint le pardon. *Vaugelas, Quin.*

l. x. c. 4. Ecrit sujet à reconnoissance. *Patru, plaidoié* 6.]

Reconnoissance. Ce mot se dit en *pratique*, & veut dire un aveu par écrit. Passer une reconnoissance à quelqu'un devant Notaire. *Le Maît.* On a acoutumé de demander, ou de prendre de semblables reconnoissances. *Patru, plaidoié* 5.]

Reconnoissance. Terme de *Poësie Dramatique.* C'est un sentiment de la mémoire, & de l'imagination par lequel une personne en reconnoit un autre dont elle ne s'apercevoit pas. [Le dénoûment se fait dans la comedie par la reconnoissance.]

Reconnoissant. Participe signifiant *qui reconnoît.*

Reconnoissant, reconnoissante, adj. Qui est sensible aux graces qu'il a receuës. Qui a de la gratitude & du sentiment des faveurs qu'on lui a faites, ou des services ou bons ofices qu'on lui a rendu. (C'est un homme fort reconnoissant. Elle a l'ame fort reconnoissante.)

Reconnoître, v. a. Je reconnois. Je reconnoissois. J'ai reconnu. Je recomnus. C'est remettre une personne dans son imagination, ou dans sa mémoire. Reprendre la connoissance d'une chose, ou d'une personne. dont l'idée s'étoit un peu éfacée de notre souvenir. (Je crus reconnoître Socrate à sa tête chauvre. *Ablancourt, Lucien, Tome* 3. Je l'ai reconnu à sa parole. *Scaron, Nouvelle* 4. Comme il reconnut son père à demi-mort, il le reconnut & fut reconnu par lui. *Ablancourt, Tacite. l.* 3. *c.* 4.)

Reconnoître. Considérer. Juger. Dicerner. Bien voir. Voir distinctement. (J'ai reconnu que vous l'aimiez. *Moliere.* Les ennemis dans la confusion ne pouvoient reconnoître notre nombre. *Sarasin. Prose.* Ils reconnurent aussi-tôt son artifice. *Ablancourt, Tac. Hist. l.* 3. *c.* 2.)

Reconnoître Avoüer. (Il ne veut pas reconnoître que c'est la grace qui opère. *Pascal, l.* 18. Je reconnoîs mes crimes, & mon péché est toûjours devant moi. *Port-Roial. Pseaumes.* Il reconnoît que tout ce qu'on lui demande est entre ses mains. *Patru, plaidoié* 5.)

Reconnoître. Ce mot se dit encore en quelques façons de parler aprochantes de celles-là. Ainsi on dit. (Ne reconnoître ni Juge ni Loi. *Ablancourt, Tac. Hist. l.* 1. *c.* 4. Reconnoître pour Roi.)

Reconnoître. Ce mot en Termes de *Guerre* se dit des choses & des personnes, & il signifie. *Aller voir & observer les ennemis, quelque place, quelque passage, ou quelque païs, afin de prendre après, ses mesures sur ce qu'on aura reconnu.* (Il envoia reconnoître l'entienui. *Ablancourt.* Reconnoître un passage. *Ablancourt, Ar. l.* 5. Reconnoître la côte & les ports. *Ablancourt, Ar. l.* 1.)

Reconnoître. Être reconnoissant d'une grace. Avoir de la gratitude de quelque faveur qu'on a receuë. (Reconnoître les services de quelqu'un. *Ablancourt, Tacite. Hist. l.* 1. *c.* 7. Je ne trouve point de paroles pour reconnoître l'honneur que vous me faites.)

Se reconnoître, v. r. Reprendre ses esprits. Faire réflexion sur soi afin de prendre les mesures nécessaires pour agir. (Il ne donna pas le tems aux ennemis de se reconnoître. *Ablancourt.* Dès qu'ils se furent reconnus, le dépit d'avoir sitôt lâché le pié les ramena à la charge. *Sarasin Prose.*)

Se reconnoître, v. r. Se repentir. Rentrer en soi même. Faire de sérieuses réflexions sur le déreglement de sa conduite. (Les Partisans & les gens de Cour ne se reconnoîtrent guère que sur la fin de leurs jours, & ils sont fort obligez à Dieu qui leur fait la grace de se reconnoître.)

Reconnu, reconnuë, adj. Avoüé. (Pardonnez moi, Seigneur, afin que vous soiez reconnu fidelle dans vos promesses. *Port-Roial, Pseaumes.*)

Reconnu, reconnuë. Recompensé. (Services mal-reconnus. *Ablancourt. Tac. Hist. l.* 2. *c.* 15. Ses bons ofices ont été reconnus comme ils le méritoient.)

Reconquerir, v. a. Je reconquiers. J'ai reconquis. Je reconquis. Je reconquerrai. C'est conquerir une seconde fois. [Ils pensoient à reconquerir la Lidie. *Vaug. Quin. l.* 4. Il usa d'une extrême diligence à reconquerir le Poëme. *Sarasin Prose.*]

Reconquis, reconquise, adj. Conquis de nouveau. [Païs reconquis. *Ablancourt.* Province reconquise. Le Boulonnois & Calais s'apellent le païs reconquis.]

Reconstruire, v. a. Construire de nouveau. Ce mot ne se dit guère. [Il faut reconstruire ce bâtiment, ou plûtôt le construire tout de nouveau.]

Reconsulter, v. a. Consulter de nouveau. [Il a fait reconsulter à Paris, l'afaire qu'on avoit consultée en Province.]

Reconter. Voiez *Recompter.*

Recontracter, v. a. Contracter de nouveau. [On avoit fait casser leur premier contract de mariage, mais depuis, ils ont recontracté, & retiré leur mariage des qu'il n'a été en âge.]

Reconvenir, v. a. Terme de Palais. C'est former quelque demande, soit pour une compensation, ou pour une garantie, contre celui qui nous demande quelque chose en Justice.)

Reconvention, s. f. Prononcez *Reconvencion.* Action par laquelle on demande à celui qui demande. Une reconvention bien fondée emporte de droit la compensation.)

Reconvention. Ce mot signifie aussi une nouvelle convention. [Le prix de cette ferme a été augmenté par une reconvention.]

Reconvoquer, v. a. Convoquer de nouveau. Il se dit des Conceils, des Sinodes & du Parlement d'Angleterre. [Le Roi avoit prorogé son Parlement, mais il a été obligé de le reconvoquer.]

Recopier, v. a. Copier de nouveau. Transcrire encore.

† *Se recoquiller, v. r.* Ce mot se dit quelquefois des cheveux, & veut dire. Se friser. Se mettre par boucles. [Ses cheveux se recoquillent. Cheveux tout recoquillez.] On dit aussi qu'une feuille se recoquille, un ver, le feuillet d'un livre, &c. se recoquille.

Recoquillement; s. m. L'Action de se recoquiller.

Recorder, v. a. Corder une seconde fois. Refaire une corde. (Recorder une corde dont les cordons étoient défaits.)

Recoariger, v. a. Corriger de nouveau. Retoucher. (Recorriger ce qu'on a mal fait.)

Recors, s. m. Terme de *Pratique.* Celui qui acompagne le sergent pour être temoin de l'exploit que donne le sergent. (Prendre des recors.)

Recoucher, v. a. Coucher de nouveau. Remettre au lit, ou au berceau. (Recoucher un malade. Recoucher un enfant.)

Recoudre, v. a. Je recous. Je recousis, je recousrai. C'est coudre une seconde fois ; Acommoder avec l'eguille. Racommoder avec le fil de l'éguille. (Cela n'est pas bien cousu, il le faut recoudre.)

Recousu, recousuë, adj. Cousu de nouveau. (Habit recousu. Jupe recousuë.)

† * Je pourrois dans mes vers *recousus* mettre en piéce Malherbe. *Depreaux, Satire* 2. C'est à dire, dans mes vers pris de côté & d'autre, dans mes vers râperassez.

Recoupe, s. f. Terme de *Tailleur de pierre.* Ce qui tombe de la pierre lorsqu'on la taille. (On cartelle avec de la recoupe & du plâtras.)

Recoupe. Terme de *Boulanger.* Ce qui sort du son gros lorsqu'on le repasse. (Les boulangers vendent les recoupes au boisseau.)

Recouper, v. a. Couper de nouveau. Couper une seconde fois. (Recouper du pain.)

Recouper. Il se dit aussi d'un habit. (Il faut *recouper* cet habit qui avoit été mal coupé.)

Recouper. Il se dit encore au jeu de cartes. (Recoupez, car vous avez mal coupé.)

Recoupement, s. m. Terme de maçon: Voiez retraite terme de maçon, car c'est la même chose.

Ecu recoupé. Terme de *Blason*, c'est à dire, coupé plus d'une fois.

Recourber, v. a. Courber un peu plus. Courber encore. [Il faut recourber cela.]

Se recourber, v. r. Se courber davantage. (Sa corne commence à se recourber dès le milieu.)

Recourbé, recourbée, adj. Courbé. Plié d'une maniére courbe. (Leurs épées étoient un peu recourbées. *Vaug. Quin. l.* 8. *c.* 14. Les cornes de l'élan sont recourbées. *Fléchier, Commendam, liv.* 1. *ch.* 11.)

Recourir, v. n. Courir une seconde fois. (Il faut faire recourir après lui,) Il signifie aussi courir plusieurs fois. (Il ne fait que courir & recourir.)

Recourir. Avoir recours à quelqu'un, à quelque chose. Prendre pour son recours, pour son apui, pour son refuge. Se servir de quelque personne, ou d'une chose pour se remetre à couvert & en tirer du secours. (Recourir à l'Ecriture Sainte. *Pasc. l.* 4. Il faut passer pour des calomniateurs, ou recourir à votre maxime que cette sorte de calomnie n'est plus un crime. *Pascal, lettre* 15. Osez-vous recourir à ces ruses grossières. *Moliere.*)

Recourir, v. a. Sauver. Délivrer une personne de ceux qui l'emmènent, Ratraper. Regagner une chose qu'on prend & qu'on enlève. (Recourir un prisonnier.)

Recourir, v. a. Ce verbe n'est pas si usité que *recourir.* Sauver. Regagner. Ratraper des mains de ceux qui emmènent & emportent. (Il étoit acouru avec un peu de gens pour *recourir* le bagage. *Vaug. Quin. l.* 1. *c.* 15. On dira plûtot pour recourir le bagage. *Ménage, observ.*)

Recours. Voiez *plus bas.*

Recousse, s. f. m. Refuge. Secours. Action de recourir. Avoir recours à l'Ecriture Sainte. *Pasc. l.* 4. Avoir recours au mensonge. *l.* 16.)

Recourir. Terme de *Pratique.* Action qu'on a contre une personne pour recouvrer quelque chose sur cette personne. (Avoir son recours contre quelqu'un. *Vaug. Remarques.*)

Recours, adj. Ce mot ne se dit guère qu'au *Masculin,* & signifie tiré d'entre. Tiré d'entre les mains des gens qui l'emmènoient. (Prisonnier recous.)

Recousse, s. f. Action de recoure. Aide & secours qu'on donne à quelqu'un pour le délivrer des mains de ses ennemis qui l'entraînent. (Aller à la recousse.)

Recouvrir, v. a. Couvrir de nouveau. (Poule qui commence à recouvrir.)

Recouvert, recouverte. Voiez *recouvrir.*

Recouvrer, v. a. Reconquerir. Ravoir. Mettre en sa possession une chose qu'on avoit perduë. (Il les fit résoudre à recouvrer ce qu'ils avoient perdu. *Vaug. Quin. l.* 4. Recouvrez les forces. *Vaug. Quin. l.* 3. Recouvrer la santé. *Abl. Luc. T.* Il eut envie de recouvrer l'Armenie. *Abl. Tac. An. l.* 12. Il faut tâcher à recouvrer ce qu'on nous à dérobé. *Pasc. let.* 2.

Mes parties ont recouvré un grand nombre d'actes. *Patru, pl.* 15. Il fut guéri par un célèbre Médecin, & il recouvra la vuë. *Lettres de Saint Augustin.*)

Recouvré, recouvrée, adj. Acquis de nouveau. Mis de nouveau en sa possession. (Piéces nouvellement recouvrées. *Patru, pl.* 15. Acte recouvré. *Patru, pl.* 15. *pag.* 408.)

Recouvrement, s. m. Action de trouver. (Ne songer qu'au recouvrement de sa liberté. *Ablan. Tac. An. l.* 13. *c.* 13, Ils appellent le peuple au recouvrement de sa liberté. *Ablancourt, Ar. liv.* 1. *c.* 4.)

Recouvrement. Terme de *Gabelles.* Recete de deniers à prendre sur les particuliers. (Faire un recouvrément. Donner un recouvrément à quelqu'un.)

Recouvrement. Terme de *Menuisier.* C'est une maniére de rebord de quelque sorte d'ouvrage. Ainsi on dit, le recouvrement d'un cofre fort ; c'est à dire, le rebord du couvercle du cofre fort.)

RECOUVRIR, *v. a. Je recouvre. Je recouvris, j'ai recouvert.* C'est couvrir de nouveau ce qui est découvert. (Recouvrir un toit, une maison. Toit recouvert. Maison recouverte.) Bien des gens emploient *recouvrir* au même sens que *recouvrer* ; mais mal, à cause des ambiguitez qui se font en mettant l'un pour l'autre : Exemple, si l'on dit, On a recouvert le tableau que vous aviez envie de voir. Ce *recouvert* fait équivoque. On ne sçait si l'on veut dire qu'on a remis le rideau sur le tableau qu'on vouloit voir, ou si l'on a retrouvé le tableau qu'on souhaitoit de voir. Pour ôter cette ambiguité, il ne faut pas donner à *recouvrir*, la signification de *recouvrer.* Corn. *Notes sur Vaugelas.*

RECRACHER, *v. a.* Cracher une seconde fois. (Il commence à recracher le sang.)

RECRÉANCE, *s. f.* Terme de *Palais.* C'est la provision de la chose qui est en procés, laquelle s'ajuge à celui qui a le droit le plus aparent. (La Cour lui a ajugé la recréance du bénéfice. Avoir la recréance. Obtenir la récréance d'un bénéfice.)

RÉCRÉATIF, *récréative, adj.* Qui donne du plaisir. Qui divertit. (Feu récréatif. Le mariage est une chose fort récréative, mais il faut être jeune & avoir une belle femme. Les parties récréatives *Mots burlesques* pour dire les parties naturelles.)

Récréation, s. f. Prononcez *récréacion.* Passetems. Divertissement. (Récréation charmante, honnête, agréable, permise, innocente. Prendre quelque petite récréation. Avoir quelques heures de récréation. Donner un peu de récréation.)

Récréation. Ce mot se dit dans les Colléges de Paris & dans quelques Couvens C'est une certaine heure de la journée qu'on donne aux personnes religieuses & aux écoliers pensionnaires pour se récréer. (On est à la récréation. La récréation est finie.)

Recréer, v. a. Divertir. Faire passer le tems avec plaisir & avec joye (Moliere récréoit la Cour & le bourgeois.)

* *Recréer, v. a.* Il se dit des Oficiers & signifie créer une seconde fois. (On avoit suprimé ces Ofices par un Edit, mais on les a recreez par un autre Edit.)

† RECRÉPIR, *v. a.* Ce mot pour dire crépir de nouveau n'est pas usité, & les habiles Maçons que j'ai consultez me l'ont dit. Ils disent *crépir* & jamais *recrépir.*

RECREUSER, *v. a.* Creuser une seconde fois. (Recreuser un fossé.)

RECRIBLER, *v. n.* Cribler une seconde fois, ou plusieurs fois (Recribler du son.)

SE RECRIER, *v. r.* C'est s'écrier contre quelque chose de mal, ou qui déplaît, & s'y oposer, en faisant voir qu'on ne consent point du tout à ce qu'on dit, ou que l'on a fait. Ceux qui étoient interessez s'étant récriez sur cet avis ; Sillius se soutint. *Abl. Tac. An. l.* 1. Se récrier aux méchans endroits d'une piéce. *Moliére.*

Il a tort en éfet
Et vous vous êtes là justement récrié.
Mol. femmes sav. a. 5. *sc. dern.*

Les Saints Péres se sont récriez dans tous les siécles contre les Imposteurs. *Thiers, differt. sur le portail des Cordeliers de Rheims, chap.* 1.)

RECRIMINATION, *s. f.* Ce mot se dit d'ordinaire en terme de *Palais.* C'est acuser l'acusateur, ou c'est lui vouloir imputer une faute pareille à celle dont il nous acuse. (C'est une récrimination.)

* *Récriminer.* Ce verbe ne semble usité qu'au gerondif, & il signifie acuser celui qui nous acuse, lui imputer quelque faute, lui reprocher quelque chose. (Tout cela n'est qu'un récriminant. Je ne veux pas chicaner sur le mot en récriminant. *Vaug. nouv. rem.* ?. 1. 8.)

RÉCRIRE, *v. a.* Écrire une seconde fois. *Je récris. Je récrivis. J'ai récrit. Je récrivrai.* (Il faut récrire ce mot, il n'est pas bien écrit. Je lui ai écrit & ne me récrit sans qu'il ait daigné me faire réponse.)

Récrit, récrite, adj. Écrit une seconde fois. (Mot récrit. Ligne récrite.)

Récris, s. m. Voyez *Rescrit.*

RECROISETTE, *recroisetée, adj.* Terme de *Blason.* Il se dit d'une croix, lors qu'à l'extrémité de ses branches, il y a une autre petite croix qui la traverse : ce qui forme quatre petites croix,

ou croisettes. (Il porte d'argent à six croix recroisetées de gueules.)

RECROITRE, *v. a.* Croître de nouveau. (La rivière recroit. Le bois étant coupé recroit. Il lui faut donner le tems de recroître.)

SE RECROQUEBILLER, *v. r.* Terme de *Jardinier.* Il se dit des feuilles, c'est se ramasser, au lieu de s'étendre & être toutes jaunâtres & galeuses. (Les feuilles de cet arbre sont toutes recroquebillées, elles commencent à se recroquebiller. *Quin. Jard. Fr.*)

SE RECROTER, *v. r.* Se croter de nouveau. (Quoi qu'on se soit bien décroté, on ne sçauroit sortir à la ruë sans se recroter.)

RECRU, *recruë, adj.* Lâs. Lassé. Fatigué. Harassé. Le mot de *recru* en ce sens, semble un peu vieux à quelques personnes. Cependant on le trouve dans les bons Auteurs, & on croit, qu'à leur exemple on s'en peut encore servir quelquefois dans un stile grave & un peu soutenu. (Ils avancérent un pas, mais tout recrus & harassez. *Vaug.* l. 3. c. 11.)

Recruë, s. f. Terme qui se dit en parlant de Soldats. C'est une levée de soldats pour fortifier des troupes qui sont lur pié. (Une grosse recruë. Une recruë considerable. Faire des recruës. *Ablan. Tac. An. liv.* 13. c. 13. Conduire une recruë. Loger une recruë.)

RECTANGLE, *adj.* Terme de *Géométrie.* Ce mot se dit des figures de Géométrie, & signifie *qui a un, ou plusieurs angles droits.* (Triangle rectangle. Parallelogramme rectangle.) Ce mot de *rectangle* se prend aussi *substantivement*, & signifie une figure de quatre côtez, dont les quatre angles sont droits.

Rectangulaire, adj. Qui a les angles droits. Le quarré est une figure rectangulaire. Le Cube est un corps rectangulaire.)

RECTEUR, *s. m.* En Latin *Rector.* Ce mot se dit en parlant de la République de Venise C'est un titre qui est commun au Podestat & au Capitaine des armes de Venise, & il signifie celui qui gouverne les viles de l'Etat. Voyez *Amelot de la Houssaie hist. de Venise.*

Recteur. Terme d'*Université.* C'est le chef de l'Université qui s'élit tous les trois mois dans l'Université de Paris, & qui se continue quelquefois deux ou trois ans quand il cabale & qu'il gagne les diverses nations qui composent le corps de l'Université, ou qu'il a un mérite qui n'est point envié, ce qui est fort rare. Le *Recteur* se choisit entre les maîtres és Arts, & les Bacheliers. Il préside à toutes les assemblées de l'Université, fait les harangues qu'il faut faire de la part de l'Université & est payé de tout cela, mais ce qui lui vaut plus que tout, ce sont les lettres des Maîtres és Arts lorsqu'il est Recteur sur la fin de l'année.

Recteur. Terme de *Jésuite.* C'est le Supérieur d'un Couvent de Jésuites. (Le Recteur parmi les Jésuites est triennal. Un tel pére est Recteur.)

Recteur. Terme d'*hôpital général.* Ecclésiastique qui a soin du spirituel de l'hôpital général, qui donne à tous les Prêtres qui sont sous lui ce qu'ils doivent avoir pour la conduite spirituelle de tous les pauvres. Tous les hôpitaux de Paris n'ont qu'un Recteur général, qui est perpétuel Ce Recteur demeure ordinairement à l'hôpital qu'on apelle *la pitié*, il est trés-consideré dans tous les hôpitaux, & est trés-commode, car il fait ses visites en carosse.

RECTIFICATION, *s. f.* Ce mot se dit entre *Chimistes.* C'est une exaltation de la partie la plus essentielle du mixte qu'on avoit séparée par la distillation, ou autrement. (La rectification est une distillation, ou sublimation nouvelle.)

Rectifier, v. a. Terme de *Chimie.* Distiller de nouveau les esprits pour les rendre plus subtils & en éxalter les vertus. *Glas.* l. 1. (On rectifie les sels fixes par la calcination, dissolution ou philtration. *Char. Pharm. c.* 43.)

* *Rectifier*, Corriger. Redresser. Rendre meilleur.
  Il faut rectifier le mal de l'action
  Avec la pureté de nôtre intention.
  Moliére, Tartufe.

* Rectifier les humeurs déreglées. *Deg.*)

RECTILIGNE, *adj.* En Latin *rectilineum.* Terme de *Géométrie.* Il signifie que il est fait par des lignes droites. (Figure rectiligne. Triangle rectiligne. La Trigonométrie rectiligne.)

RECTITUDE, *s. f.* Ce mot se dit de la veuë. (La rectitude de la veuë complete vient de l'œil droit. *La Chambre.*)

* *Rectitude.* Droiture. (L'intégrité & la rectitude de mon cœur me garderont. *Port-Roial. Pf.* Seigneur donnez-moi la rectitude de vos jugemens. *Port-R. Pf.*)

RECTORAT, *s. m.* Charge & dignité de Recteur. Tems durant lequel un Maître és Arts a été Recteur de l'Université. Tems qu'un Jésuite a été Recteur de son Couvent. (Il a fort paru du tems de son rectorat. Son rectorat lui a été glorieux.)

RECU, Voyez *recevoir* & *reçeu.*

RECUEIL, *s. m.* Extrait de ce qu'il y a de bon, & de beau dans un livre. Choix de ce qu'il y a de beau dans plusieurs auteurs. Ramas de diferentes piéces. Assemblage de diverses choses qui concourent toutes à une fin. (Un savant recueil. Un recueil d'arrêts. Faire un recueil de divers auteurs. *Ablanc. Apoph.*

On

REC. — RED.

On ne voit point mes vers à l'envi de Montreuil,
Grossir impunément les feuilles d'un recueuil,
Déspreaux, Sat. 2.

L'art est un recueil de divers préceptes qu'on met en pratique pour une fin utile à la vie de l'homme. *Ablancourt, Lucien, Tome 2.*)

Recueillement, *s. m.* Ce mot se dit en terme de *dévotion*, & c'est une récollection de l'esprit. C'est une action de l'esprit qui se recueille en soi-même. (Je voi ces oratoires où elle a passé tant de jours & de nuits dans le recueillement. *Fléchier, Oraison funèbre de M. d'Eguillon.*)

Recueillir, *v. a.* Ramasser. *Je recueille, j'ai recueilli. Je recueillis. Je recueillerai.* (L'homme amasse, & il ne sait pas qui recueillera. *Port-Roial. Pseau.* Après cette saison de larmes,il en viendra une de joye & nous recueillerons une grande moisson de gloire. *Maucroix. Homel. de S. Chrisost.*)

Recueillir. Retirer de quelque fonds. (Recueillir cinquante piéces de vin en trois arpens de terre.)

Recueillir. Extraire. Tirer de quelque Auteur, ou de quelque ouvrage ce qu'il y a de meilleur. (Il a recueilli ce qu'il y a de plus comique dans Aristophane.)

Recueillir. Donner retraite à quelque personne, la recevoir. (Après avoir perdu Darius, elles avoient trouvé qui les avoit recueillies. *Vaug. Q. liv. x. c. 5.*)

* Il merite qu'on lui fasse *recueillir* le fruit de sa continence. *Vau. Quin. liv. 4. c. 10.*)

* *Se recueillir*, *v. r.* Redire en peu de mots ce que l'on a dit auparavant plus au long. [* Pour me *recueillir* en trois paroles, je vous ai fait voir que. *Patru, plaid. 8.*]

Se recueillir, *v. r.* Ce mot se dit souvent en Termes de *dévotion*, & en parlant de gens de pieté, qui prient, ou qui méditent. C'est être tout entier à la priére, ou à la méditation. (Il étoit si recueilli en priant Dieu qu'il demeureroit des heures entiéres immobile. *Pere Bouhours, vie de Saint Ignace, l. 1.*)

Recueilloir, *s. m.* Terme de *Cordier*. C'est un morceau de bois pour torriller & pour *recueillir* la ficelle.

Recuire, *v. a.* Cuire une seconde fois. *Je recuis, tu recuis, il recuit, nous recuisons. J'ai recuit, je recuisis.* (Cela n'est pas tout-à-fait assez cuit, il le faut remettre au four pour le recuire.)

Recuire. Terme de gens qui travaillent en métal. C'est faire perdre l'aigreur & la trop grande dureté que les métaux peuvent avoir acquis par l'écrouissement ou par la trempe, en les mettant au feu (Recuire le métal.)

Recut, *s. m.* Ce mot se dit des piéces d'artillerie. C'est un mouvement en arriére, du canon, qui est causé par la violence du feu & qui dans le tems qu'on tire la piéce chasse la piéce en arriére. (Il a été blessé du recul du canon.)

Reculer, *v. a. & n.* Pousser en arriére. Aller en arriére. Faire retirer en arriére. (Reculer un carosse, un chariot, &c. Reculer trois, ou quatre pas. Il vaut mieux endurer la mort en repoussant les ennemis que de se sauver en reculant. *Ablancourt, Tac. l. 2.* Nous avons avancé nos garnisons & reculé nos frontiéres. *Ablancourt, Tac.* Le canon recule.)

* **Reculer.** Empêcher. Retarder. Reculer la peste. *Ablancourt. Rétorique.*)

* **Reculer.** N'oser repliquer pour se défendre. N'oser, où ne vouloir pas bien repondre quand on nous ataque de paroles. (Si je me défens, ce n'est qu'en reculant. *Moliére, Femmes Savantes, acte 4. s. 3.*)

* **Reculer.** Ne pas poursuivre un dessein, une entreprise. (On étoit trop avant afin de pouvoir reculer. *Ablancourt, Tuc. Hist. l. 3. c. 11.*)

* **Reculer.** Tergiverser. Ne vouloir pas venir au point. Chercher des échapatoires. (Vous reculez, lui dis-je en l'interrompant, vous reculez. *Pas. l. 4,* Mes Péres il n'y a plus moien de reculer, il faut passer pour les calomniateurs *Pas. l. 15.*)

* **Reculer.** Ce verbe avec une négation est encore agréablement, & sert à marquer de la fermeté du cœur ou d'esprit. (Exemple. Je ne suis pas homme à reculer quand on m'ataque d'amitié. *Moliére.*)

† * **Reculer pour mieux sauter.** Sorte de *proverbe* qui veut dire diférer, afin de prendre de là, des mesures pour mieux réüssir en ce qu'on a entrepris.

Se reculer, *v. r.* Se retirer en arriére. (Il feignit de se reculer pour le faire avancer.)

Reculé, *reculée*, *adj.* Poussé en arriére. (Carosse reculé.)

Reculé, *reculée*. Eloigné. (Son courage l'a porté en des lieux reculez. *Ablancourt, Tacite, Vie d'Agricola.*)

Reculement, *s. m.* L'action de reculer. Il signifie aussi retardement.

Reculement, *s. m.* Terme de *Bourrelier*. Trois bandes de cuir qui sont larges de trois doigts, qui sont cousuës les unes sur les autres, qui entourent le poitral du cheval de carosse & qui servent à le faire reculer.

A reculons, *adv.* En arriére. (Marcher à reculons. *Ablancourt, Luc* Dancer à reculons. *Ablancourt, Luc. tome 3.*)

† * Au figuré on dit que *les afaires vont à reculons*, c'est à dire à rebours, de mal en pis.

Recusation, *s. f.* Terme de *Palais.* Moiens qu'on alégue pour obliger un juge à se déporter d'une afaire. (Donner ses causes de récusation.)

Recuser, *v. a.* Terme de *Palais.* Aleguer des moiens pour obliger un juge à se déporter de la connoissance d'une afaire (Recuser un juge.)

RED.

Redan, *s. m.* Terme de *Fortification.* Ligne qui forme des angles rentrans & sortans pour se flanquer les uns les autres. (Faire des redans, Palissader un redan. Gagner un redan.)

Redanser, *v. n. & a.* Danser de nouveau. Danser une seconde fois. (Nous avons dansé aujourd'hui, & il nous faudra redanser demain. Redanser la même courante. On le voulut obliger à redanser le Balet. *Abl. Luc. T. 2. danse.*)

† **Redarguer**, *v. a.* Ce mot est vieux. Il signifie reprendre.

REDDITION. V. *Rédition.*

Redébatre, *v. a.* Terme de *Palais.* Débatre de nouveau. (On est reçu à redébatre les articles d'un compte.)

Redéclarer, *v. a.* Déclarer de nouveau. (Je le lui avois déclaré de bouche & je lui ai encore redéclaré par écrit.)

Rededier, *v. a.* Dédier de nouveau. Consacrer de nouveau. (Rededier une Eglise. Redédier un livre.)

Redéfaire, *v. a.* Défaire de nouveau. (Il faut redéfaire cela. On a dit que Pénélope sit, défit & redéfit plusieurs fois la même toile)

Redéjuner, *v. a.* Déjuner une seconde fois. (On avoit déjuné, mais il a falu redéjeuner avec d'autres amis qui sont survenus.)

Redéliberer, *v. a.* Déliberer de nouveau. (Sur ce nouvel avis, il faudra redélibérer sur cette afaire.)

Redélivrer, *v. a.* Délivrer de nouveau. (Il a été de nouveau fait prisonnier, & j'espére ne l'on redélivrera encore.)

Redemander, *v. a.* Demander une seconde fois. (Redemander avec hardiesse ce qu'on a prété avec générosité. Redemander plusieurs fois la même chose.)

Redemeurer, *v. n.* Demeurer de nouveau. [Il redemeurera dans son ancien logis.]

Redémolir, *v. a.* Démolir de nouveau. [On a démoli ce bâtiment, mais il le faudra encore redémolir.]

Redempteur, Terme de pieté, qui veut dire *Sauveur*. [Jesus-Christ est le Redempteur des hommes. Il est le Redempteur du monde. *Patru plaidoié 9.*]

Rédemption, *s. f.* Terme qui se dit en parlant de quelque matiére de pieté, d'action de pieté, ou d'un Ordre de Religieux qui rachéte les Chrétiens qui sont captifs parmi les Turcs, & il signifie *action de racheter. Rachat.* (Voila une redemption toute nouvelle. *Pas l. 4.* Religieux de l'Ordre de la Redemption des captifs. *Patru plaidoié 3.*)

Redescendre. Ce verbe est *actif* & *neutre-passif* je redescends, j'ai redescendu, je redescendis. je suis redescendu. C'est descendre une seconde fois. (Redescendre les degrez.)

Redevable, *adj.* Qui redoit, qui doit le reste. [Il lui est redevable de cent pistoles.]

* **Redevable.** Ce mot se dit des personnes & des choses & signifie, Qui a obligation. Qui est obligé. (Je me sens redevable à l'afection avec laquelle il vous a plû de m'obliger. *Voi. l. 155.* je ne suis redevable qu'à mon esprit de l'avancement de ma fortune. *Ablancourt.*)

† **Redevaler**, *v. n.* C'est redéscendre.

† **Redevance**, *s. f.* Terme de *Fief.* Charge qu'on doit païer annuellement au Seigneur, de qui reléve un fonds qu'on possede. Le *Redevancier* est celui qui doit une telle charge.

Redevenir. Ce verbe est *neutre-passif. Je redeviens, je redevins, je suis redevenu, je redeviendrai.* C'est devenir de nouveau. (Redevenir honnête homme.)

Redévider, *v. a.* Dévider de nouveau. (Il faut souvent redévider la soie, ou la laine pour faire divers ouvrages.)

Redevoir, *v. a. Je redoi, j'ai redû, je redus. Je redevrai.* C'est de voir le reste. (Il redoit de compte fait, mille écus.)

Redifier, *v. a.* Rebâtir.

Rédification, *s. f.* Seconde construction d'un bâtiment. [On a quêté pour la rédification de l'Eglise de cette Paroisse.]

Rediger, *v. a.* Mettre par ordre & par écrit quelque chose. [Rediger par Chapitres. *Ablancourt, Ap.* On a depuis peu rédigé les ordonnances de la ville de Paris. Rédiger ses raisons par écrit.]

Se rédimer, *v. r.* Terme de *Palais.* S'exemter. Se racheter. (Il fit cette donation pour *se rédimer* de son vœu. *Patru plaidoié 3.* Se rédimer d'une cruelle véxation. *Patru.*]

Redire, *v. a. Je redi. J'ai redit Je redis.* C'est dire de nouveau. Répeter. (Je me sentois fort rencé de vous redire l'histoire de Joconde. *Sar. Prose.*)

Redire. Réveler. Divulguer. (Vous alez redire ce qu'on vous a dit en secret. *Moliére. George Dandin a. v.*)

* **Redire.** Reprendre. Critiquer. Trouver mauvais. En ce sens, on le joint à la particule *à*, (Momus trouvoit *à redire* que le taureau eût des cornes au dessus des yeux. *Ablancourt. Luc.* Trouver *à redire* à quelque chose. *Voit. l. 11.* Je trouve *à redire* que vous ne m'aiez rien mandé de Monsieur *Voiture l. 141.*)

† **Rediseur**, *s. m.* Celui qui rebat les mêmes choses. (Un long rediseur de choses fatigantes. *Benserade, rondeaux, page 317.*)

Redistribuer, *v. a.* Distribuer de nouveau. Distribuer à celui de qui on a reçu. (L'argent que le Roi tire de ses Sujets, se redistribué parmi le peuple.)

Redite, *s. f.* Répetition d'une même chose. Action de redire. (Redite fréquente, fâcheuse, ennuieuse. User de fréquentes redites.)

RED.

redites. *Voiture*, l. 18. Les redites sont diférentes des répétitions ; celles-ci regardent les choses, & les autres, les mots. Auteur anonime. *Réfl. sur l'usage de la Langue.*)

Rédition des comptes, *s. f.* Terme de *Palais*. Examen de la conduite d'un tuteur touchant l'administration qu'il a euë des biens de son pupile. (C'est une rédition de compres fort embarassée.)

Rédition. Terme de *guerre*. Action de se rendre. C'est lors qu'une place assiégée se rend, se livre, & reçoit & de certaines conditions les troupes qui l'assiégeoient. (Il mourut après la rédition de la vile.)

REDOMPTER, ou *redomter*, *v. a.* Prononcez Redonté. Domter de nouveau. (Quand les peuples qu'on avoit domtez se rebellent, on tâche de les redomter.)

REDONDER. *v. n.* Il vient du Latin *redundare*. Etre de trop. Etre superflu. (Il faut ôter ce mot de cette phrase, *il redonde*.)

Redondant, *redondante*, *adj*. Il est pris du Latin *redundans*. Si ● perflu. Qui est de trop. (Il faut ôter dans le stile ce qui est **de** redondant. *Vaug. rem.*)

Redondance, *s. f.* Superfluité. (Il y a une redondance de mots dans le stile Gaulois de A... Cette redondance rend ses façons de parler languissantes & sans agrément.)

REDONNER, *v. a.* C'est donner ce qu'on nous a donné. Rendre. (Bachus me redonne le jour, ce que Venus m'ôte la nuit. Je vous redonne ce que vous me donnâtes l'autre jour.)

Se redonner, *v. r.* Se donner de nouveau. Se livrer & s'abandonner entièrement. (Son amour se raluma & il se redonna tout à elle. *Vau. Quin l.* 8. *c.* 3.)

Redonner. Revenir à la charge. (Les ennemis avoient été repoussez, mais ayant été ranimez par leur Chef, ils redonnerent avec plus d'ardeur que la première fois.)

REDORER, *v. a.* Dorer de nouveau. (Redorer un quâdre)

* **Redorer**. Ce mot signifie éclairer de nouveau. Répandre la lumière sur quelque chose, & en ce sens, il ne se dit proprement qu'en Poësie & que dans les Romans, ou autres ouvrages où il y a quelque sorte d'esprit Poëtique.

(Comme lorsque le jour *redore* les colines.
Une rose etincelle au milieu des épines,
Ainsi. *Godeau*, *Poësies*, *partie*, 2. églogue.)

REDORTE, *s. f.* Terme de *Blason*. Il se dit d'une branche d'arbre retortillée en anneaux.

* **REDOUBLEMENT**, *s. m.* Augmentation. (Les justes sentent aux aproches de la mort un redoublement d'ardeur, *Fléchier*, *Oraison Funèbre*.)

* **Redoublement**. Ce mot se dit de la *fiévre*. C'est une augmentation nouvelle & violente de la fiévre, (Il a des redoublemens tous les jours. *La Chambre*.)

REDOUBLER, *v. a.* Doubler une seconde fois. (Redoubler un juste-au-corps.)

* **Redoubler**. Augmenter. (Redoubler l'ardeur, le cœur, l'alégresse, le desespoir. *Ablancourt*, *Tac*. Redoubler la terreur des soldats. *Ablancourt*, *Tac. vie d'Agricola*. Redoubler ses soins. *Ablancourt Rét. l* 3. *c.* 1. La rigueur des parens redouble une amitié fidelle. *Molière*. *Pourceaugnac*. Leur colère redoubloit pour la consideration des mœurs du Prince. Les cris militaires redoublent la terreur *Abl. Tac. Ann. l.* 2. *ch.* 1. *&* 2.)

* *Re doublr*, Terme de *Guerre*. Renforcer. Augmenter. (Redoubler la garde.

* **Redoubler**. Ce mot se dit en parlant de *courier*, & veut dire *envoier courier sur courier*.) On redoubla les couriers pour lui envoier des nouvelles. Il demandoit conseil à des couriers redoublez, *Sarasin Prose*.)

* **Redoubler**, Ce mot se dit en parlant de *fiévre* & de maladie , & signifie. Augmenter de nouveau. Avoir plus de violence , & plus de force, mais dans ce sens , *redoubler* est une manière *de verbe neutre*. (La fiévre lui redouble sur le soir.)

REDOUTE, *s. f.* Terme de *Fortification*. C'est un ouvrage pour fortifier les lignes de contrevallation & de circonvallation. (Elever de bonnes redoutes. Faire des redoutes. Emporter une redoute. *Ablancourt*.)

Redouter, *v. a.* Craindre. quelqu'un , ou quelque chose. (Ah ! perfides , qui nous. aviez donné votre foi , ne redoutez vous point les Dieux ? *Ablancourt* , *Rétorique livre* 2. chapitre 5. Qui veut n'avoir point sujet de redouter la puissance des Princes n'a qu'à bien faire. *Pascal*, lettre 4.)

Redoutable, *adj.* Qu'on doit craindre. Qui inspire de la crainte & de la terreur. (Votre nom est redoutable à vos ennemis. *Ablancourt* , *Rétorique* , *livre deuxième* , chapitre 5. Se rendre redoutable. *Ablancourt*, *Tacite* , *An. liv.* 13. *c.* 14.)

REDRESSER , *v. a.* Rendre droit ce qui n'est pas. Remettre une chose bossuée en l'état où elle étoit avant que d'être bossuée. (Redresser un bâton. Redresser un plat. Redresser une assiette. Redresser une écuelle. Redresser un flambeau. Redresser une régle , une ligne , une épée , &c.)

Redresser. Rétablir. Elever. (Pour donner plus de réputation à son parti, il fit redresser les statuës de Galba. *Ablancourt*. *Tacite. Histoire*, livre 3. *c.* 2.)

* **Redresser**. Remettre dans le bon chemin celui qui s'égare. Relever une personne : la corriger quand elle s'écarte du bien. (Quand un maître ne songe pas à ce qu'il fait , une servante bien faite est en droit de le redresser. *Molière* , *Malade imaginaire* , *acte* 3. *scene* 3. On ne sauroit lui faire plus de plaisir que de le redresser quand il s'égare.]

RED. REE.

Redresser. Terme de *Gantier*. C'est rafraichir les gans & leur donner la dernière façon avec les mains. (Redresser un gant, *redresser les estavillons*. C'est les ouvrir en large & les étendre en long.)

Se redresser, *v. r.* Se relever quand on est baissé. Se remettre droit. (Il n'arend pas pour se redresser que son compagnon ait jetté le palet. *Ablancourt*, *Luc.*)

* Bien loin de se redresser, il tombe.

Redressement, *s. m.* L'action de redresser. Le redressement d'un plancher, *Terme de Maçon*. C'est le travail par lequel on redresse & remet un plancher de niveau.

Redressoir, *s. m.* Terme de *Potier d'Etain*. Instrument au bout duquel il y a une manière de baie,& dont on se sert pour redresser la vaisselle lorsqu'elle est bossuée. (Un beau , un bon redressoir.)

* **REDUCTIF**, *réductive*, *adj*. Ce mot se dit entre Chimistes, & veut dire, qui aide à reduire. (Sel reductif.)

Réductible, *adj*. Qui peut être reduit. (Ce corps est réductible en poudre , en chaux, &c.)

Réduction, *s. f.* Ce mot se dit en parlant de *vile de guerre*, de païs, de province, &c. C'est à dire, prise de place de vile, de païs, ou de province. (Après la réduction de toute la contrée, il porta ses armes plus loin.)

Réduction. Action de celui qui reduit, amène & ajuste de certaines choses à la manière de quelques autres. Ainsi on dit. (Faire la réduction des mesures étrangères en celles de France.)

Réduction. Terme de *Chimie*. C'est un établissement des mixtes, ou de leurs parties en leur état naturel.

Réduction. Terme d'*Aritmétique*. C'est une conversion d'une espéce en un autre. Ainsi on dit. (Faire la réduction des livres en sous.)

Reduire , *v. a.* Ce mot se dit en parlant de *guerre*. C'est soumettre. Subjuguer. Domter. Vaincre & prendre par la force des armes. *Je reduis*. *J'ai reduit*. *Je reduisis*. (Il envoia Ephestion avec une partie des troupes pour reduire ceux qui n'obeiroient pas. *Vaugelas*, *Quint. liv.* 8. *c.* x.

* *Reduire*. Obliger. Contraindre. Forcer. Pousser.

(Gardez-vous de reduire un peuple furieux.
A prononcer entre vous & les Dieux.
Racine, *Iphigenie*, *a.* 1. *s.* 1.)

* *Reduire*. Faire tomber dans la misère. Etre cause qu'il arrive quelque chose de fâcheux à une personne. Pousser à l'extremité. Acabler. (Vous le reduisez dans la pauvreté. *Pascal*, *lettre* 8. Réduire une vile à l'extremité. *Abl. Rét. l.* 3.)

† * *Reduire au petit pié*. Sorte de façon de parler proverbiale, pour dire *Rendre pauvre*, *miserable*, *malheureux*.

* *Reduire*. Consumer. Faire diminuer jusques à une certaine quantité. [Reduire à rien. Reduire une chopine d'eau , un bon verre.]

* *Reduire*. Mettre Rédiger. [Reduire en poudre. Réduire un état en province. *Ablancourt*, *Tacite*, *Histoire l.* 3.*c.*7. Reduire en art. *Ablanc. Lucien*. Tome 2.]

* *Reduire*. Mettre à la raison. Ranger à son devoir. Donner. [Reduire un enfant libertin. Reduire un cheval désobéissant.]

* *Reduire*. Comprendre Renfermer. Resserrer. [L'Eglise a reduit ce tems-là à un tres-grand nombre d'années. *Pascal*, l. 14.]

Reduire. Terme de *Chimie*. C'est le moien du feu & de quelque sels réductifs comme nitre , tartre, borax , redonner aux chaux des métaux la forme metallique qu'ils avoient auparavant.

Reduire. Terme d'*Aritmétique*. C'est convertir une espéce en une autre. (Reduire les sous en livres.)

* *Se reduire v. r.* Se borner. Se renfermer dans de certaines bornes à l'égard de plusieurs choses. (Il faut retrancher les civilitez non nécessaires & se reduire envers les autres aux seuls ofices de la charité. *Port-Roïal*, *Education du Prince*.)

* *Se reduire*. Ce mot se dit des liqueurs qu'on fait tant boüillir qu'elles se consument & viennent à une certaine quantité. (Toute cette eau se reduira à une bonne chopine quand elle aura boüilli une heure & demie.)

* *Se reduire*. Se ranger à son devoir. (Il s'est reduit de lui même.)

Reduit , *reduite* , *adj*. Subjugué. Vaincu. Domté. Obligé. Contraint. Mis. Consumé. Diminué. [Païs reduit. Je suis reduit à racheter ma liberté. *Voi*. *l.*24. Etat reduit en province. Reduire en poudre. Reduit à une chopine, &c.]

Reduit, *s. m.* Lieu où l'on se retire. Sorte de petit retranchement qu'on se fait dans un apartement. (Voila un joli petit reduit.)

Il signifie aussi un lieu où s'assemblent plusieurs personnes pour s'entretenir & pour se divertir.

[Et mon ambition pour faire moins de bruit
Ne les va point quêter de *reduit* en reduit.
Corn.]

REDUPLICATIF, *reduplicative* ; *adj*. Terme de *Grammaire*. Il se dit des mots qui marquent la réitération des actions, comme, rebâtir, reduire, refaire, réimprimer, &c.

REE.

RÉEL, *réelle* , *adj*. Qui est vraiement & réellement. Qui est en éfet. [Etre réel. Chose vraiement réelle.]

* *Réel*,

REE. REF.

* *Réel*, *réelle*. Solide. Vrai. Eſſentiel. [Il lui faut faire comprendre ce que la grandeur a de réel. Voiez Port-Roial, *Education du Prince*.]

Réel, *réelle*. Ce mot ſe dit des monoies & veut dire effectif. Monoie réelle , telle que ſont toutes les eſpèces d'or & d'argent qui ont cours.]

Réel , *réelle*. Terme de *Pratique*. C'eſt ce qui concerne un héritage, comme ſont les ſervitudes, ou ce qui concerne quelque bien ſaiſi réellement. [Action réelle. Servitude réelle.]

Réellement, *adv*. Effectivement. Vraiement. [Les bienheureux le poſſedent *réellement* & ſans figure. *Paſcal*, l. 6.]

Réellement. Terme de *Palais*. Ce mot ſe dit en parlant d'héritages & d'autres biens. [Un bien ſaiſi réellement. Maiſon ſaiſie réellement.]

RÉENGENDRER , *v. a.* Ce mot ſe dit ordinairement en parlant de matières de piété & veut dire *engendrer de nouveau*. [Réengendrer en JESUS-CHRIST.]

* * Depuis que vous m'avez *réengendré* avec eux, j'ai pris un autre eſprit. *Voit*. l. 14. C'eſt à dire , depuis que vous m'avez remis avec eux ; & cela ſe dit en riant.

RÉER , *v. n.* Terme de chaſſe qui ſe dit des cerfs, des daims & des chevreuils, & qui ſignifie le *meuglement* que font ces bêtes lorſqu'elles ſont en rut. [Les cerfs commencent à réer. On entendoit réer les daims & les chevreuils. *Salv.*

REF.

† RÉFÂCHER , *v. a.* *Se refâcher* , *v. r.* On dira plutôt. *Fâcher & ſe fâcher* de nouveau.

REFAIRE ; *v. a.* Faire une ſeconde fois. *Je refai. Je refaiſois. J'ai refait. Je refis. Je referai.* (Refaire un ouvrage deux, ou trois fois. Il refera trembler de peur le Roi d'Eſpagne & l'Empereur. *Vol. Poëſ.*)

Refaire. Racommoder. Rajuſter. Rétablir. (Le poëte Maillet étoit au lit lorſqu'on refaiſoit ſes chauſſes.)

Refaire. Ce mot ſe dit en joüant aux cartes , & c'eſt alors une manière de *verbe neutre* qui ſignifie recommencer une partie. (Quand on donne , ou qu'on prend plus de cartes qu'il ne faut , il eſt au choix de celui qui eſt le premier ; de joüer ; ou de refaire.)

Refaire , *v. a.* Terme de *Tanneur.* C'eſt remettre le cuir avec du tan. (On lève le cuir pour le *refaire*.)

Refaire , *v. a..* Terme de *Cuiſinier* & de *Rotiſſeur.* C'eſt faire un peu renfler la viande ſur des charbons alumez, ou ſur un gril, ſous lequel il y a de la braiſe,& cela pour donner plus de grace à la viande. [On refait la viande avant que de la larder ou de la piquer. Refaire des poulets, un chapon , un lapin, &c.]

Se refaire , *v. r.* *Je me refai, je me refis* ; *je me ſuis refait.* Ce mot ſe dit des gens qui ſortent de maladie , & il ſignifie *commencer à reprendre ſes forces*, à reprendre ſon embonpoint, à ſe mieux porter. Il ſignifie auſſi *ſe refaire du mauvais état où l'on étoit.* (Il trouverent abondance de vivres & *ſe refirent* apres les miſères qu'ils avoient ſouffertes. *Vau. Quin.l. 7. c. 3.* Il a été bien malade , mais il commence à ſe refaire.)

Refait, *refaite*, *adj*. Fait de nouveau. Racommodé. Rétabli. Qui commence à ſe mieux porter. (Habit refait. Il eſt preſentement gros & gras & refait.)

† *Refait* , *refaite*. Ce mot avec une negative ſignifie qui n'eſt pas en meilleur état ; Qui n'eſt pas plus heureux, mais en ce ſens *refait* n'entre que dans le ſtile comique , ſimple, ou ſatirique. (Son corps ſec & ſa mine afamée. N'en ſont pas mieux refaits pour tant de renommée. *Déprenux*, *Satire* 1.)

REFAUCHER , *v. a.* Faucher de nouveau. (On fauche les prez au commencement de l'Eté & on les refauche après une ou deux fois en Automne.)

† REFECTION , *ſ. f.* Ce mot ſignifie *repas* , mais il eſt pour un vieux , & ſemble plus en uſage dans les maiſons Religieuſes que dans le monde poli. (Ma refection eſt priſe. Prendre ſa refection.)

Réfectoir ; *réfectoire*, *ſ. m.* Prononcez *l'r* finale du mot *Réfectoir.* L'Auteur des obſervations ſur la Langue Françoiſe penſe que *réfectoir* ou *réfectoire* ſont également bons ſans *e* final, ou avec un *e* final. Tous les Religieux que j'ai conſultez ſur ces deux mots ſont pour *refectoir* ſans *e* final & il ſemble qu'on les doive plus croire là deſſus que l'Auteur des obſervations. Le refectoir eſt le lieu du Couvent où mangent les Religieux. Lieu du Couvent où mangent les Religieuſes. (Un beau refectoir Un grand refectoir. On eſt au refectoir. Manquer au refectoir.)

Réfectoriaire, *ſ. f.* Terme de *Religieuſes.* C'eſt la Religieuſe qui a ſoin du linge, des cruches , des gobelets & des ſalieres du refectoir , & qui donne ordinairement le pain & le vin aux Sœurs. (La Mére , la Sœur, ou Madame telle eſt refectoriaire.)

REFEND , *ſ. m.* Terme d'*Architecture.* Il ſe dit des gros murs qui font des ſéparations dans la longueur d'un bâtiment, ſoit pour diviſer des apartemens , ou pour apuïer des eſcaliers. Murs de refend.Il y a des cloiſons de refend qui ſont de charpente, & qui font le même éfet que les murs de refend.

Refendre, *v. a.* Fendre une ſeconde fois. (Ces bûches ſont encore trop groſſes, il les faut refendre.)

Refendre. Terme de *Menuiſier* & de *Charpentier.* Fendre du bois en long. (Scie à refendre.)

REFERENDAIRE, *ſ. m.* Oficier de la Chancelerie qui fait le raport des lettres de juſtice, comme des lettres de reciſion & autres. (C'eſt un referendaire.)

REFERER , *v. a.* Il vient du Latin *referre*, & n'eſt pas tout à fait établi. Il ſignifie *raporter*. Avoüer qu'on tient tout de quelqu'un , &c. (La Nature aime à recevoir des honneurs, mais la grace eſt fidelle à les referer à Dieu. *Imitation de J. C*, *derniére traduction*.)

Se referer, *v. r* Se raporter. Ces paroles ne doivent pas *ſe referer* où vous voulez qu'elles ſe referent. *Patru*, *plaidoié* 12.)

REFERMER , *v. a.* Fermer de nouveau. (Refermer la porte au verrou.)

* *Refermer.* Ce mot ſe dit des *plaies* & des *bleſſures*. Il ſignifie reprendre & unir de telle ſorte les chairs qu'il n'y ait plus d'ouverture. (Il a laiſſé refermer la plaie.)

REFERRER, *v. a.* Ferrer de nouveau. Remettre des fers. (Referrer une porte. Referrer un cheval.)

REFICHER , *v. a.* Ficher de nouveau. (Reficher une cheville. Ces fiches ſont déſfichées , il faut les reficher.)

REFLATER , *v. a.* Apaiſer une perſonne qu'on a fâchée. (Réflater une maitreſſe.)

RÉFLECHIR , *v. a.* & *n.* Ce mot ſe dit des raïons d'un corps lumineux qui donnant ſur un corps qui n'eſt pas tranſparent retournent en arriére. Il ſignifie renvoier la lumière , ou les raïons. (On met ſur la fenêtre un miroir qui recevant la lumiere du Soleil en réfléchit un raïon dans la chambre. *Rohault* , *Phiſique.*) Il ſe dit des autres corps qui touchant ſur un autre corps en autre côté. La muraille d'un jeu de paume fait réfléchir la bale. La bale tombant ſur la muraille ſe réfléchit.)

Réfléchiſſement, *ſ. m.* L'action par laquelle un raïon de lumière , ou un autre corps ſe réfléchit. (Le réfléchiſſement d'une bale ou d'un raïon ſe fait ſelon les loix du mouvement.)

* *Réfléchir.* Ce mot pour dire faire réflexion, ſe dit *dans un ſens neutre:* & eſt condamné de la plûpart. (Ainſi on ne dit pas bien, *c'eſt un homme qui ne réfléchit ſur rien*,mais *c'eſt un homme qui ne fait nule réflexion.*)

Réfléchi . *réfléchie*, *adj.* Ce mot ſe dit des corps lumineux dont les raïons ſont renvoiez par un corps qui n'eſt pas tranſparent. (Raïon réfléchi. Lumiere réfléchie.)

* *Ses atraits réfléchis* brillent ſur vous. *Moliere* , *Tartufe.*

RÉFLET. Terme de *Peinture.* Ce qui eſt éclairé dans les ombres par la lumière que renvoient les objets voiſins & éclairez. Voiez *De Piles* ; *Traité de Peinture.*

REFLEURIR , *v. n.* Ce mot ſe dit proprement des arbres & des plantes & il ſignifie fleurir de nouveau. (Plante qui commence à refleurir.)

* *Refleurir.* Retourner dans la ſplendeur. Rentrer dans un état heureux. Proſperer. (La paix fait *refleurir* toutes choſes. *Voit. Quin.* l. 4. La gloire de l'Empereur refleurit. *Vaug. Quin. l. X.*
La paix refleurit dans nos champs
Et la juſtice dans nos viles. *Chap. Ode à Richelieu.*)

REFLEXION , *ſ. f.* Terme de *Philoſophie.* C'eſt le détour, ou le changement de détermination qui arrive à un corps qui ſe meut à la rencontre d'un autre qu'il ne peut aucunement pénétrer. *Rohault* , *Phiſ.* 1. *partie*, *c.* 15.

* Ces ſortes de *Satires* ne frapent perſonne que par *réflexion.* *Moliere* , *Critique* , *ſ.* 6.

* *Ne faire nulle réflexion ſur ſa conduite. Ablancourt.* Le mot de réflexion en cette façon de parler , ſignifie l'action de l'eſprit qui regarde , qui conſidère , qui examine , & dans ce ſens on dit. (*De ſavantes* , *de judicieuſes* & *ſérieuſes réflexions.*)

Réflèxe, *adj.* Terme d'*Optique.* La Catoptrique traitte de la Viſion réflèxe.

REFLUER , *v. n.* Il vient du Latin *refluere* & ſignifie recouler. Il ſe dit de la mer qui fluë & *refluë.* Quand un bateau re'-monte une rivière , il fait refluer les eaux vers les bords. La ligature des veines fait refluer le ſang vers le cœur.

REFLUS , *ſ. m.* C'eſt le retour des flots de la mer. (La queſtion du *flus* & du *reflus* eſt l'écueil de la Philoſophie & l'abîme de l'eſprit humain. On conte qu'Ariſtote n'aiant pu comprendre le flus & le reflus de la mer ſe jetta dans l'Euripe.)

REFONDER , *v. a.* Terme de *Palais.* *Refonder les dépens.* C'eſt rembourſer les dépens qui ont été faits. (Quand on a été condamné par défaut ou par contumace , il faut refonder les dépens avant que d'être reçu à pourſuivre.)

REFONDRE , *v. a.* Fondre de nouveau. (Refondre un canon, une cloche , du métal.)

† * *Refondre.* Refaire. Recorriger. Rajuſter. (Ceux qui refondent la Grammaire n'épargnent pas l'antiquité , ni de Virgile, ni d'Homere. *Main. Poëſies.* Pour être heureux , il faut qu'on le refonde. *Benſ. Rond.* C'eſt à dire qu'on le refaſſe naître.)

REFORGER , *v. a.* Forger une ſeconde fois. (Plus on reforge le fer , plus il s'adoucit, & ce fer n'eſt pas propre au pié de ce cheval , il le faut reforger.)

REFORMATEUR , *ſ. m.* Celui qui réforme. Qui corrige les abus. Qui rétablit la diſcipline. (Dans l'intempérance même on ne poſe ils ſe mêlent de faire les réformateurs. *Flechier* , *vie de Commendon*, *l.* 2. *c.* 3.)

Réforme, *ſ. f.* Ce mot ſe dit en parlant de Religieux & il ſignifie

SSſſ ij

le rétablissement de la discipline qui s'étoit relâchée dans l'ordre. [Commencer, établir, mettre, recevoir, & prendre la réforme.]

Réforme. Ce mot se dit en parlant de *gens de guerre.* C'est le licenciment, ou le retranchement de quelques gens de guerre, (La réforme se fait ordinairement sur la fin d'une guerre & a pour but le soulagement des peuples.)

Réformation, s. f. Ce mot se dit des coutumes, des loix & des ordonnances de l'Etat, & signifie *l'action de réformer,* de corriger & de remettre en meilleur état. Correction d'abus. (Tout le monde a loüé une réformation si utile aux parties. Pascal. l. 8. Ils furent épouvantez de la réformation de la discipline. Ablancourt, Tacite Hist. l. 1. c. 7. La réformation du Calendrier fut faite en l'année 1582 par le Pape Grégoire XIII.)

Réformer, v. a. Ce mot se dit en parlant d'ordre de Religieux. C'est rétablir la discipline qui s'étoit relâchée. (On a réformé les Bernardins, les Augustins & plusieurs autres Moines qui avoient besoin d'être réformez.)

Reformer. Ce mot se dit des troupes & des soldats. C'est retrancher, licencier & casser. [On a réformé plus de cinquante régimens, Réformer un Capitaine.]

* *Réformer.* Corriger. Rajuster. Retrancher. Diminuer. (Réformer les abus. Ablancourt, Tacite. Ils sont gloire de réformer un jugement où ils les avoit surpris. Pasc. l. 18. Il n'est pas raisonnable que je reforme les loüanges que je vous donne. Voiture, l. 15.)

Réformé, réformée, adj. Qui a pris la réforme. Corrigé. (Religieux reformez. Ouvrage réformé. Religion réformée.)

Réformé, reformée. Cassé. Retranché (Capitaine réformé. Regiment reformé. Compagnie reformée.)

Reformez, s. m. Religieux qui sont dans la réforme, Qui ont pris la reforme. (Les reformez & les non-réformez sont toujours brouillez ensemble, & cela est honteux.)

Réformez. On donne aussi ce nom aux Protestans de France, d'Angleterre, de Holande, de Suisse, &c. Et ils disent qu'ils sont de la *Religion Réformée.*

REFOUILLER, v. a. Fouiller de nouveau. (Refouiller une personne, &c.)

REFOUIR, v. a. Fouir de nouveau. (Refouir un puits.)

REFOULER, v. a. Fouler de nouveau. (Refouler un bas. Refouler un chapeau. Refouler la charge d'un canon.)

Refouler, v. a. Terme de Mer. *Refouler la marée ;* C'est aller contre la marée.

Refouler, v. n. Terme de Marine. (*La mer refoule dans le port,* C'est à dire, la marée décend.)

Refouloir, s. m. Instrument dont on se sert pour refouler les charges des piéces d'artillerie.

REFOURBIR, v. a. Fourbir de nouveau. (Refourbir une lame qui n'est pas bien fourbie.)

SE REFOURNIR, v. r. Se fournir de nouveau. [Ce marchand aiant vendu toute sa marchandise est alé à la foire pour se refournir.]

REFRACTAIRE, adj. Ce mot est Latin. Terme de *Palais.* Il signifie Rebelle & désobeïssant aux ordres d'un Supérieur. [On punit ceux qui sont refractaires aux ordres de la Justice]

RÉFRACTION, s. f. Terme de *Philosophie.* C'est le détour, ou le changement de détermination qui arrive à un corps quand il passe d'un milieu dans un autre qui le reçoit plus, ou moins facilement. Roh. phis. partie 1. c. 15.

REFRAIER, v. a. Terme de *Potier.* C'est rendre la vaisselle de terre plus unie avec le doigt. [Refraier une terrine.]

REFRAPER, v. a. Fraper de nouveau. Fraper une autrefois. (Refraper la monnoie.)

REFRIN, ou *refrain,* s. m. Terme de *Poësie.* C'est un même mot qu'on repete à la fin des couplets de la balade, du chant roial & de quelques autres Poëmes faits à peu près de même que les balades & les chants roiaux. (Le refrein doit être naturel, plaisant, & ingénieux.)

† * *C'est là le refrein de la balade. Proverbe.* C'est le but & la fin de son discours lorsqu'il demande quelque chose.

Refrein. Terme de *Mer.* C'est le retour des vagues quand la mer est agitée. (Rocher presque mangé des refreins de la mer.)

REFRÉNER, v. a. Reprimer, Les anciens Romains ont refréné la licence des Poëtes. Lombert. S. Ciprien. Refréner le luxe. Refréner sa colère.

RÉFRIGERANT, *réfrigerante,* adj. Ce mot se dit des remédes, & veut dire qui rafraichit. (Onguent réfrigerant.)

Refrigeratif, s. m. Terme de *Médecin.* C'est tout ce qui rafraichit. (Se servir de refrigeratifs.)

Refrigeration, s. f. L'action qui refroidit, ou rafraichit. C'est un terme de *Chimie.*

REFRIRE, v. a. Frire de nouveau. Le verbe *refrire* n'est usité qu'en peu de temps & pour le conjuguer dans ses tems reguliers on se sert du verbe *fubre. Je refri, il refrit, nous faisons refrire, je faisois refrire, j'ai refrit, tu as refrit,* &c. *je refrire, je refrirai.* (Il faut refrire cette carpe, elle n'est pas bien frite.)

REFRISER, v. a. Friser de nouveau. (Refriser des cheveux.)

SE REFROGNER, v. a. C'est faire une mine rechignée.

(L'une se refrogne & ne dit mot.
L'autre nigaude & fait le sot. S. Amant.
Quoi ! vous vous refrognez voiant cette avanture.
Voiture, Poësies.)

Refrogné, refrognée, adj. Rechigné. Chagrin, & de mauvaise humeur. Qui a un air rechigné. (Tibère étoit refrogné. Ablancourt. Tacite, An. l. 4. c. 25. Elle est toute refrognée.) On dit substantivement aussi (C'est un refrogné. C'est une refrognée.)

REFROIDIR, v. a. & n. Faire devenir froid. Devenir froid. (Cela va refroidir le diné. Dépreaux, Lutrin L'une ne fera autre chose que de mettre du sirop sur des assiettes pour le faire refroidir. Voiture, lettre 9.)

* *Refroidir.* Ralentir. Moderer. Diminüer. (J'avois de l'amour pour vous, mais vos injustes courroux ont *refroidi* mon envie. Voit. Poës.)

Se refroidir, v. r. Devenir froid. (Le soupé se refroidit.)

* *Se refroidir.* N'avoir plus tant d'ardeur, tant d'affection pour une personne qu'on aimoit. N'avoir plus tant de chaleur pour une chose à laquelle on se portoit avec feu. (On voioit leur amitié envers les Grecs *se refroidir* de jour en jour. Ablancourt. Rét. l. 2. c. 3. Le lendemain le courage de ceux d'Oton s'étant refroidi, ils dépéchérent vers les Vitellions. Ablancourt, Tac. hist. l. 2. c. 1.)

Refroidi, refroidie, adj. Devenu froid. (Diné refroidi. Viande refroidie.)

* *Cœur refroidi.* Amitié refroidie.

* *Refroidissement,* s. m. Diminution d'amitié, d'amour, de zele. (Il y a du refroidissement de son côté. Ablancourt, Lucien. Cela faisoit soubçonner quelque refroidissement. Ablancourt, Tuc. hist. 3. c. xi. Ce qui le fit découvrir davantage fut le refroidissement qui parut du Duc d'Anjou, pour le Duc de Guise. M. de la Faiete. Princesse de Monpensier.)

REFUGE, s. m. Lieu où l'on se retire pour se garantir de quelque chose de fâcheux. Lieu où l'on se met à couvert de la persécution, ou du malheur. Lieu où l'on se retire, & où l'on s'assemble. (Un refuge assuré, Ablancourt. Son palais est un lieu de refuge. Votre maison est le *refuge* ordinaire de tous les faineans de la Cour, Moliere, Critique de l'école des femmes.)

* *Refuge.* Aqui. Protecteur. Protectrice [Le Seigneur est mon refuge & mon liberateur. Ann. Vous ne trouverez pas indigne de vous, d'être le refuge des lions affligez. Voi. l. 41.]

* *Refuge.* Excuse. Prétexte qu'on prend pour s'excuser. (Vous voulez dire que la Cour ne se connoit point à ces choses là, & c'est le *refuge* ordinaire de vous autres Messieurs les Auteurs. Mol. Critique, de l'école des Femmes.)

Se refugier, v. r. Se retirer en un lieu pour se mettre à couvert de quelque malheur. Se retirer en quelque endroit (Près de là il y avoit une piramide large de cent piez, & haute de deux tiers où s'étoient refugiez quelques Barbares. Ablancourt, Rét. l. 3. c. 3. Se refugier en quelque lieu. Vaugelas. Quin. l. 5. c. 1.)

REFUIR, v. n. Terme de *Vénerie.* Il se dit du cerf & des autres bêtes qui fuient devant les Chasseurs. (Le Cerf ruse & refuit sur soi, c'est à dire, il retourne sur ses pas)

Refuite, s. f. Terme de *Chasse.* Ce sont les lieux où fuient les bêtes lors qu'on les chasse. *Sal.*

REFUS, s. m. Action de la personne qui ne veut pas acorder une grace qu'on lui demande. (Refus ofensant ; fâcheux, injurieux. Il y a des refus civils, des refus honnêtes, & même, des refus obligeans. Essuier un refus. *Mol.*)

On dit en termes d'*Architecture,* qu'il faut enfoncer des pieux jusqu'à *refus de mouton,* c'est à dire, jusqu'à ce que le mouton tombant dessus les pieux, ne les fasse plus enfoncer.

* *Refusion.* Terme purement de *Palais.* La refusion des dépens, C'est le remboursement des dépens. Voiez ci-dessus. *Refonder les dépens.*

Refuser, v. a. Ne pas acorder ce qu'on nous demande. Ne vouloir pas accepter ce qu'on nous ofre. (On ne peut refuser son cœur à deux beaux yeux qui le demandent. Refuser une personne. Ablancourt.

S'il faut ne vous rien déguiser
Vous demandez ce que qu'on ne peut refuser.
Pelisson, poësies.)

REFUTER, v. a. Détruire les raisons qu'on nous opose, les afoiblir. Montrer que ce qu'on dit contre nous est foible, & de nul efet. (Refuter une objection avec esprit. On refute par la raison, par l'autorité, par l'exemple & par tous les lieux oratoires.)

Refutation, s. f. Terme de *Rétorique.* L'endroit du discours où l'Orateur détruit les raisons & les moiens de son adverse partie. La refutation est aussi tout discours qui afoiblit, qui refute & qui détruit tout ce qui est contre nous ou contre nos sentimens. (La refutation doit être vive. Je suis obligé d'emploier une partie de ma lettre à la refutation de vos maximes, *Pas. l. 14.*)

REG.

REGAGNER, v. a. Ravoir. Recouvrer au jeu ce qu'on y avoit perdu. Ratraper & ravoir quelque chose qu'on avoit perdu. (Il a *regagné* au jeu ce qu'il y avoit perdu. Les Espagnols ont emploié toutes leurs forces pour *regagner* la victoire. *Sarasin Prose.*)

* *Regagner.* Se sauver & se retirer en un lieu d'où l'on étoit parti, ou sorti. (Il *regagna* le fleuve où son armée navale l'attendoit. Vaugelas, Quin. livre 9. Regagner le port à force de rames.)

REGAISE,

REG.

Régaïer, *v. a.* Terme de *Chanvrier.* Passer le chanvre par le régaloir. (Régaïer le chanvre.)

Régaloir, *s. m.* C'est une sorte de séran, entre les dents duquel passe le chanvre lorsqu'on l'accommode.

Régaiûre, *s. f.* Terme de *Chanvrier.* Ce qui demeure dans le régaloir lorsqu'on régaie le chanvre.

† **Regaillardi**, *v. a.* Ce mot est bas & du peuple. Il signifie Réjoüir. Rendre gai, gaillard & de bonne humeur. (Le vin regaillardit les vieillards.)

Regain, *s. m.* Terme de *Laboureur.* C'est l'herbe qui vient dans un pré aprés qu'il a été fauché, & qui se fauche lorsqu'il est rens. C'est la seconde herbe de quelque pré. [Faucher le regain.]

Régale, *s. f.* Ce mot se dit en droit canon & en parlant de bénéfices. Il y a deux sortes de *régales*, la régale temporelle & la spirituelle. La *régale temporelle* n'est autre chose qu'un droit que le Roi a de percevoir le revenu des Evêchez & Archevêchez, le siége vacant, & jusques à ce que l'Evêque, ou l'Archevêque ait fait son serment de fidélité au Roi & que ce serment soit enregistré en la Chambre des Comptes de Paris. La *régale spirituelle* consiste, pendant la vacance du siége à nommer aux chapelles, aux prébendes, aux dignitez & à tous les bénéfices non Curés; qui étoient à la collation de l'Evêque, ou l'Archevêque, & c'est le Roi qui nomme à ces sortes de bénéfices. (Bénéfice qui tombe en régale. Proposer une ouverture en régale. Bénéfice sujet à la régale. (La Cour de Parlement de Paris prétend avoir seule la connoissance des régales. Voiez *droits Roiaux de Bagnieau*; & les *définitions du droit Canon, chez Serci avec les notes de Monsieur Castel in folio.*

Environ l'an 1300. le Pape Boniface voulut obliger Philippe le Bel Roi de France à renoncer la Régale. *Fra Paolo, des Bénéfices. ch. 2.*)

Régale, *s. f.* Sorte d'instrument qui vient de Flandre, sur lequel on joüe plusieurs chansons. Il est composé de dix-sept bâtons de bois résonnant qui sont attachez prés à prés, & qui vont toûjours en augmentant depuis le prémier jusques au dernier qui est le plus grand de tous. (Joüer une chanson sur une régale.)

Régale, *s. m.* Bonne chère. (Il nous a fait un manifique régale. Donner un régale à un de ses amis.)

Régale, *adj.* Terme de *Chimie* qui veut dire. Qui est composé de vitriol, de salpêtre & de sel armoniac. (L'eau régale dissout le métal)

Régaler, *v. a.* Faire bonne chère à quelqu'un, le bien traiter. (C'est un honnête homme, il régale volontiers ses amis. Il nous a régalez d'un excelent pâté. *S. Amant.*)

† * **Régaler**. Divertir. Réjoüir. (Je veux vous *régaler* d'une merveille du païs. *Abl. Luc.* Je te conjure de me *régaler* de ce conte. *Abl. Luc.* Je les veux *régaler* d'un mot de loüange. *Sar. Poësies.*)

† * **Régaler**. Ce mot se dit quelquefois en riant, pour dire, Donner de la peine, du chagrin, de l'embaras & des afaires. (Nous l'alons *régaler* d'un incident tout frais. *Moliere.*)

Régaler, *v. a.* Distribuer une somme avec quelque égalité, ou avec proportion sur plusieurs contribuables, afin que chacun en paye ce qu'il peut porter. Régaler les tailles. Régaler une taxe, une imposition, &c.)

Régalement, *s. m.* Département, distribution d'une somme ou d'une taxe imposée par laquelle on régle ce que chacun des contribuables en doit païer à proportion de ses forces. Faire le régalement de la taille, d'une taxe, &c.)

Régaliste *s. m.* Terme de *Palais.* Celui qui est pourvu en régale. (Le régaliste doit plaider saisi.)

Regard, *s. m.* L'action de regarder. (Regard doux, charmant, amoureux, long, languissant, triste, vif, perçant, pénétrant, propice, favorable, hardi modeste, assuré, afreux, dangereux, terrible.) Promener ses regards sur la mer. *Abl.* Avoir un regard afreux. *Abl. Luc.* Jetter ses regards par tout. *Scaron.* Elle a pour ses amans des regards propices. *God. poës.* Lancer un regard afreux. *Abl. Marm.* Vous apréhendez les discours d'un homme de bien, & vous n'en sauriez suporter le regard. *Vau. Quin. l. 8.*

Détourner ses regards de dessus une chose. Un regard dit plus en un mot que le plus long discours. *Abl. Luc.*

Vos regards sont mortels, leurs coups sont redoutables,
En faisant des Amans, ils sont des misérables.
La Suse, poës.

Regard. Terme de *Fontenier.* Lieu où l'on va voir les défauts de quelque fontaine. [Faire un regard. Visiter les regards des fontaines.]

* **Regard**. Terme de *Peintre.* Ce sont deux portraits dans un même tableau, lesquels se regardent l'un l'autre. [C'est un regard de Nôtre Seigneur & de la Vierge.]

Regard. Terme d'*Astrologue.* Voïez *Aspect.*

Au regard de. C'est à dire, *en comparaison de.* [L'homme n'est rien au regard de Dieu.]

Pour mon regard, c'est à dire, pour ce qui me concerne.

Regardant, *s. m.* Celui qui regarde. Spectateur. [Cadmus étoit parmi les regardans. *Bensarade, rond. p. 5.* L'un des regardans ouvrant sa bourse dit qu'il voioit le diable parce qu'il n'y voioit rien dedans.]

Regarder, *v. a.* Voir. Jetter les yeux sur quelque chose. Envisager. Considérer. (Le Soleil ; ni la mort ne se peuvent regarder fixement. *Mémoires du M. de la Roche-Foucaut.* Regarder les choses du bon côté. Regarder quelcun entre deux yeux. *Abl. Luc.* Alexandre ne regarda jamais les filles de Darius que comme un pére regarde ses enfans. *Vaug. Qu. l. 8.*)

Regarder. Concerner. (J'ai à traiter d'une choie qui *regarde* ses intérêts. *Sar. Prose.*)

Regarder. Etre tourné vers un certain lieu ; ou endroit de païs. (Ceux qui regardent l'Espagne ont la couleur basanée. *Abl. Tac. vie d'Agr. c. 3.*)

Regarnir, *v. a.* Garnir de nouveau. (Regarnir des bas)

Régates, *s. f.* Courses de barques qui se font sur le grand canal de Venise en forme de carousel pour gagner le prix)

Regeler, *v. n.* Geler de nouveau. (Il regélera cette nuit.)

Regence, *s. f.* Ce mot se dit particuliérement en parlant du Roiaume de France, C'est avoir la puissance Souveraine durant la minorité du Roi. C'est le gouvernement & l'administration du Roiaume de France pendant la minorité du Roi. (Avoir la régence. Prendre la régence Mémoires de M. de la Roche Foucaut. Regardez à qui vous destinez la régence. *Vaug. Qu. l. x. c. 6.* Edoüard 3. Roi d'Angleterre, aprés la mort de Charles le Bel Roi de France, disoit que personne ne lui pouvoit disputer la régence du Roiaume de France. Cependant il fut exclus de la régence, & elle fut donnée à Philippe de Valois, mais sa régence durà peu. *Choisy, hist. de Valois.*)

Régence. Terme qui se dit en parlant de *Colège.* C'est le tems qu'un Professeur a enseigné. (Un tel a douze années de régence & n'est qu'un sot en Grec & en Latin.)

Régeneration, *s. m.* Terme de *Piété*, qui veut dire *Renaissance en Jesus-Christ.* Une nouvelle cérémonie fut instituée pour la régénération du nouveau peuple, *Bossuet, hist. univ. p. 275.*

Régenerer, *v. a.* Terme de *Piété.* C'est faire renaître en Jesus-Christ. (Régénerer une personne en Jesus-Christ.)

Regent, *s. m.* Celui qui gouverne souverainement durant la minorité du Roi. (Etre declaré Régent. *Mémoires de M. de la Roche Foucaut.* Ils s'atachoient à Perdiccas qu'on venoit de faire Régent. *Vaug. Quin. l. x. c. 7.* Philippe de Valois, malgré toutes les brigues d'Edoüard, fut déclaré Régent du Roiaume. *Mézerai, hist. de France.*)

Regent, *s. m.* Professeur qui enseigne une classe dans quelque Colège. (Un bon, un savant, un habile Régent. Colomb est un des habiles Régens de Rétorique de l'Université de Paris.)

Régent, régente, *adj.* Ce mot se dit d'ordinaire au *féminin* en parlant du Roïaume, & principalement de celui de France. Il signifie qui gouverne souverainement pendant la minorité du Roi. (Déclarer une Reine Régente. Etablir une Reine Régente. *Mémoires de M. de la Roche Foucaut.*)

Regenter, *v. a.* Terme qui se dit en parlant des Professeurs de Colège. C'est enseigner quelque Classe. (Tanaquill le Févre regentoit la troisième à Saumur, & s'étoit dans son genre si habile homme ; mais aujourd'hui il n'y a guére de Tanaquils dans les Colèges, soit de Province, ou de Paris.)

* **Regenter**. Dominer. L'emporter sur les autres. Etre le maître. Avoir le commandement sur quelque lieu & sur quelque personne. (Regenter le Cabinet. *Mémoires de M. de la Roche Foucaut.*)

Regie. Ce mot se dit en matiére d'afaires & de gabelles, c'est à dire, Administration. Maniére de gouverner & régir & de faire valoir. (Nôtre acte ne porte rien de tout ce qui entre dans les traitez de cette nature, soit pour la recette, ou la régie. *Patru, plaidoié 6.* Faire la régie d'une élection, ou d'une généralité.)

Régie. Ce mot se dit en parlant de monoie, & veut dire, sous **la main du Roi.** (Toutes les monoies de France sont aujourd'hui en régie *Monsieur Boisard, Traité de la Cour des Monoies.*)

Regimber, *v. n.* Ce mot se dit proprement des chevaux & veut dire *rüer.* (Cheval qui régimbe contre l'éperon)

† * **Régimber.** Résister. Ne voulòir pas obéir. (Le souvenir de la perte de vôtre liberté vous fera régimber quelquefois.)

† **Regimbement.** L'action de regimbér. (Le regimbément d'une mule est dangereux.)

Regime, *s. m.* Ce mot se dit en parlant de certaines maisons religieuses, & veut dire Gouvernement. Supériorité. (Régime anuel, triennal, perpétuel. Etablir le régime triennal. Le régime perpétuel ruine & désole les Monastéres. *Patru. Urbanistes.*)

Régime, *s. m.* Terme de *Grammaire.* Cas régi. (Verbe qui n'a point de régime.)

Régime. Terme de *Médecine.* Maniére de vivre réglée. [Un bon régime de vivre. User de régime. *Voit. l. v. 42.* Vivre de régime. *Ablanc.* Observer un régime de vivre. Garder un régime de vivre.]

Régiment, *s. m.* Certain nombre de compagnies. Les régimens d'infanterie sont ordinairement de vint, de vint deux, ou de vint-trois compagnies, & ceux de cavalerie de six, de sept, de huit, ou de neuf compagnies de cinquante maîtres par compagnie. (Lever un régiment de dragons, &c. Faire un régiment. Mettre sur pié un régiment. Avoir un régiment entretenu de cavalerie, d'infanterie, &c.]

† **Reginglette**, *s. f.* Ce mot est dans les *Fables de la Fontaine livre 6.*

REG.

livre premier, Fable huitième, & signifie une sorte de piége pour atraper les oiseaux. Les oiseliers de Paris ne connoissent pas le mot de *reginglette*, qui apartemment est un mot de Château Tierri où est né le charmant & l'ingénieux de la Fontaine.

[Quand reginglettes & reseaux
Atraperont petits oiseaux,
Ne volez plus.]

Les oiseliers de Paris au lieu de *reginglette* disent *trébuchet*, colet, lacet, ou lâs.

Région, *s. f.* Il vient du Latin *Regio*. Païs vaste. Etenduë de terre comprenant viles & vilages. Quartier du monde. (La région est fort Septentrionale. *Vaug. Qu. l. 7 c. 3.*)

Moïenne région de l'air. C'est l'endroit où se forment les Eclairs, les foudres & les tonnerres. Elles crurent que j'étois venu les épier jusques à la moïenne région de l'air. *Voit. l. 9.*)

Region. Ce mot entre Géographes signifie une des quatre parties du Monde, ou de la Terre, par le raport que ces parties ont aux quatre semblables parties du ciel qui sont désignées par le cours du Soleil. Dans les Cartes graduées les quatre régions sont marquées, l'Occident par le côté droit de la carte, l'Orient par le gauche, le Midi par la partie la plus basse de la Carte, & le Nort par le haut. [Connoître vers quelle région du Ciel est une place à l'égard de toutes les autres. *P. Lubin, Mercure Géographique.*)

* Région. Il signifie quelquefois le plus haut point; mais c'est en parlant de critique & d'ouvrages d'esprit. (Son courage le porteroit dans cette haute région de la critique, s'il avoit assez de force pour soutenir son courage. *Balzac, lettres à Conrart, livre 2. lettre 3*)

Region. Ce mot signifie quelquefois les environs; mais en ce sens, il ne se dit que du bas des côtes du corps: & même alors il est comique, parce qu'on ne s'en sert qu'en des façons de parler galantes. (Permettez, Philis, qu'on vous tâte les *régions* de l'ipocondre)

Régir, *v. a.* Gouverner. Administrer. Commander. (Il n'est pas possible de régir un si grand empire. *Vaug. Quin. li v. 8. ch. 8.*)

Régir. Terme de *Grammaire*. C'est gouverner un certain cas, ou un certain mode. (Verbe qui régit le datif. Verbe qui régit l'acusatif. Nom qui régit l'infinitif avec la particule *a ou de.*)

Régie. Voiez plus-haut.

Regitre, *registre, s. m.* L'un & l'autre s'écrit, mais on ne prononce pas l's. Terme de *Palais* & d'afaires. C'est un livre qui n'est pas imprimé où sont enregitrez les actes publiez & autres choses. (Coucher sur le regitre. C'est à dire, Ecrire sur le regitre. Tenir le regitre. Garder le regitre.)

Regitre de Batêmes. C'est un livre de papier blanc relié, où tous les Curez, ou leurs Vicaires, écrivent le nom & la qualité des enfans qu'ils batizent, leurs parreins & leurs marreines. (Les regitres de Batêmes font des dépôts sacrez de la foi publique, qui se gardent religieusement dans les Eglises. Ce fut François prémier qui en 1539. ordonna que tous les Curez tiendroient des Regitres de Batême & de mort. *Le Mait. pl. 2.*) Ils tiennent aussi des Regitres de Mariage, & de mort.

Regitre. Terme de *Facteur d'Orgues & d'Organiste*. On apelle *regitre* tout ce qui tire, ou qui sert pour un jeu (Tirer un regitre.)

Regitre. Terme de *Chimiste & de Potier*. C'est une ouverture au fourneau chimique par laquelle on gouverne le feu & on lui donne de l'air. Fermer un regitre. Ouvrir un regitre.

Regitre. Terme d'*Imprimeur*. C'est la rencontre des lignes & des pages, placées & rangées également les unes sur les autres. (Prendre garde au regitre. Faire son regitre. Ce regitre est bon, ou n'est pas bon. Une feüille qui est bien sur le regitre est regitrée sur le livre de la communauté.)

† *Regitré, regitrée, adj.* Vieux mot qui signifie *enregitré*, & dont on se sert en terme de Sindic & d'Ajoints Libraires. (Cela est regitré sur le livre de la communauté.)

Regle, *s. f.* Instrument plat de bois, ou de métal dont on se sert pour regler quelque chose, ou pour prendre quelque mesure. (Il y a diverses sortes de régles, de petites comme celles des maîtres à écrire & des vitriers, & de grandes, comme celles des maçons & des charpentiers.)

* Régle. Loi. Ordonnance. Ce qui est prescrit & ordonné. (Les regles de la nature. *Ablancourt.* Les régles du devoir m'empêchent de vous suivre. *Sarasin, Poësies.* On prend la liberté d'ébranler les régles les plus-saintes de la conduite Crétienne. *Pascal, l. 10.*)

Régle. Coutume. Ordre. Manière d'agir ordinaire. (Cela est tout à fait dans les régles.)

* Régle. Modéle. Exemple. [Il crut qu'il devoit donner ses actions pour régle de la justice, plûtôt que de prendre la justice pour *régle* de ses actions. *Ablancourt, Ar. l. 4. c. 4.* On ne doit prendre pour régle que l'Ecriture & la Tradition, & non pas vos Casuistes. *Pascal, l. 5.* La vie de Nôtre Seigneur est la régle des Crétiens. Les conseils des Sages nous servent de regle pour nôtre conduite. *Nouv. de vau.*]

* Regle. Précepte général sur quoi roule quelque art, ou quelque sience. Principe. Maxime. (Régle générale. Régle particuliére. Savoir par régles. Aprendre une langue par régles. Faire une régle. *Abl.* Etablir une régle. *Pascal, l. 7.* Vous tenez pour régle certaine que les personnes de cette sorte ne peuvent aimer. *Voiture, lettre 30.* Je voudrois bien sçavoir,

REG.

si la grande régle de toutes les régles n'est pas de plaire. *Moliere, Critique de l'Ecole des Femmes.*)

* Régle. Ce mot en parlant d'ordre Religieux veut dire *constitutions*, selon lesquelles les Religieux d'un certain Ordre doivent vivre. Statuts particuliers que le fondateur a faits d'un certain Ordre à faits, selon lesquels doivent vivre les personnes qui se mettent dans cet ordre. Ainsi on dit. (La régle de Saint Benoît, la régle de Saint François, &c. Suivre la régle de Saint Bernard. Embrasser une régle fort sévère.)

Régle. Ce mot se dit aussi en parlant d'Abaïes, & d'autres bénéfices monastiques, & il veut dire régularité prescripte par les Canons. (On dit c'est une Abaïe en régle. C'est à dire une Abaïe où le Superieur est régulier & de l'ordre des Religieux qui sont dans l'Abaïe. Pour réformer l'abus des commendes, il faudroit remettre toutes les Abaïes en régles. Voiez *l'Abé commendataire*, 2. partie, c. 19. C'est à dire qu'il faudroit que les Supérieurs & les Abez des Abaïes fussent Religieux de l'Ordre & qu'ils en portassent l'habit.)

Regle. Terme d'*Architecture*. C'est une petite moulûre quarrée qu'on met dans les ornemens d'Architecture, & qu'on apelle filet, ou régler, quand elle est petite, & régle, ou bandelette, quand elle est plus grande. (Cette régle n'est pas bien proportionée.)

Régler, *v. a.* Terme de *Maître à Ecrire*. Tirer des raïes sur le papier avec la régle & le craïon afin d'acoutumer les écoliers à aller droit quand ils écrivent. (Régler une exemple.)

Régler. Terme de *Régleuse*. Faire des raïes rouges sur les marges d'un livre. (Laver & régler un livre.)

Régler. Conduire. Faire aller juste. Gouverner une horloge. *Dépreaux, Lutrin, chant. 1.*)

* Régler. Ordonner. Prescrire. Etablir. Fixer. Mettre de certaines bornes. (On avoit réglé que les troupes donneroient. *Ablancourt, Rétorique, livre 3. c. 3.* Il ne sera plus de nouveaux édits que pour régler le luxe. *Voiture, lettre 74.* Régler sa dépense. *Ablancourt.* Régler un diférend. *Ablancourt, Lucien.* Régler sa douleur. *Arnaut.* Régler son ambition. *Ablancourt.* Un cent vouloit régler le gain légitime des forciers. *Pasc. lettr. 8.*]

* Régler. Prendre pour modéle. Se conformer. [Régler sa vie sur celle de Jesus-Christ. *Arnaud.*]

Réglé, réglée, adj. Chose sur quoi on a tiré des raies; Bien conduit. [Papier réglé. Livre réglé & lavé. Horloge bien réglée.]

* Réglé, réglée. Ordonné. Etabli. Prescrit. Fixe. Certain. [Les files étoient réglées à dix de hauteur. *Ablancourt.* Ses heures étoient réglées pour le travail. *Ablancourt, Tacite, Agricola.* Venir à des heures réglées. Donner des heures réglées.]

* Réglé, réglée. Qui se fait dans les formes & à dessein. [Un repas réglé. Un divertissement réglé. Une dispute réglée.]

* Réglé, réglée. Qui est dans l'ordre. Qui est selon les régles, Qui est raisonnable. [Un Orateur qui a le geste réglé.]

* Réglé, réglée. Qui n'agit point par caprice. Bon. Sage. Vertueux. [C'est un esprit fort réglé. C'est l'une des femmes de France la plus réglée dans sa conduite. Ses mœurs sont extrémement réglées.]

Réglement, *adverbe*. Régulierement. [Il étudie réglement tous les jours cinq, ou six heures.]

Réglement, *s. m.* Ordonnance. Loi. Ordre établi pour corriger quelque abus. Ordonnance de quelque Communauté de gens de métier. Statut de quelque corps d'artisans. [Les jurez sont obligez de faire observer les réglemens de leur Communauté. Etablir un réglement. *Pascal, l. 1.*]

Réglet, *s. m.* Terme d'*Imprimeur*. C'est une petite régle qui sert à faire la division des chapitres.

Réglete, *s. m.* Terme d'*Imprimeur*. C'est une petite régle de bois qui sert à prendre les lettres de dessus le compositeur pour les mettre sur la galée.

Régleur, *s. m.* Ouvrier qui régle le papier. [Un bon régleur. Un régleur ne gagne guère. Envoïez le papier au régleur.]

Régleuse, *s. f.* Ouvrière qui lave & régle les livres. [Envoïez un livre à la régleuse. C'est une fort bonne régleuse.]

Réglisse, ou *réglisse, s. f.* Il vient de *glycyriza*. On prononce *reglisse*. Quelques uns le font masculin, mais mal. C'est une sorte de plante qui a les branches de deux coudées de long, les feüilles grasses, longues, épaisses & gommeuses, les racines longues & qui ont un goût doux & peu acre, *Dalechamp, Histoire des plantes, l. 2.*

Réglisse. Morceau de plante de réglisse qui se vend chez les épiciers & dont on se sert ordinairement pour mettre dans la tisanne. (Il n'y a pas assez, ou il y a trop de réglisse dans cette tisanne. Cette réglisse est fort bonne.)

Regleure, *s. f.* Ouvrage de régleuse. Raïes rouges que le tégleur ou la regleuse ont faites sur les marges d'un livre. Une belle régleure.)

Regne, *s. m.* Le tems qu'un Roi a régné, a régi & gouverné. Regne court, long. Son régne s'écoule. *Ablancourt.* Il s'est fait de grandes choses sous le régne de &c.)

* Régne. Grand pouvoir. Empire. Domination. (Sa beauté régnoit sur les cœurs, mais depuis qu'elle est vieille, son *régne* est à bas.)

Régner, *v. n.* Etre Roi, Gouverner en qualité de Roi. Régir souverainement. (On veut régner toûjours quand on régne une fois. [Le plus-court chemin pour bien régner est de considé-

REG.

rer ce qu'on aprouve dans les autres Princes. *Ablancourt, Tacite, Histoire, liv.1. chapitre 5.*)
[* Le silence *regnoit* sur la terre. *Scaron, Roman.*
* Sa beauté *règne* dans mon cœur. *Racine.*
* Zéphirs volez vers les lieux où *règne* la beauté que j'adore.
* Vos yeux assez longtems ont *régné* sur son ame *Racine, Andromaque, a.3. f.4.*
* Eloigne toi d'un lieu où sa malice *règne* & la vertu succombe. *Mai. Poëf.*
* Il y a de fortes chaines de pierres qui *règnent* jusqu'au comble. *Vau. Quin. l.8. c.x.*

Régnant, régnante, adj. Qui règne. Qui est en possession d'un Royaume, d'une Principauté, ou autre Etat Souverain. (Le Roi régnant. Le Prince régnant. La Reine régnante.)

REGNICOLE, *f. m.* Ce mot est un Terme *d'Ordonnance*, & ne se peut dire dans le discours ordinaire qu'en raillant, mais en terme d'ordonnance on s'en sert sérieusement (Nous défendons à tous nos sujets, & étrangers régnicoles de fondre aucun or. Voïez *l'Ordonnance de Loüis 13. de 1624.*)

REGORGER, *v. n.* Il se dit des eaux qui remontent contre leur source, quand elles trouvent quelque obstacle qui les empéche de couler. (Les constructions qu'on a faites sur cette rivière ont étréci le canal & font regorger l'eau. Ce torrent entre avec tant de rapidité dans cette riviere qu'il la fait regorsler.)

REGORGER; *v. n.* Ce mot se dit proprement des tuïaux & des vaisseaux lorsqu'ils sont si pleins que ce qu'ils contiennent s'en va par dessus. (Tuïan qui regorge. Regorger pour dire *déborder* se trouve dans d'*Ablancourt, Tacite, Histoire, livre 5. chap. 1.* Il avoit tiré un digue à travers le Rhin pour le faire regorger & inonder le pais)

* *Regorger*. Avoir en grande abondance. (Les maisons des Satrapes regorgeoient d'or. *Vau. Quin. l.x. c.7.* Regorger de biens. *Vau. Quin. l.8. c.8.*)

Regorgement, f. m. Action de regorger (Le regorgement de l'eau. Le regorgement de l'estomac. *Deg.*)

†REGOULER, *v. a.* Repousser avec rebufade. (Le Suisse nous a regoulez.)

†REGOURMER, *v. a.* Gourmer de nouveau. (Regourmer un cheval.) Se regourmer. C'est se batre de nouveau.

REGOUTER, *v. a.* Goûter de nouveau. (Regouter du vin.)

REGRAT, *f. m.* Marchandise de peu de valeur qu'on achete pour la revendre comme sont les cotrets, les fagots, le charbon. (Les regrats sont défendus sur les ports de Paris. *Voïez les Ordonnances de Paris.* Faire regrat de quelque marchandise.)

Regrater, v. a. C'est vendre du sel à petites mesures pour y gagner sa vie. Vendre toutes sortes de petites denrées afin d'y gagner quelque chose. (Elle s'amuse à regrater & elle roule ainsi tout doucement sa pauvre vie)

Regrater, v. a. Terme de *Maçon*. C'est néteïer avec des rapes & autres outils. (Regratter un vieux bâtiment.)

Regraterie, f. f. Marchandise de regrat. Commerce de petites denrées qu'on vend pour y regagner. (La regraterie n'est pas grand'chose.)

Regratier, f. m. Celui qui regrate. Celui qui achete de certaines marchandises de peu de valeur pour les revendre avec profit. (Il est regratier.)

†* C'est un *regratier de livres*. Ces mots se disent en raillant & en parlant de certaines gens qui sans être Libraires achetent des livres à bon marché pour les revendre bien cher.

Regratière, f. f. Celle qui revend du sel à petites mesures dans de certains quartiers de Paris & d'ordinaire à quelque coin de rue. On apelle aussi ces sortes de femmes, *vendeuses du sel*. (Il n'y a que les pauvres gens qui achetent du sel, des regratiéres parce qu'elles sont trompeuses & mêlent du sable dans leur sel. Le Roi défend aux *regratiers* & *regratiéres* de vendre le sel, ni au poids ni à la balance, sur peine de deux cens livres d'amende. *Ordonn. de la vile de Paris.*)

REGREFFER, *v. a.* Terme de *Jardinier*. Gréfer de nouveau. (On peut regréfer sur ces arbres des poires de bon chrétien.)

†REGRES, *f. m.* Terme de *Droit Canon*. Action que l'on a pour r'entrer dans un Bénéfice résigné ou permuté, quand on a manqué à tenir les conditions de l'acord, quand il y a lesion, ou fraude visible. (Le regrès a lieu dans un tel cas. On a l'action de *regrès* pour y r'entrer.)

REGRET, *f. m.* Douleur. Tristesse. Chagrin. Déplaisir. Repentir. (Regret cuisant, mortel, grand, sensible. J'ai bien du regret que je n'ai pas été à vôtre entrevuë de la mer. *Voiture, lettre 140.* J'ai tous les regrets du monde d'être obligé d'en user ainsi. *Moliere.* Les vaincus n'auront point de regret à mes victoires. *Vaugelas, Quin. liv 8. c.8.*)

A regret, adv. Avec répugnance. (Faire une chose à regret. *Ablancourt.*)

Regretter, v. a. Etre marri. Etre touché de la perte de quelque chose. Etre faché de ne voir plus, de ne joüir plus, de n'entendre plus, &c. (Si je vous regrette méchante, quel déplaisir autrois-je de ne vous plus voir; je vous croirois devenuë bonne. *Voiture, l.140.*)

Regretable, adj. Digne d'être regretté. (D'Ablancourt est un homme regretable, & c'est dommage qu'il soit mort.)

REGUINDER, *v. a.* Guinder, élever une seconde fois.

Reguinder. v. n. Terme de *Fauconnerie*, qui se dit de l'oiseau qui fait une nouvelle pointe au dessus des nuës.

RÉGULARITÉ, *f. f.* C'est une observation exacte des régles prescrites par le devoir & par la dicipline. [Ce sont des Religieux qui vivent dans une grande régularité.]

Régularité. Ce mot en parlant *d'Architecture* signifie l'observation des loix établies pour les membres de l'Architecture. [Il n'y a nule régularité dans ce bâtiment.]

* *Régularité.* Ce mot se dit du stile & veut dire grande éxactitude. [Tout ce qu'écrit Monsieur Patru est dans la derniere régularité.]

Régularité. Terme de *Chimie*. Ce mot en parlant *d'antimoine* est la partie la plus pure & la plus compacte de l'antimoine qui tombe au fond du cornet ou d'un autre vaisseau & qui sert dans diverses maladies.

Regulier, réguliére, adj. Qui vit selon les régles & canons de l'Eglise. Qui a renoncé à son bien & a fait profession. [Chanoine régulier de Saint Augustin.]

Regulier, réguliére. Qui suit la régle. Qui est selon la régle. [Dicipline reguliére.]

Régulier, réguliére. Qui est fait dans les formes, ou selon les régles de l'art. (Bâtiment régulier. Discours regulier. Beauté reguliére. *Nouvelles remarques sur la langue Françoise.*)

Régulier; réguliére. Egal. (La Lune n'a pas un mouvement régulier.)

* *Régulier, réguliére.* Exact. Qui ne fait rien contre son devoir. Qui garde la bien-séance que demande la vertu. (Ami régulier. C'est une femme tres-réguliére)

Regulier, réguliére. Terme de *Geometrie & de Fortification*. On dit qu'un poligone, ou une figure de plusieurs côtez est réguliére lors que tous les côtez & tous ses angles sont égaux. (Fortification reguliére. Figure reguliére. Poligone regulier.)

Régulierement, adv. Réglement. (Ecrire regulierement tous les jours.)

Réguliérement. Selon les régles. Ce qui a porté Escobar a établir cette régle que reguliérement on peut tüer un homme pour la valeur d'un écu. *Pascal, l.7.*)

Réguliérement. Terme de *Fortification*. (Fortifier *regulierement* une place. C'est à dire l'enfermer d'un poligone régulier. Fortifier reguliérement quelque côté d'une vile, c'est y faire des bastions réguliers)

REH.

RÉHABILITATION. Voïez réabilitation.

Rehabiliter. Voïez *réabiliter*.

†SE REHABITUER, *v. r.* S'habituër de nouveau. (Se réhabituër à la fatigue, c'est à dire, s'y racoutumer.)

†REACHER, *v. a.* Hacher de nouveau. (Rehacher de la viande, des herbes, &c.)

†SE REHANTER, *v. r.* Se hanter & se fréquenter de nouveau. (Ils s'étoient broüillez, mais ils commencent à se rehanter.)

REHAUSSER, *v. a.* Elever davantage. Hausser davantage. (Rehausser une muraille. Rehausser une digue. *Nouv. rem.*)

Rehausser. Au figuré, c'est augmenter d'avantage. En ce sens, il se dit des denrées & des choses qui sont dans le commerce. (On rehausse pendant la guerre, le prix des denrées & des marchandises. On ne songe qu'à rehausser le prix des étofes. *Nouv. rem. sur la langue Fr.*)

* *Rehausser.* Au figuré, il signifie aussi donner un nouveau lustre. (Rehausser l'éclat de sa vie, de sa gloire, &c. *Abl. Luc. & Tac.* C'est par le titre de Protecteur de l'Academie que le Cardinal de Richelieu a cru rehausser l'éclat de sa pourpre. *Vaug. Epist. dédic. de ses remarques.*)

* *Rehausser.* Mêler quelque chose de brillant à un sujet pour le faire briller davantage. (Rehausser un bas relief avec de l'or. Rehausser une tapisserie d'or & de soïe.)

* *Rehausser.* Il se dit en parlant de *Peinture*. C'est donner un nouvel éclat aux couleurs par le moïen des couleurs. (Il faut quelquefois rehausser les endroits sombres d'un tableau par des couleurs vives & éclatantes. *Felibien, vies des Peintres.*)

Rehauts, f. m. pl. Terme de *Peinture*, qui se dit des endroits les plus éclairez d'un tableau, où sont les couleurs les plus vives.

REHEURTER, *v. a.* Heurter une seconde fois. On n'a pas heurté assez fort, il faut reheurter plus fortement.)

REI.

REJAILLIR, *v. n.* Ce mot marque souvent un redoublement d'action, & quelque fois aussi il n'en marque point. [Les raïons de lumière qui tombent sur un miroir rejaillissent vers les yeux. Il faut rejaillir de l'ordure sur nous. *Vau. rem.* Quand on ouvre la veine, le sang rejaillit quelquefois fort loin.]

* *Rejaillir, v. n.* Ce mot au figuré signifie *retomber*. Son infidèle sang rejaillit sur Junie. *Racine, Britannicus, a.5. scéne derniere.*]
Il faut que sur mon front sa honte *rejaillisse. Racine, Iphigénie, a.5. s.1.*

Rejaillissement; f. m. L'action de rejaillir. (Le rejaillissement de l'eau des jets de la fontaine moüille tous les environs quand le vent pousse.)

RÉJAUNIR

REJAUNIR, v. a. Jaunir. Devenir plus jaune.
[Tout dans la plaine rejaunit. *God. Poë.*]

REJET, *f. m.* Terme de *Plombier*. Reste de plomb qui tombe dans un petit creux au bas du moule lorsqu'on jette le plomb en moule.

Rejet, f. m. Terme de *Pratique*. Rebut. (Faire le rejet d'un acte & d'une pièce dans un procès.)

Rejet. Il signifie aussi le renvoi qu'on fait d'un article de quelque compte à un autre endroit de ce compte. (On a fait le rejet de cette dépense sur l'année suivante. Il signifie encore la réimposition d'une somme & d'une taxe déja imposée. (Il faut faire le rejet de cette taille sur la Généralité.)

Rejetter, v. a. Jetter de nouveau. (Ou lui jetta force dards qu'i. *rejettoit* tous contre les ennemis. *Vau. Quin. l.6.c.1.*)

* *Rejetter.* Mépriser. (Sois sage & ne *rejette* pas mon avis. *Ablancourt*, Lucien Mon Dieu vous ne *rejettez* pas un cœur percé de douleur & de regret. *Port-Roïal, Pseaumes.*)

* *Rejettable, adj.* Qui mérite d'être rejetté, rebuté & méprisé. (Cette proposition est rejettable.)

* *Rejetter.* Acuser quelcun du crime, ou de la faute dont on nous acuse. Acuser quelcun de la faute qu'on a faite. [Il faloit punir les Ministres qui après s'être enrichis de leurs crimes en *rejettoient* la faute sur les autres. *Ablancourt, Tacite.* Il rejettoit la cause de sa défaite sur les troupes de Cinna. *Ablancourt, Tac. hist. l.* 1. *c.9*]

Rejetter Refuser de recevoir. (Rejetter les espèces qui ne sont pas de poids.)

Rejetter. Renvoier à un autre compte. (Il faut rejetter cette dépense sur une autre année.)

Rejetter. Il se dit quand on réimpose de nouveau des nonvaleurs sur la même Paroisse, ou une autre voisine.

Rejetter. Ce mot se dit des plantes & des arbres. C'est pousser des rejettons. (Plante qui commence à rejetter.)

Rejetton, f. m. Petite branche que pousse un arbre. Tout ce que pousse une plante. (On vit renaître l'arbre l'année suivante & pousser des rejettons. *Ablancourt. Tacite.*)

* *Rejetton, f. m.* Ce mot se dit des personnes & veut dire. Celui ou celle qui décend, qui vient, Qui sort d'une personne. Enfant d'une personne. (Il fit prêter serment qu'on reconnoit pour Roi ce *rejetton* d'Alexandre. *Vau. Quin. l. x. c.7.* Licentieuse jeunesse, jettez les yeux sur ce *rejetton* de Héros. *Patru. Eloge de Pompone.*)

REIMPOSER, *v. a.* Imposer qu'à nouveau. [On a réimposé cette année les non-valeurs des années précedentes.]

Réimposition, f. f. Action de réimposer (Cette réimpositions s'est faite ensuite d'un Arrêt du Conseil.)

REIMPRESSION, *f. f.* Seconde impression, ou édition d'un livre.

Réimprimer, v. a. Imprimer de nouveau. (On a réimprimé ce livre.)

REINS, *f. m.* Parties du corps couchées sur les muscles des lombes au dessous de la dernière côte. (Le rein droit. Le rein gauche. Les reins ont communication avec la vessie par deux canaux qu'on nomme *uretéres*. Se donner un tour de reins.)

† * *Avoir les reins foibles.* Ces mots au figuré veulent dire n'avoir pas assez de pouvoir. N'avoir pas assez de bien pour faire quelque dépense. * *Avoir les reins forts.* C'est avoir assez de bien, ou de pouvoir pour faire quelque dépense considerable. Avoir du bien.

* *Les reins.* Dans l'Ecriture Sainte, ce mot se prend pour l'intérieur de l'homme, ses pensées & ses afections. (Dieu seul est le scrutateur des cœurs & des reins.)

Reins. Terme d'*Architecture*. Les parties d'une voûte qui posent sur les impostes.

REINE, *f. f.* Femme de Roi. Princesse qui a un Roiaume. [Une vertueuse Reine.]

La Reine Mére. C'est la Reine qui est Mére du Roi.

Reine Régente. C'est la Reine qui a la régence après la mort du Roi son mari, ou durant la minorité du Roi son fils.

* *Reine.* Ce mot se dit des choses & des personnes & veut dire la première, La plus considerable. La plus grande. [La Rose, la Reine des fleurs, perdit ses plus vives couleurs. *Voiture Poësies.* Pour trône donnez-moi le beau front de Julie, je serai la Reine des fleurs. *Corneille.* La Reine des beautez fait sa demeure ici. *Voiture Poësies.* Je loüois son *cœur* de Reine & sa grande beauté. *Voiture. Poësies.*]

* *Reine.* Ce mot *au figuré* signifie aussi *Maitresse.* Celle qui, à grand pouvoir, qui domine, qui gouverne. (J'ai perdu la clarté de beaux yeux de ma Reine. *Voiture. Poësies.* Celle qui est la Reine des volontez. *Voiture Poësies.* Son mérite la rend Reine de tous les cœurs. *La Suze.*

Tant qu'ils ne sont qu'Amans, nous sommes Souveraines, Et jusqu'à la conquête ils nous traitent en Reines.
Corn. Polieucte, a.1. sc.3.)

* *Reine.* Ce mot se dit en parlant de bal & veut dire. Celle qui commence le bal. (Elle est la *Reine* du bal)

* *Reine.* Terme du *Jeu des échets.* C'est la seconde piéce du jeu des échets. On apelle aussi cette piéce *Dame.*

* *Reine.* On apelle de la sorte celle qui la veille, ou le jour des Rois a eu, en faisant les Rois, une part de gateau où s'est trouvé un pois, ou une féve, (Mademoiselle une telle fut hier la Reine.)

* *Reine.* Terme d'enfant de Paris. Petite fille de petit bourgeois

que d'autres filles de ses compagnes ajustent, mettent sur une chaise devant la porte les jours de Dimanche & de fête durant l'été & lorsqu'il fait beau & demandent quelques doubles aux passans au nom de cette Reine, afin de se régaler toutes ensemble de ce qu'on leur aura donné. (Donner pour la Reine. N'oubliez pas la Reine.)

Reine. Nom de femme. (sainte Reine est une des plus célèbres Saintes de la Bourgogne).

Reinette, f. f. Prononcez *Rénette.* Sorte de pomme dont la chair est ferme & de bon goût. (Une fort bonne reinette. Acheter de la reinette.)

REINFECTER, *v. a.* Infecter de nouveau. Raporter la peste en quelque lieu. (La peste étoit cessée en cette vile, mais un navire étranger l'a réinfectée.)

REINTE, *reintée, adjectif.* C'est lors qu'un chien a les reins larges & élevez en arc. (Chien bien reinté.)

Réintegrande, f. f. Terme de *Palais.* Il se dit lors qu'en cas de saisie, ou de spoliation, on est remis en la possession.

Réintegré, réintégrée, adj. Terme de *Pratique.* Qui est remis. (Etre réintégré en sa possession.)

Réintegrer, v. a. Rétablir quelcun dans la possession de quelque chose. (Réintégrés quelcun en la possession de ses biens, de sa charge, &c.)

REINTERROGER, *v. a.* Interroger de nouveau.

R INVITER, *v. a.* Inviter une seconde fois.

REJOINDRE, *v. r.* Joindre de nouveau. Je rejoin, je rejoignois. J'ai rejoint, je rejoindrai. (Il faut rejoindre cela.)

Rejoindre. Joindre ceux qui se sont sé parez de nous. Ratraper. Ateindre ceux qui se sont avancez devant nous. Rassembler ce qui est séparé. (Rejoindre l'aile droite. *Ablancourt. Rét. l.4. chap.1.* Après avoir rejoint toutes ses forces, il passa la riviére. *Vaugelas, Quin. l 8. c.5.*)

Se rejoindre, v. r. Se rejoindre de nouveau, Se rassembler. (Philis, soufrez que mon corps se rejoigne à mon ame. *Voit. Poës.* Les troupes s'étant rejointes camperent dans de bons vilages. *Ablancourt, Rét l.4. c.1.*)

Re Jouer, v. a. Joüer de nouveau, (Il a rejoüé & a regagné ce qu'il avoit perdu.)

Rejouïr, v. a. Donner de la joie, du plaisir. Divertir. (Il fit entrer des boufons pour rejoüir la compagnie. *Ablancourt. Luc.*)

Se rejouïr. Se divertir. Avoir de la joie. Etre bien aise. (Ne songeons qu'à nous rejoüir, la grande afaire est le plaisir.)

Réjoui, réjouïe, adj. Qui a de la joie, du plaisir. (Il est bien réjoüi de la bonne nouvelle du mariage de son frere.)

† *Réjoui, f. m.* Gaillard. Qui aime la joie & le plaisir. C'est un gros rejoüi.

Rejouïssance, f. f. Joïe. (Faire des réjoüissances publiques. *Ablancourt. Tac. Hist. l.1. c.16.*)

Rejouïssant, rejouïssante, adj. Qui réjouit. (Le mariage est tout à fait rejoüissant pour un mois, ou deux.)

Rejourer, v. n. Joüer de nouveau. (Ils rejouërent encore le lendemain.)

REITERER, *v. a.* Redoubler. Faire une seconde fois. (Reiterer un vœu. *Ablancourt. Tacite.* Réiterer la saignée. *La Chambre.*)

Réiteration, f. f. Action de réiterer. Redoublement. (Le Re qui est dans le verbe *rejaillir* ne marque ni répétition, ni *réiteration, Vau. Rem.*)

REITRES, *f. m.* Cavaliers Alemians qui vinrent en France durant la régence de Caterine de Médicis.

† *C'est un vieux reitre.* Mots burlesques pour dire *Vieux cavalier*; Celui qui porte les armes il y a longtems.

REIXDALE. Voiez *Risdale.*

REL.

RELACHE, *f. m.* Cessation de travail, de peine. Repos. (Il n'eut pas si tôt un peu de relâche qu'il s'abandonna aux voluptez, *Vaugelas, Quin. l.6. chapitre 2.*)

* *Relâchement, f. m.* Désordre & déréglement qui se glisse dans la discipline, dans les mœurs & dans ce qu'on apelle *morale.* (C'est un relâchement qui s'est glissé dans l'ordre des Religieux Port-Roïal. On remarque dans le *relâchement* de leur morale la cause de leur doctrine touchant la grace. *Pascal, l.5.* Rechercher le *relâchement, Pas. l.5.* Si nous soufrons quelque *relâchement* dans les autres, c'est plûtot par condecendence que par dection. *Pascal, l.6.* Il faut que tous ceux qui combatent vos relâchemens soient hérétiques, *Pascal, l.16.*)

Relâcher, v. a. Ne pas tendre si fort. Laisser un peu aller. Ne pas bander si fort une corde. Ne pas tirer si fort. Le mot *relâcher* en ce sens se dit sur les ports de Paris où les bateliers crient *relâche, relâche.* C'est à dire, ne tend pas si fort la corde.)

Relâcher. Laisser aller. (Relâcher un prisonnier.)

* *Relâcher.* Céder. Diminuer. Modérer. Temperer. (Relâcher de son droit. *Ablancourt.* Il eût falu exclurre les Gentilshommes des confessionnaux si nos Péres n'eussent un peu *relâché* de la sévérité de la Religion *Pascal, l.7.* Il survint une fausse joie qui ne servit qu'à relâcher leurs courages. *Ablancourt, Tac. hist. l.2. c.9.*)

Relâcher. Terme de *Mer.* C'est discontinuër le cours en droiture pour moüiller dans le port du partement, ou dans quelque autre

autre partage de la route. (Nous fumes contrains de *relâcher* dans l'isle des Magiciens. *Ablancourt, Lucien, tome 3.* Etant agité par les vents, il *relâcha* aux isles d'Hiéres. *Ablancourt. Tac. Hist. l.3. c.7.*)

* *Se relâcher*, *v. r.* Se modérer. N'être plus si violent. (La violence de son mal ne sembloit *s'être relâchée* qu'en ce point qu'il commençoit à le sentir. *Vaugelas, Quin. livre 3. chap. 3*.)

* *Se relâcher*. N'être plus si ferme dans son dessein, dans sa résolution, dans sa conduite. N'être plus si constant dans son devoir. Se laisser aller aux charmes de la vie, aux plaisirs. Ceder & n'être plus si ferme dans ce qu'on avoit entrepris, ou promis. Se laisser aller à quelque douceur. N'avoir plus tant de rigueur. (Il perdit quelque chose de sa réputation, soit qu'il se fût *relâché* après une si grande victoire. *Ablancourt, Tacite, Ann. l.12.* Il se relâcha sur le matiage qui étoit le point fatal de leur division. *Memoires de Monsieur le Duc de la Roche-Foucaut.* La moindre chose à quoi une maîtresse *se relâche*, regagne un amant. *Le Comte de Bussi.*)

Relâché, relâchée, adj. Qui n'est pas si fort tendu. (Corde *relâchée*. Partie relâchée. *Deg.*)

* *Relâché, relâchée.* Qui n'est pas le relâchement. Qui n'est plus si ferme dans son dessein, dans son entreprise. Qui est des Casuistes aussi sévères que les autres sont relâchez. *Pas. l.8.* Il est un peu relâché.)

Relaier, *v. a.* Ce mot se dit des chevaux de poste. Laisser reposer. Laisser rafraichir des chevaux pour reprendre de nouvelles forces & cependant en prendre d'autres pour continuer sa course. (Il a relaié de cinq, ou six chevaux de Dijon à Paris.)

Relaier, *v. n.* Terme de *Chasse.* C'est lâcher les chiens du relais après la bête.

* *Se relaier*, *v. r.* Se reposer. Se rafraichir pour prendre de nouvelles forces. (Ils se relaioient sur le roster.)

Se relaier. Il se dit des ouvriers qui travaillent à des ouvrages continuels, & il signifie, travailler & se reposer alternativement. (Il faut que les ouvriers se relaient les uns les autres. Les matelots se relaient de six en six heures & font chacun leur quarte.)

Relais, *s. m.* Terme de *Chasse.* Ce sont des chiens qu'on tient en de certains lieux dans la refuite des bêtes qu'on court pour les donner quand la bête passe. (Tenir les relais. *Salnove.*)

Relais. Terme qui se dit en parlant de gens qui courent la poste, ou qui voiagent fort vite à cheval. Chevaux qu'on tient prêts dans un certain endroit. (Cheval de relais. Aller en relais. Envoier des relais.)

Relais. Terme de *Fortification.* Chemin de trois piez de large au pié du rempart, entre le rempart & le fossé. Ce relais s'appelle aussi *Berme. Lisière*, ou *Retraite.* (Palissader un relais.)

Relais, ou *Laisses.* Terme de *Mer.* Ce sont les terres que la Mer a laissées au rivage.

†*Relaisser*, *v. a.* Laisser de nouveau. Ce mot de *relaisser* n'est pas fort usité, & en sa place on dit, Laisser encore. Laisser de nouveau.

Relancer, *v. a.* Terme de *Chasse.* C'est lancer de nouveau une bête qui est sur ses fins. (Relancer une bête. *Salnove.*)

* *Relancer.* Repousser. Recogner avec force quelque enemi dans son fort. (Darius disoit qu'il s'en iroit faire sortir Alexandre de la taniére & le *relancer* dans son fort. *Vaugelas, Quint. l.3. c.8.*)

†* *Relancer.* Parler à quelcun d'un ton fier & haut. Lui moncrer son peu de conduite à nôtre égard. Kabrouër. (Je l'ai relancé comme il faut.)

Relant, *relante, adj.* Qui sent mauvais à cause d'une certaine humidité fade, dégoutante. (Odeur relante. Ce mot de *relant* se prend substantivement aussi, on dit *sentir le relant*; c'est à dire une odeur relante.)

Relaps, *s. m.* Mot consacré pour dire un hérétique qui après avoir abjuré son hérésie retombe tout de nouveau. (Ministre relaps. *Maucroix Schisme, l.3.* Un relaps impénitent.)

Relargir, *v. a.* Elargir de nouveau. (Rélargir un corps.)

Relater, *v. a.* Terme de *Charpentier.* Later de nouveau. (Relater un toit.)

Rélatif, *s. m.* Terme de *Grammaire.* Mot qui a raport à un autre. (Le rélatif s'acorde en genre avec son antécédent.)

Relatif, rélative, adj. Terme de *Grammaire.* Qui a raport. (Pronom rélatif.)

Rélation, *s. f.* Récit qu'on fait de quelque chose. (Une rélation fort fidelle.)

Rélation. Livre de voiage qui raconte les particularitez les plus remarquables d'un païs, les mœurs, & les coûtumes de ses habitans avec l'histoire naturelle & géographique de la contrée. Il y a plus douze cens volumes de rélations, dont la plûpart sont assez mal écrittes en nôtre langue, entre autres la rélation de Masfée par l'Abé de Pure est pitoiable, oui pitoiable, morbleu, & du dernier pitoiable.)

Rélation. Terme de *Logique.* Raport d'une chose à une autre, comme de la vue à ce qui est visible, de Roi & de sujet, de père & de fils, On demande en Philosophie si la rélation est formellement, ou réellement distinguée de son fondement & autres semblables folies dont le cours du Sieur Pasquier est farci.)

Rélation. Terme de *pratique.* (A la rélation; ou sur la rélation des Notaires, c'est à dire, sur le raport & le témoignage des Notaires.)

Rélation. Intelligence & corespondance entre deux ou plusieurs personnes. (Ce Banquier a rélation avec plusieurs Prélats d'Italie. Les deux Acusez n'ont eu aucune rélation entr'eux.)

Rélativement, *adv.* D'une maniére rélative.

Relaver, *v. a.* Laver de nouveau. (Relaver ses mains.)

Relaxation, *s. f.* Terme de *Chirurgie.* Etat de la partie qui n'est pas si tendue que naturellement elle le doit être. (C'est une relaxation de quelque partie. *Deg.*)

La rélaxation d'un prisonnier. Terme de *Palais.* C'est à dire, la délivrance.

Rélaxation de peine. Terme de *Droit Canon.* C'est à dire, diminution.

Relaxé, relaxée, adj. Terme de *Chirurgien.* Qui soufre quelque relaxation. (Partie relaxée.)

Reléguer, *v. a.* Exiler. Bannir. Envoier une personne de remarque hors du lieu de son établissement. (Reléguer quelcun. *Pascal, l.2.*)

* Les belles lettres anciennes sont presque bannies du commerce du monde, & reléguées dans la poussiére & l'obscurité de quelque cabinet.

Rélegation, *s. f.* Espéce d'éxil, qui se fait par l'ordre du Prince qui condanne à une personne d'aler au lieu qu'il lui marque, & d'y demeurer jusqu'à-ce qu'il la rapelle. (Ce n'est pas un banissement, mais une rélegation.)

Relever, *v. a.* Lever de terre une chose, ou une personne qui y est, ou qui y est tombée. Remettre sur Pié. Rérabir une chose ruinée, & éboulée. (Relever le bord d'un fossé. Relever une personne qui s'est laissé tomber. Relever des murailles.

* *Relever.* Rehausser. Elever plus haut. (Relevez vôtre cœur & vos afections. *Voiture, Poës.* Ce que les personnes du monde gardent pour relever leur condition n'est pas apellé superflu. *Pas. l.6.*)

* *Relever.* Faire valoir. (Vous avez entendu de quelle sorte on a *relevé* cette circonstance. *Patru, plaidoié 9.*)

* *Relever.* Donner plus d'éclat, plus de lustre. (Etant poussé d'une belle envie de *relever* le nom François. *Voit. Poëse.* Vous ajoutez aux conquêtes d'Alexandre une peinture qui les relève plus que la femme & les filles de Darius *Voit. l.5.* Relever une fortune abatuë. *Nouv. rem. sur la langue Fr.*)

* *Relever.* Exciter ce qui étoit abatu. Exciter. Animer. *Commentaires de Cesar.* Ce me fut à vouloir *relever* des courages abatus. *Vaug. Quin. l.9.* Cette division *relevâ* le courage & les espérances des Anglois. *Ablancourt, Tac. Hist. l.3. c.7.*)

* *Relever.* Ce mot se dit *en parlant de maladie* & est usité dans un sens neutre. Il signifie échaper de la maladie. Se tirer d'a-faire sortir de maladie. Ne pas mourir de la maladie qu'on a, Ne faire que sortir de maladie. (Il relevoit d'une grande maladie. *Tac. Hist. l.1. c.13.*)

* *Relever.* Ce mot se dit en parlant du service de table. C'est ôter quelque plat de dessus la table & y en mettre un autre. (Relever un plat.)

* *Relever*, d'*Aritmétique.* C'est ôter ce qu'on a mis de trop en calculant avec des jettons. (Relever dix.)

Relever. Terme de *Palais.* C'est remettre en l'état où l'on étoit auparavant en vertu de lettres roiaux. [Relever un mineur.]

Relever. Terme de *Palais.* C'est intimer devant un Juge supérieur la partie qui a eu gain de cause. [Relever un apel.]

Relever. Ce mot signifie *ressortir* & est un Terme de *Palais*, mais en ce sens c'est un verbe neutre. (Les appellations comme d'abus *relevent* au Parlement.)

Relever. Terme qui est d'ordinaire de *pratique* & de *Coûtume.* Il signifie dépendre & en ce sens c'est une maniére du *verbe neutre.* (Fief qui relève d'un autre. Toutes ces terres relevoient de la juridiction des Poëtes. *Ablancourt, Luc.*)

Relever. Ce mot signifiant *dépendre* se dit aussi *sans parler Pratique.* (Il le prioit de ne point livrer aux ennemis un Roi qui relevoit de l'Empire. *Ablancourt, Tac. An. l.12.*)

Relever. Terme de *Notaire.* C'est en lever une seconde de grosse. (Cet acte a été perdu, il le faudra faire relever.)

Relever. Terme de *Manége.* C'est obliger un cheval à bien placer la tête & la porter en beau lieu, lorsqu'il porte bas. [Pour relever vôtre cheval qui baisse, (C'est à dire, qui baisse la tête, faites lui faire une branche à génoüil.]

Relever. Terme de *Guerre.* Aler prendre la place de ceux qui sont en garde, ou en quelque poste. Mettre une personne à la place d'un autre. (Relever la garde, Relevez une sentinelle. Relever la tranchée.)

Relever. Ce mot se dit en parlant d'*accouchée*, & veut dire sortir de la maison après ses couches & aler entendre la Messe & recevoir la bénédiction du Prêtre. C'est aussi sortir de la maison environ quinze jours après ses couches & aller au temple remercier Dieu. (Madame ou Mademoiselle une telle relevera demain.)

Relever. Terme de *Tanneur.* Tirer de nouveau les cuirs. Levez une seconde fois les cuirs qui sont dans les cuves. (Relevez les cuirs pour les coucher en fosse.)

Relever un vaisseau. Termes de *Mer.* C'est remettre un vaisseau à flot quand il a donné fond dans quelque ancrage. [Les Vaisseaux atendent que le flot se lève de la nouvelle Lune lui soit relevé.]

* *Relever*. Il signifie aussi soulager. (Vous m'avez relevé d'une grande peine , ou d'une grande inquiétude.)

Se relever, v. r. Se lever de terre quand on est tombé. [Elle est tombée, mais elle s'est relevée aussi-tôt.]

Se relever. Sortir de nouveau du lit. (Il se relève la nuit pour faire des vers.)

* Il veut que Troie se puisse relever. *Racine, Andromaque, a. 4. s. 1.*

Se relever. Terme de *Chasse*. Il se dit des bêtes qui sortent le soir de leur buisson pour aler viander , après avoir dormi tout le jour.

Relevé, relevée, adj. Qui s'est levé de terre après y être tombé. Qu'on a levé de terre. (Il est relevé.)

Relevé, relevée. Haut. (Le bord de la rivière étant relevé. *Ablancourt. Ar. l. 4.*)

Revelé, revelée. Ce mot se dit des acouchées, & veut dire , qui est sortie de la maison après ses couches. (Mademoiselle une telle est relevée il y a cinq, ou six jours.)

* *Tapisseries relevées d'or. Voit. l. x. cl. 1.*

* Bien souvent il dit des choses tout à fait *relevées*. *Mol.* Un stile relevé. Une pensée relevée , c'est à dire , sublime & excellente. Un goût relevé. Une mine haute & relevée.

Relevée, s. f. Terme de *Palais*, qui se dit quelquefois & qui signifie *après midi*. (Il est assigné afin de comparoître *à deux heures de relevée* au Châtelet.)

Relèvement, s. m. L'action de relever. (Le relèvement d'une muraille.)

Relèvement de couche. Il se dit de la première fois que les femmes sortent de la maison après leurs couches. [Cette femme ne s'est pas bien portée depuis son relèvement de couche.]

Relevailles, s. f. pl. C'est la petite cérémonie qui se fait à l'Eglise la première fois qu'une femme y entre après ses couches. C'est aussi quelquefois un petit festin qui se fait au retour , à cette ocasion.

* *Relief, s. m.* Reste de ce qu'on a servi sur table.

Autrefois le rat de vile
Invita le rat des chams.
A des reliefs d'ortolans. *La Fontaine.* Fable. 61.

Vôtre salaire sera force reliefs de toutes les façons. *La Fontaine Fables l. 1.*

Relief d'apel. Lettres par lesquelles le Roi donne pouvoir de se relever d'une sentence de quelque juge. (Obtenir des letres du relief d'apel.) On apèle aussi *relief*, le profit qu'on doit pour chaque fief noble tenu en plein hommage.

Relief. Terme de *Brodeur*. Enrichissement d'or , ou d'argent sur un ouvrage de soie ou d'étofe. (Voilà un beau relief.)

Relief. Terme de *Maçon & de Sculpteur*. C'est tout ce qui est relevé en bosse, soit en maçonnerie , ou en sculpture. [Voilà qui est de *relief*. Voilà un *relief* préparé , & le sculpteur n'aura plus qu'à lui donner la forme & à y pousser l'ornement qu'il trouvera à propos.] Il y a trois sortes de relief. Le *haut relief*, ou le *plein relief*, lors que les figures sont taillées d'après nature. Le *bas relief*, est une représentation un peu relevée en bosse. Et le *demi-relief*, quand les figures sortent à demi-corps du plan où elles sont posées.

Relire, v. a. Lire de nouveau. [Relisez son bas.]

Relier. Terme de *Relieur*. C'est plier, batre, presser, colationner un livre en blanc , lui doner les autres façons & le couvrir de quelque peau que ce soit. [Relier un livre en maroquin, en chagrin, en veau ou parchemin.]

Relier. Terme de *Tonnelier*. Mettre des cerceaux autour de quelque futaille pour tenir les douves serrées. (Relier une pièce de vin.)

Reliage, s. m. Terme de *Tonnelier*. L'action de relier, & le travail qu'on emploie à relier. [On a doné tant pour le reliage de dix tonneaux.]

Relieur, s. m. Ouvrier qui relie les livres, & qui est du corps des Libraires. [Oudan est un des meilleurs relieurs de tout Paris.]

Relieure. Voiez reliure.

Religieux, religieuse, adj. Pieux. Qui craint Dieu. (Prince religieux. Louïse de Vaudemont femme de Henri troisième étoit une Princesse fort religieuse.)

Religieux, religieuse. Qui regarde la religion. Qui est de la religion. Qui apartient à la religion. (Culte religieux. Maison religieuse. Sous des habits religieux ils couvrent des ames fort intelligieuses. *Pascal, l. 13.* Embrasser la vie religieuse. *Port-Roial.*)

* *Religieux, religieuse*. Fidéle. Régulier. Exact , mais d'un éxactitude dont on fait une espèce de religion. (Je les voi si *religieux* à se taire que je crains qu'il n'y ait en cela de l'excés. *Pascal, lettre 18.* Il étoit *religieux* en toutes ses actions. *Ablancourt.* En matière de langage on ne sauroit être trop religieux.)

Religieux, s. m. Celui qui se met dans quelque Ordre religieux, qui en porte l'habit , & fait les trois vœux de religion. [Un bon Religieux. Se faire Religieux.]

Religieux de la Merci. Sorte de Religieux qui fait vœu de racheter les captifs. Ces Religieux sont mendians. Ils portent une robe blanche avec une chape , & un capuchon de même couleur qui leur couvre la tête , pend sur la chape par derrière & leur couvre une partie de l'estomac.

Religieux de la Trinité, ou de la redemption des captifs. Ce sont ceux qu'on apelle ordinairement *Maturins*. Voiez le mot *Maturin*.

Religieux de S. Antoine. V. Antonins.

Religieuse, s. f. Celle qui a pris l'habit de quelque Ordre , qui s'est retirée dans un Couvent & a fait les trois vœux de religion. [Une bonne Religieuse. Se faire religieuse.]

Religieusement, adv. Pieusement. D'une manière religieuse. [Il vit fort religieusement. Il s'aquite religieusement de tous les devoirs d'un vrai Crétien. Les Conquerans ont d'ordinaire plus de soin de faire exécuter leurs ordres sur la Terre que d'observer *religieusement* ceux du Ciel. *S. Evremont , Traducteurs p. 154.*]

* *Religieusement*. Exactement. Inviolablement. (Garder religieusement sa parole.)

Religion, s. f. Culte envers Dieu. (Détruire la religion Crétienne. *Pascal, l. 16.* La religion Romaine. La religion Gréque. La religion Protestante. La religion Judaïque. On dit par abus. La religion des Païens. La religion Mahométane. Les Idolatres ont un très grand nombre de religions diférentes.)

* *Religion*. Il signifie quelquefois Piété , Justice. (On a surpris la religion du Prince, Observer la religion du Serment.)

Religion. Ordre religieux. (Entrer en religion. Etre capable de religion. Avoir l'esprit de religion. *Avoir douze ans de religion.* C'est à dire Etre religieux depuis douze ans. Quiter l'habit de religion. *Pascal, l. 6.*)

Religion. Ce mot en parlant des Chevaliers de Malte veut dire *l'ordre.* (Il ordonna que tous les Chevaliers qui obtiendroient des commanderies de grace , en païeroient le revenu à la *Religion*. Venez secourir la *Religion* qui vous a élevez. *Pere Bouhours , Histoire d'Aubusson, l. 2.*)

Religion prétendue Réformée. Les Catoliques Romains apellent ainsi les Catoliques non Romains & ceux qu'on apelle vulgairement Huguenots , mais les Huguenots entr'eux se disent de la religion Réformée. Ces mots de religion prétendue réformée sont principalement en usage dans les livres de controverse des Catoliques Romains & dans les édits & déclarations des Rois de France. Voiez là dessus les divers édits qui ont été publiez du tems des troubles sur le sujet de la religion.

Religion. On se sert de ce mot pris absolument dans de certaines façons de parler pour marquer qu'une personne est Huguenot. (Feu d'Ablancourt de l'Academie Françoise étoit de la religion & est mort à Ablancourt petit vilage en Campagne entre Châlons & Vitri.)

Religionnaires, s. m. Ce mot pour dire, ceux de la religion prétendue reformée ne se dit pas bien & est condanné de la plupart de ceux qui croient être habiles en François. Voiez là dessus *le Socrate de Balzac , discours x.* où il dit que le mot de *religionnaire* a été fabriqué dans un coin du Querci & qu'il doit être condanné comme barbare & envoié d'où il est venu.

Relimer, v. a. Limer de nouveau. (Relimer une clé.)

* *Relimer*. Il se dit *au figuré* , des ouvrages d'esprit. C'est à dire retoucher, polir. (Relimer un ouvrage. Ce livre seroit plus poli, si l'Auteur avoit eu le loisir de le *relimer* un peu.)

† *Reliqua, s. m.* Terme de *Palais*. Ce mot est purement Latin: Prononcez *relika.* Ce mot signifie *reste*. (Se faire païer du reliqua d'un compte. *Patru, plaidoyé 6.*)

† *Reliquataire, adj. & s. m & f.* Terme de *Palais*. C'est à dire, celui ou celle qui est débiteur , ou débitrice d'un *reliqua* de compte. On le dit aussi de tous ceux qui n'ont païé qu'à compte , & qui doivent encore le reste.

Reliquaire, s. m. Prononcez *relikère*. C'est une manière de petite boite , qui est le plus souvent d'argent , ou de vermeil doré , & qui est mignonnement travaillée , où l'on met des reliques. (Un beau reliquaire.)

Reliques, s. f. f. Quelque chose du corps d'un Saint. Prononcez *relike.* (Les Saintes reliques. Baiser les reliques. Avoir de la vénération pour les reliques. C'est une précieuse relique.)

* *Reliques.* Ce mot pris dans le figuré pour dire une chose prétieuse est bas. (Il garde cela comme des reliques. Il ne faut non plus touché à cela qu'à des reliques.)

* *Reliques.* Ce mot pour dire *reste* est de la belle prose & de la belle poésie.

Tous ces chefs d'œuvres antiques
Ont à peine leurs *reliques*.
Malherbe, Poésies.

L'art qui fait les Dieux
Montre encore aujourd'hui les superbes reliques.
Gomb. Poésies.

Nous sommes obligez à Arrian de nous avoir sauvé les *reliques* de la Philosophie d'Epictéte. *Balzac.* Il recherche des *reliques* prétieuses de ce grain céléste que son pére avoit autrefois semé, *Patru, Eloge de Monsieur de Bellievre.* Il rentra dans Babilone avec les tristes *reliques* de l'armée. *Vaugel. Quin. livre 4. c. 16.*

Relire, v. a. Lire de nouveau. Je reli, j'ai relu, je relus. (Un Eclésiastique doit lire & relire l'Ecriture Sainte.)

Relu,

Relu, reluë, part. Qui a été lû une seconde fois. (Ce livre a été exactement relu.)

RELIURE, s. f. Manière & façon dont un livre est relié. (Une méchante reliûre. Une bonne reliûre.)

† RELOGER, v.n. & v. a. Loger de nouveau. Retourner loger en un lieu qu'on avoit quitté. (Il est alé reloger dans la maison où il logeoit autrefois, Ce prisonnier s'étoit évadé, mais on l'a relogé en prison.)

RELOÜER, v.a. Loüer une seconde fois. (Reloüer une maison.) Il signifie aussi loüer à d'autres une partie de ce qu'on avoit loüé. (Il a loüé toute cette maison, mais comme elle est trop grande pour lui, il en reloüe une partie à d'autres personnes.)

RELUIRE, v.n. Luire beaucoup. Jetter quelque lüeur. (On voit cela reluire la nuit. Leurs armes reluisoient de loin.)

* Reluire. Paroître. Briller. Eclater. (On voit reluire en ses mœurs la sévérité de nos ancêtres. Ablancourt, Tacite, Histoire livre 5. chapitre 5. Elle disoit qu'elle ne voioit reluire qu'en lui les qualitez d'un souverain. Ablancourt, Tacite, Ann. livre 13. ch.16.)

* Tout ce qui reluit n'est pas or. Proverbe pour dire, qu'il y a des personnes qui paroissent riches, ou gens de bien, qui ne le sont pas en effet.

Reluisant, reluisante, adj. Qui luit beaucoup. Qui éclate fort. (Il a veu des hommes & des chevaux tout reluisans, non pas d'or, mais d'acier. Vau. Quin. l.2. c 3.)

REM.

REMACHER, v. a. Mâcher de nouveau. (Il y a de certaines bêtes qui remâchent ce qu'elles ont mangé)

* Remâcher. Repasser dans son esprit. Rouler dans son esprit. (Il fut longtems à remâcher sa douleur. Ablancourt, Tac. Vie d'Agricola c.3)

REMAÇONNER, v. a. Reparer par le travail d'un Maçon. [Dans une vieille maison, il y a toujours quelque chose à remaçonner.]

† REMANDER, v.a. Mander de nouveau. [Je lui ai mandé & remandé qu'il se faloit défier des Tartufes.]

REMANGER, v.n. Manger une seconde fois. (Ce goulu avoit bien mangé, mais il ne laisse pas de remanger une heure après.)

REMANIER; v. a. Manier de nouveau. Retoucher. (Je l'ai manié & remanié.) Les Imprimeurs disent, il a falu remanier toute cette page pour ajoûter ce mot.

Remaniment, s.m. L'Action de remanier.

REMARCHANDER, v. a. Marchander de nouveau. (Il avoit marchandé ces étofes, l'autre jour, & il est venu les remarchander aujourd'hui.)

REMARCHER, v. n. Marcher de nouveau. (L'armée étoit revenuë en ses quartiers d'hiver, mais on l'a fait remarcher en Italie.)

REMARIER, v. a. Marier de nouveau. (On l'a remarié à une vieille qui le fait enrager.)

Se remarier, v.r. Se marier de nouveau. (Le bon homme la Mote le Vaier se remaria à quatre vints ans & plus. Une femme ne doit point se remarier durant l'absence de son mari, & si elle n'a des nouvelles assurées de sa mort. Le Mait. plaid.16.)

REMARQUABLE, adj. Prononcez remarkable. Digne de remarque. Considérable. (Evenement remarquable. Action remarquable. Ablancourt.)

Remarque, s. f. Observation qu'on fait sur quelque chose. (Une belle, une judicieuse remarque. Faire des remarques sur la langue. Il y a tant de remarques sur la langue qu'on ne sait plus comment écrire.)

* Un Seigneur de remarque. C'est à dire, de considération.

Remarquer, v. a. Prononcez remarké. Observer, voir, prendre garde, considerer. (Remarquer des défauts dans un ouvrage. Ablancourt, Le Roi se faisoit remarquer à ses armes & à sa bonne mine. Vau. Quin.l.1.c.1. Remarquer le chemin)

Remarquer, s.m. Terme de Fauconnerie C'est celui qu'on meine à la chasse pour remarquer la perdrix.

SE RMASQUER, v.r. Remettre son masque. (Elle avoit ôté son masque, & elle s'est remasquée incontinent.)

REMBALER, v. a. Embaler de nouveau. (Rembaler de la marchandise.)

† REMBARER, ou rembarrer, v.a. C'est parler d'un ton rebarbatif à une personne en refutant & renversant tout ce qu'elle dit. Bourrer de paroles. († Je voudrois qu'il y eut ici quelcun de ces Messieurs pour vous tenir tête & rembarer un peu de ce que vous venez de dire. Moliere. Malade imaginaire, acte 3. scene 3. Rembarer quelcun. Ablancourt.)

REMBARQUER, v. a. Prononcez rambarké. C'est embarquer de nouveau. (Rembarquer des marchandises. Rembarquer l'artillerie.)

* Rembarquer. Rengager. [Il l'a heureusement rembarqué dans cette afaire.]

Se rembarquer, v. r. S'embarquer de nouveau. [Nous nous rembarquâmes à Tunis.]

* J'avois raison de dire qu'il faloit faire sortir les violons & qu'il ne faloit rien pour se rembarquer. Voiture, lettre 10.

Rembarquement, s.m. Action de rembarquer. [Travailler au rembarquement de l'artillerie.]

* Rembarquement. Rengagement. [Son rembarquement dans les procès a achevé de le ruiner.]

REMBARRER. Voiez rembarer plus-haut.

† REMBLAYER, v. a. Terme d'Agriculture. Resemer de blé. [Remblayer une terre.]

REMBOITER, v.a. Terme de Chirurgien. Il se dit des os, & signifie les remettre en leur place. [Remboiter un os.]

Remboitement, s. m. L'Action de remboiter les os & de les remettre en leur place. [Ce Chirurgien entend fort bien le remboitement des os.]

REMBOURRER, v. a. Terme de Sellier. C'est remplir de bourre. [Rembourrer des panneaux de selle.]

† Rembourrer son pourpoint. Mots bas & burlesques pour dire Bien manger. Se faire une bonne carrelure de ventre.

Rembourrement, s.m. L'Action de rembourrer & le travail qu'on fait pour rembourrer. [Le rembourrement des bâts des muliers.]

REMBOURSER, v.a. Redonner à quelcun les frais qu'il a faits [Il lui a remboursé tous les frais qu'elle avoit faits. Il a été remboursé de tous ses frais.]

Rembourser une rente. C'est la racheter, en payer le principal & les arrerages.

Remboursement, s.m. Action de rembourser. [Faire un remboursement.]

REMBRASER, v. a. Embraser de nouveau. [Ce feu étoit presque éteint, mais un grand vent est survenu, qui l'a rembrasé.]

REMBRASSER, v. a. Embrasser de nouveau. [Rembrasser une maitresse en lui disant adieu. Ils se sont reconciliez & se sont rembrassez.]

REMBROCHER, v.a. Embrocher de nouveau. Embrocher mieux. [Cela n'est pas bien embroché, rembrochez-le.]

REMBRUNIR, v. a. Rendre plus brun. [Rembrunir une peinture.]

Rembrunir l'or. C'est le brunir davantage.

Rembrunissement, s. m. Ce qui rembrunit. (Ce rembrunissement fait un bel éfet sur cette peinture.)

REMBUCHEMENT, s. m. Terme de Chasse. C'est lors qu'une bête est entrée dans le fort ; que vous brisez sur ses voies haut & bas de plusieurs brisées. Sal.

Rembucher, v. a. Terme de Chasse. Faire rentrer une bête dans son fort. (Rembucher une bête.)

Se rembucher, v. r. Rentrer dans son fort. [Bête qui se rembuche.]

† * Se rembucher. Se cacher & se retirer en quelque lieu particulier. (Les spectres des Cimétiéres se rembuchent dans leurs trous.)

REMEDE, s. m. Tout ce qu'on prend pour conserver sa santé, ou pour emporter le mal qu'on a. (Remède souverain, excellent, bon, puissant, violent, prompt, lent, doux, benin. Les Remèdes sont plus-lents que les maux. Ablancourt, Tac. Il prépara les remèdes par l'ordre du Prince. Ablancourt Ar. l.1.c.3. Le remède le travailla fort. Vaugelas, Quin. l 3. Laisser opérer le remède. La Chamb Etre dans les remèdes. Moliere. Voici un petit remède qu'il faut prendre. Moliere. User de remèdes. Ablancourt. Nous ferons agir d'autres remèdes pour la guérir. Mol. Avoir recours aux remèdes. Ablancourt. Se mettre dans les remèdes. Etre dans les remèdes. Prendre des remèdes.)

* Remède. Soulagement & tout ce qui apaise, qui adoucit les maux, les disgraces, les malheurs, &c. (J'ai tâché d'aporter quelque remède à vos maux. Ablancourt, Rét. l.2. Ce mal sera peut être un remède de croire qu'il n'y en a point. Voit. l.135.)

* Remède. Ressource. Espérance. Expédient pour réüssir en quelque chose, pour venir à bout de quelque chose. (Ah ! je te quite maintenant, & je n'y voi plus de remède. Moliere George Dandin a.3.

Philis , je suis dessous vos loix
Es sans remède à cette fois
Mon ame est vôtre prisonniére.
Voiture, Poësies.

Remède de poids. Terme de Monoie. Permission acordée par le Prince aux fermiers des monoies de tenir les espèces un peu plus foibles que le poids juste. Voiez Monsieur Boisard, Traité des Monoies.

Remède de loi. Terme de monoie. Permission acordée par le Prince aux maîtres & aux fermiers de ses monoies de tenir la bonté intérieure des espèces d'or & d'argent moindre qu'il n'est permis par l'ordonnance. (Espèces qui se trouvent dans les remèdes de l'ordonnance. Il a été condamné à l'amende parce que l'essai qu'on a fait des espèces fabriquées a été jugé hors des remèdes de l'ordonnance. Voiez Monsieur Boisard, Traité des monoies.)

Remédier, v.n. Aporter du remède. Empêcher quelque fâcheux éfet. (Ils se moquoient de tous les préparatifs que nous faisions pour remedier à cette surprise. Voit. let. 74.)

REMELER, v. a. Méler de nouveau. (Remêler les cartes. Remêler plusieurs sortes de grains. Se remêler parmi les ennemis.)

† REMEMBRACE, s. f. Ce mot signifie ressouvenir & ne se dit qu'en burlesque, & même il se dit rarement parce qu'il est fort vieux.

(Jadis en étoit *remembrance*
Cent ans a qu'il en vint en France.
Voit. Poëſies.)

REMÉMORER, *v. a.* Ce mot eſt vieux & ſignifie Faire reſſouvenir quelcun de quelque choſe.

† *Se remémorer.* Remettre en ſa mémoire. [Se remémorer des faveurs qu'on a reçûes de quelcun.]

REM NÉE, *ſ. f.* Terme de *Maçon.* Eſpéce de petite voûte qu'on fait quelquefois au deſſus des portes, ou des fenêtres. On l'apelle autrement *arriere-vouſſure.*

REMENER, *v. a.* Remettre une perſonne où elle loge. Remettre une perſonne chez elle. (Je vous prie de remener Monſieur à ſon logis. Si vous voulez me remener dans mon quartier vous me ferez plaiſir.)

REMERCIER, *v. a.* Faire des remercimens. Rendre graces. Etre redevable à quelcun, ou à quelque choſe qui nous a garantis de quelque diſgrace. (Remercier quelcun de quelque faveur, ou de quelque bon ofice. Il peut remercier l'avantage qu'il a de vous apartenir. *Moliere, Georg. Dand. a. 1.*)

Remercier. Il ſe dit quelquefois civilement de ceux à qui on refuſe quelque choſe, qu'on congédie, ou à qui l'on ôte quelque charge. (Exemple. On lui a demandé ſa fille en mariage, mais il les a remerciez. Il a remercié l'oficier qui avoit été établi par ſon prédéceſſeur.) On dit auſſi en riant. Je vous *remercie* de vos bons conſeils, mais je ſuis réſolu de n'en rien faire.

Remerciment, ſ. m. Prononcez *remerciman.* Action de graces. Remerciment ingénieux, galant, civil, honête , humble. Faire un remerciment à quelcun. Il eſt digne de remerciment.

REMESURER, *v. a.* Meſurer de nouveau. (Remeſurer du blé, de l'avoine, &c.)

R: METTRE, *v. a.* Replacer une choſe qui eſt hors de ſon lieu. Ainſi en matière d'exercices militaires, on dit. (Remettez la baguette en ſon lieu. Remettez la mèche, Remettez vos épées, &c.)

Remettre. Redonner. Mettre de nouveau entre les mains. (Remettre au pouvoir Remettre quelcun à la merci de ſes ennemis, *Voit. let. 9.* Les Ambaſſadeurs lui remirent tous ſes états. *Vaug. Quin. l. 8. c. 13.*)

Remettre. Mettre de nouveau. Mettre. (Remettre des troupes ſur pié. *Abl. Tac. hiſt. liv. 2. c. 25.* Remettez vôtre conduite entre les mains de Dieu & eſperez en lui. *Port-R. Pſ.*)

Remettre. Diférer) Je remettrai à une autrefois à vous déclarer mes ſentimens ſur ce paſſage. *Paſcal , l 9.* Il ne faut pas *remettre* des ſuplices à une ſaiſon deſtinée à la joye. *Voit. liv. 15.* Remettre de jour en jour. *Voiture , l. 13.* Lorſqu'il faut païer, ils n'ont pas un ſou, & ils nous *remettent* à la montre. *Abl. Luc. tom. 3.*)

On dit au jeu. Remettre la partie à une autre fois. La partie eſt à remettre, c'eſt à dire, il faut rejoüer. Remettre. Quitter. (Remettre les arrérages.)

Remettre. Répréſenter. (Pour le détourner , il lui *remettoit* ces nouvelles nôces devant les yeux ; *Abl. Tac. An. l. 11.*)

Remettre. Reconcilier. (Remettre bien enſemble des gens qui ſont brouillez. *Le Comte de Buſſi.*)

Remettre, v. a. Il ſignifie auſſi *pardonner.* Mais en ce ſens , il ne ſert ordinairement que dans des ouvrages de piété. (On remet les pechez à un véritable pénitent *Port-Roïal , Heures.* Seigneur , vous avez *remis* l'iniquité de vôtre peuple. *Port-Roïal Pſeaumes.*)

Remettre. Terme de *Chirurgien.* Remboiter. Racommoder. (Remettre un os. Remettre une épaule. *Tev.*)

Remettre. Terme d'*Evolution Militaire.* C'eſt faire reprendre ſes prémiéres diſtances. (Remettre les rangs, les files, un barail-lon.)

Se remettre , v. r Se replacer. Se placer comme on étoit. (Que chacun ſe remette en ſa place.)

* *Se remettre.* Se rapliquer à quelque choſe. (ſe remettre à l'étude de la Philoſophie. *Abl.*)

* *Se remettre bien avec quelcun.* C'eſt ſe reconcilier avec quelcun C'eſt r'entrer en grace avec quelcun. (Elle emploïa tous ſes charmes pour faire qu'il ſe remît bien auprès d'Aléxandre. *Vaug. Quin. l. 8. c. 3.*)

Se remettre. S'en raporter au jugement de quelcun. En vouloir paſſer par ſon avis. Se repoſer ſur quelcun, s'y fier, s'y aſſurer. (Je les trouve toutes deux ſi belles , que je ne me puis reſoudre au choix, & je m'en remets à vous. *Voit. let. amour.* Je ne ſai ſi *je me dois remettre* de cela ſur d'autres que ſur moi. *Racine. Androm. a. 4. ſc. 4.*)

* *Se remettre.* Se reſſouvenir. Rapeller dans ſon eſprit les idées de quelque choſe. Se répréſenter. Reconnoître. (Ne vous remettez-vous pas mon viſage. *Moliere, Pourceaug.*)

* *Se remettre.* Revenir de quelque trouble, de quelque agitation d'eſprit. (Il fut long-tems à ſe remettre de la confuſion. *Scaron, Nouv.*)

* *Se remettre.* Ce mot ſe dit en parlant de gens malades, infirmes , ou incommodez. C'eſt ſe refaire. Se ravoir. Reprendre ſes forces. (Pour me remettre d'un hiver que j'ai été ſans me chaufer, je m'en vais. *Voit. l. 50.*)

Se remettre. Terme de *Maitre d'Armes.* C'eſt ſe mettre en garde comme l'on étoit avant d'avoir porté. (Portez & remettez-vous)

Se remettre. Terme d'*Evolution Militaire.* C'eſt reprendre ſes diſtances & faire face ſur le même front où l'on étoit avant le mouvement. (Se remettre de la même manière qu'on a doublé. Rangs, remettez-vous.)

REMEUBLER, *v. a.* Meubler de nouveau. (Remeubler une chambre.)

REMI , *ſ. m.* Nom d'homme. (Saint Remi batiſa Clovis à Reims.)

REMINISCENCE, *ſ. f.* Terme de *Philoſophie.* Prononcez *réminiſance.* Reſſouvenir. Mémoire qui revient des choſes qu'on avoit oubliées. (Les Platoniciens diſoient que nous n'aprenons rien que par *reminiſcence.*)

REMIS, *remiſe, adj.* Replacé en ſon lieu. (Argent remis dans le cofre.

Remis, remiſe. Déféré au jugement. (L'afaire fut remiſe à la déciſion de l'Empereur. *Abl. Tac. An. l. 3.*)

Remis, remiſe. Pardonné. (Tous ſes pechez lui ſont remis.)

Remiſe, ſ. f. Délai. Retardement. (Uſer de remiſe. *Abl.* Je ſus ſur le point de partir ſans aucune remiſe. *Voit. l. 18.* Ses remiſes firent naître un ſoupçon dans l'eſprit du Roi. *Vaugelas. Quin. l. 3. c. 7.*)

Il faut que ſans remiſe
J'acheve ici mon entrepriſe,
Cadmus, a. 4.

Remiſe. Diminution. Rabais. (On lui a fait une *remiſe* de cent piſtoles On lui a fait remiſe des interêts , pour être païé du principal.)

Remiſe. Lieu de la maiſon où l'on met le caroſſe. (Mettre la caroſſe ſous la remiſe. Loüer une remiſe de caroſſe.)

Remiſe de ſacs. Termes de *Palais.* C'eſt quand après le jugement d'un procés , le Raporteur remet le procés au grefe , afin que les Procureurs des parties retirent les ſacs du grefe & les rendent chacun à leurs parties.

Remiſe. Terme de *Chaſſe.* Ce mot ſe dit en parlant de *perdrix.* Endroit où elles s'arrêtent. (Atraper les perdrix à la remiſe.)

REMISSIBLE , *adj.* Qui mérite pardon. Digne de grace. Digne de remiſſion. (Crime qui n'eſt pas rémiſſible.)

Remiſſion, ſ. f. Grace qui ſe donne par le Roi en forme de Chartre en cire verte pour un crime qui mérite la mort. (Obtenir des lettres de remiſſion.)

Remiſſion. Terme de *Pieté.* Il ſignifie *pardon.* [Avoir remiſſion de ſes pechez.)

† *Remiſſionnaire, ſ. m. & f.* Terme de *Palais.* Celui qui porte des lettres de remiſſion. (Tout remiſſionaire ſe doit remettre en état & ſe doit mettre à genoux lors qu'il preſente ſes lettres de remiſſion)

REMMAILLOTER, *v. a.* Prononcez *remmailloté.* Emmailloter de nouveau (Remmailloter un enfant.)

REMMANCHER, *v. a.* Mettre un nouveau manche à quelque outil. (Remmancher un marteau , un couteau , un baler, &c.]

R MMENER, *v. a.* Emmener ce qu'on avoit amené , il a remmené la plupart des marchandiſes qu'il avoit amenées à la Foire.]

RÉMOLADE , *ſ. f.* Reméde qu'on aplique aux chevaux qui ont des foulures, des enflures, ou autres maladies , & qui eſt fait avec de la lie, du miel, de la térébentine, de la graiſſe, & autres drogues, dont on fait une eſpèce d'onguent. On apelle auſſi ce reméde, *une charge.*

REMOLAR, *ſ. m.* Terme de *Mer.* Oficier qui a la charge des Rames d'une Galére, pour les tenir en état.

REMOLE, *ſ. f.* Terme de *Mer.* C'eſt un contournement d'eau, qui eſt dangereux, & qui engloutit quelquefois un Vaiſſeau.

REMOLLITI. F, *rémollitive, adj.* Terme de *Médecin,* qui ſignifie qui ramolit. [Medicament rémollitif.] On dit auſſi rémollitif, *adjectif.*

Remontant. Voicz plus bas.

REMONTE. Voicz plus bas.

Remonter. Ce verbe eſt actif & neutre-paſſif. Monter une ſeconde fois. *Je remonte. Je remontai. J'ai remonté, je ſuis remonté.* [Remonter les degrez. En décendant j'ai entendu du bruit, & *je ſuis remonté* auſſi-tôt.]

Remonter. Ce mot ſe dit en parlant de *cavalerie & de cavaliers.* C'eſt donner une autre monture. Donner un autre cheval. [Remonter un cavalier.]

Remonter. Ce mot ſe dit en parlant de *bateaux ,* de *vaiſſeaux ,* de *fleuve.* C'eſt tirer droit en haut. Aller droit en haut & contre le courant de l'eau. [Remonter un fleuve. *Abl. Ar. l. 1.* Remonter un bateau.]

* *Remonter.* Elever de nouveau. [Penſez-vous qu'il mépriſât un Roi qui vous fait remonter au rang de vos aieux. *Racine, Andromaque, a. 3. ſ. 8.*]

Remonter. Terme de *Luthier.* C'eſt mettre de nouvelles cordes à un inſtrument de muſique à cordes. [Remonter un luth de cordes.]

Remonter. Terme d'*Horloger.* [Remonter une montre. Remonter une horloge. C'eſt remettre la corde ſur la fuſée , ou relever les contrepoids pour remettre la montre , ou l'horloge en état de ſervice, de marquer & de ſonner les heures.]

Remonter. Terme de *Savetier.* C'eſt mettre une paire de ſemelles

les neuves. (Remonter une paire de souliez. Remonter une paire de pantoufles, une paire de botes, &c.)

Remonter. Terme de *Manuisier.* C'est monter un ouvrage qui a été démonté. (Remonter une paire d'armoires. Remonter une table. Remonter un cabinet, &c.)

Remonte de cavalerie, *s. f.* Ce qu'on donne à un cavalier pour le remonter. Cheval qu'on donne à un cavalier pour le remonter lorsqu'il est démonté. (Pourvoir à la remonte d'un cavalier.)

Remontant. Part. Qui remonte.

Remontant, *s. m.* Terme de *Ceinturier*. C'est l'extrémité de la bande du baudrier qui est fenduë en deux & qui tombe sur les pendans.

REMONTRER, *v. a.* Faire voir. Faire considérer: Représenter (Il remontra que personne ne pouvoit prétendre cet honneur. *Abl. Tac. An. l.* 12.)

Remontrance, *s. f.* Avis. Conseil. (Ceux qui étoient prés de Clirus le priérent & emploiant les *remontrances* l'emmenérent. *Vau. Quin. l.* 8. c. 1. Je crus qu'ils recevroient mes *remontrances* avec joie. *Ablancourt, Luc.*)

Remontrance. Discours par lequel on suplie quelque supérieur. (J'ai cru qu'il vous seroit moins fâcheux d'entendre leurs *remontrances* que de vous raporter leurs plaintes, *Vaugelas, Quin.* livre 9. ch. 3. Faire les très humbles *remontrances* au Roi.)

Remontrance. Discours oratoire que le prémier Président du Parlement fait aux Avocats & aux Procureurs à la rentrée du Palais, où il leur représente ce qu'ils doivent faire pour s'aquiter de leur devoir en honnêtes gens. (La *remontrance* de Monsieur le prémier Président étoit tres belle.)

† R. MOUDRE, *v. a.* Mordre encore une fois. (Cette poire est si âpre, que quand on y a mordu une fois, on n'y veut plus *remordre.* Le poisson qui s'est une fois échapé de l'hameçon n'y veut plus remordre)

* *Remordre à l'hameçon.* Ces mots, au figuré, signifiant, revenir au même dessein. Se laisser prendre au piège dont on s'étoit échapé.

‡ *Remordre*, *v. n.* Ce mot se dit en parlant de conscience qui reproche tacitement quelque chose qu'on fait contre la droite raison. [La conscience lui *remord*, *Ablancourt.*]

Remords, *s. m.* Remors. Repentir. Regret qu'on a d'avoir fait quelque chose contre la droite raison. (Etre pressé des remors de sa conscience. *Vaugelas, Quin. l.* 3. Avoir de remors de conscience. *Ablancourt.* J'en ressens des remors plus cruels à mon souvenir que toutes les pertes que je viens de faire. *Scaron*, *nouvelle* 4. De funestes remors il a l'ame rongée, *Godeau, Poësies.* Il vient un remors troubler sa conscience. *Pascal*, *lettre* 4. Esprit combatu de mile remors. *Racine*, *Andromaque acte* 5. *scene* 2.)

Remore, *s. f.* Petit poisson, que les Anciens croioient avoir la force & la propriété d'arrêter un Navire.

REMORQUER, *v. a.* Terme de *Mer.* C'est faire voguer un vaisseau à voiles par le moien d'un vaisseau à rames. (Faire remorquer des vaisseaux par des galères. On remorque aussi par des chaloupes & autres Vaisseaux à rames.

Déja je voi cent fregates
Exposer tous les tresors
Que l'Ibére aux Indes pille
Et remorquer les grans corps
Des Galions de Seville. *Sar. Poës.*

Remorquer un navire. *d'Ablancourt, Marmol.*)

REMOUDRE, *v. a.* Moudre une seconde fois. En ce sens, prononcez la prémière silabe fort brève, & on n'y marque point d'accent sur l'*e.* (Remoudré de la farine qui n'étoit pas bien mouluë.)

Rémoudre, *v. a.* Il faut un acent sur l'*é* de la prémière silabe, lors que ce mot signifie, émoudre une seconde fois. (Rémoudre un couteau.)

REMOUILLER, *v. a.* Mouiller une seconde fois. (Il faut remouiller ce linge.)

Remouiller, *v. a.* Terme de *Marine.* Mouiller de nouveau au même lieu où l'on avoit mouillé auparavant. (A peine eumes nous levé l'Ancre qu'un vent contraire nous obligea à relâcher & à remouiller dans le Port.) V. *Mouiller.* Terme de *Mer.*

REMOUX, *s. m.* Terme de *Mer.* Ce sont de certains tournemens d'eau qui se font quand un Vaisseau passe.

REMPAQUETER, *v. a.* Empaqueter de nouveau. (Rempaquetter des livres, de la toile, de la marchandise, &c.)

REMPARER. Voiez *remparer.*

Rempart. Voiez *rampart.*

REMPLACER, *v. a.* Ce mot dans le propre se dit en parlant d'argent & de biens, & signifie, Remettre en place. (Il avançoit seulement cet argent pour le remplacer. *Pascal*, *lettre* seiziéme.)

* *Remplacer.* Mettre quelque chose en la place de ce qu'on a perdu. Reparer de quelque chose la perte qu'on a faite. [Etant sur le retour de l'âge, elles veulent remplacer de quelque chose ce qu'elles voient qu'elles perdent. *Moliere, Critique de l'Ecole des Femmes*, *s.* 5. L'esprit veut remplacer des plaisirs perdus, & il va chercher les avantages en d'autres parties, quand les voluptez qui touchoient le corps, sont échapées. *S. Evrem.*]

Remplacement, *s. m.* Ce mot se dit souvent en Terme de Palais. C'est l'action de remplacer. [Faire un remplacement de deniers, de conventions matrimoniales.]

REMPLAGE, ou *remplissage*, *s. m.* Vaugelas dans ses remarques est pour *remplage.* Ce mot de *remplage* se dit, mais *remplissage* se dit aussi. Le remplage, ou le *remplissage* c'est l'action de remplir. (Les *nouvelles Ordonnances de la vile de Paris*, c. 8. disent le *remplage* se doit faire de vin de pareille qualité. On dit encore, du vin de remplage. Plusieurs marchands de vin que j'ai consultez disent aussi faire le *remplage*, mais la plûpart des cabaretiers de Paris disent *remplissage*; & presque jamais *remplage.* Il faut tant pour le *remplissage* de ce muid. Les ouvriers en dentelle & en point disent, on m'a tant donné pour le *remplissage* de ce point. Les maçons disent aussi *remplissage*, ou *remplage* de muraille, & ils apellent *remplissage de muraille* lors qu'après avoir fait les paremens de grosses pierres on remplit le milieu de la muraille avec du blocage.)

REMPLIER, *v. a.* Terme de *Tailleur & de Couturiére.* Redoubler. (Remplier l'étofe.)

REMPLIR, *v. a.* Emplir. Combler. Remettre dans un vaisseau autant qu'on en a tiré, ou qu'on en a bu. *Je remplî, tu remplis, il remplit, nous remplissons. Je remplissois. J'ai remplî. Je remplis. Remplissant.* (Remplir une coupe. *Vaugelas, Quin.* livre 7. cap. 4. Remplir un *tonneau. Vaugelas, Rem.* On dit aussi emplir son tonneau. Remplir ses cofres d'or & d'argent. *Vaugelas, Rem.* Remplir ses greniers. *Vaugelas, Rem.* Remplir le Sénat d'étrangers. *Ablancourt, Tacite, An. l.* 11. Il y avoit de grandes fonderies qu'il faloit se refoudre de remplir. *Vaugelas, Quin.* livre 8. chapitre 12.)

* La plû-part des homme, & des femmes en Espagne, remplissent leur esprit d'avantures bizarres & extraordinaires. *S. Evremont*, sur la Comedie.

* *Remplir*, *v. a.* Il se dit encore *au figuré*, parlant de crainte, de joye, d'admiration, de renommée, & autres pareilles choses; & il signifie combler, répandre. (Les gémissemens des blessez remplissoient tout d'épouvante. *Durier*, *supl. de Q. Curce, l.* 1. ch. 9. Il remplit tout le pais du bruit de la réputation. Remplir tout le monde d'admiration. *Pasc. l.* 7.)

Remplir. Achever le nombre qui est réglé. Mettre le nombre qu'il faut. Rendre complet. (Remplir le nombre des Sénateurs. *Ablancourt, Tacite, Ann. livre onziéme.*)

* *Remplir.* Ce mot signifie *ocuper avec honneur.* Emplir, (Il a dignement rempli la place du prémier Magistrat. *Vaugelas, Rem.*)

Remplir. Terme de *Faiseuse de Point & de Dentelle.* C'est refaire le point, ou la dentelle qui est rompuë. (Remplir du point. Remplir de la dentelle.)

Rempli, *remplie*, *adj.* Empli. Plein. Comblé. (Vos livres sont remplis de calomnies, *Pascal, l.* 16. Les montagnes étoient remplies d'amphitéâtres. *Ablancourt, Tac.*)

* Je suis si *rempli* de vous que je tâche d'être votre singe. *Moliere*, *Critique de l'école des femmes*, *sc.* 3.)

Remplissage. Voiez *remplage.*

Remplisseuse de Dentelle, *s. f.* Ouvriére qui racommode & remplit toutes sortes de points & de dentelles. (Les choses dont la remplisseuse se sert pour gagner sa vie, ce sont les ciseaux, l'éguille, le fil & l'oreiller.)

SE REMPLUMER, *v. a.* Ce mot se dit proprement des oiseaux. C'est reprendre de nouvelles plumes. [Oiseau qui commence à se remplumer.]

† * *Semplumer.* Redevenir riche. Faire quelque petite fortune. [Le Libraire de Luine étoit bien gueux il y a quelque tems, mais on dit qu'il commence un peu à se remplumer depuis qu'il a imprimé un livre de Giles Ménage qui porte pour titre *amœnitates juris.*]

Remplumer, *v. a.* Ce mot se dit en parlant de clavecin & d'épinette. C'est mettre des plumes aux languettes d'un clavecin, ou d'une épinette. [Remplumer une épinette.]

REMPOISSONNER, *v. a.* Mettre de nouveau du poisson dans étang, ou autre semblable lieu. (Rempoissonner un étang, un vivier.)

REMPORTER, *v. a.* Emporter de nouveau. Emporter ce qu'on avoit aporté. (Il a remporté sa marchandise. On n'a pas voulu accepter ses présens, & il a été obligé de les remporter. La mer a remporté le sable qu'elle avoit amené sur le rivage.)

* *Remporter*, *v. a.* Emporter. Gagner. Obtenir. Avoir pour fruit de ses travaux. (Remporter le prix; On dit aussi *emporter le prix*, mais *emporter* en ce sens n'est pas si usité que *remporter.* Remporter la gloire des armes. *Ablancourt, Tac*, Remporter de considerables avantages. *Ablancourt.* Il a remporté tout l'honneur de la guerre, *Ablanc. Tac. Hist. l.* 3. c. 11. Vos soldats ne remportent chez eux que des blessures pour toute recompense. *Vau. Quin. l.* 8.)

REMPRISONNER, *v. a.* Remettre en prison. (A peine étoit-il sorti de prison, qu'on l'a remprisonné sur un autre acusation.)

REMPRUNTER, *v. a.* Emprunter de nouveau. (Remprunter de l'argent.)

REMUAGE, *s. m.* L'action de remuer & la peine qu'on y prend. (On paie tant aux matelots pour le remuage des grains qui sont dans un Vaisseau.)

Remuant. Voiez plus bas.

Remuement, *s. m.* L'action de remuer. Mouvement. (Observer le remuement des lévres. Il y a des sourds qui connoissent ce qu'on qu'on dit à voir le seul remûment des lèvres. Païer pour le remûment des meubles.

* *Remûment*, f. m. Trouble, sédition. (Cette Province est sujette à des *remûmens*.)

Remûer, v. a. Mouvoir. (Ils étoient ocupez à *remûer* la terre. *Ablancourt*, *Luc.*)

Remûer. Agiter. Emouvoir. Exciter. (Les grandes figures remûent le cœur.)

* *Remûer*. Ce mot signifie *se soulever*, mais en ce sens c'est une espèce de *verbe neutre*. (Aiant apris que les Triballiens vouloient *remûer*, il passa en Trace. *Ablancourt*, *Ar. livre* 1. Ils étoient portez à *remûer*. *Vaug. Quin. livre* 7. *c.* 6. Il étoit soupçonné d'avoir voulu *remûer* pendant que le Roi étoit aux Indes. *Vaug. Q. Curce*, *l.* 9 *ch.* x.)

† * *Remûer ciel & terre*. C'est à dire, faire tous ses éforts pour venir à bout de quelque dessein. (Il a *remûé* ciel & terre contre moi.)

Remûer. Terme de *Nourrice*. C'est démailloter, nétteïer & acomoder un enfant, lui donner de la bouillie & le renmailloter. (Nourrice mettez vous à l'âtre pour *remûer* votre enfant.)

Se remûer, v. a. Se mouvoir. Se tourner. Avoir la liberté de pouvoir tourner çà, & là, & à son aise. [Les galères où l'on se jette en foule, sont si pleines qu'on ne s'y peut *remûer*. *Vaugelas*, *Quin. liv.* 9. *chap.* 9.]

* *Se remûer*. Etre en trouble. Etre dans l'agitation. Etre sur le qui vive. (Tout se remûe parce que vous faites entendre que tout est menacé. *Pascal*, *l.* 18.)

* *Etre remûé*. C'est être agité. Etre ému. Etre excité. (Ceux dont l'ame n'a pas été fortement *remûée* ne s'enouïent pas. *Port-Roïal. Education du Prince.*)

Remûant. Part. Qui remûé.

* *Remûant*, *remûante*, adj. Ce mot se dit des enfans & signifie *vif*. Qui est toujours en action. (Enfant *remûant*.)

* *Remûant*, *remûante*. Ce mot étant pris pour *séditieux* n'est proprement usité qu'au masculin. [Parmi des esprits remûans l'amour du repos passe pour lâcheté. *Ablancourt*, *Tac. Germanic.*]

† *Remu-ménage*, *f. m.* Désordre. Confusion. Trouble. (On ne vit jamais un si triste remu-ménage *Scaron*, *Virgile*, *l.* 1.)

Remueur, *f. m.* Ouvrier qui s'emploie à remuer le blé pour empêcher qu'il ne se corrompe.

Remueuse, *f. f.* Celle qui remûé un enfant. On le dit particulièrement des femmes qu'on donne pour aide à la nourrice dans une grande maison.

† *REMUGLE*, *f. f.* Odeur désagréable qui sort d'un corps qui a été longtems enfermé. (Cette viande sent le remugle parce qu'on l'a tenûé dans la cave.)

† *REMUNÉRATEUR*, *f. m.* Terme de *Théologie*. Ce mot est Latin. On dit de Dieu qu'il est le rémuneratéur des bonnes & des mauvaises actions, *c'est à dire*, qu'il recompense les bonnes & punit les mauvaises.

† *Rémunération*, *f. f.* Action par laquelle Dieu recompense les bons & punit les méchans.

† *Rémunerer*, *v. a.* Rendre justice selon les œuvres. Recompenser les bonnes & punir les mauvaises. Il ne se dit que de la justice divine.

REN.

RENAÎTRE, *v. a.* Naître de nouveau. (Le Soleil meurt & renaît tous les jours, mais les hommes ne renaissent pas ainsi.)

* *Renaître en Jesus-Christ*. *S. Cir.*

* On vit *renaître* un nouveau travail. *Ablancourt*, *Tac. Hist. l.* 3. *c.* 4.

* Rome sous lui vit *renaître* les jours de Saturne. *Despréaux*, 1. *Epître au Roi*.

Renaissant. Part. Qui renaît.

* *Renaissant*, *renaissante*, adj. Rome renaissante. *Ablancourt*, *Tacite*, *Hist. l.* 15. *c.* 8.)

* Je prendrai les plaisirs en foule *renaissans*. *Despréaux* 1. *Ep. au Roi*.

Renaissance, *f. f.* Nouvelle naissance. (La renaissance des hommes.

* Chétiens, resouvenez-vous de vôtre divine *renaissance* en Jesus-Christ. *Port-Roïal*.

* On aperçoit dans ses discours la *renaissance* des lettres humaines.)

RENARD, *f. m.* Animal sauvage qui est fort connu, qui est gros comme un moien chien, qui tire ordinairement sur le roux, qui a les oreilles courtes & la queuë fort chargée de poils. Il vit de poules, d'oïes, d'outardes, de lapins, de lièvres, de chats, de petits chiens, de sauterelles & de souris. Il est ami des serpens & vit avec eux, mais il hait les oïseaux, les bêtes à quatre pieds & de certaines plantes comme la ruë. Il est fin & fait plusieurs trous à sa tanière afin de se pouvoir plus aisément sauver. Il contrefait le mort pour mieux atraper les oïseaux. Il fait mourir le hérisson en pissant dessus. De la peau du renard on fait des manchons & des fourrures. Il y a en Laponie des renards noirs, cendrez, blancs ou bleus, des peaux desquels on fait un grand trafic. (Un renard mâle. Un renard femelle. Voïez *Jonston*.) Il y a une sorte de poisson, qu'on apelle renard marin.

† * *C'est un fin renard*. C'est à dire, c'est un homme très-fin. Ce Capitaine fait la guerre en renard.

† * *Ecorcher le renard*. Cela se dit d'un ivrogne qui dégueule.

† * *Se Confesser au renard*. C'est découvrir les sentimens à une personne qui en abuse & qui se sert de notre sincérité pour nous nuire.

* *Renard*. Terme de *Mer*. Petite palette de bois où l'on a figuré les trente deux airs de vent & où l'on marque le tems qu'a couru le vaisseau. (Le renard est attaché au mât d'artimon.)

* *Renard*. C'est un croc de fer, dont on se sert à croquer les pièces de bois qui servent à la construction des Vaisseaux, pour les transporter d'un lieu à un autre.

Renard. Terme de *Maçon*. Pierre assez pésante atachée au bout d'une ficelle qui sert aux Maçons & aux Limousins pour élever les murs droits.

Renardeau, *f. m.* Petit renard.

Renardière, *f. f.* C'est la tanière du renard.

† *RENASQUER*, *v. n.* Terme bas, il signifie témoigner sa colère ou son impatience en jurant. (Il jure & renasque toujours.)

RENCAISSER, *v. a.* Terme de *Jardinier*. Remettre dans une caisse. (Rencaisser un figuier. Quand on rencaisse un oranger, on lui ôte une partie de sa motte.)

RENCHAÎNER, *v. a.* Enchaîner de nouveau. Remettre à la chaîne. (Renchaîner des chiens. Renchaîner un forçat.)

RENAUD, *f. m.* Nom d'homme. (Le fameux Renaud de Montauban.)

RENCHERIR, *v. a.* & *v. n.* Ce mot se dit des denrées & marchandises & signifie faire devenir plus cher & à plus haut prix. (Rencherir la marchandise. On dit aussi le blé rencherit tous les ans un peu avant la moisson.)

† * *Rencherir*. Ce mot au figuré s'emploie dans un *sens neutre*. *Moliere*, *Prétieuses*, *s.* 9. a dit *rencherir sur le ridicule*.

Rencheri, *rencherie*, adj. Qui est devenu plus cher. (Le blé est rencheri. La viande est rencherie.)

* *Rencheri*, *rencherie*. Qui s'estime au delà de ce qu'il doit. Qui fait le précieux. (Il fait le rencheri. *Scaron*. A-t-on jamais veu deux péques provinciales faire plus les rencheries. *Moliere*, *Prétieuses*, *s.* 1.)

RENCLOUER, *v. a.* Enclouer de nouveau. (Renclouer un cheval.)

RENCONTRE, *f. f.* Tout ce qui s'ofre & se présente à nous sans être préveu. Tout ce qui s'ofre par hazard & inopinément. [Rencontre fatale, malheureuse, heureuse, mauvaise, fâcheuse, criminelle, dangereuse. C'étoit un crime de s'être trouvé avec quelqu'un des conjurez, la rencontre même en étoit criminelle. *Ablancourt*, *Tac. An. l.* 15. *c.* 12. Eviter la rencontre d'une personne. *Ablancourt*, *Luc.* Fuir la rencontre d'une personne. *Abl. Luc.*)

† *Aller à la rencontre*. Façon de parler surannée, & telle que la plûpart de celles du Misantrope A... On dit aussi *aler à la rencontre d'une personne*, mais cette façon de parler vieillit, & en sa place on se sert d'*aler au devant d'une personne*. Et on ne soufre *aler à la rencontre*, qu'égal à égal, parce qu'il n'est ni si beau, ni si civil, & qu'entre amis on n'y regarde pas de si près.)

Rencontre. Ce qui nous arrive heureusement & au delà de nos espérances. (Il a fait rencontre d'une femme fort jolie & fort riche.)

Rencontre. Combat de deux partis ennemis qui se rencontrent par hazard. Combat de deux, ou de quelques personnes qui se trouvent sans se chercher & qui se batent. Ce n'est pas une bataille, ce n'est qu'une rencontre. *Vau. Rem.* Ce n'est pas un duel, ce n'est qu'une rencontre, *Vau. Rem.* On fait passer leur combat pour une rencontre.)

Rencontre. Conjoncture. Ocasion. Quelques-uns font *rencontre* masculin en ce dernier sens, mais mal. *Corn. notes sur Vaug.* [Il a eu beaucoup de gloire en cette rencontre. *Port Roïal*, *Térence.* Dans cette rencontre il a fait tout ce qu'il pouvoit faire. *Ablancourt*.]

* *Rencontre*. Ce mot se dit en parlant de langage & de stile. C'est un concours de voïelles dans la prose, ou dans les vers. [On évite dans les vers François la rencontre des voïelles qui ne se perdent pas.]

* *Rencontre*. Jeu de mots. Jeu d'esprit qui se trouve agréablement dans l'arrangement & la liaison des mots les uns avec les autres. (C'est une pièce pleine de jeux d'esprit dont la rencontre ne consiste que dans les mots. *Ablancourt*, *Lucien*, *Tome* 3.)

Rencontre. Terme de *Distillateur*, & de *Chimiste*. C'est une sorte de petit vase qui entre dans l'alambic. (Vaisseau de rencontre.)

Rencontrer, *v. a.* Trouver. Faire rencontre de quelque chose de bon, ou de mauvais. (Rencontrer la fin de ses travaux. *Ablancourt*, *Tac. Hist. l.* 4. *ch* 5. Il a bien rencontré dans son mariage Il a rencontré une femme qui est un dragon.)

* *Rencontre*. Ce mot au figuré est une manière *de verbe neutre*. Il signifie. Deviner. Réüssir dans ses conjectures. Il signifie aussi *réüssir*. [Il y a des gens qui essaient de deviner, mais ils rencontrent mal. *Pas. l.* 2. Je ne pouvois croire qu'il fût possible que qu'elqu'un eût rencontré à écrire si bien de cette sorte. *Voit. l.* 30.]

RENCOURAGER, *v. a.* Redonner du courage. Encourager de nouveau. (La harangue de ce Général rencouragea les soldats épouvantez.)

RENDAGE,

REN.   REN.

Rendage, *s. m.* Terme de *Monoie*. C'est un droit qui comprend le braſſage & le Seigneuriage, qui eſt pour le marc d'or, 10. livres 10. ſous, ſept livres 10. pour le Seigneuriage & trois livres pour le braſſage : & pour le marc d'argent vint-huit ſous, douze vint-troiſiémes, dix ſous douze vint-troiſiémes pour le Seigneuriage, & 18. ſous pour le braſſage. C'eſt de la ſorte que Monſieur Boiſard Conſeiller en la Cour des monnoïes de Paris à eu la bonté de m'expliquer le mot de *rendage*.

Rendeur *de petits ſoins*. C'eſt celui qui pour gagner les bonnes graces d'une Dame, lui rend toutes ſortes de petits ſervices, qui ramaſſe le gant ou le mouchoir de la belle, lui donne un éventail, ou lui donne la main à quelque paſſage, &c. (C'eſt un galant qui eſt un rendeur de petits ſoins. Une belle Dame prioit Dieu tous les matins de lui donner le moïen de défendre ſon cœur des rendeurs de petits ſoins. S. Evremont, œuvres méllées.)

Rendez-vous, *s. m.* C'eſt le lieu où ſe trouvent & où vont de deſſein formé quelques perſonnes. Lieu où ſe rencontrent des perſonnes. Aſſignation que ſe donnent un amant & une maîtreſſe pour ſe rencontrer en un lieu. [Le rendez-vous du beau monde eſt chez vous. Sa maîtreſſe lui a donné *un rendez-vous* à 7. heures du ſoir au Luxembourg. Se trouver au rendez-vous. *Ablancourt*, *Tac. Hiſt. l. 5. c. 2.* Manquer au rendez-vous. *Scar.*]

Rendez-vous. Ce mot ſe dit en parlant d'armées & de troupes. C'eſt le lieu où ſe doivent aſſembler toutes les troupes pour marcher à quelque entrepriſe. [De rendez-vous de l'armée eſt autour de Châlons en Champagne.]

Se Rendetter, *v. r.* S'endetter de nouveau. (Il s'étoit aquité de toutes ſes dettes ; mais depuis ſon mariage, il s'eſt rendetré.)

Se Rendormir, *v. r.* S'endormir de nouveau. (Il s'eſt rendormi ſur le point du jour. Je commençois à me rendormir quand les violons ont joué.)

Rendormiſſement, *s. m.* L'action par laquelle on ſe rendort. (Les fréquens rendormiſſemens ſont les ſimptomes de la Létargie.)

Rendoubler, *v. a.* Mettre en double. (Rendoubler une ſerviette.)

Rendre, *v. a.* Il vient du Latin *reddere*. Redonner ce qu'on a donné. Reſtituer. *Je rend, j'ai rendu, je rendis.* (Un homme qui ſe mêle de deviner, eſt-il obligé de *rendre* l'argent qu'il a gagné par cet exercice. *Paſ. l. 8.* Rendre le bien mal aquis. *Paſ. l. 5.*)

Rendre. Donner. [Rendre raiſon de tout. *Ablancourt.* Rendre un Oracle. Rendre témoignage. Rendre ſervice.)

Rendre. Livrer. Mettre au pouvoir. [Rendre une place. *Ablancourt, Marmol*
* Enfin cette beauté m'a la place rendüe,
Que d'un ſiége ſi long elle avoit defendüe.
Mal. poëſ. liv. 5.]

Rendre. Diſtribuër. Adminiſtrer. [Nos péres *rendent la juſtice* aux pauvres auſſi bien qu'aux riches ; ils la rendent même aux pécheurs. *Paſ. l. 8.*]

Rendre. Faire. (Rendre un bon Office à quelqu'un. Rendre ſervice à une perſonne. Sa bonne & ſa mauvaiſe fortune ont ſervi à le *rendre* également illuſtre. *Ablancourt, Tac. Hiſt. l. x.* L'affliction *rend* les gens ſages. Rendre heureux. Rendre fou. Rendre un arrêt.)

* *Rendre gorge*. C'eſt à dire vomir. Et au figuré, il ſignifie reſtituer ce qu'on a pris injuſtement.)

* Rendre l'eſprit. C'eſt mourir.

* *Rendre à quelcun ſa parole*. C'eſt le dégager de ce qu'il avoit promis.

* *Rendre les paroles à quelcun*. C'eſt lui repartir dans les mêmes termes. C'eſt lui faire les mêmes reproches qu'il a faits.

Rendre. Faire la même choſe qu'on nous fait. Traiter les gens comme ils ont traité. (Rendre la pareille.)

Rendre. Traduire. [On ne peut *rendre* les choſes de mot à mot. *Ablancourt, Tac. 3. partie. remarques.*]

Rendre. Ce mot en parlant de comptes ſignifie faire voir. Montrer. (Rendre ſes comptes.)

Rendre. S'aquiter de quelque action qui regarde le devoir, ou la civilité. [Il lui envoia ſon fils pour lui *rendre* ſes devoirs. *Ablancourt. Tacite*, *An. liv. 16.* Rendre une viſite.]

Rendre. Jetter par quelcun des conduits naturels. (Rendre par haut & par bas. Elle aima mieux mourir que rendre un lavement qu'elle avoit pris. *Scaron Poëſ.*)

Rendre. Ce mot en terme de *Manége* ſignifie *lâcher*. (Rendre la bride à ſon cheval, on dit auſſi au même ſens *rendre la main*.)

Rendre le bord. Terme de *Mer*. C'eſt venir mouiller, ou donner fond dans une rade ou un port.

Se rendre, *v. r.* Se donner. Se livrer. [Se rendre à diſcrétion. *Vaug. Quin. l. 8. c. x.* Se rendre à compoſition. *Ablancourt.* Les Officiers s'alloient rendre à la fuite. *Ablancourt. Tac. Hiſt. 3. c. x.*]

Se rendre. Se faire. (Se rendre eſclave. Se rendre coupable. *Ablancourt.* Se rendre néceſſaire. Se rendre caution.]

Se rendre. Se faire eſtimer. Se faire voir. [Se rendre ridicule. *Moliére.* Se rendre conſidérable. *Ablancourt.*]

Se rendre. Se trouver en un lieu. Aller en un lieu [Se rendre en quelque lieu. *Vau. Quin. l. 3.* Fleuve qui ſe va *rendre* dans la mer. *Ablancourt*, *Tacite.*]

Se rendre. Devenir. (Se rendre honnête homme. Se rendre hermite.)

Se rendre. Se ſaiſir. (Se rendre maître d'un Roïaume. *Ablancourt. Tac. An. l. 12.*)

Se rendre. Céder. S'avoüer vaincu. [Il n'y a plus rien à dire, je me rends. *Moliére*, *Critique de l'école des femmes, ſ. 6.* Le jugement de Monſieur eſt quelque choſe de conſidérable, mais Monſieur veut bien que je *me rende* pas pour cela. *Mol.* Si vous ne voulez vous rendre qu'à l'Ecriture, j'y conſens. *Paſ. l. 4.* Le Roi Jean après s'être bien batu, à la bataille de Poitiers en 1356. s'y rendit au Chevalier de Morbek, lui jetta ſon gant, & lui cria je me rens à vous.)

Rendu, *rendüe*, *adject.* Redonné. Reſtitué. Livré. Donné. (Argent rendu. Ville rendüe.)

Rendu, *s. m.* Soldat qui déſerte pour ſe venir rendre dans le parti contraire. [Traiter favorablement les rendus.]

Renduire, *v. a.* Terme de *Maçon*. C'eſt enduire de nouveau. *Je renduis. J'ai renduit. Je renduiſis.* (Renduire un mur.)

René. Voiez plus bas.

Renes, ou *reſnes*, *s. m.* L'un & l'autre s'écrit, mais on ne prononce pas l'*ſ* qui eſt dans la premiére ſilabe du mot *Reſnes*. On apelle *Rênes*, deux longs bouts de cuir arachez au bas de la bride. (Ajuſter les rênes, *Ablancourt.* La plupart menoient leurs chevaux par les rênes. *Vaug. Quin. l. 7. c. 8.* Tenir les rênes égales.)

* Rênes. Ce mot ſe dit *au figuré* dans le beau ſtile & à beaucoup de grace. [Il fut infortuné de n'avoir pas ateint cet heureux ſiécle où Trajan tint les *rênes* de l'Empire. *Ablancourt, Tacite*, *vie d'Agricola.*]

René, *s. m.* Nom d'homme.

Renée, *s. f.* Nom de femme. (La pauvre Renée eſt morte.)

Renegat, *s. m.* C'eſt celui qui a renoncé Jeſus-Chriſt pour embraſſer la Religion des infidelles. (C'eſt un Renegat.)

Reneiger, *v. n.* Neiger de nouveau. (Il va encore reneiger.)

Renetteier, *v. a.* Netteier une ſeconde fois. (Renetteier une chambre, un habit, &c.)

Renfermer, *v. a.* Enfermer. (C'étoit la coutume des Princes d'Orient de renfermer leurs tréſors dans leurs ſépulcres. *Ablancourt, Apoph.*)

Se renfermer, *v. r.* S'enfermer. (Ils ſe renferment dans leurs havres. *Vaug. Quin. l. 4. c. 3.* Il s'eſt renfermé dans ſa chambre, dans ſa maiſon.)

* C'eſt un mal que de ſe renfermer en ſoi ſeul, & de ne ſonger qu'à ſoi. *Port-Roïal*, *éducation du Prince.*)

Renfermé, *renfermée*, *adj.* Enfermé. (Il eſt renfermé. Elle eſt renfermée.)

Renfermé, *s. m.* Certain air reſtant qui vient de ce qu'une chambre a toûjours été fermée, & que le grand air n'y eſt point entré. (Il ſent ici le renfermé.)

Renfiler, *v. a.* Enfiler de nouveau. (Renfiler une aiguille, un bracelet, un colier, un chapelet, &c.)

Renflammer, *v. a.* Enflammer de nouveau. Rembraſer. (L'incendie étoit preſque éteinte, mais le vent a renflammé toute la maiſon.)

* Se renflammer. Il ſe dit auſſi au figuré. (La ſédition s'eſt renflammée tout de nouveau. Cet amant ſe renflamme à la vuë de ſa Maîtreſſe.)

Se Renfler, *v. r.* S'enfler de nouveau. (Son hidropiſie l'emportera, ſon ventre qui s'étoit un peu abatu, s'eſt renflé extraordinairement.)

Renflement, *s. m.* Terme d'*Architecture*. Il ſe dit en parlant de colomnes. C'eſt l'augmentation de la groſſeur qu'on donne aux colomnes au droit du tiers du fuſt vers le bas.

Renfoncement, *s. m.* Terme de *Doreur ſur bois*, qui ſignifie *Creux*. *Partie plus enfoncée*. Endroit enfoncé. (Mettre de l'or dans les renfoncemens.)

Renfoncer. Terme de *Tonnelier*. Mettre un fond. (Il faut renfoncer ce muid.)

Renforcer, *v. a.* Rendre plus fort. (Renforcer l'aîle droite. *Vaugelas, Quin. l. 5.* Il renforçoit ſa voix pour être oüi d'un plus grand nombre de ſoldats. *Ablancourt, Tacit. Hiſt. l. 3. c. 2.* Renforcer un mât par le moïen des jumelles qu'on lui aplique. Renforcer une garniſon.)

Renforcement, *s. m.* Augmentation de forces. L'Action de renforcer. (Le renforcement d'un mât.)

Se renforcer, *v. a.* Reprendre ſes forces. (Il ſe renforce tous les jours)

* La Sédition *ſe renforçoit* à toute heure. *Ablancourt.*

Renfort, *s. m.* Nouvelle augmentation de forces. Soldats qui viennent pour renforcer quelques troupes. (Ce fut un renfort venu tout à propos. *Vaug. Quin. l. 8. c. 13.*)

Renfort. Terme de *Fondeur*. qui ſe dit en parlant de piéces d'artillerie. C'eſt la partie de la piéce d'artillerie qui eſt un peu au deſſus des tourillons, & qui eſt d'ordinaire éloignée de la bouche du canon d'environ quatre piez & demi, & cela plus ou moins ſelon la longueur de la piéce.

Se Renfrogner, *v. r.* Ce mot ſignifie, *ſe refrogner*. Mais il ne ſemble pas ſi uſité que *ſe refrogner.* (Il ſe refrogne dès qu'on lui dit quelque choſe qui ne lui plait pas.)

Renfrogné,

REN.

Renfrogné, renfrognée, adj. Refrogné. (Mine renfrognée. Scar. Visage renfrogné. Ablancourt, Luc. Tome 1. in douze pag. 160.)

Rengager, v. a. Engager de nouveau. (Je l'ai rengagé dans l'afaire. Rengager sa foi. Rengager son bien.) V. Engager.

* Une maîtresse qui se relâche, rengage plus un amant que cent refus. Le Comte de Bussi Histoire amoureuse des Gaules, page 81.)

Rengaîner, v. a. Prononcez rengainé. Remettre dans le fourreau. Le mot de rengainer n'est guère usité au propre & en sa place on dit remettre. Ainsi on dit. (Remettez vôtre épée, ou remettez vôtre épée dans le fourreau & présque jamais, rengainez.)

* **Rengainé**. Ce mot au figuré est assez usité , mais il est bas & burlesque. Paul rengaine ta rétorique. Mai. Poë. C'est à dire n'étale pas ta rétorique, ni ton éloquence. Eh ! Monsieur rengainez vôtre compliment, je vous prie Moliere. C'est à dire trêve de compliment. Rengainez vos rodomontades. Ablancourt.)

† * **Rengaine**, f. m. Ce mot est tout à fait bas & du petit peuple de Paris. (Il a eu un furieux rengaine. C'est à dire, il a eu un refus fâcheux.)

Se Rengendrer, v. r. S'engendrer de nouveau. (Il se rengendre toûjours de la vermine. Des pierres se rengendrent dans la vessie.)

† **Se Rengorger**, v. r. Il se dit ordinairement des femmes, c'est à dire, qu'elles aprochent leur menton de leur gorge. (Cette femme se rengorge pour paroître plus droite, plus grasse & plus belle.)

Rengier. Voicez Renne.

Rengraisser, v. a. Engraisser de nouveau. Faire devenir de plus gras en plus-gras. (Rengraisser un cochon.)

Se rengraisser, v. r. Devenir gras de nouveau. (La maladie l'avoit fort amaigri, & à présent il se rengraisse tous les jours.)

† **Rengrégement de mal**, f. m. Augmentation de mal. (Rengrégement de mal ! Surcroît de desespoir ! Moliere avare , a. 3. f. 3.)

* **Rengregé, rengregée**, adj. Mot vieux , & qui ne peut entrer que dans le bas burlesque, en parlant de malades. (Il est rengregé. Elle est rengregée.)

† **Rengreger**, v. a. Augmenter le mal. (Une mauvaise emplâtre a rengregé sa plaie.)

† **Se rengreger**, v. r. (La plaie se rengrege.)

Rengrener, v. a. Terme de Monoie. C'est mettre les pièces fabriquées sous les fers qui les ont monoïées de sorte que les grains du Chapelet qui entourent la tête & le revers & toutes, les autres parties des pièces rentrent dans le creux du coin & ne varient nullement. Bouterouë, livre des monoïes. (Rengrener une médaille.)

Rengrener, v. a. Engrener de nouveau. Mettre de nouveau dans la trémie. (Rengrener du blé, du seigle, &c.)

Rengrenement, f. m. Terme de Monoïe. Action de rengrener. (Il faut que le rengrenement soit juste, Bouterouë, livre des monoïes.)

Renhardir, v. a. Rendre de nouveau plus hardi. Se renhardir, v. r. Devenir encore plus hardi. Quelquefois il signifie seulement enhardir & s'enhardir. V. Enhardir.

Renier, v. a. C'est nier en jurant. (On devroit sévérement punir ceux qui osent renier Dieu.) Il se dit aussi Renier sa foi, sa religion, sa patrie. Et il signifie desavoüer , ne pas reconnoitre.

Reniement, f. m. Prononcez rénimum. Sorte de blasphème par lequel on renonce à Dieu. (Les renimens & les blasphémes sont punissables.)

† **Reniable**, adj. Qui peut être nié & desavoüé. Il ne se dit qu'en cette façon de parler. Tous vilains cas sont reniables.

Renieur, f. m. Celui qui renie. (C'est un renieur de Dieu.)

Renifler, v. n. Faire remonter la morve dans les narines. (Il n'est mal-honnête de renifler.)

Quoi toûjours renifler ?
Moucher, tousser, cracher, & toûjours me parler.
Scar. D. Japhet a. 3. sc. 4.)

† **Renisterie**, f. f. Il ne se peut dire que dans le discours comique ou familier. C'est l'action d'une personne qui renifle. (Il n'y a guère de personnes qui ne haïssent la renisterie , parce qu'elle est dégoûtante.)

N'étoit-ce pas assez pour me faire enrager
Sans qu'un chien harangueur me vînt aussi charger
De son hem, de sa toux, de sa renisterie
Scaron. D. Japhet a. 3. sc. 4.)

Renifleur, f. m. Celui qui renifle. (Un petit renifleur.)

† * C'est un renifleur de petun. Scar. Poës.

Renifleuse, f. m. Celle qui renifle souvent. (Petite renifleuse.)

Reniveler, v. a. Niveler de nouveau. Examiner si on a bien nivelé. (Il faut souvent reniveler le terrain.)

Renmailloter, v. a. Voicez remmailloter.

Renne, f. m. La Martinière dans un petit voiage des païs Septentrionnans fait le mot de Renne féminin. Les hommes sa vans en la langue peuvent qu'on le doit plûtôt faire masculin que féminin. Il n'y a point à balancer là dessus. Il vaut mieux croire ces Messieurs que la Martinière , qui ne passe pas pour un grand clerc en François. Le Renne donc est un animal qui naît en Laponie, qui ressemble au cerf , excepté qu'il est gris

REN.

cendré , qu'il est plus grand & plus gros , que son bois a plus d'andoüilers, qu'il a les piez plus courts & plus gros. Le Renne ne sauroit vivre hors du païs où il est né. Il sert de bête d'emploi aux Lapons. Ils se nourrissent de son lait & de sa chair & même ils s'habillent de sa peau. Le Renne ne mange que des herbes, des feuilles & de la mousse. Il ne vit qu'environ 13 ans & il a pour ennemi les loups. Quand il marche les jointures de ses jambes font un grand bruit , & ce bruit sert encore à le distinguer du cerf. Il y a des rennes sauvages & des rennes domestiques. Le Renne femelle porte quarante semaines & met bas en Mai vers la Saint Jaques & Saint Philippe : on dit un renne mâle & un renne femelle. Quelques uns apellent le Renne, Rangier, mais mal. Rangier est un peu écorché du Latin. Rangifer. Voicez Jonston.)

Renoircir, v. a. Noircir de nouveau. (Renoircir des souliers. Renoircir un jeu de paume , &c.)

Renom, f. m. Réputation. (Un renom éclatant. Avoir du renom. Ablancourt. Après avoir défait des gens sans renom, il marcha contre la ville de Nise. Vaugelas. Quin. livre 8. ch. 1.)

Renommé, renommée, adj. Célèbre. Illustre. Qui a du renom. Qui a de la réputation. (Il croïoit que sa gloire seroit d'autant plus illustre que ceux qu'il avoit vaincus, seroient renommez. Vaugelas, Quin. livre 8. c. 14.)

Renommée, f. f. Sorte de Déesse à qui les Poëtes donnent des aîles , une trompette & plusieurs bouches pour publier par tout la valeur des Héros & le mérite des grands Hommes.

Quite promptement l'armée
De l'invincible Condé ,
Glorieuse renommée ,
Qui j'l'as toûjours secondé
Passe d'une aîle légère
de l'un à l'autre hemisphère. Sar. Poës.

Elle apréhendoit les bruits de la renommée. Ablancourt. Ta. An. l. 12. Jamais la renommée ne raporte les choses au vrai. Vau. Quin. l. 9. c. 2.

Renommée. Réputation. Bruit que fait une personne dans le monde en faisant parler de soi. (Ils ont porté bien loin leur renommée. Ablancourt. Tacite, Germanie. Il ne reste plus que la renommée de toutes ces choses. Vau. Quin. l. 3. La Renommée de cette victoire afermit l'Asie qui branloit. Vau. Quin. l. 7. c. 9. Elle est riche , elle est belle, elle a tout à souhait hormis la renommée. Gob. Epi. l. 1. Ses défauts ont pari à sa renommée. Gon. Epit.)

* † Bonne renommée vaut mieux que ceinture dorée. Vieux Proverbe pour dire que la bonne réputation vaut mieux que les marques d'honneur qu'on peut porter.

Renommer, v. a. Rendre considerable. Donner du renom. (Son savoir le faisoit renommer par tout. Ablancourt.)

Renoncement, f. m. Action de renoncer. (Le renoncement de Saint Pierre. Port-Roïal , Nouveau Testament.)

Renoncer, v. a. Renier. (Avant que le coq chante vous me renoncerez trois fois. Port-Roïal , Nouveau Testament. Si vous dites vrai , nous la renonçons pour nôtre sang. Moliere. George Dandin, a. 2.)

* **Renoncer**. Ce mot signifie aussi Abandonner. Quiter. Laisser, se dit dans un sens neutre. (Renoncer aux frivoles vanitez du monde. Pas. l. 13. Ils sont devenus si injustes qu'il faudroit que j'eusse renoncé à Jesus-Christ & à son Eglise si je ne détestois leur conduite. Pas. l. 15. Elle renonce au monde avant que de vieillir. Moliere. Misantrope, a. 5. f. 4. Renoncer au repos de la vie.)

Renoncer. Terme de Palais , qui signifie Céder & quiter à ses créanciers des biens en qualité d'héritiers nous viennent de la succession de quelque personne soit pere & mere , ou parens. (Renoncer à la succession de son pere. Renoncer à la succession de son oncle.)

Renoncer. Ce mot en terme de jeu de cartes se dit aussi dans un sens neutre , & veut dire jetter une carte d'un point diferent de celui qui joüé le prémier quoi qu'on ait des cartes de ce point. (Qui renonce perd.)

En ce sens, on dit renoncé, f. f. qui est l'action de renoncer. (Payer la renonce.)

Renonciation, f. f. Terme de Palais. C'est un acte par lequel on renonce à quelque bien à cause des dettes à quoi ce bien est obligé. (Il n'y a plus de société , elle est rompuë sans qu'il soit besoin d'une renonciation plus expresse. Patru , plaidoïé 6.)

Renoncule, f. f. Morin , Traité de la culture des Fleurs, p. 173. fait rénoncule, masculin, mais les autres fleuristes que j'ai consultez sur ce mot croïent rénoncule féminin. Les Dames de qualité à qui j'ai demandé ce qu'elles en pensoient n'ont point hésité à faire rénoncule féminin, & ainsi c'est une faute que de le faire de l'autre genre. La rénoncule est une sorte de plante qui fleurit en Mai , qui est d'un jaune doré , d'un jaune pâle , d'un jaune orange , qui est rouge à fleurs doubles , ou qui est blanche & à fleurs doubles. (Une belle rénoncule. Une rénoncule simple. Une rénoncule double. Il y a aussi des rénoncules couleur de rose , qui sont fort belles.)

Renovation, f. f. V. Renouvellement.

Renouée, f. f. Sorte de plante médicinale , qui croit par les chemins.

* **Renoüement**, f. m. C'est l'action de renoüer. Il ne se dit guère

guère au propre. Et au figuré il signifie, *reconciliation.* [C'eſt un renoüement d'amitié.]

RENOÜER, *v. a.* Noüer de nouveau. (Renoüer ſa jarretière. Renoüer les cordons de ſes ſouliez.)

* Il bégaioit encore & tâchoit à renoüer les miſérables pièces de ſa harangue. *Vaugelas, Quin. l. 7. c. 2.* C'eſt à dire, il tâchoit à raſſembler & à rejoindre les parties de ſa harangue.

* Il *renoüa* bien-tôt la converſation. *Scaron*, *Rom.* 1. *partie, c. 2.*

RENOÜEUR, *ſ. m.* C'eſt celui qui remet les os diſloquez & que le peuple de Paris apelle *bâilleur.*

RENOUVEAU, *ſ. m.* Ce mot ſignifie le *printems,* mais il n'eſt pas ſi fort que le mot de *printems* & même il n'entre guère que dans la converſation & dans le ſtile le plus ſimple. (Tout expire en amour au renouveau.)

Renouveller, *v. a.* Recommencer. (Ils étoient bien aiſes de voir *renouveller* la ſédition. *Ablancourt. Hiſt. l. 3. chap. 2.* Renouveller l'alliance. *Ablancourt.*)

* Renouveller. Remettre en vigueur quelque loi, quelque édit, quelque ordonnance. Faire revivre. Reſſuciter. Exciter. Ralumer. (On *renouvela* en ce tems-là les ſanglans édits de la Reine Eliſabet. *Patru*, *éloge de M. de Belliévre.* Mon Dieu renouvellez l'eſprit de juſtice & de vertu au fonds de mon cœur. *Port-Roial.*)

Renouvellement, *ſ. m.* Commencement nouveau. (Ce fut un renouvellement de pleurs. *Vau. Quin, l. x. c. 8.* Demander le renouvellement de la grâce de Dieu. *Port-Roial.* Le renouvellement de l'année. Le renouvellement d'une douleur, &c.)

RENSEMENCER, *v. a.* Enſemencer de nouveau. (Renſemencer une terre parce que la première ſemence n'avoit pas profité.)

RENTAMER, *v. a.* Entamer de nouveau. (Rentamer un pain. Ce pain avoit été entamé d'un côté, & on l'a rentamé de l'autre.)

* Rentamer un diſcours. C'eſt reprendre un diſcours qui avoit été interrompu.

RENTASSER, *v. a.* Entaſſer de nouveau. [Rentaſſer du blé.]

RENTE, *ſ. f.* Profit que rend tous les ans quelque fonds de terre. Somme d'argent qui revient tous les ans de quelque argent mis à conſtitution, ou à fonds perdu. (Rente annüelle, courante, coutumière, conſtituée, foncière, viagère. La rente court. *Molière.* Heureux qui vit de ſes rentes, il eſt exent d'être ſujet à quelque heureux faquin. Ses rentes viennent tous les ans. *Mol.* Mettre à rente. *Ablancourt.* Conſtituer une rente ſur quelque bien, *Le Maît.* Il a mis ſur les nouvelles rentes de l'hôtel de ville de Paris. Créer, fonder des rentes. Lever, tirer, augmenter, recevoir, payer des rentes,)

Renter, v. a. Donner des rentes. (Renter un Couvent, un hôpital, &c.)

Renté, rentée, *adj.* Qui a des rentes. Qui eſt riche à cauſe des rentes qu'il a. (Le poëte Chapelain étoit le mieux renté de tous les beaux eſprits. Voiez *la 9. Satire de Dépreaux.* Une maiſon bien rentée.)

Rentier, *ſ. m.* Celui qui a une rente ſur l'hôtel de ville de Paris. Voiez *l'Ordonnance nouvelle de Paris, t. 31. article 6.* (Les rentiers de l'hôtel de ville de Paris ſont païez régulièrement tous les ſix mois. La Tontine eſt diviſée en 14. claſſes de rentiers.)

† Rentier. Ce mot en parlant des rentes de l'hôtel de ville de Paris ſignifie *païeur des rentes,* mais il ne ſe dit guère que par raillerie, ou dans le ſtile le plus bas, comme dans quelque Epigramme, ou Vaudeville. (Par exemple.

Vous demandez pour quelle afaire
Boileau *le rentier* aujourdhui
En veut à Dépreaux ſon frére.
C'eſt qu'il fait des vers mieux que lui.)

Rentier. Il ſe dit auſſi de ceux qui doivent des rentes.

Rentier. Fermier. V. *Fermier.*

RENTERRER, *v. a.* Enterrer de nouveau. Remettre en terre. (Renterrer un corps qu'on avoir exhumé pour le viſiter. Renterrer des arbres. Renterrer un tréſor.)

RENTOILER, *v. a.* Regarnir de toile. (Rentoiler un tablier à dentelles.)

RENTONNER. Entonner de nouveau. Remettre dans un tonneau. (Rentonner du vin dans un autre tonneau.)

RENTORTILLER, *v. a.* Retordre. Tordre de nouveau.

Se rentortiller, *v. r.* S'entortiller de nouveau. Se replier. (Les cheveux qu'on a détortillez ſe rentortillent, ſouvent d'eux mêmes. On dit que les ſerpens ſe rentortillent, quand ils ſe replient & font pluſieurs tours.)

RENTRAIEUR, *ſ. m.* Celui qui rentrait, dégraiſſe & détache les habits. (C'eſt un fort bon rentraïeur.)

Rentraire, *v. a.* Terme de *Tailleur.* C'eſt joindre deux morceaux d'étofe & les coudre. Ce verbe *rentraire* n'eſt pas uſité en tous les tems. Je *rentrais,* Je *rentrairai,* Je *rentrairai.* Que je *rentraiſe.* Je *rentrairois* Rentraïant. (Il faut vite rentraire cela.)

Rentraiture, *ſ. f.* Terme de *Tailleur.* Choſe rentraite. (Il faut paſſer le carreau ſur les rentraitures.)

RENTRAINER, *v. a.* Entrainer ce qui avoit été amené. (Le reflus de la Mer rentraîne le ſable que le flus avoit amené.)

RENTRER. Ce verbe eſt *neutre paſſif.* Je *rentre,* Je *rentrai.* Je ſuis rentré. C'eſt entrer de nouveau. (Rentrer dans la maiſon. Il rentra hier à ſon logis qu'il étoit plus de minuit. Je ſuis rentré ſans qu'on m'ait aperçu.)

* Rentrer dans ſoi-même à l'exemple des Sages. C'eſt à dire, déſcendre en ſoi même & ſe conſidérer ſoi même par de ſérieuſes réflexions.

* Rentrer dans ſon devoir. *Ablancourt, Tacite, Hiſtoire, liv. 1. ch. 3.* C'eſt ſe remettre à ſon devoir.

† * Rentrer en danſe. Proverbe pour dire, ſe rengager dans quelque embarras dont on étoit ſorti.

† Rentrée, *ſ. f.* Terme de *Chaſſe.* C'eſt le tems que le gibier rentre dans le bois, le matin, & auquel on ſe met à l'afut pour le tirer.

RENVAHIR, *v. a.* Envahir de nouveau. (Renvahir un païs.)

RENVELOPER, *v. a.* Enveloper de nouveau. Il faut renveloper cela.

RENVENIMER, *v. a.* Envenimer de nouveau. (Une méchante emplâtre a renvenimé ſa plaie.)

* Renvenimer. Il ſe dit au *figuré*, parlant des perſonnes & ſignifie les aigrir & animer de nouveau les unes contre les autres.

RENVERSER, *v. a.* Mettre à la renverſe. Jetter & coucher par terre avec éfort. (La province fut déſolée par une tempête qui *renverſa* les blez. *Ablancourt, Tac. An. l. 16. c. 4.* Il *renverſoit* tous ceux qui s'opoſoient à lui. *Ablancourt, Tac. Hiſt. livre 3. ch. 4.*)

Renverſer. Jetter avec violence quelque choſe ſur quelqu'un. Ils *renverſérent* ſur eux une machine qui tombant avec un grand fracas écraſa tout ce qu'elle rencontra. *Ablancourt, Tac. Hiſt. livre 3. chap. 4.*)

* Renverſer. Ruiner. Détruire. Perdre. Bouleverſer. C'eſt une doctrine capable de *renverſer* toutes les familles. *Paſcal, c. 6.* Ils *renverſent* toute la morale Crétienne par des égaremens ſi étranges. *Paſcal, l. 8.* Il ne lui reſte que la honte d'avoir travaillé pour *renverſer* l'état. *Mémoires de M. de la Roche-Foucaut.* Nous avons préparé une bonne baterie pour *renverſer* ce deſſein. *Molière.*)

* Renverſer. Terme de *Guerre.* C'eſt rompre. Défaire. Mettre en déſordre. (Renverſer un bataillon. *Ablancourt.* Il fut ataqué par une troupe de Barbares qui *renverſa* du premier choc les archers. *Ablancourt, Ar. l. 1.*)

Se renverſer, v. r. Mettre ſon corps à la renverſe, & preſque ſans deſſus deſſous. (Il y a de certains ſauts perilleux où l'on ſe *renverſe* pour les faire)

* Se renverſer. Ce mot ſe dit en Terme de *Guerre*, & veut dire Se confondre. Rompre ſes rangs & ſe mêler à cauſe de quelque malheur ſurvenu. (Auſſi-tôt que le milieu plia, les deux ailes ſe *renverſérent* & prirent la fuite. *Ablanc. Retorique livre* 1. Les ſoldats, voiant leurs Chefs tuez, ſe *renverſérent* ſur leurs troupes, & mirent la confuſion. *Hiſt. du Roi Jean, l. 1. ch. 9.*)

Renverſé, renverſée, *adj.* Qui eſt à la renverſe. Qui eſt jetté par terre. (L'Empereur fut renverſé dans la boüe. *Ablancourt, Tac. Hiſt. l. 1.*)

* Renverſé, renverſée. Détruit. Ruiné. Mis en déſordre. (Deſſein renverſé. Bataillon renverſé. Famille renverſée.)

Renverſement, ſ. m. Déſordre. Dereglément. (Il étoit étonné du *renverſement* que cette doctrine apotroit dans la morale. *Paſcal, l. 4.* Quel renverſement? mes Péres, & qui ne voit à quel excès il peut conduire? *Paſcal, l. 14.*)

* Renverſement. Ruïne. Deſtruction. (Le renverſement des autels eſt un témoignage de la perfidie de l'Ante-Chriſt. *Montcroix, Schiſme, livre 1.*)

A la renverſe, *adv.* Sur le dos. (Tomber à la renverſe. *Ablancourt. Luc.* Jetté à la renverſe. *Scaron.*)

Renverſeur, *ſ. m.* Celui qui renverſe. Il ne ſe dit qu'en riant. On l'a dit en parlant des faiſeurs d'Anagrammes.

[Et ſur Parnaſſe nous tendons
Que tous ces *renverſeurs* de noms
Ont la cervelle renverſée. *Colletet.*]

RENVIER, *v. n.* Terme de Jeu de Hoc. C'eſt rehauſſer ſur l'envi.

† * Renvier, *v. a.* Exceller par deſſus un autre. (Il le renvie ſur lui.)

Renvi, *ſ. m.* C'eſt l'argent qu'on met au jeu pour renvier ſur ſon compagnon. (Il a fait un renvi de dix piſtoles. Gagner le renvi.)

RENVOI, *ſ. m.* Ce mot ſignifie proprement, l'action de renvoier quelque choſe au lieu d'où il avoit été amené. (Le renvoi des marchandiſes, des lettres, des chevaux, des caroſſes, &c. En ce ſens on dit des chevaux de renvoi. Prendre la commodité d'un caroſſe, ou d'une litière de renvoi.)

Renvoi. Il ſignifie quelquefois réflexion, rejailliſſement. (Le renvoi de la lumière. Le renvoi d'une bale.)

Renvoi. Terme de *Palais.* C'eſt une ordonnance par laquelle on renvoie la cauſe devant le Juge du défendeur. Renvoi en matière de privilégié eſt un acte par lequel un ſergent renvoie la cauſe devant le Juge du privilégié. Les renvois ont été reçus afin que les Juges n'entreprennent point les uns ſur les autres. Voiez *Ragueau, droits roiaux.*

Renvoi. Petite remarque qu'on fait avec la plume pour renvoïer d'un endroit d'une choſe écrite à un autre. [Faire des renvois.]

VVuu

[On fait des renvois dans les Dictionnaires, qu'on exprime par ce mot. *Voiez*. Les indices des livres sont des renvois aux pages du livre où l'on traite de la chose dont le mot est dans l'indice.]

Renvoi. Il signifie aussi quelquefois un refus. (Le renvoi d'un présent est désobligeant)

Renvoier, v. a. Envoier de nouveau. Envoier à une personne ce qu'elle nous a envoié. Envoier. (Il m'avoit envoié une demi douzaine de bouteilles de vin d'Espagne, mais je les lui ai renvoiées. Il sufit de vous renvoier à Messieurs de Saint Roc & de Saint Paul qui vous témoigneront le contraire. *Pasc.l.9*. Il a renvoié ses chevaux, & il s'est embarqué.)

* *Renvoier*, Rechasser, refléchir. (Un joüeur renvoie la bale avec la raquette, le mur la renvoie, c'est à dire la fait refléchir. Un miroir renvoie les raions de la lumière, une plaque de métal mise contre la cheminée renvoie la chaleur dans la chambre.)

Renvoier, Terme de *Palais*. Ce mot ne se dit que des Juges supérieurs. (La Cour a renvoié les parties devant leur Juge naturel. La Cour a renvoié le criminel à son premier jugement.)

Renvoier. Terme de *Capucin* & d'autres Religieux. C'est redonner à un novice ses habits du monde & le mettre hors du Couvent parce qu'on ne le trouve pas propre pour demeurer en religion. (Les Capucins renvoient tous les ans plusieurs novices.)

Renure, ou *rainure*, s. f. Terme de *Ménuisier* & de *Sculpteur en bois*. C'est une maniere de conduit qu'on fait dans le bois qu'on met en œuvre. [Faire une rénure. Pousser une rénure. Mettre en rénure.]

REP.

Repaier, v. a. Païer une seconde fois, paier de nouveau. (Il faut païer une dette qu'on a paiée au préjudice d'une saisie.)

Repaire, s. m. Lieu où se retirent de certaines bêtes farouches. (Ataquer une bête farouche dans son repaire.)

* *Repaire*. Ce mot se dit au figuré, & toujours en mauvaise part, & il veut dire un lieu où sont retranchez & où se batent des soldats contre les ennemis. (Il faut forcer ce *repaire*. La Cavalerie eut ordre de sacager ce *repaire* de traitres & de les faire passer au fil de l'épée. *Vaug. Q. Curce. l. 7. ch. 5.*)

† * *Repaire*. Il se dit dans le satirique. C'est l'endroit du corps où se tiennent les morpions. (Un *repaire* de morpions. *S. Amant*.)

* *Repaire*. Terme de quelques *Artisans*. Il vient du Latin *repairo* qui signifie trouver. C'est une marque que les ouvriers font sur les pieces d'un ouvrage, qui se démontent, afin de trouver l'endroit où chaque piece doit être mise quand on les veut assembler. (Marquer le repaire. Chercher, trouver, conoitre le repaire.)

Repaitre. Ce mot est ordinairement neutre au propre, & il se dit des hommes & des bêtes. C'est manger. *Je repais, tu repais, il repait, nous repaissons. Je repaissois. J'ai repû. Je repus, repaissant.* (Je suis d'avis que nous marchions jusques à ce qu'il soit heure de repaitre. *Ablancourt, Rétor. l. 6. chap. 3.* Après avoir repu, l'armée passa la riviére. *Ablancourt, Rétor. liv. 3, ch. 2.* Faire repaitre les troupes. *Ablancourt*. Faire repaitre le bétail. *Ablancourt*.)

* *Repaitre*. Ce mot au figuré est actif. *Exemples*.
* Repaitre de vent & de fumée. *Gou. Epi. liv. 3.*
* Il tâche à me repaitre d'espérances. *Ablancourt*.
* L'amitié qui regne parmi les Italiens, n'est qu'un fantôme qu'ou repait de reverances. *S. Amant, Rome ridicule*.

Se repaitre, v. r. Se nourrir de quelque chose. (Les bêtes se repaissent d'herbes.)

* *Se repaitre* de songe & de chimères. *Port-Roial, Education du Prince*.

Répaissir, v. a. Rendre plus épais, v. n. Devenir plus épais, *Se répaissir*, v. r. Voiez *Epaissir*.

Repaitrix. Voicez *Repêtrir*.

Répandre, v. a. Verser. (Charmante nuit répan sur nous tes pavots. *Moliere*. Répandre de larmes. Répandre des pleurs. *Voiture, Poës*. Il étoit accourumé à répandre le sang. *Ablancourt; Tac. Ann. liv. 12.* Quelle manie de verser dans un vaisseau qui répand de tous côtez. *Vaugelas, Quin. liv. 8. c. 8.*)

* *Répandre*. Disperser. (Il avoit coutume de répandre ses forces en divers endroits. *Ablancourt, Tac. An. l. 3.* Répandre la guerre par tout. *Ablancourt, Tac. Agricola*.)

Se répandre, v. r. *Je me répand, je me suis répandu. Je me répandis*. S'étendre. Se disperser. (La fève qui se répand en trop grande quantité, ne peut faire grossir les fruits, Se répandre par toute la terre. *Pascal, l. 5.*)

* Il faut que la civilité ne se répande point en paroles, ni en loüanges. *Port-Roial, Education du Prince*. En se répandant en des témoignages extérieurs d'amitié envers les hommes la charité se nourrit & se fortifie elle-même. *Port-Roial, Education du Prince*.

† * *Se répandre*. Se laisser tomber par terre. (Il s'est laissé répandre sur les montées.)

Réparable, adj. Qu'on peut réparer. (Faute qui n'est pas réparable.)

† *Réparateur*, s. m. Ce mot signifie celui qui fait des réparations. Mais il n'est pas guére en usage. Le Patriarche Noé fut le réparateur du genre humain. Le Cardinal de Richelieu fut le Réparateur de la Sorbonne.

Réparation, s. f. Rétablissement d'une chose en son premier état. (Etre obligé à toutes les réparations de quelque maison.)

Réparation. On apelle au gréfe, par lequel on avoüe que la personne qu'on avoit injurié est une personne d'honneur & sans tache à sa réputation. (Etre obligé à faire réparation d'honneur à quelcun.)

* *Réparation*. Ce mot se dit quelquefois en riant & sans parler Palais. (Pour réparation de mon honneur, on me dressera un grand pavillon de gase. *Voiture, l. 9*. Le Sieur un tel a été condamné par Apollon à faire réparation d'honneur au bon sens qu'il a outragé dans ses vers.)

Réparer, v. a. Remetre en son premier état une chose qui a reçu quelque dommage. Rétablir. (Réparer une brèche.)

* Réparer la perte.
* Réparer l'honneur.

Réparer. Terme de *Sculpteur*. Oter les barbes & ce qui se trouve de trop fort dans les joints des ouvrages qui ont été jettez en moule. (Bien nettéïer & bien réparer une statuë.)

Reparler, v. a. Parler de nouveau. (Il lui a reparlé.)

Reparoitre, v. n. Paroitre de nouveau. (La Comette qui avoit disparu commence à reparoitre.)

Repartie, s. f. Réponse. (Repartie bonne, subtile, pronte, adroite, ingénieuse, plate, froide, impertinente. Il à la repartie pronte.)

Repartir, v. a. Partager une seconde fois. *Je repartis, tu repartis, il repartit, nous repartissons. Je repartissois. Je repartis. J'ai reparti. Que je repartisse.* Ce verbe n'est pas usité en tous ses tems & dans les tems inusitez on se sert du mot *partager de nouveau.* (Le partage fait, il falut repartir de nouveau ce qu'on avoit partagé. Il faut couper cela en deux & le repartir en trois, pour avoir six parties égales.)

Repartir. Il se dit aussi des sommes qu'il faut diviser en plusieurs autres avec une certaine proportion. (Il faut repartir cette somme sur tous les habitans de la Paroisse.)

Repartir. Il signifie aussi partir une seconde fois. (On a obligé ce courrier à repartir le même jour qu'il étoit arrivé.)

Repartir. Répliquer. *Je repars, J'ai reparti. Je repartis.* (Il lui repartit une assez plaisante chose. Il lui repart avec esprit qu'il mourroit plutôt que de changer.)

Repartition, s. f. L'action de repartir. Il se dit des choses qui se partagent & se distribuent. (Faire la repartition d'une somme. Faire la repartition des quartiers d'hiver, des tailles, &c.)

Repas, s. m. Diné, ou soupé. Régal qu'on fait à quelqu'un en lui donnant à manger. (Un bon, un grand, un superbe, un magnifique repas. Prendre son repas. C'étoit un repas bien troussé. *Moliere*.)

Repasser, v. a. Passer une seconde fois. (Repasser la riviére. *Ablancourt*.)

* *Repasser*. Faire ressouvenir. Représenter. Faire passer dans le souvenir, ou dans l'esprit. Roüler dans son esprit ou son souvenir. Ruminer. Penser. (Il repasse en son esprit tout ce qui lui étoit arrivé. *Ablancourt, Tac. An. l. 2*. Il repassa tous les services qu'il avoit rendus à l'Etat. *Ablancourt, Tac. An. liv. 11*.)

* *Repasser*. Recorriger. Revoir. Rajuster. (Repasser attentivement sur votre paraphrase. *Port-Roial, Lettre au Pere Adam*.)

* *Repasser*. Terme de *Comédiens*. Répeter. (Les comédiens doivent repasser leurs pieces en particulier avant que de les joüer en public.)

† * *Repasser*. Mot qui se dit en parlant de femmes ou de filles dont on a eu la derniére faveur. (On dit que Caligula débaucha & repassa toutes ses sœurs.)

Repasser, Terme de *Jardinier*. Passer le rateau sur les allées. (Repasser les allées.)

Repasser. Terme de *Coutelier, & de Barbier*. Ce mot se dit en parlant de *rasoir*, & il signifie *afiler sur la pierre*. (On repasse les rasoirs avant que de s'en servir. (Il signifie aussi aiguiser sur la meule & sur la pierre afin de faire mieux couper. (Repasser une serpe.)

Repasser, v. a. Terme de *Boulanger*. C'est remettre au four du pain rassis, afin de le ratendrir. (Il faut repasser ces pains qui sont cuits d'avant hier.)

Repasser. Terme de *Blanchisseuse de menu*. C'est mettre un linge moüillé sous le linge qui est séché, & dérider proprement le linge séché pour en acommoder les ourlets. (Il faut repasser ce linge.)

Repasser. Ce mot en Terme de *Blanchisseuse de menu* signifie aussi *polir avec le fer*. Ainsi on dit. Repasser le linge avec le fer. Repasser le point au fer. On dit aussi *repasser le point à l'ivoire*. C'est l'ajuster & le relever avec une dent d'ivoire après qu'on l'a repassé au fer.

† * *Repasser*. Mot burlesque pour dire maltraiter. (On lui a repassé son bufle à grands coups de bâton.)

Repaver, v. a. Paver de nouveau. (Repaver une cour qu'on avoit dépavée.)

R E P.

Repeigner, v. a. Peigner de nouveau. (Repeigner une perruque. Repeigner du lin, du chanvre, &c.)

Repecher, v. a. Pêcher de nouveau. (Repêcher un étang. Repêcher un corps, des marchandises, &c.)

Repeindre, v. a. Peindre de nouveau. Je repein. J'ai repeint. Je repeignis. (Repeindre un bras, ou quelque autre chose a été mal peint.)

Rependre, v. a. Pendre une autre fois. (Il faut rependre ce tableau qui est tombé.)

Repenser, v. n. Penser de nouveau. (Repenser à quelque chose. Arnauld. Repensez mûrement à vos actes tragiques. Godeau, Poësies. Sans cesse je pense & repense en vos divins apas.)

Repentance, s. f. Mot un peu vieux, au lieu duquel on dit plus-ordinairement repentir. (Avoir repentance de ses péchez.)

Repentir, s. m. Regret. (Repentir cuisant, grand, vrai, sincère. Son repentir a touché le cœur de Dieu.)

Se repentir, v. r. Je me repens. Je me suis repenti. Avoir regret. Etre matri. [Charles Quint n'eut pas plûtôt quité l'Empire qu'il s'en repentit. Voiez Strada histoire de Flandre l. 1. Qui se repent, se punit. Prov.]

Repentant, repentante, adj. Qui se repent. Qui a regret. (Triste & repentant d'avoir trop entrepris, le baiser que je pris je fus prêt de le rendre. Voi. Poës.)

Repenties, s. f. pl. On donne ce nom à un Monastère des femmes qui ont mal vécu, qui se sont converties & qui sont pénitence. (Elle a été mise aux Repenties.)

Repercer, v. a. Percer une seconde fois. (Repercer un muid, un mur, &c.)

Repercussif, adj. Terme de Chirurgien. Ce mot vient du Latin. C'est à dire, Qui repercute. (Medicament repercussif. Medicament qui a une proprieté repercussive.)

Repercussif, s. m. Terme de Chirurgien. Remède qui repercute. (Se servir de repercussifs.)

Repercussion, s. f. Ce mot est presque hors d'usage.

Repercuter, v. a. Terme de Chirurgien. C'est faire rentrer en dedans. [L'oxicrat sert à repercuter la chaleur en dedans.]

Reperdre, v. a. Perdre une seconde fois, perdre ce qu'on avoit regagné. (Il avoit perdu cent pistoles, il les avoit regagnées & continuant à jouer, il les a enfin reperduës.)

Repère. Voiez repaire.

Repertoire, s. m. Lieu où l'on trouve ce qui regarde quelque matière. (Le Polianthea est un repertoire pour quantité de demi-savans.)

† * Le Docteur Launoi qui est mort en l'année 1678. étoit un repertoire pour tout ce qui regardoit les choses ecclésiastiques.

Repeser, v. a. Peser de nouveau. (Repeser à la maison ce qu'on a acheté au marché, pour voir s'il y en trouve le poids.)

Repeser, v. a. Il se dit du figuré. [Peser & repeser quelque chose en son esprit.]

Repeter, v. a. Redire de nouveau. Rebatre la même chose. (L'Eco repète la voix. Les livres de Monsieur un tel sont assez bien écrits, mais il y repète tant de fois la même chose qu'il fait bâiller le lecteur.)

Repeter. Faire des répétitions d'humanitez, ou de Philosophie. (Il gagne malheureusement sa vie à repeter la Rétorique & la Philosophie dans l'Université.)

† Repeter. Terme de Palais. Reprendre quelque chose sur quelqu'un. [Repeter quelque chose sur une personne. Le Mait.]

Repetition, s. f. Prononcez répeticion. Redire. (Répétition inutile, vitieuse, ennuieuse, languissante, necessaire, utile, Elégante, agréable, belle, vive. La répétition sert souvent à la clarté. Répétition qui est en grace. Lorsque la répétition n'est ni nécessaire ni figurée, elle est vitieuse, mais elle est nécessaire lorsqu'elle rend le discours plus clair, plus françois & plus soutenu.)

Répétition. Terme de Colége. Explication nouvelle des leçons qu'on a faites en classe. Explication des leçons qu'on doit faire en classe. Récit de tout ce qu'on a veu durant une semaine. (Faire des répétitions. Ses répétitions lui valent quelque chose. Le Samedi on fait une répétition de tout ce qu'on a veu toute la semaine.)

Répétition. Terme de Rétorique. Figure qui consiste à répéter avec grace les mots dans une même période. Comme, (mon Dieu, mon Dieu, pourquoi m'abandonnez-vous ?
On peut croire, sans croire mal,
Que Guillot est un animal)

Répétition. Terme de Comédien. C'est le récit qui se fait en particulier de la piéce qu'on doit jouer en public. (Première répétition d'une piéce. Le Poëte assiste ordinairement aux répétitions de ses piéces.)

Répétition. Terme de Palais. Action par laquelle on répète quelque chose sur quelqu'un. C'est une répétition de deniers à faire sur un particulier.)

Répétiteur, s. m. Sorte de maître qui va en la vile répéter le Grec, le Latin, la Philosophie ou la Téologie à quelques écoliers. (Un bon répétiteur. Donner un répétiteur à un écolier.)

Repetrir, v. a. Pétrir de nouveau. (Repétrir de la pâte. Il faut repétrir cette terre à potier.)

Repeupler, v. a. Peupler de nouveau. (Colonie qui va repeupler le païs. Abl.)

R E P.

Repeuplement, s. m. L'Action de repeupler. (Travailler au repeuplement d'un païs. On dit aussi. Le repeuplement d'une forêt.)

Repic, s. m. Terme de Piquet. Coup remarquable au jeu de piquet qui vaut quatre-vint & dix points. (Faire repic. Empêcher le repic.)

[† * Vous alez faire repic & capot tout ce qu'il y a de galand à Paris. Moliere, prét, sc. 9.]

Repiler, v. a. Piler une seconde fois. (Il faut repiler cette poudre afin qu'elle puisse passer par le tamis.)

Repiquer, v. a. Piquer de nouveau. (Repiquer un matelas, un corps de jupe, une courtepointe. Les Maçons parlent aussi de repiquer la pierre.)

Répit, s. m. Il est plus de Palais que du discours ordinaire & il signifie Délai de 3. de 4. ou de 5. ans que pour de valables raisons on donne aux débiteurs afin d'empêcher les créanciers de les poursuivre pendant ce tems là. Je vous donne répit de six mois pour ce que vous me devez. Voi. lett. Obtenir des lettres de répit.)

Replacer, v. a. Remettre une chose dans la place d'où on l'avoit ôtée. (Replacer un banc dans une Eglise.)

Replaider, v. a. & n. Plaider de nouveau. Rentrer en procès. (Leur diferent sembloit être terminé, mais ils replaident de nouveau. (Il signifie aussi plaider plusieurs fois. Après avoir bien plaidé & replaidé, il faut enfin s'accommoder.)

Replancheier, v. a. Faire de nouveaux planchers. (Replancheier une chambre.)

Replanter, v. a. Planter de nouveau. (Comme les pins & les sapins sont très délicats & très-dificiles à reprendre, il est nécessaire de les replanter fort jeunes.)

Replâtrer, v. a. Plâtrer de nouveau, Renduire de Plâtre. Replâtrer un mur.)

* Replâtrer ses défauts, sa faute. C'est les couvrir & les excuser.

Replet, replete, adj. Gros & gras. (Un homme gras & replet. Elle est replette.)

Repletion, s. f. Trop d'embon-point. Ce qui remplit trop quelque partie. Deg. (Sa maladie vient d'une trop grande repletion.)

Repleuvoir, v. a. Pleuvoir de nouveau. (Il commence à repleuvoir.)

Replier, v. a. Plier de nouveau. (Replier du linge, des habits, &c.)

* Se replier, v. r. Se reflechir. (La peine que l'ame a de se replier sur elle même, la rebute. La Chamb.)

Repli, s. m. Pli. (Il croit que l'amour est en embuscade dans les rides & les replis de la peau de sa vieille maîtresse.
Il arme en sa faveur mile horribles serpens,
Qu'on voit à longs replis dans la plaine rampans.
Godeau, Poës. 1. part. egl. 5.)

Répli. Partie du bas de la lettre patente qu'on a pliée, & en ce sens on dit (Sur le repli des lettres patentes est écrit, luës, publiées & registrées.)

* Repli. Endroit le plus caché & le plus secret. (Les lumières de Dieu découvrent nos défauts jusques dans les replis de nos ames. Les replis du cœur. Moliere, Tart. a. 5.)

Repli, s. m. Il se dit en termes de Manege, des sillons ou inégalitez qui sont dans la bouche d'un cheval. On les apelle aussi evans. Voiez evan.

Replique, s. f. Réponse. (Il m'a fait une impertinente réplique.)

Replique. Terme de Palais. Réponse que l'Avocat qui a plaidé le premier fait aux moiens de l'Avocat qui a plaidé après lui & contre lui. (Demander la replique.)

Repliques Terme de Palais. Réponse par écrit à ce que notre averse partie a dit contre nous dans les écritures. Fournir de repliques.)

Repliquer, v. a. Répondre. Repartir à ce qu'on nous dit. (Repliquer une plaisante chose à quelqu'un.)

Replisser, v. a. Plisser de nouveau, Plisser une chose qui s'est déplissée. (Replisser un poignet de chemise.)

Replonger, v. a. Plonger de nouveau. (Il l'a replongé dans l'eau.)

Se replonger, v. a. Se plonger de nouveau. (Se replonger dans la mer. Vaug. Quin. l. 4.)

* Se replonger. Il se dit aussi au figuré, & signifie se rengager, s'abandonner de nouveau. (Il s'est replongé dans le vice, dans la débauche, &c.)

Repolir, v. a. Polir de nouveau. (Repolir du fer, de l'acier, ou autre métal.

* Polissez & repolissez sans cesse votre ouvrage. Depreaux.

Repolon, s. m. Terme de Manege. Demi-volte d'un cheval formée en cinq tems. Quelques uns apellent repolon le galop d'un cheval dans l'espace d'un demi-mile.

Repondre, v. a. On écrit aussi respondre. Il vient du Latin respondere, mais ne se prononce point en François dans le mot de répondre, ni dans tous ses dérivés qui commencent par une r. Je répond. J'ai répondu. Je répondrai. (Répondre quelque chose de fort au premier chef de l'acusation. Abl.)

Répondre. Etre caution. Assurer. Le mot de répondre en ce sens est une manière de verbe neutre & ne régit point d'acusatif. (Prenez bien garde pour qui vous répondez. Arn. Ses ser- vices

vices passez vous doivent *répondre* de lui. *Scaron.* Ce que vous venez de faire pour moi me *répond* de votre cœur. *Mol.* Il pria Alexandre d'avoir bon courage & qu'il *répondoit* de sa guérison. *Abl. Ar.l.2.c.3.* Vous faites la guerre à de fâcheuses conditions si vous voulez répondre des événements. *Voit l.89.* Répondre de son loisir. *Abl.*]

* Répondre. Egaler. Avoir du raport. (Ses forces répondoient à son courage. *Vaug. Quin. livre 6. cha.1.* L'adresse des soldats répondoit à la conduite du Général *Ablancourt*, *Tac. An. liv. 12 c. 8.*)

* Répondre. Se montrer digne des graces qu'on nous a faites. Soutenir par notre conduite ce qu'on dit d'avantageux de nous. J'ai grand sujet de douter que je puisse *répondre* à l'honneur que vous me faites.)

* Répondre. S'aller rendre. (Cela va répondre à de grandes allées. *Abl.*)

Répondre, *v. a.* Terme de *Palais*. Il se dit en parlant de requête, & il signifie mettre au bas de la requête ces paroles *soit fait comme il est requis*. (Répondre une requête.)

Répondant, participe. Qui répond.

Répondant, *f. m.* Caution. La personne qui répond pour un autre. (Avoir un bon répondant. Donnés un répondant.)

Réponse, *f. m.* Il vient du Latin *responsum.* Replique. Réponse fort jolie fort spirituelle. Faire réponse à une lettre. *Voiture, lettre XI.*)

Réponse à griefs. Terme de *Palais*. Ce sont des écritures fournies par l'intimé pour soutenir le bien jugé de la sentence. (Faire des réponses à griefs.)

Réponce. Sorte de petite racine qu'on mange le carême en salade. (Mettre des réponces dans la salade. J'aime les réponces dans la salade.)

Répons, *f. m.* Terme d'*Eglise*. Ce qui se chante ordinairement après les leçons de matines. (Prémier répons. Second répons.]

REPORTER, *v. a.* Porter une chose au lieu où elle étoit avant que de l'avoir aportée. [Reportez cela où vous l'avez pris.]

Reporter. Redire. Faire des raports. (C'est un coquin qui reporte tout ce que font les domestiques. Voïez *raporter*)

REPOS, *f. m.* Ce mot entre Philosophes, c'est l'aplication d'un corps continuelle, ou successive aux mêmes parties des corps qui l'avoisinent & qui le touchent immédiatement. *Rohault. Phis. I. Partie, c. x.* Le mouvement & le repos sont accidentels à la matiére. Un corps qui est dans le repos.)

Repos. Cessation de peine & de travail. (Prendre du repos. Faire perdre le repos. Oter le repos. Donner du repos aux soldats, *Abl. Tac. hist. l. 14. c. 9.*)

Repos. Assurance. [J'ai été en repos de tout , quand j'ai vû que vous aviez soin de moi. *Voit. l. 31.*)

* *Repos.* Paix. Tranquilité Douceur. (N'avoir aucun repos d'esprit. *Arn.* Joüir du repos de la vie. *Abl.* Etre en repos. Vivre en repos. *Scaron.*

Tristesse, ennui , chagrin , langueur , mélancolie ,
Troublerez-vous toujours le repos de ma vie ?
La Suze, poësies.

* *Repos.* Terme de *Poësie Françoise*. Il se dit en parlant des vers de dix , & des vers de douze silabes , C'est le milieu des vers de 12 silabes. C'est la quatriéme silabe des vers de dix lorsque cette silabe est masculine. Le mot de repos en terme de poësie Françoise se dit aussi en parlant des stances de six & de dix vers, & ce repos est un vers de la stance auquel l'oreille se doit agréablement reposer. Cette pose, ou ce repos se fait dans les stances de dix , au quatriéme , & au septiéme vers Voïez là dessus quelque bon traité de versification Françoise.

* *Repos.* Terme de *Peinture*. Ce sont les masses & les grands endroits des clairs, ou des ombres qui étant bien entendus empêchent la confusion des objets & ne leur permettent pas d'attirer la veuë tous ensemble , mais à faire joüir quelque tems de la beauté d'un groupe & puis d'un autre. *Depile, conversations de peinture.*

Repos. Terme d'*Architecture.* C'est le palié de l'escalier.)

Repos. Terme de *Charron*, qui se dit en parlant d'afusts d'artilerie, c'est une des piéces de l'afust. Voïez *les discours militaires de Praissac, pag. 18. & 19.*)

Reposée, *f. f.* Terme de *Chasse.* C'est le lieu où les bêtes fauves se mettent sur le ventre pour y demeurer , & y dormir tout le jour. (Les cerfs sont à la reposée.)

Reposer, *v. n.* Prendre du repos. Dormir. (Il ne peut reposer la nuit. *Ablancourt , Rétorique , livre 5. c. 1.* Il repose un peu présentement , paix , ne faites point de bruit.)

Reposer. Etre. (Il y avoit quatre jours que le corps d'Alexandre *reposoit* sur son lit de parade, *Vau. Quin. l. x. c. x.*)

Reposer. Ce mot se dit de l'eau & veut dire *rassoir*. (Laisser reposer l'eau.)

Se reposer, v. r. Prendre du repos. (Ils marchérent toute la nuit sans se reposer. *Ablancourt, Commentaires de César, l. 1. c. 1.* Pour avoir de la santé , il faut que le corps soit agité & que l'esprit se repose. *Voiture , lettre 64.* Il se reposoit de leurs longs travaux. *Ablancourt , Rétorique , livre 4. chap. 2.*)

* *Se reposer.* S'assurer en quelcun , y faire fonds Compter sur une personne , s'y fier. (Allez, reposez vous sur moi. *Moliere.*)

* *Se reposer , v. r.* Il se dit figurément de la terre , qu'on laisse quelque tems en friche , après avoir beaucoup porté. (Les terres en valent mieux quand elles se font un peu reposées.)

REPOSOIR, *f. m.* Autel qu'on fait dans les ruës durant la procession de la Fête Dieu. (Un beau reposoir. Un magnifique reposoir. Faire des reposoirs.)

Reposoir. Ce mot se dit en parlant des périodes Françoises. C'est un certain nombre de silabes dans chaque membre des belles périodes où l'oreille se repose agréablement. C'est environ le milieu de chaque membre. Le mot de *reposoir* se dit aussi généralement de toutes les periodes & ce sont des pauses dans chaque période & des endroits ou l'oreille trouve quelque repos, (Toutes les periodes doivent avoir des reposoirs.)

REPOUSER, *v. a.* Epouser une seconde fois. (Ce mineur avoit épousé une femme , ses parens avoient fait casser le mariage; mais dès qu'il a été majeur , il l'a *répousée.*)

REPOUSSER, *v. a.* Rechasser. Empêcher celui qui vient pour nous faire tort. [Ils ne se contentent plus de repousser l'enemi, ils le veulent poursuivre. *Ablancourt , Tacite. Agricola.* Il est permis de repousser celui qui vient pour s'emparer de notre bien. *Pascal, l. 14.*]

[Je crois être assez fort pour repousser une injure. *Ablancourt, Ar. l. 1. c. 1.* Repousser la calomnie. *Monsieur Arnaud.* Repousser les tentations , les mauvaises pensées & les rechasser loin de soi.

* *Repousser , v. a.* Il se dit des armes à feu , qui font un effort en arriere , lors qu'on les tire. En ce sens il est *neutre* & ne régit point de Cas. [Ce mousquet repousse trop. Il faut tenir ferme un pistolet pour empêcher qu'il ne repousse.] En ce sens, on dit des Canons qu'ils *reculent*.

* *Repousser , v. n.* Il se dit des *plantes*, & signifie, pousser de nouveau. [Les plantes repoussent au printems. Cet arbre avoit été gâté par le froid de l'hiver , mais il a repoussé. La plupart des seps qui avoient été gelez ont repoussé par le pié.]

Repoussement, *f. m.* L'Action de repousser. Le repoussement de la force par la force est permis par le droit naturel. Le repoussement d'une injure. Le repoussement de ce fusil est trop violent. Le repoussement des plantes les renouvelle.

Repoussoir, *f. m.* Terme d'*Artisan.* Outil avec lequel on pousse quelque cheville, & on la fait sortir de sa place. V. *Repoux.*

Repoussoir, *f. m.* Terme de *Sculpteur.* Ce sont de longs ciseaux qui servent à pousser des moulures , &c.

Repoux, *f. m.* Terme de *Mer.* Cheville de fer dont on se sert pour repousser une cheville rompuë. *Fournier.* C'est le même outil que les Artisans apellent ordinairement *Repoussoir.*

REPRÉHENSION, *f. f* Il vient du Latin *reprehensio.* Il signifie *correction*, reprimande d'un supérieur. (Il étoit aigre dans ses repréhensions. *Ablancourt , Tac. Agricola, c. 5.*)

Répréhensible, adj. Qui mérite d'être repris à cause de quelque faute qu'il a faite. (Celui qui manque à son devoir est repréhensible)

REPRENDRE , *v. a. Je repren. J'ai repris. Je repris.* C'est prendre & se saisir de nouveau. (Reprendre une place fur l'ennemi *Voit. l. 74.* La colique me reprit. *Voiture, l. 25.* La fiévre le reprit & l'emporta en deux jours. *Ablancourt.*)

Reprendre Prendre ce qu'on a quité. Prendre de nouveau. (Reprendre la campagne. *Ablancourt, Tac. An. l. 12.* Reprendre la route d'une Province. *Ablancourt.* Reprendre le fil de son discours. *Ablancourt.*)

Reprendre. Recommencer (Reprendre un procès. *Le Maitre.*)

Reprendre. Répondre. Repliquer. (Il est vrai , reprit-elle , en vieillissant l'on devient plus-fou & plus sage.)

Reprendre. Ce mot se dit en parlant de l'haleine & du vent des personnes. (Reprendre son vent. Reprendre son haleine.)

Reprendre. Ce mot se dit en parlant des *sens* & *des esprits*. (Reprendre ses esprits ; c'est se remettre de quelque trouble.)

Reprendre. Blâmer. (Reprendre doucement, civilement, honnêtement, aigrement, brutalement, inévilement, rudement, (La comédie est un poëme ingénieux qui par des leçons agréables *reprend* les défauts des hommes. *Moliere.*)

Reprendre. Critiquer. Trouver à dire. Trouver mauvais. (Je suis de vôtre avis en ce que vous *reprenez* de Quintilien. *Voiture, Lettres.* Vous n'avez, plus rien à reprendre en vos adversaires. *Pascal , lettre 18.*)

Reprendre. Ce mot se dit en Terme d'*Evolutions Militaires.* (Exemple. *Par demi rangs reprenez vos distances.* C'est à dire, remettez vous dans la même distance.)

Reprendre. Terme de *Jardinier.* Ce mot se dit en parlant d'*arbres & de plantes* nouvellement plantées. C'est à dire commencer à faire de bonnes racines. (Les pins & les sapins sont trés-dificiles à reprendre.) On dit aussi au passif *cet arbre est repris*, pour dire qu'il a commencé de faire de bonnes racines.

Reprendre. Terme de *Ravodeur & de Ravodeuse.* C'est rejoindre avec l'éguille & la soie. (Reprendre une maille.)

Repreneur, *f. m.* Celui qui reprend & corrige de parole. Le mot de *repreneur* est François, mais il ne se dit guére qu'en parlant familiérement. (Ces *repreneurs* fâcheux me font tous en horreur. *Téo. Poëtes.*)

REPRÉSAILLES, *f. f.* Droit de retenir quelque chose apartenant à nos ennemis à cause qu'ils ont quelque chose qui nous apartient. (Retenir des gens prisonniers par droit de représailles. User de représailles.)

Lettre

REP. REP. 709

Lettre de représailles. Ce sont des lettres qu'un Souverain accorde à ses Sujets, pour reprendre sur les biens de quelcun du parti ennemi, l'équivalent de ce qu'on leur a pris, & dont le Prince ennemi ne leur aura pas voulu faire justice. Ce mot vient de l'Italien *represaglia*.

† *Représailles.* Sorte de pareille vengeance. (J'ai tâché par droit de représailles de lui faire ce tour. *Ablancourt. Lucien.* Anne dit au Curé par *droit de représailles* autant vaut l'avoir vu que de l'avoir mangé. *La Fontaine, Contes*.)

REPRÉSENTATIF, *représentative, adj.* Qui représente. Figure représentative.

Représentation, s.f. Prononcez *réprézantacion.* Tout ce qui représente quelque action, ou quelque chose que ce soit. (La représentation de quelque objet. Une vive représentation de quelque malheur, &c.)

Représentation. Terme de *Palais.* Exhibition de quelque pièce. On dit aussi qu'un petit fils hérite de son aïeul par représentation.

Représentation. Terme d'*Eglise.* Figure de bois qu'on couvre d'un drap mortuaire, qu'on met au milieu de la nef de l'Eglise lorsqu'on fait le service de quelque personne morte, il y a quelque tems, & qui sert à en représenter le corps. (Porter la représentation dans la nef.)

Représentation. Terme de *Comédien.* Action de représenter. Action des Comédiens qui consiste à faire voir sur le teâtre aux yeux des spectateurs comme une action comique, ou tragique s'est vraiment, ou vrai-semblablement passée. (Représentation belle, agréable, magnifique. C'est la prémière, ou la seconde représentation d'une pièce. Donner au peuple la représentation d'une pièce de teâtre.)

Représenter, v. a. Mettre en la présence de quelcun, quelque chose, ou quelque personne. (Représenter un prisonnier.)

Représenter. Figurer. Donner le caractére de quelque personne, ou de quelque passion. Donner une vive idée de quelque chose. (Ces paroles arrangées de la sorte représentent assez bien un homme transporté de colère.)

Représenter. Faire voir. Faire connoître. Moutrer. (Il leur représenta qu'il étoit facile de venir à bout de leur entreprise. *Ablancourt. Commentaire de César, liv. 1. chap. 1.* C'est pour vous représenter combien vous êtes éloignez des sentimens de l'Eglise. *Pascal, l. 14.*)

Représenter. Tenir la place de quelcun & en représenter en quelque façon la dignité. (Les Gouverneurs des Provinces représentent la personne du Roi dans leurs Provinces.) On dit aussi en termes de *Palais,* qu'un petit fils *représente* son père décédé; pour partager avec ses oncles la succession de son aïeul.

Représenter. Terme de *Comédien.* C'est joüer quelque pièce de teâtre en présence de monde. (Il avoit fait la pièce qu'on représentoit. *Ablancourt, Tac. An. l. XI.*)

Se représenter, v. r. Se remettre en la présence de quelcun. (On l'a élargi à condition qu'il *se représentera* toutes les fois qu'on voudra.)

Se représenter. Se figurer. Se mettre devant les yeux quelque chose. Repasser dans son esprit quelque chose. (Je me représente le repos comme la plus grande douceur de la vie.)

Se représenter. Il se prend aussi dans un sens passif. Et ce mot se dit en parlant de *comédie.* Se joüer. (Le Tartufe & le Misantrope sont des plus belles pièces de Moliére & elles se représenteront encore longtems.)

REPRETER, *v. a.* Prêter une autre fois. (On *reprête* volontiers à ceux qui ont rendu ce qu'on leur avoit prêté.)

Repréter. Il signifie aussi prêter à d'autres ce qu'on a emprunté de quelcun. (Il a emprunté de l'argent au denier vint, pour le repréter au denier quinze.)

REPRIER, *v. a.* Prier de nouveau. Prier plusieurs fois. [Il faut souvent prier & reprier les Juges pour en obtenir la justice qu'on leur demande.]

Reprier. Il signifie aussi prier à son tour ceux qui nous ont prié. (Tous ses voisins l'ont convié, mais il n'a reprié personne.)

REPRIMANDE, *s. f.* Châtiment de paroles. (Une sévere, une verte, une rude reprimande. Faire des reprimandes à quelcun. *Ablancourt.* Je me hâte de m'acuser moi-même pour arrêter vos reprimandes. *Voit. L. 197.*)

Reprimander, v. a. Corriger de paroles. (Reprimander un jeune homme. *Ablancourt.*)

Reprimer, v. a. Empêcher que quelque chose qui va au désordre, ne prenne cours. (Il étoit besoin de reprimer hardiment pour *reprimer* la licence. *Ablancourt. Tac. Hist. l. 1. c. 7.* Reprimer le murmure des soldats. *Vaugelas, Quint. livre 4.*)

REPRIS, *reprise, adj.* Il vient du mot *reprendre.* Il se dit dans tous les sens de ce verbe, & signifie, pris de nouveau. Reprimandé. Rentrait. Qui a pris racine. (Chateau repris. Ville reprise sur l'ennemi. *Ablancourt.* Aigrement repris. *Ablancourt.* Couture reprise. Arbre repris.)

Reprise, s. f. Action par laquelle on reprend. (La reprise d'une ville que l'ennemi avoit prise.)

Reprise, s. f. Fois. (Travailler à une chose à diverses reprises. *Ablancourt. Apoph.* Si l'enfant est gros ils s'en délivrent à diverses reprises. *Ablancourt. Lucien.* Un travail dificile ne se peut faire qu'à diverses reprises.)

† *Reprise.* Quelque chose à reprendre, ou à profiter. (Il faut toûjours acheter un gros cochon, il n'y a point de *reprise* à un petit.)

Reprise de procès. Termes de Palais. Instance nouvelle pour recommencer un procès. Instance qui se fait contre les héritiers d'un défunt pour renoüer le procès qu'on avoit commencé contre le défunt. (C'est une reprise de procès.)

Reprise. Ce mot se dit en parlant de maladie & signifie *retour.* (Il y a des maladies qui ont leurs accès & leurs reprises. La Chambre.)

Reprise. Terme de *Monoie* C'est un nouvel essai de la même pièce de monoie d'or, ou d'argent, apellée *peuille,* raportée hors des remèdes, que le Conseiller commissaire doit avoir gardée à cet éfet. (La reprise se fait par les essaieurs en présence du Conseiller commissaire dans la chambre des essais.)

Reprise. Terme de *Manège.* Leçon reïterée. Manège recommancé. (Commencer une reprise. Finir une reprise.)

Reprise. Terme de *Musique* & de discours. Répétition. Refrain. Ce sont les vers que l'on répète. (La reprise d'un air, d'un Balet, d'un Rondeau, &c.)

Reprise. Terme de *comptes.* Le Chapitre de reprise contient les articles de ce qu'on représente, qu'on donne à reprendre & qu'il faut déduire. (Quand on s'est chargé d'une somme entière & qu'on n'en a reçu qu'une partie, on met le reste dans le chapitre de reprise.)

REPRISER, *v. a.* Priser de nouveau. Faire une seconde prisée. (La prisée de ces meubles n'a pas été bien faite, il faut les faire repriser.)

REPROBATION, *s. f.* Ce mot se dit d'ordinaire en parlant de Dieu, & de ses jugemens. C'est le jugement par lequel Dieu a rejetté reprouvé & condamné les pécheurs qui mourront dans l'impénitence. (Une partie de son sermon rouloit sur la reprobation.)

Reprochable. V. plus bas.

REPROCHE. *Vaugelas dans ses remarques* à décidé que ce mot étoit *masculin* au singulier & *féminin* au pluriel; Cela étoit vrai de son tems, mais aujourd'hui *reproche* est masculin aussi bien au pluriel qu'au singulier. (Un reproche fâcheux, sanglant, cruel, mal-fondé, abominable, detestable. Y a-t il des personnes sur qui vous puissiez faire tomber un *reproche* si abominable avec moins de vrai-semblance. *Pascal, l. 16.* Détruire un reproche. *Pasc. l. 17.* Faire de sanglans reproches. *Ablancourt.* Epargnez-moi le déplaisir que me pourroient causer les *reproches* fâcheux de mon père & de ma mère. *Moliere, George Dandin, a. 3.* Sa vie est sans reproche. *Ablancourt.* Eclater en reproches. S'emporter en reproches contre ses ennemis. *Abl. Tac.*)

Reproche. Terme de *Pratique.* Blâme objecté pour rendre nule une déposition de témoins. (Lorsqu'on lui a confronté ses témoins, il leur a fait quelques reproches. Proposer ses reproches contre un témoin.)

Reprocher, v. a. Faire des reproches. (Cotin dans la Comédie des femmes savantes reproche à Ménage d'assez plaisantes choses. Ménage à son tour lui en reproche quelques autres qui ne sont pas mal-plaisantes aussi. Voïez *a. 3. s. 3.*)

Reprocher. Terme de *Palais.* Refuter la déposition des témoins, la rendre nule, la rejetter par de bonnes & solides raisons. (Reprocher ses témoins.)

Reprochable, adj. Qui peut-être reproché. (C'est un vice honteux & reprochable.)

Reprochable, adj. Il se dit aussi des personnes & signifie, Que l'on peut reprocher. Contre qui l'on peut faire des reproches. C'est un témoin reprochable.)

REPRODUCTION, *s. f.* Prononcez *reproduccion.* Action par laquelle une chose est produite de nouveau (La nature se conserve, par des continuelles reproductions des corps qui se corrompent & qui s'engendrent de nouveau.)

Reproduire, v. a. Produire de nouveau. (Un arbre coupé reproduit des branches, ou produit de nouvelles branches. La terre produit des chardons, &c.)

REPROMETTRE, *v. a.* Je repromets, j'ai repromis, je repromis. C'est promettre de nouveau. (La plupart de Messieurs les Normans promettent & *repromettent* sans pour cela qu'ils tiennent ce qu'ils promettent.)

REPROUVER, *v. a.* Prouver de nouveau. Prouver plusieurs fois. (Il a prouvé & reprouvé sa possession par plusieurs titres.)

Reprouver, v. a. Ce mot se dit dans de certaines matières de piété & en parlant des jugemens de Dieu. C'est ne pas mettre au nombre des élûs. (Dieu reprouve ceux qu'il lui plaît.)

Reprouvez, s. m. Mot qui se dit dans de certaines matières de Piété & de Téologie. Ce sont ceux que Dieu n'a pas choisis pour être du nombre des bien heureux. (Les reprouvez sont malheureux.)

† * C'est un reprouvé.* C'est à dire, un méchant. Le sieur un tel est un franc reprouvé.

REPTILE, *s. m.* Insecte qui rampe. (L'homme a donté les bêtes de la terre, les oiseaux & les reptiles. *Port-Roïal. Nouveau Testament.*)

† RÉPUBLICAIN, *s. f.* Qui a l'esprit de République. Qui n'aime point l'état monarchique. (C'est un républicain)

République, s. f. Mot général qui veut dire *état libre* qui est gouverné par les principaux du peuple pour le bien commun de l'état. [Il y a plusieurs fameuses Republiques en Europe.]

VVuu iij * LA

* Là *république des lettres*. Ce sont tous les gens de lettres ou gros. C'est le corps des gens de lettres. (C'est un homme sans fonction dans la république des lettres.)

La République des lettres. Sorte de livre qu'on a fait en Holande, & où l'on parle avec jugement de tous les livres raisonnables qu'on fait imprimer. Cette République est curieuse, & l'on est faché qu'elle ne continuë plus.

RÉPUDIATION , *s. m.* Ce mot se dit des gens mariez, & veut dire *action de répudier*. (Répudiation bien fondée.)

Répudier , *v. a.* Ce mot se dit en parlant de gens mariez. C'est se séparer de sa femme à cause de sa mauvaise vie, ou de quelque considération fort particuliére. (Henri quatriéme répudia la Reine Marguerite.)

Répudier , *v. a.* Terme de *Palais*. (Répudier une succession, une hoirie. C'est à dire, y renoncer, & ne l'accepter pas à cause qu'elle est onereuse.)

RÉPUGNANCE , *s. f.* Espéce de contrarieté. Sorte de peine d'esprit qu'on sent lorsqu'il est question de faire ou de dire quelque chose qui choque nôtre sens. Chose qui répugne & qui est contraire. (Il n'y a point de répugnance à dire que cette opinion soit de Lessius. *Pascal, lettre 13.* J'ai de la répugnance à déguiser mes pensées. *Ablancourt.* Il n'avoit point de répugnance à se rendre. *Vaugelas, Quin. livre huitiéme, chapitre deuxiéme.*)

Répugner , *v. n.* Etre contraire. Contredire. (Cela répugne au bon sens. *Ablancourt.*)

Repurger , *v. a.* Purger de nouveau. (Il a été purgé, mais il le faut encore repurger.)

Reputer , *v. a.* Croire. Penser estimer. (Il y a de l'injustice à *reputer* comme un grand malheur d'avoir manqué à une grande de prosperité. *Voiture, Lettres.*)

Etre reputé. Etre cru. Etre estimé. (Celui qui a reçu un soufflet est *reputé* sans honneur jusques à ce qu'il ait tué son ennemi *Pascal, l.7.*)

Réputation , *s. f.* Ce mot se dit toûjours en bonne part à moins qu'on ne lui donne quelque épitéte qui le détermine à un sens contraire. Il signifie un bruit avantageux qu'on a à cause de son propre mérite. Mauvais bruit qu'on s'est aquis (Une grande, une haute, une glorieuse réputation. Mauvaise réputation. Fâcheuse réputation. Etre en réputation de bel esprit. *Scarron.* Cela lui a fait une grande réputation. *Moliere* Aquerir de la réputation. *Ablancourt. Apoph.* Cela mit en réputation Agricola. *Ablancourt , Tacite.* Il est bien plus juste de conserver à tant de personnes que vous avez décriées la *réputation* de pieté qu'ils ne méritent pas de perdre, que de vous laisser la *réputation* de sincérité que vous ne méritez pas d'avoir. *Pascal, l 15.*)

REQ.

REQUERIR , *v. a.* Querir de nouveau. Ce *verbe* dans ce sens n'est proprement usité qu'à *l'infinitif.* (On alla requerir la nuit ce qu'on avoit caché. *Ablancourt. Luc.*)

Réquérir. Terme de Palais, qui signifie Demander, Suplier, & qui en ce sens se conjugue ainsi. *Je requiers , tu requiers , il requiert , nous requerons , vous requerez , ils requiérent. Je requerois. J'ai requis , je requis , je requerrai.* [Le promoteur requiert qu'il plaise à Monsieur l'Evêque de &c. *Patru , plaidoïé. 5.*]

Requerir. Ce mot se dit aussi quelquefois *sans parler Palais* , & signifie *Demander. Exiger. Vouloir.* (Il le combla de promesses autant que la nécessité présente le requeroit. *Vaugelas. Quin. l. 5. c.4.*)

† Requerir. Ce mot se dit aussi au même sens dans le burlesque & même on croit que comme il est un peu vieux il n'entre guére plus dans ce stile & dans celui de pratique. (Le Receveur requiert pardon. *La Fontaine , Contes.*)

Requête , *s. f.* Ce mot eu général veut dire une sorte d'écrit qu'on adresse à un Juge pour le suplier de nous acorder quelque chose que nous lui demandons par nôtre écrit, où nous alleguons les raisons que nous avons de lui faire les tres-humbles demandes que nous lui faisons. (Il y a plusieurs sortes de requêtes, il y a des simples requêtes à fin d'oposition contre quelque arret, & d'autres simples requêtes pour se pourvoir contre les sentences présidiales, qu'on apele *requêtes civiles* qui sont des moiens de droit pour se pourvoir contre un arret. Requête principale. Requête incidente. Il y a ouverture en requête civile. Obtenir une requête civile contre un arret. Etre débouté d'une requête civile. Donner sa requête. Les Juges répondent les requêtes qu'on leur présente. Signifier une requête. Requête verbale. C'est à dire, qu'on fait verbalement à l'Audience, & qu'aprés on rédige par écrit.)

Requêtes de l'hotel. C'est l'une des juridictions du Parlement de Paris, en laquelle sont juges Messieurs les Maîtres des requêtes qui connoissent des afaires des oficiers de la maison du Roi & de tous ceux qui ont droit de *committimus ,* en un mot de tous les Privilégiez. (Plaider aux requêtes de l'hôtel. Il y a une belle cause aux requêtes de l'hôtel.)

Requête. Ce mot se dit quelquefois *sans parler Palais, & signifie Priére. Demande.* [Elle le suplia de la vouloir excuser si elle lui faisoit une tres-humble requête. *Vaugelas, Quin. l. 5. c. 3.*

Elle en donna l'arrét à la requête de Mademoiselle sa fille. *Voiture , lettre 9.*] Cette derniére façon de parler de Voiture semble plus dans l'usage que celle de Vaugelas, parce que le mot de requête ne se dit guére qu'en pratique ou dans le stile enjoüé.

Requêter , *v. a.* Terme de *Chasse.* C'est lorsqu'on a couru & brisé le soir une bête, on la quête le lendemain avec le limier pour la redonner aux chiens. [Requêter un cerf. *Salnove.*]

REQUIN , où Requiem , *s. m.* C'est une sorte de gros & de grand poisson qu'on apelle *Chien de Mer*, & qui est tres-avide, à cause de la grandeur de son foie. Il a la tête plate & large, & là gueule armée de trois rangs de dents. Il est toûjours escorté de quantité de petits poissons, qui aiment mieux se laisser prendre avec lui que de l'abandonner. On les nomme Pilotes, parce qu'on prétend qu'ils lui servent de guide pour le conduire aux endroits où il est à la découvert de la proie. On prend le Requin à l'hameçon, & il est dificile d'en venir à bout. *Tachard , Voiage de Siam.* Voiez *Chien de Mer.*

† Se REQUINQUER , *v. r.* Prononcez *se rekinké.* Ce mot se dit des personnes vieilles, ou un peu vieilles qui se parent & s'ajustent proprement. (C'est une vieille qui se requinque parce qu'elle s'est mis en tête de se remarier.)

REQUINT , *s. m.* Terme de *Palais.* Prononcez *rekin.* C'est le quint du cinquiéme denier du prix ou de l'estimation d'un héritage féodal. (Paier le quint & requint.)

REQUIPPER , *v. a.* Equiper de nouveau. [Réquipper l'artillerie.]

Requis , requis , *adj.* Prononcez *reki.* Recherché. Nécessaire. (La vérité n'étoit pas si requise ici que la beauté. *Ablancourt , Apoph.*)

Requisition , s. m. Terme de *Palais.* Demandes & conclusions du Procureur général, ou de ses Substituts, ou de quelque Promoteur, qui fait dans la juridiction Eclésiastique ce que fait le Procureur du Roi dans la Séculiére. (L'Evêque sur le *requisitoire* du Promoteur rend son ordonnance. *Patr. pl. 5.* Faire son *requisitoire*. *Patr. pl. 9.*)

RES.

Rés. Voiez *Rez.*

RESACRER , *v. a.* Sacrer de nouveau. (Resacrer une Eglise, un calice , &c.)

R SAIGNER , *v. a.* Saigner de nouveau. Saigner plusieurs fois. (Resaigner un malade.)

RESAISIR , *v. a.* Saisir de nouveau. Reprendre. (Les sergens ont resaisi ce prisonnier qui s'étoit évadé. Faire resaisir une chose dont on avoit eu la main levée.)

Se resaisir, *v. r.* Se remettre en possession de quelque chose. (Se resaisir de ses biens. *Hist. de Louis 14.* Se resaisir de son argent.)

RESALUER , *v. a.* Saluër de nouveau. Rendre le salut. Saluër plusieurs fois. (La civilité veut qu'on *resalüe* ceux qui nous ont salüé.)

Resasser, Voiez *Ressasser.*

† RESCINDER , *v. a.* Terme purement de *Palais.* Il signifie, Casser, ou annuller un contract ou un autre Acte. On dit aussi la *rescision* d'un Acte.

RESCRIPTION , *s. f.* Prononcez *rescricpion*, Terme qui se dit en parlant de finance, & qui signifie une Ordonnance pour paier une somme qui a été assignée à quelque persone. (Expédier une réscription. Aquiter une réscription. Reformer une réscription.)

RESCRIT , *récrit* , *s. m.* J'ai oüi dire à de certaines gens qui se croient fort habiles en la langue *récrit* , mais tous les autres, qui véritablement parlent bien, écrivent & prononcent *rescrit* en faisant sonner *s f.* Le *Rescrit* est une sorte de bule, ou de monitoire, qu'on obtient du Pape, & qui commence toûjours par ces paroles *significavit nobis dilectus filius.* Voiez *Eveillon , Traité de l'excommunication & du monitoire.* [Obtenir un rescrit de la Cour de Rome. Examiner un rescrit. *Fevret. Traité de l'abus.*]

RESEAU , *s. m.* Sorte de tissu de fil, ou de soie fait à jour, dont quelques femmes se servent pour mettre à des coifes, à des tabliers & autres choses. (Réseau noir. Réseau blanc.)

RESECHER , *v. a.* Sécher de nouveau. (Resécher du linge. En Eté, la terre se reséche bientôt aprés la pluïe.)

RESELLER , *v. a.* Remettre la selle à un cheval. [Il n'eut pas si tôt déselé son cheval, qu'il le falut reseller.]

RESEMELER , *v. a.* Remettre de nouvelles semelles à des souliers, ou à d'autres chaussures. Resemeller des souliers, des pantoufles, des botes, & des bas, &c.]

Reserrer. Voiez *Resserrer.*

RESERVÉ , *reservée* , *adj.* Retenu. Sage. Circonspect. (Nos Péres ont été plus reservez sur ce qui regarde la chasteté. *Pasc. liv. 9.* Il étoit fort reservé à parler de soi. *L'Abé Talemant, Plutarque. Tome 5. vie de Ciceron.*)

Cas reservé. Terme d'*Eglise.* C'est ce dit-on, dont il n'y a que l'Evêque, ou le Pape, qui puisse absoudre. [Un simple Prêtre ne peut absoudre des *cas reservez*, qu'à l'article de la mort.]

Reserve ,

RES.

Reserve, s. f. Terme de droit Canon. C'est une faculté que le Pape se reserve de conferer de certains bénéfices à qui bon lui semble, interdisant au collateur la collation de ces bénéfices. On appelle aussi cette reserve, un interdit, ou prohibition. Il y a une reserve qu'on nomme perpetuelle, & l'autre temporelle: La perpetuelle, c'est lorsque le Pape se fait la reserve de certains bénéfices à lui, à ses successeurs, & au saint Siége. La reserve temporelle, c'est lorsque le Pape se réserve de conferer un bénéfice quand il lui plaira. Le Pape seul peut user de réserve, & par les reserves il n'ôte point la puissance à l'ordinaire, mais il en détourne seulement l'usage pour un tems. Les réserves sont abolies hormis celle de la Cour de Rome. Il y a pourtant des réserves autorisées en France, comme la reserve des fruits d'un Archevêché à celui qui doit succeder à cette dignité.)

Reserve. Retenuë. Circonspection. Parler avec réserve. *Mémoires de la Roche-Foucaut.*)

Corps de reserve, s. m. Détachement de quelques troupes du corps de l'armée, qui ne vont aux coups qu'en cas de nécessité.

A la reserve. Préposition qui régit le *génitif* & qui signifie *excepté*, mais qui n'est pas si en usage que les prépositions *hormis* & *excepté.* [A la reserve de trois, ou de quatre villages que l'on a conservez, tous les autres ont été pillez.]

† *A la reservation.* Préposition qui est hors d'usage, & qui signifie *à la reserve, reservé, hormis, excepté.* (Ils sont presque tous morts de maladie, *à la reservation de ceux qui se sont néiez,* dites *à la reserve, ou excepté. Vaug. rem.*)

Reserver, v. a. Garder. Serrer. Conserver. (Il faut *reserver* quelque chose pour l'avenir. Vous pouvez *reserver* cet avis à un autre tems. *Pascal, l.6.*)

Se reserver, v. r. Se conserver quelque chose. Atendre à faire, ou à dire quelque chose. Il se réserve de païer plus, ou moins, *Patru, plaidoié 3.* Se reserver quelque peu de bien pour ses vieux jours.)

Reservoir, s. m. Ce mot se dit en parlant de *citernes* & de *poissons.* C'est le lieu où l'on garde & où l'on nourrit du poisson. (Un petit, ou un grand reservoir.)

† *Resueil, s. m.* Sorte de rets, ou de filets. Voiez aussi *Reseau* car il signifie la même chose.

Residence, s. f. C'est la demeure d'un Ecclésiastique au lieu de son bénéfice pour être toûjours prêt à la desservir. (Être obligé à la résidence. Bénéfice qui demande résidence. Faire sa résidence à son bénéfice.)

Résidence. Il signifie aussi la fonction de celui qui réside pour le service d'un Prince.

Résident, s. m. Celui qui est à la Cour d'un Prince, ou d'un État étranger pour les afaires de son Prince, ou de son État. (Le sieur Du-Pré a été Résident à Madrid pour le Roi de France.)

Résider, v. a. Être. Demeurer d'une manière fixe. (La paix réside dans l'ame de ceux qui désirent la procurer aux autres, Voiez *la Morale du Sage.* La souveraine puissance *résidoit* en la personne du Roi. *Vaugelas, Quin. l.x. c.x.*)

Résider. Ce mot se dit ordinairement en parlant d'Évêques & autres Ecléfiastiques qui ont charge d'ames. C'est demeurer en son bénéfice. (Les Évêques & les Curez sont obligez à résider.) Il se dit aussi des Résidens des Princes V. *Résident.*

† *Residu, s. m.* Il vient du Latin *residuum.* Il signifie *le reste.* Il se dit en fait de comptes.

Resignant, s. m. Terme d'Ecléfiastique. Celui qui résigne un bénéfice à un autre Ecléfiastique.

Resignataire, s. m. Terme d'Ecléfiastique. C'est celui à qui on fait une résignation.

Résignation, s. f. Prononcez *Rézignation*, Terme de *Manière Bénéficiale.* C'est la démission qu'on fait d'un bénéfice en faveur d'une personne capable. (Faire une résignation pure & simple. La résignation est en tres bonne forme.)

Résignation. Déférence pleine & entière. Soumission extrême. Soumission particulière. [Parlant avec une extrême *résignation* à les volontez la grace de ma liberté. *Le Comte de Bussi, Lettre, au Duc de S. Aignan.*)

Résigner, v. a. Terme de *Matière Bénéficiale.* C'est faire la *résignation* de quelque bénéfice en faveur d'un homme capable de le posséder. [Résigner un bénéfice à quelcun.)

Resilir, v. n. Il vient du Latin *resilire.* Ce mot est purement de *Palais & de pratique.* Il signifie. Ne vouloir pas exécuter une promesse, un contract, &c.

Resiné, ou *Raisiné, s. m.* Vin doux où l'on jette des quartiers de poire qu'on fait cuire jusques à consistence. Grapes de raisins qu'on fait cuire avec du vin doux jusques à une certaine consistence & dont les petites gens mangent au lieu de confitures. (Faire du resiné. J'ai de fort bon resiné.)

Resine, ou *poix résine, s. f.* C'est un suc gras qui de lui même coule de quelques arbres, comme du pin, du sapin, du cyprès, du térébinte. La meilleure resine est celle qui sort du térébinte. (Toute resine est sèche ou liquide, rousse, ou jaunâtre & elle devient blanche lorsqu'elle est cuite. On dit que

RES. 711

trois onces de resine pulverisée & mise dans un muid de vin rendent le vin fort apéritif. Le Camfre est une espèce de resine.)

Resipiscence, s. f. Terme d'Eglise. Retour à une meilleure vie & à une plus sage conduite. (si l'excommunié vient à *respiscence* on l'absout en forme canonique. † * Venir à *respiscence*]

Resistance, s. f. Action de résister. [Il firent une vigoureuse résistance. La résistance fut fort grande]

Résister, v. n. Faire tête. Empêcher que quelque chose ne s'exécute. S'oposer avec résolution. (Résister à la grace. *Pascal, l.18.* Ils ont courageusement résisté.

  Cesse de te défendre
  Point de refus
  Tous tes discours sont superflus
  Ne me résiste plus. *Recueil de Poësies.*)

Resnes Voiez *Rênes.*

Resolu, résolué, adj. Arrêté. Déterminé. Réglé. Décidé. (Chose résolué. *Ablancourt.* Dessein résolu. *Ablancourt.* Je suis bien resolu de les pousser, *Pascal, l.18.*)

Résolu, adj. Hardi. (Il étoit d'une mine agréable & résolué. *Ablancourt, Tac. Agricola.*)

Résolument, adv. Absolument. Déterminément. (Il veut résolument ce qu'il veut.)

Résolutif, résolutive, adj. Qui peut résoudre. C'est à dire, Dissoudre, Réduire. [Le vinaigre est résolutif. Faculté résolutive.]

Résolution, s. f. Ce qui a été résolu & arrêté. Décision. Sentiment. (Voilà ma résolution. Il faut savoir qu'elles sont les résolutions du Conseil. Dire sa dernière résolution. *Ablancourt.* Je lui ai mandé ma résolution, *Voit. l. 171.* Prendre une ferme résolution. *Ablancourt.*)

Résolution. Fermeté. [Montrer sa résolution. *Abl. Rét. l. 3. c.1.*)

* Ébranler la résolution des soldats. *Ablancourt, Tacite.*

Résolution. Ce mot se dit en Termes de *Palais.* Cassation. (La résolution d'un bail, d'un contrat, &c.)

Résolution. Ce mot se dit entre *Médecins & Chimistes.* C'est à dire, Réduction. Solution & dissolution (La résolution d'un corps en ses élemens. *Cornaro* vécut si vieux qu'il mourut par résolution.)

Resompte. Voiez *résumpte.*

Resonnant. Participe signifiant. Qui résonne. Qui retentit.

Résonnant, résonnante, adj. Qui a du résonnement. Qui retentit (Corps résonnant. Corde résonante.)

Résonnement, s. m. Retentissement. (Cette corde fait un agréable resonnement.)

Résonner, v. n. Rétentir. (Cloche qui résonne. Corde qui résonne.)

* Tous les bois d'alentour *résonnent* les loüanges de l'aimable Amarillis.

* *Ressortir, v. n. p.* Sortir de nouveau. Voiez *ressortir.*

Ressouder, v. a. Souder de nouveau. Remettre de la soudure aux endroits où il en manque. (Ce tuiau est gâté, il le faut resouder.)

Resoudre. Ce verbe est actif, & neutre. *Je résous, tu résous, il résout, nous résolvons, vous résolvez, ils résolvent*; Je résolvois. *J'ai résolu, je résoudrai, que je résolve, résolvant.* Tous ceux qui parlent & qui écrivent bien, conjuguent ce verbe de cette manière: mais d'autres disent, *Je résouds, tu résouds, il résoud, nous résoudons, vous résoudez, ils résoudent, je résoudois,* &c. Cette manière de conjuguer n'est que du peuple.

Résoudre. Ce mot signifie faire prendre résolution à quelcun. (*Je l'ai résolu à cela. Vau. Rem.* Tâchez à faire résoudre vôtre ami. *Vau. Rem.*)

Résoudre. Déterminer. Régler. (Vous prétendez choquer ce que j'ai résolu. *Moliere, Cocu imaginaire*)

Résoudre. Ce mot se dit en Terme de *Palais,* & signifie *Casser.* (Résoudre un bail)

Résoudre. Ce mot se dit entre *Médecins & Chirurgiens,* & signifie *Dissoudre.* [Résoudre une tumeur. Faire résoudre les humeurs.]

Résoudre. Ce mot se dit entre *Philosophes.* (C'est Soudre. Décider. [Resoudre une dificulté. Resoudre une question. *Pascal, l.17.*]

Se résoudre, v. r. Prendre une résolution. Se déterminer. (Je me résouds à recevoir cette donation. *Moliere, Tartufe.* Je me suis resolu à faire cela. Resous toi d'aler chez les morts. *Main.*)

Se résoudre, v. r. Être dissout. être réduit. (L'eau se résoud en vapeurs, & les vapeurs se resolvent & se convertissent en eau.)

Respect, s. m. Considération. Égard qu'on a pour les personnes & pour de certaines choses. (Perdre le respect qu'on a pour quelcun. *Mémoires de la Roche-Foucaut.* Atirer le respect. *Ablancourt.* Avoir du respect & de la vénération pour les mistères de la Religion Crétienne.

  J'éleve à l'un un trône, à l'autre des autels.
  Et jure à tous ces deux des respects immortels.
  Corn. Pomp. a. 5. s. 1.

Il lui a perdu le respect. Il a manqué de respect. *Corn. notes sur Vaug.*)

† * Respect,

† * RESPECT, s. m. Terme de *Tapissier de Paris*. Ce mot ne s'écrit point, & ne commence qu'à s'introduire. Il y a des Dames qui parlent bien & qui lui veulent faire faire fortune, & peut être qu'elles feront à un mot ce qu'elles font tous les jours à tant de gens. Le respect est une sorte de petit tabouret fort propre que l'on commence à donner dans quelques maisons de qualité de Paris à des personnes qui sont d'un rang inférieur à celui de la compagnie, ou que ces personnes qui sont inférieures aux autres prennent elles mêmes par modestie lorsqu'elles veulent s'asseoir, ou qu'on les prie de prendre des chaises. *Prenez, ce respect, Monsieur, & asseiez-vous, s'il vous plait. Donnez* un respect *à Madame. Qu'on aporte ici des respects. J'aime mieux un respect qu'une chaise à bras.*

Porte respect. Voiez PORTE.

Respecter, v. a. Ce mot se dit des personnes & de certaines choses aussi. (On doit respecter les personnes qui le méritent. Respecter les choses saintes.)

Respectable, adj. Ce mot est de nouvelle fabrique, & tout le monde ne s'en sert pas encore librement. Il signifie, digne de respect, qui merite du respect, qu'on doit respecter. (Un éclat qui le rend *respectable* aux Dieux mêmes. *Rac. Esther, a. 1. sc. 7.*)

Respectif, respective, adj. Terme de *Pratique*. Mutüel. [Obligation respective.]

Respectivement, adv. Terme de *Pratique*. Mutuellement. (Ils sont respectivement obligez.)

Respectueux, respectueuse, adj. Plein de respect. Soumis avec respect. (Il est fort respectueux. Il agit d'une maniere respectueuse.

Mer, dont les flots impétueux
Viennent d'un pas *respectueux*,
Baiser le sable des rivages.
Godeau, poësies.)

Respectueusement, adv. Avec respect. (Il refusa tres-respectueusement l'ofre qu'on lui faisoit. *Flechier, Vie de Commendon. Preface.*)

RESPIRATION, s. f. Elle depend de l'action des muscles de l'estomac & du bas ventre qui faisant enfler & désenfler nôtre corps determinent l'air à y entrer, ou à en sortir, pour soulager & rafraichir le cœur. On apelle aussi *respiration* lorsque l'air est atiré par la bouche & par les harines pour rafraichir le cœur. (Respiration interrompuë. Respiration fréquente.)

Respirer. Ce verbe est *actif* & il est quelquesois aussi une maniere de *verbe neutre*. Il signifie atirer l'air dans sa poitrine & en faire sortir. Pousser une maniere de soufle hors de sa bouche. (Quand on respire un air pur on s'en porte bien mieux. Il respire, il n'est pas encore mort.

Aprochons nous pour voir si sa bouche respire
Mol. Corn. imag. sc. 4.)

* Respirer. Au figuré, il signifie. Desirer avec ardeur. (Un usurier ne respire que le gain. Un tiran ne respire que le sang de ses sujets. Un amant ne respire que pour sa Maîtresse.)

* On dit aussi *respirer la liberté*, c'est à dire en joüir, la gouter & prendre plaisir.

* Il ne commence à respirer que depuis qu'il n'est plus avec ces miserables Italiens.

Resplendissant, resplendissante, adj. Eclatant. (C'est quelque chose de resplendissant. Leurs lampes étoient grandes & resplendissantes. *Abl. Luc. T. 2. hist. l. 1.*)

† *Resplendir, v. n.* Ce mot n'est presque plus en usage, en sa place, on se sert de *briller, d'éclater, ou de reluire.*

En toi l'on remarque
Un feu qui luit separément
De celui, dont si vivement
Resplendis nôtre grand Monarque.
Chap. Ode à Richelieu.

Responsable, adj. Qui doit répondre de l'évenement de quelque chose & qui est comme caution. (Mes Péres, vous serez responsables des mauvais éfets qui pourront naître de vos opinions inhumaines. *Pascal, l. 14.* Il est responsable de cela en son propre & privé nom. Voiez Répondre. L'art n'est point responsable des fautes de l'artisan. *Abl. Luc. T. 2.*)

† *Responsif, responsive, adj.* Terme de *Palais*. Qui contient une réponse. (Ecritures responsives.)

Ressasser, v. a. ou refasser, mais prononcez *ressasser*. Terme de *Boulanger*; & de gens qui vendent de la farine. (On fait passer la farine par un sas lorsqu'elle n'est pas bien blutée. Ressasser la farine.)

* Ressasser Mot comique pour dire. Retoucher. Recorriger quelque ouvrage d'esprit. (Ressasser un discours.)

RESSEMBLANCE, s. f. Rapot qui se trouve entre des personnes, ou des choses. (Ils n'ont aucune ressemblance. Ce sont des éféminez qui prennent les vices des femmes aussi bien que leurs ressemblances. *Ablancourt, Luc.* On dit, mais sans fondement, que la ressemblance des enfans avec leurs péres & leurs méres, sert à leur faire conoitre qu'ils sont nez d'eux. *Le Maît. pl. 7.* Il y a des remarques dans Vaugelas, dans Ménage & dans le P. B. qui ont beaucoup de ressemblance. *Notes sur les remarques de Vaug.*)

Ressembler, v. n. Avoir de la ressemblance. (Il étoit de son âge & ne lui ressembloit pas mal de visage. *Vaugelas. Quin. l. 3. c. 1.* Le Marquis de Pisani disoit que s'il croioit ressembler à un Espagnol, il ne se montreroit jamais. *Voit. Tounre, p. 5.* Chacun croit qu'on lui ressemble. *Cadmus, a. 3. sc. 1.*)

Se ressembler, v. r. Etre ressemblant. (La nature à peine à faire deux choses qui se ressemblent. *Abl. Tac.*)

RESSENTIR, v. a. Sentir. Sentir encore. *Je ressens. J'ai ressenti, je ressentis.* (Je ressens de tems en tems des douleurs aux bras.)

* Ressentir. Ce mot se dit en bonne & mauvaise part. Avoir du ressentiment. Avoir du ressouvenir & de la douleur d'une injure reçuë. Avoir un désir de vengeance contre quelcun à cause qu'on en a reçu un mauvais ofice. Avoir de la reconoissance d'une grace reçuë. S'en ressouvenir. Comparir au déplaisir d'un ami. (* Je ressens extrémement vôtre afliction. *Voiture, lettre 157.* je ressens le plaisir qu'il m'a fait. Je ne suis pas moins généreux à *ressentir* cette faveur que vous l'avez été à me la faire. *Voit. l. 45.* je ressens, comme je le dois, l'ofence qu'il m'a faite. *Ablancourt.*)

* Se ressentir, v. r. Ce mot autant que je le puis conjecturer, ne se dit qu'en mauvaise part. Avoir du ressentiment d'un déplaisir qu'on nous a fait. Avoir du ressouvenir d'une injure reçuë. (Ils se sont ressentis du traitement que vous leur avez fait. *Moliere, Précieuses, scéne 16.* Ils se ressentirent des outrages qu'ils avoient reçus. *Vaug. Quin. l. 4. c. 8.* Il m'a fait du déplaisir, je m'en ressens, & m'en ressentirois toute ma vie si la crainte de Dieu ne me retenoit.)

Ressentiment, s. m. Quelque reste de douleur qu'on a de tems en tems. Quelque nouvelle ataque de mal. Quelque sentiment de mal. (Ablancourt avoit, sur la fin de ses jours, quelque ressentiment de goute.)

* Ressentiment. Ressouvenir d'une injure qu'on nous a faite. Déplaisir, Chagrin, Colère qu'on a pour quelque déplaisir reçu. Douleur qu'on a d'une chose arrivée. (Vôtre ressentiment ne doit point éclater. *Moliere, Tartufe, a. 3.* Je n'ai pu lui dissimuler mon ressentiment. Donner ses ressentimens aux interêts de la République. *Ablancourt.* Sacrifier ses ressentimens aux interêts de l'état. *Cost.* Ils ne montrérent aucun ressentiment de la mort de leurs compagnons. *Vaug. Quin. l. x. c. 3.*)

* Ressentiment. Ressouvenir d'une grace reçuë, d'un bon ofice reçu. Reconoissance. (Le ressentiment qu'elle avoit de l'estime qu'il faisoit d'elle, l'obligea. *Ablancourt.* Je ne perdrai jamais le souvenir & le *ressentimens* des bontez que vous m'avez témoignées. *La Chambre.*)

* Resserrement, s. m. Ce mot au propre signifie l'action par laquelle on resserre; mais il n'est guére usité. (Le resserrement d'une sorde qui s'étoit lâchée. Le resserrement des prisonniers.)

Resserrement de cœur, s. m. Ce mot est heureusement employé par Messieurs de Port-Roial pour marquer une certaine tristesse qui acable le cœur & le ferme à toute sorte de joie. [Ces objets produisent dans le corps le même resserrement de cœur qu'ils avoient acoutumé autrefois d'y produire. *Port-Roial, Education du Prince, prémiere partie page 33.* Ce dégout d'esprit est acompagné d'un certain resserrement de cœur. *Port-Roial, Education du Prince page 317.*)

Resserrer, ou Reserrer, v. a. Serrer de nouveau. (Resserrer en corps de ljure un livre qui est fort deserré.)

Resserrer. Mettre plus à l'étroit. Retrancher de la liberté qu'on avoit. (Resserrer un prisonnier. Resserrer les ennemis dans les montagnes.)

Resserrer, v. a. Serrer. Conserver. Garder. (Ils sont des creux souterrains pour resserrer les blez. *Ablancourt, Tacite, Agricola.* Ils resserrent dans leur ville tout ce qu'ils avoient à la campagne. *Ablancourt, Ari. l. c. 4.* Resserrer son argent, des pierreries, &c.)

Se resserrer, v. r. Se rétrecir. Ne se pas étendre si fort qu'auparavant. (Sa vaste étenduë se resserre peu à peu vers le Nord. *Ablancourt, Tacite, Agricola.* Les alles vinrent à se resserrer. *Ablancourt. Rét. c. 3.*)

RESSORT, s. m. Terme de *Phisique*. Proprieté naturelle qu'ont de certains corps de se remettre en l'état d'ou l'on a tiré par quelque violence. (Les arcs qu'on a bandez, se lâchent par la vertu du ressort. On tient que la cause du ressort est la matiere subtile qui agit dans les pores de certains corps qui ont été courbez.)

Ressort, s. m. Piéce de fer ou d'acier, qui est en quelque machine, ou quelque ouvrage d'artisan & qui sert à faire aler & à faire remüer d'autres piéces. (Un bon ressort. Ressort qui ne jouë pas. Le ressort d'une montre, d'un fusil, d'une serrure, &c.)

* Ressort. Il se dit de certaines causes cachées sur lesquelles la Nature agit. (La nature agit par de secrets ressorts que nous ne comprenons point.)

* Ressort. Il se dit encor au figuré des causes & des motifs cachez, par lesquels on agit dans la politique & dans la morale. Ne démarez point les ressorts que nous ferons joüer. *Moliere.* Tu romps tous les ressorts de ma vaine prudence. *Racine Iphigenie, a. 1. s. 5.* Il a fait joüer toutes sortes de ressorts pour réussir en cette afaire. *Ablancourt.* * Dieu tourne le monde. Et regle

RES.

gle les *ressorts* de la machine ronde, *Dépr. Sat.* On dit aussi, Les hommes ne peuvent pas connoître quels sont les ressorts de la Providence par laquelle Dieu gouverne le monde.

Ressort. Terme de *Palais*. C'est le droit de connoître des causes d'apel. [Le Ressort du Parlement de Paris s'étend fort loin. *Juger en dernier ressort.* C'est juger sans apel.]

Ressortir, resortir. Ce mot pour dire sortir de nouveau est un verbe neutre passif, mais il ne se dit guère en ce sens, on le conjugue en cette sorte, *Je resors, tu resors, il resort, nous resortons. Je resortois. Ja. resorti. Je resortirai,* &c. (Tout ce qu'on jettoit dans la caverne, la plus proche de la source aloit ressortir par l'autre embouchure de la rivière. *Vaug. Quin. Curce. l.6. ch.4.*)

Ressortir, v. n. Terme de *Palais.* C'est être du ressort d'une jurisdiction, être obligé d'y venir plaider en cas d'apel. *Je ressortis, tu ressortis, il ressortit, nous ressortissons, vous ressortissez, ils ressortissent. Je ressortissois. Je ressortirai,* &c. Les deux premieres personnes de l'indicatif de ce verbe ne viennent guère un usage, non plus que plusieurs de ses tems. (Les apellations ressortissent à la Cour des Monoies. Bouteroüe traité des monoies des premières races de nos Rois, *p.380.* Le conseil de Barcelone, où ressortissoient tous les autres sièges, prétendit que. *Patru, plaidoié*, 1. *p.5.*)

Ressource, *s. f.* Moiens de reparer ses pertes. Moiens de se relever & d'empêcher entièrement sa ruine & sa perte. (Il avoit encore de grandes *ressources. Vaug. Quin.* 1.5. *c.9.* Ils seront sans *ressource* dépoüillez d'une portion de leur héritage. *Patru, plaidoié,* 4. Il est perdu sans ressource. *Ablancourt*.)

Pour remplir tant soit peu ma bourse
Je ne manque point de ressource. *Boisr. T. 1. Ep.12.*)

RESSOUVENANCE, *s. f.* Mot qui ne se dit plus & ne s'écrit plus par ceux qui parlent & qui écrivent bien, & à moins que d'être bien ménagé, il ne passera pas. En sa place on dit *Souvenir, Ressouvenir,* ou *Mémoire*.

Ressouvenir, s. m. Action de se ressouvenir. Mémoire qu'on a d'une chose. (J'ai quelque ressouvenir de cela. J'ai encore le ressouvenir tout frais de ce qui s'est passé.)

Se ressouvenir, v. r. Je me ressouviens. Je me suis ressouvenu. Je me ressouvins. Avoir la mémoire d'une chose. Se remettre quelque chose dans la mémoire. (Je lui dis qu'il faloit *se ressouvenir* qu'ils n'étoient plus enfans. *Vaugelas. Quin. l.* 8. Quand je songe que vous me faites l'honneur de vous ressouvenir de moi, je. *Voiture, lettre* 15. Se ressouvenir d'avoir oublié quelque chose. *Vaug. Rem.*)

Se ressouvenir. Il se prend quelquefois pour *songer*, *considérer*. (Les soldats se ressouvenoient qu'ils n'avoient plus de Chef. *Vaug. rem.* Quelques-uns aiment mieux dire, les soldats songeant, ou considèrant qu'ils n'avoient plus de Chef. *Cora. notes sur Vaugelas.*)

RESSUSCITER, *v. a.* Redoner la vie. (Jesus-Christ a ressuscité des morts. Dieu ressuscitera nos corps.)

* *Ressusciter, v. a.* Au figuré il signifie renouveler, rétablir une chose presque abolie. (Le Printems ressuscite les plantes. Ressusciter un procès, une opinion, une hérésie, &c.

* Le tems & la saison feront *ressusciter* nôtre amitié passée. *Voit. Poës.*

Ce discours d'un guerrier que la colère enflame
Ressuscite l'honneur déja mort dans leur ame.
Déspreaux, épitre 4.

Ressusciter, v. n. Retourner de la mort à la vie. (Nous *ressusciterons* au dernier jour.)

Ressui, *s. m.* Terme de *Chasse*. C'est le lieu où se met la bête fauve pour s'essuier lors qu'elle est moüillée de la rosée du matin. (Bête qui est au ressui.)

Ressuier, v. a. Essuier de nouveau. Essuier. (Quand les fruits sont dans la fruiterie & qu'ils ont jetté leurs eaux, il les faut ressuier.)

RESTAURATEUR, *s. m.* Celui qui Refait, Rétablit, Repare. (Jesus-Christ a été établi de Dieu pour juge & restaurateur de toutes choses. *Maucroix, Schisme* l.3. Il fut le restaurateur de cette observance. *Patru plaidoié* 15. Pompée vouloir passer pour le restaurateur du Tribunal. *Abl. Cesar.* Constantin a été le restaurateur de Bizance, qu'il a fait apeller Constantinople, de son nom. François I. a été le restaurateur des Langues, des sciences & des Arts en son Roïaume.) Ce mot vient du Latin, *restaurator*.

Restauration, s. f. Rétablissement. Reparation. (Travailler à la restauration de la foi Catholique. *Maucr. Sch.l.3.*)

Restaurer, v. a. Ce mot vient du Latin *restaurare*, qui signifie *reparer, retablir.* Il est peu usité au figuré qu'au propre, & il ne se dit que dans le stile le plus simple. (Si quelcun a froid, & qu'il s'aproche de bon feu, il dira, *ce feu me restaure. Vaug. nou. rem.* Si quelque personne un peu foible, prend un bon boüillon, elle dira, *ce boüillon me restaure tout à fait*.

Mercure un jour l'implore,
Aiant besoin d'elle auprès de sa sœur,
Il lui promit quelque douceur,
Un peu d'argent lui plaît & la *restaure*.
Benserade, Rond. p.158.

Restes, *s. m.* C'est tout ce qui demeure & qui reste de quelque chose. (Il y a de bons restes. Il a eu de bons restes.)

RES. 783

* *Jouer de son reste*. Façon de parler proverbiale, pour dire, Faire un dernier effort. Faire un coup de desespoir. Hazarder tout. On dit au même sens *coucher de son reste*.

* *Un reste* de tendresse, d'amour, de jeunesse, ou de beauté.

Au reste, du reste, conj. L'un & l'autre se dit, mais *au reste* semble plus usité. Il n'y a guère que feu Mr. d'Ablancourt & ses imitateurs qui disent *du reste*, ce qui sufit pour donner de la vogue à *du reste*, car la plupart des imitateurs de ce grand homme sont des grands hommes aussi. On se sert *du reste*, ou *d'au reste* sois qu'après avoir allégué plusieurs raisons, ou plusieurs considérations, on en marque enfin une dernière. (Exemples. Au reste, Monseigneur, Je vous demande audiance pour des hommes de France, qui a le plus d'estime pour vous. Il étoit adroit à lancer le javelot , *du reste*, brave, intrépide & d'une mine résolue. *Abl.*)

A toute reste, adv. Le mot de *reste* n'est féminin que dans ce seul exemple.

Rester, v.n. Être de reste. Avoir de reste, Avoir encore. (Si vous étiez en ma place je suis assuré qu'il ne vous *resteroit* pas plus de loisir qu'à moi. *Vit. l.68.* Il me semble qu'il me reste beaucoup d'années à vous aimer. *Voit. let.30.* Il ne vous reste plus que d'ajouter ce. *Voit. l.17.*)

* *Rester.* Ce mot est emploié quelquefois pour signifier *demeurer*, mais dans ce sens il ne vaut rien. Une personne qui parlera bien ne dira jamais *je resterai ici pour dire je demeurerai ici. Vaug. Rem.*

Restant, restante, part. & adj. Qui est de reste. (La somme restante.)

* *Restant, s. m.* Dites *le reste*.

RESTITUER, *v. a.* Rendre ce qu'on a pris. Rendre ce qu'on a reçu sans l'avoir merité. (On a restitué le vol. *Scar.* Si le devin est ignorant en l'art diabolique il est obligé à restituer. *Pasc. l.8.*)

Restituer, v.a. En terme de *Palais*. Il signifie rétablir. (On l'a restitué en tous ses honneurs, charges & dignitez. Restituer une partie en tous ses droits. Restituer un mineur en la possession du bien que son Tuteur avoit aliéné. Restituer en son entier.)

Restitué, restituée, adj. Rendu. (On proposa que les Terres qu'on leur avoit ôtées, leur seroient restituées. *Flech. vie de Commendon.*)

† *Restituteur, s. m.* Il ne se dit que de ceux qui rétablissent les Auteurs anciens, ou renouvellent des opinions anciennes. (Copernic a été le restituteur de l'opinion de Pithagore & d'Aristarque.)

Restitution, s. f. Action de restituer, ce qu'on a volé, pris ou reçu injustement. (Faire une ample restitution des vols qu'on a faits. Être obligé à restitution.)

RESTRAINDRE, *v.a. Je restrain. Je restraignis. J'ai restraint. Restraignant.* Reserrer. [L'usage a restraint ce droit avec le tems aux Archevêchez *Patru, pl. contre les Urbanistes.*]

Se restraindre, v. r. Je me restrains. Je me suis restraint. Je me restraignis. User de restriction. (Ne dites pas que son intention ait été de se restraindre. *Patru, pl. 12.* Restraindre sa demande.

Il veut. Qu'en Père de son peuple un Monarque commande,
Et que mourant plûtôt que d'oser le trahir,
Un Sujet, se restraigne à l'honneur d'obéir.
Esope, Comedie, a.1. sc 1.

Se restraindre. Se resserrer. Se borner. (Se restraindre à un petit ordinaire.)

Restraint, restrainte. Voïez *restraindre.*

Restriction, s. f. Action de se restraindre. Limitation. (Entendez les loüanges que je done avec la *restriction* que je dois. *Voit. lettre* 30. Restriction mentale. *Pasc. l.9.* La restriction qu'aportent de certains Auteurs ne me plaît pas. *Pasc. l.5.* En faveur de ceux qui ne sauroient trouver ces *restrictions*, nos pères ont enseigné qu'il leur sufit de *Pas. l.9.*)

† *Restrictif, restritive, adj.* Qui restraint, qui limite. (Inserer dans un contract une clause restrictive.)

Restringent, restringente, adj. Terme de *Medecin*. Qui a la vertu de restraindre, & resserrer le ventre. On dit aussi astringent, au même sens. (Une telle plante, ou drogue est restringente.)

RESVE, RESVER, RESVERIE. Voïez rêve, rêver, & rêverie.

RESULTAT, *s. m.* Ce qui resulte de quelque chose, ce qui en dérive, ce qui en revient. Ce qui s'ensuit, ce qui se tire d'une chose. (Voilà le resultat de l'afaire.)

Resulter, v. n. Dériver de quelque chose. Arriver de quelque chose. S'ensuivre. (Il resulte de là que pour faire fortune il faut souvent être un lâche, un fourbe, un flateur.)

† RESSUMER, *v. a.* Terme d'*Ecole*. Ce mot signifie *reprendre, repeter.* (Resumer son argument.)

Resumpte, s. f. Terme d'*Ecole de Téologie.* Prononcez & même écrivez *resomte.* C'est un acte qui a été rétabli en 1676. par les loix de la Faculté, & qui se doit faire par le nouveau Docteur pour avoir sufrage aux assemblées de la Faculté & joüir des droits de Docteur. Cet acte se soutient dans une des six années, immediatement après la licence, avant l'acomplissement desquelles les nouveaux Docteurs ne sont point admis aux assemblées de la Faculté, ni ne sont point choisis pour présider aux *tèses*. La *resompte* se soutient depuis une heure

XXxx jusques

jusques à six. On soûtient cet acte de toute l'Ecriture sainte, de tout ce qui regarde l'histoire de l'ancien & du nouveau Testament & des passages qui s'employent dans les controverses contre les hérétiques. (Faire la resompre.)

RESURE, *s. f.* Terme de *Mer.* C'est un apas fait avec des œufs de morüe pour attirer la Sardine.

RESURRECTION, *s. f.* Action de ressusciter. Le retour de la mort à la vie. (La résurrection de JESUS-CHRIST. La résurrection des morts. La résurrection du Lazare.)

Résurrection, *s. f.* Fête que l'Eglise célébre en mémoire de JESUS-CHRIST ressuscité. (La résurrection est le fondement de la Religion Chrétienne.)

Résurrection. Terme *d'Imager.* Estampe qui représente le mistère de la résurrection. [Une belle résurrection.]

Resusciter. Voiez *ressusciter.*

RET.

RETABLE, *s. m.* Ornement d'Architecture, ou de menuiserie dans lequel on enchasse un tableau ; ce qui sert de bordure.

RÉTABLIR, *v. a.* Remettre dans l'état où l'on étoit. Reparer. Mettre de nouveau les choses en l'état où elles doivent être, & où elles étoient auparavant. (Le Roi envoïa des commissaires sur les lieux qui les rétablirent. *Patru, plaid.* Rétablir le commerce, *Voi. l. 4.* Rétablir le combat. *Abl. Tac. Agricol.* Rétablir la discipline. *Abl. Tac. Agricola.* Rétablir la santé.)

Rétablissement, *s. m.* Action de rétablir les personnes, ou les choses en l'état où elles étoient. (Travailler au rétablissement du commerce. *Abl.* Songer à son rétablissement.)

RETAILLER, *v. a.* Tailler de nouveau. (Reraillér une paire de bas. Retailler des pierres. Retailler une personne qui a la pierre & qu'on avoit déja taillé une autre fois. Retailler la vigne.)

† *Retaillement*, *s. m.* Il signifie l'action de retailler, mais il n'est guère usité.

Retailles, *s. f.* Terme de *Tailleur.* Morceaux qu'on a coupez de quelque étofe. (De bonnes retailles.)

† RETARD, *s. m.* Il vient du Latin *retardatio.* Son usage est fort borné, & il n'est pas fort beau. Il se dit des personnes, & signifie, délai, retardement, action de retarder. (Être en retard.)

Retardement, *s. m.* Il est plus usité que *retard.* Il signifie, délai, alongement de tems, suspension de quelque afaire. (Mettre du retardement à quelque chose. C'est un afaire qui ne soufre point de retardement. Sa maladie est cause de mon retardement. Tous ces retardemens languissoient. *Mémoires de M. de la Roche-Foucaut.* Aporter du retardement. *Abl.*)

Retarder, *v. a.* Aporter du retardement. Arrêter. Empêcher. Diférer. Suspendre. Alonger. (Retarder le jugement d'un procès. *Le Mait.* Le mauvais tems m'a retardé. *Abl.* Retarder le cours d'une armée victorieuse. *Vaugelas, Quin. liv. 8. chap. 2.* Aprenez moi quel accident m'a retardé de bon heur. *Voiture, l. 60.*)

RETATER, *v. a.* Tâter de nouveau. Manier plusieurs fois. (Un Chirurgien tâte & retâte plusieurs fois pour trouver la veine, & pour découvrir où il y a quelque abcès, & où l'on ressent quelque douleur.

* *Retater de nouveau.* (Retâter du vin. Retâter une sauce, &c.)

* *Retater.* Il se dit aussi *au figuré*, en parlant des ouvrages d'esprit & de quelques autres choses. (Il faut longuement retâter les choses d'esprit avant que de leur pouvoir donner la perfection qu'elles doivent aller. Retâter un mot.) On dit aussi il a retâté une fois de la guerre, mais il n'en veut plus retâter, c'est à dire, il n'y veut plus retourner.

RETAXER, *v. a.* Taxer de nouveau. (Retaxer un office.)

RETEINDRE, *v. a.* Teindre de nouveau. Remettre en couleur. *Je retein. J'ai reteint. Je reteignis, je reteindrai.* [Reteindre une jupe, une robe.)

La premiere silabe de ce mot est bréve.

Reteindre, *v. a.* Eteindre de nouveau. En ce sens, on marque un accent sur l'e de la prémiere silabe. (Réteindre le feu qui s'étoit ralumé.)

* Réteindre le feu de la concupiscence par des jeûnes & des mortifications.

RETENDRE, *v. a.* Tendre de nouveau. En ce sens la prémiere silabe est bréve. Retendre un arc qui avoit été débandé. Retendre une corde qui s'étoit lâchée, Retendre la voile. Détendre & retendre des tapisseries.)

Rétendre, *v. a.* Etendre de nouveau. En ce sens, on marque un accent sur l'*e* de la prémiere silabe de ce mot. (Rétendre du linge qui n'est pas assez sec.)

RETENIR, *v. a.* Arrêter. Empêcher. *Je retien. J'ai retenu. Je retiendrai.* (Elles me retinrent à coucher. *Abl. Luc.* Retenir une loge. *Moliere.* La bonté du teroir retient ceux du païs. *Vaug. Quin. l. 8. c. 1.* La crainte des peines les retient. *Patru, pl. 6.* Retenir une muraille, une voute.)

* Je le sai *retenir* par ma fidélité. *Godeau, Poës.*

* Pour *retenir* les hommes, les Casuistes ont consideré, *Pasc. l. 7.*)

Retenir. Se ressouvenir. (Je lui oüis prononcer un mot que je retins. *Abl. Luc.* Ce sont quelques mots que *j'ai retenu* en lisant les Romains, *Moliere, Pourc.*)

Retenir. Ce mot se dit des *cavales.* C'est devenir pleine. Concevoir. (Cavales qui ont retenu. Cavales qui ne retiennent point. Les cavales retiennent beaucoup mieux quand elles sont en chaleur que lors qu'on les fait couvrir en main. *Solesl. Parf. maréchal. c. 46.*)

Retenir Ce mot signifie aussi. Tenir encore une fois. (On a laissé échaper le prisonnier, mais si on le pouvoit *retenir,* on le resserreroit plus qu'auparavant.)

Se retenir v. r. Je me retien ; je me suis retenu. Je me retins, C'est s'empêcher de faire, ou de dire quelque chose. (Je me retiendrai autant qu'il sera possible. *Pasc. l. 8.* Cela me parut si horrible que j'eus peine à me retenir, *Pasc. l. 8.* Allons, je ne pourrois me retenir, & il vaut mieux quitter la place. *Mol.*)

Retention, *s. f.* Prononcez *retencion.* Ce mot se dit entre *gens de Palais*, & signifie action de retenir. (La retention de l'usufruit.)

Retention d'urine. Sorte de maladie qui bouche les conduits de l'urine, & qui cause souvent une mort douloureuse. (Il est mort d'une retention d'urine.)

RETENTER, *v. a.* Tenter de nouveau. Faire une seconde tentative.) Retenter une entreprise.)

RETENTIR, *v. a.* Faire un retentissement Résonner. (Les monts & les valées retentissoient des voix de tant de miliers d'hommes. *Vaug. Quin. l. 8. c. x.* Tout retentit de plaintes & de cris. *Abl. Luc.* Peuple, bénissez le Seigneur & faites retentir par tout ses loüanges. *Port-R. Pseau.*

Retentissement, *s. m.* Son qui reste dans l'air qui est frapé de quelque grand bruit. (Causer un retentissement. *Ablancourt.*)

RETENU, *retenüé.* adj. Il se dit des choses & des personnes, & il signifie arrêté, empêché, saisi.

Retenu, retenüé. adj. Destiné & arrêté pour quelque emploi, & alors il ne se dit ordinairement que des personnes. (Il est retenu pour être Gouverneur d'un Prince. Elle est retenuë pour être fille d'honneur d'une Princesse Electorale.)

Retenu, retenüé. adj. Posé. Moderé. Sage. Circonspect. (Je suis plus retenu à cette heure. *Voit. l. 59.* Il étoit retenu dans les conversations. *Flech. Commendon, l. 1. c. 17.* Il faut être extremement retenu à prononcer sur les ouvrages des grans hommes. *Racine, Iphig. pref*)

Retenu, *retenüé.* Terme de *Manége.* Ce mot se dit du cheval, & veut dire, *qui saute* au lieu d'aler en avant & ne part pas de la main franchement. (Poussez vôtre cheval, il est trop retenu.)

* *Retenüé*, *s. f.* Prudence. Moderation. Circonspection. (Il faut écrire avec tant de retenuë qu'étourdi, comme je suis, je ne prens jamais la plume à la main que je ne tremble. *Voit. l. 21.*

Il faut avec les Grans un peu de retenuë.

Déprevaux *, Sat. 5.*)

* *Retenüé.* Maniere de vivre réglée. Ordre. Discipline. (Ils vivoient dans l'ordre & la retenuë. *Abl. Rét. l. 2. c. 4.*)

RETEUR, *s. m.* En Latin *Rhétor.* Celui qui donne des préceptes de Rétorique. Denis d'Alicarnasse , Longin , Hermogene & Démétrius Phalereus sont de celébres anciens Reteurs Grecs sont fameux.)

† RETICENCE, *s. f.* Ce mot est écorché du Latin *reticentia.* C'est une figure de Rétorique, par laquelle on fait semblant de ne vouloir pas parler de quelque chose dont on dit quelques mots en passant. (Exemple. Je ne parlai pas de sa liberalité, ni de la noblesse de sa race , &c.)

RETIF, *rétive* *adj.* Ce mot se dit proprement des chevaux & veut dire qui recule au lieu d'avancer. (Un cheval rétif. Cavale retive.)

[* Etre *rétif* aux remédes. *Moliére.* * Un naturel rétif. *Mol. avare.*)

RETINE, *s. f.* Terme d'*Anatomie.* Sorte de lacis fort délicat formé par les filets du nerf optique dans le fond de l'œil ; & sur lequel se fait l'impression des images des objets par le moïen des raïons de lumiere qui partent de chaque point de l'objet.

RETIRADE, *s. f.* Terme de *Fortification.* C'est une sorte de retranchement qui se fait dans le corps d'un ouvrage dont on veut disputer le terrein pié à pié. (Une bonne retirade. Faire une retirade. Gagner une retirade.)

Retiration, *s. f.* Terme d'*Imprimeur.* C'est le dernier côté de la feüille, & le prémier côté de la feüille s'apelle papier blanc. (Nous avons fait le papier blanc, & nous en sommes à la retiration. Commencer la retiration.)

Retirement, *s. m.* L'Action de ce qui se retire & qui se racourcit. Il est peu en usage. On dit un *retirement* de nerfs. Voiez *contraction.*

Retirer, *v. a.* Tirer de nouveau. [On commence à retirer.]

Retirer. Arracher de nouveau. [Il retira son couteau de la gorge de la victime.]

Retirer. Tirer en arriére. [Retirer le bras.]

Retirer,

Retirer. Ecarter. Reculer. Eloigner. (Faire retirer le monde.)
En ce sens le *verbe retirer* est une manière de *verbe neutre*.

† *Retirer*. Ce mot pour dire. Avoir quelque air d'une personne. Ressembler, est une manière de *verbe neutre* qui *régit le datif* & qui est bas & vieux. (Il retire un peu à son père.)

Retirer. Recevoir. Loger chez soi quelque personne. Mettre en quelque lieu de sureté. (Ils retirérent dans la vile les biens de la campagne. *Ablancourt.*, *Ar. l. 1. c. x.* Elle pourroit dire quelque nouvelle de mon cœur & de celui qui le retire. *Voiture*, *Poës.*)

Retirer Dégager une chose qui étoit en gage. [Retirer de la vaisselle d'argent qui est en gage.]

* Cela sufit pour les retirer de l'ennui. *Port-Roial.*
* Retirer son esprit des choses du monde, *Arn.*
* Retirer quelcun du vice.

Se retirer, *v. r.* Sortir d'un lieu, s'en éloigner, le quiter & l'abandonner à ceux qui s'y plus faire voir , parce qu'on n'y est pas bien venu. [Le confesseur eut ordre de se retirer. *Memoires de M. de la Roche-Foucaut.*]

Se retirer. Se reculer. [Il s'est retiré deux pas , & lui a passé son épée au travers du corps.]

Se retirer. Rentrer chez soi. S'en aller dans le lieu où l'on demeure, où l'on loge. Se loger en un lieu , y faire sa retraite. [Sur le soir le voisin se retire. *Sar. Poës.*]

Ils font des creux souterrains pour resserrer les blez & se retirer en hiver. *Ablancourt*, *Tacite*, *vie d'Agricola.*]

Se retirer. Terme de guerre. C'est faire retraite. [Il leur représenta l'impossibilité qu'il y avoit à se retirer. *Ablancourt*, *Rét. l. 3.*]

Se retirer. Ce mot se dit de la *viande* & des *nerfs* , & veut dire. Se rétrécir. Se rapetisser. (Cette viande s'est bien retirée , elle est dure. Nerfs qui se sont retirez.)

* *Se retirer*. Se corriger de ses folies, de son désordre, de son déreglement. (On criera miracle si jamais le Seigneur de Méles se retire de ses folies.)

Retiré, retirée, *adj.* Qui est rentré chez lui. Qui est rétréci. Qui est rapetissé. Qui voit peu de monde. Qui est un peu solitaire. Eloigné du commerce du monde. (Il est tous les jours retiré de bonne heure. Viande retirée. Nerf retiré. Il s'est retiré de toutes ses folies. C'est un homme fort retiré. Faut-il que les cloîtres les plus retirez ne soient pas des aziles contre vos calomnies. *Paf. let. 16.*)

RETOISER, *v. a.* Toiser de nouveau. Remesurer avec la toise. (On n'a pas bien toisé ce bâtiment, il le faut retoiser.)

RETOMBER. Ce mot est un *verbe neutre passif*, & il signifie *tomber de nouveau* , *je retombe* , *je retombai* , *je suis retombé.* (On ne voit tout cela qu'avec inquiétude, quand on est assuré d'aller retomber. *Voit. l. 9.*)

* Retomber en la puissance des ennemis. *Ablancourt* , *Rét. l. 1. c. 8.*

* On ne doit pas donner le corps de Jésus-Christ à ceux qui *retombent* toujours dans le même crime, *Mr. Arnaud*, *fréquente communion.*

* Vôtre dessein étoit de faire *retomber* cette condamnation sur la doctrine de la grace. *Paf. l. 18.*

* *Retomber.* Ce mot se dit aussi en parlant de gens qui sortent de maladie & qui ont des rechutes. (Il étoit guéri , mais il s'est amusé à faire la débauche, & il est retombé.)

Retombée, *s. f.* Terme d'*Architecture.* Il se dit des pantes qui se trouvent dans les membres d'un bâtiment , comme celle des reins d'une voûte.

RETONDRE, *v. a.* Tondre de nouveau. (Retondre les brebis. Retondre le bout d'un parterre. Retondre du drap.)

Fers à retondre. Terme de *Sculpteur*. Outils dont le sculpteur se sert pour finir son ouvrage.

RETORDEMENT , *s. m.* L'action de retordre. (Le retordement de la soie.)

Retordre , *v. a.* Je retords. J'ai retordu. Je retordu. Je retordrai. Tordre de nouveau. (Il faut retordre ce linge , il n'est pas assez tordu. Retordre du fil , de la soie, &c.)

† * Je lui donnerai du fil à retordre. C'est à dire , je lui donnerai des afaires.

Retors , retorse , *adj.* Qui est retordu. Fil retors. Soie retorse.)

RETORICIEN , *s. m.* Ce mot signifie quelquefois un Professeur de Rétorique. Ainsi on dit , il y a un bon Rétoricien au Colége de la Marche de Paris. Mais ordinairement il veut dire un écolier de Rétorique. (Il n'est encore que Rétoricien. C'est un Rétoricien de six mois qui a fait ce poëme.)

Rétorique, *s. f.* C'est un art qui considére dans un sujet ce qui est propre à persuader & qui enseigne à ranger dans un bel ordre & à exprimer d'une manière ornée & ingénieuse ce qu'on a imaginé de raisonnable sur le sujet dont on veut parler. La Rétorique a cinq parties ; la *recherche* des raisons propres au sujet qu'on traite, la *disposition* de ces raisons, dans les parties du discours ; la *manière* de les exprimer avec esprit , qui est *l'élocution* ; la *mémoire* & la *prononciation*. Quelques-uns ajoutent à ces parties le *jugement*, mais le jugement est une piéce par tout nécessaire & dans les autres arts aussi bien que dans la Rétorique. Aristote a fait une Rétorique , & la meilleure partie de cet ouvrage , c'est le traité des passions. Cicéron a

fait aussi divers traitez de Rétorique , mais au sentiment de bien des gens les institutions oratoires de Quintilien sont la meilleure de toutes les Rétoriques.

Rétorication , *s. f.* Prononcez Rétoricacion. Ce mot est nouveau, & il n'est pas encore tout-à-fait établi, pour dire, une *figure de Rétorique*. (Mon dessein n'est point d'exagerer par de vaines Rétoricacions , les merveilles d'un être si surprenant *Auteur anonime*)

RÉTORQUER , *v. a.* Ce mot vient du Latin *retorquere*. Il se dit entre Philosophes ; mais on se sert plus ordinairement du mot *retourner*. (J'ai retorqué, l'argument contre lui.). Se servir contre quelcun de l'Argument qu'il a fait, & faire voir qu'il a aurant de force contre lui.

Retors. Voiez plus haut *retors.*

RETORTE , *s. f.* Vaisseau dont les Chimistes se servent, qui a un bec recourbé pour se joindre au récipient.

RETOUCHER , *v. a.* Toucher une seconde fois. Toucher encore. Ce mot dans ce sens n'est pas usité. On dit , le maréchal a retouché plusieurs fois ce cheval pour le guérir du farcin.

* *Retoucher.* Revoir. Recorriger. Retâter quelque ouvrage d'esprit. (Retoucher un poëme , un discours. *Ablancourt.* Retoucher un tableau.)

RETOUR , *v. a.* Action de retourner , de revenir au lieu d'où on étoit parti. (Hâter son retour. *Voiture* , *lettre 67*. Etre de retour. *Ablancourt*. A son retour , il donna un combat de gladiateurs. *Ablancourt*. Etre sur son retour. *Ablancourt*)

Retour. Ce mot au figuré est agréable & il a souvent un sens nouveau. Exemples. (* Pour des gens de vint ans il y a bien du retour à la misericorde. *Le Comte de Bussi.*)

* Je romps avec le meilleur de mes amis *sans retour de mon coté*. *Le Comte de Bussi.* C'est à dire , sans que je me racomode de avec lui.

* Etre sur le retour de l'âge. *Moliere.* C'est à dire , être vieux.

† * A beau jeu , beau retour. *Prov.* C'est à dire , qu'on traitera les gens comme ils nous auront traité , & qu'on leur rendra la pareille.

† * Si les femmes sont chastes , il leur semble que Dieu leur doit bien du retour. C'est à dire , que Dieu leur doit bien de reste, leur est fort obligé & qu'il doit reconnoître leur vertu.

Retour. Ce mot se dit entre gens qui trafiquent, & qui troquent , & signifie *surplus.* (Je ne vous demande rien de retour. Vous me donnerez une pistole de retour.
Oüi , j'ai refusé cent pistoles , croi moi,
Au retour d'un cheval amené pour le Roi.
Mol. Fach. a.2. sc.6)

Retour de marée. C'est un endroit de terre où il se forme des courants causez par une terre voisine.

* *Retour.* Il consiste à rétorquer contre quelcun ce qu'il a dit. Il y a quelquefois de ces retours qui sont justes , raisonnables , ingénieux , qui sont fâcheux. *Voi. Port-Roial, Logique, 3. p. ch. 35.*

Retours de mine. Terme de *Fortification.* Ce sont les branches & les rameaux de la mine.

Retours de tranchée. Ce sont les obliquitez que forment les lignes de la tranchée. (Passer par dessus les retours des lignes.) On dit aussi les tours & les retours d'un labirinte.

Retourner, *v. n.* Ce mot est un *verbe neutre passif.* C'est revenir au lieu d'où l'on étoit parti. *Je retourne. Je retournai. Je suis retourné.* (Je retourne à Paris. Je retourne en Angleterre.)

* *Retourner.* Il se dit *au figuré*, & signifie, refaire ce qu'on a fait de mal. Retomber dans la même faute. † * (Jour de Dieu , si vous y *retournez*, on vous apprendra le respect que vous devez à vôtre femme. *Mol. George Dandin.* C'est à dire , si vous retombez dans la même faute, on vous mal traitera.)

Retourner, *v. a.* Ce mot se dit en parlant d'*habits.* C'est mettre ce qui étoit dessus , dessous. (Retourner un habit.)

Retourner, *v. a.* Il signifie aussi tourner de divers côtez. (Tourner & retourner une même chose de divers côtez.)

Retourner , *v. a.* Ce mot se dit en joüant à de certains jeux de cartes , c'est retourner la carte qu'on tient d'un tel sens qu'on en fasse voir les points , ou la figure. (Retourner de pique , de carreau , de cœur , de trèfle.)

Retourner une pierre. Terme de *Maçon.* C'est lors qu'aiant dressé l'un des cotez, on dresse celui qui lui est opposé.

* *Retourner.* C'est aussi retorquer contre une personne ce qu'elle a dit. (Celui qui se sert d'un dilemme doit prendre garde : qu'on ne le puisse rétourner contre lui même. *Port-R. Log.3. p. chapitre 15.*)

Retourner , *v. a.* Termes de *Jardinier.* Il se dit en parlant de planches , & signifie , labourer tout de nouveau , pour y semer & y planter. (Il faut retourner ces planches. *Quint. Jard. fr. T. 1.*)

Retourner , *s. f.* Terme de *jeu de Cartes.* C'est la carte qu'on retourne. La Retourne, ou la triomphe est de carreau.

S'en retourner , *v. r.* Je m'en retourne. Je m'en retournai. Je m'en suis retourné. (Je ne m'en retournerai en Alemagne d'un an.)

RETRACER , *rétracé*, *v. a.* Ce mot en parlant de cheveux, signifie tracer de nouveau ce qui n'est pas bien tracé. L'un & l'autre

RET.

se dit, mais *retrécer* est incomparablement plus usité par les perruquiers & par les trécculses. (Il faut retrecer ces cheveux, ou plûtôt, il faut retrécer ces cheveux.) Voiez *Retrécer*.

Retracer, v. a. Tracer de nouveau. (Retracer un cercle.)

* *Retracer dans la mémoire*. Ces mots sont au figuré, & signifient faire ressouvenir. Rafraichir la mémoire & y renouveller les idées des choses passées. (Retracer dans sa mémoire les bienfaits qu'on a reçus de quelcun.)

Retractation, s. f. Prononcez *Rétractacion*. Action de se retracter. (Les retractations de Saint Augustin sont fameuses. Faire une retractation.)

Retracter, v. a. Desavoüer & desaprouver ce qu'on a dit, le condanner. Confesser qu'on s'est trompé en ce qu'on a avancé. (Je retracte ce que j'ai dit.)

Se retracter v. r. Se dédire de ce qu'on a dit, le condanner. (I vaut mieux se retracter que de soutenir sotement ses bévuës.)

† *Retrait*, s. m. Ce mot est un peu vieux, pour dire ce qu'on apelle *les lieux*, ou latrines.

L'horreur la suit, le dégoût l'acompagne,
Et les retraits naissent dessous ses pas.
Poëte anonime.

Retrait, s. m. Terme de *Jurisprudence Françoise*. Action par laquelle on retire un heritage aliéné. En ce sens on dit *Retraire*, c'est à dire retirer un heritage des mains d'un aquereur.

Retrait lignager. C'est le droit qu'on a de retirer des mains d'un tiers aquereur un ancien propre de sa famille vendu par son parent.

Retrait féodal. C'est le droit qu'a un Seigneur, en vertu de son fief, de retirer un heritage vendu par son vassal.

Le retrait Ecclésiastique. C'est le droit que les Ecclésiastiques ont de rentrer dans la possession des biens de l'Eglise qui ont été alienez.

Retrait, retraite, adj. Terme de *Blason*. Ce mot se dit des pièces retirées qui n'avancent pas jusqu'aux bords de l'Ecu. (Il portoit d'or au pal *retrait* d'argent.)

Retraite, s. f. Lieu où l'on se peut retirer. Lieu où l'on se retire. (C'est une petite retraite pour mes vieux jours.)

Retraite. Ce mot se dit *en* Terme de guerre. C'est l'action de se reculer & de se retirer du lieu où l'on est. C'est un retour au lieu d'où l'on étoit parti (Faire une glorieuse retraite. Faire une retraite honorable. *Ablancourt, Rét. l.3. c.1.* Faire retraite. *Ablancourt, Rét.* Assurer sa retraite. *Abl.*)

* Il n'y a point de retraite à faire devant elles. *Voiture*, l. 6. 8.

Retraite, Ordre de se retirer. Ce mot se dit en parlant de soldats qui sont en garnison dans des viles de guerre. Batement de tambour, ou son de cloche pour avertir le soldat qu'il ait à se retirer dans son logis. (Batre la retraite. Sonner la retraite. Voilà la retraite.)

Se batre en retraite. C'est à dire. En se retirant. En gagnant en lieu de retraite. Les Maîtres d'armes disent aussi. (Faire sa retraite. Songer à une bonne retraite. *Liancourt, maitre d'armes, ch. 5. & 11*.)

* Faire en retraite. Ce mot se retiret doucement & sans bruit.

* Faire retraite. Ces mots, *au figuré*, signifient se retirer du commerce du monde, pour quelque tems, ou pour toûjours. (Ceux qui doivent être sacrez pour Evêques doivent faire retraite durant dix jours, pour s'y préparer. Les devots font une retraite pour vaquer au jeune & à la prière. Ceux qui entrent en Religion font une retraite.)

* Titis il faut songer à *faire retraite*.
La course de nos jours est plus qu'à demi faite.
Racan, Poësies.

* Quand vous voudrez *faire cette retraite* je vous acompagnerai. *Voit. l. 44*.

Retraite. Terme d'*Architecture*. C'est quand un membre est retiré sur le corps du mur, au lieu de faire saillie, comme s'il y avoit retrécissement, ou diminution. dépaisseur. (Faire une *retraite* à une grosse muraille. C'est la diminuer d'épaisseur. *Feliben*.)

Retraite. Terme de *Chartier*. Espèce de longe de cuir atachée à la bride du cheval de brancard & liée à un cordeau, dont on se sert pour manier le cheval. (Prendre la retraite. Tirer la retraite.)

Retraite Terme de *Fortification*. Berme, ou relais: (Palissader une retraite.)

Retraites, s. f. pl. Terme de *Mer*. Ce sont des cordes qui servent à retrousser le hunier.

Retrancher, v. a. Oter. Diminuër. (Retrancher les gages aux Oficiers.

* Il retranche aux factieux toute espérance de changement. *Abl. Tacite, An. l. 1. c. 2*.

* Il faut retrancher toutes les civilitez non nécessaires. *Port-Roial, éducation du Prince*.

Ses enemis ont resolu de le retrancher de l'Eglise. *Pasc. L. 3*. C'est à dire, de l'excommunier.

Se retrancher, v. a. Terme de *Guerre*. Se fortifier de quelque retranchement. Se fortifier contre l'enemi. (Ils se retrancherent & se batirent en gens de cœur.)

* Se retrancher contre la vanité du monde.

* Se retrancher sur le sérieux. *Racine*.

RET. REV.

* Ces puissances si vastes sont sujettes à *se voir retrancher*. *Vau. Quin. l. 4. c. 21*. C'est à dire, à se voir diminuër.

Retranchement, s. m. Diminution. (On parle d'un retranchement de gages. On fait un considerable retranchement. On a acouci notre félicité par le retranchement de nos jours. *Abl. Luc. T. 2. Amours*.)

Retranchement. Petit reduit qu'on fait dans quelque chambre, ou quelque apartement, en veuë de quelque commodité. (Il faut faire un retranchement dans cette chambre.)

Retranchement. Sorte de *fortification* & d'ouvrage qu'on fait pour se retrancher contre l'enemi. (Forcer un retranchement. *Ablancourt, Ar. l. ch. 4*.)

* Voilà, mon père, *le dernier retranchement* de ceux de vôtre parti. *Pas. l. 4*. C'est à dire, le refuge, la derniere échapatoire de ceux de vôtre parti.

Retrécer, v. a. Terme de *Perruquier*. Trécer de nouveau des cheveux. (Ces cheveux ne sont pas bien trécez, il les faut vite *retrécer*.) Voiez *retracer*.

Retrécir, v. a. Faire plus étroit. (Rétrécir un corps de jupe, un juste-au-corps, &c.)

Se rétrécir, v. r. Devenir plus étroit. S'élargir moins. (C'est où l'Asie se retrécit le plus. *Vau. Quin. l. 3*)

Rétribution, s. f. Prononcez *rétribucion*. C'est à dire Salaire. Recompense du service, ou du bon ofice qu'on a rendu à quelcun. Recompense de ce qu'on a fait en faveur d'une personne. Ce mot de *rétribution* est fort usité entre Eclésiastiques. Ils disent. (Il faut tant pour la *rétribution* d'une petite Messe & tant pour la rétribution d'une grande.) Voiez là dessus le martirologe, ou le mémoire des fondations des Paroisses de Paris. On dit au même sens *rétribuër*. C'est à dire récompenser un service. Mais *rétribution* & *rétribuër* peuvent se dire entre gens d'Eglise, sans toutefois qu'ils soient bons parmi d'autres, & generalement parlant rétribution n'est pas un mot d'usage. *Vaug. nouv. rem*.

Retriller, v. a. Etriller de nouveau. (Ce cheval s'est tombé dans la boüe, il le faut retriller. On retrille un cheval quand il a süé.)

† *Retroceder*, v. a. Ce mot est Latin. Terme de *pratique*. Rendre à un cédant ce qu'il a cédé, & lui en faire une nouvelle cession. (On lui a retrocédé une telle dette.)

Retrocession, s. f. Terme de *pratique*. Acte par lequel on rétrocéde, par lequel on fait une nouvelle cession. (La rétrocession remet le cédant en tous ses droits.)

Retrogradation, s. f. Ce mot est Latin. Terme d'*Astronomie*. Action de rétrograder. (La rétrogradation de Jupiter, de Mars ou Saturne.)

Rétrograde, adj. Terme d'*Astronomie*. (Mars, Jupiter & Saturne sont rétrogrades quand la terre est interposée entre eux & le Soleil. *Rob. Phis*.)

Rétrograder, v. n. Ce mot se dit ordinairement en Terme d'*Astronomie*. C'est retourner en arriere. (Mars rétrograde plus que Jupiter. *Rohault, Phisique*.)

Retrousser, v. a. Relever. Réhausser. (Retrousser la moustache. Retrousser ses manches. Retrousser son chapeau.)

Nez retroussé. Voiture, l. 78. C'est un nez qui relève.

† *Retroussement*, s. m. L'action de retrousser. Il n'est guère en usage. (Le retroussement de la barbe étoit autrefois à la mode.)

Retroussis de chapeau, s. m. C'est la partie du bord du chapeau retroussée avec un lampion, une audace, ou quelque autre chose. (Retroussis de chapeau qui ne va pas bien.)

Retrouver, v. a. Rencontrer une chose qu'on avoit perduë, ou égarée. Trouver quelque chose que ce soit, personne, ou bête qui s'en étoit fuië, ou qui s'étoit égarée. (Retrouver son trésor. Il a retrouvé ce qu'il cherchoit. Il ne trouvera jamais son fils.)

Retudier, v. a. Etudier de nouveau. (Plusieurs Docteurs se sont oposez à la nouvelle Philosophie, pour n'être pas obligez de la rétudier. Il continuëra à rétudier; c'est à dire, à s'apliquer de nouveau à l'étude.)

Retuver, v. a. Etuver de nouveau. (Il faut rétuver cette plaie.)

Rets; *rets*, s. m. Instrument qui est ordinairement tissu de divers fils de chanvre & de plusieurs mailles & qui est propre à prendre des oiseaux, des pluviers & des canards. (Tendre des rets.)

(Vuledin enferma Mars & Vénus dans un même lit avec des rets de fer. *Ménorade*.)

[* Par un seul traité comme par un coup de fers il a pris trente ou quarante viles. *Voiture, lettre 74*.]

REV.

† *Revaloir*, v. a. *Je revalus. Je revalus, j'ai revalu. Je revaudrai*. Rendre la pareille: Rendre le change. (Si bien tôt je ne lui revaux *Voiture, Poësies*. Je chercherai les ocasions de lui revaloir.)

Revasser. Ce Verbe est ordinairement neutre. L'idée qu'il donne n'est pas favorable. Il signifie, ne faire que rêver, la nuit, & même ne faire que des songes fâcheux. (Il rêvasse toute la nuit. Il ne fait que revasser, & cela le tuë.)

† * L'Almanac

† * L'Almanac n'a pas révassé
Quand il a dit, que cette année,
La France seroit gouvernée,
Aussi mal que par le passé.
Dialogue du Chevalier De l'Hopital & de Baïard p.63.

Reve, *s. m.* Chose qu'on a songée en dormant. Chose qu'on dormant on a cru voir, ou qu'on a cru qui étoit arrivé. (Un plaisant rêve. Un fâcheux rêve. Faire des rêves.)

Rêve. C'est une sorte de droit que le fermier des cinq grosses fermes exige en Languedoc sur les marchandises & denrées qui sortent du païs. Voiez *là dessus le bail des cinq grosses fermes.*

Revechs, *adj.* Il se peut dire au propre, des fruits qui ont un suc acide, âpre & piquant, qui choque le goût. Mais il se dit ordinairement au figuré, des personnes, & signifie, Rude. Capricieux. Intraitable. (Il s'étoit défié de Calistène comme d'un esprit revèche. *Vau. Quin. l. 8. c. 6* Nous avons à faire à des têtes revèches. *Vau. Quin. l. 6. c. 3.*)

Revêche, *s. f.* Sorte de grosse étofe frisée pour servir de doublure (Une fort bonne revèche.)

Réveil. C'est quand on cesse de dormir & qu'on commence à veiller. (Les songes sont de vaines chimères que le réveil détruit. Demain à votre réveil nous resoudrons de toutes choses. *Sarasin*, *Poësies.*)

Réveil-matin. Sorte d'horloge qu'on met dans une chambre pour réveiller à une certaine heure au matin. (Un bon réveil-matin)

* On dit d'une alarme imprévuë, & d'un incendie, qui arrivent de nuit que c'est un étrange *reveil-matin.*

Réveil. Terme d'Augustin. Petite pièce de bois d'environ un pié & demi, sur laquelle on fait du bruit pour réveiller les Religieux afin d'aller à matines. (Batre le réveil. *Avoir le réveil.* C'est avoir la charge de réveiller les Religieux.)

Réveiller, *v. a.* Tirer du sommeil. (Réveiller quelqu'un.)

(* La poësie réveille l'esprit. *Ablancourt.*)

* Il tâcha de *réveiller* son courage. *Ablancourt, Tacite, Hist. l.3. c. 9.* La trahison de Bassus & la revolte de l'armée navale la *reveillerent* un peu. *Ablancourt, Tacite, Histoire, l. 3. c. 5.* Réveiller la faim, *God. Poës.* Réveiller la tendresse jusqu'au fond du cœur. *Le Comte de Bussi.*)

Se reveiller, *v. r.* S'éveiller lors qu'on est endormi (Se réveiller comme d'un profond sommeil. *Ablancourt, Tac. Hist. l. 3.*)

* Parmi l'obscurité ma plainte *se réveille.* Sarasin, Poësies.*)

On dit encore réveiller une querelle. Réveiller des vieilles prétentions, &c.

Réveilleur, *s. m.* Terme de Religieux qui se relèvent la nuit. C'est le Religieux qui réveille les autres pour aller à matines.

† Réveillon, *s. m.* Ce qu'on mange deux ou trois heures après le soupé lorsqu'on est en débauche. (Faire le réveillon.)

Révélation, *s. f.* Prononcez révélation. Dénonciation de ce qu'on a vû, ou entendu. (On n'est pas toujours obligé à *révélation* en vertu d'un monitoire. *Eve l. 23.* Venir à révélation.)

Révélation divine. C'est la verité que Dieu a révelée aux hommes par le ministère de ses Prophétes & de ses Apôtres.)

Révéler, *v. a.* Dénoncer ce qu'on a vû, ou entendu. Découvrir. (Il y a des cas qui n'obligent pas de révéler en vertu d'un monitoire. Il faut vous découvrir mon cœur, il faut vous révèler mon secret. *Moliere, Avare, a. 5. f. 3.*)

Révélé, revélée, *adj.* Découvert par révélation Verité *révélée.* *Pascal, l. 8.* (La foi est le juge des choses naturelles & révélées. *Pascal, l. 18.*)

Revenant, *part.* Qui revient.

† *Le Revenant bon.* Ce mot se dit pour signifier ce qui revient de clair à un maître après que les Commis lui ont rendu compte de toutes les dépenses qui ont été faites.

Revenche, *s. f.* Terme de jeu qui signifie. C'est au jeu, la seconde partie qu'on joue contre celui qui a perdu la première, afin de lui donner le moïen de se r'aquiter. (Ils ont joüé partie & revenche. Demander revenche. Donner revenche. Gagner revenche. Perdre revenche.)

Revenche. Reconnoissance & ressentiment qu'on a d'une chose. Il se prend en bonne & en mauvaise part. (En reveche ils vous donneront chacune une chemise. *Ablancourt, Lucien.* C'est pour avoir sa revenche de ceux qui l'ont maltraité. *Ablancourt, Apo.*)

Revencher, *v. a.* Se mettre du parti de quelqu'un; empêcher qu'on ne le maltraite. (Revencher ses amis.)

Se Revencher, *v. r.* Se défendre lorsqu'on est ataqué. (Elle sera bien-tôt en état de se revencher. *Voiture, lettre 57.*)

Se revencher. Se ressentir. Avoir du ressentiment. Se revencher, en ce sens, est beau, & figuré. (Je puis me revencher de toutes les honnêtetez que vous m'avez faites. *Hist. de D. Quichote, T. 1. ch. 17.*)

Revendeur, *s. m.* Celui qui revend.

Revendeuse, s. f. Femme qui revend de toutes sortes de choses, qui en porte la montre sur son bras par Paris & qui va achetter aux inventaires.)

Revendeuse en toilette. Celle qui revend par les maisons de Paris de toutes sortes de choses & qui se couvre de son tablier.

† Revendication, *s. m.* Terme de *Palais.* Elle consiste à redemander & à reclamer ce qui nous apartient.

† *Revendiquer, v. a.* Terme de *Palais.* C'est reclamer & redemander une chose qui nous a été prise, ou qui a été égarée & qui nous apartient. (Revendiquer quelque chose.)

* Il n'a pu voir une pensée si froide dans Xénophon sans la re-vendiquer. *Depreaux, Longin, c. 3.*)

Revendre, *v. a.* Je revend. Je revendis. J'ai revendu. C'est vendre de nouveau. (Revendre des nipes.)

† On dit d'une personne qui a beaucoup d'une certaine chose qu'elle en a *à revendre.* Il a du blé à revendre. † * On dit aussi il a de la santé; de l'esprit, &c. à revendre.

Revenir. Ce mot est un *verbe neutre passif, Je reviens, je suis revenu. Je revins. Je reviendrai* C'est retourner au lieu d'où l'on est parti. (Le souvenir de ces personnes vous doit donner une extrème envie de revenir. *Voiture, l. 67.* Revenir en sa partie.)

Revenir. Retourner. Etre de nouveau. (Le Soleil revient tous les jours sur notre horizon. Le tems passé ne revient point.)

Revenir. Resulter. Deriver. Venir. (Détourner son intention du mal pour le porter au gain qui en revient. *Pascal, lettre 6. & l. 7.* La gloire qui lui en revient, &c.)

Revenir, *v. n.* Ce mot se dit en parlant de *couleurs* de draps & d'autres choses teintes, & il signifie *avoir du raport.* (Cette couleur revient bien à celle là.)

Revenir, *v. n.* Coûter. (La maison qu'il a faite est une folie, elle lui revient à plus de cent mille francs. Le voïage qu'il a fait en France, lui revient à dix mile francs.)

Revenir, *v. n.* Terme de *Ratisseur & de Cuisinier.* C'est faire rensler la viande en la mettant sur des charbons alumez, ou sur un gril, sous lequel il y a de la braise avant que de mettre, ou de piquer la viande. (Faire revenir une longe de veau.)

Revenir, *v. n.* Ce mot se dit entre *gens qui joûent aux cartes,* & veut dire. Être reçu Etre admis. (C'en est fait, la carte est jetée, & vous n'y pouvez revenir.)

* Revenir. Ce mot se dit en parlant de gens qu'on a ofensez (Exemple.

C'est assez qu'elle soit femme pour croire qu'elle ne vous peut haïr & qu'elle *reviendra* bien tôt à vous. *Voiture, lettre 65.* C'est à dire, qu'elle se remettra bien avec vous. Quand on m'a fait de ces tours, je n'en reviens point.)

* On dit d'un opiniâtre, que quand il a une fois conçu une opinion, il n'en revient point.

* Revenir. Aboutir à un même point. Etre la même chose. (Tout revient à un. L'un revient à l'autre.)

* Revenir. Il se dit en parlant de comptes. (Toutes ces sommes reviennent à dix mile Ecus.)

* Revenir. Terme de *Palais.* C'est recommencer un procès. (Quand on a été condamné, on y peut revenir par une requête civile.)

* *Revenir à soi.* C'est reprendre ses sens. *Je reviens à moi, je revins à moi, je suis revenu à moi.* (Le vin qui fait revenir le cœur aux autres, faisoit pâmer Voiture. *Histoire de l'Academie Françoise.*)

Elle tomba tout de son haut
Et ne revint que pour Arnaud. *Voiture, Poës.*

* Revenir. Se corriger de son déréglement, de sa conduite peu sage, la quitter pour en prendre une plus réglée. (Il ne sont pas revenus de leurs égaremens. *Pascal, l. 15.*)

† * Il revient toujours à ses moutons. Façon de parler proverbiale, pour dire, il parle toujours de ce qui le touche.

Revente. Voiez plus bas.

Revenu, revenuë, adj. Retourné. (Soïez, Seigneur, bien revenu de tous vos combats d'Alemagne. *Voit. Poësies.*)

[* Il est bien *revenu* de toutes ses folies. Elle est revenuë de tout cela.)

Revenu, s. m. (Avoir de bons revenus. *Scarron.* Il n'y a point de revenus plus assurez que ceux des bourreaux, puisque leur fonds est assigné sur la malice des hommes qui croit de jour en jour. *Furetiére, Roman Bourgeois.*)

* Avoir du *revenu* en sens commun. *Molière, Critique de l'Ecole des Femmes.*

Reventes, *s. f.* Vente réiterée. [On fait la revente du Domaine. Une revente à la fole-enchère de quelqu'un.)

Rêver, *v. a.* Tomber en reverie à cause que le cerveau est ataqué & mal disposé. (Depuis qu'il est malade il rêve toujours.)

Rêver. Faire quelque rêve en dormant. (J'ai rêvé une plaisante chose cette nuit.)

† Je pense que je rêve, quand j'entend des Religieux parler de la sorte. *Pascal, Lettres.*

Rêver. Penser fortement à une chose, y songer. (Je rêve à mon sort inhumain. *Scaron.* Il faudroit rêver quelque incident. *Moliére, Critique de l'Ecole des Femmes, s. 6.* † Rêver à la Suisse, c'est ne rêver à rien.

Réverbération, *s. f.* C'est à dire *répercussion de lumière,* ou de quelque autre chose. (La réverbération des raïons du Soleil. La réverberation du cri dans les valons rendit leur cri plus grand. *Quin. l. 3. c. 10.*)

Réverberer, *v. n.* Terme de *Chimie.* C'est reduire les corps en chaux par un feu violent.

Se réverberer, v. r. Il se dit des raïons de la lumière, & du feu qui aïant donné sur un corps solide retournent & agissent avec plus de force. (Les raïons du soleil se reverbérent. La

XXxx iij   flamme

flamme des Fourneaux se reverbère & se rabat. Le son se réverbere dans les lieux creux.

REVERDIR, v. n. Devenir verd. (Tout reverdit au printems.)
* La gloire ne reverdit pas seulement, elle refleurit. Vaugelas, Quin. l. x. c. 8.

Reverdissement, s. m. L'action par laquelle les plantes reverdissent. (Le reverdissement des plantes se fait au Printems.)

REVEREND, reverende, adj. Ce mot se dit de quelques Religieux & Religieuses, & il signifie digne d'être reveré. (Mon reverend Pere. Ma reverende Mére.)

REVERENCE, s. f. Respect que la vertu s'atire. Respect qu'on porte à quelque personne. (Cela venoit de la reverence particuliere qu'ils portoient à leurs Rois. Vaugelas, Quin. l. x. c. 3. Je ne parle point des devoirs que la reverence du mariage éxige d'une femme. Patru, plaidoié 9.)

Reverence. Marque d'honneur que l'on fait à une personne en baissant la tête & en pliant les genoux, ou en pliant les genoux seulement. (Les hommes font la reverence d'une façon & les femmes de l'autre. Faire une humble, une grande, une profonde reverence.)

Reverence. Terme de Civilité dont on use en parlant de certains Religieux & Religieuses. (Si vôtre Reverence n'a pas leu les Letres provinciales de feu Monsieur Pascal, elle les doit lire, parce qu'elles sont fort bien écrites & fort plaisantes.)

REVERER, v. a. Honorer. Avoir du respect pour quelqu'un, ou pour quelque chose qui merite d'être honoré. (Alexandre revereroit la valeur & la véritable gloire. Vaug. Quin. l. 8. c. 14.)

REVERIE, s. f. Alienation d'esprit causée par la soufrance du cerveau (Tomber en reverie.)

Reverie. Imaginations sotes. Visions ridicules qu'on se met dans l'esprit. (Les reveries dont se berce le pauvre Médecin Guillot, feroient crever de rire un Saint de Paradis.)

* Reverie. Ce mot se prend en bonne part lorsqu'il est accompagné d'une épitete favorable, & il signifie alors productions d'esprit qu'on fait à force de rêver. (Les fameuses reveries des excellens Poëtes. Mai. Poë. Ce sont d'aimables reveries que les reveries des beaux esprits.)

Reverie. Action de l'esprit qui pense, rêve, & songe profondément à quelque chose. (Il se promenoit dans une profonde reverie. Abl. Lucien.)

REVERS, s. m. C'est la partie qui est extérieure & qui est oposée à celle du dedans. Ainsi on dit. (Le revers de la main. Le revers d'une letre Le revers d'un feuillet.)

Revers. Ce mot se dit en parlant de coups. C'est un coup qui se donne en tournant la main en dehors. (Fendre la tête d'un revers. Ablancourt.)

Revers, s. m. Il se dit en parlant de medailles & des piéces de monnoïe. C'est le côté le moins considérable, ou il y a que quelque dévise, ou autre figure. Il est oposé à la principale empreinte, ou figure.

* Il n'y a point de medaille qui n'ait son revers. Cela se dit au figuré & en maniére de proverbe, pour dire, qu'il n'y a point d'afaire qui n'ait deux faces, & qu'on ne puisse regarder du bon & du mauvais côté.

Revers. Il se dit des manches, & signifie la partie des manches qu'on retrousse.

* Revers. Disgrace, Malheur. (* Un revers de fortune. Vaug. Quin. l. 3.

* Lorsque j'ai bien mangé, mon ame est ferme à tout, & le plus grand revers n'en viendroit pas à bout. Moliere.)

Eprouver les revers de la fortune. Abl. Ar. l. 7.

De revers. Ce mot en Termes de Guerre veut dire à dos. Par derriére. (Voir de revers. Barre de revers. Commandement de revers. C'est une hauteur qui découvre & bat un poste par derriére, prenant les troupes à dos,)

Revers. En Termes de Marine, on apelle manœuvres de revers celles qui ne sont pas de service. (Quand on revire le bord les manœuvres qui étoient de service deviennent manœuvres de revers, au contraire, &c.

REVERSER, v. a. Verser de nouveau. (Reverser du vin dans un tonneau, d'où on l'avoit tiré. Verser & reverser plusieurs fois quelque liqueur d'un verre dans un autre.)

† Reversible, adj. Terme de Palais. Qui est sujet à retourner. (Le douaire d'une femme est reversible aux enfans. Tous les fiefs alienez de la Couronne sont reversibles.)

† Reversion, s. f. Terme de Palais. Ce mot vient du Latin, & signifie retour. (On donne les douaires & les apannages à la charge de reversion.)

Reversis, s. m. Sorte de jeu de cartes qui se joue avec toutes les cartes & dont le valet de cœur, qui est la principale carte du jeu, est apelé quinola. (Joüer au reversis. Faire le reversis. C'est à dire lever seul toutes les cartes sans que pas un des joüans fasse une main.)

REVESTIAIRE, s. m. Terme d'Eglise. C'est la Sacristie qui est le lieu où les Ecclesiastiques vont prendre leurs habits lors qu'ils veulent oficier.

REVETEMENT, s. m. Terme de Fortification. C'est le mur que le fossé a du côté de la place, soit qu'il soutienne la fausse braïe, ou le rempart. Felibien, Traité d'Architecture.

Revetir, v. a. Ce mot signifie Habiller, Rabiller, & se conjugue ainsi ; mais dans l'usage ordinaire il n'est pas fort usité aux

trois premieres personnes de l'indicatif. Je revêts, tu revêts, il revêt. Nous revêtons, vous revêtez, ils revêtent. Je revêtois, j'ai revêtu, je revêtis. Que je revête, que je revêtisse. Revêtirois. Revêtant. C'est un coquin que j'ai revêtu par charité. C'est faire une bonne œuvre que de revêtir les pauvres.)

* Les Peintres disent revêtir une figure, quand ils en peignent les habits.

* Les fondeurs revêtent leurs modeles de cire. Les Charpentiers revêtent un pan de charpente quand ils en font l'assemblage.

* Revetir. Ce mot en parlant d'offices & de charges signifie. Pourvoir. Donner. (On l'a revêtu d'une des plus belles charges de la robe.)

Revêtir. Ce mot en parlant de fiefs & de vassaux veut dire mettre en possession. (Revêtir un vassal de sa terre.)

Revêtement, s. m. Ce mot se dit en parlant de muraille. (Le Duc voiant qu'on n'avoit presque abatu que le revêtissement de la muraille se contenta de. Chapelle Rélation de la campagne de Rocroi, p. 86. C'est à dire, abatu que le dehors de la muraille.

Revêtissement, s. m. Il signifie aussi l'action de revêtir quelqu'un de quelque fief.

Revetu, revêtuë, adj. Vétu de nouveau. Habillé. [Revêtu d'un bon habit.)

[* Etre revêtu d'une charge. Patru, plaidoié. * Les côtaux sont revêtus de vignes. Vau. Quin. l. 8. c. x. Son sang n'est pas de glace revêtu. Voi. Poë. Ouvrage revêtu de briques. Ablancourt. Mur revêtu de pierres de taille. Ablancourt, Luc. Revêtu de merite & d'honneur. Depreaux, Satire 5. Il étoit revêtu de toute la gloire. Un gueux revêtu. Gon. Epi. C'est à dire, un coquin devenu riche.)

REVEUE. Voiez revuë.

REVEUR, s. m. Chimérique. Visionnaire. [Ce sont des reveurs. Pascal, l. 4. Va te moquer maintenant & dire que je suis un reveur. Ablanc. Luc.)

Reveur. Ce mot se prend quelquefois en bonne part en l'accompagnant de quelque chose qui lui donne un sens avantageux.
(Ces reveurs de cabinet
Qu'une silabe travaille
Sont lions dans un sonnet
Et cerfs dans une bataille.
Mainard, Ode à Flate, p. 281.]

Reveuse, s. f. Celle qui songe, Qui rêve. Qui est pensive. Qui a quelque chose de sombre parmi son humeur. (Philis est fort grande reveuse. Sar. Poë.)

REVIRER, v. a. Terme de Mer. C'est tourner un vaisseau par le jeu du gouvernail. (Revirer un vaisseau.)

Revirer dans les eaux d'un Vaisseau. Termes de Marine. C'est changer de bord derriére lui, en sorte qu'en le suivant on coure un même air de vent que lui. C'est aussi Revirer, ou changer de bord dans l'endroit où il doit passer. Ozam. Dict. Math.

Revirement, s. m. C'est l'action de revirer un Vaisseau.

REVISEUR, s. m. C'est le nom qu'on donne à un Oficier de la Chancelerie Apostolique. Il y a à Rome trois Oficiers apellez Reviseurs, l'un pour les dispenses matrimoniales & les autres pour les dispenses beneficiales.

REVISION, s. f. Action de revoir & la peine qu'on prend en retouchant quelque ouvrage. (On travaille à la revision du Dictionnaire de la Crusca. L'Academie Françoise est à la resion de son grand Ouvrage, mais quand sera-t-elle achevée?)
On dit aussi faire la revision d'un compte. Les revisions de comptes sont fort ordinaires. Obtenir des letres de revision pour faire revoir un procès.

REVISITER, v. a. Visiter de nouveau. (Un Medecin revisite un malade. Revisiter des marchandises.)

† REVIVIFIER, v. a. Ce mot au propre signifie, Redonner la vie. Il n'est guére en usage.

REVIVRE, v. a. Retourner en vie.
(Nous vendrions bien mieux nos sons
S'ils faisoient revivre les hommes,
Comme ils font revivre les noms. Voi. poë.)

Dans sette derniére ligne le mot de revivre se prend dans un sens figuré. On dit aussi * Nous avons perdu un Prince en qui toutes ces qualitez là devoient revivre. Voit. l. 157.)
Les peres croient revivre en leurs enfans.
* Faire revivre une ancienne opinion.
* Faire revivre un procès, une prétention, une dette, &c.

REUNION, s. f. Action de réunir. (On fera une réunion de toutes ces choses au domaine.)

La reunion des esprits. C'est à dire, la réconciliation des esprits.

REUNIR, v. a. Rejoindre. Joindre plusieurs choses ensemble. (On a réuni au domaine du Roi tout ce qui en avoit été separé.)

* Travailler à reunir les esprits. C'est à dire, les apaiser.

Se reunir, v. r. Je me reunis, Je me reunissois. Je me reunis. Je me suis reüni Se rejoindre, se rassembler. [Toutes les Troupes se réünirent.)

* Se reunir. Il se dit aussi figurément & veut dire, rentrer en bonne intelligence les uns avec les autres. (Les esprits se reuniront, & l'on vivra tranquilement.)

Reünis, s. m. pl. Ce mot vient du Latin reuniti, & se dit d'ordinaire

dinaire *au Palais* ; & dans quelques discours de Religion. Il signifie les Protestans, ou les reformez qui ont quité leur créance pour s'atacher à celle des Catoliques Romains.

RÉVOCABLE, *adj.* Qu'on peut revoquer. [Commission revocable. Commis revoquable.]

Révocation, s. f. Prononcez *révocacion*. Elle consiste à revoquer quelqu'un. Acte par lequel on revoque. (La révocation est dans les formes. Les commis doivent exécuter leurs ordres sous peine de révocation. La révocation d'un Edit, Voiez *Révoquer*.

REVOIR, *v. a.* Voir de nouveau. *Je revoi. J'ai revu. Je revis. Je reverrai. Je reverrois. Je revisse. Revoiant. Que je revoie.*
(Adieu j'aurai l'honneur de vous revoir demain.

Si tu prens quelque soin de moi,
Malgré l'ennui qui me dévore,
Tu pourras me *revoir* encore.
Boisr. T. 1. Ep. 12.)

† *Revoir.* Corriger. Retoucher. (Revoir un ouvrage éxactement. Feu Monsieur D'Ablancourt revoioit jusques à huit fois un même ouvrage avant que de le faire imprimer. Revoir un compte. Revoir un procés criminel.)

† *Adieu, jusqu'au revoir.*, C'est à dire, jusqu'à la première rencontre.

REVOLER, *v. n.* Voler de nouveau. Retourner en volant, en quelque lieu. (L'aigle revola vers ses petits, vers son aire. Cet oiseau vole & revole autour de nous.)

REVOLAIN, ou *Revolin, s. m.* Terme de *Marine* C'est un vent qui n'étant pas poussé droit, ne se fait sentir que par un retour ; c'est à dire, qu'après avoir donné contre un objet qui l'a renvoié. *Oz. Dict. Math.*

REVOLTE, *s. f.* C'est la désobéïssance des sujets d'un Prince qui ont secoüé le joug de la domination. Mouvement de quelques peuples qui n'obéïssent plus à leur Prince légitime. Etoufer les semences d'une nouvelle revolte, *Ablancourt, Ar. l. 4.* Etoufer une revolte. *Vau. Quin. l. 6.* Exciter, Causer une revolte. *Ablancourt.*)

Revolter, v. a. Causer, Exciter quelque revolte. (Sa cruauté revolra le roiaume contre lui, on dit aussi fort bien sa cruauté *fit revolter* le roiaume contre lui, & cette dernière façon de parler est de d'Ablancourt. La supression de la pragmatique & du concordat *revoltérent* tous les esprits. *Patru plaidoié contre les Urbanistes, p. 18.*)

Se *revolter, v. r.* Se souléver contre son Prince légitime. (L'Ile de Madère est suit le point de se revolter. *Voi. l. 46.* Province qui s'est revoltée. *Vaug. Quin. l. 8. c. 1.* Ils étoient sur le point de se revolter contre Caligula. *Ablancourt. Tac. An. 12. l. 14*) L'Esprit ne se revolte point contre un ordre établi qui ne lui est point injurieux. *Port-Roïal éducation du Prince.*

RÉVOLUTION, *s. f.* Tour & retour. Cours & suite. (La révolution du soleil. La révolution des siécles. *Ablancourt.*)

Révolution. Trouble. Désordre & changement. (Ils s'assurérent contre tout ce qui pouvoit arriver dans une *révolution* comme celle qui les menaçoit. *Mémoires de M. de la Rochefoucaut.*)

REVOMIR, *v. a.* Vomit de nouveau. (Il a revomi ce qu'il avoit mangé.)

REVOQUER, *v. a.* Rapeller. Casser. Annuler. Changer ce qu'on avoit fait & le rendre nul. Déclarer qu'on change ce qu'on avoit fait, ou établi. (Le S. Siége se porte à revoquer ce qu'on a tiré par surprise. *Pas. l. 18.* Revoquer une donation. *Patru.* Revoquer un Ambassadeur. Révoquer un Procureur. Revoquer un commis.)

‡ *Revoquer une chose en doute. Scar.*

RÉUSSIR, *v. n.* Avoir de la réüssite. Avoir du succés. [Ce dessein lui a réüssi. Cette entreprise lui a réüssi. *Vau. Rem.*]

‡ *Cette afaire lui a réüssie.* Cette façon de parler est mauvaise ; & il faut dire, *cette afaire lui a réüssi*, parce que réüssir se construit d'ordinaire avec le verbe *avoir*, & non pas avec le verbe *être*. *Vau. rem.*

Réüssir. Ce mot se dit des arbres & signifie croître. Venir bien. (Les pêchers & les Abricotiers réüssissent bien en espaliers.)

Réüssite, s. f. Succés. (Livre qui a de la réüssite. Il ne faut pas s'étonner si les petites piéces ont une si extrordinaire réüssite. *Mol.*)

REVU, *revuë ; adj.* Qui a été vu de nouveau Qui a été retouché. Corrigé. (Ouvrage revu.)

Revuë, Reveuë, s. f. L'un & l'autre s'écrit, mais on prononce toujours *revuë*. Ce mot est un terme de *guerre* & signifie dénombrement des troupes par ordre. (Faire la *revuë* de l'armée. *Vaugelas, Quin. l. 6.*)

REVULSION, *s. f.* Ce mot est usité parmi les Médecins qui disent & écrivent. (C'est une revulsion de toutes les humeurs ; c'est à dire, Un bouleversement, un désordre de toutes les humeurs.)

REZ.

REZ, *s. m.* C'est la superficie de la terre qui est au niveau du terrein de la campagne qui n'est ni creuse ni élevée. Ce mot de *Rez* ne se dit pas seul. On dit *Rez de chausée*. (L'ouvrage est *à rez de chausée*, c'est à dire, à niveau du dessus du terrein de la campagne.) Le rez de chausée s'apelle aussi Sol,

L'étage du Rez de chaussée. C'est le plus bas étage d'un bâtiment.)

Rez terre. C'est à dire. Tout contre le sol. Tout contre la terre.

† *Rez*, ou *rais*. Il vient du Latin *rasus*, qui signifie *rasé, tondu*. Il est adjectif & ne se dit qu'au masculin & même dans le burlesque. (Il est rez, & tondu comme un moine.) Le mot de *rez* se prend substantivement dans ce proverbe, *il ne se soucie de rien, ni des tondus.* C'est à dire, il ne se soucie de personne.

R H.

Voiez les colonnes *Rab, Rei, Rot, Rom, Rub*. Où vous trouverez les mots qui s'écrivoient autrefois par *Rh*.

RHOMBE, ou *rombe, s. m.* Terme de *Géometrie.* Losange. Figure de quatre côtez égaux & parallèles, mais dont les angles ne sont pas égaux. (C'est un rhombe.)

Rhomboïde, s. m. Figure de quatre côtez inégaux & parallèles, & dont les angles ne sont pas égaux. (Tracer un rhomboïde.)

R I B.

RIANT, Participe du verbe *rire*.

Riant, riante, adj. Qui a un air gai & d'une personne qui rit. (Avoir le visage riant.)

* *Riant, riante.* Agréable. Qui divertit. Qui plaît. Qui est beau à voir. (Cela est riant. Peinture riante. Côtaux tout rians par la multitude de leurs fruits. Port Roïal. Rians apas. *Moliere, Psiché, a. 1. s. 1.*)

† RIBAUD, *s. m.* Ce mot se prenoit autrefois pour un homme fort robuste, mais aujourdui il signifie. Celui qui est entièrement dans l'amour des femmes. Qui aime le séxe. Qui est paillard, mais il ne se dit guére parmi les honnêtes gens, & il ne peut entrer que dans le stile comique, ou satirique. (C'est un vieux ribaud. Voiez *Pasquier recherches l. v.* Quand tels ribauds seroient pendus, ce ne seroit pas grand dommage. *Voi. Poë.*

† *Ribaude, s. f.* Ce mot ne se dit que par injure, & il ne peut entrer que dans le stile comique, ou satirique & signifie paillarde. Qui est dans l'amour des hommes, qui les aime éperdumant. (C'est une franche ribaude.)

† RIBLER, *v. n.* Ce mot est vieux & bas. Il signifie courir la nuit. (Ils se faisoient que ribler toute la nuit.)

Ribleur, s. m. Vieux mot. Coureur de nuit.

RIBLETTE, *s. f.* Trenche de viande déliée qu'on fait rôtir sur le gril, & qu'on assaisonne de sel & de poivre.

RIBODAGE, *s. m.* Terme de *Mer.* Dommage causé à un Navire par le choc d'un autre, lors qu'ils sont tous en Mer, ou qu'ils changent de place au Quay. *Oz. Dict. Math.*

† RIBON RIBAINS, Terme populaire, vieux & burlesque, qui signifioit, à quelque prix que ce soit, nonobstant toute résistance & empêchement.

RIBORD, *s. m.* Terme de *Marine.* C'est le bordage du Vaisseau qui est le plus proche de la quille.

R I C.

† *Ric à ric, adv.* Ni plus ni moins. [Je lui ai donné ric à ric ce qu'il faut.

Il nous contre ric à ric.
Les conquêtes d'Alaric. *Pelisson poës.*]

† RICANER, *v. n.* Rire comme si on se moquait, ou si on vouloit se moquer. [Voilà-t-il pas Monsieur, qui ricane déja. *Moliere, Tartufe, a. 1.*]

RICHARD, *s. m.* Nom d'homme. [Il y a eu quelques Rois d'Angleterre qui se sont appellez Richard.]

† RICHARD, Mot bas & vieux pour dire Un homme riche. Qui a du bien. [C'est un richard.]

Riche, s. m. Qui a beaucoup de bien. [Les riches sont orgueilleux, insolens, oisifs, voluptueux, arrogans & pour sa faire le véritable portrait il se faut figurer des fous à leur aise.]

Riche, malaisé, s. m. C'est un riche qui avec tout son bien a de la peine de se tirer d'afaires & de vivre à son aise. [Monsieur un tel est un riche mal-aisé.]

Riche, adj. Ce mot se dit des choses, & des personnes. Qui a force bien. Qui est abondant en toutes sortes de biens. [Ce païs étoit le plus riche de l'univers. *Vaugelas, Quin. l. 8. c. 5.* Il est plus riche que moi de quatre ou cinq mile écus. *Moliere.*]

[* *Richement.* Proprement. Magnifiquement. [Etre richement vétu.]

Richesse, s. f. Ce mot au propre signifie *abondance de biens*, & il y a de certaines façons de parler où il est meilleur au singulier qu'au pluriel, & au contraire. L'oreille & l'usage enseignerot quand il se faudra servir de l'un ou de l'autre nombre. Exemples. [la plus éclatante richesse c'est le repos.
La Chambre.

Fuiez les lieux charmans qu'arose le Permesse.
Ce ne soit point sur les bords qu'habite la *richesse*.
Déproaux. Art poëtique.

Amassez *des richesses*, & jamais *de la richesse.*

(* Chaque langue a ses phrases. *La richesse* & la beauté de chaqúe que langue confifte principalement à fe fervir des façons de parler qui lui font propres. *Vau. Rem.* Les *richeffes* de la langue Françoife. *Vau. Rem.* Il fut reconnu aux marques roïales & à la richeffe de fes armes. *Vaug. Quin.*

J'avois intereſt que *les richeffes* que vous m'avez envoïées ne tombaffent pas en d'autres mains. *Voit. l. 23.*]

Cher ami, la richeffe eſt une belle choſe,
Toute félicité dedans elle eſt encloſe ;
Tout pauvre n'eſt qu'un ſot
Desmarais, *Viſion.* a. 3. ſc. 8.)

RICOCHET, ſ. m. Maniére de bond, ou de ſaut que fait ſur la ſurface de l'eau une pierre qu'on y jette avec quelque ſorte de roideur. [S'amuſer à faire des ricochets. *Ablancourt*, *Minutius*, *Felix.*] C'eſt la *chanſon du ricochet* ; c'eſt une redite ennuïeuſe de la même choſe.

RID.

RIDE, ſ. f. Replis de la peau qui viennent au front & aux coins des yeux des vieilles gens. [De groſſes *rides*. De grandes *rides*. Il aime une vieille fort riche & fort ridée & en riant il dit que l'amour eſt en embuſcade dans les *rides* de la vieille.

Ses *rides* ſur ſon front ont gravé ſes exploits,
Et vous diſent encore ce qu'il fut autrefois.
Corn. Cid. a. 1. ſc. 1.)

Ride. C'étoit une eſpéce de monoïe d'or de quarante huit ſous, qui avoit cours ſous François premier. Elle avoit d'un côté un homme armé qui tenoit une épée à la main & qui étoit monté ſur un Cheval qui avoit l'air de galoper, & de l'autre côté, elle avoit un écuſſon, au milieu duquel il y avoit des fleurs de lis & de petits lions avec cette legende *Philippus Dei gratiâ Dux Burgundiæ*, & de l'autre côté, elle avoit ces paroles *ſit nomen Domini benedictum.*

Rides. Terme de Mer. Cordes mediocres qui paſſent par diverſes poulies & ſervent à roidir les plus groſſes cordes. *Fourn.*

RIDEAU, ſ. m. Morceau d'étofe de ſoie, de velours, de damas, de drap, ou de ſerge, ou morceau de toile façonnée, ou unie, qui aide à entourner le bois de lit, & qui eſt enfilé dans une verge de fer avec des anneaux. [Un beau rideau. Tirer le rideau.]

Rideau de fenêtre. Grand morceau de tafetas, de ſerge, ou de toile enfilé dans une verge de fer avec des anneaux en haut d'une fenêtre pour empêcher la grande ardeur du Soleil.

Rideau. Terme de Fortification. Foſſé dont la terre eſt élevée ſur le bord & met le ſoldat à couvert. C'eſt auſſi une petite hauteur, ou éminence qui regne en longueur ſur une plaine. [Les blindes ſervent de rideau & de couverture aux pioniers. L'infanterie étoit cachée derrière un rideau.]

RIDELLE ; ridèle, ſ. f. Terme de *Charon.* Morceau de bois rond & plané qui regne ſur le haut & tout le long du chariot & de la charrette au travers duquel paſſent les épars & les roulons. [Les ridelles du chariot ſont rompuës.]

Rider, v. a. Replier la peau. Faire venir des rides à la peau. [C'eſt un médicament qui *ride* la peau.]

* Ce qui égaioit les autres, *ridoit* ſon front. *Moliére.* C'eſt à dire, ce qui divertiſſoit les autres, le chagrinoit.

* Le moindre petit vent fait *rider* la face des eaux. *La Fontaine*, *Fables*, l. 1. C'eſt à dire, rend la face des eaux moins unie.

* *Rider*, v. a. Terme de Mer. Faire roidir une corde. [Rider une corde. *Fourn.*]

* *Rider la voile.* Terme de Mer. C'eſt l'acourcir par en haut avec des rides. *Guillet.*

Se rider, v. r. Se faire des rides. [Jupiter ſe *ride* comme un vieux moine de Clervaux. *Voi. Poëſ.*]

RIDICULE, ſ. m. Sot. Impertinent. [C'eſt un ridicule achevé.]

Ridicule, ſ. m. Caractére ridicule des gens. Sotiſe & impertinence des perſonnes.

Ils ſont pleins d'un *ridicule* & d'une impertinence à décrier par tout l'eſprit & la ſience. *Moliére*, *Femmes ſavantes.* Il eſt dificile d'entrer comme il faut dans *le ridicule* des hommes. *Mol.*

Ridicule, ſ. m. Raillerie, moquerie. Satire, maniére de railler particuliére. (Nos vices ne ſont point les vices qu'Horace & Juvenal ont repris ; nous devons emploïer *un autre ridicule*, & nous ſervir d'une autre cenſure. S. Evremont in 4. p. 537.)

Ridicule, adj. Ce mot ſe dit des choſes & des perſonnes & ſignifie Sot. Impertinent. Extravagant. [Il ne s'eſt jamais rien dit de ſi ridicule. *Voi. l. 56.* Vôtre conduite vous tourne en ridicule auprès de bien des gens. *Mol. Miſantrope*, a. 1. l. 1. Il eſt ridicule de vouloir aſſujettir les Poëtes aux regles des Hiſtoriens. *Abl. Luc. T. 2.*)

Ridiculement, adv. D'une maniére ſote & ridicule. [Se conduire ridiculement.]

† *Ridiculiſer*, v. a. Ce mot eſt de fabrique nouvelle & n'a guére cours que dans le bas ſtile, il ſignifie *rendre ridicule.* [Ridiculiſer quelqu'un. Le Pére a repris mes remarques en me *ridiculiſant.* *Menage*, *remarques.*

Ci-gît de burleſque mémoire,
Lubin, qui mit toute ſa gloire
A ridiculiſer autrui. *Boi. œuv. poſt.*]

† *Se ridiculiſer*, v. r. Se rendre fat & ridicule. [Vous ne ſauriez vous épuiſer, il fait toutes les maniéres de ſe ridiculiſer. *Cotin*, *ménagerie.*]

† *Ridiculité*, ſ. f. Ce mot ſe dit par quelques uns, mais il ne s'écrit pas, au moins je ne l'ai point encore veu dans les bons auteurs, & on ne croit pas même qu'il ſoit fort bon, il ſignifie, Sotiſe. Impertinence. Choſe ridicule. (C'eſt une ridiculité achevée.)

RIE.

RIEN, ſ. m. Néant. Ce qui n'a aucune proprieté. [Il eſt impoſſible que le pur *Rien* devienne quelque choſe. Si une choſe devoit exiſter l'instant qui vient on pourroit dire que ce n'eſt rien préſentement qu'*un pur rien.* *Rob. phiſ.*]

Rien. Aucune choſe. Peu de choſe. (Un *rien* presque ſufit pour le ſcandaliſer. *Moliére*, *Tartufe*, a. 5. ſ. 5. C'eſt à dire, il faut peu de choſe pour le ſcandaliſer. Il n'eſt *rien* tel que les Jéſuites. *Paſ. l. 4.* Ils ſont ſouvent de diférent avis, mais cela n'y fait rien. *Paſ. l. 5.* Cela ne fait *rien* du tout au bon goût. *Mol.* Ce ſont de grans mots enfermez dans un *rien* emphatique. Il ne m'eſt *rien.* C'eſt à dire, il n'eſt point mon parent. Tout comme ſi de rien n'étoit. Il n'eſt rien de fâcheux que ſon amour ne faſſe. *Benſ. Balet de la nuit*, 3. p. 1.)

Rien moins. Ces mots ne doivent être emploïez que dans un ſens négatif. (Les hipocrites ne ſont rien moins que ce qu'ils paroiſſent. *Aut. an.* Voïez *moins.*)

Rien autre choſe. Il y a des gens qui condamnent cette façon de parler. Par exemple, Les paroles ne ſont *rien autre choſe* que les images des penſées. Ils diſent que *rien* eſt ſuperflu, & qu'il faut dire, les paroles ne ſont que les images des penſées. Tout cela eſt bien ; cependant *rien* ſe trouve quelquefois avec *autre choſe*, quand on y puiſſe trouver à dire ; rien en cette expreſſion. Quand il parle ainſi, que veut-il dire ? rien autre choſe ſinon. . . . *Patru, pl.*

Vous ne faites rien que ce que vous devez. Dites, vous ne faites que ce que vous devez ; rien ne ſe met point devant *que ce que.* *Vau. nouv. rem.*

Il n'y a rien de tel. Il n'y a rien tel. L'une & l'autre façon de parler eſt en uſage. *Vaug. rem.* On dit au même ſens, il n'eſt rien tel que de. . . . *Abl. Luc.*

Il n'eſt ſi facile. Dites, il n'eſt rien de ſi facile.

Il n'eſt rien mauvais. Dites, il n'eſt rien de mauvais.

Il n'eſt rien bon. Dites, il n'eſt rien de bon.

L'honnête homme qui a regalé le public des nouvelles remarques de Vaugelas obſerve judicieuſement que *rien* devant un adjectif veut la particule *de*, mais que c'eſt autre choſe quand *rien* précéde le verbe ſubſtantif. Rien n'eſt beau que le vrai. *Deſpr. Satires.* Rien n'eſt doux ſans amour ; dans cette vie. *Bertaut*, *poëſies.*

Rieur, ſ. m. Celui qui rit aiſément. Celui qui ſe prend à rire à cauſe de quelque choſe qui le réjouït. [Monſieur un tel eſt un grand rieur.]

Rieur. Moqueur. [Il n'y a point de petite ville qui n'ait ſon rieur. *Scaron*, *Rom.* 1. *partie.*]

* Il a les *rieurs* de ſon côté. Façon de parler proverbiale, pour dire. Il y a des gens puiſſans qui autoriſent ce qu'il fait, ou ce qu'il dit.

Rieuſe, ſ. f. Celle qui rit aiſément. (Caliſte eſt une fort grande rieuſe. *Sar. Poëſ.*)

Rieuſe. Moqueuſe. (C'eſt une rieuſe.)

Rire. Voïez plus bas.

RIF.

RIFLARD, ſ. m. Outil de *Ménuiſier.* Sorte de gros rabot qui ſert à dégroſſir le bois. Les Sculpteurs ont des *riflards*, ou ciſeaux dentelez pour travailler en pierre.

† *Rifler*, v. a. Mot burleſque pour dire *prendre.* (Il a tout riflé.) On dit auſſi *rafler* en ce ſens. *Rifler* ſignifie auſſi manger goulument. (Il a eu bien-tôt riflé ce qu'on avoit mis devant lui.)

RIG.

RIGIDE, adj. En Latin *rigidus.* Ce mot ſe dit des perſonnes & des choſes ; & il ſignifie ſévére. Auſtére. (Cela eſt trop rigide. C'eſt un homme rigide.) Vertu rigide.

Rigidement, adv. D'une maniére rigide & auſtére. (Vivre rigidement.)

Rigidité, ſ. f. Sévérité. Maniére d'agir rigide & auſtére. (La raiſon autrefois rude & auſtére, s'eſt civiliſée avec le tems, & l'on conſerve toûjours le nom de ſon ancienne rigidité. *S. Evremont. T.* 8. *p.* 18.)

RIGODON, ſ. m. C'eſt une ſorte de danſe, qui vient de Provence & qui ſe danſe en figure, c'eſt à dire, par un homme & une femme. (Le rigodon eſt gai, & il y a plaiſir à le danſer.)

RIGOLE, ſ. f. Petit foſſé pour faire couler les eaux. (Faire une rigole. Ouvrir une rigole.)

Rigole, ſ. f. Terme de *Jardinier.* C'eſt un endroit pour planter des

RIM. RIN. RIO. RIP. RIR.

des arbres qui a été fouillé de la profondeur & largeur nécessaires & d'où l'on ôte les pierres & les méchantes terres. On apelle aussi ces rigoles tranchées. (Faire de bonnes rigoles, ou de bonnes tranchées.)

RIGOUREUX, *rigoureuse*, *adj*. Ce mot se dit des choses & des personnes & signifie Rude. Sévère. Cruël. (Il est rigoureux pour les autres. *Ablancourt*. Juge rigoureux. Peine rigoureuse. *Voit*. *l*. 16. Hiver très-rigoureux. *Ablancourt*, *Tac*. Il étoit rigoureux dans les fautes considérables. *Ablancourt*. *Tac*.)

Rigoureusement, *adv*. D'une manière sévère. D'une manière rude. (Traiter rigoureusement.)

† RIGRI, *s. m*. Ce mot est un mot injurieux du petit peuple de Paris. (C'est un *rigri*. C'est à dire, une espéce de vilain & de ladre.)

RIGUEUR, *s. f*. Sévérité. (Traiter avec rigueur. *Ablancourt*. Cette rigueur est excessive. La rigueur des parens redouble l'amitié des amans. *Moliere*. *Pourceaugnac*.)

* Les rigueurs de l'hiver. *Voi*. *Poë*.
Les rigueurs d'une maitresse.

RIM.

RIMAILLE, *s. f*. Vers rimez. Poësie rimée.

    [Foible ennemi des bons esprits,
    Il n'est censure ni mepris
    Dont ta rimaille ne soit digne. *Mai*. *Poë*.
    Si j'en aprochois de cent piques
    Avec mes *rimailles* comiques
    Mes vers iroient se produire à la cour. *Sca*. *Poë*.)

Rimailler, *v. n*. Mot un peu satirique pour dire *faire des vers*. (Il s'amuse à rimailler.)

Rimailleur, *s. m*. Méchant poëte. [D'Assouci est un rimailleur. Le siécle est fertile en rimailleurs.]

† *Rimasser*. Faire des vers. (Avant que de rimasser, bannissons de nôtre pensée tout souvenir qui le travaille. *Scar*. *Poës*.)

Rime, *s. f*. C'est un même son à la fin des mots comme *corps* & *acords*. (Il y a deux rimes, la masculine & la féminine. Rimes suivies. Rimes mêlées. Rimes entre mêlées. Voiez *Les traitez de la versification Françoise*. Il faut avoir un grand soin d'éviter les rimes en prose, où elles sont un très-grand défaut. *Vau*. *Rem*. Les rimes sont vicieuses dans la chute des périodes; & dans les membres des périodes On ne souffre point aussi la rime au commencement, ni dans la suite du discours.)

* Rimes, Vers. Poësie. (Comme il aloit hurlant ces *rimes*, un chartier lui donna un coup de foüet. *Saint Amant*. Les Oficiers du Roi ne devroient exiger de moi que de la *rime* & de la prose. *Mai*. *Poë*.)

† On dit d'un galimatias & d'un discours extravagant qu'il n'y a ni rime ni raison.

† On dit d'un fou & d'un extravagant, qu'il n'entend ni rime ni ni raison.

† On dit des méchans vers, qu'il y a de la rime, mais qu'il n'y a point de raison.

Rimer, *v. a*. Trouver quelque rime. Avoir les mêmes rimez, S'acorder en rimes.

    (Quand je veux d'un galand dépeindre la figure.
    Ma plume pour rimer trouve l'Abé de Pure.
    Depreaux, *Satire*, 2.

Le premier hémistiche du vers ne doit point *rimer* avec le dernier hémistiche du même vers.)

* *Rimer*. Ce mot au figuré est actif & neutre & signifie *faire des vers*. Mettre en vers.

    (O Musé, c'est en vain que la main vous demange,
    S'il faut *rimer* ici, *Rimons* quelque loüange.
    Depreaux, *Satire* 7.
On ne sait pas positivement si les Gaulois rimoient.

† * *Il rime richement en Dieu*. *Scaron*, 1. partie, c. 3. C'est à dire, jure de diverse manière le nom de Dieu.

Rimeur, *s. m*. Poëte qui fait des vers rimez, (Un pauvre homme qui est *rimeur* n'est jamais un fort bon payeur. *Scaron*, *Poësies*. Un rimeur vieux & Gascon ne sauroit de bonne grace paroitre sur l'Helicon. *Poës*.)

RIN.

RINGRAVE, *s. f*. Espéce de culote propre pour ceux qui montent à cheval, à la ceinture de laquelle il y a des éguillettes qui se passent dans les œillets d'une manière de bas. (Une ringrave bien faite.
    Sa ringrave étoit courte & son genou cagneux.
    Scaron Poësies.)

RINOCEROT ; *Rinoceros*, *s. f*. Quelques-uns écrivent *rinoceros*, mais les hommes savans que j'ai consultez là-dessus sont pour rinocerot. *Voiture*. *Lettre* CXCIV. a écrit un *nez de rinocerot*. *Ablancourt*, livre 1. de *Marmol* a écrit aussi rinocerot. Le rinocerot est un animal sauvage qui nait en Asie & aux deserts d'Afrique. Il a la peau grosse, dure, pleine de plis, & dificile à percer. Elle est à l'épreuve des armes à feu & des pertuisanes. Il a la tête & le museau semblables à la tête &

au museau d'un cochon. Il sort de son museau deux cornes ; dont il se défend lorsqu'il est ataqué. Il a quatre piez & est presque aussi gros qu'un médiocre éléfant, sinon qu'il n'a pas les jambes si hautes. Quand il est en furie, ou qu'il est blessé, il renverse de gros arbres, & s'il rencontre un homme, ou un cheval, il le terrasse. Ensuite, comme il a la langue fort rude, il le décharne jusques aux os avec la langue. Il grogne comme un cochon & ne fait rien au hommes s'ils ne l'ataquent. Il vit de ronces ; de chardons & autres herbes piquantes & d'arbrisseaux chargez d'épines. Voiez *Jonston* & *Tachard*, *Voiage de Siam*.)

RINSER, *v. a*. Jetter un peu d'eau sur une chose déja lavée pour la netréier encore mieux. Laver de nouveau. Laver, (Rinser des verres. Rinser une tasse. Rinser sa bouche avec de l'eau & du vin tiédes.)

Rinsures, *s. f*. Eau avec quoi on a rinsé quelque chose. Tout ce avec quoi on a rinsé quelque chose. (Ce sont des rinsures de verres.)

† RINSTRUIRE, ou Réinstruire. *v. a*. Instruire de nouveau. Quand on a de nouveaux valets, il faut avoir la peine de les rinstruire.) Ce mot n'est guère en usage.

RIO.

† RIOLÉ, *riolée*, *adj*. Mot burlesque dont l'usage est fort borné. Il signifie qui est bigarré & peinture. (Riolé & piolé comme la chandelle des Rois)

† RIOLE, *s. f*. Terme bas & burlesque, qui signifie une honnête débauche avec ses amis, où avec d'autres personnes de sa connoissance. (Aimer la riole. Faire la riole avec ses amis.)

† RIOTE, *s. f*. Querelle. (N'aiez entre vous aucun démélé, de peur que d'une simple *riote* il ne s'en fasse une haine toute formée. *Patru*, *plaidoié*, 15. Semer des riotes entre des personnes)

† *Rioteux* ; *rioteuse*, *adj*. Querelleux.

RIP.

† RIPAILLES, *s. f*. Ce mot est ainsi d'un lieu agréable en Savoie, où le Cardinal Amédée de Savoie se retira pour mener une vie délicieuse, & depuis le mot de *Ripaille* a signifié Bonne chère. Réjouïssance. Vie pleine de délices & de plaisirs &, qui est toute dans les festins ; les jeux & la bonne chere. (Faire ripaille.)

Ripe, *s. f*. C'est un instrument de tailleur de pierres, qui est presque fait en forme de truelle, & dont il se sert pour grater & nétteyer la pierre lorsqu'elle est possée. (Ma ripe est usée.)

RIPOPÉ, *s. m*. Méchant vin. (Faire boire du ripopé. Voilà de méchant vin, ce n'est que du *ripopé*.)

RIR.

RIRE, *v. n*. Je ris, J'ai ri, je ris, je rirai. Que je rie. Que je risse. Je rirois. C'est faire un ris. (Je riois de voir combien de Lacédémoniens étoient morts en un jour de bataille. *Apl*. *Luc*. T. 1.

    Charles, quoi qu'on lui puisse dire
    Ne répond rien, ne fait que rire.
    Gom. *Epi*. *l*. 1.)

Rire à gorge déployée. *Le Comte de Bussi*. C'est rire fort & de tout son cœur.

Rire aux Anges. *Voiture*, *Poësies*. C'est rire en tournant la tête en haut.

Je ne m'étonne pas que vous aiez *ri* tout votre soûl. *Voiture* ; *lettre* 56.

Laisser passer les personnes sans leur *rire* au nez. *Moliere*, *Pourceaugnac*.

Eclater de rire. *Pascal*, *lettre* 8. C'est rire de toute sa force.)

Rire, *v*. Railler, joüer & se moquer. Il y a bien de la diférence entre *rire* de la Religion & *rire* de ceux qui la profanent par leurs opinions extravagantes. *Pascal*, *l*. 11. C'est un Auteur malin qui *rit* & qui fait rire. *Depreaux*, *Satire* 7. Il faut *rire* finement, ou il ne le faut point faire. *Thiers*.)

* *Rire*. Ce mot se dit en parlant de gens à qui tout succede & à qui tout réüssit, & il signifie *réüssir*. (Tout lui rit. La fortune lui rit. *Abl*.

* *Rire* Ce mot au figuré se dit aussi des choses inanimées & d'autres sens.

[* *Tout rit dans cet apartement*. *Ablancourt*, *Lucien*. C'est à dire, tout y est beau & agréable.]

* La rose rit au Soleil. *Voiture*, *Poësies*. C'est à dire, S'étale, s'épanoüit.

Se rire, *v. r*. Se moquer. (Se rire des sots du siécle.)

Ris, *s. m*. Action de rire. Certain mouvement de la bouche causé par quelque objet, ou par quelques paroles, ou quelque action qui donne de la joie. C'est le propre de l'homme. Elle avoit *un rime* charmant qui alloit réveiller la tendresse jusques au fond des cœurs. *Le Comte de Bussi*, *Histoire amoureuse des Gaules*.)

RIS.   RIT. RIV. ROB.

Ris, *f. m.* Le rire d'une personne, & en ce sens il ne se dit au pluriel qu'en vers. Elle a un *ris* charmant. *Ablancourt.*

Vos gestes, vos regards, vos *ris* & vos discours,
Pour mourir mile amans & naître mile amours.
Voit. Poës.

† *C'est un ris qui ne passe pas le nœud de la gorge.* C'est à dire, Un ris qui n'est pas du fond du cœur. Qui est forcé.

Ris. Ce mot au singulier veut dire une sorte de plante que quelques uns prennent pour une espèce de froment & d'autres pour une manière de légume. Le *ris* pousse une tige d'une coudée, au haut de laquelle est son épi plein de grain ovale & blanc lors qu'il est émondé.

Ris. Graine de ris qui étant cuite avec du lait de vache resserre le ventre & nourrit médiocrement. (Aimer le ris.)

Ris. Ce mot *au pluriel* signifie. Les jeux, les graces & les compagnons de l'amour. (Les graces & les *ris* parlent pour vôtre bouche. *Voi. Poës.*)

Ris de veau. Sorte de petites parties de la gorge du veau qui sont fort délicates, & dont on se sert dans les ragoûts & dans de certains patés.

Risdale, *f. f.* Par la déclaration du Roi, donnée à Saint Germain en Laie le 28. de Mars 1679. la risdale ne se met plus en France, mais elle a toujours cours en Hollande, dans l'Empire & dans les Roïaumes Septentrionaux. En Alemagne, où le droit Saxon est reçeu, la risdale vaut 24. groshes, C'est à dire 48. sous : aux pays heredidaires de l'Empereur, trente groshes, ou soixante sous : en Suède, ni en Dannemarke la risdale n'a point de valeur réglée & elle vaut plus ou moins selon que ces Roiaumes sont en paix, ou en guerre, mais ordinairement elle est à 48. sous. Il y a en Holande deux sortes de risdales ; l'une qu'on apelle simplement Risdale, & l'autre risdale de Banque. La prémière vaut 50. sous, & l'autre 52. C'est dans cette dernière sorte de risdale qu'on paie les lettres de change parmi les Holandois & les Nations Septentrionales. Il y a outre cela des demi-risdales, & des quarts de risdale qu'on nomme *Reixorts* & même des demiquarts de risdale qui valent environ 6. sous monnoie de France.

Risée, *f. f.* Moquerie, Raillerie. (Digne de risée. *Ablancourt.* S'immoler à la *risée* publique. Se sacrifier à la risée du monde. *Vau. Rem.* Il est exposé au mépris & à la risée publique *Vaugelas, Quin. liv. 9.* A tous ces éclats de *risée*, il haussoit les épaules. *Moliere.* Nous alons servir de fable & de *risée* à tout le monde. *Moliere.* Vous êtes *la risée* de tout le monde. *Ablancourt.* Il en revint couvert de honte & de *risée, Despreaux. Sat. 1.*)

Risible, adj. Qui peut rire. (L'homme est une creature *risible.* La chose est visible que c'est un homme proprement, car c'est un animal *risible. Gon. épi. l. 1.*)

Risible. Ridicule. Plaisant. Propre à faire rire, & qui mérite la raillerie. (C'est l'action la plus risible de sa vie. La plupart des Comedies d'Aristophane & de Plaute sont fort risibles, & c'est sur ces fameux modelles que Molière s'est réglé pour rendre ses pièces risibles & plaisantes. La vanité du P. B. est tout à fait risible. *D'Aucour Cléante.*)

Risposve, *f. f.* Terme de Maître d'armes. C'est l'action de celui qui pare & pousse. (Avoir la risposte prompte. Donner la risposte. Craindre la risposte. *Liancour, Maître d'armes.*)

† * Rimeur prompt à la *risposte*, S. *Amant*. C'est à dire, prompt à repliquer.)

Risposte. Terme de Manège. C'est le mouvement vindicatif d'un cheval qui répond d'un coup de pié à l'éperon. *Guillet.*

Rispostèr, *v. n.* Terme de Maître d'armes. C'est pousser aprés avoir paré. (Allons, vite, rispostez.)

Risque. Ce mot est masculin & féminin, mais il semble qu'on le fait un peu plus souvent féminin que masculin. Le mot de *risque* signifie. Péril. Hazard. Danger. (Ne courre nuse risque de la vie. *Pascal, l. 14.* Ils ne couroient nul risque. *Vaug. Quin. l. 4. c. 15.* Vous voulez risquer de perdre votre fils. *Moliere.* Il n'a couru aucune risque. *Sarasin, œuvres nouvelles, discours de morale p. 133.* Il a couru de grandes risques. *Nouv. remarques Françoises.*)

On dit en termes de Palais. Il a pris cela à ses périls, risques & fortunes, & sans aucune garantie. Ce sera aux risques du vendeur.

Risquer, *v. a.* Mettre quelque chose au hazard. (Risquer son salut. On ne doit point risquer l'afaire. *Moliere.* Risquer la vertu d'une fille. *Mol. Tartufe.* Il n'y a rien à risquer pour vous. *Vaugelas, Quin. l. 3. c. 9.* Risquer une bataille. Risquer sa réputation.)

Rissole, *f. f.* C'est une sorte de petite patisserie, & il y en a de plusieurs sortes. (Rissole feuilletée. C'est une patisserie de pâte feuilletée garnie de blanc de chapon haché, de moîle de beuf, de raisins de Corinte, de pignons, ou pistaches. Rissole à frire. C'est une sorte de patisserie qu'on fait frire au sein doux, garnie de blanc de chapon haché, de beuf & d'un peu d'épices. Rissole communë, sorte de patisserie garnie de chair de boucherie & de moîle de beuf. (Faire des rissoles.)

Rissoler, *v. a.* Ce mot se dit des choses qu'on frit & de quelques autres qu'on rôtit. C'est frire, ou rôtir de telle sorte que ce qu'on rôtit, ou frit, tire sur le roux. (Rissoler une friture comme il faut. Rissoler la peau d'un cochon de lait.)

R I T.

† Rit, *f. m.* Coutume & cérémonie. Cé mot est tiré du Latin, (Il voulut qu'on bâtit une chapelle pour le *Rit Grec. Histoire d'Aubusson liv. 3. pag. 168.*)

Ritornelle, *f. f.* Reprise de chant que font les violons. (Les violons joüerent des ritornelles. *Le Comte de Bussi.*)

Rituel, *f. m.* Livre d'Eglise où l'on écrit les cérémonies qui se doivent pratiquer dans l'administration des Sacremens & autres choses qui sont du devoir des Eclésiastiques qui ont charge d'ames. (Le rituel de Monsieur est fort estimé.)

R I V.

Rivage, *f. m.* (Rive. La mer jette quantité de pierres précieuses sur ses rivages. *Vau. Quin. l. 8. c. 9.* Un charmant rivage. Un rivage de saules. *Ablancourt.*)

Rival, *f. m.* Celui qui est notre concurrent en amour & qui tâche à gagner le cœur de la belle qu'on aime. Celui qui est notre concurrent dans la fortune. (Un rival sage, prudent, discret, ou indiscret ; heureux ; malheureux. Un rival jaloux & opiniâtre. Un rival redoutable. Un rival jeune & bien fait est toujours dangereux en amour.

Ton rival monte & tu décends
& dans le cabinet le favori te joue.
Mai. poës.
Quand nos rivaux sont au dessus de nous
Nous devons toujours filer doux.
La Suze, poës.
D'un rival indiscret découvrez les défauts
Et profitez avec prudence
Des fautes de tous vos rivaux.
Pelisson, recüeil de pièces galantes. T. 1.
Les plaisirs succèdent aux maux
Lors qu'un Amant, par son adresse,
Se fait aimer de sa Maîtresse,
Et craindre de tous les rivaux. *Là même.*

Rivale, *f. f.* Celle qui concourt en amour avec une autre personne de son sexe. (Une belle rivale, *Voit. l. 1.* Une rivale orgueilleuse. *Abl.*)

Rive, *f. f.* Rivage. (La rive du fleuve étoit escarpée. *Ablancourt.*)

† * Tous ceux qui connoissent votre esprit, avoüent qu'il n'y a en vous, ni fond, ni rive. *Voit. liv. 140.* C'est à dire, on ne vous peut comprendre, vos qualitez sont infinies.

River, *v. a.* Terme de Serrurier, de Maréchal, de Taillandier & autres. C'est rabatre la pointe d'un clou, & faire une nouvelle tête pour l'afermir. [River des clous.]

† * River le clou à quelqu'un. C'est le rembarer, c'est le traiter un peu cavalierement.

Rivet, *f. m.* Terme de Maréchal. Extrémité du clou qui porte sur la corne, quand on a ferré le cheval. (Rivet trop gros)

Rivet, *f. m.* Terme de Coutelier. Petit clou rivé qui tient à la chasse du tasoir.

Rivet, *f. m.* Ce mot est un terme de Cordonnier & de Savetier ; mais il ne se dit qu'en Province. On dit à Paris *tranchefile* & jamais *rivet.* Voiez *Tranchefile.*

Rivière, *f. f.* Assemblage d'eau qui vient de quelque source & qui court dans une sorte de canal qu'on apelle lit. Le mot de *rivière* se dit des petits & des grans assemblages d'eaux, & celui de *fleuve* ne se dit que des grans & est plus beau en Poësie que le mot de *rivière.* (Monsieur le Tibre vous n'osériez déficier en guerre la rivière des Gobelins. *Saint Amant.* La rivière de Loire est une des plus belles rivières de France. Les principales rivières de France sont la Loire, la Seine, la Sône, la Marne, le Rône, la Garonne, la Durance, la Charante, &c.)

R O B.

Rob, *f. m.* Ce mot est originairement Arabe. C'est un terme d'Apoticaire qui veut dire, suc de fruits dépurez de leur humidité & cuits jusqu'à la consomption des deux tiers, ou des trois quarts. Il y a plusieurs sortes de Robs & l'on en fait de plusieurs maniéres. Voiez *Charas, Phar. 2. p. l. 1. c. 11.*

Robe, *f. f.* Ce mot en parlant de Président, de Conseillers, d'Avocats, de Médecins & autres gens de profession publique, c'est un ample vêtement à manches larges qui couvre tout le corps, que les personnes de Palais portent lors qu'ils sont dans l'exercice de leur charge, & que les Médecins & autres gens portent dans les cérémonies publiques. (* *Porter la robe.* Ce mot en parlant d'Avocat signifient fréquenter le bareau en qualité d'Avocat. * *Etre de Robe.* C'est à dire, être homme de Palais. * *Quiter la robe.* C'est abandonner le Palais & ne le plus fréquenter.)

Robe. Ce mot en parlant de *femme.* C'est une sorte de jupe qui pareille au corps de la robe. (Une robe bien faite.)

Une

ROB. ROC.

Une robe de chambre pour homme.
Une robe de chambre pour femme.

Robe. Ce mot en parlant de certains Religieux. C'est une espèce d'habit long, juste, & proportionné au corps, c'est une maniére de soutane de serge, ou d'étofe de la couleur de l'ordre du Religieux. Les Augustins portent une robe blanche en l'honneur de la Vierge. Au reste ce que les Augustins, les Bernardins & quelques autres apellent robe, les Capucins & quelques autres Religieux l'apellent habit.

* Robe. Terme de Charcutier. C'est le boiau qui couvre & envelope l'andouille. (Robe d'andouille.)

* Robe se dit de certains animaux. (La robe du paon. Voi.let.91. Chat qui a une belle robe.)

* Robe. Ce mot se dit des pois & des féves. C'est l'envelope des pois, ou des féves, qu'on ôte quand les pois, & les féves ont de la dureté.

ROBERT, s. m. Nom d'homme. (Le Roi Robert composa plusieurs himnes qu'on chante à l'Eglise. Mém. de du Tillet.)

ROBETTE, s. f. Terme de Chartreux. Sorte de chemise de serge, ou d'autre étofe qui est sur la chair.

ROBIERE, s. f. Terme de certaines Religieuses. C'est la Religieuse qui a soin des habits, des robes, chaussures & garnitures de lit.

† ROBILLARE. Sorte de mot du peuple de Paris pour dire réjouissance & bonne chére. (Aprés Pâque Robillare. Faire Robillare.)

ROBIN, s. m. Sorte de nom dont on se sert dans les épigrammes satiriques & autres ouvrages comiques au lieu du nom propre. (Robin a quitté le débit de la doctrine d'Hipocrate.)

† Robin. On se sert quelquefois de ce mot pour dire un sot, un niais. Vous êtes encore un plaisant Robin.)

Robinet, s. m. Piéce de cuivre qu'on tourne pour lâcher, ou retenir l'eau des fontaines. Fermer le robines de la fontaine. Ouvrir le robinet de la fontaine.

ROBORATIF, roborative, adj. Ce mot est un terme de Médecin. Il est imité du Latin roborare qui signifie fortifier. (Un médicament roboratif, c'est à dire, qui fortifie le corps. Vertu roborative.)

ROBUSTE, adj. En Latin robustus. Fort, Vigoureux. (Jeune homme fort robuste. Une servante forte & robuste. Le Parasite a le visage vermeil, l'œil vif, le teint frais & en un mot il est robuste de corps & d'esprit. Ablanc. Luc. T. 2. Ecorhisseur.)

ROC.

Roc, s. m. Rocher. (La source du fleuve Marsias est au sommet d'une montagne, d'où il tombe sur un roc. Vaug. Quin. liv. 3. ch. 1.)

† Plus grave qu'un roc. Voit. poës.

Roc. C'est une piéce du jeu des échecs. On l'apelle aussi la tour. (Le mouvement des rocs est droit & ils vont par toute la ligne. Le roc du Roi. Le roc de la Reine.

Rocaille, s. f. Coquillage & autre petite chose dont on fait des rochers & des grotes pour les jardins. (Rocaille fine. Faire des ouvrages de rocaille.)

Rocaille. Terme de Vitrier. Petits grains ronds, verts, ou jaunes dont on se sert pour mettre les vitres en couleur. (Rocaille jaune. Rocaille verte.)

Rocailleur, s. m. Celui qui avec certaines petites coquilles & de certaines pierres fait des grotes & des rochers pour embélir quelques beaux jardins. (Il n'y a que trois ou quatre rocailleurs à Paris, le plus fameux demeure au Colége des quatre nations.)

ROCAMBOLE, s. m. Sorte de petit ail doux. Il se dit aussi d'un espéce de graine qui vient du haut de la tige de cette sorte d'ail. (Froter son assiéte de rocambole. La rocambole réveille l'apétit.)

† * Rocambole. Ce mot est burlesque & du petit peuple de Paris, pour dire, bonne chére.) Il n'aime rien tant qu'à faire la rocambole. La rocambole coûte, mais elle réjouit.)

Roche, s. f. Rocher. (Roche escarpée.)

[* Cœur de roche. Voit. poësies. C'est à dire, cœur dur & insensible.

* Lui faire des reproches, c'est justement parler aux rochers. Le Comte de Bussi. C'est à dire, perdre ses reproches & son tems, parce qu'il ne sera non plus touché de ses reproches qu'un rocher.

Rocher, s. m. Roc. Roche. [un haut rocher.]

* Les Nimphes éprises de son amour faisoient leur demeure en ce rocher. Vaug. Quin. l. 3. c. 1.

* Pour n'aimer pas des mains si doctes & si belles, il faut être un rocher. Benserade.

Rocher. Maniére de petit roc qu'on fait avec de la rocaille dans des jardins. (Un joli rocher.)

ROCHET, s. m. Ce mot se dit en parlant d'Evêque. C'est une espéce de surplis de toile fort fine & à manches fort étroites. (Etre en rochet.)

Rochet. Terme de Chanoine & de Chanoinesse de S. Augustin. Espéce de surplis à manches fort étroites que les Chanoines & Chanoinesses de S. Augustin portent.

ROD. ROG. ROI.

Rochet. Terme de Rubanier. Petit instrument de bois avec des rebords à chaque bout, sur quoi les rubaniers mettent leur soie.

ROCHOIR, s. m. Terme d'Orfévre. Instrument d'orfévre fait en maniére de petit cu de lampe avec un bec & où l'orfévre met du borax.

ROCOULER, v. n. Ce mot se dit proprement des pigeons lors qu'ils font un certain bruit qui leur est naturel & qui les distingue des autres oiseaux. (Le pigeon rocoule.)

ROD.

RODER. Ce verbe est ordinairement neutre. Il signifie courir. Aller çà & là. Aller tout autour. (Il rodoit avec les troupes autour de la ville. Abl.
O Lune, sans faire de bruit,
Vous avez bien rodé la nuit. Benf.

Rodeur, s. m. Qui court & va çà & là. (C'est un rodeur.)

† RODOMONTADE, s. f. Fausse bravoure. Paroles de fanfaron. (Les Gascons sont sujets à faire des rodomontades. Rengainez vos rodomontades. Port-Roial.)

† Rodomont, s. m. Fanfaron. Faux brave.

ROG.

ROGATIONS, s. f. Terme d'Eglise. Ce sont trois jours de priéres qu'on fait avant l'Ascention de Jesus-Christ, durant lesquels il y a abstinence de viande & on fait des processions où l'on prie pour les fruits de la terre. (Les Rogations sont passées.)

† ROGATON, s. m. Mot burlesque, pour dire Priére. Suplication. Requête. (Scaron a fait quelques rogatons en vers. Rogatons à Monsieur de Lionne pour être paié de sa pension.)

Un porteur de rogatons. C'est un Poëte qui porte des vers, des Sonnets, &c à des Grands, ou à des personnes riches, pour en tirer quelque présent.

† Rogaton. Il se dit aussi des bribes & autres choses qu'on a quetées. (Sa besace est pleine de rogatons.)

ROGER, s. m. Nom d'homme. (Le beau Roger.)

† C'est un Roger-bon-tems. C'est à dire, un gaillard qui ne songe qu'à se divertir & qui ne prend nul souci. (C'est un vrai Roger-bon-tems.)

ROGNE, s. f. Gale. Voiez Gale.

ROGNER, roigner, v. a. On écrit l'un & l'autre, mais on prononce rogner. C'est couper tout autour. (Rogner la monoie. Rogner un livre. Rogner les ongles. Rogner les ailes.) Ces derniers mots, se disent aussi au figuré, & signifient retrancher à quelqu'un de l'autorité & du pouvoir. On dit aussi rogner les gages, c'est à dire, en retrancher.

† * Il est le maître, il rogne, il taille. Benf. C'est à dire, il en use comme il lui plaist.

Rogneur, s. m. Celui qui rogne. (C'est un rogneur de pistoles, d'écus, &c.)

† Rogneux, rogneuse, adj. Voiez Galeux.

ROGNON, roignon, s. m. On écrit l'un & l'autre, mais on prononce rognon. Ce mot se dit proprement en parlant des animaux. Ce sont des parties charnues & sans os, qui sont ovales & qui aitirent, ses serosîtez du sang. Les Reins. (Rognon de porc. Rognon de veau.)

† * Etre trop chaud du rognon. Ces mots burlesques se disent des hommes, & signifient être un paillard. S. Amant. Mettre la main sur les rognons. Cela se dit des petites femmes qui se querellent. C'est mettre la main sur les côtez.

† Rognoner, v. n. Mot du petit peuple de Paris, pour dire gronder. (C'est une vieille qui ne fait que rognoner.)

ROGNURE, s. f. Ce qu'on a ôté & rogné de quelque chose. (Les rognures des livres servent à faire du carton.)

ROGUE, adj. Fier. Superbe. (On dit que les Espagnols sont naturellement rogues, mais ce sont des contes, les Anglois le sont plus que les Espagnols.)

ROI.

Prononcez la silabe Roi de tous les mots suivans comme elle est écrite, excepté au mot roide, & aux autres qui en sont dérivez.

ROI, s. m. Prince qui a un Roiaume. C'est le Souverain d'un Roiaume. (Roi glorieux, grand, triomphant, victorieux. On ne doit point parler des Rois, ou l'on en doit parler avec des paroles de soie. Les François ont eu soixante quatre Rois. Les Chinois disent qu'ils ont eu des Rois 2950. avant la Naissance de J. C. Nouvelle rélation de la Chine, p. 257.)

* Le Vatican retentit des loüanges du Roi des Rois. Patru, plaidoié 3. C'est à dire, des loüanges de Dieu.

* Roi de ses passions, il a ce qu'il désire. Racan, Bergeries. C'est à dire il est maître de ses passions.

* Les Sages aussi bien que les Saints ont mérité le glorieux titre de Roi. Ablancourt, Apoph.

* Comme le lion est le Roi des animaux terrestres, le daufin l'est des animaux aquatiques. La Chambre.

† * C'est le Roi des hommes. Vous êtes le Roi des hommes. Ces derniéres façons de parler ne se disent qu'en riant & dans la conversation de certaines gens.

Yyyy ij

*Roi. C'est celui qui la veille ou le jour de la fête des Rois a eu une part de gateau où il y avoit une fève & qui en vertu de cette roiauté est durant tout le repas respecté par la compagnie & traité de sire & de majesté & même en signe de réjoüissance lorsqu'il boit, tout le monde, le chapeau bas, crie mélodieusement le Roi boit. (Monsieur un tel est Roi. Je suis le Roi.)

Rois. Ce mot au pluriel signifie la fête de l'adoration des trois Rois. (Les Rois sont le sixième de Janvier.)

Faire les Rois. C'est se réjoüir avec ses amis le jour, ou la veille des Rois, en criant le Roi boit, ou la Reine boit.

Roi des violons. C'est le chef des vint-quatre violons du Roi & de tous les violons de France, sans la permission duquel il n'y a point de violon dans le Roiaume, qui ose joüer publiquement.

Le Roi du bal. Celui qui commence le bal.

Roi de la basoche. C'est le chef des clercs de Paris.

Roi des ribauds. C'étoit celui qui tiroit tribut des bordels & des personnes condannées à mort par les Maréchaux de France. Voiez Ragueneau, & Pasquier, Recherches, l. 8.

Roi d'armes. C'étoit un oficier de France qui anonçoit la guerre, faisoit des trèves, ou des traitez de paix & qui anonçoit aussi des Tournois. Voiez Héraut d'armes.

Roi. Terme du jeu des échets. C'est la principale piéce du jeu des échets. Et on dit. (Couvrir le Roi. Donner échec au Roi. Mater le Roi.)

Roi. Terme de jeu de cartes. C'est la première figure d'un jeu de cartes. (Il y a quatre Rois dans chaque jeu de cartes. Joüer un Roi. Jetter un Roi.)

† Le Roi petant. C'est le Roi des gueux. C'est ici la Cour du Roi petant. C'est à dire, une assemblée de gueux, où chacun est le maitre.

ROIALE, s. f. Sorte de culote large, au bas de laquelle il y a des canons qui sont lacez de rubans, enjolivez de points de France, ou enrichis de broderie de drap découpé à jour & de plusieurs toufes de rubans. (Une belle roiale.)

A la roiale, adv. A la manière du Roi. D'une roiale & excellente manière. D'une manière la plus parfaite de toutes. (Faire la barbe à la roiale. Porter la barbe à la roiale. C'est à dire, avoir deux petits filets de poil comme le Roi. Beuf à la roiale C'est à dire, Beuf assaisonné excélentement.)

Roial, roiale, adj. Qui compose la famille du Roi (La maison roiale. C'est le Roi, la Reine, ses enfans & ses Fréres.)

Roial, roiale. Qui apartient au Roi. Qui regarde le Roi. (Droit roial. Deniers roiaux.)

Roial, roiale. Ce mot se dit de certains édifices ; & veut dire Lieu où loge le Roi, ou quelqu'un de la famille roiale, il signifie aussi digne d'un Roi. (Palais roial. Une maison roiale.)

Roial, roiale. Ce mot se dit de certaines jurisdictions & de quelques gens de justice. (Ainsi on dit, Justice roiale: Juge roial. Sergent roial exploitant par tout le Roiaume.)

* Roial, roiale. Magnifique. Grand. (Avoir l'ame roiale. Avoir le cœur grand & roial.)

Roialement, adv. D'une maniére superbe, magnifique & roiale. (Il nous a traité roialement.)

Roialiste, s. m. Qui tient le parti du Roi. (C'est un Roialiste.)

Roialiste, adj. Qui tient le parti du Roi. (Il est roialiste. Elle est roialiste.)

Roiaume, s. m. C'est un païs sujet à un Roi. Païs où régne & où domine un Roi. (Les plus beaux & les plus fameux Roiaumes de l'Europe, ce sont le Roiaume d'Angleterre, celui de France, d'Espagne, de Portugal, de Pologne, de Suede & de Danemarc.)

Roiauté, s. f. Dignité de Roi (Roiauté par tout adorée. Si tu n'es plus sage, je traiterai mal ta roiauté. Ablancourt, Lucien.)

* Roiauté. Ce mot en parlant du jour des Rois. C'est l'honneur qu'on a d'être le Roi, ou la Reine de la fève. (Païer la roiauté.)

ROIDE, adj. Prononcez rède. Ferme. Droit & étendu. (Avoir les jambes roides. Voiture, l. 42. Etre tout roide de froid.)

* Roide. Ce mot en parlant de montagne, signifie Dificile à monter. (C'étoit l'endroit le plus roide de la montagne. Ablancourt, Ar. l. 1. c. x.)

Roideur, s. f. Prononcez rédeur. Force. Vigueur. Vitesse. (Ils lançoient des flêches en haut avec une extrême roideur. Ablancourt, Rét. l. 3. c. 3. Passer avec roideur. S. Amant.)

Roidir, v. a. Prononcez rédi. Etendre & faire venir droit & ferme. (Roidir une corde. Les maitres d'armes disent. Roidit bien la jambe. Liancourt, maitre d'armes ch. 2.)

Se roidir, v. a. Devenir roide. (Il commence à se roidir.)

* Se roidir. Résister. S'opiniâtrer.

{ * C'étoit un courage à se roidir contre les dificultez. Vaugelas, Quin. l. 7.)

* Se roidir contre la raison. Moliere, Avare, acte 1. scene 5.)

ROIGNER. Voiez rogner.

ROIGNON. Voiez rognon.

ROITELET, s. m. Sorte d'oiseau qui s'apelle roitelet, comme si l'on disoit le petit Roi des oiseaux. C'est un fort petit oiseau qui est vif & naturellement plein de feu, qui vit trois, ou quatre ans & qui chante presque toute l'année, mais principalement au mois de Mai. Voiez Olina, Traité des oiseaux qui chantent. On dit. (Un roitelet mâle, un roitelet femelle, ou la femelle du roitelet, un petit roitelet.)

Roitelette, s. f. C'est la femelle de l'oiseau qu'on apelle roitelet.

On m'a dit que votre roitelet
Est bien saou de sa roitelette
Et que ce petit drole ne fait
Des soupirs que pour la fauverte.
Recueil des piéces galantes. T. 1.

ROLAND, s. m. Nom d'homme. Roland le furieux. (On se couche dans la Cronique côte à côte de Roland. Mai. Poëf. C'est à dire, des braves & des vaillans Capitaines.)

RÔLE, s. m. Catalogue de noms. (Le rôle des tailles.)

Rôle. Terme de Comédien. Vers de quelque piéce de teâtre que le comédien, ou la comédienne aprennent. (Joüer les prémiers rôles. Joüer les seconds rôles. Distribuer les rôles. Avoir les prémiers rôles.)

* Au moins, Madame, souvenez vous de votre rôle. Moliere, Pourceaugnac, acte premier. Faut-il que je fasse votre rôle. Moliere, Tartufe.

Rôle. Terme de Pratique. Feuillet d'écriture. (Faire des rôles d'écriture.)

Rôle. Terme de Palais. C'est le régitre des causes. (Faire mettre une cause au rôle. La cause est au rôle.)

† Bôlet, s. m. Ce mot ne se dit guére qu'en goguenardant & dans le comique. (Exemple.

A dieu je suis votre valet.
Je suis au bout de mon rôlet.

C'est à dire, je n'ai plus rien à dire, je suis au bout de mon billet & de mon papier.

ROM.

ROMAIN, Romaine, adj. Qui est de Rome. (Il est Romain.)

* Romain, Romaine. Qui a quelque chose de la vertu des anciens Romains. (Vertu Romaine.)

On donne ce nom à diverses choses. Le Droit Romain. L'Eglise Romaine. Le Bréviaire Romain. Le Calendrier Romain. Empereur Romain. Le Roi des Romains. Le Pontife Romain, &c. Les Imprimeurs pour distinguer leurs caractéres, apellent gros Romain, celui qui est entre le petit parangon & le S. Augustin, & petit Romain, celui qui est entre le Cicero & le petit Texte.

Romaine, s. f. Terme de Marchand Papetier. Sorte de papier in folio. Petite Romaine. C'est du petit papier qui est apres le poulet.

Romaine, s. f. Sorte de péson tout de fer. C'est aussi un grand instrument de fer à peser de gros fardeaux & de moienes piéces d'artillerie, il a été apellé romaine à cause que l'invention de cette sorte d'instrument est venuë de Rome.

ROMAN, s. m. On apelloit de ce nom le langage de l'ancienne Cour Gauloise, qui étoit mêlé du langage Gaulois & du langage Latin, d'où vient cette ancienne façon de s'exprimer parler Roman pour dire parler un langage mêlé de Gaulois & de latin. Parler Roman signifie aussi parler en stile de roman tel que nous le faisons aujourdhui. Le Roman est aujourdhui une fiction qui comprend quelque avanture amoureuse écrite en prose avec esprit & selon les régles du Poëme Epique, & cela pour le plaisir & l'instruction du Lecteur. Nos fameux Romans sont les Amadis & l'Astrée. On prétend que l'invention des romans est duë aux Orientaux. Voiez Huet, Origine des Romans.

* Elle a pu s'entretenir de son roman dans les ruëlles. Patru, plaidoié 2.

* Prendre le roman par la queuë. Moliere. C'est le roman de la Médecine. Moliere.

Romance, s. m. Terme de Poësie Espagnole. C'est une sorte de Poëme où l'on raconte quelque avanture triste, quelque événement rare & particulier ; ou quelque action glorieuse & héroïque. (Il y a des romances amoureux fort jolis.) Voiez Bense Dupais, Apollon Espagnol.

Romancier, s. m. Auteur de quelque Roman François.
{ Après ces Auteurs étrangers
Paroissent nos vieux Romanciers.
Sarasin Pompe funébre. }

ROMARIN, s. m. Sorte de plante qui a plusieurs petites branches, les feuilles fort étroites, & qui porte des fleurs qui sont comme de petites jacintes d'Espagne & qui sentent bon (Le romarin a une odeur un peu forte.)

† ROMINAGROBIS, raminagrobis, s. m. L'un & l'autre se dit, mais rominagrobis est le plus-doux & le plus-usité. Raminagrobis est un mot burlesque imaginé pour se moquer de celui qui affecte un air grave. On apelle aussi rominagrobis un maitre matou. { S'il vient près de vous un rominagrobis, marchander vôtre cœur, Songez que. Sarasin, Poësies. }

* Rominagrobis qui est le prince des chats ne sauroit avoir meilleure mine. Voiture, Lettre 154.

ROMPEMENT DE TETE, s. m. Bruit qui étourdit, ennuie & chagrine.

† Ce sont de perpétuels rompemens de tête. Ce sont des rompemens

ROM. RON.   RON.

pemens de tête insuportables, je ne les puis souffrir davantage. C'est un grand rompement de tête. *Nou. rem. sur la langue Françoise.)*

Rompre, v. a. Il vient du Latin *rumpere*. Je rompts. J'ai rompu. Je rompis. C'est mettre une chose en plusieurs pièces en la brisant & la cassant. (Il a tout rompu & tout brisé.)

Rompre. Ce mot se dit en parlant de certains criminels. C'est donner onze coups d'une grosse barre de fer à un criminel sur certaines parties de son corps lié & étendu sur une Croix de Saint André, & le mettre ensuite sur une rouë au bout de l'échafaut où le bourreau l'a rompu. (On l'a rompu & il a eu onze coups vif. On le doit rompre, mais il n'est condané qu'à avoir trois coups vif. On le rompra, mais on l'étrauglera auparavant.)

Rompre, v. n. Terme de *Jardinier*. Il se dit des arbres trop chargez de fruit. (Ces arbres romptont, si on ne les étaie. *Quin. Jard. Fr. T.1.)*

* **Rompre**, v. n. Cesser d'être ami. Cesser d'avoir des liaisons. (Cela donna sujet de rompre avec les Parres. *Ablancourt, Tacite, Ann. liv. 12.* Tu ne rompras pas avec elle pour cela. *Ablancourt, Lucien.*

* **Rompre**. Exercer. (Il le faut rompre là-dessus.)

* **Rompre la tête à quelcun**. C'est l'étourdir à force de bruit, ou de caquet.

* **Rompre une conférence**. *Memoire de M. de la Roche Faucant*

* **Rompre le jeûne**. *Pascal, lettre 5.*

* **Rompre les vœux**, *Voiture, l. 31.*

* **Rompre les enchantemens de Madrid**. *Voiture, lettre 34.*

* **Rompre un mariage**. *Ablancourt.*

* **Rompre**, v. a. Terme de *Guerre*. Mettre en desordre. Renverser. (Rompre un bataillon. *Ablancourt, Ar.*)

* **Rompre un cheval au trot**. Terme de *Manège*. C'est le rendre plus libre & plus dispos à galoper.

* **Rompre la glace**. C'est fraier le chemin & faire les premiers essais dans quelque entreprise.

Rompre, v. n. Terme de *Marchand de vin & de Gourmets*. Le mot de rompre se dit du vin qu'on met exprès dans un verre & qu'on laisse quelque tems dans ce verre sans le couvrir pour voir s'il n'est bon & s'il ne change point de couleur. On dit. *Ce vin a été toute la nuit dans ce verre sans qu'il ait rompu.* C'est à dire, sans qu'il ait perdu la couleur. C'est du vin qui garde son essai & qui ne rompt point, c'est à dire, du vin qui garde sa force & sa couleur quoi qu'il ait été exposé à l'air.

Se rompre, v. r. Se casser. Se mettre en pièces. Se faire quelque fraction. (Se rompre le cou. Se rompre un bras. Se rompre la jambe, &c.)

* **Les flots bruians se rompoient en plusieurs endroits.** *Vau. Quin. l. 8. c. 13.*

* **Les chemins sont tout rompus des torrens.** *Vaugelas, Quin. livre sixième, chapitre quatriéme.*

* **A bâtons rompus.** C'est une adverbe, qui se dit des choses qu'on fait négligemment & avec interruption. (Travailler à bâtons rompus.) V. *Bâton.*

RON.

Ronce, s. f. Sorte de plante qui se nourrit dans les haies & dans les garennes, elle a la racine pleine de nœuds, de laquelle il sort plusieurs branches, longues, déliées piquantes, & garnies d'épines. (La ronce porte un fruit qui est semblable à la mure, & qui est noir quand il est en maturité.)

* **Ronce**. Ce mot au figuré, signifie des dificultez & des choses qui embarassent & empêchent d'avancer. (Le chemin de la vertu est plein de ronces & d'épines.)

Rond, s. m. Rondeur. (Ton nom a rempli tout le rond de la terre. *Mai. Poë.)*

Rond. Ce mot en parlant d'eau dormante. C'est un mouvement de l'eau qui se forme en rond lors qu'on y crache, ou qu'on y laisse tomber quelque petite chose. (Je l'ai vu cracher dans un puits pour faire des ronds. *Moliere, Misantrope, acte 5. scene derniere.)*

Rond. Terme de *Manège*. Piste circulaire. [Couper le rond. On dit aussi, couper la volte.]

Rond de plomb. C'est une sorte d'étui de chapeau qui n'a point de forme & qu'on met sur un chapeau pour le tenir en état. (Acheter un rond de plomb.)

Rond, *ronde*, adj. Qui a de la rondeur. (Cercle rond. Boule fort ronde.)

* *Un compte rond*, c'est à dire, juste & exact.

* *Une periode ronde*, c'est à dire qui est nombreuse & qui a une juste cadence.

C'est un homme rond, c'est à dire, franc & sincére, qui ne cherche point de détours ni de finesses.

En rond, adv. En manière de cercle. (Se mouvoir en rond. *Abl. Luc.* Être assis en rond. *Spanheim, Césars.)*

Rondement. Voiez plus-bas.

Rondache, s. f. C'est un bouclier rond & fort. (Les oreilles de l'éléphant sont comme deux rondaches. *Ablancourt, Marmol. Tome premier, livre premier, ch. 23.)*

Ronde, s. f. Terme de *Guerre*. Tour que fait un oficier avec quelques soldats autour du rempart; pour voir si les sentinelles font leur devoir. (Faire la ronde. Régler l'heure de la ronde. Voiez là dessus *les Ordonnances qui regardent les gens de guerre.)*

A la ronde, adv. Tout autour. Aux environs. (Il commande qu'on verse du vin à la ronde. *Vaugelas, Quin. livre septiéme, chapitre quatriéme.* C'est le plus grand fat qui soit à dix lieuës à la ronde.)

Rondement, adv. En rond. D'une manière ronde. [Tourner bien rondement une boule.]

* **Rondement**, adv. Sincérement. Franchement. (C'est un homme qui agit rondement.)

Rondeau, s. m. C'est une sorte de Poëme originairement François, nommé de la sorte à cause qu'il fait une espéce de demi cercle. On conte quatre sortes de *rondeaux*, les simples, les doubles, ou communs, les redoublez & les triolets. Le caractère de chacun est d'être simple, & enjoüé. Le rondeau simple a dix vers sur deux rimes & sur trois couplets, avec deux chutes. Le commun, deux chutes & treize vers divisez en trois couplets, sur deux rimes, & le redoublé, six couplets de quatre vers chacun sur deux rimes & une seule chute. Les rondeaux d'Octavien de Saint Gelais, de Clément Marot & de Voiture sont fort estimez. (Faire un rondeau. Monsieur Voiture a fait revivre les rondeaux, & depuis peu Monsieur Benserade a tâché d'imiter Monsieur Voiture en cela. Voiez *Triolet.)*

Rondeau. Deux petits ais colez & chevillez ensemble, coupez en rond, larges d'environ deux piez & grands d'autant. Ais large & façonné en rond dont les patissiers de Paris se servent pour mettre leurs patisseries lorsqu'elles sont faites. (Un petit rondeau. Un grand rondeau. Rondeau bien fait.)

Rond d'eau. C'est un grand rond fait exprès au milieu de certains jardins & où il y a de l'eau. C'est une manière de bassin. (D'autres disoient que c'étoient des poissons qu'on avoit jettez dans un rond d'eau. *Marigni, Relation des divertissement de Versailles, p. 47.)*

† **Rondelet**, *rondelette*, adj. Un peu rond.

Rondelet, s. m. Terme de *Poësie Espagnole*. C'est une sorte de couplet qui contient un certain nombre de vers. Cette sorte de Poësie a été apellée rondelet, parce qu'on a de coutume de chanter les rondelets aux assemblées où l'on danse. Voiez *Tempo, Arte Poëtica.* Il y a de grands rondelets & de petits rondelets. Voiez là dessus. *Rengiso, & les autres Poëtiques Espagnoles.*

† **Rondelle**, s. f. Vieux mot qui signifioit une espéce de bouclier.

Rondeur, s. f. Figure ronde. (La rondeur d'un cercle.)

Rondeur de lettre. Termes de *Maître à Ecrire*. (On fait en une seule fois la rondeur des lettres.)

Rondeur de manteau. Termes de *Tailleur*. (Marquer la rondeur d'un manteau. Donner la rondeur nécessaire à un manteau.)

Rondin, s. m. Morceau de bois rond & propre à brûler & dont sont faites les falourdes. (Un bon rondin, Un petit rondin.)

† **Rondiner**, v. a. Mot bas & burlesque qu'on n'écrit point, mais qu'on dit quelquefois. Il signifie Donner des coups de quelque bâton gros & court. (On l'a rondiné comme il faut.)

Ronfle, s. f. Ce mot est un Terme de *Jeu de piquet*, mais il est hors d'usage à Paris où l'on dit *compter son point*, & jamais *compter sa ronfle.*

† * On dit proverbialement d'une personne qui dort profondément. *Il joüe à la ronfle.*

Ronflement, s. m. Respiration qui se fait avec bruit lorsqu'on dort. *Deg.* (Il fait un furieux ronflement. Avec son ronflement il éveille tous les chambres. Ronflement ne me semble pas mauvais, & il ne doit pas être mis au nombre des Barbarismes. *Tom. Corn. notes sur Vaug.)*

* On dit au figuré le ronflement de vents, de la mer, &c.

Ronfler. Ce verbe dans l'usage ordinaire est neutre, & signifie faire du bruit avec le nez lorsqu'on dort.

[Il ronfle sur des sachets d'ambre. *Mai. Poë.*

Mon mari ronfle comme il faut *Moliere.*]

On dit des chevaux qu'ils *ronflent*, quand ils font un certain bruit des narines, soit par vivacité ou par quelque autre mouvement.

† * **Faire ronfler les vers**. *Moliere, Prétieuses, scene 4. & scene 9.* C'est à dire, les prononcer avec emphase afin de les faire paroître plus beaux.

Ronfleur, s. m. Celui qui ronfle lorsqu'il dort. (C'est un ronfleur incommode.)

Ronfleuse, s. f. Celle qui ronfle lorsqu'elle dort. (Une grosse ronfleuse.)

Ronger, v. a. Ce mot se dit proprement des rats, des souris & de quelques autres animaux, & il signifie prendre peu à peu de quelque chose que ce soit avec les dents. (Les souris rongent les livres & les papiers. Un chien ronge un os.

* **De funestes remords l'a ame rongée.** *Godeau, Poësies.*

* **La gale le ronge.** *S. Amant.*

* **La salure de la mer ronge les pierres.**

† * **Ronger son frein.** Être triste & chagrin. Repasser son ennui dans son esprit.

* *Se ronger le cœur. Voiture, Poësies.* C'est à dire, s'inquiéter, se chagriner cruellement.

* *Il fut longtems à se ronger l'esprit de soucis. Ablancourt, Tacite, Agricola, c. 3.*

Ronger ses ongles. C'est mordre ses ongles à force de rêver à quelque chose que l'on fait. C'est ce que dit Perse, *Remorsos sapit ungues.* (Nangue, c'est trop rêver, c'est trop ronger ses ongles, *Saint Amant.*)

* *On lui a donné un os à ronger.* C'est à dire, on lui a suscité quelque afaire qui l'ocupe fort, & qui l'empêche de songer à nuire à autrui.

ROQ.

ROQUER, *v. n.* Terme de *Jeu des Echets.* C'est aprocher le Roc du Roi & transposer le Roi de l'autre côté du Roc. (On ne roque qu'une fois Dès qu'on a remué le Roi, ou qu'il a reçu échec, on n'a plus la liberté de roquer.)

† ROQUET, *s. m.* Espéce de manteau fort court qu'on portoit autrefois, & dont les Boufons Italiens se servent encore.

Roquet. Petit chien qui a les oreilles droites & le poil court.

ROQUETTE; *Roquète*, *s. f.* Sorte de plante qui pousse une tige haute d'un pié, ou d'un pié & demi; qui a les feüilles longues, étroites & découpées. Il se trouve deux sortes de roquette. La roquette des jardins & la roquette sauvage. La roquette des jardins a les feüilles blanches & la sauvage, jaunes. On mange l'une & l'autre en salade, & l'une & l'autre est bonne pour plusieurs choses. Voiez *Dalechamp, tome 1. l. 5.* mais tous conviennent que la roquette est chaude & porte à l'amour & que pour bien faire on n'en doit manger qu'avec des laitues qui servent à tremper sa chaleur. La roquette à le goût plus fort que le cresson ordinaire.

ROQUILLE, *s. f.* Sorte de mesure contenant la moitié d'un demi-setier. Le mot de roquille se prend aussi pour toute sorte de petite mesure de vin, & en ce sens on dit. Païer roquille. Boire roquille.)

ROS.

ROSAIRE, *s. m.* Chapelet à quinze dizaines. (Dire son rosaire.)

ROSAT. Mot *adjectif* qui n'est usité qu'au *masculin*. Qui a quelque chose de l'odeur de rose. Où il y entre des roses. (Miel rosat. Onguent rosat. Vinaigre rosat. Huile rosat.)

ROSE, *s. f.* C'est une des plus belles fleurs des jardins qui pousse plusieurs feüilles incarnates, rouges, blanches, ou jaunes, qui ordinairement est odoriférente, qui fleurit en Mai, Juin, & Juillet. La rose, la Reine des fleurs. *Voiture Poësies.* Rose commune. Rose panachée. Rose de provins. Rose à cent feüilles. Rose rouge. Rose blanche. Rose de la Chine. Rose d'outremer. Rose de Damas. Rose muscade. Rose damasquinée.

Rose de Jerico. Ces sortes de roses se conservent séches durant un grand nombre d'années, & elles s'épanoüissent quand on trempe leur queuë dans l'eau.

Rose pivoine. C'est une sorte de fleur rouge, ou de couleur de chair qui fleurit en Mai.

Rose gueldre, Sorte de fleur blanche qui fleurit en Mai.

On prépare les roses de diverses maniéres. On en fait des sirops, des teintures, &c.

* *Rose.* Le mot au figuré est d'une grande étenduë en Poësie. (Exemples. Une bouche de rose. *Voiture Poësies.* C'est à dire. Bouche vermeille.

Teint plein de lis & de roses. *Voiture, Poësies.* C'est à dire, mêlé de blanc & de rouge.

Vôtre teint a toûjours des fleurs écloses

Et l'amour couché dans des roses y fait la guerre aux Dieux.
Voiture Poësies.

Les œillets & les roses couvroient la neige de son teint *Voit. Poësies.*

Elle avoit sur son teint cent roses contre un lis. *Montr. Poësies.*)

Noble à la rose. Ancienne monnoie d'or, d'Angleterre, où étoit marquée une rose.

Rose d'or. C'est la figure d'une rose que le Pape a coutume de bénir le quatriéme Dimanche de Carême, qu'il porte à la procession, & qu'il envoie après à quelque Prince Souverain.

Rose. Sorte de neud de soulié en forme de rose que les Dames & les hommes portoient sur leurs souliez. Sorte de neud long & étendu qu'on portoit sur le soulié, il y a dixhuit ou vint ans, mais qui ne se porte plus guère. (Il y a telle rose de soulié qui vaut mieux que neuf cordons. *Voit. l. 66.*)

* *Rose.* Terme de *Luthier.* Ce sont plusieurs petits trous qui représentent en quelque sorte la figure d'une rose & qui sont au milieu de la table de l'instrument de musique. (Rose de tuorbe, de luth, de mandore, de cistre, de guitarre, d'épinette, de clavecin, &c.)

Rose des Vents. Terme de *Mer* C'est un représentation des trente-deux airs de vents par le moien de trente-deux points qui sortent d'un centre & se plongent au delà d'un petit cercle décrit pour la distinction des vents, ce qui a quelque raport à la figure d'une rose. Dans les cartes des routiers il y a quantité de *roses de vents*. Il y a aussi des roses des vents faites de corne transparente pour le pointage des cartes. Voiez *Guillet. Art de la navigation.*

Rose d'Eglise. C'est une fenêtre rônde garnie de vitres.

* On dit *au figuré*, & par maniére de proverbe, *être couché sur des roses, marcher sur des roses*, pour dire, être couché molement, & marcher dans un beau chemin.

* *Il n'est point de roses sans épines.* Proverbe, pour dire, qu'il n'y a point de plaisir qui ne soit acompagné de quelque chagrin.

* *Après les épines on cueille les roses.* C'est à dire ; on tire du profit d'un travail pénible & dificile.

* *Il n'y a point de rose qui ne devienne grateau.* C'est à dire, que toutes les personnes enlaidissent avec l'âge.

* *On a découvert le pot aux roses.* C'est à dire ; on a découvert le secret d'une afaire.

Comparer la rose au pavot. Sorte de Proverbe, qui signifie comparer des choses qui ne sont point comparables.

Rose, *s. m. ou rosette.* Terme de *Tourneur.* Cheville, ou morceau de bois tourné, au bout duquel il y a un rebord en forme de rose épanoüie qu'on atache à un ratelier avec plusieurs autres pour mettre des habits; ou des armes.

Rosette. Ce sont des petites coutures qu'on fait dans du linge qui est troüé & qu'on forme en maniére de petite rose. (Voilà un petit trou à ce drap, il le faut racomoder & y faire une rosette.)

Rose. Mot *adjectif* qui ne se dit qu'au *masculin*, & il se dit du vin. Il signifie qui est d'un rouge agréable & tirant sur la couleur d'une rose d'un rouge vif. (C'est du vin rosé fort excelent. Aimer le vin rosé.)

ROSEAU, *s. m.* C'est une plante qui vient dans les lieux acatiques, & marécageux. Il y a un roseau qui produit une tige d'un bon pié & c'est le petit roseau. Il se trouve un autre roseau qui a les feüilles longues & larges, & aiguës & une tige haute & à plusieurs neuds. On fait de ce *roseau* des fleches, des cannes, & même des flutes. Voiez *Dalechamp.* (Il est foible comme un roseau. Les oiseaux acatiques se cachent dans les roseaux. Couvrir un toit de roseau.)

ROSÉE, *s. f.* Parties d'eau très-subtiles qui s'amassent dans l'air & qui tombent ensuite sur les plantes. (La rosée tombe un peu avant le lever du Soleil. Une douce rosée. Une forte & abondante rosée. La rosée de Mai blanchit la toile & la cire.)

On dit d'une chose fort tendre, qu'elle est tendre comme de la rosée.

Roseraie, *s. f.* Lieu planté de rosiers.

ROSETTE, *s. f.* Terme de *Bahutier.* Sorte de petit clou blanc dont les bahutiers se servent pour les embélissemens des bahuts.

Rosette. Terme de *Coutelier.* Plaque en forme de petite rose qui soûtient le rivet du rasoir, ou de la lancette. (Une rosette de rasoir, ou de lancette bien faite.)

Rosette. Terme de *Tourneur.* Voiez *plus-haut, Rose.*

Rosette. C'est de l'ancre rouge dont on se sert, particulierement dans les Imprimeries pour marquer des titres de rouge. C'est de la craie teinte en rouge.

Rosette. Ce nom se donne aussi au cuivre pur & net, tel qu'il sort des mines.

Rosier, *s. m.* Espéce de ronce ou d'épine qui porte les roses. Espéce de plante dont la racine jette des branches longues garnies d'éguillons entre lesquels viennent les roses. (Un rosier. Un beau rosier. Rosier sauvage. Rosier domestique.)

Rosier de gueldre. Sorte de plante qui étend ses branches & produit des fleurs blanches qui s'amassent ensemble en forme de globe.

Rosier. Artisan qui fait des peignes & des larmes pour les tisserans.

ROSSANE, *s. f.* Terme de *Jardinier fruitier.* C'est une pêche, ou pavie de couleur jaune. (Rossane hative, ou tardive. Rossane mâle. Rossane femelle.)

ROSSE, *s. f.* Le mot vient de l'Alemand, & signifie un méchant cheval. (C'est une rosse que cela. *Abl. Luc. T. 3.* Il étoit monté sur une rosse.)

† ROSSER, *v. a.* Batre quelcun comme il faut. († Rosser quelcun dos & ventre.)

† *Se rosser*, *v. r.* Se batre. (N'avez vous point de honte *de vous rosser* comme des coquins. *Scaron.*)

ROSSIGNOL, *s. m.* Petit oiseau qui tire sur le rouge & qui chante très-agréablement, mais qui ne chante jamais si bien que durant le mois d'Avril & jusques à la mi Aout. On dit qu'il ne chante point auprès de son nid de peur qu'il ne se fasse découvrir, & qu'on ne lui enleve ses petits. Le rossignol aime extrêmement la musique & il a une simpatie naturelle avec le chant harmonieux. (Un rossignol mâle. Un rossignol femelle. Voiez *Olina.*)

* *Rossignol d'Arcadie.* Mot burlesques pour dire *un âne.* (C'est un rossignol d'Arcadie. Ces mots se disent aussi en parlant des personnes, & ce sont des termes de bien & fort véritablement quand on dira que Monseigneur Finot & Monseigneur Gui. Guilot sont en médecine de francs rossignols d'Arcadie. Voiez *Médecin.*)

* *Rossignol.*

ROT.

Rossignol. C'est le nom qu'on donne aussi à un instrument de Serrurier, avec quoi on ouvre des serrures, & qui est deffendu.

Rossolis, s. m. Sorte de liqueur douce & agréable composée d'eau de vie, de sucre, de canelle & de plusieurs choses qui flatent le goût & réjoüissent le cœur. (Le Rossolis de Turin est le meilleur & le plus vanté de tous les Rossolis.)

Rostrale, adj. f. Ce mot est Latin; & il ne se dit qu'en parlant des anciens Romains qui appelloient *une couronne rostrale,* celle dont on honoroit un Capitaine, ou un soldat, qui avoit le premier accroché un Vaisseau ennemi, ou étoit entré dedans. Cette couronne étoit relevée de proües de Navire, dont l'éperon s'apelle en Latin *rostrum.*

ROT.

RÔT, ou *rost, s. m.* Mais l's ne se prononce point. C'est à dire, *rôti.* Viande cuite sans eau devant le feu. (Manger du rôt. Le rôt est meilleur pour les pulmoniques que le boüilli.

Encor ne faut-il pas
Par une économie outrée
Nous plaindre pour le soir, *du rot à nos repas.*
Baraton, Contes.)

Rot. C'est une sortie impétueuse des vents de l'estomac par la bouche. (Faire un rot.)

Rots, s. f. La principale juridiction de la Cour de Rome & qui en quelque façon réprésente nos Parlemens.

Roter, v. n. Faire des rots. Faire quelque rot. (S'il vient à roter, il lui dit, Dieu vous aide. *Moliére, Tartufe.*)

Rôter, v. a. Terme de *Marine.* Lier quelque chose bien uniment avec une petite corde.

Rôtie, s. f. Petit morceau de pain qui est délié & coupé en tranche, qu'on fait sécher devant le feu, ou sur le gril, sous lequel il y a de la braise & qu'on trempe en suite dans du vin, ou dans quelque liqueur. (Faire une rôtie. Manger une rôtie au sucre.)On fait des rôties au beurre, à l'huile. On en met dans des sauces, & sous de certaines choses qu'on rôtit.

Rôti, s. m. Rôt. Viande rôtie. (Le rôti est plus sain que le boüilli.)

Rôtir. Ce verbe est *actif & neutre.* C'est tourner, ou faire tourner devant un bon feu une broche où il y a de la viande. (Rôtir un aloïau. Faire rôtir un chapon)

* *Rotir.* Signifie quelquefois échauffer trop. (Le Soleil rôtit les habitans de la Libie.

† Il signifie aussi quelquefois brûler. (L'Inquisition fait rôtir des hérétiques.)

Rôtisserie, s. f. Lieu à Paris où plusieurs rotisseurs tiennent boutique & font rôtir de la viande pour la débiter à ceux qui en veulent acheter. (Aler à la rôtisserie. La rôtisserie est bonne à Paris.)

Rôtisseur, Celui qui tient boutique où il fait rôtir pour la commodité du public toute sorte de viande, & où il vend toutes sortes de viandes, à rôtir, ou en blanc & propres à être rôties.

† *Rotonde, s. f.* Collet qui étoit empesé, où il y avoit souvent du passement & qui se soutenoit ferme autour du cou. (Qui eût pu dire en me voiant avec ma *rotonde* que je courrois fortune de ramer. *Voit.* l.42. Il y a 60. ans qu'on ne porte plus de rotonde.)

Rotonde. C'est aussi le nom d'une Eglise de Rome, qu'on apelle Nôtre-Dame de *la rotonde,* parce qu'elle est bâtie en rond.

† *Rotondité, s. f.* Ce mot se dit quelquefois en terme d'art, & signifie *Rondeur.* (La rotondité de la Terre se prouve aisément par la raison & par l'experience.

Rotule, s. f. Terme d'*Anatomie.* Os cartilagineux large & rond situé sur le genou. *Deg* (Il reçut au genou un coup de mousquet qui lui cassa la rotule. *Gazette de Holande, Juillet 1689.*)

Roture, s. f. Terme de *Palais.* Ce mot se dit des héritages qui ne sont pas tenus noblement, mais à la charge de cens & de rente & d'autres devoirs roturiers. (Heritage qui est en roture. Tenir en roture.)

Roture. Se dit des personnes, & c'est à dire, naissance obscure & de roturier.

(C'est une aimable créature
Si sa race étoit sans roture,
Et sa naissance sans roture.)

Roture. Il se prend aussi pour tous les roturiers. (Ainsi l'on dit,le besoin d'argent à réconcilié la Noblesse avec la *roture.*)

Roture, s. f. Terme de *Marine.* On apelle ainsi un endroit qui est lié de plusieurs petites cordes. V. *Rôter.*

Roturier, roturiére, adj. Ce mot se dit des personnes & veut dire qui n'est pas noble. (Il est roturier. Elle est roturiére. Enfans roturiers. On dit aussi *devoirs roturiers,* c'est à dire rendus par un roturier. Servitude roturiére. *En Mast. pl.10.*)

Roturier, roturiére, Terme de *Palais.* Qui se dit des héritages & veut dire qui est à cens & à rente, qui n'est pas tenu noblement. (Héritages, fonds & biens roturiers. Terres roturiéres.)

Roturiérement, adv. Terme de *Palais.* Tenu en roture. (Biens & immeubles tenus roturiérement.)

ROU.

† *Roüable, s. m.* Ce mot est un terme de *boulanger* de Province, mais à Paris on ne le dit pas, & en sa place ou se sert du mot de *rable.* Voi donc *Rable,* si tu veux.

† *Roüable.* Terme de *coutume.* Ce mot se dit pas seul en terme de coutume & de droits Seigneuriaux. On dit *droit de roüage.* C'est un droit Seigneurial qui se prend sur le vin vendu en gros & transporté par charroi avant que la roüe tourne & qu'on le charie. [Paier le droit de roüage. Voiez *Ragueau.*]

Roüage, s. m. Terme de *Charron.* Structure de roües. [Le meilleur bois pour les afuts & les roüages c'est l'orme & le chêne]

Roüage. Terme d'*Horloger.* Ce sont toutes les roües d'une horloge, ou d'une montre. [Le roüage de ce reveil-matin est bon. Le roüage de cette montre est excellent.]

Roüan, roüanne, adj. Ce mot ne se dit *qu'au masculin,* & il se dit du poil de certains chevaux. [Poil roüan. Cheval roüan.]

Roüan vineux. C'est à dire.Qui a le poil tirant sur la couleur du vin. Roüan *caresse de more,* c'est le cheval qui a la tête & les extrémitez noires. *Solerisel.*)

Roüanne, s. f. Terme de *Commis aux caves.* C'est une sorte d'instrument dont se servent les commis aux caves pour marquer le vin des cabaretiers de Paris. (Ma roüanne est perduë.)

Roüanner, v. a. Terme de *Commis aux caves.*C'est Marquer avec la roüanne. (Roüanner le vin. Roüanner tous les muids de vin qui sont dans la cave d'un cabaretier.)

Roüanner une pompe. Terme de *Marine.* C'est en agrandir le trou avec une *Roüanne,* qui est un instrument de fer acéré,fait comme une Gaffe, mais concave comme une Tariére & coupant dessus & dessous.

Roüannette, s. f. Terme de *Courtier de vin.* C'est un petit instrument que les courtiers du vin portent dans un étui & dont ils se servent pour marquer le vin que veut le bourgeois acheter.

Roüant, adj. Terme de *Blason.* Il se dit d'un paon réprésenté sur un Ecu, & qui léve & étend sa queuë.

† *Roublier, v. a.* Ce mot pour dire *oublier,* oublier de nouveau n'est pas aprouvé.

Rouchis, s. f. Terme de *Mer.* C'est la carcasse d'un vaisseau,lors qu'il n'a ni mâts, ni agréils.

Roüe, s. f. Instrument fait par le charron, qui est composé d'un moïeu, de rais & de jantes & qui sert aux carosses, chariots, charretres & haquets & autres pareilles choses pour les faire rouler. (Roüe embourbée)

Roüe. Terme d'*Horloger.* Piéce d'horloge ronde & qui a des dents.

Mettre sur la roüe. C'est étendre & acomoder sur une roüe.Elever au bout d'un échafaut un criminel qui a été rompu. (On n'a rompu,roüé & mis sur la roüe en France que depuis 1598. Voiez *Joannes Brodaeus.* l.2. *Miscella* c.10.)

* *Roüe.* Ce mot se dit en parlant de *coq d'Inde & de paons.* Ce sont les plumes de la queuë du coq d'inde , ou du paon étenduës par le paon, ou par le coq d'inde qui fait la roüe. Le paon en faisant la roüe se mire dans sa queuë. *Ablancourt.*]

*Feu de roüe.*Terme de *Chimiste.* C'est un feu disposé en rond autour d'un vaisseau, & qu'on en aproche peu à peu.

On peind la fortune sur une *roüe* pour marquer son inconstance.

* *Pousser à la roüe.* C'est à dire, exciter quelcun à entreprendre quelque chose, & lui aider.

Roüelle, roüéle, s. f. Ce mot se dit en parlant de chair de veau. C'est une partie de la cuisse de veau coupée en rond. Tranche coupée en rond. Morceau coupé en rond. (Une bonne roüelle de veau. Couper par roüelles. *Ablancourt.* Mettre en roüelles. *S. Amant.*)

Roüer, v. a. Rompre un criminel. (Roüer quelcun.) Voiez *rompre.*

† * Je me mets au hazard de me faire roüer. *Déspreaux Satire 6.*

* *Roüer de coups.* C'est batre rudement. Batre des & ventre. (Je veux l'atendre ici & le roüer de coups. Sc. *D. Japhet.* a. 4. e.1.)

Roüet, s. m. Terme de *Meunier de moulin à eau.*C'est une roüe qui tourne & qui est au bout de l'arbre du moulin. Cette roüe à des chevilles de bois , qui entrent dans les fuseaux de la lanterne, pour faire tourner les meules.

Roüet. Terme d'*Arquebusier.* Petite roüe de fer de certaines armes à feu, au travers de laquelle passe l'arbre, & qui est cause que l'arme fait feu, lors qu'elle est chargée, amorcée, bandée, qu'on abat le chien & qu'on tire la détente. On dit. (Les arquebuses à roüet sont hors d'usage. On ne se sert plus guére de pistolets à roüet.)

Roüet, s. m. Instrument dont les rubaniers, ferandiniers & quelques autres artisans se servent pour travailler, dévider & faire autre chose de leut métier, ce roüet est monté sur un pié & fait en maniére de petite roüe.

Roüet à filer avec la main.

Roüet à filer avec la pié.

Roüet. Terme de *Maçon.* C'est la grosse piéce de bois , qui est au fond d'un puits, & sur laquelle s'éleve la maçonnerie.

* *Mettre quelcun au roüet.* C'est le déconcerter, de sorte qu'il ne sçait plus que dire.

Rouge, adj. Qui est de couleur de sang. Qui tire sur la couleur du sang (Ruban rouge.Couleur rouge. Ecarlate fort rouge.)

Rouge.

Rouge. Vermeil. Qui a un certain rouge vif & naturel. Qui a une certaine rougeur, ou un certain rouge qui lui eſt venu tout à coup & qui lui a été cauſé par paroles, par action ou par quelque choſe que ce ſoit. (Avoir les jouës rouges. Il eſt devenu rouge à ce reproche. Elle eſt devenuë rouge à la veuë de ſon galant.)

Rouge, ſ. m. Ce mot en parlant des perſonnes eſt une certaine couleur vermeille & de ſang qui paroît tout à coup au viſage de certaines perſonnes, qui eſt naturellement au viſage de quelques perſonnes. (Elle a un peu de rouge aux jouës, mais c'eſt un rouge naturel & le plus beau du monde. Dés qu'on lui dit la moindre choſe qui le choque, le rouge lui monte au viſage.)

Rouge, ſ. m. Couleur rouge. Ce mot de rouge ſe dit des fleurs, des rubans & des étofes. (Rouge cramoiſi. Rouge brun. Rouge mort. Rouge de ſang.)

En terme de *Blaſon*, le rouge s'apelle *gueules.* V. *gueules.*

On apelle au *Palais*, le *livre rouge*, un livre couvert de baſane rouge, où l'on enregiſtroit autrefois les défauts aux préſentations. On dit figurement, il eſt écrit ſur le livre rouge, c'eſt à dire, il eſt en danger d'être recherché pour quelque faute qu'il a faite.

Un fer rouge. C'eſt un fer ardent, qui a été rougi au feu. On dit au même ſens, *un boulet rouge.*

On dit en parlant des Cardinaux, un chapeau rouge, un bonnet rouge, une calote rouge. Les Oficiers d'un Parlement portent des *robes rouges*, en des occaſions ſolennelles.

Rouge, ſ. m. Sorte de fard rouge pour le viſage. (Elle a du rouge.)

Rougeâtre, adj. Qui tire ſur le rouge. (Nuage rougeâtre. Ablancourt.)

† *Rougeaud, rougeaude, adj. & ſ. m. & f.* Qui a les jouës rouges, & le viſage haut en couleur.

Rouge-bord, ſ. m. Verre tout plein de vin. (Un laquais impudent m'aporte un rouge-bord. *Depreaux, Satire 3.*)

Rouge-gorge, ſ. f. Petit oiſeau qui vit 4. ou 5. ans, qui a la gorge d'un rouge, qui tire ſur l'orangé, le ventre blanc, la tête & le cou du gris tirant ſur le verd. Elle hait la choüette & aime le merle. On dit qu'elle ne peut ſoufrir que dans le lieu où elle demeure ordinairement il y ait d'autres oiſeaux qu'elle, & qu'elle eſt d'un naturel jaloux. D'où vient le proverbe latin. *Unicum arbuſtum non alit duos erithacos.* Voiez *Jonſton* & *Olina.*

Rougeole, ſ. f. Sorte de maladie qui vient ordinairement aux enfans & qui les couvre de petites puſtules rouges. (La rougeole eſt cauſée par le mauvais ſang dont l'enfant s'eſt nourri dans les entrailles de ſa mére. Enfant qui a la rougeole. Enfant qui eſt mort de la rougeole.)

Rouge-queuë, ſ. f. Petit oiſeau qui chante, qui a la tête & le cou noirâtres avec quelques marques de couleur de terre, l'eſtomac & le ventre de couleur de roüille & la queuë d'un rouge plus vif. Olina dit que *la Rouge queuë* vit 7. ou 8. ans. (Une rouge-queuë mâle. Une Rouge queuë femelle. *Olina.*)

Rouget, ſ. m, Sorte de poiſſon de mer, rond, rouge, qui a la tête groſſe & le dos armé d'éguillons grands & forts, ſon muſeau s'étend en deux cornes larges, ſa chair eſt dure, ſéche & de bon goût. *Rond. Hiſtoire des poiſſons.*

Rougeur, ſ. f. Rouge qui vient tout à coup au viſage de certaines perſonnes. Le mot de *rougeur* en ce ſens n'a point de pluriel.

Rougeur. Petite puſtule rouge qui vient au viſage qui eſt ordinairement cauſée par une trop grande chaleur de foie. Le mot de *rougeur* en ce ſens a un pluriel & ſe dit même plus ſouvent au pluriel qu'au ſingulier. (Voilà une petite rougeur qui vous vient ſur le nez. Avoir le viſage plein de rougeurs. Oter les rougeurs. Faire en aller les rougeurs.)

Rougir, v. a. Faire rouge, Rendre rouge. Rougir la tranche d'un livre. Rougir le talon d'un ſoulié.

Rougir, v. n. Devenir rouge à cauſe de quelque choſe qui peut cauſer de la honte. (Un homme de bien calomnié rougira plûtôt que le coupable. *Vaugelas, Quin. l. 9.*)

* *Rougir*, v. n. Avoir de la honte. Vous avez paié mon amour, il n'en faut point *rougir*, la pitié n'eſt pas une qualité criminelle. *Benſerade.*)

* *Faire rougir.* Donner de la confuſion & de la honte. (Vos éloges me font rougir. *Moliere, Pourcea-augnac, a. 1.*)

ROUILLE, ſ. f. Ce mot ſe dit proprement en *parlant de l'acier & du fer.* C'eſt une ſorte d'ordure & de craſſe nuiſible & adhérante qui s'engendre ſur l'acier & ſur le fer lorſqu'il eſt moüillé, ou qu'on ne s'en ſert pas, & qui à la fin ronge & mange ces métaux. (Amaſſer de la rouille. La rouille du cuivre fait verder, ou verd de gris. L'Or n'eſt point ſujet à la rouille.)

Roüiller, v. n. Amaſſer de la rouille. (L'humidité fait rouiller le fer & l'acier.)

† *Rouiller les yeux.* Voiez *rouler.*

Se roüiller, v. r. Amaſſer, contracter de la rouille. (Le fer & l'acier ſe rouillent.)

* L'eſprit ſe roüille dans la ſolitude. *Ablancourt.*

ROÜIR, v. a. Ce mot eſt un terme de gens des champs qui acommodent le chanvre. C'eſt mettre le chanvre dans le rutoir, C'eſt mettre le chanvre un certain nombre de jours dans l'eau afin de le rendre plus propre à être briſé. (Rouïr le chanvre. Chanvre qui n'eſt pas aſſez roüi. Chanvre fort bien rouï.

Plûtôt que faire aprouver ma doctrine
On fileroit chanvre ſans le roüir.
Deſhouli. poëſies.)

ROULADE, ſ. f. Voiez *Roulemens.* Terme de *Muſique.*

Roulage, ſ. m. Facilité de rouler. (Redreſſer les chemins pour le roulage du Canon)

ROULEAU, ſ. m. Piéce de bois de figure cilindrique, ronde & longue, qu'on met ſous des machines & ſous de gros fardeaux, pour en faciliter le mouvement. Tout ce qui eſt roulé & formé en figure ronde & longue. (Un rouleau de plomb. Un rouleau de tabac.)

Rouleau, ſ. m. Terme de *Laboureur.* Gros morceau de bois rond qu'un cheval traîne pour caſſer les motes.

Rouleau. Terme de *Charpentier.* Ce dont ſe ſervent les charpentiers pour mener de groſſes piéces de bois.

Rouleau. Terme d'*Imager.* Bâton rond qu'on met au bas des cartes géographiques, ou images ſur toile.

Rouleau. Terme de *Ferrandinier.* Bâton de 4. piez ſurquoi on roule la ferandine.

Rouleau. Terme de *Pâtiſſier.* Bâton bien tourné long de cinq ou ſix petits piez dont les pâtiſſiers ſe ſervent pour étendre la pâte.

* *Rouleau.* Terme d'*Imager* & de *Graveur.* Il ſe dit de certaines bandes chargées d'écritures, qu'on fait ſortir de la bouche des figures, quand on leur veut faire dire quelque choſe.

Rouleau. Terme de *Fayancier.* C'eſt un vaſe rond qui eſt fait en forme de colonne, & qui eſt plus large par le haut que par le bas. (Les rouleaux ſervent à parer les cheminées & les cabinets. Les rouleaux de porcelaine ſont plus beaux & plus chers que les rouleaux de faïance.)

Rouleaux ſans fin. Ce ſont des rouleaux de bois aſſemblez avec des Entretoiſes. On les apelle auſſi *tours-ſervieres.* On s'en ſert tres-utilement pour conduire de grands fardeaux & à mener de groſſes piéces d'un lieu à un autre.

Roulement, d'yeux, ſ. m. Action de rouler les yeux.
(Ses roulemens d'yeux & ſon ton radouci,
N'importent qu'à des gens qui ne ſont point d'ici.
Mol. Tartufe, a. 1. ſ. 1.)

* *Roulemens*, ſ. m. Terme de *Muſique* lequel ſe dit en parlant de la voix. C'eſt quand on chante ſur une même ſilabe pluſieurs notes avec harmonie (faire un roulement. Voilà de beaux roulemens.) Les timbaliers apellent auſſi *roulemens* pluſieurs coups de baguette touchez avec viteſſe ſur la peau de la timbale, & qui font une ſorte d'harmonie agréable & ſenſible.

Rouler, v. a. Pouſſer quelque choſe en la faiſant tourner. (Rouler de groſſes piéces. *Abl. Ar. liv. 1.* Rouler de gros quartiers de pierres.)

Rouler, ou *rouiller les yeux.* On dit l'un & l'autre, mais on penſe que le vrai mot c'eſt *rouler les yeux.* *Voiture, lettre* 58. a écrit, ce Philoſophe ne fait que les petits yeux, a roüillé les yeux en la tête. On croit qu'il vaut mieux parler comme d'Ablancourt qui dans ſon Lucien a dit, tandis qu'ils ſont par terre, qu'ils roulent les yeux & qu'ils écument, il interroge les démons.

Rouler dans ces phraſes ſignifie *tourner.*

Rouler, v. n. Tourner. Avancer en tournant. (Faire rouler une boule.)

* Faire rouler un caroſſe. Il ſignifie auſſi entretenir un caroſſe.
Rouler les degrez d'une montée du haut en bas.

* *Rouler*, v. n. Ce mot en parlant *des eaux* & ſignifie *couler.* (Le fleuve ſe précipite ſous terre, où il roule caché. *Vaugelas, Quin. l. 6. c. 4.* Le fleuve roulait avec rapidité. *Abl. Marm. T. 1. l. 1*)

* *Rouler.* Ce mot ſe dit encore au figuré dans pluſieurs façons de parler. (Exemples.)

* *Rouler*, v. n. Il ſe dit en parlant de la vie, & il ſignifie, la couler agréablement, la paſſer doucement.

(Cher amy roulons nôtre vie
Parmi l'amour & le vin.
Poëte anonime.)

* *Rouler*, v. a. Il ſignifie, agiter quelque choſe en ſoi même, la conſidérer, l'examiner, la penſer murement & avec ſageſſe. (Rouler quelque choſe en ſoi même. Il roulait dans ſon eſprit toutes ſortes d'expédiens. *Vaug. Q. Curce, l. 6. ch. 6.*)

* *Rouler*, v. n. Il ſe dit en parlant de diſcours ; & il veut dire, être toûjours ſur un même ſujet. Ne pas ſortir d'un même point, ne point quiter la même matiére. (Son diſcours a roulé ſur l'éternité. Tout ſon Sermon roule ſur la crainte de Dieu.)

* *Rouler*, v. n. Conſiſter. (La vie civile roule ſur le ſecret. Le plaiſir de la vie roule ſur un peu de bien & de la liberté.)

* Les afaires humaines ne roulent pas à l'avanture. *Vaug. Q. C. l. 5.*

Rouler, v. a. Terme de *Laboureur.* Caſſer les motes avec le rouleau en le faiſant aller pluſieurs fois ſur le champ. (Rouler les aveines.)

Rouleur, v. n. Terme de *guerre* qui ſe dit des Oficiers. Obéïr les uns aux autres ſelon l'ancienneté de la reception. ('Oficiers qui roulent enſemble.)

* *Rouler*, v. n. Terme de *Mer* qui ſe dit des bâtimens de mer. (Navire qui roule. Batiment qui ne fait que *rouler* C'eſt à dire, qui ſe renverſe ſans ceſſe ſur l'un, ou ſur l'autre de ſes côtez.)

* *Pierre qui roule n'amaſſe jamais mouſſe.* Proverbe pour dire, qu'il faut être conſtant dans une profeſſion pour s'y enrichir.

Roulette,

Roulette, roulotte, *s.f.* Espèce de petites roües qu'on met aux chaises des malades, aux bas de chaque colonne de lit & aux cabannes des bergers pour les faire rouler & aller où l'on veut. (De bonnes roulettes.)

Roulette. Terme de *Doreur sur cuir.* Instrument de fer en manière de petite roüe à manche de bois dont on se sert pour faire le bord des livres.

Roulette, *s.f.* Terme de *Mathematique.* C'est le nom qu'on donne en François à une ligne courbe qu'on apelle *Cicloyde.* Cette ligne est décrite par un point de la circonférence d'un cercle qu'on fait tourner sur un plan. Elle a diverses proprietez. *Voiez le Dict. Math. d'Ozanam.*

Roulier, *s.m.* Celui qui gagne sa vie à mener des chariots, des charretes, ou autres choses de cette nature, qu'on charge de marchandises & qu'on méne de vile en vile, ou en quelque province. (Il s'en va à Orleans avec les rouliers Les rouliers de Lion ne sont pas encore arrivez.)

Roulon, *s.m.* Terme de *Charron & de Chartier.* Bâton rond qui tient aux ridelles des charretes & aux brancars, & aux ridelles des chariots. (Roulon rompu.)

Roupie, *s.f.* Sorte de petite goute d'eau qui vient du cerveau, & qui décend & qui pend au bout du nez l'hiver lorsqu'on a froid. (Fi, la vilaine, elle a toûjours la roupie au nez.)

Roupieux, *s.m.* Qui a quelque roupie au nez. Qui crache, tousse, se mouche, & qui dégoûte les gens à force de flegmes & des humeurs qui sortent de son corps par sa bouche. (Un vieux roupieux de mari.)

Roupieuse, *s.f.* Celle qui est dégoutante & a toûjours quelque roupie au nez. (Il a épousé une vieille roupieuse qui lui a aporté des écus.)

† **Roupiller,** *v. n.* Mot de Paris, mais qui est bas & burlesque pour dire s'endormir immédiatement aprés le repas. (Il roupille lors qu'il a dîné.)

Roure, *s.m.* Espèce de chêne dur & ferme qui a un tronc bas, tortu & percé de branches en divers endroits. (Le roure porte des glands gros, longs & atachez à une assez longue queüe.)

Rous. Voiez *pius bas.*

Roussâtre, *adj.* Qui tire sur le roux. (La toile de soie est un peu roussâtre.)

Rousse. Voiez *plus bas.*

Rousseau, *s.m.* Celui qui a le poil roux. Celui qui a le poil rougeâtre. (Les rousseaux sont bilieux & sentent mauvais & ne sont pas fort bien venus auprés des Dames.)

Rousselet, *s.m.* Sorte de petite poire excellente & un peu rousse. (Excellent rousselet.)

Roussette, roussete, *s.f.* C'est un petit oiseau brun semé de plusieurs petites taches, qui a le bec pointu, & noirâtre, les jambes & les piez tirant sur le blanc. Voiez Belon, *liv.* 7 *chap.* 2. On apelle aussi *roussette* le plus petit de tous les chiens de mer qui est roux & semé de taches noires. Voiez *Rondelet, Histoire des poissons.*

Rousseur, *s.f.* Ce mot ne se dit pas seul, on dit des taches de *rousseur* qui sont de certaines petites marques naturelles & qui ont quelque chose de la couleur des lentilles.

Roussi, *s.m.* Certaine odeur d'étofe qui brûle, ou qui vient d'être brûlée. (Sentir le roussi.)

† **Roussin,** *s.m.* Cheval épais & entier pour faire voiage. Cheval pour servir en guerre.
[Dom Quichot changea le nom à son roussin & l'apela rossinante.]

Roussir, Ce verbe est *actif & neutre* & signifie rendre roux. Devenir roux. (C'est un fer à repasser, mais il ne vaut rien, il roussit le linge. Le papier roussit dans les magasins. Faire roussir du beurre.)

Route, *s.f.* Chemin. Chemin par où doivent passer des troupes pour aller en quelque lieu. Grand chemin qui méne en un lieu. Endroit par où l'on doit aller. (La route est bonne. Il y a plusieurs vilages sur la route. Ils n'avoient pas pris la même route. *Vaugelas, Quin. livre quatriéme.* Ils observoient les Astres la nuit pour dresser leur route.)

Route, *s.f.* Terme de *Mer.* C'est le cours du vaisseau. Faire *route.* C'est naviguer. *Donner la route.* C'est prescrire la route aux vaisseaux. *Porter a route ou faire droite route.* C'est courir en droiture au parage. *Fausse route,* ou dérive. C'est le biaisement du cours d'un Vaisseau, qui s'écarte de sa route en droiture.

† **Routier,** *s.m.* Celui qui a pratiqué longtemps une chose. (Il est routier en amour. C'est un vieux routier.)

Routier, *s.m.* Terme de *Mer.* C'est un livre qui par le moyen de ses cartes marines donne des instructions pour la route des vaisseaux. On trouve dans les *routiers* la description des côtes, on y voit les aspects, les vües, ou profils des terres, & on y connoit la nature des divers parages. (J'ai lu dans plusieurs routiers que..)

* **Routine,** *s.f.* Sorte d'habitude aquise à force d'exercice. (N'avoir qu'une routine. Avoir une simple routine. Avoir une grande routine.

Sans livre ils chantent par routine
Un jargon qu'à peine on devine.
Bois-Robert, Epitres, Tome 1.)

Rouvrir, *v. a.* Ouvrir de nouveau. (Rouvrir une porte.)

Je sai que vos regards vont *rouvrir* mes blessures. *Racine, Andromaque, acte* 2. *scene douxiéme.*)

Roux rousse, *adj.* Ce mot se dit du poil de certaines personnes, & veut dire *rougeâtre.* (Avoir les cheveux roux. Il est roux. Elle est rousse. Les rousses sont ordinairement fort blanches. Avoir les cheveux noirs & la barbe rousse.)

* **Roux, rousse.** Ce mot se dit du beurre chaud, beurre fort chaud & presque rouge. (Le beurre est roux, jettez y les ognons. On dit aussi papier roux. Linge roux.)

Roux vent. Terme de *Jardinier.* C'est le vent du mois d'Avril sec & froid, & qui est sujet à brouir les jets tendres des pêchers. (Il fait un roux vent tres-dangereux.)

R R.

Rr. Sorte d'interjection dont on se sert pour faire battre les chiens. (Rr, pille.)

R U A.

Ruade, *s.f.* Ce mot se dit proprement des chevaux, des mulets, & de quelques autres bêtes qui ruent. C'est l'action de ruer. [Faire une ruade. *Ablancourt, Marmol.* Détacher une ruade.]

R U B.

Ruban, *s.m.* Tissu de soie uni, ou figuré; étroit, ou large, dont on se sert pour embelissement, ou par nécessité. [Ruban uni, Ruban figuré. Ruban large. Ruban étroit. Ruban de Paris, Ruban d'Angleterre, Ruban de Lion. Ruban fort. Ruban satiné, ruban de toutes couleurs, ruban ponceau. Faire, plier, rouler du ruban. Faire un nœud de rubans.]

Rubanier, *s.m.* Ouvrier qui fait de toutes sortes de rubans, de passemens, & de gances & qui dans ses lettres de maîtrise est nommé *Tissutier, Rubanier,* mais les gens qui ne sont pas du métier l'apellent simplement *rubanier.* [Tous les rubaniers sont aujourd'hui fort pauvres parce qu'on porte peu de rubans.]

Rubarbe, *s.f.* Sorte de racine qui croit en la Chine, qui par dehors est d'une couleur noirâtre qui tire sur le rouge, & qui par dedans est rousse, & azurée. (La rubarbe est pésante, chaude & séche au second degré.)

Rubican, *rubicanus, adj.* Ce mot se dit du poil de certains chevaux. C'est à dire, qui est noir, ou alzan, mais il ne se dit ordinairement qu'au *masculin.* (Poil rubican, Cheval rubican.)

† **Rubicond,** *rubicondo, adj.* Ce mot ne se dit que des personnes & veut dire *Haut en couleur.* (Il est toûjours rubicond.)

Rubis. Sorte de pierre précieuse transparente, qui aprés le diamant est la plus considérable de toutes les pierres. Il y a trois sortes de *rubis.* Le rubis Oriental, le rubis balais, & le rubis spinelle. Le rubis Oriental est le vrai rubis, il est le plus dur de tous & sa couleur d'un feu fort vif. Le *rubis balais* est d'une couleur de rose, vermeille & est plus grand que le rubis Oriental. On dit qu'il naît d'une certaine matière pierreuse de couleur de rose qu'on apelle *matrice de rubis.* Le rubis spinelle est plus rouge que le *rubis balais,* toutefois il n'a pas l'éclat du vrai *rubis* parce qu'il se rencontre dans de certains endroits des Indes où le soleil a moins de force. *Roné. Mercure Indien.*

† * **Rubis sur le nez.** Sorte de petite pustule rouge & luisante qui vient sur le nez & qui est souvent causée par un foie de veau trop chaud à force de boire du vin.

† * **Faire Rubis sur l'ongle.** C'est aprés avoir bû un grand verre de vin à la santé de quelque personne, prendre le verre par la pate & le renverser. en le tenant suspendu sur l'ongle du pouce afin d'y faire tomber une goute de vin qu'on apelle *rubis.*(Faire rubis sur l'ongle.)

Les Chimistes font plusieurs préparations de corps naturels qu'ils apellent *rubis,* à cause de leur couleur rouge; comme rubis d'arsenic, &c.

Rubrique, *s.f.* Sorte de couleur. *Perrault, Vitruve,* l. 7. (C'est une terre rouge, épaisse & pésante.

Rubrique. Terme de *Droit.* C'est l'explication d'un titre de droit. (Il sait bien ses rubriques.)

Rubrique. Terme d'*Eglise.* Régles qu'on doit observer pour dire le bréviaire.

† * **Rubrique.** Finesse & tours. (Il n'a pas à faire à un sot, & vous savez des rubriques qu'il ne sait pas. *Moliere.*)

R U C.

Ruche, *s.f.* Ouvrage de vanier enduit de terre, propre à loger les abeilles. (Une petite ruche. Une grosse ruche.) On dit aussi *une ruche d'abeilles,* c'est à dire, pleine d'abeilles.

R U D.

Rude. Ce mot se dit des choses & des personnes, & veut dire qui n'est pas doux. Sévére. Fâcheux. Dificile. Criel. (Peau rude. Tems rude, Hiver rude. Mot rude à l'oreille. Stile rude.

de. Pére rude. Ah ! que tu es rude à pauvres gens. *Moliere.* Elle fut fort surprife de recevoir une lettre fi rude. *Le Comte de Buſſi.*)

Rudement, *adv.* Avec rigueur. D'une maniére rude & févére. (Traiter quelcun rudement. *Ablancourt , Tacite , Agricola.*)

Rudeſſe, *ſ. f.* Rencontre de filabes ou de voielles qui ont quelque choſe de rude. (Il y a dans ces mots une *rudeſſe* qui choque. *Ablancourt.*)

Rudeſſe. Rigueur. Cruauté. (Il me ſouvint , Philis , de toutes vos rudeſſes. *Voiture , Poëſies.* Il ne me paraît à ſa mine ni rudeſſe, ni douceur. *Le Comte de Buſſi.*)

Rudiment, *ſ. m.* Petit livre contenant les prémiers principes de la langue latine. (Savoir ſon rudiment.) Il ſe dit auſſi généralement des prémiers principes des ſciences.

Rudoier, *v. a.* Prononcez *rudéié*. C'eſt traiter rudement. [Il les rudoioit d'une main & les careſſoit de l'autre. *Vau. Quin. l. x. c. 4.*)

RUE.

Ruë, *ſ. f.* Chemin dans les bourgs, viles & vilages qui eſt bordé de part & d'autre de maiſons. (Une petite ruë. Une grande ruë. Demeurer dans une des plus belles ou des plus vilaines ruës de Paris.)

† * *Courir les ruës.* C'eſt être fou. (Il eſt fou à courir les ruës.)

Ruë. Sorte d'herbe qui eſt acre , qui ſent mauvais , & qui eſt preſque toûjours verte. Elle a les feüilles d'une couleur de verd brun. Elle eſt chaude & provoque l'urine & les mois. (Ruë ſavage. Ruë cultivée. Voiez *ſes autres vertus dans Dalechamp, tome I. l. 8. c. 42.*)

* **Ruelle**, *ſ. f.* Petite ruë. (Une petite ruelle.)

Ruelle de lit. C'eſt la partie du lit qui eſt du côté de la muraille. C'eſt auſſi l'eſpace qui eſt entre le lit & la muraille. (On l'a fait coucher à la ruelle. Il s'eſt caché dans la ruelle. Ruelle de lit trop petite. Paſſer à la ruelle)

* **Ruelle.** Chambre où couchent les Dames. Apartemens des Dames.

(* Vous verrez courir de mes vers dans les *ruelles*. *Moliere.*

* Faire florès dans les ruelles des Dames.)

Rüer, *v. a.* Il ne ſe dit que dans le ſtile le plus ſimple , & il ſignifie Jetter quelque pierre , ou autre choſe (Ah ! je devois du moins lui jetter ſon chapeau , ou lui rüer quelque pierre à la tête , *Mol. cocu imagin.*)

Rüer. Ce mot ſe dit de certains animaux & eſt une maniére de *verbe neutre*. Il ſignifie donner quelque coup avec l'un des piez de derriére. (Le cheval rüe , la mule rüe.)

Se rüer , *v. r.* Il ne ſe dit que dans le ſtile le plus ſimple & il veut dire. Se jetter ſur quelcun , ou ſur quelque choſe. (Les ſergens ſe rüérent ſur les meubles. *Maucroix, Schiſme, l.* 1.)

† * *Les plus grands coups ſont rüez.* Sorte de proverbe pour dire les plus grands éforts ſont faits. On ne ſonge plus préſentement qu'au repos. Ainſi on dit. (C'eſt un homme qui à la fleur de ſon âge a été un bon compagnon , il aime les belles, mais je croi que préſentement pour lui les plus grands coups ſont rüez.)

‡ **Rueur , rueuſe**, *ſ. m. & f.* Ces mots ne ſont guére en uſage. On peut dire , c'eſt un rüeur de pierres.

RUF.

† **Rufien**, *ſ. m.* Ce mot eſt un peu vieux & veut dire celui qui a des privautés avec une femme telles qu'en a un mari. Celui qui entretient fille ou femme. (C'eſt un vieux rufien. Son rufien eſt un miſerable.)

RUG.

Rugir, *v. n.* Ce mot ſe dit proprement du lion, lorſqu'il pouſſe un cri naturel qui le diſtingue des autres animaux. (Les lions *rugiſſans* après leur proie. *Port-Roial , Pſeaumes.* Quand le lion eſt en colère & qu'il rugit il éfraie ceux qui ne ſont pas acoutumez à ſes rugiſſemens. *Ablancourt.*)

Rugine, *ſ. f.* Terme *d'Arracheur de dens & de Coutelier.* C'eſt un inſtrument d'acier emmanché de métal , de corne ou d'ivoire, propre à netéïer les dents. Il y a une rugine aigüe & une rugine plate. La rugine aigüe ſert à netéïer le dedans de la dent & la rugine plate , qui eſt un petit inſtrument d'acier plat , & qui ne coupe que d'un côté , eſt propre pour nettéïée les dents par dehors

Ruginer, *v. a.* Terme *d'Arracheur de dents.* C'eſt ôter avec une rugine la carie d'une denc. C'eſt à dire, la pourriture qui eſt dans une dent. (Il y a carie en cette dent , il la faut ruginer.) On dit auſſi dans le même ſens, il faut buriner la carie de cette dent.

Rugiſſement, *ſ. m.* Ce mot ſe dit proprement *du lion* & ſignifie l'action de rugir. (Le rugiſſement du lion a quelque choſe d'afreux.)

Rugiſſant, rugiſſante, *adj.* Qui rugit. (Ils viennent contre nous comme des lions rugiſſans pour nous engloutir. Les Barbares aloient à la charge avec des cris épouvantables, comme des lions rugiſſans.)

RUI.

Ruillés, *ſ. f.* Terme de *Couvreur* C'eſt l'enduit de plâtre qu'on met ſur les tuiles , pour boucher les joints de la couverture aux murailles.

Ruïne, *ſ. f.* Ce mot vient du Latin *ruina*, & il eſt de trois filabes. Il ſignifie. Perte de biens. Miſére. Décadence. Deſtruction. (Mon pére a cauſé ma ruïne. *Mai. Poëſies.* Tout tombe en ruïne. *Vaug. Quin. liv.* 4. La puiſſance de l'un étoit la ruïne de l'autre. *Mémoires de Monſieur le Duc de la Roche-Foucaut.*)

Batre en ruïne. Il ſe dit du Canon qui ruïne des fortifications & des bâtimens.

* *Il bat en ruïne ſon adverſaire.* Ces mots , *au figuré* , ſignifient il aporte de fi fortes raiſons que ſon adverſaire n'y peut pas repliquer.

* Batir ſa fortune ſur les ruïnes d'autrui.

Ruïner, *v. a.* Oter les biens à quelcun. Démolir. Détruire. Déſoler. (Ruïner quelcun. Ruïner une famille. Ruïner une vile. Ruïner un païs , une province)

* *La fortune ruïne les eſperances. Vaugelas, Quint. livre* 4.

(* *Ruïner* un deſſein. *Paſcal , l.* 5. Cela acheva de ruïner leur liaiſon. *Mémoires de la Roche-Foucaut.* Ils tâchérent de ruïner le Cardinal qui commençoit à s'établir. *Mémoires de M. de la Roche Foucaut.* Ruïner quelcun dans l'eſprit d'un autre. *Ablancourt.* Ruïner les principes de la foi. *Paſcal, l.* 8.)

Ruïneux , ruïneuſe, *adj.* Qui menace ruïne. (Bâtiment ruïneux. Maiſon ruïneuſe.)

* **Ruïneux , ruïneuſe**, *adj.* Qui cauſe quelque perte, quelque dommage. (C'eſt un emploi ruïneux. Entrepriſe ruïneuſe.)

Ruiſſeau, *ſ. m.* Ce mot ſe dit en parlant des fontaines d'eau vive. (C'eſt l'eau de la fontaine qui coule ſur un lit de gravier, avec un doux murmure.

Ruiſſeau. Sorte de riviére étroite où il y a fi peu d'eau & qui eſt fi peu large qu'on la pourroit franchir en un beſoin. (Ce n'eſt pas une riviére , ce n'eſt qu'un ruiſſeau.)

Ruiſſeau. On apelle auſſi de ce nom un petit enfoncement que les paveurs font faire au paveur au milieu & tout le long d'une ruë, afin que l'eau coule par là & s'aille rendre où elle doit aller. (En ſe batant dans la ruë il eſt tombé dans le ruiſſeau.)

Ruiſſeau. Eſpéce de petit creux , de petit enfoncement ; ou de manière de canal par où l'eau d'un évier coule lorſqu'elle eſt tombée ſur le pavé.

* Ces bois & ces jardins & ces prez & ces eaux
Sont les ſeuls confidens
Des pleurs qu'il verſe à grans ruiſſeaux.
Saraſin, *Poëſies.*

Le mot de *ruiſſeau* en cette façon de parler eſt poëtique & ſignifie *en abondance.* Il ſavoit avec ſes Ménades tandis que de tous côtez couloient des *ruiſſeaux* de vin. *Ablancourt, Tacite, Ann. liv. 11. cha.* 14.

Ruiſſeler, *v. n.* Couler comme un ruiſſeau. (Il y a pluſieurs ſources qui ruiſſellent dans cette prérie.)

* **Ruiſſeler**, *v. n.* Couler. (Le ſang ſur leurs harnois ruiſſelle. *Sar. Poëſies.* Il y eut une grande boucherie , & le ſang ruiſſeloit de tous côtez. *Abl. Luc. T.* 2.)

RUM.

Rumatiſme, *ſ. m.* Ce mot eſt Grec. C'eſt une fluxion qui eſt cauſée par de méchantes humeurs & qui coule tantôt ſur une partie du corps & tantôt ſur une autre. Fluxion d'humeurs en quelque partie du corps. (Guérir d'un rumatiſme. Le rumatiſme eſt une maladie longue, cruelle , violente & douloureuſe. Le rumatiſme n'eſt pas dangereux , mais il eſt trés fâcheux & trés-incommode. Avoir un rumatiſme. Être travaillé , tourmenté d'un rumatiſme. Les Médecins, les Apoticaires & les Chirurgiens ne ſavent où ils en ſont quand ils ont un malade qui a un rumatiſme ; les uns ſoutiennent qu'on le doit guérir de ſon rumatiſme par les ſaignées & des lavemens ; & les autres par des ſudorifiques. Et les animaux qu'ils ſoient , s'ils ſavoient bien leur métier , ordonneroient à ce miſerable de prendre de l'huile de mulet , avec un peu de beurre , de la faire chaufer & d'en froter la partie afligée. Et ils guériroient ce malheureux , car il n'y a rien de plus ſouverain contre le rumatiſme que cela.)

Rumb de vent, Terme de *Mer.* Ligne qui repréſente ſur le globe terreſtre , ſur la bouſſole & ſur les cartes marines un des trente deux vents qui ſervent à conduire un vaiſſeau. *Rumb entier*, c'eſt à dire , vent principal *Demi rumb.* C'eſt à dire, demi vent.

Rûme, *ſ. m.* Fluxion qui tient ordinairement au cerveau, & qui incommode la poitrine. (Son rûme eſt fâcheux. Un grand rûme. Il a un rûme qui le travaille fort.)

Rumeur, *ſ. f.* Bruit, Sorte d'alarme. (Par tout il ſe fait grande rumeur. *Benſerade.* Cette nouvelle mit toute la Cour en rumeur. *Ablanc. Lucien.*)

Ruminer, *v. a.* Ce mot ſe dit de certains animaux par la plûpart du monde & par des gens qui parlent bien , & il ſignifie
remâcher

remâcher à vuide ; mais les bergers & autres gens qui gardent les troupeaux appellent cette sorte d'action remâcher & quelques autres ronger. Je parlerois, pour moi, comme les honnêtes gens sans condamner ceux qui diroient remâcher pour ruminer.

(Un taureau qui rumine , une chèvre qui broute
Ont l'esprit mieux tourné que n'a l'homme.

Depreaux, Satire 8.)

* Ruminer, v. a. Rêver à quelque chose. Rouler quelque chose en son esprit. (Il rumine quelque chose de grand. Scaron.)

RUP.

Rupture, s. f. Terme de Médecin & de Chirurgien. Solution, ou séparation des parties charnues, sans qu'il y ait aucune plaie, ce qui arrive aux muscles & aux vaisseaux. (Il y a une rupture. C'est une rupture qui lui causera de la douleur.

Rupture. Chose déchirée en quelque étofe, drap, habit, ou autre pareille chose. (Le drap neuf qu'on met à un vieux vêtement emporte une partie du neuf & la rupture en devient plus grande. Port-Roial, N. Test. S. Marc, c. 2. v. 21.)

* Rupture. Amitié rompue. Division. Dissention. (En venir à une rupture. Mémoires de M. de la Roche-Foucaut. Cela l'a porté à une rupture ouverte avec. Mémoire de M. de la Roche-Foucaut. Cette rupture nous sera avantageuse. Pasc. L. 17. La rupture de la paix Pasc. l. 17.)

RUR. RUS.

Rural, rurale, adj. Ce mot se dit ordinairement en parlant de certains Ecclésiastiques de campagne, & signifie, Qui est, qui demeure aux champs. (Les Doiens ruraux ne sont pas perpétuels, mais pour un tems. Eveillon.) On dit aussi des biens ruraux.

Ruse, s. f. Ce mot se dit en parlant de guerre & veut dire; finesse, adresse dont on se sert pour atraper l'ennemi. Ce mot de ruse se dit aussi en général pour dire quelque finesse qu'on fait pour surprendre & tromper une personne.

[Voiez-vous recourir à ces ruses grossières.

Moliere, Misant. a. 4.

Se servir de ruses pour atirer l'ennemi au combat. Abl.)

Ruse. Ce mot se dit en parlant de lièvres & de quelques animaux fins qu'on chasse Le renard & le lièvre ont de particulières ruses, pour échaper aux chiens & aux chasseurs. Voiez le Fouillou & Salnove, livre de la chasse du lièvre.

Rusé, rusée, adj. Fin, adroit & quelquefois un peu malicieux. (Le Normand est rusé, Le Gaicon est rusé, mais pas moins. C'est une petite rusée.)

Ruser, v. n. Ce mot se dit en terme de chasse & en parlant du lièvre & de quelques autres animaux C'est quand une bête qui est chassée va & vient sur ses mêmes voies pour se défaire des chiens. (Le lièvre preffé cherche toûjours quelque occasion de ruser.)

* Ruser, v. n. Il se dit figurément des hommes, & veut dire, faire le fin & le rusé. (Vaum. . . . ruse quelquefois heureusement avec ses pauvres Libraires.)

Rustaud, s. m. Ruste. Grossier. (C'est un franc rustaud. Il passe pour un vrai rustaud.)

Rusticité, s. f. Il vient du Latin rusticitas, & veut dire façon d'agir ou de parler qui a quelque chose de brutal. Manière de faire basse, incivile & qui sent le rustre, le païsan. (C'est une rusticité achevée. Il dit des injures de crocheteur & fait voir une misérable rusticité. La rusticité marque souvent le peu d'éducation des gens.)

Rustique, adj. Champêtre. (Les plaisirs de la vie rustique. Aimer la vie rustique.)

Rustique. Ce mot se dit des personnes & de leurs actions, & toûjours en mauvaise part. Il signifie Grossier, Peu poli. Incivil. (Avoir des manières d'agir grossières & rustiques. Il a l'esprit rustique. C'est une petite fille fort rustique & fort mal élevée.)

Rustiquement, adv. D'une manière grossière & incivile. (Il en a usé fort rustiquement.)

Rustre, adj. Grossier. Incivil. Qui n'est point poli. Qui sent le païsan. Ce mot de rustre ne se dit, ce semble, que des personnes. (C'est un homme fort rustre. Elle est rustre autant qu'on le sauroit être.)

Rustre, s. m. Grossier. Païsan. Lourdaut. (Ah! que n'ai-je un mari d'une aussi bonne mine au lieu de mon rustre. Moliere, Cocu imaginaire.

Rustre. Terme de Blason. C'est une sorte de figure en forme de losange. (Il porte de sable à trois rustres d'or. Col.)

RUT.

Rut, s. m. Terme de Chasse, qui se dit des bêtes fauves. C'est le tems où les bêtes fauves sont en amour. Les cerfs sont en rut trois semaines, & ils y entrent en Septembre. Le rut du chevreuil ne dure qu'environ quinze jours & commence en Octobre. On dit que le chevreuil joüit seul de sa femelle du tems de son rut & que la femelle ne soufre point les aproches d'un autre que de celui qui l'a couverte au commencement du rut. Salnove.)

Rut. Ce mot se dit aussi des loups, des sangliers. & des renards. Le rut des sangliers se tient tout le mois de Décembre & on dit que faute de layes ils couvrent des truies s'ils en rencontrent. Le rut des loups se tient depuis la fin de Décembre jusques en Février; Le rut, ou l'amour des renards se tient en Décembre & Janvier, Au lieu du mot de rut en parlant de renards quelques uns disent amour, & en parlant des loups plusieurs emploient le mot de chaleur au lieu de celui de rut.

† * Mettre une femme en rut. Façon de parler burlesque, pour dire, la mettre en amour, l'échaufer.

Rutoir, s. m. Terme de gens des champs d'autour de Paris. C'est le lieu où l'on fait rouyr le chanvre. (Mon chanvre est au rutoir. Mettre le chanvre au rutoir. Tirer le chanvre du rutoir)

S.

S Une des lettres de l'Alphabet, qui se prononce esse & qui passe pour un substantif féminin. (Une S. mal faite.
Même en ce moment j'entens s.
Qui fait là bas de la diablerie.

Voiture, Poësies.

S. Cette lettre entre deux voielles se prononce comme un Z. Ainsi on prononce bison & raison comme s'ils étoient écrits bizon & raizon.

SA.

Sa. Pronom possessif féminin. (Sa mére. Sa fenime. Sa maison.) On dit au masculin Son. Voiez Son.

SAB.

Sabat, s. m. Fête observée par les anciens Juifs avec un grand respect au sétiéme jour auquel Dieu se reposa après avoir emploié les six jours précédens à créer le monde. (Garder le sabat. Observer le sabat. Violer le sabat. Dieu institua le Sabat. Quiconque violoit le Sabat étoit puni de mort.)

* Sabat. Repos. Le mot de sabat en ce sens est consacré dans les matières de pieté. Cependant comme ce mot de sabat en nôtre langue ne donne pas une idée fort-belle, on l'acompagne de quelque épitète favorable. On se sert souvent en sa place du mot de repos, ou l'on fait suivre immédiatement le mot de repos à celui de sabat pour rendre l'idée du mot de sabat moins choquante. (Entrer dans le sabat spirituel & se reposer en Dieu. Port-Roial, Nouv. Test. Epître aux Heb. ch. 4. Il reste encore un sabat & un repos pour le peuple de Dieu. Port-Roial, Nouv. Test. Ep. aux Hebr. ch. 4. n 9.)

* Sabat. C'est une assemblée nocturne de sorciers où l'on contre que préside le Diable, & où il se fait adorer. (Tenir le sabat, Aller au sabat. Mener au sabat. Voiez De l'Ancre, traité des sorciers.)

* Sabat. Bruit. (Un furieux sabat. Quel sabat est-ce là! Ils font un diable de sabat. S. Amant.

Catin excite une tempête
Et fait un tel sabat tous les soirs sur ma tête
Que je puis dire que Catin
Est un veritable Lutin.

Sabatine, s. f. Terme de Colège de Paris. Tése qu'on ne faisoit autrefois que le Samedi ; mais depuis on a doné ce nom à toutes les petites tèses qui se font d'une partie de la Logique & de la Morale. (Faire une sabatine. Soutenir une sabatine. Il a fort bien répondu à la sabatine.)

La Bule Sabatine. Terme de l'Eglise Romaine. C'est une Bule qui contient les privilèges du Scapulaire acordés à Simon Stoc. Elle promet, tous les Samedis la délivrance d'une ame de Purgatoire. Du Launoi a fait une curieuse dissertation sur cette Bulle Sabatine.

Sabatique, adj. Ce mot se dit en parlant des années des anciens Juifs qui comptoient leurs années par semaines & la sétiéme de ces années s'appelloit sabatique. Cette année là il n'étoit pas permis de cultiver la terre & on devoit mettre les esclaves en liberté. Lancel, metode Latine, p. 676.

Sable, s. m. Terre aride reduite en fort petits grains presque imperceptibles. La partie de la terre la plus aride nettoyée & lavée par l'eau, & qu'on trouve ordinairement sur le bord de la mer, ou sur le bord des fleuves & des rivières. (Il y a du sable de rivière, de mer, & de terre. Sable fort, bon. Les campagnes étoient couvertes de sable d'une hauteur éfroïable. Vaug. Quin. liv. 4. c. 7. Sable profond & mouvant. Vaugelas, Quin. l. 4. c. 7.)

Sable blanc. Sorte de sable blanc fait de gip calciné dont se servent les faux monoieurs pour mouler. (Preparer le sable. C'est du sable neuf. A mesure qu'on se sert du sable il noircit.)

* Le bien de la fortune est un bien perissable
Quand on bâtit sur elle on bâtit sur le sable.

Racan, Poës.

C'est à dire, on s'apuye & on bâtit sur une chose peu solide.

On parle en Chimie du *feu de sable*, ou *bain de sable* & c'est lors qu'on met du sable entre le feu & le vaisseau qu'on veut échaufer.

Sable. Sorte d'horloge composé de deux phioles qu'on met dans une boite à jour, qu'on a proprement abouchées l'une sur l'autre, & dans l'une desquelles il y a autant de sable délié qu'il en faut pour couler une heure, ou une demie heure. (Acheter un sable. Tourner le sable. Sable qui ne va pas.)

Manger son sable. Terme de Mer. C'est tourner l'horloge avant que le sable soit écoulé.

Sable. Terme de *Blason.* C'est à dire *noir.* (Le sable est le simbole de la tristesse & de la prudence. Il porte d'argent à la croix de Lorraine de sable. Porter de sable à la croix de Malte.)

Sablé, sablée, adj. Jetté en sable. (C'est une pistole sablée.)

Sabler. Terme de *Jardinier.* Couvrir de sable. Sabler les alées d'un jardin.

Sablier, s. m. Voyez poudrier.

Sabliére, s. f. Terme d'*Architecture.* Piéce de Charpenterie qui se met dans les cloisons. Piéce de bois longue comme une poutre, mais qui n'en a pas la grosseur. (Sabliére vermoulue)

Sablon, s. m. Sable fort délié dont on se sert pour nétteyer la vaisselle d'étain. Terre aride reduite en fort petits grains. (Le sablon d'Etrampes est bon pour écurer. Il n'y avoit pas une goute d'eau parmi ces bouillans sablons. *Vaug. Quin.* l. 4. c. 7. Ce ne sont que sablons infertiles. *Abl.*)

Sablonner, v. a. Netteyer avec du sablon. (Sablonner la vaisselle. Vaisseau bien ou mal sablonné.)

Sablonneux, sablonneuse, adj. Plein de sablon. Rempli de sablon. Terroir sablonneux. Terre sablonneuse. *Abl.*)

Sablonneux, sablonneuse. Ce mot se dit de l'urine & veut dire qui a du gravier. Son urine est sablonneuse. *Abl.*

Le haut Olimpe, sur un pié sablonneux,
Laisse fumer la foudre.
Chap. Ode de Rich.

Sablonnier, s. m. On prononce Sablonnié. C'est celui qui crie & vend du sablon par les ruës de Paris. (Le sablonnier vend le sablon au litron, au quart, au demi-boisseau, au boisseau.)

Sabord, s. m. Terme de Mer. C'est une embrasure dans le bordage d'un vaisseau, pour pointer les piéces du canon. (Ouvrir un sabord. Tous les sabords ont chacun leur drague & leur palan. C'est à dire, *leur cordage*. Il y a autant de rangs de sabord en chaque vaisseau qu'il y a de bateries.)

Sabot, s. m. C'est une espéce de soulié de bois dont les pauvres gens se servent l'hiver au lieu de soulier de cuir. [Sabot fendu. Porter des sabots.]

Sabot. Ce mot signifie aussi une maniére de soulié de bois, fort mignonne & fort légére qui se fait à Limoges & dont le dessus est délicatement travaillé à peint & embelli de quelque rose, ou de quelque autre ornement fait avec beaucoup d'art. On dore ces sabots, & par dedans, où pose la plante des piez, on les double de velours rouge, cramoisi, bleu, ou de quelque autre belle couleur. Il n'y a que les Dames qui portent de ces sabots qui se lient avec deux couroies qui sont atachées d'un petit clou à chaque côté du sabot. (Ces sabots sont fort propres, fort jolis, & fort mignons.)

Sabot. Ce mot se dit en parlant du pié du cheval. C'est toute la corne du pié du cheval, qui est au dessous de la couronne & qui renferme le petit pié, la sole & la fourchette. (Le sabot est tombé à ce cheval. Ce cheval va faire pié neuf & le sabot commence déja à lui tomber.

Sabot. Sorte de toupie qui est sans fer au bout d'embas & dont les enfans joüent en la faisant tourner avec un foüet de cuir. (Sabot qui dort. C'est à dire, ne bouge plus d'une place en tournant qu'il est prés de cesser de tourner.

[Un badin qui la tatonne
Qui la baise & la chifonne
Et la fait tourner en sabot.
Gon. epi. livre 1]

† *Dormir comme un sabot.* C'est à dire, dormir fort bien.

Sabot. Terme de *Cordier.* Outil de bois à plusieurs couches, dont le cordier se sert pour cabler le cordage en trois, ou en quatre.

Saboter, v. a. Faire tourner le sabot ou la toupie avec un foüet. Joüer au sabot. (Petit garçon qui ne fait que saboter toute la journée.)

Saboter, v. n. Mener du bruit en marchant avec des sabots. (On entend Saboter tout le jour ces paisans qui passent à la ruë.)

Sabotier, s. m. Ouvrier qui fait des sabots. On le dit aussi quelquefois par mépris de ceux qui portent des sabots, & qui font du bruit en marchant.

† **Saboüler**, v. a. Terme populaire, qui se dit de ceux qui se batent, & il signifie secoüer, renverser.

Sabre, s. m. Sorte d'épée à lame large qui ne tranche que d'un côté & qui n'est pas si courbée que le cimeterre. (Un bon sabre. D'un coup de sabre il lui a abatu le bras. Il lui a fendu la tête avec son sabre. Le sabre est plus en usage dans la cavalerie que dans les autres corps. La longueur la plus commune du sabre est de deux piez quatre pouces à le prendre depuis la garde.)

Sabrer, v. a. Ce mot est d'assez nouvelle fabrique. Il veut dire, Donner quelque coup de sabre, ou de taillant d'épée, mais outre qu'il ne s'écrit pas, il n'est guére en usage que parmi ceux qui portent l'épée. (Si tu me raisonnes davantage, je te sabrerai.)

SAC.

Sac, s. m. En Latin *Saccus.* Ce n'est ordinairement qu'un ou deux morceaux de grosse & de forte toile cousus ensemble par le bas & par les côtez & non pas par le haut qui est l'ouverture qu'il faut entrer le grain, la graine, ou autre pareille chose qu'on met le plus souvent dans les sacs. (Un bon sac. Un sac tout neuf. Un vieux sac.)

Sac. Ce mot en parlant d'affaires & de procés signifie un petit sac de toile où sont les piéces du procés.

Jamais contre un renard chicanant un poulet,
Un renard de son sac n'alla charger Rolet.
Depreaux Satire 8.

Il faut de l'argent pour retirer le sac, *Moliére.*

Sac de cuir. Sorte de petit sac pour mettre de la poudre de cipre.

Sac à vin. Mot bas & burlesques pour dire un *Yvrogne.* [Va sac à vin, tu devrois mourir de honte. *Moliére.*]

* **Gens de sac & de corde.** C'est à dire, gens à tout faire, coquins, méchans & scélerats.

Tirer d'un sac double mouture. C'est à dire, tirer d'une chose double profit.

Vôtre afaire est dans le sac. C'est à dire, que ce que vous demandez, vous sera accordé.

† * **Se couvrir d'un sac moüillé.** C'est alléguer un prétexte ridicule. C'est donner une méchante excuse.

† **Il a eu son sac & ses quilles.** C'est à dire, il a eu son congé.

* **Donner le sac & les quilles à quelcun.** C'est congédier quelcun s'en défaire.

* **Il se trouva au rendez-vous avec son sac & ses quilles.** Histoire amoureuse de France p. 12. C'est à dire, il se trouva avec son équipage d'amour.

Jusques au fond du sac, épluchons nôtre vie. Reg. *Sat.* 15. C'est à dire, examinons nous jusques au fond du cœur.

Pour vuider le fond du sac, je ne voulois plus que dix médecines. *Moliére malade imaginaire.* C'est à dire, pour vous bien purger & pour bien guérir il faloit encore prendre dix médecines.

* **Il y avoit une piéce dans son sac qui lui a fait perdre son procés.** C'est à dire, il avoit dans le corps quelque mal qui est cause de sa mort.

* **Juger un procés sur l'étiquette du sac.** C'est à dire, sans voir les piéces. Décider une chose sans vouloir s'en instruire.

* **Il ne sçauroit sortir du sac que ce qui y est.** C'est à dire, que d'un méchant homme on ne doit atendre que des actions & des paroles conformes à sa méchanceté, & de même d'un libertin, d'un rustre, &c.

* **C'est un sac percé.** C'est à dire, Il est prodigue & ne sçait pas conserver son bien.

* **Autant péche celui qui tient le sac que celui qui met dedans.** C'est à dire, que les complices d'un crime sont coupables aussi bien que celui qui le commet ; que les réceleurs meritent la même peine que les voleurs.

* **On dit d'un homme qui a fait beaucoup de crimes**, Le sac est plein, c'est à dire, il est tems qu'il soit puni de ses crimes.

† * **On dit en riant qu'il faut trois sacs à un plaideur**, un sac de papiers, un sac d'argent & un sac de patience.

Cu de sac, s. m. C'est une petite ruë qui n'a point d'issuë.

* **Sac.** Terme de Chirurgie. Il se dit du fond d'une plaie qu'on n'a pas laissée assez suppurer, en sorte qu'il y est resté du pus, d'où se forme en suite un abcés. (Il faut bien ouvrir & laisser bien suppurer une plaie, de peur qu'il ne s'y forme un sac.)

Sac-benit, s. m. C'est un sac, ou vêtement de toile qu'on donne à ceux qui sont condamnez à mort par l'Inquisition.

Sac. Ce mot se dit en parlant de viles, ou de places qu'on prend de force, ou le sac pour le renverser, la ruïne entiére de ce qui en ennemi qui la prend. (Virgile a bien décrit le sac de Troie dans le second livre de l'Eneïde. L'avarice s'assouvit au sac de Persepolis. *Vaug. a. Curce.* l. 5. ch. 8.)

Sac-à-terre, s. m. Ce mot se dit entre soldats & en parlant de fortification. Sac de toile, long & large d'un pié & demi qu'on remplit de terre & dont on se sert alors pour faire des parapets & des embrasures pour se couvrir & pour faire feu. (Faire un logement de sacs-à-terre. Se couvrir de sacs-à-terre.)

Sacade, s. f. Terme qui se dit dans les manéges. Action d'un cavalier qui pour châtier son cheval, tire tout à coup les rênes de la bride du cheval. (Donner une sacade à son cheval.)

† * **Sacade.** Ce mot entre dans une façon de parler qui tient du comique. Donner la sacade à quelcun, c'est à dire, suplanter quelcun.

SACAGEMENT,

SAC. SAC. 733

SACAGEMENT, *f. m.* Ruine & pillage de quelque chose, soit place, ou biens. La perte fut augmentée par le sacagement de ses biens. *Ablancourt, Tac. Agricola, c. 2.* Ils furent cause du sacagement de toute la ville. *Histoire d'Aubusson, l. 3.*

SACAGER, *v. a.* Donner une ville au pillage. (Sacager une ville. *Ablancourt, Rét. liv. 1.* Ils tuent, ils sacagent tout ce qu'ils rencontrent. *Voiture, lettre 68.*)

SACERDOCE, *f. m.* Ce mot en général se dit des grandes prélatures, mais il signifie proprement la prêtrise, la dignité & qualité de Prêtre. (La grandeur de la Roiauté de Jesus-Chrift n'est point comparable à celle de son *Sacerdoce. God. Traité des ordres. Disc. 9.* Les prêtres de l'ancienne Loi recevoient leur *Sacerdoce* par le droit de la naissance charnelle. *God. Disc. 9. des Ordres.*)

Sacerdotal, sacerdotale, adj. Qui apartient au *facerdoce*. Qui regarde le Prêtre. Qui vient du sacerdoce, & de la prêtrise. (Habits sacerdotaux. Ornement sacerdotal. Race sacerdotale. Ordination sacerdotale. *God.* Fonctions sacerdotales. *God. Disc. des Ordres.*)

SACET. Voiez *Sasset.*

SACHET, *f. m.* Petit sac. (Un sachet mal cousu. Il leur attacha des sachets aux piez. *Ablancourt, Rét. l. 4. c. 4.* On remplit des sachets d'herbes ou de drogues, pour les apliquer sur quelque partie du corps, afin de le soulager. On fait aussi des sachets parfumez qu'on met parmi le linge, ou des habits & dans les lits.

Sachée, f. f. Plein un sac de quelque chose. (Une grosse sachée de blé, de farine, de copeaux.)

SACLER, *v. a.* Terme de *Jardinier*. C'est ôter les méchantes herbes qui naissent parmi les bonnes, & qui les ofusquent. (Il faut sacler cette pièce de terre. *Jard. fruit. T. 1.*) On dit aussi *sarcler*, au même sens. Voiez *Sarcler*.

SACRAMENTEL, *sacramentelle*, SACRAMENTAL, *sacramentale, adj.* L'un & l'autre se dit, mais *sacramentel* semble le plus doux & le plus usité. C'est à dire, qui regarde la consécration. (Dire paroles sacramentelles. Les espèces sacramentales demeurent suspenduës, *Pascal, l. 16.*)

Sacramentalement, adv. D'une manière Sacramentale.

Sacramentaire, adj. & s. Ce mot se dit de ceux qui n'ont pas du Sacrement de l'Eucaristie la même créance de réalité, que l'Eglise Romaine.

SACRE, *f. m.* C'est la cérémonie de la consécration & de l'onction des Rois de France lors qu'on les couronne. (Le *sacre* des Rois de France se fait à Reims en Champagne. Hâter le sacre d'un Roi. Diferer le sacre d'un Roi. Faire la cérémonie du Sacre. Voiez *Du Tilles memoires.* Le Roi promet à son sacre de conserver les Archevêques & Evêques dans leurs juridictions, & de ne point aliener le domaine de France; de conserver les libertez de l'Eglise, &c. Voiez le *cérémonial*. Le sacre des Rois de France ne commença de se faire qu'au commencement de la seconde race de nos Rois. Alors on s'imaginoit que le sacre étoit une cérémonie essentielle à la Roiauté; mais depuis on est tombé d'acord que le sacre n'augmente point le droit de nos Rois. *Choisi, vie de Philipe de Valois.*)

Sacre. Ce mot se dit des Prélats. C'est la cérémonie qu'on fait lors qu'on sacre & qu'on benit les Prélats. (Assister au sacre d'un Evêque.)

Sacre. Sorte d'oiseau de proie femelle qui a les plumes d'un roux enfumé, le bec, les jambes & les doigts bleus. (Le sacre est hardi & on ne sait où il fait ses petits. *Belon.*)

* *Sacré.* On dit ce mot *au figuré*, d'un avare, d'un usurier, d'un concussionaire, d'un Corsaire & autres gens qui vivent de proie. (C'est un sacre, il est fort ardent à la proie.)

* *Sacré, sacrée, adj.* Saint. Qui a été consacré à Dieu solennellement avec bénédiction & onction. (Personne sacrée. Lieu sacré.)

On dit le sacré Concile, le sacré Palais. On apelle l'Empereur sacrée Majesté.

* On dit *c'est une chose sacrée*, pour dire qu'on n'oseroit y toucher. (Le dépôt est une chose sacrée.)

SACREMENT, *f. m.* Signe qui consacre les hommes à Dieu. C'est le signe visible d'une grâce invisible établi & institué par Jesus-Christ pour rendre les hommes agréables à Dieu. (Instituer, conférer, recevoir un sacrement. Il y a sept Sacremens de la nouvelle Loi, le Batême, la confirmation, l'Eucaristie, la Penitence, l'Extrême-onction, l'Ordre & le Mariage.)

Malade qui a reçû tous ses Sacremens. C'est à dire, qui est Confessé & a reçû le Viatique.

Le Saint Sacrement. C'est une hostie consacrée, & enfermée dans un Soleil qu'on expose sur le grand Autel les bonnes Fêtes, ou quelques autres jours que l'Eglise trouve à propos. (Exposer le S. Sacrement.)

†* *Sacrement.* Ce mot pris généralement & en parlant d'amour signifie le *mariage*.

(Ils s'adorent l'un l'autre & ce couple charmant.
S'unit longtems, dit-on, avant le Sacrement.
Depreaux, Lutrin, c. 1.)

SACRER. Ce mot vient du Latin *Sacrare*, Et il signifie faire la cérémonie du Sacre en faveur d'un Prince, c'est lui faire les

onctions ordinaires avec la Sainte Ampoule, lui mettre le sceptre à la main droite, la main de Justice, à la gauche & sur la tête, une Couronne Roiale. Les Rois de la première race ne se faisoient point *sacrer*, on les élevoit seulement sur un Bouclier, en pleine campagne, & tout le peuple les reconnoissoit par des acclamations. Mais dès le commencement de la seconde race les Rois qui eurent des fils, les firent sacrer. On *sacra* Charlemagne, du vivant de Pepin, & Robert, du vivant de Hugues Capet. *Choisi, vie de Philipe de Valois* On sacre aujourdhui les Rois de France, à Rheims; les Rois d'Angleterre, à Londres; les Rois de Suède, à Upsal; les Rois de Danemarc, à Copenhague; les Empereurs, à Aix la Chapelle, ou à Francfort, &c.

Sacrer, *v. a.* Ce mot se dit aussi des Evêques & Archevêques. C'est faire les cérémonies du *Sacre* en faveur des personnes, & les oindre d'huile sacrée, aux parties du corps marquées par l'Eglise. (Aler voir sacrer un Evêque.)

SACRET, *f. m.* Sorte d'oiseau de proie qui est le mâle du sacre. *Belon.* (Sacret qui coche sa femelle.)

SACRIFICATEUR, *f. m.* Celui qui sacrifie. Prêtre. *Le Souverain Sacrificateur*. C'étoit le grand Prêtre & celui au dessus duquel il n'y avoit aucun Prêtre.

Sacrificature, f. f. Ce mot se dit des Prêtres; & des Sacrificateurs de l'ancienne Loi. C'est la dignité des Anciens Sacrificateurs & le droit qu'ils avoient de sacrifier. On croit aussi qu'il se dit des hautes dignitez de l'Eglise. (On parle dans le vieux Testament de la Sacrificature de Melchisedec, & de la Sacrificature d'Aaron. Etre élevé à la Souveraine Sacrificature.)

Sacrifice, f. m. Oblation faite à Dieu seul. Il y avoit anciennement des sacrifices sanglans, mais Jesus-Christ les a abolis, & présentement il n'y a plus que des sacrifices non sanglans. Ed parlant des anciens sacrifices on dit. (Ils eurent les sacrifices favorables. *Ablancourt, Rét. l. 4. c. 2.* Préparer le sacrifice. Faire des sacrifices; & aujourdhui qu'il n'y a plus de sacrifice que le saint sacrifice de la Messe, on dit les Prêtres sont obligez d'ofrir le sacrifice pour eux & puis pour le peuple. *Pascal, l. 6.*)

* *Faire un sacrifice de son cœur à Dieu.* C'est le lui consacrer & le lui soumettre.

* *Sacrifice.* Ce mot au *figuré* est beau & nouveau & d'un grand usage dans le commerce des gens qui écrivent & qui parlent bien. (Elle se repentit du sacrifice qu'elle venoit de faire. *Le Comte de Bussi.* Il y a un fait un sacrifice de tous mes ressentimens. C'est à dire, j'ai renoncé pour l'amour de lui à tous mes ressentimens.)

* *Obéissance vaut mieux que sacrifice.* Proverbe.

* *Faire un sacrifice à Vulcain,* de quelque chose. Cela se dit en riant & signifie le bruler.

Sacrifier, *v. a.* Faire un sacrifice. Les Païens sacrifioient à Jupiter, mais ils croient dans les ténèbres.

* *Sacrifier.* Ce mot *dans le figuré* est nouveau & d'un grand usage. Elle sacrifia la lettre du Comte à son rival. *Le Comte de Bussi, hist. am. des Gaules.* Nous voions bien que la perfide nous a sacrifié. *Le Comte de Bussi, Histoire amoureuse.* C'est à dire, que la perfide nous a joüez, & trahis. Vous sacrifiates vôtre maîtresse à Madame de. Elle sacrifia la lettre du Comte *Bussi, Histoire amoureuse.* Il se retira avec le déplaisir d'avoir sacrifié son infanterie. *La Chapelle, Campagne de Rocroi.*)

On dit d'un homme qui n'a pas le don de plaire, qu'il n'a pas sacrifié aux Graces

SACRILEGE, *f. m.* Profanation des choses saintes. Larcin des choses saintes dans un lieu sacré. (Commettre un sacrilège, *Patru, plaidoié 15.* Le sacrilège a souvent causé d'étranges desolations. *S. Cir.* Il n'y eut jamais tant de parjures ni de sacrilèges. *Abl. Luc. T. 3.*)

Sacrilège, f. m. Celui qui commet un sacrilège. Monsieur l'Avocat Berain dans de certaines remarques qu'il a fagotées sur notre langue a décidé qu'en parlant de celui qui a commis un sacrilège on devroit dire & écrire *sacrilegue*. En verité, je suis marri que Monsieur l'Avocat Berain soit tout seul de son parti. (Il y a des peines contre les sacrilèges. *Saint Cir.* Aurois-je laissé impunis les sacrilèges qui m'ont coupé l'or de ma chevelure. *Ablancourt, Lucien, Dialogue, Jupiter le tragique.*)

Sacrilège, adj. Qui a commis un sacrilège. Soüillé d'un sacrilège. Méchant. Profane & détestable. (Prêtre sacrilège. Comunion sacrilège. *Patru, plaidoié 16.* Bouche sacrilège. Arnaud. Sacrilège nouveauté. *Patru plaidoié 4.* Pitié sacrilège. *Racine, Iphigenie, acte premier, scène première.* Zèle sacrilège. *Saint Cir.* Idolatrie sacrilège. *Saint Ciran, Lettres.* Zèle sacrilège. *Racine, Iphigenie, acte 4. sc. 8.*)

SACRISTAIN; *Sacristin, f. m.* L'usage est pour *Sacristain* & non pas pour *Sacristin*. C'est un Eclésiastique qui a soin de la sacristie. (Il voulut avoir la lire d'Orphée & l'acheta à grand prix du Sacristain. *Ablancourt, Lucien.*

Mais que ne dis-tu pôint, ô puissant Porte-croix,
Bois-rude Sacristain, *Depreaux, Lutrin, Chant 1.*
Frère Charle Rhétorique en sera le Sacristain. *Voit. Poës.*

Sacristine, Sacristaine, f. f. Quoi qu'on dise *Sacristain*, & non pas *Sacristin*, l'usage fait dire ordinairement *Sacristine* & non pas *Sacristaine*. Les Religieuses d'esprit que j'ai consultées sur ces mots disent toute *Sacristine* ; toutefois la plupart des gens savans en langue disent *Sacristaine* sans pourtant condamner *Sacristine*. Je dirois donc l'un & l'autre, mais plus *Sacristine* que *Sacristaine*, parce que le grand usage est pour *Sacristine*. C'est la Religieuse qui a soin des ornemens de l'Eglise & de l'autel. Voiez *Constitutions de Port-Roial*, c. 23. L'Auteur de ce livre écrit *Sacristine* & non pas *Sacristaine*.

Sacristie, s. f. C'est un Lieu particulier d'une Eglise où l'on garde les choses sacrées, les meubles & les ornemens de cette Eglise. (Une belle sacristie. Une sacristie fort propre. Garder bien la sacristie de peur qu'on ne la vole. Messe qui sort de la sacristie. Les Prêtres & ceux qui servent à l'autel s'habillent dans la sacristie.

S A D.

† *Sadi*, adj. Ce mot est vieux & hors d'usage. Il se trouve encore dans le jargon de quelques Provinces. Il signifioit qui est de bon goût & agréable. Son composé *Maussade*, signifioit desagréable & dégoûtant.

† *Sadinet*, *Sadinette*, adj. Ce mot est vieux & ne peut entrer que dans le stile comique & burlesque, & même dans le stile le plus simple, comme dans les rondeaux, épigrammes, vaudevilles, &c. Il n'est proprement usité qu'au féminin, parce qu'il ne se dit pour l'ordinaire qu'en parlant des personnes du beau sexe. Et il signifie *Jolie. Gentille. Proprette*. Et c'est ce qu'on rendroit en Latin par ces mots *bellula*, ou *bellatula*. (Elle est sadinette.)

S A F.

Safir, ou *Saphir*, s. m. Pierre précieuse. Voiez *Saphir*.

Safran, s. m. Sorte de plante bulbeuse, qui a des feuilles longues, déliées & étroites, & une tige chargée de fleurs bleues. (Les fleurs de safran viennent quelque tems avant les feuilles. *Dal*. Safran sauvage. Safran cultivé. Safran printannier. Safran de montagne, &c.)

Safran. On apelle de ce nom 3. ou 4. filets qui viennent dans chaque fleur de safran, qui ont le bout assez gros & de couleur de feu, qu'on amasse, qu'on vend sous le nom de *safran* & dont on se sert dans les teintures, dans la médecine & dans les viandes. (Le safran du Gatinois est le meilleur & le plus renommé de tous les safrans.)

Le safran bâtard sert à la teinture.

† * *Aler au safran*, Proverbe qui signifie, faire banqueroute.

Safran. Terme de Mer. Pièce de bois place qui s'ajuste sur la longueur du gouvernail pour en faciliter l'effet.

Safrané, *safranée*, adj. Ce mot se dit de l'*urine*, & veut dire *jaune comme safran*. (Urine safrannée.)

† *Safraner*, v. a. Peindre avec du safran.

† *Safranier*, s. m. Banqueroutier. Ce mot se dit, mais il n'est guère en usage.

S A G.

Sagacité, s. f. Ce mot est écorché du Latin, *sagacitas* & il se dit sur tout entre gens savans. C'est à dire, *Pénétration* & *discernement d'un esprit qui recherche & qui découvre ce qu'il y a de plus caché dans les choses*. (Emploiez à cette recherche la sagacité de Monsieur un tel. *Balzac*. Cet Auteur a pénétré par la sagacité de son esprit ce qu'il y avoit à aprofondir dans la Logique. Voi, *reflexions sur la Philosophie*.)

Sage, adj. Qui a de la sagesse, de la prudence. Il est plus aisé d'être sage pour les autres que de l'être pour soi-même. En vieillissant on devient plus fou, & plus sage. C'est une grand folie de vouloir être sage tout seul. *Mémoires de la Roche-Foucaut*. Charles Quint disoit que les François ne paroissoient pas sages & l'étoient ; que les Espagnols paroissoient sages, & ne l'étoient point ; que les Alemans ne paroissoient pas sages, & ne l'étoient pas aussi ; mais que les Italiens paroissoient sages, & l'étoient éfectivement. Voi *Richard Castel*, voiage d'Italie.

Les Sages de Grèce. C'étoient sept Philosophes.

Les Sages Grands. Ce sont six Magistrats qui manient les plus grandes afaires de la République de Venise.

Les Sages de terre ferme. Ce sont cinq oficiers de la République de Venise qui expédient les gens de guerre, qui assistent aux revues des soldats, qui cassent & mettent des compagnies sur pié.

Les Sages des ordres. Ce sont cinq jeunes hommes de la prémiere qualité, à qui on donne entrée au Colège, où se traitent les afaires de la République de Venise, pour écouter & pour se former au gouvernement sur l'exemple des autres sages. *Amelot hist. de la Rép. de Venise*.

Sage. Ce mot se dit de certains animaux comme des chiens. (On apelle *sages chiens* ceux qui conservent le sentiment de la bête qui leur a été donnée & qui en gardent le change. *Sain*.)

Sage-femme, s. f. Et au pluriel *sage-femmes*. Ce mot signifie *Matrone*, & celle que les Latins apellent *obstetrix*. Celle qui aide une femme à acoucher heureusement & qui la soulage dans ses couches. (Une sage-femme habile, adroite, experte. Pour être reçûë sage-femme, il faut avoir fait un aprentissage, ou avoir été six mois à l'hôtel-dieu de Paris, à secourir les pauvres femmes qui y acouchent, & y avoir travaillé sous les Médecins & les Chirurgiens. Quand nous venons au monde, nous avons besoin d'une sage-femme, & quand nous en sortons d'un sage homme.)

[* Vous reçûtes ce beau sonet & vous en fûtes la sage-femme. *Cost*.]

Femme sage, s. f. C'est une femme qui est prudente. (Madame Bignon femme de Monsieur Bignon Conseiller d'état est une *femme très-sage*, très-modeste & très-vertueuse.)

Sagesse, s. f. Le mot de *sagesse* se dit proprement *de Dieu*, & signifie *la connoissance des choses hautes & sublimes*. Il se dit aussi des hommes & alors il veut dire *prudence*. Dieu confond la *sagesse* des hommes. *Port-Roial*. (La plus grande *sagesse* de l'homme consiste à connoître ses folies, & à s'en corriger.)

Sagittaire, s. m. Ce mot est tiré du Latin & signifie *archer*. C'est l'un des douze signes du Zodiaque, où le Soleil entre au mois de Novembre. (Le Soleil entrera bien-tôt dans le signe du *Sagitaire*.)

Sagitale, adj. Terme d'*Anatomie*. C'est le nom d'une des sutures du crane.

S A I.

Saie, s. m. Sorte de vêtement dont les anciens Perses & les anciens Romains se servoient en tems de guerre & qui avoit quelque raport au hoqueton, ou au juste-au-corps de la manière qu'on le fait présentement. (Darius étoit vêtu d'un *saie* de pourpre, mêlé de blanc. *Vau. Quin. l.* 3. *c.* 3.)

Saie, s. f. Terme d'*Orfèvre*. Sorte de petite brosse forte pour nettéier la besogne. (Ma saie est perduë.)

Saietter, v. a. Terme d'*Orfèvre*. C'est nettéier la besogne avec la saie. Il faut *saietter* cette besogne.

Saignée, s. f. Prononcez *seignée*. Terme de *Chirurgien*. C'est une incision de veine par laquelle on fait l'évacuation du sang, & des humeurs contenuës dans le sang. (La saignée tuë, ou conserve la vie selon qu'on l'a fait à propos. Ordonner la saignée. Faire plusieurs saignées en un jour. Saignée frequente, petite, copieuse. La saignée doit précéder la purgation.)

† * Je me trouve incommodé de la veine poétique pour la quantité *des saignées* que j'y ai faites ces jours passés. *Moliere*. C'est à dire, *parce que j'ai fait plusieurs vers*.

* *Saignée de fossé*, Termes qui se disent entre *gens de guerre*. C'est l'action de creuser des puits & tirer des rigoles pour faire écouler l'eau qui remplit le fossé dont est autour d'une place qu'on veut prendre. (Faire la saignée d'un fossé.)

Saignement, s. m. Ecoulement de sang par le nez. (Il lui prit un *saignement de nez* qu'on eut peine à arrêter. Un crapeau sec tenu dans la main arrête le saignement de nez, & apaise les douleurs de dents. *Charas, Pharm.* 1. *p. ch.* 10.)

Saigner, v. n. Prononcez *seigné*. C'est jetter du sang, soit que cela arrive naturellement ou qu'on ait été blessé. (Il y a long-temps qu'il saigne)

Saigner du nez. C'est jetter le sang par le nez. Il y a un bon quart d'heure qu'il *saigne du nez*, sans qu'on ait pu arrêter le sang, quelque chose qu'on ait fait pour cela.

† * *Saigner du nez*. C'est manquer à sa parole. Ne pas tenir ce qu'on avoit promis. (Il m'avoit donné sa parole pour cela, mais il m'a saigné du nez & il ne s'en faut pas étonner, car c'est un Normand.)

Saigner, v. a. Tirer du sang à quelqu'un en lui ouvrant la veine. (On *saignera* demain Monsieur, mais on ne lui tirera que trois petites palettes de sang. Se faire *saigner* de peur de tomber malade. Il faut pour conserver sa santé se faire saigner 4. ou 5. fois l'année & prendre autant de médecines.)

Saigner. Ce mot se dit entre marechaux en parlant des chevaux. C'est tirer du sang à quelque cheval qui est malade ou par précaution, de peur qu'il ne devienne malade. (Saigner un cheval.

Saigner Ce mot se dit entre *Charcutiers*. C'est à cire, Tüer. (Saigner un porc.)

* *Saigner*. Ce mot se dit entre *gens de guerre* en parlant de fossez. C'est faire écouler l'eau du fossé qui est autour d'une place. [Saigner un fossé.]

Se saigner, v. r. Se tirer du sang. (Je n'ai que faire de chirurgien pour me saigner, je me saigne bien moi-même.)

† * *Se saigner pour un ami. Se saigner pour un enfant*. C'est à dire. Sacrifier pour les interêts d'un ami, ou d'un enfant ce qu'on a de meilleur. Tirer de sa bourse une partie de l'argent qu'on possède & cela pour aider quelqu'un qu'on aime, soit ami, ou enfant.

Se faire saigner, v. r. (Quand les Bramines sont malades, ils ne se font jamais saigner, mais ils jeûnent. *Hist. des Bramines*, *ch* 9.)

* *Saigneur*, s. m. Ce mot signifie, *celui qui tire du sang*, mais il ne se dit guère tout seul. (Les Médecins de Paris sont de trop grands *saigneurs*, tout leur art ne consiste qu'à saigner & qu'à purger.

Saignant,

Saignant, saignante, *adj.* Qui saigne encore. Qui est frais tué. (La plaie est encore toute saignante, elle a été nouvellement faite, cela se dit tant au propre qu'au figuré.)

† On dit par une façon de parler proverbiale. Beuf saignant, Mouton bêlant, & porc pourri ; tout n'en vaut rien, s'il n'est bien cuit.

SAILLANT, *saillante*, *adj.* Terme d'*Architecture civile & militaire*. Qui avance en dehors. (Membre saillant. Angle saillant.)

On dit en termes de Blason, licorne saillante, chèvre saillante; &c. au lieu de dire *rampante*, lors que ces animaux élèvent les jambes de devant.

Saillie, *s. f.* Terme d'*Architecture*. Avance. (Une grande saillie. Une petite saillie. Avoir des saillies. Faire en saillie.)

Saillie. Terme de *Maçon*, qui se dit en toisant & en parlant de cheminée. C'est une manière de petite ceinture qui sert d'ornement à une cheminée. (Voilà une cheminée qui a deux saillies bien propres & bien faites.)

* *Saillie*. Ce mot sans une épitéte favorable se prend en mauvaise part & signifie *emportement extravagant*. Fougue & transport de colère. (Pour arrêter de pareilles *saillies*, on donna des gardes aux prédicateurs. *Maucroix. Schisme d'Angleterre, c. 1. p. 371*. Il n'est pas question ici de saillie, tout dépend de la conduite. *Vaug. Q. Curce, l. 7. ch. 4.*)

* *Saillie*. Ce mot avec une épitéte favorable se dit de l'*esprit* & signifie *transports agréables, charmans & spirituels*. (Avoir de belles saillies. Avoir d'ingénieuses saillies. Il a d'admirables saillies.)

* *Saillir*, *v. n.* Ce verbe pour dire *sortir* n'est plus en usage.

* *Saillir*, *v. n.* Ce verbe pour dire *sauter* est hors d'usage.

* *Saillir*. Ce mot se dit quelquefois en parlant de l'étalon des cavales & du mâle de certains animaux & veut dire *couvrir*, mais en ce sens le mot de *saillir* est vieux & le mot d'usage est *couvrir*. Faire saillir une cavale par l'étalon, dites plutôt faire *couvrir une cavale*.)

SAIN, *Sanus*. Celui qui se porte bien. Ce mot de *sain* en ce sens ne se dit guère qu'au pluriel. (Les *sains* n'ont pas besoin de médecine, *Port-Roïal, Nouveau Testament*, Reméde pour les *sains* & les malades.)

Sain, saine, *adj.* Qui est en bonne santé. Guéri. Qui se porte bien. (Je suis ici arrivé plus-fort & plus-sain que jamais. *Voiture, l.* 42. Il étendit la main & elle devint toute saine. *Port-Roïal, Nouveau Testament*. Être sain de corps & d'esprit. *Ablancourt, Luc.*)

On dit en parlant de choses inanimées qu'une chose est *saine & entière*, pour dire qu'elle est en bon état & qu'il n'y a point de défaut. Ainsi l'on dit, un batiment est sain & entier, se dit d'une muraille. Cet arbre est sain jusques dans le cœur.

* *Esprit sain. Ablancourt.* C'est à dire. Bon & judicieux.

* *Opinion saine, Voit. l.* 34. C'est à dire. Opinion vraie & raisonnable.

* *Air sain*. C'est à dire. Pur. qui n'est point infecté.

* *Lieu sain*. C'est à dire. Lieu où l'air étant pur on se porte bien.

Sain, saine. Terme *Mer*. Ce mot se dit des côtes & des parages & veut dire *Seur*. Où il n'y a ni bancs ni brisans. (Parage sain & net. Côte saine & nette.)

Sain, *s. m.* Graisse molle qui se tire particuliérement du porc. Il se dit aussi en *terme de chasse*, de la graisse des bêtes mordantes, au lieu que celle des bêtes fauves s'apelle *suif*.

Sain-doux, *s. m.* C'est de la graisse de porc batue & fondue propre à faire des bignets & de la friture. (Ce sain-doux est très-bon.)

Sain-foin, *s. m.* Sorte d'herbe, ou de plante dont il y a de deux sortes, le sain-foin cultivé & le sain-foin sauvage : le sain-foin cultivé à plusieurs petites tiges tendres & rondes qui se peuvent soutenir, & porte des fleurs de couleur de pourpre, ou violette : le sain-foin sauvage a une fleur jaunatre. (Le sain-foin est merveilleux pour engraisser le bérail. Faucher le sain foin.)

Sainement, *adj.* D'une manière saine (Pour vivre sainement, il faut éviter toute sorte d'excès.)

* *Sainement*, *adj.* Judicieusement. (Juger sainement de toutes choses.)

† *Pour en parler sainement*. C'est à dire, sincérement & raisonnablement.

SAINT, *suinte*, *adj*. En Latin *sanctus*. Qui a de la sainteté. Ce mot de *saint* se dit des personnes & des choses. (Un saint homme. Une sainte femme. La maison de Dieu est un saint lieu. Action sainte.)

La Saint Jean, la Saint Pierre, la Saint Martin. Ces façons de parler sont reçues & on ne parle point autrement pour dire la fête de Saint Jean, de Saint Pierre & de Saint Martin. On sousentend le mot de *fête* dans ces façons de parler & dans toutes les autres qui leur ressemblent.

Saint, *s. m.* Celui qui est canonisé de l'Eglise & qui est dans le Ciel au nombre des bien-heureux. Celui qui vit saintement. (Saint Pierre est un grand Saint. C'est un homme qui vit très vertueusement, c'est un saint.)

Le Saint des Saints. C'est à dire, Dieu.

Le Saint Esprit. C'est la troisiéme personne de la Trinité produite par le Pére & par le Fils.

Le Saint Siége. Voiez *Siége*.

Le Saint Pére. C'est à dire, *le Pape*, au sens de l'Eglise Romaine.

Saint Crépin, *s. m.* Nom de Saint que les Cordonniers prennent pour leur patron.

† * *Saint Crépin*. Terme de *Cordonnier*. Tous les outils d'un garçon cordonnier. (Mettez-là votre Saint Crépin.)

† * *Saint Crépin*. Tout le vaillant de quelque pauvre personne. (Voilà tout son pauvre petit Saint-Crepin. On lui a volé tout son petit Saint-Crépin.)

* *C'est un Saint qui ne guerit de rien*. Proverbe, qui se dit d'une personne qui n'a nul crédit, & qui ne peut rendre aucun bon ofice.

* *Il ne sait à quel saint se voüer*. Proverbe, qui se dit d'une personne qui est en un si pauvre état qu'elle ne sait que faire, ni où donner de la tête.

Saintement, *adj.* D'une manière sainte. (Vivre saintement.)

Sainteté, *s. f.* Ce mot se dit des personnes & de certaines autres choses aussi, & il se rend en latin par celui de *Sanctitas*. (Sa sainteté a été couronnée. La sainteté de sa vie atire sur sa famille les graces du Ciel, La sainteté des lieux sacrez, des choses sacrées. La sainteté de la religion.)

Sainteté. Terme de l'Eglise Romaine. Titre que par excellence on donne au Pape en parlant à lui ou de lui. On l'apelle aussi *Saint Pere*. Sa Sainteté vint embrasser le Roi François premier, & le baisa à la bouche ; Ce qui arriva lorsque Leon dixiéme s'aboucha à Boulogne avec François prémier.

Saïque, *s. f.* Terme de *Mer*. C'est une sorte de vaisseau Grec dont le corps est chargé de bois.

SAISIE, *s. f.* Terme de *Palais*. C'est un arrêt qu'on fait par ordre de justice sur les biens d'une personne. (Faire une saisie. La saisie n'étant pas dans les formes est nule.)

* *Saisine*, *s. f.* Ce mot est purement de *Palais*. C'est la possession actuelle d'un héritage, en laquelle le vendeur met l'achéteur. Elle fait le même éfet à l'égard des immeubles, que la tradition en matière de meubles.

Saisir, *v. a.* Terme de *Palais*. Mettre les biens d'une personne dans la main de justice & y établir commissaire, ou les mettre en dépôt entre les mains de quelqu'un capable d'en rendre compte quand il sera nécessaire. (Saisir les meubles d'une personne. Saisir réellement quelque terre.)

Saisir, Terme de *Maître d'Armes*. C'est prendre. Empoigner. (Saisir l'épée de son ennemi. Saisir la garde de son ennemi.)

* *Saisir*. Prendre. (Le froid me saisit aux épaules, aux genoux & aux piez. La fraieur les *saisit* d'abord & fut cause de leur défaite.)

Se Saisir, *v. r.* Prendre. (Se saisir d'une personne.)

Se saisir. S'emparer. Se rendre maître. Ocuper. (Se saisir des montagnes. *Ablancourt, Ar. l.* 1.)

* Être saisi de couleur. Être saisi de crainte, de fraieur.

† *Saisissant, saisissante*, *adj. & s. f.* Terme de *pratique*, celle à qui on fait une saisie. (On a adjugé ces meubles au prémier saisissant.)

Saisissement de cœur. Mouvement qui prend tout à coup & qui est d'ordinaire causé par la crainte. (Il lui prit un *saisissement de cœur* comme hors de lui même.)

Son malheur n'est-il pas écrit sur son visage ?
Voi je pas au travers de son saisissement
Un cœur dans les douleurs ?
Rac. Bajazet. a. 4. *sc.* 4.

* *Saisissement. Terme de l'exécuteur de Paris.* Ce sont les cordes dont le bourreau lie les mains & les bras du patient.

Saisissement, Terme de *Maître d'Armes*. Il consiste à prendre & à empoigner l'épée de son ennemi. (Saisissement sûr, ou afuré. Le saisissement est bon après la parade & la risposte. *Liancourt, maître d'Armes, ch.* 16.)

SAISON, *s. f.* Nom qui est commun aux quatre parties de l'année & qui signifie le *tems des trois mois*. Ce sont le printems, l'été, l'automne & l'hiver. Ainsi on dit, (L'hiver est une fâcheuse saison pour les vieillards. L'automne est la plus belle & la plus charmante saison de l'année.)

Saison. Tems particulier & propre pour cultiver, ou faire quelque autre chose de cette nature. (La saison de semer, ou de labourer est passée.)

* *Saison*. Tems. (Saison destinée à la joie. *Voit. l.* 9.)

* C'est la saison d'aimer quand on est jeune.

* Il aime en sa jeune saison. *Sca*.

Exécuter un conseil hors de saison. *Vaug. Quin. l.* 5. *c.* 4. C'est à dire, mal à propos & dans le tems qu'on ne le devoit pas exécuter. Voiez la colonne *Sei*.

SAL.

SALADE, *s. f.* Ce sont ordinairement de certaines herbes comme chicorée, laitue, pourpié & quelques autres qu'on assaisonne dans un saladier avec du sel, du vinaigre & de l'huile d'olive & qu'on mange l'été pour se rafraichir. (Une bonne salade. Aprêter une salade. Préparer une salade. Eplucher la salade. Assaisonner une salade. Pour bien faire une salade il faut être trois personnes, un sage, pour y mettre du sel, un un avare, pour y mettre du vinaigre, & un prodigue, pour y mettre de l'huile.

A côté de ce plat paroissent deux salades ;
L'une de pourpié jaune, & l'autre d'herbes fades.
Depreaux, Satire 3.

† *Salade.* Ce mot signifie l'habillement de tête d'un fantassin, une sorte de casque pour un fantassin ; mais en ce sens, le mot de *salade* est vieux & n'entre guére que dans le stile burlesque & comique.

J'ai fait forger *une salade*
A l'épreuve du fauconneau. *Jodelet duëliste a. 4. s. 7.*

†* *Salade.* Ce mot est vieux & burlesque pour dire la tête :
(Que la tigne avec la pelade
Se jette dessus ma salade
Si j'y songe tant seulement. *S. Amant.*)

Saladier, *s. m.* Ce mot généralement pris signifie toute sorte de vase dans quoi on met de la salade. Il y a *un saladier* à manger de la salade & *un saladier* à jour pour secoüer de la salade qu'on apelle l'un & l'autre *saladier* simplement. Le *saladier à manger de la salade*, c'est une sorte de plat de terre, de faïance, ou de porcelaine qu'on vend chez les potiers, ou faïanciers, dans lequel on accommode la salade avec de l'huile, du sel & du vinaigre. Le *saladier à jour* est un ouvrage de vanier qui est une sorte de petit panier qui est à jour & qui est haut d'un pié avec une sorte de petit couvercle. (Un beau saladier. Un saladier bien fait.)

Salage, *s. m.* Ce mot signifie l'action de saler, & la quantité de sel qu'on y emploie. (Il faut tant de sel pour le salage d'un cochon. Le salage coûte tant.)

Salaire, *s. m.* Recompense de service, ou de bon ofice rendu.

(Pour les traiter comme il faut
Quel honneur est assez haut,
Et quel *salaire* assez riche ;
Mal. Poës.

Le salaire que vous faites perdre aux ouvriers qui ont fait la recolte, crie au ciel, *Port-Roïal, Nouveau Testament. Epître de S. Jacques, c. 5. v. 4.*)

Salamandre, *s. m.* Voicz Salmandre.

Salant, *salante, adj.* Où il y a de l'eau salée & qui sert à faire du sel. (Un marais salant. Le Roi a la moitié des revenus des marais salans.)

Sale, *s. f.* Grande chambre parée où l'on reçoit ordinairement le monde qui rend visite, ou qui vient nous parler pour afaires. (Faire entrer dans la sale.)

Sale. Ce mot se dit en *Terme d'Hôtel-Dieu, & d'Hopital.* C'est un endroit de l'hopital, ou de l'hôtel-Dieu où sont dressez plusieurs petits lits de rang pour les malades. (Il est à la Sale Saint Louïs. Il est mort à la sale Sainte Barbe.)

La sale des Antiques. On apelle de nom, un endroit au bout des galeries du Louvre de Paris, où l'on voit les bains & le cabinet de la Reine, quelques tableaux, plusieurs figures de marbre, qu'on nomme des *Antiques*, & la statuë de Henri Quatriéme, qui est fort belle, & d'autres de plus curieux dans cet apartement. (La sale des Antiques est à voir lorsqu'on va se promener aux galeries du Louvre qui font quelque chose d'assez beau.)

Sale à manger. L'endroit de la maison où l'on dîne & où l'on soupe. (Une sale à manger fort commode.)

Sale du commun. C'est la sale où mangent les domestiques. (La sale du commun est belle.)

Sale. Terme de *Maître d'armes*. C'est l'endroit de la maison où le Maître d'armes montre à ses écoliers. (Donner la sale à ses écoliers dans la sale.)

Sale. Terme de *Colége.* C'est un endroit du colége où tous les samedis se doivent trouvez à une certaine heure les petits écoliers & où l'on punit & reprimande ceux qui ont fait quelque faute, ou qui ont manqué à leur devoir (On va en sale tous les samedis. Etre foüetté en sale.)

* *Il a eu la sale.* C'est à dire, on l'a foüetté en sale.
* *On lui a donné la sale un peu fortement.* C'est à dire, il a été bien foüetté.

Sale, *adj.* Gâté. Souillé. (Avoir les mains sales. *Abl.*
Elle est toujours tremblante & pâle
Ne parle que de linge *sale*.
Voit. Poës.)

* *Sale*, *adj.* Vilain. Mal-honnête. (Que trouvez-vous là de sale ? *Moliere. Critique de l'école des femmes. s. 3.* Un galand homme ne dit jamais de paroles sales.)

Sales ; *adj.* Terme de *Mer.* On dit. (*Une côte sale de bancs. Une côte sale de batures*, C'est à dire, une côte dangereuse & pleine d'écueils, de bancs de sable & de brisans.)

Salé, *s. m.* Provision de sel. (On lui donne tous les ans son salé.)

Franc-salé, *s. m.* Provision de sel gratuite (Prétendre au franc salé. Délivrer le franc-salé à quelqu'un aux Oficiers des Cours de Parlement. Voicz le bail des gabelles.)

Salé, *s. m.* Chair salée. Chair de cochon salée qui a pris pel durant quelque tems. (*Le salé* ne vaut rien à ceux qui ont la la gravelle.)

Salé, *salée*, *adj.* Qui est accommodé avec du sel. (Brochet salé, Chair salée.)

†* *Salé*, *salée*. Mot bas & burlesque qui ne se dit ordinairement que par le peuple, d'une chose qui est trop chere. (Cela est un peu salé pour moi. Sa marchandise est trop salée) *

Salement, *adv* Mal proprement. D'une maniére sale & mal-propre. (On est ici un peu salement.)

Saler, *v. a.* Mettre un peu de sel dans quelque chose qu'on assaisonne. Acommoder & assaisonner avec du sel. Mettre sur quelque chair autant de sel qu'il en faut pour la conserver. (Saler le pot. Saler une sausse. Saler du beuf. Saler du cochon. Saler du brochet.)

†* *Saler.* Faire trop païer d'une chose. Vendre trop cher. Traiter trop chérement. (Il sale comme il faut.)

Saleron, *s. m.* Terme d'*Orfévre*. C'est la partie supérieure de la saliére, qui est celle où l'on met le sel.

Saleté, *s. f.* Ordure. Chose mal propre. (Elle n'aime point la saleté. C'est une horrible saleté. C'est un vilain qui croupit dans la saleté.)

* *Saleté.* Mot vilain & mal-honnête. (On ne dit jamais de *saleté* en présence d'une Dame quand on sait un peu son monde. Les *saletez*, s crévent les yeux. *Moliere.*)

†* *Salette*, *s. f.* Diminutif du mot *Sale*. Il signifie une petite sale.

Saleure. Voicz Salure.

Salicot, *s. m.* Espéce de petit Ecrevice de mer, qu'on apelle aussi Crevette & Grenade.

Saliére, *s. f.* C'est un petit ouvrage d'orfévre, de potier d'étrain, ou de faïancier, dans quoi on sert du sel sur table lorsqu'on est prêt à dîner, ou à souper, ou à faire quelque autre repas auquel il faut du sel. (Une belle saliére d'argent, Une jolie saliére d'étain sonnant. Une saliére de faïance fort bien faite.)

Saliére. C'est une sorte de petit vaisseau de bois où l'on met du sel, qu'on vend chez les boisseliers de Paris environ 5. ou 6. sous ; qui n'a qu'une ouverture pour mettre la main & qu'on pend au jambage de la cheminée pour faire sécher.

* *Saliére.* Terme qui se dit en parlant *des chevaux*. C'est un creux au dessus des sourcils du cheval.(*La saliére* doit être relevée.)

Salignon, *s. m.* Pain de sel blanc, fait d'eau de fontaine salée formé dans une éclisse, comme un fromage. (On met des salignons dans les colombiers, pour y atirer les pigeons.)

Saligots, *s. m. pl.* C'est le fruit d'une plante acatique. Ce sont des Chareigneus d'eau.

Salin, *saline, adj.* Terme de *Phisique.* Qui contient du sel. Qui a les qualitez du sel. (L'urine a une qualité *saline.* Esprit *salin.*)

Salin, *s. m.* Terme de *vendeuse de sel.* C'est une sorte de baquet couvert & de figure ovale où les vendeuses de sel qui sont aux coins des ruës de Paris enferment leur sel. (Le salin est vuide, il faut bientôt retourner au grenier.)

Salines, *s. f.* Lieu où sont les eaux, les chaudiéres, les fontaines, les puits & tous les outils propres pour faire le sel, & où l'on fabrique les sels. (Il y a en Lorraine, & en Franche Comté, des salines qui sont d'un grand revenu. Le Fermier des gabelles doit joüir des salines)

Salique, *adj.* Quelques-uns croient que le mot de *salique* vient d'un Seigneur Gaulois nommé *Salege*; & d'autres de certains peuples de Franconie qu'on apelloit *Saliens*, ou *Francs* qui furent une loi qu'ils apellérent *Salique*, & qui a été jusques à cette heure inviolablement observée en France. (*La Loi Salique* est celle qui exclud les femmes de la couronne.)

Salir, *v. a.* Gâter. Souiller. Rendre sale. (Salir du linge.)

* *Salir* l'imagination. *Moliere, Critique de l'école des femmes, s. 3.*

Salissure, *s. f.* Souilleure. Tache, (Le Stuc ne sauroit soufrir la moindre salissure. *Abrégé de Vitruve, p. 106.*)

Salival, *salivale*, *adj.* Qui regarde la salive. Qui est destiné pour la salive. (Les conduits salivaux. *Roh. Phis.* Quelques uns disent *salivaires* selon l'étimologie du Latin *salivares.*

Salivation, *s. f.* C'est un crachement fréquent, provoqué par le Mercure. (Provoquer la salivation.)

Salive, *s. f.* Excrement qui s'évacuë par la bouche. Pituite, humeur blanche & acide. (La salive sert à la digestion.)

Salmandre ; *salamandre* ; *salamandre*, *s. f.* Les deux premiers sont les meilleurs, pour *salamandre*, je ne le trouve pas dans les bons auteurs.C'est un animal qui vit en partie dans l'eau & en partie sur la terre, qui est de la figure d'un lésard, hormis qu'il a la tête plus large & qu'il a une queuë plus longue & qui finit en pointe. *Rond.* (La salamandre est très-froide & a un venin très-dangereux. On conte qu'elle n'est ni mâle, ni femelle, qu'elle s'engendre & qu'elle vit dans le feu. *Groto ; minera. del mondo, l. 4. c. 3.*)

†* *Salmigondi*, *s. m.* Pot pourri. Assaisonnement composé de diférentes choses. (Un bon salmigondi. Faire un salmigondi C'est un salmigondi qui n'est pas mauvais.)

Saloir, *s. m.* Prononcez *saloi*. Ce mot en général signifie tout vaisseau dans quoi on sale quelque chose (Il y a un saloir à saler, & un saloir à mettre du sel, qu'on apelle l'un & l'autre simplement saloir. *Le saloir à saler* est un ouvrage de tonnelier composé de douves, de cerceaux & d'un couvercle, & poissé fort bien par le fond où le bourgeois sale ordinairement quelque cochon, ou du beuf. *Le saloir à mettre du sel*, est un ouvrage de menuisier. Il est fait en escabelle & est composé de quatre panneaux, de quatre pilliers & d'autant de travers, d'un couvercle & d'une serrure, on y enferme du sel & on le met dans une cuisine auprès du feu. (Un saloir bien fait.)

SALON)

SAL

Salon, *f. m.* C'est une grande sale, ou antisale. (Un beau salon, Félibien, *Traité de l'Architecture*. Le principal logement ne contient qu'un salon qui est acompagné par devant, de deux petits pavillons.)

† **Salope**, *adj.* Ce mot est bas & se dit des personnes, & veut dire *mal-propre*, (C'est une petite salope. Cuisinière un peu salope.)

† **Saloperie**, *f. f.* Mot bas & du peuple. Chose sale, vilaine & mal-propre. (C'est une étrange & efroïable saloperie.)

Salpêtre; *salpestre*, *f. m.* L'un & l'autre s'écrit, mais on prononce *salpêtre*, sans faire sentir l'*s*. C'est le principal ingredient qui entre dans la composition de la poudre à canon, & qui aide à l'alumer. C'est une sorte de mineral qui se trouve dans les cavernes, caves, bergeries, étables, écuries, rochers, masures & carrières, qui a de la saveur & du sel, chaud & sec. (Faire le salpêtre. Cuire le salpêtre. Barre le salpêtre. Gréner le salpêtre. Sécher le salpêtre. Rafiner le Salpêtre. *Dav.*)

Salpêtrier, *f. m.* Celui qui cherche le salpêtre, qui l'accommode & le vend aux commissaires de l'artillerie. (Un bon salpêtrier.)

Salpêtrière, *f. f.* C'est le lieu où l'on fait & où l'on accommode le salpêtre. (Il est à la salpétriére.)

Salsifix; *salsefix*, *f. m.* Quelques-uns disent *salsefix*, mais le grand usage est pour *salsifix*, & c'est ainsi comme parlent & écrivent ceux qui ont traité du jardinage. Prononcez *salsifi*. Il y a de deux sortes de salsifix cultivé, le salsifix commun qui est une sorte de racine qui fleurit violet, & le salsifix d'Espagne qui fleurit jaune. La racine de salsifix, soit commun ou d'Espagne, se cuit & se mange avec du beurre, du sel & du vinaigre. Voïez *Le Jardinier François*, p. 160.

† **Saltinbanque**, *f. m.* Mot qui vient de l'Italien, qui ne peut être emploïé que dans le burlesque, ou dans le satirique & qui signifie *baleteur*.

[Il n'est *saltinbanque* en la place
Qui mieux ses afaires ne fasse.] *Sar. Poësies.*

Saluade, *f. f.* Action de saluer. Action civile qui marque par quelques signes extérieurs le respect qu'on a pour la personne. [Il m'a fait une grande saluade.]

Salvations, *f. f.* Terme de *Palais*. Ecritures qui se font pour apuïer les contredits. [Salvations bien faites. Donner des salvations au Procès.]

† **Salubre**, *adj.* Terme de *Medecin*. Qui contribuë à la santé. Les eaux minérales sont salubres, elles guérissent plusieurs maladies.]

Salve, *f. f.* Décharge de mousqueterie, de boites, d'armes à feu & de pieces d'artillerie qu'on tire en signe de réjouïssance pour le sacre, le couronnement, les entrées des Rois, des Reines, pour les réditions de place, ou victoires, ou pour honorer une personne d'une fort grande qualité. Il y en a qui croïent que commence les *salves* par les plus grosses pièces & qu'on les finit par les petites. (Une belle salve. Une agréable salve. Faire une salve de tout le canon, & de toute la mousqueterie. Faire une salve de tout le canon.)

Salvé, *f. m.* Priére à la Vierge qu'on chante dans l'Eglise & hors de l'Eglise. (Chanter le salvé. Demander un salvé. Dire un salvé.)

Saluer, *v. a.* Souhaiter toute sorte de bon-heur, & de félicité. [L'Ange, étant entré où la Vierge étoit, lui dit, je vous salué, ô pleine de grace. *Port-Roïal, Nouveau Testament, Evangile selon S. Luc*.]

Saluer. Ce mot se dit en parlant de vaisseaux de mer. C'est honorer du salut quelque vaisseau. Saluer un vaisseau de quelques volées de canon.)

Saluer. Marquer son respect par quelque action civile. Faire la réverence à quelqu'un & lui faire compliment. Oter son chapeau lors qu'on rencontre une personne pour lui marquer qu'on l'honore. (Saluer de la pique. Saluer Monsieur le prémier Président. A Paris on ne salüe dans les rües que ceux que l'on connoit particulièrement, mais dans les petites viles de Province, on salüe presque tout le monde. Marie salüa Elisabeth. *Port-Roïal*.)

Salure, *f. f.* Qualité qui rend une chose salée, & qui imprime quelque goût de sel à un sujet qui en est susceptible. (Les fleuves & les rivières prennent la salure de la mer en entrant dans l'Océan. *Patru, plaidoïé* 4. La salure de la mer fait mourir les bêtes véniméuses. La salure de la mer ronge les pierres. *Vitruve*. La salure de la mer n'est que le sel de la terre que les eaux ont dissout. *Bernier, Philosophie.*)

Salut, *f. m.* Conservation. (Son salut consistoit à prévenir son ennemi. Si vôtre salut vous est cher, éloignez-vous de l'inhumaine. *Voit. Poës*. Mettre son salut entre les mains d'une personne. *Vaug. Quin.*)

Salut. Félicité éternelle. (Travailler à son salut. La plûpart des hommes ne songent point à leur salut. Je vous parlerai des douceurs de la vie qu'ils permettent pour rendre le salut aisé. *Pasc. l. 8.*)

SAM. SAN.

Salut. Priéres solemnelles qu'on fait sur le soir dans les paroisses & dans les convents où le monde assiste. (Sonner le salut. On dit le salut tous les Dimanches & toutes les bonnes fêtes & souvent tous les jeudis. Aller au salut.)

Salut. Ce mot, en parlant de l'éxercice de la pique, est usité, & on dit. (Faire le *salut de la pique*. C'est saluer de la pique.)

Salut. Ce mot se dit en parlant de vaisseaux de Mer. C'est un honneur qui se doit rendre sur mer entre les vaisseaux d'une même nation, mais aussi entre ceux d'une nation diférente. Cet honneur consiste à amener le pavillon, à faire les prémiéres & les plus nombreuses décharges d'artillerie pour la salve, ou à venir moüiller sous le pavillon du plus puissant, &c. (Recevoir le salut d'un vaisseau. Les vaisseaux du Roi se doivent le salut. Rendre le salut.)

Salutaire, *adj.* Utile. Nécessaire pour les interêts d'une personne. (Avis fort salutaire. Donner un conseil salutaire à quelcun. *Ablan*. C'est une chose tres-salutaire pour la santé. Cela lui sera fort salutaire.)

Salutairement, *adv.* D'une manière salutaire. Utilement. (Travailler salutairement pour le prochain.)

Salutation angelique, *f. f.* C'est le salut de l'Ange Gabriel à la Vierge lors qu'il lui dit, *je vous salüe ô pleine de grace*. Voïez l'Evangile S. *Luc*. Cromvel défendit d'enseigner dans l'Eglise Anglicane la salutation Angelique, le symbole des Apôtres. *Maucroix, Schisme d'Angleterre*.)

SAM.

Samedi, *f. m.* C'est le dernier jour de la semaine qu'on apelloit anciennement le jour du repos, ou du sabat. (Etre né Samedi.)

Samuel, *f. m.* Nom d'homme qui ne se donne guère qu'aux enfans de Messieurs de la Réligion. Samuel est honnête, oficieux & savant.)

SAN.

Sanctuaire. Voïez *Santuaire*.
Sanctifier. Voïez *Santifier, &c.*

Sandale, *f. f.* Mot qui vient du Grec, & qui veut dire une sorte de patin, ou de chaussure. Le mot de *sandale* est un mot de Capucin & de quelques autres Réligieux. C'est une espèce de soulié plat & coupé par dessus, avec des couroïes, servant de chaussure aux Capucins & à quelqu'autres Réligieux. (Sandales toutes neuves. Vieilles sandales. Mettre ses sandales. Quitter ses sandales.)

Sandale, *f. f.* Terme de *Maitre-d'armes*. C'est un soulié qui a qu'une demi empeigne, & qui n'a point de talon; que l'on se met ordinairement au pié droit. (Quand on veut faire des armes, on se met la sandale en un pié, & le chausson en l'autre.

Sandalier, *f. m.* Terme de *Capucin* & de quelques autres Réligieux. C'est celui qui fait les sandales. (Commander des sandales au sandalier.)

Sandaraque, *f. f.* C'est une sorte de gomme ou de vernis de maitre à écrire qui sert à froter le papier pour empêcher l'ancre de s'étendre & pour écrire nettement. (Froter le papier avec du sandaraque.)

Sang, *f. m.* Ce mot n'a point de pluriel, & dans le propre il veut dire l'humeur qui se fait des alimens pour la nourriture du corps. (Le sang se fait dans le cœur & passe des artéres dans les veines. Arrêter le sang. *Ablancourt*. Le sang qu'on lui a tiré, étoit fort corrompu. Rafraichit la masse du sang. Il perdoit beaucoup de sang. *Ablancourt.*)

* *Sang*. Ce mot au figuré a une assez grande étenduë. [Exemples. Si vous dites vrai, *nous la renonçons pour notre sang*. *Moliere*. C'est à dire nous la renonçons pour nôtre enfant.

* *Etre du sang Roïal, Vau. Quin. l. 4.* C'est à dire de la famille roïale.

* *Jeune Daufin sang de tant de Héros. Benserades, Poësies.* C'est à dire, qui *decendez de tant de Héros*.

* *Abandonner lâchement le sang de ses Proches. Patru, plaidoïé 9.* C'est à dire, *abandonner la vangeance de ses proches parens*.

* *Rien ne lui défaut que d'avoir le sang trop chaud. Voiture, Poësses*. C'est à dire, *que d'être promte & colère*.

* *Sang*. Cruauté. Inhumanité. Meurtre. (Il abhorroit le sang & la décoction. *Ablancourt*. *Tacite*. L'Eglise abhorre le sang. *Paschal, l. 4.* C'est une action de sang & de meurtre. *Voit. l. 25.* Mettre tout à feu & à sang. *Ablancourt*.)

Sang. Dans l'Ecriture Sainte il se prend au figuré. Et signifie la raison naturelle, dans l'état où elle est corrompuë par le péché. (Ce n'est pas la chair & le *sang* qui vous ont revelé ces mistéres.)

* *Sang froid*. C'est à dire, Présence d'esprit. Tranquilité d'esprit. (*Ce sang froid qu'il conserva dans la chaleur du combat, étoit admirable*. *Chapelle, Relation des campagnes de Rocroi*. Ah ! Madame, lui répondis-je, je serois bien insensible si je conservois du sang froid en l'état où je vous

AAaaa vois

738 SAN SAN

vois. Le *Comte de Buſſi*. C'eſt à dire, ſi je ne me ſentois
ému.

* *De ſang froid*. Sans emportement. Poſément & ſans chaleur. (Parler de ſang froid. Agir de ſang froid. Regarder de ſang froid. Tuër de ſang froid.)

† * *Avoir du ſang aux ongles*. C'eſt à dire, avoir du courage ; & ſavoir ſe deffendre.

Sanglade , *ſ. f.* Grand coup de fouët , de ſangle , &c. (Se donner d'étranges ſanglades.)

Sanglant , *ſanglante* , *adj.* Enſanglanté. Plein de ſang. (De mes bras , *tout ſanglant* il faudra t'arracher. *Racine* , *Iphigenie*, a. 4. ſ. 4.

La place d'alentour étoit toute *ſanglante*.
Habert , *Temple de la mort*.)

* Sanglant , *ſanglante*. Fâcheux. Cruel. Rude.) Faire un *ſanglant afront* à une perſonne. *Ablancourt*. La raillerie eſt ſanglante. *Mémoires de Monſieur le Duc de la Rochefoucaut*. Une ſanglante nouvelle. *Racine* , *Iphigenie*, a. 3. ſ. 6.)

* Sanglamment , *adv.* D'une manière cruelle & ſanglante. Rudement. Avec outrage. (Foüetter ſanglamment. On l'a ſanglamment outragé.)

Sangle , *ſ. f.* Sorte de bande de cuir forte & large de trois bons doigts avec trois crochets que les porteurs d'eau ſe mettent ſur le corps en forme de baudrier pour porter une voie d'eau. Sorte de bande de cuir que les porteurs de chaiſe ſe mettent ſur le chinon du cou & aux bâtons de leur chaiſe pour porter une perſonne en vile.

(*Sangle* au dos , bâton à la main ,
Vite , porteur que l'on s'ajuſte ,
C'eſt pour la foire Saint Germain.
Scaron , *Poëſies*.)

Sangle Terme de *Cordier* , de *Sellier*, & de *Tapiſſier*. Sorte de tiſſu large d'environ trois doigts , plus , ou moins , qui eſt compoſé de pluſieurs fils de chanvre. (Faire de la ſangle. Battre la ſangle.) Le mot de *ſangle* en parlant de chevaux de ſelle eſt fort uſité. On dit. (Atacher les *ſangles*. Lâcher les *ſangles*. C'eſt les défaire un peu quand le cheval a trop chaud.)

* Sangle. Ce mot ſe prend quelquefois pour un ceinturon, mais ceux qui parlent bien , diſent avec les gens du métier ceinturon & non pas *ſangle*.

Sangler , *v. n.* Ce mot ſe dit en parlant de chevaux de ſelle, & ſignifie *atacher les ſangles* , lorſque le cheval a la ſelle ſur le dos afin qu'elle ſoit ferme & ne branle point quand on ſera deſſus. (Sangler un cheval. Cheval bien , ou mal ſanglé.)

Sangler , *v. a.* Terme de *Tapiſſier*. C'eſt atacher la ſangle ſur le bois de la chaiſe avec de petites broquettes. (Il faut bien ſangler les chaiſes , autrement la ſangle crève.)

† * *Sangler*. Foüetter. Batre. Donner quelques coups fortement avec une baguette , un bâton , ou avec le plat d'une épée. (Il lui a ſanglé cinq ou ſix grands coups d'épée ſur les épaules. On l'a ſanglé en enfant de bonne maiſon , & cependant on n'en a fait qu'un ſot.)

† * *Sangler*. Ce mot en parlant de femmes eſt un terme libre qui veut dire *vermolere uxorem quamlibet aliam*. (C'eſt un gros gaillard qui a la mine de la bien ſangler. Il demandoit grace pour avoir ſanglé ſon aneſſe. *Saint Amant* , *Rome Ridicule*.)

Sanglier , *ſ. m.* Porc ſauvage qui eſt ordinairement noir , ou d'une couleur tirant ſur le noir , qui a l'œil furieux, qui a des défenſes , grandes , aiguës , & tranchantes. Il mange des herbes , des pommes , des glands , des figues. Le *ſanglier* eſt en rut au commencement de l'hiver & la femelle met bas au commencement du printems. Quand les *ſangliers* ſe battent & qu'ils voient le loup , ils ſe joignent pour ſe défendre & quittent leur querelle. Ils vont par troupe & ne ſouffrent aucun animal avec eux s'il n'eſt de leur eſpece. *Jonſton*.

Sanglier. Poiſſon de mer qui eſt couvert d'écailles dures , qui a le corps velu , & preſque rond avec un muſeau qui tient de celui du cochon. *Rondelet*.

Sanglot , *ſ. m.* Sorte de gémiſſement qu'on pouſſe en pleurant, ou lorſqu'on eſt acablé de douleur. (Mon cœur ne pouſſe que des *ſanglots* & des cris. *Port-Roïal* , *Pſeaumes*.)

† Sanglot , *ſ. m.* Petit bout de ſangle. Voiez. *Contre-ſanglot*.

Sangloter , *v. n.* Pouſſer force ſanglots. Gémir. Soupirer. (Elle ne fait que ſangloter.)

Sang-süë , *ſanſuë*, *ſ. f.* Il vient du Latin *ſanguiſuga*. Prononcez *ſanſuë*. C'eſt une ſorte d'inſecte qui vit dans la mer, dans les marais , ou dans les étangs, qui eſt de la longueur d'un doigt, qui n'a ni os , ni arêtes, qui eſt ordinairement de couleur noirâtre, ou d'un rouge obſcur , & dont on ſe ſert en médecine pour tirer quelquefois du ſang. Une ſangſuë d'étang. Une ſangſuë d'eau douce. Voïez *Jonſton*. Le ſel, le vinaigre & les cendres ſont contraires à la ſangſuë. *Rondelet*.

* *Infame ſang-ſuë du peuple*. *Ablancourt*. C'eſt à dire, Celui qui ruine, qui dévore le peuple & en tire toute la ſubſtance pour s'en engraiſſer lui & les ſiens. Les ſang-ſuës de l'Etat meritent la corde. Voi *France mourante*.

Sanguification. Terme de *Médecine* & d'*Anatomie*. C'eſt la transformation de la nourriture en ſang. (Il a fait un beau chapitre de la *ſanguification*.)

Sanguin, *ſanguine*, *adj.* Ce mot ſe dit des perſonnes & veut dire qui a beaucoup de ſang. Perſonne dans qui le ſang domine. (Il eſt ſanguin. Elle eſt ſanguine. Les perſonnes *ſanguines*. ſont ordinairement plus amoureuſes & plus agréables que les autres.) On dit auſſi couleur ſanguine , c'eſt à dire, rouge & pourprée.

Sanguin , *ſ. m.* Celui en qui le ſang domine. (Les ſanguins ſont joyeux.)

Sanguine , *ſ. f.* Sorte de pierre rouge dont on ſe ſert pour faire des craïons & pour deſſiner. (Cette ſanguine eſt fort bonne, & elle marque bien.)
Elle ſert aux Orfévres à brunir. C'eſt auſſi une ſorte de pierre précieuſe.

Sanguinaire , *adj.* Cruel. Qui aime à répandre le ſang. Inhumain. Barbare. Qui n'a point de pitié. (Dans nos antres fuïons les ames ſanguinaires. *Segraü* , *Eglogue* 7.
Perfides , contenterez vôtre ſoif ſanguinaire. *Racine* , *Iphigenie*, a. 3. ſ. 4.
Un ordre ſanguinaire. Un parjure ſanguinaire. *Racine* , *Iphigenie*, a. 3. ſ. 5. Horions ſanguinaires. *S. Amant* , *Rome ridicule*.)

Sanicle , *ſ. m.* Sorte de plante médicinale.

† Sanie , *ſ. f.* Terme de *Médecine*. En Latin *ſanies*. C'eſt une humidité ſubtile & aqueuſe qui ſort des ulcéres.

Sanne , *ſ. m.* Terme de *Triarac*. Ce ſont deux ſix. [Amener ſanne.

Et ſur un vieux corſet ſes malheureuſes dens
Vengeoient ſon noir chagrin d'un ſanne à contretems.
Voiez le *Poëme des noiers* , *cap.* 1.]

Sans. Sorte de *prépoſition* qui eſt le *ſine* des latins & qui régit l'ablatif. (Les couronnes ne s'acquierent pas *ſans* travail. *Voi.* l. 6. Il étoit perdu *ſans* le crédit de ſes amis. *Ablancourt*.)

† *Sans point de faute*. Cette façon de parler eſt de la lie du peuple de Paris & ne vaut rien. La prépoſition *ſans* ne veut pas avoir immédiatement après elle la particule *point*. Il faut dire *ſans faute*. *Vaugelas* , *Rem*)

Sans. Ce mot eſt auſſi une manière de *conjonction* qui demande immédiatement après ſoi l'infinitif, & qui tout au plus ne ſouffre entre elle & l'infinitif, qu'un petit mot, par exemple *un pronom*, ou quelque petite particule. (Il me ſemble qu'un honnête homme ne devroit pas vivre après avoir été dix jours *ſans vous voir*. *Voiture* , *Lettres amoureuſes*. Les dromadaires font trente cinq ou quarante lieuës en un jour par les déſerts de l'Afrique ſans manger que fort peu. *Ablancourt*. *Marmol*. l. 1.)

† *Sans boire ni ſans manger*. Cette façon de parler ne vaut rien. Il faut oter le *ni* , ou le ſecond *ſans* & dire *ſans boire & ſans manger* , ou *ſans boire ni manger*. La particule , ou conjonction *ſans* ne ſe conſtruit point avec un *ni*.

Sans que. Sorte de conjonction qui régit le ſubjonctif. (Tous furent taillez en pièces avec leur chef , ſans qu'il s'en ſauvât un ſeul. *Vau. Quin.* l. 4.

Sans-deſſus deſſous. Voïez *ſens deſſus deſſous*.

Sansonnet , *ſ. m.* C'eſt un petit oiſeau de cage , qui eſt gros comme un merle , qui a le ventre marqueté , & le cou d'une couleur luiſante & tirant ſur une manière de verd noüée. (Sifter comme un ſanſonnet. *Rond*.)

Sanſuë. Voiez *ſang-ſuë*.

Santal, *ſ. m.* Sorte de bois d'un arbre qui croit aux Indes Orientales & Occidentales. Il y en a de trois eſpèces, le citrin , le blanc & le rouge. Il eſt odoriferant & ſur tout le premier. On s'en ſert en Médecine. Le ſantal fortifie & réjouït le cœur.

Santé , *ſ. f.* Ce mot dans le propre n'a point de pluriel. C'eſt une belle & naturelle diſpoſition du corps qui exerce ſes fonctions avec excélence. (Sa *ſanté* s'afoibliſſoit tous les jours. *Ablancourt*, *Tacite*. Santé qui n'eſt point afermie. *Vaug. Quin.* l. 7. La ſanté eſt une choſe ſi prétieuſe qu'elle a été préferée par les plus ſages à la ſageſſe même. Etre en bonne ſanté. Sa ſanté eſt mauvaiſe. Sa ſanté ſembloit ſe rétablir. *Ablancourt*. C'eſt une ennuïeuſe maladie que de conſerver ſa ſanté par un trop grand régime. *Mémoires de M. de la Rochefoucaut*.

En plaiſirs changez vos alarmes
D'une ſanté parfaite il goûte tous les charmes.
Deshoul. poëſies.

La ſanté , fût tout la ſanté !
Sans l'aimable ſanté , mére de l'alégreſſe,
En vain la fortune careſſe.

Santé

Santé passe grandeur, santé passe richesse. *St. Uffans, billets en vers.*)

(Désirer la santé de son ame, *Pascal, lettres.*

* *La santé de l'ame n'est pas plus assurée que celle du corps. Memoires de la Roche-Foucaut.*)

Oficiers de la santé. Ce sont ceux qui ont soin de veiller sur les choses qui regardent la santé & que la peste ne se communique pas.

Santé. Ce mot a un pluriel, lorsqu'il se dit entre amis qui boivent & se réjouïssent & se marquent leur amitié en buvant les uns aux autres, ou qui marquent leur passion en buvant à d'autres qui ne sont pas présens. (Les santez couroient à la ronde. *Ablancourt, Luc.* A force de faire raison à ceux qui lui portoient des *santez* il perdit le sens & la raison. Boire chapeau bas à la santé d'une maîtresse. Boire sept ou huit santez tout de suite. C'est se vouloir faire mal de gaieté de cœur.

SANTIFICATION ; *santification.* C'est tout ce qui santifie quelque sujet. Il a parlé éloquemment de la santification dans les discours qu'il a faits.)

Santifier ; *santifier, v. a.* Rendre Saint. [Le Saint Esprit santifie les pécheurs.]

* (Cloris pour un homme d'Eglise.
Quite les galands de la Cour,
Car desormais sa tête grise,
Veut santifier son amour. *Gonb. Ep. l. 3.*

Santifier. Célébrer saintement & avec respect. Emploier à un usage saint. Fêter. [Dieu commanda aux Juifs de santifier la cinquantième année. *Port-Roial.*]

Santuaire ; ou *Sanctuaire, s. m.* C'est le lieu le plus saint du temple. C'est le Chœur de l'Eglise. [Le grand Prêtre n'entroit qu'une fois l'année dans le Santuaire pour y ofrir le sacrifice. *Godeau, Ordination, Discours. 9.*]

* *Santuaire.* L'Eglise. [Ils ont depoüillé le Santuaire, *Patru, plaidoié. 3.*]

SANVE, *s. f.* Petite fleur jaune, qui vient dans les Champs au mois d'Aout, & de Mai, qui ne sert que pour les bêtes. (On dit qu'on donne de la sanve aux vaches.)

SAO.

SAOUT. Voiez la colonne *Sou.*
SAOULER. Voiez la colonne *Sou.*

SAP.

SAPE, *s. m.* Ce mot en parlant de la maniere de faire la guerre des Anciens Grecs & des Anciens Romains, c'étoit rompre & démolir les murailles des assiégez avec des machines. Voiez *les Travaux de Mars, 3. part. pag. 208.* (Il y avoit une troisiéme brêche qui fût tombée aux premiers coups de la sape. Voiez *Abl. Ar. l. 1. c. 7. p. 50, 51. & 52.*)

Sape. Ce mot signifioit aussi un ouverture qu'on faisoit avec des pioches, pics & autres instrumens sous quelque mur, ou tour pour la démolir.

Sapa. Ce mot signifie aujourdui des décentes & des enfoncemens qu'on fait sous les terres en les coupant par échelles de haut en bas, mais parce que dans ces enfoncemens on n'est à couvert que de côté on se couvre par enhaut avec des claies couvertes de terre, ou avec de bons madriers. (Faire des sapes. Ouvrir des sapes. Pousser une tranchée à la sape. Faire des décentes dans un fossé par des sapes. Aller au chemin couvert par la sape.)

Saper, v. a. Ce mot en parlant de la maniere de faire la guerre des Anciens, c'est batre un mur ou quelque tour avec des machines. (Etant arrivé auprès du mur, il commanda *de le saper, quoi qu'il n'eût ni machines, ni échelles. Ablancourt, Ar. l. 1. c. 7.*

Saper. Ce mot signifie foüyr sous les fondemens de quelque édifice pour le démolir. Faire des ouvertures au pié & au fondement d'une muraille pour la faire tomber. (Saper une muraille.)

* *Saper.* Détruire. (Il n'y a que six mois qu'on tenoit, s'il faut ainsi dire, les marteaux pour saper ses fondemens, *Patru plaidoié 4.*)

SAPHIR, *s. m.* Prononcez *Safir.* Il vient du Latin *Sapphirus.* C'est une sorte de pierre précieuse. Il y a de plusieurs sortes de *saphirs.* Le saphir Oriental, le saphir d'eau, le saphir du puis & le saphir œil de chat. *Le saphir Oriental* est une sorte de pierre prétieuse violette, ou blanche qu'on trouve aux Indes. Le *saphir d'eau* & *le saphir du puis* se tirent des confins de la Silésie & ont une couleur qui tient de celle de la calcedoine. Le *saphir œil de chat* est embeli de plusieurs belles couleurs toutes diférentes. (Le saphir est dur. Tailler un saphir.)

SAPIENCE, *s. f.* Mot consacré pour dire *Dieu.* Sagesse divine. (En vain la *sapience* nous appellera. *Patru, pl. 4.*)

† *Sapience.* Ce mot se dit en riant & en parlant de la Normandie. Alors il veut dire, Prudence. Sagesse. (Etre du païs de Sapience. C'est être du païs des saux & rusez Normans.)

SAPIN, *s. m.* Arbre fort haut, tort droit & sans beaucoup de neuds. Son écorce est blanchâtre, & ses branches droites & élevées jettent de petites branches, en forme de croix. Le Sapin porte des pommes longues de la paume de la main. Il croit aux montagnes. Il jette une excellente résine. Son bois est leger & propre à faire des bâtimens de mer. Il y a des forets de sapins qui sont tres-belles. *Dalech.*

Sapiniere, s. f. Lieu planté de sapins.

SAQ.

SAQUEBUTE, *s. f.* ou *Trompette harmonique.* C'est un instrument de musique qui ressemble à la trompette, hormis qu'il a plus de branches & qu'il est bien plus long. La *saquebute* imite le son de la trompette & sert de basse dans tous les concerts. En France la *saquebute* n'est pas en usage, ou du moins elle y est tres-peu, mais on dit qu'en Allemagne on s'en sert beaucoup.

Saquer la voile. Terme de *Mer* en Normandie, C'est ferler, ou serrer la voile.

SAR.

SARABANDE, *s. f.* C'est une sorte de dance grave, qui, à ce qu'on croit, vient d'Espagne comme il paroit par le mot *sarabanda.* On dit. (Danser une sarabande Joüer une sarabande Espagnole sur la guitare. Les violons sonnerent une sarabande fort gaye. *Voit. l. x.* Monsieur des Yveteaux mourut à Paris, à quatre-vints ans, faisant joüer une *sarabande,* afin, disoit-il, que son ame passât plus doucement. *Saint Evremont œuv. mêlées, in 4. p. 444.*

SARBACANE, *sarbatane, s. f.* L'un & l'autre se dit & s'écrit & semble venir de l'Italien *cerbottana,* mais *sarbacane* est le plus usité. C'est un long tuiau de verre ou de bois percé de deux bouts dont on se sert d'ordinaire pour jetter des pois, ou autres petites choses semblables, &c. On le dit aussi de certains tuiaux par lesquels on conduit des paroles. (Elle prononçoit par une sarbacane tout ce qu'on lui suggeroit, *Maucroix, schisme, livre. 2.*)

SARGASME, *s. m.* Mot Grec. Terme de *Rétorique.* C'est une raillerie forte & piquante, par laquelle un Orateur insulte à son adversaire & le maltraite de paroles.

SARCELLE, *s. f.* C'est un oiseau de riviere qui ressemble au canard hormis qu'il est plus petit que le canard. Une bonne sarcelle. La sarcelle a le corps gris, & les aîles grises, acompagnées de 7. ou 8. plumes vertes, mais d'un tres-joli verd. La diference du mâle à la femelle c'est que le mâle a la tête rouge & verte, & de petites marques noires sous l'estomac & tous le ventre, & que la femelle l'a gris. Ils ont l'un & l'autre les piez noirs & déliez. La sarcelle est délicate & d'assez bon goût. Cette sarcelle n'est qu'un ploton de graisse.

Sarcler, v. a. Terme de *Laboureur.* Couper les méchantes herbes avec le sarcloir. (Sarcler les blez, les avoines, &c.)

Sarcleur, s. m. Celui qui sarcle. (Il faut demain avoir des sarcleurs.)

Sarcleuse, s. f. Celle qui sarcle. (Petite sarcleuse qui n'est pas laide.)

Sarcloir, s. m. Instrument dont on se sert pour sarcler, composé d'un manche de bois & d'un petit fer qui est au bout de ce manche & qui est propre à couper les chardons & autres herbes inutiles. (Un bon sarcloir.)

SARDINE, *s. f.* Sorte de poisson de mer de diverse couleur, qui a la tête dorée, le ventre blanc, & le dos verd & bleu. (La sardine n'a point de fiel. *Rond. l. 7.*)

SARDOINE, *s. f.* Sorte de pierre précieuse, qu'on nomme *agate,* & qui est la moins estimée de toutes les agates. (Une jolie sardoine.) Voiez *Agate.*

SARGE Voiez *serge.*

SARRIETTE, *s. f.* Sorte de petite herbe odorante qui se mange, & qui est bonne dans les sauces. (Sarriette sauvage. Sariete commune. Sariete cultivée. La sariete est chaude, elle a un goût acré & réveille l'apetit.)

SARMENT, *s. m.* Terme de *Vigneron.* Prononcez *Sarman.* C'est la branche d'un cep de vigne. (Couper du sarment pour se chaufer. Faire des fagots de sarment.)

SARPE. Voiez *serpe.*

SARRAZIN, *s. m.* Sorte de blé qui a été aporté d'Afrique. *Blé noir.* Voiez *Blé Sarrazin.*

SARRAZINOIS, *adj. m.* Ce mot se dit de tous les ouvrages de tapisserie qui se font en Orient, où les Sarazins ont habité autrefois.

Sarrazine, s. m. Terme de *Guerre.* C'est une porte à treillis, ou à barreaux qui se met au dessus d'une porte de ville, & qui y est suspenduë à une corde qu'on lâche pour se garantir de quelque surprise, ou des éfets du petard.

La

La *sarazine* s'apelle aussi *herse*, Guillet, *Art militaire.*

SARRETTE, *s. f.* C'est une plante qui croit en plusieurs lieux, & dont la feuille sert aux Teinturiers pour teindre en jaûne.

SARTIE, *s. f.* Terme de *Mer de Levant.* Ce sont les agreils d'un Vaisseau, les cordages, &c.

S A S.

SAS, *s. m.* Sorte de tamis, qui n'a ni dessus ni dessous & qui est seulement composé de sa cerce qui est un cercle de bois mince & large, de sa toile de crin & de son ourlet, qui est un cordon de crin qui est arraché à la cerce, & qui sert à la tenir ferme & tenduë. Le *sas* est proprement pour passer des choses liquides & tamiser des choses pulverisées, & plusieurs sortes de poudres.

Faire tourner le sas. Terme de *Magiciens* qui, lors que les bonnes gens les vont consulter sur quelque chose de perdu, font tourner le sas jusques à ce qu'il s'arrête en nommant le nom de la personne qui a pris la chose perduë.

Sasser, *v. a.* Terme de *Maçon* & de *Charpentier.* C'est passer par un sas, ou un crible. (*Sasser* le ciment. *Sasser* le plâtre quand il est bien batu.)

Sasset, *s. m.* C'est un petit sas. [Il faut acheter un autre *sasset*, car celui-ci ne vaut plus rien.]

Sassoire, *s. f.* Terme de *Charon.* C'est une piéce du train de devant du carosse, qui est au bout des armons qui soutient la fleche & sert à faire braquer le carosse. (La *sassoire* de ce carosse est usée.)

S A T.

SATAN, *s. m.* Ce mot est originairement Hébreu, & signifie *adversaire.* Démon. Diable. (*Jésus-Christ* fut tenté par Satan. Port-Royal, N. T.)

La faveur est grande.
Monsieur Satan, Dieu vous le rende.
La Fontaine.

Non, je ne pense pas que Satan en personne
Puisse être si méchant qu'une telle personne.
Moliere.

† *Satanas*, *s. m.* Le Diable. (Vade retro satanas.)

SATELLITE, *s. m.* Ce mot se prend toûjours en mauvaise part. C'est celui qui est armé, qui acompagne quelque Grand, & qui prêt à exécuter ce que ce Grand lui commandera. Celui qui est le ministre de la colere & de la fureur de quelque Grand. (Etant averti de l'arrivée *des satellites*, il les attendit de pié ferme. *Vaug. Quin.* l. 10. c. 8.)

Satellites de Jupiter, ou *gardes de Jupiter.* Ce sont 4. petites étoiles qui acompagnent toûjours Jupiter & que Galilée a découvertes le premier. Rob. Phis. Il les a découvertes avec le télescope sans quoi on ne les peut voir. La 1. fait son cours en 24. heures ; la 2. en 3. jours & 3. heures ; la 3. en 7. jours ; & la 4. en 16. jours & 18. heures.

On a aussi découvert des satellites autour de Saturne, mais on n'en connoit pas encore bien le mouvement.

SATIETÉ, *s. f.* Ce mot est écorché du Latin *satietas.* Il signifie rassasiement, replétion, dégoût. (Il prévenoit la *satieté* que donne une assiduité afectée. Flech. *hist. de Commendon.* Chaque qui se reduisit à une vie privée, porré par la *satieté* que cause ordinairement la grandeur, Talem. Hist. de Nani. Tome I.

SATIN, *s. m.* C'est une sorte d'étofe de soie. [Beau satin. Bon satin. Satin blanc. Satin bleu. Satin rouge. Satin à fleurs.]

† * *Teton de Satin blanc tout neuf.* Expression burlesque de marot qui passe encore aujourdui.

Satiner, *v. a.* Faire quelque tissu à la manière du Satin. [Satiner des rubans.]

Satiner, *v. n.* Terme de *Fleuriste*, c'est à dire, tirer sur le satin. [Tulipe qui satine.]

Satiné, *Satinée*, *adj.* Qui est fait à la manière du Satin. [Ruban satiné.]

Satiné, *s. m.* Il se dit des tulipes dont le tissu ressemble à celui du satin. [On trouve de la beauté dans le *Satiné*, d'une tulipe.]

SATIRE, *s. f.* Sorte de demi dieu qui, à ce que content les Poëtes, habite dans les forêts, qui est fort velu, qui a la figure de l'homme, hormis qu'il a des cornes à la tête & des piez de chevre. Les Satires sont lacifs & chauds en amour. Les uns les croient entierement fabuleux & les autres comme Casaubon soutiennent qu'il s'en trouve. Voiez *Casaubon Satire Romaine.*

† * *Jeune épouse d'un vieux Satire.* Gon. épi. l. 3.

Satire, *s. f.* Ce mot en général se dit de la prose & des vers, & signifie tout discours où l'on reprend & où l'on médit. Mais il se dit particulièrement en parlant de vers. On peut dire alors que c'est un poëme qui corrige agréablement les hommes de leurs vices, de leurs erreurs & de leurs folies. Ses sujets sont les sots & les fripons du siécle. Elle doit être vive, plaisante, morale & variée.

Car elle est comme un pot des freres mandians
Elle forme son goût de cent ingrédiens.
Regn. Sat. I.

Voiez *Heinsius de Satira Horatiana.*

Satire Menipée. Ouvrage apellé de la sorte à cause de Menippus Philosophe Cinique, qui avoit fait des plaintes & des lettres pleines de mots piquants. Varron composa aussi des Satires qu'il nomma *Satiras Menippeas*, du nom de ce Philosophe. A leur imitation nous avons apellé *Satire Menipée*, un ouvrage en prose & en vers, fait en 1594. contre les Chefs de la Ligue de ce tems-là. Cette satire, selon Monsieur de Thou, est ingénieuse & elle fut luë avec plaisir. Rapin, le Roi, Pithou, Passerat, Crétien, beaux Esprits du tems de la Ligue, sont les auteurs de cet ouvrage, qui est encore regardé comme un chef d'œuvre. On apelle aussi ce livre Catolicon d'Espagne. Voiez *Catolicon.*

† * Il jettoit sur son teton une œillade de *Satire Scar. poës.* C'est à dire, une œillade lascive & amoureuse à la manière des dieux Satires.

† * *Satireau*, *s. m.* Un habile homme s'est servi de ce mot pour dire *un petit Satire*, mais cet habile homme n'est pas à imiter en cela.

Satiresse, *s. f.* Monsieur de Piles qui est un Gentil-homme de mes amis qui se connoit en peinture aussi bien qu'aucun homme de France & qui en écrit quelquefois pour se divertir, s'est servi dans ses conversations sur la peinture p. 45. du mot de *satiresse.* Les gens habiles dans la langue que j'ai consultez sur ce mot, croient qu'il faut dire *Femme de Satire.*

Satirique, *adj.* Ce mot se dit des choses & des personnes. Il signifie Mordant. Piquant. (Discours satirique. Régnier & Dépreaux sont les seuls bons Poëtes satiriques que nous aions en France, mais Dépreaux l'emporte autant sur Régnier que Régnier l'a emporté sur les poëtes satiriques qui l'ont précédé. Esprit satirique. Humeur satirique. *Abl.*)

Satiriquement, *adv.* D'une maniére satirique & mordante. [Cela est dit satiriquement.]

Satiriquement, A la manière d'un satire. [Il caressoit *satiriquement* une femme.] On croit cette façon de parler peu établie & qu'il faut dire, il caressoit une femme *en satire*, ou *à la manière d'un satire.*

Satirion, *s. m.* Sorte de plante bulbeuse, appellée *satirion* à cause des satires qui sont les dieux sauvages. Le satirion pousse une tige haute d'une coudée & porte une fleur qui tire sur la couleur de pourpre. Il croit sur les montagnes & est propre à échaufer les amants froids & languissans & à leur donner de la vigueur en la partie qui fait les hommes.

SATISFACTION ; *satisfation*, *s. f.* Il faut dire & écrire *satisfaction.* Il n'y a que les rafineurs ridicules qui disent *satisfation.* Ce mot signifie plaisir. Joie. Contentement. (Une grande, une particuliére satisfaction. Une sensible satisfaction. Une satisfaction inouïe, toute extraordinaire. Donner de la satisfaction à quelcun. N'avoir nule satisfaction dans la vie. *S. Cir.* Recevoir une satisfaction particuliére. *Ablancourt.*)

Satisfation. Sorte d'excuse qu'on fait à une personne parce qu'on l'a ofensée, ou qu'on lui a déplu. (Faire satisfaction à quelcun.)

Satisfaire; *satisfaire*, *s. f.* Tous les bons écrivains & tous les honnêtes gens qui parlent bien, disent & écrivent *satisfaire* & prononcent f's. Il n'y a que quelque provinciaux & d'autres gens qui rafinent mal qui prononcent *satisfaire.* *Satisfaire* signifie Contenter. Donner satisfaction. Païer. Obeïr. Répondre. Satisfaire, marquant directement la personne, veut l'acusatif. [Satisfaire quelcun. Il a satisfait ses créanciers. *Le Mais. pl.*] Mais satisfaire marquant la passion de la personne, ou quelque autre chose veut plus ordinairement le datif. Satisfaire à l'ordonnance. *Patru.* Il dit qu'on satisfaisoit au précepte d'ouïr la Messe encore qu'on ait l'intention de n'en rien faire. *Pas. l. 9.* Satisfaire aux objections. *Pas. l. 3.*)

En vain pour satisfaire à nos lâches envies.
Nous passons près des Rois tout le tems de nos vies.
A soufrir des mépris & plier les genoux.
Ce qu'ils peuvent n'est rien. *Malh. poësies. l. 1.*

Satisfaire à sa curiosité, ou à son ambition. On peut aussi dire, satisfaire sa curiosité, ou son ambition.

SATRAPE, *s. m.* On apelloit de ce nom les Grans de l'ancien Empire des Perses. [Comme ses *Satrapes* enfloient ses esperances par leurs flateries ordinaires, il se tourna vers Cinidême. *Vaug. Quin.* l. 3.]

SAT

Satrapie, *s. f.* C'étoit l'étenduë du païs où commandoit un Satrape. Gouvernement de Satrape. (Les Païs des Philiftins étoient divifez en cinq Satrapies. *Le Pere Lubin*, *Mercure Geographique*.)

SATURNALES, *s. f.* Fêtes de Saturne où tout le monde étoit en réjouïffance & où principalement les ferviteurs avoient toutes fortes de liberté. Ils changeoient ces jours là leurs habits en ceux de leurs maîtres. Voiez *Lipfe traité des Saturnales*. Les uns difent que les Saturnales ont été inftituées du tems des Rois de Rome & les autres plus de cent ans après que les Rois furent chaffez. Les *Saturnales* ne duroient qu'une femaine. Voiez là deffus *les dialogues de Lucien fur les Saturnales*. Il y a des medailles qui marquent les acclamations qu'on faifoit durant les Saturnales. Spanhe m, *Cefars*.

Saturne, *s. m.* Dieu paien pére de Jupiter & qui fe prend en vers pour le *tems*. (Jupiter détrona *Saturne*.

Son jugement fera tortu
S'il craint que *Saturne* dévore
Le monument de fa vertu. *Mai. poëf.*

Saturne. Une des fept planetes: (Saturne eft fec & froid. Saturne eft ami de Jupiter & ennemi de toutes les autres Planetes.)

Saturne. En termes de *Chimie*, c'eft le plomb.

* *Saturnien*, *Saturnienne*, *adject*. Melancolique. Trifte. Taciturne.

[Et comme vous favez tres bien.
Saturne eft moins *Saturnien*, Voi. *Poëf.*]

SAV.

SAVANT, *favante*, ou *fçavant*, *fçavante*, *adj*. Qui a de la fience, & de l'érudition. Qui a de belles & de folides connoiffances dans de certaines matiéres. (Chopin eft un *favant* Jurifconfulte, mais il fe meconte quelquefois. *Patru*, *Urbanifies*.

Savant, ou *fçavant*, *s. m.* Qui a beaucoup de fience. Le Pape Eugene quatriéme aima chérement les lettres & les favans, *Patru*, *Urbaniftes*. Avoitles *favans* de fon côté. *Moliere*. Mr. le Maître étoit un favant homme, & un habile homme, c'eft à dire, qu'il favoit plufieurs chofes & qu'il avoit un excellent efprit. Les favans fe doivent regarder comme, freres & en qualité de fils d'Apollon, ils font tous égaux. Le monde eft rempli de faux favans.]

Savamment, *adv*. Doctement. [Il parle *favamment* de tout, & c'eft dommage qu'il ne foit pas honnête homme.]

† *Savantas* ; *favantat* ; *favantaffe*, *s. m.* Ces mots fe difent par mépris pour dire. Un favant mal poli. Un homme qui a la tête pleine d'un docte fatras de chofes fcientifiques. Ménage a écrit *favantaffe*, mais mal, au jugement de Meffieurs nos maîtres.Scaron dans fes poëfies a dit *favantat* le meilleur eft *favantas*.

[Sa couleur eft d'olive où fe mêle une bile
Qui d'un vain *favantas* nous étale l'humeur.]

SAVATE, *s. f.* Soulié ufé. Vieux foulié. [Ce font de méchants favates.]

Savaterie, *s. f.* Ruë à Paris où l'on vend & fait trafic de fouliez. [Il demeure dans la ruë de la favaterie.]

Sauce. Voiez plus bas *fauffe* & *faufer*.

Saucifse ; *faucifse*, *s. f.* Prononcez *Socifse* & écrivez *faucifse*. Viande de porc, ou de veau bien affaifonnée, avec poivre, vin blanc, cloux de girofle, oignon, fines herbes qu'on entonne dans un boiau de cochon bien nettéié. [Faire de bonnes faucifses. Les faucifses de veau font incomparablement meilleures & plus faines que celles de porc.]

Saucifse. Terme d'*Ingénieur*. Sorte de fufée faite de chofes tres fufceptibles de feu, dont on fe fert pour faire joüer les mines & les fourneaux. C'eft une longue trainée de poudre qu'on roule & qu'on coud en long dans de la toile goudronnée. [Mettre le feu à une faucifse. Saucifse qui va faire joüer un fourneau]

Saucifson ; *faucifson*, *s. m.* C'eft une fort groffe faucifse pleine de viande affaifonnée de fel, de poivre, de cloux de girofle & autres chofes qui échauffent & reveillent l'apetit. [Les meilleurs *faucifsons* viennent de Boulogne en Italie.]

Saucifson. Terme d'*Ingénieur*. Facine qui eft liée par trois endroits, qui eft faite de gros bois, ou de troncs de petits arbres & qui fert à affermir les chemins des charois, à faire des épaulements, & des traverfes, & à fe couvrir.

SAVETIER, *s. m.* Artifan qui racommode les foulliez, & qui les remonte. [Un bon favetier. Un méchant favetier. Le favetier Micile de Lucien eft fameux & plaifant.

SAV

Pierre, qui durant fa jeuneffe
Fut un renommé favetier,
Eft fuperbe de fa richeffe
Et honteux de fon vieux métier.

Les Savetiers de Paris prennent pour leur fête la S. Pierre aux liens, qui eft le 1. d'Aout.]

SAVEUR, *s. f.* Sentiment qu'on a d'ordinaire quand on boit, ou qu'on mange. Qualité qui eft du côté de certaines viandes & des liqueurs en quoi confifte le pouvoir qu'elles ont d'exciter en nous le fentiment des faveurs. Qualité qui fe connoit par le goût. [Les viandes cuites ont une autre *faveur* que fors qu'elles font crües. Tous les hommes ne trouvent pas la même faveur dans la même viande. Saveur acre, amere, falée, auftére, acerbe, aigre, graffe, ou huileufe, douce, infipide. La langue & le palais jugent des faveurs. La bonté de l'eau confifte à n'avoir aucune faveur.]

† SAUF, *fauve*, *adj*. Ce mot vient du Latin *falvus*. Il fignifie *fauvé*. Mais il n'eft en ufage qu'en de certaines façons de parler, comme, Il eft arrivé fain & *fauf*. Vie & bagues *fauves*. C'eft une claufe qu'on met dans des capitulations.

SAUF, Prépofition qui régit l'acufatif, ou le datif. [Sauf au demandeur à fe pourvoir. *Patru*. Sauf fon recours contre un tel. Le *Mait*. Je penfe, *fauf correction*, qu'il a le diabloau corps. *Moliere*, *Avare*, a. 1. f. 3.]

Sauf-conduit, *s. m.* Sorte de paffe-port. Lettre que donne le Roi ou quelque perfonne qui le repréfente pour aller, & paffer en fureté par tout le Roiaume, & par toutes les terres de fon obeïffance. Les fauf-conduits fe donnent aux meffagers, marchans étrangers, &c. [Obtenir un faufconduit. *Ablancourt*.]

SAUGE, *s. f.* Plante odoriférante, longue, & branchuë dont les feüilles font velues & un peu blanchâtres. [Sauge commune, cultivée, panachée, fauvage, petite, ou grande.] Elle eft chaude & aftringente, mais elle eft fort faine, elle eft propre pour netteier les ulceres, & arrêter les mois qui coulent trop, &c. Voicz. *Dalechamp*.

† *Saugrenée*, *s. f.* Affaifonnement avec de l'eau & du fel feulement. Il fe dit des pois, manger des poids à la faugrenée.

* *Saugrenu*, *faugrenuë*, *adj*. Terme populaire & bas qui fe dit des difcours. [Il m'a fait des contes faugrenus, c'eft à dire, mal afaifonnez.]

Saugue, *s. f.* C'eft un bateau pêcheur de Provence.

SAVINIER, *s. m.* ou *Sabine*, *s. f.* Sorte de plante médicinale, qui produit des feüilles prefque femblables à celles du ciprés, mais plus épineufes. Elle a une odeur forte & une faveur piquante.

SAULE, *s. m.* Sorte d'arbre qui aime les lieux humides & qui croit tres-vite. [Un faule blanc. Un faule noir.

Elles fe baignent fous les ondes
A l'ombre des rofeaux
Et des faules épais qui couronnent les eaux.
Sarafin Poëfies.

Le Ciel permit qu'un faule fe trouva
Dont le branchage, après Dieu, le fauva.
La Font. fables, l. 1. f. 19.]

SAUMER, *s. f.* On donne ce nom en quelques Provinces à une mefure de terre labourable, qui eft d'environ un arpent.

SAUMON, *s. m.* Poiffon couvert de petites écailles marquées, de taches rondes, qui a le dos bluâtre, le ventre luifant, & la queuë large, & qui étant né dans la mer Océane & aimant l'eau douce, fe retire aux rivieres qui entrent dans cette mer. [Saumon de lac. Saumon de riviere, & faumon de mer. Les faumons de la Garonne & de la Dordonne font les meilleurs. celui qu'on pêche en Laponie eft le plus excellent faumon de l'Europe. Rond.]

* *Saumon*. Terme de *Potier d'étain*. Piéce ou morceau d'étain, en maniére de navette, pefant quatre-vints, cent, cent cinquante livres & plus quelquefois que les potiers d'étain fondent pour faire divers ouvrages. [Fondre un faumon.]

* *Saumon*. Terme de *Plombier*. Groffe piéce de Plomb en forme de navette de tifferand qui pefe environ trois cens & qui vient d'Angleterre, que les plombiers fondent pour faire divers ouvrages. [Faire venir des faumons de plomb]

* *Saumon*, *s. m.* C'eft auffi un gros morceau d'argent fondu en forme ovale que les orfevres reduifent aprés en plufieurs lingors. [Les Saumons d'argent pefent ordinairement trois cens livres, ou un peu moins.]

Saumoné, *faumonée*, *adj*. Qui a quelque chofe du poiffon nommé *faumon*. [Truite faumonée.]

SAUMURE, *s. f.* C'eft un compofé liquide fait de fel & de jus de chair. [Saumure vive. Saumûre boüillie. La *faumûre vive* eft celle qui tombe du preffoir où eft falé le lard des charcutiers & elle leur fert à faler la cnair des cochons. La *Sau-*

SAU

...tre boüillie est ce jus liquide composé de jus de chair & de sel, qu'on fait bouillir, & dont on se sert pour saler le porc & autre chose.)

SAUNERIE, *s. f.* Endroit où sont les bâtimens, maisons, sources, puits, fontaines salées, cours, bernes, fonds & très fonds, muries & tous les instrumens pour fabriquer le sel, où il y a magasin de sel. [Le fermier des gabelles qui succedera, sera obligé de prendre les sels restans dans les *sauneries*. Nous nous reserverons la justice des *sauneries*.] Voiez. *Le bail des gabelles.*

SAUNIER, *s. m.* Celui qui fait le sel, qui le vend & le débite à ceux qui ont un certificat des Curez des Paroisses. [Nous défendons aux *sauniers* de vendre aucun sel de nuit à quelque personne que ce soit à peine de confiscation de leurs plombs & sablons servant à faire le sel. Voiez. *Le bail des gabelles, article 36.*]

Faux saunier. C'est celui qui débite du sel, en fraudant les droits du Roi.

Saunage, s. m. On apelle *faux saunage*, un trafic de sel qui se fait en fraude des droits du Roi. On condamne aux Galéres pour le *faux saunage*. Hors de cette façon de parler, le mot de *saunage* n'est pas usité.

SÇAVOIR, ou *savoir, s. m.* L'un & l'autre s'écrit & l'un & l'autre signifie *Sience*. Erudition. Lumiéres & honnêtes connoissances. [Le bon sens, le *savoir* & la sagesse rendent habile & aimable en tous tems & en tous lieux. Madame Sablé, maximes. Le *savoir* rend les honnêtes gens plus retenus, & les ignorans plus hardis. *Ablancourt, Lucien.*]

† *Savoir faire.* Mot qui se dit encore quelquefois par des gens qui ne parlent pas poliment, & qui signifie adresse, intrigue, conduite fine. Il en viendra à bout par son *savoir faire.*]

Savoir, ou *sçavoir, v. a.* L'un & l'autre s'écrit. *Je sai, tu sais, il sait, nous savons. Je savois. J'ai sçu. Je sus. Je saurai. Que je sache. Je susse, ou je sçusse. Je saurois, ou sçavois. Sachans.* C'est avoir de la sience. Avoir des lumiéres & d'honnêtes connoissances par le moien de la raison & de l'étude. [Vossius étoit un homme qui *savoit* beaucoup. Savoir l'histoire, le droit, la médecine. Il n'y a que Dieu qui voie tout & qui sache tout.]

Savoir. Connoître. Découvrir.

Helas qui sans aimer *sait* que le mal extrême
[Est d'en *savoir* un autre aimé de ce qu'il aime.
Segrais Eglogue 2.]

Savoir. Avoir nouvelle. Avoir avis. Avoir connoissance d'une chose. [Il marcha contre les ennemis qu'il *savoit* avoir passé la riviére. Il fit du bien à tous ceux qu'il *savoit* avoir aimé son fils. *Vau. Rem.* Quand je vous saurai guéri. C'est à dire, quand je saurai que vous serez guéri.]

Savoir. Sorte d'adverbe qu'on rend en latin par *an.* [Ils examinent plusieurs questions nouvelles, par exemple celle-ci *savoir*, si les Jesuites peuvent tüer les Jansenistes. *Pas. lib. 7.*]

SAVON, *s. m.* C'est un composé de cendre, de chaux vive, de soute & d'huile d'olive & de quelque autre chose, duquel on se sert pour blanchir le linge & pour faire des savonnettes quand il est bien purifié. [Savon blanc, gris, noir & marbré, ou selon les gens du métier *madré.* Faire du savon. Purifier le savon.]

Savonage, s. m. Terme de *Blanchisseur* & de *blanchisseuse* de menu linge. C'est l'eau & le savon dans quoi l'on fait tremper le linge qu'on veut savonner. [Mettre le linge au savonnage, Le linge est au *savonnage.*]

Savoner, v. a. Terme de *Blanchisseuse* de menu linge. Froter le linge avec du savon & de l'eau. [Savonner des chemises fines. Savonner des rabats & des manchettes.]

Savoner. Ce mot en parlant de *point.* C'est le netteïer avec la brosse au fond avec de l'eau & du Savon. [Savonner bien le point de France.]

Savonerie, s. f. C'est le lieu où l'on fabrique le savon. [Aller à la savonnerie.]

Savonete, s. f. C'est une petite boule de savon purifié & souvent parfumé, dont on se sert avec de l'eau chaude, ou froide pour froter la barbe avant que de la raser. [Savonnette commune. Les meilleures savonnettes sont celles de Boulogne. Faire de bonnes savonnettes.]

SAVOURER, *v. a.* Goûter. [Savourer ce qu'on boit & ce qu'on mange. Il est mal-honnête de savourer les viandes.]

* Mon ame sur ma lévre étoit lors toute entiére.
  Pour *savourer* le miel qui fut la vôtre étoit. *Voit. Poës.*

* Savourer les plaisirs. *Ablancourt.*

† *Savourement, s. m.* On a dit ce mot pour signifier l'action de savourer; mais il n'est pas en usage.

† *Savourer, s. m.* Quelques-uns donnent ce nom à des os pleins de moüelles, dont les pauvres gens font du potage.

SAV

Savoureux, savoureuse, adj. Plein de saveur. Qui a de la saveur (Corps savoureux. Les viandes chaudes sont plus savoureuses lors qu'elles sont froides.)

* Un baiser *savoureux, Benserade poësies.* C'est à dire, un baiser délicieux.

SAUPIQUET, *s. m.* Sorte de sauce qui est un peu de haut goût & qui se fait sur certaine viande. (Voilà des restes de levraut dont on pourra faire demain matin un bon saupiquet.)

SAUPOUDRER, *v. a.* Ce mot se dit en parlant de la viande, & signifie répandre sur la viande un peu de sel; la saler un peu. Saupoudrer la viande de sel. On saupoudre aussi avec des épiceries & autres choses reduites en poudre.)

Saupoudrer, v. a. Terme de *Jardinier.* Il se dit en parlant des chicorées & des laituës. C'est les couvrir legérement de fumier sec. (En saupoudrant les chicorées & les laituës, on les garantit du tort que les premiéres gelées leur peuvent faire. *Quint. Iard. fr. l. 1. p.*)

SAUR. Voiez *Sor.*

SAUSSAIE, Prononcez *Sossée* & écrivez *saussaie.* Lieu où l'on plante & où viennent des saunes & des oziers. (Une belle & grande saussaïe.) Quelques-uns disent *saulaie*; mais *saussaie* est le mot d'usage.

SAUSSE, ou *sauce, s. f.* Prononcez *Sôce.* C'est d'ordinaire le jus liquide de quelque ragoût ou de quelque fricassée, soit de chair ou de poisson. (Sausse épaisse. Les sausses les plus courtes sont les meilleures. Liër une sausse. Jamais bon cuisinier ne fit grand' sausse.)

* *Sausse-robert.* C'est de l'oignon bien fricassé avec du sel, du poivre & du vinaigre, auquel on mêle un peu de moutarde. (On fait une sausse-robert sur quelque aile de poulet-d'Inde froid & rôti.)

* *Sausse à la dodine.* C'est une sausse qui se fait avec de l'oignon & de la graisse qui tombe dans la léchefrite, en suite on prend de la farine & du lait dont on fait une epéce de boüillie, où l'on jette l'oignon qui est fricassé avec la graisse, & c'est ordinairement sous les canards qu'on fait cette sorte de sausse.

(Vive l'amour, mais que je dîne,
Vive le lard
Vive un *canard.*
A la *dodine.*

Voïez recüeil *des Vaudevilles de Serci Tome 2. p. 33.*)

† SAUSSE AU PAUVRE HOMME , *s. f.* C'est de l'échalote, de la rocambole, ou de la ciboule hachée bien menuë avec du sel, du poivre blanc, du bon vinaigre & de la bonne huile d'olive pour réveiller l'apétit & pour manger quelque poulet rôti & froid, quelque aile de chapon, ou d'autre oiseau qui est rôtie & froide. (Il faut une sausse au pauvre homme pour manger cette perdrix qui est restée de nôtre soupé d'hier.)

* † *A quelle sausse peut-on mettre cela ? Benserade, Poësies.* C'est à dire, *que peut-on faire de cela?*

Sausser, ou *saucer, v. a.* Moüiller dans la sausse. Tremper dans la sausse. Saûsser son pain. Sausser un morceau. Il n'est pas honnête de sausser du pain, ou autre chose lorsqu'on mange avec une personne de qualité, & qui est plus que nous.)

Saussiére, sauciére, s. f. C'est une sorte de petit plat d'argent, d'étain. Une saussiére bien faite.)

Saucisse. Voïez *saucisse.*

Saucisson. Voïez *saucisson.*

SAUT, *s. m.* C'est l'action de sauter. (Il y a de plusieurs sortes de sauts; le saut de la carpe, le saut du mouton, le saut du crapaut, le saut du meunier, le saut du poltron. Les sauts périlleux, ce sont des sauts que les Italiens apellent *salti mortali* parce qu'on ne les sauroit faire sans mettre sa vie en quelque hazard, & qu'il s'y faut prendre avec beaucoup de précaution. Faire les sauts périlleux.)

Saut. Ce mot se dit en termes de danse;: & il y a plusieurs sortes de sauts, le saut simple, le saut batu, le saut de Basque, &c.

Saut. Il se dit des eaux & signifie une chute d'eau. Voïez *cascade* & *cataracte.*

† *Au saut du lit.* C'est à dire, au moment qu'on se léve.

* *Faire faire un saut en l'air.* C'est à dire, on l'a pendu. On l'a jetté de haut en bas.

† * *Faire le saut de l'Aleman,* de la table au lit & du lit à la table.

† * Tout y fait le saut périlleux.
Jusqu'aux bouteilles deux à deux.
C'est à dire, on jette & on renverse tout.

De plein saut, adv. Tout d'un saut. (Sauter un fossé de plein saut.)

Saut. Ce mot en Terme de *Manége* veut dire *capriole.* (A chaque *saut,* ou capriole, que fait le cheval il leve le devant. L'air d'un pas & un *saut* est le manége par haut d'un cheval qui, entre deux *sauts,* marque une courbette. Deux pas &

SAU   SAU

un *saut*. C'est un manège composé de deux courbettes terminées par une capriole.]

Sautant, adj. Il se dit en termes de *Blason*, du bouc & de la chèvre, lors qu'on les représente en la même assiette que les Lions rampans.

Sauteler, v. n. Aller en sautant tant soit peu. [Les grenoüilles vont en sautelant. Insecte qui ne fait que sauteler.] Quelques-uns disent *sautiller*. Les petits cailloux ne font que biser le dessus de l'eau, ou *sauteler* à petits bonds sur les vagues. *Abl. Minut*.

Sautille. Terme d'*Agriculture*. C'est un sarment qu'on transplante avec sa racine.

Sauter, v. a. Faire des sauts. Faire un saut. Franchir par le moien d'un, ou de plusieurs sauts. Faire un effort pour transporter son corps d'un lieu à un autre d'une seule secousse. [Sauter un fossé.] *Sauter* se dit quelquefois dans un sens neutre, comme en cet exemple. *Il ne fait que danser & sauter*. Les singes, les écureuils sautent de branche en branche. Sauter à piez joints. Sauter à clochepié. Sauter tant de semelles. *Sauter à bas du lit*, c'est se lever. Sauter de joie. Sauter au cou de quelcun, pour l'embrasser & le caresser. *Sauter aux yeux de quelcun*, c'est se jetter sur lui, pour le batre.

Sauter en arriere. C'est se reculer en sautant.

Faire sauter. Jetter en l'air. [Ils commencérent à me faire sauter *Voiture l.9*. Faire sauter en l'air. *Ablancourt*.]

† * Il l'entraine contre son gré
Lui fait sauter plus d'un degré.

C'est à dire, il l'a fait décendre fort vite & malgré elle en la poussant de force.
Faire sauter. Ces mots signifient encore *detruire*, démolir. [Faire sauter une muraille, un bastion, &c.
On dit aussi. On lui a fait sauter les degrez.
* *Sauter d'un sujet à un autre* ; C'est sauter d'un sujet à un autre, & cela souvent sans beaucoup de liaison.
* *Sauter*, v. n. Il signifie périr, être perdu, en parlant de bien. En ce sens, il est un peu comique. [Il faut que tout mon bien *saute*, si je perds mon procez. Si ses créanciers le poursuivent, ils feront sauter sa maison, sa terre, son ofice, &c. *c'est à dire*, ils le feront vendre par décret.

Sauter. Ce mot se dit en parlant de gens qui lisent, c'est *passer*. Passer par dessus quelque chose sans le lire. [Sauter une ligne. Sauter un mot, un chapitre, &c. On dit aussi d'un Imprimeur qu'il *saute* un mot, une ligne, &c. lors qu'il les a omis en composant. Un écolier saute quelquefois une partie de sa leçon en la recitant.]

* *Sauter*. Terme de *Mer*, qui se dit des *vents*. Il signifie changer & passer d'un rumb à l'autre. [Le tems fut tres-rude & les vents *sautérent* tellement de rumb en rumb qu'en l'espace de vint-quatre heures ils firent le tour de la boussole. *Guillet navigation*.]

* On dit qu'une chose *saute aux yeux*, pour dire qu'elle est visible, claire & certaine.
* *Sauter aux nuës*. C'est à dire, s'emporter de colére.
† * *Reculer pour mieux sauter*. Façon de parler proverbiale. C'est temporiser, pour atendre ocasion favorable de faire réussir son entreprise.

Sautereau, s. m. Ce mot se dit de certains instrumens de musique comme de clavecins & d'épinettes. C'est un petit morceau de bois dans une mortaise, lequel se remuë & fait sonner la corde par le moien d'une plume qu'on met dans la languette. [Les sautereaux de ce clavecin, ou de cette épinette, ne joüent pas.] Draper les sautereaux, *c'est*, y mettre du drap. *Redraper* les sautereaux c'est y mettre du drap.

Sauterelle, s. f. Sorte d'insecte qui voiant avec peine va en sautant & gâte les herbes & principalement les blez. [Une sauterelle acatique. *Fonston*, l.3. c.1. Il y a divers pais où l'on voit souvent une grande quantité de sauterelles. Il y a une si grande quantité de sauterelles dans l'Abissinie, qu'elles paroissent de loin comme de gros nuages, dont l'air est fort obscurci. Et parce qu'elles ne laissent ni fruits, ni feuilles sur les arbres, elles causent de grandes famines. Les Abissins se nourrissent de sauterelles. *Ludolf*, hist. de l'Abissinie. On mange aussi des sauterelles en Perse, à la Chine & en divers lieux de l'Orient. S. Jean Batiste se nourrissoit de sauterelles & de miel sauvage.]

Sauterelle. Instrument qui est ordinairement de bois qui s'ouvre & se ferme comme un compas, qui sert à tracer & à former des angles & à prendre des mesures sur le trait & sur l'ouvrage.

Sauterelle. Sorte de machine. Voiez *Zic-zac*.

† *Sautiller*. V. Sauteler.

Sauteur, s. m. Celui qui fait des sauts. [Les Anglois sont les meilleurs danceurs & les meilleurs sauteurs de la foire.]

† *Vous êtes un habile sauteur*. Ces mots se disent en raillant & par injure, & veulent dire, Vous êtes un malhabile. Vous êtes un sot.

Sauteur. Ce mot se dit en Terme de *Manége*, & veut dire un cheval qui fait des sauts avec ordre. Cheval qui manie aux airs relevez. [Ce *sauteur* fait des sauts bien hauts & bien soutenus avec justesse & de même cadence. *Guillet*.]

Sauteuse, s. f. Celle qui saute. Celle qui fait des sauts. [Il y avoit en l'année 1678. à la foire Saint Laurent une *sauteuse* Italienne qui faisoit des sauts surprenans.]

Sautoir, s. m. Terme de *Blason*. C'est une croix de S. André. [Il porte d'argent au *sautoir* de sable, au *sautoir* de gueules, au *sautoir* d'azur. *Colomb*.]

SAUVAGE, adj. Ce mot se dit de certaines bêtes & veut dire qui n'est point aprivoisé. Féroce. [Animal sauvage. Bête sauvage.]

Sauvage. Ce mot se dit des fruits & des plantes & veut dire qui vient sans être cultivé, & dans des lieux peu fréquentez des hommes. [Pommier sauvage. Prunier sauvage.]

* *Sauvage*. Ce mot se dit des personnes & veut dire *farouche*. [Homme sauvage. Esprits sauvages. Humeur sauvage.]
On apelle *Sauvages*, les peuples qui vivent sans Religion, sans Loix & sans police, comme sont une partie de ceux qu'on a trouvez dans l'Amérique.

† *Sauvage*, s. m. Terme purement de *Marine*. C'est l'action par laquelle on saisit des marchandises après un naufrage, ou celles que l'on recouvre après les avoir jettées. [Selon les coutumes de la Mer, le tiers des marchandises sauveez apartient à ceux qui en ont fait le *sauvage*.]

Sauvageon, s. m. Terme de *Jardinier*. C'est un arbre qui n'a point été gréfé. C'est un arbre qui vient naturellement & sans culture. [Enter sur un sauvageon. Un fort beau sauvageon.]

† *Sauvagin*, *sauvagine*, adj. Il se dit du goût de la chair des bêtes sauvages qu'on prend à la chasse. (Gout sauvagin. Les chiens ne mangent guéra des oiseaux qui sentent le sauvagin.

Sauve. Voiez *Sauf*.

SAUVEGARDE, s. f. Lettres avec les armes du Roi par lesquelles Sa Majesté défend à ses sujets de faire aucun tort au lieu ou à la personne qu'il prend sous sa protection. (On afiche *la sauvegarde* à la porte de celui que le Roi conserve, ou à un poteau qui est dans une place publique. La sauvegarde est ordinairement sur une feuille de fer blanc.]

* *Sauvegarde*. Protection. (Se mettre sous la sauvegarde du Roi.)

Sauvegarde, s. m. Cavalier qui a un hoqueton bleu avec deux fleurs de lis en broderie l'une d'un côté & l'autre de l'autre & cette inscription au dessus. *Sauvegarde du Roi*. (Le *sauvegarde* demeure à l'entrée du lieu qu'il conserve pour empêcher le desordre des soldats servans aprés.Le Roi a fait une compagnie de *sauvegardes* de deux cens maîtres. Voiez l'*Art de la guerre c.13*.

Sauvegarde, s. f. Terme de *Mer*. C'est une corde pour marcher en sureté sur les mâts de beaupré. [La sauvegarde se rompit & il tomba dans la mer.]

Sauver, v. a. Délivrer de danger & de peine. Garantir de quelque perte. Empêcher de périr. [Il entra dans la ville qu'il venoit de *sauver*. *Vaugelas*. *Quin*. l.3. c.4. Sauver la vie à quelcun. *Vaugelas*. *Quin*. l.3. Sauver son ame de martire. *Voiture*. *Poësies*.]

Sauver. Epargner. Délivrer. [Cela me *sauvera* des peines de la dépense. *Le Comte de Bussi*, *Histoire amoureuse*.]

* *Sauver*. Ce mot se dit en Terme de *Piété*. Procurer le salut éternel. Etre cause du salut éternel d'une, & de plusieurs personnes. [Sauver son ame.]

* *Sauver sa gloire*. *Ablancourt*. C'est empêcher que nôtre gloire ne soit ternie, ou ofensée.

* Ne pouvant *sauver sa conduite*, je justifiois ses intentions. *Le Comte de Bussi*. C'est à dire, ne pouvant *excuser sa conduite*.

* *Sauver une contradiction*. C'est concilier deux passages qui semblent contraires.

* *Sauver une dissonance*. Terme de *Musique*. C'est la faire suivre d'un des Acords qu'elle semble demander naturellement.

Sauver les aparences. Termes d'*Astronomie*. C'est expliquer les phénoménes selon les principes de quelque hipotèse.

* Ces mots, au figuré signifient, cacher aux yeux du monde tout ce qui peut donner du scandale V. *Aparence*.

* *Sauter la grille*. Termes de *jeu de paume*. C'est empêcher que la bale n'y entre. On dit aussi *sauver les cartes*. Voilà un coup qui me sauve la partie.

† * *Sauver la chévre & les choux*. Proverbe, qui veut dire, sauver tout, ne rien mettre au hazard.

Se sauver, v. r. S'échaper. Se tirer de danger & de péril. [Il s'est sauvé de prison la nuit. Se sauver d'un naufrage.]

Se sauver. Se retirer en quelque lieu comme dans un azile. [Se sauver en quelque endroit. *Ablancourt Ar*. l.1. Il s'est sauvé en Angleterre.]

* *Se sauver*. Ce mot se dit en parlant de *Piété*. Faire son salut. [Il faut songer à *se sauver*, & c'est pourtant à quoi par malheur on ne songe guére.]

se sauver. Ce mot signifie aussi, ne rien perdre, se dédommager. Ce marchand donne ses marchandises à un si bas prix, qu'on ne sçait comment il s'y peut sauver. Ce Tailleur fait bon marché de la façon des habits, mais il se sauve sur les fournitures.

* Sauvité, *s. f.* Assurance. (Et c'est en lieu de sauveté. On l'a conduit en lieu de sauveté.)

Sauveur, *s. m.* Ce mot veut dire celui qui sauve & il s'entend proprement du *Fils de Dieu*. Ainsi on dit. Jesus-Christ est *le Sauveur des hommes*. Il faut adorer *le Sauveur du monde*, parce qu'il est mort pour nous, &c.

Sauveur, *s. m.* Terme de Mer. Il se dit de ceux qui sauvent ou pêchent des marchandises perduës en mer.

S C A.

Scabieuse, *s. f.* Sorte de plante dont il y en a de plusieurs sortes, qui fleurit ordinairement rouge ou bleu, mais d'un bleu qui tire sur la couleur de pourpre. (La Scabieuse est chaude & sèche.)

* Scabreux, scabreuse, *adj.* Il se dit au propre, des chemins rudes & inégaux, où il est dangereux de broncher & de tomber. *Au figuré*, il se dit des choses & des personnes & signifie délicat, dificile à manier, où il est aisé de se tromper, dangereux. (C'est une afaire scabreuse. Esprit scabreux.

Scaiene, *adj.* Ce mot vient du Grec. C'est un terme de *Géometrie.* Triangle scaléne, c'est à dire, qui a les trois côtez & les trois angles inégaux.

Scamonée, *s. f.* Mot qui vient du Grec. C'est une espéce de plante purgative, de la racine de laquelle sortent de branches visqueuses & veluës. (La racine & les fleurs de *la scamonée* sont blanches.)

Scamonée. Suc condensé de la racine de la scamonée lequel purge la bile & les sérositez. (La scamonée purge les humeurs bilieuses, mais elle est contraire à l'estomach. Dal.)

Scandale, *s. m.* Mot qui vient du Grec. Action, ou exemple qui donne aux autres, ocasion de pécher. Tout ce qui est cause que d'autres se portent au péché. Tout ce qui scandalise. (Un grand scandale. Evitez *le scandale* parce que *le scandale* est un péché. *S. Cir.* Faire du scandale. Exciter, causer du scandale. Il est arrivé un étrange scandale. Apaiser le scandale. Cela réveille les calomnies qu'on a publiées contre eux au *grand scandale* des gens de bien. *Pascal, Lettres Provinciales.*)

Scandaleux, scandaleuse, *adj.* Qui porte scandale. Qui cause du scandale. (Exemple scandaleux. Conduite scandaleuse. Vie scandaleuse.) Voiez *Cronique scandaleuse.*

Scandaleusement, *adv.* Avec scandale. (S'emporter scandaleusement. *Patru, plaidoié* 7. Trahir scandaleusement la grandeur de sa maison. *Patru, plaidoié* 13. Vivre scandaleusement *Saint Ciran.*)

Scandaliser, *v. a.* Donner sujet de scandale. (Les gens d'Eglise doivent sur tout prendre garde que leur vie ne scandalise personne.)

* Scandaliser. Ofenser. Choquer. (Ces ordures ont fort scandalisé les Dames. On est fort scandalisé de son procédé.)

† Scander, *v. a.* Terme de *Colége*, qui se dit en parlant de vers Grecs & de vers Latins; c'est mesurer les piez des vers & remarquer les silabes longues & les bréves. (Scander un vers.)

Scapulaire, *s. m.* Mot qui vient du Latin. Ce sont deux petits morceaux d'étofe de couleur fort brune, atachez l'un haut & l'autre bas, à quelque distance l'un de l'autre, avec deux galons, que plusieurs personnes du siécle de l'un & de l'autre sexe portent au cou en forme de petit habit. Mais auparavant ils les font benir cela aux Carmes, ils leur donnent quelque petite chose, ils font écrire sur le livre de la confrairie, puis en faisant la semaine, quelque abstinence & disant tous les jours quelques pater & quelques *ave* ils gagnent les indulgences qui sont atachées à petit habit. Prendre le scapulaire. Porter le scapulaire. Etre de la confrairie du scapulaire. Il y a plusieurs petits livres qui traitent du scapulaire & de son origine.)

Scapulaire. Terme de *Religieux & de Religieuse.* C'est une bande d'étofe large d'environ un pié, laquelle pend par devant & par derrière jusques aux talons. (*Scapulaire de jour, Scapulaire de nuit.* Scapulaire blanc. Scapulaire noir. Les Religieuses novices portent dans quelques ordres le scapulaire blanc & le quitent pour prendre le noir lorsqu'elles sont professes. Le scapulaire de nuit n'est pas si grand que le scapulaire de jour & ne passe pas ordinairement les genoux & ne va quelquefois guére au delà de la ceinture.)

Scaramouche, *s. m.* Ce mot vient de l'Italien. Boufon de la comédie Italienne. (Scaramouche est plaisant, mais il est froid aussi.

Scarification, *s. f.* Terme de *Chirurgie.* C'est une légére incision de la premiére peau. *Deg.* (Faire une légére scarification.)

Scarifier, *v. a.* Terme qui vient du Grec & qui est proprement un Terme de *Chirurgie.* Il signifie *découper.* Faire des petites taillades sur les épaules. (On a scarifié Monsieur un tel par l'ordre du Médecin.

Scarificateur, *sub. masc.* Instrument de Chirurgien avec lequel il scarifie & fait plusieurs incisions tout d'un coup.

Sçavoir, Voiez *savoir.*

S C E.

Sceau. Voiez la colonne *seau* & la colonne *sil.*
Scedule. Voiez *Cedule.*
Scelerat. Voiez la colonne *sel.*
Scene. Voiez la colonne *sen.*
Sceptique. Voiez *septique.*
Sceptre, Voiez *septre.*

S C H.

† Schelme, *s. m.* Mot Alemand qui signifie Méchant. Scélerat. Coquin, mais aujourd'hui il ne se dit guére. (C'est un schelme.)

Schiling; Schelling, *s. m.* On ne prononce point en François le *g* qui est à la fin de ce mot. *Eduard Chamberlaine, état d'Angleterre, Chapitre* 1. *Edition* 4. écrit. Schilling. Schuz, Cronique de Prusse écrit aussi le mot de *Schilling* de la même sorte : & ainsi il semble que sur ce chapitre le plus seur soit de suivre ces Messieurs. Monsieur Zapfe qui est un homme Alemand, d'une érudition connuë, & mon trescher confrére en Apollon, que j'ai consulté sur le mot de schilling m'a fait voir que ce mot étoit Alemand d'origine, & qu'on écrivoit *Schilling*, & non pas *Schelling.* Voici en François ce qu'il m'a fait lire en Alemand, dans Schuz, Cronique de Prusse, page 67. *En Prusse sous le Sixieme Maître de l'ordre Teutonique, Bernhard Schilling, Bourgeois de Thorn, tira d'une mine de la ville de Niclas-Dorff, la matiere de plusieurs saumons d'argent, & sur ce qu'il y avoit alors de grans abus dans la monnoie qui avoit cours en Boheme, & en Pologne, on permit a Schilling de batre de petites piéces qu'il apella de son nom.* Le Schilling est une sorte de monnoie étrangére, qui a d'un côté les armes de l'état où il a été batu, & de l'autre, un Lion, un Aigle, ou quelque autre figure avec une légende. Le Schilling a cours en Angleterre, en Holande, en Flandre, en Vestphalie, dans la basse Saxe, en Prusse, en Danemarc, en Norvége, &c. Mais aux pais où il est reçu il vaut plus dans les uns que dans les autres, & même il n'est pas également grand en toutes les contrées où il a cours. En Angleterre, en Flandre, & en Holande, il est à peu près de la grandeur d'une piéce de quinze sous de France, mais moins épais. Le Schilling vaut en Angleterre environ treize sous monnoie de France, en Flandre sept sous & demi, dans la basse Saxe quinze deniers, & moins en Norvége & en Dannemarc, trois Schilling en Prusse valent un groshe, & trois groshes, deux sous. Il y a aussi des demi Schillings qui valent chacun la moitié d'un Schilling. Mais les Schillings ni les demi Schillings ne se mettent point en France, & principalement depuis la déclaration du 28. de Mars de l'année 1679. qu'on décria dans ce Roiaume toutes les monnoies étrangéres.

Schirre, *s. m.* Terme de *Médecin* Prononcez *squirre.* C'est tumeur qui est contre nature, qui est dure sans douleur & faite d'une humeur mélancolique naturelle. *Deg.* (Guerir un schirre. (V. *squirre.*

Schismatique, *adject.* Qui est dans le schisme. (Il est schismatique. Elle est schismatique. Peuples schismatiques.)

Schisme, *s. m.* Mot qui vient du Grec qui veut dire *division* par laquelle on se soustrait de l'obéïssance de l'Eglise. (Faire un schisme. Causer un schisme. Etoufer un schisme. Faire cesser un schisme.)

Schnapan, *s. m.* Mot Alemand, qui, depuis ces derniéres guerres, s'est fait François, & dont on se sert à propos dans les Gazettes. Le Schnapan est un pauvre Alemand ruiné, paysan, ou autre, qui s'est retiré dans les bois, & qui bien armé, tout enragé & plein de cœur, ataque, vole & tuë souvent tous ceux qu'il rencontre. Les Schnapans vont par troupes, commandez par un Chef, ne donnant nul quartier aux François qui tombent entre leurs mains.

S C I.

Sciage. Voiez la colonne *sia.*
Sciatique. Voiez la colonne *sia.*
Scie ; scier. Voiez la colonne *sie.*
Scion. Voiez *sion.*

S C O.

Scolastique, *adj.* Mot qui vient du Grec & qui veut dire qui est de l'école. (Les questions *scolastiques* sont épineuses.)

Scolastique,

S C O

Scolastique, *f. m.* Téologien Scolastique. [C'est un nouveau Scolastique, Pascal, liv. 4. Ils acuserent d'erreur les doctes Scolastiques, Maucroix. Schisme, liv. 2.]

Scolastique, *s. f.* C'est la Téologie querelleuse. Téologie qui raisonne des choses divines sur les principes de l'Ecriture & de la tradition. [Savoir la Scolastique. Enseigner la Scolastique.]

Scoliaste, *s. m.* Mot qui vient du Grec. Celui qui a commenté un Auteur Grec. (Un bon Scoliaste.)

Scolie, *sub. fem.* Mot qui vient du Grec. Commentaire Grec. Explication d'un Auteur Grec. [Faire de bonnes scolies.]

Scolie. En Geometrie. Ce mot signifie une observation qu'on fait sur une proposition qu'on a démontrée.

Scolopendre, *s. f.* Mot qui vient du Grec. Il y a une scolopendre terrestre, & une scolopendre acatique. La *terrestre* est une sorte d'insecte qui mord, qui a le corps marqueté, qui a plusieurs piez, qui est long de trois ou quatre doigts, qui naît & vit dans des troncs d'arbre, ou dans des pieux fichez en terre. *Ionston.* La *scolopendre acatique*, ou de *mer* est un insecte long & rouge, qui existe sur le bleau, qui se tortille & qui a plusieurs piez. *Rondelet, Histoire des animaux.*

Scorbut, & selon quelques-uns *scorbut*, *s. m.* Fournier, *Hidrografie*, dit *scorbus.* Les hommes habiles dans la langue que j'ai consultez, disent qu'ils ont toujours ouï dire *scorbut*, disons donc *scorbut* avec les habiles gens & presque avec tout le monde. Le *scorbut* est une maladie qui prend sur mer & principalement dans les voiages de long cours, qui altere la masse du sang, qui enfle tout le corps, le remplit de pustules & infecte l'haleine. [On se guerit du *scorbut* à force de rafraichissemens qu'on prend lorsqu'on a pris terre. Etre ataqué du scorbut. Le scorbut pourrit les jambes, gâta la bouche & fit tomber les dents à la plus-part de l'équipage. *Tachard voiage de Siam, l. 2.*]

Scorpion, *s. m.* Mot qui vient du Grec. C'est une sorte d'insecte venimeux, noirâtre & comme de couleur de suie, qui a huit piez & des yeux si petits qu'à peine les peut-on voir. [Le scorpion vit d'herbes, de lésards & d'aspics, son venin est plus dangereux à midi & au cœur de l'hiver qu'en d'autres tems. Il a de l'antipatie pour le crocodile. Il n'y a point de scorpions aux païs froids. L'huile de scorpion est bonne pour plusieurs remedes. *Jonston, Histoire des animaux.*]

Scorpion. Sorte de poisson qui est hérissé de piquans sur le dos & à la tête, pique & empoisonne par les blessures qu'il fait. Ce *scorpion* a le corps rond, la tête grande & dure & l'ouverture de la gueule grande. Il a le ventre blanc & il est rougeâtre par tout ailleurs. *Ionston, Histoire des poissons.*

Scorpion. L'un des douze signes du Zodiaque, où le Soleil entre au mois d'Octobre.

Scorpion. C'étoit une sorte de grande arbalête dont on se servoit anciennement pour jetter des flèches. [On tiroit des scorpions, pour deffendre les murailles contre ceux qui les batoient avec le bélier. *Perraut. Vitruve, liv. x. chap. 18.*]

Scorsonere, *s. f.* Racine fort excellente qui grossit toujours dans terre, qui ne s'y gâte jamais, qu'on ratisse, qu'on fait cuire & qu'on mange avec du beurre, du sel & du vinaigre & de plusieurs autres manieres. Le suc de la *scorsonere* est bon pour la veuë & contre la morsure des viperes.]

Scote, *s. f.* Terme de *Capucin*, & qui vient d'Italie d'où les Capucins aussi bien que plusieurs autres Religieux tirent leur origine. Ils disent, *faire la scote.* C'est à dire, netcier ses habits, les secoüer & les passer sur un feu clair & alumé pour faire fuir la mauvaise odeur & autres choses.

Scotie, *s. f.* Terme d'*Architecture*, qui veut dire ténèbres. C'est un membre d'architecture creusé comme un demi-canal. [Graver une scotie. *Perraut. Vitruve.*]

Scotiste, *s. m.* Philosophe, ou Téologien qui suit les sentimens du Docteur Scot qui a soutenu que la Vierge étoit immaculée & sans aucune souillure du peché originel. [Les *Scotistes* sont savans & subtils. Tous les Cordeliers sont *Scotistes.* Et sont aggregez dans l'université de Paris. Les Scotistes ont eu & ont encore de grands hommes parmi eux. Il y a même eu plusieurs Prélats & plusieurs illustres Cardinaux.]

Scoue, *s. f.* Terme de *Marine*. C'est l'extremité de la Varangue, qui se courbe doucement pour s'enter avec le genou. *Ozan. Dict. Math.*

S C R.

Scribe, *s. m.* Celui qui gagne sa vie à écrire. Copiste. [Un bon scribe. Il y a d'habiles *scribes* au Palais, à qui on fait copier des écritures & tout ce qu'on veut.]

Dom Scribe. Terme de *Chartreux.* C'est le Secrétaire du Général. [Dom-Scribe est mort.]

Scrupule, *s. m.* Doute qui trouble la conscience. Repugnance

S C R

qu'on sent à faire une chose. [Ils soulagent les consciences de cent petits scrupules. Lever toutes sortes de scrupules. *Pascal, l. 8.* Donner du scrupule à quelcun: Oter le scrupule. Remplir la conscience du scrupule. Mettre du scrupule dans la conscience. Jetter du scrupule dans les consciences. *S. Cir.* Les scrupules sont les tirans des consciences.]

Scrupule. Terme d'*Astronomie.* C'est une fort petite partie de la minute.

Scrupule. Terme d'*Apoticaire.* Vint grains ; & en parlant de poids de marc, c'est vint quatre grains.

Scrupuleux, scrupuleuse, *adj.* Qui est sujet à avoir quelque scrupule de conscience. [Il est scrupuleux. Elle est un peu trop scrupuleuse.]

* **Fidelité scrupuleuse.** *Ablancourt, Apo.* C'est à dire, une *fidelité trop exacte.*

Scrupuleusement, *adv.* Avec scrupule. [Agir scrupuleusement.]

Scrutateur, *s. m.* Mot qui vient du Latin & qui est un Terme de Religieux. Les Capucins apellent *scrutateurs* ceux qui dans les élections & autres choses de cette nature ramassent les billets des Religieux, mettent ces billets par ordre & comptent les voix. Il y a dans les grans chapitres généraux ordinairement quatre scrutateurs, mais dans les chapitres provinciaux il n'y a le plus souvent que deux. Les Augustins apellent aussi *scrutateurs* les Religieux qui sont élus pour examiner les voix qu'on a données dans un Chapitre Provincial.

Scrutateur, *s. m.* Ce mot se dit quelquefois par des Prédicateurs en parlant de Dieu, & signifie. Qui sonde les cœurs. Qui *pénetre dans les cœurs.* [Dieu est le *scrutateur* des cœurs.]

Scrutin, *s. m.* Mot qui vient du Latin *scrutinium*, & qui est un Terme de *certains Religieux & de certaines Religieuses.* C'est un recueil de voix. Un examen de voix pour donner son sufrage sur le choix de quelque oficier Religieux, ou sur la reception de quelque novice Religieuse. Ces voix se donnent d'ordinaire par billets. Les Capucins, les Augustins & les Religieuses hospitalières parmi qui, le mot de *scrutin* est en usage, disent, *Faire scrutin*, & *faire le scrutin.* Examiner le scrutin. *Patru plaidoié 16. p. 559.* Sans s'arrêter à ce *scrutin criminel*, la superieure reçoit sœur Gillette. *Patru, plaidoié. 16.*]

Scrutin. Ce mot parmi les Augustins signifie aussi le lieu auquel le Provincial, ou les Visiteurs interrogent les Religieux sur le fait de leurs visites. Ainsi on dit. [Aller au scrutin. Etre apellé au scrutin. Ce mot est aussi en usage lorsqu'il s'agit de l'élection des Papes.]

S C U.

Sculper. Ce mot est presque Latin, *Sculpere* signifie *graver.* Il se dit parmi les sculpteurs, les peintres & les connoisseurs. C'est travailler en sculpture. [Il faut agréablement sculper cela. Tâcher de sculper joliment cette bordure.]

Sculpteur ; sculteur, *s. m.* Quelques-uns disent *sculteur*, mais ces quelques-uns là parlent comme le peuple. [Le bel usage est pour *sculpteur* qui veut dire celui qui fait la sculpture, qui y travaille & en fait profession. Le Vasari a fait en Italien & en trois volumes la vie des excelens sculpteurs, des excelens Graveurs & des excelens Peintres.

Sculpteur en pierre. C'est celui qui fait des ouvrages de sculpture de pierre & de marbre.

Sculpteur en métal. C'est celui qui fait des ouvrages de sculpture de métal, soit argent, ou cuivre.

Sculpteur en bois. C'est celui qui fait des ouvrages de sculpture de bois.

Sculpture ; sculture, *s. f.* C'est un art qui otant le superflu de la matiere sur quoi il travaille, donne à cette matiere la forme du corps que le sculpteur s'est proposé. Le mot de *sculpture* signifie aussi un ouvrage fait par les mains du sculpteur. [La sculpture est un tres-bel art. La sculpture est belle quand elle représente naturellement ce qu'elle doit répresenter & qu'il y a une proportion juste & naturelle entre toutes les parties de la figure. Voiez, *Vasari, Traité de l'Architecture & sc. c. 8.*)

Scurbut. Voiez *scorbut.*

Scurrilité, *s. m.* Mot écorché du Latin, qui n'est pas fort usité & qui veut dire *Boufonnerie*, plaisanterie boufonne. [Ciceron tomboit quelquefois dans la boufonnerie & la *scurrilité*, l'Abé Talemant, Plutarque, Vie de Ciceron, Tome 5. p. 453.]

S E A

Se. Ce mot est le Datif & l'Acusatif du Pronom. Soi. Voiez *Soi.*

Seance, *s. f.* C'est le droit qu'on a d'avoir place dans une assemblée considerable. C'est aussi le rang selon lequel chacun y est assis. [Avoir droit de Séance au Parlement. Donner séance à quelcun. Prendre séance dans un Chapitre. Que

BBbbb chacun

chacun se range comme il pourra, sans préjudice à sa qualité, une autre-fois on réglera les séances. *Abl. Luc. T.2. Jupiter le tragique.*)

Séance, *s. f.* C'est aussi le tems qu'une compagnie considerable est assemblée & assise pour déliberer de quelque chose. [On employa agréablement la derniere seance. Il y a eu deux seances, la premiere se fit le treizième, & la seconde, le quatorzieme du mois. *Patru, plaidoié* 13. On jugera ce procés en deux ou trois seances.]

Séant. Participe. Qui est assis. Quand le Roi est séant sur son lit de Justice, les Princes du sang, les Pairs & autres grands Seigneurs sont sur les hauts sieges. Le grand Chambelan & le Prevôt de Paris, au siege le plus bas dans le parquet & prés d'eux les Presidens & Conseillers du Parlement en robes rouges. Les Huissiers des Chambres sont à genoux devant le Roi & tiennent chacun une verge à la main. Voiez le *Ceremonial, Tom. 2.*

Séant , séanté, *adj.* Ce mot ne s'emploie que pour les mœurs. (Cela est tout à fait mal-seant à un honnête homme. Ce qui est séant à l'un ne l'est pas à l'autre. *Vaug. Rem.* C'est à dire, ce qui est honnête à l'un, ne l'est pas à l'égard de l'autre.)

† Séant, *s. m.* Cu. Fesse. Le derriere. (Etre sur son seant. Mettre un malade sur son seant.)

Seau, *s. m.* Sorte de vase qui a une large ouverture, qui est rond, qui est fait ordinairement de bois, de cuir, ou de cuivre, dont on se sert pour puiser de l'eau. (Un seau plein d'eau. Il y a des seaux de bourgeois, des seaux de porteurs d'eau, & des seaux de ville qui sont des seaux de cuir où l'on puise de l'eau quand le feu est en quelque maison de Paris.)

Il pleut à seaux. Cette façon de parler veut dire qu'il pleut abondament & que la pluie est forte.

Seau, sceau, *s. m.* L'un & l'autre s'écrit pour dire *cachet.* Ce mot de sceau se dit en parlant d'affaires. (Il a des grans sceaux & de petits sceaux. Le grand sceau est le sceau de la grande Chancelerie sur lequel on imprime la figure du Roi. Ce sceau est gardé par Monsieur le Chancelier, ou le Garde des sceaux, & c'est lui qu'on expédie toutes les lettres de commandement & de finance, & celle de justice concernant les affaires qui pendent au Conseil d'Etat, ou au grand Conseil. On dit. Lettres scellées du grand sceau de cire jaune. Signé sur le repli par le Roi, & sellé du grand sceau de cire rouge. Donner les sceaux. Oter les sceaux. Rendre les sceaux. *Loiseau, l. 2. c. 4.*

Le petit seau. Ou le seau de petite Chancelerie, ou de Justice. C'est celui qui porte seulement les armes du Roi & qui sert à expédier les actes de Justice. (Les seaux de Justice étoient autrefois tous diférens, mais Philipe le Long en 1319. aiant joint à son domaine les sceaux des Justices Roiales, les sceaux sont devenus publics, roiaux & domaniaux. Voiez *Loiseau, l. 2. c. 4.*

S E B.

Sebastien, *s. m.* Nom d'homme. (Dom Sebastien Roi de Portugal passa en Afrique contre les Maures, présenta la bataille à Mulei Moluc Roi de Maroc, & fut tué dans le combat. Voiez *Conestaggio, Istoria di Portogallo, l. 2.*)

Sebastienne, *s. f.* Nom de femme. (Sebastienne est belle & grande.)

Sebelle. Voiez *Zibeline.*

Sebile, *s. f.* C'est une écuelle de bois propre pour mettre sous les muids, sous les cuves, & autres vaisseaux où il y a du cidre, de la biere, ou du vin. (Une grande sebile. Une petite sebile. On se sert principalement des sebiles dans les pressoirs.)

S E C.

Sec, *seche, adj.* Mot qui vient du Grec. *Port-Roial. Racines, p.* 138. C'est ce qui ne mouille point. Qui n'a point d'humidité. Aride. Bois sec. La terre est fort seche cette année 1678. Bois sec.

Sec, seche. Qui a été seché au Soleil. Fruits secs. Des raisins secs. Des figues seches, &c. Ces draps ne sont pas assez secs.

* Qui peut voir d'un œil sec sa maitresse mourante. *Habert, Temple de la mort.* C'est à dire, qui peut voir sans larmes.

* Sec, seche. Maigre. Décharné.

(Son corps est plus sec que du bois. *Gov. Epi. l. 1.*
Catherine ne me plait point.
Elle est seche comme canelle. *Mai. Poës.*
Il a le corps sec & la mine affamée.
Depreaux, satire 1.)

* Sec. Ce mot se dit aussi des liqueurs. On dit du vin d'Espagne que c'est un vin sec, pour signifier qu'il n'est ni gras, ni onctueux.

* Sec, seche. Ce se dit du stile & du discours. Le stile & le discours sont secs lors qu'on exprime foiblement une chose qui devroit être exprimée fortement, quand il s'agit d'exprimer une grande chose & qu'on tronque l'expression, & quand les periodes & les parties des periodes sont trop courtes ; qu'il y a un trop grand nombre de petits membres & qu'il paroit en cela de l'afectation. Voiez *Demetrius Phalereus, Traité de l'élocution.* Avoir le stile sec & froid.

Vue repartie seche. C'est à dire, brusque & forte.

* Sec, seche. Terme de Peinture. Ce mot se dit d'un ouvrage de peinture, dont les clairs sont trop prés des bruns, & dont les contours ne sont pas assez mélez.

Sec, *s. m.* Je n'ai trouvé le mot de sec substantif que rarement. (Il a employé le verd & le sec. C'est à dire, il a fait pour cela tout ce qu'il a pu.)

Remettre un cheval au sec. C'est à dire, le remettre à l'avene & au foin quand il a mangé le verd.

A sec, *adv.* Terme de Mer qui se dit des vaisseaux. (Mettre un vaisseau à sec, c'est le mettre hors de l'eau pour lui donner le radoub.)

A sec, *adv.* Ce mot se dit des fleuves, des puits, des rivieres & des autres endroits où il y a eu de l'eau & où il n'y en a plus. (La riviere est à sec. Le puits est à sec.)

† * Le pauvre diable est à sec. C'est à dire, que le pauvre homme, ou le pauvre garçon n'a plus rien.

† * Le Poëte est à sec, *Dépr. Ep.* 4. C'est à dire, le Poëte ne sauroit plus que dire, il ne sauroit plus rimer.

Passer une riviere à pié sec. C'est la passer en un endroit où il y a tres-peu d'eau, posant les piez sur des pierres, & sans se mouiller.

* Regarder quelque évenement d'un œil sec. C'est à dire, sans pleurer, & sans pitié.

Sechement. Voiez plus bas.

Sécance, *s. f.* Terme de Jeu de hoc. Ce sont plusieurs cartes de suite & de même couleur. (Sécance simple. Sécance de Roi, de Dame, de valet. Gagner ne sécance.)

Sécante, *s. f.* Terme de Matématiques. C'est une ligne qui soit du centre d'un cercle, & qui coupe la circonference pour aller jusques à la tangente. (Voilà une sécante. Il y a des tables des sinus, des tangentes & des sécantes, de tous les degrez & de toutes les minutes d'un cercle.)

Seche, *s. f.* Poisson de mer qui n'a point de sang, & qui est quelquefois de deux coudées, couvert de peau mince, ferme de corps & charnu. (La seche a huit piez au devant de la tête, & deux autres plus grans que ceux-là & qui lui servent de jambes. Sa bouche & son bec sont semblables au bec & à la bouche d'un perroquet. Prendre une seche.)

Sechement, *adv.* Dans un lieu sec. (Il faut que les confitures soient sechement.)

* Sechement. Froidement. (Elle lui dit un peu sechement qu'elle le serviroit.)

* Sechement. Rudement. (Il lui a parlé un peu sechement.)

* Sechement. Sans ornement. (Cela est dit sechement.)

Secher, *v. a.* Rendre sec. Rendre aride. Tirer l'humidité de quelque chose. Le hale seche la terre. Le vent seche les chemins lorsqu'ils sont mouillez.)

Secher. Terme de Blanchisseur & Blanchisseuse. C'est ôter l'humidité du linge en le tirant sur la platine, ou en l'exposant à l'air. (Sécher le linge. Le linge ne seche pas aisément en hiver.)

* Non, non, songeons à vivre.
Va maigrir si tu veux & secher sur un livre.
Depreaux , Lutrin.
C'est à dire, maigrir & pâlir à force d'étude.

Sécher ses pleurs. C'est cesser de pleurer & de soupirer.

* Secher sur le pié. C'est à dire. Languir. Perir à vue d'œil. Devenir tous les jours en un état plus miserable.

Secher, *v. n.* Il se dit proprement des herbes, des lieux humides, & de la terre. C'est devenir sec. La gloire de l'homme est comme la fleur de l'herbe ; l'herbe se seche & la fleur tombe. *Port-Roial , N. T. Epitres.*)

Sécheresse, *s. f.* C'est une consomption de l'humidité. C'est une consomption de l'humeur naturelle & un rétrécissement par l'alteration des parties. [On n'a pas seulement à combatre l'ardeur & la sécheresse du païs, mais le sable même. *Vau. Quin.* l. 4. *c.* 7. Les sécheresses de l'été ont été fort grandes. *Ablancourt.*)

† * Mon Dieu quels Amans sont-ce là ! & quelle sécheresse de conversation. *Moliere.* On apelle discours froid celui où il y a une grande sécheresse de sens. *Costar, défence de Voit.*

* La contrainte des préceptes ne fait qu'afoiblir les ouvrages & leur donner une certaine sécheresse qui les rend maigres, & décharnez. *Dépr. Long.* c. 1.)

* La sécheresse de la lettre qu'il reçut, le surprit. S. *Evremont, œuv. mêl.* C'est à dire, le peu d'afection, d'honnêteté & d'agrément qu'il trouva dans cette lettre, l'étonna.

Séchoir, *s. m.* Terme de Parfumeur, prononcez séchoi. C'est un quarré de bois de sapin, ou d'autre bois léger avec des rebords tout autour dans lequel on fait secher des pastilles, savonnettes & quelques autres choses de cette nature. [Ce séchoir n'est pas assez grand.]

Second, *seconde, adj.* Nom de nombre, qu'on apelle ordinal, c'est à dire, qui marque le rang qui suit immediatement le premier.

SEC

premier. Deuxième. Il est le second-l. Il est la seconde personne du Roiaume. La seconde table, la seconde épreuve. *Terme d'Imprimerie*. Se marier en secondes nôces. Le second coup de la cloche.

Eau seconde. Terme de *Chimie*. C'est de l'eau forte qui a déja servi à graver, ou à dissoudre des métaux.

Second. Terme de marine. Il se dit d'un vaisseau qui est établi pour en secourir un autre. On l'apelle aussi *le Matelot*, ou *le second* d'un tel vaisseau. Et à quelquefois deux vaisseaux *seconds*, c'est à dire, destinez à secourir un Amiral, un Vice-Amiral, un chef d'Escadre, ou le Commandant d'une division. Et l'on dit, *second de l'Avant, second de l'arriére*, pour marquer le poste qu'ils prennent dans le tems d'un combat, l'un devant & l'autre derriére le vaisseau qu'ils doivent secourir.

SECOND, *s. m.* Personne qui en soutient, qui en défend une autre en quelque combat, en quelque afaire. (Prendre un second. Choisir un brave second.)

* Second, *s. m.* Celui qui apuie & soûtient quelcun dans quelque dispute, ou combat d'esprit. (Mon second, soutenant mon discours, dit *Pasc. l. 4*.)

Second, *s. m.* Terme de *Tripot*. Partie de la galerie, qui est après celle qu'on apelle *premier*. (la balle est au second.)

Seconde, *s. f. Terme d'Astronomie*, &c. C'est la soixantiéme partie de la minute.

Secondement, *adv.* En second lieu. (Il faut prémiétement aimer Dieu de tout son cœur, & secondement son prochain comme soi-même.)

† *Seconder*, *v. a.* Ce mot se trouve dans Voiture dans la signification d'égaler, mais il est vieux dans ce sens.

Mais puis que le reste du monde
N'a rien de beau qui vous *seconde*.
Voit. Poës.

* *Seconder*, *v. a.* Aider. Favoriser.

(Quelque bonheur qui *seconde* tes vœux
Il n'arrêtera pas, le tems qui toûjours vole.
Mai. Poës.

Si le ciel *secondoit* mes désirs, je vous donnerois davantage. *La Suze*.

SECOUER, *v. a.* Ce mot se dit en parlant de certains arbres. C'est remüer & agiter pour faire tomber quelque chose de dessus l'arbre. (Secoüer un prunier.)

Secoüer. Remüer. Agiter pour faire tomber quelque ordure, pour nettoier. (Secoüer un tablier, une jupe.)

Secoüer. Agiter, tourmenter. (Les Chevaux de manège, & les chevaux de poste secoüent ceux qui les montent.)

Secoüer. Ce mot se dit en parlant des gens qu'on pend, & veut dire Tourmenter. Sauter sur les bras. (Il avoit la vie bien dure, le bourreaux a été un gros quart d'heure à le secoüer.)

* *Secoüer*. Maltraiter. Malmener. (J'ai un peu secoüé mon homme, mais ça a été à bonne intention. *Cotin, Ménagerie, p. 52.*)

Se secoüer, *v. r.* Se secoüer soi-même. (Les chiens, les chevaux, &c. se secoüent quand ils sortent de l'eau afin de s'essuier.)

Secoüer la bride à un cheval pour le faire avancer.

* *Secoüer les oreilles*. Il se dit *au figuré*. (Le libertin secoüe les oreilles quand on lui donne de bons avertissemens; c'est à dire, il n'en tient conte & les méprise.)

Secoüer le joug. Ce mot au propre se dit des animaux qui résistent à recevoir le joug. Mais *au figuré*, il signifie, se délivrer de la servitude, de la tirannie & de l'opression, se retirer de l'obéïssance de quelcun & se mettre en liberté. (Les Suisses ont secoüé le joug de la Maison d'Autriche. Les Holandois ont secoüé le joug de la domination Espagnole.)

† * On dit qu'une maladie a bien *secoüé* une personne, c'est à dire, qu'elle l'a fort tourmenté, & l'a fort affoibli.

Secoüement, *s. m.* L'Action de secoüer. (Le secoüement de ce carosse, de ces chevaux de poste, m'est insuportable.)

SECOURABLE, *adj.* Qui secourt volontiers. (C'est un voisin fort secourable. Assistez-moi en ce besoin. Vous qui êtes si secourable. *Voit. l. 25*. C'étoit un homme doux & secourable. *Flechier, oraisons funébres.*

† *Secourable*. Qui peut être secouru. Il n'est pas si bien en usage, en ce sens, quoi qu'on air dit que Candie n'étoit pas secourable.

Secourir, *v. a.* Je secours. Je secourois. J'ai secouru, je secourus. Je secourai. Je secoure. Je secourrois. Je secourirai. Ce mot signifie Aider. Donner secours. Assister dans le besoin. (Secourir un ami de son bien, de son credit. Secourir l'Etat.)

Secourir. Terme de *Guerre*. C'est faire lever le siège de devant quelque place. (Secourir une place. Secourir une ville.)

Secourir. Terme de *Manège*. C'est donner les aides à un cheval lorsqu'il est à propos. (Vôtre cheval ne va plus, secourez-le. Secourir son cheval des deux talons en le pinçant délicatement.)

SEC

Secourir, *v. r*, S'aider. Se donner secours. (Je vous rends graces de la disposition où je vous vois de me vouloir secourir en vous secourant vous même.)

Secours, *s. m.* Aide. [Donner du secours à quelcun. Marchet au secours de l'aîle droite. *Ablancourt. Ar. l, 1*. Venir au secours. Aller au secours.]

* *Secours*. *Terme de Guerre*. Soldats qu'on envoie pour secourir quelque place, ou quelques troupes. [Empêcher le secours. *Ablancourt. Ar. livre premier*. Le secours n'a pû passer. Il mit ses navires à l'embouchure du port pour fermer le secours de la mer. *Ablancourt*, *Ar. l. 2. c. 1.*]

SECOUSSE, *s. f.* Violente agitation. Action de secoüer. [Cette secousse est bonne. Donner quelques secousses.]

* Les Lacédémoniens ont eu de rudes *secousses*. *Ablancourt, Arr. livre 1. ch. 4.*

* L'hérésie ne s'est afermie en aucun lieu sans y recevoir de grandes *secousses*. *Maucroix. Schisme d'Angleterre, livre troisiéme, page 472.*]

† * Je reçois d'étranges *secousses*, & mon cœur ne tient plus qu'à un filet. *Moliere, Precieuses, scene 11.*

SECRET, *s. m.* Quelques-uns prononcent *segret*, mais la prononciation la plus-ordinaire & la plus reçuë parmi les honnêtes gens, c'est d'écrire & de prononcer *secret*. *Vaug. Rem.* Chose qu'on tient cachée sans la communiquer.

[J'aime & je vous dis mon *secret*;
Et je mourrois plûtot Silvie,
Que de le dire à quelque autre qu'à vous.]

Divulguer un secret. Découvrir un secret. Eventer un secret. *Ablancourt*, confier son secret à quelcun. Savoir tout le secret d'une afaire. Le secret de la confession.]

Secret. Moien. [Le vrai secret pour avoir de la santé este que le corps soit agité & que l'esprit se repose. *Voit. l. 44*. Il y a des machines dont on ne peut se servir, des serrures & des cadenas qu'on ne peut ouvrir, si on n'en sçait le secret. * En amour le secret est de plaire.]

* *Enterrer son secret. Ensevelir son secret*. C'est à dire, cacher bien son secret, ne le découvrir à personne. Voiez *enterrer*.

Secret. Ce mot se dit en parlant de *Médecine & de quelques Arts*. C'est ce qu'il y a de plus singulier & de plus souverain dans la médecine, c'est ce qu'il y a de plus particulier, de plus fin, de plus caché & de plus rare dans les arts. [Les secrets de la médecine. *Vaug. Quint. liv. 5*. Il lui a enseigné tous les secrets de son art. Emploïez tous les secrets d'un art.]

Secret, *secrete*, *adj.* Caché. Qu'on ne découvre pas. [Cela est secret. Cette chose est secrette. *Ablanc*. Une inspiration secrette. J'ai eu un pressentiment secret de ce malheur.]

Secret, *secrete*. Ce mot se dit des personnes & veut dire. Qui ne dit mot. Qui ne découvre rien. [Il n'y a guére de femmes secrettes. C'est un homme fort secret.]

En secret, *adv.* En cachette. Secrettement. En confidence. [Parler à quelcun en secret. Dire une chose en secret à quelque personne.

Sécrétaire, *s. m.* Celui qui est aux gages de quelque grand Seigneur pour écrire ses lettres & autres choses. On apelle *sécrétaire*, celui qui fait l'extrait des procés d'un Conseiller, ou autre homme de robe considerable. Celui qui fait les afaires du palais d'un homme de robe de qualité. [Un sécrétaire d'un Conseiller de la grand chambre gagne tous les ans mille écus.]

Sécrétaire d'Etat. Il y a quatre Secretaires d'Etat qui sont des Oficiers de la Couronne, dont chacun dans le mois de son ministére expédie les graces du Roi, conduit les Députez qu'on envoie au Roi à l'audiance que sa Majesté donne, & par les mains duquel passent les dépêches du Roi & celles qu'on adresse au Roi.

Sécrétaire du Cabinet. Sécrétaire de la Chambre & du Cabinet. Ce sont des Oficiers qui aident le Roi dans ses dépêches.

Sécrétaire du Roi. Ce sont des Oficiers qui signent les expéditions du seau.

Sécrétaire. Ce mot pour dire *confident*, se dit en Poësie seulement

Pensées,
Mes fidéles amis & mes vrais *secretaires*
Ne m'abandonnez pas en ces lieux solitaires.
Mai. Poës. l. 5.)

Secretaires de saint Innocent. Ce mot se dit en riant, & veut dire de misérables scribes, qui font profession d'écrire des lettres pour les valets & les servantes, & autres personnes du petit peuple, qui ne savent pas écrire.

Sécrétariat, *s. m.* Charge, Ofice, Emploi & dignité de sécrétaire. Tems durant lequel on a exercé la charge de sécrétariat. Ce sont des droits & des privilèges attachez au sécrétariat. Son sécrétariat a été fort illustre.]

Secretement, *adv.* En secret. Tout bas. (Faire une chose secrétement, il lui a dit quelque chose fort secrétement.)

Secretes, *s. f. Terme d'Eglise*. Ce sont de certaines oraisons que le Prêtre dit tout bas à la Messe. (Dire les secrettes. Le Prêtre étant à la fin de la derniére secrette, il.)

SECTAIRE, *s. m.* Gens d'une secte hérétique. (Les derniers *sectaires*

sectaires lui ont fait des plaies sanglantes & mortelles. La *Chambre*. Il sembloit qu'Elizabet preferast les dogmes du Luter à ceux de tous les autres *sectaires*. Maucroix, *Schisme d'Angleterre*, l.3. p.445.

SECTATEUR, *s. m.* Ce mot se prend en bonne & en mauvaise part, & veut dire celui qui suit les sentimens de quelque particulier, qui les soutient, les défend & s'y atache avec ardeur. (Epictete & ses *sectateurs* croient que Dieu est seul digne d'être aimé & admiré, Pa*r*. Pen. Les sectateurs sont en grand nombre. Les sectateurs de Mahomet sont bien aveuglez.)

SECTE, *s. f.* Opinion suivie de plusieurs personnes. (Secte dangereuse. Faire une secte. Détruire une secte. Le Pirronisme n'est pas une secte de gens qui soient persuadez de ce qu'ils disent, mais c'est une secte de menteurs. Port-Roial. Il y a eu diverses sectes de Philosophes. Il y avoit trois principales sectes entre les Juifs. La secte des Esseens, la secte des Pharisiens & celle des Saducéens,)

SECTEUR, *s. m.* Terme de Geometrie. (Un Secteur de cercle est une portion de cercle, en forme de triangle mixte compris entre-deux demi-diametres & un arc de la circonference du cercle. *Pardies nouveaux Elémens de Géometrie*, l.4. art.4.)

SECTION, *s. f.* Partie de chapitre. (Une petite, ou une grande section. Les anciens n'avoient guére l'usage des sections par chapitre.*Traduction nouvelle de la Cité de S. Augustin. Tome* 5. 1. Remarque.)

Section. Terme de Mathematique. Si deux plans se coupent, ils se coupent en un ligne droite qui s'apelle *la commune section. Pardies, Géometrie*, l.5.art.16. On parle aussi des sections coniques, Ce sont diverses figures qui resultent, de la section d'un Cone par quelque plan, savoir le triangle, le Cercle, l'Ellipse, la Parabole, & l'hiperbole.

Section. Signifie aussi l'action de couper & les parties de la figure coupée. On dit faire la section d'une ligne. Faire la trisection d'une angle,c'est à dire,le couper en trois parties égales. Sections égales ou inégales. La plus grande ou la plus petite section d'une ligne, &c.

SECULAIRE, *adj*. Ce mot se dit de certains jeux qui se faisoient du tems de l'ancienne Rome, à la fin de chaque siècle, de cent ans en cent ans. (La derniere Ode d'Horace regarde les jeux seculaires.)

Seculariser, v. a. C'est faire passer de l'état Religieux à celui de Prêtre seculier. (Seculariser des Chanoines de Saint Augustin.) Ce mot se dit aussi en parlant des bénéfices possedez par des Religieux, de bénéfices en regle. Et c'est tirer le bénéfice de la regle de quelque ordre particulier de Religieux. (Ainsi on dit. Seculariser une Abaie. Seculariser un Prieuré, Par le traité de la paix de Munster, on a secularisé quelques Evêchez & quelques Abaies. Les Eglises qu'on secularise,conservent leurs anciens droits & leurs anciens privileges. *Fevret, de l'abus*, l.2.)

Secularisation, s. f. Prononcez *secularisacion*. Action de seculariser. (La secularisation de quelques Abaies s'est faite en France par l'autorité & par le consentement du Pape. La secularisation de quelques Evêchez s'est faite en Alemagne par les Princes & les Membres de l'Empire. Il faut pour la *secularisation* des Eglises régulieres, l'autorité du S.Siège, celle du Roi de l'Evêque du lieu & du Patron, & même le consentement du peuple, avec l'homologation du Parlement. *Fevres, traité de l'abus*,l.2.)

Seculier, seculiere, adj. Ce mot se dit des personnes & des puissances du siécle qui ne sont ni Ecclésiastiques,ni Religieuses & qui ont l'autorité en main. Ainsi on dit. (Le bras seculier Un Prince seculier. Puissance seculiere. Autorité seculiere.)

Seculier, seculiere, adj. Qui suit l'esprit du siécle. Qui est mondain. Profane. Qui est d'une personne qui aime les plaisirs, les vanitez & les choses du monde. (Un habit seculier. Façon de vivre seculiere & mondaine. Un Eclésiastique ne se doit point embarasser dans les afaires *seculiéres*.)

Seculier, seculiére, adj. Il se dit des personnes, & veut dire, qui n'est pas Religieux. (Etre Prêtre seculier.)

Seculier, seculiére, adj. Il se dit des choses, & signifie qui est du siécle. (La paume est un jeu seculier. La chasse est un divertissement seculier, c'est à dire,qui est propre aux gens du siécle.)

Seculiers, s. m. Les gens du siécle qui ne sont ni Ecclésiastiques ni Religieux. (Il faut laisser aux *seculiers* les divertissemens seculiers.)

Seculier, s. m. Simple Ecclésiastique. (Le Pape a acordé une Commende à un seculier. Les seculiers qui sont riches & qui ont du crédit, sont heureux,car ce n'est qu'à eux qu'on donne les Bénéfices en commende.)

Seculierement, adv. D'une maniere seculiere & mondaine. (Ils vivent un peu trop seculiérement.)

SECURITÉ, *s. f.* Ce mot vient du Latin *securitas*. C'est une grande assurance. (Le lion marche avec securité. Ceux qui vivent dans le déréglement mettent toute leur étude à se cacher leurs mœurs, & crainte de troubler la paix fausse & la *securité trompeuse*,dans laquelle ils veulent passer leurs jours. Voiez, Eclaircissement sur la vie Monastique.)

SED.

SEDANOISE, *s. f.* Terme d'*Imprimeur*. On a donné ce nom au plus petit caractére de l'Imprimerie. On l'apelle aussi *Parisienne*.

SÉDENTAIRE, *adj*. Ce mot vient du Latin *sedentarius*, & il se dit des personnes. Il veut dire, qui ne sort presque point, qui demeure ordinairement en un lieu, où il travaille du corps, ou de l'esprit. (C'est un homme fort sédentaire. Un artisan sedentaire.)

Sedentaire. Il se dit des choses, & signifie, qui oblige une personne à être sédentaire. Travail sédentaire. Vie sédentaire.) Il signifie aussi, qui est fixe en un endroit, qui demeure & est établi dans un certain lieu. (Philipe de Valois rendit le Parlement tout à fait *sédentaire* à Paris, régla le nombre des Conseillers & ordonna qu'ils travailleroient toute l'année. *Abé de Choisy, Hist. Phil. de Valois*, l.2.)

SÉDITIEUX, *séditieuse, adj*. Prononcez *séditieux*. Ce mot se dit des personnes & des choses, & veut dire qui va à exciter quelque sédition. Qui tâche à faire quelque sédition. Qui aime la sédition & le trouble. (Esprit séditieux. *Ablancourt*. Discours séditieux, *Ablancourt*. Clameurs séditieuses. *Patru*, plaidoié 7.)

Séditieux,s. m. Gens qui ont excité une sédition. Gens qui font quelque sédition. (La plupart des séditieux ont été executez.)

* *Séditieuse, s. f.* Celle qui trouble le repos dont on joüit. (On a caché la Verité au fond d'un puits, comme une séditieuse. *S. Evremont, in* 4. p.532.)

Séditieusement, adv. D'une manière séditieuse, D'une façon qui tend à quelque soulevement. En séditieux. (Parler séditieusement.)

Sédition, s. f. Soulevement du peuple contre son devoir. Mutinerie de peuple. (Exciter, causer, émouvoir une sédition. Alumer la sédition, Apaiser la sédition. Etoufer la sédition, *Ablancourt*.)

SÉDUCTEUR, *s. m.* Qui trompe quelcun en ce qui regarde la Religion, ou les mœurs. (On devroit sévérement punir un seducteur.)

Séduction, s. f. Tromperie dans des choses qui regardent la Religion, ou les mœurs. (La séduction merite d'être châtiée.)

Séduire, v. a. *Je seduis, j'ai séduit, je séduisis*. C'est tromper une personne dans les choses qui concernent la Religion, où les mœurs. Séduire un enfant. Séduire une jeune fille.

On se laisse aisément séduire à l'aparence.
Quand elle nous promet de nous rendre contens.

Séduit, séduite, adj. Trompé dans les choses qui regardent les mœurs ou la religion. (Jeune homme malheureusement seduit. Pauvre petite fille séduite par un coquin.
La raison peut être séduite

Par les beaux mots du b. P. Bouhours,
Liniére poësies.

SEE.

SÉELÉ. Voiez *Sélé*,

SEC.

SÉGLE, ou Seigle, *s. m.* Mot qui vient du Latin *Secale*, ou de l'Italien *segala*. C'est une sorte de blé qui croit plus haut que le froment, qui porte un grain plus long que celui du froment & qui après le froment est le meilleur de tous les blez. (On fait du pain de ségle, mais ce pain n'est pas si blanc que celui de pur froment, de sorte que pour le rendre plus blanc & meilleur on y mêle du froment Le régle échaufe & resout & vaut bien mieux pour cela que le froment. Le levain de ségla fait meurir & crever les abcez. Dal.

SEGMENT, *s. m.* Terme de Geometrie. Quand une ligne coupe un cercle, elle le coupe en deux parts, qu'on apelle segments. Vn *segment de cercle* est une portion de cercle terminée par une corde & par un arc de la circonference. Il y a des grands & des petits segmens. On parle de l'angle du segment & de l'angle dans le segment, &c.

† SEGREGER, Segregation. Ces mots sont écorchez du Latin. Dites & voiez *Separer* & *Separation*.

SEI.

SEIDA *s. m.* Sorte d'animal sauvage à quatre piez, haut d'une demi coudée, ou environ, qui a les moustaches d'un tigre, le museau d'un liévre, les oreilles d'un homme & qui est tout couvert de longs piquans ronds, blancs & noirs dont il se défend contre les animaux qui l'ataquent. (Le *Seida* nait en Afrique, il ne boit point, mais en recompense, il mange de toutes sortes de choses.)

SEIGNÉE, *seigner*. Voiez *Saigner* colonne *Sai*.

SEIGNEUR, *f. m.* Celui qui eſt maître d'un lieu féodal. Celui qui eſt le maître & le propriétaire de quelque choſe. (*Haut & puiſſant Seigneur.* On donne ces qualitez aux Seigneurs des hautes & grandes Seigneuries. Seigneur foncier. Seigneur haut juſticier. Voiez *Loiſeau traité des Seign.*)

Seigneur. Ce mot eſt pris pour un titre d'honneur, & un nom d'autorité, qui ſignifie celui qui tient l'autorité publique. *Loiſ. liv. des Seign.*

Seigneur. Ce mot ſignifie dans l'Ecriture & les livres de pieté la même choſe que Dieu. (Heureux celui qui craint *le Seigneur, Port-R. Pſ.cxi.*)

Le Grand Seigneur. C'eſt le Grand Turc.

† *Seigneur.* Ce mot ſe dit quelquefois en riant & ſignifie *Monſieur.*

(*Seigneurs* Chevaliers Catalans
Vous êtes civils & galans.
Voiture, Poëſies.

La jeune Doriméne ſe marie avec le *Seigneur* Sganarelle qui n'a que 55. ans. *Moliere.*

* *Seigneur.* Ce mot ſe dit en terme d'Aſtrologie & de Géomance. C'eſt la planette qui domine dans une maiſon du ciel.

Serge de Seigneur. Terme de *Marchand Drapier.* C'eſt une ſorte de ſerge fine & luiſante, dont ſe ſont habillez durant quelque tems, des perſonnes de qualité.

† *Tant vaut le Seigneur, tant vaut la Terre.* Façon de parler proverbiale, pour dire que le revenu d'une terre augmente à proportion du ſoin qu'en prend le propriétaire.

Seigneuriage, ſ. m. Terme de *Monoie.* Droit que leve le Prince pour la fabrication de la monoie. Ce droit eſt une petite ſomme d'argent que le Prince par droit de ſouveraineté leve ſur chaque marc d'argent, de billon & de cuivre en œuvre de monoie, comme ſur les Loüis d'or *ſeigneuriage* eſt de ſept livres dix ſous, douze vint-troiſiémes de denier.

Seigneurial, ſeigneuriale, adj. Qui eſt de Seigneur. Qui apartient au Seigneur. (*Droit ſeigneurial.* Terre ſeigneuriale.)

Seigneurie, ſ.f. Droit de propriété. Puiſſance proprietaire. Terre ſeigneuriale. Puiſſance en propriété. Il y a pluſieurs ſortes de ſeigneuries, il y a des Seigneuries publiques, Seigneuries privées Seigneuries, ſimples, directes, grandes, hautes, ſouveraines, ou médiocres. Les grandes & hautes Seigneuries ſont les Duchez, Pairies, Marquiſats & Comtez ; & les médiocres Seigneuries, ce ſont les Vicomtez, Baronies, Chatelenies, &c.

Seigneurie. Ce mot ſe dit en parlant de Veniſe. C'eſt un conſeil compoſé du Duc & de ſix Conſeillers, qui préſide avec les trois principaux Conſeils de Veniſe, de ſorte que ce petit conſeil qu'on apelle *la Seigneurie* eſt comme la tête du corps de la République. *Seigneurie* ſignifie auſſi toute la République de Veniſe. Il ſe plaignit de ce que la *ſeigneurie* laiſſoit paſſer des corſaires dans ſon golfe. *Amelot hiſt. de Veniſe.*

† *Seigneurie.* Ce mot ſe dit en riant, & ſignifie ce que le mot de *ſignoria* ſignifie entre les Italiens en parlant à une perſonne civilement. (Tres-humble ſerviteur à *vôtre Seigneurie. Moliere Cocu imagin. ſ.23.*)

Seillure, ſ. f. Terme de *Marine.* Voiez *Sillage*, car c'eſt la même choſe.

Seime, ſ. f. Terme de *Maréchal.* C'eſt une fente dans la corne des quartiers du cheval qui s'étend depuis la couronne juſques au fer, qui eſt douloureuſe, & fait boiter le cheval. (Cheval qui a une ſeime.)

Sein. Ce mot ſe dit de l'homme & de la femme, mais plus ordinairement de la femme. C'eſt la partie du corps où ſont les tetons, les mamelles. Elle a un beau ſein. Le ſein de cette fille n'eſt pas encore formé. Elle n'a point de ſein. Cette femme a perdu ſon ſein. Elle avoit le ſein découvert, & faiſoit voir deux petits globes animez plus blancs que la nége.

Et ſur ſon *ſein* peut-être aprés ce doux baiſer,
Elle me fera repoſer,
Segrais eglogue 5.

* *Sein.* Ce mot ſe dit au figuré, & ſignifie un creux, ou une capacité qui peut contenir quelque choſe. (Ainſi l'on dit le ſein de la terre, & de la mer, &c. Les Poëtes diſoient que le Soleil aloit coucher tous les ſoirs dans le ſein de Thétis, *c'eſt à dire*, dans la Mer. Les métaux, & les mineraux ſont enfermez dans le ſein de la Terre.)

† La nouvelle de cette mort lui plongea un poignard dans le ſein *c'eſt à dire*, l'afligea cruellement.

* Les Theologiens parlent du ſein d'Abraham, du ſein de la gloire, qui eſt le Paradis.

† * L'Egliſe reçoit les fidéles dans ſon ſein, ou dans ſon giron.

Les Canoniſtes diſent que le Pape a tous les droits dans ſon ſein, *in ſinu pectoris*, & qu'il ne peut ſe tromper dans le droit.

* Il porta la guerre dans *le ſein* de la Grece. *Vangelas, Quin. livre 4.*

* Une Egliſe ſeule à ſes yeux immobile
Garde *au ſein du tumulte* une aſſiete tranquille.
Depreaux, Lut. c.1.

Sein. Ce mot ſe dit *en parlant de mer* & c'eſt un golfe qui eſt ordinairement de petite étenduë. Il entra dans le ſein Perſique. *Abl. Ar.* On dit auſſi le ſein Arabique, qui eſt la Mer rouge. Hors de ces deux endroits, on dit toujours Golfe. Voiez *Golfe.*

Seine. Voiez *ſéne.*

Seing, ſ. m. Ce mot ſignifie *ſignature*, & ne ſe dit proprement qu'en terme de Palais & en parlant d'afaire. Reconnoître ſon ſeing. *Le Mai.* Acte ſous ſeing privé. *Patru, troiſiéme plaidoié.*)

Blanc-ſein. Voiez *Blanc-ſigné.*

Sejour, ſ. m. Lieu où l'on demeure, & où l'on s'arrête quelque tems. La demeure qu'on fait en quelque lieu. Le tems qu'on demeure en un endroit.

Loin du ſejour de mon Prince
Où le deſtin ma confiné.
Main Poëſies.

Paris eſt un charmant ſéjour,
C'eſt le païs de tout le monde.
Paris eſt un ſejour commode,
Où chacun peut vivre à ſa mode.

Londres, cette bonne & grande vile vous atend, c'eſt là que vous devez fixer vôtre ſejour, *S. Evrem. œuv. mêlées in 4. p.444.* La priſon eſt un triſte ſejour. Le Ciel eſt le ſejour des bien-heureux.

On dit au Palais, taxer à quelcun ſon voiage & ſon ſejour.

Sejourner, v. a. Demeurer quelque tems en un lieu. Il a ſejourné prés d'un mois à Madrid.)

Seize, ſeiziéme. Voiez la colonne ſuivante *ſéz.*

SEL.

SEL, *ſ. m.* Mot qui vient du Grec & de plus prés du Latin, *Sal.* Il ne ſe dit bien au pluriel qu'en termes de *gabelle* & de *Chimie.* Le *ſel* en général eſt un mixte chaud & ſec produit par la nature, ou par l'air avec de l'eau ſalée, lequel ſert à aſſaiſonner & à conſerver les choſes. Il y a trois ſortes de ſel commun, le ſel foſſile ou le ſel gemme, le ſel des fontaines & le ſel marin. *Le ſel gemme* eſt un minéral que la nature produit dans les entrailles de la terre, & il eſt la ſource des autres qui ſe font. Il y a des mines & des carriéres de ſel en Pologne. Le ſel commun & pour l'uſage ordinaire eſt blanc, ou gris, ſel noir, gros ſel & menu ſel. (S'il ſurvient quelque irruption de nos ennemis dans la Franche-Comté où ſe debitent les ſels des ſalines, nous ferons quelque diminution. Voiez. *Le bail des Gabelles, art.22.*

Sel. Terme de *Chimie.* C'eſt un principe ſec & friable, combuſtible & incorruptible, ſe diſſolvant aiſément dans l'eau & capable même de fuſion ſans aucune addition. *Glaſ. l. 1. Il y a de pluſieurs ſortes de ſel en chimie. Sel fixe. Sel volatil. Sel de tartre. Sel d'antimoine. Sel de Saturne, de Mars, de Jupiter, &c. Le ſel fixe ſe laiſſe emporter par les ſels & les eſprits volatils s'ils ſont mêlez avec lui au triple. Glaſ. l.1.* On dit en termes de Chimie calciner, fixer, & purifier le ſel.

Il y a un ſel qu'on apelle ſel armoniac. *Le ſel armoniac* des anciens ſe trouvoit en Aſie & en Libie au lieu où les chameaux des caravanes ſe repoſoient. L'urine des chameaux s'imbiboit dans le ſable, & le ſel volatil que cette urine contenoit étoit ſublimé par les raions du Soleil juſques à la ſuperficie du ſable, & ceux du païs l'amaſſoient pour le vendre aux autres nations. Le ſel armoniac moderne eſt compoſé de ſel marin, de ſuie de cheminée & de l'urine des animaux. Purifier le ſel armoniac. Voiez *Glaſer c.12. traité de Chimie.*

Sel, il ſe dit en parlant de la Terre. C'eſt ce qu'on croit qui rend la Terre fertile. On dit, cette Terre n'a point de ſel, *c'eſt à dire*, qu'elle devient incapable de produire, pour peu qu'elle ait produit.

* *Sel*, Ce mot *au figuré* n'a point de pluriel & a divers ſens. Exemples.

(* Les Prelats ſont la lumiére & *le ſel* de la Terre. *Patru, plaidoié 5.*)

* Je n'y ai pas trouvé le moindre grain de ſel. *Moliere.* C'eſt à dire, la moindre pointe, ou ſubtilité d'eſprit, & je n'y ai pas trouvé un bon ſens.

* Horace jettant *le ſel* à pleines mains
Se joüoit aux dépens des Colletets Romains,
Depreaux, Sat.9.)

Selenite, ſ. f. Ce mot eſt Grec. C'eſt le nom qu'on a donné à une pierre rare, de laquelle on dit qu'elle croît & décroît ſelon la Lune. *Martinius*, dans ſon voiage de la Chine, dit qu'il y en a dans le Palais de Pekin, qui ſont d'un prix inſtimable.

BBbbb iij   SELB

SEL

SELENOGRAPHIE, *f. f.* Ce mot est Grec & signifie la description de la Lune comme *Geographie* veut dire description de la Terre. La *Selenographie* est donc une science qui fait la description de la Lune & de toutes ses aparances, autant qu'on en a pû découvrir de si loin à l'aide des telescopes. Hevelius, Astronome de Dantzic, a fait le prémier un livre de la Selenographie. Les Astronomes de Paris, qui travaillent à l'observation du Roi, ont fait des Cartes Selenographiques.

SÉLERAT, *scelerat, adj.* Ce mot vient du Latin *scelleratus*, & il se dit des choses & des personnes & veut dire Méchant. Perfide. Noir & malin. Voilà qui est selerat. Mol. Il est selerat. Elle est selerate.

Selerat, *s. m.* Ce mot pris substantivement ne se dit que des personnes, & il signifie méchant, qui n'a ni foi ni loi, & souvent ni cœur ni honneur. On trouve d'illustres *selerats*, mais on ne trouve point d'illustres avares. C'est un vrai selerat, un selerat fameux, horrible, détestable. C'est un franc selerat.

De tous les tours qu'il fait, il ne craint point l'éclat,
Il a permission d'être franc selerat. *Mol. Misant. a. 5. sc. 11.*

Selerate, *s. f.* Il signifie, méchante, perfide, qui n'a ni foi ni loi. (Une franche selerate. Elle passe pour selerate. C'est une petite selerate.

SELLÉ, *sellée, s. m.* L'un & l'autre s'écrit. Le mot de *sellé* est de pratique & signifie *seau*. (Aposer le sellé. Lever le sellé.)

Selle, *s. f.* Siège de bois à trois piez sur lequel les garçons cordonniers & quelques autres artisans sont assis lors qu'ils travaillent. (Selle rompue.)

Selle. Ce mot se dit *en parlant de chevaux*. C'est un ouvrage de sellier qu'on met sur le dos d'un cheval pour la commodité de la personne qui le monte. *La selle rase* est composée de deux arçons, de deux bandes, de panneaux, & d'un pommeau. *La selle à piquer*, est composée de toutes ces parties & a de plus un troussequin & les liéges. Etre bien placé dans la selle. Cavalier qui perd le fond de la selle. Il y a outre les selles rases & les selles à piquer des *selles à la Roiale*, à l'*Angloise*, à la *Holandoise* ; les selliers disent. (Feutrer une selle. Monter une selle. Harnacher une selle.) C'est lui mettre les sangles, les surfaix, les étriviéres & la croupiére. On dit aussi Ferrer une selle, & même on dit, Ferrer une selle d'argent.)

Une selle à tous chevaux. Au propre c'est une selle dont les arçons sont mobiles & au figuré, c'est un même remede pour des maladies diférentes.

† Selle. Ce mot se dit *en parlant des malades*, & d'autres gens qui ont pris quelque remede. Il signifie premiérement un certain siége propre à mettre un bassin de chambre, où l'on décharge son ventre. (Il est sur la selle.) 2. La décharge du ventre. (Cette purgation lui a fait faire plusieurs selles. Aller à la selle.) 3. Ce sont aussi les excremens qu'on a rendus par les conduits naturels. (Vuider du pus par les selles. Garder ses selles pour les montrer au Medecin.)

Selle. Terme de *Sculteur*. Ce surquoi le sculpteur met son modéle lorsqu'il commence à travailler. On apelle aussi cette selle *un chevalet*.

Seller, *v. a.* La premiére silabe de ce mot est longue & il signifie. Mettre le *sellé* Mettre un seau. (Autrefois en France on ne signoit point, on *selloit* seulement. *Loiseau, l. 1. c. 4.* Seller une sentence.)

Seller. Terme de *Maçon*. C'est faire un trou dans un mur, y mettre quelque cheville, crampon ou autre chose & le reboucher en suite proprement avec du plâtre afin d'assurer la cheville, ou le crampon. (Seller une cheville dans un mur.)

Seller. La premiére silabe de ce mot est bréve, & signifie mettre la selle sur le dos d'un cheval. (Seller un cheval. Cheval bien ou mal sellé.)

Selette, *s. f.* Ce mot se dit *en parlant de criminel*. C'est une espéce de petit banc où l'on fait asseoir en présence de ses juges une personne acusée pour l'interroger avant que de la juger tout à fait. Cette *selette* se couvre d'un tapis quand l'acusé ou l'acusée sont de qualité, ou d'un mérite considérable. (Etre sur la selette. Mettre un criminel sur la sélette.

Sèlette. Terme de *Bernardin*. C'est un petit banc au milieu du réfectoire, sur lequel dîne le Religieux qui a fait quelque faute & qui pour l'ordinaire est privé de la portion de vin. [Etre à la sélette.]

Sélette. Ce mot se dit *en parlant de la charruë* & est un Terme de *Charron & de Laboureur*. C'est la partie de la charruë sur quoi pose le bout de la haie.

Sélette. Terme de *Crocheteur*. C'est le morceau de bois plat qui fait le fond des crochets.

Sélette. Terme de *Gagne-petit*. C'est un morceau de planche élevé & soutenu de quatre espéces de bâtons sur lequel le gagne-petit pose son seau.

Sélette. Terme de *Maçon*. C'est une des parties de l'engin servant à l'Architecture.

SEM

SELLEUR, *s. m.* C'est un Oficier qui a été érigé en 1567 en chaque juridiction pour garder les seaux & pour seller. *Loiseau, l. 2. c. 4.*

SELLIER, *s. m.* Ouvrier qui fait le harnois des chevaux de selle & qui garnit les carosses. (Un bon sellier.)

SELON. Préposition qui régit l'acusatif, & qui veut dire *suivant*, que c'est ce que les Latins apellent *secundum*. (C'est une piéce qui est *selon* les régles. Moliére Les femmes, *selon mon sens*, ne sauroient trop avoir d'esprit ; C'est l'esprit qui rend leurs défauts plus suportables.) Voiez aussi *Suivant*.

Selon. Ce mot se met quelquefois sans régime. Exemple. (Mon Pére, lui dis-je, n'est-on pas obligé de fuïr les ocasions du péché, non pas toujours, me dit-il. C'est *selon*, *Pas. l. 5.*

Selon-que. Sorte de *conjonction* qui régit l'indicatif. (Selon-que je vous connois honnête homme, je crois que vous ne manquerez pas à la parole que vous m'avez donnée.)

SEM.

SEMAILLE, *s. f.* Terme de *Laboureur*. C'est le tems où l'on séme. (La semaille du sègle est après la Sainte Croix. La semaille des blez fromens à la S. Luc, & celle des aveines & des orges en Mars, ou quelque peu auparavant. [Les semailles sont faites.]

SEMAINE, *s. f.* Prononcez *seméne*. Sept jours. On travaille six jours de la semaine, & l'on se repose le sétiéme. Il y a cinquante deux semaines dans une année. *La Semaine sainte*. C'est la semaine qui est immédiatement devant Pâque. On compte des semaines d'années, comme dans les Prophéties de Daniel. *La Semaine*. Du Barras a donné ce nom à un Poëme qu'il a fait touchant l'ouvrage de la création.

Faire la semaine. C'est faire quelque chose pendant une semaine. On le dit particuliérement des Eclésiastiques qui font l'Ofice pendant une semaine.

Sémainier, *s. m. sémainiére, s. f.* Religieux ou Religieuse, ou Chanoine qui est chargé de faire l'Ofice pendant une semaine. On le dit aussi dans quelques Communautez qui exercent quelques fonctions par semaines.

SEMBLANT, *s. m.* Feinte. (Faire semblant d'aimer. C'est à dire, faire feinte d'aimer. *Ne faire semblant de rien*. C'est à dire, dissimuler, ne témoigner rien de son dessein, ni de son sentiment.

Je ne suis pas le seul qui se pique de l'être
Et qui n'en fait que le *semblant*. *Cadmus, a. 3. sc. 2.*)

Semblable, adj. Pareil. (Il est en cela semblable à son pére. O que c'est un grand comédien. Il ne change jamais, il est toujours semblable à lui même. Ces deux jumeaux sont semblables. Ils sont semblables à nous, de la ceinture en haut. *Ablan. Luc. Tom. 2. hist. veris.* Le cas n'est pas semblable. On n'a jamais rien vû de semblable. Chacun aime son semblable. La consolation des malheureux est d'avoir des semblables.)

Semblable. En terme de *Géométrie*, ce mot se dit des figures planes & des solides *Triangles semblables*, ce sont ceux qui ont les angles égaux à chacun, & dont les côtez sont proportionnels. Plan semblable. Solide semblable.

† *Semblance, s. f.* dites & voiez *Ressemblance*.

Sembler, v. a. Paroître. Fraper le sens, ou l'imagination. Croire de voir ou de connoitre quelque chose. Ce verbe est une maniére d'impersonnel qui régit quelquefois un acusatif après soi, mais ordinairement il est suivi de la particule *que*, avec l'indicatif, ou subjonctif selon que l'oreille le juge à propos. (C'est un mot dont *il semble* que l'on ne se peut passer. *Vaugelas, Remarquer*, Il semble qu'il est nécessaire de tems en tems de remettre les bons livres en usage. *Ablancourt, Préface sur la retraite des dix mile*. S'il vous semble que j'aïe manqué en cela. *Voiture, lettre 150. Ce me semble*, c'est à dire, *comme il me semble*.

Boire & manger, coucher ensemble
Tout ce mariage, *ce me semble*.)

SEMELE, ou *semelle, s. f.* Terme de *Cordonnier*. Cuir sur quoi pose la plante du pié, & c'est ce qu'on apelle *la premiére semele*. Cuir qui fait le dessous du soulié & autour duquel est la gravure du soulié, & c'est ce qu'on nomme *la derniére semele*. Il y a aussi une premiére semele de talon & une derniére semele de talon. [Un soulié à simple semelle. Soulié à deux bonnes semelles. Coudre les semelles. Lisser les semelles. Semelle de cuir. Semelle de feutre. *Semelle de crin*, c'est du crin étendu de la grandeur du pié qu'on met dans le soulié pour le remplir, & pour tenir le pié chaud.]

Sémele, ou *semelle*. Ce mot se dit en parlant de *bas*. C'est le dessous d'un bas & sur quoi pose directement la plante du pié [Semelle de bas troüée. Mettre une paire de semelles à des bas.]

SEM

Semelle. Ce mot se prend aussi pour une mesure de la grandeur du pié, comme quand on dit, il a sauté dix ou douze semelles, & que les jouëurs de boule mesurent par semelles, la distance de la boule au but.

Semelle. On dit encore ce mot de diverses choses qui sont plates comme des semelles.

† * *Batre la semelle.* On dit que les compagnons de métier vont batre la semelle, quand ils vont à pié de ville en ville pour chercher maître & pour y travailler.

Sémele. C'est le nom propre d'une des maîtresses de Jupiter qui fut mére de Baccus, & qui eut le malheur d'être brûlée par cet amant banal.

Semele, ou *semelle*. Terme de Mar. Assemblage de trois planches mises l'une sur l'autre, raillées en semelle de soulié, qui servent aux heus & aux bélandes pour aller à la bouline. *Guillet.*

SEMENCE *sub. fem.* Ce mot en parlant des créatures animées, c'est le principe de leur être, & qui est formé de leur sang. C'est une substance qui a la vertu d'engendrer. (Malheur à celui qui perd sa semence. Les femmes ont des vaisseaux spermatiques & par conséquent elles ont de la semence, elles en jettent aussi dans l'acouplement, mais leur semence n'est pas si vigoureuse que celle des hommes. La semence coule de toutes les parties du corps, & c'est l'opinion la plus probable.)

Semence. Grain, ou graine qu'on séme. [Cette semence est fort bonne. On choisit pour semer la meilleure semence que l'on peut.

* *Semence.* Ce mot se dit en parlant des perles, & veut dire petites perles. (De belle semence de perles.)

* *Semence.* Ce mot, au figuré signifie, sujet, cause. (Il a laissé dans les semences d'une nouvelle guerre. *Ablancourt. Tac.* La victoire n'est pour toi qu'une semence de nouvelle guerre. *Vaug Q. C. l. 7. ch. 8.* Etoufer les semences d'une guerre civile. Etoufer les semences d'une nouvelle revolte. *Ablancourt, Ar. l. 4.* N'avoir aucune semence de vertu.)

On a dit que le sang des Martirs a été une semence dans l'Eglise, qui a produit de nouveaux Chrétiens. Les formalitez établies en grand nombre sont des semences de procez.

Semer, v. a. C'est jetter du grain, ou de la graine sur de la terre cultivée, afin que ce grain, ou cette graine produise dans un certain tems. (Semer une planche de jardin. Sémer un champ qui a eu tous les labours.)

* *Semer.* Divulguer. Répandre. Remplir.

† * Il faisoit *semer* des calomnies contre les enfans d'Agripine *Abla. Tac.* Ils semoient des roses sur le chemin de la belle, *Voit. Poë.* Semer des héresies. Semer des libelles. Semer secretement de l'argent parmi le peuple pour l'exciter à la revolte.)

* Déja de leur abord la nouvelle est semée, *Racine, Iphigenie. a. 1. s. 4.*

* *Semé, semée, adject.* Ce mot, au figuré, signifie plein & rempli. (La côte d'armes du Roi Jean étoit toute semée de fleurs de lis d'or. *Abé de Choisi, hist. du Roi Jean. l. 1. ch. 9.* Le joug étoit tout semé de pierreries. *Vaug. Quin. l. 3. chap. 3.* C'est à dire, étoit rempli de pierreries. L'argent est clair semé chez lui. *Scaron.* C'est à dire. Il n'a guére d'argent.)

Semestre, s. m. Six mois. (Les Conseillers du grand Conseil & de la Cour des monnoies servent par semestre. Entrer en semestre. Sortir de semestre. Semestre d'hiver. Semestre d'été.)

Semeur, s. f. Celui qui séme du grain. (Il faut avoir deux, ou trois semeurs parce qu'il faut semer promtement & que le tems est beau.)

Semi-bréve, s. f. Terme de *Musique.* C'est une note blanche, figurée en quarré sans quëuë, qui est posée sur les angles, ou en losange, & qui vaut une mesure. Ce mot *semi* entre encore dans la composition de quelques autres mots, comme *semi-pite, semi-prébende, semi-prouva, semi-ton.* Il signifie autant que *demi.* Voïez *demi.*

Semi-vulpa, s. f. Animal terrestre qu'on voit en Afrique, qui a cela de particulier, qu'il a un sac ataché au sternon, d'où ses petits sortent pour teter & où ils rentrent aprés avoir teté.

SÉMI-*double*, adj. Terme d'*Eglise*, qui se dit en parlant de fête, & d'ofice. C'est l'ofice, ou la fête où l'on dit neuf leçons & où l'on ne double point les antiennes de l'ofice ; mais aux fêtes doubles, ou aux ofices doubles, on double les antiennes & aux simples il n'y a que trois leçons.

† SEMILLANT, *semillante, adject.* Ce mot est bas, & signifie remuant, & éveillé. Il ne se dit que des enfans.

SEMINAIRE, *s. m.* Lieu où l'on instruit & où l'on prépare à l'ordre de Prêtrise ceux qui veulent être Eclesiastiques. Congregation d'Eclésiastiques dont S. Augustin a été le premier instituteur. *Le Pere Tomassin dicipline de l'Eglise. 1. partie Chapitre 39.*

Séminaire. Terme de *Chanoine de Saint Augustin.* Sorte de Colége où les Chanoines de Saint Augustin tiennent pensionnaires & enseignent les classes. Il y a deux ou trois de ces séminaires aux environs de Paris où les enfans sont bien élevez.

Séminaire. Ce mot se dit encore, par extension, des lieux où l'on aprend à bien vivre & à bien s'aquiter de sa profession. La maison de cette Princesse est un séminaire de vertu. L'hotel des Mousquetaires est un séminaire d'Oficiers. Tel, ou tel lieu est un séminaire de bons ouvriers.)

Seminariste, s. m. Eclésiastique qui vit dans un Séminaire, & y vit trés regulierement & selon les anciens Canons de l'Eglise. (Jean, Roi de France, portoit les cheveux aussi courts qu'un seminariste le plus réformé. *Thiers, hist. des perruques.*)

Semoir, sub. mas. Espéce de sac qu'on s'atache par un bout au cou, & où l'on met le grain lorsqu'on séme. (Semoir percé. Metre du blé dans le semoir.) En quelques endroits le semeur se sert d'une espece de boisseau au lieu de sac.

* SEMONCE, *s. f.* Terme vieux & burlesque, & qui n'entre que dans le stile bas, comique & satirique. Il veut dire *Solicitation, Invitation.*

(De tous côtez se trouvant assaillie,
Elle se read aux *semonces* d'amour. *Poëte anonime.*)

† SEMONDRE, *v.* Vieux mot pour dire *Inviter*, & qui ne se dit que parmi les gens de certaines Provinces de France, & encore n'a-t-il cours que parmi ceux qui parlent le plus mal. (Semondre quelcun aux noces. Son air nous semond à boire. *S. Am.*)

† *Semonneur, s. m.* Celui à qui le juré crieur donne les billets d'enterrement pour les aller porter par la vile aux personnes qu'il lui a marquées. (C'est un billet d'enterrement que le *semoneur* me vient d'aporter. Le mot de *semoneur* n'est pas fort usité à Paris, où l'on apelle *pleureur*, celui qu'on nomme ailleurs *semonneur.*

† SEMPITERNEL, *sempiternelle, adject.* Mot burlesque & satirique qui ne se dit proprement qu'au *féminin.* C'est un mot écorché du latin qui veut dire. *Qui dure toujours.* Qui vit toujours. (C'est *une vieille sempiternelle.* C'est à dire, une vieille qui devroit être en terre il y a long-tems & qui cependant, vit encore.)

SEN

SÉNAT, *s. m.* Il vient du Latin *Senatus.* Ce mot se dit en parlant de l'ancienne Rome. (C'étoit un lieu celebre dans l'ancienne Rome où l'on rendoit la justice. (Cesar fut poignardé dans le Sénat.)

* *Sénat.* Ce mot signifie les Sénateurs & les autres ordres qui composoient le Sénat Romain. (Le Sénat prit le deüil. Voïez *Ciceron dans l'oraison pour Sextius.*)

* *Sénat.* Ce mot se dit aussi de certaines assemblées souveraines qui sont hors de France. Ainsi on dit. Le Sénat de Chamberi. Le Sénat de Venise de Pologne. Le Sénat de Danemarc.)

Sénateur, s. m. En Latin *Senator.* Il se dit particulierement des anciens Romains, & veut dire celui qui dans le Sénat de Rome disoit son avis en qualité de Juge & décidoit sur les afaires qui s'y plaidoient. (Romulus fit les premiers *Senateurs*, & ensuite on en ajoûra d'autres à ceux-là & depuis ils furent tous apellez *patres conscripti.*

* *Sénateur.* Ce mot se dit aussi de certaines personnes de merite, & d'autorité de quelques Roïaumes & de quelques Republiques étrangeres. Il signifie une personne qui est, ou qui doit être consommée dans les grandes afaires, & qui par les conseils aide à gouverner le Roïaume, l'Etat, ou la Republique. Les Sénateurs les plus renommez de l'Europe, ce sont ceux de Suede, de Venise, & de Danemarc. Je ne dis rien de particulier des Senateurs de Venise, parce qu'on croit que la description qu'on vient de donner en general du Senateur étranger leur convient assez. Mais il y a quelque chose à dire des *Senateurs de Danemarc*, qui sont presentement que les Senateurs d'heureuse memoire. Car depuis que Frederic troisiéme pere de Crétien cinquiéme qui regne aujourd'hui en Danemarc réforma le gouvernement en faisant son Roïaume hereditaire, il n'y a plus de Senateurs de Danemarc. Mais avant Frederic, les Senateurs de ce Roïaume étoient des personnes consommées dans les grandes afaires de qui le Roi prenoit conseil sur la conduite de son Roïaume. Il y avoit de ces Senateurs qu'on apelloit les Senateurs du Roi, à cause que le Prince les consultoit particulierement, & qu'ils étoient plus dans ses interêts que les autres. *Les Sénateurs de Suede*, ce sont des personnes de qualité & de merite qui aident sa Majesté Suedoise Charles Onziéme à gouverner le Roïaume & de qui le Roi prend l'agrément pour toutes les grandes afaires qu'il souhaite d'entreprendre. On dit qu'entre ces Messieurs il y en a cinq principaux, qui sont les tuteurs du Prince durant sa *minorité*, & à qui dans les resolutions des diettes on donne le titre de Gouverneurs du Roïaume. Mais en general les Senateurs de Suede sont apellez les Senateurs du Roi, & du Roïaume. Leur nombre fut

fut autrefois fixé à 12. après à 24. & depuis les conquêtes des Rois de Suède à 40. Mais préſentement que le Roiaume eſt tranquille, on croit qu'on en pourra retrancher quelques-uns. Les charges de ces Meſſieurs ne ſont point héréditaires, parce qu'elles ne ſont point vénales. Du reſte, quand on leur parle, ou qu'on leur écrit, on les traite d'Excellence.

† **Sénateur.** On ſe ſert de ce mot en raillant pour dire *un conſeiller vieux & grave.*

Sénatorien, Sénatorienne, adj. Qui eſt de race de Sénateur. [Cette maiſon eſt de race Sénatorienne.]

Séné, ſ. m. Plante qui porte des gouſſes noirâtres tirant ſur le verd, un peu ameres, retournées, & plates, aiant au dedans une graine noire ſemblable à des pepins de raiſin. (Le ſéné de Levant eſt le meilleur, il purge la bile noire & la pituite du cerveau.)

Séne, ou **Seine,** ſ. f. C'eſt une des plus conſidérables rivières de France, qui prend ſa ſource au bourg de Saint Seine en Bourgogne, qui paſſe par une partie de la Bourgogne, de la Champagne, par l'Iſle de France & par la Normandie & ſe va jetter dans la mer auprès de Harfleur, ſur la côte de Normandie. (La Seine eſt belle. & groſſe à Paris. Voiez les Livres de Géographie de Sanſon, & les Riviéres de Coulon.)

Séne, ou **ſeine,** ſ. f. Terme de *Pêcheur*. C'eſt une ſorte de filet à prendre des poiſſons. [Tendre la ſéne. Voiez *les ruſes innocentes*, l. 5. c. 12.

Séne, ou **Scene.** Terme de *poëſie*. C'eſt le lieu où s'eſt paſſée l'action qu'on repréſente & qu'on met ſur le teâtre. Ainſi on dit. [La ſéne eſt à Paris. La ſéne eſt à Meſſine, &c.]

Séne, ou **ſcéne.** Ce mot ſe dit en parlant de poëmes, C'eſt le lieu couvert où les auteurs jouënt leurs perſonnages. *Pratique de teâtre*, l. 3. c. 7.

[On vous admire ſur la ſcéne.
Mais vous n'avez plus de Mécene. *Mai. poëſ.*
L'on ne doit point enſanglanter la ſcéne.]

Séne, ou **ſcéne.** Terme de *poëſie*. C'eſt la partie d'un acte d'un poëme dramatique laquelle aporte du changement au teâtre par le changement des acteurs. [il n'y doit avoir ni trop, ni trop peu de *ſcénes* dans chaque acte. Elles doivent toutes contenir quelque choſe de nouveau & être liées ingenieuſement les unes avec les autres. Sene qui n'eſt pas bien fondée. Sene qui n'eſt pas bien liée.]

Séne, ou **ſcéne de tableau.** Terme de *Peinture*. C'eſt le lieu où l'action qu'on repréſente dans le tableau s'eſt paſſée. (Voilà une belle ſene de tableau.)

* Ce phantôme qu'on *met ſur la ſéne* eſt le fruit honteux d'un aveuglement déplorable. *Patru. plaidoié* 2. C'eſt à dire, ce phantome qu'on fait paroitre.

Sénéchal, ſub. maſ. Celui qui eſt le chef de la Juſtice d'une certaine contrée, au nom duquel on prononce & qui lors qu'il eſt beſoin, convoque, aſſemble, & conduit le ban & arriére-ban des Gentilshomme de ſa contrée. *Voiez Joli, Edit de la création des ofices des Sénéchaux*, liv. 3.

Sénéchale, ſ. f. C'eſt la femme du Sénéchal. [Madame *la Sénéchale* eſt reſpectée dans toute la Province.]

Sénéchauſſie, ſub. fem. C'eſt la juridiction du Sénéchal. Etenduë de la juriſdiction & du reſſort du Sénéchal. [L'édit de la création des ofices des Sénéchaux veut que les Sénéchaux reſident dans leurs Sénéchauſſées. *Joli, des Of.* l. 3. Les apels des Sénéchauſſées reſſortiſſent directement au Parlement.]

‡ **Senegré,** ſ. m. Plante qu'on apelle autrement *Fenouil Grec.*

† **Sener,** v. a. Ce mot ne ſe dit guére. Il ſignifie *châtrer*. (On dit ſener une lice, quand on lui ôte les racines.)

† **Seneſtre,** adjec. C'eſt un vieux mot tiré du Latin. Il ſignifie *gauche*. Et il eſt encore en uſage, en termes de *Blaſon.*

Seneſſon, ſ. m. Sorte d'herbe qu'on donne aux lapins & qui ſert dans les lavemens. [Les fleurs & les feüilles du ſeneſſon rafraichiſſent. Le ſeneſſon eſt verd toute l'année. Seneſſon grand. Seneſſon puant. *Dol*.]

Senevé, ſub. maſ. Sorte de petite graine ronde & rouge propre à faire de la moutarde. [Le Roiaume du Ciel eſt ſemblable à un grain *de ſenevé* qu'un homme prend & ſeme en ſon champ. *Port-Roial. Nouveau Teſtament, S. Matt.* c. 13.]

Sénographie, Scénographie, ſ. f. Mot tiré du Grec. L'un & l'autre s'écrit. Terme d'*Architecture*. C'eſt une maniére de deſſiner un édifice lorſqu'il eſt repréſenté en perſpective. Repréſentation en relief. Modele d'un édifice. [Voilà une belle ſénographie.]

Sens, ſ. m. Prononcez *ſans*. C'eſt une faculté de l'ame pour concevoir les choſes ſenſibles & pour certains mouvemens excitez en nous. [Il y a les ſens exterieurs & les ſens intérieurs. Les cinq *ſens* ſont la vuë, l'ouïe, le goût, l'odorat & le toucher. Gui Guillot eſt ſi habile homme qu'il ſoutenoit un jour que les *cinq ſens* de nature faiſoient la moitié d'un milier. Les ſens ſont les juges de la vérité. Rien n'eſt plus digne de foi que les ſens. Voiez là deſſus *Lucrece*, liv. 4. Cela ne tombe point ſous le ſens. Donner à ſes ſens ce qu'ils veulent. *Benſerade, balet de la nuit.*]

Sens commun. C'eſt le bon ſens. C'eſt la lumiére & l'intelligence raiſonnable avec laquelle naiſſent force gens. Car le ſens commun n'eſt pas une qualité ſi commune qu'on penſe. Pluſieurs en penſent bien avoir qui n'en ont point. [La fortune ôte ſouvent une partie du ſens commun.]

Bon ſens, ſ. m. C'eſt à dire, la droite raiſon, comme ces vers en faveur d'A. la Hou. le montrent.

C'eſt un nazilleur, un magot,
Un miſantrope Chimerique,
De corps & d'eſprit très-ragot,
Un miſerable hipocriyique
A qui le *bon ſens* fait la nique;
Et pour l'achever en un mot
Un franc animal politique
Qui ſent le hard & le fagot.

† J'y mettrai tous mes cinq ſens *de nature*; c'eſt à dire, je ferai tous mes efforts. (

Sens. Jugement. Raiſon. Eſprit. [Pour peu qu'un homme ait du bon ſens il faut qu'il avouë qu'il y a un Dieu. Avoir un bon ſens naturel. Depuis que le bon Monſieur Martin, de miſérable qu'il étoit, eſt devenu un peu heureux, il s'eſt méconnu & a perdu une partie de ſon bon ſens. Etre hors de ſon bons ſens. Recouvrer le ſens.]

* **Sens.** Intelligence. Penetration. (C'eſt un homme d'un grand ſens. Un homme de petit ſens. Manquer de ſens. Retourner en ſon bon ſens. *Abl. Luc. T.* 2.)

Sens. Penſée. Sentiment. (La voie la plus-courte pour ariver à la faveur des grans c'eſt d'entrer toujours dans leur ſens. *Flechier, Commendon, liv.* 2. *chap.* 19. Donner dans le ſens d'une perſonne. Il abonde en ſon ſens. Il eſt à mile liëuës du ſens de l'Auteur. *Ablancourt.* Son ſens s'étend plus loin. Entrer dans le ſens d'un Auteur. *S. Evremont.*

Sens. Signification. [Sens propre. Sens literal. Sens figuré. Sens miſtique, allégorique, moral, &c.]

Sens. En termes de Grammaire, on dit que le ſens eſt parfait à la fin d'une période, qu'il eſt interrompu, ou entrecoupé par une parentéſe. C'eſt un défaut à une période qu'elle finiſſe avant que le ſens ſoit achevé. Il ne faut pas que le ſens finiſſe au milieu d'un vers.

Sens. Situation. Biais. La manière d'être d'une choſe. Manière. Sorte. [Cela n'eſt pas bien de ce ſens là, cela doit être d'un autre ſens.

Oüi, en quelque *ſens* qu'on la prenne
C'eſt une fort belle Crétienne. *Voiture Poëſ.*

Sens deſſus deſſous; ſans deſſus deſſous, adv. L'un & l'autre s'écrit & ſe dit, mais le premier ſemble le meilleur & le plus naturel. [Tout étoit *ſens deſſus deſſous* dans la chambre. C'eſt à dire. En confuſion. En deſordre.] On dit auſſi ſens devant derrière.

A contre ſens, adv. D'un ſens contraire: [Prendre une choſe à contre ſens.]

Tourner une perſonne *de tous les ſens* pour lui faire avoüer quelque choſe. De ſens froid. Poſement & ſans colere. La plu-part aiment mieux dire *de ſang froid*, & preferent parler de ſang froid, à parler de ſens froid. Néanmoins ils ne condamnent pas ce dernier, mais ils ne le trouvent pas ſi raiſonnable que l'autre.]

Sensation, ſ. f. Terme qui ſe dit dans les matieres philoſophiques, & veut dire pouvoir, ou faculté de ſentir. Sentiment. [Le feu excite une *ſenſation* de lumiere en agiſſant ſur nos yeux. Avoir de diferentes ſenſations. On donne le nom de couleur blanche à la *ſenſation* que la nege a coutume de produire en nous. *Roh. Phi. 1. partie,* c. 27. Tous les hommes n'ont pas les mêmes ſenſations. *Recherche de la Verité.*]

Sensé, ſenſée, adj. Sage. Judicieux. Prudent. [Rien n'eſt plus *ſenſé* que de ſe ſoumettre aveuglément à Dieu. C'eſt un eſprit fort *ſenſé.*]

Sensément, adv. Avec jugement. Prudemment. Sagement. [Parler *ſenſément*. Repondre *ſenſément*. Il opinoit toujours fort ſenſément dans le Concile. *Maucroix, vié de Campége, pag.* 219.]

Sensibilité, ſ. f. Il ſignifie proprement la faculté de ſentir, la diſpoſition des ſens à recevoir l'impreſſion des objets. [La ſenſibilité eſt une qualité propre aux animaux. Les végétaux n'ont point de ſenſibilité.]

* **Sensibilité.** Ce mot, *au figuré*, ſe dit en bonne part & ſignifie Reſſentiment de quelque benefice reçu. [La ſenſibilité marque qu'un homme eſt bien né & il en faut avoir.]

Sensible, adj. Qui tombe ſous le ſens. Qui ſe fait ſentir. (Comparaiſon ſenſible. *Paſ.* l. 2.

Senſible

SEN SEN SEO

Sensible, *adj*. Ce mot se dit *des chevaux* & veut dire qui sent le moindre coup qu'on lui donne. (Cheval sensible à l'éperon *Scaron*.)

* *sensible*, *adj*. Lors que ce mot se dit des choses il signifie. *Touchant. Douloureux*. (Avoir un sensible déplaisir de la mort d'un ami. *Ablancourt*. La perte qu'il fait, lui doit être fort sensible. *Arn*.)

* *Sensible*. Ce mot se dit des choses & des personnes & veut dire *Délicat*. Qui sent les choses qui le touchent, ou qui le choquent. Qui a de la sensibilité pour les gens qui l'obligent. Qui a du ressentiment. (Etre sensible à la pitié. Etre sensible à l'amitié. *Voi*. *Poë*. Pour peu qu'on le choque il est sensible,)

* Je suis *sensible* à reconnoître les obligations que j'ai aux honnêtes gens. *Voi*. *l*. 50.

* *Sensible*. *s. m*. Endroit le plus délicat & le plus touchant. (Par son *sensible* un cœur est-il touché, le voilà pris. *Benserade poësies*.)

* *Sensiblement*, *adj*. D'une manière sensible. [Le microscope fait connoître sensiblement les choses qu'on ne peut découvrir autrement. La Géométrie démontre les choses sensiblement.]

* *Sensiblement*. Fort. Beaucoup. [Etre sensiblement touché. Il m'a sensiblement obligé.)

Sensitif, *sensitive*, *adject*. Terme de *Philosophie*. C'est à dire *qui a le pouvoir de sentir*. (Les bêtes n'ont que l'instint & l'âme sensitive, & cependant elles ont souvent plus de raison que la plûpart de ceux qui ont l'âme raisonnable.)

Sensitive, *s. f*. C'est une plante étrangère qui fleurit en France au mois de septembre, qui fleurit jaune, qui a les feuilles ovales, dentelées tout autour & d'un fort beau verd, qui se ferme quand on la touche, & qui pour cela a été apellée *Sensitive*. (Il y a de fort belles *sensitives* dans le jardin roïal de Paris.)

Sensualité, *s. f*. Pante au plaisir. (Ils sont pressez par leur sensualité, *Maucloix schisme*, *l*. 2.)

Sensuel, *sensuelle*, *adj*. Ce mot se dit des *personnes* & veut dire *qui aime le plaisir des sens*.) Il est sensuel. Les femmes sont fort sensuëlles.)

Sensuel, *sensuëlle*. Ce mot se dit des *choses*, il signifie, *Délicieux qui flate les sens*. (Aimer les plaisirs sensuels.

Sensuellement, *adv* D'une manière sensuëlle. (C'est vivre d'une manière peu Chrétienne, que de vivre sensuëllement.)

Sentence, *s. f*. C'est une certaine manière générale de dire les choses afirmativement & en forme de vérité morale, ou politique. (Une belle sentence. Les sentences font valoir le discours. Les sentences doivent être claires & renfermer quelque chose de beau & d'utile. Il est ridicule de ne parler que par sentences.)

Sentence. Terme de *Pratique*. C'est une ordonnance de juges qui ne sont pas souverains & qui ont décidé sur quelque afaire dont ils ont pouvoir de connoître. (Apeler d'une sentence présidiale. La sentence de la prévôté a été confirmée au Présidial. Casser une sentence. Infirmer une sentence. Mettre une sentence à néant. Lever une sentence. Mettre une sentence à exécution. *Patru*, *plaid*.)

Sentence d'excommunication. Terme d'*Eglise*. C'est la seconde partie d'un monitoire. (Prononcer contre quelcun une sentence d'excommunication. On dit aussi une sentence d'anatême. Encourir sentence d'anatême. *Evillon*, *traité de l'excommunication*, *c*. 26.)

† De fou Iuge courte sentence, Proverbe, qui se dit de ceux qui décident trop vite & téméraitement.

Sentencieux, *sentencieuse*, *adj*. Qui contient quelque beau sentiment, quelque sentence. (C'est quelque chose de bien sentencieux. *Miré conversation*.)

Senteur, *sub*. *fem*. Vapeur qui touche l'odorat. (Une douce, une agréable senteur. Herbe qui a une mauvaise senteur.)

Senteurs. Ce mot au pluriel se dit en bonne part & absolument. C'est à dire, *Bonnes odeurs*. Choses qui senteut bon. (Aimer les senteurs. Faire des senteurs.)

Sentier, *s*. *m*. Petit chemin batu. Enfiler un sentier. Suivre un sentier. Sentier qui se rend à un grand chemin. Ce sentier mène en tel lieu.)

Sentier. Terme de *Jardinier*. Petit chemin entre les planches d'un jardin. (Sentier trop étroit.)

* Le sentier de la gloire. *Racine Iph'genie*, *a*. 1. *s*. 2. C'est le chemin de la gloire.

Sentiment. *sub*. *masc*. Faculté de sentir. Principe de sentir. (Avoir perdu le sentiment. N'avoir plus de sentiment. Le feu excite en nous un sentiment de chaleur, *Rohaut*. *Phis*.)

* *Sentiment*. Afection. (J'ai pour elle des sentimens que je n'ai jamais eus pour personne.)

* *Sentiment*. Ce mot entre encore dans quelques façons de parler nouvelles & aprochantes de celle où *sentiment* est pris pour *afection*. Ainsi on dit tous les jours. (Avoir des sentimens d'estime pour une personne. C'est à dire, *Estimer une personne*. Avoir des sentimens d'honneur. C'est un misérable qui n'a nul sentiment de pieté dans le cœur. Avoir des sentimens de respect & de vénération pour les choses saintes.)

Sentiment. Avis. Opinion. (Parler contre son sentiment. Trahir son sentiment. C'est mon sentiment. Etre d'un sentiment particulier. Je suis dans ce sentiment.)

sentiment. Pensée. Ce qu'on pense, ou qu'on a pensé sur quelque sujet. (Un sentiment raisonnable, tendre, amoureux, respectueux, passionné, extravagant, ridicule. Les sentimens des Pères sur la comédie sont fort raisonnables. Exprimer un grand sentiment en peu de paroles. Ses sentimens sont fort respectueux & fort soumis sur le chapitre de sa maîtresse.)

* *Sentiment*. Panchant, volonté, inclination. (Régler ses sentimens sur ceux d'autrui.

Je prétens gourmander mes propres sentimens
Et me soumettre en tout à vos commandemens.
Mol. *cocu imag*.)

Sentine, *s. f*. Terme de *Mer*. Egouts qui régnent à fond de cale, de proue à poupe & qui conduisent les eaux à la pompe. La *sentine* s'apelle aussi *vitoniére* & *osset*. La *sentine* signifie encore l'eau puante & croupie qui se corromt dans la sentine. (Sentine qui put extrêmement.)

Sentinelle, *s. f*. Soldat qu'on prend dans un corps de garde & qu'on pose en quelque lieu pour assurer par sa vigilance & sa fidelité ceux qui sont du même parti contre les surprises de l'ennemi. (Une sentinelle avancée. Une sentinelle perdue. Poser des sentinelles. Le Carporal pose & léve les sentinelles. Relever, changer les sentinelles.)

* *Faire sentinelle*. Il signifie quelquefois, veiller pour garder quelque chose ou pour épier.

† *On l'a bien relvué de sentinelle*. Cela veut dire quelquefois, on l'a surpris en quelque faute & on l'a bien gourmandé.

Sentir, *v*. *a*. *Je sens*. *J'ai senti*. *Je sentis*. Connoître & dicerner par le moïen des sens. (Sentir son mal. Sentir sa peine. Alexandre dit qu'on le faisoit Fils de Jupiter, mais qu'il sentoit bien qu'il étoit fait comme les autres. *Vaug Q Curce*. *l*. 8. *ch*. *x*.)

* *Sentir*. Ressentir. (Elle sent les injures, mais elle les pardonne facilement.)

* *Sentir*. Ce mot entre en plusieurs façons de parler nouvelles & usitées. (Il n'avoit rien qui ne fût noble, & qui ne sentît la grandeur. *Le Chevalier de Miré*. C'est à dire, qui ne découvrit de la grandeur. Il n'y a rien qui *sente la raillerie* ; c'est à dire, qui ait l'air de la raillerie. Il exagére tant ses déplaisirs qu'on *sent* que tout cela est faux. C'est à dire, qu'on aperçoit. *Sentir son bien*, c'est avoir l'air d'être honnête. Il faloit faire *sentir* cela davantage. C'est à dire, faire connoître & démêler davantage. Sa harangue *sentoit* le desespoir. *Vau*. *Quin*. *l*. 5. *c*. 1. C'est à dire, marquoit quelque desespoir.

sentir le pédant. *Moliere*. Avoir quelque air de pédant, soit dans ses manières, ou autrement.

sentir. Rendre quelque odeur. (La rose sent bon. Herbe qui sent mauvais. Sentir le musc.)

sentir. Ce mot signifie flairer & il se dit aussi des odeurs bonnes, ou mauvaises qui viennent fraper l'odorat. (Sentir une fleur. Quelle odeur *sentez-je* en cette chambre, & non pas *sens-je* comme l'a écrit *Saint Amant*, *poëme du melon*.)

sentir. Ce mot se dit en terme de *manége* & signifie. Remarquer. Reconnoître. (*Sentir un cheval dans la main* C'est connoître & remarquer qu'un cheval goûte la bride & qu'il obéit, comme l'on veut, au mors. *Sentir un cheval sur les hanches*, C'est reconnoître qu'il plie les hanches.)

Se sentir, *v. r*. *Je me sens*. *je me suis senti*. Connoître par le moïen du sens. Se sentir poignarder. *Ablancourt*. Se sentir mourir. *La Chamb*.)

* *Se sentir*. Se connoître. Savoir ce qu'on est. (Il commence déjà à se sentir. Une fille se sent à seize ans, ou jamais.)

* *Se faire sentir*. Se faire connoître. (Les vers doivent être remplis d'une certaine beauté qui se fasse sentir aux personnes les plus grossieres. *Histoire de l'Academie*.)

Se sentir. Il signifie. Retenir le goût, ou l'odeur. (Le vin se sent du fût. Le monfier sent des aulx qu'on y a pilez.)

Senvé. C'est une forte de fleur qui croit parmi les blez, qui fleurit jaune en forme de bouquet & qui a quelque air de la girofée. (Aracher toutes les senves qui viennent parmi les blez & les donner au bétail, ou les brûler.)

SEO

Se Seoir, *v*. *r*. Ce verbe est usité à l'infinitif & à quelque autre tems seulement, & on se sert d'ordinaire en sa place du verbe *s'asseoir*. Cependant on peut dire à l'infinitif. (Quand on est las d'être debout on se peut *seoir* pourveu qu'on qu'on ne soit pas devant des gens de grande qualité. On peut aussi dire *seiez-vous là, Monsieur, s'il vous plait.*)

SEP.

SEP, ou *cep de vigne*, *s. m.* L'un & l'autre s'écrit, mais comme j'ai préféré *cep* à *sep*. Voiez *Cep.*

Sep de charrüe. C'est la partie de la charrüe où tient le soc.

SÉPARATION, *s. f.* Action de séparer. Désunion, Disjonction. Division. Distance qui sépare une chose d'une autre. [Une rude , une crüelle, une fâcheuse , une touchante , une douloureuse séparation. Une grande séparation. En amour la séparation est crüelle. On a fait une séparation de leurs droits & cette separation a mis la paix entre les esprits. La séparation qui est entre eux, est considérable, l'un est en France, & l'autre en Espagne.]

Séparation. Terme de *Pratique*. Sentence de juge qui ordonne une dissolution de communauté entre le mari & la femme & même quelquefois une défence d'habiter l'un avec l'autre avec une dissolution de communauté. (Il y a séparation de corps & de biens. Il y a séparation de biens seulement, Demander séparation de corps & de biens. Obtenir séparation de biens seulement.)

Séparer, *v. a.* Diviser, (Séparer un héritage en deux. Le pas de Calais sépare la France de l'Angleterre.

Séparer. Détacher avec violence des choses jointes naturellement. (Je lui séparai la tête des épaules d'un coup d'épée. *Ablancourt*, *Lucien.*)

Séparer. Ce mot se dit des gens qui se batent & veut dire les détacher les uns des autres. (Si on ne les eût séparez, ils se fussent tüez.)

Séparer. Ce mot se dit des gens qui se batent & veut dire les détacher les uns des autres. (Si on ne les eût séparez, il se fussent tüez.)

Séparer. Ce mot se dit des gens mariez. (*Séparer de corps* ; C'est permettre de ne plus habiter les uns avec les autres , selon que le mariage le permet. *Séparer de corps & de biens.* C'est permettre non seulement de ne plus habiter ensemble charnellement, mais aussi diviser les biens du mari d'avec ceux de la femme & émanciper la femme de la puissance de son mari.)

Séparer, *v. r.* S'éloigner les uns des autres. Se détacher les uns des autres. (Ils se sont séparez en deux corps.)

Se séparer. Se diviser. (La Riviére se sépare en deux branches.)

Se séparer. Il se dit en parlant de Religion. [Les Crétiens se sont séparez les uns des autres. Les Grecs se sont séparez de l'Eglise Romaine. Les Protestans se sont séparez de nôtre communion.]

Se séparer. Ce mot se dit en parlant de gens mariez. Rompre la communauté du mariage. Se quiter l'un l'autre. [Qu'on verroit de séparations s'il étoit permis aux femmes de se séparer quand la phantasie leur en prend.]

Separez, *ée. adj.* Ce sont des choses, des matiéres , des questions distinctes & séparées.

Séparable, *adj.* Qui peut être séparé. [Son contraire est inséparable.]

Séparément, *adv.* A part. [Mettre séparément, Coucher séparément.]

SEPEAU , *s. m.* Terme de *Monnoie.* C'est un tronc de bois sur lequel les ouvriers frapent les monnoies.

SEPT. Nom de nombre indéclinable. Prononcez *Sèt.* (La Pleiade céleste est composée de sept étoiles qui sont au derriére du Taureau. Voiez *Pleiade.* Il y a dans le ciel sept Planètes. Les sept jours de la semaine. Les sept Electeurs de l'Empire, ausquels on en a ajouté un huitiéme.)

Septaieul, *s. m.* Terme de *Généalogistes.* C'est le pére du sixaïeul. [Septaïeul. Septaïeul maternel.]

Septante. Nom de nombre indéclinable qui ne se dit qu'en parlant de *la traduction des Septante.* Les se prononce dans le mot de *septante.* Nos Théologiens ont fait trop de mépris d'une Version que les Apôtres ont estimée, j'entens la Version des septante. Mr. de Marca, qui étoit un sçavant Prélat, approuvoit l'Apologie que le docte Vossius fit faire des Septante. *Columesius, mél. hist.*] Si on ne parle pas des septante interpretes, on dit *soixante & dix.* (Il y a là soixante & dix livres, & jamais il y a sept livres.]

SEPTEMBRE , *s. f.* L'un des douze mois de l'année, lequel fait une partie de l'Automne. [Nous sommes en Septembre. C'est aujourdui le prémier de Septembre. Le mois de Septembre a été fort beau cette année.]

† * *Purée de Septembre.* C'est à dire, le vin, parce qu'on vendange au mois de Septembre en divers endroits.

Septenaire, *adj.* Nombre septenaire, c'est à dire , le nombre de sept , ou de quelqun des multiples de sept, comme 14. 21. 28. &c.

SEPTENTRION , *s. m.* Le quartier du monde qui est vers le pole artique. Partie septentrionale oposée à celle du midi. [Les Lapons Danois & les Lapons Moscovites sont au Septentrion de l'Europe.]

Septentrional, septentrionale, *adj.* Qui est du septentrion, qui est du côté du pole artique. [Les peuples Septentrionaux. *Vent Rem.* Païs Septentrionnal, *Abl.* vent Septentrionnal.]

Septentrional, Septentrionale. Qui regarde le Septentrion d'un certain païs. Qui contient les parties situées au Septentrion d'un certain païs. (Amérique Septentrionnale. Amérique Méridionale.)

SEPTIÉME. Voiez *setiéme.*
SEPTIER. Voiez *setier.*

SEPTIQUE , ou *septique* , *adj.* Ce mot vient du Grec & se dit de certains Philosophes , qui s'apliquent entiérement à la recherche de la vérité, se faisoient un plaisir dé combatre l'opinion des autres Philosophes & de n'avoir aucun sentiment fixe & arrêté. Le chef des *Septiques* s'appelloit *Pirrho,* & à cause de lui ils furent nommez *Pirrhoniens.* (Les Philosophes Septiques étoient un peu fous.)

SEPTRE , ou *sceptre*, *s. m.* Prononcez *Septre.* Mot qui dérive du Grec & qui veut dire un petit bâton Roial qui est la marque de l'Empire , ou de la Roiauté , en un mot de la Souveraineté. Un brave septre. Il portoit son septre à la main.)

* Il n'épargna jamais ni septre, ni couronne, *Habert, Temple de la mort.* C'est à dire, il n'épargna jamais ni Rois , ni Empereurs, ni grans Princes.

SEPTUAGÉNAIRE , *adj.* Ce mot se dit des personnes, & veut dire qui a soixante & dix ans. (Prélat septuagénaire. *Maucroix, Schisme, l. 2.*)

SEPTUAGÉSIME , *s. f.* Terme d'*Eglise.* C'est le Dimanche qui est 15. jours avant le Dimanche gras.

SEPULCRE , *s. m.* Ce mot signifie *Tombeau,* Endroit particulier où est enterré un corps, mais il n'est pas si usité que le mot de *tombeau,* & ne se dit proprement dans l'usage ordinaire qu'en parlant du *tombeau de Jésu-Christ* & de quelques anciens tombeaux. (Marie Madelaine & l'autre Marie vinrent pour voir le sépulcre. Les sepulcres s'ouvrirent. *Port-Roial. N. Test. Matt. c. 27.* Fouiller les sepulcres. *Ablancourt, Apo.*

* *Sepulcre.* Il se prend au *figuré* dans quelques façons de parler. (Ce sont des sépulcres blanchis, c'est à dire , des hipocrites & des Tartufes. *Cene sont que des sepulcres animez, Ab. Luc.* C'est à dire, des gens haves & afreux comme des morts.)

Sépulcral sepulcrate, ad. [Ce sont des inscriptions sepulcrales.]

Sépulcre, *s. f.* Enterrement. Lieu où l'on enterre. (Donner la sépulture aux morts. *Abl. Ar. l. 1.* Pour ce qui regarde la sépulture il n'est pas permis d'enterrer les corps des Crétiens qu'en terre bénite. *Massac, Droit Ecclésiastique.*

  Me voici puisqu'il plait à Dieu
  Reduir en un si triste lieu
  Que ce sera grande avanture
  Si je n'y fais ma sépulture. *Boirobert, Epîtres.*

Saint Denis est là sépulture des Rois de France. *Patru pl. 8.)*

SEQ.

† SEQUELLE , *s. f.* Mot vieux & burlesque qui ne peut entrer que dans le satirique, ou le comique & qui veut dire *Suite, Train.* (Fuiez le monde & sa sequelle. *La Fontaine, Contes.*)

SEQUENCE, *s. f.* Terme de jeu de cartes. C'est une suite de cartes de même couleur. On les nomme au Piquet, tierce, quarte , quinte , &c.

SEQUESTRER, *v. a. Terme de Palais.* Mettre en main tierce. (Sequestrer un bien. Sequestrer une somme de deniers.)

Sequestrer, *s. m.* Terme de *Pratique.* Commissaire convenu entre les parties, ou nommé d'ofice pour être saisi des choses contentieuses pendant la contestation des parties. (Etabli un sequestre. Les sequestres demeureront déchargez de plein droit aussi-tôt que les contestations d'entre les parties auront été définitivement jugées. Voiez *l'Ordonnance de Loüis XIV. Tit. 19.* Ordonner un séquestre. Nommer un séquestre.)

Sequestré, S. questr. e, adj. Mis en séquestre. Commis à la garde d'un séquestre. [Le Juge nommera d'ofice un séquestre solvable , résident proche le lieu où sont les choses qui doivent être séquestrées. Voiez *l'Ordonnance.*)

Séquestration, *s. f.* Action par laquelle on séquestre , on met quelque chose en séquestre. (On a ordonné la séquestration pendant le procez.)

Se séquestrer, *v. r.* Se mettre à part. Se retirer du commerce du monde. [Se séquestrer de la compagnie des hommes, pour éviter les ocasions de pécher.)

SEQUIN , *s. m.* Sorte de monoie qui a cours parmi les Turcs. [Elle jetta un mouchoir plein de sequins. *Briot , Histoire de l'Empire Otoman, l. 1. c. 4. p. 65.*] On dit aussi un sequin de Venise.

SER.

SERAIL. Voiez *plus-bas serrail.*
SERAIN. Voiez *serein, & serin.*

SERAN, *s. m.* Terme de *Crinier & de Cord'er.* C'est un instrument de Crinier & de Cordier qui a un fond de bois où sont près à près plusieurs rangs de pointes de fer au travers desquelles on passe plusieurs fois le chanvre , le lin , ou le crin quand on acommode le crin, le lin ou le chanvre. [C'est un séran tout-neuf.]

Sérancer, *v. a.* Terme de *Cordier & de Crinier.* C'est passer le chanvre , le lin & le crin par le séran. [Sérancer du chanvre , du lin, du crin, &c.]

SERAPHIN

SÉRAPHIN, *f. m.* Esprit qui est du prémier des sept chœurs des Anges. [Les Séraphins sont pleins d'amour ; Ils brûlent de charité.]

Séraphique, *adj.* Les Capucins & les autres Religieux de l'ordre de Saint François se servent de ce mot en parlant de leur instituteur S. François. Ils disent (La règle de nôtre Pére Séraphique S. François ne contient que douze chapitres ; & dans ce sens, le mot de *Séraphique* signifie, *qui tient du Seraphin*. Qui est plein d'ardeur & d'amour. Qui brûle de zèle & de charité.)

SERDEAU, *f. m.* C'est un ofice où l'on porte tous les plats qu'on relève de devant le Roi. [Il est au serdeau. Aller au serdeau. Manger au serdeau.]

Serdeau. Oficier, qui prend les plats que le Gentilhomme servant relève de la table du Roi, & qui les porte à l'ofice qu'on apelle *serdeau*.

Serdeau. Les oficiers & les gens qui sont au serdeau. Tous les gens du serdeau. (Le serdeau crie trois fois, Messire Louïs Timoleon au couvert pour le Roi.)

SEREIN, *sereine*, *adj.* Ce mot n'est guère usité qu'au *masculin.* Il signifie *beau & clair*, & il ne se dit proprement que de l'air, du jour, du Ciel & du tems. (Jour serein. *Voi. l.* 24 Ciel serein & pur. *Voi. Poë.*)

Serein, *f. m.* Exhalaisons chaudes que la terre, durant un jour d'été fort ardent, a poussées dans l'air, & qui, après le coucher du Soleil, tombent sur la terre. (Le serein peut avoir des qualitez nuisibles.)

Serein. Voiez *serein plus bas.*

SERENADE, *f. f.* Concerts qu'on donne le soir à une maîtresse. Violons qu'on donne à quelque fille qu'on aime, (Donner des serenades. Faites aprocher Messieurs de la serenade.)

† * Serenade. Ce mot dans le burlesque, signifie Bruit qu'on fait la nuit & qui interrompt. Hurlement.

(Quand le matin, ils m'ont donné l'aubade,
J'ai sur le soir encor la serenade.
Boirobert , épitres.)

SÉRÉNISSIME, *adj.* Ce mot se dit de certains Princes. Ainsi en parlant à Monsieur le Prince, ou à Monsieur le Duc d'Anguien , on dit Altesse Sérénissime. Exemple. (Monseigneur, nous espérons que vôtre Altesse Sérénissime ne condannera pas la hardiesse que nous prenons. Voiez *la relation de Roi-croi.*)

Sérénissime. Ce mot se dit du Doge de Venise qu'on apelle *Prince Sérénissime.*

Sérénité, *f. f.* Ce mot se dit de l'air & du tems. [La sérénité de l'air, du tems, C'est à dire, la pureté de l'air & la beauté du tems.]

* Il paroit sur son visage une je ne sai quelle *sérénité* qui charme, C'est à dire, un je ne sai quel air gai, honnête & tranquille.

Sérénité, *f. f.* Titre que les Vénitiens donnent à leur Doge pour le distinguer des autres Ducs, dans la pensée que ce titre est plus grand que celui d'Altesse. [Conduire les Ambassadeurs dans l'apartement de sa Sérénité. Amelot histoire de Venise.]

Sérénité, *f. f.* Il se dit aussi en parlant des Electeurs d'Alemagne. C'est un titre qui ne se donne qu'aux Princes Souverains d'Alemagne, & qui est plus que celui d'Altesse. [Je ne puis jamais, Monseigneur, reconnoitre l'honneur que me fait vôtre Sérénité Electorale, de m'apeller à son service. On fait gloire, Monseigneur, de servir vôtre Sérénité Electorale. *Spanheim, Epitre dedic. des Césars de l'Empereur Iulien.*

SÉREUX, *séreuse*, *adj.* Terme de Médecin & de Chirurgien, qui se dit du sang & des humeurs. Il signifie. Qui est plein de sérosizez. [Sang séreux. Humeur séreuse. *La Chamb.*]

SERF, *f. m.* Esclave. (Il n'y a presentement plus de serfs.)

SERFOÜETTE, *f. f.* Terme de *Iardinier.* C'est un petit outil de fer renversé, qui a deux branches pointuës d'un côté , & n'en a point de l'autre, lequel , étant emmanché d'un manche d'environ quatre piez de long, sert à mouver la terre & à donner un petit labour autour des laituës , des chicorées , & des autres petites plantes.

Serfoüir, *v. r.* Terme de *Iardinier.* C'est mouver la terre avec la serfoüette. C'est donner un petit labour , avec la serfoüette, autour de quelques petites plantes. [Serfoüir des pois. Serfoüir les laituës, &c. *Quin. Iard. fruit.* T 1.]

SERGE ; *farge*, *f. f.* Vaugelas a décidé qu'on disoit *sarge.* On parloit de son tems de la sorte, mais aujourdui l'usage est contraire à sa remarque. Tout le monde dit & écrit *serge.* C'est une étofe de laine croisée. [Cette serge est bonne. Une serge de bon usé.]

SERGENT, *f. m.* C'est celui qui fait les exploits de Justice qui sont les fondemens des procés. C'est un serviteur de justice. [Sergent roial. Sergent à cheval. Sergent à verge. Sergent fiéfé. Les sergens roiaux exploitent par tout le Roiaume, & les sergens à verge du Chatelet de Paris n'exploitent que dans la ville & dans la banlieuë de Paris.

De trois sergens , pendez en deux
Le monde n'en sera que mieux.)

Sergent. C'est un oficier d'une compagnie d'infanterie ou de dragons, qui, en l'absence des prémiers oficiers , a soin de la compagnie, qui fait garder les distances , dresser les files & les rangs ; qui va querir tous les soirs l'ordre au logis du sergent major, ou de son aide, afin de le porter à son capitaine. Châque compagnie a deux sergens ; hormis les compagnies aux gardes qui ont chacune six sergens.

Sergent major d'un régiment d'infanterie. C'est un oficier qui a soin de former le bataillon de son régiment ; & de lui faire faire l'exercice ; & en avoir soin pendant la marche & le campement ; il fait du Général & son régiment marchera à l'avantgarde, à la bataille ; ou à l'arriére-garde , & dans un jour de combat il doit être à cheval ; tantôt à la queuë & tantôt à la tête de son régiment pour rétablir le desordre s'il en arrivoit , & rallier le régiment s'il venoit à plier. Voiez *les discours militaires de Praissac.*

Sergent de bataille. C'est un oficier considérable qui dans un jour du combat reçoit du Général le plan de la forme qu'il veut donner à son armée , la disposition des corps de cavalerie & d'infanterie, l'assiette de l'artillerie & l'ordre qu'on doit tenir au combat, ensuite le sergent de bataille avec les maréchaux de camp disposent l'armée selon que le Général l'a prescrit. Voiez *Praissac, discours militaires.*

Sergent. Terme de Menuisier. C'est une barre de fer quarée avec un crochet en bas , & un autre qui monte & qui descend le long de cette barre & qui s'apelle *main.* On se sert du sergent pour joindre & tenir les piéces de bois lorsqu'on les veut coler.

Sergenter, *v. a.* Envoier des sergens à quelcun pour le faire payer. [Sergenter ses débiteurs.]

† *Sergenterie*, *f. f.* Ofice de sergent. Mais il ne se dit guère que dans le stile comique.

Serger, *f. m.* Ou *sergier.* Marchand ouvrier qui fait & vend de toutes sortes de serges. (*Compagnon serger*, C'est un ouvrier qui travaille à faire de la serge , & qui sert chez les maîtres sergers. Il y a plusieurs bons sergers à Reims & à Châlons en Champagne.)

Sergette, *f. f.* Diminutif. Serge fort légère & fort mince.

Sergette, *f. f. Terme de Bénédictin.* C'est une sorte de petite robe blanche que le Bénédictin réformé porte au lieu de chemise.

† SÉRIOSITÉ, *f. f.* Ce mot signifie Air grave & sérieux. Mine pleine de gravité, mais il n'est pas établi, & en sa place, on dit *sérieux.* Balzac *tome* 1. *de ses lettres choisies* a écrit ; je répons dans une grande *serosité* aux railleries de vôtre lettre. Balzac n'est pas à imiter en cela.)

Sérieux, *f. m.* Mine grave. Air grave. Sorte de gravité. (Je l'ai trouvé dans un grand sérieux. Elle est dans son sérieux. Son sérieux me glace. On ne vit jamais un plus-grand sérieux. Il écouta la piéce avec un sérieux, le plus sombre du monde. *Moliére.* Prendre son sérieux. Se mettre sur son sérieux. Il afecte un sérieux qui ne plaît pas. Quiter son sérieux. *Ablanc. Luc. Scar. Rom. com.*)

Sérieux, sérieuse, *adj.* Ce mot signifie *grave* & se dit des personnes & des choses. [Il est sérieux. Elle est sérieuse. Mine sérieuse. Discours sérieux.)

Sérieusement, *adv.* Avec gravité. Tout de bon. Véritablement ; Sans aucun déguisement. (Parler sérieusement. Ablancourt. S'afliger sérieusement de quelque desordre. *Pascal, l. 5.*)

SERIN, *f. m.* Il y a un serin commun & un serin de Canarie. *Le serin commun* est un petit oiseau vif & qui a le bec court, & un peu rond, le dessous de la gorge & le ventre d'un jaune qui tire sur le verd. Le serin commun chante agréablement quand il chante avec d'autres oiseaux.

Le serin de Canarie est une sorte de petit oiseau qu'on aporte des Iles Canaries , qui est vif, & joli ; mais ce serin est joli & plus il chante bien. (Elever un serin de Canarie.)

Serine, *f. f.* C'est la femme du serin. (La serine ne chante pas si bien que son mâle.)

Seringue, *f. f.* Mot qui vient du Grec & qui est un *Terme d'Apoticaire*, C'est un instrument pour donner des lavemens, qui est composé d'un corps d'étain , d'une boîte d'étain, d'un bâton & d'une bobine d'étain enfilacée, qui est au bout du bâton & au bout de laquelle on met un canon ; qui est une maniére de petit tuiau par où coule le lavement dans le fondement. (Une bonne seringue.) *Seringue*, C'est un instrument qui sert à presser l'air, ou des liqueurs. C'est un cilindre concave, dans lequel on fait couler un piston, qui le remplit exactement, pour faire sortir avec violence l'air ou les liqueurs, par un petit trou qui est à l'autre bout. On a de grosses seringues pour jetter de l'eau sur le feu qui brule dans une maison. On se sert de fort petites seringues pour faire des injections. C'est par le moien d'une seringue qu'on vuide de l'air quelque vaisseau.

Seringue de fer blanc. C'est un instrument de fer blanc en forme de seringue dont les pensionaires des coléges & autres écoliers se servent pour enfler le balon.

CCccc 2 *Serin*

Seringuer, *v. a.* C'est jetter avec la seringue dans, ou sur une partie affligée quelque chose de liquide pour nettéïer & soulager cette partie. [Seringuer la verge. Seringuer une ulcere.]

Serment, *s. f.* C'est une afirmation qu'on fait par laquelle on prend Dieu à témoin qu'on dira la verité touchant les choses sur lesquelles on est interrogé. [Recevoir le serment de quelcun. *Ablancourt.* Déferer le serment à quelcun. *Patru, plaidoïé* 23. Prendre une personne à serment.]

Serment de fidelité. C'est une protestation que l'on fait qu'on s'aquitéra fidélement de l'emploi qu'on va exercer. [Les Avocats à leur reception font serment de fidelité à la Cour. La Sorbonne déclara le Peuple de Paris absous du serment de fidélité qu'il devoit à Henri troisiéme. *Memoires de Henri* 3. *page* 128.]

Serment. Jurement. [Il ne faut pas faire des sermens inutiles. Il proféra d'exécrables sermens.]

Sermon, *s. m.* Prédication. Discours oratoire sur les veritez Evangeliques. [Un beau Sermon. Composer un Sermon. Faire un Sermon. Son Sermon étoit fort rempli. Aller au Sermon. Sonner le Sermon. C'est à dire, sonner pour avertir les gens qu'on va prêcher.]

† **Sermonaire**, *sub. maf.* Auteur qui a fait imprimer ses Sermons.]

† **Sermoner**, *v. n.* Parler. Discourir. Faire des remontrances.

[Mais c'est trop *sermoner* de vice & de vertu.
Reg. Sat. 2.]

† **Sermoneur**, *s. m.* Grand parleur qui fait de longs discours & des remontrances ennuieuses.

Serosité, *s. f. Terme de Chirurgien & de Medecin.* Bile acre & ardente qui aproche fort du sang, mais qui étant épanchée ne se lie pas comme le sang. *Deg.* [Un sang plein de serositez.]

Serpe, *sarpe*, *s. f.* L'usage est pour *serpe*, mais pour *sarpe* il est suranné. C'est un outil de fer qui tranche d'un côté, qui à un manche de bois & qui sert à couper des branches & de petits arbrisseaux. [Une bonne serpe. Serpe qui coupe fort bien.]

Serpes. *Terme de Mer.* Ce sont des tranchans pour couper les cordages de l'ennemi lors que deux vaisseaux ennemis s'aprochent & s'acrochent par des grapins pour disputer à qui le bord demeurera. [Ils couperent les cordages avec des serpes.]

Serpent, *s. m.* Le serpent est un animal rond & long, qui a son venin au bout de la quëuë, qui rampe, qui se replie & qui est ennemi des hommes & des animaux. Il se cache durant les quatre mois les plus froids de l'année & lors qu'il sort de son trou il se dépouille de sa peau. [Serpent terrestre. Serpent aquatique. Le serpent sifle. Voïez *Jonston.*)

Serpent d'Esculape. C'est une sorte de serpent fort long, qui n'est point venimeux & qui rue fait point dermal. Il a le dessous du ventre comme verd & le dessus du dos qui tire sur le noir. Il y a de ces espéces de serpens en Asie, en Afrique, Amerique, Espagne & Italie.

Serpent à sonnette. C'est une maniere de serpent qui porte une sonnette à la quëuë, qui se trouve dans la Virginie & qui est tres-dangereux parce qu'il devore les hommes qu'il rencontre. *La Roque, Journal des Savans.*

* **Serpent.** Ce mot entre dans quelques façons de parler figurées, & veut dire. Méchant, Perfide. Ingrat. Traitre.

(Vous même de vos soins craignez la récompense,
Et que dans vôtre sein ce *serpent* élevé
Ne vous punisse un jour de l'avoir conservé.
Racine, Andromaque, a. 1. *s.* 2.

* Ah ! coquine en venir à cette perfidie
Petit *serpent* que j'ai réchaufé dans mon sein.
Moliere, Ecole des femmes, acte 5. *scene* 4.]

* Autant d'infideles autant d'instrumens du *vieux serpent*. *Patru, plaidoïé* 3. C'est à dire, autant d'instrumens du diable.

* **Serpent.** C'est une sorte d'instrument de musique à vent dont il est fort facile de joüer, qui est de métal, ou de bois noir, couvert de cuir. [Il a six trous & environ cinq ou six piez de long & il a été apellé *serpens*, parce qu'il a en quelque sorte la figure d'un serpent. [Joüer du serpent. [

Serpente, *s. f. Terme de Papier.* C'est une sorte de papier pour faire des chassis. [Il y a de la grande *serpente*, & de la petite *serpente.*]

Serpenteau, *subst. masc.* C'est une sorte de fusée volante qui va en serpentant dans l'air. (Qui veut voir de beaux & d'agréables *serpenteaux* n'a qu'à aller voir le feu de la Saint Jean qu'on fait tous les ans à Paris dans la place de la Gréve.)

Serpenter, *v. n.* Aller en tournant & par replis à la maniere des serpens. [Ruisseau qui serpente dans la plaine. *God. Poës.*

* La fiévre en ce beau corps orgueïlleuse & hautaine
Suit des ruisseaux de sang *serpente* & se promene.
Habert. Temple de la mort.)

Serpentin, *s. m. Terme d'Arquebusier.* C'est proprement une piéce mobile posée sur la platine du mousquet qui a deux branches qui se serrent, & s'ouvrent avec une vis & où l'on pose la mèche lors qu'on veut tirer le mousquet. [Mettre la mèche sur le serpentin.]

Serpentin. *Terme de Chimie.* C'est un tuïau de cuivre ou d'étain depuis le bas de l'alembic jusqu'au chapiteau. Il sert à distiler des eaux de vie & autres liqueurs.

Serpentin, *s. m.* Sorte de marbre qui est d'un verd un peu plus obscur avec des filets de couleur jaune qui se confond & vont le long du marbre.

Serpentin, *serpentine*, *adj. Terme de Manége.* [Langue *serpentine.* C'est la langue frétillante d'un cheval, qui la fait mouvoir incessamment & la fait passer quelquefois sur l'embouchûre.]

Serpentine, *s. f.* Prononcez *Sèrpantine.* C'est une espéce de pierre précieuse. Il y a deux sortes de *serpentine.* La prémiere tire sur le verd, elle se rencontre ordinairement en fort grains morceaux qu'on tourne au tout, & dont on fait des vases. L'autre sorte de *serpentine* est plus dure, plus rare & plus précieuse que la prémiere. [La *serpentine* se trouve aux confins de la France, & de l'Alemagne. *Merc. Indien, l.* 3. *chap.* 14.]

Serper, *v. a. Terme de Mer.* Il se dit des galeres & des batimens de bas bord qui ont une ancre à quatre bras & signifie *lever l'ancre.* (Les galeres commencent à *serper.*)

Serpette, ou *sarpette*, *s. f.* Petit instrument à manche de bois avec une alumelle un peu recourbée, qui sert aux vignerons & aux vendangeurs. [Une bonne serpette. Une serpette bien faite. Eguiser, afiler une serpette.]

Serpilliere, *s. f.* Morceau de toile qui par devant entoure tout le haut de la boutique des merciers & de plusieurs autres marchands. [Mettre la serpilliere. Oter la serpilliere.] C'est en général toute sorte de grosse toile, qui sert aux Marchands pour emballer leurs marchandises.

Serpolet, *s. m.* Mot qui vient du Grec. C'est une sorte de petite herbe odoriférante, qui, à ce qu'on croit, a été apellée *serpolet*, parce qu'elle rampe presque à terre. Il y a du *serpolet* cultivé & du *serpolet* sauvage qui croit sur les montagnes. L'un & l'autre de ces *serpolets* est chaud.

Serrage, *s. m. Terme de Marine.* C'est l'assemblage des planches qui font le revêtement interieur du Vaisseau. On les apelle aussi *Serres* & *Vaigres.* Le revêtement exterieur s'apelle *Bordage.*

Serrail, *s. m.* Lieu à Constantinople où le grand Seigneur tient ses femmes. Le palais où sont les femmes du grand Seigneur qui sont fort tres-belles, qui n'ont toutes pour vûe que de s'en faire aimer, qui sont servies par des Eunuques noirs. C'est aussi dans le serrail qu'on éleve les enfans pour les grandes charges de l'Empire. Voïez *Briot. Empire Ottoman.*

* **Serrail.** Lieu où il y a plusieurs Courtisanes. Lieu où il y a plusieurs filles de mauvaise vie. (Sa maison est un petit serrail.)

* **Serrail.** Toutes les femmes du grand Seigneur. Toutes les Courtisanes & les maitresses de quelque Grand. (Son serrail le suivoit par tout.]

Serre, *s. f. Terme de Jardinier.* C'est l'endroit du jardin où l'on met les orangers pour les conserver. (Une belle serre. Mettre les orangers dans la serre.) On y serre aussi diverses plantes durant l'hiver, comme les articheaux, les choux fleurs, &c.]

Serre. *Terme Fauconnier.* Ce mot se dit des oiseaux de proie & autres pareils & veut dire mains & doigts d'oiseau de proie [L'aigle fondit sur le moineau, & le tenant sous ses *serres*, elle l'enleva & le porta dans son aire à ses aiglons.]

† * *Avoir de bonnes serres.* Cette façon de parler se dit des personnes. C'est à dire, quand on a quelque chose de quelcun, le tenir bien & ne le pas rendre. Ainsi on dit. [De tous les animaux à deux piez qui volent impunément, les Procureurs sont ceux qui ont les meilleures *serres.*]

Serré, *serrée*, *adj.* Voïez plus bas.

Serre-file, *s. m.* C'est le dernier soldat de la file. C'est aussi le dernier rang du bataillon qui en termine la hauteur & en forme la quëuë. [Quand on a doublé les rangs en avant, le bataillon se remet par le *serre-file.* Par *serre-file* remettez vos rangs.]

Serre demi-file, *s. m.* C'est le dernier soldat de la demi-file. C'est aussi le rang du bataillon qui termine la moitié de la hauteur du même bataillon. [A droite par *serres-demi-files*, doublez vos rangs en arriere. Voïez *Martinet, Exer. pour l'inf.*

Serrer, *v. a.* Mettre une chose en quelque endroit pour la garder

SER

der, la conserver, & ne la pas dissiper, & s'en servir en tems & lieu. Serrer de l'argent. Serrer les pailles.]

Serrer. Lier fortement. Serrez cela davantage.

Serrer, Presser. [Serrer la main. Vous savez que c'est Aristote, me dit-il, en me serrant les doigts, *Pasc. l.4.* [Serrer le pressoir avec la vis. Serrer les pouces à quelcun pour lui faire confesser quelque chose.]

* *Serrer les escadrons.* (Il leur commanda de *serrer, leurs escadrons.* C'est à dire, de les approcher plus près les uns des autres.]

* *Serrer quelcun de près.* C'est le pousser vivement. Les deux mers venant à *serrer* la terre des deux côtez font une langue. *Vaug. Quin. liv.3. ch.1.* C'est à dire, venant à presser & à retrecir la terre.]

† *Serrer.* Terme de *Manége.* Faire qu'un cheval ne s'élargisse pas trop. [Vôtre cheval marche trop large, il le faut serrer. On dit aussi, *Cheval qui se serre trop,* ou *Cheval qui se serre.* C'est à dire, qui ne s'étend pas assez à une main, ou à l'autre. Quand un cheval se serre trop, il le faut aider du gras des jambes. On dit aussi, *Serrer la demi-volte.* C'est faire revenir le cheval sur la ligne de la passade, ou sur le terrein où il a commencé la demi-volte.]

* *Serrer.* Terme de *Mer.* Ce mot se dit *en parlant du vent.* C'est prendre l'avantage du vent de côté. [Les flotes ne firent autre chose que chicaner le vent, *en le serrant* de fort près, pour le gagner l'une sur l'autre. *Guillet; Navigation.*]

Serré, serrée, adj. Qui est en quelque endroit pour être conservé & gardé. [Argent serré. Bourse serrée. Pailles serrées.]

Serré, serrée. Lié. [Bras serré. Jambe trop serrée.]

Serré, serrée. Le mot veut dire *Pressé.* Aprochés les uns auprès des autres. [Un corps d'infanterie *serré* dans ses rangs. *Vaug. Quin. l.3. c.2.* Ils faisoient des portiques dont les colonnes étoient fort *serrées.* Les lignes de cette écriture sont fort serrées.]

Serré, serrée. Ce mot se dit de la toile & de quelque autre ouvrage qu'on travaille sur le métier. C'est à dire, Bien batu & bien croisé. [Toile bien serrée.]

* *Avoir le cœur serré de douleur. Ablancourt Tac.* Etre beaucoup afligé.

* *Cela me serre le cœur. Scaron.* [C'est à dire, ce, a me fâche fort.

† *Serrement, sub. masc.* L'action de serrer. [Ne pouvant plus parler il témoigna sa repentance par un serrement de main.] Ce mot n'est pas usité : on dira plûtôt, *en serrant la main.*

† *Serrement, adverbe.* D'une manière *serrée.* [Les troupes marchoient serrément, ou plûtôt marchoient fort serrées.]

Serrure, s. f. Ouvrage de *serrurier,* qui est de fer poli qu'on attache à une porte par dedans, qui sert à fermer & à ouvrir la porte par le moien d'une clef, qui est composée d'un fonite, d'un pêle, ou d'une pêne, d'un rateau, d'un foncet & de sa garniture, &c. [Une bonne serrure. Une belle serrure. Une serrure bien ou mal faite. Crocheter une serrure. Brouiller une serrure. Ouvrir une serrure. Faire une serrure à bosse, à pêne dormant.]

Serrurerie, s. f. Métier, commerce & travail de *serrurier.* [Depuis neuf ou dix ans jusques à cette année 1686. la serrurerie n'a jamais été si bonne qu'elle est à Paris, parce qu'on n'y a jamais plus bâti qu'on a fait depuis ce tems-là, & qu'on fait encore présentement.)

Serrurier, s. m. Artisan qui travaille en fer, qui fait toutes sorte. de clez, de serrures, de potences de fer, de serrures de cofres forts, &c. [Un habile serrurier.]

Sertia, v. a. Terme de *Lapidaire* & de metteur en œuvre. C'est monter une pierre précieuse & l'enchâsser & la serrer proprement dans son châton. [Sertir un diamant.]

Sertir, sertie, adj. Terme de *Lapidaire* qui veut dire *enchâssé.* [Diament serti.]

Sertissure, s. f. C'est la manière dont une bague est sertie. [Il y a plusieurs sortes de *sertissures*; mais je n'en ai point vû de plus agreable que celle de cette bague.]

Servage, s. m. Ce mot est un peu vieux & en sa place on dit ordinairement *servitude.* Cependant on se sert encore de *servage* en vers.

[Son esprit, sa douceur, sa mine & son courage
Aux cœurs les moins soumis sont aimer *le servage.*
La Comtesse de la Suze, Elegies.
M'étant sauvé du plus rude *servage*
Qui tint jamais un genereux courage
Je m'estimois.
Voiture, Poësies.
Nos saintes actions, nos celestes plaisirs,
Sont en nous, non de nous, & sont l'unique ouvrage
Du Dieu qui nous tira d'un si honteux *servage.*
Saci, poëme de S. Prosper.]

Servante, sub. masc. Fille, ou femme qui est à gage & qui sert en qualité de domestique. [Avoir une jolie servante.]

SER 757

Servante. Ce mot est un terme de civilité qui entre fort dans le commerce & dont se sert une femme pour témoigner à quelque personne qu'elle a du panchant à lui rendre quelques bons ofices parce qu'elle en fait de l'estime. [Vous direz à vôtre maitre que je suis bien sa servante. Je suis, Monsieur, vôtre tres-humble servante.]

Servante. Ce mot entre dans quelques façons de parler de raillerie. [Ah tres-humble servante au bel esprit, ce n'est pas là que je vise. *Moliere; Critique de l'Er. des femmes, sc. 6.* C'est à dire je me mets fort peu en peine de bel esprit, je me soucie peu de bel esprit, je n'y prétens rien, mon but n'est pas là.]

Servelat. Voiez *Cervelat.*

Serviable, adj. Oficieux. [Il est serviable. C'est une fille fort serviable.]

Serviablement, adv. D'une manière serviable. Un Auteur anonime a écrit. [Il fait cela le plus *serviablement* du monde. J'ai consulté cette façon de parler à d'habiles gens qui me l'ont tous condamnée. Ils prétendent qu'il faut dire, il a fait cela le plus *oficieusement* du monde. Ils ne peuvent soufrir le mot de *serviablement.* Ils soûtiennent qu'il n'est pas François.]

Service, s. m. Servitude. Condition où est une personne qui sert. [Etre en service. Se mettre en service. Entrer en service. Quitter le service. Sortir de service. Etre hors de service.]

Service. Ce mot se dit entre gens qui servent par quartier chez les Grands & veut dire *quartier de service.* [Je suis de service chez Monsieur.]

Service. Ofice bon ou mauvais qu'on rend à quelcun. [Il lui a rendu un méchant service auprès du Roi. Rendre de tres-bons services; de tres-solides services à quelcun.]

Service. Action de servir. Bon ofice. Tout ce qu'on peut faire pour bien servir quelcun. [Ofrir ses tres-humales services à quelcun. Présenter ses services à quelcun. Faire ofre de ses services. Rendre service à une personne.] Il se dit particulièrement du service qu'on rend à l'Etat dans la guerre où dans la Paix. [Il s'est mis dans le service; c'est à dire, il a pris emploi dans la guerre. Ce Gentilhomme a vint ans de service. Le service est bon à présent. On dit aussi le service du Canon. Ce Ministre a rendu de grands services à l'Etat.]

Service. Ce mot se dit en terme *de jeu de Paume.* C'est l'action de celui qui jette la balle sur le toit pour être reçûë par ceux qui joüent. [C'est un homme qui a un bon service. Avoir un mauvais service.]

Service. Ce mot se dit en parlant *de festin,* ou d'autre bon repas. C'est l'action de relever les plats qu'on a servis & en servir d'autres où il y ait changement de viande. [Nous avons êté servis à trois services.]

Service. Ce mot se dit *en parlant du vaisselle.* C'est toute la vaisselle qu'il faut pour servir sur table. [Un beau service de vaisselle d'argent. Un service de vermeil doré. Il a un service de vaisselle d'argent qui vaut dix mille écus.]

Service. Ce mot se dit en Terme d'*Eglise.* Ce sont des prières & une grand' Messe pour un mort. [Faire dire un service à un ami.]

Service. Terme d'*Eglise.* Ofice divin. Ceremonies qu'on pratique en celebrant l'Ofice divin. [On fait bien les services dans toutes les paroisses de Paris. Le service est dit.]

* *Service de Grands n'est pas heritage.* Proverbe, pour dire, qu'on est souvent mal recompensé & qu'il ne faut pas faire fonds là-dessus.

Serviette, s. f. Linge ourlé, long d'environ une aûne & large de trois quartiers, ou environ, qu'on plie proprement, qu'on met à table lorsqu'on veut faire quelque repas, & dont on se sert lorsqu'on mange. [Grosse serviette. Serviette fine. Faire des serviettes. Changer de serviette à chaque service.]

Serviette à essuier les mains. C'est une serviette qu'un maître d'hôtel sert à essuier les mains de ceux qui ont lavé. Une serviette à essuier les mains fort blanche.]

Servile, adj. Qui sert le valet, l'esclave. Qui est bas & rempant. (Action servile. Avoir des manières basses & serviles. Le monde est plein d'ames basses & serviles.]

Servilement, adv. D'une manière servile. D'une manière basse & servile. Agir servilement.)

Serviote, s. f. Terme de *Marine.* Pièce de sapin qui sert à former l'éperon & à le tenir en état.

Servir, v. a. Rendre service. Assister. (Servir le Roi. Servir sa patrie. *Vaugelas Rem.* Le Médecin sert les malades. *Vaugelas Remarques.* Servir fidélement un ami, un maitre, &c.)

Servir. Ce mot se dit de Dieu, & veut dire, Adorer, Reverer & honorer Dieu par toutes sortes d'actions de Religion. [On ne sauroit assez faire de réflexions sur cette verité qu'on est obligé à servir Dieu & aimer son prochain de tout son cœur.]

Servir. Ce mot se dit en parlant de Messe & veut dire aider le Prêtre à dire la Messe. (Servir des Messes. Servir la Messe.]

CCccc iij

Servir. Ce mot se dit ordinairement dans un sens neutre en parlant de festin & de repas. C'est metre sur table les plats, lors qu'on est prêt à dîner ou à souper. Dîtes au maître d'hôtel qu'on serve. On commence à servir.) On dit aussi dans dans un sens actif. (*Servir un plat.* C'est mettre un plat sur table. Servir à dîner. *Pasc. l. 2.*)

Servir. *v. a.* Ce mot se disant entre gens qui sont ensemble à table, signifie présenter de la viande, ou autre chose à une personne. (Ils se mirent à table avec lui & servirent du veau. *Ablancourt, Rétorique, liv. 4. c. 3.* Servez cela à Monsieur un tel.) Il se dit encore des gens qui sont hors de table, en faveur de ceux qui y sont, & il signifie donner ce qu'il faut à ceux qui sont à table. (Le Prince de Galles donna à souper à sa tante, au Roi Jean son prisonnier, & le servit pendant le repas, sans se vouloir mettre à table avec lui. *Abé de Choisi, hist. du Roi Jean.*)

Servir à table. Ces mots se disent des laquais & autres valets. C'est donner à boire à ceux qui sont à table, & leur changer d'assiette, &c. Il se fait servir à table, en vaisselle d'or, *Vaug. Quin. Curce, l. 8. ch. 8.*]

Servir. Ce mot se dit en parlant d'amour & de Dames, & veut dire. Donner à une Dame, de qui on a les dernières faveurs, tout le plaisir qu'elle peut souhaiter.

                           (Silvie
   Se laisse aimer par ses laquais
   Et dit qu'elle en est mieux servie. *Gom. Epi. l. 2.*)

Servir. Ce mot en parlant des Dames signifie aussi chercher à plaire aux Dames par mille ofices galans, les défendre, les soutenir. (Il est glorieux à un honnête homme de servir les Dames. Les Chevaliers errans couroient par le monde pour servir les Dames.)

Servir. Ce mot se dit en Termes de jeu de Paume. C'est jetter une bale sur le toit pour être reçuë par ceux qui jouënt. (C'est à Monsieur à servir.)

Servir. Ce mot se dit en Terme de Guerre en parlant de la grosse artillerie & de baterie de canon. (Servir bien le canon. Servir bien une baterie, c'est la faire tirer comme il faut, c'est avoir soin qu'elle tire bien, qu'elle tire beaucoup.)

Faire servir. Terme de Mer. C'est mettre à la voile ou porter quelque voile particulière. (Après avoir demeuré en panne tout le matin nous fîmes servir sur le midi. Faire servir la misaine. Faire servir la grande voile. *Guillet,* Termes de Navigation.)

Servir, *v. n.* Etre utile en quelque chose à quelcun, ou à quelque chose. Etre propre. Etre convenable. (Cela sert à plusieurs choses. *Vaugelas Rem.* Cette action servira à sa gloire & à sa fortune. *Ablancourt.* Servir de guide à quelcun. *Ablancourt.* Servir de garde à quelcun. *Ablancourt.* L'esprit de la plûpart des femmes sert plus à fortifier leur folie que leur raison. *Memoires de M. de la Roche-Foucaut.* Une plume sert à écrire. Un compas sert à tracer des cercles.

   Tu serviras un jour d'objet à l'Univers,
   Aux Ministres d'exemple, aux Monarques de guide,
   De matière à l'histoire & de sujet aux vers.
          Chapel. Ode à Richelieu.)

Se servir, *v. r.* Se rendre des services à soi-même. Se faire tout ce qu'il faut soi-même sans le secours de personne. S'aider de quelque chose qu'on possède. (Le vilain est riche & cependant il aime mieux se servir lui-même & croupir dans l'ordure que d'avoir une servante, de peur de la nourrir, & de lui donner quelques petits gages.]

Se servir. Se prévaloir de quelque chose. S'aider de quelque chose, ou de quelcun. Emploier. (Se servir de l'autorité de ses amis, *Ablancourt.* Quel avantage peut-on tirer d'avoir de l'esprit, si on ne sait pas s'en servir à se faire aimer. *Le Chevalier de Méré.* L'argent n'est bon que pour s'en servir. Ceux qui ont du bien & qui s'en servent en honnêtes gens, ne sauroient être assez estimez.]

Servites, *s. m.* Sorte de Religieux d'Italie qui suivent la Regle de S. Augustin. Ils portent une robe noire avec un scapulaire de même couleur, & par dessus cela, un manteau noir. [*Fra Paolo* qui a écrit si agréablement l'histoire du Concile de Trente est un des plus illustres Pères de l'ordre des Servites.]

Serviteur, *sub. masc.* Celui qui sert en qualité de domestique. [Je ne suis & ne serai jamais serviteur de personne.

   Pour bien servir & loïal être
   De serviteur on devient Maître.]

Serviteur. Ce mot n'est souvent qu'un terme de civilité dont un homme se sert pour marquer qu'il estime, ou qu'il a quelque passion pour une personne, & que dans cette vûë il est prêt de rendre quelque bon ofice à cette personne. (Je suis le très-humble serviteur des honêtes gens.)

† **Serviteur.** Ce mot se dit en parlant à de petits enfans & veut dire révérence. (Faites serviteur à Monsieur. C'est à dire, baisez la main & faites lui la révérence.)

Servitude, *s. f.* C'est un réglement du droit des gens par lequel contre l'ordre de nature qui nous a tous créez libres, une personne est sujette à une autre. Service. (Il n'y a rien de si misérable, ni de si cruel que la servitude. *Patru plaid. 3.*

   Qu'il est doux d'être libre & que la servitude
   Est honteuse à celui qui peut être son Roi, *Mai. Poës.*

Il faut adoucir tant qu'on peut le joug de la servitude. *Ablan. Apoph.*

Servitude. Terme de *Droit & de Coutume*. Charge établie, ou qu'on veut établir sur quelque maison, ou sur quelque héritage. (Etablir une servitude. Imposer une servitude. Eteindre & amortir une servitude. *Loiseau. Traité du deguerpissement, l. 5.*)

S E S.

Sebame, *s. m.* Espèce de blé, ou de légume, qu'on aporte du Levant. On en fait de l'huile qui est fort estimée en médecine.

Sesquialtere, *adj.* Terme d'*Aritmetique* & de Géometrie. Il se dit de la raison qui est entre deux quantitez, ou deux nombres, dont le plus grand contient le moindre une fois & demi. Il y a une raison sesquialtere entre 3 & 2. de 6 à 4 ; de 9 à 6. &c.

Session, *s. f.* Ce mot se dit en parlant de Conciles & veut dire *Séance.* Partie de Concile. (En la session vint & unième, voici comme parle le Concile. *Patru plaidoié 5.* Le Concile de Trente en la session vint-cinquième veut que les élections soient sécretes. *Patru plaidoié 16.*

Sesterce, *s. m.* C'est une sorte d'ancienne monoie Romaine. Il y a le petit & le grand sesterce. Le petit sesterce valoit deux sous un denier & un peu plus de nôtre monoie. *Voyez Bouteroüe, Traité des monoies de la prémière race de nos Rois, pag. 67.* D'Ablancourt, Tacite, Table des termes anciens dit que le petit sesterce ne valoit que dix-huit deniers de nôtre monoie, & que le grand sesterce en valoit mile petits, ce qui revient à vint cinq écus, & plus.

S E T.

Seterée, ou *septerée,* *s. f.* Prononcez séterée. C'est une mesure de terre qui contient environ un arpent, & dans laquelle on pourroit semer un sétier de semence. Voïez *Sétier.*

Setie, *s. f.* Terme de *Mer* que les Grecs & les Turcs donnent à une barque.

Setiéme, *adj.* Nom de nombre ordinal. [Il est le sétiéme. Elle est la sétiéme.]

Setiéme, *s. f.* Terme de jeu de Piquet. Ce sont des cartes de même point & qui se suivent. (Avoir une sétiéme. Sétiéme majeure.)

Sétièmement, *adv.* En sétiéme lieu.

Setier, *s. m.* Ce mot en parlant de la mesure de Paris. C'est douze boisseaux. (Le sétier de blé n'est pas fort cher présentement.)

Setier. Terme de *Jaugeur.* C'est la mesure de huit pintes. C'est une marque qui est sur la jauge & qui vaut huit pintes. (Les sétiers sont marquez sur les jauges.)

Seton, *s. m.* Terme de *Chirurgie.* Espèce de piquure qui se fait au cou par le moien de laquelle on passe au travers de la peau du chignon du cou un fil de coton, retors en quatre ou cinq doubles.

Le séton sert de cautère. On fait des sétons pour détourner des fluxions sur les yeux. Avoir un séton.)

S E V.

Séve, *s. f.* Terme de *Jardinier.* La séve est une liqueur qu'un arbre, ou autre plante, tire de la terre par ses racines & qui monte jusqu'à l'extrémité des branches par des canaux que la nature a formez entre le bois & l'écorce. La séve se convertit partie en bois & en écorce, partie en feuilles, en boutons & en fruits. La séve alonge, multiplie & grossit les racines nouvelles. Il y a certains mois de l'année où les arbres sont en séve. La séve est une liqueur conforme à la nature de l'arbre, ou de la plante, qu'elle doit nourrir, grossir, faire croitre & multiplier. Chaque séve est diférente selon la nature des végétaux ; dans les uns elle est visqueuse & gluante, dans les autres douce & aqueuse, & dans quelques-uns elle est blanche. De sorte qu'à l'égard du vin la séve est une certaine faveur, conforme à la nature du cep de vigne, que le cep a communiquée à la grape, & la grape au vin. Autant de diférens vins, autant de diférentes séves, plus agréables & plus piquantes les unes que les autres. Ce vin a une bonne séve, une excellente séve. Il nous a fait boire du vin à séve veloutée. *Molière, Bourg. a. 4. sc.* C'est à dire, du vin d'un rouge brillant & charmant.

Oüi

SEV

Oui, je gagerois bien que chez le commandeur
Vilandri priseroit sa séve & sa verdeur.
Déspreaux, Satire.

SÉVERE, adj. Qui a de la sévérité. Rigide & exact. Cruel. Austére. (Homme sévére. Pére sévére. Juge sévére. Vertu sévére.

La sévére loi
Qui peut tout sur mes jours, ne peut rien sur ma foi.
Habert, Temple de la mort.

Si on étoit si sévére à exclure les Prêtres de l'autel, il n'y auroit pas un si grand nombre de Messes. *Pascal, l.6.*
† Visage sévére. *Voit. l.23.* C'est à dire, qui marque une personne sévére.

SÉVÉREMENT, adv. Avec sévérité. D'une manière rigide & sévére. (Traiter quelcun sévérement.)

SÉVÉRITÉ, s. f. Rigueur. Conduite austére, rude & rigide. (Une grande, une extrême, une fâcheuse sévérité. Une sévérité insupportable. User de sévérité envers quelcun. Il exerçoit une grande sévérité envers ceux qui dépendoient de lui.)

SEVERONDE, ou subgronde, s. f. Terme d'*Architecture*. C'est le bas de la couverture d'une maison, qui avance pour jetter les eaux au delà du mur.

SEUIL, s. m. C'est la partie inférieure d'une porte. (On l'a tué sur le seuil de sa porte.

SEUILLET, s. m. Terme de *Marine*. C'est une planche qu'on met sur la partie inférieure du sabord, pour couvrir l'épaisseur du Bordage, & ainsi empêcher que l'eau ne pourrisse les membres du vaisseau.

SEUL, seule, adj. Ce mot se dit des choses & des personnes & signifie *unique*. Qui n'a personne avec lui. Qui n'est acompagné de personne. (La foiblesse est le seul défaut qu'on ne sauroit corriger. *Memoires de M. de la Roch-Foucaut.* Malheur à celui qui est seul. Je ne suis jamais moins seul que quand je suis seul. Monsieur est seul. Madame est toute seule tout le jour.

Seul à seul, adv. Seul contre seul.

(Hé bien ! nous nous verrons seul à seul chez Barbin.
Moliere.)

Seulement, adv. [Dieu demande seulement de nous que nous l'adorions de tout nôtre cœur & que nous aimions nôtre prochain comme nous-même. C'est à dire, Dieu ne demande que cette seule chose.

Non-seulement. (Non-seulement d'Ablancourt étoit un excellent esprit, mais c'étoit aussi une belle ame, qualité qui est assez rare dans la plûpart des Messieurs les Auteurs.]

† Seulet, seulette, adj. Ce mot est vieux & ne peut entrer que dans le comique. Si bien que Voiture n'est pas à imiter lors qu'il a dit dans des stances qui ne sont pas burlesques.

(Le jour que vous diant seulette rencontrée.)

SEUR, seure, adject. Qui n'est pas dangereux. (Opinion seure. *Pas. let. 5.* Autrefois on prononçoit le mot seur comme il est écrit, comme il se voit par ce quatrain du dialogue du Chevalier Bayard & du Chancelier de l'hopital, *page 53.*

Tant que l'on verra dans le Louvre
Un Jesuite pour Confesseur
L'Etat ne sera jamais seur
Le tems passé nous le découvre.

Aujourdui l'on prononce le mot seur comme s'il étoit écrit sûr, mais il faut un peu alonger ce mot, pour le distinguer de la préposition sur. Le mot seur vient du Latin securus, & il signifie immancable. C'est un coup seur. *Ablancourt, Luc. T.1.* Joüer à jeu seur.)

Seur, seure, adject. Ce mot se disant des personnes, veut dire fidéle. [C'est un homme seur. C'est une femme seure.)

Seur, seure. Ce mot en général signifie certain, assuré. La nouvelle est seure. Mettre en lieu seur. Ce chemin n'est pas seur.

C'est un coup seur.
C'est un homme seur.
Il est seur de son fait.
C'est joüer à jeu seur.)

Seur, s. f. Voiez sœur.

SEUREMENT, adv. Prononcez sureman. En sûreté. En assurance. Assurément. Certainement. (Vôtre argent sera sûrement entre les mains d'un homme de bien, mais où trouvera-t-on cet homme de bien dans ce maudit siécle ? Cela arrivera seurement.)

SEX

SEVRER, v. a. Ce mot se dit des enfans & des petits des animaux qui tétent & qui sont domestiques. C'est empêcher que les enfans, ou les petits des animaux ne tetent. On doit sevrer l'enfant à l'âge de deux ans & le sevrer peu à peu. *Voi Valambert*, maniere de nourrir l'enfant, l.4.

Sevrer un enfant. Ablancourt. Sevrer un poulain. Soleisel. Sevrer un veau.

* Sevrer v. a. Terme de *Jardinier*. Et alors il est pris figurément. (On doit sevrer un arbre gréfé en aproche. Sevrer une marcote. C'est séparer cet arbre (ou cette marcote) de l'arbre (ou de la plante) auquel ils tenoient, & dont ils sont les enfans. *Quint. Jard. fruit T.1.*)

* Se sevrer, v. r. Ce mot au figuré se dit dans le langage ordinaire, se retrancher quelque chose qu'on aime, s'abstenir de quelque chose qui plaît.

* Se sevrer des plaisirs où l'âge nous convie. C'est à dire, s'abstenir des plaisirs où l'âge nous invite.

* Etre sevré sur le Parnasse. Façon de parler figurée & agréable, pour dire être encore jeune Poëte.

(Je connois peu Phebus & ses douceurs
Je suis nouveau sevré sur le mont des neuf sœurs.
Déspreaux, Satire I.

C'est à dire, qu'il n'y a pas long-tems que je suis poëte.

SEURTÉ, s. f. Prononcez sureté & même si l'on veut il n'y auroit pas grand mal quand on l'écriroit comme il se prononce. Sureté, signifie. Assurance. Précaution. (Opinion qui peut être suivie en seureté de conscience. *Pascal, l.6.*
Il demanda s'il y avoit sureté pour vous. *Ablancourt Ret. liv. 2.*)
Prendre ses seuretez. C'est à dire, prendre ses précautions & ses assurances. (Contre cet accident j'ai pris mes seuretez. *Moliere.*)

SEX.

SEXAGENE, s. f. Terme d'*Arimétique Astronomique*. C'est le nombre de soixante degrez du Zodiaque, qui comprend deux signes.

SEXAGÉNAIRE, adj. Qui a soixante ans. (Il est sexagénaire. Elle est sexagénaire.

O ! que cela doit plaire,
De voir un goguenard presque sexagenaire.
Moliere.)

SEXAGÉNAIRE, s. m. Qui a soixante ans. (Un vieux sexagénaire.)

SÉXE, sub. mas. Mot qui vient du Latin. Nature du mâle, & de la femelle qui distingue un séxe de l'autre. (Les séxes n'ont été donnez que pour la génération. *La Chambre.*)

Séxe. Ce mot joint à un pronom possessif signifie indiféremment les hommes & n'est déterminé à l'un de ces séxes que par les personnes qui parlent, ou de qui on parle. (Cléopatre étoit une des plus acomplies Princesses de son séxe. *Cousin, Histoire Romaine.*)

* Sext. Femmes & filles. (Aimer le séxe. *Ablancourt.*

Le séxe aime à joüir d'un peu de liberté,
On le retient fort mal avec l'austérité.
Moliere.
Oui, la meilleure femme en malice est féconde
C'est un séxe engendré pour damner tout le monde,
Je renonce à jamais à ce séxe trompeur
Et je le donne tout au diable de bon cœur.
Moliere.)

* Le beau séxe. Les filles & les femmes.

(Tout le beau séxe vous admire.
Mai. Poi.)

SEXTES, Terme d'*Eglise*, qui n'a point de singulier & qui veut dire une de sept heures canoniales. (Mes sextes sont dites.)

Sexte. Terme de *Musique*. C'est une consonance qui provient du melange de deux sons qui sont en proportion de trois à cinq, à l'égard de la sexte majeure, & en proportion de cinq à huit, à l'égard de la mineure. On les apelle aussi sixiéme.

SEXTIL, adj. m. Terme d'*Astronomie*. Il se dit de l'aspect de deux astres qui sont éloignez l'un de l'autre de la sixième partie d'une circonférence, ou de soixante degrez.

SEZ.

SEZE. Nom de nombre indéclinable. (Ils sont seze. Elles sont seze.)

SEZ

Séze. Ce mot se met quelquefois pour *séziéme*. (On dit que dès *le séze* Janvier précédent ; &c. *Patru*, *plaidoié* 5.

Les *séze*, *sub. mas.* On apelloit ainsi durant la ligue les seze quarteniers de Paris qui étoient si zélez pour la ligue & dont quatre furent pendus. (Les seze marchoient quatre à quatre reduits au nombre des Apôtres & habillez de même. Voiez le *Catolicon d'Espagne* au commencement.)

In séze. Terme de *Libraire & d'Imprimeur*. (Sorte de petit livre dont la feuille a seze feüillets. (C'est un petit *in seze*. C'est un grand *in seze*.)

Séziéme, *adj.* Nom de nombre ordinal. (Il est le seziéme. Elle est la seziéme.)

S G R.

SGRAFIT, *s. m.* Mot écorché de l'Italien *sgraffito*. Terme de Peinture. C'est une maniére de peindre de blanc & de noir, mais qui ne se fait qu'à fresque, & se conserve à l'air. Le *sgrafit* est une sorte de peinture qui est dessein & peinture tout ensemble, & on ne se sert du *sgrafit* que pour embélir les façades des palais & autres belles maisons. Voiez *Vasari*, *Traité de la Peinture*, tome 1. c. 16. de*j gli sgrafiti delle Case*.

S I.

Si. Sorte de *conjonction* conditionnelle qui régit l'indicatif ordinairement.
(Si j'avois deux cœurs, j'en aurois un pour vous. *Racine*, *Berenice*, a. 2. s. 3.)

Si. Cette conjonction étant emploiée, au prémier membre d'une période, peut bien être emploiée au second, jointe au prémier par la conjonction *&*, mais il est plus-élégant au lieu de répéter la particule *si*, de mettre *que*. Exemple. Si nous sommes jamais heureux, & si la fortune se lasse de nous persécuter, nous ferons, &c. Il est beaucoup meilleur de dire, *& que la fortune se lasse, nous, &c.* Mais il faut mettre le verbe du second membre au conjonctif. *Vaugelas*, *Rem.*

Si. Cette particule étant conditionnelle ne se mange devant aucune des voielles, si ce n'est devant *i*, encore n'est-ce que devant ces deux mots *il* & *ils*. Exemple. (S'il fait cela, s'ils viennent, car on ne dira jamais *s'implorant* pour dire *si implorant*, *s'après cela*, pour *si après cela*. *Vaug. Rem.*

Si. Cette particule prise pour *tellement* veut un *que* après elle.

(Iris fait *si* mal tant de choses
Qu'on ne sauroit loüer ce qu'elle fait de bien.
Gon. Epi. l. 2.)

Si. Cette particule prise pour *tellement* doit être repetée devant deux épitétes qui se suivent immédiatement. (Il est *si* généreux & *si* honnête qu'on ne se peut défendre de l'aimer. Il seroit ridicule de dire il est *si généreux & honnête*, &c.)

Si. Particule qui se met pour *is est-ce que*. Exemple. (Si dirai-je en passant que. *Vau. Rem.*

Si. Particule qui signifie *avec tout cela*, mais qui se sens est hors d'usage. (J'ai remüé ciel & terre & *si* je n'ai pû en venir à bout. Aujourdui on diroit *& avec tout cela* je n'ai pû en venir à bout. *Vau. Rem.*

Si. Cette particule signifie quelquefois autant qu'*oui*. (Les uns disent *si* & les autres que non. *Scaron*, *Poës.*)

Si bien que. Sorte de conjonction qui régit l'indicatif & qui veut dire. *De sorte que*, *Tellement que*. Exemple. (Tu m'as rendu amoureux de toutes les femmes sans qu'une seule soit amoureuse de moi, *si bien que* il me faut trouver mile inventions pour en joüir. *Ablancourt*, *Lucien*,)

Si est-ce que. Ces mots signifient *toutesfois*, mais ils sont un peu vieux & il y a des gens qui parlent bien & qui ne les peuvent soufrir au moins dans un stile un peu raisonnable. (Encore que les équivoques soient fréquens en nôtre langue, *si est-ce qu*'il faut prendre garde que. *Vaugelas Rem.*

Si, *s. m.* Terme de *Musique*. C'est une des sept principales voix de la Musique. (C'est un *si*.)

S I A.

SIAGE, ou *sciage*, *sub. mas.* L'un & l'autre s'écrit. On dit. (*Bois de siage*. C'est à dire, du bois débité avec la sie.)

SIATERIQUE, ou *sciaterique*, *adj.* L'un & l'autre s'écrit. C'est un terme de Gnomonique. Il signifie qui montre l'heure par le moien de l'ombre de quelque stile. (*Cadran siaterique*.)

SIATIQUE, ou *sciatique*, *s. f.* Mot qui vient du Grec. C'est une goute qui vient aux hanches. (Avoir une siatique.)

SIB

S I B.

SIBILE, *s. f.* Celle qui étoit inspirée d'un esprit divin qui la faisoit proféstier. (Il y avoit dix fameuses Sibiles qui ont prédit diverses choses, comme il se peut voir dans *le livre prémier des Institutions de Lactance*.)

S I C.

SICCITÉ, *s. f.* Terme de *Philosophie*. Qualité de ce qui est sec. (La siccité du feu, on attribuë aussi la siccité à la terre pure.)

SICLE, *s. m.* Monoie des Juifs d'argent pur. (Les prémiers sicles des Juifs furent fabriquez dans le désert. *Bouteroüe*, *traité des monoies*, p. 15.

SICOMORE, *s. m.* Il vient du Grec. En Latin Sycomorus, ficus Ægyptia, ou morus Ægyptia. Les Italiens nomment cet arbre *sicomoro*, & Fico d'Egyto. Le Sicomore est une sorte d'arbre qui ne croit qu'en Egypte, qui a beaucoup de feüilles, qui tient du figuier & du meurier, qui porte son fruit trois ou quatre fois l'année, qui le pousse par le tronc & qui a du lait dans ses branches. Le fruit s'appelle comme l'arbre. Il a quelque chose de la figue. Il ne meurit point qu'on ne l'égratigne, & alors il meurit dans quatre ou cinq jours.

Sidre. Voiez *Cidre*.

S I E.

SIE, ou *scie*, *sub. fem.* L'un & l'autre s'écrit. Instrument dont on se sert pour sier le bois, la pierre, ou le marbre. (Une sie à sier de long. Une sie à main. Sie qui passe bien, qui a de la voie, *c'est à dire*, qui a les dents aussi écartées qu'il faut.)

SIÉCLE, *s. m.* C'est une espace de cent ans. (Il a presque vécu un siecle entier.)

Siécle. Age. Tems. (L'histoire fabuleuse raconte qu'il y a eu quatre siecles, ou quatre-ages, le siécle d'or, le siécle d'argent, le siécle d'airain, & le siécle de fer.)

* *Siécle*. Les gens du siécle.

Le siécle est si vicieux,
Cher ami qu'une courte vie,
Est une faveur des cieux.
Mai. Poës.

* Nôtre siécle de fer m'a rendu négligent.

IL SIED. Sorte de verbe impersonnel qui veut dire *Convenir*, Etre propre. (Cet habit lui sied mal, ou lui sied bien. On dit aussi, cela lui siéoit bien, ou lui siéoit mal. On dit encore. Cela lui siera bien, cela lui sieroit mal. *Voiture*, *lettre trente deuziéme*.)

* Il *sied*. Ce mot se dit des mœurs. (Il sied mal à un pauvre d'être glorieux. *Vaugelas*, *Remarques*. C'est à dire, il n'est pas honnête. Il est ridicule.) Voiez *séant*.

SIEGE, *s. m.* Chaise. Fauteüil. Tabouret & autre pareille chose sur quoi on s'assied. (Prendre des siéges. Apportez ici des siéges. Donner des siéges. *Moliere*.

Les Dieux assis sur les étoiles
Ont un moins beau siége que vous.
Voi. Poës.

Siége de Cocher. C'est la partie qui est devant le Carosse & où est assis le cocher. (Le cocher étoit sur son siége. Le cocher est decendu de son siége.)

Siege de selle à cheval. C'est le dessus de la selle du cheval. (Remplir le siége de bourre.)

* Paris est regardé comme le *siége* de l'Empire. *Memoires de M. de la Roche-Foucaut*.

Siége, *sub. mas.* Mot qui est usité parmi les Médecins, & autres supôts d'Hipocrate, & qui signifie *le cu*, le *derriére*. (Il est bon quand on a les hémorroïdes de se mettre *le siége* dans un bassin d'eau qui ne soit ni froide ni chaude.)

* *Siége*. Tribunal de justice. Juridiction. (Le Conseil de Barcelonne où tous les autres *siéges* ressortissoient, prétendit, *Patru plaidoié* 1.]

Siége vacant. Ces mots se disent des Prélatures & veulent dire l'Archevêché, ou l'Evêché vacant. (Le Roi prend les revenus des Archevêchez & Evêchez, *le siége vacant*.)

* *Le Saint Siége*. C'est à dire, le Pape & le Clergé de Rome. (Il transfera le Saint Siége en Avignon. *Patru*, *plaidoié* 4.]

Siége. Ce mot se dit en parlant de Guerre. C'est le campement d'une armée qui s'est retranchée & fortifiée autour d'une place qu'elle veut emporter. (Faire le siége d'une place. Mettre le siége devant une place. *Abl. Ar.* l. 1. Presser vivement le siége. Lever le siége. Faire lever le siége. Se preparer à un long siége. Soutenir vigoureusement le siége d'une place. *Abl. César*. Se rendre maître d'une ville par un siége. *Abl. Ar. l. 3.*

* Enfin

SIE   SIF

* Enfin cette beauté m'a la place renduë
Que d'un *siége* si long elle avoit défenduë
Mes vainqueurs sont vaincus.
Mal. Poë. l. 5.

† Siéger, *v. a.* Ce mot pour dire *assiéger* ne vaut rien. *Vaugelas, Rem.*

Siéger, *v. a.* Tenir quelque siége. (Un tel Pape a siégé, ou tenu le siége tant d'années.)

Sien, *sienne adj.* C'est une sorte de pronom possessif qui ne se met point devant les substantifs. Ainsi on ne dira pas. (Un *sien* parent l'est venu voir, mais *un de ses* parens l'est venu voir. (Ce pronom *sien* se met avec l'article sans nom. Exemple. (J'ai trouvé des gans, mais ce ne sont pas *les miens*, ce sont *les siens.*

Sien, *s. m.* Ce mot veut dire *bien de fortune.*

(Chacun le *sien* n'est pas trop.)

Siens, *s. m.* Ceux qui sont de nôtre parti. Ceux que nous favorisons. Ceux qui nous appartienent. Ceux que nous commandons.

Amour rend tous *les siens* heureux.
Voiture Poësies.

César envoia ses chaloupes au secours *des siens. Ablancourt, Commentaires de César.*

Sience, ou *science, s. f.* L'un & l'autre s'écrit. C'est une connoissance claire & certaine de quelque chose. (Les Pirroniens soutienent qu'il n'y a point de sience, mais les Pirroniens sont fous. Savoir une chose de sience certaine, *c'est à dire*, la savoir surement.)

Sience de vision. Terme de Téologie. Connoissance par laquelle Dieu voit toutes choses existentes dans les diférens tems. C'est à dire, les choses qui ont été, qui sont & qui seront.

Sience d'intelligence. Termes de Téologie. Connoissance par laquelle Dieu voit les choses qui seront & qui peuvent être.

Sience moïenne. Terme de Téologie. Connoissance par laquelle Dieu voit les choses contingentes.

Sience, Doctrine. Savoir. Érudition. (Avoir de la sience. Vossius avoit une sience profonde.)

† * Sience. Adresse. (Avoir la sience de gagner sa vie.)

Sientifique, *adj.* Plein d'érudition. Qui renferme de la sience. (Discours sientifique. Cette oreille est destinée pour les langues sientifiques. *Mol. mar. forcé.* Ceci est dit comiquement.)

Sientifiquement, *adj.* Doctement. Savamment. (Parler sientiquement.)

Siage, ou *sciage.* Voïez plus haut.

Sier, ou *scier, v. a.* L'un & l'autre s'écrit, mais le *c* ne se fait pas sentir dans la prononciation. C'est couper du bois, de la pierre, ou du marbre, ou quelqu'autre chose que ce soit avec la Sie. (Sier du bois. Sier de la pierre. Sier du marbre. Manassé Roi de Juda fit siër en deux avec une sie de bois, le Prophete Isaïe. *Port-Roïal, Isaïe, préface.*)

Sier ; *soier, v. a.* Terme de *moissonneur.* Ces mots veulent dire *couper le blé & autres grains* avec la faucille. Quelques laboureurs d'autour de Paris disent *soier*, mais les honnêtes gens qui parlent bien, disent & écrivent *sier.* (Cette herbe ne remplira jamais la main du moissonneur qui *se le blé. Port-Roïal, Pseaumes 128. v. 9.* Sier l'orge. *Ablancourt.*)

Sier, *v. n.* Terme de *Mer.* C'est virer un bâtiment de bas bord à force de rames. (Quand les matelots qui conduisent une feloque veulent changer tout à coup de route ils ne s'amusent pas à *sier.*)

Sieur, ou *scieur, s. m.* Ce mot est de deux silabes en ce sens. Ouvrier qui gagne sa vie à sier. [Sieur de long: Ouvrier qui sie le bois en long & posé sur des hauts treteaux.

Sieur, *s. m.* Diminutif de *Monsieur.* Sieur signifie aussi quelquefois S*eigneur.* Ainsi on dit. (Écuïer *Sieur* d'un tel lieu. Ce mot n'est que d'une silabe.

Sieur. Ce mot se dit quelquefois, par mépris & par raillerie. (Connoissez-vous le Sieur Gui Guillot, il fait rage en médecine. C'est un second Esculape que *le sieur* Gui Guillot.)

Sieur. Ce mot se dit quelquefois par modestie & en parlant de soi. Ainsi Messieurs Ablancourt, Dépreaux & d'autres honnêtes gens ont mis à la tête de leurs ouvrages, traduction du Sieur d'Ablancourt. Œuvres du Sieur D. & en éfet cette sorte de titre sent bien plus l'honnête homme que celui de *Monsieur*, dont neanmoins se qualifient plusieurs auteurs cancres, mais qui ne s'écriera, ô siécle, ô mœurs, ô sotise du tems !

Sieure, *Scieure.* Voïez Siûre.

S I F.

† Si fait, ou *si fêt.* Sorte *d'adverbe* qui veut dire *Pardonnez-moi.* Oui, & qui a cours dans le bas stile. (Vous ne me connoissez pas. Si *fêt*, je vous connoi. *Moliere.*)

Sislement, *s. m.* Certain bruit qu'on fait en sislant. (Il se fait un sislement quand on souffle dans le trou d'une clé. *Roh. Phi.*

Par des *sistemens* & des batemens de pied & de mains ou les chassoit de la chaire. *Maucroix, schisme, l. 2.*)

Sisler, *v. n.* C'est desserrer tant soit peu les dents & presser de telle sorte les lèvres en les entrouvrant un peu qu'on fasse sortir de sa bouche par le moïen de son haleine un certain son grêle & délié, qui sert d'ordinaire à témoigner quelque mouvement de l'ame. C'est aussi faire quelques sistemens avec un sistet.

[J'ai cru qu'un tel ne savoit rien
Mais j'en découvre la sience,
Et je trouve qu'il je *sisle* bien. *Gon. épi.*

Sisler. Ce verbe est aussi quelquefois *actif*, & alors il signifie Chanter. Chanter en sistant.

[En marbre, en airain on les grave
Quand on les éface en papier,
Et jusqu'au merle d'un friquet
Il les *sisle* alors & s'en brave.
S. Amant, Rome ridicule, stance C.]

* Il n'y a qu'à *sister & à remüer les doigts.* C'est à dire, c'est une chose fort aisée.

* Sister, *v. n.* Ce mot se dit des dragons, des serpens, des vents & veut dire faire une sorte de sistement qui leur est naturel.

[La discorde à l'aspect d'un calme qui l'ofense, fait *sister* ses serpens. *Dépreaux Lutrin, c. I.*]

* Il fait un vent de bise qui *sisle* comme tous les diables.

* Sister, *v. a.* Se railler de quelcun. Se moquer d'une personne. [Si l'on vous sisle, rabroüez les auditeurs. *Ablancourt, Luc.* Ne m'ennuie pas d'avantage si tu ne veut être *sislé* comme un mauvais comédien. *Ablancourt, Luc.*

Ses vers d'épitetes enflez
Sont des moindres grimaux chez Ménage sistez
Dépreaux, Satire 4.

* Sisler le Droit. C'est à dire, enseigner le Droit en particulier & préparer les recipiendaires.

Sistet, *s. m.* Petit instrument à vent qui sert à sister, qui est composé d'une embouchure, d'une lumière & d'une pate. (Un joli sistet.)

Sistet de Chaudronnier. C'est une sorte de flute qui a un rang de tuïaux de bois, ou de métal, dont le chaudronnier se sert pour sister.

Sister. Ce mot se dit du conduit de la respiration. (Coûper le sistet.)

Sisteur, *s. m.* Celui qui sisle avec un sistet. [On n'entend à la foire que des sisteurs.]

† * Sisteur. C'est un maître de Droit. Celui qui enseigne le droit en particulier, & qui prépare les recipiendaires à la Loi. (Le plus renommé de tous les *sisteurs* de Paris c'est Bocager; & le plus-malotru & le plus obscur, c'est le *Seigneur le Gendre, du païs d'alieu sins.*)

S I G.

Sigelé, *sigelée, adj.* Mot qui vient du Latin *sigillatus* & qui se dit d'une certaine terre rouge & médicinale qu'on trouve en Portugal & en quelques autres païs, & dont on fait des tasses & autres vasses. On l'apelle terre sigelée, parce qu'elle est marquée du sceau du Seigneur sur les terres d'iquel on la rencontre. (La terre sigelée est astringente.) On dit aussi terre figillée.

Sigismond, *s. m.* Nom d'homme. Plusieurs Rois de Pologne ont eu ce nom. On a dédié à Sigismond III. les Antiquitez de Rome ; & c'est un livre assez curieux à cause des estampes qui y sont, & qui représentent ces Antiquitez.

Signal, *s. m.* Ce mot se dit en *parlant de guerre.* C'est tout ce que sont de concert des troupes de même parti pour s'avertir de quelque chose. (Les *signaux* dont on a accoutumé de se servir à la guerre ce sont le feu, la fumée, les coups de canon, les cloches, les étandards, le linge blanc, &c. Donner le signal. Donner un signal. *Vaugelas, Rem.* Le Roi Jean fit donner le signal de la bataille contre le Prince de Galles & la perdit, le 19. Septembre 1356.)

Signa, *v. a.* Terme qui se dit par les sergens du régiment des gardes & autres. C'est *écrire sur le livre du signal* les marques qui ont reconnoître un soldat. (Signaler un soldat. Soldat bien signalé.)

Signaler, *v. a.* Rendre une chose remarquable & célèbre. (Ce Capitaine a signalé sa valeur en divers combats. La bataille de Pharsale a signalé le lieu où elle se donna.)

Se signaler, *v. r.* Se rendre remarquable par quelque belle action. [Se signaler dans les ocasions. *Ablancourt.*]

Signalé, *signalée, adi.* Considerable. Particulier. Remarquable. (Vous leur ferez une faveur signalée. *Voit. l. 41.* Cette année fut signalée par diverses acusitions. *Ablancourt, Tac.*)

Signature, *s. f.* C'est le seing & le parafe d'une personne. [Reconnoître la signature de quelcun.]

Signatures de Cour de Rome. Ce sont de certaines expéditions

DDddd   de

SIG

de la Cour de Rome. (On n'ajoute point de foi aux signatures de la Cour de Rome, si elles ne sont vérifiées par un simple certificat de deux banquiers. Voiez *l'ordonnance.*

Signature. Terme d'*Imprimeur*. C'est la lettre de l'alphabet qui marque le feuillet. (Voir les signatures d'un livre. Recourir aux signatures.)

Signe, *s. m.* Prononcez presque *sine.* Action qui se fait de la main, des yeux, de la tête, ou du corps, pour faire entendre quelque chose à une personne à cause de quelque sujet qui est arrivé inopinément. (Faire signe de la main ou de la tête. Faire signe à quelcun. *Voit. l. 9.* Faire signe des yeux. *Abl.*)

Signe. Marque, ou témoignage. (Donner des signes de vie. Ce symptome est un signe de mort. Signe visible. Signe mystérieux. L'Arc-en-ciel fut un signe de l'alliance que Dieu traita avec Noé. Il y a de certains signes de beau tems, de pluie, &c. Il y a parmi les hommes plusieurs signes qui sont superstitieux. Dieu nous a défendu de craindre les signes du Ciel, que craignent les Païens & les superstitieux.)

Signe. Ce mot dans l'Ecriture signifie miracle. (Jesus-Christ a fait plusieurs signes & plusieurs miracles.)

† * Le bon homme dit qu'il a encore quelquefois des *signes de santé.*

Dicit sese arrigere aliquando.

Signe. Terme de *Médecin.* C'est tout ce qui est présent à nos sens & découvre quelque chose de caché. Ainsi le symptome est un *signe* de quelque maladie oculte. *Dégori*, Termes de *Medecine.*

Signe. Terme de *sphére.* C'est l'une des douze maisons du soleil. (Tous les ans le soleil parcourt les signes, & est un mois en chacun. Les Astrologues parlent de la nature & de la qualité des signes. Ils disent qu'il y en a des mobiles, des fixes, & des communs, &c.)

Signe de croix. Termes de *pieté.* Représentation qu'on fait d'une croix en se touchant légérement avec deux doigts le milieu du front, le bas de l'estomac, l'épaule gauche & puis la droite. [Faire le signe de la croix.]

† * Que je ferois faire aux races futures

Signe de croix dessus vos avantures. *Scar Poës.*

C'est à dire je ferois admirer vos grands exploits par la posterité.

Signer v. a. Prononcez presque *siné.* Mettre son nom avec son paraphe au bas de quelque écrit. [Signer une lettre, une procuration. seigner & parafer un interrogatoire, un recolement. Lettres signées sur le repli & scéllées du grand sean de cire verte.]

Signer. Terme de *Vitrier.* C'est à dire, *marquer.* (Signer le verre.)

Signer, ser m. Terme d'*Eclésiastique.* Petit ruban qu'on met dans les bréviaires & autres pareils livres pour servir de marque & aider à tourner le feuillet.

§ *gnification, s. f.* Terme de *Grammaire.* C'est à dire, Le sens d'un mot. Ce qu'un mot signifie. [Expliquer la signification des mots. Il y a aussi dans le droit un titre de la signification des mots.]

Signification. Terme de *Palais.* Copie qu'on fait donner par un sergent d'un acte de Justice. Déclaration qui se fait à quelcun d'un acte dans les formes de Justice.] Faire la signification d'un acte. *Patru*, plaidoié 5.]

† *Signifiant, signifiante, adj.* Significatif, significative, *adj.* Expresif, qui remarque bien ce que l'on veut dire. (Parler en termes propres & bien significatifs c'est à dire clairs, propres & énergiques.)

Signifier, *v. a.* Ce mot se dit des diétions particuliéres & veut dire, Avoir un certain sens, (Mot qui signifie une telle chose.)

Signifier. Marquer. Montrer. Découvrir. Faire connoitre. (L'arc-en ciel signifie telle chose. Le Seigneur de la prémiére maison *signifie que* &c.)

Signifier. Terme de *Palais.* C'est donner copie de quelque acte de justice à sa partie. (Signifier un arrêt. *Patru* 1. plaidoié.)

Signifier. Terme de *Palais.* Déclarer selon les formes de justice. [On lui a signifié cela à la requête du procureur du Roi.)

Sigouette, *s. f.* C'est un caveçon de fer qui a des dents comme une scie. Il est monté d'une tétiére & de deux longes; & il sert à dompter des chevaux fougueux. V. *caveçon.*

SIL.

Silabe, *s. f.* Mot qui vient du grec & qui veut dire assemblage. C'est un son formé d'une, ou de plusieurs lettres. [Le vers feminin François a toûjours une *silabe* de plus que le masculin. Prononcer une silabe.]

Silabique, adj. Terme de *Grammaire gréque*, qui se dit en parlant d'une sorte d'augment & qui veut dire qui est acrû d'une silabe. [*L'augment silabique* est un augment où l'on ajoute à la tête de certains tems des verbes grecs qui commencent par une consonne.]

Silence, *s. m.* En Latin *silentium.* Il consiste à ne point parler à ne point découvrir ses pensées par la parole, en un mot à

SIL

ne point s'expliquer. [Le silence est le parti le plus seur de cé lui qui se défie de soi-même. *Mémoires de la Roche-Foucaut.*

De mes yeux languissans un éloquent silence
En dépit de moi-même explique ma soufrance.
La Suze, poësies.

Le silence est absolument nécessaire au sage. *Confucius, morale.* Le silence est la sauvegarde de l'ignorance. Si vous n'avez pas assez d'esprit pour bien parler, taisez vous, & vôtre silence vous fera honneur. *Voi Réflex. mor. & crit.*]

Silence. Terme de *Religieux* & de *Religieuses.* Il consiste à ne point parler ensemble, dans un certain tems & dans de certaines heures de la journée. (Garder, observer, rompre le silence. *Port. Roial, Constitutions.*)

Les Ecoliers de Pithagore étoient obligez de garder le silence durant cinq ans.

Silence. Ce mot est quelquefois opposé à bruit, cris, tumulte. (Tout étoit alors dans un profond silence. Le silence de la nuit. Faites silence. On dit que l'Empereur Domitien fut le prémier des Empereurs qui introduisit la coutume de faire crier par un Herant *faites silence*, lors qu'il vouloit déclarer sa volonté au peuple.)

† *Silencieux*, *silencieuse, adj.* Il vient du Latin, il se dit des personnes, mais il ne se dit que dans le stile le plus bas, & il signifie qui ne dit mot, qui ne parle point, qui est taciturne, qui parle peu. (Il est bien silencieux. Elle me paroit fort silencieuse.)

Sillage, *s. m.* Terme de *Mer.* C'est la trace du cours d'un vaisseau. Le cours d'un vaisseau. Le chemin d'un vaisseau. (Voilà le sillage du navire. Le pilote est seur du sillage que son vaisseau peut faire chaque jour. Connoitre le sillage d'un vaisseau.)

Siller, *v. a.* Fermer fréquemment les paupiéres. (Il ne fait que siller les yeux.)

Siller, *v. n.* Ce mot se dit, en parlant des sourcils des chevaux & veut dire commencer à avoir les sourcils blancs, ce qui arrive lors que le cheval a quinze ans. (Ce cheval *sillé*. On dit aussi *cheval sillé.* C'est à dire qui a quinze ans & dont les sourcils commencent à blanchir.)

Siller, *s. m.* Terme de *Lutier.* Ce mot se dit en parlant des instrumens à cordes. C'est un petit morceau de bois, ou d'ivoire qui va tout le long du bout du manche & sur lequel posent les cordes de l'instrument. (Mettre le sillet. Les filets du tuorbe sont posez.)

Sillon, *s. m.* Terme de *laboureur.* C'est une longue raïe qui se fait sur la terre quand on la laboure avec la charuë. (Un petit sillon, un sillon fort profond.)

Il se prend quelquefois pour la terre qu'on a labourée. (Ainsi l'on dit-Labourer un sillon. Semer un sillon.)

* Ce mot *au figuré* fait une belle idée, & semble plus de la poësie que de la prose.

(la Déesse guerriére
De son pié trace en l'air *un sillon* de lumiére.
Déproaux, *Lutrin.*
Il trace dans les airs un *sillon* lumineux.
Voiez *le poeme des noyers.*

* *Sillon.* Ce mot signifie quelquefois la trace d'un vaisseau qui se meut sur l'eau.

* *Sillon.* Il se dit encore *au figuré*, des rides qui viennent sur le front des vieilles persones.

Sillonner, *v. a.* Faire des sillons. (Sillonner droit.)

* *Sillonner.* Il se dit *au figuré*, en parlant des rides. (Les années ont sillonné le front de cette vieille.]

* *Sillonner*, *v. n.* On le dit de la mer. La mer commence à *sillonner* & à se rider, c'est à dire, que le vent commence à y exciter de petites ondes.

Sillogisme, *s. m.* Terme de *Logique* lequel vient du Grec. C'est un raisonnement qui est renfermé dans trois propositions dont la prémiére, s'apelle *majeure*, la seconde, *mineure & *la troisiéme, *la conclusion.* (Faire un silogisme. Ce silogisme n'est pas en forme.)

Silvain, *s. m.* Sorte de Dieu champêtre.

(En découvrant tant de beautez
Les *Silvains* furent enchantez. *Voit. Poës.*

Silvestre, *s. m.* Nom d'homme. [Il y a eu trois Papes qui ont porté le nom de Silvestre.)

SIN.

† *Simagrées, s. f.* Petite grimace. Mines & façons afectées. (Ce sont d'impertinentes simagrées. Faire des simagrées.]

Simare, *s. f.* Sorte d'habit de femme qui étoit en usage parmi les Persans.

Simbole, *s. m.* Mot qui vient du Grec, & qui veut dire, Marque. Signe. [Le bien est le simbole de la fidélité.)

Simbole. Ce sont les douze articles de la foi. (Aprendre le simbole. Savoir son simbole. Dire le simbole.)

Simbolique, *adj.* (Qui tient du simbole. [Figure simbolique.)

Similaire,

SIM

Similaire, adj. Terme d'Anatomie. (Partie similaire. On apelle de ce nom la partie qui se peut diviser en parties qui aux sens paroissent semblables & de même espéce. Ainsi au raport des sens les chairs se divisent en parties similaires.)

Similitude, s. f. Comparaison. (Une belle, une agréable similitude. La similitude peint & sert à mettre plus vivement les choses devant les yeux. Faire une similitude. Lors que la similitude est ingénieuse, elle aporte un grand ornement au discours.)

Simetrie, s. f. ou *simmetrie*. Ce mot, qui est originairement grec veut dire *proportion*. C'est un raport de parité & d'égalité. *Perraut abregé de Vitruve*, p. 40. [Il n'y a en cela nulle simétrie. Garder la simétrie. La simétrie plaît extrémement & rend les ouvrages charmans & agréables.]

Simon, sub. mas. Nom d'homme. (Simon le magicien voulut acheter des Apôtres la grace de conférer le Saint Esprit.)

Simonne, s. f. Nom de femme. [Simonne est belle & grande.]

Simonie, s. f. C'est, par le moien des choses purement temporelles, acheter des choses spirituelles : C'est donner des choses spirituelles pour des temporelles. (C'est une pure simonie. C'est une simonie visible. *Pas.* l. 6 Faire une simonie. Commettre une simonie. Empêcher une simonie. *Pascal, lettre 6*.)

Simoniaque, adj. Qui tient de la simonie. (Une entrée mise simoniaque. *Patru*, plaidoié 4.)

Simoniaque, s. m. Qui fait une simonie. (S'il faloit se raporter à ce que Saint Tomas a écrit des bénéfices il y auroit bien des simoniaques. *Pascal*, l. 6.)

Simpatie, s. f. Mot qui vient du grec, & qui veut dire *conformité & raport d'humeur*. (Il n'y a nule simpatie entre un fat & un honnête homme.)

On a fort parlé de la *poudre de simpatie* ; mais plusieurs croient que c'est une pure charlatanerie.

* *La simpatie* des cordes d'un luth qui sont à l'unisson. *Roh. Phi.*

* *La simpatie* de l'aimant avec le fer.)

Simpatique, adject. Qui a une certaine simpatie. Qui tient de la simpatie. (Poudre simpatique. Ancre simpatique. *Roh. Phi.*

* *Simpatique*, adjet. Il se dit aussi au figuré, & veut dire, qui communique, qui nuit, qui a quelque raport à quelqu'autre chose. (Vous ne sçauriez dire ces mots que vous ne vous atriez par une certaine vertu simpatique ce qu'il y a de ridicule dans le proverbe. *Vangelas remarques nouvelles.*

Simpatiser, v. n. Avoir un raport d'humeur. (Simpatiser d'humeur avec quelcun. *Reg. Sat.* 2. Nous simpations vous & moi. *Mol. précieuse*, s. 9.)

Simphonie, s. f. Prononcez *simfonie*. Mot qui vient du grec & qui veut dire *harmonie*. (Une belle, une charmante, une agréable, une douce, une merveilleuse, une ravissante simphonie. Aimer la simphonie. Ecouter la simphonie. La simphonie charme, ravit, transporte.)

Simphoniste, s. m. & f. Celui, ou celle qui entend la simphonie & qui chante agréablement, ou joue bien des instrumens de Musique. (Il est bon simphoniste. Il y a de charmantes simphonistes à l'Opera.)

SIMPLES, sub. mas. Sortes d'herbes médicinales. (Aller chercher des simples. Les simples sont souverains contre le venin. Voiez *Dioscoride*, il a traité de la vertu des simples.)

* *Simples*, s. m. Bonnes gens qui se rafinent pas sur les choses & qui se raportent à la foi & au sentiment d'autrui, de force choses. (Les simples & ceux qui n'aprofondissent pas les choses se contentent de ses preuves. *Pas.* l. 5. Abuser les simples. *Ablancourt, Luc.*)

Simple, adj. Ce mot se dit de Dieu & veut dire qui est pur & n'est nullement composé. (La nature de Dieu est très simple. Dieu est un être très simple.)

Simples, adject. Ce mot se dit des *élemens* & signifie qui n'est point composé. Les élemens sont des êtres fort simples. *Roh. Phi.*)

* *Simple*, adj. Ce mot se dit des habits & de quelques autres choses & veut dire Sans ornement. Sans parure. Sans enjolivement. (C'est un habit tout simple.)

* *Simple*. Ce mot se dit du stile, & veut dire. Sans élevation. Sans ornement. Naïf & naturel. (Le stile de l'Evangile est extraordinairement simple. *Port-Roial, Préface sur le N. Testament.*)

* *Simple*, adj. Ce mot se dit des bénéfices, & signifie. Qui n'a point charge d'ame. [Bénéfice simple. Bénéfice simple consulte. Les bénéfices simples sont courus, les chevaux les courent, & les ânes les atrapent.]

* *Simple*, adj. Qui n'a point de charge qui le distingue des autres. (Simple soldat. Simple gentilhomme. Un Roi si renommé ne fut pas plus somptueusement enseveli qu'un simple homme. *Vau. Quin.* l. 10. Un simple commis. *Patru*, plaidoié 6.)

SIM

* *Simple*. Peu fin. Niais. [Il est un peu simple. Elle est belle, mais elle est un peu simple.]

Simplement, adv. Seulement. [On demande si ce fils est exheredé, ou s'il n'est que simplement preterit. *Patru*, plaidoié 6. p. 177. Vous dites simplement que cela vous étonne. *Pas.* l. 7.]

* *Simplement*, adv. Sans ornement. Sans parure. [Il est habillé tout simplement.]

* *Simplement*. Sans finesse. De bonne foi. Bonnement. [Il y va tout simplement. J'avois cru simplement le contraire, *Pascal*, l. 7. Je raporte simplement & fidellement leurs paroles. *Pascal*, lettre 7.]

† *Simplesse*, s. f. Ce mot a un usage fort borné & il signifie une action de simplicité. (C'est une simplesse qu'il a faite. C'est une simplesse que cela. Il ne demande qu'amour & simplesse. Le mot de simplesse en cette derniére façon de parler, semble signifier autre chose que dans les deux prémiéres, & semble marquer que celui dont on parle n'aime qu'une vie douce, simple & tranquile. Mais en quelque sens qu'on prenne le mot de simplesse ; il ne peut entrer que dans le stile familier.

Simpliciste, s. m. C'est celui qui conoit les simples, c'est à dire les plantes médicinales. Le mot de simpliciste se dit, mais il n'est pas si usité que Botaniste. [C'est un fameux, renommé & savant simpliciste.]

Simplicité, s. f. Ce mot se dit de Dieu & des élemens. Nature pure qui n'est point composée. (La simplicité de l'être de Dieu est admirable. La simplicité des élemens. *Roh. Phi.*)

* *Simplicité*, sub. fem. Ce mot se dit du stile & signifie maniére de s'exprimer facile & sans ornement. (On s'est éforcé de représenter dans la version cette admirable simplicité de l'Evangile. *Port-Roial, Preface sur le Nouveau Testament.*)

* *Simplicité*. Candeur. Sincérité. Naïveté. Ingénuité. (Une innocente me fait rendre les armes par ses simplicitez, *Benserade, Poësies*. Ma simplicité se rit de leur finesse. *Gon. Epi.* l. 2.)

* *Simplicité*. Bêtise. (Il prenoit la douceur & la franchise pour simplicité. *Ablancourt, Rétorique, livre, 2*.

SIMPTOMATIQUE, adj. Qui tient du simptome. Ce où il survient quelque simptome. (Fiévre simptomatique. Evacuation simptomatique. *Deg.*)

Simptôme, sub. mas. Mot qui vient du Grec & qui est un Terme de Médécine. C'est une disposition contre nature, qui suit la maladie comme l'ombre, le corps. [Le simptome comprend tous les accidens qui surviennent aux maladies. *Deg.*]

SIMULACRE, s. m. Il vient du Latin *simulacrum*, qui signifie l'image d'une chose feinte. Il ne se dit qu'en parlant des statuës des fausses Divinitez. [On voit encore à Rome quantité de simulacres fort curieux.]

† SIMULATION, s. f. Ce mot est Latin & signifie Déguisement. C'est un terme de *Palais*, qui se dit des contrats frauduleux. [Il y a de la simulation ce contract. Il y a de la simulation entre les parties.]

* *Simuler*, v. n. Terme de *Palais*. Déguiser. User de simulation.

Simulé, *Simulée*, adject. Déguisé. [Contract simulé. Dettes simulées. Les séparations de biens entre les maris & les femmes sont la plûpart simulées pour mettre leurs biens à couvert.]

SIN.

SINAGOGUE, s. f. Mot qui vient du Grec & qui veut dire *assemblée*. C'est le lieu où les Juifs, les Caraïtes & les Samaritains s'assemblent pour prier Dieu. [Entrer dans la sinagogue. Sortir de la sinagogue. Bâtir une sinagogue. Détruire, démolir, ruïner une sinagogue.

SINCERE, adj. Ce mot se dit des personnes & de leurs actions & veut dire qui n'est pas feint. Qui n'est pas dissimulé. Franc. [Il n'y a rien de sincere en vous que votre froideur. *Voiture lettre*, 19. Procédé sincere. *Ablancourt*. Les Italiens n'ont pas la réputation d'être fort sinceres.]

Sincérement, adv. Avec sincérité. Avec franchise. [Agir sincérement.]

Sincérité, s. f. Ce mot se dit des personnes & de leur action & il signifie Franchise, Candeur. [La sincérité de son procédé me plaît. *Ablancourt*.

Recevez cet avis de ma sincérité.
Gon. Epi. l. 2.

La sincerité est une ouverture de cœur, on la trouve en fort peu de gens & celle qu'on voit d'ordinaire n'est qu'une fine dissimulation pour atirer la confience des autres. *Mémoires de la Roche-Foucaut.*]

SINCOPE, s. f. Mot qui est un Terme de *Grammaire* & qui vient du Grec. Il veut dire *retranchement*. C'est une sincope. C'est à dire, c'est un retranchement d'une silabe au milieu d'un mot.]

Sincope

Sincope. Terme de *Médecine*. C'est une soudaine défaillance de cœur. Foiblesse qui prend subitement. Subite chute des forces, causée par une prompte dissipation d'esprits, ou par une défaillance précipitée de la chaleur naturelle. Si-tôt qu'on eut tiré le fer hors de la plaie, il en sortit une telle quantité de sang que le Roi tomba en sincope. *Vaug. Quin. Curce, l. 9. chap. 5.*]

SINDERESSE, *sub. fem.* Ce mot vient du Grec & se dit entre devôts. Il signifie *remords de conscience*. [Avoir des sinderéses.]

SINDIC, *sub. masc.* Mot qui vient du Grec & qui veut dire celui qui a la charge des afaires d'une communauté. Ainsi on dit, [Le Sindic de la communauté des Libraires de Paris ou de quelque autre ville.]

Sindic. Ce mot se dit *en parlant du Clergé*. On dit Sindic général du Clergé, mais il y a de plusieurs sortes de Sindics généraux. Ce sont des oficiers nommez par le Clergé qui connoissent des procez entre les Bénéficiers & leurs receveurs & commis tant pour la taxe, que pour l'administration des deniers lovez par le Clergé. Voiez *Du Cros, Stile du Parlement de Paris*.

Sindic diocésain. C'est le Sindic de chaque diocése, qui fera les afaires du diocese par l'avis de l'Evêque, sera tenu pour présent & joüira des fruits de son bénéfice.

Sindic Provincial. C'est le Sindic de chaque Province à qui les Agens de son département donneront avis de tout ce qui s'entreprendra contre l'ordre Eclésiastique.

Sindic. Ce mot se dit parmi de certains Religieux. Le Sindic pa mi les Augustins c'est un procureur qui fait à Paris les afaires de tous les Convens de l'Ordre. *Sindic* parmi les Feuïllans c'est celui qui garde les papiers & fait les afaires qui regardent le Palais.

Sindicat, *sindicale*, *adj*. Il se dit entre Libraires, & veut dire qui regarde les afaires du Sindic. Il est aïà la Chambre Sindicale.]

Sindicat, *sub. mas.* Charge de Sindic. Tems qu'on a exercé l'ofice de Sindic. [Il a vû de belles afaires pendant son findicat. Il s'est comporté *dans le findicat* avec honneur.]

SINE DOCHE, *s. f.* Ce mot vient du Grec & est un terme *de Rétorique*. Prononcez *sinecdoque*. Figure qui consiste à mettre le tout pour la partie, la partie pour le tout, & la maniere dont une chose est composée pour la chose même.] La sinecdoche est vive & peint bien.] On fait aussi une sinecdoche lors qu'on met un nombre certain & déterminé pour un nombre qu'on ne sçait pas. Ainsi on dira, c'est une maison qui a cent belles avenuës, pour dire plusieurs belles avenuës.

SINGE, *s. m.* C'est une sorte de petit animal à quatre piez, qui a une grande queüe, qui est couvert de gros poil, qui imite plusieurs actions de l'homme & qui lui ressemble un peu soit par les narines, les dents, les oreilles, & par quelques autres parties.

Il y a aussi des singes qui n'ont point de queüe.

[Le Singe vit d'herbes, de blé, de noix, & de pommes. Il tuë & mange les vers, les araignées & les poux qui viennent à la tête des personnes. Il dance sur la corde, il s'y donne l'estrapade.]

† * Un *singe est toujours un singe*. *Abl. Luc.*
† * Il est méchant comme un singe.]
† * Singe. Imitateur. Qui tâche. Qui contrefait quelque personne. Qui imite quelque personne. [Le Pere le Moine étoit le singe de Balzac. Je suis si rempli de vous que je tâche d'être vôtre singe. *Moliere, Critique de l'Ecole des Femmes, sec. 3.* Les plus excellentes choses sont sujettes à être copiées par de mauvais singes. *Moliere.*]

Singe. Sorte d'engin dont on se sert dans les bâtimens & dont on se sert pour décharger les marchandises de dedans les bateaux. Cette machine n'est ordinairement composée que d'un treüil, ou Tour qui tourne dans des piéces de bois mises en croix de Saint André. A chacun des bouts du Tour, il y a des Leviers, bras, ou manivelles pour le faire tourner, au lieu de rouës.

Singeries, *s. f.* Actions de singe. Petites actions folâtres de quelque singe. [Le singe fait des singeries. *Perrault, Recueil de vers, page 253.*]

† * Singeries. Ce mot se dit des personnes & particulierement des jeunes personnes & veut dire actions & postures plaisantes & badines & qui tiennent quelque chose de celles du singe. [Il fait mille petites singeries qui nous divertissent. Il me fit mettre au bout de la table où je faisois mille singeries. *Abl. Luc.*]

SINGLER. Voiez *Cingler.*

SINGULARITÉ, *s. f.* Chose singulière & particulière. [L'une des plus remarquables *singularitez* qui soient en Monseigneur est de ne pouvoir soufrir la flaterie. *Voit. l. 39.* Personne n'est averti de cette singularité. *Pas. l. 2.*]

Se *singulariser*, *v. r.* Se faire remarquer par quelque chose de particulier. Se faire connoître par quelque chose de singulier. Se singulariser par ses opinions, c'est vouloir dangereux de se singulariser par ses sentimens, par ses actions, par ses habits, &c, & de faire le contraire des autres. Il y a des ocasions où il ne faut point avoir crainte de se singulariser. Voi *l'instruction pour un Seigneur, p. 114.*]

Singulier, *s. m.* Terme de *Grammaire*. Nombre qui ne dit que d'une chose, & qui marque une seule chose. [Tous les noms réguliers ont un *singulier* & un pluriel.]

Singulier, *singulière*, *adj*. Particulier. [Une circonstance singulière. *Pascal, l. 4.*]

Singulier, *singulière*. Ce mot en parlant de certains combats veut dire *d'Homme à homme*. Particulier. [Ils combatoient de pié ferme & main à main comme dans un combat singulier. *Vaug. Quint. l. 3. c. 11.*]

Singulièrement, *adv*. Particulièrement. D'une manière singulière. [Il est toujours vêtu assez singulièrement.]

SINISTRE, *adj*. Il vient du Latin *sinister* & il signifie fâcheux, malheureux, qui est à craindre. Ce sont de sinistres présages. Il est impossible de prévoir ce qu'il y aura de sinistre dans les auspices. *Du Rier, Philippique 2.*

[Se voir en Auteur érigé
C'est un sinistre préjugé
Pour la fortune d'un pauvre homme.
Scaron, Poësies.]

D'un *sinistre* avenir je menace ses jours. *Racine, Iphigenie, arc. 5.*]

Sinistrement, *adverbe*, D'une façon sinistre & fâcheuse. (Juger sinistrement de quelcun. *Vaugelas Quinte-Curce liv. 5. chap. 5.*]

SINODAL, *sinodale*, *adj*. Qui est de sinode. [Réglement sinodal. Status sinodaux. Les Traitez sinodaux de l'Eglise Gallicane ont été aprouvez par les Papes. *Fevret, traité de l'abus, liv. 1. chap. 4.* Ordonnance sinodale. Constitution sinodale.]

Sinode, *s. m.* Mot qui vient du Grec & qui veut dire assemblée publique où l'on se rend de tous côtez. Le mot de *sinode* se dit *en parlant d'Eglise*. C'est une assemblée de plusieurs Téologiens convoquez par le Pape, par quelque Patriarche, Metropolicain, Archevêque ou Evêque pour les afaires de l'Eglise.

Sinode. Ce mot se dit aussi entre Messieurs de la Religion. C'est une assemblée de Ministres, d'Anciens & des principaux de la Religion pour les afaires de leur Eglise. Il y a des sinodes nationaux, & des sinodes provinciaux. [Convoquer assembler, tenir un sinode.]

Sinode. Ce mot se dit des maîtres d'école de Paris. C'est une assemblée de maîtres d'école & de maîtresses d'école qui se fait tous les ans à Paris le jour de la *Saint Jean porte-Latine*.

Sinodique, *adj*, Ce mot est usité en parlant *d'Astronomie*, où l'on dit *un mois sinodique*. C'est le tems de vint neuf jours & demi que la Lune emploie depuis qu'elle a été une fois avec le soleil sous un même degré du Zodiaque jusques à ce qu'elle se rencontre une autre fois avec lui sous un autre degré. *Rob. Phi. Tome 2. c. 9.*

SINONIME, *adj*. Terme qui vient du Grec & qui se dit des mots dont l'un signifie la même chose que l'autre. (Honte & pudeur sont des mots *sinonimes*, ou aprochans.]

Sinonimes, *s. m.* Mots, ou phrases sinonimes. [Ces *sinonimes* sont nécessaires, mais il n'en faut pas abuser. Il faut, pour être suportables, qu'ils enchérissent les uns sur les autres, ou que les derniers éclaircissent les premiers.]

SINON QUE. Sorte de *conjonction* qui signifie *si ce n'est que*. [On ne dit rien de lui *sinon que* c'est un avare fiéfé qui enrage quand il est obligé de paier ses detres.]

SINOPLE, *s. m.* Mot qui vient du Grec. C'est un *Terme de Blason* qui signifie *verd*. Mais proprement le *sinople* est une forte de craie, ou dominéral qui se trouve au Levant & qui est bon pour teindre en verd. [Le *sinople* est le simbole de la charité & de l'honneur. *Col. chap. 4.* On dit en *Termes de Blason*. Il porte d'argent à un chêne de sinople. *Col. chap. 14.*]

SINTAXE, *s. f.* Mot Grec qui veut dire *construction*. La sintaxe embrasse les geores & les cas des noms, le régime & les flexions des verbes, les usages des diférens articles, des prepositions & des adverbes. [Savoir la sintaxe Françoise. Personne jusques ici n'a bien traité de la sintaxe de nôtre langue.]

† SINUEUX, *sinueuse*, *adj*. Il se dit des lignes courbes qui font plusieurs replis, & qui tantôt avancent en dehors, tantôt se retirent en dedans. (On dit de certaines côtes de la Mer qu'elles sont fort *sinueuses*.]

Sinuositez, *s. f. pl.* Plis & détours que font des lignes courbées en arc, ou des figures irrégulières qui tantôt avancent en dehors & tantôt se retirent en dedans. Les sinuositez des côtes forment les ports & les rades. Les sinuositez d'une rivière.]

Sinus, *s. m.* Terme de *Trigonométrie*. Un angle aigu étant formé par un raïon qui tombe obliquement sur le diametre, au centre d'un cercle, si du bout de ce rayon l'on tire une ligne perpendiculaire sur le diametre, cette ligne s'apelle *sinus droit*, ou simplement *sinus*. Les parties du diametre coupé par cette ligne s'apellent *sinus versé*, l'un de ces *sinus versé* est plus petit

SIO

... petit & l'autre plus grand que la raïon, qu'on nomme aussi le *sinus total*. Il est ordinairement divisé en cent mille, ou en dix millions de parties égales dans les tables des *sinus*, *Tangentes & sécantes* du quart de cercle, qui sont d'un grand usage en Géométrie.

SIO

SION, *Scion ou Cion*, *s. m.* On écrit ce mot de toutes ces maniéres, mais le plus ordinaire c'est *sion*, ou *scion*. C'est le petit jet de quelque arbre, en Latin, *surculus*. (Les branches sortant comme d'une autre tige jettent des *scions* plus beaux & plus forts que les prémiers. *Vaug. Quint. Curce, l. 6. chap. 5.* Laissez croître les scions. *Curé d'Enonvile, culture des jardins.*)

SIP

SIPHON, *s. m.* Mot qui vient du Grec & qui signifie un tuïan recourbé pour tirer l'eau ou de quelque autre liqueur que ce soit d'un vaisseau.

SIPION, *s. m.* Ou *scipion*. Nom d'homme. [Si nous en croions Tite-Live il n'y eut jamais un homme plus secret que Sipion.]

SIR

SIRE, *s. m.* On se sert de ce mot en parlant aux Rois, & il veut dire *Seigneur*. (Sire, Vôtre Majesté se souviendra que, &c.)

† Sire. Ce mot se dit quelquefois en riant & veut dire *Monsieur*.

(Que si vous êtes le *beau sire*
Au moins, ce n'est pas de trop lire.
Voiture, Poësies.)

† Sire, Ce mot se dit en parlant de certaines bêtes dans le burlesque & le comique.

) Sire loup l'eût fait volontiers.
La Fontaine.
Puis en autant de parts le cerf il dépéça
Prit pour lui la première en qualité de *sire*.
La Fontaine, Fables, l. 1.

SIRENES, *s. f.* Les Poëtes Païens disoient que c'étoient des filles du fleuve Achelous, qui étoient femmes de la ceinture en haut & poissons de la ceinture en bas, & qui par la douceur de leur chant attiroient dans les bancs & dans les écüils ceux qui pretoient l'oreille à leur voix. (Sa voix s'égala au doux chant des sirenes, *Racine.*) La volupté est une *sirene* qui perd la plû-part des jeunes gens,

SIROC, *s. m.* En Italien *siroco*. On donne ce nom sur la Méditerranée, au vent qui souffle d'entre le midi & le Levant, qu'on nomme *Sud-Est* sur l'Ocean.

SIROP, *s. m.* Prononcez *siro*. Ce mot vient du Grec & est un *Terme d'Apoticaire*. C'est une composition faite avec du sucre, ou des sucs, des teintures ou decoctions cuites avec du sucre, ou du miel en une consistance assez épaisse & en état d'être conservée. (Sirop rosat, violat. Sirop de fleurs de pêcher. Faire un sirop.) Voïez *Bodran*, *Pharmacie*.

Sirop. Terme de *Confiturier*. C'est du jus de fruit cuit avec du sucre. Sirop épais. Sirop clair. Voilà qui se fait en sirop. Mettre du sirop sur des assiettes. *Voit. l. 9.*

† Sirop. Mot bas & burlesque pour dire *vin*. (Il aime un peu le sirop.)

† Le sirop de l'éguière. Mots burlesque pour dire l'eau. (Je crain toujours le sirop de l'éguiére. *S. Amant.*)

† Siroter, *v. n.* Mot bas & burlesque qui ne se dit guère qu'à Paris & qui signifie *boire du vin*. (Le sieur de Méles aime un peu à *siroter*, mais à cela près, c'est un bon homme qui sait force Latin.)

† Siroteur, *s. m.* Mot bas & burlesque pour dire celui qui aime à faire débauche de vin. Qui aime à boire le petit coup. (C'est un *siroteur* que le frere Ambroise.)

SIRTES, *s. m.* Endroits fort périlleux à ceux qui naviguent, & cela à cause des sablons agitez par la mer qui les font tantôt amasser & tantôt dissipez. *Fournier.*

(* Mon Apollon t'assure & t'engage sa foi
Qu'emploiant ce Tiphis, sirtes & Cianées.
Seroint havres pour toi.
Mai. Poës. liv. 2.)

SIRVANTOIS, ou plûtôt *servantois*, *s. m.* Satire qui se faisoit autrefois par quelque ancien Poëte Provençal. Le sirvantois se composoit contre les prémiers de l'état Ecléstastique ou séculier. *Pâquier, recherches.*

SIS

SISTÈME, *s. m.* Mot qui vient du Grec & qui est un terme de *Philosophie* & de plusieurs autres sciences. Il signifie la maniére dont on supose & conçoit qu'un tout est formé de plusieurs parties, & qui est la cause que les choses agissent comme elles font. (Ainsi l'on parle du Sistême du monde, du Sistême des sens, du Sistême du mouvement, de la nourriture, du Sistême de la Musique, &c. Le Sistême que l'excellent Décartes a donné du monde est surprenant.

Il nous a découvert à tous la vérité
Il connut la nature, il en fit un Sistême
Dicté par la sagesse même,
Et surpassa lui seul toute l'Antiquité.

On parle aussi en *Astronomie*, des Sistêmes de Ptolomée, de Copernic, de Ticho-Brahé, &c.

* Sistême, *s. m.* Ce mot *au figuré* signifie *état*, *constitution*, (Voilà le dessein de la tragédie selon le sistême d'Aristote. Le sistême des afaires de la Cour, *Nouvelles Remarques.*)

SI TÔT QUE. *Conj.* C'est à dire, *aussi-tôt que*.

Si-tôt que le besoin excite son désir
Qu'est-ce qu'en ta largesse il ne trouve à choisir.
Mai. Poës.)

SIT

SITUATION, *s. f.* Ce mot se dit en *Terme de Grammaire*. C'est à dire, l'arrangement des parties du discours. Le prémier vice oposé à la netteté du stile, c'est la mauvaise situation des mots. *Vaug. Rem.*)

Situation, *s. f.* Terme de *Logique*. C'est la maniére dont est posé, situé & placé quelque corps, comme être assis, debout, couché, à droit, à gauche. C'est la position des parties d'un corps à l'égard les unes des autres. (La situation est une des dix Catégories d'Aristote. *Art. de penser, 1. partie.*)

Situation. Assiette de lieu, de païs, ou de quelque place. La situation naturelle de ce passage semble imiter les fortifications faites par la main des hommes. *Vaugelas, Quin. l. 3. c. 4.* Considérer la situation des lieux. *Vaug. Quin. l. 3. c. 4.* L'excez du chaud & du froid demande des situations diférentes en matiére de bâtimens.)

* Situation. Etat. (Son esprit n'est jamais dans une même situation. Dans la situation où sont les afaires il n'y a aucune aparence de paix. Son courage s'est trouvé par sa naturelle situation au dessus des accidens les plus redoutables.)

Situer, *v. a.* Placer. Poser. Mettre. Asseoir. (Il faloit autrement situer cette maison, elle eût été bien plus agréable qu'elle n'est.)

Situé, *situés*, *adj.* Assis. Placé. Posé. (C'est une vile situé sur la rivière. *Vaug. Quin. l. 3. chap. 1.* Ville située sur un roc escarpé. *Ablancourt. Ar. l. 1. c. 9.*)

SIV

SIVADIERE, *s. f.* Terme de *Mer*. C'est la voile de beaupré, qui est la plus basse du bâtiment & qui prend le vent à fleur d'eau.

SIURE, *s. f.* *sciure*, *s. f.* L'un & l'autre s'écrit, mais quoi qu'on écrive *sciure*, ou *siure* on prononce toujours *siure*, ce qui tombe en poudre lorsqu'on sie. (Ramasser de la siûre de bois, de marbre, de pierre. On jette de la siure dans les jeux de paume quand ils sont mouillez pour empêcher qu'on ne glisse.)

SIX

SIX. Prononcez *sis*. Nom de nombre indéclinable, qui veut dire *deux fois trois*. (Elle aime les chams plus que Paris & se couche entre cinq & six. *Voit. Poës.*)

Sixaieul, *s. m.* Terme de *Genéalogiste*. C'est le pére du quintaicul (sixaieul maternel.)

Sixain, *s. m.* Terme de *Poësie Françoise*. Ce sont six vers. (Le Sonnet est composé de deux quatrains & d'un *sixain* qui se divise en deux tercets. Un beau sixain.) Prononcez *sizain*.

Sizain. Terme de *Guerre*. C'est un ancien ordre de bataille pour six bataillons. (Former un sizain. *Guillet, Art militaire.*)

Sizain. Terme de *Cartier*. Ce sont six jeux de cartes en un paquet. (Acheter un sizain de cartes.)

Sixième, *adj.* Prononcez *sisiéme*. Terme de nombre ordinal. (Il est le sixième. Elle est la sixième.)

Sizième, *s. m.* Partie d'aune. [Un sixiéme d'aune.

Sixième, *s. f.* Terme de *Jeu de piquet*. Ce sont six cartes de même point & qui se suivent. (Avoir une sixième. Sizième majeure. Siziéme de Roi, de Dame, &c.)

SIXTE, *s. m.* Nom d'homme. (Il y a eu cinq hommes nommez Sixtes, qui ont été Papes.)

S M A.

SMARAGDOPRASE, *s. f.* C'est une sorte de pierre qui semble tenir le milieu entre l'émeraude & la prême d'émeraude. Elle difere pourtant de l'une, & de l'autre. Elle est distinguée de la prême d'émeraude, parce qu'elle n'a aucune couleur jaune ; de l'émeraude, en ce qu'elle n'a point de verdure. La *smaragdoprase* n'est pas tout à fait diaphane, ni tout à fait opaque, quoi qu'on puisse dire qu'elle a tout ensemble de la transparence & de l'opacité. Cette pierre se prend plûtôt pour un jaspe que pour une vraie émeraude. Voiez *Ronel , Mercure Indien.*

S O B.

SORBE, *adj.* Qui a de la sobrieté. Qui est moderé sur le plaisir du manger & du boire. [C'est un jeune homme fort sobre. Jeune fille fort sobre.]

Sobrement , adverbe. Avec sobrieté. [On vit sobrement quand on boit & qu'on mange avec retenuë.]

Il faut emploïer sobrement les proverbes. C'est à dire, il se faut servir de proverbes avec retenuë.

Sobrieté, s. f. Vertu qui modere le plaisir du manger & du boire. (Le fameux Cornaro prêche la continence & la sobrieté à ceux qui veulent vivre longtems, & ce sermon mérite bien que l'on l'écoute.)

 * La parfaite raison fuit toute extremité,
 Et veut que l'on soit *sage avec sobrieté.*
 Moliere Misantrope , a. 1. s. 1.

† SOBRIQUET, *s. m.* Sorte de surnom burlesque qu'on donne à une personne pour se moquer d'elle [Dans les petites villes de Province on se donne force sobriquets. On lui a donné un plaisant sobriquet. C'est un sobriquet qui lui demeurera toute sa vie.]

S O C.

SOC, *s. m.* Sorte de chaussûre dont se servoient les anciens Comédiens lorsqu'ils représentoient quelque comédie. Voiez *Coturne.*

Soc. s. m. Terme de *Laboureur.* C'est un fer large & pointu qui fouille dans la terre & qui est au bout du cep de la charruë.

Soc Terme de *Recolet.* C'est la chaussûre de bois d'un Recolet. [Mes socs sont usez.]

SOCIABLE, *adj.* Ce mot se dit des personnes & veut dire, Avec qui on peut faire societé. Qu'on peut fréquenter. Qui n'est point d'humeur farouche. [C'est un homme fort sociable. L'homme est né pour être sociable. Les femmes de Paris sont souvent plus sociables que ne le voudroient Messieurs leurs maris.]

† *Sociablement , adv.* Ce mot ne semble pas être guère en usage. Il signifie d'une maniere sociable & douce. (Vivre sociablement.)

Societé, s. f. Contrat de bonne foi par lequel on met en commun quelque chose pour en profiter honnêtement. [Entrer en societé avec quelcun. Rompre le contrat de societé qu'on avoit fait avec une personne.]

Societé civile. Commerce civil du monde.) il faut retrancher les méchans de la societé civile. *Le Président Cousin , Histoire Romaine,*) L'homme aime naturellement la societé, & ne la quite qu'à regret.

* *Societé.* Amitié. Liaison. (Ils sont dans une *étroite societé.* Faire societé avec quelcun.)

Societé. Ce mot se dit en parlant des *Jésuites* & veut dire le corps des Jésuites. [Ce n'est pas encore la politique de la Societé *Pascal. l. 10.* C'est la Societé. *Pascal.*]

Societé. Ce mot en parlant des *Libraires.* C'est le corps des Libraires de Paris. [Livre imprimé par la societé des Libraires de Paris.]

SOCISSE, & *socisson.* Voiez *saucisse* & *saucisson.*

Soc, ou *Plinte.* Terme d'*Architecture.* qui se dit en parlant de colonne.

SOCLE, *s. f.* Terme d'*Architecture.* Base, ou piédestal, sur lequel on pose un buste, une statuë ou une colonne.

SOCQUE, *s. f.* Espéce de sandale, patin de bois dont se servent les Recolets & quelques autres Religieux, La *soque* difere de la *sandale*, en ce que celle-ci a des semelles de cuir & que celle-là est toute de bois. Elles s'atachent toutes deux avec des courroies.

Socque, s. f. Ce mot & le précedent viennent du Latin *Soccus.* C'est une espéce de chaussûre, dont se servoient les Anciens lors qu'ils représentoient les personages comiques sur le Theâtre, au lieu que *cothurne*, ou brodequin étoit reservé aux personages heroïques.

S O D.

SODOMIE, *s. f.* Péché de la chair contre nature, qui a éte apellé de la sorte, de la ville de Sodome qui périt par le feu à cause de cet éxécrable péché. [La *sodomie* est un péché que tout

homme qui a une goute de bon sens doit abhorrer. Il n'y a que les coquins à brûler qui commettent des Sodomies. *Arioste , 8. Satire* dit que les gens de colege sont sujets à cet horrible péché. *Sanza quel vizio son pochi humanisti.*]

Sodomite , s. m. Celui qui commet le péché de Sodomie.] En France les Sodomites sont brulez. Mais en Italie on dit qu'ils sont traitez un peu plus humainement, & c'est peut-être une medisance. C'est un sodomite à deux mains. [Les Anciens Romains étoient un peu sodomites.]

S O E.

SŒUR, *s. f.* Prononcez *seur.* Celle qui est née d'un même pére & d'une même mére. [Avoir une jolie sœur.] On dit aussi sœur de pére. Sœur de mére.

Belle-sœur , s. f. Celle qui a épousé nôtre frere. Celle de qui l'on a épousé la sœur, ou le frere. (Sa. belle sœur est fort civile.)

Sœurs naturelles. Ce sont celles qui ont été engendrées hors du mariage.

Sœurs de lait. Celles qui ont tetté une même nourrice & ont été nourries du même lait.

Sœur. Ce mot. se dit entre de certaines Religieuses & veut dire Religieuse qui a fait profession. Les Religieuses de Sainte Marie & du Saint Sacrement s'apellent *sœurs* lorsqu'elles se parlent, mais les Religieuses des autres Couvens s'apellent ordinairement *Méres*, ou *Dames*, mais quand les gens du monde leur parlent ils les nomment *Dames*, à moins qu'ils ne parlent des Religieuses de la derniere regularité.

Sœur. On apelle de ce nom une novice Religieuse. [Sœur Felix avoit pris l'habit du consentement de la communauté. *Patru,* plaidoïé 16.]

Sœur. On apelle de ce nom une fille qui sert dans un Couvent de Religieuses, soit qu'elle ait pris l'habit, ou non. [Sœur converse. Sœur domestique.]

Sœurs de la Croix. C'est une congrégation de filles gouvernées par un Superieur & instituées pour enseigner les personnes de leur Séxe & imiter les premieres Crétiennes qu'on appelloit *Diaconisses.*

Sœurs de la charité. Bonnes filles habillées de gris qui ont soin des pauvres malades des paroisses de Paris.

Sœur Collete, s. f. Sorte de Religieuse reformée de sainte Claire.

Sœur Colletes. f. Mot de mépris qui veut dire *Religieuse*. Elle déguisa deux de ses amis en sœur collette. *Le Comte de Bussi.*

† C'est une sœur Collette. C'est à dire, *c'est une dévote.*)

Les neuf Sœurs. C'est à dire, les neuf Muses. [Les neuf Sœurs enchantent bien de gens qu'elles menent souvent à l'hopital.]

S O F.

SOFA, *s. m.* Ce mot est venu de Turquie. C'est une estrade sur laquelle les Turcs mettent des coussins & des carreaux, & s'asseïent. (Un joli sofa. Un magnifique & superbe sofa. On prend agreablement & commodément le café & les autres boissons Turques, sur les sofas.]

S O I.

SOI. Ce mot est une sorte de *pronom personnel* qui n'a point de nominatif singulier. On dit *de soi, se, à soi, se, soi, de soi.* Ce pronom fait au pluriel *eux* & *elles* & à l'acusatif pluriel *se* & aussi au Datif. Ce pronom *soi* ne se raporte jamais au pluriel. Ainsi on ne dira pas, ils ne croient pas avoir ocasion de penser *à soi*, mais on dira avoir ocasion de penser à *eux. Vau. Rem.* Ces choses sont indiferentes *de soi*, il faut dire sont indiferentes *d'elles-mêmes. Vaug. Rem.*

Soi. On se sert de ce mot quand on parle en général. [On aime mieux dire du mal *de soi* que de n'en point parler. *Mémoires de la Roche-Foucaut.*

Soi. On se sert de ce mot quand on parle de l'extérieur du corps d'une personne. [Il ne portoit point de linge sur soi, *Port-Roial.* Il est propre sur soi. *Socrates Cretien,* Avoir de l'argent sur soi. *Ablancourt.*]

Soi. Ce mot dit se des choses. [Le vice a *dans soi* ce qui le peut rendre odieux.]

Soi-même. Ces mots se disent des choses & des personnes. (Le silence est le parti le plus seur de celui qui se defie de soi même. *Mémoires de la Roche-Foucaut.* Ce qui contribuë le plus à vôtre gloire, est de ne d'estimer que *soi-même. Ablancourt.* Lucien. Cela parle de *soi-même. Ablancourt, Lucien.*)

SOIE, *s. f.* Ouvrage qui se tire du coucon que fait un certain vet qu'on apelle *ver à soie.* [Soie bleuë, blanche, noire, fine, grosse, deliée, cuite, crüe. Aprêter la soie]

Il y a de la soie en Levant qu'on tire d'une plante.

La soie de la Chine est blanche & meilleure que la soie des autres païs. Il y a des caravanes d'Asie & d'Europe qui transportent par tout cette soie de la Chine, & l'on en fait quantité de bonnes étofes.

* Qu'on nous rende un peu de cet or, un peu de cette *soie* dont les prémiers jours du Christianisme furent ourdis *Patru , Urbanistes.* C'est à dire qu'on nous fasse un peu reveoir ces hureux tems, ce tems tranquille & paisible des prémiers jours du Christianisme.

Soie

SOI

Soie. Ce mot se dit des *cochons* & des *sangliers*. C'est le grand poil de dessus le dos du cochon, ou du sanglier.

Soie. Terme de *Fourbisseur*. C'est un morceau de fer pointu, long d'un bon doigt & de médiocre grosseur, au haut bout de la lame de l'épée, du sabre, ou du cimeterre, qui entre dans la poignée & dans le pommeau. (La *soie* de cette lame est trop foible pour cette poignée. Forger la *soie* d'une lame de sabre, de couteas, d'épée, de baïonnette, de cimeterre, &c. Il ne faut pas trop limer la soie d'une épée.)

* Soie. Ce mot se dit au pluriel en parlant des petits chiens. Ce sont les grands poils des bichons & autres petits chiens mignons dont le poil a quelque chose de la douceur de la soie. (Cette babiche a de belles soies.)

* Soie. Ce mot entre encore dans quelque frases figurées Exemples. (On ne doit jamais parler aux Rois qu'avec des *paroles de soie*. C'est à dire, qu'avec des paroles respectueuses.)

* Quand on souhaite à quelcun que ses jours soient *filez d'or & de soie*, on lui souhaite une vie heureuse.

* *Bas de soie*. Terme de *Marine*. Ce sont des fers qu'on met aux piez des coupables, c'est à dire, de ceux qui se comportent mal dans un Vaisseau. Voiez *Bas*.

† *Bas de soie*. Terme de *Cuisine*. Ce sont des piez de cochon assaisonnez.

Soier. Voiez *Sier*.

Soieur ; *s. m.* Quelques laboureurs disent *soieur*, mais le bel usage est pour *moissonneur*.

† *Soieux*, *soieuse*, *adject*. Quelques-uns on dit ce mot pour signifier. Doux comme de la soie. (Poil soieux. Laine soieuse.)

Soif , *s. f.* Envie de boire qui s'excite en nous pour reparer les forces perduës. (La soif a son siége dans l'estomac. La sécheresse de l'estomac, du gosier & de toute la bouche causent la soif. Moderer sa soif. Cela augmente sa soif. Apaiser sa soif. *Vaug. Quin. l. 7.* Diminuer sa soif. Une soif ardente. Une extrême soif.)

Un grand buveur disoit qu'il ne buvoit pas pour apaiser sa soif, mais pour s'empêcher d'avoir soif. *Abl. Apoph.*

† * Il faut garder une poire pour la soif. Proverbe, pour dire qu'il faut reserver quelque chose pour le besoin.

† * On ne sçauroit faire boire un âne s'il n'a soif. Cette façon de parler se dit quelquefois à des gens qui refusent de faire une santé qu'on leur a portée.

* Soif. Grande passion. Grande envie de posseder quelque chose. (Il n'y a rien que la *soif* de l'or ne dévore. *Patru*, plaidoié 6. La soif des vains honneurs est d'autant plus dangereuse que l'espérance ne meurt jamais. *Patru*. *Urbanistes.*

Vous brûlez d'une soif qu'on ne peut étancher.
Dépreaux, Satire 4.

Perfides, contentez *vôtre soif* sanguinaire. *Racine Iphigénie. a. 4. s. 4.*

Tes richesses ne font qu'accroître ta soif. *Vaug. Q. Curce, l. 7. ch. 8.* Les biens augmentent incroiablement la soif qu'il a d'amasser. *Abl. Luc. T. 3.*

Soigner, *v. n.* Prononcez *soiné* en deux silabes. Ce verbe est ordinairement *neutre.* Il signifie avoir soin. S'apliquer. Quand il régit un autre verbe, il veut être suivi de la particule *à*, avec l'infinitif. (A cette heure que vous *soignez* à fortifier un camp & à prendre une vile il vous semble. *Voit. letre* 83.)

On dit aussi Soigner à ses afaires, c'est à dire, y veiller & ne les laisser pas perir par sa négligence.

Soigner, *v. a.* Ce verbe dans le même sens régit aussi l'acusatif. (Soigner un malade.)

Soigneux, *soigneuse*, *adj.* Prononcez *soinieux*, en deux silabes. Qui a soin de faire ce qui regarde son devoir. Exact à faire ce qu'il doit. (Ils sont soigneux à n'emploier point de mortier qui n'ait été corroié. Il est soigneux d'étudier ce qu'il doit savoir.)

Soigneusement, *adv.* Prononcez *soineusément* en quatre silabes seulement. Avec soin. (Etudier soigneusement. Il est d'un honnête homme de faire soigneusement son devoir.)

Soin , *s. m.* Travail d'esprit venant de la forte aplication qu'on donne à quelque chose. Aplication d'esprit. Aplication de la personne qui prend garde à quelque chose. (La sa tiré est un trésor & on est fou quand on ne le ménage pas & qu'on n'en prend pas de soin. On ne sauroit aporter trop de soin pour s'aquiter dignement de cette afaire. Tous ses soins sont pour la gloire. *Ablancourt*. Quelque soin qu'on prenne de couvrir ses passions par des aparences de piété & d'honneur, elles paroissent toujours au travers de ces voiles. *Le Duc de la Rochefoucaut*. Il faut prendre un soin particulier de ceux qui ont de mauvaises dispositions. *Le Président Cousin*, *histoire Romaine*.)

Soin. Aplication à conduire quelque chose & à le gouverner. (Celui qui a été des aloüetes aura soin de nous. *S. Evremont*, *œuv. mêlées p. 464.*)

Soin. Diligence & exactitude qu'on aporte à faire les choses. (Travailler avec soin. Composer avec soin.)

Soin. Inquiétude. (Ne prendre point de soin. Chasser toute sorte de soin. Se délivrer de tout soin. *Abl. Luc. 3. T. 3.* N'avoir point de soin. Causer des soins à quelcun. Partager les soins d'un ami. *Balz. lettres famil.*)

Soir, *s. m.* La dernière partie du jour. La prémière partie de la nuit. La nuit. (On va présentement à Paris le soir en toute assurance. Respirer la fraîcheur du soir. *Abl.*

Se promener soir & matin. *Mai. Poës.*)

Bon-soir. Terme de *civilité*, dont on se sert pour souhaiter une bonne nuit à une personne. (Je vous souhaite le bon soir.)

Quand la planète Venus paroit après le coucher du Soleil, on l'apèle *l'étoile du soir.*

Le Soir. Il signifie quelquefois le repas du soir, le soupé. (On mange ordinairement le bouilli à midi & le rôti, *le soir*.)

Soirée , *s. f.* Espace de tems qui suit la nuit close pendant lequel, après soupé, on veille, on joué, ou l'on s'entretient avec ses amis. (Nous passons agréablement toutes les soirées avec Monsieur un tel.)

Soit. Sorte de *conjonction* qui se prononce comme elle est écrite & qui vaut autant que si on disoit. *Je le veux. J'en tombe d'acord.* (Il est honnête homme, *soit*, mais cet homme n'est qu'un âne.)

Soit, que. Conjonction qui veut un subjonctif. (*Soit que vous aiez fait cela*, *ou que vous ne l'aiez pas fait. Vau. Rem.*

Soit que vous m'aimiez *ou* soit que vous ne m'aimiez pas je suis resolu de vous aimer toute ma vie. Un auteur qui a de l'esprit s'est exprimé de la sorte, mais il s'est mal exprimé. On ne met jamais la disjonctive *ou* devant la conjonction soit. Il faloit dire simplement *soit que vous m'aimiez, soit que vous ne m'aimiez pas* ; *soit que vous m'aimiez, ou que vous ne m'aimiez pas.*

Soixante. Nom de nombre indéclinable. Prononcez *soissante*, Ce sont trois fois vint. (Ils sont soixante hommes bien armez. Elles sont soixante Religieuses.)

Soixante, & un ; soixante un. Vangelas dit toujours *soixante un*, mais les autres pensent qu'il faut dire *soixante & un*, j'ose me ranger de leur sentiment parce que c'est l'usage qui le veut ainsi. On a coutume depuis soixante jusques à quatre vints de mettre la conjonctive & après le mot de soixante. Ainsi on dit. (Soixante & quatre, &c.

Soixante & ; six ; soixante dix. On dit l'un & l'autre, Vaugelas est pour *soixante-dix* & les autres pour *soixante & dix* qui est comme on parle & comme on doit parler. (David menoit l'esprit âgé de soixante & dix ans. *Arnaud*, *Joseph l. 7. c. 12.* On propose l'afaire en sorbonne, soixante & onze Docteurs entreprennent sa défense. *Pas. l. 1.* Matusalem fut Lamec, qui de ses deux femmes Sella & Ada, eut soixante & dixsept enfans. *Arnaud*, *Joseph l. 1. c. 2.*)

SOL.

Sol, *sub. mas.* Prononcez *sou* qui veut dire *six doubles.* (C'est un ladre qui ne voudroit pas avoir dépensé *un sou.*) Voiez Sou.

Sol, *f. m.* Terme de *Musique.* C'est une des sept principales voix de la musique. (C'est un sol. Entonner un sol.)

Sol, *f. m.* Ce mot vient du latin *Solum*, qui signifie aussi l'aire, ou la superficie de la terre sur laquelle on bâtit.

Sol. En termes de *Chimie*, il signifie l'or.

Solaire, *adj.* Qui est de soleil. Qui regarde le soleil. (Année solaire. On apèle année solaire lors que le soleil aiant fait son cours par les 12. signes du Zodiaque retourne au point d'où il étoit parti. Eclipse Solaire. Cicle solaire. V. *Cicle*. Quadran Solaire.)

Solandres , *soulandres*, *s. f.* L'un & l'autre se dit, *Soleisel*, *parfait Maréchal*, *c. 50.* a écrit *solandres*, & Guillet termes de manège dit *soulandres*. Les Maréchaux que j'ai vus sur ces mots disent plus souvent *soulandres* que *solandres*. Ce sont des crevasses, ou des gales qui viennent au pli du jarret des chevaux.

Sol-batu , *sol-batuë*, *adj.* Ce mot se dit d'un cheval dont la sole est foulée. (Cheval sol-batu. *Soleisel*, *maréchal*, *c. 64.*)

Sol-bature, *s. f.* Meurtrissure de la chair qui est sous la sole & qui est froissée, & foulée par la sole, quand le cheval a marché long-tems pié nu, & que la sole est trop déseichée. *Guillet*, *art de monter à cheval.*

Solanel ; *solanellement.* Voiez *solennel.*

Solaniser ; *solanisé*. Voiez *solennel.*

Soldan, V. *Soudan.*

Soldat , *s. m.* Ce mot généralement pris signifie un homme de guerre, mais il se dit particulièrement des *fantassins.* C'est celui qui s'est enrôlé sous un Capitaine qui lui donne la paie du Roi, & qui pour cela est obligé de servir. (Un soldat doit plus craindre son Capitaine que son ennemi. *Ablancourt*, *Rét. l. 1. c. 4.* Il n'a rien de soldat que quand il voit l'ennemi. C'est à dire, il n'a rien qui sente l'homme de guerre que lors qu'il est prêt à combattre.

† * Soldat. Brave. Hardi. Vaillant. (Gassion étoit né soldat. Il est soldat autant qu'homme du monde.)

Soldatesque,

Soldatesque, *s. f.* Gendarmerie. Soldats. Troupes. (Il y eut un un grand nombre de Religieuses qui pour eviter les insultes de la *soldatesque* quittérent leurs Abaies. *Patru*, *Urbanistes*. L'Edit fut que personne ne porteroit les armes que la Noblesse & la soldatesque.)

† **Soldatesque**, *adj.* Qui sent le soldat. Cavalier. (Ses expressions sont étrangement soldatesques. *Lettres au pére Adam page 29.*)

Solde, *s. f.* C'est l'apointement qu'on donne à chaque homme de guerre. (Fournir la solde. Donner la solde. Païer la solde aux troupes. *Ablancourt.* Avoir sa solde de braves soldats. *Vaug. Quin. C.* Recevoir la solde.)

Sole, *s. f.* Sorte de poisson de mer, qui est plat, qui a la partie de dessous blanche, & celle de dessus noirâtre, la bouche de travers & sans dents, & qui est couvert de petites écailles. [La sole a la chair blanche, & dure & est fort bonne. *Rond.*]

Sole. Ce mot se dit des *chevaux*. Espéce de semelle de corne qui est au dessous du pié du cheval. [Sole forte & épaisse. Quand la sole est foulée, elle fait boiter le cheval.]

Sole. Ce Mot se dit en parlant de la chasse des grandes bêtes. C'est le milieu du dessous du pié des grandes bêtes. *Sal.*

Sole. Terme de *Mer*. C'est le fond large & plat des bâtimens qui n'ont point de quille. (Un bac est bâti *à sole.*)

C'est aussi le plan du prémier pont d'un Vaisseau.

Soles. Ce sont aussi des piéces de bois qui portent la cage d'un moulin à vent, qui posent sur quatre massifs de massonnerie. Ce sont aussi des piéces de bois qui se couchent à terre dans d'autres machines, comme gruës, engins, &c.

Solécisme, *s. m.* Terme de *Grammaire*, qui vient du grec. C'est une faute dans les déclinaisons, dans les conjugaisons, ou dans la construction. On manque aux déclinaisons si l'on dit les éventaux pour les éventails aux conjugaisons quand on dit *j'aillis* pour *j'allais*; dans la construction quand on dit *servir à Dieu*, pour *servir Dieu*. (Faire un gros solécisme. *Vau. Rem.*)

Soleil, *s. m.* Planette ronde & lumineuse qui est la source de la chaleur & des feux, qui luit de sa propre lumiére, & de qui les autres planettes reçoivent leur clarté. Voyez *Lucrece*, *l. 5.* [Le Soleil ni la mort ne se peuvent regarder fixement. *Le Duc de la Roche-Foucaut.*]

* On dit proverbialement. C'est un *Soleil de Janvier*, il n'a ni force ni vertu.

* On adore plutôt le Soleil levant que le Soleil couchant. Façon de parler proverbiale, pour dire qu'on s'atache plutôt à faire la Cour à un jeune Prince qu'à un vieux.

* Dans l'Ecriture sainte, Jesus-Christ est appelé *le Soleil de Justice.*

* *Philis est un soleil naissant*, Voi. Poë. C'est à dire, est quelque chose de beau & de brillant,)

* *Elle porte en chaque prunelle, le soleil. Voi. Poë.* C'est à dire, qu'elle a un feu tres-beau dans les yeux.

* Personne n'eut jamais si bien faites qu'elle, les beautez qui ne voient pas *le soleil. Voi. Poë.* C'est à dire, le jour.

Nos beaux soleils vont achever leur tour,
Livrons nos cœurs à la merci d'amour.
Mal. Poë.

Nos beaux soleils. C'est à dire nos beaux jours.

Soleil. Sorte de grande fleur jaune en forme de soleil qu'on apelle aussi *Tournesol*, ou fleur du soleil. (Voilà un beau soleil.) Voiez Tourne-sol.

Soleil. Terme d'*Eglise.* Ouvrage d'argent, ou de vermeil doré qui a un pié comme un calice & dont le haut est en forme de soleil où l'on enferme l'hostie lors qu'on expose le saint Sacrement, & qu'on va à de certaines processions solennelles. Monsieur Thiers en parlant de la fréquente exposition du S. Sacrement apele ce *soleil* un *ostensoir*, mais Monsieur Thiers est de Province & c'est tout dire. A Paris on dit avelndre le soleil. Le soleil est il aveint ? Porter le soleil sur l'autel. Mettre l'hostie dans le soleil. An reste si-ce que l'hostie est dans le soleil & qu'elle est exposée sur l'autel on ne se sert plus du mot de soleil. En sa place on dit Saint Sacrement. Ainsi on dit le S. Sacrement est exposé. Monsieur le Curé a porté le S. Sacrement à la procession, & jamais Monsieur le Curé a porté le soleil à la procession.

Soleil. Sorte d'insecte de la figure dont on peint le soleil. Voiez *Rondelet*, *histoire des poissons.*

Solennel, *solennelle* ; *solemnel*, *solemnelle*, *adj.* L'un & l'autre s'écrit, mais on prononce *solanel.* Ce mot se dit ordinairement des fêtes & des jeux & signifie qui se célébre avec pompe. Célebre. Plein de solennitez. (Il célébra des jeux solennels en l'honneur d'Esculape. *Vau. Quin. l. 3. ch. 7.*)

Solennellement, *adverb.* D'une maniére solennelle. Prononcez *solanellement.* (Le mariage s'est fait solennellement. Publier solennellement.)

Solenniser ; *solemniser*, *v. a.* Célébrer. Prononcez *solanisé.* (Solenniser une fête.)

Solennité, *Solemnité*, *s. f.* Prononcez *Solanité*, Ce mot veut dire célébrité. (La solennité a été grande. La chose s'est passée avec beaucoup de solennité.)

Solicitation, *s. f.* Instance. Instigation. Persuasion. Poursuite. Priére pressante qu'on fait à quelcun pour nos interets, ou pour ceux d'autrui. (Ardente solicitation. Il a embrassé ce parti à la solicitation de Madame une telle. Faire des puissantes solicitations auprès des Juges.)

Soliciter, *v. a.* Presser. Porter, exciter quelcun de faire quelque chose. (Il m'a solicité de lui faire la Cour. *Ablancourt.* Et non pas il m'a solicité à.)

Parnasse me soit un Cocite
Si jamais je les solicite
De m'aider à faire des vers. Mal. Poë.

Soliciter. Ce mot se dit en parlant de procez. C'est poursuivre afin de faire vuider un procez en nôtre faveur, ou en faveur d'un autre. (Soliciter un procez, Soliciter les juges,)

* **Soliciter**, *v. a.* Ce mot signifie aussi *tâcher de corrompre*, tâcher de mettre à mal. Darius solicitoit la fidélité des domestiques d'Alexandre. *Vaug. Quin. l. 3. c. 5.*) Quand on est riche, liberal & bien fait, on n'est pas long-tems à *soliciter* une belle sans la faire succomber.)

† **Soliciter.** Ce mot se dit en parlant de malades, mais il est fort bas & en sa place on dit *secourir*, assister. Servir. Avoir soin. Soliciter un malade, ou plutôt Secourir, Assister un malade, *Vau. Rem.*

Soliciteur, *s. m.* Celui qui solicite quelque juge ou quelque procès. (C'est un soliciteur de procés. Je suis son soliciteur auprès de Monsieur un tel.)

Solicitude, *s. f. f.* En Latin Solicitudo. Ce mot est nouveau, & tout le monde ne s'en sert pas. Il signifie soin, inquietude. (Ceux qui font des reproches aux autres doivent être eux-mêmes irréprochables, autrement leur *solicitude* est infructueuse *Thiers*, *fausse robert*, 1. *partie.*)

Solidaire, *adj.* Terme de *Pratique.* Il se dit des obligations que passent plusieurs personnes ensemble, lorsque chacune promet de payer la somme totale. (Obligation solidaire. Clause solidaire. Contrainte solidaire.)

Solidairement, *adv.* Terme de *Pratique.* D'une maniére solidaire. L'un pour l'autre. (Deux personnes s'obligent quelquefois solitairement, l'un pour l'autre. Etre contraint solidairement & par corps.)

Solide, *adj.* Dur. Ferme & bien assuré. (Voilà qui est solide. Pierre solide Maçonnerie solide.)

* **Solide**, *adj.* Ce mot se dit des choses & des personnes, & veut dire Ferme. Constant. Qui n'est point leger. (Esprit solide. Preuve solide. Raison solide. Il dit des choses vraiment solides.

Il n'est dans ce vaste Univets.
Rien d'assuré, ni de solide.
Desh. poës.)

Solide, *s. m.* Terme de Géometrie. (La quantité qui a de la longueur, de la largeur & de la profondeur s'apelle *Corps*, ou *Solide. Pardies*, *l. 1. art. 3.*)

Solide, *adj.* Terme de Géometrie. Qui a trois dimensions. Qui a de la longueur, de la largeur & de la profondeur. (L'*Angle solide* se fait quand trois, ou plusieurs plans se joignent en aboutissant à un point. *Pardies*, *l. 5.*) On apelle *nombres solides* ceux qui proviennent de la multiplication d'un *nombre plan* par quelque nombre que ce soit. *Pardies*, *l. 7. art. 37.*

Solide, *s. m.* Terme d'*Architecture.* Massif. Corps plein.

Solide, *s. m.* Terme de *Maçon*, qui se dit en faisant des fondemens, & signifie *Terre ferme*, stable & solide. [Creuser jusques au solide. On a trouvé le solide. Fouiller dans le solide.]

* **Solide**. Ce mot se dit souvent au figuré *Aller au solide.* C'est rendre à ce qui est de plus important.]

Solidement *adv.* D'une maniere solide. [Tous ces lieux paroissent solidement bâtis. Voiez *la description du château de Versailles*, page 26.]

* **Solidement.** Ce mot se dit au figuré. Exemple [C'est un homme qui prêche solidement. C'est à dire, qui prêche d'une maniere touchante, docte & édifiante. On dit aussi *parler solidement* de toutes choses, C'est à dire, parler de tout savamment.]

Solidité, *s. f.* Ce mot se dit des ouvrages d'Architecture. C'est la bonne & solide construction de quelque ouvrage de maçonnerie, ou d'Architecture. [La solidité d'un mur. *Savot.* La solidité d'un bâtiment dépend de la bonté des fondemens, du choix des matériaux, & de leur emploi. *Abregé de Vitruve*, page 36.]

Solidité. Ce mot se dit élégamment au figuré. [C'est un esprit qui n'a nule solidité. C'est à dire, qui n'a rien de fixe, ni d'arrêté.]

Soliloque, *s. m.* Mot qui est tiré du Latin *soliloquium* & qui se dit proprement que d'un certain ouvrage de Saint Augustin, où ce Saint parle à Dieu d'une maniere touchante & pleine d'onction spirituelle. [Les *soliloques* de Saint Augustin, sont remplis de devotes inspirations.]

Solins, *s. m.* Terme d'*Architecture.* Ce sont les espaces qui sont entre les solives, au dessus des poutres.

SOLITAIRE

SOL   SOM

Solitaire, *adj.* Ce mot se dit des lieux & signifie peu fréquenté. Eloigné du commerce du monde. (Lieu sauvage & solitaire. Segrais, *eglogue*, 5.)

Solitaire, *adj.* Ce mot se dit des personnes, & signifie. Qui ne fréquente personne, ou peu de personnes. (C'est un homme fort solitaire. C'est une jeune fille qui est sage & solitaire.)

Solitaire, *s. m.* Qui aime la solitude. Qui entre peu dans le commerce du monde. (Les illustres solitaires de Port-Roial sont les lumières & les ornemens de nôtre siécle. Il n'y a rien de plus rare que la vertu d'un vrai solitaire, & il n'y a rien aussi de plus inimitable. L'état du solitaire est un état violent pour l'homme.)

Solitairement, *adv.* D'une manière solitaire En solitaire. (Vivre solitairement.)

Solitude, *s. f.* Lieu désert. Lieu qui n'est point, ou peu habité des hommes.

  (O que j'aime la solitude
  C'est l'élément des beaux esprits.
    Voiez S. Amant.)

L'ennui & la *solitude* où je me trouve, ont fait en moi un bon éfet. *Voi. l.26.* Il y a pour nous du danger dans *la solitude*, & il y en a encore plus dans la compagnie. *Le Président Cousin, Hist. Rom.*)

Solives, *s. f.* Pieces de bois qui servent à soutenir les planches. (De bonnes solives.)

Soliveau, *s. m.* Une petite solive. (Soliveau pourri.)

Solstice, *s. m.* Terme d'*Astronomie* & de *Géographie*. C'est le tems que le soleil est dans les Tropiques. Il y a deux solstices, le solstice d'hiver & le solstice d'été. On a *le solstice d'hiver* lorsque le soleil est au Tropique du Capricorne, & alors c'est le plus court jour de l'hiver. Nous avons *le solstice d'été* lors que le soleil est au Tropique du Cancer, & alors nous avons le plus-long jour de l'été. Voiez *Sferadel Signor Piccolomini*.

Solstitial ; *Solstitiale*, *adj.* Qui est du solstice. Qui regarde le solstice. Qui apartient au solstice. On dit (*les points solsticiaux* ; C'est à dire, les points où le soleil semble s'arrêter. *Roh. Phis.*)

Solvable, *adj.* Qui est bon pour paier. Qui peut paier. Qui a dequoi paier. (Il est solvable. Elle est solvable.)

Solvabilité, *s. f.* Etat dans lequel on a le moien de paier. (Répondre de la *solvabilité* des Cautions.)

Soluble, *adj.* Terme de *Philosophie*, *&c.* Que l'on peut soudre & expliquer. (Proposition soluble. Il n'y a point de problême qui ne soit soluble par l'Algébre.) Son contraire est insoluble.

Solution, *s. f.* En Latin *solutio*. Prononcez *solucion*. Terme de *Chirurgien*. Division qui est contre nature. Ainsi on dit (*solution de continuité*.) C'est à dire, une division des parties qui sont naturellement continués, & même qui sont naturellement contigues.

Solution. Terme de *Philosophie*, de *Théologie* & d'autre sience dont on dispute. C'est la résolution de quelque dificulté proposée. (La solution d'un argument, la solution de ce doute me parut claire. *Bossuet.* Solution nette, aisée, ingénieuse, spirituelle ; obscure, embarassée. Il faut bien comprendre la solution pour presser davantage la personne contre qui l'on dispute.

SOM

Somache, *adj.* Terme de *Mer*. Qui se dit de l'eau & qui signifie *salé*. (L'eau étoit somache.)

Sombre, *adj.* Ce mot se dit des lieux & veut dire *Obscur*. Ombragé. (Lieu un peu sombre.)

* *Sombre*. Ce mot se dit *au figuré* & se dit des choses & des personnes. Exemples. (Quelque sombre que soit la matière, il trouve le secret de l'égarer.)

* Que l'avenir est *sombre* à des esprits si bas. *Mai. Poës.* C'est à dire, que l'avenir est obscur.

* Avoir l'humeur *sombre*. Etre *sombre*. C'est à dire, être triste & taciturne.

* Un sérieux *sombre*. Molière. C'est à dire, grand & morne.

Sombrer sous voiles. Terme de *Mer*. On dit. (Vaisseau qui sombre sous voiles, c'est lors qu'un vaisseau est sous voiles & qu'il est renversé par quelque grand coup de vent qui le fait périr.)

Sommaire, *s. m.* Terme qui se dit quelquefois au palais & qui signifie *abregé*, mais il ne se dit pas si souvent que celui d'*abregé*. (Le sommaire de la régle des freres Mineurs. Voiez les *annales des Capucins*.)

Sommaire, *adj.* Bref. Succint. (Faire une inquisition sommaire du tems de la mort d'une personne. *Patru plaidoié* 14. Un acte *sommaire*. C'est à dire, conçu en peu de mots.)

* *Sommairement*, *adv.* Succintement. En peu de paroles. (Faire voir sommairement ce qui a été dit. *Le Mais.*)

Sommation. Voiez *sommer*.

Somme, *s. m.* Somacil.

(C'est là que le prélat muni d'un déjeuner
Dormant d'un leger *somme* atendoit le diner.
  Depreaux, Lutrin, l.1.

Interrompre son somme. *Ablancourt.*

  Dérobez le somme à vos yeux,
  Le mérite de vos Aieux
  Vous solicite de les suivre.
    Main. Poës.)

Somme, *s. f.* Ce mot se dit en parlant d'une quantité d'deniers, de sous, ou de livres. (Jetter une somme. La somme monte à cent écus.)

Somme. Ce mot se dit en parlant de certaines bêtes destinées à porter des fardeaux & signifie *charge*. [Une bête de somme. *Ablancourt*.

Somme. Ce mot se dit de certains livres de Téologie & signifie *recueil*. La somme des péchez du Père Bauni est en François. *Pasc. l.8.* La somme de la Téologie de Saint Tomas est fort estimée.

  Au nom de Dieu lísez moi quelque somme
  De ces auteurs dont chez lui on fait cas.
    La Fontaine.)

Somme. C'est une rivière de Picardie qui prend sa source dans un village de Vermandois, apellé Fervac, de là elle vient à Saint Quentin & va passer à Ham, à Peronne, à Brai, à Corbie, Amiens, Pequini, Abbeville, ensin aiant traversé toute la Picardie elle se jette dans la mer entre Crotoi, & Saint Valeri.

† *En somme*, *adv.* Ce mot est vieux si ce n'est dans le burlesque, en sa place on dit *Enfin*. En un mot, après tout. *Vau. Rem.* (Ses séctateurs nous défendent *en somme* tous les plaisirs que l'on goute ici bas. *La Fontaine.*)

Sommeil, *s. m.* Envie de dormir. Etat durant lequel l'action ordinaire des objets extérieurs sur les organes de nos sens n'excite en nous aucun sentiment & durant lequel nôtre corps paroit dans un parfait repos. (Avoir sommeil. Avoir le sommeil dur. Je suis acablé de sommeil. Je n'en puis plus de lassitude & de sommeil. Le sommeil est cause de plusieurs manières. Provoquer le sommeil.)

Sommeiller, *v. n.* Dormir legèrement.

  Le murmure des eaux invite à sommeiller.
    Racan.

Sommèlerie, *s. f.* Lieu dans une maison de qualité où l'on garde le vin de table. (Il est à la sommelerie.)

Sommelerie. Art & profession de sommelier. [Entendre la sommelerie.)

Sommelier, *s. m.* Celui qui a soin de la dépense du vin. (Un bon sommelier.)

Sommeliere, *s. f.* Terme de *Religieuses Bernardi* . C'est l'oficiere qui a le soin des habits, des vivres, en un mot du temporel de la maison.

Sommer, *v. a.* Terme de guerre. Ordonner, déclarer, ou faire déclarer qu'on ait à faire ce qu'on ordonne. (Sommer les habitans de se rendre. *Vaugelas*, *Quint*. Il somma les alliez de lui fournir des vaisseaux. *Vaug. Quin.*)

Sommer, Terme de *Palais*. Faire une sommation à quelque personne. (Sommer un juge de juger un procez qui est en état.)

Sommation, *s. f.* Terme de *Palais*. Prononcez *sommacion*. C'est un acte par lequel on somme une personne de faire quelque chose. (Faire une sommation à un Juge de juger un procez qui est en état. Ces sommations se doivent faire au domicile des Juges, ou au gréfe de leur juridiction parlant au gréfier, ou au commis du gréfe.)

Sommet, *s. m.* C'est le haut de quelque montagne, ou de quelque rocher. [Gagner le sommet des rochers. *Ablancourt, Kétorique, l.4.* Le sommet du mont avançoit sur le chemin. *Vaug. Quin. l.3.c.4.*)

Sommet. Ce mot en parlant de la tête. C'est le haut de la tête. (Il avoit un toupet de cheveux blancs sur le sommet de la tête.)

Sommier, *s. m.* Terme de *Tapissier*. C'est un matelas de crin. (Pour être bien couché il faut avoir un bon matelas, un bon lit de plume, & un bon sommier de crin au lieu de paillasse.)

Sommier. Terme de *Facteur d'Orgue*. C'est la base & le fondement de l'orgue. (Le sommier de l'orgue doit être bon.)

Sommier. Terme d'*Architecture*. C'est une piéce de bois plus grosse qu'une solive & moins grosse qu'une poutre. On apelle aussi *sommier* la première pierre qui porte sur les colonnes, ou pilastres quand on forme un arc, ou quelque ouverture quarrée.

Sommier de Presse. Terme d'*Imprimeur* en taille douce. Piéce de bois qui est sous le milieu de la presse & qui la tient en état par le bas. Le *sommier* de la presse des Imprimeurs en Lettres, c'est une piéce de bois où tient l'écrou.

EEee   Sommier

Sommier. Terme de *Parcheminier.* Peau de veau qui eſt ataché avec des cloux ſur la herſe & ſur laquelle on étend la peau de parchemin en coſſe qu'on veut ranurer.

Sommier, *ſ. m.* C'eſt un Oficier chez le Roi, qui porte les draps de pié & les carreaux dans la chapelle du Roi.

Sommier. Il ſignifie encore un Oficier qui a ſoin de fournir les bêtes de ſomme pour tranſporter le bagage, lors que la Cour fait voiage.

Sommité. Voiez *ſommet.*

† **Somnifére,** *adj.* Mot écorché du Latin qui ſe dit quelquefois entre les Médecins, & qui dans le ſtile ordinaire ne ſe peut dire qu'en riant. Il ſignifie, *qui fait dormir.* (Remede ſomnifére.

Somptüeux, *ſomptueuſe, adj.* Exceſſif en dépenſe. Magnifique Plein de luxe.] Somptueux ornement. *Abl.* C'étoit une Princeſſe fort ſomptueuſe.

Somptueuſement, *adv.* Avec excès. Avec une grande dépenſe. Avec luxe Avec magnificence. (Enſevelir ſomptueuſement. *Vaug. Quin. l.* 10. Vétu ſomptueuſement. *Abl.*)

Somptuoſité, *ſ. f.* Luxe. Excés ſuperflus. (Une grande, une incomparable, une étonante ſumptuoſité. Il ſurpaſſoit en ſomptuoſité tout le reſte des Barbares. *Vaug. Quin. l.* 3.)

Somptuaire, *adj.* Qui regarde la dépenſe. Il n'eſt en uſage que quand on dit *des Loix ſomptuaires.* (Les Loix ſomptuaires ont été faites pour modérer la dépenſe & empécher le luxe des citoiens. Les Romains, la République de Veniſe & quelques autres ont fait des Loix ſomptuaires.]

SON.

Son, *Pronom adjectif poſſeſſif* qui fait à ſon féminin *ſa* & dont le maſculin ſe joint avec les noms féminins qui commencent par une voielle. Exemples. (Son épée eſt belle. L'étude fait toute ſon inclination.) Que ſi les noms féminins commencent par une conſone, il faudra alors ſe ſervir du féminin *ſa.* Ainſi on dit. (Sa paſſion eſt grande. Sa gloire eſt immortelle.) On emploie *ſon*, devant les noms maſculins, ſoit qu'ils commencent par une voielle, ou non. Son livre eſt bien relié. Son amour eſt grand. Son aſcendant l'a fait ſor & pedant.)

Son, *ſ. m.* Sentiment particulier qu'on a enſuite de l'impreſſion que les corps qu'on nomme reſonnans font ſur les oreilles. [Le *ſon* ne conſiſte que dans un certain mouvement, ainſi qu'il ſe voit lorſqu'on pince la corde d'un luth, ou qu'on frape un corps dur. Son grave, aigu, aigre, doux, obſcur, ſourd, diſcordant. Le ſon d'une cloche. Le ſon d'un verre. Le ſon d'une trompette. Le ſon d'une corde de luth, de guitarre, &c. Rendre un ſon. Entendre un ſon. Exciter du ſon. En touchant une petite cloche on fait ceſſer le ſon. Afoiblir. Diminuer. Étoufer le ſon. Augmenter le ſon. Donner du ſon à un inſtrument de muſique. Corde qui fait un ſon agréable. Il eſt dificile d'expliquer comment ſe fait le ſon des cloches. Elle acourt au ſon de l'argent. *Abl. Luc.* L'étain fin a bien un autre ſon que l'étain commun, & le cuivre que le fer.]

Prendre les liévres au ſon du tambour. Façon de parler proverbiale, qui ſe dit lors qu'on ne fait pas une choſe avec le ſecret qu'elle demande.

* **Son.** Ce mot au figuré entre en quelques façons de parler. Exemples.

[Nous ſaurions mieux vendre nos *ſons*
S'ils faiſoient revivre les hommes
Comme ils font revivre les noms.
Voi. poëſ.

Le mot de *ſon* en cet exemple ſignifie *vers & poëſie.*

Des *ſons* ſi hauts & ſi hardis
Dont mal acordans à ma lire.
Voiture, poëſies.

La Renommée & ſa trompette
N'ont que des *ſons* vains & mortels,
Voiture, Poëſies.

Son. Terme de *Boulanger.* C'eſt ce qui reſte de la farine lorſqu'elle eſt blutée. [Son gras. C'eſt du ſon où il y a encore de la farine. Son ſec. C'eſt du ſon où il n'y a point de farine.]

† Ventre de ſon, robe de voleurs, Cela ſe dit des perſones qui ſont bien vétués & qui ſont mauvaiſe chère chez eux.

Sonde, *ſ. f.* Terme de *Chirurgien.* Inſtrument rond & long dont le Chirurgien ſe ſert pour ſonder les plaies.

Sonde. Terme de *Commis aux portes.* C'eſt un fer emmanché de bois dont ſe ſert le commis pour dicerner les marchandiſes qui entrent. (Fourrez vôtre ſonde dans ce chariot de foin pour voir s'il n'y a point de marchandiſe de contrebande.)

Sonde. Terme de *Mer.* Maſſe de plomb en façon de quille, ou de piramide qu'on attache à un long cordeau, qu'on apelle *ligne*, & qu'on fait decendre dans la mer pour reconnoitre la nature du fond de la mer & la profondeur du parage où l'on eſt. [Jetter la ſonde. Naviguer la ſonde à la main. *Etre à la ſonde.* C'eſt à dire, étre, venu juſques à un parage où l'on trou-

ve fond. *Venir juſques à la ſonde.* C'eſt quitter le large de la mer & venir juſques à un endroit où l'on trouve le fond avec la ſonde.]

Sonder, *v. a.* Tâcher à connoître la profondeur de quelque eau. (Sonder une fleuve, une riviére, un gué.)

Sonder. Terme de *Chirurgien.* C'eſt mettre la ſonde dans une plaie pour en connoître la profondeur. [Sonder une plaie. *Paſc. l.* 2.)

Sonder, *v. a.* Terme de *Commis aux portes.* C'eſt découvrir, par le moien de la ſonde, s'il n'y a point de marchandiſe de contrebande cachée parmi celles qui entrent dans la vile.] Sonder un balot, Sonder un char de foin, ou de blé, &c.

* **Sonder.** Tâcher de découvrir avec eſprit le ſentiment d'une perſonne. Tâcher à démêler ce qu'une perſonne a dans le cœur. Elle le veut ſonder ſur ſon mariage. *Moliere.* Sonder le deſſein de quelcun. *Abl. Tac.*]

* **Sonder le gué.** Au figuré. Voiez **Gué.**

Sonder. Terme de *Mer.* Ce mot ſe dit dans un ſens *neutro* & ſignifie *jetter la ſonde.* (Lorſque nous fumes prés de la côte, nous nous réſolumes de ſonder.)

Songe, *ſ. m.* Mouvement de l'imagination qui lorſqu'on dort repreſente aux ſens quelque objet qui cauſe quelque impreſſion ſelon la nature de la choſe repreſentée. Rêve. [Un plaiſant ſonge. Un méchant ſonge. Si les ſonges ſont des menſonges, ils diſent vrai quelquefois. Les ſonges ſont trompeurs. Ils rendirent graces aux Dieux qui avoient enuoyé le ſonge. *Abl. Ret.* l. 4. *c.* 2. Il lui ſembloit que c'étoit un ſonge. *Vaug. Quin. l.* 4. Puiſque je n'ai pas de ſolides plaiſirs, laiſſez moi vivre de mes ſonges. *Benſer. poëſ.* Il lui étoit aparu en ſonge. *Fléch. Theodoſe.* Le paraſite goute les plaiſirs de la vie, ſans être ſeulement travaillé de mauvais ſonges. *Abl. Luc. T.* 2. *paraſite.*]

* Et la gloire & la renommée
Ne ſont que *ſonge* & que fumée.
Voiture, poëſies.

Songe-creux, *ſ. m.* Rèveur. Mélancolique. Qui eſt penſif. Qui roule toujours quelque choſe dans ſon eſprit. (Ce ſont des ſonge-creux toujours diſtraits qui répondent *non* quand il faut dire *oui. Port-Roïal, traité de la pareſſe.* 2. *entretien.*)

Songe-malice, *ſ. m.* & *f.* Une perſonne malicieuſe qui s'aplique à faire quelque niche & quelque mauvais tour à quelcun.

Songer, *v. a.* Faire des ſonges pendant le ſommeil. [En dormant il ſonge toujours quelque choſe qui le fait rire à gorge déploiée. Un homme ſongea il y a quelque tems qu'il aloit acoucher & éveilla toute la maiſon, criant de toute ſa force qu'on allât querir la ſage femme. Ceux qui en ſongeant ſe levent la nuit, & font les actions de gens éveillez ſont des mélancoliques dont l'imagination troublée par des vapeurs d'une mélancolie groſſiére, agite les ſens & fait mouvoir le corps. *Taſſ. l.* 9. *Penſieri diverſi, c.* 28.]

Songer, *v. n.* Penſer. Faire réflexion. (Vous ne ſongez pas à ce que vous faites. *Vaug. Rem.*]

Songer à ſoi. C'eſt à dire, Prendre garde à ſoi.

(Un fanfaron vous menace,
Croiez-moi, *Songez à vous.*
Mai Poëſ.)

† **Songeur,** *ſ. m.* Sournois. Taciturne. Rêveur.) C'eſt un ſongeur.)

Sonner, *v. a.* Ce mot ſe dit de l'horloge lorſque le marteau de l'horloge frape ſur le timbre. (L'horloge a ſonné une heure. Comptez les heures, l'horloge ſonne. En ce dernier ſens le mot de *ſonner* eſt pris neutralement. On ſe ſert auſſi de *ſonner* dans un ſens neutre-paſſif, & on dit Midi eſt ſonné, deux heures ſont ſonnées, &c.]

Sonner. Ce mot en parlant de cloches. C'eſt tirer & faire remuer de telle ſorte la cloche que le batant frape ſur l'un & ſur l'autre bord & faſſe réſonner la cloche pour ſignifier quelque choſe à ceux qui l'entendent. C'eſt auſſi fraper un bord de la cloche avec le batant pour avertir de quelque choſe, ou ſignifier quelque choſe, à quelque perſone.) Sonner matines. Sonner le grand Meſſe, ſonner Vépres, le ſalut, &c. Sonner les cloches en branle. Sonner l'alarme.)

Sonner. Ce mot ſe dit *en parlant de trompette.* C'eſt exciter par moien de l'haleine de la trompette un certain ſon pour ſe réjouir, ou pour réjouir les autres, ou pour marquer quelque commandement aux ſoldats. (Sonner des fanfares ; ſonner le bouteſelle, ſonner à cheval. Sonner à l'étendard. Sonner la charge. Sonner la retraite.)

Sonner. Ce mot eſt uſité en parlant de certaines chaſſes & c'eſt à forcé d'haleine faire réſonner le cor *d'un certain ton.* Ainſi on dit. (Sonner la vuë, la quête, le défaut, la retraite. *Sonner un mot, ou deux du gros ſon.* C'eſt quand le piqueur donne le ſignal à quelcun de ſes compagnons pour le faire venir à lui, ſain.)

* **Sonner,** *v. n.* Ce mot *au figuré* ſe dit des choſes & des actions, & ſignifie publier & faire valoir. Parler avec eſtime & avec paſſions

SOP — SOR

passion de quelque chose qu'on a fait, ou qu'un autre a fait. [Il fait *sonner* bien haut le service qu'il lui a rendu. *Abl. Luc.* C'est faire sonner bien haut une chose qui ne merite pas qu'on en parle.)

Sonner, *v. n.* Il se met quelquefois avec une négative, & il signifie ne rien dire. *Il ne sonnoit mot en prenant ses ébats. La Font. Contes.* C'est à dire, il ne disoit mot.

Sonnant, sonnante, *adj.* Qui rend un son clair quand on frape dessus. (Etain sonnant.) On dit aussi Montre sonnante, c'est à dire, qui a une sonnerie. *Midi sonnans,* c'est à dire: lors que l'horloge sonne douze heures à midi.

* **Sonner**, *v. n.* Il se dit des choses qui frapent agréablement l'oreille. (Ces vers, cette période, sonnent bien à l'oreille.)

Sonnerie, *s. f.* Le son des cloches. (*La grosse sonnerie.* C'est le son des grosses cloches. *La petite sonnerie.* C'est le son de deux cloches, qui sont plus petites que les grosses. Ce mot de *sonnerie,* se dit en parlant d'enterrement. On dit.) La grosse sonnerie coûte le double de la petite sonnerie. Demander la grosse ou la petite sonnerie. Il a eu la grosse sonnerie. Il n'a eu que la petite sonnerie. Il a eu la grosse sonnerie. Il n'a eu que la petite sonnerie.)

Sonnerie. Ce mot se dit en *parlant d'horloge.* Ce sont toutes les roues & le timbre d'une horloge. (Sonnerie fort bonne & bien faite.)

Sonnet, *s. m.* Poëme de quatorze vers divisé en deux quatrains de deux rimes semblables & en autant de tercets, dont le dernier doit finir par quelque chose d'ingénieux ; & cette sorte de sonnet s'apelle *sonnet regulier.* Il y a outre cela des sonnets licentieux, des sonnets boiteux & des sonnets en bouts rimez. (Les sonnets *licentieux,* ce sont ceux qui n'ont pas deux quatrains sur les mêmes rimes. Les sonnets *en bout-rimez,* ce sont ceux dont on a donné les rimes & qu'on a remplies. Les *boiteux,* ce sont ceux qui n'ont pas autant de silabes à l'un ou à l'autre de leurs derniers vers, qu'ils en ont aux autres du corps.)

Sonnette, *s. f.* Sorte de petite cloche de cuivre, d'argent ou de vermeil doré. [Une jolie sonnette.)

† **Sonnaille,** *s. f.* Clochette que les bêtes portent pendue au cou. Le cheval, le bœuf ou le mulet qui va le premier à la campagne avec cette sonnette s'apelle *le sonnalier.*

Sonnette. Terme d'*Architecture,* Machine pour enfoncer des pilotis.

Sonnetrier, *s. m.* Ouvrier qui est réuni au corps des fondeurs & qui fait des grelots & de petites sonnettes pour les mulets, c'est un des meilleurs sonnetriers de Paris.)

Sonneur, *s. m.* Celui qui sonne les cloches pour avertir de l'ofice, qui sonne pour les morts, & qui carillonne les jours des bonnes fêtes. (Paier les sonneurs. Il faut tant pour chaque sonneur.)

Sonneur de cor pour la chasse. Celui qui sonne du cor, ou de la trompe pour la chasse & qui aprend aux autres à en sonner. (Le sieur Batiste est un des meilleurs sonneurs de cor de Paris.)

† **Sonore**, *adj.* Ce mot est écorché du Latin. Il signifie qui a un son agréable. (Une voix sonore.)

SOP.

Sophi, *s. m.* Prononcez *Sofi.* Titre qu'on donne aux Rois de Perse & qui signifie Celui qui abandonne le monde pour s'apliquer aux choses divines. Sage. (On parle qu'on va faire imprimer une histoire des Sophis de Perse.)

Sophisme, *s. m.* Terme de *Logique.* Prononcez *Sofisme.* Mot qui vient du Grec, & qui veut dire invention adroite & subtile, mais en nôtre langue le mot de sophisme se prend pour un faux raisonnement, & pour une manière de mal-raisonner. [On reduit tous les sophismes à huit, ou neuf. Voiez *la Logique de Monsieur le Bon. 3. part. ch. 18.* Sophisme subtil, ingénieux, grossier.)

* **Sophisme.** Source de faux jugement, de tromperie, d'erreur & d'illusion. Il y a des *sophismes d'amour propre, d'intérêt & de passion.* C'est à dire, que l'amour propre, l'intérêt & la passion obligent souvent les hommes à se tromper dans leurs jugemens & dans leurs raisonnemens. Il *y a des sophismes du cœur* C'est à dire, des illusions & des égaremens du cœur. Il y a encore d'autres sophismes dont l'un s'apelle le sophisme de l'autorité, & l'autre le sophisme de la manière. Voiez *la 3. part. de la Log. de Port. Roial, c. 19.*)

* **Sophisme.** Fausse subtilité. Chicanerie fine & subtile.] Entendez de quelle manière on se déméla de tous ces sophismes. *Patru,* 4. *pl. page 66.*)

Sophiste, *s. m.* Mot qui vient du Grec, & qui dans la langue Gréque se prend en bonne part. Il signifie *Réteur.* Homme éloquent & subtil. [Je serai ravi d'ouir ta Rétorique ; on dit que tu es un grand Sophiste. *Ab. Luc.* Il y a plus d'aparence d'atribuer ce favorable succès aux piéres de Flavien qu'à l'éloquence d'un Sophiste. *Maucr. Préf. sur les Homel. de S. Chrisost.* Eunapius a fait la vie des Philosophes & des Sophistes, Libanius est l'un des célébres Sophistes.)

Sophiste. Ce mot en nôtre langue se prend toujours en mauvaise part, & signifie un homme qui trompe par de fausses raisons. Qui fait des sophismes. *Dépr. Remarques sur Longin,* in

4. *page 96.* C'est un Sophiste.]

Sophistique, *adj.* Captieux. Faux Qui tient du Sophiste.) Argument sophistique, *Abl. Luc.*)

Sophistiquer, *v. a.* Falsifier. (La plupart des cabaretiers sont des perfides, ils sophistiquent tous leur vin, ou du moins la plus grand partie.)

Soporifere, *adj.* Il vient du Latin, *soporifer*, & ne se dit qu'en parlant de remèdes. Il signifie, qui fait dormir. (Il a une vertu soporifere.] Les Médecins disent aussi quelquefois *soporatifs*, *soporatifus.*

Soporifique, *adjectif.* Ce mot se dit entre Philosophes, & est écorché du Latin *soporifer.* Il signifie qui fait dormir, qui endort. (Il y a dans le pavot une vertu soporifique. *Le bon. Logique,* 3. *part. ch. 17.*]

Sopra-Provéditeur, *s. m.* Magistrat de Venise qui veut dire *surintendant. Amelot, Hist. de Venise.*

SOR.

Sor. Voiez *sorer* plus bas.

Sorbe. *s. f.* Fruit de sorbier. (Il y a des sorbes rondes ovales, en forme de poire, mais les plus excellentes sont celles qui ont des feuilles moles & delicates autour de la queüe. Les sorbes séches resserrent le ventre. Les sorbes sont astringentes, elles sont les sont moins que les nesles. *Dalech.*

Sorbet, *sorbec*, *s. m.* L'usage est pour *sorbet.* C'est une sorte de boisson agréable qui nous vient du Levant. (Boire du sorbet. Il est composé de sucre & de chair de citron.)

Sorbier, *s. m.* Arbre grand & droit qui a le bois massif & coloré, qui s'aime aux lieux humides. (Un sorbier mâle. Un sorbier femelle.)

Sorbonne , *s. f.* Maison de la faculté de Téologie de Paris. Le mot de *Sorbonne* se prend aussi pour toute la faculté de Téologie, à cause que les assemblées de tout le corps se font dans cette maison & que tous les Bacheliers des autres maisons de la faculté, sont obligez d'y faire leur Sorbonique. (Le Cardinal de Richelieu a fait bâtir la maison de Sorbonne. Etre logé en Sorbonne. Etre Docteur de Sorbonne.)

Sorbonique, *s. f.* Acte de Téologie ainsi apellé parce qu'il se fait toujours en Sorbonne. Il dure depuis six heures du matin jusques à six heures du soir, & l'on y soutient de la Téologie Scolastique. Cét acte s'ouvre tous les ans, le prémier Vendredi d'après la Saint Pierre. La prémière Sorbonique se fait par un Cordelier & s'ouvre par une harangue du Prieur de Sorbonne, & la dernière Sorbonique se soutient par un Jacobin, où le Prieur de Sorbonne harangue aussi. [Faire sa Sorbonique. Bachelier qui a fort bien répondu dans sa Sorbonique.]

Sorcelerie, *s. f.* Sortilége. Crime que les sorciers ; ou sorcières font parmi les ténébres en invoquant les Démons. *Bodin. Démonomanie, l. 1. ch. 1. & 4.* (Etre acusé de sorcelerie. Il y a en cela de la sorcelerie.)

* Cet art semble avoir un peu de sorcelerie. *Le Chevalier de Meré, Conversations,*

Sorcier, *s. m.* Prononcez *Sorcié.* En Latin *magus.* Celui dans la créance ou il est du pouvoir des Démons s'éforce de faire quelque chose par des moïens diaboliques. (Un franc sorcier. Un détestable sorcier. Les sorciers invoquent les malins esprits. Le Parlement de Paris ne reconnoit point de sorciers. Le peuple, qui souvent juge de travers, a acusé plusieurs grans hommes d'être sorciers. Voiez *l'Apologie de Naudé.* Il y a des lieux où l'on brûle les sorciers. C'est un insigne sorcier. L'Eglise reconnoit des sorciers & des sorcières & les excommunie tous les Dimanches.]

Sorciére, *s. f. f.* C'est celle qui par des moïens diaboliques croit venir à bout de quelque chose. (Une infame sorcière. On condamne les sorciers & les sorcières à être brûlez. Bodin a composé un livre, qu'il apelle la Démonomanie. Il y parle des sorciers & des sorciéres d'une manière savante, mais un peu ennuieuse par sa longueur)

Sorcier, sorciere, adj. [Il y a plus de femmes sorcières que d'hommes sorciers. *Thiers, superst. ch. 14.*]

* **Sorcier , sorciére , adj.** Qui enchante.

[Gagné d'une *sorciére* flamme
J'avois mis les clefs de mon ame
En la garde de ce voleur.
Voiture, poës. .

* **Sordide**, *adj.* En Latin *sordidus.* Ce mot se dit des choses & des personnes & veut dire Honteux. Bas , & méprisable.] Avarice sordide. *Patru, 1. plaid.* Tomber dans une sordide pauvreté. *Patru, pl. aid. 3.* Avare sordide. *Abl.* C'est à dire , Avare infame & vilain, qui ne songe qu'à ménager & à faire du gain.)

* **Sordidement**, *adj.* D'une manière sordide. [Etre sordidement vêtu. Patru, plaid. 3. Vivre sordidement.]

Sorer, sorir, v. a. A Diepe, où l'on sore force harans , on dit *sorir* mais à Paris on dit *sorer.* C'est passer au travers de la rêre des harans un petit bâton qu'on apelle *aine* , les ranger à quelque distance les uns des autres , les pendre dans un lieu destiné pour les sorer & faire dessous un petit feu qu'on ménage à droite droitement jufques à ce que les harans foient tout à fait fo-rez. [Sorer des harans. Harans bien ou mal forez.]

Sorin, f. m. Celui qui fait l'art de forer les harans. Ce mot de *ferin* ne s'entend point à Paris, & ce n'eft qu'à Diépe où il eft ufité.

Sornette, f. f. Conte. Fariboie. Bagatelle. Folie. (Plaifante fornette. Dire, raconter des fornettes, Conter des fornettes.

Je paffe les nuits entre les pots & les fornettes.
Main. poëfies.

Il ne m'a fait qu'un Poëte à fornette.
Scaron, poëfies.

Sornois, fornoife. Voiez fournois.

Sort, f. m. C'eft un jet qu'on fait pour voir à qui quelque chofe arrivera. (Jetter au fort. Tirer au fort.]

Sort. Hazard. Deftin. Deftinée. Fortune. (C'eft le fort de la guerre.

Au fort d'être cocu, fon afcendant l'expofe.
Moliere.

On doit regretter fa mort
Ami, fans acufer le fort
De cruauté, ni d'envie.
Mai. Poëfies.

Sans trop m'inquiéter des afaires du monde
J'en laiffe la conduire au fort.
Benferade.

Aminte fi je meurs pour vous
Mon fort. me femblera trop doux.
Peliffon, piéces galantes.]

Sort. Sortilege. Charme. (On a jetté un fort fur fon bétail.

Sort. Terme de Palais. C'eft la Somme principale [Les propriétaires des rentes feront rembourfez du fort principal.)

Sortable, adject. Convenable. (Le parti n'eft pas fortable.]

Sorte, f. f. Efpèce. Genre. Manière. Façon.] Je vous fouhaite toute forte de bonheur, & non pas toute forte de bonheurs, parce que toute forte veut un finguliet.*Vaug.Rem.*Dieu vous preferve de toutes fortes de maux. *Vaug. Rem.* & non pas de toute forte de maux, parce que toutes fortes au pluriel fe conftruit avec un pluriel. *Vaug. Rem.*

Il n'y a forte de foin qu'il n'ait pris & non pas prife, parce que pris fe raporte à foin & non pas à forte, & que c'eft en cet exemple le génitif qui donne la loi. *Vang. Rem.* On ne travaille plus de cette forte là. Ces fortes de chapeaux ne font pas à la mode.

De la forte, adv. C'eft à dire, De cette maniére-là. *De la forte* ne fe met qu'après qu'une chofe vient d'être dite, ou faite. Par exemple, un Hiftorien venant de raporter une harangue d'un Général d'armée, dira, Aiant parlé *de la forte*, il fit donner. *Vaug. Rem.*

De cette forte, adj. C'eft à dire, En cette maniére.*De cette forte* fe met avant qu'une chofe foit dite ou faite. Ainfi on dit, Il commença à parler de cette forte *Vaug. Rem.*

De telle forte, adv, De telle façon. De telle maniére. (On l'a battu de telle forte, qu'il eft en grand danger.]

De forte que. Conjonction qui régit l'indicatif.] Tout ici bas n'eft que folie, que vanité, qu'inquiétude, *de forte que* c'eft une marque de beaucoup de fageffe que de méprifer ces folies & ces vanitez & de ne fonger qu'à fon falut & au repos de fon efprit.]

Sortes, f. f. Terme de Libraire. Ce font les livres qu'un Libraire particulier a imprimez, qu'il vend feul, & qu'il a feul droit de vendre. [Il ne vend que de fes fortes. Ses fortes font bonnes. Ses fortes font méchantes & elles ne font qu'un faut de la boutique du Libraire à celle de l'Epicier.]

Sortie, f. f. Elle confifte à quitter un lieu & à en fortir pour y rentrer. [Depuis que je me porte bien, je ne fuis point encore forti du logis, mais j'efpere que je ferai demain ma prémiére fortie.]

Sortie. Terme de Guerre. Ce font quelques troupes qui fortent d'une ville affiégée & qui font commandées par un chef pour infulter le travail des affiégeans, ou quelque quartier du camp lorfque les lignes de circonvalation ne font pas en défenfe. [Sortie grande, fanglante, furieufe, violente. Faire de fréquentes forties. *Abl. Ar liv. 1.* Favorifer une fortie. *Abl.* Soutenir une fortie. Tenter une fortie. *Abl.* Repouffer une fortie. Empêcher les forties. *Abl.*

Sortilege, f. m. Enchantement Charmes. [Elle peut faire décendre la Lune en terre par fes fortileges. *Ablancourt, Luc.*

Sortir, Je fors, tu fors, nous fortons, Je fortois, je fortis. Je fuis forti. Je fortirai, que je forte. Je fortiffe, je fortirois, je fois forti. Je fuffe forti, Sortant, forti. Ce verbe eft neutre, neutre paffif & actif, & fignifie quiter un lieu pour y rentrer. Ainfi on dit. [Monfieur eft forti pour aller au Palais. Madame eft fortie pour aller à la Meffe. Sortir de la maifon.)

† Sortir. Ce mot pris pour *partir* ne vaut rien. Ainfi on ne dira point. Sortir de Paris pour aller en Alemagne, mais *partir de Paris* pour aller en Alemagne. *Vaug. Rem,*)

Sortir. Aler hors d'un lieu, d'un païs. [Sortir du Roiaume. Enfin je fuis forti de l'Europe. *Voit. l. 40.* Sortir de la vile. Sortir de prifon. *Abl.*)

On fe fert de ce mot *fortir* en diverfes façons de parler. On dit qu'une riviére fort de fon lit. Le roti ne fait que fortir de la broche. Sortir de charge, de condition, de minorité. Sortir de fon devoir. Sortir de fon fujet. Il eft forti de bon lieu.

Sortir. Tirer hors d'un lieu. Sortir en ce fens eft neutre. Ainfi on dit. (*Faites fortir* ce cheval de l'écurie, & jamais *fortez ce cheval* de l'écurie. Faire fortir un homme de prifon.]

Sortir, v. n. Debaraffer. Tirer d'afaires. Expédier. [J'efpere qu'il me fortira d'afaires,*Vaug. Rem.*Sortir d'afaires. P*fac.l.*7. En ce dernier fens, le verbe *fortir* eft neutre.)

Sortir, v. a.Terme de Palais. Avoir. Obtenir. (La fentence fortira fon plein & entier éfet. *Vaug. Rem.*)

Sortir de la vie. Cette façon de parler fe foufre en vers, mais en profe elle eft condannée de tout le monde.

[Que fi je crains la mort, c'eft par la feule peur
De fortir de prifon en fortant de la vie.
Berfaud. poëfies.]

Sortir, f. m. Ce mot fe prend quelquefois fubftantivement mais cela n'eft pas bien ordinaire. [Au fortir de chez moi, je retournois couronné de fleurs, chantant par les ruës. *Abl. Luc. Tom. 2. dialogue de la Chicane.*Au fortir de la Meffe. Au fortir de table, &c.)

SOT.

Sot, fote adj. Ce mot fe dit des chofes, & des perfonnes, & veut dire, Ridicule. Impertinent. Niais.Fait mal à propos.[Ce difcours eft fort fot. Elle eft affez jolie, mais elle eft fort fote, & c'eft affez pour la trouver laide. Le bon homme Guillot eft fi *fot* qu'on n'en fauroit médire quelque mal qu'on dife de lui.

De Paris au Perou, du Japon jufqu'à Rome,
Le plus *fot* animal, à mon avis, c'eft l'homme.
Dépr. Satire 8.]

Sot. f. m. Celui qui n'a point, ou peu d'efprit. Impertinent Ridicule. Sot. en parlant d'homme & de femme fignifie auffi quelquefois une efpéce de cocu. [C'eft un fot fiéfé. Un fot achevé. Un gros & grand fot. Un fot de qualité. Cette fille n'eft qu'une bete, & s'il l'époufe c'eft un fot. Un Curé querellant un homme proche de fa femme, & venant à l'apeller fot, la bonne femme s'écria que Monfieur le Curé revelait la confeffion. Voiez *Sarafin*, *Poëf.*]

Sotement, adv. Folement. Impertinemment. Ridiculement. Sans efprit. [Parler fotement.

Vous vous piquez fotement à qualifiez aux autres.
Moliere, Femmes Savantes, a 3. f. 3.]

Sotife, f. f. Manquement de fens. Folie. Imprudence. Impertinence. Faute de jugement. Extravagence. [Il a fait une grande fotife. La fotife & la melancolie ne font qu'une même chofe. La fotife des Grans eft une fotife publique. *Gon. Epi.* Etre trop content de foi, c'eft une fotife.

Homme n'a jamais debité
Avec plus de gravité
Des fotifes à faire rire.
Mai. Poëf.

Vous vous êtes atiré ces *fotifes* Moliere. C'eft à dire, ces injures, ces extravagances, ces impertinences]

SOU.

Sou, foule, adj. Voicz *foul plus bas.*

Sou, fol, f. m. On écrit l'un & l'autre, mais en prononce *fou* & même on l'écrit auffi. Le *fou* vaut aujourdhui fix doubles, ou douze deniers. Mais anciennement & du tems de la prémiére race des Rois de France le *fou* étoit une efpéce de monoie d'or qui d'un côté avoit la tête du Prince ceinte d'un diadême fimple, ou perlé & qui pour légende avoit le nom du Roi, ou celui du Monétaire & de l'autre côté quelque figure hiftorique. Depuis que les François, furent Crêtiens le *fou* eut une croix & pour légende le lieu de la fabrication. La taille des *fous* d'or François étoit de foixante & douze à la livre. *Boxteroüe*, *Traité des monnoies*, *page* 174. 175. & 177.]

Sou marqué, f. m. C'eft une piéce de métal valant quinze deniers avec une croix, & une fleur de lis. [Les Poëfies de Colletet viennent de paroitre avec un *fou marqué.*] Depuis la déclaration du Roi du 18. de Mars 1679. le *fou marqué* ne vaut plus qu'un fou, N'avoir pas un fou marqué vaillant.]

SOU   SU

SOS-BANDAGE. *fem.* Terme de *Chirurgien.* C'est la bande qu'on met la première afin d'assembler en un les parties écartées, & écarter celles qui s'aprochent contre le naturel. *Deg.*

Sou-bandes, *s. f.* Terme de *Chirurgien.* Ce sont des bandes qu'on met les premières aux fractures sous les autres *Deg.*

Sou-barbe, *s. f.* C'est la partie de la tête de cheval sous laquelle on met la gourmette.

* Sou-barbe. Coup qu'on donne sous le menton. Et au figuré, quelque afront qu'on fait secretement à quelcun.

Sou-barbes. Terme de *Marine.* Ce sdnt deux pieces de bois qui soutiennent les Boffoirs.

SOUBASSEMENT *s. m.* Terme de *Tapissier.* C'est une bande d'étoffe de soye, de drap, ou de serge qui est arachée le long de chaque pan de lit. (Il faut des soubassemens à ce lit. Ces soubassemens sont fort beaux.)

Soubassement. Terme d'*Architecture.* C'est un ouvrage de maçonnerie qui soutient le piedestal & qui n'est que dans l'ordre Dorique, Corintien & composite.

SOU-BIBLIOTEQUAIRE , *s. m.* Celui qui est aide du Bibliotequaire & qui est immédiatement au deffous de luy. (Il étoit Soubibliotequaire du Cardinal.)

SOUBRESAUT, *s. m.* Sorte de saut fait d'une manière libre & gaie. (Faire un soubresaut. *Reg. Sat.* 15.)

SOUBRETTE, *s. f.* Mot injurieux pour dire une Demoiselle suivante.

(Ils sont trompez & trompent les soubrettes.
Sarasin, Poësies.)

SOU-BRIGADIER , *s. m.* Officier de cavalerie qui partage les soins du Brigadier & qui le soulage dans l'exercice de sa charge. Etre soubrigadier.)

SOUCHANTRE , *s. m.* L'une des principales dignitez d'une Eglise Cacédrale, & qui est immédiatement sous le chantre. Monsieur le souchantre est fort estimé.)

SOUCHE , *s. f.* Grosse buche de bois propre à brûler. (Une bonne souche. Mettre une souche au feu. Brûler la souche de Noël. C'est une grosse souche qu'on brûle la veille de Noël.

Souche. C'est le tronc d'un vieux arbre coupé à un ou deux piez de terre. (Atracher une souche.)

* Souche. Au figuré, il se dit des personnes, & signifie une personne insensible, une personne stupide.

(Si l'on n'est une souche.
Avec sa belle voix elle nous fait charmer.
Benserade Poesies.
Objet qui pourroit seul émouvoir une souche.
Voit. Poës.

C'est à dire , une personne aussi insensible qu'une souche.)

* Souche , Race. (il vient de cette souche là.)

SOUCHET, *s. m.* Terme de *Carrier & de Maçon.* Pierre qui se tire dans les carrières & qui est au dessous du dernier banc. [Le soucher n'est bon que dans les murs bas & c'est la moindre des pierres de taille. *Savot , Architecture ,* c. 37.)

Souchet. C'est une espéce de jonc haut d'une coudée ou un peu plus qui croît dans les endroits humides & dans les lieux marecageux , & dont la racine sert fort en médecine. Il y a un *souchet long & odorant* , & un autre qu'on apelle *souchet rond & qui ne sent rien.* (Le souchet est chaud & provoque l'urine. *Dal.*]

Souchetage, *s. m.* Terme des *Eaux & forêts.* Visite des souches pour en compter le nombre & en marquer la qualité.

Souchetier , *s. m.* Expert que chaque partie nomme de son côté pour assister au souchetage.

Souchetor , *v. a.* Terme de *Carrier.* Pour titer le souchet pour faire tomber les autres bancs de pierre qui sont dessus.

Souchetoux , *s. m.* Carrier qui travaille particulierement à ôter le souchet afin de faire tomber les pierres.

Souci , *s. m.* Inquietude. Soin fâcheux. [Souci cuisant , dévorant , fâcheux , grand , cruel. Avoir du souci. Etre rongé de souci. Ne prendre nul souci.

Oui n'être point aimée , & n'aimer point aussi
Des soucis de la vie est le plus grand souci.
Segrais , eglogue 4.
Ils plaignoient tour à tour leur amoureux *souci.*
Segrais , eglogue 2.
Hans Carvel prit sur ses vieux ans
Femme jeune en toute manière ,
Il prit aussi *souci* cuisant
Car l'un sans l'autre ne va guére.
La Fontaine , contes.]

Se soucier , *v. r.* Se mettre en peine. Etre touché du soin de quelque chose , l'avoir à cœur , l'estimer , en craindre la perte , la cherir , l'honorer. [Se soucier de l'éducation de ses enfans. Se soucier des gens d'honneur & des autres n'en faire nul cas. Quand on fait bien , il se faut peu *soucier* de ce qu'on pourra dire contre nous.

Soucieux , *soucieuse, adj.* Ce mot sent le vieux & ne peut entrer dans le beau stile. Il signifie fâcheux, chagrinant,

[Mais contre moi mon cœur séditieux
Me donne plus de pensers *soucieux*
Que l'on ne voit de brins d'herbe nouvelle.
Voit. Poëſi]

SOU-CLAVIERES, *adj.* Terme d'*Anatomie.* C'est le nom de deux veines qui font la division du tronc ascendant de la veine cave. Et on les nomme *Sou-clavières* , parce qu'elles sont sous les clavicules du gosier. Il y a aussi un muscle qu'on apelle *sou-clavier.*

SOU-CLERC, *s. m.* C'est celui qui écrit sous un maître Clerc & qui le soulage.

SOU-COMITE, *s. m.* Celui qui sert sous le comite , qui l'aide & qui le soulage. [Le soucomite est mort.]

SOU-COMMIS, *s. m.* Celui qui est sous le commis & qui le soulage en faisant une partie des afaires. [Un bon soucommis.]

Sou-coupe *s. f.* Ouvrage d'Orfévre , ou de potier d'étain , composé d'un pié & d'un dessus , qui est une sorte d'assiette large avec des petits rebords sur laquelle ou pose le verre ou la tasse quand on donne à boire, & qu'on met sous la tasse ou sous la pate du verre lors qu'on boit. [Une belle sou-coupe. Une soucoupe bien faite.]

SOUDAIN , *soudaine* , *adj.* Subit. Qui vient tout à coup , ou presque tout à coup. [Mouvement soudain. Transport soudain. Mort soudaine. Trouble soudain.

Soudain *adv.* Subitement. Promtement. [Il arrive soudain. Ablancourt. Soudain , il met la main à l'épée, & le pousse vigoureusement. Il partit soudain pour tirer raison de l'afront.]

Soudain que , *adv.* Aussi-tôt que. Au même temps que. Quelques uns n'aprouvent ni *soudain* , ni *soudain que* ; mais ils ont un peu de tort. Bien de bons Auteurs s'en servent encore. [Soudain qu'ils se furent reconnus , le dépit d'avoir si-tôt lâché le pié , les ramena à la charge. *Saras, Siége de Dunquerque.*]

Soudainement , *adv.* Subitement. [Il est mort soudainement.]

Soudaineté, *s. f.* Promptitude. Vitesse. [Il montre la Puissance du Prince & la soudaineté de ses entreprises. *Maucroix , Hom. de S. Chrif.*]

SOUDAN , *s. m.* C'étoit un Prince souverain de quelque païs. On n'a dit ce mot de Soudan qu'en parlant de quelque Prince Mahometan. [Les *Soudans* d'Egipte étoient fort renommez.]

SOU-DÉPENSIER , *s. m.* Celui qui aide & soulage le dépensier. (Il est sou-dépensier.)

Sou-dépensiére , *s. f.* Celle qui aide & soulage la dépensiére. [La sou-dépensiére a du soin & de la peine.]

Soudélégué , *soudéléguer.* Voiez *subdéléguer.*

SOUDE , *s. f.* sorte de plante de laquelle on tire un sel lixivial, qui est le plus poteux de tous les sels , & dont on se sert pour faire le verre.

SOUDER , *v. a.* Terme d'*artisan* qui travaille en quelque métal que ce soit. C'est joindre & unir par le moien de la soudure. Atacher par quelque soudure. C'est joindre deux parties de métal. C'est réjoindre les parties. [Souder le pié d'une éguiére. La branche de ces pincettes est rompue, il la faut porter au taillandier pour la souder.]

SOU-DIACONAT, *s. m.* Terme d'*Eglise.* Ordre sacré par lequel on reçoit la grace & la puissance de préparer les vaisseaux sacrez pour l'usage du sacrifice , & de chanter l'epitre aux Messes solennelles. [Rècevoir le Soudiaconat.]

Sou-diacre , *s. m.* Terme d'*Eglise.* C'est celui qui a reçu le soudiaconat , qui sert le diacre à l'autel , qui prépare les ornemens & les vaisseaux sacrez, le pain & le vin nécessaires pour l'usage du sacrifice , qui verse de l'eau à l'Evêque & au prêtre lors qu'ils lavent leurs mains en célébrant la Messe , qui chante l'epitre aux messes solennes , lave & nettoie les corporaux , assiste à la messe proche le diacre, & empêche que le célébrant ne soit incommodé de personne. [Le Sou-diacre est obligé à dire son breviaire chaque jour, & à garder le vœu de chasteté.]

Soudiviser. Voiez *subdiviser.*

Soudivision. Voiez *subdivision.*

SOU-DOIEN , *s. m.* Celui qui est le second dans un Chapitre, dans une Chambre de Parlement, &c. qui est immédiatement après le Doïen.

SOUDOIER, *v. a.* Ce mot s'écrit, mais il ne se dit guére. Il signifie donner la paie aux soldats. [Soudoier les troupes.]

Soudoïé, *soudoïée, adj.* Il se dit des soldats, & veut dire paié. [Il choisit deux mile hommes entre les Etrangers soudoiez. *Suppl. de Q. Curce, l. 2. ch. x.*]

SOUDRE , *v. a.* Terme de *Philosophie* , de *Téologie*, & d'autre sience sur quoi on dispute : le verbe *soudre* n'est fort peu de tems en usage & il signifie *donner la solution à quelque dificulté qu'on propose.* [Soudre un argument. *Ablancourt. Tac. anales, l. 14. ch. 2.* Soudre un problême.]

SOUDURE , *s. f.* C'est une matière aliée qui sert à joindre & unir les parties de quelque besogne de métal. Il n'y a point de soudure dans la besogne plate d'argent ou d'étain , mais il en a dans la besogne montée. La besogne où il y a de la soudure vaut moins que l'autre.

SOUEF, *soüéve , adj.* Ce mot est vieux. Dites & voïez *Suave.*

SOU-FAITE, *s. f.* Terme de *Charpenterie.* C'est une longue

piéce de bois qu'on met sous le faite.
Sou-ferme, *s. f.* C'est une partie d'un bail général qu'on afferme à un autre.
Sous-fermier, *s. m.* Celui qui tient quelques fermes sous un autre. [Être sousfermier.]
Souflage. Voiez *plus bas.*
Soufle, *s. m.* Petit vent qu'on pousse hors de la bouche. [De son soufle il a éteint la chandéle.]
Soufler, *v. a. & v. n.* Pousser son haleine dehors. Pousser son haleine comme en respirant, parce qu'on s'est éforcé à marcher ou à monter. Pousser avec son haleine. [Il n'est pas honête de soufler sur son potage pour le refroidir. Quand il a monté un peu haut il soufle, il n'en peut plus. Souflez cette poudre qui est sur vôtre papier.]
Soufler. Ce mot se dit des *vents, & veut dire pousser l'air.* Pousser & faire aller par le moindre soufle. [Ces maisons furent d'autant plus brulées que le vent y soufloit la flamme. *Ablancourt, Arr. l. 1. ch. 7.* Un vent de bise sousloit dans le visage. *Ablancourts, Ret. l. 4.*]
Soufler, *v. a. & v. n.* Alumer avec son soufle, ou avec un petit soufler. Faire aller les souflets pour en faire sortir du vent. (Souflez le feu, car il est presque éteint. Prenez ce soufler & souflez tant ce feu que vous l'alumiez enfin. Il y a un gros quart d'heure que je soufle, & cependant ce fer n'est pas encore rouge.)
† *Soufler, v. a.* Ce mot en parlant de lumière, ou de chandelle significe *éteindre,* mais il est bas en ce sens, & en la place de soufler en ce sens, on se sert plus ordinairement du mot *éteindre.* (Souflez la chandelle sous la cheminée, ou plûtôt éteignez la chandelle sous la cheminée.)
* *Soufler, v. a.* Travailler en chimie. [Il s'amuse à soufler &, il se ruïne. *Ablancourt.* S. Amant a fait le mot de *soufler actif* en ce sens, mais on ne croit pas qu'il soit à imiter.

Que ce borgne a bien plus fortune pour amie
Qu'un de ces curieux qui *souflant la Chimie*
De sage devient fou.
Saint Amant, prémières œuvres.]

* *Soufler, v. a. & n.* Suggerer à une personne qui parle en public, la relever quand elle manque, ou qu'elle hésite. [Si vous souflez si haut on ne m'entendra pas. *Racine, plaideurs a. 3. s. 3.* Il m'a soufflé 2. ou 3. mots.]
† * *Soufler aux oreilles de quelcun.* C'est le pousser, l'exciter, l'inspirer. [Elle lui a tant soufflé aux oreilles qu'elle lui a fait faire le coup. Qui vous a pu soufler une telle folie. *Dépreaux. Satire 9.*]
† * *Soufler le chaud & le froid.* C'est être fourbe & trompeur.
Soufler, v. n. Murmurer. Gronder.

(Que son empire est sans orage
Qu'il ne voit rien qui le puisse troubler,
Et qu'il rend le monde si sage
Que personne *n'ose soufler.*
Marine. Relation de Versailles, p. 32.

Il faut qu'il ait la liberté de me faire ce qu'il lui plaît sans que j'ose soufler. *Molie. George Dandin. a. 2. s. 7.*)
Soufler, *v. a.* Terme de Mer. Ce mot se dit en parlant de vaisseaux. C'est fortifier & revêtir tout de nouveau de bonnes & de fortes planches le corps d'un vaisseau par dehors. (Il faut soufler ce vaisseau de trois pouces. Soufler ce vaisseau de six bons pouces.)
Soufler, *v. a.* Terme de jeu de dames. C'est prendre l'une des dames de la personne contre qui l'on joue, parce qu'elle a manqué à prendre, & on apelle cela *soufler une dame.*
Soufler au poil. Terme de *Maréchal.* On dit. [*L'apostume a soufflé au poil.* La matiére a soufflé au poil, c'est à dire, que l'apostume, ou la matiére est montée entre le pié & le sabot du cheval. *Soleisel, Maréchal, c. 69.*]
Soufler le poil. Terme de *Chasse.* On dit qu'un chien soufle le poil à un liévre, lors qu'il est tout prêt d'attraper le liévre.
Souflage, *s. m.* Terme de Mer. C'est un renforcement de planches qu'on donne à quelque vaisseau. (Le souflage de ce vaisseau a été bien ménagé.)
Souflerie, *s. f.* Ce mot se dit *en parlant de l'orgue.* Ce sont les souflets de l'orgue. (La souflerie de l'orgue est ordinairement composée de cinq souflets de six piez de long sur 4 de large. *Mers. l. 4.*)
Soufler, *s. m.* Sorte d'instrument à vent dont on se sert pour soufler, & pour alumer le feu. [Un beau soufler. Un joli soufler. Un gros soufler.]
Soufler de forge. Instrument dont se servent les gens de forge pour alumer leur charbon lors qu'ils forgent. [Soufler crevé.]
Souflets d'orgue. Instrumens qui donnent le vent à l'orgue & qui le font parler lors qu'on les fait aler & qu'on touche les claviers. (Lever les souflets. Abaisser les souflets. Abatre les souflets. *Mers. l. 6.*)
Soufler. C'est une espéce de voiture, ou de chaise roulante sur deux roües, & fort légére, où il n'y a place que pour une ou deux personnes, dont le dessus & le devant sont de cuir ou de toile cirée, qui se lévent & se plient, comme un *soufler dans le*

beau tems, & que l'on abaisse & étend pour se défendre de la pluie.
Soufler. C'est un coup de la main étenduë sur la joue. [On peut tüer celui qui a donné un soufler. *Pas. l. 7.* Celui qui a reçu un soufler le peut reparer à coups d'épée. *Pas. l. 7.* Il y a de la cruauté à tuer un homme pour éviter un soufler. On peut pour prévenir un soufler tüer celui qui le veut donner. *Pas. l. 7.* Le soufler est tres-injurieux & rien ne peut deshonorer davantage un honête homme. *Le Mais. pl. 26.*]
† * *Tu me déroberas un soufler. Moliere.* C'est à dire je *te donnerai un soufler.* Tu auras de moi un soufler.
† *Donner un soufler à Ronsard.* C'est faire quelque faute en parlant. Ronsard étoit un poëte qui parloit & écrivoit le mieux de son tems, & pour cela on a dit que c'étoit lui donner un soufler que de mal parler la langue qu'il avoit si bien parlé.
† *Donner un soufler au Roi.* Sorte de vieux proverbe pour dire faire la fausse monoie.
Soufleter, *v. a.* Maltraiter quelcun à coups de soufler. [On l'a *sousleté.* Soufletter quelcun.]
Sousletteur, *s. m.* Qui souflette. [Quel soufletteur est-ce là ?]
Sousleur, *s. m.* Celui qui soufle. [Voilà encore un plaisant sousleur, & le charbon ne sera alumé d'une heure en soufant de la sorte.]
* *Sousleur, s. m.* Celui qui suggere à quelcun lors qu'il parle. Voiez Racine, plaideurs, a. 3. s. 3. [S'il a manqué, c'est la faute *du sousleur* qui n'a pas soufflé quand il faloit.]
Sousleur. Celui qui cherche la Pierre Philosophale, qui a un fourneau, & qui convertit son bien en charbon, croiant de trouver le secret de faire de l'or. [C'est un misérable sousleur.]
* *Sousleur.* On donne encore ce nom à un poisson du genre des baleines, qui jette beaucoup d'eau par ses naseaux.
Sousrance, *s. f.* Peine. Tourment. Travail.

[Quoi qu'il eût d'extrêmes *sousrances*
On voit alter des patiences
Plus loin que la sienne n'alla.
Bensérade poësies.

La sousrance des galériens fait pitié.]
Sousrance. Ce mot se joint aux choses & signifie l'action de *sousfrir.* (Un Religieux doit chercher son avancement spirituel dans la *sousrance* des injures. *Régnier, traduction.*

De mes yeux languissans un éloquent silence
En dépit de moi-même explique ma sousrance.
La Suze poësies.]

Soufre, *s. m.* C'est une sorte de graisse terrestre épaisse dans les miniéres, & qui étant desséchée s'apelle *soufre.* (Soufre vif, minéral, naturel, artificiel ; luisant. Soufre commun.)
Soufre. Terme de Chimie. C'est l'un des principes actifs de la Chimie. C'est une liqueur qui ressemble à de l'huile & qui se peut enflammer comme elle. *Rob. Phis.* Le soufre est le 3. principe de Chimie. Il est ami des nerfs & facilite le mouvement des muscles. C'est le baume de toutes choses, & il est remolitif, lénitif, discussif & anodin. Il multiplie les esprits des vegétaux & des animaux. Il est comme l'ame des minéraux & le fondement de toutes les odeurs. *Charas, Pharmac.*
* *Soufre.* Se prend *au figuré,* & se dit des ouvrages d'esprit, & signifie aigreur pleine de fiel & de venin. [Vous trouverez dans son ouvrage tant de bile, ou plûtôt tant de *soufre,* & tant de salpêtre que vous aurez de la peine à vous imaginer qu'un homme de 80. ans en soit l'auteur. *Costar, T. 1. let. 181.*]
Soufrer, *v. a.* Tremper dans du soufre. Faire prendre la fumée du soufre à quelque toile de soie, ou d'ortic. (Soufrer des alumetttes. Soufrer de la toile de soie. Soufrer de la toile d'ortie. En Alemagne on soufre les tonneaux & les vins pour les conserver.)
Soufreteux, *soufreteuse. adj.* Le mot de *soufreteux* qui qu'un peu ancien trouve quelquefois sa place dans le beau stile, lorsqu'il est emploié avec jugement. Mais il est toujours reçu dans le burlesque, le comique, & le satirique. *Soufreteux* signifie qui couche dans la misére, dans la nécessité, & la pauvreté. [*Ils languiront toute leur vie, pauvres, soufreteux,* méprisez. *Patru, plaidoié. 4. p. 92.*

Un pauvre *soufreteux*
Se plaint là bas, le froid est rigoureux.
La Fontaine Nouvelles, 2. partie.]

Soufrir, *v. a.* Endurer. Avoir de la peine. Suporter. *Je soufre. Je soufrois. Je soufris. J'ai soufert.* (Ils ne peuvent soufrir que d'autres leur soient préferez. *Le Président Coûsin.* Les Princes ne doivent point que les fautes qui sont faites à l'Etat, & *soufrir* celles qui sont faites à leurs personnes. Soufrez le mal où vous êtes de peur qu'il ne vous en arrive un plus grand. *Port-Roïal, Phédre.*)
Sougarde, *s. f.* Terme d'*Arquebusier.* Morceau de fer plié en forme de demi cercle au dessus de la détente de l'arme. (Sougarde de fusil bien faite. La sougarde de cette arbalête est mal atachée.)
Sou-gorge, *s. f.* Morceau de cuir qui passe sous la gorge du cheval,

SOU   SOU

val, & qui est attaché à la rétiére. (La sou-gorge est rompuë.)

SOU-GOUVERNANTE, *s. f.* Femme qui sert à la place d'une Gouvernante & en son absence, pour avoir soin des enfans des Princes, ou autres Grands Seigneurs.

Sou-gouverneur, *s. m.* Celui qui aide le gouverneur dans l'éducation de quelque Prince. [Il est sou-gouverneur de Monsieur le Dauphin.]

SOUHAIT, *s. m.* Vœu. Désir. [Souhait ardent, passionné, amoureux. J'ai fait force souhaits pour son retour. Son souhait est raisonnable.]

A souhait, *adv.* Selon ses vœux. (Avoir tout à souhait. *Scar*.

Qu'on soit heureux, on possede à souhait
Tout ce qu'on veut. *Benserade rondeaux*.

Souhaitable, *adj.* Désirable. Qui mérite d'être désiré. Le mot de *souhaitable* se dit ordinairement des choses, & plus rarement des personnes. [Le bien est souhaitable. Chose souhaitable.

Lors qu'on proposa par sa table.
Laquelle étoit plus *souhaitable*
Ou d'Angelique, ou de Philis. *Voit. Poës.*]

Souhaiter, *v. a.* Ce mot signifie *desirer*. Souhaiter la paix. Ne souhaite point la mort de ton ennemi. Tu la souhaiterois en vain, si elle est entre les mains de Dieu. *Confucius, morale, p. 94.* Ce verbe est souvent suivi d'un *que* avec le *subjonctif*, ou de la particule *de* avec l'*infinitif*. Cirus ne souhaitoit de vivre que jusques à ce qu'il eût surmonté en bienfaits ou en injures ses ennemis. *Ablancourt, Rét. l. 1. c. 9.* Je souhaite de tout mon cœur que les vicieux connoissent un jour la beauté de la vertu, & crèvent de dépit de ne l'avoir pas embrassée.)

SOUILLE, *s. f.* Terme de *Chasse*. C'est quand la bête noire se met sur le ventre dans l'eau & dans la bouë.

Souiller, *v. a.* Gâter. Salir. Remplir d'ordures. (Souiller les mains.)

* Ils avoient *souillé leurs mains du sang* de leurs citoyens. *Vau. Quin. l. x. c. 2.* Il souilloit de ces impudicitez les plus illustres familles. *Vaugelas, Quin. l. x.*

† * *Souiller*. Ce mot se dit dans un sens burlesque. Exemple. Je vous envoie cent pistoles, mais je vous suplie de n'en *pas souiller vos mains*, *Voit. l. 145.* C'est à dire, ne les touchez pas.

Se souiller, *v. r.* Se gâter. Se remplir d'ordures. Se salir. (Se souiller les mains.)

* *Se souiller avec une femme*. *Patru. plaidoié xi.* C'est en avoir la derniere faveur.

* *Se souiller d'un crime énorme & honteux*. C'est *commettre un grand crime*.

Souillon, *s. f.* Ce mot se dit de toutes les petites filles mal propres. (C'est une petite souillon.)

Souillûre, *s. f.* Le mot de *souillûre* ne se dit proprement qu'au figuré & signifie *tache*. (Efacer les souillures de l'ame par une vraie pénitence.)

SOUL. Mot *adjectif* qui se prononce *sou*, & qui fait à son féminin *soûle*. Quelques-uns écrivent *saoul & saoule*, mais ils prononcent toujours *sou & soule*. Ce mot veut dire. Qui est plein de vin, ou de quelque liqueur qui enivre. Qui est rempli de viandes & de vin. (Il est soul du jour précédent. Elle est soûle.)

* *Etre soul de vaine gloire*. *Benserade poësies*.

* Un de nos plus fameux poëtes disoit un jour qu'il étoit *soul de gloire*, mais que la passion qu'il avoit d'amasser du bien n'étoit pas assouvie.

Soul, *s. m.* Prononcez *sou* & même à l'exemple de quelques bons écrivains, on ne feroit pas mal de l'écrire comme on le prononce. Ce mot de *soul* entre dans quelques façons de parler ordinaires & proverbiales. Exemple. [*Manger son soul. Pasq. l. 9.* Manger autant qu'il faut pour satisfaire son apétit.

Manger à demi son soul. C'est ne manger que la moitié de ce qu'il faut pour se rassasier.)

† *Tout son soul*. C'est à dire. Tant qu'on veut. (Ils se sont querellez *tout leur soul*. *Moliere*. C'est à dire, tant qu'ils ont voulu. Ils ne nous estiment pas heureux pour avoir tout nôtre sou de Nectar & d'Ambroisie. *Abl. Luc. T. 2.*)

† Vraiment elle en a pris *tout son soul* de la rusée. *Mol.* C'est à dire, autant qu'elle en a souhaité.)

SOULAGEMENT, *s. m.* Alégement. Diminution de peine. Diminution de mal. (Je ne reçois aucun soulagement. *Voit. Poësie.* Aporter du soulagement. Donner du soulagement à un malade. *La Chamb.*)

Soulager, *v. r.* Adoucir. Diminuer. Aléger. (La faveur qu'elle me fait, me *soulage* de tous mes maux. *Voit. l. 25.* Les remèdes irritent mon mal au lieu de le soulager.)

* Soulager la honte de quelqu'un. *Pasq. l. x.* Soulager sa douleur.)

SOULANDRES. Voiez *Solandres*.

† SOULAS. Vieux mot qui ne peut entrer que dans le Burlesque & le stile le plus simple, & qui signifie tout ce qui fait la consolation d'une personne : tout ce qui adoucit ses peines & fait son plaisir.

(Le hibou, l'unique *soulas*
Et les délices de Pallas.
Sarazin pompe funebre.)

SOÛLER, *saoûler*, *v. a.* Quelques-uns écrivent *saoûler*, mais ils prononcent *soûler*. Faire trop boire & trop manger. Enivrer. (Comme il n'est pas acoutumé à boire, on le va *soûler* avec une chopine de bon vin.)

Se soûler, *v. r.* Boire & manger trop. S'enivrer. (Il n'y a que les coquins qui *se soûlent*. Se *soûler* comme un misérable.)

* Le soldat se soûle de sang. *Ablancourt. Tac. An. l. 1. c. 5.* Ils se soulent de sang & de vengence. *Vau. Quin. l. 9. c. 3.*

SOULEVEMENT. Voiez *plus bas*.

Soulever, *v. a.* Lever de terre quelque chose de lourd. [Soulever un fardeau, un balot.]

* *Soulever*. Faire revolter. [Ils craignoient que cela ne souleva̧t toutes les nations contre eux. *Ablan. Rét. l. 3. c. 1.*)

* *Soulever*. Ce mot se dit *dans un sens neutre* en parlant de choses dégoûtantes. (Ces viandes sont si mal aprétées & servies dans de la vaisselle si vilaine *qu'elles sont soulever le cœur*; C'est à dire, qu'elles font presque vomir.)

* *Se soulever*, *v. r.* Se revolter. (Cassius *s'étant soulevé*, l'Empereur en fut extrêmement surpris. *Cousin histoire Romaine*.)

* *Soulévement*, *s. m.* Révolte. (Cela tend à un soulévement public. *Ablancourt*.)

SOULIÉ : *soulier*, *s. m.* L'un & l'autre se dit, & à de grans partisans; L'Académie Françoise est pour *soulier*, & *Port Roial* & l'usage pour *soulié* sans finale. Le *soulié*, ou le *soulier* est une chaussure de cuir pour les piez. Il est composé d'une empégne, de deux quartiers, de semelles & de talon. (Un bon soulié. Un soulié mignon. Soulié à galoche. Couper un soulié. Je ne suis pas digne de porter ses souliez. *Port. Roial, Nouveau Testament*, *S. Mattieu c. 13.*)

SOU-LIEUTENANT, *s. m.* Oficier de Cavalerie ou d'infanterie pour soulager le Lieutenant dans les soins de sa charge. (Chaque compagnie des mousquetaires du Roi a un Sou-Lieutenant, mais il y en a deux dans chaque compagnie du régiment des gardes Françoises.)

SOULIGNER, *v. a.* C'est tirer un trait sous un mot, ou sous une ou plusieurs lignes écrites, soit pour les faire remarquer, ou pour quelqu'autre raison. (Quand vous copierez ce contrat, vous n'aurez point à le réécrire, ou à souligner. Il faut souligner cet endroit. Ce mot que j'ai souligné doit être imprimé d'Italique. *Termes d'Imprimeur.*)

† SOULOIR. *Je soulois, tu soulois, il soulois.* Ce verbe est *vieux* & hors d'usage ; on dit en sa place *avoir coutume*, ou *avoir de coutume*. *Vaug. Rem.*

SOUMETTRE, *v. a.* *Je soumets. J'ai soumis. Je soumis, je soumettrai, que je soumette, je soumisse, je soumetterois*. Réduire sous sa puissance, ou sous la puissance d'un autre. Donter. Vaincre. Réduire à la raison. Rendre soumis. (Il a *soumis* tout le païs à l'obéïssance du Roi. Alexandre a soumis presque toute l'Asie. On a soumis les rebelles.)

Se soumettre, *v. r.* Se ranger sous la puissance de quelcun. Consentir aveuglément à ce qu'on veut. Etre prêt de consentir à (Se soumettre à une domination étrangere. *Ablancourt.* Se soumettre à tout ce qu'on veut. Se soumettre à perdre la vie. *Le Comte de Bussi. Lettre au Comte de Saint Agnan.*)

* *Soumis, soumise*, *adj.* Dépendant. Sujet. Obéïssant. Humble. Respectueux. (Une dépendance entiérement soumise. *Mémoires de M. de la Roche Foucaut.* Il est entiérement soumis. *Ablancourt*.)

Soumission, *s. f.* Action de se soumettre.) Soumission grande. Soumission particuliére. Sa Majesté reçut les soumissions de *Mémoires de M. de la Roche-Foucaut*. Cette soumission est tout à la fois obéïssance & sacrifice, *Voiture, l. 28.* L'humilité n'est souvent qu'une feinte soumission dont on sert pour soumettre les autres. *Mémoires de M. de la Roche-Foucaut.* Notre colere ne peut durer contre ceux qui nous font beaucoup de soumissions.)

SOUPAPE, *s. f.* Terme d'*Organiste*. C'est un petit morceau de bois qui sert à boucher, & à déboucher les gravures du sommier de l'orgue afin de porter le vent aux tuiaux. [Il y a en chaque orgue autant de soupapes. En touchant le clavier de l'orgue on fait mouvoir toutes les soupapes.]

Soupape. Terme d'*Architecture*. C'est tout ce qui sert dans les pompes pour arrêter l'eau. Il y a trois sortes de soupape, l'une à claper, la seconde en cone & la troisiéme en maniere de porte à deux batans. La prémiere s'ouvre & se ferme comme une trape. La seconde comme le bondon d'un tonneau. La 3. est quelquefois fort grande, & elle sert à ouvrir & à fermer les écluses.

On apelle aussi sou-papes de petites languettes de cuir qui s'ouvrent pour donner passage au vent, dans les soufflets, & qui se ferment pour en empêcher la sortie par la même ouverture.

Les Anatomistes modernes prétendent qu'il y ait quelque chose de semblable dans les veines & dans les arteres. Voiez *Valvule*.

SOUPÇON, *soubçon*, *s. m.* Il faut écrire & prononcer *soupçon*. C'est une pensée ou on a, qui fait douter qu'une personne n'ait fait ou ne soit capable de faire quelque chose de mal. [Il n'étoit point sujet à prendre des *soupçons* de ses amis. *Ablancourt. Ar. l. 2. c. 3.* Les soupçons marquent souvent la petitesse de l'esprit. N'avoir aucun soupçon de la probité d'une personne. Lever à quelcun tous ses soupçons, lui ôter ses soupçons. *Abl.*

Soupçonné

Soupçonné, soupçonnée, adj. Celui ou celle de qui on a quelque soupçon. [Les Gascons sont soupçonnez d'avarice & de lésinerie, & peut être que le soupçon n'est pas mal fondé.]

Soupçonner, soupçonner, v. a. Il faut prononcer & écrire souçonner. Avoir du soupçon de quelcun. On soupçonne les Normans & les Italiens, de fourberie & de dissimulation, & il en est quelque chose.]

Soupçonneux, soupçonneuse, adj. C'est à dire. Qui a des soupçons Qui soupçonne. Qui est enclin à soupçonner. Vaug. Remarques.] Il est soupçonneux. Elle est soupçonneuse. Les Suédois sont fort soupçonneux.]

Soupe, s. f. Terme qui vient de l'Alemand, & qui signifie potage. [Une soupe succulente. Nous avons mangé une bonne soupe. Faire une excellente soupe. Dresser la soupe. Faire mitonner la soupe.]

Soupe. Tranche de pain coupé fort délié pour faire le potage & surquoi on met le boüillon du pot tout chaud. [Couper la soupe.]

Soupe au vin. Pain trempé dans du vin. [Faire des soupes au vin.]

† Il est ivre comme une soupe. C'est à dire, il est fort ivre.

Soupe. Terme de Potier. C'est une petite tranche de terre. [Tailler la terre par soupe.)

Soupé, souper ; s. m. L'un & l'autre s'écrit. C'est le repas qu'on fait sur le soir. Le soupé est le plus usité, mais quoi qu'on en écrive quelquefois le souper on prononce toujours le soupé. [Le soupé est prêt. Faire un bon soupé. Aprés souper on aprés soupé il ne faut songer qu'à se divertir doucement. Aléxandre disoit que pour faire un soupé délicieux, il faloit faire un sobre dîné. Supl. de Q. Curce, l. 2. ch. 8.)

Sou-penitencier, s. m. Celui qui aide le Pénitencier, qui entend la confession des Pénitens qui ont commis des cas reservez à l'Evêque. [Il faut qu'il y ait un soupénitentier dans les grands Diocéses.]

Soupente, s. f. Terme d'Architecte. Entresole. (Une grande, ou petite soupente. Faire une soupente.]

Soupente. Piece de bois servant aux gruës qui sort des instrumens d'Architecture.

Soupentes. Ce sont des barres de fer qui servent à soutenir le faux manteau de la cheminée.

Sou-pentes. Il se dit aussi des grosses courroies de cuir qui tiennent suspendu le corps d'un carosse, & qui sont atachées aux moutons & aux mains du carosse.

Souper, v. n. Faire le repas qu'on fait sur le soir, ou au soir. [Les congrégations, les communautez & les maisons Religieuses soupent à six heures, mais les bourgeois de Paris ne soupe guère avant 8. ou 9. heures, à la Cour on soupe encore plus tard.]

† Soupe-sept-heures, s. m. Celui qui soupe à 7. heures.] Je suis à present un soupe-sept-heures.)

* oupe-sept-heures, s. f. f. Celle qui soupe réglément à sept heures [Je suis une soupe sept-heures.]

Soupeser, v. a. Élever quelque corps pésant pour juger à peu prés de sa pésanteur. [Sou-pesez ces deux poids & vous connoitrez que l'un est plus pésant que l'autre.]

* Soupier, s. m. soupière, s. f. Qui aime bien la soupe. Qui en mange plus que d'autre viande.

Soupir, s. m. C'est l'action de soupirer. Sorte de gemissement qu'on tire du fond du cœur & qui sort de la bouche. (Un grand soupir. Jetter des soupirs. Voi Poë. J'ai poussé des soupirs, j'ai répandu des larmes.

Je veux quand je perdrai le jour
Que mon dernier soupir soit un soupir d'amour.
Racan, Bergeries.)

Il m'aime avec respect, & je puis sans foiblesse
Ecouter ses soupirs, répondre à sa tendresse.
La Comtesse de la Suse, poësies.)

* † Soupir de Bachus. Mot burlésque pour dire Rot. (C'est un Soupir de Bachus. S. Amant.)

Soupir. Terme de musique. Sorte de petite marque qui est dans les livres de musique & qui vaut un tems.

Soupirail, ou soupiral, s. m. L'un & l'autre se dit par les poëtes, mais soupirail est le mot d'usage. C'est une ouverture pour recevoir le jour. (Un petit soupirail de cave. Faire des soupiraux.]

Soupirant, s. m. Celui qui soupire pour quelque belle. Amoureux de quelque bel objet. (C'est l'un des soupirans de Madame de ... C'est une jeune Demoiselle qui a bien des soupirans.]

Soupirer, v. n. Gemir. Jetter des soupirs.

(Elle pour qui l'on vit soupirer tant d'amans
Soupire à cette fois sous l'éfort des tourmens.
Hahet temple de la mort.)

Soupirer, v. a. & v. n. Plaindre. Pousser des soupirs amoureux.
(Soupirer pour quelque belle.

Quand le sang boüillant en mes veines,
Me donnoit de jeunes desirs
Tantôt vous soupiriez mes peines,

Tantôt vous chantiez mes plaisirs.
Mal. Poës.

* Soupirer. Desirer avec ardeur. (Comme la biche soupire avec ardeur après les eaux des torrens, ainsi mon ame soupire après vous, mon Dieu. Port-Roial, Pseaumes.)

Souple, adj. Qui plie aisément. (Osier souple. Saule souple. Les branches étoient souples & courbées en l'air. Vaug. Q. Curce, l. 6. ch. 5.)

Souple. Maniable. (Peau souple. Gant souple.)

* Etre souple comme un gant. C'est être fort docile. C'est n'avoir aucune repugnance aux volontez d'autrui.

* Souple. Humble, obéïssant, soumis. (Il étoit souple envers les méchans. Ablancourt, Rét. l. 2. ch. 4.

La richesse permet une juste fierté,
Mais il faut être souple avec la pauvreté.
Dépreaux, Satire 1.

Souplesse, s. f. Agilité & maniment de corps. Facilité à manier le corps. On dit. (La souplesse des membres. Il faut avoir une grande souplesse aux jarrets pour dancer une gigue sur la corde.

Souplesse. Subtilitez. Moiens fins & subtils. Ruses. Ainsi on dit. Il a fait mile tours de souplesse pour venir à bout de ses desseins.) Voiez Tour.

Sou-precepteur, s. m. Celui qui aide le précepteur d'un Prince ou de quelque grand Seigneur. (Il est sou-précepteur du fils de Monsieur le Prince de. *

Souprieur, s. m. C'est le Religieux qui a une charge immédiatement au dessous de celle du Prieur. C'est la seconde personne du cloître. (Les Bernardins, Bénédictins, Chartreux, Célestins & autres, ont des souprieurs.)

Soprieure, s. f. Religieuse qui est sous la Prieure. (Il y a des Soupriures parmi les Bernardines, Bénédictines & les filles du Saint Sacrement.)

Souquenille, s. f. Espèce de grande veste de toile que les palfreniers & les cochers mettent pour se conserver leurs habits lors qu'ils travaillent. (Souquenille usée.)

Source, s. f. Ce mot se dit en parlant d'eau de fontaine, de fleuve & de rivière. C'est l'endroit d'où commence à sourdre quelque fleuve, fontaine, ou rivière. (La rivière de Sène prend sa source au haut du Bourg de Saint Sène en Bourgogne. La source du fleuve Marsias est au sommet d'une montagne. Van. Quin. l. 3.)

* Source. Origine. Principe. Cause.
[* Pour tarir la source de tant de désordres, il unit les deux charges. Patru, plaidoié 1.

* Etre la source de la galanterie. Voit. l. 38.

* La doctrine des opinions probables est la source & la base de leurs dérèglemens. Pas. l. 6.

* Ma mort sera la source de vôtre gloire. Racine, Iphigenie, a. 5.]

Sourcil, s. m. Prononcez sourci. C'est la partie du front où vient le poil. J'ai encore les sourcils joints qui est la marque d'un fort méchant homme. Voiture, l. 42. Avoir de gros sourcils. Froncer le sourcil. Ablancourt. Le Président Cousin, Hist. Histoire Romaine, page 309. a écrit froncer le visage, mais je n'ai trouvé personne qui parlât de la sorte, & puis que Monsieur Cousin est tout seul de son parti il est bon de ne le pas imiter en cette façon de parler.]

Soucril de cheval. Poils au dessus des yeux du cheval.

Sourd, sourde, adj. Qui est incommodé de la surdité. (Ronsard étoit sourd.

Les écris de Sapho menérent tant de bruit
Que cette Nimphe en devint sourde.)

* Sourd, sourde. Obscur. Qui ne fait point de bruit. Qui n'éclate pas.

(Un bruit sourd. Rendre un son sourd. Abl.

* Sourd, sourde. Secret. [Il y eut dans la maison de sourdes pratiques. Patru, plaidoié 16.)

* Sourd, sourde. Qui ne veut pas écouter. Qui n'a point d'oreille pour écouter les demandes qu'on fait.

(* Les Dieux depuis un tems me sont cruels & sourds. Racine, Iphigenie, a. 2. f. 2.

A l'équité les hommes furent sourds. Benf. Poës.

* Faire la sourde oreille. C'est ne vouloir pas écouter.)

Sourd, s. m. Celui qui n'entend pas, ou qui n'entend pas bien. (C'est un sourd.)

* Faire la sourde. C'est ne vouloir pas écouter.

† * Fraper comme un sourd. C'est à dire, fraper fort.

Lanterne sourde. Voiez L'anterne.

Lime sourde. C'est à dire, qui ne fait point de bruit. Elle est toute envelopée de plomb & le manche même, de sorte qu'il n'y a que la partie qui lime qui soit découverte. Elle sert à couper sans bruit les plus grosses barres de fer, pourvû qu'on les envelope aussi de plomb, n'y laissant rien de découvert que pour le jeu de la lime. Le plomb qui est fort doux empêche le trémoussement des parties du fer qui cause le bruit de même que la main quand on la met sur une cloche qu'on frape.

Nombre

SOU   SOU

Nombre sourd, quantité sourde. Terme d'*Arithmétique.* C'est à dire, qu'on ne peut exprimer par aucun des nombres ordinaires enciers ou rompus, & qui leur est incommensurable. Ainsi la racine quarrée d'un nombre qui n'est pas quarré est un nombre sourd, & de même la racine cubique d'un nombre qui n'est pas cube ; &c.

Sourdaut, s. f. Celui qui entend avec peine lors qu'on lui parle. [C'est un sourdaut.]

Sourdaude, s. f. Celle qui entend avec peine. (Elle est sourdeaude.)

SOURDELINE, *s. f.* Sorte de musette assez agréable qui est à plusieurs chalumeaux, & qui n'est en usage qu'en Italie. (Joüer de la sourdeline. Voiez. *Mersenne*, l. 5.)

* SOURDEMENT, *adv.* D'une maniere sourde & qu'on à peine à entendre. Secrétement. (Ils parloient entre eux sourdement *Ablancourt.*)

* Elles ne travaillent plus que sourdement & avec toute la prudence des enfans du siécle. *Patru*, plaidoié 16.)

SOURDINE, *s. f.* La sourdine est faite d'un morceau de bois qu'on pousse dans le pavillon de la trompette afin que le bouchant en partie, on afoiblisse le son de la trompette. On se sert de la *sourdine* à la guerre lors qu'on veut déloger sans que l'ennemi entende le son de la trompette.) Déloger à la sourdine. *Mers.* l. 5.)

Sourdine. Terme de *Luthier.* C'est un instrument de musique à cordes qui représente un luth, ou un violon, mais qui n'en a ni rose ni les ouïes, & qui sert seulement pour joüer du luth ou du violon d'une maniere sourde & obscure & qui ne soit pas beaucoup entenduë.) Voilà une belle sourdine de luth, ou de violon.)

Sourdine. Terme de *Violon.* C'est une maniere de petite plaque d'argent, ou d'autre chose, qu'on plie en are & qu'on met sur le chevalet de l'instrument pour empêcher qu'il ne résonne fort. [Acheter une sourdine d'argent chez un orfevre.]

* *A la sourdine, adv.* Secrétement, & sans bruit. (Déloger à la sourdine.)

SOURDRE, *v. n.* Ce mot se dit proprement, en parlant des eaux & veut dire *sortir de terre*, ou de quelque roche, ou autre pareil endroit. Le verbe *sourdre* n'a que peu de tems usitez. Voici ceux qui j'ai trouvez dans les bons Auteurs. (Il y a une autre forêt d'Hamon au milieu de laquelle *sourd* une fontaine. *Vau. Quin. l. 4. c.* 7. Mr. Vaugelas dans cét exemple, n'est pas tant à imiter que Mr. d'Ablancourt dans le suivant.

* Caton disoit qu'en frapant du pié contre terre il en feroit *sourdre* des legions. *Ablancourt. Apo.*)

SOUSFECTORIERE, *s. f.* Religieuse qui est sous la Refectoriere.

SOURICEAU, *s. m.* Une petite souris

(Un souriceau tout jeune & qui n'avoit rien veu
La Fontaine, Fables, l. 6.)

Souriciere, s. f. Sorte de machine où il y a un petit piége pour atraper les rats & la souris en y mettant quelque friandise afin de les atirer. (Il y a chez les laitieters de Paris plusieurs sortes de souricieres, il y a des souricieres à bâton, des souricieres à fil, & des souricieres à trape. Tendre une souriciere. Cette souriciere est bonne, on y prend tous les jours des souris.)

SOURIRE, *v. n.* Je souris, je souriois. Je souris. J'ai souri, je sourirai. Que je sourie. Je sourisse, je sourirois, souriant. Faire quelque souris. (Ils se mirent à sourire. Ils souricient & se moquoient de lui sans qu'il s'en aperçût.) Dans ce mot *sourire* & dans celui de *souris* qui en dérive, prononcez la lettre *r*. plus fortement que dans celui de *souriciere* & de *souris* petit animal & prononcez l'*r* des premiers mots presque comme si elle étoit double.

* Fleurs qui semblent *sourire* aux cieux.
Voiture, Poës.

Sourire, s. m. Le souris d'une personne. [Elle a un *sourire* charmant.]

Souris, s. m. C'est le *sourire* d'une personne. (Je ne lui voi rien de raisonnable que la taille & le *souris*. *Ablancourt, Luc.* Faire un souris amoureux à un Amant. *Scaron*.)

Ah ! Plu-tôt mille fois. Non, non, repondit-elle;
Ismene à vos yeux seuls voudra paroître belle,
Ces légers agrémens que vous m'avez trouvez;
Ces obligeans *souris* vous seront reservez
De Fontenelle, Past.

Souris, s. f. Sorte de petit animal qui est ordinairement de couleur de cendre, qui a l'ouïe subtile, qui vit de froment, de légumes, de pain & de chair. La souris a de l'aversion pour la belette, le chat & l'épervier. La souris ronge tout ce qu'el-le trouve quand elle n'a point d'eau. Il y a des souris domestiques, il y en a des sauvages & des acariques. Les Libraires metent de l'eau prés de leurs livres, afin que les souris ne les rongent pas.

Souris, s. f. Ce mot se dit en parlant de chevaux. C'est un cartilage qui est dans les nazeaux du cheval qui le fait ébroüer, c'est à dire, qui le contraint de faire un certain renislement à la faveur duquel il tâche de se débarasser de ce cartilage qu'il a dans ses naseaux & qu'on apelle *une souris.*

† SOURNOIS, *sournoise, Sornois, sournoise, adj.* L'un & l'autre se dit, mais *sournois* & *sournoise* sont les mots d'usage, ils signifient *Mélancolique Rêveur.* Qui a l'humeur sombre & triste. (Il est sournois. Elle est sournoise.)

† *Sournois, s. m.* Celui qui a l'humeur sombre & rêveuse. (Un sournois ne plait jamais guére.)

† *sournoise, s. f.* Celle qui a l'humeur sombre, mélancolique & rêveuse. (C'est une *sournoise.*)

Sous. Préposition qui régit l'acusatif. [Il est sous la table.]

Sous. Cette préposition étant immédiatement précédée d'une autre, n'est pas en usage, mais en sa place on employe la préposition *dessous.* Ainsi on ne dira pas. [Il ne fait que sortir *de sous* l'aile de la mere, mais il ne fait que sortir *de dessous* l'aile de la mére. *Vaug.* Rem.

Sous. Cette préposition se met souvent au lieu de la préposition *avec.*

Sous un habit de fleurs la Nimphe que j'adore
L'autre jour aparut si brillante en ces lieux.
Voiture, Poës.

Sous. Préposition qui se met pour *dans.* [Ils donnérent *sous* espérance d'un grand succés. *Ablancourt*, *Ar.* l. 1. C'est à dire, dans l'esperance d'un grand succés.]

SOU-SACRISTAIN, *s. m.* C'est celui qui aide le Sacristain & qui en l'absence du Sacristain a soin de la Sacristie. [Etre Sou-sacristain.]

SOUSCRIBE, *s. m.* Terme de *Chartreux.* C'est le Son-Secrétaire du Géneral qui ne met presque que les dessus des lettres.]

Souscription. Voicz plus-bas.

Souscrire, v. a. Je souscri, je souscrirois, J'ai souscrit. Je souscrivis. Je souscrivai. Que je souscrive. Je souscrivisse, je souscrivois. *Souscrivant.* Mettre son nom au dessous de quelque écrit. (Souscrire une procuration.)

* *Souscrire.* Consentir. Acorder. (Je souscris à tout ce que vous sautiez penser à leur avantage. *Voiture*, l. 33. Faites les prononcer j'y souscrirai. *Racine, Andromaque, a. 3. s. 4.* On le veut j'y souscris. *Déspreaux*, Satire 9.)

Souscription, s. f. Elle consiste à écrire simplement son nom au bas d'un acte, ou de quelque autre écrit. [La souscription est vraie.]

SOU-SECRETAIRE, *s. m.* Celui qui soulage le Secrétaire dans sa fonction. [Il est Sou-Secrétaire de Monsieur un tel.]

SOUS-ENTENDRE, *v. a.* Je sous-entens; je sous entendis; &c. [V. *Entendre.*] C'est à dire, ne pas exprimer un mot, une clause, ou condition qu'on peut aisément concevoir. Concevoir ce qui n'est pas exprimé. Quand on emprunte de l'argent, il faut *sous-entendre* qu'on le rendra dans quelque tems. Lors qu'on met un adjectif tout seul; on *sous-entend* le substantif qui n'est pas exprimé.

Sous-entendu, *sous-entenduë, adj.* [Mot sous-entendu. Clause sous entenduë. Une condition est sous-entenduë, c'est à dire qu'on la doit considérer, comme si elle étoit exprimée.)

Sous-entendüe, s. f. C'est ce que les Grecs & les Latins apellent *Ellipse.* C'est une figure de Grammaire, qui consiste à n'exprimer point, par élégance, un ou plusieurs mots. (Le docte Ramus à parlé du *sous-entendu* dans sa Grammaire, & on la peut voir.)

† *Sous-entente*, *s. f.* Ce mot ne se dit qu'en parlant de certaines personnes artificieuses qui ont toujours quelque défaite, pour ne pas tenir ce qu'il semble qu'ils ont promis. (Il y a toujours quelque sous-entente en son fait.)

Sou-signer, v. a. Mettre son seing au bas de quelque écrit. (Sou-signer une promesse. Sousigner un contrat, &c.)

SOUS-INFIRMIERE, *s. f.* Terme de *Religieuse.* C'est la Religieuse qui soulage l'Infirmiere qu'on apelle aussi *l'aide de l'Infirmiere.* (Une Sous Infirmiere fort vigilante.)

Sous INTRODUCTEUR, *des Ambassadeurs, s. m.* C'est celui qui soulage l'Introducteur des Ambassadeurs & qui est immédiatement au dessous de lui.

SOU-STILAIRE, *adj.* & *s. f.* Terme de *Gnomonique.* Ligne Sou-stilaire. La *Sou-stilaire* que l'on nomme aussi Meridienne du Plan est une ligne droite qui représente un Cercle horaire perpendiculaire au plan du Cadran, & qui passe toujours par le Centre, quand il en à un, & par le pié du stile [Tracer la Sou-stilaire.]

SOUSTRACTION, *s. f.* Terme d'*Aritmétique.* C'est l'art d'ôter une fois seulement un moindre nombre d'un plus grand pour en reconnoitre le reste ou la diference. [Savoir la soustraction. La soustraction est la seconde regle de l'Arimétique. La soustraction se prouve par l'Addition.]

Soustraire, soutraire, v. a. On dit *soustraire* avec une *s.* qu'on prononce & non pas *soutraire* sans [*Je soustrais, j'ai soustrait, je soustrairai.* Ce verbe n'est pas usité en plusieurs tems, parce qu'il est trop rude dans ces tems, qu'il ne sont pas en usage. Il signifie *Oter. Prendre. Enlever. Dérober.* (Soustraire quelque chose. Elle a soustrait ce qu'il y avoit de meilleur dans le logis.)

FFfff   Il

Il tâcha de la *soustraire* à la jalousie de Junon. *Benserade, Poësies.* Il le crut soustraire aux tourmens. *Vau. Quin. Curce, l. 6, ch. 9.*)

Se Soustraire. *Je me soustrais. Je me suis soustrait.* (Se dérober. S'ôter. Se retirer.) Il y en eut jusqu'au nombre de quinze mille qui par cette oficieuse tromperie, furent *soustraits* à l'épée du vainqueur. *Vaugelas. Quin. l. 4.* Il est de la sagesse des grans Potentats de *se soustraire* à eux-mêmes les ocasions de s'irriter. *Patru, plaidoié 7.* Ils ont voulu *se soustraire* de l'obéïssance naturelle qu'ils doivent à sa Majesté. *Macroix, Schifme, livre 3.*

Soutane, *s. f.* Ce mot se dit en parlant d'Eclésiastiques, de Prêtres & de quelques autres gens de profession de lettres. C'est une sorte de vêtement long, juste & proportionné au corps & aux bras de celui qui le porte. Ces Prêtres & autres Eclésiastiques qui ne sont pas élevez aux grandes dignitez de l'Eglise portent des *soutones noires*, les Archevêques & Evêques ont des *soutanes violettes* & les Cardinaux des *soutanes rouges*. (Etre en soutane. Il est enharnaché d'une soutanne. *Mai. Poës.*)

Soutanelle, s. f. C'est une *petite soutane* que portent quelques Eclésiastiques lorsqu'ils vont en campagne, c'est aussi une petite soutane que portent de jeunes Abez, de jeunes gens qui ne sont pas encore entierement dans les ordres. (Une soutanelle bien faite. Il est en soutanelle.)

Soute, *s. f.* Terme de *Mer*. C'est le lieu où se garde le biscuit. C'est le plus bas des étages de l'arriere, ou de la poupe d'un vaisseau, où l'on enferme le biscuit, les poudres. C'est le magazin des poudres & du biscuit. (La soute est enduite de plâtre pour mieux garder les poudres & le biscuit.)

Soute. C'est un composé d'une certaine herbe marine dont on fait une maniere de sel propre à blanchir le linge. (La soute est bonne pour bien blanchir le linge.)

Soutenable, *adj.* Ce mot se dit des choses & veut dire. Qui se peut défendre. Qui se peut soutenir. (Cette opinion n'est pas soutenable. Ce sentiment est fort soutenable.)

Soutenant, *soutenante*, *adj*. Qui soutient.

Soutenant, *s. m*. Terme d'*Université*. C'est celui qui défend des Théses, & qui répond aux objections qu'on lui fait sur ce qui est contenu dans ces Théses. (Un tel est aujourdui *soutenant*, & c'est un tel Docteur qui est le Président.)

† Soutenement, *s. m.* Terme de *Palais*. Il se dit des Ecritures par lesquelles un rendant compte soutient & défend les articles de son compte, contre les débats & les contredits de sa partie. (Fournir des soutenemens.)

Soutenir, *v. a. Je soutiens. J'ai soutenu, je soutins, je soutiendrai.* Apuïer. (Cet arcboutant est trop foible pour soutenir ce mur. Soutenir quelcun par dessous les bras, c'est l'*apuïer* & l'*aider à marcher*.)

* *Soutenir.* Donner de la force. (Le vin soutient, *Paf. l. 5.*)

* *Soutenir.* Maintenir & dire avec fermeté & opin iâtreté. (Il soutenoit que c'étoit Alexandre. *Abl. Ar. l. 1.* Soutenir une chose en face. *Vaug. Rem.*

* *Soutenir.* Défendre. [J'ai soutenu cette opinion dans ma Sorbonique. *Pascal*. Soutenir son droit. *Le Maît.*]

* *Soutenir.* Empêcher qu'une chose ne languisse, ne s'afoiblisse. La maintenir dans un même état, dans un état aprochant. (Soutenir sa voix, son stile, la conversation. Soutenir son caractere.)

* *Soutenir.* Resister. (Soutenir le choc de l'ennemi. Soutenir un effort. *Abl. Ar. l. 3.* Soutenir vigoureusement l'ennemi. *Durier, supl. de Q. Curce, l. 2. ch. 9.*)

* *Soutenir.* Favoriser. Aider de ses forces, ou de son crédit. Ils soutinrent les Lacédemoniens sur le penchant de leur ruine. *Abl. Ar. l. 1. c. 4.*)

Soutenir. Ce mot se dit en Termes de *Manége* & de chevaux de selle. On dit. (*Soutenir un cheval*, c'est lui tenir la bride ferme & haute.)

Soutenir. En Termes de *Géometrie*. Ce mot se dit des lignes qui sont oposées à un angle, dans un triangle que l'on conçoit être inscrit dans un cercle. (Dans un triangle rectangle, le quarré du côté qui soutient l'angle droit, est égal aux quarrez des deux jambes, pris ensemble. Le côté qui soutient un angle s'apelle la base de cet angle, soit qu'il soit droit, aigu, ou obtus.)

On dit en termes de Musique, que les Basses soutiennent le chant, & qu'une bonne voix soutient toutes les autres.

Se soutenir, v. r. Je me soutiens. Je me suis soutenu, je me soutins. Avoir assez de force pour se tenir sur ses piez & n'a point chanceler. (Il est si soul qu'il ne se sauroit soutenir. Il n'a pas encore la force de se soutenir.)

Se soutenir dans les grandes afaires. C'est faire voir qu'on a toujours de crédit, du pouvoir & de l'autorité. (Il tâcha de se soutenir en homme de cœur. *Abl. Tac.*

* Son stile ne se soutient pas.

Soutenu, *soutenuë*, *adj.* Apuïé. (Muraille soutenuë par de bons arc-boutans.)

* Discours soutenu. Stile qui n'est pas assez soutenu.

† Sa harangue étoit soutenuë de la vigueur de son zele & de la réputation de la vertu.

Soutenu, *soutenuë*. Terme de *Blason*. Il se dit des piéces qui en ont une autre au dessus d'elles.

Souterain, *souterraine*, *adj.* Qui est sous terre. [Feu souterain. Cavité souterraine. *Rohaut, Phis.* L'eau souterraine a de mauvaises qualitez. *Perrault, Vitruve.*]

Soutien, *s. m.* Apuï. [Un foible soutien.]

* C'est un *soutien* de la famille.

Soutraitant, *s. m.* Ou *sou-traitant*, mais l's qui est devant le prémier ne se prononce pas. C'est celui qui est *sou-fermier*. (Il n'est pas prémier traitant, il n'est que sou-traitant, encore est-ce beaucoup pour lui.)

† Souvenance, *s. f.* Mot qui n'est plus guère en usage, qui signifie *souvenir* & qui ne peut trouver place que dans le bas stile & même fort rarement.

(En souvenance de lui je chanterai. *Voiture, lettre 30. pag. 109.* Il peut aussi trouver sa place en poësie.)

Souvenir, *s. m.* Memoire. (Elle est toujours dans mon cœur & dans mon souvenir. *Voit. l. 40.* Perdre le souvenir de ses maux, *Abl. Luc.* Je conserverai cherement le souvenir de mon cher ami d'Ablancourt.

Que j'aurois bien besoin dans ses tristes alarmes
Du souvenir de ses rigueurs
Pour résister à celui de ses charmes !
Segrais, Eglogue 5.

A peine de nos noms un léger souvenir
Parmi les hommes se conserve. *Desh. poës.*

J'aplique toute mon étude,
A te donner à l'avenir
Des marques de mon souvenir, *Boisr. ép. T. 1.*

Qu'elle ait soin de garder le souvenir fidelle
D'une flamme si belle
C'est l'unique prix que je veux. *Cadmus, a 4. sc. 1.*)

Faire souvenir, v. n. Rappeller quelque chose en la mémoire. (Il faut faire cela pour eux afin de *les faire souvenir* de &c. On dit aussi *pour leur faire souvenir*, mais cette derniere façon de parler est vieille. *Vau. Rem.* Les objets qui se présentent devant moi me font souvenir d'elle. *Voiture, lettre 42.*)

Se souvenir, v. r. Je me souviens. On dit aussi *il me souvient. Tu te souviens, il me souvient. Nous nous souvenons, vous vous souvenez, ils se souviennent. Je me souvenois. Je me souvins. Je me suis souvenu. Je me souviendrai. Que je me souvienne. Je me souvinsse, je me souviendrois. Se souvenant.* C'est à dire, Avoir mémoire. Garder le souvenir. Conserver le souvenir de quelque personne, ou de quelque chose. (Il me ne souvient pas de vous dire combien je le respecte & je l'honore. *Voi. l. 40.* Ne se souvenir plus de sa fortune présente. *Vau.* Quand vous auriez oublié tout le reste, vous vous devez souvenir de, *Voit. l. 56,*)

Souvent, *adv.* Ordinairement, D'ordinaire. (Les plus grans maraux du monde se disent souvent les plus honnêtes gens. Les Médecins n'employent pas souvent le fer & le feu de peur d'aigrir le mal, mais ils les guérissent pour l'ordinaire par de plus doux remedes.)

† *Souventefois, adv.* Ce mot est *vieux* & ne se dit pas beaucoup dans l'usage ordinaire, & en sa place on dit de *plusieurs fois*, ou *souvent*.

Souventriere, *s. f.* Terme de *Bourrelier*. C'est une espéce de sangle large de deux doigts qui prend sous le ventre du cheval de harnois, ou de carosse. (Souventriére rompuë.)

Souverain, *souveraine*, *adj.* Indépendant. Absolu. Qui ne relève de personne. (Elle ne conserva pas les mêmes sentimens dans la souveraine autorité. *Mémoires de M. de la Roche-Foucaut.* La souveraine puissance réside entre les mains du Prince.)

* *Souverain, souveraine.* Ce mot se dit des *remedes*, & veut dire excélent. (Un remede souverain pour la verole.)

Souverain, *souveraine.* Ce mot se dit des Cours de Parlement, & veut dire qui juge souverainement & en dernier ressort [Joli a traité de l'établissement des Cours souveraines du Roïaume.]

* *Souverain, souveraine.* Ce mot se dit en terme de Philosophie morale & en parlant d'un certain bien qu'on apelle le *souverain bien* qui consiste à mener une vie dont toutes les actions soient sages & vertueuses & réüssissent au contentement de celui qui les fait, en un mot à se voir en un tel état qu'on n'ait à faire de rien & à joüir d'une possession parfaite de toutes choses.

Souverain, *s. m.* C'est celui qui possede la souveraine puissance. Celui qui a la souveraineté. [Le souverain fait les loix, la paix & la guerre. Il a le dernier ressort de la justice, il fait la monoïe & léve les derniers sur le peuple. Voiez *Loiseau Traité des Seigneuries*. L'Empereur Valentinien disoit que le soin de faire observer la justice devoit être le principal soin d'un Souverain. Voiez *Zonare, Histoire Romaine*.]

* L'usage est le souverain dans les langues vivantes. *Vau. Rem.* C'est à dire, l'usage décide souverainement du langage.)

Souverainement, *adv.* Absolument. Indépendemment. [Régner souverainement.]

* *Souverainement, adv.* Entiérement. (Etre souverainement heureux. *Abl.*]

* *Souverainement, adv.* En dernier ressort. [Les Parlemens jugent souverainement.]

Souveraineté, *souveraine puissance*, *s. f.* L'un & l'autre se dit
par

SPA SPE SPH

les bons Auteurs. La *souveraineté* est la Seigneurie de l'Etat. C'est le comble de la puissance. C'est une plenitude de puissance. [Il n'y a que trois choses qui bornent *la puissance souveraine*, les loix de Dieu, les loix fondamentales de l'Etat,& les loix naturelles de la Justice. *Loiseau, Traité des Seigneuries, c.* 2. La *souveraineté* qui est attachée à l'Etat, se communique à celui qui possede l'Etat. Le Prince par droit de *souveraineté*, léve quelque petite somme sur chaque marc d'or, ou d'argent qu'on fabrique & ce droit s'apelle *seigneuriage.* Voiez *Bouteroüe, Traité des monoies.*]

* Rien n'est à couvert de la *souveraineté* de vos décisions. *Moliere, Critique de l'Ecole des Femmes, sc. 6.* C'est à dire, rien n'est à couvert de la maniere absoluë dont vous decidez.

Sou-vicaire, *s. m.* Celui qui est sous le Vicaire. Celui qui soulage le Vicaire dans ses fonctions. (Il est Sou-Vicaire de Saint Eustache. Le Sou-Vicaire de Saint Séverin est habile. On la fait Sou-Vicaire, & il s'aquitera de sa charge en homme d'honneur.

Sou-vicariat, *s. m.* Charge de Sou-Vicaire. (Le sou-vicariat lui vaut tous les ans cent bonnes pistoles. On lui a fait avoir le sou-vicariat de Saint Paul.)

SPA

Spacieux. v. *Spatieux.*

† Spadacin, *s. m.* Vieux mot qui vient de l'Italien *spadacino*, & qui peut encore trouver place dans le burlesque satirique , & qui veut dire *soldat*, celui qui porte l'épée. (C'est un spadacin.)

Spadille, ou *Espadille*, *s. m.* L'un & l'autre se dit, mais le dernier est plus conforme à l'étimologie Espagnole C'est un terme du *jeu de l'hombre*, & une des cartes qui dans ce jeu, en prennent & en assomment d'autres, & que pour cela on apelle. *Matadors.*) Depuis que je joüe chez Madame , je n'ai pas eu six fois le *spadi le*, S. Evremont, *œuvres meslées.* Le Chevalier de Meré a écrit *Jeu de l'hombre, page* 11. Trois cartes se nomment *Matadors,* c'est à dire, *meurtriers*;& de ces Matators , le premier s'apelle *Espadill.*.]

Spagirique, *s. m.* C'est un Médecin Chimique [Un fameux spagirique.)

Spahis, *s. m.* Sa cavalerie la plus considerable du Grand Seigneur. (Les spahis sont fort bien montez.)

Sparies. Terme de *Mer*. Ce mot est pris du Grec *speiro*, je seme. On apelle ainsi tout ce que la Mer disperse & laisse sur les bords, comme l'Ambre, le oral, &c.

Spasme, *s. m.* Ce mot est Grec. C'est un terme de Medecine, qui signifie une sorte de convulsion, ou retirement de nerfs.

Spatieux, *spatieuse, adj.* Mot qui vient du Latin & qui signifie Etendu. Long & large. Ample. (Chemin spatieux. *Ablanc.* Ar. Cour fort spatieuse.)

Spatieusement, *adv.* D'une maniere vaste & spatieuse. (Il est logé fort spatieusement.)

Spatule. Voiez *spatule*, qui est le mot dont se servent les habiles Apoticaires & les habiles Chirurgiens.

SPE

Spé, *s. m.* On apelle ainsi dans la Catédrale de Paris le plus ancien des enfans de chœur & celui qui doit être le premier.(C'est le *spé* des enfans de chœur.

Spécial, *speciale, adj.* Particulier.] Il l'apela son fils bien aimé mais d'une façon speciale. *Bouhours, Histoire d'Aubusson, l. 3.*)

Specialement, *adv.* Particulièrement. (Il a spécialement marqué cela.]

† Spécialité, *s. f.* Ce mot n'est qu'un terme de *Notaire*. Sans que la spécialité déroge à la generalité.

Spécieux, *specieuse, adj.* Aparent. [Une raison spécieuse. Un specieux prétexte. *Pascal, l.* 3. Moiens spécieux. L'Algebre specieuse , qu'on nomme autrement la specieuse, c'est celle qui exerce ses raisonnemens sur les choses désignées par les letres de l'Alfabet, ce qui soulage merveilleusement l'imagination & la mémoire. [L'Algebre specieuse est d'un usage plus étendu que la nombreuse, qui se sert des nombres.]

Spécifier, *via.* Particulariser.] Spécifier le nombre des choses.]

Spécifique, *adj.* Ce mot vient du Latin. Il signifie particulier, singulier.] C'est une chose spécifique.]

Spécifique , *s. m.* Terme de *Medecine*. C'est un remède propre pour une maladie particuliere. (C'est un spécifique éprouvé, infaillible , admirable, excelent, &c.)

Spectacle, *s. m.* Mot qui vient du Latin. Tout ce qu'on expose aux yeux des spectateurs. Tout ce qui se voit publiquement. Jeux & fêtes qu'on célebre pour donner du divertissement. Représentation de quelque chose que ce soit en consideration du public , ornemens & décorations. [Spectacle charmant , agréable , ingenieux , triste , funeste , horrible, important , utile , permanent, naturel , artificiel , miraculeux. Assister aux spectacles. *Ablancourt.*] Les spectacles instruisent délicatement le peuple de plusieurs choses utiles. Il faut donner des spectacles afin d'ocuper adroitement l'esprit des personnes oisives & les détourner de la débauche. Les décorations qui doivent servir aux spectacles doivent être ingenieuses &

propres aux sujets. *Pratique du Teatre, l. 1. & l. 4.*]

Spectateur, *s. m.* Mot écorché du Latin qui se dit principalement en parlant de pieces de téatre , & qui signifie la personne qui écoute & voit la représentation d'un Poëme dramatique (Le Poëte dramatique ne doit travailler que pour plaire aux *spectateurs*, & il ne leur doit rien faire voir que de vraisemblable , & donril n'ait trouvé quelque couleur dans l'action principale de sa piéce.]

Spectre, *s. m.* Ce mot vient du Latin , & qui signifie *un phantome*. Tout ce qui par quelque figure se presente la nuit aux personnes. Vision nocturne qui représente quelque chose qui efraie. [Un spectre hideux , afreux , monstrueux , épouvantable.

Helas, *un spetre afreux* s'aproche de mon lit,
Mon sang en est glacé, mon visage en pâlit.

Speculateur, *s. m.* Ce mot est tiré du Latin. Il signifie celui qui s'atache à la contemplation des choses relevées & dificiles. [C'est un grand spéculateur.]

Speculatif, *speculative, adj.* Mot tiré du Latin, & qui veut dire *qui est dans la speculation*, & qui ne décend point dans l'execution. [science spéculative.]

Speculatif, *s. m.* Qui est contemplatif. Qui medite & travaille sur des choses un peu abstraites. [C'est un spéculatif.]

Speculation, *s. f.* Mot tiré du Latin. Action de l'esprit qui contemple , & qui considere seulement. Contemplation [Cela est ainsi dans la spéculation. *Ablanc.* Il y a bien loin de la capacité des ames vulgaires aux sublimes spéculations des savans hommes.]

† Speculer. Ce verbe se dit d'ordinaire en riant & dans un sens neutre. Il signifie *contempler*. Il s'amuse à speculer. C'est un homme qui spécule.)

Speculer. Ce mot en termes d'*Astronomie*, signifie observer les astres , examiner & calculer leur mouvemens.

Spermatique, *adj.* Terme d'*Anatomie*. Qui engendre la semence. Qui est engendré de la semence. [Medicament spermatique. Vaisseau spermatique. Veine , ou artere spermatique. Parties spermatiques, telles que sont les membranes, les fibres, le ligament , le cartilage & les nerfs qui viennent de la semence. Voies *semence*.]

† Spermatiser, *v. n.* Ce mot se dit des hommes & des femmes, C'est commencer à jetter de la semence. [Elle spermatise.]

Sperme, *s. m.* Mot qui vient du Grec, & qui veut dire *semence d'homme.*

Oui , je t'en conjure, adorable venus ,
Et partout ce qui peut des corps les plus arides
Faire filier le sperme. *Amant.*
Le sperme dans mes reins oisivement croupit.

S. *Amant.*

SPH

Sphère, *s. f.* Prononcez, *fere.* Mot qui vient du Grec, & qui signifie *globe*, ou *boule.* [Cela est fait en maniere de sphère.]

Sphere. Ce mot se dit en Terme d'*Astronomie & de Géographie.* C'est un globe qui represente la surface de la mer & de la terre. Ou la rondeur du ciel. [Une belle sphère.]

Spere armillaire. C'est un globe qui represente la disposition des Cieux avec plusieurs cercles en relief.] Savoir la sphère. Aprendre la sphère. Enseigner, montrer la sphère. Sphère droite , Sphère oblique. sphère parallele.

Sphère. Ciel.

Les Muses lors firent un cri
Qui passa la dixième sphère. *Voit. Poës.*

Dans le Sistême de Prolomée on donne une Sphère à chaque Planète. Les Anciens Philosophes croioient qu'il y avoit une sphère du feu.

L'air qui environne le globe de la terre & de l'eau s'apelle *l'Atmosphère.*

Sphere d'activité , *s. m.* Terme de *Philosophie*. C'est l'étenduë dans laquelle un corps peut agir autour de soi. [Le feu ne peut échaufer les objets qui sont hors de la sphère d'activité.]

* Il est hors de sa sphère. Ces mots au figuré signifient, il traite de choses qui sont au dessus de ses connoissances.

Sphérique , *adj.* Qui est en forme de globe , ou de sphère. [Figure sphérique. *Narcisse sphérique.* C'est une sorte de narcisse qu'on voit au jardin Roial , qui fleurit rouge & dont les fleurs sont une maniere de sphère.]

Sphériquement, *adv.* D'une maniere sphérique. [Il envoie sphériquement les raïons dans tout le milieu.]

Spheroïde , *s. m.* Corps qui aproche de la figure de la Sphère, mais qui n'est pas exactement rond, & dont un diametre est plus grand que l'autre. Si l'on conçoit qu'une Ellipse tourne autour de son plus grand diametre , elle décrit un *Sphéroïde oblong.* Mais si l'on conçoit qu'elle tourne autour de son petit diametre , elle décrira , par ce mouvement un *Sphéroïde plat.*

Sphinx. Prononcez *Sfinx.* Ce mot est masculin & féminin.

FFfff 2   C'est

C'eſt une ſorte de monſtre qui dévoroit ceux qui ne pouvoient expliquer les énigmes qu'il leur propoſoit. (Hortenſius lui, répondant à quelques unes des railleries de Ciceron, qu'il n'entendoit pas les énigmes , tu as pourtant , repartit Ciceron , un ſphinx , chez toi. Abl. Apo. p.86. Verrès donna un ſphinx d'ivoire à Hortenſius. L'Abé Talemant, Plutarque, vie de Ciceron, p.367.

Au haut de chaque rampe un ſphinx aux larges flancs
Se laiſſe entortiller de fleurs par des enfans.
La Fontaine, Pſiché.
Si vous aviez du ſphinx veu le ſanglant ravage.
Corneille. Œdipe.

La Sphinx avoit la tête & les mains d'une fille , le corps d'un chien, la voix d'un homme, la queuë d'un dragon, les grifes d'un lion & les ailes d'un oiſeau.]

S P I.

SPINELLE, adj. Terme de Jouaillier. C'eſt une épitéte qu'on donne au rubis lors qu'il eſt de couleur de vinaigre , ou de gelure d'oignon rouge ; ce qui le rend bien diférent de prix du rubi balai , quoi qu'il ſoit auſſi dur.

SPIRAL. ſpirale, adj. (Ligne ſpirale. C'eſt à dire , ligne circulaire, qui à meſure qu'elle tourne , s'éloigne toûjours de ſon centre.)

Spiral, ſpirale, adj. Ce mot ſe dit auſſi en Terme d'Horloger en parlant de certaines montres qu'on apelle montres ſpirales. Une montre, ſpirale eſt celle qui a un reſſort ſpiral , C'eſt à dire , un reſſort qui tourne en manière de limaſſon & qui s'atache au balancier pour rectifier les inégalitez du grand reſſort, & du balancier. Quelques-uns atribuent l'invention de cette montre à Monſieur l'Abé de Haute-fueille, mais la plupart à Monſieur Huguens célébre Matématicien de l'Academie Roïale.

Spiralement , adv. D'une manière ſpirale. (Taillé ſpiralement en viſ.)

SPIRATION , ſ. f. Terme de T'ologie, dont on ſe ſert pour expliquer la manière par laquelle le S. Eſprit procede du Père & du Fils.

SPIRITUALISATION , ſ. f. Terme de Chimie. C'eſt une converſion des parties d'un corps compacte en eſprit. La ſpiritualiſation eſt proprement atribuée aux ſels. Charas Pharmacopée.)

Spiritualiſer , v. adj. Terme de Chimie. C'eſt réduire les corps compactes en eſprit comme on en pratique ſur le ſel qui ſe peut tout à fait réduire en eſprit par la diſtilation. Glaſ.

Spirituel , ſpirituelle , adj. Qui a de l'eſprit. Plein d'eſprit. (Perſonne ſpirituelle. Choſe ſpirituelle. Moliere.)

Spirituel , ſpirituelle. Ce qui eſt opoſé à temporel. (Eſt-ce une ſimonie de donner un bien ſpirituel pour un temporel ? Paſcal, 6.)

Spirituel , ſpirituelle. Pieux. Dévot. (Livre ſpirituel. Vie ſpirituelle.)

Spirituel, ſpirituelle, adj. Ce mot ſe dit de certaines perſonnes qui en dirigent d'autres ſur les choſes du ſalut. (C'eſt le père ſpirituel de Monſieur un tel.)

Spirituel , ſ. m. C'eſt tout ce qui regarde une Egliſe. (Le ſpirituel & le temporel de quelque Egliſe. Le ſpirituel de ſon Egliſe eſt fort conſidérable. Cela regarde le ſpirituel de l'Egliſe.)

Spirituellement , adv. avec eſprit. (Dire les choſes ſpirituellement. S'expliquer ſpirituellement.)

Spiritueux , ſpiritueuſe, adj. Terme de Philoſophie & de Chimie. Il ſe dit des corps qui ſont remplis d'autres petits corps légers & volatils. Les vins les plus ſpiritueux ſont les meilleurs. La ſemence eſt fort ſpiritueuſe , c'eſt à dire, pleine d'eſprits. Subſtance ſpiritueuſe. On extrait par la diſſolution ce qu'il y a de plus ſpiritueux dans les corps.]

S P L.

SPLENDEUR, ſ. f. Eclat. Luſtre. [Revêtu de ſplendeur & de gloire, Arn.]

Rendez la ſplendeur à la Cour.
Voi. poëſ.

Vôtre dignité a été rehauſſée par la ſplendeur de vos importans emplois. Le Pr ſident Couſin Hiſt. Rom.)

Splendide , adj. Plein de ſplendeur. Magnifique. [Prince ſplendide. Choſe tout à fait ſplendide.)

Splendidement , adv. Avec ſplendeur. D'une manière ſplendide , éclatante & magnifique. [Vivre ſplendidement. Ablan. Tac.]

S P O.

* SPOLIATEUR , ſ. m. Celui qui dépouille. SPOLIATION , ſ. f. L'action par laquelle on dépouille quelcun. SPOLIER , v. a Depouiller. Ces mots ſont écorchez du Latin , & ſe diſent fort rarement.

SPONDÉE , ſ. m. Terme de Proſodie Gréque & Latine. C'eſt un pié de vers compoſé de deux ſilabes longues. [Les vers hexametres finiſſent par un ſpondée.

SPONGIEUX , ſpongieuſe , adj. Mot tiré du Latin qui veut dire Qui tient de l'éponge. Qui a quelque choſe de l'éponge. [Pierre ſpongieuſe. Savot.]

SPONTANÉE , adj. Terme de Morale , tiré du Latin & qui ſignifie volontaire , qui ſe fait de plein gré & ſans contrainte.

Evacuacion ſpontanée , en terme de Medecine , ſignifie qui ſe fait ſans contrainte, & même ſans le conſentement de la volonté.

SPONTON , ſ. m. C'eſt une demie pique. (Les ſpontons ſont principalement en uſage parmi les Vénitiens & les Chevaliers de Malte.]

SPORTE , ſ. f. Terme de Capucin , qui vient du Latin ou de l'Italien ſporta. Panier de jonc que porte le Religieux Capucin qui fait la quête. [La ſporte eſt pleine.]

S P U.

SPUTER , ſ. m. C'eſt une eſpéce de nouveau métal, que les Hollandois ont aporté en Europe. Il eſt blanc & dur , & il ſoufre le feu, mais non pas le marteau parce qu'il eſt aigre & caſſant. On ne le peut emploïer qu'en fonte.

S Q U.

SQUELETTE , ſ. m. Mot qui vient du Grec. Corps mort qu'on a deſſéché où il n'y a plus que les os, ou ſeuls , ou avec la peau. La compoſition de tous les os du corps humain joints enſemble. Voilà un ſqueletre.

Sous un chevron de bois maudit
Y branle le ſqueletre horrible
D'un pauvre Amant qui ſe pendit.
Saint Amant.
* Elle eſt maigre & ſéche comme un ſquelette.
Gom. Epitre livre 3.
* Me voiant comme une alumete
Et le corps fait comme un ſquelette,
Je ne ſai. Voiture , poëſ.

SQUINANCIE , ſubſt. femin. Quelques-uns diſent ſquinancie , mais l'uſage déclaré eſt pour eſquinancie. Voiez eſquinancie.

SQUIRRE , ſchirre , ſ. m. Terme de Médecin & de Chirurgien. On écrit l'un & l'autre, mais on prononce ſquirre Le ſquirre eſt une tumeur contre nature, qui eſt dure, ſans douleur & faite d'une humeur mélancolique naturelle. De Gori [Guérir un ſquirre.]

Squirreux , ſquirreuſe , adject. Qui eſt d'un ſquirre. Qui eſt enflé contre nature , qui eſt dur ſans douleur & fait d'une humeur mélancolique naturelle. (C'eſt une diſpoſition ſquirreuſe.]

S T

ST. Terme indéclinable dont on ſe ſert pour commander qu'on faſſe ſilence , & qui ſignifie paix. (St , le voici.)

S T A.

STABILITÉ , ſ. f. Mot tiré du Latin, état & condition ferme ſtable & durable de quelque choſe. (Il parla de la ſainteté & de la ſtabilité du mariage qui ne peut être rompu que par la mort. Fléch. Commen. l.2. c.19.)

Stable , adj. Ferme. Qui ne branle point. Solide. Fixe. (Choſe ſtable. Cela eſt ſtable autant qu'il le ſauroit être.)

STADE , ſ. m. Mot qui vient du Grec. Quelques Auteurs de la derniere claſſe font le mot de ſtade féminin , mais mal. Le ſtade étoit une meſure de cent vint. cinq pas , à cinq piez pour pas mais le pié étoit plus petit que celui de Roi d'environ un quinziéme , ou un ſeiziéme. Abl. Remarques ſur la retraite des dix miles , p.478. Le ſtade étoit particulier aux Grecs & avoit cent vint-cinq pas Géométriques. Voiez Sanſon, Avis ſur les remarques de la carte de l'ancienne Gaule. Je n'avois pas fait un ſtade qu'on m'apella. Ablancourt Luc. Tom.2.

Stade. Lieu où l'on s'exerçoit à la courſe. [Les enfans captifs coururent le ſtade. Ablancourt Retor. livre 4. chapitre 8. p.235.]

ſtade , ſ. m. Terme d'Architecte. C'eſt une eſpéce de Théatre, compoſé de pluſieurs degrez , fort long.

STAGE , ſ. m. Terme de Chanoine. Réſidence pendant un certain tems preſcrit par les ſtatuts de l'Egliſe. (Faire ſon ſtage , Mon ſtage eſt fait.)

† STAMPE , ſ. f. Il y a des gens qui ſe mêlent de rafiner & qui diſent une ſtampe , pour une eſtampe , mais ces gens-là rafinent mal. Tous ceux qui ont écrit de la peinture diſent &

STA

& écrivent *une estampe.* Voiez Depiles, *Convers. de Peinture.*

STANCE, *s. f.* Terme de Poësie Françoise, qui vient de l'Italien *stanza* & qui signifie *demeure.* C'est un certain nombre de vers arrêté, comme de quatre, de six, de huit, de dix, de douze & de plus quelquefois. La *stance* est aussi un certain nombre de vers impairs, de cinq, de sept, de neuf, d'onze ou de treize. Les *stances* sont ordinairement enjouées ou sérieuses. (Faire des stances. Composer des stances. Finir des stances. Voiez là dessus la *versification Françoise*, c. 40.)

STANGUE, *s. f.* Terme de Blason. C'est la tige droite d'une ancre.

STANTÉ; stenté, *adj.* Prononcez *stanté.* Terme de Peinture qui vient de l'Italien & qui ne se dit ordinairement qu'au *masculin*, Il veut dire *peiné.* Qui est beaucoup fini, mais qui ne paroît point travaillé d'une main libre. (Ouvrage stanté.)

STAROSTE, *s. m.* Mot Polonois. C'est le Gouverneur de quelque place en Pologne.

STAROSTIE, *s. f.* Mot Polonois, qui veut dire l'étenduë du Gouvernement du Staroste.

STATERE, *s. f.* Voiez *Balance Romaine*, & *peson.*

STATICÉ, *s. m.* C'est une sorte de fleur gris de lin qui vient en forme de houpe & qui fleurit en Aout, en Septembre & en Octobre. (Le *staticé* est beau & agréable.)

STATION, *s. f.* Prononcez *Stacion.* Pause, qui consiste à s'arrêter quelque tems dans un lieu. (Quand il voiage il fait plusieurs stations pour se reposer.)

Station. Terme de *Geometrie pratique.* On le dit des diférens endroits où l'on s'arrête pour faire des observations. (On ne sauroit mesurer une distance inaccessible que par deux stations. Il faut faire plusieurs stations pour faire la carte d'un païs particulier.

STATION, *s. f.* Terme d'*Eglise.* Elle consiste à visiter avec dévotion une, ou plusieurs Eglises un certain nombre de jours, & de fois, & y passer quelque tems en prières, afin de fléchir la colère de Dieu & d'obtenir quelque grace de sa misericorde. (On dit que l'usage des *stations* n'est pas moins ancien que l'Eglise. On doit faire ses stations fort dévotement. Il y a une station à Nôtre-Dame.)

Station. Ce mot se dit en terme d'*Astronomie*, & en parlant de certaines Planetes. C'est un même endroit du firmament où l'on voit durant quelque tems, Mars, Jupiter, & Saturne. Ainsi on dit. (Station de Mars, de Jupiter, de Saturne.)

STATIONAIRE, *adj.* Prononcez *stationére.* Ce mot se dit en terme d'*Astronomie* en parlant de Mars, de Jupiter, & de Saturne, lorsqu'on les apperçoit sous un même endroit du firmament. [Mars, Jupiter & Saturne sont stationnaires, *Roh. Phil.*]

STATIQUE, *s. f.* Ce mot est Grec, C'est la sience des poids, du centre de gravité & de l'équilibre des corps. [Entendre la statique. Savoir fort bien la statique.]

L'hidrotatique. C'est la science qui enseigne à connoître les corps pesans sur des corps liquides, avec la comparaison des uns aux autres.

STATMEISTER, *s. m.* Mot Aleman, devenu François, & qui se dit en parlant de la vile de Strasbourg. C'est un Gentilhomme d'ancienne famille, qui gouverne la vile avec les Ammaistres, qui en sont les Echevins. [Les Statmeistres n'ont pas tant de pouvoir dans le Gouvernement de cette vile que les Ammeistres.]

STATUAIRE, *s. m.* Ce mot signifie celui qui fait des statuës, mais ce mot est écorché du Latin. Cependant il se trouve dans la Logique de Port-Roïal. Mais Messieurs de Port-Roïal ne font pas tout à fait à imiter en cela quoi qu'ils se soient en plusieurs autres choses. En la place de *statuaire* on dit ordinairement *sculpteur.* (Il n'y eut jamais de statuaire qui pour aprendre à quelcun la maniere de faire une statuë lui ait donné cette leçon. *Art de penser*, 3. partie chapitre 18. *pag.* 306.)

Statuaire, *s. f.* C'est l'art de faire des statuës. La Sculpture.

STATUË, *s. f.* Figure de métal, de bois, de pierre, ou de marbre qui représente une personne d'un rare merite, ou qui a fait quelque belle action & qu'on met ordinairement en un lieu public pour faire ressouvenir le monde de la personne qui s'est signalée par sa vertu. (Faire une statuë. On dressa des statuës à ceux qui s'étoient signalérent. *Abl. Ar. l. 1.*) Les Dieux du Paganisme n'étoient que des statuës. Une statuë équestre. Le Colosse de Rodes étoit une statuë du Soleil, haute de 70. coudées.

On dit d'une personne qui se remuë peu & qui ne s'émeut de rien, que c'est une statuë.

† *Statuer*, *v. a.* Terme de Palais. Ordonner. On ne le dit point ailleurs.

STATURE, *sub. fem.* De mot semble un peu vieux & en sa place on dit ordinairement *taille.* [Les habitans sont haut à peu prés de la *stature* & du teint des hommes de France *Voiture liv.* 86.]

Parmi les hommes, ceux qui excédoient nôtre stature ordinaire étoient nommez chez les Latins *vasta corpora. S. Evremont, œuvres mêlées.*

STE

STATUT, *s. m.* Régle & constitution de quelque fondateur d'Ordre Religieux. Ordonnance & règlement pour quelque corps, pour quelque communauté de gens de métier, que doivent garder ce corps & cette communauté pour se maintenir & faire l'interêt du public & le leur propre, (Les statuts des corps de métier sont beaux. Garder les statuts. Voir & lire les statuts des corps de métier afin de n'y pas contrevenir. Les jurez des corps de métier font serment devant le Procureur du Roi du Châtelet de faire observer les statuts & d'aller pour cela en visite dans les boutiques & les maisons des maîtres de leur communauté.)

STÉ

STÉLIONAT, *sub. mas.* ou *Stellionat.* Terme de Droit qui vient du Latin. C'est un crime commis par un faux-vendeur, qui vend, ou qui céde une même chose à deux diférentes personnes. (Commettre un stelionat. Etre acusé de stelionat.)

Stélionataire, *s. m.* Celui qui a commis un stelionat. C'est un stélionataire, & il sera puni.

STENTÉ. Voiez *stanté.*

STEREOMETRIE, *s. f.* Ce mot est Grec. C'est la troisième partie de la Géometrie qui enseigne à mesurer la solidité des corps, pour savoir ce qu'ils contiennent, & ce qu'ils peuvent peser: comme sont les cubes, les prismes, les globes, les cilindres, les cones, &c.

STÉRILE, *adj.* Ce mot se dit des choses & des personnes & veut dire. Qui ne produit rien. Qui ne porte aucun fruit. (Terroir sterile. Païs stérile. Terre stérile. Femme stérile.)

* *Sterile.* Ce mot se dit élégamment *au figuré.* (Mes lettres sont fort stériles. *Arnaud d'Andilli.* C'est à dire, elles sont vuides de choses; elles ne sont pas assez remplies. Son esprit est stérile, *Ablancourt.* C'est à dire Il ne produit rien. Il a peu de pensées. Il n'est point abondant. L'amitié des gens de lettres est quelque chose de bien stérile.)

Stérilement, *adverbe.* En stérilité. (Elle vécut stérilement les dix premières années de son mariage, mais à force de priéres & de bonnes œuvres Dieu la bénit & la rendit féconde.)

Stérilité, *s. f.* Ce mot se dit des personnes & des choses. C'est l'oposé de la génération & de la production. (On lui a plusieurs fois reproché sa stérilité. On lui a représenté la stérilité de la contrée. La stérilité du païs est grande.)

* La *stérilité* de son esprit n'est pas concevable. Avoir une grande stérilité d'esprit.

STERLIN, *s. m.* Ce mot est Anglois, & l'on en parle souvent en François. C'est une sorte de monoie Angloise, qui est d'or ou d'argent. On dit *une livre sterlin.* C'est un peu plus de la quatriéme partie d'une livre de poids. Voiez *l'Etat présent d'Angleterre*, c. 1. page 15. La livre sterlin selon le prix courant, argent de France vaut treize livres quatre sous. *Bareme dans les livres de change* est d'autre sentiment, mais le bon homme à tres peu de pratique des changes & est sujet à débiter des visions pour des véritez. Ce que je dis de la livre sterlin, je le sai de Monsieur Kessel l'un des plus habiles banquiers de Paris.

STERNUTATOIRE, *s. m.* Médicament qu'on met dans le nez pour faire éternuer. Remède pour faire éternuer. (Sternutatoire faire exprés pour Monsieur un tel. User de sternutatoire.)

STI

STIGMATE, *s. m.* Mot qui vient du Grec & qui se dit dans les matières de pieté. Ce sont les marques des cloux des mains & des pieds de JESUS-CHRIST qui ont été imprimées sur le corps de quelques personnes saintes. (Les glorieux stigmates de Saint François.)

Stigmatiser, *v. a.* Marquer une personne avec un fer chaud. On stigmatisoit autrefois les esclaves au front.

STIL, ou *stile*, *s. m.* Terme de Cronologie. Maniere de prendre le commencement & de compter les jours de l'année. (Il y a l'ancien & le nouveau stile. L'ancien stile est suivi par les Protestans, & le nouveau par les Catoliques, en suite de l'ordonnance du Pape Grégoire 13. qui en 1582 retrancha dix jours du Calendrier.

Stile, *s. m.* Eguille de cadran. [Le stile marque midi. Le stile est sur trois heures.]

Stile. Ce mot se dit en parlant de *discours.* C'est la maniere dont chacun s'exprime. C'est pourquoi il y a autant de stiles que de personnes qui écrivent. Neanmoins comme ces diverses manières de s'exprimer, se reduisent à trois sortes de manières, l'une simple, l'autre un peu plus élevée & la troisième grande & sublime, il y a aussi par raport à ces manières trois sortes de stiles, le simple, le médiocre, le sublime. Le stile doit être clair, pur, vif, coulant, agréable, juste & propre au sujet. Le stile de M. d'Ablancourt est pur, vif, hardi, agréable & naturel. *S. Evremont.*)

Stile coupé, serré, ou Laconique. Stile difus, ou Asiatique.

Stile fleuri, Stile galant, Stile historique, &c.

† * *Voici bien du haut stile.* Molier. C'est à dire, voici un langage tout particulier.

STILE. Terme de *Pratique.* C'est la forme de procéder en justice. (Savoir le stile du Palais, du Châtelet, &c.)

* *Stile.* Manière d'agir. Conduite. Procédé d'une, ou de plusieurs personnes. Je connois le stile des nobles. Molier. *George Dandin*, a. *s.* 1.

† * *Stilé*, *stilée*, adj. Versé. Expérimenté. (Il est stilé en cela. Elle est stilée à faire telle chose.)

* *Stiler*, v. a. Instruire. Dresser. (Stiler quelcun aux afaires de Pratique, &c.)

STILET, *s. m.* Ce mot vient de l'Italien *stiletto*, C'est une sorte de petit poignard très pointu, & dont la lame est à pens. (Donner un coup de stilet. Le stilet est dangereux & l'on s'en sert pour tuer en trahison.)

STILOBATE. Voyez *Piedestal.*

Stiptique, adj. Terme de *Médecine.* Ce mot est Grec & il signifie qui a la vertu d'arrêter le sang & de resserrer. (Eau stiptique dont on a vû des effets merveilleux, on croit qu'elle est préparée avec du vitriol.)

STIPULATION, *s. f.* Terme de *Palais.* C'est une convention qui se fait entre deux personnes par laquelle l'une promet à l'autre de faire, ou de donner une certaine chose dont ils sont convenus. (Stipulation purement personnelle. Patru pla-doie 3.)

Stipuler, v. a. Terme de *Palais.* Faire une stipulation. (Nous stipulons qu'on ne nous demandera point les mille écus de nôtre vivant. Patru plaid. 3. Nous avons stipulé telle chose.)

S T O.

STOCKFICHE, *Tokfiche*, *s. m.* Les personnes qui parlent mal disent *tokfiche*, mais celles qui parlent bien, sont pour *stockfiche*, & c'est le mot d'usage. J'ai consulté là-dessus Monsieur Arnel qui est un honnête homme Suédois, de beaucoup d'érudition & qui sait parfaitement la langue Suédoise & la langue Alemande. Il m'a dit que *stok* en Alemand & en Suedois signifioit *un bâton* & *fisch* un poisson, & que le *stockfische* étoit une sorte de poisson que l'on faisoit secher, & que l'on battoit fort avant que de le faire cuire. Le *stockfiche* parmi nous est, à ce qu'on croit, une sorte de merluche, ou de moruë sèche: on l'appelle en Latin *Afillus piscis.* (Le stockfiche bien assaisonné n'est pas mauvais.)

STOICIEN, *s. m.* Mot qui vient d'un terme Grec qui signifie *portique.* C'est celui qui s'attache à la Philosophie de Zenon. (Les Stoiciens soutenoient que tous les méchans étoient fous, & ils avoient raison.)

Stoique, adj. Ce mot à raport à l'humeur, à l'esprit, à la conduite, & à la mine & veut dire *Severe.* Grave. Qui ne s'ébranle de rien. Qui a une humeur particulière. (Il paroissoit avec une gravité stoïque pour mieux déguiser sa perfidie. *Ablancourt.* Tac. Je regarde avec des yeux assez *stoïques* les libelles difamatoires qu'on a publiez contre moi. *Depreanx.*)

† *Stoïque*, *s. m.* C'est un stoïque. C'est un franc stoïque. C'est à dire, un homme qui ne s'émeut de rien; qui a une humeur singulière.

† STOLIDITÉ, *s. f.* Voyez *stupidité.*

STOMACAL, *stomacale*; *estomacal*. *estomacale*, adjet. Le bel usage est pour *stomacal*, il n'y a que quelques gens du petit peuple qui disent *estomacal*, mais il ne faut point parler comme en cela, *stomacal* signifie qui est bon pour l'estomac. [Vin stomacal. Le chocolate est stomacal. Dufour.

STORAX, *s. m.* C'est une sorte de gomme odoriférante qui sert dans les parfums. (Storax fort bon.)

STORE, *s. f.* Pièce de nate de jonc, couverte de toile, qu'on met devant les fenêtres par dehors pour se défendre de l'ardeur du Soleil. La store se fait d'une grosse toile qu'on met sur une pièce de nate en double par dehors devant les fenêtres pour empêcher que la trop grande ardeur du Soleil n'échaufe la chambre. Le mot de store est un mot écorché de l'Italien *stora*, & ce mot de store ne se dit pas ordinairement. On dit en sa place, *paillasson*, ou pour mieux dire & pour parler en Termes des Natiers, on dit, *une natte à fenêtre.* Voyez *paillasson.*

S T R.

† STRACTION, *s. f.* Prononcez *straccion.* Terme d'*Imprimerie.* Il se dit lors qu'on ôte avec la pointe quelques mots, ou quelques lignes, des formes qu'on tire, & qu'on y remet des quadrâts à la place; ce qui sert lors qu'on les doit imprimer en autre couleur.

† STRANGURIE, *s. f.* Terme de *Médecine.* Sorte de maladie qui cause une involontaire émission d'urine fort fréquente & en petite quantité, quelquefois sans douleur, & quelquefois avec douleur.

† STRAPONTAIN, *Estrapontain*, *s. m.* Lit suspendu. On s'en sert dans les Vaisseaux, & dans les païs chauds, pour se garantir des insectes.

Voyez aussi *Estrapontain.*

† STRASSE, *s. f.* Terme de gens qui travaillent en soie. C'est la bourre & le rebut de la soie.

STRATAGÊME, *s. m.* Mot qui vient du Grec & qui veut dire *Ruse* & *finesse de guerre.* [Tout ce qui se fait de grand par les Chefs n'est pas un *stratagême* s'il ne contient quelque ruse militaire. Voyez *Abl. Stratagêmes de Frontin.* Ils ne savoient s'ils se cachoient pour leur joüer quelque stratageme, Vaug. Quin. l. 9. c. 1. }

* Nous avons divers *stratagêmes*, tout prêts à produire dans l'ocasion. *Pourceaugnac*, acte premier, s. 1.

STRATIFIER, v. a. Ce mot vient du Latin & est un terme de *Chimie.* C'est mettre de diférentes matières, lit sur lit. On stratifie quand on veut purifier des métaux, des mineraux, &c. avec un sel, ou avec quelqu'autre matière. Lemeri, *cours de Chimie.*]

Stratification, *s. f.* C'est l'action de stratifier, d'arranger par lit.

† TRIBORD, *s. m.* Terme de *Marine.* C'est le côté droit du Vaisseau, à l'égard du Pilote qui est à la poupe. Le côté gauche s'apelle *Bas-bord.*

STROPHE, *s. f.* Terme de *Poësie Grèque* & *Latine.* Le mot de *strophe* vient du Grec. Il se dit en parlant des Odes Grèques & des Odes Latines & est la même chose que ce que nous apelons *stance* en François. (Les Grecs ni les Latins ne finissent pas le sens à la fin de chaque strophe. Une belle strophe.]

STRUCTURE, *s. f.* Ce mot se dit en parlant de bâtimens & veut dire *construction.* Ils mènerent le Héraut sur une tour fort élevée de situation & de structure. Vaugelas, *Quint.* l. 3. c. 1.

Beaux & grans bâtimens d'éternelle structure,
Superbes de matière & d'ouvrage divers.
Mai. Poë. l. 5.

* *Structure.* Ce mot se dit en parlant de la construction & de l'arrangement des parties du discours. C'est une certaine construction de mots où il faut ajoûter & d'où quelquefois il faut retrancher quelque chose pour la rendre juste & naturelle. (La mauvaise *structure* est un vice contre la netteté du discours, Vaug. Rem.)

† * *Structure.* Ce mot se dit des personnes, mais ordinairement en riant.

[Un mari jeune & de belle *structure*
Vous guérira, moi qui jamais ne jure
J'en jurerois. Scar. n, *poësies.*

C'est à dire, un mari jeune & *bien fait* vous guérira de tous maux.]

S T U.

STUC, *s. m.* Mot qui vient de l'Italien. *stucco.* C'est un composé de chaux & de marbre blanc bien broié & bien sasé. (Le stuc sert à faire des plat-fonds.)

STUCATEUR, *s. m.* Mot écorché de l'Italien pour dire un *ouvrier qui travaille en stuc.* Félibien *Architect.*

STUDIEUX, *studieuse*, adj. Ce mot se dit des personnes & veut dire, qui aime l'étude. Qui a de la pente à l'étude. (Il est studieux. Les personnes studieuses sont pour l'ordinaire enemis du bruit & du tracas.]

STUPEFIER, *v. a.* Engourdir, rendre immobile. Ces mots stupefier, stupéfaction & stupefactif, ne se disent qu'entre Medecins.

STUPIDE, adject. Ce mot se dit des personnes & de quelques animaux, & veut dire. Qui a de la stupidité. (Personne stupide.] Elle est stupide. L'âne est stupide. Avoir l'air sot & stupide.]

Stupide, sub. masc. Qui a de la stupidité. (C'est un franc stupide.

† *Stupidement.* adv. Ce mot signifie d'une manière stupide, mais il n'est pas en usage.

Stupidité, *s. f.* Bêtise. [Une grande, une surprenante, une prodigieuse, une étonnante, une merveilleuse *stupidité.* Sa stupidité paroit à l'air de son visage. Cette action marque la stupidité. Il y a en cela une stupidité crasse, grossière & honteuse.

S U A.

SUAGE, *s. m.* Terme de *Potier d'étain.* C'est une manière de petit ourlet sous le bord du plat, ou de l'assiette. [Suage mal fait.]

Suage. Terme de *Chaudronnier.* Manière de petite enclume pour faire les bordures.

Suage. Terme d'*Orfevre.* C'est la partie quarrée du pié d'un flambeau qu'on apelle *doucine* lorsque le pié du flambeau est rond.

SUAIRE, *s. m.* Ce mot se dit seulement en parlant de JESUS-CHRIST. C'est un drap où est imprimée la figure de JESUS-CHRIST. Le Saint Suaire. Tous les ans on montre le Saint Suaire à Besançon & on y court de toutes parts pour le voir.)

SUAVE

SUB

SUAVE, adj. Ce mot se dit quelquefois en parlant de senteur & d'odeur & veut dire, DOUX. (Fleur qui a une odeur la plus suave du monde.)

SUAVE, adj. Ce mot signifie doux & est écorché du Latin. Il ne se dit dans l'usage ordinaire qu'en riant.

(J'aurai toujours pour vous, ô suave merveille
Une dévotion à nule pareille.
Moliere, Tertufe, a. 3. s. 34.)

SUAVITÉ, sub. fem. Mot écorché du Latin qui se dit en parlant de peinture. (Dans cet ouvrage tout est plein de vie & d'une suavité toute extraordinaire. Depiles, Converfations de peinture, pag. 146. C'est à dire, L'union y est bien entendue.)

SUB.

SUBALTERNE, adj. Qui est sous un autre. Qui est inférieur à un autre. (Juge subalterne. Puissance subalterne.)

Subalterne. Ce mot se dit en parlant de certains Officiers de soldats. Ce sont les Officiers de chaque compagnie au dessous du Capitaine. Ces officiers sont les Lieutenans, les Sous-lieutenans, les Cornetes & les Enseignes qu'on apele officiers subalternes.

SUBDÉLÉGUER, soudéléguer, s. m. Quelques-uns difent soudélégué mais ils difent mal. L'ufage est pour subdélégué. C'est à dire, subftitué à la légation, à la fonction de légat. [C'est un subdélégué.

Subdélégué. Ce mot se dit en parlant de Juges & d'autres perfonnes à qui un Juge, ou un Magistrat superieur attribué la connoissance de quelque afaire. (C'est un Juge subdélégué.)

Subdéléguer, soudéléguer, v. a. Il y en a qui difent soudéléguer, mais je ne l'ai pas vû écrit. Tous ceux qui parlent bien & qui écrivent bien, disent & écrivent subdéléguer. C'est en fubftituer ; C'est en mettre un autre dans la fonction de Légat. (Le Légat exerce sa legation en France sans pouvoir subdéléguer. Voiez la Rochefla-v'in, livre 3. des Parlemens. Et il signifie auffi plus généralement attribuer à quelque personne la connoissance de quelque afaire.

Sub-délégation, s. f. Commission que donne un Légat à un autre pour agir en sa place. Commission qu'un Juge delégué donne à un autre qu'il subdélégue. (Il agir en vertu de la subdélégation de l'Intendant.)

SUBDIVISER, foudiviser, v. a. Quelques Auteurs & quelques gens qui rafinent mal fur l'ufage difent & écrivent foudiviser, mais ils les faut laisser rafiner tout seuls & parler avec la multitude des honnêtes gens. Subdiviser signifie diviser & partager une seconde fois quelque chose. (Les branches de la veine cave se subdivifent en un grand nombre de rameaux. Rohault ; Phifique, Tome 2. 4. partie, chap. 5.)

Subdivision; foudivifion, s. f. Action de subdivifer. Ifon, Traité d'Aritmétique, p. 32. écrit foudivifion, mais outre qu'Ifon n'est pas un Auteur de la première classe, l'ufage veut qu'on dise subdivifion. (On atable l'esprit par un grand nombre de subdivifions. Logique Port-Roial, 2. partie, c. 11. page 197.)

SUBGRONDE V. Séveronde.

SUBHASTER, v. a. Terme de pratique. Ce mot vient du Latin. Il signifie vendre des héritages à cri public.

Subhaftation, s. f. Vente folennelle qui se fait à cri public, à l'encan, au plus ofrant & dernier encheriffeur.

SUBJONCTIF, s. m. Terme de Grammaire. C'est le quatrième mode, ou manière de conjuger un verbe, dont les tems se mettent ordinairement après un autre verbe, ou après quelque panicule, comme. (Afin que je voie, bien que je parlaffe, après que j'aurai fait. Il veut que vous lui difiez, J'entens que vous me rendiez, &c.)

SUBJECTION, s. f. Terme de Rétorique. Elle confifte à s'interroger & à se répondre foi-même. La subjection se fait encore de plusieurs autres manières. Voiez les Inftitutions de Quintilien.

SUBIR, v. a. Soufrir. Porter patiemment. [Subir le châtiment. Abl. Il faudra qu'il subiffe interrogatoire. Le Mai. C'est à dire qu'il foufre qu'on l'interroge.

Le destin est d'intelligence
Il faudra bien subir fa fatale ordonnance.
La Suze, Poëfies.

S'il faut subir le coup d'un destin rigoureux
Je mourrai tout enfemble heureux & malheureux.
Corneille ; Cinna ; a. 1. s. 4.)

SUBIT, subite, adj. Soudain. Prompt. [Changement subit. Patru ; plaidoié 4. Mort subite. S. Cir. Courfe subite. Ablancourt.]

Subitement, adverbe. Soudainement. [Il est mort subitement, & est bien heureux de n'avoir pas été affaffiné lentement & dans les formes par les fupôts d'Hipocrate & de Galien.]

SUB 783

SUBJUGUER, v. a. Reduire sous sa puiffance. Vaincre. Donter (Subjuguer un païs, une province, une nation, des peuples. Ablancourt.)

SUBLIMÉ, s. m. Terme de Chimie. C'est une chose sublimée. (Sublimé doux. Sublimé corrofif.)

* Sublime, adj. En Latin sublimis. Haut. Elevé. (Esprit sublime. Fortune sublime.)

Sublime, s. m. Terme de Rétorique. C'est le ftile le plus élevé. Le ftile le plus haut, le plus pompeux & le plus vif. (Longin a écrit un traité du sublime & Boileau Depreaux est le prémier qui l'a traduit de Grec en François.)

Sublimation, s. f. Terme de Chimie. C'est une opération chimique qui se pratique sur les substances seches dont quelquesunes sont élevées entièrement, ou en partie vers le haut des vaiffeaux propres à la sublimation par le moien du feu gradué. Charas ; Pharmacopée.

Sublimer, v. a. Terme de Chimie. C'est faire exhaler & monter un corps sec en sorte que les parties les plus seches s'arrêtent au haut du vaisseau par le moien d'un feu réglé. (Sublimer le foufre. Sublimer le mercure. Sublimer l'antimoine en fleurs. Glaf.)

Sublimité, s. f. Hauteur. [La sublimité des choses divines. La sublimité des pensées, du ftile, du génie, de l'esprit, &c.]

SUBLUNAIRE, adj. Qui est sous la lune & dans la partie inférieure du monde. [Les choses sublunaires sont sujettes à s'alterer.]

SUBMERGER ; sumerger, v. a. Quelques-uns difent sumerger, mais mal. Tout les bons Auteurs & tous ceux qui parlent bien disent & écrivent submerger. C'est enfoncer dans l'eau. C'est englourir dans l'eau. Faire aller au fond de l'eau, [La violence des vagues les submergera tous Ablancourt.)

* Mes iniquitez m'ont submergé. Port-Roial, Pfeaumes. C'est à dire, m'ont abîmé ; m'ont perdu ; m'ont acablé.

Etre submergé. C'est être enfoncé dans les eaux. Etre englouti & enveloppé par les vagues. (Quelques-uns furent submergez du retour des vagues. Ablancourt, Tac. Annales, liv. 2.)

Submersion, s. f. L'action de ce qui submerge, qui noie & couvre d'eau. [La submersion générale faite par le Déluge.]

SUBMISSION, s. f. Ce mot ne se dit qu'en Termes de Palais, & signifie foumiffion. [Il à fait les submissions au grefe. Vaug. Rem.)

SUBORDINATION, s. f. Dépendance. [Il faut qu'il y ait de la subordination en toutes choses. Il n'y a nule subordination entre eux & c'est ce qui les perd.]

† Subordinément, adv. Par la subordination. En conséquence, par une suite & dépendance nécessaire.

Subordonner, v. a. Mettre de la subordination. [Si on veut qu'ils vivent en paix il en faut subordonner quelques uns aux autres.]

SUBORNATION, s. f. C'est l'action de suborner. Moiens dont on se sert, ou dont on s'est servi pour seduire, suborner, débaucher, sucitér, ou apoftér. [Il est constant que c'est une subornation. Elle est convaincue de subornation, & elle pourra mal paffer son tems.]

† Surborneateur. Dites & voiez Suborneur.

Suborner, verbe act. Débaucher. Séduire. Mettre dans le chemin du vice. Corrompre. Sufciter quelcun pour nuire à quelque personne. Apofter. (Suborner de jeunes filles. Suborner des témoins, Suborner des acufateurs. On subornoit des gens qui leur confeilloient de s'enfuir. Ablancourt, Tac.)

Suborneur, s. f. Celui qui fuborne. Qui débauche. Qui corrompt de jeunes gens. Qui les met dans le vice. [Ils difoient que j'étois un suborneur. Tiophile.]

Suborneuse, s. f. Celle qui fuborne. [Elle paffe pour une suborneuse. Les suborneuses font punies quand elles sont convaincues de subornation.]

SUBREPTICE, adj. Mot qui est écorché du Latin, & qui se dit en parlant de certaines matiéres de Palais. Il signifie fait par surprife. [Clause subreptice. Letres subreptices.]

Subreption, s. f. Mot écorché du latin qui se dit au Palais & en Chancelerie. C'est une surprise faite au Souverain pour obtenir une grace; [Pour fermer la voie de la subreption, il dit; Patru, plaidoié 15. p. 500.]

SUBROGATION, s. f. Terme de Palais. C'est l'action de subroger. [Subrogation dans les formes.]

Subroger, v. a. Terme qui se dit d'ordinaire au Palais, & qui vient du Latin qui veut dire, subftituer. Mettre en la place. [On l'a subrogé en la place d'un tel.]

† SUBSEQUENT, subfequente, adj. Ce mot vient du Latin, & il est peu en ufage. Il signifie, fuivant, qui vient après. Il se dit particulièrement du tems. [Les Fermiers n'ont rien gagné cette année, mais ils se recompenseront des années subfequentes. Le jour subfequent, ou plutôt, le jour fuivant.]

SUBSIDE, s. m. Sorte d'impôt qu'on leve sur le peuple pour fecourir le Souverain dans ses besoins. [Je fuis en un lieu où l'on ne parle point de subfides sur le peuple. Voiture, lettre 86.

II

Il déchargea le peuple de toutes sortes de subsides. *Ablancourt.* Il jouït de l'ancien & du nouveau subside de cinq sous pour muid de vin. Voiez le bail des gabelles, article 180.)

† *Subsidiaire*, adj. Ce mot se dit quelquefois *au Palais*. Il signifie qui est surabondant & qui vient fortifier ce qui est le principal. (C'est un moien subsidiaire.)

† *Subsidiairement*, adv. D'une maniére subsidiaire. (Cette raison n'est alleguée que subsidiairement.)

Subsistance, *s. f.* Choses nécessaires pour soutenir la vie. [Avoir soin de la subsistance des pauvres honteux. N'avoir rien pour sa subsistance. C'est de lui qu'ils ont tiré leur subsistance. *Maucroix, Schisme, l. 3.*)

Subsistance. Argent qu'on lève sur le peuple pour faire subsister les soldats dans leurs quartiers d'hiver. (Paier la subsistance. Lever la subsistance.)

† *Subsistance.* Ce mot se trouve dans Voiture, *liv. 25.* pour dire Etat, mais il est un peu vieux. [Je lui laisse à juger si je ne pourrai pas être en bonne *subsistance* aussi bien que lui.

Subsister, v. n. Etre dans la nature des choses. Etre. Demeurer ferme. (Il n'y a que Dieu qui subsiste indépendamment. Rien de ce qui est crée ne peut subsister éternellement. Tous ces superbes bâtimens qu'on admire aujourdui ne subsisteront tout au plus que quelques siécles, & le tems les détruira quelque jour. Cette Loi subsiste. La force de mon argument subsiste encore. L'arêt du Parlement subsiste. La force de mon argument subsiste nonobstant vôtre solution. Il y a des choses qui ne subsistent que dans l'imagination.)

Subsister. Avoir dequoi vivre. Gagner dequoi vivre. (Il fait le métier d'Avocat par le moien duquel il subsiste en faisant semblant d'avoir connoissance avec les Juges & trahissant ses parties. *Ablancourt, Luc.* Il gagne tous les ans cent pistoles, & c'est dequoi faire subsister un petit ménage comme le sien.)

Substance, *s. f.* Terme de *Philosophie.* C'est un être que l'on conçoit subsister par soi, & indépendamment de tout autre être créé. Ainsi un morceau de cire est une *substance* parce qu'on le conçoit subsister indépendamment de quoi que ce soit de créé. *Roh. Phis.*

* *Substance.* Ce mot se dit en parlant de *discours.* C'est tout ce qu'il y a de plus solide, de plus précis, & de plus particulier dans un discours. (Voici qu'elle étoit *la substance* de son discours. Je vous vais dire en deux mots toute *la substance* de sa harangue.)

* *Substance.* Biens. Tout le bien qu'on possède. Tout ce qu'on a pour subsister & se nourrir doucement. (Ils dévorent la substance des pauvres. *Patru, plaidoié 4.* Ils consument en douleur leur substance & leurs jours. *Patru, plaidoié 1.*)

Substantiel, substantielle, adj. Prononcez *substanciel.* Terme de Phisique, qui se dit des formes qui determinent les choses à être telles, & qu'on apelle dans la Phisique de l'école *formes substantielles.* (Quoi que l'ame soit une forme substantielle cela ne peut tirer à conséquence pour persuader que les formes des autres êtres purement materiels soient substantielles.)

Substantiellement, adv. Prononcez *substanciéleman.* D'une maniére substantielle. En substance. (Jésus-Christ est substantiellement dans l'Hostie.)

Substantif, *s. m.* Terme de *Grammaire.* C'est un mot qui se décline en François & en plusieurs autres langues avec un article & qui seul signifie une chose fixe & déterminée. (Le Ciel, l'Etoile, le Soleil sont des substantifs. Il y a des substantifs masculins & des substantifs féminins. Le substantif masculin en François est immédiatement précedé de l'article *le,* & le substantif de l'article *la.*)

Verbe substantif. Terme de *Grammaire.* On apelle ainsi le verbe auxiliaire *être* qui sert à conjuguer les verbes passifs en François & dans les autres Langues vulgaires.

Substantivement, adv. D'une maniére substantive, comme un substantif. (Les adjectifs neutres se prennent quelquefois substantivement.)

Substitut, *s. m.* Oficier qui fait la fonction de Procureur du Roi en l'absence du Procureur du Roi, qui peut servir d'Ajoint en tous les actes de Justice & qui raporte les procès sur lesquels le Procureur du Roi donne ses conclusions. Les substituts ont été erigez en titres d'Oficier l'an 1586. Voiez là dessus *les Ordonnances de Neron.* Les Procureurs du Roi des Bailliages n'étoient autrefois que les Subtituts du Procureur Général, mais depuis l'an 1586. ils sont Oficiers. Cependant au Parlement on les apelle toujours Subtiturs de Monsieur le Procureur Général. Voiez *Loiseau.*

Substituer, verbe act. Mettre une chose en la place d'une autre. (Il a pris un livre & en a substitué un autre en la place.)

Substituer. Ce mot se dit souvent en parlant de certaines afaires de *Palais.* C'est mettre un Substitut. (Les Procureurs du Roi ne peuvent aujourdui substituer depuis qu'on a érigé les Substituts en titre d'Ofice. Voiez là dessus *Loiseau, Livre prémier, ch. 15.*)

Substituer. Terme de *Droit.* Faire une substitution en faveur de quelcun. (Il a substitué une terre de dix mille écus à l'aîné des enfans mâles de sa famille.)

Substituer en, s. f. Terme de *Palais.* Il vient du Latin *substitutio.* Prononcez *substitucion.* C'est l'institution d'un héritier qui est faite au second degré, ou à quelqu'autre degré que ce soit. (Une substitution favorable, légitime, réelle, infinie, graduelle, conventionelle, contractuelle, perpétuelle, de mâle en mâle, d'aîné en aîné. Substitution commune, pupillaire, réciproque, &c. Les Romains ont introduit la Substitution. *Le Maît. pl. 38.* Faire une Substitution en faveur de quelcun. La Substitution va expirer. pl. 12. La Substitution qui est faite par un contrat de Mariage est contre le Droit Romain, mais elle est reçue par nos Coutumes, plaidoié 38.

Subtendante, ou *soutendante, s. f.* Terme de *Géometrie.* C'est la ligne qui est oposée à un angle, qui le soutient, &c. Voiez *soutenir,* Terme de Géometrie.

Subterfuge, *s. m.* Mot tiré du Latin, Echapatoire, excuse fine & adroite qu'on donne à une personne. (C'est un subterfuge.)

Subtil, *subtile,* adj. En Latin *subtilis.* Qui a de la subtilité. (Docteur subtil, *Pas. l. 4.* Nous avons ici de nos Péres qui sont très subtils. *Pas. l. 4.*)

Subtil, subtile. Fait avec adresse ; avec dextérité ; avec souplesse. Promptement. (Le tour est subtil.)

Subtil, subtile. Terme de *Philosophie.* Il se dit des corps, & signifie, délié, mince, léger. Le vent élève les parties les plus subtiles de la poussiére. (Les Esprits animaux sont si subtils qu'ils sont imperceptibles à la vue. On tire par la distilation ce qu'il y a de plus subtil dans les corps ; dans le vin & dans d'autres liqueurs. La lumière est très subtile. La matière subtile est la cause des éfets les plus considérables dans les choses naturelles.)

Subtil, subtile. Il se dit encore des sens & de leurs organes. (Avoir la vuë & l'ouïe fort subtiles.)

Mal-subtil. En termes de *Fauconnerie.* C'est une maladie de l'oiseau qui est toujours afamé quoi qu'on lui donne toujours à manger.

Subtilement, adject. D'une manière subtile. (Répondre, disputer, s'expliquer subtilement. Cela est dit subtilement.)

Subtilement. Avec adresse. Avec dextérité. D'une maniére agile. (Cela s'est fait subtilement.)

Subtiliser, verbe neutre. Rafiner sur quelque chose. Pointiller sur quelque chose. Chercher à reprendre & à trouver à dire.

Quoi que sur tout vôtre esprit *subtilise*
On vous connoit & vous n'étes qu'un sot
En bon François.
Voit. Poes.

De quoi vous avisez - vous de subtiliser sur nôtre acte. *Patru, plaidoié 6.*)

Se subtiliser, v. n. Devenir subtil. Se rendre plus subtil. (L'esprit de vin se subtilise par des distilations réiterées. * Les Esprits se subtilisent tous les jours.)

Subtilité, subst. fem. Qualité de ce qui est subtil. (La subtilité de l'air, des parties de feu & de lumière est inconcevable.)

Subtilité, s. f. Action vive & subtile de l'esprit sur quelque sorte de sujet. (La trop grande subtilité est une fausse délicatesse, & la véritable délicatesse est une solide subtilité. *M. de la Roche-Foucaut.*

* *Subtilité.* Tour d'adresse. Sorte de finesse. Manière d'agir fine, rusée & subtile. (C'est une subtilité que vous ne saviez pas encore. Il a des subtilitez où l'on ne connoit rien.)

Subvenir, *v. n.* Ce mot n'est bien usité qu'à *l'infinitif,* & il signifie venir au secours. Aider. Secourir. (Subvenir à la nécessité de quelcun. *Vau. Rem.*

Subvention, s. f. Ce mot n'est usité qu'en *termes de Finances.* C'est un droit qu'on impose sur des marchandises, ou qu'on exige de quelque Province pour subvenir aux nécessitez de l'Etat.

Subversion, *s. f.* Ruïne. Perte. Renversement. (Ils n'oserent contrevenir à cette ordonnance quoi qu'ils vissent qu'elle alloit à la subversion de leurs loix. *Vaugelas, Quint. liv. 10. chap. 2.*

† *Subvertir,* verbe act. Renverser. Détruire. Mettre en désordre. (Subvertir les loix d'un Etat. Subvertir un Empire.)

S U C.

Suc, *s. m.* Ce mot se dit des *plantes* & il est à leur égard ce que le sang est à l'égard des animaux. C'est une substance liquide qui faisant une partie de la composition des plantes, communique aux autres parties ce qui leur est nécessaire pour leur accroissement. (Le suc sort quelquefois de lui même & quelquefois il est tiré par incision. Suc. aqueux, vineux, resineux, gommeux, doux, aigre, aimer, odorant, &c.)

Suc

SUC

Suc. Ce mot se dit des *viandes* & signifie *Substance*, ce qu'il y a de plus suculent dans quelque viande. [Aliment de bon suc & de bonne nourriture.]

Suc. Il se dit aussi des vapeurs, ou des humiditez renfermées dans la terre. Les minéraux & les métaux se forment des vapeurs & des sucs qui se condensent dans la terre.

Suc. Ce mot au figuré signifie ce qu'il y a de meilleur en quelque chose. [Tirer le suc & la moëlle d'un livre qu'on a lû.]

Succeder, *v. n.* Je succede. J'ai succedé. C'est entrer en la place, en la charge d'un autre. Monter & être élevé à la dignité d'un autre. [Alexandre âgé de vint ans succéda à son Pere. *Ablancourt, Ar. 1.*]

Succeder. Ce mot signifie aussi hériter de quelcun après sa mort. [Un fils succéde à son pere. C'est le plus proche parent & le plus habile à succéder.]

* **Succeder.** Venir après. (Il est cruel de voir une guerre civile succeder à une guerre étrangére. *M. le Président Cousin, Hist. Rom.*]

Succeder. Réüssir. [Cette afaire lui a bien succedé. *Vaugelas Remar.*]

Successeur, *s. m.* Celui qui succéde & entre en la place d'un autre. [*Successeur* glorieux. On dit qu'Auguste adopta Tibere & en fit son successeur à l'Empire afin qu'on le regretât après sa mort & qu'on eut de l'aversion pour Tibere.]

Successif, successive, *adj.* Qui vient immédiatement après. [Mouvement successif.]

Successivement, *adv.* Tour à tour. L'un après l'autre. [Toutes ces choses sont arrivées successivement & en sort peu de tems.]

Succession, *s. f.* Tout ce qu'on hérite d'une personne. [Une bonne, une grande, une considérable succession. Il a eu une bonne succession. Il lui est arrivé une succession de mille écus. Accepter la succession. Renoncer à la succession. Le Mai. Partager la succession. Succession chargée de dettes.]

Succession de tems. C'est à dire, Suite & cours de tems, de jours, d'années & de siécles. [Cela se fera par succession de tems. Cette faveur me fera nommer bien heureuse dans la succession de tous les siécles. *Port-Roïal ; Cantique de l. Vierge.*]

Succession. Suite de personnes qui succédent les uns aux autres. [Les successions des Empereurs, des Rois, des Papes, &c.]

Succession. Terme d'*Astronomie.* Il se dit de l'ordre & de la suite des signes du Zodiaque pris selon le mouvement des Planétes d'Occident en Orient ; d'Aries en Taurus, en Gemini, &c. [Une Planéte qui va selon la succession des signes s'apelle directe ; mais quand elle va, ou paroit aler contre la succession des signes ; on la nomme rétrograde.]

Succés, *s. m.* Réussite. [Succés heureux ; malheureux. Il a eu de sa négociation tout le succés qu'il en pouvoit espérer.]

Succin, *s. m.* Mot qui vient du Latin *succinum* & qui signifie *ambre.* Espece de bitume formé d'une exhalaison aerienne, grasse & pure, élevée au dessus de la mer, ensuite coagulée & desséchée par le Soleil & poussée par les flots au bord de la mer, où on le trouve, & c'est de cette exhalaison que le succin a sa couleur plus, ou moins belle ; selon que cette exhalaison est plus ou moins pure. [Succin blanc. Succin noir. Succin jaune. Préparer le succin. Distiler le succin. Le succin blanc est le plus estimé. Voiez là dessus *Charas, Pharmacopée ; & Meuve, Dictionnaire Pharmaceutique.* Voiez aussi le mot d'*Ambre.* Lettre *A,* colonne *Amb.*]

Succint, succinte, *adj.* Bref. Court. En peû de paroles. [Discours succint. Harangue succinte. Lettre fort succinte.]

† * Dîné fort succint. Soupé fort succint ; c'est à dire, soupé & dîné fort minces.

† * Son bien est fort succint. C'est à dire, il a peu de bien.

Succintement, *adv.* En peu de paroles. Briévement. [Il a dit fort succintement ce qu'il avoit à dire. S'expliquer succintement.]

Suceptible. Voiez *susceptible.*

Sucer, *v. a.* Tirer à soi par le moïen de l'haleine le suc de certaines choses en mettant à la bouche la chose dont on veut avoir le suc, la substance, ou la moële. [Sucer un os.

Le Dieu Mars m'engendra d'une fiére Amazone,
Et je suçai le lait d'une fiére lionne.
Desmarais, Visionnaires, a. 1, s. 1.]

* **Sucer.** Il se dit au figuré. Sucer des opinions avec le lait, c'est à dire, les aprendre dès l'enfance.

† * **Sucer.** Tirer d'une personne ce qu'on en peut tirer. L'épuiser, la ruiner à force de lui prendre quelque chose. [Il vous sucera jusqu'au dernier sou. *Moliere.* Les Procureurs & les Maltotiers sucent les gens jusques aux os.]

SUC

Susciter, susciter, *v. a.* L'un & l'autre s'écrit, mais on prononce *sucité.* Produire. Mettre en avant. Inciter. Exciter. Faire naitre (On peut tuër les faux témoins qu'il sucite contre nous. *Pasc. l. 7.* Susciter des querelles, des procés. Susciter des afaires à une famille. *Abl.* Dieu leur a sucité un Prophéte de leur païs. *Maucroix, Shisme, l. 2.*)

Succomber, *v. a.* Ne pouvoir tenir. N'en pouvoir plus. N'avoir pas assez de force pour résister. Etre acablé, abatu, vaincu. (Succomber à ses maux. *Arnaud.* Succomber ous le faix de la misere. *Abl.* Nous voïons tous les jours des victorieux sucomber sous l'avarice. *Ablancourt, Retor.* Il est ataqué trop vigoureusement, il faut qu'il sucombe. Il se fera infailliblement sucomber s'il l'ataque.]

Sucoter, *v. a.* Sucer peu & à diverses reprises. [Cet enfant ne mâche pas encore la viande, il ne fait que la sucoter.]

Sucre, *s. m.* Espéce de moële spongieuse ; pleine de suc ; douce & blanche qu'on tire de certaines cannes hautes de sept ou huit piez qu'on apelle cannes à sucre qu'on trouve aux Indes, aux Canaries, à Madére & ailleurs. Ensuite on fait cuire cette espece de moële, on la rafine & on la forme en pain qu'on apelle *pain de sucre.* (Sucre rafiné. Sucre commun. Sucre Roïal. Sucre Candi. *Sucre rosat.* C'est un composé de roses & de sucre. Le sucre est chaud & sert de sel. (Voïez pain.)

Sucre d'orge, *s. m.* C'est une composition de Sucre & d'eau d'orge bouillie, que les Confiseurs forment en petits bâtons, pour ceux qui ont la toux, ou la poitrine foible, ou qui sont entachez du poumon. (Le Sucre d'orge est bon pour ceux qui ont peine à cracher des flegmes, il les détache, il les fait on les jette dehors sans peine & avec moins de violence. User de sucre d'orge.)

Sucré, sucrée, *adj.* Cela se dit des choses où il y a du sucre. [Cela n'est pas assez sucré. Fraises trop sucrées.]

Sucré, sucrée. Qui a le goût du sucre. [Melon sucré.)

† * **Sucré, sucrée.** Ce mot est usité en raillant & plaisantant lors qu'on parle des filles & des femmes on dit. (Elle fait la sucrée. C'est à dire, la modeste & la retenuë.)

On dit aussi des *paroles sucrées* & emmiellées.

Sucrer, *v. a.* Mettre du sucre sur quelque chose. Sucrer des fraises. Sucrer du fromage à la crême. Sucrer des pommes, &c.)

Sucrerie, *s. f.* C'est le lieu où l'on recueille, cuit, prépare & afine le sucre. [Il y a des sucreries en Amérique & en Europe.]

Sucrieres, *s. f.* Toutes choses sucrées. Patisserie composée de sucre & de choses douces. (Les sucreries sont chaudes. Manger des sucreries. Les sucreries déchaussent les dents quand on en mange trop.)

Sucrier, *s. m.* Ouvrage d'orfévre, ou de potier d'étain composé d'un corps, d'un fond & d'un couvercle qui est formé en dôme & qui est proprement percé de petits trous, au travers desquels passe le sucre qui est dans le sucrier. Un sucrier bien fait.]

Sucrin, sucrine, *adj.* Sucré. Qui a le goût du sucre.) Melon sucrin, ou sucrine.]

Sucube, *s. m.* Diable qui prend la figure d'une femme pour habiter avec un homme. Celle qui permet qu'une personne de son sexe prenne avec elle les privautez qu'un mari prend avec sa femme.]

Suculent, suculente, où succulent, succulente, *adj.* Ce mot se dit des choses qu'on mange & veut dire Exquis. Excellent, Plein de bon suc. (Un potage suculent. Soupe suculente. Nouriture suculente.)

SUD.

Sud, *s. m.* Terme de *Mer & de Géographie.* C'est la partie du monde qui est au midi. C'est le vent du Midi. C'est le vent qui soufle du Midi au Septentrion ; & qui est chaud & humide.

Sud-Est. Terme de *Mer & de Geographie.* C'est l'un des huit vents principaux. C'est le vent qui tient le milieu entre l'Orient & le Midi. *Sud-Est* signifie aussi l'endroit qui est entre le Sud & l'Est.

Sud-Ouest. Terme de *Matelot & de Géographie.* C'est un vent qui tient le milieu entre le Midi & l'Occident. *Sud-Ouest* signifie aussi l'endroit qui est entre le Sud & l'Ouest.

Sudorifique, *adj.* Il vient du Latin. Terme de *Médecine.* Qui provoque la sueur. (Remede sudorifique.) On dit aussi un *sudorifique, s. m.* [Les sudorifiques donnez à propos font de grands éfets.]

SUE.

Suelte. Terme de *Peinture* qui vient de l'Italien *suelto,* & qui veut dire agile & de taille dégagée.

Sué, *s. f.* Ce mot entre en quelque façons de parler basses & proverbiales. Exemples: Il a eu une ju teuse sué ; c'est à dire, il a été fort mouillé. Il a eu la sué. C'est à dire, il a eu peur.]

SUF

† Suée, *s. f.* Ce mot entre en quelque façons de parler basses & proverbiales. Exemples. *Il a eu une furieuse suée*, c'est à dire, il a été fort mouillé, *Il a eu la suée*. C'est à dire, il a eu peur.]

Süer, *v. n.* Jetter la süeur par les pores. [Süer à grosses goutes. Faire süer un malade. Il süe sitôt qu'il marche un peu fort.] Süer la verole.

* Süer, Travailler beaucoup. [Il dit que c'étoit une marque qu'Alexandre feroit tant de belles actions que les Poëtes süeroient pour les chanter. *Ablancourt.* Ar. l.1. c.5. Je süois sang & eau. *Racine Plaideur*, a.3. s.3.)

Il se dit quelquefois en riant & *au figuré*. * Les baleines de la mer Atlantique *süoient* à grosses goutes en vous entendant nommer. *Voit. l.145.*

Süeur, *s. f.* Excrément humide de la troisiéme coction sortant par les pores de la peau en forme d'eau. C'est aussi une süeur tout ce qui sort à force de chaleur & d'une violente agitation par les pores de la peau. [Une süeur chaude, froide. Provoquer les süeurs. *La Chambre.*]

* Süeur, Peine. Travail. Fatigue. [Ce reste infortuné, le seul prix, & la récompense de tant de süeurs a jusques à trente six exceptions. *Patru*, *plaidoïé* 4.]

SUF.

Suffire, *v. n.* On se sert de ce verbe comme d'une maniére d'impersonnel, & il signifie *avoir ce qui est nécessaire pour vivre*. Etre content. Etre satisfait. (J'ai peu de choses & le peu que j'ai me sufit.]

S'il est vrai que vôtre époux
Est impuissant & jaloux
Cela vous doit bien *sufire*,
Vous êtes vierge & martire.

† *Sufisance*, *s. f.* Ce mot signifie *Abondance honnête* & qui sufit, mais en ce sens le mot de *sufisance* est bas, & à moins que de l'acompagner de quelque épitete qui le relève on ne s'en sert pas. (J'en ai ma *sufisance*. Cette expréssion est fort basse, & pour mieux parler on dira, *j'en ai autant qu'il m'en faut.*]

Sufisance. Ce mot se dit en Terme de Téologie en parlant de la grace, & il signifie. *Pouvoir sufisant.* [Suposé que tous les hommes aient des graces sufisantes, il n'y a rien de si facile que d'en conclure que la grace éficace n'est pas nécessaire puisque cette nécessité exclurroit *la sufisance* qu'on suposé. *Pascal* , l.2.]

* *Sufisance.* Orgueil. (Sa sufisance le rend ridicule.)

Sufisance. Ce mot signifie *Doctrine.* Erudition. Sience , thais il y a des gens qui ne l'aiment pas en ce sens à cause qu'il fait équivoque. Cependant comme il se trouve dans de bons Auteurs, on ne le peut raisonnablement condanner. (Il est illustre par sa *sufisance*. *Patru* 4. plaidoié.)

Recevez cet avis de ma sincérité
On parle assez souvent de vôtre *sufisance*
Mais on ne parle point de vôtre probité.
Gon. Epi. l.2.

Sufisant, sufisante, adj. Qui sufit. [Ils l'apellent *grace sufisante* parce qu'elle seule sufit pour agir. *Pascal*, l.2. Tout le monde a des graces sufisantes pour un tel marché, *Pascal*, l.6. Disposition sufisante. Port-Roial, Nouveau T. sament. Ces discours étoient plus que sufisans pour les empêcher de faillir. *Ablancourt.*]

* *Sufisant, sufisante.* Orgueilleux. (Je n'ai jamais vu d'homme plus sufisant. C'est un petit sufisant.)

Sufisant, sufisante. Ce mot joint avec le verbe *faire*, signifie Habile & capable. (Il fait le sufisant.)

Sufisamment, adv. Assez. Prononcez *sufizamam.* (Il est sufisamment instruit de toute l'afaire. Il est sufisamment recompensé. C'est un article qui n'est pas sufisamment éxaminé. *Maucroix , vie de Campege.*)

† * *Sufisamment.* Avec orgueil. Orgueilleusement. [Il parle fort sufisamment.]

Sufocation, s. f. Mort soudaine qui arrive par faute de respiration. (C'est une véritable sufocation.)

Sufocation de matrice. C'est un engagement de gorge, qui vient des fumées de la matrice & qui presse tellement qu'il semble qu'on étrangle. (Elle a une sufocation de matrice. Elle est incommodée d'une sufocation de matrice.)

Sufoquer v. a. Etoufer. [La trop grande quantité de vin & de viande dans l'estomac *sufoque* la chaleur naturelle. Sufoquer une personne.]

Sufragant, sub. m. Terme d'Eglise. Evêque qui dépend d'un Archevêque. [Monsieur l'Evêque de Châlons en Champagne est sufragant de Monsieur l'Archevêque de Reims.]

Sufrage, s. m. Voix qu'on donne dans les délibérations & en matière d'élection qu'on fait de certaines personnes. (Compter sur le sufrage de quelcun. Faire fonds sur le sufrage de

SUG

quelcun. Donner son sufrage à quelcun. Refuser son sufrage à quelcun. *Ablancourt.* Etre seur du sufrage d'une personne.)

Sufumigation, s. f. Terme d'Apoticaire. Ce sont des médicamens externes préparez & faits d'une decoction de racines, de fleurs, & de semences propres dont on fait recevoir la vapeur, faisant asseoir le malade sur une chaise percée. (Préparer une sufumigation. Le sufumigations arrétent ou provoquent les ordinaires des femmes.)

Sufusion, s. f. Terme de Médecine. Il vient du Latin, & signifie *épanchement.* Il se dit particulièrement du sang & de la bile, qui s'épanchent par tout le corps & qui paroissent sous la peau. (Une sufusion de sang. La jaunisse est une sufusion de bile.)

SUG.

Suggerer, v. a. Dire. Soufler à quelcun. (Elle prononçoit par une farbacane tout ce que les inventeurs de cette fraude lui suggeroient. *Maucroix*, *schisme*, l.2.)

Suggestion, s. f. Ce mot se dit d'ordinaire en Terme de Palais. C'est une impression frauduleuse. Le mot de *suggestion* en parlant du diable signifie aussi *Tentation. Solicitation.* (La suggestion est claire. Elle est fort bien prouvée. Acuser un testament de suggestion. *Patru*, *plaidoïé* 3. J'ai écrit & qu'il m'a commandé, non point par malice, mais par une suggestion diabolique.

SUI.

Suie. Partie terrestre & volatile qui s'élève du bois par l'action du feu, & qui s'atache ordinairement au tuïau de la cheminée. (La suie est noire. La suie est amère. Quand la cheminée est trop pleine de suie, le feu s'y prend. La suie sert à la teinture. La suie qu'on tire des fourneaux des Verciers sert aux Peintres. On dit d'une chose fort amère, qu'elle est amère comme de la suie.)

Sujet, s. m. Vassal. Celui qui dépend de quelque Souverain. Celui qui est sur les terres d'un souverain. [Celui qui commande ne plait jamais à tous ses sujets. *Cousin Histoire*, *Romaine*. Il n'est pas honorable à un Prince d'être haï de ses sujets. *Ablancourt.* Philipe de Valois disoit que le plus grand trésor d'un Roi étoit le cœur de ses Sujets. *Abé de Choisi, vie de Phil. de Valois*, l.3.]

Sujet, s. m. Matière de discours. Matière de quelque ouvrage d'esprit. [Le sujet de sa harangue étoit beau. Il a choisi un sujet qui lui donnera lieu d'étaler son érudition. On ne sauroit extrèmement plaire sur les sujets qui sentent l'instruction.]

Sujet, s. m. Ocasion Matière. Lieu. [Ne laisser aucun sujet de mécontentement. *Abl. Ar.* l.1. c.4. Eviter tout sujet de plante. *Memoires de M. la Roche-Foucaut.* Jamais la critique ne demeure court, ni ne manque de sujet de s'exercer. *La Fontaine, Contes.*]

Sujet. Ce qui reçoit une chose & qui en est comme le fondement. Ce à quoi une chose est atachée. (La bonté est aimable en tous les sujets où elle se rencontre. *Voiture*, *lettre 22.*)

Sujet, s. m. Terme de *Logique.* C'est le mot qui précéde le verbe qui fait la liaison des termes d'une proposition. Exemples. (*Socrate étoit sage, Socrate* est le *sujet* de la proposition, *étoit* en est la *liaison & sage l'atribut.*]

Sujet, sujette, adj. Qui est acoutumé. (Les Ecrivains qui font de gros livres & en grand nombre sont sujets à se méprendre. *Patru, Urbanistes.* Les Poëtes, lors que leur fureur les quite, sont sujets à faillir comme les autres. Je n'écris rien qui soit sujet à être interpreté. *Voit. let.22.* Elle est sujette à se mettre en colère.)

Sujet, sujette. Ce mot se dit en terme de *Manège. Tenir un cheval sujet*, c'est tenir la croupe du cheval dans le rond de la voite.)

Sujet à maladie. C'est à dire, qui est maladif. Qui est d'ordinaire malade. On dit *Sujet à la colique, &c.*

Sujétion, s. f. Servitude. Prononcez *sujécion*. C'est à être, Atache, Atachement. Application servile. (Haïr la sujétion. Personne au fond n'aime la sujétion. J'ai suivi mon original sans m'y atacher avec trop de sujétion. *Flech. Comm. Préf.*)

Suif, s. m. Graisse de mouton, de beuf, ou de vache que le boucher fond & qu'il vend aux chandeliers pour faire de la chandelle & aux corroieurs pour travailler leurs cuirs. (Voila de bon suif. Fondre le suif. Dépécer le suif. Termes de *Chandelier.* Faire prendre le suif au cuir. *Termes de Corroieur.*)

Suivre, ou suïver, v. a. Terme de Mer. Prononcez *suiver.* C'est donner le suif à un vaisseau. On *suive* un navire depuis la quille jusques à la ligne de l'eau. (On dit indiféremment. [Donner le suif à un vaisseau, ou suiver un vaisseau.])

SUI

A la Suisse, adv. Ce mot signifie à la maniére de Suisse. [Etre habillé à la Suisse.]

* *A la Suisse.* Mots qui entrent dans quelques façons de parler burlesques & triviales. Par exemple on dit, [Rêver à la Suisse. C'est rêver, & cependant ne rêver à rien. Cotin, de l'Academie Françoise, dans un petit écrit intitulé *Ménagerie*, qu'il a composé à l'honneur de l'illustre Ménage, a dit, ce galand homme a fait contre moi une épigramme de dixhuit vers, que je nomme, à cause de sa bigarure, *une épigramme à la Suisse.* Voiez *Ménagerie*, p.1.]

Suite, *s. f.* Gens qui acompagnent un Prince. Gens qui acompagnent quelque grand Seigneur. [La suite de l'Ambassadeur étoit leste. La suite du Prince est fort belle. Avoir une suite magnifique.]

* *Suite.* Dépendance. Liaison. Enchainement. [Une chose, la plupart du tems, est la suite & la dépendance d'une autre. *La Fontaine, Contes.*]

* *Suite.* Ce qui resulte & ce qui suit d'une chose. Consequence. [Prendre garde aux dangereuses suites de quelque maxime. *Pasc. livr. 4.* Discours qui tire après lui de fâcheuses suites. *Le Comte de Bussi.*]

* *Suite.* Ce mot en parlant de paroles & de discours veut dire Tirade. Enchainement. (Une longue suite de mots. *Voiture liv. 37.*]

Suite. Ce mot se dit en parlant du tems. [Se prévaloir d'une chose dans la suite du tems. *Mémoires de M. de la Rochefoucaut.*]

Suite. Il se dit encore en parlant de choses disposées par ordre & par rangs. [Une longue suite d'aïeux. Une suite de colonnes. Une suite de medailles.]

Suite. Continuation de quelque ouvrage. [La suite de Baronius. La suite de l'Astrée, &c.]

De suite, adv. De rang. Ces livres sont rangez de suite.

Ensuite. Après. [On parlera en suite.]

Tout de suite, adv. Sans discontinuation. Tout d'un même tems. [Il s'en va au Palais & *tout d'une suite* il s'en ira aux autres lieux où il a des afaires.]

Suivant. Voiez *plus bas*.

Suiver. Voiez *Suifver*.

Suivre, v. a. *Je sui, j'ai suivi, je suivrai. Que je suive. Je suivisse, je suivrois. Suivant.* Aller après. (Les laquais suivent leurs maîtres.]

* *Suivre.* Ne pas quitter. S'atacher. [Suivre son original. Suivre son patron. Suivre un parti. *Ablancourt.*]

* *Suivre.* S'atacher à quelque personne, ou à quelque chose qu'on personifie. [Suivre la Muse est une erreur bien lourde. *Cotin, Ménagerie.* Qui vous suit une fois, vous suit toute sa vie.]

* *Suivre.* Ce mot se dit entre Docteurs & veut dire, Etre de l'avis de quelque fameux Docteur, ou autre personnage célèbre dans quelque sience. [On est en sureté de ce côté-là en suivant un Docteur grave. *Pascal livre 6.* On peut suivre cette opinion en sureté de consience. *Pascal livre 6.*]

Suivant, suivante, adj. Qui suit. Qui est après. Qui acompagne. [Elle est Demoiselle suivante. Il marcha le jour *suivant* contre l'ennemi. *Abl. Ar. l. 2.*]

Suivant d'Apollon, s. m. Ces mots sont plus en usage au pluriel qu'au singulier, & ils se disent plaisanment pour marquer un homme de belles lettres, un Poète, ou quelque bel esprit de cette maniére. [*Le magnum & inane Sophos est le partage des fidelles suivans d'Apollon, & non pas de ceux de Minerve.* Costar lettres, Tome 2. On apelle *Suivans de Minerve*, les hommes d'étude qui s'atachent aux choses solides, & qui leur peuvent non seulement donner la réputation d'hommes sages & savans, mais dequoi subsister avec gloire. [Ces mots *de Suivans de Minerve,* & *de Suivans d'Apollon* se disent en riant & dans le stile enjoüé & goguenard.]

Suivans. Préposition qui régit l'acusatif, & dont quelquesuns font scrupule de se servir à cause de l'équivoque. *Suivant* signifie la même chose que *selon*. (Si quelqu'un tombe en faute, qu'elle soit punie *suivant* l'ordre de la Supérieure. *Patru, pl. 15.* Suivant le genie de la nation qui domine en lui, il atendoit le bénéfice du tems. *Memoires de M. de la Roche-Foucaut.* L'amour suivant nos peines, mesure nos plaisirs.)

Suivant que. Sorte de *conjonction* qui veut dire *selon que.* [Nous avons acoutumé de rechercher les choses *suivant que* la volonté se porte à les désirer.]

† *Suivante, s. f.* Demoiselle suivante. Une fine, adroite, jolie & agréable suivante. Une spirituelle suivante. Le jeune homme ne paroissoit pas sans esprit ; la suivante n'oublioit rien pour lui rendre de bons ofices. *S. Evremont, Matrone d'Ephese.*]

Pour faire en peu de tems des progrès sur son cœur, & n'est
Engage la suivante à servir son ardeur.)

SUL

Sulfureux, Sulphureuse, ou *sulphureux*, se. adj. Il vient du Latin. On se sert de ce terme en Chimie, c'est à dire, plein de soufre. (Faire évaporer les parties sulfureuses de l'Opium.) On dit aussi quelquefois, *sulfuré, sulfurée*, au même sens.

Sulpice, *s. m.* Nom d'homme. Sulpice Sevère a fait en Latin un abrégé de l'Histoire Ecclésiastique.)

Sultan, *s. m.* C'est le grand Seigneur. Le fils du grand Seigneur. [On mena le jeune Sultan à la Mosquée, on lui mit l'épée au côté & on le proclama Empereur dans tout l'Empire Otoman. *Briot*.]

Sultane, s. f. La Dame que le grand Seigneur a épousée qu'on apelle *Reine Sultane*. (La Reine Sultane est fort belle.)

Sultanin, s. m. Sorte de monnoie de Turquie.

SUM

Sumac, *s. m.* Ce mot est Arabe. C'est une sorte d'arbre semblable au petit Cormier, qui porte un fruit rouge & astringent.

Sumerger. Voiez *submerger*.

SUP

Supente, *s. f.* Terme de *Bourrelier*. Ce sont trois bandes de cuir cousuës & jointes ensemble l'une sur l'autre, larges de quatre doigts ou environ qui servent à suspendre la carosse. Quelques Bourreliers disent *surpente, suspente* & *soupente*, mais ils disent mal. Les plus habiles du métier que j'ai veu disent tous *supente*, la raison est pour eux & j'y suis aussi. On dit [Racommoder une supente. Le carosse est suspendu par quatre supentes.]

† *Superbe, s. f.* Ce mot signifie *Orgueil*, mais plusieurs le condamnent & ne le peuvent soufrir substantif que dans la bouche des Prédicateurs. Et en éfet pour une personne qui se servira du mot de *superbe*, il y en aura deux cens qui l'éviteront & qui emploiront en sa place le mot *d'orgueil.* (Lucifer ce monstre de superbe fut précipité dans les enfers.)

Superbe, adj. Ce mot signifie *Plein d'orgueil*. Plein de fierté. Orgueilleux, & se dit des choses & des personnes. (Alexandre reçut des lettres de Darius conçuës en termes si *superbes* qu'il s'en ofensa. *Vaug. Quin. l. 4. c. 1.* Elever aux grans Dieux de superbes autels. *Le Président Cousin, Histoire Romaine.*)

Superbement, adv. Avec orgueil. Fiérement. (Une personne qui a de l'honnêteté & tant soit peu de monde ne parle ni ne répond superbement.)

Supercherie, s. f. Tromperie. (Il n'est pas aisé de faire une supercherie dans une dispute. *Abl. Luc.*)

Même il soutient qu'on peut en certain cas
Faire un serment plein de supercherie.
La Fontaine.

Supérogation. Voiez *Surérogation.*

Superfetation, s. f. Terme de *Médécine*. Nouvelle génération, qui arrive lors que la mére de quelque animal conçoit en divers tems, & porte divers fétus d'inégale grosseur. Elle arrive dans les femmes, mais plus souvent à quelques bêtes, comme aux truies, aux liévres, &c.

Superficie, s. f. Surface. C'est une étenduë qui a une longueur & une largeur, mais qui n'a point de profondeur. C'est le dessus & comme la face des choses qui se voit extérieurement. On dit. (La superficie de la terre. La superficie des eaux. Superficie plane, courbe, convexe, concave, &c.)

* *Superficie.* Teinture légére ; connoissance légére de quelque art ou de quelque sience. (Si on se donnoit la peine de voir de près ceux qu'on estime Savans ; on découvriroit bien que la plupart de ces Messieurs ne sont que des Doctes ignorans & qu'ils ne savent que la *superficie* des choses, & encore fort mal, le plus souvent.)

Superficiel, superficielle, adj. Qui est en la superficie. [Partie superficielle.]

* *Superficiel, superficielle.* Qui n'est pas profond. [La plupart des gens se contentent des connoissances superficielles.)

Superficiellement, adv. D'une manière superficielle. Légérement. D'une manière qui n'est pas profonde. [Toucher une chose superficiellement.]

[* On se donne à tous superficiellement selon leur prix. *Le Chevalier de Meré.* Il parle de tout, mais il en parle fort superficiellement.)

Superfin, adj. Ce mot se dit entre *Tireurs d'or*, & n'est usité qu'au masculin, & veut dire *Trés-fin*. Trait superfin.]

Superflu, s. m. Ce qu'on a de trop. Ce qu'on a de reste & d'inutile. [Les Ecclésiastiques qui sont sages & vraiement hônnétes nêres gens donnent leur superflu aux pauvres. Donner l'aumône de son superflu. *Pasc. l. 6.*)

Superflu, superfluë, adj. Qui est de reste. Inutile. Qui ne sert de rien pour la nécessité. (La plupart des hommes ne s'estiment riches que par la quantité de choses superfluës qu'ils possèdent, mais la plupart des hommes ne sont pas fort sages aussi.)

Superfluité, s. f. Trop grande abondance. (Il y a une grande superfluité de toutes choses chez les partisans.)

SUPERIEUR, *s. m.* Chef. Le premier, & celui qui a l'autorité & la direction. (Le Superieur des Péres de la Mission est un bon Ecléfiastique.)

Supérieure. C'est la Religieuse qui a soin de la direction du Couvent. C'est celle qui gouverne en qualité de Chef. & qu'on apelle Madame la Superieure, ou la Mére Superieure. [Madame la Superieure prend les voix des Méres diseretes. *Patru, plaid.* 16.)

Supérieur, Supérieure, adj. Qui est le prémier. Qui est au dessus des autres. (Le Pére Superieur. la Mére Superieure.)

Superieur, Superieure. Qui est plus élevé. Qui est plus absolu & qui a droit de commander à tout ce qui lui est inférieur. (Ordre superieur. Dignité superieure. Degré superieur.) On dit la partie superieure de l'âme, qui comprend la raison, & on l'opose à la partie inférieure, qui est l'apetit sensitif.

Superiorité, s. f. Avantage qu'on a par dessus les autres, qui est de comander, de diriger, & de gouverner. [Il n'a fait dans la maison aucun acte de superiorité.]

SUPERLATIF, *s. m.* Terme de Grammaire. C'est un nom adjectif qui augmente la signification d'un mot autant qu'elle peut être augmentée en prenant avec soi la particule *très*, ou *fort*, ou en prenant la particule *plus* immédiatement devant soi, précédée de l'article *le* ou *la*. [Il est tres-savant. Elle est fort belle. C'est *le plus* galant homme de la Cour. C'est la plus belle femme du monde.]

Superlativement, adv. Dans le degré superlatif. [Loüer quelcun superlativement.)

SUPERNUMERAIRE, *adj.* ou *Surnumeraire.* Ce mot est Latin, & veut dire qui est au delà du nombre, qui excede le nombre. Qui est de plus qu'il ne faut. [S'il se trouve des files supernumeraires, on en forme des rangs à la queuë de la division. *Martinet, exerc. pour l'Inf. p. 63.*]

SUPERSTITIEUX, *superstitieuse, adj.* Il vient du Latin *superstitiosus.* Qui a de la superstition. Prononcez *superstiçieux.* (Esprit superstitieux. Peuple superstitieux. Culte superstitieux. Les pratiques superstitieuses sont deffenduës par la Loi de Dieu, s'atacher à des observations vaines & superstitieuses. *Thiers, des superst. c.* 1.)

Superstitieux, s. m. Qui est attaché à la superstition, & qui par des maniéres contraires au culte de Dieu, choque son Créateur & la vraie Religion.) Il y a des Conciles qui ont condamné le superstitieux à jeuner un mois en prison. *Thiers, de la superstition, ch.* 4.)

Superstitieusement, adv. Avec superstition. Prononcez *superstitieuseman.*) Agir superstitieusement)

Superstition, s. f. Prononcez *superstiçion.* Culte vain & ridicule. Curieuse & vaine observation pratiquée par les anciens & défenduë par l'Eglise. Par exemple les augures & autres choses de cette nature. (Abolir la superstition. *Abl. Tac.* Peuples adonnez à la superstition. C'est une superstition condamnable. Superstition vaine, sote, ridicule ; horrible, éfroïable ; &c. Toutes les superstitions sont fondées sur un pact tacite, ou exprés, avec le Diable. *Thiers, des superst. c.* 9. Les superstitions sont des cas reservez aux Evêques. Abjurer la superstition. *Thiers,*)

SUPLANTER, *v. a.* Mot qui vient du Latin, *supplantare.* C'est donner le croc en jambe à une personne & la terrasser.) Suplanter quelcun.)

* Charmez de la beauté qu'ils s'entendent vanter,
Et le frére & l'ami te voudroient *suplanter.*

* C'est trop de nous suplanter, & de nous suplanter avec nos propres habits. *Mol. Prét. sc.* 15.]

SUPLÉMENT, *s. m.* Mot qu'on a pris du Latin *supplementum.* Tout ce qu'on ajoute pour achever & finir un ouvrage auquel il manque quelque chose. Faire un suplément. Suivre l'ancien suplément. On pourroit se passer de ce suplément. Ce suplément se trouve dans l'Edition de N... & contient beaucoup de choses considérables. Les suplémens de Frenshemius sur Quinte Curce sont estimez. Ils ont été traduits en François par Durier ; mais ils ne sont pas si bien écrits en François que ce qu'a traduit Vaugelas. On dit en Terme de *Palais* suplément de légitime, &c.

Supléer, v. a. & *v. n.* Fournir ce qui manque. Ajoûter ce qui manque à quelque chose. (Il faut supléer ce qui manque. Supléer au reste)

SUPLIANT, *s. m.* Terme de *Palais.* Celui qui prie. (Le supliant desire que *Patru, pl.* 2. [

Supliante, s. f. Terme de *Palais.* Celle qui prie.) Elle est là en qualité de supliante.)

supliant, supliante, adj. Qui prie. Qui suplie. [Je suis supliant. Elle est supliante.)

Suplication, s. f. Priére.) Il lui a fait mille tres-humbles supliçations.]

SUPLICE, *s. m.* Châtiment que la Justice fait soufrir à une personne criminelle par la main de l'exécuteur. (La question est un suplice plus cruel que la mort. Un suplice inhumain. Un suplice qui fait horreur. *Ablancourt.*)

Suplice, s. m. Mort. Lieu de la mort. [Mener au suplice. *Abl. Ret.* Traîner au suplice. *Abl. Tac.*)

Suplice. Cruauté & inhumanité qu'on fait injustement soufrir à une personne. (Seroit-il possible que nous voulussions aller montrer à la Gréce l'horreur de nos suplices. *Vaugelas, Quin. liv.* 5. *ch.* 5.

Suplice. Peine. Châtiment.

[Helas pour mon *suplice,* il est vrai qu'en mon ame,
Je n'ai plus d'espérance & j'ai beaucoup de flame.)

Suplicier, v. a. Faire soufrir le suplice de la mort à un criminel. (On a suplicié aujourd'hui trois voleurs.)

SUPLIER, v. a. Ce mot signifie *prier,* mais il est plus respectueux que prier, & il se dit en parlant à des personnes fort élevées au dessus de nous. [Suplier le Roi, l'Empereur, la Reine, l'Imperatrice. Suplier une personne de qualité. *Vaugelas, Remarques.*]

suplier. Ce mot ne se dit point de Dieu directement. En éfet, on ne dira jamais *il faut suplier Dieu.* Je vais suplier Dieu, mais je *veux prier Dieu.* Cependant indirectement & en s'adressant à Dieu on dira tres-bien. (Je vous suplie, mon Dieu, de me faire misericorde.)

Suplique substantif feminin. Ce mot vient de l'Italien *suplica,* & se dit entre gens de Sorbonne. C'est une priére que fait un Bachelier à chaque Docteur pour être reçu dans quelque maison de la Faculté. (Jeune Bachelier qui fait sa suplique.)

Suplique. Ce mot entre Religieux signifie une requête pour présenter au Pape. (Les Religieux dressent leurs supliques.)

Suplique. Ce mot se dit en Terme de *Droit Canon.* C'est une priére qu'on fait au Pape par laquelle on lui demande qu'il lui plaise de vouloir acorder un Bénéfice vacant de droit ou de fait, ou de tous les deux ensemble. Il faut dans la Suplique que l'on fait à sa sainteté expliquer la qualité du Bénéfice, s'il est Cure ou Prieuré)

SUPORT, *substantif masculin.* Apui. Une colonne est le suport d'une voûte. Les taillandiers apellent *suport* un bâton qui sert à soutenir les branches des pincettes & les pelles à feu lors qu'ils le polissent, les éclaircissent & les brunissent.

(* *Avoir du suport.* C'est le suport de sa famille. Trouver du suport parmi les honnêtes gens.]

Suports suports, s. m. Terme de *Blason.* Plusieurs disent *suports,* mais regulièrement parlant il faut dire *suports.* Ce sont des figures peintes à côté de l'Ecu & qui semblent le suporter, comme sont de certains animaux à quatre piez, des oiseaux, ou autres qu'on représente aux deux côtez de l'écu pour s'élever d'une maniére fiére & hardie. [Il a pour suports deux lions d'or. *Col. c.* 42. Nous trouvons d'ancien usage trois sortes de termes, ou de suports des armoiries. *Minitrier, Art du Blason, c.* 9. Les armes d'Edoüard sont trois leopards & trois fleurs de lis, aiant pour suports un chien & un serpent. *Maucroix, Schisme d'Angleterre, l.* 1. *page* 104.]

Suporrable, adj. Qu'on peut suporter. Qu'on peut soufrir. (Cela n'est pas suportable. Son humeur n'est pas suportable. La chose est dans un état suportable. Je trouve cela assez suportable.)

Suporter, v. a. Soufrir. Endurer. [C'est l'éfet d'une sagesse fort rare de suporter les fautes de plusieurs personnes. *Le Président Cousin, Histoire Romaine.*)

SUPOSER, *v. a.* Il vient du Latin *supponere,* Poser pour fondement. Presuposer. Suposer suivi d'un *que* veut le subjonctif. [Suposons, que personne ne sache cela. Il supose qu'on a apris cette verité de la nature. *Pascal, livre* 34.)

Suposer. Faire une suposition mettre une chose fausse au lieu d'une vraie & l'atribuër à celui à qui elle n'apartient pas. [Une femme qui a suposé un enfant doit perdre son doüaire. Par la loi de Romulus, un mari pouvoit tuër une femme qui lui avoit suposé un enfant. *Le Maitre, pl.* 30. Suposer un testament. *Ablancourt.* Suposer un crime.]

Se suposer, v. r. Se faire une suposition à soi-même. [Qui croira que la veuve d'un si grand personnage ait osé se suposer un fils. *Patru,* 2. *plaidoié.*]

Suposition, s. f. Prononcez *suposiçion.* Elle consiste à mettre l'un pour l'autre, à mettre une chose fausse en la place d'une vraie. [On veut deshonorer par une indigne suposition tout ce qu'il y a de plus auguste dans le Roiaume. *Patru, plaidoié.* 2. On l'acusé de suposition de testament. *Talement, Plutarque, Tome* 5. Découvrir une suposition. Se plaindre d'une suposition.]

Suposition

SUP

Supofition. Fausse allégation.

Supofition. Terme de Musique. Acte qui se fait & consiste en deux notes de même valeur chantées de suite par degrez conjoints dont l'une étant dissonance suposé que l'autre est consonance. Voicz Nivers, traité de Musique.

Supositoire, s. m. Terme d'Apoticaire. Médicament externe qui est destiné pour le fondement, qui est solide, arrondi, fait en piramide de la grosseur & de la longueur du petit doigt & qui est composé de choses propres à lâcher le ventre. (Donner un supositoire à un malade.)

Supôt, Supost, sub. mas. L'un & l'autre s'écrit, mais on prononce *Supost* sans faire sentir la derniere *s*. Le mot de *supôt* se disant des personnes n'est ordinairement en usage que dans le burlesque, le comique, le satirique & le stile le plus familier, & il signifie; Celui qui soutient, qui apuie, qui favorise pour quelque liaison d'interêt, ou pour d'autres vûës, quelque personne ; quelque parti ou quelque corps. Celui qui étant d'un certain corps en apuie les interêts avec chaleur.

(Ici tous les Baillifs, Procureurs & Prevôts,
Suivis de leurs petits *supots*
Chargez de pains & de bouteilles
Font des harangues nompareilles.
Sarasin Poësies, à Madame la Princesse de Condé Douairiere.

Sans lois & sans police,
Sans craindre Archers, Prevôts, ni *supots* de Justice.
Dépreaux, Sat. 8.)

C'est à dire sans aprehender aucun homme de Justice, aucun de ceux qui sont du corps des Gens de Justice. On dira aussi fort bien en riant. La plûpart des *supots* de l'Université sont des animaux indécrotables. On dira de même les *supots* d'Hipocrate & de Galien, tuënt impunément les gens, pour marquer les Médecins, les Chirurgiens & Apoticaires, à qui le corps humain est en proie.)

Supot de Satan. Mots satiriques pour dire *scélerat. Méchant.*

SUPREMATIE, *s. f.* Terme dont on se sert en parlant des afaires d'Angleterre. C'est le droit que le Roi y a pour la direction des afaires Ecléfiastiques.

SUPREME, *adj.* Il vient du Latin *Supremus.* Le plus haut. Le plus éminent. (On lui a rendu les honneurs suprêmes. Etre élevé à la suprême puissance. Au suprême degré.)

SUPRESSION, *s. f.* Il vient du Latin *supressio.* Ordre de ne pas faire voir, de ne pas vendre ni publier. Déclaration du Roi, portant cassation d'ofice, d'Oficiers, &c. [La supression de son livre lui a abatu le courage. Résoudre la supression des ofices inutiles. Ordonner la supression d'un ofice, ou charge. La supression tombe toujours sur le dernier oficier d'une compagnie. Voicz *Loiseau, Traité des Ofices, chapitre xi.*)

Supression d'urine. Pierre ou calcul qui bouche le conduit de l'urine & qui empêche que l'urine ne coule. C'est une retention d'urine. (Il est mort d'une supression d'urine.)

Suprimer, v. a. Ne pas faire voir. Ne pas montrer. Ne pas mettre en vente, ni donner au public. (Suprimer une lettre. *Vaugelas, Quin. livre 3.* Suprimer l'impression d'un livre.)

Suprimer. Casser. Abolir. (Suprimer des Oficiers de Justice. Suprimer des ofices.)

(* Il y a des Auteurs qui en faisant imprimer, *supriment* souvent le peu de réputation qu'ils ont aquis.)

SUPURATIF, *supurative, adj.* Il vient du Latin. Terme de Medecin &c. qui signifie. Qui fait supurer. Qui fait venir à supuration. (Remede supuratif.)

SUPURATION, *s. f.* Terme qui se dit entre Médecins & Chirurgiens en parlant d'abcès & de plaies, lorsque le pus en sort, ou est prêt à en sortir, (Abcès qui vient à supuration. C'est à dire, qui est prêt à supurer.)

Supurer, v. n. Ce mot se dit des abcès, des plaies & autres pareils maux. C'est jetter du pus, de la matière. (Abcès qui commence à supurer.)

SUPUTATION, *s. f.* Il vient du Latin. Prononcez *suputacion.* C'est à dire, Compte. (Faire une suputation. La suputation est éxacte, elle est bien faite.)

Suputer, v. a. Compter. (Suputer une somme. En suputant tous ces petits articles il s'est abusé, c'est pourquoi il les faut suputer tout de nouveau.)

SUR

SUR. Préposition qui régit l'*acusatif.* (Il est *sur* l'autel. S. Cir. Il est écrit *sur* le regitre. *Sur* sa parole, &c.

Sur. Cette preposition étant immédiatement précédée d'une autre n'est pas en usage, mais en sa place on se sert de *dessus.* Ainsi on ne dira pas. Il a de l'eau *par sur* la tête, mais *par dessus* la tête. *Vaugelas, Remarques.*

Sur. Cette préposition se met pour *environ.* [*Sur* le commencement du Printemps, il tira vers l'Hélespont, *Ablancourt, Ar. l. 1. c. 5.*]

Sur. Cette préposition a encore un usage élégant fort familier à Monsieur d'Ablancourt. Par exemple, (Il avoit quité le service *sur* l'aprehension de quelque mauvais traitement. *Abl. Ar. l.1.* pour dire *parce qu'il aprehendoit quelque mauvais traitement. Sur* le bruit de sa venuë, il envoia les femmes & les enfans dans un isle. *Ablancourt, Ar.* pour dire *aiant eu nouvelles de sa venuë*, il envoia, &c. Etre *sur* son départ. *Abl. Rét. l. 3. c. 1.* C'est à dire, être prêt à partir. On les oblige *sur* peine de péché mortel. *Pascal, l. Sur* peine de la vie. *Abl.*)

Sur, sure. Il se dit des fruits & signifie qui a un goût acide & qui agace les dents, (Les fruits verds sont surs.)

Sur, suri. Voicz *seur.*

SURABONDANCE, *sub. fem.* Une fort grande abondance. Excessive abondance. (Une surabondance de charité. Où il y a une surabondance de péché, Dieu a répandu une surabondance de graces. *Saint Paul, Epitre aux Romains chapitre 5.*

Surabondant, surabondante, adj. Fort abondant. Excessif. Superflu. Inutile. (Cela est surabondant.)

Surabondanment, adv. Pleinement. Entiérement. (Il y a du vin surabondamment.)

Surabonder, v. n. (La bile surabonde. C'est à dire, il y a plus de bile que d'autre humeur.)

† SURACHETER, *v. a.* Ce mot, que quelques-uns ont dit, semble n'être pas en usage. Il veut dire, acheter une chose plus qu'elle ne vaut, comme l'on dit *survendre*, c'est à dire, vendre une chose plus qu'elle ne vaut.

Suranné, surannée, adj. Ce mot se dit des choses & des personnes, & il signifie vieux, qui est passé. [Une beauté surannée. *Scaron.* Ne vous amusez point à l'éloquence froide & surannée de Platon & de Demosthène. *Ablancourt, Luc.* Surannée Damoiseau. *Moliére.*]

SURBAISSÉ, *surbaissée, adj.* Il se dit des arcs & des voûtes qui ne sont pas en plein cintre, mais qui s'abaissent par le milieu, en sorte que leur figure n'est pas circulaire, mais elliptique. On dit aussi que l'arc ou la voute sont faits *en anse de panier.*

Surbande, s. f. Terme de Chirurgien. Ce qui s'aplique par dessus les compresses. (Cette surbande ne peut plus servir.)

SURCHARGE, *s. f.* Un surcroit de charge. [C'est une surcharge qui est fâcheuse.]

Surcharger, v. a. Charger trop. [Surcharger la nature. *Ablancourt, Ar. l. 1. c. 4.* Les peuples imputent aux conseils des Ministres les impôts dont ils sont surchargez. *La Chapelle, Rélation de Rocroi.* On surcharge les viles en multipliant les Monastères des Mendians. *Fevret, de l'abus, l. 1. ch. 1.*]

SURCIS, *surcise.* Voicz *Sursevir.*

† SURCOT, *s. m.* C'est un vieux mot qui signifie une sorte de vêtement que les Chevaliers de l'étoile, instituez par le Roi Jean, portoient sous leur manteau. La letre de leur institution en parle ainsi ; Les Chevaliers, qui seront apellez les Chevaliers de nôtre Dame, ou de la noble maison de l'Etoile, porteront sous le manteau, *surcot* blanc, ou cote blanche.

SURCROIT, *s. m.* Augmentation. [Un surcroit de puissance. *Memoires de Monsieur de la Roche-Foucaut.* Voici un surcroit de compagnie. *Moliére, Précieuses.* On veut du plaisir de surcroit.

* Les querélles, procés, faim, soif & maladie
Troublent-ils pas assez le repos de la vie,
Sans aller de *surcroit* s'aviser sotement.
Moliere.]

SURDENS, *s. m.* Terme de Maréchal qui se dit en parlant des dents machelières d'un cheval. On apelle *surdens* lorsque les dents machelières viennent à croitre en dehors, ou en dedans, de sorte que le cheval voulant manger du foin, les pointes des dents qui sont crües plus hautes que les autres pincent la chair, ou la langue, sont douleur au cheval & l'empêchent de manger.

† SURDIRE, *v. n.* Encherir. *Surdisant.* Encherisseur, *surdire,* enchere. Ces mots ne sont plus en usage qu'en quelques coûtumes.

SURDITÉ, *s. f.* C'est une sorte de vice de l'ouïe qui vient de l'oreille, ou du cerveau, & qui est causé qu'on n'entend pas, ou que, si on entend, on ne sauroit distinguer les diférens sons de la voix. Il y a *une surdité naturelle*, dont on ne guérit point, & *une surdité accidentelle* qui vient de quelque maladie, ou autre chose, & cette derniere sorte de *surdité* se peut guérir. Voicz *Riverius, Praxeos Medica. l. 3. c. 1.*

Surdité, s. f. Défaut naturel, ou accidentel qui vient de l'oreille, ou du cerveau, qui ôte presque entierement la faculté d'ouïr les sons & le pouvoir d'entendre ce qu'on dit à moins qu'on ne parle fort haut. [On guérit de la surdité accidentelle, mais on ne guérit point la naturelle.

Quand le grand Trissotin l'amour des beaux esprits.

GGggg iij   veut

Veut plaindre de Sapho la *surdité* cruelle,
Il donne à sa disgrace une cause si belle.
Voiez *la Ménagerie*.)

SURDOS, *s. m.* Terme de Bourrellier. Sorte de bande de cuir, large de deux doigts qui pose sur le dos du Cheval de carosse & qui sert à tenir les trais & le reculement. Le *surdos* est aussi un morceau de cuir qui tient les deux fourreaux qui passent au travers des traits du harnois.

SUREAU, *s. m.* Arbrisseau qui croit souvent à la hauteur d'un arbre, qui a le tronc gros duquel il sort plusieurs branches, rondes, longues, droites & pleines d'une moële blanche. Le *sureau* fleurit blanc & porte sa graine en manière de grape de couleur de pourpre brun. Le *sureau* aime les lieux humides & pleins d'ombrages. Les feuilles de sureau étant cuites mangées comme des herbes potagéres purgent le flegme & la bile. *Dalechamp.*

SURÉCOT, *s. m.* Dépens qu'on fait dans un cabaret après avoir arrêté & païé l'écot. (Il y a un écu de surécot, qui est ce qui le paiera?)

SURENCHÈRE, *s. f.* Enchère qu'on fait sur une autre enchère dans les encans.

Surenchérir, *v. n.* Faire une surenchère.

SURÉROGATION, *sub. fem.* On disoit autrefois *supérérogation*. Ce mot vient du Latin. Action de faire plus qu'on ne doit dans les œuvres de pieté. (C'est une œuvre de surérogation.)

Surérogatoire, *adj.* Qui est au delà de ce qu'on doit. (Une œuvre surérogatoire.)

† SURET, *surette*, *adj.* Diminutif de *sur, sure*. Un peu sur & acide.

SURETÉ, Voiez *seureté*.

SURFACE, *s. f.* Longueur & largeur sans profondeur. Etenduë de deux dimensions, longueur & largeur. *Port Roial, Elemens de Géométrie*. (Surface plate. La Surface de la terre est interrompuë par quantité de lacs, de riviéres & de mers. Voiez *Superficie*. C'est la même chose.

SURFAIRE, *v. a.* Ce mot se dit en parlant de marchands & signifie, Demander trop de sa marchandise. (Surfaire trop ses denrées.)

SURFAIX, *s. m.* Sorte de tissu pour sangler un cheval de selle. (Mettre le surfaix à une selle.)

Surfeuille, *sub. fem.* Terme d'Agriculture. Espéce de petite membrane qui couvre le bougeon d'un arbre, & qui ne s'ouvrant que peu à peu, n'y laisse entrer le Soleil, le vent & la pluïe que par degrez & selon que la plante en a besoin.

SURGEON, *s. f.* Petit sion que pousse un arbre, particuliérement quand il pousse par le pié.

* *Surgeon*. Il se dit au figuré, de quelque décendant d'une maison illustre, qui la fait refleurir par son mérite. (C'est un illustre surgeon de ces grandshommes.)

SURGIR, *v. n.* Ce mot est un Terme de Mer, mais il est vieux & en sa place on dit d'ordinaire *mouiller l'ancre, jetter l'ancre* ou *mouiller*. (Nous vinmes *surgir* à un tel port. On diroit presentement *nous vinmes mouiller* à un tel port. *Surgir* au figuré & en vers se dit encore.

SURHAUSSER, *verb. adj.* Terme d'Architecture. Surhausser une voute, c'est l'élever au delà de son plein cintre. (On surhaussoit les voutes Gotiques & aujourdui on les surbaisse.)

Surhausser. Il se dit en parlant de monnoies. C'est hausser le prix des monnoies au delà du juste prix taxé par le Prince.

Surhaussement, *subst. masc.* L'action de surhausser. (Le surhaussement d'une voute. Le surhaussement des monnoies.)

SURJET, *s. m.* Terme de *Tailleur*. C'est une couture ronde & élevée qui se fait à de certaine besogne comme à des bas de chausses. (Un surjet bien fait. Un surjet mal fait. Savoir bien faire un surjet. Rabatre des doublures à surjet de manteau ou de casaque.)

Surjetter, *v. a.* Terme de *Tailleur*. Faire quelque surjet. (Surjetter un bas de chausse. Bas de chausse fort mal, ou fort bien surjetté.)

SURINTENDANCE, *s. f.* Charge de Surintendant. [On lui a donné la Surintendance du Languedoc.]

Surintendant, *s. m.* Oficier considerable qui a l'œil sur une compagnie de gens qui s'apliquent tous à une certaine chose, ou à une afaire particuliére. Ainsi on dit. (Monsieur Fouquet a été Surintendant des Finances. Monsieur un tel est Surintendant des bâtimens. Etre Surintendant de la fauconerie. Etre Surintendant de la vénerie du Roi.)

Surintendante s. f. C'est la femme d'un Surintendant. [Sallier Madame la Surintendante.]

SURLONGE, *s. f.* Terme de *Boucher*. C'est la partie du bœuf qui reste après qu'on a levé l'épaule & la cuisse, & où l'on prend les aloiaux, &c.

SURMARCHER, *v. n.* Terme de *Chasse*. C'est la même chose que *sur-aler*, on dit de *sur-soi*. Il se dit lors que la Bête revient sur ses erres, & repasse par le même lieu.

SURMENER, *v. a.* Terme de *Manége*. C'est acabler un cheval de travail. [Surmener un cheval. Cheval surmené.]

SURMONTER, *v. a.* Vaincre. Donter. Surpasser. Exceller par dessus un autre. (Surmonter ses ennemis. Il le surmonte en crédit, en richesses, en un mot en tout. Surmonter quelcun en bienfaits. *Ablancourt, Rét. l.1. c.9.* Voiez *souhaiter*.]

* *Se surmonter*, *v. r.* Se vaincre soi-même. (Il tâche à se surmonter.)

Surmonté, *surmontée*, *adj.* Terme de *Blason*. Il se dit des pieces de l'Ecu qui en ont d'autres au dessus d'elles. [Il porte de sable au chevron d'or *surmonté* d'une fleur de lis. Une face surmontée de trois roses.]

SURNAGER, *v. a. & v. n.* Nager dessus. [Liqueur qui surnage. Versez par inclination l'eau qui surnagera les cristaux. Substance subtile qui surnagera l'eau. Voiez *Glaser, Chimie, livre 2. chapitre 17.* Le soufre, dans la distilation est une substance, qui étant bien dégorgée, surnage l'esprit, le flegme & toutes les autres substances. *Charas, pharm.*]

† *Surnaitre*, *v. n.* Naitre sur quélque chose. [Branches qui surnaissent. Gui qui surnait sur un arbre.) Ce mot n'est pas en usage.

SURNATUREL, *surnaturelle*, *adj.* Qui est au dessus des forces de la nature. (Grace surnaturelle.)

Surnaturellement, *adv.* D'une manière surnaturelle. [Cela s'est fait surnaturellement.]

SURNOM, *s. m.* Nom ajoûté au nom propre. C'est aussi un nom ajoûté à celui de la parenté, ou de la famille. (Avoir un vilain surnom. Les surnoms parmi les anciens distinguoient les familles ou les branches des familles dans une même race & étoient hereditaires à tous les décendans d'une même famille.)

Surnommer, *v. a.* Donner un surnom à une personne. [On le surnomma le simple. *Patru, plaidoié 13.* Il fut surnommé le bon. *Ablancourt.*]

SURNUMERAIRE, *adj.* Qui est au delà d'un nombre fixe & certain. (Ceux qui viennent à un festin outre les conviez, sont surnumeraires. Juges surnumeraires.) On dit aussi *supernumeraire*.

SUR-OS, *s. m.* Terme de *Maréchal*. Tumeur dure & sans douleur qui croit sur l'os du canon de la jambe du cheval. [Un *sur-os* chevillé. C'est un double sur-os, l'un en dedans du canon & l'autre en dehors.]

SURPAIER, *v. a.* Paier une chose plus qu'elle ne vaut, acheter trop cher. (On fait souvent surpaier les choses à des gens qui en ont besoin, ou qui ont une grande envie de les avoir.)

SURPASSER, *v. a.* Exceller par dessus un autre. Passer. [Ciceron a surpassé tous les Orateurs de son tems. Il surpassoit en taille & en beauté tout le reste des Barbares. *Vaug. Quin. l.9. c.1.*]

SURPEAU, *s. f.* Petite peau déliée qui est étenduë sur toute la peau & qui la couvre par tout le corps. *Deg.* [La surpeau est écorchée.]

SURPENTE, *s. f.* Terme de *Mer*. Cordage qu'on roule autour d'une piece d'artillerie pour la soutenir quand on veut la transporter.

SURPLIS, *surpelis*, *s. m.* L'un & l'autre s'écrit & se dit de deux, ou de trois silabes. C'est un vétement court de toile blanche; embéli souvent de dentelles, qui est à manches ouvertes & volantes & qui est commun à tous les ordres du Clergé. Clerc revétu de son surplis. *Godeau, discours de la tonsure, p.198.* Aux processions ils sont en surplis & en habit clérical. *Patru, plaidoié 15. p.197.*

SURPLUS, *s. m.* Ce qui est de plus. Ce qui reste de plus. [Paier le surplus. Donner le surplus.]

Pour le surplus. C'est à dire, Du reste. Outre cela. [Pour le surplus ils avoient deux enfans. *La Fontaine, Contes.*]

SURPOIST, *s. m.* C'est la raclure que les Corroïeurs tirent de leurs cuirs imbibez de suif, lors qu'ils leur donnent la derniére préparation. [On se sert de surpoist, pour rétablir la corne du pié des chevaux, quand elle est usée.]

SURPRENANT, *surprenante*, *adj.* Ce qui surprend, émeut & ravit l'esprit, pace qu'il ne s'y atendoit pas. [C'est une nouvelle surprenante. Une avanture rare & surprenante. Il est surprenant de voir avec qu'elle opiniatrité il se défend.]

SURPRENDRE, *v. a. Je surprens. J'ai surpris, je surpris.* C'est prendre à l'impourvû. Prendre quand on ne s'y atend pas. [Ils tâcheront de nous surprendre en faisant des courses imprévues. *Consin.* La nuit nous surprit. *Abl.*]

* *Surprendre*. Tromper une personne sans qu'elle ait le tems de se reconnoitre. Abuser. Décevoir. Jetter dans l'erreur. [Il surprend les simples par des oracles trompeurs. *Abl. Lur.*]

* *Surprendre*. Etonner. [La nouvelle de la mort de son Amant la surprit tout-à-fait.]

Surpris, *surprise*, *adj.* Pris à l'impourvu. Etonné. [Personne extrémement surprise. Esprit fort surpris.

* Les autres surpris de la nuit demeurérent par les chemins. *Abl. Rét. l.4. c.5.*]

* *Surprise*, *s. f.* Tromperie. Tricherie. Fourberie. [Se garder de surprise.]

* *Surprise*, *s. f.* Etonnement. Trouble. [La surprise est extrême.]

Ah! ma foi me voilà de son trouble éclairci.

Sa surprise à présent n'étonne plus mon ame.
Moliere, Cocu, sc. 9.

* Surprise. Méprise.) Tomber dans une surprise: Eviter une surprise. *Roch. Phil.*

Sur quoi. C'est à dire sur laquelle chose. Terme de *Palais.*

Sursaut, *f. m.* Ce mot n'entre guère que dans des façons de parler prises adverbialement & signifie *surprise promte & comme d'assaut.* Ataque inopinée. (Ce fut pour la belle un terrible sursaut. *Benserade, Rondeaux p.* 137.)

En sursaut, *adv.* Inopinément. Avec étonnement. Tout aussi-tôt. (S'éveiller en sursaut. Se lever en sursaut. Prendre en sursaut. *Ablancourt.*)

Surséance, *s. f.* Mot qui se dit en Terme de *Palais.* C'est le tems pendant lequel on ne fait aucune poursuite. Sorte de délai. (On lui a accordé une *surséance* de deux mois. Obtenir une surséance d'un an. *Abl.*)

* Quel est l'Heraclite qui ne donnât quelque moment de *surséance* à sa gravité & à sa tristesse, lisant ses vers *Lettre au Pere Adam*, p. 8.)

Sursemer, *v. a.* Semer une nouvelle graine sur une terre qui est déja semée. (On sursème souvent de menus grains parmi le bon blé.)

Surseoir, *v. a.* Je *surseds, tu surseds, il sursed, nous sursoions. J'ai sursis. Je surseerai.* C'est à dire, Suspendre. Diferer. Retarder. (On sursit le jugement de la cause. *Maucroix, Schisme d'Angleterre, l.* 1. Surseois le jugement d'un procès. *Le Mai.* L'élection fut sursise. *Abl.*)

Sursis, sursise, *adj. Sursis, sursise, subst.* Diferé, retardé. (Son suplice fut plutôt sursis que son crime ne fut pardonné. *Vaug. Q. C. l.* 7. *ch.* 1. Paiment sursis. Assemblée sursise.)

Sursolide, *adj. s. m.* Terme d'Algebre. C'est la quatriême puissance de quelque nombre, ou la quantité que ce soit puisse pour racine, en sorte que cette racine multipliée quatre fois de suite par elle-même, le dernier produit s'apelle sursolide. Par exemple, le nombre 2. étant pris pour racine, si on le multiplie par 2. le produit 4. est un nombre quarré; c'est la premiere puissance, 2. multiplié par 4. fait 8. nombre cubique, qui est la seconde puissance; 8. multiplié par 2. fait 16. nombre quarré-quarré, qui est la 3. puissance; & 16. multiplié encore par 2. fait 32. nombre sursolide, qui est la 4. puissance Agisant de même sur 2. pris pour racine, le sursolide sera 243. & ainsi des autres.

Surtaux, *s. m.* Taux injuste, & qui excede ce qui doit être imposé à quelcun. (Faire juger un surtaux.)

Surtaxer, *v. a.* Taxer trop haut. (Surtaxer un contribuable à quelque imposition.)

Surtout, *s. m.* Mot nouveau. C'est une grosse casaque, ou un juste-au corps qu'on met en hiver sur les autres habits.

Surveillant. Celui qui surveille. Qui prend garde. Qui a l'œil sur une chose afin qu'elle se fasse avec soin. (La discipline reguliere a besoin de surveillans. *Patru plaidoié* 5.)

Surveiller, *v. n.* Avoir l'œil sur quelque chose afin que tout aille bien, & que tout s'observe avec soin & avec exactitude. (Surveiller aux afaires de l'Etat.)

Survenant. Voiez plus bas après *Survenir.*

Survendre, *v. a.* Vendre plus qu'il ne faut. Vendre trop. Je *survends, je survendrois, j'ai survendu, je survendis,* (Survendre de la marchandise. Denrée survendue.)

Survenir. Je *survien, je survins, je suis survenu. Je survien-drai.* Ce verbe est *neutre-passif,* & signifie *Arriver inopiné-ment* & lors qu'on ne s'y atend pas. Venir sur les entrefaites & pendant que d'autres font, ou se metrent en train de faire quelque chose. (Les maladies surviennent lors qu'on y songe le moins. Il lui est survenu une asez plaisante afaire. Il est survenu lors qu'on étoit à table & sa présence a augmenté la joie de la compagnie.)

Survenant, *s. m.* Gens qui surviennent sur les entrefaites & sans qu'on songe en eux, & qu'on ne les atende. (Dans toutes les bonnes tables il y a toujours quelque couvert pour les surve-nans.)

Survenu, survenuë, *adj.* Qui est venu inopinement & lors qu'on ne s'y atendoit pas. (Procès survenu. Afaire survenuë. Maladie survenuë.)

Survenuë, *s. m.* Personnes qui sont survenuës lors que d'autres étoient en train de faire quelque chose. (A la santé des surve-nans & des survenus.)

Survente, *s. f.* Vente trop chère. Vente excessive. (Il y a en ce la de la survente. La survente est excessive & est trop forte.)

† **Survêtir,** *v. a.* Vêtir un habillement par dessus un autre. Il ne se dit guère que dans les Sacrifices. (Survêtir une chasuble. Il Il étoit survêtu de son surplis.)

Survie, *s. f.* Vie plus longue que celle d'une autre personne. (Il perd tout ce qu'il devoit prendre dans la dote en cas de survie. *Patru, plaid.* 9. p. 253.)

Survivance, *s. f.* Terme de *Palais.* C'est une grace que le Roi acorde à celui qui a un ofice, par laquelle l'oficier en cas de mort asure de son vivant la charge, ou son ofice à son heritier, ou à quelque autre. (On conferre l'ofice par le moien de la *survivance,* qui a été apellée de ce nom parce qu'elle fait *survivre* l'ofice, ou la charge après la mort de l'oficier, &

fait passer l'ofice de sa charge à son heritier. Il y a de plusieurs sortes de survivance. Il y a une survivance générale, une simple survivance, une survivance jouïssante. Survivance reçuë. Une survivance en blanc, Dès l'an 1559. Les Rois acorderent quelque survivance à de certains oficiers ; mais Charles neu-viême en 1569 par édit permit de resigner les ofices quand on le trouveroit bon, pourvu qu'on lui paiât promtement la va-leur du tiers de l'ofice, & c'est ce qu'on apelle survivance gé-nérale *Loiseau, l. v. c.* 12.)

La simple survivance. C'est quand on résigne l'ofice à une certai-ne personne, non pas purement & pour en jouïr promtement, mais seulement au cas que cette personne survive le Résignant. En un mot. C'est une donation de l'ofice à cause de mort, qui ne peut avoir son éfet qu'après la mort ou la résignation vo-lontaire du Résignant.

La survivance reçuë. C'est lors que le Résignataire est reçu dans la charge, du vivant du Résignant.

Survivance jouïssante. C'est lors qu'il est permis par lettre au Résignant & au Résignataire d'exercer l'ofice tour à tour, ou à l'absence l'un de l'autre.

Survivance en blanc. C'est une sorte de survivance générale & indéfinie qui est expédiée en blanc, ou en termes généraux & sans qu'elle soit conçuë sous le nom d'aucune personne.

(Le Roi donne, acorde & révoque quand il lui plaît les survi-vances. Etre reçu à survivance. Faire recevoir quelcun en sur-vivance. Avoir la survivance. Obtenir la survivance. Il étoit du Régiment des Gardes en survivance de son père.)

Survivancier, *s. m.* C'est celui qui a la survivance de quelque ofice.

Survivant, *s. m.* Celui qui survit. (Il passe agréablement la vie entre les verres & les pots, & se moque de ses heritiers, aux survivans les detes, il a raison.)

Il se dit particulierement de celui qui vit après un autre avec qui il a quelque rélation. (Les dons & les Testamens mutuels se font au profit du Survivant.)

Survivre, *v. n.* & *v. a.* Ce verbe régit le *datif,* ou *l'acusatif. Je survis. J'ai survécu. Je survivrai, & je survêquis.* C'est vivre d'avantage qu'un autre.) Il a survêcu à tous ses parens, & il a survêcu de quatre, ou cinq mois le trente Octobre. *Patru, plaidoié n. p.* 169. Les Femmes des Bramines croient que c'est une honte à une honnête femme que de survivre à son mari. *Hist. des Bramines, ch.* 19.)

SUS.

Sus. Sorte d'interjection qui sert à exhorter. (*Sus, sus.* Chantons tous-ensemble, dançons, sautons. *Moliere, Pourceaugnac. Sus, sus,* enfans, qu'on empoigne la coupe. *Saint Amant.*)

Susceptible, *susceptible,* adj. On écrit l'un & l'autre, mais le plus ordinaire c'est *susceptible* qu'on prononce sans faire sentir la seconde s. Le mot de *susceptible* signifie Capable de recevoir. (Etre susceptible de discipline.)

† **Susception,** *s. f.* Ce mot est écorché du Latin. Prononcez *Suception.* Il se dit rarement. (La susception des Ordres sa-crez.)

Suscitation. Voiez *Suscitation.*

Susciter. Voiez *Susciter.*

Suscription, *s. f.* Ecriture qu'on met sur quelque lettre, ou sur quelque paquet. Adresse qu'on écrit sur quelque lettre, ou sur quelque paquet qu'on envoie. Le mot de *suscription* est François, toutefois dans le discours ordinaire on dira plutôt *dessus* ou *adresse de lettre-ou de paquet* que *suscription.* La suscription de cette lettre est si mal écrite qu'on ne la sauroit déchifrer, ou plutôt le *dessus de cette lettre* est si mal écrit qu'on ne le peut déchifrer.)

Susin, ou *suzain, s. m.* Terme de Marine. C'est un pont brisé, ou une partie de tillac qui regne depuis la Dunette jusqu'au grand mât.

Suspect, *suspecte,* adj. Ce mot se dit des choses & des person-nes. Qui est soupçonné. De qui on a soupçon. (Juge qui est suspect. *Vaugelas, Remarques.* Elle est suspecte à ma partie *Le Maitre.* Cela m'est suspect. *Ablancourt.* Discours suspect d'artifice & de tromperie *Depreaux.* C'est ce qui me rend sus-pect aux Perses. *Abl. Rétorique, l.* 3. *ch.* 1. Etre suspect en quelque chose. *Pascal, lettre quatriéme.* Le silence de ces bons Peres m'est fort suspect. *Pascal, Lettres.*)

Suspendre, *v. a.* Je *suspen, j'ai suspendu, le suspendrois, je sus-pendrai.* Que je *suspendisse. Je suspendisse. Je suspendrois.* Est soulever & tenir attaché. (Suspendre en l'air. Voiture, lettre 91 Suspendre un écrouële. C'est en tenir le corps un peu suspendu par le moien des suspentes. On dit que la Terre est comme sus-pendue en l'air. Oiseau qui se tient longtems suspendu en l'air.)

* *Suspendre.* Tenir en suspens. Tenir dans une agréable suspen-sion. (Les Poëtes épiques & dramatiques doivent suspendre agréablement l'esprit.)

* *Suspendre.* Il se dit encore au figuré, & signifie. Arrêter pour quelque tems. (Suspendre son jugement. Suspendre pour quelque tems l'exécution d'un Edit. Etre suspendu entre la crain-te & l'espérance. Etre suspendu & irrésolu dans le choix qu'on doit faire.)

* *Suspendre.* C'est interdire à quelcun pour un tems les fonctions de la charge. (Suspendre quelcun de son ofice.)

Suspendu

SUS

Suspendu, suspenduë, adj. Qui est soulevé en l'air. Tenu en l'air. Soulevé & ataché à quelque chose. (Carosse suspendu.)

* *Esprits agréablement suspendus.* C'est à dire, tenus dans une agréable & ingénieuse suspension.

* *Suspendu de son office*, de sa charge. C'est à dire, interdit de sa charge pour quelque tems.

En suspens, adv. En doute & dans l'incertitude. (Elle est en suspens, & ne sait ce qu'elle doit faire. Chacun est en suspens, de l'issuë de cette dispute. *Ablancourt, Lucien, Jupiter le tragique.* Leur esprit demeure en suspens entre l'évidence de la verité qu'ils ne peuvent démentir & le devoir de la charité qu'ils apréhendent de blesser. *Pascal, lettre, 15.*)

Suspense, s. f. Terme d'Eglise. C'est une censure par laquelle un Ecclésiastique en punition de quelque faute considérable, est privé de l'exercice de son ordre, & de son bénéfice Ecclésiastique en tout, ou en partie pour un tems. *Pinson, Traité des bénéfices.* (Etre en suspense.)

Suspension, s. f. Ce mot se dit en parlant *d'offices & de charges.* C'est une interdiction pour peu de tems. Nous ordonnons à nos Juges que les réglemens donnez en nôtre Conseil seront observez par tout à peine de suspension de leur charge.]

Suspension d'armes, s. f. Ces mots se disent en parlant de gens assiégez & assiégeans. C'est faire défense aux soldats sur peine de la vie de tirer, de faire aucun acte d'hostilité & d'abandonner tous les travaux préjudiciables à ceux avec qui ils ont guerre. (Faire une suspension d'armes. La suspension d'armes n'a pas duré long-tems.)

Suspension. Terme de *Rétorique.* Figure qui consiste à suspendre agréablement l'esprit des auditeurs & à leur dire en suite des choses qui les surprennent avec plaisir. (La suspension est propre pour amplifier, mais il faut en user avec discrétion & principalement en François.)

Suspensoire, adj. Terme d'*Anatomie.* Il se dit de certains muscles qui servent à tenir suspenduës certaines parties intérieures du corps. (Il y a des muscles suspensoires pour les testicules & pour la matrice.)

Suspicion, s. f. Mot écorché du Latin qui veut dire *soupçon,* & qui ne se dit qu'en Termes de *Palais* & même il ne s'y dit guére, & ça sa place on se sert ordinairement du mot de *soupçon.*

Sustenter, v. a. Ce mot n'entre guére dans le beau stile, & signifie *Entretenir & Soutenir.* (N'avoir pas dequoi sustenter sa pauvre vie.)

SUT.

Suture, s. f. Terme d'*Anatomie* qui est écorché du Latin & qui se dit en parlant de la *tête.* C'est une jointure des os du crane, semblable à une couture, qui se fait en deux façons : l'une en forme de scie, ou de dents de peigne, quand le bord des os est fait en scie, dont les dents entrent l'une dans l'autre; la seconde, en forme d'ongle, dont l'une couvre l'autre. Celles-là s'apellent sutures vraies, & celles-ci, sutures fausses. Le crane a trois sutures vraies, la *coronale,* qui est sur le devant & en arc. La *sagittale,* qui est droite, & la suture *lambdoïde,* qui est sur le derriere. Les deux sutures fausses s'apellent *temporeles,* & elles bornent les os des temples.

Suture, s. f. Terme de *Chirurgien.* C'est une réunion des parties molles quand elles sont divisées, qui se fait par le moïen d'une éguille & d'un fil. C'est une couture qui rejoint les parties molles lorsqu'elles sont divisées & séparées contre nature. Quand on panse les plaies du ventre & des boïaux, on a besoin d'y faire des sutures.) Il se dit aussi de la marque de la cicatrice qui reste à la place où l'on a fait une suture. [Il a été blessé en cet endroit, & l'on en voit encore la suture.)

SUZ.

Suzanne, s. f. Nom de femme. [Suzanne fut solicitée & calomniée par deux vieillards.]

Suzerain, suzraine, adj. Ce mot se dit de certaines Seigneuries telles que sont les Comtez, les Marquisats & les Duchez & on apelle proprement Seigneurie *suzeraine*, la dignité d'un fief aïant justice en propre. Voiez *Loiseau, Traité des Seigneuries, chap. 4.* [Ceux qui possédent des Seigneuries suzeraines se peuvent qualifier hauts & puissans Seigneurs.]

Suzon, s. m. Nom de fille qui veut dire *petite Suzanne.* [Suzon est fort belle ; & sa beauté la fera bientôt marier. Suzon est un peu trop éveillée.]

T

T, Lettre de l'Alphabet qui est une manière de *Substantif masculin* qu'on prononce *té.* (Faire un grand T. Faire un petit *t*.)

T. Cette lettre se prononce souvent comme un *C,* quand elle est immédiatement suivie d'un *i* qui est acompagné d'une voïelle, ainsi on prononce *action, redemption,* & plusieurs autres mots comme s'ils étoient écrits *accion, redempcion.* Qu'exepté de

cette régle, les mots qui se terminent en *ie,* comme *partie, sortie, rotie,* &c. On en excepte aussi le pronom *tien, tienne.*

T. Les noms qui finissent en *ment, ent,* ou *ant* perdent la lettre *t* au pluriel. Ainsi *sentimens, bien-faisans* sont à leur pluriel, *sentimens, bienfaisans,* & non pas *sentimens, bienfaisants.*

TA.

Ta, Ta, Ta, Mots imaginez pour exprimer qu'une chose se faisoit vite, ou qu'on parloit vite. (*Ta, ta, ta,* cela fut fait en un moment. *Ta, ta, ta,* voilà bien instruire une afaire. *Racine, plaideurs, acte 3. scène 3.*)

Ta. Voiez *Ton.*

TAB.

Tabac ; tabac, s. m. Il faut dire *tabac* & jamais *tabac.* Le mot de *tabac* vient de l'Espagnol *tabaco.* C'est une sorte de plante qui a les feuilles longues & larges, & les côtes grosses où on s'acommode pour s'en servir diversement. Cette plante a été aussi nommée *nicotiane,* de Nicot, qui est l'Auteur d'un Dictionnaire François fort bon, & qui en 1560. étant Ambassadeur en Portugal pour Sa Majesté tres-Cretienne envoïa cette plante en France. (Tabac en côtes. Tabac en feuilles. Tabac en corde. *Tabac en poudre.* C'est quelque partie de la plante nommée *tabac* qui est pulverisée. *Tabac de jasmin.* C'est du tabac en poudre où l'on a mêlé du jasmin. *Tabac musqué.* C'est du tabac en poudre où l'on a mêlé un peu de musque. Le tabac est le seul encens de Bachus. *S. Amant.* Il n'est rien d'égal au tabac, & qui vit sans tabac n'est pas digne de vivre. Le tabac réjouit & purge le cerveau, & il inspire des sentimens d'honneur & de vertu à tous ceux qui en prennent. *Mol. Festin de Pierre, a. 1. sc. 1.* D'autres, au contraire disent que le tabac en fumée gâte le cerveau & fait venir le crane noir. Ceux qui prennent du tabac par excés sont sujets à perdre l'odorat.)

Tabatière, s. f. Sorte de petite boîte où l'on met du tabac en poudre. (Une jolie tabatière. Une tabatière bien faite. Une belle tabatière. Il y a des tabatières à ressort, qui sont fort propres.)

Tabellion, s. m. Ce mot ne se dit qu'en termes de *Pratique.* C'est celui qui grossoie les actes, mais à Paris les Notaires & les Tabellions ne font qu'une même fonction. (C'est un Tabellion fort habile, & qui sait qu'il ne peut faire aucun acte valable hors de son ressort. Anciennement à Rome les Tabellions ne signoient point en la minute. Voiez *Loiseau, traité des Offices, l. 2.*)

Tabernacle, s. m. Ce mot en parlant de l'ancienne Loi. C'étoit la maison de Dieu & le lieu où il étoit présent & d'où il parloit à Moïse. Voiez la description du tabernacle dans l'*Exode chapitre 26. & 27.* Mais aujourdui on apelle *tabernacle* la partie de l'autel où l'on met le ciboire. (Un fort beau tabernacle.)

La fête des tabernacles, ou *des cabanes.* C'est une fête des Juifs qui dure neuf jours, & qu'ils célébroient au mois de Septembre.)

Tabide, adj. Ce mot vient du Latin, & est un Terme de *Médecin.* Il se dit de ceux qui sont malades de phtisie, ou qui y ont quelque disposition.

Tabis, s. m. Sorte d'étofe de soie faite par ondes, qui sert à faire des jupes, & des doublures. [Tabis fort beau. Tabis verd. Tabis noir, gris, blanc, cramoisi ; incarnat.

Et s'il vient prés de vous en Raminagrobis
Marchander votre cœur pour dentelle, ou *tabis,*
Refusez ces présens. *Sar. Poësies.*

Tabiser, v. a. Faire en forme de Tabis. [Tabiser une étofe.]

Tablature, s. f. Piéce de musique qui est écrite sur un papier, qui est tirée à cinq, ou six lignes & qui est en notes, en chifres, ou en lettres de l'alphabet pour servir à aprendre la musique vocale, ou instrumentale. (Voilà de la tablature pour la guitarre, pour le luth, pour le tuorbe & autres instrumens. Enseigner par tablature. Donner leçon de guitarre par tablature. Faire de la tablature. Entendre la tablature. Mettre en tablature. Savoir la tablature.

† * *Tablature.* Ce mot se dit au figuré. *Donner de la tablature à quelcun.* C'est lui donner de la peine & des afaires.

* *Il donnera de la tablature à tous les maîtres de sa profession,* C'est à dire, il les instruira ; il est plus habile qu'eux.

Table, s. f. C'est ordinairement un composé de bois où on met au bout, ou au milieu d'une chambre, ou d'une salle, qui est soutenu de piez, ou de tréteaux & sur quoi on met le couvert, & en suite les viandes. Il y a diverses sortes de tables. Des tables rondes, quarrées. Table plainte. Table de cuisine. Mais quand les tables ne sont pas de bois, on marque toujours en parlant, la matiére dont elles sont composées. Ainsi on dit une table d'argent. Une table de pierre. Une table de marbre. Voïez plus bas ces derniers mots *table de marbre.* (S'mettre à table. Etre à table. Sortir de table, Se lever de table. *Tenir table ouverte.* C'est recevoir à sa table les honnêtes gens qui y viennent manger. *Tenir table.* C'est être long-

On sert la table en vermeil doré. Sa table n'est servie qu'en vaisselle d'or. *Vaug. Q. Curce, l. 8. c. 8.*)

Table. Ce mot se prend aussi pour une manière de petit ais de pierre ou d'airain sur lequel anciennement on gravoit les loix. Ainsi l'Ecriture dit que Dieu donna à Moise deux *tables de pierre*, où il avoit écrit ses commandemens de sa propre main. Les Loix parmi les Anciens furent gravées au commencement sur de petites tables de cuivre ou d'airain. *Vincula minantia fixa ore ligabantur.* Voiez Ovide *Metamor. l. 1.* Voiez aussi les livres qui parlent de *la Loi des douze tables*. qui étoient douze manières de petites planches de cuivre, ou de petits ais de pierre, dans chacun desquels on avoit gravé les loix, qu'on affichoit afin que tout le monde les pût lire. Ces *douze tables* contenoient un recueil des meilleures Loix d'Atènes; ce fut sous les Decemvirs qu'on fit les douze tables.

Table de livre. C'est un ordre alphabétique de toutes les matières principales d'un livre, des chapitres, ou titres d'un livre. Fai e une table des matieres. Faire une table des chapitres. Les tables d'un livre sont d'un grand secours. Chercher un mot à la table du livre.)

Table. Terme de *Mathématique.* Il se dit de plusieurs calculs dont on a besoin pour les opérations Géometriques & Astronomiques. Table des sinus, &c. Table des Logarithmes. Table des declinaisons, des ascensions, &c. Les Ephémerides sont des tables où est marquée la disposition du ciel, au midi de chaque jour.

Table d'atente. Terme d'*Architecture.* Pierre destinée pour graver quelque inscription, ou pour tailler quelque bas relief. Compartiment quarré. C'est tout ce qui se pose d'ordinaire sur des portes, ou dans des frises pour mettre des armes, des devises, ou des inscriptions. (Voilà la table d'atente. Cette table d'atente est fort belle.)

* *C'est une table d'atente.* Ces mots *au figuré* se disent des jeunes gens qui ne savent rien, ou fort peu de chose, mais qui sont propres à recevoir les bons préceptes qu'on leur voudra donner. On dira en parlant de quelcun de ces jeunes gens. (Voilà une belle *table d'atente*, pour dire qu'il ne sait rien, mais qu'il pourra aprendre.)

Table de marbre. C'est le siége du Connétable & des Maréchaux de France. Connétablie.) Messieurs de la table de marbre sont le Connétable & les Maréchaux de France qui connoissent de la milice civile, criminelle & politique.)

* *Tables.* Ce mot se dit en terme d'*Eglise.* Communion. (Dans la primitive Eglise le Diacre avertissoit les communians d'être Saints, s'ils vouloient aprocher de *la table*. Quelque saint que l'on soit, on ne peut s'aprocher de cette table sacrée qu'une fois le jour. *Port. R. T. est préface.*)

Table. Terme de *Luthier.* C'est le dessus de l'instrument de musique, & la partie de l'instrument de musique que sont les cordes qui contribuë beaucoup à l'harmonie. (Une table de viole. Une table de violon, de poche, de harpe, de luth, de tuorbe, de guitarre, d'épinettes, de claveçin, &c.)

Table. Terme de *Plombier.* Espéce d'ais de plomb qui a été jetté en mole & qui sert à faire les tuiaux, des cheneaux, des cuvettes, des gouttiéres, ou autres ouvrages. (Jetter une table. Rouler une table. Dérouler une table.)

Table. Terme de *Vitrier.* On vend aussi le verre par *tables*, qui sont des piéces larges de deux piés & demi en quarré.

Table. Terme de *Lapidaire.* On dit qu'un Diamant, ou autre pierre, est en table, lors qu'il est taillé en sorte que la surface de dessus est plate, & qu'il n'a que des biseaux.

Table de bracelets. C'est un diamant, ou autre pierre prétieuse, taillée en table, enchassée dans de l'or, ou de l'argent, qu'on embélit, & que les Dames galantes & de qualité portent aux bras.

Table. Terme de *Marchand de bois.* Ais qui passe deux pouces en grosseur.

Table. Terme de *Corroieur.* C'est une sorte de grande table sur quoi le corroieur travaille la main & la pommelle. Ce que le corroieur apelle *table*, la plupart des autres artisans qui travaillent aussi sur des tables, le nomment établi.

Le dos au feu, le ventre à table. Cette façon de parler veut dire, qu'on est fort à son aise.

De la table au lit, & du lit à la table. On le dit en parlant des personnes qui passent tous les jours dans la debauche.

† *Ils ne font qu'un lit & une table*, c'est à dire, ils vivent & couchent ensemble.

* *Il se tient mieux, à table qu'à cheval.* On le dit d'un goinfre & d'un débauché; qui est inutile à toute autre chose.

Tableau, s. m. Portrait. Peinture. Figures peintes qui représentent quelque histoire, ou quelque païsage. [Cette lettre également belle & obligeante, vôtre *tableau* dont vous l'avez honorée, sont de hautes faveurs que. *Pasru, p. Harangue à Reine de Suéde.* De ces cinq *tableaux* trois réprésentent la nature du païs de Flandre & les sujets en sont tous à fait champêtres. Suzane qui est la figure principale du *tableau* est assise Depiles, *convers. sur la peinture.*]

Tableau. Terme de *Maitre d'école, ou maitre à écrire.* C'est une enseigne qui est atachée au mur de la maison où demeure le maitre d'école & où est le nom du maitre avec cette inscription. ' Un tel, *colletet*, par exemple, tient petites écoles & prend pensionnaires. C'est aussi une enseigne qui pend à une potence de fer devant la maison du maître à écrire avec cette inscription où est le nom du maitre à écrire , un tel écrivain juré, &c.)

Tableau de la Cour. Terme de *Palais.* C'est une fueille de parchemin où sont écrits tous les oficiers d'une compagnie selon leur ordre de reception, servant au prémier Président pour la distribution des afaires. [Son nom n'est pas encore dans le *tableau*, parce qu'il n'y a pas long-tems qu'il est reçu.]

* *Tableau.* Peinture. Image, Description. Idée vive qu'on donne d'une chose en la décrivant, Image qu'on se forme d'une chose en se la mettant fortement dans l'esprit & dans l'imagination. Les Tableaux de Philostrate. Le tableau des passions.

Je leur fais des *tableaux* de ces tristes batailles
Où Rome par ses mains déchiroit ses entrailles.
Corneille, Cinna, a. 1. sc. 3.

* Un *tableau* racourci de toutes les merveilles.
Voit. poës.

* Je ne donnerois pas le *tableau* qui m'est resté d'elle dans l'esprit pour tout ce que j'ai vu de plus beau dans le monde. *Voit. i. 49.*)

† *Tabler*, v. n. Terme de jeu de *Tric-trac.* C'est disposer les Dames selon les régles du jeu. [Tablez bien.]

Tablette, s. f. Terme de *Tourneur.* Ce sont deux petits ais de noier bien polis , rangez l'un au dessus de l'autre & à quelque distance l'un de l'autre , soutenus de 4. petites colonnes torses qu'on atache dans une chambre & sur quoi on met de petits bijoux, ou quelques petits livres. (Une jolie tablette.)

Tablette. C'est une sorte d'ais sur quoi on met quelque chose. (Il faut mettre là une petite tablette. Ranger des livres sur des tablettes. Ce sont des tablettes pour mettre des livres.)

Tablettes. Dans l'hotel des Invalides on apelle de nom une maniére de petites tables à rebord, posées sur une sorte de brancar, ou de civiére , sur lesquelles on met les portions des Invalides; quand on sert le diné, ou le soupé.

Tablette. Terme d'*Imprimerie.* C'est un petit ais pour maintenir la boite de la vis de la presse & mettre les utensiles.)

Tablette. Terme du *Boulanger.* Ais sur quoi les Boulangers mettent le pain dans leurs boutiques. On a vendu tout le pain qui étoit sur la *tablette* d'enhaut, ou d'enbas.)

Tablette. Terme de *Chandelier.* C'est une maniére de petite table sur quoi on pose le moule dont on se sert pour faire la chandelle.

Tablettes. Terme de *Gainier.* C'est une maniére de petit livre où il y a cinq ou six fueillets de velin, sur lesquelles on peut écrire avec une touche, ou avec un craion, avec un almanac de l'année au bout , qui est ordinairement couvert de chagrin, ou de peau façon de chagrin composée de deux couvertures, de quatre rosettes, qui sont quatre petites plaques de métal, de quatre tenons qui sont au dedans de la couverture, & qui tiennent aux rosettes & d'une éguille qu'on passe au travers des tenons pour fermer les tablettes. [De belles tablettes. De jolies tablettes. Denis le tiran acheta les tablettes du Poëte Eschile où il écrivoit les belles piéces de téatre. *Abl. Lucien.*)

Tablettes. Terme d'*Apoticaire.* Médicamens composez de médicamens purgatifs, ou confortatifs reduits en poudre , & de sucre, le tout cuit avec une liqueur couvenable, & incorporé ensemble. Les *tablettes* ont été apellées *tablettes* parce qu'elles sont faites & coupées en forme de petite table. Il y a de diverses sortes de tablettes, il y en a pour le rume & pour d'autres incommoditez.

Tablettes. Terme dont on se sert dans le blason. C'est une petite table qui ne montre dans l'écu nule épaisseur. [Il porte d'argent à neuf *tablettes* d'azur. Col.]

Tablettes. En terme de *Maçonnerie*, ce sont des pierres de parement qui soutiennent une petite terrasse, ou un chemin un peu élevé.

Tabletterie, s. f. Art de faire des ouvrages de piéces de raport, & des ouvrages délicats de menuiserie, & principalement des ouvrages mêlez d'ébene & d'ivoire, comme les tabliers des Echets, des Dames & du Tric-trac.

Tabletier, s. m. Artisan marchand qui fait & vend des damiers trous-madame, & autres choses comme bamboches , cannes, crucifix, benitiers, &c. [Le meilleur tabletier de Paris, c'est un tel. Un bon tabletier.]

Tablier, s. m. Morceau de cuir que quelques artisans mettent devant eux lors qu'ils travaillent afin de ménager leurs habits. (Mon tablier est usé . il m'en faut un autre.)

Tablier de cuisine. C'est environ une aune & demie de toile ourlée tout autour avec une ceinture par le haut que les cuisiniéres & autres femmes qui sont à la cuisine mettent devant elles pour conserver leurs jupes.

Tablier. Morceau de toile fort fine ourlée tout autour & embellie de point de France, ou de belle dentelle avec une ceinture en haut, que les Dames mettent devant elles lors qu'elles s'ajustent & veulent être propres. La mode est présentement de porter de petits tabliers de crépon , ou de tafetas qui n'ont environ qu'une demi aune & qui ne décendent que jusques au

HHhhh

794 TAC

augenou. Il y a de ces tabliers de diferente manière ; les uns sont *bordex*, les autres *lacex*, & les derniers *bouillonnex*. Tous ces agrémens sont faits de ruban de couleur, & bien propre. Il y a aussi des tabliers de tafetas qui sont tous unis, ces tabliers sont les plus modestes, & pour les Dames qui commencent un peu à se passer. On fait aussi de grans tabliers de serge, mais ces tabliers ne se portent que par les servantes, ou les femmes du petit peuple.

(† * *Prenez garde que le tablier ne leve.* C'est à dire, prenez garde de devenir grosse.

† * *Le tablier commence à lever.* C'est à dire, elle est grosse & sa grossesse paroist déja.

† * *Faire lever le tablier.* C'est engrosser une fille ou une femme. (*Il a fait lever le tablier de sa servante.* C'est à dire, il a engrossé sa servante.)

Tablier. C'est aussi une table, ou carton divisée en 64. carreaux, sur laquelle on jouë aux Dames ; aux Echecs & à d'autres jeux.

TABOURET, *s. m.* Espèce de siége en forme d'escabelle, qui est embourré, & couvert d'étofe ou de tapisserie qu'on donne chez la Reine aux Princesses, aux Duchesses & à la Dame qui est surintendante de la Maison de la Reine.

(Au grand plaisir de tous & de vôtre jarret,
Vôtre cu qui doit être un des beaux cus de France,
Comme un cu d'importance,
A reçu chez la Reine, enfin le *tabouret.*
Scaron, Poësies.)

On se sert aussi de tabourets dans les maisons des simples particuliers.

TABOURIN. Voiez *Tambour.*

Tabourin. s. m. Terme de *Marine.* C'est un espace qui règne vers l'arbre du Trinquet, & vers les Rambades, d'où l'on jette en Mer les Rissons, & où l'on charge l'Artillerie. A la pointe de ce Tabourin est l'Eperon qui s'avance hors du corps de la Galere.

TAC

TAC, *tac, tac,* Mots imaginez pour exprimer le son des corps durs & secs, qui frapent les uns les autres, V. *Tic. tac.*

TAC, *s. m.* On a ainsi nommé une maladie contagieuse, qui fut presque universelle en 1411. C'est aussi une maladie contagieuse des moutons.

TACET, *s. m.* Ce mot se dit en parlant de musique. C'est la partie de musique que l'on ne dit mot & qui est marquée de pauses. (Faire un *tacet.* On dit aussi d'un homme qui est en compagnie & qui ne dit mot, *qu'il fait le tacet,* mais alors ces mots ne se disent qu'en riant, que dans la conversation, ou dans le stile le plus bas.)

TACHE, *s. f.* La première silabe de ce mot est brève, & il signifie *souillure.* (C'est une vilaine tache Faire en aller les taches. Oter les taches d'un habit. Les taches de fruit, de sirop & de confitures qui sont sur le linge ne s'en vont qu'avec peine. Une jupe pleine de taches. L'huile & la poix font des taches sur les habits. L'eau forte fait des taches sur la peau. On ôte les taches d'ancre avec du verjus, du jus de citron, & d'autres acides.)

* *Tache.* Défaut. Manquement. (Il est impossible qu'il ne se remarque quelque petite tache sur le plus beau corps du monde. *Ablancourt.*)

Tache. Ce mot est usité *au figuré.* [*C'est une tache à sa réputation. C'est une tache à son honneur.* C'est à dire, son honneur est terni, sa réputation est ternie.

La Loi du Seigneur est *sans tache* & toute sainte. *Pascal, lettre* 5.)
On le dit du peché, qui est la plus grande souillure de l'ame. (Purifiez vos ames de toutes leurs taches. *Arn. conf. l. 13. ch. 19.* Jesus-Christ a été nommé *L'Agneau sans tache.*)

Taches. Ce mot se dit en *Astronomie.* C'est un petit corps opaque semblable à l'écume qui se forme sur la surface des liqueurs (Par le moien des lunettes d'aproche on a remarque des taches sur le corps du Soleil. *Roh. Phis.*)

Les *taches* de la Lune sont ou fixes, ou changeantes. Les taches fixes sont des parties inégales du corps de la Lune. Les taches changeantes sont des ombres des parties les plus élevées, qu'on apelle des montagnes.

Tâche, ou *tasche, s. f.* L'un & l'autre s'écrit, mais il faut prononcer *tâche* sans faire sentir la lettre *s* & prononcer longue la première silabe du mot, & alors il signifiera *chose qu'on donne à faire.* Chose qu'on commande de faire. Chose qu'on entreprend de faire. [Prendre à tâche de faire quelque chose. *Boileau, Avis à Ménage, page* 18 Il y avoit une grande émulation parmi les soldats à qui auroit le prémier fourni sa tâche. *Vaug. Q. Curse, livre septiéme.* Il semble que nous ayons pris à tâche de deshonorer de grands personnages. *Abl. Luc. T. 2. Amours.* Travailler à *la tâche* & non pas à *la journée.*)

Entreprendre un bâtiment, ou autre ouvrage, en bloc & en tâche; *c'est à dire* ; à forfait, sans compter, ni venir à l'estimation en détail.

* *Prendre à tâche.* Entreprendre quelque chose. (Il a pris à tâche de traduire un tel livre. Il a pris à tâche de faire enrager cet homme.)

TAF

Tacher, v. a. Souiller. Ce mot de *tacher* pour dire Souiller. Remplir de taches, a la première silabe brève. (L'huile *tache* toute sorte d'étofe. Le fruit *tache* le linge.)

Tâcher, ou *tascher, v. a.* L'un & l'autre s'écrit, mais il ne faut pas faire sentir l'*s.* & prononcer longue la première silabe, & alors *tâcher* signifie S'éforcer. Faire toute sorte d'éforts pour venir à bout de quelque chose que ce soit. [*Je tâcherai* par toutes sortes de tres-humbles services à mériter l'honneur de vôtre afection. *Voiture, lettre* 46. Tout le monde *tâche* de faire sa fortune, & presque personne ne *tâche* de faire son salut.)

Tacheter, v. a. Marquer de plusieurs taches. [La nature a racheté la peau des tigres & des Léopards. On a racheté ces peaux par artifice. (

Tacheté, tachetée, adj. Marqueté.) Le linx a la peau agréablement tachetée.)

TACITE, *adj.* Ce qui n'est pas dit. Ce qui n'est pas exprimé, (Consentement tacite. Condition tacite. *Patru, plaidoiez.* L'opinion se trouve autorisée par une *tacite* aprobation. *Pascal, l.* 6. Clause tacite. Pact tacite.)

Tacitement, adj. D'une maniere qui n'est pas dite; qui n'est pas exprimée. Sans aucune déclaration formelle. Sans dire formellement aucune parole. [Ils sont *tacitement* tombez d'acord de cela. Elles sont *tacitement* convenuës de cette chose.)

Taciturne, adj. Ce mot se dit des personnes, & de leur humeur, & veut dire. *Qui parle peu.* Sombre. Rêveur.) Esprit taciturne. Humeur taciturne.)

Taciturnité, s. f. Humeur & temperament de celui qui est taciturne. (La taciturnité est plus suportable que le trop parler.)

TACT, *s. m.* Ce mot se dit en Termes de *Philosophie.* C'est le sentiment par lequel une chose est perçuë. C'est un certain sens général. (Le *tact* est le premier, le plus exquis & le plus nécessaire de tous les sens. Les autres sens ont leurs organes externes déterminez, ou placez à de certaines parties du corps; la vuë à l'œil; l'ouïe, l'oreille ; mais l'organe du *tact* est répandu par tout le corps. *Bernier, Philosophie.* Tome 6. [On l'apelle aussi le sens du *Toucher.* V. *Toucher s. m.*

TACTILE, *adj.* Ce mot se dit en parlant de certaines matières de Philosophie & veut dire qui est l'objet du toucher (Les principales qualitez *tactiles* sont la chaleur, la froideur, la sécheresse, la dureté & l'humidité. *Roh. Phis.*)

TACTION, *s. f.* Terme de *Philosophie.* C'est le sentiment qui se fait par le tact. *La taction* se fait en trois manières. La première, lors qu'une chose extérieure s'insinuë au dedans du corps comme les pointes d'épines & d'orties, &c. La seconde, lors que ce qui est dans le corps même, cause du plaisir lors qu'il en fort comme la semence, ou de la douleur lors qu'il y demeure, comme la pierre. La troisiéme, lors qu'une partie a reçu quelque coup violent. *Bernier, Philosophie, tome* 6. l. 2. c. 1.

Taction. Terme de *Géometrie.* Il se dit des lignes droites qui touchent un cercle, ou quelque autre ligne courbe.

Tactique, s. f. Ce mot est Grec, & il signifioit chez les Anciens la science de ranger les soldats en bataille, & de construire les machines pour lancer des traits, &c.

TAF.

TAFETAS, *s. m.* Sorte d'étofe de soie fort déliée & fort légère. [Tafetas simple. Tafetas double. Tafetas d'Avignon: Tafetas blanc. Tafetas bleu. Tafetas verd, noir, rouge, jaune, gris, en un mot de toute couleur. Le tafetas de Tours est l'un des meilleurs tafetas. On se sert du tafetas pour faire des coifes de femmes & de filles, des jupes, des caleçons, des rideaux de lit & de fenêtres, des doublures.)

† *Tafetatier, s. m.* Celui qui fait du tafetas.

TAH.

TAHON, *s. m.* Voiez *taon,* colonne *Tao.*

TAI.

TAI. Prononcez *té.* Mot dont on se sert pour faire venir un chien, pour apeller un chien. (*Tai,* mignonné, *tai, Tai,* citron, *tai, tai.*]

† *Tai,* ou *té, s. m.* Prononcez *Té. tai à porc.* Ce mot dans les vilages d'autour de Paris signifie une étable à cochons. (Faire un petit, ou un grand tai.)

TAIAUT. Voiez *taion.*

TAIE, *s. f.* Prononcez *tée.* C'est la toile qui couvre & qui envelope l'oreiller. C'est aussi la toile qui couvre & envelope le lit de plumes.) Une belle, une bonne taie de lit. Une belle taie d'oreiller.)

Taie. Terme de *Médecin.* Petit corps qui se forme sur la prunelle de l'œil de sorte que quelquefois il empêche la vuë. (On lui a oté une taie qu'il avoit à l'œil droit.)

TAILLABLE, *adj.* Ce mot se dit des choses & des personnes, & veut dire qui est sujet à la taille. (Les Gentilshommes en France ne sont point taillables. Elle est bien Demoiselle & par consequent elle n'est point taillable. Village taillable. Les païs nouvellement conquis ne sont pas si-tôt taillables.)

TAILLADE, *s. f.* Terme de *Tailleur.* Fente qu'on faisoit autrefois proprement & d'espace en espace au corps & aux manches d'un

TAI   TAI

d'un pourpoint. [Un pourpoint à six, à huit, à dix taillades. Les taillades du corps de ce pourpoint sont mal faites.) On en fait encore quelquefois aux manches des robes des femmes.

Tailladé, tailladée, adj. Terme de *Tailleur*. Découpé par taillades. [Pourpoint tailladé. Manches tailladées fort proprement.]

Taillader, v. a. Terme de *Tailleur*. Faire des taillades. [Taillader le corps d'un pourpoint. Taillader des manches.]

TAILLANDIER, *s. m.* Ouvrier qui travaille en fer, & qui fait & vend des bêches, des hoiaux, des piés, des pailes, des tenailles, des pincettes & des chenets de fer & non poli. [Un bon taillandier.]

Taillandier en fer blanc. Ouvrier qui travaille en fer blanc, & qui fait & vend des lanternes, des entonnoirs, des plats, des couvre-plats, des marmites, des boîtes à poivre, des rapes, &c. [C'est un des meilleurs taillandiers en fer blanc de Paris. Les Taillandiers en fer blanc sont incorporez avec les Taillandiers. Le peuple de Paris les apelle *Ferblantiers*, mais leur vrai nom c'est Taillandier en fer blanc.

Taillanderie, s. f. C'est l'art du Taillandier.

Taillant, s. m. Terme de *Coutelier*. C'est la partie du couteau, des ciseaux, du rasoir, & autre pareil ouvrage avec quoi on coupe, ou l'on rase. (Un bon taillant de couteau, de ciseaux, de canif, de rasoir, de forces. Le taillant de ces ciseaux est admirable.]

TAILLE, *s. f.* Ce mot se dit particulièrement des personnes. C'est la grandeur d'une personne. (Riche taille. C'est à dire, taille d'une belle grandeur. Petite taille. Médiocre taille. Elle a la taille fine. Avoir la taille dégagée. Avoir la taille libre. Avoir la taille bien prise. Être de belle taille. Avoir la taille aisée. Ils ont une taille robuste & avantageuse. *Ablancourt*, *Tacite*. Il surpassoit en taille & en beauté tout le reste des Barbares. *Vangelas*. *Quin.* l. c. t. 9.)

Taille. Ce mot se dit aussi de quelques animaux, comme du chien, du cheval, &c. Cheval déchargé de taille. Cheval de belle taille. Les barbes sont d'une taille & les chevaux d'Espagne d'une autre. *Soleisel*, *Parfait Maréchal*.

De toute taille bon levrier. Ces mots au propre signifient qu'on ne peut juger sûrement d'un bon levrier par l'aparence, & qu'il y en a de bons de toutes les manières ; & *au figuré*. Ces mots la disent des hommes & veulent dire, qu'il ne faut pas juger des hommes par la taille & qu'il y en a de grands & de petits avec du mérite.

Taille. Deux morceaux de bois d'égale grandeur dont l'un demeure à celui qui fait crédit & l'autre à celui qui prend à crédit, qu'on joint lors qu'on prend quelque chose & sur lesquels on marque ce qu'on prend au boulanger, au boucher, ou au cabartier. [Marquer une pinte de vin sur la taille. Marquer cinq, ou six livres de bœuf, de mouton, ou de veau sur la taille. La taille est pleine, il faut païer.)

Taille. Subsides qui se païent au Roi par les personnes du tiers état à proportion de leurs biens. Les tailles d'abord se levèrent par le consentement des trois états, mais Loüis onzième qui mit les Rois de France hors de page, fit hautement païer la taille & depuis ce tems-là on a continué de même. Le Conseil du Roi aïant résolu la somme d'argent qu'il faut lever sur les Sujets de Sa Majesté envoie des commissions aux Trésoriers généraux établis aux bureaux des Généralitez du Roiaume, pour lever dans leurs élections la somme qui leur est ordonnée. Les Trésoriers font aussi-tôt sur chaque élection le département de la somme qu'ils peuvent lever & envoient ce département au conseil du Roi qui envoie aux Trésoriers généraux pour chaque élection des commissions portant ordre aux Elûs des diverses élections de lever dans l'étendue de chaque élection la somme qui leur est préscrite par la commission. Les Elûs sur cela s'assemblent, font les rôles des tailles, où ils cotisent à une certaine somme chaque bourg, & chaque vilage de leur élection & envoient le rôle de cotisation à chaque paroisse qui élit un ou plusieurs collecteurs pour lever la taille imposée. On dit. (Païer la taille. Exempter de taille. Hausser la taille. Diminuer les tailles d'un milion. Les Eclésiastiques, les Gentilshommes, tous les Oficiers Commensaux de la maison du Roi, des Fils & Filles de France & des Princes du sang sont exempts de taille. Être à la taille. La taille est cruauté de mettre à la taille un pauvre vieillard. Les soldats oblats doivent être dechargez de taille. *Le Maîs*. pl. 33.)

Taille. Terme de *Musique*. C'est la partie de Musique qui est entre la basse & la haute-contre, & qui s'apeloit autrefois moïenne, ou tenor. [On dit. Faire la taille. Chanter la taille.]

Taille Terme de *Lurhier* & de *Faiseur de Flutes*. Ce mot de taille se dit de certains instruments de musique. C'est l'instrument de musique sur lequel on joué la partie de musique qu'on apelle la taille. Il y a des violons & des flutes qu'on apelle *tailles*.

Taille. Terme de *Monoie.* C'est la quantité des espèces que le Prince ordonne être faites d'un marc d'or, d'argent, ou d'autre matière. (La taille des Loüis de cinq livres dix sous est de soixante & douze & demi au marc.)

Taille. Terme de *Tailleur*. Coupe avec des ciseaux. La manière de couper. [Avoir la taille bonne. Sa taille est méchante.]

Taille. Terme de *Jardinier & de Vigneron*. Coupe avec des forces. Coupe avec une serpette. Coupe avec une sorte de hache. On dit. [La taille de la vigne. La taille des arbres. Entendre bien la taille. Marc de raisin qui a déja eu deux ou trois tailles.)

Taille. Terme de *Maître à écrire*. C'est la manière dont on coupe une plume avec le canif, afin de s'en bien servir pour l'écriture. (La taille de cette plume est bonne. La taille de cette plume est méchante, je ne m'en puis aider.]

Taille. Terme de *Chirurgie*. C'est une opération qui se fait pour tirer les pierres de la vessie, ou des reins. (Il s'est résolu à la taille. La taille a été bien faite. Il se porte bien de sa taille.]

Taille de bois, s. f. Terme de *Graveur*. C'est une estampe, ou image gravée sur une planche de bois. [Les tailles de bois d'Albert Duret graveur Alemand sont fort estimées.]

Taille-douce, s. f. Estampe ou image gravée sur une planche de cuivre. (Il y a de belles *tailles-douces* à l'eau forte, & de belles tailles douces au burin. *Les tailles douces* de Calot sont fort belles.)

† *Taille-doucier, s. m.* Quelques-uns apellent de la sorte ceux qui impriment des tailles douces, mais leur véritable nom c'est *Imprimeur en tailles douces*, & il n'y a guère que le peuple qui les nomme *taille-douciers*.

Taille mar, s. m. Terme de *Marine*. C'est une pièce de bois au-dessus de l'extrémité de la Prouë, proche l'Eperon, ainsi dite par les Levantins, parce qu'elle est tranchante & qu'elle semble fendre la Mer.

Tailler, v. a. Ce mot dans sa signification générale vêut dire *couper*, avec un instrument de fer & se dit entre jardiniers, vignerons, &c. [Tailler la vigne. Les vignerons taillent le marc. Un Jardinier doit tailler sagement avec la serpette, ou la scie, les branches qui nuisent à un arbre, & racourcir adroitement celles qu'on lui laisse pour faire du fruit.)

Tailler. Ce mot se dit en parlant des personnes *qui ont la pierre*. C'est faire une incision entre les bourses & le fondement & en tirer la pierre avec la tenette. (Tailler un homme.)

Tailler. Terme de *Monoie*. C'est faire la juste quantité des espèces qui doivent être au marc suivant les ordonnances. (Tailler les espèces.)

Tailler. Terme de *Couturière & de Tailleur*. Couper de la toile pour faire quelque ouvrage, soit chemise, ou rabat. Couper de l'étofe pour faire quelque vétement. (tailler un caleçon. tailler une chemise. tailler un rabat. tailler une paire de bas. tailler un habit. tailler un manteau, &c.

Tailler. Terme de *Maître à écrire*. Acommoder une plume & la mettre en état de servir à l'écriture. (tailler bien une plume.)

Tailler. Ce mot entre dans quelques façons de parler des arts, & signifie, Ajuster. Aproprier. Acommoder comme il faut afin de servir. [tailler une pierre précieuse. tailler une pierre. tailler l'ardoise.]

* *Tailler en pièces.* Cette façon de parler se dit des ennemis & signifie batre & défaire à plate couture les ennemis.

† * *Tailler quelcun en pieces.* Façon de parler burlesque pour Dauber de paroles. Béner. Médire. Faire de sanglantes railleries. Ainsi l'auteur des Amours des Gaules a dit plaisamment [Elle tailloit en piètes le Milor, & faisoit des plaisanteries de, &c.]

* *Taille-t-on vos avis* à une certaine mesure. *Pascal*, *lettre deuxième*. C'est à dire, vous oblige-t-on de parler & de dire vôtre avis pendant seulement un certain tems préscrit & réglé.

† * Il est le maitre, il rogne, *il taille. Benserade*, *Poësies*. C'est à dire, il dispose de tout à son gré.

Il taille en plein drap. C'est à dire, il a beaucoup de matière, de sujet, il peut s'étendre autant qu'il voudra.

* *Tailler de la besogne à quelcun.* C'est lui sussiter des afaires embarassantes.

On dit au même sens. Tailler des croupières. *V. Croupière.*

Taillé, taillée, adj. Coupé. Ajusté. Acommodé. [Arbre taillé. Vigne taillée. Marc taillé. Habit taillé. Chemin taillé dans le roc. *Abl. Rét.* l. 4. t. 2.)

Taillé, taillée, adj. Terme de *Blason*. Il signifie divisé depuis le haut de l'angle gauche de l'écu jusques à l'angle droit. (Il porte taillé d'or & d'azur, *Col.*)

* *Troupes taillées en pièces.* C'est à dire, défaites.

* *Cette femme est taillée* d'une manière à n'avoir point d'enfans. C'est à dire, *est faite* d'une manière à n'avoir point d'enfans.

Tailleresse, s. f. Terme de *Monoie*. Celle qui nétoie, ajuste & met les façons aux poids préscrits par l'ordonnance. [Les tailleresses sont responsables de leurs ouvrages, de sorte que si les façons ne sont pas bien ajustez, ils sont reburez & cisaillez aux dépens des tailleresses.)

Tailleur, s. m. Terme de *Monoie.* Il y a deux sortes de tailleurs. Un tailleur général pour toutes les monoies de France & un tailleur pour chaque monoie. Le tailleur général est un oficier qui fournit tous les poinçons d'éfigie, & les matrices dont les tailleurs particuliers des monoies ont coutume de fraper tous les quarez qui servent à monoier les espèces. Le tailleur général présente tous ces poinçons & toutes ces matrices au bureau de la Cour des monoies pour les envoier, ensuite dans les monoies où ils sont en France. Le tailleur graveur particulier qui est en chaque monoie est celui qui fournit tous les quarez nécessaires pour monoier les espèces & qui est responsable s'il arrive quelque défaut d'ouvrage dans la fabrication des espèces. Le tailleur, ou graveur particulier

ticulier a cinq sous pour chaque marc d'or & un sou pour chaque marc d'argent. Ce droit lui est paié par le maître de la monoie. *Monsieur Boisard, livre manuscrit.*

Tailleur. Ce mot en général signifie celui qui fait des habits. (Un bon tailleur. Un méchant tailleur.)

Tailleur pour homme. Celui qui fait des habits pour hommes. (Il est tailleur pour hommes.)

Tailleur pour femmes. Celui qui ne fait que les corps de jupe des femmes, & qui fait faire le reste aux couturiéres. (Un bon tailleur pour femmes gagne beaucoup.)

Tailleur chaussetier. Oficier qui fait les habits du Roi.

Tailleur de pierre. C'est un artisan qui taille la pierre & qui la met en état d'être emploié dans les ouvrages d'architecture.

Tuillis, *s. m.* Bois qui se coupe de neuf à dix ans. (Il y eut quatre, ou cinq archers qui se cachérent dans le taillis. *Ablancourt, Rétorique, livre 5. chapitre 2.*)

Tailloir, *s. m.* Prononcez *tailloi*. C'est une assiette de bois. (Un tailloir bien propre.)

Tailloir. Terme d'*Architecture*. C'est la partie la plus haute des colonnes, & les anciens l'appelloient *abaque*. (Faire un tailloir.)

Taillon, *s. m.* Seconde taille, ou imposition qui se fait à la maniére de la taille. Argent qu'on léve tous les ans sur le peuple & qui monte environ au tiers de la taille. Le taillon fut établi par le Roi Henri second en 1549. pour augmenter la solde des gens de guerre. (Lever le taillon. Païer le taillon.)

Tains, *s. m.* Terme de *Marine*. Ce sont des piéces de bois grosses & courtes, couchées à terre lesquelles on pose à la Quille du Vaisseau, lors qu'on le met sur le chantier & qu'on le construit.

Taïou, ou *taïaut*. Terme de *Chasse*. C'est le mot du chasseur quand il voit quelque bête fauve. *Salnove.*

A trois longueurs de trait, *taïaut* voilà d'abord
Le cerf donné aux chiens. *Moliere.*

Taire, *v. a.* Je tai, tu tais, il tait, nous taisons, vous taisez, ils taisent, Je taisois. J'ai teu. Je teus. Prononcez. Je tus, & j'ai teu. Que je taise. Je tusse. Je me tairois. Taisant. (Savoir bien taire un secret. C'est être fort discret que de savoir taire ce qu'il faut taire.)

Faire taire. Empêcher de parler. Imposer silence. (Faire taire des gens qui parlent trop haut.)

* **Taire.** Apaiser. (Ne ferez vous pas taire un bruit qui vous ofense. *Racine, Iphigenie, acte 4. Scene 6.*)

Se taire, *v. r.* Je me tai, je me taisois. Je me suis teu. Je me teus, je me tairai. C'est ne dire mot. Ne point parler. N'écrire, ni composer.)

[Trouve bon que je me taise.
Mai. Poë.
J'entens Amarillis qui chante dans ces bois,
Taisez-vous, rossignols ; zéphirs, faites silence.
La Lane, Eglogne.

Veux tu *te taire*, la voici. *Tai-toi donc. Moliere.*
Il faut *se taire* quand on ne peut parler sans péril.)
On ne se repent guère de s'être teu & l'on se repent presque toujours d'avoir parlé.

TAL

Talaspis, *s. m.* C'est une sorte de fleur en forme de parasol, qui est blanche, ou gridelin. Talaspis blanc. Talaspis gridelin.)

Talc, ou *talque*, *s. m.* On écrit l'un & l'autre, mais plus ordinairement *talc*. (Le talc est une sorte de mineral. Mais il y en a de plusieurs maniéres. Talc commun. Talc faux. Talc vrai. Talc en masse. Talc en pierre. Talc jaune. Talc de *Venise*, sorte de talc qui étant bien péparé sert pour faire du fard. Talc de *Moscovie*. C'est une espéce de talc fort clair qu'on taille par feuilles & qu'on aplique sur les portraits en mignature. C'est de ce *talc* que *Voiture* parle ainsi, tome 35. Tous les changemens qu'elle a faits en vôtre vie, me semblent comme les piéces de talc qu'on aplique sur les portraits qui laissent voir toujours le même visage. Les Chimistes en parlant du *talc*, disent. Préparer le talc, Calciner le talc. Voiez *Emeri, traité de Chimie*.)

Taled, *s. m.* Ce mot en parlant des Juifs signifie le voile dont les Juifs se couvrent lors qu'ils sont dans la sinagogue. Voiez le *Livre des Cérémonies des Juifs*.

Talemouse, ou *talmouse*, *s. f.* L'un & l'autre se dit de quatre, ou de trois silabes. C'est une sorte de petite tarte qui est en triangle & qui est remplie de fromage. (Les meilleures talmouses sont celles de Saint Denis en France. Talemouse toute chaude. Talmouse sortant du four.)

Talent, *s. m.* Prononcez *talar*. Ce mot vient du Grec. C'étoit en général une sorte de monoie d'or ou d'argent, qui valoit. diferemment. Le Talent Attique valoit cinquante Mines Attiques, qui selon la plus commune opinion faisoient 2313. Livres de nôtre monnoie; car la mine Attique valoit 46. l. & quelques sols. Le Talent de l'Ile d'Egine valoit le double du Talent Attique. Le Talent Euboïque, ou de l'Ile d'Eubée, qu'on apelle aujourdui Négreponr, valoit 56. Mines Attiques & environ 2600. Livres de nôtre monnoie. Le Talent d'Egipte étoit de pareille valeur : d'autres croient qu'il valoit le double du Talent Attique. Le Talent Babilonien & celui de Perse valoient 70. Mines Attiques. Et celui de Sirie en valoit 25. Il y avoit de grands & de petits Talens, dont Budée a écrit la valeur.

* **Talent.** Ce mot se dit des personnes & signifie don de nature. Avantage de nature avec lequel on est né & qui fait qu'on paroit plus qu'un autre, qu'on a plus de génie & de facilité pour les choses que ceux qui n'ont pas le même talent.

(Toutes sortes d'esprits
De mon *talent* ne sauront pas le prix,
Boileau, Epi.

Il est né avec de grans *talens*. Il est né avec un *talens* particulier pour la poësie. *Ablancourt*. Il a reçu de beaux *talens* de la nature. Il a un *talen* admirable pour cela.)

* **Faire valoir le talent.** Proverbe, pour faire estimer le métier qu'on fait, & le mettre en honêur, se faisant un peu considérer.

Talinguer, *v. a.* Terme de *Mer*. Amarer les cables, c'est lier les cables à un gros anneau de fer qu'on apelle *arganeau*. Talinguer les cables.

Talion, *s. m.* Punition égale à l'ofense qu'on a faite. (La peine du talion, dent pour dent, œil pour œil, étoit dans les Loix de Moïse.)

Talisman, *s. m.* Terme d'*Astrologue*. Borel dans son Dictionnaire dit que le mot de *talisman* est un mot Persan qui signifie *gravure constellée*. C'est une figure faite sous de certaines constellations. (Faire un talisman.)

Talismaniste, *s. m.* Mot factice pour dire celui qui fait des talismans. Celui qui ajoute foi aux talismans. (C'est un talismaniste.)

Talmud, *s. m.* Ce mot se dit en parlant des Juifs. C'est un livre qui contient les constitutions & les régles des sages Rabins & des Docteurs Juifs pour le bien & pour la conduite des Juifs. Le Talmud a été interpreté par Salomon Jarchi qui étoit de Troie, & il est principalement défendu en Italie. Le Talmud a été imprimé en plusieurs endroits. L'une des meisleures éditions est une ancienne de Venise en plusieurs grands volumes. Il y a deux Talmuds, celui de Jérusalem & celui de Babilone, qui est le plus étendu, qui a le plus de cours parmi les Juifs & qu'on lit d'ordinaire. Le Rabin Moïse fils de Maimon en a fait un abrégé, qui vaut mieux que le Talmud, selon le témoignage de Scaliger; parce qu'il l'a purgé des fables dont il est plein. Les Juifs n'ajoutent pas moins de foi au Talmud qu'à l'Ecriture sainte, quoi qu'il soit rempli de mille extravagances.

Talmudiste, *s. m.* Celui qui est ataché aux sentimens du *Talmud*, qui en suit les dogmes, qui les entend, & qui les explique. (C'est un talmudiste.)

† **Taloche,** *s. f.* Mot vieux, bas & burlesque pour dire un coup. (Il a eu une taloche. Donner une taloche à quelcun.)

Talon, *s. m.* Os presque quarré qui est au bas de la jambe. *Deg*. (Avoir le talon écorché. Poser le talon à terre. *Ablancourt*. Avoir les mules aux talons.)

* **Talon.** Ce mot *au figuré* entre dans quelques façons de parler ordinaires & familiéres. [Exemples. Montrer les *talons*. C'est à dire, s'enfuir. Quoi qu'il soit vétu à la mode, *on n'aime que ses talons*. C'est à dire, on ne souhaite rien tant que de ne le voir plus, que de le voir s'en aller. *Il est toujours à ses talons*. C'est à dire, il le suit, ou la suit toujours, il ne le quitte pas. *Elle a les talons courts*, c'est à dire, on la renverse & on en jouit aisément. *Jouer des talons*. C'est à dire, s'enfuir.)

Talon. Terme de *Mer*, qui se dit en parlant de la quille d'un bâtiment. C'est l'extremité de la quille du côté qu'elle s'assemble avec l'étambord, qui est une piéce de charpenterie élevée, & mise en saillie sur le bout de la quille à l'arriére du vaisseau, pour soutenir le gouvernail.

Talon de Rode. C'est le pié de la Rode de proue, ou de la Rode de poupe, qui s'enchasse à la Carêne.

Talon. Terme d'*Architecture*. Espéce de moulure composée d'un filet quarré & d'une cimaise droite, qui termine souvent les menuiseries où l'on fait des ornemens. On l'apelle aussi *Guéule renverse*.

Talon. Ce mot entre dans plusieurs façons de parler de manége, & il se prend alors pour l'éperon qui est au talon du cavalier. (Ainsi on dit cheval qui connoit les talons, qui entend les talons, qui obéit aux talons. Cheval qui répond aux talons. Cheval qui est bien dans les talons. Cheval qui fuit les talons, qui résiste aux talons. Promener un cheval dans les talons. Donné du talon à un cheval. *Porter un cheval d'un talon sur l'autre*, c'est à dire, le faire aller de côté, tantôt d'un talon, & tantôt de l'autre.)

Talon. Terme de *Maître à exercice militaire*. C'est le bout du bas de la pique. [Talon de pique mal fait.]

Talon. Terme de *Barbier, & de Coutelier*. Ce mot se dit en parlant de *rasoir*. C'est la derniére partie du taillant du rasoir.

(Le

(Le talon du rasoir ne vaut rien. Raser du talon.)

Talon. Terme de *Talonnier.* C'est un petit morceau de bois léger, bien plané, qu'on met sous les souliers & des mules de femmes, qui répond quand elles sont chaussées à la partie du pié qu'on apelle le talon. (Voilà un talon de bois fait très-proprement.)

Talon. Terme de *Cordonnier.* Ce sont plusieurs petits morceaux de cuir, colez & chevillez les uns sur les autres qu'on atache au bout du soulié, ou de la botte pour répondre à la partie du pié de l'homme qu'on nomme le talon. (Brocher un talon. Dresser un talon. Rougir, ou noircir un talon. Lisser un talon.)

Il se dit aussi de la partie des bas qui répond au talon. (Mettre des coins, des semelles & des talons à des bas de soie.)

Talon. Terme de *Jardinier.* C'est la partie la plus basse d'une branche. C'est la plus grosse partie d'une branche coupée. (On prend le talon de la branche quand l'extrémité est trop foible. *Quint. Iard. fr. T.1.*)

Il se dit aussi de *l'artichaud.* C'est l'endroit ou tiennent les racines, & d'où sortent les feuilles de l'œilleton détaché du principal pié. [L'œilleton est bon pourvû que le talon soit jeune & un peu enraciné. *Quint. Iard. fr. T.1.*]

Talonner, v. a. Donner des coups de talon. (Il étoit monté sur une rosse qu'il talonnoit de toute sa force parce qu'il n'avoit ni verge, ni éperon.)

* *Talonner.* Presser. Poursuivre. Pousser vertement. (Voici un Prélat qui nous talonne, & qui nous pousse d'une manière bien étrange. *Patru plaidoié* 5. Talonner un paresseux.

Je m'étonne
Qu'aveque tant de beaux métiers,
La nécessité vous talonne,
Mai. Poësi.)

Talonnier, s. m. Ouvrier qui ne fait que des talons de bois pour femmes. (Il n'y a point de maitrise parmi les talonniers par ce qu'on gagne fort peu à travailler en talons & qu'il n'y a pas beaucoup de talonniers. Les talonniers sont fort pauvres.)

Talonniers, s. f. Ce mot se dit en parlant de Mercure. Ce sont des ailes aux talonniers de Mercure, fils & messager de Jupiter. (Les talonnières de Mercure sont fameuses dans les ouvrages des anciens Poëtes. Mercure prend ses talonnières & fend les airs.)

Talonnières. Terme d'*Augustin déchaussé* & d'autres Religieux qui vont avec des sandales, ou des socs. C'est un morceau de cuir qui couvre le talon & qui se vient rendre sur le coup du pié où il s'atache. (Ce n'est que l'hiver que les Religieux déchaussez mettent des talonnières pour se garantir du froid aux talons.)

Talque. Voiez *talc.*

Talus; taluds, talut, s. m. Prononcez *talu.* De *Vlle première partie de son livre des fortifications, chap.* 19. *& 2. partie, ch.* 39. écrit *talud,* mais presque tous les autres écrivent *talus.* Pour *talut,* je ne l'ai vu écrit qu'en un seul livre, & presque tout le monde le condamne. Le *talus* en matière de fortification, c'est la pente qu'on donne à une muraille, ou à une élévation de terres afin qu'elles aient plus de pié & plus de force pour se soutenir & soutenir quelque pésanteur. *Talus* signifie la même chose que pente ; le talus est tout ce qui va en panchant. Donner du talus à une muraille. Mur qui n'a pas assez de talus. Donner le talus aux parties de la fortification.)

Talus, Terme de *Maçon.* On apelle *talus* en maçonnerie lors qu'une muraille diminuë de son épaisseur à mesure qu'elle s'éléve.

Taluter, ou *taluder, v. a.* Elever un talus. Donner du talus, du pié, de la pente à une muraille, à un rempart. (Taluter un rempart. Les murs qui soutiennent des terrasses doivent être taludez.)

TAM.

Tamarins, s. m. Fruit à noiau que porte un arbre qui croit aux Indes, & qui a quelque ressemblance avec les dates. (Les meilleurs tamarins sont noirâtres, ou bruns, luisans & mous & ils sont froids & secs au second degré.)

Tambour, s. m. C'est un soldat destiné à batre la caisse pour avertir l'infanterie, les dragons & les mousquetaires du Roi, de leur devoir. (Le tambour de la compagnie est mort. Commander aux tambours d'un régiment de batre la marche, de batre aux champs, de batre la charge, la guerre, la retraite, la diane, la chamade, &c.

Tambour, ou *caisse.* L'un & l'autre se dit, mais *caisse* est le plus usité parmi les soldats pour signifier l'instrument militaire très ancien dont on se sert dans toute l'infanterie, dans les mousquetaires du Roi, & dans les dragons. Il est composé d'un fût rond, embéli ordinairement de petis clouz, de cordes pour le bander & couvert à chaque bout d'une peau de mouton bien raturée. On bat celle de dessus avec des baguettes proprement tournées & au bas de la peau de dessous il y a deux or des de boiaux qu'on apelle le *timbre,* & qui font résoner l'instrument. (On bat le tambour par tout le Roiaume. Loüés

le Seigneur avec des tambours. *Port-Roial. Pseaume* 150.)

Tambour de basque. C'est une sorte de petit instrument recréatif composé d'un bois large de trois bons doigts, délié, plié en forme de cerceau, enjolivé ordinairement de papier marbré, ou de quelque couleur, & garni de sonnettes, sur lequel on a bandé fortement une peau de mouton & duquel on joüe le tenant d'une main & le frapant de l'autre. (Les Egiptiennes joüent du tambour de basque & les danseurs de corde en joüent aussi, quand ils sont en parade.) Le Tambour de Basque a un fond, un cercle, des grelots & des plaques. Ces tambours, ou d'autres qui leur ressembloient, étoient en usage dans les jeux publics & dans les fêtes de Baccus & de Cibèle.

Tambour. Terme de *jeu de Paume.* C'est une avance de muraille qui est au mur oposé à la galerie du jeu de paume.(Donner dans le tambour.)

Tambour. Terme d'*Anatomie.* C'est une membrane sèche, mince & déliée comme une toile d'araignée, qui se trouve dans l'oreille intérieure, derrière laquelle il y a une corde fort déliée, tenduë tout du long, comme dans un tambour de guerre. Cette membrane reçoit aisément l'impression du son extérieur.

* *Tambour.* Machine ronde comme un tambour, qui sert à faire joüer les orgues toute seule sans le secours de la main. Sur ce tambour, il y a des réglets comme sur un papier de Musique, & à la place des notes, il y a des pointes de fer, qui acrochent & font baisser les touches selon le son qu'on desire en tirer.

* *Tambour.* Terme d'*horloger.* C'est une petite boite ronde où est renfermé le grand ressort, qui est comme l'ame de la moutre. Les horlogers apellent *Barilles,* ce que les autres apellent *tambour.* [Ce tambour est trop petit.]

* *Tambour,* ou *chauffe-chemise, s. m.* L'un & l'autre se dit. Les Boisseliers, qui font de ces Tambours apellent Chauffe-chemise, ce que les Dames nomment *tambour.* C'est une machine de bois, en forme de caisse de véritable tambour haut de 4. à 5. piez & large d'un & demi, avec un couvercle, au milieu de laquelle on a tendu un reseau à claire voie, sur lequel on met une chemise, ou autre linge, & sous lequel il y a une poile pleine de charbons ardens, pour chauffer ce linge, ou cette chemise, Ce tambour est commode l'hiver & est bien imaginé.

Tambours d'Eperon. Terme de *Marine.* Ce sont des planches que l'on cloüe sur les Jauteraux de l'Eperon, pour rompre les coups de Mer qui donnent contre.

* *Ce qui vient par la flute, s'en va par le tambour.* Proverbe, pour dire qu'on dépend souvent avec profusion ce qu'on a aquis avec facilité.

* *Vouloir prendre les lievres au son du tambour.* Voiez *son.*

Tambour batant. C'est à dire, au son du tambour.)

* *Mener un homme tambour batant.* Pour dire, avoir un grand avantage sur lui dans la dispute, ou dans le jeu, &c.

† *Tambourin : tabourin, s. m.* L'un & l'autre se dit, mais *tabourin* semble un peu plus usité que *tambourin,* quoi qu'à dire la vérité *tambourin,* ni *tabourin,* ne soient guère bons, & ne puissent trouver leur place que dans le langage le plus bas, & même en riant. Le *tabourin* est un petit *tambour d'enfant,* & les personnes qui parlent sérieusement diront un *tambour d'enfant,* & jamais un *tambourin,* ni *tabourin.* [Acheter un *tabourin* à un enfant pour l'amuser. Les poupetiers vendent des *tabourins* ou *tambourins.* Voilà un joli *tabourin* ; ou plutôt un joli *tambour d'enfant.*]

† *Tambouriner ; tabouriner, v. n.* L'un & l'autre se dit, mais *tambouriner* semble plus usité que *tabouriner.* C'est fraper avec une ou deux petites baguettes sur un tambour d'enfant. (Il ne fait que *tambouriner.*)

† *Tambourineur, tabourineur, s. m.* L'un & l'autre se dit mais outre que ces mots sont fort bas & qu'il ne sont en usage qu'en parlant des petits enfans qui ont des tambours, le mot de *tambourineur* est plus usité que celui de *tabourineur.* On a a la foire Saint Laurent, on n'y entend que des *tambourineurs.*).

Tamis, s. m. Sas. Voiez ce qu'on a dit du *sas.* (Un petit tamis. Un grand tamis. *Tamis-a poudre.* C'est une sorte de sas qui est un instrument pour passer la poudre & qui est composé d'un dessus d'une toile de crin & d'un fond de peau de mouton. Batre le tamis. C'est passer la poudre par le tamis.)

Tamis. Terme d'*Organiste.* C'est une pièce de bois percée, à travers laquelle passent les tuiaux de l'orgue, & qui sert à les tenir en état.

Tamiser, v. a. Terme de *Parfumeur.* C'est passer par le tamis. [Tamiser la poudre. Poudre bien tamisée. Poudre qui n'est pas assez tamisée. Cela est fort bien tamisé.]

Tamisaille, s. f. Terme de *Marine.* Petit étage qui est à une Flute, entre la grande chambre & celle du Capitaine, & où passe la barre du gouvernail.

Tampon. Tout ce qui sert à boucher quelque chose. [Un gros tampon. Un petit tampon. Il faut mettre là un tampon.]

Tampons. Terme de *Charpentier* & de *Menuisier.* (hcvilles de bois dont on garnit les solives d'un plancher, les poteaux des cloisons.

Tampon. Terme de *faiseurs de flutes,* haut-bois & autres pareils instrumens. C'est la partie de la flute, ou du flageolet qui aide à faire

faire l'embouchure de la flûte, ou du flageolet, & sert à donner le vent. (Tampon qui ne vaut plus rien.)

Tamponner, v. a. Mettre un tampon à quelque chose qu'il faut boucher. (Tamponner un Vaisseau, tamponner une solive où l'on a fait un trou.)

Tampon. Terme *d'Imprimeur en taille douce.* C'est un morceau de linge tortillé pour encrer la planche. (Le tampon est perdu.)

Tampon. Terme de *Graveur en cuivre.* Feutre dont se servent les graveurs en cuivre pour froter leur planches.

TAN.

TAN, *s. m.* Terme de *Taneur* : Poudre d'écorce de chêne pliée, dont le taneur se sert pour donner au cuir la couleur & la nouriture qui lui est nécessaire. (Donner le tan aux cuirs. Mettre le cuir en tan.)

† *Tan.* Mot imaginé pour exprimer un ton grave de tambour. (Tan, trelan, tan.)

TANCER. Voiez *Tanser.*

TANCHE, *s. f.* C'est un poisson de lac, d'étang, & de rivière paisible. La *tanche* tire sur le verd & sur le jaune. Elle a de petites écailles tres glissantes, deux ailes auprès des ouies, deux autres au ventre, une auprès du trou des excrémens, & sur le dos une autre courte & sans éguillon. (La chair de la tanche est ferme, mais elle est mal-saine, parce qu'elle est limonneuse.)

* Il est à propos qu'après que les fatigues vous veniez vous rafraichir dans l'eau de la Séne avec beaucoup de jolies *tanches.* Voiture Lettre 144. C'est à dire, vous veniez vous divertir à Paris & sur les bords de la Séne avec de belles Dames & de jolies Demoiselles. Cela a été dit en raillant & par allusion.]

TANDIS. Sorte de *conjonction* qui veut toujours être suivie d'un *que.* (Tandis qu'on fait des vers on n'a guére d'argent. Gon. Epi. C'est à dire , lors qu'on s'amuse à rimer, on n'amasse pas grand chose. Tandis qu'on est jeune, on ne juge sainement de rien.)

TANE, *s. f.* Petite tache noire sur le visage qu'on peut aisément ôter avec une épingle. [Une grosse tane. Une petite tane. Faire en aller les tanes du visage. Oter les tanes.]

Tanée, s. f. Terme de *Taneur.* C'est du tan usé & qui sort des fosses. [Voilà de la tanée.]

Taner, v. v. Terme de *Taneur.* C'est donner au cuir toutes les façons nécessaires afin de pouvoir être corroié. (Taner un cuir. Un cuir bien tané. Un cuir mal tané.)

Tanerie, s. f. C'est le lieu où l'on tane. [Une belle tanerie. Les compagnons sont à la tanerie.)

Taneur, s. m. C'est celui qui aiant pris une peau du boucher la met boire un certain tems à la rivière, la rabat ; ou la jette dans les pleins , en ôte le poil , l'écharne , la quiosse , c'est à dire , la nettéïe , lui done la tane, la met à l'essui , & la met en état de passer entre les mains du corroieur. [Un bon taneur. Un habile compagnon taneur.)

Taneuse, s. f. Femme de taneur. Veuve de taneur qui fait travailler des compagnons taneurs. [Une riche taneuse.)

TANGAGE, *s. m.* Terme de *Marine.* C'est le balancement d'un Vaisseau de l'avant & de l'arriére. (Le tangage du Vaisseau n'a pas été tout à fait désagréable.)

TANGENTE, *s. f.* Terme de *Matématique.* C'est une ligne qui touche un cercle, ou une ligne courbe en un point. [C'est une tangente.] La tangente d'un cercle est ordinairement terminée par le point où elle rencontre la *sécante.* Voiez *sécante.*

Tanger la côte. Terme de *Mer.* C'est courir le long de la côte.

Tanguer, ou *tanquer, v. n.* Terme de *Mer.* C'est se hausser de l'avant & puis de l'arriére, comme si le Vaisseau se balançoit sur les lames de la Mer. (Le navire tangue. On dit aussi on tangue.)

TANIÉRE, *s. f.* Lieu creux dans la terre, où se retire le renard (Enfermer un renard dans sa taniére.)

* *Taniére.* Lieu & endroit où l'on se cache pour échaper à son ennemi. [Il disoit qu'il lui souffriroit plus de fuïr la lice & qu'il s'en iroit se faire sortir de sa taniére. Vau. Quin. l. 3. c. 8.]

TANQUER, *v. n.* Terme de *Mer.* Votez *Tanguer.*

Tanqueur, ou *gabarier, s. m.* Terme de *Mer.* Ceux qui portent à bord les marchandises ou du bord les portent à terre. Ceux qui se mettent à l'eau & aportent à terre sur leurs épaules les hommes & leurs hardes, ou qui de terre les portent au vaisseau lors qu'il ne peut aprocher de terre. *Fournier.*

† TANSER, *v. a.* Ce mot est un peu vieux & il entre dans le burlesque, & le satirique. Il signifie *Reprendre. Reprimander, gronder, blâmer , menacer.* (Il s'avise à contre tems de la tanser. La Fontaine, Fables, l. 1.) Il se dit quelquefois sérieusement. (Ceux de Numance *tansant* leur jeunesse de ce qu'elle fuioit, c'est bien le même troupeau , lui dirent-ils , mais ce n'est plus le même pasteur. Tibére tança Germanicus d'avoir osé, contre la deffense d'Auguste , entrer en Egipte. *Abl. Tac. Ann. l. 2. ch. 19.*)

TANT, *adv.* Tellement. Si fort. Si. Le mot de *tant* immédiatement devant un nom substantif régit le génitif & signifie *si grand.*

[Je prens *tant* de plaisir à vous écrire que je n'en trouve guére davantage à ne rien faire. Voiture, lettre 15.]

Je ne verrai jamais rien qui soit *tant* aimable,
Ni vous rien desormais qui puisse *tant* aimer.
Voiture, Poësies.

Il n'y a point d'homme au monde que je respecte *tant* que lui. *Voit. l. 30.*

Tant. Autant que. [Je n'aimerai jamais rien *tant* au monde que vous. *Voit. l. 14.* Rien ne coute tant que l'étude. *Ablancourt.*)

Tant. Ce mot entre encore en plusieurs façons de parler qui ont des sens diférens. [Exemples , tant pour hommes que pour femmes. C'est à dire, *autant pour homme que pour femme. Nous avons chacun tant par tête.* C'est à dire , nous avons chacun dépensé une telle some ; nous devons chacun une certaine some, Nous étions *tant* à table. C'est à dire , un tel nombre. Cet ouvrier gagne *tant* par jour. Il y a *tant* de gens, à contenter qu'on n'y peut sufire, *c'est à dire,* un si grand nombre de gens. *Tant de fois.* Vous dites *tant* que je ne me saurois contraindre. *Voit. let. 24.* C'est à dire, vous dites si souvent que je ne me puis contraindre. La mort ne vous a pas fait peur de *tant* près que vous l'aiez vüë , *Voit. let. 25.* C'est à dire, la mort ne vous a point fait de peur, quoi que vous l'aiez vüë de fort près. S'ils faisoient *tant* que d'en tirer quelques uns , ils se rencontroient. *Vaug. Quin.* C'est à dire , s'ils en tiroient , &c. Il a soixante & tant d'années.]

Tant à tant, adv. Ces mots se disent entre joüeurs & veulent dire , nous voilà égaux en matière de jeu ; Nous ne sommes pas plus avancez l'un que l'autre dans le jeu. Exemples , nous voilà *tant à tant* , quitons. Si nous pouvons venir *tant à tant* il faut remettre la partie.]

† *Tant plus.* Ces mots ne sont plus guére en usage. On ne dit plus parexemple, *tant plus*, il boit, *tant plus*, il a soif, il faut dire *plus* il boit, *plus* il a soif. *Vau. Rem.*

Tant pis. Sorte *d'adverbe* qu'on exprime en Latin par ces mots *tanto pejus.* Tant pis pour lui. *Ablancourt.* Tant pis , de prendre peine à dire des sotises. *Moliere.*]

Tant que Conjonction. C'est à dire, *autant que.* [Tant qu'il vous plaira. *Moliere, Critique de l'Ecole des Femmes, sc. 3.*]

Tant que. Conjonction. C'est à dire, *tandis que.* Durant que, pendant que. Toutes ces Conjonctions régissent le Verbe à l'indicatif. *Tant qu'ils*, ne sont qu'Amans nous sommes Souveraines *Corn. Poliencte, a. 1. sc. 3.* [Je vous ai aimé *tant que* j'ai esperé que vous seriez un bon Prince. *Cousin , Hist. Romaine.* Je ne me puis estimer malheureux *tant que* j'aurai l'honneur d'être aimé de vous. *Voit. l. 14.* Tant qu'on est jeune, on ne juge sainement de rien. *Mémoires de la Roche-Foucaut.*]

Tant que. C'est à dire, *autant que.* Ils empêchoient tant qu'ils pouvoient. *Ablancourt, Ar. l. 1.*

Tant s'en faut que. Sorte de *conjonction* qu'on rend en Latin par ces mots *tantum abest* & vaut autant en François que si on disoit *bien loin.* Quand il y a *un que* devant *tant s'en faut,* il veut être répeté après. *Vaug. Rem.* Il répondit que *tant s'en faut qu'on* ne lui voulût faire du mal , qu'au contraire elles seroient traitées en Reines. *Vaug. Q. l. 1. ch. 12.* Tant s'en faut qu'on doive regarder l'étude comme une chose inutile , au contraire on la doit considérer comme la nouriture de l'esprit. Voiez *le traité de la paresse.*)

† *Tant seulement, adv.* Ce mot est hors d'usage , & en sa place on dit *seulement.* Ainsi on ne doit pas imiter *Monsieur Voiture* , qui dans ses *Poësies.* à dit.

[J'arrive de cent piez sous terre
Pour vous ouïr *tant seulement.*)

Tant soit-peu, adv. Un peu. [Etre aimé tant soit peu. Il est tant soit peu abatu , mais cela n'est rien.]

Tant y a Conjonction qui régit l'indicatif & qui signifie *de sorte que.* Si bien que. Quoi qu'il en soit. (Tant y a , qu'à force de faire des batailles il a fait sa fortune.)

Tan. [Tant plein que vuide. Tant par eau que par terre. Tant en marchandises qu'en argent. C'est à dire , partie en marchandises , partie en argent.

Quand quelcun est un sot, si c'est *tant pis.* pour lui, c'est toujours *tant mieux* pour un autre.

TANTARARE. Mot imaginé pour représenter un certain son de trompette.

TANTE, *s. f.* C'est la sœur du pére, ou de la mére, C'est aussi la femme de l'oncle. Tante paternelle. Tante maternelle. Marie Térèse, Infante d'Espagne , & à present Reine de France , est la tante des enfans de Monsieur le Duc d'Orleans. Les filles orfelines sont mises à la garde de leurs tantes)

Tante Voiez *Tente.*

Tantôt. Ce mot est aussi une conjonction disjonctive.] Tantôt l'un, tantôt l'autre, c'est à dire , une fois l'un , une autrefois l'autre. Le tems est inconstant, il fait tantôt froid, tantôt chaud. Tantôt il veut une chose & tantôt il en veut une autre. Je jettois les yeux tantôt d'un côté & tantôt d'un autre.

TANTÔT, ou *tantost, adv.* L'un & l'autre s'écrit , mais quoi qu'on écrive *tantost,* on ne prononce pas l' . *Tantost* signifie dans peu de tems, En un moment. Tout à l'heure. [J'aurai l'honneur neuf de vous aler faire la reverence tantôt. Il viendra tantôt. [Aurez-vous tantôt fait , pour dire , aurez-vous bien-tôt fait. Tantôt la mort prend l'un & tantôt elle prend l'autre. Tantoſt nous ſommes au monde & tantoſt nous n'y ſommes plus , & cependant nous ne ſongeons point à la mort.]

TAO.

TAON ; tahon, ou ton, ſ. m. On prononce ton, & même quelques-uns l'écrivent. C'eſt ce que les Latins apellent tabanus, & les Italiens tafano. C'eſt une eſpéce de mouche qui a un éguillon dont elle pique particulieremenr les bœufs, les vaches, les chevaux , & les ſerpens. [Jonſton raconte qu'un chevalaiant été lié ſix heures de ſuite à un arbre , fut tué par les taons.]

TAON. Petit animal marin grand comme une areignée lequel tourmente les poiſſons qu'on nomme tons, empereurs & dauphins. Rond.

TAP.

TAP. Voiez Taps.

TAPABORD, ou Tapebord , ſ. m. Ce dernier ſemble plus doux que le prémier. Je dirois donc Tapebord. C'eſt une ſorte de bonnet à l'Angloiſe , qui étoit fort commode & qu'on portoit ſur mer , il y a environ 62. ou 63. ans. On dit qu'on portoit des tapabords au dernier ſiége de la Rochelle , au moins Monſieur Bouillaud celebre Aſtronome , qui étoit alors dans ſa verte jeuneſſe , me l'a ainſi aſſuré. Il croit même que le mot de tapabord n'a été vrai ſemblablement apellé de la ſorte que ſur mer & dans un ſens un peu figuré. Car en terme de marine , on nomme bord un vaiſſeau. Quoiqu'il ſoit, le mot de tapabord ou de tapebord n'eſt pas aujourdui fort entendu , & je ne l'ai trouvé que dans les recueils de poëſies de Serci, tome 2. page 214. Erdans un livre qui a pour titre, les Us & coutumes de la Mer , où l'on dit ſe couvrir la tête d'un bon tapebord.

† TAPE. ſ. f. Mot bas & burleſque pour dire coup de la main. [Je lui ait donné une bonne tape. Donner une tape ſur l'œil.]

TAPECU , ſ. m. C'eſt la partie chargée d'une baſcule qui ſert à lever & à baiſſer plus facilement un pont-levis,& qui eſt preſque en équilibre avec lui.

Tapecu. Terme de Mer. C'eſt une petite voile quarrée qu'on met ſur le cu des Vaiſſeaux pécheurs & qui pour cela a été apellée TAPECU. On en met auſſi à une Vergue ſuſpenduë vers le couronnement d'un Vaiſſeau marchand. Le tapecu ſert à les ſoutenir au vent & à empêcher qu'ils n'aillent de côté. Denis, hiſt. de l'Amérique.

† Taper, v. a. Mot bas & burleſque. Donner des tapes. [Elle l'a tapé comme il faut.]

Taper. Ce mot ſe dit en parlant des cheveux & veut dire , les prendre, les étendre & les rebrouſſer en haut avec le peigne pour leur donner une eſpéce de friſure. [Taper les cheveux.]

† En tapinois, adv. Mot vieux & burleſque qui veut dire En cachette, Secretement. Vôtre œil en tapinois me dérobe le cœur. Moliere. Il ſe gliſſa en tapinois dans ſon carquois Saraſin. Poëſies. C'eſt à dire , il ſe gliſſa doucement , en ſe baiſſant & ſe cachant.]

Se tapir, v. r. Se cacher contre quelque choſe, ou derrière quelque choſe afin de ne s'être pas aperçû. Se cacher. Se dérober à la vuë en ſe cachant d'une certaine manière.

[Il s'étoit tapi contre la muraille. Ablancourt.]

> Enfin m' tapiſſant au recoin d'une porte
> J'entendis ſon propos. Regner , Lat. 13.
> Cet animal tapi dans ſon obſcurité
> Jouït de l'hiver des biens conquis durant l'Eté.
> Déprèaux , Satire 8.]

TAPIS, ſ. m. Mot qui vient du Grec, Ouvrage de tapiſſerie qui ſert ordinairement à parer une table , une caſſette , ou quelque endroit par lequel on marche , ou ſur lequel on repoſe. [Un tapis verd , gris, rouge. Un beau tapis. Un tapis de la Chine. Un tapis de Turquie. Un tapis de pié. Les Turcs mangent ſur des tapis qu'ils étendent par terre.

* Tapis. Ce mot ſe dit des prez & veut dire Verdure belle & unie en forme de tapis. (Tapis verd.

> De ces tapis le pourpre prétieux bleſſe mes ſens.
> Voit. Poëſ.]

* Tapis. C'eſt une ſorte de quarré tout couvert d'herbes en forme de tapis, qu'on fait , ou qu'on trouve dans de certains jardins & dans de certaines cours. Lors que ces tapis ſont figurez on les apelle boulingrins. [Il y a un aſſez joli tapis dans la cour des Chanoines reguliers de Sainte Geneviéve , & on en voit de fort beaux à Liancour, & dans les jardins du Roi & de Monſieur.]

* Tapis. Ce mot entre encore dans quelques façons de parler ordinaires & figurées. (Exemples. Mettre ſur le tapis une queſtion galante. Moliere , Prétieuſes, ſcene 4. C'eſt propoſer une queſtion galante.

* Remettre une afaire ſur le tapis, Mauctoix, Sciſme d'Angleterre, l. 1. C'eſt parler tout de nouveau de quelque choſe.

* Amuſer le tapis. C'eſt entretenir la compagnie.

* Etre ſur le tapis. C'eſt être le ſujet de l'entretien du monde. Etre la perſonne dont on parle, ou la choſe dont ils s'agit. [L'afaire eſt encore ſur le tapis. D'Ablancourt & Amelot ſont encore ſur le tapis parmi les gens de lettres. On croit que celui-ci ne devoit pas entreprendre de traduire Tacite après d'Ablancourt, & qu'il devoit borner ſon ambition à faire des notes.

† * Quand quelcun a oublié de mettre au jeu, on lui dit en riant que le tapis brûle.

Tapis. Ce mot entre dans une façon de parler de manége. Cheval qui raſe le tapis. C'eſt à dire qui galope prés de terre , qui a ſes mouvemens trop prés de terre & qui ne s'éleve pas aſſez lors qu'il galope.

TAPISSER, v. a. Tendre de la tapiſſerie tout autour d'une chambre, d'une ſale, ou de quelque autre lieu qu'on veut parer. Tendre de la tapiſſerie le long de quelque muraille comme l'on fait à la Fête Dieu. (Tapiſſer une chambre , une maiſon, une ſale. On tapiſſe les ruës à la Fête-Dieu.)

* Tapiſſer. Il ſe dit auſſi de quelques autres choſes. (Tapiſſer la terre de fleurs. Les chambres des pauvres gens ſont quelquefois tapiſſées de toiles d'araignée. Tapiſſer un cabinet , de cartes Géographiques, de théſes, &c.)

Tapiſſerie , ſ. f. Ouvrage de laine qui eſt fait par le tapiſſier à fabrique pour l'ornement des maiſons & qu'on apelle en Latin periſtroma.(Bonne tapiſſerie. Belle tapiſſerie. Il y a des tapiſſeries qui ſe vendent à l'aune , & il y a de la griſe , de la verte, de la rouge & ces ſortes de tapiſſeries ſont les moins conſiderables. Il y a d'autres tapiſſeries qu'on apelle tapiſſeries de Flandres & de ces tapiſſeries les autres ſe nomment Bruſſelles & elles ſont fort fines, & les autres Oudenardes & Anvers. Les tapiſſeries de haute lice ſe font à Paris aux Gobelins, & de ces tapiſſeries les unes s'apellent paiſſages , les autres verdures & d'autres tapiſſeries à perſonnages. [Acheter une belle tenture de tapiſſerie. Tendre , ou décendre une tapiſſerie.]

Tapiſſerie de cuir doré. Ouvrage de cuivre qu'on fait pour parer principalement quelques chambres des maiſons de plaiſance. Il y a des tapiſſeries de cuir doré d'Eſpagne, de Holande , d'Alemagne , de Flandre & de Paris. (Les tapiſſeries de cuir doré d'Eſpagne ſont les meilleures & les plus eſtimées & celles de Holande après. Acheter une belle tenture de tapiſſerie de cuir doré.)

Tapiſſier, ſ. m. Ouvrier qui fait des tapiſſeries. Il y a de pluſieurs ſortes de tapiſſiers, les uns ſont tapiſſiers à fabrique , & ceux-là ſeuls méritent le nom de tapiſſiers , tels que ſont ceux qui demeurent aux Gobelins à Paris & aux lieux où l'on fabrique de la tapiſſerie. les autres, rentraieurs de tapiſſeries & ce ſont ceux de Paris que l'on apelle tapiſſiers & dont toute l'intelligence ne va pourtant qu'à garnis des chaiſes & des lits , tendre les chambres & d'autres petites choſes. Les troiſiémes s'apellent couverturiers tapiſſiers & on les apelle ſimplement couverturiers. [Un bon tapiſſier.]

Tapiſſier de cuir doré. Ouvrier qui fait & vend de la tapiſſerie de cuir doré. [Un bon tapiſſier de cuir doré.]

Tapiſſiere. ſ. f. C'eſt celle qui fait des garnitures de chaiſes & de placets ; & d'autres pieces de tapiſſerie. [C'eſt une tapiſſiere fort habile & fort adroite.]

TAPS, ſ. m. pl. Terme de Mer. Les Taps de Pierriers , ce ſont ſix piéces de bois , aiant deux piez de long & ſix pouces en quarré , qu'on atache ſur l'Apoſtil , pour ſoutenir les Pierriers.

TAQ.

TAQUÉ, ſ. m. Terme de Marine. Cheville de bois à deux pointes, clouée par le milieu ſur les bords d'un Vaiſſeau pour y amarrer quelque manœuvre.

TAQUIN, taquaine adj. Ce mot ſe dit des perſonnes & de leurs actions. Il ſignifie Avare. Vilain & qui eſt d'une perſonne peu honnête. [Cela eſt taquin. Il eſt taquin au dernier degré. Avoir l'ame taquine.]

Taquin, ſ. m. Avare & vilain , un avare ladre & trop ataché au bien. [Sa conduite eſt du dernier taquin. Qui dit taquin dit ſaquin. C'eſt le plus grand taquin qui ſoit ſous le Ciel.]

Taquinement, adv. D'une manière taquine. [Vivre taquinement & meſquinement.]

Taquinerie. ſ. f. Avarice vilaine. Sorte d'atachement bas , & ſordide qu'on a pour les biens de la terre.] C'eſt une taquinerie la plus grande du monde.

TAQUONS, ſ. m. Terme d'Imprimerie. Il ſe dit de ce qu'on met ſur le grand timpan ſous les caracteres , afin que l'impreſſion vienne bien.

TAR.

TARABAT, ſ. m. terme d'Auguſtin déchauſſé , de Capucin & de quelques autres. C'eſt une ſorte d'inſtrument pour réveiller les Religieux qui ſe relevent la nuit pour aller prier Dieu

Dieu au chœur. Il y a de plusieurs façons de tarabat. Il y en a un qui est une maniére de Cresselle dont on se sert à la semaine Sainte pour avertir d'aller à ténébres. Il y a un autre qui est un petit ais qui a de chaque côté deux gros cloux, l'un en haut, l'autre en bas avec une poignée à chaque bout & une verge de fer presque en forme d'anse qui tient à ses poignées & qui est aussi grande que l'ais & qui venant à fraper sur les cloux excite un bruit qui réveille. [Un tel Religieux a le tarabat. Tarabat qui ne fait pas assez de bruit. Dés qu'on entend le tarabat il faut se lever.]

TARABUSTER, v. a. Terme populaire, qui signifie importuner quelcun, être sans cesse à ses oreilles, ou l'incommoder de quelqu'autre maniére.

TARANDE, s. m. C'est un animal sauvage, gros comme un bœuf, qui a la tête plus grande que le cerf, & qui est couvert d'un poil long comme celui d'un ours. Le tarande naît dans les païs Septentrionnaux & ce qui est de plus surprenant est que le tarande peut changer son poil en toutes sortes de couleurs. Scheffer, Lapon. ch. 28.]

TARANTULE, tarantole, s. f. Quelques-uns disent tarantole de l'Italien tarantola, mais les hommes les plus habiles en la langue disent & écrivent tarantule. Voiez Abl. Marmol, l. 1. ch 3. La tarantule est une sorte d'insecte venimeux de couleur de cendre, marqueté de petites taches blanches & noires, ou de taches rouges & vertes. Il y a force tarantules en Calabre, en Sicile, & en quelques endroits d'Italie. Lors que la tarantule a piqué quelques personnes, elle les jette dans d'étranges simptomes. Les uns courent, les autres crient, dorment, veillent, sautent, ou rient toujours. Les autres aiment de certaines choses, ou font des choses tout à fait surprenantes. Jonst. l. 2. Hist. des animaux.

TARARE, Mot imaginé pour représenter le son de la trompette.

† Tarare. Mot burlesque qui marque quand on s'en sert qu'on se mocque de ce qu'on dit, ou qu'on n'y ajoute point de foi. (Si par exemple quelcun me dit, je ferai telle chose pour vous & que je lui veuille faire connoître que ce qu'il me dit est une chanson, je lui dirai fort bien tarare.)

TARAUD, s. m. Prononcez Tarô. Terme d'Horloger & de quelques autres artisans. C'est une piéce d'acier à vis, qui sert de matrice pour faire des écrous, dans lesquels doit entrer une vis. (On dit que les tarauts sont les mâles, & les écrous, les femelles. Un gros ou un petit taraud.]

Tarauд, v. a. C'est faire avec un taraud, un trou dans une piéce de métal, ou de bois, qui serve d'écrou pour y faire entrer une vis.

Taraux, s. m. C'est une sorte de cartes, marquées d'autres figures que les cartes ordinaires. Les Espagnols, les Alemans & autres Étrangers joüent aux Taraux.

TARD, adv. Hors d'heure. Au delà du tems prescrit. [Vous êtes arrivé trop tard. Il est un peu tard. Il vaut mieux tard que jamais. Il se fait tard. C'est à dire, la nuit aproche. Arriver sur le tard. C'est plus tard qu'il ne faloit. Et en cette derniére phrase tard est substantif.]

Tarder. Ce verbe est ordinairement neutre & il n'y a que les Poëtes qui l'osent faire actif, encore ne font-ils pas généralement aprouvez en cela. Tarder signifie diferer. Demeurer long-tems, & en ce sens il régit la particule à avec le verbe qui le suit à l'infinitif. (On ne tardera point à donner audience. Abl. Apo. Il ne faut point tarder davantage à gagner ses bonnes graces. Abl. Luc. Vous ne tarderez guere à scandaliser vôtre bonne amie. Sar. L'horloge tarde, ou tarde à sonner. La Lune tarde à se lever.

A des ofres d'Himen répondre par des larmes
Et tarder tant à dire un oui si plein de charmes.
Moliere.

Les Dieux ne tardérent guére à faire païer la peine du crime celui qui en étoit l'auteur. Vaug. Quin. l. 3.

A des cœurs bien touchez tarder la joüissance.
C'est infailliblement leur croitre le desir.
Mai. Poës. liv. 2.)

Tarder. Ce mot régit aussi la particule de avec le verbe qui suit à l'infinitif, ou quelquefois la particule que avec le subjonctif. Mais c'est dans un sens diférent de celui où il est pris ordinairement. Exemples. [Il nous tardoit bien d'en être défaits. Abl. Luc. C'est à dire nous aurions bien voulu en être défaits; il nous fâchoit fort de n'en être pas défaits. Il me tarde que cela soit fait. C'est à dire, je voudrois que cela fût fait.]

† Tardif, tardive. Lent. (Mouvement tardif.]

O soins tardifs & superflus!
Inutile tendresse! Hippolite n'est plus.
Racine. Phèdre, a 5. sc. 6.

Tardif, tardive, adj. Ce mot se dit de quelques fruits de la terre & veut dire Qui vient tard en comparaison des autres.] Fruit tardif. Péche tardive. En Janvier on doit semer sur couche les plantes tardives.)

* Tardif, tardive. Qui vient trop tard. (Une mort promte est meilleure qu'une tardive guerison. Vaug. Quin. livre. 3. ch. 5.

† Tardivement, adv. Avec lenteur, avec tardiveté. Ce mot n'est guére en usage. (La torue marche tardivement, elle se promene lentement.)

† Tardiveté, s. f. Lenteur de mouvement.) La tardiveté du mouvement de Saturne.

Tardiveté. Il se dit plus ordinairement des fruits, & signifie Lenteur à mûrir. (Il y a des fruits estimables pour leur hativeté & d'autres pour leur tardiveté. Quin. Jard. fruit. tome 1.)

TARE, s. m. Terme d'Orfevre, qui se dit de l'argent & qui veut dire Diminution. Déchet. Il y a tant de tare, il la faut païer.) Ce mot de tare se dit aussi d'autres marchandises, & il signifie defectuosité qui se trouve au poids, au compte, à la qualité, &c. à cause dequoi il y a du déchet & il faut faire quelque rabais. L'emballage des marchandises, les caisses & les tonneaux où elles sont contenuës diminuent de la valeur du poids total des marchandises qu'on vend avec leur emballage.

† Tare. Défaut. Manquement.

Ils laissent une tare
Au plus riche ornement dont la terre se pare. Voit. poës.

* TARGE, s. f. Vieux mot qui signifie une espece de grand bouclier dont se servoient les fantacins, & qui étoit extrémement propre pour les couvrir. Le mot de targe trouve encore sa place dans le burlesque. On dit. [Une grande targe. Une bonne targe. Une targe fort légére.

Je voudrois bien les voir
Sabre à la main & targe sur le dos. Scaron poëses.

TARGETTE, Voïez tergette.

† * SE TARGUER, v. r. Se glorifier & se piquer de quelque chose. [Il est si fat qu'il se targue de bel esprit.]

† * Se targuer de l'autorité de quelcun. C'est à dire, se flater de l'autorité de quelcun & faire le fier à cause de cela.

TARSE, s. m. Table proportionnelle qu'on fait pour éviter la peine de faire un grand nombre de regles pour distribuer une certaine somme à plusieurs interessez, soit pour recevoir, ou pour païer.

Tarif. C'est une sorte de livre qui marque la figure & la valeur des especes qu'on calcule. (Un nouveau tarif.)

Tarif. Terme de Commis des Gabelles & autres droits. C'est une feuille de papier imprimée où est marquée la taxe que doivent païer les denrées & marchandises qui entrent dans Paris. [Il faut voir dans le tarif ce que chaque chose paie.]

Tarif général des droits des sorties & des entrées du Roiaume, C'est un livre qui contient le detail de toutes les taxes & de toutes les marchandises qui entrent en France & qui sortent de France, & ce que chaque chose paie pour y entrer, ou pour en sortir. [Imprimer un nouveau tarif.)

TARIN. Voïez terin.

Tariére, ou tarriére, s. f. Machine des anciens. C'étoit une poutre garnie par le bout d'un fer pointu. La tariére avoit quelque raport avec la machine qu'on apelle Bélier, & elle servoit à couper une pierre de la muraille & à en faire plusieurs éclats, afin que le Belier, venant en suite à fraper les autres pierres qui étoient autour de celle que la tariére avoit hachée, il les pût enfoncer avec plus de facilité.

Tariere. Voïez teriére.

TARIR, v. r. Epuiser. Faire écouler. (Tarir une riviere. Voiture lettre 2.)

* Tarir la source des desordres. Patru, t. 1. pl. C'est à dire, arrêter la source des desordres & des troubles.

Tarir, v. n. Il se prend aussi dans un sens neutre. (Ce ruisseau tarit en été. La riviére tarit.]

* Rien ne tarit si tôt que les larmes. Vaugelas, Quin. livre 5. ch. 5. C'est à dire, rien ne séche & ne s'arrête si tôt que les pleurs.

TAROT, s. m. C'est un instrument à anche & à vent & qui a onze trous & qui sert de basse aux concerts de musette. Le tarot s'apelle ordinairement basson.

TARTANE, s. f. m. Terme de Mer. C'est une sorte de barque de la Mediterranée qui ne porte qu'un grand mât avec une misaine. La voile de la tartane est à tiers point, mais de gros tems elle est à trait quarré.

TARTARE s. m. Le langage des tartares. (Entendre le Tartare Parler le tartare. Savoir le tartare.)

TARTARISER, v. a. terme de Chimie. Purifier par le sel de tartre. (Tartariser l'esprit de vin. C'est le purifier. Esprit de vin tartarisé. C'est à dire, très-purifié.)

Tartareux, tartareuse, adj. terme de Chimie. Qui a la qualité du tartre. (Il y a quelque chose de tartareux dans la lie de vin.]

TARTE, s. f. C'est une piéce de four. C'est à dire, une piéce de paticerie de fruit, de confitures, de crème, ou de lait avec des œufs & du fromage, composée d'une abaisse & d'un couvercle découpé, ou par petites bandes proprement arrangées à quelque distance les unes des autres. (Une bonne tarte.
Faite

* *Teint.* Ce mot se dit du Ciel & signifie *couleur* & en ce sens je ne le trouve que dans *les Poësies de Voit. Elegie première.*

Elle éfaçoit toute chose auprès d'elle,
Le teint du Ciel, au lever de l'aurore,
L'aurore même & le Soleil encore.)

Teint. Terme de *Mirouëtier & de metteur de glaces au teint.* C'est une feuille d'étain sur quoi on aplique le vif argent, ce qui est cause qu'on se voit dans la glace du miroir lors qu'on jette les yeux dessus. (Mettre une glace au teint.)

Teinte, *s. f.* Terme de *Peinture*, qui vient de l'Italien *tinta*, Couleur artificielle, ou composée qui imite la couleur naturelle de quelque objet. (Voilà une draperie d'une bonne teinte. Un fond d'une bonne teinte.)

Demi-teinte, s. f. Terme de *Peinture.* C'est une teinte moïenne entre la lumière & l'ombre.

Teinture, *s. f.* C'est la couleur que prend l'étofe, ou la laine lors qu'elles sont dans le teint. (Teinture fort bonne. Donner la teinture à l'étofe, à la soie, à la laine. Piéce jugée de fausse teinture. La teinture donne aux manufactures de soie, de laine & de fil cette belle varieté de couleurs qui fait aimer les manufactures. La teinture qui imite ce qu'il y a de beau dans le monde est l'ame des manufactures. Voïez *l'instruction pour la teinture.*)

* *Teinture.* Ce mot se dit élégamment *au figuré.* (Exemples. Il n'a aucune *teinture* de Téologie. Il avoit quelque *teinture* des siences. Abl. C'est à dire, il sçavoit quelque chose.)

Teinture. Terme de *Chimie.* Operation qui se fait pour communiquer à quelque liqueur, la vertu, ou la principale substance d'un médicament. Cette operation est apellée *teinture*, parce qu'elle colore la liqueur. (La rose, la violette & la casse communiquent leur teinture à des liqueurs, Voïez *Charas & Emeri, traitez de Chimie.*)

Teinturier, s. m. Ouvrier marchand qui donne la teinture aux étofes & aux laines. [Un juré teinturier. Un bon teinturier. Un habile teinturier. Etre reçu teinturier.]

Teinturier de bon teint, ou du grand teint. C'est celui qui teint toutes sortes de laines filées, ou à filer, & toutes sortes d'étofes & de marchandises de laine, de quelque prix, de quelque bonté, de quelque qualité & fabrique qu'elles soient , ou puissent être. Voïez *l'instruction génerale pour la teinture, p. 16. &c.*

Teinturier de petit teint. C'est celui qui teint toute sorte de laine de petit prix, filées, ou à filer, les étofes qui n'excédent pas vint sous l'aune & les étofes servant à doubler qui n'excéderont pas trente sous l'aune. Voïez *l'Instruction pour la teinture, p. 27. &c.*

Teinturier en soie. C'est celui qui ne teint ordinairement que des soies. (Etre teinturier en soie.)

Teinturier en laine. C'est celui qui teint & vend de toutes sortes de laine & qu'on apelle ordinairement *lainier.* (Les teinturiers en laine font mieux leurs afaires que les autres.) Voïez *lainier.*

† *Teinturiére, s. f.* Femme de teinturier. Veuve de teinturier. (La teinturiére est morte.)

* *Teinturier.* Il se dit d'une espéce de raisin, dont le suc est fort rouge, & dont on mèle quelques seps parmi un plant de raisins blancs, pour faire du vin clairet. Son suc est fort doux, & sa feuille est rouge.

TEL.

TEL, *telle, adj.* Ce mot vient du Latin *talis*, & veut être ordinairement suivi de quelque cas du pronom *qui*, ou de la conjonction *que.* (Exemples. Ma destinée sera *telle* qu'il vous plaira. Abl. C'est à dire, sera comme il vous plaira. Il n'est rien *tel* que les Jésuites. *Pascal, l. 4.* C'est à dire, il n'y a rien qui soit comparable aux Jésuites. Ils n'ont pas leurs pareils. *Telle* personne s'est sauvée de mes mains *qui* ne m'échaperoit pas à cette heure. *Voiture, l. 10.* C'est à dire, il y a de certaines personnes qui se sont sauvées de moi, qui, *Tel que* vous me voïez, je m'en escrime un peu. *Moliere.* C'est à dire, encore que je sois comme vous voïez, cependant je ne laisse pas de m'en escrimer. Il y en a *tel* dont il ne faut que la seule fréquentation pour. *Moliere.* C'est à dire, il y a de certaines gens qu'il ne faut que fréquenter pour. *Monsieur un tel* écrivit hier. *Moliere.* C'est à dire, un certain Monsieur écrivit hier. *Mademoiselle telle* fut hier avec *Monsieur tel.* Telle étoit l'armée de Darius. *Vaugelas, Quint. l. 3.* C'est à dire, voilà l'état de l'armée de Darius.)

Tel, telle. Ge mot pour dire quel ne se dit pas bien. Dieu est présent en tous lieux, *tels* qu'ils soient. Cette façon de parler ne vaut rien. Il faut dire. Dieu est présent en tous lieux quel qu'ils soient. *Vau. Rem.*

Tel, telle. Il signifie quelquefois celui, celle , mais il ne se dit guére que dans les discours familiers. (Tel qui rit samedi, Dimanche pleurera. *Rac. ac. l. 2. ch. 1.*)

Tellement, adv. De telle sorte. si fort. (Il est *tellement* aveuglé de son petit mérite qu'il fait pitié. Le bon homme est *tellement* coifé de tous les Sçavans qu'il le voïent qu'il croit que ces misérables sont les plus-vertueux & les plus honnêtes gens du monde.)

† *Tellement quellement, adv.* C'est ce que les Italiens apellent *cosi, cosi*, & que nous exprimons en nôtre langue par ces mots. Aucunement. La là , Assez bien. Passablement. Médiocrement. [Il se porte *tellement quellement.* Il gagne sa vie *tellement quellement.* Il éxerce la Médecine *tellement quellement.* Colletet fait des vers *tellement quellement*, &c.]

TELESCOPE, *s. m.* Mot qui vient du Grec. C'est un instrument dont on se sert pour découvrir les choses qui sont éloignées & qu'on ne pourroit voir distinctement que de prés. (Un bon télescope. On se sert du téléscope pour voir les objets éloignez. Le télescope a été inventé par un Flamand & Galilée en fit un sans avoir vû celui de l'inventeur. *Spon, recherches d'Antiquitez, dissert. 16.* Il est plus aisé de definir le mot de *Télescope*, qui est une lunette à voir de loin que de definir le mot de *voir. Discours à l'Ac. Fr.*)

TEM.

TEME, où *thème, s. m.* Mot qui vient du Grec. C'est la composition qu'on donne à faire à un écolier. (Un petit tême. Un long tême, Un tême aisé , ou dificile. Faire un tême. Je vous suplie de corriger ce tême. *Voit. 191.*)

Téme, s. m. Terme de *Prédicateur.* C'est un passage de l'Ecriture, Latin, ou François qu'on choisit pour faire quelque Sermon, ou quelque Oraison funébre. Le mot de *tême* , en ce sens , se dit , mais il n'est pas à beaucoup près si usité que celui de *texte.* (Monsieur l'Abé Des-Aleurs a fait aujourdui un beau Sermon contre la médisance , il avoit pris pour *tême* ces paroles de l'Ecriture , &c.)

Téme celeste. Terme d'*Astrologie.* C'est une description de l'état du ciel , à un certain moment , & qui marque le lieu où sont alors les étoiles & les planétes.

TÉMERAIRE, *adj.* Ce mot se dit des choses & des personnes & signifie Plein de témerité. Acompagné de témerité. (Action temeraire, Abl. Conduite temeraire.

Ma foi, de quelque sens que vous tourniez l'afaire
Prendre femme est à vous un coup bien *témeraire.*
  Moliere,

Un sujet *témeraire*
A si peu de respect & de soin de me plaire.
  Corneille, *Cid. a. 2. s. 6.*

La jeunesse est ordinairement un peu *témeraire.*)

Témeraire, s. m. Celui qui a de la témerité. (Alexandre étoit un heureux témeraire.)

Témerairement, adv. D'une manière témeraire, sans beaucoup de réfléxion. (Se jetter témerairement dans le péril. S'exposer temerairement à la mort. Se conduire temerairement. Parler un peu temerairement.)

Témerité , s. f. Hardiesse démesurée & qui va au delà des bornes ordinaires. (C'est une témerité condamnée de tout le monde. Il y a d'heureuses témeritez. Avoir de la témerité. C'est une petite témerité de jeune homme, qu'il faut un peu tâcher de reprimer.)

TÉMOIN, *s. m.* La personne qui rend témoignage de ce qu'elle a vû, ou ouï. (Un *témoin* oculaire. C'est celui qui assure qu'il a vû ce qu'il dit avoir vû. Un bon témoin. Un témoin reprochable, ou irreprochable. Les faux témoins sont pendus, ou ils ont la tête coupée. Servir de faux témoin. Servir de témoin contre quelcun. Il est témoin de ce qui s'est passé. On dit aussi en Termes de *Palais* (Ouïr des témoins. Recoler des témoins. Confronter les témoins à l'acusé. Recuser un témoin. Les témoins persistent dans leurs dépositions. Après le recolement fait, on ne reçoit plus de reproches contre les témoins. Faire des reproches aux témoins, &c.)

[Je raporterai seulement les choses dont j'ai été témoin. *Mémoires de M. de la Roche-Foucau.* Rendre un bon témoignage d'un méchant livre, c'est faire l'ofice d'un faux témoin.]

† *Témoin.* Témoignage. (En *témoin dequoi j'ai signé la présente* Cette façon de parler n'est usitée qu'en Parlant Pratique. *Vau. Rem.*

Témoins. Terme d'*Ingenieur.* Ce sont de certaines hauteurs faites de la même terre qu'on transporté, ausquelles on ne touche point & qu'on laisse dans les lieux vuides afin de savoir au juste combien on a tiré de terre. (Laisser des témoins.)

Témoins. Terme de *Cordeur de bois & de Marchand de bois de Paris.* Ce sont deux bûches qu'on met de côté & d'autre de la membrure lors qu'on corde du bois aux chantiers. (Mettre les témoins. Donner des témoins au cordeur.)

A témoin, adv. En témoignage. (Je vous prens *tous à témoin*, & non pas je vous prens *tous à témoins*, ou toutes à témoins avec une s finale. *Vau. Rem.*

Iris, je prens le Ciel & les Dieux *à témoin.*
Que vous êtes l'objet de mon plus tendre soin. *La Suze poë.*

Ils apellent les Dieux à témoin de leurs promesses. *Vaug. Q. Curce, l. 7. ch. 8.*)

Témoin, adv. A témoin. Selon le témoignage. (Témoin les anciens Philosophes. Témoin tous les Péres de l'Antiquité. *Vaug. Rem.*

Témoignage, s. m. Déposition de témoin. Tout ce qu'un témoin dit pour charger , ou décharger une personne. (Témoignage

804 TEM

vrai, faux, favorable, fort, puissant, irréfragable. Venir en témoignage. Porter témoignage de quelque chose.

> *Hédelin, c'est à tort que tu te plains de moi,
> N'ai-je pas loüé ton ouvrage?
> Pouvois-je plus faire pour toi
> Que de rendre un faux témoignage?*

* *Témoignage.* Raport qu'on fait du mérite, ou du peu de mérite d'une personne. Tout ce qu'on dit pour, ou contre une personne de qui on nous demande nôtre sentiment. [On a rendu de bons témoignages au Roi de la valeur de Monsieur le Conte de Monbron. Il rendit de glorieux témoignages de. *Ablancourt.*]

* *Témoignage.* Marque. Preuve qui témoigne nos ressentimens. [Donner d'éclatans témoignages de sa reconnoissance. *Abl.* Donnera quelcun des témoignages de son souvenir. *Voiture, lettre* 32. Recevoir des témoignages d'afection de tout ce qu'il y a d'aimables personnes au monde *Voiture lettre* 42.]

Témoigner, v. a. Déposer. Rendre témoignage. Dire. [Il a témoigné cela.]

* *Témoigner.* Faire paroître. Faire voir. Faire éclater. Découvrir. [On aime les gens qui témoignent toujours de l'esprit sans choquer personne. Je vous témoignerai en toute rencontre que je suis vôtre très humble serviteur. Il m'a témoigné beaucoup de bonne volonté pour elle.]

TEMPERAMENT, *f. m.* Ce mot se dit des personnes & signifie complexion. *Vau. Rem.* [Le bon temperament vient du mélange bien proportionné des quatre premières qualitez qui sont le chaud, le froid, l'humide & le sec. temperament bon & vigoureux. temperament robuste, fort.]

* *Temperament.* Radoucissement. Modération. Accommodement. [Il aporta tous les temperamens qui pouvoient rendre sa proposition recevable. *Scaron. Nouvelle* 1. Il faut aporter quelque temperament à ce que vous dites. *Pascal, l.6.*]

Temperance, s. f. C'est une vertu qui fait moderer de certains plaisirs. C'est une vertu qui tient un tel milieu entre les voluptez qui regardent Venus & Bacchus qu'elle ne s'y laisse pas trop emporter & qu'elle ne s'en éloigne pas aussi tout à fait. [La temperance s'atache à moderer les plaisirs qui naissent du goût, de l'atouchement ; en un mot de l'amour. Voiez *Benvent, Paraphrase sur la Morale d'Aristote, liv. 3. ch. x.*]

Temperant, temperante, adj. Celui qui tient un milieu entre de certaines voluptez, qui ne s'y laisse pas trop aller, mais qui ne s'en éloigne pas aussi tout à fait. [Etre temperant dans son boire & son manger. Etre temperant dans les plaisirs de l'amour.]

Temperature, s. f. Ce mot se dit de l'air. *Vaugelas Remarques,* & veut dire une certaine qualité dans l'air, laquelle sert à le temperer & à en corriger les défauts. (Ce païs jouit d'une temperature d'air toute particulière. La temperature de l'air contribuë beaucoup à la santé.)

Temperé, temperée, adj. Ce mot se dit des choses, & signifie. *Adouci.* Moderé. (L'air est bien temperé. *Ablancourt.* Coléte temperée. Sa joïe a esté temperée par la jalousie des Actions de. *Memoires de M. la Roche-Foucaut.*) On parle en Géographie des zones temperées, V. *zone.*

* *Temperé, temperée.* Ce mot se dit des personnes, & veut dire *Sage, Réglé, Moderé, Prudent.* (Esprit temperé. C'est un garçon fort temperé.)

Temperer, v. a. Moderer. Adoucir. Rajuster. (Nos Pères ont temperé les choses par leur prudence. *Pascal, l. 6.* Nos Pères ont eu besoin de toutes leurs lumières pour temperer les choses avec justesse. *Pascal, l. 7.*)

* *L'âge tempéré le sang.* C'est à dire, le modéré, lui ôte de sa chaleur, le rend moins chaud.

TEMPÊTE, ou *tempeste, s. f.* L'un & l'autre s'écrit, mais on prononce *tampête, s. f.* Mouvement violent des vents qui agitent d'une manière extraordinaire l'eau de la mer. (Une grande, une furieuse, une horrible tempête. Une grosse tempête. Etre batu de la tempête. *Ablancourt.* Exciter une tempête. Apaiser la tempête.)

* *Tempête.* Ce mot au figuré veut dire quelquefois décharge de plusieurs canons, ou d'autres armes à feu.

[Nous l'avons vû afronter la tempête de cent foudres d'airain. *Depreaux, Epitres.* Il méprise la tempête de cent canons cour roucez. *Sar. Poës.*]

* *Tempête.* Bruit. Tintamare. Vacarme.

> Catin loge dessus ma tère
> Et me veut afliger du bruit
> D'une furieuse tempête
> Qu'elle excite jour & nuit.
> *Gom. Epi. l. 1.*

* *Tempête.* Trouble. Désordre. Sédition. (Qui n'eût cru que cette tempête aloit engloutir tout le Roüergue. *Patru 7. plai.*)

Tempêter, tempester, v. n. Faire du bruit. Criailler. (On disoit qu'a plaider, Blondeau n'entendoit rien, c'est une pure médisance, Il tempête, il clabaude & se démène bien.)

Tempetueux, tempetueuse, adj. Qui est sujet aux tempêtes.

TEM

Il y a des endroits où la Mer est plus tempêtueuses qu'en d'autres.]

TEMPLE, *f. m.* En Latin *templum.* Mot général qui se dit des lieux où anciennement le peuple de Dieu prioit, & faisoit ses sacrifices. Il se dit aussi des édifices ouverts aux Païens bâtissoient à l'honneur de leurs Dieux & où ils faisoient plusieurs choses qui regardoient la Religion Païenne. (Un beau temple. Salomon fit bâtir un superbe temple. Zorobabel fit rebâtir le temple de Hierusalem en 4. ans. Rétablir un temple. Parer, orner un temple de beaux vases. *Abl.* Les Empereurs Romains souffroient qu'on leur dédiât des temples. Dresser un temple. *Voi. Poës.*)

Temple. Ce mot se dit en parlant de Messieurs de la Religion. Lieu où les gens de la Religion s'assemblent de certains jours pour prier Dieu & pour entendre la Parole de Dieu que leur anonce leur Ministre. (Messieurs de la Religion doivent avoir en chaque Province de France un certain nombre de temples. Aller au temple. Etre au temple.)

* *Temple.* Ce mot se dit dans un sens figuré. [Exemples

> J'en jure, vous aurez des *temples,* des autels.
> *Racan, Poësies.*

C'est à dire, vous serez adorée.

> Adorer on la pourroit
> Si les souris on adoroit
> Et *que souris eussent un temple.*
> *Sar. Poës.*]

* *Temple de mémoire.* Superbe bâtiment qu'on feint être sur le Parnasse & où les noms des grans hommes sont conservez. Il a été commencé par les Muses & par Apollon & il s'achève tous les jours par les Poëtes qui en font les Prêtres. Voiez *Sangenesius, poësies.* (Graver son nom au temple de mémoire. *La Suze, Poësies.*] On a aussi parlé du temple de la Gloire, du Temple de la mort, &c.

On dit que les Chrétiens sont les temples vivans du S. Esprit & Jesus-Christ à parlé de son corps comme d'un temple.

Temple, s. f. C'est la partie de la tête d'une personne entre l'œil, & l'oreille, & ce sont 2. os, dont l'un est situé contre une oreille, & l'autre contre l'autre oreille. [Etre blessé à la temple. *Abl.* Donner un coup de poing sur la temple.]

Templier, f. m. Terme de *Relieur.* Manière de petite tringle, ou de bâton quarré qu'on leve du cousoir, qui va presque tout le long du cousoir & dont on se sert pour tenir les chevillettes quand on coud quelque livre. [On ne sauroit coudre un livre sans se servir du templier. Mettre le templier au cousoir. Mon templier est perdu. Mon templier est rompu.]

TEMPLIERS, *f. m.* Chevaliers Religieux qui furent instituez à Hierusalem du tems de Baudoin troisiéme, qui portoient un manteau blanc avec une croix rouge dessus, qui reçurent leur regle de Saint Bernard. Ils n'empêchoient pas les Turcs ne fissent aucune insulte aux Crétiens qui alloient en pélerinage à Hierusalem. Ces sortes de Religieux furent apellez *Templiers* parce qu'ils demeuroient à Hierusalem auprès du *temple.* Leur ordre n'a fleuri qu'environ deux cens ans: car du tems du Pape Clement V. & du Roi Philippe le Bel on les fit tous pêtir par le feu. Les uns racontent qu'ils furent convaincus de Sodomie & d'autres honteux déreglemens, & les autres, qu'ils s'étoient rendus redoutables par leurs richesses, aux puissances de la terre & pour s'emparer de leurs biens on les accusa de plusieurs crimes exécrables. Voiez *Monsieur du Pui Histoire des Templiers.*

† *Boire comme un templier.* C'est à dire, Boire beaucoup. Faire des excès de vin à la manière des Chevaliers du temple. (C'est un drôle qui *boit comme un templier.* C'est à dire, qui boit bien & fait des débauches de vin.)

TEMPORAL, *ale, adj.* Il ne se dit qu'en termes d'*Anatomie. Muscle temporal,* c'est un gros muscle qui sort des temples. *Suture temporale,* ce sont les fausses sutures du crane. V. *Suture.*

Temporalité, f. f. Intérêts temporels. [L'Eglise abuse de son pouvoir si elle l'étend sur la temporalité. Le Pape Boniface entreprit sur la temporalité du Roïaume de France, lors que Philipe le Bel y régnoit, mais Clement Cinquième, successeur de Boniface, avoüa que Boniface avoit été au delà des bornes de sa puissance. *Fevret, traité de l'abus, l.1. ch. 7.*)

TEMPOREL, *temporelle, adj.* Mot qui vient du Latin & qui se dit ordinairement en parlant de l'Eglise & des bénéfices. Il veut dire. *Qui n'est spirituel.* Qui regarde le tems. Qui dure un certain tems. (Les biens temporels de l'ancienne Eglise de Jesus-Christ étoient les ofrandes, les dîmes, les quêtes & quelques fonds. Seigneurie temporelle de l'Eglise. Subsistance temporelle. *Tomassin, Discipline de l'Eglise,* 1. *partie, l.1. c. 31.*) *Le Pére temporel.* C'est une personne séculière déleguée du Pape pour manier les aumônes qu'on fait aux Capucins. Seigneur temporel. Il faut préférer les biens spirituels aux biens temporels.)

Temporel, f. m. Terme qui se dit en parlant d'Eglise, de bénéfice & de maison religieuse. C'est le revenu d'un bénéfice quel qu'il soit, ou d'une maison religieuse. (Le temporel de la Cure vaut cent pistoles. Faire voir l'état du temporel d'un Monastè-

TAS

faire une tarte. Dresser une tarte. Commander une tarte de dix, de quinze, de vint, ou de trente fous. La tarte à la crème m'a afadi le cœur. *Moliere.*

TARTRE, *s. m.* Terme de *Chimie.* Sel ou croûte rougeâtre qui se forme & s'épaissit autour des tonneaux par dedans & dont l'éfet est d'ouvrir les pores. [Tartre purifié. Tartre vitriolé. Tartre cristalizé. Purifier le tartre.]

† TARTUFE, *s. m.* Mot inventé & introduit dans nôtre langue par feu Moliere. C'est à dire, un faux dévot. Tartufe est comique & satirique. Jamais Tartufe ne fut honnête homme. Il faut se défier d'un Tartufe de tous côtez. Le monde est plein de Tartufes.]

† *Tartufier, v. n.* Ce mot est comique & de raillerie. C'est faire le faux dévot, c'est avoir un air, & des manières d'hipocrite [Si l'on veut faire aujourd'hui quelque chose, il faut un peu tartufier. Il Tartufie assez bien, & assurément il attrapera quelque chose.

Tartufié, tartufiée, adj. C'est à dire, fait tartufe, devenu tartufe, [Il est tartufié. Elle est depuis quelque tems toute tartufiée.]

Moliére, Comedie du Tartufe, a dit, non, vous serez, ma foi, tartufiée, c'est à dire, vous serez mariée avec Tartufe; Il donne ce sens au mot *tartufie,* parce qu'il fait parler à celle que l'on vouloit marier à Tartufe.

TAS.

TAS, *s. f.* Mot qui vient du Grec & qui signifie *monceau.* Amas. Multitude. Quantité. [Un gros tas. Mettre le blé en tas dans la grange. Hercule se mit à filer avec un tas de filles. *Benserrade.* Un tas de coquins, Crois-tu qu'on n'ait qu'à faire bonne chére, qu'à batre le pavé, comme un tas de galans. *Racine, plaideurs,a. 1. sc. 4.* Un tas de pierres.

Tas. Terme d'*Orfévre.* C'est une sorte de petite enclume, qui sert aux orfévres pour faire des vis, des moulures, &c.

Tas de charge. Termes d'*Architecture.* Pierres qu'on voit sur les angles, ou dans le plain d'un mur & qui montrent la naissance d'une voute, ou de quelque autre ouvrage.

A tas, adv. En quantité. [Ils fourmillent à tas.]

TASSE, *s. f.* Sorte de vase de bouis, de terre, de faiance, de porcelaine, ou de métal dont on se sert pour boire. Il y a des tasses ovales & sans anses, ni piez, & d'autres qui sont rondes & qui outre le corps de la tasse ont deux petites anses façonnées avec un pié embeli de feuillage & d'autres petits ornemens. Une belle tasse, Une jolie tasse.

> Buvons, Tircis, à pleine tasse,
> L'âge insensiblement se passe
> Et nous méne à nos derniers jours :
> *Recueil de poësies, tom. 3.*

On dit aussi, & même plus ordinairement, à *tasse pleine*, Mainard, dans ses poësies a dit, Verse, laquais, à *tasse pleine.*]

Tasse. Ce mot se dit, en parlant de *tournette.* C'est un petit vaisseau de bois en forme de tasse qui est au dessus de la tournette & dans quoi on met la pelote de coton ou de fil lors qu'on dévide. [La tâsse de cette tournette est trop petite.]

TASSEAU, *s. m.* Maniére de petite enclume pour percer, couper & [dresser le fer sur l'établi. [Dresser le fer sur le tasseau.

Tasseau. Terme de *Charpentier.* Piéce de bois servant à la charpente d'un logis pour les panes.

Tasseau. Terme de *Menuisier.* C'est un petit morceau de bois quarré qu'on atache avec des cloux pour soutenir quelque ais. (Il faut mettre un tasseau de cet endroit.]

† TASSER, *v. a.* Ce mot pour dire *encaisser* ne vaut rien, & on ne dira point *tasser du blé*, mais *encaisser du blé*, ou mettre du blé en tas dans la grange.

TASSETTE, *s. f.* Terme d'*Armurier.* C'est tout le fer qui est au bas de la cuirasse & qui couvre les cuisses de l'homme armé & pour cela on apelle aussi les tassettes *cuissarts*. (Les tassettes de cette armure sont bien faites. Les tassettes de cette armure sont mal faites.)

TAT.

TÂTER, *tâter, v. a.* L'un & l'autre s'écrit, mais on pronnonce *tâté*. C'est à dire, *Goûter.* Essaïer. [Tâter du vin, de la biére, du cidre, &c.]

* *Tâter.* Eprouver, essaïer. Le monde est bien méchant de vouloir tant de mal à cette pauvre fille pour avoir un peu *tâté* avant son mariage, des plaisirs de l'amour.]

Tâter. Découvrir ce qu'une personne a dans le cœur, & dans l'esprit. (Il le faut un peu *tâter* là dessus. Je l'ai tâté sur cette afaire, & je sai ce qu'il en pense.)

* *Tâter.* Toucher avec la main, ou avec autre chose pour tâche de découvrir, ou de connoître ce qu'on veut connoître, ou découvrir. [Un Médecin tâte le pouls d'un malade pour découvrir si le malade a une fiévre fort ardente. Un aveugle tâte le chemin avec son bâton pour se conduire. (Tâtant son ennemi au défaut des armes, il lui plongea le poignard dans le flanc. *Vaugelas, Q. Curse, l. 9. chapitre 5.*)

* *Tâter.* Mot qui entre dans des façons de parler de manége. On dit qu'un cheval *tâte le pavé* lors qu'il n'apuie pas sur le pavé & qu'il craint de se faire mal en apuiant parce qu'il a la jambe fatiguée, ou quelque mal au pié.

* *Se tâter, v. r.* Il se dit au figuré, & il est beau & bien expressif. Il se dit des personnes, & signifie s'examiner, se sonder, faire de sérieuses réflétions sur soi. (L'esprit ne s'amuse point à se tâter & à se sonder qu'il ne se dégoute incontinent en cette sorte de recherche. *Malebranche, Recherche de la verité, livre 5. c. 7.*)

A tâtons, ou *à tastons, adv.* L'un & l'autre s'écrit, mais on prononce *à tâtons.* C'est à dire, en tâtonnant. (Marcher à tâtons. *Patru, pl. 5.* Aller à tâtons. *Abl.*]

Tâtonner, tastonner, v. a. Manier & toucher fréquement avec la main. Aller en tâtant. On écrit *tâtonner,* & *tastonner,* mais quoi qu'on écrive *tastonner* avec la lettre *s,* l'*s* ne se prononce pas.

> (Un badin qui la *tâtonne*
> Qui la baise & la chifonne
> Vous la fait tourner en sabot. *Gom. Eph. l. 1.*

En tâtonnant, Il s'aprocha de nous. *La Fontaine, Contes.*

† * *Tâtonner.* Balancer pour se déterminer à quelque chose. (Il y a long-tems qu'il *tâtonne* pour se marier. Il s'étonnera tant, qu'il laissera échaper l'ocasion.]

TAU.

TAVAIOLE, *s. f.* Grand linge quarré fort fin, enrichi de dentelle, ou de point de France lequel sert à porter les pains-benits , ou à couvrir les enfans qu'on porte batiser. (Un belle ravaïole, Une riche ravaïole, très-propre & très-bien faite.)

TAUDIS, *s. m.* Méchante petite chambre mal propre. [Ils languirent toute leur vie dans leur taudis. *Patru, plaidoié 4.*)

TAVELÉ, *tavelée, adj.* Qui a des taches sur la peau.

On le dit des tigres & des léopards, sur tout en termes de Blason, où il signifie tacheté, mouchetée.

Il se dit aussi de la peau des Fruits, & de la feuille de quelques fleurs, c'est à dire, marquetée de petits points.) La poire de Bugi est ravelée.

TAVERNE, *s. f.* Ce mot à Paris ne se dit guere que des cabarets des champs, & emporte ce semble avec soi quelque idée plus ficheuse que celle de *cabaret.* La taverne signifie un logis au devant duquel pend une enseigne, où l'on mange & où on loge. Il veut dire aussi une maison, devant la porte de laquelle pend un bouchon, & où l'on vend du vin à pot & à peinte. *Taverne,* en tous ces sens est plus en usage dans les Edits, dans les livres & dans les discours publics contre les ivrognes, qu'en la bouche des Parisiens, qui se servent du mot de *cabaret,* ou d'auberge au lieu de celui de *taverne,* & qui, lors qu'ils parlent des Cabarets de Province, disent hotelerie, cabaret, & quelquefois taverne, mais souvent en riant, ou en mauvaise part. (Les vailets aiment la taverne. Entendre la taverne, *Patru, pl. xi.* C'est à dire, faire cabaret avec esprit.

> De quelque façon qu'on gouverne
> Pourvû que j'aille à la *taverne*
> Il me semble que tout va bien.
> *Mai. Poës.*

C'est que par les loix, *une taverne & un mauvais lieu sont également infames. Patru, plaidoié 11,*).

Tavernier, s. m. Celui qui tient taverne. Celui qui est le maître d'une hôtelerie. (Un perfide, un méchant, un maudit tavernier C'est un riche tavernier. Se faire tavernier.]

Taverniére, s. f. Femme de tavernier. Hoteliére. Maitresse de taverne Cabaretiére. [En Hebreu le même mot qui signifie une fille ou une femme débauchée signifie encore une *taverniére. Patru , plaidoié 11.*)

TAUPE, *s. f.* Prononcés *tôpe.* C'est une sorte d'animal qui tient du rat , qui est couvert d'un petit poil noir, épais & luisant qui ne voit goute, qui a l'ouïe subtile, & qui creuse sans cesse dans la terre où elle se cache toujours, qui vit de vers & qui lors qu'elle n'en trouve point, se nourrit de terre. Voiez dans les Poësies de Voiture ce qu'il dit ingénieusement, une taupe d'esprit doux, qui est belle sans être blonde, & qui est tout à fait galante.

† * Ce mot se prend au figuré quelquefois. Exemple. († * Nous sommes

> Linx envers nos pareils, & taupes envers nous.
> *La Fontaine, Fables. l. 1.*

C'est à dire, nous voïons les défauts d'autrui & nous ne voïons pas les nôtres.

† * *Il est alé au Roiaume des taupes.* Façon de parler basse, pour dire il est mort.

Taupe. terme *Bachique.* Voïez *tôpe* & *tôper.*

Taupier, s. m. ou *Preneur de taupes.*

Taupiére, s. f. Prononcés *topiére:* C'est une sorte de ratiére de forme

forme ronde qui est de fer blanc ; ou de bois dont on se sert dans les jardins pour prendre les rats, & les taupes. [Tendre une taupiére.)

† Taupin, *taupine, adj.* Prononcez *topin*. Ce mot est bas & burlesque, & il se dit des personnes. Il signifie qui a le teint noir, qui a les cheveux noirs & le teint noir. (Il est taupin, elle est un peu taupine. On dit aussi *substantivement*. C'est un gros taupin C'est une petite taupine.) Il est noir comme une taupe.

Taupinambour, *s. m.* ou *pomme de terre*. Prononcez *topinambour*. Racine ronde qui vient par nœuds, qu'on fait cuire, qu'on pele qu'on mange & qu'on accommode avec du beurre, du sel & du vinaigre en carême. (Les taupinambours ne sont pas fort bons.)

Taupiniere, *s. f.* Prononcez *topinière*. C'est une petite bute de terre que la taupe a faite en creusant dans la terre. [Une grosse taupinière. Une petite taupinière.)

Taureau, *s. m.* Prononcez *toró*. Mot qui vient du Grec. C'est une sorte d'animal connu qui a deux cornes qui est ordinairement rouge, ou noir, qui a le cou gros, la tête dure, le regard affreux, & qui est destiné pour couvrir les vaches. [Le taureau couvre les vaches avec tant de vigueur que la semence s'en va sans qu'il se remue. On dit qu'un seul taureau suffit pour quinze vaches. [Que les hommes n'ont-ils un pareil destin à l'égard des femmes. (Le taureau ne caresse jamais les vaches lorsqu'elles sont pleines. Il aime les abeilles), mais il sua de l'aversion pour les paons, pour les bourdons, les guépes, les frelons, les ours, les tiques, & quelques couleurs & principalement pour le rouge. Un taureau domestique. Un taureau sauvage. La chair du taureau est dure, séche & de mauvais goût.)

Taureau banal. C'est le taureau d'un Seigneur qui a droit de faire venir chez lui toutes les vaches de ses vassaux, qu'on veut mener au taureau.

On le dit, au figuré, d'un homme luxurieux qui court après toutes les femmes.

Taureau. C'est l'un des douze signes du Zodiaque, où le soleil entre le 12. d'Avril. [Le taureau est un signe froid & terrestre qui domine sur la mélancolie.)

Taux, *s. m.* Prononcez *tó*. Le mot de *taux* signifie le prix qu'on met sur les denrées & sur les marchandises. [Mettre le taux sur les denrées. On dit aussi mettre le *taux* aux denrées.)

† * Il met *au même taux* le noble & le coquin.
  Reg. Sat. 15.

C'est à dire, il estime également le noble & celui qui ne l'est pas, il ne considère pas plus l'un que l'autre.

TAX.

Taxation, *s. f.* Prononcez *taxacion*. Terme de Finance. C'est ce qui est dû aux gens de Finance aux trésoriers & aux receveurs sur l'argent qu'ils reçoivent. Les *taxations* des financiers peuvent être saisies. *Loiseau, l. 4. des Ofices de judicature, c. 7.*)

Taxe, *s. f.* C'est ce que les aisez & les comptables doivent paier. (On a taxé les partisans, & on les poursuit pour paier leur taxe. Sa taxe monte haut, & nous l'aura de la peine à la paier.)

Taxe, s. f. Ce mot se dit en parlant de procès. [Faire la taxe des dépens d'un procès. C'est régler à quoi montent les frais d'un procès. Levet la taxe des dépens du procès.)

Taxe, s. f. Ce mot se dit des oficiers de justice & autres. Ce sont les droits qu'on taxe aux oficiers pour s'être emploiez dans quelque afaire concernant la fonction de leurs charges. [La taxe des droits des fabriques des paroisses de Paris est un peu forte.)

Taxe. Ce mot se dit des denrées & marchandises & veut dire *prix reglé*. Tableau qu'on afiche sur les ports de Paris où le prix des denrées est taxé. (Voilà la taxe du bois, du charbon. La taxe est modique.]

†*Taxer, v. a.* Mot qui vient du Grec, & qui est rarement reçu aujourdui dans le beau langage pour dire blâmer. Noter. Reprendre. *Vaugelas, Remarques,* [Taxer l'orgueil de quelqu'un. *Ablancourt, Apo.*)

Taxer. Terme de *Finance*, fort en usage pour dire, Imposer quelque taxe. (On parle de taxer les partisans.)

Taxer. Terme de *Palais*. Faire la taxe des frais de justice, les régler. [Taxer les dépens.)

Taxer, Mettre le taux sur les denrées & sur les marchandises. (Taxer le bois, le charbon & quelques autres marchandises qui sont sur les ports de Paris.)

Se taxer, v. r. S'accuser, Se blâmer. Se reprendre de quelque faute, de quelque manquement. (Se taxer d'un défaut. *Moliere, Critique de l'Ecole des Femmes, s. 9.*)

TAE.

Teatins, *s. m.* Sorte de Religieux habillez de noir qui ont été fondez par Jean Pierre Carafe Evêque de Chieti, qu'on apelloit autrefois *Téate*, & qui à cause de cela ont été nommez Téatins. Ils ont été fondez en 1524. Leur prémiére règle est de n'avoir aucune rente & neanmoins de ne point mendier. Le Cardinal Mazarin est celui qui a fait le prémier venir d'Italie les Téatins à Paris.

Teatral, *teatrale, adj.* Ce mot se dit en parlant des Poëmes dramatiques, & veut dire qui regarde le téatre, qu'on représente, ou qu'on doit représenter sur le téatre. (On ne doit pas mêler la verité de l'action *téatrale* avec la représentation. *Pratique du téatre, l. 1. c. 7.*)

Téatre, *s. m.* Mot qui vient du Grec. Lieu élevé où les Acteurs viennent reciter & jouër leur personnage. [Un beau, un grand, un spacieux téatre. Dresser un téatre. On dit le devant du téatre ; le derriére du téatre, le fond du téatre. Les ailes du téatre Les Comédiens n'ouvrent le téatre que trois jours de la semaine Les Comédiens ferment leur téatre durant toute la quinzaine de Pâques. Paroître sur le téatre. Acommoder, ajuster une piéce au téatre.]

* *Téatre*. Ce mot entre en quelques façons de parler figurées en parlant de Poëtes & des Comédiens. [On dit la femme d'un tel Comédien ne monte pas sur le téatre. C'est à dire, n'est pas Comédiene. *Il monte sur le téatre.* C'est à dire, il fait la profession de Comédien. *Travailler pour le téatre.* C'est faire des piéces de téatre pour les faire jouër par les comédiens. *Corneille a long-tems soutenu le téatre.* C'est à dire, a fait long-tems des piéces de téatre.]

* *Téatre*. Ce mot entre encore dans plusieurs façons de parler figurées. Exemples. [Le Milanois étoit le *téatre* de la guerre. *Memoires de M. de la Roche-Foucaut.* C'est à dire, étoit le lieu où se faisoit la guerre.

* Cette Ile n'a guère si florissante n'est plus qu'un hideux téatre d'horreur. *Patru, Eloge de Monsieur de Belliévre.* C'est à dire, n'est plus qu'un lieu plein d'horreur. *La Cour est un téatre où la fortune joue d'étranges piéces.* Le monde est un vaste *téatre* où pour l'ordinaire les plus fots, les plus fourbes, les plus scélérats & les ames les plus basses joüent les prémiers personnages & où les plus éclairez & les plus honnêtes gens joüent les derniers & les plus petits personnages de tous.

TED.

Tedeum, *s. m.* Ce mot n'a point de pluriel. C'est un himne saint qu'on chante lors qu'on a remporté quelque victoire sur ses ennemis & par lequel on remercie Dieu de l'avantage qu'il a donné à nos armes. A Paris, on chante le Te-Deum à Notre Dame où doivent se trouver en robe rouge Messieurs du Parlement qui sont reçus dans la nef par le Maître des cérémonies qui les méne au chœur & les place selon leur rang.

† Tedieux, *tédieuse, adj.* Ce mot vieux & il ne se trouve plus que dans les Amelots & autres Auteurs surannez. Il vient en droite ligne du Latin *tædiosus*, & il veut dire ennuieux. (Les ouvrages de T. d. L. sont diablement tédieux.]

TAI.

Teignture. Voiez la col. *Tig.*

Teiller, ou *Tiller, v. a.* Il vient du Grec, du mot *tilein*. Et il signifie rompre avec les doigts le tuïau, autour duquel est le chanvre. [Teiller le chanvre.)

Teilleur, ou *tilleur, s. m.* Celui qui teille le chanvre. [Un habile teilleur.)

Teilleuse, ou *tilleuse, s. f.* Celle qui teille le chanvre. [Une jolie teilleuse.)

Teindre, *v. a.* Je teins, tu teins, il teint, nous teignons, vous teignez, ils teignent. Je teignois, Je teignis, tu teignis, il teignit, nous teignimes, vous teignites, ils teignirent. J'ai teint. Je teindrai. C'est donner à la teinture à quelque étofe, laine, ou soie. [Teindre toutes sortes d'étofes de laine & de soie. Teindre en noir, en bleu, en jaune &c.)

Teint, *teinte, adj.* Qui a pris teinture. [Drap teint en noir ; en bleu, en rouge. Etofe bien teinte. Soie mal teinte.]

Teint, *s. m.* Terme de Teinturier. C'est le bain avec les drogues qui y sont infusées. [L'étofe est dans le teint. Il y a le grand teint, ou le bon teint & le petit teint. Il faut que les plombs, ou les marques soient connoissables & fassent voir clairement si la teinture est de teinté dans le grand, ou le petit teint. Voiez là dessus l'*instruction pour la teinture*.)

Teint. Ce mot se dit des personnes & signifie la couleur du peau du visage. (Un beau teint. Un teint fin. Un teint fleuri. Un teint délicat. Un teint charmant. Un teint vermeil. Un teint de lis. *Voiture, Poësies.* C'est à dire, fort beau & fort blanc *Un teint de l*i *& de roses. Voiture Poësies.*) C'est à dire, un teint composé d'un beau rouge & d'un beau blanc fort naturels. Elle avoit le teint admirable. *Ablancourt.* Un teint frais, un teint animé.

Que sa taille est aisée & qu'elle est admirable,
Que son *teint* est uni, qu'il a beaucoup d'éclat,
Que le blanc en est délicat,
Et que sa bouche est agréable !
De mon teint abatu la mortelle pâleur
Te dira mon amour sans blesser ma pudeur.
La Suze, Poësies.

Il a le teint déscharné, verdâtre & qui menace ruine. *Théophraste caractéres.*]

Teint

TEN

il tiennent. J'ai tenu. Je tins, tu tins , il tint , nous tiumes, vous tintes, ils tinrent. Je tiendrai. Que je tienne. Je tinsse, je tiendrois, Tenant. Le verbe tenir signifie proprement & premièrement Empoigner. Serrer avec la main. (L'éloquence tient d'une main une corne d'abondance pleine de toutes sortes de fruits & de fleurs, & de l'autre, la gloire, la puissance & les richesses. Abl. Voiez l'Orateur ridicule.]

Tenir. v.a. Ce mot en parlant de Batême veut dire être perrein, ou marreine. (Tenir un enfant sur les fons de Batême. Je tiens aujourdui un enfant sous Mademoiselle telle.)

Tenir. Avoir. (Tenir boutique. Tenir de petites écoles. Tenir taverne.)

(* Je veux tenir ma fortune de vous. Nous tenons la vie de Dieu.)

Tenir. Ocuper Posseder. Se rendre maître. Etre maître. [L'ennemi tenoit les montagnes. Abl. Ar. l.1. Il y avoit dans la vile une forteresse escarpée que tenoit le Satrape. Ablan. Ar. Elle tenoit une étendue de païs infini. Vaugelas , Quin. l.3. (Tenir la campagne) * Quand si vous tiens en particulier je me défais de mon ignorance. * L'enfer ne les tient pas. Pascal, l.4.)

Tenir. Ce mot se dit entre Négocians. C'est être proposé pour régler les comptes de quelque commerce, de quelque négociation, ou maniment, & en ce sens on dit tenir les livres.

Tenir. Ce mot se joignant à celui de faire, & en parlant de lettres, de paquets & d'autres choses qu'on porte signifie rendre. Faire tomber entre les mains de quelcun. J'ai trouvé les lettres qu'il vous a plu me faire tenir. Voiture, l.2.)

* Tenir. Ce mot en parlant de langage signifie user. Se servir. (Cessez de tenir ce langage. Racine, Iphigénie, a.5. s.2.)

Tenir. Empêcher. Retenir. [Je ne sai pas ce qui me tient que je ne vous fende la tête. Moliere, Bourgeois Gentilhomme, a.4. s.2.)

* Tenir. Ce mot en parlant de foi, de promesse & de parole, signifie garder. (Tenir sa promesse. Voiture, l.49. Tenir parole à quelcun. Abl. Tenir sa parole. Patrv, La plûpart des hommes ne tiennent les choses qu'ils promettent qu'entant que l'interêt les y oblige. Mémoires de M. de la Roche-Foucaut.)

* Tenir. Maintenir. [Tenir les esprits en alarme. Abl. Tenir les esprits en admiration. Abl. Tenir les esprits dans l'étonnement.)

* Tenir. Ce mot en parlant de route & de chemin signifie. Prendre. Suivre. [Quel chemin tenez vous ? Abl.

* Je vais de toutes parts où me guide ma veine,
Sans tenir en marchant une route certaine.
Déspreaux , Discours au Roi.)

* Tenir, v. n. Dépendre. [Il ne tint pas à eux que la ville ne fût démolie. Abl. Ar. l.1. c.4. Il ne tiendra pas à moi qu'on ne vous rende tout l'honneur qui vous est dû. Boileau, Avis à M nage. S'il ne tenoit qu'à cela que vous eussiez un roiaume, j'y consentirois. Voiture, l.46. Il ne tinca qu'à lui que le diferend ne se vuide par une bataille. Vaug. Quint. liv.4 cap.1.)

* Tenir, v. n. Ressembler à quelcun , ou à quelque chose. Avoir de l'air de quelcun, ou de quelque chose. Ressentir.[Tenir de son père. Tenir de sa mère. Abl. Cela tient du conte. La Chambre. Il voulut patiner, galanterie provinciale , qui tient plus de satire que de l'honnête homme. Scaron , Roman, 1. partie, c.v. Cette troupe tenoit plus de la femme que du soldat. Vaug. Quint. l.3.)

Tenir, v. a. Estimer. [Je tiens à grand honneur de lui avoir obligation. Voit. l.50. Je tien cette comédie une des plus plaisantes que l'Auteur ait produites. Moliere, critique de l'Ecole des Femmes, sène 3.)

* Tenir. Soutenir. [Les Scotistes tiennent que la Vierge a été conçûë sans aucune souilluire de péché originel.)

Tenir, v. n. Etre bien ataché. [Clou qui tient bien. Crampon qui est bien seelé & qui tient fortement. Fruit qui tient bien à l'arbre. Les virgouleuses ne tiennent guère à l'arbre. Quin. Ird. Fr. T.1.)

Tenir, v. n. Pouvoir contenir en un certain lieu. [Toute cette marchandise ne sauroit tenir dans cette quaisse.]

Tenir. Terme de Marine. Tenir la Mer. Tenir être & demeurer à la Mer. Tenir le vent, c'est aler au plus près. Tenir au vent. C'est naviguer margré le vent contraire. Tenir une maneuvre. C'est s'atacher. Se tenir sous voiles. C'est quand les voiles sont déploiées & apareillées.

* Tenir, v. n. Résister. Se défendre. (La place ne peut pas encore tenir trois jours.)

* On ne peut tenir contre de si bonnes raisons. [C'est à dire, il se faut rendre à de si bonnes raisons.)

* Il n'y a point de ressentiment qui puisse tenir contre lui. C'est à dire, on ne sauroit garder sa colere contre lui.

En tenir. Etre pris. Etre dupé. Etre atrapé. [Il en tient le bon homme. Moliere, Ecole des Maris , a.3. s.1. Chevalier, tu en tiens. Moliere, Critique de l'Ecole des Femmes, sène 6.]

Se tenir. v. r. Je me tiens. Je me tins. Je me suis tenu. C'est s'atacher et s'arrêter à quelque chose. (Je me tenois à une branche. S'il ne se fût tenu à une perche qu'on lui tendit, il étoit noié.)

TEN 807

* Se tenir. Se fixer. S'arrêter. Se borner. (Se tenir dans les termes qu'on a preserits. Pas. l.4.

La belle avoit nonobstant son jeune âge
Le cœur trop haut, le goût trop délicat
Pour s'en tenir aux amours du vilage.
La Fonzaine, Contes.)

Se tenir. Demeurer en un lieu. [Comment , marauts, osez-vous tenir ici. Moliere, pretiéuses ; sene.16.]

Se tenir. Etre. Demeurer. (Se tenir les bras croisez. Se tenir debout. Abl. Luc. Se tenir assis. Se tenir couché.]

† Se tenir. Loger en un certain lieu. Etre établi en un lieu. (Où se tient Monsieur un tel ? Se tenir à Paris.]

Se tenir. S'empêcher. [Je ris incognito d'abord que je le voi, je ne m'en puis tenir. Esope , comédie.)

Se tenir. Etre assemblé. [Le Concile se tint à Trente, l'assemblée se tiendra à Paris.)

Se tenir. S'estimer. (Je me tiens obligé de vous désabuser. Pas. l.4. Se tenir assuré de la victoire. Vau. Quin. l.3.)

† * Tenir le loup par les oreilles. Prov. N'être guère assuré de conserver ce que l'on possede.

* Tenir à quelcun le bec en l'eau. C'est le tenir en suspens.

* Tenir pié à boule. C'est être assidu à un travaille s'arrêter en un lieu.

Tenant. Voiez plus haut.

Tenu , tenuë. Voiez plus-bas.

Tenon. Terme de Charpentier. Bout d'une piéce de bois qui entre dans une mortaise. Le tenon en Terme de Menuiserie est aussi un morceau de bois qui entrent dans une mortaise. [Tenon trop petit.)

Tenon. Terme de Marine. Tenon de Mât , c'est la partie comprise entre les barres de Hune & le Chouquet, qui est l'endroit où chaque Arbre est assemblé avec l'autre.

Tenons de l'ancré , ce sont deux petites parties jointes au bout de la Verge], & entaillées dans le Jas , pour les tenir plus fermes.

Tenon. Terme d'Arquebusier. C'est aussi un morceau de fer qui est au dessous du canon de l'arme à feu , & qui sert à faire tenir le canon dans le fût. (Les tenons de ce canon sont rompus , il en faut faire d'autres.)

Tenons. Terme de Vitrier. Ce sont deux petits morceaux de bois qui sont colez, ou atachez sur la régle à la main , & qu'on tient lors qu'on coupe le verre. [Prenez cette régle par les tenons,]

Tenons. Terme d'Horloger. Piéces d'acier qui sont sur une montre de poche & qui servent à tenir ferme le grand ressort. [Les tenons de cette montre sont bien faits.)

Tenon. Petit morceau de cuir qui tient à un étui & par lequel on passe un ruban pour tenir le couvercle avec l'étui.

Tenon. C'est un filet par lequel la vigne & d'autres plantes foibles s'acrochent à quelque chose qui les soutient.

TENTION , f.f. Prononcez tansion. C'est la maniere dont quelque chose est tenduë. Ainsi on dit. [La tension des cordes des instrumens de musique contribuë fort au son. Il faut donner à cette corde une tension égale à celle de l'autre. Abregé de Vitruve. C'est à dire, il faut tendre cette corde.]

TENSON , f. m. Terme d'ancienne Poésie Provençale. Dispute d'amour, entre un galand soutenoit un parti, & l'autre , un autre. (On trouve encore de jolis tensons dans les vieux Poètes Provençaux. Paquier recherches, l.7. ch.4,)

TENTATEUR , f.m. Prononcez tantateur. Ce mot dans l'usage ordinaire signifie le diable qui tenta Jesus-Christ. (Le tentateur dit à Jesus-Christ , si vous êtes le fils de Dieu , commandez que ces pierres deviennent pain. Port-Roial Nouveau Testament , S. Marion, c.4.)

* Tentateur. La personne soit homme , ou femme qui en solicite une autre à faire quelque chose qu'il ne faut pas faire. [La Superieure envoie querir par quatre fois le tentateur. Patru , plaidoiez.]

* La chasteté trouve des ennemis & des tentateurs, Patru. C'est à dire, des gens qui lui dressent des piéges.

† * Tentateur. Ce mot se dit en riant , & veut dire. Celui qui tente , qui émeut, qui touche par ses paroles , ou par quelque qualité. [Allez, retirez-vous , vous êtes un tentateur.]

Tentation, f. f. Prononcez tantacion. Ce mot se dit en parlant de choses qui regardent le péché. C'est une sorte de solicitation au mal. Piège pour engager au péché. [Prêcher sur le jeûne & sur la tentation de Jesus-Christ dans le desert. Porter à tentation: Délivrer de tentation. Sucomber à la tentation. Résister à la tentation.]

* C'est le lieu du monde où il y a de plus grandes tentations Voit. l.3. C'est à dire, c'est le lieu où la chasteté est en danger. [Il s'est laissé aler à la tentation d'écrire contre moi. Boileau.]

Tentative , f. f. Prononcez tantative. Terme de Téologie. C'est un acte par lequel les Ecoliers de Téologie donnent des preuves de leur capacité pour être reçus Bacheliers de la faculté de Téologie de Paris. La tentative se fait de quelques traitez de Téologie Scolastique , & elle est precedée d'un rigoureux examen de Philosophie & de Téologie de l'école. La tentative dure depuis sept heures du matin jusques à midi , ou depuis

une

une heure après midi jusques à six heures. Faire la tentative. Il a réüssi dans sa tentative.)

* Tentative. Effort qu'on fait pour voir si on pourra venir à bout de quelque dessein. (Faire de nouvelles tentatives.)

Tenté, ou tante, s. f. Quoi qu'on écrive quelquefois tante, il faut toujours prononcer tante. C'est la sœur du côté du père, ou de la mère. (Marie-Térése Infante d'Espagne & à présent Reine de France est la tante des enfans de Monsieur le Duc d'Orleans.) Voiez Tante.

Tente. Terme de Tapissier & de Soldat. C'est une sorte de pavillon que l'on tend lorsqu'on est à l'armée & qui sert à mettre à couvert quelque Oficier, ou quelques cavaliers. (Une bonne tente. Faire une tente. Dresser une tente. Vaug. Quin. l. 7.)
Les marchands se servent aussi de tentes, comme de boutiques, dans les foires, qui se tiennent en des lieux où il n'y a point de hâles couvertes.
On se sert aussi de tentes pour être à couvert dans la rivière, quand on se baigne.

Tente. Terme de Chasse. C'est l'action de tendre des filets pour prendre des oiseaux.

Tente. Terme de Chirurgien. Charpie roulée qu'on met dans une plaie pour la faire supurer. (La plaie est profonde, on y fourre une tente longue d'un bon doigt. Tremper une tente. Poudrer une tente. On dit aussi la tête, le corps & la pointe de la tente.)

Tentement, s. m. Terme de Maitre d'armes. Il consiste à batre deux fois l'épée ennemie de la sienne. Liancour, mait.

Tenter, v. a. Prononcez tanté. Ce mot se dit en parlant de choses qui regardent la Religion, & veut dire, Soliciter au mal. Pousser à pécher. User d'adresse pour engager à faire quelque mal. (Le Diable tente les hommes.)

Tenter, Eprouver. (Il est écrit, Vous ne tenterez point le Seigneur. Port-Roial, Nouveau Test.)

* Tenter. Ce mot est beau & se dit souvent au figuré. [Sa peau ne me tente gu... Abl. Luc. C'est à dire, sa personne ne me plait pas fort & ne me touche pas trop le cœur. Tenter la fidélité de quelcun. Voit. l. 82. C'est à dire, tâcher à corrompre la fidélité d'une personne.

Ce sont pour vous des fruits nouveaux,
Je vois bien que cela vous tente.
Saras. poë.

C'est à dire, je voi bien que vous en avez quelque envie. (Tenter la fortune du combat. Vaug. Quin. l. 3. C'est hazarder le combat. Risquer le combat.

Tenter, v. a. Terme de Maitre-d'Armes. C'est faire un tentement d'épée & batre deux fois l'épée de son ennemi de la sienne. (Tenter adroitement l'épée de son ennemi.)

Tenture, s. f. Terme de Tapissier. Prononcez tanture. C'est le nombre des pièces de tapisserie qu'il faut pour tapisser quelque chambre, quelque sale, ou quelqu'autre lieu où l'on reçoit du monde. Une belle, une riche, une charmante, une agréable, une jolie tenture. Une tenture de Bergame. Une tenture de verdure. Une tenture à personnages. Une tenture de tapisserie de cuir doré, &c.)

Tenture de deuil. C'est une bande de Serge de plusieurs aunes de long qu'on tend dans la chambre & aux portes de la maison, & même dans l'Eglise, aux funérailles de la plupart des personnes. Il y a une tenture noire & une tenture blanche. On se sert de la tenture noire pour les gens mariez, & de la blanche pour les filles & les garçons.

Tenture. Ce mot se dit aussi en parlant de nate & est un terme de Natier. Ce sont plusieurs pièces de nate pour nater une chambre. (La tenture de nate se vend à la toise & la toise vaut trente sous ou environ.)

Tenu, tenuë, participe du verbe tenir. Il signifie que l'on tient. [Chose bien tenuë.]

Tenu, tenuë, adj. Estimé. [Soldat tenu pour un brave à trois poils. Demoiselle tenuë dans tout le quartier pour une fort honnête fille.]

Tenu, tenuë, adj. Obligé. [Soldat tenu de servir la campagne. Fille tenuë d'obéir à son père & à sa mère.]

† Tenuë, adj. terme de Phisique, qui vient du Latin tenuis, & qui signifie mince, délicat, qui est composé de petites parties qui ont peu de liaison ensemble. [Les parties de l'air & des corps liquides sont fort ténuës. La subtance du cerveau est ténuë & de molle consistence. Une membrane fort ténuë, c'est à dire, mince & déliée.]

† Tenuë, ad. & s. s. terme de Grammaire Grèque. C'est une de consonne Grèque qui est du nombre des muettes qui se divisent en tenuës, en moïennes & aspirées.

Tenuë, s. f. terme de Maitre à écrire. C'est la manière de tenir la plume. [Une bonne, ou mauvaise tenuë de plume.]

Tenuë, s. f. terme de Musique. C'est une sorte de marque en forme de C dans les livres de musique. C'est quand une de deux parties soutiennent le même ton plus d'une mesure pendant que les autres parties marchent & font d'autres acords.

Tenuë, s. f. terme de Mer. Il se dit de l'acrochement de l'ancre au fond de la mer. (Un fond de bonne tenuë. Fond de mauvaise tenuë. Fond qui n'a point de tenuë. C'est à dire, qui n'est pas bon pour l'ancrage.)

* tenuë, s. f. Fermeté. Résolution. [N'avoir aucune tenuë.]

tenuë. Il se dit en parlant d'Assemblées, & signifie le tems pendant lequel elles se tiennent. (La tenuë du Concile, de l'Audience, &c. Pendant la tenuë des Etats, tous les Membres qui les composent ont des lettres d'Etat contre leurs créanciers.)

TEO.

Téodore, s. m. Mot qui vient du Grec, & qui est un nom d'homme. [Téodore de Bèze étoit Disciple de Calvin, & si l'on en croit d'Avila liv. 1. des guerres civiles de France, Téodore de Bèze avoit beaucoup d'éloquence & d'érudition.]

Téogonie, s. f. Mot qui vient du Grec, & qui veut dire, Généalogie des Dieux. La naissance des Dieux. (Hésiode a fait un livre de la Téogonie des Dieux. La téogonie d'Hésiode mérite d'être lûë.)

Téologal, s. m. Mot qui vient du Grec, & qui est un terme d'Eglise. C'est un Docteur en téologie qui est pourvu dans une Catédrale, d'une prébende qu'on apelle téologale & à cause de cette dignité est obligé de prêcher & de faire des leçons de téologie. [Monsieur le Téologal est savant.]

Téologal, téologale, adj. Ce mot se dit en parlant de certaines vertus qu'on a nommées téologales parce que Dieu en est l'objet. (Les vertus téologales sont la foi, l'espérance & la charité.)

Téologale, s. f. terme d'Eglise. C'est une prébande afectée à un téologien dans les Catédrales. [On lui a donné la téologale de Rennes.]

Téologie, ou Théologie, s. f. Mot qui vient du Grec. C'est une connoissance de Dieu par les principes de la foi qui est l'Ecriture & la tradition. La téologie naturelle est celle qui par la contemplation des choses de la nature nous porte à la connoissance de Dieu. La téologie surnaturelle est celle, qui nous enseigne les vérités revélées & surnaturelles. La téologie mistique est celle qui par des termes figurez explique les choses divines. Il y a encore une Téologie positive & une Téologie Scolastique. Teologie positive & Scolastique. On dit, [Savoir la Téologie. Etudier en Téologie. Bachelier en Téologie. Docteur en Téologie.]

Teologie. Classe où l'on enseigne la téologie. [Il est allé en téologie. La téologie est ouverte.]

Téologien, théologien, s. m. Qui sait la téologie. [Un habile téologien, Un savant téologien. Saint Tomas étoit un profond téologien. Un bon Téologien. Il prêche en Téologien.]

Teologique, adj. Qui est Téologie. Qui regarde la Téologie. [Sens Téologique. Question Téologique.]

Teologiquement, adv. D'une manière Téologique. [Expliquer une chose Teologiquement.]

Téophile, s. m. Nom propre d'homme qui vient du Grec. [Téophile fameux Poëte François fut persécuté par les Jésuites.]

Téorbe. Voiez tuorbe.

Téorème, s. m. Mot qui vient du Grec & qui est un terme de Géometrie. C'est une proposition dont il faut démontrer la vérité. (Premier téorème. Second téorème. Proposer quelque chose en téorème. Téorème général. Port-Roial, Elemens de Géometrie.)

Téorie, s. f. Mot qui dérive du Grec. C'est la contemplation & la connoissance qu'on a d'une chose lorsque l'entendement en a compris les causes sans que la pratique & l'expérience les aient fait voir. (Cette opinion n'est pas sans probabilité dans la téorie. Pascal lettre 7. Ceux que vous rendez innocens dans la téorie soit fouïettez dans la pratique Pascal, lettre 6.)

Téourgie, s. f. Mot qui vient du Grec, & qui veut dire, Ouvrage de Dieu. [La téourgie fait clairement voir qu'il y a un Etre souverain, indépendant, au dessus de tous les autres & qui mérite d'être adoré.]

TER.

Térapeutique, s. f. Mot de Médecin, qui vient du Grec & qui veut dire l'art de guérir. (Enseigner la Térapeutique.)

Térébentine, s. f. Mot qui vient du Grec. C'est une résine liquide qui coule du tronc de Térébentine, après qu'on y a fait quelque incision. Cette térébentine vient de l'Ile de Chio, & vaut mieux que celle qu'on aporte de Venise, & mêmes que toutes les térébentines communes qui coulent des mélézes, des pins & des sapins. Cette térébentine de Chio doit être transparente, d'une couleur blanche tirant sur le pers, d'une odeur forte & d'une consistence plus solide que toutes les autres térébentines. Charas, tr. de la tériaque. ch. 37.

Térébinte, s. m. Arbre qui a les feuilles toujours vertes qui porte de petites fleurs en forme de grape de raisin. Ses fleurs tirent sur le roux & il en sort des fruits ronds qui au commencement sont verds, ensuite un peu rouges, noirs, durs & odoriférans. Le térébinte a le bois noir, beau & solide. Ses racines sont grosses & entrent avant dans la terre. Il a une résine tres-odorante

TEM

ré, *Port-Roial, Constitutions.* Les Evêques étoient des souverains administrateurs du temporel de l'Eglise en France en Espagne, en Italie & en Orient. *Discipline de l'Eglise* 2. *partie Liv.* 4. Le Roi peut saisir le temporel de l'Archevêché & Evêchez, quand les Archevêques & les Evêques manquent à leur devoir. Les Rois peuvent donner aux pauvres le temporel des bénéfices. *Fevret, de l'abus l.* 1. François prémier, dès l'entrée de son règne, prit sur le temporel des Eglises, dequoi soutenir les dépenses & la gloire de son Roiaume. *Patru, Assemblée du Clergé.*

Temporellement, adv. Ce mot se dit par les Prédicateurs, & veut dire *durant un tems.* (Les riches qui font un mauvais usage de leurs biens sont récompensez *temporellement* & punis dans toute l'éternité.)

Temporisement, s. m. Atente d'un tems plus favorable. Retardement. Atente de quelque ocasion propice. (Ce *temporisement* ralentit le courage de leurs soldats. *Abl. Commentaires de César.*)

Temporiseur, v. n. Atendre un tems plus favorable. Une ocasion propice. (Il est souvent bon de *temporiser*. Il arrive quelquefois qu'on perd tout en *temporisant*.)

Temporiseur, s. m. Celui qui temporise. (Les temporiseurs atendent par prudence les ocasions favorables, pour en prendre leurs avantages.)

Tems ou *tems, s. m.* C'est la mesure du mouvement. C'est la durée du mouvement, ou du repos. Ecoulement de plusieurs momens, de plusieurs heures, de plusieurs jours, de plusieurs années, ou de plusieurs siécles. (Perdre son tems. Emploier bien, ou mal son tems. Passer son tems à étudier. Donner du tems. Parler long-tems. S'en aller dans un certain tems.

Dès long-tems je connois sa rigueur infinie.
Voiture, poësies.
Le tems n'est pas bien loin encor
Qu'ils se vendoient au poids de l'or.
Voitures, poësies.

Au bon vieux tems il y avoit de la fidélité parmi les hommes. Le tems passé on vivoit mieux qu'on ne vit présentement.)

* *Tems.* Age. (Quand on a cinquante ans sur la tête, on n'est plus dans le tems de se marier.)

Tems. Disposition de l'air. Face extérieure du Ciel. Certaine qualité qui fait que l'air est tel. (Beau tems. Tems pluvieux. Tems doux. Tems rude. Le tems est couvert. Le tems se trouble. Le mauvais tems dure toujours. *Voiture, Poësies.* Il fait beau tems. Ablancourt. Le tems s'éclaircit. On dit aussi le tems se hausse, mais il n'est pas si fort du bel usage que le tems s'éclaircit.

* *Tems.* Siécle. Espace de tems qu'une personne a vécu. Espace de tems où l'on vit. Espace de tems dont on se souvient. (Il est dificile de bien écrire des afaires *de son tems. Mémoires de M. de la Roche-Foucaut.* Les beaux esprits étoient heureux *du tems* du Cardinal de Richelieu. Cela est arrivé *de mon tems.* Des sotises *du tems* je compose mon fiel. *Despreaux, Satires.*)

* *Tems.* Ocasion. Moment propice. (Atendre le bénéfice du tems. *Abl.* Prendre son tems. Faire une chose en tems & lieu. Il est tems que je me retire. Le tems de jouer est passé.)

* *Tems.* Saison. (Fruit mur avant le tems.)

* *Tems.* Ce mot entre en quelques façons de parler figurées & proverbiales qui ont divers sens. (Il a fait son tems. C'est à dire il est vieux; & dans son jeune âge il a pris les plaisirs ou son temperament le portoit. *Chacun aura son tems.* C'est à dire chacun aura son tour. Avoir bon tems. C'est à dire, être heureux. Se donner du bon tems. C'est à dire, se divertir, se réjouir. Passer mal son tems. C'est avoir de la peine. Passer bien son tems. C'est se réjouir. S'accommoder au tems. C'est à dire; se faire à l'humeur des gens de son siécle & aux coutumes établies. Au joli tems qui court toute afaire fâcheuse est facile aux rufiates. C'est à dire; selon l'humeur des gens du siécle. Il fait un tems de Demoiselle. C'est à dire, il ne fait ni poudre, ni Soleil. S'amuser à hausser le tems. C'est à dire, s'amuser à rien. Qui a tems, a vie. Qui a le tems a tout. Temporiser, se tire souvent d'afaires. Tout vient à tems qui peut atendre. C'est à dire, qu'on vient souvent à bout de ses desseins avec un peu de patience.)

Tems. Ce mot entre en quelques façons de parler de mer. Exemples. (Gros tems, ou tems de mer. C'est à dire, une agitation violente des vents & des houles. C'est à dire, des vagues. Les vaisseaux ne portent jamais la voile de pertoquet que de beau tems, car de gros tems le bâtiment seroit trop tourmenté. On dit aussi un tems de perroquet pour désigner un vent frais. *Guillet, termes de Navigation. Tems fin.* C'est lors que l'horison est pur & net & qu'il n'est point rempli de vapeurs. *Fournier, Hydrographie.*)

Tems. Ce mot entre en quelques façons de parler de manège & signifie le mouvement d'un cheval qui manie avec mesure & avec justesse. Il signifie aussi l'intervalle qui se passe entre deux de ces mouvemens d'un cheval qui manie avec mesure & avec justesse. (Etre atentif à tous les tems d'un cheval & les seconder à point nommé. Marquer les tems des courbettes. Ce cavalier à laissé perdre deux tems & a laissé interrompre la cadence du cheval faute de l'aider. (Au manège d'un pas & au saut le cheval fait tour à tour une courbette entre deux caprioles, alors la courbette est *un tems* qui prepare le cheval à la capriole.)

Tems. Ce mot en terme de *Manège* signifie aussi l'éfet de quelques unes des aides. (Il prépare son cheval aux éfets du talon en commençant par un tems des jambes & jamais il ne précipite ses tems. *Guillet, termes de Manège.*)

Tems. Ce mot entre en quelques façons de parler familiéres aux *Maitres d'Armes,* & veut dire le moment favorable qu'on découvre pour porter à son homme. (Pousser sur le tems. Prendre son tems pour porter. Un tems bien pris est un beau coup. *Liancour, maitre d'armes.*)

Tems. Ce mot entre en quelques façons de parler de *Musique* & il signifie un quart de mesure, parte de mesure qui consiste à lever, ou à abaisser la main un certain nombre de fois tandis qu'on chante & qu'on bat la mesure. (tems grave. tems léger. Mesure qui se doit batre à deux tems. Mesure qui se doit batre à quatre tems. Voiez *Zarlin, traité de Musique; partie* 3. *c.* 49. & 67.)

Tems. Ce mot entre dans quelques façons de parler de *dance,* & il se dit principalement en parlant de courante. C'est le pas qui lie la cadence. (Pressez le prémier tems; & soutenez l'autre.)

Contre-tems. Voiez contre.
Quatre-tems. Voiez quatre.

A tems, adv. Justement & quand il faloit. Au moment qu'il étoit nécessaire. Dans le tems prescrit. (Il est arrivé *à tems.* Il est venu *à tems* pour être de la partie.)

De tems en tems, adv. De fois, à autre. (Elle me regardoit de tems en souriant. *Abl. Luc.* Faire alte de tems en tems. *Abl. Rét. l.* 2. *c.* 3.)

Tout d'un tems, adv. Tout de suite & sans discontinuer. (Il alla assiéger la capitale du païs & *tout d'un tems* il livra bataille à l'ennemi qui marchoit pour la secourir.)

Au même tems, adv. Presque aussitôt. Peu de tems après. Presque au même instant. (Il reçut un paquet de la Cour à cinq heures du matin & il partit *au même tems* pour exécuter l'ordre qu'il avoit reçu. Le Roi le met dans son Conseil & l'envoie *au même tems* en Ambassade. *Patru, Eloge de Monsieur de Beliévre.*)

En même tems, adv. Tout ensemble. Tout à la fois. (Mou Dieu, quand vous m'envoyez des maux, donnez moi *en même tems* la force de les suporter. *Abl. Luc.*)

A même tems, adv. Aussitôt, à l'instant. Au moment. (Les paroles ont des ailes & s'envolent *à même tems* qu'on les prononce. *Abl. Luc.*)

De long-tems, adv. Ces mots sont d'ordinaire acompagnez de la negative ne & alors ils signifient, il se passera encore beaucoup de tems avant que quelque chose se fasse. (Je ne vous verrai de long-tems. *Abl. Luc.* Les chemins ne seront libres de long-tems. *Durier, hist. de Flandre, l.* 4.)

TEN.

Tenable, adj. Qui peut tenir. Qui peut résister. (La place n'est pas tenable; & c'est beaucoup si elle peut aretter l'armée deux jours.)

† *Tenace.* Il vient du Latin *tenax,* & signifie qui est visqueux, qui s'atache si fort à un corps, qu'on a peine à l'en détacher. (La poix & la glu sont des corps tenaces.)

* *tenaces.* Il se dit *au figuré* d'un avare qui n'aime point à donner. Voiez *Tenant.*

Tenacité, s. f. Qualité de ce qui est tenace, tant au propre qu'au figuré.

Tenailles, s. f. Instrument de fer qui sert à serrer, & à tenir, qui est composé de deux branches presque entiérement rondes, qui à quelque distance du bas, sont atachées avec un clou, & depuis ce clou jusques à l'extrémité elles sont aplaties, quelquefois arquées, & d'autrefois un peu recourbées seulement afin de mieux prendre & de mieux pincer. (Petites tenailles. Grandes tenailles. Grosses tenailles.

Tenaille. Terme de *Fortification.* Tenaille, ou ouvrage à tenaille est un dehors distingué en tenaille simple & tenaille double, *Guillet; Arts de l'homme d'épée.* Tenaille simple est un ouvrage dont la tête est formée par deux faces qui font un angle rentrant & dont les ailes, ou les côtez viennent répondre de la tête à la gorge. Tenaille double. C'est un ouvrage dont la tête est formée par quatre faces qui forment deux angles rentrans à trois saillans & dont les ailes viennent répondre de la tête à la gorge. (Ataquer une place par la tenaille.)

Tenailler, v. a. Pincer une personne avec des tenailles en de certaines parties du corps. (Par arêt du Parlement de Paris, on tenailla Ravaillac aux mamelles, aux bras & aux cuisses pour avoir assassiné Henri quatriéme à la rue de la Ferronerie à Paris. Voiez *l'Histoire de Henri IV.*)

† *Tenaillier.* Tourmenter. (L'amour la tenaille.)

Tenancier, tenanciére, ad. & s. m. & f. Terme de *Coutume.* Celui & celle qui tient & possede quelque héritage. (On a assigné tous les Tenanciers.)

Tenant. Ce mot étant *participe* est indéclinable & signifie qui tient

tient. (On dépeint l'abondance comme une Dame bien faite, habilée de verd, une couronne d'or sur la tête, tenant de la main droite une corne de la chèvre d'Amalthée, pleine de toutes sortes de fruits, & de la gauche, une poignée d'épis de diverses espéces de grain. Voiez l'*Iconologie de Ripa*.)

† *Tenant, tenante*. Qui est ataché. (On apelle *meubles* ceux qui ne sont point *tenans* à fer ou à clou.)

Tenant, tenante, adj. Avare. Qui est chiche. Qui est trop ménager. Qui n'aime poine à donner. Qui a de la peine quand il faut faire quelque dépense. (La plupart des gens de letres, les Prêtres, les Moines sont tenans. Les femmes sont fort tenantes.)

Tenant, s. m. Terme de *Blason*. Ce sont des figures d'Anges, de faux-Dieux, de Déesses, ou d'hommes qui tiennent l'écu pour le lever. (Les armes du Roiaume de Naples sont d'azur semé de fleurs de lis d'or au lambeau de gueules en chef & il a pour *tenant* deux sirennes, ou femmes marines au naturel. Col.)

Tenant, s. m. Terme de *Carrousel*. Les *tenans* sont ceux qui ouvrent le carrousel, & qui sont les prémiers defis par les cartels qu'ils font publier par les hérauts avec les conditions des courses & des combats. (Les *tenans* du carrousel sont Messieurs tels.)

TENCHE. Voiez *tanche*.

TENDELET, s. m. Terme de *Marine*. C'est une piéce d'étoffe porcée par la fléche & par des Bâtons pour couvrir la Poupe de la Galère contre le Soleil, ou contre la pluie.

TENDEUR, s. m. On apelle à Paris, de ce nom, celui qui met les tentures quand il y a une personne qui est morte. Quand on n'est pas riche, le Tendeur ne tend que la porte. Quand on est un peu accommodé, il tend non seulement la chambre du mort, mais aussi la porte, & l'Eglise même où ce mort doit être enterré. Le Tendeur rançonne souvent & se fait paier trop chérement.

Tendeur. C'est aussi celui qui tend des filets pour prendre des oiseaux.

TENDON, s. m. Terme d'*Anatomie*. Prononcez *tandon*. C'est la fin, ou la queuë du muscle avec laquelle se fait le mouvement volontaire. Deg.

Tendon. Ce mot se dit en parlant de *chevaux*. C'est une espéce de cartilage qui entoure une partie du pié & qui est situé près la couronne. (Cheval qui a le tendon gâté. Couper le tendon.)

TENDRE, adj. Qui n'est pas dur. (Pierre tendre. Bois tendre. Plante tendre au froid. *Morin*, Traité des fleurs.)

Tendre. Ce mot se dit aussi du *pain*, & veut dire Frais. Qui n'est pas rassis. (Pain tendre.)

* *Tendre*. Ce mot se dit de l'*age*, & veut dire Bas, prém'ier. (Avoir pitié de l'âge tendre de ses enfans. Abl. Tac. Dès sa plus tendre jeunesse, le Maréchal de Gassion fit paroître la forte inclination qu'il avoit pour les armes.)

Tendre. Délicat. Foible. (Je ne crois pas que vous aiez l'imagination si tendre qu'il vous faille consoler de cela. *Voiture*, l. 35.)

* *Tendre*. Sensible. Amoureux. Qui a de l'amitié. (Elle est tendre pour ses amis. *Voit*. l. 25. Avoir le cœur tendre. *Ablancourt*.)

* *Tendre*, s. m. Tendresse. Penchant. Pante & inclination qui porte à aimer. (J'ai un furieux tendre pour les hommes d'épée. *Moliere. Prétieuses, séne* 11.)

Tendre, adj. Terme de *Peinture*. C'est le contraire de sec, ou de dur. (Maniere tendre.)

Tendrement, adv. Fort. Sensiblement. Amoureusement. [Plus une belle difere, plus elle aime *tendrement*. Elle se mit à pleurer tendrement. *La Fontaine, Nouvelles*, 1. partie.]

Tendrement, adv. Ce mot se dit *en peintres*. [Cela est peint *tendrement*. C'est à dire, d'une manière qui n'est ni séche, ni dure.]

TENDRE, v. a. Je tend, je tendis. J'ai tendu, je tendrai. Que je tende, je tendisse, je tendrois. Tendant. Prononcez *tandre*. C'est étendre quelque chose pour recevoir quelque autre chose. [Ils demeurent long-tems en bas tendant la couverture. *Voit. Let.* 9. Tendez vos tabliers, j'y jetterai quelque chose. Abl.]

Tendre. Avancer. Donner. [Tendre le dos. Tendre la main Tendre un bâton. Abl.]

Tendre. Bander. [Tendre une corde. Abl. Tendre un arc. Vau. Quin.] Voiez *tenson* plus bas.

Tendre. Ce mot se dit en parlant de *filets de chasse*. C'est se acommoder & les mettre en état de prendre ce qui donnera dedans. [Tendre des filets.]

Tendre, v. a. Il se dit en parlant de tapisserie. C'est étendre la piéce de tapisserie pour en couvrir les murailles de la chambre.

Tendre. signifie aussi couvrir, & dans ce sens on dit tendre une chambre, une sale, un Hôtel, &c.

* Les cheveux des belles sont des filets que l'amour tend aux amans. Il ne tendroit guére en vain ses filets. *La Fontaine, Contes*.

* *Tendre*. Avoir dessein de venir à bout d'une chose. Avoir pour but. Avoir pour fin quelque chose. [Tout ce redoublement de caresse & de soins ne tend qu'à vous tromper.]

Tendrement. Voiez plus haut.

* *Tendresse*, s. f. Ce mot ne se dit bien qu'*au figuré* dans le discours ordinaire. & il veut dire *Amitié, Amour, Amitié tendre & passionnée*. [il est plein de tendresse pour ses enfans.

Adorable Déesse
Vous qui d'un seul regard inspirez la tendresse
Témoigner de la tendresse. *Voit.* l. 46.
Je pourrois sans foiblesse
Ecouter ses soupirs, répondre à sa tendresse.
La Suze, poesies.]

Tendresse. Ce mot se dit en parlant de *Peinture*. [Tout est peint avec beaucoup de tendresse & de douceur.]

Tendreté, s. f. Ce mot commence à se dire des viandes, & signifie la qualité tendre d'une viande. [Cette viande est considérable par sa tendreté.]

Il se dit des fruits, & veut dire la chair tendre du fruit. [On doit estimer ce fruit à cause de sa tendreté. Quint. Jard. fr. T. I.]

Tendreur, s. f. Ce mot commence aussi à se dire de la viande ; mais il n'est pas si usité que *tendreté*.

Tendrette, s. f. Cri de femmes de Paris vendant des raves. Il veut dire *rave bonne & tendre*. [A ma tendrette.]

Tendrons, s. m. Ce sont dans les animaux, de petits os tendres qui ne sont pas tout à fait formez, & qui sont comme des cartilages. [Donnez moi de cet endroits où il y a des tendrons, c'est ce que j'aime.]

† * *Tendron*. Mot burlesque pour dire *jeune fille*. Fille jeune & jolie.

[Vous vouliez jusqu'au bout tourmenter ce *tendron*.
La Fontaine, nouvelles 1. partie.
Jeunes tendrons à vieillard aparent.
La Fontaine, Nouvelles 2. partie.]

Tendu, tenduë, adj. Bandé. [Arc tendu. Corde tenduë.]

* *Tendu, tenduë*. Apliqué. [L'esprit est trop tendu dans l'héroique. *Abl. Apoph*. L'esprit ne peut être toujours tendu ni ocupé à des choses serieuses ; j'avois besoin de relâche. *Abl. Luc. T.* 2. *Amours*.]

TÉNEBRES, s. f. Ce mot n'a point de singulier, & il signifie *Obscurité, Privation de lumiére*. [Epaisses ténébres. A la mort de Jésus-Christ la terre fut couverte de ténébres. *Godeau, Priéres*.]

* *Ténebres*. Ce mot dans le langage de l'Ecriture signifie souvent l'*enfer*. [L'aumône empêche l'ame de tomber dans les ténébres. *Port-Roial*.]

* *Ténebres*. Ce mot *au figuré* se prend aussi pour quelque obscurité soit de l'esprit, ou d'autre chose. [Chasser les ténébres de l'esprit. Passer sa vie dans les ténébres de l'ignorance. La lumiére de l'Evangile a dissipé les ténébres du Paganisme.]

* *Ténebres*. Egarement. Erreur. Aveuglement. [Les livres sacrez nous assurent que les Gentils ont été abandonnez dans les ténébres & dans l'ombre de la mort. *Pascal*, l. 14.]

* *Ténebres*. Ofice divin qui se dit dans l'Eglise Romaine sur les quatre, ou cinq heures du soir le Mécredi, le Jeudi & le Vendredi Saint, pour faire ressouvenir les Chrétiens qu'environ deux heures après que Jesus-Christ fut crucifié une grande obscurité couvrirent toute la terre, ainsi qu'il paroit dans le *Nouveau Testament* au chapitre quinziéme de *Saint Marc*. [Les ténébres ne sont pas encore commencées. Dire ténébres. Aller aux ténébres. Assister aux ténébres.]

* *Ténebreux, ténebreuse*, adj. Obscur. Plein de ténébres. [La Philosophie des Pédans est obscure & ténébreuse. *Le Chevalier de Miré*.

* Dans le ténébreux Latin,
De son œuvre embarassée
Il fait que Saint Augustin
Parle contre sa pensée.
Mai. poës.]

TENETTE, s. f. Terme de *Chirurgien*. C'est une espéce de pincettes dont on se sert pour tirer la pierre de la vessie lorsqu'on taille un homme. [Tenette mal-faite.]

TENEUR, s. f. Ce mot au masculin se dit en parlant d'Aritméticiens & il ne se dit guére seul. On dit. *Juré teneur de livres*, & c'est celui qui est pourvu par les letres patentes de Sa Majesté & qui a prêté le serment en justice pour bien vaquer à la vérification des comptes & calculs, lois qu'il y sera emploié. [Claude Irson est seul Juré teneur de livres à Paris.]

Teneur, s. f. Ce mot n'est usité qu'entre *marchands*, ou gens de Palais. C'est le contenu de quelque écrit, & de quelque acte que ce soit. [Examiner la teneur du pouvoir des Ambassadeurs. Il faut voir la teneur du contrat. *Patru & le Maitre plaidoiez*.]

TENIE, s. f. Terme d'*Architecture*. C'est une partie de l'Epistile Dorique, qui ressemble à une règle, & qui est au dessous des Triglifes, ausquels elle sert en quelque sorte de base. *Ogan. Dict. Math*.

Tenir, v. a. *Je tien, tu tiens, il tient, nous tenons, vous tenez*,

TER   TER

rante & la meilleure de toutes. Il se plaît sur les montagnes. Ses feuilles & son écorce sont astringentes.

TERÈSE, s. f. Nom de femme. (Les œuvres de Sainte Térése sont traduites d'Espagnol en François. La Reine de France s'apelle Térèse.)

TERGETTE. targette. s. f. Quelques uns disent targette, mais les serruriers & ceux qui parlent le mieux, disent tergette, parce qu'il est plus doux & plus usité. C'est une plaque de fer , déliée, de forme ovale, composée d'un verrou & de deux cramponnets qui tiennent ce verrou laquelle ou atache sur le chassis de la vitre. (Une tergette simple. Une tergette à panache. Atacher une tergette.]

† TERGIVERSATEUR, s. m. Terme de Pratique. C'est celui qui se désiste d'une acusation, ou la néglige à prix d'argent, ou faute d'en fournir. Roussier, de la procedure.

Tergiversation, s. f. Prononcez tergiversacion. C'est l'action de tergiverser. [Quand je vis tant de tergiversation, je me doutai qu'il me vouloit tromper.]

Tergiverser, v. n. Mot qui vient du Latin tergiversari. C'est chercher des détours, afin de ne se point metre à la raison. Biaiser. Ne pas tenir un procédé, ni une conduite sincere à l'égard d'une personne en matière d'afaire. [Il ne fait que tergiverser.]

TERIAQUE, s. f. Mot qui vient du Grec. C'est une composition de medecine dont on se sert contre le poison. Vaug. Rem. a décidé que le mot de tériaque étoit masculin & feminin. J'ai consulté là-dessus d'habiles Médecins, d'habiles Epitiers & Apoticaires qui m'ont tous fait feminin & pas un masculin : ainsi sur ce mot je déclinerois la jurisdiction de Vaugelas. La Tériaque est une composition dont on se sert contre le poison & contre plusieurs violentes maladies. Elle est faite de chair de vipère, de miel, de vin, de divers ingrédiens & de plusieurs racines, herbes & fleurs écrasées. Tériaque excellente, vieille, nouvelle. La vertu de la teriaque, quand elle est bien conservée ne s'afoiblit qu'à soixante ans. Andromacus, Médecin de Néron fut l'inventeur de la tériaque. Composer de la teriaque. Prendre de la cariaque. Ordouner de la tériaque. Plus la tériaque est récente & plus elle a de force. On la conserve dans de petits pots d'argent, ou dans des pots de terre bien vernissez. Char. Tériaque d'Andron.) Voi. Ali.

(Marc Antonin le Philosophe ne prenoit de la nourriture que la nuit & pour le jour il ne prenoit que de la tériaque, non par crainte, ni pour lui servir de contre-poison, mais par manière de remède. Cousin, Hist. Rom. l. 384.]

TÉRIÈRE, tarière, s. m. Quelques-uns disent tarière, mais les charons qui se servent de cet outil, disent teriéres. C'est un outil dont on se sert pour percer le bois. (Un trou de térière. Mon térière est égaré. Donnez-moi un térière, que je perce cela.)

TERIN, tarin, s. m. Quelques-uns écrivent tarin, mais les oiseliers de Paris & ceux qui parlent bien, disent terin & c'est le plus doux & le plus seur. Le terin est un petit oiseau verd avec une petite marque noire sur la tête. (Un beau terin. Un joli terin.]

TERME, s. m. Le Dieu des bornes. (Les Anciens Laboureurs honoroient particuliérement le Dieu Terme.)

Les Architectes apellent Terme, une colonne ou un poteau orné par en haut d'une figure de tête de Satire, ou autre qui sert à soutenir des fardeaux dans les bâtimens, ou d'ornement dans les jardins. L'origine en vient de ce que s'étoient autrefois des bornes plantées au bout des héritages, pour les séparer, ausquelles ou donnoit la figure du Dieu Terme.

Terme, s. m. Ce mot au propre signifie borne, mais en ce sens il n'est pas, ce semble, usité, Le mot de borne est le mot d'usage.

* Terme, s. m. Fin. But. [C'est un terme où l'on n'arrive guère par le plaisir. Benser. poësies.

Au bout de cent-dix ans dont le cercle renferme
De l'âge des humains presque le plus long terme.
Cousin, Hist. Rom.

Lérida est le terme fatal de nos conquêtes. Mémoires de Mr. de la Roche-Foucaut.)

Terme. Tems réglé & prescrit. (J'ai fait un éfort pour échaper devant le terme. Voit. l. 34.)

Terme. Ce mot en parlant de femmes grosses veut dire ordinairement neuf mois justes, & quelquefois sept. (Elle est acouchée avant terme. Acoucher justement au terme. Etre proche de son terme. Etre à terme.)

Termes. Ce mot se dit en parlant des locataires, & des propriétaires des maisons de Paris & il veut dire trois mois. (On païe à Paris ordinairement son terme tous les trois mois) & quelquefois tous les six mois, ou tous les neuf mois, le locataire ne doit pas atendre davantage. Voiez la Coutume de Paris. Le terme est échu. Le terme court. Païer son terme. Avancer son terme. Faire perdre un terme. [Le terme vaut l'argent. C'est à dire, qu'on donne un si long-tems pour païer que l'argent qu'on donnera alors n'est pas considérable.)

† Terme. Ce mot en parlant d'afaire signifie Etat. Ordre. (Ses afaires sont en bons termes. Les choses sont aux termes ou on les peut souhaiter.)

Terme. Mot. Parole. (Parler en bons termes. Abl.

Mais, pardon, si je dis que je t'ai méritée ;
De ce terme insolent ne sois point irritée.
La Lane Eglogue.

Vous avez jugé que cette fortune étoit tellement au delà de ce que je devois espérer qu'il vous faloit chercher des termes pour me la rendre croiable. Voit. l. 1.) Terme propre, naturel, noble, &c. Terme bas, équivoque, &c. Terme dogmatique. Terme d'art, de science. En termes exprès, formels, &c.

Terme. En Géometrie c'est l'extrémité de quelque grandeur. Les termes d'une raison, ce sont les quantitez qui la composent, & de même on dit les termes d'une proposition, d'une progression, d'une équation, &c.

Termes, ou Thermes. Ce mot pour dire des bains d'eau chaude vient du Grec & ne se dit qu'au pluriel & en parlant des bains des Anciens. C'étoient des lieux où les Anciens se baignoient après y avoir fait divers exercices. Les termes Diocletiens & les Termes Antoniens sont fameux, & étoient tres propres pour l'ancienne jeunesse Romaine. On voit encore à Rome de ces Termes tous ruinez, Lisez, Antichità di Roma, di Scamozzi.

Termes, où lavoit la carcasse
Riche de gratelle & de cloux,
Ces vieux fat qui pour quatre choux
Laissa le renom & la cuirasse.
Saint Amant, Rome ridicule.)

Terminaison, s. f. Terme de Grammaire. Ce sont les derniéres lettres, ou silabes d'un mot. (On considère la terminaison des mots de l'infinitif des verbes, &c. Les times sont des mot qui ont une semblable terminaison.)

Terminer, v. a. Borner.) Maison qui termine nôtre vue.)

Terminer. Achever. Finir. Terminer un ouvrage. Terminer heureusement la guerre. Terminer une entreprise, un procès. Abl.,
* La mort a terminé ses jours. Mai poës.

Se terminer, v. r. Se finir. S'achever. (Ouvrage qui commence à se terminer. Cela s'est terminé à la ruine de leur muraille. Abl. Arrian, livre 1.)

TERMOMETRE. s. m. Mot qui vient du Grec. C'est un tuiau de verre bien bouché par les deux bouts, à demi rempli d'esprit de vin pour marquer les degrez de chaud & de froid. [Un bon termométre.) Il y a encore des termométres d'une autre façon. Voiez Rohaut, Phisique, 1. part. ch. 23. art. 39.

TERNAIRE, s. m. Terme d'Aritmétique, & de quelques autres siences, comme de la Cabale, &c. Il signifique nombre de trois. [Le ternaire est estimé un nombre parfait par les Cabalistes.] Il signifie aussi un nombre multiple de trois, & en ce sens, il semble être adjectif. [Tout nombre au dessus de l'unité est ternaire, ou ternaire moins un, ou ternaire plus un. Freniele, des triangles rectangles en nombres.)

TERNE, adj. Ce mot se dit des métaux & de certaines autres choses qui peuvent recevoir moins, ou plus de lustre. [Cela est terne, Argent terne.]

Ternes. Terme de Tric-trac, qui veut dire deux trois. [Amené ternes.]

TERNIR, v. a. Oter le lustre, l'éclat, la couleur. (Ternir la glace d'un miroir.

(* Il ternira ce renom dont la France est pleine. Voit. Poësies. C'est à dire, il obscurcira ce renom dont la France est pleine.)

Ternir le lustre des plus grans Rois. La Su[z], poësies. C'est obscurcir l'éclat des plus grans Rois.)

Se ternir, v. r. Perdre son lustre , son éclat, sa couleur. [Glace de miroir qui commence à se ternir.)

Terni, ternie, adj. Qui a perdu son lustre. [Glace de miroir ternie.

Reputation ternie. C'est à dire, obscurcie. Honneur terni. C'est dire , obscurci , taché.)

Ternissure, s. f. L'action qui ternit. La ternissure d'un miroir.]

TERRAGE, s. m. Voiez Champart. C'est la même chose.

TERRAIN. Voiez Terrein.

TARRASSE, s. f. Les Jardiniers apellent de nom, une quantité considérable de terre, qui est plus haute que le terrein voisin, sur lequel elle commande ; soit que cette terre ait été ainsi élevée exprès pour servir d'alée, retenüe de bonnes murailles de pierre, ou dressée en talus pour se bien soutenir ; soit que cette terre se trouvat ainsi naturellement élevée. [On dit une alée en terrasse, un Jardin en terrasse, c'est à dire, une alée, ou un jardin plus haut que le terrein voisin. Quins. Jard. fr. T. 1.

Terrasse, s. f. On apelle aussi de ce nom la plus haute partie de la maison élevée en forme de tour, & couverte de terre. [Monter sur la terrasse. Une belle & agréable terrasse.)

Terrasse. Terme de Tireur d'or. C'est une espéce de cuvette longue, faite de briques, ou de pavez avec des hauts rebords où l'on chaufe l'argent lorsqu'on le veut dorer.

Terrasse. Terme de Peinture. C'est le devant des païsages. (Une terrasse bien peinte.)

Terrasser, ou terracer, v. a. Jetter par terre. [Terrasser une personne. Terrasser un lion. Abl.)

KKkkk   Terrasser

* *Terrasser.* Abatre. Soûmettre. Reduire sous le joug.

(Oui la moindre disgrace
Lors que je suis à jeun, me saisit, me terrasse.
Moliere, Cocu.

C'est à dire, la moindre disgrace m'acable & m'abat. Ils prevoioient que les Papes qui venoient de terrasser l'Alemagne ne manqueroient pas de. *Patru*, 4. plaidoié.)

Se terrasser, v. r. Se jetter par terre. (Ils se sont terrassez. Tâcher à se terrasser.

Se terrasser, v. r. Il. signifie aussi, se fortifier en remuant la terre & en se couvrant d'ouvrages de terre. (Les ennemis se sont si bien terrassez dans leur camp qu'il est impossible de les y forcer.)

Terrassier, s. m. Prononcez *Terrassié.* Terme de *Jardinier*. C'est celui qui entreprend de faire une terrasse, qui doit remuer, ôter, ou porter quantité de terre. (Faire marché avec un terrassier pour aplanir un Jardin & pour faire des alées en terrasse.)

Terre, s. f. Ce mot signifiant l'un des quatre élemens n'a point de pluriel. C'est le globe de la terre, laquelle est la demeure & la nourrice des hommes & des animaux. La terre est sinie, elle est ronde & immobile. *Rohaut, Phisique.* On dit que son circuit est de 9000. lieuës, & son demi-diametre de 1432. Cependant étant comparée à l'étenduë du Ciel elle n'est qu'un point sur lequel les hommes sont si ardens à s'attacher la vie. *Bernier, Philosophie, Tome 5.* Quelques anciens Philosophes ont donné une ame à la terre, & quelques autres ont cru que c'étoit une divinité, mais ces opinions n'ont nul fondement.

Terre ferme, c'est à dire, *le continent.* (Etre en terre ferme.

Prendre terre. Termes de gens qui navigent. C'est quiter les vaisseaux où l'on est embarqué pour venir en terre ferme.

Terres neuves. Ce sont des terres nouvellement découvertes. On a donné ce nom au Canada, païs de l'Amérique Septentrionale. (Moruë de terre neuve.)

Terre. Ce mot signifie souvent une partie de la terre qu'elle peut être emploiée à quelque ouvrage, ou qu'elle peut être cultivée. Ainsi on dit *terre sigelée* ; qui est une sorte de terre rouge & Medicinale bonne contre la morsure des serpens & propre à faire divers ouvrages. *Terre d'ombre.* C'est une sorte de terre obscure qui est extrêmement sensible & terrestre & qui sert aux peintres. *Terre à dégraisser.* C'est une sorte de terre propre à ôter les taches des habits. *Terre à potier.* C'est une sorte de terre glaise dont on se sert pour faire des ouvrages de poterie. *terre franche.* C'est à dire, terre sans gravier.)

Terre. Ce mot parmi les *Laboureurs* & les *Jardiniers*, est consideré comme le fonds qui peut être cultivé & dans lequel on doit planter ou semer. En regardant la terre de cette sorte là, on dit qu'elle est aigre, amére, argilleuse, glaisée, chaude, brulante, coriace, tardive, hâtive ; meuble ; *c'est à dire*, qui n'a point de corps ; neuve, *c'est à dire*, qui n'a jamais servi, reposée, travaillée & usée. On dit aussi qu'elle est douce ; froide, seche, legére, forte, humide, grasse, maigre, bonne, fertile, sterile, ou qu'elle est en friche. { Labourer la terre. Cultiver la terre. Corriger les défauts de la terre, fumer, amander, humecter, dessecher, échaufer, rafraichir, préparer la terre. Donner un labour à la terre. La terre porte & produit diverses sortes de fruits. Les terres de ce païs sont fort bonnes. Les biens de la Terre.)

Terre. Ce mot entre en plusieurs façons de parler de *potier.* [Lever la terre par rouleau. Marcher la terre. Voquer la terre. Tailler la terre.]

Terre. Ce mot entre en quelques façons de parler de *pionniers, de travailleurs* & *de maçons.* (Rêmüer les terres. C'est les creuser & les transporter pour faire des remparts, ou des parapets, Le mur qui doit soutenir les terres demande une grande épaisseur. *Abrégé de Vitruve.*)

Terre. Ce mot se dit en parlant de la *mer* & veut dire les côtes, ou les rivages de la mer. (Exemples. Dans ce parage il ne se recourbe dans les terres. Aprocher de terre. *Guillet, Terme de Navigation.*)

Terre. Ce mot se dit entre *Chimiques.* C'est l'un des cinq principes de chimie & le moins considérable qui se trouve à la fin de la distillation & de la calcitation lors qu'on a tiré par filtration, ou dissolution le sel qui étoit avec la terre. *Charas traité de Chimie.*)

Terre. Ce mot entre dans plusieurs façons de parler fort ordinaires. (Jetter par terre. Renverser par terre. C'est à dire, *terrasser.*)

Donner du nez en terre. C'est tomber tout plat à terre sur le nez, sur le visage. * *Donner du nez en terre.* Ces mots sont aussi pris figurément, & signifient ne pas réüssir dans quelque dessein, échoüer dans son entreprise.

Mettre pié à terre. C'est descendre de cheval, de carosse, ou de quelque autre voiture.

Mettre en terre. C'est à dire, *enterrer* (Mettre une personne en terre.)

Porter en terre. C'est porter au cimetiere, ou autre lieu pour être enterré. (Porter un corps en terre.)

Terre. Bien considérable qu'on a à la campagne. Sorte de seigneurie. Possession considérable. (Il est allé à sa terre.)

Terre, Païs, Contrée. Plusieurs endroits du globe de la terre. [Terre Australe. Terres polaires, &c. [Votre los se portera dans toutes les terres les plus étrangeres. *Voiture, poësies.* Presque toute la terre est pleine des chansons de vos favoris. *Maipoës.* On dit par toute la terre que. *Pascal, l. 2.* Ravager les terres de l'enemi. *Ablancourt, Ar.*]

* *Terre.* Partie des hommes qui sont sur la terre. [Toute la terre vous obéïra. *Voiture, l.* 29. L'aveugle Tébain se ses vers toute la terre étonne. *Voit. Poes.*]

* *Terre.* Plusieurs personnes. Grand nombre de personnes. (*Toute la terre se rit* de la traduction des Institutions de Quintilien du bon homme l'Abé de Pure, en voiant cette belle traduction on s'écrie avec Depreaux, *l'impertinent Auteur* ! *le maudit traducteur* !

Terre. Ce mot entre en quelques façons de parler proverbiales. (Exemples. *Il vaut mieux en terre qu'en pré.* C'est à dire, qu'il vaudroit mieux qu'il fût mort que demeurer une vie aussi languissante que celle qu'il mêne. *Il a peur que terre ne lui manque.* C'est à dire, il craint sans beaucoup de raison, la pauvreté. *Faire de la terre le fossé.* Les mots de ce proverbe sont figurez, & se disent entre marchands. C'est paier une marchandise qu'on a prise à crédit à mesure qu'on la debite. *Qui terre a, guerre a.* Sorte de proverbe qui ne peut entrer que dans le stile comique, ou le bas stile, & qui veut dire, que quiconque a du bien, a du malheur, des afaires, ou des proces.]

Terre. Ce mot entre en quelques façons de parler plaisantes. [Si vous poursuivez le mérite, ce n'est pas ici nos terres que vous devez chasser, *Moliere, Prétieuses, s. 9.* Cette maniere de parler, qui est un peu prétieuse, signifie que si on cherche de merite ce n'est pas nous qui il faut voir. Billets doux & billets galans sont des *terres inconnuës* pour eux. *Moliere, Prétieuses, s. 4.* C'est à dire, ils ne savent ce que c'est que de billets doux, & de billets galants.]

Terre-à-terre, *adv.* C'est à dire à ras de terre. & sans s'élever beaucoup au dessus de la terre. (Je commençai d'abord de voler terre-à-terre. *Abl. Luc. l. 2. p. 293.*

Terre à terre, *s. m.* Termes *du Manége.* C'est une suite de sauts fort bas que le cheval fait en avant étant porté de côté & maniant sur deux pistes. (Le cheval manie fort bien terre-à-terre.)

Terre à terre, *adv.* Termes *de Mer.* C'est à dire, le long de la côte. En cotoiant le rivage. [Au lieu de conduire nos galeres *terre à terre*, nous primes le large.]

* *Terre à terre*, *adv.* Au figuré, il signifie sans faste, sans élevation, sans grandeur & sans aucune des choses qui acompagnent la haute fortune.

(Dans la place où je suis, plus fragile qu'un vetre,
Je vais à petit bruit & vole terre à terre.
Boursaut, Esope, a. 1. sc. 2.)

† *Tant que terre.* Façon de parler adverbiale & populaire. C'est un terme d'exagération, pour dire, en abondance, beaucoup. [Ils auront de la peine tant que terre.]

Terreau, ou *Terrot*, *s. m.* Prononcez *terió.* Terme de *Jardinier.* C'est le fumier d'une vieille couche & qui est usée. { Faire une couche de terreau. Il faut mettre là du terreau. Voila de bon terreau.) *Voi terrot.*

Terrein, ou *Terrain*, *s. m.* Ce mot se dit de la terre entant qu'il s'agit de *fortification*, *Vau. Rem.* Il se dit aussi en parlant de combat. (Prendre du terrein. *Ablancourt, Ar.* Le combat étoit d'homme à homme, chacun tâchant de repousser son compagnon & de gagner du *terrein* sur lui. *Ablancourt, Ar. l. 1. c. 5.*)

Terrein. Terme *de Manége.* C'est l'espace du manége par où le cheval marque sa piste. (Le cheval observe bien son terrein. Le cheval embrasse bien son terrein. Le cheval garde bien son terrein.)

Terrein. Terme *de Potier.* C'est un vase où il y a de l'eau pour tremper les mains quand on tourne des pots.

† * On enferma Danaë dans une tour d'airain, mais Jupiter connoissoit le *terrein. Benserade, Rondeaux.* C'est à dire, Jupiter savoit la maniere, connoissoit le moien d'avoir la belle Danaë.)

Terre-plain, *s. m.* Terme *de Fortification*, qui se dit en parlant de rempart. C'est la superficie horizontale du rempart.

Terrestre, *adj.* Qui regarde la terre. Qui croit sur la terre. Que la terre produit. (Gassendi a fait un traité des choses terrestres. Le Paradis terrestre. Le Globe terrestre. Les animaux terrestres. Exhalaison terrestre. Matiere terrestre, en *Chimie*, Il veut dire crasse & impure.).

* *Terrestre.* Ce mot se dit quelquefois oposé à spirituel. (Ainsi l'on dit les desirs terrestres, les plaisirs terrestres.)

Terrestréitez, *s. f.* Terme *de Chimie* & *de Pharmacie.* Ce sont les parties grossieres & terrestres des corps qui entrent dans quelque composition de l'une & de l'autre Pharmacie. (Separer les terrestréitez des lupins. Les feces & les terrestréitez d'un mixte.

Se terrer, *v. r.* Ce mot se dit des lapins & des renards, & veut dire. Se cacher, Se fourrer dans la terre. Se couvrir de terre. [Le renard se terre.]

TERREUR

TERREUR, *s. f.* Grande crainte. Grande frayeur. (Prendre de la terreur. *Ablancourt, Tac.* Donner de la terreur. *Ablancourt, Tac.* Redoubler la terreur. *Ablancourt, Tac.* Porter la terreur par tout. *Ablancourt, Tac.* Alexandre étoit la terreur de l'Univers. *Vau. Quin. l. 3.* Répandre la terreur par tout l'Univers. *Vaug. Q. Curce, l. 8.*)

Terreur panique. C'est à dire, Une crainte générale, qui s'étend par tout. Une peur qui est presque universelle.

J'ai voulu le défendre
Des paniques terreurs qui l'avoient pû surprendre.
Corn. Pomp. a. 5. sc. 5.

Il survint une terreur panique qui le rendit maître de la place. *Abl. Rét. l. 3. ch 3.*

TERREUX, *terreuse, adj.* Ce mot a un usage fort borné. Il ne se dit, ce semble, guère *au feminin*, & pour le *masculin* on croit qu'il n'est en usage qu'en cette façon de parler basse & proverbiale. (*Elle a le cu terreux.* C'est à dire, que c'est une fille dont le bien le plus-beau consiste en terre ; qui est riche en terre.) On peut dire des plantes & des fruits. Ces melons sont terreux. Ces courges sont terreuses.

Avoir les mains terreuses, c'est à dire, couvertes & souillées de terre & de poussiére.

TERRIBLE, *adj.* Epouvantable. (Héros terrible au reste des humains. *Racine, Iphigenie, a. 4. s. 1.* Les jugemens de Dieu doivent paroître terribles aux méchans. *S. Ciran.* La pauvreté est quelque chose de terrible quand on ne la suporte pas en véritable Crétien. *S. Ciran.*)

Terriblement, *adv.* D'une manière terrible. (Il est terriblement dangereux.)

Terriblement, *adv.* Fort, beaucoup. (J'aime terriblement les énigmes. *Moliere, Precieuses, sene 9.* Je ne sai s'il ne hazarda point un grand nombre de patétiques impertinences, car cette matiére la lui inspire terriblement. *Scaron, Nouvelle 1.*)

† **TERRIEN**, *terrienne, adj.* Ce mot ne se dit que dans le bas stile, & ne que dans le genre comique, & il signifie *terrestre.* (Pleine d'orgueil elle eût refusé le globe terrien. *Bensserade, Rondeaux, page 69.* C'est à dire, elle eût refusé l'empire de la terre, le monde.)

† *Terrien, terrienne.* Il se dit quelquefois pour signifier celui, ou celle qui possède une grande étenduë de terres. (Le Roi d'Espagne est le plus grand *terrien* du monde, depuis la conquête des Indes Occidentales.)

Terrier, s. m. C'est un papier qui contient le dénombrement & la nature des héritages situez dans la censive d'un Seigneur avec le tribut dont ils sont chargez. (Le terrier est perdu.)

Terrier. C'est un endroit où il a plusieurs trous les uns dans les autres comme en une garenne & où se retirent les blereaux, les lapins & même les renards. (Les lapins sont dans le terrier. Les lapins sortent du terrier. Ils sont rentrez dans leur terrier, & il y faut faire entrer le furet pour les en faire sortir.)

Terrine, s. f. C'est un ouvrage de terre qui a le bord rond, qui est creux, qui n'a ni piez, ni anses, & qui depuis le haut jusques au fond va toujours en étrécissant. (Une belle & bonne terrine. Plomber une terrine. Refraier une terrine. La terrine sert à mettre du lait, à faire des fricassées, & à faire cuire du boeuf à la mode.)

Terrine de départ. Sorte de vase dont on se sert dans les opérations de chimie & de pharmacie.

Terrinée, s. f. Plein une terrine. [Une terrinée de lait.]

TERRIR, *v. n.* Terme de Mer. C'est prendre terre après une longue traversée. [Nous vînmes *terrir* à San Domingue.]

Terrir, v. n. On se sert encore de ce mot en parlant des tortuës qui vont à terre pondre leurs œufs, & qui après les avoir couverts de sable, les laissent éclorre par la chaleur du Soleil.

Territoire, s. m. Ce mot se dit entant qu'il s'agit de juridiction. *Vau. Rem.* C'est l'étenduë de la juridiction d'un Juge. C'est le ressort d'un Juge. (Le juge le lieu connoitra de ce crime en première instance, parce qu'il s'est fait dans l'étenduë de son territoire. [Le territoire d'un tel Juge est fort étendu.])

† *Bas territoire.* Mots burlesques pour dire. *La terre. Le monde.*

(En aigle un jour dans *ce bas territoire*
Jupiter prit un beau jeune garçon:
Benserade, Rondeaux, p. 355.)

Terroir, s. m. Ce mot se dit de la terre entant qu'elle produit des fruits. *Vau. Rem.* [Le terroir de Normandie est bon, gras, & fertile, mais les gens qui le cultivent, ont peu de foi & de parole, au moins, on le dit ainsi, & c'est peut-être une médisance. Terroir gras, fertile. Terroir maigre & sablonneux. Terroir sec, ou humide, &c.]

TERROT, *s. m.* Terme de *Jardinier* & de *Fleuriste.* C'est du fumier pourri, de la terre légère & du sable passé par un crible de fer, mêlez ensemble pour servir à faire venir les fleurs. (Bon ou méchant terrot. Le terrot grand & chaud ne vaut rien à l'anemone. *Culture de l'Anemone, ch. 3.* Mettez trois panerées de terrot sur quatre panerées de terre franche.)

TERSER, *v. a.* Terme de *Vigneron.* C'est donner un troisième labour à la vigne. (Il est tems de terser les vignes.)

TERSET; *tierset, s. m.* Terme de Poësie, qui vient de l'Italien *terzetto. Castelvetro Poëtica.* Ce mot se dit en parlant des six derniers vers d'un Sonnet, & veut dire les trois premiers, ou les trois derniers vers de ces six derniers vers, ou de ce sixain. *Moliere, Femmes Savantes, acte 3. séne 2.* a dit *tierset,* mais mal. Les Italiens dont nous avons pris ce mot disent & écrivent *terzetto. I terzetti furono trovati da Dante.* Vedi *osservazioni di Dolce, l. 4.* (Le Sonnet étonné branle sur ses tersets. *Sarasin,* Défaite des bouts rimez, chant 3.

Il voulut que six vers artistement rangez
Fussent en deux tersets par le sens partagez.
Dépreaux, Poëtique, chant 2.)

TERTRE, *s. m.* Ce mot veut dire Coline. Eminence. (Tertre élevé. *Patru, plaidoié 1.* Monter sur un tertre. *Ablancourt.*)

TES.

TÉSORISER, *v. n.* Amasser des trésors. Amasser des richesses. [Les Auteurs ne *tésorisent* guère à moins que d'être de l'humeur du bon homme Chapelain qui étoit le mieux renté de tous les beaux esprits.]

Tèse, thése. L'un & l'autre s'écrit. Le mot de tèse vient du Grec & signifie une proposition générale. (Décendre de la tèse à l'hipotèse. Mes paroles demeurent dans la tèse générale. *Moliere,* Critique de l'Ecole des Femmes, séne 6.)

Tèse. Terme de *Philosophie,* de *Téologie,* de *Médecine,* ou de *Droit,* ou autre siéance de laquelle on dispute. C'est une grande feuille de papier, ou deux grandes feuilles de papier colées l'une sur l'autre, au haut de l'une desquelles il y a un portrait, ou une image, & au bas de ce portrait ou de cette image, les propositions que prétend soutenir le Répondant, & sur lesquelles on dispute un certain tems réglé. (Une belle tèse. Sa tèse lui coûte cent pistoles.)

Tèse. Propositions qui sont dans la tèse, & sur lesquelles on dispute contre le répondant. (Soutenir une tèse.)

Tèse. Dispute qui se fait contre quelque tèse. (Je m'en vais aux tèses.)

TESSEAUS, *s. m. pl.* Terme de *Marine.* Ce sont des piéces de bois mises de travers l'une sur l'autre & qui font saillie autour de chaque Mât, au dessous de la Hune, pour soutenir cette hune, ou pour nous servir de hune aux mats qui n'en ont point. On les apelle aussi *Barres de Hune.*

TESSON, ou *Taisson, s. m.* C'est un petit animal qu'on apelle ordinairement *blereau.* Il fait sa retraite sous terre dans des garennes. Il ne sort le plus-souvent qu'après le Soleil couché. Il est ennemi des chats & des renards. Il n'a point de sentiment & ne voit guère clair. Il s'engraisse à force de dormir, & vit de vermine, de charogne & de fruit. (Prendre un tesson.)

TEST, *têt, s. m.* L'un & l'autre s'écrit, mais on prononce *têt,* & la lettre *s* ne s'y met que pour montrer que le mot est long. Le *test* est la partie chevelue de la tête. C'est le crane. Test épais.) Le test est rond & est composé de plusieurs os. qui sont separez les uns des autres par des sutures.

† *Test de pot cassé.* C'est quelque partie de pot de terre, qui a été cassé.

Testacée, adj. Qui est couvert d'une écaille dure & forte. Il y a une sorte particuliére de poissons qu'on apelle testacées ; comme les tortuës, les huitres, &c.

Le Mont testacée. C'étoit un mont de Rome, qui s'étoit fait de l'amas de plusieurs pots cassez. Il vient du mot Latin *testa,* qui signifie un pot.

TESTAMENT, *s. m.* Mot qui vient du Latin, & qui veut dire *témoignage de derniére volonté.* Ordonnance de dernière volonté. C'est un acte fait sous les formes prescrites par les loix, ou par les coûtumes locales, qui marque les derniéres volontez d'une personne, & régle ce que cette personne veut qu'on fasse de ses biens après sa mort. Les *testamens* parmi les Anciens se faisoient d'autre sorte que parmi nous. Voiez là-dessus le *2. livre des Instituts.* (Testament pur & simple. Testament valide. Testament suggéré, rigoureux, frauduleux, &c. Testament olographe. Ce dernier mot vient du Grec & veut dire qui est écrit entiérement de la main du testateur. Testament de mort. Ces mots ne se disent que des criminels qu'on éxécute, & qui dans la déclaration de leur derniére volonté chargent, ou déchargent leur conscience. (Faire, Signer, Confirmer, Casser un testament. S'inscrire en faux contre un testament. Revoquer un testament. Accuser un Testament de faux.)

Testament. Ce mot se dit en parlant des livres de la Sainte Ecriture, que l'on divise en deux parties, qui sont l'Ancien, ou le vieux Testament, qui a été écrit en Hebreu, & le nouveau Testament qui a été écrit en Grec. En ce sens le mot de *Testament,* signifie *Alliance.*

Testamentaire, adj. Terme de *Palais,* qui vient du Latin & qui veut dire *aparetant* le *testament.* *Executeur testamentaire.* C'est celui qui acomplit & éxécute le testament & entre les mains duquel on met les legs. Les actes testamentaires sont nuls s'ils ne sont dans les formes. Successeur testamentaire. *Patru, plaidoié 9.*

Testa

Teſtateur, ſ. m. Terme de *Palais & de Notaire*, qui vient du Latin, & qui veut dire. *Celui qui teſte.* Celui qui fait ſon teſtament. (Le Seigneur *teſtateur* a déclaré qu'il veut que ces dettes ſoient paiées. Le *teſtateur* prie Monſieur un tel d'accepter un gros diamant.)

Teſtatrice, ſ. f. Terme de *Palais & de Notaire* qui vient du Latin, & qui veut dire *celle qui teſte*, celle qui fait ſon teſtament. Celle qui a fait ſon teſtament. (La *teſtatrice* a déclaré qu'elle veut vivre & mourir en la foi Catolique.)

Teſter, v. n. Terme de *Palais.* Faire ſon teſtament. Voiez *dans les Inſtitutes de Juſtinien*, l. 2. titre x. les anciennes maniéres de teſter. (Les anciens ne teſtoient pas comme on teſte aujourdui.)

TESTE. Voiez *tête*, plus bas.

TESTICULE, *ſ. m.* Mot qui vient du Latin, & qui ſignifie un corps blanc & glanduleux, chaud & humide où ſe perfectionne la ſemence qui eſt la matiére de la génération. Il y a deux teſticules, & on les met entre les parties nobles. On dit que le teſticule droit engendre les mâles & le gauche les femelles. *Deg.* Les teſticules des hommes pendent, mais ceux des femmes ſont cachez & différent de ceux des hommes en pluſieurs maniéres. Voiez *Riolan* & *Bartolin, Anacomie*, l. 1. c. 26. On raconte que les animaux dont les teſticules ne paroiſſent pas, ſont incomparablement plus portez à l'amour que les autres. *Animalia quæ teſtes habent abditos in corpore, ſalaciora ſunt & ſapius coëunt.* Bartolini *Anatomia,* l. 1. c. 22. *de teſt.*

† TESTIGUÉ. Sorte de jurement burleſque & de païſan, qui veut dire mo. bleu. (Eh, *teſtigué,* point tant de compliment. *Moliere.*)

† *Teſtiguienne.* Sorte de jurement burleſque & de païſan qui veut dire, *en verité.* (Teſtiguienne cela ſera drôle, *Moliere.*)

TESTIMONIALES, *ſ. f.* Ce mot ſe dit des gens d'Egliſe & des Religieux, & il ſignifie lettres d'un Supérieur par leſquelles on connoît qu'un Religieux, ou quelque autre Eclèſiaſtique a été envoié par ſon Supérieur, ou qu'il eſt Profès, ou qu'il eſt Prêtre. (Ce Religieux refuſa de faire voir ſes teſtimoniales de Miſſion, de Proféſſion & de Prêtriſe. *Patru,* plaidoié 5.)

TESTON, *ſ. m.* Prononcez ce mot comme il eſt écrit. C'eſt une eſpéce blanche qui du tems de *François prémier* valoit dix ſous, quelques deniers, & qui le plus ſouvent avoit d'un côté la tête du Prince ou du païs, ou de la ville qui l'avoit fait batre, & de l'autre ſes armes. Il y avoit alors des teſtons de Lorraine, de Suiſſe, de Sion, de Milau & autres lieux. Voiez *l'Ordonnance de François premier de l'an* M.D.XL. mais ſous *Henri ſecond* le teſton avoit ſon éfigie d'un côté avec cette legende *Henricus ſecundus Dei gratiâ Francorum rex,* & autour trois fleurs de lis dans un éculſſon couronné avec cette légende *Chriſtus vincit, regnat, imperat.* Sous *Charles neuvième* le teſton valoit *quatorze* ſous & avoit d'un côté la tête du Roi avec la légende *Carolus Dei gratiâ Francorum Rex* & de l'autre un éculſſon avec trois fleurs de lis & cette légende, *Sit nomen Domini benedictum.* Du tems de *Henri troiſiéme* le teſton étoit fait de même, hormis que du côté des trois fleurs de lis il avoit deux H, au lieu que ſous *Charles* IX. il avoit deux C. Les teſtons ſous *Henri* IV. avoient encore beaucoup de cours, & ils n'ont commencé à n'être plus dans le commerce que du Règne de *Loüis* XIII. en 1641. ils valoient alors *dix-neuf ſous & demi.*

(Ils ſont beaux, bien peignez, belle barbe au menton,
Mais quand il faut paier, au diable le *teſton.*
Reg. Sat. 3.

Teſton de Lorraine. C'eſt une monoie d'argent fabriquée à Nanci, qui vaut environ neuf ſous monoie de France, & monoie de Lorraine, douze gros, ou comme on parle en ce païs là, un franc. Le teſton de Lorraine a d'un côté la figure de *Charles* IV. avec cette légende, *Carolus quartus, Lotharingiæ Dux,* & de l'autre côté, les armes du Duc qui l'a fait fabriquer, & la couronne Ducale avec cette légende, *Moneta Nova Nancei cuſa,* & ce milléſime 1669. Il y a auſſi des doubles teſtons de Lorraine faits de même que ceux que je viens de décrire, grans, & épais comme une piéce de quinze ſous de France. Les doubles teſtons valent environ dix-huit ſols de nôtre monoie.

† *Teſtonner, v. a.* Donner des coups ſur la tête avec la main fermée. (Aproche un peu que je te teſtonne. *Ablancourt, Luc.*) Prononcez ce mot comme il eſt écrit.

T E T.

TÉT. Voiez *Teſt.*

TÉTARD, *ſ. m.* Inſecte noir qui nage & vit dans l'eau, & qui vraiſemblablement a été apellé *têtard* à cauſe qu'il a la tête un peu groſſe. (Les têtards ſont petits.)

† TETASSE, *ſ. f.* Ce mot eſt bas & ſe dit en mauvaiſe part pour marquer un gros & grand teton mal fait & dégoutant. (Une longue tetaſſe.)

Tetin, boiau long d'une gaule
Tetaſſe à jetter ſur l'épaule.

Voiez *Marot, Epigramme ſur le laid tetin.*)

TÊTE, ou *teſte, ſ. f.* L'un & l'autre s'écrit, mais on ne pronoce pas l's, ſeulement on pronoce longue la première ſilabe du mot de *tête*, & il ſe dit proprement des hommes & des animaux, mais quand il ſe dit des hommes il ſignifie la partie la plus haute du corps, laquelle prend depuis le ſommet juſques à la prémiére vertèbre du cou, & ſur laquelle, & autour de derriére de laquelle viennent les cheveux. Les principales parties de la tête ſont le viſage & le crâne dont le haut s'apelle le ſommet de la tête, les cotez, les temples, & les autres parties, le devant & le derriére de la tête. (Vous ne jurerez jamais, ni par la mort, ni par la tête, mais vôtre diſcours ſera non, ou oui. Gager ſa tête eſt la gageure d'un fou. Caſſer la tête, Fendre la tête.)

* *Têtes couronnées.* Rois, Princes Souverains. (Les têtes couronnées lui rendent hommage. *Ablancourt.*)

* *Tête.* Perſonne. (Ne reçoi plus chez toi ces têtes folles. *La Fontaine, Fables.* Traiter par tête. On paie un écu par tête. Ce ſont *deux têtes dans un bonnet.* C'eſt à dire, ce ſont deux perſonnes qui ont les mêmes ſentimens, qui s'accordent fort. Nous avons à faire à des *têtes revêches* qui ſe défendent du joug. *Vaug. Quin.* l. 6. c. 3. C'eſt à dire, nous avons à faire à des perſonnes fâcheuſes qui haïſſent la ſujétion. Autant de têtes, autant d'opinions.)

* : *tête.* Viſage. Face. (Tourner tête à l'ennemi. *Abl.*)

Tête. Ce mot ſignifie quelquefois *le cou.* (On coupe la tête aux criminels qui ſont nobles quand ils n'ont point fait d'action qui dégénère. Hérode fit couper la tête à Saint Jean. *Port-Roial.* Il leur fit trancher la tête. *Ablancourt,* Rét. l. 2. ciap. 3.)

* *Tête.* Chef de compagnie de gens conſidérables. (N'allez point juger de ce corps illuſtre par la tête. *Benſerade Proſe.*)

* *Tête.* Partie prémière, & plus groſſe de quelque choſe. (Une tête d'épingle. La tête d'un os. La tête des parties naturelles. *Deg.* p. 80. Tête d'oignon, de ciboule, de poireau, &c. La tête d'un tuorbe, d'un luth, d'une poche, d'un violon, d'une viole Un clou à tête. La tête d'un marteau, d'un compas, &c. La tête d'un Livre.)

Tête. La partie ſupérieure de quelque choſe. (La tête d'un arbre Une tête de chou.)

† *Tête.* Commencement. Avenuë. Le front. Le devant. La partie la plus proche & la plus avancée. (La tête du retranchement. *Ablancourt,* Ar. Vin. 1. La tête de la ſape. La tête d'un muſcle. *Tev.* La tête d'une chauſſée. *Vaugelas, Quin.* l. 4. La tête du travail. Joindre les têtes de la tranchée par un boiau paralléle à la place, afin de n'être pas enfilé. Se mettre à la tête des troupes. *Ablancourt,* Ar. l. 1. Entre à la tête de l'aîle droite. *Ablancourt,* Ar. l. 1. La tête du camp. C'eſt le terrain du campement qui fait face vers la campagne. On monte le bloùac à la tête du camp. *Guillet, Termes de Guerre.*)

* *Tête.* Eſprit. Phantaiſie. Imagination. (Il n'y a pas au Parlement une meilleure tête. *Ablancourt.* Se mettre en tête qu'on le raille. Se mettre quelque choſe à la tête. Se mettre quelque choſe en tête. *Ablancourt.* Faire tout à ſa tête. *Ablancourt.* Cela ne va pas ſi vite que vôtre tête. *Racine, plaideurs, act.* 1. ſ. 5. On ne lui ſauroit ôter cela de la tête. Il me trote cela dans ſa tête. Chauſſer quelque choſe dans ſa tête. *Sa tête lui donne bien de la peine.* C'eſt à dire, ſa phantaiſie, ſon humeur fâcheuſe le tourmente.)

† *Tête.* Ce mot entre encore dans pluſieurs façons de parler figurées & proverbiales. (*La tête lui grouille.* C'eſt à dire, il eſt fort vieux.)

* *Hocher la tête,* ou *branler la tête.* C'eſt témoigner de ne vouloir pas faire ce qu'on nous propoſe de faire, & ſe moquer de ce qu'on nous dit.

[Mais quoi ! vous ne m'écoutez pas
Vous riez en hochant la *tête.*
S. Amant.]

* *Avoir la tête belle. Voiture, lettre* 78. C'eſt avoir une belle chevelure.

* *C'eſt un homme qui n'a point de tête.* C'eſt à dire, qui n'a nulle fermeté, nulle réſolution.

* *Rompre la tête.* C'eſt étourdir quelqu'un. [Vous me rompez la tête avec vos ſorifes. *Ablancourt.* Ils nous rompent la tête d'une infinité de queſtions inutiles. *Abl. Luc.*)

* *Il lui faut mettre en tête cet homme là.* C'eſt à dire, qu'il lui faut opoſer cet homme-là pour le combatre, ou pour lui réſiſter.

* *Faire tête à l'ennemi. Vau. Quin.* l. 3. C'eſt réſiſter à l'ennemi.

* *Tenir tête à quelcun.* C'eſt contredire quelcun. C'eſt lui réſiſter. C'eſt s'opiniâtrer contre quelcun en ſe querellant, ou en diſputant avec lui. (Gaumin, Saumaiſe & Mauſſac diſoient qu'ils pourroient tenir tête à tous les Savans de l'Europe. *Colomeſii, opuſcula.*)

* *Avoir de la tête.* C'eſt être opiniâtre. La plûpart des femmes ont de la tête, & c'eſt une de leurs plus grandes foibleſſes.

* *C'eſt un homme de tête.* C'eſt à dire. Qui a bon ſens, de l'eſprit.

* *Aller par tout la tête levée.* C'eſt aller ſans rien craindre,
qu'on

qu'on nous fasse quelque chose, ou qu'on nous reproche quelque chose.

* *Avoir des afaires par dessus la tête.* C'est avoir beaucoup d'afaires. Avoir plus d'afaires qu'on n'en peut faire.

* *C'est une tête de linote.* C'est à dire, c'est une personne de peu de sens, parce que la linote est un oiseau qui a la tête fort petite & ceux qui l'ont si petite ne sont pas ordinairement de grans génies.

* *Grosse tête & peu de cervelle.* Ces mots se disent de ceux qui ont la tête démesurément grosse à la façon des ânes & des bœufs; Car ces gens ne sont pas pour l'ordinaire d'habiles clercs, témoin Gui Guillot Médecin imaginaire.

† * *Grosse tête & prime cou* c'est le commencement d'un fou. *Prime* dans ce proverbe est un vieux mot qui signifie *delié, menu.*

* *C'est une tête verte.* C'est à dire, c'est un fou. C'est un écervelé.

* *Laver bien la tête à quelcun.* C'est à dire, faire une petite reprimande à quelcun, De Brieux, Origine des coutumes anciennes dit que nous avons pris ce proverbe des Grecs. Qui le voudra croire, le croie.

* *A laver la tête à un âne, on y perd sa lessive.* C'est à dire, qu'on perd son tems à reprimander un sot & à lui montrer la conduite qu'il doit tenir pour être honnête homme.

* *Si vous m'échaufez la tête,* je vous ferai rire d'une autre sorte. Mol. Avare. C'est à dire, si vous me mettez en colère, je.

* *Avoir la tête près du bonnet.* C'est à dire, être colère. Être prompt à se mettre en colère. (Les Provençaux , les Gascons & autres gens du païs d'adieu-sias ont la tête fort près du bonnet.)

* *Avoir la tête chaude.* C'est à dire, être fort prompt. Se mettre en colère pour peu de chose & très-facilement. (Les Picards ont la tête chaude.)

* *Avoir la tête dure.* C'est à dire, être mal propre pour aprendre quelque chose. (Les Auvergnats ont la tête un peu dure , au moins, on le dit ainsi.)

* *Il ne fait ou donner de la tête.* C'est à dire , il ne fait que faire. C'est une misérable qui ne sait comment subsister.

* *Avoir cinquante ans sur la tête.* C'est à dire, Avoir cinquante ans , Être déja vieux.

* *C'est se donner de la tête contre le mur.* C'est à dire, c'est ne rien faire. C'est prendre une peine inutile. C'est se tourmenter en vain.

* *Faire un coup de tête.* Voiez *coup.*

* *On dit que la tête tourne à quelcun,* pour dire, qu'il se trouble & s'aveugle dans la bonne fortune.

* *Tête.* Ce mot se dit en Termes de Fauconerie. (*Faire la tête à un oiseau.* C'est lui découvrir souvent la tête, pour le faire au chaperon.)

* *Tête.* Ce mot entre en quelques façons de parler qui regardent la guerre. (Donner *tête baissée.* C'est à dire, ils fondirent courageusement & hardiment sur nous.) Voiez plus haut *tête* lorsque tête signifie commencement, avenuë, front , le devant , &c.

Tête. Ce mot entre en quelques façons de parler de *manège.* (Exemples. Cheval qui porte bien la tête. Cheval trop chargé de tête. Cheval qui a sa tête rompuë & bien placée. Voiez Pluvinel , Ecuier François. Ce cheval place bien sa tête , & suit la main. Ce cheval refuse beaucoup sa tête , tend le nez , n'est jamais dans la main , & à trop ou trop peu d'apui. Cheval qui porte en beau lieu & qui a la tête bien placée. *Passager un cheval, la tête & les hanches dedans.* C'est porter un cheval de côté sur deux lignes parallelles au pas , ou au trot , de sorte que le cheval pliant le cou tourne la tête au dedans de la volte , & regarde le chemin qu'il va faire. Guillet, Terme de *Manège.*)

Tête. Ce mot se dit en parlant de certains éxercices qu'on fait pour aprendre à se servir adroitement de la lance. (C'est une *tête de bois* qui a la figure de celle d'un homme, contre laquelle un cavalier va à toute bride rompre une lance ; contre laquelle un cavalier va à toute bride la fraper avec sa lance , & on apelle cet éxercice *courre aux têtes.* Le Cavalier qui emporte le plus de têtes, a gagné le prix.

Tête-morte. Termes de *Chimie.* C'est la terre séparée de tous les autres principes de chimie. C'est une espèce de terre poudreuse & insipide.

Tête de More. Termes de *Mer.* C'est une espèce de billot taillé presque en quarré & percé en mortaise pour embrasser le tenon des mâts & le bâton de pavillon. On l'apelle aussi *Chouquet.*

Tête de more. Il se dit des chevaux qui ont la tête noire.

Tête de more. C'est aussi une machine que composent les Ingenieurs , & qui est une espèce de Grenade qu'on tire avec le canon.

Tête de more, Terme de *Chimie.* C'est la chape, ou le chapiteau d'un alembic qui a un long cou , pour porter des vapeurs à travers un tonneau qui sert de réfrigérant.

En Termes d'Astrologie, on parle de la tête & de la queuë du dragon. V. Dragon. On dit aussi la tête, ou la queuë d'une Comète.

Tête à tête, adv. Ces mots se disent de deux personnes qui se regardent fixement , & sont l'une proche de l'autre & directement l'une devant l'autre. (Être tête à tête. Ils boivent tête-à-tête au cabaret. Nous nous sommes recontrez tête à tête.)

Tête à tête, s. m. Ces mots se disent de deux personnes qui sont tout proche l'une de l'autre , & directement l'une devant l'autre , & d'ordinaire seuls. (Avoir un tête-à-tête avec une maîtresse.

Troubler un tête-à-tête,
C'est troubler une fête
Qu'on chomme rarement.

Demander un tête-à-tête à une maîtresse. Elle m'a donné un tête-à-tête. Evitez le tête-à-tête.)

Tête. Terme de *Frangier.* C'est le tissu de soie où est attaché la frange. (Cette frange a une belle tête. Voilà une tête de frange qui est bienfaite.)

Les Marchands disent aussi la tête d'une pièce d'étofe. C'est le bout par lequel on a commencé à la faire.

† *Tête,* ou *teste,* s. f. Ce mot signifie *tetin* , mais il ne se dit pas bien, & il est très-bas. Le mot de *tête* signifie aussi *traion,* mais en ce sens , il ne se dit pas.

Tête-chèvre, s. m. Sorte d'oiseau de nuit.

Têter, v. a. Ce mot se dit des petits enfans à la mamelle & des petits animaux. C'est tirer le lait de la mère & s'en nourrir. (Enfant qui tête. Veau qui tète sa mère. Chat qui tète. Poulain qui tète.)

Têtière, s. f. Terme de *Sellier & de Bourrelier.* C'est la partie de la bride où se met la tête du cheval. La têtière est composée de deux portemords, d'un frontal, d'une sougorge & d'une muserole. (Une têtière bien faite.)

Têtière. Terme de *Chartreux.* C'est la partie de la robe du Chartreux qui couvre la tête. (Ma têtière est usée. Ma têtière est trouée.)

Têtière, Terme de *Sage Femme.* C'est une sorte de voile de toile qui tient la tête de l'enfant nouveau né , & que l'enfant porte jusques à ce qu'il puisse un peu soutenir sa tête. (Mettre une têtière à un enfant.)

Tetin, s. m. Mot qui vient du Grec, & qui signifie *teton,* mais qui ne se dit qu'en riant & que dans les ouvrages comiques, ou en vieux stile.

(Tetin , qui fais honte à la rose,
Tetin plus beau que nulle chose.

Voiez *Marot.* Epigramme sur le beau tetin.

Un beau matin
Trouvant Catin
Toute seulette
Pris son tetin
De blanc satin.
La Fontaine , Nouveaux Contes.)

Tetine, s. f. Ce mot se dit des vaches lors qu'elles sont tuées & acomodées par le boucher, & veut dire le *pis de la vache.* (La tetine est assez bonne lors qu'elle est bien acomodée.)

Teton, s. m. Mamelle. (Elle a de jolis tetons sous son mouchoir. Tetons ronds , durs , fermes , beaux. Teton rebondi. Teton mignon. Teton distant de son compagnon.

Quand on le voit il prend à mains
Une envie dedans les mains
De le tâter, mais.

* Les railleurs font des tetons à celles qu'in'en ont point.)

Tetonnière, s. f. Ce mot se dit parmi les jeunes Demoiselles. C'est un morceau de dentelle , long d'une demi-aune , fraisé proprement, qu'on met par dedans au haut du corps de jupe , & qui débordant par le haut fait comme un tour de gorge fort propre. (Cette tetonnière est fort jolie, mettre , atacher , défaire une tetonnière.)

Tétracorde, s. m. Ce mot est Grec & latin. Terme de la Musique des Anciens. C'étoit une suite de quatre cordes prenant chaque corde pour un ton.

Tétraèdre, s. m. Terme de *Geometrie.* C'est le nom Grec d'un des cinq corps réguliers, dont la surface est composée de quatre triangles égaux & équilateraux. Le tétraèdre a les faces égales & tous les angles égaux.

Terragone, adj. Terme de *Géometrie.* Une figure terragone , c'est à dire, qui a quatre angles & quatre cotez. Ce mot est Grec, ou dit en Latin une figure quadrangulaire , ou quadrilatère. Ce mot se prend souvent comme un substantif. Ainsi l'on dit fortifier une terragone.

Tétrastile, s. m. Terme d'*Architecture.* Il signifie Batiment qui est soutenu par quatre colonnes.

† *Tétrique,* adj. Ce mot est écorché du Latin *tetricus.* Il signifie, austère, refrogné. (C'est un homme tétrique. Il a la mine tétrique. : Mais il ne se dit guère.

Tête. Voiez *plus-haut tête.*

Tétu, tetu ou *testu, testuë,* adj. On écrit l'un & l'autre, mais on prononce *té u.* Ce mot veut dire, opiniâtre. Qui ne veut pas démordre de ce qu'il s'est mis dans la tête. (Enfant tétu, Femme tétuë.)

Tétu, s. m. Opiniâtre. [Un petit têtu.]
Tétu, s. m. C'est une sorte de marteau dont le maçon se sert à démolir & à abattre plusieurs choses.

TEU.

Teu, teuë. Participe du verbe taire, Prononcez tû, tûë. Voiez Taire.
Teutonique, adj. Ce mot veut dire Germanique & il ne se dit qu'en parlant de la Hanse Teutonique, qui est une aliance des viles Auséatiques, ou maritimes qui firent entre elles une ligue ofensive & défensive & s'alièrent pour le commerce. On dit aussi l'Ordre Teutonique.

TEX.

Texte, s. m. En Latin textus. Les mots propres dont s'est servi un Auteur. Ainsi on dit. (Le texte de l'Écriture sainte. Le texte de la Loi. Lire le texte. Écrire du texte. Imprimer le texte d'un Auteur. Aléguer le texte. Falsifier le texte. Changer, altérer, corrompre le texte d'un Auteur.)
Texte. Ce mot se dit entre Predicateurs. C'est un passage de l'Écriture sainte qu'on prend pour faire un Sermon, ou une Oraison funèbre. (Quel étoit son texte ? Il a pris pour texte ces mots. Monsieur Daillé choisit toujours de beaux textes pour ses Sermons.)
Texte. Ce mot se dit en parlant d'une sorte de poëme Espagnol qu'on apelle glose. Ce sont les vers qu'on met à la tête de la glose, qui en font le sujet, qu'on explique tous les uns après les autres, que l'on fait servir de reprises à la fin de chaque stance. [Il faut que le texte de la glose soit beau & plein d'un sens agréable. Voiez Rengifo, Poëtique, chapitre 36.]
Petit texte. Terme d'Imprimerie. C'est une sorte de petit caractère, qui est entre le petit Romain & la Mignoune.
Textuaire, s. m. C'est un livre sans commentaire, & où il n'y a que le texte de l'Auteur. (Un beau textuaire. Un textuaire de Droit civil, de Droit Canon, de la Bible.)

THA. THE. THI. THO.

Comme l'h de tous les mots qui commencent par quelqu'une de ces sílabes. Tha, the, thi, tho, ne sert qu'à embarasser la plupart des François & qu'elle est un piége pour les Etrangers, on a jugé à propos de le retrancher de la plupart des mots & d'avertir qu'on n'a qu'à chercher sans h, les mots qui ont cette lettre dans leur première sílabe.
Thé, s. m. C'est une petite feuille d'un arbrisseau qui croît dans la Chine & qui s'étend en diverses branches fort jolies. Quand ce petit arbre fleurit, ses feuilles sont blanches, jaunes, dentelées & pointues ; mais après elles deviennent d'un verd brun & quelquefois mêlé. On en sèche adroitement les feuilles pour les aporter en Europe & on les enferme bien, de peur qu'elles ne perdent de leur force. Le thé n'est coinu dans l'Europe que depuis le commencement de ce Siécle, & ce sont les Holandois qui les ont les prémiers nous en ont fait part. Le thé le plus récent est le meilleur. Le thé est bon & excélent. Le thé est amer & il a pourtant une odeur douce & agréable. Il est stomacal, & les Chinois en prennent cinq ou six fois le jour. Avant que de boire l'eau où on l'a fait infuser, on y mêle un peu de sucre pour en corriger l'amertume. Après le thé, user de thé, il sert à abatre les vapeurs qui montent à la tête, & il aide à la digestion. Il empêche le sommeil, il éclaircit l'esprit & fortifie la mémoire. Mais il ne faut pas qu'il soit éventé, car cela lui fait perdre tous les bons éfets qu'il pourroit faire. Voiez-là dessus Dufour traité du thé, &c.

TIA.

Tiâre, s. f. Sorte d'ornement de tête en forme de mitre ou de couronne dont se servoient les anciens Rois de Perse. (Une belle tiâre. Ils l'environnent, le lient & lui arrachent la tiâre de la tête. Vau. Quin. Curce l. 3. c. 5.)
Tiâre, s. f. C'est une espèce de grand bonnet autour duquel il y a trois couronnes d'or pur, qui sont les unes sur les autres en forme de cercle, toutes éclatantes de pierreries & ornées d'un globe avec une croix sur le haut de ce globe & un pendant à chaque côté de la tiâre. Il n'y a que le Pape qui porte aujourd'hui la tiâre.
* Toucher à la tiâre du sacré Vicaire de Jesus-Christ. Patru. C'est à dire, toucher à la puissance Papale.

TIB.

Tibaud, s. m. Nom d'homme. (Tibaud Comte de Champagne aimoit la Reine Blanche & étoit l'un des plus excélens Poëtes de son tems. Mariana, Histoire d'Espagne, l. 13. c. 9.
† Tibial, adj. m. Terme d'Anatomie. Muscle tibial, c'est à dire, qui sert à étendre la jambe, dont l'os se nomme en Latin tibia.
Tiburon, s. m. Gros poisson de la Mer Atlantique qu'on dit qui avale un homme tout entier.

TIC.

Tic, s. m. Ce mot se dit des chevaux. C'est une mauvaise habitude que prennent des certains chevaux d'apuier le haut des dents sur leur mangeoire & de faire alors comme un rot du gosier. (Ce cheval a le tic.)
Tic & tac, ou tic & toc. Mots imaginez pour représenter quelque batement ou mouvement réiteré d'un marteau, du balancier d'une horloge, du pouls qui bat, d'un cheval qui marche, &c.
Ticque, ou rique. C'est un petit insécte noirâtre qui ne jette aucun excrément, qui au fort de l'Eté naît parmi les troupeaux dans les forêts, & qui quelquefois s'engendre dans la chair, & crève lors qu'il s'est bien rempli de sang. (Latique tourmente les chiens & le bétail, mais on dit qu'on préserve les chiens de la tique lors qu'on leur frote les oreilles d'huile de noix d'amende & d'huile de noix d'aveline. Voiez Jonston, Hist. des animaux.)
Ticquer, ou riquer, v. n. Ce mot se dit des chevaux & veut dire, Apuier le haut des dents sur la mangeoire, & faire comme un rot du gosier. (Cheval qui tique.)
Ticqueur, ou tiqueur, s. m. L'un & l'autre s'écrit & se dit de certains chevaux & signifie. Un cheval qui a le tic, Cheval qui tique. (Vôtre cheval est tiqueur. Ce cheval est tiqueur.)
Ticté, tictée, adj. Terme de Fleuriste, qui veut dire Marqueté. (Fleur tictée. Feuille tictée. Panache ticté.)

TIE.

Tiéde, adj. Ce mot se dit proprement des choses liquides, & veut dire. Qui participe du chaud & du froid. Qui est entre le froid & le chaud. (Eau tiéde. Vin tiéde.)
* Elle a le coeur tiéde. C'est à dire, elle n'a point de fort amour. Elle n'aime, ni ne hait, mais elle tient comme un milieu entre l'amour & la haine.
* Tiédement. D'une manière tiéde. (On a solicité cette afaire si tiédement, ou avec tant de tiédeur, qu'on l'a laissé perdre.)
Tiédir, v. n. Ce mot au propre est souvent acompagné du verbe faire, il signifie, faire devenir tiéde. (Faire tiédir du vin. Faire tiédir de l'eau.) On dit aussi sans se servir du verbe faire. Il faut que cela tiédisse un peu davantage.)
* Elle commence à tiédir dans sa passion. Scaron, Nouvelle 1. C'est à dire, elle commence à se refroidir & à n'avoir plus ce grand feu, ni cette grande amour qu'elle avoit.
Tiédeur, s. f. Ce mot se dit proprement des choses liquides, & veut dire qualité qui est entre le chaud & le froid. Chaleur modérée. (Cette eau a de la tiédeur.)
* Tiédeur. Ce mot au figuré se dit des personnes. (Exemples.
* Elle a des momens de tiédeur qui me font mourir. C'est à dire, elle a des momens où elle ne semble aimer, ni haïr & cela m'acable. On dit aussi. Sa tiédeur me désespère. C'est à dire, j'enrage de voir que son coeur ne s'échaufe point.)
Tien, tienne, adj. Sorte de pronom possessif, qui signifie. Qui t'apartient. Qui est à toi. Qui te regarde. Qui te touche.

(Aux plus brillans esprits le tien fut préférable.
La Lane, églogues.)

† Tien, tienne, adj. On ne se sert plus de ce mot dans le beau stile, comme autrefois on disoit le tien frére, une tienne soeur, & aujourd'hui on dit ton frere & ta soeur. Vau. Rem.
† Tiennette, s. f. Nom de fille qui veut dire petite Etienne. [Tiennette est tantôt prête à marier. Tiennette a sur Jeanne des avantages. La Fontaine, Contes.]
† Tiennot, s. m. Nom de garçon qui veut dire petit Etienne. (Tiennot est beau & grand.)
Tieran, s. m. ou Tiers an. Terme de Chasse, qui se dit du sanglier & qui veut dire troisième année. Sanglier qui est à son tiéran. (Je ne prétends parler que du sanglier qui est à son tiéran. Salnove, Traité de la chasse du sanglier, c. 1.)
Tierce, adj. Ce mot se dit en de certaines façons de parler pout dire Troisiéme. Personne qui fait un tiers. (Elle ne vouloit pas fier à une tierce personne. Scaron, Précaution inutile, 1. Nouvelle.]
Tiercé, tiercée, adj. Terme de Blason. Coupé en trois parties égales. [Tiercé en pal. Tiercé en face. Tiercé en bandes.]
Tierce, s. f. Terme d'Eglise. C'est l'une des sept heures canoniales. (Aler à tierce. Dire tierce.)
Tierce. Terme d'Astronomie. C'est la soixantiéme partie d'une seconde.
Tierce. Ce mot se dit de la fiévre qui revient au troisième jour.
Tierce-continuë. Terme de Médecin. [C'est une sorte de fiévre qui cause des redoublemens tous les trois jours & qui vient de la bile pourrie dans les grans vaisseaux. Dig.
Tierce. Terme d'Imprimerie. C'est la troisiéme épreuve. [Le Correcteur voit la prémière & la seconde épreuve & l'Auteur les tierces. Envoiez moi la tierce de cette feuille que je la voie exactement.)

Tierce

TIE

Tierce. Terme de *Maître d'Armes.* C'est un mouvement du poignet en dehors qu'on fait en se batant à l'épée, ou en faisant des armes. Pousser une tierce. Pousser de tierce. Pousser en tierce. Toucher l'épée de tierce. Entendre la tierce & la quarte. Cette derniére façon de parler est de Moliere, *Bourgeois Gentilhomme* & est un peu figurée. Elle signifie faire bien des armes. Faire bien un coup d'épée.)

Tierce. Terme de *Musique.* Une tierce majeure contient deux tons. Une tierce mineure contient un ton & un demi-ton majeur. (Corde qui fait la tierce.)

Tierce. Terme de *piquet.* Ce sont trois cartes de même couleur & qui se suivent. (Avoir une *tierce majeure*, c'est l'As, le Roi & la Dame. Une *tierce* de *Dame*. C'est le dix, le Valet, & la Dame, une *tierce de Valet*. C'est le neuf, le dix & le Valet.)

Tierce. Terme de *Religieuses.* C'est une compagne qui est envoiée de la Supérieure pour entendre ce qui se dit au parloir, quand quelque personne du monde vient parler à une Religieuse. On apelle aussi cette compagne, *écoute*, ou *sœur écoute*, ou *assistante*. (La sœur qui sert de tierce au parloir sera soigneuse d'écouter tout ce qui se dit. *Constitutions de Port-Royal, p. 156.*)

Tiercelet, s. m. C'est une sorte d'oiseau de proie qui est le mâle de l'autour.

Tiercelet de faucon. C'est l'oiseau de proie qui est le mâle du faucon. *Bel. Hist. des oiseaux, l. 2.*

Tiercement, s. m. Terme de *Partisan* & d'autres gens d'afaire, qui se dit en parlant des enchères des fermes du Roi, & qui veut dire enchere qui augmente du tiers le prix de la vente, & fait le quart sur le total. (Faire un tiercement. Le prix d'adjudication est de quinze cents livres, le tiercement sera de cinq cents.)

Demi-tiercement, s. m. Terme de *Gens d'afaire.* C'est la moitié du tiers. (Si le prix de l'adjudication est de quinze cents livre. Le tiercement sera de deux cents cinquante. Faire un demi-tiercement dans les formes.)

Tierceur, s. m. Terme de *Gens d'afaire.* C'est celui qui fait un tiercement. (Etre tierceur.)

Tiercer, v. n. Terme de *Laboureur & de Vigneron.* C'est donner le troisiéme labour à la terre, ou à la vigne. (Tiercer la vigne.)

Tieri, ou *Thieri, s. m.* Nom d'homme. (Tieri vivoit. Tieri est mort.)

Tiers. Ce mot est un *adjectif*, qui signifie *troisiéme* & qui ne se dit que dans de certaines façons de parler consacrées. (Le tiers état. Le tiers ordre.)

Tiers, s. m. C'est la troisiéme partie de quelque chose. J'ai donné une aune & un tiers de ruban à Monsieur. Acheter un tiers d'étofe. Le tiers de l'année. Partager par tiers. Reduire au tiers.)

Tiers, s. m. Terme de *Cabaretiers.* C'est une mesure qui est entre la chopine, & le demi-setier.

Tiers, s. m. Terme de *marchands de vin des ports de Paris.* C'est une piéce de vin qui ne tient que la troisiéme partie d'un muid. (Acheter un tiers. Je ne veux point de quartaut, je veux un *tiers*.)

Le Tiers état. Il y a trois états, ou trois ordres des sujets des Rois de France, le Clergé, la Noblesse, & *le tiers état.* Pâquier dans ses recherches écrit que sous les deux prémiéres races de nos Rois, il n'est point fait du *tiers état*. On raconte qu'on n'en fit mention que sous les Rois de la troisiéme race qui s'étoient acoutumez de demander de l'argent au peuple pour aider à terminer les guerres qu'ils avoient entreprises, à qu'elles-ferent dans les assemblées qu'ils tinrent pour le bien de leur Roïaume. On nomma d'abord *tiers état* la compagnie des Députez qui n'étoient ni Gentilshommes, ni Ecclésiastiques. Mais en suite pour rendre le *tiers état* plus considerable, on y fit entrer des personnes choisies parmi les gens de lettres, parmi les oficiers de Justice, & le corps des Marchands. Voïez chez Sebastien Cramoisi un livre des 3. états 3. partie, chap. 1. Un habile homme que j'ai consulté sur cette matiére n'est pas tout à fait de cet avis. Il pense que le *tiers état* n'est composé que des Députez des corps de vile, des hotels de vile & des notables Bourgeois, qu'on ni les Messieurs des Cours Souveraines, ni les autres gens de Justice ne sont point partis du *tiers état* en qualité des gens de justice. Comme il est dangereux de décider, on trouvera bon que je ne prévienne personne & qu'il laisse à chacun la liberté de croire là dessus ce qu'il voudra.

Le Tiers ordre. On apelle cet ordre le *Tiers ordre de la pénitence*, parce que Saint François établit trois ordres. Le prémier pour les hommes Religieux qu'on apelle Fréres mineurs, qui sont les Cordeliers, les Capucins & les Recolets. Le second ordre est des filles Religieuses de Sainte Claire, & le troisiéme est pour les personnes de l'un & de l'autre sexe qui vivent dans le monde, & c'est celui qu'on apelle le *tiers ordre*. Les personnes qui en sont, portent une tunique de serge grise, ou un scapulaire de même étofe avec un cordon sous leurs habits ; & la regle faite par Saint François, a été autorisée par les Souverains Pontifes, & principalement par le Pape Nicolas Quatriéme. Cette regle est traduite en François, & expliquée depuis quelques années par le Pere Fraisen Directeur de la congregation du *tiers ordre*, établie dans l'Eglise des Cordeliers de Paris. La Reine Marie Tétése d'Autriche est Supérieure de cette Congregation. On célébre tous les ans le jour de Sainte Elizabet, la féte du *tiers ordre* aux Cordeliers de Paris où la Reine se trouve à Complies avec les Sœurs de cet ordre & autres personnes.

Tiers de sou, s. m. C'étoit une sorte de monoie d'or du tems des Rois de la prémiére race, lequel avoit d'un côté la tête de Mérovée ornée du diadême perlé. *Bouteroue*, traité des monoies, *p. 173. & 174.*

Tiers & danger, s. m. C'est un droit qui a principalement lieu en Normandie par lequel le Roi prétend le tiers du revenu de certains bois. (Tiers au tiers & danger.)

Tiers, s. m. Une troisiéme personne. (Une tiers gâte tout dans l'amoureux mistére. Personne ne juge d'un tiers plus sainement que moi : *Voit. l. 34.*)

† *Le tiers & le quart.* Ces mots se disent des personnes & veulent dire les uns & les autres.

> De tous côtez d'un œil hagard
> Regardent le *tiers & le quart* :
> Mais *tiers* ni *quart* tel qu'il puisse être,
> Ne fait semblant de les connoître.

Se divertir aux dépens du *tiers & du quart.* La Fontaine, Contes.

Tiers, s. m. Oiseau qui vient dans les marécages & sur les étangs & qui a de l'air du Canard. On l'apelle *Tiers*, parce qu'il est plus gros que la Sarcelle, & qu'il n'est pas tant que le Canard. Le tiers est presque tout gris, mais d'un gris agréable. Il y a un tiers mâle & un tiers femelle. Le tiers femelle a la tête d'une couleur rougeâtre, le reste du cou, isabelle & les ailes blanches & grises, avec quelques plumes vertes & le ventre blanc, le tiers mâle est presque tout gris sur le dos & sous le ventre. Ils ont l'un & l'autre les nageoires fines & les ailes longues. (Un tiers bien gras. On commence à manger des tiers, à Paris, depuis la Toussains jusques à Carême-prenant. Les Tiers ne sont pas si bons que les véritables Canars sauvages.)

Tiers, peints, s. m. Ce sont trois points en forme de triangle.

Tiers point. Triangle. Les Chassis des *Jardiniers* sont faits en tiers point. *Quin. Jard. fr. T. I.*

En termes de *Marine*, on apelle *Voiles à tiers point* ; les voiles triangulaires, qu'on nomme autrement *voiles Latines.*

Tiers point. Terme de *perspective.* C'est un point qu'on prend à discrétion sur la ligne du vûe, où aboutissent toutes les diagonales qu'on tire pour racourcir les figures.

TIG

Tige, s. m. Ce mot se dit proprement en parlant d'arbres, de plantes, d'herbes & de fleurs. C'est le corps de l'arbre, de la plante, de l'herbe & de la fleur qui sert à les soutenir fermes dans la terre. (Tige d'arbre bien droite. Plante qui a la tige fort foible. La tige de la Tulipe ne doit être, ni trop haute, ni trop basse.

> Ainsi tombe une fleur dont la tige est moins forte
> Que le faix qu'elle porte.
> La Luine, Poésies.

✱ *Tige de clé.* Terme de *Serrurier.* C'est le morceau rond de la clef qui prend depuis l'anneau jusques au paneron. (La tige de la clef est rompue.)

✱ *Tige de plume.* Terme de *Plumaciers.* C'est le tuïau d'une plume de camaïeu, d'un tour de plume, ou d'un demi-tour de plume.

✱ *Tige de bote.* Terme de *Cordonnier.* C'est le corps de la bote depuis le pié jusques à la genouillère.

✱ *Tige de flambeau.* Termes d'*Orfévre.* C'est le tuïau du flambeau qui prend depuis la pate jusques à l'embouchure inclusivement. (Tige de flambeau bien faite.)

✱ *Tige de gueridon.* Termes de *Tourneur.* C'est la partie du gueridon qui prend depuis la pate jusques au dessus. (Une belle tige de gueridon.)

Tige. Ce mot se dit encore de quelques autres choses. (On dit *tige de colonne.* C'est le corps de la colonne.)

† *Tige.* Ce mot se dit des personnes, & veut dire. Race. Lignée. (Il étoit descendu de la tige Roiale. *Vaugelas, Quin. liv. 4. chap. 1.*)

Tige, tigée, adj. Terme de *Blason.* Il se dit des plantes & des fleurs representées sur leurs tiges.

✱ *Tignasse, s. f.* Méchante perruque mal propre, mal frisée & mal peignée. Vilaine chevelure. Elle l'a pris par la tignasse. Elle lui a peigné sa tignasse. Le Poëte Chapelain si riche & si acommodé ne portoit qu'une vieille tignasse sur laquelle quelques beaux esprits rieurs ont fait une parodie.)

Tigne, teigne, s. f. Quelques-uns écrivent & prononcent *teigne*, mais la plupart disent & écrivent *tigne* qui veut dire une sorte de gale qui vient à la tête. On dit. (Tigne seche, humide, mauvaise, maligne. Avoir la tigne.)

† ✱ *La tigne des Auteurs.* Ménage. *Evitu. Ménagerie.* C'est

à dire , Ménage le plus malotru , le plus chétif de tout les Auteurs.

Tigne. Ce mot se dit en parlant de *chevaux*. C'est une pourriture qui vient dans la fourchette & qui la fait tomber jusques au vif avec une si grande demangeaison qu'elle fait boiter le Cheval. *Soleisel, Parfait Maréchal , c.72.*

Tigne. C'est une sorte de ver qui ronge les habits. (Habit rongé des tignes.)

Tignerie , ou *reignerie* , *s. f.* Terme de l'*Hôpital général de Paris*. C'est le lieu de l'hôpital où l'on panse les tigneux. [Il est à la *tignerie*. Envoïer un tigneux à la *tignerie*.]

Tigneux , *tigneuse* , ou *teigneux, teigneuse, adj.* Ce mot se dit des personnes seulement, & signifie qui a la tigne. Qui a de la gale à la tête. (Il est tigneux. Elle est tigneuse.)

Tigneux, ou *teigneux*, *s. m.* Qui a la tigne. (Un petit tigneux Il y avoit un pelé & deux tigneux. [Les tigneux , les rousseaux & les Courtisans ont pris les prémiers la perruque.)

* **Tignon,** *s.m.* Mot du petit peuple de Paris pour dire *cheveux*. (Elle l'a pris par son tignon. Elle lui a bien peigné son tignon, c'est à dire , elle l'a bien tiré aux cheveux.)

Tigre, *s. m.* C'est une sorte d'animal cruel & furieux , qui naît dans les Indes & dans quelques autres païs étrangers, qui a les yeux brillans , le cou court, les dents aiguës , les ongles aigus aussi, & la peau tachetée. Le Tigre tuë les Chiens, les brebis, les bœufs, les mulets, & même les hommes , en un mot il fait d'étranges ravages. (Le tigre est tres-dangereux.)

* *Tigre*. Cruël. Inhumain. Qui n'a nulle pitié , nulle compassion.

C'est un tigre altéré de tout le sang Romain.
Corneille, Cinna, a.1. s.3.

† * *Tigre*. Ce mot se dit quelquefois en riant entre gens qui s'aiment, & veut dire Rigoureux. Qui a de la dureté de cœur. Qui n'aime point. Qui n'a nule douceur. (Quand on est tigresse, je suis, ma foi, tigre aussi. *Moliere, Sicilien*.)

* *Tigre.* Les jardiniers apellent ainsi une sorte de petit insecte gris qui vole en plein midi, qui s'atache principalement derriére les feuilles des poiriers dont il mange tout le suc & qui gâte peu à peu toutes les feuilles d'un arbre commençant depuis le bas jusques au haut. [Faire tomber les tigres de dessus les feuilles des arbres.)

Tigresse, *s. f.* La femelle du tigre. [La tigresse est furieuse quand elle a des petits.)

* *Tigresse.* Ce mot se dit des belles & signifie cruelle. Rigoureuse. [Elle se met en colere quand on lui parle d'amour.

Mais pour peu que l'on la presse
On ne vit jamais *tigresse*
Devenir si tôt mouton.)

† * *Tigresse*. Méchante. Diablesse. (Elle est dévote , il est vrai, mais avec toute sa dévotion, c'est une véritable *tigresse*, & on ne peut durer avec elle.)

TIL.

Tillac, *s. m.* Terme de *Mer*. Pont. Plancher , ou étage de vaisseau. Le franc *tillac*. C'est le prémier pont, le pont le moins élevé sur l'eau. Les Latins apellent ces tillacs *tabulata*, les Espagnols *enbierta y puentes* , & les Italiens *la coverta della nave*. (Si tenir sur le tillac. On enferme les Esclaves sous le tillac pendant le combat.)

Tillau. Voïez *plus bas*.

Tiller, ou *teiller*, *v. a.* Mot qui vient du Grec & qui ne se dit que du chanvre. C'est rompre avec les doigts le tuïau autour duquel est enfermé le chanvre & en tirer ensuite le chanvre. (Elle a tillé tout cela. Tiller le chanvre.)

Tilleur, ou *Teilleur,s.m.* Celui qui tille le chanvre. [Un habile tilleur.]

Tilleuse, ou *teilleuse*, *s. f.* Celle qui tille le chanvre. (Cette tilleuse est agréable, & chante bien.)

Tillet, *s. m.* Terme de *Libraire de Paris*. C'est un billet signé & daté qu'un Libraire envoïe à un autre Libraire pour avoir de la marchandise. [Je garde son tillet.)

Tilleul ; *tillau, s. m.* L'un & l'autre se dit , mais *tillau* est le mot d'usage. C'est un grand arbre qui jette plusieurs branches étenduës fort au large & faisant beaucoup d'ombre. Le *tillau* a l'écorce pliable , roussâtre par dehors , blanche & unie par dedans. [Voilà de beaux tillaux. Planter une allée de tilleaux.]

Ainsi sous les *tilleuls* pressant sa comemuse,
Chantoit le beau Daphnis.
Ménage, Eglogues.

TIM.

Tim, ou *thim*, *s. m.* Prononcez *tin*. Mot qui vient du Grec. C'est une sorte d'herbe odoriferante. [Planter du tim. Faire sécher du tim. Le Tim subtilisé, resout , incise , leve les obstructions , dissipe les vents , chasse la pituite. Ses fleurs sont agréables aux abeilles & donnent une odeur charmante au miel.]

Timbale, *s. f.* Quelques-uns font ce mot masculin , mais mal. Tous les Timbaliers & tous les gens de guerre le font féminin. Ce sont deux vaisseaux d'airain , ronds par dessous , dont les ouvertures sont couvertes de peau de bouc qu'on fait résonner en les touchant avec des baguettes. [De bonnes timbales.] Les timbales étoient autrefois plus en usage parmi les Alemans & les Espagnols que parmi les François , qui ne s'en servoient que quand ils les avoient gagnées sur les ennemis , mais aujourdui le Roi en donne à qui il lui plaît & principalement aux compagnies d'ordonnance. [Il y a toujours deux timbales, une grosse & une petite. Timbale qui a du son. Hausser ou baisser les tons des Timbales. Monter les timbales. Toucher les timbales. On touche sur les timbales , la marche & la charge , mais on n'y touche point la retraite. Gagner des timbales sur l'ennemi. Une bonne baterie de timbales. Faire des roulemens sur les timbales.)

Timbalier, *f. m.* Prononcez *timbalié*. C'est le soldat qui touche les timbales. (Un bon, un habile, un excellent Timbalier. J'ai vû deux ou trois Timbaliers de la Maison du Roi , qui m'ont tous assuré qu'on ne disoit point *batre* les timbales , mais *toucher* les Timbales. C'est le timbalier du monde qui touche le mieux la timbale & qui fait les plus beaux & les plus charmans roulemens.)

Timbale, *s. f.* C'est aussi un instrument fait en maniére de bois de raquette, qui est couvert de côté & d'autre de parchemin & dont on se sert depuis 9. ou 10. ans pour joüer agréablement au volant, parce que cette timbale venant à fraper le tuïau du volant, elle fait un son qui plaît davantage que celui de la palette. [Une jolie timbale. Acheter une timbale au palais pour joüer au volant.]

Timbre, *s. m.* Terme de *Fondeur & d'Horloger*. C'est une maniére de cloche sur quoi le marteau de l'horloge sonne les heures. (Le timbre est fendu , & il ne résonne presque plus.)

Timbre. Terme de *Bossselier & de tambour*. Ce sont deux cordes de boïau qui sont sur la derniére peau de quelque caisse & qui lors qu'on bat la peau de dessus serveut à faire résonner la caisse. [On a coupé le timbre de cette caisse.)

Timbre. Terme qui se dit en parlant de parchemin & de papier. C'est une fleur de lis autour de laquelle il y a le nom de quelque généralité[2], car chaque généralité à son timbre pour marquer tout le papier & tout le parchemin qui sert dans tous les actes de justice. Le mot de timbre signifie aussi le droit qui fut établi en 1673. sur tout le papier & parchemin qui sert aux expéditions & aux actes de justice lors qu'il est marqué du timbre de quelque Généralité. (Marquer le timbre sur le papier. Le timbre est d'un grand revenu.)

Timbre. Terme de *Blason*. Casque qu'on met sur l'écu. Il est quelquefois seul & quelquefois avec une couronne. [Les armoiries des Cardinaux sont ornées d'un chapeau rouge qui leur sert de timbre. *Col. c.*39. Les Rois & les Princes portent le timbre ouvert, les Ducs , les Marquis & les Comtes , grillé, & mis de front , & les Vicomtes , les Barons & les Chevaliers , un peu tourné , & on le nomme alors *de trois quartiers*.]

† * *Timbre*. Ce mot au figuré est burlesque & veut dire *la tête*. [Il a le timbre un peu fêlé. C'est à dire , il a un peu fou.

Timbré, *timbrée, adj.* Terme qui se dit en parlant de papier & de parchemin qui sert dans les afaires de Justice , & veut dire qui est marqué d'un timbre. [Tous les actes de Justice doivent être sur du papier timbré, ou sur du parchemin timbré, autrement ils sont nuls.]

† * *Timbré* , *timbrée*. Mot burlesque qui n'entre que dans la conversation & le stile comique & qui veut dire. Qui a bonne tête. Qui est sage. (C'est un homme qui a le cerveau bien timbré. La plupart des femmes ont la cervelle mal timbrée, & ceux qui ont à vivre avec elles, sont à plaindre.)

Timbrer, *v. a.* Ce mot se dit en parlant d'armoirie & veut dire mettre un timbre à une armoirie. [Timbrer une armoirie.]

Timbrer. Terme qui se dit en parlant de papier & de parchemin. C'est marquer le timbre le papier & sur le parchemin pour servir aux actes de Justice. (Timbrer le papier. Timbrer le parchemin.)

Timbreur, *s. m.* Celui qui imprime , ou qui marque le timbre sur le papier & sur le parchemin. (Les timbreurs sont gagez.)

Timide, *adj.* Il vient du Latin, *timidus*. Qui craint. Peureux. Qui a de la timidité, qui n'est pas hardi. Ce mot de *timide* se dit des choses & des personnes.

[Au *timide* habitant ils donneront la fuite.
Cousin, Hist. Rom.

Je suis trop *timide* & trop retenu , je ne puis me rendre illustre par cette voïe-là. *Abl. Luc.*

Un courage élevé toute peine surmonte
Les *timides* conseils n'ont rien que de la honte.
Mal. Poës. l.5.)

La

TIN

La *timide* équité détruit l'art de régner.]

Timidité, *s. f.* Crainte.Retenuë timide. Apréhension. [Donner de la timidité à un enfant. N'avoir aucune timidité. Pendant que la pareſſe & la timidité nous retiennent dans notre devoir, notre vertu en a ſouvent tout l'honneur. *Memoires de M. de la Roche Foucaut.*]

Timon, *s. m.* C'eſt une piéce de neuf ou dix piez , bien arrondie & bien planée , qui eſt par le gros bout arrêtée au milieu du train de devant d'un caroſſe, ou d'un chariot & qui ſert à conduire & à tirer le caroſſe & le chariot par le moien des animaux qu'on y atéle. [Il a levé le *timon* de ſon caroſſe,& comme il n'étoit pas bien arrêté, il eſt tombé ſur la tête du premier laquais qui a paſſé auprés du caroſſe.)

Timon. Terme de *Mer*. C'eſt une ſorte de mauche qui eſt attaché au gouvernail & que celui qui gouverne , manie par le moien d'une grand barre.

* *Timon.* Gouvernement & conduite de quelque Empire, Roiaume, République,ou Etat.(* Les motifs de l'ambition n'euſſent pas été aſſez puiſſans pour vous empêcher de quiter *le timon* durant les tempêtes qui ſe ſont élevées contre vous. *Godeau, Poëſies, Epître au Cardinal de Richelieu.*)

Timon. Nom d'un Aténien, fameux par la haîne qu'il porta aux hommes & qui pour cela fut apelé *Miſantrope.* Voiez là-deſſus un fort beau dialogue dans *Lucien.*

Timonier, *s. m.* Terme de *Mer.* C'eſt le matelot qui à ſon tour va faire ſon quart à tenir la barre du gouvernail pour conduire le vaiſſeau.

Timonier, *s. m.* C'eſt auſſi le cheval qu'on atache au timon du caroſſe.

TIMORÈ, *timorée, adj.* Ce mot vient du Grec & eſt un terme purement de dévotion. Il ſignifie qui craint Dieu , qui a de la crainte de l'ofenſer. *Timoré* n'eſt pas encore ſi uſité que *craintif*, ou que *délicat*. (Il n'y a rien qui puiſſe plus aiſément ſurprendre ceux dont la *conſcience* eſt *timorée* que de leur repréſenter qu'ils ſont ſinguliers.*Eclairciſſemens ſur la vie Monaſtique*.)

Timpan, *s. m.* termed'*Architecture.* Ce mot eſt Grec & ſignifie *Tambour.* (C'eſt la partie du fond des frontons qui répond au nû de la friſe. Elle eſt triangulaire & poſée ſur la corniche de l'entablement & recouverte de deux autres corniches en pente. *Le timpan* eſt auſſi une machine en forme de rouë pour élever l'eau. C'eſt proprement une grande rouë creuſe, qui ſert aux grues & à d'autres machines, dans leſquelles rouës on fait entrer un ou pluſieurs hommes pour les faire tourner, en marchant ſur des eſpéces de degrez qu'il y a au dedans de la rouë.

Timpan, *s. m.* terme d'*Imprimeur.* C'eſt une grande feuille de parchemin bandée ſur un châſſis de bois. (Mouiller le timpan.)

Timpan, *s. m.* C'eſt une ſorte d'oiſeau qu'on rencontre dans la Virginie en la tête duquel on trouve une certaine petite gluante & épaiſſe qui étant ſéche & reduite en poudre eſt un remède ſouverain pour les femmes groſſes. Voiez *le Journal des Savans.*

Timpan. terme d'*Horloger.* C'eſt un pignon garni de ſon arbre qui ſe meut par le moien d'une rouë creuſée qui entre dans les dents du pignon.

*Timpan.*C'eſt auſſi la membrane qui eſt dans l'oreille,qu'on apelle auſſi *Tambour.* Voiez *Tambour de l'oreille.*

† **Timpaniſer**, *v. a.* Mot qui vient du Grec, mais dans un autre ſens. Se moquer hautement d'une perſonne. En faire des railleries publiques.

    (C'eſt lui qui dans ces vers nous a *timpaniſées.*
         Moliere.
    Vous devez marcher droit pour n'être point berné ,
    Car s'il faut que ſur vous on ait la moindre priſe
    Gare qu'aux carrefours on ne vous *timpaniſe.*
      Moliere , Ecole des femmes, *a.* I.

Bourſaut, dans la Comédie des Fables d'Eſope , timpaniſe un peu le Seigneur Bardin , & il a raiſon, car.

Timpanon, *s. m.* Sorte d'*inſtrument de muſique* fort harmonieux qui vient d'Allemagne, qui eſt ſur du bois,monté de cordes de laiton qu'on touche avec une plume. (Un bon timpanpon. Un beau timpanon. Joüer du timpanon.]

TIN.

Tine,*s.f.* Mot qui vient de l'Italien *tino*,ou *tina*,& qui veut dire une petite tinette. Une tine bien faite.]

Tinel,*s. m.* Mot qui vient de l'Italien *tinello* , & qui veut dire *ſale baſſe*. Le lieu où mangent les domeſtiques d'un grand Seigneur.

    [Je m'en vais tout courant
    Décider *au tinel* un autre diférend.
      Regnier, Sat. 6.]

Tinet,*s. m.* Terme de *tonnelier.* C'eſt une manière de joug au milieu duquel il y a un crochet d'où pendent deux chaînes qu'on atache au tiers, au quartaut, ou au demi-muid de vin qu'on veut porter à clair. Enſuite deux hommes ſe mettent ce joug ſur les épaules & portent le quartaut, le tiers , le demi-muid de vin, ou d'autre liqueur au lieu qu'on leur a marqué, & ils ſe poſent doucement ſur des chantiers. [Il faut un *tinet* pour porter du vin à clair. On décend le vin dans la cave avec un poulin,ou avec un *tinet.*]

Tinette,*s. f.* Ouvrage de tonnelier , compoſé de deux oreilles, de cerceaux & de douves, haut ordinairement d'un pié & large deux, ou environ , qui ſert ſous les fontaines de cuiſine & ſouvent dans les eaves. [Une tinette ronde,Tinette quarrée, Tinette ovale.)

* **Tintamarre**,*s.m.* Ce mot eſt purement François, & vient du mot *tinter* & de celui de *marre* , qui ſignifie *bêche*. & c'eſt comme ſi l'on diſoit,faire du bruit en frapant ſur la marre. On croit que le *Tintamarre* eſt une ſorte de bruit qui s'entend,qui interrompt & rompt la tête à ceux qui l'entendent.

[Faire un tintamarre épouvantable.*Con.Ep. l. 2.* C'eſt un furieux tintamarre , & il eſt dificile de le ſuporter.]

Tinte. Voiez *teinte.*

Tintement, *s. m.* C'eſt une manière de ſon qui dans l'oreille ſe fait contre nature & empêche l'ouïe. (Le tintement vient de pluſieurs cauſes qu'on peut voir dans *Fernel*, &c. Il a un tintement d'oreille qui l'incommode fort. Il a gueri Madame telle, d'un tintement d'oreille qui aloit dégénérer en ſurdité. Être ſujet à un tintement d'oreille. Cauſer un tintement d'oreille. Expliquer un tintement d'oreille.)

Tinter, *v. a.* & quelquefois *neutre*. Ce mot ſe dit des cloches. C'eſt faire fraper le batant d'une cloche ſur un des bords de la cloche ſeulement. (La cloche tinte. Tinter une cloche,Tinter le Sermon. Tinter le Catéchiſme. Tinter la Meſſe.)

† **Tintein**, *s. m.* Mot imaginé pour exprimer le bruit que font les verres lors qu'on les choque les uns contre les autres. Le tintin des verres où il y a d'excellent vin charme les yeux & les oreilles.

Tintouin,*s. m.* Bruit qui s'engendre dans les oreilles. (Son tintouin dure toujours. Les tintouins ſont ordinairement les avant coureurs de la ſurdité.]

† * *Tintouin*. Mot qui eſt bas & qui n'entre que dans le ſtile le plus ſimple & dans la converſation. Il ſignifie *Souci. Soin. Inquietude.* (Avoir du tintouin dans l'eſprit. C'eſt une afaire qui lui donnera bien du *tintouin*.)

TIP.

Tipe,*s.m.* Ce mot vient du Grec,où il ſignifie un caractère gravé & imprimé par quelque choſe. C'eſt auſſi la copie d'un modele. Ses compoſés *archetipe* & *prototipe* ſignifient un original qui a été fait ſans modèle. Le mot tipe,en ce ſens , n'eſt pas uſité en François.

Tipe,s. m. Terme de *Teologie.* Figure, ſimbole. Il ſe dit des choſes de l'ancienne Loi qui ont été des figures de celles de la Nouvelle Aliance. [Le Sacrifice d'Abraham , l'Agneau de la Pâque étoient des tipes du Sacrifice de Jeſus-Chriſt Le Serpent d'airain que Moïſe éleva au déſert,étoit un tipe de Jeſus-Chriſt qui a été élevé ſur la croix , &c.]

TIQ.

Tique. Voiez la colone Tic.
Tiquer. Voiez *ticquer.*
Tiqueur. Voiez *ticqueur.*
Tiqueté. Voiez *titté.*

TIR.

Tirade. *s.f.* Terme de *Joüeur d'inſtrument à cordes*. Liaiſon d'une lettre avec une, ou pluſieurs autres lettres qu'il ne faut que battre , ou pincer une fois & tirer les autres lettres de la main gauche. Faire une tirade. Voiez *les livres de Guitarre de Corbet & de Medard.*)

* *Tirade de paroles.* Longue ſuite de paroles. (C'eſt une longue tirade de paroles.)

Tirage,*s.m.* terme d'*Imprimeur en lettres & en taille douce.* C'eſt la paie & le travail de ceux qui ſont à la preſſe, de ceux qui font rouler la preſſe ſur les formes & ſur les planches. [Paier le tirage. Le tirage coute plus de cinquante écus.] On dit auſſi le tirage des bateaux.

* *Tirailles,v.a.* Titer tantôt d'un côté & tantôt d'un autre avec quelque ſorte d'importunité & d'une manière fâcheuſe. (Aprés m'avoir tiraillé de part & d'autre pour m'atirer à leur parti ces Meſſieurs remirent à mon choix la déciſion de leur diférend. *Abl. Luc.*]

Tiran, *s. m.* Mot qui vient du Grec celui qui gouverne ſouverainement, mais d'une manière injuſte & cruelle. Le mot de *tiran* en Latin ſe prend fort ſouvent en bonne part, mais en François il ſe prend en mauvaiſe part , & je ne l'ai trouvé qu'une ſeule fois dans un ſens qu'on peut interpreter favorablement. (Neron étoit un monſtre & un tiran. Le voi la dans le ſens qu'il a d'ordinaire en François. Cependant le voici , ce ſemble, dans un ſens qui n'eſt pas injurieux.

On n'eſt guère loin du matin
Qui doit terminer le deſtin
Des ſuperbes *tirans* du Danube & du Tâge.
Mai. Poëſies, p. 298.)

* *Tiran.* Qui contraint avec ſeverité. Qui veut régner & commander quand il ne le faut pas. Qui agit avec trop d'empire, & avec trop d'autorité. Qui veut trop être le maître. (Les femmes n'aiment point les maris *tirans* . Les maris *tirans* ſont ordinairement cocus, ou du moins ils méritent de l'être. Les Amans *tirans* ſont des ſots, ils gâtent leurs afaires. La plûpart des riches qui n'ont point de naiſſance ſont de petits *tirans*.) L'uſage eſt le *tiran* des Langues.

Tiran. Voïez *tiran* plus bas.

† *Tirane, ſ. f.* Ce mot ne ſe dit guère. Il veut dire une femme qui règne avec une puiſſance tirannique. (Xenobie n'étoit pas *un tiran*, mais *une* tirane. *Balzac, Lettres, l. 6. lettre 57.*)

* *Tiraneau, ſ. m.* Petit tiran. (La plûpart des Nobles de Province ſont de petits *tiraneaux* à l'égard des Païſans.)

Tiranicide, ſ. m. Celui qui tuë un tiran. *Mr. a' Abl. Luc. Dialogue intitulé l'Incrédule, in quarto. p. 257.* a écrit les *tiranicides* de Critias.

Tiranie, ſ. f. Mot qui vient du Grec & qui veut dire Domination cruelle & injuſte. (On hait la tiranie avec juſtice. Soufrir la tiranie.)

[*Tiranie*. Ce mot, en parlant de la beauté, veut dire Empire ſouverain d'une belle ſur le cœur. (La beauté eſt une courte tiranie. *Abl. Apoph*.]

* *Tiranie.* Ce mot ſe dit en amour & veut dire rigueur, empire amoureux de quelque belle inhumaine. [Vous exercez ſur mon cœur trop de tiranie. *Vois. poeſ.*

Que ſi quelqun pouſſé de ſon mauvais génie
Tombe deſſous le joug de votre tiranie
Vous voulez qu'il ſoit pâle. *Voitures. poëſies.*

La tiranie des paſſions.

Tiranique, adj. Qui tient de la tiranie, qui eſt plein d'injuſtice & de cruauté. [Vous pouvez juger combien cette action eſt tiranique. *Voit. let. 9.*]

Tiraniquement, adv. D'une manière tirannique. [Uſer tiraniquement de ſon pouvoir. *Maucroix, Sch. d' Angl. l. 1.*]

Tiraniſer, v. a. Traiter d'une manière tiranique & cruelle. (Tiraniſer les peuples.]

† Il ne faut point *tiraniſer* ſes amis. *Paſc. l. 2.* C'eſt à dire, Il ne faut point gêner, ni contraindre ſes amis.

* Mal qui *tiraniſe.* C'eſt la peine, tourmente.

* L'amour tiraniſe les Amans. Toutes les paſſions tiraniſent l'ame.

Tirant, ſ. m. Terme de *Cordonnier.* C'eſt un ruban de fil de diverſe couleur qu'on atache au dedans de la tige des botes & dont on ſe ſert pour ſe boter aiſément. [Prenez les tirans pour vous boter plus facilement.]

Tirant, ſ. m. Terme de *Boucher.* C'eſt un nerf grand & large ſur le cou du veau & du bœuf. [Donnés-moi le tirant de ce bœuf.]

Tirant, tiran. Terme de *Procureur, de Notaire & autres gens de Pratique.* C'eſt un petit morceau de parchemin long & étroit qu'on mouille & tortille , & dont on ſe ſert pour atacher les papiers. (L'emploi ordinaire des derniers Clercs des Procureurs eſt de faire des tirans.)

Tirant, ſ. f. Terme de *Serrurier.* C'eſt un morceau de fer qui tient l'ancre qui eſt une barre de fer atachée ſur une poutre, ou ſcelée contre la muraille de quelque maiſon. (Atacher le tirant ſur une poutre. Sçeler le *tirant* dans un mur.)

Tirant, ſ. m. Terme d'*Architecture.* Pièce de bois qui traverſe d'une muraille à l'autre.

Tirant, ſ. m. Terme de *Boſſelier & de Tambour.* Sorte de nœud fait de cuir de bœuf dont on ſe ſert pour bander une quaiſſe (Atacher les tirans à une caiſſe.]

Tirant, ſ. m. Terme de *Mer.* On dit le *tirant* de l'eau d'un navire. C'eſt la quantité de piez d'eau qui font néceſſaires pour mettre le navire à flot. [Le tirant de l'eau de ces deux vaiſſeaux n'eſt pas égal, car l'un de ces bâtimens tire dix piez & l'autre n'en prend que huit. Voïez *les arts de l'homme d'épée*.]

Tirant. Participe du verbe *tirer*, ſignifiant qui tire. [Ce cheval tirant bien, on portera aiſément cette charge.]

Tiraſſe, ſ. f. Terme de *Chaſſeur.* C'eſt une ſorte de filet de mailles quarrées & plus ordinairement de mailles en loſange, dont on ſe ſert pour prendre des cailles. (Tendre une tiraſſe.]

† *Tous d'une tire, adv.* Sans reprendre haleine, ſans relâche.

[Je ne penſois pas en tant dire
Sur le champ & *tout d'une tire.*
Saraſin, poëſ.

Tire-botes, ſ. m. Ce qui ſert à chauſſer des botes. Et auſſi une petite planche dont on ſe ſert pour ſe déboter tout ſeul.

Tire-bourre, ſ. m. Sorte de fer en formé de vis qu'on met au bout d'une baguette bien arrondie & dont on ſe ſert pour tirer la bourre du canon des fuſils , des piſtolets & autres pareilles armes. Un tire-bourre bienfait.)

Tire-bouton, ſ. m. Terme de *Tailleur*. C'eſt un petit fer long comme le doigt, percé par le haut, & crochu par le bas, afin de tirer le bouton & le mettre dans la boutonnière. (Ce tire-bouton eſt bien fait.)

Tire-clou, ſ. m. Terme de *Couvreur.* C'eſt un outil de fer plat & dentelé des deux côtez. (Tire-clou perdu.)

Tire-d'aîle, ſ. m. Ce mot ſe dit en parlant d'oiſeaux Bâtement d'aîle prompt & vigoureux que fait un oiſeau quand il vole vite. (La corneille en deux tire-d'aîle eſt au deſſus des oiſeaux.)

A tire-d'aîle. C'eſt une ſorte d'adverbe. (Voler à tire-d'aîle.)

Tire-fond, ſ. m. Terme de *Tonnelier.* C'eſt un outil de fer en forme de vis, duquel ſe ſert le tonnelier pour tirer & pour tenir les fonds des muids. (Mon tire-fond eſt rompu. Mon tire-fond eſt perdu.)

A tire-larigot, adv. Mots burleſques qui ſe diſent en parlant de boire & qui ſignifie beaucoup, copieuſement. (Boire à tire-larigot. Voïez Larigot.)

Tire-ligne, ſ. m. Petit inſtrument d'argent, ou de cuivre dont l'une des extrêmitez eſt faite en manière de porte-craion & l'autre en forme de pincettes. Le *tire-ligne* ſert dans l'architecture civile & militaire & dans les mecaniques pour tirer des traits égaux, gros ou petits. (Un tire-ligne bien fait, & bien juſte.)

Tire-lire, ſ. f. C'eſt une ſorte de petit pot de terre, rond, creux, & convert, qui n'a qu'une petite fente par le haut & qui eſt propre à ſerrer de l'argent. (On caſſe une tire-lire quand on en veut avoir l'argent.)

Tire-pié, ſ. m. Terme de *Cordonnier.* Eſpèce d'étrieru de le cordonnier ſe met ſur le genou & avec quoi il tient le ſoulié ferme. (Ce tire-pié n'eſt pas aſſez fort.]

Tire-plomb, ſ. m. Terme de *Vitrier.* Rouet qui ſert à filer le plomb qu'on emploie aux vitres. (Tire-plomb égaré.]

Tirer, v. a. Mener faire aller & rouler quelque choſe avec force & avec peine. [Le cheval tire la charette. Beufs qui ne ſauroient tirer ce chariot.]

Tirer. Amener à ſoi quelque choſe. [Tirer une corde.]

Tirer. Ce mot ſe dit en parlant de *viande* qui eſt en broche , ou au pot, & veut dire ôter hors de la broche ou du pot. (Tirez ce chapon, il eſt aſſez rôti. Depuis le tems que cette viande eſt au pot elle eſt aſſez cuire , tirez-là.)

Tirer. Aveindre, faire ſortir dehors , faire paroître dehors. [Tirer de l'argent de ſa bourſe. Tirer des pierres d'une carrière. Tirer la langue.) On dit auſſi *au figuré* & d'une manière proverbiale. (Il vous verroit tire la langue d'un pié de long qu'il ne feroit rien pour vous. C'eſt à dire, que vous ſeriez dans la plus grande peine du monde qu'il ne vous aſſiſteroit pas.)

Tirer. Puiſer. Faire ſortir quelque liqueur du vaiſſeau où elle eſt enfermée. (Tirer un ſeau d'eau. Tirer de l'eau. Tirer du vin, de la biére, du cidre. Tirer chopine, tirer peinte. Faire tirer du meilleur.)

Tirer. Epreindre. (Tirer le ſuc de quelque viande bien nourriſſante.)

† * *Il tireroit de l'huile d'un mur.* C'eſt à dire, il auroit de l'argent de l'homme du monde le plus avare & le plus tenant. *Tirer.* Mettre en pièces & démembrer avec force. [On tira en 1610. Ravaillac à quatre chevaux dans la place de la Grève de Paris. Voïez les *Memoires de Sulli & l'Hiſtoire de Henri IV*. Tirer un homme à la queſtion. C'eſt l'étendre ſur les treteaux pour ſavoir la verité à force de tourmens.

Tirer. Atirer. (L'éponge tire l'eau & toute ſorte de liqueur.)

* *Tirer.* Ce mot pour dire *peindre une perſonne* eſt un peu vieux Un illuſtre Académicien a dit. Alexandre jugeoit qu'Apelle étoit ſeul digne de le rirer, mais cet illuſtre Academicien n'eſt point à imiter en cela.

† *Tirer.* Ce mot ſe dit d'un cheval pour dire *tuer*, mais en ce ſens il eſt très vieux (Ce cheval tire, prenez garde à vous.)

Tirer. Ce mot entre en quelques façons de parler de *Mer.* On dit. (Tirer plus d'eau , ou prend plus d'eau qu'un autre. C'eſt à dire, qu'il faut plus de fond pour faire voguer ce vaiſſeau qu'il n'en faut pour cet autre. On dit auſſi *tirer à la mer.* C'eſt prendre le large de la mer. C'eſt s'éloigner de quelque vaiſſeau, ou de quelque terrain.)

Tirer. Ce mot ſe dit des *armes à feu.* C'eſt déchargi cee bruit & en mettant le feu à la lumière. [Tirer le canon, un fuſil. Tirer. Décharger une arme en mettant le feu afin de bleſſer ou de tuër, ou de faire quelque brêche , ou de donner dans quelque choſe. (Tirer un liévre. Il lui a tiré un coup de piſtolet. Tirer l'oiſeau. Tirer le canon contreun mur. Tirer au blanc. *Tirer de point en blanc.* C'eſt tirer un canon par le moïen de la ligne viſuelle.)

Tirer. Ce mot ſe dit auſſi de certaines autres armes qui ne ſont pas à feu & ſignifie *débander*, laiſſer aller. (Tirer une arbalête.)

Tire

TIR TIR 819

Tirer en volant. C'est décharger un fusil, ou quelque autre pareille arme sur un oiseau qui vole. Chasseur qui tire fort bien en volant. [

† * *Tirer en volant.* C'est mentir. [Les Gascons sont sujets à tirer en volant. Les Normans tirent en volant.]

Tirer. Terme de gens qui font des armes. C'est faire des armes, Se bien servir du fleuret. [Cet homme-là tire bien. Il tire juste. Il signifie aussi quelquefois pousser. (Tirer de seconde sous les armes. *Liancour, maît. d'Armes, c.* 7. Tirer une botte, une estocade.]

Tirer l'épée. C'est mettre la main à l'épée pour se batre.

* *Tirer l'épée contre son Prince.* C'est à dire se revolter contre lui.

Tirer à la main. Termes de Manége. Ces mots se disent d'un cheval de manége. C'est bander la tête contre la main du cavalier & resister aux efers de la bride. (Cheval qui tire à la main.)

Tirer. Terme de Joueurs de boules. C'est pousser une boule de dessus le but, ou d'auprès du but. (Tirer une boule.)

Tirer. Ce mot est usité entre les tireurs d'or. C'est faire passer l'or, l'argent, ou l'argent doré par les fets & par les filiéres (Tirer de l'or, tirer de l'argent.)

Tirer. Terme d'*Imprimeur.* C'est imprimer tout à fait une chose dont on a vu les épreuves nécessaires & qu'on croit bien corectes. (Tirer une demi-feüille, une bonne feüille, un carton.)

Tirer, v.a. Ce mot se dit entre Banquiers & autres gens qui sont dans le négoce. C'est faire une lettre de Change, ou billet sur quelcun, c'est à dire, adreser une lettre ou un billet de change à un particulier, avec ordre de donner de l'argent à celui qui rend lettre, ou ce billet. (Tirer une lettre de change.)

Tirer. Il signifie aussi entre gens de trafic, prendre de quelcun. Recevoir de quelcun. (J'ai ordre de tirer cent écus d'un tel. Tirer une lettre de change d'un banquier.)

* *Tirer.* Tâcher d'avoir. (On tire ce qu'on peut d'une méchante paye.)

Tirer à la fin. C'est mourir. C'est avancer vers sa fin. (C'est un homme qui tire à la fin, c'est à dire, qui meurt.)

* *Tirer.* Ajuster, faire qu'une chose soit proprement mise. (Votre rabat ne va pas bien, il le faut un peu tirer & il ira mieux. Le mouchoir de Mademoiselle ira fort bien quand on le tirera un peu davantage. *Il est tiré sur le volet. Benserade, poë.* C'est à dire, il est tres propre & tres-ajusté. Voiez. *Volet.*

* *Tirer.* Fuyr, aller à grand pas vers quelque personne, ou vers quelque lieu. (Ceux qui *tire* du côté du taillis. Les voleurs *tirent* du côté du bois, & si on veut un peu se hâter, on les attrapera.)

Tirer païs. C'est avancer chemin.

Tirer de long. C'est à dire, s'enfuyr.

Tirer une afaire en longueur. C'est la faire durer long-tems.

Tirer. Il se dit en parlant des femelles des animaux qui ont du lait. C'est traire. (Tirer les vaches. Tirer une ânesse.)

Il se dit aussi des nourrisses. [Cette nourrice perdra son lait, si quelcun ne la tire.]

Tirer. Terme d'*Arracheur de dents.* C'est ôter & arracher de la gencive, une dent, par le moien d'un fer propre à cela. (Cette dent est dificile à tirer.)

Tirer. En terme de *Géometrie,* on dit, Tirer une ligne perpendiculaire, ou parallele. Tirer une ligne d'un point à un autre. Tirer un diametre dans un cercle.

Tirer. En *Aritmétique,* il signifie *extraire.* Tirer la racine quarée, cubique, &c. d'un nombre donné. Tirer les racines d'une Equation.)

Tirer. En *Astrologie,* on dit tirer l'horoscope, tirer la figure, c'est à dire, dresser une nativité, faire un theme celeste, qui marque l'état & la disposition du ciel & des astres à un certain moment & en faire le jugement.

Tirer. En terme de *Chimie,* il signifie *extraire.* (Tirer des sucs. des essences. Tirer la teinture du coral & des mineraux.)

* *Tirer la quintessence de quelque chose.* C'est en tirer tout ce qu'il y a de meilleur.

Tirer. On dit en *Médecine,* tirer du sang. Tirer une pierre de la vessie. Tirer un fer d'une plaïe. Tirer une esquille d'un os cassé.

* *Tirer l'oiseau.* Terme de *Fauconnerie.* C'est le faire béqueter en le paissant.

* *Tirer au sort. Tirer au billet.* C'est décider par le hazard. C'est voir sur qui tombera quelque châtiment, &c.

* *Tirer quelcun à son parti.* C'est amener de son côté & le metre dans ses interets.

* *Tirer parole de quelcun.* C'est obtenir de lui la promesse de dire ou de faire quelque chose.

On dit aussi dans un sens négatif. On ne peut tirer une parole, ou un mot de la bouche de cet homme-là, c'est à dire, on ne peut l'obliger à rien découvrir de ce qu'on vouloit savoir de lui.

* *Tirer raison de quelcun.* C'est l'obliger par la justice, ou par la force à satisfaire celui qu'il avoit ofensé.

* *Se tirer d'un mauvais pas.* C'est se dégager d'une méchante afaire.

* *Après cela il faut tirer l'échelle.* Proverbe pour dire on ne peut aller plus loin, on peut rien faire au delà.

† * *Il se fait tirer l'oreille,* Proverbe, pour dire, il ne fait pas volontiers ce qu'on veut exiger de lui.

† * *Se tirer une épine du pié.* Proverbe qui signifie, Se délivrer d'un ennemi. Acommoder une méchante afaire.

* *Se tirer du pair.* C'est s'élever au dessus des autres.

* *Tirer les vers du nez à quelcun.* C'est à dire, Decouvrir adroitement son secret.

* On dit d'une comparaison qu'elle est *tirée par les cheveux,* c'est à dire, qu'elle est forcée, ou tirée de trop loin.

TIRET, *s.m.* Terme de *Grammaire.* Petite barre dont on se sert pour joindre ordinairement une silabe avec un mot. On se sert du tiret quand en interrogeant on met le pronom nominatif après le verbe. Exemples. [Vous fetez-vous toujours des afaires nouvelles ?

N'entendrai-je qu'Auteurs se plaindre & murmurer ?
Il se tuë à rimer, que n'écrit-il en prose ?

Quand le verbe se termine par un *e* féminin on met un *t* entre deux tirets. Exemple. (Le traitre de Normand espere-t-il toujours me duper de son ton niais & douceureux ?) On emploïe aussi le *tiret* entre le mot *tres* & son adjectif, comme. (Tres-humble serviteur de votre Seigneurie. (Le *tiret* trouve encore sa place entre certains mots qui doivent toujours être liez ensemble comme *vis-à-vis.* Le rendez-vous, &c.) Ce *tiret* s'apelle division en terme d'*Imprimeur.*

Tiret, s.m. Terme de *pratique.* C'est une petite bande de parchemin, roulée en forme de cordon avec quoi les Procureurs atachent les procedures. [Faire un tiret.) Voiez *tirant,* ci-dessus ; car c'est la même chose.

TIRETAINE, *s. f.* C'est une sorte de droguet dont les hommes s'habillent quelquefois. C'est aussi une sorte de grosse étofe composée de fil & de laine dont les femmes de vilage se font des jupes. (Tiretaine bleuë, tiretaine blanche.)

TIREUR, *s. m.* Celui qui tire bien quelque arme. (C'est un bon tireur. Il fit avancer les tireurs d'arcs. *Abl. Arc.*)

Tireur d'or, s.m. C'est un ouvrier marchand qui tire, bar, & file l'or, l'argent, ou l'argent doré pour le distribuer ensuite aux brodeurs, frangers, boutonniers, rubaniers, ferandiniers & autres ouvriers qui mêlent de l'argent dans leurs ouvrages.

† * *Tireur d'armes.* Ces mots ont vieilli, & en leur place, on dit un maître-d'armes. Il ne peuvent être reçus que dans quelque Edit, ou ordonnance, ou dans les Statuts des Maîtres-d'armes mêmes.

† * *Tireur d'éclaircissement.* Celui qui veut qu'une personne s'explique sur quelques paroles qu'elle a dites pour savoir si elle n'a pas eu dessein de le choquer. (C'est un tireur d'éclaircissement.]

Je conjure mon bon génie
De me tirer de là manie
Des *tireurs d'éclaircissement,*
Mai. Poës.

Tireur de laine. Filou. Fripon qui vole le manteau la nuit, ou à l'entrée de la nuit. (Tireur de laine rossé comme il faut.)

Tireur, s. m. Il se dit en parlant de lettres de change. C'est celui qui fournit une lettre de change à quelcun, sur une personne qui est dans une autre place, ou dans un autre païs. [Quand une lettre de change est protestée, on a son recours contre le tireur.)

TIROIR, *s.m.* Prononcez *tiroi.* Terme Menuisier en ébène & de Tourneur. Partie quarrée de cabinet, de pié de cassette, de table, &c. qui est sous une autre piéce & qu'on tire par un anneau ou un bouton. (Un grand tiroir. Un petit tiroir. Les rabats sont dans le tiroir.)

TIRSE, *s.m.* Baguette entourrée de feuilles de vigne que portoient Baccus & les Baccantes lors qu'elles célebroient les fêtes de Baccus. (Les Satires faisoient faire place à coups de tirse. *Sar. Poës.* Baccus & les Baccantes portent le tirse.

Mon *Tirse* orné de pampres verds.]
Qu'un lierre entrelace
A fait trembler tout l'Univers.
S. Amant, Poës. 1. *p.*)

TIRTAINE. Voiez *tiretaine.*

TIS

TISANE, *s. f.* Mot qui vient du Grec. C'est une potion préparée d'une décoction faite d'orge, de reguelisse, & quelquefois de racines, de semences & de médicamens. [Tisanne commune, tisanne laxative. Faire de la tisanne. Boire de la tisanne.)

TISON, *s. m.* Morceau de bois qui est au feu, rondin, ou buche qui est au feu, qui brûle, ou dont quelque chose est déja brûlé. [Tison tout ardent. Lever les tisons du feu, ôter les tisons du feu.]

* *Tison.* Feu. [Il rêve auprès de ses tisons. *Sarasin, Poësies.*)

LLll 2 *Tison*

820

TIS

* *Tifon.* Perſonne qui eſt cauſe de quelque amour fâcheux, ou de quelque combuſtion entre des particuliers.

[* Le voilà le beau fils, le mignon de coucherte
Le malheureux *tifon* de ta flame ſecrette.
Moliere, Cocu, ſ.6.
* Oui, je ſuis vôtre honte & le *fatal tifon,*
Qui remplira de feu toute vôtre maiſon.
Deſmarais, Viſionnaires, a.4. ſ.6.]

Tifonner, v. a. Remüer les tiſons, les acommoder, les arranger pour les faire alumer, toucher aux tiſons du feu. (Ils s'amuſe à *tifonner.* Il ne fait que *tifonner* quand il eſt auprès du feu.)

Tifonné, tifonnée, adj. Ce mot ſe dit de certains chevaux, & veut dire qui a des marques toutes noires épaiſes çà & là ſur le poil blanc, qui ſont larges comme la main, ou environ. *Soleiſel, Parfait Maréchal.*)

* *Tifonneur,* ou *Tifonnier, ſ. m.* Celui qui aime à tiſonner, ou à ſe tenir auprès du feu.

TISSER, *v. a.* Terme de *Faiſeuſe de Point.* C'eſt coucher le tiſſu. Coucher & ranger le tiſſu ſelon l'ordre du patron. [Pour faire du point on cordonne, on *tiſſe,* on fait les brides, on brode, & puis on fait les piquots.]

Tifferand, ſ. m. C'eſt un artiſan qui avec une navette garnie de ſa trême met en œuvre du fil de chanvre, ou de lin & qui avec l'un ou l'autre de ſes fils montez ſur un métier fait de toutes ſortes de toiles. (Un bon tiſſerand.)

† *Tifferande, ſ. f.* C'eſt la femme du tiſſerand. [Cette veuve de tiſſerand. (La *tiſſerande* eſt aſſez jolie.]

Tiſſu, tiſſuë, adj. Ce mot vient du mot *tiſſer* qui n'eſt uſité qu'à ſon preterit compoſé. *J'ai tiſſu,* & à ſon participe paſſif, *tiſſu,* & *tiſſuë*, qui ſignifie qui eſt compoſé de la chaine & de la trême. [Toile bien tiſſuë. Galon bien tiſſu.]

Tiſſu, ſ. m. Terme de *Faiſeuſe de Point & de Dentelle.* C'eſt une ſorte de petit ruban de fil qu'on range ſur le patron ſelon l'ordre qu'il y doit être. On dit. ¡ Coucher le tiſſu, ranger le tiſſu. Le point de France eſt celui dont le *tiſſu* eſt fait & brodé à l'éguille.]

Tiſſu. Terme de *Rubanier.* Ruban fort large. [Tiſſu façonné.]

Tiſſu. Terme de *Cordier.* Sangle de chanvre. [Ce tiſſu eſt fort bon. On ſe ſert de *tiſſu* pour faire des ſangles & des ſurfaix.)

* *Tiſſu.* Entrelacement. [Les poumons ne ſont qu'un *tiſſu* des branches & des rameaux de la tranchée artère, de l'artère veneuſe & de la veine artérieuſe.]

* *Tiſſu.* Liaiſon & enchainement de pluſieurs choſes. Compoſition de choſes qui font corps. [Les priéres que font les Juifs ne font qu'un *tiſſu* de paſſages de l'Ecriture.

* Laiſſez nous faire *le tiſſu* de nôtre Roman. *Moliere, Précieſes, ſene.4.* C'eſt à dire, laiſſez nous faire le gros des avantures de nôtre Roman. Pour le ſtile de ſon ouvrage, c'eſt un *tiſſu* dont le fond eſt plat. *Traité de la pareſſe, ſecond entretien.* C'eſt à dire, c'eſt un arrangement & une compoſition de choſes qui font un corps dont le fond n'eſt rien.]

* *Tiſſu.* Suite. Compoſition & enchainement de diverſes choſes.

Et dans un long *tiſſu* de belles actions
Il verra comme il faut donter les nations.
Corneille, Cid. a.1. ſ.4.
On ne ſauroit changer l'ordre des deſtinées
Elles font à leur gré le *tiſſu* de nos jours
Et forment dans le ciel les nœuds de nos amours.
La Suze, poëſies.]

Tiſſure, ſ. f. Terme de *Franger & de Tiſſerand.* C'eſt une compoſition de la chaine & de la trême. [Une tiſſure bien-faite, une tiſſure bien-frapée.]

* La *tiſſure* de la clauſe eſt une & indiviſe. *Patru, plaid.12.*

* La *tiſſure* de cette hiſtoire eſt fort-belle. *Caſſagnes, Dialogues de l'Orateur de Ciceron.*

Tiſſutier rubanier, ſ. m. Ouvrier qui fait toutes ſortes de paſſemens, de galons & de rubans unis, ou figurez. [Il eſt tiſſutier rubanier.] Voyez *rubanier.*

† *Tiſtre, v. a.* Vieux mot qui ſignifie faire quelque ouvrage de fil, de ſoie, ou de cheveux & qui n'eſt uſité qu'à ſon preterit compoſé, *j'ai tiſſu,* & à ſon participe paſſif, *tiſſu.*

(L'acable de baiſers & pour comble lui donne
Un braſſelet de façon fort mignonne
En lui diſant, il eſt de mes cheveux.
Je l'ai tiſſu. La Fontaine, Nouvelle de Joconde, page 6.)

TIT

TITRE, *ſ. m.* Mot qui vient du Grec & qui veut dire *inſcription.* [Un beau titre. Donner un titre à un livre. Les titres font ſouvent vendre les livres. Les titres les plus ſimples ſont les meilleurs. Livre qui n'a rien de bon que le titre. Faire un titre imaginer un beau titre. Pilate mit ce titre ſur la Croix de J.C. *Ieſus Nazareen Roi des Juifs.* Un titre ſpécieux.]

TIT

* *Titre.* Qualité, dignité, degré. S'aquerir le titre de liberateur. *Vaugelas, Quin. livre 4.* Y a-t-il quelcun qui voulût donner à Néron le titre de Céſar *Le.preſident Couſin, Hiſtoire Romaine.* C'eſt un *titre* qu'en vain il prétend me voler. Avoir un titre. Il croit qu'on lui envie l'ignorance eſt un titre d'eſprit. *Depreaux, Satire 4.* Les Titres du Roi d'Eſpagne & de quelques autres ſont fort longs. Le titre que prend le Roi eſt fort court. Il s'apelle Roi de France & de Navarre. Les Orientaux prennent de vains titres. Le titre particulier du Roi de France eſt *Roi Trés-Chrétien,* celui du Roi d'Eſpagne eſt *Roi Catholique.* On donne à l'Empereur des Turcs le titre de *Grand Seigneur.* Le Roi de la Chine ſe dit dans ſes titres, *Fils du Soleil.* Les Romains donnoient à leurs Generaux d'armée des titres, ſelon les Provinces qu'ils avoient conquiſes. Les deux Scipions furent ſurnommez l'un Africain & l'autre Aſiatique. Divers Empereurs ont pris les titres de Germanique, Parthique, &c.

* *Titre.* Juſtice, raiſon.

[Il n'y a perſonne à qui ces choſes doivent être ofertes *à meilleur titre* qu'à vous. *Vit. l.72.*]

Titre. Terme *d'afaires de Palais & de bénéfices.* Toute piéce & tout écrit qui ſert à faire foi, & à prouver une choſe. [Titre faux, Titre vrai. Titre coloré. C'eſt un *titre* qui a quelque aparence & quelque couleur de vrai & de juſte titre. Il n'a qu'un titre coloré. *Le Mai.* La collation de l'Evêque & la nomination du Roi ſont des titres qui font voir que le bénéfice apartient à une perſonne. Communiquer ſes titres.]

Titre. Terme de *Juriſconſulte.* C'eſt tout ce qui contient pluſieurs loix, ſoit dans le digeſte, dans le code, ou dans les inſtitutes. C'eſt ce qui contient pluſieurs choſes concernant une même matiére comme dans les inſtitutes. [Expliquer un titre. Ce titre eſt long, ce titre eſt dificile. Aprendre un titre. Lire un titre. Le premier livre des inſtitutes a vint & ſix titres.]

Titre. Terme de *Monoie.* Qui ſert à faire connoître la bonté intérieure de l'or & de l'argent. [Pour marquer la bonté intérieure des écus, on dit qu'ils ſont au titre de 23. carats d'or fin. *Bouteroué, Traitté des Monoies.* L'or des ouvrages qu'on fabrique à Paris eſt au titre de 22. carats, & l'argent eſt à onze deniers douze grains avec deux grains de remède. Il ſeroit à ſouhaiter que hors de France on travaillât l'or & l'argent au même titre qu'en France. Titre haut, titre bas.]

Titre. Terme *d'Imprimerie.* C'eſt un petit trait qu'on met ſur une lettre pour marquer quelque abrévation. [Mettez un titre ſur ce mot. Ce titre ſignifie cela. Ce titre eſt au lieu d'une *m.* &c.]

Titre. Terme de *Chaſſe.* Il ſignifie un lieu, où un relais où l'on poſe les chiens, afin que quand la bête paſſera, ils la courent à propos. [Mettre les chiens en bon titre, c'eſt à dire, les biens poſter.]

Titulaire, ſ. m. Celui qui eſt revêtu du titre d'un bénéfice. (Le titulaire vivoit encore. *Patru plaid.14.*]

Titulaire, adj. Qui eſt revêtu du titre de quelque bénéfice. [Abé titulaire.]

* Pour flater ce *rimeur titulaire*
Le frére en un beſoin va renier ſon frére.
Depreaux, Satire 1.

C'eſt à dire pour flater ce *maitre rimeur,* ce juré rimeur, ce fameux rimeur. Ce rimeur en titre d'ofice.

TITUBATION, *ſ. f.* Terme *d'Aſtronomie.* Voiez *Trépidation.*

TOC.

TOCFICHE. Voiez *Stockfiſche.*

TOCSIN, *ſ. m.* Ce mot eſt compoſé de *tocquer,* vieux mot, qui ſignifioit frapper & de *ſing,* qui ſignifioit autrefois une cloche. Alarme qu'on ſonne avec quelque cloche. [Sonner le tocſin. J'entens le tocſin.]

TOI

TOILÉ, *ſ. m.* Terme de *faiſeuſes de dentelles.* C'eſt le fond de la dentelle. [Pour faire de la dentelle on fait le fond qui eſt le *toilé,* enſuite le reſeau, l'engrelure & les piquots.]

TOILE, *ſ. f.* Ouvrage de tiſſerand, fait de fil de chanvre, ou de lin, dont on ſe ſert pour faire des draps, des chemiſes, des ſerviettes, & autres choſes utiles pour le commerce. [Toile fort bonne. Faire de la toile. Battre la toile. Croiſer la toile. Liſſer la toile. Fabriquer de la toile. Il y a diverſes ſortes de toile; Les unes ſe nomment toiles à embourrer, toiles à embaler & des autres toiles de Laval, toiles de Friſe, toiles de Holande, toiles batiſtes, & ces derniéres toiles ſont les plus fines. Toile claire, toile façonnée, forte, fine groſſe. Voiez *le Bail des Gabelles, art. 142.*]

Toile cruë. C'eſt de la toile qui n'a point encore été mouillée.

Toile cirée. C'eſt de la toile enduite de cire & de quelques gommes, que l'eau ne perce point, & dont on ſe ſert pour ſe defendre contre la pluie. [Chapeau de toile cirée. Manteau de
toile

TOI

toile cirée. Parasol couvert de toile cirée. On couvre des chaises, des tentes, &c. avec de la toile cirée.

Il y a aussi des toiles de coton, de soie, d'or, ou d'argent.

Toile peinte. C'est de la toile de coton sur laquelle on a imprimé des figures. On l'aporte ordinairement des Païs Orientaux.

Toiles. Ce se dit en parlant de moulin à vent. Ce sont des piéces de treillis, tendues sur les volans de quelque moulin à vent, d'où vient le Proverbe, *habillé de toile comme un moulin à vent.*

Toile imprimée. Termes de Peinture. C'est une toile tendüe sur un chassis & préparée pour peindre.

Toile d'areignée. Ouvrage fait de l'areignée en forme de papier tres-fin & dont elle se sert pour loger.

L'areignée fait sa toile avec beaucoup d'art. La toile d'areignée ressérre, rafraichit & desseche, & elle sert à arrêter la dissenterie & autre flux. Voiez Jonston, livre 2. *Histoire des animaux.*)

Toiles. Ce mot se dit en parlant de la chasse des bêtes noires. Ce sont de grandes piéces de toile bordées de grosses cordes qu'on tend autour d'une enceinte & dont on se sert pour prendre les bêtes noires. [Mettre les toiles noires dans les toiles. Tendre les toiles. Tirer les toiles. Lever les toiles. Salnove, *chasse des sangliers, c.* 15.]

* *Toiles.* Ce mot au figuré veut dire piége, embuches. [*Dévelopez moi ces toiles dont m'ont enceint mes ennemis. Theophile, poësies.* Charles-Quint, aprés la prise de François premier, écrivit à Henri 8. que puisque le cerf étoit dans les *toiles*, il en faloit partager la nape. *Voi le grand divorce de Henri* 8. *chap.* 1. Il vouloit dire que puisque François 1. étoit pris, il en faloit partager le Roiaume.]

Toilerie, s. f. Marchandise de toile. (Les Statûts des Maîtresses Toiliéres portent qu'on elira tous les ans Jurées de la marchandise de toilerie & lingerie de Paris.)

Toilette, s. f. Grand morceau de linge, ou de tafetas qui est ordinairement embeli de quelque dentelle de fil, d'or ou d'argent, qu'on étend sur une petite table & sur lequel on met la trousse garnie de peignes, de brosses & de tout ce qui est necessaire. Il a une belle toilette. La toilette de Madame vaut cinquante pistoles. Mettre la toilette. Aprêter la toilette. Garnir une toilette.)

Toilette. Terme de Marchand drapier. Sorte de grand morceau de toile de couleur, duquel on se sert pour couvrir ses piéces d'étofe. (Mettre la Marchandise en toilette.]

† * *Plier la toilette.* C'est prendre quelque chose dans un logis, & s'enfuir. (Son laquais a plié la toilette & on a mis des archers en campagne pour atraper le fripon.)

Toiliére, s. f. Lingere qui vend de la toile. Il y a des Statûts des maîtresses toiliéres & lingeres de Paris.)

Toinette, s. f. Nom de fille qui veut dire *petite Antoine.* [Ma pauvre *Toinette* crois-tu qu'il m'aime autant qu'il le dit. *Mol.*]

Toinon, s. m. Nom de garçon qui veut dire *petit Antoine*. (*Toinon* est mort.

Toise, s. f. C'est une mesure de fortification, d'arpentage, &c. qui contient six piez, le pié douze pouces, & le pouce douze lignes. [Mesurer à la toise.) mesurer avec la toise. Cela a six toises de long & deux de large.] La toise est ordinairement de bois, & les piez & les pouces y sont marquez par des lignes qui traversent la toise ou par des petits clous. On mesure quelquefois à la toise avec des chaines de fer, ou de cuivre. [Vendre à la toise.)

Toise quarrée. C'est une surface qui a six piez de longueur & six de largeur, & dont l'aire est de trente six piez quarrez.

Toise cube. C'est un corps ou solide, qui a six piez de grandeur en tout sens & qui contient 16. piez cubes.

Toisé, s. m. Terme de Maçon, de Charpentier & de Menuisier. C'est le nombre des toises de quelque ouvrage d'architecture, de maçonnerie, de charpente & de Menuiserie. [Faire le toisé. Présenter le toisé au proprietaire. Le toisé monte à une telle somme. Le toisé coute tant. Le toisé revient à tant.]

Toisé, toisée, adj. Mesuré avec la toise. [Lieu toisé. Ruë toisée, Place d'armes toisée.)

† * *Voilà qui est toisé.* C'est à dire, fait, réglé & résolu. [Alons touchez là, voilà qui est toisé.]

Toiser, v. a. Mesurer avec la toise. [Toiser un grand chemin, toiser une ruë. Toiser une place.]

Toiseur, s. m. Celui qui mesure avec la toise. [Prendre des toiseurs pour mesurer un bâtiment.]

Toison, s. f. La laine qui couvre le dos du mouton, la laine qui couvre le dos de la brebis. La laine qu'on ôte avec les forces de dessus le dos du mouton, & de la brebis. [La toison de ces moutons est bonne. Toison bien blanche. Vendre la toison des brebis. Laver la toison des brebis.]

Heureux, qui vit en paix du lait de ses brebis,
Et qui de leur toison voit filer ses habits.
Racan, Bergerie, *a.* 5. *sc.* 1.)

Toison. En termes *de Blason*, il se dit de la peau du mouton garnie de sa laine, & non pas de la laine seule.

L'ordre de la Toison. Cet ordre fut institué en 1430. par Philipes second Duc de Bourgogne, surnommé le bon, qui voulut que cet ordre fût composé de vint-quatre Chevaliers qui portoient tous un colier de soie, d'où pendoit une toison d'or. Cet ordre étoit particulier aux Ducs de Bourgogne & aux Seigneurs Flamans, quoi que le Roi d'Espagne ait depuis donné le colier de cet ordre à des Seigneurs Espagnols & à des Seigneurs Italiens. Voiez *Connestaggio*, *Histoire de Flandre livre* 1. *& opuscula Colomesi, p.* 127.

† * *Toison.* Le poil des parties naturelles d'une fille. [J'ai touché sa toison.]

Toit, s. m. C'est le haut d'une maison composé de lates, de chevrons & de tuiles, ou d'ardoises. (Abatre un toit. Les toits sont couverts de nège. Les toits dégoutent.)

Toit. Terme de *Tripot.* Espéce d'auvent fait de petites planches, qui régne le long de la galerie du jeu de paume.

Toit. Espéce de petite étable où l'on met des cochons. (Ouvrir le toit.) Voiez *Tui.*

* Ils se firent comme *un toit* de leurs boucliers: *Ablancourt, Ar.* C'est à dire, ils se couvrirent de leurs boucliers, & ils en firent comme une maniere de toit & de couverture pour se défendre de l'ennemi.)

TOL

Tole, s. f. Terme de Serrurier. C'est du fer en feuille. (Les cofres forts sont ordinairement garnis de tole. Cette tole est fort bonne.)

Tolérable, adj. Qui se peut soufrir, qu'on peut suporter. (Son humeur n'est pas tolérable. Cela est assez tolérable en un jeune homme.)

* *Tolérable.* Ce mot se dit des ouvrages d'esprit, & veut dire mediocre, qu'on peut suporter, mais qui n'est pas excellent: [La traduction des institutions de Quintilien par l'Abé de Pure, bien loin d'être tolérable, est détestable, & je ne sai quel démon empêche le libraire d'en débiter un exemplaire seulement.]

* *Tolérablement, adv.* Ce mot se dit en parlant des choses d'esprit, & veut dire *médiocrement*, *passablement.* (Il est beaucoup d'écrire tolérablement dans un siécle aussi délicat que le nôtre.)

Tolérance, s. f. Permission.

[C'est en ces rencontres que la plus petite *tolérance* porte coup. *Patru, plaidoié* 6.]

[Les Minimes, les Feuillans, les Célestins & quelques autres Moines, ne sont mendians que par tolérance. Voiez *Politique de France*, 5. *partie.*]

Tolérer, v. a. Soufrir. Suporter. [Je suis las de le tolérer. On ne peut tolérer ce désordre.]

TOM

Tomas, s. m. Mot qui dérive du Grec, & qui veut dire *admirable.* Le docte, le savant, & le fameux *Saint Tomas* est l'Ange de l'Ecole.)

Tombe, s. f. Mot qui vient du Grec, & qui est ordinairement une sorte de pierre large & quarrée qu'on élève un peu au dessus de la fosse de la plupart des morts enterrez dans les paroisses. (Lever une tombe. Poser une tombe. Ceux qui ont droit de tombe, païent moins pour l'ouverture de la terre dans l'Eglise que les autres qui n'ont pas droit de tombe. Voiez les *Martirologes des paroisses de Paris*.)

* *Tombe.* Ce mot pour dire *Sépulcre.* Tombeau est plus en usage dans les vers que dans la prose. (Lors que nos os seront fermez dans la tombe nous ne dormirons que trop. S. Amant, Poësies. Avec lui dans la tombe elle s'est enfermée. *Racine* *Andromaque, a.* 3. *s.* 4.)

Tombeau, s. m. Prononcez *tombô.* Il signifie *Tombe, Sépulcre.* [On voit à Anchiale le tombeau de Sardanapale avec cette inscription en vers Assiriens, Sardanapale a bâti Anchiale & Tarse en un jour, va Passant, boi, mange & te réjoui, le reste n'est rien: *Ablancourt, Arian, l.* 2. *c.* 4. Dans toute la Crêtienté il n'y a point d'Eglise où il y ait tant de tombeaux de Rois & de Reines que dans l'Eglise de Saint Denis en France. Voiez Milet, traité des tombeaux de S. Denis.]

Les Rois n'auront sur toi que le triste avantage
D'infecter *un tombeau* plus riche que le tien.
Mai. Poës.)

* *Tombeau.* Ce mot au figuré est plus de la poësie que de la prose, & il signifie *Perte. Fin. Destruction.*

(* Sous toi l'impieté trouvera son tombeau. *Mai. Poës.*)

* *Tombeau.* Mort. Fin.

[Amour en soit loüé, je ne veux un tombeau
Plus heureux ni plus beau.
Mal. Poës. l. 5.
* Le tombeau contre nous ne peut-il les défendre? *Depreaux*, Satire 9.

† *Tombelier, s. m.* Chartier qui conduit un tombereau, pour transporter des terres, ou des matériaux.

TOMBER ; tumber. Verbe neutre passif. Le petit peuple & ceux qui ne parlent pas bien disent tumber, mais le bel usage & tous les bons Auteurs disent & écrivent tomber. le tombe. Je tombai. Je suis tombé. C'est venir de haut en bas précipitamment, & sans que rien retienne. (Il est tombé du haut du toît à terre & s'est rompu le cou. Tomber à terre, Voiture, let. 9. Tomber en un précipice. Les Feuilles tombent des arbres. Le vent a fait tomber les fruits. Une Rivière tombe dans une autre. La pluie tombe.)

* On dit que la nuit tombe tout à coup dans les Equinoxes, pour dire que le crépuscule n'est pas long.

* Tomber de son haut. Façon de parler proverbiale & figurée, pour dire, être entièrement étonné, être tout-à-fait surpris. On dit dans le même sens tomber des nues.

* Tomber. Venir sous la puissance, sous l'autorité, au pouvoir de quelcun, ou de quelque ennemi. (Il est tombé au pouvoir de son ennemi. Abl. Marm.)

* Tomber entre les mains. Tomber aux mains. Tomber és mains. De toutes ces façons de parler il n'y a que la première qui soit du bel usage. Vau. Rem.

* L'Empire chancelant va tomber sous vos loix.

* L'Empire chancelant va tomber sous la domination des Barbares.

* Tomber. Périr. (Aujourdui il faut que l'un ou l'autre tombe. Corneille, Horace, a. 1. s. 1.)

* Tomber. Ce mot au figuré a plusieurs autres sens. Exemples. Ces Satires tombent directement sur les mœurs. Moliere. C'est à dire, ces Satires ne regardent que les mœurs.

† Tomber dans le sens d'une personne.

* La vérité est si délicate que pour peu qu'on s'en retire, on tombe dans l'erreur. Pascal, lettre 3. C'est à dire, on se jette dans l'erreur.

* Tomber dans des grandes fautes. Abl. C'est faire de grandes fautes. Tomber en tentation.

* Il est tombé dans ce que je souhaitois. Pascal, l. 5. C'est à dire, il est venu au point que je souhaitois, à discourir de ce que je souhaitois.

* Toute l'aigreur tomba sur lui. Mémoires de M. de la Rochefoucaut. C'est à dire, il fut l'objet de toute l'aigreur.

* Tomber malade. Abl. C'est devenir malade. Tomber en Apoplexie. Tomber du haut mal.

† Tomber. Ce mot se dit entre Libraires, parlant de livres, & il veut dire ne pas réussir. (Le pauvre V... fait bien de ne point mêtre son nom à la tête de ses livres, car cela seul seroit capable de les faire tomber.)

* Tomber. Ce mot entre en plusieurs façons de parler de marine. Exemples. [Nôtre escadre va tomber sur l'ennemi. C'est à dire, va fondre sur l'ennemi. Tomber. C'est à dire, cesse & fait place au calme. Tomber sous le vent de quelque terre qu'on veut éviter, ou de quelque bâtiment qu'on poursuit. C'est perdre l'avantage du vent qu'on avoit gagné, ou qu'on vouloit gagner. Guillet. Termes de navigation.)

* On dit. Le sort est tombé sur lui. Cela lui est tombé en partage. Le Roiaume de France ne tombe point en quenouille. Tomber dans une embuscade.

* Ce discours ne tombera pas à terre. C'est à dire quelcun le relevera.

† * Si le Ciel tomboit, il y auroit bien des aloüettes prises. Cela se dit à ceux qui font des supositions impertinentes.

Tombereau, tumbereau, s. m. Prononcez tomberô. Il faut dire tombereau & non pas tumbereau. C'est une sorte de charrette dont le fond, & les deux cotez sont de grosses planches enfermées par des gisans. (Un petit tombereau. Un gros & grand tombereau. On mêne au suplice dans un tombereau les criminels qui sont condannez pour avoir fait quelque grand crime contre Dieu, contre nature, &c. Charger un tombereau. Ablancourt.)

Tome, s. m. Mot qui vient du Grec, qui veut dire un volume. (Un gros tome. L'histoire de France du Chêne est divisée en cinq tomes, &, cependant les uns ne vont jusques à Philippes le Bel. Si la plupart de Messieurs les Auteurs avoient l'esprit, ou se donnoient la peine de bien digérer les matières ils ne feroient pas tant de gros tomes qu'ils en font.)

Tomiste, s. m. Celui qui est dans les sentimens de Saint Tomas qui a cru que la Vierge étoit conçuë avec le péché originel comme les autres créatures raisonnables. On apelle particulièrement Tomistes tous les Jacobins, ou Dominicains qui en plusieurs choses ont des opinions contraires à la doctrine des Scotistes, qui sont les Cordeliers. (Il y a eu de fort grands hommes parmi les Tomistes, considérables par leur mérite & par leur vertu.)

TON.

Ton, ou ton de voix. Mot qui vient du Grec pour dire l'Accent naturel d'une personne. | Avoir un ton de voix agréable. Elle a le ton de la voix très charmant. Un ton de voix qui plaît

J'irois chanter à vôtre porte
D'un ton de voix triste & cassé.
Voiture, poësies.

Elle afecte un ton de voix niais & languissant. Moliere. Parlet d'un ton doucereux.)

Ton de maître. C'est à dire, un ton de voix qui sent l'homme qui commande, & qui a autorité. (Parler d'un ton de maître.)

* Parler d'un ton résolu & ferme. l. 4. C'est à dire, parler avec hardiesse, avec fermeté.

* Elle le prit sur un ton si haut qu'elle l'obligea à lui demander pardon. Le Comte de Bussi, Hist. Amoureuse. C'est à dire, elle parla avec tant de fierté & de ressentiment qu'elle le contraignit à lui demander pardon. (Il prit sur un ton fort haut & parla avec fierté.)

* Il a bien changé de ton. C'est à dire, il parle bien d'une autre manière.

† * Il est bon sur ce ton là. Ces mots se disent par ironie, pour dire qu'un discours est mal-fondé ou qu'il est ridicule.

Ton. Ce mot se dit en parlant d'instrument de musique. C'est un dégré de résonnement qui convient à un instrument de musique. (Un ton faux. Un ton juste. Trouver le ton des cloches. Hausser le ton des tuiaux de l'orgue. Baisser le ton des tuiaux de l'orgue. Mers.)

Ton. Terme de Musique. Son déterminé pour chanter. (Donner le ton aux musiciens.)

Ton. Mode, ou manière de chanter. Il y a huit modes auxquels on a donné le nom des huit tons de l'Eglise. Ainsi on dit. (Un tel Pseaume est du prémier ton, du second, du troisième ton, &c.

T. m. C'est la sizième partie d'une octave. Ainsi on dir que l'Octave est composée de cinq tons & de deux demi tons, & que le ton est la diférence de la quarte à la quinte. Ce que je dis là de la musique, je l'ai apris de Monsieur Ouvrard maitre de la musique de la Sainte Chapelle de Paris, qui est un honnête homme & un habile homme, non seulement dans sa profession, mais dans plusieurs autres belles connoissances. On aura bien tôt de lui un livre de musique qui justifiera ce que je dis.

Ton, ou thon, s. m. Poisson de mer, couvert de grandes écailles & d'une peau déliée, qui a le museau pointu, & épais, les dents petites & aigues, les ouies doubles, deux nageoires prés des ouies & le dos noirâtre. (Les tons deviennent très-gras. Rondelet.)

Ton. Voiez thon.

Ton de couleur. Terme de Peinture. C'est un degré de couleur par raport au clair obscur.

Ton. Pronom adjectif & possessif qui fait à son féminin, ta. ton livre. Ta chambre. Le pronom ton qui est masculin se joint avec les noms féminins qui commencent par une voielle, afin d'éviter le mauvais son que feroient deux voielles. Il est par exemple bien plus doux de dire ton inclination te porte à l'amour, que ta inclination qui seroit ridicule & contre l'usage.)

TONDAILLE, s. f. C'est la laine qu'on a tonduë de dessus les moutons. [La tondaille de ses moutons est bonne, & il en tire plus de cent Ecus tous les ans. Ils avoient des tems de réjouïssance, comme les mariages, le partage du butin après une victoire, & les tondailles de leurs moutons.)

Tondeur, s. m. Mot général qui veut dire celui qui tond. (Un bon tondeur.)

Tondeur de moutons. Celui qui gagne sa vie à tondre les moutons. (Un bon tondeur de moutons. On dit aussi. C'est un bon tondeur.)

Tondeur de draps. C'est celui qui avec de grosses forces tond les draps & les met en l'état où ils doivent être pour servir. (Un tondeur de draps fort riche.)

† * C'est un tondeur de napes, & rinseur de godets. C'est à dire, c'est un homme qui n'aime qu'à boire & à manger dans les cabarets ; qui se plaît entre deux tréteaux, le dos au feu l'hiver & le ventre à la table.

Tondre, v. a. Je tond. J'ai tondu, je tondis. Ce mot se dit des bouis, des arbres & des brebis. (Tondre les bouis. C'est couper les extrémitez des bouis. Tondre les arbres. C'est couper les extrémitez des arbres avec des forces. Tondre les brebis. Tondre les moutons. C'est lier un mouton, une brebis , ou un agneau par les quatre piez & en couper toute la toison avec des forces, On tond les moutons tous les ans.)

† Tondre. Ce mot en riant, se dit des personnes, & veut dire Couper les Cheveux.

[Incontinent de la main du Monarque.
Il se sent tondre. La Fontaine, Contes.]

† * Tondre. Prendre. Rapiner. Piller. (Il faut tondre sur tout. Reg. Sat. 13. Elle trouveroit à tondre sur un œuf. C'est à dire, c'est un avare, qui rapine & prend surtout.)

† * Tondre. Reprendre. Critiquer. (C'est un bourru qui trouve à tondre sur tout.)

Tondre. v. n. Quand il se dit de personnes, c'est toujours en mauvaise part. C'est raser & jetter dans un Couvent. (Les Seigneurs & les Evêques de France tondirent, du consentement du Pape Zacarie, Childeric 3. le dernier des Rois fainéans. Alors Childeric avoit pour le moins 18. ou 19. ans & c'étoit assez pour le ne se point laisser lâchement tondre. Mez. hist. de fr. T. 1.)

† * Tondre. Il se dit encore en d'autres façons de parler proverbiales, & figurées. C'est toujours en mauvaise part. (Exemples.

TON   TON

ples. *Je veux qu'on me tonde si je retourne.* C'eſt à dire, qu'on me raſe honteuſement & qu'on me faſſe Moine, ſi j'y rétourne.

† * Pour ſi peu vous ne vous feriez pas tondre. *La Fontaine, Contes, 1. partie.* C'eſt à dire pour ſi peu de choſe vous ne ſoufriez pas qu'on vous fit aucune choſe indigne.

† * Nous tondons ceux qui nous chicanent. *Moliere.* C'eſt à dire, nous faiſons du pis que nous pouvons contre ceux qui nous fâchent.

* † Elle ſe laiſſe tondre la laine comme un mouton. *Benſerade, Rondeaux.* C'eſt à dire, elle ſe laiſſe maltraiter, on lui fait preſque tout ce qu'on veut.

Tondu, tondue, adj. Qui n'a plus de toiſon. (Mouton tondu. Brebis tonduë.)

* † *Tondu, tonduë,* adj. Ce mot ſe dit des perſonnes en riant. (Que je ſois tondu, bégue & perclus, quand je ne boirai plus. *Scaron, Poë.* C'eſt à dire, que j'aie la tête raſée, que je ſois confus, que toute ſorte de maux m'acablent quand je ne boirai plus.)

† *Il a été tondu.* C'eſt à dire ſon avis n'a pas été ſuivi. Il n'a pas réuſſi en ce qu'il eſpéroit. Il a eu un pié de nez. Voïez *Paquier, l. 8. de ſes recherches, & Saumaiſe, traité de la chevelure.*

† TONNE, ſ. f. Mot qui vient de l'Alemand, & il ſignifie Muid. Futaille.

[Les Dieux ont condamné ces terribles fripounes
A ne pouvoir jamais remplir leurs tonnes.
Benſerade, Rondeaux, p. 211.]

Les épiciers de Paris mettent leurs pains de ſucre dans de tonnes.)

Un Tonne d'or. Elle eſt eſtimée en Holande, cent mile francs, qui valent en France, ſix vints mile Livres.

Tonneau, ſ. m. C'eſt un ouvrage de tonnelier, qui eſt compoſé de deux fonds, de deux barres, de douves & de cerceaux qui le lient & qui tiennent les douves & les fonds en état. Il ſemble que le mot de *tonneau* n'eſt pas tout à fait ſi uſité à Paris que celui de muid. [Quand on buvoit à la ſanté de quelcun il faloit aler au tonneau. *Abl. Rét. l. 4. c. 3.* Enfoncer un tonneau. Mettre un tonneau en perce.] *Verſer dans un tonneau percé.* C'eſt perdre ſa peine en ſervant un ingrat.

Tonneau. Terme de Mer dont on ſe ſert pour exprimer un poids de deux mille livres, ou de vint quintaux, ce qui ſert enſuite à déſigner la capacité & le port d'un vaiſſeau, car la péſanteur d'un tonneau eſt évaluée à deux mille livres, ou vint quintaux. (Ce bâtiment eſt de deux cens tonneaux. C'eſt à dire, que ce bâtiment ne peut porter que la charge de quatre mille quintaux. Voïez l'*Art de Navigation.*)

Tonnele ; tonnelle, ſ. f. Terme de *Chaſſeur.* C'eſt une ſorte de filet pour prendre les perdrix, qui ne doit pas avoir plus de quinze piez de queuë ou de longueur, ni guére plus de dix huit pouces de largeur, ou d'ouverture par l'entrée. [Faire une tonnelle. Déplier la tonnelle. Tendre une tonnelle. Chaſſer à la tonnelle avec une vache artificielle. Voïez les *Ruſes innocentes, l. 2. c. 2.*]

Tonneler, tonneller. Terme de *Chaſſe* ; Lequel ſignifie, Chaſſer à la tonnelle. [On tonnelle avec une vache artificielle. *Ruſes innocentes, l. 2. c. 2.*]

Tonnelerie, ſ. f. Terme de *Chartreux* & *de quelques autres Religieux.* Lieu du Convent où ſont les cuves & les futailles & où l'on cuve le vin, où l'on emplit les muids & où l'on travaille du métier de tonnelier. [Il eſt à la tonnelerie. Il eſt allé à la tonnelerie. Une belle & grande tonnelerie.]

Tonneleur, ſ. m. Terme de *Chaſſe.* Celui qui tonnelle. (Le tonneleur s'écarte & fait le tour par derriére les perdrix. *Ruſes innocentes, l. 2. c. 1.*)

Tonnelier, ſ. m. Artiſan qui avec du bois dolé fait de toutes ſortes de muids, ou de tonneaux, de feuillertes, de cuves, de baignoirs, de tinettes & autres vaiſſeaux propres à tenir du vin, de la biére & autres choſes. (Un bon tonnelier.)

Tonneliére, ſ. f. Femme de tonnelier. Veuve de tonnelier laquelle fait travailler des compagnons après la mort de ſon mari. [La tonneliére à épouſé l'un de ſes compagnons.]

Tonnelet, ſ. m. C'eſt la partie inférieure d'un habit à la Romaine qui contient les lambrequins, ou, pour m'expliquer plus clairement, ce ſont 4, 6, 8, 10. ou 12. lambrequins à la maniére des anciens Romains, & dont on ſe ſert aujourdui dans les Balets, les Opera & de certaines Tragédies & Comédies, au Carrouſels & autres fêtes publiques. Le Tonnelet eſt de toile d'argent, couvert de dix grandes bandes de broderie d'or. Le Tonnelet & les manches, finiſſant en campanes, eſt de Satin couleur de feu. *Voi le livre des Courſes de têtes & de bague, de l'imprimerie roïale, 1670. p. 19. & 10.*

TONNER, v. n. Ce mot ſe dit du bruit qui ſe fait lors que l'air étant preſſé entre deux nuës en ſort avec éfort. [ ] e n'aime point à aler aux champs lors qu'il tonne. Il tremble lors qu'il tonne un peu fort.

Pour moi qui ſuis plus ſimple, & que l'enfer étonne,
Qui crois l'ame immortelle & que c'eſt Dieu qui tonne.
Je me retire. *Déproaux, Satire 1.*]

* *Tonner.* Ce mot ſe dit *au figuré* & a divers ſens. Exemples.

[* Je ne cours point aux lieux où le canon tonne. *Mai. Poë.* C'eſt à dire, je ne vais point à la guerre, je ne vais point aux lieux où le canon tire.

* C'eſt bien ſouvent pour le ſeul vulgaire qu'il tonne & qu'il éclaire. *Benſerade, Rondeaux.* (C'eſt à dire, que le petit peuple eſt ſouvent en bute à tous les maux que le ciel envoïe & qu'il n'y a que le peuple qui ſoufre & qui reſſente la colére du Ciel.]

* *Tonner.* Criailler. Quereller. Faire du bruit. [Xantipe voïant que Socrate ne ſe ſoucioit point de ſes criailleries lui jetta un pot de chambre, je me doutois bien, dit Socrate, qu'il pleuvroit après avoir tonné. *Abl. Apoph.*]

Tonnant, part. & adj. Qui tonne. [Dieu tonnant. Jupiter tonnant.]

* Il ne ſe dit au féminin qu'au figuré, en parlant d'une voix forte & éclatante; d'une éloquence véhémente, qui entraîne & qui étonne l'auditeur.

Tonnerre, ſ. m. Air qui étant enfermé & preſſé entre deux nuës en ſort avec éfort & avec bruit par un paſſage étroit & irrégulier, *Rohault, Phiſique* : mais Bernier, *Philoſophie de Gaſſendi,* croit que le tonnerre ne ſemble être ſouvent que le coup cauſé par la violence & la rapidité du feu de la foudre qui part de ſon peloton comme d'une eſpéce de bombe & qui meut l'air tout autour & excite un ſon qui frape les oreilles, qui eſt plus, ou moins grand, ſelon que la foudre eſt plus, ou moins proche. Le tonnerre ſe fait par un roulement de l'air, & des exhalaiſons au dedans des concavitez des nuës, par la rupture des nuës, ou des quarés des vents. [Tonnerre éclatant, bruïant. Coup de tonnerre. Le bruit du tonnerre. Le tonnerre gronde avant de tomber. Le tonnerre eſt tombé ſur une haute tour & en a abatu une partie.]

* *Tonnerre.* Ce mot ſe dit *au figuré.* Exemple. (Les Rois ſont les images *de Dieu* & comme lui, ils ont un *tonnerre,* dont, quand il leur plait, ils font ſentir les coups aux grans criminels. C'eſt à dire, que les Rois tiennent la foudre à la main & qu'ils ont toujours dequoi perdre ceux qui les choquent.)

TONNINE, ſ. f. Terme de *Mer Mediterranée,* qui veut dire *chair de ton.* (La tonnine eſt bonne. Manger de la tonnine.)

TONSURE, ſ. f. Terme de l'*Egliſe Romaine.* (Cérémonie ſainte pour entrer dans l'état Eccléſiaſtique. C'eſt une cérémonie ſacrée établie de l'Egliſe par la tradition Apoſtolique, par laquelle celui qui la reçoit eſt ſeparé du ſiécle, deſtiné pour ofrir en ſon tems le ſacrifice de Jéſus-Chriſt, & capable de poſſeder un bénéfice Eccléſiaſtique, & jouïr des privileges atribuez à la cléricature God. [Le Dioceſain donne la tonſure. Prendre la tonſure. Recevoir la tonſure.]

* † *Gentilhomme à ſimple tonſure.* Ces mots ſe diſent quelquefois par raillerie dans le diſcours familier pour dire, Un ſimple Gentilhomme. Un petit Hobreau. Un pauvre petit Gentilhomme.

Tonſuré, ſ. m. Celui qui a reçu la tonſure. (Les tonſurez doivent vivre ſaintement & comme des gens qui ſont déja ſeparez du ſiécle.)

Tonſuré, tonſurée, adj. Ce mot n'eſt uſité qu'au maſculin, & il ſignifie qui a reçu la tonſure. (Il eſt tonſuré. Ils ſont tonſurez.)

Tonſurer, v. a. Terme d'*Egliſe.* Donner la tonſure à celui qui veut entrer dans les ordres Sacrez. (On a tonſuré pluſieurs jeunes hommes.)

Tonte, ſ. f. Ce que l'on tond. Le brancage des bois qu'on tond & coupe de tems en tems. (La tonte des ſaules, &c. apartient au Fermier.)

TONTINE, ſ. f. Ce mot eſt nouveau, & il vient de ſon inventeur Laurent *Tonti,* Italien. La Tontine conſiſte en quatorze cents mille Livres de rentes viagéres, que le Roi a créées ſur la Maiſon de vile de Paris, par Edit du 2. Décembre 1689. Ces rentes ſont à fonds perdu & aſſignées ſur les Aides, les Gabelles & les cinq groſſes Fermes, & conſtituées gratuitement devant Notaires, ſur un pié proportionné à l'âge des Rentiers, de qui l'on a vû l'extrait Baptiſtère, & qui ſont diviſez en 14. claſſes, & dont les ſurvivans héritent des morts ; de ſorte que le dernier qui demeure d'une claſſe, reçoit ſeul le revenu du capital des rentes de ſa claſſe. On tâcha, il y a environ trente ans, d'établir cette Tontine, mais en vain, elle n'a été fondée qu'en 1689. La 1. claſſe eſt des enfans depuis leur naiſſance juſqu'à cinq ans accomplis ; La 2. de cinq ans à dix ; la 3. juſqu'à quinze, & ainſi des autres. On paie les rentiers de la 1. &2. claſſe au denier vint ; Ceux de la 3. & 4. au denier dix huit ; ceux de la 5. & 6. au denier ſeize ; ceux de la 7. & 8. au denier quatorze ; ceux de la 9. & 10. au denier douze ; les rentiers de l'11. & de la 12. ſur le pié du denier dix ; & l'on donne à ceux de la 13. & de la 14. le denier huit. Chaque Claſſe a ſon païeur & deux Sindics, l'un honoraire & l'autre oneraire. (On dit avoir mile Ecus à la Tontine. On a fait de jolis vaudevilles ſur la Tontine. On a bouſillé par tout en faveur du pauvre bon homme V ... & tant de gens en ont eu pitié qu'on a trouvé aſſez pour lui donner quelque moïen de ſe mettre à la Tontine, & ſe mettre par là à couvert de l'hopital.)

Tonture, ſ. f. Terme de *Jardinier.* C'eſt l'action de tondre les bouïs & tout ce qui ſe tond dans les jardins. [Il faut païer la tonture des bouïs.]

Tonture

Tonture. Terme de *tondeurs de moutons.* C'est l'action de tondre & ôter avec les forces la toison de dessus les moutons. (Il a eu un écu pour la tonture des moutons.)

† *Tonture.* Il signifie aussi ce que l'on ôte des draps quand on les tond. [Le meilleur rouge dont se fardent les femmes est un extrait qu'on tire de la *tonture* des Draps d'écarlate.]

Tonture. C'est aussi l'herbe qu'on coupe dans un pré. [Acheter la tonture d'un pré.]

Tonture. Terme de *Mer.* C'est un rang de planches dans le revêtement du bordage qui est au dehors d'un vaisseau, pour affermir les membres & la liaison des tillacs. Il se prend aussi pour le juste contrepoids & la bonne assiette d'un vaisseau lors qu'il est à flot. [Ces bâtimens ont leur tonture. Nos vaisseaux sont dans leur tonture. *L'art de la Navigation.*]

T O P.

TOPASE, *s. f.* C'est une sorte de Pierre précieuse. Il y a de trois espèces de topase. La *topase Orientale* est diaphane & de vraie couleur d'or lors qu'elle est en sa perfection, & alors parmi les pierres précieuses elle tient le troisième lieu après le diamant. La *topase d'Inde* se trouve vers les Indes Occidentales & est de même couleur que la topase Orientale, & en aproche fort lors qu'elle est parfaite. La *topase d'Alemagne* est la moins estimée de toutes les topases & elle est si peu chargée de couleur jaune que si elle n'étoit distinguée des cristaux par une couleur noirâtre, on la prendroit pour du cristal. *Mercure Indien,* 2. *partie.*

† TOPE, ou *taupe.* Prononcez *tope.* Sorte *d'interjection* de laquelle on se sert pour marquer qu'on donne les mains à une chose, qu'on la veut & qu'on en demeure d'acord. [Tope, j'y consens.] C'est aussi un *Terme Bachique* qui se dit entre des gens qui se portent des santez, & qui se dit par celui qui reçoit la santé qu'on lui porte, & c'est comme s'il disoit. J'y consens. J'accepte de tout mon cœur la santé que vous me portez.

[Comme il entendit crier *masse*,
Soudain d'une voix grêle & basse
Répondit *tope* & puis mourut
D'une broche qui le ferut.
Saint Amant.]

† *Toper,* ou *tauper, v. n.* On écrit l'un & l'autre, mais on prononce *toper.* Mot Bachique & burlesque pour dire Boire. Chinquer, Trinquer. Répondre aux santez qu'on nous porte.

(Donne moi de ce vermeil
C'est lui qui me fait *toper*
S. Amant.)

TOPINAMBOUR. Voiez *taupinambour.*

TOPIQUES, *s. m.* Terme de *Philosophie* lequel vient du Grec. Ce sont de certains chefs généraux ausquels on peut raporter toutes les preuves dont on se sert dans les diverses matières qu'on traite. [Les uns croient les topiques fort utiles & les autres très-peu de chose.]

Topique, adj. Terme de *Medecin* qui se dit des remédes, & veut dire. Qui s'aplique sur les parties du corps. (Se servir de remédes topiques. C'est un remède topique.) On dit aussi un remède externe. (Les remèdes *topiques*, ou externes ne sont pas si dangereux que les remèdes internes. Les topiques soulagent pour un tems la douleur.

TOPOGRAPHIE, *s. f.* Mot qui vient du Grec, & qui veut dire la description d'un lieu. (Faire *la* topographie de quelque contrée.)

T O Q.

TOQUE, *s. f.* C'est une sorte de chapeau de feutre couvert de panne, ou de velours que portent les pensionnaires des coléges de l'Université de Paris lors qu'ils sont en robe dans leur colége. (Une belle toque. Une bonne toque.)

Toque. Terme de *certaines Religieuses.* C'est un linge de chanvre, ou de gros lin qui couvre les epaules & l'estomac des Réligieuses du S. Sacrement. Voiez *Port-Roial Constitutions* p. 148.

Toquet, s. m. Bonnet d'enfant, de serge, ou de velours, embéli de passemente, ou de dentelle. [Un joli toquet. Un beau toquet. Enfant qui porte le toquet.]

† *Il croit sous son toquet être un habile homme.* Cette façon de parler se dit en riant & dans la conversation pour marquer qu'un homme est fortement persuadé de son habilité & qu'il croit être habile, encore qu'il ne le dise pas.

T O R.

TORCHE, *s. f.* Bâton d'aune, ou de tillau, rond, gros comme le bras, haut de sept, de huit, de neuf, de dix piez & quelquefois de plus, au bout duquel on met du lumignon qui est une sorte de chanvre à moitié filé qu'on couvre de cire jaune ou blanche pour éclairer & servir aux divers usages de l'Eglise. (Une torche blanche. Une torche jaune. Couvrir une torche.)

* Hélène fut la *torche* fatale qui causa l'embrasement de Troie.

Torches. Terme de *Chasse.* Ce sont les fientes des bêtes fauves qui sont à demi formées. *Sol.*

Torche. Terme de *Vanier.* C'est le bord de quelque panier. Les vaniers disent aussi *bord* & même plus souvent que *torche.* (Torche de panier mal faite, ou bord de panier mal fait.)

Torche. Terme de *Tailleur de pierre.* Voiez *torchon.*

Torche-cu, s. m. Tout ce dont on se sert pour se nettéier le trou du siége, le trou du cu. [On fait des torche-cus des ouvrages de la Serre, & de ceux de son Secrétaire G** de T. d. L. & de V.

Oui, tel pendart, tel fat, ou tel cocu
Feta de moi, s'il veut, son *torche-cu.*
Boileau Epi.
La rose fleur sans égale
Devient à la fin gratecu,
Et du papier en fin finale
On en fait bien un torche-cu.

On a composé ce quatrain sur le T. d'A.)

Torche-nez, s. m. Terme de *Manège.* C'est un petit instrument de bois qui serre étroitement le nez d'un cheval & qui empéche de se débattre lors qu'il est trop fougeux, & qu'on lui fait le poil dans les oreilles, ou qu'on le ferre.

Torche-pinceau, s. m. Terme de *Peintre.* Petit linge dont le peintre se sert pour nettéier ses pinceaux & sa palette.

Torcher, v. a. Nettéier en frotant. [Torcher les plats &c. avec des torchons. Torcher ses doigts. Torcher des souliers.] Ce mot dans l'usage ordinaire ne se dit guére qu'en parlant du derriére. Torcher le cu d'un enfant. Un homme qui a l'esprit aussi beau qu'agréable étant interrogé de ce qu'il pensoit des vers de l'Abé *Torche,* répondit assez plaisamment, *je m'en torche.* C'est à dire, je m'en nettéie le trou du siége.

Torcher. Terme de *Bateur d'or.* C'est nettéier avec un morceau de drap. (Torcher le quarteron d'or.)

Torchette, s. f. Terme de *Vanier.* Osiers tortillez au milieu de la hotte. (Torchette de hotte bien faite. Faire une torchette.)

Torchis, s. m. Terme de *Maçon.* Composition de terre grasse pétrie avec du foin, ou de la paille dont on se sert pour faire des cloisonnages. (Faire un torchis.)

Torchon, s. m. C'est un morceau de grosse toile, ou d'autre pareille chose dont on se sert pour froter & pour nettéier les meubles. (Torchon usé.)

Torchon à écurer. Poignée de foin, ou de paille qu'on tortille pour écurer de la vaisselle. (Faire un torchon.)

Torchon. Paille tortillée dont on se sert pour froter les chevaux. (Faire un torchon.)

Torchon, ou *torche de paille.* Termes de *Maçon & de tailleur de pierres.* Paille qu'on tortille & qu'on met sous les pierres, de crainte qu'elles ne s'écornent lors qu'on les pose sur le lit.

TORDE, *s. f.* Terme de *Marine.* Ce sont des aneaux de corde qu'on met proche des bouts des grandes Vergues, pour empêcher que les Ecoutes des Hunes ne coupent les Rabans. Et c'est à cause de cela que la Torde est aussi apellée *Sauve-rabans.* O*zan. Dict. Math.*

TORDEUR, *s. m.* Terme de *Lainier.* Celui qui tord la laine pour les lainiers. (Envoier de laine au tordeur.)

Tordeuse, s. f. Terme de *Lainier.* Celle qui tord la laine pour les lainiers. La tordeuse est venue.)

Tordre, v. a. Je tord. J'ai tordu. Je tordis. Je tordrai. C'est tourner en un sens contraire à celui où est naturellement la chose. C'est plier en tournant & en roulant. (Tordre le bras. Tordre le nez. Les *vaniers* disent tordre l'osier, les *chandeliers,* Tordre la méche, & les *blanchisseuses.* Tordre le linge.)

(* Il grimassoit en mile façons,
Il *tord* son minois sur l'épaule,
Et fait peur aux petits garçons,
S. Amant Rome ridicule.)

Il a eu le cou tordu. Cette fluxion lui a rendu le cou tors. Il a une jambe tortue.

Tordre le cou. C'est étrangler. (Tordre le cou à un poulet.)

* *Tordre.* Ce mot se dit au figuré, [*Tordre un passage.*] C'est lui donner une interprétation violente, le détourner du sens de l'Auteur.]

Toreumatographie, s. f. Ce mot est Grec & il veut dire, la connoissance des basses-tailles & des reliefs antiques. [On doit l'invention de la *toreumatographie* à Phidias & sa perfection à Policlète. Les célèbres graveurs d'Italie ont donné un beau jour à cette science. *Spon, voiages de Grèce.*]

TORTILLON, *s. m.* Le mot d'usage est *tourillon.* Voiez donc *tourillon.*

TORE, *s. m.* Terme d'*Architecture,* qui vient du Latin. C'est un membre quarré d'architecture qui est rond en forme d'un gros aneau. [Tore supérieur, ou inférieur.]

TORON, ou *Touron, s. m.* Terme de *Cordier* & de *Marine.* C'est
l'assemblage

l'assemblage de plusieurs cordons, ou fils de carret, qui composent un cordage. [Les Haubans sont ordinairement de trois torons. Le grand Etat est composé de quatre torons, chaque toron de quarante fils.]

TORFILLE, *s. f.* C'est une sorte de poisson de Mer, qui est très-vilain & très-mou, & qui, lors qu'on le pêche, cause un engourdissement à la main & au bras du pêcheur. [Prendre des torpilles. *Tachard, voiage de Siam.*]

TORQUE, *s. f.* Terme de *Blason*. C'est un bourlet de figure ronde, composé d'étofe tortillée, comme le bandeau dont on charge la tête de More qu'on pose sur les Ecus.

TORREFACTION, *s. f.* Terme de *Chimie*. Il vient du Latin. Prononcez *torréfaccion*. C'est l'action de torréfier.

TORRÉFIER, *v. a.* Terme de *Chimie.* Il vient du Latin & il se dit des drogues qu'on fait sécher sur une platine de métal, sous laquelle on met des charbons, jusqu'à ce que ces drogues deviennent friables aux doigts. (Torréfier les parties de l'opium. Torréfier de la rubarbe, jusqu'à ce qu'elle s'obscurcisse, ce qui est une marque que sa vertu purgative est dissipée.)

TORRENT, *s. m.* Eau qui vient d'une pluie extraordinaire, qui croit tout à coup & qui roulant avec impétuosité fait de grans ravages par les lieux où elle passe. (Un furieux torrent.)

* *Torrent.* Ce mot *au figuré*, est fort beau, & fort en usage comme on le va voir par ces autoritez.

[* Les *torrens* qui tombent des goutiéres grossissent les ruisseaux. *Dépreaux, Satire 6.* C'est à dire, la quantité d'eau qui tombe des toits.

* Je ne puis résister *au torrent* qui m'entraine. *Dépreaux, Sat. 7.* C'est à dire, je ne puis résister à la passion, à l'ardeur qui me domine.

* Un *torrens* de fausses opinions inonda toute l'Angleterre. *Fléchier, Commendon, l. 1. c. x.* C'est à dire, un grand nombre de fausses opinions.

* Rapellez dans vôtre mémoire de quelle sorte on a décrié les Jansenistes, & combien ce *torrent* qui a eu tant de violence étoit grossi. *Pascal, lettre 3.* C'est à dire, combien ce nombre de gens qui les décrioient, grossissoit tous les jours.]

* Quel *torrens* de mots injurieux
Acusoit à la fois les hommes & les Dieux ?
Racine, Iphigenie, a. 3. s. 6.

C'est à dire quelle multitude de mots injurieux.

* Céder *au torrent. Ablancourt.* C'est à dire, à la force & à la violence.

* Il disoit d'une mauvaise harangue que parmi *un torrent* de belles paroles il n'y avoit pas une goûte de bon sens. *Abl. Apo.* C'est à dire, parmi un grand nombre de mots il n'y avoit point de sens.

TORRIDE, *adj.* Ce mot se dit en parlant de *Géographie* & de l'une des Zones qui est entre les deux Tropiques, & il veut dire. Qui est brulante. Qui est chaude. (On a cru autrefois que *la Zone torride* étoit inhabitable, mais aujourdui on ne le croit plus, parce que la fraicheur de la nuit y tempére la chaleur du jour.)

TORSE, *s. f.* Terme d'*Architecture.* [Une belle torse.]

TORSE, *s. f.* Terme de *Tourneur.* Bois tourné d'une manière qui va se serpentant. [Faire de la torse. Le torse est à la mode.) On dit aussi une colonne torse.

Torse, *s. m.* C'est le tronc d'une figure. C'est un corps sans tête. sans bras & sans jambes. (Il y a un beau torse de marbre au Vatican à Rome. *Félibien, traité d'Architecture.*)

TORT, *s. m.* Ce mot signifie diverses choses. Exemples. (*Faire tort à quelcun.* C'est lui faire une injustice.

Mettre quelcun dans son tort. C'est faire connoître que le procédé d'une personne est blâmable & qu'il n'en use pas bien.

Mettre le tort sur quelcun. C'est faire la faute sur quelcun.
Il a tort. C'est à dire qu'il n'a pas raison.)

A tort adv. Injustement. Sans justice. (On l'acuse à tort. On l'a condamné à tort. C'est à tort qu'on dit que l'amour est aveugle. C'est à tort que la vie fait le plus petit de vos soins.)

A tort & à travers, adv. Inconsidérément. (Parler à tort & à travers. C'est un fou qui dit à tort & à travers tout ce qu'il pense & ce qu'il ne pense pas.)

Pousser *à tort, & à travers, adv.* C'est à dire, sans régle & sans mesure.

De tort & de travers. De quelque manière que ce soit, bien ou mal.

(Il en faut discourir *de tort & de travers.*
Regnier, Satire 2.)

A tort *& sans cause.* C'est à dire, Injustement & sans raison. (On le condamne à tort & sans cause. C'est à dire, Sans aucun sujet.)

† TORTICOLIS, *s. m.* Celui qui a le cou un peu de travers & la tête un peu penchante. *Scaron, poësies.*

Parmi les torticolis
Je passe pour des plus jolis. *Scaron, poësies.*

TORTIL, ou *tortis, s. m.* Terme de *Blason.* C'est un cordon qui se tortille autour des couronnes des Barons. [Un tortil de perles.] On le dit aussi du bandeau qui ceint les têtes de More qu'on pose sur les Ecus. Voiez *Torque.*

Tortil. Terme de *Musique.* C'est un tuiau des instrumens à vent, qui est tortillé & fait plusieurs tours & replis, comme celui des cors de chasse, &c.

TORTILLER, *v. a.* Rouler. Tordre. [Tortiller le pilier d'un verrier.]

* † *Tortiller, v. n.* Ne marcher pas droit en une afaire, chercher des détours & des échapatoires. Batguigner à entreprendre & à conclurre quelque chose. [Il ne fait que tortiller.]

Tortillant, tortillante, adj. Terme de *Blason.* Il se dit des serpens qui entourent quelque chose.

Tortillé, tortillée, adj. Chose que l'on a roulée & tortillée.
En termes de Blason, il se dit de la tête qui porte le tortil. Voiez *Tortil.*

Tortilleux, tortilleuse, adj. Voiez plus bas *Tortueux.*

† *Tortillon, s. m.* Ce mot est Parisien, mais il est burlesque & bas, il veut dire. Une petite servante. Une jeune filette qui sert. [Elle n'a qu'un petit *tortillon* pour la servir & elle trouve qu'elle en est mieux servie que d'un laquais.] Ce mot vient de ce qu'on apelle *tortillon*, la coifure des filles de basse condition, qui se contentent de tortiller seulement leurs cheveux autour de leur tête.

Tortillon, s. m. Terme de *Laitiére.* Linge tortillé en rond. Torchon tortillé en rond que les laitiéres se mettent sur la tête pour porter du pot au lait par Paris. (Tortillon mal fait. Tortillon trop petit, ou trop grand. Mon tortillon est tombé, est perdu, &c.)

Tortillon. Terme de *Bahutier.* Cloux inondés qu'on met autour de l'écusson du bahut & qui font une manière de figure tortillée. [Un tortillon bien fait.]

TORTIONNAIRE, *adj.* Terme de *Palais.* Qui veut dire, Violent & sans cause. [On a déclaré l'emprisonnement injuste & *tortionnaire.*]

Tortu, tortuë, adj. Ce mot se dit des choses & veut dire. Qui n'est pas droit. (Bois tortu, Branche tortuë.)

* *Tortu, tortuë.* Ce mot se dit des choses & veut dire contrefait [Suisse tortu, ou bossu. *Moliére.* Piez tortus. *Ablancourt, Luc.*)

† * *Tortu, tortuë.* Ce mot, se disant des gens du siécle & du siécle même, veut dire Pervers. Malin. Méchant.

[C'est un exemple en ce siécle *tortu*
D'amour, de charité, d'honneur, & de vertu.
Regnier, Satire 13.]

Tortuë, s. f. Il y a de plusieurs sortes de tortues. Il y a des tortuës de terre, des tortuës d'eau & des tortuës de mer. *La tortue de terre* est un animal qui ne vit que sur la terre & qui porte sur le dos une espéce de large écaille, de dessous laquelle elle fait sortir sa tête, sa queuë & ses piez. *Marmol* raconte qu'il se trouve des tortuës grandes comme une grande piéce de malvoisie. Elles ne bougent pas le jour, mais la nuit elle se proménent si lentement qu'il me semble pas qu'elle marchent, d'où vient le proverbe. *Marcher en pas de tortue.* C'est marcher fort doucement. *La tortue de mer* est bonne à manger & est large comme une rondache. On en nourrit quelquefois un équipage de quatre cens hommes. Ces tortuës sortent, sur le soir, de la mer, pour faire leurs œufs sur le rivage. *Tachard, voiage de Siam. Pêcher des tortuës. La tortue d'eau* est un animal qui vit dans l'eau & à la terre & qui du reste est comme la tortuë de terre.

On fait plusieurs ouvrages de l'écaille des tortuës.

* *Tortue.* Terme de *milice Gauloise & Romaine.* C'étoient plusieurs soldats qui s'assembloient, se serroient de fort près & se couvroient la tête & les côtez d'une quantité de boucliers en sorte que les premiers rangs étoient plus élevez que les derniers & que tout cet assemblage faisoit comme une espéce de toit afin que tout ce qu'on jetteroit sur cette tortuë put glisser. (On se servoit de tortuë en Roi pour aller à l'escalade.)

On apelloit aussi Tortuë, parmi les Gaulois & les Romains, un couvert de bois & des tours, roulant sur des rouës, qui servoit à couvrir les travailleurs. [Il fit préparer trois tortuës, pour mettre le soldat à couvert & lui donner le moien de porter ce qu'il faloit pour combler le fossé. *Supl. de Quinte Curce, lettre 2. ch. 9.*]

Tortuë. Terme de *Guerre.* Ce sont deux écuelles de bronze creuses de cinq pouces, larges d'un pié & épaisses de deux pouces qu'on aplique l'une contre l'autre & qu'on remplit de poudre avec une fusée pour abatre quelque pont qui joint mal contre la muraille. (Abatre un pont avec une tortuë de bronze. *Gaia, traité des armes, p. 177.*)

* *Tortuë.* Terme de *Mer.* Vaisseau qui a le pont élevé comme un toit de maison pour tenir les soldats & les passagers avec leurs hardes à couvert. Voiez *les us & coutumes de la mer, Termes de marine, p. 33.*

Tortueux, tortueuse, adj. Qui va en tournant. (Torrens qui de vos flots noirs & *tortueux* inondez les campagnes, bénissez le Seigneur. *Godeau Poësies.*

MMmmm   Quiconque

Quiconque a vû l'Orne aux *tortüeux* détours
Au Méandre fameux a comparé son cours.
Segraiš, Eglogue 4.)

On dit aussi *tortilleux*, au même sens.

(La croupe se recourbe en replis tortilleux.
Racine, Phedre, a.5.sc.6.)

TORTURE, *s. f.* Question. Tourment qu'on fait souffrir aux personnes criminelles pour découvrir leurs complices. Sorte de suplice qu'on fait endurer aux personnes qui sont acusées de quelque crime capital & dont on n'a pas assez de preuves pour les convaincre. (Apliquer à la torture. Voiez *question*.)

* *Avoir l'esprit à la torture*. C'est être fort géné. Avoir l'esprit contraint.

TOS.

TOSCAN. Toscane, adj. Terme d'*Architecture*. L'ordre Toscan, c'est le prémier & le plus massif des Ordres d'Architecture, qu'on met au dessous des autres. On dit aussi une colonne Toscane.

TOST. Voiez la colonne qui suit immédiatement.

Toftes de Chaloupes, s. f. Terme de *Mer*. Ce sont les bancs sur lesquels sont assis les Rameurs.

TOT.

TÔT, ou *tost, adv.* L'un & l'autre s'écrit, mais on prononce *tôt* qui veut dire *vîte*, Incontinent. Soudain & sans tarder. (Vite, tôt qu'on décampe.)

Tôt, ou tard, adv. Dans peu de tems, ou dans un tems considérable. Bientôt, ou dans un tems éloigné. (Tôt ou tard l'amour est vainqueur. Il faut mourir tôt, ou tard, c'est pourquoi on doit songer à la mort plus qu'à toute autre chose.

Jeunes cœurs, croiez moi laissez vous enflamer.
Tôt, ou tard il faut aimer. *Benserade,balet des plaisirs.*)

Aussitôt, ou aussi tost, adv. Incontinent. Dès que. Prononcez *aussitôt.* (Aussitôt qu'au matin vous serez éveillée, dites. *Sar. Poës.*)

Sitôt que, ou si-tost que, adv. C'est à dire, Aussitôt. Au même tems que. Dès que. Au moment que. Prononcez *sitôt que.*

[Si-*tôt que* le besoin excite son désir,
Qu'est-ce qu'en ta largesse il ne trouve à choisir ?
Mai.poës.)

TOTAL, *totale, adj.* Mot qui se dit souvent en Termes de *Palais*, & signifie *entier*. [Il arriva un accident que je crus devoir être cause de ma *totale* destruction, *Voiture, l.*10. Ruïne totale. *Le Maitre, plaidoiez.*)

† *Total, s. m.* Mot qui n'entre point dans le beau stile, qui se dit ordinairement en Termes de *Palais* & qui signifie *Totalité.*Le tout. (Il est condamné à païer le total,)

Totalement, adv. Ce mot n'entre point dans le beau stile. Il signifie Entiérement. *Tout à fait*. (Il est totalement perdu.)

† *Totalité, s. f.* Mot qui signifie *le tout* & qui n'entre d'ordinaire que dans le *stile de Palais*. (Paier la totalité.)

TOTON, ou *tauton, s. m.* On prononce *tôton*. C'est un petit morceau d'os, ou d'ivoire à quatre coins, marquez chacun d'une lettre, ou de quelque petite figure, au travers duquel passe un petit bâton pour le faire tourner quand les enfans veulent joüer. (Un joli tôton. Joüer des épingles au tôton. Joüer un double au tôton.)

TOU.

TOÜAGE, *s. m.* Terme de *Mer*. On dit aussi *toüé* au même sens & c'est se toüer. (On a emploié beaucoup de tems au toüage, ou on a emploié beaucoup de tems à la toüe. Voiez *toüer.*

Tou-beau, adv. On se sert de ce mot pour prier qu'on agisse avec moins d'emportement, & de violence. (Tou-beau, tou-beau, vous en usez avec trop de rigueur envers Monsieur.)

Tou-beau. On se sert de ce mot pour prier, & commander qu'on s'arrête, (Tou-beau, ne touchez pas à cela. Tou beau, n'avancez pas.)

TOUCHANT. Préposition qui régit l'acusatif & qui signifie *Sur.* A l'égard. Pour ce qui concerne. (Ils ont un diférend *touchant* la grace éficace. *Pascal, lettre* 2.)

Touchant. Participe qui veut dire. Qui touche. Voiez *toucher* plus-bas.

* *Touchant, touchante, adj.* Sensible. Afligeant. (Cette perte est touchante. Malheur fort touchant)

* *Touchant, touchante.* Qui excite. Qui émeut. Patétique. Discours touchant. Mouvement touchant. Raison touchante. Consideration touchante. Un spectacle fort touchant.)

Touche, s. f. ou *Pierre de touche*. Ce mot se dit entre Orfevres.

C'est à dire, La pierre dont on se sert pour éprouver les métaux & pour connoitre le degré de bonté de l'or, ou de l'argent. (Faire essai à la touche.)

Touche. Terme de *Maitre d'Ecole*. Ce qu'on tient à la main pour montrer les lettres & aprendre à épeler. (Prenez vôtre *touche* pour me montrer les lettres que je vous dirai.

Touche. Terme de *Luthier*. Le mot de *touche* en parlant de guitarre, de luth, de tiorbe, de mandole & autres pareils instrumens ; Ce sont de petis morceaux de corde qui entourent le manche du luth, de la guitarre, & autres pareils instrumens & qui servent à faire les tons. (Ces touches ne sont pas bien mises. Mettre les touches. Il y a d'ordinaire neuf touches sur le manche du luth.)

Touche. Terme de *Luthier*. C'est un morceau de bois d'ébène qui est delié, & bien poli, & qui est proprement colé le long du manche du violon, de la poche, de la viole, du luth, du tiorbe, de la mandole, & autres pareils instrumens & autour duquel sont les cordes qu'on apelle touches aussi. (Cette touche de viole est belle. La touche de mon tiorbe est toute gâtée. Colet la touche sur le manche, &c.)

Touche. Terme de *Facteur d'Orgue, d'Organiste, & de Joüeurs de certains instrumens de musique*. Le mot de touche en parlant d'orgue, d'épinette, & de clavessin. C'est un morceau d'ébène ou d'ivoire, quarré, surquoi on pose avec adresse & avec métode ses doigts pour joüer tout ce qu'on veut sur l'orgue, l'épinette, & le clavessin. [Voilà un beau rang de touches. Les touches de ce clavessin sont bien faites. Les touches de cette épinette paroissent.fort belles. Toucher une touche. Poser le doigt sur une touche. Il faut un peu arrêter sur cette touche.]

Touche d'arbres. Terme de *Peinture*. C'est ce qu'on apelle *les feuilles des arbres* peints. (Les arbres de ce paisage sont de touches diférentes, ou sont touchez diférement. *Conversations de Peinture.*)

* *Touche*. Ce mot est en usage *aufiguré* où l'on dit. *Il craint la touche.* C'est à dire, Il aprehende tout ce qui peut choquer ses intérets. Il a peur de tout ce qu'il croit qui est capable de lui nuire.

Toucher, v.a. Mettre le doigt, ou la main sur quelque chose. Mettre le pié sur quelque chose, en un mot, c'est mettre en usage le sens du toucher. [Toucher une corde. Ne touchez pas ce fer, il est chaud. Troc pour troc, touchez-là. *La Fontaine, Nouveaux Contes.*

Depouillez-vous de la rigueur
Qui rend vôtre beauté farouche,
Je vous puis bien *toucher* la bouche.
Si vous m'avez *touché* le cœur. *Voit. poës.*]

Toucher. Ce mot se dit encore dans un *sens neutre* & qui tient du figuré. [Exemple. Ils ont juré de ne point toucher au païs du Roi. *Abl.* Rét. *l.*3. *c.*3. C'est à dire, Ne faire aucun tort au païs du Roi.

On ne touche point à l'ancienne économie Ecléfiastique. *Patru, pl.*4. C'est à dire, on ne fait aucun changement à l'ancienne économie de l'Eglise.]

Toucher, v. a. Terme d'*Imprimerie en lettres.* C'est prendre de l'ancre sur les bales & en toucher la forme. (Il faut bien toucher cette forme, c'est à dire, les pages qui doivent être touchées.)

Toucher, *v. a.* Ce mot se dit entre *chartiers & cochers*, & veut dire Chasser avec le foüet. [Touche cocher.]

Lors aiant fait *toucher* au Fauxbourg Saint Germain
Il se mit à sourire, & me presse la main.
Sar. Poë.

Touchant ses chevaux aïlez, elle me promena par tout le monde,
Abl. Luc.

† *Toucher, v. a.* Fraper. Batre. [Il touche, & frape sans considération.]

Toucher, v. a. Recevoir. [Toucher de l'argent. Il a touché cent pistoles de cette afaire.]

Toucher, v. n. Etre contigu. Etre tout proche. [Sa maison touche à la vôtre.]

* *Toucher*. Etre patent. Apartenir de parenté à quelcun. Etre allié. Avoir de l'afinité avec quelcun.

[Elle lui *touche* de bien prés.
Voiture, poësies.]

Toucher, v. a. Ce mot se dit en parlant de certains instrumens & veut dire joüer de cet instrument. (Toucher l'orgue, le clavessin, le psalterion, &c.)

* *Il ne faut pas toucher cette corde*.C'est à dire. Il ne faut point parler de cela.

* *Toucher la grosse corde*. C'est à dire,parler à une personne de ce qui l'interesse le plus, & qui est le plus capable de l'émouvoir.

Toucher, v. n. Ce mot se dit en Termes de *Mer*. C'est moüiller. Donner fond dans quelque ancrage. [Au bout de deux jours nous touchâmes à Malte.]

Toucher. Terme de *Mer*. Heurter. [Nous avons été longtems à nous parer de cette basse & à la fin nos vaisseaux *touchérent*, l'un

TOU   TOU   827

l'un se brisa la quille & l'autre se releva. *Guillet termes de navigation.*)

Toucher. v. a. Ce mot se dit entre *Orfévres* & signifie Eprouver avec la pierre de touche. (Donnez-moi la pierre que *je touche* cette pistole, elle a mauvaise mine & je ne la croi pas bonne.)

Toucher, v. a. Ce mot se dit entre les *Peintres*, en parlant de feuilles d'arbres peints & signifie *peindre*. (Ce peintre *touche* bien un arbre.)

* **Toucher.** Dire. (Je vous ai touché quelque chose de cela. *Pascal, l. 7.*)

* **Toucher,** v. a. Ce mot se dit en parlant *d'afaire*, & veut dire venir au point de l'afaire. (Toucher le point de l'afaire.)

* **Toucher,** v. a. Il signifie, faire connoître, faire voir. Et en ce sens il semble avoir un beau sens. (Il y a dans toutes les belles personnes, des endroits à faire valoir, & il y en a d'autres qu'on ne doit pas toucher. *S. Evremont in 4. p. 209.*)

* **Toucher,** v. a. Regarder les interêts de quelcun, ses biens, ou son honneur. (Cela ne me touche point, & je ne m'en soucie pas. Cela ne me touche, ni en bien ni en mal. Maximes qui touchent les bénéfices. *Pascal, l. 7.*)

* **Toucher,** v. a. Emouvoir. Exciter quelque passion dans l'ame. [Toucher le cœur d'une belle. *Voiture, poësies.* Je vous puis bien toucher la bouche si vous m'avez touché le cœur. *Voit. Poë.* C'est à dire, je vous puis baiser, puis que vous avez fait naître de l'amour dans mon cœur. Toucher d'un *veritable plaisir. Voit. l. 9.* C'est à dire, donner un véritable plaisir. Il faut du piquant & de l'agréable si l'on veut toucher. *La Fontaine, Préface sur ses Contes.*)

* **Toucher,** v. a. Au figuré, il signifie aussi fâcher, irriter. (Je ne te le céle point, cela me touche. *Abl. Luc. T. 3.*)

* **Toucher.** Ce mot se dit encore en quelques façons de parler figurées. [Vous avez touché tous mes souhaits. *Voit. l. 34.* C'est à dire, acompli tous mes souhaits.]

* **Ne toucher pas.** Ces mots se disent en parlant de *raillerie fine* & signifient, Rire si ingénieusement qu'il semble qu'on ne songe à rien moins. [Il semble qu'il n'y touche pas. *Scaron.*]

Touché, touchée, *part.* Qui a été touché. [Au jeu des Dames & des Echets, on dit, Dame *touchée*, Dame jouée, pour dire qu'on est obligé de joüer la piéce qu'on a touchée.]

Toucher, *s. m.* C'est celui des cinq sens qui est répandu par tout le corps. [Les cinq sens sont la vuë, l'ouïe, le goût, l'odorat & le toucher. Le sens du toucher est le plus grossier de tous les sens.]

Le toucher, *s. m.* Il se dit aussi, parlant de l'orgue, de l'épinette, & de quelques autres instrumens, & c'est la maniére de les joüer. (Il y a plusieurs choses à observer sur le *toucher* de l'orgue, mais il est plus facile de le montrer sur le clavier que de l'exprimer sur le papier. *Nivers, traité de l'orgue.*]

Toüi, *s. f.* Terme de *Mer.* C'est l'action de se toüer. [Ramener les vaisseaux à la touë.]

Toüe, *s. f.* Terme de *Batelier de Paris.* C'est une sorte de fort grand bateau. (Equiper une toüé. Monter une touë.]

Se toüer. v. r. Terme de *Mer.* C'est se tirer sur l'ancre qu'on jette en mer, ou en terre & en virant le cable sur le cabestan faire aprocher peu à peu le navire de l'ancre & le tirer du lieu où il étoit, & qui se fait lors qu'on ne se peut servir des voiles. [Nous avons employé deux jours à nous toüer.)

Toufe, *s. f.* Ce mot se dit des arbres, des herbes, des chevaux, & de quelques autres choses, & signifie. Un amas épais d'arbres, d'herbes, de cheveux, ou de quelque autre chose. (Il s'est fourré dans une toufe d'arbres. Il fit couper une toufe de ses cheveux. *Vau. Quin. l.* Toufe de ruban. Ce sont plusieurs rubans qu'on met en forme de neud sur quelque chose pour l'embélir.)

Toufe. Terme de *Plumacier.* Plusieurs plumes qu'on met sur la tête des chevaux, qu'on acommode pour paroître dans les carrousels. (Il étoit monté sur un barbe qui avoit sur la tête *une toufe de plumes incarnates.*)

Toufu, toufuë, *adj.* Ce mot se dit proprement des bois & des forêts & veut dire épais de feuilles. (Bois toufu. Forêt toufuë.)

† * Voiez vous ce *Pédant* à la barbe toufuë. *Abl. Luc.* C'est à dire, barbe épaisse.)

‡ **Toüillaut,** *s. m.* Prononcez *touillò.* Mot bas & burlesque qui veut dire. Gaillard. Eveillé, & qui aime un peu la débauche des femmes, qui aime à les servir amoureusement. [C'est un bon touillaut. Elle épouse un gros touillaut qui a tout l'air de la servir vigoureusement.)

Toujours, *adv.* Continuëllement. Sans cesse: Sans aucune interruption. [Les prémiéres amours sont *toujours* les plus fortes.]

Prenons ceci puis que Dieu nous l'envoie
Nous n'avons pas *toujours* tel passetems.
La Fontaine, Contes.)

Toupet, *s. m.* Ce mot se dit des cheveux, & veut dire *petite toufe.* (On lui coupa un *toupet* de cheveux. *La Fontaine, Contes.* Ils n'ont qu'un petit toupet de cheveux sur la tête. *Voïage de Tevenot, T. 2.*]

Toupie, *s. f.* Mot qui vient du Grec. C'est une sorte de sabot qui a un fer au bout & qu'on fait tourner avec une corde. [Joüer à la toupie. La toupie tourne. La toupie doit. Prendre la toupie dans la main.]

† * **Toupier,** v. n. Mot bas & populaire, pour dire, faire plusieurs tours & retours inutiles dans une maison, sans savoir ce qu'on fait, ni ce qu'on cherche. [Cette servante ne fait que *toupier*, & ne fait guére de besogne.] Ce mot vient aparemment de ce qu'on imite la toupie.

Toupillon, *s. m.* Il se dit proprement des Orangers. C'est une confusion de plusieurs branches, fort petites en grosseur & en longueur, chargées de petites feuilles, & qui sont venuës bien prés les unes des autres. [Il faut ôter ces toupillons, car ces toupillons nuisent aux branches les plus belles, leur ôtant de la nourriture.)

Tour, *s. f.* C'est un ouvrage d'Architecture qui est plus élevé que les bâtimens ordinaires, & qui est le plus souvent fait pour servir de défense. (Une haute tour. Une tour ronde, ou quarrée. Une bonne tour. Elever une tour. *Vau. Quin. l. 4.* Faire sauter une tour. Saper une tour. *Abl.* Les Tours de l'Eglise Nôtre Dame de Paris sont belles, mais elles ne sont, ni si hautes, ni si considérables que la grande Tour de l'Eglise Catédrale de Strasbourg. Cette tour est la plus renommée qui soit dans l'Europe.]

Tours de bois. C'étoit des machines de Guerre, faites pour élever les Assiégeans à la hauteur des murailles & en chasser les assiégez à coups de fléches, & y passer des ponts, qui s'abatoient. Ces tours avoient quelquefois vint étages & trente toises de haut. Elles étoient couvertes de peaux nouvellement écorchées, & cent hommes étoient emploïez à les remüer & à tirer sur les Assiégez. *Abregé de Vitruve, c. 3.*

Tour. C'est une piéce du jeu des Echets, qui se pose aux extrémitez du tablier & qui se remüe à angles droits.

Tours, *s. m.* Circuit. [Faire le tour d'une place. *Ablan. l. 1.* Le tour de Paris en y comprenant tous les Fauxbourgs a environ quatre lieuës. Le Soleil fait le tour du monde. Le tour d'un cercle. Faire le tour du monde. Le Soleil fait son tour en un an.)

Tour, *s. m.* Tout ce qui environne une chose. (Un tour de lit bien fait. Un tour de lit fort propre. C'est à dire, une housse qui entoure le lit fort propre & bien faite.)

Tour de plume. Terme de *Plumacier.* Plume simple qu'un jeune Gentilhomme, ou cavalier met autour de son chapeau pour lui donner meilleur air. (Un beau tour de plume.)

Tour de lange. Terme de *Nourrice.* C'est un morceau de toile qui est ordinairement embéli de dentelle & dont on entoure le lange de drap de l'enfant. (Voilà un beau tour de lange.)

Tour. Ce mot se dit des *collets* & des *rabats*, & est un Terme de *Couturiére.* C'est la partie la plus-haute du rabat sur laquelle ou atache le tour de cou. (Quand un rabat croise, on en ôte du tour.] Rabat qui a trop de tour. Rabat qui n'a pas assez de tour.]

Tour. Terme de *Perruquier.* Cheveux faux qui sont bouclez & que les Dames se mettent autour du front & au dessus des temples. [Ce tour vous sied extrémement bien & l'on diroit que ce sont vos propres cheveux.]

Tour de col, *s. m.* Gance & bouton que l'on coud au haut du manteau par dedans & qu'on se boutonne autour du cou quand on a le manteau sur les épaules. (Atacher un tour de col. Un tour de col fort bon, & qui durera long-tems.]

Tour de col. Terme de *Couturiére.* C'est une bande de toile, large de deux doigts, qu'on coud tout au haut du rabat, & qu'on atache avec des épingles quand on met un rabat. (Le tour de col ne doit pas être d'une toile si fine que celle du corps du rabat.)

Tour, *s. m.* Petite promenade qu'on fait pour se divertir, ou pour se tenir en santé. [Allons faire un tour à Luxembourg en atendant le soupé. Je viens de faire un tour aux Tuilléries.]

Tour. Petit chemin qu'on fait pour aller en un lieu. [Je m'en vais faire un tour au Palais & je me rendrai ici dans une petite demi-heure.]

* **Tour.** Ce mot se dit en parlant de certaines choses qui viennent après d'autres, qui succédent à d'autres. (Les travaux cessent, les plaisirs ont leur tour. En amour il faut gémir, soupirer & se plaindre, mais tôt, ou tard les plaisirs ont leur *tour.* C'est à dire, que les plaisirs succédent aux plaintes & aux soupirs. Aprés tant d'alarmes cruelles, les jeux & les plaisirs doivent avoir leur *tour.* C'est à dire, doivent succéder aux alarmes.]

Tour. Adresse de charlatan qui fait de la main mile petites gentillesses qui surprennent les yeux. (Charlatan qui fait de jolis tours.)

Tour de passe-passe. C'est un tour & une action subtile & qui surprend. [Il a fait de son côté cent tours de passe passe.]

Tour de souplesse. Action faite agilement. [Les bateleurs font des tours de souplesse.]

* *Il a fait mile tours de souplesse pour cela.* C'est à dire. Mile bassesses. Il s'est servi d'intrigue, de finesse & d'adresse.

* C'est qui des deux y fait de meilleurs *tours.*
La Fontaine, Contes.

C'est

C'est à dire, qui fait mieux faire en matière d'amour.

Du bonheur se croiant à la cime,
Vous leur avez fait voir un tour d'escrime.
Voiture, poësies.

C'est à dire, par une adresse toute particuliére, vous leur avez montré que.)

* *Le tour du baton.* C'est une conduite fine & adroite pour gagner quelque chose en faisant quelque afaire. [Il a gagné vint pistoles sans conter *le tour du bâton* qui lui en a valu quatre ou cinq.)

† * *Tour d'ami.* Ce mot en parlant *d'ami*. C'est un bon ofice qu'un ami rend à un autre ami. (Il lui a fait un tour d'ami. Lors que dans ce maudit siécle avare & fourbe un homme prête genereusement cent pistoles à un autre. C'est un véritable *tour d'ami*.)

† * *Tour.* Tromperie. Fourberie. Niche. Action fâcheuse, cruëlle, ou choquante qu'on fait à quelcun. [Il fait tous les *mauvais tours* que les femmes spirituelles font à leurs maris. *Scaron Nouvelle* 1. Ce n'a été qu'en ma derniere maladie, le tour qu'elle me fit en vôtre présence. *Voit. l.*23. Faire un tour cruël à quelcun, *Benserade poësies.*)

* *Tour.* Ce mot entre dans plusieurs façons de parler nouvelles & figurées.

[* *Donner un tour favorable à une afaire. Ablancourt.* C'est la faire voir par ses côtez les plus beaux. *Avoir un tour d'esprit fort agréable.* C'est à dire, avoir un esprit charmant & qui met bien les choses dans leur jour, qui les dit & qui les exprime de bonne grace. *Elle a un tour de visage qui charme.* C'est à dire, qu'elle a le visage fort bien pris, & fort bien fait. Monsieur Dépreaux a un *tour de vers admirable.* C'est à dire, que les vers de Dépreaux sont finis. *Le tour de l'expression des plaidoiez de Monsieur Patru est difficile à atraper*, il est nouveau, charmant & particulier. Scaron écrivoit d'un tour goguenard & plaisant. Ecrire d'un tour galant, fin, délicat, &c.]

Tour. Terme de *Religieuse.* Espèce de petite machine de forme ronde qui tourne sur deux pivots, de laquelle on se sert dans les Couvens des Religieuses pour faire passer de petites choses dans le Couvent, ou pour en faire sortir quelques autres. [Mettez cela dans le tour.]

Dame du tour, s.f. Religieuse qui au dedans du Couvent a soin du tour & d'avertir les Religieuses lorsqu'on les demande. (Elle est Dame du tour.)

Tour. Terme de *Tourneur.* C'est une machine dont on se sert pour tourner le bois. (Acheter un tour. Tourner une colonne de lit au tour.)

* Elles ne sont pas les plus beaux bras du monde. On diroit qu'ils *sont faits au tour.* C'est à dire, que ces bras sont beaux & ronds. C'est à peu prés dans ce même sens que *Benserade*, Rondeaux p.179. a dit une Nimphe *faite au tour*, pour dire une fille bien faite, qui a le corps bien pris dans sa taille.

Tour. Terme de *Patissier.* C'est une sorte de table grande & épaisse sur quoi on travaille en patisserie. [Détremper de la pâte sur le tour.]

Tour à tour, adv. L'un après l'autre, ou l'une après l'autre. [Je jure foi de morque j'irai *tour à tour* leur parler encore, d'amour.]

Tourbe, s.f. Ce mot vient du Latin *Turba*, il signifie troupe, mais il est un suranné. [Une grosse tourbe. Une petite tourbe. Je ne me fie pas à cette *tourbe* de Barbares, je ne m'atens qu'à vous. *Vaug. Quin. Curce l.9.* ch.2.]

On dit en termes de *Palais.* Faire une enquête par tourbes. En ces enquêtes la déposition de dix témoins n'étoit contée que pour une seule déposition. Cette sorte d'enquête par tourbes a été abrogée par l'Ordonnance de 1667.

Tourbe, s.f. Mote d'herbes, ou de terre grasse, qu'on tire des canaux, des marais & autres lieux, qu'on fait sécher & qu'on brûle. *Tourbe,* en ce sens, n'a point vieilli. [Bruler des tourbes. Les pauvres gens se chaufent qu'avec du feu de tourbes. Les laboureurs de Cornoüaille coupent toute l'herbe aux endroits de la terre qu'ils veulent labourer, & ils en font des tourbes. *Voi' l'hist. des sing & Angl.*]

Tourbillon, s.m. C'est une manière de colonne tournante de vent qui se forme en l'air & décend sur la terre & sur l'eau. C'est aussi une nuë qui s'enflamme & est portée en tournoiant par la violence du vent en terre. C'est que quelquefois un vent violent qui tournoie en manière de pelotte sur la terre & qui est mêlé d'une épaisse poussiére. [Tourbillon violent, rapide, impétueux, furieux, je voi un terrible tourbillon qui descend sur la terre. Les tourbillons renversent, abatent & déracinent les arbres.]

Tourbillon. Terme de *mer.* C'est le vent le plus furieux & le plus redoutable qui soit sur mer, qui éleve & fait piroüetter l'eau en forme de colonne, haute de cent brasses & tournoie spiralement de quinze à vint piez de diamètre. Les Latins apellent ce vent *Ventus circius,* *Turco,* & les Espagnols *torvellino* & *furacane.* Les François *tourbillon* ou *dragon de vent.* Voiez les *Coutumes de la mer.*

Tourbillon, s.m. Terme de la *Philosophie de Decartes.* Il

prétend qu'il y a dans le Ciel, plusieurs révolutions d'Astres, autour de divers centres, qui font des sistêmes diferens, & qui ont quelque ressemblance à celui de nôtre Tourbillon, où les Planettes se meuvent autour du Soleil. Il croit qu'il y a des Astres qui passent quelquefois d'un tourbillon dans un autre, & s'y rendent visibles. C'est ainsi qu'il explique l'aparition des des Comètes.

† *Tourde, s.f.* Mot Provincial, qui signifie une espèce de Grive.

Tourelle, s.f. Il signifie une petite tour. C'est un terme de *Facteur d'orgue.* Ce sont plusieurs tuiaux ensemble, au milieu & aux côtez de la montre de l'orgue, qui de la manière qu'ils sont posez forment comme une maniere de petite tour. (Cette tourelle est bien faite.)

Touret, s.m. Terme d'*Epronnier.* Clou tourné en rond qui a une grosse tête arrêtée dans la partie du bas de la branche de la bride du cheval de selle. (Faire un touret.)

Touret, Terme de *Batelier.* Manière de cheville qui est sur la nage du bachot & où l'on met l'anfeau de l'aviron lors que l'on rame. (Mettre l'anneau de l'aviron dans le touret.)

Touret, Terme de *Balancier.* Ce sont trois manières de petits aneaux dont il y en a deux aux gardes du peson.

Tourriere, s.f. Terme de *Religieuses.* C'est une servante qui a le soin du tour de dehors, de tenir le paloir net & propre, & d'acheter les provisions necessaires pour le Couvent. (Une bonne tourriere. La sœur tourriere est morte.) Cette tourriere est celle qu'on apelle *tourriere du dedans*, ou plutôt *Dame du tour*, & c'est une Religieuse qui reçoit toutes les lettres & tous les messages envoiez au monastère, qui en avertit l'Abesse & en donne les réponses qu'on lui ordonne de rendre.)

Tourrillon, s.m. Terme de *Canonier & de Fondeur.* Morceau de métal rond, qui est à chaque côté de la volée du canon & sert à soutenir le canon lors qu'il est sur son afût. (Ces tourrillons font trop petits pour cette piéce.)

Tourillon. Terme d'*Architecture.* C'est une espèce de pivot sur quoi tournent les flèches des bascules des ponts levis & autres choses.

Tourillon. Terme de *Meunier.* Espéce de gros rouleau de fer au bout de l'arbre du moulin & qui sert à faire tourner l'arbre.

Tourment, s.m. Peine. Soufrance. (Un cruël tourment. Les damnez soufrent des tourmens horribles & qui devroient faire trembler ceux qui vivent mal.)

Tourment. Fatigue. Travail. Peine qu'on a en travaillant. (On n'obtient garde de bien sans tourment. *Abl.*)

* *Tourment.* On se sert de ce mot en parlant *d'amour*, & il veut dire, Inquiétude. Chagrin. (J'ai des tourmens à quoi rien n'est égal. *Voit. poës.*)

Le Ciel l'a fait assez heureux
Pour n'être pas sensible aux *tourmens* amoureux.
Bien heureuse langueur, agréable *tourment*
Doux & beaux sont les jours que l'on passe en aimant.
Segrais, Eglogue. 4. & 7.)

Tourmente, s.f. Ce mot signifie *Tempête,* mais il ne se dit pas si fréquemment que celui de *tempête.* (Il n'étoit pas possible, dans une si furieuse *tourmente* de gouverner les vaisseaux *Vaugelas, Quin.l.*4. Il fut emporté par la tourmente. *Bouhours, Histoire d'Aubusson,* l.3. les Vaisseaux furent tellement batus de la tourmente qu'ils perdirent & ancres & voiles & cordages. *Abl.* Ciel. La Mer n'est pas si souvent émuë que le calme n'y soit presque aussi ordinaire que la tourmente. *Le Maît. pl.*14.)

Tourmenter, v. a. Faire soufrir. Faire endurer du mal, & de la peine. (On tourmente les criminels à qui on donne la question & la vuë de ces sortes de tourmens peut servir de bride à ceux qui ont du penchant à mal faire.)

* *Tourmenter.* Fatiguer. Ennuier. (Le petit & le sec Monsieur du Periet *tourmente* souvent par le récit de ses vers, des gens qui ne lui ont jamais fait de mal.)

* *Tourmenter.* Bourreler. Le souvenir de son crime le *tourmente* si fort que les maux qu'il soufre sont seuls capables de donner de l'horreur à ses mechantes actions.)

* *Tourmenter.* Ce mot se dit en parlant de peinture. C'est faire perdre l'éclat aux couleurs à force de les manier avec le pinceau, ou avec la brosse. (Tourmenter les couleurs.)

Se tourmenter, v. r. Se peiner. Prendre de la peine. (Se tourmenter pour ne rien faire.)

Que je le quite, ou non, ne vous tourmentez pas.
*Rac. Theb. a.*1. *sc.*4.)

* *Se tourmenter.* Cela se dit du bois emploié lors qu'il n'étoit pas sec, & s'enfle, se déjette. [Bois qui se tourmente.]

† *Tourmenteux, se, adj.* On donne quelquefois cette épitète à de certains promontoires, comme entr'autres au Cap de bonne espérance. Et il signifie, qui est sujet à des tourmentes.

Tourmentin, s.m. Terme de *Marine.* C'est le mât qui est entré sur le Beaupré. On l'apelle aussi Mât de tourmentin. *Ozan. Dict. Math.*

† *Tournant, tournante, adject.* Qui tourne. (Une roüe tournante

T O U   T O U   829

tournante. Un essieu tournant.)

* Tournant, s. m. Un endroit où l'on tourne. (Le tournant de la ruë.

Tournant, s. m. Terme de mer. C'est un endroit de mer où l'eau tourne toûjours & où un vaisseau est en péril. (Les tournans sont dangereux.)

† Tourne, s. f. terme de Jeu de Cartes. C'est la carte qui est tournée. On l'apelle aussi la Triomfe.

Tourne-bout, s. m. C'est une sorte d'instrument de musique à anche & à vent qui se fait, on se faisoit en Angleterre, qui a plusieurs trous & qui est fabriqué en forme de croce, Mersonne, l. 3.

Tourne-broche, s. m. Sorte de petite machine dont on se sert en France depuis environ soixanteans, qui est composée d'un bois, d'un chaslis & d'un contrepoids, ce qui sert par le moien de quelques cordes à faire tourner les broches où il y a de la viande. (Un bon tourne-broche. Un tourne-broche qui va bien, ou mal.]

On donne aussi ce nom au marmiton qui tourne la broche.

On le donne encore à un chien qu'on a dressé à faire tourner une roüe, dont le mouvement sert à faire tourner la broche.

Il y a aussi des tournebroches dont le mouvement est causé par celui de la fumée qui monte dans la cheminée, laquelle fait mouvoir en rond des feüilles de fer blanc disposées à cet éfet.

† Tournée, s. f. Terme de Commis ambulant. Tour & visite de quelque commis dans quelque contrée, ou païs. (Faire une tournée dans un païs.)

* Tournée. Ce mot se dit entre gens qui vont çà & là par Paris pour leurs afaires. Ce sont tous les tours de vile qu'on fait. Ce sont tous les endroits de Paris où l'on doit aller. (J'ai fait ma tournée ce matin & ensuite je suis venu dîner. J'ai une grande tournée à faire.)

Tourne-feüillet, ou plutôt signet, s. m. Petit ruban, ou petit morceau de parchemin en forme de ruban qui est ataché sur la tranche de la tête des bréviaires ou des livres d'Eglise, qu'on couche le long des feüillets & qui débordant par la quëuë du livre sert à tourner les feüillets. (Ces tourne-feüillets s'apelent signets par les Eclésiastiques Parisiens & il n'y a guère que les Provinciaux qui disent Tourne-feüillet.)

Tournelle, s. f. C'est la Chambre criminelle du Parlement de Paris, qui ne fut établie en Chambre particulière qu'en 1436. & qui est composée de deux Présidens de la Cour, de huit Conseillers de la grand Chambre, & de deux Conseillers de chacune des cinq Chambres des Enquêtes. La Tournelle a été apellée de ce nom parce que Messieurs y servent par semestre & chacun à leur tour. Voiez la fonction de Messieurs de la Tournelle dans les livres des Ofices de France de Girard & de Joli, tome 1. titre 5. (Les criminels qui font apellans à la Cour sont renvoiez à leur premier jugement par Messieurs de la Tournelle quand ils les trouvent bien jugez, sinon ils les jugent. Son procès est à la Tournelle.)

La tournelle civile est une chambre du Parlement de Paris établie le treiziéme d'Aout de l'année 1669. & composée d'un Président & d'un certain nombre de Conseillers de la grand' Chambre, & des Enquêtes. Cette chambre se tient les Lundis, les Vendredis, les Jeudis & les Samedis, & elle juge jusques à la valeur de la somme de mile livres & de cinquante livres de rente. Les Conseillers de la tournelle civile ont chacun deux cens cinquante livres de gages extraordinaires, païées par le receveur & païeur des gages du Parlement. Voiez les recueil des édits & déclarations du Roi chez Mabre-Cramoisi page 19.

† Tournelle. Messieurs de la Chambre de la Tournelle. (La tournelle connoit d'ordinaire des afaires criminelles qui demandent une promte expédition.)

Tourner, v. a. Faire le tour d'un lieu. (Toucher autour d'une chose.

Il n'en verra jamais quoiqu'il tourne le monde,
Et que souvent soi même il se mire dans l'onde.
Voit. Poës.

Il tourna une partie de l'Arabie. Ablancourt. Ar. l. 7. c. n,

Ceux qui marchoient avec la garde aïant tourné ces lieux, surprirent ceux qui gardoient les hauteurs. Ablancourt, Rét. l. 4. c. 1.)

Tourner. Ce mot en parlant du Corps signifie quelquefois Placer quelque partie du corps en un sens où elle n'est pas naturellement. Mettre en un autre sens. (Tourner la poitrine du pié en dehors. Tourner la jambe. Tourner un peu le corps.)

Tourner. Faire faire divers tours d'un même sens. (Tourner la broche.)

Tourner. Ce mot se dit en parlant des feüillets d'un livre, & signifie, prendre un feüillet d'un livre & l'apliquer de se coucher sur un autre feüillet. [Tourner les feüillets d'un livre pour chercher quelque passage.)

Tourner, v. n. Aler en rond. [Il me sembloit que la grote tournoit. Abl. Luc. Un globe tourné sur son axe. Les Planètes tournent autour du Soleil. La broche tourne devant le feu. On dit aussi de la viande qui est embrochée tourne, & cela veut dire, qu'ele est mal embrochée & qu'elle ne suit pas exactement le mouvement de la broche. Il y a des danses où l'on tourne en rond. Les moulins tournent, &c.)

Tourner, v. a. Renverser. Mettre tantôt en un sens & tantôt en un autre.

(Et sans dessus dessous qui voulut le tourna.
Marigni, Balades)

Tourner, v. n. Terme de Jardinier. Il se dit des fruits, & veut dire, commencer à mûrir. Car quand le fruit commence d'entrer en maturité, il change de couleur pour prendre un teint jaune au lieu d'un teint verdâtre qu'il avoit. (Ainsi l'on dit, le raisin tourne, la pêche tourne, les prunes tourneront bientôt.) Voiez se tourner.

Tourner. Ce mot en terme de Manège signifie Changer de main. (L'écuier dit au Gentilhomme qu'il fait travailler, tournez-là.)

Tourner. Ce mot signifie traduire, mais, en ce sens, il n'est pas tout à fait du bel usage. L'Abé de Pure a tourné en François l'histoire de Maphée, mais helas! qu'elle traduction !

Tourner. Façonner autour. Faire au tour. (Tourner une boule, une cilindre. un cone. Tourner le vase d'un gueridon. Tourner du bois pour faire des piés de chaise. Tourner un pot.)

* Tourner. Ce mot en parlant des gens qui composent, signifie Faire. Retoucher une chose, s'y reprendre plusieurs fois. J'ai tourné vint fois cette periode sans lui avoir pu donner le tour qu'elle doit avoir pour être raisonnable]

* Tourner. Ajuster Finir à force de travail. Donner un beau tour (Tourner bien un vers. Tourner bien une période. Tourner agréablement une pensée. Il tourna la chose plaisamment & cela fit connoître qu'il avoit de l'esprit.)

* Tourner. Apliquer. Porter. (Tourner ses pensées du côté de la Cour, du côté du mariage, &c. Ne songeant plus à eux ils tournent leurs pensées sur Alexandre. Vaugelas. Quint. l. 3.]

* Tourner. Rendre. (Tourner une personne en ridicule. C'est rendre une personne ridicule.)

* Tourner. Changer. [Tourner une chose en raillerie. C'est la changer en raillerie, lui donner un tour de raillerie.]

* Tourner. Amener Faire changer. (Tourner la conversation comme l'on veut. Tourner la conversation du côté qu'on désire.]

* Tourner. Examiner. Sonder une personne. [Elle tourne tant son ami qu'enfin son ami lui déclare tout. La Fontaine, Nouveaux Contes. Je l'ai tourné de tous côtez sans que jamais j'en ai pû rien découvrir.]

* Tourner. Ce mot signifie quelquefois Instruire, Former. (On lui a tourné l'esprit là dessus.)

* Tourner, v. a. Soliciter si adroitement qu'on fasse donner une personne où l'on veut.) Elles la tournent si bien qu'elles la gagnent, Patru, plaidoié 16.)

* Tourner, v. n. Se changer. Devenir. (La conversation tourna sur le sérieux.)

* Tourner, v. n. Réüssir.

(* on ne sçait pas encore comme l'afaire tournera.

* Tout cela tourne à son avantage. Ces choses ne tournent point au bien du public. Abl. Sa témérité lui tournoit à gloire. Vaug. Quint. l. 3.]

* Tourner, v. n. Ce mot se dit du lait & on s'en sert avec le verbe faire. (Le lait se fait tourner en petits grumeaux Cailler. [Si vous faites boüillir le lait davantage, vous le ferez tourner.]

† * Faire tourner le lait aux nourrices. Façon de parler burlesque pour dire. Engrosser les nourrices tandis qu'elles donnent à têter aux enfans.

Tourner, v. n. Ce mot se dit des cerises & signifie pourrir. (Cerises qui commencent à tourner.)

Se tourner, v. r. Se mettre dans un sens contraire à celui où l'on étoit. (Tournez-vous un peu que je vous voie.)

* Se tourner. Se changer. [La bonne opinion qu'ils avoient l'un de l'autre se tourna bien tôt en bienveillance. Scaron, Nouvelle 1.)

* Se tourner. Succéder. Réüssir.

[Cela se tournera à son avantage.

* Se tourner. Ce mot se dit du tems & signifie Se changer. [Le tems se tourne au beau.)

* Se tourner. Ce mot se dit du lait & veut dire se changer en petits morceaux caillez. (Quand le lait est vieux il se tourne aisément.)

Se tourner. Il se dit aussi du vin, & signifie, se gâter. (Le vin est tourné.)

Il se dit aussi du fruit, & veut dire, commencer à se pourrir. (Les cerises ne valent plus rien elles sont tournées. Elles commencent à se tourner. Quint. Jard. (r. T. 1.)

Tourne-sol, s. f. m. Plante qui pousse une tige grosse & haute de cinq, ou six piez, au bout de laquelle il y a une grande fleur d'un beau jaune doré. On apele aussi cette fleur Soleil, ou fleur du Soleil en laquelle fut changée Clitie. Voiez Ovide, Metamorphoses, l. 4. Un beau tourne-sol.)

Tourne-sol, s. f. m. C'est aussi un poudre bleüe qui sert à colorer l'emploi, dont on se sert pour rendre plus ferme e linge qu'on blanchit. Elle vient d'une plante de même nom. (Le

MMmmm 3   tourne-

830 TOU

tourne-sol diffout dans un peu d'eau, paroit noir, étant mis sur du papier blanc. Si on le regarde dans l'aipesseur de trois ou quattre lignes, il paroit noir, dans l'aipesseur d'une ligne il paroit violet;& dans l'aipesseur d'une demi ligne, il paroit bleu. L'urine récente & l'eau de vie rougissent le tournesol.]

Tournette,s.f. C'est une sorte de devidoir autour duquel on met de la soie,du fil,ou du coton & qui vrai semblablement à été apellé *tournette* parce qu'en devidant le fil, la soie, ou le coton qui l'environne on la fait tourner. [Une jolie tournette.]

Tourneur,s.m. Artisan qui façonne du bois au tour, & qui fait tables, chaises, gueridons, armoires & cabinets de bois de noier, & pour cela on l'apelle quelquefois. *Tourneur en bois de noier* pour le distinguer du *tourneur en bois blanc* qui ne fait que des chaises de paille sans être tournées, des échelles & autres choses de bois blanc. [Un bon tourneur.]

Tourneur. Terme de *Potier d'Etain, de Coutelier & de quelques autres artisans.* C'est celui qui chez un potier d'étain tient le crochet pour tourner la vaisselle,& parmi les couteliers c'est celui qui tourne la rouë passée à l'emoud.

† *Tourneuse, s. f.* Femme de tourneur. La tourneuse est morte.]

Tourniquet,s.m. Espèce de machine qui tourne sur un pivot, & qu'on met aux barrieres des commis des entrées pour empêcher les chevaux, mulets &c. de passer. [Mettre un tourniquet.)

Tourniquet. Terme de *Menuisier.* C'est un petit morceau de bois grand comme le pouce,un peu creusé par les deux bouts ataché au bord d'un chassis,servant à soutenir le chassis quand il est levé. [Levez le chassis, mettez le tourniquet d'un autre sens, & abaissez le chassis dessus. Atacher un tourniquet au bord d'un chassis.)

Tourniquet. C'est une ouvrage de *Tabletier* qui est d'ordinaire de bois, de forme ronde, ou quarrée , autour duquel sont marquez divers nombres en chifre & au milieu duquel il y a un piton de fer avec une éguille du même métal qu'on fait tourner quand on joué & qui selon l'endroit du tourniquet où elle s'arrête,fait le bon, ou le mauvais destin de ce jeu. [Un joli tourniquet. Joüer au tourniquet.)

Tourniquet. Terme de *Serrurier & de Tapissier.*C'est un petit morceau de fer plat dont l'un des bouts a un piton rivé où l'on met le crochet de la tringle ou verge de fer & l'autre un trou ou entre le bout de la fiche de la colonne du lit. [Un tourniquet bien , ou mal fait.]

Tournoi,s.m. Combat que deux partis de cavaliers bien montez,lestement parez & armez font par plaisir & en présence des Dames pour quelque réjouissance publique , ou pour se rendre propres aux exercices de la guerre, & cela dans une carriere destinée à ces sortes de joûtes célébres. Les tournois ont été inventez par Manuel Comnenus Empereur de Constantinoble. Voiez *Pancirol,l.2. des choses nouvellement inventées,l.2. c. xx.* L'Abé de Choisi , *histoire de Philipe de Valois,l. 2. ch. 7. page 125.* croit que Geoffroi de Preuilli, Gentilhomme François,de la maison de Vendôme, a inventé les tournois. Il n'y avoit que les Rois & les Princes qui eussent droit de faire des tournois, & la Noblesse Françoise les aimoit avec passion, parce qu'elle s'y formoit à la guerre. Le Prince, qui faisoit un tournoi, l'envoioit annoncer par son heraut d'armes qui en marquoit les conditions & le tems. Le tournoi se faisoit dans une grande place, autour de laquelle il y avoit des échafauts pour les Dames & les Juges du champ. On se batoit d'abord seul à seul, puis troupe contre troupe , avec l'épée plate, avec la masse d'armes ronde, & le combat, qui avoit été animé par les trompettes, étant fini les Juges ajugeoient le prix au Chevalier qui s'étoit le mieux batu, & ils le menoient en pompe, précedez du Roi d'armes, à la Dame du Tournoi , qui, acompagnée de son Chevalier d'honneur & de deux Demoiselles, donnoit le prix à cet heureux & brave Chevalier, qui le remercioit, la baisoit civilement & lui donnoit ensuite le bal. Ces sortes de Fêtes étoient autrefois en France assez fréquentes, mais depuis que Henri second fut mortellement blessé dans un *tournoi* par Montgommeri, les tournois ont été fort negligez des François. Le Pére Ménétrier a fait un ample traité des tournois.]

Tournair,s.m. Terme de *Potier.* Bois de houx dont on se sert pour faire tourner la rouë. [Mon tournoir est perdu.]

Tournoiement, ou tournoiment, s. m. Tour & retour. Circuit. (Le tournoiement des chemins les alonge beaucoup. Il faillit d'être englouti par le *tournoiement* de l'eau *Vaugelas, Quin. livre 9.*

Et nous voions enfin après cent *tournoimens*
Le païs à pommiers des fidelles Normans.
Sar. Poës.)

Tournoiment de la tête. Vertige Maladie de cerveau qui fait croire que tout ce qu'on voit autour de soi , tourne.

Tournoier, v. n. Prononcez *tournoié.* Tourner Faire divers tours.

TOU

(Comme l'on voit les étourneaux.
Tournoier aux rives des eaux. Sar. Poës.

Quand on dechire les petits faucons,le faucon & le tiercelet *tournoient* au dessus de l'aire. L'eau tournoie en cet endroit. *Abl.* On tournoie longtems dans un labirinte avant qu'on trouver l'issue.]

Tournois, s. m. C'étoit une petite piéce de monoie bordée de fleurs de lis,qui fut apellée *tournois* de la ville de *Tours* où on la baroit. (Gros tournois. Tournois parisis.)

Tourriere. Voiez *tourtiere.*

Tourte,s.f. Ce mot pour dire *une tourterelle* n'est reçu qu'en poëtie ou souvent il fait beauté.

[La *tourte* desolée & plaignant son veuvage
Sur un triste rameau dépouillé de feuillage.
Remplissoit tout le bois d'un long gemissement.
Perrau , Recueil de poësies.)

Tourte, ou *tourtre, s. f.* Il faut dire *tourte* & non pas *tourtre* pour dire une piece de four qu'on fait cuire dans une tourtiere & qui est faite de pigeonneaux , de beatilles , de moile, ou de fruits. (Une bonne tourte. Une excellente tourte. Faire une tourte. [Voiez *l'Ecole parfaite des Oficiers de bouche.*

† *Tourteau, s. m.* Ce mot pour dire un gateau ne se dit plus dans l'usage ordinaire. [Faire un tourteau On dit, *faire un gateau.*]

Tourteau a éclairer. Termes de Guerre. C'est un composé en forme de gateau de douze livres de poix noire , de six livres de graisse,de six livres d'huile de lin , &c. où l'on trempe de la corde d'arquebuse & qui sert à éclairer. *Gaia Traité des armes.*

Tourteau. Terme de *Blason.*C'est une figure ronde de couleur que plusieurs portent dans leur écu , & qui est la marque de la fermeté. [Porter d'or à trois tourteaux de gueules, *Col.*]

Tourtelets. Mot Champenois. Ce sont des morceaux de pâte larges comme la main , & déliez presque comme une feuille de papier, qu'on fait cuire dans de l'eau avec du sel & du beurre, & qu'on mange d'ordinaire les jours maigres. [Les tourtelets font bons ; mais ils chargent l'estomac, à moins qu'il n'y ait du levain & des œufs dans la pâte. dont ils sont faits. Régaler un ami d'un plat de tourtelets.

Tourterelle, s. f. C'est un oiseau gros environ comme un pigeon & ordinairement. cendré sur le dos avec quelque petit mélange de couleur tirant sur la rouille, ou sur le gris brun. La *tourterelle* est blanche aux ailes & sous le ventre , mais au cou, elle a quelque peu de verd, & a les piez jaunes & les ongles noirs. Il y a des tourterelles toutes blanches. Le sang des tourterelles reduit en poudre est tres-bon pour la dissenterie & le cours de ventre, *il sangue delle tortore è giovevolissimo alle scorruze & flussi.* Voiez *Olina, p. 34.*Tourterelle mâle, Tourterelle femelle. Une belle tourterelle. Les tourterelles vont deux à deux & lors que l'une des deux périt,celle qui demeure vit seule le reste de ses jours.La tourterelle est chaste & d'une tres-bonne nature. On dit en proverbe, *Elle est chaste comme une tourterelle.*Belon. *Hist. des animaux,l.6.*La chair de la tourterelle est bonne & délicate , elle est médiocrement chaude;elle resserre ; elle répare la mémoire & rend l'esprit plus subtil.

Tourtiere,s.f. Piéce de baterie de cuisine d'argent, ou de cuivre étamé,ronde , creuse d'environ trois doigts , avec des rebords hauts d'autant & qui vont en talus , quelquefois avec trois pieds,quelquefois sans piez, & quelquefois aussi avec un couvercle , servant aux bourgeois & aux Patissiers pour faire des tourtes. [Une grande ou petite tourtiere, Une tourtiere bien faite.]

Tourtoire, s. f. Terme de *Venerie.* Houssine avec laquelle on fait les bateries dans les buissons.

Tourtouse, s. f. Terme de *l'Exécuteur de Paris.* Cordes qu'on met au cou du patient qu'on pend. [Monter au haut de l'échelle & mettre les tourtouses. Les tourtouses sont bien mises.]

Toussain,s.m. Nom d'homme. [Toussain est devenu fort-grand en peu de tems.]

Toussaints,s.f. Fête de l'Eglise Romaine durant laquelle on prie Dieu pour les morts. (La Toussaints est toujours le premier de Novembre.)

Tousser,v.n. Avoir la toux. (*Il tousse* toute la nuit.Elle ne fait que *tousser.* Les pulmoniques sont incommodes , parce qu'ils *toussent* presque toujours.)

† *Tousseur,s.m.* Celui qui a la toux & tousse souvent.(Un vieux tousseur. Il commence à devenir tousseur.)

† *Tousseuse,s.f.* Celle qui a la toux & tousse souvent.[Une vieille tousseuse.]

Touselle, touzelle, s. f. La touselle est une sorte d'herbe ou de graine, & c'est ce que j'en puis dire. On ne connoit point à Paris cette herbe, J'ai consulté plusieurs greniers ou grenetiers & plusieurs herboristes fameux, ils m'ont tous dit qu'ils ne savoient ce que c'étoit que la touselle. Là dessus j'ai vû
le

le célebre Monsieur de la Fontaine à qui après les prémiers complimens j'ai dit, *Vous vous êtes servi du mot de touselle dans vos Contes, & qu'est-ce que touselle?* Par Apollon je n'en sai rien, m'a-t-il répondu, mais je croi que c'est une herbe qui vient en Touraine, car Messire François Rabelais de qui j'ai emprunté ce mot étoit, à ce que je pense, *Tourangeau*. Si je connois jamais quelque habile homme de Touraine je m'instruirai de la touselle, je la décrirai & en dirai les propriétés. En atendant je puis asseurer tous ceux qui de présent livre verront que la touselle est un mot Provincial dont s'est servi à dessein Monsieur de la Fontaine. Voici le passage de ses contes. *Je croi qu'il faut les couvrir de touselle, car c'est un grain qui vient fort aisément.* Enfin j'ai rencontré un habile Tourangeau, qui m'a dit que la touselle est une sorte de froment, qui a une tige assez haute, un épi qui n'a point de barbe & qui renferme un grain plus gros que celui du froment. La touselle croit en Languedoc, on en fait moudre le grain & sa farine sert à faire du pain qui est tres-blanc & de bon goût.

TOUT, toute, *adj*. Entier [Toute la terre vous adore & vous sert seulement pour vos beaux yeux. César se prit à pleurer de voir qu'il n'avoit rien fait à l'âge qu'Alexandre avoit conquis tout le monde. *Abl. Ar.*]

Tout, toute. Ce mot signifie quelquefois *quiconque*. (Tout honnête homme est mon rival. *Sar. poës.*)

Tout. Ce mot suivi de plusieurs substantifs dans la même construction du membre de la période veut être répeté devant chaque substantif. Exemple. (Pour voir toutes les beautez, tout l'artifice, & toutes les graces parfaitement employées on n'a qu'à jetter les yeux sur ; *Vaug. Rem.*)

Tout, toute. Encore que, Quoique. [Tout malade qu'il étoit, il ne laissa pas d'aller. *Vaug. Q. liv.* 3.]

Toute ingrate qu'elle est j'adore ses beaux yeux.
Racan.

L'ame, toute spirituelle qu'elle est, a des passions. *Cousin, Histoire Romaine*.

Tout grand Iurisconsulte que je sois, je me trouve bien empêché à répondre à vôtre lettre. *Voit. i. 76.*

Tout, *s. m*. Ce qui est entier & qui renferme plusieurs parties. (Le tout est plus grand que la partie. Partager un tout en mile parties.)

Tout, s. m. Toute chose. [Pouvoir *tout* sur quelcun. *Voit. Poës.* Est-ce là tout. *Pasc. l. 5.*

Mourant pour vous servir, tout me semblera doux.
Corn. Cinna. a. 1. sc. 3.]

Tout, s. m. Toutes les personnes. Tout le monde. (Depuis les plus miserables esclaves jusques aux plus grands Rois *tout* se plaint, *tout* murmure contre la fortune.)

* *Tout, s. m*. Ce mot se dit des personnes & signifie Ce qu'on aime le plus. Ce qu'on a de plus cher. [Lors que j'étois riche, j'étois son *tout* & ton favori. *Abl. Luc.* C'est son *tout*. C'est le *tout* de la mére. C'est leur *tout*.

Tout, adv. Entiérement. Tout à fait. Le mot *de tout*, en ce sens, est indéclinable lors qu'il est joint avec des adjectifs masculins, avec le mot *autre*, ou *aussi*, mais avec des adjectifs féminins il redevient adjectif. Exemple. (Ils sont *tout* étonnez. *Vaug. Rem.* Ils étoient *tout* couverts de pierreries. *Ablan.* Les figures que vous m'envoiâtes hier sont *tout* autres que les prémiéres. *Vaug. Rem.* Cette étofe est *tout* autre que celle-ci, *Ménage. Obs. sur la Langue Franç. tome 1. c. 15.* Vaugelas pense qu'il faut dire, cette étofe est *toute* autre. Pour moi, je croi que Monsieur Ménage a raison de coup ici & que le mot *tout* est *adv*. devant l'adjectif *autre*, soit singulier, ou pluriel. Ces fleurs sont *tout* aussi belles aujourdhui qu'elles l'étoient hier. Elles sont *toutes* étonnées. *Vaug. Rem.* Elles sont *toutes* telles que vous les avez vuës. *Vaug. Rem.* Elle est *toute* semblable. *Menage. Obs. tome 1. c. 15.*]

Tout *bas*, *adv*. Doucement de sorte presque entendu. [Dire quelque chose tout bas. *Abl.*

Tout *beau*, *adv*. Mot qui se dit lors qu'on prie, ou qu'on commande de s'arreter, de ne rien faire, de ne pas parler. (Faire faire *tout beau* à un chien, Ma plume, changeons de langage, Tout beau. *Voit poës.*]

Tout à *coup*, *adv*. Incontinent. Sur le champ. Aussi-tôt. [Tout à coup le Ciel étant serein se troubla. *Abl. Ar. l. 1.*]

Tout à *fait*, *adv*. Entiérement. (On ne sauroit être *tout à fait* galand homme que les Dames ne s'en mêlent.

Il trouve votre Poësie
Tout à fait à sa phantaisie.
Voiture, poësies.]

Tout au *plus adv*. Au plus. Au pis aler. [C'est *tout au plus*, si elle a jamais dix mile livres en mariage.]

Tout de *bon adv*. Sérieusement. En verité. Sans raillerie. (Parler tout de bon. Tout *de bon*, serez-vous fidele

Tout à l'*heure*, *adv*. Tout incontinent. (Mes maitresses vont venir *tout à l'heure*. *Moliere, Prét. sc. 8.*]

Tout *de même*, Ces mots sont des termes de comparaison qui signifient *de la même sorte*, & dont on sert en repondant à une interrogation & sans interrogation. [L'autre est il comme cela ? *tout de même*. Vous voiez celui-là, l'autre est *tout de même*.]

* Tout *de même que*, Termes de comparaison qui sont fort bas lors qu'ils sont suivis d'un *que*. (Celui-là est *tout de même que* l'autre. *Vau. Rem.*]

Tout du *long*, *adv*. C'est à dire. Depuis le commencement jusques à la fin.] Mettre son nom *tout du long*. *Voiture, lettre 18.*]

Tout du *long*. Préposition qui régit le génitif, ou l'ablatif, mais qui est hors d'usage, En sa place, on dit, *tout le long*.

Tout du long de la nuit il crie
Et tout le jour est en furie. *Voir. Poës.*

Il faut dire, tout le long de la nuit. il crie.]

Tout *ensemble*, *adv*. Au même tems. C'est peu de chose que d'être cocu, mais il est facheux d'être pauvre & cocu *tout ensemble*.]

Tout *ensemble*, *s. m*. Terme de peinture. Harmonie qui résulte de la distribution des objets qui composent un ouvrage. [Ce tableau est beau partie à partie mais *le tout-ensemble*, est mal entendu. *Depuis, Peint.*)

TOUTEFOIS, *adv*. Cependant. Néantmoins. (Il a peu de bien & *toutefois* il est content, parce qu'il est sage & vertueux.)

A TOUTE HEURE, *adv*. Fort souvent. A tout moment. (Citer un Auteur à toute heure. *Abl.*)

TOUTES LES FOIS, *adv*. Prononcez *toute les fois*. (Belle Philis toutes les fois que je vous baise, vous voudriez que.)

TOUT LE LONG Préposition qui régit le *genitif*, ou l'*ablatif*. [Tout le long du jour. *S. Cor.*)

† Tout *plein*, toute *pleine*, *adj*. C'est à dire, rempli tout à fait. Le mot *tout plein* ne peut entrer que dans le stile familier, & l'on dit un muid tout pleine de vin, une bouteille toute pleine. *Vaug. Rem. nouv.*

* Tout *plein*, *adverbe*. Extrêmement rempli. Tout *plein*, en ce sens, ne peut entrer que dans le bas stile, & même il commence à n'être pas fort en usage. Le François est tout plein de dificultez, dites plutôt, est plein, ou est rempli de dificultez.

TOUTEPUISSANCE, *s. f*. Divinité. Attribut de la Divinité. (Ouvrage merveilleux de la TOUTE-PUISSANCE. *Mai. poës*. La *toute-puissance* de Dieu est admirable. *S. Cir.*)

Tout-*puissant*, toute-*puissante*, *adj*. Qui a un pouvoir, & une puissance admirable, & sans bornes. [Il n'y a que Dieu qui soit veritablement TOUT-PUISSANT.)

† Il est TOUT-puissant en cela. C'est à dire, il a beaucoup de pouvoir, & de crédit en cela.

Tout-*puissant*, *s. m*. Dieu. (Adorer le TOUT-puissant. Il faut prier le tout-puissant jour & nuit. Voiez là-dessus *le Sermon de la priére de S. Crisostome.*)

† * Il est le TOUT-puissant chez Monsieur le premier. C'est à dire, il gouverne, il a du credit chez, &c.

† Tout *tel*, toute *telle*, *adv*. C'est à dire, tout pareil. Tout semblable. [Sa figure fut toute telle. *Bens. poësies.*)

† TOUTES & quantesfois, *adv*. Ce mot est vieux, & en sa place on dit, toutes, les fois. [Toutes & quantes fois que vous en userez de la sorte, vous serez mal. Dites, toutes les fois que vous en userez de la sorte.]

* TOUTESFOIS & quantes, *adv*. Il est un peu suranné, mais il ne l'est pas tant que TOUTES & quantesfois. [TOUTESFOIS & quantes que vous viendrez, vous serez le bien venu. Dites plutôt, toutes les fois que vous viendrez vous serez le bien venu. *Vaug. rem. nouv.*]

* TOUTOU, *s. m*. Mot burlesque qui ne peut entrer que dans quelque Vaudeville, ou dans le stile comique, & qui veut dire *petit chien*. (Un joli toutou.)

* A *tous venans*. Ces mots veulent dire *à quicon que vient* & se présente d'abord *Bens, Rond. page* 238. a écrit. [Une prude qui donne de la terreur *à tous venans*. Sa maison étoit ouverte *à tous venans. Maucroix. Schisme d'Angleterre.*]

Toux, *s. f*. Mouvement fort & violent par lequel la nature essaie de titer & de jetter hors de l'estomac ce qui embarasse la respiration. Simptome des parties qui servent à la respiration. [Adoucir la violence de la toux. Etre tourmenté d'une dangereuse toux, sa toux est mortelle.]

Toux *séche*. C'est une toux, causée par une humeur si subtile que le poumon ne la peut mettre dehors ; ou au contraire, lors que l'humeur est si épaisse & si tenace que le poumon ne la peut expulser.

† * La toux séche me tourmente
Baccus est mon Medecin ;
Si vous voulez que je chante,
Faites moi donner du vin

Toux

TOX

Toux. Ce mot se dit aussi au même sens des chevaux. [Cheval qui a une fâcheuse toux.]

TOX.

Toxin, ou *Tocsin*. Voiez *Tocsin*.

TRA.

Trabe, *s. m.* Ce mot qui vient du Latin *trabs*, qui signifie *une poutre*, se dit en terme de Blason.

† **Trac**, *s. m.* Vieux mot, qui signifioit trace, ou piste des bêtes.

††**Tracas**, *s. m.* Embaras. Empêchement. Chose qui ocupe, qui amuse & embarasse. [Être dans le tracas.]

* **Tracas.** Manière d'agir intrigante, &. qui est toujours dans l'action & l'embaras.

[Il est fort dévot & son zèle
S'acorde avec son tracas.
Gon, Epi. l. 1. *Epigr.* 65.]

† * *Le tracas du mariage.* Ces mots se disent quelquefois en parlant de mari & de femme, ils ne se disent qu'en gogue-nardant, & même ils ne se disent qu'en des manières de parler basses & du peuple. Exemple. [C'est un pauvre homme, il ne fait point comme il faut *le tracas du mariage.* C'est à dire, il ne sert pas sa femme comme un mari verga-lant.]

* **Tracasser** *v. n.* Faire quelque petite chose dans le ménage.] Les femmes tracassent toujours dans leur ménage.]

† * **Tracasser.** Intriguer. Être toujours dans quelque afaire pour venir à ses fins. [Ils s'empressent, ils tracassent. *Port-Roial. Education du Prince.*

† **Tracasser.** Faire le tracassier Barguigner. (Il y a une heure qu'il tracasse pour acheter pour cinq sous de marchandise.]

* **Tracasserie**, *s. f.* Tracas. L'action d'une personne qui agit sans cesse & qui est dans un empressement continuel & inutile (Ils s'empressent, ils tracassent, & leurs empressemens & leurs tracasseries se terminent à rien. *Port-Roial, Education du Prince.*)

* **Tracassier**, *s. m.* Mot bas qui ne se dit guère qu'en parlant & qui veut dire. Celui qui n'agit pas franchement quand il faut faire quelque marché, ou conclurre quelque afaire avec quel-cun. Certaine petite ame basse qui ne fait que barguigner, (C'est un franc tracassier. Un petit tracassier. C'est l'un des plus grands *tracassiers* de Paris.

* **Tracassière**, *s. f.* Mot bas qui ne se dit guère qu'en parlant, on dans le stile burlesque, & comique. C'est une manière de vétilleuse. Celle qui ne fait que barguigner quand il faut acheter quelque chose. Celle qui dans les petits marchez qu'elle veut faire, ne parle pas franc & fait plusieurs petites ofres avant que de conclure. [C'est une vraie tracassière.]

Trace, *s. f.* Vestige. Pas. (Suivre la trace.)

Trace. Terme de Chasse. C'est la forme du pié d'une bête noire sur l'herbe, ou sur les feuilles, &c. par où elle a passé. [Reconnoître la trace d'un sanglier.]

* **Trace.** Ce mot *au figuré* se dit des personnes & des choses & signifie manière d'agir de quelque excellente personne. Il signifie aussi Marque. Vestige.

[En suivant leurs traces tu aquerras de la gloire. *Ablancourt. Luc.*

* Ils adorent l'ombre & *les traces* de sa gloire. *Vaugelas. Quin livre* 5. c. 10.

* Les traces du crime de Philotas étoient encore toutes fraîches. *Vaugelas. Quin. l.* 7. c. 11. Il ne trouva aucune *trace* d'un si grand travail, *Vau. Q. l.* 4. On ne voit aucune *trace* de leur perte. *Godeau Poësies*, 1. *partie.*

* Il n'en restoit aucune trace
Et le monde vit en sa place
Une Dame de Coligni. *Voiture, poësies.*
* De mes feux mal éteints je reconnois *la trace.*
Racine, *Andromaque*, a. 1. s. 1.)

† **Trace.** Terme de *Perruquier*. Voiez *trèce.*

Tracement, *s. m.* Action par laquelle on trace, ou l'on dessine. Le tracement d'un Fort sur le terrein est plus dificile que celui qu'on fait sur le papier.

* **Tracer**, *v. a.* Terme de *Perruquier*. Voiez *trécer*.

Tracer, *v. a.* Marquer. Ébaucher. Faire le dessein de quelque chose. (Tracer une figure. *Abl. Luc.* Tracer un rempart. Tracer un bastion.)

Tracer, *v. a.* Terme de *Iardinier.* C'est marquer avec le tracoir les traits d'un parterre.) Tracer un parterre.]

Tracer, *v. n.* Terme de *Jardinier*. C'est couler entre deux terres (Cette racine commence à tracer. *Quin. Jard. fr.* T. 1.]

* **Tracer.** Décrire. Discourir.

* On me verra toujours lui marquer mon respect, & *tracer* ses vertus. *Depreaux.* Satire 9.

* **Tracer.** Ce mot se dit en parlant de discours, de harangue, & d'autres ouvrages d'esprit. C'est faire vîte & grossierement

quelque discours, ou autre ouvrage d'esprit pour le retoucher après. (Tracer une harangue. (

* **Tracer.** Prescrire. Donner. (Ovide a *tracé* des leçons aux pauvres amans.)

* **Traceuse.** Voiez *tréceuse.*

Tranchée-Artere. Terme d'*Anatomie*. Prononcez *trathé-ar-tère*. Ce mot vient du Grec. Canal qui décend d'un endroit vers la racine de la langue & qui se divise en rameaux qui se répandent dans les poumons. C'est le principal instrument de la voix ; c'est le sifflet.

Traçoir, *s. m.* Prononcez *traçois.* C'est un poinçon d'acier dont se servent les Orfevres & les Graveurs pour tracer & dessiner.

Traçoir. Terme de *Jardinier*. C'est un outil de fer, pointu, emmanché d'une manche de 4. ou 5. piez de long, & dont on se sert pour tracer.

Tradition, *s. f.* Prononcez *tradicion.* Il vient du Latin, *iradi-tio.* Doctrine de Jésus-Christ & des Apôtres qui est venuë jusques à nous par succession. (Ajoutez foi à la tradition. Il n'a rien dit qui ne fût fondé sur la tradition de l'Eglise. *Pasc. l.* 3. Voiez ce que Monsieur *Ouvrard* Maître de la Sainte Chapelle de Paris a écrit de la tradition. Il y a toujours eu dans l'Eglise, comme un abregé de la Religion, indépendamment de la Sainte Écriture, sur lequel on régle les dificultez qui se rencontrent dans la Bible, & c'est ce qu'on apelle tradition. *Histoire critique du vieux Testament,* 3. p. ch. 15. La tradition de l'Eglise est la regle des veritez Catoliques. *Arn. freq. comm.*

† *Traditive*, *s. f.* C'est la même chose que tradition. Chose aprise par tradition & par le récit qui en a été fait de tems en tems & de pére en fils. (La plûpart des Indiens ne savent l'histoire de leur Nation que par la traditive de leurs péres. Cette conume a lieu par une vieille traditive, qui a force de Loi.)

Traducteur, *s. m.* En Latin, *Traductor.* Celui qui a traduit un Auteur, ou quelque ouvrage en une langue diférente de celle où l'Auteur a écrit, & de celle où l'ouvrage est écrit. (Les fameux & les excellens Traducteurs François, ce sont d'Ablancourt, Vaugelas, Messieurs de Port-Roial, d'Andilli & quelques autres qui sont en fort petit nombre.)

Traduction, *s. f.* Prononcez *traducion.* Version. (Les traductions de feu d'Ablancourt sont belles, hardies, pleines de feu & de jugement & doivent être prises pour modèles ; mais, helas! que celles du Traducteur des institutions de Quintilien & de l'histoire de Maphée, & celles d'A. d. I. H. sont éloignées de la beauté de ces chefs-d'œuvres, & qui en voiant ces pauvres Auteurs tout défigurez ne s'écrie pas avec le fameux Depreaux.

L'impertinent Auteur
L'ennuieux écrivain ! le maudit Traducteur !

Traduire, *v. a.* Je traduis. J'ai traduit : je traduisis, je traduirai, je traduise, traduisîsse, *traduivois, traduisant.* C'est ordinairement tourner en une langue diférente de celle où ce qu'on traduit, est écrit. (Il se croit un grand homme pour être le cinquantième Traducteur d'Horace & avoir traduit en vers François le François du bonhomme Monsieur de Maroles. Luther fut le prémier qui traduisît sur l'original toute la Bible en Alemand. *Richard. Simon, hist. crit du v.* T. *l.* 2. ch. 1.)

Traduire, *v. a.* Terme de *Palais*. En Latin *traducere.* C'est obliger sa partie à aler plaider à un autre tribunal que celui où l'on plaidoit. [Il l'a traduit au Parlement de Rouen. Il a traduit sa partie de Jurisdiction en Jurisdiction]

* *Se traduire en ridicule. Moliere*, *Critique de l'Ecole des femmes*, c'est à dire. Setourner en ridicule.

Traduit, traduite, *adj.* [Livre traduit, Instance traduite au Conseil.)

Trafic, *s. m.* Il vient de l'Italien *traffico*, qui a été pris de l'Arabe. Ce mot se dit en parlant de *marchands* & de marchandises & veut dire *Commerce. Negoce.* [Faire un grand trafic. Se mettre dans le trafic. Il fait trafic de tout.)

Trafic. Ce Mot se dit en parlant de bénefices, mais abusivement [Faire trafic de bénefices. *Pasc. l.* 6. Troquer & vendre des bénefices, ce qui est assez ordinaire dans le joli tems qui court & qui est fort honteux.]

* *Faire trafic de réputation. Moliere, Critique de l'Ecole des Femmes.* C'est à dire. Faire commerce de reputation. Rendre loüange pour loüange. Donner de la reputation à ceux qui nous en donnent. Donner encens pour encens.

Trafiquer, *v. n.* Faire commerce. Faire négoce. Faire trafic. (Trafiquer de toutes sortes de marchandises.)

* Le vil amour du gain souilla tous les écrits,
Et par tout enfantant mille ouvrages frivoles
Trafiqua du discours & vendit les paroles.
Depreaux, Poëtique, chant 4.)

† **Trafiquer**, *s. m.* Celui qui trafique.

Tragedie, *s. f.* Il vient du Grec. C'est une sorte de poëme qui représente une action grave, complette & juste dans sa grandeur & qui par l'imitation réelle de quelque illustre

infor-

infortuné excitant la terreur, ou la pitié, ou toutes les deux ensemble instruit agreablement les spectateurs. *Aristote, Poëtique, c. 6.* Les tragedies de Sophocle & d'Euripide sont belles. Denis le tiran aiant fait une *tragedie* ridicule, punit cruëllement Philoxène pour s'en être raillé. *Ablancourt, Luc.*]

* *Tragedie.* Ce mot entre dans quelques façons de parler figurées. Exemples. [La fortune joué des *tragedies* par tous les endroits de l'Europe. *Voiture, lettre 53.* C'est à dire, que la fortune est cause de plusieurs actions funestes dans tous les endroits de l'Europe.]

Tragicomedie, s.f. C'est une tragedie dont la fin est heureuse. On croit que le Poëte Garnier a introduit le premier dans notre langue le mot de *tragicomedie*, mais inutilement, parce que *tragédie* & *tragicomédie*, est la même chose, & la tragédie qui finit par quelque mort n'est pas plus tragédie que celle qui finit par la joie, en éfet de dix-neuf tragedies qui nous restent d'Euripide la plupart finissent heureusement. *Pratique du Teâtre, l. 2. c. x.*

Tragique, adj. Ce mot se disant des paroles & du stile veut dire Elevé, Sublime, touchant & qui sent la tragédie.

[Ils avoient l'esprit plein de *termes tragiques* & ampoulez *Abl Luc, tome 1.* Quite ce *langage tragique*, & mets bas le coturne. *Abl. Lucien.*]

Tragique, adj. Ce mot se disant des Poëtes veut dire *qui fait de tragédies.* [Les anciens *Poëtes tragiques* les plus fameux ; ce sont Eschile, Euripide, Sophocle, qui ont fait des tragedies Greques & parmi les Latins le plus célèbre *Poëte tragique* c'est Seneque qu'on ne croit pas fort regulier]

Tragique, adj. Il se dit aussi des personnages des piéces de Teâtre. & il veut dire, personnage qui est de l'intrigue de l'action de la piéce. Les personnages tragiques se doivent regarder d'un autre œil. *Racine, Bajazet, preface.*)

* *Tragique.* Funeste. Fâcheux. [Que les riches ont de *tragiques* succés ! *Gom. Epist. 1.* Avanture tragique. *Abl.*

* On fait de cent Auteurs l'avanture *tragique*,
Et Gombaud tant loüé garde encor la boutique,
Depreaux, Poët. c. 4.)

tragiquement, adv. D'une maniére tragique. [Il est mort tragiquement.]

Trahir, v. a. User de trahison à l'égard d'une, ou de plusieurs personnes, à l'égard de son païs. Faire semblant d'aimer & de servir & faire secretement le contraire. Vendre (Il est honteux de *trahir* son païs *Ablancourt.* Son païs est digne de vivre quand on a l'ame assez basse pour *trahir* un ami. C'est un coquin de Procureur qui *trahit* ses parties. *Ablancourt, Luc.*)

† *Trahir.* Ce mot entre dans plusieurs façons de parler *figurées.* [*Trahir ses interêts. Abl.* C'est aller contre ses interêts. *Trahir ses sentimens.* C'est ne pas dire ses sentimens, dire le contraire de ce qu'on pense. *Trahir son cœur,* C'est déguiser ses véritables pensées. *Trahir la verité,* C'est ne pas dire la vérité, c'est la céler. *Trahir sa gloire. Abl. Luc. T. 2.* C'est faire quelque chose qui ne réponde point à la beauté des actions qu'on a faites. *Trahir les esperances de quelcun.* C'est ne répondre pas aux esperances de la personne qu'a atendu quelque chose d'un autre.

Se trahir, v. r. Se faire une trahison à soi-même. C'est en mal user à l'égard de soi même. (Il a tant pris de poison de son dessein qu'il *s'est trahi lui-même.* C'est *se trahir soi-même* que de se conduire de la sorte.)

Trahison, s. f. Fourbe & tromperie qu'on fait à une, ou plusieurs personnes qui se fient en nous. (Trahison honteuse, noire, infame. La *trahison* est indigne d'un honnête homme & il n'y a qu'une ame basse qui en soit capable. Détester la trahison. Avoir la trahison en horreur. Il y a plus souvent des trahisons par foiblesse que par un dessein formé de trahir. Les finesses & les trahisons ne viennent que de manque d'habilité. *Mémoires de Monsieur de la Roche-Foucaut.*)

En trahison, adv. En traitre, & sans que la personne qu'on ataque se donne de garde. (Je vous dis qu'on peut tüer en cachette, & de là vous conclüez qu'on peut tüer en trahison, *Pascal livre 7.* On apelle tüer en trahison quand on tüé celui qui ne se défie en aucune maniére. *Pascal, l. 7.*)

Trajet, s. m. C'est un bras de mer. Le trajet de Calais en Angleterre est fort connu. Passer un trajet.)

† * *Trajet.* Mot burlesque pour dire *Chemin, Traite.*] Paris est étrangement grand & il faut faire *de longs trajets* quand la pratique donne un peu. *Moliere, Amour Médecin, d. 2. s. 3.*)

† *Trajetter, v. n.* Ce mot pour dire passer un trajet, n'est pas en usage. [Trajetter le Rhin, *dites passer* le Rhin.]

Train, s. m. Suite de quelque Seigneur. (Son train est beau. Son train est leste. Son train est superbe, & magnifique. Avoir un beau train.)

Train. Ce mot en parlant de *bateaux.* C'est une suite de bateaux à la quëuë les uns des autres. (Un grand train de bateaux. Remonter un train de bateaux.)

Train. Ce mot se dit en parlant de bois floté. Ce sont environ cinquante tordes de bois qu'on met sur une riviére navigable, & dont on arrange & lie de telle sorte les buches & les rondins les unes auprés des autres & les unes au bout des autres que cela fait quelque trente piez de large sur quatre vints de long ou environ ; que conduisent trois ou quatre hommes avec des avirons. (Un train de bois montant. Un train de bois avalant. Le bois de ce train ne vaut rien.)

Train. Ce mot en parlant de *cheval.* C'est l'alûre d'un cheval. C'est le pas d'un cheval. [Cheval qui a un bon train. Cheval qui va bon train.)

Aler un grand train, c'est aler vite & faire de grandes journées.

Train. Ce mot en parlant du cheval se dit en un autre sens. (*Le train de devant d'un cheval,* ce sont les épaules & les jambes de devant du cheval. *Le train de derriére* d'un cheval, ce sont les hanches & les jambes de derriére du cheval. [*Le train de devant* de ce cheval est foible.]

Train. Ce mot se dit en parlant de *Carosse,* C'est le devant, ou le derriére du carosse. (*Le train de devant* du carosse est rompu. *Le train de derriére* s'est brisé en versant.)

Train de presse. Terme d'*Imprimerie.* C'est le cofré, le marbre, le timpan, le chevalet, le rouleau & le pié de la presse. (Un bon *train de presse.* On dit aussi le train d'un moulin, &c.)

* *Train.* Ce mot au figuré se dit des personnes & des choses qui les regardent, & à divers sens. [Le bon Pére étoit si en train qu'on lui eût fait tort de l'arrêter. *Pascal, l. 7.* C'est à dire, le bon Pére prevoit tant de plaisir à causer que. Je n'eus pas peine à mettre le bon Pere en train. *Pascal, l. 7.* C'est à dire, il me fut aisé d'obliger le bon Pére à ce que je voulus. Vous sauriez que les *Jésuites* ont été éloignez de voir leur doctrine ètablie que vous admiriez de la voir en si beau train. *Pascal, l. 2.* C'est à dire la voir dans un état si florissant, de la voir triompher. Un même train de vie déplait. *Téophile Poësies,* C'est à dire, une même maniére de vie ennuie. Il prend un certain train qui ne plait pas trop. C'est à dire, il prend une certaine maniére de faire qui n'agrée pas. Savoir le train des afaires. Laisser les choses aler leur train.]

† * *Train.* Ce mot se dit à Paris pour signifier *bordel* qui est dans quelque logis de Bourgeois. Filles de mauvaise vie qui logent dans quelque maison & qui sont visitées de force godelureaux & autres, [Il y a du train dans notre mostée. Je ne voi point de train dans mon logis. Il y a un diable de train là dedans, mais on le fera bien-tôt sauter.]

Tout d'un train, adv. Tout de suite. Au même tems.) Je n'en pensois pas tant dire *tout d'un train* & tout d'une tire : *Sara Poës.* Nous irons là *tout d'un train.*)

Trainant, trainante, adj. Qui traine. [Quëuë trainante. Aîle trainante. Pique trainante]

* *Mener une vie trainante* & languissante. Cela se dit lors qu'il y a peu d'esperance qu'une personne recouvre sa santé.

Trainasse, s. f. C'est une sorte d'herbe qui a plusieurs branches & plusieurs petites feuilles & qui croit au bout des sillons. On l'apelle *trainasse*, parce qu'elle traine & qu'elle est comme couchée sur la terre. [Aracher de la trainasse. La trainasse est bonne pour les poulains, car elle les fait devenir gras lors qu'ils en mangent. La trainasse rafaichit la plante des piez, quand on en met dans ses souliez, aprés avoir bien marché. On nourrit de trainasse les lapins de clapier, car ils en sont friands.]

Traine, s. f. Terme de *Cordier.* Ce sont deux petits chanteaux de mui qui sont joints ensemble par de petits bâtons & qui servent à tenir la corde lors qu'on cable. [Il faut une autre *traine* pour cabler.]

Traineau, s. m. Sorte d'assemblage de bois propre à porter les fardeaux. On les apelle *traineaux* parce qu'ordinairement ils n'ont point de roües & qu'on les traine. (Un bon traineau.)

Traineau. Ce mot en parlant de traineaux d'Alemagne & de quelques autres païs froids signifie une espéce de chariot ou l'on peut tenir deux ou trois personnes, qui est fait d'un assemblage de petites piéces de bois, qui est sans roüés, mais qui a deux limons, où l'on atelle un cheval pour tirer cette petite voiture qui ne sert que pour aller sur la glace & sur la neige avec quelque sorte de plaisir. [Un beau traineau. Un joli traineau. Un traineau bien fait. Les traineaux des personnes de qualité sont peints ou dorez, & ne sont pas si grands que les traineaux ordinaires.]

Traineau de *Oiselier.* C'est une sorte de filet bien délié dont on se sert pour prendre les perdrix. [Tendre un traineau.]

Traineaux. Terme de *Mer.* Ce sont des instrumens de pêche qui sont défendus. Fournir.

Trainée, s. f. Une longue amorce de poudre qu'on met auprés de la lumiére d'un pétard ou d'une boîte pour tirer le pétard, ou la boite. [Mettre le feu à la trainée. Faire une trainée.]

Trainée. Il se dit des choses qu'on sème, qui sont tombées dans un chemin, ainsi le blé tombant peu à peu d'un sac que l'on porte, il se fait sur la terre, une trainée de blé, ou d'autres choses semblables. Une trainée de sable, On le dit aussi en termes de *Blason.*

Trainée. C'est une sorte de petite herbe qui traine par terre qui vient le long des grans chemins & dans les blez. (Arracher de la trainée. [Voiez *Trainasse.*

Trainer, v. a. Tirer une chose avec tant de force qu'on la fasse venir à foi. Tirer & mener derriére foi. (Les chevaux trainent le chariot. Trainer quelque chose à force de bras. Trainer un criminel sur la claie.

* *Trainer, v. a.* Atirer. Faire venir.

Cotin à ses Sermons *traine* toute la terre.
Dépreaux, Satire 9.]

* *Trainer, v. a.* Prolonger. (Les Procureurs sont des animaux qui *trainent* les afaires afin de consumer en frais leurs pauvres parties. On dit aussi fort bien dans un sens neutre. Les Procureurs sont malicieusement trainer les afaires.)

* *Trainer, v. n.* Ce mot se dit des afaires & autres pareilles choses, & signifie Durer sans se faire. Demeurer, ou être long tems sans se conclure. (Cette afaire *traine* trop. Son mariage *traine* long-tems.)

* *Trainer, v. a.* Faire atendre long-tems une personne avant que de rien faire pour elle. Amuser une personne par de vaines promesses. (Il m'a *trainé* long-tems, mais enfin j'ai ouvert les yeux & aiant connu que c'étoit un fourbe, je l'ai planté là pour revenir.]

* *Trainer, v. a.* Ce mot se disant de gens qui parlent, veut dire parler lentement. [Trainer ses paroles.]

* *Trainer, v. a.* Etre en mauvaise santé. Mener une vie languissante.) Il y a long-tems qu'il *traine* & on croit qu'il n'ira pas loin.]

* *Trainer, v. a.* Ce mot se dit du stile. C'est être languissant. (Son stile traine.]

Se trainer, v. r. Aller par terre. Marcher par terre.

(*Il se traina* sans bruit au travers des buissons.
Pour ouïr de plus près de si douces chansons.
La Lane. Eglogues.]

Traineur d'épée, s. m. Celui qui porte l'épée & ne va point à la guerre. Elle a épousé un traineur d'épée. [Ce mot est un terme de mépris.

Traion, s. m. Terme de *Laitiére.* Petit morceau de chair noir, long d'environ un doigt; qui est pendant au pis d'une vache, d'une chèvre & de quelques autres bêtes à pis, & qui est comme une espèce de conduit, ou de canal qu'on tire pour faire venir le lait.] Prendre les traions d'une vache pour la traire. Tenir les traions d'une vache pour la traire. Gros traion. Petit traion. Tirer le traion d'une chèvre.

Traire, v. a. Je trais, tu trais, il trait, nous traions, vous traiez, ils traient. Je traiois, j'ai trait. Je trairai, que je traie, je trairois, que j'aie trait. Traiant. C'est prendre le traion de la vache & en faire sortir le lait en tirant le traion. Le mot de *traire* au même sens se dit aussi des chèvres, & des ânesses. (Traire une vache. Traire une ânesse, une chèvre, &c.)

Trait, s. m. Dard. (Faire avancer les gens de trait. *Ablancourt. Ar.* Etre à la portée du trait. Etre hors de la portée du trait. On commença à tirer des traits de tous côtez sur les tantillons. *Vaug. Quin. C. l. 8, ch. 14.*)

Trait. Ce mot se dit entre Peintres, Exemple. [Marquer les prémiers *traits d'un visage.* C'est à dire, n'en marquer que les contours.]

* *Trait.* Ce mot en parlant du corps & du visage, signifie Partie. [Traits de visage fins & délicats. *Abl. Luc.*]

La nature emploia ses plus riches trésors
A vous former *les trais* du visage & du corps.
Voiture, Poësies.)

* *Trait.* Ce mot *au figuré* a encore divers sens. Exemples.

(Je m'enlumine le museau
De ce *trait* que je bois sans eau.
Saint Amant, Poësies.)

C'est à dire, je me rougi le nez de ce coup que je bois sans y mettre de l'eau.

Je ne vous dirai que ce *trait* de notre célèbre Molina. *Pascal. l. 6.* C'est à dire, je ne vous raporterai que ce passage de Molina. Voici *Pascal, lettre 6. in quarto, p. 8. la fin.* Voici les prémiers traits de la Morale des Jésuites. *Pascal, l. 5.* C'est à dire, voici les prémiers caions, voici une légère description de la Morale des bons Pères. Voiez *Pascal, l. 5. au commencement,* Ces traits de raillerie animoient les soldats. *Vargelas*

Quin. l. 4. ch. 2. C'est à dire, ces mots de raillerie. N'allons point nous apliquer *les traits* d'une censure générale. *Moliere. Critique de l'Ecole des Femmes, sene 4.* C'est à dire, ne nous apliquons point les mots de raillerie, ni les plaisanteries d'une censure générale. On n'a qu'à suivre les traits d'une imagination qui se donne l'essor. *Moliere.* C'est à dire, on n'a qu'à suivre le feu d'une imagination qui s'égare.)

† * T.ait. Action, éfet. (C'est un trait d'amitié. Voit. *Poës.*

C'est un trait d'humilité bien séant à un grand homme *Pascal, livre 7.*

Par un trait de prudence
J'ai demeuré pour toi dans un humble silence.
Dépreaux, Poësies.]

Trait, Terme d'*Eglise.* C'est un Pseaume qui au lieu de l'alléluia se chante après le graduel depuis la septuagesime jusques à Pâques.] Chanter le trait.]

Trait. Terme de *Blason.* C'est une ligne qui partage l'écu, qui prend depuis le haut jusques au bas & qui sert à faire des divers quartiers. (Ecu parti d'un & coupé de deux traits. *Col. ch. 8.*)

Trait. Terme de *Maître à Ecrire.* C'est une ligne faite légèrement avec la plume par un maître à écrire.) Un beau trait. Faire des traits autour des exemples.)

Trait. Terme de *Tireur d'or.* C'est de l'or, ou de l'argent tiré & passé par les filiéres. [Voilà du trait. Faire du trait.]

Trait de soie, Terme de *Scieur.* C'est à dire, coupe de soie.

Trait. Terme de *Maçon & de tailleur de pierres.* C'est l'art de tracer & de couper les pierres.] Savoir le trait.]

Trait. Terme de *Bourrelier & de Cocher.* Ce sont plusieurs morceaux de cuir larges d'environ trois doigts, que le bourrelier plie & coud ensemble & dont on enharnache les chevaux pour tirer quelque coche, ou carosse. (Il faut d'autres traits, les nôtres ne valent plus rien.]

Trait. Terme de *Chartier.* Corde au travers de laquelle on passe un fourreau, & qui tient de part & d'autre au colere du cheval pour le faire tirer. [Couper les traits des chevaux.]

Trait. Ce mot est *adjectif* & se dit parmi les *tireurs d'or* au masculin seulement. C'est à dire, *tiré, & passé par les filiéres.* (Or, trait. Argent trait.)

Traitable. Voiez plus bas.
Traitant. Voiez plus bas.
Traité, traitement. Voiez plus bas.

TRAITER, v. a. Raisonner. Discourir. Parler. (Il étoit d'avis que ce trop fidéle disciple fût foüetté par la main du bourreau lequel brûleroit les écrits de ces Péres *traitans* du larcin. *Pascal, l. 6,* Traiter de l'immortalité de l'ame. *Abl.*

Traiter, v. n. Convenir avec quelcun de certaines choses. S'acorder avec quelcun sur quelque chose. [Nous avons traité ensemble de son revenu. Traiter d'une afaire avec quelcun. Il a traité de son bénéfice, ou de sa charge avec Monsieur tel.]

Traiter, v. a. C'est agir à l'égard d'une personne d'une certaine maniére, (Traiter quelcun d'enemi. *Ablancourt, Rét. lettre 2.*]

Vous feriez bien mieux entre nous
Sans me vouloir *traiter d'égale.*
De vous taire & de filer doux. *Sar. Poës.*

Traiter quelcun *d'ami. Ablancourt.* Traiter quelcun *de coquin & de sot,* C'est en agir à l'égard d'une personne d'une maniére fâcheuse en l'apellant sot & coquin.]

Traiter. Régaler. (Il traite peu, mais quand il se mêle de traiter quelcun, il traite magnifiquement. Traiter splendidement. Traiter bien. Traiter misérablement. *Ablancourt.* Traiter mesquinement. Traiter quelcun en ami. C'est traiter sans cérémonie & sans grand aprêt. *Abl. Apot.*]

Traiter, v. a. Ce mot se dit parlant d'un Médecin & de son malade. C'est avoir soin d'un malade, & tâcher de le tirer de sa maladie, à la faveur des remèdes qu'on lui ordonne. (Le Médecin qui me traite, a juré par son Hipocrate, & sur son Galien que j'en ferois quite pour un peu de foiblesse. *Costar, T. 1. l. 208.*)

Traitant. Participe qui veut dire *Parlant. Discourant. Régalant.* (Aristote traitant de l'ame, dit que. Traitant un jour ses amis, il leur dit que.)

Traitant, s. m. Celui qui a fait un traité avec le Roi pour les fermes. (Du débris des Traitans ton épargne grossie. *Dépreaux Epit. 1. au Roi.*) C'est l'un des plus riches traitans.)

Traitable, ad. Ce mot se dit des personnes & signifie celui ou celle avec qui on peut traiter. Convenir, s'acorder. Faire quelque acord. [C'est un homme fort traitable. Quand les banquiers sont civils, honnêtes & *traitables*, il faut qu'ils sentent du profit.]

Traité traitée, adj. Débatu. Disputé. Régalé. Reçu. (Question traitée

traitée à fond. Ami bien traité. Personne bien traitée de tous les partis.)

Traité, s. m. Acord. Conventions qui se font entre Rois, Princes, & Etats, pour l'interest de leurs Sujets, pour la paix, ou pour le commerce. Sorte de contrat qui se fait entre particuliers où l'on s'oblige respectivement les uns envers les autres. (Faire un traité. Le dernier *traité de paix* a été conclu à Nimégue le 10. d'Aout 1678. entre la France & les Etats Généraux. Arrêter un traité, signer un traité de paix, & de commerce , ou de navigation. Ratifier un traité. Le traité des Pirénées se fit en 1660.)

Traité. Raisonnement , Discours sur quelque art , ou sience. (Messieurs Samson ont fait de beaux traitez de Géographie. Les divers traitez de Lipse sur plusieurs choses de l'antiquité sont fort curieux & fort savans)

Traite, s. f. Etenduë de chemin. [Faire de grandes traites. *Abl. Ret. l. 2*. La traite est longue. Il fait ce chemin d'une seule traite.)

Traite, s. f. Terme de Monoie. Ce mot comprend le seigneuriage, le brassage, & les remèdes de poids & de loi. Voiez, *Monsieur Boisard, traité des Monoies*, où il dit tout ce qu'on peut dire de la traite.

Traite, s. f. Terme de Mer. C'est un commerce entre des vaisseaux & les habitans d'une côte.] *Etre en traite* sur une côte. On ne fait pas beaucoup de *traite* sur cette côte.]

Traite. Ce mot se dit aussi du transport des marchandises. (On fait de grandes traites de vin de Bordeaux en Holande & autres païs du Nord. On a défendu la traite de blez hors du Roiaume.)

Traite, ou Traite foraine. Terme de Fermiers du Roi. C'est une sorte de droit & d'imposition qui se leve sur toutes les marchandises & denrées entrant & sortant du Roiaume, duquel droit jouit le Fermier des cinq grosses fermes. (Le Fermier des cinq grosses fermes jouira des *traites* & impositions tant anciennes, domaniales , que nouvelles qui se levent sur toutes les marchandises denrées entrant & sortant par les rivières de Charante , &c. Voiez *le Bail des cinq grosses Fermes, art.* 203.)

Traite domaniale. C'est une imposition qui est sur le blé , le vin, la toile, & le pastel , quand on les transporte hors du Roiaume. La traite Domaniale fut établie par un édit de Henri Troisième de l'année 1577. On apelle aussi cette sorte d'impôt du nom de Traite Foraine & ce mot vient du Latin *tractus*, qui signifie païs, contrée, region ; pour marquer que les marchandises qui passent hors du Roiaume doivent un certain endroit.

Traitement, s. m. La maniere dont on en use à l'égard des personnes. (Un bon traitement. Un mauvais traitement. Le traitement qu'ils nous font , est cause que nous apréhendons. *Abl. Tac.*]

Traiteur , s. m. Celui qui traite par tête, ou autrement. Celui qui aprête les festins qu'on lui commande soit de nôces , ou autres & fournit tout. (Un bon traiteur. (Un fameux traiteur.)

Traitoire, s. f. Instrument de Tonnelier qui lui sert à tirer & à alonger les cerceaux , en reliant des tonneaux. Il est composé d'un crochet de fer & d'un manche.

Traitre , s. m. Celui qui trahit. Perfide. Méchant. Scélerat. [Un traître Normand. Traître Anglois. C'est un insigne traître. Il est traître à sa patrie & à son Roiaume. *Vaug. Q. Curce, l. 8. ch. 14.*)

* Oui *les traitres* bientôt se lassent de nos feux,
Et portent autre part ce qu'ils doivent chez eux.
Moliere. C'est à dire , les *infidèles.*

* Console-toi, *le traitre* n'échapera pas. *Abl. Luc.* C'est à dire, *le perfide.*)

Traitresse, s. f. Celle qui trahit. [Une infame *traitresse. Benserade. Poësies.*]

* Traitresse, adj. Qui trahit. Qui surprend. Qui trompe lors qu'on s'y atend le moins. (Il me donna une liqueur traitresse. *Déspreaux, Satire 3.*)

Traitreusement, adv. A la manière d'un traitre. En trahison. (Il a trait reusement tué son maitre.]

Tramail, s. m. Terme de Pêcheur. Filet qui est propre pour pêcher , qui est composé de mailles à losange , & qu'on fait aussi long qu'on veut , mais qui ne doit ordinairement avoir que quatre piez. [Un bon tramail. Pêcher avec le tramail.

† * Ils sont pris les Flamans comme dans un *tramail*. *Marigni , Balades.*)

Trame ; tréme. s. f. Les habiles gens que j'ai consultez sur ces deux mots disent *trame* , mais les couverturiers , les fetandiniers , les tapisiers & les tisserans que j'ai vûs disent tous *tréme*, & l'on pense que quand on parleroit comme les gens du métier on ne parleroit point mal , outre qu'au propre le mot de *tréme* est plus doux que celui de *trame* qui est très élegant & très usité soit en vers , soit en prose *au figuré*, où l'on ne dit jamais *tréme*, mais *trame*. La *tréme* est du fil , de la laine

ou de la soie devidée sur un petit tuiau qu'on met dans une navette , qu'on passe au travers de la chaine qui est montée sur le métier. (Ma trème est perduë.] Voiez *treme.*

* Trame. Ce mot peut dire la vie est poëtique & n'entre pas d'ordinaire dans les discours de prose. (La médecine romt plus de trames qu'elle n'en renouë. *S. Evremont. in 4. p. 539.*

Un seul trait sufira pour détacher mon aîné.
Et couper de mes jours la malheureuse *trame*.
Hubert , Temple de la mort.
Mars les arrêtera dans leur rapide cours ,
Et Cloton coupera la *trame* de leurs jours.
Cousin , Histoire Romaine.)

* Trame. Conjuration. Intrigue maligne. Conduite pleine d'artifices pour faire réüssir quelque dessein. La trame se conduisoit si secretement qu'il ne savoit rien du danger où il étoit. *Vaug. Quin. ... x..*

* Elle rompra la trame qu'elle a ourdie. *Patru , 2. plaidoié.*)

Tramer, trêmer , v. a. Devider du fil , de la laine ou de la soie sur un petit tuiau, qu'on apelle aussi *trême* , lorsqu'il est couvert de fil , de laine , ou de soie. Les gens de lettres que j'ai consultez disent *tramer* dans le propre & dans le figuré , mais ceux qui font de la toile , des couvertures & des étofes de soie disent *trémer* au propre. On pense qu'il faudroit parler au propre comme les gens du métier & au figuré comme les gens de lettres. Voiez *trémer.*

* Tramer. Conspirer. Machiner. Imaginer & inventer. (Il avoit *tramé* la plus horrible de toutes les méchancetez. *Vaug. Quin. l. 5.*

Tramontane, s. f. Mot qui vient de l'Italien *tramontana*; & qui veut dire Vent Septentrional. Aquilon. Bise. Borée. Il signifie aussi l'étoile qui nous montre le pole Artique. Voiez là dessus *le Dictionnaire de la Crusca.* Mais dans ces sens il ne se dit que fort rarement en François.

* † Tramontane. Ce mot se dit au figuré , mais il semble peu usité dans le beau stile. Il se dit plus dans le stile familier, & dans la conversation que dans les beaux discours où l'on auroit peine à le soufrir.

[A-t-il perdu la *tramontane* durant la tempête. *Voiture, lettre* 74. C'est à dire, il n'a pas été deconcerté dans les troubles , ni les grandes afaires. On dit tous les jours en parlant familiérement, C'est un homme qui ne perd point la *tramontane*. C'est à dire qui ne perd point le jugement dans les afaires & dans les rencontres.)

Tramontain. Voiez *Utramontain.*
Trampe. Voiez *trempe.*
Tramper. Voiez *tremper.*
Tranchant , s. m. Tranchante, adj. Qui tranche. Qui coupe. [Armé de haches tranchantes. *Vaugelas , Quin. l. 3.* Couteau tranchant.)

Ecuier tranchant. Voiez *Ecuier.*
Tranchant, s. m. C'est la partie d'un outil faite pour couper. [Le tranchant de ce couteau est bien afilé.)

Tranche, tranchée, adj. Terme de Blason qui ne se dit qu'au masculin, & qui veut dire *divisé* depuis le haut de l'angle droit de l'écu jusques au gauche. [Il porte *tranché* de sable sur argent.]

Tranche, s. f. Morceau coupé en long, ou en large , dans de certaines choses comme pain, lard, jambon , chair , viande & pâté. (Une petite tranche. Une grande tranche. Une bonne tranche. Couper une tranche de jambon. Manger une tranche de pâté. Couper une tranche.)

Tranche. Ce mot se dit fort souvent entre *Bouchers* en parlant de beuf. C'est une piéce de beuf qu'on coupe en long & qu'on leve sur la cuisse. (Une bonne tranche de beuf. Une grosse tranche de beuf. Saler une tranche de beuf. Cette tranche coutera cinquante sous.)

Tranche. Coin, ou ciseau dont se servent les Ouvriers en fer pour couper quand il est chaud.

Tranche. Terme de Doreur *sur tuir.* C'est une petite bande d'or pour faire les bords des livres qu'on relie en veau & qu'on dore. Faire les tranches.]

Tranche. Terme de Relieur. C'est la partie du livre qu'on coupe avec le couteau à fût & qui prend depuis la tête jusques à la queuë du livre.) Cette tranche de livre n'est pas bien rognée. Jasper sur tranche. Brunir sur tranche. Jasper, brunir la tranche d'un livre. Dorer la tranche d'un livre.]

Tranchées, s. f. Maladie où l'intestin semble se tourner & où l'on soufre de grandes douleurs , soit à cause des humeurs acres & piquantes, ou des vents qui ne trouvant point d'issuë mordent & tourmentent étrangement l'intestin. Ce mot de *tranchées*, en ce sens, ne se dit qu'au pluriel. (Avoir des tranchées.)

Tranchées. Ce mot se dit en parlant de maladie de cheval. Ce sont des douleurs dans les boiaux excitées par l'acrimonie des humeurs qui bouillonnent & se fermentent dans les entrailles, ou par des vents, ou des matieres cruës, *Soleil parfait Maréchal.*

NNnn 2   *Tran-*

TRA

Tranchée, *s. f.* Terme de *Guerre*. C'est une levée de terre en parapet avec un fossé du côté de l'ennemi. *Guia, Art de la guerre, 2.partie.* [*Ouvrir la tranchée*. C'est commencer à creuser le terrain. Conduire la tranchée, hors de l'enfilade. Pousser le tranchée. Avancer cent pas de tranchée. *Monter la tranchée*. C'est à dire monter la garde à la tranchée. *Relever la tranchée*. C'est à dire, relever la garde de la tranchée. *Descendre la tranchée*. C'est décendre la garde de la tranchée. Un tel régiment est aujourdui *de tranchée*. C'est à dire, doit monter la tranchée. *Nettoier la tranchée*. C'est faire une vigoureuse sortie sur la garde de la tranchée, la faire plier, mettre en fuite les travailleurs, raser le parapet, combler le fossé, & enclouër le canon des assiégans.)

Tranchée. Terme de *Maçon*. C'est la fouille des fondemens. (Bâtir dans la tranchée qu'on a creusée.)

Tranchée. Terme de *Jardinier*. Fossé large de quatre piez & profond de trois, qu'on fait pour planter des arbres. Faire une tranchée. Cette tranchée n'est pas assez creuse ni assez large. On apelle aussi *rigoles* ces sortes de tranchées. Voiez *rigoles*.

Tranche-file, *s. f.* Terme de *Relieur*. Petit morceau de papier, ou de parchemin roulé entre deux ais autour duquel il y a de la soie de couleur & qu'on met à la tête & à la queuë des livres qu'on relie. (Une tranche-file bienfaite.)

Tranche-file. Terme d'*Epronnier*. C'est une espèce de petite chaine fort déliée qui est autour du mords. (Faire une tranchefile.)

Tranche-file. Terme de *Cordonnier*. C'est une couture qui est au dedans du soulié & qui empêche que le soulié ne se déchire. [Tranche-file bien faite, ou mal faite.)

Tranche-file. Terme de *Bourrelier*. Cuir tortillé pour soutenir le surnez & la soubarbe de la bride des chevaux de carosse.)

Tranchefiler. Ce verbe est *actif & neutre* entre Relieurs. C'est mettre de la soie sur une tranche-file. (Vite il faut tranchefiler Qu'on me tranche-file ce livre tout à l'heure.)

Tranche-lard, *s. m.* C'est un couteau à couper le lard. (Tranchelard perdu. Un bon tranche-lard.)

Tranche-plume, *s. m.* Voiez *Canif*.

Trancher, *v. a.* Couper. (Herennius trancha la tête à Ciceron, Voiez Plutarque, *Vie de Ciceron*. Trancher le neud Gordien d'un coup d'épée. *Abl. Ar. l. 2. c. 2.*)

* *Trancher*. Ce mot a divers sens au figuré. *Trancher du Souverain*. *Vaugelas, Quin. l. 6.* C'est à dire, faire le Souverain. *Trancher le mot*. C'est dire franchement & sans détour ce qu'on veut dire aussi *le trancher net*, ce qui signifie dire tout franc & sans déguisement. *Trancher* signifie encore *décider*. Exemple. (Il n'est rien si aisé que de *trancher* ainsi. *Moliere, Critique de l'Ecole des Femmes, scène sixième* (*Trancher* signifie aussi *Abreger*. Dire en un mot. Exemple. (Pour *trancher* toutes sortes de-discours, vous serez mariée. *Moliere, Précieuses. scene 4*. Ceci tranche la dificulté *Patruplaidoié 12*. C'est à dire, résout & termine la dificulté. La mort tranche leur vie & leur espérance. *Ablancourt, Luc.* C'est à dire, Finit & termine leur vie & leur espérance. Elle ne tranche pas assez nettement les espérances de ceux qui lui parlent. *Le Comte de Bussi*. C'est à dire, elle ne termine pas assez-tôt les espérances de *Trancher du grand*. C'est à dire, vouloir faire le grand, vouloir l'emport r.

* *Trancher*, *v. n.* Terme de *Peinture*. Passer d'une couleur vive à une autre couleur vive, sans aucune nüance, ni adoucissement. (Les couleurs qui *tranchent* ne sont point agréables à la vuë.)

† * *C'est un couteau de tripiére il tranche des deux cotez*. Façon de parler proverbiale, qui se dit d'une personne qui est de deux partis contraires, qui est un double espion. Qui loué & blâme les mêmes personnes selon les différentes occasions. Qui soutient deux propositions contraires.

Tranchet, *s. m.* Terme de *Cordonier & de Savetier*. Maniére de couteau à lime courte & large, à un manche de bois dont le cordonnier & le savetier se servent pour couper le cuir. [Je ne cours fortune en travaillant de mon métier que de me couper de mon tranchet. *Ablancourt, Luc. Dialogue du coq.*

Tranchoir, *s. m.* assiette de bois, sur quoi on coupe du lard lors qu'on fait des lardons, & qu'on est prêt de larder quelque chose. (Un tranchoir bien net & bien propre.)

Tranchoir pointu. Terme de *Vitrier*. C'est une sorte de piéce de verre qu'on met dans les panneaux de vitre qui sont façon de la Reine, ou de croix de Lorraine.

TRANBLES, *s. f.* terme de *Blason*. Il se dit des fasces rétrecies de la moitié de leur largeur, & qui sont en nombre impair.

TRANLER, *v. a.* Terme de *Chasse*, qui se dit quand il faut quêter au hazard, un cerf que l'on n'a point détourné.

TRANQVILE, *adj.* Prononcez *Trankile*. Calme, paisible, qui n'est point agité. La mer est tranquile. Son poulx est tranquile. La nuit tout est tranquile dans les vuës.)

Tranquile, *adj.* Paisible. Qui ne trouble le repos de personne.

TRA

Qui n'a rien qui le tourmente. Qui n'est point agité d'aucune violente passion. [Esprit tranquile. Avoir l'ame tranquile.)

* *Tranquile*. Qui n'est troublé par aucune guerre. Qui est dans un grand repos. [L'Etat est tranquile. *Ablancourt, Tacite, Annales, l. 4.* La Grèce étoit fort tranquile. *Vau. Quin. l. 6.* La vie tranquile est la plus heureuse. *Abl. retraite.* La Philosophie nous fait aimer une vie tranquile & éloignée des afaires. *Abl. Rét.*]

Tranquilement, *adv*. D'une manière tranquile. En repos. (Heureux celui qui vit tranquilement & qui se peut passer de faire la guerre aux idoles de la fortune.)

* *Tranquiliser*, *v. a.* Prononcez *tranbilizé*. Ce mot commence à se dire, & signifie rendre tranquile. [Tranquiliser une consience, un cœur, une ame.)

Tranquilité, *s. f.* Calme. Repos. (La tranquilité de l'air, de la mer, &c.)

* *Tranquilité*. Etat où l'on est sans aucune violente agitation. [La félicité consiste dans une parfaite *tranquilité* du corps & de l'esprit. *Abl. Luc.* Il n'y a rien de mieux pensé que ce qu'à écrit Sénéque le Philosophe de la *tranquilité de l'esprit* & on ne peut trop lire ce traité. La tranquilité de la consience.)

* Il n'y a point de torrent qui trouble la *tranquilité* de son cours qui est calme, paisible & qui n'est agité d'aucune chose.

TRANS. Particule qui est prise du Latin & qui signifie au de-là. Elle entre dans la composition de quelques mots. Par exemple. Les Romains apelloient la France, la Gaule Trans-Alpine, parce qu'elle étoit au delà des Alpes, à leur égard.

TRANSACTION, *s. f.* Terme de *Notaire*. Prononcez *tranzaccion*. C'est une sorte d'Acte qui se passe devant Notaires par lequel des personnes qui ont entre elles quelque diférend en justice s'acordent à l'amiable & dans les formes prescrites. [Faire une transaction. Transaction faite au profit d'un tel.)

TRANSCENDANT, *transcendante*, *adj.* Ce mot en parlant de l'esprit des hommes veut dire *pénétrant*. C'est une esprit transcendant.)

Transcendental, *transcendentale*, *adj.* Qui surpasse, qui l'emporte par dessus une autre. [Cela est transcendental.]

TRANSCRIRE, *v. a.* *Je transcris, tu transcris, ils transcrit, nous transcrivons, vous transcrivez, ils transcrivent*. *Je transcrivois, je transcrivis, j'ai transcrit, je transcrirai, je transcrive, je transcrivisse, je transcrirois*. Copier quelque écrit. (Transcrire des nouvelles. Transcrire un Acte.

Transcription, *s. f.* Prononcez *transcription*. Action par laquelle on transcrit. [La transcription de ce livre coure beaucoup.)

Transcrit, *transcrite*, *adj.* Copié. (Acte transcrit. Lettre transcrite.)

TRANSE, *s. f.* Angoisses. Saisissement de quelque grande douleur. Acablement & excés de tristesse. (Quand je me le remets l'épée à la gorge dans les *transes* de la mort. *Patru, plaidoié 5.*

Ces mots furent suivis d'une mortelle *transe*.
Qui priva ses esprits de toute connoissance.

Segrais, Eglogue 6.]

TRANSFERER, *v. a.* Mot qui vient du Latin, & qui signifie *transporter*. Porter plus loin. Porter ailleurs. (Transferer les reliques d'un Saint.)

Transferer, Ce mot se dit en parlant de *prisonniers*. C'est à dire, conduire dans une prison diférente de celle où il est le prisonnier pour être jugé en dernier ressort. (On doit aujourdui transférer du Chatelet dans les prisons de la Conciergerie trois prisonniers de conséquence.)

Transferer. Ce mot se dit en parlant des personnes d'Eglise. C'est faire passer avec cérémonie, d'un siège à un autre, ou d'une Eglise à une autre. (On ne transfere point de Religieux d'un Ordre à un autre, sans le consentement du Pape. On ne transfére point légitimement un Evêque d'un Siége à un autre sans le consentement du Pape & du Roi. *Fevret de l'abus, l. 2.*)

On dit que Constantin transfera le Siége de l'Empire de Rome à Constantinople.

TRANSFIGURATION, *s. f.* Prononcez *transfiguration*. Terme de *Pieté* qui se dit en parlant de Jesus-Christ. L'action de se transfigurer. Fête qu'on célébre dans l'Eglise en mémoire de ce que nôtre Seigneur se transfigura sur la montagne devant quelques Apôtres. (Le Prédicateur a dit de belles choses sur la transfiguration de Jesus-Christ. C'est aujourdui la transfiguration.)

Se transfigurer, *v. r.* Terme de *Pieté*, qui se dit en parlant de Jesus-Christ, qui tout à coup devant quelques-uns de ses Apôtres, prit un air brillant comme le Soleil & fit que ses vêtemens devinrent blancs comme la nége. Jesus fit monter sur un haute montage Pierre, Jaques & Jean son frere & il fut transfiguré devant eux. *Port-Roial, Nouveau Testament.*)

TRANS-

TRANSFORMATION, f. f. Prononcez transformacion. Changement en une autre forme. Métamorphose. (On parle en Chimie de la transformation des métaux.)

Transformer, v. a. Mot qui vient du Latin transformare, & qui veut dire changer en une autre forme, Métamorphoser. (Transformer quelcun en hibou. Ablancourt, Lucien.)

Transformé, transformée, adjectif. Métamorphosé. Changé en un autre forme. [Le Dialogue de Lucien transformé en âne est l'un des plus plaisans Dialogues de tout Lucien.]

TRANSFUGE, f. m. Terme qui vient du Latin Transfuga. C'est celui qui abandonne son parti pour suivre celui des ennemis, Vaug. Remarques. (C'est un transfuge. Il aprit d'un transfuge qu'Arminius avoit choisi un champ de bataille. Ablancourt, Tacite, Annales l.2. Vous voiez que le raport des prisonniers s'acorde avec lui des transfuges. Abl. César guerre civile, l.2. ch.4.)

TRANSFUSION, f. f. Ce mot est Latin & est un terme de Pharmacie. C'est l'action par laquelle on fait couler une liqueur d'un vaisseau dans un autre. (On a fait en nos jours la transfusion du sang d'un animal dans les veines d'un autre animal.)

TRANSGRESSER, v. a. On ne se sert proprement de ce mot qu'en parlant de piété. C'est Violer. Enfraindre. (Il a transgressé la Loi du Seigneur.)

Transgresseur, sub. mas. Ce mot ne se dit guère que dans les matiéres de piété, où il veut dire celui qui transgresse, mais il n'est pas fort usité. [Il est transgresseur de la Loi de Dieu.]

Transgression, f. f. Ce mot ne se dit guère qu'en parlant des matiéres de Religion & il veut dire l'action de transgresser. [La transgression des commandemens de Dieu devroit être punie. C'est une transgression volontaire de la Loi de Dieu. Port-Roïal, Epître aux Rom. ch.5.]

TRANSIGER, v. a. Terme de Notaire & de Pratique. C'est faire une transaction. [Les parties ont volontairement transigé & acordé en la forme qui suit.]

TRANSIR. Ce verbe se fait quelquefois actif, mais il est ordinairement neutre & c'est le cas feur d'en user de cette dernière sorte. Il signifie acabler de froid. Gêler quelcun. Avoir un grand froid.] Le froid & les nèges des montagnes d'Alsace les transissent. Voiture l.67.

Or me voici d'un mal cheu dans un autre.
Je transissois, je brule maintenant.
La Fontaine Nouvelles.

Transir, v. n. Etre agité de quelque violente passion, en être tourmenté.

[Retire toi, ou bien demeure ici
Pour voir transir de peur un fou d'amour transi.
Sca. D. Japh. a.4. sc.1.]

Transi, transie, adj. Acablé de froid. Tout gelé. [Je suis transi. Elle est toute transie. Je tremble, & suis tout transi. Abl. Luc. T.2. Coq.]

Il n'en peut presque plus
Transi de froid, immobile & perclus.
La Fontaine, Nouvelles.]

C'est un amant transi. C'est à dire, que c'est un amant froid & qui n'a pas beaucoup d'amour. C'est un amant que l'amour ne tourmente guére.

* Tous ses sens de tristesse étoufez & transis.
Segrais, Eglogue 6.

C'est à dire, ses sens saisis de douleur.

TRANSITION, f. f. Prononcez tranzicion. Terme qui vient du Latin & qu'on dit en Terme de Rétorique. Mots dont on se sert pour passer d'une matiére à une autre. [Une belle transition. Se servir de transition.]

† Transitoire, adj. Ce mot est écorché du Latin & il n'est en usage qu'en termes de dévotion. Il signifie passager, qui passe, qui est de peu de durée. Il ne faut pas préferer les biens transitoires aux biens éternels. La gloire de ce monde est transitoire.]

† TRANSLATER, v. a. Vieux mot qui signifie Traduire, & qui tout au plus ne peut trouver sa place que dans l'ancien burlesque & dans le comique.

[Le petit homme
Que tu connois, & dont on peut prêcher,
L'esprit est gront, mais infirme est la chair,
A translaté de la langue Espagnole
N'a pas long tems comédie tant fole.
Sarasin, Poesies.]

† Translateur, f. m. Mot qui ne peut entrer que dans le vieux stile comique, & qui signifie Traducteur.

[Dom Francisco de Rojas est l'auteur,
Et Paul Scaron le translateur.
Sarasin, Poesies,]

Translation, f. f. Prononcez translacion. Ce mot ne se dit qu'en des matières de Religion. C'est l'action de transporter d'un lieu à un autre une personne, ou une chose Eclésiastique, ou une chose qui regarde l'Eglise ou la Religion. (En France la translation des Evêques & des Evêchez se faisoit par l'autorité du Roi & des Evêques & toujours pour le salut des ames. Tomassin, Discipline de l'Eglise, 2. part. l.2. c.44. Quand on parle de translation, on dit translation forcée, violente, volontaire, juste, raisonnable, &c. L'Eglise Gallicane n'aprouve point la translation des Evêques, si elles ne sont faites par l'autorité du S. Siège. Avant que de proposer la translation, on en propose les causes dans l'Assemblée d'un Sinode Provincial. Fevret, traité de l'abus, l.2.)

Faire la translation des Reliques, d'un Concile.

Translation. Ce mot se dit en parlant d'ofice de Saint, & c'est l'action de Transferer l'ofice du Saint à un autre jour. On célébre aujourdui la translation de l'ofice d'un tel Saint.)

TRANSMETTRE, v. a. Je transmets. Je transmettois. J'ai transmis, je transmettrai. Que je transmette. Je transmisse. Je transmettrois. Ce mot vient du Latin transmittere & il signifie Transporter d'un lieu, ou d'une personne à un autre. (Jesus-Christ a transmis cette grace à vôtre ordre. Pas. l.2. Transmettre la proprieté à un bien. Les pères transmettent souvent leurs vices à leurs enfans.)

Se transmettre, v. r. Passer outre & passer d'un endroit à un autre. (On doit considérer le milieu par où se transmet l'action de l'objet. Rohault Phisique. 2. partie, c.2.)

TRANSMIGRATION, f. f. Prononcez transmigracion. Il vient du Latin transmigratio. Il signifie changement de païs, ou de corps. Transport forcé d'une nation subjuguée dans une autre païs. (La transmigration des Juifs en Babilone est fameuse. Les Siamois, croiant la transmigration des ames dans d'autres corps ne tuent point d'animaux de peur d'en chasser les ames de leurs parens. Tachard, voiage de Siam, lettre 3. p.201.)

† Transmissible, adj. Qui peut être transmis.
† Transmission, f. f. L'Action de transmettre. Ces deux mots sont peu en usage.

† Transmuable, adj. Ce mot est peu en usage. Il signifie qui peut être changé. (Le plomb n'est pas transmuable en or.)

TRANSMUTATION, f. m. Prononcez transmutacion. Ce mot se dit entre Chimistes en parlant des métaux. C'est le changement d'un métal en un autre par quelque opération chimique. (Le changement du fer en cuivre est une sorte de transmutation. La transmutation du plomb en or n'est pas absolument impossible.) Voiez Vitriolique.

TRANSPARENCE, sub. fem. Ce mot se dit dans les matières de Phisique. (La transparence ne se conçoit que par quelque interposition de vuide dans le corps transparent. Un corps n'est pas tellement opaque qu'il n'ait quelque transparence, ni tellement transparent qu'il n'ait quelque opacité.)

Transparence. Ce mot se dit en parlant de certaines pierres prétieuses & c'est ce qui est oposé à l'opacité. (Pierre prétieuse qui a de la transparence.)

* Transparence, ou fausse régle. Termes de Maitre à Ecrire. Lignes tirées en égale distance sur du papier & qu'on met sous l'éxemple qu'on doit écrire pour aler droit. (Ma transparence est perdue. Se servir d'une transparence pour écrire droit.

Transparent, transparente, adj. Mot qui se dit dans de certaines matières de Phisique, & il se dit des corps aux travers desquels on peut voir quelque objet, il se dit des corps qui étant posez entre l'œil & l'objet lumineux, ou coloré, n'empêchent pas qu'il ne passe des raïons de l'objet à l'œil & que l'œil ne voie l'objet. (Un corps transparent. Plus une chose est rare, & plus elle est transparente. Un corps est d'autant plus transparent qu'il a un plus grand nombre de petits vuides, ou pores.)

† TRANSPERCER, v. a. Percer d'outre en outre. Percer de part en part.

(Quand j'aurai fait le brave & qu'un fer pour ma peine
M'aura d'un vilain coup transpercé la bedaine
Dites moi, mon honneur, en serez vous plus gras.
Moliere, Cocu f.17.)

† * Cela m'a transpercé le cœur, Sar. Poë. C'est à dire, m'a vivement.

TRANSPIRATION, sub. fem. Prononcez transpiracion. Ce mot se dit entre Médecins. Sortie insensible, ou presque insensible que se fait de quelque petite matière par les pores du corps. (Il y a des transpirations insensibles & il y en a d'autres qui ne le sont pas. Cela s'est fait par transpiration.)

Transpirer, v. n. Terme de Médecin. C'est sortir par transpiration

ration. Sortir par les pores du corps. (Il faut faire *transpirer* ses humeurs.)

Transpirale, *adj.* Terme de *Médecin*. Il se dit des corps qui ont des pores, au travers desquels passent des esprits, des humeurs, l'air & d'autres corps subtils. (Nôtre corps est transpirable.)

TRANSPLANTER, *v. a.* Terme de *Jardinier*. Planter ailleurs. Planter en un autre endroit. (Transplanter un arbre.)

(† * La guerre *transplante* autre part.
Des galans la meilleure part.
Benserade, Poësies.

C'est à dire, que la guerre fait aler les galans ailleurs.)

Transplantement, *s. m.* L'Action de transplanter. [Le transplantement des arbres se doit faire avec beaucoup de soin & dans une saison propre à cela.]

TRANSPORT, *s. m.* Ce mot se dit en parlant de marchandise. C'est porter une marchandise d'un lieu à un autre, d'un endroit à un autre, ou d'une contrée à un autre. (Empêcher le transport des marchandises hors du Roiaume. Le transport des denrées est fort cher.)

* *Transport au cerveau*. Ces mots se disent en parlant de maladie, & on peut dire que c'est un simptôme qui arrive au cerveau, causé par une fiévre continué & par une impureté d'entrailles d'où s'ensuit un dérèglement dans toutes ses fonctions & fort souvent, la mort. (Ils s'est fait un transport au cerveau. On craint un transport au cerveau.)

* *Transport*. Ce mot *au figuré* a encore plusieurs sens. Exemples.

[L'esprit plein de contentement
S'abandonne au ravissement,
Et suit de ce *transport* la douce violence.
Voiture, Poësies.

C'est à dire, il se laisse transporter à la douceur & au plaisir qu'il sent.

* Ecouter la chaleur d'un coupable *transport*.
Racine, Iphigenie, a. 5. s. 2.

C'est à dire, d'une passion violente & condamnable.
* Il est presque impossible d'imaginer les *transports* de colere ou il étoit tantôt contre ses gens. C'est à dire, on ne peut presque croire en quelle colère il étoit contre ses gens.

Transport, Terme de *Pratique*. Acte qui se fait devant Notaires, par lequel une, ou plusieurs personnes cédent une chose à une, ou à plusieurs personnes. Cession faite à quelcun dans les formes. [Faire un transport d'une obligation à une personne.] Faire un transport d'une rente sur quelque particulier. Transport de droit successif portant constitution de rente. Voiez *Cassan. Parfait Notaire.*]

Transporter, *v. a.* C'est porter d'un lieu à un autre. Porter ailleurs. (il voulut voir son bucher & il le fit *transporter* en un autre lieu. *Abl. Tac. Annales, l. 11.*)

* *Transporter* Porter ailleurs. (Transporter la guerre en Grèce. *Abl. Ar. liv. 1. c. 1.*

* Alexandre ôta l'Empire aux Perses & le *transporta* dans la Grèce *Du Rier. Suplémens de Freinshemius. c. 1.*

Transporter. Terme de *Pratique*. Faire un transport. [Transporter une rente, un droit, un privilège à quelque personne.)

Se transporter, *v. r.* Se rendre sur les lieux. Aller sur les lieux. (Il se transporta sur les lieux. *Histoire d'Aubusson, livre 3.*)

Transporter. Ce mot se dit *au figuré* des passions.

(Dans l'amour qui me *transporte*,
J'irois chanter à vôtre porte. *Voiture Poë.*

C'est à dire, que dans l'amour dont je suis enflamé, j'irois chanter.)

* *Se transporter*. Ce mot se dit *au figuré* & veut dire se laisser emporter à quelque passion. Se laisser aler à la passion. (C'est un homme qu *se transporte* pour rien. C'est à dire, que c'est un homme qui s'emporte & se met en colère pour peu de chose.)

Transporté, *transportée, adj.* Porté d'un lieu à un autre. [Meubles transportez.]

TRANSPOSER, *v. a.* Ce mot se dit en parlant de prose & de poësie, & signifie faire quelque transposition de paroles. User de quelque transposition. [On ne doit pas *transposer* sans nécessité en vers, ni en prose.

Je pourrois aisément, sans génie & sans art,
Et *transposant* cent fois & le nom & le verbe
Mettre en piéces Malherbe. *Dépreaux Satire 2.*

Transposition, *s. f.* Prononce *transpozicion*. Terme qui se dit en parlant de prose & principalement de vers. Elle consiste à changer avec esprit l'ordre naturel des mots. [Il faut autant qu'il est possible que la construction des vers soit naturelle & sans *transposition*, dans les petits ouvrages, comme dans les madrigaux, épigrammes, & chansons, mais dans la poësie sublime & dans le beau langage, les *transpositions* ont souvent bonne gràce quand elles sont faites avec esprit. *Mainard* ne vouloit point de transpositions dans les vers, mais on croit que *Mainard* avoit tort, car la transposition faite avec jugement empèche que le vers ne languisse & même elle le rend plus fort, plus vif, plus noble & plus élégant. Voiez là-dessus *les divers traitez de versification Françoise.*]

TRANSUBSTANTIATION, *s. f.* Terme de *Téologie Romaine*. Prononcez *transsubstanciacion*. C'est le changement du pain au corps de Jésus-Christ, & du vin en son sang. [Croire la transsubstantiation.]

On dit aussi que le pain est le vin *Se transsubstancient*, ou se changent en la vraie substance du corps & du sang de Jésus-Christ.

TRANSVASER, *v. a.* Ce mot est peu en usage. Il se dit des liqueurs & particulièrement du vin, & signifie faire passer d'un vaisseau dans un autre. [Transvaser du vin.]

† TRANSVERSAL, *transversale, adj.* Qui traverse, qui coupe de travers, ou d'angle en angle. [Ligne transversale. Les bandes & les barres *du Blason* sont des piéces transversales. Les lignes qui coupent les perpendiculaires sont transversales, ou obliques.]

† *Transversalment*, *adv.* Obliquement. [Le Zodiaque coupe l'Equateur transversalement, ou obliquement.]

TRANTRAN, *s. m.* Ce mot est du petit peuple de Paris & il signifie la manière ordinaire de faire une chose, de se gouverner, en une chose. [Il sait le trantran.]

TRAPE, *s. f.* Mot qui vient du Grec, & il se dit des portes des caves qui sont dans quelques alées de maison & par dessus lesquelles on passe. [La trape est ouverte, prenez garde à vous. Fermer la trape. Lever la trape. *Abl. Luc. T. 2.*]

Trape. C'est une sorte de piége qu'on met dans une fosse, ou autre lieu pour prendre les loups & les autres bêtes carnaciéres comme les renards. [On se sert d'un mouton, ou d'une oïe pour atirer les animaux carnaciers à la trape.]

Trape, *adj.* Terme de *Jardinier*. Il se dit des melons. *Un pié de melon trape*, c'est à dire, fort, ramassé & qui n'est ni trop élevé ni trop alongé. *Quin. Iard. fr. T. 1. p. 131.*

TRAPÈSE. ou *trapèze*, *s. m.* Terme de *Géometrie*. C'est une figure irréguliére, enfermée par quatre lignes droites, & dont les côtez oposés ne sont pas paralléles, ni les angles oposés égaux. (Ce n'est pas un paralelogramme, c'est un trapèze. Tout quadrilatére n'est pas un paralelogramme, mais souvent c'est un trapèze. On apelle proprement trapèze, le quadrilatére qui a deux côtez paralléles & les autres non. Et l'on nomme *trapézoïde*, celui qui n'a nuls côtez paralléles.

† TRAPU, *trapuë, adj.* Ce mot se dit des personnes & veut dire *membru*. (Il est gros & trapu. Elle est un peu trapuë, ce qui est un grand défaut en matiére de belle taille.) On dit aussi dans le même sens le mot *trape*; adjectif.

TRAQUENARD, *s. m.* Ce mot se dit du pas de certains chevaux, & veut dire *Entre-pas*, une espéce d'amble. Les chevaux qui ont cette aluce, s'apellent en Latin *asturcones*. [Aller le traquenard.]

Traquenard. C'est une sorte de dance gaie qu'on dance seul. [Dancer le traquenard.]

† * *Traquenard*. Ce mot se dit dans le comique & principalement dans la conversation en goguenardant. Exemples. (Je sai le *traquenard*. C'est à dire, je saila conduite qu'il faut tenir, je sai comme il faut faire.]

Traquenard, Terme de *Chasseur*. C'est une sorte de piége qui est composé d'ais rangez en forme de cerceuïl & qui est propre pour prendre des belettes, des fouines, des chats communs & sauvages. (Un traquenard simple. Un traquenard double est plus asseuré que le simple. *Rufus innocentes. l. 4. c. 29. & 30.*)

TRAQUET, *s. m.* ou cliquet de moulin. C'est une petite soupape qui ouvre & ferme l'ouverture de la trémie, pour laisser tomber le grain peu à peu sur la meule.

TRASSE. Voiez *trace* & *trécee*.

† *Tracer*. Voiez *tracer* & *trécer*.

TRAVAIL, *s. m.* Ce mot fait au pluriel *travaux*, & il signifie Peine Fatigue. Action. (Un grand, un incroiable travail. C'est un travail presque incroiable.

Tout ici nous convie
A faire succéder le plaisir aux *travaux*.]

A force de *travail* on vient à bout de tout.
Aimer le *travail* en honnête homme.
Les douze *travaux* d'Hercule sont fameux dans les ouvrages des anciens Poëtes. C'est à dire, les douze célébres actions d'Hercule tant chantées par les Poëtes de l'antiquité.]
Les gens de travail. Etre endurci au travail. Travail d'esprit. C'est un ouvrage d'un grand travail, d'un beau travail, d'un travail délicat, &c.

Travail

TRA

Travail. Ce mot se dit en parlant de *femmes qui acouchent* & veut dire. Les douleurs que ressent la femme qui met un enfant au monde, & en ce sens le mot de *travail* n'a point de pluriel. (Etre en travail d'enfant. Pour savoir ce qu'il faut faire à la femme qui est en travail, on n'a qu'à voir Mauriceau, *maladies, des femmes grosses, l. 2. ch. 6.*)

Travail. Terme de *Maréchal.* C'est un petit endroit ménagé devant la boutique d'un maréchal & composé de quatre piliers joints par des traverses de bois pour enfermer le cheval qui se tourmente quand on le ferre, ou qu'on lui fait quelque opération. (Atacher un cheval à l'un des piliers du *travail.*)

Travail. Ce mot se dit en Terme de *Guerre.* C'est le remûment des terres. Le transport & l'arrangement des gabions, des sacs à terre, des barriques, des facines & de tout ce qu'on fait pour se loger & pour se couvrir. (Pousser le travail jusques à quinze pas du glacis. Ruiner le travail par une sortie. Assurer le travail par des épaulemens à droit & à gauche.)

Travailler, v. a. S'apliquer à faire quelque chose. Prendre peine à faire une chose. S'aracher à faire quelque chose. Faire quelque travail. (Travailler à la journée. Travailler à la tâche. Il est défendu de travailler le Dimanche & les jours de fête.

Depuis dix ans dessus l'F on *travaille*
Et le destin m'auroit fort obligé,
S'il m'avoit dit, tu vivras jusqu'au G.
Boisrobert, Epitre.

On fait *travailler* plusieurs personnes sur les Auteurs Latins, tout ce qu'on a fait jusques ici là-dessus ne se vend guère.)

Travailler, v. a. Ce mot voulant dire. *Prendre peine à faire quelque chose* régit aussi l'acusatif. (Il faut *travailler* à loisir ce qu'on veut bien faire. On doit bien *travailler* ce qu'on donne au public.)

Travailler, v. a. Tourmenter. Donner de la peine. (La goute *le travaille* extrêmement.

Ce qui plus *me travaille* en ma triste avanture,
Est qu'il me faut cacher le tourment que j'endure.
Habert, Temple de la mort.)

Travailler, v. a. Terme de *Taneur.* C'est bien façonner, bien acommoder avec la quiosse. (Travailler le cuir.)

Travailler, v. a. Terme de *Manège.* Exercer un cheval au pas, au trot, ou au galop. (Travailler un cheval avec jugement. On dit aussi *dans un sens neutre.* Faire travailler en quarré, en rond, sur les voltes. Travailler à l'air des courbettes. Voilà un Gentilhomme qui *travaille* bien & qui sera un bon homme de cheval.

Travailler. Terme de *Manège.* C'est faire manège. [Nous travaillons aujourdui. Nous ne travaillons pas aujourdui.]

Dans les *Mécaniques*, on dit dans un sens neutre, qu'une piéce *travaille*, quand elle sert à soutenir, lever ou pousser quelque corps, & qu'elle se remue dans la machine, comme la vis d'un pressoir. (Les piéces qui *travaillent* doivent être les plus solides.) On dit du bois qu'il *travaille* lors qu'il a été, emploïé sans être bien sec. *Voiez. Se tourmenter.*

On dit que le vin *travaille*, lors qu'il bout dans le tonneau, ou qu'il y soufre quelque altération, comme lors que la vigne est en fleur.

Travailleurs, s. m. Terme qui se dit en parlant de guerre & de siége. Pionnier, ou soldat commandé pour remuer les terres, ou pour faire quelque autre travail. (On a presque tué tous les *travailleurs.* Ils menérent un grand nombre de travailleurs. Hist. de Louis 14. Il encourageoit par son exemple les travailleurs à bien faire.)

† TRAVAISON, *s. f.* Terme d'*Architecture.* C'est la même chose qu'*Entablement.*

TRAVÉE, *s. f.* Terme d'*Architecture & de Maçon.* C'est l'espace d'une chambre, ou d'un plancher, qui est entre deux poutres. (Une grande, ou petite travée.)

TRAVERS, *s. m.* C'est le côté de quelque chose. (Ils courboient les épis de *travers* de leurs piques Abl. Ar.

† *Travers.* C'est un terme de disgrace, d'accident, ou de malheur, mais, en ce sens, le mot de *travers* n'est que de conversation, & même il n'est pas fort établi. (C'est un fâcheux *travers* que cela.)

Travers. Terme de *Charpentier*, & d'autres ouvriers. Piéce de bois, de fer, &c. qu'on met au milieu d'un assemblage de diverses piéces.

Travers. Terme de *Cordeur de bois.* C'est une buche qu'on jette sur la voie de bois lors qu'elle est cordée. (Mettre un travers.)

Travers. Terme de *Doreur sur cuir.* C'est un filet d'or qui va le long du côté du dos d'un livre relié en veau. (Pousser des travers.)

Travers. Terme de *Raquetier.* C'est une corde de raquette qui passe au travers de la largeur de la raquette. (Travers rompu.)

Travers. Terme de *Mer.* A l'oposite. (Nos galéres étoient sur

le fer *par le travers* de Naples.)

Côté às travers Ces mots se disent en Termes de *Mer*, C'est à dire de côté de travers, de sorte qu'en virant le bord on présente le côté au vent. (Mettre le vaisseau côté à travers. Dans un parage dangereux où l'on veut jetter la sonde, on met *côté à travers* pour avoir le loisir de sonder. Voiez l'*Art de la Navigation.*)

A travers. Préposition qui régit l'acusatif. Voiez dans la lettre *A*, colonne *Aut.*

Au travers. Préposition qui régit le génitif. Voiez la lettre *A*, colonne *At.*

De travers, adv. De biais. De côté [Mettez cela de travers. Il ne faut pas que cela soit de travers.]

* *Regarder quelcun de travers.* Abl. C'est le regarder d'un œil ennemi.

Quand la rime se trouve au bout du vers,
Qu'importe que le sens y soit mis *de travers.* Dépr. Sat.

C'est à dire, qu'importe que le sens soit ridicule.

* *Avoir l'esprit de travers.* C'est juger mal & contre le bon sens.

†* *Il a chaussé son bonnet de travers.* Façon de parler basse & proverbiale, pour dire, Il juge mal, il prend les choses en mauvaise part.

A tort à travers, adv. Témérairement. Inconsidérément. A quelque prix que ce soit.

En travers, adv. Par le milieu de quelque chose. [Cloüer deux rangs d'aisen *travers* Abl. Mettre des ais *en travers.* Vaug. Quin. l. 4.]

Traverse, s. f. Sentier, ou chemin qui traverse. [Une petite traverse. Enfiler une traverse.]

Traverse, Terme de *Guerre.* Levée de terre pour se couvrir & n'être pas enfilé. [Faire une traverse. Forcer une traverse.]

Traverse. Terme de *serrurier.* C'est une sorte de barre de fer, au travers de laquelle passent les barreaux des fenêtres & qui est sellée de part & d'autre dans la muraille. [Une bonne traverse.]

Traverse. Terme de *Menuisier & de Charpentier.* C'est une piéce de bois posée en travers. (Cette traverse ne vaut rien.)

Traverse de chassis. Terme de *Menuisier.* C'est le morceau de bois qui est au dessus & au bas du chassis & qui se joint avec le batant du chassis. (Les traverses de ce chassis ne sont pas de bon bois.)

Traverse de croisée. Termes de *Menuisier.* Piéce de bois qui fait le milieu d'une croisée de bois. [Il faut mettre une autre traverse à cette croisée.]

* *Traverse.* Malheur. Accident. Chose fâcheuse. [Il a eu de furieuses *traverses* en sa vie. Les *traverses* que j'ai euës lui doivent faire pitié. *Voiture l. 50.*

* Lors qu'il y vient des *traverses* & des persécutions pour la parole de Dieu, ils en prennent un sujet de scandale. *Port-Roïal, Nouveau Testament.*

A la traverse, adv. Malheureusement & lors qu'on y pensoit le le moins. [Il est venu à la traverse & a renversé toutes les mesures que nous avions prises.]

Traversée, s. f. Terme de Mer. C'est le trajet, ou le voïage par mer qui se fait d'un port à un autre. [Faire une traversée en trois mois.]

Traverser, v. a. Passer au travers. Passer entiérement depuis un côté jusques à l'autre. (Traverser un fleuve. Ils traversérent la riviére de l'Hébre. *Ablancourt, Ar.* Traverser une Province. *Abl.* Traverser une rue, une cour, &c. On dit aussi *dans un sens neutre.* Le coup *traverse.* C'est à dire, passe au travers.)

* *Traverser.* Empêcher. Mettre obstacle. [Elles avoient fait éfort pour *traverser* sa profession. *Patru*, plaidoié 6. Traverser les desseins d'une personne. *Mémoires de M. de la Roche-Foucaut.* Traverser le bonheur de quelcun, *Racine Iphigenie a. 2. s. 1.* La fortune la traverse par tout. *Ablancourt.*]

Traverser. Troubler. Aporter du désordre. Causer du désordre. Troubler le repos d'une personne. *La Suze, Poësies.* Il est venu traverser nôtre joie. *Abl.*

Se traverser, v. r. Terme de *Manège.* C'est couper la piste de travers jetter la croupe d'un côté & la tête d'un autre. Porter sa croupe de côté. (Quand vous arrêterez vôtre cheval, prenez garde qu'il ne *se traverse.*)

Traverser, s. m. Terme de *Mer.* C'est un vaisseau de coute & de pêche, qui va à voiles & à rames. Voiez *les us & coutumes de la Mer.*

Traverser. Terme de *Mer.* C'est le vent qui vient en droiture dans un port & qui en empêche la sortie. (Le traverser de ce port est Sud. *Guillet, Arts de l'homme d'épée.*)

Traversin, s. m. Chevet de lit. (Un bon traversin. [Un traversin bien doux & bien mollet.]

Traversin, s. m. Terme de *Marine.* On donne ce nom à plusieurs piéces de bois qui entretiennent deux autres piéces l'une avec l'autre. C'est ce que les Charpentiers apellent *une traverse.*

TRAVESTIR

TRAVESTIR, v. a. Déguiser une personne. Mettre une personne en un état méconnoissable, en lui donnant les habits qu'elle n'avoit pas accoutumé d'avoir. Masquer. Habiller en masque. [Travestir quelcun. On la travestit en païsanne.]

Travestir, v. r. Se déguiser. S'habiller en masque. [Se travestir en procureur, en avocat, en ramonneur, &c.]

Travesti, travestie, adj. Déguisé, déguisée. [Travesti en Turc. Elle étoit travestie en Sœur Collette.]

* Le Virgile travesti de Scaron est plaisant.

† TRAULER, troler, v. n. On écrit ordinairement trauler, mais on prononce trôlé. Ce mot est du peuple & il signifie courir çà & là. (C'est un garçon qui ne fait que trauler.)

TRE.

TRÉBUCHANT, f. m. Terme de Monoie. Il se dit des pièces d'or qu'on pése. C'est environ un demi grain que dans la fabrication on a départi à chaque espèce pour la faire trébucher & pour l'empêcher de trop diminuer dans la suite du tems & par le frai. (Les écus d'or & les Loüis d'or sont à la taille de 72. pièces & demi au marc, chaque piéce est de 63. grains, avec le trébuchant.)

Trébuchant, trébuchante, adj. Ce mot se dit des monoies qu'on pése, & il veut dire, Pièce de monoie qui étant dans un bassin du trébuchet & le poids dans l'autre, emporte & fait baisser le bassin où elle est. (Ecu ou trébuchant. Pistole trébuchante.)

Trébuchement, f. m. Chute.

(Le trébuchement de Phaëton est fameux.
Benserade, Rondeaux.)

Trébucher, v. n. Toucher. Donner du pié dans quelque chose qui nous fasse tomber, ou presque tomber. [Je trébuche dés que je fais un pas, ou deux.

Un jour Pégase aussi broncha,
Et, peu s'en falut, trebucha.
Voiture, Poësies.)

* Trébucher. Ce mot se dit des monoies qu'on pése, & veut dire Emporter le bassin du trébuchet où est le poids & le faire lever. [Quatruple qui trébuche.]

* Trébucher. Ce mot est beau au figuré, & fait souvent une idée assez vive, il signifie périr, tomber.

[Qu'on a vu trébucher de peuples & de Rois
Depuis que mon courage a fléchi sous tes loix.
Mai. Poë.

Ce fat s'aplaudit d'un ouvrage
Où la droite raison trébuche à chaque page.
Déspreaux Satire 9.]

† * Trébucher. Ce mot se dit des personnes en riant, & veut dire tomber.

[Cette personne enfin sur l'herbe tendre
Est trébuchée. La Fontaine, Nouvelles, 1. part.]

Trébuchet, f. m. C'est une sorte de petite balance pour péser l'or & l'argent avec des poids & des grains. [Un bon trébuchet. Un trébuchet bien fait, & bien propre.)

Trébuchet. Terme d'Oiselier. C'est une manière de petite machine en forme de cage pour atraper les perdrix. Ruses innom. liv. 2. chap. 7. Le trébuchet sert aussi à prendre les chardonnerets & les serins communs & est composé d'une échelle & d'un abatant.

[† * Deux femmes de fort bonne mine
Furent prises au trébuchet
Et passérent hier le guichet.
Poete anonime.]

Trèce, trace, sub. fem. L'un & l'autre se dit, mais trèce est le mot d'usage parmi les natiers & les perruquiers. La trèce entre natiers n'est autre chose que de la paille cordonnée, & entre perruquiers la trèce est un tissu des racines des cheveux avec des soies. [Une trèce de nate. Une trèce de cheveux. Faire une trèce.] Il signifie aussi un cordon plat, de soie, &c.

Trècer ; tracer, v. a. L'un & l'autre se dit, mais le mot le plus doux & qui est le plus en usage parmi les ouvriers, c'est celui de trécer. Les natiers apellent trécer, tortiller trois cordons de nate ensemble, & parmi les perruquiers trécer c'est tortiller & passer les racines des cheveux sur des soies & entre des soies qui sont bandées sur le métier à trécer. [Trécer de la nate. Trécer des cheveux.]

Trécer, tracer, v. a. Terme de gens qui font, ou vendent de la dentelle. Il se dit parlant de patrons de dentelle. C'est metre proprement du fil autour des fleurs des patrons de point, ou de dentelle. [Trécer un patron, ou tracer un patron de dentelle.]

Trécheuse, tracheuse, s. f. Celle qui trèce des cheveux pour faire des perruques. Il n'y a parmi les gens de métier que le mot de trécheuse qui soit en usage. Cependant tracheuse se dit par les gens qui ne sont pas perruquiers, on seroit d'avis de parler comme les gens du métier en cela, parce qu'outre que c'est l'usage, le mot de trécheuse paroit plus doux que celui de tracheuse. [Une bonne trécheuse. Une habile trécheuse.)

TRÈFLE, f. m. Mot qui vient du Grec. C'est une sorte d'herbe qui vient dans les prez & qui tient de la figure du trèfle des cartes. Il y a de plusieurs sortes de trèfles. Il y a des trèfles cultivez, des trèfles de marais & des trèfles odorans. La trèfle de marais est une sorte de plante odoriférante qui a une tige d'un pié & demi & qui porte de petites fleurs blanches qui resemblent à des hyacintes. Voiez Dalechamp.

Trèfle, f. m. Terme de Cartier & de jeu de cartes. C'est l'une des couleurs noires du jeu de cartes. (Ces couleurs sont trèfle, & pique. Joüer de trèfle. Je porte l'as de trèfle. Moliéres, Fâcheux, a. 2.)

Tréflé, tréflée, adj. Terme de Blason. C'est à dire, Qui est en forme de trèfle. [Porter d'or à la croix de gueules tréflée. Col.]

TREILLAGE, ou treillissage, f. m. Terme de Jardinier. L'un & l'autre se dit, mais treillage est le plus usité. La Quintinie est de ce sentiment, & c'est assez. Le treillage est fait de bois & d'échalas, liez quarrément les uns sur les autres, avec des fils de fer, pour palisser, c'est à dire, pour atacher des arbres contre quelque muraille de jardin. [Ce treillage me plait & je le trouve bien fait.]

Treille, sub. fem. Vigne apuiée contre le mur de quelque jardin & soutenuë de petites perches avec lesquelles cette vigne est liée. Treillissage le long duquel il y a de la vigne. [Une belle treille. Aimer le jus de la treille. C'est aimer le vin]

TREILLIS, f. m. C'est une sorte de grosse toile dont s'habillent les chartiers, les mariniers & autres gens de cette manière, & dont on fait quelques sacs. (Treillis fort bon. Avoir un habit de treillis.)

Treillis. Ce sont des barreaux de bois, ou de fer qui se croisent. [Rompre le treillis.]

Treillis. Terme de Potier d'étain. Morceau d'étain, rond, fin, & délié fait en forme de jalousie, que les potiers d'étain pendent devant leur boutique & dont les chaudronniers se servent pour étamer les casseroles & autres vaisseaux de cuivre qu'il faut étamer. (Les potiers d'étain mettent leurs treillis à l'étalage.)

Treillis de fils d'archal, treillis de leton. Terme d'Epinglier. C'est du fil d'archal, ou du fil de léton tortillé en lozange, en chassis, ou de quelque autre manière. [Faire un treillis de léton, ou de fil d'archal.]

Treillissage, f. m. Terme de Jardinier. Voiez treillage. [Treillissage ataché au mur & suporté par des os, ou par des crochets de fer scelez dans le mur.]

TRELAN. Mot imaginé pour exprimer un ton particulier de tambour, & qui a quelque chose de grave & de folâtre. [Tan trelan, trélan, trélan.]

TRÉLINGAGE, f. m. Terme de Mer. C'est un cordage qui finit par plusieurs branches, c'est aussi une liûre de plusieurs tours de corde faits aux grands haubans sous les hunes, pour les mieux unir & leur donner plus de force. [Amarer le trélingage.]

Trélinguer, v. a. Terme de Mer. C'est se servir du trelingage; se servir d'une corde à plusieurs branches, comme les Marticles & les patres de Bouline, comme l'on fait de gros tems à l'égard des Branles, pour en diminuer le balancement. [Trelinguer les branles.

TRÉMA, adjectif. Ce mot est un terme d'Imprimerie qui se dit de trois lettres, de l'é, de l'i, & de l'u, sur lesquelles on met deux points. [Un ï tréma, Un ï tréma, Un ü tréma.]

TREMBLAIE, s. f. Prononcez tranblée. Lieu où il y a plusieurs trembles. [Une grande tremblaie.]

TREMBLANT. Participe. Qui tremble.

Tremblant, tremblante, adj. Qui tremble. [La mort vient tremblante & pâle prendre un jeune homme dans son lit. Voiture Poë.]

Tremblant, f. m. Terme d'Organiste. C'est une sorte de jeu qui se mêle avec plusieurs autres & qui fait une espèce de tremblement harmonieux.]

TREMBLE, substantif masc. ou peuplier noir. C'est un gros & grand arbre qui a l'écorce lisse, de couleur grisâtre & la feuille large auprès de la queuë, & qui va en s'éguisant vers le bout. [Le tremble a le bois blanc, & il est propre à faire des ais.]

Tremblée. Voiez tremblaie.

TREMBLEMENT, f. m. Diminution de la vertu motrice, ou plutôt des esprits qui nous font mouvoir. (Il lui prit tout à coup un grand tremblement par tous les membres. Vaug. Quin. l. 3. La violence d'un frisson de fiévre cause des tremblemens à un malade.]

Tremblement de terre. C'est un mouvement causé par une inflammation soudaine de quelque exhalaison sulphureuse & bitumeuse qui est dans les grotes souterraines qui ne sont pas

fort

TRE

fort éloignées de la surface de la terre. Cette opinion du tremblement de la terre paroit plus probable que celle de ceux qui ont cru que les tremblemens de la terre étoient causez par les vents qui se jettoient avec violence dans les concavitez de la terre.

Tremblement. Terme de *Musique.* C'est une cadence de voix. (Un beau tremblement. Faire des tremblemens.)

Tremblemens. Terme de *Joüeur de Guitarre.* C'est l'action de tirer plusieurs fois avec vitesse la même corde de la main droite. (Faire un tremblement.) Il y a une sorte de tremblement qu'on apelle *tremblement etouffé* qui se fait en tirant la corde une fois comme si on vouloit trembler & la pressant aussi-tôt du même doigt. Cette sorte de tremblement, s'apelle aussi *martellement.* Voiez *Medard*, *piéces de guitarre.*

Tremblement. Terme de *Violon & de joüeur de viole.* C'est un mouvement délicat qui se fait avec le doigt sur quelque corde de la touche du manche de l'instrument. (Tremblement bien fait.)

Tremblement, Terme de *Joüeur de Flute & de Musette.* C'est un mouvement avec art, qui se fait sur le trou de la flute, ou du chalumeau. (Avoir le tremblement bon.)

* *Tremblement.* Aprehension, & crainte qui fait trembler. (Les plus justes doivent demeurer dans la crainte & dans le tremblement. *Pasc.* l.4.)

Trembler, verbe neutre. Ce mot se dit des parties du corps dont la vertu motrice est diminuée, ou dont les esprits qui fortifient & soutiennent ces parties du corps sont diminuez, & il signifie remüer, n'être pas ferme, parce que la force naturelle qui est dans les esprits est diminuée. (La main lui tremble. Il ne sauroit avoir le verre à la main qu'il ne tremble.)

Trembler. Ce mot est aussi quelquefois *actif,* quand on parle de fiévres. C'est avoir la fiévre. (On a vû des personnes qui trembloient la fiévre quarte & qui en ont été guéris par une peur subite. *Spon. fébrifuges. ch.* 4.)

Trembler. Terme de *Joüeur de Guitarre & d'autres instrumens à cordes.* C'est tirer plusieurs fois une même corde de la main droite avec vitesse. *Medard,* liv. *de guitarre.* (Vous avez manqué parce que vous n'avez pas tremblé.)

Trembler, Terme de *Joüeur de Flute, de Fifre, & autres pareils instrumens à vent.* C'est remüer avec art le doigt sur le trou de la flute, du haut bois, ou du chalumeau. (Il faloit trembler là.)

* *Trembler.* Avoir peur. (Je tremble pour lui de la grandeur du service qu'il a rendu. *Memoires de Mr. de la Roche-Foucaut.* Trembler pour quelcun. *Abl.*)

* *Faire trembler.* Donner de la fraieur à quelcun, lui causer de la peur. Porter & répandre de la terreur en quelque lieu, ou quelque païs, dans le corps & l'esprit des personnes. (Faire trembler la Gréce. *Abl. Ar.* l.1.

Il fera *trembler* de peur
Le Roi d'Espagne & l'Empereur,
Voit. poesies.

Considerez avec quelle force elle a soufert une chose dont le seul nom l'avoit toujours fait trembler. *Voit* l. 71.

Trembleur, s. m. Celui qui tremble sans sujet. Il y a aussi en Angleterre une Secte de gens qu'on apelle *Trembleurs*, parce qu'ils ont une crainte excessive des Jugemens de Dieu, ou parce qu'ils tremblent ordinairement lors qu'ils reçoivent leurs prétenduës inspirations.

Trembloter v. n. Trembler.

(Sous leurs corps *tremblotans* leurs genoux s'afoiblissent.
Depr. Lutrin, chant. 3.)
Les autres *tremblotant,*
Les autres barbotant
Font des harangues nompareilles.
Sarasin, poesies.
Un verd & long tapis par le milieu s'étend
Qu'entrevoit du Soleil un raion *tremblotant.*
Desmarais, Visionnaires, a. 3. *s.* 5.

Tremeau. Voiez *trumeau.*

Tréme. s. f. Terme de *Ferandinier*, de *Tisserand*, de *Couverturier & de Tapissier.* C'est du fil, de la laine, ou de la soie devidée sur un petit tuiau qu'on met dans une navette qu'on passe au travers de la chaine du fil, de soie, ou de laine qui est montée sur le métier. [Faire de la tréme. Voilà de fort bonne tréme.]

Trémer, v. a. Terme de *Ferandinier*, de *Tisserand*, de *Couverturier & de Tapissier.* C'est dévider du fil, de la laine, ou de la soie sur un petit tuiau qu'on apelle *tréme* lors qu'il est couvert de fil, de laine, ou de soie. [Trémer de la tréme. C'est la mettre sur le petit tuiau qu'on met dans la navette lors qu'il est couvert de tréme.]

Trémie. s. f. Mot qui vient du Grec, & qui est un terme de *Meunier.* C'est une sorte de vaisseau de bois large par en haut & étroit par en bas, où quand on veut moudre on jette le grain, qui tombe en la trémie par un auger sur la meule du moulin qui l'écrase & le reduit en farine. Une petite, ou grande trémie. La trémie est pleine.

Trémie. Terme de *Laitetier & de gens qui nourrissent des pigeons à la main.* Maniére de petite machine composée d'un fond avec des rebords & d'un corps en dos d'âne, au haut duquel il y a un couvercle qu'on ouvre & qu'on ferme, par où on met du grain pour les pigeons, & d'où il tombe peu à peu dans le fond de la trémie à mesure qu'ils le mangent. (Une petite ou grande trémie. La trémie est pleine. La trémie est vuide.)

Trémie. Terme de *Maçon.* C'est la partie quarrée ou s'alume le feu qui est apellée *âtre*, où *foier* lors qu'elle est carrelée, ou que l'on commence à y alumer du feu. [Faire une trémie. Enduire une trémie.]

Trémion, s. m. Terme de *Meûnier.* Piéces de bois qui soutiennent la trémie. (Ce trémion n'est pas assez fort pour cette trémie.)

Trémois, s. m. Terme de *Laboureur.* Ce sont de menus blez, comme orge, aveine, &c. qu'on séme en Mars, & qui ne demeurent que trois mois en terre.

Trémoussement, s. m. Agitation. Action de se trémousser. (Il se fait un nouveau trémoussement d'air. *Roch. Phisique* 1. par. *c.* 16.)

Se trémousser, v. r. S'agiter. Se remüer.
(Voila qui n'est point sot & ces gens-là *se trémoussent* bien. *Moliere, Bourg. Gent. a.* 2. *sc.* 1.)
Sa couleur se change, ses cheveux se dressent, sa gorge s'enfle, ses yeux se tournent, & son corps *se trémousse. Ablancourt Luc.*)

(Voi ces deux tourterelles
Se chercher, s'aprocher & *trémousser* des ailes.
Segrais, Eglog. 4.)

Trempe, s. f. Terme de *Coutelier, de Serrurier, & de quelques autres qui travaillent en acier & en fer.* La trempe de ces métaux consiste à faire rougir de l'acier, ou du fer & à les jetter tout à coup dans de l'eau froide. (Donner la trempe au fer. Donner la trempe à l'acier. Les ouvriers ont diverses sortes de trempes & au lieu d'eau, ils se servent quelquefois de quelque sucs, de quelques autres liqueurs & même de quelques graisses.

† * *Trempe.* Ce mot se disant des personnes veut dire Caractére. Humeur. Maniére.
(† * Ils sont de même trempe que lui. C'est un esprit de fort petite trempe. C'est à dire, c'est un petit caractére d'esprit.)

† *Trempement,* s. m. Ce mot signifie l'action de tremper. Il n'est pas de grand usage. Il y a des matiéres qui demandent un long *trempement* dans l'eau, ou dans d'autres liqueurs, on dira plutôt, qui demandent de tremper long tems dans l'eau.

Tremper, v. a. Prononcez *trampé.* Mouiller dans quelque liqueur, dans quelque chose de liquide, de quelque nature qu'il soit.
[Tremper du linge dans l'eau. Tremper dans du vinaigre. Ils trempoient leurs épées dans le sang des victimes. *Abl. Ret. liv.* 2.)

* Si Alexandre eût vaincu l'orgueil & la colére, & n'eut point trempé ses mains dans le sang de ses meilleurs amis, il eût été beaucoup plus heureux. *Vaug. Quin.* l. 3. *c.* 12. C'est à dire, si Alexandre n'eut point tué ses amis.

* *Tremper.* Ce mot en parlant de son vin veut dire y *mettre de l'eau.* (Quand on a le foie chaud il faut un peu *tremper son vin.*) On dit aussi *tremper la croute*, mais cette maniére de parler est *basse & burlesque & elle veut dire Chinquer, Trinquer. Faire débauche de vin & se rejouir.

Tremper. Terme de *Coutelier, de Serrurier, & de quelque autre artisan qui travaille en acier & en fer.* C'est faire rougir de l'acier, ou du fer & les jetter au même tems dans de l'eau froide. (Tremper l'acier. Tremper le fer.)

Tremper, v. n. Il signifie être dans l'eau, ou dans quelque autre liqueur. [Il faut que de certaines choses trempent long-tems dans le vinaigre. Faire tremper du poisson dans de l'eau pour le dessaler. Laisser tremper quelque matiére dans une liqueur.]

Tremuü, s. f. Terme de *Mer.* C'est un passage de planches que l'on fait dans quelques Vaisseaux depuis les Ecubiers jusqu'au plus haut pont, pour faire passer les cables qui sont frapez aux Ancres.

* *Tremper.* Ce mot en parlant de crime, de conspiration, ou de quelque autre pareille chose signifie. Etre participant. Etre du patri. (* Ils ne trempoient point dans la sédition. *Abl. Tac.*

Tremper dans la revolte. Abl. Ar. l. 1. Tremper dans la conjuration. *Vau. Quin.* l. 6. Tremper dans une acusation. *Abl. Tac. An.* l. 6. Tremper dans un dessein. *Memoires de M. de la Roche-Foucaut.*)

Trempé, trempée, adj. Mouillé. [Linge trempé.]

* *Vin trempé.* C'est à dire, vin où il y a un peu d'eau.

† Ses yeux étoient trempez de larmes. *Abl.* C'est à dire, pleins larmes.

OOooo TRIM-

Tremplin, *s. m.* Prononcez *tranplin*. Ce mot vient de l'Italien *tremplino*, Voiez *Garzoni*, Piazza universale, ch. 45. C'est un terme de *Danseur de corde* & de faiseur de sauts périlleux. C'est une sorte d'ais fort large qui a un pié à un bout & à l'autre il n'en a point, qui sert à faire des sauts périlleux. (Tremplin brisé. Aprêter le tremplin.)

Trempure, *s. f.* Terme de *Meunier*. Poids qui sert à faire moudre d'une certaine manière. (Alléger la trempure. Aprocher la trempure.)

Trenchant. Voiez *tranchant*.

Trencher. Voiez *Trancher*.

Trentain, *s. m.* Terme de *Ieu de Paume*, qui se dit lors que les joüeurs ont chacun trente. (Avoir trentain. Nous sommes trentains.)

Trentain, *s. m.* Terme d'*Eglise*. C'est le nombre de trente Messes que l'on fait dire pour un defunt, quand on n'a pas le moien de lui faire dire un annuel.

Trente-six mois, *s. m.* ou *Engagé*. Terme de *Mer*. C'est celui qui voulans s'établir dans les Indes ofre de servir trente six mois celui qui paiera son passage.

Trentaine, *s. f.* Nombre de trente. (Il y en a une *trentaine* de pris. Il a eu une *trentaine* de coups de bâton, ou environ.)

Trentaine, *s. f.* C'est une sorte de plante qui croit dans le Languedoc & dans la Provence, qui sert à teindre & qui fait une couleur entre jaune & fauve. *Instruction pour la teinture*.

Trente. Nom de nombre indéclinable, qui veut dire *trois fois dix*. Prononcez *trante*. On dit que du tems de l'ancienne Rome il n'y avoit à Rome que *trente* ruës, Pancirol, *Ant. perdues*, l. 2. c. 10.)

Trente & un; **trente-un**. J'ai consulté ces mots, & j'ai trouvé que la plûpart des gens qui parloient bien disoient *trente & un* & non pas *trente un* & que néanmoins ils disent *trente deux*, *trente-trois*. *Trente & un* est donc comme il faut dire & du reste on dit *trente deux & trente trois* sans se servir de la particule *&*.

Trente & un, *s. m.* C'est une sorte de *jeu de cartes* où celui qui à *trente & un* de point gagne, où l'on donne trois quartes couvertes à chacun des joüeurs, que chaque joüeur regarde ensuite pour voir si elles font au juste le point qui fait le gain du jeu & alors il gagne. Que si elle ne le font pas, il se tient à ce qu'il a de cartes, ou il en demande encore quelcune qu'on lui donne. Que s'il lui arrive que les cartes qu'il a, avec celle qu'on lui a donnée fassent *trente & un*, il gagne, que si elles font plus de trente & un il perd. [Joüer *au trente & un* des piéces de quatre sous. Trente *& un* sept ou huit piéces de quatre sous, ou de cinq sous.]

Trente, *s. m.* Terme de *Ieu de paume*. C'est avoir gagné deux coups, en en donner deux à un homme contre qui nous joüions & qui n'est pas si fort que nous. (Avoir trente. Donner trente à quelcun.)

Trentiéme, *adj.* Nombre ordinal. (Le trentiéme jour du mois. C'est la trentiéme fois que... Il est mort à la trentiéme année.)

Trépan, *s. m.* Terme de *Chirurgie*. C'est un instrument de Chirurgie duquel on se sert pour les fractures du crane. (Apliquer le trépan. *Thev*.)

Trépan. Terme de *Chirurgie*. C'est une opération Chirurgique qui ôte tous les corps étrangers qui pourroient blesser le cerveau. (Ordonner le trepan.)

Trépan. Terme de *Tailleur de pierres*. C'est un outil fait presque en forme de tériére, dont on se sert pour percer de gros murs de pierres de taille, ou de maçonnerie. [Mon trépan est rompu.]

Trépaner, *v. a.* Terme de *Chirurgie* lequel vient du Grec, & il signifie Troüer, Percer, Couper les os de la tête pour en tirer les corps étrangers. (Trépaner quelcun.)

†**Trépas**, *s. m.* Mot qui signifie *la mort* & qui ne se dit qu'en Poësie. [En me tüant il me délivre de mile *trépas*. *Théophile*. Ses beaux yeux causent le *trépas*. *Voiture poësies*. Donner la vie & le *trépas*. *Vois. poësies*. Diférer le trepas. *Vois. poës*.]

Quand par la vile ira le bruit de mon *trépas*,
Dites moi, mon honneur, en serez-vous plus gras?
Moliére, *Cocu*, *s. 17*.

J'ai bien assez de cœur pour ne reculer pas,
Et voir tomber le coup qui porte le *trépas*.
Habert, *Temple de la mort*.

Annoncer *le trépas* de quelcun. *Sar. Poës*.]

†**Trepasser**, *v. n.* Mourir. Rendre l'esprit. [Quand le bon homme Guillot Médecin imaginaire *trépassera*, on peut jurer hardiment qu'il *trépassera* sans rendre l'esprit.]

†**Trepassé, trepassée**, *adj.* Qui est mort. Qui est passé dans l'autre monde.

[Oüi, quand à moi je trouve aïant tout compassé.
Qu'il vaut mieux être encor cocu que *trepassé*.
Mol. Cocu s. 17.]

Trepassez, *s. m.* Les morts. [Prier Dieu pour les trépassez.]

Trepidation, *s. f.* Ce mot est Latin & signifie *tremblement*. Il se dit quelquefois, entre Médecins. [Il y a eu trepidation de nerfs, ou de membres.]

Trépidation. Terme d'*Astronomie*. C'est le nom que les Sectateurs de Ptolomée donnent à un certain mouvement qu'ils atribuent à des Cieux cristallins, pour expliquer un changement presqu'insensible qui arrive à l'axe du monde. Les Modernes l'expliquent plus aisément en parlant de l'inclination de l'Axe de la terre. [Mouvement de trepidation.]

Trepté; **tripié**, *s. m.* Ceux qui parlent mal disent *tripié*, mais les gens qui parlent bien, disent & écrivent *trepié*. Ce mot de *trepié* vient du Grec. C'est aujourdui une sorte d'instrument de fer, rond, ou triangulaire qui a trois piez & qu'on met sur le feu, ou fur les cendres chaudes pour mettre dessus quelque plat, quelque marmite, ou autre chose, mais parmi les Anciens & en parlant d'Apollon, c'étoit une sorte de table à trois piez au temple d'Apollon, sur laquelle montoient les Prêtresses d'Apollon pour prophétiser. C'étoit aussi une sorte de table à trois piez dont on faisoit présent aux vaillans hommes parmi les Grecs. *Donarem tripodas*, *præmia fortium Graiorum*. C'est à Delphes où nous avons l'encens & le *trepié*. *Ablancourt*, *Lucien*. C'est à dire, où nous sommes honorez.

Trépignement, *s. m.* C'est l'action de trépigner. [C'est un continuel trépignement. Ils nous étourdissent avec leur *trépignement* & leur batement de piez. L'Antiquité apelloit augures, les bons ou les mauvais presages qu'elle prenoit du vol, du cri & du *trépignement* des oiseaux. *Thiers*, *superst. chapitre 17*.]

Trépigner, *v. n.* Batre des piez parce qu'on est agité de quelque passion. (Plusieurs voix confuses d'hommes & de femmes étoient mêlées au bruit sourd de plusieurs piez nuds qui *trépignoient* dans la chambre. *Scaron*, *Roman*, *1. partie*, *ch. 12*.

Il s'inquiète, il *trépigne*, il remuë
Oreille & queuë.
La Fontaine, *Contes*.)

Trépigner. Ce mot se dit des chevaux de manége. C'est batre la poudre avec les piez de devant en maniant sans embrasser la volte & faire ses mouvemens, ou ses tems courts, près de terre, sans être assis sur les hanches. [Cheval qui ne fait que trépigner. *Guillet*, *Art de monter à cheval*.]

Trépointe, *s. f.* Terme de *Cordonnier*. C'est une petite bande de cuir sur laquelle on coud les semelles du soulié, de la bote, ou de la mule. (Trépointe renversée. Trépointe plate. Il signifie aussi la couture même qui paroit en dehors entre la la semelle & l'empégne & qui régne tout autour, en façon d'arriére points. Quelque uns disent *trépoint* & se font ce mot masculin.)

Trepot, *s. f.* Terme de *Mer*. C'est la derniére piéce de bois au plus haut, qui étant assemblée avec le bout supérieur de l'Etambord, forme le bout de la Poupe. On l'apelle aussi, *Alonge de Poupe*, & *Cormiére*.

Tres. Ce mot est une particule, qui étant ajoutée à des mots adjectifs est la marque d'un Superlatif, comme, tres-bon tres-juste, tres grand, tres-haut, tres-ancien, tres-humble serviteur. Je suis tres-aise. Tres-saint. Il est mon tres-cher ami. Cette particule *tres* se joint aussi à quelques adverbes comme, je le ferai tres-volontiers, tres-bien, tres-prudemment, &c.

Trescheur, ou *trécheur*. Terme de *Blason*. C'est un orle qui n'a que la moitié de sa largeur.

Treseau. Voiez *trézeau*.

Tresaille, *s. f.* Terme de *Charon*. C'est la partie du chariot qui entre dans les deux ridelles pour les tenir en état. [La tresaille de ce chariot ne vaut plus rien.]

Tres-fonds, Terme de *Coutume*. Il se dit en parlant de terres & de bois. Vendre le fonds & les tres-fonds d'un bois; c'est vendre, non seulement la coupe du bois, mais aussi le fonds même.

†**Tres-foncier**, *s. m.* Terme de *Coutume*. C'est le Seigneur & le propriétaire du fonds des bois & forets, qui sont en tiers & danger. Il se dit aussi du propriétaire d'un héritage, par opotion à celui qui n'en est que l'usufruitier.

Tresor, *s. f.* Mot qui vient du Grec, & qui veut dire or, argent, pierreries, en un mot meubles précieux. [Le gouverneur de Damas livra à Parmenion le *trésor* de Darius. Voiez *Quin. Cur. l. 3. c. 13*.]

Trésor de Saint Denis. C'est une quantité de choses sacrées & non sacrées qui sont tres-prétieuses. Les choses sacrées sont un tres-beau calice d'agate, donné par Charles le simple, une des cruches dans lesquelles nôtre Seigneur changea l'eau en vin aux nôces de Cana, le pallium du Pape Saint Etienne, plusieurs saints livres manuscrits écrits sur du vélin. Les choses profanes du tresor de Saint Denis sont un vase de cristal de roche tout d'une piéce avec un couvercle d'or, un pot de porphire à deux anses. Un corne de licorne de six piez. La lanterne de Judas. Le miroir de Virgile, l'épée de Jeanne la pucelle; sept couronnes d'Empereurs péreurs & de Rois. La couronne de Charlemagne, de Saint Louis, la couronne de Henri le Grand & celle de Louis XIII. la main de Justice de Saint Louys, l'épée de Charlemagne, &c. (Aller voir le trésor de Saint Denis en France.)

Trésor. C'est la chambre du trésor. C'est une juridiction dans le palais de Paris où l'on connoit des choses qui regardent le Domaine du Roi, (Il est Conseiller au trésor. Plaider au trésor. Messieurs du trésor ont jugé l'affaire à l'avantage de ma partie.)

Trésor des chartres de la Couronne. C'est le lieu où l'on garde soigneusement tous les titres & les actes de consequence qui concernent la Couronne. (Chercher un titre au trésor des chartres de la Couronne.)

Trésor roïal. C'est le lieu où l'on reçoit tout l'argent qui revient au Roi, des tailles, des taillons & des autres revenus du Roi. [Porter de l'argent au trésor roïal.] On apelle aussi *trésor roïal* le lieu que le Roi établit à Paris en 1676. pour recevoir par les mains de Gédeon du Metz garde de ce trésor l'argent des particuliers jusques à la concurrence de deux milions & dont Sa Majesté fait rente au denier quatorze. [Tout Paris a mis au trésor roïal & on trouve que c'est aujourdui le fond le plus asseuré.)

* *Trésor.* Ce mot *au figuré* a un usage assez étendu & il signifie Richesses. Chose belle, rare & precieuse. Objet plein de charmes & de beautez.

[* Un brutal possede un *trésor*
 Gon. Epi. l 1 Epigramme 66.]

* Je sai que la nature épuisa ses *trésors*
Quand par l'ordre du Ciel elle forma ton corps.
 La Lane, Eglogue.

C'est à dire, que la nature épuisa tout ce qu'elle avoir de beau, toutes ses richesses, &c.

* Il y a en vous des *trésors* dont je saurai joüir en dépit de la mauvaise fortune. *Voit. l. 35.* C'est à dire, il y a en vous des charmes & des qualitez dont je joüirai malgré ma mauvaise fortune.

* Sa divine ame & son beau corps
Fait un mélange de *trésors*,
 La Suze Poësies.

C'est à dire, que son ame & son corps sont pleins de charmes & de vertus, & font un composé plein de mile charmantes qualitez.)

Trésors de l'Eglise. Ce sont les merites de ce corps mistique dont Jesus-Christ est le chef & les Saints sont les membres.

Tresorerie, s. f. Charge de tresorier de quelque Eglise colégiale. (On lui a donné la trésorerie d'une telle Eglise.)

Trésorier, s. m. Oficier qui a droit d'inspection & de direction sur les domaines du Roi, comme d'entretenir les fermes domaniales & autres héritages dépendans du domaine.

Trésorier général. Oficier qui a la direction d'une généralité & à qui le Conseil du Roi envoie commission pour les tailles qu'il faut lever dans sa généralité, &c.

Trésorier de l'epargne. Oficier qui païe les gratifications du Roi, qui donne des assignations, ou billets portant quitance des sommes que le Roi a comprées.

Trésorier des parties casuelles. Oficiet qui reçoit l'argent de la vente des ofices, & qui dispose au profit du Roi, des charges dont la paulette n'a pas été païée, & des charges des Oficiers qui sont morts sans résigner. On apelle aussi ce trésorier *le trésorier des revenus casuels.*

Trésorier des aumônes, ofrandes & dévotions du Roi. C'est celui qui distribuë les aumônes du Roi & l'argent que Sa Majesté veut qu'on donne pour ses dévotions.

Trésorier des menus plaisirs. Oficier qui fait la dépence des menus plaisirs de Sa Majesté du fonds qu'il a entre les mains.

Trésorier ordinaire de la guerre. C'est un oficier qui païe la gendarmerie. (Être trésorier ordinaire de la gendarmerie.)

Trésorier de l'extraordinaire. C'est un oficier qui fait les dépenses de la guerre & qui païe les troupes. (Il est trésorier de l'extraordinaire.)

Trésorier. Oficier qui dans les Eglises collégiales possede une dignité Eclésiastique qui le charge du soin de tous les vases sacrez. (Il est trésorier de la sainte Chapelle.)

Trésoriere, s. f. Terme de *Religieuse Benedictine.* C'est l'ofíciére Religieuse qui a le maniment de l'argent, qui a soin de recevoir les rentes, de païer & de faire toutes les dépenses nécessaires. (La trésoriere doit être fort vigilante.)

Trésoriere de la charité. C'est une Dame de pieté & de vertu, qui garde les aumônes des pauvres de quelque paroisse de Paris. Ainsi on dira, que Madame Bignon femme de Monsieur Bignon aujourdui Conseiller d'Etat & autrefois Avocat général est trésoriere de la charité de Saint Nicolas du Chardonnet.

TRESAILLEMENT; *Tressaillissement, s. m.* On ne dit que *tressaillement.* C'est un espéce de mouvement déréglé. C'est un déréglement compliqué du mouvement, ou tout ensemble un tremblement & mouvement convulsif. Voiez *Dégori, Termes de Médecine page 155.* (Henri quatriéme disoit qu'il lui prenoit des tressaillemens quand il étoit en carosse.)

Tressaillir, v. n. Je *tressauts, tu tressauts, il tressaut, nous tressaillons vous tressaillez, ils tressaillent. Je tressaillois, je tressaillis. J'ai tressailli, je tressaillirai.* Ce verbe ne se trouve point dans les bons Auteurs aux trois prémiéres personnes de l'indicatif, il signifie faire un certain mouvement du corps comme en sautelant & en tremblant qui marque qu'on est surpris inopinément & qu'on a peur. (Il tressaillit à la vûë du monstre.

* En lisant Louïs de Bourbon
Elle *tressaillit* tout de bon.
 Voiture Poësies.

C'est à dire, elle fut toute émuë & toute transportée.

* *Tressaillir d'allégresse*, ou *tressaillir de joie.* C'est être dans la joie. Etre plein de joie. Etre transporté de joie. (Faites-moi entendre une parole de consolation & de joie & toutes les puissances de mon ame que vous avez abatuës & humiliées *tressailliront d'allégresse. Port-Roial. Pseaumes.* Tressaillir de joie *Vaug. Quin. liv. 9.*)

* *Tressaillir de douleur.* C'est être transporté de douleur. Etre tout-à-fait afligé. (Le mot de testament me fait tressaillir de douleur. *Moliere, Malade imaginaire, a. I. s. 7.*)

Tressaillissement. Ce mot ne se dit pas. Voiez *tressaillement.*

TRESSE. Voiez *trèce.*

Tresser. Voiez *trécer.*

TRETEAU, *s. m.* Prononcez *trétô.* C'est une maniere de chevalet de bois, qui a quatre piez, qui soutient ordinairement les tables des cabarets où l'on vend en assiette, à pot & à pinte, d'où vient cette façon de parler. (*Etre entre deux treteaux.* C'est à dire, être toujours au cabaret & ne faire qu'ivrogner.

Treteaux de scieur. Sorte de piez assez hauts sur quoi les scieurs posent la pièce de bois qu'ils scient.

TREVE, *s. f.* C'est une suspension d'armes entre deux puissances ennemies. (Faire trève. On ne parle aujourdui que de trève & de paix. Signer la trève. Entretenir, observer, garder inviolablement une trève. Enfreindre, rompre une trève. Contrevenir à la trève.)

* Faire *trève* avec ses ennuis. *Godeau, Poësies I. partie.* C'est à dire, être quelque tems sans s'ennuïer.

† * *Trève de raillerie. S. Amant. Trève de compliment. Scaron.* C'est à dire, plus de raillerie, plus de compliment.

Ne suis-je pas bien fat de vouloir raisonner,
Trève donc, je vous prie, à vos impertinences.
 Moliere, Cocu, séne I.

On croit que *trève donc de vos impertinences* seroit mieux dit.

TREVIER, *s. m.* Terme de mer. C'est celui qui pose & assortit les vergues avec les Mâts, & les voiles, & qui les visite à chaque quart pour observer s'il n'y manque rien. On apelle aussi cet oficier, *Maitre voilier.* [Les *treviers*, ou les maitres voiliers prennent la mesure des envergures des bâtimens. C'est à dire, qu'ils posent, & assortissent les vergues avec les mâts & les voiles.

TREUIL, *s. m.* Terme de *Maçon.* C'est un ouvrage qui est fait par le charpentier & qui est un rouleau de bois autour du quel s'entortille la corde, lors qu'on tourne un moulinet. (Nous ne saurions monter nos pierres, notre *treuil* est rompu.

TREUVER. Voiez *Trouver.*

TRÉZAIN, *s. m.* Piéce de monoie qu'on donne à la Messe des épousailles, ce qui est une coutume fort ancienne parmi nous *Bouteroüé, Traité des Monoies, p. 197.*

TRÉZEAU, *s. m.* Terme de *Mercier.* C'est ce qui pése un gros [Acheter un trézeau de soie.]

TREZE, ou *treize.* On l'écrit des deux manieres. On prononce *trèze.* Nom de nombre indéclinable qui se dit de douze & un. *tredecim* dix & trois. [De trèze Apôtres il y eu a eu un *traitre.*]

Trèziéme, adj. Nom de nombre ordinal qui signifie. Qui est le dernier de *trèze.* [Il est le trèziéme. Elle est la trèziéme.)

† *Trèziémement, adv.* On dit en trèziéme lieu.

TRI.

TRIACLEUR; *tériacleur, s. m.* Il faut dire *triacleur* & non pas *tériacleur.* C'est celui qui vend de la tériaque, ou qui passe pour un charlatan, *Vaug. Rem.* [C'est un fameux triacleur.

TRIAGE, *s. m.* Choix. (Faire un triage. Triage bien fait. Se rendre difficile au triage des œillets. *Culture des fleurs chapitre 5.*]

TRIAIRE, *s. m.* Terme de *milice Romaine.* Prononcez *triére.* C'est une sorte de soldat fantassin de l'Ancienne Rome qui étoit armé d'une pique, & d'une rondache avec le casque & la cuirasse. [Il y avoit des *triaires* dans chaque cohorte,

Ablancourt, Frontin, de la bataille des Romains.]

TRIANGLE, s. m. Terme de Géometrie. C'est une figure bornée de trois lignes qui forment trois angles. Il y a des triangles plats qui sont formez par trois lignes droites qui sont dans un même plan, & des triangles sphériques qui sont enfermez par trois lignes circulaires sur la superficie d'une sphére, ou d'un globe. Il y a des triangles rectangles, obtusangles & acutangles, & des triangles équilateraux, isosceles & scalenes. (Faire un triangle.)

Triangle, Terme de Miroüetier. C'est un verre en forme de triangle, ou plûtôt un prisme triangulaire, qui fait voir diverses couleurs, & qui renverse les objets. (Un fort beau triangle.)

TRIANGLE, Substantif Masculin. C'est aussi un Terme d'Arracheur de dents. Petit instrument dentelé & fait en triangle autour duquel on met du linge pour porter quelque essence, ou quelque liqueur dans une dent. [Prenez le triangle, & mettez de l'essence dans cette dent.]

Triangulaire, s. m. Qui forme un triangle. Qui tient du triangle. (Figure triangulaire. Extrémité triangulaire.)

TRIANON, s. m. C'est une sorte de palais roial qui est auprés de Versailles & qui est tres-beau. (Aller voir le Trianon.)

TRIBADE, s. f. Mot qui vient du Grec. C'est celle qui s'acouple avec une personne de son sexe & qui contrefait l'homme. [Atsu, probfacinus! Bassa, fututor eras. Voiez Martial, l. 1. epi. 61. C'est une tribade. Ablancourt, Luc.]

† TRIBOUILLEMENT, s. m. Ce mot signifie trouble, émotion, mais il est bas & ne se dit, ce semble, qu'en parlant, & même il ne se dit guére. [Il me prit un tribouillement de sens.]

† TRIBOUILLER, v. a. Remüer, Troubler. Agir. Emouvoir. Je me sens tout tribouiller le cœur lors que je te regarde. Moliere, Georges Dandin a 2. s. 1.)

TRIBOULET, s. m. Terme d'Orfevre, &c. C'est une grosse quille de bois dont on sert pour arrondir la besogne.

Triboulet, étoit si plaisamment fou qu'il a donné lieu à ce proverbe, servir de Triboulet, pour dire, Servir de fou. Faire rire la compagnie.

TRIBU, s. f. Ce mot se dit en parlant du peuple d'Israël & de l'ancien peuple Romain. Et il signifie partie du peuple d'Israël. Partie de la terre de promission où étoit le peuple d'Israël.] Le peuple de Dieu étoit divisé en douze tribus. Voiez le livre de l'Ecriture qui a pour titre les Nombres. Sanson a fait une carte de Géographie, de la demeure de toutes les tribus du peuple de Dieu dans la terre de promission.] Le mot de tribu en parlant de l'ancien peuple Romain veut dire une partie de l'ancien peuple Romain.) Les uns racontent que le peuple Romain fut premiérement divisé en trois tribus & les autres en quatre & que peu à peu le nombre des tribus Romaines augmenta de telle sorte, que du tems de Ciceron il y en avoit trente cinq.] Voiez Rosinus, antiquitez de Rome.

Tribu. Terme de l'Université de Paris. Partie de nation de l'Université. Etre de la tribu d'Amiens. Etre de la tribu de Beauvais, &c.)

* TRIBULATION, s. f. Prononcez tribulacion. Ce mot se dit, dans un stile grave & où l'on veut imiter le langage de l'Ecriture. Il se dit aussi en raillant, mais de quelque façon que l'on en use, il signifie Trouble. Traverse. Misere. Desordre.

(Pensez en quel danger est leur salut dans cette maudite terre de tribulation & d'angoisse Patru, 3. plaidoié. Vous l'avez déja tiré d'un lieu d'horreur, d'un lieu de larmes, de tribulation & d'amertume, Patru, plaidoié. 5.

† * Tribulation. Ce mot se dit quelquefois en riant & veut dire. Trouble. Desordre.

(Seroit-il point arrivé à vôtre amour quelque peu de tribulasion Molier, Ecole des Femmes, n 4.)

TRIBUN, s. m. Ce mot vient du Latin, & se dit en parlant de l'ancienne Rome C'étoit le chef d'une partie du peuple Romain & cette sorte de tribun s'apelloit tribun du peuple. Mais depuis on fit d'autres tribuns qu'on nomma Tribuns des soldats, & ils étoient dans les troupes Romaines, à peu près la même chose que les oficiers que nous apellons aujourdui parmi nous Mestres de camp.

TRIBUNAL, s. m. Mot Latin qui s'est naturalisé François. C'est le siege d'un Juge dans sa jurisdiction.

[Quand ce Docteur plein d'ignorance
Est monté sur son tribunal
Il croit plus faire pour la France
Que le Roi, ni le Cardinal. Mai. Poes.]

Il faudra comparoitre devant le souverain Tribunal de Dieu. On dit aussi le tribunal de la Confession.

* Tribunal. Jurisdiction. [Il n'importe en quel tribunal se trouve les enrolés. Patru, 1. plaidoié. Il érigea un tribunal de Justice. Patru 1 plaidoié.]

* C'est une chose décidée dans tous les tribunaux des Grammairiens. C'est à dire, parmi tous les Grammairiens.

Tribune, s. f. Ce mot en parlant des Anciens, étoit un lieu élevé pour haranguer & pout voir plus commodement les spectacles. (On porta la tête & les mains de Ciceron sur la tribune aux harangues. Plutarque, Vie de Ciceron.)

Tribune. Ce mot se dit aujourdui en parlant d'Eglise; & c'est une espece de jubé lambrissé & fermé de jalousie où l'on entend la Messe. [Une belle tribune. Une tribune bien propre. Il est à la tribune d'où il entend la Messe.)

TRIBUT, s. m. Ce mot vient du Latin, & il ne se dit ordinairement qu'en parlant des choses éloignées de notre tems. C'est une sorte de taille que celui qui avoit la souveraine autorité, imposoit, ou faisoit imposer sur les particuliers & que les particuliers étoient contraints de lui paier. (Ordonner un tribut tous les ans. Ablancourt Ar. livre 1. Imposer un tribut. Exempter de tributs. Ablancourt, Tac.]

* Tribut. Ce mot entre dans plusieurs façons de parler figurées. (Exemples.

(* Ils ont rendu à la nature le dernier tribut que tous les hommes lui doivent. C'est à dire, ils sont morts. Païer le tribut à la nature. Abl. C'est mourir.

* Tout paie le tribut aux tirans des années. C'est à dire, tout cede aux ans.

Et mes yeux arrosant ses belles mains de larmes
Paierent les premiers le tribut à ses charmes
Habert, Temple de la mort.

C'est à dire, je fus le premier qui l'aimai.

* Que les premiers jours de votre deuil se soient passez dans les larmes, c'est un tribut, qu'on doit à la nature. Patru, lettre à Olinde. C'est à dire, c'est un devoir dont la nature nous oblige de nous aquiter.

* Paier le tribut. Façon de parler maritime, pour dire vomir. Je commence d'avoir le cœur bien fade & je vai paier le tribut Voiage de Siam, p. 4.]

Tributaire, adj. Qui paie tribut. (Païs tributaire Etre tributaire. Demeurer tributaire.

* Je suis tributaire de ses beaux yeux. Cette façon de parler est poétique pour dire, je l'aime, je l'adore, je rends hommage à sa beauté.

† TRICHER, v. n. Mot qui vient de l'Allemand & qui veut dire tromper. Voiez Bens Dupuis, Grammaire Alemande. (Tricher quelcun au jeu.

Mon mari m'a défendu de baiser.
Mais moi qui ne m'en puis passer
Je triche, Je triche.]

† Tricherie, s. f. Tromperie. (Faire une tricherie.

Je le connois, c'est une tricherie.
De votre époux. La Fontaine. Nouveaux Contes.)

* Tricheur, s. m. Trompeur. [Les Gascons & les Normans sont de francs tricheurs.]

* Tricheuse, s. f. Trompeuse. (C'est une insigne tricheuse. Une petite tricheuse.)

TRICOISES, s. f. Terme de Maréchal. Tenailles dont se sert le maréchal pour couper les cloux qu'il a brochez devant que de les river & pour déferrer un cheval. (Mes tricoises sont perdues.)

TRICON, s. m. Terme de Jeu de Brélan. Ce sont trois cartes de même valeur, ou de mêmes points, comme trois Rois, trois Dames, trois valets, trois dix, &c. [Avoir tricon. Avoir tricon de Rois, ou de Dames, ou de valets.)

* TRICOT, s. m. Ce mot ne se dit que dans la conversation & dans le stile simple & cumique. Il signifie Un bâton propre à rosser une personne. (On lui a donné du tricot. Il a eu du tricot.)

TRICOTAGE, s. m. Travail de tricoteuse ou de tricoteur. Ouvrage de tricoteuse. La peine qu'on a eue à tricoter. (Paier le tricotage d'un bas. Le tricotage de cette paire de bas vous coutera tant.)

Tricoter. Ce verbe est actif, mais il se fait neutre quelquefois, il signifie Faire des mailles avec des éguilles à tricoter. (Elle a tricoté toute la journée. Elle gagne sa vie à tricoter.

Elle s'aplique toute aux choses du ménage,
Ou bien a tricoter quelque bas par plaisir. Moliere.)

TRICOTET, s. m. C'est une sorte de danse élevée & en rond. (Dancer un tricotet.)

TRICOTEUR, s. m. Celui qui tricote & gagne sa vie à tricoter. (C'est un méchant tricoteur, sa besogne ne vaut rien.)

Tricoteuse, s. f. Celle qui gagne sa vie à tricoter.) C'est des meilleures tricoteuses du Fauxbourg Saint Marceau.)

TRICTRAC, triquetrac, s. m. L'un & l'autre s'écrit Bal. Rac. Lettres choisies, 1. partie, livre 4. a écrit trictrac, & l'auteur de la maison des jeux écrit triquetrac. Le trictrac est sorte de jeu de dez qu'on joüe avec des cornets & à deux dez seulement. On ne peut joüer au trictrac que deux
en-

ensemble, & ce jeu a été nommé *trictrac* du bruit qui se fait lors que joüant, on place, ou on déplace les dames, qui à cause du bruit continuel qu'on leur fait faire semble dire à l'oreille trictrac, on triquetrac. (Joüer au trictrac. Je ne sai ni le hoc, ni la prime, ni le *trictrac* Balʒac. Au triquetrac il perdoit déja une pistole. Voiez *le poëme des Noiers, chant* 1.)

Trictrac. C'est une maniere de petit tiroir brisé qui se ferme à la clé, duquel le dessus est un damier & le dedans ce qu'on apele le trictrac, ou le tablerier à peint diverses fiches & où l'on joue au lieu qu'on nomme aussi trictrac. (Voila un beau trictrac.)

Tride, adj. Terme de *Manege.* Il veut dire *Court & vite.* (Pas tride.)

Trident, s. m. Ce mot se dit en parlant de Neptune. C'est un instrument qui est une maniere de fourche à trois fourchons, qui est le sceptre de Neptune, & qui aide à le distinguer de ses freres, Jupiter, & Pluton, & des autres Dieux. (L'amour est un Dieu qui attache les armes des mains de Mars, le *tridens* des mains de Neptune & les foudres des mains de Jupiter Voiez *l' Aminte du Tasse, Prologue.*)

Triennal, triennale, adj. Qui dure trois ans. (Gouvernement triennal. Abesse triennale. Prendre le Régime triennal. Patru, Vrbanistes. Il y a parmi les Feuillans des Abez triennaux.)

Triennalité, s. f. Gouvernement de trois ans. (Le Roi consentit à la triennalité que la bule établit dans la maison. Patru. Vrbanistes.

Trier, v. a. Choisir entre plusieurs.) Trier les plus belles pommes. Trier les meilleures pommes, &c.)

Trié, triée, adj. Choisi entre plusieurs. Ce sont gens triez. Mol. Ecole des femmes, sc. 1. *Il est trié sur le volet Ablancourt.* Sorte de proverbe pour dire Choisir entre les autres. Excellent. Bien fait. Galand. Savant par. dessus tous les autres. Voiez *volet.*

* *Trigaud, s. m.* Trompeur. (C'est un petit trigaud. On hait naturellement les sots & les trigauds.)

* *Trigaude, s. f,* Trompeuse. (C'est une petite trigaude, & ses manieres montrent assez que sa naissance est fort basse.)

* *Trigauder, v. n.* Mot qui vient du Grec, & qui signifie *tromper.* (Il trigaude & c'est tout dire , il a l'ame fort petite.)

‡ *Trigauderie, s. f.* Tromperie. (Il n'y a rien qui marque tant la petitesse de l'esprit que la trigauderie.)

Trigliphe, s. m. Terme d'*Architecture.* Mot qui vient du Grec & qui veut dire gravé en trois endroits. C'est une partie qui est dans la Frise de l'ordre Dorique au droit de chaque colonne & par certains espaces dans les entrecolonnemens. (On place ce trigliphe au droit de chaque colonne.)

Trigonométrie, s. f. Mot qui vient du Grec. C'est la sience de mesurer des triangles, & de mesurer les distances inaccessibles par le moien des triangles. (Savoir la trigonométrie. Il y a une trigonométrie rectiligne & une trigonométrie sphérique.

Trine, adj. Terme d'*Astrologue.* Aspect trine, c'est la situation d'un Astre à l'égard d'un autre en est éloigné du tiers d'un cercle, ou de 120. degrez. Cette distance fait le côté d'un triangle équilateral. (L'aspect trine de Saturne & de Mars.) On le nomme aussi *trigone.*

Tringle, s. f. Petite règle de bois longue & étroite. (Tringle rompue.)

Tringle, s. f. Terme d'*Architecture,* C'est un petit membre quarré qui est au droit de chaque triglyphe sous la plate bande de l'architrave & d'où pendent les goutes en l'ordre Dorique. (Petite tringle.)

Tringle. Terme de *Menuisier & de tapissier.* Morceau de bois qui pose sur les colonnes du lit & qui est de la grandeur du lit, [Tringle trop courte.]

Tringle. Terme de *Serrurier.* C'est une verge de fer qu'on acroche aux pitons de colonnes du lit & où l'on met de petits anneaux , pour y atacher les rideaux qu'on tire & qu'on ferme par ce moien quand on veut. [Un mot de tringle, en ce sens, ne se dit guere que par les serruriers, car pour les autres gens du monde ils disent ordinairement *une verge de fer.*

Tringle. Terme de *Boucher de Paris,* C'est une barre de bois qui est au dessus de l'étal du boucher & où il y a des clouz à crochet pour pendre la viande. [Il manque un clou à cette tringle.]

Trinitaire, s. m. Hérétique qui a des erreurs sur le mistère de la Trinité.

Trinité, terme de *Téologie.* Les trois personnes Divines. Les trois personnes qui sont en Dieu, & où l'on nomme *le Pére, le Fils & le Saint Esprit.*) La tres-Sainte Trinité. S. Tomas a bien traité de la Trinité.]

Trinome, adj. & s. m. Terme d'*Algebre.* C'est un nombre produit de l'addition de trois quantitez incommensurables.

* *Trinquer, v. n.* Le mot vient de l'Allemand & est burlesque en notre langue, où il signifie *Boire.*

(J'aime à *trinquer,* la tasse pleine, Mai. poés.
À toi, compere, & de prendre la tasse

Et de *trinquer.* La Fontaine, Nouv. Contes
Il *trinqua* & bissa comme un drôle
S. Amant, poësies.)

Trinquet, s. m. Terme de *Mer.* C'est le mât de misene, ou de l'avant. Trinquet de gabie ou de hune. C'est le second arbre enté sur le maitre mât. *Fournier.*

Trinquette, s. f. Terme de *Mer.* C'est une sorte de voile triangulaire. La *trinquette* s'apelle aussi voile Latine, voile à tiers point, ou voile à *oreille de Lievre.*

Trio, s. m. Terme de *Musique.* C'est une partie de concert où il n'y a que trois personnes qui chantent.

Trio. Ce mot se dit des personnes & veut dire *trois personnes.* Un joli. trio. Un charmant trio. Un beau trio.

Le trio branché
Mourut convert & fort bien confessé.
La Fontaine, Nouv. 2. partie.]

Triolet, s. m. Terme de *Poësie Françoise.* Petite piéce plaisante, amoureuse , ou satirique de huit vers de huit silabes divisée en trois couplets. Le triolet n'a proverbialement été apellé de ce nom qu'à cause de ces 3. petits couplets. Il est aujourdui rarement en usage & quand on s'en sert il ne tient lieu que de Vaudeville. Les plus plaisans *triolets* qui se soient jamais composez ce sont ceux qui se firent durant les dernieres guerre de Paris. [Chanter un triolet. Faire quelque plaisant triolet.]

Triomphal, triomphale, adj. Prononcez *trionfal.* Qui regarde le triomphe Qui apartient au triomphe. Qui est du triomphe. (Robe triomphale. *Abl. Tac. Ann.* l. 1. c. 3. Dresser des arcs Triomphaux. *Ablancourt. Tac.* Les arcs triomphaux des anciens étoient faits de marbre , & bâtis à la maniere de trois grands portails où étoient representee les beaux faits de celui en triomphe du nom duquel ils étoient dressez. *Pancirol, liv.* 1.]

Triomphant. Voiez plus bas.

Triomphateur, s. m. C'est celui qui triomphe, ou qui a triomphé, qui a reçu les honneurs du triomphe. [La Terre se réjouit d'être cultivée par des Conquerans & des Triomphateurs. Le *Mait. pl.* 38.]

Triomphe. Mot qui vient du Grec Prononcez *trionfe.* C'étoit un honneur grand, magnifique, solennel & public que les Anciens rendoient aux Capitaines qui avoient remporté quelque illustre victoire sur les ennemis de l'Etat. Il y avoit deux sortes de triomphe, le petit & le grand. Voiez là dessus. *Denis d'Hasic. l.* 2. *Hist. Rom. & Valere le grand, liv.* 2. c. 8. (Un superbe, un magnifique triomphe. Recevoir l'honneur du triomphe. Entrer en triomphe dans une ville. Décerner le triomphe à quelque grand Capitaine. Abl. Cléopatre aima mieux se faire mourir que de soufrir qu'on la menât en triomphe Refuser le triomphe. Acepter le triomphe. Demander le triomphe.]

* Ils se sont maintenus tantôt par une procession où la grace sufisante mène l'eficace *en triomphe* , tantôt par une comedie. *Pasc. l.* 3. C'est à dire, où la grace sufisante l'emporte sur l'eficace , *triomphe* de l'eficace.

* *Il ne faut pas chanter le triomphe avant la victoire.* Façon de parler proverbiale , pour dire , qu'il ne faut. pas se glorifier trop tôt , parce que les évenemens sont incertains , & que les choses peuvent changer.

Triomphe, s. f. Sorte de jeu de carte où l'on joüe tant & si peu de personnes qu'on veut , où celui qui en coupant , à la plus haute carte , fait, bar & donne les cartes, & la derniere qu'il retourne est celle qu'on apelle *triomphe.*..C'est de cette derniére carte que le jeu a été apelé *triomphe* , parce que cette carte l'emporte sur toutes les autres qui ne sont pas de la même peinture. [A la *triomphe* l'as pillé à moins qu'on ne soit convenu du contraire & celui qui renonce en joüant perd la partie , &c. Joüer à la triomphe.]

Triomphe, s. f. C'est la carte qu'on retourne après avoir donné à chacun des joüeurs les cartes qu'il leur faut. On apelle aussi *triomphe,* les cartes qui sont de la même peinture que celle qu'on a retournée la derniere. (Avoir de la triomphe Jetter de la triomphe. Renoncer à triomphe.)

Triompher, v. n. Recevoir l'honneur du triomphe. [Baccus à triomphé le premier dans les Indes & Romulus à Rome. Tullus Hostilius triompha à cheval. Tarquinius Priscus sur un char atelé de quatre chevaux, & Curius Camillus sur un char atelé de quatre chevaux blancs , ce qui a été depuis observé par les victorieux qui ont triomphé. Voiez *Pancirol, l.* 1. *des antiquitez perdues* , *chapitre* 1. Personne ne triomphoit qu'il n'eût au moins défait cinq mille ennemis & étendu les bornes de l'Empire. Un oficier public qui étoit à l'un des côtez de celui qui triomphoit , lui disoit qu'il se souvint qu'il étoit homme & qu'il pensât à l'avenir.]

* *triompher.* Se réjouir. Etre fort aise. [Après vous avoir vû *triompher* des victoires de nos ennemis , je suis bien aise de vous mander que nous avons pris Corbie. Voit. lettre. 74.

846 TRI

* La plupart des hommes *triomphent* quand on les entretient de sornettes. *Abl. Luc.*]
* *triompher.* Réüssir. Faire merveille.

[Il prêchoit peu sinon sur la vendange
Sur ce sujet sans être preparé
Il *triomphoit. La Font. Nouv. contes.*)

* *triompher.* Avoir la victoire sur quelque chose. L'emporter sur quelque chose. Se rendre le maitre d'une chose.

(* Il peut bien *triompher* de sa jeune pudeur.
La Suze, poësies.
† L'amour brûle leurs cœurs aussi bien que les nôtres,
Et *triomphe* à la fois & des uns & des autres.
† L'amour qui suit toûjours votre extrême bonté.
Triomphe de mon cœur & de ma liberté.
Sarasin, poësies.

† La Philosophie *triomphe* aisément des maux passez & des maux à venir, mais les maux présens *triomphent* d'elle. M. le Duc de la Rochefoucaut, Reflexions. Les Jésuites triompheront, & ce sera leur grace sufisante qui passera pour établie. *Pasc. let.* 2.)

Triomphant. Participe, qui veut dire *qui reçoit l'honneur du triomphe.*

* *Triomphant, triomphante, adj.* Superbe. Leste. Eclatant. Glorieux. Magnifique. Fameux.

[* Nos Seigneurs les Amadis
Dont la Cour fut si *triomphante*
Furent ils jamais sans Infante.
Sarasin, poësies.
Publions en tous lieux
Du plus grand des Héros la valeur *triomphante.*)

L'Eglise *militante* est encore sur la terre, mais l'Eglise *triomphante* est dans le Ciel.

TRIPAILLE, *s. f.* Ce mot se dit en parlant d'animaux. Ce sont toutes les tripes de quelque animal. (Donner toutes les tripailles aux chiens.)

Tripartite. adj. Ce mot est tiré du Latin & signifie qui est divisé en trois parties. Il n'est en usage qu'au *féminin,* en parlant de l'histoire Ecclesiastique composée par Socrate & Sozomène qu'on apelle l'*Histoire tripartite.*

Tripe. s. f. Ce mot se dit des hommes & particulierement des bêtes & veut dire *Boiau.* (Percer les tripes. Vuider les tripes. Netteier les tripes. Faire cuire les tripes. Les tripes de mouton sont bonnes lors qu'elles sont bien assaisonnées.)

† * *Rendre tripes & boiaux.* C'est à dire, vomir beaucoup.
† * Il ne faut jamais s'étonner qu'on ne voie ses tripes dans son giron. C'est à dire, ne s'épouvanter pas à moins qu'on n'ait le ventre percé de quelque coup d'épée, ou d'autre arme.
† * *Tripes de velours.* Morceaux de velours. (Cherchez dans ces tripes de velours, vous y trouverez ce que vous demandez.)

Tripes de velours, s. f. C'est une étofe de laine faite à la maniére du velours de soie.
† * *Tripes de Latin.* Quelques passages Latins. Il sait quelques *tripes de Latin.* mais au fond il n'entend pas les Auteurs Latins.]
† * *Tripes.* Ce mot se dit en parlant d'Auteurs & signifie quelques Passages d'Auteurs. (Il sait quelques *tripes* d'Auteurs Grecs & Latins, mais pour cela il ne laisse pas d'être un grand sot.)

Tripe-madame, s. f. C'est une sorte de petite herbe qu'on mange en salade. [La tripe madame est bonne.)

Triperie, s. f. Lieu à Paris où l'on distribuë les tripes aux tripiéres. (Aller à la triperie. La triperie de Paris est toujours propre & nette.)

Tripier, s. m. C'est celui qui achette des bouchers de Paris, les tripes des moutons, les fressures, les foies & les pansés des bœufs que les bouchers tuent, & les fait cuire pour les vendre à des femmes qu'on apelle *tripiéres.*

Tripiére, s. f. Celle qui dans un grand bassin & à quelque coin de ruë de Paris jusques à midi, ou vers les matins des jours où l'on mange de la viande, vend des tripes, des fressures, des piez, & des tétes de mouton.

† *Tripiére.* Sorte d'injure qui se dit des filles & des femmes & veut dire Trop grosse. Malpropre. (Fi, c'est une grosse tripiére. Elle a le visage assez beau, mais elle est un peu tripiére.]

TRIPLE, *adj.* Qui est composé de trois. (File triple. Le pape porte une triple couronne qu'on apelle *tiare.*)

Triplement, adv. D'une maniére triple. De triple façon. (Le Pape est triplement couronné.)

Triplement, adv. En trois maniéres. (Il a gagné triplement en cette afaire, en l'achat, en la jouïssance, & en la revente.)

Tripler. v. a. Faire, ou composer de trois. Mettre trois fois autant. (Tripler une somme. Et en matiére d'évolution mili-

TRI

taire, on dit à gauche, Triplez vos files. Somme triplée file triplée.)

Triplicité, s. f. Qualité d'une chose triple. (Il y a des actes où la triplicité est necessaire, quand ils doivent servir à trois parties.)

Triplicité. Terme d'*Astrologie.* C'est le regard des Planettes en tierce aspect. [La triplicité de Mars avec Saturne est un aspect malin.)

Tripliquer, v. n. Terme de *Palais.* C'est répondre à des dupliques, (La derniere Ordonnance a defendu de tripliquer, *c'est à dire,* d'écrire au delà des dupliques.)

Tripliques, s. f. pl. Terme de *Palais.* Réponses à des dupliques.

TRIPOLI, *s. m.* C'est une maniere de craie un peu rougeâtre qu'on vend chez les chandeliers de Paris & dont on se sert pour éclaircir la vaisselle & autre chose de métal qui est déja nette.] Ce tripoli est fort bon.)

† *Tripoli, tripolié, adj.* Nétéier avec du tripoli. (Plat bien tripolié. Assiéte fort mal tripolié.)

† *Tripolir, v. a.* Terme de *Femme qui écure.* C'est netteier avec du tripoli. (Je tripolis ma vaisselle. Il faut bien tripolir ces plats & ces assiétes. Nous tripolissons comme il faut la vaisselle.)

TRIPOT. ou *Jeu de Paume, s. m.* L'un & l'autre se dit, mais celui de Jeu de *Paume* est plus usité à Paris. C'est un lieu destiné pour joüer à la paume & où l'on sait ce que l'on paie au maitre du jeu de paume pour chaque douzaine de bales qu'on perd. Dans toutes les viles subalternes du Roiaume il y a d'ordinaire *un tripot* où s'assemblent tous les jours les fainéans de la vile. *Sca Rom.*]

† TRIPOTAGE. *s. m.* Ce mot ne peut entrer que dans la conversation en plaisantant & dans le stile le plus bas. Il signifie Sorte de commerce blâmable. Sorte de désordre.

(Sous le nom de cousinage
Se fait certain *tripotage*
Qui sent le maquerélage.
Mainard, Recu. de poësies de Sercis
Voilà un beau *tripotage.*
Benser, Rondeaux.

Tripoter, v. n. Terme populaire. Il signifie mêler plusieurs choses ensemble.

Tripotier ; Maitre tripotier. Maitre de jeu de paume, Maitre de *tripot, s. m.* Tous ces mots se disent, mais *maitre de tripot,* & *maitre de jeu de paume* sont plus dans la bouche des honnêtes gens que les autres. Le *maitre du jeu de paume,* le *maitre du tripot,* ou le *maitre tripotier,* car pour le mot de *tripotier,* il ne se dit seul que dans le bas stile. Le *maitre du jeu de paume* donc est celui qui étant reçu maitre raquetier, tripotier, fait des bales, des raquettes & des batoirs & fournit de toutes ces choses à ceux qui pelotent dans son jeu, ou qui y joüent partie à condition que les perdans lui pairont toutes les balles qu'on a poussées en joüant dans les trous, les grilles, les filets, &c.

† *Tripotiére, s. f.* Le mot de *tripotiére* ne se dit pas souvent à Paris où l'on dit d'ordinaire *La maîtresse du jeu de paume. La femme du maitre du jeu de paume.* Cependant le mot de *tripotiére* est fort-bon sur tout dans le bas stile & le comique.

[Le feu Saint Antoine les arde, dit la *tripotiére. Scaron. Rom,* 1. partie, c, 2.)

* *Trique, s. f.* C'est la même chose que tricot. V. *tricot.*
† *Trique-house, s. f.* Vieux mot, qui signifioit des guétres ; ou gamaches.

* *Triquenique, s. f.* Ce mot est bas. Il signifie une afaire de neant une querelle sur la pointe d'une aiguille. Il vient d'un proverbe Grec, qui *dispute sur un cheveu.*

Triquer, v. a. Terme de *Marchand de bois.* Tirer les triques, ou les morceaux de bois.

† TRIQUEBILLE, *s. f.* Mot vieux & burlesque qui signifie ce que les Latins apellent *mentula,* les Italiens *cazzo,* & les Espagnols *carajo.* Elle l'a pris par les triquebilles. On lui a coupé les triquebilles.)

TRIQUETRAC. Voiez *trictrac.*

* TRIQUER, *v. a.* Terme des *Ports de Paris,* qui se dit en parlant de vin, & qui veut dire. Choisir & mettre à part. (Triquer les cuvées de vin.)

TRIQUET, *s. m.* Terme de *Maitre de jeu de paume.* C'est une espéce de petit batoir étroit dont on se sert à la paume. [Joüer avec un triquet.]

Triquet. terme de *Couvreur.* C'est un échafaut composé de quelques piéces de bois assemblées en triangle & qu'on aplique contre les murs. On le nomme aussi *chevalet.*

Trirégne, s. m. Ce mot ne se dit qu'en *termes de Blason,* en parlant de la triple couronne du Pape, que les Italiens apellent simplement *il regno.*

TRISAIEUL, *s. m.* Trois fois aieul. Trois fois grand-pére. C'est le pére du bisaieul. [Trisaieul paternel, ou maternel. Auguste vôtre trisaieul permit à Agripa de se retirer. *Ablancourt. Luc.*]

Trisaieule

TRI — TRO

Trisaïeule, *s. f.* Trois fois aieule. Trois fois grand-mére. C'est la mére du bisaieul, ou de la bisaieule. (Sa trisaieule vit encore.)

Trisection, *s. f.* Terme de *Géometrie.* Il signifie division en trois parties. [La trisection d'un angle en trois parties égales est un des grands problémes de la Géometrie.]

Tris-megiste, *adj.* Ce mot est Grec & signifie Trois fois grand. C'étoit le surnom de Mercure Egiptien. Les Imprimeurs, faisant ce mot substantif masculin, apellent de ce nom une sorte de caractére qui est entre le gros & le petit canon. On l'apelle aussi canon aproché.

Trisilabe, *adj.* Terme de *Grammaire.* Il se dit des mots, & signifie qui est composé de trois silabes. (*Province,* est un mot trisilabe, Le Dactile est un pié trisilabe.)

Triste, *adj.* Ce mot vient du Latin *tristis,* & se dit des personnes & signifie Afligé. Marri, Dolent. (Elle étoit fort triste de la mort de son galand. *Abl.*]

Triste, *adj.* Ce mot se dit aussi des animaux & des choses. (Un cheval triste & mélancolique. Le cerf est un animal triste & mélancolique. Le séjour d'une prison est fort triste. On dit qu'une maison est triste quand elle est obscure & qu'elle n'a point de vuë. Le tems est triste, sombre & pluvieux. Une triste vie. Un triste souvenir. Un chant triste. Une fin triste.

Daphis renouvelant ses fortunes passées
Etroit à la merci de ses *tristes* pensées
La Lane. Eglogue.

D'un ton de voix triste & cassé
J'irois chanter à votre porte.
Voiture, poësies.

Arbre triste. C'est une sorte d'arbre des Indes, qui fleurit aprés le coucher du Soleil & laisse tomber ses fleurs dès qu'il se léve. Ses fleurs sont presque semblables à celles des orangers, & même elles sont plus belles & plus odoriférantes. Les Portugais en font de deux sortes, qu'ils nomment Triste de jour & Triste de nuit, l'un jette ses fleurs au lever & l'autre au coucher du Soleil.

Il est triste comme un grand dueil. Phrase un peu comique, pour dire. Il est fort mélancolique.

* On dit aussi proverbialement & bassement, *Il est triste comme un bonnet de nuit sans coife.*

Tristement, *adv.* Mélancoliquement. D'une maniére triste & chagrine.

(*Tristement* acoudé contre une cheminée,
Je réve aux cruautez de mon sort inhumain.
S. Amant Poësies.

Il passe sa vie fort tristement. Dire tristement adieu à tous ses amis.]

Tristesse, *s. f.* Ce mot ne se dit au pluriel qu'en poësie, & signifie Douleur. Afliction d'esprit.

(Acablé de *tristesse* & de mélancolie
Je songe à mon sort inhumain.

S'abandonner à la *tristesse. Abl.* Se laisser abatre à la tristesse *Port Roïal.*

Pour être toujours sans *tristesse*
Et vivre sans souci
Soiez aimé d'une Maitresse
Et de la fortune aussi.
Pel. & la Suze, recueil. 7.

Il me souvint de toutes vos rudesses
De tous mes maux, de toutes mes *tristesses.*
Voiture, poësies.

Triton, *s. m.* Sorte de Dieu marin qui est la trompette de Neptune. [Le triton se dépeint en homme depuis le haut jusques à la ceinture avec une trompette à la main, & depuis la ceinture jusques au bas il est poisson.]

Triturer, *v. a.* Terme de *Chimie.* Ce mot vient du Latin, & il signifie, reduire en poudre & en petites parties, en pilant dans un mortier.

Trituration, *s. f.* Terme de *Chimie.* La division d'un médicament en petites parties, la 1. est des médicamens secs & durs & la 2. des médicamens mols & humides. La trituration des choses séches se fait diversement; mais toute sorte de trituration se fait dans un mortier avec un pilon. Voiez là-dessus *Charas, ph. 1. p. c. 26.*

Triturable, *adj.* Qui peut être pilé. Matiére séche & triturable. *Charas, phar.*

Trivial, *triviale. adj.* Mot qui vient du Latin & qui veut dire, Commun. Ordinaire. [Il n'y a rien de plus trivial que cela. Cela est trivial. Façon de parler triviale. Pensée fort triviale.]

Trivialement, *adv.* Communément. D'une maniére ordinaire & triviale.

Triumvir, *s. m.* Mot qui est tout Latin. C'est l'un des trois Magistrats qui gouvernoient souverainement à Rome & qu'on apelloit *Triumvirs.* C'étoit Auguste, Marc-Antoine & Lepide. [Il quitta le nom odieux de Triumvir. *Abl. Tac. An. l. 1.* Los *Triumvirs* n'avoient rien de particulier dans la domination qu'ils exerçoient en commun, si ce n'est qu'ils se vangeoient chacun de leurs ennemis. *Cousin, hist. Rom.*)

* Il se servit de ces *Triumvirs* pour gouverner. *Maucroix, Schis. l. 1.*)

Triumvirat, *s. m.* Mot qui vient du Latin. C'est le gouvernement des Triumvirs. C'est la societé de trois hommes puissans, qui sont d'acord pour gouverner souverainement. (Triumvirat fameux, illustre, célébre. (Le *Triumvirat* à Rome dura l'espace de douze ans, pendant lesquels Auguste, Marc-Antoine & Lépide gouvernerent la République. *Suetone, vie d'Auguste, c. 8.* Monsieur de Citri nous a donné depuis péu l'histoire des Triumvirats, & on l'a trouvé bien écrite.)

TRO.

Trobadours, *s. m. pl.* Poëtes Provençaux, à qui l'on avoit donné ce nom à cause qu'ils avoient de l'esprit à trouver de jolies pensées & à les mettre en leur jour. (Les Poëtes Italiens ont pris leurs belles piéces des Trobadours. *Pasquier rech. 7. ch. 4.*)

Troc, *s. m.* Change. (Faire un troc. Perdre au troc. Gagner au troc, *Abl.*

Cet Alemand ne s'entend point en troc.
Voit. poësies.

Troc pour troc. *La Font. Nouv. Contes.*)

Troche, *s. f.* ou **Trochet,** *s. m.* Ce mot se dit des fruits pendans sur l'arbre. Ce sont plusieurs fruits en forme de bouquets sur un arbre. Les jardiniers apellent cela *bouquet de fruit* & les fruitiers *trochet de fruit.* Muscat à troche, ou à trochet.

Trochet, *s. f. pl.* Terme de *Venerie.* Excremens des bêtes, fumées d'hivers.

Trochisque, ou **Trochique,** *s. m.* Terme de *Pharmacie.* C'est une composition séche de médicamens pulverizez, incorporez par le moien de quelque chose de liquide & reduits en pâte qu'on distribué en petits pains, qu'on fait secher à l'air, & qu'on forme de quelle figure on veut. Trochique long, quarré, triangulaire, &c. On a inventé les trochiques pour conserver & pour unir les vertus de plusieurs médicamens. Préparer des trochiques. Trochiques de vipére, de castor, &c. *Voila pharmac. de Charas.*

Trochure, *s. f.* Terme de *Chasse,* qui se dit des bois de cerf, lors qu'ils se divisent en trois ou quatre corps, comme une trochet de fleurs, ou de fruits.

Troëne, *s. m.* Plante, ou arbrisseau qui jette plusieurs verges aisées à plier, qui a les feuilles comme l'olivier, & qui porte des grains noirs rangez en forme de grape de raisin. [Les grains du troëne sont amers & ont un suc rouge. Les feuilles du troëne étant mâchées guérissent les ulceres de la bouche. *Dal.*]

* **Trogne,** *s. m.* Mot burlesque pour dire le *visage,* mais sur tout le visage de ceux qui aiment un peu trop le vin. Rouge trogne. Vive l'éclat des *trognes. S. Amant.* Avoir la trogne enluminée.

Il faut être un peu Jean Logne
Pour n'aimer pas le vin.
Pour moi, dés le matin,
J'enlumine ma trogne
De ce jus divin.)

Trognon de chou; trognon de chou, trougnon de chou; trou de chou; tronc de chou, *s. m.* Trone de chou ne se dit point, mais tous les autres se disent. Monsieur *Manege* dans ses Observations est pour *trou de chou,* parce que Rabelais s'en est servi, & il prouve doctement à son ordinaire que *trou de chou* vient du Latin *thyrsus* & non pas de *truncus.* Monsieur *Menage* dira ce qu'il lui plaira là dessus, mais quelques honnêtes gens Parisiens, le peuple de Paris & les fruitieres que j'ai fait parler sur ces mots disent *trognon, trougnon,* & *trognon.* Je parlerois donc comme quelques honnêtes gens Parisiens, & comme le gros du peuple qui parle bien, sans neanmoins condamner ceux qui parlent comme Maitre François Rabelais & Monsieur Ménage, car ce sont deux célébres Auteurs.

Trognon, ou *trognon* se dit aussi en parlant de poires & de pommes, & c'est le reste de quelque poire ou de quelque pomme lorsque le meilleur en est ôté.

[Ils ne font cas des autres hommes,
Non plus que des *trougnons* de pommes.
Scaron, Poësies.)

Trois. Nom de nombre indéclinable. (Ils sont trois. Il a trois jolies filles. Les Anciens ont ataché quelque mistere au nombre de trois; ils ont établi trois Parques, 3. furies, 3. Gorgones, 3. Sirenes, 3. Sibiles. Ils atribuoient le Gouvernement du Monde à 3. Dieux. Voiez là-dessus *l'11. Idile d'Ausone.*)

Trois cens. (Lorsque trois fois *trois cens* ans seront écoulez, Rome périra par sa propre division.]

Trois fois. C'est à dire. Par trois reprises. (Baiser trois fois. Chanter trois fois, Boire trois fois, tout cela n'est pas mauvais)

Troisième, adj. Nom de nombre ordinal. (Il est le troisième. Elle est la troisième.)

En troisième lieu. Troisièmement. (Vous adorerez Dieu, vous aimerez votre prochain comme vous même, & *en troisième lieu* vous ferez toutes sortes de bonnes œuvres.]

Troisièmement, adv. En troisième lieu. [Si on se mêle de fréquenter le beau monde, il faut premièrement être propre en honnête homme, puis civil & poli & *troisièmement* sage, discret, & officieux.)

* *Troler, v. n.* Mot burlesque du peuple de Paris. C'est se fatiguer à courir çà & là . & le plus souvent sans fruit. (Il ne fait que *troler* toute la journée. Je n'aime point à *troler* de la sorte par la vile.)

TROMPE, *s. f.* Mot qui vient du Grec. Instrument à vent, qui est de cuivre qui sert à la chasse ; qui est fait en forme de demi-cerceau & qui est composé d'une embouchure d'argent, d'un corps, d'une branche, d'un pavillon & de deux anneaux, l'un à un bout & l'autre à l'autre pour mettre l'anguichure ¶ Emboucher la trompe. Sonner de la trompe. Sonner des fanfares avec la trompe.]

Trompe, s. f. Ce mot veut dire *Trompette*, mais en ce sens il se dit en Terme de *Justice & de Palais* en parlant de choses perduës, ou égarées qu'on fait crier aux carrefours. Il se dit aussi en parlant d'afaires publiques comme de guerre & de paix dont les Rois veulent bien avertir leurs sujets. [Publier la paix à son de trompe. Publier quelque chose à son de trompe. *Vaug. Quin. l. 4.*)

Trompe. Petit instrument de fer dont on met l'extrémité dans la bouche pour se joüer, & qui est composé de deux branches & d'une languette qu'on touche avec le doigt quand on joüe de la trompe. [Joüer de la trompe.)

Trompe. Sorte de machine de fer blanc faite en manière de piramide pour se faire entendre de loin. Voiez *Trompette parlante.*

Trompe. Ce mot se dit en parlant de l'*éléfant.* C'est le museau de l'éléfant qui lui pend presque jusques à terre entre les deux grandes dents de devant, & qui est à l'égard de l'éléfant ce que les mains font à l'égard de l'homme.

Trompe. Terme d'*Architecture.* Sorte de voûte qui va en s'élargissant par le haut.

Tromper, v. a. Tricher. [Tromper une personne. Il est plus honteux de *tromper* que d'être trompé. L'intention de ne jamais *tromper* nous expose à être souvent trompez.]

Jadis l'homme vivoit au travail ocupé
Et ne trompant jamais, n'étoit jamais trompé
Dépreaux, Ep. 9.

* Quelquefois pour *tromper* ma peine,
Je m'en vais rêver dans la plaine. *Voit. Poës.*

* Cela trompa l'espérance des Barbares. *Abl. Ret. l. 3. c. 3.*]

* *Se tromper, v. r.* Etre dans l'erreur. Se méprendre. [On s'est trompé lors qu'on a cru que l'esprit & le jugement étoient deux choses diférentes Il est facile de *se tromper soi même* sans s'en apercevoir. Les plus grands Auteurs se trompent souvent.]

Trompé trompée, adj. Triché. Déceu. Fourbé. (Il sufit quelquefois d'être grossier pour n'être pas trompé par un habile homme. *M. de la Roche Foucaut. Reflexions.*)

Tromperie, s. f. Tricherie. [Une tromperie insigne. Une tromperie grossière. La tromperie est la marque d'une ame fort basse & d'un esprit fort petit. Adresse. Force. Fourbe, & *tromperie,* tout est permis en amour.)

TROMPETTE, *s. f.* Instrument de musique à vent, fort ancien, qui se fait ordinairement de léton, & quelquefois d'argent, mais qui se peut faire de toute sorte de métal, & qui est composé de parties qu'on apelle embouchure, pavillon, banderole, cordon, branches, potences & qui sert aux réjouïssances publiques & principalement à la guerre dans la cavalerie. *Mers.* On dit que Tiremé fils d'Hercule a inventé la trompette. *Gaia Traité des armes.* Quoi qu'il en soit la trompette est tres-ancienne & cela paroit par le 150. Pseaume de David qui exhorte le peuple à loüer le Seigneur au son de la trompette. *Laudate eum in sono tubæ.* (Emboucher la trompette. Sonner de la trompette. Joüer de la trompette. La trompette sonna & ceux qui avoient ordre de donner s'avancerent. *Abl. Ret. l. 4.*)

† * *Faire déloger sans trompette.* C'est faire déloger vite, & précipitament.

† * *Déloger sans trompette. Ablancourt, Luc.* C'est à dire. Sans bruit.

Trompette marine, s. f. Instrument de musique haut de quatre ou cinq piez, triangulaire, ou rond d'une forme qui tient de la piramidale, composé d'un ou de deux chevalets, d'une corde, d'une rose ou deux, d'un manche & d'un corps de bois résonnant, qui se touche avec l'archet & qui imite les chants & les sons de la trompette ordinaire. (Il y a peu d'hommes qui joüent bien de la trompette marine.]

Trompette harmonieuse. C'est un instrument harmonieux qui imite le son de la trompette, qui lui ressemble hormis qu'il est plus long & qu'il a plus de branches, & qui s'apelle ordinairement *saquebute.* Voiez *saquebute. Mers.*

Trompette parlante. C'est une trompette de fer blanc, large de dix à quinze piez, qui a un fort grand pavillon. Son bocal est assez large pour y introduire les deux levres. Si l'on y parle, la voix se porte fort loin & se fait entendre jusques à mile pas. Le Chevalier Morland Anglois l'a inventée de nos jours.

Trompette, s. m. Celui qui est gagé & destiné à sonner de la trompette pour avertir les troupes de cavalerie de leur devoir & du service qu'elles doivent rendre. [Un bon trompette. Il n'y a point de compagnie de gendarmerie, ni de chevaux légers qui n'aient un trompette pour sonner les diverses choses que doit faire la compagnie quand il est question d'obéir. Le trompette sonne la bouteselle, la marche, la retraite, les fanfares, la sourdine à l'étendard, l'apel. &c.) Chaque compagnie de cavalerie doit avoir son trompette qui prend l'ordre du Maréchal des logis & sonne le boute-selle, à cheval, à l'étendard & tous les soirs il sonne le guet, ou la retraite aussi-tôt que l'ordre est distribué. En marchant, le trompette est fix pas devant le Commandant & au jour du combat les trompettes sont sur les aîles pour sonner la charge, ou la retraite selon l'ordre que leur donnent les Majors.

Trompette, s. f. Terme de *Facteur d'Orgue & d'Organiste.* C'est une sorte de jeu d'orgue qui imite le son de la trompette.

* *Trompette, s. f.* Ce mot *au figuré* & en parlant d'ouvrage d'esprit, signifie quelquefois stile.

(A la gloire du Lis je consacre ces vers,
J'entonne la *trompette* & répan dans les airs,
Les faits de ce grand Roi.
Desmarais Clovis.

C'est à dire, j'éléve mon stile.

* *Trompette, s. m.* Celui qui publie, qui répand par tout, qui divulgue qui anonce, qui chante les vertus d'une personne. Alexandre estima Achille heureux d'avoir eu Homère pour *trompette de ses loüanges. Abl. Arrian. l. 1. c. 5.* C'est le trompette de la gloire de.]

* *Sonner de la trompette.* Ces mots au figuré, signifient publier, annoncer. Se vanter de quelque chose. (Lors que vous donnerez l'aumône ne faites point sonner la trompette, comme les hipocrites. *Port-Roial. S. Mart. c. 6.*]

Trompetter, v. a. Crier à son de trompe. (On l'a trompetté par tous les carrefours de Paris. Apollon a fait trompetter sur le Parnasse, le Sr. N. avec défense à lui de jamais barbouiller en vers sur peine d'être batu de verges, par les satires, dans le sacré valon.))

TROMPEUR, *s. m.* Tricheur. Fourbe. [C'est un franc trompeur C'est un petit plaisir que de tromper un trompeur. *La Fontaine, Fables, l. 1.*]

Trompeuse, s. f. Celle qui fourbe & qui trompe. (C'est une insigne trompeuse.)

Trompeux, trompeuse, adj. Qui trompe. Qui déçoit. [L'espérance est souvent *trompeuse. Abl.*

Fuïez d'un vain plaisir les *trompeuses* amorces
Depreaux.

Les femmes pour l'ordinaire sont un peu *trompeuses* & un peu intéressées, & c'est tout dire.]

Trompillon, s. m. Petite trompe d'Architecture.

TRONC, *s. f.* Prononcez *tron.* Ce mot vient du Latin *truncus,* & il se dit en parlant d'*arbres.* C'est le pié d'un arbre. (Un gros tronc d'arbre. Le tronc de cet arbre est petit.)

* *Tronc.* Race. Famille. (C'est d'un tronc fort illustre une branche pourrie. *Depreaux, Satire 5.*)

Tronc. Ce mot se dit du corps. C'est tout ce qui est depuis le cou jusques aux hanches. *Deg. p. 110.* Ce mot de *tronc,* en ce sens, n'est pas fort usité dans l'usage ordinaire, cependant on ne le peut pas raisonnablement condamner.

Tronc. Terme d'*Architecture.* Il se dit du fût ou du vif de la colonne & de la partie du piédestal qui est entre la base & la corniche, qu'on apelle aussi *dé.*

Tronc. Ce mot se dit en parlant d'Eglise. C'est une sorte de petit cofre de bois au dessus duquel il y a une croix de bois, dressé dans l'Eglise ordinairement auprès du benitier, ataché avec des bandes de fer, bien fermé de tous côtez, au haut duquel y a seulement une petite fente pour y jetter les aumônes des personnes charitables, car cette espèce de tronc n'est planté dans les Eglises des paroisses, & des diverses sortes de Religieux & d'Hôpitaux que pour recevoir les charitez des gens de bien. [Le tronc est presque plein. On ouvre le tronc, ou vuide le tronc en présence des Marguilliers des paroisses, des principaux du Couvent, ou des Directeurs des hôpitaux.)

† *Tronche, s. f.* Grosse pièce de bois de charpente, qui n'est pas encore mise en œuvre.

TRONCHET

TRO   TRO   849

TRONCHET, *f. m.* Terme de *Tonnelier*. C'eſt une ſorte de gros billot qui ſert ordinairement.êle vé ſur trois piez, qui ſert à doler, & à hacher. Il faut doler cette douve ſur le *tronchet*. Travailler ſur le *tronchet*.

TRONÇON, *ſ m*. Ce mot ſe dit quelquefois en parlant de lance, & il ſignifie, le morceau d'une lance qui s'eſt rompue. Sa lance en joüant s'eſt tompue en pluſieurs tronçons.

Tronçon. Terme de *Charcutier*. Ce mot ſe dit en parlant de boudin, & c'eſt un morceau de boudin. Un bon tronçon de boudin vaut deux ſous. Couper un tronçon de boudin.

Tronçon. Ce mot ſe dit de la qüeüe du cheval, & c'eſt le gros de la queüe du cheval. Le trouſſe-queüe eſt un cuir qui ſert à envelopet le tronçon de la queüe des chevaux ſauteurs.

TRONÇONNER, *v. a*. Couper en tronçon. Coupet en morceaux, qui ſoient grans. Tronçonner une carpe, un brochet. Ces mots ſe diſent, mais on dit plus ordinairement *couper en morceaux*.

TRÔNE, ou *troſne*, *ſ. m*. Mot qui vient du Grec. L'un & l'autre s'écrit, mais on prononce *trône*. C'eſt un ſiege élevé pour un Roi, ou autre Souverain. Nous lui avons fait ofre de l'élever ſur le trône des Perſes *Ablancourt*, *Retor. l. 3. c. 1.* Etre aſſis ſur le trône. *Vau. Quin. l. 4* C'eſt à dire, régner. Mettre un Roi ſur le trône. *Racine*, *Iphigenie*, *a. 1. ſ. 4.* Monter ſur le trône. Décendre du trône, Abandonner, quiter le trône. Il croioit que toutes choſes lui étoient permiſes pour ſe faire un chemin au trône. *Duriez, ſup. de Q. C. l. 2. ch. 11*.

J'éleve à l'un un trône, à l'autre des autels.
Et jure à tous les deux des reſpects immortels.
    Corn. Pomp. a. 5. ſc. 5.

Trône. On apelle de ce nom un arc de triomphe qui eſt au bout du Faux-bourg Saint Antoine de Paris & ſur lequel on a poſé la ſtatue équeſtre de Louis quatorziéme. (Aller voir le trône.

La Roſe eſt aſſiſe ſur un *trône* environée d'épines.

Dieu aſſis ſur le trône de ſa gloire exercera la qualité de Juge. * *Port-Roial*.

* *Trônes*. Ce mot au pluriel ſignifie le troiſiéme Ordre de la Hierarchie celeſte. Tout eſt créé par lui dans le Ciel & dans la terre, les choſes viſibles & les inviſibles, ſoit *les trônes*, ſoit les dominations. *Port-Roial*, *Nouveau Teſtament. Epitre aux Coloſſiens*.

TRONGNON. Voicz *trognon*.

TRONQUER, *v. a*. Diminuer de quelque partie. Couper & ôter quelque partie d'une choſe. Mutiler. Tronquer un corps. Les Religieux pourront tronquer le droit de l'Abé. *Patru*, *plaidoié* 15. Nous ſommes tronquez de la plupart de nos membres. *Vaugelas*, *Quin. l. 5. c. 5*.

TROP, *adv* Ce mot étant immédiatement devant un nom régit ce nom au génitif, mais devant un verbe il ne régit rien ; & il marque une ſorte de ſurabondance.

Muſes, c'eſt *trop* rêver au bord de vos fontaines.
Pour un foible plaiſir vous donnez *trop de peines*;
Le *trop* de promitude à l'erreur nous expoſe. *Moliere*.

Je ne ſuis pas *trop* de ſon avis. Il y en a beaucoup que le *trop* d'eſprit gâte. *Moliere Critique*, *ſene* 5. Je ne ſuis pas *trop*, content de ſon procédé.

Le *trop* d'eſprit ne l'incommodoit point, *La Fontaine*, *Contes*.

Trop peu. Cela veut dire qu'il n'y a pas aſſez. [Vous m'en donnez *trop peu*.

Par trop. Vous chargez par *trop* ce mulet.

Trop-tôt, *adv.* Aſſez promtement. Aſſez tôt. (Le plaiſir ne commence jamais *trop tôt*.

TROPE, *ſ. m*. Terme de *Rétorique*. Ce mot vient du Grec, & il ſignifie en general une figure de Rétorique. Un trope bien fait, ingénieux, touchant, judicieux. Les tropes, pour être raiſonnables, doivent être proportionnez au ſujet. Il faut que les tropes, pour être juſtes, aient du raport aux choſes dont on parle.

Un trope trop hardi, s'apelle *hiperbole*, quand il continüe, c'eſt une *allegorie*, s'il eſt obſcur, on l'apelle *enigme*.

TROPHÉE, *ſ. m*. Mot qui vient du Grec. On apelle un trophée d'armes, un pot en terre avec une cuiraſſe au travers des ouvertures de laquelle paſſent des piques, des ſabres avec des piſtolets, ou autres armes au bas couchées en croix. Armes & dépoüilles des ennemis, qu'on étale & éleve d'une maniere propre à faire connoitre la victoire qu'on a emportée. Un ſuperbe, un magnifique trophée. On fait des trophées en architecture qui repreſentent les veritables trophées d'armes. Eriger un trophée. *Ablancourt. Tac*.

* *Trophée*. Victoire. Ce conquerant vient mettre à vos piez tous les *trophées* d'Alemagne, *Voiture Lettre* 7.

Faire trophée de quelque choſe. C'eſt ſe glorifier de quelque choſe.

TROPIQUE, *ſ. m*. Terme de *Géographie* lequel vient du Grec. On apelle tropiques deux cercles paralleles à l'Equateur, qui paſſent par les endroits juſques où va le Soleil vers le Septentrion & vers le Midi, & dont il s'éloigne aprés qu'il y eſt arrivé. Les Tropiques ne ſont éloignés de l'Equateur que de vint trois degrez & demi.

Le tropique du Capricorne. C'eſt l'un des petits cercles marqué d'une double ligne en la partie méridionale du globe & de la mapemonde. (Le 21. jour de Mai nous paſſames ſous le tropique du Capricorne.)

Le tropique du Cancer. C'eſt l'un des petits cercles marqué d'une double ligne en la partie Septentrionale du globe & de la mapemonde.

TROPOLOGIQUE, *adj*. Terme de *Rétorique*. Il vient du Grec & du mot de *Trope*, & ſignifie figuré. (Un ſens tropologique, c'eſt à dire, figuré.)

TROQUER, *v. a*. Changer. Faire quelque toc. Que ne peût on faire un contrat où les hommes troquent de femme ainſi que de monture. *La Fontaine*, *Nouveaux Contes*. Troquer de galand & d'époux.)

Se troquer, *v. r.* Se donner en échange.
Pour *ſe troquer* avec un Prince
Il demanderoit du retour. *Mai. Poéſ*.

Troqueur, *adj. & ſ. m*. Celui qui fait un troc. Nos gens ſont grans troqueurs. *la Fontaine*, *Nouveaux Contes*. Torqueuſe, adj. & ſ. f.

TROSSE. Terme de *Mer*. Voicz *Raque*. & racage. C'eſt la même choſe.

TROT, *ſ m*. Maniere de marcher d'un cheval fort commode & aſſez agréable, qui eſt entre le pas & le galop. (Cheval qui ſe met au trot Reduire un cheval au trot. C'eſt le faire ſouvent troter. Cheval qui eſt ferme au trot & au galop. Cheval qui a le trot libre.)

* *Trote*, *ſ. f*. Mot bas & burleſque pour dire *chemin*. (Il y a une bonne trote d'ici là. J'ai fait aujourdui une bonne trote.)

Troter. Ce verbe eſt *neutre & actif*, & il ſe dit ordinairement des chevaux C'eſt mettre un cheval au trot. (Pluvinel dans ſon livre du Manége a dit *troter* un cheval. On dit auſſi, *faire troter un cheval*. Cheval qui trote.)

Troter Ce mot ſe dit des oiſeaux de marécage dont le marcher eſt diférent des autres oiſeaux & qui vont en ſautant, les deux piez enſemble. Les oies ſauvages, les canards, les cignes & les grües trotent.)

Troter, Ce mot ſe dit des perſonnes & veut dire, Alle⋆ Marcher (Faire troter un Laquais.)

†* Soupirs trotoient, bien voioit le pourquoi
Sans qu'il s'en mit en peine davantage.
    La Fontaine, *Nouveaux Contes*
C'eſt à dire, on faiſoit force ſoupirs.

Troteur, *ſ. m*. *Troteuſe*, *ſ. f*. Il ſe die des méchans chevaux qui ne ſont que troter. On dit auſſi d'une femme qui ne faiſ que couris çà & là, que c'eſt une trotruſe & qu'elle aime à troter.

Trotin, *ſ. m*. Mot bas & injurieux pour dire *un laquais*. [Quel trotin eſt ce là
Elle ſe fait par un *trotin*
Porter la jupe de ſatin.

Trotiner, *v. n*. Diminutif de troter.

Trotoir, *ſ. m*. Terme populaire, qui ſe dit en cette façon de parler, *L'afaire eſt ſur le trotoir*, c'eſt à dire, on en parle, on en va parler, on va la mettre ſur le bureau.

TROU, *ſ m* Ouverture.
(Le trou du bondon Le trou de la tariére. Le trou des oreilles du ſoulié Les trous des narines)

Trou du cu. C'eſt la partie du corps par où les excrémens du ventre ſe déchargent. [Se torcher le trou du cu]

Trou des excrémens Ces mots ſe diſent des poiſſons. C'eſt l'endroit du corps du poiſſon par lequel il ſe vuide.

Trou. *Cunnus*. (Il s'eſt agrandi par le trou de ſa femme. On ne va point en Paradis par ce trou là.)

Trou. Il ſe dit des creux que font pluſieurs animaux pour ſe loger, comme les lapins, les taupes, &c. Les oiſeaux font ſouvent leurs nids dans des trous.

Trou. Ce mot en ſe diſant de vile & de maiſon ſignifie Méchante petite maiſon. Petite vile. [Pour tous biens, elle a un méchant petit trou de maiſon au Fauxbourg Saint Marceau. La Mote en Lorraine n'étoit qu'un méchant petit trou & cependant elle a fait de la peine.]

* *Trou*. Ce mot ſe dit encore au figuré. Exemple. [Vos afaires étoient aſſez délabrées & mon argent à ſervi à reboucher d'aſſez bons trous. *Moliere*, *George Dandin*, *a. 1. ſ. 4.* C'eſt à dire, à rétablir vos afaires & à vous remettre en état.]

Trou. Terme de *Jeu de Paume*. Une petite ouverture qui eſt dans un coin au bas du jeu de paûme & qui eſt opoſée à la grille. Faire un coup de trou.

Trou madame, *ſ. m*. C'eſt une ſorte de jeu de bois compoſé de treize portes & d'autant de galeries auquel on joüe avec treize petites boules. Acheter un trou-madame.

On parle auſſi de trous au jeu de Trictrac. Donner deux trous à celui contre qui l'on joüe, c'eſt lui donner deux parties de douze qui ſont le tour.

Tron de chou. Voicz *trognon de chou*.

Une ſouris qui n'a qu'un trou eſt bien-tôt priſe. Proverbe pour dire qu'il faut avoir pluſieurs moiens & pluſieurs reſſources dans ſes afaires, pour y réüſſir.

Il n'a vû le monde que par le trou d'une bouteille. Cela ſe dit d'un ignorant & groſſier, qui ne ſait pas comment il faut vivre dans le monde.

Ppppp

* On dit d'un yvrogne qu'*il boit comme un trou*. D'un Banqueroutier, qu'il *a fait un trou à la nuit* ou à la Lune.
* *Autant de trous autant de chevilles*. Proverbe, pour dire trouver des réponses à toutes les objections, & un remède à toutes les difficultez que l'on propose.
* On dit d'une personne qui va trop vite en besogne, qu'en deux coups il a fait six trous. Cette façon de parler est prise du jeu du Trictrac.

TROUBLE, *s. m.* Désordre. (Il est arrivé un grand trouble. Causer du trouble. Aporter du trouble. *Ablancourt.*)

* N'as-tu pas vû mon trouble. *Racine, Iphigenie*, a. 4. *s*. 1. C'est à dire, l'émotion qui a paru sur son visage.

Trouble. Guerre civile. Brouilleries & autres mouvemens qui arrivent dans un Etat. (Avant que d'entrer dans la narration de ces *troubles*, il est à propos de dire. *Memoires de M. de la Rochefoucaut*, p. 23.)

Trouble, *adj*. Ce mot se dit de l'eau & des autres liqueurs, & veut dire. Qui n'est pas clair. (L'eau trouble. Le vin est trouble, & il ne sera éclairci que dans deux ou trois jours.)

* *Pescher en eau trouble*. Ces mots au figuré, signifient faire bien ses afaires dans le désordre de celles d'autrui.
* *La guerre est cause des troubles*. Cette façon de parler est populaire & se dit pour excuser un mal qu'on est contraint de faire par nécessité.
* *Trouble-feste*, *s. m. & f*. Celui, ou celle qui par sa mauvaise humeur aporte du désordre & trouble le plaisir & la joie des autres. (C'est un *trouble-feste* ; cela se dit de la sorte quand on parle d'un homme, mais si on parle d'une femme, on dit, C'est une *trouble-feste*.)

Troubler, *v. a.* Rendre trouble quelque liqueur qui étoit claire. (Troubler l'eau d'une fontaine. Troubler du vin.)

Troubler. Traverser. Embarasser. Empêcher. (Troubler la joie de quelcun. *Racine, Iphigenie*, acte 3. scene 1.

* Il n'y a rien qui *trouble* la tranquilité de son cours. *Vaugelas, Quint. l.* 3.
* *Troubler*. Causer du désordre. Aporter de la confusion. (Je vous fendrai la tête avec les pièces du repas que vous êtes venu *troubler*. *Molière, Bourgeois Gentilhomme*, a. 4. *s*. 2.

Troubler les consciences. *Pasc. l.* 4. Les passions troublent la raison.

Philis, vous *troublez* tout par vos divins apas.)

* *Troubler*. Brouiller. Faire manquer une personne qui fait quelque action d'esprit. [Troubler le Predicateur.]

Troubler. Fâcher. Epouvanter. Inquieter.
(Et libre du souci qui *trouble* Collieret,
N'atend pas pour diner le succès d'un Sonnet.
Dépreaux, Poëtique,)

* *Troubler*. Faire devenir fou. Faire perdre l'esprit à quelcun. La mort de sa femme l'a tellement touché que cela lui a *troublé* l'esprit.

Troubler. Empêcher. Troubler quelcun en sa possession, c'est la lui contester. Une longue jouïssance aquiert prescription, quand on n'y est point troublé. Si on vous *trouble*, apellez vôtre garent.

* On dit d'un homme qui est sans esprit & sans malice, qu'il *ne sauroit troubler de l'eau*.

Se troubler, *v. r.* Ce mot se dit des liqueurs. C'est à dire, *devenir trouble*. Eau qui commence à se troubler.

Se troubler. Ce mot se dit du tems & veut dire, S'obscurcir. Se changer. Tout à coup le Ciel étant serein se troubla. *Ablancourt, Ar. l.* 1.

* *Se troubler*. Ce mot se dit des personnes qui disputent, haranguent, prêchent, & signifie. Se brouiller. Se confondre. (Il s'est un peu troublé en repondant à la dificulté qu'on lui à proposé la dernière.)

TROUER, *v. a.* Faire un trou. Percer. Les voleurs ont troué le mur.

Se trouer, *v. r*. Ce mot se dit des habits & du linge. Se percer à force d'être usez. Pourpoint qui commence à se trouër. Chemise qui se troue. Rabat troué.

TROUGNON. Voïez *trognon*.

TROUPE, *s. f*. Ce mot se dit des hommes & de certains animaux & veut dire plusieurs personnes ensemble. Certains animaux ensemble, comme grües, oies, loups. Une troupe de soldats. Une troupe d'étourneaux. Troupe de grües. Une troupe de thons, de harens ou d'autres poissons.

Troupe de Comediens. Compagnie de Comediens. Il n'y a que deux troupes de Comediens à Paris.

On dit aussi une troupe de Bandits, de voleurs & de coupeurs de bourse, &c.

Troupes. Ce mot *au pluriel* veut dire les soldats, tant cavaliers que fantassins qui composent quelque armée, ou quelque corps d'armée. Les troupes ont été batuës. Ranger les troupes sur deux lignes. Ralier les troupes qui sont en désordre. *Ablancourt.*

En troupe, *adv*. Par troupe. Plusieurs ensemble. Les loups vont en troupe.

TROUPEAU, *s. m.* Ce mot se dit proprement en parlant de moutons, de brebis, & d'autre bétail qu'on mêne paître ensemble, ou qu'on mêne ensemble, & c'est un nombre grand, ou petit de moutons, ou d'autre bétail. Un gros ou petit troupeau.

Le bel Adonis au rivage des eaux
Comme vous autrefois a conduit les troupeaux.
La Lane, Eglogue.

Acheter un troupeau de moutons. Mener un troupeau de moutons à la foire. Garder les troupeaux.

* *Troupeau*. Il se dit figurément des personnes qui sont au soin de quelque Pasteur, Curé, Evêque, &c. L'Eglise est apellée *le petit troupeau*.

TROUSQUIN. Voïez *Trousequin*.

TROUSSE, *s. f.* Carquois. Une trousse pleine de fléches. On dépeint l'amour avec un bandeau sur les yeux, un arc & une trousse remplie de diverses sortes de fléches. Voïez *l'iconologie de Ripa sur ces manières de Peinture.*

Trousse. Terme de *Barbier*. Espèce d'étui de cuir, ou d'étofe à plusieurs chambres, à deux, à trois, ou à quatre dans l'une desquelles on met les rasoirs, dans une autre les peignes, & en quelque autre les ciseaux & les fers pour la moustache. (Une belle trousse. Mettre la trousse sur la toilette.)

Trousse. Ce mot se dit en parlant de foin. Ce sont quatre ou cinq bottes de foin qu'on lie ensemble avec une corde pour les monter au grenier au foin. (Faire une grosse trousse de foin. Monter des trousses de foin.)

Trousse. Ce mot se dit en parlant de gens qui montent en croupe derrière d'autres. Ainsi on dit. (Monter en trousse. Se mettre en trousse derrière un cavalier.)

* Que dit-il ? quand il voit *avec la mort en trousse*
Courir chez un malade un assassin en housse.
Dépreaux, Satire 8.

Ces vers font tout à fait plaisans & renferment une nouvelle & ingenieuse manière de s'exprimer & ils veulent dire, que Medecin d'âne quand il voit Guillot, Finot, ou quelqu'autre Medecin d'eau douce, juché sur une mule qui va assassiner de son ordonnance un pauvre malade. *Voïez*. Medecin.

† Trousses. Ce mot au pluriel se dit en parlant de page & signifie haut de chausses de page. Le mot de chausses, en ce sens, est plus usité que celui de *trousses* qui se dit fort peu, & mêmes quelques personnes qui parlent bien, le croient suranné, & le condamnent.

* Trousses. Ce mot est beau au figuré & peint assez bien. Exemples. (* Les ennemis étoient toûjours à nos trousses *Ablancourt. Retor.* C'est à dire, poursser & poursuivre l'ennemi.)

Trousses. Terme de *Charpentier*. Cordages dont se servent les charpentiers pour lever de petites pièces de bois.

* *Donner une trousse à quelcun*. C'est lui donner une baie, lui faire quelque petite tromperie, ou imposture.
(Indubitablement on m'a *donné la trousse*.
Mairet, Comedie du Duc d'Ossonne.)

TROUSSEAU, *s. m.* Ce mot se dit en parlant de clefs signifie plusieurs clefs ensemble atachées à un clavier, ou autrement. (Un gros, ou petit trousseau de clef. Trousseau de clefs perdu.

Trousseau. Ce mot se dit en parlant de filles qu'on marie, & veut dire Jupes, robes, linges & autres pareilles nipes que le père & la mère donnent à leur fille quand ils la marient. (Elle a eu un bon trousseau. On lui a donné un trousseau assez considerable.)

Trousse galand, *s. m.* On apelle ainsi une maladie aiguë & violente qui emporte son homme en fort peu de tems. (Le miseré est un trousse-galand. Elle est morte d'un troussegaland.)

Trousse-queuë, *s. m.* Cuir qui envelope & tient en état la queuë d'un cheval sauteur. (Le trousse queuë empêche que le cheval' ne joüe de la queuë & le fait paroître plus large de croupe.

Trousse-quin, *s. m.* Prononcez *trousquin*. Terme de *Sellier*. C'est un morceau de bois taillé en cintre qui s'éleve sur l'arçon de derrière des selles à piquer & des selles à la Holandoise. (Trousquin trop bas, ou trop haut.)

Trousser, *v. a.* Hausser, lever quelque étofe, ou autre pareille chose facile à lever. [La queuë de vôtre jupe traine, prenez la peine de la trousser.

Trousser une belle. C'est lui lever la robe, &c.

* La fiévre l'a *troussée* en quatre ou cinq jours. C'est à dire, la fiévre l'a enlevée en quatre ou cinq jours & fort promptement.

Trousser bagage. *Ablancourt, Luc.* Mots burlesques pour dire s'enfuir.

Troussé, troussée, *adj*. Ce mot est en usage au figuré, mais il n'entre que dans la conversation, & dans le stile simple & comique. Exemple. [C'étoit un repas bien troussé. *Moliere, Pourceaugnac.* C'est à dire, c'étoit un repas fort propre. *Voila qui est troussé*. C'est à dire, fait, expédié, mangé.

La pauvre langue latiale
Aloit être troussée en malle.

C'est à dire, c'étoit fait du Latin.

Trousser, *v. a.* Terme de *Jardinier*. Hausser les menuës branches de quelque arbre, qui sont trop basses & les atacher à quelque chose qui les soutienne. Il faut trousser les branches de ces arbres. *Quint. Jard. fr.* T. 1.

Trousser. Terme de *Mer*. C'est se courber en dedans.

TROUVAILLE, *s. f*. Ce mot est usité en parlant des coûtumes de la mer. On dit, *droit de trouvaille*. C'est à dire, ce qui apartient à ceux qui ont sauvé, ou trouvé de la marchandise. Celui

TRO   TRV

qui a trouvé de la marchandise perduë en a la moitié pour son droit de trouvaille. Voiez les *Jugemens d'Oleron*, page 100.

* Trouvaille, *s. f.* Mot bas & burlesque qui se dit des personnes, mais qui ne s'écrit guére, il signifie. Une personne qu'on a trouvée heureusement & qui nous peut être utile. (C'est une trouvaille que cela.)

Trouver ; treuver, *v. a.* L'un & l'autre se dit , mais le mot d'usage est *trouver* & il n'y a guére que les Poëtes qui disent *treuver*, encore faut-il qu'ils y soient forcez par la rime qui les tiranise souvent. *Trouver* signifie *rencontrer*. (Trouver quelque chose de nouveau. Trouver par hazard. Trouver son compte.

    Cloris la passion que mon cœur t'a jurée
    Ne *trouve* point d'exemple aux siécles les plus vieux,
        Mal. Poes.
    Mais en l'état où je me *treuve*
    Qu'est-il besoin de cette preuve ?
        Voiture, Poësies.
    A peine en leur grand nombre une seule se *treuve*
    De qui la foi survive & qui fasse la preuve
    Que ta Caринicе t'a fait. *Malherbe, Poes.*
    Il vous faut un siécle d'épreuve
    Pour recompenser un Amant
    Et dans l'état funeste où je me *treuve*
    Je ne saurois atendre qu'un moment. *Habert.*)

Trouver bon. C'est consentir, aprouver. (Je vous prie de trouver bon que je fasse telle chose.)

Trouver mauvais. Désaprouver. (Trouver mauvais qu'on fasse une chose. *Ablancourt.* Il se fâche & le trouve mauvais. *Voiture, l. 8.*

* *Je ne trouve pas mauvais* la liberté que vous avez prise. Il faut parler de la sorte, & non pas, je ne trouve pas *mauvaise*, parce que *mauvais* en cette façon de parler & autres semblables est une espéce d'adverbe. Et *je ne trouve pas mauvais*, signifie je ne désaprouve pas.

Se trouver, *v. r.* Se rencontrer. (Le petit nombre qui est le meilleur se trouve rarement le plus fort. Se trouver mal. Se trouver seul. Se trouver en un même lieu.)

Trouveres, *s. m.* Voiez Troubadours. C'est la même chose.

Trouveur, *s. m.* Terme de Chasse, qui se dit des chiens qui ont le nez si fin qu'ils vont requerir une bête long-tems après qu'elle a passé.

TRU.

* Truand, *s. m.* Mot bas & vieux pour dire Fripon. Coquin qui ne veut rien faire.

* Truande, *s. f.* Mot bas & vieux qui veut dire, Coquine. Méchante, Fripone.

    Ah ! truande as-tu bien le courage ;
    De m'avoir fait cocu à la fleur de mon âge.
        Moliere, Cocu, s. 9.

Truchement, *s. f.* Celui qui sait parler plusieurs langues, & par le moien duquel s'entendent des gens de divers païs & qui ne peuvent parler la langue les uns aux autres. Un bon truchement. Un fidéle truchement. Parler par truchement, *Abl. Ret. l. 2.*

* Trucher, *v. n.* Demander l'aumône. Il est obligé de trucher, il truche. S'il s'amuse à trucher, il ne sera pas long-tems sans être pris des archers des pauvres.

Trucheur, *s. m.* Celui qui truche, qui mandie. C'est un trucheur. On prend à Paris les trucheurs & on les enferme aux hôpitaux.

Trucheuse, *s. f.* Celle qui truche. Celle qui mandie. C'est une trucheuse qu'on méne à l'hôpital.

Truëlle, *s. f.* C'est principalement un outil de maçon, composé d'un manche de bois, d'un colier, & d'une feüille qui est d'un fer clair & large dont le maçon se sert pour prendre le mortier & le plâtre, le jetter dans les abreuvoirs, ou les godets & enduire toutes sortes de murs, de plats fonds & autres ouvrages. Cette truëlle est fine & est fort douce. Les chandeliers se servent aussi de la truëlle pour nettéïer leurs moules à chandelle.

Truëlle bretée. Terme de Maçon. C'est une sorte de truëlle particuliére qui a des dents & qui sert au maçon pour nettéïer le plâtre lors qu'il est enduit.

Truellée, *s. f.* Autant de mortier ou de plâtre qu'on en peut prendre en une fois avec la truëlle. Une truellée de mortier suffit pour cela.

Truffe ; trufe, *s. f.* On dit l'un & l'autre, mais celui qui est le plus dans la bouche des honnêtes gens & des traiteurs est celui de *trufle*. C'est une sorte de fruit couvert d'une peau noirâtre, que produit la terre, qui vient dans la terre même sans tige ni racine, principalement lors qu'il y a de grans tonnerres, ou de grandes pluïes. Les truffes sont bonnes dans les ragoûts. Les truffes sont excellentes & relevent bien les ragoûts où elles entrent.

Truie, *s. f.* C'est la femelle du verrat. Une jeune truie. Vne vieille truie. Truie pleine. Truie qui cochonne. Truie qui a fait dix petits. Truie qui a neuf petits cochons d'une ventrée.

Truite, *s. f.* Mot qui vient du Latin, c'est une sorte de poisson. Il y a des truites de rivière & des truites saumonées. *La truite de rivière* est un poisson dont la grandeur ne passe pas une coudée qui a le dos entre blanc & jaune ; le corps couvert de petites écailles & d'une peau semée de petites taches rouges avec une queuë large. *La truite saumonée* est une truite de lac, dont la chair est ferme & rouge qui croit jusques à deux, ou trois coudées, & on l'apelle *salmo lacustris*. D'autres disent que la *truite saumonée* n'est proprement qu'un saumon de rivière. Voiez là-dessus *Rondelet*. Quoi qu'il en soit, la truite, soit de rivière, ou de lac à la chair bonne & ferme & lors que la truite est saumonée sa chair est séche & rougeâtre au dedans.

Truité, truitée, *adj.* Ce mot se dit des chevaux & veut dire Moucheté d'alzan & de bai. *Solleisel, Parfait marêchal.* (Poil truité.)

Trumeau ; tremeau, *s. m.* Terme de *Boucher*. Quelques-uns disent *tremeau*, mais les bouchers que j'ai consultez sur ces mots disent tous *trumeau*. Prononcez *trumô*. C'est le jarret du bœuf, ou de la vache qu'on apelloit *jarret* lorsque le bœuf ou la vache étoient veau. (Le truneau fait du bon potage.)

Trumeau, Terme d'*Architecture*. Espace de mur, qui est entre deux fenêtres, ou deux portes. (Tout autour sont placez les trumeaux des fenêtres douze pié d'estaux. Voiez la *description de Versailles*.

Trusquin, *s. m.* Outil d'artisan qui travaille en bois, & qui lui sert à marquer l'endroit où il doit faire les mortaises. Il est composé d'un réglet, avec une pointe au bout ; lequel entre dans un tailloir, & qui est mobile.

TU.

Tu; Pronom personnel de la seconde personne, du nombre singulier. Il ne se dit ordinairement qu'en parlant à des personnes inférieures, ou fort familieres. (Tu n'es pas sage. Que veux-tu ? Tu ne me répons pas.

On s'en sert en parlant à Dieu & aux Princes dans le stile élevé, & sur tout dans la poësie. (ô Dieu tu es mon Créateur Jesus, Fils éternel de Dieu, tu es mon Sauveur & tu m'as racheté par ton précieux sang.)

On peut dire, en parlant au Roi, Tu es nôtre Souverain & nous sommes tes sujets. Les Poëtes le font tres souvent ; quand ils parlent aux Rois & aux Princes. Voiez *Tutoïer*.

TUA.

† Tuage, *s. m.* Terme de *tueur de cochon*. La peine qu'on a de tuer, & d'accommoder un cochon. (Le tuage d'un cochon coute vint, ou 25 sous.

Tuable, *adj.* Qu'on peut tuer. Digne de mort. (S'il devient tant soit peu probable qu'ils vous fassent tort , les voilà tuables sans difficulté *Pascal, l. 7.*

Tuant. Participe qui signifie. Qui donne la mort. Qui tuë. Alexandre, dans la chaleur de la débauche, tuant l'un de ses prémiers Capitaines a terni une partie de sa gloire.)

* Tuant, tuante, *adj.* Ce mot se dit des personnes & des choses & veut dire Ennuïeux. Fatigant. (C'est un homme fort tuant. Petite fille fort tuante. Travail tuant.)

TUB.

† Tube, *s. f.* Ce mot est Latin ; il signifie *tuïau* & il n'est en usage qu'en parlant de lunette d'aproche ; & encore le dit-on rarement. (Le tube de la grande lunette de l'Observatoire de Paris a soixante & dix sept piez de longueur.)

Tubereuse, *s. f.* C'est une sorte de fleur blanche qui a une odeur tres-agréable & qui fleurit toute l'année, pouveu qu'on la mette en un lieu propre pour cela & qu'on en ait grand soin. (Une belle tubereuse.)

Tubereux, tubereuse, *adj.* Terme de *fleuriste & de Jardinier*. Ce mot de *tubereux* se dit des plantes qui ont des fibres & des racines grosses de couleur rousse, ou brune , n'aïant ni peau, ni écailles & jettant plusieurs tiges. (L'aconit d'hiver est une plante tubereuse.)

Tuberosité, *s. f.* Terme de *Médecin*. C'est une tumeur, ou bosse qui vient naturellement à quelque partie du corps. Il y a d'autres tumeurs qui viennent par accident ou de maladie.

TUD.

Tudesques, *s. m.* Le langage des anciens Alemans. (Entendre le tudesque.)

† Tu-dieu, *adv.* Sorte de serment burlesque qui marque quelque sorte d'étonnement. [Tu-dieu , la belle, comme vous y aliez ! *Moliere.* Tu-dieu, quelle galante ! *Moliere.* Tu-dieu, quelle galante ! comment elle prend feu. Tu-dieu ! vous avez le goût fin ; *Moliere.*]

Ppppp 2

TUE.

Tuer, *v. a.* Ce mot vient du Grec & au propre il se dit des hommes & des animaux. C'est ôter la vie. (Neron a pillé l'Empire, ruiné le Senat, & *tué* sa mere après l'avoir violée. *Le Président Cousin, Histoire Romaine.* Antoine Caracalle avant que de mourir eut un songe pendant lequel il crut voir son pére tenant une épée à la main & qui le menaçoit par ces paroles, *je te tuërai de la même sorte que tu as tué ton frere. Cousin, Histoire Romaine.* Ce que la cruauté peut faire, c'est de tuer le corps de quelcun & d'aliéner de nous l'esprit de tous les autres. *Le Président Cousin, Histoire Romaine de Xiphilin*, p. 122.) On pense que ces mots de *tuer le corps* ne se disent bien que dans les matiéres de pieté. Tuer en traitre. Tuer un oiseau d'un coup de fusil. Tuer un sanglier. Tuer des boeufs, des cochons, &c.)

Fuïez un ennemi qui blesse par la vuë,
Et dont le coup mortel vous plait quand *il vous tuë*.
Corn. Pol. a. 1. sc. 1.

Tuer. Ce mot se dit par raillerie des méchans médecins & veut dire. Hâter les jours d'un malade en le droguant sotement.

Finot qui *tuë* un homme avec son ordonnance
De son assassinat reçoit la recompense.
Voiez *Médecin*.

† **Tuer.** Fatiguer. Acabler.

Je me *tuë* vouloir relever des courages abatus. *Vaug. Quin. l. 9.* C'est à dire, je me fatigue à vouloir redonner du coeur à ceux qui en manquent.

La fortune *tuë* tous ses amans. *Voit. l. 44.* C'est à dire, elle perd, ruïne & acable tous ses amans.

Tuer. Ce mot se dit en parlant d'amour & veut dire. Faire mourir à force de donner de l'amour.

[Ne pleurez pas les chiens, vous qui *tuez* les hommes, *Voiture, Poësies.* C'est à dire, vous dont la beauté assassine les hommes : Et c'est dans le même sens que le même *Voiture* a dit *dans la seconde de ses chansons.* Mes yeux, vous aimez celle qui me tuë.]

Elle le charme & le *tuë* par un triste regard, *Sar. Poës.*

† **Tuer le tems.** C'est à dire, se divertir pour faire que le tems ne paroisse pas trop long & qu'il se passe insensiblement.

Se tuer, *v. r.* Se donner la mort. S'ôter la vie. (Oto aprenant la défaite de son armée, harangua ses soldats, se retira après dans sa chambre, prit un poignard & se tua. *Le Président Cousin, Histoire Romaine.*)

Tuer. Se fatiguer. Se tourmenter. Se donner bien de la peine pour faire quelque chose, pour réüssir en quelque chose.

(Le pauvre homme *se tua* à grimper sur Parnasse.
Il *se tuë* à rimer que n'écrit-il en prose ?
Déspreaux, Satire 9.)

Tuant. Voiez la colonne *tua.*

Tuerie, *s. f.* Quelques-uns apellent de ce nom le lieu où les bouchers tuent leurs bêtes, mais mal. C'est un mot de Province, & à Paris on apelle ce lieu-là. *Un échaudoir.* Voiez *échaudoir.*

Tuerie, *s. f.* Terme de *boucher de Paris.* C'est la quantité des bêtes qu'on a tuées, ou qu'on veut tuer. (Triez la tuerie.)

Tuerie Grand carnage de personnes. Plusieurs personnes tuées. (La tuerie fut grande. On fit une horrible tuerie.)

Tueur, *s. m.* C'est celui qui gagne sa vie dans les marchez aux porcs qui sont au bout de Paris, qui tuë les porcs, qui les sale & les acommode chez les bourgeois & autres. (Vous avez acheté un cochon, mais ce n'est pas assez, il faut presentement un meneur & *un tueur.*)

Ce mot se dit aussi quelquefois des personnes. C'est *un tueur de gens*, c'est à dire, un breteur ou un assassin.

TUF.

Tuf, *s. m.* C'est une sorte de pierre tendre & grossiére. C'est aussi de la terre séche & dure, qui commence a se pétrifier, qui se trouve ordinairement un peu au dessous de la superficie de la bonne terre. (Les arbres ne peuvent profiter dans le tuf. Les Jardiniers, avant que de planter, rompent le tuf & l'ôtent de la terre où ils le rencontrent.) Ce mot vient de l'Italien *tufo* & les Italiens l'ont pris du Latin *tophus.*

Tugue. Voiez *Tuque.*

TUI.

Tuiau, *s. m.* Prononcez *tuiô.* C'est une sorte de conduit qui sert pour faire sortir, ou entrer le vent, l'air, ou l'eau, & même la fumée. Ainsi on dit. (Un tuiau de cheminée, un tuiau de plomb de poterie, ou de bois pour la conduite des eaux. Tuiau de soufflet. Tuiau d'orgue, c'est d'ordinaire un morceau d'étain rond & creux où entre le vent des soufflets

& qui a une ouverture qu'on apelle bouche. Tuiau d'orgue qui parle petitement. Acorder les tuiaux.)

Tuiau. Ce mot se dit du chanvre & de toute sorte de blé pendant par les racines. C'est la tige qui enferme le chanvre. C'est la tige qui est au haut de laquelle est l'épi de blé.

Tuiau. Ce mot se dit en parlant de plume à écrire, c'est la partie de la plume on est le larron. (Tuiau de plume fort mou.)

Tuiau. Ce mot se dit en parlant de petits oiseaux. Ce sont les grosses plumes qui commencent à venir aux petits oiseaux.

Tuiere, *s. f.* Ce mot se dit en parlant de forge. C'est le conduit par où passe le vent des soufflets. (Il y a quelque chose dans la tuiere des soufflets qui empêche que le vent n'en sorte. Netteïez la tuiéte des soufflets.)

Tuile, *s. f.* Terre cuite faite pour couvrir les toits. (Bonne tuile. Faire de la tuile. Tuile faitiére. Tuile gironnée. Tuile plate. *Coucher la tuile*, Terme de couvreur. C'est poser la tuile sur les lates & les en couvrir.)

Batre la tuile. Terme de Capucin. C'est fraper sur une tuile pour avertir les Capucins du Convent que des Capucins étrangers sont arrivez & qu'il faut leur faire la charité.

Tuilerie, *s. f.* C'est le lieu où l'on fait le carreau & la tuile. (Une grande tuilerie. Une belle tuilerie.)

Tuileries, *s. f. pl.* On apelle de ce nom à Paris un superbe bâtiment roïal, acompagné d'un beau jardin le long du bord de la Seine, prenant depuis le Louvre jusques à la porte de la conference. (Les tuileries sont fort belles, & l'été on s'y va promener le soir. Il y avoit aujourdui bien du monde aux tuileries.

Tuilier, *s. m.* C'est un ouvrier qui fait la tuile. (Il est bon tuilier.) *Marchand tuilier.* C'est celui qui vend des tuiles.

Tuilot, *s. m.* C'est un morceau de tuile cassée qui ne peut plus servir qu'à faire du ciment. (Un petit tuilot.)

TUL.

Tulipe, *s. f.* C'est une sorte de fleur qui a été apellée de la sorte à cause qu'elle a quelque raport avec la figure du *Turban.* La belle Tulipe a d'ordinaire six feuilles, trois dedans, trois dehors. La tulipe ne sent rien, & cependant elle passe pour la Reine des fleurs. Elle a cet honneur à cause qu'il se trouve de differentes espéces de tulipes, toutes agréables & toutes diversifiées d'un air qui charme. Il n'y a qu'environ cinquante ans qu'on voit de belles tulipes à Paris. Les feuilles de la belle tulipe sont larges à proportion de leur longueur. Plus la tulipe a de couleurs bizarres, plus elle est aimable. On dit le calice d'une tulipe, le panache, le coloris, la tige d'une tulipe. Tulipe commune, simple, double, curieuse, belle, charmante, panachée, bizare, rare, bordée de blanc, nuancée, rouge, blanche, grise, à fond jaune, brune, violette, &c. Les tulipes panachées, dont le panache s'imbibe & se perd dans la couleur, ne sont point estimées. La tulipe aime une terre legere & sablonneuse. On plante les tulipes depuis la mi-Octobre jusqu'à la fin de Novembre ; & elles fleurissent en Avril & Mai. Quand on les plante, en les enfonce 3. bons doigts en terre cultivée. On couvre les tulipes durant la grande gelée, & on les arrose au printems quand les boutons veulent sortir. Elever, gouverner des tulipes. Voi *la Culture des tulipes.* Thevenot dit qu'en Tartarie, la tulipe est la fleur la plus commune des prez.

TUM.

† **Tumber.** Voiez *tomber.*

Tuméfier, *v. n.* Terme de *Médecine*, qui vient du Latin & signifie *enfler.* (Un coup fait tumefier la partie.) Se tumefier, c'est à dire, s'enfler.

Tumeur, *s. f.* Maladie qui grossit de beaucoup la taille naturelle de quelque partie. D'autres disent que *la tumeur* est une maladie ordinairement composée qui prend son nom de ce qui blesse l'action. *Deg.* Resoudre une tumeur.)

Tumulte, *s. m.* Il vient du Latin *tumultus.* Trouble. Désordre. Emotion. (Un grand tumulte. Faire du tumulte. Causer du tumulte. Exciter du tumulte. *Ablancourt.*)

† **Tumultuaire**, *adj.* Confus désordonné, plein de tumulte. Voiez *tumultueux.*

Tumultuairement, *adv.* En foule. En tumulte. En désordre. (Les mutins sortirent *tumultuairement* du camp.)

Tumultueux, tumultueuse, *adj.* Plein de tumulte. Soulevé. Séditieux. Emu. Excité. (Troupe tumultueuse. *Ablancourt.* Sans atendre mes coups, ses flots tumultueux s'ouvrirent devant nous. *Racine Iphigenie a. 5. sc. 2.*

Tumultueusement, *adv.* Séditieusement. (Ils s'assemblent tumultueusement.)

TUN.

Tunicelle, *s. f.* Terme de *certains Religieux.* C'est une petite tunique blanche que l'Augustin déchaussé & quelque autre Religieux porte sous son habit. (Tunicelle usée. Faire une tunicelle.)

TUN   TUN   855

Tunique, f. f. Ce mot se dit en terme d'anatomie. C'est une partie similaire, froide, seche & large engendrée par la faculté formatrice, de la semence la plus tenace, pour être l'organe de l'atouchement, pour couvrir quelques parties, en atacher quelques-unes & en separer quelques autres, en un mot c'est une membrane. La tunique a le sentiment fort vif & elle a été apellée tunique parce que l'un des principaux usages est de couvrir les parties en forme d'habillement. L'œil a 7. tuniques.

Tunique. Terme de *Religieux & de Religieuses*. Les Capucins apellent tunique une sorte d'habit de dessous que ces pauvres Religieux portent l'hiver. Les Bernardins nomment tunique une maniere de chemise de serge & les Augustins donnent le nom de tunique à une sorte de robe blanche qu'ils mettent sous la robe & qui leur va jusques à mi-jambe. Les Religieuses apellent tunique une espece de camisole blanche, ou brune qui va jusques aux piez & qui se met de nuit avec un scapulaire.

Tunique. Terme d'*Eglise & de chasublier.* Vêtement dont les Sous-Diacres se servent en oficiant. La tunique ne difere de la Dalmatique, qu'en ce qu'elle a les manches plus étroites & plus longues que la Dalmatique, Voi *Ceremoniale Episcoporum Clementis 8. l. 1. c. x.*

Tuorbe, téorbe, s. m. On dit l'un & l'autre, mais tuorbe est le mot d'usage & celui qui est presque en la bouche de tout le monde. C'est un instrument de musique à cordes, qui n'est autre chose qu'un luth à deux têtes. *Mersenne livre des instrumens.* Il vous faudra trois voix qui seront acompagnées d'une basse de viole & d'un tuorbe. *Moliere, Bourgeois Gentilhomme, a. 2. sc. 1.* Un bon tuorbe. Un beau tuorbe. Joüer du tuorbe. *Abl.*

Tuque, f. f. Terme de *mer.* C'est une maniere de faux tillac fait de treillis de bois, qu'on pose sur des pilliers devant l'étalage le plus élevé de l'ariere d'un batiment pour se mettre à couvert du Soleil & de la pluie. Les tuques de charpente sont trop pesantes.

TUR.

Turban, s. m. Coifure particuliere des Turcs & de plusieurs peuples qui relevent du grand Seigneur. Ce mot vient de celui de *tulbent*, qui en langue turque signifie toile de coton, parce que c'est de cette toile qu'on fait ordinairement les turbans. Le turban est fait de plusieurs doubles artistement pliez autour de la tête. Le turban du Grand Seigneur est fort gros. Les parens de Mahomet ont le droit de porter le turban verd. Le Mufti se propose de donner le turban au bourgeois. Ils se coifent avec des rubans de ceremonie. *Moliere.*

† *Turbe, s. f.* Mot de pratique qui vient du latin *turba*, & qui signifie troupe, multitude de gens qu'on assemble pour quelque afaire importante. Ordonner une enquête par turbe. Voiez *tourbe*.

* *Turbe.* Terme de *pratique*. On apelle de ce nom, les témoins qui sont ouïs dans les enquêtes qu'on fait par turbes, où dix témoins ne font contez que pour un.

Turbine, s. f. Quelques-uns apellent de ce nom, ce qu'on nomme tribune, en parlant d'Eglise. Voiez *tribune.*

Turbite, s. m. Terme de *droguiste*. C'est le nom Arabe d'une plante medicinale qu'on apelle en latin *tripolium*. Il y a aussi un turbit mineral, dont parlent les Chimistes, qui est un précipité jaune de mercure, qui purge avec violence, & ils le nomment ainsi parce qu'il trouble toute l'éconnomie du corps.

Turbot, s. m. Ce mot vient du Holandois. C'est une sorte de poisson plat, de rivage, qui a la bouche grande & sans dents & qui a le dos brun avec plusieurs éguillons. Un petit turbot. Un gros turbot. Le turbot a la chair bonne.

Turbulent, turbulente, adj. Mot qui vient du latin & qui veut dire remuant. Plein d'émotion, Esprit turbulent. *Abl.* Action turbulente.

Turbulent, turbulente. Ce mot se dit en parlant de cheval de manege. Cheval inquiet & turbulent. C'est à dire, vif & toujours en action. *Guillet art de monter à cheval.* Voiez le mot de *volte.*

Turbulement, adv. D'une maniere turbulente, séditieuse & pleine d'émotion. Ils n'agissoient point turbulement comme dans une émeute populaire. *M. d'Ablancourt, Tacite, Annales, l. 5. ch. 5.* L'Auteur des doutes sur la langue françoise n'aprouve point le mot de turbulement. Mais outre que l'autorité du celebre Monsieur d'Ablancourt est d'un grand poids dans nôtre langue, plusieurs excellens hommes que j'ai consultez trouvent ce mot de turbulement vif & beau. Ils ajoutent que sans comparaison il vaut mieux qu'infester qu'on ne rencontre que dans le Dictionnaire de Nicot & dans *l'histoire d'Aubusson, livre 5. in quarto, page 187. Non videmus, mantica quid in tergo est.*

Turc, s. m. Qui est de Turquie. Les Turcs sont avares, brutaux, perfides, scelerats & sans foi.

* *Traiter de Turc à Maure.* C'est à dire, traiter avec rigueur, avec la derniere severité, & sans quartier.
Quand je traiterai desormais avec vous, faites état que c'est de Turc à Maure, *Voit. lettre 4.*

Turc, s. m. La langue turque. Savoir le Turc. Entendre le Turc. C'est un homme qui entend fort bien le Turc.

Turc, turque, adj. Qui est de turquie. Cheval turc. Femme turque. Je suis très-humble serviteur de son altesse turque. *Moliere, bourgeois gentilhomme.*

* *Il est Turc là-dessus. Moliere, acte second, scene quatriéme.* C'est à dire il est là-dessus inexorable. Il est dur, insensible, inhumain, on ne sauroit rien arracher.

Turcie, s. f. Vieux mot, qui signifie une levée de terre, ou de pierre, en forme de quai, ou de digue pour empêcher les inondations d'une riviere.

Turque. Voiez *plus bas.*

* *Turquerie.* Voiez *plus bas.*

Turlupin, s. m. Sorte de froid boufon. Sorte de plaisant insipide. C'est un franc turlupin.

      Les turlupins resterent
Insipides, plaisans, boufons infortunez
D'un jeu de mots grossier partisans suranez.
      Dep. poetique, chant. 2.

Turlupinade, s. f. Plaisanterie basse. Plaisanterie fade. Pensez-vous que je puisse durer à ses turlupinades. *Moliere; critique de l'Ecole des femmes, scene premiere.* Faire des turlupinades. Peux-tu soufrir cette turlupinade. *Boirobert, Epitres.*
Faire des turlupinades. *Abl.*
    Passe sur un Voiture & sur un Benserade;
    D'exercer la turlupinade.
      Scaron, poe.

Turlupiner, v. n. Faire des turlupinades. Plaisanter sotement. Un galant homme ne turlupine jamais. C'est un homme qui ne fait que turlupiner.

Turlut, s. m. C'est une sorte d'alouette commune qui est apellée petite orgue de son chant. C'est un turlut.

Turpitude, s. f. Ce mot vient du latin, & veut dire honte. Infamie. Deshonneur. Vilainie. Ils font retomber le teatre dans la turpitude d'où quelques auteurs l'avoient tiré.
Racine, Plaideurs; Preface. Reveler la turpitude d'une personne. *Maucroix, schifme, livre 1.*

Turque, s. f. Fille, ou femme de Turquie. Une belle Turque.

A la Turque, adv. A la maniere des Turcs. Vivre à la turque. Joüers d'instrumens à la turque. *Moliere, Bourgeois gentilhomme, acte quatriéme.*

† *Turquerie, s. f.* Ce mot se dit en riant pour dire dureté & insensibilité de cœur. Dureté inhumaine qui ne se laisse point fléchir. Il est Turc là-dessus, mais d'une turquerie à desesperer. *Moliere, avare, acte 2. sc. 4.*

A la turquesse, adv. A la turque. Ils dansent & chantent avec plusieurs instrumens à la turquesse. *Moliere, bourgeois Gentilhomme, a. 4 scene 5.*

Turquin, adj. m. C'est une épitete qu'on donne au bleu quand il est bien foncé. Une étofe de bleu turquin.

Turquine, s. f. C'est une sorte de turquoise, qui est plus sujette à verdir que la turquoise Persienne. Polic une turquine.

Turquoise, s. f. Sorte de pierre pretieuse opaque & bleuë qui vient dans la nouvelle Espagne, dans la Boëme & la Silesie en des lieux inaccessibles & qui a un poliment doux & sans aucune taie. Les grosses turquoises sont les plus estimées. Il y a trois sortes de turquoises, la persienne, la turquine & celle qu'on apelle turquoise de nouvelle roche qui est plus bleuë & qui a un poliment plus rempli de raies que les autres. Cette sorte de turquoise de la nouvelle roche se trouve vers le Languedoc. *Mercure Indien, seconde partie.*

TUT.

Tutaïer, tutaier, v. a. Il faut écrire tutaier, & prononcer tutaïé. Ce mot se dit par amitié, ou par mépris & il signifie parler à une personne par *tu* & par *toi*. On tutaïe les petits enfans qu'on aime. Les amis particuliers se tutaïent l'un l'autre. Il est ridicule pour ne pas dire impertinent de tutaïer les personnes avec qui on n'est pas fort familier.
Il tutaïe en parlant ceux du plus haut étage. *Moliere.*
Les petites gens se tutaïent lors qu'ils se querellent.
Il faut tutaïer rarement, & sur tout il ne faut pas tomber dans le ridicule de ceux qui tutaïent des gens qui sont beaucoup au dessus d'eux. *S Evremont, t. 6.*
On tutaïe par mer, non point par rusticité, mais par fierté. *Desroches, Dict. de marine.*
    J'y parlerai d'une façon hardie,
    J'y mettrai son feu, je dirai ses beaux yeux ;
    Un homme, en vers, peut tutaïer les Dieux.
      S. Amant, poe. 4. partie.

Tutelaire, adj. Qui garde. Qui protege. Dieux tutelaires. *Vaugelas, Quin. l. 3.* Philis est mon ange tutelaire. *Voit. poes.*

Tutelle, ou tutele, s. f. C'est une puissance qu'on acorde en Justice au plus proche parent d'un enfant de défendre le bien & d'avoir soin des interêts de cet enfant jusques à ce que cet enfant ait l'âge preserit par les loix afin de pouvoir gouverner sagement son bien, &c ses afaires. La tutelle est dative en France. Se faire décharger d'une tutelle. On lui a donné la tutelle de ses trois neveux, mais il soutient qu'il en est exempt à cause de son âge, & de sa profession. Rendre compte d'une tutelle.

Ppppp 3

Tuteur, ſ. m. Celui qui eſt chargé de quelque tutelle & qui en doit rendre compte à l'amiable, ou en juſtice lors que les mineurs ſont dans l'âge preſcrit par les loix. Il n'y a guere de bons tuteurs. Malheureux les pupiles qui tombent entre les mains d'un tuteur avare. Créer un tuteur.

Tuteur. Protecteur. Suprême tuteur de la foi.

Tutrice, ſ. f. C'eſt la femme du tuteur. C'eſt auſſi celle qui eſt chargée de la conduite du bien. de ſes enfans aprés la mort de ſon mari. Sa mere eſt ſa tutrice, & elle eſt obligée à rendre compte. On l'a faite tutrice de ſes enfans contre l'avis de la plupart des parens.

Tutie, ſ. f. Vapeur qui s'éleve dans les fourneaux où l'on fait des fuſions de cuivre, qu'on apelle fleur de cuivre, & qu'on prepare pour les yeux. La tutie eſt bonne pour les yeux, mais la meilleure de toutes eſt celle d'Orleans. Les uns diſent que nous avons pris le mot de tutie de l'Italien *tutia*, & les autres, des Arabes. Voiez *Dioſcoride* & *Matiole, livre 5. chapitre 44. & 45.* ſur le mot de tutie & de fleur de ſoufre vous verrez comment ſe fait la tutie & quelles ſont les vertus de la fleur de ſoufre.

TUY.

Tuyau. Voiez *tuïau.*

TY.

Voiez la colonne *ti*, où vous trouverez les mots qui s'écrivoient par *ty.*

V.

V *S. M.* C'eſt l'une des dernieres lettres de l'Alphabet François. Un grand U. Un petit *u.*

Il y a en François deux ſortes d'*u*, l'un qu'on apelle l'*u* voielle, & l'autre l'*v* conſonne qui ſert à faire les ſilabes, *va, ve, vi, vo, vu,* comme dans ces mots *vacation, vanité, viſite, voler, vulgaire,* &c.

VA.

VA. Il *va.* V. *Aller.*

VAC.

VACABOND. Voiez *vagabond.*

Vacances, ſ. f. Terme qui ſe dit en parlant de matiéres beneficiales, & qui n'a point de pluriel. C'eſt tout le tems que le benefice vaque & n'eſt pas rempli. C'eſt le tems qu'une Egliſe eſt ſans Prélat. (Le chapitre des Catédrales gouverne pendant *la vacance du ſiege. Maſſac, Droit Ecleſiaſtique.*)

Vacances, Terme qui ſe dit en parlant de Colege, & qui alors n'a point de ſingulier. C'eſt le tems qu'on ne va plus en claſſe & que les Regens n'entrent pas. Le tems arrive un peu avant la Saint Rémi, ou la Saint Luc. (Vacances courtes. Vacances longues. Les vacances ont été belles. Donner vacances. Avoir vacances.)

Vacant. Voiez *vaquer.*

† *Vacarme, ſ. m.* Grand bruit. Rumeur. Sorte de trouble & de déſordre acompagné de criaillerie & de bruit. (On a fait un beau vacarme. *Benſerade, Poëſies.*

Pour nos cris & pour nos *vacarmes*
On ne voit rien qu'elle ait rendu.
Voiture, Poëſies.

Elle fait un *vacarme* à vous rompre la tête *Moliere, Tartufe, a. 1.*)

Vacation, ſ. f. Prononcez *vacacion.* C'eſt un emploi dans la vie, lequel ſert à faire ſubſiſter celui que la poſſede, & qui l'exerce, Sorte de métier dont on gagne ſa vie. (Une méchante vacation. Quand un homme a une bonne vacation, il eſt bientôt pourvû à Paris.)

Vacations. Ce mot ſe diſant du Palais & de toutes les juridictions n'a point de ſingulier. C'eſt la ceſſation des juridictions. La grand' Chambre du Parlement de Paris, celle de l'Edit & les cinq Chambres des Enquêtes n'entrent point depuis le huit de Septembre juſques au douziéme de Novembre, qui eſt le lendemain de la Saint Martin, qui eſt le jour où le Parlement fait ſon ouverture. On dit. (Les vacations des Cours Souveraines, Les vacations de la Cour des Aides, de la Chambre des Comptes, Les vacations commencement en Septembre & finiſſent en Novembre.)

Vacations, ſ. f. pl. Terme de Palais. C'eſt tout ce qui ſe paie aux Oficiers de Juſtice pour avoir travaillé dans des afaires qui regardent leurs charges. En ce ſens, *vacations* ne ſe dit qu'au pluriel. On doit les vacations aux Juges qui ont travaillé, aux Notaires, aux Procureurs, aux Commiſſaires, aux Gréfiers, aux Sergens, pour les Inventaires, pour les décentes ſur les lieux, &c. Il a eu de bonnes vacations. On lui a païé deux piſtoles pour ſes vacations.

Vacation. En parlant de benefice, il ſignifie *vacance*; le tems que le benefice vaque, & en ce ſens, il ne ſe dit d'ordinaire qu'au ſingulier. Le Roi, durant la vacation des Archevechez, des Evêchez, ou des Abaïes, joüit du revenu du benefice vacant.

Vache, ſ. f. C'eſt la femelle du taureau. Une bonne vache. La vache meugle. Faire couvrir une vache par le taureau. La vache vêle. C'eſt à dire, fait un veau. Traire une vache.

Vache marine, Une ſorte de gros animal, qui a quelque choſe de la vache terreſtre, & dont la chair, ou plutôt le lard, eſt tres délicat à manger. On apelle cette vache, la bête la grand dent, parce qu'elle en a deux groſſes & grandes comme la moitié du bras, mais les autres n'ont qu'environ quatre doigts de longueur. Cette vache vit ſur la terre & dans l'eau.

* *Vache.* Ce mot entre dans quelques façons de parler proverbiales. *Une bonne vache à lait.* C'eſt à dire, une perſonne dont on tire beaucoup de profit. Meſſieurs les Medecins ont en vous une, bonne vache à lait. *Moliere, malade imaginaire. Manger de la vache enragée.* C'eſt à dire, avoir de la peine, & ſouvent parce qu'on n'a point eu de conduite. Il ſera plus ſage quand il aura mangé un peu de vache enragée. Prendre la vache & le veau. C'eſt épouſer une fille qu'on a engroſſée.

* *Vache.* Fille ou femme groſſiere & mal propre. Fi, c'eſt une groſſe vache que cela, elle a le plus méchant air du monde.
* *Vache.* Terme de *tanneur* & *de corroieur,* qui veut dire cuir de vache. Coudrer une vache.

Vache de rouſſi. C'eſt du cuir de vache qu'on façonne hors de France qu'on paſſe en reden. C'eſt à dire, en herbe, enſuite on lui donne une charge de breſil boüilli & de noix de galles pour le rougir & aprés on le pare, on le foule, on le travaille, on lui donne toutes les façons neceſſaires pour le mettre en état de ſervir. Monſieur Merigo l'un des plus habiles taneurs de Paris m'a dit ce que j'avance ici de la vache de rouſſi.

Vacher, ſ. m. Celui qui garde les vaches. Donner les vaches au vacher. Le vacher eſt negligent.

* *Vacher.* Ruſtique. Mal-honnête. Quel petit vacher eſt-ce là. Fi, le vacher, vous devriez mourir de honte.

† *Vachére, ſ. f.* Celle qui garde les vaches. C'eſt une vachere qui n'eſt pas tant déchirée, elle eſt aſſez jolie.

† Les vachers avec les vacheres,
Dans les bois & dans les fougeres
Pour ce jour n'en furent exemts.
Voiture, poëſies.

Vacilant, vacilante, adj. Ce mot vient du latin, & au propre, il ſignifie. Qui chancelle. Qui n'eſt pas ferme mais il ne ſe dit gueres.

* *Vacilant, vacilante.* Ce mot au figuré eſt uſité & veut dire irreſolu. Incertain de ce qu'il doit dire ou faire. Eſprit vacilant. La doctrine des demi-Pelagiens eſt vacilante. *Lettres de S. Auguſtin.*

Vacilation, ſ. f. Prononcez *vacilacion.* Irreſolution. Incertitude. Un homme de bon ſens, quand il a pris parti, n'eſt pas ſujet à vacilation, comme un ignorant.

* *Vacilation.* Variation de réponſes. Un homme innocent ne doit point faire de vacilation dans ſes réponſes.

Vaciler, v. n. Ce mot au propre ſignifie chanceler. Ne ſe pas bien ſoutenir. N'être pas ferme, & ſe dit quelquefois par les maîtres de danſe. Prenez garde que vôtre pié ne vacile; c'eſt à dire, faites que vôtre pié ſoit ferme. Poſez bien le pié. Que l'aſſiette en ſoit bien aſſurée.

* *Vaciler.* Ce mot ſe dit de la langue & vaut preſque autant que ſi l'on diſoit foutcher, heſiter. Ma langue vacila quelque tems.

* *Vaciler.* Ce mot ſe dit d'un eſprit irreſolu, & ſignifie. Qui doute de ce qu'il doit dire, ou qu'il doit faire. Incertain. Flotant. Comme je vis qu'il vaciloit je me ſervis de l'ocaſion pour lui faire prendre le ſentiment que je voulus, ſon eſprit vacie, & il eſt aiſé avec un peu d'adreſſe de lui faire prendre parti. Nôtre ame n'eſt plus en peril, nos reſolutions ne vacilent plus. *Maſcaron, oraiſon, funebre de Mad. d'Orleans.*

VAD.

Vade-mecum, ſ. m. Mots latins qui ſignifient, va avec moi, & dont on ſe ſert en François en parlant d'une choſe qu'on porte ordinairement avec ſoi. On le dit particulierement d'un livre, qu'on aime & dont on ſe ſert ſouvent. Le breviaire eſt le *vade-mecum* des Ecleſiaſtiques. Horace eſt ſon vade-mecum, &c.

Vadrouille, ſ. f. Terme de mer. C'eſt un eſpece de balai dont on ſe ſert pour nettéier un vaiſſeau. On l'apelle auſſi fauber, ou eſcoube. Ce balai eſt fait de vieux cordages défilez atachez au bout d'un bâton, & pour s'en ſervir, on trempe ce balai dans la mer.

VAG.

VAGABOND, VAGABONDE, *vagabond, vagabonde,* adj. Terme qui vient du latin. Il faut écrire & prononcer vagabond, &

VAG

non pas *vagabond* qui est une prononciation du peuple. *Vau. Rem. Vagabond* signifie Errant. Qui va çà & là, d'un endroit en un autre, d'un païs en un autre. (Que ses enfans soient errans & *vagabonds. Port-Roial, Pseaumes.* Etre Vagabond. *Ablancourt.*]

VACANS, *s. m. pl.* Terme de *Marine* Ce sont des gens qui courent le long des côtes, en tems d'orage , pour voir s'il n'y aura rien à butiner. Ce sont ordinairement des gueux & de valides mendians.

VAGIN, *s. m.* Terme d'anatomiste, ou *vagina*, *s. m.* Ils viennent du Latin *vagina*, qui signifient fourreau. C'est ce qu'on apelle dans le langage, ordinaire , le col de la matrice. Et parlant en termes d'art, la plûpart preferent *vagina* à *vagin*. (Le corps de la matrice aboutit au fond *du vagina. Mauriceau, traité des femmes grosses.*)

* *Vague, adj,* Qui n'est pas fixé. Qui n'est pas arrêté. Qui n'est pas borné. (Dessein vague. Amour vague. Cœur vague. Pensées vagues. Discours vague.)

Vague. s. m. Mot qui se dit en poësie en parlant de l'air & veut dire. Les espaces de l'air. Le milieu de l'air.

Et depuis quand les corps par *le vague des airs*.
Savent-ils s'élever d'un mouvement rapide.
Voit. Poës.
Il marqua d'un trait vif dans le vague *des airs*
L'éblouissant éclat de ses brillans éclairs.
Perault. Poësies.]

Vague. s. f. Ce mot se dit proprement des fleuves & des rivières & veut dire *flot*, cependant il se dit aussi de la mer & sur tout quand on ne parle pas en termes de mer, car dans un discours des choses de la mer il faudroit dire *houle*, ou *lame de mer*, qui signifient la même chose que *vague*. (La riviere est pleine de grosses *vagues*. Surmonter la violence des vagues. *Ablancourt*. Rompre les vagues. *Vaug. Quint. livre 9.* La riviere fait des vagues. Les fleuves ont élevé leurs vagues avec violence. *Port-Roial, Pseaume* 92. Les vagues deviennent grosses & furieuses. *S. Evremont, T. 7.*)

WAGUE-MESTRE, *s. m.* Ce mot vient de l'Aleman. C'est un oficier qui a le soin de faire charger & ateler les bagages d'une armée & d'en régler la marche , pour éviter la confusion. (Vague-mestre general de l'armée. Il y a un Vvague. mestre de chaque aile de cavalerie , & de chaque ligne d'infanterie, de chaque bataillon & de chaque regiment. Le Vvague-mestre est l'un des oficiers de toute l'armée, qui a autant de peine qu'aucun autre.

VAI.

VAIGRES, *s. f.* Terme de mer. Ce sont les planches qui font le revêtement interieur du vaisseau.

VAILLANCE, *s. f.* Vertu qui ôtant à l'homme la crainte d'une mort illustre, l'engage dans des entreprises glorieuses & acompagnées de peril. Valeur. Courage. La vaillance est une vertu dangereuse. *Voiture lettre* 119. Ils honorent la vaillance & la fidelité du soldat. *Abl. Tac. Annales, livre 2.*

Vaillant, s. m. Le bien que possede une personne , ses richesses. Manger tout son vaillant.

Vaillant. Sorte de participe irrégulier & indéclinable, qui vient de valoir & qui veut dire *riche*. Avoir cent mile écus vaillant. *Vau. Rem.*

Vaillant, vaillante, adj. Courageux. Qui a de la valeur. Qui ne craint point une mort honorable: & qui s'expose hardiment lorsqu'il s'agit d'aquerir de la gloire. Alexandre étoit un Prince fort vaillant.

Vaillamment, adv. Courageusement. Avec valeur. En mourant vaillamment on s'aquiert un nom qui vaut mieux que la vie qu'on vend.

Vaillantise, s. f. Ce mot est vieux. Il signifioit une action de valeur & de bravoure. Il ne se peut dire qu'en riant & en parlant des fanfarons.

* VAIN, *vaine, adj*. Qui a de la vanité. Les femmes sont naturellement vaines. Les petits esprits sont d'ordinaire les plus vains.

Vain, vaine, Inutile. Frivole. Qui n'est de nulle utilité. Quitez ces vains plaisirs dont l'usage vous abuse. *Depreaux, Satire 9.* La peine qu'on se donne à faire de bons livres, est pour vaine, le siecle est un ingrat & les ***** sont pour la plûpart des miserables. Une sience vaine. Se flater de vaines esperances.

La vaine gloire. C'est celle qui est soutenuë d'aucun merite.

* *Un vain tombeau*. C'est un monument dressé à la memoire de quelque personne, avec quelque éloge ou épitaphe, quoi que le corps de cette personne ne soit pas dans ce tombeau.

* *Vain, vaine, adj*. Ce mot se dit quelquefois du tems , quand il fait bien chaud. Il est bas & semble n'être alors usité qu'au masculin. On dit, il fait un tems vain, c'est à dire , qu'il fait une chaleur étoufante , qu'on a peine à respirer & qu'elle rend les personnes lâches & abatuës.

* On dit d'un cheval qu'il est vain. Lors qu'il ne peut travailler & qu'il est abatu, soit à cause de la chaleur , pour avoir pris quelque remede, ou pour avoir été mis à l'herbe.

En vain, adverbe. Inutilement.

VAI

Elle dissimule en vain ce que son cœur desire.
Gon. poes.
Car si l'éclat de l'or ne releve le sang.
En vain on fait briller la splendeur de son rang.
Dép. sat. 5.
En vain il a reçu l'encens de mile auteurs.
Dép. sat. 9.

Vainement, adv. En vain. Inutilement. On chicane vainement contre la mort. *Sarasin, poes.* J'ai tenté vainement de vous être infidelle.

VAINCRE, *v. a*. Je *vains, tu vains, il vaint, nous vainquons, vous vainquez, ils vainquent. le vainquois, le vainquois*. Je *vaincus*. Je *vainquis*. Ce verbe n'est pas bien d'usage au singulier du présent de l'Indicatif. Défaite. Batre ses ennemis. (Il *vainquit* les Traces en bataille rangée. *Abl. Ret. l. 2. ch. 4.* Henri IV. disoit que les afaires de la France & les siennes étoient en un tel état que l'honneur l'obligeoit de vaincre , ou de mourir. *Sulli, memoires.*

* *Vaincre*. Ce mot entre dans plusieurs façons de parler figurées. Vaincre ses passions. *Ablancourt, Ret.* C'est dompter ses passions. Vaincre ses amis en liberalité. *Ablancourt ; Ret. l.1, c. 9.* C'est être plus liberal que ses amis. Pauline se laissa vaincre à l'amour de la vie. *Ablancourt. Tacite Annales, l. 15.* C'est à dire, que l'amour de la vie l'emporta sur Pauline.

Vaincus, s. m. Ennemis batus & défaits. Ennemis subjuguez. Je sai vaincre & obliger les vaincus. *Vau. Quin. l. 4.*

Vainement. Voyez *vain*.

Vainqueur, *s. m.* Celui qui bat & défait ses ennemis , qui gagne quelque victoire, qui remporte une victoire. Un fier, un superbe, un cruel vainqueur.

Du tems qu'il n'étoit
Que vainqueur de trois cens murailles,
Et que gagneur de vingt batailles,
On se voioit aimé de lui.
Voiture, Poësies.

Le Roi Jean vaincu & prisonnier entra à Londres comme un vainqueur sur un cheval, &c.
Le Sage est toujours vainqueur de ses passions

* Toutes les passions dont les cœurs sont surpris
Sont les pretextes vains des plus foibles esprits
Qui voulant déguiser leurs lâchetez visibles,
Donnent à leurs vainqueurs le titre d'invincibles.
Scuderi, Ibrahim.

On dit d'un bel œil qu'il est le vainqueur des cœurs.

VAIR, *s. m.* Terme de blason. C'est une fourrure d'argent & d'azur. C'est argent & azur. C'est à dire, blanc & bleu. On dit qu'un Seigneur de la maison de Couci en Picardie a porté le premier de vair. *Col. ch. 6.* Le vair est fait en forme de verre, ou de cloche.

Vairé. Terme de blason. Qui signifie qui est de vair. Lors que le vair ou vairé est d'autre couleur & d'un autre métal que d'azur & d'argent il le faut exprimer. Ainsi on dit , il porte vairé d'or & de gueules.

Vairon, ou *veron, adj. m.* Terme de *manege*. Il se dit de l'œil d'un cheval, dont la prunelle est entourée d'un cercle blanchâtre, ou qui a un œil d'une façon & l'autre d'une autre. Œil vairon. Cheval vairon.

† Il se dit aussi de quelques autres choses qui sont de diverse couleur.

Vairé, s. m. Herbe déliée, longue & assez large, qui vient autour des rochers de la mer, où sont atachées les huitres à l'écaille. Les vendeurs d'écaille mettent du vairé dans leurs mancequins & en couvrent leurs écailles.

Je vais. Voiez *aller*.

VAISSEAU, *s. m.* Mot general qui signifie. Toute sorte de vase de quelque métal ou de quelque chose que ce soit. Un petit ou grand vaisseau.

Vaisseau. Ce mot se dit en anatomie. C'est une sorte de petit conduit. Vaisseau spermatique. Vaisseau éjaculatoire.

Vaisseau, s. f. C'est un bâtiment de charpenterie lequel est construit d'une maniere propre à floter , & à être mené sur l'eau. Vaisseau du premier rang , du second rang , du troisiéme rang, du quatriéme rang , & du cinquiéme rang. Les vaisseaux du premier rang sont les plus grands de tous. Ceux qui ont le plus de port & le plus de tonneaux , & ainsi à proportion des autres vaisseaux. Il y a des vaisseaux qu'on apele vaisseaux matelots , & ce sont ceux qui sont postez l'un auprès de l'autre pour le combat & qui sont destinez à se secourir l'un à l'autre. On apelle aussi vaisseau matelot, ou vaisseau second le vaisseau qui est destiné à secourir un vaisseau pavillon. C'est à dire, un vaisseau de quelcun des oficiers generaux. Vaisseau bon voilier. C'est à dire, leger à la voile, vaisseau mauvais voilier. C'est à dire, pesant à la voile.

* *Vaisseau*. Ce mot se prend quelquefois au figuré, & est beau. Je craindrois de donner à travers quelque écueil caché sous les ondes, qui brisât mon vaisseau. *Ablancourt, Lucien. Discours comment il faut écrire l'histoire*. C'est à dire , je craindrois de rencontrer quelque dificulté dont ne me tirant pas bien je réüssirois mal.

Vaisseau. Ce mot se dit aussi d'un grand bâtiment, comme d'une Eglise, d'un Salon, &c. L'Eglise de S. Pierre de Rome est un beau vaisseau. Le Salon des Tuileries. La grand Sale du Palais, &c. sont de beaux vaisseaux.

Vaisseaux sacrez. C'étoient les vaisseaux qui servoient aux Juifs dans le Temple de Jerusalem. Ce sont les vaisseaux dont on se sert dans les Eglises.

* Vaisseau d'élection, s. m. Ces mots se disent en termes de pieté, parlant de quelques créatures d'une éminente vertu, & d'une haute sainteté, qui pour cela font extrémement agréables à Dieu, & que Dieu a choisies entre les autres pour opérer quelque merveille. Ainsi l'Eglise dans ses priéres apelle la Vierge un vaisseau d'élection ; c'est à dire, une créature choisie parmi toutes les autres pour sa vertu & sa sainteté. Le pere Bouhours parlant du Patriarche de sa societé écrit. C'étoit un vaisseau d'élection & un homme rempli de Dieu. Vie de S. Ignace, l.2.

* On apelle les pecheurs des vaisseaux d'iniquité.

* On dit que le corps de l'homme est un vaisseau d'argile, & que la femme est un vaisseau fragile.

VAISSELLE, s. f. Mot général qui signifie assiettes, plats, écuelles, éguiéres, vases, comme pintes, chopines, brocs, soit d'argent, de vermeil doré, d'étain, de fayence, ou de terre pour le ménage. Vaisselle plate. C'est à dire, vaisselle sans soudure comme plats & assiettes. Vaisselle montée. C'est celle où il y a de la soudure comme flambeaux, chandeliers, éguiéres, flacons, saliéres, &c.

V A L.

VAL, s. m. Ce mot est poëtique, & il fait au pluriel vaux, & veut dire valée. Courir par monts & par vaux. Scar. poe.

D'Hélicon seulement j'aime le noble val
Et l'eau fille du pié de l'emplumé cheval
Des Marais vissonnaires, a. 5. s. 7.
Le déliureur d'Andromeda
Vit moins de mers, de monts, de vaux
Que n'en courut le grand d'Avaux.
Voiture, poes.
Il cherche d'Apollon le sacré val.
Benserade, poesies.

VALABLE, adj. Recevable. Excuse valable.

Valable. Terme de Palais. C'est à dire, Fait dans les formes. Acte valable.

Valablement, adv. Terme de Palais. Avec validité. Contracter valablement. Le Maît.

Valant. Participe qui vient de valoir & qui veut dire. Qui vaut. Je lui ai donné vingt tableaux valant cent pistoles la piece. Vaug. Rem.

Valée, s. f. Valon. Endroit qui est au bas d'une montagne. Espace de pais renfermé entre des montagnes, ou côtaux. Les plus fameuses valées d'autour de Paris sont celles de Montfort & de Montmorenci.

Valée. On apelle ainsi à Paris le lieu où l'on vend toutes sortes d'oiseaux & toutes sortes de volailles. La volaille est bien à meilleur marché à la valée que chez les rotisseurs. Il faut aler à la valée tout y est à bon marché. La valée tient la Mécredi & le Samedi. La valée s'ouvre à huit heures & le bourgeois doit se fournir avant le rotisseur.

VALENTIN, s. m. Nom d'homme. Quelques personnages celebres ont porté le nom de Valentin.

Valentinien, s. m. Nom d'homme. Valentinien associa son frere Valens à l'Empire, & déclara Empereur Gratien, qu'il avoit eu de Severe sa femme. Le Président Cousin, histoire Romaine. Voiez Valerien.

VALERIEN, Valerian, s. m. Nom d'homme, il faut dire Valerien & Valentinien & non pas Valerian & Valentinian. Il y a eu un Empereur Romain qui a été apellé Valerien.

Valerienne, s. f. C'est une sorte de fleur rouge, ou blanche, blanche & violette qui fleurit en Mai. Il y a une valerienne qu'on apelle valerienne de jardin & une autre qu'on apelle valerienne gréque. La valérienne de jardin est blanche & violette. Une belle valerienne.

VALET, s. m. Serviteur qui sert à pié dans la maison. L'oiseau des ordres ch. 5. Ce mot se prend generalement pour tout serviteur domestique. Vous m'engagez à vous dire nos maximes pour les valets. Pasc. l. 6.

Valet de chambre. Serviteur qui sert principalement son maître dans la chambre. Premier valet de chambre du Roi. Valet de chambre de Monsieur le Daufin. Valet de chambre ; ces mots se disent aussi en parlant de femmes de qualité & veulent dire gentilhomme, ou maniere de gentilhomme qui rend quelques petites services à la Dame lorsqu'elle est dans la chambre.

Valet de garderobe. Les quatre premiers valets de la garderobe du Roi sont ceux qui couchent dans la garderobe & ont les clefs des cofres.

Valet de pié. Les valets de pié sont ceux qui suivent à pié la carosse de quelque Prince, ou Princesse. La plupart des boutiques du pont neuf de Paris doivent un droit aux valets de pié du Roi.

Valet d'étable. C'est celui qui a soin d'étriller les chevaux & de leur donner à manger. Un bon valet d'étable.

Valet de chien. C'est celui qui a le soin des chiens. On dit en proverbe c'est un beau valet de chien. C'est à dire. C'est un méchant valet, un coquin, qui ne sert pas bien.

Valet à tout faire. C'est un serviteur unique dans une maison, qui sert à toutes choses, comme les Cuistres dans les Coleges, les valets de Prêtres, &c.

Un maitre valet. C'est un valet qui commande aux autres, en qui l'on se fie, & qui prend garde que chacun fasse bien son devoir.

On apelle quelquefois les sergens, valets de Justice.

Valet de leuriers. Celui qui a soin des leuriers, qui les tient & les lâche à la course.

Valet de limiers. Celui qui va au bois pour detourner les bêtes avec les limiers, qui les doit dresser & en avoir soin.

Valet de chaise à cremilliere. C'est un morceau de fer quarré qu'on met dans les bras de la chaise & qu'on tire pour mettre une petite table dessus.

Valet de miroir. Terme de Miroutier. C'est le morceau de bois qui est ataché derriere le fond d'un miroir de toilette & qui soutient le miroir quand on le pose sur la table.

Valet. Ce mot se dit en parlant de cartes. C'est la peinture qui est après le Roi & la Dame. (Un valet de cœur, de pique, de tresle, ou de carreau.

Valet de porte. Terme de menuisier. Morceau de bois attaché une corde derriere une porte, & qui sert à la fermer sitôt qu'on l'a ouverte.

Valet. Terme de menuisier. C'est un crochet de fer dont le menuisier se sert pour tenir le bois sur l'établi.

Valet à déboter. Voiez tire-botes. C'est une planche de bois, avec une entaille, où l'on met le talon, pour se déboter seul.

Valet. Ce mot se dit en termes de mer. C'est un peloton fait de fil tiré de l'un des cordons de quelque vieux cable qu'on a coupé par pieces, qu'on met sur le calibre des canons pour bourrer la poudre quand on les charge, qui sert à racommoder les manœuvres rompues & à larder la bonnette qui est une sorte de voile.

Valet. Ce mot se dit en termes de manege. C'est un bâton où à l'un de ses bouts une pointe de fer émoussée dont on se sert pour aider & pincer un cheval sauteur. Pincer un sauteur avec le valet.

Valet. Ce mot entre en quelques façons de parler familieres & proverbiales. Je suis vôtre valet. Ces mots prononcez d'un ton fier veulent dire qu'on n'est ni serviteur, ni servante d'une personne, qu'on s'en rit & qu'elle n'obtiendra rien de nous, qu'on ne veut pas acorder ce qu'elle nous demande.

Je suis vôtre valet. Cette maniere de parler marque quelquefois un peu de civilité mais elle est trop familiere, & ne se dit qu'à des gens qui sont au dessous de nous. Aux autres, on dira, je suis vôtre tres-humble serviteur.

* Faire le bon valet. C'est être ataché à son devoir plus qu'à l'ordinaire, & même avec quelque sorte d'afectation.

† * C'est le valet du diable. C'est à dire, c'est un serviteur qui fait plus qu'on ne lui commande, qui fait des choses qu'on ne lui avoit point commandées de faire.

† * C'est un valet de carreau. Cette façon de parler proverbiale est injurieuse, & marque que celui à qui on l'aplique est un miserable. C'est encore un plaisant valet de carreau que le Seigneur la Houssaie, pour s'oser mettre au dessus des plus grands hommes qui aient été dans les lettres.

† Valetage, s. m. Ce mot se dit en parlant & signifie service de valet. C'est pour des François un valetage insuportable que de servir des Italiens qui sont pour l'ordinaire fiers, vilains, &c.

† Valetaille, s. f. Ce mot est bas, & veut dire les valets, une troupe de valets. Dans les funerailles, la valetaille & les gens de nule consideration commencent la marche. La valetaille de l'armée.

Valeter, v. n. Faire le valet, faire servilement la cour à quelcun, dans l'esperance d'en tirer quelque avantage. On l'a fait longtems valeter sous la promesse de lui donner quelque emploi.

VALETUDINAIRE, adj. Qui n'a presque point de santé. Qui n'a pas une santé qui dure. Maladif. Il est valétudinaire. Elle est valétudinaire. Le vin vieux est bon pour les valétudinaires.

VALEUR, s. f. Ce mot se dit des choses & veut dire prix. C'est une chose de nule, ou de peu de valeur. La valeur de cela n'est pas considerable. C'est une chose de valeur, c'est à dire, de grand prix.

Valeur. Ce mot se dit des personnes & signifie courage. C'est une vertu qui au milieu des plus grands perils fait entreprendre de belles actions. La parfaite valeur est de faire sans témoins ce qu'on seroit capable de faire devant tout le monde. La vanité, la honte & le temperament sont en plusieurs la valeur des hommes, & la vertu des femmes. La valeur est dans les simples soldats un métier perilleux. La parfaite valeur & la poltronnerie complete sont deux extrémités où l'on arrive rarement. Memoires de M. de la Rochefoucaut. La valeur n'atend pas le nombre des années. Corneille, Cid. a. 2. Couronner la valeur. Ablancourt, Ret. l. 5. La valeur doit être gouvernée par la prudence. La valeur est quelquefois acablée sous le nombre.

VAL

ve, active, agiſſante, conſidérable, ſurprenante, étonnante, admirable, merveilleuſe, &c.)

Valeureux, valeureuſe, adj. Plein de valeur. Plein de cœur. Courageux. Vaillant. Le mot de *valeureux* eſt plus de la poëſie que de la proſe. (Valeureux guerrier. Valeureuſe Amazone.)

Valeureuſement, adv. Avec courage. Avec valeur. (Se batre valeureuſement.)

Valide, adj. Vigoureux. Qui eſt en ſanté. Qui peut travailler. (On contraint en Holande les gueux valides à travailler.) Le contraire eſt *invalide*.

Valide, adj. Terme de *pratique*. Qui eſt bien fait & dans les formes preſcrites par les coutumes & par les loix. (Acte valide. La choſe eſt valide.)

Validement, adv. Terme de *pratique*. C'eſt à dire, Avec validité. (On ne peut contracter validement que dans un certain âge preſcrit par les loix & par les coutumes.

Valider, v. a. Terme de *pratique*. Rendre valide. (Le Saint Pére valide les procedures. Patru, plaidoié 13.)

Validité, ſ.f. Terme de *pratique*. Bonté eſſentielle de quelque choſe faite dans les formes. (La validité d'un acte. La Cour a confirmé la validité du mariage. C'eſt à dire, a declaré le mariage bon & valide.

Validation, ſ.f. Terme de *pratique*. C'eſt le droit de faire valoir un compte de le rendre valide. [Obtenir des lettres de la Chambre des Comptes pour la validation d'un compte.]

Valiſe, ſ.f. Ce mot vient de l'Alemand. C'eſt une maniére de petit cofre qui eſt fait de cuir uni, ou à poil, dans quoi on met des hardes & autres choſes pour aller en voiage, & qui ſe met ſouvent ſur la croupe du cheval quand on voiage à cheval. (Une petite valiſe. Une groſſe valiſe. On lui a pris ſa valiſe. Fermer, ouvrir une valiſe. Les bahutiers font les valiſes.)

* **Adieu la valiſe**. C'eſt à dire. Tout eſt perdu, c'en eſt fait. Il n'y a plus de reſſource.

Valoir, v. a. Je vaux, tu vaux, il vaut, nous valons, vous valez, ils valent. Je valois. Je valus. J'ai valu. Je vaudrai, que je valuſſe. Je valuſſe, je vaudrois. Valant. Le mot de *valoir* ſignifie que le prix d'une choſe, monte à tant, & coûte une telle ſomme. Le marc d'argent *vaut* vint-huit livres ſans conter les façons & quarante ſous de contrôle.

Valoir. Il ſignifie quelquefois raporter du revenu, de la rente. [Un Ambaſſadeur, conſiderant la richeſſe de la France demanda à Henri IV. ce qu'elle lui valoit. Il répondit, elle me vaut autant que je veux. Voiez le recueil des bons mots de Henri IV. p. 33.]

Valoir. Ce mot ſe met pris *figurément* dans quelques façons de parler. Exemples. (* Tant que je vaudrai quelque choſe, je ne puis manquer de vôtre tres-humble ſerviteur. Voiture lettre 46. C'eſt à dire, tandis que j'aurai du cœur & de l'honneur, je ſerai entierement à vous. Henri IV. diſoit que les François ne le connoiſſoient point. Ils ne ſauront, diſoit-il, ce que je vaux que quand ils m'auront perdu. Hiſtoire de Henri 4. c'eſt à dire, combien je leur dois être cher & conſidérable, & de combien de malheurs je les aurois mis à couvert.)

* **Faire valoir**. C'eſt à dire. Donner du crédit. Avancer, Pouſſer. Faire eſtimer.

* Il eſt d'un honnête homme de *faire valoir* les gens de mérite.

* **Faire valoir une penſée**. C'eſt la relever, la mettre en ſon jour.

* **Faire valoir**. Fair-voir, remarquer & conſiderer. Mettre dans le jour qu'il faut. (Il y a en toutes choſes des endroits à faire valoir & il y en a d'autres qu'on ne doit pas toucher, ou qu'il faut déguiſer. S. Evremons, œuvres mêlées, T. 1.

* **Ne faire valoir**. C'eſt à dire, Faire connoitre ce que l'on vaut & ce que l'on eſt. Faire ſentir ſon mérite. Il faut un peu *ſe faire valoir* dans le monde, autrement le monde ne nous eſtime pas.

Valoir mieux. Etre plus à propos. Etre plus raiſonnable. *il valoit mieux ſe ſacrifier pour ſon ami que de*. Ablancourt.

L'ignorance *vaut mieux* qu'un ſavoir afecté. Déproux Epit. 9.

Valon, ſ.m. Petite valée. (Un beau valon. Un charmant, un agréable valon.

Sous les arbres ſacrez de ce fameux valon
Daphnis renouvelloit ſes fortunes paſſées
Etroit. La Lane, Eglogues.
On diroit qu'ils ont ſeuls l'oreille d'Apollon.
Qu'ils diſpoſent de tout dans le ſacré valon.
Déproux, Diſcours au Roi.

* **Valuë**, ſ.f. Ce mot ne ſe dit qu'en termes de *Palais* & il ſignifie *valour* La plus valué, c'eſt la ſomme que vaut une choſe au delà de ce qu'elle a été priſe, ou achetée.

Valvule, ſ.f. Terme d'*Anatomie*. Ce ſont des peaux qui ſervent comme de portes pour ouvrir & pour fermer les ouvertures du cœur. *Rohault, Phiſique*.

Valvule. Ce mot ſe dit auſſi en anatomie en parlant des veines; & ce ſont de petits corps membraneux, éminens en la cavité des veines & faits d'une portion de leur tunique. L'endroit de la veine où eſt *la valvule* paroit plus gros que les autres endroits. Le principal uſage *des valvules* eſt d'empêcher le cours & l'impetuoſité du ſang courant dans les veines.

VAN

VAN.

Van, ſ. m. Inſtrument que fait le vanier, qui ſert au vaneur pour vaner toute ſorte de grain & de graine, & qui eſt compoſé d'une cerce ; d'un devant ; d'un derriére ; de deux anſes ; &c. [Un bon van.]

Vanant, vanante, adj. Terme de *Papetier*. Il ſe dit du papier qui n'eſt pas ſi fin ; ni ſi blanc que le papier fin. [Papier vanant, Couronne vanante.]

Vandiquer. Voiez *vendiquer*.

Vandoiſe. Voiez *vendoiſe*.

Vane, ou *vanne*, ſ.f. Terme de *Meunier à eau*. C'eſt une maniére de pele large qui ſe lève & qui s'abaiſſe pour faire couler l'eau de l'écluſe dans l'ange du moulin, ou qui s'abaiſſe pour arrêter l'eau de l'écluſe. On apelle auſſi *vane* pluſieurs ais joints enſemble qu'on lève & qu'on abaiſſe pour faire couler l'eau des pertuis afin d'y laiſſer paſſer quelque bateau, ou train de bois. (Lever la vane. Abaiſſer la vane. Reparer les vanes. Voiez *les Ordonnances de Paris*.]

Vaneau, ſ. m. Oiſeau tres-agréable qui a une houpe noire ſur la tête, la gorge marquée de blanc & de noir, le bec court rond & noir, les plumes de deſſus les ailes changeantes & tirant ſur le verd. [Le vaneau mange les mouches, les limaçons & les ſauterelles, & il eſt plus eſtimé pour la beauté que pour autre choſe. Un vaneau mâle. Un vaneau femele. La chair de vaneau eſt délicate & paſſe legerement.

Vaneaux. Terme de *Fauconnerie*. Ce ſont les plus grandes plumes des ailes des oiſeaux de proie.

Vaner, ou *vanner*, v. a. Terme de *Bateur en Grange*. C'eſt nettéier le grain & faire ſortir les pailles, la pouſſiere & les autres petites ordures en le ſecoüant ; tournant & retournant dans le van. Vaner du blé, du ſègle, de l'orge, de l'aveine.

Vanerie, ſ.f. Ouvrage & marchandiſe de vanier. La *vanerie* va plus que jamais. La *vanerie* eſt bonne aujourdui ; le monde eſt fort pauvre.

Vanete, ou *vanette*, ſ.f. C'eſt une ſorte de corbeille plate & peu creuſe dont les cochers & les valets d'écurie ſe ſervent pour *vaner* l'aveine avant que de la donner aux chevaux. [Une petite vanette. Une grande vanette. Faire une vanette.)

Vaneur, ou *vanneur*, ſ. m. Celui qui bat en grange & qui *vanne* le blé ou autre ſorte de choſes qu'il a batuë. Un bon vaneur. Paier la journée au vaneur.

Vangeance. Voiez *vengeance*.

Vanger. Voiez *vengr*.

Vanier, ſ.m. Artiſan qui travaille en oſier & qui fait des vans & de toutes ſortes de hotes, de paniers, de corbeilles, de mannes & de petits ouvrages. Un bon vanier. Un habile vanier.

Vanité, ſ.f. Orgueil. On parle peu quand la *vanité* ne faît point parler. La vertu n'iroit pas ſi loin ſi *la vanité* lui tenoit compagnie. Quelque pretexte que nous donnions à nos aflictions, ce n'eſt ſouvent que l'interêt & la *vanité* qui les cauſent. Le Duc de la Roche Foucaut. La plûpart des hommes ſont pleins d'une ſote vanité. Ablancourt. Il nous faut voir la folie qu'avoit Néron pour le téâtre & *ſa vanité* à réciter ſes ouvrages. S. Evremont, T. 2.

[* Tout n'eſt que vanité dans le monde. En cette derniére façon de parler, le mot de *vanité* ſignifie auſſi l'inutilité & le peu de valeur de toutes les choſes du monde.

Vanter, v. a. Il peut venir de l'Italien *ventare*. Loüer beaucoup, Prôner le merite d'une perſonne. Donner des loüanges à quelque choſe que ce ſoit. Vous aurez beau *vanter* le Roi dans vos ouvrages. Déproux, Satire 5. Tout ſon mérite eſt dans ſes aieux, & il lui faut pardonner s'il les *vante* par tout. C'eſt un ſot qui *vante* une ſotiſe & qui ſe tairoit d'une action ſage & vertueuſe.

Se vanter, v. r. Se loüer. Se glorifier. Un honête homme ne ſe blâme, ni ne *ſe vante* jamais.

Vanterie, ſ.f. C'eſt un diſcours plein de vanité qu'on fait de ſoi-même.

Sans vanterie, Sans vanité,

(L'effet de ta beauté pouroit *ſans vanterie*
Dire que tes aieux n'ont rien fait de pareil.
Rampale, Idile 4.

Vanteur, ſ.m. Celui qui ſe glorifie, qui ſe vante. Les Gaſcons ſont pour la plûpart de grans *vanteurs*.

VAP.

Vapeur, ſ.f. Ce mot ſe dit en parlant de la terre & ſignifie *exhalaiſon* qui ſort des entrailles de la terre. Vapeur ſèche. Vapeur chaude. Les vapeurs montent en haut.

Vapeur. Ce mot ſe dit en parlant de torches & de flambeaux, il veut dire fumée épaiſſe qui ſort des torches & des flambeaux alumez.

Qqqq ij

VAP

Où des flambeaux de poix les lumiéres funébres
Par leurs noires *vapeurs* augmentent les ténébres.
Habert, *Temple de la mort*.

Vapeur. Ce mot en parlant du corps humain signifie Fumée d'un sang échaufé qui monte au cerveau. En ce sens, il ne se dit d'ordinaire qu'au pluriel. [Vapeurs fâcheuses, violentes, cruelles, importunes, mélancoliques grossiéres. Etre sujet aux vapeurs. Elle a des vapeurs qui la tourmentent. Vapeurs qui s'élevent de la rate à la tête. Rabatre les vapeurs de la rate. Il y a des alimens qui excitent des vapeurs. Le vin cause des vapeurs. Il s'éleve des vapeurs qui causent de grands désordres dans le corps. Plusieurs sortes de vapeurs ataquent le corps de l'homme. La plupart des Médecins sont des ânes quand ils veulent découvrir la véritable cause des vapeurs. Langé a fait un traité des vapeurs.

* *Rabatre les vapeurs de la rate*. C'est à dire, Chasser la mélancolie.

Vaporeux, vaporeuse, adj. Qui envoie des vapeurs. Plein de vapeurs. Les bains *vaporeux* apaisent les douleurs. Les alimens *vaporeux* ne sont pas les meilleurs. Il y a du vin qui est vaporeux.

VAQ.

VAQUANCE. Voiez *vacance* & *vacation*.

Vaquant, vaquante, ou *vacant, vacante, adj*. On écrit l'un & l'autre, mais on prononce *vacant*. Ce mot veut dire *Qui vaque*. Qui n'est pas rempli. Qui est vuide, & il se dit en parlant de charges & de beneficies. (L'abaïe est *vacante* par la mort de l'Abé. Le Roi prend les fruits de l'Evêché, le siège vacant *Massue, Droit Ecclesiastique*.

On dit aussi, une maison vacante. Apartement vacant. Lit vacant, &c.

Vaquer, v. n. Ce mot se dit en parlant de charges & de beneficies & veut dire *N'être pas rempli*. Ce mot se dit aussi. Bénéfice qui *vaque* depuis trois mois. Vaquer de droit. Vaquer de fait. *Un bénéfice vaque par mort* si la résignation n'est faite vint jours avant la mort du résignant, & *un ofice vaque par mort* si la résignation n'est faite quarante jours avant la mort du résignant. *Loiseau des Ofices. r. 12*.

* *Vaquer*. Travailler. (André *vaquoit* de grande afection à son afaire. *La Fontaine, Nouvelles*.)

VAR.

VARANGUE, *s. f*. Terme de Mer. C'est un membre de charpenterie : c'est une manière de chevron qui aide à former le fond d'un vaisseau. (Varangue plate. Varangue aculée.)

Varech, s. m. Terme de Mer, sur les côtes de Normandie. C'est une herbe que la mer détache des rochers & qu'elle pousse sur le rivage. Et delà tout ce que la Mer jette au rivage, soit qu'il vienne de son crû, ou de bris & de naufrage, s'apelle aussi *vareeh*. Et le droit que les Seigneurs voisins de la Mer y prétendent se nomme *droit de varech*. En d'autres Provinces maritimes on se sert d'autres noms pour exprimer ces mêmes choses. On croit que ce mot *vareeh* vient de l'Anglois *vrac*, qui signifie *bris ou naufrage*. *Ménage*.

VARENNES, *s. f*. Ce mot signifie plaine, mais il ne se dit qu'en parlant de chasse. Ainsi l'on dit *la varenne du Louvre* qui est une Capitainerie des chasses en laquelle sont comprises toutes les plaines qui sont six lieuës à la ronde autour de Paris. Les Oficiers de cette Capitainerie sont un Bailif & Capitaine, un Lieutenant général, un Procureur du Roi, un Grefier, huit gardes à cheval & douze à pié.

VARIABLE, *adj*. Changeant. Inconstant. Volage. (L'esprit de l'homme est variable. Tout est variable dans le monde ; mais sur tout l'humeur des courtisans, des femmes & des dévots.

Variation, s. f. Prononcez *variacion*. Ce mot se dit en parlant de l'éguille marine, ou aimantée. La variation de l'éguille aimantée est un mouvement de l'éguille qui en de certains parages decline du Nord au Nord Est, & en d'autres se tourne au Nord-Oüest. (Jamais un pilote ne peut assurer ses estimes dans les voiages de long cours qu'il ne soit assuré du chemin que son vaisseau peut faire par jour & qu'il ne sache quelle est *la variation* de l'éguille en chaque parage. On dit aussi, nous trouvâmes quarante minutes de *variation* d'aiman vers l'Est. Nous observâmes trois degrez de *variation* d'aiman vers l'Oüest. Il n'y a point de *variation*, dans ce parage. Il y a de la *variation* dans ce parage. Voiez *la Relation du voyage de la compagnie des Indes à Madagascar, & Guillet. Termes de la navigation*.

On parle en *Astronomie de la variation de la Lune*, que Ticho a le premier observée ; outre les deux inégalitez qu'on avoit remarquée dans le mouvement de la Lune.

On y parle aussi *de la variation de l'ombre de la Terre*, car le metre de cette ombre diminüe lors que le Soleil est plus proche de la Terre. Il faut considerer cette variation lors qu'on calcule les Eclipses de la Lune.

Variation. Ce mot se dit en Terme de *Rétorique*. C'est le change-

VAR

ment de la voix. C'est la manière de varier la voix en prononçant. (*Variation* de la voix selon les figures & les passions.)

VARICE. Voiez *varisse*.

VARIER, *v. a*. Diversifier. Aporter de la va variété. Rendre une chose plus agréable par une variété bien entenduë. (Si on veut que les ouvrages d'esprit plaisent il les faut *varier* avec adresse.

* *Varier, v. n*. Etre inconstant. Changer de sentiment. (Il varie, mais il est bas Normand & c'est tout dire ; il a son dit & son dedit. Il varie dans son sentiment. *Bossuet, doctrine de l'Eglise*.)

Varier, v. n. Terme de *Fleuriste*. Il se dit des fleurs, & signifie prendre diverses couleurs pour être plus agréables. Il y a des anemones qui varient & qui sont panachées. *Cult. de l'anem. ch. 2*.

Se varier, v. r. Se changer. Prendre des changemens. Tout se varie dans le monde, & il n'y a rien sur quoi l'on doive bien faire fond. Tous les tems ont leurs défauts & leurs vertus ; c'est toûjours l'homme : mais la nature se varie dans l'homme, & l'art qui n'est qu'une imitation de la nature, se doit varier comme elle. *S. Evremont, in 4. p. 337*.

Varieté, s. f. Diversité. Changement. Mélange bien entendu. (La varieté plaît dans toutes sortes d'ouvrages, soit de l'esprit, ou de la nature. Il y a une varieté charmante & bien entendue qui est la plus grande beauté de tous les ouvrages.)

VARISSE, ou *varice, s. f*. En Latin *varix*. Ce mot se dit en parlant d'anatomie ; & au sujet du corps humain ; ce sont des veines pleines de sang grossier & mélancolique ; qui les dilate & qui y demeure trop longtems, faute de circulation. (Les varices se remarquent d'ordinaire aux cuisses & aux jambes. Il est mal aisé de guerir les varices qui sont vieilles. *Art. de saigner, ch. 23*.

Varisse pleine de sang mélancolique.)

Varisse, varice, s. f. C'est une grosseur au dedans du jarret du cheval. C'est une tumeur molle & sans douleur qui vient au jarret du cheval. *Soleisel Parfait Maréchal*.)

* VARLET, *s. m*. Serviteur. Autrefois le mot *varlet* se disoit serieusement, comme il se voit par l'histoire de Louïs XII. de Seissel, qui écrit toûjours les *varlets* de la chambre du Roi & les *varlets* de la gardrobe, mais aujourdui il ne se dit qu'en burlesque & encore dans le plus bas stile.

(Je suis au bout de mon rolet,
Adieu, je suis vôtre varlet.)

VARLOPE, *s. f*. Outil dont se sert le menuisier pour corroïer le bois c'est à dire, pour bien dresser le bois. (Petite varlope Grande varlope.)

VARRE, *s. f*. Sorte d'aune & de mesure. La *varre* d'Espagne est égale à la *canne* de Toulouse, qui contient une aune & demie de Paris.

* VARTIGOUS. Sorte de jurement burlesque & de paisan pour dire morbleu. (Ha ! *vartigué*, Monsieur, que de lantiponage ? *Moliere*.)

VAS.

JE VAS, ou je vais. Voiez *aler*.

VASE, *s. m*. Mot général qui signifie *vaisseau* à mettre quelque liqueur, soit eau, vin, ou autre sorte de chose liquide. (Un grand vase. Un petit vase.)

Vase. Terme d'*Orfevrie & de Potier d'étain*. C'est le milieu d'un chandelier d'Eglise, qui a souvent quelque figure ronde tirant sur la forme de vase, Le vase de chandelier est bien fait.)

Vase. Terme d'*Architecture*. On apelle de ce nom certains ornemens qu'on met au dessus des corniches, & qui representent les vases dont les Anciens se servoient, particulierement dans les Sacrifices, qui portent des fleurs, ou qui exhalent de l'encens.

Vase, ou *calice*. Ces mots se disent parlant de tulipe, mais le plus usité c'est *calice*, & il est dans la bouche de presque tous les Jardiniers que j'ai consultez C'est le haut de la tulipe, dont les feuilles forment une maniere de calice. Tulipe qui a un beau *vase*, ou plutôt un calice.)

Vase, s. f. s. f. Limon. (Enfoncer sur la *vase* d'un étang. *Ablancourt*. Les rivieres amassent quantité de *vase* & de limon. *Vaug. Quin. liv. 9*.)

VASSAL, *s. m*. Mot Gothique, qui vient de WAFEL, en Latin *Vassallus*, & qui signifie celui qui tient quelque fief à foi & hommage. Sujet de quelque Souverain. [Il est vassal de Monsieur le Prince. Il y a d'heureux vassaux ; mais il n'y en a guère.]

Vassale, s. f. Sujette. Celle qui relève & qui dépend de quelque Seigneur. (C'est une des plus jolies vassales de Monsieur N.)

Vasselage, s. m. Etat de vassal. Condition de vassal. Devoir que doit un vassal. [La Noblesse pense perdre son lustre en entrant dans *un vasselage subalterne*. *Patru, plaidoié. 7*. C'est à dire, entant dans un état de vassal inférieur à celui où elle étoit.]

VASTE, *adj*. Ce mot vient directement du Latin *vastus*, & en parlant des *choses*, il n'a pas un sens tout à fait avantageux. Il signifie une grandeur demesurée qui n'a ni politesse ni or-

VAS

nement & qui ne fait point sur nous une impression agréable. Ainsi *une vaste solitude*, c'est une solitude sauvage, qui bien loin de nous réjoüir, fait de la peine. S. *Evrement œuvres meslées, in 4 p.* 377.
On dit des campagnes vastes. Un Palais, ou Monastére vaste. L'Empire du Grand Turc est fort vaste.

VASTE, *adj.* Ce mot se dit au figuré, & fait une assez belle idée lors qu'on parle de l'esprit & du génie, & il veut dire qui est d'une agréable étenduë. (Aristote, C'est un fort grand des Anciens Philosophes, avoit un vaste génie. Homére en qualité de premier Poëte des Grecs, avoit l'esprit grand & vaste. Ciceron avoit l'esprit fort vaste. Une vaste imagination. Avoir de vastes desseins ; c'est à dire, qui s'étendent fort loin.

VAT.

VATICAN, *s. m.* C'est une des colines de Rome, de laquelle l'Eglise S. Pierre de Rome a pris son nom parce qu'elle est bâtie au pié de cette coline & est jointe à un tres-magnifique Palais.
Vatican, Rome. (Le *Vatican* retentit des loüanges du Roi des Rois. *Patru, plaidoié.* Craindre les foudres du *Vatican*.

VAU.

VAUDEROUTE, *s. f.* Ce mot se dit en parlant d'armée batuë, & veut dire en désordre. En déroute (Les gardes fuïant à *vauderoute* avoient abandonné le chariot. *Vaug. Quint. l.* 4. *c.* 14. Il vit toute son aîle s'enfuïr à *vauderoute. Chapelle, Relation de Rocroi.* Mettre les gens en vauderoute. *Scaron, Poësies.*)

VAUDEVILLE, *vaudevire*, *s. m.* On devroit dire *vaudevire*, mais l'usage est pour *vaudeville*. C'est une sorte de chanson qui se dit dans la bouche du peuple, qui a plusieurs couplets & qui est souvent une espéce de satire, ou de chanson historique. *Coulon*, tome 1. *des riviéres de France* dit que les *vaudevilles* ont été inventez au terroir de Vire petite vile en Normandie sur la riviére du même nom. *Bourgueville, Antiquitez de Caen*, croit qu'Olivier Basselin est le premier Auteur des vaudevilles. (Il y a de plaisans vaudevilles dans Voiture. Serci en a imprimé des recueils où l'on trouve de fort jolis *vaudevilles*.)

VAUDOIS, *s. m.* Prononcez *Vodoi*. On apelle de ce nom de certains hérétiques qui parurent environ l'an 1160. & selon d'autres l'an 1118.
Vaudois. Ce mot signifie aussi un Sorcier, mais en ce sens, il n'est usité que dans quelques Provinces de France. (C'est un Vaudois.

A VAU-L'EAU, *adv.* Ce mot au figuré est bas & veut dire *tout est perdu.*

Mais tout est à vau-l'eau,
Voiture est mort, adieu la muse antique. *Sar. Poës.*]

VAURIEN, *s. m.* Mot bas pour dire celui qui ne se veut pas mettre au bien. Fripon qui ne veut rien faire. (C'est un petit *vaurien*. Un grand vaurien. Comment, pendart, *vaurien*, infame, oses-tu bien paroitre devant mes yeux. *Mol. sçap. a.* 1. *sc.* 3.)

VAUTOUR, *s. m.* Oiseau de proie qui a le bec crochu, qui est de couleur brune, ou fauve qui a les jambes courtes & couvertes de plumes jusques au dessus des doigts & les ongles crochus. Il fait son nid sur quelque falaise en quelque lieu escarpé & de dificile accés. *Bel. Histoire des oiseaux, l.* 1. (Les fables content que le Prometée fut ataché au Caucase où un *vautour* lui rongeoit le foie & les entrailles. Voicz Lucien.)
Vautour. Ce mot entre dans quelques façons de parler figurées & peint bien les choses. Exemple.

(Les hommes sont, Philandre, autant de Prometées,
Et leurs soins infinis sont autant de *vautours*.
Gon. Epi. l. 1.

C'est à dire, leurs soins les rongent & les dévorent. Ce pelé est le plus cruel de tous mes *vautours*, *Ablancourt*, *Luc.* C'est à dire, le plus méchant de tous ceux qui me guinent.)

VAUTRAIT, ou *vautres*, *s. m.* Terme de *Chasse*, *s. m.* C'est la chasse qui se fait des bêtes noires avec des mâtins. (Chiens pour le *vautrait*. La chasse du *vautrait* se doit commencer au mois de Septembre lors que les bêtes noires sont en bon corps. Son Altesse de Savoie avoit un beau & grand vautrait. *Sain.*

VAUX, *s. m.* Ce mot est pluriel de *val*, & il signifie, *valées*. Courir par monts & par vaux. *Scaron, poës.* Aller par monts & par vaux. *Scaron, poës.* Voicz *val*.

UBI.

UBIQUISTE, *s. m.* Terme de *L'Université de Paris.* C'est un Docteur en Theologie, qui n'est d'aucune maison. (C'est un ubiquiste.) Ce mot d'*ubiquiste* est aussi une maniére d'adjectif qui ne se dit qu'au masculin, car on dit. (Monsieur un tel est *ubiquiste.*)
Ubiquistes, *s. m.* Ce mot se prend aussi pour de certains hérétiques qui parurent en 1540. & qui soutenoient que depuis l'Ascension le corps de Jesus-Christ étoit en tous lieux.

VEA.

VEAU, *s. m.* Prononcez *vô.* C'est le petit de la vache. Un bon veau. Un veau fort gras. Un gros veau. Un petit veau. La chair de veau est temperée & de bon suc ; mais elle est de dificile coction.
Ris de veau. Fraise de veau. Longe de veau. Roüelle de veau. Poitrine, colet de veau. Epaule de veau. Jarret de veau, &c. Tous ces mots se trouvent chacun à leur rang.

Veau de lait. C'est un veau qui tére & qui n'a point encore mangé de foin, ni d'herbe.

Veau de riviére. Ce sont de certains veaux de Normandie qu'on conte entre les meilleures choses de ce païs aux fidéles amis.

Veau marin, ou *veau de mer.* Animal couvert de cuir dur & velu, qui a les poils du dos, noirs, & cendrez, semez de plusieurs taches, le corps long & finissant en petite queüe avec deux espéces de bras courts & imparfaits au bout desquels il y a une maniére de main divisée en quatre ou cinq ongles. *Rond.*

Veau d'or. Idole qui avoit la figure d'un veau que les Israelites firent des dorures des femmes & des enfans & qu'ils adorerent ensuite dans le desert aprés leur sortie d'Egipte. Les Israelites immolerent des hosties au veau d'or.
On dit par allusion qu'on *va adorer le veau d'or*, quand on fait sa cour à un homme riche qui n'a point d'esprit.

Veau. Chair de veau. Le veau rafraîchit. Faire des bouillons au veau. Le veau est excellent aprés Pâques.

Veau. Terme de *Tanneur.* C'est à dire, *cuir de veau.* Coudrer les veaux.

Veau. Terme de *Relieur.* Peau de veau. Livre relié en veau.
Il se fait relier en veau. C'est à dire, il fait des livres, il est Auteur & on relie ses livres en veau. Thomas de Lormes se fait relier en veau, & il se fait moquer de lui, car c'est un franc veau.

* *Veau.* Ce mot entre dans quelques façons de parler basses & burlesques. Faire le veau. Ces mots se disent de quelque petit garçon, ou de quelque jeune homme & veulent dire, faire le niais & le sot. On en voit d'autres qu'elle, se prendre d'un jeune veau. C'est à dire, on en voit d'autres qu'elle, s'amouracher de quelque jeune homme. *Benserade, Rondeaux.* Il s'étend avec un air & des façons d'agir d'un jeune veau. *Benserade, Poësies.* C'est à dire, il s'étend avec un air & des maniéres de faire d'un jeune godelureau. Avoir une fievre de veau. C'est à dire, avoir une petite fievre.

Aussi-tôt meurt le veau que la vache. Proverbe, pour dire que les jeunes meurent aussi-tôt que les vieux.
On dit par allusion à l'histoire de l'enfant prodigue, qu'il faut tuer le veau gras pour regaler quelqun à son arrivée aprés une longue absence.

† * *Faire le pié de veau à quelcun.* C'est lui faire la reverence avec de basses soumissions.
On dit d'un homme qui a épousé une femme qui étoit grosse du fait d'autrui, qu'il *a eu la vache & le veau.*

Veau-devile. Voicz *vaudevile.*

Veau-l'eau. Voicz *vau-l'eau.*

Veautrer, v. a. Prononcez *vôtré.* C'est tourner de côté & d'autre dans la boüe, ou dans quelque autre chose à peu prés de cette sorte. Il a gourmé celui qui s'est ataqué à lui & l'a *veautré* dans la boüe.

Se veautrer, v. r. Se tourner çà & là dans la boüe, dans la fange, ou dans quelque autre chose à peu prés de cette nature. Les cochons se veautrent dans la boüe.

VED.

VEDETTE, *s. f.* Sentinelle à cheval. C'est un cavalier qui est posé en sentinelle, & qui est détaché du corps de garde pour découvrir si l'ennemi ne se met point en état de faire quelque surprise & pour avertir alors le corps de garde de tout ce qu'il a pu découvrir. Poser une vedette.

VEF.

* VEF, *s. m.* Voicz *veuf*, dans la colonne V E U.

VEG.

VÉGÉTABLE, *adj.* Ce mot vient du Latin, & il se dit en parlant des *plantes* & veut dire qui peut croître. Plante qui n'a plus rien de vegetable.

Végétal, végétale, adj. Terme de *Philosophe Chimique.* Qui végete, qui peuple & produit, qui croit comme les plantes. Il y a un mixte animal, *un végétal* & un mineral. Le mixte animal est le plus considerable, & le *végétal* aprés. Il y a une faculté naturelle & végétale.

Végétatif, végétative, adj. Il signifie qui croit & qui produit. Mixte vegetatif. Faculté vegetative. Quelques Philosophes parlent d'une ame vegetative.

Végétation, s. f. Prononcez *végétacion.* Terme de *Philosophie Chi-*

VEG

mique. Il signifie production. On a découvert qu'il se fait dans la végétation une circulation du suc de la terre dans les plantes, comme il se fait une circulation du sang dans les animaux. Les Chimistes ont imaginé une végétation dans les métaux, mais mal, car les métaux ne végètent point.)

Végétaux, *s. m.* Ce mot ne se dit qu'*au pluriel*, & on entend par ce mot le bois, les écorces, les racines, les resines, les gommes & autres excroissances, les feuilles, les fleurs, les semences, les fruits & les arbres qui vivent dans la terre, où ils prennent de la grosseur, de la longueur & de l'étendue. (Les *végétaux* sont presque infinis. Les *végétaux* entiers, ou leur parties peuvent être reduit par le feu en leurs cinq substances distinctes. Préparer les *végétaux*. Distiller les *végétaux*.)

Végéter, *v. n.* Terme de *Philosophie* & de *Chimie*. C'est produire, croître & peupler comme les plantes. (Les métaux ne végètent point, parce que ce sont des corps morts & incommutables. On a pourtant fait quelques expériences, par lesquelles on a fait voir l'or, l'argent, le fer & le cuivre végéter étant mis dans de l'eau forte, dans laquelle on a vû une espéce d'arbre, qui croît à vûe d'œil, dans toute la hauteur de l'eau, tant qu'il y a de la matiére. Voiez *le Journal des Savans de* 1677.)

VEH.

Véhémence, *s. f.* Force. Vigueur. Action pleine de feu. Action acompagnée de force & de vivacité. (Parler avec véhémence. Plaider avec véhémence.

On peut comparer Démosténe à cause de la rapidité, de la force & de la *véhémence* avec laquelle il ravage tout à une tempête & à un foudre. *Dépreaux, Longin*. La force & la véhémence est le caractére de Démosténe. Ciceron a égalé la véhémence de Démosténe, l'abondance de Platon & la douceur d'Isocrate. *Mauc. Philipp. préface.*

Véhément, **véhémente**, *adj.* Ce mot se dit des personnes & des choses & signifie Ardent. Plein de feu. Violent.

Orateur véhément. Action véhémente.
Le feu qui brula Gomore
Ne fut jamais si véhément.
Voiture, Poësies.

Véhicule, *s. m.* Ce mot est écorché du Latin *vehiculum* & se dit parmi les *Medecins*, & signifie. Ce qui pousse, Ce qui chasse. Ce qui fait operer quelque autre chose. (Le bouillon sert de *véhicule* à ce remède.)

Véhicule. Ce mot en conversation se dit aussi quelquefois au figuré, où l'on dit (Cette conversation à servi de *véhicule* pour le resoudre. C'est à dire, a contribué à le faire resoudre.

VEI.

Veille, *s. f.* Etat auquel nos sens sont libres & dégagez. Etat auquel nous entendons si on nous parle, nous voions s'il y a des objets éclairez devant nos yeux & nous sentons en toutes les maniéres dont nous sommes capables lors que les objets agissent sur les organes de nos sens. (On traite de la veille & du sommeil en Philosophie.)

Veille. Ce mot se dit en parlant de la maniére dont les Anciens Romains divisoient la nuit. Ils la partageoient en quatre *veilles* & chaque *veille* comprenoit trois heures. (Sur la quatriéme *veille de la nuit*, ils vinrent ataquer le camp. *Ablancourt, Tac.*

* Les *veilles* cesseront au sommet de nos tours.
Malherbe Poësies.

C'est à dire, on ne fera plus garde. Il n'y aura plus de sentinelles sur nos tours.

Veilles. Etude qu'on fait durant une partie de la nuit. Peine qu'on prend durant une partie de la nuit à travailler & à faire quelque chose d'esprit, mais dans ce sens, le mot de *veille* ne se dit qu'*au pluriel*.

(Oui, je sai qu'entre ceux qui t'adressent leurs *veilles*,
Parmi les Colletets on compte les Corneilles.
Dépreaux, Discours au Roi.

Je ne dispute point ce prix
Avec tant de rares esprits
Qui t'ont choisi pour but de leurs savantes *veilles*.
Chapelain, Ode au Cardinal de Richelieu.

Chandelle de veille. C'est une longue chandelle qui peut durer toute la nuit.

Veille. Le jour qui en précede un autre. Le jour qui précede une fête. (La *veille*, on dira Vigile à neuf Pseaumes & à neuf leçons. Il jeûne toutes les veilles des bonnes fêtes.)

VEI

A la veille de. Sorte d'adverbe pour dire *au moment*. *Sur le point de*. (Ce fut un grand bonheur pour moi de recevoir tant de consolation *à la veille* d'avoir tant de peine. *Voiture l.* 10. Il étoit *à la veille* de se voir le plus triomphant, ou le plus miserable Prince de toute la terre. *Vaugelas. Quin. Lettre* 3.

† * *Se faire Poissonnier à la veille de Pâques*. Cette façon de parler basse & proverbiale veut dire, se mettre dans un emploi lors qu'il n'y a plus rien à gagner.

Veillée, *s. f.* Terme de gens de vilage d'autour de Paris. C'est le lieu où l'on va veiller l'hiver dans les vilages d'autour de Paris & où les filles & les femmes du village s'assemblent & font là les petits ouvrages qu'elles ont à faire. (Les garçons du vilage qui ont des maitresses se trouvent quelquefois à la *veillée*. On se divertit bien à la *veillée*. Aler à la *veillée*. On va à la *veillée* depuis la Toussaints jusques à Carême prenant. Qui veut savoir de bonnes nouvelles, n'a qu'à aler à la *veillée*.

Paté de veillée. C'est chez les Artisans un paté que les Maitres sont obligez de donner à leurs Compagnons, le jour de la S. Remi, pour les avertir qu'il faut depuis ce tems-là se remettre à travailler après le soupé.

Voiez **veillerie**.

Veillée, *s. f.* Ce mot signifie aussi l'action de veiller auprès d'un malade. (On doit six veillées à cette garde à veillé ce malade.)

Veiller, *v. n.* Ne pas dormir.

Toute la nature sommeille,
Mais non, j'ai tort, je m'aperçoi
Que dans ce beau lit où je veille
Mes puces veillent avec moi.
Sarasin, Poësies.

Veillée, *v. a.* Ce mot se dit des malades & signifie passer la nuit auprès d'une personne malade & en avoir soin. (Veiller un malade.)

* **Veiller**, *v. a.* Epier les actions d'une personne ; la suivre de prés. (On le veille.)

Veiller, *v. n.* Etudier ou travailler une partie de la nuit. (C'est un homme qui étudie fort. *Il veille tous les jours jusques à minuit*)

Veiller, *v. n.* Etre sur ses gardes.

(Veillez, parce que vous ne savez à quelle heure nôtre Seigneur doit venir. Car sachez que si le pere de famille étoit averti de l'heure à laquelle le voleur doit venir, il est sans doute qu'il veilleroit. *Port-Royal, Nouveau Testament, S. Matieu chap.* 24.)

* **Veiller**. Observer. Avoir l'œil sur soi, sur quelque personne, ou sur quelque chose. (* *Je veillerai* sur moi-même en toutes choses pour ne pas pecher par ma langue. *Port-Roial, Pseaumes*.

Veiller sur la conduite d'une personne. *Abl.*

* **Vous veillerez** avec une aplication particuliére à la conservation de vôtre personne. *Le Président Cousin, Histoire Romaine*. Veiller à une afaire. *Patru, plaid.* 4.

Veiller. S'apliquer. Mettre toute son aplication à quelque chose.

Ces pieux fénéans *veilloient* à bien dormir.
Dépreaux, Lutrin.

† **Veillerie**, *s. f.* C'est le lieu où l'hiver on veille dans les vilages d'autour de Paris, mais on dit qu'en ce lieu le mot de *veillée* est plus en usage que celui de *veillerie* qui n'est guére que dans la bouche des païsannes qui parlent mal. Cependant il se dit quelquefois. (On rit, on chante, on cause, on dit des contes à la veillerie.

Veilleur, *s. m.* On apelle de ce nom à Paris, l'Ecclésiastique qui veille la nuit auprès d'un corps mort, & qui prie jusqu'à ce qu'on vienne enlever ce corps pour le porter à l'Eglise & l'enterrer. (On prend d'ordinaire un ou deux Veilleurs, & on leur donne pour le moins un Ecu à chacun.)

Veilloir, *s. m.* Terme de *Bourrelier, & de Cordonnier*. C'est une maniére de fort petite table avec des rebords, sur laquelle les bourreliers, & les cordonniers mettent leur chandelle & quelques petits outils & autour de laquelle ils se rangent quand ils travaillent le soir à la chandelle. Aportez *le veilloir* au milieu de la boutique. Mettez *le veilloir* au milieu de la boutique & la chandelle dessus.

Veillote, *s. f.* Terme de *Faucheur & de Faneuse* d'autour de Paris. C'est un petit tas de foin qu'on fait lors que l'herbe du pré est fauchée, & qu'on la fanne, & cela afin de la faire plûtôt foin. (Mettre le foin en veillotes. Faire de trop petites veillotes, ou de trop grosses veillotes.)

Veine, ou *véne, s. f.* Terme d'*Anatomie*. En Latin *vena*. Vaisseau qui contient le sang. Vaisseau qui est composé d'une peau fort mince, qui contient le sang & qui est au dessous de la peau qui couvre le corps. (Piquer la veine. Sénéque & Pauline se firent couper *les veines des bras*. *Ablancourt, Tac. Annales, l.* 15.

VEI

Ouvrir la veine à quelcun. C'eſt ſaigner une perſonne. Il y a de pluſieurs ſortes de veines, veine cave. Veine cave aſcendante. Veine cave décendante. Veine-porte. Veine atterieuſe. Veine lactée. Veine limphatique. Voiez *anatomie de Bartolin, de Biolan* & autres. La circulation du ſang ſe fait des arteres dans les veines.

On dit en termes de *maréchal*. *Barrer la veine* à un cheval. C'eſt dégager la veine, la lier deſſus & deſſous & la couper ; pour arrêter le cours des humeurs malignes qui s'y jettent.

* *Veine*. Ce mot ſe dit en parlant de vers & de poëtes, & il ſignifie genie. Verve. Eſprit poëtique.

> Sans ce nom dont la vive lumiere
> Donne un luſtre éclatant à leur veine groſſiere
> Ils verroient.
> *Dep. diſcours au Roi.*

> Que ſi ces vers ne coulent doucement,
> Nous en ferons d'une meilleure veine.
> *Voit. poeſies.*

* *Veine.* Ce mot ſe dit en parlant de certains bois. Il ſe dit auſſi en parlant du marbre & des pierres, & ſignifie petit filet dans le bois, ou le marbre. Le bois eſt plein de veines. Tout le marbre eſt de couleur de feu avec des veines blanches. Voiez la *deſcription de Verſailles.*

* *Veine d'eau.* Ce mot ſe dit en parlant de fleuve, & de riviere. Cette grande fertilité de ces deux fleuves qui par des veines d'eau humectent preſque tout le terroir. *Vaugelas, Quin. l.5. ch.1.* C'eſt à dire, qui par de petits conduits d'eau humectent le terroir.

Veine de terre. Terme de *jardinier.* Un endroit du jardin où la terre eſt d'une diferente nature que dans les autres endroits. Veine de terre ſablonneuſe, argileuſe, &c. Voici l'endroit du jardin où il y a la meilleure veine de terre, c'eſt à dire, qui produit le mieux.

On dit auſſi en parlant de métaux, de mineraux & de pierres precieuſes. Une veine d'or, d'argent, de mercure, &c. Une veine de vitriol, d'alun, &c. On parle des veines des mines de diamans. Voiez *Tavernier.*

Veiné, veinée, adj. On prononce *véné.* Il ſe dit du bois & du marbre, & veut dire qui a des veines, qui eſt ſemé de veines. Ce bois eſt beau, parce qu'il eſt veiné. Le marbre veiné eſt le plus agreable.

† On dit dans le même ſens, *veineux, veineuſe, adj.*

VEL

VELER, *v. n.* Ce mot ſe dit des vaches & veut dire faire un veau. Vache qui véle. Vache qui a été long-tems à véler.

Vélet, ſ. m. Terme de *Religieuſe.* C'eſt une doublure blanche qu'on atache au voile de deſſous. Vélet déchiré. Vélet uſé.

VELIN, *ſ. m.* C'eſt une peau de veau que le mégiſſier a travaillé & paſſée en mégie & que le parcheminier a enſuite raturée. Ce velin eſt fort beau.

VELITE, *ſ. m.* Terme de *milice romaine.* C'étoit une ſorte de ſoldats de l'ancienne Rome qui étoit armé d'un javelot, d'un caſque, d'une cuiraſſe, & d'une rondache. Il y avoit dans les troupes de l'ancienne Rome des velites frondeurs, & des vélites archers. *D'Ablanc. Apoph.*

VELOURS, *velous, ſ. m.* Autrefois on diſoit *velous*, mais aujourdui on dit & on écrit *velours.* C'eſt une ſorte d'étofe de ſoie forte & moëleuſe. Velours plein. Velours renforcé. Velours raz. Velours façonné, figuré, bleu, noir, incarnat. Velours à deux, à trois, ou à quatre poils.

† * *Velours.* Ce mot ſe dit quelquefois en riant *au figuré.* Exemple.

> Veut-on monter ſur les céleſtes tours
> Chemin pierreux eſt grande réverie
> Eſcobar fait un *chemin de velours.*
> *La Fontaine, balade.*

C'eſt à dire, qu'Eſcobar fait un chemin aiſé, doux & facile pour gagner le Ciel.

Velouté. Voiez *plus bas.*

Velouter, v. a. Terme de *Rubanier.* C'eſt travailler la ſoie ſur le métier avec un petit inſtrument en forme de lancette, qu'on apelle couteau ; & donner à cette ſoie un air de velours.

Velouté, ſ. m. Terme de *Rubanier.* C'eſt une ſorte de petit ruban travaillé avec le couteau & fait par coupez. Faire du velouté.

Velouté, veloutée, adj. Qui tire ſur le velours. Qui tient du velours. Ruban velouté. Draperie qui paroit veloutée.

* *Velouté, veloutée.* Ce mot ſe dit des fleurs. Scabieuſe veloutée. C'eſt à dire, qui a quelque choſe du velours.

† * *Velouté, veloutée, adj.* Ce mot ſe dit des ongles, & ne ſe dit qu'en raillant. Il veut dire, grands ongles tout noirs d'ordures, qu'on apelle veloutez à cauſe de cela. Le Seigneur Amelot de la Houſſaie eſt toujours habillé en auteur, & penſé pourtant avec ſon bel équipage, ſa mine égarée & chagrine, & ſes ongles veloutez emportera le cœur des belles de la ruë S. Jaques. *Voiez ongle.*

Velouté, ſ. m. Terme de *jouaillier.* C'eſt une couleur ſombre & foncée, telle qu'eſt d'ordinaire celle des pierres taillées en cabochon, & ſur tout le ſaphir bleu.

Velouté, ſ. m. Il ſe dit auſſi d'une membrane qui revêt ordinairement le dedans du ventricule des animaux qui ruminent.

† * *Velouté, veloutée.* Ce mot ſe dit en parlant de vin vieux d'une couleur rouge & vermeille. Il ne manqueroit point de vous parler d'un vin à ſéve veloutée. *Moliere, bourg. gentilh. act. 4. ſc. 1.*

Velu, velu̇, adj. Plein de poil. L'ours eſt un animal fort velu d'où vient qu'en parlant d'un homme qui a le corps plein de poil on dit ordinairement il eſt velu comme un ours. Avoir les mains toutes velues. C'eſt à dire, pleines de poil.

Velu, velu̇, adj. Il ſe dit auſſi des fromages moiſis & des confitures chancies.

VEN

VENAISON, *ſ. f.* Graiſſe de cerf & d'autres bêtes fauves. Tems que le cerf & les autres bêtes fauves ſont les meilleures à manger. Chair de bête ſauvage qu'on mange. Aimer la venaiſon. Un pâté de venaiſon. Les cerfs de dix cors & les vieux cerfs ont plus de venaiſon que les autres cerfs.

VENAL, *vénale, adj.* Qui ſe peut vendre. Qui ſe vend. Il y a en France des ofices venaux & des ofices non venaux. Les ofices venaux ſont ceux de juſtice & de finance & les ofices non venaux ſont les ofices de la Couronne. Voiez *Loiſeau, traité des ofices.*

* *Venal, venale.* Ce mot au figuré ſe dit des perſonnes & ſignifie qu'on gagne à force d'argent. Il eſt d'un eſprit bas & venal de prendre de l'argent pour déguiſer la verité. Le monde eſt plein d'ames venales.

Venalement, adv. D'une maniere vénale & intereſſée. Les avares ne font rien que vénalement, & dans l'eſpoir du gain.

Venalité, ſ. f. Ce mot ſe dit en parlant des ofices de juſtice & de finance & ſignifie vente. La venalité des ofices n'a été pratiquée dans aucune ancienne Republique. *Loiſeau l.3. des ofices. c. 1.* La venalité des ofices eſt toute publique. *Patru, plaidoié 7.*

Venant. Participe ſignifiant *qui vient.*

* *Venant.* Ce mot ſe dit en parlant de rente, & veut dire. Qui vient aſſurément chaque année. Il a quatre mile écus de rente bien venant. *Mol. école des maris. a. 1. ſ. 2.*

Tout-venant. Voiez la lettre *T.* colonne *tout.*

VENDANGE, *ſ. m.* Prononcez *vandange.* Ce mot ſignifie la coupe des grapes des raiſins mûrs pour en faire du vin. Le mot de *vandange* ſignifie auſſi l'eſpace de tems qu'on emploie à couper les grapes des raiſins mûrs. Faire vendange. On a fait une bonne vendange cette année. Aler en vendange. Etre en vendange Il eſt mort pendant la vendange.

† * *Prêcher ſur la vendange.* C'eſt à dire, ne parler que de vin, ne parler que de boire.

> † * Meſſire Jean, c'étoit certain Curé
> Qui prêchoit peu ſinon ſur la vendange.
> *La Font. Contes nouv.*

Vendanger, v. a. Prononcez *vandange.* C'eſt faire la vendange. C'eſt couper les grapes de raiſin d'une vigne lorſquelles ſont mures afin d'en faire du vin. Vendanger une vigne. On dit ſouvent auſſi *au neutre* on vendangera dans 15 jours. On n'a pas encore tout à fait vendangé.

* *Tout eſt vendangé.* Ces mots au figuré veulent dire. Tout eſt perdu. Tout eſt ruiné, ravagé, ſacagé.

Vendangeur, ſ. m. Prononcez *vandangeur.* Celui qui aide à faire la vendange. Un bon vendangeur. Arrêter des vendangeurs. Les vendangeurs ſont paiez.

* *Les Saints vendangeurs.* Façon de parler populaire & proverbiale. On apelle de ce nom les Saints dont les Fêtes échéent à la fin d'Avril ou au commencement de Mai, qui eſt le tems où les vignes ſont en danger de geler. On en conte juſqu'à douze. Saint George, ſaint Marc, &c. Il s'eſt trouvé des piſans qui par ignorance ont demandé qu'on transferât ces Fêtes aprés vendanges.

Vendangeuſe, ſ. f. Prononcez *vandangeuſe.* Celle qui aide à faire la vendange. Une jolie vendangeuſe.

VENDEUR, *f. m.* Prononcez *vandeur.* Mot general qui fignifie qui vend & fait commerce de quelque denrée. Vendeur d'alumettes.

Vendeur d'écailles. Vendeur d'huitres à l'écaille ou d'écailles. C'eſt celui qui depuis le mois de Septembre jufques en Avril, crie & vend des écailles tous les matins par les rues de Paris. Faites venir ici un vendeur d'écailles.

Juré vendeur & controlleur de vins. C'eſt celui qui reçoit les commiſſions des marchands forains & des marchands de la vile de Paris, afin de faire la vente de leurs vins.

Vendeur de marée. C'eſt un oficier qui achete la marée des chaffe-marées, & la revend aux revendeuſes de marée de Paris, fur leſquelles il gagne quelque choſe par écu. Un riche vendeur de marée.

Vendeur de fumée. Ces mots font un fatiriques, & ils ſe difent des gens qui promettent beaucoup, & ne donnent rien de veritablement ſolide & qui réponde à la grandeur de leurs promeſſes. La plupart des Chimiſtes font de vrais vendeurs de fumée, & les Médecins les plus hupez font leurs couſins germains.

VENDEUSE, *f. f.* Prononcez *vandeuſe.* Mot général pour ſignifier Celle qui vend & trafique de quelque denrée. Une vendeuſe d'herbes, de fruits, &c.

Une vendeuſe de beurre. C'eſt celle qu'on apelle ordinairement *beurriére.*

VENDIQUER, *v. a.* Prononcez *vandiqué.* Teme de *Palais.* C'eſt retirer une choſe par droit de propriété. Vendiquer une terre, un cheval. Il a *vendiqué* cette maiſon & a fort bien prouvé qu'elle lui apartient.

Vendication, f. f. Prononcez *vandicacion.* Terme de *Palais.* Action par laquelle on vendique une choſe qui a été volée, ou vendue par celui qui n'en étoit pas le propriétaire.

† * *Vendition, f. f.* Vieux terme de *Palais.* Dites & voiez *vente.*

Vendoiſe, ou *vandoiſe. f. f.* De quelque façon qu'on écrive ce mot, il faut toujours prononcer *vandoiſe.* C'eſt un poiſſon de riviere, qui a le muſeau pointu, le corps tirant fur le brun verd & jaune, & qui a la chair mole & agreable au gout. Une bonne vendoiſe.

VENDÔME. C'eſt un nom de Seigneurie. Monſieur le Duc de Verdôme. On emploie ce mot en deux façons de parler proverbiales. *Couleur de Monſieur de Vendôme,* c'eſt à dire, inviſible. *A la fraîcheur de Mr. de Vendôme,* c'eſt à dire, pendant la chaleur.

VENDRE, *v. a.* Prononcez *vandre. Je vend, j'ai vendu. Je vendis.* C'eſt donner une choſe à prix d'argent. Vendre quelque choſe. Vendre en gros, vendre en détail, vendre au poids de l'or, c'eſt à dire, vendre, fort cher, vendre en argent, à rente, ou en échange. Vendre à peinte & à pot. C'eſt vendre le vin en détail comme les cabartiers : vendre à aſſiéte. Terme de cabartier. C'eſt vendre du vin, donner à manger & fournir napes, ſerviétes, contraux & aſſiettes. Les cabartiers paient quatre francs pour chaque muid de vin qu'ils vendent à pot & fans aſſiéte & cent fous quand ils vendent à aſſiéte. Voiez le bail des aides. Vendre par cent, ou vendre en gros.

* *Vendre.* Ce mot ſe dit dans un ſens figuré. Exemple.

 Ils vendent un bon mot,
 De cent coups de bâtons que fait donner un fot.
  Theoph. poeſies.

C'eſt à dire, ils ont cent coups de bâton pour un mot plaiſant qu'ils ont dit de quelque riche & puiſſant fat.

* *Il vend bien ſes coquilles.* Façon de parler proverbiale, pour dire, il vend ſa marchandiſe fort chere.

† * *A qui vendez-vous vos coquilles ?* On ſe ſert de ce proverbe, en parlant à ceux qui veulent vendre leur marchandiſe trop cherement, croiant qu'on n'en faſche pas le prix.

* *Vendre.* Trahir. Un homme eſt indigne de vivre quand il *vend* ceux qu'il fait profeſſion d'aimer. Il a honteuſement *vendu* ſon païs & il ne paſſe plus auſſi que pour un miſerable coquin.

Se vendre, v. r. Je me vend, je me ſuis vendu, je me vendis. Se donner à prix d'argent. Se livrer pour une certaine ſomme. Le meilleur vin de Reims ne *ſe vend* que 20. écus le muid rendu à Paris. Marchandiſe qui *ſe vend* en gros, en détail. Se *vendre* à l'aune.

* *Ma fille vendez-vous,* mais ne vous livrez pas. *Regn. Sat.* 13. C'eſt à dire, abandonnez-vous pour de l'argent, mais gardez vôtre liberté.

Se vendre. Ce mot ſe dit des livres & de certaines autres marchandiſes & veut dire. Avoir cours. Avoir débit. Les traductions de Mr. d'Abl. d'illuſtre memoire ſe vendent fort.

* *Se vendre.* Se trahir. Ils ſe vendent comme des coquins les uns les autres.

Vendu, vendue, adj. Donné à prix d'argent. Vin vendu. Marchandiſe vendue.

Vendu, vendue. Debité. L'impreſſion des poëſies de la Ménardiére n'eſt pas encore vendue, & il y a néanmoins 25. ans qu'elles ſont imprimées.

* *Vendu, vendue.* Trahi. Ami vendu. Amie vendue.

VENDREDI, *f. m.* Prononcez *Vandredi.* Le pénultiéme jour de la ſemaine, qui à ce qu'on dit eſt dedié à Venus. C'eſt aujourdui vendredi. C'eſt vendredi. Le vendredi ſaint, les Suédois ne mangent qu'une fois, & cela à ſix heures du ſoir.

Vene. Voiez *veine.*

Vené, venée, adj. Voiez plus bas après *vener.*

VÉNÉFICE, *f. m.* Ce mot eſt pris du Latin. Il ſignifie ſortilége, empoiſonnement. Les forciers font punis pour leurs vénéfices.

† VENELLE, *f. f.* Mot burleſque qui ſignifie à peu près la même choſe que fuite. Route pour ſe ſauver. Enfiler la venelle. *Scarpoe.* C'eſt à dire. Fuir.

VÉNÉNEUX, *vénéneuſe, adj.* Mot qui eſt écorché du Latin & qui ne ſe dit pas. On dit en ſa place *venimeux.*

† VENER, *v. a.* Ce mot vient du Latin *venari,* qui ſignifie chaſſer. Mais, en ce ſens, il n'eſt pas en uſage.

Vener, v. n. Terme de *Chaſſeur & de Roi.ſſeur.* Il ſe dit de tout le gibier, & ſignifie, prendre un gout de venaiſon. Avoir un gout de venaiſon. Il faut un peu laiſſer vener les bécaſſes.

Vené, venée, adj. Qui a un gout de venaiſon, qui ſent la venaiſon. Ce gibier eſt vené comme il faut pour être bon. Cette perdrix eſt un peu trop venée, & elle ſeroit meilleure ſi elle ne l'étoit pas tant.

VENERABLE, *adj.* Ce mot ſe dit des choſes & des perſonnes & veut dire, digne de reſpect, & de veneration. Un venerable vieillard. *Ablancourt.* Une choſe venerable.

Veneration, f. f. Prononcez *vénéracion.* Ce mot ſe dit des choſes & des perſonnes & ſignifie grand reſpect. Reverence. On doit avoir de la vénération pour l'Ecriture ſainte. Regarder avec une profonde *vénération* les choſes ſacrées. Ceux qui remettent les injures non ſeulement gagnent l'afeċtion & excitent la reconnoiſſance de ceux à qui ils font grace, mais ils atirent encore le reſpect & la *vénération* de tous les autres. *Couſin, hiſt. Rom.* Il lui rendoit la vénération qui lui étoit dûe. *Abl.* Avoir des ſentimens de veneration pour les grands hommes, & de mépris pour les ſots & orgueilleux.

Vénerer, v. a. Honorer, reſpecter quelque choſe de ſacré. Le Concile de Trente veut qu'on venere les Images & les Reliques des Saints.

VÉNERIE, *f. f.* Ce mot ſignifie chaſſe. Equipage de chaſſe, mais il n'eſt, proprement apliqué en France qu'à la chaſſe du cerf. Chaque Prince a ſa vénerie. Le mot de venerie ſe dit auſſi d'un livre qui parle de la chaſſe du cerf & des bêtes fauves. Ainſi on dit. La vénerie de Fouilloux & celle de Salnove ſont les plus eſtimées.

VÉNÉRIEN, *vénérienne, adj.* Ce mot ſe dit de certains maux qu'on prend avec des filles, ou femmes débauchées. Mal vénérien. Maladie vénérienne.

VENEUR, *f. m.* Mot general qui veut dire chaſſeur de groſſes bêtes, comme de cerfs, de chevreuils & autres. Un bon veneur.

Le grand veneur de France. C'eſt l'oficier qui a la ſurintendance ſur tous les oficiers de la venerie du Roi, qui, prête ſerment entre les mains de ſa Majeſté & donne des proviſions aux autres oficiers de la venerie. En un mot le grand veneur eſt le premier Capitaine des chaſſes du Roiaume & il eſt capitaine des chaſſes par tout où il n'y a point de capitainerie Roiale établie. Les gardes du grand veneur, les capitaines & oficiers qu'il commet raportent leurs procez verbaux à la juriſdiċtion de la varenne du Louvre devant le Lieutenant general. Les apellations des jugemens du Lieutenant de la varenne du Louvre reſſorſiſſent au Conſeil privé du Roi & il y a défenſe expreſſe au Parlement & à tous Juges d'en connoître. Ce que je dis là je le ſai de Monſieur Gramer Lieutenant des chaſſes, l'un des hommes de la Cour qui a le plus d'eſprit. Au reſte quand on a pris quelque cerf, le piqueur en coupe le pié, il le donne à ſon capitaine, puis le capitaine le met entre les mains du grand veneur qui le preſente au Roi.

VENGEANCE, *f. f.* Prononcez *vanjance.* Tout ce qu'on fait de choquant & fâcheux, ou de nuiſible, ou d'outrageux à une perſonne pour ſe reſſentir du déplaiſir, ou du mal que cette perſonne nous a fait. Une cruelle, une rude vengeance.

 Je ne pouſſerois pas ma vengeance ſi loin.
  Racine, Andromaque, a. 5. *ſ.* 3.

 Elle pourſuit ſur nous la vengeance d'Heċtor.
  Racine, Andromaque, a. 5. *ſ.* 5.

La plus illuſtre des vengeances c'eſt de pardonner à ſon ennemi quand on eſt en état de le perdre. *Ablancourt, Tucid.* Les femmes & les petits eſprits aiment la vengeance. C'eſt une choſe qui crie vengeance. *Mol. mar. forcé, ſc.* 4.

Vanger, v. a. On prononce *vangé* & même on écrit auſſi *vanger.* C'eſt faire du déplaiſir à celui qui en a fait à un autre. Punir

VEN   VEN   863

celui qui a ofensé quelcun pour l'amour de celui qui est ofensé. Il est glorieux de *venger* un ami outragé. Brutus vengea l'outrage fait à la dignité Romaine. *Abl. Tac.* Rodrigue a vengé l'afront fait à son Pere. *Corn. Cid.*

* Montrons nôtre courage à *venger* vôtre honte. *Mol. cocu.* C'est à dire, aions du ressentiment de la honte qu'on nous a faite.

* La satire souvent à l'aide d'un bon mot.
Va *venger* la raison des atentats d'un sot.
      Dépreaux, Satire 9.

C'est à dire, que la satire raille un fat à cause qu'il a outragé la raison.

Se *venger, v. r.* Prendre vengeance de quelcun, avoir du ressentiment de quelque déplaisir, de quelque tort, ou outrage qu'on nous a fait. Souhaitez-vous de vous venger de vôtre ennemi, faites bien. Celui qui se croit venger en déplaisant, se fait plus de mal qu'il n'en fait aux autres. *Le Chevalier de Meré, conversations.*

Vengé, vengée, adj. Qui a reçu quelque vengeance du tort qu'on lui avoit fait. Le voilà bien vengé. Elle est bien vengée des injures qu'on lui a faites.

Vengeresse. Prononcez *vangeresse.* Ce mot ne se dit pas seul, mais on dit *la Déesse vengeresse* ou *la Déesse des vengeances.* La premiere façon est plus de la poesie & l'autre plus de la prose. L'un persecuté des Furies vengeresses de sa mere écumoit par terre, & l'autre lui rendoit les devoirs d'ami. *Abl. Luc. T. 1. Amours.*

Vengeur, s. m. Prononcez *vangeur.* Celui qui prend la vengeance de quelque ofense. J'ai mon vengeur tout prêt. *Vaugelas Quint. livre 5.*

    Miserable vengeur d'une juste querelle.
      Corneille, Cid. a. 1. s. 5.

    Il va de véine en véine
Portant le feu vengeur qui me va consumant. *Voiture, Poësies.*
Il y a un Dieu vengeur.

VENIAT, *s. m.* Ce terme de Palais est purement Latin, & signifie qu'il vienne. On en fait un substantif masculin. C'est l'ordonnance d'un Juge superieur, qui mande & apelle un Juge inferieur pour venir rendre raison de son jugement, ou de sa conduite en quelque afaire. Le Parlement a donné un *veniat,* contre le premier Juge. Un *veniat* est plus doux qu'un ajournement personnel.

VENIEL, *vénielle, adj.* Terme qui se dit en parlant des pechez qui ne sont pas mortels & veut dire. Qui se peut pardonner. Qui mérite pardon. Un peché véniel.

Vénielement, adv. Ce mot se dit en parlant de pécher, & veut dire, d'une maniere qui se peut pardonner & qui ne donne pas la mort à l'ame. On ne peut qu'on ne peche véniellement.

VENIN, *s. m.* Ce mot vient du Latin *venenum* & il se dit proprement de certains insectes comme des serpens & de quelques autres. C'est tout ce que l'insecte a de dangereux & qui peut donner la mort. Venin fort chaud. Il y a des raisons ou le venin est plus nuisible dans les unes que dans les autres. Voiez *Jonston traité des Insectes.* Venin chaud. Venin froid. Venin prompt. Il y a de certaines insectes dont le venin est bien plus dangereux que celui des autres, parce qu'il est chaud; corrosif & violent, en comparaison du venin des autres insectes.

* Il vaudrait certain Arrêt plus que venin d'aspic. *Matigni, balades.* Cette façon de parler est un peu figurée, & veut dire que celui dont il parle, aprehende extrèmement un certain arrêt.

* *Venin.* Ce mot entre dans plusieurs façons de parler figurées. Elle asaisonna ce qu'elle sçu de moi de tout le *venin* dont elle se put aviser. *Le Comte de Bussi, lettre au Duc de S. Agnan.* C'est à dire, elle empoisonna ce qu'elle avoit sçu de moi. Elle mêla de la médisance à ce qu'elle avoit sçu de moi.

* Il cache le noir *venin* de sa malignité.
      Dépreaux Satire 9.

C'est à dire, il cache la maligne médisance.

* Ai-je d'un stile afreux
Distilé sur sa vie un venin dangereux ?
      Dépreaux, Satire 9.

C'est à dire, Je n'ai point noirci sa vie ; je n'ai point difamé le bon homme Chapelain en parlant mal de ses mœurs.

† * *Morte la bête, mort le venin.* Proverbe pour dire qu'un ennemi mort ne fait plus de mal.

* *Le venin est à la queuë.* Ce Proverbe se dit par allusion au Scorpion qui pique avec sa queuë & signifie que la fin d'une afaire est plus dangereuse que le commencement, & que c'est à la fin qu'on connoit la malice que des gens avoient cachée dans le commencement.

Venimeux, venimeuse, adj. Ce mot se dit des herbes & des animaux, & veut dire qui renferme quelque venin, qui a du venin. Animal venimeux. Herbe venimeuse.

* *Venimeux, venimeuse.* Ce mot se dit des personnes & veut dire Mordant. Médisant. Piquant. Satirique. Qui déchire les gens. Avoir la langue venimeuse. *Ablancourt.* Parole venimeuse. *Voiture, lettre 50.*

Venir. Ce verbe est neutre passif. Je vien, tu viens, il vient, nous venons, vous venez. Ils viennent, Je vins, je suis venu. Je viendrai. Vian. Que je vienne, je vinsse. Je viendrois, venant, venu. Ce mot se dit lorsqu'on est arrivé en un lieu diferent de celui où l'on étoit auparavant; & il signifie. Se transporter. Je suis venu d'Orléans à Paris en poste. Je viens, Monsieur, vous rendre mes très humbles devoirs & vous assurer de mon obeïssance.

Venir. Ce mot dans la signification de se transporter se dit du lieu où l'on est à l'égard de celui où l'on n'est pas, mais où l'on a dessein d'aller. Un homme par exemple étant à Paris sur le point de partir pour l'Alemagne dira fort bien à quelcun. (Voulez vous venir avec moi en Alemagne, je vous défrairai.)

* *Venir.* Parvenir. Pour en venir là, il faut beaucoup de tems & de peine. *Ablancourt,* Luc.

* *Venir.* Dériver. Avoir son origine. La plupart des mots de chirurgie, d'anatomie & de médecine viennent du Grec.

* Son malheur est venu d'avoir frequenté des fripons.

* *Venir.* Convenir. Ce mot lui vient bien. *Voiture, l. 24.*

* *Venir.* Ce mot entre encore dans plusieurs façons de parler fort ordinaires & qui ont toutes des sens diferens ; Exemples. (On eût dit que Darius ne *venoit* que de mourir. *Vau. Quin. l. x.*) C'est à dire, qu'il n'y avoit que tres-peu de tems que Darius étoit mort.)

Je viens du Palais. Il vient de me parler.

* *Venir.* Croitre. (Le blé ne vient pas bien en Amerique parce que la terre est trop grasse. Le vin ne vient pas en Normandie parce que l'air y est trop froid, le raisin ne vient pas à maturité.

* *Venir.* Terme de Palais. C'est avoir part à une succession.

* *En venir aux mains* avec quelcun. *Ablancourt.* C'est à dire, Se batre avec quelcun.

* Il lui est *venu* dans *l'esprit* de voiager. C'est à dire, il lui a pris fantaisie de voiager.

* Cela ne me vint pas alors dans l'esprit. C'est à dire. Cela ne me tomba pas dans l'esprit. Il ne me souvint pas de cela.

* *Venir à bout* d'une entreprise. *Vau. Quin. l. 3.* C'est la terminer.

Il ne fait qu'aller & venir. C'est à dire, il ne se tient point en repos.

Venant. Voiez plus haut le mot de *venant.*

* Si ma lettre *venoit à se perdre,* on la prendroit pour une lettre d'amour. Voiez *Lettre d'amour.*

A venir. C'est à dire, Qui viendra. Qui doit arriver. (Le peuple qui sera créé dans les siecles à venir louëra le Seigneur. *Port Roial, Pseaumes.*)

   De tant d'exploits passez l'immortel souvenir,
   Est l'assuré garand des exploits *à venir.*)

VENT, *s. m.* Prononcez *van.* Il vient du Latin *ventus.* C'est un air agité, & coulant. (Vent fort, vehément, violent, impétueux, furieux, froid, doux, rafraichissant, sec, humide. Vent d'Orient. Vent d'Occident. Vent du Nord. Vents principaux, Vents cardinaux. Le vent soufle. Le vent s'éleve. Il fait vent. Le vent desseche. Il n'y a point de vent qui n'humecte. Les vents de mer regnent ordinairement le jour & les vents de terre la nuit. Il y a diverses opinions sur l'origine des vents, les uns la raportent à la terre, les autres à l'eau & quelques-uns à l'air. Les *vents* se font lorsque les exhalaisons aqueuses trouvent en s'élevant en l'air & pénétrant au travers des pores de la terre des sels qui se mêlent avec elles. *Bernier, traité des météores.* Il se leva ce jour-là un vent impétueux. *Vaug. Quin. l. 4.* Nous partirons au premier vent. *Voir l. 42.* Les vents imitent toutes sortes d'instrumens de musique. *Mersene, Harmonie du monde.*)

Vent coulis, s. m. C'est un vent qui vient par quelque petit trou, ou quelque petite fente. (Les vents coulis ne sont pas sains. Il faut boucher ce trou là, il y vient un vent coulis qui incomode fort.

Vent. Ce mot se dit en parlant du corps. C'est une vapeur épaisse, & grossiere qui s'engendre dans le corps des personnes & qui vient des humeurs pituiteuses du corps. Etre tourmenté des vents. Avoir des vents Il y a de certaines choses qui engendrent les vents les unes que les autres.

Vent. Ce mot entre en quelques façons de parler *de manié-*

Cheval qui *porte au vent.* C'eſt à dire, cheval qui leve le nez auſſi haut que les oreilles & qui ne porte point en beau lieu. Quand le cheval porte au vent, on lui donne une martingale & l'on tâche par là de le ramener. Cheval qui *a du vent.* C'eſt à dire, cheval qui commence à être pouſſif.

Vent. Ce mot entre en quelque façon de parler de *facteurs d'orgues.* Diſpenſer le vent avec adreſſe aux tuiaux de l'orgue. Les facteurs d'orgues meſurent le vent, ménagent le vent. *Alers.*

Vent. Ce mot entre en quelques façons de parler de *fauconnerie* où l'on dit. Heron qui *ſe lâche au vent.* Se mettre ſous le vent. Se mettre au deſſus du vent.

Vent. Ce mot entre pluſieurs façons de parler de *mer*, & c'eſt un mouvement de l'air qui ſe tourne vers quelqune des 32. parties de l'horiſon & qui gouverne preſque toute la navigation. Les uns ne conſiderent que quatre vents principaux qu'ils apellent rumbs entiers, & les autres huit, le Nord, le Sud, l'Eſt, l'Oueſt, le Nord-eſt le Nord-oüeſt, le Sud-eſt & le Sud-oueſt. On dit en termes de mer. *Prendre vent devant.* C'eſt à dire, par proüe. *Le vent ſe fit Sud.* C'eſt à dire, ſe trouva au Sud. Avoir le vent favorable. Le vent eſt bon pour s'embarquer. Avoir le vent contraire. Le vent, les arrêta cinq jours. Ils ont vent & marée pour eux. Elle porte d'un bon vent. Etre porté du Nord. Gagner le vent. C'eſt prendre l'avantage du vent.

Mettre vent ſur les voiles. C'eſt mettre les voiles paralléles au vent en ſorte que le vent les raſe, ou les friſe ſans qu'elles prennent vent.

Aler de bout au vent, ou *avoir le vent en proüe.* C'eſt aler contre le vent, ou vent contraire. Etre au vent d'un vaiſſeau. Paſſer au vent d'un vaiſſeau, c'eſt lui avoir gagné le vent, ou avoir ſur lui l'avantage du vent.

Etre ſous vent. C'eſt avoir le deſavantage du vent. Le vaiſſeau étoit ſous vent de l'Admiral.

Faire vent arriére, porter vent arriére. C'eſt prendre le vent en poupe.

Vent largue. C'eſt vent de quartier. Le *vent largue* eſt le plus favorable de tous pour le ſillage du vaiſſeau.

Serrer le vent. C'eſt prendre l'avantage du vent de côté.

Tomber ſous le vent de quelque bâtiment, ou de quelque terre, c'eſt perdre l'avantage du vent qu'on avoit gagné, ou qu'on vouloit gagner.

Le vent tombe. C'eſt à dire, Ceſſe, en ſorte qu'il n'y a plus de mer.

Coup de vent. C'eſt un orage, ou gros tems. Il nous vint un *coup de vent* qui dura 24. heures.

Etre porté d'un vent frais. C'eſt à dire, d'un vent favorable.

Atendre les vents de terre. C'eſt à dire, Les vents qui viennent du Continent, ou de la terre ferme.

Partager le vent. C'eſt partager l'avantage du vent.

Etre à vau le vent. C'eſt être ſous vent, & ſelon le cours du vent. Guillet. *Art de navigation.*

Vent. Soufle. Haleine d'une perſonne. Reprendre ſon vent. Retenir ſon vent.

Vent. Ce mot entre en pluſieurs façons de parler *figurées & Proverbiales.*

Quand les *vents* ſeroient déchainez,
Quand les flots ſeroient mutinez,

Il n'eſt pas de hazarder. C'eſt à dire, il faut tenter, il faut hazarder quelque choſe quand même tout conſpireroit pour nous nuire.

Cette gloire qui dupe & le ſot & l'habile.
Qu'eſt-elle que *du vent* quand elle eſt infertile.

C'eſt à dire, cette gloire n'eſt que fumée, n'eſt rien ſi elle n'eſt acompagnée de quelque utilité.

J'ai fait ſerment de quitter ma Silvie
Mais des ſermens que le dépit fait faire
Contre une beauté qu'on aime tendrement.
Autant, en emporte le vent.

C'eſt à dire, ces ſermens ne ſe tardent point & ne ſont rien.

⁂ Je croi que *le vent emportera toutes* ces affections.
Voit. l.43.

C'eſt à dire, je penſe que ſon amour ne durera guere & que dés qu'il ſera un peu loin, il ne ſongera plus à ce qu'il aime.

⁂ Les amoureux jurent qu'ils nous adorent, mais tout cela n'eſt que *du vent* Abl. Luc. C'eſt à dire, que tous leurs ſermens ne ſont rien & qu'il ne s'y faut pas fier.

† Il avoit eu le vent de la conjuration de Beſſus Vau. Quin. l. 5.

C'eſt à dire, il avoit eu quelque avis de la conjuration de *Beſſus.* Avoir le vent de la marche de l'ennemi. Vaug. Quin. l. 5. C'eſt à dire, être averti que l'ennemi marche.

‡ *Vent.* Ce mot parlant de Cour & de Souverain, ſignifie quelquefois la diſpoſition de l'eſprit du Prince, le panchant de l'eſprit & du cœur du Roi. Les principaux de la Cour voiant l'ocaſion favorable, & le *vent* tourné à la miſericorde, ſe levérent & intercedérent avec larmes. Vaug. Quin. Curce, l. 7. ch. 2.

Vent. Ce mot ſignifie auſſi vanité, orgueil, choſes flateuſes & chimeriques.

Etre au deſſus du vent. Façon de parler proverbiale & figurée. C'eſt être au deſſus de toute ſorte d'ataque, & être en état de ne plus rien craindre.

Contre vent & marée. Manière de parler proverbiale & figurée. C'eſt à dire, contre toute ſorte d'ataque & d'opoſition, contre toute ſorte de choſes contraires.

Quel bon vent vous amène ? Sorte d'expreſſion figurée & proverbiale, pour dire, quel bon deſſein vous oblige à venir ici ?

On repait les grans *de vent* & de fumée. Gon. Epi. Lors que le vent nous emporte, tout eſt perdu, Benſerade, Rondeaux.

Il tourne à tout vent. Ablancourt. C'eſt à dire, il eſt fort changeant. Il eſt leger & inconſtant.

Importun à tout autre, à ſoi-même incommode,
Il change à tous momens d'eſprit comme de mode.
Il tourne au moindre vent. Déprenaux, Sat.

C'eſt à dire, il n'y a rien de ſi inconſtant que l'eſprit de l'homme C'eſt une giroüette.

Vent. Ce mot eſt uſité entre *cabartiers* & marchands de vin. Ils diſent donner du vent à un tonneau. C'eſt deſſerrer un peu le bondon, ou quelque fauſſet. C'eſt faire un peu de jour à quelque vaiſſeau que ce ſoit.

En Muſique, on parle d'inſtrumens à vent, comme ſont les orgues, la trompette, la flure, &c.

Une arquebuſe à vent ſe charge avec de l'air condenſé.

Un moulin à vent. C'eſt un moulin que le vent fait tourner.

On ſe ſert de ce mot, vent en termes de, venerie & de fauconnerie.

Ventaille, ſ. f. Terme de *blaſon.* C'eſt l'ouverture d'un heaume auprés de la bouche pour reſpirer.

VENTE, ſ. f. Prononcez *vante.* Elle conſiſte à donner pour de l'argent quelque marchandiſe, ou autre choſe. Action de vendre. Débit de marchandiſe. La vente monte haut. La vente ſe faire. La vente eſt bonne. Mettre en vente. Expoſer en vente. Apellez les Marchands pour ne point retarder la vente.

Vente. Lieu où l'on vend ordinairement de certaines choſes. Acheter du vin ſur la vente. Aler ſur la vente.

Lods & ventes. Voiez Lods.

Venter, v. a. Loüer. Voiez vanter.

Venter, v. n. Prononcez *vanté.* C'eſt à dire, faire vent. Il pleut il vente, il grêle, il tonne, il fait les quatre tems. Il vente extrêmement.

⁂ *Venter.* Ce mot entre dans quelques façons de parler figurées. Exemples.

⁂ Ménage, vente, grêle & tonne.
Cotin, *Menagerie.*

C'eſt à dire, Menage, crie, tempête & fait du bruit.

Ventevoles, ſ. f. pl. Terme de *coutume.* C'eſt un droit dû au Seigneur par l'acheteur en cas de vente d'heritages cenſuels.

Venteux, venteuſe, adj. Prononcez *vanteux.* Qui eſt expoſé aux vents. Une plage venteuſe.

Il ſe dit des ſaiſons, & ſignifie qui eſt ſujete aux vents. Le Printems & l'Autonne ſont des ſaiſons venteuſes.

Venteux, venteuſe, adj. C'eſt à dire, qui cauſe des vents. Le ſené eſt venteux. Les ris ſont venteux.

Colique venteuſe. Terme de *Medecin.* C'eſt à dire, qui eſt cauſée par des vents.

VENTILER, *v. a.* Examiner quelque choſe. Ventiler une queſtion.

Ventilation, ſ. f. Terme de *pratique.* Eſtimation de biens pour venir à un partage.

Ventolier, re, adj. Terme de *fauconnerie.* Il ſe dit au maſculin d'un oiſeau qui ſe plait au vent. C'eſt auſſi l'oiſeau qui reſiſte bien au vent.

Ventoſité, ſ. f. Terme de *Medecin.* Ce ſont les vents enfermés dans le corps qui cauſent la colique, les points, & autres maux. Il eſt ſujet à des ventoſitez.

VENTOUSE, *ſ. f.* Prononcez *vantouſe.* Terme de *Chirurgien.* C'eſt un inſtrument qui a un gros ventre & qui étant apliqué ſur le corps avec toutes les circonſtances neceſſaires, atire les humeurs. Ventouſes bien faites. Ventouſe caſſée.

Ventouſe. Terme de *maçon.* Sorte de fente ou d'ouverture qu'on fait preſque au pié de la muraille & d'eſpace en eſpace pour faire écouler les eaux, principalement lors que les murailles ſoutiennent des terraſſes. Ces ventouſes s'apellent auſſi barbacanes. Ventouſe trop prés les unes des autres. Faire des ventouſes.

Ventouſes. Il ſe dit auſſi de diverſes petites ouvertures qu'on laiſſe à des tuiaux pour donner de l'air & ſervir de ſoupirail.

Ventouſe,

VEN   VEN   865

Ventousé, ventousée, adj. Terme de *Chirurgien*. Il se dit de la personne à qui on a apliqué des ventouses. [Il est ventousé. Elle est ventousée.]

Ventouser, v. a. Prononcez *vantousé*. Terme de *Chirurgien*. C'est apliquer les ventouses sur les épaules d'une personne. Ventouser un homme, une femme.

VENTRE, *s. m.* Prononcez *vantre*. Il y a le ventre supérieur & le bas ventre. *Le ventre supérieur.* C'est la poitrine. C'est la partie qui comprend les poumons qui sont divisez en plusieurs Lobes. *Le bas ventre.* C'est la partie qui s'étend depuis le bout des côtes jusques au lieu où nait le poil. Netteïer le bas ventre. *Mol.* On apelle aussi le ventre *le petit ventre.*

* *Avoir le ventre libre.* C'est à dire, que le ventre va bien qu'il fait promtement ses fonctions. N'*avoir pas le ventre libre.* C'est à dire être tesserré, & avoir un ventre qui ne fait pas bien ses fonctions.

On dit aussi le ventre d'un navire, d'un tonneau, d'un tambour, d'un luth, &c.

* *Avoir le ventre paresseux.* C'est à dire, ventre qui ne se décharge pas assez-tôt.

† * *Avoir le ventre d'un Tambour.* Voit. *Poës.* C'est à dire, avoir un gros ventre.

† * *Manger à ventre deboutonné. Scar. poës.* C'est à dire, Manger tellement qu'il faille débouronner son pourpoint.

* *C'est le ventre de ma mére.* C'est une façon de parler basse, & proverbiale pour dire, je ne retournerai plus en ce lieu-là; je n'irai plus en cet endroit.

* *Voir ce qu'une personne a dans le ventre.* Maniére de parler basse pour faire découvrir les sentimens d'une personne. On dit aussi, *je saurai bientôt ce qu'il a dans le ventre.* C'est à dire, j'en connoîtrai bien-tôt le foible & le fort : je saurai bien-tôt qui il est, je verrai bien-tôt ses sentimens.

* *Ventre afamé n'a point d'oreilles.* Il semble que nous aïons tiré ce proverbe de *l'épitre 21. de Seneque* qui dit *venter præcepta non audit.* Nôtre proverbe François veut dire qu'une personne qui a faim, ne donne pas grande audience aux personnes qui lui veulent parler, qu'on n'entend pas volontiers, & qu'on ne fait pas volontiers de longs discours quand on a faim : *jejunus venter non audit verba libenter.*

* *Ventre.* Ce mot en parlant *d'ennemis* a un usage élegant. On dit *Passer sur le ventre à son enemi. Vaug. Quin. l. 3.* C'est à dire, défaire & batre son ennemi tout à fait. Défaire à plate couture.

* *Ventre.* Ce mot se dit *en parlant de cruche* & de quelques autres vaisseaux. C'est la partie du milieu de la cruche & qui avance le plus en dehors. La cruche *au large ventre* est vuide en un instant. *Dépreaux, Lutrin c. 1.*

* *Ventre.* Terme de *Potier d'étain.* C'est la partie du milieu de la chopine, & de la pinte, & qui est un peu plus grosse, plus large, & plus élevée que les autres parties. [Le ventre de cete pinte est mal fait.]

* *Ventre.* Terme de *Tourneur.* C'est une sorte de planchette de bois que le tourneur met devant son estomac lors qu'il veut planer, ou percer du bois. [Ventre à planer, Ventre à percer.]

Ventre. Il se dit des creux & des capacitez qui sont dans la terre. [Il sort souvent des flammes, des cendres & des pierres du ventre du Mont-Gibel. L'avarice des hommes à fouillé dans le ventre de la terre pour en tirer l'or, l'argent, &c. On dit aussi la Mer a englouti ce vaisseau dans son ventre.]

En *Astronomie* on apelle le *ventre du Dragon*, l'espace le plus éloigné des nœuds, c'est à dire, de la tête & de la queuë du Dragon. V. *Dragon*.

En *Anatomie*, on apelle le *ventre d'un muscle*, la partie la plus grosse d'un muscle.

En *Maçonnerie*, on dit qu'une muraille *fait ventre*, quand elle pousse en dehors & menace ruine.

Ventre bleu. Sorte de jurement bas & burlesque qui signifie la même chose que ventre bieu. Ventre bleu, cela est.

Ventre saint-gris. C'est une sorte de jurement vieux & burlesque dont se servoit quelquefois Henri Quatriéme. Ventre saint-gris, disoit-il, l'honneur m'oblige à vaincre ou à mourir.

Ventre saint George. C'est une sorte de jurement vieux & burlesque.

Bien ma plume, n'en parlez plus
Laissez-le là, *ventre saint George*
Car vous me feriez rendre gorge.
Marot epigrammes.

Ventrée, s. f. Prononcez *vantrée*. Ce mot se dit des femmes, mais plus ordinairement des bêtes, & signifie tous les petits qui sont sortis presque du même tems du ventre d'une femelle. Tous ces petits sont d'une même *ventrée*:

Ventricule, s. f. Terme d'*Anatomie*. C'est la partie où est reçu ce qu'on mange. *Le ventricule* est percé en deux endroits par l'une de ses ouvertures, il reçoit les viandes, par l'autre, elles en sortent. *Rohaut, Phisique.*

Ventricule. Ce mot se dit *en parlant du cerveau.* On parle dans l'Anatomie *des ventricules du cerveau*, qui sont des cavitez du cerveau. Voiez *Goreus, Dictionarium Medicum.*

† *Ventriére, s. f.* Ce mot est vieux & hors d'usage. En sa place, on dit sage femme. On la fit visiter par les Ventriéres & Matrones. *Cronique scand. de Louis XI. p. 6.*

Ventriére s. f. Terme de *Bourrelier.* C'est la partie du harnois du cheval de trait, qui passe sous le ventre, & qui empêche que le harnois ne tombe.

Ventru, ventruë, adj. Ce mot de *ventru* se dit ordinairement des personnes, & veut dire qui a un gros ventre. Il est un peu *ventru* & c'est dommage, car sans cela il seroit assez bien fait.

Si l'on crevoit de graisse & de rage & d'orgueil.
Le *ventru* Charpentier devroit être au cercueil.
Poëte anonime.

Venu, venuë, adj. Arrivé. Messager venu. Nouvelle venuë de peu.

Venuë, s. f. Arrivée. Sa venuë a réjouï tout le monde. Célebrer la venue d'un ami.

Bien venuë, s. f. Voiez bien.

Tout d'une venuë, adv. C'est à dire, uni & égal par tout, mais égal sans agrément. Si le pié d'estal étoit *tout d'une venuë*; il ressembleroit à un canal. *Abregé de Vitruve 1. partie, n. 4.* Jambe tout d'une venue. *Abl.*

* *C'est un homme tout d'une venus.* C'est à dire, sans grace & sans air.

VENUS, *s. f.* La déesse de la beauté. La mére des jeux, des ris & des amours.

Enfin Venus n'est pas si belle
Et n'a pas si bien faites qu'elle
Les parties qui ne voient pas
Le Soleil. Voit. poës.

Venus est une des meilleures & des plus douces déesses de tout l'Olimpe. *Cost.*

Venus. Ce mot se dit *au figuré* en parlant du stile & du langage, & il signifie. *Agrément, Beauté.* Voilà, Monsieur, cet air inimitable, cette gaieté & cette Venus que vous ne trouvez point dans les écrits de Balzac. *Boileau, lettre à Costar, pag. 19.*

Venus. C'est l'une des Planetes. C'est la seconde planete qui tourne autour du Soleil, & qui ne s'en éloigne jamais de plus de 48. degrez. Venus Orientale s'apelle l'Etoile du matin, & Venus Occidentale se nomme l'étoile du soir.

Venus, en termes de *Chimie*, c'est le cuivre.

Le mont de Venus. Terme de *Chiromance.* C'est une petite éminence qui est dans la paume de la main, à la racine du petit doigt.

* *Venusté, s. f.* C'est le *venustas* des Latins. Mr. Ménage trouve, à ce qu'il dit, le mot de *venusté* tres-beau, mais, comme il est tout seul de son sentiment, il est bon, pour ne se pas rendre singulier, d'atendre que d'habiles écrivains se laissent toucher à la beauté de ce charmant mot de *venusté*, & l'emploïent dans leurs ouvrages.

VEP.

VÊPRES, *vespres, s. f.* On écrit l'un & l'autre, mais on prononce toûjours *vêpres*. Ce mot n'a point de *singulier*. Ce sont les priétres du soir. Les vêpres sont dites. Aller à vêpres. Etre à vêpres. Venir de vêpres. Sonner vêpres.

Vêpres Siciliennes. Meurtres que firent les Siciliens des François, le jour de Pâque, lors que l'on commença de sonner vêpres; qui arriva du tems que Charles d'Anjou étoit Comte de Provence, & Roi de Naples & de Sicile. Les vêpres Siciliennes sont fameuses dans l'histoire, & la France s'en souviendra long-tems.

VER.

VER, *s. m.* Le ver a été ainsi appellé du mot Latin *verto*; où *verro*, parce qu'il rampe, on qu'il se tourne aisément. C'est une sorte d'insecte sans piez, de diferente longueur, grosseur, & couleur. Le ver nait dans les hommes, dans les plantes, dans les fruits, dans la terre, &c. Les vers fuient les choses ameres & ils aiment les douces.

Ver de terre. C'est une sorte d'insecte qui s'engendre dans la terre.

Ver de terre. C'est à dire, un miserable. Un malheureux. Personne informée. Dans l'obscurité d'une nuit si noire, ces malheureux vers de terre, sans assistance, sans armes, ont à combatre toutes les puissances de l'abîme. *Patru plaid. 3.*

* *Les trônes des Rois sont rongez par les vers.* Habert, *temple de la mort.* C'est à dire, que les trônes des Rois périssent comme toutes choses.

Ver à soie, un insecte qui tient de la chenille, qui file la soie, qui mue quatre fois, & qui sort de son coucon, changé en papillon blanc. Le ver à soie a quatre aîles & plusieurs piez. Nourrir des vers à soie.

Rrrrr

Ver luisant. C'est une sorte de petit insecte qui rampe & qui se trouve sur les herbes, qui a le corps grisâtre & le cu bleu & verd & qui jette la nuit une certaine lueur. [Les *vers luisans* cessent de luire en mourant.

* *Ver*, *s. m.* Au figuré, il est beau & fort en usage. Il signifie chagrin, regret, déplaisir, dévorant & cuisant. (Les choses dont ils faisoient leurs délices deviendront pour eux *un ver* qui les dechirera. *Saci Prov. de Sal.* ch. 1. C'est ce qui cause cet orgueil qui fait le ver des richesses. *Nicole, Essais de morale, T. 2.*)

* *Ver.* Il signifie aussi le remors de la Conscience, parce qu'il ressemble à un ver qui nous ronge le cœur incessamment.

VERBAL, *verbale*, *adj.* Terme de Grammaire. Qui est dérivé du verbe. (Mot verbal.)

Verbal, verbale. Ce mot se dit en Termes de *Palais*, & veut dire qui est de bouche. (Il n'y a point de promesse de mariage, *verbale*, ni par écrit. *Patru, plaidoié xj.*)

Verbal, verbale. Terme de *Palais*, qui a divers sens. On dit, (Une *apellation verbale.* C'est à dire, une cause qui consiste en plaidoierie. On dit aussi *un procez verbal*, qui est un acte par lequel un Juge, un Commissaire, ou un sergent expose ce qui s'est passé dans l'exécution de l'acte.

Verbalement, *adv.* C'est de bouche. (Il lui a dit verbalement qu'il le satisferoit, mais sot pus s'y fie, car c'est un Normand.)

Verbaliser, *v. n.* Terme de *Palais.* Dresser un procez verbal. Faire un procez verbal. (Tandis qu'on verbalise, on entend un grand bruit. *Patru, plaidoié 5.*)

† * *Verbaliser.* Ce mot est bas & ne s'écrit point pour signifier être long dans ses recits. Causer, parler d'une manière trop étendue. Dire trop de paroles. [Vous *verbalisez* bien nôtre cher ami, adieu, le reste à une autrefois.]

Verbe. Terme de *Grammaire.* C'est un mot qui a nombres & personnes & qui marque le tems. Il y a diverses sortes de verbes, les uns qu'on apelle *actifs*, *passifs*, *neutres*-*passifs*, *reciproques*, &c. Voiez là dessus *Sanctii Minerva* L. 1. c. 12. *Vossii, Grammatica.*

Verbe. Ce mot se dit en terme de *Théologie*, & d'Ecriture Sainte, signifie *Jesus-Christ*, la seconde personne de la Trinité. Il signifie la Parole. (Le Verbe éternel. Le Verbe est revêtu de nôtre chair pour nous sauver. Le Verbe s'est fait chérir. *Bossuet, hist. univ.* Les Ariens croient que Jesus-Christ n'est que le Verbe du Père, c'est à dire, que le Père l'a seulement envoié en terre pour prêcher sa Parole. Voiez *Perroniana*, sur le mot *Arius*, p. 20.

* VERBERATION, *s. f.* Ce mot est Latin, & est un terme de *Physique*, dont on se sert pour expliquer la cause du son qui vient de la *Verberation* de l'air choqué & frapé en plusieurs manières, qui font des sons différents.

† *Verbiage*, *s. m.* Paroles inutiles. [Il y a bien du verbiage dans ce discours. Ce n'est que verbiage.]
On dit au même sens. *Verbosité*, *s. f.*

VERBOUQUET, *verbouquet*, *s. m.* Terme de Charpentier L'un & l'autre dit, mais *verbouquet*, semble plus usité. C'est un nœud qu'on fait après un autre nœud qu'on apelle *baitement* & dont on se sert pour lever une poutre, (Faire un verbouquet.

VERCOQUIN, *s. m.* Caprice. Fantaisie. Le mot de *vercoquin* est vieux & burlesque, & il ne trouve aussi sa place que dans les ouvrages comiques tels que sont les satires, les comédies, les épigrammes & la prose burlesque.

Mon vice est d'être libre
D'estimer peu de gens, suivre mon *vercoquin*,
Et mettre au même taux le noble & le faquin.
Reg. Satire 15.

* Avoir bien de *vercoquins* à la tête. Vieux proverbe pour dire, avoir bien des folies dans l'esprit. Voiez là-dessus *Riolan Anatomie des parties du Cerveau.*

VERD, *s. m.* Couleur verte. Verdure. (Un beau verd. Un verd brun. Un verd gai. Un verd naissant. Un verd céladon. Un verd obscur. Verd de mer.)

Verd. Terme d'Enlumineur. Couleur verte. (Concher le verd.)

Verd de gris, *s. m.* C'est une sorte de rouille verte & venimeuse qui vient sur le cuivre, & autre métal lors qu'il est dans un lieu humide, ou lors qu'on ne le nettéïe point. On empoisonne avec du verd de gris.

Verd de gris. Terme de *peaucier.* C'est une certaine composition liquide avec quoi les peauciers mettent leurs peaux en verd, & qu'ils donnent aux reliures pour verdir la tranche de certains livres. Les peauciers vendent leur verd de gris 7. ou 8. sous la pinte.

Verd d'Iris. C'est une sorte de couleur dont on se sert pont peindre. (Un beau verd d'Iris.

* *Verd*, *s. m.* Ce mot se dit du vin & signifie *verdeur de vin.* Il y a encore *du verd* dans ce vin. Vin qui a *du verd.*

* *Verd.* Ce mot pris substantivement, entre dans certaines façons de parler proverbiales & figurées. Manger son blé en verd. C'est à dire, manger son petit revenu avant qu'il soit tems.

Dépenser par avance ses petites rentes. Engager le revenu qu'on a en fonds de terre & le consumer avant qu'il soit échû.

* Emploier le *verd* & le *sec.* C'est faire tous ses eforts pour venir à bout de quelque chose, & pour venir à ses fins. Henri quatriéme alant voir une de ses Maitresses qui étoit fort maigre la trouva ce jour là habillée de verd, & comme elle le suplioit de l'excuser si elle ne recevoit pas Sa Majesté comme elle devoit ; le Roi lui repartit, je suis trop raisonnable, Madame, afin de ne vous pas accorder ce que vous me demandez : car je connois que pour cela vous avez *emploié le verd & le sec.* Ceux-ci ont été pris *sur le verd.* *Abl. Luc.* C'est à dire, ont été pris & pris sans qu'ils étoient encore fort jeunes. On ne le sauroit prendre *sans verd.* C'est à dire, on ne le sauroit prendre au dépourvu. *Etre pris sans verd.* C'est à dire, être pris au dépourvu, sans être sur ses gardes.

Ne suis-je pas bien ridicule
D'être ici sous la Canicule
Dans un lieu sec & découvert
Où le Soleil me prend sans verd.

Bois-robert T. 1. ép. 12. C'est à dire, je suis exposé à la chaleur, & ne me puis mettre à couvert du Soleil.

Verd, *s. m.* Ce mot se dit en parlant du cheval, & veut dire, *Herbe*, *Herbage*, & tout *ce que le cheval mange en verd*, Donner *le verd* à un cheval. C'est le mettre à l'herbe. Faire manger le verd à un cheval. Voiez *le sage Maréchal de Foubert.*

Verd, verte, *adj.* Ce mot se dit des bois & des champs, & veut dire, qui a de la verdure. (Les blez sont tous verts. Les arbres sont verts. Herbe verte. La terre est toûjours *verte* de Lauriers, d'Orangers & de Mirtes. *Voit.* l. 39.

Verd, verte, Ce mot se dit de plusieurs autres choses, & veut dire. *Qui a une couleur verte.* Ruban verd, Etofe verte. Les Perroquets sont verds, Oiseau qui a la gorge verte.

* *Verd, verte* Ce mot se dit *au figuré*, & à divers sens. *Il est encore verd.* Ces mots se disent d'un vieux homme & veulent dire qu'il a encore de la force & de la vigueur. On lui a fait une *verte* reprimande. C'est à dire, on l'a reprimandé fortement, on lui a lavé la tête comme il faut.

Vertement. Voiez *plus haut.*

Verdbouquet. Voiez *verbouquet.*

Verdâtre, *adj.* Qui tire sur le verd. (Cela est d'une couleur verdâtre, Un teint verdâtre & qui menace ruine. *Theophraste, caractéres des mœurs.*)

Verdée, *s. f.* C'est une sorte de vin blanc d'Italie. La verdée est assez délicieuse à boire.

† *Verdelet*, *adj. m.* Qui est un peu verd. Ce vin est encore verdelet, il n'est pas prêt à boire.

Verdet, *s. f.* Terme de *Teinturier.* C'est une sorte de drogue qui se fait de cuivre, & de mare de raisin qui sert à teindre & à faire les belles couleurs de verd céladon. Voiez *l'instruction pour la teinture.* Ce verdet est tres-beau. Faire du verdet.

Verdeur, *s. f.* Ce mot se dit du vin, & veut dire qui a quelque chose de rude. Qui n'est pas tout à fait à boire. Le mot de *verdeur* en ce sens est bon, mais le mot d'usage ordinaire est *verd.*

Et je gagerois que chez le Commandeur
Vilandri priseroit sa féve & sa *verdeur.*
Depreaux, Satire 3.

Vin qui a de la verdeur, ou qui a du verd.

* *Verd galand*, *s. m.* Galand vigoureux. (C'est un ver galand *Ablancourt, Luc.*
Un mari verd-galant. *La Fontaine, Nouvelles 2. partie.*

VERDIER, *s. m.* Lieutenant de grands Maîtres des eaux & forêts. C'est un Juge inférieur au Maître des eaux & forêts, & qui est établi pour empêcher qu'on ne fasse des dégats sur les eaux & dans les bois. Voiez *la coutume de Bourgogne*, titre des *forêts.*

Verdierie, *s. f.* Etenduë de bois & de pais commise à la garde d'un Verdier.

Verdier, *s. m.* C'est un oiseau qui est un peu plus gros qu'un moineau & qui a été apellé *verdier*, parce qu'il a le plumage verd, Il a le bec aigu, court, gros & rond, le dos verd & le ventre tirant sur le jaune. Il vit cinq ou six ans. Il y a un autre *verdier* que les oiseliers de Paris apellent *verdier à la sonnette*, qui a la tête verte, les côtez des yeux jaunes, l'échine & les ailes d'une couleur qui tient du rouge avec une queuë qui a quelque chose du gris & du verd. Le verdier tombe du haut mal & vit six ans.

Verdiére, *s. f.* C'est la femelle du verdier. Une belle *verdiére.*

Verdier, *s. m.* Sorte de grenouille de terre, qu'on apelle autrement graisset.

Verdir, *v. n.* Ce mot se conjugue *reverdir*, & Monsieur Ménage assure qu'il est bon. Vrai semblablement c'est parce qu'il s'en est servi dans son Eglogue intitulé Cristine. Sans alléguer une si grande autorité que la sienne on croit que *verdir* est bon, mais on croit avec lui qu'il l'est moins que *reverdir.*

Sa présence embélit le cristal des fontaines,
Fait verdir les forêts & fait jaunir les plaines,
Ménage, Eglogues.

Verdir, v. a. Terme de *Relieur*. C'est mettre du verd de gris sur la tranche d'un livre & le brunit quand il est sec. (Verdir la tranche d'un livre.)

Verd-montant, f. m. C'est une sorte de petit oiseau qui a presque la tête toute noire, la gorge de même couleur, l'estomac verd, & l'échine tirant sur le violet avec quelque mélange de noir. (Le verd-montant est joli, Un verd montant mâle, Un verd-montant femelle.)

Verdoiant, verdoiante, adj. Ce mot est plus de la Poësie que de la Prose, & il signifie *qui verdit.* Socrate se plaisoit à entretenir Phedre sur les bors *verdoians* d'une fontaine. *Ablancourt, Luc.*

Sous cette feuille *verdoiante*
Que l'Ire du Ciel foudroiante
Respecte. *Voit. Poes.*

Verdure, f. f. Ce mot se dit des bois, des arbres, des prez & des champs au Printems, & en Eté. (Arbre sec & sans verdure. La verdure des prez est charmante.

Là sur de vieux ciprés dépouillez de verdure
Nichent tous les oiseaux de malheureux augure.
Habert, Temple de la mort.

Je me plains aux rochers & demande conseil
A ces vieilles forêts dont l'épaisse *verdure*
Fait de si belles nuits en dépit du Soleil
Main Poes.

Verdure, Herbe verte, (Se coucher sur la verdure.
* **Verdure.** Sorte de tapisserie de haute lice, où il y a des prez, des bois, des oiseaux & autres choses qui réjouissent la vuë. (Une belle verdure. Acheter une Verdure. Choisir une verdure.

Verdures, f. f. pl. Terme de *Jardinier.* Plantes, dont la bonté & l'usage consiste à la feuille, comme le persil, le cerfeuil, l'ozeille, &c. *Quint. Jard. fr. T. I.*

Verdurier, f. m. C'est chez le Roi une sorte d'oficier qui fournit d'herbes & de vinaigre. Demander au verdurier des salades avec toute la fourniture necessaire.

Vergaland. Voiez *Verd-galand plus haut.*

Verge, f. f. C'est une sorte de petit rameau de bouleau, souple, pliant, & dépouillé de feuilles dont on fouette. (De bonnes verges. Il lui a usé une poignée de verges sur le derriére. Il le fit batre à coups de verges, *Van. Quin. l. 7.*)

Verge. Sorte de petite baguette. (Il n'avoit à la main qu'une petite verge dont il chassoit son cheval.

Verge. Terme de *Bedeau d'Eglise.* C'est un morceau de baleine, plat, large d'un bon doigt & un peu plus, long d'environ deux piez & demi, & ferré d'argent que le bedeau porte à la main quand il fait sa fonction de Bedeau.

Verge. Foüet dont les cochers & les chartiers se servent pour faire marcher leurs chevaux. Le cocher lui donna des coups de verge sur la tête.

Verge. Terme de *Tisserand.* C'est une sorte de baguette déliée, & un peu longue qu'on passe au travers de la chaîne qui est montée sur le metier pour en soutenir le fil. (La verge de cette chaîne est perduë. Il n'y a point de verge dans cette chaîne; il y en faut mettre une.)

Verge de peson. Termes de *Balancier.* C'est la barre du peson où la valeur des poids est marquée. Le peson est composé d'une verge, d'une masse, d'un crochet, de broches, de gardes, de joues & de tourets. (La verge de ce peson est trop contre.

Verge. C'est la partie naturelle de l'homme. (Il a un chancre à la verge. Le Priapisme est une maladie de la verge dans les grandes convulsions du mal caduc la verge bande. Quelques-uns l'ont considerée comme un animal séparé de l'homme, quoi qu'il soit dans l'homme. Voiez *l'Exameron rustique de la Mote le Vaier, 3. journée.*

Vous metriez le maniment
D'une autre *verge* que la sienne,
Et qui charme plus puissamment.
Voit. Poësies.

Verge de fer. Terme de *Tapissier.* C'est un morceau de fer rond délié en forme de grande baguette qu'on acroche aux pitons à chaque colonne du lit & où l'on enfile les rideaux par le moien de quelques anneaux. Les serruriers apellent cette verge, une tringle.

Verge de fer. Terme de *Serrurier.* Manière de petite baguette de fer quarrée qu'on atache le long des panneaux de vitre, qui sert à les tenir en état avec des liens de plomb, & qui est clouée avec deux pointes l'une à un bout & l'autre à l'autre. (La verge de ce panneau n'est pas bien atachée.)

Verge, f. f. Terme de *tireur d'argue.* C'est de l'or ou de l'argent fin, ou faux, dégrossi en manière de gaule. Plier une verge autour du pivot.

Verge. Terme de *Vinaigrier.* Bâton marqué de petites entailles dont le vinaigrier se sert pour mesurer les pintes de lie qui sont dans un tonneau.

Verge. C'est aussi une mesure de longueur qui repond à la perche. Une verge de terre, c'est environ le quart d'un arpent. On dit aussi une *vergée.*

Vergé, vergée. Terme de *Marchand.* Il se dit des étofes qui ont quelques fils qui sont d'une soie plus grossière, ou d'une teinture plus forte, ou plus foible, que les autres. (C'est un défaut à une étofe d'être vergée.)

Verger, f. m. C'est le lieu où sont les arbres fruitiers. Un beau verger. Un grand ou petit verger. Un verger bien entretenu. Cultiver un verger.

Je viens d'un aimable verger
Où bien souvent je rêve & je soupire,
Pelisson, recueil.

Vergette, f. f. C'est une espéce de brosse qui se fait de poil de cochon, ou de bruiére dont on se sert pour netteïer les habits. (De bonnes vergettes.)

Vergetter, v. a. Netteïer avec les vergettes. (Vergetter un habit. Vergetter un manteau.)

Vergetier, f. m. C'est un Artisan qui fait des vergettes, des brosses, des décrotoires, des aigrettes de poil pour mettre sur la tête des Chevaux de carosse. Cet Artisan fait des lettres de Maitrise, s'apelle *vergetier brossier*, mais les gens qui ne sont pas du métier l'apellent seulement *vergetier.* Un bon vergetier.

Vergetté, ée, adj. Terme de *Blason.* Il se dit d'un Ecu rempli de paux depuis dix & au delà.

Vergeure, f. f. Terme de *Papetier.* Prononcez *verjure.* Fils de léton liez sur la forme à quelque distance les uns des autres. Ce sont aussi les raies que sont ces fils, qui regnent sur la largeur de chaque feuille de papier, & qu'on voit à quelque distance les unes des autres. Cette vergeure est trop grosse.

Verglacer. Verbe impersonnel. C'est faire verglas. (Il verglace.)

Verglacé, verglacée, adj. Terre ou pavé couvert de verglas.

Verglas, f. m. Pluïe qui est gelée à la terre, qui rend les pierres & les pavez glissans & reluisans. (Il fait verglas.)

Vergogne, f. f. Ce mot signifie *honte*, & est vieux. Il ne trouve sa place que dans le burlesque, dans le stile le plus bas & le plus simple, comme dans la Comédie, l'épigramme, la Satire & les discours de raillerie.

(A nôtre *vergogne*
Demeurons toutes au filet. *Passis,*
Je puis voir à l'aise la trogne
Du malheureux qui cause ma *vergogne.*
Mol. Cocu imaginaire, s. 9.

Il juroit ses grans Dieux,
De ne soufrir une telle *vergogne.*
La Fontaine, Contes nouveaux.

* **Vergogneux, vergogneuse**, adj. Ce mot a vieïlli, & en sa place on dit *honteux*, où l'on prend un autre tour.

Vergue, f. f. Terme de *Mer.* Piéce de bois longue, arrondie, mais plus grosse par le bout, atachée de travers à une poulie au haut du mât du vaisseau pour soutenir la voile. La vergue prend son nom de la diférence des mâts auxquels elle est atachée, ainsi on dit. La grande vergue. La vergue de la lune. La vergue du perroquet. Vaisseaux qui sont vergue à vergue. C'est à dire, qui sont à côté & flanc à flanc. Vaisseau qui passe vergue à vergue d'un autre. C'est à dire, qui se met à côté d'un autre.)

Vérification, f. f. prononcez *vérification.* Terme de *Palais.* C'est l'examen de la verité d'une écriture lequel se fait par les maitres à écrire nommez d'ofice pour cela. Procéder à la *vérification* de quelque écriture. On dit aussi la vérification d'un Edit, &c.

Vérificateur, f. m. Terme de *Palais.* C'est celui qui examine la verité d'une piéce, qui recherche la verité de quelque écriture. L'habile vérificateur découvrira la fausseté d'un acte, *Ravenau, versif. ch. x.*

Vérifier, v. a. Terme de *Palais.* Homologuer & mettre dans les régitres du Parlement. (Vérifier un edit.)

Vérifier, v. n. Termes de *maitre à écrire & de Palais.* Examiner par ordre de justice si l'écriture dont il s'agit au procez est veritablement de la personne que l'on croit. Avant que les maitres à écrire se mettent à vérifier quelque piéce d'écriture, ils sont serment devant le Juge de dire la verité.

Vérifier, v. a. Prouver la verité d'un fait, d'une alegation. Vérifier les faits contenus dans une requête. Le tems vérifie toutes choses.

Vérifier. Comparer une chose à une autre pour savoir si elle lui est conforme. Vérifier la copie sur l'original.

Rrrrr 2

VE'RITABLE, adj. Ce mot se dit des choses & des personnes lorsqu'il se dit des choses, il signifie vrai. Et lorsqu'il se dit des personnes, il signifie Qui dit la verité. Qui dit vrai. (Il est du veritable amour comme de l'apparition des esprits. La veritable délicatesse est une solide subtilité. Le Duc de la Rochefoucaut. Si vous n'êtes véritable en cet article vous êtes suspect. Pas. l. 4.

Véritablement, adv. Vraiment. (Il est impossible d'aimer une seconde fois ce qu'on a veritablement cessé d'aimer.

Verité, s. f. Le vrai. Ce qui est vrai. C'est le contraire de la fausseté & du mensonge. (Tôt, ou tard la vérité se découvre. Déguiser la vérité. Il est d'un honnête homme de dire la vérité quand il la sait. Il est mal aisé de découvrir la verité. Les Anciens représentoient la verité toute nuë. Voyez l'Iconologie de Ripa.

Amelot, quand je te dis
Que tu ne mets en lumiére
Que des livres mal écrits
Qu'on envoie à la bourriére
Tu l'emportes contre moi
Et même avec insolence
Ah ! mon pauvre ami, je voi
Que la verité t'offense. Richelet.

On ne doit point trahir la verité. Abl. Luc. T. 2. La verité n'a de complaisance pour personne, elle ne flate ni ne trompe personne, parce qu'elle dit nettement les choses. Thiers opusc. En ce sens, il est d'ordinaire au singulier.

Veritez, s. f. pl. Il signifie des choses véritables, & absolument vraies. Prêcher les veritez de l'Evangile. Port-roial, Nouv. Test. Il a éclairci des veritez que sa propre expérience lui faisoit juger être salutaires. Arnaud, s. éq. comm. préfac.)

Veritex. Ce mot au pluriel signifie souvent des choses vraies & desobligeantes qu'on dit à une personne, ou qu'on dit d'une personne. (Il nous a dit plaisamment les veritez des femmes. On lui a dit ses veritez. Ablancourt, Luc. Vous ne lui voulez mal qu'à cause qu'il vous dit vos veritez. Mol. Tartufe. a. 1. s. 1. Il ne faut jamais dire les veritez désavantageuses quand elles ne peuvent instruire, ni corriger.)

En verité, adv. A n'en point mentir. Avec assurance. Assurément. (Ce mot en verité est un peu trop fréquent dans les lettres de Voiture, au moins quelques uns le croient ainsi (Je vous dis en verité que si vous ne vous convertissez, vous n'entrerez point dans le Roiaume du Ciel. Port-Royal, Nouveau Testament.)

VERjus, s. m. Grape de raisin qui n'est pas mûr. (Cueillir une grape de verjus. Couper une grape de verjus.)

Verjus Liqueur de raisin qui n'est pas mûr. (Bon verjus. Le verjus rafraichit. Le verjus est astringent & est bon pour fortifier l'estomac.)

VERKER, s. m. Prononcez toutes les lettres de ce mot il vient de l'Allemand verkerom qui signifie changer, tourner. Le verker est une sorte de jeu auquel on joue sur un trictrac avec des dames & des dez. C'est en un mot une maniere de trictrac Alemand où l'on joue depuis quelques années en France dans les Academies, & dans les maisons particulieres. (Joüer au verker. A prendre le verker. Gagner une partie ou perdre une partie au verker.)

VERM IL, vermeille, adj. Qui a un beau rouge. Qui a une agréable couleur. (Sang vermeil. Cerise vermeille. Lèvres vermeilles.

Vermeil, vermeille. Ce mot se dit du teint des personnes. (Joües vermeilles, Teint vermeil. Abl.

Ses Chanoines vermeils & brillans de santé,
S'engraissent d'une longue & sainte oisiveté.
Déspreaux, Lutrin, c. 1.

Vermeil, s. m. Couleur qu'on donne à l'or. C'est un composé de gomme gutte, de vermillon & d'un peu de rouge brun. (Ce vermeil est beau.

Vermeil doré, s. m. C'est de l'argent doré. [Un service de vermeil doré. Un bufet de vermeil doré.]

Vermeille, s. f. C'est une espéce de pierre précieuse qui est d'un rouge miniâtre, qui soutient le feu sans se gâter, ni se dépolir. [La vermeille ne change jamais de couleur. La grande vermeille est fort estimée, & est au nombre des pierres précieuses les plus belles, mais les petites vermeilles sont fort communes, Ronel, Mercure Indien, livre 1. chapitre 15.]

VERMICELLES, ou vermicelli, s. m. Mot écorché de l'Italien, qu'on prononce en François, vermicelles, ou vermicelli. Ce sont de petites tranches de pâte coupées fort déliées & en maniere de petit raban qu'on apelle nompareille, qu'on fait cuire avec de l'eau, & qu'on assaisonne ensuite avec du sel & du poivre blanc, de bon fromage de Milan bien rapé & d'autres choses. Les vermicelli sont bons quand ils sont accommodez à l'Italienne.

Vermiller, v. n. Il se dit des sangliers, lors qu'ils remuent la terre avec le groin pour y chercher des vers. On le dit aussi de la volaille qui fouille dans le fumier pour y trouver des vers. Il y en a qui disent aussi en ce sens. Vermillonner.

Vermillon, s. m. Ou graine d'écarlate. C'est une graine qui croit sur une espéce de petit houx dans de certains lieux steriles de la Provence, du Languedoc, & du Roussillon, & qui sert pour faire de la teinture. Voiez les instrumens de la teinture. Dalechamp traité des plantes, dit que le vermillon est une petite graine ronde, rougeâtre par dehors, pleine au dedans d'une liqueur luisante & qui semble du sang, & comme cette graine se tourne en petits vers, si on n'en la séche, on l'apelle vermillon.

Vermillon. Sorte de cinabre artificiel. Vermillon fort beau.

* Vermillon. C'est un rouge agréable & naturel qui vient aux joües de certaines personnes. La couleur de son visage animoit son teint du plus beau vermillon du monde, Le Comte de Bussi.

L'un paîtrit dans un coin l'embonpoint des Chanoines.
L'autre broie en riant le vermillon des Moines.
Déspreaux, Lutrin, c. 2.

VERMINE, s. f. Poux. La vermine lui ronge la tête. Il est plein de vermine. Faire mourir la vermine.

* Vermine. Ce mot, se disant des personnes, est Satirique & signifie Engeance méchante & haïssable.

Il y a trente ans qu'elle n'est occupé qu'a se défendre d'une vermine si maudite. Patru, plaidoié 4.

Vermisseau, s. m. Petit ver. Dans le Botistene il s'engendre pendant l'Eté presque toutes les nuits une grande quantité de vermisseaux qui nagent le matin comme des poissons, qui volent sur le midi comme des oiseaux & qui meurent tous les soirs Flechier, vie de Commendon, liv. 2. ch. 16. N'être en rien diferent d'un vermisseau. Ablancourt, Luc.

† Vermisseau Mot bas & burlesque qui veut dire vers.

Ha ! vraiment petits vermisseaux
Sans doute vous vous trouvez beaux.
Scaron, Poes.

VERMONTANT, Voiez verd-montant.

SE VERMOULER, v r. Devenir vermoulu. Le bois d'olivier un peu brulé n'est pas sujet à se vermouler. Abregé de Vitruve, la p. 64.

Vermoulu, vermoulüé, adj. Ce mot se dit du bois & signifie Piqué des vers. Bois vermoulu. Poutre toute vermoulüé. L'aubier est plus sujet à être vermoulu que les autres bois.

Vermoulure, s. f. Ce mot se dit en parlant du bois, & signifie piqueure de vers dans le bois. Il y a de la vermoulure dans ce bois.

VERNI, ou vernis, s m Mot qui vient du Grec & ce que croient Messieurs de Port-Roial, Racines Grécques. Le verni est un composé de gomme, d'esprit de vin & d'autres choses par le moien desquelles on donne au bois de menuiserie un lustre fort agréable & belle mélancolie. semblable à ce beau verni qui est l'invention de ce dernier tems. Cossar, défense de Voiture page 134. seconde édition. Mettre le verni sur le bois. Apliquer le verni. Polir le verni.

Vernir, v. a. C'est apliquer le vernis sur le bois de menuiserie. Vernir de guéridons. Vernir une table. Vernir une canne. &c.

Vernisser, v. a. Il signifie la même chose que vernir.

Vernisseur, s. m. Ouvrier qui aplique le verni sur le bois de menuiserie & qui ensuite travaille en or dessus. La plûpart des bons vernisseurs de Paris sont au Fauxbourg Saint Antoine.

Vernissure, s. f. Aplication de vernis. Le vernis apliqué sur quelque bois. Cette bordure paroît d'or, mais ce n'est qu'une vernissure.

VE'ROLE, s. f. C'est une sorte de maladie vénérienne. Sorte de maladie qui se prend par le commerce qu'on a avec quelque filie, ou femme debauchée qui qui est gâtée. Avoir la vérole jusques dans les os. Suer la verole. Il guérit de la grosse verole. Verole fâcheuse, dangereuse, invétérée.

Il mourut l'an cinq cens & vint
De la vérole qui lui vint. Voiez les épîtres de Marot.

Petite vérole. C'est une sorte de maladie qui couvre la peau de pustules & qui vient plus ordinairement aux enfans qu'aux autres personnes. La petite vérole est trois jours sans sortir. Elle est neuf jours à pousser & autant à sécher. Avoir la petite vérole. Il est mort de la petite vérole. La petite vérole commence à paroitre. La petite vérole pousse, blanchit, grossit, est en feu, elle supure, elle sèche, elle est éteinte, les grains de la petite vérole. Mais quand la petite vérole est guérie, on dit avoir des marques de la petite vérole. Avoir le visage marqué de petite vérole.

Vérolé, s. m Celui qui a la vérole. Il est dangereux de boire aprés un vérolé.

Vérolé, vérolée, adj. Ce mot se dit des personnes & de certains maux qu'on gagne avec les gens qui ont la vérole, & il signifie qui a la vérole. Qui est infecté de vérole. Qui vient de la vérole. Il est vérolé. Elle est vérolée. Un chancre vérolé.

Vérolique, adj. Terme de Médécin. Qui est de vérole. (Pustule vérolique.

VER

Véron, *f. m.* Petit poisson de riviére, qui a le dos de couleur d'or, le ventre de couleur d'argent, les côtez un peu rouges, qui est couvert d'une peau unie, tachetée de noir, & dont la queuë finit en aile large & dorée. *Rond.* Les vérons sont bons lorsqu'ils sont bien accommodez. La chair du véron tient de l'humide & du sec.

Véron, *adj.* Voiez *vairon*.

Véronique, *f. f.* Nom de femme. Sainte Véronique est reclamée en bien des lieux.

Véronique. C'est une sorte de fleur qui est de couleur de feu, & qui vient en forme d'œillet. La grande véronique, & la petite véronique fleurissent en Mai & en Juin. La véronique à fleur double, est la plus belle de toutes les véroniques.

Verrat, *f. m.* Le mâle de la truie. Cochon qui n'est pas châtré. Le verrat est capable de couvrir dix truies. Que les hommes à l'égard des femmes n'ont-ils pas un pareil destin, le monde ne seroit pas si peuplé de fous qu'il est. Il écume comme un verrat. Cette façon de parler se dit d'un homme qui est dans une furieuse colere.

Verre, *f. m.* Matiere fragile, claire & transparente. Un beau verre. Un verre bien clair & bien net. Faire du verre. Verre taillé. Verre en plat, ou en table. Verre commun. Verre blanc. Verre peint. Voiez *les statuts des Vitriers*.

Verre. Vase qui est fait de verre, dans quoi on boit ordinairement du vin, de la biére, du cidre, ou autre liqueur. Un verre bien net. Il y a des verres de diverses sortes, des verres de cristal, des verres de cristal de roche, des verres de fougere. Verre de cabaret, c'est un verre de vil prix qu'on donne au cabaret. Rincer, laver, fringuer un verre. Choquer le verre, c'est, une marque d'amitié quand des personnes le font ensemble, leurs verres étant pleins de vin. Qui casse les verres les paie. C'est à dire que quiconque rompt les choses qui apartiennent à un particulier est obligé de le lui paier.

Verre de vin. C'est un vase de verre plein de vin. C'est le vin contenu dans un verre. Boire un bon verre de vin.

Verre d'eau. C'est un vase de verre plein d'eau. Allez vite boire dans la cuisine un grand verre d'eau claire.

Verre d'Antimoine. C'est de l'Antimoine vitrifié.

Verre de lunette. C'est un verre taillé, dont on se sert pour les lunettes de longue vuë & pour les microscopes. Verre oculaire. Verre objectif. Voiez ces mots en leur rang.

Verreries, *f. f.* Lieu où l'on fait les verres. Aller à la verrerie. Il y a 15, ou 16. ans qu'il y avoit une belle verrerie aux Fauxbourg saint Antoine.

† **Verrerie.** Ce mot signifie aussi l'art de faire le verre.

Verreries. Ouvrages de verre.

Verreux, verreuse, *adj.* Ce mot se dit des fruits, & veut dire. *Pourri. Gâté. Qui a quelque ver.* Abricot verreux. Pomme verreuse.

‡ * **Il est un peu verreux.** Ces mots signifient il y a quelque chose à dire en lui. C'est une afaire un peu verreuse. C'est à dire, une afaire qui ne vaut pas grand chose.

Verrier, *f. m.* Faiseur de verres. Marchand de verres & de toutes sortes de vases de verre. Un riche verrier. * Marcher comme un verrier déchargé. C'est à dire, marcher vite & comme une personne qui n'est embarassée de rien.

Verrier, *f. m.* C'est un ouvrage d'osier fait en quarré, ou en ovale, à un, à deux ou trois étages & dont on se sert pour mettre les verres. Ce sont les vaniers qui font les verriers, & ils en font des quarrez, ou en ovale. Un bon verrier. Un joli verrier.

Verriére, *f. f.* Piece de verre clair qu'on met devant les tableaux, ou autres choses pour les conserver.

Verrin, *f. m.* Machine qui sert à élever de fort grands fardeaux. Elle est composée de deux piéces de bois, dans lesquelles entrent deux vis tres fortes, comme dans les presses des Relieurs.

Verrines, *f. f. pl.* C'est le nom de quelques Oraisons que Ciceron a faites contre. *Verres.* L'excelent Mr. de Maucroix en a traduit une dont l'éloquence répond à celle de l'original.

Verroterie, *f. f.* Terme de trafic. C'est de la menuë marchandise de verre, comme des grains de Patenotres, des boutons, de petits miroirs &c. dont on trafique avec les Sauvages de quelques endroits de l'Amerique & de l'Afrique. On trafique au Senega de verroterie de toutes sortes de couleurs.

Verrou, *f. f.* On écrivoit autrefois *verrouil*, d'où vient le verbe *verrouiller*, qui suit, le *verrou* est un morceau de fer ataché à quelque chassis de fenêtre ou à quelque porte qu'on pousse avec la main pour fermer, ouvrir ce chassis, ou cette porte. Il y a un verrou plat & un verrou rond. Le verrou plat est un morceau de fer plat attaché à un écusson de tergetre par le moïen de deux cramponets & qui est composé du corps du verrou & d'un morceau de fer rond qu'on nomme bouton ; parce qu'il est fait en forme de gros bouton. Le verrou rond est composé du corps du verrou & d'une queuë. Pousser le verrou.

Les soins défians, les verrous & les grilles
Ne font pas la vertu des femmes, ni des filles.
Mol. école des femmes, a.3.

* **Baiser le verrou.** C'est rendre hommage. Témoigner ses respects. Autrefois, le Seigneur du Fief dominant étant présent, le vassal le baisoit à la bouche, si le vassal étoit gentilhomme, sinon il le baisoit aux mains. Que si le Seigneur étoit absent, le vassal baisoit le verrou de la porte, ou la porte du Fief. Voiez *de Brieux, coutumes anciennes & la coutume d'Auxerre, n.44.*

Verrouiller, *v. a.* Fermer au verrou. Verrouiller la porte.

Verruë, *f. f.* Mot qui vient du latin *verruca*, & qui signifie, ce qu'on apelle ordinairement poireau. Verruë pendante. Verruë douloureuse. Voiez *Poireau*.

Vers, *f. m.* C'est un certain nombre de silabes arrété & dont la derniere silabe, ou les deux dernieres silabes riment avec celles d'un autre vers, ou de quelques autres vers. Un beau vers. Un méchant vers. Un vers languissant. Un vers mal tourné, Un vers bien tourné. Vers Heroïques. Vers Liriques. Il faut éviter les vers dans la Prose, & c'est mal écrire que d'y en faire souvent. On dit que les plaidoiers de Monsieur Patru sont si exactement écrits ; qu'on n'y trouve aucun vers, au moins aucun grand vers qui soit sensible & qui ait quelque harmonie de vers. Depreaux & Racine tournent bien un vers. De tous les disciples de Malherbe, Mainard étoit celui qui faisoit le mieux des vers. Les boutiques des épiciers de Paris sont pleines des ouvriers du Misantrope Amelot, des vers de Thomas de Lormes & du bon homme Vaumorière. Un beau vers comme des hommes, le plus grand nombre est celui des méchans.

Les vers Grecs & les vers Latins sont composez d'un certain nombre de piez. Vers hexamètre, pentamètre, saphique, &c. Voiez ces mots en leur rang.

On parle encore en François de vers masculins, feminins, libres, burlesques, &c.

† * Voila des vers à vôtre loüange.

Vers. Sorte de préposition qui régit l'acusatif, qui se dit du lieu & de la personne & qui en parlant des personnes signifie auprès.

* Ambassadeur vers le Pape, mais il ne semble pas si usité qu'auprès. Il signifie aussi du côté. Il se tourna vers Carideme. Vau. Quin. l. 3. c. 2. Vers, Se disant des lieux il signifie au côté. Il fit avancer les troupes vers l'Euphrate. *Vaug. Quin. l.3. c. 3* Il marcha vers Maroc. *Ablancourt, Marmol.*

Vers, preposition qui demande l'Acusatif & qui veut dire, *environ*. En ce sens, son usage est assez borné ; & il se dit du tems. Vers le soir, Firme parut sur une hauteur. *Fléchier, Théodose.* Nous alâmes vers la fin de l'année faire une petite course.

Versailles, *f. m.* Maison de plaisance du Roi, fort belle, à quatre lieuës de Paris, bâtie sur une petite éminence, au milieu d'un grand valon tout entouré de colines. Versailles est tout couvert d'ardoise.

A verse, *adv.* Ce mot se dit en parlant de grosse pluie, & veut dire En abondance. En quantité. Il pleuvoit à verse. Il n'y a point d'aparence de sortir de la maison par le tems qu'il fait car il pleut à verse.

Verseau, *f. m.* C'est l'un des douze signes du Zodiaque, c'est l'onziéme de ces Signes où entre le Soleil en Janvier. Le Soleil est à cette heure dans le verseau. On le nomme en Latin Aquarius.

Verser, *v. a.* Répandre. Verser une cruche d'eau. Verser des pleurs. *Abl.*

Celui qui de sa mere aura *versé* le sang
Parmi les Empereurs aura le dernier rang.
Coüsin, Histoire Romaine.

Il présageoient qu'il leur faudroit encore verser du sang. *Ablancourt.* Verser son sang pour servir quelcun. *Racine, Iphigenie.*

† * **Verser dans un tonneau percé.** C'est à dire, perdre sa peine & obliger un ingrat.

Verser. Ce mot se dit des chariots, des charettes & des carrosses & veut dire *renverser*. Le cocher nous a versez.

Il ne crut pas, *versant*, pouvoir mal faire. *Voit. Poë.*

Verser, *v. n.* Ce mot se dit des grains pendant par les racines, & signifie se coucher. Se renverser en bas. Se coucher vers la terre. Les aveines versent lorsqu'elles sont trop grandes.

Versé, versée. Experimenté. Consommé. *Halé* est un original qu'on croit fort versé en Droit Canon, en Géometrie, Astrologie ; en un mot Halé fait tout & ne sait rien.

Verset, *f. m.* Terme d'Eglise, lequel se dit en parlant de l'Ecriture Sainte. C'est un passage de l'Ecriture Sainte qui est ordinairement marqué dans le texte par quelque nombre comme 1.2.3. &c. (Les versets dans l'Ecriture ne sont pas toujours bien égaux Il y en a de petits. Entonner un verset.

Versificateur, *f. m.* Faiseur d'ouvrage en vers. Brebeuf est un *versificateur*. François qui a traduit en vers ampoulez la Pharsale de Lucain. Théophile est décrié par tous les Versificateurs François. *S. Euremont. T. 7.* Les versificateurs ont tort en cela: Théophile n'est pas bien exact, il est vrai, mais il a un génie qui est souvent au dessus des Versificateurs qui le blâment.

Versification, *f. f.* Prononcez *versification.* C'est l'art de bien faire

& de bien tourner les vers. Monsieur Lancelot qui s'est retiré à la Trape, a fait un traité de versification françoise. Lire la versification Françoise pour aprendre à faire des vers.

Versification. Maniere dont un Poëte fait des vers. La versification de Depreaux & de Racine est tres-belle.

* *Versifier, v. n.* Faire des vers. Il est un peu fou, & il versifie, c'est justement pour l'achever de peindre.

Version, s. f. Ce mot signifie traduction, mais dans l'usage ordinaire il n'est pas si usité que le mot de *traduction*. Le Concile de Trente en declarant *la version Latine de la Bible*, autentique, a voulu dire que... *Port-Roïal, Nouveau Testament, Préface.*

Observez les liaisons des Chapitres dans la *version nouvelle.* Voïez *la traduction de la Cité de S. Augustin.*

Amiot a traduit les Vies de Plutarque, sur une *version* Italienne, & cela est cause des fautes d'Amiot. *Colomés. opusc. p. 125.*

A nos Seigneurs Académiques
Nos Seigneurs les Hipocritiques
Rafineurs de Locutions
Entrepreneurs de *Versions.*
Ménage requête des Dictionnaires.

Nous avons la version de deux Poëmes Latins en vers François. Celle de la Pharsale de Lucain par Brébeuf a été généralement estimée; mais celle de l'Eneïde de Virgile par Segrais n'a pas été à beaucoup prés si heureuse. Segrais demeure toûjours bien au dessous de Virgile, & Brébeuf pousse souvent la fougue de Lucain en nôtre langue plus loin qu'elle ne va en Latin, *S. Evremont, reflex. sur les traduct. in* 4. *p.* 153. Voïez *vulgate.*

† *Verso.* Ce mot est Latin, & est un terme de pratique. C'est la page qui est au dos d'un feuillet & qu'on trouve quand on l'a tourné. Cela est à folio 12. *verso.*

Vert. Voïez *verd.*

Vertèbre, s. f. Terme d'*Anatomie.* Ce sont les os de l'épine du dos ausquels les côtes sont attachées. Prémiere vertèbre. Seconde vertèbre.

* *Vertement, adv.* Ce mot ne se dit qu'*au figuré* & signifie *vigoureusement.* Pousser *vertement* son ennemi. *Ablancourt.*

* *Vertement.* Avec fermeté. Avec hardiesse. Avec liberté. Repondre *vertement* à quelcun.

Verteveille, s. f. Terme de *Serrurier.* Ce sont deux anneaux de fer qu'on fiche dans une porte, pour faire couler & retenir le verrou des serrures à bosse & autres verroux.

Vertical, verticale, adj. Ce mot ne se dit qu'en *astronomie* où l'on parle *du point vertical,* ou *du Zenith.* C'est à dire, un point que l'on conçoit être au ciel & tomber perpendiculairement sur la tête des hommes. Un dit *horloge verticale,* c'est un quadran dont le plan est élevé perpendiculairement sur l'horison. Cercles verticaux. *Roh. Phis.*

Vertige, s. m. Il vient du Latin *vertigo.* C'est un terme de *Medecin,* qui signifie tournoiement de tête, lequel se fait ou par une vapeur noire & grossiere portée impetueusement dans parties basses au cerveau, ou par une agitation violente des esprits & des humeurs dans le cerveau même. *Deg.* Avoir des *vertiges.* Il lui a pris un vertige tout à l'heure. Le vin pris par excez cause souvent de fâcheux vertiges. L'Etude excite les vertiges.

Vertigo, s. m. C'est une maladie qui ôte presque la connoissance au cheval & qui le fait chanceler & donner de la tête contre les murs. *Soleisel, parfait Maréchal, c.* 42.

Vertigo, s. m. Mot burlesque, pour dire caprice soudain. Colere soudaine. Voïez un peu quel vertige lui prend. *Moliere Pourceaugnac. a.* 2.

* *Vertir.* Ce mot est vieux & signifioit autrefois *traduire.* Il vient du latin *vertere,* & de là vient aussi le mot de *version.*

* *Vertir.* Ce mot signifioit aussi s'apliquer à quelque chose, mais il n'est plus en usage que dans les composez convertir, divertir, &c.

Vertu, s. f. Habitude de la volonté conforme par la raison. Droiture de l'ame. Qualité loüable. Il y a des vertus intellectuelles, morales, heroïques, cardinales, téologales. Les vertus Cardinales s'apellent de ce nom, parce qu'elles sont les principales & la source des autres. Les vertus Cardinales sont la prudence, la justice, la temperance & la force. Les *vertus Téologales* sont la foi, l'esperance & la charité. On apelle ces vertus Téologales parce qu'elles ont Dieu pour leur objet. Avoir de la vertu. C'est un homme d'une haute vertu. Il y a des vertus aussi dangereuses que les vertus d'un esprit déreglé. Les vertus se perdent dans l'interêt, comme les fleuves dans la mer. *Le Duc de la R. F. Réflexions.* La vertu est dans le milieu, c'est à dire, qu'elle est également éloignée des deux extrémitez, ainsi la liberté tient un milieu entre l'avarice & la prodigalité. La vertu a trois ennemis à combatre, l'incontinence, les disputes & l'avarice. *Confucius, morale, p.* 96.

* *Vertu.* Les vertueux. La vertu n'est pas toûjours recompensée, on s'est plaint & on se plaindra de cela dans tous les siécles.

Mais je tiens qu'ici bas, sans faire tant d'aprêts,
La *vertu* se contente & vit à peu de frais.
Dep. ep. 5.

Vertu. Ce mot se dit en parlant d'actes de justice, par exemple, On l'a éxécuté *en vertu* d'une sentence du Lieutenant criminel.

Vertu. Ce mot entre dans des matieres de phisique, & veut dire. Pouvoir, Force, Faculté d'un sujet qui marque indeterminément le pouvoir qu'à un être de produire quelque éfet dans quelque sujet. Ainsi on dit. La chaleur du feu est une vertu du feu. La vertu de l'aiman, de l'ambre, des liqueurs ou des remedes, &c. Vertu occulte.

On parle dans la Phisique de l'Ecole, de la vertu digestive, concoctrice, locomotive, expulsive, attractice, &c. On explique à présent ces vertus, ou facultez, d'une maniere plus aisée par des mouvemens Mécaniques.

Vertu. Ce mot se dit des herbes & des plantes, & signifie. Force Propriété. Qualité particuliere. La mandragore a la vertu de faire dormir.

Vertu. Ce mot signifiant un des ordres de la Hierarchie céleste, a un pluriel & n'a point de singulier. Les dominations, les Puissances & les Vertus sont soumises à Dieu. *God.*

† *Vertu-bieu, s. m.* Sorte de jurement burlesque. Vertu-bieu comme vous y alez.

† *Vertu-chou, s. m.* Sorte de serment du petit peuple, & qui est burlesque. Vertu-chou, cela ne va pas ainsi.

† *Vertu de ma vie.* Mots burlesques, qui sont une sorte de serment de femmes du petit peuple, Vertu de ma vie. Je lui aprendrai à vivre.

Vertueux, vertueuse, adj. Qui a de la vertu, & de la probité. Homme vertueux. Fille vertueuse.

Vertueux, vertueuse. Ce mot se dit des choses & veut dire. Qui part d'un principe de vertu. Action vertueuse.

Vertueux, s. m. Celui qui a de la probité & de la vertu. Le monde est plein de faux devots, & de faux *vertueux.*

Vertueuse, s. f. Celle qui a de la vertu, de la sagesse & de la probité.

L'on voit de fausses *vertueuses,*
De qui l'orgüeil est sans égal.
Gon. Epi. l. 2.

Vertueusement, adv. D'une maniere vertueuse & pleine de probité. Vivre vertueusement.

Vertugadin, s. m. Mot tiré de la diction Espagnole *verdugado.* C'est une maniere de cercle de Baleine que les Dames se mettent sur les hanches, & sur quoi pose la jupe, de sorte que cela élargit leurs jupes considerablement. Un bon *vertugadin.* Il y a environ soixante ans qu'on portoit des vertugadins en France. On apelloit *vertugadier* l'ouvrier qui faisoit des vertugadins.

Verve. Ce mot se dit *en parlant de Poëtes,* & signifie *entousiasme.* Certain feu d'esprit qui échaufe l'imagination du Poëte lorsqu'il compose. Laisser aller la *verve*, où la plume l'emporte. *Reg. Sat.* Ma *verve* se réveille. Ma *verve* m'encourage, *Dépreaux, Discours au Roi.*

Encor, si pour rimer dans sa verve indiscrete,
Ma muse au moins soufroit une froide épitete.
Depreaux, Satire 2.

Verve. Caprice. Quinte. Il lui prend quelquefois des verves à faire enrager les gens.

Verveille, s. f. Terme de *fauconnerie.* C'est une petite plaque qu'on atache aux verges des oiseaux de proïe, & sur laquelle sont empreintes les armes du Seigneur pour faire reconnoitre l'oiseau.

Verveine, s. f. C'est une sorte de plante, dont il y a diverses especes & qui jette d'ordinaire d'une seule racine plusieurs tiges de la hauteur d'une coudée. Verveine commune. Verveine droite. Verveine couchée. Verveine rampante. Les anciens Romains se servoient de la verveine dans les sacrifices, & ils croioient qu'elle étoit capable de chasser les malins esprits de leurs maisons. Voïez les vertus de la verveine dans *le* 2. *Tome des plantes de Dalechamp.* Les anciens s'imaginoient qu'il y avoit quelque chose de divin dans la vervéine. *Spon, recherches d'Antiquité.*

Verveu, s. m. Terme de *Vanier & de Marchand fruitier.* C'est un panier d'osier rond, haut & rond, où l'on aporte à Paris des cerises, des prunes, des groseilles, & où l'on met aussi de ces sortes de fruits pour les vendre dans les marchez de Paris, en gros, ou en détail. Acheter un verveu de cerises. Un grand ou petit verveu.

Ce mot se dit aussi d'une espéce de filet à prendre du poisson.

VES.

VESCE. Voiez vesse.

VESICATOIRE, s. m. Terme d'apoticaire. C'est un médicament externe qui fait élever des vessies sur la peau & qui est ordinairement composé de cantarides pulverisées, de levain & de quelque peu de vinaigre ; à quoi on ajoute quelquefois de la poudre d'euforbe & de la semence de moutarde pour évacuer & atirer dehors les matieres sereuses & malignes. Apliquer un vésicatoire.

Vesicule, s. f. Terme d'anatomie. Petite vessie qui reçoit & contient le fiel d'un animal. Elle est atachée au foie. On l'apelle ordinairement la vessie du fiel.

Vesperies, s. f. Terme de Teologie. La vesperie est une dispute de Téologie, qui se fait par un Licentié, immédiatement avant que de prendre le bonnet. Cette dispute est composée de deux actes. Dans le premier, un Bachelier, ou un Ecolier de Téologie répond d'un traité de Téologie, La Tése de cet acte a pour titre *pro actu vesperiarum*, N. & le Docteur grand Maître qui preside, dispute le premier contre le Soutenant, & ensuite les Bacheliers. Ce premier acte commence à deux heures & demie, & dure jusques à quatre & demie ou environ. Le Licencié fait son acte après, qui est ce qu'on apelle proprement vesperie, & sa Tése a pour titre *pro actu vesperiarum*. Il est composée de l'Ecriture Sainte, de l'histoire Eclesiastique, & de Morale. Cet acte commence à quatre heures & demie ou environ & finit à six. Il y a deux Docteurs qui disputent à cet acte contre le Licencié & à la fin de la dispute le Docteur Président le paranimphe.

Vesperie. Ce mot signifie *réprimande* & ne peut entrer que dans le stile le plus simple. Son pére lui a fait une terrible vesperie. Il s'atend d'avoir une furieuse vesperie. Monsieur le premier Président a fait une vesperie au Procureur la Fouasse, Rolet & autres.

Vesperiser, v. a. Mot de raillerie & de conversation pour dire *réprimander*. Vesperiser un jeune homme. Son Pére l'a vesperisé comme il faut. Les gens de classe peuvent quelquefois vesperiser leurs écoliers.

Vespres. Voiez vêpres.

VESSE, s. f. Vent puant qui sort du fondement de l'homme. Vent qui sort du ventre du cheval, &c. Une puante vesse. Faire des vesses.

Vesse, vesces, s. f. Il vient du latin *vicia*. C'est une sorte de legume noir & rond qu'on donne à manger aux pigeons. La vesse est bonne pour les pigeons. Semer la vesse.

Vesse de loup. C'est un champignon avorté qui ne vaut rien.

Vesser, vessir, v. n. L'un & l'autre se dit ; mais vessir ne se trouve guere usité qu'à l'infinitif, encore ne le trouve-je que dans quelques vieux Poëtes François. Ces mots vessir ou vesser signifient faire des vesses.

Dépêchons-nous, lors dit la vieille
Gonseillez-moi, mon Pere en Dieu,
Par la morbleu je vous conseille
D'aler vessir en autre lieu.
Il vesse comme un roussin.

Vesseron, s. m. C'est une sorte d'herbe qui vient dans les blez, qui croit aussi haute que les blez mêmes, & qui fleurit comme les feves de haricot. Arracher le vesseron.

Vesseur, s. m. Celui qui vesse. C'est un vesseur.

Vesseuse, s. f. Celle qui vesse. C'est une vesseuse.

Vessie, s. f. C'est le lieu du corps où est l'urine. *Rohaut Phisique*. C'est une partie membraneuse, composée de deux tuniques, qui reçoit l'urine ensuite & qui ensuite la pousse dehors. Il avoit la vessie pleine de petites pierres. *Goreus, Dictionarium Medicum.*

Vessie de fiel. Maniere de petite ampoule qui atire à soi la bile, ou le fiel.

* Faire croire que des vessies sont des lanternes. Proverbe. C'est vouloir faire passer les choses pour ce qu'elles ne sont pas. C'est vouloir faire croire que des choses sont véritablement ce qu'elles ne sont pas.

Vessie, s. f. C'est une petite ampoule qui fait élever la prémiere peau, & qui se remplit de serosité.

VESSIGON, s. m. Terme de maréchal. Ensure molle qui vient à droit & à gauche du jarret du cheval. *Guillet, manege.*

Vessir, v. n. Terme d'essaieur. Il se dit des vents que le feu & l'air font sortir, lors que tirant l'essai on ne le laisse pas refroidir adroitement. Il faut tirer l'essai dans sa coupelle, pour être refroidi sur la bouche du fourneau, de crainte qu'il ne soit surpris par l'air, car le feu & l'air, qui sont incompatibles, sort souvent en ces rencontres font sortir des vents ; & c'est ce qu'on apelle vessir. Voiez Tossel, Essais, l. 1. ch. 2.

VESTALES, s. f. Filles vierges qui du tems de l'ancienne Rome étoient dédiées au service de la Déesse *Vesta*. On les prenoit à l'âge de six ans, jusques à dix. Il faloit qu'elles fussent bien faites & que leurs peres & leurs meres n'eussent pas été dans la servitude. Numa Pompilius donna aux vestales la garde d'un feu qui ne s'éteignit jamais. Voiez là-dessus. *Florus, l. 1.*

† * Vestale. Fille fort sage & fort retirée. C'est une vestale.

Elle ne se pique pas d'être vestale. C'est une vestale de marais. Façons de parler pour dire adroitement que c'est une fille débauchée.

VESTE, s. f. Il vient du Latin *vestis*. Espéce de camisole qui est ordinairement d'étofe de soie, qui va jusques à mi-cuisse avec des boutons le long du devant, & une poche de chaque côté. Les vestes étoient il y a quelques années plus courtes & même elles n'avoient point de poches. Faire une veste. Il avoit une fort belle veste.

Veste. Ce mot parmi les Orientaux signifie un long habit de dessus. Le Grand Seigneur fait des presens de riches vestes.

Vêtement, vestir, &c. Voiez plus bas *vêtement, vêtir, &c.*

Vestiaire, s. m. Terme d'Augustin ; de Bernardin & de quelques autres Religieux. C'est le lieu où dans les Convens des Bernardins on enferme les vieux habits des Religieux & les étofes pour faire des habits. Le vestiaire est bien propre. Choisir des habits au vestiaire.

Vestibule, s. m. Mot tiré du Latin. Le mot de *vestibule* signifie généralement toutes les pieces qui sont à l'entrée d'un édifice & qui ne servent que de passages à plusieurs autres qui ont des usages particuliers. *Abregé de Vitruve.*

(Vestibule pavé de marbre. *Ablancourt*. Vestibule obscur Etant sorti dehors dans le vestibule le coq chanta. *Port-Roial Nouveau Testament.* Dans les maisons des Grans, les apartemens ne doivent pas être à l'entrée, où il ne faut que des vestibules. *Abregé de Vitruve, c. 3.*

Vestibule. Terme d'Anatomie. C'est une cavité de l'oreille qu'on apelle aussi le labirinte.

VESTIGE, s. m. Il vient du Latin *vestigium* qui signifie Pas. Passée. Trace. Reconnoître les vestiges des bêtes.

* Vestige. Ce mot se dit ordinairement *au figuré*. Exemple. Ils marcherent sur les vestiges de Saint Louis, *Patru plaidoié 4. pag. 65.*

VET.

VETEMENT, s. f. Habit. Habillement. Un beau vêtement. Un bon vêtement. Vêtement usé. Les cieux vieilliront tout comme un *vêtement*. *Port-Roial, Pseaumes.* Pourquoi vous metrez vous en peine pour le vêtement. *Port-Roia, Nouveau Testament* Vêtement d'homme, de femme, &c.

VETERAN, *Veterano, adj*. Ce mot n'est usité dans l'usage ordinaire, qu'en parlant des Conseillers de Parlement & de la Cour des Aides. On dit. Monsieur un tel est *Conseiller veteran.* C'est à dire, qu'il a exercé vint ans durant la charge de Conseiller & qu'il a obtenu des lettres du Roi, qui font foi des services qu'il a rendus dans cette charge, & qui pour cela, lui en conservent tous les droits honoraires. Ces lettres s'apellent *lettres de veteran*, & on dit, le Roi lui a donné *des lettres de veteran.* Obtenir des lettres de veteran, où de Conseiller veteran.

Véteran, *vétéran, adj*. Terme de Colege, qui ne se dit, qu'au masculin, qui signifie l'Ecolier qui a été deux ans de suite dans une même classe. Il est véteran. Demeurer véteran en Retorique.

VETILLE, s. f. Chose de peu de conséquence. Chose de rien Bagatelle.

De la moindre *vétille*, il fait une merveille;
Moliere.

Ne donner qu'une vétille.
Benserade, Poesies.

Vous ferez bien mieux de vous taire.
Messieurs les Doctes impudens
Que de clabauder en pédans
Sur des vétilles de Grammaire.
Saint Amant.

† Vetiller, v. n. C'est s'amuser à de petites choses. Est-ce vétiller que de rectifier ainsi un discours.

Vetilleur, s. m. Celui qui vétille. Tracassier. C'est un vétilleur.

Vetilleuse, s. f. Celle qui vétille. Tracassiere. C'est une vétilleuse.

† Vetilleux, vetilleuse, adj. Qui s'amuse à des vétilles ; & à des choses de rien. Il est vétilleux. Elle est vétilleuse.

* L'éloquence n'est point vétilleuse.

VETIR, Je vets, tu vets, il vêt, nous vêtons, vous vêtez, ils vêtent. Je vêtois. J'ai vêtu. Je vetis. Je vétirai. Ce mot signifie *habiller*, &c.

VES

il ne se dit presque point au présent de l'indicatif, ni même à l'imparfait de l'indicatif. En sa place on dit j'habillois. Je mettois l'habit, où je mettois un habit. Mais vêtir dans les autres tems est plus usité. On dit, Vêtir les pauvres. S. Cir. Je l'ai vêtu tout de neuf.

Vetir. Terme de *meunier.* C'est mettre les toiles aux volans d'un moulin à vent. Vêtir un moulin à vent.

Se vetir, v. r. Je me vets. Je me suis vêtu. Je me vêtis. Je me vêtirai. Ce mot de *vêtir* au présent de l'indicatif ne se dit presque pas, en sa place on dit je m'habille. Se vêtir ne se dit presque point aussi à l'imparfait de l'indicatif, mais on dit fort bien, je me vêtis, &c.

* *Il est vêtu comme un moulin à vent.* Sorte de maniere de parler proverbiale, pour dire, *il est habillé de toile.*

Vêtu, vêtuë, adj. Habillé. Vêtu de blanc, de gris, de rouge. *Ablancourt.* Vêtu d'une robe de pourpre. *Van. Quin. l. 3.*

Vêtu, ü, adj. Terme de *blason.* Il se dit de l'Ecu, lors qu'il est rempli d'un quarré posé en losange, dont les quatre pointes touchent les bords. Alors ce quarré tient lieu de champ, & les quatre cantons, qui restent aux quatre flancs du quarré donnent à l'Ecu la qualité de vêtu, & cette figure est composée du chapé par le haut, & du chaussé par le bas.

Vêture, s. f. Terme de Religieux & de Religieuse. Ceremonie qu'on fait lors qu'on donne l'habit de Religion à quelque Religieux, ou à quelque Religieuse. Prise d'habit de Religion. Capucin qui prend sa vêture. On habillera les filles pour la vêture selon leur condition. A la ceremonie de la vêture, on coupera un peu des cheveux de la Novice pour marquer le dessein qu'elle a de renoncer au monde. Voyez *les constitutions de Port Roial.* Avoir soin que la vêture se fasse avec l'habit le plus modeste qui se pourra.

VETTURIN. Voyez *Voiturin.*

VEU.

Veu. Voyez *væu* & *vû.*
Veuë. Voyez *vuë.*

Veuf, veuve, adj. Ce mot au propre & en parlant des personnes, signifie qui n'a plus de femme, qui n'a plus de mari. Quand on est assez fou, ou assez sole pour se marier, le meilleur est de n'épouser ni homme veuf, ni femme veuve.

* *Veuf, veuve.* Ce mot se dit au figuré, & signifie qui est privé de quelque chose.

Ton Discours est une nuit
Veuve de Lune & d'Etoiles.
Mai. poësies.

C'est à dire, ton discours est privé de clarté, & est tres-obscur, & tres tenebreux.

Veuf, vef, s. m. Il faut dire & écrire *veuf,* & non pas *vef.* C'est celui qui survit à sa femme. Elle épouse un veuf qui a des écus. Louis 14. demeura veuf de Marie Terese d'Autriche le 30. Juillet 1683.

Veuvage, s. m. Le tems qu'on est veuf, ou veuve. A le bien prendre, il n'y a point de veuvage qui ne soit heureux.

Eusses-tu fait le vœu d'un éternel veuvage
Ton amour est un bien qui m'est justement deu.
Mai. poësies. V. viduité.

Veuve, s. f. Celle qui a perdu son mari. Celle qui survit son mari, & qui demeure sans se remarier. La condition de veuve est la plus malheureuse de toutes les conditions, Une jolie veuve. Une veuve fort éveillée, aimable, charmante. Anne d'Autriche fut veuve de Louis 13. le 14. Mai 1643.

O combien lors aura de veuves
La gent qui porte le Turban
Que de sang rougira les fleuves
Qui lavent les piez du Liban.
Mai. poësies.

* *Veuve de huit galans il l'a pris pour pucelle.* La Fontaine *Contes.*

Veuve. C'est une sorte de tulipe assez jolie. Les plus belles de toutes les tulipes, ce sont les veuves.

VEX.

Véxation, s. f. Prononcez *véxacion.* Sorte de persecution qu'on fait souffrir à des gens. Peine. Tourment. Trouble. Desordre,

VEX

qu'on cause à quelque personne. On ne sauroit comprendre les véxations que souffrent les sujets du Roi, sous pretexte de la gabelle. Voyez *Politique de France*, c. 7. Commerce des véxations. *Mezerai, histoire de France.*

Véxer, v. a. Mot tiré du latin, qui veut dire. Tourmenter. Persecuter une personne, lui donner & faire de la peine. Le mot de véxer, ne se dit guere dans le beau stile, mais il se dit dans les matieres de Palais & autres pareilles. Le Roi n'entend pas qu'on véxe ses sujets pour quelque cause que ce soit.

Se véxer, v. r. Se tourmenter. Se faire de la peine. Le mot de se véxer ne se dit que dans de certaines matieres. Les hommes sont pires que les bêtes de se véxer les uns les autres avec tant d'inhumanité.

VIA.

Viager, viagerie, adj. Terme de *pratique*, lequel se dit principalement en parlant de ce qu'on donne à une personne durant sa vie. (Assigner une pension *viagere* à une personne. C'est à dire. lui donner de quoi vivre pendant sa vie, en sorte que ce qu'on lui donne, soit éteint après sa mort, & ne passe point à ses héritiers.)

Viande, s. f. Ce mot signifie chair d'animal, mais il ne se dit proprement que de la chair de boucherie, crüe & cuite, mais sur tout, lors qu'elle est cuite. (La viande de boucherie est chere. Aprêter les viandes, Cette viande est bonne pour vivre long-tems, & sans médecins, qui est l'un des plus grans bon-heurs de la vie. Il ne faut manger que de bonnes *viandes*, & en manger autant que l'estomac en peut digerer. Les bonnes viandes sont le veau, le mouton, la volaille, les perdrix, les grives & autres semblables oiseaux, qui sont fort bons pour conserver la santé.

Viande de Carême. Ce sont le poisson, les herbes, les fruits, les légumes, &c.

* *Viande.* Ce mot se dit *au figuré* & en parlant de livres, & signifie, *Lecture.* Il se faut ménager dans la lecture des apostegmes, pour ne se point souler d'une *viande* trop nourrissante. *Abl. Apo.*

* *Viande.* Ce mot se dit en parlant d'instruction Chrêtienne. Nourrir des novices de viandes salutaires. *Port Roial.*

† * *Viande.* Ce mot entre dans les façons de parler basses & figurées. Exemples. *Ce n'est pas de la viande pour vos oiseaux.* C'est à dire, cela n'est pas pour vous, & vous ne le meritez pas. *La viande ne plait que selon l'apétit Reg. Sat.* 16. C'est à dire, les femmes ne plaisent que selon qu'on les aime, que selon l'amour qu'on a pour elles.

* *Viande creuse.* Ce sont les concerts de Musique, de violons & autres instrumens. Aimer la viande creuse, c'est à dire, aimer le son des instrumens.

* *La viande prie les gens.* Façon de parler du peuple, pour dire que quand on est à table, il faut manger sans se faire sotement prier.

Viander, v. n. Terme de *Chasse.* Il se dit des bêtes fauves, & signifie. Manger. Le cerf *viande* fort à son aise quand il ne craint rien. *Sal.*

Viandis, s. m. Terme de *Chasse.* Ce sont les pâtures des bêtes fauves. Cerf qui va *au viandis.* Les chevreuils sont *au viandis.*

VIATIQUE, s. m. Ce mot vient du Latin *viaticum,* qui signifie tout ce qu'on porte avec soi, pour faire la dépense du voïage. Il n'est en usage qu'entre Religieux. On lui a donné tant pour son viatique.

Viatique, s. m. Terme d'*Eglise Romaine.* Sacrement qu'on donne aux malades qui sont en danger de mort. On lui a porté le viatique.

VIB. VIC.

Vibailli, s. m. C'est un Oficier qui tient la place d'un Bailli.
Vibord, s. m. Terme de *Marine.* C'est la grosse planche qui entoure le pont d'enhaut d'un vaisseau, & qui sert de gardesou.

Vibration, s. m. *Terme* qui vient du Latin, & qui se prononce *vibracion,* Mouvement du pendule qui va & revient, allée & venüe du pendule. On demande combien il y a de *vibrations* dans une demi-heure. La vibration décrit un arc simple. *Bernier, Phisique* 1. *partie* c. 19. Aprochez l'oreille de cette pendule, vous n'entendrez point de vibration plus forte l'une que l'autre.

Vibration. Ce mot se dit aussi de plusieurs mouvemens à peu prés égaux qui se suivent l'un l'autre. On a observé qu'un papillon de ver à soie fait cent trente vibrations, ou mouvemens de ses ailes, dans le coït. *Journal d'Angl.*

Vicaire, s. m. Terme d'*Eglise,* lequel vient du Latin *vicarius.* C'est un Ecclesiastique qui aide un Curé dans la desserte d'une Cure. Ecclesiastique, qui fait les fonctions d'une Cure lorsque le Curé est absent. Un bon vicaire.

Vicaire de Jesus Christ. Terme de l'*Eglise Romaine* qui veut dire *le Pape.* Respectez le Vicaire de Jesus-Christ.

Grand

VIL VIN

Grand Vicaire. C'est le Vicaire de l'Archevêque, ou de l'Evêque. (Il est grand Vicaire de Monsieur l'Archevêque de Paris.)
Vicaire général de l'Evêque. C'est celui qui exerce la juridiction sur tout le Diocése. (Henri huitiéme choisit Tomas Cromvel pour son *Vicaire général* dans les afaires Ecclésiastiques & spirituelles. Mauerois, *Schifme* l. 1.)
Vicaire perpetuel. C'est celui qui par l'autorité de l'Evêque du Diocése est choisi pour desservir un bénéfice qu'une personne Ecclésiastique veut qu'il desserve. (On ne peut deposseder un Vicaire perpetuel qu'il ne fasse une faute qui mérite d'ellemême qu'il perde le bénéfice.
Vicaire temporel. C'est un Ecclésiastique que met un Curé afin de desservir pour un temps un bénéfice Curé.
Vicaire. Ce mot se dit parmi de certains Religieux & c'est celui qui fait la fonction de quelque supérieur en l'absence de ce Supérieur. Ainsi les Capucins ont un *Pére Vicaire*, qui est celui qui fait la fonction du Gardien en l'absence du Gardien. Ils ont aussi un *Vicaire général* qui est celui qui fait la fonction de Général quand le Général est mort.
Il y a aussi des Vicaires de l'Empire.
Vicairie, s. f. Cure desservie par un Vicaire perpetuel. Il y a des Diocéses en France dont les Cures s'appellent simplement Vicairies.
Vicarial, vicariale, adj. Qui est de Vicaire. Qui regarde le Vicaire. (Cromvel de sa Puissance. Vicariale, dressa des ordonnances Ecclésiastiques. *Mauerois*, *Schifme d'Angleterre*, l. 1. page 84.
Vicariat, s. m. Charge de Vicaire. Le tems qu'on a exercé la charge de Vicaire. On lui a donné *le Vicariat* d'une telle paroise. Son *Vicarias* lui vaut au moins quinze cens livres.
Vice-Doge du Général est pareil.
Vice, s. f. Il vient du Latin *vitium*. Habitude contraire à la vertu. Défaut qui est oposé à la vertu. (Le vice est son propre bourreau.

    Il n'est rien qui punisse
   Un homme vicieux comme son propre *vice*,
      Ablancourt, Luc.

Il fait sans se flater ne procés à son *vice*.
Mon *vice* est d'être libre, d'estimer peu de gens.

* *Vice.* Ce mot se dit des choses animées, & inanimées & veut dire défaut. (Les vices du discours. Les vices de la narration. Cheval qui a des vices considérables.
* *Vice.* Ce mot au figuré veut dire déréglé, débauché. (Pour quoi faut-il que le vice triomphe & que la vertu soit opprimée. Abl. Luc. T. 2. Haïr, abhorrer, malmener le vice. Gourmander le vice. Depreaux *Discours au Roi*.

  Et quitons pour jamais une vile imposture
 Où *le vice orgueilleux s'érige en Souverain*
  Et va la mitre en tête & la crosse à la main.
    Depreaux, *Satire* 1.

Vite. Il se dit des défauts généraux. C'est le vice du siécle. C'est le vice de la Nation. La jalousie est le vice des Orientaux & autres semblables.
Vice-Amiral, s. m. C'est l'oficier de la marine le plus considérable aprés l'Amiral. Etre Vice-Amiral de France.
Vice-Bailli, ou plutôt *Vibailli*. Voiez *Vibailli*.
Vice-Chancelier, s. m. Celui qui fait la fonction du Chancelier en l'absence du Chancelier. (Le Vice-Chancelier est mort.)
Vice-Doge, ou *Vice-Duc*, *s. f.* C'est un Conseiller Venitien qui represente le Doge, lors qu'il est malade, ou absent. Le Vice-Doge doit être conformé dans les afaires.
Vicegerant, s. f. C'est un oficier d'oficialité & celui qui fait les fonctions de l'oficial en l'absence de l'oficial. (Nous avons commis le Sieur un tel nôtre *vice-gerant* en nôtre Cour Ecclésiastique pour informer de. Sur le raport de Mr le *Vicegerant*, commis par Monsieur l'Archevêque, il a été ordonné que.
Vice-gerante, *s. f.* Terme de quelque communauté de filles Religieuses. C'est l'oficiere qui est sous la supérieure & celle qui conduit la communauté & qui fait la supérieure. Il faut demander permission à la mére *vice-gerante*.
Vice-Legat, s. m. Il se dit d'un Oficier que le Pape envoie à Avignon, ou en quelque autre ville; pour y faire la fonction de Gouverneur temporel & spirituel. (Le Dauphiné, la Provence & les autres Provinces de la Gaule Narbonnoise ont recours au Vice-Legat d'Avignon pour toutes les Expeditions Ecclésiastiques.
Vice-Légation, s. f. Ofice & juridiction d'un Vice-Legat.
Vice-procureur de l'ordre des Chevaliers de Malte. C'est celui qui fait l'ofice du procureur de l'ordre, quand le procureur de l'ordre n'y est pas. (On l'a fait vice-procureur de l'ordre des Chevaliers de Malte.)
Vice-Roi, s. m. Celui qui a une Vice-Roiauté. Celui qui fait les fonctions d'un Roi & qui le represente & en tient la place. (Etre Vice-Roi d'un païs.
Vice-Reine, s. f. C'est la femme du Vice-Roi. (La Vice-Reine est sage & vertueuse.

Vice-Roiauté, s. f. Charge & dignité de Vice-Roi. Etre élevé à la Vice Roiauté d'un païs.
Vice-Sénéchal. Voiez Vi Sénéchal.
Vicié, viciée, adj. Ce mot se dit du bois, & veut dire Gaté. Bois vicié.
Vicier, v. a. Ce mot est vieux & vient du Latin *vitiare*, qui signifie gâter, corrompre. On disoit en termes de pratique, Vn defaut de formalité *vicia* un Acte , c'est à dire le rend nul & défectueux.
Vicieux, vicieuse adj. Qui a quelque vice. Qui a des défauts Ce mot de *vicieux*, se dit des hommes & des bêtes. Cheval vicieux. Homme vicieux. Femme vicieuse.
Vicieux, s. m. Ce mot pris substantivement se dit seulement des personnes, & signifie celui qui est dans le vice, le désordre & le péché. Il haïssoit le vice, sans en vouloir aux vicieux. Abl. Luc. T. 2. C'est l'une des plus pernicieuses maximes & des plus propres à entretenir les vicieux. Pascal. à Prov. 10.
Vicieux, vicieuse, adj. Au figuré, il se dit des ouvrages d'esprit & signifie qui est plein de défauts, qui n'est pas conforme aux regles & aux maximes de l'Art, ou de la Stience. Raisonnement vicieux. Recit vicieux. Narration vicieuse.
* *Vicieux, vicieuse.* En termes de pratique, il signifie défectueux. Un acte est vicieux quand on n'y a pas observé toutes les formalitez requises. Un contract est vicieux quand on y stipule quelque chose qui est contre les bonnes mœurs.
* *Vicieusement, adv.* Ce mot se dit au figuré, & signifie d'une maniere pleine de défauts. Il écrit vicieusement. Il s'exprime vicieusement.
Vicissitude, s. f. Terme tiré du Latin, qui veut dire *Changement* Tour & revolution. Par la vicissitude des choses du monde, elles avoient commencé à déchoir. Vaug. Quin. l. 3. ch. 13 Ils montroient le mouvement des Astres & la *vicissitude* des saisons. Vau. *Quin* l. 3. c. 1.
Vicomte, s. m. C'etoit le Lieutenant du Comte , & il n'avoit que la moïene Justice, mais les Vicomtes se firent Seigneurs quand les Comtes s'érigerent en Souverains. De ces Vicomtes , il y en a de plusieurs sortes, les uns relevent de la Couronne , & les autres du Roi. Et sans entrer dans tout ce détail qui seroit un peu long, on peut dire en général , que la Vicomte est le Seigneur, qui a une Vicomte. Un jeune Vicomte fort bien fait.
Vicomte, s. m. & f. s. f. C'est pour l'ordinaire une sorte de médiocre Seigneurie ; on dit pour l'ordinaire , car il y a des Vicomtez qui sont de grandes Seigneuries quand elles ont été etablies par les Rois comme la Vicomte de Turenne. *Loiseau*, traité des Seigneuries médiocres.
Vicomtesse, s. f. Femme de Vicomte. Celle qui posséde une Vicomté. Madame la Vicomtesse de ... est fort belle. Elle est Vicomtesse de Melun en Brie.
Victime, s. f. Mot tiré du Latin, *victima* Ce mot parmi les Anciens signifioit un animal qu'on destinoit pour être immolé. Egorger une victime. Immoler une victime. Abl. On ofrira des victimes sur vôtre autel. Port-Roial, *Pseaumes*.
* *Victime.* Ce mot se dit au figuré, & est fort beau, exemple Quel peuple prendra-t-il pour *Victime*. C'est à dire, quel peuple choisira-t-il pour le vaincre , pour le subjuguer premierement.
Victoire, s. f. Il vient du Latin *victoria*. Il signifie gain d'une bataille. Défaite de troupes ennemies Avantage qu'on remporte sur son ennemi en le batant & , en faisant quelque prise sur lui. Victoire injuste, sanglante, cruelle , glorieuse, fameuse.
La guerre a ses plaisirs, *la victoire* a ses charmes. Je mourrois avec joïe si vôtre armée avoit remporté la *victoire*. Oton disoit que la guerre civile lui étoit odieuse lors même qu'elle lui aportoit la victoire. Le *Président Cousin*, *Histoire Romaine*. On avoit porté en Alemagne la *victoire* jusques au Danube. Mémoires de M. d. l. R. F. Emporter une victoire sur les Espagnols *Voiture l. 74*. Pousser sa victoire au de la des bornes d'Hercule. *Vau Quin*. l. 3.
Victoire. Nom de femme, qui n'est pas ordinaire, Louis Duc de Vendôme fils de Cesar Duc de Vendôme épousa Victoire Mancini niéce du Cardinal Mazarin. Voiez P. l'Etat de France Tom. 1. p. 3. c. 4.
* *Victoire*, Ce mot se dit en parlant d'amour. C'est une fortune amoureuse. C'est le don d'amoureuse merci qu'on a obtenu d'une belle inhumaine.
Victoire amoureuse. Victoire galante, C'est à dire , faveur particuliere qu'on obtient d'une maitresse, & qui marque que cette maitresse a donné bon cœur à son Amant.
* *Victoire.* Ce mot se dit en parlant des sens : des passions, & autres choses à peu prés de cette nature. C'est l'assujettissement des sens, ou des passions à la raison. La plus glorieuse de toutes les *victoires*, est celle qu'on remporte sur ses sens & sur ses passions.
Victor, s. m. Nom d'homme. L'Abaie de Saint Victor est riche.
Victorieux, victorieuse, adj. Ce mot s'emploie sans régime & avec un régime. Il signifie qui a remporté la victoire. Il est victorieux. Armée victorieuse. Abl.

S ffff

J'honore tant la palme aquise en cette guerre
Que si *victorieux* des deux bouts de la terre
J'avois mille Lauriers de ma gloire témoins
Je les priserois moins.
Mai. Poesies.

* *Grace victorieuse*, *Pas.* l. 18. C'eſt à dire, grace éficace. Grace qui triomphe. Grace qui produit infailliblement ſon effet.
* VICTUAILLES, ſ. f. pl. Prononcez *victuailles*. Il s'eſt dit pour ſignifier vivres. Munitions de bouche. Faire une grande proviſion de victuailles.
* *Victuailleur*, ſ. m. Terme de Mer. Il ſignifie celui qui s'eſt obligé de fournir pour des vaiſſeaux les vivres, & d'autres proviſions.

VID.

VIDAME, ſ. m. Vieux mot François qui ſignifie *Monſieur*. Le Vidame eſt celui qui tient & repreſente la place de l'Evêque entant que Seigneur temporel. Il n'y peut avoir qu'un Vidame dans chaque Evêché & il prend ſon nom de la ville Epiſcopale. Ainſi on dit. (Le Vidame de Beauvais. Le Vidame de Reims, de chalons, de Chartres. *Loiſeau, traité des Seigneuries médiocres, c. 7.*
Il y a encore aujourdui des Seigneurs qui portent le titre de *Vidame*.
Vidamé, ſ. m. Dignité & charge de Vidame. (Il n'y a point de Vidamé en France qui ne relêve de quelque Evêché ou qui ne ſoit annexé, ou réüni au temporel d'une Evêché. *Loiſeau, Seigneuries médiocres, c. 7.*
On apele auſſi *Vidamie*, ſ. f. La dignité feodale qu'on tient de l'Egliſe. *Du Cange.*
VIDELLE, ſ. f. Terme de *Patiſſier*. C'eſt un petit inſtrument de métal, que fait le fondeur, & qui eſt compoſé d'une Roulette & qu'on manche de métal, dont le patiſſier ſe ſert pour couper la pâte quand il dreſſe quelque pièce de pâtiſſerie. (Une bonne videlle. Une videlle bien faite.)
VIDIMER, v. a. Terme de *Pratique* qui vient du mot *vidimus*. Collationner une copie à un titre original & certifier qu'elle lui eſt entierement conforme, afin qu'on y ajoute foi en juſtice. (Vidimer un acte, un titre, un contract, &c.
* *Vidimus*, ſ. m. Ce mot Latin qui ſignifie *nous avons vû*, a été fait François & eſt un terme de *pratique*. C'eſt un titre qui a été autentiquement collationné à ſon original. (Ce n'eſt pas l'original, mais c'en eſt un *vidimus* duëment & autentiquement collationné.)
VIDUITE', ſ. f. Il vient du Latin *viduitas*, & ſignifie Veuvage. (Faire vœu de viduité. Maner. Elle eſt conſiderable par ſa viduité. M. *Dandilli, vie des hermites.* Une veuve eſt tutrice de ſes enfans pendant ſa viduité. Une veuve d'artiſan peut, durant ſa viduité, avoir des compagnons, mais elle ne peut point avoir d'aprentis.)

VIE.

VIE, ſ. f. Mot qui vient du Grec. C'eſt l'union de l'ame avec le corps. (Etre en vie. Donner la vie. Perdre la vie. *Abl.* Oter la vie. Atracher la vie. S'il eût eu mille vies, il les eût toutes perduës pour le ſervice de ſon maitre. Tout ce qui ne peut contribuer à rendre la vie plus agréable, ne ſe doit compter pour rien ; l'honneteté même, qu'on eſtime tant, n'eſt à ſouhaiter que parce qu'elle eſt cauſe que la vie eſt plus heureuſe.

Le ciel m'attache une innocente vie.
Rac. Phédre a. 5. ſc. 6.

Henri IV. diſoit que quiconque mepriſeroit ſa vie, ſeroit toûjours maitre de celle d'autrui. *Hiſt. de Henri 4.* La plûpart des hommes atendent une autre vie aprés celle-ci. Les Chrétiens eſperent une vie éternelle.
* *Vie.* Le tems qu'on a à vivre.

A chanter les fameux exploits
J'emploirois volontiers ma vie.
Sar. Poeſ.

Oui, quand je ne ſerois que l'aimer & la voir
Je ſerois trop heureux le reſte de ma vie
Si-tôt qu'on te voit un moment
On dit, Neumon ſera toute ſa vie
Ce qu'il eſt véritablement.
Un franc pédagogue Alemand.
Richelet.

* *Vie.* Hiſtoire particuliére qui contient ce qu'a fait une perſonne & tout ce qu'il lui eſt arrivé, tandis qu'il a vécu. (Plutarque a fait *la vie* des hommes Illuſtres. Les Vies des hommes illuſtres de Plutarque ſont le chef-d'œuvre de ce Grand homme. *S. Evremont, œuv. mêl. T. 1.*
* *Vie.* Maniere particuliére de vivre d'une perſonne. Conduite ſoit honnête, ou malhonnête de quelque perſonne. (*La vie que je fais eſt bien diferente de la mienne ſaſée. Voit. l. 23.* Mener une vie d'honnête homme. *Abl.* C'eſt une perſonne de mauvaiſe vie. Une fille de mauvaiſe vie. *Ablancourt, Apoph.* Une vie Crétienne. Une vie religieuſe.)
* *Vie.* Ce mot ſe dit en parlant de la quantité que mange un animal, ou une perſonne. Exemples. (Oiſeau de petite vie. C'eſt à dire, qui mange peu. Oiſeau de grande vie. C'eſt à dire, qui mange beaucoup. Ainſi on dit un enfant de grande vie. Un homme de petite vie.)
* *Vie.* Subſtance. Ce qu'il faut pour vivre, pour ſe nourrir, pour ſubſiſter. (Demander ſa vie. Chercher ſa vie. *Abl. Luc.*)
† *Vie.* Débauche agréable, divertiſſement galant, bonne chere qu'on fait ſe réjouïſſant avec ſes amis. (Faire la vie. Faire bonne vie.)
† Il ſe trouve en bonne compagnie.

Danſant, ſautant, menant joyeuſe vie. *La Fontaine, Nouvelle*
Faire la vie avec ſes amis.
* Vous avez fait tantôt une terrible vie. *La Fontaine, nouv. de Jocande,* c'eſt à dire, vous vous êtes diverti d'une étrange ſorte ; vous avez fait rage en amour.
† *Vie.* Bruit, tempête & ſabat que font des perſonnes, & qui étourdit, Vie, en ce ſens, eſt bas & comique. (Les gens qui ſont logez au deſſus de moi, ont fait toute la nuit, une vie de diable.)
* *Vie* Paroles aigres qu'on dit à une perſonne, la querellant & lui remontrant ſon devoir. (Vôtre pere vous va faire une belle vie.)
† *Vie.* Sorte d'épargne qu'on fait en vivant doucement. (Faire vie qui dure.)
* *Vie.* Ce mot ſe dit des ouvrages d'eſprit, des livres & de mots même. (La vie d'un méchant livre eſt fort courte. *Abl.* & ſignifie durée. Si-tôt que le viſionnaire & emporté Amelot a fagoté quelque choſe, on en compoſe l'epitaphe, parce que la vie en eſt tres courte. Ce qu'il donne de ſa façon eſt miſerable, & ce qu'il traduit des bons Auteurs, leur fait tort parce qu'il les traduit pédanteſquement.
* *Eau de vie.* C'eſt du vin diſtilé, qu'on reduit de cinq ou ſix pintes à une. Eau de vie rectifiée. C'eſt celle dont la diſtillation a été pluſieurs fois réiterée. On l'apelle auſſi eſprit de vin.
* *Viedaze,* ſ. m. Ce mot eſt libre & vaut autant que ſi l'on diſoit vit daze, c'eſt à dire, vit d'âne, gros & grand vit.

Adorable Priape
Qui plus majeſtueux qu'un Empereur Romain
Portes au lieu de ſceptre, un viédaze à la main.
Saint Amant.

† *Viédaze.* Mot libre & injurieux, pour dire fat. Le grand patron de Monſieur de.... eſt un viédaze fiefé.) Quel viédaze eſt-ce là ? Allez, vous êtes un franc viédaze.
* *Viedaze.* Quelques-uns donnent une autre ſignification à ce mot, & croient qu'on l'a dit par corruption pour vis d'âne, & que c'eſt un vieux mot qui ſignifioit viſage. Quoi qu'il en ſoit ce mot eſt libre & injurieux dans le ſens qu'on lui donne aujourdui.
Viel, ou *vieux.* Mot adjectif qui fait à ſon feminin *vieille.* Le mot de viel n'eſt proprement uſité qu'en de certaines façons de parler conſacrées ; par exemple dépouïller le vieil homme pour quiter le peché, & le viel Adam, pour dire l'homme pécheur, perſonne ne conteſte ces expreſſions. Mais quelques-uns prétendent que dans le diſcours ordinaire on ſe ſert encore du mot de viel devant un nom qui commence par une voielle. La prétenſion de ces Meſſieurs eſt contraire à l'uſage ; & en la place du mot de viel on ſe ſert de *vieux* : on dira donc un vieux homme, & jamais un viel homme. Le mot de viel n'eſt reçu ces diſcours ordinaires qu'en raillant. Ainſi Déprcaux a dit plaiſamment le vieil inforciat, & Benſerade, dans ſes rondeaux, a ſort exprimé viel amour, diſant en matiére d'amour tout animal eſt meilleur qu'un viel homme.
Voiez *vieux.*
Vieillard, ſ. m. Qui a beaucoup d'âge. Qui eſt dans la vieilleſſe. On apelle vieillard, un homme depuis quarante ans juſques à ſoixante & dix. Les vieillards ſont d'ordinaire ſoupçonneux, jaloux, avares, & timides, chagrins, cauſeurs, ſe plaignant toûjours. Voiez là-deſſus la *Rétorique d'Ariſtote, l. 2.* Les vieillards ne ſont point capables d'amitié, mais on dit en riant, qu'ils ſont plus amoureux que les autres, parce que le bois ſec brule mieux que le bois verd. *Voi. Nic. Richelet ſur les Sonnets de Ronſard.*
Vieille, ſ. f. On apelle une femme vieille depuis quarante ans, juſques à ſoixante & dix. Les vieilles ſont fort dégoutantes. Vieille décrépite. Vieille raratiée. Vieille roupieuſe.

Une vieille riche & mal ſaine
N'eſt jamais un mauvais parti.
Mai. poëſ.

Vieille hou hou, vieille ha-ha
Vôtre chien de ſeſſier en a.
Sca. poeſ.

VIE

Vieillerie, *s.f.* Chose vieille & usée. Chose qui a déja beaucoup servi. (C'est de la vieillerie que cela, & on n'en aura pas grand chose.

Vieillesse, *s.f.* C'est le tems de la vie de l'homme, qui est entre l'âge viril, & l'âge décrépit. C'est un tempérament du corps, sec & froid produit par une longue suite d'années (Arriver à une vieillesse honorable. *Abl. Ret. l. 3. c. 1.*

L'inutile vieillesse au tombeau nous apelle.
Sar. Poës.

La vieillesse est ordinairement chagrine, & sur tout la derniére vieillesse qui commence à soixante & dix ans, & va jusques à la fin de la vie.
La vieillesse du monde. Ces mots sont figurez. C'est le tems qu'il y a que le monde subsiste.
Quand *la vieillesse de l'année* blanchit la terre par tout ailleurs, elle est toûjours verte. *Voi. l. 39.* C'est à dire, la derniére saison de l'année, couvrant la terre de nége, la terre est ici couverte d'une agréable verdure.
Vieillir, *v. n.* Devenir vieux. Tout le monde *vieillit*, & cela doit être indiferent à quiconque a de l'esprit, mais il est fâcheux de vieillir & d'être gueux.
En vieillissant on devient plus fou ou plus sage. Vieillir dans les siences. *Ab. Apo.*
Il n'y a rien qui vieillisse si-tôt qu'un bien fait. *Ablancourt. Apo.*

* De ces noms pour qui l'on s'expose
Les plus grands, les plus estimez
Vieillissent comme toute chose.
Voit. Poës.

Mot qui commence à vieillir. *Vau. Rem.* Mot qui a vieilli. *Ablancourt.* Les arbres vieillissent.
Vieillir, *v. n.* Il signifie aussi passer sa vie dans quelque emploi. Ce Capitaine a vieilli sous le harnois. Ce Ministre a vieilli dans les afaires.
Vieillot, *s. m.* Qui commence à devenir vieux. Cet homme est un peu vieillot, il commence à se rider.
Vieillote, *s. f.* Mot bas & comique pour dire une petite vieille. C'est une vieillote qui fait encore la belle & qui est ravie qu'on lui en conte.
Vièle, *s. f.* C'est une sorte d'instrument de Musique dont quelques pauvres aveugles joüent & gagnent leur vie, qui est composé de cordes, d'une table, & d'un boüet d'un clavier. Joüer de la viéle. La viéle est aujourdui peu estimée.
Vièler, *v. n.* Joüer de la viéle. C'est un pauvre aveugle qui s'en va vièler tout le jour par les ruës de Paris.
Vièleur, *s. m.* Celui qui joüe de la viéle & qui gagne sa vie à joüer de cet instrument. Un pauvre vièleur.

Un aveugle expert *vièleur*
Joint sa Simphonie à la lueur.
Saint Amant, Rôme ridicule.

Vierge, *s. f.* On donne ce titre par excellence à la Mére de nôtre Seigneur Jesus-Christ. La Sainte Vierge. Saint Tomas a crû que *la Vierge* avoit été conçûë en peché originel.
Vierge. Fille pucelle. Elle est encore vierge, mais elle a tout l'air de ne l'être pas encore long-tems.
Vierge. L'un des douze Signes celestes, auquel le Soleil entre au mois d'Août. Le Soleil est dans la Vierge.
Vierge, *adj.* Ce mot se dit de l'huile d'olive la meilleure & la plus douce. C'est de l'huile vierge. On le dit aussi de diverses autres choses. *Cire vierge*, c'est de la cire telle qu'elle vient des ruches & qui n'a point été travaillée. *Miel vierge*, c'est celui qui coule hors de la cire sans être échaufé. On dit ce mot *vierge* en parlant des métaux. *Or vierge*, c'est de l'or tel qu'on le tire de la mine sans aucun aliage, & alors il est si mou qu'il soufre l'empreinte d'un cachet. Lors qu'on le dit des autres métaux, il signifie qui n'a point encore été fondu. *Mercure vierge*. C'est celui qui se trouve tout fait & tout coulant dans les mines Il a plus de vertu & est plus estimé que le commun. On dit aussi du *parchemin vierge*, qui est fait de la peau d'un jeune agneau.
Epée vierge. Ces mots se disent en riant pour dire. Une épée qui n'a point fait de mal à personne, qu'on n'a pas encore tirée du fourreau pour se batre, l'épée de ce jeune cavalier est encore vierge.
Vieux, *vieille, adj.* Ce mot au masculin se met également bien devant les voïelles & devant les consones. La remarque de Vaugelas, sur le mot de *viel* & de *vieux*, ne s'observe presque plus tout ce qu'on en peut dire, c'est que l'usage y est contraire. Le mot de *vieux* se dit des personnes, & signifie qui a beaucoup d'âge.

Un rimeur *vieux* & Gascon
Ne sauroit de bonne grace
Paroitre sur l'Hélicon.
Mai. Poës.

En vain, Cloris, tu me fais les doux yeux;
On n'est plus bon quand on est *vieux*,
Que pour être jaloux, ou dupe.
Lignière, poësies.

* **Vieux**, *vieille.* Ce mot se dit des choses & à divers sens: Un vieux habit. Un vieux bâtiment, une vieille maison. Vieux livres. *Vieux* en ces exemples signifie *Usé, Gâté par le tems.*
Vieux, *vieille.* Ce mot se disant des choses signifie aussi, Qui est depuis un longtems. Ancien. Vieux Manuscrit. Vieilles Histoires. Le vieux Testament. Les lettres que vous m'avez données sont trop vieilles. *Voi. l. 18.* C'est à dire, écrites depuis trop long tems.
Vieux, *vieille.* Ce mot se dit du vin, & veut dire, Qui n'est pas de l'année. Le vin vieux est meilleur pour la santé que le nouveau. On y trouva *du vin vieux* excellent. *Abl. Ret. l 4. c. 3.*
Vieux, *vieille.* Ce mot se dit du langage, du stile, des mots, & des modes, & signifie. Qui n'est plus d'usage. Il y a des vieilles façons de parler fort plaisantes. Le stile de Marot est vieux, mais il est charmant par sa naïveté. Les vieux mots n'ont pas souvent mauvaise grace dans les contes. Les vieilles modes paroissent ridicules.

Amelot fait livre sur livre
Et semble par son beau François
Essaier de faire revivre
Le langage des *Vieux Gaulois.*
Richelet.

Les six vieux corps. On apelle ainsi les six vieux Regimens de l'ancienne création, qui sont les Régimens de Picardie, de Piémont, de Champagne, de Navarre, de Normandie & de la Marine.
Les six petits vieux corps. Ce sont les six petits vieux Régimens qui prennent chacun le nom de leur Colonel.
Vieux oint, *s. m.* C'est de la panne de porc batuë propre à graisser des roües & des plaies de cheval. Le *vieux oint* est fort bon. Faire du *vieux oint.*

VIF.

Vif, *vive, adj.* Vivant, vivante. Qui est en vie. Ces mots se disent au propre tant des personnes que des bêtes. Ces mots se disent des personnes c'est presque toûjours en *termes de Palais.* Exemples. On a donné ordre de prendre ce criminel, mort ou vif. On la roüé tout vif. On la brulera toute vive. Donation entre vifs. Ce mot se dit toûjours sans article & signifie personnes vivantes. Hubert second, dernier Prince de la race des Dausins de Viennois, donna en 1343. *par donation entre vifs,* le Daufiné à l'un des fils de Philipe de Valois. *Patru, plaidoié 4.*
Le *mort saisit le vif.* C'est à dire, son plus proche heritier, pour dire que dés qu'une personne est morte, son plus proche parent se peut mettre en possession de ses biens, sans en faire aucune demande en Justice, On dit à l'égard des bêtes. On ne peut conserver les *vifs.* Un brochet vif. Une carpe vive, Les huitres à l'écaille se mangent vives.
On dit en termes de *Fauconnerie.* Faire tuer la poule à l'oiseau pour lui faire conoître le vif. Un bon oiseau de proie ne se paît que sur les batans vifs. Faire conoître le vif aux oiseaux. Il y a peu d'endroits où l'on veuille manger du poisson d'eau douce, si on ne l'a vû encore vif.
Vif, *s. m.* Partie vive, Chair vive. Couper jusques au vif, jusques à la chair vive. Couper le vif.
Piquer au vif. Ces mots *au figuré* veulent dire, Ofenser quelcun par des paroles piquantes & injurieuses.

C'est ce qui m'a contraint de librement écrire.
Et sans *piquer au vif,* me mettre à la Satire,
Reg. Satire 1.

C'est à dire, je raille d'une maniére qui n'a rien de cruel, ni de sanglant. Démostene est serré par tout & piqué jusques au vif. *Mauecroix, Philip. préface.* Un jugement faux & ridicule qu'un impertinent aura fait de vous, vous penetre jusques au vif. *Nicole, Essais de Morale.* Cette maxime n'est pas toûjours vraie. Amelot le barbouilleur est impertinent & ridicule, & neanmoins les jugemens satiriques ne touchent pas jusqu'au vif.
Vif. Ce mot se dit des arbres. C'est le dedans de l'arbre, le cœur de l'arbre. Il faut cerner l'arbre par le pié, en coupant non-seulement l'écorce, mais une partie du vif du bois. *Abregé de Vitruve, 1. partie. n. 2.*
Vif de l'eau. Terme de Mer. C'est la haute eau d'une marée. C'est le plus grand acroissement de la marée. Ce sont les courants des sources d'eaux vives. Les *œuvres vives* d'un vaisseau, ce sont les parties qui trempent dans l'eau, mais les *œuvres* mortes sont au dessus de l'eau.

Il est plus mort que vif Sca. Rom. C'est à dire, il est tellement hors de lui-même, qu'il n'a pas de couleur qu'un mort. *Elle étoit plus morte que vive*, lors qu'il arrivoit quelque courrier. *Bussi Rabutin.*

Vif, vive. Plein de feu. Plein de force. Plein d'ardeur. Avoir l'esprit vif. Elle a l'imagination fort vive, mais elle a bien peu de jugement.

* *Vif, vive.* Violent. Grand. Fort. Vive douleur. *Ablancourt* Un feu vif. De vive force.

* *Vif, vive.* Il se dit aussi de ce qui a l'éclat & du brillant Les yeux ne sauroient souffrir le vif éclat du Soleil. Avoir les yeux vifs. Cette femme la teint vif, c'est à dire, beau & animé. Une couleur vive. On dit aussi qu'un portrait est tiré au vif lors qu'il est fort ressemblant & qu'il est tiré d'après nature.

* *Un cheval vif.* C'est à dire, plein de feu, qui a de l'ardeur & de la vigueur & qui est sensible à l'éperon.

* *En termes d'Architecture*, le *vif* d'une colonne, c'est son fût, le vif du piédestal, c'est son dé. Bâtir sur un fond vif, ou sur la roche vive, c'est bâtir sur un fond solide dont la terre n'a poipt été remuée. Equarrir le bois de charpente *à vive arête*, c'est en ôter tout l'aubier qui est sujet à se pourrir. On apelle chaux vive, celle qui sort du fourneau & qui n'a point été éteinte ni fusée.

* *Une haie vive*, c'est celle qui est faite d'arbres vivans & qui à pris racine, à la diférence des *haies mortes*, qui sont faites de bois sec & qu'on a planté dans la terre.

Vif argent, s. m. Prononcez *vivarjan*. C'est du mercure. C'est une sorte de corps qui est ordinairement liquide & qu'on met au nombre des métaux, parce qu'on peut lui ôter sa liquidité. *Acosta, Histoire des Indes l. 4. c. xi.* raconte qu'en 1566. & 1567, on découvrit des mines *de vif argent*, & qu'on commença dés l'an 1571. à afiner l'argent avec le vif argent. On dit épurer le vif argent. Le vif argent se congèle après qu'il est épuré; Voiez le *Mercure Indien*, I. partie, c. 5. Apliquer le *vif argent* sur le derrière d'une glace de miroir. Voiez la dessus les metteurs de glace au teint.

† * *Avoir du vif argent dans la tête.* C'est à dire. Etre un peu fou On dit que les Poëtes ont un peu de vif argent dans la tête.

VIG.

VIGILANCE, *s. f.* Mot qui vient du mot Latin *vigilantia* & qui signifie Grand soin qu'on a de quelque chose, Grande aplication d'esprit qu'on a pour prendre garde à quelque chose. Action de la personne qui est alerte & qui a l'œil à quelque chose, afin que tout aille bien selon qu'il le souhaite. (Vigilance grande, particulière, merveilleuse, extraordinaire. La *vigilance* est recommandée en quelque personne que ce soit. Jesus-Christ à fort recommandé la vigilance à ses disciples. *Il faut avoir de la vigilance* si l'on veut gagner l'afection de ceux qui nous ont donné quelque chose en garde.

Ce mot dans tous les cœurs repand la vigilance
Tout s'ébranle, tout sort, tout marche en diligence.
Dépreaux, Lutrin, c. 4.

Vigilant, vigilante, adj. Qui a de la vigilance. (Serviteur vigilant. Fille vigilante. Prince vigilant.)

Vigilamment, adv. Qui signifie avec vigilance. Mais qui se dit peu. (Il fit cela vigilamment.)

Vigile, s. f. Terme d'Eglise. Mot qui vient du Latin, c'est le jour qui précède quelque fête. (Vigile du S. Sacrement. C'est aujourd'hui jeûne & vigile.)

Vigiles. Terme d'Eglise. Ofice pour les morts, Ce mot en ce sens n'a point de singulier. Les vigiles sont dites. Chanter vigiles. Dire vigiles.

VIGINTIVIRAT, *s. m.* Dignité qui en comprenoit quatre autres, car de 20. hommes qui étoient de cette compagnie, il y en avoit 3. qui jugeoient les afaires criminelles, 3. autres qui avoient égard sur la monoie, 4. qui avoient soin des ruës de Rome & le reste jugeoit des afaires civiles. *Ablanc. Tacite.*

VIGNE, *s. f.* C'est une sorte de plante qu'on soutient avec des échalas, des treilles, ou des perches & qui porte les grapes des raisins. (Une bonne vigne. La vigne a plusieurs vertus particulières. L'eau qui sort des ceps de la vigne chasse la gravelle lors qu'on prend cette eau avec du vin. (On dit planter la vigne, labourer, houër, biner, tiercer, fumer, tailler la vigne. Cultiver la vigne. La vigne a eu toutes ses façons. La vigne est en fève. Les vignes ont coulé cette année & le vin sera cher. Il n'y a point de vignes en Angleterre, en Ecosse, ni en Irlande, en Holande, en Danemarc, ni en Suede, &c.

Aprés nous fasse les vignes qui voudra, Façon de parler proverbiale, c'est à dire, qu'on ne se soucie pas de ce que deviendront les choses, quand on ne sera plus.

Vigne sauvage. Sorte de plante qui a quelque raport avec la vigne & il y en a de deux sortes, l'une qui fleurit seulement, & l'autre qui porte un petit fruit, dont les grains sont noirs & astringens. La vigne sauvage a les mêmes vertus que la vigne cultivée. Voiez là-dessus. *Discoride, Matiole & Dalechamp.*

Vigne vierge. C'est une vigne qui ne porte point de fruit, qui ne sert qu'à faire des palissades & qui monte fort haut. Elle tire ce nom de la Virginie, païs d'Amerique, d'où elle est venuë.

Vigne. Il se dit du plant de plusieurs seps de vigne. On dit une vigne de tant d'arpens. Un clos de vigne.

* *Vigne.* Ce mot dans l'Ecriture Sainte signifioit le peuple d'Israël, & l'Eglise.

* *Travailler à la vigne du Seigneur.* C'est à dire travailler à l'instruction des fideles & au salut des ames.

Vigneron, s. m. Celui qui cultive la vigne, & loi donne les façons necessaires. Un bon vigneron. Un habille vigneron.

Vigneronne, s. f. C'est la femme du vigneron. C'est une femme qui a le soin de faire les vignes.

Vignette, s. f. Terme d'*Imprimeur*. C'est un ornement qu'on met à la tête de chaque ouvrage, & à la tête de chaque Chapitre Car pour la fin des Chapitres, on les embélit d'ordinaire d'un fleuron. Il y a des vignettes qu'on apelle *vignettes de fonte*, & d'autres qu'on apelle *vignettes gravées.* (Il faut mettre *une vignette* au haut de cette page, ou au commencement de ce Chapitre.)

VIGNOBLE, *s. m.* Plusieurs arpens de vigne, les uns auprés des autres en une contrée, & ordinairement sur des côteaux, des colines, ou des montagnes. (Un petit vignoble. Un grand vignoble. Le vignoble d'Ais est le plus fameux vignoble de Champagne & le vignoble de Beaune le plus renommé vignoble de Bourgogne.)

Vignot, s. m. Terme de *Rocailleur.* C'est une sorte de grosse coquille ; qu'on apelle vignot, à Dieppe & au Havre de grace. (Un joli vignot.)

VIGOGNE, *s. f.* Laine dont on fait de certains chapeaux qu'on apelle *chapeaux de vigogne.* La *vigogne* est une laine qui nous vient d'Espagne & il y en a de plusieurs sortes. C'est la laine d'une espece de mouton du Perou, que les Espagnols apellent *vicunas*, d'où nous avons fait *vigogne*. Cet animal est plus haut qu'une chevre, de couleur fauve & très legere sa course ; il pait sur le haut des montagnes & auprés des neiges. Vraie vigogne. Vigogne bâtarde. Vigogne blanche. Vigogne rouge. Cette derniere sorte de vigogne est la meilleure & la plus chere.

Vigogne, s. m. Chapeau fait de laine de vigogne. Un bon vigogne. Un beau vigogne. Acheter un vigogne. On a vendu aujourdui sept ou huit vigognes.

VIGORTE, *s. f.* Terme d'*artillerie.* C'est un modele sur lequel on entaille le calibre des pierres d'artillerie.

VIGOUREUX, *vigoureuse, adj.* Ce mot se dit des personnes & veut dire. Qui a de la force. Qui a de la vigueur. C'est un homme vigoureux. Il y a des femmes vigoureuses, mais il n'y en a guere.

Vigoureux, vigoureuse. Ce mot se dit des choses & signifie. Plein de force & de vigueur. Il est fort & robuste, il a le bras vigoureux.

Vigoureux, vigoureuse. Généreux. Plein de courage. Faire une vigoureuse résistance. *Ablancourt.*

Vigoureusement, adv. Avec vigueur. Avec force. (Repousser vigoureusement l'ennemi. Resister vigoureusement. Soutenir vigoureusement un assaut. *Ablancourt.*)

VIGUERIE, *s. f.* Charge de *Viguier.* Jurisdiction de Viguier. Il à exercé la *Viguerie* avec honneur. Il s'est aquis durant *sa Viguerie* la reputation d'un homme de bien.

Vigueur, s. f. Force. Action vigoureuse. C'est un homme qui a de la vigueur. Manquer de vigueur.

* Ce n'étoient que plaintes dans la fleur de sa jeunesse, & dans cette vigueur de courage, celui qui étoit leur Roi, leur fut cruellement enlevé. *Vau. Quin. l. 3. c. 5.* Le mot de vigueur en cét exemple signifie force & ardeur de courage.

* *Vigueur.* Ce mot signifie aussi Courage. Fermeté. Témoigner de la vigueur.

VIGUIER, *s. m.* Mot qui ne se dit qu'en Languedoc & en Provence. Il signifie le Juge qu'on apelle Prevôt dans les autres Provinces de France. Voiez *Loiseau des Seigneuries.* Les Ducs ou les Comtes de la premiere race des Rois François avoient des Viguiers, ou des Lieutenans qui rendoient justice en leur absence. *Mezerai, abregé de l'histoire de France. Vie de Clotaire. 2.*

VIL.

VIL, *vile, adv.* Mot qui vient du latin *vilis*, & qui signifie. Abjet. Méprisable. Un vil esclave, on parle ainsi en parlant d'un homme, mais en parlant d'une fille, ou d'une femme dans la servitude, on dira une vile esclave. *Racine Iphigenie*, *a. 1. s. 1.* Un vil enfant de la terre. *Patru 2. plaid.* Une condition vile. *Abl.* Il se dit aussi du prix des marchandises lors qu'elles sont à fort bon marché, Il fait bon vivre quand les denrées sont à vil prix.

Vilement. Voiez *plus bas.*

VIL VIN

Vilage, *s. m.* Habitation qui est composée de plusieurs maisons particulières & separées les unes des autres, & qui n'est fermée de fossez, ni de murailles. Un petit vilage. Un gros vilage. Un bon vilage. Vilage ruiné. Vilage désolé.

† * Il est bien de son vilage. Façon de parler basse & proverbiale, pour dire il est bien simple, bien sot, bien innocent, bien niais. A. Il est bien de son vilage de s'imaginer d'être aussi poli que nos premiers Auteurs, lui qui est un animal a grandes oreilles en François.

† * A gens de village, trompette de bois. Proverbe, pour dire, il faut traiter chacun selon son mérite.

† Il ne faut point se moquer des chiens qu'on ne soit hors du vilage. C'est à dire, il ne faut point se vanter qu'on ne soit entièrement hors de tout danger.

Vilageois, *s. m.* Qui est de vilage. Paisan. Un gros vilageois. Henri IV. s'égaroit exprés de ses gens pour se mêler parmi les vilageois & les marchands dans les hôteleries & aprendre d'eux les véritez que les partisans ne lui osoient dire, *Perefixe, vie de Henri 4. in douze pag. 545.*

Vilageoise, *s. f.* Celle qui est du vilage. Une jolie vilageoise. Une petite vilageoise. Une grosse vilageoise.

Vilain, *s. m.* Avare. Faquin. Taquin. C'est un grand vilain.

† **Vilain**, *s. m.* Salope. Fi le petit vilain, pouah.

* **Vilain**, *s. m.* Sot. Etourdi. Diantre soit le petit vilain. *Mol.*

Vilain, vilaine, *adj.* Ce mot se dit des personnes, & veut dire Taquin, Avare & ladre fiéffé. Le monde est ingrat & vilain, & c'est être mal habile que d'obliger les gens pour en esperer quelque reconnoissance. *Riche vilain vaut mieux que pauvre gentilhomme. Reg. Sat. 3.*

Vilain, vilaine, *adj.* Ce mot se dit des actions des hommes & signifie Malhonnête. Honteux. Cette action est vilaine. *Tous vilains cas sont reniables.* Sorte de manière de parler proverbiale pour dire qu'il faut nier toutes les actions malhonnêtes qu'on nous impute.

Vilain, vilaine. Ce mot se dit des choses & veut dire Diforme. Sale. Un vilain rabat. Il a une perruque aussi vilaine qu'étoit celle du Poëte Chapelain.

* **Vilain vilaine**. Peu honnête. Cela est fort vilain à vous de prêter la main aux sotises de mon mari. *Mol. Bourgeois Gentilhomme a. 4. sc. 2. La vilaine façon de parier que voilà! Mol. mar. forcé. sc. 9.*

* **Vilain, vilaine**. Ce mot se dit du Tems & des saisons. Il veut dire Sale, Fâcheux. Incommode. Il fait un vilain tems. L'hiver est une vilaine saison.

Vilain. Ce mot est quelquefois une manière *d'adverbe*, & veut dire, Sale, Croté. Il fait vilain dans les ruës. Il fait vilain aujourdui.

Vilaine, *s. f.* Fille, ou femme de mauvaise vie. C'est une vilaine. Un galant homme n'aime point les vilaines.

* **Vilaine**. Sote, impertinente. Fole. Allez vous cacher, vilaines, allez vous cacher pour jamais. *Mol. Pretieuses, Sene 17.*

* **Vilaine**. Peu civile. Peu honnête. Oh! la farouche, fi, pouah la vilaine qui est cruelle. *Mol. George dandin.*

Vilainement, *adv.* D'une manière mal honnête. D'une façon, rustique, grossière. Cruellement. Avec infamie. Tu l'as vilainement outragé sous pretexte de te défendre. *Abl. Luc.*

Vilanelle, *s. f.* Ce mot a été tiré de l'Italien *villanella*, qui vient de l'Espagnol *vilano*. C'est une sorte de chanson pieuse ou galante, amoureuse & pastorale. *Et un genero de copla que solamente se compone para ser cantado, Rengifo Poetique. c. 4.* Monsieur d'Urfé nous a laissé dans l'Astrée d'assez belles vilanelles. On en peut voir des exemples dans la Poëtique de Richelet.

Vilasse, *s. f.* Ce mot se dit par mépris, & veut dire une grande vile. (Gand est *une vilasse* fameuse par ses diverses mutineries.

Vile ou ville, *s. f.* Mais on prononce vile. Lieu plein de maisons & fermé de terrasses & de fossez, ou de murailles & de fossez. Une petite vile. Une grande vile. Paris est une belle vile & une grande vile. On peut dire que c'est le païs de tout le monde. Faire, bâtir, fondet, bloquer, assieger, prendre une vile. Detruire une vile. Ruiner une vile. Sacager une vile.

Monsieur est à la vile. C'est à dire, qu'il n'est pas à la campagne.
Monsieur est en vile. C'est à dire qu'il n'est pas au logis & qu'il est sorti.

Vilebriquin, *s. m.* Terme de *Menuisier*. C'est un outil de Menuisier, qui est composé de son manche, de sa poignée, & de sa mêche, & dont le Menuisier se sert pour percer. Vilebrequin perdu.

Vilement, *adv.* D'une manière vile. D'une manière basse. Ce mot vilement ne se dit guere. Ramper vilement sous quelcun, S'abaisser vilement pour faire sa fortune.

Vilenie, *s. f.* Ordure. Saleté. Vuidez la vilenie, ôtez là. Pot de chambre plein de vilenie. Les lieux de la maison sont pleins de vilenie, il les faut netteier.

† * **Vilenie**. Sorte de bassesse de cœur. Action peu honnête & peu genereuse. Il a fait une vilenie la plus grande du monde. C'est une vilenie, qui n'eut jamais de pareille. C'est une insigne vilenie qui ne servira pas peu à le décrier.

* **Vilenie**. Avarice. Sorte de mesquinerie *La vilenie de la plupart des gens de robe n'est pas concevable* & l'on dit aussi ordinairement que leur robe est fourrée d'avatice.

* **Vilipender**, *v. a.* Prononcez *vilipandé*. Il vient du Latin *vilipendere*. Ce mot est bas & burlesque & signifie Mépriser, rendre méprisable & digne de rîsée. Vous venez ici *vilipender* les honnêtes gens. Ligniere & Boileau ont vilipendé par tout le bon homme Chapelain, le prémier dans ses Epigrammes, & l'autre dans ses Satires.

VIN.

Vin, *s. m.* En Latin *vinum*. Liqueur qui sort des raisins. Vin clairet, paillet, rouge, rosé, blanc, couvert, délicieux. Bon vin. Méchant vin. Vin verd. Vin dur. Vin François. vin étranger. Vin de deux feuilles. Vin de trois feuilles. Vin de quatre feuilles. *C'est à dire*, vin de 2. ans, vin de 3. ans & de quatre ans. Seigneur vous tirez le pain de la terre, & le *vin* qui réjouit le cœur de l'homme. *Port Roial Pseaumes*. Vin qui se passe. Vin qui n'est pas en sa boite. Faire du vin de garde. Vin qui a de la seve. Vin qui a de la verdeur ou qui a du verd, vin qui ne porte pas bien l'eau. vin ferme. C'est du vin de garde. vin de mére goute. vin fumeux. Le vin vieux est toujours le meilleur. Le vin nouveau engendre la gravelle & cause souvent de flux de ventre.

> Le vin fait que les années
> Nous durent moins que les journées.
> Oui, Tirsis, c'est le vin qui nous fait rajeunir
> Et qui bannit de nos pensées,
> Le regret des choses passées
> Et la crainte de l'avenir. *Recueil de poësies.*

* *Vin de l'étrier*. C'est le vin qu'on donne à des gens qui sont prêts à partir pour aler en quelque lieu. C'est le vin qu'on présente à des gens à cheval & qui sont sur le point de s'en aler.

† *Vin d'une oreille*. C'est à dire du bon vin, parce qu'on dit que le bon vin fait pancher la tête de celui qui le boit, d'un côté seulement; au lieu que si le vin est mauvais, on secouë la tête, & par consequent les deux oreilles. Voiez *De Brieux, origine de quelques coutumes anciennes.*

Vin de liqueur. C'est quelque sorte de vin doux & piquant, qu'on boit par ragout à la fin du repas, & qu'on ne boit pas à l'ordinaire; comme sont les vins d'Espagne, de Canarie, le muscat de S. Laurens, &c.

Vin brûlé C'est celui qu'on a fait bouillir avec du sucre.

Le vin mêlé de sucre, de canelle, d'ambre, &c. s'apelle hipocras. On parle en Medecine d'autant de sortes de vin qu'on y mêle de sortes d'herbes, de drogues, vin d'absinthe, de romarin, de sauge, &c.

Vin émetique. C'est du vin où s'est trempé de l'antimoine preparé en poudre, en regule, &c.

On dit aussi le vin, lie de vin.

En parlant des effets du vin pris par excés, on dit vin de singe, de lion, de pourceau, d'âne, &c.

† *Vin Fumée* & vapeur de vin. Le vin lui monte à la tête. *Abl. Tac.*

* *Il a pris de son vin.* C'est à dire, il est fou.

* *Aprés bon vin bon Cheval. Benserade, Poësies.* C'est à dire, qu'aprés qu'on a bien bu, on marche bien; aprés qu'on a bien bu, on fait aler le Cheval comme il faut. Le vin est le lait des vieillards.

* *Vin.* Vaisseau plein de vin, soit muid, ou feuillette. Piéce de vin. Acheter du vin. Choisir du vin sur le port, ou aux hâles. Décharger du vin. Mettre du vin en perce. Tirer le vin. Voilà des vins bien reliez.

Il signifie quelquefois une bouteille de vin. (Si le vin est bien coifé, qu'on le porte à M. de... Coifez ce vin.)

Il signifie aussi le vin qui est dans un muid, ou une feuillette, Le vin est au bas.

Vin du marché. C'est ce qu'on donne aux valets, lors qu'on a fait un marché. Petite somme d'argent qu'on met pour boire lors que le marché est conclu. Promettre, donner le vin du marché aux valets. Il y a une pistole pour vôtre vin, si l'on fait afaire.

Vinage, *s. m.* Terme de coutume. C'est un droit seigneurial qui se paie en vin qu'on prend dans la cuve.

Vinaigre, *s. m.* Prononcez *vinégre*. On apelle *vinaigre* toutes les liqueurs qui ont passé la fermentation jusques à une espece de corruption, Voiez *Glaser, traité de Chimie, l. 1. c. 21.* Mais ordinairement parlant. Le bon *vinaigre* se fait de vin & sert à assaisonner quelque chose & à plusieurs autres usages. Le *vinaigre* ne se fait pas seulement de vin, mais de bierre, de citre, & l'on y mêle souvent des fleurs de souci, d'œillet, de romarin, de sauge. Il y a plusieurs sortes de vinaigre. Il y a du vinaigre rouge, blanc. *Vinaigre rosat*, & non pas *rosar*, comme parle le petit peuple.

> Et l'huile de fort loin saisissoit l'odorat
> Et nageoit dans des flots de vinaigre rosat.
> *Depreaux, Satire 3.*

Vinaigrer, v. a. Ce mot ne se dit qu'au participe passif, & en sa place, on dit *mettre du vinaigre*. Ainsi on ne dit point *vinaigrez cette salade*, mais mettez *du vinaigre dans cette salade*. Cependant on dit fort bien. Cela est trop *vinaigré*. Cela n'est pas assez vinaigré. Sauffe trop vinaigrée. C'est à dire, sausse où il y a trop de vinaigre.

Vinaigrette, s. f. Sorte de sauce qu'on fait avec du vinaigre, du sel, & du poivre. Manger du beuf à la vinaigrette. Aimer la vinaigrette.

* *Vinaigrette*. C'est une sorte de caléche qui est établie à Paris pour la commodité du public & qui coute vingt sous par heure. Prendre une vinaigrette. Il s'en est alé à Saint Germain, dans une vinaigrette.

Vinaigrier, s. m. C'est un artisan qui fait & vend de la moutarde, pains de lie, & toute sorte de vinaigre, blanc, rouge, rosat, comman & autres. Un bon vinaigrier. Il loge chez un vinaigrier au premier étage.

Vinaigrier. C'est une sorte de petit vase de vermeil doré, d'argent, & d'étain, ou de faïance, où l'on met du vinaigre lors qu'on en veut servir sur table & qui est composé d'un corps, d'un couvercle, d'une anse, d'un bucheron & d'un pié. Un vinaigrier bien travaillé. Commander un vinaigrier chez un orfèvre. Acheter un vinaigrier.

VINCENT, s. m. Nom d'homme. Vincent de Lérins, si fameux par sa doctrine & par son éloquence florissoit du tems du Pape Innocent I.

VINDAS, s. m. Sorte de machine. C'est un capestan qui sert à remonter les bateaux foncés. Il est composé de sa fusée, de jambes, de sa table & chapelle & de ses barres à tourner.

VINDICATIF, *vindicative*, adj. Qui aime la vengeance. Qui a du panchant à se venger. Qui ne pardonne pas & qui garde toujours quelque ressentiment dans son cœur. Les Espagnols & les Italiens sont vindicatifs, mais sur tout les Italiens. La femme est un animal vindicatif.

Ils savent ajuster leur zele avec leurs vices
Sont promts, vindicatifs, sans foi, plein d'artifices.
Mol. Tartufe.

Les femmes sont avares, vaines, legeres & *vindicatives*.

* *Vindilité*, s. f. Il ne se dit que quelquefois en termes de Palais; & signifie *vengeance*.

VINÉE, s. f. Ce qu'on a recueilli, ou ce qu'on espére de recueillir de vin dans une année. Nous avons eu, ou nous aurons une bonne vinée.

Vineux, *vineuse*, adj. Qui sent le vin. Qui a le gout du vin. Melon vineux. Haleine vineuse. Il se dit aussi du vin même. Un *vin vineux*. C'est du vin qui est bon & qui a bien le gout du vin.

Vineux, *vineuse*. Terme de *teinturier*. Qui se dit des couleurs & qui signifie. Tirant sur le vin. Couleur vineuse.

* *Vineux*, *vineuse*. Ce mot se dit en riant des lieux pleins de vignes & où il croit du vin.

Mais aussi tôt la nuit de ses ailes afreuses,
Couvre des Bourguignons les campagnes *vineuses*.
Depreaux, Lutrin, c.3.

VINGEON, s. m. Oiseau étranger, gros comme une Sercelle & qui a le cou blanc. On en voit beaucoup en l'Ile de Madagascar.

VINGT. Il vient du Latin *viginti*. C'est pour cela qu'on l'écrivoit avec un g. Mais comme cette lettre g. ne s'y prononce point en François, on écrit *vint*, comme on le prononce. C'est un nom de nombre indeclinable qui signifie deux fois dix.

Oui, je ne voudrois pas pour *vint* bonnes pistoles,
Que vous n'eussiez ce fruit de vos maximes folles.
Mol.

Vint & un, *vint-un*. Il faut dire *vint & un*, & cependant il faut dire, *vint-deux*, *vint-trois*, *vint-quatre*, & non pas *vint & deux*, *vint & trois*. Ainsi le veut Monsieur l'Usage.

Vint & un Cheval, *vint & un Chevaux*. On dit & on écrit *vint & un Chrval*, & non pas *vint & un Chevaux*. Mais lors qu'il y a un Adjectif aprés *vint & un*, on le raporte à tout le nombre entier, & on le met au pluriel. Ainsi on dit. Il a *vingt-un* ans acomplis, & non pas, il a vint & un an acompli.

Les vint & quatre. Ce sont les vint-quatre violons qui sont oficiers du Roi & qui sont obligez d'aler joüer tous les jeudis & tous les Dimanches au diné du Roi & à tous les bals & balets qui se font par l'ordre de sa Majesté. Il est des vint-quatre. Nous avions hier six violons des vint-quatre. Le bal étoit tres-beau, il y avoit 12. violons des vint-quatre.

Vintaine, s. f. Prononcez *vinténe*. C'est le nombre de vint. Vous êtes mon frere ainé d'une vintaine d'années seulement et cela

ne vaut pas la peine d'en parler. *Mol*. Tirer une vintaine de soldats. *Ablancourt, Arr*.

Vintaine. Terme de meunier. C'est une grosse corde dont les meuniers se servent pour tirer le blé.

Vintaine. Cordage qui sert à conduire les quartiers de pierres que les maçons élevent pour mettre sur les tas.

Vintiéme, adj. Nom de nombre ordinal. Il est le vintiéme. Elle est la vintiéme.

Les quinze-vints. Voiez *Quinze*.

VIO.

Viol. Voiez *violement*.

VIOLAT. Mot adjectif que je n'ai trouvé en usage qu'au Masculin & qui veut dire. Où il y entre de la violette. Qui est composé de violette. (Le sirop *violat* est rafraichissant. Miel violat.)

VIOLATEUR, s. m. Celui qui enfreint quelque loi, quelque ordonnance. Celui qui contrevient à quelque loi. Celui qui viole quelque commandement. (Vous étes condamnez par la Loi, comme en étant les violateurs, Port-Roial, *Nouveau Test.Epitre de S. Jaques* ch.2.v.9. Je ne me puis assez plaindre de ce *violateur* du droit des gens. *Balzac, lettres*, 2. partie, l.6. lettre 7.

Violation, s. f. L'action de celui qui viole. (La violation du droit des gens de ta Loi, des Eglises. La violation de la foi, d'un traité, &c.)

VIOLE, s. f. C'est une sorte d'instrument de musique qui se touche avec un archet, & qui ressemble au violon hormis qu'il a six cordes, où il est bien plus gros & plus grand, & ses cordes vont toujours en augmentant de grosseur depuis la Chanterelle jusques à la sixiéme. Une belle viole. Une bonne viole. Joüer de la viole. Les parties de la violence sont la tête, le sillet, le manche, les touches, la table, les croissans, les ouïes, le chevalet, la queüe, le fond & les chevilles.

VIOLEMENT, *viol*, s. m. Viol est tres-mauvais, de sorte qu'il faut dire *violement*. *Vaug. rem*. Le mot de *violement* signifie. Infraction de quelque loi, de quelque précepte, ou de quelque ordonnance. Sorte de contravention, & une désobeissance. Le *violement* de la nouvelle Loi a été puni rigoureusement. Tous les *violemens* des preceptes de la loi ont reçu la juste punition qui leur étoit düé. *Port. R. N. Test*.

Violence. Voiez plus bas.

Violent, *violente*, adj. Prononcez *violan*. Ce mot se dit en Phisique en parlant du mouvement. On divise le mouvement en naturel & en violent. *Le mouvement violent* est celui qui se fait contre la pente de la nature & avec repugnance, & le naturel est celui qui se fait selon la pente de la nature & sans repugnance.

Violent, *violente*. Ce mot se dit des choses, & veut dire. Rude. Pénible. Laborieux. Fatigant. Tuant. Cet exercice est un peu *violent* pour un homme aussi foible que je suis. *Voiture*, liv.9.

Violent, *violente*. Ce mot se dit du feu & signifie. Grand. Ardent. Vehément. On vitrifie par le moien d'un feu tres-violent, les métaux, & les minéraux. *La Févre, tr. de Chimie*.

Violent, *violente* Ce mot se disant des personnes, signifie Emporté. Ardent. Qui est peu violente. C'étoit un Prince violent dans ses passions. *Abl*.

Violent, *violente*. Terme de *teinturier*. Il se dit des couleurs & signifie qui est trop d'une certaine couleur. C'est un gris de lin violent. Couleur violente. Ce noir est un peu trop violent.

Violemment, adv. Prononcez *violamman*. Avec violence. D'une maniere violente. Agir violemment. En user violemment à l'égard d'une personne.

Violence, s. f. Grande force. Grand éfort. Impetuosité. Cesar voiant que Cimber, l'un des conjurez l'avoit pris par les épaules, cria que c'étoit violence. User de violence envers quelcun. La violence est toujours blâmée.

Violence. Exaction. Sorte de tirannie. Il s'est fait de grandes violences. Avoir part aux violences de quelcun. *Memoires de M. de la Roche-Foucaut*.

* *Violence*. Sorte de contrainte qu'on se fait à soi-même. Se faire violence. *Pascal, lettre* 5. Se faire violence à soi-même. *Ablanc*.

* *Violence*. Ce mot se dit des choses qui soufrent explication, & alors le mot de violence signifie explication forcée & peu naturelle. Faire violence aux paroles du contrat. *Patru, plaidoié* 12.

* *Violence*. Ce mot se dit des maux, il signifie. Rigueur. La violence du mal s'est relâchée. *Abl*.

Violenter, v. a. C'est faire violence. Il y a des gens qui sont violence, mais il y en a peu. Les voies les plus douces sont toujours les meilleures, ainsi l'on ne doit violenter que le moins qu'on peut.

Violer, v. a. Forcer une fille. Lui ravir sa virginité, lui ôter sa virginité de force & contre son gré. Forcer femme ou fille. Obtenir d'une femme ou d'une fille la derniere faveur malgré cette femme, ou cette fille. Tétée viola sa belle sœur Philomèle. Benf. poes.

* Violer, Offenser. Faire tort. Profaner. Il viola la sainteté du lieu par le plus horrible des sacrileges. Violer le respect qu'on doit à la Religion.

† Violer, Enfreindre. Contrevenir. Violer l'aliance. Vaug. Qu. l. 3. c. 13. Violer son serment. Violer les Commandemens de Dieu. Port Roial, Nov. Testament. Violer le droit des gens. Ablanc.

VIOLET, violette, adj. Qui est de couleur de violet. Ruban violet. Gants violets. Quand le Roi tient son lit de justice, le Chambelan est assis à ses piez sur un carreau de velour violet. Monsieur Ch. sebras Breau. Etat de France. Etofe violette.

* Violet, violette. Ce mot entre en quelques façons de parler proverbiales. Exemples. Faire du feu violet dans l'eau. C'est à dire, faire merveilles.

* L'argent tomba sur la chaise, & de la chaise en bas. La Rapinière en devint tout violet. Scar. Rom. 1. partie, ch. 4. C'est à dire, il en pâlit.

Violet, s. m. C'est une sorte de couleur qui se tire sur la couleur de violette, qui est composée d'un pié de brésil, & d'un pié d'orseille, qu'on passe en suite sur une cave d'indigo. Un beau violet. Porter le violet. On dit aussi teindre en violet, &c. Voiez les Instructions pour la teinture. Le violet n'étoit point autrefois en usage en France & ce n'est, tout au plus, que depuis le 13. siecle, qu'on s'en sert. Thiers, diss. des Autels.

Violette, s. f. Fleur de violier, laquelle est jaune, blanche, ou musquée selon la nature du violier. Belle violette. Aimer la violette.

Violette de Mars. C'est une sorte de petite fleur de couleur de pourpre qui sent bon, ou de couleur blanche, mais qui ne sent rien lors qu'elle est blanche. La violette croit dans les bois & les lieux ombragez dans les païs froids, mais dans les païs chauds, elle croit dans les montagnes.

Violier, s. m. Plante qui porte la plupart des violettes. Il y a de plusieurs sortes de violiers. Violier jaune. Violier jaune double. Violier blanc. Violier simple. Violier double. Violier musqué. Planter des violiers.

VIOLON, Substantif. Masculin. C'est une sorte d'instrument de Musique de bois resonnant, qui se touche avec un archet, qui a quatre cordes & qui sert à faire danser, & à donner les aubades. Les parties du violon sont le corps du violon, la table, le chevalet, l'ame, les f, les ouïes, les croisans, la queuë, le bouton, le manche, la touche, le collet & le rouleau. Un bon violon. Ceux qui voudront entrer dans un détail plus particulier des parties du violon n'ont qu'à voir Monsieur Quinet l'un des plus habiles & des plus honnêtes Lutiers de Paris.

Violon. Celui qui fait profession de jouër du violon. (Ferme, ô violon de village. Moliere precieuses, sc. 12. Le Poëte Martial disoit autrefois que pour faire fortune à Rome, il faloit être violon. Quand on diroit aujourd'hui la même chose de Paris, on diroit peut-être assez la verité. La Peintre l'un des meilleurs joueurs de violon de Paris, gagne plus que Corneille l'un des plus excellens & de nos plus fameux Poëtes François.)

Les vint-quatre Violons du Roi. Voiez vint-quatre.

† Violon Sot impertinent. Ridicule. Benêt. (Vous êtes colleret un plaisant violon, dit Monsieur G** à Colleret, & Colleret répond à Monsieur G** nous sommes tous épaux étant fils d'Apollon. Voiez la Comedie des Académiciens, Traiter quelcun de Violon. Sar.)

VIORNE, s. f. C'est une sorte de plante qui croit parmi les buissons & les haies, & qui a les branches longues de deux coudées grosses comme le doigt, ou environ & fort souple. (La vione produit un fruit qui est d'abord rouge, & qui est noir étant mur, & ce fruit vient au bout des branches. Les feuilles de la viorne sont astringentes. La viorne couvre souvent les cabinets des Jardins.

VIP.

VIPERE, s. f. Il vient du Latin vipera. C'est une sorte de serpent terrestre, & venimeux, qui a une queuë qui va toujours en diminuant. La vipere a la tête plus plate & plus large que les autres serpens. Elle a le bout du museau relevé comme celui d'un cochon. La longueur de son corps n'excede de gueres une demi-aune, ni sa grosseur celle d'un pouce. Elle a deux gratides dents crochuës, creuses, transparentes & fort pointuës. Ses plus grandes dents demeurent d'ordinaire pliées. Elle a une rangée de dents en chaque machoire, au lieu que les autres serpens en ont deux. Elle n'a rien de puant dans le corps, au lieu qu'on ne peut soufrir la puanteur des autres serpens, & sur tout des couleuvres. La vipere ne mer bas ses œufs, au lieu que les autres serpens font des œufs. Voiez Charas, Pharmac. La vipere vit des chenilles, de cantarides, d'escarbots. L'hiver elle ne mord pas mais l'été, environ la canicule, la vipere est fort dangereuse. Elle est d'une grande utilité dans la Medecine, témoin la poudre & le sel de vipere. On raconte

plusieurs choses salutaires de la vipere, son foie étant cuit préserve de la morsure des autres animaux venimeux, sa peau sert aux femmes qui font au travail d'enfant, &c. Il y a des viperes de plusieurs couleurs ; & cela selon les païs où elles vivent, il y en a de noires, des vertes, des rouges, des roussâtres, mais elles sont d'ordinaire d'une couleur qui tire sur le jaune avec plusieurs petites marques. Il y a une vipere femelle & une vipere mâle, celle-ci a la tête plus petite & plus aiguë que la femelle. Voiez Jonston, Hist. des animaux.

Vipere, s. f. Ce mot au figuré, se dit des personnes & signifie méchant, perfide, scelerat. (Race de viperes, comment pourriez-vous dire des bonnes choses, étant méchans comme vous êtes. Port R. S. Mathieu ch. 12. Engeance de viperes. C'est une vipere ; Ces mots, se disant d'une femme, veulent dire une perfide, une méchante femme.)

Vipereaux, s. m. Les petits de la vipere. (Les viperes femelles nourrissent les vipereaux.)

VIR.

VIRELAI, s. m. Terme de Poësie Françoise. C'est aujourdui un poëme comique & plaisant sur deux rimes qui commence par quatre vers, dont on répete dans le corps de l'ouvrage les deux premiers seulement, ou bien on les reprend tous, deux à deux, un à un, ou un à un & deux à deux ; & à la fin tous ensemble. C'est de cette reprise & de ce tour que font les mêmes vers dans un virelai que le virelai a eu son nom. Le virelai à ce que croit l'Egalier, dans sa Poëtique, a été inventé par les Picards. (Un joli virelai. Un plaisant virelai.)

Virement de partie, s. m. Terme de Marchand. C'est un expedient de remetre une dette active pour une semblable detre passive, & par ce moien s'aquiter & sortir d'afaires. (Faire virement de partie.) Voiez le commerce des banques publiques, ch. 3.

Virer, v. a. Terme de Marchand. C'est s'aquiter & sortir d'afaire ensemble, (Virer partie, Voiez le commerce des banques publiques, ch. 13.

Virer, v. a. Terme de Mer. Tourner. (Virez le vaisseau à stribord virer le vaisseau à bas bord.

Virer. Quand ce mot signifie faire plusieurs détours, il se joint ordinairement à celui de tourner. (Aprés avoir bien tourné & viré il a pris ce parti. Vous avez beau tourner & virer, vous n'en sauriez venir à bout.

Virets s. f. Terme de Blason. Ce sont plusieurs anneaux mais les uns dans les autres, sur un même centre.

Virevaut, s. m. Terme de Marine. C'est une machine qui sert à lever l'ancre & d'autres fardeaux. C'est une espece de tour posée horisontalement qu'on tourne avec des barres ou des leviers.

* Vire-volte, ou vire-voute, s. f. Tours & détours qu'on fait de suite. Ce Sergent a fait plus de cent vire-voutes autour de ce logis pour atraper quelcun.

VIRGINAL, virginale, adj. Qui tient de la vierge. Qui sent la vierge. Modeste. Plein de pudeur. Elle a une pudeur virginale.

Virginal, virginale. Ce mot ne se dit qu'au masculin en parlant d'une certaine composition qu'on apelle lait virginal. Voiez lait.

Virginité, s. f. Mot qui vient du latin & qui se dit particulierement en parlant de filles. C'est l'état pur & innocent d'une fille qui n'a point eu de commerce illegitime avec quelque homme, ou quelque garçon que ce soit.

Jamais fleur de virginité
Ne dura si peu que la sienne.
Mai. poësies.

Elle a perdu sa virginité avec ses premieres dents. La virginité est la dote la plus precieuse qu'une fille puisse avoir, & on ne la sauroit conserver avec trop de soin.

Virgoulée, ou virgouleuse, s. f. Presque tout le monde dit virgoulouse, mais pour virgoulée, il y a peu de gens qui s'en servent. Cependant Mr. de la Quintinie si habile en matiere de jardinage, assure que virgoulée est le meilleur, & cela me fait un peu douter de l'usage & croire que virgoulée est bon. C'est une sorte de poire d'hiver fort excellente qui porte le nom d'un village de Limousin, d'où elle est venuë.

Virgule, s. f. Terme de Grammaire. C'est une maniere de petite marque en forme de renversée qu'on met à la fin des parties des periodes quand il n'y faut pas un point seul, & cela pour en distinguer les divers sens. On se sert aussi de virgule lors qu'il faut faire plusieurs distinctions dans les noms, en un mot, où met des virgules pour ôter l'embaras, les ambiguïtez & aporter la clarté necessaire dans le discours. Faire une petite virgule.

VIRIL, virile, adj. Qui est d'homme. Qui apartient à l'homme. Qui regarde l'homme. Age viril. Abl. Membre viril.

VIR

Je me sens là remuer une bile
Qui me veut conseiller quelque action virile.
Moliere.

C'est à dire, quelque chose qui sent l'homme de cœur & dans cet exemple le mot de viril est un peu comique.

* *Virilement, adv.* D'une maniere virile, vaillamment, courageusement. Les Dames Romaines ont agi virilement en diverses ocasions.

Virilité, s. f. Le tems de l'âge viril. L'homme dans la virilité est dans la vigueur de son âge.

Virole, s. f. C'est une petite bande de fer ou d'autre métal, qui serre & entoure le petit bout du manche de quelque aleine, de quelque serpette, marteau, peson, &c. & qui sert à tenir l'alumelle, &c. ferme dans le manche. Une bonne virole. Il faut mettre une virole au bout du manche de ce marteau.

Virtuel, virtuelle, adj. Terme de *Philosophie.* Qui a la force & la vertu d'agir & particulierement par une cause secrette & obscure. Le poivre, qui est froid au toucher, a une qualité virtuelle de causer de la chaleur. Il signifie aussi Equivalent. Distinction virtuelle.

Virtuellement, adv. Terme de *Philosophie* Equivalemment. La justice & la misericorde en Dieu sont distinguées virtuellement.

Virtuoso, s. m. C'est un mot Italien, dont on commence de se servir en François. Mais il ne se dit que rarement & en parlant familierement, pour marquer un homme de merite, & même d'Italie. Le Seigneur Salerne étoit un virtuoso.

VIS.

Vis, ou viz, s. f. C'est en general tout ce qui est travaillé pour entrer dans un écrou. Vis rompuë.

La vis est un des principaux principes des mécaniques. C'est proprement un Cilindre creusé dans sa surface par une canelure qui est en rampe, en forme d'hélice, qu'on fait entrer dans un écrou, qui a une semblable canelure dans sa concavité, en sorte que les deux canelures s'engageant l'une dans l'autre, la vis étant tournée fait un tres-grand effort pour élever, ou pour presser des corps. La force de la vis tient du coin & du levier, & c'est un coin qui tourne autour d'un cilindre. La force des verrins est composée de deux vis. La distance qu'il y a entre chaque canelure, ou entre chaque arête de la vis s'apelle pas de vis.

Vis sans fin. C'est une vis dont le mouvement va à l'infini. Elle est composée d'une rouë qui a des dents taillées de biais qui engrenent dans une vis taillée sur un cilindre. Le mouvement de la rouë continuë à l'infini sera toujours tourner le tout, ou cilindre, du même sens. On fait des petites machines sur les montres d'horloge, qu'on nomme aussi vis sans fin, dans lesquelles le mouvement de la vis d'un petit cilindre fait tourner une rouë à l'infini.

On taille aussi des vis autour d'un cône, & ces vis se terminent en pointe.

La vis d'Archimede. C'est une machine hidraulique qui fait élever l'eau par son propre poids. Elle est composée d'un tuiau qui fait plusieurs tours autour d'un cilindre incliné, & l'eau decendant dans le tuiau à chaque demi-tour s'éleve par le mouvement du cilindre. On faisoit le cilindre de cette machine ordinairement de la longueur de seize fois son diametre. *Abrégé de vitruve, 2. part.*

Vis. Terme d'*Architecture.* C'est une sorte d'escalier en rond.

Vis, ou noyau de montée. Piéce de bois où toutes les marches sont emmortaisées & tournent autour en ligne spirale.

Vis de Saint Gilles, Terme d'*architecture.* C'est un escalier qui monte en rampe, & dont les marches semblent porter en l'air; mais elles sont soutenuës par des voutes fort artistes, comme celle des trompes. Ces sortes de vis ont été faites sur le modéle de celle du Prieuré de S. Gilles en Languedoc, dont elles ont retenu le nom.

Vis à vis, Preposition qui demande le *Génitif, l'Acusatif,* ou l'*Ablatif,* & qui signifie. Tout devant, à l'oposite. Vis à vis de la loge. *Moliere, critique de l'école des femmes, scene 3.* Vis à vis du Temple. *Ablanc.* Vis à vis de l'éminence qu'ocupoit le Duc d'Auguien, il y avoit une hauteur. *Relation du Rocr. p. 27. vis à vis l'Eglise.*

Vis à vis, adv. A l'oposite. Il demeure vis à vis. Il est vis à vis.

Vis, s. m. Terme d'*Eglise.* Lettres par lesquelles l'ordinaire témoigne qu'aiant vû les provisions & examiné la personne, il l'a trouvée capable de posseder un bénéfice. Celui qui prend possession avant le *visa* est censé intrus & pérd son droit. Ce qui se garde à la rigueur aux benefices cures. Donner un *visa* à quelcun. Refuser un *visa.* Obtenir un *visa.* Soliciter un *visa.* Quand on peut avoir un *visa,* il se faut presen-

VIS

ter à l'Ordinaire pour être examiné. Lors que l'Ordinaire est obligé d'acorder un *visa,* il ne peut connoitre que de la capacité de celui qui le demande.

Le mot de *visa* se dit aussi de quelques autres actes que les Juges mettent au bas des lettres qui leur sont adressées, ou qu'on veut executer dans leur ressort.

Visage, s. m. C'est là partie de l'homme qui prend depuis le haut du front jusques au menton inclusivement & qui comprend le front, les yeux, le nez, la bouche, les joües & le menton. Visage beau, long, rond, riant, charmant, agreable, refrogné, chagrin. Anne de Boulen avoit le visage ovale.

Et le tems orgueilleux d'avoir fait ton visage
En conserve l'éclat & craint de l'éfacer.
Mai. poesies.

Etre beau de visage. *Abl.* Etre laid de visage. Ta fille a un visage de pleine Lune. *Abl. Luc.* Cette façon de parler est plaisante pour dire ta fille a un visage plein & large. *Visage à couleur d'olive.* Mot burlesque pour dire un visage jaune. *Avoir un visage d'excommunié.* C'est à dire, avoir un visage terrible, afreux & qui fait peur tant il est laid. Avoir un visage de prosperité. C'est à dire, le visage d'un homme content & qui se porte bien.

* *Faire bon visage à quelcun.* C'est à dire, Voir de bon œil une personne. *Faire mauvais visage à quelcun.* C'est à dire, ne voir une personne qu'à regret, ne la pas voir volontiers. * *Avoir mauvais visage.* C'est avoir un visage de malade. *Avoir bon visage.* C'est avoir le visage d'une personne qui est en santé.

† *Trouver visage de bois.* C'est trouver la porte fermé. *Avoir un visage d'apellant.* C'est à dire, un visage pâle & tout defait. C'est un homme à deux visages. C'est à dire, un fourbe, de ces gens le monde est plein.

† *Visage.* Ce mot est quelquefois *injurieux* quand on le dit en colere, & il signifie Sot. Fat. Impertinent. Miserable. (Quel *visage* est ce là. Voilà un impertinent *visage,* Voiez un peu le plaisant *visage.* Faut il qu'un petit *visage* comme cela fasse l'entendu.)

† *Visage.* Ce mot dans le burlesque se prend à contre sens, & signifie *le cu, le derriere.*)

Ce visage gracieux
Qui peut faire pâlir le nôtre
Contre moi n'aiant point d'apas
Vous m'en avez fait voir un autre
Duquel je ne me gardois pas.
Voit. poës.

Visagere, s. f. Terme de *faiseuse de bonnets.* C'est la partie du devant des bonnets de femme, laquelle regarde le visage. On borde les bonnets avec un galon de soie par la visagere. Border la visagere.

Viscéres, s. m. Terme de *medecin.* Il signifie les entrailles. Il a un abcez dans les viscéres. On dit un viscere au singulier quand on veut désigner quelcune des parties interieures du corps, parce qu'on ne se peut pas servir du mot entrailles, qui n'a point de singulier.

Viscosité, s. f. Ce mot vient du latin. Qualité de ce qui est visqueux, gluant & tenace. Les limaçons ont une certaine viscosité qui laisse une marque de leur passage.

Visée, s. f. Terme de *gens qui tirent.* Action de la personne qui couchant en joué, jette l'œil sur le bouton qui est au bout du canon de l'arme à feu. Prendre bien sa visée.

* *Visée.* But. Dessein. Intention. Voilà ma visée. Je n'ai point d'autre visée que celle que je vous dis. Je ne sai pas qu'elle est sa visée pour cela.

Vi-Senechal, s. m. Lieutenant du Sénéchal.

Viser, v. a. Ce mot se dit de quelques oficiers Ecclesiastiques & Laïques. Il signifie, Mettre un visa au bas de quelque acte. Viser les provisions d'un benefice. Viser un aquit.

Viser, v. n. Terme de *gens qui tirent.* C'est regarder fixement le bouton qui est au bout du canon de l'arme à feu, afin de tirer plus droit. Il faut bien viser avant que de tirer. Il est trop long-tems à viser.

Viser. Tendre, buter à quelque chose. C'est un Tartufe qui vise à quelque bon benefice. Tres-humble serviteur au bel esprit, ce n'est pas là que je vise. *Moliere Critique de l'École des femmes.*

Visible, adj. Ce mot se dit des personnes & des choses & signifie. Qui se voit. Qui se peut voir. Objet visible. Espece visible. Il n'y a aucune chose visible parfaitement plane, ou polie, quoi que les juge telles. Le Pape est le chef visible de l'Eglise. Sa bosse est visible à tout le monde, & cependant il prétend en belle taille avec les alpes sur le dos.

Visible. Clair. Manifeste. La preuve est visible. Defaut visible.

Visiblement, adv. D'une maniere visible. Clairement. Manifestement. Cela est visiblement faux. Cela est visiblement vrai. Prouver quelque chose visiblement.

Visiere,

Visiere, s. f. Terme d'*Arquebusier*. C'est une petite plaque de cuivre au bas du canon du fusil sur laquelle on jette l'œil, quand on veut tirer. (Jetter l'œil sur la visiere pour tirer.)

Visiere. Ce mot se dit en parlant d'*Arbaleste*. C'est un petit morceau de fer troüé qu'on léve sur le bois de l'Arbalete & au travers duquel on vise.

Visiere. Terme de *Heaumier & d'Armurier*, qui se dit en parlant de casque & d'habillement de tête. C'est la partie de l'habillement de tête qui couvre le visage, & qu'on léve lors qu'on est échaufé, qu'on veut prendre un peu d'air, & voir tout à fait clair. Lever la visiere de l'habillement de tête. La visiere de son habillement de tête étoit baissée. Ces choses passerent dans mon esprit pour des casques dont la visiere étoit abaissée. *S. Evremont œuvr. mêl. p. 446.*

* **Visiere**. Ce mot se dit tout souvent *au figuré*, mais il ne se dit guéres que dans le stile simple, dans le comique & dans la converfation. Rompre en visiere à quelcun. C'est ofenser quelcun mal à propos & fotement. Rompre en visiere à la raison. *Mol. Critique Scene 3.* C'est choquer fotement la raison.

Visigot, s. m. Mot qui vient du Suédois, & qui veut dire Got Occidental. (Alaric Roi des Visigots fut tué de la propre main de Clovis, *Gregoire de Tours Hist. de France*, vie de Clovis premier.

Vision, s. f. Image spirituelle , ou sensation, qui nous rend éfectivement voians. *La vision* se fait dans la rétine de l'œil , & elle se fait par quelque chose qui vient de l'objet qui tend à l'œil, & qui frape & ébranle l'organe. *Bernier Philosophie, Tome 6.* (La fausseté n'est pas dans la vision, mais dans le jugement qui la suit. *Rohaut, Phisique.*

Vision. Terme de *Téologie*. Béatitude éternelle. Image de l'Essence divine qui se grave dans l'ame des bien-heureux. (On demande comment se produit cette vision. Voiez *Marandé Téologie.*)

* **Vision**. Ce mot se prend d'ordinaire en mauvaise part, quand on n'y ajoute point d'épitête qui le rectifie. Exemples. Avoir des visions. C'est à dire , avoir des chimeres dans l'esprit. Gardez-vous bien de croire vos lettres , aussi bonnes qu'elles sont les lettres provinciales , ce seroit *une vision* que cela. Est-il possible qu'ait ait eu une goute de sens commun, on puisse préférer les Poëtes Espagnols aux Italiens , & prendre *les visions* d'un certain *Lope de Vega* pour des raisonnables compositions *Balzac*. C'est à dire , prendre les pensées extravagantes , peu sensées & irreguliéres de *vega* pour des ouvrages judicieux.

* **Vision**. Quand on donne une épitête au mot de *vision*, il se prend en bien ou en mal selon la nature de l'épitête qu'on lui donne. Exemples. On dit. Elle a des visions agréables. C'est à dire , elle a des pensées & des imaginations fort belles, *Avoir des sotes visions*. C'est à dire , avoir des pensées ridicules & extravagantes dans l'esprit. *Nouvelles remarques sur la Langue.*

Visionnaire, adj. Celui qui se met des chiméres dans la tête. Celui qui s'imagine des choses qu'il ne doit pas. (Il est un peu visionnaire. Femme visionnaire. Le pauvre petit Amelot est un franc visionnaire de croire ses miserables traductions aussi belles & aussi éloquentes que celles de l'excellent d'Ablancourt. De tous les visionnaires qui ont été en France , Desmarests est celui qui a eu le plus d'esprit. Je n'ai point épargné les Docteurs qui fortifient les visionnaires dans leurs foiblesses. Voi les dialogues de la santé.

Visionnaires, s. f. Lettres de Mrs de Port-Roial contre Desmarets, qui avoit fait un livre qui choquoit les Religieuses de Port-Roial. On apelle ces lettres *visionnaires*, pour marquer Desmarets, qui dans sa jeunesse avoit composé une Comédie, qu'il apelle les Visionnaires , & qui lui donna seule de la réputation. Desmarets , dis-ie , qui sur ses vieux jours étoit devenu dévot , reprenoit mal à propos de personnes de vertu & de mérite. Il y a huit Visionnaires écrites agréablement & qui contiennent des choses curieuses.

Visir, s. m. Ministre d'Etat du Grand Turc. Le Grand Visir est le premier Ministre de l'Empire des Turcs ; & gouverne tant en paix qu'en guerre.

Visitation, s. f. Terme qui se dit en parlant de certaines matieres de pieté. Prononcez *visitacion*. Fête qu'on célebre dans l'Eglise Romaine , en mémoire de la visite que la Vierge rendit à Elizabet. (C'est aujourdui *la visitation de la Vierge*.

Visitation. Terme d'*imager*. Une image qui represente la fête de la visitation. Une belle visitation.

Visitation. Terme de *Palais*. Il signifie le travail du raport & du jugement d'un procez. Il se dit aussi de la peine que prennent les Experts qui ont été commis pour visiter quelque chose & en faire leur raport. L'apellant est condamné aux dépens de la *visitation* du procez. Les Juges ont ordonné la visitation des vices contentieux. Procez verbal de visitation , contenant le raport des Experts.

Visite, s. f. Elle consiste à aller voir une personne qu'on aime, qu'on estime, ou qu'on respecte. (Aller en visite. J'ai aujourd'hui reçu une fort agreable visite. Rendre visite à quelcun.)

Visite. Ce mot se dit en parlant de Religieux & de Religieuses. d'Evêque & de Curé. C'est l'action de voir & de visiter quelque Diocese, &c. La visite de la cloture apartient à l'ordinaire. *Patru plaidoié 5.* Visite pleine & entiére. *Patru plaidoié 5.* Faire la visite. Commencer la visite. Finir la visite.

Visite. Ce mot se dit en *parlant de marchandises & d'autres denrées*. Et signifie aussi *l'action de visiter*. Faire une exacte visite. Ils auront pour la peine de leur *visite* 50. sous. Faire la visite des caves. Voiez *Bail des Aides*. Les livres & tous les ouvrages des Métiers sont sujets à la visite.

Visite, s. f. Terme de *Palais*. Il signifie la même chose que *visitation en ce sens*. Voiez visitation.

Visite. Il se dit aussi à l'égard des Médecins, quand ils sont apellez pour aller voir des malades, (Le Medecin a fait douze visites à ce malade.)

Visiter, v. a. Rendre visite. Aller voir quelcun. Visiter un ami.

Visiter. Terme de *Religieux, de Religieuses & de Curé*. C'est faire la visite d'un Couvent, d'une Paroisse, d'un Diocese. Visiter la cloture. *Patru plaidoié 5*. Visiter un Diocese.

Visiter. Ce mot se dit *en parlant de marchandises, de denrées, de Navires & de Maisons*. Et il signifie voir & considerer si tout est dans l'ordre qu'il doit être, & si rien ne manque. (Visiter la marchandise. Visiter un Navire. Visiter une Maison. Visiter de la besogne.

Visiter, v. a. Faire une visite. Il se dit generalement dans tous les autres cas & significations, où se prend le mot de visite. On dit encore que Dieu *visite* les hommes par les châtimens.

Visiteur, s. m. Celui qui fait la visite dans un Couvent & qui à droit de la faire ; pour voir si tout est dans l'ordre, si toutes les personnes Religieuses font leur devoir , & faire tout ce qu'il trouvera à propos pour le bien du Monastere qu'il visite. (Un visiteur général. Un visiteur Provincial.

Visiteur. Ce mot se trouve dans les livres de Juridiction de marine , & veut dire , Celui qui a droit de visiter. Les visiteurs auront dix sous pour la visite des marchandises d'un Navire de 80. tonneaux. Voiez *les us & coutumes de la mer. 3. parties p. 512.*

* **Vison vrai**, adj. C'est à dire. Vis à vis. Il est vison-vis. Elle est tout vison-visu de mon logis. Cette façon de parler est basse & du peuple.

Visorium, s. m. Terme d'*Imprimeur*. C'est une manière de demi late, longue d'un pié , ou environ , & large à peu prés de trois doigts , que le Compositeur a toûjours devant les yeux, & sur laquelle en composant , il met une feüille de la copie , qu'il atache avec le mordant. Il ne sai où est mon *visorium* , je ne puis composer , si je ne le trouve.

Visqueux, adj. Mot qui vient du Latin *viscosus* & qui veut dire Gluant, Tenace. Matiere visqueuse.

Visuel, *visuelle*, adj. Terme qui se dit dans les matiéres de *Philosophie*, & qui veut dire, Qui part de la vüe pour fraper l'objet. Raïon visuel.

Visuel, ou *visuelle*. Ce mot signifie aussi ce qui vient de l'objet & se forme dans l'œil. Ainsi on dit. Image visuelle.

On dit aussi nerf visuel, c'est à dire, qui sert à l'action de la vüe.

VIT.

† **Vit**, s. m. Mot qui vient du Grec , selon quelques uns ; ou du Latin , & qui ne se dit jamais par un honnête homme sans envelope. C'est la partie qui fait les Empereurs & les Rois. C'est la partie de l'homme qui fait la garce & le cocu. En Latin on apelle cette partie *mentula, verpa, veretrum*. En Italien cazzo. En Espagnol *carajo*.

Vit d'ane. Voiez *viedase*.

Vis de chien. C'est la partie du chien qui sert à la generation.

* **Vis de chien**. Terme de *canonier*. Sorte de tirebourre qui est un instrument de fer , fait en forme de vis qui se termine en pointe, *Davelour, traité de l'artillerie*. Les armes des pieces font les lanternes, le refouloir, les écoüvillons, les tirebourres, sous le nom desquels on comprend les vis de chien. *Faussier, Instruction pour les gardes de l'artillerie, p. 6.*

Vit de mer. Espece de petit insecte couvert de têt dur, qui a quelque raport avec les parties naturelles de l'homme *Rond*.

Vital, *Vitale*, adjectif. Terme d'*Anatomie*, qui signifie, Qui a la vie. Qui marque la vie. Qui donne la vie. (Esprit vital. Esprits vitaux, Faculté vitale, naturelle, animale. Parties vitales. Action vitale.

Vite, adj. Qui a de la vitesse. Cheval fort vite. Cavale fort vite.

Vite, adv. Avec vitesse. Un corps pesant cent livres ne tombe pas plus vite, & ne touche pas la terre plutôt que celui qui ne pese qu'une once. *Bernier, Phisique, tome 1. chapitre 17.*

Vite, *adverbe*. Tout sur l'heure. Vite qu'on se dépouille. *Molière, precieuses, Scene 15.*

Vitelots, s. m. Morceaux de pâte , gros à peu prés comme le petit doigt de la main , qu'on fait cuire avec de l'eau & du beurre, & qu'on mange ensuite avec du vinaigre, ou sans vinaigre. On apelle aussi *vitelots*, de petits filets de pâte coupez en tranche qu'on fait cuire & assaisonne à, l'Italienne , & les on nomme aussi en Italien *vermicelli*. On leur donne divers noms en France , dans une Province ils se nomme d'une façon, & dans une autre, d'une autre. On les apelle à Paris *vitelots* & c'est le vrai mot. De bons vitelots. Faire des vitelots.

Vitement, *adverbe*. Avec vitesse. Promptement. Il se dit dans la

Ttttt

VIT

conversation & dans les ouvrages écrits d'un stile simple. Madame, venez vitement voir cela. Elle se conjura d'emporter vitement la petite créature. Scar. Rom. Entrer vitement. Mol. précieuses. Sene x.

Vitesse, s. f. Maniere pronte & vite dont one chose se fait. L'action d'aller vite. Maniére d'aller pronte & vite. (La vitesse d'un corps qui tombe, augmente par l'atraction de la terre, ou plûtôt par l'impulsion que lui donne la pesanteur de l'air. Quand ce Cheval est poussé il va d'une vitesse presque incroiable.)

Vitre, s. f. Assemblage de plusieurs piéces de verre mises par le vitrier en plomb. (De belles vitres. Des vitres bien claires. Nettéier les vitres. Casser les vitres.

Vitre. Terme d'Orfévre, de Coutelier, &c. C'est une grande piéce de verre qui sert de couvercle à la montre que les Couteliers, les Orfévres, &c. mettent sur leurs boutiques, & où ils mettent plusieurs petites choses. (Vitre de montre cassée.

* Vitré. Ce mot se dit en parlant des chevaux. C'est la premiere partie de l'œil du cheval. C'est un cristal transparent qui enferme la substance de l'œil, & lui donne la forme d'un globe diafane. (Quand la vitrée est rougeâtre, c'est une mauvaise marque. Soleisel, parfait Maréshal.

Vitré, vitrée, adj. Qui a des vitres. Qui est fermé de vitres, ou de grandes glaces. (Carosse vitré. Chambre bien vitrée.)

Vitré, vitrée. Ce mot se dit en terme d'anatomie, parlant d'une certaine humeur de l'œil qu'on apelle humeur vitrée. C'est une humeur remplie d'une glaire transparente, & qui ne coule pas. Philosophie de Gassendi, Tome 6. c. 5. Le mot de vitrée se dit aussi en parlant de pituite. On apelle pituite vitrée. C'est à dire pituite transparente.

Vitrer, v. a. Mettre des vitros. Garnir des vitres. (Vitrer une carosse, une chaise, un parloir, &c.

Vitrérie, s. f. Art & commerce de vitrier. (La vitrerie ne va plus.)

Vitrier, s. m. Artisan qui travaille en verre, le met en plomb & en fait des lanternes & de toutes sortes de vitres, soit d'Eglise, de Sale, ou de Chambre. (Un pauvre vitrier. Le vitrier ne se nomme pas simplement vitrier, mais aussi peintre sur verre. Les vitriers ont St. Marc pour leur Patron, & le lendemain de la fête, ils élisent tous les ans deux maitres. Jurez. Les outils des Vitriers sont le rouët à tourner le plomb, le lingotier, le moule à lien, le fer à souder, l'étaimoir, les moufletres, la pointe de diamant & l'égrisoir.)

Vitrification, s. f. Prononcez vitrificasion. Terme de Chimie. C'est une operation Chimique qui convertit par un feu très-violent, quelque matiere en verre. La vitrification se pratique sur les métaux & sur les mineraux.

Vitrifier, v. a. Terme de Chimie. C'est reduire les pierres, les métaux, les mineraux & autres pareilles choses transparentes & dures comme le verre, & cela par le moien d'un feu tres-violent. (Vitrifier du plomb. Vitrifier de l'antimoine. Gas.

Vitriol, s. m. Terme de Chimie. C'est un sel mineral, qui aproche de la nature de l'alun de roche, mais qui contient en soi quelque substance métallique, comme le fer, ou du cuivre. Vitriol de Chipre. C'est une sorte de vitriol bleu & en grands cristaux. Vitriol verdâtre & d'un goût doucereux. Vitriol blanc qui vient des fontaines vitrioliques. Le vitriol soit blanc, bleu, ou celui qui est tiré sur le verd, se forme dans les entrailles de la terre. (Purifier, calciner, distiller le vitriol. Gas.)

Vitriol de Mars. Terme de Chimiste. C'est du fer & de l'esprit de vitriol distillez ensemble. Ils font aussi du vitriol de Venus, & des autres métaux.

Vitriolé, vitriolée, adj. Terme de Chimie. C'est à dire, Fait avec de l'esprit de vitriol. Tartre vitriolé. Lémeri, Cours de Chimie.

Vitriolique, adj. Terme de Chimie. Qui renferme une qualité de vitriol. Qui tient de la nature du vitriol. (Fontaine vitriolique, pierre vitriolique. Si on jette du fer dans de l'eau vitriolique, & qu'on fasse fondre la poudre rouge qui naitra sur la superficie de fer, cette poudre se trouvera être de cuivre, ce qui est une preuve de la transmutation. Bernier, Philosophie, Tome 5.

† Vitupere, s. m. Ce mot signifie Blâme, mais il est très-vieux, & ne peut servir tout au plus que dans des sujets de raillerie & dans le plus bas stile.

> Pour donner loüange à ton pére
> Qui fut digne de vitupére.
> Gombaud Poësies, Epigramme 4.

† Vitupérer, v. a. Ce mot écorché du Latin signifie blâmer & ne vaut rien du tout. Vau. rem. (Vitupérer quelqu'un.

VIV. VIZ.

Vivacité, s. f. Ce mot se disant de l'esprit, signifie la subtilité le brillant de l'esprit. Les Espagnols & les Italiens font paroître beaucoup de vivacité d'esprit dans leurs Poësies, mais cette vivacité n'est point à comparer au bon sens des Grecs, ni des Latins.

La vivacité des couleurs. Ces mots se disent parmi les peintres, & signifient l'éclat & le vif des couleurs.

Vivandier, s. m. Celui qui suit les troupes, qui porte des provisions de bouche sur des charrettes & des chevaux, & vend aux soldats les vivres dont ils ont besoin dans les divers campemens que fait l'armée. (Un vivandier ruiné. Etre vivandier.)

Vivant. Participe du verbe vivre, signifiant Qui vit. Qui a vie, vivant, vivante, adj. Qui vit. Qui est en vie. (Il est vivant. Elle est vivante. Il n'y a homme vivant, ou ame vivante, qui ose soutenir une proposition si fausse. Un chien vivant vaut mieux qu'un chien mort.

En Jurisprudence, on parle d'homme vivant & mourant. Les donations muruelles par Testament se font au profit du dernier vivant.

* Vivant, vivante, adj. Ce mot au figuré se dit en termes de pieté, & veut dire qui vivifie, qui produit quelque chose d'éficace. (Invoquons l'esprit de Jesus-Christ en lisant sa parole, afin qu'elle ne soit pas en nous une parole morte & stérile, mais vivante & éficace. Port-Royal, Nouv. Test. préface, 1. partie.

* Vivant, vivante, adj. Qui vit dans l'esprit des hommes. Qui subsiste dans la mémoire des hommes. Les grans personnages sont vivans dans la mémoire de tous les siécles.

* Vivant, vivante, adj. Ce mot se dit encore dans un certain sens. Exemple. (C'est la vivante image de son pére.)

Vivant, s. m. Qui est en vie. Les vivans & les morts. Allencourt. Il n'y a point de vivant qui soit plus à elles que moi Voit. l.110.

* ¦ C'est un bon vivant. Mots burlesques pour dire, c'est un garçon ou un homme qui ne prend point de melancolie, qui ne songe qu'à vivre & à passer le tems agréablement, qui aime à se réjouïr sans ofenser personne.

Vivant, s. m. L'espace de tems qu'une personne a vécu. Il lui avoit fait la cour du vivant de Philipe. Abl. Ar. Il n'étoit pas si glorieux de son vivant. Abl. Luc.

† * Vivante, s. f. Ce mot pris substantivement ne se dit guére qu'en cette façon de parler burlesque. C'est une bonne vivante. Elle est bonne vivante, pour dire, C'est une fille ou une femme qui est bonne, sincére, sans façon, qui aime à se réjouïr honnêtement.

Vive. Exclamation par laquelle on témoigne qu'on souhaite à quelcun une longue vie, ou de la gloire. (Vive le Roi.)

¦ Les Ecoliers crient vivat quand on leur donne congé.

Vive. C'est aussi un cri par lequel on témoigne de quel parti l'on est. Vive France, vive Espagne, &c.

Qui vive? Ces mots se disent entre gens de guerre, & veulent dire autant que si-l'on disoit. Quel parti tenez-vous?

* Etre au qui vive. Cette façon de parler se dit par quelques-uns au figuré, elle est nouvelle & hardie, mais elle ne déplait pas dans le stile familier & de conservation à quelques excellens esprits, & elle veut dire être divisé, être brouillé. Ils sont au qui vive dans cette maison là.

Vive. On dit aussi ce mot pour témoigner qu'on estime & qu'on aime quelque chose. Vive l'amour. Vive Paris, &c.

Vive. C'est aussi le féminin de l'adjectif vif, vive, Voiez vif.

Vive, s. f. Poisson de mer, qui a le ventre blanc & fait en arc, le dos droit & brun, la bouche grande & sans dents, l'ouverture de la bouche oblique, & des éguillons sur le dos. Rond. Une grande vive. Une petite vive. Une vive toute fraiche.

Vivement, adv. D'une maniére vive. Fortement. Puissamment. Particuliérement. Tout à fait. Si ma conduite vous témoigne que pour la continuer long-tems de même force, il faut être vivement touché, rendez-vous à ces témoignages. Buss, Rabutin, amour des Gaules. Piquer quelcun vivement. Ablancourt. C'est le piquer tout à fait.

Vivier, s. m. Lieu où l'on met du poisson pour peupler, pour nourrir ce poisson, le conserver & en prendre aisément quand on en a besoin. Un petit vivier. Un grand vivier. Pécher un vivier.

* Vivifiant, vivifiante, adj. Ce mot ne se dit guére qu'au figuré, & il veut dire Qui vivifie. Qui donne la vie. Qui ranime. Esprit vivifiant, Grace vivifiante. La chair de Jesus-Christ est vivante & vivifiante à cause de la Divinité qui lui est unie. Bussuet, Doctrine de l'Eglise, ch. 17.

* Vivifier, v. a. Ce mot se dit proprement au figuré & signifie. Rendre la force & la vigueur. Cela vivifie toutes les parties languissantes.

* Vivifier. Ce mot se dit en parlant de pieté ou de Théologie & veut dire. Donner la vie. La grace vivifie, mais la lettre tuë, c'est l'esprit qui vivifie. S. Jean ch. 6.

Vivifier. Terme de Chimiste. Ils se servent de ce mot pour désigner la nouvelle force, qu'ils donnent par leur cri aux corps naturels. Vivifier le Mercure, c'est après qu'il a été fixé, ou amalgamé, le remettre en sa premiere forme, qui est mobile & roulante.

Vivification, s. f. C'est l'action par laquelle on vivifie.

Vivifique. Terme de Phisique. Qui donne la vie. Il y a une qualité vivique dans les semences.

* Vivoter, v. n. Vivre doucement & pauvrement. La Poësie faisoit vivoter le bon homme Pelletier.

VIV

Vivre, v. n. Estre en vie. Iouïr de la vie. Avoir la vie. *Je vis, tu vis, il vit, nous vivons, vous vivez, ils vivent. Je vivois. J'ai vécu. Je vécus. J'avois vécu. Je vivrai. Vi, que je vive. Je vécusse. Je vivrois.* Vivant. Les hommes vivent une vie animale & sensitive, mais ils vivent aussi par le moien d'une ame raisonnable Les hommes vivoient longtems avant le Deluge. Le moïen de vivre longtems c'est de bien vivre. Vous aimez à vivre ; mais qui est-ce qui ne l'aime pas ?

Vivre. Se nourrir. Subsister. (Ils estoient tous ronds de graisse à cause qu'ils *vivent* de chateignes bouillies. *Ablancourt. Ret. l 5. c. 4.* Ils vivent du travail de leurs mains. *Abl. Ret.* Vivre d'herbes & de racines. *Port-Roïal. Vivre de ses bras. Bensserade Poësies.* C'est vivre du travail de ses bras.

* **Vivre**. Ce mot entre dans plusieurs façons de parler *figurées*. Exemples.

> Qui sait *vivre* ici bas n'a jamais pauvreté.
> *Reg. Sat.* 13.

C'est à dire, qui sait bien se conduire, se gouverner & s'accommoder aux hommes, est toûjours à son aise. Vôtre fille ne *vit* pas comme il faut qu'une femme vive. *Mol. George Dandin*. Il faudroit mettre ces gens entre nos mains, afin de leur aprendre à vivre. *L'Abé Furetière. Roman Bourgeois, épitre au Bourreau.* C'est à dire, il vous faudroit donner ces gens pour aprendre à estre sages & se reconnoitre.

> C'est peu d'estre agréable & charmant dans un livre,
> Il faut savoir encore & converser & vivre.
> *Dépreaux poët.* c 4.

* **Vivre**. Ce mot se dit *du langage & des mots* qui le composent, & signifie *faire subsister*. Faire que le langage & les paroles soient en vogue, aïent cours. Vous faites *vivre* & *mourir* les paroles comme il vous plait. *Voit. l. 53.* La langue Latine *vivra* toûjours.

Vivre. Estre immortel dans la mémoire des hommes. Je te ferai *vivre* dans la mémoire des hommes. *Ablancourt*. Les ouvrages d'esprit soit de Prose, ou de Vers *vivent* long-tems, lors qu'ils ont quelque air des ouvrages des Anciens Grecs ou des Anciens Latins. Vôtre nom vivra dans mes écrits tant que les Muses Latines seront en honneur. *Port-Roïal, Phédre, l. 4.*

Vivres, s. m. Ce mot n'a point de singulier. Ce sont toutes les choses dont se nourrissent les hommes. Les vivres sont corrompus. Avoir des vivres.

On disoit autrefois *vivre*, s. m. au singulier pour dire *nourriture*. Il a son vivre & son logement chez son maître. Il donne à ses valets leur vivre & leurs habits. Mais ce mot n'est plus en usage.

Vivres. Ce mot se dit *en parlant d'armée*. Ce sont les provisions de bouche pour les soldats & pour tous les gens de l'armée. Empêcher les vivres. *Ablancourt, Ar. l. 2.* Fournir des vivres à l'armée. *Ablancourt. Ret. l 3.* Manquer de vivres. *Ablancourt, Ret. l 4.* Couper les vivres *Ablancourt, Cef.* C'est empêcher que l'armée, ou l'enemi n'ait des vivres. Il y a des Commissaires des vivres.

Viz. Voïez Vis.

ULC. ULT.

Ulcére, s. m. Mot qui vient du Latin. C'est une solution de continuité dans les parties molles, laquelle est acompagnée de pourriture. [Ulcére malaisé à guérir. Ulcére dangereux. Ulcére malin, fâcheux, périlleux, cruel, inveteré. François I. mourut en 1347. au château de Rembouillet, d'un ulcére contre le fondement *De Prade, vie de Fr.*

Ulcére amoureux. C'est à dire *blessure amoureuse*. Il n'y a que le tems, l'absence, ou la fuite qui puisse guérir un *ulcére* amoureux.

Ulcéré, *ulcerée*, adj. Ce mot se dit ordinairement en Médecins, & signifie *Blessé Ofensé*. Peau ulcerée. Palais de la bouche un peu ulceré.

Ulceré, *ulcerée*. Fâché. Irrité. Ils sont cruellement ulcerez du retranchement de leurs droits. *Patru, plaidoïé 5.* Il ne pouvoit vaincre les mouvemens d'un esprit aigri & *ulceré*. *Sarasin, Prose.*

Ulcerer, v. a. Ofenser. Blesser. Ce mot d'ulcerer se dit ordinairement dans les matiéres de Medecine. Ulcerer la peau. L'Acrimonie des humeurs *a ulceré* le conduit de l'urine. Un puant flux de bouche m'ulcére la langue. *Saint Amant*.

Ultramontain, *ultramontaine*, adj. Ce mot vient de l'Italien & il ne se dit guére au *féminin*, il signifie, Qui est au delà des monts. Les Suéves avoient fait irruption dans les païs *ultramontains. Cousin, Histoire Romaine.* Peuples Ultramontains.

UN

UN.

Un, *une*, adj. Ce mot est le commencement d'un nombre, & il marque celle par laquelle on commence à compter plusieurs choses de mème sorte ; à quelque égard que ce soit. Car voulant compter, on dit premierement *un* ; & aprés cet *un* & un autre *un* sont deux ; ces deux & encore *un* sont trois ; & de mème ensuite quatre, cinq, six, &c. *Un* multiplié par *un* ne fait jamais qu'*un*. Un homme, une femme. Un païs, une maison, &c.

Un, une. Il se dit quelquefois d'une *seule* chose, qui est *unique* en son espece. Tu adoreras *un* seul Dieu. Il y a *un* Dieu & toute la nature publie cette verité. La verité est *une*.

Un, *une*. Ce mot en parlant de *Poësie épique & dramatique*, se dit du sujet, ou de la fable du poème, & il veut dire, Qui a une unité principale. La fable doit estre *une*, entiére & d'une juste grandeur.

Ces deux amis ne sont qu'un. C'est tout un. Tout revient à un. l'un vaut l'autre.

Un à un. C'est une maniére d'adverbe. Compter ses écus un à un. Ils marchent un à un. Les uns vont, les autres viennent. D'un côté & de l'autre.

Vous m'en avez donné d'une. C'est à dire, vous m'avez joüé d'un tour.

Ni l'un ni l'autre. Ces mots veulent avoir *le verbe au Singulier*, ou au *Pluriel*. Exemple. Ni l'un ni l'autre ne valent rien. *Vau. Rem.*

L'un & l'autre. On met ces mots avec *le verbe au Singulier*, ou *Pluriel*. Exemples. L'un & l'autre vous a obligé, ou L'un & l'autre vous *ont* obligé. *Vau. Rem.*

L'un ou l'autre. On met ces mots avec le *singulier*. L'un ou l'autre le fera. *Vaug. Rem.*

UAN.

Unanime, adj. Qui semble n'avoir qu'une ame, qui agit de concert avec un autre. D'un mème sentiment, d'une mème afection. Un sentiment unanime. Un mouvement unanime.

Unanimement, adv. Ensemble. Tout ensemble. Conjointement. D'une mème afection. Prier unanimement.

Unanimité, s. f. Consentement unanime. Acord mutuel entre deux ou plusieurs personnes. Il y a une grande *unanimité* dans cette assemblée.

UNI.

Uni. Voïez aprés s'unir.

Uniéme, adj. Ce mot est un nombre ordinal, mais il ne se dit pas seul. Il se dit aprés les dizaines & les centaines. Il est le vint- & uniéme. Il en faut ôter la cent & uniéme partie.

Uniment. Voïez plus bas.

Uniforme, adj. Mot qui vient du Latin & qui signifie *Conforme*. Semblable en toutes ses parties. Qui a de l'uniformité. Sentiment uniforme. Il faut estre *uniforme* dans ses raisonnemens. Le cours du Soleil n'étant pas uniforme, il arrive que les saisons de l'année ne sont pas égales. *Voi la connoissance des tems, p. 37.*

Uniformement, adv. Mot qui vient du Latin & qui veut dire, Avec conformité, Avec conformité, mais qui su dit fort peu. Il l'a fait *uniformement* à cela.

Uniformité, s. f. Mot tiré du Latin. Il veut dire, Conformité. Une parfaite uniformité. L'uniformité y est toute entiére. Uniformité de sentimens. Uniformité d'expressions. *Pas. l. 2.*

Union, s. f. Mot qui vient du Latin *unio* & qui signifie *Jonction*. Assemblage. Cette union se fait sans toucher à la justice de la Capitainerie. *Patru 1. plaidoïé*. Déja le mélange de nos ames avoit fait l'union de nos corps. *Le Comte de Bussy Amours des Gaules.*

* **Union**. Liaison. Amitié. Concorde. Bonne intelligence. Estre dans une union tres-étroite d'amitié avec quelcun. Les Princes du sang étoient unis à la Reine & cette union produisoit le bonheur public. *Memoires de M. D. L. R.*

Union. Terme de peinture. Acord & simpatique les couleurs ont les unes avec les autres. Voilà un tableau d'une grande union.

Unique, adj. Seul. Singulier. Particulier. Fils unique. Fille unique. *Ablancourt*. Pour vnique faveur, je vous demande de mourir dans vos chaines. Il est unique dans son espèce.

> Vôtre portrait vous fait tort,
> Incomparable Angelique,
> Il vous ressemble si fort
> Que vous n'êtes plus *unique*. *Gom. Epit. 1.*

Ttttt 2

* *Uniquement* adverbe. Singuliérement. Particuliérement. Il est d'un honnête homme d'aimer *uniquement* ses amis.

Unir, v. a. C'est joindre deux, ou plusieurs choses ensemble. Ils ont *uni* leurs forces. *Unir ensemble*. Vaugelas dans ses remarques, prouve que cette façon de parler *unir ensemble*, est tres-bonne & n'a rien qu'on puisse retrancher raisonnablement.

Unir. Faire qu'il n'y ait, ni bas, ni haut dans une chose, mais que toutes les parties en soient égales & bien proportionnées. Il faut *unir* cela un peu davantage.

* *Unir*. Joindre d'amitié, de parenté, d'interêt, ou de quelque autre maniere qui engage, qui lie, qui fasse quelque liaison, quelque amitié, ou quelque sorte de societé.

(Le sang & l'amitié nous *unissent* tous deux.

* L'interêt *unit* & *désunit* la plûpart des hommes.
* *Unir*. Terme de Manége. Faire galoper juste. Unir un Cheval. *Pluvinel, art. de monter à Cheval*. Voiez plus bas, *s'unir*.

S'unir, v. r. Je m'unis, je me suis uni. Se lier avec quelcun, Se joindre d'amitié, & d'interêt. (Ils rencontrérent les grans avantages à s'être unis. *Mémoires de M. de la Rochefoucaut*.

* *S'unir*. Terme de Manége. C'est marcher uniment, & de telle sorte qu'en galopant le train de derriére suive & acompagne bien celui de devant. (Cheval qui s'unit. *Guillet Art de monter à Cheval*. Lors qu'un Cheval est uni, il galope de bonne grace. *Pluvinel Art de monter à Cheval*.)

Uni, *unie*, adj. Qui est bien joint. (Choses bien unies.

Uni, *unie*. Egal. Qui n'est pas plus bas, ou plus haut en un endroit qu'en un autre. Qui n'est point raboureux. (Chemin uni. Place unie.

* *Uni*, *unie*. Qui est joint d'amitié. Qui est en bonne intelligence avec quelcun. Les Princes du sang étoient unis à la Reine. *Mémoires de M. de la Rochefoucaut*.

* *Uni*, *unie*. Ce mot entre dans plusieurs maniéres de parler ordinaires. (Venir en visite amoureuse avec une jambe *toute unie*. *Mol. Précieuses*. C'est à dire, avec une jambe qui n'est parée de canons, ni d'aucun ajustemens. *Un bonheur uni devient ennuieux*. *Mol*. C'est à dire, qu'on ne sent pas assez son bonheur quand il n'est pas traversé.

Uni, *unie*. Terme de Manége. Cheval qui est uni. Ces mots se disent d'un Cheval dont les trains de devant, & de derriére ne font qu'une même action, sans que le cheval change de pié, ou galope faux. *Guillet, Art de monter à Cheval*.

Uniment, adv. D'une maniére unie & de telle sorte qu'il n'y ait, ni haut, ni bas, plus en un endroit qu'en un autre. (Planer uniment un merceau de bois. Raboter uniment quelque chose.)

Unisson, s. f. Terme qui se dit en parlant de plusieurs instrumens musique. C'est l'union, ou le mélange de deux sons, fait par un nombre égal de batemens d'air. (Corde qui est à l'unisson. Mettre les cordes à l'unisson. Etre à l'unisson. *Merf*.

Unité, s. f. C'est le commencement du nombre, comme le point l'est de la ligne. C'est tout ce que l'on conçoit comme une seule chose.

Unité. Terme qui se dit en parlant de Poësie épique & dramatique. (Il y doit avoir dans le poëme épique *une unité d'action*. C'est à dire, qu'il y doit avoir une action principale à laquelle toutes les autres se raportent; mais dans le poëme dramatique il y a trois unitez, l'*unité d'action*, l'*unité de lieu* & l'*unité de Jour*. Il y a *unité d'action*, lorsqu'il n'y a dans le Poëme dramatique qu'une action principale. Il y a *unité de lieu* lorsque les personnes qui ont eu part à l'action se trouvent dans l'espace, où se voit celui qui fait l'ouverture du téatre. Il y a *unité de jour* lorsque l'action s'est passée depuis le lever du Soleil jusques au coucher, en 10. ou 12. heures.

Univers, s. m. Le monde.

L'Univers a la figure d'une Sphère.

Les trônes & les Rois sont rongez par les vers
Et deux points sont l'apui de ce grand *Univers*,
Habert, *Temple de la mort*.

Cloris que dans mon cœur, j'ai si long-tems servie
Et que ma passion montre à tout l'*Univers*
Ne veux-tu pas changer le destin de ma vie.
Mai Poësies.

Universalité, s. f. Terme collectif qui comprend toutes les choses de même nature, c'est en Logique, la qualité des universaux. (L'Universalité des hommes, c'est l'espéce des hommes, ou la Nature humaine)

L'*Universalité de l'Eglise* consiste en ce qu'il y a des fidéles, qui sont les membres de l'Eglise dans tous les tems & qu'il y en peu dans tous les lieux de la Terre. On dit en termes de Palais l'*universalité des biens d'une succession*, on dit aussi la généralité.

Universel, s. m. Mot de *Philosophie*, qui fait au pluriel *Universaux*. C'est une nature commune qui convient généralement à plusieurs choses de même sorte. [On compte cinq universaux. Le genre, l'espéce, la différence, le propre & l'accident : Guenon, Demélés & autres Philosophes vulgaires sont mile questions inutiles sur les *Universaux*.

Universel, *universelle*, adj. Général. [Parler en termes universels. *Partu*, plaidoié 12. Sience universelle *Abl. Un quadran universel*. C'est à dire, qui peut servir à conoitre quelle heure il est dans tous les païs & à quelque élévation du pole que ce soit. Instrument universel. On a parlé d'une langue universelle. Le Deluge universel, *Un homme universel*, c'est à dire, qui a apris plusieurs siences.

Universellement, adv. Généralement. Je doute que ceci soit *universellement* vrai. Voit. l. 33 Elle est *universellement* adorée. *Balzac. Lettres 2. partie livre 7, lettre 4*

Université, s. f. Ce mot signifie un corps composé de Régens & d'Ecoliers, où l'on reçoit des degrez. Il y a en France plusieurs *Universitez*, mais la plus célebre est celle de Paris. Les Jésuites n'y ont pas été reçûs parce qu'ils sont Moines & Vassaux du Pape, qu'ils mettent les Papes au dessus des Conciles & que l'*Université* met les Conciles au dessus des Papes, parce qu'ils ont violé les restrictions de l'assemblée de Poissi, de ne rien faire au préjudice de l'*Université*, & qu'ils ont lieu en Téologie, & les lettres humaines sans être graduez, & sans le congé de la faculté, &c. Voiez *du Boulai*, *Histoire de l'Université de Paris*, Tome 6. page 587.

† *Univoque*. adj. Terme de Logique. Il se dit des mots, ou termes, & signifie qui n'a qu'une signification. (Terme univoque. Il est oposé à équivoque.

VOC.

† *Vocable*, s. m. Diction écorchée du Latin qui veut dire *mot*, & qui ne se peut bien dire qu'en riant, toutefois Monsieur Châtain dans l'explication qu'il vient de faire imprimer du Concordat a écrit. Ils n'usent point d'autre *vocable* pour signifier abaie. Monsieur Châtain est un savant homme, mais en matiére de langage.

N'en déplaise aux Prêcheurs, Cordeliers, Jacobins.
Ma foi, les plus grans Clercs ne sont pas les plus fins.

† *Vocabulaire*, s. m. Mot burlesque écorché du Latin pour dire *Dictionnaire*. On se sert du mot de *vocabulaire* en raillant dans la conversation & dans les ouvrages plaisans, satiriques & cômiques.

Abandonnez vôtre Grammaire
Laissez vôtre *Vocabulaire*,
Vous n'en êtes qu'à l'*a*, *bé*, *cé*
Depuis plus d'un lustre passé.
Ménage, *Requête des Dictionnaires*.

Vocal, *vocale*, adj. Mot qui vient du Latin & qui veut dire Qu'on entend. Qui est articulé. Formé par la voix. Une priere *vocale*. elle est oposée à la priére mentale.

Vocal, *vocale*. Ce mot se dit parmi de certains Religieux, & Religieuses, & veut dire, qui donne sa voix & son sufrage pour quelque affaire qui regarde le bien du Monastére. Une sœur vocale. Voiez *les constitutions de Port Roial*, *pag. 65*.

Vocalement, adv. D'une maniere qu'on entende la voix. C'est ce qui est oposé à mentalement. Prier vocalement.

Vocatif, s. m. Terme de Grammaire. C'est le cinquième Cas de la Déclinaison des Noms. On s'en sert pour apeller quelcun.

Vocation, s. f. Prononcez *vocacion*. Terme qui est tiré du Latin, & qui se dit en parlant de Prêtres, de Religieux & de Religieuses. C'est une inspiration que Dieu envoie à de certaines personnes, par le moien de laquelle il les apelle particuliérement à lui en les faisant renoncer au monde. Sa *vocation* est bonne, solide, sincére, véritable, Livre qui traite *de la vocation à la vie Religieuse*. Examiner sa vocation.

Vocation. Ce mot se dit quelquefois, lorsqu'on guoguenarde en conversation, & veut dire Inclination. Envie. Desfein. Dessein. Il me conseilloit de faire des Romans ; mais je ne me sens nule *vocation* pour cela ; C'est en méchant métier que de Romaniser, Vaumotiére y meurt de faim.

VOE.

Voeu, s. m. En latin *votum*. Prononcez *veu* & même peut être qu'on ne feroit pas trop mal de l'écrire comme on le prononce. Le mot de *vœu* signifie en général une promesse qu'on fait à Dieu, ou à quelque Saint ou Sainte, de faire certaine chose. La grandeur du peril fit alors souvenir Clovis d'invoquer le Dieu que Clotilde lui avoit prêché & de faire vœu de recevoir le batême, si Dieu le délivroit du peril. *Mezerai, histoire de France, tome 1.*

> Mon cœur forme des vœux,
> Et ma bouche blaspheme.
> *Habert, temple de la mort.*

Vœu. Ce mot en particulier se dit des Religieux & des Religieuses & signifie une promesse solemnelle que les Religieux, ou la Religieuse fait à Dieu de s'aquiter des vœux de Religion qui sont l'obeïssance, la chasteté & la pauvreté. Faire ses vœux, prononcer ses vœux. Rompre ses vœux. Renouveller ses vœux.

Vœu. Ce mot en particulier, signifie aussi une maniere d'obligation & de necessité qu'on s'impose à soi-même de faire quelque chose, de s'abstenir de quelque chose. J'ai fait vœu de vous aimer & de vous servir toute ma vie & plûtôt mourir que de changer.

Vœu. Desir ardent. Souhait. Mes vœux sont de mourir. *Habert, temple de la mort.*

Vœu. Ce mot se dit en parlant d'amour, & signifie hommage.

> Le sujet que j'adore & qui reçoit mes vœux
> Fait presque que je suis adorable, &c.
> *Gon. poesies.*

> Il passe bien plus outre, il aprouve ses feux,
> Et vous doit commander de répondre à ses vœux.
> *Corn. Cin. a.1. sc.2.*

VOG.

Vogue, *s.f.* Ce mot se dit des choses, & principalement des personnes ausquelles on court parce qu'elles ont quelque chose de particulier que les autres personnes de même profession, ou les autres choses de même nature, n'ont pas. Ainsi on dit Monsieur le Brun en matiere de peinture a la vogue, c'est à dire, chacun court à Monsieur le Brun. Les Satires de Monsieur Despreaux ont la vogue. C'est à dire chacun y court & les achete.

* **Vogue.** Estime. Credit. Reputation. Les habiles gens ne sont pas toûjours ceux qui ont le plus de vogue, mais bien, ceux qui intriguent le plus. Le Poëte Chapelain avoit la vogue avant qu'on eut vu son poëme de la Pucelle, mais si tôt que cet ouvrage vit le jour, ce ne fut plus cela.

Vogue. Ce mot pourroit signifier le cours d'une galere qu'on fait voguer par la force des armes. Mais il semble n'être pas en usage en ce sens, bien que ce soit de là que vienne le mot de vogue dans la signification des articles precedens.

Voguer, *v. a. & n.* Terme de mer mediterranée. Ce mot, dans un sens actif, signifie ramer, faire avancer une galere ou autre vaisseau à force de rames. On commanda aux forçats de voguer. Nous commençames à voguer sur le midi. *Abl.*

Et dans un sens neutre, il se dit de la galere, & signifie, aler sur mer à force de rames. La galere vogue. La galere commençoit à voguer lors que la tempête nous surprit.

† * **Vogue la galere.** Proverbe, pour dire, hazard, quoi qu'il en puisse arriver.

Vogueur, *s. m.* Rameur, forçat. Il y a tant de vogueurs sur cette Galere.

Vogue avant, *s. m.* Prononcez vogavan. Terme de mer. Vogueur qui tient la queuë de la rame & qui lui donne le branle. *Robbe, termes de navigation.*

VOI.

Voiage, *véage, s. m.* Quelques-uns prononcent *véage,* mais mal, il faut écrire & prononcer voiage. *Vau. Rem.* Chemin qu'on fait pour aler en quelque lieu plus, ou moins éloigné. Faire un voiage en la terre Sainte.

Voiage de long cours. C'est un chemin qu'on fait en des païs fort éloignez. Faire des voiages de long cours.

Voiage de long cours. Terme de mer. C'est une navigation qui passe mile ou douze cens lieuës. Faire un voiage de long cours, C'est aler en Amerique, ou aux Indes Orientales.

* **Voiage.** Livre qui traite de quelque voiage. La plupart des voiages qu'on a traduites en François sont imprimez chez le bon homme Clousier sur les degrez du Palais de la sainte Chapelle de Paris.

Voiage. Ce mot se dit des alées & venuës qu'on fait pour transporter quelques choses. Le chartier a fait vint voiages pour amener ces pierres. Ce crocheteur transportera ces meubles en quinze voiages. Si vous ne pouvez porter cela à une fois, fai tes en deux voiages.

On dit au Palais taxer les voiages & le sejour.

† * **Voiage.** Il se dit aussi des choses qu'on fait à diverses reprises, quoi qu'on ne change pas de place pour les faire. J'ai écrit trois heures, c'est assez pour ce voiage. Remettons le reste à un autre voiage.

* On dit d'un agonisant qu'il va faire un grand voiage, un voiage sans retour. Et s'il revient en santé, on dira qu'il est revenu d'un grand voiage.

Voiager, *v. n.* Faire voiage. Voiage par terre, Voiage par mer. Louis de Marmol a voiagé long-tems par toute l'Afrique.

Voiageur, *s. m.* Celui qui fait ou a fait voiager. Les voiageurs sont exposez à de grands dangers. Pietro de la Valle, Marmol, le bon homme Tavernier & Garcilano de la Vega sont de fameux voiageurs. Les mal-afectionnez estimoient Charlequint plus grand voiageur que grand conquerant. *S. Evremont œuvres mêlées, in 4 p.392.*

* On dit en Morale nous ne sommes que voiageurs en ce monde, nous n'y sommes pas pour long-tems & il nous faut aler ailleurs.

Voiagiste, *s. m.* C'est celui qui a décrit un voiage, qui a fait l'histoire de quelque voiage dans un païs éloigné. Pietro della Valle est un voiagiste connu Marmol est l'un des plus fameux voiagistes de l'Afrique, & Garcilasso, de l'Amerique.

Voiant. Part. du verbe *voir.* Qui voit.

Voiant, *s. m.* Terme de l'Ecriture, qui se dit d'un prophete, qui voit les choses avenir par la revelation.

* **Voiant, voiante,** *adj.* Il se dit des couleurs hautes & signifie qui brille, qui éclate. Le rouge, le bleu, le verd sont des couleurs voiantes.

Voici. Sorte d'adverbe. qui sert à montrer, & qui regit l'acusatif. Voici l'heure. Voici la saison, Voici le plus scelerat de tous. *Abl.*

Voici venir les freres avec les ornemens Roiaux. *Vau. Quin. l.4.*

* **Le voici, le voilà.** Ces mots se disent pour marquer qu'une personne est changeante & legere.

Voie, *s. f.* Ce mot signifie chemin, mais il ne se dit ordinairement qu'en parlant des chemins publics des anciens Romains. La voie d'Appius Claudius étoit pavée & toutes les autres voies publiques l'étoient aussi. Voiez les *antiquitez perduës de Pannirol, l.1. c.20.*

Voie. Ce mot signifiant chemin, ne se dit ordinairement qu'au figuré. Remettre les pecheurs dans la voie du salut. *Port.Roial, Pseaumes.* Etre dans la voie de l'Evangile. *Puf. l.5.*

Voie. Ce mot se dit au propre en parlant de chasse. C'est la forme du pié d'une bête fauve en terre nette. Mettre les chiens sur les voies de la bête.

Voie. Vestige. Piste. Maniere de se gouverner de quelque personne qui merite d'être donnée en exemple. Il faut entretenir un jeune Prince & le mettre sur les voies des conquerans. *Le Chevalier Meré.*

Voie. Moïen. Maniere. Les Dames se gagnent par les mêmes voies que nous. *Le Chevalier Meré.* La voie la plus seure pour aprendre à bien écrire, c'est d'écrire peu & d'écrire souvent & exactement Voilà une bonne voie pour être bien heureux. *Pasj. l.4.* Prendre des voies pour ruiner qu'lcun. *Memoires de Monsieur D.L.R.* La voie la plus courte pour ariver à la faveur des Grands, c'est d'entrer dans leur sens. *Flechier, Commendon, l.2. c.19.*

> Pour sortir des tourmens dont mon ame est la proie,
> Il est, vous le savez, une plus noble voie.
> *Rac. Berenice, a.5. sc.6.*

Voie. Charge de quelque chose qu'on porte; ou qu'on sait porter. Faire venir une voie d'eau. Je brule tous les hivers cinq ou six voies de bois. La voie de bois coute à Paris 12. livres avec le chariot. La voie de charbon coute 52. sols 6. d. C'est le plumet qui la porte aux Bourgeois.

Voie de lait. Terme d'*astronomie.* C'est une grande & large bande qui paroit blanche dans le ciel, à peu près comme un cercle, & qui est un amas d'une tres-grande multitude de petites étoiles, que l'on ne peut voir qu'avec le telescope.

Voie de lait. Terme de *chiromance.* C'est une petite ligne qui prend du côté des rassetes, & monte vers le petit doigt de la main. Tricasse 5. chapitre de sa chiromancie, conte que plus cette voie est rompuë & plus elle est méchante.

Voie d'eau. Terme de *mer.* C'est un passage des vagues qui entrent dans le corps d'un vaisseau par quelque ouverture, ou débris du navire. Les deux fregates avoient reçeu chacune une voie d'eau que les pompes ne purent franchir, & aussi elles coulerent bas. *Guillet terme de navigation.*

Voie. Terme de *vanier,* qui se dit des ouvrages qui ne sont pas pleins, & veut dire à jour. Panier à claire voie.

Voie de fait, c'est à dire, action de violence. Les voies de fait sont défenduës.

Voie. Terme de *scieur.* C'est l'ouverture que les dents de la scie font dans le bois, selon la distance des dents qui sont un peu

Ttttt 3

écartées, les unes d'un côté, les autres de l'autre. Les dents de la scie ainsi écartées font que la scie passe plus aisément, & qu'elle a autant de voie qu'il lui en faut pour avancer le couper.

Voie. Terme de charron. C'est l'espace de l'essieu qui est entre les deux roues. Il y a des régimens faits pour la longueur des essieux des charettes & des carosses; pour ne point faire tant de diferentes ornieres, afin que les voies soient égales.

Voïolle, s. f. Terme de Grammaire. Lettre qui fait un son à part, & qui se peut prononcer seule sans l'aide d'aucune autre lettre. Les lettres de l'alphabet se divisent en voielles, & en consonnes. Les voielles sont connuës. a, e, i, o, u, y. C'est ce qu'on apelle voielles & les autres lettres consonnes.

Voïer, s. m. Ce mot en general veut dire, celui qui a soin de la police des chemins, mais il y a plusieurs sortes de voier. Le grand voier de France est l'oficier qui a la surintendance de la police des grans chemins par tout le Roiaume, pour obliger les Juges d'avoir soin des chemins, chacun dans leur juridiction. Le gros voier est celui qui a moienne justice. Le petit voier, ou bas voier a basse justice. Voiez *Loiseau droits de Police.*

Voïer. On apelle aussi voier à Paris, celui à qui tous les marchands & ouvriers qui étalent, qui tiennent boutique & qui ont des enseignes, paient tous un certain droit, pour avoir la liberté d'étaler & de mettre un enseigne ou quelque chose que ce soit devant leur boutique. Il n'y a point de vile en France, où il y ait un voier qu'à Paris. *Loiseau droits de Police.*

Voïerie, s. f. C'est une des parties de la police, qui regarde les grans chemins. C'est la police des chemins. La voierie apartient de droit au Roi. Avoir droit de voierie. Voiez *Pitou, coutume de Troies.*

Voïerie. Voiez plus bas *voirie.*

VOILA. Sorte d'adverbe qui sert à montrer & qui régit l'acusatif. Henri quatriéme voiant le soldat qui l'avoit blessé à la journée d'Aumale, dit au Maréchal d'Estrées, voilà le soldat qui me blessa à la bataille d'Aumale. Voilà Monsieur le galant. *Abl.* Voilà le drole. *Mol.* L'autorité est belle, & te voilà bien apuié. *Mol, critique de l'école des femmes, s. s.* Voilà que c'est que du monde. *Mol. pretieuses, Scene 16.*

Le voilà qui vient, le voilà qu'il vient; il faut dire. *Le voilà, qui vient, & jamais le voilà qu'il vient.*

Ne voila-t-il pas un plaisant homme? Voilà-t-il pas un plaisant homme? *Ne voilà pas* un plaisant homme? Ces trois façons de parler se disent.

Voile, s. m. Ce mot en parlant de Religieuses. C'est un morceau de camelot, ou d'étamine qui couvre la tête de la Religieuse, & en parlant de Novices. C'est un morceau de toile fort blanche, que porte la Novice durant le tems de son Noviciat. Voile benit. Voile de jour. Donner le voile à une Novice. Donner le voile à une postulante. Oter le voile à une Religieuse. Benir le voile. Prendre le voile.

Petit voile. C'est une sorte de petit voile de crêpe que les femmes qui portent le deuil mettent sur leur tete.

Voile, s. m. Couverture. Envelope. Tout ce qui cache. Tout ce qui empêche qu'on ne voie, qu'on ne penetre & ne découvre. Sous le voile misterieux des Paraboles, l'Evangile enferme tous les tresors de la sagesse, *Port-Roïal, N. T. pref. 1. p.* La Nature n'a point de voiles qui soient à l'épreuve de vos lumieres. *Priezne, lettre sur la lumiere.*

Les mortels ne dureroient pas
Si les beautez étoient sans voile.
Voit. poes.

Il faut lever le voile & faire voir à toute la France l'emportement de 15. ou 16. Religieuses. *Patru, plaidoié 16.* C'est à dire, il faut découvrir à toute la France.

Autrefois on n'en parloit qu'en termes couverts, mais aujourdui on leve le voile. *Patru, plaidoié 9.* C'est à dire on parle ouvertement.

* *Voile.* Pretexte. Aparence specieuse. Couvrir ses passions d'un voile d'honnêteté.

Voile, s. f. Terme de mer. C'est un assemblage de pieces de toile, & quelquefois de pieces d'étofe qu'on atache aux vergues & aux étais pour recevoir le vent qui doit pousser le vaisseau. Chaque voile emprunte son nom du mât où elle est aparéillée. Ainsi on dit, La voile du grand mât. La voile du hunier, de de l'artimon, du perroquet, &c. *Apareiller les voiles*, c'est les déploier & les mettre en état de prendre le vent. *Mettre les voiles au vent.* C'est les deplier, les mettre hors. *Faire voiles.* C'est partir & mettre à la mer. *Faire aler à pleines voiles.* Nous fimes voiles au Sud. C'est à dire, vers le Sud. *Se tenir sous voiles, ou être sous les voiles.* C'est lorsque tout est apareillé, & que les voiles sont dépliées. Nostre vaisseau demeura toute la nuit sous voiles & nôtre Galere sur le fer. *Porter toutes ses voiles. Avoir toutes les voiles hors. Mettre toutes les voiles bas.* C'est avoir toutes les voiles apareillées, & toutes au vent. *Regler les voiles.* C'est déterminer s'il faut plus, ou moins de voiles, selon que le vent est plus, ou moins forcé. *Empeser la voile,*

ou *mouiller la voile.* C'est jetter de l'eau sur une voile pour la reserrer & empêcher que le vent ne passe au travers, *Faire petites voiles.* C'est ne porter qu'une partie de ses voiles. *Serrer de voiles.* C'est porter peu de voiles. *Faire force de voiles.* C'est les faire toutes servir. Le porter toutes. *Donner toute une voile au vent.* C'est la porter toute, sans la carguer, ou bourser. C'est à dire, sans l'acourcir, ou la trousser par le moien des cordages qu'on apelle *cargues. Ferler ses voiles. Mettre toutes ses voiles dedans.* C'est les avoir toutes pliées & n'en porter aucune. *Guillet, Termes de navigation.* Border la voile. Larguer la voile. Bourcer les voiles. Faire que le vent donne dans les voiles.

* *Voile, s. f.* Vaisseau. Nous découvrimes *trois voiles* du côté de l'Est. L'armée des ennemis étoit de *quatre cens voiles. Ablancourt, Ar. l. 1.* Il cingla avec *cent voiles* vers l'Isle d'Andros, *Vau. Quin. l. 4.* Nous avons vû plus de trente voiles qui ont mouillé.

Voiler, v. a. Couvrir d'un voile. Cacher d'un voile. Les Catoliques Romains voilent durant le Carême les Saints de leurs Eglises.

Voiler. Terme de Religieuse. Donner le voile à une fille. Voiler une fille. Voiler une Novice.

* *Voiler.* Ce mot au figuré, signifie. Couvrir. Cacher.

Je voile mes ennuis, je dévore mes pleurs.
J'interdis la parole à mes justes douleurs.
Habert, temple de la mort.

* Ils *voilent* leurs sentimens du nom d'une honnête amitié. *Abl. Luc.*

Se voiler, v. a. Ce mot se dit ordinairement du visage. C'est se couvrir le visage de quelque voile. Se *voiler* le visage. *Abl.*

Voilé, voilée, adj. Couvert d'un voile. Saint voilé.

Voilé, voilée. Ce mot se disant des *Religieuses*, signifie. Qui a pris le voile. Fille voilée. Religieuse voilée.

Voilerie. Terme de mer. C'est le lieu où l'on fait & où l'on racomode les voiles, des vaisseaux. La voilerie est bien claire & propre. Porter les voiles à la voilerie.

Voilier, m. Terme de mer. On apelle *maitre voilier*, celui qui travaille aux voiles, qui à chaque quart les visite pour voir si rien n'y manque. Ce *maitre voilier* s'apelle aussi *trevier.*

Voilier. Terme de mer. Ce mot de *voilier* est adjectif, mais il ne se dit qu'*au masculin.* On dit. Un *vaisseau bon voilier.* C'est à dire, qui est sin de voiles. Un *vaisseau mauvais voilier.* C'est à dire qui est pesant de voiles.

Voilure, s. f. Terme de mer. C'est la maniere de porter les voiles pour prendre le vent. On ne va sur mer qu'à trois sortes de voilures, de vent arriere, de vent largue, & de vent bouline. *Guillet, termes de navigation.*

VOIR, v. a. Je *voi*, tu *vois*, il *voit*, nous *voions*, vous *voiez*, ils *voient*. Je *voiois*, tu *voiois*. J'ai *vû*. Je *vis*. J'avois *vû*. Je *verrai*. Voïez. Que je *voie*, Je *visse*, je *verrois*. J'ai *vû*. *Voir. Avoir vû. Voiant.* C'est conoîttre à la faveur du sens de la vuë. C'est découvrir par le moien de la vuë. Voir de prés, ou de loin, Voir avec des lunettes. Voir, ou regarder de travers.

Helas ! qu'un jour passé sans voir ce que l'on aime
Est long à qui sait bien aimer.
Quand pour Amarillis je n'aurai plus d'amour
Mes yeux ne verront plus la lumiere du jour.
La Lane, Eglogues.

Ne voir goute. C'est ne pas voir la lumiere. Ne pas avoir l'usage des yeux. Voir clair, c'est bien voir.

Voir. Rendre visite. Fréquenter. Quand on se montre, il faut faire en sorte que les personnes qu'on voit en soient bien aises. *Le Chevalier Meré, conversations.* Si on voit souvent de certaines personnes, on se met en bonne odeur, & si on en voit d'autres, on se perd de reputation.

Une fois l'an il me vient *voir.*
Je lui rend le même devoir.
Gon. Poësies.

Voir. Considerer. Observer. Remarquer. C'est une chose admirable de *voir* cette doctrine en si beau train. *Pas. l. 2.* Voiez la raison pour laquelle il établit sa pensée. *Pas. l. 4.* Vous les verrez bien-tôt feconds en impostures. *Déprеаux, Satires.* Voir le monde. Voir un païs. Il a veu divers livres. Nous voions dans l'histoire. Les Astrologues prétendent voir dans les Astres tout ce qui doit arriver.

Voir. Il signifie quelquefois *entendre*, ouïr, au même tems que l'on voit. En ce sens, il n'est pas encore généralement établi, mais il faut espérer qu'il le sera tout à fait bien-tôt. J'ai vû

VOI   VOI   887

harangu't M. Fléchier, & tout le monde, auſſi bien que moi, en fut ravi.

* *Voir*. Il ſignifie auſſi quelquefois *tâcher*. Voiez ſi vous pouvez faire cela. *Vaug. rem. nouv.*

* *Voir*. Eſſaier, éprouver. Voiez ſi ce vin eſt bon. Voiez ſi la condition vous agrée.

* *Voir*. Connoitre charnellement. J'avois une femme qui ne m'étoit pas conjointe par un mariage legitime, c'étoit la ſeule que je voiois, & je lui gardois fidelité. *Arnaud, conſeſſ. de S. Aug. l. 4. ch. 2.* Cette femme n'a jamais vû que ſon mari.

Se voir, v. r. *Je me vois. Je me ſuis vu. Je me vis.* Se regarder. Se voir dans un miroir.

Se voir. Se frequenter. Ils ne ſe voient plus tant qu'ils faiſoient parce qu'il y a eu entre eux un peu de refroidiſſement.

* *Se voir.* Se connoitre charnellement. Licurgue vouloit que les jeunes mariez ne ſe viſſent qu'à la dérobée. *Abl. Apoſtegmes page 207.*

* *Voire, adv.* Il ſignifie, même, au contraire. Il eſt reçu dans le ſtile ſerieux, mais il a vieilli. Les vieillards ſont amoureux, voire ils ſont plus enragez en amour que les jeunes gens. *Nic. Richelet, notes ſur Ronſard.*

Voire, adv. Mot qui eſt reçu dans le burleſque. Exemple. Qu'on dreſſe un lit à ce Gentilhomme, voire qui en auroit, dit l'hôteſſe. *Sca. Rom. 1 partie, c. 6.* C'eſt à dire, oui, qui en auroit. Tenez bien quelque tems, voire qui pourroit. *Scar. D. Japhet.*

* *Voirement, adv.* Ce mot eſt vieux & hors d'uſage. Mais voirement, c'eſt à dire, mais à propos; mais quand j'y penſe.

Voire même, adv. Ces mots ne ſont reçûs aujourd'hui que dans le ſtile comique, & ſatirique, ou dans le plus bas ſtile. De ſorte qu'au lieu de voire même. On ſe ſert de ces mots, & même dans le beau ſtile, mais dans le plaiſant voire même trouve encore ſa place.

    Voire même quelques eſprits
    Avoient méchamment entrepris
    De…
    Ménage, Requête des Dictionnaires.

VOIRIE, *ſ. f.* Certain endroit deſtiné, où l'on mêne quelques bêtes inutiles pour les y tüer, où l'on traine celles qui ſont mortes de maladie, & où l'on porte toutes les ordures d'une vile. Jetter à la voirie. Je voudrois avoir veu trainer ce pendard par la barbe *à la voirie*. *Abl. Luc.*

Voirie. Terme de boucher. C'eſt le ſang de la bête qu'on a tuée avec toutes les ordures & tout ce qui n'en vaut rien. Mettre la voirie dans les baquets.

Voirie. Voiez *voirie*.

VOISIN, *voiſine, adj.* Ce mot ſignifie *proche* & il ne reçoit ni comparatif, ni ſuperlatif; de ſorte que de dire. Mon plus voiſin, ou mon tres voiſin, pour dire *mon plus proche voiſin*; *mon tres-proche voiſin*, ce ſeroit tres-mal parler. *Vaug. Rem.* Les peuples *voiſins* ſe haïſſent ordinairement les uns les autres. Les Provinces *voiſines* ne s'aiment gueres, & ont le plus ſouvent quelque choſe à démêler les unes avec les autres.

Voiſin, ſ. m. Celui qui demeure, qui loge auprès d'un autre. Celui qui habite un païs proche du païs qu'un autre habite. Un bon voiſin. Un honnête voiſin. Un charmant & agréable voiſin. La lumiere naturelle veut qu'on aime ſes voiſins & qu'on tâche à les ſervir, afin qu'il nous ſecourent dans le beſoin.

* *Qui a bon voiſin, a bon matin.* Sorte de *Proverbe* pour dire, Qu'on eſt heureux & qu'on paſſe agreablement la vie quand on a un honnête homme pour voiſin.

* *Bon Avocat, mauvais voiſin.* Proverbe pour dire qu'on eſt ſujet à être chicané quand on a pour voiſin un homme de pratique. Grand chemin, grand Seigneur & grande riviere ſont trois mauvais voiſins. Proverbe.

Voiſinage, ſ. m. Lieu, ou endroit proche de celui, où demeure quelcun. Il demeure dans le *voiſinage*. La commodité du voiſinage fut cauſe de leurs amours.

* *Voiſinage.* Les voiſins. Les perſonnes qui demeurent dans un même quartier. Dans un même endroit.

    Ah! je dois du moins lui jetter ſon chapeau,
    Faire au larron d'honneur, crier le voiſinage.
    Mol.

Tout le voiſinage eſt ſcandaliſé de la conduite du Seigneur Geronimo.

* *Voiſiné, ſ. m.* Mot provincial inſupportable pour dire *voiſinage*. J'envoie des fruits à tout mon voiſiné. *Vau. Rem.*

Voiſine, ſ. f. Celle qui loge, celle qui demeure proche le lieu où un autre demeure, ou un autre loge. Une jolie, une belle, une charmante, une agreable, une aimable voiſine.

Voiſiner. Ce mot ſignifie. Voir ſes voiſins ou voiſines. Rendre viſite à ſes voiſins ou voiſines. Le mot de *voiſiner* eſt neutre, & je ne le trouve en un *ſens Actif* que dans le Mercur. Galand de *l'Abé de Viſé. Tome 8.* Voici l'endroit. Ce ſont deux Demoiſelles à deux lieuës de chez nous que nous voiſinons rarement. J'ai conſulté d'habiles gens ſur cette façon de parler &c. ils ont tous dit qu'elle étoit trop hardie, qu'ils ne parleroient point de la ſorte & qu'il étoit dangereux de l'imiter. On dit donc dans un *ſens neutre.* Il aime à *voiſiner*. Il n'eſt bon voiſin *qui ne voiſine* & qui ne baiſe ſa voiſine.

VOITURE, *ſ. f.* Tranſport de perſonnes ou de choſes par le moïen des chariots, des bêtes de ſomme, ou des bateaux, par terre, ou par eau. La voiture eſt reglée à tant par cent. La voiture eſt bonne. La voiture eſt trop forte.

Lettre de voiture. Ecrit qui contient le rôle des marchandiſes dont le voiturier eſt chargé.

† *Voiture.* Caroſſe, Chariot, Coche, ou autre choſe dans quoi on eſt mené. Nôtre voiture eſt fort bonne. Voiture commode. Dans quelle voiture alez-vous? La voiture en litiere eſt la plus commode.

†* *Adieu la voiture.* C'eſt à dire, c'en eſt fait, tout eſt perdu, & renverſé.

Voiturer, v. a. Mener dans quelque voiture, dans quelque coche, caroſſe, chariot, ou vaiſſeau, bateau, bachot. Charier. Mener par eau, ou par terre. On voiture un corps en quelque endroit proche de l'Egliſe. *Patru plaidoié 8.* Voiturer de la marchandiſe par eau. Voiturer de la marchandiſe par terre.

Voiturier, ſ. m. Celui qui voiture & conduit d'un lieu à un autre quelque marchandiſe. Un bon voiturier. Un voiturier ne doit point partir ſans avoir ſes lettres de voiture.

Voiturier par terre. Celui qui conduit de la marchandiſe par terre. Il eſt voiturier par terre.

Voiturier par eau. Celui qui conduit de la marchandiſe par eau. Etre voiturier par eau.

* *Voituriſer, v. n.* Imiter Voiture, l'un des Auteurs françois le plus galant. Le mot de *voituriſer* ne s'écrit pas, il ſe dit ſeulement quelquefois en riant. Le Païs tâche à voituriſer. Montreuil voituriſe un peu.

VOIX, *ſ. f.* Mot qui vient du Latin. C'eſt un ſon qui ſort de la bouche pour marquer ſa penſée, quelque déſir, ou quelque mouvement de l'ame. Son harmonieux pour exprimer quelque paſſion gaie, ou triſte. Une belle voix. Une charmante voix. Une agréable voix. Une voix douce, forte, foible, rude, perçante. Voix caſſée, languiſſante. Une bonne voix. Une voix mâle, forte. Une méchante voix. Avoir de la voix. N'avoir point de voix. Manquer de voix.

    Ceſſez de nous vanter vos *voix*
    Car celle de Beliſe eſt pluſdouce & plus belle;
    Je n'ai qu'un filet de voix.
    Et ne chante que pour Silvie.
    Sar. Poeſies.

Sa voix ravit les ſens. *Ablancourt.* Bien conduire ſa voix. Bien regler ſa voix. Pouſſer ſa voix. Elever ſa voix. Soutenir ſa voix. Afoiblir ſa voix. Diminuer ſa voix. Augmenter ſa voix.

    L'ame qui ſe veut émouvoir
    Céde à l'agreable pouvoir
    De *ſa voix* pleine de merveilles.
    Voit. Poëſ.

Ménager ſa voix. *Ablancourt.*

Voix. Ce mot ſignifie quelquefois la même choſe que *cri*. Gemiſſement acompagné de cris & de clameurs. J'ai élevé ma voix vers Dieu & il m'a entendu. *Port Roïal, Pſeaumes.* Seigneur, prêtez l'oreille *à ma voix* lorſque je ſuis dans l'afliction. *Port-Roïal, Pſeaumes.*

Voix. Ce mot en parlant de Dieu ſignifie quelquefois la même choſe que *Parole.* Commandement. Iſraël ſi vous obeïſſez *à ma voix*, je comblerai vos deſirs. *Port-Roïal, Pſeaumes.*

Voix. Ce mot ſe dit parlant de juges, de Religieux & de toute communauté qui delibere ſur quelque afaire, & alors il ſignifie *Sufrage. Conſentement.* La choſe paſſa tout d'une voix. *Ablancourt, Ret.* Donner ſa voix à quelcun. Je ſuis ſeur de trois *voix.* Gagner les voix. Aler aux voix. Avoir toutes les voix. Voix deliberative, active ou paſſive, conſultative. &c.

Avoir voix en Chapitre. C'eſt avoir du credit & du pouvoir pour faire reüſſir quelque afaire.

Voix humaine. Terme d'organiſte. C'eſt une ſorte de jeu qui repreſente d'une maniere harmonieuſe la voix de l'homme.

Voix. Terme de *muſique,* qui ſignifie. Son. Il y a ſept principales & ſept diferentes voix dans la muſique qui s'apliquent & ſe prononcent ſur les notes. D'une voix à l'autre, il y a un ton excepté du *mi* au *fa*, & du *ſi* à l'*ut.*

VOL.

Vol, *f. m.* Ce mot au propre se dit des oiseaux. C'est l'action de l'oiseau qui vole. C'est l'action de l'oiseau qui étendant & remuant vite ou doucement les ailes, avance, ou se soutient dans l'air. Entre deux étoit un aigle dépliant ses ailes comme pour prendre son vol. *Vaug. Quint. l.3. ch.3.* Un vol terre à terre. *Abl.* C'est à dire, un vol bas & rasant presque la terre. Je pris mon vol plus haut & plus loin.

Vol. Ce mot se dit en terme de *fauconnerie*. Et il signifie la chasse du vol. Le vol de quelque oiseau de fauconnerie après le Heron, ou la Corneille. On dit chef du vol, capitaine du vol. Vol pour Heron. Vol pour Corneille, entretenu dans la grande Fauconnerie.

Vol. Terme de *blason*. Ce sont deux ailes d'oiseau posées dos à dos, comme s'il vouloit voler. S'il n'y a qu'une aile seule, on l'apelle demi-vol. Quand il y en a trois, il faut dire, trois demi-vols. On apelle vol bannerer, celui qui se met au cimier & est fait en bannière, le dessus coupé en quarré, comme celui des anciens Chevaliers.

Vol. Il se dit parmi les Machinistes quand ils enlevent prontement en l'air quelque corps. Le vol d'un Mercure, d'un Zephire, &c.

Le vol du chapon. Voïez *chapon.*

* **Vol.** Ce mot *au figuré* est fort beau & fort usité, pour marquer qu'une chose est au dessus de nos forces, de nôtre esprit, ou de nôtre qualité.

> * C'est un vol bien élevé pour lui.
> *Reg. Satire.*

C'est à dire, cela est trop haut pour lui, cela passe ses forces & son genie.

> * Je mesure mon vol à mon foible genie.
> *Déspreaux, Discours au Roi.*

C'est à dire, je n'entreprens rien au dessus de mes petites forces, je les consulte avant que de rien faire.

> * Il prend un vol un peu trop haut.
> *Ablancourt.*

C'est à dire, qu'il s'éleve au dessus de sa condition, au dessus de sa qualité.

> * Pardonnez à l'amour, si d'un vol temeraire,
> J'ose m'élever jusqu'à vous.

C'est à dire, si je suis assez hardi pour oser porter mes desirs jusques à vous, c'est la faute de l'amour qui m'inspire cette hardiesse & qui veut que je m'éleve au dessus de ma propre condition.

Vol. Larcin. Le vol est un art qui n'a pour objet que le bien. Le vol est l'enfant de la necessité & le metier de tous ceux qui n'en ont point. Acusé & convaincu de vol. *Abl.* Faire un vol à quelcun. *Abl. Luc.* Acuser d'un vol domestique. *Pascal, l.6.* Un vol de grand chemin.

Vol. Il se dit par extension. Quand les hôtes font païer excessivement, & que les marchands ou autres font païer leur marchandise ou leur peine beaucoup au delà de ce qu'elle vaut, on dira que c'est un vol manifeste.

Vol. Il signifie quelquefois la chose volée. On a retrouvé le vol. Receler un vol.

* **Volable**, *adj.* Qui peut être volé. Qu'on peut voler. Etes-vous un homme volable? *Moliere, Avare, a.1. s.3.* L'Academie n'a rien de *volable* dans son Dictionnaire. *Furetiere, 2. factum p.47.*

Volage, *adj.* Ce mot se dit des personnes, & signifie Leger. Inconstant.

> Jamais un cœur volage
> Ne trouve un heureux sort.
> Devenez fourbe & volage,
> Comme veut le bel usage.
> *Desh.*

Volaille, *s.f.* Terme collectif qui se dit des oiseaux domestiques qu'on nourrit dans une basse cour, comme poulets, chapons, dindons, &c. Ce Fermier nourrit beaucoup de volaille. Païs de volaille. La volaille est chére.

* **Volaillier.** Marchand de volaille. On l'apelle ordinairement *Poulailler.*

Volant. Participe, signifiant *qui vole.* Qui fend l'air avec ses ailes. Qui dérobe. Animal volant. Poisson volant. Insecte volant. Le cheval volant des Poëtes s'apelloit Pégase.

Cerf-volant. Insecte. Voïez *cerf.*

Il se dit aussi de certaines choses légéres qui se meuvent au gré du vent. Mouchoir volant. Casaque volante.

Ecrite sur un *papier volant.* Une *feuille volante,* c'est à dire, sur une feuille qui n'est pas reliée, ou cousuë avec d'autres.

Un pont volant. C'est un pont portatif. *Un cachet volant,* c'est un cachet qui n'est pas entierement ataché à une lettre. *Un camp volant,* c'est une petite armée composée de quelques troupes de cavalerie legere. Escadron volant, il se dit de quelque nombre de Cardinaux qui ne font d'aucun parti dans le Conclave.

Feux volans. Ce sont des meteores de feu qui s'élevent & se dissipent bien-tôt.

Fusée volante. C'est une sorte de feu d'artifice.

Volant, *s.f.* C'est un petit tuïau composé de plusieurs trous où l'on met des plumes & dont on se sert l'hiver pour jouer avec une palette, une raquette, ou un timbale, qui est une manière de raquette couverte de parchemin. Un joli volant. Un beau volant. Un bon volant. On se jouë ordinairement que deux au volant.

Volant. Terme de *meunier.* Ce sont deux pieces de bois qui sont arachées en forme de croix à l'arbre du tournant qui sont au dehors de la cage du moulin à vent, & qui étant garnies d'échelons & vétuës de toiles, tournent quand les toiles sont tenduës & qu'il vente assez pour les faire aler. Il a fait un si grand vent, qu'il y a un volant abatu. Vétir les volans. Dépouiller les volans. Monter sur les volans. Etre aux volans.

Volant. Terme d'*horloger.* C'est une sorte de plaque de léton qui retarde la sonnerie. Piece d'horloge qui retarde la sonnerie.

Un passe-volant. C'est un faux soldat qui passe à la montre sans être enrollé, pour le moins, dans la compagnie où il se met.

Volatile, *adj.* Qui vole. Un serpent volatile, ou plutôt, un serpent volant.

Volatile, *adj.* Terme de *chimie.* C'est à dire, qui s'éleve & se perd en l'air aussi-tôt qu'il a vent. Qui se resoud & s'en va en l'air. Sel volatile. Esprits volatiles. Fixer les substances volatiles. *Lémeri, cours de Chimie.*

Volatiliser, *v. a.* Terme de *chimie.* C'est rendre capable d'être élevé par le moïen de la chaleur. Rendre volatile. Volatiliser les corps. *Glaser, Cours de Chimie.*

Volatilité, *s.f.* Terme de *chimie.* Qualité de ce qui est volatile. La volatilité des esprits & des sels.

* **Volatile,** *substantif, feminin.* Mot burlesque qui n'entre que dans le stile simple & plaisant, & qui signifie tout animal qui vole. Il est comme la volatile toujours en l'air. *Benserade, Rondeaux, p.147.*

Volcan, *f. m.* Terme de *naturaliste.* Il vient du latin *vulcanus* que les Poëtes ont dit être le Dieu du feu. Un volcan c'est une montagne qui vomit du feu, comme le Mont-Gibel, en Sicile, le Vesuve & autres. Il y a en Amerique près de Gattimala deux montagnes, dont l'une s'apelle volcan de feu, & l'autre volcan d'eau, parce qu'elle vomit des ruisseaux d'eau.

Vole, ou *volte, s.f.* Terme de *jeu de cartes.* Les joüeurs sont assez partagez sur ces mots, mais ceux qui aiment la nouveauté sont pour *vole.* Comme ce balancement entre ces mots fait bruit, l'Academie va à ce qu'on pense, s'assembler là-dessus; & il y a lieu d'esperer qu'après dix ou douze séances de cette fameuse Compagnie, elle nous fera savoir lequel de ces mots, de vole ou de volte, aura eu le bonheur de lui plaire. Cependant, saura qui voudra, que la vole signifie deux parties aux cartes, & que le Chevalier Meré, traité du jeu de l'hombre, a écrit, faire la vole, gagner la vole, entreprendre, prétendre, manquer, empécher, perdre la vole. Etre cause de la vole.

Volée, *s.f.* Ce mot se dit des oiseaux & des choses auxquelles on donne des ailes, de même qu'aux oiseaux, comme aux amours. Le mot de volée signifie bande & troupe d'oiseaux. Une belle volée d'oiseaux. Une volée de cailles, de gruës, de cicognes, & autres oiseaux de passage. On dit aussi une volée de sauterelles.

Volée. Ce mot se dit des pigeons. Ce sont les pigeons éclos dans un même mois. De toutes les volées de pigeons, la meilleure est celle de Mars.

Volée. Terme de *meunier.* Qui signifie les volans d'un moulin à vent. La volée de ce moulin est bonne.

Volée. Ce mot se dit de la grosse artillerie, comme des canons, & signifie coup de canon. Tirer plusieurs volées de canon. Il a été emporté d'une volée de canon.

Volée. Terme de *fondeur & de canonier.* C'est la partie des pieces d'artillerie qui prend un peu au dessus des tourillons & qui va jusques à l'embouchure de la piece. La volée du canon est ordinairement de cinq piez & demi. On rafraichit le canon mettant de l'eau & du vinaigre dans la volée. *Mallet, travaux de Mars.*

Volée. Ce mot se dit entre gens qui joüent à la paume. C'est l'action du joüeur qui prend la balle, lors qu'elle est en l'air & avant qu'elle touche terre. (Prendre une balle de volée. La balle a été de volée dans la grille. C'est à dire, sans avoir touché terre.)

Prendre

VOL   VOL   889

Prendre une balle entre bon & volée. C'est à dire, avant qu'elle touche terre.

† Il a pris l'afaire entre bond & volée. C'est à dire, plus vite & plus adroitement qu'on n'eût creu.

Volée. Terme de Charon. C'est une petite piéce de caroffe du train de devant, large de 3. ou 4. doigts où l'on atache les palonniers. (La volée du caroffe eft rompuë.)

Volée. Ce mot au figuré fe dit des perfonnes & eft fort ufité. (Je vous ai affez difcerné entre ceux de vôtre volée, pour avoir remarqué qu'il y en a peu dont le merite aproche du vôtre. Scaron, épitre Dedicatoire de fes Poëfies. C'eft à dire, entre ceux de la même qualité, de la même condition.

* Toute la jeuneffe de fa volée prit parti dans la guerre. Le Comte de Buffi, amour des Gaules. C'eft à dire, toute la jeuneffe de fon âge, & de fa qualité, ou à peu prés.

* Volée de coups de bâton. C'eft à dire, plufieurs coups de bâton (Il a eu une volée de coups de bâton. Scar.)

* A la volée, adv. Etourdiment, & fans refléxion. Inconfiderement. (Se porter à la volée à quelque chofe. Pafc. liv. 4. Faire quelque chofe à la volée. Abl.)

Voler, v. n. Ce mot fe dit proprement des oifeaux, & veut dire Fendre l'air avec fes ailes. (Voler à tire d'ailes, Ablan. Oifeau qui vole fort haut.)

Voler. Ce mot parlant en Terme de Fauconnier, eft actif, & fignifie Voler aprés. Chaffer en volant. (Les Tiercelets de Gerfaut & les Faucons, font propres pour voler la corneille. Le Sacre, le Gerfaut, le Tiercelet de Gerfaut, & quelquefois le Faucon font propres pour voler le Héron.)

VOLER, v. n. Ce mot au figuré à divers fens. Exemples. (Voler au fecours de quelcun. Ablancourt. C'eft fecourir vite.

* Ils firent force feu dont les étincelles volérent jufques aux fépulcres des habitans. Vaug. Quin. l. 8. ch. x. C'eft à dire, Se répandirent, Se difperférent. Il mit l'épée à la main, & en moins de rien il fit voler à terre deux épées. Scarron, Roman. I. partie chapitre 3. C'eft à dire, il fit tomber à terre deux épées.

Ils n'arrêteront pas le tems qui toujours vole
Et qui d'un trifte blanc va peindre ces cheveux.

C'eft à dire, ils n'arrêteront pas le tems qui s'écoule & paffe toûjours.

Les bouches de fes beaux cheveux volent fur fon fein.
La Suze, Poëfies.

C'eft à dire, vont au gré du vent fur fon fein.

* Pots, pintes, tables, efcabeaux.
Siéges, chandeliers, cruches & eaux
Volent d'abord fur la montée.
Poëte Anonime.

C'eft à dire, fe jettent fur la montée.

* Voler, v. n. Il fe dit du nom & de la reputation des gens, C'eft aler par tout. Se répandre en tous lieux.

Oui, pour l'adreffe feulement
Dont ils ont volé tout le monde,
Leur nom vole éternellement,
Maleviles, Poëfies.
Les Mufes dont le nom par tout le monde vole
M'infpirent.

(C'eft à dire, dont le nom court par le monde.)

Voler. Il fignifie quelquefois courir avec grand empreffement, Quand il s'agit de fervir fes amis, il ne court pas feulement, il y vole. Va, cours, vole & nous venge. Corn. Cid.

* Il ne faut pas voler avant que d'avoir des ailes. Proverbe, pour dire qu'il ne faut pas prendre un grand vol, fi on n'a du bien pour le foutenir.

Voler, v. a. Dérober. Faire quelque vol. Elle a volé fon maitre, & elle a été fouëttée. Voler dix piftoles à quelcun.

* Voler. Prendre. Enlever. Elle vola la blancheur à la nége. Voiture, l. 69. Les foins de Plutarque nous ont rendu ce que l'injure du tems nous avoit volé. Ablancourt, Apophtegmes. On lui a volé fa conquête. Racine, Iphigenie, a. 1. f. 3.

Volerie, f. f. Brigandage. C'eft une volerie qui merite une punition exemplaire. Les voleries publiques font des habiletez. Le Duc de la Roche Foucaut.

Volerie. Terme de fauconnerie. Chaffe où l'oifeau vole le Heron, ou la Corneille. Vol de l'oifeau de Fauconnerie aprés le Heron, ou la Corneille. La volerie pour le Heron eft belle & agreable. Tenir l'oifeau en état pour aler à la volerie.

Volet, f. m. C'eft une maniere de petite porte qu'on ferme par dedans la chambre où le panneau de vitre, & qui eft de la même longueur & de la même largeur que la vitre. Volet brifé. Les volets font ouverts. Les volets font fermez.

Volet. Terme d'organifte. C'eft une maniere de porte déliée, & brifée, qui eft extraordinairement peinte & embelie, qui couvre les tuïaux de l'orgue par deffous quand on eft quelque tems fans joüer. Ouvrir les volets de l'orgue. Fermer les volets de l'orgue.

Volet. Terme de mer. Petite bouffole, ou petit compas de route qui eft ordinairement à l'ufage des barques & des chaloupes.

*. Volet. Ce mot entre dans une façon de parler proverbiale fort jolie ; on dit. Il eft tiré fur le volet, c'eft à dire, choifi entre tous les autres. C'eft un époux trié fur le volet. C'eft à dire,

c'eft un époux tout à fait bien fait & qui l'emporte fur les autres, il veut bien prêter le colet à ceux qui font tirez fur le volet. Benferade, Rondeaux. C'eft à dire, il veut le difputer aux plus capables.

Voleter, v. n. Il fe dit des oifeaux & par figure des amours, & fignifie voler fouvent, voler d'un côté & d'autre, dans un même endroit. Voleter, n'eft pas fi en ufage que voltiger, neanmoins il fe dit quelquefois.

(Mile Amours fe joüioient & voletoient fans ceffe
Prés du riche berceau de l'aimable Princeffe.
Rampale, poëfies Idile 4.)

Volettes, f. f. Terme de Chauvrier. Ce font plufieurs tangs de petites cordes qui tiennent toutes chacune par un bout à une forte de fangle large ou à une maniére de couverture de refeau de chanvre. Lorfque ces petites cordes font attachées à une fangle on les met le long des fiancs du cheval, & lorfqu'elles bordent une maniére de couverture de refeau, on met cette couverture fur le dos du cheval de caroffe, de forte que le cheval foit de harnois, ou de caroffe venant à marcher, ces volettes bandillent & fervent ainfi à chaffer les mouches qui incommodent les chevaux, l'été. Volettes teintes. Volettes rouges, Volettes bleuës, noires, jaunes, ou vertes.

Voleur, f. m. Celui qui derobe. Celui qui vole. Celui qui rapine, qui prend Injuftement le bien d'autrui. Les voleurs font pendus, ou tout au moins fouëttez par la main du bourreau. Les voleurs des grans chemins qui ont fait quelque meurtre font rouëz & expirent fouvent fur la roüe. Les grans voleurs font prendre les petits, forte de proverbe, pour dire que les Grans & les habiles voleurs qui ont le crédit & le pouvoir en main font pendre les miferables qui volent, qui n'ont ni autorité, ni puiffance pour fe mettre à couvert.

Voleufe, f. f. Celle qui dérobe. Voleufe domeftique pendue.

Voleufe de grans chemins. C'eft à dire, qui detrouffe les paffans fur les grands chemins. Il eft affez inouï que les perfonnes de ce fexe fe portent à ces extremitez ; cependant Louis de Menezes, hiftoire de Portugal, écrit que la Reine Ginga, fille du Roi d'Angola fe fit voleufe de grands chemins.

Voliére, f. f. C'eft un lieu où l'on nourrit & enferme de petits oifeaux qui font beaux & qui chantent bien, & où l'on met des perchoirs & autres chofes neceffaires pour les oifeaux. Une belle voliére.

Voliére à pié, C'eft une forte de colombier.

VOLONTAIRE, f. m. Ce mot fe dit en parlant de la guerre. Celui qui fans avoir aucun emploi fixé dans les troupes, ou dans quelque Régiment commandé, cherche l'ocafion d'aquerir de la gloire, qui porte les armes de plein gré fans être engagé fous aucun Capitaine, & qui fert le Roi à fes dépens pour aquerir de l'honneur, & fe faire remarquer dans les ocafions. Servir en qualité de volontaire. Volontaire tué.

Volontaire, f. m Libertin. Son fils eft un petit volontaire.

Volontaire, adj. Qui fe fait de bon gré, de pleine & de franche volonté. Cela eft volontaire. Action volontaire.

Volontaire. Libertin. Un peu débauché. Qui ne veut faire que ce qu'il lui plait. Il eft un peu volontaire.

Volontairement, adv. De fon plein gré. Volontiers. S'engager volontairement. S'ofrir volontairement. Ablancourt.

Volonté, f. f. Faculté de l'ame qui fe porte aux chofes intelligibles. C'eft un mouvement naturel qui nous porte vers le bien indéterminé & en général. Voiez Malebranche. Recherche de la verité, l. 1. ch. 1. Plufieurs difent que c'eft un difert du bien, conduit & réglé par la raifon. Sa volonté le porte aux armes, parce qu'il voit que s'il s'y contribuëront à fa gloire & à fa fortune. La volonté d'un honnête homme doit toujours être foumife à la raifon. Je n'ai point d'autre volonté que celle de vivre & de mourir fous l'empire de la jeune Cloris.

Derniére volonté. C'eft le dernier fentiment & la derniére réfolution d'une perfonne. Exécuter la derniére volonté d'une perfonne. Suivre les derniéres volontez de quelcun. Il y a neuf ou dix ans que A... penfa expliquer fes derniéres volontez en Gréve.

Les volontez font libres. Façon de parler proverbiale, qui fignifie qu'on ne veut pas contraindre une perfonne, & qu'on eft dans une entiére liberté de faire ce qu'on veut : Mol. mar. f. fc. 8. La bonne volonté eft reputée pour le fait.

Volontiers, adv. De bon gré. De bonne volonté. De bon cœur. Perfonne n'obeit volontiers.

VOLTE-FACE. Terme de guerre ; pour dire, Tête tournée du côté de l'ennemi. Il fit faire volte face à fes gens C'eft à dire, il commanda à fes gens de fe tourner du côté de l'ennemi ; de faire tête à l'ennemi.

Volte, f. fi ou vote. Terme de jeu de cartes. Ce mot de volte vient de l'italien, & il fignifie en France, deux parties gagnées d'affilé. Faire la volte. Gagner la volte. Les uns font pour volte d'autres pour vole. Voiez vole. Ce qu'on peut dire eft que ceux qui ont écrit du jeu des cartes difent prefque tous la vole & font peu la volte.

Volte, f. f. Terme de manege. C'eft un rond, ou une pifte circulaire, C'eft le chemin d'une, ou de plufieurs piftes que fait le cheval étant porté de côté à l'entour du centre de la volte. On dit. Les angles ; ou les coins de la volte. Le centre de la volte. Une belle volte. Une volte renverfée. C'eft

Y y y y y

un chemin de deux pistes que le cheval fait aiant la tête du côté du centre de la volte & la croupe en dehors. Faire une volte renversée au pas, au galop, au trot. Embrasser toute la volte. Cheval qui manie les voltes. Faire manier un cheval sur les voltes. Faire des voltes à courbettes. Faire des voltes à capriolles. Passager sur les voltes. Mettre un cheval sur les voltes. *Cheval qui se couche sur les voltes.* C'est à dire, Cheval qui plie le cou en dehors & porte la tête & la croupe hors de volte.

Demi-volte, *s. f.* C'est un demi rond que le cheval fait d'une piste, ou de deux à l'un des coins de la volte, ou à l'extremité de la ligne de la passade. Il y a des demi-voltes de la longueur du cheval, & des demi voltes de cinq tems. *Guillet, termes de manege.*

Volte. Terme de *fauconnerie* qui se dit en parlant de la chasse du héron. Exemple. L'équipage étant arrivé, on crie à la volte. C'est à dire, qu'on voit le heron.

Volte. Terme de *mer.* Route. Prendre telle volte, c'est prendre quelque route, ou virer un vaisseau pour se dresser au combat. *Fourn.*

Volté, voltée, *adj.* Terme de *blason,* qui veut dire, double. Il porte de sable à la croix voltée d'argent. *Col. c.* 13.

Volter, *v. n.* Terme de *maitre d'armes.* C'est tourner le corps. A tous les coups d'estocade que son ennemi lui pousse, il ne manque pas à volter. Dans le tems que vôtre ennemi passera, vous volterez du corps. *Liancour, maitre d'armes, ch.* 16.

Voltiger, *v. a.* Terme qui vient de l'italien, qui se dit proprement des oiseaux & qui signifie. Commencer un peu à voler. Aler çà & là en volant un peu. Les petits Faucons ne commencent à voltiger de branche en branche qu'à six ou sept semaines.

Voltiger. Ce mot se dit au figuré des amours. C'est voler çà & là. Mile amours sont venus voltiger autour d'elle. *Abl. Luc.*

* **Voltiger,** Terme de *maitre d'armes & de manege.* C'est faire les exercices ordinaires sur un cheval de bois, & qui est sellé, & s'exercer à y monter & à en decendre. Academiste qui voltige fort bien.

* **Voltiger.** Terme de *danseur de corde.* Faire divers tours sur une corde tenduë sans être bandée & qui est élevée à 15. ou 16. piez de terre. Aprés avoir dansé sur la corde, on voltige. C'est l'homme du monde qui voltige le mieux.

* **Voltiger.** Etre en action. Etre toujours en l'air tantôt deçà, & tantôt delà. S'agiter. Se remüer. N'être point en repos, n'être jamais en la même assiette. C'étoit des hommes flamboians qui paroissoient fort dispos, car ils voltigeoient sans cesse, & changeoient à tous momens de posture. *Abl. Luc.* L'esprit se plait à voltiger deçà & delà sur les fleurs comme les abeilles *Abl. Apo.* L'homme voltige incessamment de pensée en pensée. *Depreaux, Satire* 8.

Voltigeur, *s. m.* Terme de *danseur de corde.* C'est celui qui voltige sur la corde & qui y fait divers tours, se donnant l'estrapade, la double estrapade, & faisant autres choses de son métier. On dit qu'il y a cette année un bon voltigeur à la foire Saint Germain.

Voltigeuse, *s. f.* Terme de *danseur de corde.* C'est la femme, ou la fille qui voltige sur la corde & qui y fait plusieurs tours. Une habile voltigeuse.

Volubilis, *s. m.* C'est une sorte de plante qui pousse une tige fort haute, qui s'entortille, qui monte le long des murailles & porte une fleur pourprée, & de couleur violette. Le volubilis pourpré, fleurit en Septembre.

Volubilité, *s. f.* Terme qui est écorché du Latin, & qui est en usage *en parlant du discours & de la langue.* Il signifie, *fluidité Facilité.* Il n'a plus cette même volubilité de discours. *Depreaux. Longin. c.* 7. La volubilité de la langue. Cassagne, *Traduction des Dialogues de l'Orateur de Ciceron.* Il alegue mile passages avec une volubilité qu'il met hors d'haleine. *Evremont Comedie,* Ital. Sa volubilité répond à son debut ridicule. *S. Ev. s.*

Volume, *s. m.* Terme tiré du Latin. Il se dit *en parlant de Livres,* & signifie *Tome de Livre relié separement.* Un petit volume. Un grand volume. Il faudroit des volumes pour tout dire. *Pas. l.* 7. Feu la Serre du burlesque memoire a fait plusieurs volumes qui vont tous à la chaise percée. Ceux du Sieur G*** son Sécretaire n'ont pas un meilleur destin.

Volume. Terme de *Papetier.* Longueur de papier. Grand volume. Petit volume.

Volume. Terme de *Monoïe.* C'est la grandeur & l'épaisseur des espéces de monoïe. *Boutcroüé, Traité des monoïes.*

Volupté, *s. f.* Plaisir que les sens goutent en un instant. Plaisir à quoi tendent toutes les choses animées. Quelques-uns ont crû que la volupté étoit le souverain bien. Il y a une volupté qui est propre à chacun des sens, car la vuë a pour objet les couleurs, l'ouïe, les sons, l'odorat, les senteurs, &c. Il y a de l'horreur pour les voluptez défendues & c'est une marque de la beauté de son ame. Il est honteux de se plonger dans les voluptez.

Quoi qu'Arnaud nous en die
La volupté sans cause il a banie.
La Fontaine. Balades.

Voluptueux, voluptueuse, *adj.* Qui aime le plaisir. Qui a du panchant à la volupté. Il y a des peuples plus voluptueux les uns que les autres. Les femmes sont voluptueuses, fourbes & interessées, & legeres.

Voluptueux, voluptueuse. Plein de plaisir & de délices. La vie des grands hommes n'est pas une vie voluptueuse, mais une vie pleine de travail & de fatigues illustres.

Voluptueusement, *adv.* Avec plaisir. Avec volupté. Sardanapale a vécu fort voluptueusement, mais il n'a point aussi acquis d'honneur.

Volute, *s. f.* Terme *d'architecture.* Le mot de volute signifie tortillé. C'est une partie des Chapiteaux des ordres Joniques, Corintien & Composite qui represente une écorce d'arbre tortillée & tournée en ligne spirale. Décrire avec un compas la ligne spirale d'une volute. Voiez abregé de Vitruve ch. 7. Mettre des volutes au chapiteau.

VOM.

Vomique, *adj.* Voiez *noix vomique.*

Vomir, *v. a.* C'est jetter par la bouche quelque aliment, quelques eaux, quelques humeurs ou autres pareilles choses qu'on a dans l'estomac. Il a vomi ce qu'il avoit mangé. Il ne fait que vomir & s'il continuë long-tems de la sorte, il est mort. L'eau chaude fait vomir. Il est quelquefois bon de vomir & quelquefois il est dangereux aussi.

Vomir des injures. Vomir des blasphêmes. Vaugelas dit que ces façons de parler sont fort bonnes, mais que cependant il s'en faut abstenir particulierement devant les Dames, à cause que ces phrases ne donnent que de vilaines idées.

Vomissement, *s. m.* C'est l'action de vomir. Vomissement violent. Vomissement dangereux. Son vomissement l'a soulagé & sera cause de sa guerison. Exciter le vomissement. Causer un vomissement. Provoquer le vomissement. Arrêter le vomissement. Empêcher le vomissement.

Vomitif, vomitive, *adj.* Qui fait vomir. L'Emétique est un remède vomitif.

Vomitif, *s. m.* Terme *d'Apoticaire.* C'est une potion préparée de quelque liqueur qui excite le vomissement. C'est une potion faite d'une decoction, ou d'une infusion d'un, ou de plusieurs medicamens qui excitent à vomir les mauvaises humeurs. Prendre un vomitif par l'ordre de son Medecin, Monsieur Purgon. *Mol.*

Vomitoire, *s. m.* C'est un vomitif.

VOQ.

Voquer, *v. a.* Terme de *Potier.* C'est tourner la terre avec les mains & l'arrêter jusques à ce qu'on n'y voie plus de sable, & qu'elle soit en état d'être mise en œuvre sur la rouë. Voquer la terre. Terre bien ou mal voquée.

VOS.

Vos. Voiez *Vôtre.*

VOT.

Voter, *v. a.* Terme qui est en usage parmi quelques *Moines,* & qui signifie. *Donner sa voix pour quelque afaire qui regarde le Couvent, ou la Religion.* Il n'a pas droit de voter.

Vôtre. Pronom. *Adjectif qui marque quelque possession.* Monseigneur de Vaumoriere, vôtre Roman est entre les mains des beurriers.

Vôtre. Ce mot fait *vos* au pluriel, tant *au Masculin qu'au Feminin,* lorsqu'il est joint à des substantifs du même nombre, mais il fait *vôtres* lorsque les substantifs sont sous entendus. Vos Livres sont beaux & savans. Vos pensées sont plaisantes, lui dit-il, mais les vôtres, reprit-il, ne le sont pas moins.

Voüede, *s. f.* C'est une sorte de plante qui vient en Normandie & c'est une espece de pastel dont on se sert pour teindre. Voiez l'instruction pour la teinture.

VOU.

Voüer, *v. a.* Dédier. Consacrer. Voüer un enfant à Saint François. Voüer quelque chose à Dieu.

Se voüer, *v. r.* Se donner entierement. Se consacrer. Elle s'est voüée à Jesus Christ.

* **Se voüer au service de quelcun.** C'est se donner sans reserve au service de quelcun.

Vouloir, *v. a.* Je veux, tu veux, il veut, nous voulons, vous voulez, ils veulent. Je voulois. J'ai voulu. Je voulus. J'avois voulu. Que je voulusse. Que je veüille, je voudrois, je voudraise. Que j'aie voulu. J'aurois voulu, j'eusse voulu. Voulant. Ce mot vouloir vient du Grec. Il signifie. Avoir dessein. Avoir volonté. Désirer. Souhaiter. Et il demande ordinairement aprés lui un acusatif, l'infinitif sans être suivi d'autre particule, ou la conjonction *que* avec quelque tems du subjonctif.

Vouloir ce que Dieu veut est la seule siénce
Qui nous met en repos. *Mal. poes,* l.6.
Les Anglois sont les peuples de l'Europe qui veulent le plus de mal aux François.

Je vai faire venir
Quelcun pour l'emporter, veuillez le soutenir.
Mol. cocu imag, sc. 3.

VOU

Je veux, quand je perdrai la lumiere du jour
Que mon dernier soupir soit un soupir d'amour.
Racan, bergeries, a. 3.

Henri quatriéme difoit, je veux tant faire de bien à ceux qui ne m'aiment pas, que je les forcerai de m'aimer malgré eux. Jean Chaftel, voulut en 1594. fraper Henri quatriéme d'un coup de coureau dans le ventre. Mais Dieu voulut qu'il n'ateignît le Roi qu'au vifage. Chatel fut tenaillé & tiré à 4. chevaux, & les Jefuites fous qui il avoit étudié, bannis de France. Voiez *les memoires de Sulli.* Henri quatre difoit un jour à Monfieur de Sulli qui étoit huguenot, je voudrois qu'il m'eût couté un doigt de la main & que vous craffiez autant aux chofes de l'E-glife que moi. Voiez *les memoires de Sulli.*

En vouloir à quelcun. C'eft avoir une dent de lait contre une perfonne. Avoir quelque averfion pour une perfonne. Hair. Entreprendre quelcun, ou quelque corps de plufieurs pour le contrecarter, pour lui nuire. Où eft cette fierté qui n'en voulut qu'aux Papes & aux Archevêques. *Racine, lettre à l'auteur des vifionnaires.* C'eft à dire, où eft cette fierté qui n'ataquoit que les Papes & les Archevêques. Le Ciel en veut au peuple comme aux Rois. *Benferade, poefies.* C'eft à dire, le ciel aflige le peuple aufli bien que les fouverains.

En vouloir à quelcun. Ces mots fe prennent quelquefois en bonne part.

Qu'un Amant eft dans l'embarras
Quand deux beautez égales en apas
En veulent à fon cœur, & ftatent fa fortune.
Recueil de la Sufe & de Pelifon, t. 1.

C'eft à dire, quand deux filles également belles veulent avoir fon cœur.

Vouloir mal à quelcun. C'eft hair quelcun. Avoir de l'averfion pour une perfonne. Il eft d'un bon Crétien de ne vouloir mal à perfonne, mais helas ! où eft ce bon Crétien ? Il fut mal voulu des Siciliens. *Talemant, Plutarque, vie de Ciceron.*

Je le veux bien. C'eft à dire, j'y confens.

Il veut ce qu'il veut. C'eft à dire, il le veut fortement & opiniâtrement.

Il ne fait ce qu'il veut dire. C'eft à dire, il n'y a point de raifon en ce qu'il dit.

Cela veut dire que.. C'eft à dire, cela fignifie que..

Vouloir, f. m. Ce mot fignifie la volonté : mais il eft plus dans la poëfie que de la profe. C'eft le fentiment de la Mote le Vaïer, mais d'autres gens, qui font le plus gros parti, difent qu'il n'eft pas fort bon, ni en vers, ni en profe ; & que cependant il eft plus fuportable dans la haute poëfie que dans la profe. C'eft le vouloir des Dieux. *Racan, bergeries.* C'eft Dieu qui fait tout & qui opere par fa grace le vouloir & l'action, *Nicole, Effais de Morale, t. 1. ch. 15.*

Vous. Ce mot eft le pluriel du Pronom *tu,* ou *toi.* Vous êtes un galane homme. Vous êtes de braves gens. Vous devez honorer les têtes couronnées. Vous devez aimer Dieu. On parle de vous. Il n'y a que vous qui le puiffe fléchir, il n'y a que *vous qui le puiffiez* fléchir. L'une & l'autre façon de parler fe dit : la premiére eft la plus en ufage & l'autre la plus réguliere. Ainfi on dit Il. n'y a que *vous qui fpache,* & il n'y a que *vous qui fachiez.* Cette derniere façon eft felon les regles & l'autre plus felon l'ufage.

De vous à moi. C'eft à dire, entre nous & fans que ce que je vous dis, aille plus loin.

Voussoir, ou *Vouff oir, f. m.* Terme *d'Architecture.* C'eft une pierre propre à former le cintre d'une voute, taillée en efpece de coin tronqué, dont les cotez, s'ils étoient prolongez aboutiroient à un centre où rendent toutes les pierres de la voute.

Vouffure. f. f. C'eft la hauteur où élévation de la voûte. Ce qui forme fon cintre. (Cette voute a tant de piez de vouffure.)

On le dit aufli des portes & des fenêtres formées en arc.

Voute, f. f. Il a plufieurs fortes de *voutes,* mais ce mot en général veut dire. Le haut de quelque ouvrage d'Architecture comme des Eglifes & des caves, qui eft fait en maniere d'arc bandé. Une belle voute. Une voûte d'Eglife bien faite.)

Voute en plein cintre. Voûte furbaiffée. Voûtes furhauffées, & Voute de trompe. Voutes à lunettes. Maitreffe voute. La clé d'une voute, les reins d'une voute , &.

† *La voute celefle, la voute azurée.* Termes poétiques, pour dire le Ciel.

Vouter, v. a. Faire en forme de voute. (Il faut vouter cela un peu davantage.)

Vouter. Terme de Maréchal. C'eft forger un fer qui foit creux pour les chevaux qui ont le pié comble. *C'eft à dire ;* qui ont la fole ronde. (Vouter un fer.)

Se vouter, v. r. Se faire en voute. (Voila qui commence un peu à fe vouter.

† *Se vouter.* Ce mot fe difant des perfonnes fignifie, Commencet à avoir le dos courbé. (Il fe voute en marchant.)

Vouté, voutée , adj. Toute la galerie eft voutée d'un berceau en plein cintre, Vol *l'explication des tableaux de Verfailles.*)

Vouté, voutée. Ce mot fe dit des perfonnes, & veut dire Courbe. Qui baiffe le dos. (Il eft vouté, *Le Comte de Buffi, Amour des Gaules.*)

V R A

Vrai, f. m. Verité. Ce qui eft de plus conforme à la verité. Ce qui

VRA

eft opofé à ce qu'on apelle faux. *Le vrai de la chofe eft. Moliere, Critique de l'Ecole des Femmes. f. 3.* La plus belle épitre de Dépreaux eft celle qu'il a faite fur *le vrai,* quand elle fera imprimée, on verra qu'on dit *la verité."* Il faut toujours dire *vrai* s'il eft poffible.

Rien n'eft beau que le vrai. Le vrai feul eft aimable.
Dépreaux. Epit. 9.

Vrai, vraie, adj. Véritable. Qui renferme quelque verité. Le mot de *vrai* en ce fens fe dit proprement des chofes. *Le vrai bien* n'eft qu'au Ciel, il le faut aquerir. *Mai, Poef.* Son recit eft vrai. La chofe eft *vraie.*

Vrai, vraie. Il fe dit de ce qui eft pur, ou dans un degré de perfection. Ainfi l'on dit c'eft du vrai or, un vrai diamant, de vraies perles, &.

On dit aufli, c'eft fon vrai portrait, c'eft fon vrai nom, cette copie eft vraie, c'eft à dire, cela lui conforme à fon original.

C'eft fon vrai fait, c'eft à dire, cela lui convient bien. C'eft la vraie ocafion de faire fortune. C'eft le vrai motif de fon entreprife.

C'eft un vrai fou. C'eft un vrai Poete. C'eft à dire, il eft veritablement tel.

Au vrai, adv. Veritablement. Pour dire cela *au vrai,* c'eft que je ne puis. Dites au vrai ce qui en eft.

Vraiment, adv. Véritablement. Il n'apartient qu'aux ouvrages *vraiment* folides & d'une fouveraine beauté d'être bien reçus de tous les fiecles. *La Fontaine, preface fur fes contes.*

* *Vraiment, adv.* Sorte de ferment qui veut dire. En verité. Ma foi. Je voudrois bien le voir, vraiment que vous fuffiez amoureux de moi. *Moliere, George Dandin, a. 1. f. 6.*

Vrai-femblable, f. m. Ce qui eft probable. Probabilité. Il faut en toutes chofes chercher le vrai-femblable, fi on veut qu'on ajoute foi à ce qu'on débite.

Vrai-femblable, adj. Probable. Qui a de la vraifemblance. Les actions qu'on reprefente fur la Scene doivent être vrai-femblables, finon elles font defectueufes. Les narrations des Orateurs doivent être vraies, ou du moins fort vrai femblables.

Vrai-femblablement, adv. Avec vrai-femblance. Avec probabilité (Pour perfuader, il faut parler *vrai femblablement.*)

Vrai-femblance, f. f. Aparence de vrai. Probabilité. (Il y a en cela de la vrai-femblance. Cela choque la vraifemblance. Detruire la vrai-femblance. Aller contre toute forte de vrai femblance. Abl.)

Vrai-femblance. Ce mot fe dit fouvent en parlant *de Poefie épique & dramatique,* & fignifie *Aparence de vrai.* Les Poëtes parlent d'une *vrai-femblance ordinaire.* Voiez là deffus *la Poetique de Caftelveiro de Picolomini. La vrai femblance* doit être gardée dans toutes les piéces de téatre. Il faut obferver *la vrai-femblance* dans tous les ouvrages d'efprit. Pour bien juger d'une piéce de teatre, on doit examiner fi le Poëte y a bien gardé *la vrai-femblance.* Le Taffe a parlé de quelle maniere le Poëte épique doit avoir foin *de la vrai-femblance.* Voiez là-deffus *fes difcours fur le Poeme épique.*

URB.

URBAIN, *f. m.* Nom d'homme. (Mafée, qu'on apelloit le Cardinal Barberin, fut élevé au Pontificat en 1622. à caufe de fon habileté & de fon érudition, il prit le nom d'Urbain Huitiéme. Voiez Nani, *Hiftoire de Venife, l. 5.*)

Urbaniftes, f. f. Religieufes de Sainte Claire qui peuvent poffeder des fonds & dont le Roi prétend nommer les Abbeffes. Les Urbaniftes ont été appellées de ce nom du Pape Urbain qui leur a donné leurs regles. Voiez là deffus *le plaidoié des Urbaniftes de Monfieur l'Abé Patru.*

Urbanité. f. f. Mot qui eft écorché du Latin *Urbanitas* qui fignifie Une raillerie ingénieufe, agréable & polie. Civilité galante. On ne fe fert du mot d'urbanité, qu'avec quelque correctif, parce qu'il n'eft pas établi. Lucien étoit un des plus beaux efprits de fon fiécle ; il a par tout de l'agrément avec un humeur gaie & enjoüée & cette *Urbanité Attique* que nous apellons en nôtre langue, Une raillerie fine & délicate. *Ablancourt, Luc.*

URE. URG.

† *Ure, f. m.* Mot qui eft écorché du Latin, & qui fignifie une forte de *beuf fauvage* qui nait dans la Pruffe , qui a beaucoup de raport avec nos beufs ordinaires ; fi ce n'eft qu'il a le poil plus heriffé & plus noir, & qu'il eft plus gros que les beufs dont on fe fert en France. L' *Abé Fléchier, Vie de Commendon, l. 3. chapitre 13.* parle de l' *Ure* , mais on croit que ce qu'il appelle Ure fe nomme *un Buffle* dans l'ufage ordinaire, & que le mot d'Ure en François paroit bien être un mot fait à plaifir.

Urethre , f. m. Terme *d'Anatomie.* Ce font deux canaux fort étroits par le moien defquels les reins ont communication avec la veffie qui pour l'ordinaire eft pleine d'urine & où l'on trouve aufli quelquefois de Petites pierres femblables à celles qui s'engendrent dans les reins. Deux conduits par où l'urine eft portée des reins à la veffie.

Urgent urgente, adj. Ce mot vient du Latin *urgens.* Preffant Grand. L'urgente néceffité eft plus ingénieufe que tous les arts du monde. Vau. *Quin. l. c. 3.* On fe fert de ces drogues dans les néceffitez urgentes. *Moliere. Médecin malgré lui a. 3. f. 7.* Les urgentes afaires de l'Etat. On écrit fur des paquets. pour les urgentes afaires de Sa Majefté.

Cher ami, dans ce mal urgent
Il me faut trouver de l'argent. *Boifr. T. 1. ép. 12.*

URI. URN. URS.

Urille, *s. f.* Outil de fer propre à percer, dont se servent les tonneliers. Il est emmanché comme le foret & la térière, & on le tourne à deux mains.

Urinal, *s. m.* C'est une sorte de vase qui est ordinairement fait d'un verre clair & net ou de métal, qui souvent de l'air des parties naturelles de l'Homme, qu'on donne aux hommes pour pisser lorsqu'ils sont malades afin d'en garder l'urine, & la montrer à M. le Medecin, qui tout au hazard en fera ses conjectures. L'urinal est tombé & s'est cassé en 2. ou 3. morceaux.

Urinal. Ce mot dans les Poesies de Scaron signifie le conduit par où passe l'urine.

S'il avoit aux yeux la chassie
Si quelque pierre en la vessie
Lui pouvoit boucher l'urinal.

† **Urinateur.** Ce mot est écorché du latin. Il signifie un plongeur, ou pêcheur de perles, ou autres choses qu'il va chercher sous l'eau.

Urine, *s. f.* Mot qui vient du Grec, & qui ne se dit que des hommes, car en parlant des bêtes, on dit pissat. C'est la serosité du sang qui étant separée par la force des reins tombe dans la vessie & sort ensuite du corps par le conduit que la nature a destiné pour cela. Urine claire. Urine jaune, urine épaisse, trouble, rouge, aqueuse. C'est à dire, qui ressemble à de l'eau à cause de sa transparence. Urine sablonneuse, baileuse, bourbeuse, grasse, écumeuse, fermenteuse, teinte, verte, bilieuse. On dit que l'urine est tres saine. Elle est souveraine pour les yeux. Elle guerit la goute, quand on en boit un verre tous les matins. On dit que si on fait boire à une personne tombée en apoplexie, un verre d'urine, où l'on aura fait dissoudre du sel, cela est capable de la guerir. Etre afligé d'une dificulté d'urine. *Sca. Rom.* C'est à dire, uriner avec peine, & soufrir beaucoup quand on urine. Il est dangereux de retenir son urine, cela cause la pierre. Retention d'urine. Les Medecins jugent des maladies par les urines. On tire l'esprit d'urine, qui put extrémement. On se sert de l'urine dans les teintures, pour netteier, &c.

Uriner, *v. n.* Mot qui vient du Grec & du Latin, & qui signifie pisser. Ceux qui ont la gravelle ont de la peine à uriner.

Urne, *s. f.* Mot qui vient du Latin. C'étoit un vase qui selon la qualité des personnes étoit de terre, de maibre, de bronze, d'or, ou d'argent, où les Anciens mettoient les cendres de quelque mort, aussi tôt qu'il étoit brulé, où l'on renfermoit aussi d'autres petits vases qu'on appelloit lacrimatoires, lampes sans fin & même quelques pieces de monnoie pour paier le passage de la barque de Caron, où l'on versoit de precieux parfums, qu'on fermoit bien ensuite, qu'on couronnoit de fleurs, & qu'on mettoit enfin dans un sepulcre, qui étoit d'ordinaire élevé sur un grand chemin. Il couvrit de son manteau l'urne de Citras. *Vaug. Quin. l. x.*

Urne. C'est une sorte de vase où les Juges du tems des Anciens mettoient leurs sufrages lors qu'ils opinoient. Vous avez eu l'audace de casser les urnes où l'on enferme les noms des Juges. *Rier, Traduction de l'Oraison de Ciceron contre Vatinicn.*

Ursule, *s. f.* Nom de femme. Les Ursulines ont été ainsi appellées de sainte Ursule.

Ursuline, *Urseline*, *s. f.* L'un & l'autre se dit, mais *Ursuline* est le plus regulier, & par cela on croit qu'en écrivant il faudroit dire Ursuline. Et c'est comme l'a pratiqué un Auteur Parisien, fameux par les jolies Lettres qu'il a écrites à Maitre Olivier son boucher. Il dit toujours ma Sœur l'Ursuline. *pag. 49 & 64.* Et il se dit bien, mais en parlant on se sert ordinairement du mot d'*Urseline.* Les *Ursulines*, ou *Urselines*, ce sont des Religieuses qui suivent la regle de Saint Augustin & qui sont habillées de gris & de noir. Postuler pour être *Ursuline.*

USA.

Us, *s. m.* Ce mot est vieux. Il ne se dit qu'au pluriel. Il signifie *coutumes*. Mais il ne se dit qu'en quelques ocasions & se joint toujours avec le mot coutumes. Par exemple, on dit, *les us & coutumes* de la mer. Savoir la maniere d'acheter & de vendre par la connoissance des us & coutumes des lieux.

Us, *s. m.* Terme de *Religieux Bernardin.* C'est le ceremonial de l'Ordre. Les us de l'ordre S. Bernard sont en Latin. Cela est dans les us de l'Ordre.

Usage, *s. m.* C'est le droit qu'on a de joüir d'une chose. Le mot d'*usage* en ce sens n'a point de pluriel. On leur interdisoit l'usage de l'eau & du feu. *Abl.*

Usage. C'est la maniere dont on use, & dont on se sert d'une chose qu'on possede. La conduite d'une personne à l'égard d'une chose qu'il a. Le mot d'*usage*, en ce sens, ne se dit point au pluriel. Faire un bon *usage* de son bien. Faire un mauvais *usage* de son bien.

Usage. Utilité. Profit. Service. Le mot d'*usage*, en ce sens, n'a point de Pluriel. L'usage qu'on tire aujourdhui de l'étude est fort peu considerable. Il y a plusieurs propositions de Géométrie, qui ne sont d'aucun *usage*, & qui ne sont que de simples curiositez. Chaque partie du corps humain à son *usage*. Galien a fait un un traité de l'usage des parties. A quel *usage* mettrez-vous ce valet ? Des souliers à *usage* d'homme, ou de femme.

USA

Usage. Exercice. Pratique. Le mot d'*usage* en ce sens, n'a point de pluriel. Mettre une chose en usage. Perdre l'usage. Perdre l'usage de la parole. Il y a beaucoup de sciences & d'arts qui s'aprennent mieux par l'usage & par la pratique que par la théorie. Il n'a pas encore l'usage de la raison.

Usage. Coutume. Mode & maniere de vivre, ou d'agir, reçuë. Le mot d'*usage* en ce sens, n'a point de pluriel. On respecte une version consacrée par l'usage. *Port-Roial, Pseaumes.*

Usage. Ce mot se dit en parlant de langage, & en ce sens, il n'a point de pluriel Il y a deux sortes d'usage. Le bon & le mauvais. Le mauvais se forme du plus grand nombre des personnes qui ne parlent ni bien, ni exactement, mais le bon usage est la façon de parler de la plus saine partie de la Cour, conformément à la façon d'écrire de la plus saine partie des auteurs du tems. Le bon usage est le Tiran, ou le Roi, l'Arbitre, le Souverain, ou le Maitre des langues. *Van. Rem.* Regler l'usage. *Abl.*

C'est après tout, Monsieur, le bon usage
Qui fait ou defait le langage.

Façon de parler qui est en usage, qui n'est plus en usage, ou qui est hors d'usage.

Usage. Terme de *Libraire de Paris.* Le mot d'*usage* en ce sens a un *Pluriel.* C'est un petit livre de prieres qu'on porte à l'Eglise, ou au Temple pour prier Dieu. De Luines en vendoit il y a quelque tems que des Almanacs & des *usages*, & alors il ne s'en faisoit pas acroire, mais il semble qu'il se méconnoisse un peu depuis qu'il a cessé de faire imprimer *des usages* pour donner dans des livres de débit, comme celui du Docte Ménage qui porte pour titre *Amœnitates juris*, quel orgueil n'auroit-il donc pas s'il avoit donné au public *Demonstratio Evangelica ad Serenissimum Delphinum.*

Usages. Ce mot, au pluriel, signifie aussi, les livres de quelque Ordre Religieux, ou de quelque Diocese, qui servent à l'Eglise. Le Seigneur Barbin a quité tous les livres de folie & s'est mis à imprimer des usages de divers Ordres Religieux. Vendre les usages de l'Ordre de S. Benoit, On dit aussi un breviaire à l'usage de Rome, à l'usage de l'ordre de saint Bernard, &c.

Usage. Ce mot en parlant de communautez de viles, & de bourgs, & de vilages, ne se dit qu'au pluriel, & signifie. Biens possedez en commun par les communautez de quelques paroisses pour y faire paitre le bétail. Les *usages* ont été taxez. Les Seigneurs avoient dépoüillé les païsans de leurs *usages. Mezerai, vie de Hugues Capet.*

Usages. Il se dit du droit qu'on a de couper du bois, seulement pour son usage, dans les forêts du Roi, ou des particuliers & d'y mener paitre ses bestiaux. Cette Abaie a droit d'usage dans une telle forêt.

Mettre tout en *usage* pour venir à bout de quelque entreprise.

Usager, usagere, adj. & s. m. Les *usagers* sont ceux qui ont droit d'usage dans des forêts & dans des paturages.

Usance, *s. f.* Terme de *Négotiant* & de *Banquier.* C'est la pratique de la Banque. Pratique particuliere qu'on aquiert à force de négocier & de faire commerce dans la Banque. On dit. L'*usance* du négoce. Connoitre l'*usance* particuliere des letres de change.

Usance. Ce mot *en parlant de contrat maritime* & *de banque* veut dire, *Mois*, Usure stipulée par mois. Il est tout ordinairement d'une *usance.* Voiez *les us & coutumes de la mer, 2. part. pag. 225.* Cette letre est païable à *usance*, c'est à dire, à un mois, à deux usances, &c.

USE.

Usé, *s. m.* Ce mot se dit de toutes sortes d'étofe, & de toile. Ce drap est d'un bon *usé.* Les habits de *Varilas* sont d'un bon usé. puis qu'il s'en change que de 25. en 25. ans, comme le Poëte Chapelain. C'est à dire, le service que rendra ce drap en s'en servant sera bon. Les habits de *Varilas* sont d'une bonne laine puis qu'il en tire service si long-tems.

Usé, usée, adj. Ce mot se dit des habits & de certaines autres choses qui se détruisent peu à peu à force de s'en servir. A juger de ce fameux historien, par son vieux chapeau, par son linge toujours sale & troüé, par ses habits tout usez le prendroit pour un miserable crieur d'arrêts.

* *Usé, usée.* Ce mot au figuré se dit de l'esprit & du corps, & veut dire consumé. Esprit usé. Corps usé.

User, v. a. Ce mot se dit proprement des habits & de la plupart des choses qui se detruisent peu à peu à force de s'en servir. C'est consumer peu à peu de certaines choses à force d'en tirer quelque usage, de les porter, de s'en servir, ou de les faire servir. User beaucoup de toile. User une jupe, une robe, des chemises, deux, ou trois paires de souliers. User un chapeau.

User. Terme de *miroüetier.* C'est froter le verre avec du grais. User le verre.

* *User.* Consumer. Usez-vous beaucoup de vin ? *Pasc. l. 5.* Les tendez-vous n'usoient pas tout le tems de la perfidie. *Bussi Rabutin, Amour des Gaules.*

* *User.* Mettre en pratique. Se servir. Emploier. La douceur dont on usera envers quelques-uns, rendra les autres plus fages. Cousin, Histoire Romaine. User de régime. User de viandes legeres.

Vous pourez avec raison
User des droits de la victoire
Mettre un galant en prison.
Voit. poef.

* En *user* bien. C'est se bien gouverner à l'égard d'une personne.

En *user* mal avec quelqu'un. C'est se mal gouverner à l'égard d'une personne.

S'*user*, v. r. Ce mot se dit proprement des étofes, de la toile, & d'autres pareilles choses, c'est à dire, Se consumer à force de servir. Chemise qui s'*use* fort, Drap qui s'*use* tres vîte. On dit aussi *le fer s'use*. Tout s'*use*.

S'*user*. Ce verbe se dit au figuré. C'est perdre ses forces. Perdre sa vigueur. Les corps s'*usent*. L'esprit s'*use*.

S'*user*, v. r. Au figuré c'est aussi un terme de Jardinier. Il se dit de la terre. C'est être devenue sterile, après avoir longtems porté, sans avoir eu d'amandement, ou de repos. On dit au même sens, cette terre s'*éfrite*, mais s'éfriter n'est pas si en usage que s'*user*. Quint. Jard Fr.T.I.

Usé, *usée*, adj. Voyez plus haut.

Usité, *usitée*, adj. Qui est en usage. Mot usité, Façon de parler usitée.

U S T.

Ustenciles. Ce mot est masculin *& féminin*, mais le plus souvent *féminin*. Il signifie en général Outil. Instrument & tout ce dont on se sert dans l'usage ordinaire & en parlant de soldats, *ustencile* veut dire, lit garni de draps, verre, écuelle, feu, & chandelle que l'hôte doit fournir au soldat. Les Commissaires feront inventaire des pelles, des chaudieres, & de tous les autres *ustensiles* qui seront dans la saunerie. Voyez *le bail des Gabelles de l'année 1678. art. 120.* Sa Majesté veut que l'*ustensile* soit fourni en argent à toutes ses troupes par les habitans des lieux de leur garnison, Voyez *le Recueil des Ordonnances Militaires chez Cramoisi, dit 3 pag 4.* Être obligé à la fourniture de l'*ustencils*.) On dit aussi *utencile*.

Ustion, *s. f.* Ce mot vient du Latin *ustio*. Terme de Pharmacie. C'est une préparation de quelques substances qui se fait en les brûlant. L'*ustion* des mineraux est une espece de calcination.

U S U.

Usuel, *usuelle*, adj. Il se dit des choses dont on se sert actuellement à l'ordinaire.

Usufruit, *s. m.* Il vient du Latin *ususfructus* & se dit en *terme de Palais.* L'usufruit est un droit de jouïr, ou de se servir autant qu'on est convenu, ou autant qu'on peut de ce qui appartient à autrui. On peut laisser l'usufruit des biens & des esclaves. On dit avoir l'usufruit d'une maison. Laisser l'usufruit d'une Terre. Separer l'usufruit de la propriété. Assurer l'usufruit, ôter l'usufruit, faire cesser l'usufruit, l'usufruit dure encore, la mort civile, ou naturelle éteint l'usufruit.

Usufruitier, *s. f.* Terme de Palais. Celui qui jouit de l'usufruit de quelque chose, comme terres, maisons, & autres biens dont on tire du profit. Tout *usufruitier* en droit doit donner caution, Patru, plaid. 6. Dés que l'usufruit est éteint il est réuni à la chose pour en jouïr par le proprietaire, & il est éteint par la mort de l'usufruitier.

Usufruitiere, *s. f.* Terme de Palais. Celle qui a l'usufruit de quelque chose. L'*usufruitiere* est décedée & l'usufruit est retourné au proprietaire. Le Maie.

Usuraire, adj. Qui vient d'usure. Profit usuraire. Pas, l. 8.

Usurairement, adv. D'une maniere usuraire. Ce qui se fait usurairement est défendu par les Loix.

Usure s. f. Elle consiste à recevoir plus qu'on n'a donné. Elle consiste à reïterer un gain injuste & illegitime du prêt de son argent. Une usure honteuse, excessive, blâmable, condamnable. La banque & l'usure sont sœurs. L'usure a été défendué de tout tems, & il est dit dans l'Ecriture, vous ne prêterez point *à usure à vôtre frère.* Donner *à usure.* Canon disoit que *de prêter à usure c'étoit tuer celui à qui on prêtoit.* On ne doit point tirer de l'*usure* de l'argent qu'on prête, parce qu'il est injuste de recevoir plus qu'on n'a donné. L'usure ronge & consume le bien d'autrui. Un Ancien a dit que l'*usure* étoit une bête qu'on ne pourroit apprivoiser, qu'elle étoit féconde, mais que sa fécondité étoit monstrueuse. L'usure est proprement un profit illicite qu'on tire d'une somme d'argent contre les Loix. Quand on prend l'intérêt plus haut que le taux du Prince, c'est une usure. Les usures sont permises sur mer quand on donne son argent à la grosse aventure. Voyez Aventure.

* Païer un service avec usure. C'est rendre un service plus considerable que celui qu'on a reçu. On lui fera païer à grosse usure les plaisirs qu'il a eus, c'est à dire, il paiera cherement les contentemens dont il a joui.

Usurier, *s. m.* Celui qui prête son argent à usure. On dit que tous les *usuriers* ne sont pas Banquiers, mais que tous les Banquiers sont *usuriers*. Voyez là-dessus *un petit traité du negoce, imprimé à Toulouse.* Le plaisir que fait l'*usurier* à son débiteur est un plaisir cruel, injuste & trompeur.

Usuriere, *s. f.* Celle qui donne son argent à usure. L'*usuriere* est plus méchante que celle qui vole, & elle devroit être condamnée à rendre quatre fois autant qu'elle a reçu de profit de l'argent qu'elle a prêté. Voyez là-dessus *la Défense des sentimens de Lactance.*

Usurpateur, *s. m.* Celui qui usurpe & qui s'empare d'une chose injustement.

Tous les Conquerans.
Pour être *usurpateurs* ne sont pas des tirans.
Corneille, Cinna, a. 2. s. 1.

Usurpatrice, *s. f.* Celle qui prend avec injustice, celle qui s'empare injustement d'un bien, ou de quelque chose que ce soit qui ne lui appartient pas. (Elle fit défense de l'appeler *usurpatrice*, Maucroix, Schisme d'Angleterre. l. 3. p. 485.

Usurpation, *s. f.* Prononcez *usurpacion.* C'est l'action d'usurper. Action de la personne qui prend avec injustice & avec violence ce qui ne lui appartient point. Les *usurpations* de Henri sur Dom Pedro le Cruel & sur le Duc de Lancastre sont assez connues. Les mémoires des négociations pour la paix parlent des usurpations que les Espagnols ont faites en Italie. Voyez p. 42. 43. 44. &c.

Usurper, v. a. Occuper avec injustice & avec violence. S'emparer avec injustice d'une chose qui ne nous appartient pas. (Dom Fernand *usurpa* le Roiaume de Castille sur saint Louis. Voyez Garibai, Histoire d'Espagne. Charles-Quint usurpa plusieurs places en Italie; le Duché de Milan, Sienne, la Seigneurie de Piombino. Voyez *les Instructions pour les négociations de la paix, pag. 42. 43. 44. &c.*

* Il est trop juste pour vouloir *usurper* sur mon esprit cette autorité. Cost.

U T.

Ut, *s. m.* Terme de Musique. C'est une des 7. principales voix de la Musique. (C'est un *ut.*)

U T E.

Uterin, *uterine*, adj. Mot qui est tiré du Latin & qui signifie. Qui est sorti d'un même ventre. (Ils sont freres *uterins.*

U T I.

Utile, En Latin, *utilis*, *s. m.* Utilité. Les ouvrages où l'on trouve le plaisant & l'*utile* sont immortels.

La Satire en leçons, en nouveautez fertile
Sait seule assaisonner le plaisant & l'*utile*,
Déspreaux, Satire 9.

Utile, adj. Profitable. Qui aporte du gain, du profit, de l'utilité. (L'étude sans le bien, est une chose fort peu utile. Il y a une certaine condition polie qui est utile à tout le Monde, & qui n'est plus aux gens de qualité qu'à tous les autres.

Utilement, adv. Avec utilité. Il est glorieux de travailler *utilement* pour son païs & pour les honnêtes gens.

CAR sert *utilement* nos Rois
Dans leurs traitez & dans leurs loix.
Ménage, Requête des Dictionnaires.

Utilité, *s. f.* Profit. Gain. Interêt. (L'*utilité* est grande, considerable, particuliere. L'*utilité* la mère, s'il faut ainsi dire de toutes les loix. La Poësie aporte ordinairement aux excellens Poëtes plus de gloire que d'*utilité*.

W A.

Watergan, *s. m.* Mot qui vient du Flamand & qui signifie *un conduit d'eau.* C'est un fossé large de 4. ou 5. piez, & profond de cinq, ou six, que les Flamans sautent avec des brin, destocs. Sauter un Vvatergan.

V U E.

Vu, *vuë*, ou *veu*, *vuë*, adj. On écrit l'un & l'autre, mais quoi qu'on écrive *veu* & *veuë*, on prononce toûjours *vu* & *vuë*, mais comme est à inutile embarasse toûjours plusieurs étrangers & plusieurs Provinciaux, Messieurs de Port-Roïal & plusieurs autres celebres Ecrivains l'ont retranché, & on trouve à propos de les suivre en cela. Ce mot *vu* & *vuë* est un participe du verbe *voir.* (Livre *vu.* Lettre *vuë.* Cela *vu* & consideré.)

Vu, *s. m.* Terme de Palais. Enumération des pieces & des procedures qui ont été produites & vuës dans un procès par écrit & qui ont servi à sa décision. (Le vû de l'arrêt ou de la sentence.)

Vu, ou *vuë*, *s. f.* C'est l'un des cinq sens, lequel a l'œil pour son organe. C'est la faculté naturelle qu'on a de voir. (La *vue* active lui est un moment d'une maniere plus pure & plus immaterielle que les autres sens, & même avec plus de diversité & de plaisir. Nous sommes redevables de la Philosophie *à la vue.* Vue perçante Vne aiguë. Avoir bonne *vue.* On voit tout d'une *vuë* les campagnes chargées de fruits. Voit. l. 39. Il est dangereux de hazarder le passage d'une riviére *à la vue* de l'ennemi. Ablancourt, Arien, liv. 1. Garder un prisonnier *à vue.* Ablancourt. C'est ne le perdre point de *vue.* C'est le voir toûjours ; c'est l'avoir toûjours devant les yeux. Ne point quiter de *vue.* C'est avoir toûjours l'œil sur une chose.

Cela me choque la vue. C'est à dire, cela me déplait, cela me choque les yeux.

Avoir la vue courte. Avoir la vue basse. C'est à dire, n'avoir pas bonne vue, ne voir pas loin.

A perte de vue. Sorte d'adverbe. C'est à dire, autant que la vue se peut étendre. Cela est à perte de vue.

On dit au figuré *un discours à perte de vue*, c'est à dire, fort long, & qu'on ne sait où il aboutira.

Vvvvv 3

On dit d'un Orateur qui donne dans le galimatias & qui fubti-
life trop , qu'on *le perd de vue.*

Connoitre de vue. C'eſt connoitre quelqu'un de viſage quoi qu'on
ne ſache pas ſon nom.

* *A vue de païs.* Façon de parler adverbiale, qui ſignifie ſans
prendre de meſures & au hazard.

* *A vue d'œil.* Fort ſenſiblement. Il croit , ou il diminue
à vue d'œil.

Vue. Terme de *Deſſinateur.* C'eſt un plan en perſpective. (*La
vue* de Verſailles. La *vue* de Saint Cloû. La plûpart des vues
des maiſons Roiales & des maiſons de plaiſance d'autour de
Paris ſont deſſinées & gravées à l'eau forte par Chauveau &
Silveſtre , fameux graveurs à l'eau forte. Le point de vue. La
ligne de vue. Une vue de face , de côté, de profil.

Vue. Ce mot ſe dit au pluriel en *Terme de Palais* , & il ſignifie liberté de voir ſans qu'aucune choſe ſerve d'obſtacle devant
nos fenêtres ou autres lieux par leſquels on voit. Je ſtipule
de mon voiſin qu'il ne pourra m'empêcher mes vues. Patru ,
plaidoié 4.

Vue & montrée. Terme de *Palais.* Elles conſiſtent à faire voir ,
à déſigner & à montrer quelque héritage à l'œil & au doigt.
(*La nouvelle Ordonnance a abrogé les vues & montrées.*

* *Vue.* Terme de marchand de drap & autres. C'eſt une fenêtre
du magaſin où ſont les étofes , & qui donne ſur le comptoir
où l'on montre & où l'on étend les pieces d'étofe. Ouvrir ,
ou fermer la vue.

Vue. Ce mot entre dans quelques façons de parler de Banquiers,
& de gens qui négocient , donnent & reçoivent des lettres
de change. *Païer à vue.* C'eſt à dire, auſſi-tôt qu'on a vu la
lettre de change. *Païer à trois jours de vue* C'eſt à dire , trois
jours aprés qu'on a vu la lettre & l'ordre de païer.

* *Vue.* Ce mot a un uſage fort étendu *au figuré.* La vraie galanterie fait donner *une vue* agréable à des choſes fâcheuſes.
Le Chevalier de Méré , Converſations. C'eſt à dire, la vraie
galanterie prend bien , regarde du beau côté , ou du bon côté
les choſes fâcheuſes. *Donner dans la vue* de quelque belle.
Ablancourt, Luc. C'eſt toucher le cœur d'une belle , parce
qu'on eſt bien fait. Il faut parer les ſects : afin qu'elles donnent dans la vue. *Abl. Luc. T. 1.* C'eſt à dire , afin qu'elles
raviſſent par leur beauté. Tartufe *met en vue* les grimaces
étudiées des hipocrites. *Mol. Tart. place 1.* C'eſt à dire , fait
connoitre les grimaces afectées des hipocrites. Il faut porter la
vue ſur l'avenir. *Patru, plaidoié.* C'eſt à dire , il faut conſidérer l'avenir & y faire quelque réflexion. *La vue qu'on
fait mal. Paſ. l. 4.* C'eſt à dire, avoir la connoiſſance qu'on fait
mal, Dieu n'a jamais laiſſé pecher un homme ſans lui donner
auparavant *la vue* du mal qu'il va faire. *Paſ. l. 4.* C'eſt à dire,
ſans lui faire connoitre le mal qu'il va commettre.

Vue. Ce mot entre en quelques façons de parler de mer. (*Etre à
vue. Avoir la vue.* C'eſt découvrir & avoir connoiſſance.
Nôtre frégate étoit *à vue de terre.* Il n'y a point de mouillage
qui ſoit *à vue de terre.* Nous eumes le lendemain *la vue* des
terres du Nord.)

Non-vue. Terme de Mer. C'eſt à dire , faute d'avoir découvert.
Le Pilote pour excuſer ſon naufrage dit qu'il avoit été ſurpris
par non-vue, Guillet, *Art de navigation*

Vue. Il ſignifie auſſi *rencontre.* Nous parlerons de cela à nôtre
premiere vue.

* *Vue.* Ce mot *au figuré* ſe dit des penſées & des deſſeins. Ce
Miniſtre *a de grandes vues* , c'eſt à dire, de grands deſſeins. Il
a pris cet emploi *en vue* de s'enrichir. Il a de belles vues dans
la Phiſique , c'eſt à dire, de belles connoiſſances.

VuQue. Voiez *plus bas à la colonne Vuq.*

V U I.

Uvée. adj. f. Terme d'*Anatomie* , qui ſe dit de la troiſieme tunique de l'œil , où eſt l'iris & la prunelle. On l'apelle ainſi ,
du mot Latin *uva* , raiſin parce qu'elle reſſemble à un grain
de raiſin.

Vuidange , ſ. f. Terme de *Commis des aides.* Ce ſont les feuillettes & les muids que le cabartier a vendus durant un mois. Il y
a tant de *vuidanges* de ce mois. Les Commis des Aides ont
droit de viſiter chez les Cabartiers pour voir s'il n'y a point de
vuidanges cachées. Voiez le *Bail des Aides.*

Vuidange. Terme de *vuidangeur,* qui *ne ſe dit qu'au pluriel.* C'eſt
tout ce qu'on tire des baſſes foſſes , des lieux des maiſons, des
puits, des cloaques. Il faut charger les *vuidanges* & les mener à la voirie.

Vuidanges. Ce mot ſe dit des femmes acouchées & ne ſe dit bien
qu'au pluriel. Ce ſont des évacuations qu'ont les femmes
immediatement aprés leurs couches. Les *vuidanges* coulent.
Les *vuidanges* fluent, les marques des bonnes *vuidanges*, C'eſt
lors qu'elles ne ſont pas ſanglantes. La ſupreſſion des vuidanges eſt l'un des plus dangereux accidens, qui puiſſe arriver à la
femme aprés ſon acouchement ; ainſi l'on doit procurer l'é-
vacuation des vuidanges. *Mauriceau, tr. des maladies des femmes groſſes.*

Vuidangeur, ſ. m. Celui qui vuide les feſſes des lieux des maiſons , qui écure les puits, & nettéïe les citernes. On apelle
auſſi les *vuidangeurs*, écureurs, *les maitres des baſſes œuvres*,
pour les diſtinguer du bourreau, qu'on nomme éxécuteur, ou
maitre des hautes œuvres.

Vuide , ſ. m. Endroit qui n'eſt pas plein. Eſpace qui n'eſt pas
rempli, ni garni tout à fait. Il remplit *le vuide* de la premiere
ligne. Ablancourt. On fortifie les mœurs en les déchargeant
de leur propre poids aux endroits où il y a des vuides, *Abregé
de Vitruve, n. 4.*

Vuide ſ. m. Terme de *Philoſophie.* C'eſt un eſpace ſans corps.
(Faire un grand *vuide.* Faire un *vuide* ſenſible. On demande s'il y a un grand vuide , ou un vuide ſenſible dans la nature. On croit qu'abſolument parlant , il n'y a point de vuide
ſenſible , parce qu'il n'y a point d'eſpace où il n'y ait de petits corps ſi ſubtils qu'ils ſont imperceptibles , mais qu'il y a
de petits vuides inſenſibles & extrêmement petits répandus entre les parties des corps; car s'il n'y avoit point de ces petits vuides, les choſes ne pourroient être mues Voiez *Lucrèce, l. 1.*

Vuide , adj. Ce mot ſe dit des choſes , des lieux, des eſpaces
où il n'y a rien de viſible , où il n'y a que de l'air. Il ſe dit
auſſi des endroits , d'où l'on a ôté ce qu'il y avoit. Lieu vuide. Eſpace vuide. Chambre vuide. Maiſon vuide.

Vuide. Il ſe dit en termes de *Maçonnerie* de ce qui n'eſt pas entierement plein , ou ſolide. On meſure un mur *tant plein que
vuide* , c'eſt à dire , en y comprenant les fenêtres & les portes
comme ſi c'étoit un mur plein.

On dit qu'il y a du vuide dans un cahier , lors qu'il n'eſt pas
écrit par tout.

On dit d'une perſonne qu'elle eſt vuide, lors qu'elle n'a pas
mangé.

A vuide, adv. Sans rien avoir. Mâcher *à vuide. Abl.* C'eſt à
dire , ſans rien avoir dans la bouche. La coche s'en eſt retourné
à vuide parce qu'il n'a point trouvé de charge.

* *A vuide,* adv Il ſe dit de certains inſtrumens de muſique à
cordes, & ſignifie , ſans que la main gauche ſoit occupée. L'Angelique ſe touche *à vuide.* On touche auſſi quelquefois le luth
& la guitarre à vuide.

Vuider , v. a. Oter ce qu'il y a dans une choſe. Tirer ce qu'il y
a dans quelque choſe que ce ſoit. Ils vuiderent les entrailles
& embaumérent le corps. Vau. Quin. *l. x.* Vuider ſes poches.
Ablancourt. Vuider *de la farine* , c'eſt l'ôter du ſac où elle eſt,
Vuider une chambre, c'eſt en ôter tous les meubles.

Vuider, v. a. Quitter. Se deſſaiſir d'une choſe. Ce mot de *vuider*,
en ce ſens, eſt *de pratique.* Il a été contraint d'en *vuider* les
mains.

Vuider , v. n. Terme qui ſe dit entre praticiens pour dire ſortir
d'un lieu , en déroger par quelque ſorte de contrainte. Ce
n'eſt qu'une ſommation de *vuider d'ici* vous & les vôtres.
Moliére, *Tartufe, a, ſ. 4.*

* *Vuider, v. a.* Terminer. Finir. Décider. Il leur ordonne de *vuider*
par Juſtice un diférend qu'ils avoient avec leurs voiſins.
Ablancourt. *Ar. livre 51. c. x.* Voila une maniere bien facile
& bien prompte de vuider les queſtions de fait. *Paſ. l. 18.*
Vuider une objection. Patru plaidoié 5.

Vuider, v. n. Terme de *Peignier.* C'eſt faire égaux tous les trous
qui ſont au pié des dents du peigne & qui tiennent au dos, ou
au champ du peigne. Vuider un peigne.

Vuider. Terme de *Maçon.* C'eſt ôter de la terre d'un lieu pour
abaiſſer une place & la rendre égale à quelque autre. Il faut
vuider les terres.

Vuider , v. a. Terme de *Découpeur.* C'eſt figurer de telle ſorte
une étofe qu'elle ſoit percée à jour. Vuider du drap, du ſatin ,
du velours. Ce mot ſe dit encore au même ſens par d'autres artiſans.

Se vuider , v. r. Se déſemplir. Bouteille qui commence à *ſe vuider.*

Se vuider. Ce mot ſe dit des perſonnes & veut dire *tâcher ſon ventre.* Malade qui s'eſt vuidé au lit.

* *Se vuider.* Se terminer. Se finir. S'achever. Se décider. Il ne
tiendra qu'à lui que le diférend ne ſe vuide par une bataille.
Vau. *Quin. l. 4. c. 1.*

Vuidé, vuidée, adj. Déſempli. La bouteille a été vuidée en un
moment.

Vuidé, vuidée, adj. Terminé. C'eſt une afaire vuidée.

Vuidé. Terme de *Blaſon.* Echancrée, & dont la largeur eſt terminée par une ligne courbe. La croix de Toulouſe eſt d'or,
cléchée, vuidée & pommettée. Il ſe dit auſſi des autres pieces
qui ont des ouvertures, au travers deſquelles on voit le champ
de l'Ecu.

Il ſe dit par divers artiſans au même ſens des pieces de leurs
ouvrages qui ſont à jour. Ainſi les horlogers diſent vuider un
coq , un tenon , &c.

Vuidure, ſ. f. Terme de *Peignier.* Egalité bien propre du pié des
dents d'un peigne. Vuidure bien faite.

Vuidure. Terme de *Découpeur.* Ouvrage à jour de découpeur.
(Une belle vuidure.) Ce mot ſe dit encore au même ſens par
divers autres Artiſans.

V U L.

Vulgaire, ſ. m. Peuple. Quelque décrié que ſoit le vulgaire , il
ne laiſſe pas ſouvent de rendre juſtice au mérite. *Abl.*

Ce n'eſt pas pour toi que j'écris,
Indocte & ſtupide *vulgaire*,
J'écris pour les nobles eſprits
Je ſerois marri de te plaire.

Des Marais, Viſionnaires.

Vous seul ne pourriez pas ce que peut *le vulgaire. Corneille, Ci nna, a. 2. s. 1.*

Elle a perdu ces riches ornemens qui la rendroient venerable aux yeux du *vulgaire, Patru, plaidoié 4.*

Vulgaire, adj. Ordinaire. Commun. Trivial. (Le Seigneur Hâlé est d'un merite *fort vulgaire.* Cependant ce Monsieur le Docteur demanderoit du retour pour le troquer avec Bartole.

Les *vulgaires* esprits n'aiment point les Poëtes,
Et tant qu'on fait des vers on n'a guére d'argent.
Gon. Epit.)

Vulgairement, adv. Communément. (Aprenez à vous énoncer moins *vulgairement. Mol. Pretienses. s. 6.*

Vive, vive la maquerelle.
Que *vulgairement* on apelle
Une bourse pleine d'écus. *Mal. Poëf.*)

Vulgate, s.f. C'est une traduction Latine de l'Ecriture Sainte qui a toûjours eu cours dans l'Eglise Latine, & qui pour cela, a été nommée *Vulgate*, ou ancienne, parce qu'elle a paru dés la naissance de l'Eglise Latine. La Vulgate a été déclarée autentique par le Concile de Trente. On a corrigé la Vulgate par l'Ordre du Pape Sixte 5. & de Clément 8. Cette ancienne Vulgate a duré jusqu'à-ce que S. Jerôme entreprit de faire une nouvelle Version de la Bible sur l'original Ebreu. Cette traduction l'a emporté sur l'ancienne vulgate, & à present dans l'Eglise Latine, on ne lit plus d'autre version que celle de S. Hierôme, à laquelle on a donné le nom de vulgate, à cause qu'elle est généralement receuë. C'est cette derniere Vulgate qui a été déclarée autentique par le Concile de Trente; mais elle n'a pas été déclarée infaillible. Voiez là dessus *Mr. l'Abé Simon Richard, histoire critique du vieux Testament.*

Vulgate, adj. Ce mot se dit en parlant de la version de l'Ecriture Sainte, & veut dire vulgairement receuë. (Suivre la *version vulgate. Port-Roïal Nouveau Testament, Préface Nombre x.*)

Vulve, s.f. Mot écorché du Latin *vulva*, & qui se trouve dans quelques livres qui regardent la Chirurgie. Il signifie l'orifice extérieur des parties naturelles de la femme. (Ce qui est à considerer dans les parties génitales de la femme, c'est la *vulve.* La matrice est chute & renversée lors qu'on la voit sortir hors de la vulve. *De Bligni, Traité des hernies, p. 46. & 98.*

Vuque. Sorte de Conjonction, qui régit l'indicatif, qui signifie *puisque.* (Je m'étonne que tu te mettes en colere de ce qu'on te laisse libre, *vuque* tu te plaignois autrefois des usuriers. *Ablancourt, Luc.*)

X.

X, s.f. Une des lettres de l'Alphabet François. prononcez *ixe.* (Faire une *x.* Cette *x.* est mal faite.)

X. Cette lettre a quelquefois le son de l's & quelquefois elle a celui de la double S. Ainsi on prononce *Xaintonge* comme si ce mot étoit écrit *Saintonge.* On prononce le mot de Luxembourg comme s'il étoit écrit Lussembourg, & Bruxelles comme s'il étoit écrit Brusselle.

X. Cette lettre prend de fois à autre le son du z, par exemple, on écrit sixiéme, & on prononce sizi*ë*me, &c.

Il y a quelques mots François qui commencent par la lettre *x*, mais comme la plupart sont des noms propres de Vile, je les passe, à cause que je n'ai pas entrepris de faire un Dictionaire de Geographie.

Y.

Y, s.m. Lettre qu'on apelle *y grec* & qu'on prononce *y gret.* C'est une des lettres de l'Alphabet françois. Faire un *y grec.* L'*y grec* est presque aujourd'hui banni de la Langue Françoise & en sa place on se sert de l'*i* simple.

Y. La plûpart ne se servent de cette lettre qu'aux mots qui viennent originairement de la Langue Gréque ; & encore même se trouve t'il des gens qui écrivent par un *i* simple les mots qui décendent du Grec. Ils écrivent Chrisostome, colire, & non pas colyre, ni Chrysostome. Si j'osé dire mon sentiment là-dessus, il mesemble qu'il n'y a pas en cela un fort grand mal. Les Espagnols, & les Italiens, dont la Langue vient du Latin & du Grec, aussi bien que la nôtre, ne se servent point de l'*y* grec, & pourquoi ne les pas imiter en ce qu'ils ont de bon, sur tout puisque nôtre langue n'est plus dans l'enfance comme elle étoit il y a environ mille ans.

Y. Cette lettre se conserve encore & même par ses ennemis les plus déclarez, cette lettre, 'dis je, se conserve lorsqu'elle est emploiée pour marquer un lieu & qu'elle est une espece d'adverbe. Ceux dont la vie sera pure demeureront-ils pas dans le Saint Tabernacle du Seigneur ? oui, il *y* demeureront. *Port-Roïal*

Y. Cette lettre se garde aussi par tous les tems de ce verbe impersonnel. *il y a*, car on écrit il *y* avoit, il *y* eut, il *y* eut eu, il *y* aura, qu'il *y* ait, &c.

Vous n'*y* êtes pas. Sorte de façon de parler proverbiale, pour dire, vous ne l'entendez pas, ou, vous n'aurez pas ce que vous pensez.

Y grec. Substantif. Masculin. Terme de Papetier. C'est une sorte de petit papier. Donnez-moi de l'*y grec.*

Yac. V. *Iac.*

On met quelquefois cette lettre *y*, au lieu de lui. Ce tableau est agréable & il *y* faut mettre un quadre bien doré.

YEB.

Voiez la Colonne I E B. & la Colonne I E V.

YEU.

Yeuse, s.f. En Latin, *ilex.* Espéce de chêne, qui a une écorce unie & rousse. On l'apelle aussi *chene verd*, parce qu'il conserve tout l'hiver la verdeur de ses feuilles. Il y a deux spéces d'yeuse, l'une qui a des épines & l'autre sans épines.

Yeux, s.m. Ce mot est le pluriel du mot *œil.* La plûpart gardent encore l'*y* grec dans le mot d'yeux. Les yeux sont les parties organiques que Dieu a destinées pour la vuë tant dans les hommes que dans les animaux. Yeux fins, brillans, pleins de feu, vifs, beaux, doux, rians. Yeux à fleur de tête. Yeux batus. Yeux languissans, yeux noirs, bleus, &c. Yeux bien fendus.

† *Je vois ici des yeux qui ont bien la mine d'être fort mauvais garçons*, Moliére. Cette façon de parler est goguenarde & burlesque; elle veut dire, je vois des belles qui ont des yeux propres à faire des conquêtes.

Avoir devant les yeux. C'est voir presque sans cesse, voir presque à tout moment. Voir quand on veut. (Un mari qui a une laide femme, est à plaindre parce qu'il a toujours un vilain objet devant les yeux.)

* *Avoir la mort devant les yeux. Arn.* Cette façon de parler est figurée, & signifie *penser à la mort.*

Regarder entre deux yeux. Abl. Luc. C'est à dire, envisager une personne fixement, & avec quelque sorte d'éfronterie.

Jetter les yeux sur quelqu'un. C'est regarder quelqu'un.

Alons vite, ote toi de mes yeux, vilaine. Mol. Bour, Gentilhomme. s. C'est à dire. Que je ne te voie plus, eloigne toi de ma présence.

A qui croiras-tu si tu ne crois à tes yeux. Abl. Luc. C'est à dire, A qui ajouteras-tu foi, si tu ne crois ce que tu vois.

C'est de ces jeunes yeux que mon ardeur est née. Mainard poes. C'est à dire je t'ai aimée parce que je t'ai trouvée belle & charmante lors que tu étois jeune.

Pensez-vous que ces sortes de louanges se puissent regarder avec des yeux de complaisance, Boileau. Avis à Menage. C'est à dire. On ne peut avec complaisance entendre ces sortes de loüanges.

Les Courtisans ont d'aussi bons yeux que d'autres. Mol. Critique de l'Ecole des femmes. C'est à dire. Que les Courtisans jugent des ouvrages d'esprit aussi finement que les gens de lettres.

† *Seigneur jettez les yeux sur moi.* Cette façon de parler est un peu figurée. C'est à dire, Seigneur, aiez pitié de moi. *Port-Royal, Pseaumes.*

† *Ouvrir les yeux.* Cette façon de parler est souvent prise figurément. exemples. (Cette instruction lui a ouvert les yeux *Pas. l. 5. Ouvrez les yeux*, & retirez-vous de vos égaremens *Pas. l. x.*

Tu sais bien, *Philis n'a des yeux que pour toi. Gen. Poes.* C'est à dire, que Philis ne considere que toi seulement.

† *Pardonnez moi, beaux yeux*, si je n'eusse dit mon mal, ma mort l'ût fait connoître. *Gon. Poes.* C'est à dire pardonnez moi, ma belle.

Remettre une chose devant les yeux. Vau. Quin. l'vre 3. c. x. C'est faire ressouvenir d'une chose, la remettre en memoire.

Cela saute aux yeux. C'est à dire. Cela est tres-visible. Tout le monde voit cela, connoît cela.

Il ne faut pas considerer les Rois avec les mêmes yeux qu'on regarde les particuliers. Ablancourt. C'est à dire, il ne faut pas considerer les Rois de la même sorte que les particuliers.

† *Faire les yeux doux. Reg. Satire.* C'est à dire, montrer par l'air de nôtre visage que les gens nous plaisent.

* *Ce n'est pas pour vos beaux yeux.* C'est à dire, pour vous, ce n'est pas à vôtre consideration.

* *Si vous les voulez aimer*, ce sera ma foi pour leurs beaux yeux. Moliére, precienses, l. 1 5. C'est à dire, si vous les voulez aimer, ce sera seulement à leur consideration & parce qu'ils ont en eux dequoi se faire aimer.

* *Je vous aime & je vous sers seulement pour vos beaux yeux. Voit poes.* C'est à dire, parce que vous êtes aimable & que vous en valez la peine.

* *Il n'y avoit que quatre yeux.* Cette façon de parler se dit en parlant familierement, & signifie qu'il n'y avoit que deux personnes.

* *Se manger le blanc des yeux.* C'est se quereller & se dire des injures d'une maniere basse.

† *Il a plus grands yeux que grand ventre.* Proverbe un peu bas, qui se dit d'ordinaire des enfans, & qui veut dire que celui à qui on l'aplique a plus de friandises, ou d'autres choses à manger, qu'il n'en sauroit manger.

Avoir les yeux tournez à la friandise. Proverbe pour marquer que la personne, dont on parle, a l'œil vif, fin & amoureux, & qu'elle a du penchant à l'amour. (La plûpart des jeunes Demoiselles ont les yeux tournez à la friandise.)

Yeux. Ce mot se prend quelquefois pour *lunettes*; mais, en ce sens, il ne se dit qu'en riant, ou en parlant familierement & dans le burlesque.

(Si je veux lire presentement, il faut que je prenne *mes yeux*.)

Yeux. Ce mot se dit quelquefois du pain & du fromage, & veut dire en ce sens, petit trou, petite ouverture dans le pain, ou dans le fromage. L'*on pain a des yeux*. C'est à dire, est semé de petits trous par dedans. *Le Gruier est une sorte de fromage qui a des yeux*. C'est à dire, est semé par dedans de petits trous.

Yeux de chat. C'est une petite herbe sauvage qui est de couleur de violette.

YVO. YVR.

Voiez la lettre *I*. Colonne *IVO*. & colonne *IVR*.

Z

Z. s. m. C'est la dernière lettre de l'Alphabet François, laquelle se prononce *zéde*, comme il paroit par ces vers de Voiture.

Renvoions à Palamede
Qui le premier les mit au jour.
Le *p.* avec *x. y. z.*

Faire un z. Ablancourt.

ZAC. ZAG.

ZACARIE, *s. m.* Nom d'homme. Le Pape *Zacarie* aprouva l'élection que les François firent de Pepin pour être Roi de France.

ZAGAIE, *s. f.* Sorte de grand dard dont les Mores se servent pour combatre. Voiez Ablancourt, *Marmol*. Il fut percé d'une *Zagaie* & mourut sur la place. *Abl. Marm*.

ZAI. ZAN.

ZAIN, *adj*. Ce mot se dit proprement qu'au masculin en parlant de certains Chevaux, & il veut dire, qui est d'un poil obscur, qui est tout d'un poil, & sans aucune tache. *Cheval Zain*.

Zain, ou *zin*, *s. m.* C'est une sorte de pierre métalique qui donne au cuivre rouge une teinture jaune. D'autres l'apellent antimoine femelle, & disent que mêlant le zain avec l'étain de antimoine, il le blanchit & le durcit. On l'apele aussi étain de glace.

ZANI, *s. m.* Ce mot veut dire le facétieux d'une troupe de danseurs de corde, ou d'autres pareilles gens, mais il est plus Italien que François. On dit ordinairement, C'est le facétieux de la troupe & non pas *le zani* de la troupe, La Comédie Italienne est un ramas de concerts impertinens dans la bouche des amoureux, & de froides boufonneries dans celle des zanis. S. *Evremont. Comédien Ital*.

ZEL.

ZÉLATEUR, *s. m.* Ce mot ne se dit guere en parlant, mais on le dit quelquefois en écrivant. C'est à dire, Celui qui est zélé pour une personne. Partisan d'une personne. C'étoient des gens de bien & *zelateurs* de Cicéron. L'*Abé Talemant*, *Plutarque*, *vie de Cicéron*, *page* 483.

Zéle, *s. m.* Afection ardente. Un *zéle* discret. Un *zéle* indiscret, fatal, aveugle, ardent, brulant, grand, violent. Avoir du zéle, *Abl*. Etre aveuglé d'un fatal zéle, *Racine Iphigenie*, *a* 5. Donner du zéle. *Arn*.

Il faut qu'il soit humble, il faut qu'il soit fidéle
Il faut que la raison en conduise le zéle. *Gon. Poëf*.

Bruler d'un saint zéle. *Port-Roial*.

Ce mot *zéle* ne se dit que de l'inférieur à l'égard du supérieur. Et quand il se dit des Princes, ce n'est que pour marquer leur Religion. On dit, c'est un Prince qui a un zéle particulier pour la Religion & des particuliers on dira il brule du zéle pour ses amis. On aprouve, & l'on condamne le zéle des autres.

Zélé, *zélés*, *adj*. Qui a du zéle, de l'ardeur & de la ferveur pour quelque personne, ou pour quelque chose. (Etre zélé pour son parti, *Le Duc de la Roche-Foucaut*, *Memoires*.

ZEN.

ZÉNITH, *s. m.* Terme d'*Astronomie*. Prononcez *Zéni*. Celui des poles de l'horison qui est sur nôtre tête.

Zenith. Terme de *Geographie*. C'est le point vertical qui dans le ciel correspond perpendiculairement à la tête d'un habitant.

(*Des hauts esprits le leur est le Zénith*. *Regn. Satire* 9.

ZENOBIE, *s. f.* Nom de Reine qui fut célébre par son courage, qui de quelque endroit de la Terre, gouverna l'Empire d'Orient, & qui fut enfin vaincuë par Aurelien.

ZENON, *s. m.* Nom d'homme. Il y a eu un Empereur & un Philosophe qui ont porté le nom de Zénon.

ZEP.

ZEPHIRE, *Zéphir*, *s. m.* On dit en poesie *Zéphire* & *zéphir* au singulier. Néanmoins le plus usité c'est *zéphire*, soit en Vers, soit en Prose. Mais au pluriel, au contraire, *zéphires* est beaucoup plus en usage que *zéphires*, & fait tout en Prose, où l'on ne dit presque jamais *Zéphires* mais *Zéphirs*. Le *zéphire* est une sorte de vent doux, agréable, & favorable aux choses de la terre. Un doux Zéphire. *Abl*.

En cet endroit le baûme, en cet autre la mirre
M'envoient leurs parfums sur l'aile du Zéphire.
Godeau, *Poësies*, 1. *partie*, *Eglogue* 4.

Que l'amoureux Zéphir lui conte son martire.
Godeau, *poësies*, 2. *partie*, 3. *Eglogue*.

Les *Zéphires* folâtrent. *Abl*.

Le beau tems revient avec les *Zéphirs*.
Costar, *Lettres*.

Toi que les aimables *Zéphirs*
Echaufent d'amoureux soupirs.
God. Poës. 2. *partie*, *Cantiques*.

Vous qui durant la saison
Où les *Zéphirs* sont en prison
Echauffez nos froides campagnes.
God. Poësies 2. *partie*, *Paraphrase du Pseaume* CXLVIII.

ZER.

ZERO, *s. m.* Terme d'*Aritmetique*. Qui veut dire, un *o* & qui ne signifie rien à la place où il est mis. Mettez là un *zero*. Cette addition d'un zéro à quelque autre chifre, le fait valoir dix fois autant, si on ajoute deux il vaudra cent fois autant, &c.

† *Zéro*. Ce mot est quelquefois *figuré* & se dit des personnes. On dit d'un homme que c'est *un zero*, pour marquer que c'est peu de chose, que c'est un homme inutile, & qui ne peut rien.

ZES.

ZEST, *s. m.* C'est d'ordinaire un petit morceau d'écorce d'orange dont à la faveur d'une chandelle alumée on exprime une sorte de jus dans une tasse, ou dans un verre de vin pour lui donner un petit goût d'orange. Un bon zest. Couper des zests. Donnez moi un zest, je vous prie. Faire des zests.

Zest, *s. m.* Maniére de bourse de cuir un peu longue au bout de laquelle il y a un morceau d'ivoire qui a plusieurs petits trous & dans laquelle on met de la poudre de Cipre pour joindre les cheveux. Je poudre ma perruque avec un zest.

Zest, *s. m.* Ce mot se dit en parlant de noix. C'est une maniére de grosse peau qui tient quelque chose de la nature du bois, & qui separe la noix en deux. Je ne vous donnerois pas de cela *un zest de noix*, qui est fort peu de chose.

Zest, *s. m.* On se sert quelquefois de ce mot pour dire *Rien*, *Aucune chose*, & fut tout quand on veut marquer qu'on n'estime point une chose, parce qu'elle n'a aucune valeur, ou quand il s'agit du prix de quelque chose qu'on achette, qu'on marchande, ou qu'on vend. (Je n'en donnerois pas *un zest*. Vous n'en aurez pas *un zest* davantage. Je n'en quiterai pas *un zest*.)

Zest. Ce mot est quelquefois une maniere d'*interjection*, de laquelle on se sert en riant dans le burlesque, dans les Vau-de-villes ou autres pareilles chansons, & qu'on emploie pour marquer qu'une chose ne réussira point. (Il prendra Fontarabie, *zest*, comme il a pris Dole.)

ZIB.

ZIBELINE; *Sibeline*, *Sébeline*, *s. f.* Monsieur Briot *Histoire de l'Empire Otoman* 2. *Edition*, *4. page* 67. a écrit, On trouva dans sa fourrure de Martre *Sibeline* de certains caractéres magiques, quelques autres disent *Sébeline*, mais on croit qu'ils parlent mal & que le plus seur est de dire zibeline, conformément aux Italiens qui apellent cet animal *Zibellino*. Voiez le Dictionnaire de la Crusca. La Zibeline donc, puisque Zibeline y a, est un animal sauvage qui ressemble à la Martre & qui a une peau dont on fait grand cas; cette peau est d'un tres beau noir, & quelquefois d'un blanc fort luisant. La peau de la zibeline sert à faire de tres belles & tres bonnes fourrures.

ZIG. ZIN. ZIZ.

ZICZAC, *s. m.* Petits morceaux de bois plats d'un côté & clouez en forme de losange, mais clouiez de telle sorte qu'ils joüent. Donner une lettre, avec un zig-zac. Faire un zig-zaz.

Zig-zac. Terme de *Peltetier*. C'est une sorte de manchon de chat & de martre. (Vendez-moi *un zigzac*. Voila un des plus beaux & des plus jolis *zig-zacs* de Paris.)

ZINZOLIN, *s. m.* Terme de *Lainier*. Sorte de laine qui est d'une couleur rougeâtre, & dont on se sert pour faire des tapisseries. Quelques uns prononcent *gingolin*, mais la vraie prononciation c'est *zinzolin*. (Acheter du zinzolin.)

* ZIZANIE, *s. f.* Ce mot vient du Grec, où il signifie *ivraie*, mais en François dans un sens figuré, il signifie. Discorde. Division. Dissension. Le mot de zizanie ne se dit guere qu'en parlant de religion ou de matieres de pieté, & il y a même des gens qui le trouvent un peu vieux. Il seme la zizanie parmi ses confreres.

Zocle. V. *Socle*.

ZOD. ZON.

ZODIAQUE, *s. m.* Terme de *Geographie*. C'est un cercle où sont les douze signes celestes, & qui se tire obliquement d'un tropique à l'autre. D'autres disent que le zodiaque est un grand cercle représenté dans les globes terrestres, & dans les Mapemondes par deux demi-cercles qui ressemblent à deux arcs, l'un deça, & l'autre delà l'Equateur.

ZON. Sorte d'interjection dont on se sert pour marquer la vigueur avec laquelle on frape une personne. Il lui donna un grand coup de bâton sur les épaules, zon, & s'enfuit.

ZONE, *s. f.* Terme de *Geographie*. Qui en grec, & en latin veut dire *ceinture*. C'est un espace de terre contenu entre deux cercles. Il y a cinq zones; deux froides, deux temperées, & une cinquième qu'on apelle zone *torride*. Les anciens croioient que cette derniere zone étoit inhabitable, mais les voiages qu'on a faits aux pais qui sont sous la ligne ont découvert que les anciens s'étoient trompez.

FIN.